Langenscheidt Taschenwörterbuch
Französisch

Dictionnaire de poche de français
Langenscheidt

Langenscheidt

Dictionnaire de poche de français

Français – Allemand
Allemand – Français

Nouvelle édition
entièrement remaniée et mise à jour

Sous la direction du
comité de rédaction de
Langenscheidt

Langenscheidt

Berlin · Munich · Vienne · Zurich · New York

Langenscheidt
Taschenwörterbuch Französisch

Französisch – Deutsch
Deutsch – Französisch

Völlige Neubearbeitung

Herausgegeben von der
Langenscheidt-Redaktion

Langenscheidt

Berlin · München · Wien · Zürich · New York

Redaktionsteam des Taschenwörterbuchs Französisch:

Dr. Manfred Bleher, Danielle Bleher, Heidi Eschmann,
Jürgen Folz, Geneviève Lohr, Karin Löscher, Karin Mohr

Info-Fenster von Dr. Günter Jehle
in Zusammenarbeit mit der Langenscheidt-Redaktion

In der neuen deutschen Rechtschreibung

Als Marken geschützte Wörter werden in diesem Wörterbuch in der Regel durch das Zeichen ® kenntlich gemacht. Das Fehlen eines solchen Hinweises begründet jedoch nicht die Annahme, eine nicht gekennzeichnete Ware oder eine Dienstleistung sei frei.

Ergänzende Hinweise, für die wir jederzeit dankbar sind, bitten wir zu richten an:
Langenscheidt Verlag, Postfach 40 11 20, 80711 München

Druck: Graph. Betriebe Langenscheidt, Berchtesgaden/Obb.
Printed in Germany · ISBN 3-468-11155-X

2. 3. 4. 5. 6. 06 05 04 03 02

Inhaltsverzeichnis

Table des matières

Vorwort

Mit dem vorliegenden ***Taschenwörterbuch Französisch*** präsentiert Langenscheidt eine in inhaltlicher und formaler Hinsicht vollständige Neubearbeitung. Das deutsch-französische Redaktionsteam hat sich bei der Arbeit an diesem Werk vor allem Aktualität, Übersichtlichkeit und optimale Benutzerfreundlichkeit zum Ziel gesetzt.

Im Mittelpunkt steht der heutige allgemein gebräuchliche französische und deutsche Wortschatz. Da zum lebendigen Sprachgebrauch gerade auch idiomatische Redewendungen und Umgangssprache gehören, wird beides in diesem Wörterbuch besonders berücksichtigt. Selbstverständlich finden die Benutzer hier auch die relevanten Neuwörter der letzten Jahre, wie zum Beispiel *clic-clac*, *cybermonde*, *E.S.B.*, *page d'accueil*, *mondialisation*, *pacs*, *portable*, *trithérapie*; *CD-Brenner*, *Döner*, *einloggen*, *Euroland* und *im Internet surfen*.

Die Übersichtlichkeit der Wörterbucheinträge ist durch folgende Mittel gewährleistet: blaue Hauptstichwörter, klare Unterscheidung der Informationen durch verschiedene Schriftarten sowie Durchnummerierung der Bedeutungen jedes Stichwortes. Durch Hinweise in der jeweiligen Ausgangssprache, durch Abkürzungen zu Sachgebiet und Stilebene und durch wertvolle Angaben zur Verwendung von Präposition und Kasus werden die Benutzer stets zur richtigen Übersetzung geführt.

Die Wörter und Wendungen des französischen Grundwortschatzes sind durch schwarze Dreiecke ▸ hervorgehoben.

Abgerundet wird der Informationsgehalt dieses Standardwerkes durch die blau unterlegten Info-Fenster zu Grammatik, Landeskunde und Wortfeldern.

LANGENSCHEIDT VERLAG

Préface

Les éditions Langenscheidt présentent un ***Dictionnaire de poche*** entièrement remanié et mis à jour aussi bien en ce qui concerne le fond que la forme. L'équipe rédactionnelle franco-allemande a eu pour but de réaliser un ouvrage actuel, bien structuré et convivial.
Par conséquent, le vocabulaire moderne et usuel des langues allemande et française est au centre des préoccupations. Dans ce contexte de la langue vivante, les expressions idiomatiques et le langage familier ont leur place appropriée. Il va de soi que le lecteur trouvera tous les néologismes importants de ces dernières années tels que *clic-clac*, *cybermonde*, *E.S.B.*, *page d'accueil*, *mondialisation*, *pacs*, *portable*, *trithérapie*; *CD-Brenner*, *Döner*, *einloggen*, *Euroland* et *im Internet surfen*.
La clarté des articles est assurée par les procédés suivants: les entrées principales en bleu, une claire différenciation des informations grâce à l'emploi de caractères typographiques diversifiés ainsi que le numérotage des acceptions de chaque entrée. Indications précises dans chaque langue-source, abréviations de spécialité et de niveau de langue, données grammaticales (prépositions, cas, etc.) conduisent les utilisateurs à la bonne traduction.
Les triangles noirs ▸ servent à repérer l'appartenance des mots et locutions au vocabulaire fondamental en français.
La valeur informative de cet ouvrage de référence est renforcée par les encadrés de grammaire, de civilisation, de champs sémantiques imprimés sur fond bleu.

LANGENSCHEIDT VERLAG

Hinweise für den Benutzer
Renseignements pour le lecteur

1. Alphabetische Reihenfolge

Die **Stichwörter** sind streng alphabetisch geordnet (mit Ausnahme mancher Feminina, die mit der maskulinen Form zusammengefasst sind, z. B. *consommateur, -trice*, dann erst *consommation* oder *Rebell(in)*, dann erst *rebellieren*). An alphabetischer Stelle stehen auch orthographische Varianten, unregelmäßige Formen (*buvez, yeux, geflogen, roch* usw.), mit Bindestrich geschriebene Zusammensetzungen (*mont-de-piété, porte-voix* usw.), Eigennamen und Abkürzungen.

1. Ordre alphabétique

Les **entrées** suivent rigoureusement l'ordre alphabétique (sauf certains noms féminins rattachés aux masculins, par ex. *consommateur, -trice*, ensuite *consommation ou bien Rebell(in)*, ensuite *rebellieren*). On trouvera également dans l'ordre alphabétique: les variantes orthographiques, les formes irrégulières (*buvez, yeux, geflogen, roch*, etc.), les composés avec trait d'union (*mont-de-piété, porte-voix*, etc.), les noms propres et les sigles.

2. Rechtschreibung. Für die Schreibung der französischen Wörter dienen als Grundlage die Regeln der Académie française, für die deutschen Wörter die Neuregelungen der Rechtschreibreform, gültig seit 1. 8. 1998.

In diesem Wörterbuch wird der Bindestrich am Zeilenanfang wiederholt, wenn mit Bindestrich geschriebene Wörter getrennt werden:

2. L'orthographe. L'orthographe des mots français est conforme aux prescriptions de l'Académie française, celle des mots allemands suit les directives de la réforme de l'orthographe, en vigueur depuis le 1er août 1998.

Dans ce dictionnaire, le trait d'union des mots composés coupés en fin de ligne est repris à la ligne suivante:

… auto-
-école …

3. Die Aussprachebezeichnung steht in eckigen Klammern: […]. Die Umschrift wird durch die Zeichen der „Association Phonétique Internationale" angegeben (s. S. 11-15).

Zusammengesetzte und abgeleitete Stichwörter erhalten keine phonetische Umschrift, wenn sich die Aussprache leicht aus den Wortelementen herleiten lässt (*amour-propre, découvrir, Radarfalle, rasten* usw.).

3. La transcription phonétique est placée entre crochets: […]. Cette transcription suit la notation de l'Association phonétique internationale (voir pages 11 à 15).

Les mots composés et les mots dérivés n'ont pas de transcription phonétique, si la prononciation se laisse facilement déduire des éléments constitutifs (*amour-propre, découvrir, Radarfalle, rasten*, etc.).

4. Grammatische Hinweise stehen in spitzen Klammern: 〈…〉. Sie umfassen im Wesentlichen die unregelmäßigen Formen der Substantive, Adjektive und Verben. Die einzelnen grammatischen Angaben zu den französischen Stichwörtern sind im Anhang des Wörterbuchs erläutert.

4. Les indications grammaticales sont placées entre parenthèses angulaires: 〈…〉. Elles renferment surtout les formes irrégulières des noms, adjectifs et verbes. Pour les détails concernant les entrées françaises se reporter aux explications grammaticales à la fin du dictionnaire.

5. Die Info-Fenster stellen wichtige sprachliche und kulturelle Besonderheiten vor. Sie befinden sich in beiden Wörterverzeichnissen gleich vor bzw. nach dem Stichwort, auf das sie sich beziehen. Sie beinhalten Hinweise zur Grammatik (z. B. *Le subjonctif*), landeskundliche Informationen (z. B. *Le T.G.V.*), Wortfelder (z. B. *Der Computer*) und Sprechanlässe (z. B. *Begrüßung auf Französisch*).
Ein nach Stichwörtern alphabetisch geordnetes Verzeichnis der Info-Fenster befindet sich auf S. 1391 und 1392.

5. Les encadrés à valeur informative présentent des aspects importants de la langue et de la civilisation. Ils se trouvent dans les deux listes de mots soit avant soit après le mot-entrée. Les informations se réfèrent à la grammaire (ex. *Le subjonctif*), la civilisation (ex. *Le T.G.V.*), les champs sémantiques (ex. *Der Computer*) et les actes de parole (ex. *Begrüßung auf Französisch*).

Une liste alphabétique de ces encadrés à valeur informative se trouve pages 1391 et 1392.

6. Lexikographische Zeichen

~ Die **Tilde** (das Wiederholungszeichen) vertritt das Stichwort innerhalb des Artikels:

6. Signes lexicographiques

~ Le **tilde** (le signe de répétition) remplace l'entrée dans le corps de l'article:

morceau …: ***un ~ de pain*** (= un morceau de pain)
Recht …: ***im ~ sein*** (= im Recht sein)

Sie dient außerdem der Anhängung weiterer Stichwörter:

Il sert en plus à rattacher d'autres entrées:

bébé …: **~-éprouvette** (= bébé-éprouvette)
Roggen …: **~brot** (= Roggenbrot)

| Der **senkrechte Strich** weist darauf hin, dass die Tilde in den angehängten Stichwörtern nur den vor diesem Strich stehenden Wortteil vertritt:

| Le **trait vertical** indique que le tilde ne remplace, dans les entrées rattachées, que la partie précédant le trait vertical:

fémin|isme …: **~iste** (= féministe)
Reit|hose …: **~lehrer** (= Reitlehrer)

°~ Der **Kreis über der Tilde** kennzeichnet den Wechsel von Klein- zu Großschreibung oder umgekehrt:

°~ Le **rond sur le tilde** indique que ce mot, contrairement à l'entrée, prend soit une majuscule soit une minuscule:

Bourgogne …: °~ (= bourgogne „Burgunderwein")
ritterlich …: **°~keit** (= Ritterlichkeit)

¨~ Die **zwei Punkte über der Tilde** zeigen den Umlaut an:

¨~ Le **tréma sur le tilde** indique l'inflexion:

Bad … *n* ⟨~(e)s; ¨~er⟩ (= Bäder)

- Der **Bindestrich** steht für Teile von deutschen und französischen Wörtern:

- Le **tiret** remplace une partie d'un mot allemand ou français:

wegtragen, -bringen (= wegbringen)
fort-, mitreißen (= fortreißen)
poussif … *adj* ⟨-ive⟩ (= poussive)

; Der **Strichpunkt** kennzeichnet das Ende einer Übersetzung.

; Le **point-virgule** marque la fin d'une traduction.

, Das **Komma** bedeutet dagegen, dass die Übersetzung noch nicht abgeschlossen, sondern mit anderen Übersetzungen zusammengefasst ist:

, La **virgule** sépare les traductions à compléter par un élément commun:

rupfen … *Unkraut* arracher; *Geflügel* plumer;
F *fig* ***j-n*** ~ F plumer, tondre qn

' Zeichen für **h aspiré:**

' marque le **h aspiré:**

'hasard (= le hasard) **heure** (= l'heure)

→ bedeutet ***siehe***

→ signifie ***voir***

· Der **Punkt** kennzeichnet die Trennfuge zusammengesetzter deutscher Verben:

· Le **point** signale l'endroit de la coupure du verbe séparable allemand:

aus·führen (= ich führe aus etc., ausgeführt)

~e̸s, ~s̸, e̸s̸, e̸ — **Durchgestrichene Buchstaben** bedeuten, dass zwei grammatische Formen möglich sind:

~e̸s, ~s̸, e̸s̸, e̸ — Des **lettres barrées** signifient que deux formes grammaticales sont possibles:

Buch … *n* ⟨~e̸s; ~̈er⟩ (= des Buches / des Buchs)
Lkw … *m* ⟨~s̸; ~s⟩ (= des Lkws / des Lkw)
reisen … ⟨e̸s̸, sn⟩ (= du reist / du reisest)
handeln … ⟨e̸⟩ (= handle / handele)

▶ Das **Dreieck** kennzeichnet französische Stichwörter und Wendungen, die zum Grundwortschatz gehören.

▶ Le **triangle** sert à repérer l'appartenance des mots et locutions au vocabulaire fondamental en français.

▶ **passeport** [paspɔʀ] *m* (Reise)Pass *m*

Zur Aussprache des Französischen

ERKLÄRUNG DER LAUTSCHRIFTZEICHEN

VOKALE

[i]	ici	geschlossenes i
[e]	léger	geschlossenes e
[ɛ]	sec, père, tête, lait, neige	offenes e
[a]	patte, noix	helles a
[ɑ]	âme, phrase	dunkles a
[o]	pot, dôme, taupe, beau	geschlossenes o
[ɔ]	poche, Laure	offenes o
[ø]	peu, nœud	geschlossenes ö
[œ]	seul, cœur	offenes ö
[ə]	que, dehors, petit, temple	kurzes, dumpfes ö (e caduc, e instable, e muet)
[u]	souci	geschlossenes u
[y]	usure, sûr	geschlossenes ü
[ɛ̃]	vin, impair, plainte, bien	nasales ɛ
[ɑ̃]	dans, lampe, entrer, embêter	nasales a
[õ]	ton, pompe	nasales o
[œ̃]	lundi, parfum	nasales œ

HALBVOKALE (HALBKONSONANTEN)

[j]	bien, abeille	j-Laut
[w]	Louis, trois	gleitendes u
[ɥ]	lui, nuage	gleitendes ü

KONSONANTEN

[p]	pont, apporter	stimmloser p-Laut, ohne Behauchung
[t]	ton, thé, patte	stimmloser t-Laut, ohne Behauchung
[k]	cou, qui, chaos, képi	stimmloser k-Laut, ohne Behauchung
[b]	robe, abbé	(„weicher“) b-Laut
[d]	dans	(„weicher“) d-Laut
[g]	gant, gueule	(„weicher“) g-Laut
[f]	neuf, photo	f-Laut
[s]	son, tasse, ces, ça, section	stimmloser s-Laut
[ʃ]	chou, tache	(stimmloser) sch-Laut
[v]	vent, rive	w-Laut
[z]	rose, zéro	stimmhafter s-Laut
[ʒ]	jour, cage, gilet	stimmhafter sch-Laut
[l]	long, aller	l-Laut
[ʀ]	rue, barre, verve	stark geriebenes Zäpfchen-R
[m]	mes, femme	m-Laut
[n]	nom, année	n-Laut
[ɲ]	gagner, vigne	nj-Laut
[ŋ]	camping	ng-Laut

BINDUNG

Unter Bindung versteht man im Französischen die Aussprache eines gewöhnlich stummen Endkonsonanten eines Wortes, wenn das folgende Wort mit Vokal oder stummem h beginnt. Die gebundenen Wörter müssen dem Sinn nach zusammengehören.

Unerlässliche Bindungen:

Artikel + Substantiv: *les amis* [le**z**ami], *un imbécile* [ɛ̃**n**ɛ̃besil]

Pronomen + Substantiv: *ces arbres* [se**z**aʀbʀ(ə)], *son habit* [sõ**n**abi]

Zahlwort + Substantiv: *deux élèves* [dø**z**elɛv], *trois images* [tʀwa**z**imaʒ]

Adjektiv + Substantiv: *un petit homme* [ɛ̃pti**t**ɔm], *les grands enfants* [legʀɑ̃**z**ɑ̃fɑ̃]

Pronomen + Verb: *nous allons* [nu**z**alõ], *il les a vus* [ille**z**avy], *j'en ai* [ʒɑ̃**n**e], *on y va* [õ**n**iva]

nach **c'est:** *c'est incroyable* [sɛ**t**ɛ̃kʀwajabl(ə)]

nach den Präpositionen **chez, dans, en, sans, sous:** *chez eux* [ʃe**z**ø], *en hiver* [ɑ̃**n**ivɛʀ]

nach den Adverbien **très, tout, plus, moins:** *très utile* [tʀɛ**z**ytil], *moins habile* [mwɛ̃**z**abil]

Unmöglich ist die Bindung nach **et** und vor **h aspiré** (im Wörterbuch mit **'h** bezeichnet).

AUSSPRACHE HÄUFIGER ENDUNGEN

~able [-abl(ə)]
~age [-aʒ]
~ain [-ɛ̃]
~aine [-ɛn]
~aire [-ɛʀ]
~ais [-ɛ]
~aise [-ɛz]
~aison [-ɛzõ]
~al [-al]
~ale [-al]
~ance [-ɑ̃s]
~and [-ɑ̃]
~ande [-ɑ̃d]
~ane [-an]
~ant [-ɑ̃]
~ante [-ɑ̃t]
~ard [-aʀ]
~arde [-aʀd]
~ase [-ɑz, -az]
~at [-a]
~ate [-at]
~ateur [-atœʀ]
~ation [-asjõ]
~aud [-o]
~aude [-od]
~aux [-o]
~é [-e]
~eau [-o]
~ée [-e]
~éen [-eɛ̃]
~éenne [-eɛn]
~el [-ɛl]
~elle [-ɛl]
~ement [-mɑ̃]
~ence [-ɑ̃s]
~ent [-ɑ̃]
~ente [-ɑ̃t]
~er [-e]
~ère [-ɛʀ]
~erie [-ʀi]

~esque [-ɛsk]
~esse [-ɛs]
~et [-ɛ]
~ette [-ɛt]
~eur [-œʀ]
~euse [-øz]
~eux [-ø]
~fication [-fikasjõ]
~fier [-fje]
~graphe [-gʀaf]
~graphie [-gʀafi]
~graphique [-gʀafik]
~ible [-ibl(ə)]
~ide [-id]
~ie [-i]
~ien [-jɛ̃]
~ienne [-jɛn]
~ier [-je]
~ière [-jɛʀ]
~if [-if]
~ifère [-ifɛʀ]
~in [-ɛ̃]
~ine [-in]
~ion [-jõ]
~ique [-ik]
~ir [-iʀ]
~isation [-izasjõ]
~ise [-iz]
~iser [-ize]
~isme [-ism(ə)]
~issage [-isaʒ]
~issant [-isɑ̃]
~issement [-ismɑ̃]
~isseur [-isœʀ]
~iste [-ist]
~ite [-it]
~ité [-ite]
~ition [-isjõ]
~ive [-iv]
~logie [-lɔʒi]
~logique [-lɔʒik]
~logiste [-lɔʒist]
~logue [-lɔg]
~ment [-mɑ̃]
~mètre [-mɛtʀ(ə)]
~métrie [-metʀi]
~métrique [-metʀik]
~oïde [-ɔid]
~oir [-waʀ]
~oire [-waʀ]
~ois [-wa]
~oise [-waz]
~on [-õ]
~onne [-ɔn]
~ose [-oz]
~ote [-ɔt]
~otte [-ɔt]
~scope [-skɔp]
~scopie [-skɔpi]
~scopique [-skɔpik]
~té [-te]
~teur [-tœʀ]
~tion [-sjõ]
~tique [-tik]
~toire [-twaʀ]
~trice [-tʀis]
~ule [-yl]
~ure [-yʀ]

Prononciation de l'allemand

EXPLICATION DES SIGNES PHONÉTIQUES

VOYELLES

[iː]	Dieb, ihnen, mir	i long et fermé
[i]	Diplom, Antiquität	i bref et fermé
[ɪ]	Kinn, List, binden	i bref et ouvert
[eː]	Lehm, See, regnen	é long et fermé
[e]	elegant, Reflex	é bref et fermé
[ə]	Stille, Bezirk, rosten	e muet, mais moins arrondi
[ɛː]	Mähne, Bär, quälen	è long et ouvert
[ɛ]	messen, Kern, fällen	è bref et ouvert
[aː]	Zahl, Paar, haben	a long
[a]	zappeln, Ast, Dach	a bref
[oː]	hohl, Moor, toben	o long et fermé
[o]	monoton, Oase	o bref et fermé
[ɔ]	voll, Stock, Post	o bref et ouvert
[øː]	hören, Öfen, Goethe	eu comme dans «Meuse»
[ø]	möblieren, ökonomisch	eu comme dans «yeux»
[œ]	können, Götter, löschen	eu comme dans «neuf»
[uː]	Huhn, gut, du	ou long et fermé
[u]	Musik, Ruine	ou bref et fermé
[ʊ]	Mutter, Busch, Hund	ou bref et ouvert
[yː]	rühmen, müde, Wüste	u long et fermé
[y]	amüsieren, Büro	u bref et fermé
[ʏ]	füllen, Hütte, Büchse	u bref et ouvert

DIPHTONGUES

[aɪ]	Mai, Eisen	ressemble à ail dans «bétail»
[aʊ]	Aufbau, Baum	ressemble à aou dans «Raoul»
[ɔʏ]	euch, läuten	ressemble à eui dans «seuil»

SEMI-VOYELLE

[j]	Junge, jagen, Boje	comme dans «mayonnaise»

CONSONNES

[p]	Panne, Sumpf, Staub[1)]	p aspiré
[t]	Tinte, Platz, Geld[1)]	t aspiré
[k]	Kino, Quark, Ochse, Weg[1)]	k aspiré
[b]	Bach, blau, beben	comme dans «barbe»
[d]	Dame, Handlung, Felder	comme dans «dedans»
[g]	Gans, Sorge, gleich	comme dans «gant»

[f]	Fach, Harfe, Vogel	comme dans «faire»
[v]	was, Löwe, Vase	comme dans «vite»
[s]	aus, lassen, Maß	comme dans «sot»
[z]	Saal, sausen, Felsen	comme dans «rose»
[ʃ]	Busch, Stadt, spielen	comme dans «vache»
[ʒ][2]	Genie, Garage, Giro	
[l]	Land, Welt, füllen	comme dans «lait»
[r][3]	Rabe, rühren, Schrank	comme dans «rare»
[m]	mischen, Lampe, kommen	comme dans «manger»
[n]	Naht, Binse, Tanne	comme dans «nager»
[ŋ]	bringen, Zeitung, Anker	comme dans «camping»
[h]	Hals, Uhu, aha	se prononce avec un souffle perceptible
[ç]	ich, mancher, wenig	se rapproche de la semi-consonne i dans «miel», «fille»
[x]	Nacht, hoch, Rauch	ressemble au r grasseyé des Parisiens dans «gare», «alerte»

AUTRES SIGNES

[ˀ]	indique le coup de glotte («Knacklaut»)
[']	indique l'accent tonique et précède la syllabe accentuée
[ː]	allonge la voyelle précédente
[˜][4]	indique la nasalisation

[1]) b – d – g se transforment en consonnes sourdes à la fin d'un mot et à la fin d'une syllabe quand il s'agit de mots composés; elles se prononcent donc comme p, t, k («Auslautverhärtung»). Cela s'applique également aux groupes de consonnes -gd-, -gt-, -bt-:
ab [ap], und [ʊnt], Tag [taːk], ablaufen ['aplaʊfən], endgültig ['ɛntgʏltɪç], Jagd [jaːkt], gesagt [gə'zaːkt], gibt [giːpt].

[2]) S'emploie surtout dans des mots venant du français. La prononciation populaire est [ʃ].

[3]) Le r allemand tend à se vocaliser devant une consonne et à la fin d'un mot, surtout dans le suffixe -er:
für [fyːr], stark [ʃtark], Lehrer ['leːrər]

[4]) Les nasales s'emploient dans les mots venant du français:
Chance ['ʃɑ̃ːsə], Bassin [ba'sɛ̃], Bonbon [bõ'bõː]
On entend souvent la prononciation ['ʃaŋsə], [ba'sɛŋ], [bɔŋ'bɔŋ].

Im Wörterbuch verwendete Abkürzungen

Abréviations employées dans ce dictionnaire

a	*aussi*, auch
→ *A*	*se décline comme l'adjectif qualificatif épithète*, wird wie das Adjektiv dekliniert
abr	*abréviation*, Abkürzung
abs	*(employé d'une façon) absolu(e)* absolut (gebraucht), ohne Objekt
abus	*abusivement*, fälschlich
acc	*accusatif*, Akkusativ
adj	*adjectif (qualificatif)*, Adjektiv, Eigenschaftswort
adj/ind	*adjectif indéfini*, attributives Indefinitpronomen
adj/poss	*adjectif possessif*, attributives Possessivpronomen
adjt	*adjectivement*, adjektivisch gebraucht
ADM	*administration, langage administratif*, Verwaltung(ssprache)
adv	*adverbe*, Adverb, Umstandswort
advt	*adverbialement*, adverbial gebraucht
AGR	*agriculture*, Landwirtschaft
ANAT	*anatomie*, Anatomie
ARCH	*architecture*, Architektur, Baukunst
arg	*argot*, Ganovensprache, Jargon
ASTR	*astronomie, astrologie*, Astronomie, Astrologie
AUTO	*automobile*, Kraftfahrzeug
AVIAT	*aviation*, Luftfahrt
bes	besonders, *particulièrement*
BIBL	*Bible, langage biblique*, Bibel(sprache)
BIOL	*biologie*, Biologie
BOT	*botanique*, Botanik, Pflanzenkunde
bzw	beziehungsweise, *respectivement*
CATH	*(Église) catholique*, katholisch(e Kirche)
CH	*(terme de) chasse*, Jagd, Jägersprache
CH DE FER	*chemin de fer*, Eisenbahn
CHIM	*chimie*, Chemie
CIN	*cinéma*, Film(wesen), Kino
coll	*terme collectif*, Kollektivum, Sammelname
COMM	*commerce*, Handel
comp	*comparatif*, Komparativ
conj	*conjonction*, Konjunktion, Bindewort
CONSTR	*construction*, Bauwesen
COUT	*couture*, Schneiderei, Mode
CUIS	*cuisine*, Küche
dat	*datif*, Dativ
déf	*défectif*, defektiv, unvollständig
DIPL	*diplomatie*, Diplomatie
ÉCOL	*écologie*, Umwelt(schutz), Ökologie
ÉCON	*économie*, Wirtschaft
e-e	eine, *un(e)*
ÉGL	*Église*, Kirche
ÉLECT	*électrotechnique*, Elektrotechnik
ÉLECTRON	*électronique*, Elektronik
e-m	einem, *à un(e)*
e-n	einen, *un(e)*
enf	*langage des enfants*, Kindersprache
e-r	einer, *d'un(e), à un(e)*
e-s	eines, *d'un(e)*
etc	*et cetera*, und so weiter
etw	etwas, *quelque chose*
f	*(nom) féminin*, Femininum, weiblich
F	*familier*, Umgangssprache
fig	*(au sens) figuré*, bildlich
FIN	*finances*, Finanzen
FORTIF	*fortifications*, Befestigungsanlagen
f/pl	*féminin pluriel*, Femininum Plural
frz	französisch, *français*
gén	*génitif*, Genitiv
GÉOGR	*géographie*, Geografie, Erdkunde
GÉOL	*géologie*, Geologie
GR	*grammaire*, Grammatik
h	verbe auxiliaire: haben
HIST	*histoire, historique*, Geschichte, historisch
ind	*indicatif*, Indikativ

inf	*infinitif*, Infinitiv
INFORM	*informatique*, Informatik, Informationstechnologie
int	*interjection*, Interjektion, Ausruf
inv	*invariable*, unveränderlich
iron	*ironique*, ironisch
irr	*verbe irrégulier composé* (*se conjugue comme le verbe simple*), zusammengesetztes unregelmäßiges Verb
j	jemand, *quelqu'un*
JARD	*jardinage*, Gartenbau
j-m	jemandem, *à quelqu'un*
j-n	jemanden, *quelqu'un*
j-s	jemandes, *de quelqu'un*
JUR	*droit*, *langage juridique*, Recht, Rechtssprache
LING	*linguistique*, Linguistik, Sprachwissenschaft
litt	*littéraire*, literarisch
m	(*nom*) *masculin*, Maskulinum, männlich
MAR	*marine*, *navigation*, *langage des marins*, Marine, Schifffahrt, Seemannssprache
MATH	*mathématiques*, Mathematik
MÉD	*médecine*, Medizin
MÉTÉO	*météorologie*, Meteorologie
MIL	*terme militaire*, Militär
MINÉR	*minéralogie*, Mineralogie
m/pl	*masculin pluriel*, Maskulinum Plural
MUS	*musique*, Musik
MYTH	*mythologie*, Mythologie
n	(*nom*)*neutre*, Neutrum, sächlich
nordd	norddeutsch, *allemand du Nord*
n/pl	*neutre pluriel*, Neutrum Plural
NUCL	(*physique*) *nucléaire*, Kernphysik, Kerntechnik
num/c	*numéral cardinal*, Grundzahl
num/o	*numéral ordinal*, Ordnungszahl
obj/dir	*complément d'objet direct*, direktes Objekt
obj/indir	*complément d'objet indirect*, präpositionales Objekt
od	oder, *ou*
OPT	*optique*, Optik
österr	österreichisch, *autrichien*
P	*populaire*, *grossier*, Volkssprache, derb
par ext	*par extension*, im weiteren Sinne
PEINT	*peinture*, Malerei
péj	*péjoratif*, pejorativ, verächtlich
p/fort	*plus fort*, im verstärkten Sinne
PHARM	*pharmacie*, Pharmazie
PHILOS	*philosophie*, Philosophie
PHON	*phonétique*, Phonetik, Lautlehre
PHOT	*photographie*, Fotografie
PHYS	*physique*, Physik
pl	*pluriel*, Plural, Mehrzahl
plais	*par plaisanterie*, scherzhaft
poét	*poétique*, poetisch, dichterisch
POL	*politique*, Politik
p/p	*participe passé*, Partizip Perfekt
p/pr	*participe présent*, Partizip Präsens
pr	*pronom*, Pronomen, Fürwort
pr/dém	*pronom démonstratif*, Demonstrativpronomen, hinweisendes Fürwort
prép	*préposition*, Präposition, Verhältniswort
pr/ind	*pronom indéfini*, Indefinitpronomen, unbestimmtes Fürwort
pr/int	*pronom interrogatif*, Interrogativpronomen, Fragefürwort
PROT	(*Église*) *protestant*(*e*), evangelisch(e Kirche)
prov	*proverbe*, Sprichwort
pr/pers	*pronom personnel*, Personalpronomen, persönliches Fürwort
pr/poss	*pronom possessif*, Possessivpronomen, besitzanzeigendes Fürwort
pr/rel	*pronom relatif*, Relativpronomen, bezügliches Fürwort
PSYCH	*psychologie*, Psychologie
qc	*quelque chose*, etwas
qn	*quelqu'un*, jemand
®	*marque déposée*, eingetragene Marke
RAD	*radio*, Rundfunk, Hörfunk
REL	*religion*, Religion
RHÉT	*rhétorique*, Redekunst
sc	*scientifique*, wissenschaftlich
schweiz	schweizerisch, *suisse*
SCULP	*sculpture*, Bildhauerkunst
s-e	seine, *sa*, *son*, *ses*
sg	*singulier*, Singular, Einzahl
s-m	seinem, *à son*, *à sa*
sn	*verbe auxiliaire*: sein
s-n	seinen, *son*, *sa*, *à ses*
s-r	seiner, *de sa*, *de son*, *de ses*, *à sa*, *à son*
s-s	seines, *de son*, *de sa*

st/s	*style soutenu*, gehobener Stil
subj	*subjonctif*, Konjunktiv
subst	*substantif*, *nom*, *substantivement*, Substantiv, Hauptwort, substantivisch gebraucht
südd	süddeutsch, *allemand du Sud*
sup	*superlatif*, Superlativ
TECH	*technique*, *technologie*, Technik
TÉL	*téléphone*, Telefon
TEXT	*textiles*, Textilien, Textilindustrie
THÉ	*théâtre*, Theater
TV	*télévision*, Fernsehen
TYPO	*typographie*, *imprimerie*, Buchdruck, Typographie
u	und, *et*
v/aux	*verbe auxiliaire*, Hilfsverb
v/i	*verbe intransitif*, intransitives Verb
v/imp	*verbe impersonnel*, unpersönliches Verb
VIT	*viticulture*, Weinbau
v/pr	*verbe pronominal*, (französisches) reflexives Verb
v/r	*verbe réfléchi*, (deutsches) reflexives Verb
v/t	*verbe transitif*, transitives Verb
v/t/indir	*verbe transitif indirect*, Verb mit Präpositionalobjekt
ZO	*zoologie*, Zoologie
Zssgn	Zusammensetzungen, *composés*

A

A, a[1] [ɑ, a] *m* ⟨*inv*⟩ A, a *n*; *fig* ***de A à Z*** von A bis Z; ***prouver qc par a + b*** etw klar beweisen

a[2] [a] → ***avoir***

▸ **à** [a] *prép* ⟨„*à le*" *wird zu* **au**, „*à les*" *zu* **aux** *zusammengezogen*⟩ **1** *lieu*: **a)** *question «wo?»*: in, auf, an (+ *dat*); *être, arriver* ***~ Paris*** in Paris; ***au Portugal*** in Portugal; ***aux États-Unis*** in den Vereinigten Staaten; ***~ Madagascar*** auf Madagaskar; ***~ la fenêtre*** am Fenster; ***~ l'hôtel*** im Hotel; **b)** *question «wohin?»*: nach (+ *dat*); in, an, auf (+ *acc*); zu (+ *dat*); *aller, envoyer* ***~ Paris*** nach Paris; ***au Canada*** nach Kanada; ***~ Chypre*** nach Zypern; ***aux Pays-Bas*** in die Niederlande; **2** *temps*: ***~ son arrivée*** bei s-r Ankunft; ***~ six heures*** um sechs (Uhr); ***au mois de janvier*** im (Monat) Januar; ***~ lundi!*** bis Montag!; **3** *destination, but*: ***marché*** *m* ***aux poissons*** Fischmarkt *m*; ***tasse*** *f* ***~ café*** Kaffeetasse *f*; ***machine*** *f* ***~ écrire*** Schreibmaschine *f*; ***avoir beaucoup ~ faire*** viel zu tun haben; **4** *introduisant un complément d'obj/indir: souvent traduit par un datif*; ***arracher aux flammes*** den Flammen entreißen; ***donner qc ~ qn*** j-m etw geben; ***penser ~ qn*** an j-n denken; ***~ toi!*** du bist dran!; RAD ***~ vous Paris!*** Paris, bitte melden!; **5** *appartenance*: ***ce livre est ~ moi*** dieses Buch gehört mir; ***c'est mon livre ~ moi*** das ist mein Buch; ***un ami ~ moi*** ein Freund von mir; **6** *manière*: ***~ bicyclette*** mit dem (Fahr)Rad; ***~ mes frais*** auf meine Kosten; *se chauffer* ***au mazout*** mit Öl; ***aux yeux bleus*** mit blauen Augen; ***~ la française, ~ l'italienne,*** *etc* auf französische, italienische *etc* Art; F ***~ la Picasso*** nach Picassos Art; im Stil Picassos; F à la Picasso; **7** *mesures et nombres*: ***au kilo*** *vendre* kiloweise; *prix* pro Kilo; ***~ 20 euros (la) pièce*** das Stück zu 20 Euro; ***~ cinq*** zu fünft; zu fünfen; ***~ dix contre un*** zehn gegen einen; ***~ 100 m d'ici*** 100 m von hier; ***on voit ~ 50 m*** man sieht 50 m weit; ***~ 100 degrés*** bei 100 Grad; ***~ 100 ~ l'heure*** mit 100 Stundenkilometern; ***4 ~ 5 heures*** 4 bis 5 Stunden; ***de 4 ~ 6 heures*** von 4 bis 6 Uhr

abaissement [abɛsmɑ̃] *m* Senkung *f*; Herabsetzung *f*

abaisser [abese] **I** *v/t* **1** *prix, niveau* senken; herabsetzen; **2** *fig* erniedrigen; demütigen; **II** *v/pr* ***s'~*** *fig* sich erniedrigen; sich demütigen; ***s'~ à faire qc*** sich herabwürdigen, etw zu tun

abandon [abɑ̃dõ] *m* **1** (*action de quitter*) Verlassen *n*; ***~ d'enfant*** Kindesaussetzung *f*; **2** (*cessation*) Aufgabe *f* (*a* SPORTS); Verzicht *m* (**de** auf + *acc*); Preisgabe *f*; **3** (*délaissement*) Verwahrlosung *f*; ***laisser à l'~*** verwahrlosen lassen; **4** (*nonchalance*) Ungezwungenheit *f*; Gelöstheit *f*

abandonné [abɑ̃dɔne] *adj* ⟨**~e**⟩ verlassen; (*négligé*) verwahrlost; *animal, voiture* herrenlos

▸ **abandonner** [abɑ̃dɔne] **I** *v/t* **1** verlassen; im Stich lassen; *bébé, animal* aussetzen; **2** *métier, projet, combat, espoir* aufgeben (*a abs*); **3** ***~ qn à son triste sort*** j-n s-m Schicksal überlassen, preisgeben; **II** *v/pr* ***s'~*** **4** sich hingeben, sich überlassen (***à un sentiment*** e-m Gefühl); **5** (*s'épancher*) sich aussprechen; sein Herz ausschütten

abasourdir [abazuʀdiʀ] *v/t* **1** benommen machen; betäuben; **2** (*étonner*) verblüffen; verdutzen

abat-jour [abaʒuʀ] *m* ⟨*inv*⟩ Lampenschirm *m*

abats [aba] *m/pl* Innereien *pl*, Kopf *m* und Füße *m/pl*

abattage [abataʒ] *m* **1** *d'un arbre* Fällen *n*; **2** *d'un animal* Schlachten *n*

abattant [abatɑ̃] *m* (Klapp)Deckel *m*

abattement [abatmɑ̃] *m* **1** FIN Abschlag *m*; Ermäßigung *f*; **2** (*fatigue*) Mattigkeit *f*; Kraftlosigkeit *f*; *moral* Niedergeschlagenheit *f*

abattis [abati] *m/pl* **1** Hühner- *ou* Gänseklein *n*; **2** F *fig* Gliedmaßen *f/pl*

abattoir [abatwaʀ] *m* Schlachthaus *n*, -hof *m*

abattre [abatʀ(ə)] ⟨→ battre⟩ **I** *v/t* **1** *arbre* fällen; *maison* niederreißen; *avion* abschießen; **2** *animal* schlachten; CH erlegen; schießen; **3 ~ qn** j-n niederschießen, erschießen, F *péj* abknallen; **4 ~ de la besogne** flink, tüchtig arbeiten; **5** *maladie* **~ qn** j-n schwächen, entkräften; **6** *échec* **~ qn** j-n niedergeschlagen machen, niederdrücken; ***ne pas se laisser ~*** sich nicht unterkriegen lassen; **II** *v/pr* **7 s'~** *arbre* umstürzen; *avion* abstürzen; **8 s'~ sur** *orage* niedergehen auf (+ *acc*); *sauterelles* herfallen über (+ *acc*); *fig malheur* kommen über (+ *acc*)

abattu [abaty] *adj* ⟨~e⟩ niedergeschlagen, -gedrückt

abbaye [abei] *f* Abtei *f*

abbé [abe] *m* **1** Geistliche(r) *m*; Pfarrer *m*; **2** *d'un monastère* Abt *m*

abbesse [abɛs] *f* Äbtissin *f*

abc [abese] *m* ⟨*inv*⟩ *fig* Abc *n*; Einmaleins *n*

abcès [apsɛ] *m* Abszess *m*; *fig* ***crever l'~*** das Übel an der Wurzel packen

abdication [abdikasjõ] *f* Abdankung *f*

abdiquer [abdike] *v/i* **1** abdanken; **2** *fig* aufgeben; kapitulieren

abdomen [abdɔmɛn] *m* Bauch *m*; Unterleib *m*

abdominal [abdɔminal] **I** *adj* ⟨~e; -aux [-o]⟩ Bauch…; Unterleibs…; **II** ***abdominaux*** *m/pl* Bauchmuskeln *m/pl*; *par ext* Übungen *f/pl* zur Kräftigung der Bauchmuskeln

abécédaire [abesedɛʀ] *m* Fibel *f*

▸**abeille** [abɛj] *f* Biene *f*

aberr|ant [abɛʀɑ̃] *adj* ⟨-ante [-ɑ̃t]⟩ abwegig; aberwitzig; **~ation** [-asjõ] *f* Verirrung *f*; Absurdität *f*

abêtir [abetiʀ] *v/t et v/i* verdummen; verblöden

abhorrer [abɔʀe] *litt v/t* verabscheuen

abîme [abim] *m* Abgrund *m* (*a fig*)

▸**abîmer** [abime] **I** *v/t* beschädigen; F ramponieren; F kaputtmachen; *cheveux* strapazieren; *santé* angreifen; **II** *v/pr* **1 s'~** beschädigt, schadhaft werden; *denrées* verderben; schlecht werden; F kaputtgehen; **2 s'~ *les yeux*** sich die Augen verderben

abject [abʒɛkt] *adj* ⟨~e⟩ niederträchtig; gemein; schändlich

abjurer [abʒyʀe] *v/t* abschwören (+ *dat*)

ablation [ablasjõ] *f* operative Entfernung

ablette [ablɛt] *f* Weißfisch *m*

ablution [ablysjõ] *f* (rituelle) Waschung

abnégation [abnegasjõ] *f* Selbstverleugnung *f*; Selbstlosigkeit *f*

aboiements [abwamɑ̃] *m/pl* Gebell *n*; Bellen *n*

abois *adjt* ***aux ~*** [ozabwa] in äußerster Bedrängnis; in e-r ausweglosen Lage

abol|ir [abɔliʀ] *v/t* abschaffen; aufheben; **~ition** [-isjõ] *f* Abschaffung *f*; Aufhebung *f*

abomin|able [abɔminabl(ə)] *adj* abscheulich; scheußlich; gräulich; **~ation** [-asjõ] *f* Abscheulichkeit *f*; Gräuel *m*

abondamment [abõdamɑ̃] *adv* → ***abondant***

abondance [abõdɑ̃s] *f* Fülle *f*; Überfluss *m* (**de** an + *dat*); ***en ~*** reichlich; im Überfluss; in Hülle und Fülle

abondant [abõdɑ̃] *adj* ⟨-ante [-ɑ̃t]⟩ reichlich; ausgiebig; üppig; *récolte* reich

abonder [abõde] *v/i* **1** reichlich, im Überfluss vorhanden sein; **~ *en*** reich sein an (+ *dat*); **2 ~ *dans le sens de qn*** j-m voll und ganz beipflichten

abonné [abɔne] *m à un journal* Bezieher *m*; Abonnent *m* (*a* THÉ); *au gaz* Abnehmer *m*; CH DE FER Zeitkarteninhaber *m*; ***~s au téléphone*** Fernsprechteilnehmer *m/pl*

abonnement [abɔnmɑ̃] *m* Abonnement *n*; ***carte*** *f* ***d'~*** *pour transports en commun* Zeitkarte *f*; *pour musées, piscine* Dauerkarte *f*

abonner [abɔne] **I** *v/t* ***~ qn à un journal*** für j-n e-e Zeitung abonnieren; **II** *v/pr* ***s'~ à une revue*** e-e Zeitschrift abonnieren

abord [abɔʀ] *m* **1 *abords*** *pl* (unmittelbare, nächste) Umgebung; **2 *d'un abord facile*** *lieu* leicht zugänglich; *personne* umgänglich; **3** ▸ ***d'abord*** zuerst; zunächst; ***tout d'abord*** zu(aller)erst; ***au premier abord*** auf den ersten Blick; zunächst

abordable [abɔʀdabl(ə)] *adj* (*prix d'une*) *chose* erschwinglich

aborder [abɔʀde] **I** *v/t* **1** *navire* entern; **2 ~ *qn*** j-n ansprechen, anreden; **3** (*arriver à*) herangehen, -kommen, *véhicule* heranfahren an (+ *acc*); **4** *sujet* anschneiden; zur Sprache bringen; aufgreifen; ansprechen; **II** *v/i* MAR anlegen; landen

aborigène [abɔʀiʒɛn] **I** *adj* einheimisch; **II** *m/pl* **~s** Ureinwohner *m/pl*; Eingeborene(n) *pl*
aboutir [abutiʀ] **I** *v/t/indir* **~ à 1** *chemin, etc* münden in (+ *acc*); enden in (+ *dat*); **2** *fig* (*mener à*) führen zu; **II** *v/i* zu e-m Ergebnis führen
aboutissement [abutismɑ̃] *m* Ergebnis *n*; Erfolg *m*
▸**aboyer** [abwaje] *v/i* ⟨-oi-⟩ **1** *chien* bellen; **~ après qn** j-n anbellen; **2** *fig* belfern; zetern; schreien
abracadabrant [abʀakadabʀɑ̃] *adj* ⟨-ante [-ɑ̃t]⟩ wunderlich; unwahrscheinlich; grotesk
abrasif [abʀazif] *adj* ⟨-ive [-iv]⟩ scheuernd; Schleif…
abrégé [abʀeʒe] *m* Kurzfassung *f*; (kurzer) Abriss; **en ~** in Kurzfassung; (ab)gekürzt; kurz gesagt
abréger [abʀeʒe] *v/t* ⟨-è-; -ge-⟩ *texte* kürzen; *mot, itinéraire, souffrances* ab-, verkürzen
abreuver [abʀœve] **I** *v/t* **1** *animaux* tränken; **2** *fig* **~ qn d'injures** j-n mit Beleidigungen überschütten; **II** *v/pr* **s'~** *animal* trinken; F *personne* ausgiebig trinken
abreuvoir [abʀœvwaʀ] *m* Tränke *f*
abréviation [abʀevjasjõ] *f* Abkürzung *f*
abri [abʀi] *m* **1** Schutzdach *n*; *à l'arrêt d'un bus* Wartehäuschen *n*; *par ext* (*protection*) Schutz *m*; (*habitation*) Obdach *n*; Unterschlupf *m*; **à l'~ de** sicher vor (+ *dat*); geschützt gegen; **à l'~ du vent** windgeschützt; im Windschatten; **être à l'~** in Sicherheit, sicher sein; **se mettre à l'~** sich unterstellen; Schutz suchen; **être sans ~** obdachlos sein; **2** MIL Unterstand *m*; *pour les civils* Schutzraum *m*
abribus [abʀibys] *m* Wartehäuschen *n*
abricot [abʀiko] *m* **1** Aprikose *f*; **2** *adjt* ⟨*inv*⟩ aprikosenfarbig
abricotier [abʀikɔtje] *m* Aprikosenbaum *m*
abriter [abʀite] **I** *v/t* **1** Schutz bieten (**qn** j-m), schützen (**de** gegen; vor + *dat*); **abrité** (wind-, wetter)geschützt; **2** *fig* beherbergen; **II** *v/pr* **s'~ 3** sich schützen; Schutz suchen; sich unterstellen; **4** *fig* **s'~ derrière qn** sich hinter j-m verschanzen
abroger [abʀɔʒe] *v/t* ⟨-ge-⟩ aufheben; außer Kraft setzen
abrupt [abʀypt] *adj* ⟨**~e**⟩ **1** (*raide*) steil; abschüssig; schroff; **2** *question, etc* unvermittelt; direkt; schonungslos
abruti(e) [abʀyti] *m(f)* *injure* blöder Kerl; Blödmann *m*; blöde Ziege, Kuh
abrutir [abʀytiʀ] **I** *v/t* abstumpfen; (*abêtir*) verdummen; **II** *v/pr* **s'~** abstumpfen; verblöden
abrutiss|ant [abʀytisɑ̃] *adj* ⟨-ante [-ɑ̃t]⟩ stumpfsinnig; geisttötend; *vacarme* ohrenbetäubend; **~ement** [-mɑ̃] *m* Verdummung *f*; Verblödung *f*
absence [apsɑ̃s] *f* **1** Abwesenheit *f*; Fehlen *n*; **~ d'enfants, de ressources** Kinder-, Mittellosigkeit *f*; **2 avoir des ~s** an Gedächtnisschwäche leiden; (*être distrait*) zeitweilig geistesabwesend sein
▸**absent** [apsɑ̃] **I** *adj* ⟨-ente [-ɑ̃t]⟩ **1** abwesend; **être ~ a** fehlen (*a chose*); **2** (*distrait*) geistesabwesend; zerstreut; **II ~(e)** *m(f)* Abwesende(r) *f(m)*
absentéisme [apsɑ̃teism(ə)] *m* häufiges Fernbleiben; ADM Fehlzeiten *f/pl*; F Krankfeiern *n*; *à l'école* F Schulschwänzen *n*
absenter [apsɑ̃te] *v/pr* **s'~** weggehen; sich (kurz) entfernen
abside [apsid] *f* Apsis *f*
absinthe [apsɛ̃t] *f* **1** BOT Wermut *m*; **2** *liqueur* Absinth *m*
absolu [apsɔly] **I** *adj* ⟨**~e**⟩ **1** absolut; unbedingt; völlig; **majorité ~e** absolute Mehrheit; **monarchie ~e** absolute Monarchie; **2** *personne* **être trop ~** zu kompromisslos urteilen; **II** *m* **1 l'~** das Absolute; **2 dans l'~** losgelöst von der Wirklichkeit
▸**absolument** [apsɔlymɑ̃] *adv* unbedingt; absolut; *avec adj a* völlig; **~!** unbedingt!; durchaus!
absolu|tion [apsɔlysjõ] *f* Absolution *f*; Lossprechung *f*; **~tisme** [-tism(ə)] *m* Absolutismus *m*
absorber [apsɔʀbe] **I** *v/t* **1** (*résorber*) (in sich) aufnehmen; absorbieren; *liquide a* aufsaugen; **2** *aliment* zu sich nehmen; *médicament* einnehmen; **3** *fig capitaux* aufzehren; verschlingen; *entreprise* F schlucken; **4** *activité* **~ qn** j-n (stark, ganz) in Anspruch nehmen; **absorbé** (**dans ses pensées**) in Gedanken versunken; **II** *v/pr* **s'~ dans qc** sich in etw

(*acc*) vertiefen, versenken; in etw (*dat*) aufgehen

absorption [apsɔʀpsjõ] *f* **1** Aufnahme *f*; Aufsaugung *f*; Absorption *f*; **2** *de médicaments* Einnahme *f*

absoudre [apsudʀ(ə)] *v/t* ⟨j'absous, il absout, nous absolvons; j'absolvais; j'absoudrai; que j'absolve; absolvant; absous, absoute⟩ CATH lossprechen; absolvieren

abstenir [apstəniʀ] *v/pr* ⟨→ venir⟩ **1** ***s'~ de qc*** sich e-r Sache (*gén*) enthalten; etw unterlassen; **2** (*ne pas voter*) ***s'~*** sich der Stimme enthalten

abstention [apstɑ̃sjõ] *f* (Stimm)Enthaltung *f*

abstentionn|isme [apstɑ̃sjɔnism(ə)] *m* Stimmenthaltung *f*; Wahlmüdigkeit *f*; **~iste** [-ist] *m,f* Nichtwähler(in) *m(f)*

abstinence [apstinɑ̃s] *f* Abstinenz *f*; Enthaltsamkeit *f*; ***faire ~*** Enthaltsamkeit üben

abstraction [apstʀaksjõ] *f* **1** Abstraktion *f*; **2** ***faire ~ de*** absehen von

abstraire [apstʀɛʀ] ⟨→ traire⟩ **I** *v/t* abstrahieren; **II** *v/pr* ***s'~*** s-e Umwelt vergessen

▸ **abstrait** [apstʀɛ] *adj* ⟨-aite [-ɛt]⟩ abstrakt; begrifflich; ***art ~*** abstrakte Kunst

absurd|e [apsyʀd] *adj* absurd; unsinnig; widersinnig; **~ité** [-ite] *f* Absurdität *f*

abus [aby] *m* **1** Missbrauch *m*; ***~ d'alcool*** übermäßiger Alkoholgenuss; JUR ***~ de confiance*** Untreue *f*; F ***il y a de l'~*** das geht zu weit; **2** (*injustice*) Missstand *m*

abuser [abyze] **I** *v/t* täuschen; **II** *v/t/indir* ***~ de*** missbrauchen; ausnutzen; *abs* zu weit gehen; **III** *v/pr* ***s'~*** sich täuschen; (sich) irren

abusif [abyzif] *adj* ⟨-ive [-iv]⟩ **1** missbräuchlich; *emploi d'un mot* fälschlich; ***usage ~*** übermäßiger Gebrauch; Missbrauch *m*; **2** *mère, père* besitzergreifend

abysse [abis] *m* **1** GÉOGR Tiefseegraben *m*; **2** *fig* Abgrund *m*

acabit [akabi] *m péj* ***de cet ~*** dieses Schlages; von der Art, Sorte

acacia [akasja] *m* Akazie *f*

académic|ien [akademisjɛ̃] *m*, **~ienne** [-jɛn] *f* Akademiemitglied *n*

académie [akademi] *f* **1** Akademie *f*; gelehrte Gesellschaft; ***l'♀ (française)*** die Académie française; **2** *école* Akademie *f*; (Hoch)Schule *f*; **3** *circonscription* Schulaufsichtsbezirk *m*

L'Académie française

Oberste Sprachinstitution in Frankreich ist die **Académie française**, die 1635 von Kardinal Richelieu gegründet wurde. Sie hat 40 Mitglieder, les **Académiciens**, wichtige Persönlichkeiten aus Kultur und Politik (weitere Infos bei **immortel**).

Hauptaufgabe der **Académie** ist es, die Reinheit der französischen Sprache zu bewahren. Deshalb bekämpft sie das Eindringen von Fremdwörtern, insbesondere von Begriffen aus dem Englischen, ins Französische und schlägt dafür französische Entsprechungen vor. Diese setzen sich allerdings nur zum Teil durch. Einige Beispiele:

englisches Fremdwort	offiziell empfohlener Ausdruck
le come-back	**la rentrée**
le tie-break	**le jeu décisif**
le week-end	**la fin de semaine**
le software	**le logiciel**
le hardware	**le matériel**

académique [akademik] *adj* **1** Akademie…; **2** *fig* akademisch; schulmäßig

acajou [akaʒu] *m* Mahagoni *n*

acariâtre [akaʀjɑtʀ(ə)] *adj* mürrisch; griesgrämig

acariens [akaʀjɛ̃] *m/pl* Milben *f/pl*

accablant [akablɑ̃] *adj* ⟨-ante [-ɑ̃t]⟩ *chaleur* drückend; *preuves* erdrückend; *nouvelle* niederdrückend

accabler [akable] *v/t* **1** ***~ qn*** *chaleur* j-m zu schaffen machen; *soucis* j-n (be)drücken; *témoignage* j-n schwer belasten; ***accablé de travail*** (mit Arbeit) überlastet; **2** ***~ qn de qc*** j-n mit etw überhäufen, überschütten

accalmie [akalmi] *f* kurze, momentane Beruhigung (*a fig*)

accaparer [akapaʀe] *v/t place* in Beschlag nehmen; beanspruchen; *conversation* an sich ziehen; *attention* auf sich ziehen, lenken; **~ qn** j-n mit Beschlag belegen; *travail* j-n (völlig) in Anspruch nehmen; j-n (stark) beanspruchen
accéder [aksede] *v/t/indir* ‹-è-› **~ à** **1** *personne* gelangen zu; erreichen; **2** *fig* **~ à qc** zu etw gelangen; etw erlangen; **3 ~ aux désirs de qn** j-s Wünschen nachkommen
accélérateur [akseleʀatœʀ] *m* **1** AUTO Gashebel *m*, -pedal *n*; **donner un coup d'~** aufs Gas treten, Gas geben (*a fig*); **2** PHYS **~ de particules** Teilchenbeschleuniger *m*
accélération [akseleʀasjõ] *f* Beschleunigung *f* (*a* PHYS)
accéléré [akseleʀe] *m* Zeitraffer *m*
▸ **accélérer** [akseleʀe] ‹-è-› **I** *v/t* beschleunigen; **II** *v/i* AUTO Gas geben; **III** *v/pr* **s'~** schneller werden
▸ **accent** [aksɑ̃] *m* **1** PHON Ton *m*; Betonung *f*; Akzent *m* (*a signe*); **2** Akzent *m*; Tonfall *m*; **avoir un ~** mit (e-m) Akzent sprechen; **3** *fig dans la voix* Unterton *m*; Beiklang *m*; **4** *fig* **mettre l'~ sur** Nachdruck, den Ton legen auf (+ *acc*)
accentuation [aksɑ̃tɥasjõ] *f* **1** Betonung *f*; Akzentuierung *f*; **2** *fig* Verstärkung *f*; Verschärfung *f*
accentuer [aksɑ̃tɥe] **I** *v/t* **1** betonen; akzentuieren; **2** *fig* (*souligner*) betonen; unterstreichen; hervorheben; *efforts* verstärken; **II** *v/pr* **s'~** *tendance* sich verstärken; *froid* sich verschärfen
accept|able [aksɛptabl(ə)] *adj* annehmbar; akzeptabel; *travail a* zumutbar; **~ation** [-asjõ] *f* Annahme *f*; Akzeptierung *f*
▸ **accepter** [aksɛpte] *v/t* annehmen; akzeptieren; *personne a* anerkennen; *proposition a* eingehen auf (+ *acc*); *thèse* gelten lassen; *échec, la mort* hinnehmen; akzeptieren; **~ de** (+ *inf*) sich bereit erklären, zusagen zu (+ *inf*)
acception [aksɛpsjõ] *f* Bedeutung *f*; Sinn *m*
accès [aksɛ] *m* **1** Zugang *m* (*a fig*); *pour véhicules* Zufahrt *f*; *pour personnes a* Zutritt *m*; *lieu, fig* **d'un ~ facile** leicht zugänglich; **donner ~ à** führen zu; *à un métier* den Zugang eröffnen zu; **2** (*crise*) Anfall *m*; *d'émotion a* Anwandlung *f*; **~ de colère, de fièvre** Wut-, Fieberanfall *m*; **3** INFORM Zugriff *m*
accessible [aksesibl(ə)] *adj* **1** *lieu* zugänglich (**à** für); erreichbar; **2** *œuvre* zugänglich, verständlich (**à qn** j-m); **3** *personne* empfänglich (**à qc** für etw)
accession [aksesjõ] *f* Erlangung *f* (**à** *gén*)
accessoire [akseswaʀ] **I** *adj* nebensächlich; untergeordnet; **II** *m* **1** TECH Zubehörteil *n*; **~s** *pl* Zubehör *n*; **2 ~s** *pl* (**de mode**) Accessoires *n/pl*; modisches Zubehör; **3** THÉ, CIN Requisit *n*
accessoirement [akseswaʀmɑ̃] *adv* in

Les accents français

1. l'accent aigu

nur auf dem **e**:	**le café, la télé, retiré** *usw.*

2. l'accent grave

auf dem **e**:	**le mètre, la pièce, la rivière** *usw.*
auf dem **a**:	**à, là, voilà** *usw.*
auf dem **u**:	*zur Unterscheidung von* **ou** (oder) *und* **où** (wo)

3. l'accent circonflexe

auf allen Vokalen:	**le gâteau, la tête, l'île, drôle, brûler** *usw.*

Beim Buchstaben **e** ergeben sich je nach Akzent Unterschiede in der Aussprache:
é ist geschlossen [e], **è** und **ê** sind offen [ɛ].

zweiter Linie; (*en plus*) zusätzlich

▸**accident** [aksidɑ̃] *m* **1** Unfall *m*; Unglück *n*; **~ *d'avion, de train*** Flugzeug-, Zugunglück *n*; **~ *de la route, de voiture*** Verkehrs-, Autounfall *m*; **2 ~ (*de parcours*)** Zwischenfall *m*; Panne *f*; **3 ~ *de terrain*** Unebenheit *f* (des Geländes)

accidenté [aksidɑ̃te] **I** *adj* ⟨**~e**⟩ **1** *terrain* hügelig; uneben; **2** *personne, véhicule* verunglückt; **II ~(*e*)** *m*(*f*) Verunglückte(r) *f*(*m*); Unfallopfer *n*

accidentel [aksidɑ̃tɛl] *adj* ⟨**~le**⟩ **1** (*fortuit*) zufällig; **2 *mort ~le*** Unfalltod *m*

acclam|ations [aklamasjõ] *f/pl* begeisterte Zurufe *m/pl*; Jubel *m*; **~er** [-e] *v/t* zujubeln (***qn*** j-m)

acclimatation [aklimatasjõ] *f* Akklimatisierung *f*; Eingewöhnung *f*

acclimater [aklimate] **I** *v/t* akklimatisieren; heimisch machen; **II** *v/pr* ***s'~*** sich akklimatisieren; sich eingewöhnen; heimisch werden; *personne a* sich einleben

accolade [akɔlad] *f* **1** (zeremonielle) Umarmung; **2** TYPO (geschweifte) Klammer

accoler [akɔle] *v/t* nebeneinander setzen; **~ *qc à qc*** etw an etw (*acc*) anfügen

accommod|ant [akɔmɔdɑ̃] *adj* ⟨-ante [-ɑ̃t]⟩ umgänglich; **~ation** [-asjõ] *f* Anpassung *f*; **~ement** [-mɑ̃] *m* Ausgleich *m*; Arrangement *n*

accommoder [akɔmɔde] **I** *v/t* **1** CUIS zubereiten; *restes* verwerten; **II** *v/pr* **1 *s'~ à*** sich anpassen (+ *dat*); **2 *s'~ de*** sich abfinden mit; sich schicken in (+ *acc*); vorlieb nehmen mit

accompagna|teur [akõpaɲatœʀ] *m*, **~trice** [-tʀis] *f* Begleitperson *f*; Begleiter(in) *m*(*f*) (*a* MUS); *d'un voyage organisé* Reiseleiter(in) *m*(*f*)

accompagnement [akõpaɲəmɑ̃] *m* **1** Begleitung *f* (*a* MUS); **2** CUIS Beilage *f*

▸**accompagner** [akõpaɲe] *v/t* **1** begleiten (*a* MUS); ***bagages accompagnés*** Reisegepäck *n*; **2 ~ *un mets*** zu e-m Gericht serviert werden

accompli [akõpli] *adj* ⟨**~e**⟩ vollendet; ***fait ~*** vollendete Tatsache; ***mettre qn devant le fait ~*** j-n vor vollendete Tatsachen stellen

accomplir [akõpliʀ] **I** *v/t mission* erfüllen; *action* ausführen; *formalités* erledigen; *temps de service* ableisten; **II** *v/pr* ***s'~*** sich erfüllen; in Erfüllung gehen

accomplissement [akõplismɑ̃] *m* Erfüllung *f*; Ausführung *f*

accord [akɔʀ] *m* **1** (*entente*) Übereinstimmung *f*; Einvernehmen *n*; ***d'un commun accord*** in gegenseitigem Einvernehmen; ***en accord avec*** in Übereinstimmung mit; ▸***être d'accord*** (sich) einig sein, (darin) übereinstimmen (***avec qn*** mit j-m); ***se mettre d'accord, tomber d'accord*** sich einig werden, sich einigen (***sur*** über + *acc*); **2** (*approbation*) Einverständnis *n*; ***d'accord!***, F ***d'acc!*** einverstanden!; ▸***être d'accord*** (damit) einverstanden sein; **3** (*convention*) Vereinbarung *f*; Übereinkunft *f*; Absprache *f*; Abkommen *n*; Einigung *f*; **4** MUS Akkord *m*; **5** GR Kongruenz *f*; Übereinstimmung *f*

accordéon [akɔʀdeõ] *m* **1** MUS Akkordeon *n*; Ziehharmonika *f*; **2** *fig* ***en ~*** *chaussettes* Falten werfend; ***circulation f en ~*** Stop-and-go-Verkehr *m*

accorder [akɔʀde] **I** *v/t* **1** (*donner*) gewähren; bewilligen; *confiance* schenken; **~ *à qn que …*** j-m zugestehen, dass …; **2** (*mettre en accord*) in Übereinstimmung bringen (***avec*** mit) (*a* GR); abstimmen (auf + *acc*); **3** *instrument de musique* stimmen; **II** *v/pr* **4 *s'~*** harmonieren; zusammenpassen; sich vertragen; **5** GR ***s'~ avec*** sich richten nach; **6 *s'~ qc*** sich etw gönnen

accordeur [akɔʀdœʀ] *m* Stimmer *m*

accoster [akɔste] **I** *v/t qn* ansprechen; anreden; **II** *v/i* MAR anlegen

accotement [akɔtmɑ̃] *m* Rand-, Seitenstreifen *m*

accouchement [akuʃmɑ̃] *m* Entbindung *f*; Geburt *f*

accoucher [akuʃe] **I** *v/t* entbinden; **II** *v/t/indir* **~ *de*** **1** entbunden werden von; *abs* entbinden; **2** *fig et plais* zuwege bringen

accoud|er [akude] *v/pr* ***s'~*** sich mit dem *ou* den Ellbogen aufstützen (***à, sur*** auf + *acc*); **~oir** [-waʀ] *m* Armlehne *f*, -stütze *f*

accouplement [akupləmɑ̃] *m* **1** ZO Paarung *f*; Begattung *f*; **2** TECH Kopp(e)lung *f*

accoupler [akuple] **I** *v/t* **1** *animaux* paaren (***et, à*** mit); **2** TECH koppeln; **3** *fig* zusammenbringen; **II** *v/pr* **s'~** sich paaren; sich begatten

accourir [akuʀiʀ] *v/i* ⟨→ courir; *meist* être⟩ herbeieilen; **~ *vers qn*** auf j-n zueilen

accoutr|ement [akutʀəmɑ̃] *m péj* Aufzug *m*; Aufmachung *f*; Ausstaffierung *f*; **~er** [-e] *v/t* (*et v/pr* **s'~** sich) ausstaffieren

accoutumance [akutymɑ̃s] *f* Gewöhnung *f* (**à** an + *acc*)

accoutumé [akutyme] *adj* ⟨~e⟩ gewohnt; ***comme à l'~e*** wie gewöhnlich; ***être ~ à qc*** an etw (*acc*) gewöhnt sein; etw gewohnt sein

accoutumer [akutyme] *v/t* (*et v/pr* **s'~** sich) gewöhnen (**à** an + *acc*)

accréditer [akʀedite] *v/t* **1** DIPL akkreditieren; beglaubigen; **2** *nouvelle* bestätigen

accro [akʀo] F *adj* ⟨*f inv*⟩ süchtig

accroc [akʀo] *m* **1** Riss *m*; **2** *fig* Schwierigkeit *f*; Hindernis *n*

accrochage [akʀɔʃaʒ] *m* AUTO, MIL, *fig* Zusammenstoß *m*

accroche [akʀɔʃ] *f* Blickfang *m*; werbewirksamer Spruch

accroche-cœur *m* ⟨accroche-cœurs⟩ Schmachtlocke *f*

▸**accrocher** [akʀɔʃe] **I** *v/t* **1** *tableau, manteau, etc* aufhängen; *remorque* anhängen; (*attacher*) festmachen (**à** an + *dat*); ***rester accroché à qc*** an etw (*dat*) hängen bleiben; **2** *piéton, véhicule* anfahren; zusammenstoßen mit; **II** *v/i* **3** *publicité, film* zugkräftig sein; ziehen; **III** *v/pr* **4** **s'~** (*rester accroché*) hängen bleiben (**à** an + *dat*); **5** **s'~** (*se cramponner*) sich festhalten (**à** an + *dat*); *fig* ***s'~ à qn, qc*** sich an j-n, etw klammern; **6** **s'~** (*s'efforcer*) sich anstrengen; F sich ranhalten; **7** *fig* ***s'~ avec qn*** mit j-m zusammenstoßen; sich mit j-m anlegen

accrocheur [akʀɔʃœʀ] *adj* ⟨-euse [-øz]⟩ **1** *personne* zäh; ausdauernd; **2** *publicité* zugkräftig

accroire [akʀwaʀ] *v/t* ⟨*nur inf*⟩ ***il veut m'en faire ~*** er will mir etw weismachen

accroissement [akʀwasmɑ̃] *m* Zunahme *f*; Anwachsen *n*; Vermehrung *f*; Vergrößerung *f*; Steigerung *f*

accroître [akʀwatʀ(ə)] ⟨j'accrois, il accroît, nous accroissons; j'accroissais; j'accrus; j'accroîtrai; que j'accroisse; accroissant; *Vorgang* avoir, *Zustand* être accru⟩ **I** *v/t* vermehren; vergrößern; steigern; **II** *v/pr* **s'~** zunehmen; wachsen; größer werden

accroup|i [akʀupi] *adj* ⟨~e⟩ kauernd; hockend; **~ir** [-iʀ] *v/pr* **s'~** sich niederkauern; in die Hocke gehen

accru [akʀy] *p/p* → ***accroître***

accueil [akœj] *m* Aufnahme *f*, Empfang *m* (*a endroit*); *de réfugiés a* Betreuung *f*

accueillant [akœjɑ̃] *adj* ⟨-ante [-ɑ̃t]⟩ **1** *personne* (gast)freundlich; **2** *maison* gastlich; gemütlich

accueillir [akœjiʀ] *v/t* ⟨→ cueillir⟩ aufnehmen; *avec cérémonie* empfangen

acculer [akyle] *v/t* **1** in die Enge treiben; **2** *fig* ***~ qn à qc*** j-n zu etw zwingen

accumula|teur [akymylatœʀ] *m* Akkumulator *m*; F Akku *m*; **~tion** [-sjõ] *f* **1** Anhäufung *f*; Ansammlung *f*; **2** TECH Speicherung *f*

accumuler [akymyle] **I** *v/t* an-, aufhäufen; ansammeln; **II** *v/pr* **s'~** sich ansammeln; *signes, erreurs* sich häufen

accus [aky] F *m/pl* (Auto)Batterie *f*

accusa|teur [akyzatœʀ], **~trice** [-tʀis] **I** *m,f* Ankläger(in) *m*(*f*); **II** *adj* anklagend

accusatif [akyzatif] *m* Akkusativ *m*; Wenfall *m*

accusation [akyzasjõ] *f* **1** JUR Anklage *f*; **2** An-, Beschuldigung *f*

accusé [akyze] **I** *subst* **1** **~(e)** *m*(*f*) Angeklagte(r) *f*(*m*); **2** **~** *m* ***de réception*** Empfangsbestätigung *f*; **II** *adj* ⟨~e⟩ ausgeprägt; *traits a* scharf

▸**accuser** [akyze] **I** *v/t* **1** anklagen; ***~ qn de qc*** j-n e-r Sache (*gén*) beschuldigen, bezichtigen; JUR j-n wegen e-r Sache (*gén*) anklagen; **2** *contours, différences* hervortreten lassen; betonen; deutlich machen; *hausse* aufweisen; **3** ***~ réception*** den Empfang bestätigen

acerbe [asɛʀb] *adj* scharf; verletzend

acéré [aseʀe] *adj* ⟨~e⟩ scharf (*a fig*)

acétate [asetat] *m* Azetat *n*

acétone [asetɔn] *f* Azeton *n*

achalandé [aʃalɑ̃de] *adj* ⟨~e⟩ *magasin* ***bien ~*** mit breit gefächertem, reichhaltigem Warenangebot; gut sortiert

acharné [aʃaʀne] *adj* ⟨~e⟩ verbissen; hartnäckig; *combat a* erbittert

acharnement [aʃaʀnəmɑ̃] *m* Verbissenheit *f*; Hartnäckigkeit *f*; **~ *thérapeutique*** künstliche Lebensverlängerung; ***avec ~*** verbissen; hartnäckig
acharner [aʃaʀne] *v/pr* **1 *s'~ contre, sur*** nicht ablassen von; **2 *s'~ à (faire) qc*** verbissen, hartnäckig an etw (*dat*) festhalten
▸ **achat** [aʃa] *m* Kauf *m*; Einkauf *m*
acheminer [aʃmine] **I** *v/t* befördern; weiterleiten; **II** *v/pr* ***s'~ vers*** s-e Schritte lenken, sich begeben nach; *fig* entgegengehen (+ *dat*)
▸ **acheter** [aʃte] ⟨-è-⟩ **I** *v/t* **1** kaufen; (*faire les courses*) einkaufen; *meuble, voiture a* (sich) anschaffen; *marchandises a* abnehmen; beziehen; ***~ qc à qn*** *pour qn* j-m etw kaufen; etw für j-n kaufen; *de qn* j-m etw abkaufen; etw von j-m kaufen; **2** *témoin, fonctionnaire* bestechen; kaufen; *complicité, bonheur* erkaufen; **II** *v/pr* ***s'~ qc*** sich etw kaufen
achet|eur [aʃtœʀ] *m*, ***~euse*** [-øz] *f* **1** Käufer(in) *m(f)*; *de marchandises a* Abnehmer(in) *m(f)*; **2** *d'un grand magasin* Einkäufer(in) *m(f)*
achèvement [aʃɛvmɑ̃] *m* Vollendung *f*; Fertigstellung *f*; Beendigung *f*
achever [aʃve] ⟨-è-⟩ **I** *v/t* **1** vollenden; fertig stellen; beenden; abschließen; *livre* auslesen; **2** (*tuer*) den Gnadenstoß geben (+ *dat*); vollends töten; *fig* ***~ qn*** F j-m den Rest geben; **II** *v/pr* ***s'~*** zu Ende gehen
achoppement [aʃɔpmɑ̃] *m* ***pierre f d'~*** Stolperstein *m*; Hindernis *n*; Klippe *f*
acide [asid] **I** *adj* **1** sauer; **2** *fig* scharf; bissig; **II** *m* **1** CHIM Säure *f*; **2** F LSD *n*
acidité [asidite] *f* **1** saurer Geschmack; Säure *f*; **2** *fig* Schärfe *f*; **3** CHIM Säuregrad *m*, -gehalt *m*
acidulé [asidyle] *adj* ⟨~e⟩ säuerlich; *bonbons* sauer
▸ **acier** [asje] *m* **1** Stahl *m*; ***en ~, d'~*** aus Stahl; Stahl…; *fig* ***d'~*** stählern; **2** *adjt* ***bleu, gris ~*** ⟨*inv*⟩ stahlblau, -grau
aciérie [asjeʀi] *f* Stahlwerk *n*
acné [akne] *f* Akne *f*
acolyte [akɔlit] *m péj* Komplize *m*; Helfershelfer *m*
acompte [akɔ̃t] *m* Anzahlung *f*
acoquiner [akɔkine] *v/pr* ***s'~ avec qn*** sich mit j-m einlassen
à-côté [akote] *m* ⟨à-côtés⟩ **1** nebensächlicher Punkt; **2** *pl* ***~s*** Nebeneinkünfte *pl*
à-coup [aku] *m* ⟨à-coups⟩ Ruck *m*; Stoß *m*; ***par ~s*** ruck-, stoßweise; ungleichmäßig
acoustique [akustik] **I** *adj* **1** MÉD (Ge)Hör…; **2** PHYS akustisch; Schall…; **II** *f* Akustik *f*
acquéreur [akeʀœʀ] *m* Erwerber *m*
acquérir [akeʀiʀ] ⟨j'acquiers, il acquiert, nous acquérons, ils acquièrent; j'acquérais; j'acquis; j'acquerrai; que j'acquière, que nous acquérions; acquérant; acquis⟩ *v/t* **1** erwerben; *livres, meubles a* (sich) anschaffen; **2** *savoir* (sich) erwerben; sich aneignen; *gloire, certitude* erlangen; *expérience* sammeln
acquiers, acquiert [akjɛʀ] → ***acquérir***
acquiesc|ement [akjɛsmɑ̃] *m* Einwilligung *f*; ***~er*** [-e] *v/t/indir* zustimmen (***à*** *dat*); einwilligen (in + *acc*)
acquis [aki] **I** *p/p* → ***acquérir*** *et adj* ⟨-ise [-iz]⟩ **1** erworben (*a* BIOL); **2** (*sûr*) gesichert; feststehend; **3** *personne* ***être ~ à une cause*** e-r Sache (*dat*) ganz ergeben sein; **II** *m* Erfahrung(sschatz) *f(m)*; ***les ~ sociaux*** der soziale Besitzstand
acquisition [akizisjɔ̃] *f* **1** Erwerb *m*; Anschaffung *f*; *de connaissances* Erlangung *f*; Aneignung *f*; **2** (*bien acquis*) Anschaffung *f*; Erwerbung *f*
acquit [aki] *m* **1 *pour ~*** Betrag (dankend) erhalten; **2 *par ~ de conscience*** um sein Gewissen zu beruhigen
acquittement [akitmɑ̃] *m* **1** JUR Freispruch *m*; **2** *d'une obligation* Erfüllung *f*
acquitter [akite] **I** *v/t* **1** JUR freisprechen; **2** (*payer*) begleichen; **3** COMM quittieren; **II** *v/pr* ***s'~ d'une dette, d'une mission*** sich e-r Schuld, e-s Auftrags entledigen
âcre [ɑkʀ(ə)] *adj goût, odeur* herb; scharf (*a fig*); *fumée* beißend
acrimonie [akʀimɔni] *f* Schärfe *f*; Bitterkeit *f*
acrobate [akʀɔbat] *m,f* Akrobat(in) *m(f)*; Artist(in) *m(f)*
acrobatie [akʀɔbasi] *f* **1** *art* Akrobatik *f*; ***~ aérienne*** Kunstflug *m*; **2** *tour* Akrobatenstück *n* (*a fig*)
acrobatique [akʀɔbatik] *adj* akrobatisch; artistisch

acrylique [akʀilik] *adj* Acryl…

acte [akt] *m* **1** Handlung *f*; Akt *m*; Tat *f*; PSYCH **~ manqué** Fehlleistung *f*; **~ médical** ärztliche Leistung; **faire ~ d'autorité** ein Machtwort sprechen; durchgreifen; **faire ~ de présence** sich nicht aktiv beteiligen; passiv dasitzen; **passer aux ~s** handeln; zur Tat schreiten; **2** JUR Urkunde *f*; **~ de mariage** Heiratsurkunde *f*; Trauschein *m*; *fig* **prendre ~ de qc** sich etw (für später) merken; etw zur Kenntnis nehmen; **3 ~s** *pl d'un colloque* Abhandlungen *f/pl*; Protokolle *n/pl*; **4** THÉ Akt *m*; Aufzug *m*

▸ **acteur** [aktœʀ] *m*, **actrice** [aktʀis] *f* **1** Schauspieler(in) *m(f)*; **acteur de cinéma** Filmschauspieler *m*; **2** *fig* Akteur *m*; Beteiligte(r) *f(m)*

▸ **actif** [aktif] **I** *adj* ⟨-ive [-iv]⟩ **1** *personne* aktiv; betriebsam; rege; rührig; tatkräftig; **2** MIL, CHIM, GR aktiv; **3 la population active** die erwerbstätige Bevölkerung; **vie active** Erwerbsleben *n*; **II** *m* **1** FIN Aktiva *pl*; Vermögenswerte *m/pl*; *d'un bilan* Aktivseite *f*; *fig* **avoir à son ~** für sich verbuchen können; *iron délits* auf dem Kerbholz haben; **2** GR Aktiv *n*; Tätigkeitsform *f*

▸ **action** [aksjõ] *f* **1** *(acte)* Handlung *f*; Tat *f*; *(activité)* Handeln *n*; Tun *n*; Vorgehen *n*; Wirken *n*; POL Aktion *f*; **bonne ~** gute Tat; **~ d'éclat** Glanzleistung *f*, -stück *n*; **entrer en ~** in Aktion, Tätigkeit treten; tätig werden; **passer à l'~** zur Tat schreiten; handeln; **2** *(effet produit)* (Ein)Wirkung *f*; **sous l'~ de** unter der Einwirkung von *(ou + gén)*; infolge (+ *gén*); **3** THÉ, CIN Handlung *f*; **film** *m* **d'~** Actionfilm *m*; **4** COMM Aktie *f*; **5 ~ (en justice)** Klage *f*

actionnaire [aksjɔnɛʀ] *m* Aktionär *m*

actionner [aksjɔne] *v/t* betätigen; in Gang setzen

activer [aktive] **I** *v/t* aktivieren; *travaux a* vorantreiben; *feu* anfachen; **II** *v/pr* **s'~** sich eifrig betätigen

activ|isme [aktivism(ə)] *m* POL (gewalttätiger) Aktivismus; **~iste** [-ist] *m* (gewalttätiger) Aktivist

▸ **activité** [aktivite] *f* **1** Tätigkeit *f* (*a d'un volcan*); Aktivität *f*; **~s** *pl a* Treiben *n*; Betätigung *f*; **~ (professionnelle)** Berufs-, Erwerbstätigkeit *f*; **2** *(dynamisme)* Aktivität *f*; Betriebsamkeit *f*; Rührigkeit *f*; **3** *fonctionnaire* **en ~** im aktiven Dienst

actualiser [aktɥalize] *v/t* aktualisieren

▸ **actualité** [aktɥalite] *f* **1** *de qc* Aktualität *f*; Zeit-, Gegenwartsnähe *f*; **être d'~** aktuell sein; **2** *(événements actuels)* Zeit-, Tagesgeschehen *n*; **3 ~s** *pl* (Fernseh)Nachrichten *f/pl*

▸ **actuel** [aktɥɛl] *adj* ⟨**~le**⟩ **1** *(du moment)* gegenwärtig; derzeitig; augenblicklich; **2** *sujet* aktuell; zeit-, gegenwartsnah; zeitgemäß

▸ **actuellement** [aktɥɛlmɑ̃] *adv* im Moment; zurzeit

acuité [akɥite] *f* Schärfe *f*; **~ visuelle** Sehschärfe *f*

acuponcture *ou* **acupuncture** [akypõktyʀ] *f* Akupunktur *f*

adage [adaʒ] *m* Sinnspruch *m*; Lebensweisheit *f*

adapta|teur [adaptatœʀ] *m*, **~trice** [-tʀis] *f* **1** THÉ, CIN Bearbeiter(in) *m(f)*; **2** *m* TECH Adapter *m*; ÉLECT Netzgerät *n*; *fiche* Zwischenstecker *m*

adaptation [adaptasjõ] *f* **1** Anpassung *f* (**à** an + *acc*); **2** *d'un roman, etc* Bearbeitung *f*; CIN *a* Verfilmung *f*

adapter [adapte] **I** *v/t* **1** anpassen (**à** an + *acc*); **2** *œuvre littéraire* bearbeiten, THÉ, CIN, TV *a* adaptieren; CIN *a* verfilmen; **II** *v/pr* **s'~ 3** sich anpassen (**à** *dat*); sich ein-, umstellen (auf + *acc*); **4** TECH passen (**à** zu)

additif [aditif] *m* **1** *au budget* Nachtrag *m*; *à un écrit* Zusatz *m*; **2** CHIM Zusatz(stoff) *m*

▸ **addition** [adisjõ] *f* **1** MATH Addition(saufgabe) *f*; **2** *au restaurant* Rechnung *f*; **l'~, s'il vous plaît!** zahlen, bitte!; **3** *(adjonction)* Hinzufügung *f*; Zusatz *m*

additionner [adisjɔne] **I** *v/t* **1** MATH addieren; zusammenzählen; **2 ~ qc de qc** e-r Sache *(dat)* etw zusetzen, hinzufügen, beimengen; **II** *v/pr* **s'~** sich summieren

adduction [adyksjõ] *f* Zuleitung *f*; Zufuhr *f*

adepte [adɛpt] *m,f* Anhänger(in) *m(f)*

adéquat [adekwa(t)] *adj* ⟨-ate [-at]⟩ adäquat; angemessen; passend

adhérence [adeʀɑ̃s] *f* **1 ~ (au sol)** (Boden)Haftung *f*; **2** MÉD, BOT Verwachsung *f*

adhérent [adeʀɑ̃] **I** *adj* ⟨-ente [-ɑ̃t]⟩ **1** TECH haftend (**à** an + *dat*); **2** BIOL verwachsen (**à** mit); **II** **~(e)** *m(f)* Mitglied *n*

adhérer [adeʀe] *v/t/indir* ⟨-è-⟩ **1** **~ à qc** an etw (*dat*) haften; **2** **~ à un parti** e-r Partei (*dat*) beitreten; **3** **~ à** *une opinion* beipflichten (+ *dat*); *à un idéal* anhängen (+ *dat*)

adhésif [adezif] **I** *adj* ⟨-ive [-iv]⟩ klebend; Klebe...; ***pansement ~*** (Heft)Pflaster *n*; **II** *m* Klebstoff *m*; Kleber *m*

adhésion [adezjõ] *f* **1** *à un parti, etc* Beitritt(serklärung) *m(f)* (**à** zu); **2** *à une opinion* Zustimmung *f* (**à** zu)

adieu [adjø] **I** *int* leb(e) wohl!; leben Sie wohl!; *litt* ade!; **II** *m souvent pl* **~x** Abschied *m*; ***faire ses ~x à qn*** von j-m Abschied nehmen; j-m Lebewohl sagen

adipeux [adipø] *adj* ⟨-euse [-øz]⟩ **1** ANAT Fett...; **2** *par ext* feist; verfettet

adjacent [adʒasɑ̃] *adj* ⟨-ente [-ɑ̃t]⟩ angrenzend

▸**adjectif** [adʒɛktif] *m* **~ (*qualificatif*)** Adjektiv *n*; Eigenschaftswort *n*; ***~ démonstratif*** attributives Demonstrativpronomen

adjoindre [adʒwɛ̃dʀ(ə)] ⟨→ joindre⟩ **I** *v/t* ***~ qc à qc*** e-r Sache (*dat*) etw beifügen; **II** *v/pr* ***s'~ un collaborateur*** sich e-n Mitarbeiter (zur Hilfe) nehmen

adjoint [adʒwɛ̃] **I** *m* Stellvertreter *m*; Beigeordnete(r) *m*; **~ (*au maire*)** zweiter Bürgermeister; **II** *adj* ⟨adjointe [adʒwɛ̃t]⟩ stellvertretend

adjonction [adʒõksjõ] *f* Hinzufügung *f* (**à** zu)

adjudant [adʒydɑ̃] *m* Stabsfeldwebel *m*

adjudication [adʒydikasjõ] *f* **1** **~ (*administrative*)** öffentliche Ausschreibung, Vergabe; **2** (*attribution*) Zuschlag(erteilung) *m(f)* (**à** an + *acc*)

adjuger [adʒyʒe] ⟨-ge-⟩ **I** *v/t* **1** *aux enchères* den Zuschlag erteilen (***qc*** für etw); **2** *récompense* zuerkennen; **II** *v/pr* ***s'~ qc*** sich etw nehmen, aneignen

adjurer [adʒyʀe] *v/t* inständig bitten; beschwören

adjuvant [adʒyvɑ̃] *m* unterstützendes Mittel; unterstützende Therapie

▸**admettre** [admɛtʀ(ə)] *v/t* ⟨→ mettre⟩ **1** *personne* aufnehmen (**à, dans** in + *acc*); zulassen (zu); **2** *raisons* gelten lassen; anerkennen; ***~ que ...*** (+ *subj ou ind*) *a* zugeben, dass ...; **3** *comme hypothèse* annehmen; **4** (*tolérer*) ***ne pas ~ qc*** etw nicht dulden, zulassen

administra|teur [administʀatœʀ] *m*, **~trice** [-tʀis] *f* Verwalter(in) *m(f)*; Administrator *m*

administratif [administʀatif] *adj* ⟨-ive [-iv]⟩ Verwaltungs...; administrativ

administration [administʀasjõ] *f* **1** (*gestion*) Verwaltung *f*; ***~ de biens*** Vermögensverwaltung *f*; **2** *service* Verwaltung(sbehörde) *f*; Behörde *f*; ♀ Verwaltung(sdienst) *f(m)*

administré(e) [administʀe] *m(f)* Bürger(in) *m(f)*

administrer [administʀe] *v/t* **1** (*gérer*) verwalten; **2** *médicament*, F *coups* verabreichen; *sacrement* spenden

admirable [admiʀabl(ə)] *adj* bewundernswert; wunderbar

admira|teur [admiʀatœʀ] *m*, **~trice** [-tʀis] *f* Bewunderer *m*, Bewund(r)erin *f*; Verehrer(in) *m(f)*

admiratif [admiʀatif] *adj* ⟨-ive [-iv]⟩ voll Bewunderung; *regard* bewundernd

admiration [admiʀasjõ] *f* Bewunderung *f*; *iron* ***être en ~ devant qn*** voller Bewunderung für j-n sein

▸**admirer** [admiʀe] *v/t* bewundern

admis [admi] *p/p* → ***admettre***

admissible [admisibl(ə)] *adj* **1** *candidat* zur mündlichen Prüfung zugelassen; **2** ***ne pas être ~*** inakzeptabel, nicht hinnehmbar, indiskutabel sein

admission [admisjõ] *f* **1** Aufnahme *f* (**à** in + *acc*); Zulassung *f* (zu); **2** TECH Eintritt *m*; Einströmen *n*

admonester [admɔnɛste] *st/s* *v/t* (scharf) zurechtweisen

ado [ado] *m,f abr* → ***adolescent***

adolescence [adɔlesɑ̃s] *f* Jugendalter *n*

adolesc|ent [adɔlesɑ̃] *m*, **~ente** [-ɑ̃t] *f* Jugendliche(r) *f(m)*; Teenager *m*

adonner [adɔne] *v/pr* ***s'~ à qc*** sich e-r Sache (*dat*) hingeben, widmen; ***adonné à la boisson*** dem Trunk ergeben

adopter [adɔpte] *v/t* **1** *enfant* adoptieren; F annehmen; **2** *attitude* einnehmen; *méthode, point de vue, mœurs* übernehmen; *ton* anschlagen; **3** *projet de loi, résolution* annehmen; verabschieden; ***faire ~*** durchbringen

adoptif [adɔptif] *adj* ⟨-ive [-iv]⟩ Adoptiv…
adoption [adɔpsjõ] *f* **1** JUR Adoption *f*; **2 *d'~*** Wahl…; ***Parisien** m* ***d'~*** Wahlpariser *m*; **3** *d'une méthode* Übernahme *f*; **4** *d'une loi* Annahme *f*; Verabschiedung *f*
adorable [adɔʀabl(ə)] *adj* entzückend; reizend; F goldig; F süß
adora|teur [adɔʀatœʀ] *m*, **~trice** [-tʀis] *f* REL, *fig* Anbeter(in) *m(f)*; *fig a* glühender Verehrer, glühende Verehrerin
adoration [adɔʀasjõ] *f* Anbetung *f*; *d'une personne a* Vergötterung *f*
▸**adorer** [adɔʀe] *v/t* anbeten (*a fig*); *fig a* vergöttern; abgöttisch lieben; glühend verehren; F *chose* F schrecklich gern mögen
adosser [adɔse] **I** *v/t* **~ *à*** *ou* ***contre qc*** (mit der Rückseite) an etw (*acc*) stellen, lehnen; **II** *v/pr* ***s'~ au mur*** sich mit dem Rücken an die Wand lehnen
adoucir [adusiʀ] **I** *v/t* **1** mildern; *douleur a* lindern; **2** *peau* weich, geschmeidig machen; *l'eau* enthärten; weich machen; **II** *v/pr* ***s'~*** milder werden
adoucissant [adusisã] *m* Weichspüler *m*
adoucissement [adusismã] *m* **1 ~** (***de la température***) Milderung *f*; **2** *de l'eau* Enthärtung *f*
adoucisseur [adusisœʀ] *m* (Wasser)Enthärter *m*; *pour le linge* Weichspüler *m*
adrénaline [adʀenalin] *f* Adrenalin *n*
▸**adresse**[1] [adʀɛs] *f* **1** Anschrift *f*; Adresse *f* (*a* INFORM); *fig* ***se tromper d'~*** an die falsche Adresse geraten; **2 *à l'~ de qn*** für j-n (bestimmt); an die Adresse (+ *gén*); auf j-n gemünzt
adresse[2] *f* (*habileté*) Geschick(lichkeit) *n(f)*; Gewandtheit *f*
▸**adresser** [adʀese] **I** *v/t* ***adresser à*** richten an (+ *acc*); *lettre a* adressieren an (+ *acc*); *personne* schicken zu; verweisen an (+ *acc*); ***adresser la parole à qn*** das Wort an j-n richten; j-n ansprechen; **II** *v/pr* ▸***s'adresser à*** sich wenden an (+ *acc*); *livre, film a* sich richten an (+ *acc*)
Adriatique [adʀijatik] *f* ***l'~*** die Adria
▸**adroit** [adʀwa] *adj* ⟨adroite [adʀwat]⟩ geschickt; gewandt
aduler [adyle] *v/t* vergöttern
▸**adulte** [adylt] **I** *adj* erwachsen; *plante, animal* ausgewachsen; ***âge** m* **~** Erwachsenenalter *n*; **II** *m,f* Erwachsene(r) *f(m)*
adultère [adyltɛʀ] **I** *adj* ehebrecherisch; ***homme** m* (***femme** f*) **~** Ehebrecher(in) *m(f)*; **II** *m* Ehebruch *m*
adultérin [adylteʀɛ̃] *adj* ⟨-ine [-in]⟩ außerehelich
advenir [advəniʀ] *v/imp* ⟨→ venir; être⟩ geschehen; ***advienne que pourra*** komme, was (da) wolle
▸**adverbe** [advɛʀb] *m* Adverb *n*; Umstandswort *n*
▸**adversaire** [advɛʀsɛʀ] *m,f* Gegner(in) *m(f)*; Kontrahent(in) *m(f)*; Widersacher(in) *m(f)*
adverse [advɛʀs] *adj* gegnerisch; ***partie** f* **~** Gegenpartei *f*
adversité [advɛʀsite] *f* Unglück *n*; widriges Geschick
aér|ateur [aeʀatœʀ] *m* Lüfter *m*; **~ation** [-asjõ] *f* (Be)Lüftung *f*
aérer [aeʀe] ⟨-è-⟩ **I** *v/t* **1** *pièce* (durch)lüften; TECH belüften; *lits* auslüften; **2** *fig* auflockern; **II** *v/pr* ***s'~*** an die frische Luft gehen; F sich auslüften
aérien [aeʀjɛ̃] *adj* ⟨-ienne [-jɛn]⟩ **1** Luft…; ***attaque ~ne*** Luft-, Fliegerangriff *m*; ***ligne ~ne*** AVIAT Luftverkehrs-, Fluglinie *f*; ÉLECT Freileitung *f*; ***métro ~*** Hochbahn *f*; **2** *fig* ätherisch; *démarche* leichtfüßig
aérobic [aeʀɔbik] *f* Aerobic *n*
aérodrome [aeʀɔdʀom] *m* Flugplatz *m*
aérodynamique [aeʀɔdinamik] **I** *adj* stromlinienförmig; Stromlinien…; windschlüpfig; **II** *f* Aerodynamik *f*
aérogare [aeʀɔgaʀ] *f* Abfertigungsgebäude *n(pl)*; Terminal *m ou n*
aéroglisseur [aeʀɔglisœʀ] *m* Luftkissenfahrzeug *n*
aéronautique [aeʀɔnotik] **I** *adj* Luftfahrt…; Flugzeug…; **II** *f* Luftfahrt *f*
▸**aéroport** [aeʀɔpɔʀ] *m* Flughafen *m*
aéroporté [aeʀɔpɔʀte] *adj* ⟨~e⟩ ***troupes ~es*** Luftlandetruppen *f/pl*
aérosol [aeʀɔsɔl] *m* Aerosol *n*; *adjt* ***bombe** f* **~** Spray-, Sprühdose *f*
aérospatial [aeʀɔspasjal] *adj* ⟨~e; -aux [-o]⟩ Luft- und Raumfahrt…
affabilité [afabilite] *f* Freundlichkeit *f*; Liebenswürdigkeit *f*; Leutseligkeit *f*
affable [afabl(ə)] *adj* freundlich; lie-

benswürdig; leutselig

affabulation [afabylasjõ] *f* unwahre, erdichtete Geschichte; Fabel *f*

affaiblir [afeblir] **I** *v/t* schwächen; *personne a* entkräften; *sens d'un mot* abschwächen; **II** *v/pr* **s'~** schwächer werden; *vue* nachlassen; *sens d'un mot, souvenir* verblassen

affaiblissement [afɛblismɑ̃] *m* Schwächung *f*; *des forces* Nachlassen *n*

▸ **affaire** [afɛʀ] *f* **1** Angelegenheit *f*; Sache *f*; ***affaire d'État*** wichtige Staatsangelegenheit; *fig* Staatsaffäre *f*, -aktion *f*; ***avoir affaire à qn*** mit j-m zu tun haben; ***il aura affaire à moi!*** er bekommt, F kriegt es mit mir zu tun!; ***c'est (une) affaire de goût*** das ist Geschmack(s)sache *f*; ***c'est l'affaire d'une seconde*** das dauert nur e-n Augenblick; ***c'est toute une affaire*** das ist so e-e Sache; *ce morceau de ficelle* ***fera l'affaire*** ... tut es auch; ***j'en fais mon affaire*** ich werde mich der Sache annehmen; **2** *péj* Affäre *f*; F Geschichte *f*; ***affaire de mœurs*** Sitten-, Sexskandal *m*; ***se tirer d'affaire*** sich aus der Affäre ziehen; **3** JUR Fall *m*; Sache *f*; **4** (*marché*) Geschäft *n*; F ***une affaire*** ein günstiges, vorteilhaftes Geschäft; **5** (*entreprise*) Geschäft *n*; Betrieb *m*; **6** COMM ▸ ***affaires*** *pl* Geschäft(e) *n(pl)*; ***... d'affaires*** Geschäfts...; ***pour affaires*** geschäftlich; **7** ▸ ***affaires*** *pl* (*objets personnels*) Sachen *f/pl*; **8** ***affaire de cœur*** Liebschaft *f*

affairé [afeʀe] *adj* ⟨~e⟩ viel beschäftigt; geschäftig

affairer [afeʀe] *v/pr* **s'~** sich zu schaffen machen (***à*** an + *dat*)

affairisme [afeʀism(ə)] *m* (üble) Geschäftemacherei

affaissement [afɛsmɑ̃] *m* Senkung *f*; Einsinken *n*

affaisser [afese] *v/pr* **s'~** **1** *sol* sich senken; einsinken; **2** *personne* zusammensacken, -sinken

affaler [afale] *v/pr* ***s'~ dans un fauteuil*** sich in e-n Sessel fallen lassen

affamé [afame] *adj* ⟨~e⟩ **1** hungrig; ausgehungert; hungernd; **2** *fig* ***~ de gloire*** ruhmsüchtig

affectation[1] [afɛktasjõ] *f* **1** (*destination*) Verwendung *f*, (Zweck)Bestimmung *f* (***à*** für); **2** ADM, MIL dienstliche Verwendung; Versetzung *f*; *par ext* (Dienst-)Posten *m*

affectation[2] *f* (*manque de naturel*) Geziertheit *f*; Affektiertheit *f*

affecté [afɛkte] *adj* ⟨~e⟩ geziert; affektiert; gekünstelt

affecter[1] [afɛkte] *v/t* **1** (*destiner*) verwenden, bestimmen, bereitstellen (***à*** für); **2** ***~ à un poste*** auf e-n Posten (ver)setzen, beordern; auf e-m Posten einsetzen

affecter[2] *v/t* **1** (*feindre*) vortäuschen; heucheln; mimen; **2** *chose* ***~ une forme*** e-e Form aufweisen

affecter[3] *v/t* **1** (*émouvoir*) betrüben; bewegen; schmerzlich berühren; nahe gehen (***qn*** j-m); **2** (*agir sur*) berühren; einwirken auf (+ *acc*); *organe* in Mitleidenschaft ziehen

affectif [afɛktif] *adj* ⟨-ive [-iv]⟩ affektiv; gefühlsbetont; ***vie affective*** Gefühlsleben *n*

affection[1] [afɛksjõ] *f* Zuneigung *f*; Zuwendung *f*; Liebe *f*; ***terme*** *m* ***d'~*** Kosewort *n*; ***prendre en ~*** lieb gewinnen

affection[2] *f* MÉD Erkrankung *f*; Leiden *n*

affectionner [afɛksjɔne] *v/t* e-e Vorliebe haben für

affectueux [afɛktɥø] *adj* ⟨-euse [-øz]⟩ liebevoll; zärtlich; *animal* anhänglich

affermir [afɛʀmiʀ] *v/t* festigen; stärken

affichage [afiʃaʒ] *m* **1** Anschlagen *n* von Plakaten; **2** INFORM Anzeige *f*; Display *n*

▸ **affiche** [afiʃ] *f* Plakat *n*; Anschlag *m*; Aushang *m*; *pièce, film* ***rester à l'~*** lange gespielt werden, auf dem Spielplan stehen

afficher [afiʃe] **I** *v/t* **1** anschlagen; durch Plakat, Anschlag, Aushang bekannt machen; **2** *fig* zur Schau tragen; **3** INFORM anzeigen; **II** *v/pr* ***s'~ avec qn*** sich mit j-m öffentlich sehen lassen

affilée [afile] ***d'~*** hintereinander

affiler [afile] *v/t* wetzen; schleifen

affiliation [afiljasjõ] *f action* Beitritt *m* (***à*** zu); *état* Mitgliedschaft *f* (in + *dat*)

affilier [afilje] *v/pr* ***s'~ à un club*** e-m Verein beitreten; Mitglied e-s Vereins werden

affiner [afine] **I** *v/t* **1** TECH raffinieren; reinigen; **2** *fromage* reifen (lassen); **3** *fig goût* verfeinern; kultivieren;

II *v/pr* ***s'~*** sich verfeinern
affinité [afinite] *f* (Wesens)Verwandtschaft *f*; Ähnlichkeit *f*; Affinität *f*
affirmatif [afiʀmatif] *adj* ⟨-ive [-iv]⟩ **1** *ton, personne* entschieden; bestimmt; **2** *réponse*, GR bejahend; positiv; *subst* ***répondre par l'affirmative*** bejahen; mit Ja antworten
affirmation [afiʀmasjõ] *f* Behauptung *f*; Versicherung *f*
▸ **affirmer** [afiʀme] **I** *v/t* **1** (*soutenir*) behaupten; versichern; **2** *sa détermination, etc* bekräftigen; unter Beweis stellen; **II** *v/pr* ***s'~*** *caractère, talent* sich (klar) zeigen; (deutlich) sichtbar werden
affleurer [aflœʀe] *v/i* zutage treten; zum Vorschein kommen
affliction [afliksjõ] *f st/s* Betrübnis *f*; Bekümmernis *f*
affligeant [afliʒɑ̃] *adj* ⟨-ante [-ɑ̃t]⟩ betrüblich; beklagenswert
affliger [afliʒe] ⟨-ge-⟩ **I** *v/t* **1** *st/s* ***être affligé de qc*** mit etw geschlagen sein; **2** (*attrister*) betrüben; bekümmern; **II** *v/pr* ***s'~*** betrübt, bekümmert sein (***de*** über + *acc*)
affluence [aflyɑ̃s] *f* (Menschen)Andrang *m*; ***heures*** *f/pl* ***d'~*** Stoßzeiten *f/pl*; Hauptverkehrszeit(en) *f(pl)*; Berufsverkehr *m*
affluent [aflyɑ̃] *m* Nebenfluss *m*
affluer [aflye] *v/i* **1** *sang* ***~ au visage*** ins Gesicht steigen; **2** *personnes* herbei-, zusammenströmen; *capitaux* ***~ dans un pays*** in ein Land strömen
afflux [afly] *m* **1** ***~ du sang*** (plötzlicher) Blutandrang; **2** *de visiteurs* Andrang *m*; *de capitaux* Zustrom *m*; Zufluss *m*
affolant [afɔlɑ̃] *adj* ⟨-ante [-ɑ̃t]⟩ beunruhigend; erschreckend
affolé [afɔle] *adj* ⟨~e⟩ kopflos; aufgeregt
affolement [afɔlmɑ̃] *m* Kopflosigkeit *f*; Aufregung *f*; panische Angst
affoler [afɔle] **I** *v/t* kopflos machen; in Aufregung, Panik versetzen; **II** *v/pr* ***s'~*** kopflos werden; den Kopf verlieren; sich (F wahnsinnig) aufregen
▸ **affranch|ir** [afʀɑ̃ʃiʀ] **I** *v/t* **1** *lettre* frankieren; freimachen; **2** *esclave* freilassen; *peuple* befreien; **3** F (*mettre au courant*) aufklären; ins Bild setzen; **II** *v/pr* ***s'~*** sich freimachen (***de*** von); sich befreien (von); ***~issement*** [-ismɑ̃] *m* **1** Frankierung *f*; Freimachung *f*; **2** Freilassung *f*; Befreiung *f*
affres [afʀ(ə)] *st/s f/pl* Qualen *f/pl*
affréter [afʀete] *v/t* ⟨-è-⟩ chartern
▸ **affreux** [afʀø] *adj* ⟨-euse [-øz]⟩ abscheulich; grauenhaft; entsetzlich; fürchterlich; schrecklich; scheußlich
affriolant [afʀijɔlɑ̃] *adj* ⟨-ante [-ɑ̃t]⟩ verführerisch
affront [afʀõ] *m* Kränkung *f*; Beleidigung *f*; Affront *m*; Brüskierung *f*; ***faire un ~ à qn*** j-m e-e Beleidigung, Kränkung zufügen
affrontement [afʀõtmɑ̃] *m* Konfrontation *f*
affronter [afʀõte] **I** *v/t* trotzen (+ *dat*); die Stirn bieten (+ *dat*); **II** *v/pr* ***s'~*** sich gegenüberstehen; miteinander konfrontiert sein
affubler [afyble] *v/t* (*et v/pr* ***s'~*** sich) ausstaffieren (***de*** mit)
affût [afy] *m* CH Anstand *m*; Hochsitz *m*; *fig* ***être à l'~ de qc*** auf etw (*acc*) lauern, aus sein
affûter [afyte] *v/t* schärfen; schleifen
Afghanistan [afganistɑ̃] ***l'~*** *m* Afghanistan *n*
afin [afɛ̃] **I** *prép* ***~ de*** (+ *inf*) um zu (+ *inf*); **II** *conj* ***~ que*** (+ *subj*) damit
▸ **africain** [afʀikɛ̃] **I** *adj* ⟨-aine [-ɛn]⟩ afrikanisch; **II** ♀(*e*) *m(f)* Afrikaner(in) *m(f)*
▸ **Afrique** [afʀik] ***l'~*** *f* Afrika *n*
after-shave [aftœʀʃɛv] *m* After-Shave-Lotion *f*; Rasierwasser *n*
agaçant [agasɑ̃] *adj* ⟨-ante [-ɑ̃t]⟩ ärgerlich; enervierend
agacement [agasmɑ̃] *m* Gereiztheit *f*; (gereizte) Nervosität; Verärgerung *f*
agacer [agase] *v/t* ⟨-ç-⟩ **1** (*énerver*) ***~ qn*** j-m auf die Nerven gehen; F j-n nerven; **2** (*embêter*) reizen; ärgern; **3** (*taquiner*) necken; durch kleine Späße (auf)reizen
agaceries [agasʀi] *f/pl* Neckerei *f*
agapes [agap] *plais f/pl* Festessen *n*; Schlemmermahl *n*
agate [agat] *f* **1** MINÉR Achat *m*; **2** *bille* bunte Glasmurmel
agave [agav] *m* Agave *f*
▸ **âge** [ɑʒ] *m* **1** Alter *n*; *d'une personne a* Lebensalter *n*; ***le troisième ~*** das Alter (*a coll*); der Lebensabend; *coll a* die Senioren *m/pl*; ***~ de raison*** Alter, in

dem das Kind schon vernünftig wird; ***à l'~ de*** im Alter von; *vieux* ***avant l'~*** vorzeitig; ***enfant*** *m* ***en bas ~*** Kleinkind *n*; ***entre deux ~s*** mittleren Alters; ***quel ~ a-t-il?*** wie alt ist er?; ***avoir le même ~*** gleichalt(e)rig, gleich alt sein; **2** *(ère)* Zeit(alter) *f(n)*; ***~ du bronze*** Bronzezeit *f*; MYTH, *fig* ***l'~ d'or*** das Goldene Zeitalter

▸**âgé** [ɑʒe] *adj* ⟨~e⟩ **1** *(vieux)* alt; betagt; bejahrt; ***les personnes ~es*** die älteren, alten Menschen *m/pl*; die Senioren *m/pl*; **2** ***~ de trente ans*** dreißig Jahre alt

agence [aʒɑ̃s] *f* **1** Agentur *f*; Büro *n*; Geschäftsstelle *f*; ***agence de presse*** Nachrichten-, Presseagentur *f*; ***agence de publicité*** Werbeagentur *f*; ▸***agence de voyages*** Reisebüro *n*; **2** *d'une banque* Zweigstelle *f*; Filiale *f*

agencement [aʒɑ̃smɑ̃] *m* Anordnung *f*; Gestaltung *f*; Komposition *f*; (Auf)Bau *m*; *d'un appartement* Raumaufteilung *f*

agencer [aʒɑ̃se] *v/t* ⟨-ç-⟩ anordnen; gestalten; komponieren; gliedern; *appartement* ***bien agencé*** räumlich gut aufgeteilt

agenda [aʒɛ̃da] *m* **1** Taschenkalender *m*; *de bureau* Terminkalender *m*; **2** POL ***~ 2000*** Agenda *f* 2000

agenouiller [aʒnuje] *v/pr* ***s'~*** niederknien; sich hinknien; ***être agenouillé*** knien

▸**agent** [aʒɑ̃] *m* **1** ADM Bedienstete(r) *f(m)*; **2** ***~ (de police)*** Polizeibeamte(r) *m*; (Verkehrs)Polizist *m*; F Schutzmann *m*; **3** ÉCON Agent *m*; *(représentant)* Vertreter *m*; ***~ immobilier*** Immobilienhändler *m*; Grundstücksmakler *m*; ***~ de change*** Börsenmakler *m*; **4** POL Agent(in) *m(f)*; ***~ secret*** Geheimagent(in) *m(f)*; **5** *(substance)* Agens *n*; Wirkstoff *m*; ***~ pathogène*** Krankheitserreger *m*

agglomération [aglɔmeʀasjõ] *f* **1** geschlossene Ortschaft; (An)Siedlung *f*; *urbaine* Ballungsraum *m*, -gebiet *n*; **2** Zusammenballung *f*

aggloméré [aglɔmeʀe] *m* (***panneau*** *m* ***d'***)~ Spanplatte *f*; Hartfaserplatte *f*

agglomérer [aglɔmeʀe] ⟨-è-⟩ *v/t* (*et v/pr* ***s'~*** sich) zusammenballen

agglutiner [aglytine] **I** *v/t* verkleben; MÉD agglutinieren; **II** *v/pr* ***s'~*** *personnes* sich (zusammen)drängen, (-)ballen

aggrav|ant [agʀavɑ̃] *adj* ⟨-ante [-ɑ̃t]⟩ JUR erschwerend; **~ation** [-asjõ] *f* Verschlimmerung *f*; Verschlechterung *f*

aggraver [agʀave] **I** *v/t* verschlimmern; (nur) noch schlimmer machen; *peine* verschärfen; *sort de qn* erschweren; **II** *v/pr* ▸***s'aggraver*** sich verschlimmern; sich verschlechtern; *situation a* sich zuspitzen

agil|e [aʒil] *adj* flink; behände; gewandt; agil; *fig esprit* wendig; beweglich; rege; **~ité** [-ite] *f* Flinkheit *f*; Behändigkeit *f*; Gewandtheit *f*; Agilität *f*; *fig de l'esprit* Wendigkeit *f*; Beweglichkeit *f*

agio [aʒjo] *m* (Kredit)Kosten *pl*

▸**agir** [aʒiʀ] **I** *v/i* **1** handeln; ***mal ~ envers qn*** schlecht an j-m handeln; **2** *médicament* wirken (***sur qn*** bei j-m); *qn, qc* ***~ sur qn, qc*** auf j-n, etw einwirken; **II** *v/pr et v/imp* ***il s'agit de qn, qc*** es handelt sich, es dreht sich um j-n, etw; es geht um j-n, etw; ***il s'agit de*** (+ *inf*) es heißt *ou* man muss (+ *inf*)

agissements [aʒismɑ̃] *m/pl péj* Machenschaften *f/pl*; Umtriebe *m/pl*

agita|teur [aʒitatœʀ] *m*, **~trice** [-tʀis] *f* Aufwiegler(in) *m(f)*; Agitator(in) *m(f)*

agitation [aʒitasjõ] *f* **1** heftige Bewegung; *des gens* geschäftiges, emsiges Treiben; **2** *(nervosité)* Unruhe *f*; Erregung *f*; **3** POL Unruhe *f*; Aufruhrstimmung *f*

agité [aʒite] *adj* ⟨~e⟩ *mer* bewegt; unruhig; stürmisch; *sommeil, malade, enfant, vie* unruhig; *vie a* bewegt

agiter [aʒite] **I** *v/t* **1** *mouchoir, drapeau, bras* schwenken; *vent: feuilles* bewegen; ***~ avant usage*** vor Gebrauch schütteln; *fig* ***~ la menace de qc*** mit etw drohen; **2** *question* erörtern; diskutieren; **II** *v/pr* ***s'~*** *malade, élèves* unruhig werden *ou* sein

▸**agneau** [aɲo] *m* ⟨~x⟩ **1** Lamm *n*; **2** CUIS Lamm(fleisch) *n*

agonie [agɔni] *f* Agonie *f* (*a fig*); Todeskampf *m*; ***être à l'~*** im Sterben liegen

agoniser [agɔnize] *v/i* **1** im Sterben liegen; **2** *fig* in den letzten Zügen liegen

agoraphobie [agɔʀafɔbi] *f* Platzangst *f*

agrafe [agʀaf] *f* **1** COUT Haken *m*; **2** ***~ (de bureau)*** Heftklammer *f*; **3** MÉD (Wund)Klammer *f*

agraf|er [agʀafe] *v/t* **1** *vêtement* zuhaken; **2** *papiers* (zusammen)heften; **~euse** [-øz] *f* Heftapparat *m*

agraire [agʀɛʀ] *adj* ***réforme*** *f* **~** Bodenreform *f*

agrandir [agʀɑ̃diʀ] **I** *v/t* vergrößern (*a* PHOT); erweitern; **II** *v/pr* ***s'~*** **1** sich vergrößern; größer werden; sich ausdehnen; **2** *entrepreneur* sein Geschäft vergrößern, erweitern; F sich vergrößern

agrandiss|ement [agʀɑ̃dismɑ̃] *m* Vergrößerung *f* (*a* PHOT); Erweiterung *f*; **~eur** [-œʀ] *m* Vergrößerungsapparat *m*; Vergrößerer *m*

▸**agréable** [agʀeabl(ə)] *adj* angenehm; *maison, région* nett; hübsch; *visite, nouvelle a* willkommen; *physique a* ansprechend; gefällig

agréer [agʀee] **I** *v/t* **1** *demande, excuse* günstig aufnehmen; ***veuillez ~, Monsieur, mes salutations distinguées*** mit freundlichen Grüßen; **2** (*admettre*) zulassen

agrégation [agʀegasjõ] *f Prüfung im Auswahlverfahren für das Lehramt an Gymnasien u Universitäten*

agrégé(e) [agʀeʒe] *m(f)* Gymnasiallehrer(in) *ou* Dozent(in), der (die) die „Agrégation" besitzt

agrément [agʀemɑ̃] *m* **1** *surtout pl* ***~s*** Annehmlichkeiten *f/pl*; Reize *m/pl*; ***jardin*** *m* ***d'~*** Ziergarten *m*; ***voyage*** *m* ***d'~*** Vergnügungsreise *f*; **2** (*consentement*) Zustimmung *f*; Genehmigung *f*

agrémenter [agʀemɑ̃te] *v/t* verzieren (***de*** mit); ausschmücken (mit)

agrès [agʀɛ] *m/pl* (Turn)Geräte *n/pl*

agresser [agʀese] *v/t* **1** überfallen; anfallen; **2** (*gêner*) belästigen; MÉD belasten; **3** *verbalement* ***~ qn*** j-n angreifen

agresseur [agʀesœʀ] *m* Angreifer *m* (*a* MIL); Täter *m*; MIL *a* Aggressor *m*

agressif [agʀesif] *adj* ⟨-ive [-iv]⟩ aggressiv; angriffslustig; herausfordernd

agression [agʀesjõ] *f* **1** MIL Angriff *m*; Aggression *f* (*a* PSYCH); Überfall *m* (*a contre une personne*); **2** *par des nuisances* Belästigung *f*; MÉD Belastung *f*

▸**agricole** [agʀikɔl] *adj* landwirtschaftlich; Land(wirtschafts)…; Agrar…

▸**agriculteur** [agʀikyltœʀ] *m*, **agricultrice** [agʀikyltʀis] *f* Landwirt(in) *m(f)*

▸**agriculture** [agʀikyltyʀ] *f* Landwirtschaft *f*

agripper [agʀipe] **I** *v/t* packen; ergreifen; **II** *v/pr* ***s'~*** sich festklammern (***à*** an + *dat*)

agroalimentaire [agʀoalimɑ̃tɛʀ] *m* Nahrungsmittelsektor *m*

agronom|e [agʀɔnɔm] *m* Agronom *m*; **~ie** [-i] *f* Agrarwissenschaften *f/pl*; Agronomie *f*

agrumes [agʀym] *m/pl* Zitrusfrüchte *f/pl*

aguerrir [ageʀiʀ] *v/t* (*et v/pr* ***s'~*** sich) abhärten (***à, contre*** gegen)

aguets [agɛ] ***être aux ~*** auf der Lauer sein, liegen; (*sur ses gardes*) auf der Hut sein

aguich|ant [agiʃɑ̃] *adj* ⟨-ante [-ɑ̃t]⟩ aufreizend; **~er** [-e] *v/t* aufreizen; umgarnen

ah [a] *int étonné, admiratif* ah!; oh!; *déçu a* ach!; *iron ou étonné* ***~ ~!*** aha!

ahuri [ayʀi] **I** *adj* ⟨~e⟩ (völlig) verblüfft, verdutzt; perplex; **II** *m injure* Hornochse *m*

ahurissant [ayʀisɑ̃] *adj* ⟨-ante [-ɑ̃t]⟩ verblüffend; *nouvelle* unglaublich

ai [e] → ***avoir***

▸**aide**[1] [ɛd] *f* **1** *action* Hilfe *f*; Unterstützung *f*; ***à l'~ de*** mithilfe (+ *gén*); mittels (+ *gén*); ***appeler qn à son ~*** j-n zu Hilfe rufen; ***venir en ~ à qn*** j-m zu Hilfe kommen; **2** (finanzielle, materielle) (Bei)Hilfe; ***~ sociale*** Sozialhilfe *f*

aide[2] **1** *m,f personne* Hilfe *f*; Hilfskraft *f*; Gehilfe *m*, Gehilfin *f*; Helfer(in) *m(f)*; ***~ familiale*** Familienhelferin *f*, -pflegerin *f*; **2** *m* MIL ***~ de camp*** Adjutant *m*

aide-mémoire [ɛdmemwaʀ] *m* ⟨*inv*⟩ kurzer Abriss

▸**aider** [ede] **I** *v/t* ***~ qn*** j-m helfen, j-m beistehen, j-m behilflich sein, j-n unterstützen (***à faire qc*** etw zu tun *ou* bei etw); ***~ qn à obtenir qc*** j-m zu etw verhelfen; **II** *v/t/indir* ***~ à qc*** zu etw beitragen; **III** *v/pr* ***s'~ de qc*** etw zu Hilfe nehmen

aide-soignante [ɛdswaɲɑ̃t] *f* ⟨aides-soignantes⟩ Schwesternhelferin *f*

▸**aïe** [aj] *int* au!; aua!; autsch!; *fig* ***~! ~!*** (***~!***) au weh!

aïeux [ajø] *m/pl st/s* Ahnen *m/pl*

aigle [ɛgl(ə)] *m* Adler *m*

aiglefin [ɛgləfɛ̃] *m* Schellfisch *m*

aigre [ɛgʀ(ə)] *adj* **1** sauer; *vin a* säuerlich; **2** *fig vent* scharf; *voix* schrill; *re-*

marque scharf; bissig

aigre-doux [ɛgʀədu] *adj* ⟨aigre-douce [-dus]⟩ **1** süß-sauer; **2** *fig* herb; bittersüß

aigrelet [ɛgʀəlɛ] *adj* ⟨-ette [-ɛt]⟩ **1** leicht säuerlich; **2** *fig voix* piepsig

aigrette [ɛgʀɛt] *f* **1** ZO Silberreiher *m*; **2** *ornement* Federbusch *m*

aigreur [ɛgʀœʀ] *f* **1** saurer Geschmack; Säure *f*; **2** *fig* Schärfe *f*; Bissigkeit *f*; **3 ~s (d'estomac)** saures Aufstoßen

aigri [egʀi] *adj* ⟨~e⟩ verbittert

aigrir [egʀiʀ] **I** *v/t fig* verbittern; **II** *v/i (et v/pr)* **1** **(s')~** sauer werden; säuern; **2** *fig* ***il s'est aigri*** er ist verbittert, bitter geworden

aigu [egy] *adj* ⟨aiguë [egy]⟩ **1** spitz (*a angle*); *pointe* scharf; **2** *son, cri* schrill; grell; *voix, son a* hoch; **3** ***accent ~*** [-tegy] Accent aigu *m*; **4** *douleur* heftig; stark; stechend; ***maladie*** akut; *crise* zugespitzt; **5** *intelligence* scharf; durchdringend

aigue-marine [ɛgmaʀin] *f* ⟨aigues-marines⟩ MINÉR Aquamarin *m*

aiguière [ɛgjɛʀ] *f* Wasserkanne *f*

aiguillage [egɥijaʒ] *m* CH DE FER **1** Weiche *f*; **2** *manœuvre* Weichenstellung *f* (*a fig*)

▸ **aiguille** [egɥij] *f* **1** COUT (Näh)Nadel *f*; MÉD Nadel *f*; ***~ à tricoter*** Stricknadel *f*; **2** *d'une montre* Zeiger *m*; *du compteur de vitesse* Nadel *f*; **3** BOT Nadel *f*; **4** GÉOL (Fels)Nadel *f*; **5** *adjt* ***talons m/pl ~s*** Pfennigabsätze *m/pl*

aiguiller [egɥije] *v/t fig* lenken; führen; leiten

aiguilleur [egɥijœʀ] *m* **1** CH DE FER Weichensteller *m*, -wärter *m*; **2** ***~ du ciel*** Fluglotse *m*

aiguillon [egɥijõ] *m* **1** ZO, BOT Stachel *m*; **2** *fig* Ansporn *m*

aiguillonner [egɥijɔne] *v/t* anspornen; anstacheln

aiguiser [egize] *v/t* **1** schärfen; wetzen; schleifen; **2** *fig curiosité* steigern; *appétit* anregen

ail [aj] *m* Knoblauch *m*

▸ **aile** [ɛl] *f* **1** ZO Flügel *m* (*a* MIL, SPORTS); *des oiseaux a* Schwinge *f*; *fig* ***battre de l'~*** angeschlagen sein; *fig* ***donner des ~s à qn*** j-n beflügeln; *fig* ***voler de ses propres ~s*** auf eigenen Füßen stehen; **2** AVIAT (Trag)Flügel *m*; **3** AUTO Kotflügel *m*; **4** ARCH (Seiten)Flügel *m*; Seitentrakt *m*; **5** ANAT ***~ du nez*** Nasenflügel *m*

aileron [ɛlʀõ] *m* **1** Flügelspitze *f*; **2** *de certains poissons* Flosse *f*; **3** AVIAT Querruder *n*

ailier [elje] *m* Außen-, Flügelstürmer *m*

aille [aj] → ***aller***

▸ **ailleurs** [ajœʀ] *adv* anderswo; woanders; F sonstwo; *avec un verbe de mouvement* anderswohin; ▸ ***d'ailleurs*** übrigens; im Übrigen; ***par ailleurs*** andererseits; ***nulle part ailleurs*** sonst nirgends; *fig* ***il est ailleurs*** er ist mit s-n Gedanken (ganz) woanders

ailloli [ajɔli] *m* Knoblauchmayonnaise *f*

▸ **aimable** [ɛmabl(ə)] *adj* liebenswürdig, freundlich (***avec qn*** zu j-m)

aimant[1] [ɛmɑ̃] *m* Magnet *m*

aimant[2] *adj* ⟨-ante [-ɑ̃t]⟩ liebevoll

aimanter [ɛmɑ̃te] *v/t* magnetisieren

aimé [eme] *adj* ⟨~e⟩ geliebt (***de, par*** von); *acteur* beliebt (***du public*** beim Publikum)

▸ **aimer** [eme] **I** *v/t* lieben; mögen; gern haben; *personne, animal a* lieb haben; *mets a* gern essen; ***aimer qn*** (*être amoureux*) j-n lieben; ***aimer faire qc*** gern etw tun; ***j'aimerais faire qc*** ich möchte gern, würde gern etw tun; ***aimer que …*** (+ *subj*) es gern sehen, haben, dass …; ***j'aime autant ça*** das ist mir lieber; ***aimer mieux qc*** etw lieber mögen, haben, etw vorziehen; ▸ ***aimer mieux faire qc*** etw lieber tun; **II** *v/pr* ***s'aimer*** sich lieben

aine [ɛn] *f* ANAT Leiste *f*

▸ **aîné** [ene] **I** *adj* ⟨~e⟩ (*le plus âgé*) älteste; (*plus âgé*) ältere; **II** **~(e)** *m(f)* Älteste(r) *f(m)*

▸ **ainsi** [ɛ̃si] *adv* **1** so; ***c'est ~ que …*** so …; ***~ soit-il!*** amen! ***s'il en est ~*** wenn dem so ist; ***pour ~ dire*** sozusagen; gewissermaßen; ***~ que*** *comparaison* (so) wie; *énumération* sowie; wie auch; **2** **~ (donc)** (so) also; folglich

▸ **air**[1] [ɛʀ] *m* Luft *f*; ***à l'air*** an der (frischen) *ou* an die (frische) Luft; ***au grand air*** [-t-] an *ou* in der frischen Luft; im Freien; ***être dans l'air*** *maladie* umgehen; grassieren; *ideé* in der Luft liegen; ***en l'air*** in die Luft; *fig promesses* leer; *projets* unrealistisch; ***tête f en l'air*** gedankenlos; vergesslich; zerstreut; F *fig* ***foutre en l'air*** F weg-, fortschmeißen; ▸ ***en plein air*** [ɑ̃plɛnɛʀ] im Freien; unter freiem Himmel; AGR im Freiland; **(*aller*) *prendre l'air*** (frische) Luft schöpfen, F schnappen; an die (frische) Luft gehen

air[2] *m* (*apparence*) Aussehen *n*; (*mine*) Miene *f*; Gesicht(sausdruck) *n*(*m*); ***~ de famille*** Familienähnlichkeit *f*; ***d'un ~ embarrassé*** mit verlegener Miene; ***avoir l'~*** (+ *adj*) aussehen; wirken; ***avoir l'~ de*** (+ *inf*) scheinen zu (+ *inf*); so aussehen, als ob ...; ***ça en a tout l'~*** das sieht ganz danach aus; ***avoir l'~ de*** (+ *subst*) aussehen wie; ***n'avoir l'~ de rien*** nach nichts aussehen; ***avoir un drôle d'~*** komisch aussehen; ***prendre de grands ~s*** vornehm tun; großtun; angeben

air[3] *m* **1** Melodie *f*; **2** (*chanson*) Weise *f*; Lied *n*; **3** *d'un opéra* Arie *f*

airbag [ɛʀbag] *m* Airbag *m*

aire [ɛʀ] *f* **1** (*surface*) (Boden)Fläche *f*; ***~ de repos*** Rastplatz *m*; **2** MATH Flächeninhalt *m*; **3** *des rapaces* Horst *m*

airelle [ɛʀɛl] *f* Heidel-, Blaubeere *f*; ***~ rouge*** Preiselbeere *f*

aisance [ɛzɑ̃s] *f* **1** (*facilité*) Gewandtheit *f*; Leichtigkeit *f*; **2** (*richesse*) Wohlstand *m*; Wohlhabenheit *f*

aise[1] [ɛz] *f* **1** ***à votre ~!*** wie es (Ihnen) beliebt!; ganz nach (Ihrem) Belieben!; ***être à l'~, à son ~*** sich wohl fühlen; ***être mal à l'~*** sich unbehaglich *ou* nicht wohl fühlen; ***mettez-vous à l'~*** legen Sie doch ab!; ***mettre qn à l'~*** j-m die Befangenheit nehmen; ***en prendre à son ~ avec qc*** es sich mit etw leicht machen; **2** ***~s*** *pl* Bequemlichkeit *f*; ***prendre ses ~s*** es sich (ganz ungeniert) bequem machen; sich breit machen; **3** (*richesse*) ***être à son ~*** wohlhabend, gut situiert sein; **4** F ***à l'~*** (*facilement*) leicht

aise[2] *adj st/s* ***être bien ~ de*** (+ *inf*) erfreut sein, zu (+ *inf*)

aisé [eze] *adj* ⟨~e⟩ **1** *ton* ungezwungen; *style* flüssig; **2** (*riche*) wohlhabend; gut situiert; **3** *st/s* (*facile*) einfach; leicht; **~ment** [-mɑ̃] *adv* leicht; mühelos

aisselle [ɛsɛl] *f* Achsel(höhle) *f*

Aix-la-Chapelle [ɛkslaʃapɛl] Aachen *n*

ajonc [aʒɔ̃] *m* Stechginster *m*

ajouré [aʒuʀe] *adj* ⟨~e⟩ durchbrochen

ajourner [aʒuʀne] *v/t* **1** verschieben (***à*** auf + *acc*; ***d'une semaine*** um e-e Woche); auf-, hinausschieben; *séance a* vertagen; **2** *candidat* zurückstellen

ajout [aʒu] *m* Hinzufügung *f*

▸ **ajouter** [aʒute] **I** *v/t* hinzufügen (***à*** zu); *en parlant a* hinzusetzen; *à un nombre* hinzu- *ou* dazuzählen (zu); CUIS *a* hinzu- *ou* dazugeben, -tun (zu); **II** *v/t/indir* ***~ à qc*** etw noch vergrößern, (*aggraver*) verschlimmern; **III** *v/pr* (***venir***) ***s'~ à*** noch hinzu-, dazukommen zu

ajuster [aʒyste] **I** *v/t* **1** passend machen (***à*** für); TECH anpassen (+ *dat*); einpassen (in + *acc*); ***ajusté*** *vêtement* eng anliegend; **2** *fig* anpassen (***à*** *dat*); abstimmen (mit); **II** *v/pr* ***s'~ à*** passen zu *ou* in, auf (+ *acc*)

ajusteur [aʒystœʀ] *m* Schlosser *m*

alaise [alɛz] *f* (Gummi)Unterlage *f*

alambic [alɑ̃bik] *m* Destillierapparat *m*, -kolben *m*; Retorte *f*

alambiqué [alɑ̃bike] *adj* ⟨~e⟩ geschraubt; gewunden

alangui [alɑ̃gi] *adj* ⟨~e⟩ träge; matt

alarmant [alaʀmɑ̃] *adj* ⟨-ante [-ɑ̃t]⟩ alarmierend; Besorgnis erregend

alarme [alaʀm] *f* **1** Alarm *m*; ***donner l'~*** Alarm schlagen (*a fig*); **2** *dispositif* Alarmanlage *f*

alarm|er [alaʀme] **I** *v/t* beunruhigen; alarmieren; ängstigen; **II** *v/pr* ***s'~*** sich beunruhigen, ängstigen; **~iste** [-ist] *adj* Angst verbreitend

Alaska [alaska] ***l'~*** *m* Alaska *n*

albanais [albanɛ] **I** *adj* ⟨-aise [-ɛz]⟩ albanisch; **II** ♀(***e***) *m*(*f*) Albaner(in) *m*(*f*)

Albanie [albani] ***l'~*** *f* Albanien *n*

albâtre [albɑtʀ(ə)] *m* Alabaster *m*

albatros [albatʀos] *m* Albatros *m*

albinos [albinos] *m,f* Albino *m*

album [albɔm] *m* **1** Album *n* (*a de disques*); ***~ de photos*** Fotoalbum *n*; **2** (*livre illustré*) Buch *n*; Band *m*

albumine [albymin] *f* Albumin *n*; F *dans les urines* Eiweiß *n*

alcalin [alkalɛ̃] *adj* ⟨-ine [-in]⟩ alkalisch

alchim|ie [alʃimi] *f* Alchimie *f*; **~iste** [-ist] *m* Alchimist *m*

▸ **alcool** [alkɔl] *m* **1** Alkohol *m*; ***~ à brûler*** Brennspiritus *m*; **2** *par ext* Schnaps *m*

alcoolémie [alkɔlemi] *f* Blutalkohol (-gehalt, -spiegel) *m*

alcoolique [alkɔlik] **I** *adj* **1** alkoholisch; **2** *personne* trunksüchtig; alkoholkrank; **II** *m,f* Alkoholiker(in) *m(f)*; Trinker(in) *m(f)*
alcooliser [alkɔlize] **I** *v/t* Alkohol zusetzen (+ *dat*); *boisson* ***alcoolisé*** alkoholisch; ***non alcoolisé*** alkoholfrei; **II** *v/pr* F ***s'~*** sich betrinken
alcoolisme [alkɔlism(ə)] *m* Alkoholismus *m*; Trunksucht *f*
alco(o)test [alkɔtɛst] *m* Alkoholtest(gerät) *m(n)*
alcôve [alkov] *f* Alkoven *m*; Bettnische *f*
aléas [alea] *m/pl* Zufälligkeiten *f/pl*; (unangenehme) Überraschungen *f/pl*
aléatoire [aleatwaʀ] *adj* zufallsbedingt; vom Zufall abhängig
alentours [alɑ̃tuʀ] *m/pl* **1** Umgebung *f*; Umgegend *f*; **2** ***aux ~ de*** *local* in der Gegend von; *temporel, fig* (so) gegen; (so) um … herum
alerte[1] [alɛʀt] *adj personne* munter; flink; mobil; *esprit* rege; aufgeweckt; *style* lebendig; flott
alerte[2] *f* **1** Alarm *m* (*a* MIL); *fig* ***fausse ~*** falscher, blinder Alarm; ***~ à la bombe*** Bombenalarm *m*; ***donner l'~*** Alarm geben; **2** *fig* (drohende) Gefahr; Alarmsignal *n*
alerter [alɛʀte] *v/t* alarmieren
alésage [alezaʒ] *m* Zylinderbohrung *f*, -durchmesser *m*
alèse [alɛz] *f* → ***alaise***
alevin [alvɛ̃] *m* (Be)Satzfisch *m*
alexandrin [alɛksɑ̃dʀɛ̃] *m vers* Alexandriner *m*
alezan [alzɑ̃] *adj* ⟨-ane [-an]⟩ fuchsrot
algarade [algaʀad] *f* Wortwechsel *m*
algèbre [alʒɛbʀ(ə)] *f* Algebra *f*
algébrique [alʒebʀik] *adj* algebraisch
Alger [alʒe] Algier *n*
▸**Algérie** [alʒeʀi] ***l'~*** *f* Algerien *n*
▸**algérien** [alʒeʀjɛ̃] **I** *adj* ⟨-ienne [-jɛn]⟩ algerisch; **II** ***2(ne)*** *m(f)* Algerier(in) *m(f)*
algue [alg] *f* Alge *f*
alibi [alibi] *m* Alibi *n* (*a fig*)
aliénation [aljenasjõ] *f* **1** JUR (Eigentums)Übertragung *f*; **2** MÉD Geistesgestörtheit *f*; **3** PHILOS Entfremdung *f*
aliéné(e) [aljene] *m(f)* Geisteskranke(r) *f(m)*
aliéner [aljene] ⟨-è-⟩ **I** *v/t* **1** JUR veräußern; übertragen; **2** (*éloigner*) entfremden (***à*** *dat*); **II** *v/pr* ***s'~ qn*** sich j-m entfremden; ***s'~ les sympathies*** sich die Sympathien verscherzen
alignement [aliɲmɑ̃] *m* **1** (schnurgerade) Ausrichtung, Reihe; **2** CONSTR (Bau)Flucht(linie) *f*; **3** *fig* Ausrichtung *f* (***sur*** nach); Angleichung *f* (an + *acc*)
aligner [aliɲe] **I** *v/t* **1** in gerader Linie aufstellen; ausrichten; *phrases, chiffres* aneinander reihen; **2** *fig* ***~ qc sur qc*** etw nach etw ausrichten; **II** *v/pr* ***s'~*** **3** *personnes* sich in e-r Reihe aufstellen; *objets* aufgereiht sein, stehen; **4** *fig* ***s'~ sur*** sich ausrichten nach; einschwenken auf (+ *acc*)
aliment [alimɑ̃] *m* **1** Nahrungsmittel *n*; ***~s*** *pl a* Nahrung *f*; Lebensmittel *n/pl*; **2** *fig* Nahrung *f*
alimentaire [alimɑ̃tɛʀ] *adj* **1** Nahrungs…; Ernährungs…; **2** ***pension*** *f* ***~*** Unterhaltsrente *f*; **3** *péj travail* (lediglich) dem Broterwerb dienend
alimentation [alimɑ̃tasjõ] *f* **1** Ernährung *f*; Beköstigung *f*; Verpflegung *f*; (*nourriture*) Nahrung *f*; Kost *f*; **2** TECH Versorgung *f* (***en*** mit)
alimenter [alimɑ̃te] **I** *v/t* **1** (*nourrir*) ernähren; **2** (*approvisionner*) versorgen (***en*** mit); **3** *fig* ***~ les conversations*** Gesprächsstoff liefern; **II** *v/pr* ***s'~*** sich ernähren; *malade* Nahrung zu sich nehmen
alinéa [alinea] *m* TYPO Absatz *m*
aliter [alite] **I** *v/t* ***être alité*** bettlägerig sein; das Bett hüten müssen; **II** *v/pr* ***s'~*** sich ins Bett legen
alizé [alize] *m* Passat(wind) *m*
allait|ement [alɛtmɑ̃] *m* Stillen *n*; ***~er*** [-e] *v/t* stillen; zo säugen
allant [alɑ̃] *m* Schwung *m*; Tatkraft *f*
alléch|ant [aleʃɑ̃] *adj* ⟨-ante [-ɑ̃t]⟩ verlockend; ***~er*** [-e] *v/t* ⟨-è-⟩ (an)locken
allée [ale] *f* **1** Allee *f*; *dans un cinéma, etc* Gang *m*; **2** ***~s et venues*** Laufereien *f/pl*
allégé [aleʒe] *adj* ⟨***~e***⟩ light; leicht; kalorienarm
allégeance [aleʒɑ̃s] *f* Treuepflicht *f*
alléger [aleʒe] *v/t* ⟨-è-⟩ **1** *fardeau* leichter machen; **2** *charge financière* verringern; senken; *programmes scolaires* entlasten
allégorie [alegɔʀi] *f* Allegorie *f*

allègre [alɛgʀ(ə)] *adj* fröhlich; vergnügt; munter

allégresse [alegʀɛs] *f* (laute, ausgelassene) Freude; Jubel *m*

alléguer [alege] *v/t* ⟨-è-⟩ anführen; vorbringen; ins Feld führen

▸**Allemagne** [almaɲ] ***l'~*** *f* Deutschland *n*

▸**allemand** [almɑ̃] **I** *adj* deutsch; **II** *subst* **1** **♀(e)** *m(f)* Deutsche(r) *f(m)*; **2** *langue* ***l'~*** *m* das Deutsche; Deutsch *n*

▸**aller**[1] [ale] ⟨je vais, tu vas, il va, nous allons, ils vont; j'allais; j'allai; j'irai; que j'aille, que nous allions; va!, *aber*: vas-y! [vazi]; allant; être allé⟩ **I** *v/i* **1** gehen; (*dans un*) *véhicule* fahren; ***allez!*** los!; vorwärts!; marsch!; ***allons! du calme!*** nur ruhig Blut!; ***allons donc!*** *ou* ***allez donc!*** *ce n'est pas vrai!* ach, geh(en Sie) …; ***aller dehors*** hinaus-, F rausgehen; ***vas-y!, allez-y!*** nur zu!; los!; ***allons-y!*** *ou* ***on y va!*** auf gehts!; ***aller à*** *ou* ***en vélo*** mit dem (Fahr)Rad fahren; ***aller à l'étranger, à Paris, en France*** ins Ausland, nach Paris, nach Frankreich gehen, fahren, reisen; ***aller à pied*** zu Fuß gehen; laufen; ***aller chez le***, F ***au coiffeur*** zum Friseur gehen; ***aller en*** *ou* ***par avion*** (mit dem Flugzeug) fliegen; ***aller en bateau*** mit dem Schiff fahren; ***aller et venir*** hin und her gehen, laufen, fahren; auf und ab gehen; kommen und gehen; **2** (*se porter*) gehen; ▸ ***comment allez-vous?*** wie geht es Ihnen?; ▸ ***comment vas-tu?*** wie geht es dir?; F (***comment***) ***ça va?*** wie gehts?; ***ça va*** es geht (mir, uns) ganz gut; *choses* das geht; das ist nicht schlecht; ***je vais bien***, F ***ça va bien*** es geht mir gut; **3** (*être seyant*) ▸ ***aller bien à qn*** j-m (gut) stehen; j-n (gut) kleiden; **4** (*convenir*) ***aller à*** *ou* ***avec qc*** zu etw passen; *vêtement* ***aller à qn*** j-m (in der Größe) passen; **II** *v/aux* **5** *avec inf ou p/pr*: ▸ ***aller chercher qn, qc*** j-n, etw holen; ▸ ***aller se coucher*** schlafen gehen; ***aller croissant*** zunehmen; ***aller en s'améliorant*** sich allmählich bessern; **6** *futur proche*: ***aller faire qc*** gleich, bald, sofort etw tun; ***vous allez comprendre*** Sie werden gleich verstehen; ***c'est ce que j'allais dire*** das wollte ich gerade, eben sagen; **III** *v/imp* ***il y va de …*** es geht um …; **IV** *v/pr* ▸ ***s'en aller*** weg-, fortgehen; *tache* weg-, herausgehen; *bouton* bald abgehen

aller[2] *m* **1** Hinweg *m*, -fahrt *f*, -reise *f*; AVIAT Hinflug *m*; ***à l'aller*** auf der Hinfahrt *etc*; **2** CH DE FER einfache Fahrkarte; ▸ ***aller*** (***et***) ***retour*** Rückfahrkarte *f*; ***deux allers*** (***et***) ***retours pour Lyon*** zweimal Lyon hin und zurück; **3** *adjt* ***match*** *m* ***aller*** Hinspiel *n*

aller: Zukunft und Sicherheit

Um zukünftiges Geschehen auszudrücken, wird oft die Konstruktion **aller** + Infinitiv verwendet:

Alice est allée au supermarché, mais elle va revenir tout de suite.	Alice ist zum Supermarkt gegangen, aber sie wird gleich zurückkommen.

Mit **aller** + Infinitiv wird vor allem betont, dass der künftige Vorgang unmittelbar bevorsteht. Deshalb heißt diese Konstruktion auch **futur proche** (nahe Zukunft):

L'avion va décoller dans quelques minutes.	Das Flugzeug wird in einigen Minuten starten.

Man gebraucht das **futur proche** aber auch, um eine feste Absicht oder ein mit Sicherheit eintretendes Geschehen zum Ausdruck zu bringen:

Pendant les grandes vacances, je vais aller en Bretagne.	In den großen Ferien werde ich in die Bretagne fahren.

allerg|ie [alɛʀʒi] *f* Allergie *f* (**à** gegen; *a fig*); **~ique** [-ik] *adj* allergisch (**à** gegen; *a fig*)
alliage [aljaʒ] *m* Legierung *f*
alliance [aljɑ̃s] *f* **1** POL *et par ext* Bündnis *n*; Allianz *f*; **2** *parent* ***par ~*** angeheiratet; ***être parents par ~*** verschwägert sein; **3** *bague* Trau-, Ehering *m*
allié [alje] **I** *adj* ⟨~e⟩ verbündet; alliiert; **II** *m* Verbündete(r) *m*; Alliierte(r) *m*; Bundesgenosse *m*
allier [alje] **I** *v/t* **1** TECH legieren; **2** *fig* ***~ qc à*** *ou* ***avec qc*** etw mit etw verbinden, vereinen; **II** *v/pr* ***s'~*** POL sich verbünden (**à** mit)
alligator [aligatɔʀ] *m* Alligator *m*
allitération [aliteʀasjõ] *f* Stabreim *m*; Alliteration *f*
▸ **allô** [alo] *int* TÉL hallo!
allocation [alɔkasjõ] *f* Beihilfe *f*; Unterstützung *f*; Zuschuss *m*; ***~s familiales*** Kindergeld *n*; ***~ (de) logement*** Wohngeld *n*
allocution [alɔkysjõ] *f* Ansprache *f*
allongé [alõʒe] *adj* ⟨~e⟩ **1** *forme* länglich; **2** (*couché*) liegend; ***être ~*** liegen
allonger [alõʒe] ⟨-ge-⟩ **I** *v/t* **1** länger machen; verlängern; *fig* ***~ le pas*** schneller gehen; **2** *membre* (aus)strecken; *cou* recken; **3** F *coup* versetzen; verpassen; **4** F *somme d'argent* zahlen; F blechen; **II** *v/pr* ***s'~*** **5** länger werden; *fig mine* immer länger werden; **6** (*se coucher*) sich hinlegen; ***s'~ sur*** sich legen auf (+ *acc*)
allouer [alwe] *v/t* bewilligen; gewähren
allumage [alymaʒ] *m* **1** AUTO Zündung *f*; Zündanlage *f*; **2** *d'un feu* Anzünden *n*; *d'une lampe, etc* Einschalten *n*
▸ **allumé** [alyme] *adj* ⟨~e⟩ *lampe, bougie* brennend; ***être ~*** brennen (*a lumière*); F an sein (*a radio, télé, chauffage*)
allume|-cigares [alymsigaʀ] *m* ⟨*inv*⟩ AUTO Zigarettenanzünder *m*; **~-gaz** *m* ⟨*inv*⟩ Gasanzünder *m*
▸ **allumer** [alyme] **I** *v/t* **1** anzünden; *feu a* entzünden; entfachen; F anmachen; *cigarette a* anstecken; **2** *appareil* ein-, anschalten; F anmachen; *lumière, lampe a* F anknipsen; ***~ (l'électricité, la lumière)*** Licht machen; F das Licht anmachen; **3** *fig désir* wecken; erregen; F ***~ qn*** F j-n anmachen; **II** *v/pr* ***s'~*** **4** *bois, papier* anbrennen; sich entzünden; **5** *lampe, lumière* angehen; aufleuchten (*a fig regard*)
▸ **allumette** [alymɛt] *f* Zünd-, Streichholz *n*
allumeuse [alymøz] *f* F Anmacherin *f*
allure [alyʀ] *f* **1** (*vitesse*) Tempo *n*; Geschwindigkeit *f*; ***à toute ~*** *rouler* mit hohem Tempo; *faire qc* im Eiltempo; **2** (*démarche*) Gang *m*; *d'animaux a* Gangart *f*; **3** (*aspect*) Aussehen *n*; Erscheinung *f*; ***avoir de l'~*** vornehm wirken, aussehen; Stil haben; F viel hermachen
▸ **allusion** [alyzjõ] *f* Anspielung *f* (**à** auf + *acc*); Andeutung *f*; ***faire ~ à*** anspielen auf (+ *acc*)
alluvions [alyvjõ] *f/pl* GÉOL Anschwemmungen *f/pl*
almanach [almana] *m* Almanach *m*
aloès [alɔɛs] *m* Aloe *f*
aloi [alwa] ***de bon ~*** *succès* Achtung gebietend; *gaîté* echt
▸ **alors** [alɔʀ] **I** *adv* **1** *dans le passé* damals; ***d'alors*** damalige; ***jusqu'alors*** bis dahin; **2** *consécutif* da; dann; ***et alors*** und dann; **3** F ***alors?*** was nun?; ***alors, ça va?*** F na, wie gehts?; ***ça alors!*** na so was!; ***et (puis) alors?*** na und?; **II** ▸ ***alors que*** während
alouette [alwɛt] *f* Lerche *f*
alourdir [aluʀdiʀ] *v/t* **1** schwer(er) machen; *fig* schwerfällig machen (*a style*); **2** *charges fiscales* erhöhen
aloyau [alwajo] *m* Lendengegend *f*
alpaga [alpaga] *m* Alpaka *n*
alpage [alpaʒ] *m* Alm *f*
▸ **Alpes** [alp] ***les ~*** *f/pl* die Alpen *pl*
alpestre [alpɛstʀ(ə)] *adj* Alpen…
alphabet [alfabɛ] *m* Alphabet *n*; Abc *n*
alphabét|ique [alfabetik] *adj* alphabetisch; **~iser** [-ize] *v/t* alphabetisieren; (das) Lesen und Schreiben beibringen (***qn*** j-m)
alpin [alpɛ̃] *adj* ⟨-ine [-in]⟩ Alpen…; alpin
alpin|isme [alpinism(ə)] *m* Bergsteigen *n*; Alpinismus *m*; **~iste** [-ist] *m,f* Bergsteiger(in) *m(f)*
▸ **Alsace** [alzas] ***l'~*** *f* das Elsass
alsacien [alzasjɛ̃] **I** *adj* ⟨-ienne [-jɛn]⟩ elsässisch; Elsässer; **II** ***Ձ(ne)*** *m(f)* Elsässer(in) *m(f)*
altération [alteʀasjõ] *f* Verschlechterung *f*; Beeinträchtigung *f*; Veränderung *f*

altercation [altɛʀkasjõ] *f* (kurze, heftige) Auseinandersetzung
altérer [alteʀe] ⟨-è-⟩ **I** *v/t* **1** verschlechtern; *relations* beeinträchtigen; *aliments* verderben; ***d'une voix altérée*** mit versagender Stimme; **2** (*falsifier*) verfälschen; *vérité, texte a* entstellen; **3** **~ *qn*** j-n durstig machen; **II** *v/pr* ***s'~*** schlechter werden; sich verschlechtern; *visage, couleurs* sich verändern
alternance [altɛʀnɑ̃s] *f* (regelmäßiger) Wechsel; POL (demokratischer) Machtwechsel
alternatif [altɛʀnatif] *adj* ⟨-ive [-iv]⟩ **1** regelmäßig wechselnd; alternierend; ***courant ~*** Wechselstrom *m*; **2** *solution, médecine* alternativ
alternative [altɛʀnativ] *f* **1** Alternative *f*; **2** **~*s*** *pl* regelmäßiger Wechsel; **~ment** [-mɑ̃] *adv* abwechselnd; wechselweise
altern|é [altɛʀne] *adj* ⟨~e⟩ abwechselnd; Wechsel…; alternierend; **~er** [-e] *v/i* (ab)wechseln (***avec*** mit); alternieren
Altesse [altɛs] *f titre* Hoheit *f*
altier [altje] *adj* ⟨-ière [-jɛʀ]⟩ stolz
altimètre [altimɛtʀ(ə)] *m* Höhenmesser *m*
► **altitude** [altityd] *f* Höhe *f* (über dem Meeresspiegel); *voler* ***à basse ~*** in geringer Höhe; ***en ~*** in großer Höhe
alto [alto] *m* Bratsche *f*
altruisme [altʀɥism(ə)] *m* Altruismus *m*; Selbstlosigkeit *f*
alu [aly] *m abr* (*aluminium*) F Alu *n*; *adjt* ***papier*** *m* **~** Alufolie *f*
aluminium [alyminjɔm] *m* Aluminium *n*
alun|ir [alyniʀ] *v/i* auf dem Mond landen; **~issage** [-isaʒ] *m* Mondlandung *f*
alvéole [alveɔl] *f* **1** *d'abeille* Zelle *f*; **2** ANAT Alveole *f*; **3** *par ext* Wabe *f*; Zelle *f*
amabilité [amabilite] *f* Liebenswürdigkeit *f*; Freundlichkeit *f*
amadouer [amadwe] *v/t* besänftigen; für sich gewinnen
amaigri [amegʀi] *adj* ⟨~e⟩ abgemagert
amaigrissant [amegʀisɑ̃] *adj* ⟨-ante [-ɑ̃t]⟩ ***régime ~*** Abmagerungsdiät *f*
amaigrissement [amegʀismɑ̃] *m* Abmagerung *f*; Gewichtsverlust *m*
amalgam|e [amalgam] *m* MÉD, *fig* Amalgam *n*; *fig a* Gemisch *n*; **~er** [-e] *v/t fig* miteinander vermischen, verquicken
amande [amɑ̃d] *f* **1** Mandel *f*; *fig* ***yeux en ~*** Mandelaugen *n/pl*; **2** *dans un noyau* Samen(kern) *m*; **3** *adjt* ***vert ~*** ⟨*inv*⟩ lind-, zartgrün
amandier [amɑ̃dje] *m* Mandelbaum *m*
amanite [amanit] *f* Knollenblätterpilz *m*; Wulstling *m*
amant [amɑ̃] *m* Geliebte(r) *m*; Liebhaber *m*; ***les ~s*** die Liebenden *pl*
amarr|e [amaʀ] *f* MAR Haltetau *n*; Leine *f*; **~er** [-e] *v/t bateau* festmachen; vertäuen; *engin spatial* andocken; ankoppeln
amas [ama] *m* **1** Haufen *m*; **2** *fig* Anhäufung *f*, Ansammlung *f* (***de*** von)
amasser [amase] **I** *v/t* anhäufen; ansammeln; zusammentragen; horten; **II** *v/pr* ***s'~*** sich anhäufen; sich ansammeln
amateur [amatœʀ] *m* **1** Liebhaber(in) *m(f)*; Freund(in) *m(f)*; ***~ de musique*** Musikliebhaber(in) *m(f)*, -freund(in) *m(f)*; **2** SPORTS Amateur(in) *m(f)*; THÉ Laienspieler(in) *m(f)*; ***photographe*** *m* **~** Amateurfotograf *m*; Fotoamateur *m*; **3** *péj* Amateur(in) *m(f)*; Dilettant(in) *m(f)*; ***en ~*** amateurhaft; dilettantisch
amateurisme [amatœʀism(ə)] *m* **1** SPORTS Amateurstatus *m*; **2** *péj* Dilettantismus *m*
amazone [amazon] *f* Reiterin *f*; Amazone *f* (*a* MYTH); ***en ~*** im Damensitz
Amazone [amazon] ***l'~*** *f* der Amazonas
ambages [ɑ̃baʒ] ***sans ~*** ohne Umschweife; freiheraus
ambassade [ɑ̃basad] *f* Botschaft *f*
ambassa|deur [ɑ̃basadœʀ] *m* Botschafter *m* (*a fig*); **~drice** [-dʀis] *f* Botschafterin *f*
► **ambiance** [ɑ̃bjɑ̃s] *f* Stimmung *f*; Atmosphäre *f*; Ambiente *n*; *dans une entreprise* Betriebsklima *n*; ***mettre de l'~*** für Stimmung sorgen
ambiant [ɑ̃bjɑ̃] *adj* ⟨-ante [-ɑ̃t]⟩ umgebend; ***température ~e*** Raumtemperatur *f*
ambidextre [ɑ̃bidɛkstʀ(ə)] *adj* beidhändig
ambigu [ɑ̃bigy] *adj* ⟨ambiguë [ɑ̃bigy]⟩ **1** zwei-, doppel-, mehrdeutig; **2** *péj* zweideutig; undurchsichtig

ambiguïté [ɑ̃bigɥite] *f* Zwei-, Doppel-, Mehrdeutigkeit *f*; ***sans ~*** unzweideutig; unmissverständlich

ambitieux [ɑ̃bisjø] **I** *adj* ⟨-euse [-øz]⟩ ehrgeizig; *péj* ambitiös; *personne a* ambitioniert; strebsam; **II ~, *ambitieuse*** *m,f* ehrgeiziger Mensch; *péj* Ehrgeizling *m*

ambition [ɑ̃bisjõ] *f* **1** Ehrgeiz *m*; ***~s*** *pl* Ambitionen *f/pl*; **2 *l'~ de*** (+ *inf*) das Bestreben zu (+ *inf*)

ambitionner [ɑ̃bisjɔne] *v/t* erstreben; ***~ de*** (+ *inf*) danach streben zu (+ *inf*)

ambivalent [ɑ̃bivalɑ̃] *adj* ⟨-ente [-ɑ̃t]⟩ ambivalent; doppelwertig; zwiespältig

amble [ɑ̃bl(ə)] *m* Passgang *m*

ambre [ɑ̃bʀ(ə)] *m* **1 ~ (*jaune*)** Bernstein *m*; **2 ~ (*gris*)** Amber *m*; Ambra *f*

▸**ambulanc|e** [ɑ̃bylɑ̃s] *f* Krankenwagen *m*; ***~ier*** [-je] *m*, ***~ière*** [-jɛʀ] *f* Krankenwagenfahrer(in) *m(f)*

ambulant [ɑ̃bylɑ̃] *adj* ⟨-ante [-ɑ̃t]⟩ umherziehend; COMM ambulant; *fig cadavre* wandelnd; ***comédiens ~s*** Wanderbühne *f*

ambulatoire [ɑ̃bylatwaʀ] *adj* MÉD ambulant

▸**âme** [ɑm] *f* Seele *f* (*a* REL, *fig personne*); Gemüt *n*; PSYCH Psyche *f*; ***avec ~*** gefühlvoll; *être artiste* ***dans l'~*** mit Leib und Seele; ***en son ~ et conscience*** nach bestem Wissen und Gewissen; ***ne pas rencontrer ~ qui vive*** keiner Menschenseele begegnen; ***rendre l'~*** s-n Geist aufgeben (*a fig*)

amélioration [ameljɔʀasjõ] *f* Verbesserung *f*; *de l'état de santé* Besserung *f*; **~ (*du temps*)** Wetterbesserung *f*

améliorer [ameljɔʀe] **I** *v/t* verbessern; **II** *v/pr* ▸ ***s'améliorer*** sich bessern; besser werden

amen [amɛn] *adv* amen

aménagement [amenaʒmɑ̃] *m* **1** Einrichtung *f* (***en*** als); Ausstattung *f*; Gestaltung *f*; (*transformation*) Umgestaltung *f*; Umbau *m*, Ausbau *m* (***en bureau*** als Büro); Umstellung *f*; Anpassung *f*; **2 *~ du territoire*** Raumordnung *f*; Regionalplanung *f*

aménager [amenaʒe] *v/t* ⟨-ge-⟩ einrichten; ausstatten; gestalten; *pour le tourisme* erschließen; *parc* anlegen; *pour une autre utilisation* umgestalten; um-, ausbauen (***en*** als); *horaires, programmes* umstellen; (den jeweiligen Bedürfnissen) anpassen

▸**amende** [amɑ̃d] *f* **1** JUR Geldstrafe *f*; Bußgeld *n*; **2 *faire ~ honorable*** um Verzeihung bitten; Abbitte leisten

amendement [amɑ̃dmɑ̃] *m* POL Änderungsantrag *m*

amender [amɑ̃de] **I** *v/t* **1** POL (ab)ändern; **2** AGR *sol* verbessern; **II** *v/pr* ***s'~*** sich bessern

amène [amɛn] *st/s adj* liebenswürdig

amener [amne] ⟨-è-⟩ **I** *v/t* **1** (mit-, her)bringen; **2** *à un certain point* bringen; *liquide a* leiten; **3** (*entraîner*) (mit sich) bringen; zur Folge haben; **4 *~ qn à faire qc*** j-n dazu bringen *ou* j-n veranlassen, etw zu tun; **II** *v/pr* F ***s'~*** F aufkreuzen

amenuiser [amənɥize] *v/pr* ***s'~*** sich verringern; sich vermindern; schwinden; schrumpfen

▸**amer** [amɛʀ] *adj* ⟨-ère [-ɛʀ]⟩ **1** *goût* bitter; **2** *fig* bitter; herb; *personne* verbittert

▸**américain** [ameʀikɛ̃] **I** *adj* ⟨-aine [-ɛn]⟩ amerikanisch; **II** Ձ(***e***) *m(f)* Amerikaner(in) *m(f)*

américaniser [ameʀikanize] *v/t* amerikanisieren

▸**Amérique** [ameʀik] ***l'~*** *f* Amerika *n*; ***l'~ centrale*** Mittelamerika *n*; ***l'~ du Nord, du Sud*** Nord-, Südamerika *n*

amerrir [ameʀiʀ] *v/i* AVIAT wassern

amertume [amɛʀtym] *f* **1** bitterer Geschmack; **2** *fig* Bitterkeit *f*; Verbitterung *f*

améthyste [ametist] *f* Amethyst *m*

ameublement [amœbləmɑ̃] *m* (Zimmer-, Wohnungs)Einrichtung *f*

ameuter [amøte] *v/t* **1 *~ les gens*** e-n Menschenauflauf hervorrufen; **2** (*soulever*) aufhetzen (***contre*** gegen)

▸**ami(e)** [ami] **I** *m(f)* Freund(in) *m(f)*; ***petit(e) ~*** Freund(in) *m(f)* (*Geliebte*[*r*]); ***~ d'enfance*** Jugendfreund(in) *m(f)*; ***se faire des amis*** Freunde gewinnen; **II** *adj* **1** befreundet; *fig* ***être ~ de qc*** etw lieben, schätzen; **2** (*amical*) freundlich

amiable [amjabl(ə)] ***à l'~*** gütlich; auf gütlichem Wege

amiante [amjɑ̃t] *m* Asbest *m*

amibe [amib] *f* Amöbe *f*

▸**amical** [amikal] *adj* ⟨~e; -aux [-o]⟩ *ton, relations* freundschaftlich; *air, ton a* freundlich; ***match*** ~ Freundschaftsspiel *n*

amicale [amikal] *f* Verein *m*

amidon [amidõ] *m* CHIM Stärke *f*

amidonner [amidɔne] *v/t* *linge* stärken

amincir [amɛ̃siʀ] **I** *v/t* schlank machen; schlanker erscheinen lassen; **II** *v/pr* ***s'~*** dünner werden

amiral [amiʀal] *m* ⟨-aux [-o]⟩ Admiral *m*

▸**amitié** [amitje] *f* **1** Freundschaft *f*; ***prendre qn en ~*** j-n lieb gewinnen; **2** ***~s*** *pl* (freundliche, herzliche) Grüße *m/pl*

ammoniac [amɔnjak] *m* Ammoniak *n*

ammoniaque [amɔnjak] *f* Salmiakgeist *m*

amnésie [amnezi] *f* Gedächtnisschwund *m*

amnist|ie [amnisti] *f* Amnestie *f*; **~ier** [-je] *v/t* amnestieren

amocher [amɔʃe] F *v/t* übel zurichten (*a qn*); F ramponieren

amoindrir [amwɛ̃dʀiʀ] **I** *v/t* verringern; (ver)mindern; **II** *v/pr* ***s'~*** sich verringern; sich vermindern; *forces* abnehmen; schwinden

amollir [amɔliʀ] **I** *v/t* aufweichen; **II** *v/pr* ***s'~*** **1** aufweichen; **2** *énergie* erschlaffen; erlahmen

amonceler [amõsle] ⟨-ll-⟩ **I** *v/t* an-, aufhäufen; **II** *v/pr* ***s'~*** sich aufhäufen; sich stapeln; sich (auf)türmen

amoncellement [amõsɛlmɑ̃] *m* Haufen *m*; Berg *m*; (*pile*) Stapel *m*

amont [amõ] ***en ~*** strom-, flussaufwärts; ***en ~ de*** oberhalb von (*ou* + *gén*)

amoral [amɔʀal] *adj* ⟨~e; -aux [-o]⟩ amoralisch

amorce [amɔʀs] *f* **1** PÊCHE Köder *m*; **2** *d'explosif* Zündhütchen *n*; Sprengkapsel *f*; **3** (*début*) Auftakt *m* (***de*** zu); Beginn *m*

amorcer [amɔʀse] ⟨-ç-⟩ **I** *v/t* **1** PÊCHE ködern; **2** (*commencer*) in Gang bringen; in die Wege leiten; anbahnen; beginnen; **3** *charge explosive* scharf machen; **II** *v/pr* ***s'~*** in Gang kommen; sich anbahnen; beginnen

amorphe [amɔʀf] *adj* energie-, willenlos; F schlapp; F lahm

amortir [amɔʀtiʀ] *v/t* **1** *choc, bruit* dämpfen; **2** *dette* tilgen; amortisieren; **3** *matériel* abschreiben; amortisieren

amortiss|ement [amɔʀtismɑ̃] *m* **1** *d'une dette* Tilgung *f*; Amortisation *f*; **2** *d'un investissement* Abschreibung *f*; Amortisation *f*; **3** *d'un choc, d'un bruit* Dämpfung *f*; **~eur** [-œʀ] *m* Stoßdämpfer *m*

▸**amour** [amuʀ] *m* **1** Liebe *f*; ***amour de son métier*** Liebe zu s-m Beruf; ***amour de la vérité*** Wahrheitsliebe *f*; ▸ ***faire l'amour*** sich (*sexuell*) lieben; ***filer le parfait amour*** im sieb(en)ten Himmel sein; *fig* ***vivre d'amour et d'eau fraîche*** von Luft und Liebe leben; **2** (*personne aimée*) Liebe *f*; ***mon amour*** (mein) Liebling *m*, Schatz *m*, Herzchen *n*; **3** ***amours*** *f/pl* Liebschaften *f/pl*; Amouren *pl*; **4** F *fig* ***un amour de ...*** e-e (ein) allerliebste(r, -s), herzige(r, -s), F goldige(r, -s) ...; **5** MYTH ***l'Amour*** Amor *m*

amouracher [amuʀaʃe] *v/pr* ***s'~ de qn*** *péj* sich in j-n vernarren, F verknallen

amourette [amuʀɛt] *f* Liebelei *f*

▸**amoureux** [amuʀø] **I** *adj* ⟨-euse [-øz]⟩ verliebt (***de*** in + *acc*); ***vie amoureuse*** Liebesleben *n*; **II** **~, *amoureuse*** *m,f* Liebende(r) *f(m)*; Verliebte(r) *f(m)*; *d'une femme* Liebhaber *m*

amour-propre *m* ⟨amours-propres⟩ Selbstachtung *f*, -(wert)gefühl *n*

amovible [amɔvibl(ə)] *adj* **1** *fonctionnaire* versetzbar; (*révocable*) absetzbar; **2** *doublure* herausnehmbar; *housse* abnehmbar

ampère [ɑ̃pɛʀ] *m* Ampere *n*

amphétamine [ɑ̃fetamin] *f* Amphetamin *n*; Weckamin *n*

amphi [ɑ̃fi] *m* F *abr* → ***amphithéâtre*** *1*

amphibie [ɑ̃fibi] *adj* **1** BIOL amphibisch; **2** ***véhicule*** *m* ~ Amphibienfahrzeug *n*

amphithéâtre [ɑ̃fiteɑtʀ(ə)] *m* **1** Hörsaal *m*; Auditorium *n*; **2** *antique* Amphitheater *n*

ample [ɑ̃pl(ə)] *adj* **1** *vêtement* weit; *mouvement* weit ausholend; **2** *sujet* weitläufig; ***de plus ~s renseignements*** nähere Auskünfte *f/pl*

amplement [ɑ̃pləmɑ̃] *adv* *suffire* völlig

ampleur [ɑ̃plœʀ] *f* **1** *d'un vêtement* Weite *f*; **2** *fig* Ausmaß *n*; Umfang *m*; ***prendre de l'~*** sich ausweiten

ampli [ɑ̃pli] F *m* *ou* **amplificateur** [ɑ̃plifikatœʀ] *m* Verstärker *m*

amplifier [ɑ̃plifje] **I** *v/t* **1** ÉLECTRON verstärken; **2** *fig* ausweiten; erweitern;

II *v/pr* **s'~** *crise* sich ausweiten; *son* anschwellen
amplitude [ɑ̃plityd] *f* PHYS Amplitude *f*
▸ **ampoule** [ɑ̃pul] *f* **1** PHARM Ampulle *f*; **2** ÉLECT Glühlampe *f*; (Glüh)Birne *f*; **3** *sous la peau* Blase *f*
ampoulé [ɑ̃pule] *adj* ⟨~e⟩ schwülstig
amputation [ɑ̃pytasjõ] *f* **1** MÉD Amputation *f*; **2** *fig* Kürzung *f*
amputer [ɑ̃pyte] *v/t* **1** amputieren; *membre a* abnehmen; **~ qn d'une jambe** j-m ein Bein amputieren, abnehmen; **2** *fig* kürzen (**de** um)
amulette [amylɛt] *f* Amulett *n*
▸ **amusant** [amyzɑ̃] *adj* ⟨-ante [-ɑ̃t]⟩ lustig; unterhaltend; amüsant; vergnüglich
amuse-gueule [amyzgœl] *m* ⟨amuse-gueule(s)⟩ Appetithäppchen *n*
amusement [amyzmɑ̃] *m* Vergnügen *n*; Belustigung *f*; Amüsement *n*
▸ **amuser** [amyze] **I** *v/t* **1** belustigen; erheitern; amüsieren; **qc amuse qn** *a* etw macht j-m Spaß; **2** (*détourner l'attention*) **amuser qn** j-n ablenken, hinhalten; **II** *v/pr* ▸ **s'amuser** sich vergnügen, sich belustigen, sich amüsieren (**avec** mit); **s'amuser à faire qc** s-n Spaß daran haben, etw zu tun; **pour s'amuser** (einfach) zum Spaß; ▸ **amuse-toi, amusez-vous bien!** viel Vergnügen!
amuseur [amyzœʀ] *m* Spaßmacher *m*
amygdale [ami(g)dal] *f* ANAT Mandel *f*
▸ **an** [ɑ̃] *m* Jahr *n*; ▸ **au nouvel an, le jour de l'An** zu, an Neujahr; am Neujahrstag; **à vingt ans** mit zwanzig (Jahren); *enfant* **de neuf ans** neunjährig; von neun Jahren; **par an** jährlich; im, pro Jahr; **tous les ans** alljährlich; jedes Jahr; alle Jahre; **bon an, mal an** im Durchschnitt; **aller sur ses cinquante ans** auf die fünfzig zugehen; **avoir trente ans** dreißig (Jahre alt) sein
anabolisant [anabɔlizɑ̃] *m* Anabolikum *n*
anachron|ique [anakʀɔnik] *adj* anachronistisch; *par ext a* unzeitgemäß; **~isme** [-ism(ə)] *m* Anachronismus *m*
anagramme [anagʀam] *f* Anagramm *n*
anal [anal] *adj* ⟨~e; -aux [-o]⟩ anal; After…
analgésique [analʒezik] *m* schmerzstillendes Mittel
anallergique [analɛʀʒik] *adj* keine Allergie hervorrufend
analogie [analɔʒi] *f* Analogie *f*; Ähnlichkeit *f*; Entsprechung *f*; **par ~ avec** in Analogie zu
analogique [analɔʒik] *adj* analog (*a* INFORM); Analogie…
analogue [analɔg] *adj* analog; ähnlich (**à** wie); entsprechend (+ *dat*)
analphabète [analfabɛt] *m,f* Analphabet(in) *m(f)*
analphabétisme [analfabetism(ə)] *m* Analphabetentum *n*; Analphabetismus *m*
analyse [analiz] *f* **1** Analyse *f*; PSYCH Psychoanalyse *f*; GR Zerlegung *f*; Zergliederung *f*; **en dernière ~** letztlich; letzten Endes; **2** *de l'eau*, MÉD Untersuchung *f*; **3** TV Bildzerlegung *f*
analyser [analize] *v/t* **1** analysieren; GR *phrase* zergliedern; zerlegen; PSYCH **se faire ~** sich e-r Psychoanalyse unterziehen; **2** *eau, sang, urines, etc* untersuchen
analyste [analist] *m,f* Analytiker(in) *m(f)*; PSYCH (Psycho)Analytiker(in) *m(f)*; **~-programmeur** *m* ⟨analystes-programmeurs⟩ Systemanalytiker *m*
analytique [analitik] *adj* analytisch
ananas [anana(s)] *m* Ananas *f*
anarch|ie [anaʀʃi] *f* Anarchie *f*; **~ique** [-ik] *adj* anarchisch; **~iste** [-ist] **I** *adj* anarchistisch; **II** *m,f* Anarchist(in) *m(f)*
anathème [anatɛm] *m* Kirchenbann *m*; Bannfluch *m*
anatom|ie [anatɔmi] *f* Anatomie *f*; **~ique** [-ik] *adj* anatomisch
ancestral [ɑ̃sɛstʀal] *adj* ⟨~e; -aux [-o]⟩ alt(überliefert)
ancêtre [ɑ̃sɛtʀ(ə)] *m,f* **1** Vorfahr(in) *m(f)*; **~s** *m/pl* Vorfahren *m/pl*; *st/s* Ahnen *m/pl*; **2** *fig* Vorläufer *m*
anchois [ɑ̃ʃwa] *m* An(s)chovis *f*; Sardelle *f*
▸ **ancien** [ɑ̃sjɛ̃] **I** *adj* ⟨-ienne [-jɛn]⟩ **1** (*vieux*) alt; *meuble, bijou a* antik; **logement ~** Altbauwohnung *f*; **2** (*précédent*) ehemalige; frühere; vormalige; **II** *m/pl* **les ~s** *d'une tribu* die Ältesten *m/pl*; die Alten *m/pl*; *d'une école* die Ehemaligen *m/pl*; **les** 𝔄**s** die Völker *n/pl* der Antike
anciennement [ɑ̃sjɛnmɑ̃] *adv* früher; ehemals; vormals

ancien (*Stellung*)

Dieses Adjektiv kann dem Substantiv folgen – oder vorangehen. Von der Stellung vor oder nach dem Substantiv hängt die Bedeutung ab:

1. **ancien** vor dem Substantiv: ‚ehemalig'

Ce bâtiment est une ancienne prison. Aujourd'hui, c'est le commissariat de police.
Dieses Gebäude ist ein ehemaliges Gefängnis. Heute ist es die Polizeistation.

2. **ancien** nach dem Substantiv: ‚alt'

Michèle a beaucoup de livres anciens.
Michèle hat viele alte Bücher.

ancienneté [ɑ̃sjɛnte] *f* **1** *d'un monument, etc* (hohes) Alter; **2** *dans une fonction* Dienstalter *n*; *par ext* Betriebszugehörigkeit *f*; Berufsjahre *n/pl*
ancrage [ɑ̃kʀaʒ] *m* Verankerung *f* (*a fig*)
ancre [ɑ̃kʀ(ə)] *f* Anker *m*
ancrer [ɑ̃kʀe] **I** *v/t* verankern; *fig* ***être ancré dans*** verankert sein in (+ *dat*); **II** *v/pr idée* ***s'~*** sich festsetzen, einnisten
Andalousie [ɑ̃daluzi] ***l'~*** *f* Andalusien *n*
Andes [ɑ̃d] ***les ~*** *f/pl* die Anden *pl*
Andorre [ɑ̃dɔʀ] ***l'~*** *f* Andorra *n*
andouill|e [ɑ̃duj] *f* **1** CUIS Kaldaunen-, Kuttelwurst *f*; **2** F *fig* Dummkopf *m*; F Blödmann *m*; **~ette** [-ɛt] *f* Kaldaunen-, Kuttelbratwurst *f*
androgyne [ɑ̃dʀɔʒin] **I** *adj sc* androgyn; **II** *m* Zwitter *m*
▸ **âne** [ɑn] *m* Esel *m* (*a fig injure*)
anéant|ir [aneɑ̃tiʀ] **I** *v/t* **1** (*détruire*) vernichten; *espoirs* zunichte machen; **2** ***~ qn*** j-n niederschmettern, erschüttern; **II** *v/pr* ***s'~*** zunichte werden; **~issement** [-ismɑ̃] *m* **1** Vernichtung *f*; Zunichtewerden *n*; **2** (*abattement*) Niedergeschlagenheit *f*
anecdot|e [anɛkdɔt] *f* **1** Anekdote *f*; **2** *par ext* ***l'~*** das Nebensächliche; **~ique** [-ik] *adj* anekdotisch; anekdotenhaft
aném|ie [anemi] *f* Blutarmut *f*; Anämie *f*; **~ique** [-ik] *adj* **1** MÉD blutarm; anämisch; **2** *fig* kümmerlich; kraftlos
anémone [anemɔn] *f* Anemone *f*
ânerie [ɑnʀi] *f* Dummheit *f*; F Eselei *f*
ânesse [ɑnɛs] *f* Eselin *f*; Eselstute *f*; ***lait m d'~*** Eselsmilch *f*
anesthésie [anɛstezi] *f* Anästhesie *f*; ***~ générale*** (Voll)Narkose *f*; ***~ locale*** örtliche Betäubung; Lokalanästhesie *f*; ***sous ~*** in Narkose
anesthés|ier [anɛstezje] *v/t* betäuben (*a fig*); anästhesieren; **~iste** [-ist] *m,f* Narkosearzt, -ärztin *m,f*; Anästhesist(in) *m(f)*
aneth [anɛt] *m* Dill *m*
anfractuosité [ɑ̃fʀaktɥozite] *f* Spalte *f*; Riss *m*
▸ **ange** [ɑ̃ʒ] *m* Engel *m* (*a fig*); *fig* ***patience f d'~*** Engelsgeduld *f*; F Lammsgeduld *f*; ***être aux ~s*** im sieb(en)ten Himmel sein
angélique [ɑ̃ʒelik] **I** *adj* engelhaft; **II** *f* BOT Engelwurz *f*
angelot [ɑ̃ʒlo] *m* Engelchen *n*
angélus [ɑ̃ʒelys] *m* Angelus(läuten) *m(n)*
angine [ɑ̃ʒin] *f* Angina *f*; Hals-, Rachen-, Mandelentzündung *f*; ***~ de poitrine*** Angina pectoris *f*
▸ **anglais** [ɑ̃glɛ] **I** *adj* ⟨-aise [-ɛz]⟩ **1** englisch; **2** ***pommes*** *f/pl* **(*de terre*) *à l'~e*** Salzkartoffeln *f/pl*; **3** *fig* ***filer à l'~e*** sich auf Französisch empfehlen; französisch Abschied nehmen; **II** *subst* **1** **Ձ(*e*)** *m(f)* Engländer(in) *m(f)*; **2** *langue* ***l'~*** *m* das Englische; Englisch *n*; **3** *boucles* ***~es*** *f/pl* F Korkenzieher-, Ringellocken *f/pl*
angle [ɑ̃gl(ə)] *m* **1** (*coin*) Ecke *f*; *d'une pièce a* Winkel *m*; ***~ de la rue*** Straßenecke *f*; *fig* ***arrondir les ~s*** ausgleichend wirken; **2** MATH Winkel *m*; ***objectif m grand ~*** Weitwinkelobjektiv *n*; **3** (***vu***) ***sous cet ~*** unter diesem Blickwinkel (gesehen)
▸ **Angleterre** [ɑ̃glətɛʀ] ***l'~*** *f* England *n*
anglican [ɑ̃glikɑ̃] *adj* ⟨-ane [-an]⟩ anglikanisch
anglic|isme [ɑ̃glisism(ə)] *m* LING Anglizismus *m*; englische Spracheigentüm-

lichkeit; **~iste** [-ist] *m,f* Anglist(in) *m(f)*

anglo-… [ɑ̃glo] *adj* englisch-…; anglo-…

Anglo-Normandes [ɑ̃glonɔʀmɑ̃d] *adj* ***îles ~*** Kanalinseln *f/pl*

anglo|phile [ɑ̃glɔfil] *adj* englandfreundlich; anglophil; **~phobe** [-fɔb] *adj* allem Englischen abgeneigt; anglophob; **~phone** [-fɔn] *adj* Englisch sprechend; englischsprachig; anglophon

anglo-saxon **I** *adj* ⟨-onne⟩ angelsächsisch; **II** ***Anglo-Saxons*** *m/pl* Angelsachsen *m/pl*

angoissant [ɑ̃gwasɑ̃] *adj* ⟨-ante [-ɑ̃t]⟩ beängstigend

angoisse [ɑ̃gwas] *f* Angst(gefühl) *f(n)*; Bangigkeit *f*; Beklemmung *f*

angoiss|é [ɑ̃gwase] *adj* ⟨~e⟩ ängstlich; angsterfüllt; verängstigt; bang(e); **~er** [-e] *v/t* (*et v/pr* ***s'~*** sich) ängstigen

Angola [ɑ̃gɔla] ***l'~*** *m* Angola *n*

angora [ɑ̃gɔʀa] *adj* ⟨*f inv*⟩ Angora…

anguille [ɑ̃gij] *f* Aal *m*; *fig* ***il y a ~ sous roche*** da steckt (doch) etwas dahinter

angulaire [ɑ̃gylɛʀ] *adj* **1** ***pierre*** *f* **~** Eckstein *m*; **2** MATH Winkel…

anguleux [ɑ̃gylø] *adj* ⟨-euse [-øz]⟩ eckig; kantig

anicroche [anikʀɔʃ] *f* (kleine) Schwierigkeit; ***sans ~*** reibungslos; glatt

▸**animal** [animal] **I** *m* ⟨-aux [-o]⟩ **1** Tier *n*; **2** *fig* ***cet ~-là*** F dieser blöde Kerl; **II** *adj* ⟨~e; -aux [-o]⟩ **1** tierisch; animalisch; Tier…; **2** *réaction* instinktiv

anima|teur [animatœʀ] *m*, **~trice** [-tʀis] *f d'un spectacle* Conférencier *m*; Showmaster *m*; *d'une émission* Moderator(in) *m(f)*; *d'un débat* Diskussions-, Gesprächsleiter(in) *m(f)*; *de vacances* Animateur(in) *m(f)*

animation [animasjõ] *f* **1** *en ville* reges Leben und Treiben; reger Betrieb; *de la discussion, du visage* Lebhaftigkeit *f*; **2** *socioculturelle* Freizeitgestaltung *f*; Animation *f*; **3** ***film*** *m* ***d'~*** Animationsfilm *m*

animé [anime] *adj* ⟨~e⟩ **1** *ville* belebt; *discussion* lebhaft (*a visage*); rege; angeregt; **2** ▸***dessin(s) animé(s)*** Zeichentrickfilm *m*; **3** (*vivant*) lebend; belebt

animer [anime] **I** *v/t* **1** beleben; mit Leben erfüllen; **2** *sentiment* ***~ qn*** j-n beseelen, erfüllen; **3** *spectacle* führen durch; *émission* moderieren; *débat* leiten; **II** *v/pr* ***s'~*** sich beleben; *conversation* lebhaft werden

animisme [animism(ə)] *m* Animismus *m*

animosité [animozite] *f* Feindseligkeit *f*; Animosität *f*

anis [ani(s)] *m* Anis *m*

anisette [anizɛt] *f* Anislikör *m*

ankyloser [ɑ̃kiloze] *v/pr* ***s'~*** (ganz) steif werden; ***ankylosé*** steif

annales [anal] *f/pl* Annalen *pl*

anneau [ano] *m* ⟨~x⟩ **1** Ring *m*; *d'un arbre* Jahresring *m*; **2** (Finger)Ring *m*; **3** SPORTS ***~x*** *pl* Ringe *m/pl*

▸**année** [ane] *f* Jahr *n*; *d'une personne a* Lebensjahr *n*; *du vin* Jahrgang *m*; ***bonne ~!*** ein gutes neues Jahr!; prosit Neujahr!; ***~ scolaire*** Schuljahr *n*; ***les ~s trente*** die Dreißigerjahre; ***cette ~*** dieses Jahr; in diesem Jahr; ***chaque ~*** jedes Jahr; Jahr für Jahr; ***d'~ en ~*** von Jahr zu Jahr; ***depuis des ~s*** seit Jahren

année-lumière *f* ⟨années-lumière⟩ Lichtjahr *n*

annexe [anɛks] *f* **1** Nebengebäude *n*; *d'un hôtel* Dependance *f*; **2** *d'un dossier* ***~s*** *pl* Anlagen *f/pl*

annexer [anɛkse] *v/t* **1** POL annektieren; **2** *document* beilegen (***à*** *dat*)

annexion [anɛksjõ] *f* Annexion *f*; Annektierung *f*

annihiler [aniile] *v/t* zunichte machen

▸**anniversaire** [anivɛʀsɛʀ] *m* **1** Geburtstag *m*; ***bon ~!*** ich gratuliere dir *ou* Ihnen zum Geburtstag!; herzlichen Glückwunsch, alles Gute zum Geburtstag!; **2** (***jour*** *m*) **~** Jahres-, Gedenktag *m*; ***~ de mariage*** Hochzeitstag *m*

▸**annonce** [anõs] *f* **1** Ankündigung *f*; Mitteilung *f*; Bekanntgabe *f*; RAD *a* Ansage *f*; **2** (Zeitungs)Annonce *f*; Anzeige *f*; Inserat *n*; ***petite ~*** Kleinanzeige *f*; ***passer une ~*** e-e Annonce *etc* aufgeben; inserieren; annoncieren; **3** (*indice*) Anzeichen *n* (***de*** für *ou gén*)

▸**annoncer** [anõse] ⟨-ç-⟩ **I** *v/t* **1** ankünd(ig)en; mitteilen; bekannt geben; PRESSE *a* melden; RAD *a* ansagen; *nouvelle* verkünden; **2** *un visiteur* melden; **3** *symptôme* ***~ qc*** ein (An)Zeichen für etw sein; auf etw (*acc*) hindeuten; **II** *v/pr* **4** ***s'~ bien*** sich gut anlassen; **5** *crise* ***s'~*** sich ankündigen

annonceur [anõsœʀ] *m* **1** PRESSE Inserent *m*; **2** RAD, TV Auftraggeber *m* e-r Werbesendung

Annonciation [anõsjasjõ] *f* ***l'~*** Mariä Verkündigung *f*

annot|ation [anɔtasjõ] *f* (kritische) Anmerkung; *en marge* Randbemerkung *f*; **~er** [-e] *v/t* mit (kritischen) Anmerkungen versehen

▸**annuaire** [anɥɛʀ] *m* **1** Jahrbuch *n*; **2** ***~ du téléphone*** Telefonbuch *n*

annuel [anɥɛl] *adj* ⟨~le⟩ **1** jährlich; Jahres…; **2** *plante* einjährig

annuité [anɥite] *f* Jahreszahlung *f*, -rate *f*

annulaire [anylɛʀ] *m* Ringfinger *m*

annulation [anylasjõ] *f* Annullierung *f*; Rückgängigmachung *f*; COMM Stornierung *f*

annuler [anyle] **I** *v/t* annullieren; rückgängig machen; aufheben; *rendez-vous* absagen; COMM stornieren; JUR *a* für nichtig, ungültig erklären; **II** *v/pr* ***s'~*** sich (gegenseitig) aufheben

anoblir [anɔbliʀ] *v/t* adeln

anode [anɔd] *f* ÉLECT Anode *f*

anodin [anɔdɛ̃] *adj* ⟨-ine [-in]⟩ harmlos; ungefährlich; (*insignifiant*) unbedeutend

anomalie [anɔmali] *f* Abnormität *f*; Anomalie *f* (*a* BIOL)

ânon [ɑnõ] *m* kleiner, junger Esel

ânonner [anɔne] *v/t* stockend aufsagen *ou* lesen; *abs* stockend sprechen

anonymat [anɔnima] *m* Anonymität *f*

anonyme [anɔnim] *adj* **1** anonym; *auteur a* unbekannt; *victimes* namenlos; ungenannt; **2** *fig* unpersönlich

anorak [anɔʀak] *m* Anorak *m*

anorexie [anɔʀɛksi] *f* Magersucht *f*

anormal [anɔʀmal] *adj* ⟨~e; -aux [-o]⟩ **1** anormal; unnormal; abnorm; ungewöhnlich; **2** *personne* nicht (ganz) normal

A.N.P.E. [aɛnpeə] *f abr* (*Agence nationale pour l'emploi*) Arbeitsamt *n*

anse [ɑ̃s] *f* **1** *d'une tasse, etc* Henkel *m*; **2** (*petite baie*) kleine seichte Bucht

antagon|isme [ɑ̃tagɔnism(ə)] *m* Antagonismus *m*; Gegensatz *m*; Widerstreit *m*; **~iste** [-ist] **I** *adj* gegensätzlich; widerstreitend; **II** *m,f* Gegner(in) *m(f)*; Widersacher(in) *m(f)*

antan [ɑ̃tɑ̃] *litt* ***d'~*** aus vergangener Zeit

antarctique [ɑ̃taʀktik] **I** *adj* antarktisch; **II** ***l'*♀** *m* die Antarktis

antécédent [ɑ̃tesedɑ̃] *m* **1** ***~s*** *pl de qn* Vorleben *n*; *d'un événement* Vorgeschichte *f*; **2** GR Bezugswort *n*

antédiluvien [ɑ̃tedilyvjɛ̃] *adj* ⟨-ienne [-jɛn]⟩ *fig* vorsintflutlich

antenne [ɑ̃tɛn] *f* **1** TECH Antenne *f*; **2** ***heures*** *f/pl* ***d'~*** Sendezeit *f*; *déclarer* ***'hors ~*** außerhalb der Sendung; ***être à*** *ou* ***sur l'~*** auf Sendung sein; **3** ZO Fühler *m*; *fig* ***avoir des ~s*** e-e gute Spürnase haben; F e-e Antenne dafür haben; **4** *d'une institution* Außenstelle *f*

antérieur [ɑ̃teʀjœʀ] *adj* ⟨~e⟩ **1** (*de devant*) vordere; Vorder…; **2** *dans le temps* frühere; ***être ~ à qc*** (zeitlich) vor etw (*dat*) liegen

anthologie [ɑ̃tɔlɔʒi] *f* Anthologie *f*; Blütenlese *f*

anthracite [ɑ̃tʀasit] *m* **1** Anthrazit *m*; **2** *adjt* ⟨*inv*⟩ anthrazit(farben)

anthropo|logie [ɑ̃tʀɔpɔlɔʒi] *f* Anthropologie *f*; **~métrie** [-metʀi] *f de la police* Erkennungsdienst *m*; **~phage** [-faʒ] *m* Menschenfresser *m*; Kannibale *m*

anti… [ɑ̃ti] *préfixe* anti…; Anti…; gegen…; Gegen…

antiaérien *adj* ⟨-ienne⟩ Flugabwehr…; Flak…; ***abri ~*** Luftschutzraum *m*

antialcoolique *adj* ***ligue*** *f* **~** Liga *f* zur Bekämpfung des Alkoholismus

antiatomique *adj* Strahlenschutz…; ***abri*** *m* **~** Atombunker *m*

antibiotique [ɑ̃tibjɔtik] *m* Antibiotikum *n*; ***être sous ~s*** mit Antibiotika behandelt werden

antiblocage *adj* ***système*** *m* **~** Antiblockiersystem *n*

antibrouillard *adj* (***phare*** *m*) **~** *m* Nebelscheinwerfer *m*

anti|bruit *adj* ⟨*inv*⟩ Lärmschutz…; Lärmbekämpfungs…; **~cancéreux** *adj* ⟨-euse⟩ Krebsbekämpfungs…

antichambre *f* Vorzimmer *n*

antichar *adj* ⟨*f inv*⟩ Panzerabwehr…

anticipation [ɑ̃tisipasjõ] *f* (gedankliche) Vorwegnahme; Vorgriff *m* (***de*** auf + *acc*); ***roman*** *m* ***d'~*** utopischer Roman; Zukunftsroman *m*

anticipé [ɑ̃tisipe] *adj* 〈~e〉 vorzeitig; vorgezogen (*a élections*); ***retraite ~e*** Vorruhestand *m*
anticiper [ɑ̃tisipe] **I** *v/t paiement* vorzeitig, vor Fälligkeit leisten; **II** *v/t/indir* ***~ sur qc*** etw vorwegnehmen; e-r Sache (*dat*) vorgreifen; ***n'anticipons pas*** wir wollen nicht vorgreifen
anticlérical 〈~e; -aux〉 *adj* antiklerikal; kirchenfeindlich; **~isme** [-ism(ə)] *m* Antiklerikalismus *m*
anticonform|isme *m* Nonkonformismus *m*; **~iste I** *adj* nonkonformistisch; **II** *m,f* Nonkonformist(in) *m(f)*
anti|constitutionnel *adj* 〈~le〉 verfassungswidrig; **~corps** *m* Antikörper *m*; **~cyclone** *m* Hoch(druckgebiet) *n*; **~dater** *v/t* (zu)rückdatieren; **~dépresseur** [-deprɛsœʀ] *m* Antidepressivum *n*; **~dérapant** [-deʀapɑ̃] *adj* 〈-ante [-ɑ̃t]〉 rutschfest; gleitsicher
antidopage *adj* ***contrôle*** *m* **~** Dopingkontrolle *f*
antidote [ɑ̃tidɔt] *m fig* Gegenmittel *n*
antifasciste I *adj* antifaschistisch; **II** *m,f* Antifaschist(in) *m(f)*
antigang *adj* ***brigade*** *f* **~** Abteilung *f* zur Bekämpfung von Bandenkriminalität
anti|gel *m* Frostschutzmittel *n*; **~gène** *m* Antigen *n*; **~-inflammatoire** *adj* entzündungshemmend
Antilles [ɑ̃tij] ***les ~*** *f/pl* die Antillen *pl*
antilope [ɑ̃tilɔp] *f* Antilope *f*
antimilitar|isme *m* Antimilitarismus *m*; **~iste** [-ist] **I** *adj* antimilitaristisch; **II** *m,f* Antimilitarist(in) *m(f)*
antimissile *adj* Raketenabwehr…
antimite(s) *m* Mottenschutzmittel *n*
antimoine [ɑ̃timwan] *m* Antimon *n*
anti|nucléaire *m,f* Kernkraftgegner(in) *m(f)*; **~parasite** *m* ÉLECT Störschutz *m*
antipath|ie [ɑ̃tipati] *f* Antipathie *f*; Abneigung *f*; **~ique** [-ik] *adj* unsympathisch
antipodes [ɑ̃tipɔd] *m/pl* ***être aux ~ de*** GÉOGR auf der Erdkugel diametral gegenüberliegen (+ *dat*); *fig* genau das Gegenteil sein von (*ou* + *gén*)
anti|polio *adj* 〈*inv*〉 gegen Polio; **~pollution** *adj* 〈*inv*〉 umweltfreundlich; gegen Umweltverschmutzung
antiquaire [ɑ̃tikɛʀ] *m,f* Antiquitätenhändler(in) *m(f)*
antique [ɑ̃tik] *adj* **1** *civilisation* antik; **2** *coutume* (ur)alt; *iron* antiquiert; altertümlich
antiquité [ɑ̃tikite] *f* **1** ***l'*~** die Antike; *par ext* das Altertum; **2 ~s** *pl* Antiquitäten *f/pl*
anti|rabique [ɑ̃tiʀabik] *adj* gegen Tollwut; **~raciste** *adj* gegen den Rassismus; antirassistisch; **~reflet** *adj* 〈*f inv*〉 *verre* entspiegelt; **~ride(s)** *adj* gegen Falten(bildung); **~rouille** *adj* 〈*inv*〉 Rostschutz…
antisémit|e I *adj* antisemitisch; **II** *m,f* Antisemit(in) *m(f)*; **~isme** *m* Antisemitismus *m*
anti|septique [ɑ̃tisɛptik] *m* Antiseptikum *n*; keimtötendes Mittel; **~social** *adj* 〈~e; -aux〉 unsozial; **~tabac** *adj* 〈*inv*〉 gegen das Rauchen
antiterroriste *adj* Antiterror…; ***lutte*** *f* **~** Terrorismusbekämpfung *f*
antitétanique [ɑ̃titetanik] *adj* gegen Wundstarrkrampf, Tetanus
antithèse [ɑ̃titɛz] *f* **1** PHILOS Antithese *f*; **2** *fig* Gegenteil *n*; Gegensatz *m*
antivol *m* Diebstahlsicherung *f*; AUTO Lenkradschloss *n*; VÉLO Fahrradschloss *n*
antre [ɑ̃tʀ(ə)] *m* **1** *des fauves* Höhle *f*; **2** *fig* Refugium *n*; Schlupfwinkel *m*
anus [anys] *m* After *m*
Anvers [ɑ̃vɛʀ] Antwerpen *n*
anxiété [ɑ̃ksjete] *f* Angst *f*; Beklemmung *f*; innere Unruhe
anxieux [ɑ̃ksjø] *adj* 〈-euse [-øz]〉 angsterfüllt; ängstlich; bang(e)
aorte [aɔʀt] *f* Aorta *f*; Hauptschlagader *f*
▸ **août** [u(t)] *m* August *m*
aoûtat [auta] *m* Larve *f* der Erntemilbe
apaisement [apɛzmɑ̃] *m* Beruhigung *f*; Beschwichtigung *f*; Besänftigung *f*; *des souffrances* Linderung *f*
apaiser [apeze] **I** *v/t personne* beruhigen; besänftigen (*a colère*); beschwichtigen; begütigen; *souffrance* lindern; *désir, douleur* stillen; **II** *v/pr* ***s'~*** sich beruhigen; *douleur, tempête* nachlassen; sich legen
apanage [apanaʒ] *m* ***être l'~ de qn*** j-m vorbehalten sein
aparté [apaʀte] *m* **1** THÉ beiseite Gesprochene(s) *n*; **2** *entretien* vertrauliches, abseits geführtes Gespräch
apartheid [apaʀtɛd] *m* Apartheid *f*

apath|ie [apati] *f* Apathie *f*; Teilnahmslosigkeit *f*; **~ique** [-ik] *adj* apathisch; teilnahmslos
apatride [apatʀid] *m,f* Staatenlose(r) *f(m)*
apercevoir [apɛʀsəvwaʀ] ⟨→ recevoir⟩ **I** *v/t* erblicken; erkennen; *st/s* gewahren; **II** *v/pr* ***s'~ de qc*** etw (be)merken; *st/s* etw *ou* e-r Sache (*gén*) gewahr werden
aperçu [apɛʀsy] *m* kurzer Überblick (***de*** über + *acc*); (kleiner) Einblick (in + *acc*)
apéritif [apeʀitif] *m* Aperitif *m*; ***prendre l'~*** e-n Aperitif nehmen, trinken
apéro [apeʀo] *m* F *abr* → ***apéritif***

Vous prenez un apéro?

Diese Frage wird einem in der Regel gestellt, wenn man bei Franzosen zum Essen eingeladen ist. **Apéro** ist die Kurzform von **apéritif**. Man nimmt den **apéritif** vor dem Essen zu sich, um den Magen für die noch zu servierenden kulinarischen Köstlichkeiten zu öffnen.
Hier ein paar bekannte und beliebte **apéritifs**:

guignolet *m*	Likör aus Schwarzkirschen
kir *m*	Schwarzer Johannisbeerlikör mit trockenem Burgunder Weißwein
pastis *m*	Aperitif aus Anis und Fenchel
pineau *m* **des Charentes**	wird aus Traubenmost und Cognac hergestellt
quinquina *m*	Aperitif, der aus Extrakten des Chinarindenbaums gemacht wird

apesanteur [apəzɑ̃tœʀ] *f* Schwerelosigkeit *f*
à-peu-près [apøpʀɛ] *m* ⟨*inv*⟩ Halbheit *f*; Unvollkommene(s) *n*
apeuré [apœʀe] *adj* ⟨~e⟩ verängstigt
aphone [afɔn] *adj* ohne Stimme; völlig heiser
aphorisme [afɔʀism(ə)] *m* Aphorismus *m*
aphtes [aft] *m/pl* Bläschen *n/pl* im Mund; *sc* Aphthen *f/pl*
aphteux [aftø] *adj* ⟨-euse [-øz]⟩ ***fièvre aphteuse*** Maul- und Klauenseuche *f*
apicult|eur [apikyltœʀ] *m* Bienenzüchter *m*; Imker *m*; **~ure** [-yʀ] *f* Bienenzucht *f*; Imkerei *f*
apitoyer [apitwaje] ⟨-oi-⟩ **I** *v/t* ***~ qn*** das Mitleid j-s erregen; **II** *v/pr* ***s'~ sur*** Mitleid empfinden, haben mit; bemitleiden
A.P.L. [ɑpeɛl] *f* ⟨*inv*⟩ *abr* (*aide personnalisée au logement*) Wohngeld *n*
aplanir [aplaniʀ] **I** *v/t* **1** *terrain* planieren; (ein)ebnen; **2** *fig difficultés* aus dem Weg räumen; beseitigen
aplatir [aplatiʀ] **I** *v/t* **1** abflachen; platt drücken; *à coups de marteau* flach, platt schlagen; **2** *pli* ausstreichen; *au fer* ausbügeln; *cheveux* glatt streichen; andrücken; **II** *v/pr* **3** ***s'~*** F (*tomber*) der Länge nach hinfallen; **4** *fig* ***s'~*** (***devant qn***) (vor j-m) kriechen, katzbuckeln
aplomb [aplõ] *m* **1** Lot-, Senkrechte *f*; ***d'~*** lot-, senkrecht; *fig* ***ne pas se sentir d'~*** sich nicht wohl fühlen; in schlechter Verfassung sein; **2** *péj* Kühnheit *f*; Dreistigkeit *f*; Frechheit *f*
apnée [apne] *f* Atemstillstand *m*
apocalypse [apɔkalips] *f* Apokalypse *f*; *fig* ***une vision d'~*** ein Bild des Grauens
apocalyptique [apɔkaliptik] *adj* apokalyptisch; *fig a* grauenvoll; schrecklich
apogée [apɔʒe] *m fig* Höhepunkt *m*; Gipfel *m*; Zenit *m*
apolitique [apɔlitik] *adj* unpolitisch
apologie [apɔlɔʒi] *f* **1** Apologie *f*; Verteidigung(sschrift) *f*; **2** (*éloge*) Verherrlichung *f*
apoplexie [apɔplɛksi] *f* Schlaganfall *m*; Gehirnschlag *m*; *sc* Apoplexie *f*
aposteriori [apɔsteʀjɔʀi] *adv* nachträglich; im Nachhinein
apostol|at [apɔstɔla] *m* **1** REL Apostolat *n*; **2** *fig* Sendung *f*; Berufung *f*; **~ique** [-ik] *adj* apostolisch (*a du Saint-Siège*)
apostroph|e [apɔstʀɔf] *f* **1** barsche Anrede; barscher Zuruf; **2** *signe* Apostroph *m*; Auslassungszeichen *n*; **~er**

[-e] *v/t* anfahren; anherrschen; anschreien

apothéose [apɔteoz] *f* Höhepunkt *m*; Krönung *f*; (Schluss)Apotheose *f*

apothicaire [apɔtikɛʀ] *m* ***compte** m* ***d'~*** komplizierte Rechnung

apôtre [apotʀ(ə)] *m* **1** REL Apostel *m*; **2** *fig* Verfechter *m*

▸**apparaître** [apaʀɛtʀ(ə)] ⟨→ connaître; être⟩ **I** *v/i* **1** erscheinen; auftauchen; zum Vorschein kommen; *problèmes* auftreten; sichtbar werden; *vérité* zutage treten; ans Licht kommen; *fantôme* ***~ à qn*** j-m erscheinen; ***faire ~*** ans Licht, zutage bringen; **2** (*sembler*) ***~ à qn*** j-m vorkommen, erscheinen (***comme*** wie); **II** *v/imp* ***il apparaît que …*** es wird offensichtlich, es zeigt sich, dass …

apparat [apaʀa] *m* Prunk *m*; Gepränge *n*; ***d'~*** Prunk…; Gala…

⚠ **apparat**	≠	**Apparat**
l'apparat *m*	=	der Prunk
der Apparat	=	l'appareil *m*

▸**appareil** [apaʀɛj] *m* **1** TECH Gerät *n*; Apparat *m*; ***appareil à sous*** Spielautomat *m*; **2** ANAT Organe *n/pl*; Apparat *m*; **3** ***appareil*** (***téléphonique***) (Telefon)Apparat *m*; ***qui est à l'appareil?*** wer ist am Apparat?; **4** (*avion*) Maschine *f*; **5** ▸ ***appareil*** (***photo***) (Foto)Apparat *m*; Kamera *f*; F Foto *m*; **6** MÉD (Zahn)Spange *f*; (*dentier*) Prothese *f*; Gebiss *n*; **7** *fig*, POL Apparat *m*; **8** *personne* ***dans le plus simple appareil*** nackt; hüllenlos

appareill|age [apaʀɛjaʒ] *m* **1** MAR Auslaufen *n*; Ablegemanöver *n/pl*; **2** TECH Apparatur *f*; **~er** [-e] *v/i* ablegen; auslaufen; in See stechen

apparemment [apaʀamɑ̃] *adv* anscheinend; allem Anschein nach

apparence [apaʀɑ̃s] *f* **1** (*aspect*) Aussehen *n*; **2** (*façade*) Anschein *m*; (äußerer) Schein; ***en ~*** scheinbar; ***selon toute ~*** allem Anschein nach

apparent [apaʀɑ̃] *adj* ⟨-ente [-ɑ̃t]⟩ **1** (*visible*) sichtbar; ***sans raison ~e*** ohne ersichtlichen Grund; **2** (*en apparence seulement*) scheinbar; Schein…; ***mort ~e*** Scheintod *m*

apparenté [apaʀɑ̃te] *adj* ⟨~e⟩ **1** ***~ à*** verwandt mit (*a fig*); **2** POL *listes* verbunden

apparenter [apaʀɑ̃te] *v/pr fig* ***s'~ à qc*** e-r Sache (*dat*) ähneln, verwandt sein

appariteur [apaʀitœʀ] *m* UNIVERSITÉ Hausmeister *m*

apparition [apaʀisjõ] *f* **1** Erscheinen *n*; Auftauchen *n*; *de problèmes* Auftreten *n*; *d'idées* Aufkommen *n*; ***faire son ~*** erscheinen; auftauchen; **2** (*vision*) Erscheinung *f*

▸**appartement** [apaʀtəmɑ̃] *m* Wohnung *f*

appartenance [apaʀtənɑ̃s] *f* Zugehörigkeit *f* (**à** zu); *à une organisation* Mitgliedschaft *f* (in + *dat*)

▸**appartenir** [apaʀtəniʀ] ⟨→ venir⟩ **I** *v/t/indir* **1** ***~ à qn*** j-m gehören; **2** *à un milieu, etc* ***~ à*** angehören (+ *dat*); **II** *v/imp* ***il appartient à qn de*** (+ *inf*) es steht j-m zu *ou* es kommt j-m zu *ou* es ist Sache j-s zu (+ *inf*)

apparu [apaʀy] → ***apparaître***

appât [apɑ] *m* Köder *m*

appâter [apɑte] *v/t* ködern (*a fig*)

appauvr|ir [apovʀiʀ] **I** *v/t* arm machen; verarmen lassen; *sol* auslaugen; **II** *v/pr* ***s'~*** verarmen; *sol* unfruchtbar werden; **~issement** [-ismɑ̃] *m* Verarmung *f*; *du sol* Auslaugung *f*

▸**appel** [apɛl] *m* **1** (*cri*) Ruf(en) *m*(*n*); Zuruf *m*; ***~ au secours*** Hilferuf *m*; ***faire ~ à qn, qc*** an j-n, etw appellieren; *activité* ***faire ~ à certaines compétences*** gewisse Fachkenntnisse erfordern; **2** (*signe*) ***~ de phares*** Zeichen *n* mit der Lichthupe; ***faire un ~, des ~s de phare*** die Lichthupe betätigen; *fig* ***~ du pied*** Wink *m* mit dem Zaunpfahl; **3** ***~*** (***téléphonique***) (Telefon)Anruf *m*; **4** *nominal* (namentlicher) Aufruf; Namensaufruf *m*; ***faire l'~*** die Namen aufrufen, verlesen; **5** *au public* Aufruf *m*; Appell *m*; Aufforderung *f*; ***~ à la révolte*** Aufruf, Aufforderung zur Revolte; ***~ d'offres*** Ausschreibung *f*; **6** MIL Einberufung *f*; **7** JUR Berufung *f*; ***cour** f* ***d'~*** Berufungsgericht *n*; *fig* ***sans ~*** unwiderruflich; ***faire ~*** Berufung einlegen; **8** SPORTS Absprung *m*; **9** ***~ d'air*** Luftzug *m*; Sog *m*

appelé [aple] *m* MIL Einberufene(r) *m*

▸**appeler** [aple] ⟨-ll-⟩ **I** *v/t* **1** (*faire venir*) (herbei)rufen; *ascenseur* holen; ***appe-***

ler qn a nach j-m rufen; ***appeler la police*** die Polizei (herbei)rufen; **2** (*désigner*) berufen; ***appeler qn à un poste*** j-n auf e-n Posten berufen; **3** (*nommer*) nennen; **4** ***appeler (sous les drapeaux)*** einberufen; **5** TÉL ***appeler qn*** j-n anrufen; **6** INFORM aufrufen; **7** (*exiger*) *chose* ***appeler qc*** etw erfordern, *st/s* erheischen; **II** *v/t/indir* ***en appeler à qc*** an etw (*acc*) appellieren; **III** *v/pr* ▸ ***s'appeler*** heißen

appellation [apɛ(l)lasjõ] *f* Bezeichnung *f*; Benennung *f*; **~ *(d'origine) contrôlée*** geprüfte Herkunftsbezeichnung

appendic|e [apɛ̃dis] *m* **1** ANAT Wurmfortsatz *m* (des Blinddarms); F Blinddarm *m*; **2** *dans un livre* Anhang *m*; **~ite** [-it] *f* Blinddarmentzündung *f*

appentis [apɑ̃ti] *m* angebauter Schuppen

appesantir [apəzɑ̃tiʀ] *v/pr* ***s'~ sur un sujet*** sich über ein Thema verbreiten, (lang und breit) auslassen

appétissant [apetisɑ̃] *adj* ⟨-ante [-ɑ̃t]⟩ appetitlich (*a fig personne*); *mets a* lecker; einladend

▸ **appétit** [apeti] *m* **1** Appetit *m*; Esslust *f*; ***bon ~!*** guten Appetit!; ***manger de bon ~*** mit (gutem) Appetit essen; ***cela m'a coupé l'~*** das hat mir den Appetit verdorben; jetzt ist mir der Appetit vergangen; ***mettre qn en ~*** j-m Appetit machen; **2** *fig* Hunger *m*, *péj* Gier *f* (***de*** nach); **3** ***~s (sexuels)*** Begehrlichkeit *f*; fleischliche Begierde

applaudimètre [aplodimɛtʀ(ə)] *m plais* Applausmesser *m*

▸ **applaudir** [aplodiʀ] **I** *v/t et v/i* **~ *(qn, qc)*** (j-m, e-r Sache) Beifall klatschen, spenden; (j-m, e-r Sache) applaudieren; klatschen; **II** *v/t/indir st/s* **~ *à qc*** etw begrüßen

applaudissements [aplodismɑ̃] *m/pl* Beifall(klatschen) *m(n)*; Applaus *m*

applicable [aplikabl(ə)] *adj* anwendbar (***à*** auf + *acc*)

application [aplikasjõ] *f* **1** *d'un produit, etc* Auftragen *n*; Aufbringen *n*; *d'une compresse* Auflegen *n*; **2** *d'une loi, d'une méthode* Anwendung *f* (***à*** auf + *acc*); ***les ~s*** die Anwendungsmöglichkeiten *f/pl*; ***mettre en ~*** praktisch anwenden; in die Praxis umsetzen; **3** (*zèle*) Fleiß *m*; Eifer *m*

applique [aplik] *f* Wandleuchte *f*

appliqué [aplike] *adj* ⟨~e⟩ **1** *sciences* angewandt; **2** *personne* fleißig; eifrig; *écriture* sorgfältig

appliquer [aplike] **I** *v/t* **1** *produit, peinture, etc* auftragen, aufbringen, *compresse* auflegen (***sur*** auf + *acc*); *pansement* anlegen; **2** *loi, méthode* anwenden (***à*** auf + *acc*); **II** *v/pr* **3** *personne* ***s'~*** fleißig, eifrig sein; **4** *loi* ***s'~*** Anwendung finden; gelten; *remarque* ***s'~ à*** gelten für; zutreffen auf (+ *acc*)

appoint [apwɛ̃] *m* **1** ***faire l'~*** mit abgezähltem Geld bezahlen; **2** ***d'~*** zusätzlich; Zusatz…; Neben…

appointements [apwɛ̃tmɑ̃] *m/pl* Gehalt *n*; *d'un fonctionnaire* (Dienst)Bezüge *m/pl*

apport [apɔʀ] *m* **1** FIN Einlage *f*; **2** *fig* (*contribution*) Beitrag *m*

▸ **apporter** [apɔʀte] *v/t objet* (her)bringen; *avec soi* mitbringen; *nouvelle* (über)bringen; *capitaux* einbringen (***dans*** in + *acc*); *preuve* (er)bringen; *difficultés, changements* mit sich bringen; *énergie, soin* aufbringen; aufwenden

apposer [apoze] *v/t* anbringen (***sur un mur*** an e-r Mauer); *affiche* anschlagen; *signature* **~ *au bas de*** setzen unter (+ *acc*)

apposition [apozisjõ] *f* **1** GR Apposition *f*; **2** *action* Anbringung *f*

appréciable [apʀesjabl(ə)] *adj* **1** (*considérable*) erheblich; beachtlich; **2** (*précieux*) schätzenswert

appréciation [apʀesjasjõ] *f* **1** (*évaluation*) (Ab)Schätzung *f*; **2** (*jugement*) Einschätzung *f*; Beurteilung *f*; *positive* Würdigung *f*; ***laisser qc à l'~ de qn*** etw dem Ermessen j-s überlassen

apprécier [apʀesje] *v/t* **1** (*évaluer*) schätzen; *distance, vitesse a* abschätzen; **2** (*juger*) einschätzen; beurteilen; *valeur a* ermessen; **3** (*goûter*) schätzen; (zu) würdigen (wissen)

appréhender [apʀeɑ̃de] *v/t* **1** (*craindre*) **~ *qc*** etw fürchten; **2** (*arrêter*) festnehmen; dingfest machen

appréhension [apʀeɑ̃sjõ] *f* Befürchtung *f*; Besorgnis *f*

apprenant [apʀənɑ̃] *m* Lerner *m*; Lernende(r) *m*

▸ **apprendre** [apʀɑ̃dʀ(ə)] *v/t* ⟨→ prendre⟩ **1** lernen (*a abs*); *métier, langue a* erlernen; ▸ ***apprendre à conduire, à lire*** Autofahren, lesen lernen; **2** (*enseigner*) ***apprendre qc à qn*** j-n etw lehren; j-m etw beibringen; *fig* ***cela lui apprendra (à vivre)!*** das wird ihm e-e Lehre sein!; **3** *nouvelle* erfahren, hören (***par qn*** durch j-n, von j-m); **4** (*faire savoir*) ***apprendre qc à qn*** j-m etw mitteilen, melden

▸ **apprenti(e)** [aprɑ̃ti] *m(f)* Lehrling *m*; Auszubildende(r) *f(m)* (*abr* Azubi *m,f*)

apprentissage [aprɑ̃tisaʒ] *m* **1** Lehre *f*; ***être en ~*** in der Lehre sein, stehen; **2** *d'une langue* Erlernung *f*

apprêt [aprɛ] *m* **1** TECH Appretur *f* (*a substance*); Zurichtung *f*; **2** *fig* ***sans ~*** ungekünstelt; natürlich

apprêté [aprete] *adj* ⟨~e⟩ gekünstelt; geziert

apprêter [aprete] **I** *v/t* TECH appretieren; zurichten; **II** *v/pr* **1** ***s'~ à faire qc*** sich anschicken *ou* Anstalten machen, etw zu tun; **2** (*se parer*) ***s'~*** sich zurechtmachen

appris [apri] → ***apprendre***

apprivoiser [aprivwaze] **I** *v/t* zähmen; ***apprivoisé*** zahm; **II** *v/pr* ***s'~*** **1** *animal* zahm werden; **2** *personne* umgänglich(er) werden

approbateur [aprɔbatœr] *adj* ⟨-trice [-tris]⟩ zustimmend; billigend

approbation [aprɔbasjõ] *f* **1** (*accord*) Billigung *f*; Zustimmung *f*; Plazet *n*; **2** (*jugement favorable*) Beifall *m*; Anerkennung *f*

approchant [aprɔʃɑ̃] *adj* ⟨-ante [-ɑ̃t]⟩ annähernd; ***qc d'~*** etwas Ähnliches

▸ **approche** [aprɔʃ] *f* **1** (*action d'approcher*) (Heran)Nahen *n*; Näherkommen *n*; Annäherung *f*; AVIAT (Lande)Anflug *m*; **2** (*façon d'aborder*) Sehweise *f*; Sicht *f*; Ansatz *m*; Approach *m*; Zugang *m* (***de*** zu)

approcher [aprɔʃe] **I** *v/t* **1** *objet* näher rücken; heranrücken, -schieben, -ziehen (***de*** an + *acc*); **2** ***~ qn*** sich j-m nähern; an j-n herankommen; *dans sa vie* mit j-m Kontakt haben; **II** *v/t/indir* **3** ***~ de qc*** sich e-r Sache (*dat*) nähern; *fig* e-r Sache (*dat*) nahe kommen, ähneln; ***~ de la trentaine*** auf die dreißig zugehen; **III** *v/i* (*et v/pr*) **4** (***s'***)***~*** nahen; sich nähern; *personne a* näher kommen, treten; *date a* näher rücken; **5** ***s'~ de qn, de qc*** sich j-m, e-r Sache nähern; sich j-m nahen

approfond|i [aprɔfõdi] *adj* ⟨~e⟩ gründlich; eingehend; *connaissances a* profund; fundiert; **~ir** [-ir] *v/t* **1** vertiefen; tiefer machen; **2** *fig savoir, pensée* vertiefen; *domaine* tiefer eindringen in (+ *acc*)

approprié [aprɔprije] *adj* ⟨~e⟩ angemessen; passend; geeignet; entsprechend

approprier [aprɔprije] *v/pr* ***s'~ qc*** sich etw (unrechtmäßig) aneignen

▸ **approuver** [apruve] *v/t* billigen; gutheißen; ***~ qn*** j-s Verhalten billigen; (*se déclarer de son opinion*) j-m beipflichten, zustimmen

approvisionnement [aprɔvizjɔnmɑ̃] *m* **1** Versorgung *f* (***en*** mit); Belieferung *f* (mit); **2** (*provisions*) Vorrat *m*; Bestand *m*

approvisionner [aprɔvizjɔne] **I** *v/t* **1** versorgen, eindecken, *marché a* beliefern, beschicken (***en, de*** mit); **2** *compte en banque* auffüllen; **II** *v/pr* ***s'~ en qc*** sich mit etw versorgen, eindecken

approxima|tif [aprɔksimatif] *adj* ⟨-ive [-iv]⟩ ungefähr; annähernd; approximativ; **~tion** [-sjõ] *f* (ungefähre, grobe) Schätzung

appui [apɥi] *m* **1** Stütze *f*; Halt *m*; ***prendre ~ sur*** sich stützen auf (+ *acc*); **2** *d'un balcon* Brüstung *f*; *d'une fenêtre* Fensterbank *f*; **3** *fig* (*soutien*) Unterstützung *f*; (***avec***) ***preuves à l'~*** durch Beweise gestützt

appui-tête [apɥitɛt] *m* ⟨appuis-tête⟩ *ou* **appuie-tête** *m* ⟨*inv*⟩ Kopfstütze *f*

appuyé [apɥije] *adj* ⟨~e⟩ *regard* eindringlich

▸ **appuyer** [apɥije] ⟨-ui-⟩ **I** *v/t* **1** (ab)stützen; ***~ qc contre*** etw lehnen gegen; etw (an)lehnen an (+ *acc*); ***~ qc sur*** etw (auf)stützen, drücken auf (+ *acc*); *fig affirmation* stützen auf (+ *acc*); **2** *fig* (*soutenir*) unterstützen; *qc a* befürworten; **II** *v/i* **3** *en écrivant* aufdrücken; ***~ sur*** drücken auf (+ *acc*); **4** *fig* ***~ sur*** stark betonen; den Ton legen auf (+ *acc*); **III** *v/pr* **5** ***s'~ contre*** sich lehnen gegen; sich anlehnen an (+ *acc*); ***s'~ sur*** sich stützen auf (+ *acc*; *a fig*); **6** *fig* ***s'~ sur qn*** sich auf j-n verlassen;

7 F ***s'~*** *une corvée* auf sich nehmen müssen; F am Hals haben (*a qn*)
âpre [ɑpʀ(ə)] *adj* **1** *goût, fruit, vin* (unangenehm) herb; *goût a* scharf; *voix* rau; *froid* beißend; schneidend; **2** *lutte* heftig; erbittert; *discussion* hitzig; **3** ***~ au gain*** gewinnsüchtig; geldgierig
▸ **après** [apʀɛ] **I** *prép* **1** *dans le temps, dans l'ordre* nach (+ *dat*); ***après avoir lu le journal, il …*** nachdem er die Zeitung gelesen hatte, …; F ***après manger*** nach dem Essen; ***après cela*** danach; dann; ***après quoi*** wonach; worauf; ***après tout*** im Grunde (genommen); schließlich; **2** *dans l'espace* **a)** (*derrière*) nach (+ *dat*); hinter (+ *dat ou acc*); ***traîner après soi*** hinter sich (*dat*) herziehen; **b)** F (*à, sur*) an (+ *dat ou acc*); **3** ▸ ***d'après*** nach (+ *dat*); gemäß (+ *dat*); *peindre* ***d'après nature*** nach der Natur; ***d'après lui*** s-r Meinung nach; **II** *adv* **1** *temporel* danach; darauf; später; nachher; hinterher; ***sa famille passe après*** s-e Familie kommt erst danach; **(*et*) *après?*** *que vous a-t-il dit?* und (dann)? …; *défi* ***et (puis) après!*** na und?; ***la semaine d'après*** in der Woche danach; **2** *local* **a)** (*derrière*) danach; dahinter; **b)** F (*dessus*) daran; F dran; **III** *conj* ***après que*** (+ *ind, abus* + *subj*) nachdem
▸ **après-demain** *adv* übermorgen
après-guerre *m ou f* ⟨après-guerres⟩ Nachkriegszeit *f*; ***d'~*** Nachkriegs…
▸ **après-midi** *m ou f* ⟨*inv*⟩ Nachmittag *m*; ***cet ~*** heute Nachmittag; ***l'~*** am Nachmittag; nachmittags
après-rasage *adj* ⟨*inv*⟩ (***lotion*** *f*) ***~*** *m* Rasierwasser *n*
après-ski *m* ⟨après-ski(s)⟩ Schneestiefel *m*
après-vente *adj* ⟨*inv*⟩ ▸ ***service*** *m* ***après-vente*** Kundendienst *m*
âpreté [ɑpʀəte] *f* Herbe *f*; Schärfe *f*; *d'une discussion* Heftigkeit *f*
a priori [apʀijɔʀi] *adv* von vornherein; auf den ersten Blick; a priori
apr. J.-C. *abr* (*après Jésus-Christ*) n. Chr.
à-propos [apʀɔpo] *m* Schlagfertigkeit *f*
apte [apt] *adj* ***~ à*** geeignet für; fähig zu (*a* JUR); tauglich zu; ***être ~ à (faire) qc*** *a* sich für etw eignen; für *ou* zu etw taugen
aptitude [aptityd] *f* Eignung *f* (***à, pour*** für); Fähigkeit *f* (zu) (*a* JUR); Tauglichkeit *f* (zu); ***~s*** *pl a* Begabung *f*
apurer [apyʀe] *v/t compte* prüfen
aquarelle [akwaʀɛl] *f* **1** *tableau* Aquarell *n*; **2** Aquarellmalerei *f*
aquarium [akwaʀjɔm] *m* Aquarium *n*
aquatique [akwatik] *adj* Wasser…
aqueduc [akdyk] *m* Aquädukt *m*
aqueux [akø] *adj* ⟨-euse [-øz]⟩ wäss(e)rig
aquilin [akilɛ̃] *adj* ⟨*m*⟩ ***nez ~*** leicht gebogene, schmale Adlernase
Aquitaine [akitɛn] ***l'~*** *f* Aquitanien *n*
arabe [aʀab] **I** *adj* arabisch; **II** ♀ *m,f* Araber(in) *m(f)*
arabesque [aʀabɛsk] *f* Arabeske *f*
Arabie [aʀabi] ***l'~*** *f* Arabien *n*
arable [aʀabl(ə)] *adj* ***terre(s)*** *f(pl)* ***~(s)*** Ackerboden *m*, -land *n*
arachide [aʀaʃid] *f* Erdnuss *f*
▸ **araignée** [aʀeɲe] *f* Spinne *f*; F *fig* ***avoir une ~ au plafond*** F nicht ganz richtig im Kopf, im Oberstübchen sein; → ***cinglé***
arbalète [aʀbalɛt] *f* Armbrust *f*
arbitrage [aʀbitʀaʒ] *m* **1** JUR Schiedsgerichtsbarkeit *f*; Schlichtung *f*; (*sentence*) Schiedsspruch *m*; **2** SPORTS Schiedsrichteramt *n*; ***erreur*** *f* ***d'~*** Fehlentscheidung *f* des Schiedsrichters
arbitraire [aʀbitʀɛʀ] **I** *adj* willkürlich; **II** *m* Willkür *f*
▸ **arbitre** [aʀbitʀ(ə)] *m* **1** Schiedsrichter *m* (*a* SPORTS); *dans un conflit tarifaire* Schlichter *m*; BOXE Ringrichter *m*; **2** ***libre ~*** freier Wille; Willensfreiheit *f*
arbitrer [aʀbitʀe] *v/t* **1** *litige* durch Schiedsspruch beilegen; *conflit tarifaire* schlichten; **2** SPORTS Schiedsrichter sein; schiedsrichtern
arborer [aʀbɔʀe] *v/t* **1** *drapeau* aufpflanzen; hissen; **2** *fig* zur Schau tragen; *sourire, air* aufsetzen
arboriculture [aʀbɔʀikyltyʀ] *f* Baumzucht *f*; *fruitière* Obstbau *m*
▸ **arbre** [aʀbʀ(ə)] *m* **1** Baum *m*; ***~ fruitier*** Obstbaum *m*; ***~ de Noël*** Weihnachts-, Christbaum *m*; **2** TECH Welle *f*
arbrisseau [aʀbʀiso] *m* ⟨~x⟩ (Groß-)Strauch *m*
arbuste [aʀbyst] *m* Strauch *m*; Busch *m*
arc [aʀk] *m* Bogen *m*; ***~ de cercle*** Kreisbogen *m*; ***en ~ de cercle*** bogen-, halbkreisförmig; ***~ de triomphe*** Triumph-

bogen *m*; ***tirer à l'~*** mit Pfeil und Bogen schießen

arcade [aʀkad] *f* **1** ARCH Arkade *f*; **~*s*** *pl* *a* Bogengang *m*; **2** ***~ sourcilière*** Augenbrauenbogen *m*

arcanes [aʀkan] *litt m/pl* Geheimnisse *n/pl*

arc-boutant [aʀkbutɑ̃] *m* ⟨arcs-boutants⟩ Strebebogen *m*

arc-bouter [aʀkbute] *v/pr* ***s'~ contre qc*** sich gegen etw stemmen

arceau [aʀso] *m* ⟨~x⟩ **1** Bogen *m*; **2** ***~ de sécurité*** Überrollbügel *m*

arc-en-ciel [aʀkɑ̃sjɛl] *m* ⟨arcs-en-ciel [aʀkɑ̃sjɛl]⟩ Regenbogen *m*

archaïque [aʀkaik] *adj* archaisch; altertümlich

archange [aʀkɑ̃ʒ] *m* Erzengel *m*

arche [aʀʃ] *f* **1** ARCH (Brücken)Bogen *m*; **2** ***l'~ de Noé*** die Arche Noah

archéo|logie [aʀkeɔlɔʒi] *f* Archäologie *f*; **~logique** [-lɔʒik] *adj* archäologisch; **~logue** [-lɔg] *m,f* Archäologe, -login *m,f*

archer [aʀʃe] *m* Bogenschütze *m*

archet [aʀʃe] *m* MUS Bogen *m*

archétype [aʀketip] *m* Archetyp(us) *m*; Urform *f*; Urbild *n*

archevêché [aʀʃəveʃe] *m* **1** *territoire* Erzbistum *n*; **2** *siège* Sitz *m* des Erzbischofs

archevêque [aʀʃəvɛk] *m* Erzbischof *m*

archi... [aʀʃi] F *préfixe* völlig; total

archiconnu F *adj* ⟨~e⟩ längst bekannt

archi|duc *m* HIST Erzherzog *m*; **~duchesse** *f* HIST Erzherzogin *f*

archifaux F *adj* ⟨-fausse⟩ völlig, total falsch

archipel [aʀʃipɛl] *m* Archipel *m*; Inselgruppe *f*

archiplein F *adj* ⟨-pleine⟩ brechend, gestopft, F gerammelt voll; F proppenvoll

architecte [aʀʃitɛkt] *m,f* Architekt(in) *m(f)*

architectural [aʀʃitɛktyʀal] *adj* ⟨~e; -aux [-o]⟩ architektonisch; baulich

architecture [aʀʃitɛktyʀ] *f* **1** Architektur *f*; Baukunst *f*; **2** *fig* Aufbau *m*

archiver [aʀʃive] *v/t* archivieren

archiv|es [aʀʃiv] *f/pl* Archiv *n*; **~iste** [-ist] *m,f* Archivar(in) *m(f)*

arçon [aʀsõ] *m* SPORTS ***cheval*** *m* ***d'~s*** (Seit)Pferd *n*

arctique [aʀktik] **I** *adj* arktisch; Nordpolar...; **II** *m* ***l'*~** die Arktis

ardemment [aʀdamɑ̃] *adv* → ***ardent***

ardent [aʀdɑ̃] *adj* ⟨-ente [-ɑ̃t]⟩ **1** *litt* (*qui brûle*) brennend; *soleil* glühend (heiß); ***chapelle ~e*** Raum *m*, in dem ein Toter, von brennenden Kerzen umgeben, aufgebahrt wird: **2** *fig amour* glühend; *désir* sehnlich(st); brennend (*a soif, curiosité*); *foi* inbrünstig; *personne* feurig; heißblütig

ardeur [aʀdœʀ] *f d'une passion* Glut *f*; *d'une prière* Inbrunst *f*; *d'une personne* Feuer *n*; (mitreißender) Schwung; Ungestüm *n*; *au travail* Feuereifer *m*

ardoise [aʀdwaz] *f* **1** MINÉR Schiefer *m*; **2** ÉCOLE Schiefertafel *f*; *fig* ***avoir une ~ chez qn*** bei j-m in der Kreide stehen

ardu [aʀdy] *adj* ⟨~e⟩ schwierig

are [aʀ] *m* Ar *n ou m*

arène [aʀɛn] *f* **1** Arena *f* (*a fig*); **2** **~*s*** *pl* Stierkampfarena *f*

arête [aʀɛt] *f* **1** *de poisson* Gräte *f*; **2** ***~ du nez*** Nasenrücken *m*; **3** (*angle*) Kante *f*; **4** *en montagne* Grat *m*; Kamm *m*

▸ **argent** [aʀʒɑ̃] *m* **1** Silber *n*; ***d'~, en ~*** silbern; Silber...; *couleur a* silb(e)rig; **2** Geld *n*; ***~ comptant*** bares Geld; Bargeld *n*; *fig* ***prendre qc pour ~ comptant*** etw für bare Münze nehmen; *fig* ***jeter l'~ par les fenêtres*** das Geld zum Fenster hinauswerfen

argenté [aʀʒɑ̃te] *adj* ⟨~e⟩ **1** *métal* versilbert; **2** *couleur* silbern; silberglänzend; *cheveux a* silberweiß

argenterie [aʀʒɑ̃tʀi] *f* (Tafel)Silber *n*; *couverts* Silberbestecke *n/pl*

argentin [aʀʒɑ̃tɛ̃] **I** *adj* ⟨-ine [-in]⟩ **1** silberhell; silbern; **2** argentinisch; **II** **~(*e*)** *m(f)* Argentinier(in) *m(f)*

Argentine [aʀʒɑ̃tin] ***l'~*** *f* Argentinien *n*

argile [aʀʒil] *f* Ton *m*; Lehm *m*; ***d'~*** tönern; Ton...

argileux [aʀʒilø] *adj* ⟨-euse [-øz]⟩ lehmig; Lehm...; tonig

argot [aʀgo] *m* **1** *du milieu* Argot *n ou m*; Gaunersprache *f*; Rotwelsch *n*; **2** Jargon *m*; (Sonder)Sprache *f*

argotique [aʀgɔtik] *adj* Argot...

Argovie [aʀgɔvi] ***le canton d'~*** der (Kanton) Aargau

arguer [aʀgɥe] ⟨j'arguë *od* j'argue⟩ *v/t/indir st/s* ***~ de qc*** etw geltend machen, ins Feld führen

L'argot

Das Argot ist eine besondere Variante des gesprochenen Französisch. Früher war es eine Art Umgangs- und Geheimsprache der Kleinkriminellen. Heute bezeichnet der Begriff **argot** sämtliche Sondersprachen bestimmter Berufs- und Gesellschaftsgruppen. So sprechen z. B. Schüler das **argot scolaire**, Soldaten das **argot militaire**, Sportler das **argot sportif** usw.
Immer mehr Argotausdrücke gehen in die Umgangssprache, **le langage familier**, über. Die Grenzen sind fließend.
Beispiele:

argot	Übersetzung	Standardsprache
les godasses	die Latschen	**les chaussures**
la clope	der Glimmstängel	**la cigarette**
la came	der Stoff (Droge)	**la drogue**
la taule	der Knast	**la prison**
être crevé	kaputt sein	**être épuisé**

▸ **argument** [aʀgymɑ̃] *m* Argument *n*; ***tirer ~ de qc*** etw als Argument benützen

argument|ation [aʀgymɑ̃tasjõ] *f* Argumentation *f*; Beweisführung *f*; **~er** [-e] *v/i* argumentieren

argus [aʀgys] *m* Informationsblatt *n*, -dienst *m*; AUTO ***l'*♀** die Preisliste für Gebrauchtwagen

arid|e [aʀid] *adj* **1** *sol* trocken (*a climat*); dürr; ausgedörrt; **2** *fig sujet* trocken; nüchtern; ledern; **~ité** [-ite] *f* **1** Trockenheit *f*; Dürre *f*; **2** *fig* Trockenheit *f*; Nüchternheit *f*

aristocra|te [aʀistɔkʀat] *m,f* Aristokrat(in) *m(f)*; **~tie** [-si] *f* Aristokratie *f* (*a par ext*); **~tique** [-tik] *adj* aristokratisch

arithmétique [aʀitmetik] **I** *adj* arithmetisch; **II** *f* Arithmetik *f*; Zahlenrechnung *f*

arlequin [aʀləkɛ̃] *m* Harlekin *m*

armateur [aʀmatœʀ] *m* Reeder *m*

armature [aʀmatyʀ] *f* **1** TECH Gerüst *n*; Stütz-, Tragwerk *n*; *de soutien-gorge* Rundbügel *m*; *du béton* Armierung *f*; Bewehrung *f*; **2** *fig* Stütze *f*; Gerüst *n*; Halt *m*

▸ **arme** [aʀm] *f* **1** Waffe *f* (*a fig*); MIL *a* (*fusil*) Gewehr *n*; ***arme absolue*** Wunderwaffe *f* (*a fig*); ***armes nucléaires*** Atom-, Kernwaffen *f/pl*; ▸ ***arme à feu*** Feuer-, Schusswaffe *f*; ***à armes égales*** mit gleichen Waffen (*a fig*); ***avec armes et bagages*** mit Sack und Pack; ***déposer, rendre les armes*** die Waffen strecken (*a fig*), niederlegen; *fig* ***faire ses premières armes*** s-e Laufbahn beginnen; sich s-e ersten Sporen verdienen; F *fig* ***passer l'arme à gauche*** F ins Gras beißen; ***prendre les armes*** zu den Waffen greifen; **2** (*division de l'armée*) Waffen-, Truppengattung *f*; **3** ***armes*** *pl* (*armoiries*) Wappen *n*

armé [aʀme] *adj* ⟨**~e**⟩ **1** bewaffnet; ***forces ~es*** Streitkräfte *f/pl*; *attaque* ***à main ~e*** bewaffnet; **2** *fig personne* gewappnet (***contre*** gegen); ***~ de*** ausgerüstet, *personne a* gewappnet mit; **3** ***béton ~*** Stahl-, Eisenbeton *m*

▸ **armée** [aʀme] *f* **1** Armee *f*; Heer *n*; Truppe *f*; Militär *n*; ***~ de l'air*** Luftwaffe *f*; ***~ de métier*** Berufsheer *n*, -armee *f*; ***~ de terre*** Landstreitkräfte *f/pl*; Heer *n*; ***à, dans l'~*** bei, in der Armee; beim Militär; **2** ***♀ du Salut*** Heilsarmee *f*; **3** *fig* ***une ~ de ...*** ein Heer *n*, Scharen *f/pl* von ...

armement [aʀməmɑ̃] *m* **1** *d'un pays* **~s** *pl* (Auf)Rüstung *f*; **2** *des troupes* Bewaffnung *f*; **3** *d'une arme à feu* Durchladen *n*; Spannen *n* (*a* PHOT); **4** *d'un bateau* Ausrüstung *f*

Arménie [aʀmeni] ***l'~*** *f* Armenien *n*

arménien [armenjɛ̃] **I** *adj* ⟨-ienne [-jɛn]⟩ armenisch; **II** ♀(**ne**) *m(f)* Armenier(in) *m(f)*

armer [arme] **I** *v/t* **1** bewaffnen; *pays* aufrüsten; **2** *arme à feu* durchladen; spannen (*a appareil photo*); **3** *bateau* ausrüsten; **II** *v/pr* **s'~ 4** sich bewaffnen (**de** mit); **5** *fig* sich wappnen (**contre** gegen; **de** mit); *iron* sich bewaffnen (**de** mit)

armistice [armistis] *m* Waffenstillstand *m*

▸ **armoire** [armwar] *f* Schrank *m*; *surtout* Kleiderschrank *m*; **~ à glace** Spiegelschrank *m*; F *fig d'un homme* (Kleider)Schrank *m*

armoiries [armwari] *f/pl* Wappen *n*

armure [armyr] *f* **1** HIST Rüstung *f*; Harnisch *m*; **2** TEXT Bindung *f*

armur|erie [armyrri] *f* Waffengeschäft *n*; **~ier** [-je] *m* Waffenhändler *m*

arnaqu|e [arnak] F *f* Betrug *m*; Schwindel *m*; **~er** [-e] *v/t* F übers Ohr hauen; F bescheißen

arnica [arnika] *f* Arnika *f*

aromate [arɔmat] *m* Gewürz *n*

aromatique [arɔmatik] *adj* aromatisch; wohlriechend, -schmeckend; **plante** *f* **~** Gewürzpflanze *f*

aromatiser [arɔmatize] *v/t* aromatisieren

arôme *ou* **arome** [arom] *m* Aroma *n* (*a* CHIM); Duft *m*; Wohlgeruch *m*

arpège [arpɛʒ] *m* Arpeggio *n*

arpent [arpɑ̃] *m* Morgen *m* (*Feldmaß*)

arpent|er [arpɑ̃te] *v/t* **1** *terrain* vermessen; **2** *fig pièce* mit großen Schritten auf und ab gehen in (+ *dat*), durchmessen; **~eur** [-œr] *m* Vermessungsingenieur *m*; Geometer *m*

arpète [arpɛt] F *m,f* Lehrling *m*; F Stift *m*

arqué [arke] *adj* ⟨**~e**⟩ gebogen; *sourcils* geschwungen; **jambes ~es** O-Beine *n/pl*

arraché [araʃe] *m* **1** SPORTS Reißen *n*; **2 à l'~** mit großer Anstrengung; unter Aufbietung aller Kräfte

arrachement [araʃmɑ̃] *m* schmerzliche Trennung; Trennungsschmerz *m*

arrache-pied [araʃpje] **d'~** unermüdlich; unablässig; rastlos

▸ **arracher** [araʃe] **I** *v/t* **1** aus-, heraus-, F rausreißen; *pommes de terre* ernten; *clou* herausziehen; *dent* ziehen; *affiche* ab-, losreißen; **~ qc à qn** j-m etw entreißen, wegreißen; **2** *fig* **~ à qn** *sourire, secret* j-m entlocken; *promesse* j-m abringen; *aveu, secret a* j-m entreißen; *augmentation de salaire* von j-m erzwingen; **3 ~ qn à sa famille** j-n aus s-r Familie herausreißen; **~ qn à la misère** j-n dem Elend entreißen; **II** *v/pr* **4 s'~ à** *ou* **de qc** sich von etw losreißen; sich e-r Sache (*dat*) entziehen; **5** (*se disputer*) **s'~ qn, qc** sich um j-n, etw reißen; **6** F (*s'efforcer*) **s'~** F sich mächtig ins Zeug legen

arracheur [araʃœr] *m* **mentir comme un ~ de dents** lügen, dass sich die Balken biegen; lügen wie gedruckt

arraisonner [arɛzɔne] *v/t bateau* (anhalten und) durchsuchen

arrangeant [arɑ̃ʒɑ̃] *adj* ⟨-ante [-ɑ̃t]⟩ entgegenkommend; gefällig

arrangement [arɑ̃ʒmɑ̃] *m* **1** (*disposition*) Anordnung *f*; Einrichtung *f*; *de la coiffure* Ordnen *n*; **2** MUS Arrangement *n*; Bearbeitung *f*; **3** (*accord*) Vereinbarung *f*; Abmachung *f*; Übereinkunft *f*; Arrangement *n*

▸ **arranger** [arɑ̃ʒe] ⟨-ge-⟩ **I** *v/t* **1** (*disposer*) (hübsch, geschmackvoll) anordnen, arrangieren, zusammenstellen; *coiffure, vêtements* ordnen; in Ordnung bringen; richten; *appartement* einrichten; **2** (*organiser*) arrangieren; organisieren; **3** *conflit* beilegen; *affaire* regeln; in Ordnung bringen; einrenken; **4** (*réparer*) wieder in Ordnung bringen, instand setzen; **5** (*convenir*) **cela m'arrange** das passt mir gut; **6** F (*malmener*) **~ qn** j-n übel, *iron* schön zurichten; **II** *v/pr* **s'~ 7** *affaire* sich regeln; wieder in Ordnung kommen; sich einrenken; **8** (*ajuster sa toilette*) sich zurechtmachen; **9** (*se mettre d'accord*) **s'~** (**avec qn**) sich (mit j-m) arrangieren, einigen; **10** (*faire en sorte de*) **s'~ pour** (+ *inf*) es *ou* sich so einrichten, dass …; zusehen, dass …; **11** (*prendre son parti*) **s'~ de qc** sich mit etw abfinden

▸ **arrestation** [arɛstasjɔ̃] *f* Verhaftung *f*; Festnahme *f*

▸ **arrêt** [arɛ] *m* **1** (An)Halten *n*; Stoppen *n*; Halt *m*; CH DE FER Aufenthalt *m*; TECH (*action d'arrêter*) Abstellen *n*; Ausschalten *n*; *de la respiration, du* *cœur* Aussetzen *n*; Stocken *n*; Stillstand *m*; ***arrêt de travail*** Arbeitsunterbrechung *f*, -einstellung *f*; MÉD Krankschreibung *f*; *d'un magnétoscope* ***arrêt sur image*** Standbild *n*; ***temps*** *m* ***d'arrêt*** (kurze) Pause; *fig* Stockung *f*; Stillstand *m*; ***marquer un temps d'arrêt*** kurz innehalten; *véhicule* ***à l'arrêt*** haltend; stehend; ▸ ***sans arrêt*** pausenlos; ununterbrochen; ständig; in einem fort; *fig* ***tomber en arrêt devant qc*** (staunend) vor etw (*dat*) stehen bleiben; **2** *de bus* Haltestelle *f*; **3** JUR Urteil(sspruch) *n*(*m*)

arrêté[1] [aʀete] *m* **1** ADM Erlass *m*; **2** ***~ de compte*** Kontoabschluss *m*

arrêté[2] *adj* ⟨~e⟩ **1** haltend; stehend; ***être ~*** *véhicule* halten; stehen (*a montre*); *production, travail* ruhen; stillstehen; **2** *idée, intention* ***bien ~*** fest

▸ **arrêter** [aʀete] **I** *v/t* **1** anhalten; stoppen; zum Stehen bringen; *appareil* abstellen; ausschalten; *hémorragie* zum Stillstand bringen; *production, importation* stoppen; einstellen; *évolution* aufhalten; hemmen; *hostilités* einstellen; beenden; *négociations, jeu* ab-, unterbrechen; **2** *difficulté* ***arrêter qn*** j-n auf-, ab-, zurückhalten; **3** (*fixer*) festlegen, -setzen; **4** (*appréhender*) ***arrêter qn*** j-n verhaften, festnehmen; **5** F *médecin* ***arrêter qn*** j-n krankschreiben; **6** *compte* abschließen; **II** *v/i* **7** (*ne plus avancer*) (an)halten; stehen bleiben; **8** (*cesser*) aufhören (***de*** + *inf* zu + *inf*); **III** *v/pr* ▸ ***s'arrêter*** **9** *piéton, voiture* (an)halten; stoppen; stehen bleiben (*a moteur, montre*); *hémorragie* zum Stillstand, Stehen kommen; *bruit* aufhören; verstummen; *cœur, respiration* aussetzen; stocken; stillstehen; *personne dans son activité* innehalten; **10** *en chemin* Halt machen; Rast, Station machen; *train* halten (***à*** in); **11** (*cesser*) aufhören (***de*** + *inf* zu + *inf*); **12** ***s'arrêter à qc*** sich mit *ou* bei etw aufhalten; sich mit etw abgeben

arrhes [aʀ] *f/pl* Anzahlung *f*

▸ **arrière** [aʀjɛʀ] **I** *adv* ***en ~*** rückwärts; zurück; nach hinten; ***rester en ~*** zurückbleiben; **II** *prép* ***en ~ de*** hinter (+ *dat ou* + *acc*); **III** *adj* ⟨*inv*⟩ Rück…; Hinter…; ***roue*** *f* ***~*** Hinterrad *n*; ***siège*** *m* ***~*** Rücksitz *m*; **IV** *m* **1** *d'un véhicule* Heck *n*; ***à l'~*** hinten; ***à l'~ du car*** hinten im Bus; **2** MIL ***~s*** *pl* Etappe(ngebiet) *f*(*n*); *fig* ***assurer ses ~s*** sich absichern; **3** SPORTS Abwehrspieler *m*; Verteidiger *m*

arriéré [aʀjeʀe] **I** *adj* ⟨~e⟩ **1** *pays, idées* rückständig; **2** *enfant* (geistig) zurückgeblieben; **II** *m* Rückstand *m*; ausstehende Zahlung

arrière-boutique *f* ⟨arrière-boutiques⟩ Hinter-, Nebenraum *m*

arrière-garde *f* ⟨arrière-gardes⟩ MIL Nachhut *f*; *fig* ***mener un combat d'~*** auf verlorenem Posten kämpfen

arrière-goût *m* Nachgeschmack *m* (*a fig*)

arrière|-grand-mère *f* ⟨arrière-grand-mères⟩ Urgroßmutter *f*; **~-grand-père** *m* ⟨arrière-grands-pères⟩ Urgroßvater *m*; **~-grands-parents** *m/pl* Urgroßeltern *pl*

arrière|-pays *m* Hinterland *n*; **~-pensée** *f* ⟨arrière-pensées⟩ Hintergedanke *m*

arrière|-petite-fille *f* ⟨arrière-petites-filles⟩ Urenkelin *f*; **~-petit-fils** *m* ⟨arrière-petits-fils⟩ Urenkel *m*; **~-petits-enfants** *m/pl* Urenkel *m/pl*

arrière|-plan *m* Hintergrund *m* (*a fig*); **~-saison** *f* Spätherbst *m*; **~-train** *m* ⟨arrière-trains⟩ **1** ZO Hinterteil *n*, -leib *m*; **2** F (*fesses*) F Hintergestell *n*; Hintern *m*

arrimer [aʀime] *v/t* **1** MAR stauen; trimmen; festmachen, -zurren; **2** *vaisseau spatial* ankoppeln (***avec*** an + *acc*)

arrivage [aʀivaʒ] *m* **1** *de marchandises* Anlieferung *f*; (Waren)Eingang *m*; **2** *marchandises* angelieferte, eingetroffene Ware; **3** *plais* ***un ~ de touristes*** e-e Ladung (von) Touristen

arriv|ant [aʀivɑ̃] *m*, **~ante** [-ɑ̃t] *f* Ankommende(r) *f*(*m*); Ankömmling *m*

arrivé [aʀive] **I** *adj* ⟨~e⟩ (*qui a réussi*) arriviert; erfolgreich; **II** *subst* ***les premiers, derniers ~s*** die zuerst, zuletzt Gekommenen

▸ **arrivée** [aʀive] *f* **1** Ankunft *f*; Eintreffen *n*; *d'une personne a* Kommen *n*; *du courrier* Eingang *m*; ***à l'~*** bei der Ankunft; **2** SPORTS Ziel *n*; **3** TECH Zufuhr *f*; Eintritt *m*

▸ **arriver** [aʀive] ⟨être⟩ *v/i* **1** ankommen; kommen; eintreffen; *personne a* anlangen; *courrier* eingehen; *informations* einlaufen; ***arriver en courant*** angelaufen kommen; **2** (*atteindre*) ***arriver à*** (+ *subst*) gelangen, kommen zu *ou* an (+ *acc*); *à un but* erreichen (+ *acc*); *à un âge, stade* kommen in (+ *acc*); *à une certaine taille* reichen bis zu; gehen bis an (+ *acc*); ***arriver au pouvoir*** an die Macht kommen; ***n'arriver à rien*** es zu nichts bringen; zu nichts kommen; **3** (*réussir*) ▸ ***arriver à*** (+ *inf*) es schaffen, fertig bekommen, fertig bringen, F fertig kriegen zu (+ *inf*); ***arriver à ouvrir qc*** etw aufbekommen, F -bringen, F -kriegen; ***j'y arrive*** ich schaffe es; **4** ***en arriver à faire qc*** so weit *ou* dahin kommen, dass man etw tut *ou* etw zu tun; **5** *abs personne* es zu etwas bringen; erfolgreich sein; **6** (*se produire*) geschehen; passieren; vorfallen; vorkommen; sich ereignen; sich zutragen; ***arriver à qn*** j-m passieren, zustoßen; ***qu'est-ce qui t'arrive?*** was ist denn mit dir los?; ***quoi qu'il arrive*** was auch (immer) geschehen, kommen mag; ***il arrive que …*** (+ *subj*) es kommt vor, es passiert (schon einmal), dass …

arriv|isme [aʀivism(ə)] *m* Strebertum *n*; **~iste** [-ist] *m,f* Streber(in) *m(f)*

arrog|ance [aʀɔgɑ̃s] *f* Arroganz *f*; Anmaßung *f*; **~ant** [-ɑ̃] *adj* ⟨-ante [-ɑ̃t]⟩ arrogant; überheblich; anmaßend; hochnäsig

arroger [aʀɔʒe] *v/pr* ⟨-ge-⟩ ***s'~ qc*** sich etw anmaßen, herausnehmen

arrondi [aʀõdi] **I** *adj* ⟨~e⟩ rundlich (*a visage*); (ab)gerundet; **II** *m* Rundung *f*

arrondir [aʀõdiʀ] **I** *v/t* **1** abrunden; arrondieren; *lèvres* runden; **2** *somme* ab- *ou* aufrunden; *fig* ***~ ses fins de mois*** etwas dazuverdienen; **II** *v/pr* ***s'~*** rund werden; sich runden

arrondissement [aʀõdismɑ̃] *m* **1** Unterbezirk *m* e-s Departements; Kreis *m*; **2** (Stadt)Bezirk *m*

arrosage [aʀozaʒ] *m* (Be)Gießen *n*; (Be)Sprengen *n*

▸ **arroser** [aʀoze] *v/t* **1** *à l'arrosoir* (be)gießen; *gazon* sprengen; *personne* nass spritzen; *rôti* begießen; ***~ d'essence*** mit Benzin übergießen; **2** F *fig événement* F begießen; ***~ le repas d'un bon vin*** zur Mahlzeit e-n guten Wein trinken; **3** *fleuve: contrée* bewässern; durchfließen; **4** F *fig* ***~ qn*** j-n bestechen, F schmieren

arrosoir [aʀozwaʀ] *m* Gießkanne *f*

arsenal [aʀsənal] *m* ⟨-aux [-o]⟩ **1** (Marine)Werft *f*; **2** *d'armes* Waffenarsenal *n*, -lager *n*; **3** *fig* Arsenal *n*; Sammlung *f*; Ausrüstung *f*

arsenic [aʀsənik] *m* Arsen *n*

▸ **art** [aʀ] *m* Kunst *f*; ***~s appliqués, décoratifs*** Kunstgewerbe *n*; ***~ nouveau*** Jugendstil *m*; ***le septième ~*** die Filmkunst; ***dans (toutes) les règles de l'~*** nach allen Regeln der Kunst; *fig* ***avoir l'~ de*** (+ *inf*) es meisterlich verstehen zu (+ *inf*)

artère [aʀtɛʀ] *f* **1** ANAT Arterie *f*; Schlagader *f*; **2** ***(grande) ~*** Verkehrsader *f*; Hauptverkehrsstraße *f*

artériel [aʀteʀjɛl] *adj* ⟨~le⟩ arteriell; ***tension ~le*** Blutdruck *m*

artériosclérose [aʀteʀjɔskleʀoz] *f* Arterienverkalkung *f*; Arteriosklerose *f*

arthrite [aʀtʀit] *f* Gelenkentzündung *f*; Arthritis *f*

arthrose [aʀtʀoz] *f* Arthrose *f*

artichaut [aʀtiʃo] *m* Artischocke *f*; F *fig* ***avoir un cœur d'~*** sein Herz leicht verschenken

▸ **article** [aʀtikl(ə)] *m* **1** *de presse* Artikel *m*; Aufsatz *m*; ***~ de fond*** Leitartikel *m*; **2** *dans une encyclopédie* Artikel *m*; Stichwort *n*; **3** JUR Paragraph *m*; Artikel *m*; **4** COMM (Handels)Artikel *m*; ***~ de consommation courante*** Artikel des täglichen Bedarfs; ***~s de sport, de voyage*** Sport-, Reiseartikel *m/pl*; ***faire l'~*** s-e Ware anpreisen; *fig* Reklame machen; **5** GR Artikel *m*; Geschlechtswort *n*; **6** ***être à l'~ de la mort*** im Sterben liegen

articulaire [aʀtikylɛʀ] *adj* Gelenk…

articulation [aʀtikylasjõ] *f* **1** ANAT, TECH Gelenk *n*; **2** PHON Artikulation *f*; (deutliche) Aussprache; **3** *fig* Gliederung *f*

articulé [aʀtikyle] *adj* ⟨~e⟩ beweglich (verbunden); Gelenk…; ***poupée ~e*** Gliederpuppe *f*

articuler [aʀtikyle] **I** *v/t* PHON artikulieren; (deutlich) sprechen; **II** *v/pr* ***s'~*** **1** ANAT durch Gelenk(e), TECH beweglich verbunden sein (***avec, sur*** mit); **2** *fig* ***s'~ autour de qc*** auf etw (*dat*) aufbauen

artifice [aʀtifis] *m* **1** Kunstgriff *m*; Trick *m*; **2** ***feu*** *m* ***d'~*** Feuerwerk *n* (*a fig*)
▸ **artificiel** [aʀtifisjɛl] *adj* ⟨~le⟩ **1** künstlich; Kunst…; ***jambe ~le*** (Bein)Prothese *f*; **2** *fig* gekünstelt; künstlich; unnatürlich
artificier [aʀtifisje] *m* Feuerwerker *m*
artillerie [aʀtijʀi] *f* Artillerie *f*
artilleur [aʀtijœʀ] *m* Artillerist *m*
▸ **artisan** [aʀtizɑ̃] *m* **1** Handwerker *m*; **2** *fig* Urheber(in) *m(f)*
artisanal [aʀtizanal] *adj* ⟨~e; -aux [-o]⟩ handwerklich
artisanat [aʀtizana] *m* Handwerk *n* (*coll*); **~ *d'art*** Kunsthandwerk *n*
▸ **artiste** [aʀtist] **I** *m,f* **1** Künstler(in) *m(f)*; **~ *peintre*** Kunstmaler(in) *m(f)*; **2** THÉ darstellender Künstler, darstellende Künstlerin; **II** *adj* künstlerisch veranlagt

⚠ **artiste**	≠	**Artist**
l'artiste *m,f*	=	der Künstler, die Künstlerin
der Artist, die Artistin	=	l'acrobate *m,f*

artistique [aʀtistik] *adj* künstlerisch; Kunst…; ***enseignement*** *m* **~** musischer Unterricht
as[1] [as, ɑs] *m* **1** Ass *n*; **~ *de pique*** Pikass *n*; F *fig **être ficelé comme l'~ de pique*** komisch, unmöglich angezogen sein; F *fig **être plein aux ~*** F stein-, stinkreich sein; **2** *sur un dé* Eins *f*; **3** F *fig* (*champion*) F Ass *n*; SPORTS *a* Kanone *f*
as[2] [a] → ***avoir***
ascendance [asɑ̃dɑ̃s] *f* aufsteigende Linie; *coll* Vorfahren *m/pl*
ascendant [asɑ̃dɑ̃] **I** *adj* ⟨-ante [-ɑ̃t]⟩ aufsteigend; **II** *m* **1** (*influence*) (starker, mächtiger) Einfluss (***sur qn*** auf j-n); **2** ASTROLOGIE Aszendent *m*; **3 *~s*** *pl* Vorfahren *m/pl*
▸ **ascenseur** [asɑ̃sœʀ] *m* Aufzug *m*; Fahrstuhl *m*; Lift *m*; *fig **renvoyer l'~*** e-n Gegendienst erweisen; F sich revanchieren
ascension [asɑ̃sjõ] *f* **1** Besteigung *f*; ***faire l'~ d'une montagne*** e-n Berg besteigen; **2** *d'une fusée* Aufsteigen *n*; **3** *fig* Aufstieg *m*; **4** REL ***l'*♀** Christi Himmelfahrt *f*
ascèse [asɛz] *f* Askese *f*
ascète [asɛt] *m* Asket *m*
ascét|ique [asetik] *adj* asketisch; **~isme** [-ism(ə)] *m* REL Askese *f*; *par ext* asketische Lebensweise
asep|sie [asɛpsi] *f* Asepsis *f*; Keimfreiheit *f*; **~tique** [-tik] *adj* aseptisch; keimfrei
aseptisé [asɛptize] *adj* ⟨~e⟩ **1** MÉD keimfrei; **2** *fig* steril; kalt; nüchtern
asexué [asɛksɥe] *adj* ⟨~e⟩ geschlechtslos; *reproduction* ungeschlechtlich
▸ **asiatique** [azjatik] **I** *adj* asiatisch; **II** ♀ *m,f* Asiat(in) *m(f)*
▸ **Asie** [azi] ***l'~*** *f* Asien *n*
asile [azil] *m* **1** Asyl *n*; *par ext* Zuflucht(sort) *f(m)*; ***droit*** *m* ***d'~*** Asylrecht *n*; **2 ~** (***d'aliénés***) Irrenanstalt *f*
asocial [asɔsjal] **I** *adj* ⟨~e; -aux [-o]⟩ asozial; **II** ***asociaux*** *m/pl* Asoziale(n) *m/pl*
aspect [aspɛ] *m* **1** (*apparence*) Aussehen *n*; Anblick *m*; **2** (*point de vue*) Aspekt *m*; Blick-, Gesichtspunkt *m*
asperge [aspɛʀʒ] *f* **1** BOT, CUIS Spargel *m*; **2** F *fig de qn* F lange Latte
asperger [aspɛʀʒe] *v/t* (*et v/pr*) ⟨-ge-⟩ (***s'***)**~** (sich) besprengen, besprühen, bespritzen (***de*** mit)
aspérité [aspeʀite] *f* Unebenheit *f*
asphalt|e [asfalt] *m* Asphalt *m*; **~er** [-e] *v/t* asphaltieren
asphyxie [asfiksi] *f* **1** MÉD Ersticken *n*; **2** *fig* Dahinsiechen *n*; Absterben *n*
asphyxier [asfiksje] **I** *v/t* zum Erstickungstod führen (***qn*** bei j-m); **II** *v/pr* **1 *s'~*** ersticken; ***s'~ au gaz*** sich mit Gas das Leben nehmen; **2** *fig économie* ***s'~*** dahinsiechen; zugrunde gehen
aspic [aspik] *m* **1** ZO Aspisviper *f*; **2** CUIS Aspik *m*; Sülze *f*
aspirant [aspiʀɑ̃] *m* Offiziersanwärter *m*; MAR Seekadett *m*
▸ **aspirateur** [aspiʀatœʀ] *m* Staubsauger *m*; ***passer l'~*** staubsaugen *ou* Staub saugen
aspiration [aspiʀasjõ] *f* **1** *d'air* Einatmen *n*; **2** TECH An-, Absaugen *n*; **3** (*désir*) *souvent pl* **~*s*** Streben *n*, Trachten *n*, Verlangen *n*, Sehnen *n* (***à*** nach); Bestrebung *f*
aspiré [aspiʀe] *adj* ⟨~e⟩ PHON behaucht; aspiriert
aspirer [aspiʀe] **I** *v/t* **1** *air* einatmen; **2** TECH an-, absaugen; **II** *v/t/indir* **~ *à***

streben, trachten, verlangen, sich sehnen nach
aspirine® [aspiʀin] *f* Aspirin® *n*
assagir [asaʒiʀ] *v/pr* **s'~** ruhiger, gesetzter, ausgeglichener werden; *enfant* vernünftiger werden
assaillant [asajɑ̃] *m* Angreifer *m*
assaillir [asajiʀ] *v/t* ⟨j'assaille, nous assaillons; j'assaillais; j'assaillis; j'assaillirai, *a* j'assaillerai; que j'assaille; assaillant; assailli⟩ **1** MIL angreifen; anstürmen (**qc** gegen etw); **2** *fig* **~ qn de questions** j-n mit Fragen bestürmen; **3** *fig doute* **~ qn** j-n befallen
assain|ir [aseniʀ] *v/t* **1** *quartier* sanieren; *air* reinigen; **2** *économie* sanieren; gesunden lassen; **~issement** [-ismɑ̃] *m* Sanierung *f*
assaisonnement [asɛzɔnmɑ̃] *m* Würze *f*; Dressing *n*
assaisonner [asɛzɔne] *v/t* **1** würzen; abschmecken; *salade* anmachen; **2** *fig discours* würzen (**de** mit); **3** F *fig* (*réprimander*) F zusammenstauchen
assassin [asasɛ̃] *m* Mörder(in) *m(f)*
assassinat [asasina] *m* Mord *m* (**de qn** an j-m); Ermordung *f*
▸ **assassiner** [asasine] *v/t* ermorden
assaut [aso] *m* Sturm(angriff) *m*; Angriff *m* (**de** auf + *acc*); *fig* **faire ~ de qc** in etw (*dat*) wetteifern; **prendre d'~** stürmen (*a fig*)
assèchement [asɛʃmɑ̃] *m* Trockenlegung *f*; Austrocknung *f*
assécher [aseʃe] ⟨-è-⟩ **I** *v/t marais* trockenlegen; **II** *v/pr* **s'~** austrocknen
ASSEDIC *ou* **Assedic** [asedik] *f/pl abr* (*associations pour l'emploi dans l'industrie et le commerce*) Arbeitslosenversicherung *f*; *par ext* F Arbeitslosengeld *n*
assemblage [asɑ̃blaʒ] *m* **1** Zusammenfügen *n*, -bau *m*; TECH Verbindung *f*; **2** *fig* Gemisch *n*
assemblée [asɑ̃ble] *f* Versammlung *f*; Gremium *n*; ▸ **l'Assemblée nationale** die (französische) Nationalversammlung
assembler [asɑ̃ble] **I** *v/t* zusammenfügen, -setzen, -bauen; *fig idées* verknüpfen; verbinden; **II** *v/pr* **s'~** sich versammeln; zusammenkommen
assembleur [asɑ̃blœʀ] *m* INFORM Assembler *m*
assener *ou* **asséner** [asene] *v/t* ⟨-è-⟩ **~ un coup à qn** j-m e-n kräftigen Schlag versetzen
assentiment [asɑ̃timɑ̃] *m* Zustimmung *f*; Einwilligung *f*
asseoir [aswaʀ] ⟨j'assieds *ou* j'assois, *a* j'asseois, il assied *ou* assoit, *a* asseoit, nous asseyons *ou* assoyons, ils asseyent *ou* assoient, *a* asseoient; j'asseyais *ou* j'assoyais; j'assis; j'assiérai *ou* j'assoirai, *a* j'asseoirai; que j'asseye *ou* que j'assoie; asseyant *ou* assoyant; assis⟩ **I** *v/t* **1** *enfant, malade* setzen (**sur** auf + *acc*); **2** *fig théorie* **asseoir sur qc** auf etw (*acc*) gründen, stützen; **II** *v/pr* ▸ **s'asseoir** sich setzen (**sur une chaise** auf e-n Stuhl); sich hinsetzen; **faire asseoir qn** j-n Platz nehmen lassen, zum Sitzen auffordern
assermenté [asɛʀmɑ̃te] *adj* ⟨**~e**⟩ vereidigt; beeidigt
assertion [asɛʀsjõ] *f* Behauptung *f*
asservir [asɛʀviʀ] *v/t* ⟨→ servir⟩ unterwerfen
assesseur [asɛsœʀ] *m* JUR Beisitzer *m*
asseyons [asɛjõ], **asseyez** [aseje] → **asseoir**
▸ **assez** [ase] *adv* **1** (*suffisamment*) genug; genügend; zur Genüge; hinlänglich; **assez de** (+ *subst*) genug, genügend (+ *subst*); **assez d'argent** genug, genügend Geld; Geld genug; F ▸ **en avoir assez de qn, qc** j-n, etw satt haben; genug von j-m, etw haben; **2** (*plutôt*) ziemlich; **assez avancé pour son âge** ziemlich weit für sein Alter
assidu [asidy] *adj* ⟨**~e**⟩ **1** (*ponctuel*) pünktlich; gewissenhaft; (*appliqué*) fleißig; eifrig; **2** *travail* ausdauernd; beharrlich; stetig; **3** (*empressé*) **être ~ auprès de qn** sich ständig, unermüdlich um j-n bemühen
assiduité [asidɥite] *f* **1** (*ponctualité*) Pünktlichkeit *f*; Gewissenhaftigkeit *f*; (*application*) beharrlicher Fleiß, Eifer; (*présence continuelle*) regelmäßige, ständige Anwesenheit; **2** *péj* **poursuivre qn de ses ~s** j-m gegenüber immer aufdringlicher werden
assidûment [asidymɑ̃] *adv* → **assidu**
assied(s) [asje] → **asseoir**
assiéger [asjeʒe] *v/t* ⟨-è-; -ge-⟩ **1** *ville* belagern; **2** *guichet* um-, belagern; sich drängen um

▸ **assiette** [asjɛt] *f* **1** Teller *m*; *fig* **~ au beurre** Futterkrippe *f*; **2 ~ anglaise** kalte (Fleisch)Platte; Platte *f* mit kaltem Braten; **3** *fig* **ne pas être dans son ~** sich nicht recht wohl fühlen; **4** *de l'impôt, etc* Bemessungsgrundlage *f*; **5** *d'un cavalier* Sitz *m*
assiettée [asjete] *f* Teller *m* (voll)
assignation [asiɲasjõ] *f* **1** JUR (Vor)Ladung *f*; **2** (*attribution*) Zuweisung *f*
assigner [asiɲe] *v/t* **1 ~ qc à qn** j-m etw zuweisen; **2** (*fixer*) (fest)setzen; **3** JUR **~ qn** j-n vorladen
assimilation [asimilasjõ] *f* **1** (*rapprochement*) Gleichsetzung *f*, -stellung *f* (**à** mit); **2** SOCIOLOGIE, BIOL Assimilation *f*; Assimilierung *f*; **3** *fig de connaissances* Aufnahme *f*; (geistige) Verarbeitung
assimiler [asimile] **I** *v/t* **1** (*considérer comme semblable*) gleichsetzen, -stellen (**à** *dat*); **2** *étrangers* assimilieren; verschmelzen (**à** mit); **3** BIOL assimilieren; **4** *fig connaissances* aufnehmen; verarbeiten; **II** *v/pr* **s'~** **5** *personnes* sich anpassen, sich angleichen (**à** an + *acc*); aufgehen (in + *dat*); sich assimilieren; **6** *aliment* assimiliert werden
assis [asi] *p/p* → **asseoir** *et adj* ⟨-ise [-iz]⟩ **1** sitzend; **place assise** Sitzplatz *m*; ▸ **être assis** sitzen; **rester assis** sitzen bleiben; **2** *fig* **bien assis** *réputation* fest begründet; *autorité* fest verankert
assise [asiz] *f* **1** CONSTR (Stein)Schicht *f*; **2** *fig* Fundament *n*
assises [asiz] *f/pl* **1** (**cour** *f* **d'**)**~** Schwurgericht *n*; **2** (*réunion*) Tagung *f*; Kongress *m*
assistance [asistɑ̃s] *f* **1** (*public*) Anwesende(n) *m/pl*; Publikum *n*; **2** (*secours*) Beistand *m*; Hilfe(leistung) *f*; Unterstützung *f*; *de l'État* Fürsorge *f*
assist|ant [asistɑ̃] *m*, **~ante** [-ɑ̃t] *f* Assistent(in) *m(f)*; **assistante sociale** (Sozial)Fürsorgerin *f*; Sozialarbeiterin *f*
assisté [asiste] **I** *adj* ⟨~e⟩ TECH **direction ~e** Lenkhilfe *f*; Servolenkung *f*; **~ par ordinateur** computergestützt, -unterstützt; **II ~(e)** *m(f)* Sozialhilfeempfänger(in) *m(f)*; **mentalité** *f* **d'~** Versorgungsdenken *n*
assister [asiste] **I** *v/t* **assister qn** j-m beistehen, helfen; **II** *v/t/indir* ▸ **assister à qc** bei etw zugegen sein, anwesend sein, dabei sein; etw miterleben
associatif [asɔsjatif] *adj* ⟨-ive [-iv]⟩ **1** assoziativ; **2 vie associative** Vereinsleben *n*
▸ **association** [asɔsjasjõ] *f* **1** (*groupement*) Verein(igung) *m(f)*; Verband *m*; **2** *action* Verbindung *f*; Verknüpfung *f*; **~ d'idées** Assoziation *f*
associé(e) [asɔsje] *m(f)* Teilhaber(in) *m(f)*; Geschäftspartner(in) *m(f)*; Kompagnon *m*; Gesellschafter(in) *m(f)*
associer [asɔsje] **I** *v/t* **1 ~ qn à** j-n beteiligen, teilhaben lassen an (+ *dat*); **2** *personnes, qualités* verein(ig)en, verbinden, *idées a* verknüpfen, assoziieren (**à** mit); **II** *v/pr* **3** *personne(s)* **s'~** sich zusammentun, -schließen, sich assoziieren (**à** *ou* **avec** mit); **4 s'~ à** *la joie de qn* teilen (+ *acc*); Anteil nehmen an (+ *dat*); *au point de vue de qn a* sich anschließen (+ *dat*); **5** *chose(s)* **s'~ à** gepaart, vereint sein mit
assoiffé [aswafe] *adj* ⟨~e⟩ (sehr) durstig
assombrir [asõbʀiʀ] *v/t* (*et v/pr* **s'~** sich) verdunkeln, verfinstern, verdüstern (*a fig visage*)
assommant [asɔmɑ̃] *adj* ⟨-ante [-ɑ̃t]⟩ (tod)langweilig; geisttötend
assommer [asɔme] *v/t* **1** *animal* erschlagen; totschlagen; *personne* niederschlagen; niederstrecken; **2** *fig* (*ennuyer*) tödlich langweilen; F anöden
Assomption [asõpsjõ] *f* **l'~** Mariä Himmelfahrt *f*
assorti [asɔʀti] *adj* ⟨~e⟩ **1** passend (**à** zu); **2** *magasin* **bien ~** mit breit gefächertem, reichhaltigem Warenangebot; gut sortiert; **3 ~ de** (versehen) mit
assortiment [asɔʀtimɑ̃] *m* **1 ~ de couleurs** Farbzusammenstellung *f*, -kombination *f*; **2** *d'objets* Sortiment *n* (*a* COMM), reiche Auswahl (**de** an + *dat*); Kollektion *f*
assortir [asɔʀtiʀ] **I** *v/t* abstimmen (**à** auf + *acc*); *plusieurs objets, couleurs* aufeinander abstimmen; (passend) zusammenstellen; **II** *v/pr* **s'~ à** passen zu; **s'~ bien** gut zueinander passen
assoup|ir [asupiʀ] *v/pr* **s'~** eindösen, -nicken, -schlummern; **~issement** [-ismɑ̃] *m* Dösen *n*; Schläfrigkeit *f*
assouplir [asupliʀ] **I** *v/t* **1** geschmeidig, *corps a* gelenkig machen; lockern; **2** *rè-*

glement lockern; (ab)mildern; **II** *v/pr* ***s'~* 3** geschmeidig werden; **4** *fig caractère* nachgiebig(er), gefügig(er) werden

assoupliss|ant [asuplisɑ̃] *m* Weichspüler *m*; **~ement** [-mɑ̃] *m* Lockerung *f* (*a fig*); Geschmeidigmachen *n ou* -werden *n*

assourd|ir [asuʀdiʀ] *v/t* **1** *personne* ganz benommen machen; betäuben; **2** *bruit* dämpfen; **~issant** [-isɑ̃] *adj* ⟨-ante [-ɑ̃t]⟩ (ohren)betäubend

assouvir [asuviʀ] *v/t faim* stillen (*a fig*); *fig a* befriedigen

assujetti [asyʒeti] *adj* ⟨~e⟩ ***être ~ à qc*** e-r Sache (*dat*) unterworfen sein, unterliegen; ***~ à l'impôt*** steuerpflichtig

assujettir [asyʒetiʀ] **I** *v/t* **1** ***~ qn, qc à qc*** j-n, etw e-r Sache (*dat*) unterwerfen; **2** (*fixer*) festmachen; befestigen; **II** *v/pr* ***s'~ à qc*** sich e-r Sache (*dat*) unterwerfen, fügen, beugen

assumer [asyme] **I** *v/t* **1** übernehmen; *responsabilité a* auf sich nehmen; *frais a* tragen; aufkommen für; **2** *sa condition* (innerlich) annehmen, akzeptieren; *son passé* bewältigen; **II** *v/pr* ***s'~*** sich (so wie man ist) akzeptieren, annehmen

▸**assurance** [asyʀɑ̃s] *f* **1** (*confiance en soi*) (Selbst)Sicherheit *f*; ***avoir de l'~*** ein sicheres Auftreten haben; **2** (*garantie*) Versicherung *f*; Zusicherung *f*; **3** *contrat* Versicherung *f*; **~s** *pl* Versicherung(sgesellschaft) *f*; ***~ auto(mobile)*** Kraftfahrzeugversicherung *f*; ***~ maladie*** Krakenversicherung *f*; ***~s sociales*** Sozialversicherung *f*; ***~ vie*** Lebensversicherung *f*; ***~ vieillesse*** Altersversicherung *f*

assuré [asyʀee] **I** *adj* ⟨~e⟩ **1** sicher; *succès a* gewiss; *retraite* gesichert; *voix* fest; *voix, démarche* ***mal ~*** unsicher; **2** (***être***) **~** versichert (sein) (***contre*** gegen); **II** **~(e)** *m(f)* Versicherte(r) *f(m)*; Versicherungsnehmer *m*

assurément [asyʀemɑ̃] *adv* sicher (-lich); gewiss

▸**assurer** [asyʀe] **I** *v/t* **1** ***~ (à qn) que …*** (j-m) versichern, dass …; **2** ***~ qn de qc*** (*de son amitié, etc*) *st/s* j-n e-r Sache (*gén*) versichern; **3** (*garantir*) sichern; garantieren; gewährleisten; sicherstellen; *un service* versehen; ***~ une permanence*** e-n Bereitschaftsdienst unterhalten; **4** *par contrat* ***~ qn, qc*** j-n, etw versichern (***contre*** gegen); **5** *alpiniste* sichern; **II** *v/i* **6** F (*être à la hauteur*) etwas können; F etwas draufhaben; **III** *v/pr* **7** (*vérifier*) ***s'~*** sich vergewissern (***de qc*** e-r Sache [*gén*]; ***que*** dass; ***si*** ob); sich davon überzeugen (dass, ob); **8** (*se pourvoir de*) ***s'~ qc*** sich etw sichern; **9** ***s'~ contre qc*** sich gegen etw versichern

assureur [asyʀœʀ] *m* Versicherer *m*; Versicherungsträger *m*

aster [astɛʀ] *m* Aster *f*

astérisque [asteʀisk] *m* TYPO Sternchen *n*

asthmatique [asmatik] **I** *adj* asthmatisch; **II** *m,f* Asthmatiker(in) *m(f)*

asthme [asm(ə)] *m* Asthma *n*; ***crise*** *f* ***d'~*** Asthmaanfall *m*

asticot [astiko] *m* **1** zo Made *f*; **2** F *fig* komischer Kerl, Kauz

asticoter [astikɔte] F *v/t* ärgern

astigmate [astigmat] *adj* astigmatisch

astiquer [astike] *v/t* blank reiben; blank putzen; polieren; F wienern

astrakan [astʀakɑ̃] *m* Persianer *m* (*a manteau*)

astral [astʀal] *adj* ⟨~e; -aux [-o]⟩ astral; der Sterne

astre [astʀ(ə)] *m* Gestirn *n*

astreindre [astʀɛ̃dʀ(ə)] ⟨→ peindre⟩ *v/t* (*et v/pr* ***s'~*** sich) zwingen (***à qc, à faire qc*** zu etw, etw zu tun)

astringent [astʀɛ̃ʒɑ̃] *m* adstringierendes Mittel; Adstringens *n*

astro|logie [astʀɔlɔʒi] *f* Astrologie *f*; **~logique** [-lɔʒik] *adj* astrologisch; **~logue** [-lɔg] *m,f* Astrologe, -login *m,f*; Sterndeuter(in) *m(f)*

▸**astronaut|e** [astʀonot] *m,f* Astronaut (-in) *m(f)*; (Welt)Raumfahrer(in) *m(f)*; **~ique** [-ik] *f* Astronautik *f*; Raumfahrt *f*

astronom|e [astʀɔnɔm] *m,f* Astronom (-in) *m(f)*; **~ie** [-i] *f* Astronomie *f*; Stern-, Himmelskunde *f*; **~ique** [-ik] *adj* astronomisch (*a fig prix, chiffres*)

astuce [astys] *f* **1** *qualité* Schlauheit *f*; Findigkeit *f*; **2** *d'un métier* Trick *m*; Kniff *m*; Finesse *f*; **3** (*plaisanterie*) Witz *m*

astucieux [astysjø] *adj* ⟨-euse [-øz]⟩ raffiniert; pfiffig; *personne a* findig; schlau; einfallsreich

asymétrique [asimetʀik] *adj* asymmetrisch; unsymmetrisch
atav|ique [atavik] *adj* atavistisch; **~isme** [-ism(ə)] *m* Atavismus *m*
atchoum [atʃum] *int* hatschi!; hatzi!
▸ **atelier** [atəlje] *m* **1** TECH Werkstatt *f*; **2** *d'artiste* Atelier *n*; **3** ÉCOLE Arbeitsgruppe *f*; (*colloque*) Workshop *m*
atermoiements [atɛʀmwamɑ̃] *m/pl* Hinauszögern *n*; (*faux-fuyants*) Ausflüchte *f/pl*
atermoyer [atɛʀmwaje] *v/i* ⟨-oi-⟩ die Dinge hinausziehen, -zögern
athé|e [ate] **I** *adj* atheistisch; **II** *m,f* Atheist(in) *m(f)*; **~isme** [-ism(ə)] *m* Atheismus *m*
▸ **athlète** [atlɛt] **1** *m,f* SPORTS Leichtathlet(in) *m(f)*; Wettkämpfer(in) *m(f)*; **2** *m fig* Athlet *m*; Kraftmensch *m*
athlétique [atletik] *adj* athletisch
▸ **athlétisme** [atletism(ə)] *m* Leichtathletik *f*
atlantique [atlɑ̃tik] *adj* atlantisch; Atlantik…; ***l'(océan** m)* **♀** *m* der Atlantische Ozean; der Atlantik
atlas [atlɑs] *m* Atlas *m*
atmosphère [atmɔsfɛʀ] *f* Atmosphäre *f* (*a fig*)
atmosphérique [atmɔsferik] *adj* atmosphärisch; Luft…; ***conditions*** *f/pl* **~s** Wetterlage *f*; ***pression*** *f* **~** Luftdruck *m*
atoll [atɔl] *m* Atoll *n*
atome [atom] *m* Atom *n*; *fig* ***avoir des ~s crochus avec qn*** j-m innerlich verwandt sein
▸ **atomique** [atɔmik] *adj* atomar; Atom…
atomiser [atɔmize] *v/t* **1** *liquide* zerstäuben; versprühen; **2** (*morceler*) atomisieren; **3** (*détruire*) (durch Atomwaffen) vernichten
atomiseur [atɔmizœʀ] *m* Zerstäuber *m*
atone [atɔn, aton] *adj* **1** MÉD schlaff; spannungslos; **2** *regard, voix* ausdruckslos; **3** PHON unbetont
atours [atuʀ] *m/pl plais* Putz *m*; Staat *m*; ***paré de ses plus beaux ~*** herausgeputzt; in vollem Staat
atout [atu] *m* **1** Trumpf(farbe *f*, -karte *f*)*m*; **2** *fig* Trumpf *m*; (*avantage*) Vorteil *m*
âtre [ɑtʀ(ə)] *m* Feuerstelle *f*; *par ext* Kamin *m*

atroce [atʀɔs] *adj* entsetzlich; abscheulich; grauenhaft; scheußlich; grässlich
atrocité [atʀɔsite] *f* **1** *caractère* Abscheulichkeit *f*; Scheußlichkeit *f*; **2** *acte, souvent pl* **~s** Gräuel(taten) *m/pl(f/pl)*; **3** *propos* **~s** *pl* Gräuelmärchen *n/pl*; Abscheulichkeiten *f/pl*
atrophie [atʀɔfi] *f* MÉD Schwund *m*; Verkümmerung *f* (*a fig*); *sc* Atrophie *f*
atrophier [atʀɔfje] *v/pr* **s'~** verkümmern (*a fig*); ***atrophié*** verkümmert
attabler [atable] *v/pr* **s'~** sich an den Tisch setzen
attachant [ataʃɑ̃] *adj* ⟨-ante [-ɑ̃t]⟩ fesselnd; anziehend
attache [ataʃ] *f* **1** Befestigung *f*; Halter(ung) *m(f)*; *de vêtement, tableau* Aufhänger *m*; **2** ***point*** *m* **d'~** Standort *m*, -quartier *n*; ***port*** *m* **d'~** Heimathafen *m*; **3** ANAT **~s** *pl* Hand- und Fußgelenke *n/pl*; **4** *fig* **~s** *pl affectives* (innere) Bindung(en) *f(pl)*; (*relations*) Verbindungen *f/pl*; Beziehungen *f/pl*
attaché[1] [ataʃe] *adj* ⟨~e⟩ *personne* ***être ~ à qn, ac*** an j-m, etw hängen
attaché[2] *m* DIPL Attaché *m*; ***~ de presse*** Presseattaché *m*; *d'une entreprise* Pressereferent *m*, -sprecher *m*
attaché-case [ataʃekɛz] *m* ⟨attaché-cases⟩ Akten-, Diplomatenkoffer *m*
attachement [ataʃmɑ̃] *m* Anhänglichkeit *f* (***à*** *ou* ***pour qn, qc*** an j-n, etw); (Zu)Neigung *f* (zu j-m)
▸ **attacher** [ataʃe] **I** *v/t* **1** fest- *ou* anbinden, festmachen, befestigen (***à*** an + *dat*); binden (an + *acc*); *plusieurs objets ensemble* zusammenbinden; *tablier,* (*lacets de*) *chaussures* zubinden; **2** *fig* ***~ qn à qn, qc*** j-n (innerlich) mit j-m, etw verbinden; j-n an j-n, etw binden; **3** ***~ de l'importance à qc*** e-r Sache (*dat*) Bedeutung beimessen, beilegen; **II** *v/i* **4** CUIS anbacken, anhängen (***à*** an + *dat*); **III** *v/pr* **5** *en voiture, avion* **s'~** sich an-, festschnallen; **6** *fig personne* ***s'~ à qn, à qc*** j-n, etw lieb gewinnen; Zuneigung zu j-m fassen; **7** *souvenirs, avantages* ***s'~ à qc*** mit etw verbunden, verknüpft sein; **8** (*s'appliquer*) ***s'~ à*** (+ *inf*) bestrebt sein zu (+ *inf*)
attaqu|ant [atakɑ̃] *m*, **~ante** [-ɑ̃t] *f* **1** MIL Angreifer *m*; **2** SPORTS Angriffsspieler(in) *m(f)*; Stürmer *m*
▸ **attaque** [atak] *f* **1** MIL, *fig* Angriff *m*

(***contre*** gegen, auf + *acc*); *fig a* Attacke *f*; **~ *à main armée*** bewaffneter Überfall; **2** SPORTS Angriff *m*; Sturm *m*; **3** MÉD Anfall *m*; Attacke *f*; **~ *cérébrale*** Gehirnschlag *m*; **4** F *fig* ***être d'~*** fit, in Form sein

▸ **attaquer** [atake] **I** *v/t* **1** MIL, SPORTS, *fig* angreifen; *fig a* attackieren; *qn dans la rue* überfallen; **~ *qn en justice*** j-n gerichtlich belangen; j-n verklagen; **2** *rouille, acide* **~ *qc*** etw angreifen, anfressen; *parasites* **~ *qc*** etw befallen, heimsuchen; **3** *tâche* in Angriff nehmen; anpacken; angehen; F *plat* herfallen, F sich hermachen über (+ *acc*); **II** *v/pr* **4** *personne* ***s'~ à qn, à qc*** j-n, etw angreifen, bekämpfen; gegen etw angehen, ankämpfen; **5** ***s'~ à*** *un problème* anpacken, angehen (+ *acc*)

attardé [ataʀde] *adj* ⟨~e⟩ **1** (*en retard*) verspätet; **2** *enfant* zurückgeblieben

attarder [ataʀde] *v/pr* ***s'~*** **1** sich verspäten; *quelque part* sich zu lange aufhalten; **2** ***s'~ à*** *ou* ***sur un sujet*** sich bei *ou* mit e-m Thema aufhalten

▸ **atteindre** [atɛ̃dʀ(ə)] ⟨→ peindre⟩ **I** *v/t* **1** *lieu, but, niveau* erreichen; **2** *avec un projectile* treffen; **3** *fig critique* **~ *qn*** j-n treffen, verletzen; *réputation* ***être atteint*** erschüttert, angeschlagen sein; **4** *maladie* **~ *qn*** j-n befallen, heimsuchen; **II** *v/t/indir st/s* **~ *à qc*** etw erreichen, erlangen

atteinte [atɛ̃t] *f* **1** ***'hors d'~*** außer Reichweite; unerreichbar; **2** (*préjudice*) Beeinträchtigung *f*, Schädigung *f* (***à*** *gén*); ***porter ~ à qc*** e-r Sache (*dat*) schaden, abträglich sein; etw beeinträchtigen, schädigen; **3** *d'un mal* ***premières ~s*** erste Anzeichen *n/pl*

attelage [atlaʒ] *m* Gespann *n*

atteler [atle] ⟨-ll-⟩ **I** *v/t animal* anspannen (***à*** an + *acc*); **II** *v/pr* ***s'~ à un travail*** sich in e-e Arbeit hineinknien

attelle [atɛl] *f* MÉD Schiene *f*

attenant [at(ə)nɑ̃] *adj* ⟨-ante [-ɑ̃t]⟩ angrenzend, anstoßend (***à*** an + *acc*)

attendant [atɑ̃dɑ̃] ***en ~*** unterdessen; inzwischen; einstweilen

▸ **attendre** [atɑ̃dʀ(ə)] ⟨→ rendre⟩ **I** *v/t* erwarten; warten auf (+ *acc*); *occasion* abwarten; ***attendre le bus*** auf den Bus warten; ***attendre un enfant*** ein Kind erwarten; ***attendre qc de qn*** etw von j-m erwarten; ***attendre que ...*** (+ *subj*) warten, bis ...; **II** *v/t/indir* F ***attendre après qn, qc*** auf j-n, etw warten; **III** *v/i* (ab)warten; ***en attendant mieux*** in Erwartung e-s Besser(e)n; ***se faire attendre*** auf sich (*acc*) warten lassen; **IV** *v/pr* ▸ ***s'attendre à qc*** auf etw (*acc*) gefasst sein; mit etw rechnen; ***s'attendre à ce que ...*** (+ *subj*) damit rechnen, darauf gefasst sein, dass ...

attendrir [atɑ̃dʀiʀ] **I** *v/t* **1** *personne* rühren; weich stimmen; **2** *viande* weich, mürbe klopfen; **II** *v/pr* ***s'~*** gerührt werden *ou* sein (***sur*** von)

attendriss|ant [atɑ̃dʀisɑ̃] *adj* ⟨-ante [-ɑ̃t]⟩ rührend; **~ement** [-mɑ̃] *m* Rührung *f*

attendu [atɑ̃dy] **I** *adj* ⟨~e⟩ erwartet; **II** *prép* angesichts, in Anbetracht (+ *gén*); JUR **~ *que*** in Anbetracht der Tatsache, dass

attentat [atɑ̃ta] *m* **1** Attentat *n*, Anschlag *m* (***contre*** auf, gegen); **~ *au plastic*** Sprengstoffattentat *n*; **2** JUR **~ *à la pudeur*** unzüchtige Handlung; Unzucht *f*

attente [atɑ̃t] *f* **1** Warten *n* (***de qn, qc*** auf j-n, etw); *durée* Wartezeit *f*; ***dans l'~ de qc*** in Erwartung e-r Sache (*gén*); **2** (*prévision*) Erwartung *f*; ***contre toute ~*** wider Erwarten; entgegen allen Erwartungen

attenter [atɑ̃te] *v/t/indir* **~ *à qc*** etw zu beeinträchtigen, anzutasten versuchen; **~ *à la vie de qn*** j-m nach dem Leben trachten

attentif [atɑ̃tif] *adj* ⟨-ive [-iv]⟩ aufmerksam; ***être ~ à*** (+*inf*) darauf bedacht sein zu (+ *inf*)

▸ **attention** [atɑ̃sjõ] *f* **1** Aufmerksamkeit *f*; ***attention!*** Achtung!; Vorsicht!; aufgepasst!; *lettre* ***à l'attention de*** zu Händen von (*abr* z. H. [v.]); ▸ ***faire attention à qc*** auf etw (*acc*) achten, Acht geben, aufpassen; etw beachten; ***fais attention!*** pass auf!; gib Acht!; **2** *fig souvent pl* ***attentions*** Aufmerksamkeiten *f/pl*

attentionné [atɑ̃sjɔne] *adj* ⟨~e⟩ (sehr) aufmerksam (***pour qn*** gegenüber j-m)

attent|isme [atɑ̃tism(ə)] *m* abwartende Haltung; **~iste** [-ist] *adj* sich abwartend verhaltend

atténuant [atenɥɑ̃] *adj* ⟨-ante [-ɑ̃t]⟩ ***cir-***

constances ~es mildernde Umstände *m/pl*

atténuation [atenɥasjõ] *f* Milderung *f*; Linderung *f*

atténuer [atenɥe] **I** *v/t douleur* lindern; *punition* mildern; *lumière* dämpfen; *expression* abschwächen; **II** *v/pr douleur* ***s'~*** nachlassen

atterrer [ateʀe] *v/t* aufs Höchste bestürzen; niederschmettern

▸ **atterrir** [ateʀiʀ] *v/t* AVIAT landen (*a* F *fig*)

atterrissage [ateʀisaʒ] *m* Landung *f*; ***~ sans visibilité*** Blindlandung *f*

attestation [atɛstasjõ] *f* Bescheinigung *f*

attest|é [atɛste] *adj* ⟨~e⟩ *fait* bewiesen; bezeugt; LING belegt; **~er** [-e] *v/t* bezeugen; bestätigen; *par écrit* bescheinigen

attifer [atife] *v/t* (*et v/pr* ***s'~*** *péj* sich) herausputzen, F (sich) ausstaffieren (***de*** mit)

attirail [atiʀaj] *m* Ausrüstung *f*; F Kram *m*

attirance [atiʀɑ̃s] *f* Anziehungskraft *f*; ***éprouver une certaine ~ pour*** sich hingezogen fühlen zu

attirant [atiʀɑ̃] *adj* ⟨-ante [-ɑ̃t]⟩ anziehend

▸ **attirer** [atiʀe] **I** *v/t* **1** anziehen (*a* PHYS); an-, herbeilocken; ***~ qn dans un piège*** j-n in e-e Falle locken; **2** ***~ qc à*** *ou* ***sur qn*** j-m etw verschaffen, (ein)bringen; **3** ***~ l'attention de qn sur qc*** die Aufmerksamkeit j-s auf etw (*acc*) lenken; **II** *v/pr* ***s'~ qc*** sich etw zuziehen, einhandeln; *compliments* ernten

attiser [atize] *v/t feu*, *fig* schüren; anfachen

attitré [atitʀe] *adj* ⟨~e⟩ fest; ständig

attitude [atityd] *f* **1** (Körper)Haltung *f*; **2** (*disposition*) Haltung *f*; Einstellung *f*; (*comportement*) Verhalten *n*; *péj* Attitüde *f*

attouchements [atuʃmɑ̃] *m/pl* Berührungen *f/pl*; Streicheln *n*

attractif [atʀaktif] *adj* ⟨-ive [-iv]⟩ attraktiv; verlockend

attraction [atʀaksjõ] *f* **1** PHYS Anziehung(skraft) *f*; **2** *fig* Anziehungskraft *f*; **3** *pour le public* Attraktion *f*; *pl* ***~s*** *au cirque* Attraktionen *f/pl*; *d'une boîte de nuit* Varietédarbietungen *f/pl*; Einlagen *f/pl*

attrait [atʀɛ] *m* **1** Reiz *m*; (Ver)Lockung *f*; *st/s d'une femme* ***~s*** *pl* Reize *m/pl*

attrape [atʀap] *f* (***farces*** *f/pl* ***et***) ***~s*** Scherzartikel *m/pl*

attrape-nigaud *m* ⟨attrape-nigauds⟩ Bauernfängerei *f*; plumper Trick

▸ **attraper** [atʀape] **I** *v/t* **1** fangen; F erwischen; *balle a* auffangen; *chien* ***~ qc*** etw schnappen; **2** *train*, *bus* erreichen; F erwischen; F kriegen; **3** F *maladie* bekommen; F sich holen; F kriegen; ***~ froid*** sich erkälten; **4** (*tromper*) (he)reinlegen; zum Narren halten; **5** F (*réprimander*) F abkanzeln; **II** *v/pr* ***s'~*** F *maladie* ansteckend sein

attrayant [atʀɛjɑ̃] *adj* ⟨-ante [-ɑ̃t]⟩ verlockend; reizvoll; attraktiv

attribuer [atʀibɥe] **I** *v/t* **1** *dans une répartition* zuteilen; zuweisen; vergeben; *crédit* gewähren; *prix* zuerkennen; verleihen; **2** (*imputer*) ***~ qc à qn, à qc*** j-m, e-r Sache etw zuschreiben; etw auf etw (*acc*) zurückführen; *qualités*, *défauts* j-m etw unterstellen; etw in j-n hineinlegen; **II** *v/pr* ***s'~ qc*** sich etw zuschreiben; etw für sich in Anspruch nehmen

attribut [atʀiby] *m* **1** Attribut *n*; charakteristisches Merkmal; **2** GR Prädikatsnomen *n*; prädikative Ergänzung; *adjt* ***adjectif*** *m* ***~*** prädikatives Adjektiv

attribution [atʀibysjõ] *f* **1** Zuteilung *f*; Zuweisung *f*; Vergabe *f*; *de crédits* Gewährung *f*; *d'un prix* Zuerkennung *f*; Verleihung *f*; **2** ***~s*** *pl* Aufgabenbereich *m*

attrist|ant [atʀistɑ̃] *adj* ⟨-ante [-ɑ̃t]⟩ betrüblich; **~er** [-e] **I** *v/t* traurig stimmen; betrüben; **II** *v/pr* ***s'~*** traurig werden

attroupement [atʀupmɑ̃] *m* Menschenauflauf *m*, -ansammlung *f*

attrouper [atʀupe] *v/pr* ***s'~*** zusammenströmen; sich ansammeln

atypique [atipik] *adj* atypisch; untypisch

au [o] → ***à***

aubade [obad] *f* Morgenständchen *n*

aubaine [obɛn] *f* (***bonne***) ***~*** Glücksfall *m*; unverhofftes Glück

aube [ob] *f* **1** Morgengrauen *n*, -dämmerung *f*; ***à l'~*** im Morgengrauen; bei Tagesanbruch; **2** *de communiants* langes weißes Gewand

aubépine [obepin] *f* Weißdorn *m*

auberge [obɛʀʒ] *f* **1** (Land)Gasthof *m*;

Landgasthaus *n*; *autrefois* Herberge *f*; *fig* ***auberge espagnole*** primitive Unterkunft; F *fig* ***on n'est pas sorti de l'auberge*** F wir sind noch nicht über den Berg; **2** ▸ ***auberge de*** (***la***) ***jeunesse*** Jugendherberge *f*

aubergine [obɛʀʒin] *f* Aubergine *f*

Une aubergine ist nicht nur etwas zum Essen ...
... sondern auch der Beiname für die Pariser Politessen, die eine auberginefarbene Uniform tragen und meist mit der Parküberwachung beauftragt sind. Die offizielle Bezeichnung ist **une contractuelle**.

aubergiste [obɛʀʒist] *m,f* (Gast)Wirt (-in) *m(f)*

aubette [obɛt] *f* Wartehäuschen *n*

auburn [obœʀn] *adj* ⟨*inv*⟩ *cheveux* kastanienbraun

▸ **aucun** [okɛ̃, okœ̃] *m*, **aucune** [okyn] *f* **I** *adj/ind* ⟨*mit* ne *beim Verb*⟩ (gar, überhaupt) kein(e); keinerlei (*inv*); ***en aucun cas*** auf keinen Fall; keinesfalls; ***sans aucun effort*** ohne jede, jegliche Anstrengung; **II** *pr/ind* **1** ⟨*mit* ne *beim Verb*⟩ *m* keiner, *f* keine, *n* kein(e)s; **2** *litt* ***d'aucuns*** einige; manche

aucunement [okynmɑ̃] *adv* ⟨*mit* ne *beim Verb*⟩ keineswegs; durchaus nicht; mitnichten

audace [odas] *f* **1** Kühnheit *f*; Wagemut *m*; **2** *péj* Keckheit *f*; Kühnheit *f*; *p/fort* Dreistigkeit *f*

audacieux [odasjø] *adj* ⟨-euse [-øz]⟩ **1** kühn; *personne a* wagemutig; **2** *péj* keck; kühn

au-dedans [od(ə)dɑ̃] *adv* (dr)innen; im Inner(e)n (*a fig*); *prép* ~ ***de*** innerhalb, im Inner(e)n (+ *gén*)

au-dehors [odəɔʀ] *adv* (dr)außen; *prép* ~ ***de*** außerhalb (+ *gén*)

au-delà [od(ə)la] **I** *adv* darüber hinaus; **II** *prép* ~ ***de*** jenseits (+ *gén*); *fig* über (+ *acc*) hinaus; **III** *m* REL Jenseits *n*

▸ **au-dessous** [od(ə)su] **I** *adv* darunter; unterhalb; **II** *prép* ~ ***de*** unterhalb (+ *gén*); unter (+ *dat ou acc*); ***c'est*** ~ ***de moi*** das ist unter meiner Würde; *fig* ***être*** ~ ***de tout*** gar nichts taugen

▸ **au-dessus** [od(ə)sy] *adv* darüber; oberhalb; weiter oben; *prép* ~ ***de*** oberhalb (+ *gén*); über (+ *dat ou acc*)

au-devant [od(ə)vɑ̃] *prép* ***aller*** ~ ***de qn*** j-m entgegengehen

audible [odibl(ə)] *adj* hörbar; vernehmlich

audience [odjɑ̃s] *f* **1** (*entrevue*) Audienz *f*; **2** JUR (Gerichts)Verhandlung *f*; Termin *m*; **3** (Rundfunk)Hörer *m/pl*; (Fernseh)Zuschauer *m/pl*; (*taux d'écoute*) Einschaltquote *f*

audimat [odimat] *m* (System *n* zur Ermittlung der) Einschaltquote *f*

audio [odjo] *adj* ⟨*inv*⟩ Audio…; Hör…

audioprothésiste [odjopʀɔtezist] *m,f* Hörgeräteakustiker(in) *m(f)*

audiovisuel [odjovizɥɛl] **I** *adj* ⟨~le⟩ audiovisuell; **II** *m* **1** *domaine* audiovisueller Bereich; Audiovision *f*; **2** *médias* audiovisuelle Medien *n/pl*; Hörfunk *m* und Fernsehen *n*; **3** ÉCOLE audiovisuelle Arbeitsmittel *n/pl*

audit [odit] *m* Wirtschaftsprüfung *f*

▸ **auditeur** [oditœʀ] *m*, **auditrice** [oditʀis] *f* Zuhörer(in) *m(f)*; RAD Hörer(in) *m(f)*

auditif [oditif] *adj* ⟨-ive [-iv]⟩ Hör…; Gehör…; ***appareil*** ~ Hörgerät *n*

audition [odisjõ] *f* **1** (*ouïe*) Hören *n*; **2** JUR ~ ***des témoins*** Zeugenvernehmung *f*; **3** *de cassettes* Ab-, Anhören *n*; **4** (*essai*) THÉ Vorsprechen *n*; MUS Vorsingen *n*; Vorspielen *n*

auditionner [odisjɔne] *v/t* anhören

auditoire [oditwaʀ] *m* Zuhörer *m/pl*

auditorium [oditɔʀjɔm] *m* Sendesaal *m*

auge [oʒ] *f* Trog *m*

▸ **augmentation** [ɔgmɑ̃tasjõ, og-] *f* **1** Vermehrung *f*; Vergrößerung *f*; Steigerung *f*; Zunahme *f*; *des prix* Anstieg *m*; Erhöhung *f*; **2** *abs* Lohn-, Gehaltserhöhung *f*

▸ **augmenter** [ɔgmɑ̃te, og-] **I** *v/t* **1** vermehren; vergrößern; *prix, impôts, etc* erhöhen; heraufsetzen; *capital a* aufstocken; *salaire* erhöhen; aufbessern; *vente, valeur, vitesse* erhöhen; steigern; **2** *salarié* ***être augmenté*** e-e Lohn-, Gehaltserhöhung bekommen; **II** *v/i* zunehmen; größer werden; sich vergrößern; sich vermehren; *prix* steigen, anziehen, heraufgehen (***de*** um); *marchandise* aufschlagen; teurer werden;

jours länger werden; zunehmen
augure [ogyʀ] *m* ***être de bon, de mauvais ~*** ein gutes, böses Vorzeichen, Omen sein; Glück, Unglück bedeuten
augurer [ogyʀe] *v/t* ***n'~ rien de bon*** nichts Gutes verheißen
auguste [ogyst] *st/s adj* erhaben; hehr; *assemblée* erlaucht
▸**aujourd'hui** [oʒuʀdɥi] *adv* **1** heute; am heutigen Tag; ***d'~*** heutig; von heute; **2** (*à notre époque*) heute; heutzutage
aulne [on] *m* Erle *f*
aumône [omon] *f* Almosen *n*; milde Gabe
aumônier [omonje] *m* Anstaltsgeistliche(r) *m*; ***~ militaire*** Militärgeistliche(r) *m*, -pfarrer *m*
aune [on] *m* → ***aulne***
auparavant [opaʀavɑ̃] *adv* vorher; zuvor
auprès [opʀɛ] *prép* ***~ de*** **1** bei (+ *dat*); **2** (*en comparaison de*) im Vergleich zu (+ *dat*)
auquel [okɛl] → ***lequel***
aurai [ɔʀɛ], **auras** [ɔʀa], *etc* → ***avoir***[1]
auréol|e [ɔʀeɔl] *f* **1** Heiligenschein *m*, Nimbus *m* (*a fig*); Gloriole *f*; **2** *autour d'une tache* Rand *m*; **~er** [-e] *v/t fig* mit e-m Nimbus umgeben
auriculaire [ɔʀikylɛʀ] *m* kleiner Finger
aurore [ɔʀɔʀ] *f* **1** Morgenröte *f*; Morgenrot *n*; **2** ***~ boréale, polaire*** Nord-, Polarlicht *n*
ausculter [oskylte, ɔs-] *v/t* MÉD abhorchen; abhören
auspices [ospis] *m/pl* ***sous de meilleurs ~s*** unter besseren Auspizien, Umständen
▸**aussi** [osi] **I** *adv* **1** (*également*) auch; ***lui aussi*** er auch; **2** ▸ ***aussi*** (+ *adj ou adv*) ***que*** (eben)so ... wie; ***aussi vite que possible*** so schnell wie möglich; ***aussi*** (+ *adj*) ***que*** (+ *subj*) so *ou* wie ... auch (immer); ***aussi riche qu'il soit*** *ou* ***soit-il*** so reich er auch sein mag; (***tout***) ***aussi bien*** ebenso gut; genauso gut; ***aussi bien que*** wie auch; sowie; sowohl ... als auch; **II** *conj* daher, deshalb auch; ***..., aussi coûtent-ils cher*** ..., darum sind sie auch teuer
▸**aussitôt** [osito] **I** *adv* sofort; (so)gleich; alsbald; ***~ dit, ~ fait*** gesagt, getan; **II** *conj* ***~ que*** sobald; sowie

austère [ostɛʀ] *adj* **1** *personne* (sitten)streng; *mœurs* streng; *vie* einfach; karg; **2** *style* nüchtern; schmucklos
austérité [osteʀite] *f* **1** (Sitten)Strenge *f*; *de la vie* strenge Einfachheit; **2** *d'un style* Nüchternheit *f*; Schmucklosigkeit *f*; Strenge *f*; **3** (***politique f d'***)***~*** Sparpolitik *f*
austral [ostʀal] *adj* ⟨~e; -als⟩ südlich; Süd...
▸**Australie** [ostʀali] ***l'~*** *f* Australien *n*
▸**australien** [ostʀaljɛ̃] **I** *adj* ⟨-ienne [-jɛn]⟩ australisch; **II** ℒ(***ne***) *m*(*f*) Australier(in) *m*(*f*)
▸**autant** [otɑ̃] **I** *adv* (eben)so viel; *avec verbe a* (eben)so sehr; ***~ de*** (+ *subst*) ***que*** (eben)so viel ... wie; (eben)so viele ... wie; ***~ de garçons que de filles*** ebenso, genauso viele Jungen wie Mädchen; ***il travaille ~ qu'il peut*** er arbeitet, so viel er kann; ***~ parler à un sourd*** ebenso gut könnte man zu e-m Tauben sprechen; ***en faire ~*** dasselbe tun; es ebenso, genauso machen; ***~ de personnes, ~ d'avis différents*** so viele Personen, so viele verschiedene Meinungen; ***~ il l'adore, ~ elle le déteste*** sosehr er sie anbetet, sosehr verabscheut sie ihn; ***d'~*** in gleichem Maße; gleichermaßen; ***pour ~*** deswegen; **II** *conj* (***pour***) ***~ que je sache*** soviel ich weiß; meines Wissens; ***d'~ que*** zumal; ***d'~ plus*** (***que***) umso mehr (als); umso (+ *comp*) (als)
autarcie [otaʀsi] *f* Autarkie *f*
autel [otɛl] *m* Altar *m*
▸**auteur** [otœʀ] *m* **1** Urheber(in) *m*(*f*); *d'un accident* Verursacher(in) *m*(*f*); ***~ d'un attentat*** Attentäter(in) *m*(*f*); ***~*** (***du crime***) Täter(in) *m*(*f*); **2** (*écrivain*) Autor(in) *m*(*f*); Verfasser(in) *m*(*f*)
authenticité [otɑ̃tisite] *f* **1** Echtheit *f*; Authentizität *f*; **2** *fig* (*sincérité*) Aufrichtigkeit *f*
authentifier [otɑ̃tifje] *v/t* beglaubigen
authentique [otɑ̃tik] *adj* **1** echt; *information* verbürgt (*a fait*); authentisch; **2** *par ext sentiments* aufrichtig; echt
aut|isme [otism(ə)] *m* Autismus *m*; **~iste** [-ist] *m,f* Autist(in) *m*(*f*)
▸**auto** [oto] *f abr* (*automobile*) Auto *n*
auto... [oto] *préfixe* **1** (*soi-même*) Selbst...; selbst...; Auto...; auto...;

2 *(voiture)* Auto…
autobiograph|ie *f* Autobiographie *f*; **~ique** [-ik] *adj* autobiographisch
▸ **autobus** *m* Autobus *m*; Omnibus *m*
▸ **autocar** *m* Reisebus *m*
autochtone [ɔtɔktɔn] *m,f* Einheimische(r) *f(m)*
autocollant I *adj* ⟨-ante⟩ selbstklebend; **II** *m* Aufkleber *m*
autocouchettes *adj* ⟨*inv*⟩ ***train*** *m* **~** Autoreisezug *m*
autocritique *f* Selbstkritik *f*
auto|cuiseur [otokɥizœʀ] *m* Schnellkochtopf *m*; **~défense** *f* Selbstverteidigung *f*; **~détermination** *f* Selbstbestimmung *f*
autodidacte [otodidakt] *m,f* Autodidakt(in) *m(f)*
autodiscipline *f* Selbstdisziplin *f*
autodrome [otodʀom] *m* Auto-, Motodrom *n*; Rundkurs *m*
auto-école *f* ⟨auto-écoles⟩ Fahrschule *f*
autofinanc|ement *m* Eigen-, Selbstfinanzierung *f*; **~er** [-e] *v/pr* ⟨-ç-⟩ **s'~** sich selbst finanzieren
autofocus [otofɔkys] *m* Autofokus *m*
autogène *adj* TECH, MÉD autogen
auto|géré [otoʒeʀe] *adj* ⟨~e⟩ selbst verwaltet; **~gestion** *f* Selbstverwaltung *f*
autographe [otogʀaf] *m* **1** *signature* Autogramm *n*; **2** *texte* Autograph *n*
automate [ɔtɔmat] *m* Automat *m* (*a fig*)
automation [ɔtɔmasjõ] *f* Automation *f*
▸ **automatique** [ɔtɔmatik] *adj* **1** TECH automatisch; selbsttätig; ***boîte*** *f* **~** Automatik(getriebe) *f(n)*; **2** *fig geste* automatisch; unwillkürlich; mechanisch; **~ment** [-mɑ̃] *adv* **1** TECH automatisch; **2** *fig* (*forcément*) unweigerlich; zwangsläufig
automatis|ation [ɔtɔmatizasjõ] *f* Automatisierung *f*; **~er** [-e] *v/t* automatisieren
automatisme [ɔtɔmatism(ə)] *m* Automatismus *m*
automédication [otomedikasjõ] *f* Selbstmedikation *f*
automnal [otɔnal] *adj* ⟨~e; -aux [-o]⟩ herbstlich; Herbst…
▸ **automne** [otɔn] *m* Herbst *m*; ***en*** **~** im Herbst
automobile I *adj* Auto(mobil)…; Kraftfahrzeug…; Kfz-…; ***industrie*** *f* **~** Auto(mobil)-, Kraftfahrzeugindustrie *f*; **II** *f* Automobil *n*; ADM Kraftfahrzeug *n*
▸ **automobiliste** [otomɔbilist] *m,f* Autofahrer(in) *m(f)*
automotrice *f* Triebwagen *m*
autonome [otonom, ɔtɔnɔm] *adj* autonom; selbstständig (*a personne*); eigenständig
autonomie [otonɔmi] *f* **1** Autonomie *f*; Selbstständigkeit *f* (*a d'une personne*); Eigenständigkeit *f*; **~** (***administrative***) Selbstverwaltung *f*; **2** *d'un véhicule* Reichweite *f*; Aktionsradius *m*
autonomiste [otonɔmist] *m* Autonomist *m*
auto|pompe *f* **1** *des pompiers* Löschfahrzeug *n*; **2** *de la police* Wasserwerfer *m*; **~portrait** *m* Selbstporträt *n*, -bildnis *n*
autops|ie [otɔpsi] *f* Autopsie *f*; Sektion *f*; JUR Obduktion *f*; **~ier** [-je] *v/t* sezieren; obduzieren
auto|radio *m* Autoradio *n*; **~rail** *m* (Diesel)Triebwagen *m*
autorisation [ɔtɔʀizasjõ] *f* Erlaubnis *f*; Genehmigung *f*; Befugnis *f*; Ermächtigung *f*
autorisé [ɔtɔʀize] *adj* ⟨~e⟩ **1** (*qui fait autorité*) maßgebend; maßgeblich; **2** (*permis*) erlaubt; *personne* befugt; berechtigt; ermächtigt; autorisiert
autoriser [ɔtɔʀize] **I** *v/t* **1** **~ *qc*** etw erlauben, gestatten, genehmigen; **~ *qn à faire qc*** j-m erlauben, gestatten, etw zu tun; j-n ermächtigen, autorisieren, etw zu tun; **2** *situation* **~ *qc*** zu etw berechtigen; **II** *v/pr* ***s'~ de qc*** sich auf etw (*acc*) berufen
autoritaire [ɔtɔʀitɛʀ] *adj* autoritär; herrisch
autoritarisme [ɔtɔʀitaʀism(ə)] *m* Autoritätsanspruch *m*
autorité [ɔtɔʀite] *f* **1** (*pouvoir*) (Befehls-, Amts)Gewalt *f*; Macht(befugnis) *f*; **~ *parentale*** elterliche Gewalt; ***d'~*** eigenmächtig; ungefragt; einfach von sich aus; ***être sous l'~ de qn*** j-m unterstehen; **2** (*influence*) Autorität *f*; Ansehen *n*; ***faire*** **~** maßgebend sein; *personne a* als Autorität gelten; **3** (*expert*) Autorität *f*; Kapazität *f*; **4** ADM **~*s*** *pl* Behörden *f/pl*
▸ **autoroute** *f* **1** Autobahn *f*; **2** **~ *de l'information*** Datenautobahn *f*

autoroutier *adj* ⟨-ière⟩ Autobahn…
auto-stop *m* Autostopp *m*; Trampen *n*; ***faire de l'~*** per Anhalter fahren, reisen; trampen
auto-stopp|eur *m* ⟨auto-stoppeurs⟩, **~euse** *f* Anhalter(in) *m(f)*; Tramper(in) *m(f)*
▸ **autour** [otuʀ] **I** *adv* d(a)rum herum; ***tout ~*** rings(her)um; rund(her)um; **II** *prép* **~ *de*** um (… herum) (*a = environ*)
▸ **autre** [otʀ(ə)] **I** *adj/ind* andere(r, -s); sonstige(r, -s); weitere(r, -s); *non traduit* ***nous autres*** wir; *attribut* ***tout autre*** ganz anders (***que*** als); ▸ ***autre chose*** etwas and(e)res; ***l'autre jour*** neulich; kürzlich; vor kurzem; **II** *pr/ind* ***un(e) autre*** ein and(e)rer, e-e and(e)re, ein and(e)res; ***d'autres*** and(e)re; F ***à d'autres!*** das kannst du ander(e)n weismachen!; ***l'autre*** der, die, das and(e)re; F der da *ou* die da; ***les autres*** die ander(e)n; ***et autres*** und andere (*abr* u. a.); ***entre autres*** unter anderem (*abr* u. a.); ***aucun autre, personne d'autre*** ⟨+ ne⟩ kein and(e)rer; sonst niemand; ***quelqu'un d'autre*** jemand ander(e)s *ou* anderer; sonst jemand; ***rien d'autre*** nichts and(e)res; sonst *ou* weiter nichts; ***il n'en fait jamais d'autres*** so macht er es immer; ***j'en ai vu d'autres*** ich habe Schlimmeres erlebt, gesehen; → ***un*** *III*
▸ **autrefois** [otʀəfwa] *adv* früher; einst
▸ **autrement** [otʀəmɑ̃] *adv* **1** (*différemment*) anders (***que*** als); **2** (*sinon*) sonst; andernfalls; **3** (+ *adj*) viel (+ *comp*); **~ *dangereux*** viel gefährlicher
▸ **Autriche** [otʀiʃ] ***l'~*** *f* Österreich *n*
▸ **autrichien** [otʀiʃjɛ̃] **I** *adj* ⟨-ienne [-jɛn]⟩ österreichisch; **II** **2*(ne)*** *m(f)* Österreicher(in) *m(f)*
autruche [otʀyʃ] *f* ZO Strauß *m*; *fig* ***politique*** *f* ***de l'~*** Vogel-Strauß-Politik *f*
autrui [otʀɥi] *pr/ind* die ander(e)n; ***le bien d'~*** fremdes Gut
auvent [ovɑ̃] *m* Vordach *n*
Auvergne [ovɛʀɲ] ***l'~*** *f* die Auvergne
aux [o] → ***à***
auxiliaire [oksiljɛʀ] **I** *adj* Hilfs…; ***personnel*** *m* **~** Aushilfspersonal *n*, -kräfte *f/pl*; (***verbe***) **~** *m* Hilfsverb *n*; **II** *m,f* Hilfskraft *f*
auxquel(le)s [okɛl] → ***lequel***
av. *abr* (*avenue*) Straße; Allee

avachi [avaʃi] *adj* ⟨~e⟩ **1** *chaussures* ausgetreten; *vêtement* ausgebeult; **2** *personne* energielos; F schlapp
aval[1] [aval] ***en ~*** strom-, flussabwärts; ***en ~ de*** unterhalb von (*ou* + *gén*)
aval[2] *m* ⟨avals⟩ **1** FIN Aval *m ou n*; Wechselbürgschaft *f*; **2** *fig* Unterstützung *f*
avalanche [avalɑ̃ʃ] *f* Lawine *f* (*a fig*)
avaler [avale] *v/t* **1** (hinunter)schlucken; verschlucken; F *le manger* hinunterschlingen; **2** *fig mots* verschlucken; **3** *fig* (*supporter, croire*) F schlucken
avaliser [avalize] *v/t* **1** FIN avalieren; **2** *fig* unterstützen
avance [avɑ̃s] *f* **1** MIL Vormarsch *m*; **2** Vorsprung *m* (*a fig*); ***prendre de l'avance*** e-n Vorsprung gewinnen (***sur*** vor + *dat*); **3** zeitlicher Vorsprung; ***avoir une heure d'avance*** eine Stunde früher da sein; ▸ ***être en avance*** zu früh dran sein; *fig* ***être en avance sur son temps*** s-r Zeit voraus sein; *enfant* ***être très en avance pour son âge*** sehr weit für sein Alter sein; **4** ▸ ***à l'avance, d'avance*** vorher; im Voraus; **5** *somme d'argent* Vorschuss *m*; **6** ***avances*** *pl* Avancen *f/pl*; Annäherungsversuche *m/pl*
avancé [avɑ̃se] *adj* ⟨~e⟩ **1** *saison, journée* vorgeschritten; *travail, maladie, végétation* fortgeschritten; ***à une heure ~e*** zu vorgerückter Stunde; ***d'un âge ~*** in vorgerücktem, fortgeschrittenem Alter; **2** *idées* fortschrittlich; **3** *viande* leicht verdorben; angegangen; *fruits* überreif
avancée [avɑ̃se] *f* Vorsprung *m*; vorspringender Teil
avancement [avɑ̃smɑ̃] *m* **1** Aufstieg *m*; Beförderung *f*; ***avoir de l'~*** aufrücken; befördert werden; **2** *de travaux* Fortgang *m*, -schreiten *n*
▸ **avancer** [avɑ̃se] ⟨-ç⟩ **I** *v/t* **1** vorrücken, -schieben; *main* ausstrecken (***vers*** nach); *cou, main* vorstrecken; *pied* vorsetzen; *voiture* vorfahren; **2** *travail* vorantreiben; *personne* voran-, weiterbringen; **3** *argent* vorstrecken; vorschießen; auslegen; **4** *montre* vorstellen; *rendez-vous* vorverlegen; **5** *fait* behaupten; *thèse* vorbringen; **II** *v/i* **6** vorankommen; vorwärts kommen; von der Stelle, vom Fleck kommen; MIL

vorrücken, -dringen, -stoßen; *personne a* vorwärts gehen, *véhicule* fahren; **7** *toit, etc* vorspringen; *dents* vorstehen; **8** *personne dans son travail* voran-, weiterkommen; vorwärts kommen; *travail vorangehen*; fortschreiten; **9** *dans une carrière* aufsteigen, -rücken; avancieren; **10** *nuit, saison* vorrücken; **11** *montre* vorgehen; **III** *v/pr* **12** ***s'~ vers qn, qc*** auf j-n, etw zugehen; **13** *fig personne* ***s'~ trop*** sich zu weit vorwagen

avanies [avani] *f/pl* Kränkungen *f/pl*; Affront *m*

▸**avant** [avɑ̃] **I** *prép* vor (+ *dat ou acc*); ***avant déjeuner*** vor dem Mittagessen; ***avant cela*** davor; vorher; ***avant tout*** vor allem; vor allen Dingen; ▸***avant de*** (+ *inf*) *ou conj* ▸***avant que ...*** (***ne***) (+ *subj*) ehe; bevor; → *Info bei* ***vor***; **II** *adv* **1** *temporel* vorher; zuvor; davor; *dans l'ordre* davor; ***le jour d'avant*** am Tag vorher, zuvor, davor; **2** ▸***en avant*** nach vorn; vorwärts; ***en avant!*** vorwärts!; *fig* ***mettre qc en avant*** etw vorbringen, anführen; *fig* ***se mettre en avant*** sich in den Vordergrund drängen, schieben; ***en avant de*** vor (+ *dat ou acc*); **III** *adj* ⟨*inv*⟩ Vorder…; ***roue*** *f*, ***siège*** *m* ***avant*** Vorderrad *n*, -sitz *m*; **IV** *m* **1** *d'un véhicule* Vorderteil *n ou m*; ***à l'avant*** vorn; *fig* ***aller de l'avant*** entschlossen handeln; **2** SPORTS Stürmer *m*

▸**avantage** [avɑ̃taʒ] *m* **1** Vorteil *m*; Vorzug *m*; (*privilège*) Vergünstigung *f*; *d'une entreprise* ***~s sociaux*** Sozialleistungen *f/pl*; ***à l'~ de qn*** zum Vorteil, zugunsten j-s; vorteilhaft für j-n; **2** (*supériorité*) Überlegenheit *f*; ***prendre l'~ sur qn*** die Oberhand über j-n gewinnen; **3** SPORTS Vorteil *m*

avantager [avɑ̃taʒe] *v/t* ⟨-ge-⟩ **1** bevorzugen; begünstigen; ***être avantagé par rapport à qn*** j-m gegenüber im Vorteil sein; **2** *vêtement* ***~ qn*** vorteilhaft für j-n sein; j-m gut stehen

avantageux [avɑ̃taʒø] *adj* ⟨-euse [-øz]⟩ **1** vorteilhaft; günstig; ***à un prix ~*** preisgünstig, -wert; **2** (*prétentieux*) selbstgefällig

avant|-bras *m* ⟨*inv*⟩ Unterarm *m*; **~-centre** *m* ⟨avants-centres⟩ Mittelstürmer *m*

avant-coureur *adj* ⟨*nur m*⟩ ***signe ~*** An-, Vorzeichen *n*; Vorbote *m*

avant-dernier *adj* ⟨-ière⟩ vorletzte

avant-garde *f* ⟨avant-gardes⟩ **1** MIL Vorhut *f*; **2** *fig* Avantgarde *f*; Vorkämpfer *m/pl*; ***d'~*** avantgardistisch

avant-goût *m fig* Vorgeschmack *m* (***de*** auf + *acc*)

avant-guerre *m ou f* ⟨avant-guerres⟩ Vorkriegszeit *f*; ***d'~*** Vorkriegs…

▸**avant-hier** [avɑ̃tjɛʀ] *adv* vorgestern

avant|-première *f* Vorpremiere *f*; **~-propos** *m* ⟨*inv*⟩ Vorwort *n*

avant-veille *f* ***l'~ de*** zwei Tage vor (+ *dat*)

▸**avare** [avaʀ] **I** *adj* geizig; *fig* ***être ~ de qc*** mit etw geizen; **II** *m,f* Geizhals *m*

avarice [avaʀis] *f* Geiz *m*

avarie [avaʀi] *f* MAR Havarie *f*; *par ext* (Transport)Schaden *m*

avarié [avaʀje] *adj* ⟨~e⟩ **1** MAR havariert; beschädigt; **2** *aliment* verdorben

avatar [avataʀ] *m* **1** (*mésaventure*) Unglück *n*; Widerwärtigkeit *f*; **2** (*transformation*) Wandlung *f*

▸**avec** [avɛk] **I** *prép* mit (+ *dat*); *dans un magasin* ***et ~ ça?*** (bekommen Sie) sonst noch etwas?; darf es sonst noch etwas sein?; ***avoir qn ~ soi*** j-n bei sich haben; ***~ le temps qu'il fait*** bei dem Wetter; ***manger des légumes ~ la viande*** Gemüse zum Fleisch essen; **II** *adv* damit; F ***faire ~*** das Beste daraus machen

avenant [avnɑ̃] **I** *adj* ⟨-ante [-ɑ̃t]⟩ liebenswürdig; freundlich; *manières a* ansprechend; **II** *adv* ***à l'~*** (dem)entsprechend

avènement [avɛnmɑ̃] *m* **1** Thronbesteigung *f*; Regierungsantritt *m*; **2** *fig* Beginn *m*; Aufkommen *n*

▸**avenir** [avniʀ] *m* Zukunft *f*; ***d'~*** Zukunfts…; *personne* viel versprechend; *métier* aussichtsreich; ***à l'~*** in Zukunft; künftig

Avent [avɑ̃] *m* Advent(szeit) *m(f)*

▸**aventure** [avɑ̃tyʀ] *f* **1** Abenteuer *n*; ***roman*** *m* ***d'~s*** Abenteuerroman *m*; ***avoir l'esprit d'~*** abenteuerlustig sein; **2** *en amour* (Liebes)Affäre *f*; (Liebes)Abenteuer *n*; **3** ***à l'~*** aufs Geratewohl; auf gut Glück; *st/s* ***d'~*** zufällig; von ungefähr; **4** ***dire la bonne ~ à qn*** j-m wahrsagen

aventurer [avɑ̃tyʀe] *v/pr* ***s'~*** sich wagen (***dans*** in + *acc*); ***s'~ trop loin*** sich zu weit vorwagen

aventureux [avɑ̃tyʀø] *adj* ⟨-euse [-øz]⟩ **1** *personne* abenteuerlustig; **2** *vie* abenteuerlich; abenteuerreich; **3** *projet* riskant; abenteuerlich

aventur|ier [avɑ̃tyʀje] *m*, **~ière** [-jɛʀ] *f* Abenteurer *m*, Abenteu(r)erin *f*

avenu [avny] *adj* ***nul et non ~*** ⟨nulle et non ~e⟩ null und nichtig

▸ **avenue** [avny] *f* Avenue *f*; Prachtstraße *f*; breite (Auffahrts)Allee

avéré [aveʀe] *adj* ⟨~e⟩ erwiesen

avérer [aveʀe] *v/pr* ⟨-è-⟩ ***s'~ juste***, *etc* sich als richtig *etc* erweisen

averse [avɛʀs] *f* (Regen)Schauer *m*

aversion [avɛʀsjõ] *f* Abneigung *f*, Aversion *f* (***pour*** gegen)

averti [avɛʀti] *adj* ⟨~e⟩ **1** (*expérimenté*) erfahren, versiert (***de*** in + *dat*); (*compétent*) sachkundig

▸ **avertir** [avɛʀtiʀ] *v/t* **1** (*informer*) ***~ qn de qc*** j-n von etw verständigen, in Kenntnis setzen; **2** (*mettre en garde*) warnen (***de*** vor + *dat*)

avertissement [avɛʀtismɑ̃] *m* **1** (*mise en garde*) Warnung *f*; (*avis*) Wink *m*; Hinweis *m*; **2** *mesure disciplinaire* Verwarnung *f*; Verweis *m*; **3** (*préface*) (kurzes) Vorwort

avertisseur [avɛʀtisœʀ] *m* **1** Warnanlage *f*; ***~ d'incendie*** Feuermelder *m*; **2** AUTO Hupe *f*

aveu [avø] *m* ⟨~x⟩ **1** (Ein)Geständnis *n*; JUR ***~x*** *pl* Geständnis *n*; ***passer aux ~x*** ein Geständnis ablegen; gestehen; **2** ***de l'~ de*** nach dem Zeugnis, nach Aussagen (+ *gén*)

aveuglant [avøglɑ̃] *adj* ⟨-ante [-ɑ̃t]⟩ blendend; grell

▸ **aveugle** [avœgl(ə)] **I** *adj* blind (*a fig*); ***devenir ~*** erblinden; blind werden; **II** *m,f* **1** Blinde(r) *f(m)*; **2** *fig* ***en ~*** unüberlegt

aveuglement [avœgləmɑ̃] *m fig* Verblendung *f*; Blindheit *f*

aveuglément [avœglemɑ̃] blind(lings); unüberlegt

aveugler [avœgle] **I** *v/t* **1** (*priver de la vue, éblouir*) blenden; **2** *fig passion* ***~ qn*** j-n blind machen, mit Blindheit schlagen, verblenden; **II** *v/pr* ***s'~ sur qc*** für etw blind sein

aveuglette [avœglɛt] ***à l'~*** (wie ein Blinder) tastend; *fig* blind(lings); aufs Geratewohl

avia|teur [avjatœʀ] *m*, **~trice** [-tʀis] *f* Flieger(in) *m(f)*

aviation [avjasjõ] *f* **1** Luftfahrt *f*; Fliegerei *f*; Flugwesen *n*; **2** MIL Luftwaffe *f*

aviculture [avikyltyʀ] *f de volailles* Geflügelzucht *f*; *d'oiseaux* Vogelzucht *f*

avide [avid] *adj* **1** *regard* gierig; *personne* ***~ de*** begierig auf (+ *acc*); ***être ~ de*** (+ *inf*) begierig sein zu (+ *inf*); **2** (*gourmand*) essgierig; *péj* gefräßig; **3** (*cupide*) hab-, geld-, raffgierig

avidité [avidite] *f* Gier *f*; Begierde *f*

avilir [aviliʀ] *v/t* erniedrigen; entwürdigen

aviné [avine] *adj* ⟨~e⟩ (*ivre*) betrunken; *haleine* nach Wein riechend

▸ **avion** [avjõ] *m* Flugzeug *n*; Maschine *f*; F Flieger *m*; ***avion commercial*** Verkehrsflugzeug *n*, -maschine *f*; ***avion de ligne*** Linienmaschine *f*; *courrier* ▸ ***par avion*** mit Luftpost; ***prendre l'avion*** (mit dem Flugzeug) fliegen

En avion	Im Flugzeug
l'appareil *m*	die Maschine
le charter	das Charterflugzeug
l'avion *m* **supersonique**	das Überschallflugzeug
le commandant de bord	der Flugkapitän
le pilote	der Pilot
l'hôtesse *f* **de l'air**	die Stewardess
le steward	der Steward
le passager	der Passagier
la passagère	die Passagierin
décoller	abheben
voler	fliegen
survoler une montagne	einen Berg überfliegen
atterrir	landen

aviron [aviʀõ] *m* **1** (*rame*) Ruder *n*; **2** *sport* Rudern *n*; Rudersport *m*

▸ **avis** [avi] *m* **1** (*opinion*) Ansicht *f*;

Meinung *f*; *d'expert* Urteil *n*; Stellungnahme *f*; ***à mon ~*** meiner Meinung, Ansicht nach; meines Erachtens; ***de l'~ de*** nach Ansicht, Meinung (+ *gén*); ***je suis de votre ~*** ich bin Ihrer Meinung, Ansicht; ***être d'~ que …*** (+ *subj*) der Meinung, der Ansicht sein, dass …; **2** (*information*) Mitteilung *f*; Benachrichtigung *f*; ***~ (au public)*** Bekanntmachung *f*; ***~ d'imposition*** Steuerbescheid *m*; ***~ de recherche*** Suchanzeige *f*; RAD, TV Suchmeldung *f*

avisé [avize] *adj* ⟨~e⟩ klug; besonnen

aviser [avize] **I** *v/t* ***~ qn de qc*** j-n von etw benachrichtigen; j-m etw mitteilen; **II** *v/pr* **1** (*remarquer*) ***s'~*** bemerken (***de qc*** etw; ***que*** dass); gewahr werden (+ *acc ou gén*); **2** (*avoir l'audace de*) ***s'~ de*** (+ *inf*) auf den Gedanken kommen, sich unterstehen zu (+ *inf*)

av. J.-C. *abr* (*avant Jésus-Christ*) v. Chr.

▸ **avocat**[1] [avɔka] *m*, **avocate** [avɔkat] *f* **1** JUR (Rechts)Anwalt *m*, (Rechts)Anwältin *f*; ***~ général*** Staatsanwalt *m*; **2** *fig* Anwalt *m*; Sachwalter(in) *m(f)*; Fürsprecher(in) *m(f)*; *d'une cause a* Verfechter(in) *m(f)*; ***~ du diable*** Advocatus *m* Diaboli

avocat[2] *m fruit* Avocado *f*

avoine [avwan] *f* Hafer *m*

▸ **avoir**[1] [avwaʀ] ⟨j'ai, tu as, il a, nous avons, vous avez, ils ont; j'avais; j'eus; j'aurai; que j'aie, qu'il ait, que nous ayons; aie!, ayons!, ayez!; ayant; avoir eu⟩ **I** *v/aux* haben; sein (*verbes de mouvement, de changement d'état, verbe être*); ***j'ai dormi*** ich habe geschlafen; ***j'ai couru*** ich bin gerannt; ***il a vieilli*** er ist gealtert; ***j'ai été*** ich bin gewesen; **II** *v/t* **1** haben; *qn comme invité* (da)haben; ▸ ***j'ai froid*** mir ist kalt; ich friere; ***~ les cheveux blancs*** weißes Haar haben; ***j'ai les mains qui tremblent*** mir zittern die Hände; F ***en ~ après qn*** etwas gegen j-n haben; ***en ~ pour son argent*** etwas für sein Geld haben; ***nous en avons pour deux heures*** wir brauchen zwei Stunden dafür; ***qu'est-ce qu'il a?*** was hat er?; was ist mit ihm los?; ***~ tout d'un gangster*** ganz wie ein Gangster wirken, aussehen; **2** (*obtenir*) bekommen; F kriegen; ***il a eu son bac*** er hat das Abitur bestanden; ***j'ai eu mon train de justesse*** ich habe meinen Zug gerade noch bekommen, gekriegt, erwischt; ***faire ~ qc à qn*** j-m etw besorgen, verschaffen; **3** F (*tromper*) ***~ qn*** F j-n reinlegen; ***se faire, se laisser ~*** F reinfallen (***par qn*** auf j-n); sich reinlegen lassen (von j-m); j-m aufsitzen; **4** (*porter*) *vêtement* anhaben; *chapeau* aufhaben; **5** *âge, mesure* sein; ***quel âge avez-vous?*** wie alt sind Sie?; ***~ cinq mètres de haut*** fünf Meter hoch sein; **6** ***~ à faire qc*** etw zu tun haben; etw tun müssen; ***j'ai à te parler*** ich muss mit dir reden; ***n'~ qu'à faire qc*** nur etw zu tun brauchen; **III** *v/imp* ▸ ***il y a*** [ilja, F ja] **7** es gibt; (es) ist *ou* sind; ***il y a des gens qui …, il y en a qui …*** es gibt Leute, es gibt welche, die …; ***combien y a-t-il d'ici à Paris?*** wie weit ist es von hier nach Paris?; ***il n'y en a plus*** es gibt nichts, keine mehr; es ist nichts, es sind keine mehr da; ***qu'est-ce qu'il y a?*** was ist los?; was gibt's?; ***il n'y a qu'à*** (+ *inf*) man braucht nur zu (+ *inf*); **8** *temporel*: vor; *il est parti* ***il y a deux ans*** vor zwei Jahren; ▸ ***il y a deux ans que …*** es ist zwei Jahre her, dass …

avoir[2] *m* FIN Guthaben *n*; ***~ fiscal*** Steuergutschrift *f*

avoisin|ant [avwazinɑ̃] *adj* ⟨-ante [-ɑ̃t]⟩ benachbart; angrenzend; **~er** [-e] *v/t* grenzen an (+ *acc*) (*a fig*)

avortement [avɔʀtəmɑ̃] *m* Abtreibung *f*

avorter [avɔʀte] *v/i* **1** ***se faire ~*** abtreiben (lassen); **2** *fig* scheitern; fehlschlagen

avorton [avɔʀtõ] *m péj* Kümmerling *m*

avoué [avwe] *m* (Rechts)Anwalt *m*

▸ **avouer** [avwe] **I** *v/t* **1** JUR gestehen; *abs a* geständig sein; **2** (*admettre*) (ein)gestehen; zugeben; *amour* gestehen; **II** *v/pr* ***s'~ coupable*** sich schuldig bekennen; ***s'~ vaincu*** sich geschlagen geben

▸ **avril** [avʀil] *m* April *m*

axe [aks] *m* **1** Achse *f* (*a* MATH, POL); **2** (*auto*)*route* (***grand***) **~** Hauptverkehrsweg *m*; **3** *fig* Zielrichtung *f*; Ausrichtung *f*

axer [akse] *v/t* ***~ sur*** ausrichten auf (+ *acc*)

axiome [aksjom] *m* Axiom *n*

ayant [ɛjɑ̃] **I** *p/pr* → ***avoir***; **II** *m* ***~ droit***

〈ayants droit〉 Anspruchsberechtigte(r) *m*
azalée [azale] *f* Azalee *f*
azimut [azimyt] *m* **1** ASTR Azimut *n ou m*; **2** ***tous ~s*** allseitig; rundum; umfassend
azote [azɔt] *m* Stickstoff *m*
azur [azyʀ] *m* Himmelsblau *n*; *poét* Azur *m*; ***ciel*** *m* ***d'~*** azurblauer, tiefblauer Himmel
azyme [azim] *adj* ***pain*** *m* ***~*** ungesäuertes Brot; *des juifs* Matze(n) *f(m)*

B

B, b [be] *m* 〈*inv*〉 **1** B, b *n*; **2** *fig* ***b a ba*** [beaba] Anfangsgründe *m/pl*; Abc *n*
B.A. [bea] *f* 〈*inv*〉 *abr* (*bonne action*) gute Tat
baba[1] [baba] F *adj* 〈*inv*〉 verblüfft; F baff; F platt
baba[2] *m* CUIS ***~ au rhum*** *Hefenapfkuchen, der mit Sirup und Rum übergossen wird*
baba[3] *m,f ou* **baba cool** [babakul] *m,f* 〈babas cool〉 F Alternativler(in) *m(f)*
babeurre [babœʀ] *m* Buttermilch *f*
babill|age [babijaʒ] *m* Geplapper *n*; **~er** [-e] *v/i* plappern
babine [babin] *f* **1** ZO Lefze *f*; **2** F *fig* ***s'en lécher les ~s*** mit Genuss essen; *à l'avance* sich die Lippen lecken
babiole [babjɔl] *f* Kleinigkeit *f*
bâbord [bɑbɔʀ] *m* Backbord *n*; ***à ~*** backbord(s)
babouin [babwɛ̃] *m* Pavian *m*
baby-foot [babifut] *m* 〈*inv*〉 (Tisch-)Fußballspiel *n*; F Kicker *m*
baby-sitter [babisitœʀ, be-] *m,f* 〈baby-sitters〉 Babysitter *m*
bac[1] [bak] *m* **1** *bateau* Fähre *f*; **2** Schale *f*; Kasten *m*; Wanne *f*; Trog *m*; ***~ à sable*** Sandkasten *m*
▸ **bac**[2] *m abr* F (*baccalauréat*) F Abi *n*; ***passer le ~*** das Abi machen; → *Info bei* ***lycée***
baccalauréat [bakalɔʀea] *m* Abitur *n*; Reifeprüfung *f*; *österr* Matura *f*; → *Info bei* ***lycée***
bâche [bɑʃ] *f* (Wagen)Plane *f*
bachel|ier [baʃəlje] *m*, **~ière** [-jɛʀ] *f* Abiturient(in) *m(f)*
bachot|age [baʃɔtaʒ] *m* Büffelei *f*; **~er** [-e] *v/i* F büffeln; F pauken
bacille [basil] *m* Bazillus *m*
bâcler [bɑkle] *v/t* F hinpfuschen, -schludern; *abs* pfuschen; schludern
bactéricide [bakteʀisid] *adj* bakterizid; keimtötend
bactérie [bakteʀi] *f* Bakterie *f*
bactériolog|ie [bakteʀjɔlɔʒi] *f* Bakteriologie *f*; **~ique** [-ik] *adj* bakteriologisch
badaud [bado] *m* Schaulustige(r) *m*; *péj* Gaffer *m*
Bade-Wurtemberg [badvyʀtɛ̃bɛʀ] ***le ~*** Baden-Württemberg *n*
badge [badʒ] *m* Plakette *f*; Abzeichen *n*
badigeon [badiʒõ] *m* Tünche *f*

Le baccalauréat – le bac

Häufig verwendete Wörter werden in der gesprochenen Sprache oft abgekürzt:

le baccalauréat	**le bac**	das Abi(tur)
la faculté	**la fac**	die Uni(versität)
la manifestation	**la manif**	die Demo(nstration)
le football	**le foot**	der Fußball
la motocyclette	**la moto**	das Motorrad
la diapositive	**la diapo**	das Dia(positiv)
sympathique	**sympa**	sympathisch

B

badigeonner [badiʒɔne] *v/t* **1** (über-)tünchen; weißen; *südd* weißeln; **2** *péj* anmalen, voll schmieren (***de*** mit)
badin [badɛ̃] *adj* ⟨-ine [-in]⟩ scherzhaft; launig
badine [badin] *f* Gerte *f*; Stöckchen *n*
badiner [badine] *v/i* scherzen; spaßen; ***ne pas ~*** nicht mit sich spaßen lassen
badminton [badmintɔn] *m* Federball(-spiel) *m(n)*; Badminton *n*
baffe [baf] *f* F → ***gifle***
baffle [bafl(ə)] *m* **1** *écran* Schallwand *f*; **2** *boîte* Lautsprecherbox *f*
bafouer [bafwe] *v/t* verspotten; verhöhnen; zum Gespött machen
bafouillage [bafujaʒ] *m* Gestammel *n*; Gestotter *n*
bafouille [bafuj] *f* F Schrieb *m*; F Wisch *m*
bafouiller [bafuje] *v/t et v/i* stammeln; stottern
bâfrer [bɑfʀe] *v/i* F fressen
bagage [bagaʒ] *m* **1** Gepäckstück *n*; ▸ ***bagages*** *pl* Gepäck *n*; ***bagages à main*** Handgepäck *n*; ***plier bagage*** s-e Sachen, s-e Koffer packen (*fig*); **2** *fig* Rüstzeug *n*
bagagiste [bagaʒist] *m* Kofferträger *m*; Hoteldiener *m*
▸ **bagarre** [bagaʀ] *f* **1** Schlägerei *f*; Prügelei *f*; Rauferei *f*; **2** F *fig* harter Kampf; F Gerangel *n*
bagarr|er [bagaʀe] **I** F *v/i* kämpfen; streiten; **II** *v/pr* ***se ~*** (sich) raufen, sich prügeln; **~eur** [-œʀ] *m* Raufbold *m*
bagatelle [bagatɛl] *f* **1** Kleinigkeit *f* (*a somme*); Lappalie *f*; Bagatelle *f*; **2** F ***être porté sur la ~*** F scharf auf Frauen sein
bagnard [baɲaʀ] *m* (Bagno)Sträfling *m*
bagne [baɲ] *m* **1** HIST Bagno *n*; **2** *fig* Hölle *f*
bagnole [baɲɔl] F *f* Auto *n*; F Karre *f*; F Schlitten *m*
bagou(t) [bagu] F *m* F Mundwerk *n*; ***avoir du ~*** ein tüchtiges Mundwerk haben
▸ **bague** [bag] *f* **1** (Finger)Ring *m*; ***~ de fiançailles*** Verlobungsring *m*; **2** TECH Ring *m*
baguenauder [bagnode] F *v/i* (*et v/pr* ***se***) ~ F bummeln; e-n Bummel machen
▸ **baguette** [bagɛt] *f* **1** Stab *m*; Stock *m*; Gerte *f*; Rute *f*; *pour manger* (Ess)Stäbchen *n*; ***~ de sourcier*** Wünschelrute *f*; ***~ (de chef d'orchestre)*** Taktstock *m*; ***~s de tambour*** (Trommel)Schlegel *m/pl*; *fig* ***mener qn à la ~*** j-n herumkommandieren, gängeln; **2** *pain* Baguette *f ou n*; **3** (*moulure*) (Profil-, Zier)Leiste *f*

La baguette

ist das Weißbrot in Stangenform, das zu jeder französischen Mahlzeit gehört. Am besten schmeckt es frisch; daher konnte man es schon immer auch am Sonntagmorgen beim Bäcker kaufen.
La baguette ist ca. 80 cm lang und 250 g schwer. Daneben gibt es noch weitere Stangenbrote:

la flûte	(die Flöte): kleiner als das Baguette
la ficelle	(der Bindfaden): am kürzesten und am dünnsten
le bâtard	(der Bastard): ca. 40 cm lang und doppelt so dick wie das Baguette

bah [bɑ] *int* pah!; ach was!
bahut [bay] *m* **1** (rustikales) Büfett; **2** F (*lycée*) F Penne *f*
bai [bɛ] *adj* ⟨~e⟩ *cheval* (rot)braun
baie [bɛ] *f* **1** (Meeres)Bucht *f*; Bai *f*; **2** (Mauer-, Wand)Öffnung *f*; ***~ vitrée*** großes (Glas)Fenster; **3** BOT Beere *f*
baignade [bɛɲad] *f* **1** Baden *n*; **2** Badestelle *f*, -platz *m*
baigner [beɲe] **I** *v/t* **1** baden; **2** *mer*: *île* umspülen; *côte* bespülen; *fig* ***baigné de larmes*** tränenüberströmt; **II** *v/i* CUIS ***baigner dans qc*** in etw (*dat*) schwimmen; F *fig* ***ça baigne (dans l'huile)*** F es ist alles in Butter; **III** *v/pr* ▸ ***se baigner*** (sich) baden
baign|eur [bɛɲœʀ], **~euse** [-øz] **1** *m,f* Badende(r) *f(m)*; **2** *m* (Zelluloid)Babypuppe *f*
▸ **baignoire** [bɛɲwaʀ] *f* **1** (Bade)Wanne *f*; **2** THÉ Parterreloge *f*
bail [baj] *m* ⟨baux [bo]⟩ **1** JUR Pacht(-vertrag) *f(m)*; Miete *f*; Mietvertrag

m; **2** F *fig* ***ça fait un ~*** F es ist e-e Ewigkeit her

bâillement [bɑjmɑ̃] *m* Gähnen *n*

bâiller [bɑje] *v/i* **1** gähnen (***d'ennui*** vor Langeweile); **2** *porte* nicht fest schließen; *col* nicht richtig anliegen; abstehen

bailleur [bajœʀ] *m* ***~ de fonds*** Geld-, Kapitalgeber *m*

bâillon [bɑjõ] *m* Knebel *m*

bâillonner [bajɔne] *v/t* **1** knebeln; **2** *fig* knebeln; mundtot machen

▸ **bain** [bɛ̃] *m* **1** Bad *n* (*a* CHIM, TECH); Baden *n*; ***~ de bouche*** Mundspülung *f*; ***~ de boue(s)*** Moor-, Schlammbad *n*; *fig* ***~ de foule*** Bad in der Menge; ***~ de pied*** Fußbad *n*; *fig* ***être dans le ~*** (*au courant*) Bescheid wissen; im Bilde sein; (*compromis*) in die Sache verwickelt sein; **2** ***~s*** *pl* Bad(eanstalt) *n*(*f*); ***petit ~*** Nichtschwimmerbecken *n*; **3** ***~ de soleil*** Sonnenbad *n*; (***robe*** *f*) ***~ de soleil*** Strandkleid *n*

bain-marie [bɛ̃maʀi] *m* ⟨bains-marie⟩ CUIS Wasserbad *n*

baïonnette [bajɔnɛt] *f* **1** MIL Bajonett *n*; Seitengewehr *n*; **2** *adjt* TECH (***à***) ~ Bajonett…

baise [bɛz] P *f* P Bumsen *n*; *obscène* Ficken *n*, Vögeln *n*

baisemain [bɛzmɛ̃] *m* Handkuss *m*

baiser[1] [beze] *v/t* **1** (*embrasser*) küssen; **2** F ***se faire ~*** F sich reinlegen lassen; P beschissen werden; **3** P bumsen, *vulgaire* vögeln (***qn*** mit j-m); *vulgaire* ficken

baiser

1. Mit dem *Verb* **baiser** muss man äußerst vorsichtig umgehen, da seine Bedeutung sich grundlegend verändert hat. In der ursprünglichen Bedeutung ‚küssen' kommt es nur noch in einigen Wendungen vor, wie z. B. **baiser la main d'une dame** (einer Frau einen Handkuss geben).

Ansonsten wird **baiser quelqu'un** heute nur noch in der vulgären Bedeutung ‚jemanden bumsen, vögeln' verwendet.

Für ‚jemanden küssen' sagt man auf Französisch **embrasser quelqu'un** oder, wenn es sich um Begrüßungsküsschen handelt, **donner des bises à quelqu'un.**

2. Als *Substantiv* kann **le baiser** mit der Bedeutung ‚der Kuss' problemlos verwendet werden.

▸ **baiser**[2] *m* Kuss *m*

▸ **baisse** [bɛs] *f* (Ab)Sinken *n*; Fallen *n*; Zurückgehen *n*; Rückgang *m*; *des prix a* Nachgeben *n*; ***être en ~*** fallen; *marchandise* im Preis sinken, zurückgehen; billiger werden

▸ **baisser** [bese] **I** *v/t* **1** *vitre, store* herunterlassen, -kurbeln; *yeux* niederschlagen; *tête* senken; neigen; **2** *prix* senken; herab-, heruntersetzen; **3** *voix* senken; dämpfen; *radio* leiser stellen; *chauffage* drosseln; niedriger stellen; *gaz, lumière* kleiner stellen; **II** *v/i* (ab)sinken; fallen; zurückgehen; *soleil* sinken; *influence* schwinden; TECH *pression, tension* abfallen; *forces, vue* nachlassen; abnehmen; *personne* abbauen; hinfällig werden; *malade* schwächer werden; *prix a* nachgeben; heruntergehen; ***faire baisser les prix*** die Preise drücken; **III** *v/pr* ▸ ***se baisser*** sich bücken, niederbeugen

bajoue [baʒu] *f* **1** ***~s*** *pl* Hängebacken *f/pl*; **2** *d'un animal* Backe *f*

bal [bal] *m* Ball *m*; Tanzvergnügen *n*, -veranstaltung *f*; ***aller au ~*** tanzen gehen

balade [balad] F *f* Spaziergang *m*; F Bummel *m*; *en voiture* Spazierfahrt *f*; (*excursion*) Ausflug *m*

balader [balade] F **I** *v/t* spazieren führen; **II** *v/pr* ***se ~*** spazieren gehen; F (herum)bummeln; *en voiture* spazieren fahren; F in der Gegend rumfahren

balad|eur [baladœʀ] *m* Walkman® *m*; **~euse** [-øz] *f* Handlampe *f*

baladin [baladɛ̃] *m* Gaukler *m*

balafre [balafʀ(ə)] *f* Schmarre *f*; Schmiss *m*

▸ **balai** [balɛ] *m* **1** (Kehr)Besen *m*; *fig* ***coup*** *m* ***de ~*** (brutale) Entlassungen *f/pl*; F Rausschmiss *m*; ***donner un coup de ~*** mal schnell (zusammen)kehren; *fig* mit eisernem Besen

B

kehren; **2 ~ *d'essuie-glace*** (Scheiben)Wischerblatt *n*; **3** F (*dernier train, bus*) F Lumpensammler *m*; *adjt* ***voiture*** *f* **~** Schlussfahrzeug *n*; **4** F ***avoir trente ~s*** dreißig sein

balai-brosse *m* ⟨balais-brosses⟩ Scheuerbürste *f*; Schrubber *m*

balaise [balɛz] → ***balèze***

▸ **balance** [balɑ̃s] *f* **1** Waage *f*; *fig* ***mettre dans la ~*** in die Waagschale werfen; *fig* ***faire pencher la ~ en faveur de*** den Ausschlag geben für; **2** *fig* (*équilibre*) Gleichgewicht *n*; **3 ~ *commerciale, des paiements*** Handels-, Zahlungsbilanz *f*; **4** ASTR ***la*** ♎ die Waage

balancé [balɑ̃se] *adj* ⟨~e⟩ F ***bien ~*** F gut gebaut

balancelle [balɑ̃sɛl] *f* Hollywoodschaukel *f*

balancement [balɑ̃smɑ̃] *m* (Hinundher)Schwingen *n*; Schaukeln *n*

balancer [balɑ̃se] ⟨-ç-⟩ **I** *v/t* **1** (hin- und her)schwingen; schaukeln; *jambes* baumeln lassen; **~ *les bras*** mit den Armen schlenkern; **2** F *qc* F (weg-, fort)schmeißen; *qn* F rausschmeißen; feuern; **3** *arg* (*dénoncer*) F verpfeifen; **II** *v/i* **4** *st/s fig* schwanken (***entre*** zwischen + *dat*); **III** *v/pr* ***se ~*** **5** (hin- und her)schwingen; pendeln; baumeln; *bateau* schaukeln; sich wiegen; *personne* (sich) schaukeln; wippen; ***se ~ sur sa chaise*** mit dem Stuhl schaukeln; F kippeln; **6** F ***je m'en balance*** F das ist mir wurscht, F schnuppe

balancier [balɑ̃sje] *m* **1** *d'une horloge* Pendel *n*; Perpendikel *m ou n*; **2** *d'un funambule* Balancierstange *f*

balançoire [balɑ̃swaʀ] *f* Schaukel *f*; (*bascule*) Wippe *f*

balayage [balɛjaʒ] *m* **1** Kehren *n*; Fegen *n*; **2** ÉLECTRON Abtastung *f*; **3** COIFFURE Strähnchen *n/pl*

▸ **balayer** [baleje] *v/t* ⟨-ay- *od* -ai-⟩ **1** kehren; fegen; *pièce* auskehren; ausfegen; *saletés* weg-, zusammenkehren, -fegen; **2** *par ext nuages, fig soucis* verjagen; vertreiben; *résistance* hinwegfegen; *objections* vom Tisch fegen; **3** *projecteur: ciel* absuchen; streichen über (+ *acc*); ÉLECTRON abtasten

balay|ette [balɛjɛt] *f* **1** Handfeger *m*; **2** Klo(sett)bürste *f*; **~eur** [-jœʀ] *m* Straßenkehrer *m*, -feger *m*

balbutiement [balbysimɑ̃] *m* **1** Stammeln *n*; Gestammel *n*; **2** *fig* **~s** *pl* allererste, schüchterne Anfänge *m/pl*, Versuche *m/pl*

balbutier [balbysje] *v/t et v/i* stammeln; stottern; *bébé* F brabbeln

▸ **balcon** [balkõ] *m* **1** Balkon *m*; **2** THÉ Balkon *m*; Rang *m*

balconnet [balkɔnɛ] *m* Büstenhebe *f*

baldaquin [baldakɛ̃] *m* Baldachin *m*; ***lit*** *m* ***à ~*** Himmelbett *n*

Bâle [bɑl] Basel *n*

▸ **baleine** [balɛn] *f* **1** Wal *m*; F Walfisch *m*; **2** *de soutien-gorge* Stäbchen *n*; **~ *de parapluie*** Schirmstrebe *f*

baleinier [balenje] *m* Walfangschiff *n*

balèze [balɛz] F *adj* stämmig; vierschrötig

balisage [balizaʒ] *m* Ausbakung *f*; Befeuerung *f*; Markierung *f*; Leiteinrichtung *f*

balise [baliz] *f* **1** MAR, AVIAT Bake *f*; Leucht- *ou* Funkfeuer *n*; MAR *a* Seezeichen *n*; **2** *d'une route* Leitpfosten *m*; *d'un sentier* Markierung *f*; Wegzeichen *n*; **3** INFORM Tag [tɛk] *m*

baliser [balize] *v/t* **1** MAR, AVIAT ausbaken; befeuern; **2** *route* durch Leitpfosten abgrenzen; *sentier* markieren

balistique [balistik] **I** *adj* ballistisch; **II** *f* Ballistik *f*

balivernes [balivɛʀn] *f/pl* leeres Geschwätz; ungereimtes Zeug

balkanique [balkanik] *adj* Balkan…; balkanisch

Balkans [balkɑ̃] ***les ~*** *m/pl* der Balkan

ballade [balad] *f* Ballade *f*

ballant [balɑ̃] *adj* ⟨-ante [-ɑ̃t]⟩ *jambes* baumelnd; *bras* schlenkernd; herabhängend

ballast [balast] *m* CH DE FER Schotter *m*

▸ **balle** [bal] *f* **1** Ball *m*; *fig* ***enfant*** *m* ***de la ~*** Artistenkind *n*; *fig* ***renvoyer la ~ à qn*** j-m die Antwort nicht schuldig bleiben; *fig* ***saisir la ~ au bond*** die Gelegenheit beim Schopf ergreifen; **2** Kugel *f*; Geschoss *n*; **~ *dans la tête*** Kopfschuss *m*; **3** COMM Ballen *m*; **4** F *fig* ***mille ~s*** tausend Franc

ballerine [balʀin] *f* **1** Balletttänzerin *f*; Ballerina *f*; **2** Ballerinenschuh *m*

ballet [balɛ] *m* Ballett *n*

▸ **ballon** [balõ] *m* **1** (großer) Ball; **~ *de football*** Fußball *m*; **2** *jouet* Luftballon *m*; **3** AVIAT Ballon *m*; **~ *d'essai*** Versuchsballon *m* (*a fig*); **4** *adjt* ***manche f ~*** Puffärmel *m*; ***verre m ~*** Kognakschwenker *m*; bauchiges Rotweinglas; **5** MÉD **~ *d'oxygène*** Atembeutel *m*; **6** *alcootest* ***souffler dans le ~*** in die Tüte, ins Röhrchen blasen

ballonn|é [balɔne] *adj* ⟨~e⟩ aufgebläht; aufgetrieben; **~ement** [-mɑ̃] *m* Blähung *f*

ballon-sonde *m* ⟨ballons-sondes⟩ Registrierballon *m*

ballot [balo] *m* **1** Packen *m*; Bündel *n*; **2** F Esel *m*; Trottel *m*; *südd* Depp *m*

ballottage [balɔtaʒ] *m* Stichwahl *f*

ballotter [balɔte] **I** *v/t* ***être ballotté*** **1** hin und her geworfen, durchgeschüttelt, durchgerüttelt werden; **2** *fig* hin und her gerissen werden (***entre*** zwischen + *dat*); **II** *v/i* hin und her rutschen, rollen; *poitrine* wippen; hüpfen; F schwabbeln

ball-trap [baltʀap] *m* ⟨ball-traps⟩ (Wurfmaschine *f* beim) Trapschießen *n*

balluchon [balyʃõ] F *m* (Kleider)Bündel *n*; *fig* ***faire son ~*** sein Bündel schnüren

balnéaire [balneɛʀ] *adj* ***station f ~*** Seebad *n*

balourd [baluʀ] *adj* ⟨-ourde [-uʀd]⟩ plump; unbeholfen; tölpelhaft

balourdise [baluʀdiz] *f* Plumpheit *f*; Tölpelhaftigkeit *f*; Unbeholfenheit *f*

balte [balt] **I** *adj* baltisch; ***les pays m/pl ~s*** das Baltikum; **II** *m,f* Balte *m*, Baltin *f*

Baltique [baltik] *adj* ***la mer ~*** die Ostsee

baluchon → ***balluchon***

balustrade [balystʀad] *f* Balustrade *f*; Brüstung *f*; Geländer *n*

bambin [bɑ̃bɛ̃] *m* kleiner Junge; F Knirps *m*

bambocher [bɑ̃bɔʃe] *v/i* F herumsumpfen

bambou [bɑ̃bu] *m* **1** Bambus *m*; **2** F *fig* ***c'est le coup de ~*** F das ist der reinste Nepp

ban [bɑ̃] *m* **1** ***~s*** *pl* (***du mariage***) Aufgebot *n*; ***faire publier les ~s*** das Aufgebot bestellen; **2** ***mettre qn au ~ de la société*** j-n ächten, in Acht und Bann tun; ***être en rupture de ~*** mit allen Konventionen gebrochen haben; **3** rhythmischer Applaus

banal [banal] *adj* ⟨~e; -als⟩ banal; alltäglich

banaliser [banalize] *v/t* banalisieren; banal, alltäglich machen; ***voiture*** (***de police***) ***banalisée*** Zivilstreifenwagen *m*

banalité [banalite] *f* Banalität *f*; Alltäglichkeit *f*

▸ **banane** [banan] *f* **1** Banane *f*; **2** F *coiffure* Einschlagfrisur *f*; **3** (***sac*** *m*) **~** Gürteltasche *f*

bananier [bananje] *m* **1** BOT Banane(nstaude) *f*; **2** MAR Bananenfrachter *m*, -dampfer *m*

▸ **banc** [bɑ̃] *m* **1** (Sitz)Bank *f*; **~ *des accusés*** Anklagebank *f*; **2** **~ *de sable*** Sandbank *f*; **3** *de poissons* Schwarm *m*; *d'huîtres* Bank *f*; **4** TECH, *fig* **~ *d'essai*** Prüfstand *m*

bancaire [bɑ̃kɛʀ] *adj* Bank…

bancal [bɑ̃kal] *adj* ⟨~e; -als⟩ **1** *personne* humpelnd; hinkend (*a fig*); **2** *meuble* wack(e)lig

bandage [bɑ̃daʒ] *m* MÉD Verband *m*; *pour maintenir* Bandage *f*

bande [bɑ̃d] *f* **1** (*groupe*) Schar *f*; Trupp *m*; Schwarm *m*; Rudel *n*; Gruppe *f*; *péj* Bande *f* (*a de malfaiteurs*); *péj* Rotte *f*; Bande *f*; ***faire bande à part*** sich absondern; eigene Wege gehen; **2** Band *n*; Streifen *m*; CIN Filmstreifen *m*; ***bande magnétique*** Magnetband *n*; AUTOROUTE ***bande d'arrêt d'urgence*** Standspur *f*; ***bande de terre*** Landstreifen *m*; Streifen Land; ***sur bande*** auf Band (gespeichert); **3** ▸ ***bande dessinée*** Comic(strip) *m*; Cartoon *m ou n*; **4** MÉD Binde *f*; **5** BILLARD Bande *f*; **6** MAR ***donner de la bande*** Schlagseite haben; krängen

bandé [bɑ̃de] *adj* ⟨~e⟩ verbunden

bandeau [bɑ̃do] *m* ⟨~x⟩ **1** Stirn-, Haarband *n*; Augenbinde *f*; **2** gescheiteltes, eng am Kopf anliegendes Haar

bander [bɑ̃de] **I** *v/t* **1** verbinden; *membre a* bandagieren; *yeux* zu-, verbinden; **2** *arc* spannen; **II** *v/i* P *homme* P e-n Steifen, Ständer haben, kriegen

banderole [bɑ̃dʀɔl] *f* Spruchband *n*; Transparent *n*

bandit [bɑ̃di] *m* Gangster *m*; Räuber *m*; Bandit *m*; *fig* Halsabschneider *m*

banditisme [bɑ̃ditism(ə)] *m* Gangstertum *n*; Banditenunwesen *n*

B

bandoulière [bɑ̃duljɛʀ] *f* ***sac*** *m* ***en ~*** Umhängetasche *f*; ***porter qc en ~*** etw umgehängt, über die Schulter gehängt tragen
bang [bɑ̃g] *m* (Überschall)Knall *m*
▸**banlieue** [bɑ̃ljø] *f* Vororte *m/pl*; Stadtrandgebiet *n*; ***grande ~*** Einzugsgebiet *n*; ***habiter en ~*** in e-m Vorort wohnen
banlieus|ard [bɑ̃ljøzaʀ] *m*, **~arde** [-aʀd] *f* Vorortbewohner(in) *m(f)*
bannière [banjɛʀ] *f* Banner *n*; ÉGL Kirchenfahne *f*
bann|ir [baniʀ] *v/t* verbannen (*a fig* **de** aus); **~issement** [-ismɑ̃] *m* Verbannung *f*
▸**banque** [bɑ̃k] *f* **1** Bank *f* (*a* JEUX); Geldinstitut *n*; **2** ***~ de données*** Datenbank *f*; ***~ d'organes*** Organbank *f*
banquer [bɑ̃ke] *v/i* F blechen
banqueroute [bɑ̃kʀut] *f* Bankrott *m*
banquet [bɑ̃kɛ] *m* Bankett *n*; Festessen *n*, -mahl *n*
banquette [bɑ̃kɛt] *f* (Sitz)Bank *f*
banquier [bɑ̃kje] *m* **1** Bankier *m*; F Banker *m*; **2** JEUX Bankhalter *m*
banquise [bɑ̃kiz] *f* Packeis *n*
baobab [baɔbab] *m* Affenbrotbaum *m*
baptême [batɛm] *m* REL Taufe *f* (*a d'un navire*); *fig* ***~ de l'air*** Lufttaufe *f*; erster Flug; MAR ***~ de la ligne*** Äquatortaufe *f*
baptiser [batize] *v/t* **1** REL taufen; **2** *fig* nennen; F taufen; **3** F *fig vin* F taufen
baptismal [batismal] *adj* ⟨~e; -aux [-o]⟩ Tauf…
baquet [bakɛ] *m* **1** Bottich *m*; **2** AUTO Schalensitz *m*
▸**bar** [baʀ] *m* **1** Bar *f*; Stehkneipe *f*; (*comptoir*) Bar *f*; Theke *f*; Schanktisch *m*; *meuble* Hausbar *f*; **2** *poisson* See-, Wolfsbarsch *m*
baragouiner [baʀagwine] F **I** *v/t* radebrechen; **II** *v/i* Kauderwelsch reden
baraka [baʀaka] *f* F ***avoir la ~*** Glück, F Schwein, F Dusel haben
baraque [baʀak] *f* **1** Baracke *f*; (*cabane*) Bude *f*; **2** F *péj* (Bruch)Bude *f*
baraqué [baʀake] *adj* ⟨~e⟩ F (***bien***) **~** groß und kräftig; athletisch
baraquement [baʀakmɑ̃] *m* Barackenlager *n*; Baracken *f/pl*
baratin [baʀatɛ̃] F *m* schöne Worte *n/pl*; F Schmus *m*
baratin|er [baʀatine] F **I** *v/t* beschwatzen; F einseifen; **II** *v/i* schöne Worte, F (viel) Schmus machen; **~eur** [-œʀ] F *m*, **~euse** [-øz] F *f* Schwätzer(in) *m(f)*
baratte [baʀat] *f autrefois* Butterfass *n*
barbant [baʀbɑ̃] F *adj* ⟨-ante [-ɑ̃t]⟩ F sterbens-, stinklangweilig
barbare [baʀbaʀ] **I** *adj* barbarisch; **II** *m,f* Barbar(in) *m(f)*; Unmensch *m*
barbarie [baʀbaʀi] *f* Barbarei *f*
▸**barbe** [baʀb] *f* **1** Bart *m*; ***à la ~ de qn*** vor den Augen j-s; *fig* ***rire dans sa ~*** heimlich, versteckt lachen; sich ins Fäustchen lachen; **2** F ***la ~!*** jetzt langt's mir aber!; F ***quelle ~!*** F so was Blödes!; **3** ***~ à papa*** Zuckerwatte *f*; **4** *d'un épi* Granne *f*
barbeau [baʀbo] *m* ⟨~x⟩ ZO Barbe *f*
barbecue [baʀbəkju, -ky] *m* **1** Holzkohlengrill *m*; Barbecue *n*; **2** Grillparty *f*
barbelé [baʀbəle] *m* Stacheldraht *m*
barber [baʀbe] F **I** *v/t* F anöden; **II** *v/pr* ***se ~*** sich langweilen; F sich mopsen
barbich|e [baʀbiʃ] *f* kurzer, spitzer Kinnbart; **~ette** [-ɛt] F *f* spitzes Kinnbärtchen
barbier [baʀbje] *m* HIST Barbier *m*; Bader *m*
barbiturique [baʀbityʀik] *m* Barbiturat *n*
barbot|er [baʀbɔte] **I** *v/t* F klauen; F stibitzen; **II** *v/i* planschen; **~euse** [-øz] *f* Spielhöschen *n*, -anzug *m*
barbouillage [baʀbujaʒ] *m péj* Geschmiere *n*; Gekritzel *n*; Kleckserei *f*
barbouiller [baʀbuje] *v/t* **1** (*salir*) beschmieren, voll schmieren (**de** mit); **2** *péj* (*peindre*) anpinseln; *toile* voll klecksen; **3** *papier* bekritzeln; voll kritzeln; **4** F *fig* ***avoir l'estomac barbouillé*** e-n verdorbenen, F verkorksten Magen haben
barbouze [baʀbuz] F *f* **1** Bart *m*; **2** ⟨*a m*⟩ Geheimagent *m*, -polizist *m*
barbu [baʀby] *adj* ⟨~e⟩ bärtig
barbue [baʀby] *f* Glattbutt *m*
barda [baʀda] *m* F Kram *m*; F Krempel *m*
bardane [baʀdan] *f* Klette *f*
barde[1] [baʀd] *m* (*poète celte*) Barde *m*
barde[2] *f* **~** (***de lard***) Speckscheibe *f*
bardeau [baʀdo] *m* ⟨~x⟩ Schindel *f*
barder [baʀde] **I** *v/t* **1** ***bardé de décorations*** mit Orden behangen; **2** CUIS mit Speck(scheiben) umwickeln; **II** *v/imp* F ***ça va ~*** F dann kracht es, knallt es

barème [barɛm] *m* Tabelle *f*; ÉCOLE Benotungsschema *n*
barge [barʒ] *f* MAR Schute *f*
baril [baril] *m* **1** Fass *n*; Fässchen *n*; **~ de lessive** Waschmitteltonne *f*; **2** *de pétrole* Barrel *n*
barillet [barijɛ, -rilɛ] *m* **1** *d'un revolver* Trommel *f*; **2** *d'une serrure* Schließzylinder *m*
bariolé [barjɔle] *adj* ⟨~e⟩ bunt(scheckig)
barjo [barʒo] *adj* ⟨*f inv*⟩ F → **cinglé**
barman [barman] *m* ⟨~s *od* -men [-mɛn]⟩ Barkeeper *m*, -mann *m*, -mixer *m*
baromètre [barɔmɛtr(ə)] *m* Barometer *n* (*a fig*); *fig a* Gradmesser *m*
baron [barõ] *m* Baron *m* (*a fig*); Freiherr *m*
baronne [barɔn] *f* Baronin *f*; Freifrau *f*
baroque [barɔk] **I** *adj* **1** *style* Barock…; **2** (*bizarre*) wunderlich; verschroben; **II** *m* Barock *n ou m*; Barockstil *m*
baroud [barud] *m* **~ d'honneur** Scheingefecht *n*; symbolischer Kampf
baroudeur [barudœr] *m* F **un (vieux) ~** F ein (alter) Haudegen
barouf [baruf] *m* F Krach *m*; F Radau *m*
barque [bark] *f* Boot *n*; Kahn *m*
barquette [barkɛt] *f* **1** Obsttörtchen *n*; **2** *emballage* Schale *f*
barrage [baraʒ] *m* **1** Sperrung *f*; Sperre *f*; **~ de police** Polizeisperre *f*; *fig* **faire ~ à** e-n Riegel vorschieben (+ *dat*) **2** TECH Staudamm *m*, -mauer *f*; Talsperre *f*
barre [bar] *f* **1** Stange *f*; Stab *m*; SPORTS Latte *f*; **~ fixe** Reck *n*; **~s parallèles** Barren *m*; **~ de chocolat** Riegel *m* Schokolade; **~ de fer** Eisenstange *f*; F *fig* **avoir un coup de ~** F total fertig sein; F *fig* **c'est le coup de ~** F das ist der reinste Nepp; *fig* **baisser la ~** das Niveau, die Grenze herabsetzen; **2** (*lingot*) **en ~** Barren…; **3** (*trait*) Strich *m*; **~ de fraction** Bruchstrich *m*; **4** MAR Ruderpinne *f*; POL **coup** *m* **de ~ à gauche** Linksschwenk *m*; *fig* **avoir ~ sur qn** ein Druckmittel gegen j-n haben; **être à la ~** am Ruder sein (*a fig*); **5** JUR **~ des témoins** Zeugenstand *m*; **6 avoir une ~ à l'estomac** Magendrücken haben; **7** ARCH lang gestrecktes Hochhaus; F langer Kasten
barreau [baro] *m* ⟨~x⟩ **1** (Gitter)Stab *m*; *d'une chaise, échelle* Sprosse *f*; **2** JUR Anwaltsstand *m*, -beruf *m*; Anwaltschaft *f*
barrer [bare] **I** *v/t* **1** *route* sperren; *passage* versperren; **2** (*rayer*) (aus)streichen; **chèque barré** Verrechnungsscheck *m*; **II** *v/pr* F *fig* **se ~** F abhauen
barrette [barɛt] *f* **1** Haarspange *f*; **2** *broche* Anstecknadel *f*; **3** CATH Birett *n*
barreur [barœr] *m* Steuermann *m*
barricade [barikad] *f* Barrikade *f*
barricader [barikade] *v/t* (*et v/pr* **se ~** sich) verbarrikadieren
barrière [barjɛr] *f* Barriere *f* (*a fig*); Absperrung *f*; Sperre *f*; Schranke *f* (*a* CH DE FER, *fig*); *à la frontière* Schlagbaum *m*
barrique [barik] *f* Fass *n* (*200-250 l*)
barrir [barir] *v/i éléphant* trompeten
baryton [baritõ] *m* MUS Bariton *m*
► **bas**[1] [bɑ] **I** *adj* ⟨basse [bɑs]⟩ **1** niedrig; untere (*a* GÉOGR); *côte* flach; *nuages* tief hängend; *soleil* tief stehend; **front bas** niedrige, flache Stirn; **ville basse** Unterstadt *f*; *pièce* **bas de plafond** niedrig; mit niedriger Decke; **2** *salaire, nombre, etc* niedrig; *température a* tief; *dans une hiérarchie a* niedere; **les basses besognes** die niedrigen Arbeiten; *fig* die schmutzigen Geschäfte; **3** Spät…; **bas latin** Spät-, Mittellatein *n*; **4** *voix* leise; MUS tief; **II** *adv* **1** tief; niedrig; *dans un texte* **plus bas** weiter unten; *malade* **il est bien bas** es steht schlecht mit ihm; *animal* **mettre bas** (Junge) werfen; *fig* **il est tombé bien bas** er ist tief gesunken; **voler bas** tief fliegen; **2** *parler, chanter* leise; MUS tief; **3 à bas …!** nieder mit …!; ► **en bas** unten; (*vers le* ~) nach unten; abwärts; hinunter; hinab; *passer* **par en bas** unten entlang; untenherum; ► **en bas de** unten an (+ *dat ou acc*); am Fuß (+ *gén*); **III** *m* unterer Teil; Fuß *m*; **au bas de** unten an (+ *dat ou acc*); am Fuß (+ *gén*); **par le bas** von unten (her, herauf)
bas[2] *m* (Damen)Strumpf *m*; *fig* **~ de laine** Sparstrumpf *m*; *par ext* Ersparnisse *f/pl*
basané [bazane] *adj* ⟨~e⟩ **1** sonnenverbrannt; **2** *péj* dunkelhäutig
bas-bleu [bɑblø] *m* ⟨bas-bleus⟩ *péj* Blaustrumpf *m*

B

bas-côté [bakote] *m* ⟨bas-côtés⟩ **1** Seiten-, Randstreifen *m*; Straßenrand *m*; **2** ARCH Seitenschiff *n*
bascule [baskyl] *f* **1** *balance* Brückenwaage *f*; **2** (*balançoire*) Wippe *f*; **3** ***cheval*** *m*, ***fauteuil*** *m* ***à ~*** Schaukelpferd *n*, -stuhl *m*; **4** ÉLECTRON Kippschaltung *f*
basculer [baskyle] **I** *v/t* (***faire***) **~** kippen; **II** *v/i* **1** (um)kippen; **2** *fig*, POL **~ *dans*** einschwenken auf (+ *acc*)
base [baz] *f* **1** Basis *f* (*a* ANAT); *d'une statue a* Sockel *m*; MATH Grundfläche *f*, -linie *f*, -zahl *f*; INFORM **~ *de données*** Database *f*; **2** MIL (Militär)Basis *f*; Stützpunkt *m*; **~ *aérienne*** Luftwaffenbasis *f*; Fliegerhorst *m*; **~ *navale*** Flottenbasis *f*; Flotten-, Marinestützpunkt *m*; **3** *fig* Basis *f* (*a d'un parti*); Grundlage *f*; Fundament *n*; ***de ~*** Grund...; grundlegend; ***salaire*** *m* ***de ~*** Grundgehalt *n*; *produit* ***à ~ de ...*** auf ...basis; ***sur la ~ de*** auf der Basis, Grundlage von (*ou* + *gén*); ***avoir des ~s solides*** ein solides Grundwissen haben; ***être à la ~ de qc*** e-r Sache (*dat*) zugrunde liegen; **4** CHIM Base *f*; Lauge *f*
base-ball [bezbol] *m* Baseball *m*
baser [baze] **I** *v/t* **1** **~ *sur*** gründen, stützen (+ *acc*); ***être basé sur*** basieren, fußen auf (+ *dat*); **2** MIL ***être basé*** stationiert sein (***à*** in + *dat*); **II** *v/pr* ***se ~ sur qc*** sich auf etw (*acc*) stützen
bas-fonds [bafõ] *m/pl* *d'une ville* Elends-, Verbrecherviertel *n/pl*; *de la société* Abschaum *m*
basilic [bazilik] *m* Basilikum *n*
basilique [bazilik] *f* Basilika *f*
basket [baskɛt] **1** *m abr* → ***basket-ball***; **2** *f/pl* **~*s*** Turn-, Sportschuhe *m/pl*
basket-ball [baskɛtbol] *m* Basketball *m*
baskett|eur [baskɛtœʀ] *m*, **~*euse*** [-øz] *f* Basketballspieler(in) *m(f)*
basque[1] [bask] **I** *adj* baskisch; Basken...; ***le Pays ~*** das Baskenland; **II** *subst* **1** ♀ *m,f* Baske *m*, Baskin *f*; **2** LING ***le ~*** Baskisch *n*
basque[2] *f fig* ***être toujours pendu aux ~s de qn*** dauernd an den Rockschößen j-s hängen
bas-relief [baʀəljɛf] *m* ⟨bas-reliefs⟩ Flach-, Basrelief *n*
Bas-Rhin [baʀɛ̃] ***le ~*** das Unterelsass
basse [bas] *f* **1** Bass *m*; (***voix f de***) **~** Bass(stimme) *m(f)*; **2** → ***contrebasse***
basse-cour *f* ⟨basses-cours⟩ Hühnerhof *m*
bass|ement [basmɑ̃] *adv* auf gemeine Weise; **~*esse*** [-ɛs] *f* niedrige Gesinnung; Gemeinheit *f*
basset [basɛ] *m* Basset *m*; Dackel *m*
bassin [basɛ̃] *m* **1** Becken *n* (*a* GÉOGR, ANAT); Schüssel *f*; **~ (*hygiénique*)** Bettschüssel *f*, -pfanne *f*; **2** (*pièce d'eau*) (Wasser)Becken *n*; Bassin *n*; MAR Hafenbecken *n*
bassine [basin] *f* Wanne *f*; große Schüssel
bassiner [basine] *v/t* F **~ *qn*** F j-m auf die Nerven gehen, auf den Wecker fallen
bassiste [basist] *m* (Kontra)Bassist *m*
basson [basõ] *m* Fagott *n*
bastingage [bastɛ̃gaʒ] *m* Reling *f*
bastion [bastjõ] *m* Bastion *f* (*a fig*); Bastei *f*
bastonnade [bastɔnad] *f* Stockschläge *m/pl*
bastringue [bastʀɛ̃g] *m* F Tingeltangel *n ou m*
bas-ventre [bavɑ̃tʀ(ə)] *m* ⟨bas-ventres⟩ Unterleib *m*
bât [ba] *m* Packsattel *m*; *fig* ***c'est là que le ~ blesse*** da drückt der Schuh; das ist ein wunder Punkt
bataclan [bataklɑ̃] F *m* (Sieben)Sachen *f/pl*; Zeug *n*; F Kram *m*; F Krempel *m*; ***et tout le ~*** und was sonst noch so dazugehört
▸ **bataille** [bataj] *f* **1** Schlacht *f* (*a fig*); **~ *navale*** **a)** Seeschlacht *f*; **b)** *jeu* Schiffchen versenken; F **~ *rangée*** regelrechte (Straßen)Schlacht; *fig* ***avoir les cheveux en ~*** zerzaustes Haar haben; **2** *einfaches Kartenspiel*
batailler [bataje] *v/i* kämpfen; sich einsetzen; sich abmühen
batailleur [batajœʀ] **I** *adj* ⟨-euse [-øz]⟩ streitbar, -lustig, -süchtig; **II** *m* Kämpfer(natur) *m(f)*
bataillon [batajõ] *m* Bataillon *n*
bâtard [bataʀ] **I** *adj* ⟨-arde [-aʀd]⟩ Misch...; (***chien***) **~** *m* nicht reinrassiger Hund; *péj* Promenadenmischung *f*; **II** *m* **1** *péj* Bastard *m*; **2** *pain* kurzes Stangenbrot
batavia [batavja] *f* Batavia(salat) *m*
bâté [bate] *adj fig* ***âne ~*** F alter Esel
▸ **bateau** [bato] *m* ⟨**~*x***⟩ **1** Schiff *n*; *non ponté* Boot *n*; **~ *à moteur*** Motorschiff

n, -boot *n*; ~ ***de pêche*** Fischdampfer *m*; Fischerboot *n*; *fig* ***mener qn en ~*** j-m e-n Bären aufbinden; j-n auf den Arm nehmen; **2** (abgesenkte Grundstücks)Ein-, Ausfahrt; **3** *adjt* F *thème* abgedroschen; alltäglich; **~-mouche** *m* ⟨bateaux-mouches⟩ Rundfahrtschiff *n* (auf der Seine)

bateleur [batlœʀ] *m* Gaukler *m*

batelier [batəlje] *m* Schiffer *m*

batellerie [batɛlʀi] *f* Binnen-, Flussschifffahrt *f*

bâti [bɑti] **I** *adj* ⟨~e⟩ **1** *terrain* bebaut; **2** ***bien ~*** *personne* gut gebaut; gut gewachsen; **II** *m* **1** TECH Gestell *n*; Rahmen *m*; **2** COUT Heftstiche *m/pl*, -fäden *m/pl*

batifoler [batifɔle] *v/i* herumtollen

batik [batik] *m* Batik *m ou f*

▸ **bâtiment** [bɑtimɑ̃] *m* **1** Gebäude *n*; Bau(werk) *m(n)*; **2** *secteur* Bau *m*; Baufach *n*, -branche *f*, -wesen *n*; Hochbau *m*; **3** MAR (großes) Schiff

bâtir [bɑtiʀ] *v/t* **1** bauen; erbauen; *terrain* bebauen; **2** *fig théorie* konstruieren; aufstellen; *fortune, réputation* (be)gründen (***sur*** auf + *acc*); **3** COUT (zusammen)heften

bâtisse [bɑtis] *f* Bau(werk) *m(n)*; Gebäude *n*; *péj* F Kasten *m*

bâtisseur [bɑtisœʀ] *m* **1** Erbauer *m*; **2** *fig* (Be)Gründer *m*

▸ **bâton** [bɑtõ] *m* **1** Stock *m*; Stab *m*; Stecken *m*; Knüppel *m*; Prügel *m*; ***~ de maréchal*** Marschallstab *m*; *fig* Krönung *f* der Karriere; ***~ de ski*** Skistock *m*; *fig* ***~ de vieillesse*** Stütze *f* des Alters; *fig* ***mener une vie de ~ de chaise*** ein Lotterleben führen; *fig* ***mettre à qn des ~s dans les roues*** j-m Knüppel zwischen die Beine werfen; ***parler à ~s rompus*** vom Hundertsten ins Tausendste kommen; **2** ***~ de craie*** Stück *n* Kreide; ***~ de rouge à lèvres*** Lippenstift *m*; **3** senkrechter Strich

bâtonnet [bɑtɔnɛ] *m* **1** Stäbchen *n*; **2** CUIS ***~ de poisson*** Fischstäbchen *n*

batraciens [batʀasjɛ̃] *m/pl* Amphibien *f/pl*; Lurche *m/pl*

battage [bataʒ] *m* **1** *du blé* Dreschen *n*; Drusch *m*; **2** *fig* F (Reklame)Rummel *m*

battant [batɑ̃] **I** *adj* ⟨-ante [-ɑ̃t]⟩ schlagend; klopfend; ***pluie ~e*** prasselnder Regen; **II** *subst* **1** *m* (Glocken)Klöppel *m*, (-)Schwengel *m*; **2** *m* (Tür- *ou* Fenster)Flügel *m*; **3** **~(*e*)** *m(f)* Kämpfer(in) *m(f)*; Kämpfernatur *f*

batte [bat] *f* SPORTS Schlagholz *n*

battement [batmɑ̃] *m* **1** Schlagen *n*; *du cœur a* Klopfen *n*; Pochen *n*; *de la pluie* Prasseln *n*; ***~ d'ailes*** Flügelschlag(en) *m(n)*; ***~ des cils, des paupières*** Lidschlag *m*; (Augen)Zwinkern *n*; Blinzeln *n*; ***avoir des ~s de cœur*** Herzklopfen haben; **2** (verfügbare Zwischen)Zeit; Pause *f*

batterie [batʀi] *f* **1** ÉLECT Batterie *f*; *fig* ***recharger ses ~s*** (wieder) neue Kräfte sammeln; **2** MIL Batterie *f*; *fig* ***dévoiler ses ~s*** s-e Taktik zu erkennen geben; **3** MUS Schlagzeug *n*; **4** ***~ de cuisine*** Batterie *f* von Töpfen und Pfannen

batt|eur [batœʀ] *m* **1** CUIS Handmixer *m*, -rührgerät *n*; **2** MUS Schlagzeuger *m*; **~euse** [-øz] *f* AGR Dreschmaschine *f*

battoirs [batwaʀ] *m/pl* F (*mains larges*) F Pranken *f/pl*; F Tatzen *f/pl*

▸ **battre** [batʀ(ə)] ⟨je bats, il bat, nous battons; je battais; je battis; je battrai; que je batte; battant; battu⟩ **I** *v/t* **1** (*donner des coups*) schlagen; (ver)prügeln; **2** *adversaire* schlagen; besiegen; *record* brechen; **3** *tapis* klopfen; *tambour, mesure* schlagen; *œufs, crème* schlagen; *cartes* mischen; *fer* schmieden; *blé* dreschen; ***battre monnaie*** Münzen, Geld prägen; **4** *région* (kreuz und quer) durchstreifen; F abgrasen; **II** *v/i* **5** schlagen; *cœur a* pochen; klopfen; *pluie* ***battre contre les vitres*** gegen die Scheiben schlagen, prasseln, klatschen; ***battre des cils, des paupières*** zwinkern; blinzeln; ***battre des mains*** (in die Hände) klatschen; **III** *v/pr* ▸ ***se battre*** **6** MIL, *fig* kämpfen (***contre, pour qn, qc*** gegen, für j-n, etw); sich schlagen; **7** (*se bagarrer*) sich schlagen, sich balgen, sich prügeln, (sich) raufen (***avec qn*** mit j-m); *fig* ***se battre avec qc*** sich mit etw herumschlagen, abmühen

battu [baty] *p/p* → ***battre*** *et adj* ⟨~e⟩ **1** ***avoir les yeux ~s*** (tiefe) Schatten unter den Augen haben; **2** TENNIS ***terre ~e*** Hartplatz *m*; *fig* ***sentiers ~s*** ausgetretene Pfade *m/pl*

B

battue [baty] *f* Treibjagd *f*
baudet [bodɛ] F *m* Esel *m*; ***chargé comme un ~*** beladen wie ein Packesel
baudroie [bodʀwa] *f* ZO Seeteufel *m*
baudruche [bodʀyʃ] *f* ***ballon*** *m* ***de ~*** Luftballon *m*
bauge [boʒ] *f* Suhle *f*
baume [bom] *m* Balsam *m* (*a fig*)
bauxite [boksit] *f* Bauxit *m*
bavard [bavaʀ] **I** *adj* ⟨-arde [-aʀd]⟩ gesprächig; redselig; *péj* geschwätzig; (*indiscret*) schwatzhaft; **II** *~(e)* *m(f)* Schwätzer(in) *m(f)*; F Klatschbase *f*
bavardage [bavaʀdaʒ] *m* **1** *action* Schwatzen *n*; **2** *propos* Geschwätz *n*; F *péj* Gewäsch *n*; *indiscret* Klatsch *m*; Gerede *n*
▸**bavarder** [bavaʀde] *v/i* schwatzen (*a péj*); plaudern; F klatschen
bavarois [bavaʀwa] **I** *adj* ⟨-oise [-waz]⟩ bay(e)risch; **II** *&(e)* *m(f)* Bayer *m*, Bay(e)rin *f*
bave [bav] *f* **1** Speichel *m*; F Sabber *m*; Geifer *m*; **2** *de la limace* Schleim *m*
baver [bave] *v/i* **1** speicheln; geifern; *bébé* F sabbern; **2** *encre, peinture* verlaufen; **3** F *fig* ***~ d'admiration*** vor Bewunderung vergehen; **4** F *fig* ***en ~*** es schwer haben; ***en faire ~ à qn*** j-m das Leben schwer machen
bavette [bavɛt] *f* **1** Latz *m*; **2** F ***tailler une ~*** F ein Schwätzchen, e-n Schwatz halten; **3** BOUCHERIE Bauchlappen *m*
baveux [bavø] *adj* ⟨-euse [-øz]⟩ **1** voll Speichel; F sabbernd; **2** *omelette* leicht durchgebacken
Bavière [bavjɛʀ] ***la ~*** Bayern *n*
bavoir [bavwaʀ] *m* (Sabber)Lätzchen *n*
bavure [bavyʀ] *f* **1** verkleckste Stelle; (Schmutz)Fleck *m*; *fig* ***sans ~(s)*** makellos; tadellos; einwandfrei; **2** *fig* Missgriff *m*; Panne *f*; *de la police* Übergriff *m*
bazar [bazaʀ] *m* **1** *en Orient* Basar *m*; **2** *magasin* Kramladen *m*; **3** F → ***fouillis, bataclan***
bazarder [bazaʀde] *v/t* F wegschmeißen
B.C.B.G. [besebeʒe] *adj* ⟨*inv*⟩ *abr* (*bon chic bon genre*) schick; elegant; smart
bd *abr* → ***boulevard***
B.D. [bede] *f* ⟨*inv*⟩ F *abr* (*bande dessinée*) Comic(s) *m(pl)*
béant [beɑ̃] *adj* ⟨-ante [-ɑ̃t]⟩ klaffend; *gouffre* gähnend
béat [bea] *adj* ⟨-ate [-at]⟩ einfältig, dümmlich (und glücklich); selig
béatifier [beatifje] *v/t* selig sprechen
béatitude [beatityd] *f* **1** REL Seligkeit *f*; **2** *st/s* Glückseligkeit *f*
beatnik [bitnik] *m* Gammler *m*
▸**beau** [bo] **I** *adj* ⟨*m vor Vokal u stummem h* bel [bɛl]; *f* belle [bɛl]; *m/pl* beaux [bo]⟩ **1** schön; ***un ~ geste*** e-e schöne, edle Geste; ***les ~x quartiers*** die vornehmen Viertel *n/pl*; ***un ~ soleil*** (e-e) strahlende Sonne; ***~ temps*** schönes, gutes Wetter; ***un ~ jour*** e-s schönen Tages; ***se faire ~*** sich schön machen; sich fein machen; **2** *iron* schön; heiter; reizend; nett; ***j'en apprends de belles*** ich höre ja schöne, reizende Dinge, Geschichten; ***en dire de belles*** dummes Zeug reden; **3** *somme* ziemlich groß; F schön; F hübsch; *morceau* groß; F ordentlich; *gifle, rhume* F gehörig; F tüchtig; ***un bel âge*** ein schönes, hohes Alter; ***au ~ milieu de*** mitten in, auf (+ *dat*); **II** *adv* ***avoir ~ faire qc*** etw noch so sehr tun können, mögen; ***vous avez ~ dire*** Sie können *ou* mögen sagen, was Sie wollen; ***il fait ~*** es ist schön(es Wetter); *menace* ***il ferait ~ voir que …*** das wäre ja noch schöner, wenn …; ***bel et bien*** tatsächlich; wirklich; in der Tat; ***de plus belle*** noch mehr, heftiger, stärker, schlimmer; **III** *subst* **1** ***le ~*** das Schöne; **2** ***un vieux ~*** ein alter Beau, Schönling; *chien* ***faire le ~*** Männchen machen; F schönmachen; **3** *iron* ***c'est du ~!*** das ist ja heiter, reizend!; **4** ***être au ~ fixe*** *baromètre* auf Schön stehen; *temps* beständig sein; *fig relations* bestens, ungetrübt sein; **5** *plais* ***sa belle*** s-e Liebste; ***ma belle!*** meine Liebe, Beste, Gute!; **6** ***belle*** *f* JEU entscheidende Partie; SPORTS Entscheidungsspiel *n*; **7** *arg* ***(se) faire la belle*** F ausrücken; F ausbüxen
▸**beaucoup** [boku] *adv* viel; sehr; (*de nombreuses personnes*) viele; ▸ ***beaucoup de*** (+ *subst*) viel(e) (+ *subst*); ***lire beaucoup*** viel lesen; ***il a beaucoup changé*** er hat sich sehr verändert; ***beaucoup mieux*** viel, weit besser; ***de beaucoup*** bei weitem; weitaus; mit Abstand; ***beaucoup d'accidents*** viele Unfälle; ***beaucoup de chance*** viel Glück; ***avoir beaucoup de cho-***

ses à faire viel zu tun haben; ***il y est pour beaucoup*** er ist daran maßgeblich beteiligt; ***beaucoup le pensent*** viele denken so

beauf [bof] *m* F *abr* **1** → ***beau-frère***; **2** *péj* Spießer *m*

beau-fils *m* ⟨beaux-fils⟩ **1** (*fils du conjoint*) Stiefsohn *m*; **2** (*gendre*) Schwiegersohn *m*

▸ **beau-frère** *m* ⟨beaux-frères⟩ Schwager *m*

▸ **beau-père** *m* ⟨beaux-pères⟩ **1** (*père du conjoint*) Schwiegervater *m*; **2** (*époux de la mère*) Stiefvater *m*

▸ **beauté** [bote] *f* Schönheit *f*; ***une*** ~ (*belle femme*) e-e Schönheit; *terminer* ***en*** ~ mit Glanz; glänzend; ***être en*** ~ besonders schön aussehen; F ***se refaire une*** ~ das Make-up erneuern

beaux-arts [bozaʀ] *m/pl* ***les*** ~ die schönen Künste *f/pl*; die bildende Kunst

▸ **beaux-parents** [bopaʀɑ̃] *m/pl* Schwiegereltern *pl*

▸ **bébé** [bebe] *m* Baby *n*; Säugling *m*; *fig* ***jeter le*** ~ ***avec l'eau du bain*** das Kind mit dem Bad ausschütten; **~-éprouvette** *m* ⟨bébés-éprouvette⟩ Retortenbaby *n*

bébête [bebɛt] F *adj* kindisch; albern

bec [bɛk] *m* **1** Schnabel *m*; ***coup*** *m* ***de*** ~ Schnabelhieb *m*; *fig* Seitenhieb *m*; *fig* ***rester le*** ~ ***dans l'eau*** nicht wissen, woran man ist; **2** F *fig* (*bouche*) F Schnabel *m*; ***un*** ~ ***fin*** ein Feinschmecker *m*; ***prise*** *f* ***de*** ~ (heftiger) Wortwechsel; Auseinandersetzung *f*; ***claquer du*** ~ F Kohldampf schieben; ***clouer le*** ~ ***à qn*** F j-m den Mund stopfen; **3** *d'une cafetière, etc* Schnabel *m*; Ausguss *m*; Tülle *f*; *d'une plume* Spitze *f*; MUS Mundstück *n*; F *fig* ***tomber sur un*** ~ e-e harte Nuss zu knacken haben

bécane [bekan] F *f* **1** (*vélo*) F Stahlross *n*; F Drahtesel *m*; **2** (*moto*) F Maschine *f*

bécarre [bekaʀ] *m* MUS Auflösungszeichen *n*

bécass|e [bekas] *f* **1** ZO (Wald)Schnepfe *f*; **2** F *fig* dumme Gans, Pute; **~ine** [-in] *f* **1** ZO Bekassine *f*; Sumpfschnepfe *f*; **2** F *fig* → ***bécasse*** *2*

bec-de-lièvre [bɛkdəljɛvʀ(ə)] *m* ⟨becs-de-lièvre⟩ Hasenscharte *f*

béchamel [beʃamɛl] *f* Béchamelsoße *f*

bêche [bɛʃ] *f* Spaten *m*

bêcher [beʃe] **I** *v/t* umgraben; **II** F *v/i* eingebildet, hochnäsig sein

bêch|eur [bɛʃœʀ] *m* F eingebildeter Schnösel; **~euse** [-øz] *f* F eingebildete Pute

bécot [beko] *m* Küsschen *n*

bécoter [bekɔte] F *v/t* (*et v/pr* ***se*** ~ sich) abküssen, F abknutschen

becquée [beke] *f* ***donner la*** ~ füttern (***à*** *acc*)

becqueter [bɛkte] F *v/t* ⟨-tt-⟩ *personne* F futtern

bedaine [bədɛn] *f* F Wanst *m*

bedeau [bədo] *m* ⟨~x⟩ Küster *m*; Kirchendiener *m*

bedonnant [bədɔnɑ̃] F *adj* ⟨-ante [-ɑ̃t]⟩ dick-, F schmerbäuchig

Bédouin [bedwɛ̃] *m* Beduine *m*

bée [be] *adj f* ***rester bouche*** ~ mit offenem Mund dastehen; F Mund und Augen aufreißen

beffroi [befʀwa] *m* Uhr-, Rathausturm *m*

bégaiement [begɛmɑ̃] *m* Stottern *n*

bégayer [begeje] *v/t et v/i* ⟨-ay- *od* -ai-⟩ stottern

bégonia [begɔnja] *m* Begonie *f*

bègue [bɛg] **I** *adj* ***être*** ~ stottern; **II** *m,f* Stotterer *m*, Stotterin *f*

bégueule [begœl] *adj* prüde

béguin [begɛ̃] *m* F **1** ***avoir le*** ~ ***pour qn*** in j-n vernarrt, F verknallt sein; **2** *personne* F Schwarm *m*

beige [bɛʒ] *adj* beige; sandfarben

beigne [bɛɲ] *f* F → ***gifle***

beignet [bɛɲɛ] *m* Krapfen *m*; Berliner *m*

bel [bɛl] → ***beau***

bêler [bele] *v/i* *mouton* blöken; *chèvre* meckern

belette [bəlɛt] *f* Wiesel *n*

▸ **belge** [bɛlʒ] **I** *adj* belgisch; **II** ♀ *m,f* Belgier(in) *m(f)*

▸ **Belgique** [bɛlʒik] ***la*** ~ Belgien *n*

bélier [belje] *m* **1** ZO Widder *m*; Schafbock *m*; **2** ASTR ♀ Widder *m*; **3** HIST Sturmbock *m*

bellâtre [bɛlɑtʀ(ə)] *m* Beau *m*; Schönling *m*

belle [bɛl] → ***beau***

belle-famille *f* ⟨belles-familles⟩ Familie *f* des Ehepartners; angeheiratete Familie

▸ **belle-fille** *f* ⟨belles-filles⟩ **1** (*bru*) Schwiegertochter *f*; **2** (*fille du conjoint*) Stieftochter *f*
▸ **belle-mère** *f* ⟨belles-mères⟩ **1** (*mère du conjoint*) Schwiegermutter *f*; **2** (*épouse du père*) Stiefmutter *f*
▸ **belle-sœur** *f* ⟨belles-sœurs⟩ Schwägerin *f*
belligérant [bɛliʒɛʀɑ̃] *adj* ⟨-ante [-ɑ̃t]⟩ Krieg führend
belliqueux [belikø] *adj* ⟨-euse [-øz]⟩ **1** kriegerisch; **2** streit-, kampflustig
belote [bəlɔt] *f frz Kartenspiel*
belvédère [bɛlvedɛʀ] *m* Aussichtspunkt *m*, -terrasse *f*, -turm *m*
bémol [bemɔl] *m* MUS B *n*; *adjt* ***do* ~** ces(*-Moll*) *ou* Ces(*-Dur*)
ben [bɛ̃] *adv, int* F **(*eh*) ~** → ***bien*[1]** *I 5*
bénédicité [benedisite] *m* Tischgebet *n*
bénédictin [benediktɛ̃] *m* Benediktiner *m*
bénédiction [benediksjõ] *f* Segen *m* (*a fig*); *action* Segnung *f*; **~ *nuptiale*** kirchliche Trauung
bénef [benɛf] *m* F *abr* → ***bénéfice***; ***c'est tout* ~** das bringt Vorteile
▸ **bénéfice** [benefis] *m* **1** COMM Gewinn *m*; Ertrag *m*; Profit *m*; **2** (*avantage*) Vorteil *m*; Nutzen *m*; ***au* ~ *de*** zugunsten (+ *gén*); ***laisser à qn le* ~ *du doute*** im Zweifelsfall zu j-s Gunsten entscheiden
bénéficiaire [benefisjɛʀ] **I** *adj* Gewinn bringend; Gewinn…; **II** *m,f* Begünstigte(r) *f(m)*; *d'une prestation* Empfänger(in) *m(f)*; Bezieher(in) *m(f)*
bénéficier [benefisje] *v/t/indir* **~ *de qc*** in den Genuss e-r Sache (*gén*) kommen; *d'une prestation* etw beziehen; ***faire* ~ *qn de qc*** j-m etw zugute kommen lassen
bénéfique [benefik] *adj* wohltuend; *effet* günstig
Benelux [benelyks] ***le* ~** die Beneluxstaaten *m/pl*
benêt [bənɛ] *m* **(*grand*) ~** Tölpel *m*
bénévole [benevɔl] **I** *adj* ehrenamtlich; freiwillig; unbezahlt; **II** *m* ehrenamtlicher Helfer
bénigne → ***bénin***
bénin [benɛ̃] *adj* ⟨bénigne [beniɲ]⟩ gutartig (*a* MÉD); harmlos
Bénin [benɛ̃] ***le* ~** Benin *n*
bénir [beniʀ] *v/t* **1** REL segnen; **2** *par ext* dankbar sein (***qn*** j-m); heilfroh sein (***qc*** über etw [*acc*])
bénit [beni] *adj* ⟨-ite [-it]⟩ geweiht; ***eau* ~*e*** Weihwasser *n*
bénitier [benitje] *m* Weihwasserbecken *n*, -kessel *m*; F *fig* ***grenouille f de* ~** F Betschwester *f*
benjam|in [bɛ̃ʒamɛ̃] *m*, **~ine** [-in] *f* Jüngste(r) *f(m)*; Benjamin *m*; *d'une famille a* Nesthäkchen *n*
benne [bɛn] *f* (Wagen)Kasten *m*; **~ *à ordures*** Müllauto *n*
Benoît [bənwa] *m* Benedikt *m*
benzine [bɛ̃zin] *f* Waschbenzin *n*
béot|ien [beɔsjɛ̃] *m*, **~ienne** [-jɛn] *f* Banause *m*
béquille [bekij] *f* **1** Krücke *f*; ***marcher avec des* ~*s*** an Krücken gehen; **2** *d'une moto, etc* Ständer *m*; Stütze *f*; **3** *de serrure* (Tür)Klinke *f*
berbère [bɛʀbɛʀ] **I** *adj* Berber…; **II** ♀ *m,f* Berber(in) *m(f)*
bercail [bɛʀkaj] *m plais* Schoß *m* der Familie; häuslicher Herd
berceau [bɛʀso] *m* ⟨~x⟩ Wiege *f* (*a fig*)
bercement [bɛʀsəmɑ̃] *m* Wiegen *n*; Schaukeln *n*
bercer [bɛʀse] ⟨-ç-⟩ **I** *v/t* **1** *bébé* wiegen; schaukeln; **2** *fig* **~ *qn de vaines promesses*** j-n mit leeren Versprechungen hinhalten; **II** *v/pr fig* ***se* ~ *de qc*** sich in etw (*dat*) wiegen
berceuse [bɛʀsøz] *f* Wiegenlied *n*
béret [beʀɛ] *m* Tellermütze *f*; **~ *basque*** Baskenmütze *f*
berge [bɛʀʒ] *f* **1** (Ufer)Böschung *f*; **2** F ***avoir trente* ~*s*** dreißig Jahre alt sein
berger [bɛʀʒe] *m* **1** Schäfer *m*; (Schaf-)Hirt(e) *m*; ***l'étoile f du* ~** der Morgen- *ou* Abendstern (*Venus*); **2** **~ (*allemand*)** (Deutscher) Schäferhund
bergère [bɛʀʒɛʀ] *f* **1** Schäferin *f*; (Schaf)Hirtin *f*; **2** (gepolsterter) Lehnsessel
bergerie [bɛʀʒəʀi] *f* Schafstall *m*; Schäferei *f*
bergeronnette [bɛʀʒəʀɔnɛt] *f* Bachstelze *f*
berk [bɛʀk] *int* F igitt(igitt)!; pfui!
Berlin [bɛʀlɛ̃] Berlin *n*
berline [bɛʀlin] *f* (viertürige) Limousine
berlingot [bɛʀlɛ̃go] *m* **1** (tetraedrischer) Fruchtbonbon; **2** (Milch-, Saft)Tüte *f*
berlinois [bɛʀlinwa] ⟨-oise [-waz]⟩ **I** *adj*

Berliner; berlinerisch; **II** ♀(*e*) *m*(*f*) Berliner(in) *m*(*f*)
berlue [bɛʀly] *f* ***avoir la ~*** blind sein (*fig*); sich täuschen, irren
bermuda(s) [bɛʀmyda] *m*(*pl*) Bermudashorts *pl*; Bermudas *pl*
bernard-l'(h)ermite [bɛʀnaʀlɛʀmit] *m* ⟨*inv*⟩ Einsiedlerkrebs *m*
berne [bɛʀn] *f* ***en ~*** auf halbmast
berner [bɛʀne] *v/t* zum Narren, zum Besten haben, halten; narren
bernique [bɛʀnik] *f* Napfschnecke *f*
besace [bəzas] *f* Bettelsack *m*
bésef [bezɛf] → ***bézef***
bésicles [bezikl(ə)] *plais f/pl* Brille *f*
besogne [bəzɔɲ] *f* Arbeit *f*; *fig* ***aller vite en ~*** gleich aufs Ganze gehen
besogneux [bəzɔɲø] *adj* ⟨-euse [-øz]⟩ fleißig arbeitend
▸ **besoin** [bəzwɛ̃] *m* **1** Bedürfnis *n*, Verlangen *n*, Drang *m* (**de** nach); Erfordernis *n*; ***~ d'activité*** Tätigkeitsdrang *m*; ***~ de repos*** Ruhebedürfnis *n*; ***au ~, si ~ est*** nötigenfalls; falls erforderlich; bei Bedarf; ***pour les ~s de la cause*** extra hierfür; *mentir* notgedrungen; ***avoir ~ de*** brauchen; benötigen; nötig haben; ***subvenir aux ~s de*** für den Unterhalt (+ *gén*) aufkommen; **2** ***~s*** *pl* Bedarf *m* (**en** an + *dat*); ***~s en matières premières*** Rohstoffbedarf *m*; **3** F ***faire ses ~s*** s-e Notdurft, F sein Geschäft verrichten; **4** Not *f*; Armut *f*; Bedürftigkeit *f*; ***être dans le ~*** Not, Mangel leiden; in Armut leben
bestial [bɛstjal] *adj* ⟨~e; -aux [-o]⟩ tierisch; viehisch; bestialisch; roh; **~ité** [-ite] *f* Bestialität *f*; Rohheit *f*
bestiaux [bɛstjo] *m/pl* Vieh *n*
bestiole [bɛstjɔl] *f* Tierchen *n*; kleines (harmloses) Tier; Insekt *n*
best-seller [bɛstsɛlœʀ] *m* ⟨best-sellers⟩ Bestseller *m*
bêta [bɛta] F **I** *adj* ⟨bêtasse [bɛtas]⟩ dumm; F doof; **II** *m* ***gros ~*** F Dummerchen *n*
bétail [betaj] *m* Vieh *n*; ***gros, petit ~*** Groß-, Kleinvieh *n*
▸ **bête**[1] [bɛt] *f* **1** Tier *n*; ***~ à bon Dieu*** Marienkäfer *m*; *fig* ***chercher la petite ~*** an allem, immer etwas auszusetzen haben; F an allem herummäkeln; **2** *fig* ***grosse, grande ~!*** F (du) Dummerchen!; *péj* ***sale ~*** gemeiner Kerl; Miststück *n*; F ***~ à concours*** Examenstyp *m*; ***c'est sa ~ noire*** er *ou* sie *ou* das ist ihm ein Gräuel; ***faire la ~*** sich dumm stellen
▸ **bête**[2] *adj* dumm; F blöd(e); F doof; F dämlich; *par ext* ***un accident ~*** ein ganz dummer, blöder Unfall; F ***~ à manger du foin, comme ses pieds*** F dumm wie Bohnenstroh; strohdumm
bêtement [bɛtmɑ̃] *adv* **1** dumm; F blöd(e); **2** ***tout ~*** ganz einfach, simpel
bêtifier [betifje] *v/i* kindisch plappern
▸ **bêtise** [betiz] *f* **1** Dummheit *f*; Torheit *f*; ***~s*** *pl a* dummes Zeug; Unsinn *m*; F Quatsch *m*; **2** (*motif futile*) Kleinigkeit *f*; Lappalie *f*
bêtisier [betizje] *m* Stilblütensammlung *f*
▸ **béton** [betõ] *m* Beton *m*; ***de*** *ou* ***en ~*** Beton…; *fig* (***en***) ***~*** hieb- und stichfest
bétonner [betɔne] **I** *v/t* betonieren; *péj région* zubetonieren; **II** *v/i* FOOTBALL mauern
bétonn|euse [betɔnøz] *f ou* **~ière** [-jɛʀ] *f* Betonmischmaschine *f*
bette [bɛt] *f* Mangold *m*
betterave [bɛtʀav] *f* Rübe *f*; ***~ rouge*** Rote Rübe, Bete
beuglante [bøglɑ̃t] F *f* laut gesungenes Lied
beugler [bøgle] *v/i* **1** *bovins* muhen; brüllen; **2** F *péj* johlen; brüllen; F grölen; plärren (*a radio*)
beur [bœʀ] F *m,f* (in Frankreich geborene[r]) Nordafrikaner(in) *m*(*f*); → *Info-Fenster S. 84*
beurette [bœʀɛt] *f* F → ***beur***
beurk [bœʀk] *int* F igitt(igitt)!; pfui!
▸ **beurre** [bœʀ] *m* **1** Butter *f*; ***au ~ noir*** in stark gebräunter Butter; F *fig* ***œil*** *m* ***au ~ noir*** blaues Auge; *fig* ***faire son ~*** sein Schäfchen ins Trockene bringen; F sich gesundstoßen; *fig* ***mettre du ~ dans les épinards*** s-e Finanzen aufbessern; **2** ***petit ~*** Butterkeks *m*
beurré [bœʀe] F *adj* ⟨~e⟩ F besoffen; F blau
beurrer [bœʀe] *v/t* mit Butter (be)streichen; ***tartine beurrée*** Butterbrot *n*
beurrier [bœʀje] *m* Butterdose *f*
beuverie [bœvʀi] *f* Trink-, Zech-, F Saufgelage *n*; F Sauferei *f*
bévue [bevy] *f* (dummer, peinlicher) Fehler, F Schnitzer

B

Les beurs

Der Begriff **beur** ist aus dem Wort **arabe** entstanden (siehe Info bei **verlan**) und bezeichnet die in Frankreich geborenen und aufgewachsenen Kinder nordafrikanischer Einwanderer (besonders aus Algerien, Tunesien und Marokko). Da sie auf französischem Boden geboren sind, haben sie die französische Staatsangehörigkeit.
Die **beurs** haben durch ihre Verbundenheit mit zwei Kulturen ein eigenes Selbstverständnis entwickelt und haben großen Einfluss auf die französische (Jugend)Kultur. Ein Beispiel hierfür ist die Musikrichtung **le raï**.

bézef [bezɛf] *adv* F ***c'est pas ~*** das ist nicht gerade viel
biais [bjɛ] *m* **1** ***de*** *ou* ***en ~*** schräg; **2** *fig* Umweg *m*; (Aus)Weg *m*; *péj* Winkelzug *m*; ***de ~*** auf Umwegen; indirekt; ***par le ~ de*** auf dem Umweg über (+ *acc*)
biaiser [bjeze] *v/i* ausweichen; sich winden; Winkelzüge machen
biathlon [biatlõ] *m* Biathlon *n*
bibelot [biblo] *m* Nippfigur *f*, -sache *f*
biberon [bibʀõ] *m* Fläschchen *n*
bibi [bibi] F *pr/pers* ich; F unsereiner
bibine [bibin] *f* F Gesöff *n*
▸ **Bible** [bibl(ə)] *f* Bibel *f* (*fig* 2)
bibliobus [biblijobys] *m* Fahrbücherei *f*
bibliophile [biblijɔfil] *m,f* Bücherliebhaber(in) *m(f)*
bibliothécaire [biblijɔtekɛʀ] *m,f* Bibliothekar(in) *m(f)*
▸ **bibliothèque** [biblijɔtɛk] *f* **1** Bibliothek *f*; *publique a* Bücherei *f*; **2** *meuble* Bücherschrank *m*
biblique [biblik] *adj* biblisch; Bibel…
bicarbonate [bikaʀbɔnat] *m* ***~ de soude*** (doppeltkohlensaures) Natron
bicentenaire [bisɑ̃tnɛʀ] *m* zweihundertster Jahrestag; Zweihunderjahrfeier *f*
biceps [bisɛps] *m* Bizeps *m*
biche [biʃ] *f* **1** *zo* Hirschkuh *f*; *fig* ***yeux m/pl de ~*** Rehaugen *n/pl*; **2** ***ma ~*** mein Herzchen *n*, Schätzchen *n*
bicher [biʃe] *v/i* F **1** sich freuen; F strahlen; **2** ***ça biche?*** geht's gut?; F alles o.k.?
bichette [biʃɛt] *f* ***ma ~*** → ***biche*** *2*
bichonner [biʃɔne] *v/t* **1** (*pomponner*) herausputzen; **2** (*soigner*) hätscheln
bicolore [bikɔlɔʀ] *adj* zweifarbig
bicoque [bikɔk] *f péj* Bruchbude *f*
bicorne [bikɔʀn] *m* Zweispitz *m*
bicross [bikʀɔs] *m* BMX-Rad *n*
▸ **bicyclette** [bisiklɛt] *f* (Fahr)Rad *n*; ***aller à***, F ***en ~*** (mit dem) Rad fahren; F radeln; → *Info bei* ***Fahrrad***
bidasse [bidas] F *m* Rekrut *m*
bide [bid] F *m* **1** (dicker) Bauch; F Wanst *m*; **2** THÉ ***faire un ~*** F ein Flop *m* sein; durchfallen
bidet [bidɛ] *m* **1** Bidet *n*; **2** *plais* (*cheval*) Pferd(chen) *n*
bidoche [bidɔʃ] F *f* Fleisch *n*
bidon [bidõ] *m* **1** Kanister *m*; **2** F → ***bide*** *1*; **3** F Bluff *m*; Schwindel *m*; *adjt* ⟨*inv*⟩ vorgetäuscht; Schein…
bidonn|ant [bidɔnɑ̃] F *adj* ⟨-ante [-ɑ̃t]⟩ spaßig; lustig; ulkig; **~er** [-e] *v/pr* F ***se ~*** F sich tot-, schieflachen
bidonville [bidõvil] *m* Slum *m*; Bidonville *n*
bidule [bidyl] *m* F Dings(da, -bums) *n*
bielle [bjɛl] *f* TECH Pleuel(stange) *m(f)*; ***couler une ~*** F e-n Kolbenfresser haben
Biélorussie [bjelɔʀysi] ***la ~*** Weißrussland *n*
▸ **bien**[1] [bjɛ̃] **I** *adv* **1** gut (*a note*); *st/s* wohl; ***assez bien*** ziemlich gut; *note* befriedigend; ***très bien*** sehr gut (*a note*); **2** (*juste*) gut; richtig; recht; ***bien conseiller qn*** j-n gut, richtig beraten; **3** *intensité* sehr; viel; ganz; recht; reichlich; ***bien content*** recht, *p/fort* sehr zufrieden; ***bien jeune*** reichlich, noch recht jung; ***bien mieux*** viel, weit besser; ***bien des*** *ou* ***du*** *ou* ***de la*** (+ *subst*) (sehr) viele *ou* viel; **4** *emphatique* wohl; doch; schon; wirklich; *résignation* halt; ***bien à vous*** mit herzlichen Grüßen Ihr(e); ***j'irais bien avec vous*** ich würde (ja) gern mit Ihnen gehen; ***c'est bien lui*** das ist er wirklich, tatsächlich; ***je pense bien*** ich denke schon, wohl; **5** *int* ▸ ***eh bien***, F ***eh ben*** nun!; na!; also!; **II** *adj* ⟨*inv*⟩ **1** gut; ***bien!*** gut!; *iron*

nous voilà bien! da sitzen wir schön in der Tinte, im Schlamassel!; ***être, se sentir bien*** sich wohl fühlen; ***être bien avec qn*** (sich) gut mit j-m stehen; *prov* ***tout est bien qui finit bien*** *prov* Ende gut, alles gut; **2** (*beau*) ***être bien*** gut aussehen; **3** F (*distingué*) fein; vornehm; besser; (*comme il faut*) ordentlich; anständig; ***des gens bien*** feine, bessere Leute *pl*; ordentliche, anständige Leute *pl*; **III** *conj* ▸ ***bien que*** (+ *subj*) obwohl; obgleich; ***si bien que*** sodass

bien[2] *m* **1** Wohl *n*; Beste(s) *n*; Gute(s) *n*; ***~ public*** öffentliches Wohl; (All)Gemeinwohl *n*; ***dire du ~ de qn, qc*** Gutes über j-n, etw sagen; j-m, e-r Sache Gutes nachsagen; ***c'est pour son ~*** das geschieht zu s-m Besten; ***faire du ~ à qn*** *repos, etc* j-m gut tun, wohl tun; *personne* j-m Gutes tun, erweisen; *iron* ***grand ~ vous fasse!*** wohl bekomm's!; ***mener à ~*** zum Erfolg führen; **2** ***le ~*** das Gute; ***en tout ~ tout honneur*** in allen Ehren; ***faire le ~*** Gutes tun; **3** *matériel* Gut *n*; Hab und Gut *n*; Habe *f*; Besitz *m*; ***~s de consommation*** Konsum-, Verbrauchsgüter *n/pl*

bien-aimé [bjɛ̃neme] **I** *adj* ⟨~e⟩ innig geliebt; **II** ~(*e*) *m*(*f*) Geliebte(r) *f*(*m*)

bien-être [bjɛ̃nɛtʀ(ə)] *m* **1** Wohlbehagen *n*, -gefühl *n*; **2** *matériel* Wohlstand *m*

bienfais|ance [bjɛ̃fəzɑ̃s] *f* Wohltätigkeit *f*; **~ant** [-ɑ̃] *adj* ⟨-ante [-ɑ̃t]⟩ wohltuend; erquickend

bienfait [bjɛ̃fɛ] *m* **1** Wohltat *f*; *fig* **~s** *pl* Segnungen *f/pl*; **2** *d'un traitement* wohltuende Wirkung

bienfai|teur [bjɛ̃fɛtœʀ] *m*, **~trice** [-tʀis] *f* Wohltäter(in) *m*(*f*) (*a fig*)

bien-fondé [bjɛ̃fõde] *m* Rechtmäßigkeit *f*; Berechtigung *f*; Stichhaltigkeit *f*

bienheureux [bjɛ̃nøʀø] *adj* ⟨-euse [-øz]⟩ **1** glücklich; **2** BIBL, CATH selig

biennale [bjenal] *f* Biennale *f*

bien-pensant [bjɛ̃pɑ̃sɑ̃] *adj* ⟨-ante [-ɑ̃t]⟩ *péj* konformistisch

bienséance [bjɛ̃seɑ̃s] *f* Anstand *m*; Schicklichkeit *f*

▸ **bientôt** [bjɛ̃to] *adv* bald; ***à ~!*** auf baldiges Wiedersehen!; F bis, auf bald!

bienveill|ance [bjɛ̃vɛjɑ̃s] *f* Wohlwollen *n*; **~ant** [-ɑ̃] *adj* ⟨-ante [-ɑ̃t]⟩ wohlwollend

bienvenu [bjɛ̃vny] **I** *adj* ⟨~e⟩ willkommen; **II** ***être le ~, la ~e*** willkommen sein

▸ **bienvenue** [bjɛ̃vny] *f* Willkommen *n*; ***souhaiter la ~ à qn*** j-n willkommen heißen

▸ **bière**[1] [bjɛʀ] *f* Bier *n*; ***~ blonde, brune*** helles, dunkles Bier

bière[2] *f* Sarg *m*; ***mettre en ~*** einsargen

biffer [bife] *v/t* (aus-, durch)streichen

▸ **bifteck** [biftɛk] *m* (Beef)Steak *n*; F *fig* ***défendre son ~*** s-e Interessen verteidigen

bifurcation [bifyʀkasjõ] *f* Gabelung *f*; Abzweigung *f*

bifurquer [bifyʀke] *v/i* **1** *route* sich gabeln, verzweigen; **2** *véhicule* abbiegen (***vers, sur*** nach); **3** *dans une carrière* überwechseln (***vers*** zu); F umsatteln (auf + *acc*)

bigam|e [bigam] *adj* bigamistisch; in Bigamie lebend; **~ie** [-i] *f* Bigamie *f*; Doppelehe *f*

bigarré [bigaʀe] *adj* ⟨~e⟩ **1** bunt (gemustert); **2** *fig foule* bunt gemischt

bigarreau [bigaʀo] *m* ⟨~x⟩ *Kirschsorte*

big bang [bigbɑ̃g] *m* Urknall *m*

bigler [bigle] **I** *v/t* F (*regarder*) F angucken; **II** *v/i* F (*loucher*) schielen

bigleux [biglø] *adj* ⟨-euse [-øz]⟩ F ***être ~*** (*voir mal*) kurzsichtig sein; (*loucher*) schielen

bigophone [bigɔfɔn] F *m* Telefon *n*; F Quasselstrippe *f*

bigorneau [bigɔʀno] *m* ⟨~x⟩ Strandschnecke *f*

big|ot [bigo] *m*, **~ote** [-ɔt] *f* Frömmler(in) *m*(*f*); Betbruder *m*, -schwester *f*

bigoterie [bigɔtʀi] *f* Bigotterie *f*; Frömmelei *f*

bigoudi [bigudi] *m* Lockenwickler *m*

▸ **bijou** [biʒu] *m* ⟨~x⟩ Schmuckstück *n*; Juwel *n*, Kleinod *n* (*a fig*); *pl* **~x** *a* Schmuck(sachen) *m*(*f/pl*)

bijouterie [biʒutʀi] *f* **1** Schmuck(waren)geschäft *n*; Juweliergeschäft *n*; **2** Schmuck(waren) *m*(*f/pl*)

bijoutier [biʒutje] *m* Juwelier *m*

bikini [bikini] *m* Bikini *m*

bilan [bilɑ̃] *m* **1** Bilanz *f* (*a fig*); *fig* ***faire le ~ de qc*** (die) Bilanz, das Fazit aus etw ziehen; **2** ***~ de santé*** Check-up *m ou n*; Generaluntersuchung *f*

bilatéral [bilateʀal] *adj* ⟨~e; -aux [-o]⟩

zweiseitig; bilateral; ***stationnement** ~* beidseitiges Parken

bile [bil] *f* **1** Galle(nflüssigkeit) *f*; **2** *fig* ***se faire de la** ~* sich Sorgen machen

biliaire [biljɛʀ] *adj* Gallen…

▸ **bilingue** [bilɛ̃g] *adj* zweisprachig

bilinguisme [bilɛ̃gɥism(ə)] *m* Zweisprachigkeit *f*

billard [bijaʀ] *m* **1** Billard(spiel) *n*; ***~ électrique*** Flipper *m*; **2** Billard(tisch) *n(m)*; F *fig* ***passer sur le** ~* F unter das Messer kommen

bille [bij] *f* **1** *(boule)* Kugel *f*; *au billard* Ball *m*; *jeu d'enfants* Murmel *f*; Klicker *m*; ***stylo** m* **(à)** ~ Kugelschreiber *m*; *fig* ***reprendre ses ~s*** nicht mehr mitmachen; abspringen; F aussteigen; **2** F *fig* → ***bouille***

▸ **billet** [bijɛ] *m* **1** *d'entrée* Eintrittskarte *f*; *pour voyager* Fahrkarte *f*, -schein *m*; ***billet d'avion*** Flugticket *n*, -schein *m*; ***billet de cinéma*** Kinokarte *f*; **2** ▸ ***billet (de banque)*** (Geld)Schein *m*; Banknote *f*; *pl* ***billets*** *a* Papiergeld *n*; ***faux billet*** falsche Banknote; F Blüte *f*; ***billet de cent euros*** Hundert-Euro-Schein *m*; **3** COMM Wechsel *m*; **4** *st/s* kurze Mitteilung; ***billet doux*** Liebesbriefchen *n*; **5** *de loterie* Los *n*; ***billet gagnant*** Gewinnlos *n*; Treffer *m*

billetterie [bijɛtʀi] *f* Geldautomat *m*

billion [biljõ] *m* Billion *f*

billot [bijo] *m* Hack-, Hauklotz *m*

bimensuel [bimɑ̃sɥɛl] *adj* ⟨~le⟩ *revue* monatlich zweimal erscheinend

bimestriel [bimɛstʀijɛl] *adj* ⟨~le⟩ *revue* alle zwei Monate erscheinend

bimillénaire [bimi(l)lenɛʀ] **I** *adj* zweitausendjährig; **II** *m* Zweitausendjahrfeier *f*

bimoteur [bimɔtœʀ] *adj* AVIAT zweimotorig

binaire [binɛʀ] *adj sc* binär

biner [bine] *v/t* JARD hacken

binette [binɛt] *f* **1** JARD Hacke *f*; **2** F Gesicht *n*; *péj* Visage *f*

bing [biŋ] *int* peng!

biniou [binju] *m* Dudelsack *m*

binocles [binɔkl(ə)] *plais m/pl* Brille *f*

bio [bjo] F *adj* ⟨*inv*⟩ Bio…; *advt* ***manger** ~* Biokost essen

biochimie [bjoʃimi] *f* Biochemie *f*

biodégradable [bjodegʀadabl(ə)] *adj* biologisch abbaubar

biographie [bjɔgʀafi] *f* Biographie *f*

▸ **biolog|ie** [bjɔlɔʒi] *f* Biologie *f*; **~ique** [-ik] *adj* biologisch; **~iste** [-ist] *m,f* Biologe, -login *m,f*

bio|rythme [bjoʀitm(ə)] *m* Biorhythmus *m*; **~sphère** *f* Biosphäre *f*

biotope [bjɔtɔp] *m* Biotop *m ou n*

bip-bip [bipbip] *m* ⟨*inv*⟩ **1** Piepton *m*; **2** *appareil* F Piepser *m*

bipède [bipɛd] *m* Zweifüßer *m*

biplace [biplas] *adj* AVIAT, AUTO zweisitzig

biplan [biplɑ̃] *m* AVIAT Doppeldecker *m*

bique [bik] F *f* **1** *zo* Ziege *f*; Geiß *f*; **2** *fig et péj* ***grande** ~* F Hopfenstange *f*; ***vieille** ~* alte Ziege, F Zicke

biqu|et [bikɛ] F *m*, **~ette** [-ɛt] F *f* Zicklein *n*

biréacteur [biʀeaktœʀ] *m* AVIAT zweistrahlige Maschine

Birmanie [biʀmani] ***la** ~* Birma *n*

bis[1] [bi] *adj* ⟨bise [biz]⟩ graubraun; ***pain** ~* Grau-, Mischbrot *n*

bis[2] [bis] **I** *adv avec un numéro* a; ***habiter au 12** ~* Nummer 12 a wohnen; ***itinéraire** m ~* Ausweichstrecke *f*, -route *f*; **II** *m* Wiederholung *f*; MUS *a* Dakapo *n*

bisaïeul(e) [bizajœl] *st/s m(f)* Urgroßvater *m*, -mutter *f*; ***bisaïeuls** m/pl* Urgroßeltern *pl*

bisannuel [bizanɥɛl] *adj* ⟨~le⟩ zweijährlich; *plante* zweijährig

bisbille [bizbij] *f* F ***être en** ~ **avec qn*** mit j-m schmollen, im Streit liegen

biscornu [biskɔʀny] F *adj* ⟨~e⟩ bizarr; wunderlich; verschroben

biscotte [biskɔt] *f* Zwieback *m*

biscuit [biskɥi] *m* **1** *(gâteau sec)* Keks *m*; ***~ de chien*** Hundekuchen *m*; **2** ***~ de Savoie*** Biskuit *n ou m*; ***~ à la cuiller*** Löffelbiskuit *n ou m*

bise[1] [biz] *f* kalter Nord(ost)wind

bise[2] F *f* Kuss *m*, Küsschen *n* (auf die Wange)

Faire la bise

Begrüßungen unter Verwandten, Freunden oder Bekannten fallen in Frankreich meist sehr herzlich aus. Man gibt sich ein, zwei oder mehr Küsschen auf die Wange.

Das nennt man **faire la bise**. Unter jungen Leuten gehören die Küsschen zur üblichen Begrüßung, auch wenn man sich gerade erst kennen lernt.
Unter Männern sind **bises** nicht üblich. Sie geben sich in der Regel nur die Hand.

biseau [bizo] *m* ⟨~x⟩ ***en*** ~ mit abgeschrägter Kante
biseauter [bizote] *v/t* abschrägen; abkanten
bisexuel [bisɛksɥɛl] *adj* ⟨~le⟩ bisexuell
bismuth [bismyt] *m* CHIM Wismut *n*
bison [bizõ] *m* **1** Bison *m*; ~ ***d'Europe*** Wisent *m*; **2** ♀ ***futé*** *Name e-s Verkehrsleitservice*
bisou [bizu] *m* F → ***bise***[2]
bisque [bisk] *f* ~ ***de homard*** Hummersuppe *f*
bisquer [biske] *v/i* F ***faire ~ qn*** j-n ärgern, F auf die Palme bringen
bissectrice [bisɛktʀis] *f* Winkelhalbierende *f*
bisser [bise] *v/t* **1** *public: artiste* zu e-r Wiederholung, zu e-m Dakapo bewegen; **2** *artiste: chanson* wiederholen; noch einmal singen
bissextile [bisɛkstil] *adj* ***année*** ~ Schaltjahr *n*
bistouri [bistuʀi] *m* Skalpell *n*
bistre [bistʀ(ə)] *adj* ⟨*inv*⟩ *ou* **bistré** [bistʀe] *adj* ⟨~e⟩ (dunkel)braun
▸ **bistro(t)** [bistʀo] *m* F Kneipe *f*
bistrotier [bistʀɔtje] F *m* Kneipenwirt *m*
bit [bit] *m* INFORM Bit *n*
bitte [bit] *f* **1** MAR Poller *m*; **2** P (*pénis*) P Pimmel *m*; P Schwanz *m*; P Riemen *m*
bitture [bityʀ] *f* F ***prendre une*** ~ F sich volllaufen lassen
bitume [bitym] *m* Bitumen *n*; Asphalt *m*
biture [bityʀ] *f* → ***bitture***
bivouac [bivwak] *m* Biwak *n*
bivouaquer [bivwake] *v/i* biwakieren
▸ **bizarre** [bizaʀ] *adj* seltsam; sonderbar; wunderlich; F komisch; bizarr
bizarrerie [bizaʀʀi] *f* Seltsamkeit *f*; Absonderlichkeit *f*
bizutage [bizytaʒ] F *m* *Mutproben für Neulinge e-r Grande École*
blablabla [blablabla] *m* F Blabla *n*
black [blak] F **I** *m,f* Schwarze(r) *f(m)*; **II** *adj* schwarz
blackbouler [blakbule] *v/t* F ***se faire*** ~ e-e Niederlage erleiden; *à un examen* durchfallen
black-out [blakawt] *m* **1** MIL Verdunk(e)lung *f*; **2** *fig* ***faire le ~ sur qc*** etw totschweigen
blafard [blafaʀ] *adj* ⟨-arde [-aʀd]⟩ fahl; bleich
blague [blag] *f* **1** Scherz *m*; Spaß *m*; Witz *m*; ***sans ~!*** im Ernst?; **2** (*farce*) Streich *m*; Ulk *m*; **3** (*erreur*) F Schnitzer *m*; **4** ~ (***à tabac***) Tabaksbeutel *m*
blagu|er [blage] F *v/i* Spaß, Witze machen; **~eur** [-œʀ] *m*, **~euse** [-øz] *f* Spaßmacher(in) *m(f)*, -vogel *m*; Witzbold *m*
blaireau [blɛʀo] *m* ⟨~x⟩ **1** ZO Dachs *m*; **2** Rasierpinsel *m*
blairer [blɛʀe] *v/t* F ***ne pas pouvoir ~ qn*** F j-n nicht riechen können
blâmable [blɑmabl(ə)] *adj* tadelnswert
blâm|e [blɑm] *m* Tadel *m*; Rüge *f*; Zurechtweisung *f*; **~er** [-e] *v/t* tadeln; rügen; zurechtweisen
▸ **blanc** [blɑ̃] **I** *adj* ⟨blanche [blɑ̃ʃ]⟩ **1** weiß; *peau a* hell; *raisin* grün; ***arme blanche*** blanke Waffe; **2** *fig* ***examen*** ~ Probeexamen *n*; ***mariage*** ~ nicht vollzogene Ehe; Scheinehe *f*; ***nuit blanche*** schlaflose Nacht; ***voix blanche*** tonlose Stimme; **3** *page* unbeschrieben; unbedruckt; leer; frei; ***bulletin*** ~ leerer Stimmzettel; **4** (*propre*) sauber; rein; *fig a* unbefleckt; unschuldig; **II** *subst* **1** *m* Weiß *n*; ***chauffer à*** ~ bis zur Weißglut erhitzen; ***tirer à*** ~ mit Übungsmunition, Platzpatronen schießen; *habillé* ***en*** ~ in Weiß; weiß; **2** ♀, ***Blanche*** *m,f* Weiße(r) *f(m)*; **3** *m* ~ (***d'œuf***) Eiweiß *n*; **4** *m de volaille* Brust *f*; weißes Fleisch; **5** *m linge* Weißwaren *f/pl*; Weißzeug *n*; *au lavage* Kochwäsche *f*; **6** *m vin* Weißwein *m*; F Weiße(r) *m*; **7** *m dans un texte* unbeschriebene, unbedruckte, freie, leere, weiße Stelle; ***chèque*** *m* ***en*** ~ Blankoscheck *m*; **8** MUS ***blanche*** *f* halbe Note
blanc-bec [blɑ̃bɛk] *m* ⟨blancs-becs⟩ Grünschnabel *m*; grüner Junge
blanchâtre [blɑ̃ʃɑtʀ(ə)] *adj* weißlich
blanche [blɑ̃ʃ] *adj et subst f* → ***blanc***
Blanche-Neige *f* Schneewittchen *n*

blancheur [blɑ̃ʃœʀ] *f* Weiße *f*; Weiß *n*
blanchiment [blɑ̃ʃimɑ̃] *m* **1** *d'un mur* Weiße(l)n *n*; **2** CUIS Abbrühen *n*; Blanchieren *n*; **3** *fig* Geldwäsche *f*
blanchir [blɑ̃ʃiʀ] **I** *v/t* **1** weiß machen; *mur, plafond* weiße(l)n; weiß tünchen; **2** CUIS abbrühen; blanchieren; **3** *fig* (*disculper*) **~ qn** j-n rein waschen; **4** *argent de la drogue* waschen; **II** *v/i cheveux* weiß werden
blanchissage [blɑ̃ʃisaʒ] *m* Waschen *n* (in der Wäscherei)
blanchiss|erie [blɑ̃ʃisʀi] *f* Wäscherei *f*; Waschanstalt *f*; **~eur** [-œʀ] *m*, **~euse** [-øz] *f* Wäscher(in) *m(f)*; Wäschereibesitzer(in) *m(f)*
blanc-seing [blɑ̃sɛ̃] *m* ⟨blancs-seings⟩ Blankounterschrift *f*
blanquette [blɑ̃kɛt] *f* **~ de veau** *Kalbfleisch in weißer Soße*
blasé [blɑze] *adj* ⟨**~e**⟩ blasiert
blaser [blɑze] *v/pr* **se ~** blasiert werden; abstumpfen (**de qc** gegen etw)
blason [blɑzõ] *m* Wappen *n*; *fig* **redorer son ~** e-e reiche Heirat machen
blasphématoire [blasfematwaʀ] *adj* gotteslästerlich; blasphemisch
blasphème [blasfɛm] *m* Gotteslästerung *f*; Blasphemie *f*
blatte [blat] *f* (Küchen)Schabe *f*
blazer [blezœʀ, bla-] *m* Blazer *m*
► **blé** [ble] *m* **1** AGR Weizen *m*; **2** F (*argent*) → **fric**
bled [blɛd] *m* F *péj* Kaff *n*; Nest *n*
blême [blɛm] *adj* bleich; (leichen)blass
blêmir [blemiʀ] *v/i* erbleichen
blennorragie [blenɔʀaʒi] *f* Tripper *m*; Gonorrhö(e) *f*
blessé [blese] **I** *adj* ⟨**~e**⟩ verletzt; *soldat* verwundet; **II ~(e)** *m(f)* Verletzte(r) *f(m)*; *soldat* Verwundete(r) *m*
► **blesser** [blese] **I** *v/t* **1** verletzen; *à la guerre* verwunden; *chaussures: qn, pied* (wund) scheuern; aufscheuern; *fig* **~ l'oreille, les yeux** den Ohren, Augen weh tun; das Ohr, das Auge beleidigen; **2** (*offenser*) verletzen; kränken; beleidigen; **II** *v/pr* **se ~** sich verletzen
► **blessure** [blesyʀ] *f* **1** Verletzung *f*; *de guerre* Verwundung *f*; (*plaie*) Wunde *f*; **2** (*offense*) Kränkung *f*; Beleidigung *f*
blet [blɛ] *adj* ⟨blette [blɛt]⟩ überreif
► **bleu** [blø] **I** *adj* ⟨**~e**⟩ **1** blau; **2** *fig* **peur ~e** schreckliche Angst; F Heidenangst *f*; **3** *bifteck* englisch; **II** *m* **1** *couleur* Blau *n*; **2** *sur la peau* blauer Fleck; **3 ~** (**de travail**) blauer Arbeitsanzug, Overall; **4 truite** *f* **au ~** Forelle *f* blau; **5** F (*débutant*) Neuling *m*; Anfänger *m*; MIL Rekrut *m*; **6** *fromage* Blauschimmelkäse *m*; **7** FOOTBALL **les** 𝔅**s** die französische Nationalmannschaft
bleuet [bløɛ] *m* Kornblume *f*
bleuir [bløiʀ] **I** *v/t* blau anlaufen lassen; **II** *v/i* blau werden, anlaufen; sich blau färben
bleuté [bløte] *adj* ⟨**~e**⟩ bläulich
blindage [blɛ̃daʒ] *m* Panzerung *f*
blindé [blɛ̃de] **I** *adj* ⟨**~e**⟩ **1** gepanzert; Panzer…; **2** F *fig* gefeit, immun (**contre** gegen); **II** *m* MIL Panzer *m*
blinder [blɛ̃de] *v/t* panzern
bloc [blɔk] *m* **1** Block *m* (*a* TECH *et fig* POL); **~ de marbre** Marmorblock *m*; **~** (**de papier à lettres**) Briefblock *m*; *serrer, visser* **à ~** fest; ganz; *fig* **en ~** en bloc; in Bausch und Bogen; im Ganzen; als Ganzes; pauschal; *fig* **faire ~** e-n Block bilden; **2** MÉD **~ opératoire** Operationstrakt *m*; **3** F (*prison*) F Knast *m*
blocage [blɔkaʒ] *m* **1** Blockierung *f*; TECH *a* Feststellen *n*; *du ballon* Stoppen *n*; Abblocken *n*; **2** *d'un compte* Sperrung *f*; Sperre *f*; **~ des prix** Preisstopp *m*; **3** PSYCH innerer Widerstand
bloc-cuisine [blɔkkɥizin] *m* ⟨blocs-cuisines⟩ Küchenblock *m*
blockhaus [blɔkos] *m* MIL Bunker *m*
bloc-notes [blɔknɔt] *m* ⟨blocs-notes⟩ Notiz-, Schreibblock *m*
blocus [blɔkys] *m* Blockade *f*
► **blond** [blõ] **I** *adj* ⟨blonde [blõd]⟩ **1** blond; **2** *bière, tabac* hell; *cigarette* aus hellem Tabak; **II** *subst* **1 ~(e)** *m(f)* Blonde(r) *f(m)*; Blondine *f*; **une fausse ~e** F e-e Wasserstoffblondine; **2** *m couleur* Blond *n*; **3 ~e** *f bière* Helle(s) *n*; **4 ~e** *f* Zigarette *f* aus hellem Tabak
blond|asse [blõdas] *adj péj* matt-, strohblond; **~eur** [-œʀ] *f* Blondheit *f*
blondin|et [blõdinɛ] *m*, **~ette** [-ɛt] *f* Blondschopf *m*
blondir [blõdiʀ] *v/i* **1** heller werden; **2** CUIS **faire ~** anbräunen
► **bloquer** [blɔke] **I** *v/t* **1** blockieren; *route a* versperren; TECH *a* feststellen; *vis,*

frein fest anziehen; FOOTBALL *ballon* (ab)stoppen; abblocken; ***rester bloqué*** stecken bleiben; festsitzen; **2** *fig projet* blockieren; *compte bancaire* sperren; *prix* einfrieren; **3** (*grouper*) zusammenlegen; **4** PSYCH ***il est bloqué*** bei ihm ist ein innerer Widerstand da; **II** *v/pr* ***se ~*** blockieren (*a freins*); klemmen

blottir [blɔtiʀ] *v/pr* ***se ~*** sich (zusammen)kauern; sich ducken; ***se ~ contre qn*** sich an j-n kuscheln, schmiegen

blouse [bluz] *f* **1** (Arbeits)Kittel *m*; Kittelschürze *f*; **2** (Damen)Bluse *f*

blouser [bluze] **I** *v/t* F reinlegen; **II** *v/i* COUT blusig fallen

blouson [bluzõ] *m* **1** Blouson *n ou m*; **2** *fig* ***~ noir*** Halbstarke(r) *m*

▸ **blue-jean** [bludʒin] *m* ⟨blue-jeans⟩ Blue Jeans *pl*

bluff [blœf] *m* Bluff *m*; Täuschung(smanöver) *f*(*n*); **~er** [-e] F *v/t et v/i* bluffen; täuschen; **~eur** [-œʀ] *m*, **~euse** [-øz] *f* Bluffer(in) *m*(*f*)

boa [bɔa] *m* Boa *f* (*a tour de cou*)

bob [bɔb] *m abr* → ***bobsleigh***

bobard [bɔbaʀ] F *m* (Lügen)Märchen *n*

bobine [bɔbin] *f* **1** Rolle *f*; Spule *f*; **2** F (*figure*) Gesicht *n*; *péj* Visage *f*

bobo [bobo] *m enf* Wehweh *n*; F *iron* Wehwehchen *n*

bobonne [bɔbɔn] *f* F *péj* Alte *f*; Olle *f*

bobsleigh [bɔbslɛg] *m* **1** Bob *m*; **2** Bobsport *m*, -fahren *n*

bocage [bɔkaʒ] *m* Knicklandschaft *f*

bocal [bɔkal] *m* ⟨-aux [-o]⟩ Glas(behälter) *n*(*m*); *à conserves* Einmach-, Weckglas *n*

Boche [bɔʃ] F *péj m,f* Deutsche(r) *f*(*m*); *injure* Scheißdeutsche(r) *f*(*m*)

bock [bɔk] *m* ***un ~*** ein kleines Bier; F ein Kleines

body [bɔdi] *m* ⟨*a* bodies⟩ Body *m*

▸ **bœuf** [bœf] *m* ⟨**~s** [bø]⟩ **1** Ochse *m*; **2** *viande* Rind-, Ochsenfleisch *n*; **3** F *adjt* ⟨*inv*⟩ F Bomben…; gewaltig; ***succès m ~*** Bombenerfolg *m*

bof [bɔf] *int* pah!; bah!; ach was!; was soll's!; (alles) egal!; null Bock!

bohème [bɔɛm] **1** *m,f* Bohemien *m*; *adjt* ***être ~*** ein Bohemeleben führen; **2** *f milieu* Boheme *f*

Bohême [bɔɛm] ***la ~*** Böhmen *n*

bohém|ien [bɔemjɛ̃] *m*, **~ienne** [-jɛn] *f* Zigeuner(in) *m*(*f*)

▸ **boire** [bwaʀ] ⟨je bois, il boit, nous buvons, ils boivent; je buvais; je bus; je boirai; que je boive, que nous buvions; buvant; bu⟩ **I** *v/t* **1** trinken; *gros animal a* saufen; *fig* ***~ les paroles de qn*** wie gebannt an j-s Mund, Lippen hängen; F *fig* ***il y a à ~ et à manger*** hier sind Gutes und Schlechtes eng miteinander verquickt; ***donner à ~ à*** zu trinken geben (+ *dat*); *au bétail* tränken (+ *acc*); **2** *abs avec excès* trinken; F saufen; **3** *buvard, sol: liquide* aufsaugen; **II** *m* Trinken *n*

▸ **bois** [bwa] *m* **1** Holz *n*; ***de ou en ~*** hölzern; Holz…; aus Holz; *fig* ***je vais lui faire voir de quel ~ je me chauffe!*** F der soll mich (noch) kennen lernen!; *fig* ***je touche du ~!*** (unberufen) toi, toi, toi!; **2** (*forêt*) Wald *m*; **3** ***~ de lit*** hölzerne Bettstelle; **4** *d'un cerf* **~** *pl* Geweih *n*; **5** MUS **~** *pl* Holz(blasinstrumente) *n*(*pl*)

bois|é [bwaze] *adj* ⟨**~e**⟩ bewaldet; **~er** [-e] *v/t* aufforsten; bewalden

boiseries [bwazʀi] *f/pl* (Holz)Täfelung *f*

▸ **boisson** [bwasõ] *f* Getränk *n*

▸ **boîte** [bwat] *f* **1** Schachtel *f*; *en carton a* Karton *m*; ***boîte postale*** (*abr* ***B.P.***) Postfach *n*; ***boîte à gants*** Handschuhfach *n*; ▸ ***boîte aux lettres*** Briefkasten *m*; ***boîte à outils, à ouvrage*** Werkzeug-, Nähkasten *m*; ***boîte d'allumettes*** Schachtel *f* Streichhölzer; Streichholzschachtel *f*; F *fig* ***mettre qn en boîte*** F j-n aufziehen, auf den Arm, auf die Schippe nehmen; **2** *en métal* Dose *f*; Büchse *f*; ***boîte à musique*** Spieldose *f*, -uhr *f*; ▸ ***boîte de conserve*** Konservenbüchse *f*, -dose *f*; ***en boîte*** Büchsen…; Dosen…; **3** AVIAT ***boîte noire*** Black Box *f*; **4** AUTO ***boîte de vitesses*** (Wechsel)Getriebe *n*; **5** F Disko *f*; ***boîte*** (***de nuit***) Nachtlokal *n*; Bar *f*; **6** ***boîte crânienne*** Gehirnschädel *m*; Hirnschale *f*; **7** F *péj* (*lieu de travail*) F (Saft)Laden *m*; (*école*) F Penne *f*

boiter [bwate] *v/i* hinken (*a fig raisonnement*); humpeln

boiteux [bwatø] *adj* ⟨-euse [-øz]⟩ **1** *personne* hinkend; humpelnd; **2** *table, chaise* wack(e)lig; **3** *fig raisonnement* hinkend; schief; *vers* holp(e)rig; *compromis* F faul; *paix* F wack(e)lig

B

boîtier [bwatje] *m* Gehäuse *n*
boitiller [bwatije] *v/i* leicht hinken
▸ **bol** [bɔl] *m* **1** (Trink)Schale *f*; *fig* ***prendre un ~ d'air*** F frische Luft tanken; sich auslüften; **2** F *fig* ***avoir du ~*** Glück, F Schwein haben
boléro [bɔleʀo] *m* **1** MUS Bolero *m*; **2** Bolero(jäckchen) *m(n)*
bolet [bɔlɛ] *m* Röhrenpilz *m*; Röhrling *m*
bolide [bɔlid] *m* Rennwagen *m*; ***arriver comme un ~*** F angesaust kommen
Bolivie [bɔlivi] ***la ~*** Bolivien *n*
bombance [bõbɑ̃s] *f* ***faire ~*** schlemmen
bombardement [bõbaʀdəmɑ̃] *m* Bombardement *n*; Bombardierung *f* (*a fig* ***de*** mit); AVIAT *a* Bombenangriff *m*; *d'obus* Beschuss *m*
▸ **bombarder** [bõbaʀde] *v/t* **1** MIL bombardieren; *d'obus* beschießen; ***ville bombardée*** *a* zerbombte Stadt; **2** *de tomates, fig de questions* bombardieren, *de tomates, etc a* bewerfen (***de*** mit); **3** F *fig* ***~ qn à un poste*** F j-n in e-e Stellung katapultieren
bombardier [bõbaʀdje] *m* Bomber *m*; Bombenflugzeug *n*
▸ **bombe** [bõb] *f* **1** Bombe *f*; ***attentat*** *m* ***à la ~*** Bombenanschlag *m*; ***éclater comme une ~, faire l'effet d'une ~*** wie e-e Bombe einschlagen; **2** CUIS ***~ glacée*** Eisbombe *f*; **3** Spray(dose) *m ou n(f)*; **4** F ***faire la ~*** tüchtig, ordentlich, F feste feiern; **5** *casquette* Reitkappe *f*
bombé [bõbe] *adj* ⟨~e⟩ gewölbt; *verre* bauchig
bomber [bõbe] **I** *v/t* **1** wölben; ***~ le torse*** (stolz) die Brust wölben, herausstrecken; **2** *slogan etc* spühen, sprayen (***sur*** auf + *acc*); **II** *v/i* F (*rouler vite*) F sausen; rasen
bombonne [bõbɔn] *f* → ***bonbonne***
bombyx [bõbiks] *m* ZO Seidenspinner *m*
▸ **bon**[1] [bõ, *adj vor Vokal u stummem h* bɔn] **I** *adj* ⟨bonne [bɔn]⟩ **1** gut; ***un bon médecin*** ein guter Arzt; ***bonnes vacances!*** schöne Ferien!; ***c'est bon*** das ist, schmeckt gut; ***bon à*** gut, geeignet zu; ***à quoi bon?*** wozu?; was nützt das (schon)?; ***il n'est bon à rien*** er taugt zu nichts, ist zu nichts nütze; ***bon en mathématiques*** gut in Mathematik; ***bon pour la santé*** gesund; gut für die Gesundheit; ***bon pour le service*** wehrdiensttauglich; **2** (*qui montre de la bonté*) gut(mütig, -herzig); gütig; lieb; *péj ou iron* (zu) gut(mütig); naiv; ***le bon Dieu*** der liebe Gott; F ***avoir qn à la bonne*** j-n gern haben, mögen; j-n gut leiden können; ***être bon*** gut(herzig), ein guter Mensch sein; **3** *quantité* gut; reichlich; ***une bonne cuillerée de sucre*** ein gehäufter Löffel Zucker; ***une bonne heure*** e-e gute, reichliche Stunde; gut (und gern) e-e Stunde; ***un bon moment*** e-e ganze, geraume Weile; ***arriver bon dernier*** weit hinter den anderen eintreffen; **4** *intensité* ***un bon rhume*** F ein tüchtiger, anständiger Schnupfen; **5** (*correct*) richtig; recht; ***la bonne clé*** der richtige Schlüssel; **6** ***une bonne histoire*** e-e lustige, amüsante Geschichte; F ***tu en as de bonnes!*** F du bist vielleicht gut, drollig!; du hast Einfälle!; ***elle est bien bonne!*** das ist wirklich gut!; F das ist ja köstlich!; **7** *int* (***c'est***) ***bon!*** *accord* (es ist) gut!; *conclusion* (na) gut!; na schön!; ***bon, bon!*** schon gut!; ***ah bon!*** ach so!; ▸ ***ah bon?*** ach was?; ach ja?; **II** *adv* ***il fait bon*** es ist angenehm warm; ***il fait bon vivre ici*** hier lässt sich's gut leben; ***sentir bon*** gut riechen; ***pour de bon*** ernstlich; wirklich; **III** *subst* **1** ***le bon*** das Gute; ***avoir du bon*** sein Gutes haben; **2** ***les bons*** *m/pl* die Guten *m/pl*; **3** ***bon*** *m* ***à rien*** Taugenichts *m*; Nichtsnutz *m*
bon[2] [bõ] *m* Gutschein *m*; Bon *m*; ***~ de commande*** Bestellschein *m*
bonasse [bɔnas] *adj* (zu) gutmütig
▸ **bonbon** [bõbõ] *m* Bonbon *m ou n*
bonbonne [bõbɔn] *f* (große) Korbflasche; Glasballon *m*
bonbonnière [bõbɔnjɛʀ] *f* **1** Bonbon-, Konfektdose *f*; Bonbonniere *f*; **2** *fig appartement* Schmuckkästchen *n*
bond [bõ] *m* Sprung *m*; Satz *m*; *fig* ***~ en avant*** Sprung nach vorn; ***d'un ~*** mit e-m Satz, Sprung; ***se lever d'un ~*** aufspringen; ***par ~s*** sprungweise; in Sprüngen; *fig prix, etc* ***faire un ~*** sprunghaft ansteigen; *fig* ***faire faux ~ à qn*** j-n versetzen, im Stich lassen
bonde [bõd] *f* **1** Abfluss(loch *n*, -öffnung *f*) *m*; *d'un tonneau* Spundloch

n; **2** (*bouchon*) Stöpsel *m*; Zapfen *m*; Spund *m*

bondé [bõde] *adj* ⟨~e⟩ überfüllt; gepfropft voll; F proppenvoll

bondieuseries [bõdjøzʀi] *f/pl* Devotionalien *pl*; *péj* religiöser Kitsch

bondir [bõdiʀ] *v/i* springen; hüpfen; *fig* **~ de joie** vor Freude bis an die Decke springen; **~ sur sa proie** sich auf s-e Beute stürzen

▸ **bonheur** [bɔnœʀ] *m* Glück *n*; **au petit ~** (**la chance**) auf gut Glück; aufs Geratewohl; **par ~** zum Glück; glücklicherweise; **faire le ~ de qn** j-n glücklich machen

bonhomie [bɔnɔmi] *f* Gutmütigkeit *f*; Biederkeit *f*

bonhomme [bɔnɔm] *m* ⟨bonshommes [bõzɔm]⟩ **1** F **un ~** ein Mann *m*; F ein Mannsbild *n*; **petit ~** kleiner Junge; F kleiner Mann; *fig* **aller son petit ~ de chemin** ruhig, unbeirrt s-n Weg gehen; **2** Männchen *n*; **~ de neige** Schneemann *m*; **3** *adjt* ⟨~s⟩ *air* gutmütig; bieder

boniche [bɔniʃ] *f* → **bonniche**

bonification [bɔnifikasjõ] *f* **1** COMM Bonifikation *f*; **2** SPORTS Bonus *m*; Punktvorteil *m*

bonifier [bɔnifje] **I** *v/t* verbessern; **II** *v/pr* **se ~** *vin* besser werden; *fig caractère* sich bessern

boniment [bɔnimɑ̃] *m* **1** F (Lügen)Märchen *n*; **2** *camelot* **faire du ~** s-e Ware wortreich, F mit viel Tamtam anpreisen

bonjour [bõʒuʀ] *m* **~!** guten Tag!; guten Morgen!; *südd* grüß Gott!; F **donner le ~ à qn** (**de la part de qn**) j-m e-n Gruß (von j-m) ausrichten, bestellen; **simple comme ~** ganz, höchst einfach; kinderleicht

bonne [bɔn] *f* Hausgehilfin *f*; Dienstmädchen *n*; **~ d'enfants** Kindermädchen *n*

bonnement [bɔnmɑ̃] *adv* **tout ~** ganz einfach

bonnet [bɔnɛ] *m* **1** Mütze *f*; Kappe *f*; Haube *f*; F *fig* **gros ~** F hohes Tier; Bonze *m*; **~ de bain** Badekappe *f*, -mütze *f*; **~ de nuit** Schlaf-, Nachtmütze *f*; *fig* Griesgram *m*; F Sauertopf *m*; *fig* **avoir la tête près du ~** ein Hitzkopf sein; rasch aufbrausen; *fig* **c'est ~ blanc et blanc ~** F das ist Jacke wie Hose, gehupft wie gesprungen; **2** *de soutien-gorge* Körbchen *n*; Schale *f*; Cup *m*

bonneterie [bɔnɛtʀi] *f* Wirk- und Strickwaren *f/pl*; Trikotagen *f/pl*

bonniche [bɔniʃ] *péj f* Dienstmädchen *n*; F Minna *f*

bonsoir [bõswaʀ] *m* **~!** guten Abend!

bonté [bõte] *f* **1** Güte *f*; **2 ~s** *pl* erwiesene Freundlichkeit(en) *f(pl)*

bonus [bɔnys] *m* Bonus *m*; Schadenfreiheitsrabatt *m*

bonze [bõz] *m* REL, *fig* Bonze *m*

bookmaker [bukmɛkœʀ] *m* Buchmacher *m*

boom [bum] *m* ÉCON Boom *m*; *fig* **~ touristique** Touristen-, Reiseboom *m*

boomerang [bumʀɑ̃g] *m* Bumerang *m* (*a fig*); *fig* **faire ~** sich als Bumerang erweisen

borborygmes [bɔʀbɔʀigm(ə)] *m/pl* Magenknurren *n*

▸ **bord** [bɔʀ] *m* **1** Rand *m*; *d'un chapeau* Krempe *f*; (*arête*) Kante *f*; (*rive*) Ufer *n*; **bord de la route** Straßenrand *m*; **bord du trottoir** Bordsteinkante *f*; **au bord de** am Rand(e) (+ *gén*) (*a fig*); **au bord de la mer** am Meer; an der See; *fig* **au bord des larmes** den Tränen nahe; *fig* **être un peu** (+ *adj*) **sur les bords** (so) ein bisschen, leicht (+ *adj*) sein; **2** MAR, AVIAT Bord *m*; ▸ **à bord** (**de**) an Bord (+ *gén*); **monter à bord** an Bord gehen; *fig* **être du même bord** Gesinnungsgenossen sein; im gleichen Lager stehen

bordeaux [bɔʀdo] *m* **1** Bordeaux(wein) *m*; **2** *adjt* ⟨*inv*⟩ bordeaux-, weinrot

bordée [bɔʀde] *f* MAR MIL Breitseite *f*; *fig* **~ d'injures** Schimpfkanonade *f*

bordel [bɔʀdɛl] *m* **1** P (*maison de prostitution*) Bordell *n*; P Puff *m ou n*; **2** F *fig* heilloses Durcheinander; Chaos *n*; P Saustall *m*; **3** *int* P **~!** F verdammter Mist!; P Scheiße!

bordelais [bɔʀdəlɛ] *adj* ⟨-aise [-ɛz]⟩ von Bordeaux

bordélique [bɔʀdelik] F *adj* F schlampig

border [bɔʀde] *v/t* **1** (ein)säumen; einfassen (*a* COUT; **de** mit); **2 ~ un lit** das Überschlaglaken und die Decke (unter die Matratze) einschlagen; **~ qn** j-n zudecken

bordereau [bɔʀdəʀo] *m* ⟨~x⟩ Aufstellung *f*; Verzeichnis *n*

bordure [bɔʀdyʀ] *f* **1** Einfassung *f*; Umrandung *f*; Rand *m*; ***en ~ de*** am Rand (+ *gén*); **2** COUT Bordüre *f*; Borte *f*

boréal [bɔʀeal] *adj* ⟨~e; -aux [-o]⟩ nördlich; Nord…

borgne [bɔʀɲ] *adj* **1** einäugig; **2** *fig* (*mal famé*) verrufen; anrüchig

borne [bɔʀn] *f* **1** Grenzstein *m*; *par ext* Markierungsstein *m*; Steinpfosten *m*; ***~ kilométrique*** Kilometerstein *m*; **2** ***~ d'appel*** (Not)Rufsäule *f*; ***~ d'incendie*** Überflurhydrant *m*; **3** *fig* **~*s*** *pl* Grenzen *f/pl*; ***sans ~s*** grenzenlos; ***dépasser les ~s*** zu weit gehen; alle Grenzen überschreiten; **4** F Kilometer *m*; **5** ÉLECT (Anschluss)Klemme *f*

borné [bɔʀne] *adj* ⟨~e⟩ engstirnig; borniert; F kleinkariert

borner [bɔʀne] **I** *v/t* begrenzen (*a fig*); **II** *v/pr* ***se ~ à qc*** sich auf etw (*acc*) beschränken

bosniaque [bɔsnjak] **I** *adj* bosnisch; **II** ♀ *m,f* Bosnier(in) *m(f)*

Bosnie(-Herzégovine) [bɔsni(ɛʀzegɔvin)] ***la ~*** Bosnien(-Herzegowina) *n*

bosquet [bɔskɛ] *m* Wäldchen *n*; Baumgruppe *f*

boss [bɔs] *m* F Boss *m*

bosse [bɔs] *f* **1** *due à un choc* Beule *f*; **2** *d'un bossu* Buckel *m*; F Höcker *m*; F *fig* ***rouler sa ~*** weit herumkommen; **3** *de terrain* Buckel *m*; **4** *d'un chameau*, ANAT Höcker *m*; F *fig* ***avoir la ~ de qc*** begabt für etw sein

bosser [bɔse] F **I** *v/t examen* büffeln für; **II** *v/i* F werke(l)n; *p/fort* F schuften

boss|eur [bɔsœʀ] *m*, **~*euse*** [-øz] *f* F Arbeitstier *n*

bossu [bɔsy] **I** *adj* ⟨~e⟩ buck(e)lig; *par ext* ***être ~*** e-n krummen Rücken machen; **II** **~*(e)*** *m(f)* Bucklige(r) *f(m)*; F ***rire comme un ~*** F sich schieflachen; F sich e-n Ast lachen

bot [bo] *adj* ***pied ~*** Klumpfuß *m*

botan|ique [bɔtanik] **I** *adj* botanisch; **II** *f* Botanik *f*; Pflanzenkunde *f*; **~*iste*** [-ist] *m,f* Botaniker(in) *m(f)*

▸ **botte** [bɔt] *f* **1** *de radis, etc* Bund *n*; **2** *chaussure* Stiefel *m*; *fig* ***sous la ~ de*** unter der Gewaltherrschaft (+ *gén*); **3** ESCRIME Stoß *m*; *fig* ***~ secrète*** Geheimwaffe *f*

botter [bɔte] *v/t* **1** F ***~ le derrière à qn*** F j-m e-n Tritt in den Hintern geben; **2** F ***ça me botte*** das sagt mir zu, gefällt mir

bottillon [bɔtijõ] *m* Halbstiefel *m*; Stiefelette *f*

bottin [bɔtɛ̃] *m* Telefonbuch *n*

bottine [bɔtin] *f* Damenhalbstiefel *m*; Stiefelette *f*

bouc [buk] *m* **1** Ziegenbock *m*; **2** *fig* Spitzbart *m*

boucan [bukɑ̃] F *m* Krach *m*; Lärm *m*; F Radau *m*; F Spektakel *m*

▸ **bouche** [buʃ] *f* **1** Mund *m*; *fig* ***~ inutile*** unnützer Esser; ***la ~ en cœur*** mit unschuldsvoller Miene; ***de ~ à oreille*** von Mund zu Mund; *subst* ***le ~ à oreille*** die Mundpropaganda; *fig* ***en avoir plein la ~*** immer wieder darauf zu sprechen kommen; ***avoir toujours qc à la ~*** ständig von etw reden; *un mot* ständig im Mund führen; *fig* ***faire la fine ~*** sehr wählerisch sein; ***garder qc pour la bonne ~*** etw (*das Beste*) bis zuletzt aufheben; **2** *de certains animaux* Maul *n*; **3** (*ouverture*) Öffnung *f*; ***~ d'aération*** Luftschacht *m*; ***~ d'égout*** Gully *m ou n*; ***~ d'incendie*** Hydrant *m*; ***~ de métro*** U-Bahn-Eingang *m*

bouché [buʃe] *adj* ⟨~e⟩ **1** *bouteille* verkorkt; zugekorkt; **2** *route, tuyau, nez* verstopft; **3** *temps* trüb(e); *ciel* grau; verhangen; **4** F *fig* (*bête*) beschränkt; F vernagelt

bouche-à-bouche [buʃabuʃ] *m* ⟨*inv*⟩ Mund-zu-Mund-Beatmung *f*; Atemspende *f*

bouchée [buʃe] *f* **1** Bissen *m*; *fig* ***pour une ~ de pain*** F für ein Butterbrot; F für e-n Apfel und ein Ei; *fig* ***ne faire qu'une ~ de qn*** leicht mit j-m fertig werden; *fig* ***mettre les ~s doubles*** doppelt so schnell arbeiten; **2** ***~ à la reine*** Königinpastete *f*; **3** (*chocolat*) Praline *f*

▸ **boucher**[1] [buʃe] **I** *v/t* **1** *ouverture* zu-, verstopfen; *bouteille* zu-, verkorken; *fig* ***~ un trou*** ein Loch stopfen; **2** *passage, route* versperren; blockieren; ***~ la vue à qn*** j-m die Sicht versperren, nehmen; **II** *v/pr* **3** ***se ~ le nez*** sich die Nase zuhalten; *fig* ***se ~ les oreilles*** nicht(s) hören wollen; **4** *lavabo* ***se ~*** verstopfen

▸ **boucher**[2] [buʃe] *m* **1** Fleischer *m*; Metzger *m*; Schlachter *m*; *österr* Fleischhauer *m*; **2** *fig* Bluthund *m*; (*chirurgien maladroit*) Metzger *m*

▸ **bouchère** [buʃɛʀ] *f* Fleischersfrau *f*

▸ **boucherie** [buʃʀi] *f* **1** Fleischerei *f*; Metzgerei *f*; Schlachterei *f*; **2** *fig* Gemetzel *n*; Blutbad *n*; **~-charcuterie** *f* ⟨boucheries-charcuteries⟩ Fleisch- und Wurstwarengeschäft *n*
bouche-trou [buʃtʀu] *m* ⟨bouche-trous⟩ Lückenbüßer *m*; *chose a* Füller *m*
▸ **bouchon** [buʃõ] *m* **1** Verschluss(kappe) *m(f)*; *d'une bouteille* Korken *m*; Pfropfen *m*; Stopfen *m*; Stöpsel *m*; **2** *de circulation* (Verkehrs)Stau *m*; **3** PÊCHE Schwimmer *m*; Floß *n*
bouchonner [buʃɔne] *v/i* F ***ça bouchonne*** es bilden sich Staus
boucle [bukl(ə)] *f* **1** *de ceinture* Schnalle *f*; Schließe *f*; **2** ***~ d'oreille*** Ohrring *m*; **3** *de cheveux* (Ringel)Locke *f*; **4** *(courbe quasi fermée)* Schleife *f* (*a* INFORM)
bouclé [bukle] *adj* ⟨~e⟩ lockig; gelockt
boucler [bukle] **I** *v/t* **1** *ceinture* zuschnallen; ***~ sa valise*** s-e, die Koffer packen; **2** F *porte, etc* zumachen; schließen; F *personne* einsperren; *police: quartier* abriegeln; F *fig* ***boucle-la!*** F halt die Klappe!; **3** *circuit* (durch)laufen, (-)fahren; *fig travail* abschließen; *fig* ***~ la boucle*** die Sache zu Ende führen; den Kreis schließen; *fig* ***~ son budget*** F über die Runden kommen; **4** *cheveux* zu Locken drehen; **II** *v/i cheveux* sich locken; sich ringeln; **III** *v/pr* F ***se ~ dans sa chambre*** sich in sein *ou* in s-m Zimmer einschließen
bouclette [buklɛt] *f* Löckchen *n*
bouclier [buklije] *m* Schild *m*; *fig a* Schutzschild *m*
bouddh|isme [budism(ə)] *m* Buddhismus *m*; **~iste** [-ist] *m,f* Buddhist(in) *m(f)*
bouder [bude] **I** *v/t* ***~ qn*** mit j-m schmollen; ***~ qc*** etw meiden; e-r Sache (*dat*) aus dem Weg gehen; **II** *v/i* schmollen
bouderie [budʀi] *f* Schmollen *n*
boudeur [budœʀ] *adj* ⟨-euse [-øz]⟩ schmollend
boudin [budɛ̃] *m* **1** Blutwurst *f*; ***~ blanc*** Weißwurst *f*; **2** *fig (bourrelet)* Wulst *m*; Rolle *f*; **3** *fig* ***~s*** *pl* F Wurstfinger *m/pl*; **4** F *péj d'une fille* F Pummel *m*
boudiné [budine] *adj* ⟨~e⟩ **1** ***être ~*** (in ein Kleidungsstück) eingezwängt sein; **2** ***doigts ~s*** F Wurstfinger *m/pl*
boudoir [budwaʀ] *m* **1** Boudoir *n*; **2** Löffelbiskuit *n ou m*
▸ **boue** [bu] *f* Schlamm *m* (*a* GÉOL); Schmutz *m*; Morast *m*; F Dreck *m*; *fig* ***traîner dans la ~*** in den Schmutz, Dreck ziehen
bouée [bwe] *f* Boje *f*; ***~ de sauvetage*** Rettungsring *m*; *fig* (letzte) Rettung
boueux [buø, bwø] **I** *adj* ⟨-euse [-øz]⟩ schmutzig; schlammig; morastig; **II** *m* F Müllmann *m*
bouffant [bufɑ̃] *adj* ⟨-ante [-ɑ̃t]⟩ bauschig; *cheveux* füllig
bouffe [buf] F *f* Essen *n*; *péj* P Fressen *n*
bouffée [bufe] *f* **1** *en inspirant* Zug *m*; *en expirant* Hauch *m*; **2** *d'air* Lufthauch *m*, -zug *m*; Schwall *m*; *d'odeurs* Dunstwolke *f*; Schwaden *m*; MÉD ***~ de chaleur*** Hitzewallung *f*; fliegende Hitze; **3** *fig* ***une ~ d'orgueil*** e-e Anwandlung von Stolz
bouffer[1] [bufe] *v/i* sich bauschen
bouffer[2] F **I** *v/t* essen (*a abs*); *péj* P fressen (*a* F *fig*); **II** *v/pr* ***se ~ le nez*** F sich in den Haaren liegen
bouffi [bufi] *adj* ⟨~e⟩ (auf)gedunsen; aufgeschwemmt; *yeux* verschwollen; verquollen; *fig* ***~ d'orgueil*** aufgeblasen
bouffon [bufõ] *m* Possenreißer *m*; Spaßmacher *m*; ***~ (du roi)*** Hofnarr *m*
bouffonnerie [bufɔnʀi] *f* **1** Possenhaftigkeit *f*; **2** ***~s*** *pl* derbe Späße *m/pl*; Possen *m/pl*
bouge [buʒ] *m péj* Spelunke *f*
bougeoir [buʒwaʀ] *m* (Kerzen)Leuchter *m* mit Griff
bougeotte [buʒɔt] *f* F ***avoir la ~*** **a)** F kein Sitzfleisch haben; *enfant a* ein Zappelphilipp sein; **b)** sehr reiselustig sein
▸ **bouger** [buʒe] ⟨-ge-⟩ **I** *v/t* bewegen; *objet* (ver)rücken; *adjt photo* ***bougé*** verwackelt; **II** *v/i* **1** sich bewegen; sich rühren; sich regen; *dent, manche* wackeln; **2** F ***ne pas ~*** nichts unternehmen; F sich nicht rühren, regen; *prix* stabil bleiben; **3** POL in Bewegung geraten; aktiv werden; ***ça bouge*** es gärt; **III** *v/pr* F ***se ~*** → *II 1*
▸ **bougie** [buʒi] *f* **1** Kerze *f*; **2** AUTO Zündkerze *f*
bougnoul [buɲul] F *péj m* Araber *m*
bougon [bugõ] *adj* ⟨-onne [-ɔn]⟩ mürrisch; F brummig
bougonner [bugɔne] *v/i* murren; brummen

B

bougre [bugʀ(ə)] F *m* **1** F Kerl *m*; ***un pauvre ~*** ein armer Kerl, Teufel; **2** *péj* ***~ d'idiot*** du Idiot

bougresse [bugʀɛs] *f* F *péj* Weib(sbild) *n*

boui-boui [bwibwi] *m* ⟨bouis-bouis⟩ F mieses Lokal; F miese Kneipe

bouillabaisse [bujabɛs] *f provenzalisches Fischgericht*

bouillant [bujɑ̃] *adj* ⟨-ante [-ɑ̃t]⟩ kochend (heiß)

bouille [buj] F *f* Gesicht *n*; ***avoir une bonne ~*** sympathisch, nett aussehen

bouilleur [bujœʀ] *m* Branntweinbrenner *m*; ***~ de cru*** privater Eigenbrenner

bouillie [buji] *f* Brei *m*; ***en ~*** zu Brei, Mus zerkocht; F *fig* zerquetscht

▸ **bouillir** [bujiʀ] ⟨je bous, il bout, nous bouillons; je bouillais; je bouillis; je bouillirai; que je bouille; bouillant; bouilli⟩ **I** F *v/t* (ab)kochen; **II** *v/i* kochen (*a fig*); *liquide a* sieden; *fig* ***~ de colère*** vor Zorn kochen; *fig* ***~ d'impatience*** vor Ungeduld vergehen; ***faire ~*** (ab)kochen; *eau, lait a* abkochen; *tétine, etc* auskochen

bouilloire [bujwaʀ] *f* Wasser-, Teekessel *m*

bouillon [bujõ] *m* **1** Brühe *f*; ***~ gras*** Fleischbrühe *f*; Bouillon *f*; F *iron* ***~ d'onze heures*** Gifttrank *m*; F *fig* ***boire un ~*** Wasser schlucken; *fig* viel Geld einbüßen; **2** ***~ de culture*** BIOL Nährlösung *f*; *fig* Nährboden *m*; **3** ***~s*** *pl* (Dampf)Blasen *f/pl*; ***bouillir à gros ~s*** sprudeln; brodeln

bouillonner [bujɔne] *v/i* **1** sprudeln; brodeln; (auf)wallen; **2** *fig* brodeln

bouillotte [bujɔt] *f* Wärm-, Bettflasche *f*

▸ **boulanger** [bulɑ̃ʒe] *m* Bäcker *m*

▸ **boulangère** [bulɑ̃ʒɛʀ] *f* Bäckersfrau *f*

▸ **boulangerie** [bulɑ̃ʒʀi] *f* Bäckerei *f*; Bäckerladen *m*; ***~-pâtisserie*** *f* ⟨boulangeries-pâtisseries⟩ Bäckerei *f* und Konditorei *f*; Brot- und Feinbäckerei *f*

▸ **boule** [bul] *f* **1** Kugel *f*; ***~ puante*** Stinkbombe *f*; ***~ de neige*** Schneeball *m*; *fig* ***faire ~ de neige*** lawinenartig anwachsen, um sich greifen; ***en ~*** kugelförmig; F *fig* ***se mettre en ~*** F in die Luft gehen; *fig* ***avoir une ~ dans la gorge*** e-n Kloß im Hals haben; **2** ***jeu m de ~s*** Boule(spiel) *n ou f(n)*; ***jouer aux ~s*** Boule *ou* Boccia spielen; **3** F *fig (tête)* Kopf *m*; ***perdre la ~*** F durchdrehen; F *fig* ***avoir les ~s*** F genervt sein; F ausrasten

bouleau [bulo] *m* ⟨~x⟩ Birke *f*

bouledogue [buldɔg] *m* Bulldogge *f*

boulet [bulɛ] *m* **1** Kanonenkugel *f*; *fig* ***tirer sur qn à ~s rouges*** j-n heftig angreifen; **2** HIST *des bagnards* Eisenkugel *f*; *fig* ***traîner un ~*** e-n Klotz am Bein haben

boulette [bulɛt] *f* **1** Kügelchen *n*; **2** ***~ (de viande)*** Fleischklößchen *n*; Frikadelle *f*; **3** F *fig* ***faire une ~*** F e-n Schnitzer machen; F e-n Bock schießen

▸ **boulevard** [bulvaʀ] *m* **1** breite (Ring-)Straße; Boulevard *m*; **2** ***théâtre*** *m* ***de ~*** Boulevardtheater *n*

bouleversement [bulvɛʀsəmɑ̃] *m* **1** Umwälzung *f*; tiefgreifende Veränderung *f*; **2** *d'une personne* Erschütterung *f*

bouleverser [bulvɛʀse] *v/t* **1** völlig durcheinander bringen; *par ext* grundlegend, tiefgreifend verändern; **2** ***~ qn*** j-n erschüttern

boulim|ie [bulimi] *f* Heißhunger *m* (*a fig* ***de*** auf + *acc*); MÉD Bulimie *f*; ***~ique*** *adj* [-ik] heißhungrig

bouliste [bulist] *m* Boulespieler *m*

boulon [bulõ] *m* Schraube(nbolzen) *f(m)* (mit Mutter)

boulonner [bulɔne] **I** *v/t* ver-, zusammenschrauben; **II** F *v/i* arbeiten

▸ **boulot** [bulo] *m* F **1** Arbeit *f*; F Job *m*; ***vivre de petits ~s*** F herumjobben; **2** *adjt* ⟨*inv*⟩ ***être ~ ~*** nichts als s-e Arbeit kennen

boulotte [bulɔt] *adj f* F pummelig

boulotter [bulɔte] F *v/t* essen; F futtern

boum [bum] **I** *int* bum!; peng!; *chute a* bums!; plumps!; **II** *subst* **1** *m* Bums *m*; Plumps *m*; **2** *fig* ***être en plein ~*** alle Hände voll zu tun haben; **3** F *f* Party *f*; F Fete *f*

boumer [bume] *v/i* F ***ça boume?*** alles in Ordnung?; F alles o.k.?

▸ **bouquet** [bukɛ] *m* **1** (Blumen)Strauß *m*; *st/s* Bukett *n*; **2** CUIS ***~ garni*** Petersilie, Thymian und Lorbeerblätter; **3** *d'un vin* Bukett *n*; Blume *f*; **4** F ***c'est le ~!*** F das ist doch der Gipfel, die Höhe!; **5** ZO rosa Garnele *f*

bouquetin [buktɛ̃] *m* Steinbock *m*

bouquin [bukɛ̃] F *m* Buch *n*; F Schmöker *m*
bouquin|er [bukine] *v/i* F schmökern; **~iste** [-ist] *m,f* Bouquinist(in) *m(f)* (*Straßenbuchhändler am Seineufer*)
bourbeux [buʀbø] *adj* ⟨-euse [-øz]⟩ morastig; schlammig
bourbier [buʀbje] *m* **1** Schlammloch *n*; **2** *fig* üble Lage; F Klemme *f*
bourde [buʀd] *f* (grober) Fehler, F Schnitzer; (große) Dummheit
bourdon [buʀdõ] *m* **1** ZO Hummel *f*; ***faux ~*** Drohne *f*; **2** F ***avoir le ~*** deprimiert, F down sein; **3** große Glocke
bourdonnement [buʀdɔnmɑ̃] *m* **1** *d'insectes* Summen *n*; Gesumm *n*; **2** *d'un moteur* Brummen *n*; **3** *de voix* (dumpfes) Stimmengewirr; **4** ***~ d'oreilles*** Ohrensausen *n*
bourdonner [buʀdɔne] *v/i* **1** summen; brummen; **2** ***avoir les oreilles qui bourdonnent*** Ohrensausen haben
bourg [buʀ] *m ou* **bourgade** [buʀgad] *f* Marktflecken *m*
bourge [buʀʒ] *m,f* F *abr* (*bourgeois*) *péj* Besitzbürger *m*
bourgeois [buʀʒwa] **I** *adj* ⟨-oise [-waz]⟩ **1** bürgerlich; **2** *péj* spieß-, kleinbürgerlich; spießig; **II** *subst* **1** **~(*e*)** *m(f)* Bürger(in) *m(f)*; ***grands, petits ~*** Groß-, Kleinbürger *m/pl*; **2** *m péj* Spieß-, Kleinbürger *m*; Spießer *m*; Bourgeois *m*
bourgeoisie [buʀʒwazi] *f* Bürgertum *n*; Bourgeoisie *f*
bourgeon [buʀʒõ] *m* Knospe *f*; Auge *n*
bourgeonner [buʀʒɔne] *v/i* **1** Knospen treiben; knospen; ausschlagen; **2** *visage* Pickel bekommen
Bourgogne [buʀgɔɲ] **1** ***la ~*** Burgund *n*; **2** ♀ *m* Burgunder(wein) *m*
bourguignon [buʀgiɲõ] **I** *adj* ⟨-onne [-ɔn]⟩ burgundisch; **II** ♀(***ne***) *m(f)* Burgunder(in) *m(f)*
bourlingu|er [buʀlɛ̃ge] *v/i* ein unstetes, abenteuerliches Leben führen; **~eur** [-œʀ] *m* Abenteurernatur *f*
bourrade [buʀad] *f* Klaps *m*; (leichter) Puff; Rippenstoß *m*
bourrage [buʀaʒ] *m* ***~ de crâne*** POL propagandistische, ideologische Bearbeitung; *scolaire* F Einpaukerei *f*
bourrasque [buʀask] *f* jäher, heftiger Stoß; (Wind)Bö(e) *f*

bourratif [buʀatif] *adj* ⟨-ive [-iv]⟩ sehr sättigend; ***être ~ a*** stopfen
bourre [buʀ] *f* **1** TEXT Faserabfälle *m/pl*; **2** F ***être à la ~*** spät dran sein
bourré [buʀe] *adj* ⟨~e⟩ **1** gestopft voll; ***~ de*** voll gestopft mit; voller (+ *subst*); **2** F (*ivre*) F voll; F blau
bourreau [buʀo] *m* ⟨~x⟩ **1** Henker *m*; Scharfrichter *m*; **2** *fig* Peiniger *m*; *plais* ***~ des cœurs*** Herzensbrecher *m*; ***~ d'enfants*** Rabenmutter *f ou* -vater *m*; ***~ de travail*** Arbeitstier *n*
bourrelet [buʀlɛ] *m* **1** Wulst *m ou f*; ***~ (de graisse)*** Fettpolster *n*; Speckfalte *f*; **2** Dichtungsband *n*, -streifen *m*
bourrer [buʀe] **I** *v/t* **1** voll stopfen, voll pfropfen (***de*** mit); *fig* ***~ qn de coups*** j-n tüchtig verprügeln; **2** *pipe* stopfen; *coussin* füllen; *fig* ***~ le crâne de qn*** POL j-n propagandistisch bearbeiten; *à l'école* j-n mit reinem Faktenwissen voll stopfen; **II** *v/i aliment* stopfen; **III** *v/pr* ***se ~*** sich voll stopfen (***de*** mit)
bourriche [buʀiʃ] *f* (länglicher) Korb (ohne Henkel)
bourrichon [buʀiʃõ] *m* F ***se monter le ~*** sich etwas vormachen
bourricot [buʀiko] *m* (kleiner) Esel
bourrin [buʀɛ̃] *m* F Gaul *m*
bourrique [buʀik] *f* Esel *m* (*a* F *fig*); ***faire tourner qn en ~*** F j-n wahnsinnig machen
bourru [buʀy] *adj* ⟨~e⟩ **1** bärbeißig; unwirsch; **2** ***vin ~*** Federweiße(r) *m*
bourse [buʀs] *f* **1** Geldbeutel *m*; (Geld-)Börse *f*; *fig* ***sans ~ délier*** ohne e-n Pfennig auszugeben; **2** ***~ (d'études)*** Stipendium *n*; **3** ANAT ***~s*** *pl* Hodensack *m*
Bourse [buʀs] *f* **1** Börse *f*; **2** ***~ du travail*** Gewerkschaftshaus *n*
boursicoter [buʀsikɔte] *v/i* kleine Börsengeschäfte machen
boursier [buʀsje] **I** *adj* ⟨-ière [-jɛʀ]⟩ Börsen…; **II** **~, *boursière*** *m,f* Stipendiat(in) *m(f)*
boursoufl|é [buʀsufle] *adj* ⟨~e⟩ **1** (an-, auf)geschwollen; **2** *fig style* schwülstig; geschwollen *n*; **~ure** [-yʀ] *f* Schwellung *f*; (*cloque*) Blase *f*
bousculade [buskylad] *f* **1** Gedränge *n*; F Drängelei *f*; **2** Eile *f*; Hast *f*
bousculer [buskyle] **I** *v/t* **1** (*pousser*) (an)stoßen; F schubsen; *p/fort* zur Seite stoßen; (*renverser*) umstoßen; **2** (*pres-*

ser) hetzen; drängen; antreiben; **3** *fig traditions, etc* ins Wanken bringen; erschüttern; **II** *v/pr* **4** ***se ~*** sich drängen, stoßen, F schubsen, F drängeln; **5** *fig idées* ***se ~ dans la tête de qn*** j-m im Kopf herumschwirren

bous|e [buz] *f* **~** (***de vache***) Kuhfladen *m*; **~eux** [-ø] *m* F *péj* Mistbauer *m*

bousiller [buzije] F *v/t* **1** *travail* F hinschludern, -pfuschen; **2** *mécanisme* F kaputtmachen; **3** (*tuer*) F abmurksen

boussole [busɔl] *f* (Magnet)Kompass *m*; F *fig* ***perdre la ~*** den Kopf verlieren

boustifaille [bustifaj] F *f* Essen *n*; F Fressalien *pl*; *péj* P Fressen *n*

▸ **bout**[1] [bu] *m* **1** (*extrémité*) Ende *n*; Spitze *f*; *d'une cigarette* Mundstück *n*; ***bout du doigt, de la langue, du nez*** Finger-, Zungen-, Nasenspitze *f*; *fig* ***connaître, savoir qc sur le bout des doigts*** etw inund auswendig kennen; etw aus dem Effeff können; ***avoir un mot sur le bout de la langue*** ein Wort auf der Zunge haben; *fig* ***mener qn par le bout du nez*** j-n gängeln; j-n nach s-r Pfeife tanzen lassen; ***bout à bout*** [butabu] aneinander; zusammen; ***à bout de bras*** mit ausgestreckten Armen; ***à tout bout de champ*** alle Augenblicke; F alle nase(n)lang; ***au bout de*** am Ende (+ *gén*); → *2*; ***de bout en bout, d'un bout à l'autre*** von Anfang bis Ende; von A bis Z; *fig* ***aller jusqu'au bout*** nicht auf halbem Wege stehen bleiben; ***être à bout*** (*fatigué*) am Ende (s-r Kräfte), F vollkommen fertig sein; (*exaspéré*) wütend, erbost sein; ***être à bout de qc*** mit etw am Ende sein; *fig* ***joindre les deux bouts*** mit s-m Geld gerade so aus-, hinkommen; F über die Runden kommen; ***pousser qn à bout*** j-n aufbringen, F auf die Palme bringen; ***venir à bout de*** fertig werden mit; **2** (*terme*) Ende *n*; ▸ ***au bout de*** nach (+ *dat*); nach Ablauf von (*ou* + *gén*); **3** (*morceau*) Stück *n*; F Ende *n*; CIN ***bout d'essai*** Probeaufnahme *f*; ***un petit bout de femme*** ein kleines Persönchen; ***un bout de papier*** ein Stück Papier; ein Zettel *m*; ***bout de rôle*** kleine Rolle; Nebenrolle *f*; ***depuis un bon bout de temps*** seit geraumer Zeit; seit e-r ganzen Weile; F ***en connaître un bout*** etwas davon verstehen; ***ça fait un bout jusque là*** es ist ein ganz schönes Stück, F ein ganzes Ende bis dorthin; F ***manger un bout*** e-e Kleinigkeit, F e-n Happen essen; F *fig* ***mettre les bouts*** F abhauen

bout[2] → ***bouillir***

boutade [butad] *f* (geistvoller) Scherz; Scherzwort *n*

boute-en-train [butɑ̃tʀɛ̃] *m* ⟨*inv*⟩ F Stimmungskanone *f*

▸ **bouteille** [butɛj] *f* Flasche *f*; *vin* ***une bonne ~*** ein edler Tropfen; ***~ à la mer*** Flaschenpost *f*; *adjt* ***vert ~*** ⟨*inv*⟩ flaschengrün; ***mettre en ~s*** in Flaschen (ab)füllen; F *fig* ***prendre de la ~*** älter werden; altern

▸ **boutique** [butik] *f* **1** Laden *m*; ***~ de mode*** Boutique *f*; ***fermer ~*** sein Geschäft aufgeben; **2** F *péj* (Saft)Laden *m*

boutiqu|ier [butikje] *m*, **~ière** [-jɛʀ] *f* Ladeninhaber(in) *m(f)*; *péj* Krämer *m*

▸ **bouton** [butõ] *m* **1** BOT Knospe *f*; **2** *sur la peau* Pickel *m*; ***~ de fièvre*** Fieberbläschen *n*; **3** COUT Knopf *m*; **4** TECH (Bedienungs)Knopf *m*; ***~ de porte*** Türknauf *m*, -knopf *m*

bouton-d'or [butõdɔʀ] *m* ⟨boutons-d'or⟩ Butterblume *f*; Hahnenfuß *m*

boutonner [butɔne] **I** *v/t* zuknöpfen; **II** *v/pr* ***se ~*** **1** s-e Jacke, s-n Mantel *etc* zuknöpfen; **2** *vêtement* (zu)geknöpft werden

boutonneux [butɔnø] *adj* ⟨-euse [-øz]⟩ pick(e)lig

boutonnière [butɔnjɛʀ] *f* Knopfloch *n*

bouton-pression *m* ⟨boutons-pression⟩ Druckknopf *m*

bouture [butyʀ] *f* Steckling *m*; Steckreis *n*

bouvreuil [buvʀœj] *m* ZO Dompfaff *m*; Gimpel *m*

bovidés [bɔvide] *m/pl* Horntiere *n/pl*

bovin [bɔvɛ̃] **I** *adj* ⟨-ine [-in]⟩ **1** Rinder…; **2** F *fig regard* stumpf; ausdruckslos; **II** *m/pl* **~s** Rinder *n/pl*

bowling [boliŋ, bu-] *m* **1** *jeu* Bowling *n*; **2** *lieu* Bowlingbahn *f*

box [bɔks] *m* ⟨~es [bɔks]⟩ **1** *d'écurie* Box *f*; *d'un garage* Abstellplatz *m*; *d'une salle* abgeteilter Raum; ***~ des accusés*** Anklagebank *f*; **2** *cuir* Boxkalf *n*

boxe [bɔks] *f* Boxen *n*; Boxsport *m*

boxer[1] [bɔkse] **I** *v/t* F ***~ qn*** j-n [illegible] **II** *v/i* boxen

B

boxer[2] [bɔksɛʀ] *m chien* Boxer *m*
boxeur [bɔksœʀ] *m* SPORTS Boxer *m*
box-office [bɔksɔfis] *m* ⟨box-offices⟩ Hitliste *f*, -parade *f*
boxon [bɔksõ] P *m* P Puff *m ou n*
boyau [bwajo] *m* ⟨~x⟩ **1** Darm *m*; **~x** *pl* Gedärme *n/pl*; **2** *passage* F Schlauch *m*; **3** *pour vélo de course* Schlauchreifen *m*
boycott [bɔjkɔt] *m ou* **~age** [-aʒ] *m* Boykott *m*; Boykottierung *f*; **~er** [-e] *v/t* boykottieren
B.P. *abr* (*boîte postale*) Postfach
bracelet [bʀaslɛ] *m* **1** Armband *n*, -reif *m*, -spange *f*; **2 ~ (de force)** Gelenkstütze *f*, -schutz *m*; **~-montre** *m* ⟨bracelets-montres⟩ Armbanduhr *f*
braconn|age [bʀakɔnaʒ] *m* Wilddieberei *f*; Wilderei *f*; Wildern *n*; **~er** [-e] *v/i* wildern; **~ier** [-je] *m* Wilddieb *m*; Wilderer *m*
brader [bʀade] *v/t* zu Schleuderpreisen verkaufen; verschleudern; F verramschen; F verscherbeln
braderie [bʀadʀi] *f* Straßensonderverkauf *m* zu Schleuderpreisen
braguette [bʀagɛt] *f* Hosenschlitz *m*
braillard [bʀajaʀ] F **I** *adj* ⟨-arde [-aʀd]⟩ schreiend; brüllend; **II ~(e)** *m(f)* Schreier(in) *m(f)*; F Schreihals *m*
braille [bʀaj] *m* Blinden-, Brailleschrift *f*
brailler [bʀaje] F **I** *v/t* F grölen; plärren; **II** *v/i* schreien; *p/fort* brüllen; *enfant a* plärren
braire [bʀɛʀ] *v/i* ⟨il brait, ils braient; il brayait; il braira; brayant; brait⟩ **1** *âne* iahen; schreien; **2** F *fig* → **brailler**
braise [bʀɛz] *f* (Holz-, Kohlen)Glut *f*; *fig* **yeux** *m/pl* **de ~** glühende, feurige Augen *n/pl*
braiser [bʀeze] *v/t* schmoren
bramer [bʀame] *v/i cerf* röhren
brancard [bʀɑ̃kaʀ] *m* **1** (Kranken)Trage *f*; Tragbahre *f*; **2** Deichselstange *f*; *fig* **ruer dans les ~s** sich sträuben
brancardier [bʀɑ̃kaʀdje] *m* Krankenträger *m*
branchage [bʀɑ̃ʃaʒ] *m* Astwerk *n*
► **branche** [bʀɑ̃ʃ] *f* **1** Ast *m*; *plus mince* Zweig *m*; **céleri** *m* **en ~** Stangen-, Stauden-, Bleichsellerie *m ou f*; **2** (*secteur*) Zweig *m*; ÉCON *a* Branche *f*; (*discipline*) Sparte *f*; Fach *n*; **3** *d'un compas* Schenkel *m*; *de lunettes* Bügel *m*; **4** *d'une famille* Ast *m*; Zweig *m*; Linie *f*; **5** F **vieille ~!** F altes Haus!
branché [bʀɑ̃ʃe] *adj* ⟨~e⟩ F **être ~** F in sein; F auf Zack sein
branchement [bʀɑ̃ʃmɑ̃] *m* **1** TECH Anschluss *m* (**sur** an + *acc*); Anschlussleitung *f*; **2** INFORM Verzweigung *f*
brancher [bʀɑ̃ʃe] *v/t* **1** TECH anschließen (**sur** an + *acc*); (*allumer*) anschalten; anstellen; **2** *fig* **~ sur** lenken auf (+ *acc*); **3** F **~ qn** j-n ansprechen, F antörnen
branchies [bʀɑ̃ʃi] *f/pl* Kiemen *f/pl*
brandir [bʀɑ̃diʀ] *v/t* (drohend) schwingen; *drapeau, pancarte* schwenken
branlant [bʀɑ̃lɑ̃] *adj* ⟨-ante [-ɑ̃t]⟩ **1** wack(e)lig; wackelnd; **2** *fig* wankend
branle [bʀɑ̃l] *m* **(se) mettre en ~** (sich) in Bewegung setzen
branle-bas *m* ⟨*inv*⟩ **~ (de combat)** MAR Klarmachen *n* zum Gefecht; *fig* Durcheinander *n*; Aufregung *f*; F Rummel *m*
branler [bʀɑ̃le] **I** *v/t* F (*faire*) tun; F treiben; **II** *v/i* **1** wackeln; **2** P (*a v/pr* **se**) **~** (*se masturber*) P wichsen; P sich einen runterholen
braquage [bʀakaʒ] *m* **1** AUTO Einschlagen *n*; **rayon** *m* **de ~** Wendekreis *m*; **2** F (bewaffneter) Raubüberfall; *a* Banküberfall *m*
braque[1] [bʀak] *m* ZO, CH Bracke *m ou f*
braque[2] F *adj* verschroben; F spinnig
braquer [bʀake] **I** *v/t* **1** *arme, caméra* **~ sur** richten auf (+ *acc*); **2** F *banque* überfallen; ausrauben; **3** *fig* **~ qn** j-n aufbringen (**contre** gegen); **II** *v/i roues* einschlagen (*abs*); *voiture* **~ mal** e-n zu großen Wendekreis haben; **III** *v/pr* **se ~ contre** sich widersetzen (+ *dat*)
braqueur [bʀakœʀ] F *m* (Bank)Räuber *m*
► **bras** [bʀa, bʀɑ] *m* **1** Arm *m*; ANAT Oberarm *m*; → *Info bei* **Arm**; *fig* **le ~ droit de qn** die rechte Hand j-s; *fig* **~ de fer** Kraftprobe *f*; **~ d'honneur** *obszöne Geste der Verachtung* (*erhobener Unterarm*); **~ dessus, ~ dessous** Arm in Arm; ein-, untergehakt; untergefasst; *accueillir* **à ~ ouverts** mit offenen Armen; **à tour de ~** *frapper* mit aller Kraft; *fig dépenser* mit vollen Händen; **en ~ de chemise** in Hemdsärmeln; *fig* **avoir le ~ long** e-n langen

Arm haben; *fig* ***avoir qn, qc sur les ~*** F j-n, etw auf dem Hals, etw am Hals haben; *fig* ***baisser les ~*** sich (von vornherein) geschlagen geben; *fig* ***couper ~ et jambes à qn*** j-n völlig lähmen; F j-n fertig machen; *fig* ***lever les ~ au ciel*** die Hände über dem Kopf zusammenschlagen; ***serrer qn dans ses ~*** j-n in die Arme schließen; *fig* ***les ~ m'en tombent*** da bin ich sprachlos, perplex, F platt; **2** *fig* Arbeitskraft *f*; **3** *d'un fleuve* Arm *m*; ***~ de mer*** Meeresarm *m*; **4** *d'un fauteuil* Armlehne *f*; ***~ de lecture*** Tonarm *m*; PHYS ***~ de levier*** Hebelarm *m*

brasero [bʀazeʀo] *m* Kohlenbecken *n*

brasier [bʀrazje] *m* **1** Feuersglut *f*; Flammenmeer *n*; **2** *fig* Inferno *n*

bras-le-corps [bʀalkɔʀ] ***saisir qn à ~*** j-n fest um den Leib fassen

brassage [bʀasaʒ] *m* **1** (Bier)Brauen *n*; **2** *fig* Verschmelzung *f*

brassard [bʀasaʀ] *m* Armbinde *f*; Armschleife *f*; ***~ de deuil*** Trauerflor *m*

brasse [bʀas] *f* Brustschwimmen *n*

brasser [bʀase] *v/t* **1** *bière* brauen; **2** (*mélanger*) (um-, durch)rühren; *air* umwälzen; **3** *fig* ***~ des millions*** mit Millionen umgehen

brasserie [bʀasʀi] *f* **1** (Bier)Brauerei *f*; **2** Bräu *n*; Bierhalle *f*; Großgaststätte *f*

brasseur [bʀasœʀ] *m* **1** (Bier)Brauer *m*; **2** *fig* ***~ d'affaires*** Geschäftemacher *m*

brassière [bʀasjɛʀ] (Baby)Jäckchen *n*

bravache [bʀavaʃ] *m* Maulheld *m*; Großmaul *n*

bravade [bʀavad] *f* Herausforderung *f*; ***par ~*** aus Trotz

▸ **brave** [bʀav] *adj* **1** ⟨*nach dem subst*⟩ (*courageux*) tapfer; mutig; beherzt; **2** (*honnête et bon*) brav; rechtschaffen; bieder; nett; ***mon ~!*** guter, lieber Mann!

braver [bʀave] *v/t* ***~ qn, qc*** j-m, e-r Sache trotzen; j-m die Stirn bieten; sich über etw (*acc*) hinwegsetzen

bravo [bʀavo] **I** *int* bravo!; **II** *m* Bravo(-ruf) *n*(*m*); Beifall(sruf) *m*

bravoure [bʀavuʀ] *f* **1** Tapferkeit *f*; Mut *m*; **2** ***morceau*** *m* ***de ~*** Bravour-, Glanzstück *n*

break [bʀɛk] *m* Kombi(wagen) *m*

brebis [bʀəbi] *f* **1** (Mutter)Schaf *n*; **2** *fig*, BIBL Schaf *n*

Unterscheide:

un brave homme	ein rechtschaffener Mann
aber:	
un homme brave	ein tapferer Mann

Je nach Bedeutung muss **brave** also vor oder hinter das Substantiv gestellt werden!

brèche [bʀɛʃ] *f* **1** MIL Bresche *f*; *fig* ***battre en ~*** heftig attackieren; *fig* ***être toujours sur la ~*** immer im Einsatz sein; **2** Loch *n*; Lücke *f*; Öffnung *f*; **3** *à une lame* Scharte *f*

bréchet [bʀeʃɛ] *m* Brustbeinkamm *m*

bredouille [bʀəduj] *adj* ***rentrer ~*** mit leeren Händen zurückkehren

bredouiller [bʀəduje] *v/t et v/i* hastig und undeutlich sprechen; F nuscheln; F brabbeln; *excuses* stammeln

bref [bʀɛf] **I** *adj* ⟨brève [bʀɛv]⟩ kurz; ***soyez ~!*** fassen Sie sich kurz!; **II** *adv* kurz (und gut); kurzum

brelan [bʀəlɑ̃] *m* JEUX Dreier(pasch) *m*

breloque [bʀəlɔk] *f* Armbandanhänger *m*

brème [bʀɛm] *f* ZO Brachse(n) *f*(*m*)

Brême [bʀɛm] Bremen *n*

Brésil [bʀezil] ***le ~*** Brasilien *n*

brésilien [bʀeziljɛ̃] **I** *adj* ⟨-ienne [-jɛn]⟩ brasilianisch; **II** **2**(***ne***) *m*(*f*) Brasilianer(in) *m*(*f*)

Bretagne [bʀətaɲ] ***la ~*** die Bretagne

bretelle [bʀətɛl] *f* **1** ***~s*** *pl* Hosenträger *m*(*pl*); *de lingerie féminine* Träger *m/pl*; **2** Trag(e)- *ou* Schultergurt *m*; *d'un sac* Tragriemen *m*; **3** AUTOROUTE Verbindungsstraße *f*; Spange *f*; ***~ (d'accès)*** Zubringer *m*

breton [bʀətɔ̃] **I** *adj* ⟨-onne [-ɔn]⟩ bretonisch; **II** *subst* **1** **2**(***ne***) *m*(*f*) Bretone *m*, Bretonin *f*; **2** LING ***le ~*** das Bretonische; Bretonisch *n*

breuvage [bʀœvaʒ] *m* Trank *m*

brève [bʀɛv] → ***bref***

brevet [bʀəvɛ] *m* **1** Abschluss(zeugnis) *m*(*n*); Diplom *n*; ***~ (des collèges)*** mittlere Reife; **2** ***~ (d'invention)*** Patent *n*

breveté [bʀəvte] *adj* ⟨***~e***⟩ **1** patentiert; **2** staatlich geprüft; diplomiert

breveter [bʀəvte] *v/t* ⟨-tt-⟩ (***faire***) ~ patentieren (lassen)
bréviaire [bʀevjɛʀ] *m* Brevier *n*
bribes [bʀib] *f/pl* Brocken *m/pl*; Bruchstücke *n/pl*; Fetzen *m/pl*
bric-à-brac [bʀikabʀak] *m* ⟨*inv*⟩ Trödel *m*; alter Kram; (altes) Gerümpel
bric et de broc [bʀikedbʀɔk] ***de*** ~ von überall her (zusammengestoppelt)
bricolage [bʀikɔlaʒ] *m* **1** Basteln *n*; Bastelarbeit *f*; **2** *péj* Bastelei *f*; Flickarbeit *f*
bricole [bʀikɔl] *f* Kleinigkeit *f*; Nebensächlichkeit *f*
bricoler [bʀikɔle] **I** *v/t* zusammenbasteln; *péj* zurechtfummeln; **II** *v/i* **1** basteln; (herum)werkeln; **2** *par ext* mal dies, mal das machen
▸ **bricol|eur** [bʀikɔlœʀ] *m*, **~euse** [-øz] *f* Bastler(in) *m(f)*; Heimwerker(in) *m(f)*
bride [bʀid] *f* **1** Zaum(zeug) *m(n)*; (*rênes*) Zügel *m/pl*; *fig* ***à*** ~ ***abattue*** in größter Eile; **2** *d'un bouton* Schlinge *f*; *d'une ceinture* Schlaufe *f*
bridé [bʀide] *adj* ⟨~e⟩ ***yeux*** **~s** Schlitzaugen *n/pl*
brider [bʀide] *v/t* **1** *cheval* (auf)zäumen; **2** *fig* zügeln; im Zaum halten; **3** CUIS *volaille* mit e-m Faden umwickeln
bridge [bʀidʒ] *m* **1** *jeu de cartes* Bridge *n*; **2** *prothèse dentaire* Brücke *f*
briefing [bʀifiŋ] *m* **1** MIL Einsatzbesprechung *f*; **2** *par ext* Informations-, Lagebesprechung *f*
brièvement [bʀijɛvmɑ̃] *adv* kurz; in *ou* mit kurzen, knappen Worten
brièveté [bʀijɛvte] *f* Kürze *f*
brigade [bʀigad] *f* **1** MIL Brigade *f*; **2** POLICE Abteilung *f*; **3** *d'ouvriers* Gruppe *f*; Trupp *m*; Kolonne *f*
brigadier [bʀigadje] *m* **1** MIL Gefreite(r) *m*; **2** Gendarmeriebrigadier *m*
brigand [bʀigɑ̃] *m* **1** (Straßen)Räuber *m*; *fig* ***histoire*** *f* ***de*** **~s** Räuberpistole *f*, -geschichte *f*; **2** *fig* Halsabschneider *m*; Schurke *m*; *plais* Schlingel *m*
briguer [bʀige] *v/t* an-, erstreben; trachten nach
brillamment [bʀijamɑ̃] *adv fig* glänzend; brillant; glanzvoll
brillant [bʀijɑ̃] *adj* ⟨-ante [-ɑ̃t]⟩ glänzend (*a fig*); schimmernd; *fig a* brillant; **II** *m* **1** Glanz *m*; Schimmer *m*; **2** *fig* Brillanz *f*; **3** *diamant* Brillant *m*
▸ **briller** [bʀije] *v/i* **1** glänzen; schimmern; *soleil* scheinen; *yeux* glänzen, strahlen, leuchten (***de joie*** vor Freude); ***faire*** ~ (auf Hochglanz) polieren; F wienern; **2** *fig* glänzen (*a iron*); brillieren
brim|ade [bʀimad] *f* Schikane *f*; **~er** [-e] *v/t* schikanieren; drangsalieren
brin [bʀɛ̃] *m* **1** Halm *m*; Stängel *m*; *fig* ***un beau*** ~ ***de fille*** ein hübsches Mädchen; ~ ***de paille*** Strohhalm *m*; **2** Fädchen *n*; ~ ***de laine*** Wollfädchen *n*; **3** *fig* ***un*** ~ ***de*** (+ *subst*) ein bisschen, ein (klein) wenig (+ *subst*); ***faire un*** ~ ***de toilette*** sich schnell (noch) ein bisschen frisch machen
brindezingue [bʀɛ̃dzɛ̃g] *adj* F → ***cinglé***
brindille [bʀɛ̃dij] *f* Zweiglein *n*; **~s** *pl a* Reisig *n*
bringue [bʀɛ̃g] *f* **1** F ***une grande*** ~ F e-e Hopfenstange, lange Latte; **2** F ***faire la*** ~ F einen draufmachen; e-e Sause machen
bringuebaler [bʀɛ̃gbale] *v/i* (hin und her) gerüttelt, geschüttelt werden
brio [bʀijo] *m* ***avec*** ~ mit Bravour
brioche [bʀijɔʃ] *f* **1** *ein Hefekuchen*; **2** F *fig* ***prendre de la*** ~ F ein Bäuchlein kriegen
brique [bʀik] *f* **1** Ziegel(stein) *m*; Backstein *m*; *adjt* ⟨*inv*⟩ ziegelrot; **2** Milchtüte *f*; **3** F *fig* e-e Million alte Franc
briquer [bʀike] *v/t* polieren; blank reiben, putzen; F wienern
▸ **briquet** [bʀikɛ] *m* Feuerzeug *n*
briquette [bʀikɛt] *f* Brikett *n*
bris [bʀi] *m* Bruch *m*; ~ ***de glace*** Glasbruch *m*, -schaden *m*
brisant [bʀizɑ̃] *m* Klippe *f*; (Felsen)Riff *n*
brise [bʀiz] *f* Brise *f*; leichter, sanfter Wind
brisé [bʀize] *adj* ⟨~e⟩ **1** gebrochen; ***pâte*** **~e** Mürbeteig *m*; **2** *fig* ~ ***de fatigue*** wie zerschlagen; wie gerädert
brisées [bʀize] *f/pl st/s* ***marcher sur les*** ~ ***de qn*** j-m ins Gehege kommen
brise|-fer F *m* ⟨*inv*⟩ → ***brise-tout***; **~-glace(s)** *m* ⟨*inv*⟩ Eisbrecher *m*; **~-jet** *m* ⟨*inv*⟩ Wasserstrahlregler *m*; **~-lames** *m* ⟨*inv*⟩ Wellenbrecher *m*
briser [bʀize] **I** *v/t* **1** *st/s* zerbrechen; *fig chaînes* sprengen; **2** *fig résistance, grève, cœur* brechen; *carrière* ruinieren; ~ ***qn*** j-m das Rückgrat brechen; **II** *v/pr*

B

se **~ 3** *vagues* sich brechen; **4** *fig espoirs* zunichte werden

brise-tout [bʀiztu] *m* ⟨*inv*⟩ F j, der alles kaputtmacht, was er in die Hände bekommt

bristol [bʀistɔl] *m* **1** Bristolkarton *m*; **2** Visitenkarte *f*

▸ **britannique** [bʀitanik] **I** *adj* britisch; **II** ♀ *m,f* Brite *m*, Britin *f*

broc [bʀo] *m* (Wasser)Kanne *f*, (-)Krug *m*

brocant|e [bʀɔkɑ̃t] *f* (Handel *m* mit) Trödelwaren *f/pl*; **~eur** [-œʀ] *m* Trödler *m*; Altwarenhändler *m*

brocart [bʀɔkaʀ] *m* TEXT Brokat *m*

broche [bʀɔʃ] *f* **1** *bijou* Brosche *f*; Anstecknadel *f*; **2** CUIS Bratspieß *m*; ***à la*** **~** am Spieß (gebraten); ***poulet*** *m* ***à la*** **~** *a* Hähnchen *n* vom Grill; **3** TECH Dorn *m*; Stift *m*; Spindel *f*; MÉD Draht *m*

broché [bʀɔʃe] *adj* ⟨~e⟩ broschiert

brochet [bʀɔʃɛ] *m* Hecht *m*

brochette [bʀɔʃɛt] *f* **1** CUIS kleiner Bratspieß; *plat* Schaschlik *n ou m*; **2** *plais de jeunes filles, etc* (wie aufgereiht nebeneinander sitzende) Gruppe

brochure [bʀɔʃyʀ] *f* Broschüre *f*

brocoli [bʀɔkɔli] *m* Brokkoli *pl ou m*; Spargelkohl *m*

brodequin [bʀɔdkɛ̃] *m* Schnürstiefel *m*

broder [bʀɔde] **I** *v/t* sticken; *tissu* besticken; **II** *v/i fig* etliches hinzudichten; fabulieren

broderie [bʀɔdʀi] *f* Stickerei *f*

bromure [bʀɔmyʀ] *m* Bromid *n*

broncher [bʀɔ̃ʃe] *v/i* ***ne pas*** **~** F (sich) nicht mucksen; ***sans*** **~** ohne zu murren; ohne Widerrede

bronches [bʀɔ̃ʃ] *f/pl* Bronchien *f/pl*

bronchite [bʀɔ̃ʃit] *f* Bronchitis *f*

bronzage [bʀɔ̃zaʒ] *m* **1** Bräunen *n*; Braunwerden *n*; **2** *résultat* Bräune *f*

bronze [bʀɔ̃z] *m* Bronze *f* (*a objet d'art*); ***de*** *ou* ***en*** **~** bronzen; Bronze…

bronzé [bʀɔ̃ze] *adj* ⟨~e⟩ braun (gebrannt); (sonnen)gebräunt

▸ **bronzer** [bʀɔ̃ze] *v/i* braun werden; bräunen; ***se faire*** **~** sich braun brennen lassen; sich bräunen

brosse [bʀɔs] *f* **1** Bürste *f*; ▸ ***brosse à dents*** Zahnbürste *f*; F *fig* ***passer la brosse à reluire*** auf plumpe Weise schmeicheln; **2** (***cheveux*** *m/pl* ***en***) ***brosse*** Bürsten(haar)schnitt *m*

▸ **brosser** [bʀɔse] *v/t* **1** (ab)bürsten; *vêtement a* ausbürsten; *cheveux* bürsten; *dents* putzen; **2** *fig* **~** ***un tableau de la situation*** e-n knappen Überblick über die Lage geben

brou [bʀu] *m* **~** ***de noix*** dunkelbraune Beize (aus grünen Walnussschalen)

brouette [bʀuɛt] *f* Schubkarre(n) *f(m)*

brouhaha [bʀuaa] *m* wirrer Lärm; Stimmengewirr *n*

brouillage [bʀujaʒ] *m* RAD Stören *n*; Störung *f*

▸ **brouillard** [bʀujaʀ] *m* Nebel *m*; ***il y a du*** **~** es ist neb(e)lig; es herrscht Nebel; *fig* ***être dans le*** **~** nicht klarsehen

brouille [bʀuj] *f* Streit *m*; Zerwürfnis *n*

brouillé [bʀuje] *adj* ⟨~e⟩ **1** ***œufs*** **~s** Rührei(er) *n(pl)*; **2** *ciel* verhangen; grau; **3** *teint* unrein; **4** ***être*** **~** (***avec qn*** mit j-m) entzweit, zerstritten, F verkracht sein; F ***être*** **~** ***avec qc*** F mit etw auf Kriegsfuß stehen

brouiller [bʀuje] **I** *v/t* **1** in Unordnung bringen; **~** ***les idées de qn*** j-n verwirren, durcheinander bringen; **~** ***les pistes*** die Spuren verwischen; **2** *émission* stören; **II** *v/pr* **3** ***ma vue se brouille*** mir schwimmt es vor den Augen; **4** ***se*** **~** *temps* sich eintrüben; **5** ***se*** **~** sich überwerfen, F sich verkrachen (***avec qn*** mit j-m)

brouillon[1] [bʀujɔ̃] *adj* ⟨-onne [-ɔn]⟩ unordentlich; chaotisch

brouillon[2] *m* Konzept *n*; (erster) Entwurf; Rohfassung *f*; ***papier*** *m* (***de***) **~** Konzeptpapier *n*

broum [bʀum] *int* brumm, brumm!

broussaille [bʀusaj] *f* **1** **~*s*** *pl* Gestrüpp *n*; Dickicht *n*; **2** *fig* ***en*** **~** struppig; *sourcils* buschig

broussailleux [bʀusajø] *adj* ⟨-euse [-øz]⟩ **1** mit Gestrüpp bewachsen; **2** → ***broussaille*** *2*

brousse [bʀus] *f* GÉOGR Busch *m*

brouter [bʀute] **I** *v/t* abweiden; abfressen; *abs* weiden; grasen; **II** *v/i* TECH rattern

broutilles [bʀutij] *f/pl* Lappalien *f/pl*; Kleinigkeiten *f/pl*

broyer [bʀwaje] *v/t* ⟨-oi-⟩ **1** zerkleinern; zermahlen; zerquetschen (*a doigts*); **2** *fig* **~** ***du noir*** trüben, schwarzen Gedanken nachhängen; F Trübsal blasen

broyeur [bʀwajœʀ] *m* Zerkleinerer *m*

brr [bʀʀ] *int froid* brr!; *peur* hu(ch)!
bru [bʀy] *f* Schwiegertochter *f*
Bruges [bʀyʒ] Brügge *n*
brugnon [bʀyɲõ] *m* Nektarine *f*
bruine [bʀɥin] *f* Niesel-, Sprühregen *m*
bruiner [bʀɥine] *v/imp* nieseln
bruire [bʀɥiʀ] *st/s v/i* ⟨*déf*: il bruit, ils bruissent; il bruissait, ils bruissaient; bruissant⟩ sanft, leise rauschen; säuseln; *papier, soie* rascheln
bruissement [bʀɥismɑ̃] *st/s m* leises Rauschen; Säuseln *n*; Rascheln *n*
▸ **bruit** [bʀɥi] *m* **1** Geräusch *n*; *p/fort* Lärm *m*; *des vagues* Rauschen *n*; *de chaînes* Geklirr *n*; Gerassel *n*; ***~ de fond*** Geräusch, Lärm im Hintergrund; ***sans ~*** geräusch-, lautlos; leise; ***faire du ~*** ein Geräusch, Lärm, F Krach machen; *fig* Aufsehen erregen; Staub aufwirbeln; **2** (*rumeur*) Gerücht *n*
bruit|age [bʀɥitaʒ] *m* Geräuschkulisse *f*; Geräuscheffekte *m/pl*; **~eur** [-œʀ] *m* Geräuschtechniker *m*
brûlant [bʀylɑ̃] *adj* ⟨-ante [-ɑ̃t]⟩ **1** glühend heiß; **2** *fig* ***sujet ~*** heißes Eisen; heikles Thema; ***d'une actualité ~e*** von brennender Aktualität; **3** *fig regard* glühend; *désir a* brennend
brûlé [bʀyle] **I** *adj* ⟨**~e**⟩ **1** verbrannt; *maison, forêt* ab-, niedergebrannt; CUIS angebrannt; *linge* angesengt; versengt; **2** *fig* ***tête ~e*** Hitzkopf *m*; **3** *fig* (*démasqué*) entlarvt; F aufgeflogen; *homme politique* diskreditiert; **II** *m* **1** (***grand***) **~** Verletzte(r) *m* mit (schweren) Verbrennungen; **2** ***odeur*** *f* ***de ~*** Brandgeruch *m*; ***sentir le ~*** brenzlig, *plat* angebrannt riechen; F *fig affaire* F brenzlig, F mulmig werden
brûle-parfum [bʀylpaʀfœ̃, -ɛ̃] *m* ⟨*inv*⟩ Räuchergefäß *n*, -pfanne *f*
brûle-pourpoint [bʀylpuʀpwɛ̃] ***à ~*** geradeheraus; ohne Umschweife
▸ **brûler** [bʀyle] **I** *v/t* **1** verbrennen; *linge en repassant* an-, versengen; *soleil: plantes a* versengen; *plaie* ***brûler qn*** brennen (*abs*); **2** ***brûler un feu rouge*** bei Rot durchfahren; **II** *v/i* **3** (ver)brennen; *feu a* lodern; *maison, forêt a* ab-, niederbrennen; **4** *plat* anbrennen; ***laisser brûler*** anbrennen lassen; **5** *soleil* brennen; **6** *fig* ***brûler d'impatience*** vor Ungeduld brennen, vergehen; ***brûler de faire qc*** darauf brennen, etw zu tun; **7** *à certains jeux* ***tu brûles!*** (ganz) heiß!; **III** *v/pr* ▸ ***se brûler*** sich verbrennen; (*s'ébouillanter*) sich verbrühen
brûleur [bʀylœʀ] *m* Brenner *m*
brûlure [bʀylyʀ] *f* **1** Verbrennung *f*; Brandwunde *f*; **2** ***~s d'estomac*** Sodbrennen *n*; **3** *dans un tissu, etc* Brandfleck *m*
brume [bʀym] *f* Dunst *m*; Nebel *m*
brumeux [bʀymø] *adj* ⟨-euse [-øz]⟩ **1** dunstig; diesig; **2** *fig* unklar; nebulös
brumisateur [bʀymizatœʀ] *m* Zerstäuber *m*
▸ **brun** [bʀɛ̃, bʀœ̃] **I** *adj* ⟨brune [bʀyn]⟩ braun; *personne* braun-, dunkelhaarig; brünett; *bière, tabac* dunkel; **II** *subst* **1 ~(e)** *m(f)* Dunkel-, Braunhaarige(r) *f(m)*; *femme a* Brünette *f*; **2** *m* Braun *n*; **3 ~e** *f bière* Dunkle(s) *n*; **4 ~e** Zigarette *f* aus dunklem Tabak
brun|âtre [bʀynɑtʀ(ə)] *adj* bräunlich; **~ir** [-iʀ] *v/t et v/i* bräunen
brushing [bʀœʃiŋ] *m* Föhnfrisur *f*
brusque [bʀysk] *adj* **1** (*rude*) barsch; schroff; unwirsch; grob; **2** (*soudain*) plötzlich; jäh; abrupt
brusquement [bʀyskəmɑ̃] *adv* plötzlich; unvermittelt
brusquer [bʀyske] *v/t* **1** *qn* (barsch, grob) anfahren; anherrschen; **2** *décision, etc* beschleunigen; überstürzen; übereilen; übers Knie brechen
brusquerie [bʀyskəʀi] *f* Barschheit *f*; Schroffheit *f*; Grobheit *f*
brut [bʀyt] **I** *adj* ⟨**~e**⟩ **1** roh; unbearbeitet; ***pétrole ~*** Rohöl *n*; **2** (***champagne***) **~** *m* sehr trockener, herber Champagner; **3** COMM Brutto…; **II** *advt* brutto
brutal [bʀytal] *adj* ⟨**~e**; -aux [-o]⟩ **1** brutal; roh; grob; rücksichtslos; gewalttätig; schonungslos; **2** (*soudain*) plötzlich; unerwartet
brutal|iser [bʀytalize] *v/t* grob, roh, brutal behandeln; **~ité** [-ite] *f* Brutalität *f*; Rohheit *f*; Grobheit *f*; Rücksichtslosigkeit *f*; Gewalttätigkeit *f*
brute [bʀyt] *f* **1** Rohling *m*; *p/fort* Bestie *f*; **2 ~ *épaisse*** Banause *m*; F Hohlkopf *m*
Bruxelles [bʀy(k)sɛl] Brüssel *n*
▸ **bruyant** [bʀɥijɑ̃, bʀyjɑ̃] *adj* ⟨-ante [-ɑ̃t]⟩ laut; geräuschvoll; lärmend
bruyère [bʀɥijɛʀ, bʀyjɛʀ] *f* Heidekraut *n*; Heide *f*; Erika *f*

B

B.T.S. [beteεs] *m abr* (*brevet de technicien supérieur*) Fachhochschulabschluss *m*
bu [by] *p/p* → ***boire***
buanderie [bɥɑ̃dʀi] *f* Waschküche *f*
buccal [bykal] *adj* ⟨~e; -aux [-o]⟩ Mund…; ***par voie ~e*** oral
bûche [byʃ] *f* **1** (Holz)Scheit *n*; **2 *~ de Noël*** Weihnachtskuchen *m*; **3** F ***ramasser une ~*** hinfallen

An Weihnachten isst man in Frankreich traditionell **une bûche de Noël**, eine mit Schokoladen- oder Mokkacreme gefüllte Biskuitrolle, die aussieht wie ein Holzscheit, **une bûche**. Die Rinde wird mit Schokoladenmasse nachgeahmt.
Dieser Kuchen erinnert an einen alten Weihnachtsbrauch: Am Heiligen Abend wird ein Holzscheit im Kamin verbrannt und mit Wein oder Öl übergossen. Das soll eine gute Wein- bzw. Olivenernte sichern.

bûcher[1] [byʃe] *m* Scheiterhaufen *m*; Holzstoß *m*
bûcher[2] *v/t* F pauken, büffeln (*a abs*)
bûcheron [byʃʀõ] *m* Holzfäller *m*
bûch|eur [byʃœʀ] *m*, **~euse** [-øz] *f* F Büffler(in) *m(f)*
budget [bydʒε] *m* Haushalt([s]plan) *m*; Budget *n* (*a par ext: somme*); Etat *m*
budgétaire [bydʒetεʀ] *adj* Haushalt(s)…; Budget…
buée [bɥe] *f* feuchter Beschlag; Kondenswasser *n*; ***se couvrir de ~*** (sich) beschlagen; anlaufen
buffet [byfε] *m* **1** Büfett *n*; Anrichte *f*; Geschirrschrank *m*; F *fig* ***danser devant le ~*** F Kohldampf schieben; **2** kaltes Büfett; **3 ~ (*de gare*)** Bahnhofsgaststätte *f*, -restaurant *n*
buffle [byfl(ə)] *m* Büffel *m*
buis [bɥi] *m* Buchs(baum) *m*
▸**buisson** [bɥisõ] *m* Busch *m*; Gebüsch *n*
buissonnière [bɥisɔnjεʀ] *adj* ***faire l'école ~*** die Schule schwänzen
bulbe [bylb] *m* **1** (Blumen)Zwiebel *f*; **2** ARCH Zwiebel(dach) *f(n)*
bulgare [bylgaʀ] **I** *adj* bulgarisch; **II** ≈ *m,f* Bulgare *m*, Bulgarin *f*
Bulgarie [bylgaʀi] ***la ~*** Bulgarien *n*
bulldozer [byldɔzεʀ, -zœʀ] *m* Planierraupe *f*; Bulldozer *m*
bulle [byl] *f* **1** (Luft)Blase *f*; ***~ de savon*** Seifenblase *f*; **2** *de bande dessinée* Sprechblase *f*; **3** *du pape* Bulle *f*
▸**bulletin** [byltε̃] *m* **1** ADM Bulletin *n*; Bericht *m* (*a* PRESSE); ***~ météorologique*** Wetterbericht *m*; ***~ de santé*** ärztliches Bulletin; **2** ÉCOLE Zeugnis *n*; **3** (*reçu*) Schein *m*; **4 ~ (*de vote*)** Stimmzettel *m*
bungalow [bε̃galo, bœ̃-] *m* Bungalow *m*
buraliste [byʀalist] *m,f* **1** Inhaber(in) *m(f)* e-s Tabakwarengeschäfts; *österr* (Tabak)Trafikant(in) *m(f)*; **2** *à la poste* Schalterbeamte(r) *m*, -beamtin *f*
▸**bureau** [byʀo] *m* ⟨~x⟩ **1** *meuble* Schreibtisch *m*; **2** *lieu de travail* Büro(raum) *n(m)*; ADM Amts-, Dienst-, Geschäftszimmer *n*; *d'une personne a* Arbeitszimmer *n*; **3** (*service ouvert au public*) Dienst-, Geschäftsstelle *f*; Büro *n*; Amt *n*; ***bureau de change*** Wechselstube *f*; ***bureau de location*** Theaterkasse *f*; Vorverkaufsstelle *f*; ▸***bureau de poste*** Post(amt) *f(n)*; ▸***bureau de tabac*** Tabakladen *m*, -warengeschäft *n*; *österr* (Tabak)Trafik *f*; ***bureau de vote*** Wahllokal *n*; **4** *d'une entreprise* Abteilung *f*; Büro *n*; *d'un ministère* Referat *n*; ***Deuxième Bureau*** militärischer Geheimdienst; **5** *d'un parti, d'un syndicat* Vorstand *m*
bureaucra|te [byʀokʀat] *m,f péj* Bürokrat(in) *m(f)*; Federfuchser *m*; **~tie** [-si] *f* Bürokratie *f* (*a péj*)
bureaucrat|ique [byʀokʀatik] *adj* bürokratisch (*a péj*); **~iser** [-ize] *v/t péj* (ver)bürokratisieren
bureautique [byʀotik] *f* Bürokommunikation *f*
burette [byʀεt] *f* Kännchen *n*; CATH Messkännchen *n*
burin [byʀε̃] *m* **1** *pour gravure* (Grab-)Stichel *m*; Graviernadel *f*; **2** TECH Meißel *m*
buriné [byʀine] *adj* ⟨~e⟩ *visage* von tiefen Falten durchzogen; zerfurcht
Burkina Faso [byʀkinafazo] ***le ~*** Burkina Faso *n*

burlesque [byʀlɛsk] *adj* burlesk; possenhaft
burnous [byʀnu(s)] *m* Burnus *m*
Burundi [buʀundi] ***le ~*** Burundi *n*
▸ **bus**[1] [bys] *m* Bus *m*
bus[2] [by] → ***boire***
busard [byzaʀ] *m* ZO Weihe *f*
buse [byz] *f* **1** ZO Bussard *m*; **2** *fig* F dumme Gans, Ziege; **3** TECH Düse *f*
business [biznɛs] *m* Business *n*; Geschäft *n*
busqué [byske] *adj* ⟨~e⟩ ***nez ~*** Haken-, Habichtsnase *f*
buste [byst] *m* **1** (*torse*) Oberkörper *m*; **2** (*seins*) Büste *f*; **3** SCULP Büste *f*
bustier [bystje] *m* Bustier *n*
▸ **but**[1] [by(t)] *m* **1** (*objectif*) Ziel *n*; (*fin*) Zweck *m*; ***dans un ~ scientifique*** für e-n wissenschaftlichen Zweck; ***dans le ~ de*** (+ *inf*) in der Absicht, mit dem Ziel zu (+ *inf*); *fig* ***de ~ en blanc*** unvermittelt; mir nichts, dir nichts; ***sans ~*** ziellos; **2** FOOTBALL, *etc* Tor *n*; RUGBY Mal *n*; (*~ marqué*) *a* Treffer *m*; ***gagner par trois ~s à deux*** (mit) drei zu zwei (Toren) gewinnen
but[2] [by] → ***boire***
butane [bytan] *m* Butan(gas) *n*
buté [byte] *adj* ⟨~e⟩ bockig; halsstarrig; eigensinnig; verstockt
buter [byte] **I** *v/t qn* bockig, halsstarrig machen; **II** *v/i* ***~ contre*** (an)stoßen an (+ *acc*); stoßen gegen; *fig* ***~ sur une difficulté*** auf e-e Schwierigkeit stoßen; *fig* ***~ sur un mot*** über ein Wort stolpern; **III** *v/pr* ***se ~*** (*s'entêter*) bockig, halsstarrig werden
buteur [bytœʀ] *m* FOOTBALL Torjäger *m*
butin [bytɛ̃] *m* **1** *de guerre* Beute *f*; *d'un vol* Diebesbeute *f*, -gut *n*; **2** *d'une recherche* Ausbeute *f*
butiner [bytine] *v/i abeilles* Honig sammeln, eintragen
butoir [bytwaʀ] *m* **1** *d'une porte* Türpuffer *m*; **2** CH DE FER Prellbock *m*; **3** *adjt* ***date f ~*** (End)Termin *m*
butor [bytɔʀ] *m* **1** ZO Rohrdommel *f*; **2** *fig* Flegel *m*; Rüpel *m*
butte [byt] *f* (Erd)Hügel *m*; Anhöhe *f*; *fig* ***être en ~ à qc*** e-r Sache (*dat*) ausgesetzt sein; die Zielscheibe (+ *gén*) sein
butter [byte] *v/t* F abmurksen
buvable [byvabl(ə)] *adj* trinkbar
buvais, buvai(en)t [byvɛ] → ***boire***
buvard [byvaʀ] *m* **1** (***papier*** *m*) ***~*** Lösch-, Fließpapier *n*; **2** *feuille* Löschblatt *n*
buvette [byvɛt] *f* Ausschank *m*; Erfrischungsstand *m*, -raum *m*
buv|eur [byvœʀ] *m*, **~euse** [-øz] *f* **1** (*alcoolique*) Trinker(in) *m(f)*; **2** ***buveur de bière, de vin*** Bier-, Weintrinker *m*
buvez [byve], **buvons** [byvõ] → ***boire***
byzantin [bizɑ̃tɛ̃] *adj* ⟨-ine [-in]⟩ **1** byzantinisch; **2** *fig* spitzfindig

C

C, c [se] *m* ⟨*inv*⟩ C, c *n*
c' [s] → ***ce*** *II*
▸ **ça** [sa] F *pr/dém* das (da); dies(es); ▸ ***comme ça*** so; *après subst* so ein(e); *par ext* F toll; F klasse; ***c'est comme ça*** das ist nun mal so; ***comme ci, comme ça*** F so lala; F soso; ***pour ça*** deshalb; dafür; ***sans ça*** sonst; ander(e)nfalls; ***ça alors!*** na so was!; nanu!; ***ah, ça non!*** ganz bestimmt nicht!; ***pas de ça!*** kommt nicht infrage!; nichts da!; ***qui ça?*** wer denn?; (***comment***) ***ça va?*** wie geht's?; ▸ ***ça y est!*** es ist so weit!; jetzt haben wir's; so, das wäre geschafft!; ***ça y est?*** bist du so weit?; wird's bald?; ▸ ***c'est ça!*** (ja,) so ist's!; (das ist) richtig!; ja!; das stimmt; das ist gut so!
çà [sa] *adv* ***~ et là*** hier und dort *ou* da; da und dort; bald hierhin, bald dorthin
cabale [kabal] *f* Intrige *f*; Ränke *m/pl*; *litt* Kabale *f*
cabalistique [kabalistik] *adj* unverständlich; geheimnisvoll
caban [kabɑ̃] *m* Cabanjacke *f*
cabane [kaban] *f* Hütte *f*; Schuppen *m*; ***~ à lapins*** Kaninchenstall *m*; ***mettre qn en ~*** F j-n einbuchten, -lochen

C

cabanon [kabanõ] *m* Wochenendhaus *n*
cabaret [kabaʀɛ] *m* Nachtlokal *n*; Bar *f*
cabas [kaba] *m* Einkaufstasche *f*
cabestan [kabɛstɑ̃] *m* Winde *f*; Spill *n*
cabillaud [kabijo] *m* Kabeljau *m*
cabine [kabin] *f* Kabine *f*; ***cabine spatiale*** Raumkabine *f*, -kapsel *f*; ▸ ***cabine téléphonique*** Telefon-, Fernsprechzelle *f*; ***cabine de bain*** Bade-, Umkleidekabine *f*; ***cabine d'essayage*** Anprobe-, Umkleidekabine *f*; ***cabine de pilotage*** Cockpit *n*
cabinet [kabinɛ] *m* **1** ***~ de toilette*** (kleiner) Waschraum; **2** ***~s*** *pl* Toilette *f*; WC *n*; F Klo *n*; **3** *d'un médecin, avocat* Praxis *f*; **4** *d'un ministre* Stab *m*; ***chef*** *m* ***de ~*** persönlicher Referent
▸ **câble** [kɑbl(ə)] *m* **1** Seil *n*; Kabel *n*; MAR *a* Tau *n*; **2** ÉLECT Kabel *n*; Leitung *f*; **3** (*télégramme*) Kabel *n*
câbler [kɑble] *v/t* **1** *dépêche* kabeln; drahten; **2** TV verkabeln
cabochard [kabɔʃaʀ] F *adj* ⟨-arde [-aʀd]⟩ dickköpfig
caboche [kabɔʃ] *f* F (*tête*) Kopf *m*; F Schädel *m*
cabossé [kabɔse] *adj* ⟨~e⟩ verbeult; eingebeult
cabot [kabo] *m* **1** F *péj* (*chien*) *péj* Köter *m*; *nordd* Töle *f*; **2** MIL F (*caporal*) Gefreite(r) *m*
cabot|age [kabɔtaʒ] *m* Küstenschifffahrt *f*; **~eur** [-œʀ] *m* Küstenschiff *n*
cabot|in [kabɔtɛ̃] *m*, **~ine** [-in] *f* *péj* Schauspieler(in) *m(f)*; Komödiant(in) *m(f)*
cabotinage [kabɔtinaʒ] *m* *péj* Schauspielerei *f*; Komödiantentum *n*
caboulot [kabulo] *m* *péj* Kaschemme *f*
cabrer [kɑbʀe] *v/pr* ***se ~*** **1** *cheval* sich (auf)bäumen; steigen; **2** *personne* sich sträuben; sich aufbäumen
cabri [kabʀi] *m* Zicklein *n*
cabriole [kabʀijɔl] *f* Luft-, Bocksprung *m*
cabriolet [kabʀijɔlɛ] *m* Kabriolett *n*
caca [kaka] *m* **1** *enf* Aa *n*; ***faire ~*** Aa machen; **2** ***~ d'oie*** *adjt* ⟨*inv*⟩ gelbgrün
caca|houète [kakawɛt] *ou* **~huète** [-ɥɛt] *f* Erdnuss *f*
cacao [kakao] *m* Kakao *m*
cacatoès [kakatɔɛs] *m* Kakadu *m*
cachalot [kaʃalo] *m* Pottwal *m*
cache[1] [kaʃ] *m* PHOT Maske *f*
cache[2] *f* (*cachette*) Versteck *n*
caché [kaʃe] *adj* ⟨~e⟩ verborgen
cache-cache *m* ***jouer à ~*** Verstecken spielen
cache|-col *m* ⟨*inv*⟩ Schal *m*; **~-misère** *m* ⟨*inv*⟩ Mantel *m*, der zum Verdecken schlechter Kleidung getragen wird; **~-nez** *m* ⟨*inv*⟩ (Woll)Schal *m*; **~-pot** *m* ⟨*inv*⟩ Übertopf *m*
▸ **cacher** [kaʃe] **I** *v/t* **1** verstecken; verbergen; **2** *par ext* verdecken; *vue* versperren; **3** *fig* ***cacher qc à qn*** j-m etw verheimlichen, verschweigen; etw vor j-m verbergen, geheim halten; ***cacher son jeu*** mit verdeckten Karten spielen; sich nicht in die Karten gucken lassen; **II** *v/pr* ▸ ***se cacher*** **4** sich verstecken, sich verbergen (***derrière, sous*** hinter, unter + *dat*); **5** *fig* ***se cacher de qn pour faire qc*** etw hinter dem Rücken j-s, heimlich tun
cache|-radiateur *m* ⟨*inv*⟩ Heizkörperverkleidung *f*; **~-sexe** *m* ⟨*inv*⟩ Minislip *m*
cachet [kaʃɛ] *m* **1** (*sceau*) Siegel *n*; Petschaft *n*; **2** ***~ de la poste*** Poststempel *m*; **3** HIST ***lettre*** *f* ***de ~*** königlicher Geheimbefehl; **4** *d'acteurs* Gage *f*; **5** *fig* Gepräge *n*; Eigenart *f*; Charakter *m*; Stempel *m*; **6** PHARM Tablette *f*
cacheter [kaʃte] *v/t* ⟨-tt-⟩ *lettre* zukleben; verschließen
cachette [kaʃɛt] *f* Versteck *n*; Schlupfwinkel *m*; ***en ~*** heimlich
cachot [kaʃo] *m* **1** Kerker *m*; Verlies *n*; **2** *en prison* Einzelhaft *f*
cachotterie [kaʃɔtʀi] *f* Geheimniskrämerei *f*; Heimlichtuerei *f*; ***faire des ~s*** heimlich tun
cachott|ier [kaʃɔtje] *m*, **~ière** [-jɛʀ] *f* Heimlichtuer(in) *m(f)*; Geheimniskrämer(in) *m(f)*
cachou [kaʃu] *m* Hustenpastille *f* (mit Katechugeschmack)
cacique [kasik] *m* F Primus *m*, Beste(r) *m* bei der Aufnahmeprüfung in die „École normale supérieure"
cacophonie [kakɔfɔni] *f* Kakophonie *f*
cactus [kaktys] *m* **1** BOT Kaktus *m*; **2** F (*difficulté*) F Haken *m*
c.-à.-d. *abr* (*c'est-à-dire*) d.h. (das heißt)
cadastre [kadastʀ(ə)] *m* Kataster *m* *ou* *n*; Flurbuch *n*

cadavérique [kadaveʀik] *adj* Leichen…; Kadaver…
cadavre [kadavʀ(ə)] *m* **1** *humain* Leiche *f*; Leichnam *m*; *d'un animal* Kadaver *m*; **2** F (völlig) geleerte Flasche

Le cadavre

Des passants ont découvert le cadavre de la jeune fille dans une forêt.
Passanten entdeckten die Leiche des Mädchens in einem Wald.

Wie dieses Beispiel zeigt, ist das Bedeutungsspektrum von **cadavre** breiter als das des deutschen Wortes *Kadaver*: Im Französischen bezieht sich **cadavre** nicht nur auf tote Tiere, sondern auch auf tote Menschen.

caddie® [kadi] *m* Einkaufswagen *m*; AVIAT, CH DE FER Kofferkuli *m*
▸ **cadeau** [kado] *m* ⟨~x⟩ Geschenk *n*; ***~ d'anniversaire*** Geburtstagsgeschenk *n*; ***faire un ~ à qn*** j-m ein Geschenk machen; j-m etwas schenken; j-n beschenken; ***faire ~ de qc à qn*** j-m etw zum Geschenk machen; j-m etw schenken
cadenas [kadna] *m* Vorhängeschloss *n*
cadenasser [kadnase] *v/t* mit e-m Vorhängeschloss verschließen, sichern
cadence [kadɑ̃s] *f* **1** Rhythmus *m*; Takt *m*; **2** *par ext* (*vitesse*) Tempo *n*
cadencé [kadɑ̃se] *adj* ⟨~e⟩ ***marcher au pas ~*** im Gleichschritt marschieren
cad|et [kadɛ] *m*, **~ette** [-ɛt] *f* **1** jüngerer *ou* jüngster Sohn; jüngere *ou* jüngste Tochter; Jüngste(r) *f(m)*; *adjt* ***frère cadet*** jüngerer *ou* jüngster Bruder; *fig* ***c'est le cadet de mes soucis*** das ist meine geringste Sorge; **2** SPORTS Jugendspieler(in) *m(f)*
cadrage [kɑdʀaʒ] *m* Bildeinstellung *f*
cadran [kadʀɑ̃] *m* **1** *d'une horloge, etc* Zifferblatt *n*; *d'un instrument de mesure* Skala *f*; TÉL Nummern-, Wählscheibe *f*; *fig* ***faire le tour du ~*** zwölf Stunden hintereinander schlafen; **2** ***~ solaire*** Sonnenuhr *f*
cadre [kɑdʀ(ə)] *m* **1** Rahmen *m* (*a d'un vélo*); **2** *fig* Rahmen *m*; Umgebung *f*; ***dans le ~ de*** im Rahmen (+ *gén*); innerhalb (+ *gén*); **3** *dans une entreprise* Angestellte(r) *m* (mit Weisungsbefugnis); ***~ moyen*** mittlere Führungskraft; ***~ supérieur*** leitender Angestellter; Führungskraft *f*
cadrer [kɑdʀe] *v/i* ***~ avec*** übereinstimmen mit; passen zu; entsprechen (+ *dat*)
cadreur [kɑdʀœʀ] *m* Kameramann *m*
caduc [kadyk] *adj* ⟨caduque [kadyk]⟩ **1** veraltet; überholt; **2** ***arbre*** *m* ***à feuilles caduques*** sommergrüner Laubbaum
caducée [kadyse] *m* Äskulapstab *m*
cæcum [sekɔm] *m* Blinddarm *m*
Caen [kɑ̃] *Stadt im Dep. Calvados*
caf|ard [kafaʀ], **~arde** [-aʀd] **1** *m,f* ÉCOLE *péj* Petzer *m*; Petze *f*; **2** F ***avoir le cafard*** trübsinnig, trübselig, deprimiert, F down sein; **3** *m* ZO (Küchen)Schabe *f*
cafarder [kafaʀde] *v/i péj* petzen
cafardeux [kafaʀdø] *adj* ⟨-euse [-øz]⟩ trübsinnig; trübselig (*a temps*)
▸ **café** [kafe] *m* **1** Kaffee *m*; ***~ au lait*** Milchkaffee *m*; *adjt* ⟨*inv*⟩ hellbraun; F *fig* ***c'est un peu fort de ~*** F das ist doch allerhand, ein starkes Stück; **2** *lieu public* Lokal *n*; (Schank)Wirtschaft *f*; Bar *f*; Kneipe *f*; *plus élégant* Café *n*; *österr* Kaffeehaus *n*

Wenn man in Frankreich **un café** bestellt, bekommt man eine kleine Tasse Kaffee ohne Milch.
Will man einen Kaffee mit Milch, so verlangt man **un café crème** (kurz: **un crème**) oder **un café au lait**.

caféier [kafeje] *m* Kaffeestrauch *m*
caféine [kafein] *f* Koffein *n*
cafeter [kafte] F *v/i péj* petzen
cafétéria [kafeteʀja] *f* Cafeteria *f*
café-théâtre *m* ⟨cafés-théâtres⟩ Kleinkunstbühne *f*
cafetier [kaftje] *m* (Schank)Wirt *m*
cafetière [kaftjɛʀ] *f* Kaffeekanne *f*; ***~ électrique*** Kaffeemaschine *f*
cafouillage [kafujaʒ] F *m* Durcheinander *n*; Wirrwarr *m*
cafouiller [kafuje] F *v/i personne* ein

Durcheinander anrichten; F murksen; *dans une entreprise* **ça cafouille** alles geht durcheinander

cage [kaʒ] *f* **1** Käfig *m*; *à oiseaux a* Bauer *n*; **~ à lapin** Kaninchenstall *m*; *fig* enge, kleine Wohnung; **2** TECH **~ d'ascenseur** Aufzugsschacht *m*; **~ d'escalier** Treppenhaus *n*; PHYS **~ de Faraday** faradayscher Käfig; **3** ANAT **~ thoracique** Brustkorb *m*

cageot [kaʒo] *m* Lattenkiste *f*; Steige *f*

cagibi [kaʒibi] F *m* Abstell-, Rumpelkammer *f*; Verschlag *m*; F Kabuff *n*

cagneux [kaɲø] *adj* ⟨-euse [-øz]⟩ **jambes cagneuses** X-Beine *n/pl*

cagnotte [kaɲɔt] *f* Spielkasse *f*; Gemeinschaftskasse *f*

cagoule [kagul] *f* **1** Kapuze *f* mit Augenschlitzen; *de gangsters* Strumpfmaske *f*; **2** *bonnet* Kapuzenmütze *f*

cagoulé [kagule] *adj* ⟨~e⟩ vermummt

▸ **cahier** [kaje] *m* **1** (Schreib)Heft *n*; **~ de brouillon** Schmier-, Konzeptheft *n*; Kladde *f*; **~ de textes** Aufgabenheft *n*; **2 ~ des charges** Lastenheft *n*; Leistungsverzeichnis *n*; Vergabebedingungen *f/pl*

cahin-caha [kaɛ̃kaa] F *adv* mühsam; recht und schlecht

cahot [kao] *m* Stoß *m*; Ruck *m*; **~s** *pl* Rütteln *n*; Rumpeln *n*

cahotant [kaɔtɑ̃] *adj* ⟨-ante [-ɑ̃t]⟩ *véhicule* rüttelnd; *chemin* holp(e)rig

cahoter [kaɔte] *v/i* rumpeln; holpern

cahoteux [kaɔtø] *adj* ⟨-euse [-øz]⟩ holprig

cahute [kayt] *f* Hütte *f*

caïd [kaid] *m* F **1** *péj* Bandenführer *m*, -chef *m*; Gangsterboss *m*; **2** F Bonze *m*; F Boss *m*

caillasse [kajas] F *f* Schotter *m*; Kies *m*

caille [kaj] *f* Wachtel *f*

caillé [kaje] *adj* **lait ~** geronnene Milch; Dick-, Sauermilch *f*

caillebotis [kajbɔti] *m* Lattenrost *m*

cailler [kaje] *v/i* **1** gerinnen; **2** F *fig* **ça caille** F ganz schön kalt!

caillette [kajɛt] *f* Labmagen *m*

caillot [kajo] *m* **~ (de sang)** Blutgerinnsel *n*

caillou [kaju] *m* ⟨~x⟩ **1** Kiesel(stein) *m*; Stein(chen) *m(n)*; **~x** *pl* Schotter *m*; Kies *m*; **2** F *fig* **n'avoir plus un poil sur le ~** völlig kahl(köpfig) sein

caillouteux [kajutø] *adj* ⟨-euse [-øz]⟩ steinig

caïman [kaimɑ̃] *m* Kaiman *m*

Caïn [kaɛ̃] *m* BIBL Kain *m*

Caire (Le) [ləkɛʀ] Kairo *n*

▸ **caisse** [kɛs] *f* **1** Kiste *f*; Kasten *m*; *pour arbustes, etc* Kübel *m*; **2 grosse ~** große Trommel; *fig* **battre la grosse ~** die Werbetrommel rühren; **3** COMM Kasse *f*; *österr* Kassa *f*; **faire la, sa ~** F Kassensturz machen; *fig* **vous pouvez passer à la ~** Sie sind (fristlos) entlassen; **4** *institution* Kasse *f*; **~ d'épargne** Sparkasse *f*; **5** F **partir de la ~** (*être tuberculeux*) F die Motten haben; **6** F (*voiture*) F Kiste *f*; F *fig* **à fond la ~** F mit Karacho; F mit e-m Affenzahn

caissette [kɛsɛt] *f emballage* Schale *f*

caiss|ier [kɛsje] *m*, **~ière** [-jɛʀ] *f* Kassierer(in) *m(f)*; *südd, österr* Kassier(in) *m(f)*

caisson [kɛsõ] *m* **1 ~ (à air comprimé)** Caisson *m*; Senkkasten *m*; **2** ARCH Kassette *f*; **plafond** *m* **à ~s** Kassettendecke *f*; **3** F **se faire sauter le ~** sich e-e Kugel durch den Kopf schießen, jagen

cajol|er [kaʒɔle] *v/t* liebkosen; umschmeicheln; *enfant* hätscheln; herzen; **~eries** [-ʀi] *f/pl* Liebkosungen *f/pl*; Schmeicheleien *f/pl*; **~eur** [-œʀ] *adj* ⟨-euse [-øz]⟩ *voix* (ein)schmeichelnd; schmeichlerisch; *enfant* anschmiegsam

cajou [kaʒu] *m* **noix** *f* **de ~** Cashewnuss *f*

cake [kɛk] *m* englischer Sandkuchen

cal [kal] *m* Schwiele *f*

Calabre [kalabʀ(ə)] **la ~** Kalabrien *n*

calamar [kalamaʀ] *m* Kalmar *m* (*ein Tintenfisch*)

calaminé [kalamine] *adj* ⟨~e⟩ verrußt

calamité [kalamite] *f* Unglück *n*; Unheil *n*; Katastrophe *f*

calandre [kalɑ̃dʀ(ə)] *f* Kühlergrill *m*

calanque [kalɑ̃k] *f* (kleine) Felsbucht

calcaire [kalkɛʀ] **I** *adj* Kalk…; kalkig; kalkhaltig (*a eau*); **II** *m* **1** *roche* Kalk(-stein) *m*; **2** (*tartre*) Kesselstein *m*; Kalkansatz *m*

calcifié [kalsifje] *adj* ⟨~e⟩ verkalkt

calciné [kalsine] *adj* ⟨~e⟩ verbrannt; verkohlt

calcium [kalsjɔm] *m* Kalzium *n*

calcul[1] [kalkyl] *m* **1** Rechnen *n*; Rechnung *f*; Berechnung *f*; COMM Kalkulation *f*; **être bon en ~** im Rechnen gut sein; gut rechnen können; ***faire des ~s*** rechnen; Berechnungen anstellen; **2** *fig* (*estimation*) Berechnung *f*; Erwartung *f*; Kalkül *n ou m*; ***faire un mauvais ~*** sich verrechnen; sich verkalkulieren; **3** *péj* ***agir par ~*** aus Berechnung handeln

calcul[2] *m* MÉD Stein *m*; ***~ biliaire, rénal*** Gallen-, Nierenstein *m*

calculable [kalkylabl(ə)] *adj* berechenbar

calculateur [kalkylatœʀ] **I** *adj* ⟨-trice [-tʀis]⟩ *péj* berechnend; **II** *m ordinateur* Rechner *m*

calculatrice [kalkylatʀis] *f* Rechenmaschine *f*; ***~ de poche*** Taschenrechner *m*

▸ **calculer** [kalkyle] *v/t* **1** rechnen; be-, aus-, errechnen; COMM (aus)kalkulieren; *abs* rechnen; ***machine f à ~*** (Tisch)Rechenmaschine *f*; **2** *fig* (*estimer*) berechnen; abwägen; (ein)kalkulieren; *ses chances* ausrechnen; ***~ que ...*** schätzen, rechnen, dass ...; *adjt* ***risque calculé*** kalkuliertes Risiko

calculette [kalkylɛt] *f* Taschenrechner *m*

Caldoche [kaldɔʃ] F *m,f* Neukaledonienfranzose *m*, -französin *f*

cale [kal] *f* **1** MAR Schiffs-, Laderaum *m*; ***~ sèche*** Trockendock *n*; **2** (*coin*) (Unterleg)Keil *m*

calé [kale] F *adj* ⟨~e⟩ beschlagen, bewandert (***en*** in + *dat*); ***c'est trop ~ pour moi*** F das ist mir zu hoch

calebasse [kalbas] *f* **1** BOT Flaschenkürbis *m*; **2** *récipient* Kalebasse *f*

calèche [kalɛʃ] *f* Kalesche *f*; Kutsche *f*

▸ **caleçon** [kalsõ] *m* **1** Unterhose *f*; ***~ de bain*** Badehose *f*; **2** *vêtement de femme* Leggin(g)s *pl*

calembour [kalɑ̃buʀ] *m* Wortspiel *n*; *péj* Kalauer *m*

calembredaines [kalɑ̃bʀədɛn] *litt f/pl* Albernheiten *f/pl*; ungereimtes Zeug

calendes [kalɑ̃d] *f/pl* ***renvoyer qc aux ~ grecques*** etw auf den Sankt-Nimmerleins-Tag verschieben

calendrier [kalɑ̃dʀije] *m* **1** Kalender *m*; **2** (*emploi du temps*) Terminkalender *m*

cale-pied *m* ⟨cale-pieds⟩ Pedalhaken *m*

calepin [kalpɛ̃] *m* Notizbuch *n*

caler [kale] **I** *v/t* **1** *moteur* abwürgen; **2** *table, chaise* e-n Keil legen unter (+ *acc*); **II** *v/i* **3** *personne* den Motor abwürgen; *moteur* absterben; **4** *fig* F *en mangeant* nicht mehr können; F *mets* satt machen; **III** *v/pr* ***se ~*** es sich bequem machen

calfeutrer [kalføtʀe] **I** *v/t* abdichten; **II** *v/pr* ***se ~*** (***chez soi***) sich in s-r Wohnung verkriechen

calibre [kalibʀ(ə)] *m* **1** TECH, MIL Kaliber *n*; **2** *des œufs, fruits* Größe *f*; **3** F *péj* Schlag *m*; Kaliber *n*

calibrer [kalibʀe] *v/t œufs, fruits* der Größe nach sortieren

calice [kalis] *m* **1** ÉGL (Abendmahls-) Kelch *m*; **2** BOT (Blüten)Kelch *m*

calicot [kaliko] *m* **1** TEXT Kaliko *m*; **2** (*banderole*) Spruchband *n*

calife [kalif] *m* Kalif *m*

Californie [kalifɔʀni] ***la ~*** Kalifornien *n*

califourchon [kalifuʀʃõ] ***à ~*** rittlings

câlin [kɑlɛ̃] **I** *adj* ⟨-ine [-in]⟩ zärtlich; zärtlichkeitsbedürftig; anschmiegsam; ***enfant ~*** Schmeichel-, F Schmusekatze *f*; **II** *m* ***faire*** (***un***) ***~*** F schmusen (***à qn*** mit j-m)

câlin|er [kɑline] *v/t* zärtlich sein zu; F schmusen mit; **~eries** [-ʀi] *f/pl* Zärtlichkeiten *f/pl*; F Schmusen *n*

calisson [kalisõ] *m* Mandelkonfekt *n*

calleux [kalø] *adj* ⟨-euse [-øz]⟩ schwielig

calligraphie [kaligʀafi] *f* Kalligraphie *f*; Schönschreibkunst *f*

callosité [kalozite] *f* Schwiele *f*; Hornhaut *f*

calmant [kalmɑ̃] *m* Beruhigungs- und Schmerzmittel *n*

calmar [kalmaʀ] *m* → ***calamar***

▸ **calme** [kalm] **I** *adj* ruhig (*a mer*); still; *personne a* gelassen; **II** *m* **1** Ruhe *f*; Stille *f*; MAR Windstille *f*; ***~ plat*** völlige Windstille; Flaute *f* (*a fig*); **2** *d'une personne* Ruhe *f*; Gelassenheit *f*; Gemütsruhe *f*

calmer [kalme] **I** *v/t* **1** *personne* beruhigen; besänftigen; beschwichtigen; **2** *douleur* mildern; lindern; stillen; *toux* lindern; *soif, faim* stillen; *impatience* beschwichtigen; **II** *v/pr* ***se ~*** **3** *personne* sich beruhigen; **4** *tempête* sich legen; abflauen; *fièvre, douleur* nachlassen; *passion* sich abkühlen; *discussion* ruhiger werden

calomnia|teur [kalɔmnjatœʀ] *m*, **~trice** [-tʀis] *f* Verleumder(in) *m*(*f*)

calomnie [kalɔmni] *f* Verleumdung *f*
calomnier [kalɔmnje] *v/t* verleumden
calomnieux [kalɔmnjø] *adj* ⟨-euse [-øz]⟩ verleumderisch
calorie [kalɔʀi] *f* Kalorie *f*
calorifuge [kalɔʀifyʒ] *adj* wärmeisolierend, -dämmend
calot [kalo] *m* **1** MIL Schiffchen *n*; Käppi *n*; **2** (*grosse bille*) große Murmel
calotin [kalɔtɛ̃] F *péj m* Klerikale(r) *m*; F *péj* Pfaffenknecht *m*; Schwarze(r) *m*
calotte [kalɔt] *f* **1** *bonnet* (Scheitel-)Käppchen *n*; ÉGL Kalotte *f*; **2** *péj* ***la ~*** *péj* die Pfaffen *m/pl*; **3** ***~ glaciaire*** Eiskappe *f*; **4** F leichte Ohrfeige
calque [kalk] *m* Pause *f* (*Zeichnung*)
calquer [kalke] *v/t* nachahmen; kopieren
calumet [kalymɛ] *m* ***fumer le ~ de la paix*** die Friedenspfeife rauchen
calva [kalva] *m* F *ou* **calvados** [kalvados] *m* Calvados *m* (*Apfelbranntwein*); → *Info bei* ***digestif***
calvaire [kalvɛʀ] *m* **1** Kreuzigung *f* Christi; Kreuzigungsgruppe *f*; **2** *fig* Leidensweg *m*; Martyrium *n*
calvitie [kalvisi] *f* Glatze *f*; Kahlköpfigkeit *f*; F Platte *f*
▸ **camarade** [kamaʀad] *m,f* **1** Kamerad(in) *m(f)*; F Kumpan *m*; ***~ d'école*** Schulkamerad(in) *m(f)*, -freund(in) *m(f)*; Mitschüler(in) *m(f)*; **2** POL Genosse *m*, Genossin *f*
camaraderie [camaʀadʀi] *f* Kameradschaft *f*
camard [kamaʀ] **I** *adj* ⟨-arde [-aʀd]⟩ ***nez ~*** Sattelnase *f*; **II** *fig* ***la* ≈*e*** der Tod; der Knochenmann
Cambodge [kɑ̃bɔdʒ] ***le ~*** Kambodscha *n*
cambodgien [kɑ̃bɔdʒjɛ̃] **I** *adj* ⟨-ienne [-jɛn]⟩ kambodschanisch; **II** ≈(***ne***) *m(f)* Kambodschaner(in) *m(f)*
cambouis [kɑ̃bwi] *m* (gebrauchtes) Schmieröl, -fett
cambré [kɑ̃bʀe] *adj* ⟨~e⟩ *pied* gewölbt; ***reins ~s*** etwas hohles Kreuz
cambrer [kɑ̃bʀe] *v/pr* ***se ~*** den Körper straffen
cambriolage [kɑ̃bʀijɔlaʒ] *m* Einbruch *m*
cambrioler [kɑ̃bʀijɔle] *v/t* einbrechen (***qc*** in etw [*acc*]); ***j'ai été cambriolé*** bei mir ist eingebrochen worden
▸ **cambrioleur** [kɑ̃bʀijɔlœʀ] *m*, **cambrioleuse** [kɑ̃bʀijɔløz] *f* Einbrecher(in) *m(f)*
cambrousse [kɑ̃bʀus] *f* F *péj* ***en pleine ~*** F in e-r gottverlassenen Gegend
cambrure [kɑ̃bʀyʀ] *f* Wölbung *f*
cambuse [kɑ̃byz] *f* **1** *péj* elende Behausung *f*; F Loch *n*; **2** MAR Bottlerei *f*
came [kam] *f* **1** TECH ***arbre m à ~s*** Nockenwelle *f*; **2** *arg* (*cocaïne*) F Koks *m*; (*drogue*) F Stoff *m*
camé [kame] *m arg* Fixer *m*
camée [kame] *m* Kamee *f*
caméléon [kameleõ] *m* Chamäleon *n*
camélia [kamelja] *m* Kamelie *f*
camelot [kamlo] *m* Straßenhändler *m*, -verkäufer *m*
camelote [kamlɔt] *f* F Schund *m*; F Ramsch *m*
camembert [kamɑ̃bɛʀ] *m* Camembert *m*
camer [kame] *v/pr* ***se ~*** *arg* fixen
▸ **caméra** [kameʀa] *f* (Film)Kamera *f*; ***~ de télévision*** Fernsehkamera *f*
cameraman [kameʀaman] *m* ⟨cameramen [-men]⟩ Kameramann *m*
Cameroun [kamʀun] ***le ~*** Kamerun *n*
camerounais [kamʀunɛ] **I** *adj* ⟨-aise [-ɛz]⟩ kamerunisch; **II** ≈(***e***) *m(f)* Kameruner(in) *m(f)*
caméscope [kameskɔp] *m* Camcorder *m*
▸ **camion** [kamjõ] *m* Last(kraft)wagen *m*; Lastauto *n*; Laster *m*; Lkw *ou* LKW *m*; ***~ de déménagement*** Möbelwagen *m*
camion-citerne *m* ⟨camions-citernes⟩ Tank(last)wagen *m*
camionn|ette [kamjɔnɛt] *f* Lieferwagen *m*; kleiner Lastwagen; **~eur** [-œʀ] *m* Lkw-Fahrer *m*; Lastwagenfahrer *m*
camisole [kamizɔl] *f* ***~ de force*** Zwangsjacke *f*
camomille [kamɔmij] *f* **1** BOT Kamille *f*; **2** *tisane* Kamillentee *m*
camouflage [kamuflaʒ] *m* Tarnung *f*
camoufler [kamufle] *v/t* **1** MIL tarnen; **2** *fig* tarnen; verschleiern
camouflet [kamuflɛ] *litt m* Kränkung *f*
camp [kɑ̃] *m* Lager *n* (*a fig*, POL); ***~ de concentration*** Konzentrationslager *n* (*abr* KZ); ***~ de réfugiés*** Flüchtlingslager *n*; ***~ de vacances*** Ferienlager *n*; F ***fiche(r)***, P ***foutre le ~*** *personne* F ab-

hauen; F sich aus dem Staub machen; F verduften; P sich verpissen; *bouton* abgehen

campagnard [kɑ̃paɲaʀ] **I** *adj* ⟨-arde [-aʀd]⟩ ländlich; Land…; *péj* bäu(e)risch; **II** **~(e)** *m(f)* Landbewohner(in) *m(f)*; *péj* Bauer *m*, Bäuerin *f*

▸ **campagne** [kɑ̃paɲ] *f* **1** Land *n* (*im Gegensatz zur Stadt*); **à la ~** auf dem *ou* das Land; **2** MIL Feldzug *m*; **3** *fig* Feldzug *m*; Kampagne *f*; **~ électorale** Wahlkampf *m*; **~ publicitaire** Werbekampagne *f*; Werbe-, Reklamefeldzug *m*; **faire ~ pour qc** für etw Propaganda machen; sich für etw einsetzen

campagnol [kɑ̃paɲɔl] *m* Schermaus *f*; Wasserratte *f*

campanile [kɑ̃panil] *m* Kampanile *m*

campanule [kɑ̃panyl] *f* Glockenblume *f*

campement [kɑ̃pmɑ̃] *m* Lager *n*; Lagerplatz *m*

camper [kɑ̃pe] **I** *v/t* lebendig darstellen; **II** *v/i* **1** campen; *sous la tente a* zelten; **2** MIL kampieren (*a fig chez qn*); lagern; **III** *v/pr* **se ~** sich aufstellen, F sich aufpflanzen (**devant** vor + *dat*)

camp|eur [kɑ̃pœʀ] *m*, **~euse** [-øz] *f* Camper(in) *m(f)*

camphre [kɑ̃fʀ(ə)] *m* Kampfer *m*

▸ **camping** [kɑ̃piŋ] *m* **1** Camping *n*; Campen *n*; *sous la tente* Zelten *n*; **faire du ~** campen; zelten; **2** (**terrain** *m* **de**) **~** Campingplatz *m*

camping|-car *m* ⟨camping-cars⟩ Wohnmobil *n*; Campingbus *m*; **~-gaz** *m* ⟨*inv*⟩ Campinggaskocher *m*

campus [kɑ̃pys] *m* Universitätsgelände *n*; Campus *m*

camus [kamy] *adj* ⟨-use [-yz]⟩ **nez ~** platte Nase; Stumpf-, Sattelnase *f*

▸ **Canada** [kanada] **le ~** Kanada *n*

▸ **canadien** [kanadjɛ̃] **I** *adj* ⟨-ienne [-jɛn]⟩ kanadisch; **II** *subst* **1** **♀(ne)** *m(f)* Kanadier(in) *m(f)*; **2** **~ne** *f* Lammfelljacke *f*

canaille [kanaj] **I** *f* Schurke *m*; Halunke *m*; Lump *m*; Kanaille *f*; **II** *adj* pöbelhaft; ordinär

▸ **canal** [kanal] *m* ⟨-aux [-o]⟩ Kanal *m* (*a TV*); **le ~ de Suez** der Sueskanal; *fig* **par le ~ de** über (+ *acc*)

canalisation [kanalizasjõ] *f de gaz, etc* Leitung(snetz) *f(n)*; *d'eaux usées* Kanalisation *f*

canaliser [kanalize] *v/t* kanalisieren (*a fig*)

▸ **canapé** [kanape] *m* **1** Couch *f*; Sofa *n*; Kanapee *n*; **2** CUIS Kanapee *n*; **sur ~s** auf Weißbrotscheiben serviert

canapé-lit *m* ⟨canapés-lits⟩ Schlaf-, Bettcouch *f*

Canaques [kanak] *m/pl* Kanaken *m/pl*

▸ **canard** [kanaʀ] *m* **1** ZO Ente *f*; **~ (mâle)** Erpel *m*; Enterich *m*; **~ de Barbarie** Moschusente *f*; **2** F *péj* (*journal*) F *péj* Käseblatt *n*; **3** in Schnaps getauchtes Stück Zucker

canarder [kanaʀde] *v/t* F **~ qn** (aus gedeckter Stellung) auf j-n feuern

canari [kanaʀi] *m* Kanarienvogel *m*

canasson [kanasõ] F *m* F Gaul *m*

cancan [kɑ̃kɑ̃] *m* **1** **~s** *pl* Klatsch *m*; F Tratsch *m*; **2** **french ~** Cancan *m*

cancan|er [kɑ̃kane] *v/i* klatschen; F tratschen; **~ier** [-je] *adj* ⟨-ière [-jɛʀ]⟩ klatschsüchtig, -haft

▸ **cancer** [kɑ̃sɛʀ] *m* **1** MÉD Krebs *m*; **~ du sein** Brustkrebs *m*; **2** ASTR ♋ Krebs *m*

cancéreux [kɑ̃seʀø] **I** *adj* ⟨-euse [-øz]⟩ **1** Krebs…; **tumeur cancéreuse** Krebsgeschwulst *f*; *sc* Karzinom *n*; **2** *personne* krebskrank; **II** **~, cancéreuse** *m,f* Krebskranke(r) *f(m)*

cancérigène [kɑ̃seʀiʒɛn] *adj* Krebs erregend, erzeugend

cancérologue [kɑ̃seʀɔlɔg] *m,f* Krebsforscher(in) *m(f)*

cancre [kɑ̃kʀ(ə)] F *m* schlechter *ou* fauler Schüler; F Faulpelz *m*

cancrelat [kɑ̃kʀəla] *m* (Küchen)Schabe *f*; Kakerlake *f*

candélabre [kɑ̃delabʀ(ə)] *m* Kandelaber *m*; großer Armleuchter

candeur [kɑ̃dœʀ] *f* Arglosigkeit *f*; Treuherzigkeit *f*; Naivität *f*

candi [kɑ̃di] *adj* **sucre** *m* **~** Kandis(zucker) *m*

▸ **candidat** [kɑ̃dida] *m*, **candidate** [kɑ̃didat] *f* Kandidat(in) *m(f)* (*a* POL); Bewerber(in) *m(f)*; **être, se porter ~** kandidieren

▸ **candidature** [kɑ̃didatyʀ] *f* Kandidatur *f* (*a* POL); Bewerbung *f*; **poser sa ~** sich bewerben (**à un poste** um e-e Stellung); kandidieren (**à une élection** bei e-r Wahl)

candide [kɑ̃did] *adj* arglos; treuherzig; naiv; unschuldig; ohne Falsch

C

cane [kan] *f* (weibliche) Ente
caneton [katõ] *m* Entchen *n*; CUIS Jungente *f*
canette [kanɛt] *f* **1** *boîte en métal* (Getränke)Dose *f*; **2** *bouteille* Bierflasche *f*; **3** *d'une machine à coudre* Spule *f*
canevas [kanva] *m* Kanevas(stickerei) *m(f)*
caniche [kaniʃ] *m* Pudel *m*
canicule [kanikyl] *f* **1** *époque* Hundstage *m/pl*; **2** *chaleur* Gluthitze *f*
canif [kanif] *m* Taschenmesser *n*
canin [kanɛ̃] *adj* ⟨-ine [-in]⟩ Hunde…
canine [kanin] *f* Eck-, Augenzahn *m*
caniveau [kanivo] *m* ⟨~x⟩ Rinnstein *m*; Gosse *f*
▸ **canne** [kan] *f* **1** *~ à sucre* Zuckerrohr *n*; **2** (Spazier)Stock *m*; *~ blanche* Blindenstock *m*; *marcher avec une ~* am Stock gehen; **3** *~ à pêche* Angelrute *f*
cannelé [kanle] *adj* ⟨~e⟩ kanneliert
cannelle [kanɛl] *f* Zimt *m*
cannelure [kanlyʀ] *f* Rille *f*; Hohlkehle *f*; *d'une colonne* Kannelüre *f*
canner [kane] *v/t* mit (e-m) Rohrgeflecht versehen
cannibal|e [kanibal] *m* Kannibale *m*; Menschenfresser *m*; *~isme* [-ism(ə)] *m* Kannibalismus *m*
canoë [kanɔe] *m* Kanu *n*
canoéiste [kanɔeist] *m,f* Kanute *m*
canon[1] [kanõ] *m* **1** MIL Geschütz *n*; Kanone *f*; *~ à eau* Wasserwerfer *m*; *~ à neige* Schneekanone *f*; **2** *de fusil, etc* Lauf *m*; **3** F (*verre de vin*) Glas *n* Wein
canon[2] *m* **1** ÉGL, *fig* Kanon *m*; *adjt* ***droit** m ~* kanonisches Recht; (katholisches) Kirchenrecht; **2** MUS Kanon *m*
canonique [kanɔnik] *adj* F *être d'un âge ~* in e-m ehrwürdigen, respektablen Alter sein
canoniser [kanɔnize] *v/t* heilig sprechen; kanonisieren
canonn|ade [kanɔnad] *f* Kanonade *f*; Geschützfeuer *n*; *~er* [-e] *v/t* beschießen; mit Geschützfeuer belegen; *~ier* [-je] *m* Kanonier *m*; *~ière* [-jɛʀ] *f* Kanonenboot *n*
canot [kano] *m* Boot *n*; Kahn *m*; *~ de sauvetage* Rettungsboot *n*
canot|age [kanɔtaʒ] *m* Kahnfahren *n*; *~er* [-e] *v/i* Kahn fahren; rudern
canotier [kanɔtje] *m* F Kreissäge *f* (*Hut*)
cantatrice [kɑ̃tatʀis] *f* (Opern)Sängerin *f*
cantilène [kɑ̃tilɛn] *f* Klagelied *n*
cantine [kɑ̃tin] *f* **1** Kantine *f*; *manger à la ~* in der Kantine essen; **2** (Leicht-) Metallkiste *f*, -truhe *f*
cantique [kɑ̃tik] *m* geistliches Lied; Kirchenlied *n*; PROT Choral *m*
canton [kɑ̃tõ] *m* Kanton *m*
cantonade [kɑ̃tɔnad] *f* *crier qc à la ~* etw in den Raum rufen
cantonal [kɑ̃tɔnal] *adj* ⟨~e; -aux [-o]⟩ kantonal; Kantons…; *en France élections ~es* Departementswahlen *f/pl*
cantonnement [kɑ̃tɔnmɑ̃] *m* MIL Quartier *n*
cantonner [kɑ̃tɔne] **I** *v/t* unterbringen; MIL *a* einquartieren; **II** *v/pr se ~ fig* sich beschränken (*dans* auf + *acc*)
cantonnier [kɑ̃tɔnje] *m* Straßenwärter *m*
canulant [kanylɑ̃] F *adj* ⟨-ante [-ɑ̃t]⟩ *il est ~* F er nervt mich
canular [kanylaʀ] F *m* Streich *m*; Ulk *m*
canule [kanyl] *f* Kanüle *f*
C.A.O. [seao] *f abr* (*conception assistée par ordinateur*) CAD *n*
caoutchouc [kautʃu] *m* **1** Kautschuk *m*; *~ (vulcanisé)* Gummi *m ou n*; **2** Gummiband *n ou* -ring *m*; **3** Gummimantel *m*; *~s pl* Gummi(über)schuhe *m/pl*
caoutchouteux [kautʃutø] *adj* ⟨-euse [-øz]⟩ gummiartig
cap [kap] *m* **1** Kap *n*; *fig **passer le ~*** es überstehen; über den Berg sein; *fig **avoir (dé)passé le ~ de la quarantaine*** über die vierzig sein; die vierzig überschritten haben; **2** MAR Kurs *m*; ***mettre le ~ sur*** Kurs nehmen auf; **3** ***de pied en ~*** von Kopf bis Fuß; vom Scheitel bis zur Sohle
Cap (Le) [ləkap] Kapstadt *n*
C.A.P. [seape] *m* ⟨*inv*⟩ *abr* (*certificat d'aptitude professionnelle*) Facharbeiter-, Gesellenbrief *m ou* -prüfung *f*
▸ **capable** [kapabl(ə)] *adj* **1** *~ de* (+ *inf*) fähig, in der Lage, imstande zu (+ *inf*); *~ de qc* zu etw fähig; **2** (*compétent*) fähig; tüchtig
capacité [kapasite] *f* **1** (*aptitude*) Fähigkeit *f*; Tüchtigkeit *f*; Befähigung *f*; *~s pl* Fähigkeiten *f/pl*; **2** (*contenance*) Fassungsvermögen *n*; Kapazität *f*; (*vo-*

lume) Rauminhalt *m*; **~ *d'accueil*** Aufnahmefähigkeit *f*, -kapazität *f*; Unterbringungsmöglichkeit *f*; **3** (*potentiel*) Kapazität *f*; Leistung(sfähigkeit) *f*

cape [kap] *f* Umhang *m*; Cape *n*; ***roman m de ~ et d'épée*** Mantel-und-Degen-Roman *m*; *fig* ***rire sous ~*** heimlich, versteckt lachen; sich (*dat*) ins Fäustchen lachen

capeline [kaplin] *f* breitkrempiger (Damen)Hut

CAPES [kapɛs] *m abr* (*certificat d'aptitude professionnelle à l'enseignement secondaire*) *correspond à* zweites Staatsexamen (für das höhere Lehramt)

capés|ien [kapesjɛ̃] *m*, **~ienne** [-jɛn] *f* Inhaber(in) *m*(*f*) des CAPES

Capétiens [kapesjɛ̃] *m/pl* Kapetinger *m/pl*

capharnaüm [kafaʀnaɔm] F *m* Rumpelkammer *f*, Trödelladen *m* (*fig*)

capillaire [kapilɛʀ] **I** *adj* Haar…; ***vaisseaux** m/pl* **~s** Kapillar-, Haargefäße *n/pl*; Kapillaren *f/pl*; **II** *m* BOT Frauenhaarfarn *m*

capilotade [kapilɔtad] F ***j'ai le dos en ~*** F ich bin wie gerädert; F ich bin ganz kreuzlahm

▸ **capitaine** [kapitɛn] *m* **1** MIL Hauptmann *m*; **~ *des pompiers*** Brandmeister *m*; **2** MAR (Schiffs)Kapitän *m*; **3** SPORTS (Mannschafts)Kapitän *m*

capital[1] [kapital] *adj* ⟨**~e**; -aux [-o]⟩ **1** Haupt…; hauptsächlich; wesentlich; entscheidend; kapital; grundlegend; CATH ***les sept péchés capitaux*** die sieben Hauptsünden *f/pl*; **2** ***peine ~e*** Todesstrafe *f*

capital[2] *m* ⟨-aux [-o]⟩ Kapital *n*; (*fortune*) Vermögen *n*; ***capitaux*** *pl* Gelder *n/pl*; (Geld)Mittel *n/pl*; Kapital(ien) *n*(*pl*)

▸ **capitale** [kapital] *f* **1** Hauptstadt *f*; **2** TYPO Großbuchstabe *m*

capital|iser [kapitalize] **I** *v/t rente, etc* kapitalisieren; *intérêts* zum Kapital schlagen; **II** *v/i* Kapital bilden; **~isme** [-ism(ə)] *m* Kapitalismus *m*; **~iste** [-ist] **I** *adj* kapitalistisch; **II** *m,f* Kapitalist(in) *m*(*f*)

capiteux [kapitø] *adj* ⟨-euse [-øz]⟩ *vin, parfum* in den Kopf steigend; schwer

capitonner [kapitɔne] *v/t* polstern (und absteppen)

capitulaire [kapitylɛʀ] *adj* CATH Kapitel…; ***salle** f* **~** Kapitelsaal *m*

capitulation [kapitylasjõ] *f* Kapitulation *f*

capitule [kapityl] *m* (Blüten)Körbchen *n*

capituler [kapityle] *v/i* kapitulieren (*a fig*)

caporal [kapɔʀal] *m* ⟨-aux [-o]⟩ Gefreite(r) *m*

capot [kapo] *m* Motorhaube *f*

capote [kapɔt] *f* **1** AUTO, *d'un landau* Verdeck *n*; **2** Soldatenmantel *m*; **3** F **~ *anglaise*** F Pariser *m*

capoter [capɔte] *v/i* **1** sich überschlagen; **2** *fig* F schief gehen

câpre [kɑpʀ(ə)] *f* Kaper *f*

caprice [kapʀis] *m* Laune *f*; **~s** *pl* Launen *f/pl* (*a fig du temps, etc*); Launenhaftigkeit *f*

capricieux [kapʀisjø] *adj* ⟨-euse [-øz]⟩ launenhaft; launisch; kapriziös; *enfant* eigensinnig; ***humeur capricieuse*** Launenhaftigkeit *f*

Capricorne [kapʀikɔʀn] *m* ASTR Steinbock *m*

capsule [kapsyl] *f* **1** *de bouteilles* Kron(en)korken *m*; *par ext* Verschluss *m*; **2** ANAT, BOT, TECH Kapsel *f*; **~ *spatiale*** Raumkapsel *f*

capter [kapte] *v/t* **1** *attention* fesseln; **2** *source* fassen; **3** *émetteur* hereinbekommen; *signal* auffangen

capteur [kaptœʀ] *m* **~ *solaire*** Sonnenkollektor *m*

captieux [kapsjø] *adj* ⟨-euse [-øz]⟩ verfänglich

captif [kaptif] **I** *adj* ⟨-ive [-iv]⟩ **1** gefangen; **2** ***ballon ~*** Fesselballon *m*; **II ~, *captive*** *m,f* Gefangene(r) *f*(*m*)

captiv|ant [kaptivɑ̃] *adj* ⟨-ante [-ɑ̃t]⟩ fesselnd; spannend; packend; *personne* faszinierend; **~er** [-e] *v/t* in Bann schlagen; fesseln; faszinieren

captivité [kaptivite] *f* Gefangenschaft *f*

capture [kaptyʀ] *f* **1** Fangen *n*; *de personnes* Festnahme *f*; MAR Aufbringung *f*; HIST Kaperung *f*; **2** (*butin*) Fang *m*; Beute *f*

capturer [kaptyʀe] *v/t animal* fangen; *personne* fassen; festnehmen; MIL gefangen nehmen; *bateau* aufbringen; HIST kapern

capuche [kapyʃ] *f* Kapuze *f*

capuchon [kapyʃõ] *m* **1** Kapuze *f*; **2** *d'un stylo* Kappe *f*
capuc|in [kapysɛ̃] *m* Kapuziner(mönch) *m*; **~ine** [-in] *f* Kapuzinerkresse *f*
caquet [kakɛ] *m* ***rabattre le ~ à qn*** j-m den Mund stopfen
caqueter [kakte] *v/i* ⟨-tt-⟩ **1** *poule* gackern; **2** *fig* F klatschen; F tratschen
▸ **car**[1] [kaʀ] *conj* denn
car[2] *m* Reise(omni)bus *m*; (Überland-)Bus *m*
carabin [kaʀabɛ̃] F *m* Medizinstudent *m*
carabine [kaʀabin] *f* Karabiner *m*; Stutzen *m*; Gewehr *n*; ***~ à air comprimé*** Luftgewehr *n*
carabiné [kaʀabine] F *adj* ⟨~e⟩ heftig (*a grippe*); *amende* F saftig; ***rhume ~*** F Mordsschnupfen *m*
carabinier [kaʀabinje] *m en Italie* Karabiniere *m*; *en Espagne* Zollbeamte(r) *m*
caraco [kaʀako] *m* kurze, weite Bluse
caracoler [kaʀakɔle] *v/i cheval* tänzeln
▸ **caractère** [kaʀaktɛʀ] *m* **1** *d'une personne* Charakter *m*; Wesen(sart) *n(f)*; (***force*** *f* ***de***) ~ Charakter(stärke) *m(f)*; Willensstärke *f*, -kraft *f*; ***avoir mauvais ~*** e-n schwierigen Charakter haben; ***être jeune de ~*** im Wesen jung geblieben sein; **2** (*particularité*) Merkmal *n*; Eigenschaft *f*; Wesenszug *m*; Kennzeichen *n*; Eigenart *f*; Gepräge *n*; Charakter *m*; ***le ~ difficile des négociations*** die Schwierigkeit der Verhandlungen; **3** Schriftzeichen *n*; Letter *f*; Buchstabe *m*; ***~s d'imprimerie*** Druckschrift *f*; ***en gros ~s*** mit großen Buchstaben; groß gedruckt
caractériel [kaʀakteʀjɛl] **I** *adj* ⟨~le⟩ ***troubles ~s*** Verhaltensstörungen *f/pl*; **II** ~(***le***) *m(f)* verhaltensgestörtes, schwer erziehbares Kind
caractéris|é [kaʀakteʀize] *adj* ⟨~e⟩ eindeutig; ausgeprägt; **~er** [-e] *v/t* charakterisieren; kennzeichnen
caractéristique [kaʀakteʀistik] **I** *adj* charakteristisch, kennzeichnend, bezeichnend (***de*** für); **II** *f* **1** Kennzeichen *n*; Merkmal *n*; Charakteristikum *n*; **2** TECH ***~s*** *pl* technische Daten *pl*
carafe [kaʀaf] *f* **1** Karaffe *f*; ***vin*** *m* ***en ~*** offener Wein; Schoppenwein *m*; **2** F ***rester en ~*** stecken bleiben
carafon [kaʀafõ] *m* F (*tête*) F Dez *m*
Caraïbes [kaʀaib] *m/pl* ***la mer des ~*** die Karibik; das Karibische Meer
carambolage [kaʀɑ̃bɔlaʒ] *m* Zusammenstoß *m*; (Massen)Karambolage *f*
caramel [kaʀamɛl] *m* **1** Karamell *m*; **2** Karamellbonbon *m ou n*; **3** *adjt* ⟨*inv*⟩ karamell(farben)
caraméliser [kaʀamelize] *v/t* karamellisieren; ***sucre caramélisé*** Karamellzucker *m*
carapace [kaʀapas] *f* ZO Panzer *m* (*a fig*)
carapater [kaʀapate] *v/pr* F ***se ~*** F abhauen; F verduften
carat [kaʀa] *m* Karat *n*; ***or*** *m* ***à dix-huit ~s*** achtzehnkarätiges Gold
▸ **caravane** [kaʀavan] *f* **1** Karawane *f* (*a par ext*); **2** Wohnwagen *m*, -anhänger *m*; Caravan *m*
caravelle [kaʀavɛl] *f* MAR Karavelle *f*
carbone [kaʀbɔn] *m* **1** CHIM Kohlenstoff *m*; **2** *adjt* ***papier*** *m* ~ Kohlepapier *n*
carbonique [kaʀbɔnik] *adj* ***gaz*** *m* ~ Kohlendioxyd *n*; *dans une boisson* Kohlensäure *f*; ***neige*** *f* ~ Kohlensäureschnee *m*
carbonisé [kaʀbɔnize] *adj* ⟨~e⟩ verkohlt; ***il est mort ~*** er verbrannte
carbur|ant [kaʀbyʀɑ̃] *m* Kraft-, Treibstoff *m*; **~ateur** [-atœʀ] *m* Vergaser *m*; **~ation** [-asjõ] *f* Gemischbildung *f*
carbure [kaʀbyʀ] *m* Kohlenstoffverbindung *f*; ~ (***de calcium***) (Kalzium)Karbid *n*
carburer [kaʀbyʀe] *v/i* funktionieren; laufen (*a fig*)
carcan [kaʀkɑ̃] *m* **1** HIST Halseisen *n*; **2** *fig* Zwang(sjacke) *m(f)*
carcasse [kaʀkas] *f* **1** *d'animaux* Gerippe *n*; CUIS Karkasse *f*; **2** F ***ma vieille ~*** meine alten Knochen; **3** TECH Gerippe *n*; Skelett *n*; Gestell *n*; *d'un pneu* Karkasse *f*
carcéral [kaʀseʀal] *adj* ⟨~e; -aux [-o]⟩ Gefängnis…
cardan [kaʀdɑ̃] *m* (***joint*** *m* ***de***) ~ Kardangelenk *n*
carder [kaʀde] *v/t* TEXT krempeln; karden
cardiaque [kaʀdjak] **I** *adj* **1** ANAT, MÉD Herz…; **2** *personne* herzkrank, -leidend; **II** *m,f* Herzkranke(r) *f(m)*
cardigan [kaʀdigɑ̃] *m* Strickjacke *f*
cardinal[1] [kaʀdinal] *adj* ⟨~e; -aux [-o]⟩

nombre ~ Grund-, Kardinalzahl *f*; ***les (quatre) points cardinaux*** die (vier) Himmelsrichtungen *f/pl*
cardinal[2] *m* ⟨-aux [-o]⟩ CATH Kardinal *m*
cardio|gramme [kardjogram] *m* MÉD Kardiogramm *n*; **~logue** [-lɔg] *m,f* Herzspezialist(in) *m(f)*; Kardiologe *m*, -login *f*
cardon [kardõ] *m* Gemüseartischocke *f*; Kardone *f*
carême [karɛm] *m* REL Fastenzeit *f*; *fig* ***arriver comme mars, marée en ~*** unweigerlich so kommen müssen
carence [karɑ̃s] *f* **1** ***~ en vitamines*** Vitaminmangel *m*; **2** POL Versagen *n*; Nichtstun *n*
carène [karɛn] *f* Unterwasserschiff *n*
caréné [karene] *adj* ⟨~e⟩ stromlinienförmig
caressant [karɛsɑ̃] *adj* ⟨-ante [-ɑ̃t]⟩ zärtlich
caresse [karɛs] *f* Zärtlichkeit *f*; Streicheln *n*; *st/s* Liebkosung *f*; ***faire des ~s à*** streicheln (+ *acc*)
caresser [karese] *v/t* **1** *personne* streicheln (*a animal*); zärtlich sein zu; *st/s* liebkosen; *objet* zärtlich streichen über (+ *acc*); **2** *fig vent* ***~ qn*** j-n (sanft) streicheln; **3** *fig rêve* hegen; *idée* nachhängen (+ *dat*)
car-ferry [karfɛri] *m* ⟨car-ferries⟩ Autofähre *f*
cargaison [kargɛzõ] *f* Ladung *f*; Fracht *f*
cargo [kargo] *m* Frachter *m*; Frachtschiff *n*
caribou [karibu] *m* ZO Karibu *n*
caricatural [karikatyral] *adj* ⟨~e; -aux [-o]⟩ karikaturistisch; karikaturenhaft
caricatur|e [karikatyr] *f* Karikatur *f*; **~er** [-e] *v/t* karikieren; als Karikatur darstellen; **~iste** [-ist] *m* Karikaturist *m*; Cartoonist *m*
carie [kari] *f* ***~ (dentaire)*** Karies *f*; Zahnfäule *f*
carié [karje] *adj* ⟨~e⟩ *dent* hohl; *sc* kariös
carillon [karijõ] *m* **1** *d'un beffroi* Glockenspiel *n*; *d'une église* Geläut *n*; **2** *d'une pendule* Schlagwerk *n*; (***horloge f à***) ***~*** Schlaguhr *f*
carillonner [karijɔne] **I** *v/t fig nouvelle* ausposaunen; **II** *v/i cloches* läuten
carillonneur [karijɔnœr] *m* Glöckner *m*
Carinthie [karɛ̃ti] ***la ~*** Kärnten *n*
cariste [karist] *m* Gabelstaplerfahrer *m*
carlin [karlɛ̃] *m* Mops *m*
carlingue [karlɛ̃g] *f* AVIAT Kabine *f*
carme [karm] *m* Karmelit(er) *m*
carmélite [karmelit] *f* Karmelit(er)in *f*
carmin [karmɛ̃] *adj* ⟨*inv*⟩ karmin-, karmesinrot
carnage [karnaʒ] *m* Gemetzel *n*; Blutbad *n*
carnassier [karnasje] **I** *adj* ⟨-ière [-jɛr]⟩ Fleisch fressend; **II** *m/pl* ***~s*** Landraubtiere *n/pl*
carnassière [karnasjɛr] *f* Jagdtasche *f*
carnation [karnasjõ] *f* Teint *m*; Gesichtsfarbe *f*
carnaval [karnaval] *m* Karneval *m*; *südd* Fasching *m*
carne [karn] *f* F *péj* zähes Fleisch
carné [karne] *adj* ⟨~e⟩ Fleisch…
▸ **carnet** [karnɛ] *m* Notizbuch *n*; Heftchen *n*; ***~ d'adresses*** Adress(en)büchlein *n*; ***~ de chèques*** Scheckheft *n*; ***~ de commandes*** Auftrags-, Bestellbuch *n*; ***~ (de métro)*** Fahrkartenblock *m* (für die U-Bahn); ***~ (de notes)*** Zeugnis(heft) *n*; ***~ de timbres*** Briefmarkenheftchen *n*
carnier [karnje] *m* kleine Jagdtasche
carnivore [karnivɔr] **I** *adj* Fleisch fressend; **II** *m/pl* ***~s*** Fleisch fressende Tiere *n/pl*; Fleischfresser *m/pl*; *sc* Karnivoren *pl*
Carolingiens [karɔlɛ̃ʒjɛ̃] *m/pl* Karolinger *m/pl*
carotide [karɔtid] *f* Halsschlagader *f*
▸ **carotte** [karɔt] *f* **1** Möhre *f*; Karotte *f*; Mohrrübe *f*; Gelbe Rübe; *fig* ***la ~ et le bâton*** Zuckerbrot *n* und Peitsche *f*; **2** *adjt* ***poil de ~*** ⟨*inv*⟩ fuchsrot
carotter [karɔte] *v/t* F ***~ qc à qn*** F j-m etw stibitzen; F bei j-m etw abstauben
caroubier [karubje] *m* Johannisbrotbaum *m*
carpe[1] [karp] *f* ZO Karpfen *m*; SPORTS ***saut*** *m* ***de ~*** Hechtsprung *m*; ***muet comme une ~*** stumm wie ein Fisch
carpe[2] *m* ANAT Handwurzel *f*
carpette [karpɛt] *f* Brücke *f*; Bettvorleger *m*
carquois [karkwa] *m* Köcher *m*
carre [kar] *f* (Ski)Kante *f*

C

C

▸ **carré** [kaʀe] **I** *adj* ⟨~e⟩ **1** quadratisch; Quadrat… (*a* MATH); F viereckig; TECH Vierkant…; ***mètre ~*** Quadratmeter *m ou n*; ***racine ~e*** Quadratwurzel *f*; **2** *visage* eckig; *épaules* breit; **3** ***être ~ en affaires*** offen handeln; **II** *m* **1** Quadrat *n* (*a* MATH); Geviert *n*; F Viereck *n*; MATH a Quadratzahl *f*; ***5 au ~*** 5 im Quadrat; **2** ***~ de soie*** Seidentuch *n*; **3** JARD (Gemüse)Beet *n*; **4** *de chocolat* Stückchen *n*; **5** CUIS **a)** *de porc* Rippenstück *n*; *österr* Karree *n*; **b)** ***~ de l'Est*** *ein Weichkäse aus Lothringen*

carreau [kaʀo] *m* ⟨~x⟩ **1** (*vitre*) (Fenster)Scheibe *f*; **2** (*dalle*) Fliese *f*; (Stein)Platte *f*; ***~ de faïence*** Kachel *f*; **3** *sol* Fliesen-, Plattenboden *m*; ***~ de mine*** Gruben-, Zechengelände *n*; *fig* ***rester sur le ~*** tot *ou* verwundet liegen bleiben; *par ext* auf der Strecke bleiben; **4** *dessin* Karo *n*; ***à ~x*** kariert; gewürfelt; **5** *aux cartes* Karo *n*; Schellen *n*; *fig* ***se tenir à ~*** vorsichtig, gewarnt sein

carrée [kaʀe] *f arg* (*chambre*) F Bude *f*

▸ **carrefour** [kaʀfuʀ] *m* **1** (Straßen-)Kreuzung *f*; *fig* ***être à un ~*** am Kreuz-, Scheideweg stehen; **2** *fig* Treffpunkt *m*; Schnittstelle *f*; (*réunion*) Treffen *n*; Begegnung *f*

carrelage [kaʀlaʒ] *m* Fliesenboden *m*

carrelé [kaʀle] *adj* ⟨~e⟩ gefliest; gekachelt

carrelet [kaʀlɛ] *m* **1** ZO Scholle *f*; Goldbutt *m*; **2** viereckiges Senknetz

carreleur [kaʀlœʀ] *m* Fliesenleger *m*

carrément [kaʀemɑ̃] *adv* *dire* geradeheraus; F klipp und klar; *refuser* rundweg; F glatt

carrer [kaʀe] *v/pr* ***se ~*** es sich bequem machen (***dans*** in + *dat*)

carrière [kaʀjɛʀ] *f* **1** TECH Steinbruch *m*; ***~ de marbre*** Marmorbruch *m*; **2** (*profession*) Beruf *m*; Laufbahn *f*; Karriere *f*; beruflicher Werdegang; ***militaire*** *m* ***de ~*** Berufssoldat *m*; ***faire ~*** Karriere machen; **3** ***donner ~ à qc*** e-r Sache (*dat*) freien Lauf lassen

carriériste [kaʀjeʀist] *m,f péj* Karrieremacher *m*, Karrierefrau *f*; Karrierist(in) *m(f)*

carriole [kaʀjɔl] *f* (kleiner) Karren

carrossable [kaʀɔsabl(ə)] *adj* befahrbar; ***chemin*** *m* ***~*** Fahrweg *m*

carrosse [kaʀɔs] *m* Karosse *f*; Staatskutsche *f*

carrosserie [kaʀɔsʀi] *f* Karosserie *f*; Aufbau *m*

carrousel [kaʀuzɛl] *m* **1** HIST Reiterspiele *n/pl*; **2** *fig de voitures, etc* Gewimmel *n*; **3** *à l'aéroport* Verteilerband *n*

carrure [kaʀyʀ] *f* **1** Schulterbreite *f*; Schultern *f/pl*; **2** *fig* Format *n*

cartable [kaʀtabl(ə)] *m* Schulmappe *f*, -tasche *f*; *à bretelles* Schulranzen *m*

▸ **carte** [kaʀt] *f* **1** *donnat certains droits* Karte *f*; Ausweis *m*; ***Carte bleue*** Visakarte *f*; ▸ ***carte grise*** Kraftfahrzeugschein *m*; F Zulassung *f*; ***carte orange*** Netz-, Zeitkarte *f*; ***carte vermeil*** Seniorenpass *m*; AUTO ***carte verte*** grüne Versicherungskarte; ***carte à puce*** Chipkarte *f*; ▸ ***carte de crédit*** Kreditkarte *f*; AVIAT ***carte d'embarquement*** Bordkarte *f*; ***carte d'étudiant*** Studentenausweis *m*; ▸ ***carte d'identité*** Personalausweis *m*; ***carte de séjour*** Aufenthaltserlaubnis *f*; **2** ***carte (à jouer)*** (Spiel)Karte *f*; *fig* ***brouiller les cartes*** die Angelegenheit verschleiern; *fig* ***jouer sa dernière carte*** s-n letzten Trumpf ausspielen; *fig* ***jouer cartes sur table*** mit offenen Karten spielen; **3** ***carte (de géographie)*** (Land)Karte *f*; ***carte routière*** Straßen-, Autokarte *f*; ***carte d'Allemagne*** Deutschlandkarte *f*; **4** *au restaurant* (Speise)Karte *f*; ***manger à la carte*** à la carte essen; **5** ▸ ***carte postale*** (Ansichts)Postkarte *f*; Ansichtskarte *f*; ***carte de visite*** Visitenkarte *f*; *fig* ***avoir carte blanche*** freie Hand haben

cartel [kaʀtɛl] *m* Kartell *n*

carter [kaʀtɛʀ] *m* TECH Gehäuse *n*; Kasten *m*; *de vélo* Kettenschutz(blech) *m(n)*

cartésien [kaʀtezjɛ̃] *adj* ⟨-ienne [-jɛn]⟩ PHILOS kartesianisch; *esprit* logisch, methodisch und rational

cartilage [kaʀtilaʒ] *m* Knorpel *m*

cartilagineux [kaʀtilaʒinø] *adj* ⟨-euse [-øz]⟩ knorp(e)lig; Knorpel…

cartographie [kaʀtɔgʀafi] *f* Kartographie *f*

cartomancienne [kaʀtɔmɑ̃sjɛn] *f* Kartenlegerin *f*

▸ **carton** [kaʀtɔ̃] *m* **1** *matière* Karton *m*; Pappe *f*; Papp(en)deckel *m*; **2** *boîte*

(Papp)Schachtel *f*; Karton *m*; **3 ~ à dessin** Zeichenmappe *f*; **4 faire un ~** (in der Schießbude) schießen; *fig* Erfolg haben; **5** FOOTBALL **~ jaune, rouge** gelbe, rote Karte
cartonné [kaʀtɔne] *adj* ⟨~e⟩ kartoniert
cartonner [kaʀtɔne] *v/imp* F **ça a cartonné** F da hat's geknallt
carton-pâte *m* ⟨cartons-pâtes⟩ Papp-, Papiermaché *n*
cartouche[1] [kaʀtuʃ] *f* **1** MIL, CH Patrone *f*; **~ à blanc** Platzpatrone *f*; **2** PHOT, *d'un stylo* Patrone *f*; PHOT *a* Kassette *f*; **3** *de cigarettes* Stange *f*
cartouche[2] *m ornement* Kartusche *f*
cartouchière [kaʀtuʃjɛʀ] *f* Patronentasche *f*
▸ **cas** [kɑ] *m* **1** Fall *m* (*a* JUR); **cas de conscience** Gewissensfrage *f*; **cas de figure** Möglichkeit *f*; Hypothese *f*; ▸ **au cas où, dans le cas où** (+ *conditionnel*) falls; wenn; im Fall(e), dass; **dans bien des cas** in vielen Fällen; **dans ce cas(-là)** in dem, diesem Fall; **en aucun cas** auf keinen Fall; keinesfalls; ▸ **en tout cas** auf jeden Fall; jedenfalls; auf alle Fälle; **en cas de** im Fall(e) (+ *gén*); **en cas de besoin** im Not-, Bedarfsfall; not-, nötigenfalls; **en cas de pluie** bei Regen; falls es regnet; **c'est (bien) le cas de le dire** das kann man wohl sagen; **2** *d'une personne* Fall *m* (*a* MÉD); **cas social** Sozial-, Härtefall *m*; **3 faire grand cas de qn, qc** auf j-n große Stücke halten; auf etw großen Wert legen; **faire peu de cas de qn, qc** wenig Aufhebens von j-m, etw machen; **4** GR Fall *m*; Kasus *m*
casanier [kazanje] *adj* ⟨-ière [-jɛʀ]⟩ häuslich; **être ~** *péj* ein Stubenhocker sein
casaque [kazak] *f* Jockeijacke *f*; *fig* **tourner ~** umschwenken; s-e Meinung radikal ändern
cascade [kaskad] *f* **1** (kleinerer) Wasserfall; Kaskade *f*; **2** *fig* Schwall *m*; Flut *f*; **~ de rires** Lachsalve *f*
cascadeur [kaskadœʀ] *m* CIN Stuntman *m*; CIRQUE Kaskadeur *m*
case [kɑz] *f* **1** *d'un damier* Feld *n*; *de formulaires, mots croisés* Feld *n*; F Kästchen *n*; **2** *d'armoires, etc* Fach *n*; F *fig* **il a une ~ de vide** F bei ihm ist e-e Schraube locker; er hat nicht alle Tassen im Schrank; **3** (Eingeborenen)Hütte *f*
caséine [kazein] *f* Kasein *n*
casemate [kazmat] *f* Kasematte *f*; Bunker *m*
caser [kɑze] **I** *v/t* **1** *chose* unterbringen; verstauen; **2** F *personne* unterbringen; *femme* F unter die Haube, an den Mann bringen; **II** *v/pr* F **réussir à se ~** F sich e-n Mann angeln
caserne [kazɛʀn] *f* **1** MIL Kaserne *f*; **2** F *péj immeuble* Mietskaserne *f*
cash [kaʃ] *adv* F **payer ~** bar (be)zahlen
casher [kaʃɛʀ] *adj* ⟨-ère⟩ koscher
casier [kɑzje] *m* **1** (*case*) (Ablage)Fach *n*; **2** (*étagère*) Regal *n*; Ständer *m*; **3 ~ judiciaire** Strafregister *n*; **avoir un ~ judiciaire chargé, vierge** (bereits) vorbestraft, nicht vorbestraft sein; **4** PÊCHE Langustenreuse *f*
casino [kazino] *m* (Spiel)Kasino *n*; Spielbank *f*
casoar [kazɔaʀ] *m* rotweißer Federbusch am Tschako der „Saint-Cyriens"
Caspienne [kaspjɛn] **la (mer) ~** das Kaspische Meer
▸ **casque** [kask] *m* **1** Helm *m* (*a* MIL); *d'ouvrier* Schutzhelm *m*; *de motard* Sturzhelm *m*; *fig* **les ~s bleus** die Blauhelme *m/pl* (*UNO-Soldaten*); **2** (*sèche-cheveux*) Trockenhaube *f*; **3** ÉLECTRON Kopfhörer *m*
casqué [kaske] *adj* ⟨~e⟩ behelmt; mit Helm
casquer [kaske] *v/i* F blechen
casquette [kaskɛt] *f* (Schirm)Mütze *f*
cassant [kasɑ̃] *adj* ⟨-ante [-ɑ̃t]⟩ **1** *matériau* spröde; brüchig; **2** *personne, paroles* schroff; **3** F **ce n'est pas ~** F dabei reißt man sich kein Bein aus
cassation [kasasjõ] *f* JUR Kassation *f*; Aufhebung *f*
casse[1] [kɑs] *f* **1 il y a de la ~** es gibt Scherben; **payer la ~** für den Schaden aufkommen; **2** F **il va y avoir de la ~** F es wird krachen; **3** *de voitures, machines* Schrott *m*; **mettre à la ~** verschrotten (lassen)
casse[2] *arg m* Einbruch *m*
cassé [kase] *adj* ⟨~e⟩ **1** zerbrochen; entzwei; F kaputt; *jambe, etc* gebrochen; **2 pois ~s** getrocknete Erbsen *f/pl*; Trockenerbsen *f/pl*; **3 blanc ~** gebrochenes Weiß; **4** *voix* heiser; rau

C

casse-cou ⟨*inv*⟩ **I** *adj* draufgängerisch; tollkühn; waghalsig; **II** *m* Draufgänger *m*; ***crier ~ à qn*** j-n warnen
casse-croûte *m* ⟨*inv*⟩ Imbiss *m*; *südd* Vesper *n*; Brotzeit *f*; *österr* Jause *f*; *nordd* Stulle(n) *f*(*pl*); (zweites) Frühstück
casse-gueule *m* ⟨*inv*⟩ F *endroit* gefährliche Stelle; *entreprise* riskantes Unternehmen
casse|-noisette(s) *m* ⟨casse-noisettes⟩ *ou* **~-noix** *m* ⟨*inv*⟩ Nussknacker *m*
casse-pieds ⟨*inv*⟩ F **I** *adj* lästig; nervtötend; **II** *m,f* F Nervensäge *f*
casse-pipe F *m* ⟨*inv*⟩ Krieg *m*
▸ **casser** [kase, kɑ-] **I** *v/t* **1** zerbrechen; zerschlagen; entzweischlagen; F kaputtmachen (*a appareil*); *vitre a* einwerfen; einschlagen; *branche* (ab)knicken; CUIS *œufs* aufschlagen; *dent* ausschlagen; *noix* (auf)knacken; *pointe, poignée* abbrechen; *bois* hacken; F *fig* ***~ la croûte*** *südd* vespern; Brotzeit machen; *nordd* s-e Stulle(n) essen; F *fig* ***~ les pieds à qn*** j-m auf die Nerven gehen, auf den Wecker fallen; F j-n nerven; F *fig* ***ça ne casse rien*** das taugt nicht viel; F *fig* ***elle ne casse rien*** e-e Schönheit ist sie ja nicht gerade; F ***à tout ~*** F ganz toll; (*tout au plus*) höchstens; maximal; **2** *fig prix* radikal senken; brechen; ***~ le moral à qn*** j-s Moral untergraben, aufweichen; **3** JUR *jugement* aufheben; kassieren; **4** *officier* degradieren; **II** *v/i* **5** *verre, etc* (zer)brechen; (zer)springen; F kaputtgehen; *fil* (zer-, ab)reißen; **III** *v/pr* **6 *se ~*** *verre, etc* → 5; *dent, branche* abbrechen; **7** *personne* ***se ~ le bras***, *etc* sich den Arm *etc* brechen; F *fig* ***il ne s'est pas cassé*** F er hat sich (dabei) kein Bein ausgerissen; **8** F *fig* ***je me casse*** F ich hau ab
▸ **casserole** [kasʀɔl] *f* Stieltopf *m*; Kasserolle *f*; F *fig* ***passer à la ~*** F dran glauben müssen
casse-tête *m* ⟨*inv*⟩ ***être un ~ pour qn*** j-m viel Kopfzerbrechen machen
▸ **cassette** [kasɛt] *f* **1** ÉLECTRON Kassette *f*; **2** (Geld-, Schmuck)Kassette *f*, (-)Schatulle *f*
casseur [kasœʀ] *m* gewalttätiger Demonstrant; Chaot *m*; Randalierer *m*
cassis[1] [kasis] *m* **1** BOT Schwarze Johannisbeere; **2** Likör *m* aus Schwarzen Johannisbeeren
cassis[2] *m sur la route* Querrinne *f*
cassolette [kasɔlɛt] *f* **1** Räucherpfanne *f*; **2** CUIS kleine Pfanne
cassonade [kasɔnad] *f* Rohrzucker *m*
cassoulet [kasulɛ] *m* *Eintopf aus Fleisch, Wurst u weißen Bohnen*
cassure [kasyʀ] *f* **1** Bruch(stelle) *m*(*f*); **2** *fig* Bruch *m*; Einschnitt *m*
castagnette [kastaɲɛt] *f* Kastagnette *f*
caste [kast] *f* Kaste *f* (*a péj*)
castel [kastɛl] *m* Schlösschen *n*
castor [kastɔʀ] *m* Biber *m*
castr|at [kastʀa] *m* Kastrat *m*; **~er** [-e] *v/t* kastrieren
cataclysme [kataklism(ə)] *m* Naturkatastrophe *f*
catacombes [katakõb] *f/pl* Katakomben *f/pl*
catadioptre [katadjɔptʀ(ə)] *m* Rückstrahler *m*; F Katzenauge *n*
catalan [katalɑ̃] **I** *adj* ⟨-ane [-an]⟩ katalanisch; **II** ℒ(***e***) *m*(*f*) Katalane *m*, Katalanin *f*
Catalogne [katalɔɲ] ***la ~*** Katalonien *n*
catalogue [katalɔg] *m* Katalog *m*
cataloguer [katalɔge] *v/t* **1** katalogisieren; **2** *péj* ***il est, on l'a catalogué*** man weiß, was man von ihm zu halten hat
catalys|er [katalize] *v/t* **1** CHIM katalysieren; **2** *fig forces, etc* wecken; wachrufen; **~eur** [-œʀ] *m* Katalysator *m* (*a fig*)
catalytique [katalitik] *adj* AUTO ▸ ***pot*** *m* ***catalytique*** Katalysator *m*; F Kat *m*
catamaran [katamaʀɑ̃] *m* Katamaran *m*; Doppelrumpfboot *n*
cataphote [katafɔt] *m* → ***catadioptre***
cataplasme [kataplasm(ə)] *m* Kataplasma *n*; Breiumschlag *m*
catapult|e [katapylt] *f* Katapult *n ou m*; **~er** [-e] *v/t* katapultieren (*a fig*); schleudern
cataracte [kataʀakt] *f* **1** Katarakt *m*; Wasserfall *m*; **2** MÉD grauer Star
▸ **catastrophe** [katastʀɔf] *f* **1** Katastrophe *f*; (schweres) Unglück; ***courir à la ~*** e-r Katastrophe entgegengehen; **2 *en ~*** überstürzt; in größter Eile; ***atterrir en ~*** notlanden
catastroph|é [katastʀɔfe] F *adj* ⟨**~e**⟩ niedergeschmettert; F am Boden zerstört; **~ique** [-ik] *adj* katastrophal, verheerend (*a* F *péj*)

catch [katʃ] *m* Catchen *n*; Catch-as--catch-can *n*; **~eur** [-œʀ] *m*, **~euse** [-øz] *f* Catcher(in) *m(f)*
catéchiser [kateʃize] *v/t* katechisieren
catéchisme [kateʃism(ə)] *m* Religionsunterricht *m*; ***aller au ~*** in den Religionsunterricht gehen
catéchiste [kateʃist] *adj* ***dame f ~*** Katechetin *f*
catégorie [kategɔʀi] *f* Kategorie *f*; Klasse *f*; Gruppe *f*; Sparte *f*; *de viande, etc* Qualität *f*
catégorique [kategɔʀik] *adj* kategorisch; entschieden; sehr bestimmt; ***être ~ sur qc*** etw kategorisch behaupten
caténaire [katenɛʀ] *f* Fahrdraht *m*; Oberleitung *f*
cathares [kataʀ] *m/pl* REL Katharer *m/pl*
▸ **cathédrale** [katedʀal] *f* Kathedrale *f*; Dom *m*; Münster *n*
catherinette [katʀinɛt] *f Mädchen, das mit 25 Jahren noch nicht verheiratet ist*
cathéter [kateteʀ] *m* MÉD Katheter *m*
cathode [katɔd] *f* ÉLECT Kathode *f*
catholicisme [katɔlisism(ə)] *m* Katholizismus *m*
▸ **catholique** [katɔlik] **I** *adj* **1** katholisch; **2** F *fig* ***pas très ~*** F nicht ganz koscher, astrein; **II** *m,f* Katholik(in) *m(f)*
catimini [katimini] *adv* ***en ~*** heimlich
catogan [katɔgɑ̃] *m* im Nacken zusammengebundenes Haar
cauchemar [koʃmaʀ] *m* Albtraum *m* (*a fig*); Albdruck *m*; **~desque** [-dɛsk] *adj* grausig; Schreckens…
caudal [kodal] *adj* ⟨~e; -aux [-o]⟩ Schwanz…
causal [kozal] *adj* ⟨~e⟩ ursächlich; kausal
causant [kozɑ̃] F *adj* ⟨-ante [-ɑ̃t]⟩ gesprächig
▸ **cause** [koz] *f* **1** (*origine, motif*) Ursache *f*; Grund *m*; Anlass *m*; ▸ ***à cause de*** wegen (+ *gén*, F + *dat*); ***à cause de moi*** meinetwegen; ***pour cause de maladie*** wegen Krankheit; krankheitshalber; ***et pour cause!*** und das *ou* und zwar aus gutem Grund!; **2** (*intérêt*) Sache *f*; Angelegenheit *f*; ***pour la bonne cause*** für die gute *ou* gerechte Sache; F (*pour épouser*) er hat ernste Absichten; ***faire cause commune*** gemeinsame Sache machen; **3** JUR (Rechts)Sache *f*; (Rechts)Fall *m*; *par ext* ***en tout état de cause*** auf jeden Fall; in jedem Fall; in jeder Lage; ***ne pas être en cause*** außer Frage, nicht zur Debatte stehen; ***mettre qn en cause*** j-n (mit) hineinziehen; ***remettre qc en cause*** etw infrage stellen; ***mettre qn 'hors de cause*** j-n von jedem Verdacht freisprechen
▸ **causer**[1] [koze] *v/t* (*provoquer*) verursachen; *dommages a* anrichten; *chagrin, joie, soucis a* machen; bereiten (*a surprise*); *désordre a* stiften
causer[2] *v/t/indir et v/i* **1** (*s'entretenir*) ~ (***avec qn de qc, qn***) sich unterhalten, plaudern (mit j-m über etw, j-n); **2** F (*parler*) sprechen, reden (***à qn*** mit j-m)
causerie [kozʀi] *f* Plauderei *f*
causette [kozɛt] *f* F ***faire la ~, un brin de ~*** F ein Schwätzchen *n*, e-n Schwatz, e-n Plausch halten
causeur [kozœʀ] **I** *m* Plauderer *m*; Unterhalter *m*; **II** *adj* ⟨-euse [-øz]⟩ gesprächig
causeuse [kozøz] *f* kleines Sofa
causse [kos] *m* (dürres) Kalkplateau
caustique [kostik] *adj* **1** ätzend; CHIM kaustisch; **2** *fig* scharf; bissig; *ironie* beißend; *personne* scharfzüngig
cauteleux [kotlø] *adj* ⟨-euse [-øz]⟩ verschlagen; abgefeimt
cautère [kotɛʀ] *m* ***c'est un ~ sur une jambe de bois*** das hilft absolut nichts
cautériser [koteʀize] *v/t* MÉD kauterisieren; ausbrennen
caution [kosjõ] *f* **1** Kaution *f*; Bürgschaftssumme *f*; *mettre en liberté* ***sous ~*** gegen Kaution; ***sujet à ~*** nicht verbürgt; unzuverlässig
cautionner [kosjɔne] *v/t politique, etc* unterstützen; stehen hinter (+ *dat*)
cavalcade [kavalkad] *f* **1** Kavalkade *f*; Reiter(auf)zug *m*; **2** *fig* Horde *f*; (lärmende) Schar
cavale [kaval] *f arg* ***être en ~*** ausgebrochen, flüchtig sein
cavaler [kavale] F *v/i* rennen
cavalerie [kavalʀi] *f* **1** HIST Kavallerie *f*; Reiterei *f*; **2** Panzertruppe *f*
cavaleur [kavalœʀ] F *m* F Schürzenjäger *m*
caval|ier [kavalje], **~ière** [-jɛʀ] **I** *subst* **1** *m,f* Reiter(in) *m(f)*; **2** *m,f à table* Tischherr *m*, -dame *f*; *au bal* Tanzpartner(in)

C

m(f); Tänzer(in) *m(f)*; Herr *m*; Dame *f*; *par ext* Begleiter(in) *m(f)*; Kavalier *m*; *fig* **faire cavalier seul** e-n Alleingang unternehmen, machen; auf eigene Faust handeln; **3** *m* ÉCHECS Springer *m*; **II** *adj* **1** ungehörig; ungezogen; **2 allée cavalière** Reitweg *m*

▸ **cave**[1] [kav] *f* **1** Keller *m*; **~ (à vin)** Weinkeller *m*; **2** *cabaret* Kellerlokal *n*, -bar *f*

cave[2] *arg m* j, der nicht den Ganovenkreisen angehört

cave[3] *adj yeux* tief liegend; **veine** *f* **~** Hohlvene *f*

caveau [kavo] *m* ⟨~x⟩ Gruft *f*; Grabgewölbe *n*

caverne [kavɛʀn] *f* **1** Höhle *f*; **2** MÉD Kaverne *f*

caverneux [kavɛʀnø] *adj* ⟨-euse [-øz]⟩ **1 voix caverneuse** Grabesstimme *f*; **2** ANAT **corps ~** Schwellkörper *m*

caviar [kavjaʀ] *m* Kaviar *m*; **~ rouge** Lachskaviar *m*

caviarder [kavjaʀde] *v/t texte* unleserlich machen; zensieren

caviste [kavist] *m* Kellermeister *m*

cavité [kavite] *f* Hohlraum *m*; ANAT Höhle *f*

C.B. [sibi] *f abr* (*citizen band*) CB-Funk *m*

C.C.P. [sesepe] *m* ⟨*inv*⟩ *abr* (*compte chèque postal*) Postgirokonto *n*

CD [sede] *m* ⟨*inv*⟩ *abr* (*compact disc*) CD *f*; **double, maxi ~** Doppel-, Maxi-CD *f*

C.D.D. [sedede] *m abr* (*contrat à durée déterminée*) befristeter Arbeitsvertrag; Zeitvertrag *m*

C.D.I. [sedei] *m abr* (*contrat à durée indéterminée*) unbefristeter Arbeitsvertrag

▸ **CD-ROM** [sedeʀɔm] *m* ⟨*inv*⟩ CD-ROM *f*

▸ **ce** [s(ə)] **I** *adj démonstratif m* ⟨*vor Vokal u stummem h* **cet** [sɛt], *f* **cette** [sɛt], *pl* **ces** [se]⟩ dieser, diese, dieses; *pl* diese; **cet homme** dieser Mann; **~ livre-là** das Buch da; **cette année** dieses Jahr; in diesem Jahr; **~ matin, soir** heute Morgen, Abend; F **il a un de ces rhumes** F er hat e-n Mordsschnupfen; **II** *pr/dém neutre* das; es; **~ que** *tu fais* (das,) was…; **~ qui** *me gêne* (das,) was…; **c'est** es ist; das ist; → **être** *9*; **et ~** und das; und zwar; **et pour ~** (**faire**) zu diesem Zweck; dafür; **sur ~** und damit; und nun; darauf(hin); **~ faisant** dabei; als er *etc* das tat

CE[1] [seəɛ̃] *m*, **CE**[2] [seədø] *m abr* → **cours** *1*

céans [seɑ̃] *adv* **maître** *m* **de ~** Hausherr *m*

ceci [səsi] *pr/dém* dies(es); das (hier)

cécité [sesite] *f* Blindheit *f*

▸ **céder** [sede] ⟨-è-⟩ **I** *v/t* **1 ~ qc à qn** j-m *ou* an j-n etw abtreten; j-m etw überlassen; etw an j-n abgeben; **~ le pas à qn** j-m den Vortritt lassen; AUTO **~ le passage à qn** j-m die Vorfahrt lassen; **2** (*vendre*) veräußern; *créance, etc* abtreten (**à qn** an j-n); *commerce* abgeben; **II** *v/t/indir et v/i* **3** nachgeben, weichen (**à** *dat*); **4 ne le ~ en rien à qn, qc** j-m, e-r Sache in nichts nachstehen; **5** *branche, digue, etc* nachgeben; *corde* reißen

cédérom [sedeʀɔm] *m* CD-ROM *f*

Cedex *ou* **CEDEX** [sedɛks] *m abr* (*courrier d'entreprise à distribution exceptionnelle*) *Postadresscode für Großkunden*

cédille [sedij] *f* Cedille *f*

La cédille ist das Häkchen unter dem **c** bei **ç** (**c cédille**), das bewirkt, dass der Buchstabe **c** vor **a**, **o** und **u** nicht wie [k], sondern wie [s] ausgesprochen wird, zum Beispiel:

le glaçon [glasɔ̃] der Eiswürfel
aber
le faucon [fokɔ̃] der Falke

cèdre [sɛdʀ(ə)] *m* Zeder *f*

C.E.E. [seəə] *f abr* (*Communauté économique européenne*) EWG *f*; EG *f*

cégétiste [seʒetist] *m,f* Mitglied *n* der C.G.T.

C.E.I. [seəi] *abr* (*Communauté des États indépendants*) **la ~** die GUS

ceindre [sɛ̃dʀ(ə)] ⟨→ peindre⟩ *litt v/t* **~ une écharpe** e-e Schärpe umlegen; *adjt* **ceint de …** umgeben von …

▸ **ceinture** [sɛ̃tyʀ] *f* **1** Gürtel *m*; Gurt *m*; JUDO **ceinture noire** Schwarzgurtträger *m*; **ceinture de cuir** Ledergürtel *m*; ▸ **ceinture de sécurité** Sicherheitsgurt *m*; **attacher sa ceinture** sich anschnallen; den Gurt anlegen; F *fig* ***faire ceinture*** leer ausgehen; F in die Röhre, in den Mond gucken; F *fig* ***se serrer la ceinture*** F den Gürtel enger schnallen; **2** Gürtellinie *f*; Taille *f*; *de jupe, de pantalon* Bund *m*; ***jusqu'à la ceinture*** bis zur Taille

ceinturer [sɛ̃tyʀe] *v/t adversaire* umklammern

ceinturon [sɛ̃tyʀɔ̃] *m* Koppel *n*

▸ **cela** [s(ə)la] *pr/dém* das; dies(es); ***de ~*** davon; darüber; ***il y a cinq ans de ~*** es, das ist fünf Jahre her

célébration [selebʀasjɔ̃] *f* Feier *f*

▸ **célèbre** [selɛbʀ(ə)] *adj* berühmt

célébrer [selebʀe] *v/t* ⟨-è-⟩ *fête, événement* feiern; festlich begehen; *messe* zelebrieren; *prêtre, maire* ***~ le mariage*** die Trauung vornehmen, vollziehen

célébrité [selebʀite] *f* Berühmtheit *f* (*a personne*)

celer [səle] *litt v/t* ⟨-è-⟩ verheimlichen

céleri [sɛlʀi] *m* Sellerie *m ou f*; **~-rave** *m* ⟨céleris-raves⟩ Knollensellerie *m ou f*

célérité [seleʀite] *f* Schnelligkeit *f*; Flinkheit *f*

céleste [selɛst] *adj* **1** Himmels…; **2** REL, *fig* himmlisch

célibat [seliba] *m* Ehelosigkeit *f*; ***~ (des prêtres)*** Zölibat *m ou n*

▸ **célibataire** [selibatɛʀ] **I** *adj* ledig; unverheiratet; **II** *m,f* Junggeselle, -gesellin *m,f*; Ledige(r) *f(m)*; Unverheiratete(r) *f(m)*

celle → ***celui***

cellier [selje] *m* Vorratsraum *m* (für Wein *etc*)

cellophane® [selɔfan] *f* Cellophan® *n*

cellulaire [selylɛʀ] *adj* **1** BIOL Zell…; Zellen…; **2** *en prison* ***régime*** *m* ***~*** Einzelhaft *f*; ***fourgon*** *m* ***~*** Zellenwagen *m*

cellular [selylaʀ] *m* ***chemise*** *f* ***en ~*** Netzhemd *n*

cellule [selyl] *f* Zelle *f* (*a* BIOL, TECH, *fig*)

cellulite [selylit] *f* Zellulitis *f*

celluloïd [selylɔid] *m* Zelluloid *n*

cellulose [selyloz] *f* Zellulose *f*; Zellstoff *m*

celte [sɛlt] **I** *adj* keltisch; **II** ***2s*** *m/pl* Kelten *m/pl*

celtique [sɛltik] *adj* keltisch

▸ **celui** [səlɥi] *pr/dém m* ⟨*f* ***celle*** [sɛl]; *m/pl* ***ceux*** [sø], *f/pl* ***celles*** [sɛl]⟩ der(-), die(-), das(jenige), *pl* die(jenigen); ***~ de mon frère*** der *ou* den meines Bruders; ***~ qui*** der(jenige), der; wer

▸ **celui-ci** [səlɥisi] *pr/dém m* ⟨*f* celle-ci; *m/pl* ceux-ci, *f/pl* celles-ci⟩ dieser, diese, dieses, *pl* diese (hier); der, die, das, *pl* die (hier)

▸ **celui-là** [səlɥila] *pr/dém m* ⟨*f* celle-là; *m/pl* ceux-là, *f/pl* celles-là⟩ dieser, diese, dieses, *pl* diese (da); der, die, das, *pl* die (da, dort); *opposé à «celui-ci»* jener, jene, jenes, *pl* jene

cénacle [senakl(ə)] *m* Kreis *m*; Gruppe *f*

▸ **cendre** [sɑ̃dʀ(ə)] *f* Asche *f*; ***réduire, mettre en ~s*** in Schutt und Asche legen; einäschern; niederbrennen; ***renaître de ses ~s*** aus der Asche erstehen; wieder erstehen

cendré [sɑ̃dʀe] *adj* ⟨~e⟩ aschfarben; ***blond ~*** ⟨*inv*⟩ aschblond

cendrée [sɑ̃dʀe] *f* Aschenbahn *f*

▸ **cendrier** [sɑ̃dʀije] *m* Asch(en)becher *m*; F Ascher *m*

Cendrillon [sɑ̃dʀijɔ̃] *f* Aschenbrödel *n*, -puttel *n*

Cène [sɛn] *f* REL Abendmahl *n*

censé [sɑ̃se] *adj* ⟨~e⟩ ***il est ~ être malade*** er soll krank sein; ***je ne suis pas ~ le savoir*** man kann von mir nicht verlangen *ou* erwarten, dass ich es weiß

censément [sɑ̃semɑ̃] *adv* anscheinend; (*pratiquement*) so gut wie

censeur [sɑ̃sœʀ] *m* **1** LYCÉE *autrefois* Assistent *m* des Direktors; **2** CIN, PRESSE Zensor *m*; *fig* strenger Kritiker, Richter

censur|e [sɑ̃syʀ] *f* Zensur(behörde) *f*; **~er** [-e] *v/t livre, film* verbieten; *scène, passage* streichen

▸ **cent** [sɑ̃] **I** *num/c* (ein)hundert; ***deux cent(s)*** ⟨*bei folgender Zahl sowie als Ordnungszahl ohne s*⟩ zweihundert; **II** *m* **1** *chiffre* Hundert *f*; **2** *quantité* Hundert *n*; ***un cent de*** hundert; **3** ▸ ***pour cent*** Prozent *n*; ***cinq pour cent (5 %)*** fünf Prozent (5 %); fünf vom Hundert (*abr* v. H.); *adjt* ***(à) cent pour cent*** hundertprozentig

▸ **centaine** [sɑ̃tɛn] *f* **1** ***une ~ (de)*** etwa, ungefähr, rund, zirka, an die hundert; ***par ~s*** zu Hunderten; **2** *dans les nombres* Hunderter *m*

centaure [sɑ̃tɔʀ] *m* Zentaur *ou* Kentaur *m*

C

centaurée [sɑ̃tɔʀe] *f* Flockenblume *f*

centenaire [sɑ̃tnɛʀ] **I** *adj* hundertjährig; **II** *subst* **1** *m,f* Hundertjährige(r) *f(m)*; **2** *m* hundertster Jahrestag; hundertjähriges Jubiläum; Hundertjahrfeier *f*

centésimal [sɑ̃tezimal] *adj* ⟨~e; -aux [-o]⟩ zentesimal; hundertteilig

▸ **centième** [sɑ̃tjɛm] **I** *num/o* hundertste; **II** *subst* **1** ***le, la ~*** der, die, das hundertste; **2** *m* MATH Hundertstel *n*

centigrade [sɑ̃tigʀad] *adj* ***degré*** *m* **~** Grad *m* Celsius

▸ **centime** [sɑ̃tim] *m en Suisse* Rappen *m*; HIST *en France, en Belgique* Centime *m*

▸ **centimètre** [sɑ̃timɛtʀ(ə)] *m* **1** Zentimeter *m ou n*; **2 ~ (*de couturière*)** Zentimetermaß *n*

centrafricain [sɑ̃tʀafʀikɛ̃] *adj* ⟨-aine [-ɛn]⟩ ***la République ~e*** die Zentralafrikanische Republik

▸ **central** [sɑ̃tʀal] **I** *adj* ⟨~e; -aux [-o]⟩ zentral; Zentral…; Mittel…; zentral gelegen; ***l'Europe centrale*** Mitteleuropa *n*; **II** *subst* **1** *m* ⟨-aux [-o]⟩ ***central (téléphonique)*** (Telefon)Zentrale *f*, (-)Vermittlung *f*; **2** *f* ***centrale (électrique)*** Kraftwerk *n*; Elektrizitätswerk *n*; E-Werk *n*; ▸ ***centrale nucléaire*** Kernkraftwerk *n*; **3** *f* ***centrale syndicale*** Gewerkschaftsbund *m*; **4** *f* ***centrale*** *prison* Zentralgefängnis *n*

central|isation [sɑ̃tʀalizasjõ] *f* Zentralisierung *f*; **~iser** [-ize] *v/t* zentralisieren; zusammenfassen; **~isme** [-ism(ə)] *m* Zentralismus *m*

▸ **centre** [sɑ̃tʀ(ə)] *m* **1** Mittelpunkt *m* (*a* MATH); Zentrum *n*; Mitte *f*; ***le centre de la France*** *ou* ***le Centre*** Mittelfrankreich *n*; ▸ ***centre (de la) ville*** Stadtzentrum *n*, -mitte *f*; ***au centre*** in der Mitte (***de*** *gén*); ***en plein centre de*** mitten in (+ *dat*); **2** *lieu* Zentrum *n*; Hauptort *m*; ***centre industriel, touristique*** Industrie-, Fremdenverkehrszentrum *n*; ***grands centres urbains*** Großstädte *f/pl*; ***centre des affaires*** Geschäftsviertel *n*; **3** *service* Zentrum *n*; Zentrale *f*; Stelle *f*; Anstalt *f*; Institut *n*; ▸ ***centre commercial*** Einkaufszentrum *n*; ***centre d'accueil*** Betreuungsstelle *f*; ***centre de chèques postaux*** Postgiroamt *n*; ***centre de formation professionnelle*** Berufsbildungszentrum *n*; ***centre de loisirs*** Freizeitzentrum *n*; **4** POL Mitte *f*; ***centre gauche*** gemäßigte Linke; linke Mitte; **5** *fig* ***centre d'intérêt*** Mittel-, Brennpunkt *m* des Interesses; (zentrales) Thema; **6** SPORTS (***avant*** *m*) ***centre*** Mittelstürmer *m*

centrer [sɑ̃tʀe] **I** *v/t* PHOT in den Bildmittelpunkt legen; TECH zentrieren; **2** *fig* ***être centré sur*** gerichtet sein auf (+ *acc*); **II** *v/i* SPORTS (zur Mitte) flanken

centrifug|e [sɑ̃tʀifyʒ] *adj* zentrifugal; **~euse** [-øz] *f* Zentrifuge *f*

centriste [sɑ̃tʀist] *adj* POL der Mitte

centuple [sɑ̃typl(ə)] *m* ***le ~*** das Hundertfache

cep [sɛp] *m* Wein-, Rebstock *m*

cépage [sepaʒ] *m* Rebsorte *f*

cèpe [sɛp] *m* Steinpilz *m*

▸ **cependant** [s(ə)pɑ̃dɑ̃] *conj* jedoch; doch; indessen; dennoch

céram|ique [seʀamik] *f* Keramik *f*; **~iste** [-ist] *m,f* Keramiker(in) *m(f)*

cerbère [sɛʀbɛʀ] *m* MYTH ♀ *et fig* Zerberus *m*

cerceau [sɛʀso] *m* ⟨~x⟩ Reif(en) *m*

▸ **cercle** [sɛʀkl(ə)] *m* **1** Kreis *m* (*a* MATH, GÉOGR); **2** (*groupe*) Kreis *m*; Zirkel *m*; *de dames* Kränzchen *n*; ***~ d'amis*** Freundeskreis *m*; **3 *~ vicieux*** Teufelskreis *m*; Circulus vitiosus *m*

cerclé [sɛʀkle] *adj* ⟨~e⟩ *lunettes* ***~ d'or*** mit Goldrand

cercueil [sɛʀkœj] *m* Sarg *m*

▸ **céréale** [seʀeal] *f* **1** Getreideart *f*; ***~s*** *pl* Getreide *n*; **2** *au petit-déjeuner* ***~s*** *pl* Getreideflocken *f/pl*

cérébral [seʀebʀal] *adj* ⟨~e; -aux [-o]⟩ **1** (Ge)Hirn…; **2** *fig* geistig; *subst* ***un ~*** ein Verstandesmensch *m*

cérémonial [seʀemɔnjal] *m* ⟨-als⟩ Zeremoniell *n*

▸ **cérémonie** [seʀemɔni] *f* **1** Zeremonie *f*; Feier(lichkeit) *f*; **2 *sans ~*** zwanglos; ungezwungen; ***faire des ~s*** Umstände machen

cérémonieux [seʀemɔnjø] *adj* ⟨-euse [-øz]⟩ zeremoniell; förmlich

▸ **cerf** [sɛʀ] *m* Hirsch *m*

cerfeuil [sɛʀfœj] *m* Kerbel *m*

cerf-volant [sɛʀvɔlɑ̃] *m* ⟨cerfs-volants⟩ **1** (Papier)Drachen *m*; **2** ZO Hirschkäfer *m*

▸ **cerise** [s(ə)ʀiz] *f* **1** Kirsche *f*; ***~s an-***

glaises Sauerkirschen *f/pl*; **2** *adjt* **(*rouge*)** ~ ⟨*inv*⟩ kirschrot
cerisier [s(ə)ʀizje] *m* Kirschbaum *m*
cerne [sɛʀn] *m* → ***cerné***
cerné [sɛʀne] *adj* ⟨~e⟩ ***avoir les yeux ~s*** *ou* ***avoir des cernes autour des yeux*** Schatten unter den Augen, (dunkle) Ringe um die Augen haben
cerneau [sɛʀno] *m* ⟨~x⟩ halbreifer Nusskern
cerner [sɛʀne] *v/t* **1** umzingeln; einkreisen; abriegeln; **2** *fig problème* klar erfassen; ausleuchten; **3** *dessin* konturieren
▸ **certain** [sɛʀtɛ̃] **I** *adj* ⟨-aine [-ɛn]⟩ ⟨*nach dem subst*⟩ sicher; ***c'est ~*** das ist sicher, gewiss; das steht fest; *personne* ***être ~ de qc*** e-r Sache (*gén*) sicher sein; ***être ~ de*** (+ *inf*) *ou* ***que …*** sicher sein zu (+ *inf*) *ou* dass …; **II** *adj/ind* ⟨*vor dem subst*⟩ gewisse(r, -s); bestimmte(r, -s); ***d'un ~ âge*** [-sɛʀtɛnɑʒ] nicht mehr ganz jung; **III** *pr/ind* ***~s*** *pl* gewisse Leute; einige, manche (Leute)
▸ **certainement** [sɛʀtɛnmɑ̃] *adv* sicher(-lich); gewiss; bestimmt
certes [sɛʀt] *st/s adv* gewiss
certificat [sɛʀtifika] *m* Zeugnis *n*; Bescheinigung *f*; Schein *m*; Nachweis *m*; Zertifikat *n*; ***~ médical*** ärztliches Attest; ***~ d'études*** (***primaires***) Volksschulabschluss(zeugnis) *m(n)*
certifié(e) [sɛʀtifje] *m(f) ou adj* ***professeur certifié*** Gymnasiallehrer(in) *m(f)* mit CAPES
certifier [sɛʀtifje] *v/t* **1** ***~ à qn que …*** j-m bestätigen, versichern, dass …; **2** ***copie certifiée conforme*** beglaubigte Abschrift
certitude [sɛʀtityd] *f* Gewissheit *f*
cérumen [seʀymɛn] *m* Ohrenschmalz *n*
▸ **cerveau** [sɛʀvo] *m* ⟨~x⟩ **1** (Ge)Hirn *n*; Großhirn *n*; **2** *fig* (bedeutender) Kopf; **3** ***~ électronique*** Elektronengehirn *n*
cervelas [sɛʀvəla] *m* Fleischwurst *f*
cervelet [sɛʀvəlɛ] *m* Kleinhirn *n*
cervelle [sɛʀvɛl] *f* **1** Hirnsubstanz *f*, -masse *f*; ***se brûler*** *ou* ***se faire sauter la ~*** sich e-e Kugel durch den Kopf schießen, jagen; **2** CUIS Hirn *n*; Bregen *m*; **3** *fig* Hirn *n*; Verstand *m*
cervical [sɛʀvikal] *adj* ⟨~e; -aux [-o]⟩ Hals…; Nacken…; ***vertèbre ~e*** Halswirbel *m*
cervidés [sɛʀvide] *m/pl* Hirsche *m/pl*
Cervin [sɛʀvɛ̃] ***le mont ~*** das Matterhorn
cervoise [sɛʀvwaz] *f* HIST Bier *n*
ces → ***ce***
C.E.S. [seəɛs] *m abr* → ***collège*** *1*
césarienne [sezaʀjɛn] *f* Kaiserschnitt *m*
cessation [sɛsasjõ] *f* Einstellung *f*; ***~ de commerce*** Geschäftsaufgabe *f*
cesse [sɛs] *f* **1** ***sans ~*** unaufhörlich; ständig; dauernd; **2** ***n'avoir de ~ que …*** (+ *subj*) keine Ruhe geben, bis …
▸ **cesser** [sese] **I** *v/t* einstellen; aufhören mit; ***~ de*** (+ *inf*) aufhören zu (+ *inf*); **II** *v/i* aufhören; ***faire ~ qc*** e-r Sache (*dat*) ein Ende machen
cessez-le-feu [seselfø] *m* ⟨*inv*⟩ Waffenruhe *f*; Feuereinstellung *f*
cession [sesjõ] *f* JUR Übertragung *f*; Abtretung *f*; (*vente*) Veräußerung *f*
c'est [sɛ, se] → ***être*** *9*
▸ **c'est-à-dire** [setadiʀ] *conj* das heißt; nämlich
césure [sesyʀ] *f d'un vers* Zäsur *f*
▸ **cet** → ***ce***
cétacé [setase] *m* Wal *m*
▸ **cette** → ***ce***
ceux → ***celui***
Ceylan [selɑ̃] HIST Ceylon *n*
cf. *abr* (*confer*) vgl.; cf.
C.F.A. [seɛfa] *abr* (*Communauté financière africaine*) ***franc*** *m* ***~*** CFA-Franc *m*
C.G.T. [seʒete] *f abr* (*Confédération générale du travail*) *kommunistisch orientierte Gewerkschaft*
ch *abr* (*cheval-vapeur*) PS (Pferdestärke)
chabrol [ʃabʀɔl] *m ou* **chabrot** [ʃabʀo] *m* Wein *m* mit Fleischbrühe
chacal [ʃakal] *m* ⟨-als⟩ Schakal *m*
▸ **chacun** [ʃakɛ̃, -kœ̃] *pr/ind* ⟨chacune [ʃakyn]⟩ jede(r, -s) (einzelne); ***~ de nous*** *ou* ***d'entre nous*** jeder von uns; *st/s* ***tout un ~*** jedermann; ein jeder
chafouin [ʃafwɛ̃] *adj* ⟨-ine [-in]⟩ durchtrieben; verschlagen
chagrin [ʃagʀɛ̃] **I** *adj* ⟨-ine [-in]⟩ *st/s* (*triste*) bekümmert; *litt* (*morose*) grämlich; **II** *m* Kummer *m*; Gram *m*; Betrübnis *f*; Leid *n*; ***~ d'amour*** Liebeskummer *m*; ***avoir du ~*** Kummer haben
chagriner [ʃagʀine] *v/t* bekümmern; betrüben; bedrücken

chahut [ʃay] *m* Krach *m*; F Radau *m*; F Rabatz *m*

chahuter [ʃayte] **I** *v/t* ~ ***un professeur*** den Unterricht e-s Lehrers dauernd stören; **II** *v/i* Krach, F Radau, F Rabatz machen

chahuteur [ʃaytœʀ] **I** *adj* ⟨-euse [-øz]⟩ undiszipliniert; aufsässig; **II** *m* Krachmacher *m*

chai [ʃɛ] *m* Weinlager *n*

▸ **chaîne** [ʃɛn] *f* **1** Kette *f* (*a bijou*); AUTO ***chaînes pl*** Schneeketten *f/pl*; ***chaîne (de bicyclette)*** Fahrradkette *f*; **2** ***chaîne de montage*** Fließ-, Montageband *n*; ***travailler à la chaîne*** am Fließband arbeiten; **3** *fig* Kette *f*; Reihe *f*; ***chaîne (de montagnes)*** Gebirgskette *f*, -zug *m*; (Ketten)Gebirge *n*; ***chaîne du froid*** Kühlkette *f*; ***chaîne de magasins*** Ladenkette *f*; ***faire la chaîne*** e-e Kette bilden; **4** *fig et litt* ***chaînes*** Fesseln *f/pl*; Bande *n/pl*; Ketten *f/pl*; **5** RAD, TV Sender(netz) *m*(*n*); Programm *n*; ***sur la première chaîne*** im ersten Programm; **6** ▸ ***chaîne*** (***hi-fi, stéréo***) Stereoanlage *f*; Hi-Fi-Anlage *f*; **7** TEXT Kette *f*

chaînette [ʃɛnɛt] *f* Kettchen *n*; ***point*** *m* ***de*** ~ Kettenstich *m*

chaînon [ʃɛnõ] *m* (Ketten)Glied *n*

chair [ʃɛʀ] *f* Fleisch *n* (*a d'un fruit*, REL); → *Info bei* **Fleisch**; *fig* ~ ***à canon*** Kanonenfutter *n*; ~ ***à saucisse*** Hackepeter *m*; *fig* ~ ***de poule*** Gänsehaut *f*; *adjt* (***couleur***) ~ ⟨*inv*⟩ fleischfarben; *fig* ***en*** ~ ***et en os*** leibhaftig; in eigener Person; ***être bien en*** ~ rundlich, wohlgenährt sein

chaire [ʃɛʀ] *f* **1** ÉGL Kanzel *f*; **2** UNIVERSITÉ Lehrstuhl *m*; Professur *f*

▸ **chaise** [ʃɛz] *f* Stuhl *m*; ~ ***longue*** Liegestuhl *m*; ~ ***percée*** Nachtstuhl *m*; ~ ***à porteurs*** Sänfte *f*; Tragsessel *m*

chaland [ʃalɑ̃] *m* (Last-, Fracht-, Schlepp)Kahn *m*; Zille *f*

châle [ʃɑl] *m* Dreiecks-, Umschlag(e)tuch *n*

chalet [ʃalɛ] *m* (Schweizer) Chalet *n*; Landhaus *n* im Schweizer Stil

▸ **chaleur** [ʃalœʀ] *f* **1** Wärme *f* (*a* PHYS); *p/fort* Hitze *f*; ***les grandes ~s*** die heißen Tage *m/pl*; **2** *fig* (*cordialité*) Wärme *f*; Herzlichkeit *f*; (*ardeur*) Feuer *n*; Eifer *m*; **3** ***en*** ~ *animal* brünstig; hitzig; F heiß; CH brunftig; *chienne* läufig; *chat* rollig

chaleureux [ʃaløʀø] *adj* ⟨-euse [-øz]⟩ *fig* warm; herzlich

châlit [ʃɑli] *m* Bettstelle *f*, -gestell *n*

challenge [ʃalɑ̃ʒ] *m* **1** SPORTS Titel-, Pokalkampf *m*; **2** *fig* Herausforderung *f*

challeng|er [ʃalɑ̃ʒœʀ] *m ou* **~eur** [-œʀ] *m* SPORTS, *fig* Herausforderer *m*

chaloupe [ʃalup] *f* Boot *n*; Schaluppe *f*

chaloupé [ʃalupe] *adj* ⟨~e⟩ wiegend; schaukelnd

chalumeau [ʃalymo] *m* ⟨~x⟩ **1** TECH Schweiß-, Schneidbrenner *m*; **2** MUS Schalmei *f*

chalut [ʃaly] *m* (Grund)Schleppnetz *n*

chalutier [ʃalytje] *m* Trawler *m*

chamade [ʃamad] *f* *cœur* ***battre la*** ~ zum Zerspringen klopfen

chamailler [ʃamaje] *v/pr* F ***se*** ~ streiten; sich zanken

chamailleries [ʃamajʀi] F *f/pl* Zank *m*; Zankerei *f*; Streiterei *f*

chamarr|é [ʃamaʀe] *adj* ⟨~e⟩ bunt verziert (***de*** mit); **~ures** [-yʀ] *f/pl* Verzierungen *f/pl*; *péj* Flitterkram *m*

chambard [ʃɑ̃baʀ] F *m* Krach *m*

chambard|ement [ʃɑ̃baʀdəmɑ̃] F *m* Umwälzung *f*; Umsturz *m*; **~er** [-e] F *v/t* in Unordnung bringen; *fig* umstürzen; über den Haufen werfen

chambellan [ʃɑ̃bɛlɑ̃] *m* Kammerherr *m*

chambouler [ʃɑ̃bule] F *v/t* → ***chambarder***

chambranle [ʃɑ̃bʀɑ̃l] *m* Zarge *f*; Tür- *ou* Fensterstock *m*

▸ **chambre** [ʃɑ̃bʀ(ə)] *f* **1** Zimmer *n* (*in dem man schläft*); ▸ ***chambre double*** Doppelzimmer *n*; ▸ ***chambre simple*** Einzelzimmer *n*; ***chambre à coucher*** Schlafzimmer *n* (*a meubles*); ***chambre à deux lits*** Zweibettzimmer *n*; ***chambre d'ami(s)*** Gäste-, Gastzimmer *n*; ***chambre d'enfants*** Kinderzimmer *n*; ***chambre d'étudiant*** Studentenzimmer *n*; ***chambre (d'hôtel)*** Hotel-, Fremdenzimmer *n*; ***faire chambre à part*** getrennt schlafen; *malade* ***garder la chambre*** das Zimmer hüten (müssen); → *Info bei* **Zimmer**; **2** (*pièce*) Raum *m*; Kammer *f*; ***chambre forte*** Tresor(raum) *m*; Stahlkammer *f*; ***chambre froide*** Kühlraum *m*, -kammer *f*; ***chambre à gaz*** Gaskammer *f*;

3 JUR, POL Kammer *f*; ***Chambre des députés*** Abgeordnetenhaus *n*, -kammer *f*; ***chambre de commerce*** Handelskammer *f*; 4 TECH Kammer *f*; PHOT ***chambre noire*** Dunkelkammer *f*; *d'un pneu* ***chambre à air*** Schlauch *m*; 5 ***musique*** *f* ***de chambre*** Kammermusik *f*

chambrée [ʃɑ̃bʀe] *f* MIL Stube(ngemeinschaft) *f*

chambrer [ʃɑ̃bʀe] *v/t vin* temperieren; auf Zimmertemperatur anwärmen

chambrette [ʃɑ̃bʀɛt] *f* Kämmerchen *n*

chambrière [ʃɑ̃bʀijɛʀ] *f* Peitsche *f*

chameau [ʃamo] *m* ⟨~x⟩ 1 Kamel *n*; *à deux bosses* Trampeltier *n*; 2 F *fig* Schuft *m*; gemeiner Kerl; *femme* F Biest *n*

cham|elier [ʃaməlje] *m* Kameltreiber *m*; **~elle** [-ɛl] *f* Kamelstute *f*

chamois [ʃamwa] *m* 1 Gämse *f*; 2 ***peau f de ~*** Fenster-, Autoleder *n*

chamoisage [ʃamwazaʒ] *m* Sämischgerbung *f*

▸ **champ** [ʃɑ̃] *m* 1 Feld *n*; Acker *m*; ***~ de blé*** Getreidefeld *n*; ***~ de pommes de terre*** Kartoffelacker *m*; ***à travers ~s*** querfeldein; ***en plein ~*** auf freiem, offenem Feld; 2 (*terrain*) Feld *n*; Gelände *n*; Platz *m*; ***~ de bataille*** Schlachtfeld *n* (*a fig*); ***~ de courses*** Rennplatz *m*, -bahn *f*; ***~ de mines, de pétrole*** Minen-, Ölfeld *n*; ***~ de tir*** Schießstand *m*, -platz *m*; ***tomber au ~ d'honneur*** auf dem Feld(e) der Ehre fallen; 3 PHYS, OPT Feld *n*; CIN Bild(feld) *n*; ***~ visuel*** Blick-, Gesichtsfeld *n*; 4 *fig* Feld *n*; Bereich *m*; Gebiet *n*; ***~ d'action*** Wirkungsbereich *m*, -feld *n*, -kreis *m*; ***laisser le ~ libre à qn, à qc*** j-m freie Hand lassen; e-r Sache (*dat*) Tor und Tür öffnen; ***prendre du ~*** Abstand gewinnen

Champagne [ʃɑ̃paɲ] ***la ~*** die Champagne

▸ **champagne** *m* Champagner *m*

champêtre [ʃɑ̃pɛtʀ(ə)] *adj* ländlich

▸ **champignon** [ʃɑ̃piɲɔ̃] *m* 1 BOT, CUIS, MÉD Pilz *m*; ***~ de Paris*** Champignon *m*; ***pousser comme un ~*** sehr schnell wachsen; aufschießen; 2 F Gaspedal *n*; ***appuyer sur le ~*** F auf die Tube drücken

champignonnière [ʃɑ̃piɲɔnjɛʀ] *f* Champignonkultur *f*

▸ **champion** [ʃɑ̃pjɔ̃] *m*, **championne** [ʃɑ̃pjɔn] *f* 1 SPORTS Meister(in) *m(f)*; Champion *m*; ***~ olympique*** Olympiasieger(in) *m(f)*; ***~ du monde*** Weltmeister(in) *m(f)*; *adjt* ***équipe championne*** Meistermannschaft *f*; 2 (Vor)Kämpfer(in) *m(f)* (***d'une cause*** für e-e Sache); Verfechter(in) *m(f)* (e-r Sache)

▸ **championnat** [ʃɑ̃pjɔna] *m* Meisterschaft *f*

▸ **chance** [ʃɑ̃s] *f* 1 Glück *n*; Chance *f*; ***bonne ~!*** viel Glück!; ***coup m de ~*** Glücksfall *m*; ***par ~*** glücklicherweise; durch e-n glücklichen Zufall; ***pas de ~!*** F so ein Pech!; Pech gehabt!; ***porter ~*** Glück bringen; 2 ***~s*** *pl* Chancen *f/pl*; Aussichten *f/pl*; ***~s de succès*** Erfolgsaussichten *f/pl*, -chancen *f/pl*

chancelant [ʃɑ̃slɑ̃] *adj* ⟨-ante [-ɑ̃t]⟩ (sch)wankend (*a fig*)

chanceler [ʃɑ̃sle] *v/i* ⟨-ll-⟩ 1 (sch)wanken; taumeln; 2 *fig* ins Wanken geraten

▸ **chancelier** [ʃɑ̃səlje] *m* Kanzler *m*

▸ **chancelière**[1] [ʃɑ̃səljɛʀ] *f* Kanzlerin *f*

chancelière[2] *f* Fußsack *m*

chancellerie [ʃɑ̃sɛlʀi] *f* Kanzlei *f*; *en Allemagne* Kanzleramt *n*; *en France* Justizministerium *n*

chanceux [ʃɑ̃sø] *adj* ⟨-euse [-øz]⟩ ***être ~*** Glück haben; ein Glückskind sein

chancre [ʃɑ̃kʀ(ə)] *m* MÉD Schanker *m*

chandail [ʃɑ̃daj] *m* Pullover *m*

Chandeleur [ʃɑ̃dlœʀ] ***la ~*** (Mariä) Lichtmess *f*

chandelier [ʃɑ̃dəlje] (Kerzen)Leuchter *m*

chandelle [ʃɑ̃dɛl] *f* 1 (Talg)Kerze *f*; *fig* ***brûler la ~ par les deux bouts*** a) mit s-r Gesundheit Raubbau treiben; b) das Geld mit vollen Händen ausgeben; *fig* ***devoir une fière ~ à qn*** j-m e-e ganze Menge zu verdanken haben; ***dîner aux ~s*** bei Kerzenschein essen; *fig* ***en voir trente-six ~s*** Sterne sehen; 2 FOOTBALL, GYMNASTIQUE Kerze *f*; AVIAT ***monter en ~*** im Steilflug hochsteigen

chanfrein [ʃɑ̃fʀɛ̃] *m* 1 TECH Fase *f*; 2 *du cheval* Gesicht *n*

change [ʃɑ̃ʒ] *m* 1 Tausch *m*; ***gagner, perdre au ~*** e-n guten, schlechten Tausch machen; 2 FIN (Geld)Wechsel *m*; ***bureau m de ~*** Wechselstube *f*; 3 ***donner le ~ à qn*** j-n hinters Licht führen; 4 *pour bébés* ***~ (complet)*** Wegwerfwindel *f*

changeant [ʃɑ̃ʒɑ̃] *adj* ⟨-ante [-ɑ̃t]⟩ **1** *temps* wechselhaft; veränderlich; unbeständig; *a personne* launisch; **2** *couleur* changierend; schillernd

▸ **changement** [ʃɑ̃ʒmɑ̃] *m* **1** (Ver)Änderung *f*; Wechsel *m*; Wandel *m*; Umstellung *f*; **~ d'adresse** Änderung der Anschrift; **~ d'air** Luftveränderung *f*; **~ de décor** THÉ Szenenwechsel *m*; *fig* Orts-, F Tapetenwechsel *m*; plötzliche Änderung der Lage; **~ de direction** (Fahrt)Richtungsänderung *f*; **~ de programme** Programmänderung *f*; **~ de propriétaire** Besitz(er)wechsel *m*; **~ de temps** Wetteränderung *f*; **~ de vitesse** *mécanisme* Gangschaltung *f*; *manœuvre* Schalten *n*; **aimer le ~** die Abwechslung lieben; **faire des ~s** Veränderungen vornehmen (**à, dans** an + *dat*); **il y a eu du ~** es hat sich manches, einiges geändert; **2** CH DE FER Umsteigen *n*; **3** ADM Versetzung *f*

▸ **changer** [ʃɑ̃ʒe] ⟨-ge-⟩ **I** *v/t* **1** (*modifier*) (ver)ändern; (*remplacer*) (aus)wechseln; (*échanger*) (um-, ein-, aus)tauschen; **changer qn** j-n verändern; **changer les draps** die Bettwäsche wechseln; das Bett *ou* die Betten frisch beziehen; **changer une roue** ein Rad auswechseln; **changer qc à qc** etw an etw (*dat*) ändern; **changer des euros en dollars** Euros gegen, für Dollars (ein)wechseln, (ein)tauschen; **changer qc de place** etw an e-n anderen Platz stellen; etw umräumen, umstellen; **changer qn de poste** j-n versetzen; **2** (*transformer*) verwandeln, umwandeln (**en** in + *acc*); **3** *bébé* trockenlegen; frisch wickeln; **4 ça me** (*ou* **nous**, *etc*) **change** das ist etwas anderes (**de** als); **II** *v/t/indir* **5 changer de** wechseln, ändern (+ *acc*); **changer d'avis** s-e Ansicht, Meinung ändern; **faire changer qn d'avis** j-n umstimmen; **changer de bus, de train** umsteigen; **changer de chemise** ein frisches Hemd anziehen; **changer de couleur** sich verfärben; **changer de médecin** den Arzt wechseln; **changer de métier** den Beruf wechseln; F umsatteln; **changer de professeur** e-n neuen Lehrer bekommen; **changer de voiture** sich e-n anderen, neuen Wagen anschaffen, F zulegen; **III** *v/i* **6** ⟨*Zustand* être⟩ sich ändern; anders werden; *personne* **il n'a pas changé** er hat sich überhaupt nicht verändert; **le temps va changer** das Wetter ändert sich; **7 changer avec qn** mit j-m tauschen; **8** CH DE FER *etc* umsteigen; **IV** *v/pr* **9** ▸ **se changer** sich umziehen, umkleiden; **10 se changer en** sich verwandeln in (+ *acc*); werden zu

changeur [ʃɑ̃ʒœʀ] *m* Geldwechsler *m*

chanoine [ʃanwan] *m* Domherr *m*

▸ **chanson** [ʃɑ̃sõ] *f* Lied *n*; Schlager *m*; Chanson *n*; **~ d'amour** Liebeslied *n*; F *fig* **c'est toujours la même ~** es ist immer die alte Leier

chansonnette [ʃɑ̃sɔnɛt] *f* Liedchen *n*

chansonnier [ʃɑ̃sɔnje] *m* Kabarettist *m*

chant [ʃɑ̃] *m* **1** *action* Singen *n*; Gesang *m*; **2** (*air*) Lied *n*; Gesang *m*; **3** *des oiseaux* Singen *n*; Gesang *m*; *du coq* Krähen *n*; **au ~ du coq** beim ersten Hahnenschrei

chantage [ʃɑ̃taʒ] *m* Erpressung *f*

chantant [ʃɑ̃tɑ̃] *adj* ⟨-ante [-ɑ̃t]⟩ melodisch; singend

▸ **chanter** [ʃɑ̃te] **I** *v/t* **1** singen; **2** *fig* (*célébrer*) besingen; preisen; **3** F *péj* **qu'est-ce que tu me chantes là?** was erzählst du da für e-n Unsinn?; **II** *v/i* **4** singen; **~ faux, juste** falsch, richtig singen; **5** *oiseaux* singen; *rossignol* schlagen; *coq* krähen; *cigales* zirpen; **6** F *fig* **si ça vous chante** wenn Sie (dazu) Lust haben; **7 faire ~ qn** j-n erpressen

chanterelle [ʃɑ̃tʀɛl] *f* **1** BOT Pfifferling *m*; **2** MUS höchste Saite

▸ **chanteur** [ʃɑ̃tœʀ] *m*, **chanteuse** [ʃɑ̃tøz] *f* **1** Sänger(in) *m(f)*; **~ de charme** Schlager-, *péj* Schnulzensänger(in) *m(f)*; **2** *adjt* **oiseaux chanteurs** Singvögel *m/pl*; **3** *adjt* **maître chanteur a)** Erpresser *m*; **b)** MUS HIST Meistersinger *m*

▸ **chantier** [ʃɑ̃tje] *m* **1** Baustelle *f*; **~ naval** (Schiffs)Werft *f*; *fig* **mettre qc en ~** etw in Angriff nehmen; **2** F *fig* **quel ~!** was für ein Chaos!

chantonner [ʃɑ̃tɔne] *v/t et v/i* trällern; vor sich hin singen

chantourner [ʃɑ̃tuʀne] *v/t* aussägen; dekupieren

chantre [ʃɑ̃tʀ(ə)] *m* **1** REL Vorsänger *m*; **2** *fig* Sänger *m*; Dichter *m*

chanvre [ʃɑ̃vʀ(ə)] *m* Hanf *m*
chaos [kao] *m* Chaos *n*
chaotique [kaɔtik] *adj* chaotisch; wirr
chaparder [ʃapaʀde] *v/t* F mausen; F stibitzen; F klauen
chape [ʃap] *f* TECH Deckel *m*; Kappe *f*; (*couche*) Schicht *f*
▸ **chapeau** [ʃapo] *m* ⟨~x⟩ **1** Hut *m*; ***~ de paille*** Strohhut *m*; *fig* ***~ (bas)!*** Hut ab!; alle Achtung!; F *fig* ***faire porter le ~ à qn*** j-m die Schuld in die Schuhe schieben; F *fig* ***travailler du ~*** F spinnen; **2** *des champignons* Hut *m*; **3** ***~ de roue*** Radkappe *f*; *fig* ***sur les ~x de roue(s)*** F mit zig Sachen; ***démarrer sur les ~x de roue(s)*** e-n Blitzstart hinlegen; **4** MUS ***~ chinois*** Schellenbaum *m*
chapeaut|é [ʃapote] *adj* ⟨~e⟩ mit Hut; **~er** [-e] F *fig v/t* kontrollieren
chapelain [ʃaplɛ̃] *m* (Haus)Kaplan *m*
chapelet [ʃaplɛ] *m* **1** CATH Rosenkranz *m*; **2** *fig* Reihe *f*; Kette *f*
chapelier [ʃapəlje] *m* Hutmacher *m*
chapelle [ʃapɛl] *f* **1** Kapelle *f*; **2** *fig et péj* Clan *m*; Clique *f*
chapelure [ʃaplyʀ] *f* Paniermehl *n*
chaperon [ʃapʀõ] *m* **1** Anstandsdame *f*; **2** ***le Petit ♀ rouge*** Rotkäppchen *n*
chapiteau [ʃapito] *m* ⟨~x⟩ **1** ARCH Kapitell *n*; **2** Zirkuszelt *n*
chapitre [ʃapitʀ(ə)] *m* Kapitel *n* (*a fig*, ÉGL); *fig* ***sur ce ~*** diesbezüglich; zu diesem Punkt
chapitrer [ʃapitʀe] *v/t* ***~ qn*** j-m die Leviten lesen
chapon [ʃapõ] *m* Kapaun *m*
▸ **chaque** [ʃak] *adj/ind* jede(r, -s)
char [ʃaʀ] *m* **1** MIL ***~ (d'assaut)*** Panzer *m*; **2** (*voiture*) Wagen *m*; ANTIQUITÉ ***course*** *f* ***de ~s*** Wagenrennen *n*
charabia [ʃaʀabja] *m* F Kauderwelsch *n*
charade [ʃaʀad] *f* Scharade *f*
▸ **charbon** [ʃaʀbõ] *m* **1** Kohle *f*; ***~ de bois*** Holzkohle *f*; *fig* ***être sur des ~s ardents*** (wie) auf glühenden Kohlen sitzen; **2** *des animaux* Milzbrand *m*; BOT (Getreide)Brand *m*
charbonnier [ʃaʀbɔnje] **I** *adj* ⟨-ière [-jɛʀ]⟩ **1** Kohlen…; **2** ***mésange charbonnière*** Kohlmeise *f*; **II** *m* **1** Kohlenhändler *m*; **2** *autrefois* Köhler *m*
charcuter [ʃaʀkyte] *f* F ***~ qn*** F an j-m herumschnippeln, -schnipseln
▸ **charcuterie** [ʃaʀkytʀi] *f* **1** Fleisch- und Wurstwaren *f/pl* (*aus Schweinefleisch*); Wurst *f*; **2** Fleischerei *f*; Metzgerei *f*
charcutier [ʃaʀkytje] *m* Fleischer *m*; (Schweine)Metzger *m*
chardon [ʃaʀdõ] *m* Distel *f*
chardonneret [ʃaʀdɔnʀɛ] *m* Distelfink *m*; Stieglitz *m*
charentaise [ʃaʀɑ̃tɛz] *f* Pantoffel *m*
▸ **charge** [ʃaʀʒ] *f* **1** Last *f*; *d'un véhicule* Ladung *f*; Fracht *f*; **2** ÉLECT, *d'une arme* Ladung *f*; ***~ d'explosifs*** Sprengladung *f*; **3** *fig* Last *f*; Belastung *f* (*a* JUR); *st/s* Bürde *f*; *d'un loyer* ***~s*** *pl* Nebenkosten *pl*; ***~s fiscales*** Steuerlast *f*; steuerliche Belastung(en) *f(pl)*; ***~s sociales*** Soziallasten *f/pl*; *d'une entreprise* Lohnnebenkosten *pl*; ***enfant*** *m* ***à ~*** unterhaltsberechtigtes Kind; ***avoir qn à ~*** für den Unterhalt j-s aufkommen müssen; für j-n sorgen müssen; ***être à la ~ de qn*** *personne* von j-m unterhalten werden; F j-m auf der Tasche liegen; *frais* zu Lasten j-s gehen; ***de lourdes ~s pèsent sur lui*** er ist dringend der Tat verdächtig; **4** (*responsabilité*) Aufgabe *f*; Auftrag *m*; ***avoir ~ d'âme*** für andere, für j-n verantwortlich sein; ***prendre qn, qc en ~*** sich j-s, e-r Sache annehmen; etw übernehmen; **5** (*fonction publique*) Amt *n*; **6** (*attaque*) Angriff *m*; Attacke *f*; *fig* ***revenir à la ~*** nicht lockerlassen
chargé [ʃaʀʒe] **I** *adj* ⟨~e⟩ **1** beladen, bepackt, belastet (***de*** mit); *estomac* überladen; *langue* belegt; *fig emploi du temps* ausgefüllt; voll; ***lettre ~e*** Wertbrief *m*; **2** *arme* geladen; **3** (*responsable*) ***~ de*** beauftragt mit; zuständig für; ***être ~ de famille*** für e-e Familie zu sorgen haben; **II** *~ m* ***d'affaires*** Geschäftsträger *m*; ***~(e)*** *m(f)* ***de cours*** Lehrbeauftragte(r) *f(m)*
chargement [ʃaʀʒəmɑ̃] *m* **1** Beladen *n*; TECH Laden *n*; *de marchandises* Ein-, Verladen *n*; **2** (*cargaison*) Ladung *f*; Fracht *f*
▸ **charger** [ʃaʀʒe] ⟨-ge-⟩ **I** *v/t* **1** beladen, bepacken (***de*** mit); *marchandises* (ver-, ein)laden; F *taxi*: *client* mitnehmen; **2** *fig* belasten, beschweren (***de*** mit); ***charger qn*** j-n belasten (*a* JUR); **3** (*confier*) ***charger qn de*** (+ *inf*) j-n damit beauftragen *ou* betrauen zu (+ *inf*);

4 arme, batterie, ordinateur laden; *appareil photo* den, e-n Film einlegen in (+ *acc*); **5** (*attaquer*) angreifen (*a abs*); **II** *v/pr* ▸ ***se charger de qc*** etw übernehmen, in die Hand nehmen; ***se charger de qn*** sich j-s annehmen

chargeur [ʃaʀʒœʀ] *m d'un fusil* Magazin *n*

chariot [ʃaʀjo] *m* Wagen *m*; Karren *m*; *de supermarché* Einkaufswagen *m*; AVIAT, CH DE FER Kofferkuli *m*; TECH Schlitten *m*

charisme [kaʀism(ə)] *m* Charisma *n*

charitable [ʃaʀitabl(ə)] *adj* mildtätig; barmherzig

charité [ʃaʀite] *f* Mildtätigkeit *f*; Barmherzigkeit *f*; REL Nächstenliebe *f*; ***faire la ~*** (ein) Almosen geben

charivari [ʃaʀivaʀi] *m* Krach *m*; F Radau *m*; F Spektakel *m*

charlatan [ʃaʀlatɑ̃] *m péj* Scharlatan *m*; Quacksalber *m*; Kurpfuscher *m*

Charlemagne [ʃaʀləmaɲ] *m* Karl der Große

Charles [ʃaʀl] *m* Karl *m*

charlotte [ʃaʀlɔt] *f* **1** *Süßspeise aus Löffelbiskuits*; **2** (Frauen)Haube *f*

charmant [ʃaʀmɑ̃] *adj* ⟨-ante [-ɑ̃t]⟩ reizend (*a iron*); bezaubernd; charmant; ***prince ~*** Märchenprinz *m* (*a fig*)

▸ **charme**[1] [ʃaʀm] *m* **1** Zauber *m*; Bann *m*; Charme *m*; Reiz *m*; ***être sous le ~ de qn*** im Bann j-s stehen; ***faire du ~ à qn*** F versuchen, j-n zu bezirzen; ***il se porte comme un ~*** es geht ihm blendend; **2** ***les ~s*** die (weiblichen) Reize *m/pl*

charme[2] *m* Weiß-, Hage-, Hainbuche *f*

charmer [ʃaʀme] *v/t* bezaubern; faszinieren; entzücken; *p/fort* verzaubern; in s-n Bann schlagen; ***être charmé*** entzückt sein (***de*** + *inf* zu + *inf*)

charmeur [ʃaʀmœʀ] *m* **1** ***~ de serpent*** Schlangenbeschwörer *m*; **2** (*séducteur*) Charmeur *m*

charmille [ʃaʀmij] *f* Laubengang *m*

charnel [ʃaʀnɛl] *adj* ⟨~le⟩ fleischlich; ***amour ~*** körperliche Liebe

charnier [ʃaʀnje] *m* Massengrab *n*

charnière [ʃaʀnjɛʀ] *f* **1** Scharnier *n*; **2** *fig* Nahtstelle *f*; Übergang *m*

charnu [ʃaʀny] *adj* ⟨~e⟩ fleischig

charognard [ʃaʀɔɲaʀ] *m* Aasgeier *m*

charogne [ʃaʀɔɲ] *f* **1** Aas *n*; **2** *injure* Miststück *n*; Rabenaas *n*

charpente [ʃaʀpɑ̃t] *f* **1** CONSTR (Trag-)Gerüst *n*; **~** (***du toit***) Dachstuhl *m*; Gebälk *n*; **2** **~** (***osseuse***) Knochengerüst *n*

charpenté [ʃaʀpɑ̃te] *adj* ⟨~e⟩ ***être bien ~*** kräftig, stattlich gebaut sein

charpentier [ʃaʀpɑ̃tje] *m* Zimmermann *m*

charpie [ʃaʀpi] *f* ***en ~*** in Fetzen; *viande* ganz zerkocht; *livre* zerfleddert

charretée [ʃaʀte] *f* Ladung *f*; Fuhre *f*

charretier [ʃaʀtje] *m* Fuhrmann *m*

charrette [ʃaʀɛt] *f* Karren *m*; Wagen *m*; ***~ à bras*** Handkarren *m*

charrier [ʃaʀje] **I** *v/t* **1** *fleuve*: *glaces* führen; **2** F ***~ qn*** F j-n auf den Arm nehmen; **II** F *v/i* F es zu bunt treiben

charron [ʃaʀõ] *m* Wagner *m*; Stellmacher *m*

charrue [ʃaʀy] *f* Pflug *m*; *fig* ***mettre la ~ avant les bœufs*** das Pferd beim Schwanz aufzäumen

charte [ʃaʀt] *f* JUR, POL Charta *f*; HIST Urkunde *f*

charter [ʃaʀtɛʀ] *m* **1** Chartermaschine *f*, -flugzeug *n*; **2** *adjt* Charter…

chartreuse [ʃaʀtʀøz] *f* **1** CATH Kartause *f*; Kartäuserkloster *n*; **2** *liqueur* Chartreuse *m*

chas [ʃa] *m* (Nadel)Öhr *n*

▸ **chasse** [ʃas] *f* **1** Jagd *f*; Jagdzeit *f*, -revier *n*; ***~ sous-marine*** Unterwasserjagd *f*; ***~ aux canards*** Entenjagd *f*; ***aller, partir à la ~*** auf die Jagd gehen; **2** *fig* Jagd *f*; ***~ à l'homme*** Verfolgungsjagd *f*; ***~ aux sorcières*** Hexenjagd *f*; ***faire la ~ à qn, prendre qn, qc en ~*** auf j-n, etw Jagd machen; **3** ***avion*** *m* ***de ~*** Jäger *m*; Jagdflugzeug *n*; **4** **~** (***d'eau***) Wasserspülung *f*

châsse [ʃɑs] *f* **1** Reliquienschrein *m*; **2** *arg* ***~s*** *pl* Augen *n/pl*

chassé-croisé [ʃasekʀwaze] *m* ⟨chassés-croisés⟩ Hin und Her *n*

chasse-neige *m* ⟨*inv*⟩ TECH, SKI Schneepflug *m*

▸ **chasser** [ʃase] **I** *v/t* **1** jagen; *papillons* fangen; ***~ le lièvre*** auf die Hasenjagd gehen; **2** (*faire partir*) verjagen; weg-, fort-, davonjagen; vertreiben; (*congédier*) F hinauswerfen; *mauvaise odeur, etc* vertreiben; *soucis, pensées a* verscheuchen; **II** *v/i roues* (weg)rutschen; *ancre* nicht fassen

C

chasseur [ʃasœʀ] *m* **1** CH Jäger *m*; *fig* **~ *d'autographes*** Autogrammjäger *m*; **~ *de têtes*** Kopfjäger *m*; ÉCON Headhunter *m*; **2** MIL **~*s alpins*** Gebirgsjäger *m/pl*; **3** AVIAT Jagdflugzeug *n*; Jäger *m*; **4** *d'hôtel* Page *m*; Boy *m*; **5** *adjt* ⟨*inv*⟩ CUIS nach Jägerart

chassieux [ʃasjø] *adj* ⟨-euse [-øz]⟩ ***avoir les yeux ~*** Schmutz in den Augenwinkeln haben

châssis [ʃasi, ʃɑ-] *m* **1** (*cadre*) Rahmen *m*; **2** AUTO Fahrgestell *n*; Chassis *n*; Rahmen *m*; F *fig* ***elle a un beau ~*** F sie ist gut gebaut; **3** *de fenêtre* (Fenster)Flügel *m*; **4** JARD Frühbeetfenster *n*

chaste [ʃast] *adj* keusch; züchtig; **~*s oreilles*** *f/pl* zarte Ohren *n/pl*

chasteté [ʃastəte] *f* Keuschheit *f*

chasuble [ʃazybl(ə)] *f* **1** CATH Messgewand *n*; **2** *adjt* ***robe*** *f* **~** Chasuble *n*

▸ **chat** [ʃa] *m* Katze *f*; *mâle* Kater *m*; *fig* ***appeler un ~ un ~*** das Kind beim Namen nennen; *fig* ***il n'y a pas un ~*** kein Mensch ist zu sehen; *fig* ***avoir un ~ dans la gorge*** e-n Frosch im Hals haben; *fig* ***avoir d'autres ~s à fouetter*** andere Sorgen haben; *enfants* ***jouer à ~*** Fangen spielen

châtaigne [ʃɑtɛɲ] *f* **1** BOT (Edel-, Ess-) Kastanie *f*; **2** F Faustschlag *m*

châtaignier [ʃɑteɲe] *m* (Edel)Kastanie *f*; Kastanienbaum *m*

châtain [ʃɑtɛ̃] *adj* ⟨*f inv*⟩ *cheveux* braun; *personne* ***être ~*** braunes Haar haben

▸ **château** [ʃɑto] *m* ⟨**~**x⟩ **1** Schloss *n*; **~ *fort*** Burg *f*; **~ *de cartes*** Kartenhaus *n*; *fig* ***bâtir des ~x en Espagne*** Luftschlösser bauen; **2** **~ *d'eau*** Wasserturm *m*

chateaubriand *ou* **châteaubriant** [ʃatobʀijɑ̃] *m dickes Filetsteak vom Grill*

châtel|ain [ʃatlɛ̃, ʃɑ-] *m*, **~aine** [-ɛn] *f* Schlossherr(in) *m(f)*

chat-huant [ʃayɑ̃] *m* ⟨chats-huants⟩ Waldkauz *m*

châtier [ʃɑtje] *v/t st/s* **1** (be)strafen; **2** *adjt style* ***châtié*** gepflegt

chatière [ʃatjɛʀ] *f* **1** Durchschlupf *m* für Katzen; **2** Lüftungsöffnung *f*

châtiment [ʃɑtimɑ̃] *m* **~ *corporel*** (körperliche) Züchtigung; Prügelstrafe *f*

chatoiement [ʃatwamɑ̃] *m* Schillern *n*

chaton [ʃatõ] *m* **1** ZO, BOT Kätzchen *n*; **2** ORFÈVRERIE Fassung *f*

chatouillement [ʃatujmɑ̃] *m* Kitzel(n) *m(n)*

chatouiller [ʃatuje] *v/t* **1** kitzeln; **2** *fig le palais* kitzeln; *la vanité de qn* schmeicheln (+ *dat*)

chatouilles [ʃatuj] *f/pl* F ***faire des ~ à qn*** j-n kitzeln

chatouilleux [ʃatujø] *adj* ⟨-euse [-øz]⟩ kitz(e)lig (*a fig*)

chatoyer [ʃatwaje] *v/i* ⟨-oi-⟩ schillern

châtrer [ʃɑtʀe] *v/t* kastrieren; verschneiden

chatte [ʃat] *f* **1** ZO (weibliche) Katze; **2** *adjt fig* ***elle est ~*** sie ist anschmiegsam wie ein Kätzchen; **3** P (*sexe de la femme*) P Muschi *f*

chatteries [ʃatʀi] *f/pl* **1** ***faire des ~ à qn*** zu j-m zärtlich sein; **2** Leckereien *f/pl*

chatterton [ʃatɛʀtɔn] *m* Isolierband *n*

▸ **chaud** [ʃo] **I** *adj* ⟨chaude [ʃod]⟩ **1** warm (*a vêtement*); *p/fort* heiß; ***vin ~*** Glühwein *m*; ***manger ~*** etwas Warmes essen; ***servir ~*** heiß servieren; **2** *fig félicitations, couleur, voix* warm; *discussion, tempérament* hitzig; *partisan* glühend; *bataille*, POL *journées* heiß; ***nouvelle toute ~e*** brühwarme Neuigkeit; ***il n'est pas très ~ (pour ce projet)*** er kann sich dafür nicht recht erwärmen; *opérer* ***à ~*** bei akuter Entzündung; ***reportage*** *m* ***à ~*** Live-Reportage *f*; **II** *m* Wärme *f*; *p/fort* Hitze *f*; ***au ~*** im Warmen; *plat* ***garder, tenir au ~*** warm stellen; ***j'ai ~*** mir ist warm, *p/fort* heiß; *fig* ***j'ai eu ~*** F mir wurde ziemlich mulmig; ***il fait ~*** es ist warm, *p/fort* heiß; *fig* ***ça ne me fait ni ~ ni froid*** das ist mir gleichgültig, egal; ***prendre un ~ et froid*** sich verkühlen(, wenn man schwitzt)

chaudement [ʃodmɑ̃] *adv* warm; *fig a* wärmstens

chaud-froid *m* ⟨chauds-froids⟩ *Geflügel-, Wildsülze*

chaudière [ʃodjɛʀ] *f* (Heiz)Kessel *m*

chaudron [ʃodʀõ] *m* (Koch)Kessel *m*

chaudronnier [ʃodʀɔnje] *m* Kessel- *ou* Kupferschmied *m*

▸ **chauffage** [ʃofaʒ] *m* Heizung *f*; **~ *central*** Zentralheizung *f*; **~ *au gaz, au mazout*** Gas-, Ölheizung *f*; ***appareil*** *m* ***de ~*** Heizgerät *n*; ***bois*** *m* ***de ~*** Brennholz *n*

C

chauffagiste [ʃofaʒist] *m* Heizungsmonteur *m*
chauffant [ʃofɑ̃] *adj* ⟨-ante [-ɑ̃t]⟩ Heiz…; beheizbar
chauffard [ʃofaʀ] *m* Verkehrsrowdy *m*
chauffe|-eau [ʃofo] *m* ⟨*inv*⟩ Heiß-, Warmwasserbereiter *m*; **~-plats** *m* ⟨*inv*⟩ Warmhalteplatte *f*
▸ **chauffer** [ʃofe] **I** *v/t* erwärmen; *p/fort* erhitzen; *appartement* heizen; **II** *v/i* **1** warm, *p/fort* heiß werden; sich erwärmen; ***faire ~*** warm, heiß machen; erhitzen; *le manger* (auf)wärmen; *moteur* warm laufen lassen; ***mettre de l'eau à ~*** Wasser aufsetzen; **2** *moteur, essieu* (sich) heißlaufen; **3** *poêle, combustible* heizen; *soleil* brennen; **4** F *fig* ***ça va ~*** F es ist dicke Luft; **III** *v/pr* ***se ~*** **5** sich wärmen (***au soleil*** an der Sonne); **6** heizen (***au bois*** mit Holz)
chaufferette [ʃofʀɛt] *f* Fußwärmer *m*
chaufferie [ʃofʀi] *f* Heizraum *m*; Heizungskeller *m*
chauffeur [ʃofœʀ] *m* Fahrer(in) *m(f)*; Chauffeur *m*; ***~ de taxi*** Taxifahrer(in) *m(f)*, -chauffeur *m*
chauffeuse [ʃoføz] *f* tiefer Sessel
chauler [ʃole] *v/t* kalken
chaume [ʃom] *m* **1** Stoppel *f*; *champ* Stoppelfeld *n*; **2** ***toit*** *m* ***de ~*** Strohdach *n*
chaumière [ʃomjɛʀ] *f* **1** (strohgedeckte) Hütte; **2** kleines Landhaus
chaussée [ʃose] *f* Fahrbahn *f*
chausse-pied [ʃospje] *m* ⟨chausse-pieds⟩ Schuhanzieher *m*, -löffel *m*
chausser [ʃose] **I** *v/t* **1** *chaussures* anziehen; *par ext skis* anschnallen; F *lunettes* aufsetzen; ***~ qn*** j-m die Schuhe anziehen; ***~ du 37*** Schuhgröße 37 haben; **2** *chaussures* ***~ (qn) bien*** gut sitzen; **3** *véhicule* bereifen; **II** *v/pr* **4** ***se ~*** (sich) die Schuhe anziehen; **5** ***se ~ chez X*** s-e Schuhe bei X kaufen
chausse-trape [ʃostʀap] *f* ⟨chausse-trapes⟩ **1** Fallgrube *f*; **2** *fig* Falle *f*
▸ **chaussette** [ʃosɛt] *f* Kniestrumpf *m*; Socke *f*
chausson [ʃosõ] *m* **1** Hausschuh *m*; *de bébés* Babyschuh *m*; ***~ (de danse)*** Ballettschuh *m*; **2** ***~ aux pommes*** Apfeltasche *f*
▸ **chaussure** [ʃosyʀ] *f* **1** Schuh *m*; ***~s*** *pl a* Schuhwerk *n*; ***~ basse*** Halbschuh *m*; ***~s de ski*** Skistiefel *m/pl*; *fig* ***trouver ~ à son pied*** das Passende finden; **2** Schuhbranche *f*
chaut [ʃo] ***peu me ~*** das schert mich wenig
chauve [ʃov] *adj* kahl; kahlköpfig
chauve-souris [ʃovsuʀi] *f* ⟨chauves-souris⟩ Fledermaus *f*
chauvin [ʃovɛ̃] **I** *adj* ⟨-ine [-in]⟩ chauvinistisch; **II** ***~(e)*** *m(f)* Chauvinist(in) *m(f)*
chauvinisme [ʃovinism(ə)] *m* Chauvinismus *m*
chaux [ʃo] *f* Kalk *m*; *fig* ***être bâti à ~ et à sable*** e-e robuste Natur haben
chavirer [ʃaviʀe] **I** *v/t fig adjt* ***j'en suis tout chaviré*** das hat mich zutiefst berührt, aufgewühlt; **II** *v/i* kentern; ***faire ~*** zum Kentern bringen
chéchia [ʃeʃja] *f* (*Art*) Fes *ou* Fez *m*
check-up [(t)ʃɛkœp] *m* ⟨*inv*⟩ Generaluntersuchung *f*; Check-up *m ou n*
▸ **chef** [ʃɛf] *m*, F *a f* **1** Chef(in) *m(f)*; (An)Führer(in) *m(f)*; Leiter(in) *m(f)*; Vorsteher(in) *m(f)*; Oberhaupt *n*; *d'indigènes* Häuptling *m*; ***chef comptable*** Haupt-, Oberbuchhalter *m*; ***chef (cuisinier)*** Chefkoch *m*; Küchenchef *m*; ***chef de bande*** Bandenchef *m*, -führer *m*; ***chef de chantier*** Bauführer *m*, -leiter *m*; ▸ ***chef d'entreprise*** Unternehmer *m*; ***chef d'État, de l'État*** Staatsoberhaupt *n*, -chef *m*; ***chef de famille*** Familienoberhaupt *n*; ADM Haushaltungsvorstand *m*; ***chef de file*** (An-)Führer *m*; führender Kopf; ▸ ***chef d'orchestre*** Dirigent *m*; Kapellmeister *m*; ***chef de produit*** Produktmanager *m*; ***chef de service*** Abteilungsleiter *m*; ***médecin-chef*** Chefarzt *m*; ***rédacteur m en chef*** Chefredakteur *m*; **2** ***au premier chef*** in erster Linie; ***de son propre chef*** auf eigene Faust; von sich aus; eigenmächtig; **3** JUR ***chef d'accusation*** (Haupt)Anklagepunkt *m*
chef-d'œuvre [ʃɛdœvʀ(ə)] *m* ⟨chefs-d'œuvre⟩ Meisterwerk *n*
chef-lieu *m* ⟨chefs-lieux⟩ Hauptort *m*
cheftaine [ʃɛftɛn] *f de scouts* Führerin *f*
cheik(h) [ʃɛk] *m* Scheich *m*
chelem [ʃlɛm] *m* SPORT ***faire le grand ~*** e-e Siegesserie für sich verbuchen können
▸ **chemin** [ʃ(ə)mɛ̃] *m* **1** Weg *m* (***de*** nach,

zu) (*a fig*); ~ ***creux*** Hohlweg *m*; CATH ~ ***de croix*** Kreuzweg *m*; ~ ***du retour*** Heim-, Rückweg *m*; FORTIF ~ ***de ronde*** Wehrgang *m*; ~ ***de terre*** Feldweg *m*; ***en*** ~ unterwegs; *fig* ***ne pas y aller par quatre ~s*** nicht lange fackeln; nicht viel Federlesens, Umstände machen; ~ ***faisant*** unterwegs; während der Fahrt; ***faire du*** ~ (gut) vorwärts kommen; vorankommen (*a fig*); ***passer son*** ~ weitergehen; *fig* ***reprendre le ~ de l'école*** wieder die Schulbank drücken; **2** ~ ***de table*** Tischläufer *m*

▸ **chemin de fer** [ʃ(ə)mɛ̃dfɛʀ] *m* (Eisen)Bahn *f*; ***voyager en*** ~ mit der Bahn reisen

▸ **cheminée** [ʃ(ə)mine] *f* **1** (offener) Kamin; *conduit* Schornstein *m*; Esse *f*; Rauchfang *m*; ~ ***d'usine*** Fabrikschornstein *m*; (Fabrik)Schlot *m*; **2** ESCALADE Kamin *m*; **3** *de volcan* Schlot *m*

cheminer [ʃ(ə)mine] *v/i* **1** s-s Weges ziehen; **2** *fig idée* sich allmählich durchsetzen

cheminot [ʃ(ə)mino] *m* Eisenbahner *m*

▸ **chemise** [ʃ(ə)miz] *f* **1** Hemd *n*; *d'homme a* Oberhemd *n*; *dessous féminin* Unterhemd *n*; ~ ***de nuit*** Nachthemd *n*; *fig* ***changer d'avis comme de*** ~ s-e Meinung wie sein Hemd wechseln; F ***je m'en moque comme de ma première*** ~ F das ist mir piepe, schnurzegal; **2** *pour documents* Aktendeckel *m*

chemis|erie [ʃ(ə)mizʀi] *f* Herrenwäschegeschäft *n*; **~ette** [-ɛt] *f* kurzärm(e)liges Sporthemd

▸ **chemisier** [ʃ(ə)mizje] *m* Hemdbluse *f*; *adjt* ***robe f*** ~ Hemdblusenkleid *n*

chenal [ʃənal] *m* ⟨-aux [-o]⟩ Fahrrinne *f*

chenapan [ʃ(ə)napɑ̃] *m plais* Strolch *m*; Schlingel *m*

▸ **chêne** [ʃɛn] *m* Eiche *f*; ***de, en*** ~ eichen; Eichen…

chéneau [ʃeno] *m* ⟨~x⟩ Dachrinne *f*

chêne-liège *m* ⟨chênes-lièges⟩ Korkeiche *f*

chenet [ʃənɛ] *m* Feuerbock *m*

chenil [ʃənil] *m* Hundezwinger *m*

chenille [ʃ(ə)nij] *f* **1** ZO Raupe *f*; **2** ***véhicule m à ~s*** Raupen-, Gleiskettenfahrzeug *n*

chenu [ʃəny] *litt adj* ⟨~e⟩ weißhaarig

cheptel [ʃɛptɛl] *m* Vieh(bestand) *n*(*m*); ~ ***bovin*** Rinderbestand *m*

▸ **chèque** [ʃɛk] *m* Scheck *m* (***de mille euros*** über tausend Euro); ~ ***postal*** Postscheck *m*; ~ ***au porteur*** Inhaber-, Überbringerscheck *m*; ~ ***de voyage*** Reisescheck *m*; F ~ ***en bois*** ungedeckter Scheck; ***faire un*** ~ e-n Scheck ausstellen; ***payer par*** ~ mit, durch, per Scheck (be)zahlen; **~-restaurant** *m* ⟨chèques-restaurant⟩ Essen(s)marke *f*

chéquier [ʃekje] *m* Scheckheft *n*, -buch *n*

▸ **cher** [ʃɛʀ] **I** *adj* ⟨chère⟩ **1** lieb; *st/s* teuer; *st/s* wert; (***mes***) ***~s auditeurs*** liebe *ou* verehrte Zuhörer; ***mon vœu le plus*** ~ mein innigster Wunsch; **2** (*coûteux*) teuer; kostspielig; (*précieux*) kostbar; ***vie chère*** hohe Lebenshaltungskosten *pl*; **II** *adv* teuer; ***moins*** ~ billiger; F ***je l'ai eu pour pas*** ~ F ich hab es billig gekriegt; ***payer*** ~ teuer bezahlen (*a fig erreur, etc*); *fig* ***il me le payera ~!*** das wird er mir büßen!; ***vendre*** ~ teuer verkaufen (*a fig sa vie*)

▸ **chercher** [ʃɛʀʃe] **I** *v/t* **1** suchen (*a abs*); ~ ***qn, qc*** j-n, etw suchen; nach j-m, etw suchen; ~ ***ses mots*** nach Worten suchen; ~ ***du secours*** Hilfe holen; ~ ***qn du regard, des yeux*** sich nach j-m umsehen; nach j-m Ausschau halten; **2** ***aller ~ qn, qc*** j-n, etw holen; ***venir ~ qn, qc*** j-n, etw abholen; etw holen; **3** *danger* suchen; herausfordern; ***il l'a cherché!*** er hat es herausgefordert!; **4** F ~ ***qn*** mit j-m Streit, Händel suchen, anfangen wollen; **II** *v/t/indir* **5** ~ ***à*** (+ *inf*) (ver)suchen zu (+ *inf*); ~ ***à plaire*** *a* gefallen wollen; **6** F ~ ***après qn*** j-n, nach j-m suchen; **7** F ***ça va ~ dans les mille euros*** das kostet etwa, an die tausend Euro

chercheur [ʃɛʀʃœʀ] *m* **1** Forscher *m*; **2** ~ ***d'or*** Goldsucher *m*, -gräber *m*

chercheuse [ʃɛʀʃøz] *f* **1** Forscherin *f*; **2** *adjt d'une fusée* ***tête*** ~ Suchkopf *m*

chère [ʃɛʀ] *f* ***aimer la bonne*** ~ gerne gut essen; ***faire bonne*** ~ gut essen

chéri [ʃeʀi] **I** *adj* ⟨~e⟩ geliebt; lieb; **II** ~(***e***) *m*(*f*) Liebling *m*; Schatz *m*

chérir [ʃeʀiʀ] *v/t* (zärtlich) lieben; ~ ***le souvenir de qn*** j-s in Liebe gedenken

chérot [ʃeʀo] F *adj* ⟨*nur m*⟩ F ganz schön teuer

cherté [ʃɛʀte] *f* ~ ***de la vie*** hohe Lebenshaltungskosten *pl*

C

chérubin [ʃeʀybɛ̃] *m d'un enfant* Engelchen *n*
chétif [ʃetif] *adj* ⟨-ive [-iv]⟩ *enfant* schwächlich; schmächtig; *plante* kümmerlich
▸ **cheval** [ʃ(ə)val] *m* ⟨-aux [-o]⟩ **1** Pferd *n*; F Gaul *m*; *st/s* Ross *n*; **~ blanc** Schimmel *m*; **~ noir** Rappe *m*; *fig* **~ de bataille** Lieblingsthema *n*; Steckenpferd *n*; **~ de course** Rennpferd *n*; *fig* **fièvre de ~** starkes, hohes Fieber; *fig* **remède** *m* **de ~** F Rosskur *f*; **à ~** zu Pferd(e); beritten; **à ~!** aufsitzen!; **à ~ sur** rittlings sitzend auf (+ *dat*); *fig* in beide (+ *subst*) hineinreichend; *fig* **être à ~ sur les principes** ein Prinzipienreiter sein; **aller à ~** reiten; *fig* **monter sur ses grands chevaux** aufbrausen; F hochgehen; **2** (*équitation*) Reiten *n*; Reitsport *m*; **faire du ~** reiten; (den) Reitsport betreiben; **3** (**jeu** *m* **de**) **petits chevaux** *pl* Mensch-ärgere-dich-nicht *n*; **4** F *fig* **un grand ~** e-e große derbknochige Frau; *fig* (**vieux**) **~ de retour** F alter Bekannter der Polizei; F **c'est pas un mauvais ~** er *ou* sie ist kein schlechter Kerl; **5** PHYS (*abr* **ch**) Pferdestärke *f* (*abr* PS *n*); AUTO **~** (**fiscal**) (*abr* **CV**) Steuer-PS *n*; *par ext* **une cinq chevaux** ein Wagen *m* mit 5 CV
chevaleresque [ʃ(ə)valʀɛsk] *adj* ritterlich
chevalerie [ʃ(ə)valʀi] *f* Rittertum *n*
chevalet [ʃ(ə)valɛ] *m* **1** Bock *m*; Gestell *n*; *de peintre* Staffelei *f*; **2** *de violon* Steg *m*
chevalier [ʃ(ə)valje] *m* Ritter *m*; *iron* **~ servant** ständiger Begleiter
chevalière [ʃ(ə)valjɛʀ] *f* Siegelring *m*
chevalin [ʃ(ə)valɛ̃] *adj* ⟨-ine [-in]⟩ Pferde…
cheval-vapeur *m* ⟨chevaux-vapeur⟩ TECH Pferdestärke *f*
chevauchée [ʃ(ə)voʃe] *f* (Spazier)Ritt *m*
chevaucher [ʃ(ə)voʃe] **I** *v/t* reiten auf (+ *dat*); **II** *v/i* (*et v/pr* **se**) **~** übereinander stehen (*a dents*); übereinander liegen; sich überlappen; *fig* sich überschneiden
chevêche [ʃəvɛʃ] *f* Steinkauz *m*
chevelu [ʃəvly] *adj* ⟨~e⟩ **1** **cuir ~** Kopfhaut *f*; **2** *personne* langhaarig; mit dichtem Schopf
chevelure [ʃəvlyʀ] *f* **1** Haar *n* (*coll*); **2** *d'une comète* Schweif *m*
chevet [ʃ(ə)vɛ] *m* **1** **lampe** *f* **de ~** Nachttischlampe *f*; **livre** *m* **de ~** Lieblingsbuch *n*; **au ~ de qn** am (Kranken)Bett j-s; **2** ARCH (Chor)Apsis *f*
▸ **cheveu** [ʃ(ə)vø] *m* ⟨~x⟩ **1** (Kopf)Haar *n*; **~x** *pl* Haar(e) *n/pl*; → *Info bei* **Haar**; *fig* **à un ~ près** um ein Haar; um Haaresbreite; *fig* **avoir un ~ sur la langue** mit der Zunge anstoßen; lispeln; *fig* **avoir mal aux ~x** F e-n Kater, den *ou* e-n Katzenjammer haben; *fig* **couper les ~x en quatre** Haarspalterei treiben; ein Haarspalter sein; *fig* **se faire des ~x** sich große Sorgen machen; *fig* **c'est tiré par les ~x** das ist an den Haaren herbeigezogen; **ça vient, arrive comme un ~ sur la soupe** das passt wie die Faust aufs Auge; **2** **~x** *pl* **d'ange** **a**) feine Fadennudeln *f/pl*; **b**) *décoration de Noël* Engelshaar *n*; **3** BOT **~ de Vénus** Frauenhaar *n*
▸ **cheville** [ʃ(ə)vij] *f* **1** ANAT (Fuß)Knöchel *m*; *par ext* Fessel *f*; *fig* **il ne lui arrive pas à la ~** er kann ihm das Wasser nicht reichen; **2** TECH Dübel *m*; *fig* **~ ouvrière** treibende Kraft; **3** *de violon* Wirbel *m*
chevillé [ʃ(ə)vije] *adj* ⟨~e⟩ **avoir l'âme ~e au corps** ein zähes Leben haben
▸ **chèvre** [ʃɛvʀ(ə)] *f* **1** Ziege *f*; Geiß *f*; *fig* **ménager la ~ et le chou** es mit keinem verderben wollen; **2** (**fromage** *m* **de**) **~** *m* Ziegenkäse *f*
chevreau [ʃəvʀo] *m* ⟨~x⟩ **1** Zicklein *n*; **2** *cuir* Ziegenleder *n*
chèvrefeuille *m* Geißblatt *n*; Jelängerjelieber *n*
▸ **chevreuil** [ʃəvʀœj] *m* Reh *n*
chevr|ier [ʃəvʀije] *m*, **~ière** [-ijɛʀ] *f* Ziegenhirt(in) *m(f)*
chevron [ʃəvʀõ] *m* **1** CONSTR Dachsparren *m*; **2** TEXT Fischgrätenmuster *n*; **3** MIL Winkel *m*
chevronné [ʃəvʀɔne] *adj* ⟨~e⟩ erfahren; routiniert
chevrotant [ʃəvʀɔtɑ̃] *adj* ⟨-ante [-ɑ̃t]⟩ *voix* zitt(e)rig; zitternd
chevrotine [ʃəvʀɔtin] *f* CH Posten *m*
chewing-gum [ʃwiŋgɔm] *m* ⟨chewing-gums⟩ Kaugummi *m ou n*
▸ **chez** [ʃe] *prép* bei (+ *dat*); zu (+ *dat*); **~ Voltaire** bei Voltaire; **~ moi** bei mir (zu

Hause) *ou* zu mir (nach Hause); ***derrière ~ moi*** hinter meiner Wohnung, meinem Haus; ***par ~ nous*** bei uns; in unserer Gegend; ***acheter qc ~ le boulanger*** etw beim Bäcker kaufen; ***aller ~ le coiffeur*** zum Friseur gehen; ***être ~ soi*** zu Hause, daheim sein; ***rentrer ~ soi*** nach Hause gehen *ou* kommen; ***je viens de ~ lui*** ich komme von ihm, aus s-r Wohnung

chez|-moi *m*, **~-soi** *m*, *etc* ⟨*alle inv*⟩ Zuhause *n*; Heim *n*

chiadé [ʃjade] F *adj* ⟨~e⟩ F verzwickt

chialer [ʃjale] *v/i* F heulen; F flennen

chiant [ʃjɑ̃] P *adj* ⟨-ante [-ɑ̃t]⟩ P beschissen; P saublöd

chiasse [ʃjas] *f* P ***avoir la ~*** P Dünnschiss haben

▸ **chic** [ʃik] **I** *adj* ⟨*inv*, *pl a* ~s⟩ **1** (*élégant*) schick; chic; ***les gens ~(s)*** die feinen Leute; **2** F ***~ (alors)!*** F toll!; F klasse!; **II** *m* **1** Schick *m*; (modischer) Pfiff; **2** *iron* ***avoir le ~ pour faire qc*** ein besonderes Geschick, Talent (dafür) haben, etw zutun

chicane [ʃikan] *f* **1** kleinliche Streiterei; Schikane *f*; ***chercher ~ à qn*** mit j-m Streit, Händel suchen; **2** ***~s*** *pl* Zickzackdurchlass *m*; SPORTS Schikane *f*

chicaner [ʃikane] **I** *v/t* ***~ qn*** an j-m herumnörgeln; mit j-m Streit suchen; **II** *v/pr* ***se ~*** (sich) streiten

chiche [ʃiʃ] *adj* **1** kärglich; kümmerlich; ***être ~ de compliments*** mit Komplimenten sparsam sein, F knausern; **2** ***pois*** *m* **~** Kichererbse *f*; **3** F ***~!*** F wetten dass!

chichi [ʃiʃi] *m* Getue *n*; Gehabe *n*; ***faire des ~s*** sich zieren; Umstände machen

chicon [ʃikõ] *m* Chicorée *f ou m*

chicorée [ʃikɔʀe] *f* **1** ***~ (frisée)*** Endivie *f*; **2** *boisson* Zichorienkaffee *m*

chicot [ʃiko] *m* Zahnstummel *m*

chicotin [ʃikɔtɛ̃] *m* ***amer comme ~*** galle(n)bitter

▸ **chien** [ʃjɛ̃] *m* **1** Hund *m*; ***~ d'aveugle, de chasse, de garde*** Blinden-, Jagd-, Wachhund *m*; F ***temps*** *m* ***de ~*** F Hunde-, Sauwetter *n*; F ***vie*** *f* ***de ~*** F Hundeleben *n*; F ***être d'une humeur de ~*** F e-e Stinklaune haben; F ***j'ai eu un mal de ~*** F es war irrsinnig schwer; ***entre ~ et loup*** in der Abenddämmerung; F ***j'ai été malade comme un ~*** F mir war hundeelend; *enfant* ***faire le jeune ~*** herumtollen; F ***je lui garde un ~ de ma chienne*** das soll er mir büßen; ***recevoir qn comme un ~ dans un jeu de quilles*** j-n sehr ungnädig, unfreundlich empfangen; ***se regarder en ~s de faïence*** sich feindselig anblicken; **2** *fig* ***avoir du ~*** das gewisse Etwas haben; **3** *du fusil* Hahn *m*; *être couché* ***en ~ de fusil*** mit angezogenen Beinen

chien-assis [ʃjɛ̃asi] *m* ⟨chiens-assis⟩ Dachgaube *f*

chiendent [ʃjɛ̃dɑ̃] *m* Quecke *f*

chienlit [ʃjɑ̃li] F *f* Chaos *n*

chien-loup *m* ⟨chiens-loups⟩ Wolfshund *m*

chienne [ʃjɛn] *f* Hündin *f*

chier [ʃje] *v/i* P **1** P scheißen; P kacken; **2** P ***tu me fais ~*** F du tötest mir den letzten Nerv; P ***ça me fait ~*** F das stinkt mir; P das kotzt mich an; P ***se faire ~*** F sich mopsen

chiffe [ʃif] *f fig* F Waschlappen *m*; Schlappschwanz *m*

▸ **chiffon** [ʃifõ] *m* **1** (*étoffe usée*) Lumpen *m*; *pour nettoyer* Putzlappen *m*; ***~ (à poussière)*** Staubtuch *n*, -lappen *m*; **2** *fig* ***~ de papier*** Fetzen *m* Papier; F Wisch *m*; **3** F ***parler ~s*** über Mode reden

chiffonné [ʃifɔne] *adj* ⟨~e⟩ *vêtement* zerknittert; zerdrückt; F zerknautscht; *papier* zerknüllt; *fig figure* eingefallen

chiffonner [ʃifɔne] **I** *v/t fig* ***ça me chiffonne*** das geht mir gegen den Strich; **II** *v/pr* ***se ~*** *étoffe* (stark) knittern

chiffonn|ier [ʃifɔnje] *m*, **~ière** [-jɛʀ] *f* Lumpensammler(in) *m(f)*

chiffrable [ʃifʀabl(ə)] *adj* bezifferbar

▸ **chiffre** [ʃifʀ(ə)] *m* **1** Ziffer *f*; Zahlzeichen *n*; ***~ arabe*** arabische Ziffer, Zahl; **2** (*montant*) Zahl *f*; Gesamtzahl *f*, -ziffer *f*; ***~ d'affaires*** Umsatz *m*; ***en ~s ronds*** in runden Zahlen; **3** (Geheim-)Kode *m*; Geheimschrift *f*

chiffrer [ʃifʀe] **I** *v/t* **1** beziffern, taxieren (***à*** auf + *acc*); **2** *message* chiffrieren; verschlüsseln; **II** *v/i* ***ça finit par ~*** das summiert sich; **III** *v/pr* ***se ~ par millions*** sich auf Millionen beziffern, belaufen

chignole [ʃiɲɔl] *f* Handbohrmaschine *f*

chignon [ʃiɲõ] *m* (Haar)Knoten *m*

chiites [ʃiit] *m/pl* Schiiten *m/pl*

C

Chili [ʃili] ***le ~*** Chile *n*
chilien [ʃiljɛ̃] **I** *adj* ⟨-ienne [-jɛn]⟩ chilenisch; **II** ♀(***ne***) *m(f)* Chilene *m*, Chilenin *f*
chimère [ʃimɛʀ] *f* Schimäre *f*; Hirngespinst *n*; Trugbild *n*
chimérique [ʃimeʀik] *adj espoir* trügerisch; *projet* utopisch
▸ **chimie** [ʃimi] *f* Chemie *f*
chimiothérapie [ʃimjɔteʀapi] *f* Chemotherapie *f*
▸ **chimique** [ʃimik] *adj* chemisch; ***produits*** *m/pl* ***~s*** Chemikalien *f/pl*
chimiste [ʃimist] *m,f* Chemiker(in) *m(f)*
chimpanzé [ʃɛ̃pɑ̃ze] *m* Schimpanse *m*
▸ **Chine** [ʃin] ***la ~*** China *n*
chiner [ʃine] **I** *v/t qn* aufziehen; foppen; **II** *v/i* die Trödelläden, Flohmärkte abklappern
▸ **chinois** [ʃinwa] **I** *adj* ⟨-oise [-waz]⟩ chinesisch; **II** ♀(***e***) *m(f)* Chinese *m*, Chinesin *f*
chinoiseries [ʃinwazʀi] *f/pl* Schikanen *f/pl*
chiot [ʃjo] *m* Welpe *m*; junger Hund
chiottes [ʃjɔt] *f/pl* P Scheißhaus *n*
chiper [ʃipe] F *v/t* F stibitzen; F klauen
chipie [ʃipi] *f péj* Biest *n*; ***quelle vieille ~!*** F dieser alte Drachen!
chipolata [ʃipɔlata] *f Schweinswürstchen*
chipoter [ʃipɔte] *v/i* **1** ***~ sur qc*** an etw (*dat*) herumnörgeln; **2** mit langen Zähnen essen
chips [ʃips] *f/pl* (Kartoffel)Chips *m/pl*
chique [ʃik] *f* **1** Kautabak *m*; Priem *m*; F *fig* ***couper la ~ à qn*** j-m die Sprache, Rede verschlagen; **2** F *fig* dicke Backe
chiqué [ʃike] *m* F ***c'est du ~*** F das ist nur Mache
chiquenaude [ʃiknod] *f* Schnipser *m*; Schneller *m*; ***faire tomber qc d'une ~*** etw wegschnipsen *ou* -schnippen
chiquer [ʃike] *v/i* Tabak kauen; priemen; ***tabac*** *m* ***à ~*** Kautabak *m*
chiromancienne [kiʀomɑ̃sjɛn] *f* Handleserin *f*
chirurgical [ʃiʀyʀʒikal] *adj* ⟨-aux [-o]⟩ chirurgisch
chirurgie [ʃiʀyʀʒi] *f* Chirurgie *f*
▸ **chirurgien** [ʃiʀyʀʒjɛ̃] *m* **1** Chirurg *m*; **2** ***~ dentiste*** Zahnarzt *m*
chiure [ʃjyʀ] *f* Fliegendreck *m*
chlore [klɔʀ] *m* Chlor *n*
chlorhydrique [klɔʀidʀik] *adj* ***acide*** *m* ***~*** Salzsäure *f*
chloroforme [klɔʀɔfɔʀm] *m* Chloroform *n*
chlorophylle [klɔʀɔfil] *f* Chlorophyll *n*; Blattgrün *n*
chlorure [klɔʀyʀ] *m* Chlorid *n*
▸ **choc** [ʃɔk] *m* **1** (*coup*) Stoß *m*; Schlag *m*; Erschütterung *f*; (*impact*) An-, Aufprall *m*; (*collision*) Zusammenstoß *m*, -prall *m*; *fig* ***c'est le ~ en retour de qc*** etw erweist sich als Bumerang; **2** (*émotion brutale*) Schock *m* (*a* MÉD); ***~ opératoire*** Operationsschock *m*; ***ça m'a fait, donné un ~*** das hat mir e-n Schlag versetzt; das war ein Schock für mich; **3** MIL, POLICE Zusammenstoß *m*; ***troupes*** *f/pl* ***de ~*** Eingreiftruppen *f/pl*; **4** *adjt* ***prix*** *m* ***~*** sensationeller Preis
▸ **chocolat** [ʃɔkɔla] **I** *m* **1** Schokolade *f*; ***~ à croquer*** bittere Schokolade; ***~ à cuire, au lait, aux noisettes*** Block-, Milch-, Nussschokolade *f*; **2** ***un ~*** e-e Praline; ***une boîte de ~s*** e-e Schachtel Pralinen; **3** *boisson* Kakao *m*; Schokolade *f*; **II** *adj* ⟨*inv*⟩ **1** schokolade(n)-braun; **2** F ***être ~*** F in die Röhre, in den Mond gucken
chocottes [ʃɔkɔt] *f/pl* F ***avoir les ~*** Angst, F Bammel haben
chœur [kœʀ] *m* **1** Chor *m*; ***en ~*** im Chor; **2** ARCH Chor *m*
choir [ʃwaʀ] *v/i* ⟨*déf*: je chois, il choit; je chus; chu⟩ *litt* (*tomber*) fallen; F *fig* ***laisser ~ qn*** j-n fallen lassen
choisi [ʃwazi] *adj* ⟨***~e***⟩ ausgesucht; (aus)erlesen; *langage* gewählt; ***morceaux ~s*** ausgewählte Lesestücke *n/pl*
▸ **choisir** [ʃwaziʀ] *v/t* **1** (*sélectionner*) (aus)wählen; → *Info bei* ***wählen***; (sich) aussuchen; **2** *abs* (*décider*) wählen; e-e Wahl treffen; sich entscheiden (***de*** + *inf* zu + *inf*)
▸ **choix** [ʃwa] *m* **1** Wahl *f*; Auswahl *f*; (*décision*) Entscheidung *f*; ***~ d'un métier*** Berufswahl *f*; ***au ~*** nach Wahl; ***je n'ai pas le ~*** ich habe keine (andere) Wahl; ***il a arrêté son ~ sur*** s-e Wahl fiel auf (+ *acc*); ***faire son ~*** s-e Wahl treffen; **2** (*assortiment*) Auswahl *f* (***de*** von, an + *dat*); **3** ***de*** (***premier***) ***~*** erster Wahl, Güte; erstklassig; erlesen
choléra [kɔleʀa] *m* Cholera *f*

cholestérol [kɔlɛsteʀɔl] *m* Cholesterin *n*
▸ **chômage** [ʃomaʒ] *m* Arbeitslosigkeit *f*; **~ *partiel*** Kurzarbeit *f*; ***être au ~*** arbeitslos sein; ***s'inscrire au ~*** sich arbeitslos melden
chômé [ʃome] *adj* ⟨~e⟩ ***jour ~*** arbeitsfreier Tag
chômer [ʃome] *v/i* nicht arbeiten; *fig* ***on ne chôme pas*** F wir haben ganz schön viel zu tun
▸ **chômeur** [ʃomœʀ] *m*, **chômeuse** [ʃomøz] *f* Arbeitslose(r) *f(m)*; ***chômeur de longue durée*** Langzeitarbeitslose(r) *m*
chope [ʃɔp] *f* Bierkrug *m*; (Bier)Seidel *n*
choper [ʃɔpe] F *v/t* **1** (*voler*) F klauen; **2** *rhume* F erwischen
chopine [ʃɔpin] F *f* Flasche *f* Wein
choquant [ʃɔkɑ̃] *adj* ⟨-ante [-ɑ̃t]⟩ schockierend; anstößig; empörend
choquer [ʃɔke] *v/t* **1** (*offusquer*) ***~ qn*** j-n schockieren; bei j-m Anstoß erregen; ***~ la vue*** das Auge beleidigen; ***être choqué*** schockiert, entsetzt sein (***par, de*** über + *acc*); **2** (*traumatiser*) ***être choqué*** geschockt sein (***par*** durch)
choral [kɔʀal] *m* ⟨-als⟩ Choral *m*
chorale [kɔʀal] *f* Chor *m*; Gesangverein *m*
chorégraphie [kɔʀegʀafi] *f* Choreographie *f*
choriste [kɔʀist] *m,f* Chorsänger(in) *m(f)*, -mitglied *n*
chorus [kɔʀys] *m* ***faire ~*** im Chor einfallen
▸ **chose** [ʃoz] *f* **1** Ding *n*; Sache *f*; ▸ ***autre chose*** etwas and(e)res; ***la même chose*** dasselbe; das Gleiche; (***vous lui direz***) ***bien des choses de ma part*** richten Sie ihm *ou* ihr viele Grüße von mir aus; ***avant toute chose*** vor allen Dingen; ***de deux choses l'une*** eins von beiden; ***je vais vous dire une chose*** ich werde Ihnen etwas sagen; ***voilà où en sont les choses*** so steht die Sache; so liegen die Dinge; ***c'est chose faite*** die Sache ist erledigt; ***bien faire les choses*** großzügig sein; F sich nicht lumpen lassen; ***parler de choses et d'autres*** von diesem und jenem sprechen; **2** *pr/ind* ▸ ***quelque chose*** etwas; F was; ***quelque chose de beau*** etw Schönes; ***c'est quelque chose!*** das ist allerhand!; ***vous prendrez bien*** (***un petit***) ***quelque chose?*** ich darf Ihnen doch etwas, e-e Kleinigkeit anbieten?; **3** F ***être porté sur la chose*** F scharf auf Frauen sein; **4** *m* F (*truc*) F Dings(da, -bums) *n*; **5** *adjt* ***se sentir tout chose*** sich unbehaglich fühlen
▸ **chou** [ʃu] *m* ⟨~x⟩ **1** Kohl *m*; *südd a* Kraut *n*; ***un ~*** ein Kohlkopf *m*; ***~ rouge*** Rotkohl *m*; ***~ de Bruxelles*** Rosenkohl *m*; ***~ de Milan*** Wirsing(kohl) *m*; ***bête comme ~*** kinderleicht; F *fig* ***il a fait ~ blanc*** F das ist in die Hose gegangen; F *fig* ***faire ses ~x gras*** F e-n guten Schnitt machen (***de qc*** bei etw); *bébés* ***naître dans les ~x*** vom Storch gebracht werden; F *fig* ***il lui est rentré dans le ~*** er hat ihn angegriffen; **2** *fig* ***mon*** (***petit***) ***~***, *f a* ***ma choute*** [ʃut] (mein) Liebling *m*, Schätzchen *n*; ***un*** (***petit***) ***bout de ~*** ein Dreikäsehoch *m*; *adjt* ***ce qu'il est ~!*** ist der süß, niedlich!; **3** ***~ à la crème*** Windbeutel *m* mit Schlagsahne; ***pâte*** *f* ***à ~*** Brandteig *m*
choucas [ʃuka] *m* Dohle *f*
chouchou [ʃuʃu] F *m* ⟨~s⟩, **chouchoute** [ʃuʃut] F *f* Liebling *m*
chouchouter [ʃuʃute] F *v/t* (ver)hätscheln
▸ **choucroute** [ʃukʀut] *f* Sauerkraut *n*
chouette[1] [ʃwɛt] *f* ZO Eule *f*
chouette[2] *adj* F toll; F klasse
▸ **chou-fleur** *m* ⟨choux-fleurs⟩ Blumenkohl *m*
chou-rave *m* ⟨choux-raves⟩ Kohlrabi *m*
choyer [ʃwaje] *v/t* ⟨-oi-⟩ umhegen
chrême [kʀɛm] *m* ÉGL (***saint***) ~ Chrisam *n ou m*; Salböl *n*
▸ **chrétien** [kʀetjɛ̃] **I** *adj* ⟨-ienne [-jɛn]⟩ christlich; **II** ***~(ne)*** *m(f)* Christ(in) *m(f)*
chrétienté [kʀetjɛ̃te] *f* Christenheit *f*
Christ [kʀist] *m* **1** ***le ~*** Christus *m*; **2** ♀ Christus(figur *f*, -bild *n*) *m*
christian|iser [kʀistjanize] *v/t* christianisieren; **~isme** [-ism(ə)] *m* Christentum *n*
chromatique [kʀɔmatik] *adj* **1** MUS, OPT chromatisch; **2** BIOL ***réduction*** *f* ***~*** Chromosomenreduktion *f*
chrome [kʀom] *m* **1** Chrom *n*; **2** ***~s*** *pl*

Chromteile *m/pl*
chromé [kʀome] *adj* ⟨~e⟩ verchromt; Chrom…
chromo [kʀomo] *m* **1** Farbdruck *m*; **2** *péj* billige, kitschige Reproduktion
chromosome [kʀomozom] *m* Chromosom *n*
chronique [kʀɔnik] **I** *adj* chronisch; **II** *f* **1** Chronik *f* (*a* HIST); **2** MÉDIA Bericht *m*; Rundschau *f*; Magazin *n*
chroniqueur [kʀɔnikœʀ] *m* **1** HIST Chronist *m*; **2** *~ **sportif*** Sportredakteur *m*
chrono [kʀono] *m* F *abr* (*chronomètre*) ***faire du 130 ~*** F 130 gestoppte Stundenkilometer fahren
chronologie [kʀɔnɔlɔʒi] *f* Chronologie *f*; chronologische, zeitliche Abfolge
chronologique [kʀɔnɔlɔʒik] *adj* ***ordre m ~*** chronologische Reihenfolge
chrono|métrage [kʀɔnɔmetʀaʒ] *m* Zeitnahme *f*; Zeitmessung *f*; **~mètre** *m* Stoppuhr *f*; **~métrer** *v/t* ⟨-è-⟩ stoppen; mit der Stoppuhr messen; **~métreur** *m* Zeitnehmer *m*
chrysalide [kʀizalid] *f* ZO Puppe *f*; *fig* ***sortir de sa ~*** sich entfalten
chrysanthème [kʀizɑ̃tɛm] *m* Chrysantheme *f*
ch'timi [ʃtimi] F *m* Nordfranzose *m*
C.H.U. [seaʃy] *m* ⟨*inv*⟩ *abr* (*centre hospitalier universitaire*) Universitätsklinikum *n*
▸ **chuchoter** [ʃyʃɔte] *v/t et v/i* flüstern; tuscheln; wispern
chuint|ante [ʃɥɛ̃tɑ̃t] *f* Zischlaut *m*; Sch-Laut *m*; **~er** [-e] *v/i vapeur* zischen
chut [ʃyt] *int* pst!; st!; still!
▸ **chute** [ʃyt] *f* **1** *d'une personne* Fall *m* (*a morale*); Sturz *m*; ***faire une ~*** stürzen, fallen (***de bicyclette*** vom Fahrrad); **2** *de choses* Fall *m* (*a* PHYS); *fig des cours, des prix, de température* Sturz *m*; ***~ des cheveux*** Haarausfall *m*; ***~ d'eau*** Wasserfall *m*; ***~s de neige*** Schneefälle *m/pl*; ***les ~s du Niagara*** die Niagarafälle *m/pl*; ***~ de pierres*** Steinschlag *m*; ***point*** *m* ***de ~*** *d'un projectile* Einschlagstelle *f*; *fig* Bleibe *f*; Standort *m*; ***en ~ libre*** PHYS in freiem Fall; *fig* ÉCON auf Talfahrt; **3** POL *d'un régime* Sturz *m*; MIL *d'une ville* Fall *m*; ***la ~ du mur de Berlin*** der Fall der Berliner Mauer; **4** ***~ de cuir*** Lederrest *m*, -abfall *m*; **5** ***avoir une belle ~ de reins*** ein wohlgeformtes Gesäß haben; **6** *d'un texte* Schlusspointe *f*
chuter [ʃyte] F *v/i* **1** fallen; stürzen; **2** *fig* scheitern
Chypre [ʃipʀ(ə)] Zypern *n*
ci [si] **I** *adv* hier; ***ce banc-~*** diese Bank (hier); ***ces jours-~*** dieser Tage; in diesen Tagen; **II** *pr/dém* F ***comme ~ comme ça*** F so lala
cible [sibl(ə)] *f* **1** Zielscheibe *f* (*a fig*); Schießscheibe *f*; Ziel *n*; **2** *adjt* ***langue f ~*** Zielsprache *f*; **3** PUBLICITÉ Zielgruppe *f*
ciboire [sibwaʀ] *m* CATH Ziborium *n*; Speisekelch *m*
ciboulette [sibulɛt] *f* Schnittlauch *m*
ciboulot [sibulo] *m* F Schädel *m*; F Dez *m*
cicatrice [sikatʀis] *f* Narbe *f* (*a fig*)
cicatrisation [sikatʀizasjõ] *f* Vernarbung *f*; Narbenbildung *f*
cicatriser [sikatʀize] **I** *v/t blessure, a fig* vernarben lassen; **II** *v/i* (*et v/pr* ***se***) ~ vernarben (*a fig*); zuheilen
ci-contre *adv* nebenstehend
ci-dessous *adv* nachstehend; weiter unten
ci-dessus *adv* weiter oben
cidre [sidʀ(ə)] *m* Apfelwein *m*; Most *m*
Cie *abr* (*compagnie*) Co.
▸ **ciel** [sjɛl] *m* ⟨cieux [sjø], PEINT ~s⟩ Himmel *m* (*a* REL, ASTR, PEINT); ***~ de lit*** ⟨~s⟩ Betthimmel *m*; *adjt* (***bleu***) ~ ⟨*inv*⟩ himmelblau; ***à ~ ouvert*** MINES im Tagebau; *égout* offen; ***dans le ~*** am Himmel; ***sous d'autres cieux*** unter e-m anderen Himmelsstrich; ***aller au ~*** in den Himmel kommen; *fig* ***remuer ~ et terre*** Himmel und Hölle, alle Hebel in Bewegung setzen; *fig* ***tomber du ~*** im richtigen Moment, zur rechten Zeit, F wie gerufen kommen
cierge [sjɛʀʒ] *m* (lange Wachs)Kerze
cieux [sjø] *m/pl* → ***ciel***
cigale [sigal] *f* Zikade *f*
▸ **cigare** [sigaʀ] *m* Zigarre *f*
▸ **cigarette** [sigaʀɛt] *f* **1** Zigarette *f*; **2** ~ (***russe***) Hohlwaffel *f*
ci-gît [siʒi] hier ruht
cigogne [sigɔɲ] *f* Storch *m*; ***nid m de ~*** Storchennest *n*
ciguë [sigy] *f* Schierling *m*; ***boire la ~*** den Schierlingsbecher trinken

ci-inclus *ou* **ci-joint** *adj et adv* an-, beiliegend; in der *ou* als Anlage; anbei
cil [sil] *m* (Augen)Wimper *f*
cilice [silis] *m* Büßerhemd *n*, -gewand *n*
ciller [sije] *v/i* zwinkern; blinzeln; *fig* ***ne pas ~*** F nicht mucksen
cimaise [simɛz] *f* **1** ARCH Karnies *n*; **2** ***avoir les honneurs de la ~*** an bevorzugter Stelle ausgestellt sein
cime [sim] *f d'un arbre* Wipfel *m*; Krone *f*; *d'une montagne* Gipfel *m*; Spitze *f*
ciment [simɑ̃] *m* Zement *m*
cimenter [simɑ̃te] *v/t* **1** zementieren; **2** *fig amitié* festigen
cimeterre [simtɛʀ] *m* Krummsäbel *m*
▸ **cimetière** [simtjɛʀ] *m* Friedhof *m*; Kirchhof *m*; *par ext* ***~ de voitures*** Autofriedhof *m*
cimier [simje] *m* Helmzier *f*
ciné [sine] *m* F *abr* (*cinéma*) Kino *n*
cinéaste [sineast] *m,f* Cineast(in) *m(f)*; Filmschaffende(r) *f(m)*; Filmemacher(in) *m(f)*
ciné-club *m* ⟨ciné-clubs⟩ Filmklub *m*
▸ **cinéma** [sinema] *m* **1** Film(kunst) *m(f)*; Filmen *n*; Kino *n*; *par ext* Filmbranche *f*; ***faire du ~*** Filmschauspieler(in) sein; filmen; **2** (***salle*** *f* ***de***) ~ Kino *n*; Filmtheater *n*; ***aller au ~*** ins Kino gehen; **3** F *fig* ***c'est du ~*** das ist doch nur Theater
cinémathèque [sinematɛk] *f* Filmarchiv *n*; Filmothek *f*
cinéphile [sinefil] *m,f* Filmkenner(in) *m(f)*; Filmfan *m*
cinéraire [sineʀɛʀ] *adj* ***urne*** *f* **~** Aschen-, Graburne *f*
cinétique [sinetik] *adj* kinetisch
cingalais [sɛ̃galɛ] *adj* ⟨-aise [-ɛz]⟩ singhalesisch
cinglant [sɛ̃glɑ̃] *adj* ⟨-ante [-ɑ̃t]⟩ *vent*, *fig paroles* schneidend; *pluie* peitschend
cinglé [sɛ̃gle] F *adj* ⟨~e⟩ F bekloppt; F behämmert; F bescheuert; F übergeschnappt; F plemplem; F meschugge; ***être ~*** *a* F spinnen; F e-n Vogel haben; F nicht alle Tassen im Schrank haben; *subst* ***un ~*** *a* ein Spinner *m*
cingler[1] [sɛ̃gle] *v/i* ***~ vers*** segeln nach
cingler[2] *v/t* peitschen (*a fig pluie*, *vent*)
cinoche [sinɔʃ] *m* F Kintopp *m ou n*
▸ **cinq** [sɛ̃k, *vor Konsonant a* sɛ̃] **I** *num/c* fünf; ***le ~ mai*** der fünfte *ou* am fünften Mai; F ***en ~ sec*** im Handumdrehen; im Nu; *fig* ***il était moins ~*** es hätte nicht mehr viel gefehlt; **II** *m* ⟨*inv*⟩ Fünf *f*; Fünfer *m*; ***le ~*** (***du mois***) der Fünfte *ou* am Fünften (des Monats)
cinquantaine [sɛ̃kɑ̃tɛn] *f* **1** ***une ~*** (***de***) etwa, ungefähr, rund fünfzig; **2** *âge* Fünfzig *f*; Fünfziger(jahre) *n/pl*
▸ **cinquante** [sɛ̃kɑ̃t] **I** *num/c* fünfzig; **II** *m* ⟨*inv*⟩ Fünfzig *f*
cinquantenaire [sɛ̃kɑ̃tnɛʀ] *m* fünfzigster Jahrestag; fünfzigjähriges Jubiläum
▸ **cinquantième** [sɛ̃kɑ̃tjɛm] **I** *num/o* fünfzigste; **II** *subst* **1** ***le, la ~*** der, die, das Fünfzigste; **2** *m* MATH Fünfzigstel *n*
▸ **cinquième** [sɛ̃kjɛm] **I** *num/o* fünfte; **II** *subst* **1** ***le, la ~*** der, die, das Fünfte; **2** *m* MATH Fünftel *n*; **3** *m étage* ***au ~*** im fünften Stock; **4** *f* zweite Klasse im Gymnasium; Quinta *f*
cintre [sɛ̃tʀ(ə)] *m* **1** Kleiderbügel *m*; **2** ARCH (***arc*** *m* ***en***) ***plein ~*** Rundbogen *m*; **3** THÉ Schnürboden *m*
cintré [sɛ̃tʀe] *adj* ⟨~e⟩ *veste* (an)tailliert
C.I.O. [seio] *m abr* (*Comité international olympique*) IOK *n*
cirage [siʀaʒ] *m* **1** Schuhcreme *f*; F Schuhwichse *f*; **2** F *fig* ***être dans le ~*** F im Tran sein
circoncis [siʀkõsi] *adj* REL beschnitten
circoncision [siʀkõsizjõ] *f* REL Beschneidung *f*
circonférence [siʀkõfeʀɑ̃s] *f* Kreis(linie) *m(f)*; (Kreis)Umfang *m*
circonflexe [siʀkõflɛks] *adj* ***accent*** *m* **~** Accent circonflexe *m*
circonlocutions [siʀkõlɔkysjõ] *f/pl* Umschreibungen *f/pl*
circonscription [siʀkõskʀipsjõ] *f* Bezirk *m*; **~** (***électorale***) Wahlkreis *m*
circonscrire [siʀkõskʀiʀ] *v/t* ⟨→ écrire⟩ **1** MATH, *fig sujet* umschreiben; **2** *incendie*, *épidémie* eindämmen
circonspect [siʀkõspɛ(kt)] *adj* ⟨-ecte [-ɛkt]⟩ vorsichtig; umsichtig
circonspection [siʀkõspɛksjõ] *f* Vorsicht *f*; Umsicht *f*
circonstance [siʀkõstɑ̃s] *f* Umstand *m*; ▸ ***circonstances*** *pl* Umstände *m/pl*; Lage *f*; Situation *f*; Verhältnisse *n/pl*; ***de circonstance*** den Umständen, dem Anlass entsprechend, angemessen; ***dans les circonstances actuelles*** unter den gegenwärtigen Umständen;

C

étant donné les circonstances unter diesen Umständen; ***pour la circonstance*** bei, zu dieser Gelegenheit; aus, zu diesem Anlass

circonstanc|ié [siʀkõstɑ̃sje] *adj* ⟨~e⟩ ausführlich; (sehr) detailliert; **~iel** [-jɛl] *adj* ⟨~le⟩ → ***complément*** 2

circonvenir [siʀkõvniʀ] *v/t* ⟨→ venir; *aber* avoir⟩ zu s-n Gunsten beeinflussen

circonvolutions [siʀkõvɔlysjõ] *f/pl* ~ ***cérébrales*** Gehirnwindungen *f/pl*

▸ **circuit** [siʀkɥi] *m* **1** ~ (***touristique***) Rundreise *f*, -fahrt *f*; **2** SPORTS Rundstrecke *f*, -kurs *m*; Ring *m*; **3** ~ (***électrique***) Stromkreis *m*; ~ ***intégré*** integrierter Schaltkreis; ***en*** ~ eingeschaltet; ***mettre 'hors*** ~ ausschalten (*a fig*); **4** ÉCON Wirtschaftskreislauf *m*; ~ ***de distribution*** Verteilernetz *n*

circulaire [siʀkylɛʀ] **I** *adj* Kreis...; ***coup*** *m* ***d'œil*** ~ Blick *m* in die Runde; **II** *f* Rundschreiben *n*; Umlauf *m*

▸ **circulation** [siʀkylasjõ] *f* **1** Verkehr *m*; ~ ***automobile*** Auto-, Kraftverkehr *m*; ***route*** *f*, ***voie*** *f* ***à grande*** ~ Hauptverkehrsstraße *f*; F *fig* ***avoir disparu de la*** ~ von der Bildfläche verschwunden sein; **2** ~ (***sanguine, du sang***) (Blut-)Kreislauf *m*, (-)Zirkulation *f*; ~ ***d'air*** Luftzirkulation *f*; **3** *d'argent, etc* Umlauf *m*; Verkehr *m*; (***libre***) ~ ***des marchandises*** (freier) Warenverkehr; *de personnes* ***libre*** ~ Freizügigkeit *f*; ***mettre en*** ~ in Umlauf setzen, bringen; in Verkehr bringen

circulatoire [siʀkylatwaʀ] *adj* ***appareil*** *m* ~ Kreislaufsystem *n*; ***troubles*** *m/pl* **~s** Kreislaufstörungen *f/pl*

▸ **circuler** [siʀkyle] *v/i* **1** *véhicules* verkehren; fahren; ***circulez!*** weitergehen!; ~ ***bien*** (im Verkehr) gut vorankommen, vorwärts kommen; **2** *eau, gaz, sang* fließen (*a courant*); strömen; zirkulieren (*a air*); **3** *argent* im *ou* in Umlauf sein; *a lettre* zirkulieren; umlaufen; **4** *nouvelle, bruit* kursieren; umgehen; zirkulieren

cire [siʀ] *f* **1** Wachs *n*; *pour parquet* (Bohner)Wachs *n*; ~ ***d'abeille*** Bienenwachs *n*; **2** ~ ***à cacheter*** Siegellack *m*

ciré [siʀe] **I** *adj* ⟨~e⟩ ***toile ~e*** Wachstuch *n*; **II** *m* Seglerjacke *f*; MAR Ölzeug *n*

cirer [siʀe] *v/t parquet* (wachsen und) bohnern; *meuble* polieren; *chaussures* wichsen; eincremen; blank putzen

cireur [siʀœʀ] *m* ~ ***de chaussures*** Schuh-, Stiefelputzer *m*

▸ **cirque** [siʀk] *m* **1** Zirkus *m*; **2** F *fig* ***quel ~!*** so ein (F Affen)Theater, Zirkus!; **3** GÉOL Felsenkessel *m*; Kar *n*

cirrhose [siʀoz] *f* Zirrhose *f*

cirrus [siʀys] *m* Zirruswolke *f*

cisaill|e(s) [sizaj] *f/pl* (große) Schere; Blechschere *f*; **~er** [-e] *v/t* durchschneiden

ciseau [sizo] *m* ⟨~x⟩ **1** ▸ ***ciseaux*** *pl* Schere *f*; ***une paire de ciseaux*** e-e Schere; ***ciseaux à ongles*** Nagelschere *f*; **2** TECH Meißel *m*; **3** ***sauter en ciseaux*** e-n Scherensprung machen

cisel|er [sizle] *v/t* ⟨-è-⟩ ziselieren; **~ure** [-yʀ] *f* Ziselierung *f*

Cisjordanie [sisʒɔʀdani] ***la*** ~ das Westjordanland; die Westbank

cistercien [sistɛʀsjɛ̃] **I** *adj* ⟨-ienne [-jɛn]⟩ Zisterzienser...; **II** *m* Zisterzienser *m*

citadelle [sitadɛl] *f* **1** Zitadelle *f*; **2** *fig* Bollwerk *n*; Bastion *f*; Hochburg *f*

citadin [sitadɛ̃] **I** *adj* ⟨-ine [-in]⟩ städtisch; **II** **~(*e*)** *m(f)* Städter(in) *m(f)*

citation [sitasjõ] *f* **1** Zitat *n*; **2** JUR (Vor)Ladung *f*; **3** MIL ehrenvolle Erwähnung

cité [site] *f* **1** (*ville*) Stadt *f*; **2** (*vieille ville*) ≈ City *f*; Innenstadt *f*; **3** (*immeubles*) (Wohn)Siedlung *f*; ~ ***universitaire*** Studentenwohnheim *n*; *plus grand* Studentenstadt *f*; **4** *fig* ***avoir droit de*** ~ allgemein anerkannt sein

cité-dortoir *f* ⟨cités-dortoirs⟩ Schlafstadt *f*

▸ **citer** [site] *v/t* **1** zitieren; anführen; nennen; **2** JUR (vor)laden; vor Gericht zitieren; **3** MIL lobend erwähnen

citerne [sitɛʀn] *f* **1** *d'eau de pluie* Zisterne *f*; **2** (*cuve*) Tank *m*

cithare [sitaʀ] *f* Zither *f*

▸ **citoyen** [sitwajɛ̃] *m* **1** (Staats)Bürger *m*; ~ ***d'honneur*** Ehrenbürger *m*; **2** F *fig* ***un drôle de*** ~ ein komischer Kauz

▸ **citoyenne** [sitwajɛn] *f* (Staats)Bürgerin *f*; **~té** [-te] *f* Staatsbürgerschaft *f*

Citroën [sitʀɔɛn] ***une*** ~ ein Citroën *m*

▸ **citron** [sitʀõ] *m* **1** Zitrone *f*; *adjt* (***jaune***) ~ ⟨*inv*⟩ zitronengelb; **2** F (*tête*) F Birne *f*; F Dez *m*

C

citronn|ade [sitRɔnad] *f* Zitronenwasser *n*, -getränk *n*; **~elle** [-ɛl] *f* Zitronenkraut *n*; **~ier** [-je] *m* Zitronenbaum *m*
citrouille [sitRuj] *f* Gartenkürbis *m*
civet [sivɛ] *m* **~ *de lapin*** Kaninchenpfeffer *m*
civette [sivɛt] *f* Zibetkatze *f*
civière [sivjɛR] *f* (Trag)Bahre *f*; Trage *f*
civil [sivil] **I** *adj* ⟨**~e**⟩ **1** JUR Zivil…; zivilrechtlich; bürgerlich; ***année ~e*** Kalenderjahr *n*; ***mariage ~*** standesamtliche Trauung; Ziviltrauung *f*, -ehe *f*; **2** (*des citoyens*) Bürger…; ***guerre ~e*** Bürgerkrieg *m*; **3** (*non militaire*) zivil; Zivil…; **4** *litt* (*poli*) korrekt; höflich; **II** *m* Zivilist *m*; ***en ~*** in Zivil(kleidung); ***dans le ~*** im Zivilleben
▸ **civilisation** [sivilizasjõ] *f* Zivilisation *f*; Kultur *f*
civilis|é [sivilize] *adj* ⟨**~e**⟩ zivilisiert; gesittet; **~er** [-e] *v/t* zivilisieren
civique [sivik] *adj* (staats)bürgerlich; ***courage*** *m* **~** Zivilcourage *f*; ***droits*** *m/pl* **~*s*** bürgerliche Ehrenrechte *n/pl*
civisme [sivism(ə)] *m* Bürgersinn *m*; staatsbürgerliche Gesinnung
clac [klak] *int* klack(s)!; klapp!
clafoutis [klafuti] *m* Kirschpudding *m*
claie [klɛ] *f* (Gitter)Rost *m*
▸ **clair** [klɛR] **I** *adj* ⟨**~e**⟩ **1** *pièce, couleur, teint, cheveux* hell; *eau, temps, ciel* klar; *voix, son* hell; klar; ***bleu ~*** ⟨*inv*⟩ hellblau; **2** *fig* klar; eindeutig; (leicht) verständlich; ***~ comme le jour*** sonnenklar; **3** (*peu épais*) (zu) dünn; **II** *adv* ***il fait*** (***déjà***) **~** es ist (schon) hell; ***voir ~*** gut, genug sehen; *fig* ***y voir ~*** (***dans qc***) klar sehen; etw durchschauen; **III** *m* **1** ***~ de lune*** Mondschein *m*; **2** ***mettre sabre au ~*** blankziehen; ***tirer qc au ~*** etw (auf)klären, klarstellen; Klarheit in etw (*acc*) bringen; ***en ~***, *il ne veut pas* F im Klartext; ***s'habiller en ~*** helle Kleidung tragen; **3** PEINT **~*s*** *pl* Lichter *n/pl*; **4** ***le plus ~ de*** der größte Teil von (*ou* + *gén*)
claire [klɛR] *f* ***fines*** *f/pl* ***de ~*** *ou pl* **~*s*** Austern *f/pl* aus der Charente
clairement [klɛRmɑ̃] *adv* klar; deutlich
clairette [klɛRɛt] *f* leichter (weißer) Schaumwein
claire-voie *f* ⟨claires-voies⟩ Latten-, Staketenzaun *m*; ***volet*** *m* ***à ~*** Fensterladen *m* mit Lamellen
clairière [klɛRjɛR] *f* (Wald)Lichtung *f*
clair-obscur *m* ⟨clairs-obscurs⟩ **1** PEINT Helldunkel *n*; Clair-obscur *n*; **2** (*pénombre*) Halbdunkel *n*; Dämmerlicht *n*
clairon [klɛRõ] *m* **1** Clairon *n*; Signalhorn *n*; **2** *musicien* Claironbläser *m*
claironn|ant [klɛRɔnɑ̃] *adj* ⟨-ante [-ɑ̃t]⟩ *voix* schmetternd; durchdringend; **~er** [-e] *v/t* ausposaunen
clairsemé [klɛRsəme] *adj* ⟨**~e**⟩ dünn gesät; *cheveux* schütter; licht; spärlich
clairvoy|ance [klɛRvwajɑ̃s] *f* Scharfblick *m*; Klarsicht *f*; **~ant** [-ɑ̃] *adj* ⟨-ante [-ɑ̃t]⟩ klar-, weitblickend; scharfsinnig, -sichtig
clamer [klame] *v/t* hinausschreien
clameur [klamœR] *f* Geschrei *n*
clamser [klamse] *v/i arg* (*mourir*) P krepieren; P abkratzen
clan [klɑ̃] *m* Clique *f*; Clan *m*
clandestin [klɑ̃dɛstɛ̃] **I** *adj* ⟨-ine [-in]⟩ heimlich; geheim; ***passager ~*** blinder Passagier; **II** *m* illegaler Einwanderer
clandestinité [klɑ̃dɛstinite] *f* ***vivre dans la ~*** im Untergrund leben
clapet [klapɛ] *m* **1** TECH Ventil *n*; Klappe *f*; **2** F *fig* Mundwerk *n*; F Klappe *f*
clapier [klapje] *m* Kaninchenstall *m*
clapoter [klapɔte] *v/i* plätschern
clapotis [klapɔti] *m* Plätschern *n*
claquage [klakaʒ] *m* **~** (***d'un muscle***) Muskelzerrung *f*
claquant [klakɑ̃] F *adj* ⟨-ante [-ɑ̃t]⟩ sehr ermüdend
claque [klak] *f* **1** Ohrfeige *f*; ***tête*** *f* ***à ~s*** Ohrfeigen-, Backpfeifengesicht *n*; **2** THÉ Claque *f*; **3** F ***j'en ai ma ~*** mir reicht's
claqué [klake] F *adj* ⟨**~e**⟩ F total erledigt; F kaputt
claquement [klakmɑ̃] *m* Knallen *n*; Zuschlagen *n*; ***~ de dents*** Zähneklappern *n*
claquemurer [klakmyRe] *v/pr* ***se ~*** sich verkriechen
claquer [klake] **I** *v/t* **1** *porte* zuschlagen; F zuknallen; **2** F *argent* durchbringen; F auf den Kopf hauen; **3** F *travail* ***~ qn*** F j-n schlauchen; **II** *v/i* **4** *drapeau* knattern (***au vent*** im Wind); *porte* zuschlagen; *volet* schlagen; *fouet, coup de feu* knallen; ***~ des dents*** mit den Zähnen klappern; ***faire ~ ses doigts, sa lan-***

C

gue mit den Fingern, mit der Zunge schnalzen; **5** F (*mourir*) F ins Gras beißen; ***l'affaire lui a claqué dans la main*** F die Sache ist danebengegangen; **III** *v/pr* **6** F ***se ~ (pour qc)*** F schuften (für etw); **7** ***se ~ un muscle*** sich e-n Muskel zerren

claquette [klakɛt] *f* **1** CIN Klappe *f*; **2** ***~s*** *pl* Stepp(tanz) *m*; ***danseur*** *m* ***à ~s*** Stepptänzer *m*

clarifier [klaʀifje] *v/t* klären

clarinett|e [klaʀinɛt] *f* Klarinette *f*; ***~iste*** [-ist] *m,f* Klarinettist(in) *m(f)*

clarté [klaʀte] *f* **1** Helle *f*; Helligkeit *f*; Licht(schein) *n(m)*; ***~ du jour*** Tageslicht *n*; **2** *de l'eau, fig de la langue, etc* Klarheit *f*

▸ **classe** [klɑs] *f* **1** *sociale*, CH DE FER, AVIAT, BIOL, *etc* Klasse *f*; ***~s moyennes*** Mittelstand *m*; ***~ ouvrière*** Arbeiterklasse *f*; ***~ d'âge*** Altersgruppe *f*, -klasse *f*; **2** ÉCOLE Klasse *f*; (*cours*) Schule *f*; Unterricht *m*; (***salle*** *f* ***de***) ***~*** Klasse(nzimmer) *f(n)*; ***~ verte*** Schullandheim *n*; ***~ de neige*** Skilager *n*; ***en ~*** in der Schule; im Unterricht; ***aller en ~*** in die, zur Schule gehen; ***faire la ~*** unterrichten; Schule halten; Unterricht erteilen; **3** *fig* Klasse *f*; Rang *m*; Format *n*; ***avoir de la ~*** erstklassig sein; Format haben; große Klasse sein; *femme a* apart sein; **4** (***soldat*** *m* ***de***) ***deuxième ~*** *m* Grenadier *m*; **5** MIL (*année*) Jahrgang *m*; ***~ 1998*** Jahrgang 1978 (!)

classement [klasmɑ̃] *m* **1** An-, Einordnung *f*; Klassifizierung *f*; **2** ÉCOLE Bewertung *f*; SPORTS Wertung *f*; Tabelle *f*

classer [klɑse] **I** *v/t* **1** (*ranger*) (an-, ein)ordnen; sortieren; einstufen; *a* BOT, ZO einteilen; klassifizieren; ***être classé monument historique*** unter Denkmalschutz stehen; **2** *documents* ablegen; *dossier* schließen; *fig affaire* ad acta, zu den Akten legen; ***affaire classée*** abgeschlossene Sache; **3** F *péj* ***~ qn*** j-n taxieren, durchschauen; **II** *v/pr* ***se ~ parmi les ...*** zu den ... gehören, zählen

classeur [klɑsœʀ] *m en carton* Ordner *m*; *meuble* Aktenschrank *m*

classicisme [klasisism(ə)] *m* Klassik *f*; Klassizismus *m*

classification [klasifikasjõ] *f* Klassifizierung *f*

classique [klasik] **I** *adj* **1** *littérature, musique, Antiquité* klassisch; *architecture, peinture, style* klassizistisch; ***auteur*** *m* ***~*** Klassiker *m*; klassischer Autor; ***lycée*** *m* ***~*** humanistisches Gymnasium; **2** *fig* (*courant*) klassisch; herkömmlich; konventionell; typisch; F ***c'est*** (***le coup***) ***~*** das ist immer so (in solchen Fällen); **3** *fig* (*qui fait autorité*) klassisch; mustergültig; **II** *m* Klassiker *m*

claudication [klodikasjõ] *f* Hinken *n*

clause [kloz] *f* Klausel *f*; Bestimmung *f*

claustré [klostʀe] *p/p* ⟨~e⟩ ***rester ~*** (***chez soi***) sich zu Hause verkriechen

claustrophobie [klostʀofɔbi] Klaustrophobie *f*; F Platzangst *f*

clavecin [klavsɛ̃] *m* Cembalo *n*

clavicule [klavikyl] *f* Schlüsselbein *n*

▸ **clavier** [klavje] *m* MUS Klaviatur *f*; *d'un ordinateur, etc* Tastatur *f*; Tastenfeld *n*

⚠ clavier	≠	Klavier
le clavier	=	1. die Tastatur 2. die Klaviatur
das Klavier	=	le piano

claviste [klavist] *m,f* Texterfasser(in) *m(f)*; TYPO Taster(in) *m(f)*

clayette [klɛjɛt] *f* Traggitter *n*, -rost *m*

clayonnage [klɛjɔnaʒ] *m* Flechtwerk *n*

▸ **clé** [kle] *f* **1** Schlüssel *m*; ***~ de contact*** Zündschlüssel *m*; ***~ de voiture*** Autoschlüssel *m*; ***fermer à ~*** ab-, zuschließen, -sperren; verschließen; *maison* ***~s en main*** schlüsselfertig; ***sous ~*** unter Verschluss; eingesperrt; ***mettre sous ~*** weg-, einschließen; ***laisser la ~ sur la porte*** den Schlüssel stecken lassen; *fig* ***prendre la ~ des champs*** das Weite suchen; **2** TECH (Schrauben)Schlüssel *m*; ***~ Allen*** [alɛn] Inbusschlüssel *m*; ***~ anglaise*** Engländer *m*; Franzose *m*; **3** *fig* Schlüssel *m* (***de qc*** zu etw); ***la ~ de l'énigme*** des Rätsels Lösung *f*; ***roman*** *m* ***à ~(s)*** Schlüsselroman *m*; **4** *adjt* Schlüssel...; entscheidend; wesentlich; ***personnage*** *m* ***~*** Schlüsselfigur *f*; ***position*** *f* ***~*** Schlüsselstellung *f* (*a* MIL); **5** MUS (Noten)Schlüssel *m*; *fig* *récompense* ***à la ~*** in Aussicht; **6** ***~ de voûte*** ARCH Schlussstein *m*; *fig* Grundlage *f*

clébard [klebaʀ] *m ou* **clebs** [klɛps] *m* F Köter *m*
clef [kle] *f* → ***clé***
clématite [klematit] *f* Klematis *f*
clém|ence [klemɑ̃s] *f* Milde *f*; **~ent** [-ɑ̃] *adj* ⟨-ente [-ɑ̃t]⟩ mild(e)
clémentine [klemɑ̃tin] *f* Klementine *f*
clerc [klɛʀ] *m* **~ *de notaire*** Notariatsgehilfe *m*; *fig* ***pas besoin d'être grand ~*** man braucht kein großes Kirchenlicht zu sein (***pour*** + *inf* um zu + *inf*)
clergé [klɛʀʒe] *m* Klerus *m*; Geistlichkeit *f*
cléricalisme [kleʀikalism(ə)] *m* POL *et péj* Klerikalismus *m*
clic [klik] **I** *int* klick!; **II** *m* **1** Klicken *n*; **2** INFORM **~ *(de la souris)*** Mausklick *m*; ***double ~*** Doppelklick *m*
clic-clac *m* ⟨*inv*⟩ Bettcouch *f*; Schlafcouch *f*
cliché [kliʃe] *m* **1** PHOT Negativ *n*; **2** *fig* Klischee *n*; Gemeinplatz *m*
▸ **client** [klijɑ̃] *m*, **cliente** [klijɑ̃t] *f* COMM Kunde *m*, Kundin *f*; *d'un taxi a* Fahrgast *m*; *d'un hôtel, café* Gast *m*; MÉD Patient(in) *m(f)*; JUR Klient(in) *m(f)*; Mandant(in) *m(f)*; ÉCON *d'un pays* Abnehmer *m*; *prix* ***à la tête du client*** je nachdem wie der Kunde eingeschätzt wird
clientèle [klijɑ̃tɛl] *f* COMM Kunden(kreis) *m/pl(m)*; Kundschaft *f*; *d'un hôtel, café* Gäste *m/pl*; MÉD Patienten *m/pl*; JUR Klientel *f*; *fig* **~ *électorale*** Wähler *m/pl*; Anhänger *m/pl*
clignement [kliɲmɑ̃] *m* **~ *d'yeux*** Blinzeln *n*
cligner [kliɲe] *v/t/indir* **~ *des yeux*** blinzeln; die Augen zusammenkneifen; **~ *de l'œil à qn*** j-m zublinzeln, zuzwinkern
▸ **clignotant** [kliɲɔtɑ̃] *m* **1** AUTO Blinker *m*; **2** *fig* Warnsignal *n*
clignoter [kliɲɔte] *v/i* blinken; ***feu clignotant*** Blinklicht *n*
▸ **climat** [klima] *m* Klima *n* (*a fig*)
climatique [klimatik] *adj* klimatisch; Klima…; ***station*** *f* **~** Luftkurort *m*
climatisation [klimatizasjõ] *f* **1** Klimatisierung *f*; **2** *dispositif* Klimaanlage *f*
climatiser [klimatize] *v/t* klimatisieren; *adjt* ***climatisé*** klimatisiert
clin [klɛ̃] *m* **~*(s)* *d'œil,* ~*s d'yeux*** Blinzeln *n*; Zwinkern *n*; ***en un ~ d'œil*** im Nu; im Handumdrehen; ***faire un ~ d'œil à qn*** j-m zublinzeln, zuzwinkern
clinicien [klinisjɛ̃] *m* praktizierender Arzt
▸ **clinique** [klinik] **I** *adj* klinisch; **II** *f* (Privat)Klinik *f*
clinquant [klɛ̃kɑ̃] **I** *adj* ⟨-ante [-ɑ̃t]⟩ kitschig; **II** *m* Flitter(kram) *m*; Talmi *n*
clip [klip] *m* Klipp *ou* Clip *m*
clique [klik] *f* **1** *péj* Clique *f*; Klüngel *m*; **2** Musikzug *m*
cliquer [klike] *v/i* INFORM klicken; **~ *sur qc*** etw anklicken
cliques [klik] *f/pl* F ***prendre ses ~ et ses claques*** F mit Sack und Pack abziehen
cliquet [klikɛ] *m* TECH Sperrklinke *f*
cliquetis [klikti] *m* Klirren *n*; Klappern *n*
clitoris [klitɔʀis] *m* Kitzler *m*; Klitoris *f*
clivage [klivaʒ] *m* Spaltung *f* (*a fig*)
cloaque [klɔak] *m* Kloake *f*
cloch|ard [klɔʃaʀ] *m*, **~arde** [-aʀd] *f* Stadtstreicher(in) *m(f)*; F Penner *m*
▸ **cloche** [klɔʃ] *f* **1** Glocke *f*; F *fig* ***sonner les ~s à qn*** F j-n herunterputzen; F j-m den Marsch blasen; **2** **~ *à fromage*** Käseglocke *f*; **3** F *fig* ***se taper la ~*** schlemmen; F sich den Bauch voll schlagen; **4** F *fig* ***quelle ~!***, *adjt* ***ce qu'il est ~!*** F ist der dämlich, dusselig!; **5** F ***la ~*** F die Penner *m/pl*
cloche-pied: ***à ~*** auf e-m Bein (***sauter*** hüpfen)
▸ **clocher**[1] [klɔʃe] *m* Kirchturm *m*; Glockenturm *m*; *fig* ***esprit*** *m* ***de ~*** Lokalpatriotismus *m*; Engstirnigkeit *f*
clocher[2] *v/i* ***il y a qc qui cloche*** da stimmt etwas nicht
clocheton [klɔʃtõ] *m* Türmchen *n*
clochette [klɔʃɛt] *f* Glöckchen *n*; Schelle *f*
cloison [klwazõ] *f* **1** (Zwischen)Wand *f*; Trennwand *f*; **2** BOT, ANAT Scheidewand *f*
cloisonn|ement [klwazɔnmɑ̃] *m fig* Abkapselung *f*; **~er** [-e] *v/t* durch Trennwände (ab)teilen
cloître [klwatʀ(ə)] *m* Kreuzgang *m*
cloîtrer [klwatʀe] *v/pr* ***se ~*** sich ganz zurückziehen
clonage [klonaʒ] *m* Klonen *n*
clone [klon] *m* Klon *m*
cloner [klone] *v/t* klonen

C

clope [klɔp] F **1** *m (mégot)* F Kippe *f*; **2** *f (cigarette)* F Glimmstängel *m*
cloper [klɔpe] F *v/i* rauchen; F paffen
clopin-clopant [klɔpɛ̃klɔpɑ̃] F *adv* ***aller, marcher ~*** humpeln
clopinettes [klɔpinɛt] *f/pl* F ***des ~*** gar nichts
cloporte [klɔpɔʀt] *m* (Keller)Assel *f*
cloque [klɔk] *f* Blase *f*
clore [klɔʀ] *v/t* ⟨*déf.* je clos, tu clos, il clôt, ils closent; je clorai; que je close; clos⟩ *séance* schließen; *débat* abschließen
clos [klo] **I** *p/p* → ***clore*** *et adj* ⟨close [kloz]⟩ geschlossen; ***l'incident est ~*** der Zwischenfall ist erledigt; **II** *m* **1** eingefriedetes Grundstück; **2** Weinberg *m*
clôture [klotyʀ] *f* **1** Zaun *m*; Einfriedung *f*; **2** ADM, COMM (Ab)Schluss *m*; Schließung *f*
clôturer [klotyʀe] *v/t* **1** *terrain* einfrieden; einzäunen; **2** *débat, etc* abschließen; *séance* schließen
▸ **clou** [klu] *m* **1** Nagel *m*; ***maigre comme un ~*** spindel-, klapperdürr; *fig* ***river son ~ à qn*** j-m den Mund stopfen; *fig* ***ça ne vaut pas un ~*** das ist keinen Pfifferling wert; **2** F ***~s*** *pl (passage clouté)* Fußgängerüberweg *m*; **3** *fig (attraction)* Höhepunkt *m*; Clou *m*; **4** MÉD Furunkel *m*; **5** F ***un vieux ~*** *véhicule* F ein alter Klapperkasten; **6** F *(mont-de-piété)* ***mettre qc au ~*** etw versetzen; **7** F ***des ~s!*** nichts da!; F von wegen!; F denkste!
clouer [klue] *v/t* **1** (zusammen-, an-, fest)nageln; **2** *fig maladie* ***~ qn au lit*** j-n ans Bett fesseln; ***rester cloué (sur place)*** wie angewurzelt stehen bleiben
clouté [klute] *adj* ⟨~e⟩ mit Nägeln beschlagen; ***passage ~*** Fußgängerüberweg *m*
clovisse [klɔvis] *f* Venusmuschel *f*
clown [klun] *m* Clown *m*
clowneries [klunʀi] *f/pl* Possen *m/pl*; Faxen *f/pl*
▸ **club** [klœb] *m* **1** Klub *ou* Club *m*; Verein *m*; **2** ***(fauteuil*** *m)* ***~*** Klubsessel *m*; **3** *de golf* Golfschläger *m*
cluse [klyz] *f* Schlucht *f*
cm *abr (centimètre)* cm
CM₁ [seɛmɛ̃] *m*, **CM₂** [seɛmdø] *m abr* → ***cours*** *1*
CNES [knɛs] *m abr (Centre national d'études spatiales)* Französisches Raumfahrtforschungszentrum
C.N.P.F. [seɛnpeɛf] *m abr (Conseil national du patronat français)* Französischer Arbeitgeberverband
C.N.R.S. [seɛnɛʀɛs] *m abr (Centre national de la recherche scientifique) correspond à* Max-Planck-Gesellschaft *f*
c/o *abr (care of; aux bons soins de)* bei
co... [ko] *préfixe* Ko...; Mit...; ko...; mit...
coaccusé(e) *m(f)* Mitangeklagte(r) *f(m)*
coaguler [kɔagyle] **I** *v/t* gerinnen lassen; **II** *v/i (et v/pr* ***se****)* ***~*** gerinnen; koagulieren
coaliser [kɔalize] *v/pr* ***se ~*** sich verbünden; koalieren
coalition [kɔalisjõ] *f* Koalition *f*; Bündnis *n*
coasser [kɔase] *v/i* quaken
coauteur *m* Mitverfasser *m*; Koautor *m*
cobalt [kɔbalt] *m* Kobalt *n*
cobaye [kɔbaj] *m* Meerschweinchen *n*; *fig* ***servir de ~*** als Versuchskaninchen dienen
Coblence [kɔblɑ̃s] Koblenz *n*
cobra [kɔbʀa] *m* Kobra *f*
coca-cola® [kɔkakɔla] *m* ⟨*inv*⟩ Coca-Cola® *n ou f*
cocagne [kɔkaɲ] *f* **1** ***pays*** *m* ***de ~*** Schlaraffenland *n*; **2** ***mât*** *m* ***de ~*** Klettermast *m*
cocaïne [kɔkain] *f* Kokain *n*
cocarde [kɔkaʀd] *f* Kokarde *f*
cocardier [kɔkaʀdje] *adj* ⟨-ière [-jɛʀ]⟩ chauvinistisch
cocasse [kɔkas] *adj* spaßig; lustig; ulkig
coccinelle [kɔksinɛl] *f* **1** ZO Marienkäfer *m*; **2** F AUTO Käfer *m*
coccyx [kɔksis] *m* Steißbein *n*
coche [kɔʃ] *m* Kutsche *f*; F *fig* ***rater le ~*** die Gelegenheit verpassen
cocher¹ [kɔʃe] *m* Kutscher *m*
cocher² *v/t* abhaken; markieren
cochère [kɔʃɛʀ] *adj f* ***porte ~*** Toreinfahrt *f*; Torweg *m*
▸ **cochon** [kɔʃõ] **I** *m* **1** ZO Schwein *n*; CUIS Schweinefleisch *n*; ***~ d'Inde*** Meerschweinchen *n*; ***~ de lait*** Spanferkel *n*; *fig* ***temps*** *m* ***de ~*** F Sauwetter *n*; ***ils sont copains comme ~s*** F sie sind dicke Freunde; *enfant* ***faire le ~ pendu***

den Kniehang machen; ***manger comme un ~*** F wie ein Schwein essen; **2** F *fig personne* (*a au moral*) F Schwein *n*; P Sau *f*; *enfant* F Ferkel *n*; F Dreckspatz *m*; ***tour** m **de ~*** übler Streich; ***avoir une tête de ~*** ein Dickkopf, F -schädel sein; **II** *adj* ⟨-onne [-ɔn]⟩ F **1** *personne* F schmudd(e)lig; **2** *histoire* schweinisch; zotig; P säuisch

cochonnaille [kɔʃɔnaj] F *f* CUIS Schweinerne(s) *n*

cochonne [kɔʃɔn] *f* F Schlampe *f*; *enfant* F Ferkel *n*

cochonner [kɔʃɔne] *v/t* F **1** *travail* hinschludern, -schlampen; **2** (*salir*) F verdrecken; P versauen

cochonnerie [kɔʃɔnʀi] *f* F **1** (*saleté*) Schmutz *m*; F Dreck *m*; **2** (*chose sans valeur*) Schund *m*; F Mist *m*; F Dreck *m*; *nourriture* F (Schlangen)Fraß *m*; **3** ***raconter des ~s*** Schweinereien *f/pl*, Zoten *f/pl* erzählen; F schweinigeln

cochonnet [kɔʃɔnɛ] *m* Zielkugel *f* (*beim Boulespiel*)

cocker [kɔkɛʀ] *m* Cockerspaniel *m*

cockpit [kɔkpit] *m* Cockpit *n*

cocktail [kɔktɛl] *m* **1** Cocktail *m*; **2** Cocktail(party) *m*(*f*); **3** ***~ Molotov*** Molotowcocktail *m*

coco[1] [koko] *m* ***noix** f **de ~*** Kokosnuss *f*

coco[2] *m* **1** *enf* (*œuf*) Ei *n*; **2** ***mon ~*** mein Schatz *m*; **3** *péj* ***un drôle de ~*** F ein sauberes Früchtchen

coco[3] *f* F (*cocaïne*) F Koks *m*

cocon [kɔkõ] *m* Kokon *m*

cocooning [kɔkuniŋ] *m* häusliche Gemütlichkeit

cocorico [kɔkɔʀiko] *m* Kikeriki *n*

cocoter [kɔkɔte] *v/i* F miefen

cocotier [kɔkɔtje] *m* Kokospalme *f*

cocotte[1] [kɔkɔt] *f* **1** *enf* (*poule*) Henne *f*; *enf* Putput *n*; ***~ en papier*** aus Papier gefalteter Vogel; **2** ***ma ~*** (mein) Schätzchen *n*; **3** *péj* Halbweltdame *f*; Kokotte *f*

cocotte[2] *f* Schmortopf *m*; ***~ minute*** Schnellkochtopf *m*

cocu [kɔky] F *m* betrogener, F gehörnter Ehemann; *litt* Hahnrei *m*; *fig* ***avoir une veine de ~*** F Dusel haben; ***faire qn ~*** F j-m Hörner aufsetzen

code [kɔd] *m* **1** ***code civil*** Bürgerliches Gesetzbuch (*abr* BGB); ***code pénal*** Strafgesetzbuch *n*; ▸ ***code de la route*** Straßenverkehrsordnung *f*; **2** F (*~ de la route*) Verkehrsregeln *f/pl*; *examen* theoretische Fahrprüfung; ***codes** pl* Abblendlicht *n*; ***se mettre en code(s)*** abblenden; **3** *fig* Kodex *m*; **4** (*système de symboles*) Kode *ou* Code *m*; **5** ***code confidentiel, secret*** Geheimnummer *f*; ▸ ***code postal*** Postleitzahl *f*; ***code de la banque*** Bankleitzahl *f*

code-barres *m* ⟨codes-barres⟩ Strichkode *m*

coder [kɔde] *v/t* kodieren *ou* codieren; *par ext* verschlüsseln

codétenu(e) *m*(*f*) Mitgefangene(r) *f*(*m*)

codex [kɔdɛks] *m* (französisches) Arzneibuch

codifier [kɔdifje] *v/t* kodifizieren

coefficient [kɔefisjɑ̃] *m* Koeffizient *m*; *d'une matière d'examen* Notengewicht *n*

coéquip|ier *m*, **~ière** *f* Mannschaftskamerad(in) *m*(*f*)

coercition [kɔɛʀsisjõ] *st/s f* Zwang *m*

▸ **cœur** [kœʀ] *m* **1** ANAT Herz *n*; ***opération** f **à cœur ouvert*** Operation *f* am offenen Herzen; ***avoir le cœur qui bat*** Herzklopfen haben; **2** *fig* Herz *n*; ***coup** m **de cœur*** Liebe *f* auf den ersten Blick; ***femme** f **de cœur*** Frau *f* mit Herz; ***de bon cœur, de grand cœur*** *donner, accepter* von Herzen gern; herzlich gern; *rire* herzlich; ***de tout son cœur*** von ganzem Herzen; ▸ ***par cœur*** auswendig; ***sans cœur*** herzlos; ***avoir bon cœur, du cœur*** ein gutes Herz haben; ***il a le cœur gros*** ihm ist schwer ums Herz; ***je n'ai pas eu le cœur de*** (+ *inf*) ich habe es nicht übers Herz gebracht zu (+ *inf*); ***je veux en avoir le cœur net*** ich möchte Gewissheit haben, ganz sicher sein; ***avoir le cœur sur la main*** sehr großzügig sein; ***si le cœur vous en dit*** wenn Sie Lust (dazu) haben; ***donner à qn du cœur à l'ouvrage*** j-m Auftrieb geben; ***faire mal au cœur à qn*** j-m (in der Seele) wehtun; ***faire le joli cœur*** den Charmeur spielen; ***parler à cœur ouvert*** offen, freimütig sprechen; ***prendre qc à cœur*** sich etw zu Herzen nehmen; ***cela lui tient à cœur*** das liegt ihm *ou* ihr am Herzen; **3** (*estomac*) ***j'ai mal au cœur*** mir ist *ou* wird schlecht, übel;

C

ça me donne mal au cœur** ou **ça me soulève le cœur da dreht sich mir der Magen um; **4** *fig* (*centre*) Mittelpunkt *m*; Mitte *f*; Kern *m*; ***au cœur de*** mitten in (+ *dat ou acc*); **5** *aux cartes* Herz *n*; ***as** m **de cœur*** Herzass *n*; **6** *de salade* Herz *n*; *d'un fruit* Innere(s) *n*; ***cœur de palmier*** Palm(en)herz *n*

cœur-poumon *m* ⟨cœurs-poumons⟩ ***~ artificiel*** Herz-Lungen-Maschine *f*

coexistence *f* Nebeneinanderbestehen *n*; ***~ pacifique*** friedliche Koexistenz

coffrage [kɔfʀaʒ] *m* (Ver)Schalung *f*

coffre [kɔfʀ(ə)] *m* **1** Truhe *f*; ***~ à jouets*** Spiel(zeug)kiste *f*; **2** AUTO Kofferraum *m*; **3** → ***coffre-fort***; **4** F *fig* ***avoir du ~*** e-e kräftige Stimme haben

⚠ **coffre**	≠	**Koffer**
le coffre	=	1. die Truhe 2. der Kofferraum
der Koffer	=	la valise

coffre-fort [kɔfʀəfɔʀ] *m* ⟨coffres-forts⟩ Safe *m*; Panzer-, Geldschrank *m*; Tresor *m*

coffrer [kɔfʀe] *v/t* **1** F ***se faire ~*** F eingelocht werden; **2** CONSTR (ver-, ein)schalen

coffret [kɔfʀɛ] *m* Kästchen *n*; Schatulle *f*; Kassette *f* (*a pour disques, livres*)

cogestion *f* Mitbestimmung *f*

cogiter [kɔʒite] *v/i* (nach)denken; überlegen

cognac [kɔɲak] *m* Kognak *m*; → *Info bei* ***digestif***

cognassier [kɔɲasje] *m* Quittenbaum *m*

cogne [kɔɲ] *m* F *péj* Bulle *m*

cognée [kɔɲe] *f* (Holzfäller)Axt *f*

cogner [kɔɲe] **I** *v/t* **1** (*heurter*) ***~ qc*** an etw (*acc*) anstoßen; ***~ qn*** j-n anstoßen, F anrempeln; **2** F (*battre*) verprügeln; F verhauen; **II** *v/i* klopfen (*a moteur*); pochen; schlagen; *moteur Diesel* nageln; **III** *v/pr* ***se ~ à, contre qc*** gegen etw stoßen

cohabitation *f* **1** Zusammenleben *n*, -wohnen *n*; **2** POL Zusammenarbeit *f* zwischen dem Staatspräsidenten und der e-r anderen politischen Richtung zugehörigen Regierung

cohérent [kɔeʀɑ̃] *adj* ⟨-ente [-ɑ̃t]⟩ zusammenhängend

cohérit|ier *m*, **~ière** *f* Miterbe *m*, -erbin *f*

cohésion [kɔezjõ] *f* **1** PHYS Kohäsion *f*; **2** *fig* Zusammenhalt *m*

cohorte [kɔɔʀt] F *f* Trupp *m*; Gruppe *f*

cohue [kɔy] *f* Gedränge *n*; Gewühl *n*; (*foule*) Menschenmenge *f*

coi [kwa] *adj* ⟨coite [kwat]⟩ ***se tenir ~*** still sein; ***il en resta ~*** es verschlug ihm die Sprache

coiffe [kwaf] *f* (Trachten)Haube *f*

coiffé [kwafe] *adj* ⟨~e⟩ **1** ***bien, mal ~*** gut, unordentlich frisiert; **2** ***être ~ d'une casquette*** e-e Mütze auf dem Kopf haben, aufhaben

coiffer [kwafe] **I** *v/t* **1** (*peigner*) frisieren; **2** *fig* (*contrôler*) übergeordnet sein (+ *dat*); kontrollieren; **3** SPORTS ***coiffer au poteau*** um e-e Nasenlänge schlagen (*a fig*); **II** *v/pr* ▸ ***se coiffer*** sich frisieren

▸ **coiffeur** [kwafœʀ] *m* Friseur *m*; ***~ pour dames*** Damenfriseur *m*

▸ **coiffeuse** [kwaføz] *f* **1** Friseuse *f*; **2** Frisierkommode *f*, -tisch *m*

▸ **coiffure** [kwafyʀ] *f* **1** Frisur *f*; Haartracht *f*; **2** (*couvre-chef*) Kopfbedeckung *f*

▸ **coin** [kwɛ̃] *m* **1** Ecke *f*; Eck *n*; (*angle*) Winkel *m*; ***~ cuisine*** Kochnische *f*; CH DE FER ***~ fenêtre*** Fensterplatz *m*; ***~ de l'œil*** Augenwinkel *m*; *fig* ***sourire** m **en ~*** hämisches Lächeln; ***au ~ du feu*** am Kamin; ***aux quatre ~s du monde*** überall auf der Welt; ***au ~ de la rue*** an der Straßenecke; F *fig* ***ça t'en bouche un ~*** F da staunste, biste platt; ***jouer aux quatre ~s*** „Bäumchen, wechsle dich" spielen; **2** (*endroit*) Fleckchen *n* (Erde); ***un ~ de terre*** ein Stück *n* Land; ***vous êtes du ~?*** sind Sie von hier, aus der Gegend?; **3** F *fig* ***le petit ~*** F das (stille) Örtchen; ***aller au petit ~*** F mal (verschwinden) müssen; **4** TECH Keil *m*

coincer [kwɛ̃se] ⟨-ç-⟩ **I** *v/t* **1** einklemmen; TECH ver-, festkeilen; *adjt* ***être coincé*** TECH klemmen; *dans la foule, etc* eingekeilt sein; **2** F *fig* (*coller*) ***~ qn*** j-n in die Enge treiben; **3** F *fig voleur* F schnappen; **II** *v/pr* **4** *mécanisme* ***se ~*** sich verklemmen; **5** ***se ~ le doigt*** sich den Finger einklemmen

C

coïncidence [kɔɛ̃sidɑ̃s] *f* Zusammentreffen *n*; Fügung *f*; Zufall *m*
coïncider [kɔɛ̃side] *v/i* **1** *dates* (zeitlich) zusammentreffen, fallen (***avec*** mit); **2** *témoignages* (miteinander) übereinstimmen; sich decken; **3** MATH deckungsgleich, kongruent sein
coin-coin [kwɛ̃kwɛ̃] *int* quak, quak!
coing [kwɛ̃] *m* Quitte *f*
coït [kɔit] *m* Beischlaf *m*; Koitus *m*
coke[1] [kɔk] *m* Koks *m*
coke[2] *f* F (*cocaïne*) F Koks *m*; F Schnee *m*
cokerie [kɔkʀi] *f* Kokerei *f*
▸ **col** [kɔl] *m* **1** Kragen *m*; ~ ***droit*** Stehkragen *m*; ***faux*** ~ abknöpfbarer Kragen; *fig d'un verre de bière* Schaum *m*; F ***pull*** *m* ***à*** ~ ***roulé*** Rollkragenpulli *m*; **2** *fig* ~***s blancs*** Angestellte(n) *m/pl*; F ~***s bleus*** F blaue Jungs *m/pl*; **3** *d'un récipient*, ANAT Hals *m*; ~ ***du fémur, de l'utérus*** Oberschenkel-, Gebärmutterhals *m*; **4** GÉOGR (Gebirgs)Pass *m*
colback [kɔlbak] *m* F ***attraper qn par le*** ~ F j-n am Schlafittchen packen
colchique [kɔlʃik] *m* Herbstzeitlose *f*
coléoptère [kɔleɔptɛʀ] *m* Käfer *m*
▸ **colère** [kɔlɛʀ] *f* **1** Zorn *m*; *p/fort* Wut *f*; ***être dans une*** ~ ***noire*** vor Wut kochen; F fuchsteufelswild sein; ***être en*** ~ (***contre qn***) zornig, böse, wütend sein (auf, über j-n); ***mettre qn en*** ~ j-n zornig, böse, wütend machen; **2** *accès* Wutanfall *m*, -ausbruch *m*
coléreux [kɔleʀø] *adj* ⟨-euse [-øz]⟩ jähzornig; aufbrausend; cholerisch
colibacille [kɔlibasil] *m* Kolibakterie *f*
colibri [kɔlibʀi] *m* Kolibri *m*
colifichet [kɔlifiʃɛ] *m* (billiger) Schmuckgegenstand
colimaçon [kɔlimasõ] *m* ***escalier*** *m* ***en*** ~ Wendeltreppe *f*
colin [kɔlɛ̃] *m* Seehecht *m*
colin-maillard [kɔlɛ̃majaʀ] *m* ***jouer à*** ~ Blindekuh spielen
colique [kɔlik] *f* **1** ~ ***hépatique, néphrétique*** Gallen-, Nierenkolik *f*; **2** ***avoir la*** ~ Durchfall haben; F *fig* (*avoir peur*) P Schiss haben; F *fig* ***donner la*** ~ ***à qn*** F j-n nerven
colis [kɔli] *m* Paket *n*
collabora|teur [kɔlabɔʀatœʀ] *m*, ~**trice** [-tʀis] *f* **1** Mitarbeiter(in) *m(f)*; **2** *m* POL Kollaborateur *m*
collaboration [kɔlabɔʀasjõ] *f* **1** Mitarbeit *f*; Mitwirkung *f*; Zusammenarbeit *f*; **2** POL Kollaboration *f*
collaborer [kɔlabɔʀe] **I** *v/t/indir* ~ ***à qc*** an etw (*dat*) mitarbeiten, mitwirken; **II** *v/i* POL mit dem Feind zusammenarbeiten; kollaborieren
collage [kɔlaʒ] *m* **1** BEAUX-ARTS Collage *f*; **2** F wilde Ehe
▸ **collant** [kɔlɑ̃] **I** *adj* ⟨-ante [-ɑ̃t]⟩ **1** ***papier*** ~ Klebepapier *n*; **2** *doigts* klebrig; **3** *robe, jeans* eng anliegend; hauteng; **4** F *fig* ***ce qu'il est*** ~***!*** was für e-e Klette!; **II** *subst* **1** *m* Strumpfhose *f*; **2** ÉCOLE F ~***e*** *f* schriftliche Aufforderung zu e-r Prüfung
collapsus [kɔlapsys] *m* MÉD Kollaps *m*
collatéral [kɔlateʀal] *adj* ⟨~e; -aux [-o]⟩ Seiten…; Neben…
collation [kɔlasjõ] *f* Imbiss *m*
▸ **colle** [kɔl] *f* **1** Klebstoff *m*; Leim *m*; Kleber *m*; ~ ***forte*** Alleskleber *m*; ~ ***à bois*** Holzleim *m*; ~ ***d'amidon*** Kleister *m*; F *plais* ***faites chauffer la*** ~***!*** F da hat's gescheppert!; **2** F ÉCOLE **a)** kniffige Frage; **b)** *punition* Nachsitzen *n*
collect|e [kɔlɛkt] *f* (Geld-, Spenden)Sammlung *f*; ~**er** [-e] *v/t* sammeln
collecteur [kɔlɛktœʀ] (***égout***) ~ *m* Haupt(sammel)kanal *m*
collectif [kɔlɛktif] **I** *adj* ⟨-ive [-iv]⟩ kollektiv; Kollektiv…; Gemeinschafts…; gemeinsam; Sammel…; (***nom***) ~ *m* Kollektivum *n*; Sammelbegriff *m*, -name *m*; **II** *m* ~ ***budgétaire*** Nachtragshaushalt *m*
▸ **collection** [kɔlɛksjõ] *f* **1** Sammlung *f*; ~ ***de timbres*** Briefmarkensammlung *f*; ***faire*** ~ ***de*** sammeln; **2** *d'un éditeur* (Buch)Reihe *f*; **3** COMM (Muster)Kollektion *f*
▸ **collectionner** [kɔlɛksjɔne] *v/t* **1** sammeln; **2** *iron* ~ ***qc*** e-e ganze Sammlung von etw haben
collectionn|eur [kɔlɛksjɔnœʀ] *m*, ~**euse** [-øz] *f* Sammler(in) *m(f)*
collectivisme [kɔlɛktivism(ə)] *m* Kollektivismus *m*
collectivité [kɔlɛktivite] *f* **1** Gemeinschaft *f*; Kollektiv *n*; **2** ADM ~ ***locale*** Gebietskörperschaft *f*
▸ **collège** [kɔlɛʒ] *m* **1** ~ (***d'enseignement secondaire***) Gesamtschule *f* (*vierklassige Ganztagsschule der Se-*

kundarstufe I); → *Info bei* ***lycée***; **2** ~ ***électoral*** Wähler *m/pl*
collégiale [kɔleʒjal] *f* Stiftskirche *f*
collég|ien [kɔleʒjɛ̃] *m*, **~ienne** [-jɛn] *f* Schüler(in) *m(f)* e-s „collège"; Gymnasiast(in) *m(f)*
▸ **collègue** [kɔlɛg] *m,f* Kollege *m*, Kollegin *f*
▸ **coller** [kɔle] **I** *v/t* **1** (an-, auf-, ver-, zusammen)kleben; *enveloppe* zukleben; ~ ***qc sur qc*** etw auf etw (*acc*) kleben; **2** *fig* *visage, oreille* drücken, pressen (***contre, à*** an + *acc*); **3** F *fig* ~ ***qc à qn*** F j-m etw verpassen; ~ ***une gifle à qn*** F j-m eine kleben; ~ ***qc dans un coin*** F etw in e-e Ecke schmeißen; **4** F *fig* ***être toujours collés ensemble*** F immer zusammenstecken; **5** F *élève* **a)** e-e knifflige Frage stellen (***qn*** j-m); **b)** *à un examen* ***être collé, se faire*** ~ F durchfliegen, -rasseln, -segeln; **c)** *punir* ***être collé*** nachsitzen müssen; **II** *v/t/indir et v/i* **6** (*adhérer*) kleben (***à*** an + *dat*) (*a fig*); **7** F *fig* ***ça colle*** F es klappt; **III** *v/pr fig* ***se*** ~ ***contre, à*** sich (an)schmiegen, pressen, drücken an (+ *acc*)
collerette [kɔlʀɛt] *f* Halskrause *f*
collet [kɔlɛ] *m* **1** *adjt fig* ~ ***monté*** steif; förmlich; ***saisir qn au*** ~ j-n am Kragen packen; **2** CH Schlinge *f*; **3** ANAT Zahnhals *m*
colleter [kɔlte] *v/pr* ⟨-tt-⟩ ***se*** ~ sich prügeln
colleur [kɔlœʀ] *m* ~ ***d'affiches*** Plakat(an)kleber *m*
▸ **collier** [kɔlje] *m* **1** Halsband *n*, -kette *f*; Kollier *n*; ~ ***de perles*** Perlenkette *f*, -schnur *f*; **2** *d'animaux* Halsband *n*; *d'un cheval* Kum(me)t *n*; *fig* ***donner un coup de*** ~ sich ins Zeug legen; **3** ~ (***de barbe***) Fräse *f*; **4** TECH Schelle *f*; **5** BOUCHERIE Hals *m*
collimateur [kɔlimatœʀ] *m* OPT Kollimator *m*; *fig* ***avoir qn dans le*** ~ F j-n auf dem Kieker haben
▸ **colline** [kɔlin] *f* Hügel *m*
collision [kɔlizjõ] *f* Zusammenstoß *m*, -prall *m*; Kollision *f* (*a fig*); ~ ***en chaîne*** Massenkarambolage *f*; ***entrer en*** ~ zusammenstoßen (***avec*** mit)
colloque [kɔlɔk] *m* Kolloquium *n*
collusion [kɔlyzjõ] *f* abgekartetes Spiel
collutoire [kɔlytwaʀ] *m* Mund- und Rachenantiseptikum *n*
collyre [kɔliʀ] *m* Augentropfen *m/pl*
colmater [kɔlmate] *v/t* abdichten
colo [kɔlo] *f* F *abr* → ***colonie*** *2*
colocataire *m,f* Mitbewohner(in) *m(f)* e-s Mietshauses
Cologne [kɔlɔɲ] Köln *n*
colombage [kɔlõbaʒ] *m* Fachwerk *n*; ***maison*** *f* ***à*** **~*s*** Fachwerkhaus *n*
colombe [kɔlõb] *f* Taube *f*; *fig* ~ ***de la paix*** Friedenstaube *f*
Colombie [kɔlõbi] ***la*** ~ Kolumbien *n*
colombier [kɔlõbje] *m* Taubenschlag *m*
colombin [kɔlõbɛ̃] F *m* Kothaufen *m*; F Kaktus *m*
colombophile [kɔlõbɔfil] *m,f* Brieftaubenzüchter(in) *m(f)*
colon [kɔlõ] *m* HIST (An)Siedler *m*; Kolonist *m*
côlon [kolõ] *m* Grimmdarm *m*
colonel [kɔlɔnɛl] *m* Oberst *m*
colonial [kɔlɔnjal] *adj* ⟨~e; -aux [-o]⟩ kolonial; Kolonial…; ***casque*** ~ Tropenhelm *m*
colonialisme [kɔlɔnjalism(ə)] *m* *péj* Kolonialismus *m*
▸ **colonie** [kɔlɔni] *f* **1** HIST Kolonie *f* (*a par ext*); Niederlassung *f*; Siedlung *f*; **2** ▸ ***colonie*** (***de vacances***) Ferienkolonie *f*, -lager *n*; **3** BIOL Kolonie *f*; ***colonie d'abeilles*** Bienenvolk *n*
coloniser [kɔlɔnize] *v/t* kolonisieren; besiedeln
colonnade [kɔlɔnad] *f* Kolonnade *f*; Säulenreihe *f*
colonne [kɔlɔn] *f* **1** ARCH Säule *f* (*a fig*); ***colonne Morris*** [mɔʀis] Litfaß-, Anschlagsäule *f*; ***colonne de fumée*** Rauchsäule *f*; **2** TECH ***colonne montante*** Steigleitung *f*, -rohr *n*; **3** ▸ ***colonne vertébrale*** Wirbelsäule *f*; Rückgrat *n*; **4** *d'un journal* Spalte *f*; Kolumne *f*; *de chiffres* Kolonne *f*; **5** (*file*) Kolonne *f* (*a* MIL); POL ***cinquième colonne*** fünfte Kolonne; ***colonne de secours*** Rettungsmannschaft *f*
colophane [kɔlɔfan] *f* Kolophonium *n*
coloquinte [kɔlɔkɛ̃t] *f* BOT Koloquinte *f*
colorant [kɔlɔʀɑ̃] *m* Farbstoff *m*
coloration [kɔlɔʀasjõ] *f* Färbung *f*; Farbe *f*; *par ext* ***se faire faire une*** ~ sich die Haare färben lassen
coloré [kɔlɔʀe] *adj* ⟨~e⟩ farbig (*a fig description*); *teint* rot; blühend

colorer [kɔlɔʀe] *v/t* färben; ~ ***en bleu*** blau färben
colorier [kɔlɔʀje] *v/t dessin* ausmalen; *abs* malen; ***album** m* ***à*** ~ Malbuch *n*
coloris [kɔlɔʀi] *m* Farbe *f*; Färbung *f*
coloriste [kɔlɔʀist] *m* Kolorist *m*
colossal [kɔlɔsal] *adj* ⟨~e; -aux [-o]⟩ riesenhaft; Riesen…; gewaltig; kolossal
colosse [kɔlɔs] *m* Koloss *m (a fig)*
colporter [kɔlpɔʀte] *v/t* **1** COMM hausieren (gehen) mit; **2** *nouvelle* kolportieren; überall herumerzählen
colporteur [kɔlpɔʀtœʀ] *m* Hausierer *m*
colt [kɔlt] *m* Colt *m*
coltiner [kɔltine] *v/pr* F ***se*** ~ ***un travail*** F sich e-e Arbeit aufhalsen
columbarium [kɔlõbaʀjɔm] *m* Urnenhalle *f*; Kolumbarium *n*
colvert [kɔlvɛʀ] *m* Stockente *f*
colza [kɔlza] *m* Raps *m*
coma [kɔma] *m* tiefe Bewusstlosigkeit; *sc* Koma *n*; ~ ***dépassé*** Gehirntod *m*; ***être dans le*** ~ im Koma liegen
comateux [kɔmatø] *m* Patient *m* im Koma
▸**combat** [kõba] *m* Kampf *m (a fig et* SPORTS*)*; MIL *a* Gefecht *n*; ~ ***aérien*** Luftkampf *m*; ~ ***de boxe*** Boxkampf *m*; ~ ***de coqs*** Hahnenkampf *m*; ***avion** m* ***de*** ~ Kampfflugzeug *n*; ***'hors de*** ~ außer Gefecht; kampfunfähig
combatif [kõbatif] *adj* ⟨-ive [-iv]⟩ kämpferisch
combativité [kõbativite] *f* Kampfgeist *m*
combattant [kõbatɑ̃] *m* **1** MIL ~***s*** *pl* kämpfende Truppe(n) *f(pl)*; ***ancien*** ~ (ehemaliger) Kriegsteilnehmer, Frontkämpfer; **2** F ***séparer les*** ~***s*** die Streitenden, F Kampfhähne trennen
▸**combattre** [kõbatʀ(ə)] ⟨→ battre⟩ **I** *v/t* bekämpfen; kämpfen gegen; **II** *v/i* kämpfen
combe [kõb] *f* Erosionstal *n*
▸**combien** [kõbjɛ̃] **I** *adv* **1** wie viel; ***combien de fois*** wie oft; wievielmal; wie viele Male; ***combien de jours*** *restez-vous?* wie viel Tage …?; ***combien de temps*** wie lang(e); wie viel Zeit; ▸ ***combien coûte … ?*** wie viel, was kostet …?; F ***c'est combien?*** *ou* ***ça fait combien?*** wie viel macht das?; **2** *(à quel point)* wie sehr; *avec adj* wie; **II** *subst* **1** F ***le combien sommes-nous?*** den Wievielten haben wir heute?; **2** F ***tu es le, la combien?*** der, die wievielte bist du?; *bus* F ***il passe tous les combien?*** wie oft, in welchen Abständen fährt er?
combinaison [kõbinɛzõ] *f* **1** Kombination *f*; Zusammenstellung *f*; CHIM Verbindung *f*; **2** *fig (combine)* Mittel *n*; Kniff *m*; Trick *m*; **3 a)** Overall *m*; Kombination *f*; ~ ***de bébé*** Strampler *m*; ~ ***de ski*** Skianzug *m*; **b)** *sous-vêtement* Unterkleid *n*, -rock *m*
combinard [kõbinaʀ] F *péj adj* ⟨-arde [-aʀd]⟩ durchtrieben; F gerissen
combine [kõbin] F *f* Trick *m*; Kniff *m*; F Dreh *m*; F Masche *f*; ***être dans la*** ~ Bescheid wissen
combiné [kõbine] *m* **1** TÉL Hörer *m*; **2** SKI Kombination *f*
combiner [kõbine] *v/t* **1** kombinieren; zusammenstellen; **2** *fig* organisieren; arrangieren
comble[1] [kõbl(ə)] *m* **1** Gipfel *m*; Höhepunkt *m*; ***pour*** ~ ***de malheur*** zu allem Unglück; ***c'est le, un*** ~***!*** das ist doch die Höhe, der Gipfel!; ***être au*** ~ ***de la joie*** überglücklich, selig sein; **2** CONSTR Dach(stuhl) *n(m)*; ~***s*** *pl* Dachgeschoss *n*
comble[2] *adj salle* (gedrängt) voll; *bus* überfüllt; voll besetzt
combler [kõble] *v/t* **1** *fossé, etc* zuschütten; auffüllen; **2** *fig lacune* ausfüllen; schließen; *déficit* ausgleichen; *retard* aufholen; **3** *vœux* erfüllen; ~ ***qn*** j-n überglücklich machen; ~ ***qn de qc*** j-n mit etw überschütten, überhäufen; ~ ***qn de joie*** j-n mit Freude erfüllen
combust|ible [kõbystibl(ə)] **I** *adj* brennbar; **II** *m* Brennstoff *m*; ~***ion*** [-jõ] *f* Verbrennung *f*
▸**comédie** [kɔmedi] *f* **1** Komödie *f*; Lustspiel *n*; ~ ***musicale*** Musical *n*; ~ ***de boulevard*** Boulevardstück *n*; → *Info bei* ***Komödie***; **2** *fig* (F Affen)Theater *n*; Schauspielerei *f*
coméd|ien [kɔmedjɛ̃] *m*, ~***ienne*** [-jɛn] *f* **1** Schauspieler(in) *m(f)*; **2** *fig* Komödiant(in) *m(f)*
comédon [kɔmedõ] *m* Mitesser *m*
comestible [kɔmɛstibl(ə)] **I** *adj* essbar; genießbar; ***champignon** m* ~ Speisepilz *m*; **II** *m/pl* ~***s*** Esswaren *f/pl*; Nah-

rungs-, Lebensmittel *n/pl*

comète [kɔmɛt] *f* Komet *m*; *fig* ***tirer des plans sur la ~*** Luftschlösser bauen

C

comices [kɔmis] *m/pl* ***~ agricoles*** Bauerntag *m*; Landwirtschaftsmesse *f*

▸ **comique** [kɔmik] **I** *adj* **1** THÉ, CIN komisch; Komödien…; ***auteur*** *m* ***~*** Komödien-, Lustspieldichter *m*; ***pièce*** *f* ***~*** Komödie *f*; **2** (*amusant*) komisch; spaßig; lustig; **II** *m* **1** *d'une scène, etc* Komik *f*; **2** *acteur* Komiker *m*; Darsteller *m* komischer Rollen

comité [kɔmite] *m* Ausschuss *m*; Komitee *n*; Gremium *n*; ***~ d'entreprise*** Betriebsrat *m*; ***~ des fêtes*** Festkomitee *n*; *fig* ***en petit ~*** in engstem, kleinem Kreis

commandant [kɔmɑ̃dɑ̃] *m* **1** MIL **a)** *grade* Major *m*; **b)** (*chef*) Kommandeur *m*; MAR, AVIAT Kommandant *m*; ***~ en chef*** (Ober)Befehlshaber *m*; **2** MAR Kapitän *m*; AVIAT ***~ de bord*** Flugkapitän *m*

▸ **commande** [kɔmɑ̃d] *f* **1** COMM Bestellung *f*; Auftrag(serteilung) *m(f)*; *fig sourire* ***de ~*** zur Schau getragen; gespielt; ***sur ~*** auf Bestellung; *fig* auf Befehl, Kommando; ***passer une ~ à qn*** bei j-m e-e Bestellung aufgeben; **2** TECH Steuerung *f*; ***~ à distance*** Fernsteuerung *f*; ***être aux ~s***, *fig* ***tenir les ~s*** steuern, lenken (***de qc*** etw)

commandement [kɔmɑ̃dmɑ̃] *m* **1** MIL Kommando *n* (*a ordre*); Befehl(sgewalt) *m(f)*; **2** REL Gebot *n*

▸ **commander** [kɔmɑ̃de] **I** *v/t* **1** COMM, *qc au café, taxi* bestellen; **2** MIL *troupes* kommandieren; befehligen; *par ext* ***~ qn*** j-n kommandieren; j-m befehlen; F j-n herumkommandieren; **3** MIL *attaque, retraite* befehlen; *par ext mesures* anordnen; **4** (*dominer*) (durch s-e Lage) beherrschen; **5** (*exiger*) erfordern; verlangen; **6** TECH betätigen; steuern; **II** *v/t/indir* **7** ***~ à qn de*** (+ *inf*) j-m befehlen zu (+ *inf*); **8** *fig* ***~ à ses passions*** s-e Leidenschaften beherrschen; **III** *v/i* befehlen; das Kommando führen; **IV** *v/pr sentiment* ***ne pas se ~*** sich nicht erzwingen lassen

commandeur [kɔmɑ̃dœʀ] *m de la Légion d'honneur* Kommandeur *m*; Komtur *m*

commanditaire [kɔmɑ̃ditɛʀ] *m* Kommanditist *m*; *par ext* Geldgeber *m*

commandit|e [kɔmɑ̃dit] *f* Kommanditgesellschaft *f*; ***~er*** [-e] *v/t* finanzieren

commando [kɔmɑ̃do] *m* Kommando *n*; ***raid*** *m* ***de ~*** Kommandounternehmen *n*

▸ **comme** [kɔm] **I** *conj* **1** *comparaison* wie; ***tout comme*** genau(so) wie; so gut wie; ***comme son frère*** (ebenso) wie sein Bruder; F ***comme tout*** äußerst; höchst; ***comme autrefois*** wie früher; ▸ ***comme si*** als ob; F als wenn; ***comme vous voulez*** wie Sie wollen; **2** (*en tant que*) als; ***travailler comme secrétaire*** als Sekretärin arbeiten; ***comme livres, il n'a que …*** an Büchern hat er nur …; **3** *temporel* als; **4** *causal* da; **II** *adv* wie; ***comme c'est laid!*** wie hässlich das ist!

commémoratif [kɔmemɔʀatif] *adj* ⟨-ive [-iv]⟩ Gedenk…; Gedächtnis…

commémoration [kɔmemɔʀasjõ] *f* **1** Gedenken *n*; *st/s* Gedächtnis *n*; ***en ~ de*** zum Gedenken an (+ *acc*); **2** *cérémonie* Gedächtnis-, Gedenkfeier *f*

commémorer [kɔmemɔʀe] *v/t* gedenken (+ *gén*); feierlich begehen

▸ **commencement** [kɔmɑ̃smɑ̃] *m* Anfang *m*; Beginn *m*; ***~ du monde*** Entstehung *f* der Welt; ***au ~*** am Anfang; zu, bei Beginn; anfangs; anfänglich

▸ **commencer** [kɔmɑ̃se] ⟨-ç-⟩ **I** *v/t* **1** *personne* ***~ qc*** (mit) etw beginnen, anfangen; ***~ qc par qc*** etw mit etw beginnen, anfangen; **2** *chose* ***~ qc*** am Anfang e-r Sache (*gén*) stehen; etw einleiten; **II** *v/t/indir* ***~ à*** *ou litt* ***de*** (+ *inf*) anfangen, beginnen zu (+ *inf*); ***~ à manger*** zu essen, mit dem Essen anfangen, beginnen; ***il commence à pleuvoir*** es fängt an, beginnt zu regnen; ***~ par faire qc*** zuerst, anfangs etw tun; ***~ par qc*** mit etw beginnen, anfangen; **III** *v/i* ⟨*Zustand* être⟩ anfangen; beginnen; *personne a* den Anfang machen

commensal [kɔmɑ̃sal] *m* ⟨-aux [-o]⟩ *litt* Tischgenosse *m*

▸ **comment** [kɔmɑ̃] **I** *adv* wie; ***~?*** wie (bitte)?; ***mais comment donc!*** aber selbstverständlich, natürlich!; ***et comment!*** und wie!; ▸ ***comment allez-vous?*** wie geht es Ihnen?; **II** *subst* ⟨*inv*⟩ ***le comment*** das Wie

commentaire [kɔmɑ̃tɛʀ] *m* **1** Kommentar *m*; *fig* ***pas de ~!*** kein Wort mehr!;

keine Widerrede!; ***sans ~!*** Kommentar überflüssig!; *par ext* ***faire des ~s sur*** abfällige Bemerkungen machen über (+ *acc*); **2** ÉCOLE **~** ***(composé, de texte)*** Textinterpretation *f*, -analyse *f*

commenta|teur [kɔmɑ̃tatœʀ] *m*, **~trice** [-tʀis] *f* Kommentator *m*, Kommentatorin *f*

commenter [kɔmɑ̃te] *v/t* kommentieren

commérages [kɔmeʀaʒ] *m/pl* Klatsch *m*; Gerede *n*; F Tratsch *m*

commerçant [kɔmɛʀsɑ̃] **I** *adj* ⟨-ante [-ɑ̃t]⟩ ***rue commerçante*** Geschäftsstraße *f*; ***il est très commerçant*** er ist ein sehr guter Geschäftsmann; **II** ▸ ***commerçant(e)*** *m(f)* Kaufmann *m*, Kauffrau *f*; *par ext* Geschäftsmann *m*, -frau *f*; ***les petits commerçants*** die (kleinen) Einzelhändler *m/pl*

▸ **commerce** [kɔmɛʀs] *m* **1** Handel *m*; ***faire du ~*** Handel treiben; ***faire le ~ de qc*** mit etw handeln; **2** *(magasin)* Geschäft *n*; Laden *m*; **3** *litt* ***il est d'un ~ agréable*** der Umgang mit ihm ist angenehm

▸ **commercial** [kɔmɛʀsjal] *adj* ⟨~e; -aux [-o]⟩ **1** Handels…; kaufmännisch; kommerziell; Geschäfts…; ***français ~*** Kaufmannsfranzösisch *n*; **2** *péj* nur dem Kommerz dienend; *par ext* reißerisch

commerciale [kɔmɛʀsjal] *f* Kombi *m*

commercialiser [kɔmɛʀsjalize] *v/t* in den Handel bringen; vermarkten; kommerzialisieren *(a fig et péj)*

commère [kɔmɛʀ] *f* Klatschbase *f*

commettre [kɔmɛtʀ(ə)] ⟨→ mettre⟩ begehen; *crime a* verüben

comminatoire [kɔminatwaʀ] *adj* drohend; Droh…

commis [kɔmi] *m* **1** Gehilfe *m*; **2** ***~ voyageur*** Handlungsreisende(r) *m*; **3** ***les grands ~ de l'État*** die hohen Staatsbeamten *m/pl*

commisération [kɔmizeʀasjõ] *f* Mitleid *n*

commissaire [kɔmisɛʀ] *m* **1** **~ *(de police)*** Polizei-, Kriminalrat *m*; **2** ADM, POL Kommissar *m*; ***~ aux comptes*** Wirtschaftsprüfer *m*; **3** SPORTS Kampfrichter *m*; ***~-priseur*** [-pʀizœʀ] *m* ⟨commissaires-priseurs⟩ Auktionator *m*; Versteigerer *m*

▸ **commissariat** [kɔmisaʀja] *m* **1** **~ *(de police)*** Polizeirevier *n*, -dienststelle *f*; **2** ADM, POL Kommissariat *n* (***à*** für)

commission [kɔmisjõ] *f* **1** *(message)* Auftrag *m*; *(course)* Besorgung *f*; ***~s*** *pl* (tägliche) Einkäufe *m/pl*, Besorgungen *f/pl*; ***faire les ~s*** einkaufen (gehen); ***faire une ~ pour qn*** für j-n etw besorgen; für j-n e-n Auftrag erledigen; **2** *groupe* Kommission *f*; Ausschuss *m*; **3** COMM Provision *f*; Vermittlungsgebühr *f*; **4** *enf* ***faire sa grosse, sa petite ~*** *enf* ein großes, kleines Geschäft verrichten

commissionnaire [kɔmisjɔnɛʀ] *m* **1** COMM Kommissionär *m*; **2** *(coursier)* Bote *m*

commissure [kɔmisyʀ] *f* ***~ des lèvres*** Mundwinkel *m*

commode[1] [kɔmɔd] *adj* **1** bequem; praktisch; leicht; **2** *personne* ***n'être pas ~*** schwierig sein

commode[2] *f* Kommode *f*

commodément [kɔmɔdemɑ̃] *adv* bequem

commodité [kɔmɔdite] *f* **1** Bequemlichkeit *f*; **2** ***~s*** *pl* Komfort *m*; Annehmlichkeiten *f/pl*

commotion [kɔmɔsjõ] *f* ***~ cérébrale*** Gehirnerschütterung *f*

commotionner [kɔmɔsjɔne] *v/t* in e-n Schockzustand versetzen

commuer [kɔmɥe] *v/t peine* umwandeln (***en*** in + *acc*)

▸ **commun** [kɔmɛ̃, -mœ̃] **I** *adj* ⟨-une [-yn]⟩ **1** gemeinsam; gemeinschaftlich; Gemeinschafts…; ***vie ~e*** *a* Zusammenleben *n*; ***en ~*** gemeinsam; zusammen; **2** *(banal)* gewöhnlich *(a péj)*; alltäglich; üblich; weit verbreitet; ***peu ~*** außergewöhnlich; nicht alltäglich; **3** ZO, BOT gemein; **II** *m* **1** ***le ~ des mortels*** die große Masse (der Menschen); der gewöhnliche Sterbliche; **2** ***'hors du ~*** außergewöhnlich; **3** ***~s*** *pl* Wirtschaftsgebäude *n/pl*

communal [kɔmynal] *adj* ⟨~e; -aux [-o]⟩ Gemeinde…; kommunal; ***école ~e*** (fünfklassige) Volksschule

communautaire [kɔmynotɛʀ] *adj* **1** Gemeinschafts…; **2** POL der EU; EU-…

▸ **communauté** [kɔmynote] *f* **1** Gemeinschaft *f* (*a* POL, REL); ADM Gemeinwesen *n*; *de personnes vivant en commun* Wohngemeinschaft *f*; **2** JUR Gütergemeinschaft *f*; **3** *de goûts, etc* Gemeinsamkeit *f*

▸**commune** [kɔmyn] *f* Gemeinde *f*; Kommune *f*

communément [kɔmynemɑ̃] *adv* gemeinhin; (für) gewöhnlich

communi|ant [kɔmynjɑ̃] *m*, **~ante** [-ɑ̃t] *f* CATH ***premier (première) ~(e)*** Erstkommunikant(in) *m(f)*

communicatif [kɔmynikatif] *adj* ⟨-ive [-iv]⟩ **1** *personne* mitteilsam; kontaktfreudig; **2** *rire* ansteckend

▸**communication** [kɔmynikasjõ] *f* **1** (*contact*) Kommunikation *f* (*a sc*); Verbindung *f*; Verständigung *f*; Kontakt *m*; **2** (*message*) Mitteilung *f*; *action a* Übermittlung *f*; ***demander ~ d'un dossier*** Einsicht in e-e Akte verlangen; **3** (*liaison*) Verbindung *f*; ***~s*** *pl* Verkehrsverbindungen *f/pl*; ***porte*** *f* ***de ~*** Verbindungstür *f*; **4** TÉL Verbindung *f*; (*conversation*) Gespräch *n*

communier [kɔmynje] *v/i* **1** CATH kommunizieren; zur Kommunion gehen; PROT das Abendmahl nehmen; **2** *st/s* sich eins fühlen

communion [kɔmynjõ] *f* **1** CATH Kommunion *f*; PROT Abendmahl *n*; ***première ~*** Erstkommunion *f*; **2** REL (*union*) Gemeinschaft *f*; **3** *st/s* (*accord*) Einssein *n*

communiqué [kɔmynike] *m* Mitteilung *f*; Meldung *f*; POL Kommuniqué *n*

communiquer [kɔmynike] **I** *v/t* **1** *renseignements* mitteilen; *nouvelle a* bekannt geben; durchgeben; *dossier* übermitteln; **2** *maladie, enthousiasme*, PHYS *mouvement* übertragen (***à*** auf + *acc*); ***~ qc à qn*** j-n mit etw anstecken (*a fig*); **II** *v/i* **3** in Verbindung stehen *ou* treten (***entre eux*** miteinander; ***avec qn*** mit j-m); sich verständigen (***par signes*** mit Zeichen); **4** *pièces* miteinander in Verbindung stehen; **III** *v/pr feu* ***se ~*** sich ausbreiten (***à*** auf + *acc*)

communisme [kɔmynism(ə)] *m* Kommunismus *m*

▸**communiste** [kɔmynist] **I** *adj* kommunistisch; **II** *m,f* Kommunist(in) *m(f)*

commutateur [kɔmytatœʀ] *m* ÉLECT Schalter *m*

commutation [kɔmytasjõ] *f* **1** JUR ***~ de peine*** Strafumwandlung *f*; **2** TÉL Schaltung *f*

Comores [kɔmɔʀ] ***les ~*** *f/pl* die Komoren *pl*

compact [kõpakt] **I** *adj* ⟨~e⟩ **1** (*dense*) dicht; fest; kompakt; **2** (*peu encombrant*) Kompakt…; raumsparend; **II** *m disque* CD *f*

compagne [kõpaɲ] *f* Gefährtin *f*; *d'un homme* Lebensgefährtin *f*; ***~ de classe*** Schulkameradin *f*

▸**compagnie** [kõpaɲi] *f* **1** Gesellschaft *f*; ***de compagnie (avec)*** gemeinsam, zusammen (mit); ***en compagnie de*** in Begleitung, Gesellschaft von (*ou* + *gén*); ***tenir compagnie à qn*** j-m Gesellschaft leisten; **2** COMM Gesellschaft *f*; F ***… et compagnie*** F … und Co.; ▸***compagnie aérienne*** Fluggesellschaft *f*; ***compagnie d'assurances*** Versicherungsgesellschaft *f*; **3** ***compagnie de théâtre*** Theaterensemble *n*; **4** MIL Kompanie *f*

compagnon [kõpaɲõ] *m* **1** Gefährte *m*; Kamerad *m* (*a animal*); *d'une femme* Lebensgefährte *m*; ***~ d'infortune*** Leidensgenosse *m*; ***~ de voyage*** Reisegefährte *m*; **2** *artisan* Geselle *m*

comparable [kõpaʀabl(ə)] *adj* vergleichbar (***à*** mit *ou* + *dat*)

▸**comparaison** [kõpaʀɛzõ] *f* Vergleich *m*; Gegenüberstellung *f*; ***en ~ de*** im Vergleich zu; verglichen mit; ***par ~*** vergleichsweise; ***faire la ~*** e-n Vergleich ziehen, anstellen

comparaître [kõpaʀɛtʀ(ə)] *v/i* ⟨→ connaître⟩ JUR erscheinen (***en justice*** vor Gericht)

comparatif [kõpaʀatif] **I** *adj* ⟨-ive [-iv]⟩ vergleichend; **II** *m* GR Komparativ *m*

comparativement [kõpaʀativmɑ̃] *adv* vergleichsweise; ***~ à*** im Vergleich zu

comparé [kõpaʀe] *adj* ⟨~e⟩ *science* vergleichend

▸**comparer** [kõpaʀe] *v/t* (miteinander) vergleichen; ***~ à, avec*** vergleichen mit

comparse [kõpaʀs] *m,f* Randfigur *f*; F kleiner Fisch

▸**compartiment** [kõpaʀtimɑ̃] *m* **1** *d'un tiroir, meuble* Fach *n*; *d'un damier* Feld *n*; **2** CH DE FER Abteil *n*

compartimenté [kõpaʀtimɑ̃te] *adj* ⟨~e⟩ *société* streng aufgegliedert

comparution [kõparysjõ] *f* JUR Erscheinen *n* (vor Gericht)
compas [kõpa] *m* **1** Zirkel *m*; ***boîte*** *f* ***à ~*** Reißzeug *n*; **2** MAR, AVIAT Kompass *m*
compassé [kõpase] *adj* ⟨~e⟩ steif
compassion [kõpasjõ] *f* tiefes Mitgefühl, Mitleid (***pour*** mit)
compatible [kõpatibl(ə)] *adj* (miteinander) vereinbar; kompatibel (*a* INFORM)
compatir [kõpatiʀ] *v/t/indir* ***~ à*** Anteil nehmen an (+ *dat*); mitfühlen mit
compatissant [kõpatisɑ̃] *adj* ⟨-ante [-ɑ̃t]⟩ teilnahmsvoll; mitfühlend
compatriote [kõpatʀijɔt] *m,f* Landsmann *m*, Landsmännin *f*
compensation [kõpɑ̃sasjõ] *f* Ausgleich *m*; Kompensation *f*; Ersatz *m*; ***en ~*** zum Ausgleich; als Ersatz; dafür
compensé [kõpɑ̃se] *adj* ⟨~e⟩ ***semelle ~e*** Keilabsatz *m*
compenser [kõpɑ̃se] *v/t* ausgleichen; kompensieren; wettmachen; aufwiegen; ***pour ~*** zum Ausgleich; dafür
compère [kõpɛʀ] *m* **1** *litt* Gevatter *m*; **2** *péj* Helfershelfer *m*; Kumpan *m*; **~-loriot** *m* ⟨compères-loriots⟩ MÉD Gerstenkorn *n*
compétence [kõpetɑ̃s] *f* **1** (*connaissances*) **~(*s*)** Fach-, Sachkenntnis(se) *f*(*pl*); Sachverstand *m*; Kompetenz *f*; **2** (*ressort*) Zuständigkeit *f*, Kompetenz *f* (*a* JUR)
compétent [kõpetɑ̃] *adj* ⟨-ente [-ɑ̃t]⟩ **1** (*capable*) sachverständig; kompetent; fach-, sachkundig; **2** JUR zuständig; kompetent
compétitif [kõpetitif] *adj* ⟨-ive [-iv]⟩ konkurrenz-, wettbewerbsfähig
►**compétition** [kõpetisjõ] *f* Wettbewerb *m*; ÉCON *a* Konkurrenzkampf *m*; **~ (*sportive*)** Wettkampf *m*; ***esprit*** *m* ***de ~*** Wetteifer *m*; Kampfgeist *m*
compétitivité [kõpetitivite] *f* Wettbewerbsfähigkeit *f*
compila|teur [kõpilatœʀ] *m* INFORM Compiler *m*; **~tion** [-sjõ] *f* Kompilation *f*; Zusammenstellung *f*
complainte [kõplɛ̃t] *f* Klagelied *n*
complaire [kõplɛʀ] *v/pr* ⟨→ plaire⟩ ***se ~ dans qc*** sich in etw (*dat*) gefallen
complaisance [kõplɛzɑ̃s] *f* **1** (*amabilité*) Entgegenkommen *n*; Gefälligkeit *f*; **2** *péj* (*indulgence*) Willfährigkeit *f*; allzu große Nachsicht, Gefälligkeit; ***certificat*** *m* ***de ~*** Gefälligkeitsattest *n*; **3** *péj* (*satisfaction*) Selbstgefälligkeit *f*; ***avec ~*** selbstgefällig
complaisant [kõplɛzɑ̃] *adj* **1** entgegenkommend; gefällig; **2** *péj* ***mari ~*** *iron* verständnisvoller Ehemann; **3** *péj* (*satisfait*) selbstgefällig
complément [kõplemɑ̃] *m* **1** ***~ d'information*** ergänzende, zusätzliche Information; **~ (*d'une somme*)** fehlende Summe; Restsumme *f*; **2** GR *d'objet* Ergänzung *f*; *déterminatif* nähere Bestimmung; Attribut *n*; ***~ circonstanciel, de circonstance*** Umstands-, Adverbialbestimmung *f*; Adverbial(e) *n*
complémentaire [kõplemɑ̃tɛʀ] *adj* ergänzend; zusätzlich; Zusatz...; ***couleurs*** *f/pl* ***~s*** Komplementärfarben *f/pl*; (***retraite*** *f*) ***~*** *f* zusätzliche Altersrente; Zusatzrente *f*
►**complet** [kõplɛ] **I** *adj* ⟨-ète [-ɛt]⟩ **1** (*entier*) vollständig; vollkommen; komplett; völlig; gesamt; ***aliment ~*** Vollwertkost *f*; ***pain ~*** Vollkornbrot *n*; ***au (grand) ~*** vollzählig (versammelt); **2** (*plein*) (voll) besetzt; *hôtel a* (voll) belegt; *théâtre* ausverkauft; **II** *m* (Herren)Anzug *m*
►**complètement** [kõplɛtmɑ̃] *adv* völlig; vollständig; total
compléter [kõplete] ⟨-è-⟩ *v/t* ergänzen; vervollständigen
complexe [kõplɛks] **I** *adj* vielschichtig; komplex; kompliziert; **II** *m* Komplex *m* (*a industriel*); ***~ d'infériorité*** Minderwertigkeitskomplex *m*; ***sans ~s*** ganz ungeniert; ohne Hemmungen
complexé [kõplɛkse] F *adj* ⟨~e⟩ mit Komplexen behaftet; gehemmt; verklemmt
complexer [kõplɛkse] *v/t* F ***ça le complexe*** F da(von) kriegt er Komplexe
complexion [kõplɛksjõ] *f* Konstitution *f*
complexité [kõplɛksite] *f* Vielschichtigkeit *f*; Komplexität *f*
complication [kõplikasjõ] *f* **1** (*complexité*) Kompliziertheit *f*; **2** (*difficulté*) Komplikation *f* (*a* MÉD); Verwicklung *f*; Schwierigkeit *f*
complice [kõplis] **I** *adj* mitschuldig; *sourire* verständnisinnig; **II** *m,f* Komplize *ou* Komplice *m*, Komplizin *f*;

Helfershelfer(in) *m(f)*; JUR *a* Mittäter(in) *m(f)*

complicité [kõplisite] *f* Komplizenschaft *f*; (geheimes) Einverständnis; JUR *a* Mittäterschaft *f*; Beihilfe *f* (**de** zu)

compliment [kõplimɑ̃] *m* **1** Kompliment *n*; (**tous**) **mes ~s!** mein Kompliment!; alle Achtung!; **avec les ~s de ...** mit den besten Empfehlungen (+ *gén*); **2** Glückwunschansprache *f*

complimenter [kõplimɑ̃te] *v/t* **~ qn** j-m ein Kompliment, Komplimente machen

▸ **compliqué** [kõplike] *adj* ⟨**~e**⟩ kompliziert; verwickelt; schwierig; (**esprit**) **~** *m* F Umstandskrämer *m*

compliquer [kõplike] *v/t* (*et v/pr* **se ~** sich) komplizieren

complot [kõplo] *m* Komplott *n*; Verschwörung *f*

comploter [kõplɔte] **I** *v/t* **1** **~ de faire qc** etw planen; **2** F **~ qc** F etw aushecken; **II** *v/i* ein Komplott schmieden; sich verschwören

componction [kõpõksjõ] *f* **air** *m* **de ~** übertrieben würdevolle Miene

comportement [kõpɔʀtəmɑ̃] *m* Verhalten *n*

comporter [kõpɔʀte] **I** *v/t* **1** (*contenir*) enthalten; beinhalten; (*se composer de*) bestehen aus; **2** (*impliquer*) mit sich bringen; zur Folge haben; **II** *v/pr* ▸ **se comporter** sich verhalten (*a* TECH); sich benehmen; sich betragen; *péj* sich aufführen

compos|ant [kõpozɑ̃] *m* Bestandteil *m*; Komponente *f*; ÉLECTRON Bauteil *n*; **~ante** [-ɑ̃t] *f* Komponente *f*

composé [kõpoze] **I** *adj* ⟨**~e**⟩ zusammengesetzt; **II** *m* **1** **~** (**chimique**) (chemische) Verbindung; **2** GR Kompositum *n*; Zusammensetzung *f*

▸ **composer** [kõpoze] **I** *v/t* **1** (*assembler*) zusammensetzen, -stellen, herstellen (**de** aus); TÉL *numéro* wählen; **2** (*constituer*) bilden; ausmachen; **3** *poème* verfassen; MUS komponieren; **4** TYPO setzen; **II** *v/i* **5** (*s'arranger*) sich gütlich einigen, Kompromisse schließen (**avec** mit); **III** *v/pr* **6** ▸ **se composer de** sich zusammensetzen, zusammengesetzt sein, bestehen aus; **7** **se composer un visage de circonstance** e-e dem Anlass entsprechende Miene aufsetzen

composite [kõpozit] *adj* **1** ARCH Komposit...; TECH Verbund...; **2** (bunt) zusammengewürfelt

▸ **compositeur** [kõpozitœʀ] *m*, **compositrice** [kõpozitʀis] *f* MUS Komponist(in) *m(f)*

composition [kõpozisjõ] *f* **1** Zusammensetzung *f*, -stellung *f*; *d'un tableau* Komposition *f*; SPORTS **~ d'une équipe** Mannschaftsaufstellung *f*; **2** ÉCOLE Klassenarbeit *f* (**de chimie** in Chemie); **3** MUS Komposition *f*; **4** *personne* **être de bonne ~** umgänglich sein; **5** TYPO Setzen *n*; Satz *m*

compost [kõpɔst] *m* Kompost *m*

▸ **compost|er** [kõpɔste] *v/t billet* entwerten; **~eur** [-œʀ] *m* Entwerter *m*

▸ **compote** [cõpɔt] *f* **1** Mus *n*; *au sirop* Kompott *n*; **2** F *fig* **en ~** (wie) zerschlagen; wund

compotier [kõpɔtje] *m* Obstschale *f*

compréhens|ible [kõpʀeɑ̃sibl(ə)] *adj* verständlich; begreiflich; nachvollziehbar; **~if** [-if] *adj* ⟨-ive [-iv]⟩ verständnisvoll

compréhension [kõpʀeɑ̃sjõ] *f* **1** Verständnis *n* (*a pour qn*); **2** *faculté* Begriffsvermögen *n*; Auffassungsgabe *f*

▸ **comprendre** [kõpʀɑ̃dʀ(ə)] ⟨→ prendre⟩ **I** *v/t* **1** (*saisir*) verstehen; begreifen; **faire ~ qc à qn** j-m etw begreiflich machen, verständlich machen, zu verstehen geben; **se faire ~** sich verständlich machen; **2** (*comporter*) umfassen; **3** (*inclure*) mitrechnen; mitzählen; **II** *v/pr* **se ~** sich, einander verstehen

compress|e [kõpʀɛs] *f* Kompresse *f*; Umschlag *m*; **~eur** [-œʀ] *m* Kompressor *m*

compressible [kõpʀesibl(ə)] *adj* **1** PHYS verdichtbar; kompressibel; **2** *dépenses* reduzierbar

compression [kõpʀɛsjõ] *f* **1** TECH Kompression *f*; Verdichtung *f*; **2** *des dépenses* Senkung *f*; Reduzierung *f*; *du personnel* Abbau *m*

▸ **comprimé** [kõpʀime] *m* Tablette *f*

comprimer [kõpʀime] *v/t* **1** TECH komprimieren; verdichten; **air comprimé** Press-, Druckluft *f*; **2** (*serrer*) zusammendrücken, -pressen; **3** *dépenses* reduzieren; vermindern; senken

compris [kõpʀi] *p/p* → ***comprendre*** *et adj* ⟨-ise [-iz]⟩ **1** (***y***) **~** ⟨*vor dem subst inv*⟩ (mit) (e)inbegriffen; inklusive (*abr* inkl.); einschließlich; ***service non ~*** zuzüglich Bedienung; ***tout ~*** alles inklusive; **2 *~ entre ...*** zwischen (+ *dat*) (liegend)
compromettant [kõpʀɔmɛtɑ̃] *adj* ⟨-ante [-ɑ̃t]⟩ kompromittierend
compromettre [kõpʀɔmɛtʀ(ə)] ⟨→ mettre⟩ **I** *v/t* **1** *qc* gefährden; aufs Spiel setzen; beeinträchtigen; **2** *qn* kompromittieren; bloßstellen; **II** *v/pr* ***s'être compromis dans qc*** in etw (acc) verwickelt sein
compromis [kõpʀɔmi] *m* Kompromiss *m*
compromissions [kõpʀɔmisjõ] *f/pl* (*péj* faule) Kompromisse *m/pl*
comptabiliser [kõtabilize] *v/t* **1** COMM (ver)buchen; **2** *par ext* zusammenrechnen
comptabilité [kõtabilite] *f* Buchführung *f*, -haltung *f*; ***livres*** *m/pl* ***de ~*** Geschäftsbücher *n/pl*; ***tenir la ~*** die Bücher führen
comptable [kõtabl(ə)] *m,f* Buchhalter(in) *m(f)*
comptage [kõtaʒ] *m* Zählung *f*
comptant [kõtɑ̃] *adj et adv* (***au***) **~** (in, gegen) bar; Bar…; ***800 euros ~*** ⟨*inv*⟩ 800 Euro in bar; ***paiement*** *m* ***au ~*** Barzahlung *f*
▸ **compte** [kõt] *m* **1** Zählen *n*; Berechnung *f*; ***compte rond*** runde Zahl, Summe; *fig* ***à ce compte-là*** wenn es, das so ist; ***être à son compte*** selbstständig sein; ***se mettre à son compte*** sich selbstständig machen; *fig* ***pour mon compte*** ich meinerseits; was mich betrifft; ***pour le compte de*** auf, für Rechnung von (*ou* + *gén*); im Auftrag von (*ou* + *gén*); *dire qc* ***sur le compte de qn*** über j-n; ***en fin de compte*** schließlich; letztlich; letzten Endes; im Endeffekt; ***tout compte fait*** genau genommen; alles in allem; F ***avoir son compte*** sein(en) Teil, F sein Fett abkriegen; (*être ivre*) F blau, besoffen sein; ***donner son compte à qn*** j-n auszahlen; F ***son compte est bon*** F jetzt geht's ihm an den Kragen; *fig* ***être loin du compte*** sich stark verrechnet haben; ***faire le compte de*** (ab-, zusammen)zählen; ***faire ses comptes*** Buch führen; abrechnen; *fig* ***régler son compte à qn*** mit j-m abrechnen; ▸ ***tenir compte de qc*** etw berücksichtigen, in Betracht ziehen; e-r Sache (*dat*) Rechnung tragen; ***compte tenu de*** unter Berücksichtigung von (*ou* + *gén*); ***s'en tirer à bon compte*** gut dabei wegkommen; ***y trouver son compte*** auf s-e Kosten, Rechnung kommen; **2** *en banque*, COMM Konto *n*; ***compte chèque postal*** Postgirokonto *n*; ***compte courant*** laufendes Konto; Girokonto *n*; ***compte en banque*** Bankkonto *n*; **3 *compte(s)*** (*explications*) Rechenschaft *f*; ***compte rendu*** Bericht *m*; *d'une séance* Protokoll *n*; *d'un livre* Rezension *f*; ÉCOLE Nacherzählung *f*; ***demander des comptes à qn*** von j-m Rechenschaft fordern; ***je n'ai pas de comptes à vous rendre*** ich bin Ihnen keine Rechenschaft schuldig; ***rendre compte de qc*** über etw (*acc*) Bericht erstatten; ▸ ***se rendre compte de qc*** sich über etw (*acc*) klar werden; etw bemerken, feststellen; ***tu te rends compte!*** stell dir das mal vor!
compte-gouttes *m* ⟨*inv*⟩ Tropfenzähler *m*; *fig* ***au ~*** tröpfchen-, scheibchen-, F kleckerweise
▸ **compter** [kõte] **I** *v/t* **1** (*dénombrer*) zählen; abzählen; (*inclure*) mit-, dazuzählen, -rechnen; *suffrages* auszählen; ***~ qc, qn parmi les meilleurs*** etw, j-n zu den Besten zählen, rechnen; ***sans ~*** (+ *subst*) ohne; nicht mitgerechnet; ***sans ~ que*** abgesehen davon, dass; außerdem; **2** (*prévoir*) rechnen (mit); ***~ que ...*** damit rechnen, dass …; **3** (*avoir l'intention*) **~** (+ *inf*) beabsichtigen, vorhaben zu (+ *inf*); **4 *~ qc à qn* a)** (*facturer*) j-m etw berechnen, in Rechnung stellen; **b)** (*verser*) j-m etw auszahlen; **5** (*avoir*) *années, habitants* haben; *st/s* zählen; **II** *v/i* **6** (*calculer*) zählen; rechnen; ***sans ~*** großzügig; *dépenser* mit vollen Händen; ***à ~ de*** von … ab, an; ab; **7** (*avoir de l'importance*) zählen; wichtig sein; gelten; **III** *v/t/indir* ***~ avec qc, qn*** mit etw, j-m rechnen; ***~ sur qc, qn*** auf etw, j-n zählen; mit etw, j-m rechnen; sich auf etw, j-n verlassen; ***j'y compte*** ich rechne (fest) damit; ich verlasse mich darauf

compte rendu *m* ⟨comptes rendus⟩ → ***compte*** *3*

compte-tours *m* ⟨*inv*⟩ Drehzahlmesser *m*; Tourenzähler *m*

compteur [kõtœʀ] *m* Zähler *m*; ***~ électrique*** Stromzähler *m*; ***~ Geiger*** [ʒɛʒɛʀ] Geigerzähler *m*; ***~ à eau, à gaz*** Wasser-, Gaszähler *m*, -messer *m*, -uhr *f*; ***~ de taxi*** Fahrpreisanzeiger *m*; ***~ (de vitesse)*** Tachometer *m ou n*; F Tacho *m*

comptine [kõtin] *f* Abzählvers *m*, -reim *m*

comptoir [kõtwaʀ] *m* **1** *d'un bar* Theke *f*; Schanktisch *m*; Tresen *m*; **2** *d'un magasin* Ladentisch *m*; (Laden)Theke *f*; **3** HIST (Handels)Kontor *n*; Handelsniederlassung *f*

compulser [kõpylse] *v/t* durchsehen

comte [kõt] *m* Graf *m*

comté [kõte] *m* **1** Grafschaft *f*; **2** *Art Schweizer Käse*

comtesse [kõtɛs] *f* Gräfin *f*

►**con** [kõ] P **I** *adj* ⟨*f inv od* conne [kɔn]⟩ P saublöd, -doof; **II** *subst* **1** ***~, conne*** *m,f* P Blödmann *m*; *d'une femme* blöde Kuh; *injure* P Arschloch *n*; **2** *m obscène* Fotze *f* (*Vulva*)

concasser [kõkase] *v/t* zerstoßen; zerkleinern

concave [kõkav] *adj* konkav; ***miroir*** *m* **~** Hohlspiegel *m*

concéder [kõsede] *v/t* ⟨-è-⟩ **1** *droit* gewähren; einräumen; zugestehen; **2** ***~ que ...*** zugeben, einräumen, dass ...; **3** SPORTS *but* hinnehmen müssen

concentration [kõsɑ̃tʀasjõ] *f* Konzentration *f* (*a d'esprit*); Konzentrierung *f*

concentrationnaire [kõsɑ̃tʀasjɔnɛʀ] *adj* e-s Konzentrationslagers; KZ-...

concentré [kõsɑ̃tʀe] **I** *adj* ⟨**~e**⟩ konzentriert (*a fig personne*); ***lait*** *m* **~** Kondens-, Dosenmilch *f*; **II** *m* Konzentrat *n*; ***~ de tomates*** Tomatenmark *n*

concentrer [kõsɑ̃tʀe] **I** *v/t* konzentrieren; *troupes a* zusammenziehen; **II** *v/pr* ***se ~*** sich konzentrieren (***sur*** auf + *acc*)

concentrique [kõsɑ̃tʀik] *adj* konzentrisch

concept [kõsɛpt] *m* Begriff *m*

conception [kõsɛpsjõ] *f* **1** (*idée*) Anschauung *f*; Auffassung *f*; Vorstellung *f*; Begriff *m*; **2** (*création*) Konzeption *f*; Entwurf *m*; Gestaltung *f*; **3** BIOL Empfängnis *f*

concernant [kõsɛʀnɑ̃] *prép* hinsichtlich, bezüglich (+ *gén*); ADM betreffs (+ *gén*)

►**concerner** [kõsɛʀne] *v/t* ***~ qc, qn*** etw, j-n betreffen, angehen; ***être concerné*** betroffen sein (***par*** von); ***en ce qui concerne ...*** was (+ *acc*) betrifft, anbelangt, angeht

►**concert** [kõsɛʀ] *m* **1** MUS Konzert *n*; *fig* ***~ d'avertisseurs*** Hupkonzert *n*; **2** *agir* ***de ~*** im Einvernehmen

concertation [kõsɛʀtasjõ] *f* Absprache *f*; Verständigung *f*

concerter [kõsɛʀte] *v/pr* ***se ~*** sich (miteinander) verständigen; sich absprechen, abstimmen, bereden

concerto [kõsɛʀto] *m* Konzert *n*

concessif [kõsɛsif] *adj* ⟨-ive [-iv]⟩ GR konzessiv; einräumend

concession [kõsɛsjõ] *f* **1** (*compromis*) Zugeständnis *n*; Konzession *f*; **2** ADM Konzession *f*; **3** *funéraire* Familiengrab *n*; ***~ à perpétuité*** Erbbegräbnis *n*

concessionnaire [kõsɛsjɔnɛʀ] *m* COMM Vertragshändler *m*

concevable [kõsvabl(ə)] *adj* vorstellbar; denkbar; begreiflich

concevoir [kõs(ə)vwaʀ] ⟨→ recevoir⟩ *v/t* **1** (*comprendre*) begreifen; verstehen; (*s'imaginer*) sich vorstellen; **2** *projet, ouvrage* entwerfen; konzipieren; ersinnen; **3** *st/s sentiment* empfinden; **4** BIOL empfangen

►**concierge** [kõsjɛʀʒ] **1** *m,f* Hausmeister(in) *m(f)*; Pförtner(in) *m(f)*; **2** *f fig* Klatschbase *f*

concile [kõsil] *m* Konzil *n*

conciliabules [kõsiljabyl] *m/pl* Getuschel *n*

conciliant [kõsiljɑ̃] *adj* ⟨-ante [-ɑ̃t]⟩ entgegenkommend; verbindlich; konziliant; *paroles* versöhnlich

concilia|teur [kõsiljatœʀ] *m*, **~trice** [-tʀis] *f* Schlichter(in) *m(f)*

conciliation [kõsiljasjõ] *f* **1** Ausgleich *m*; Schlichtung *f*; **2** JUR gütliche Einigung; ***tentative*** *f* ***de ~*** Sühneversuch *m*

concilier [kõsilje] **I** *v/t* in Einklang, Übereinstimmung bringen; **II** *v/pr* ***se ~ la bienveillance de qn*** das Wohlwollen j-s gewinnen, erringen

concis [kõsi] *adj* ⟨-ise [-iz]⟩ prägnant; bündig; kurz gefasst; knapp; gedrängt

concision [kõsizjõ] *f* Prägnanz *f*; Knappheit *f*; Kürze *f*

concito|yen [kõsitwajɛ̃] *m*, **~yenne** [-jɛn] *f* Mitbürger(in) *m(f)*

concluant [kõklyɑ̃] *adj* ⟨-ante [-ɑ̃t]⟩ schlüssig; stichhaltig; beweiskräftig

conclure [kõklyʀ] ⟨je conclus, il conclut, nous concluons; je concluais; je conclus; je conclurai; que je conclue; concluant; conclu⟩ **I** *v/t* **1** *affaire* abschließen; tätigen; *traité* schließen; **2** (*clore*) beenden; abschließen; **3** (*déduire*) ***j'en conclus que ...*** ich schließe, folgere daraus, dass ...; **II** *v/t/indir* **~ *à qc*** auf etw (*acc*) schließen

▸**conclusion** [kõklyzjõ] *f* **1** *d'un traité, d'une affaire* Abschluss *m*; **2** (*fin*) (Ab)Schluss *m*; Ende *n*; **3** (*déduction*) Schluss(folgerung) *m(f)*; **~, ...** Fazit, ...; mit e-m Wort, ...; ***tirer des ~s*** Schlüsse, Folgerungen ziehen (***de*** aus)

concocter [kõkɔkte] *plais v/t surprise, etc* F aushecken; CUIS zusammenbrauen, -mixen

concombre [kõkõbʀ(ə)] *m* Gurke *f*

concomitant [kõkɔmitɑ̃] *adj* ⟨-ante [-ɑ̃t]⟩ Begleit...

concordance [kõkɔʀdɑ̃s] *f* **1** Übereinstimmung *f*; **2** GR **~ *des temps*** Zeitenfolge *f*

concordat [kõkɔʀda] *m* Konkordat *n*

concorde [kõkɔʀd] *f* Eintracht *f*

concorder [kõkɔʀde] *v/i* übereinstimmen (***avec*** mit); *caractères* zusammenpassen; ***faire ~*** in Einklang bringen

concourir [kõkuʀiʀ] ⟨→ courir⟩ **I** *v/t/indir* **1 ~ *à qc*** beitragen zu etw; **2** MATH zusammenlaufen; **II** *v/i* an e-m, am Wettbewerb teilnehmen; SPORTS **~ *pour un titre*** um e-n Titel kämpfen

concours [kõkuʀ] *m* **1** (*compétition*) Wettbewerb *m*; ÉCOLE, EMPLOI (Prüfung *f* im) Auswahlverfahren *n*; **~ *hippique*** Reit- und Fahrturnier *n*; **~ *publicitaire*** Preisausschreiben *n*; **~ *de beauté*** Schönheitswettbewerb *m*; **~ *d'entrée*** Aufnahmeprüfung *f* (im Auswahlverfahren); **2** (*aide*) Unterstützung *f*; Hilfe *f*; (*collaboration*) Mitwirkung *f*; **3 ~ *de circonstances*** Zusammentreffen *n* mehrerer Umstände

▸**concret** [kõkʀɛ] *adj* ⟨concrète [kõkʀɛt]⟩ konkret; gegenständlich; anschaulich

concrétiser [kõkʀetize] *v/t* konkretisieren; veranschaulichen; vergegenständlichen; verdeutlichen

conçu [kõsy] *p/p* → ***concevoir*** *et adj* ⟨~e⟩ **1** TECH konzipiert, an-, ausgelegt (***pour*** für); **2** (*rédigé*) ***ainsi ~*** mit folgendem Wortlaut

concub|in [kõkybɛ̃] *m*, **~ine** [-in] *f* Lebensgefährte *m*, -gefährtin *f*

concubinage [kõkybinaʒ] *m* Konkubinat *n*; wilde Ehe; ADM nicht eheliche Lebensgemeinschaft

concupiscent [kõkypisɑ̃] *adj* ⟨-ente [-ɑ̃t]⟩ begehrlich; lüstern

concurremment [kõkyʀamɑ̃] *adv* (*ensemble*) gemeinsam; (*simultanément*) gleichzeitig

▸**concurrence** [kõkyʀɑ̃s] *f* **1** Konkurrenz *f* (*a coll*); Wettbewerb *m*; Konkurrenzkampf *m*; ***libre ~*** freier Wettbewerb; ***faire ~ à qn*** j-m Konkurrenz machen; **2 *jusqu'à ~ de*** *mille euros* bis zu ...

concurrencer [kõkyʀɑ̃se] *v/t* ⟨-ç-⟩ konkurrieren mit

concurr|ent [kõkyʀɑ̃] *m*, **~ente** [-ɑ̃t] *f* Konkurrent(in) *m(f)*; Mitbewerber(in) *m(f)*; SPORTS Wettkampfteilnehmer(in) *m(f)*

concurrentiel [kõkyʀɑ̃sjɛl] *adj* ⟨~le⟩ konkurrierend; *prix* konkurrenzfähig

condamnable [kõdanabl(ə)] *adj* verwerflich; zu verurteilen(d)

condamnation [kõdanasjõ] *f* Verurteilung *f*; (*peine*) Strafe *f*

condamné(e) [kõdane] *m(f)* Verurteilte(r) *f(m)*

▸**condamner** [kõdane] *v/t* **1** JUR verurteilen (***à*** zu; ***pour*** wegen); aburteilen; **2** (*forcer*) ***être condamné à*** verurteilt, verdammt sein zu; **3** (*blâmer*) verurteilen; verwerfen; *p/fort* verdammen; **4** *malade* aufgeben; **5** *porte* zumauern; (mit Brettern) vernageln

condensateur [kõdɑ̃satœʀ] *m* Kondensator *m*

condensation [kõdɑ̃sasjõ] *f* Kondensation *f*; ***eau** f **de ~*** Kondenswasser *n*

condenser [kõdɑ̃se] **I** *v/t* **1** PHYS kondensieren; ***lait condensé*** Kondens-, Dosenmilch *f*; **2** *fig texte* zusammenfassen; komprimieren; **II** *v/pr vapeur* ***se ~*** kondensieren; sich niederschlagen

condescend|ance [kõdesɑ̃dɑ̃s] *f* Herablassung *f*; **~ant** [-ɑ̃] *adj* ⟨-ante [-ɑ̃t]⟩ herablassend; gönnerhaft

condescendre [kõdesɑ̃dʀ(ə)] *v/t/indir* ⟨→ rendre⟩ **~ à** (+ *inf*) sich (dazu) herablassen zu (+ *inf*)

condiment [kõdimɑ̃] *m* Gewürz *n*; Würzstoff *m*

condisciple [kõdisipl(ə)] *m,f* Mitschüler(in) *m(f)*; Kommilitone, -nin *m,f*

▸ **condition** [kõdisjõ] *f* **1** Bedingung *f*; Voraussetzung *f*; **~s** *pl* (*circonstances*) Verhältnisse *n/pl*; Umstände *m/pl*; (*situation*) Lage *f*; **~s atmosphériques** Witterung *f*; **la ~ féminine** die Lage der Frau; **~s de paiement** Zahlungsbedingungen *f/pl*, -konditionen *f/pl*; **à (la) ~ que** (+ *subj ou futur*), **à ~ de** (+ *inf*) unter der Voraussetzung, Bedingung, dass …; vorausgesetzt (, dass) …; (nur) wenn …; **dans ces ~s** unter diesen Umständen, Bedingungen; **sans ~** bedingungslos; **2** (*forme*) Verfassung *f*; *d'un sportif* Kondition *f*; **être en bonne ~** in Form, in guter Kondition, fit sein; *fig* **mettre en ~** formen; *péj* bearbeiten; präparieren; **3** (*rang social*) Stellung *f*; Stand *m*; Rang *m*; **de ~ modeste** (von) bescheidener Herkunft

conditionné [kõdisjɔne] *adj* ⟨**~e**⟩ **1** (**à**) **air ~** (mit) Klimaanlage *f*; **2 réflexe ~** bedingter Reflex

conditionnel [kõdisjɔnɛl] *adj* ⟨**~le**⟩ **1** bedingt (*a* JUR); **2** GR (**mode**) **~** *m* Konditional *m*

conditionnement [kõdisjɔnmɑ̃] *m* **1** COMM Verpackung *f* und Aufmachung *f*; **2 ~** (**de l'air**) Klimatisierung *f*

conditionner [kõdisjɔne] *v/t* **1** COMM (abpacken und) aufmachen; **2** (*être la condition de*) bedingen; **3** (*influencer*) formen; *péj* bearbeiten; präparieren

condoléances [kõdɔleɑ̃s] *f/pl* Beileid *n*; **mes sincères ~** (mein) herzliches *ou* aufrichtiges Beileid

condor [kõdɔʀ] *m* Kondor *m*

conducteur [kõdyktœʀ] **I** *adj* ⟨-trice [-tʀis]⟩ **1** PHYS leitend; **2** *fig* **fil conducteur** roter Faden; **II** *subst* **1** ▸ **conducteur, conductrice** *m,f* Fahrer(in) *m(f)*; **conducteur d'engin** Kran- *ou* Baggerführer *m*; **2** *m* PHYS Leiter *m*

▸ **conduire** [kõdɥiʀ] ⟨je conduis, il conduit, nous conduisons; je conduisais; je conduisis; je conduirai; que je conduise; conduisant; conduit⟩ **I** *v/t* **1** führen; *personne a* bringen; geleiten; *cortège, délégation* anführen; *entreprise* führen; leiten; **2** *chose* **~ à** führen zu (*a fig*); *route* (hin)führen nach, zu; **3** *voiture* fahren (*a qn en voiture*); *machine* steuern; **savoir ~** (Auto) fahren können; **4** *électricité, chaleur, eau* leiten; **II** *v/pr* **se ~** sich benehmen; sich verhalten; sich betragen; *péj* sich aufführen

conduit [kõdɥi] *m* **1** TECH (Zu)Leitung *f*; (*tuyau*) Rohr *n*; **2** ANAT Gang *m*

▸ **conduite** [kõdɥit] *f* **1** (*comportement*) Benehmen *n*; Verhalten *n*; Betragen *n* (*a* ÉCOLE); JUR Führung *f*; **2** AUTO Fahren *n*; Lenken *n*; **~ en état d'ivresse** Trunkenheit *f* am Steuer; **leçons** *f/pl* **de ~** Fahrstunden *f/pl*; *par ext* **~ intérieure** Limousine *f*; **3** (*direction*) Leitung *f*; Führung *f*; (*accompagnement*) Begleitung *f*; **4** TECH (Zu)Leitung *f*; **~ d'eau, de gaz** Wasser-, Gasleitung *f*

cône [kon] *m* Kegel *m* (*a* MATH)

confection [kõfɛksjõ] *f* Anfertigung *f*; *d'un plat* Zubereitung *f*

confectionner [kõfɛksjɔne] *v/t* **1** anfertigen; *plat* zubereiten; **2** *vêtements* konfektionieren

confédération [kõfedeʀasjõ] *f* Staatenbund *m*; Konföderation *f*; **♀ helvétique** Schweizerische Eidgenossenschaft

conférence [kõfeʀɑ̃s] *f* **1** (*réunion*) Konferenz *f*; Besprechung *f*; **~ de presse** Pressekonferenz *f*; **2** (*exposé*) Vortrag *m*; Referat *n*

conférenc|ier [kõfeʀɑ̃sje] *m*, **~ière** [-jɛʀ] *f* Redner(in) *m(f)*; Vortragende(r) *f(m)*; Referent(in) *m(f)*

conférer [kõfeʀe] ⟨-è-⟩ **I** *v/t* verleihen; **II** *v/i* konferieren

confesse [kõfɛs] *f* **aller à ~** zur Beichte gehen

confesser [kõfese] **I** *v/t* **1** *ses péchés* beichten; **2 ~ qn** j-m die Beichte abnehmen; F *fig* j-n aushorchen; **3** (*avouer*) (ein)gestehen; zugeben; **II** *v/pr* **se ~** beichten

confesseur [kõfesœʀ] *m* Beichtvater *m*

confession [kõfesjõ] *f* **1** Beichte *f*; Sündenbekenntnis *n*; **2** (*foi*) Konfession *f*; Bekenntnis *n*; **3** (*aveu*) Bekenntnis *n*; (Ein)Geständnis *n*

confessionnal [kõfesjɔnal] *m* ⟨-aux

[-o]⟩ Beichtstuhl *m*
confettis [kõfeti] *m/pl* Konfetti *n*
▸ **confiance** [kõfjɑ̃s] *f* Vertrauen *n* (***en, dans*** zu; in *ou* auf + *acc*); Zutrauen *n* (zu); *d'un enfant, animal* Zutraulichkeit *f*; ***~ en soi*** Selbstvertrauen *n*; ***personne f de ~*** Vertrauensperson *f*; ***de ~, en toute ~*** vertrauensvoll; ***faire ~ à qn, qc*** j-m, e-r Sache vertrauen
confiant [kõfjɑ̃] *adj* ⟨-ante [-ɑ̃t]⟩ vertrauensvoll; *enfant, animal* zutraulich; ***trop ~*** (zu) vertrauensselig
confidence [kõfidɑ̃s] *f* **1** vertrauliche Mitteilung *f*; ***faire des ~s à qn*** sich j-m anvertrauen; **2** (*secret*) ***en ~*** im Vertrauen; vertraulich; ***être dans la ~*** (ins Geheimnis) eingeweiht sein
confid|ent [kõfidɑ̃] *m*, **~ente** [-ɑ̃t] *f* Vertraute(r) *f(m)* (*a* THÉ)
confidentiel [kõfidɑ̃sjɛl] *adj* ⟨~le⟩ vertraulich
confier [kõfje] **I** *v/t* ***~ qc, qn à qn*** j-m etw, j-n anvertrauen; **II** *v/pr* ***se ~ à qn*** sich j-m anvertrauen
configuration [kõfigyʀasjõ] *f* Form *f*; Gestalt *f*; *sc* Konfiguration *f*
confiné [kõfine] *adj* ⟨~e⟩ *air* verbraucht; *atmosphère* stickig; dumpf
confiner [kõfine] **I** *v/t* ***~ qn*** j-n einsperren; **II** *v/t/indir* ***~ à*** grenzen an (+ *acc*) (*a fig*); **III** *v/pr* ***se ~ chez soi*** sich abkapseln
confins [kõfɛ̃] *m/pl* ***aux ~ de*** an der Grenze zu; am Rande (+ *gén*)
confirmation [kõfiʀmasjõ] *f* **1** Bestätigung *f*; **2** CATH Firmung *f*; PROT Konfirmation *f*; Einsegnung *f*
confirmer [kõfiʀme] **I** *v/t* **1** *réservation, nouvelle, etc* bestätigen; **2** ***~ qn dans son opinion*** j-n in s-r Meinung bestärken; **3** CATH firmen; PROT konfirmieren; einsegnen; **II** *v/pr* ***se ~*** sich bestätigen
confiserie [kõfizʀi] *f* **1** Süßigkeit *f*; ***~s*** *pl a* Süßwaren *f/pl*; **2** *magasin* Süßwarengeschäft *n*
confis|eur [kõfizœʀ] *m*, **~euse** [-øz] *f* Süßwarenhändler(in) *m(f)*
confisquer [kõfiske] *v/t* beschlagnahmen; konfiszieren (*a à l'école*)
confit [kõfi] **I** *adj* ⟨-ite [-it]⟩ **1** *fruits* kandiert; **2** ***~ en dévotion*** bigott; **II** *m* ***~ d'oie*** im eigenen Fett konservierte Gänsestücke *n/pl*
▸ **confiture** [kõfityʀ] *f* Marmelade *f*; Konfitüre *f*
conflagration [kõflagʀasjõ] *st/s f* Umwälzung *f*
conflictuel [kõfliktɥɛl] *adj* ⟨~le⟩ Konflikt…
▸ **conflit** [kõfli] *m* Konflikt *m*; Auseinandersetzung *f*; Streit(igkeit) *m(f)*; ***~ social*** Tarifkonflikt *m*
confluent [kõflyɑ̃] *m* Zusammenfluss *m*
confondant [kõfõdɑ̃] *adj* ⟨-ante [-ɑ̃t]⟩ verblüffend; erstaunlich
▸ **confondre** [kõfõdʀ(ə)] ⟨→ rendre⟩ **I** *v/t* **1** (*mélanger*) verwechseln (***avec, et*** mit); **2** (*déconcerter*) verwirren; (*étonner*) verblüffen; **3** *litt* (*démasquer*) entlarven; überführen; **II** *v/pr* **4** ***se ~*** (*se mélanger*) sich vermischen; verschmelzen; **5** ***se ~ en excuses, remerciements*** sich vielmals entschuldigen; sich überschwänglich bedanken
conformation [kõfɔʀmasjõ] *f* Form *f*; (Auf)Bau *m*
conforme [kõfɔʀm] *adj* ***~ à*** gemäß (+ *dat*); entsprechend (+ *dat*); ***~ au règlement*** vorschriftsmäßig; ***pour copie ~*** für die Richtigkeit der Abschrift
conformé [kõfɔʀme] *adj* ⟨~e⟩ *enfant* ***bien ~*** ohne Missbildungen
conformément [kõfɔʀmemɑ̃] *adv* ***~ à*** gemäß, entsprechend (+ *dat*)
conformer [kõfɔʀme] *v/pr* ***se ~ à qc*** sich nach etw richten; sich an etw (*acc*) halten
conformiste [kõfɔʀmist] *adj* konformistisch; bereit, sich anzupassen
conformité [kõfɔʀmite] *f* Übereinstimmung *f*; ***en ~ avec*** in Übereinstimmung mit
▸ **confort** [kõfɔʀ] *m* Bequemlichkeit *f*; Komfort *m*; Behaglichkeit *f*; *adjt* ***tout ~*** mit allem Komfort ausgestattet
▸ **confortable** [kõfɔʀtabl(ə)] *adj* **1** *maison, voiture, etc* bequem; komfortabel; *situation* behaglich; **2** *revenus* reichlich; ansehnlich; *majorité* F komfortabel; F satt
conforter [kõfɔʀte] *v/t* stärken; ***~ qn dans qc*** j-n in etw (*dat*) bestärken
confraternel [kõfʀatɛʀnɛl] *adj* ⟨~le⟩ kollegial; unter Kollegen
confrère [kõfʀɛʀ] *m* Kollege *m*
confrérie [kõfʀeʀi] *f* REL Bruderschaft *f*

C

confrontation [kõfʀõtasjõ] *f* Gegenüberstellung *f*; Konfrontation *f*
confronter [kõfʀõte] *v/t* einander gegenüberstellen; miteinander konfrontieren; ***être confronté à qc*** mit etw konfrontiert sein
confus [kõfy] *adj* ⟨-use [-yz]⟩ **1** *forme, bruit* undeutlich; **2** *fig idées, etc* unklar; konfus; verworren; wirr; **3** *(embarrassé)* verlegen; betreten; verwirrt; ***je suis ~*** es ist mir peinlich
confusément [kõfyzemɑ̃] *adv* undeutlich; vage
confusion [kõfyzjõ] *f* **1** *(désordre)* Verwirrung *f*; Durcheinander *n*; Konfusion *f*; **2** *(embarras)* Verlegenheit *f*; Betretenheit *f*; Verwirrung *f*; **3** *(erreur)* Verwechslung *f*
▸**congé** [kõʒe] *m* **1** Urlaub *m*; ***~s payés*** bezahlter Urlaub; ***~ de maternité*** Mutterschaftsurlaub *m*; ***avoir ~*** freihaben; ***avoir un jour de ~*** e-n freien Tag haben; e-n Tag freihaben; ***être en ~*** in, im, auf Urlaub sein; **2** Kündigung *f*; *patron* ***donner son ~ à qn*** j-n entlassen; j-m, F j-n kündigen; **3** ***prendre ~*** sich verabschieden
congédier [kõʒedje] *v/t* entlassen
▸**congélateur** [kõʒelatœʀ] *m* Gefriertruhe *f*, -schrank *m*; (Tief)Kühltruhe *f*
congeler [kõʒle] *v/t* ⟨-è-⟩ einfrieren; tiefkühlen; ***viande congelée*** Gefrierfleisch *n*
congénère [kõʒenɛʀ] *m,f* Artgenosse, -genossin *m,f*; *fig* ***lui et ses ~s*** er und seinesgleichen
congénital [kõʒenital] *adj* ⟨~e; -aux [-o]⟩ angeboren
congère [kõʒɛʀ] *f* Schneeverwehung *f*
congestion [kõʒɛstjõ] *f* Blutandrang *m*; ***~ cérébrale*** Schlaganfall *m*
congestionné [kõʒɛstjɔne] *adj* ⟨~e⟩ **1** *visage* hoch-, blaurot; **2** *route* verstopft; überlastet
conglomérat [kõglɔmeʀa] *m* Konglomerat *n*
Congo [kõgo] ***le ~*** der Kongo
congolais [kõgɔlɛ̃] **I** *adj* ⟨-aise [-ɛz]⟩ kongolesisch; **II** *subst* **1** ♀***(e)*** *m(f)* Kongolese *m*, -sin *f*; **2** *m gâteau* Kokosmakrone *f*
congratuler [kõgʀatyle] *plais v/t* gratulieren (***qn*** j-m)
congre [kõgʀ(ə)] *m* Meeraal *m*
congrégation [kõgʀegasjõ] *f* Kongregation *f*
congrès [kõgʀɛ] *m* Kongress *m*; Tagung *f*
congressiste [kõgʀesist] *m,f* Kongress-, Tagungsteilnehmer(in) *m(f)*
congru [kõgʀy] *adj* ⟨~e⟩ ***en être réduit à la portion ~e*** am Rande des Existenzminimums leben
conifère [kɔnifɛʀ] *m* Nadelbaum *m*; Konifere *f*; ***~s*** *pl a* Nadelhölzer *n/pl*
conique [kɔnik] *adj* kegelförmig
conjectur|e [kõʒɛktyʀ] *f* Vermutung *f*; Mutmaßung *f*; ***~er*** [-e] *v/t* mutmaßen
conjoint [kõʒwɛ̃] *m* Ehegatte *m*; ***~s*** *pl* Ehegatten *m/pl*, -leute *pl*
conjointement [kõʒwɛ̃tmɑ̃] *adv* gemeinsam; gemeinschaftlich
conjonctif [kõʒõktif] *adj* ⟨-ive [-iv]⟩ ***tissu ~*** Bindegewebe *n*
conjonction [kõʒõksjõ] *f* Bindewort *n*; Konjunktion *f* (*a* ASTR)
conjonctiv|e [kõʒõktiv] *f* Bindehaut *f*; ***~ite*** [-it] *f* Bindehautentzündung *f*
conjonctur|e [kõʒõktyʀ] *f* **1** *(situation)* Lage *f*; Umstände *m/pl*; **2** ÉCON Konjunktur *f*; Wirtschaftslage *f*; ***~el*** [-ɛl] *adj* ⟨~le⟩ konjunkturell; konjunkturbedingt
conjugaison [kõʒygɛzõ] *f* Konjugation *f*; Beugung *f* (des Verbs)
conjugal [kõʒygal] *adj* ⟨~e; -aux [-o]⟩ Ehe…; ehelich; Gatten…
conjuguer [kõʒyge] *v/t* **1** ***~ ses efforts*** gemeinsame Anstrengungen unternehmen; **2** GR konjugieren; beugen
conjuration [kõʒyʀasjõ] *f* Verschwörung *f*
conjuré [kõʒyʀe] *m* Verschwörer *m*
conjurer [kõʒyʀe] *v/t* **1** *(implorer)* ***~ qn de*** (+ *inf*) j-n beschwören zu (+ *inf*); **2** *danger* abwenden; bannen; **3** *mauvais esprits* bannen; beschwören
▸**connaissance** [kɔnɛsɑ̃s] *f* **1** *(savoir)* Kenntnis *f*; ***~s d'anglais*** Englischkenntnisse *f/pl*; ***à ma ~*** meines Wissens; ***en ~ de cause*** in Kenntnis der Sache, Sachlage; ***avoir ~ de qc*** Kenntnis von etw haben; ***prendre ~ de*** Kenntnis nehmen von; **2** PHILOS Erkenntnis *f*; Erkennen *n*; **3** *(conscience)* ***sans ~*** bewusst-, besinnungslos; ohnmächtig; ***avoir toute sa ~*** bei vollem Bewusstsein sein; ***perdre ~*** das Bewusstsein

verlieren; bewusstlos, ohnmächtig werden; ***reprendre ~*** wieder zu sich kommen; das Bewusstsein wiedererlangen; **4** *personne* Bekannte(r) *f(m)*; **5** (*action de connaître*) Bekanntschaft *f*; ***visage m de ~*** bekanntes Gesicht; ***faire ~ avec qn, qc*** *ou* ***faire la ~ de qn, qc*** j-n, etw kennen lernen; mit j-m, etw bekannt werden; die Bekanntschaft j-s machen

connaisseur [kɔnɛsœʀ] **I** *adj* ⟨*selten* -euse [-øz]⟩ Kenner…; **II** *m* Kenner *m*

▸**connaître** [kɔnɛtʀ(ə)] ⟨je connais, il connaît, nous connaissons; je connaissais; je connus; je connaîtrai; que je connaisse; connaissant; connu⟩ **I** *v/t* **1** kennen; *personne a* bekannt sein mit; ***~ l'anglais*** Englisch können; ***on lui connaît deux faiblesses*** man kennt zwei Schwächen an ihm; ***je n'y connais rien*** ich verstehe nichts davon; ***faire ~ qc*** etw mitteilen; ***faire ~ qn*** j-n bekannt machen; ***se faire ~*** bekannt werden (***par, pour*** durch); **2** (*faire la connaissance de*) kennen lernen (***qn, qc*** j-n, etw); *réussite* haben; *sort a* erleben; erfahren; **II** *v/pr* ***se ~*** **3** *réciproquement* sich, einander kennen *ou* kennen lernen; **4** *soi-même* sich (selbst) kennen; **5** ***s'y ~*** sich auskennen (***en*** mit, in + *dat*); etwas davon verstehen

connecter [kɔnɛkte] **I** *v/t* ÉLECT anschließen (***à*** an + *acc*); verbinden (mit); **II** *v/pr* INFORM ***se ~*** (sich) einloggen

▸**connerie** [kɔnʀi] P *f péj* Idiotie *f*; F Quatsch *m*; F Mist *m*; F Stuss *m*

connexe [kɔnɛks] *adj* zusammenhängend

connexion [kɔnɛksjõ] *f* Verbindung *f*

connivence [kɔnivɑ̃s] *f* heimliches Einverständnis; ***être de ~ avec qn*** mit j-m unter einer Decke stecken

▸**connu** [kɔny] *p/p* → ***connaître*** *et adj* ⟨~e⟩ bekannt (***de, par qn*** j-m)

conque [kõk] *f* ZO Tritonshorn *n*

conquérant [kõkeʀɑ̃] **I** *adj* ⟨-ante [-ɑ̃t]⟩ *air* siegessicher; **II** *m* Eroberer *m*

conquérir [kõkeʀiʀ] ⟨→ acquérir⟩ *v/t* erobern; *liberté, droit* erringen; *fig* ***~ qn*** j-n für sich einnehmen

conquête [kõkɛt] *f* **1** Eroberung *f*; *fig* ***faire la ~ de qn*** j-n erobern, für sich einnehmen; **2** *technique, etc* Errungenschaft *f*

conquis [kõki] *p/p* ⟨-ise [-iz]⟩ → ***conquérir***

consacré [kõsakʀe] *adj* ⟨~e⟩ **1** REL geweiht; **2** *expression* üblich (geworden)

consacrer [kõsakʀe] *v/t* **1** widmen (***à qc, à qn*** e-r Sache, j-m); **2** REL weihen

consanguin [kõsɑ̃gɛ̃] *adj* ⟨-ine [-in]⟩ blutsverwandt

consciemment [kõsjamɑ̃] *adv* bewusst

▸**conscience** [kõsjɑ̃s] *f* **1** *morale* Gewissen *n*; ***~ professionnelle*** berufliches Pflichtbewusstsein; ***en ~*** ganz ehrlich; ***avoir bonne ~*** ein gutes, reines Gewissen haben; ***avoir qc sur la ~*** etw auf dem Gewissen haben; ***mettre beaucoup de ~ à faire qc*** etw äußerst gewissenhaft tun, machen; **2** *psychologique* Bewusstsein *n*; ***prise f de ~*** Bewusstwerden *n*, -ung *f*; ***avoir ~ de qc*** sich (*dat*) e-r Sache (*gén*) bewusst sein; ***perdre ~*** bewusstlos, ohnmächtig werden; ***prendre ~ de qc*** sich (*dat*) e-r Sache (*gén*) bewusst werden

consciencieux [kõsjɑ̃sjø] *adj* ⟨-euse [-øz]⟩ gewissenhaft

conscient [kõsjɑ̃] *adj* ⟨-ente [-ɑ̃t]⟩ bewusst; (*pas évanoui*) bei Bewusstsein; ***être ~ de qc*** sich (*dat*) e-r Sache (*gén*) bewusst sein

conscrit [kõskʀi] *m* Wehrpflichtige(r) *m*; Rekrut *m*

consécration [kõsekʀasjõ] *f* **1** REL Weihe *f*; **2** CATH Wandlung *f*; **3** (*sanction*) (glänzende) Bestätigung; Sanktionierung *f*

consécutif [kõsekytif] *adj* ⟨-ive [-iv]⟩ **1** aufeinander folgend; ***pendant trois jours ~s*** drei Tage hintereinander; **2** ***~ à*** als Folge von (*ou* + *gén*)

▸**conseil** [kõsɛj] *m* **1** (*recommandation*) Rat(schlag) *m*; ***demander (un) conseil à qn*** j-n um Rat fragen; **2** *personne* Berater *m*; ***conseil juridique*** Rechtsberater *m*; Justitiar *m*; **3** *assemblée* Rat *m*; *réunion* Ratssitzung *f*, -versammlung *f*; ***conseil général*** Departementsvertretung *f*; ▸ ***conseil municipal*** Gemeinde-, Stadtrat *m*; ***conseil de classe*** Lehrerkonferenz *f*; ***Conseil de l'Europe*** Europarat *m*; ***conseil de famille*** Familienrat *m*; ***conseil de guerre*** Kriegsgericht *n*; ***conseil des ministres*** Ministerrat *m*; MIL ***conseil de révision*** Musterungsausschuss *m*;

Conseil de sécurité (Welt)Sicherheitsrat *m*; *d'une S.A.* ***conseil de surveillance*** Aufsichtsrat *m*

▸ **conseiller**[1] [kõseje] *v/t* ***~ qn*** j-n beraten; ***~ qc à qn*** j-m etw anraten; j-m zu etw raten; ***~ à qn de*** (+ *inf*) j-m raten zu (+ *inf*); ***être mal conseillé*** schlecht beraten sein; ***prix conseillé*** empfohlener Preis; Richtpreis *m*

conseiller[2] *m* Berater *m*; Ratgeber *m*; *membre d'un conseil* Rat *m*; ***~ municipal*** Gemeinde-, Stadtrat(smitglied) *m(n)*; Stadtverordnete(r) *m*

conseillère [kõsɛjɛʀ] *f* Beraterin *f*; Ratgeberin *f*

consensus [kõsɛ̃sys] *m* Konsens *m*

consentant [kõsɑ̃tɑ̃] *adj* ⟨-ante [-ɑ̃t]⟩ (bereit)willig; einverstanden

consentement [kõsɑ̃tmɑ̃] *m* Einwilligung *f*; Zustimmung *f*

consentir [kõsɑ̃tiʀ] ⟨→ sentir⟩ **I** *v/t* gewähren; einräumen; **II** *v/t/indir* ***~ à qc*** in etw (*acc*) einwilligen; e-r Sache (*dat*) zustimmen

▸ **conséquence** [kõsekɑ̃s] *f* **1** (*suite*) Konsequenz *f*; Folge *f*; ***en ~*** (dem)entsprechend; ***avoir pour ~*** zur Folge haben; ***cela ne tire pas à ~*** das hat weiter keine Folgen, (weiter) nichts auf sich; **2** (*déduction*) Folgerung *f*; Konsequenz *f*

conséquent [kõsekɑ̃] *adj* ⟨-ente [-ɑ̃t]⟩ **1** (*logique*) konsequent; **2** (*important*) bedeutend; wichtig; **3** ***par ~*** folglich; infolgedessen

conservateur [kõsɛʀvatœʀ] **I** *adj* ⟨-trice [-tʀis]⟩ konservativ (*a* POL); **II** *subst* **1** *d'un musée* ***~, conservatrice*** *m,f* Konservator(in) *m(f)*; **2** POL ***~, conservatrice*** *m,f* Konservative(r) *f(m)*; ***les ~s*** die Konservativen *m/pl*; **3** *m pour aliments* Konservierungsmittel *n*

conservation [kõsɛʀvasjõ] *f* **1** Erhaltung *f*; Bewahrung *f*; **2** *des aliments* Haltbarmachung *f*; Konservierung *f*; *adjt* ***lait*** *m* ***longue ~*** H-Milch *f*

conservatisme [kõsɛʀvatism(ə)] *m* Konservativismus *m*

Conservatoire [kõsɛʀvatwaʀ] *m* **1** Musikhochschule *f*; Konservatorium *n*; **2** Schauspielschule *f*

conserve [kõsɛʀv] *f* **1** Konserve *f*; ***en ~*** aus der Dose; Dosen…; Büchsen…; *fig* ***musique*** *f* ***en ~*** F Musik *f* aus der Konserve; **2** ***de ~*** gemeinsam; zusammen

conserver [kõsɛʀve] *v/t* **1** (*garder*) (auf)bewahren; behalten; aufheben; *habitude* beibehalten; bewahren; ***bien conservé*** gut erhalten (*a personne*); **2** *aliments* haltbar machen; konservieren

considérable [kõsideʀabl(ə)] *adj* beträchtlich; beachtlich; erheblich

considération [kõsideʀasjõ] *f* **1** (*réflexion*) Überlegung *f*; Erwägung *f*; (*attention*) Beachtung *f*; Rücksicht *f*; ***en ~ de*** in Anbetracht (+ *gén*); mit Rücksicht auf (+ *acc*); ***prendre qc en ~*** etw in Erwägung, Betracht ziehen; etw berücksichtigen; **2** (*estime*) Achtung *f*; Ansehen *n*; Wertschätzung *f*

considérer [kõsideʀe] *v/t* ⟨-è-⟩ **1** (*examiner*) bedenken; erwägen; berücksichtigen; ***tout bien considéré*** alles in allem; wenn man es recht bedenkt; **2** ***je considère que …*** ich finde, ich bin der Meinung, (dass) …; **3** ***~ comme*** ansehen, betrachten als; halten für; **4** (*regarder attentivement*) betrachten; eingehend mustern; **5** ***être bien considéré*** geschätzt, geachtet sein *ou* werden (***de*** von)

consignation [kõsiɲasjõ] *f* JUR Hinterlegung *f*

consigne [kõsiɲ] *f* **1** (*instruction*) (An)Weisung *f*; Verhaltensmaßregel *f*; Vorschrift(en) *f(pl)*; **2** *pour bagages* Gepäckaufbewahrung *f*; ***~ automatique*** Schließfächer *n/pl*; **3** *d'un emballage* Pfand(betrag) *n(m)*; **4** ÉCOLE Nachsitzen *n*

consigner [kõsiɲe] *v/t* **1** (*mettre par écrit*) schriftlich festhalten; **2** *emballage* mit Pfand belegen; ***bouteille consignée*** Pfandflasche *f*; Mehrwegflasche *f*; **3** *élève* nachsitzen lassen; *soldat* Ausgehverbot anordnen für; **4** *bagages* zur (Gepäck)Aufbewahrung geben

consistance [kõsistɑ̃s] *f* Konsistenz *f*; Festigkeit *f*; *fig* ***sans ~*** *rumeur* haltlos; unverbürgt; *personnage* farblos; ohne Substanz

consistant [kõsistɑ̃] *adj* ⟨-ante [-ɑ̃t]⟩ *plat* nahrhaft

consister [kõsiste] *v/t/indir* ***~ en, dans*** bestehen aus, in (+ *dat*); ***~ à*** (+ *inf*) darin bestehen zu (+ *inf*)

consœur [kõsœʀ] *f* Kollegin *f*
consol|ant [kõsɔlɑ̃] *adj* ⟨-ante [-ɑ̃t]⟩, **~ateur** [-atœʀ] *adj* ⟨-trice [-tʀis]⟩ tröstlich; Trost bringend; trostreich
consolation [kõsɔlasjõ] *f* Trost *m*
console [kõsɔl] *f* **1** *table* Konsoltisch *m*; **2** ARCH Konsole *f*; **3** INFORM (Daten)Endgerät *n*; **4** TECH Bedienungspult *n*
▸ **consoler** [kõsɔle] **I** *v/t* trösten; **II** *v/pr* ***se ~*** sich trösten; ***se ~ de qc*** über etw (*acc*) hinwegkommen; etw verschmerzen
consolider [kõsɔlide] *v/t* **1** *mur* verstärken; **2** *fig* festigen; stärken; konsolidieren (*a dette*)
consommable [kõsɔmabl(ə)] *adj* genießbar
▸ **consommateur** [kõsɔmatœʀ] *m*, **consommatrice** [kõsɔmatʀis] *f* Verbraucher(in) *m(f)*; Konsument(in) *m(f)*; *dans un café* Gast *m*
▸ **consommation** [kõsɔmasjõ] *f* **1** ÉCON Verbrauch *m*; Konsum *m*; ***faire une grande ~ de ...*** viel ... (ver)brauchen; **2** *d'une voiture* Benzinverbrauch *m* (***aux 100 km*** auf 100 km); **3** *dans un café* Getränk *n*
consommé [kõsɔme] **I** *adj* ⟨~e⟩ vollendet; perfekt; **II** *m* Kraftbrühe *f*
consommer [kõsɔme] *v/t* **1** verbrauchen (*a essence*); konsumieren; *aliments a* verzehren; **2** JUR *mariage* vollziehen; *crime* vollenden
consonance [kõsɔnɑ̃s] *f* Klang *m*
consonne [kõsɔn] *f* Konsonant *m*; Mitlaut *m*
consort [kõsɔʀ] **I** *adj* ***prince*** *m* ***~*** Prinzgemahl *m*; **II** *m/pl* ***... et ~s*** ... und Konsorten *m/pl*
consortium [kõsɔʀsjɔm] *m* Konsortium *n*
conspira|teur [kõspiʀatœʀ] *m*, **~trice** [-tʀis] *f* Verschwörer(in) *m(f)*; **~tion** [-sjõ] *f* Verschwörung *f*; Konspiration *f*
conspirer [kõspiʀe] *v/i* konspirieren, sich verschwören (***contre*** gegen)
conspuer [kõspɥe] *v/t* niederschreien; ausbuhen
constamment [kõstamɑ̃] *adv* (be)ständig; (an)dauernd
constance [kõstɑ̃s] *f* Beständigkeit *f*; Beharrlichkeit *f*; Stetigkeit *f*; Ausdauer *f*
Constance [kõstɑ̃s] ***le lac de ~*** der Bodensee
constant [kõstɑ̃] **I** *adj* ⟨-ante [-ɑ̃t]⟩ **1** (*continuel*) (be)ständig; (an)dauernd; konstant; stet(ig); **2** *st/s* (*persévérant*) beständig; beharrlich
constat [kõsta] *m* **1** JUR Protokoll *n*; AUTO ***~ amiable*** einvernehmliches Unfallprotokoll; **2** *fig* Feststellung *f*; ***~ d'échec*** negative Bilanz
constatation [kõstatasjõ] *f* Feststellung *f*
▸ **constater** [kõstate] *v/t* feststellen; konstatieren
constellation [kõstɛlasjõ] *f* Sternbild *n*
constellé [kõstɛle] *adj* ⟨~e⟩ übersät (***de*** mit)
constern|ant [kõstɛʀnɑ̃] *adj* ⟨-ante [-ɑ̃t]⟩ bestürzend; **~ation** [-asjõ] *f* Bestürzung *f*; Betroffenheit *f*; Fassungslosigkeit *f*
consterner [kõstɛʀne] *v/t* betroffen machen; ***consterné*** bestürzt, betroffen, konsterniert, fassungslos (***par*** über + *acc*)
constipation [kõstipasjõ] *f* MÉD Verstopfung *f*
constip|é [kõstipe] *adj* ⟨~e⟩ **1** MÉD verstopft; **2** F verklemmt; **~er** [-e] *v/t* zu Verstopfung führen (***qn*** bei j-m)
constituant [kõstitɥɑ̃] *adj* ⟨-ante [-ɑ̃t]⟩ **1** (***élément***) ***~*** *m* Bestandteil *m*; **2** ***assemblée ~e*** verfassunggebende, konstituierende Versammlung
constitué [kõstitɥe] *adj* ⟨~e⟩ ***être bien ~*** von kräftiger Konstitution sein
constituer [kõstitɥe] **I** *v/t* **1** (*être*) bilden; ausmachen; darstellen; **2** (*créer*) bilden; konstituieren; *dossier, collection* anlegen; **II** *v/pr* ***se ~ prisonnier*** sich (der Polizei) stellen
constitutif [kõstitytif] *adj* ⟨-ive [-iv]⟩ wesentlich; konstitutiv
constitution [kõstitysjõ] *f* **1** POL Verfassung *f*; **2** (*création*) Bildung *f*; Gründung *f*; Konstituierung *f*; *d'un dossier* Anlegen *n*; **3** *d'un individu* (physische) Konstitution; **4** (*structure*) Aufbau *m*; Struktur *f*; Zusammensetzung *f*
constitutionnel [kõstitysjɔnɛl] *adj* ⟨~le⟩ **1** POL Verfassungs...; verfassungsmäßig; konstitutionell; **2** *faiblesse* konstitutionell
constructeur [kõstʀyktœʀ] *m* **1** TECH

Konstrukteur *m*; (*bâtisseur*) Erbauer *m*; **~ d'avions** Flugzeugkonstrukteur *m*, -bauer *m*; **2** *fig* (Be)Gründer *m*

C

constructif [kõstʀyktif] *adj* ⟨-ive [-iv]⟩ konstruktiv

▸**construction** [kõstʀyksjõ] *f* **1** Bau *m* (*a résultat*); TECH *a* Konstruktion *f*; *action a* Erbauung *f*; Errichtung *f*; **~ de logements** Wohnungsbau *m*; **en ~** im Bau (befindlich); **2** GR, GÉOMÉTRIE, *fig* Konstruktion *f*

▸**construire** [kõstʀɥiʀ] *v/t* ⟨→ conduire⟩ **1** bauen; TECH *a* konstruieren; *édifice a* erbauen; errichten; **il fait ~** er baut (sich ein Haus); **2** *phrase* bilden; konstruieren (*a triangle*, *etc*)

consul [kõsyl] *m* Konsul *m*; **~aire** [-ɛʀ] *adj* konsularisch

consulat [kõsyla] *m* Konsulat *n*

consultant [kõsyltɑ̃] *m* Berater *m*

consultatif [kõsyltatif] *adj* ⟨-ive [-iv]⟩ beratend; konsultativ

consultation [kõsyltasjõ] *f* **1** *pour donner un avis* Beratung *f*; Konsultation *f*; **2** *pour demander un avis* Befragung *f*; Konsultation *f*; *d'un expert a* Anhörung *f*; *d'un ouvrage* Nachschlagen *n* (**de** in + *dat*); **3** MÉD Sprechstunde *f*; **heures** *f/pl* **de ~** Sprechstunde(n) *f*(*pl*); **donner des ~s** Sprechstunde (ab)halten, haben

consulter [kõsylte] **I** *v/t* **1** *personne* befragen; um Rat fragen; *médecin*, *avocat*, *expert* konsultieren; zurate ziehen; *expert a* anhören; hinzuziehen; **2** *ouvrage*, *manuel* nachschlagen, nachsehen in (+ *dat*); *horoscope* befragen; **II** *v/i médecin* Sprechstunde haben

consumer [kõsyme] **I** *v/t* **1** *feu*: *édifice* vernichten; *st/s* verzehren; **2** *st/s chagrin* **~ qn** *st/s* j-n verzehren; **II** *v/pr cigarette* **se ~** herunterbrennen

▸**contact** [kõtakt] *m* **1** *de deux choses* Kontakt *m*; Berührung *f*; ÉLECT **mauvais ~** Wackelkontakt *m*; **au ~ de** durch die, bei der Berührung mit; AUTO **mettre le ~** die Zündung einschalten; **2** *entre personnes* Kontakt *m*; Fühlung(nahme) *f*; Verbindung *f*; **au ~ de qn** durch den Kontakt, die Verbindung mit j-m; **se mettre en ~ avec qn** sich mit j-m in Verbindung setzen; **prendre ~ avec qn** mit j-m Kontakt, Verbindung aufnehmen; **3 lentilles** *f/pl*, **verres** *m/pl* **de ~** Kontaktlinsen *f/pl*; Haftschalen *f/pl*

contacter [kõtakte] *v/t* **~ qn** sich mit j-m in Verbindung setzen; j-n kontaktieren

▸**contagieux** [kõtaʒjø] *adj* ⟨-euse [-øz]⟩ ansteckend (*a fig rire*); *personne* **être ~** e-e ansteckende Krankheit haben

contagion [kõtaʒjõ] *f* Ansteckung *f*

container [kõtɛnɛʀ] *m* → **conteneur**

contamination [kõtaminasjõ] *f* Verseuchung *f*; Kontamination *f*

contaminer [kõtamine] *v/t* (*infecter*) anstecken (*a fig*); (*polluer*) verseuchen

conte [kõt] *m* Erzählung *f*; **~ (de fées)** Märchen *n*

contemplatif [kõtɑ̃platif] *adj* ⟨-ive [-iv]⟩ beschaulich; kontemplativ

contemplation [kõtɑ̃plasjõ] *f* **1** Betrachtung *f*; **rester en ~ devant qc** etw voller Bewunderung betrachten; **2** REL Kontemplation *f*

contempler [kõtɑ̃ple] *v/t* (aufmerksam, bewundernd) betrachten, anschauen

contemporain [kõtɑ̃pɔʀɛ̃] **I** *adj* ⟨-aine [-ɛn]⟩ zeitgenössisch; **II** *m* Zeitgenosse *m*

contenance [kõtnɑ̃s] *f* **1** *d'un récipient* Fassungsvermögen *n*; **2** *d'une personne* Haltung *f*; **faire bonne ~** Haltung bewahren; **perdre ~** die Fassung verlieren

contenant [kõtnɑ̃] *m* Behältnis *n*

conteneur [kõtnœʀ] *m* Container *m*

▸**contenir** [kõtniʀ] ⟨→ venir⟩ **I** *v/t* **1** (*renfermer*) enthalten; (*avoir une capacité de*) fassen; **2** (*retenir*) *foule* zurückhalten; *émotions* im Zaum halten; beherrschen; **II** *v/pr* **se ~** sich beherrschen

▸**content** [kõtɑ̃] **I** *adj* ⟨-ente [-ɑ̃t]⟩ (*satisfait*) zufrieden (**de** mit); (*heureux*) erfreut, froh (über + *acc*); **être ~ de** (+ *inf*) sich freuen zu (+ *inf*); **~ de soi** selbstzufrieden; **II** *m* **avoir son ~ de qc** genug, reichlich von etw bekommen

contentement [kõtɑ̃tmɑ̃] *m* Zufriedenheit *f*

contenter [kõtɑ̃te] **I** *v/t personne* zufriedenstellen; *envie*, *curiosité* befriedigen; **II** *v/pr* **se ~ de qc** sich mit etw zufrieden geben, begnügen; mit etw vorlieb nehmen

contentieux [kõtɑ̃sjø] *m* **1** (*litiges*) Streitsachen *f/pl*; **2** *service* Rechtsabteilung *f*

►**contenu** [kõtny] *m* Inhalt *m*
conter [kõte] *v/t* erzählen
contestable [kõtɛstabl(ə)] *adj* bestreitbar; strittig; anfechtbar
contestataire [kõtɛstatɛʀ] **I** *adj* protestierend; rebellierend; **II** *m,f* Protestler(in) *m(f)*
contestation [kõtɛstasjõ] *f* **1** Bestreitung *f*; JUR Anfechtung *f*; *(discussion)* Disput *m*; **2** POL Protest(bewegung) *m(f)*
conteste [kõtɛst] ***sans ~*** unbestritten; unbestreitbar
contester [kõtɛste] **I** *v/t* be-, abstreiten; in Abrede stellen; anfechten *(a* JUR*)*; ***contesté*** umstritten; **II** *v/i* POL (öffentlich) protestieren
cont|eur [kõtœʀ] *m*, **~euse** [-øz] *f* Erzähler(in) *m(f)*; Märchendichter(in) *m(f)*
contexte [kõtɛkst] *m* Kontext *m*, Zusammenhang *m (a par ext)*
contigu [kõtigy] *adj* ⟨-guë [-gy]⟩ aneinander grenzend, stoßend
continence [kõtinɑ̃s] *f* (sexuelle) Enthaltsamkeit
continent [kõtinɑ̃] *m* Kontinent *m*; Erdteil *m*; *par rapport à une île* Festland *n*
continental [kõtinɑ̃tal] *adj* ⟨~e; -aux [-o]⟩ Kontinental…; kontinental
contingence [kõtɛ̃ʒɑ̃s] *f* ***les basses ~s matérielles*** die banalen, materiellen Dinge des Alltags
contingent [kõtɛ̃ʒɑ̃] *m* **1** MIL (Jahrgang *m* der) Wehrdienstpflichtige(n) *m/pl*; **2** Kontingent *n*; Quote *f*; Anteil *m*
contingenter [kõtɛ̃ʒɑ̃te] *v/t* kontingentieren
continu [kõtiny] *adj* ⟨~e⟩ kontinuierlich; stetig; fortdauernd, -laufend; Dauer…; ***courant ~*** Gleichstrom *m*
continuation [kõtinɥasjõ] *f* Fortsetzung *f*; Weiterführung *f*; Fortdauer *f*, -gang *m*; F ***bonne ~!*** weiterhin alles Gute!
continuel [kõtinɥɛl] *adj* ⟨~le⟩ (be)ständig; (fort-, an)dauernd; fortwährend
►**continuer** [kõtinɥe] **I** *v/t* fortsetzen; weiterführen; ***~ ses études*** *a* weiterstudieren; ***~ à** ou **de*** (+ *inf*) weiter… (+ *inf*); weiterhin (+ *inf*); **II** *v/i* **1** *personne* weitermachen; fortfahren *(a à parler)*; *à marcher* weitergehen; **2** *spectacle, etc* andauern; weitergehen *(a route)*
continuité [kõtinɥite] *f* Kontinuität *f*; Stetigkeit *f*; Fortbestand *m*
contondant [kõtõdɑ̃] *adj* ⟨-ante [-ɑ̃t]⟩ ***arme ~e*** stumpfer Gegenstand
contorsion [kõtɔʀsjõ] *f* Verrenkung *f (a fig)*
contorsionn|er [kõtɔʀsjɔne] *v/pr* ***se ~*** die Glieder verrenken; **~iste** [-ist] *m* Schlangenmensch *m*; Kontorsionist *m*
contour [kõtuʀ] *m* Umriss *m*; Kontur *f*
contourner [kõtuʀne] *v/t* **1** herumgehen um; *(en) voiture* herumfahren um; umfahren; *route* ***~ qc*** um etw herumführen; **2** *fig difficulté, loi* umgehen
contracep|tif [kõtʀasɛptif] *m* Verhütungsmittel *n*; **~tion** [-sjõ] *f* Empfängnisverhütung *f*
contracté [kõtʀakte] *adj* ⟨~e⟩ verkrampft
contracter [kõtʀakte] **I** *v/t* **1** *alliance, mariage* schließen; eingehen; *assurance* abschließen; *dettes* machen; **2** *habitude* annehmen; ***~ une maladie*** sich e-e Krankheit zuziehen; **3** *muscles* zusammenziehen; **II** *v/pr* ***se ~*** sich zusammenziehen
contraction [kõtʀaksjõ] *f* Zusammenziehung *f*; *sc* Kontraktion *f*; *du visage* Verkrampfung *f*
contractuel [kõtʀaktɥɛl] **I** *adj* ⟨~le⟩ vertraglich; **II** ***~(le)*** *m(f)* Hilfspolizist(in) *m(f)*; Politesse *f*; → *Info bei* ***aubergine***
contradiction [kõtʀadiksjõ] *f* Widerspruch *m*; ***esprit** m **de ~*** Widerspruchsgeist *m*
contradictoire [kõtʀadiktwaʀ] *adj* **1** widersprüchlich; **2** *débat* mit Diskussion
contraignant [kõtʀɛɲɑ̃] *adj* ⟨-ante [-ɑ̃t]⟩ lästig
contraindre [kõtʀɛ̃dʀ(ə)] ⟨→ craindre⟩ *v/t* zwingen, nötigen (***à*** + *inf* zu + *inf*)
contraint [kõtʀɛ̃] *adj* ⟨-ainte [-ɛ̃t]⟩ gezwungen; unnatürlich
contrainte [kõtʀɛ̃t] *f* Zwang *m*; *parler* ***sans ~*** ungezwungen; *agir* ***sous la ~*** unter Zwang, Druck
►**contraire** [kõtʀɛʀ] **I** *adj* gegensätzlich; konträr; entgegengesetzt; gegenteilig; Gegen…; ***vent** m **contraire*** Gegen-

C

wind *m*; ***contraire à*** gegen; ***contraire au règlement*** vorschriftswidrig; ***être contraire à qc*** im Gegensatz zu etw stehen; **II** *m* **1** (~ *logique*) Gegenteil *n*; ▸ ***au contraire*** im Gegenteil; **2** (*opposé*) ***au contraire de*** im Gegensatz zu

contrairement [kõtʀɛʀmɑ̃] *prép* ~ ***à*** im Gegensatz zu; entgegen (+ *dat*)

contralto [kõtʀalto] *m* MUS Alt *m*

contrariant [kõtʀaʀjɑ̃] *adj* ⟨-ante [-ɑ̃t]⟩ **1** (*ennuyeux*) ärgerlich; unangenehm; **2** ***il n'est pas*** ~ er macht nie Schwierigkeiten

contrarier [kõtʀaʀje] *v/t* **1** (*gêner*) behindern; entgegenwirken (+ *dat*); *projets* durchkreuzen; **2** (*mécontenter*) (ver)ärgern; verstimmen; ***contrarié*** ärgerlich; verärgert; verstimmt

contrariété(s) [kõtʀaʀjete] *f(pl)* Ärger *m*

contraste [kõtʀast] *m* Kontrast *m* (*a* OPT); Gegensatz *m*

contraster [kõtʀaste] *v/i* kontrastieren (***avec*** mit); im Kontrast, Gegensatz stehen (zu)

▸ **contrat** [kõtʀa] *m* Vertrag *m*; Kontrakt *m*; ~ ***de mariage, de travail*** Ehe-, Arbeitsvertrag *m*; ***par*** ~ vertraglich; durch Vertrag; ***être sous*** ~ unter Vertrag stehen; *fig* ***remplir son*** ~ sein Versprechen halten

contravention [kõtʀavɑ̃sjõ] *f* gebührenpflichtige Verwarnung; Strafmandat *n*

▸ **contre** [kõtʀ(ə)] **I** *prép* **1** *opposition* gegen (+ *acc*); entgegen (+ *dat*); *st/s* wider (+ *acc*); **2** *échange* für (+ *acc*); gegen (+ *acc*); **3** *contact* an (+ *acc*); ***pousser la table*** ~ ***le mur*** den Tisch an die Wand rücken; **II** *adv* dagegen; ***être*** ~ dagegen sein; ***par*** ~ dagegen; hingegen; wiederum; **III** *m* **1** ***le pour et le*** ~ das Für und Wider; **2** *aux cartes* Kontra *n*; **3** SPORTS Konter *m*

contre-... [*vor Konsonant* kõtʀə..., *vor Vokal* kõtʀ...] *préfixe* ⟨*im pl inv*: contre-accusations, *etc*⟩ Gegen...; gegen...

contre|-allée *f* Seitenallee *f*; **~-attaque** *f* Gegenangriff *m*; **~-attaquer** *v/t* e-n Gegenangriff führen (***qn*** gegen j-n)

contrebalancer ⟨-ç-⟩ **I** *v/t* aufwiegen; ausgleichen; **II** *v/pr* F ***je m'en contrebalance*** F ich pfeif drauf

contrebande *f* Schmuggel *m*; (***marchandise f de***) ~ Schmuggelware *f*; ***faire de la*** ~ schmuggeln

contreband|ier [kõtʀəbɑ̃dje] *m*, **~ière** [-jɛʀ] *f* Schmuggler(in) *m(f)*

contrebas *adv* ***en*** ~ tiefer; weiter unten; *prép* ***en*** ~ ***de*** unterhalb (+ *gén*)

contrebasse *f* Bassgeige *f*; (Kontra-)Bass *m*

contrecarrer *v/t* hintertreiben; durchkreuzen; entgegenwirken (+ *dat*)

contrecœur *adv* ***à*** ~ widerwillig; mit Widerwillen

contrecoup *m* Rück-, Nachwirkung *f*; ***par*** ~ als indirekte Folge

contre-courant *m adv* ***à*** ~ gegen die Strömung; *fig* gegen den Strom

contre-culture *f* Subkultur *f*

contredanse *f* F (*contravention*) F Strafzettel *m*; F Knöllchen *n*

▸ **contredire** ⟨→ dire; *aber* vous contredisez⟩ **I** *v/t* ~ ***qn, qc*** j-m, e-r Sache widersprechen; **II** *v/pr* ***se*** ~ sich (*dat*) widersprechen

contredit *adv* ***sans*** ~ zweifelsohne; unbestritten

contrée [kõtʀe] *f* Gegend *f*

contre|-espionnage *m* Gegenspionage *f*; Spionageabwehr *f*; **~-expertise** *f* Gegengutachten *n*

contrefaçon *f* Nachahmung *f*; Fälschung *f*

contrefaire ⟨→ faire⟩ *v/t* **1** *sa voix, son écriture* verstellen; **2** *frauduleusement* nachmachen; fälschen

contrefait *adj* ⟨-aite⟩ missgestaltet

contreficher *v/pr* F ***je m'en contrefiche*** F ich pfeif drauf

contrefort *m* **1** CONSTR Widerlager *n*; Strebepfeiler *m*; **2** GÉOGR **~s** *pl* Vorberge *m/pl*; Ausläufer *m(pl)*

contre-indication *f* Gegenanzeige *f*; Kontraindikation *f*

contre-indiqué *adj* ⟨~e⟩ ***être*** ~ MÉD kontraindiziert sein; *fig* nicht zu empfehlen sein

contre-jour *m* Gegenlicht *n*; (***photo prise à***) ~ Gegenlichtaufnahme *f*; ***à*** ~ gegen das Licht; im Gegenlicht

contremaître *m* Vorarbeiter *m*; *en usine a* Werkmeister *m*; CONSTR Polier *m*

contre|-manifestation *f* Gegendemonstration *f*; **~-offensive** *f* Gegenoffensive *f*

contrepartie *f* Ausgleich *m* (***de*** für); Gegenleistung *f*; ***en ~*** dafür; zum Ausgleich; als Gegenleistung

contre-performance *f* (unerwartet) schlechte Leistung

contrepèterie [kõtʀəpɛtʀi] *f* Silbenvertauschung *f*; Schüttelreim *m*

contre-pied *m* ***prendre le ~ de qc*** das genaue Gegenteil von etw tun *ou* sagen

contreplaqué *m* Sperrholz *n*

contre-plongée *f* Aufnahme *f* von unten, aus der Froschperspektive

contre|poids *m* Gegengewicht *n* (*a fig*); **~point** *m* MUS, *fig* Kontrapunkt *m*; **~poison** *m* Gegengift *n*

contrer [kõtʀe] **I** *v/t* kontern; **II** *v/i aux cartes* Kontra geben

contre-révolution *f* Gegen-, Konterrevolution *f*

contresens [kõtʀəsɑ̃s] *m* Fehldeutung *f*; Sinnwidrigkeit *f*; ***à ~*** *interpréter* sinnwidrig; *rouler* in der entgegengesetzten, falschen, verkehrten (Fahrt)Richtung

contresigner *v/t* gegenzeichnen

contretemps *m* (unerwartet auftretendes) Hindernis; widriger Umstand; ***à ~*** im ungünstigsten Moment

contreven|ant [kõtʀəvnɑ̃] *m*, **~ante** [-ɑ̃t] *f* Zuwiderhandelnde(r) *f(m)*

contrevenir [kõtʀəvniʀ] *v/t/indir* ⟨→ venir; *aber* avoir⟩ ***~ à qc*** e-r Sache (*dat*) zuwiderhandeln

contrevent *m* Fensterladen *m*

contre-vérité *f* Unwahrheit *f*; unwahre Behauptung

contribuable [kõtʀibɥabl(ə)] *m* Steuerzahler *m*, -pflichtige(r) *m*

contribuer [kõtʀibɥe] *v/t/indir* ***~ à qc*** zu etw beitragen; s-n Beitrag zu etw leisten

contribution [kõtʀibysjõ] *f* **1** (*part*) Beitrag *m* (***à*** zu); Anteil *m* (an + *dat*); ***mettre qn à ~*** j-s Dienste in Anspruch nehmen; **2** (*impôt*) Steuer *f*; Abgabe *f*

contrit [kõtʀi] *adj* ⟨-ite [-it]⟩ zerknirscht; reumütig

▸ **contrôle** [kõtʀol] *m* **1** (*vérification*) Kontrolle *f*; Überprüfung *f*; AUTO ***~ technique*** Hauptuntersuchung *f*; F TÜV *m*; ***~ des billets*** Fahrscheinkontrolle *f*; ***~ des changes*** Devisenbewirtschaftung *f*; ***~ d'identité*** Ausweiskontrolle *f*; **2** (*maîtrise*) Kontrolle *f*; Beherrschung *f*; ***~ des naissances*** Geburtenkontrolle *f*; ***perdre le ~ de son véhicule*** die Herrschaft, Kontrolle, Gewalt über sein Fahrzeug verlieren; **3** ÉCOLE Klassenarbeit *f*; ***~ continu*** studienbegleitende Leistungskontrollen *f/pl*

▸ **contrôler** [kõtʀole] *v/t* **1** (*vérifier*) kontrollieren; überprüfen; **2** (*dominer*) kontrollieren (*a* ÉCON, MIL); beherrschen

▸ **contrôleur** [kõtʀolœʀ] *m* Kontrolleur *m*; CH DE FER Schaffner *m*; ***~ aérien*** Flugleiter *m*, -lotse *m*

▸ **contrôleuse** [kõtʀoløz] *f* Kontrolleurin *f*

contrordre [kõtʀɔʀdʀ(ə)] *m* Gegenbefehl *m*; Widerruf *m*

controverse [kõtʀɔvɛʀs] *f* Kontroverse *f*; Meinungsstreit *m*

controversé [kõtʀɔvɛʀse] *adj* ⟨~e⟩ umstritten; strittig; kontrovers

contumace [kõtymas] JUR ***par ~*** in Abwesenheit

contusion [kõtyzjõ] *f* Prellung *f*; Quetschung *f*

convaincant [kõvɛ̃kɑ̃] *adj* ⟨-ante [-ɑ̃t]⟩ überzeugend

▸ **convaincre** [kõvɛ̃kʀ(ə)] *v/t* ⟨→ vaincre⟩ **1** überzeugen (***qn de qc*** j-n von etw); **2** ***~ qn de mensonge*** j-n der Lüge (*gén*) überführen

convaincu [kõvɛ̃ky] *adj* ⟨~e⟩ überzeugt

convalescence [kõvalesɑ̃s] *f* Genesung *f*; Rekonvaleszenz *f*; ***être en ~*** sich auf dem Weg(e) der Genesung befinden

convalesc|ent [kõvalesɑ̃] *m*, **~ente** [-ɑ̃t] *f* Genesende(r) *f(m)*; Rekonvaleszent *m*

convenable [kõvnabl(ə)] *adj* **1** (*approprié*) passend; angemessen; **2** (*assez bon*) (recht) ordentlich; F anständig; **3** (*décent*) schicklich; anständig

convenance [kõvnɑ̃s] *f* **1** ***~s*** *pl* Anstandsregeln *f/pl*; Konventionen *f/pl*; **2** ***qc à ma ~*** etwas, was meinen Vorstellungen entspricht; ***pour ~s personnelles*** aus persönlichen Gründen

▸ **convenir** [kõvniʀ] ⟨→ venir⟩ **I** *v/t/indir* **1** ⟨avoir⟩ ***~ à qc*** passen zu etw; e-r Sache (*dat*) angemessen sein; ***~ à qn*** j-m passen, zusagen; **2** ⟨avoir, *st/s* être⟩ ***~ de qc*** (*s'accorder*) etw vereinbaren, verabreden, ab-, ausmachen; **3 ~ *de qc*** (*avouer*) etw zugeben, einräumen; **II** *v/imp* ***il convient de*** (+ *inf*) es empfiehlt sich zu (+ *inf*)

convention [kõvɑ̃sjõ] *f* **1** (*accord*) Abkommen *n*; Vereinbarung *f*; Abmachung *f*; Konvention *f*; **~ *collective*** Tarifvertrag *m*; **2 ~*s*** *pl* Konventionen *f/pl*

conventionné [kovɑ̃sjɔne] *adj* ⟨~e⟩ ***médecin ~*** Kassenarzt *m*

conventionnel [kõvɑ̃sjɔnɛl] *adj* ⟨~le⟩ konventionell

conventuel [kõvɑ̃tɥɛl] *adj* ⟨~le⟩ Kloster…

convenu [kõvny] *adj* ⟨~e⟩ vereinbart

converg|ence [kõvɛʀʒɑ̃s] *f* Konvergenz *f* (*a fig*); **~ent** [-ɑ̃] *adj* ⟨-ente [-ɑ̃t]⟩ konvergierend; konvergent

converger [kõvɛʀʒe] *v/i* ⟨-ge-⟩ **1** (in e-m Punkt) zusammenlaufen; konvergieren (*a* PHYS, MATH); *regards* **~ *sur*** sich richten auf (+ *acc*); **2** *fig* demselben Ziel zustreben; übereinstimmen

▸**conversation** [kõvɛʀsasjõ] *f* Unterhaltung *f*; Gespräch *n*; Konversation *f*; **~ *téléphonique*** Telefongespräch *n*; Telefonat *n*; ***il n'a pas de ~*** mit ihm kann man sich über nichts unterhalten

converser [kõvɛʀse] *v/i* sich unterhalten

conversion [kõvɛrsjõ] *f* **1** REL Bekehrung *f*, Konversion *f*, Übertritt *m* (***à*** zu); **2** FIN Umwandlung *f* (*a* MATH), Konversion *f*, MATH *a* Umrechnung *f* (***en*** in + *acc*)

converti [kõvɛʀti] REL **I** *adj* ⟨~e⟩ bekehrt; **II ~(*e*)** *m*(*f*) Konvertit(in) *m*(*f*)

convertible [kõvɛʀtibl(ə)] *adj monnaie* konvertierbar; konvertibel

convertir [kõvɛʀtiʀ] **I** *v/t* **1 ~ *qn*** j-n bekehren (***à*** zu); **2** FIN umwandeln (*a* MATH), konvertieren, MATH *a* umrechnen (***en*** in + *acc*); **II** *v/pr* ***se ~*** REL sich bekehren (***à*** zu); konvertieren, übertreten (zu)

convexe [kõvɛks] *adj* konvex

conviction [kõviksjõ] *f* **1** Überzeugung *f*; **~*s*** *pl* Überzeugungen *f/pl*; Ansichten *f/pl*; **2 *pièce f à ~*** Beweisstück *n*; Corpus delicti *n*

convier [kõvje] *v/t* **~ *qn à qc*** j-n zu etw einladen

convive [kõviv] *m,f* Gast *m*

convivial [kõvivjal] *adj* ⟨~e; -aux [-o]⟩ **1** gastlich; einladend; gemütlich; **2** INFORM benutzerfreundlich

convocation [kõvɔkasjõ] *f* **1** *d'une assemblée* Einberufung *f*; **2** JUR Vorladung *f*; **~ *à l'examen*** Aufforderung *f*, sich zur Prüfung einzufinden

convoi [kõvwa] *m* **1** *de véhicules* Kolonne *f*; Konvoi *m*; MAR Geleitzug *m*; **~ *exceptionnel*** Schwertransport *m*; **2 ~ (*funèbre*)** Leichen-, Trauerzug *m*; **3** CH DE FER Zug *m*

convoit|er [kõvwate] *v/t* (heftig) begehren; **~ise** [-iz] *f* Begehrlichkeit *f*

convoler [kõvɔle] *v/i plais* **~ *en justes noces*** *plais* in den Hafen der Ehe einlaufen

convoquer [kõvɔke] *v/t* **1** *assemblée* einberufen; **2** JUR (vor)laden; *élève, employé* kommen lassen; zu sich zitieren

convoyer [kõvwaje] *v/t* ⟨-oi-⟩ (zum Schutz) begleiten; eskortieren

convoyeur [kõvwajœʀ] *m* **1 ~ *de fonds*** Begleiter *m* e-s Geldtransports; **2** MAR Geleitschiff *n*; **3** TECH Förderer *m*

convuls|é [kõvylse] *adj* ⟨~e⟩ verkrampft; verzerrt; **~if** [-if] *adj* ⟨-ive [-iv]⟩ krampfhaft, -artig; **~ion** [-jõ] *f* Krampf *m*; Zuckung *f*

cool [kul] *adj* ⟨*inv*⟩ F cool

coolie [kuli] *m* Kuli *m*

coopér|ant [kɔɔpeʀɑ̃] *m* Entwicklungshelfer *m*; **~atif** [-atif] *adj* ⟨-ive [-iv]⟩ kooperativ; zur Zusammenarbeit bereit

coopération *f* **1** Mitarbeit *f*, -wirkung *f*; Zusammenarbeit *f*, Kooperation *f* (*a* POL); **2** *au Tiers-Monde* Entwicklungshilfe *f*

coopérative [kɔɔpeʀativ] *f* Genossenschaft *f*

coopérer ⟨-è-⟩ **I** *v/t/indir* **~ *à qc*** an etw (*dat*) mitarbeiten, -wirken; **II** *v/i* zusammenarbeiten; kooperieren

coopter *v/t* hinzuwählen

coordinateur *m* Koordinator *m*

coordination *f* **1** Koordinierung *f*; Koordination *f*; **2 *conjonction f de ~*** nebenordnende Konjunktion

coordonnée *f* **1** MATH Koordinate *f*; **2** F **~*s*** *pl* Adresse *f*, Telefonnummer *f etc*

coordonner *v/t* koordinieren; aufeinander abstimmen

▸**copain** [kɔpɛ̃] F *m* Freund *m*; F Kumpel *m*

C

copeau [kɔpo] *m* ⟨~x⟩ Span *m*
▸**copie** [kɔpi] *f* **1** *d'un écrit* Kopie *f*; Abschrift *f*; **2** *d'une œuvre d'art* Kopie *f*; Nachbildung *f*; **3** *(imitation)* Nachahmung *f*; *péj* Abklatsch *m*; **4** ÉCOLE **a)** *feuille* Blatt *n* (Papier); **b)** *devoir* (Klassen)Arbeit *f*
copier [kɔpje] *v/t* **1** abschreiben (***dans un livre*** aus e-m Buch; ***sur son voisin*** von s-m Nachbarn); **2** *(imiter, reproduire)* nachahmen; nachmachen; kopieren
copi|eur [kɔpjœʀ] *m*, **~euse** [-øz] *f* Abschreiber(in) *m(f)*; F Spicker(in) *m(f)*
copieux [kɔpjø] *adj* ⟨-euse [-øz]⟩ reichlich; ausgiebig; üppig
copilote *m* Kopilot *m*
copinage [kɔpinaʒ] *m péj* Kumpanei *f*; Klüngelei *f*; Cliquenwirtschaft *f*
▸**copine** [kɔpin] F *f* Freundin *f*
copiste [kɔpist] *m* Kopist *m*
coproduction *f* Koproduktion *f*; Gemeinschaftsproduktion *f*
copropriétaire *m* Miteigentümer *m*
copropriété *f* Miteigentum *n*; ***logement*** *m* ***en ~*** Eigentumswohnung *f*
copte [kɔpt] **I** *adj* koptisch; **II** ♀ *m,f* Kopte *m*, Koptin *f*
copulation [kɔpylasjõ] *f* Kopulation *f*; Begattung *f*
copyright [kɔpiʀajt] *m* Copyright *n*
▸**coq** [kɔk] *m* **1** Hahn *m*; ***~ de bruyère*** Auerhahn *m*; ***rouge comme un ~*** puterrot; ***être comme un ~ en pâte*** sehr verwöhnt werden; **2** *adjt* BOXE ***poids*** *m* ***~*** Bantamgewicht *n*
coq-à-l'âne *m* ⟨*inv*⟩ ***faire des ~*** von e-m Thema zum anderen springen
coquard [kɔkaʀ] F *m* blaues Auge; F Veilchen *n*
coque [kɔk] *f* **1** *de noix, etc* Schale *f*; ***œuf*** *m* ***à la ~*** weiches, weich gekochtes Ei; **2** *d'un navire* Rumpf *m*; **3** ZO Herzmuschel *f*
coquelet [kɔklɛ] *m* CUIS Hähnchen *n*
coquelicot [kɔkliko] *m* Klatschmohn *m*
coqueluche [kɔklyʃ] *f* **1** MÉD Keuchhusten *m*; **2** *fig* ***être la ~ de qn*** der Liebling, F der Schwarm j-s sein
coquet [kɔkɛ] *adj* ⟨-ette [-ɛt]⟩ **1** *(soigné)* adrett; schmuck; hübsch (anzusehen); fesch; **2** *(cherchant à plaire)* kokett; *péj* gefallsüchtig; **3** F ***~te somme*** hübsches Sümmchen
coquetier [kɔktje] *m* Eierbecher *m*
coquetterie [kɔkɛtʀi] *f* **1** *(désir de plaire, affectation)* Koketterie *f*; **2** *(élégance)* Eleganz *f*; Geschmack *m*; **3** F ***~ dans l'œil*** F Silberblick *m*
coquillage [kɔkijaʒ] *m* Muschel *f*
coquille [kɔkij] *f* **1** *des mollusques* Schale *f*; Muschel *f*; *d'escargot* (Schnecken)Haus *n*; ***~ Saint-Jacques*** Jakobsmuschel *f*; **2** *d'œufs, de noix* Schale *f*; *fig* ***bateau ~ de noix*** Nussschale *f*; **3** ***~ de poisson*** kleine Portion Fisch *(in Muschelschälchen)*; **4** TYPO Satzfehler *m*
coquillettes [kɔkijɛt] *f/pl* Hörnchen *n/pl* *(Teigware)*
coquin [kɔkɛ̃] **I** *adj* ⟨-ine [-in]⟩ **1** *enfant, regard* schelmisch; neckisch; **2** *histoire* pikant; **II** *subst* (***petit[e]***) ***~(e)*** (kleiner) Schelm; Schlingel *m*
cor [kɔʀ] *m* **1** MUS Horn *n*; ***~ de chasse*** Jagdhorn *n*; *fig* ***réclamer à ~ et à cri*** ungestüm; lauthals; **2** ***~ (au pied)*** Hühnerauge *n*; **3** ***un cerf (de) dix ~s*** ein Zehnender *m*
corail [kɔʀaj] *m* ⟨-aux [-o]⟩ **1** Koralle *f*; **2** *adjt* (***couleur***) ***~*** ⟨*inv*⟩ korallenrot
Coran [kɔʀɑ̃] *m* Koran *m*
corbeau [kɔʀbo] *m* ⟨~x⟩ Rabe *m*
▸**corbeille** [kɔʀbɛj] *f* **1** Korb *m*; ***~ à papier*** Papierkorb *m*; *fig* ***~ de mariage*** Hochzeitsgeschenke *n/pl*; **2** THÉ Balkon- *ou* Rangloge *f*; **3** BOURSE Maklerschranken *f/pl*; Ring *m*
corbillard [kɔʀbijaʀ] *m* Leichenwagen *m*
cordage [kɔʀdaʒ] *m* **1** MAR Tau *n*; **2** *d'une raquette* Bespannung *f*
▸**corde** [kɔʀd] *f* **1** Leine *f*; Strick *m* *(a pour pendre qn)*; *épaisse* Seil *n*; *(ficelle)* Schnur *f*; ***~ à linge*** Wäscheleine *f*; *fig* ***il pleut des ~s*** es regnet Bindfäden; **2** SPORTS Seil *n*; ***~ lisse*** Kletterseil *n*; ***~ raide*** Drahtseil *n*; ***~ à sauter*** Springseil *n*; *fig* ***prendre un virage à la ~*** e-e Kurve so eng wie möglich nehmen; **3** *d'un arc* Sehne *f* *(a* MATH*)*; *fig* ***avoir plusieurs ~s à son arc*** mehrere, verschiedene Talente, Qualifikationen haben; **4** MUS, *d'une raquette* Saite *f*; ***~s*** *pl* Streichinstrumente *n/pl*; *fig* ***faire vibrer, toucher la ~ sensible*** (***de qn***) an die Gefühle j-s appellieren; **5** ***usé jusqu'à la ~*** abgewetzt; abgenutzt *(a fig)*; **6** ***~s vocales*** Stimmbänder *n/pl*

C

cordeau [kɔʀdo] *m* ⟨~x⟩ Schnur *f*; *fig* ***tracé au ~*** ganz regelmäßig
cordée [kɔʀde] *f* Seilschaft *f*
cordelette [kɔʀdəlɛt] *f* dünne Schnur
cordial [kɔʀdjal] ⟨~e; -aux [-o]⟩ **I** *adj* herzlich; **II** *m* Stärkungsmittel *n*
cordialement [kɔʀdjalmɑ̃] *adv* herzlich; ***~ vôtre*** mit herzlichen Grüßen (Ihr)
cordialité [kɔʀdjalite] *f* Herzlichkeit *f*; ***avec ~*** herzlich
cordon [kɔʀdõ] *m* **1** Schnur *f*; *fig* ***tenir les ~s de la bourse*** allein über das (gemeinsame) Geld verfügen; **2** *d'une décoration* Ordensband *n*; **3** ***~ ombilical*** Nabelschnur *f*; **4** *de police* (Posten)Kette *f*; Kordon *m*; Sperrgürtel *m*; ***~ sanitaire*** Cordon sanitaire *m*; **5** ***~ littoral*** Küstenstreifen *m*
cordon-bleu *m* ⟨cordons-bleus⟩ gute, ausgezeichnete Köchin
cordonnerie [kɔʀdɔnʀi] *f* Schuster-, Schuhmacherwerkstatt *f*
cordonnier [kɔʀdɔnje] *m* Schuster *m*; Schuhmacher *m*
Cordoue [kɔʀdu] Córdoba *n*
Corée [kɔʀe] ***la ~*** Korea *n*
coréen [kɔʀeɛ̃] **I** *adj* ⟨-enne [-ɛn]⟩ koreanisch; **II** ℒ(***ne***) *m(f)* Koreaner(in) *m(f)*
coreligionnaire [kɔʀəliʒjɔnɛʀ] *m* Glaubensbruder *m*, -genosse *m*
coriace [kɔʀjas] *adj* **1** *viande* zäh; **2** *fig* ***être ~ en affaires*** F ein knallharter Geschäftsmann sein
coriandre [kɔʀjɑ̃dʀ(ə)] *f* Koriander *m*
coricide [kɔʀisid] *m* Hühneraugenmittel *n*
corindon [kɔʀɛ̃dõ] *m* Korund *m*
cormoran [kɔʀmɔʀɑ̃] *m* Kormoran *m*
cornac [kɔʀnak] *m* Elefantenführer *m*; Kornak *m*
cornaline [kɔʀnalin] *f* Karneol *m*
▸ **corne** [kɔʀn] *f* **1** *des chèvres, etc* Horn *n*; *des escargots* Fühler *m*; ***~ d'abondance*** Füllhorn *n*; *fig mari* ***porter des ~s*** betrogen werden; **2** *substance* Horn *n*; *de l'épiderme* Hornhaut *f*; **3** *d'une page* Eselsohr *n*; **4** ***~ de brume*** Nebellhorn *n*
cornée [kɔʀne] *f* Hornhaut *f* (des Auges)
corneille [kɔʀnɛj] *f* Krähe *f*
cornélien [kɔʀneljɛ̃] *adj* ⟨-ienne [-jɛn]⟩ **1** Corneilles; **2** *fig* von tragischer Größe
cornemuse [kɔʀnəmyz] *f* Dudelsack *m*
corner[1] [kɔʀne] **I** *v/t page* umknicken; **II** *v/i* F ***~ aux oreilles de qn*** j-m in die Ohren schreien
corner[2] [kɔʀnɛʀ] *m* FOOTBALL Eckball *m*; Ecke *f*; *coup a* Eckstoß *m*
cornet [kɔʀnɛ] *m* **1** spitze Tüte; Tütchen *n*; ***~ de frites*** Tüte *f* Pommes; **2** MUS ***~ à pistons*** Kornett *n*; **3** ***~ à dés*** Würfel-, Knobelbecher *m*
corniaud [kɔʀnjo] *m* **1** *chien* Promenadenmischung *f*; **2** F Doofkopp *m*; F Depp *m*
corniche [kɔʀniʃ] *f* **1** (***route f en***) ~ kurvenreiche Küstenstraße (an e-r Steilküste); **2** ARCH Kranzgesims *n*
cornichon [kɔʀniʃõ] *m* **1** CUIS Essig-, Gewürzgürkchen *n*; **2** F Dummerjan *m*
cornu [kɔʀny] *adj* ⟨~e⟩ gehörnt
cornue [kɔʀny] *f* Retorte *f*
corollaire [kɔʀɔlɛʀ] *m* unmittelbare Folge
corolle [kɔʀɔl] *f* (Blumen)Krone *f*
coron [kɔʀõ] *m* Bergarbeitersiedlung *f*
coronaire [kɔʀɔnɛʀ] *adj* (Herz-) Kranz…; Koronar…
corporation [kɔʀpɔʀasjõ] *f* **1** Berufsstand *m*; **2** HIST Gilde *f*; Zunft *f*
corporel [kɔʀpɔʀɛl] *adj* ⟨~le⟩ körperlich
▸ **corps** [kɔʀ] *m* **1** Körper *m*; Leib *m* (*a* REL); ***~ et âme*** mit Leib und Seele; ***~ à ~*** Mann gegen Mann; *m* Handgemenge *n*; MIL Nahkampf *m*; ***à son ~ défendant*** widerwillig; ungern; ***à ~ perdu*** ungestüm; blindlings; **2** (*cadavre*) Leiche *f*; Leichnam *m*; **3** (*groupe*) Körperschaft *f*; Gremium *n*; Korps *n* (*a* MIL, DIPL); ***~ électoral*** Wähler(schaft) *m/pl(f)*; ***~ médical*** Ärzteschaft *f*; ***esprit m de ~*** Korpsgeist *m*; **4** (*partie principale*) Haupt(bestand)teil *m*; *d'un bâtiment* Haupt-, Mittelbau *m*, -trakt *m*; *navire* ***perdu ~ et biens*** mit Mann und Maus untergegangen; **5** (*objet, substance*) Körper *m*; ***~ céleste*** Himmelskörper *m*; ***~ composé*** (chemische) Verbindung; ***~ étranger*** Fremdkörper *m*; ***~ gras*** Fett *n*; ***~ simple*** (chemisches) Element; Grundstoff *m*; ***~ du délit*** Corpus delicti *n*; Beweisstück *n*; *vin* ***avoir du ~*** vollmundig sein; ***faire ~***

(***avec***) e-e Einheit bilden (mit); *fig* ***prendre ~*** Gestalt annehmen, gewinnen
corpul|ence [kɔʀpylɑ̃s] *f* Beleibtheit *f*; Korpulenz *f*; **~ent** [-ɑ̃] *adj* ⟨-ente [-ɑ̃t]⟩ beleibt; korpulent
▸ **correct** [kɔʀɛkt] *adj* ⟨~e⟩ **1** richtig; fehlerfrei; korrekt; **2** *personne, tenue* korrekt; ***politiquement ~*** politisch korrekt; **3** *prix, salaire* angemessen; *hôtel* annehmbar
correc|teur [kɔʀɛktœʀ], **~trice** [-tʀis] **1** *m,f* Korrektor(in) *m(f)*; **2** *m* INFORM Rechtschreib(korrektur)programm *n*
correctif [kɔʀɛktif] **I** *adj* ⟨-ive [-iv]⟩ ***gymnastique corrective*** Ausgleichsgymnastik *f*; **II** *m mesure* Korrektiv *n*
▸ **correction** [kɔʀɛksjõ] *f* **1** Verbesserung *f*; Korrektur *f*; ***~ des épreuves*** Korrekturlesen *n*; Fahnenkorrektur *f*; **2** (*châtiment corporel*) Tracht *f* Prügel; Schläge *m/pl*; **3** *qualité* Korrektheit *f*
correctionnelle [kɔʀɛksjɔnɛl] *f* Strafkammer *f*
corrélation [kɔʀelasjõ] *f* Wechselbeziehung *f*; Korrelation *f*
▸ **correspondance** [kɔʀɛspõdɑ̃s] *f* **1** Briefwechsel *m*; Schriftverkehr *m*; Korrespondenz *f*; ***enseignement*** *m* ***par ~*** Fernunterricht *m*; **2** TRANSPORTS Anschluss *m* (***pour*** nach); **3** (*analogie*) Übereinstimmung *f*; Entsprechung *f*
correspondanc|ier [kɔʀɛspõdɑ̃sje] *m*, **~ière** [-jɛʀ] *f* Korrespondent(in) *m(f)*
▸ **correspondant** [kɔʀɛspõdɑ̃] **I** *adj* ⟨-ante [-ɑ̃t]⟩ entsprechend; **II** *subst* **1** **~(*e*)** *m(f)* Briefpartner(in) *m(f)*; ÉCOLE Brieffreund(in) *m(f)*; **2** **~(*e*)** *m(f)* PRESSE Korrespondent(in) *m(f)*; Berichterstatter(in) *m(f)*; **3** *m* TÉL Gesprächspartner *m*
correspondre [kɔʀɛspõdʀ(ə)] *v/t* ⟨→ rendre⟩ **1** korrespondieren, in Briefwechsel stehen (***avec*** mit); **2** ▸ ***correspondre à*** entsprechen (+ *dat*); übereinstimmen mit
corrida [kɔʀida] *f* **1** Stierkampf *m*; **2** *fig* F Zirkus *m*; F Theater *n*
corridor [kɔʀidɔʀ] *m* (enger, schmaler) Flur, Korridor, Gang
corrigé [kɔʀiʒe] *m* Musterlösung *f*
▸ **corriger** [kɔʀiʒe] ⟨-ge-⟩ **I** *v/t* **1** verbessern; korrigieren (*a texte*); berichtigen; **2** (*battre*) schlagen; verhauen; **II** *v/pr* ***se ~*** sich bessern; ***se ~ de qc*** sich etw abgewöhnen
corroborer [kɔʀɔbɔʀe] *v/t* bekräftigen; bestätigen; erhärten
corroder [kɔʀɔde] *v/t* ätzen; angreifen; zerfressen
corrompre [kɔʀõpʀ(ə)] ⟨→ rompre⟩ *v/t* **1** *jeunesse, mœurs* verderben; **2** *témoin, etc* bestechen
corrompu [kɔʀõpy] *adj* ⟨~e⟩ korrupt
corros|if [kɔʀozif] **I** *adj* ⟨-ive [-iv]⟩ ätzend (*a fig*); korrosiv; **~ion** [-jõ] *f* Korrosion *f*
corruption [kɔʀypsjõ] *f* **1** Korruptheit *f*; ***~ des mœurs*** Sittenverderbnis *f*; **2** *de témoins, etc* Bestechung *f*; Korruption *f*
corsage [kɔʀsaʒ] *m* Bluse *f*
corsaire [kɔʀsɛʀ] *m* **1** HIST Freibeuter *m*; Korsar *m*; **2** (***pantalon*** *m*) **~** Caprihose *f*
▸ **Corse** [kɔʀs] ***la ~*** Korsika *n*
corse **I** *adj* korsisch; **II** ♀ *m,f* Korse *m*, Korsin *f*
corsé [kɔʀse] *adj* ⟨~e⟩ **1** *vin* vollmundig; körperreich; *plat* scharf gewürzt; *café* stark; **2** *fig* saftig; gepfeffert
corser [kɔʀse] *v/pr* ***se ~*** kompliziert, spannend werden
corset [kɔʀsɛ] *m* Korsett *n*; Mieder *n*
corso [kɔʀso] *m* ***~ fleuri*** Blumenkorso *m*
cortège [kɔʀtɛʒ] *m* Zug *m*; *d'un haut personnage* Gefolge *n*; ***~ de manifestants*** Demonstrationszug *m*
cortisone [kɔʀtizɔn] *f* Kortison *n*
corvée [kɔʀve] *f* **1** lästige Arbeit, Aufgabe; Last *f*; MIL (bestimmter Sonder-) Dienst; **2** HIST Fron(dienst) *f(m)*
coryphée [kɔʀife] *litt m* Führer *m*
coryza [kɔʀiza] *m* Schnupfen *m*
cosaque [kɔzak] *m* Kosak *m*
cosignataire *m* Mitunterzeichner *m*
cosmétique [kɔsmetik] **I** *adj* kosmetisch; **II** *m/pl* **~s** Kosmetika *n/pl*
cosmique [kɔsmik] *adj* kosmisch
cosmonaute [kɔsmonot] *m,f* Kosmonaut(in) *m(f)*; Raumfahrer(in) *m(f)*
cosmopolite [kɔsmɔpɔlit] *adj* kosmopolitisch; ***ville*** *f* ***~*** Weltstadt *f*
cosmos [kɔsmos] *m* Kosmos *m*; Weltraum *m*
cossard [kɔsaʀ] F *adj* ⟨-arde [-aʀd]⟩ (F stink)faul

C

cosse [kɔs] *f* **1** *de petits pois, etc* Schote *f*; Hülse *f*; **2** ÉLECT Kabelschuh *m*
cossu [kɔsy] *adj* ⟨~e⟩ *personne* wohlhabend; F betucht; *maison* stattlich
costal [kɔstal] *adj* ⟨~e; -aux [-o]⟩ Rippen…
Costa Rica [kɔstarika] ***le ~*** Costa Rica *n*
costaud [kɔsto] F *adj* ⟨*f inv*⟩ **1** robust; kräftig; **2** *objet* robust; solide
▸**costume** [kɔstym] *m* **1** *pour homme* (Herren)Anzug *m*; **2** THÉ, *déguisement* Kostüm *n*; ***~ régional*** (Volks)Tracht *f*
costumé [kɔstyme] *adj* ⟨~e⟩ kostümiert; ***bal ~*** Kostümball *m*
costumer [kɔstyme] *v/t* (*et v/pr* ***se***) ~ (sich) kostümieren (***en*** als + *acc*)
costum|ier [kɔstymje] *m*, **~ière** [-jɛʀ] *f* **1** Kostümverleiher(in) *m(f)*; **2** THÉ Kostümbildner(in) *m(f)*
cotation [kɔtasjõ] *f* (Kurs)Notierung *f*
cote [kɔt] *f* **1** BOURSE Kursnotierung *f*; **2** GÉOGR Höhenangabe *f*; ***~ d'alerte*** Hochwassermarke *f*; *fig* kritischer Punkt; **3** (*appréciation*) Bewertung *f*; ***~ de popularité*** Beliebtheitsgrad *m*; ***avoir la ~*** hoch im Kurs stehen
▸**côte** [kot] *f* **1** *de la mer* Küste *f*; ***la*** ~ (***d'Azur***) die Côte d'Azur; die (französische) Riviera; ***sur la ~*** an der *ou* die Küste; **2** (*montée*) Steigung *f*; Hang *m*; **3** ANAT Rippe *f*; ***~ à ~*** nebeneinander; Seite an Seite; **4** BOUCHERIE *de porc, etc* Kotelett *n*; *de bœuf* Rippenstück *n*
coté [kɔte] *adj* ⟨~e⟩ **1** geschätzt; begehrt; **2** ***~ en Bourse*** an der Börse notiert
▸**côté** [kote] **I** *m* Seite *f*; ***10 cm de côté*** 10 cm Seitenlänge; ***à côté*** (*tout près*) nebenan; Neben…; (*à ~ du but*) daneben; ***pièce*** *f* ***à côté*** Nebenzimmer *n*; Zimmer *n* nebenan; ***verser à ~*** danebengießen; ▸ ***à côté de*** (*près de*) neben (+ *dat ou* + *acc*); *fig* (*en comparaison de*) neben (+ *dat*); gegenüber (+ *dat*); ***aux côtés de qn*** an der Seite j-s, j-m zur Seite (*a fig*); ***de côté*** (*à l'écart*) auf der *ou* die Seite; zur Seite; beiseite (*a fig*); ***mettre de côté*** beiseite legen (*a argent*); ***de l'autre côté*** *venir* von der ander(e)n Seite; *être* auf der ander(e)n Seite; *aller* auf die andere Seite; ***d'un côté …, de l'autre côté …*** einerseits …, andererseits …; ***de ce côté(-ci)*** von *ou* auf *ou* nach dieser Seite; *fig* ***de ce côté-là*** diesbezüglich; in dieser Hinsicht; ***du côté maternel*** mütterlicherseits; ***de mon côté*** meinerseits; ***du côté de*** (*aux environs de*) in der Nähe von (*ou* + *gén*); bei (+ *dat*); (*dans la direction de*) in Richtung auf (+ *acc*); **II** F *prép* was (+ *acc*) angeht; in puncto …
coteau [kɔto] *m* ⟨~x⟩ Anhöhe *f*; (sanfter) Hügel; Hang *m*
Côte-d'Ivoire [kotdivwaʀ] ***la ~*** die Elfenbeinküste
côtelé [kotle] *adj* ***velours ~*** Cord(samt) *m*; Rippensamt *m*
▸**côtelette** [kotlɛt, kɔt-] *f* Kotelett *n*
coter [kɔte] *v/t* **1** BOURSE notieren; **2** *par ext* bewerten
coterie [kɔtʀi] *f péj* Klüngel *m*; Clique *f*
côtes-du-Rhône [kotdyʀon] *m* ⟨*inv*⟩ *Rotwein aus dem südlichen Rhonetal*
côtier [kotje] *adj* ⟨-ière [-jɛʀ]⟩ Küsten…
cotisation [kɔtizasjõ] *f* (Mitglieds)Beitrag *m* (***à*** an + *acc*)
cotiser [kɔtize] **I** *v/i* (s-n) Beitrag zahlen (***à*** an + *acc*); **II** *v/pr* ***se ~*** zusammenlegen (***pour*** für)
▸**coton** [kɔtõ] *m* **1** Baumwolle *f*; *fig* ***filer un mauvais ~*** übel, schlimm dran sein; **2** *fil* Baumwollgarn *n*; ***~ à repriser*** Stopfgarn *n*; **3** ~ (***hydrophile***) (Verband[s])Watte *f*; (***morceau*** *m* ***de***) ~ Wattebausch *m*; *enfant* ***élever dans du ~*** in Watte packen; **4** *adjt* F ***c'est ~!*** F das ist kniff(e)lig, verzwickt!
cotonnade [kɔtɔnad] *f* Baumwollzeug *n*
coton-tige *m* ⟨cotons-tiges⟩ Wattestäbchen *n*
côtoyer [kotwaje] *v/t* ⟨-oi-⟩ **1** ***~ qn*** mit j-m zusammenkommen; **2** *fig* ***~ qc*** mit etw in (enger) Berührung stehen; **3** *route*: *rivière* sich entlangziehen an (+ *dat*)
cotte [kɔt] *f* HIST ***~ de mailles*** Kettenhemd *n*
▸**cou** [ku] *m* Hals *m*; ***~ de taureau*** Stiernacken *m*; ***se jeter au ~ de qn*** j-m um den Hals fallen
couac [kwak] *m* falscher Ton
couardise [kwaʀdiz] *st/s f* Feigheit *f*
couchage [kuʃaʒ] *m* ***sac*** *m* ***de ~*** Schlafsack *m*
couchant [kuʃɑ̃] *adj* ***soleil ~*** untergehende Sonne
couche [kuʃ] *f* **1** Schicht *f*; ***~ de neige***

C

Schneedecke *f*; ~ ***de peinture*** Farbschicht *f*; F *fig* ***il en tient une ~*** F der ist ganz schön blöd, vernagelt; **2** *fig* ***~s sociales*** Gesellschaftsschichten *f/pl*; soziale Schichten *f/pl*; **3** *pour bébés* Windel *f*; **4** ***fausse ~*** Fehlgeburt *f*; ***femme f en ~s*** Wöchnerin *f*

couché [kuʃe] *adj* ⟨~e⟩ **1** liegend; ▸ ***être couché*** liegen; *au lit* im Bett sein; **2** *écriture* schräg

couche-culotte *f* ⟨couches-culottes⟩ Höschenwindel *f*

coucher[1] [kuʃe] **I** *v/t* **1** ***coucher qn*** j-n (hin)legen (***sur*** auf + *acc*); *enfant* ins Bett legen; zu Bett bringen; ***coucher qn*** (***chez soi***) j-n (für die Nacht) (bei sich) unterbringen; **2** *objet* (hin)legen; *pluie*: *blés* umlegen; **3** ***coucher qc par écrit*** etw schriftlich niederlegen; ***coucher qn sur son testament*** j-n in s-m Testament bedenken; **II** *v/i* **4** (*dormir*) schlafen; ***coucher à l'hôtel*** im Hotel übernachten; *fig* ***nom*** *m* ***à coucher dehors*** unaussprechbarer Name; **5** F ***coucher avec qn*** (*avoir des rapports sexuels*) mit j-m schlafen; **III** *v/pr* ▸ ***se coucher*** **6** *pour dormir* sich schlafen legen; schlafen gehen; ins, zu Bett gehen; **7** (*s'étendre*) sich hinlegen; ***se coucher sur qc*** sich tief beugen über etw (*acc*); **8** *soleil* untergehen

coucher[2] *m* ▸ (***au***) ***coucher du soleil*** (bei) Sonnenuntergang *m*

▸ **couchette** [kuʃɛt] *f* **1** CH DE FER Platz *m* im Liegewagen; **2** MAR Kabinenbett *n*; Koje *f*

coucheur [kuʃœʀ] *m* ***c'est un mauvais ~*** mit ihm ist nicht gut Kirschen essen

couci-couça [kusikusa] *adv* F so lala

coucou [kuku] **I** *m* **1** ZO Kuckuck *m*; **2** *pendule* Kuckucksuhr *f*; **3** BOT Schlüsselblume *f*; **4** F (*vieil avion*) (***vieux***) ~ F alte Kiste; **II** *int* kuckuck!

▸ **coude** [kud] *m* **1** Ell(en)bogen *m*; ***~ à ~*** dicht nebeneinander; Schulter an Schulter (*a fig*); ***jouer des ~s*** die Ellbogen gebrauchen (*a fig*); F *fig* ***lever le ~*** F (gern) einen heben; *fig* ***se serrer les ~s*** zusammenhalten; **2** *d'une rivière* Krümmung *f*; Biegung *f*; Knie *n*; *d'une route* Knick *m*

coudée [kude] *f* ***avoir les ~s franches*** Handlungsfreiheit haben

cou-de-pied [kudpje] *m* ⟨cous-de-pied⟩ Spann *m*; (Fuß)Rist *m*

coudoyer [kudwaje] ⟨-oi⟩ *v/t* ***~ qn*** mit j-m in Berührung, Kontakt kommen

▸ **coudre** [kudʀ(ə)] *v/t* ⟨je couds, il coud, nous cousons; je cousais; je cousis; je coudrai; que je couse; cousant; cousu⟩ nähen (*a* MÉD); *bouton* annähen (***à*** an + *acc*)

coudrier [kudʀije] *m* ***baguette f de ~*** Wünschelrute *f*

couenne [kwan] *f* (Speck)Schwarte *f*

couette [kwɛt] *f* **1** (*édredon*) Federbett *n*; **2** *cheveux* F Schwänzchen *n*

couffin [kufɛ̃] *m* strohgeflochtene Tragetasche

couilles [kuj] P *f/pl* Hoden *m/pl*; P Eier *n/pl*

couillon [kujõ] *m* F Blödmann *m*

couiner [kwine] F *v/i* *animal* quieken; *frein* quietschen

coulant [kulɑ̃] *adj* ⟨-ante [-ɑ̃t]⟩ **1** ***nœud ~*** Schlinge *f*; **2** F *personne* entgegenkommend

coulée [kule] *f* ***~ de boue*** Schlammlawine *f*; Mure *f*; ***~ de lave*** Lavastrom *m*

▸ **couler** [kule] **I** *v/t* **1** TECH gießen; **2** *navire* versenken; **3** *fig* *personne* erledigen; F fertig machen; **4** ***~ des jours heureux*** glückliche Tage verbringen; **II** *v/i* **5** *liquides* fließen; rinnen; *p/fort* strömen; (her)auslaufen; *beurre* zerlaufen; *fromage* laufen; ***faire ~ le sang*** Blut vergießen; **6** *robinet*, *bougie* tropfen; *stylo* klecksen; ***mon nez coule*** mir läuft die Nase; meine Nase läuft; **7** *navire* untergehen; (ver)sinken; **III** *v/pr* F ***se la ~ douce*** sich ein angenehmes Leben machen

▸ **couleur** [kulœʀ] *f* **1** Farbe *f*; ***en ~s*** Farb…; Bunt…; → *Info-Fenster S. 170*; ***haut en ~(s)*** farbenfroh, -freudig; bunt; *fig* *personnage* urwüchsig; F *fig* ***en faire voir à qn de toutes les ~s*** j-m das Leben schwer machen; **2** *substance* Farbe *f*; Farbstoff *m*; **3** *fig* Farbe *f*; Färbung *f*; Farbigkeit *f*; ***~ locale*** Lokalkolorit *n*; ***sans ~*** farblos; ***sous ~ de*** (+ *inf*) unter dem Vorwand zu (+ *inf*); **4** *pl* ***~s*** (***nationales***) Landes-, Nationalfarben *f/pl*; *par ext* (*drapeau*) Flagge *f*; **5** *fig*, *surtout* POL Richtung *f*; Schattierung *f*; Färbung *f*; Couleur *f*; **6** *linge* Buntwäsche *f*

couleuvre [kulœvʀ(ə)] *f* Natter *f*; *fig*

avaler des ~s allerhand hinnehmen, F schlucken; (*être crédule*) sehr leichtgläubig sein

C

Les couleurs

blanc, blanche	weiß
bleu, bleue	blau
brun, brune	braun
gris, grise	grau
jaune	gelb
marron	braun
mauve	lila
noir, noire	schwarz
orange	orangefarben
rose	rosa
rouge	rot
turquoise	türkis
vert, verte	grün
violet, violette	violett
bleu clair	hellblau
bleu foncé	dunkelblau

Achtung: Verbindungen von Farben mit **clair** und **foncé** bleiben in der weiblichen Form und im Plural unverändert:

une voiture vert foncé	ein dunkelgrünes Auto
des yeux bleu clair	hellblaue Augen

Wendungen:

rire jaune	gezwungen lachen
être gris	beschwipst sein
être noir	besoffen sein
passer une nuit blanche	die ganze Nacht kein Auge zutun

coulis [kuli] *m* ***~ de fraises*** passierte Erdbeeren *f/pl*; ***~ de tomates*** Tomatenpüree *n*, -mark *n*

coulissant [kulisɑ̃] *adj* ⟨-ante [-ɑ̃t]⟩ Schiebe…

coulisse [kulis] *f* **1** THÉ ***~s*** *pl* Seiten- und Hinterbühne(n) *f(pl)*; *fig* ***se tenir dans la ~*** nach außen hin nicht in Erscheinung treten; **2** (*glissière*) Führung(sschiene) *f*; ***à*** Schiebe…; *fig* ***regard*** *m* ***en ~*** verstohlener Blick

coulisser [kulise] *v/i* in Schienen gleiten

▸ **couloir** [kulwaʀ] *m* Gang *m*; Korridor *m*; Flur *m*; SPORTS Bahn *f*; ***~s*** *pl a* Wandelgänge *m/pl*; ***~ aérien*** Luftkorridor *m*; Flugschneise *f*; ***~ d'autobus*** Busspur *f*

coulpe [kulp] *f* ***battre sa ~*** sich an die Brust schlagen

▸ **coup** [ku] *m* **1** Schlag *m* (*a fig*); Hieb *m*; (*choc*) Stoß *m*; *de couteau* Stich *m*; *d'une arme à feu* Schuss *m*; *fig* (*action*) Tat *f*; Coup *m*; F Stückchen *n*; ***coup bas*** BOXE Tiefschlag *m*; *fig* Schlag *m* unter die Gürtellinie; *fig* ***coup monté*** abgekartete Sache; F *fig* ***sale coup*** gemeiner, hinterhältiger Schlag, Streich; JUR ***coups et blessures*** *f/pl* Körperverletzung *f*; ***coups de bâton*** Stockschläge *m/pl*; MÉD ***coup de chaleur*** Hitzschlag *m*; ***coup de couteau*** Messerstich *m*; ***coup du lapin*** Schleudertrauma *n*; ***coup de marteau*** Hammerschlag *m*; ***coup de pied*** (Fuß)Tritt *m*; ***coup de pistolet*** Pistolenschuss *m*; ***coup de téléphone*** (Telefon)Anruf *m*; ***donner un coup de téléphone à qn*** j-n anrufen; ***à coup(s) de*** mit(hilfe von *ou* + *gén*); ***à coup sûr*** mit Sicherheit; ganz bestimmt, gewiss; ***à tous les coups*** jedes Mal; ▸ ***tout à coup*** plötzlich; auf einmal; ***après coup*** hinterher; nachher; im Nachhinein; F ***du coup*** aus diesem Grund; ***du même coup*** bei dieser Gelegenheit; ***du premier coup*** auf Anhieb; (gleich) beim ersten Mal; ***d'un*** (***seul***) ***coup*** auf einmal; mit einem Schlag; ***tout d'un coup*** plötzlich; auf einmal; ***sous le coup de*** unter der (Ein)Wirkung, unter dem Eindruck von (*ou* + *gén*); ***tomber sous le coup de la loi*** unter das Gesetz fallen; strafbar sein; ***coup sur coup*** Schlag auf Schlag; ***être tué sur le coup*** auf der Stelle, sofort tot sein; ***sur le coup de dix heures*** etwa um, gegen zehn Uhr; *fig* ***accuser le coup*** Wirkung zeigen; *fig* ***compter les coups*** nur Zuschauer sein; ***donner un coup de chiffon*** (***à qc***) (etw) flüchtig abstauben; *fig* ***être aux cent coups*** Todesängste ausstehen; furchtbar aufgeregt

Im Französischen gibt es viele Verbindungen aus **coup** + **de** + Substantiv. Hier einige wichtige Beispiele:

le coup d'État	der Staatsstreich
le coup de feu	der Schuss
le coup de fil	der Telefonanruf
le coup de foudre	Liebe auf den ersten Blick
le coup d'œil	der Blick
le coup de soleil	der Sonnenbrand
donner un coup de main à quelqu'un	jemandem helfen, jemandem zur Hand gehen

sein; ***être dans le coup*** (*au courant*) Bescheid wissen; (*participer*) in die Sache (mit) verwickelt sein; *fig* ***faire coup double*** zwei Fliegen mit einer Klappe schlagen; F ***faire les quatre cents coups*** übermütige, tolle Streiche verüben; F ***en mettre un coup*** F sich ins Zeug legen; ***en prendre un coup*** einiges dabei abbekommen, F abkriegen; *fig* ziemlich hart getroffen werden; ***il a raté, manqué son coup*** die Sache ist schief gegangen; *horloge* ***sonner six coups*** sechsmal schlagen; ***tenir le coup*** aus-, durch-, standhalten; *chose* (sich) halten; F ***valoir le coup*** sich lohnen; **2** (*quantité bue*) Schluck *m*; *vider son verre* ***d'un seul coup*** auf einen Zug; F ***boire un coup*** F einen trinken, heben; **3** ÉCHECS (Spiel)Zug *m*

▸ **coupable** [kupabl(ə)] **I** *adj* schuldig (***de*** *gén*); *comportement* schuldhaft; **II** *m,f* Schuldige(r) *f(m)*

coupage [kupaʒ] *m du vin* Verschnitt *m*

coupant [kupɑ̃] *adj* ⟨-ante [-ɑ̃t]⟩ scharf; *fig ton a* schneidend

coup-de-poing [kudpwɛ̃] *m* ⟨coups-de--poing⟩ ~ (***américain***) Schlagring *m*

coupe [kup] *f* **1** Schale *f*; ~ ***à champagne*** Sektschale *f*; **2** SPORTS Pokal(wettbewerb) *m*; ♀ ***du monde*** Fußballweltmeisterschaft *f*; SKI Weltcup *m*; **3** (*action de couper*) Schneiden *n*; Schnitt *m* (*a résultat*); ~ (***de cheveux***) (Haar-)Schnitt *m*; *fig* ~***s sombres*** einschneidende Kürzungen *f/pl*; **4** (*section*) Schnitt *m*; **5** ***être sous la*** ~ ***de qn*** unter j-s Fuchtel sein

coupé [kupe] *m* AUTO Coupé *n*

coupe|-cigares *m* ⟨*inv*⟩ Zigarrenabschneider *m*; ~**-circuit** *m* ⟨*inv*⟩ ÉLECT Sicherung *f*; ~**-coupe** *m* ⟨*inv*⟩ Buschmesser *n*

coupée [kupe] *f* ***échelle*** *f* ***de*** ~ Fallreep *n*

coupe-feu *adj* ⟨*inv*⟩ ***mur*** *m* ~ Brandmauer *f*

coupe|-file *m* ⟨*inv*⟩ Passierschein *m*; Sonderausweis *m*; ~**-gorge** *m* ⟨*inv*⟩ gefährliche Gegend; (*bar louche*) Räuberhöhle *f*; ~**-ongles** *m* ⟨*inv*⟩ Nagelzange *f*; ~**-papier** *m* ⟨*inv*⟩ Brieföffner *m*

▸ **couper** [kupe] **I** *v/t* **1** schneiden (*a cheveux*); *en deux* zer-, durchschneiden; (*découper*) zerschneiden; (*enlever*) abschneiden; *plante*, *haie* beschneiden; *herbe* (ab)mähen; *arbres* fällen; COUT *tissu* zuschneiden; *fig vent* ~ ***le visage*** ins Gesicht schneiden; ***se faire*** ~ ***les cheveux*** sich die Haare schneiden lassen; *brouillard* ***à*** ~ ***au couteau*** undurchdringlich; dick; ~ ***avec les dents*** ab-, durchbeißen; ~ ***en morceaux*** in Stücke schneiden; ***fleurs coupées*** Schnittblumen *f/pl*; **2** (*interrompre*) *route* unterbrechen; *neige*: *village* abschneiden; *gaz*, *eau*, *électricité*, *téléphone* sperren; abstellen; *électricité a* ausschalten; *médicament*: *fièvre* senken; *électricité* ***être coupé*** *a* ausfallen; TÉL ***nous avons été coupés*** wir sind unterbrochen worden; ***être coupé du monde*** von der Außenwelt abgeschnitten sein; ~ ***le vent*** den Wind abhalten; **3** *passage d'un texte* (heraus)streichen; *scène d'un film* herausschneiden; **4** (*châtrer*) kastrieren; verschneiden; **5** TENNIS *balle* anschneiden; **6** *liquide* mit Wasser verdünnen, mischen; **7** (*croiser*) *ligne*, *virage* schneiden; **II** *v/t/indir* **8** F

C

tu n'y couperas pas F da kommst du nicht drum herum; **III** *v/i* **9** *couteau, etc* schneiden; **10** (*séparer les cartes*) abheben; (*prendre avec un atout*) stechen; **11** **~ *à travers champs*** querfeldein gehen; **IV** *v/pr* ***se ~*** **12** sich schneiden (***le*** *ou* ***au doigt*** in den Finger); **13** *tissu* brüchig werden; **14** *fig* (*se trahir*) sich verplappern

couperet [kupʀɛ] *m* **1** Hackbeil *n*; Wiegemesser *n*; **2** *de la guillotine* Fallbeil *n*

couperosé [kupʀoze] *adj* ⟨~e⟩ mit erweiterten Äderchen

coupeur [kupœʀ] *m* **~ *de cheveux en quatre*** Haarspalter *m*

coupe-vent *m* ⟨*inv*⟩ Windjacke *f*

▸**couple** [kupl(ə)] *m* Paar *n*; (*mari et femme*) Ehepaar *n*; ***~ d'amoureux*** Liebespaar *n*, -pärchen *n*

couplé [kuple] *m* Zwillingswette *f*

coupler [kuple] *v/t* koppeln

couplet [kuplɛ] *m* Strophe *f*

coupole [kupɔl] *f* Kuppel *f*

coupon [kupõ] *m* **1** *d'étoffe* Stoffrest *m*; **2** FIN Coupon *m*; Zinsschein *m*; **3** *d'un ticket* Abschnitt *m*; ***~-réponse*** *m* ⟨coupons-réponse⟩ Antwortschein *m*

coupure [kupyʀ] *f* **1** *blessure* Schnitt(-wunde) *m(f)*; **2** *fig* Einschnitt *m*; **3** ***~ de courant*** Stromsperre *f ou* -ausfall *m*; ***il y aura une ~ d'eau*** das Wasser wird abgestellt; **4** *dans un film, texte* Kürzung *f*; **5** ***~ de journal*** Zeitungsausschnitt *m*; **6** (*billet de banque*) (Geld-)Schein *m*

▸**cour** [kuʀ] *f* **1** *d'un bâtiment* Hof *m*; **~ (*de récréation*)** Schul-, Pausenhof *m*; **2** *d'un souverain* (Königs-, Fürsten)Hof *m*; *par ext* Hofstaat *m*; *fig* ***~ d'admirateurs*** Schwarm *m*, Kreis *m* von Verehrern; ***faire la ~ à qn*** j-m den Hof machen; **3** **~ (*de justice*)** Gericht(shof) *n(m)*; **≈ *des comptes*** Rechnungshof *m*

▸**courage** [kuʀaʒ] *m* **1** (*bravoure*) Mut *m*; Tapferkeit *f*; Courage *f*; ***prendre son ~ à deux mains*** sich ein Herz fassen; **2** (*énergie*) Mut *m*; Entschlossenheit *f*; Beherztheit *f*; Einsatz *m*; Eifer *m*; ***bon ~!*** mach's gut!; ***ne pas avoir le ~ de faire qc*** sich nicht dazu aufraffen *ou* entschließen können, etw zu tun

▸**courageux** [kuʀaʒø] *adj* ⟨-euse [-øz]⟩ **1** (*brave*) mutig; tapfer; **2** (*énergique*) beherzt; entschlossen; *au travail* einsatzfreudig; eifrig

couramment [kuʀamɑ̃] *adv* **1** *parler une langue* fließend; **2** (*habituellement*) üblicherweise; häufig

▸**courant** [kuʀɑ̃] **I** *adj* ⟨-ante [-ɑ̃t]⟩ **1** (*habituel*) üblich; gebräuchlich; *dépenses, affaires* laufend; COMM *article* gängig; ***c'est courant*** das kommt häufig vor; **2** ***eau courante*** fließendes Wasser; **3** COMM ***l'année courante*** das laufende *ou* im laufenden Jahr; **II** *m* **1** ÉLECT Strom *m*; **2** *d'un fluide* Strömung *f*; ***courant d'air*** Zug(luft) *m(f)*; Luftzug *m*; ***il y a un courant d'air ici*** hier zieht es; ***faire un courant d'air*** Durchzug machen; **3** ***dans le courant de la semaine*** im Laufe der Woche; **4** *fig d'idées, de tendances* Strömung *f*; Richtung *f*; **5** ▸***être au courant*** auf dem Laufenden sein, im Bilde sein, Bescheid wissen (***de*** über + *acc*); ***mettre au courant*** informieren (***de*** über + *acc*); in Kenntnis setzen (von); **(*se*) *tenir au courant*** (sich) auf dem Laufenden halten

courante [kuʀɑ̃t] F *f* Durchfall *m*

courbatu [kuʀbaty] *adj* ⟨~e⟩ wie zerschlagen; wie gerädert

courbature [kuʀbatyʀ] *f* Gliederschmerzen *m/pl*; Muskelkater *m*

courbaturé [kuʀbatyʀe] *adj* ⟨~e⟩ ***être ~*** Muskelkater haben

courbe [kuʀb] **I** *adj* gebogen; gekrümmt; krumm; **II** *f* Kurve *f* (*a* MATH); Krümmung *f*; Biegung *f*; Bogen *m*; Wölbung *f*; ***~s de niveau*** Höhenlinien *f/pl*

courbé [kuʀbe] *adj* ⟨~e⟩ *vieillard* vom Alter gebeugt

courber [kuʀbe] **I** *v/t* **1** biegen; krümmen; **2** *tête, front* beugen; **II** *v/pr* ***se ~*** sich biegen; sich krümmen

courbette [kuʀbɛt] *f* Verneigung *f*; Bückling *m*; *fig* ***faire des ~s à, devant qn*** vor j-m katzbuckeln

courbure [kuʀbyʀ] *f* Krümmung *f*; Biegung *f*; Wölbung *f*

coureur [kuʀœʀ] *m* **1** Läufer *m*; **~ (*cycliste*)** (Rad)Rennfahrer *m*; **2** *péj* **~ (*de jupons*)** Schürzenjäger *m*

coureuse [kuʀøz] *f* **1** Läuferin *f*; **2** *péj* **(*petite*) ~** Flittchen *n*

courge [kuʀʒ] *f* Kürbis *m*

courgette [kuʀʒɛt] *f* Zucchini *f*

▸**courir** [kuʀiʀ] ⟨je cours, il court, nous courons; je courais; je courus; je courrai; que je coure; courant; couru⟩ **I** *v/t* **1** ***~ le danger, le risque de*** (+ *inf*) Gefahr laufen zu (+ *inf*); ***~ un danger*** sich e-r Gefahr (*dat*) aussetzen; **2** ***~ les magasins*** dauernd in die Geschäfte rennen; F die Geschäfte abklappern; **3** ***~ les filles*** den Mädchen nachlaufen; **4** ***~ le cent mètres*** die 100 Meter laufen; **II** *v/i* **5** laufen; rennen; eilen; ***~ après qc, qn*** hinter etw, j-m herlaufen; *fig* hinter e-r Sache, j-m hersein; *malfaiteur* ***il court toujours*** er läuft noch frei herum; ***j'y cours*** ich gehe sofort hin; F ich fliege; ***~ chercher le médecin*** schnell den Arzt holen; ***faire ~ qn*** j-n herumhetzen; F *fig* ***tu peux toujours ~*** da kannst du lange warten; **6** *bruits, nouvelle* sich verbreiten; *bruits a* umlaufen; in Umlauf sein; kursieren; ***le bruit court que …*** es geht das Gerücht, dass …; ***faire ~*** in Umlauf setzen; verbreiten; ausstreuen; **7** SPORTS an e-m Rennen, Lauf teilnehmen; **8** *eau, ruisseau* fließen; **9** *délai, intérêts* laufen (***à partir de …*** von … an); ***par les temps qui courent*** heutzutage

courlis [kuʀli] *m* Brachvogel *m*

▸**couronne** [kuʀɔn] *f* **1** *d'un roi, d'une dent, monnaie* Krone *f*; **2** *de fleurs* Kranz *m*; **3** (***brioche*** *f* ***en***) ~ Kranzkuchen *m*

couronné [kuʀɔne] *adj* ⟨~e⟩ **1** ***tête ~e*** gekröntes Haupt; **2** *ouvrage, auteur* preisgekrönt; **3** *fig* ***~ de succès*** von Erfolg gekrönt; **4** *genou* aufgeschürft

couronnement [kuʀɔnmɑ̃] *m* Krönung *f* (*a fig*)

couronner [kuʀɔne] *v/t* **1** *souverain et fig* krönen; **2** *ouvrage, auteur* mit e-m Preis auszeichnen

courre [kuʀ] ***chasse*** *f* ***à ~*** Hetzjagd *f*; Parforcejagd *f*

▸**courrier** [kuʀje] *m* **1** (*lettres*) Post *f*; Korrespondenz *f*; ***~ électronique*** elektronische Post; E-Mail *f*; **2** *dans un journal* ***~ du cœur*** Briefkastenecke *f*; ***~ des lecteurs*** Leserbriefe *m/pl*

courroie [kuʀwa] *f* Riemen *m*; Gurt *m*; AUTO Keilriemen *m*

courroucé [kuʀuse] *adj* ⟨~e⟩ zornig; erzürnt

courroux [kuʀu] *st/s m* Zorn *m*

▸**cours** [kuʀ] *m* **1** (*suite de leçons*) Kurs *m*; Lehrgang *m*; (*leçon*) Unterrichtsstunde *f*; UNIVERSITÉ Vorlesung *f*; ***~ préparatoire*** (*abr* ***C.P.***) erste Grundschulklasse; ***~ élémentaire*** (*abr* $\boldsymbol{CE_1}$, $\boldsymbol{CE_2}$) 2. und 3. Grundschulklasse *f*; ***~ moyen*** (*abr* $\boldsymbol{CM_1}$, $\boldsymbol{CM_2}$) 4. und 5. Grundschulklasse *f*; ***~ privé*** Privatschule *f*; ***~ d'histoire*** Geschichtsstunde *f*; ***~ du soir*** Abendschule *f*, -kurs *m*; ***faire un ~*** e-e Stunde geben, halten; e-n Kurs abhalten; **2** *manuel* Lehrbuch *n*; **3** *d'un fleuve* Lauf *m*; ***~ rapide*** starke Strömung; ***~ d'eau*** Wasserlauf *m*; *fig* ***donner libre ~ à*** freien Lauf lassen (+ *dat*); **4** *des événements* Gang *m*; Lauf *m*; ***au ~ de*** im Laufe (+ *gén*); während (+ *gén*); ***l'année en ~*** das laufende Jahr; ***en ~ de construction*** im Bau (befindlich); ***en ~ de route*** unterwegs; ***être en ~*** im Gange sein; laufen; ***suivre son ~*** s-n (gewohnten) Gang gehen; **5** FIN Kurs *m*; ***~ du change*** Wechselkurs *m*; ***avoir ~*** gültig sein; *fig* üblich sein

▸**course** [kuʀs] *f* **1** (*action de courir*) Lauf *m*; Laufen *n*; **2** SPORTS *à pied* Lauf *m*; *de véhicules* Rennen *n*; ***course automobile, cycliste*** Auto-, Radrennen *n*; *fig* ***course aux armements*** Wettrüsten *n*; Rüstungswettlauf *m*; ***courses*** (***de chevaux***) Pferderennen *n*(*pl*); ***course de taureaux*** Stierkampf *m*; *fig* ***être dans la course*** mit der Zeit Schritt halten (können); *enfants* ***faire la course*** e-n Wettlauf machen; **3** ***course en montagne*** Bergtour *f*; **4** ***course en taxi*** Taxifahrt *f*; **5** ▸ ***courses*** *pl* Besorgungen *f/pl*; Einkäufe *m/pl*

course-poursuite *f* ⟨courses-poursuites⟩ Verfolgungsjagd *f*

coursier [kuʀsje] *m* Bote *m*

coursive [kuʀsiv] *f* MAR Gang *m*

▸**court**[1] [kuʀ] **I** *adj* ⟨courte [kuʀt]⟩ kurz; ***avoir la vue ~e*** kurzsichtig sein (*a fig*); **II** *adv* kurz; (*brusquement*) plötzlich; schnell; ***tout ~*** (ganz) einfach; *cheveux* ***coupés ~*** kurz geschnitten; *fig* ***couper ~ à qc*** e-r Sache (*dat*) rasch ein Ende machen; *fig* ***prendre qn de ~*** j-n überrumpeln; *fig* ***tourner ~*** fehlschlagen; scheitern; ***être à ~ d'argent***, *etc* kein Geld *etc* mehr haben

court[2] [kuʀ] *m* ***~ (de tennis)*** Tennisplatz *m*; ***~ central*** Centre-Court *m*

C

court-bouillon *m* ⟨courts-bouillons⟩ Sud *m*

court-circuit *m* ⟨courts-circuits⟩ Kurzschluss *m*

court-circuiter [kuRsiRkɥite] *v/t* **~ qn, qc** j-n, etw um-, übergehen

courtier [kuRtje] *m* Vertreter *m*; Agent *m*; Börsenmakler *m*

courtisan [kuRtizɑ̃] *m* Höfling *m*

courtisane [kuRtizan] *f* Kurtisane *f*

courtiser [kuRtize] *v/t* **~ une femme** e-r Frau (*dat*) den Hof machen

courtois [kuRtwa] *adj* ⟨-oise [-waz]⟩ **1** *personne* höflich; **2** *poésie* höfisch; **amour ~** Minne *f*

courtoisie [kuRtwazi] *f* Höflichkeit *f*

couru [kuRy] *adj* ⟨~e⟩ **1** *spectacle* **être ~** großen Zulauf haben; **2** F **c'est ~** das steht fest

couscous [kuskus] *m* CUIS Kuskus *m*

▸ **cousin** [kuzɛ̃] *m* **1** Vetter *m*; Cousin *m*; **2** ZO Stechmücke *f*

▸ **cousine** [kuzin] *f* Cousine *ou* Kusine *f*

▸ **coussin** [kusɛ̃] *m* **1** Kissen *n*; *d'un fauteuil* Polster *n*; **2 ~ d'air** Luftkissen *n*

coussinet [kusinɛ] *m* **1** TECH Lager(-buchse) *n*(*f*); **2** *du chat* Sohlenballen *m*

cousu [kuzy] *p/p* → **coudre** *et adj* ⟨~e⟩ genäht; **~ main** handgenäht; F *fig* **du ~ main** F große Klasse

coût [ku] *m* Kosten *pl*; **~ de la vie** Lebenshaltungskosten *pl*

coûtant [kutɑ̃] *adj* **(au) prix ~** (zum) Selbstkostenpreis *m*

▸ **couteau** [kuto] *m* ⟨~x⟩ **1** Messer *n*; **~ à cran d'arrêt** Springmesser *n*; **~ de cuisine, de poche** Küchen-, Taschenmesser *n*; *fig* **être à ~x tirés** einander spinnefeind sein; **2** ZO Messermuschel *f*

coutelas [kutlɑ] *m* Fleischermesser *n*

coutellerie [kutɛlRi] *f* Schneidwaren(industrie *f*, -geschäft *n*) *f/pl*

▸ **coûter** [kute] **I** *v/t efforts, vie* kosten (**à qn** j-n); **II** *v/i* kosten; **~ cher** teuer sein; viel (Geld) kosten; *fig* **~ cher à qn** j-n teuer zu stehen kommen; ▸ **combien ça coûte?** wie viel *ou* was kostet das?; *fig* **coûte que coûte** koste es, was es wolle; *fig* **il m'en coûte de** (+ *inf*) es fällt mir schwer zu (+ *inf*)

coûteux [kutø] *adj* ⟨-euse [-øz]⟩ teuer; kostspielig

coutil [kuti] *m* Drell *m*; Drillich *m*

coutume [kutym] *f* Brauch *m*; Sitte *f*; **comme de ~** wie üblich; wie gewohnt; **avoir ~ de** (+ *inf*) die Gewohnheit haben zu (+ *inf*); pflegen zu (+ *inf*); **la ~ veut que …** (+ *subj*) es ist Sitte, dass …

coutumier [kutymje] *adj* ⟨-ière [-jɛR]⟩ **1** **il est ~ du fait** er ist dafür bekannt; **2** **droit ~** Gewohnheitsrecht *n*

couture [kutyR] *f* **1** *action* Nähen *n*; Schneidern *n*; Näherei *f*; **2** *profession* Modebranche *f*; **'haute ~** Haute Couture *f*; **maison** *f* **de ~** Modesalon *m*; **3** (*points*) Naht *f* (*a cicatrice*); *fig* **battre qn à plate(s) ~(s)** j-n haushoch schlagen

couturier [kutyRje] *m* **grand ~** berühmter Modeschöpfer

couturière [kutyRjɛR] *f* Schneiderin *f*; Näherin *f*

couvée [kuve] *f* Brut *f*

couvent [kuvɑ̃] *m* **1** Kloster *n*; **2** *pensionnat* Klosterschule *f*

couver [kuve] **I** *v/t* **1** *œufs* aus-, bebrüten; **2** *fig enfant* verhätscheln; verzärteln; **~ des yeux** zärtlich *ou* begehrlich anblicken; **3** *fig maladie* ausbrüten; **II** *v/i* **4** *oiseau* brüten; **5** *feu* schwelen

▸ **couvercle** [kuvɛRkl(ə)] *m* Deckel *m*

▸ **couvert** [kuvɛR] **I** *p/p* → **couvrir** *et adj* ⟨-erte [-ɛRt]⟩ **1** zugedeckt; bedeckt (*a ciel*); *marché* überdacht; *temps* trüb(e); **~ de** bedeckt mit; voll(er) (+ *subst*); **~ de sang** blutverschmiert; *personne* **être (bien) ~** warm angezogen sein; **2** *fig dire* **à mots ~s** durch die Blume; andeutungsweise; **II** *m* **1** *à table* Gedeck *n*; **mettre le ~** den Tisch decken; **2** (*cuiller et fourchette*) Besteck *n*; **3 sous (le) ~ de** unter dem Deckmantel von (*ou* + *gén*)

⚠ **couvert**	≠	**Kuvert**
le couvert	=	1. das Tafelgedeck 2. das Besteck
das Kuvert	=	l'enveloppe *f*

▸ **couverture** [kuvɛRtyR] *f* **1** Decke *f*; Bettdecke *f*; **~ chauffante** Heizdecke *f*; *fig* **tirer la ~ à soi** auf s-n Vorteil bedacht sein; alles für sich beanspruchen; **2** *d'un livre* Einband *m*; Deckel *m*; *d'un magazine* Cover *n*; Umschlag *m*; **3**

CONSTR Bedachung *f*; Dach *n*; **4** MIL, FIN Deckung *f*; **~ *sociale*** soziale Absicherung; soziales Netz

couveuse [kuvøz] *f* MÉD Brutkasten *m*

couvre|-chef [kuvʀəʃɛf] *plais m* ⟨couvre-chefs⟩ Kopfbedeckung *f*; **~-feu** *m* ⟨couvre-feux⟩ Ausgangssperre *f*; **~-lit** *m* ⟨couvre-lits⟩, **~-pied(s)** *m* ⟨couvre-pieds⟩ Tagesdecke *f*

couvreur [kuvʀœʀ] *m* Dachdecker *m*

▸ **couvrir** [kuvʀiʀ] ⟨je couvre, il couvre, nous couvrons; je couvrais; je couvris; je couvrirai; que je couvre; couvrant; couvert⟩ **I** *v/t* **1** zu-, bedecken (***de*** mit); *personne a* warm anziehen; *toit* decken; **2** *fig* überschütten, überhäufen (***de*** mit); **~ *de baisers*** mit Küssen bedecken; **3** MIL sichern; decken; *fig* **~ *qn*** j-n decken; j-m Rückendeckung geben; **4** *distance* zurücklegen; *période* umfassen; *secteur* versorgen; **5** *son, voix* übertönen; **6** *frais* decken; *assurance*: *risques* (ab)decken; absichern; **7** *journaliste*: *événement* (ausführlich) berichten über (+ *acc*); **II** *v/pr* ***se ~*** **8** *personne* sich warm anziehen; **9** *ciel* sich bewölken; sich beziehen

covoiturage [kovwatyʀaʒ] *m* Fahrgemeinschaft *f*

cow-boy [kobɔj] *m* ⟨cow-boys⟩ Cowboy *m*

coyote [kɔjɔt] *m* Kojote *m*; Präriewolf *m*

C.P. [sepe] *m abr* → ***cours*** *1*

C.Q.F.D. [sekyɛfde] *abr* (*ce qu'il fallait démontrer*) was zu beweisen war

crabe [kʀab] *m* Krebs *m*; Krabbe *f*

crac [kʀak] *int* krach!; knack(s)!

crachat [kʀaʃa] *m* Auswurf *m*; Spucke *f*

craché [kʀaʃe] *adj* ⟨~e⟩ ***c'est son père tout ~*** er ist s-m Vater wie aus dem Gesicht geschnitten

cracher [kʀaʃe] **I** *v/t* **1** *bonbon, etc* ausspucken; *du sang* spucken; **2** *volcan*: *lave* auswerfen; *feu, flammes* speien; **3** F *fig* **~ (*de l'argent*)** F Geld ausspucken; **4** *fig injures* ausstoßen; **II** *v/i* **5** (aus)spucken; **6** F *fig* ***ne pas ~ sur qc*** kein Verächter von etw sein

crachin [kʀaʃɛ̃] *m* Sprüh-, Nieselregen *m*

crachoir [kʀaʃwaʀ] *m* Spucknapf *m*

crachoter [kʀaʃɔte] *v/i* **1** häufig (aus-) spucken; **2** *haut-parleur* knattern

crack [kʀak] *m* **1** F (*as*) F Kanone *f*; F Ass *n*; **2** *drogue* Crack *n*

crado [kʀado] F *adj* ⟨*f inv*⟩ schmutzig; schmuddelig

▸ **craie** [kʀɛ] *f* Kreide *f*

▸ **craindre** [kʀɛ̃dʀ(ə)] *v/t* ⟨je crains, il craint, nous craignons; je craignais; je craignis; je craindrai; que je craigne; craignant; craint⟩ **1** **~ *qn, qc*** j-n, etw fürchten; sich vor j-m, etw fürchten; *abs* **~ *pour qn*** um j-n, um das Leben j-s fürchten, bangen; **~ *que … (ne)*** (+ *subj*) (be)fürchten, dass …; **2** *plantes* **~ *la gelée*** Frost nicht vertragen; **3** F ***ça ne craint rien*** da besteht keine Gefahr; **4** *abs* F ***ça craint*** F das ist mies

▸ **crainte** [kʀɛ̃t] *f* Furcht *f*; Befürchtung *f*; Angst *f*; Scheu *f*; ***dans la ~ de*** *ou* ***de ~ de*** aus Angst, Furcht zu (+ *inf*) *ou* vor (+ *dat*)

craintif [kʀɛ̃tif] *adj* ⟨-ive [-iv]⟩ furchtsam; ängstlich

cramer [kʀame] F *v/i plat* anbrennen; *maison* abbrennen

cramoisi [kʀamwazi] *adj* ⟨~e⟩ leuchtend rot; hochrot; *teint* F knallrot

crampe [kʀɑ̃p] *f* Krampf *m*; **~ *d'estomac*** Magenkrampf *m*

crampon [kʀɑ̃pɔ̃] *m* **1** TECH Klammer *f*; *de chaussures* Stollen *m*; Spike *m*; **2** F *fig* ***quel ~!*** F so e-e Klette!

cramponner [kʀɑ̃pɔne] *v/pr* ***se ~ à*** sich klammern an (+ *acc*) (*a fig*)

cran [kʀɑ̃] *m* **1** (*entaille*) Einschnitt *m*; Kerbe *f*; Stufe *f* (*a fig*); *d'une ceinture* Loch *n*; TECH Raste *f*; **2** F (*courage*) Kühnheit *f*; F Schneid *m*; **3** F *fig* ***il est à ~*** F er ist auf hundertachtzig; **4** *coiffure* ***~s*** *pl* Wellen *f/pl*

▸ **crâne** [kʀɑn] *m* Schädel *m*

crâner [kʀɑne] *v/i* F angeben

crân|eur [kʀɑnœʀ] *m*, **~euse** [-øz] *f* F Angeber(in) *m(f)*

crânien [kʀɑnjɛ̃] *adj* ⟨-ienne [-jɛn]⟩ Schädel…

crapaud [kʀapo] *m* Kröte *f*

crapule [kʀapyl] *f péj* Lump *m*

crapuleux [kʀapylø] *adj* ⟨-euse [-øz]⟩ ***crime ~*** Raubmord *m*

craquant [kʀakɑ̃] *adj* ⟨-ante [-ɑ̃t]⟩ F süß; allerliebst

craque [kʀak] F *f* Lüge(nmärchen) *f(n)*

craquelé [kʀakle] *adj* ⟨~e⟩ mit feinen Rissen; rissig

craquement [kʀakmɑ̃] *m* Knacken *n*; Knarren *n*; Krachen *n*

C

craquer [kʀake] **I** *v/t allumette* anzünden; **II** *v/i* **1** knacken; *parquet* knarren; *biscotte* krachen; ***faire ~ ses doigts*** mit den Fingern knacken; **2** *couture* platzen; *fig* ***plein à ~*** zum Bersten, Brechen voll; brechend voll; **3** F (*céder à la tentation*) F schwach werden; ***~ pour qn, qc*** F auf j-n, etw stehen; ***il a craqué*** *ou* ***ses nerfs ont craqué*** er hat die Nerven verloren

crasse[1] [kʀas] *f* **1** Schmutz *m*; F Dreck *m*; **2** F *fig* ***faire une ~ à qn*** zu j-m gemein sein

crasse[2] *adj ignorance* krass

crasseux [kʀasø] *adj* ⟨-euse [-øz]⟩ verdreckt; dreckig

cratère [kʀatɛʀ] *m* Krater *m*

cravache [kʀavaʃ] *f* Reitpeitsche *f*

cravacher [kʀavaʃe] **I** *v/t* mit der Peitsche antreiben; **II** *v/i* F sich ranhalten

▸**cravate** [kʀavat] *f* Krawatte *f*; F Schlips *m*

crawl [kʀol] *m* Kraul *n*; Kraulen *n*; Kraulschwimmen *n*

▸**crayon** [kʀɛjõ] *m* (Blei-, Farb-, Zeichen)Stift *m*; ***~ feutre*** Filzstift *m*; Faserschreiber *m*; ***~ noir*** Bleistift *m*; ***~ optique*** Lichtstift *m*; ***~ rouge*** Rotstift *m*; ***~ à sourcils*** Augenbrauenstift *m*; ***~ de couleur*** Farb-, Buntstift *m*; ***dessin*** *m* ***au ~*** Bleistiftzeichnung *f*

crayonner [kʀɛjɔne] *v/t* kritzeln

créance [kʀeɑ̃s] *f* JUR Forderung *f*

créanc|ier [kʀeɑ̃sje] *m*, **~ière** [-jɛʀ] *f* Gläubiger(in) *m(f)*

créa|teur [kʀeatœʀ], **~trice** [-tʀis] **I** *m,f* Schöpfer(in) *m(f)*; Begründer(in) *m(f)*; **II** *adj* schöpferisch; kreativ

créatif [kʀeatif] *adj* ⟨-ive [-iv]⟩ kreativ

création [kʀeasjõ] *f* **1** REL ***la*** ♀ die Schöpfung; ***la ~ du monde*** die Erschaffung der Welt; **2** (*fondation*) Schaffung *f*; (Be)Gründung *f*; Errichtung *f*; **3** ART *activité* Schaffen *n*; *œuvre* Schöpfung *f*; **4** THÉ *d'un rôle* Kreieren *n*; *d'une pièce* Erstinszenierung *f*; **5** *des grands couturiers* Kreation *f*

créativité [kʀeativite] *f* Kreativität *f*

créature [kʀeatyʀ] *f* Geschöpf *n*; Kreatur *f*

crécelle [kʀesɛl] *f* Schnarre *f*; Knarre *f*; *fig* ***voix*** *f* ***de ~*** schrille Stimme

crèche [kʀɛʃ] *f* **1** BIBL Krippe *f*; **2** *pour enfants* Kinderkrippe *f*

crécher [kʀeʃe] *v/i* ⟨-è-⟩ F (*loger*) F hausen

créd|ibilité [kʀedibilite] *f* Glaubwürdigkeit *f*; **~ible** [-ibl(ə)] *adj* glaubwürdig

▸**crédit** [kʀedi] *m* **1** Kredit *m*; ***à ~*** Kredit…; auf Kredit, Borg, F Pump; ***faire ~ à qn*** j-m Kredit geben, gewähren; **2** (*prestige*) Ansehen *n*; Kredit *m*; **3** ***donner du ~ à qc*** e-r Sache (*dat*) Glauben schenken; **4** ***~s*** *pl* (Geld)Mittel *n/pl*; **5** COMPTABILITÉ Haben *n*

credit-bail *m* Leasing *n*

créditer [kʀedite] *v/t* ***~ un compte d'une somme*** e-m Konto e-n Betrag gutschreiben

créditeur [kʀeditœʀ] *adj* ⟨-trice [-tʀis]⟩ ***compte ~*** Aktivkonto *n*

credo [kʀedo] ÉGL, *fig* Credo *n*; Glaubensbekenntnis *n*

crédul|e [kʀedyl] *adj* leichtgläubig; **~ité** [-ite] *f* Leichtgläubigkeit *f*

▸**créer** [kʀee] *v/t* **1** REL (er)schaffen; **2** *œuvre artistique* schaffen; *produit, mode, rôle* kreieren; *spectacle* zum ersten Mal inszenieren; **3** (*fonder*) (be)gründen; errichten; ins Leben rufen; *emplois, besoins* schaffen; **4** ***~ des ennuis à qn*** j-m Ärger bereiten

crémaillère [kʀemajɛʀ] *f* **1** ***pendre la ~*** s-n Einzug in die neue Wohnung feiern; **2** ***chemin de fer*** *m* ***à ~*** Zahnradbahn *f*

crématoire [kʀematwaʀ] *adj* ***four*** *m* ***~*** Verbrennungsofen *m*

crématorium [kʀematɔʀjɔm] *m* Krematorium *n*

▸**crème** [kʀɛm] **I** *f* **1** *du lait* Sahne *f*; *südd* Rahm *m*; ***~ Chantilly*** [ʃɑ̃tiji] *ou* ***~ fouettée*** Schlagsahne *f*; *österr* Schlagobers *n*; (***café*** *m*) ***~*** *m* Milchkaffee *m*; **2** *entremets* Creme *f*; ***~ renversée*** gestürzter Pudding; **3** *produit de toilette* (Haut)Creme *f*; **4** *liqueur* ***~ de banane*** Bananenlikör *m*; **5** F ***c'est la ~ des hommes*** er ist der gutmütigste Mensch; **II** *adj* ⟨*inv*⟩ cremefarben

crémerie [kʀɛmʀi] *f* Milchgeschäft *n*

crémeux [kʀemø] *adj* ⟨-euse [-øz]⟩ sahnig

crémone [kʀemɔn] *f* Treibriegelverschluss *m*

créneau [kʀeno] *m* ⟨~x⟩ **1** FORTIF Zinne

f; **2** AUTO Parklücke *f*; ***faire un ~*** einparken; **3** ~ (***horaire***) freie Zeit; **4** ÉCON Marktlücke *f*

créole [kreɔl] **I** *adj* kreolisch; **II** *subst* **1** *m,f* Kreole *m*, Kreolin *f*; **2** LING ***le ~*** Kreol(isch) *n*

crêpe[1] [krɛp] *m* **1** TEXT Krepp *m*; **2** *en signe de deuil* Trauerflor *m*; **3** ***semelles f/pl*** (***de***) ~ Kreppsohlen *f/pl*

crêpe[2] *f* CUIS (dünner) Pfann-, Eierkuchen

crêper [krɛpe] **I** *v/t cheveux* toupieren; **II** *v/pr* F ***se ~ le chignon*** sich in die Haare geraten, kriegen

crépi [krepi] *m* (rauer) (Ver)Putz

crépir [krepir] *v/t* verputzen

crépiter [krepite] *v/i feu* knistern; prasseln; *applaudissements* aufbranden; aufbrausen; *mitrailleuse* knattern

crépon [krepõ] *adj* ***papier*** *m* ~ Krepppapier *n*

crépu [krepy] *adj* ⟨~e⟩ ***cheveux ~s*** Kraushaar *n*

crépuscule [krepyskyl] *m* (Abend-)Dämmerung *f*

cresson [krɛsõ, krə-] *m* Kresse *f*

crétacé [kretase] *m* Kreide(zeitalter) *f(n)*

crête [krɛt] *f du coq, d'une montagne, d'une vague* Kamm *m*; *d'un toit* First *m*; *d'un mur* Krone *f*

Crète [krɛt] ***la ~*** Kreta *n*

crét|in [kretɛ̃] *m*, **~ine** [-in] *f* **1** *péj* Dummkopf *m*; Idiot *m*; **2** *m* MÉD Kretin *m*

creuser [krøze] **I** *v/t* **1** graben; *tunnel a* bohren; *fosse, tranchée* ausheben; (*rendre creux*) aushöhlen; **2** *fig* ***~ l'estomac*** hungrig machen; *visage* ***creusé de rides*** verrunzelt; zerfurcht; **3** *fig sujet, question* vertiefen; **II** *v/i* **4** *dans la terre* graben; **5** F *fig* hungrig machen; **III** *v/pr* ***se ~*** **6** *joues* hohl werden; *fig fossé* sich auftun; **7** *fig* ***se ~ la cervelle*** sich den Kopf zerbrechen

creuset [krøzɛ] *m* Schmelztiegel *m* (*a fig*)

▸**creux** [krø] **I** *adj* ⟨creuse [krøz]⟩ **1** hohl (*a dent, joues*); ***assiette creuse*** tiefer Teller; **2** *fig* ***heures creuses*** verkehrsschwache Zeiten *f/pl*; Zeiten, in denen wenig Betrieb ist; **3** *son* hohl; **4** *fig phrases, discours* leer; hohl; **II** *m* **1** Vertiefung *f*; Mulde *f*; ***~ de l'estomac*** Magen-, Herzgrube *f*; *fig* ***j'ai un ~*** (***à l'estomac***) ich habe e-n leeren Magen; ***~ de la main*** hohle Hand; ***~ d'une vague*** Wellental *n*; **2** COMM Flaute *f*

crevaison [krəvɛzõ] *f* Reifenpanne *f*; F Platte(r) *m*

crevant [krəvɑ̃] *adj* ⟨-ante [-ɑ̃t]⟩ F **1** (*épuisant*) anstrengend; strapaziös; **2** (*drôle*) F zum Totlachen

crevasse [krəvas] *f* **1** *d'un mur, du sol* Riss *m*; **2** *de la peau* ***~s*** *pl* Schrunden *f/pl*; Risse *m/pl*; **3** Gletscherspalte *f*

crevassé [krəvase] *adj* ⟨~e⟩ rissig; *peau a* aufgesprungen

crève [krɛv] *f* F ***attraper la ~*** F sich den Tod holen

crève-cœur *m* ⟨*inv*⟩ Jammer *m*

crève-la-faim *m* ⟨*inv*⟩ F Hungerleider *m*

crever [krəve] ⟨-è-⟩ **I** *v/t* **1** (*faire éclater*) zum Platzen bringen; *pneu avec un couteau* zerstechen; aufschlitzen; *œil* ausschlagen; *fig* ***~ le cœur à qn*** j-m das Herz zerreißen, brechen; *fig* ***ça crève les yeux*** F das sieht doch ein Blinder; **2** F (*épuiser*) ***~ qn*** F j-n kaputtmachen; ***être crevé*** F kaputt, total erledigt sein; **II** *v/i* **3** (*éclater*) (auf-, zer)platzen; bersten; *abcès* aufgehen; *nuage* sich entladen; *pneu* platzen; *par ext* ***j'ai crevé*** F ich habe e-n Platten (gehabt); *fig* ***~ de jalousie*** vor Neid platzen; **4** F *animal, plante* eingehen; F kaputtgehen; P *personne* P krepieren; P verrecken; F *fig* ***~ de faim*** F vor Hunger vergehen; F ***chaleur*** *f* ***à ~*** F Bullen-, Bruthitze *f*; **III** *v/pr* **5** F ***se ~*** (***au travail***) F sich zu Tode arbeiten, schuften; **6** ***se ~ les yeux*** sich die Augen verderben

▸**crevette** [krəvɛt] *f* Garnele *f*; F Krabbe *f*; ***~ grise*** Sandgarnele *f*; ***~ rose*** rosa Garnele *f*

▸**cri** [kri] *m* Schrei *m*; Ruf *m*; ***~s*** *pl a* Geschrei *n*; Schreien *n*; *fig* ***le dernier ~*** der letzte Schrei; der Dernier Cri; ***~ d'alarme*** Warnruf *m*; ***~s de joie*** Freudengeschrei *n*; Jubel *m*; *fig* ***c'est le ~ du cœur*** das ist nicht gespielt

criailleries [krijɑjri] *f/pl* Gezeter *n*; Gekeife *n*

criant [krijɑ̃] *adj* ⟨-ante [-ɑ̃t]⟩ *injustice* schreiend

criard [krijar] *adj* ⟨-arde [-ard]⟩

enfant kreischend; **2** *couleur* grell; schreiend
C
crible [kʀibl(ə)] *m* Sieb *n*; *fig* ***passer au ~*** unter die Lupe nehmen
criblé [kʀible] *adj* ⟨~e⟩ ***~ de balles*** mit Kugeln durchsiebt; *fig* ***être ~ de dettes*** völlig verschuldet sein; F tief in Schulden stecken
cric [kʀik] *m* Wagenheber *m*
cri-cri F *m* ⟨*inv*⟩ Grille *f*
criée [kʀije] *f* (***vente*** *f* ***à la***) ~ öffentliche Versteigerung
▸ **crier** [kʀije] **I** *v/t* schreien; rufen; ***~ à qn de*** (+ *inf*) j-m zurufen zu (+ *inf*); ***~ vengeance*** nach Rache schreien; **II** *v/i* **1** schreien; rufen; ***~ au scandale*** es e-n Skandal nennen; ***~ au secours*** um Hilfe rufen, schreien; F ***~ après qn*** j-n anschreien; **2** (*grincer*) quietschen
crieur [kʀijœʀ] *m* ***~ de journaux*** Zeitungsverkäufer *m*
▸ **crime** [kʀim] *m* Verbrechen *n*; ***~ de guerre*** Kriegsverbrechen *n*; ***arme*** *f* ***du ~*** Tatwaffe *f*
Crimée [kʀime] ***la ~*** die Krim
criminalité [kʀiminalite] *f* Kriminalität *f*
▸ **criminel** [kʀiminɛl] **I** *adj* ⟨~le⟩ kriminell; verbrecherisch; JUR Kriminal…; Straf…; ***acte ~*** Verbrechen *n*; Straftat *f*; ***incendie ~*** Brandstiftung *f*; **II** *m* Verbrecher *m*; ***grand ~*** Schwerverbrecher *m*
crin [kʀɛ̃] *m* Rosshaar *n*; *fig* ***à tout ~*** mit Leib und Seele
crinière [kʀinjɛʀ] *f* Mähne *f* (*a fig*)
crique [kʀik] *f* kleine Bucht
criquet [kʀikɛ] *m* Feldheuschrecke *f*; ***~ pèlerin*** Wanderheuschrecke *f*
▸ **crise** [kʀiz] *f* **1** MÉD Anfall *m*; ***~ cardiaque*** Herzanfall *m*; *mortelle* Herzschlag *m*; ***~ de foie*** (akute) Leberbeschwerden *f/pl*; ***~ de larmes*** Weinkrampf *m*; ***~ de nerfs*** Nervenzusammenbruch *m*; F ***piquer une ~*** F e-n Tobsuchtsanfall kriegen; **2** POL, ÉCON Krise *f*; ***~ du logement*** Wohnungsnot *f*
crispant [kʀispɑ̃] *adj* ⟨-ante [-ɑ̃t]⟩ unerträglich; auf die Nerven gehend
crisper [kʀispe] *v/t* **1** verkrampfen; verzerren; **2** F *fig* ***~ qn*** F j-n nerven; F j-n auf die Palme bringen
crisser [kʀise] *v/i* *gravier* knirschen; *pneus* quietschen

cristal [kʀistal] *m* ⟨-aux [-o]⟩ **1** *verre* Kristall(glas) *n*; **2** CHIM, MINÉR Kristall *m*; ***~ de roche*** Bergkristall *m*; **3** ÉLECTRON ***cristaux*** *pl* ***liquides*** Flüssigkristalle *m/pl*
cristallin [kʀistalɛ̃] **I** *adj* ⟨-ine [-in]⟩ *eaux, son* kristallklar; **II** *m de l'œil* Linse *f*
cristalliser [kʀistalize] *v/i* (*et v/pr* ***se***) ~ **1** CHIM (aus)kristallisieren; ***sucre cristallisé*** (grober) Kristallzucker; **2** *fig et st/s* sich konkretisieren
critère [kʀitɛʀ] *m* Kriterium *n*
critérium [kʀiteʀjɔm] *m* SPORTS Kriterium *n*
critiquable [kʀitikabl(ə)] *adj* tadelnswert; zu kritisieren(d)
▸ **critique** [kʀitik] **I** *adj* kritisch; **II** *subst* **1** *f* Kritik *f* (*a coll et = désapprobation*); *d'un livre* Besprechung *f*; Rezension *f*; ***faire la ~ d'un livre*** ein Buch besprechen, rezensieren; ***formuler des ~s*** Kritik üben; **2** *m* Kritiker(in) *m(f)*; ***~ de cinéma*** Filmkritiker(in) *m(f)*
▸ **critiquer** [kʀitike] *v/t* kritisieren
croasser [kʀɔase] *v/i* krächzen
croate [kʀɔat] **I** *adj* kroatisch; **II** ♀ *m,f* Kroate *m*, Kroatin *f*
Croatie [kʀɔasi] ***la ~*** Kroatien *n*
croc [kʀo] *m* **1** Fangzahn *m*; *chien* ***montrer les ~s*** die Zähne fletschen; **2** *instrument* Haken(stange) *m(f)*
croc-en-jambe [kʀɔkɑ̃ʒɑ̃b] *m* ⟨crocs-en-jambe [kʀɔkɑ̃ʒɑ̃b]⟩ → ***croche-pied***
croche [kʀɔʃ] *f* Achtelnote *f*; ***double ~*** Sechzehntelnote *f*
croche-pied *m* ⟨croche-pieds⟩ ***faire un ~ à qn*** j-m ein Bein stellen (*a fig*)
crochet [kʀɔʃɛ] *m* **1** *pour suspendre* Haken *m*; **2** *aiguille* Häkelnadel *f*; ***faire du ~*** häkeln; **3** BOXE Haken *m*; **4** (*détour*) ***faire un ~*** e-n Abstecher machen (***par Reims*** nach Reims); **5** F *fig* ***vivre aux ~s de qn*** F j-m auf der Tasche liegen; **6** TYPO ***~s*** *pl* eckige Klammern *f/pl*
crocheter [kʀɔʃte] *v/t* ⟨-è-⟩ mit e-m Dietrich öffnen
crochu [kʀɔʃy] *adj* ⟨~e⟩ krumm; gebogen; hakenförmig
croco [kʀɔko] *m* ***sac*** *m* ***en ~*** Krokotasche *f*
crocodile [kʀɔkɔdil] *m* Krokodil *n*
crocus [kʀɔkys] *m* Krokus *m*
▸ **croire** [kʀwaʀ] ⟨je crois, il croit, nous

croyons; je croyais; je crus; je croirai; que je croie; croyant; cru〉 **I** *v/t* **~ qc** etw glauben; **~ qn** j-m glauben; ***je vous crois*** ich glaube (es) Ihnen; ***je vous crois capable de*** (+ *inf*) ich halte Sie für fähig zu (+ *inf*); **~ que …** glauben, dass …; ***je crois que non, que oui*** ich glaube nein, ja; ***on croirait que …, c'est à ~ que …*** man könnte meinen, (dass) …; ***à l'en ~*** nach dem, was er sagt; wenn man ihm glauben kann, soll; ***ne pas en ~ ses oreilles, ses yeux*** s-n Ohren, s-n Augen nicht trauen; ***faire ~ qc à qn*** j-m etw weismachen; **II** *v/t/indir* **~ à qc, à qn** an etw, an j-n glauben; **~ en qn** an j-n glauben; **~ en Dieu** an Gott glauben; **III** *v/i* glauben; REL *a* gläubig sein; **IV** *v/pr* **se ~** (*être prétentieux*) eingebildet sein; sehr von sich selbst überzeugt sein; ***il se croit intelligent*** er hält sich für intelligent; er glaubt, er sei intelligent

croisade [kRwazad] *f* Kreuzzug *m* (*a fig*)

croisé [kRwaze] **I** *adj* 〈~e〉 gekreuzt; *jambes* übereinander geschlagen; *veste* zweireihig; ***mots ~s*** Kreuzworträtsel *n(pl)*; *fig* ***rester les bras ~s*** die Hände in den Schoß legen; **II** *m* HIST Kreuzritter *m*, -fahrer *m*

croisée [kRwaze] *f* **1** *fig* ***être à la ~ des chemins*** am Scheideweg stehen; **2** Fenster(kreuz) *n*; **3** ARCH **~ *d'ogives*** Kreuzrippe *f*; **~ *du transept*** Vierung *f*

croisement [kRwazmɑ̃] *m* **1** (*carrefour*) Kreuzung *f*; **2** BIOL Kreuzen *n*, -ung *f*

croiser [kRwaze] **I** *v/t* **1** *bras* verschränken; kreuzen; *jambes* übereinander schlagen; **2 ~ *qn*** j-m begegnen; **3** *route*: *voie ferrée*, *etc* kreuzen; sich kreuzen mit; **4** BIOL kreuzen; **5 ~ *le fer*** die Klinge(n) kreuzen; **II** *v/i* **6** *vêtement* übereinander gehen; **7** MAR kreuzen; **III** *v/pr* **8 *se ~*** *routes*, *lettres* sich, einander kreuzen; *personnes*, *regards*, *véhicules* sich, einander begegnen; **9 *se ~ les bras*** die Arme verschränken, kreuzen; *fig* die Hände in den Schoß legen

croiseur [kRwazœR] *m* Kreuzer *m*

▸ **croisière** [kRwazjɛR] *f* Kreuzfahrt *f*

croisillon [kRwazijõ] *m* (Fenster-)Sprosse *f*

croissance [kRwasɑ̃s] *f* Wachstum *n*

▸ **croissant** [kRwasɑ̃] **I** *adj* 〈-ante [-ɑ̃t]〉 wachsend; steigend; zunehmend; **II** *m* **1** CUIS Hörnchen *n*; Croissant *n*; **2 ~ (*de lune*)** Mondsichel *f*; **3** ISLAM Halbmond *m*

croître [kRwatR(ə)] *v/i* 〈je croîs, il croît, nous croissons; je croissais; je crûs; je croîtrai; que je croisse; croissant; crû, crue〉 **1** BIOL wachsen; **2** (*augmenter*) (an)wachsen; zunehmen

▸ **croix** [kRwa] *f* Kreuz *n*; **~ *de guerre*** Kriegsverdienstkreuz *n*; ***en ~*** kreuzweise; über Kreuz; gekreuzt; ***les bras*** *m/pl* ***en ~*** mit ausgebreiteten Armen; *fig* ***c'est la ~ et la bannière*** F das ist (immer) ein furchtbares Theater; *fig* ***tu peux faire une ~ dessus*** das kannst du abschreiben, vergessen

Croix-Rouge: ***la ~*** das Rote Kreuz

croquant [kRɔkɑ̃] **I** *adj* 〈-ante [-ɑ̃t]〉 *biscuit* knusp(e)rig; *pomme* knackig; **II** *m péj* Bauer *m*

croque au sel [kRɔkosɛl] ***à la ~*** nur mit Salz (gewürzt)

croque-mitaine [kRɔkmitɛn] *m* 〈croque-mitaines〉 schwarzer Mann (*Kinderschreck*)

croque-monsieur [kRɔkmøsjø] *m* 〈*inv*〉 getoastetes Schinken-Käse-Sandwich

croque-mort [kRɔkmɔR] F *m* 〈croque-morts〉 Sargträger *m*

croquer [kRɔke] **I** *v/t* **1** *bonbon* zerbeißen; *biscuits*, *noisettes* knabbern; **~ (*dans*) *une pomme*** herzhaft in e-n Apfel beißen; F *fig* ***à ~*** F zum Anbeißen; **2** *fig argent* verprassen; durchbringen; **3** (*esquisser*) skizzieren; **II** *v/i* knacken; krachen

croquet [kRɔkɛ] *m* Krocket *n*

croquette [kRɔkɛt] *f* Krokette *f*

croquis [kRɔki] *m* Skizze *f*

cross [kRɔs] *m* Geländelauf *m*; ***vélo*** *m* **~** BMX-Rad *n*

crosse [kRɔs] *f* **1** *d'un fusil* Gewehrkolben *m*; ***à coups de ~*** mit Kolbenhieben; **2** ÉGL Bischofs-, Krummstab *m*; **3 ~ (*de hockey*)** (Hockey)Schläger *m*

crotale [kRɔtal] *m* Klapperschlange *f*

crotte [kRɔt] **I** *f* **1** *excrément* Kot(kugel) *m(f)*; F **~ *du nez*** F (Nasen)Popel *m*; **2 ~ *de, en chocolat*** Praline *f*; **II** *int* F verflixt!

crotté [kRɔte] *adj* 〈~e〉 dreckig

crottin [kRɔtɛ̃] *m* **1** *de cheval* Pferdeäpfel *m/pl*, -mist *m*; **2** kleiner runder Ziegenkäse

C

croulants [kRulɑ̃] *m/pl* F ***les ~*** die Alten *m/pl*; F die Gruftis *m/pl*

crouler [kRule] *v/i* zusammenbrechen (***sous*** unter + *dat*); *maison* einstürzen

croupe [kRup] *f* **1** *du cheval* Kruppe *f*; Kreuz *n*; ***prendre qn en ~*** j-n hinten aufsitzen lassen; **2** *d'une colline* Kuppe *f*

croupetons [kRuptõ] ***à ~*** (auf den Fersen) hockend, kauernd

croupier [kRupje] *m* Croupier *m*

croupion [kRupjõ] *m* Bürzel *m*

croupir [kRupiR] *v/i* **1** *eau* stehen und faulig werden; **2** *personne* dahinvegetieren

croustade [kRustad] *f* (Blätterteig)Pastete *f*

croustillant [kRustijɑ̃] *adj* ⟨-ante [-ɑ̃t]⟩ **1** knusp(e)rig; **2** *fig histoires* pikant

croûte [kRut] *f* **1** *du pain, d'un gratin* Kruste *f*; *du pain a, du fromage* Rinde *f*; F *fig* ***gagner sa ~*** F s-e Brötchen verdienen; **2** *sur une plaie* Schorf *m*; Kruste *f*; *nordd* Borke *f*; **3** ***~ terrestre*** Erdkruste *f*, -rinde *f*; **4** F *fig* (*mauvais tableau*) F Schinken *m*

croûter [kRute] *v/i* F futtern

croûton [kRutõ] *m* **1** *de pain* Anfangs- *ou* Endstück *n*; *nordd* Kanten *m*; *österr* Scherzel *n*; **2** gerösteter Brotwürfel; Croûton *m*

croyable [kRwajabl(ə)] *adj* ***à peine ~*** kaum glaublich; kaum zu glauben

croyance [kRwajɑ̃s] *f* Glaube(n) *m* (***à*** an + *acc*); ***~s religieuses*** Glaubensüberzeugungen *f/pl*

croyant [kRwajɑ̃] **I** *adj* ⟨-ante [-ɑ̃t]⟩ gläubig; religiös; **II** *m* Gläubige(r) *m*

C.R.S. [seɛRɛs] *abr* (*compagnies républicaines de sécurité*) *m* Bereitschaftspolizist *m*; ***les ~*** *m/pl* die Bereitschaftspolizei

►**cru**[1] [kRy] **I** *adj* ⟨~e⟩ **1** *aliment* roh; ungekocht; TECH Roh…; **2** *lumière* grell; **3** *propos* brutal; roh; *vérité* schonungslos; ungeschminkt; **4** ***monter à ~*** ohne Sattel reiten

cru[2] *m* **1** Wein(bau)gebiet *n*; *par ext* ***grand ~*** berühmter Wein; **2** *fig* ***de son ~*** F auf s-m Mist gewachsen

cru[3] *p/p* → ***croire***

crû [kRy] *p/p* → ***croître***

cruauté [kRyote] *f* Grausamkeit *f*

cruche [kRyʃ] *f* **1** Krug *m*; **2** F *péj* dumme Gans

crucial [kRysjal] *adj* ⟨~e; -aux [-o]⟩ entscheidend; ausschlaggebend

crucifier [kRysifje] *v/t* kreuzigen

crucifix [kRysifi] *m* Kruzifix *n*

crucifixion [krysifiksjõ] *f* Kreuzigung *f*

cruciforme [kRysifɔRm] *adj* ***vis*** *f* ***~*** Kreuzschlitzschraube *f*

cruciverbiste [kRysivɛRbist] *m,f* Kreuzworträtselfreund(in) *m(f)*

crudités [kRydite] *f/pl* Rohkost *f*; ***assiette*** *f* ***de ~*** Salatplatte *f*

crue [kRy] *f* Hochwasser *n*; *rivière* ***en ~*** Hochwasser führend

►**cruel** [kRyɛl] *adj* ⟨~le⟩ grausam; *épreuve, perte* schmerzlich; hart

crûment [kRymɑ̃] *adv dire* schonungslos; unverblümt

crustacés [kRystase] *m/pl* Krusten-, Krebstiere *n/pl*; Krebse *m/pl*

crypte [kRipt] *f* Krypta *f*

crypter [kRipte] *v/t* kodieren; verschlüsseln; ***chaîne cryptée*** Pay-TV *n*

cryptogamique [kRiptogamik] *adj* ***maladies*** *f/pl* ***~s*** Pilzkrankheiten *f/pl*

Cuba [kyba] Kuba *n*; ***à ~*** auf Kuba

cube [kyb] *m* **1** Würfel *m*; ***jeu*** *m* ***de ~s*** Bauklötzchen *n/pl*, -klötze *m/pl*; **2** *adjt* Kubik…; ***mètre*** *m* ***~*** Kubikmeter *m ou n*; **3** MATH Kubikzahl *f*; ***élever au ~*** in die dritte Potenz erheben; **4** CUIS Suppenwürfel *m*

cuber [kybe] *v/i* F ***ça cube*** F das läppert sich (zusammen)

cubique [kybik] *adj* **1** würfelförmig; **2** MATH ***racine*** *f* ***~*** Kubikwurzel *f*; dritte Wurzel

cubisme [kybism(ə)] *m* Kubismus *m*

cubitus [kybitys] *m* ANAT Elle *f*

cucul [kyky] *adj* ⟨*inv*⟩ F doof

cueillette [kœjɛt] *f action* Pflücken *n*; *résultat* Ernte *f*

►**cueillir** [kœjiR] *v/t* ⟨je cueille, il cueille, nous cueillons; je cueillais; je cueillis; je cueillerai; que je cueille; cueillant; cueilli⟩ **1** pflücken; *fruits a* ernten; **2** F ***~ qn*** F j-n schnappen

cui-cui [kɥikɥi] *int* piep, piep!

►**cuiller** *ou* **cuillère** [kɥijɛR] *f* **1** Löffel *m*; ***~ à café*** *ou* ***petite ~*** Kaffee-, Teelöffel *m*; ***~ à soupe*** Esslöffel *m*; **2** PÊCHE Spinner *m*

cuillerée [kɥij(e)ʀe] *f* Löffel *m* voll

▸**cuir** [kɥiʀ] *m* **1** Leder *n*; **2** ~ ***chevelu*** Kopfhaut *f*; **3** F (*liaison fautive*) falsche Bindung

cuirasse [kɥiʀas] *f* **1** HIST Harnisch *m*; Kürass *m*; *fig* ***défaut*** *m* ***de la*** ~ Schwachstelle *f*; **2** MAR, ZO, *fig* Panzer *m*

cuirassé [kɥiʀase] *m* Panzerkreuzer *m*

▸**cuire** [kɥiʀ] ⟨je cuis, il cuit, nous cuisons; je cuisais; je cuisis; je cuirai; que je cuise; cuisant; cuit⟩ **I** *v/t* **1** *légumes, viande à l'eau* kochen; *pain, gâteau* backen; *viande à la poêle ou au four* braten; *à feu doux* garen; **2** TECH brennen; **II** *v/i* **3** kochen; *pain* backen; *viande* braten; ***faire*** ~ ***qc*** etw kochen (lassen), backen, braten; **4** *peau, coup de soleil* brennen; **5** F *fig* ***on cuit ici*** F hier ist e-e Bullenhitze; **III** *v/imp fig* ***il lui en cuira*** das wird er bereuen

cuisant [kɥizɑ̃] *adj* ⟨-ante [-ɑ̃t]⟩ *déception* bitter; *échec* schmählich

▸**cuisine** [kɥizin] *f* **1** *pièce* Küche *f*; **2** (*art culinaire*) Küche *f*; (*plats préparés*) Kost *f*; **3** (*préparation des aliments*) Kochen *n*; ***faire la*** ~ kochen; das Essen (zu)bereiten; **4** *fig et péj* üble Praktiken *f/pl*, Machenschaften *f/pl*

cuisiner [kɥizine] **I** *v/t* **1** kochen; (zu-)bereiten; ***plat cuisiné*** Fertiggericht *n*; **2** F *fig* ~ ***qn*** F j-n ausquetschen, bearbeiten; **II** *v/i* kochen (können)

cuisinette [kɥizinɛt] *f* Kochnische *f*

▸**cuisinier** [kɥizinje] *m* Koch *m*

▸**cuisinière** [kɥizinjɛʀ] *f* **1** Köchin *f*; **2** (Küchen)Herd *m*; ~ ***électrique*** Elektroherd *m*

cuiss|ard [kɥisaʀ] *m* Radhose *f*; **~arde** [-aʀd] *f* Anglerstiefel *m*

cuisse [kɥis] *f* **1** ANAT (Ober)Schenkel *m*; **2** CUIS **~*s de grenouille*** Froschschenkel *m/pl*; ~ ***de poulet*** Hühnerkeule *f*, -schlegel *m*

cuisseau [kɥiso] *m* ⟨~x⟩ Kalbskeule *f*

cuisson [kɥisõ] *f* **1** CUIS Kochen *n*; Backen *n*; Braten *n*; Garen *n*; **2** TECH Brennen *n*

cuissot [kɥiso] *m* Keule *f*; Schlegel *m*

cuistot [kɥisto] F *m* Koch *m*

cuistre [kɥistʀ(ə)] *litt m* Schulmeister *m* (*fig*)

cuit [kɥi] *p/p* → ***cuire*** *et adj* ⟨cuite [kɥit]⟩ **1** CUIS gekocht; gebacken; gebraten; (***assez***) ~ gar; *bifteck* ***bien*** ~ gut durchgebraten; **2** F *fig* ***il est*** ~ jetzt ist er erledigt; *fig* ***c'est du tout*** ~ das kann gar nicht schief gehen

cuite [kɥit] F *f* Rausch *m*; ***prendre une*** (***bonne***) ~ F sich volllaufen lassen

▸**cuivre** [kɥivʀ(ə)] *m* **1** Kupfer *n*; ~ ***jaune*** Messing *n*; ~ ***rouge*** reines Kupfer; **2** **~*s*** *pl* Kupfergeschirr *n*; **3** MUS **~*s*** *pl* Blech(blas)instrumente *n/pl*

cuivré [kɥivʀe] *adj* ⟨~e⟩ kupferfarben; rötlich (braun)

cul [ky] *m* **1** P Arsch *m*; F ***être comme*** ~ ***et chemise*** unzertrennlich sein; **2** *adjt* ***ce qu'il est*** **~*!*** F ist der blöd!; **3** *d'une bouteille, casserole* Boden *m*; *fig* ***faire*** ~ ***sec*** ex trinken

culasse [kylas] *f d'un moteur* Zylinderkopf *m*

culbute [kylbyt] *f* ***faire une*** ~ ***dans l'escalier*** die Treppe (kopfüber) hinunterstürzen, -kollern; F *fig* ***faire la*** ~ **a)** Pleite machen; **b)** COMM F e-n Reibach von 100 Prozent machen

culbuter [kylbyte] **I** *v/t* umwerfen; **II** *v/i* umkippen

cul-de-jatte [kydʒat] *m* ⟨culs-de-jatte⟩ Krüppel *m* ohne Beine

cul-de-poule [kydpul] ***bouche*** *f* ***en*** ~ verkniffener Mund

cul-de-sac [kydsak] *m* ⟨culs-de-sac⟩ Sackgasse *f* (*a fig*)

culée [kyle] *f* ARCH Widerlager *n*

culinaire [kylinɛʀ] *adj* Koch…; ***art*** *m* ~ Kochkunst *f*

culminant [kylminɑ̃] *adj* ***point*** ~ höchster Punkt; *fig* Höhepunkt *m*

culot [kylo] *m* **1** F (*effronterie*) Frechheit *f*; Unverfrorenheit *f*; Dreistigkeit *f*; Unverschämtheit *f*; **2** *d'une ampoule* Sockel *m*

▸**culotte** [kylɔt] *f* **1** (kurze) Hose; *sous-vêtement féminin* Schlüpfer *m*; F *fig femme* ***porter la*** ~ F die Hosen anhaben; **2** BOUCHERIE Hüfte *f*

culotté [kylɔte] F *adj* ⟨~e⟩ frech; unverfroren; dreist; unverschämt

culpabiliser [kylpabilize] *v/t* Schuldgefühle erwecken (***qn*** bei j-m)

culpabilité [kylpabilite] *f* Schuld *f*; ***sentiment*** *m* ***de*** ~ Schuldgefühl *n*

culte [kylt] *m* **1** REL, *fig* Kult *m*; *fig* ~ ***de la personnalité*** Personenkult *m*; **2** (*religion*) Religion *f ou* Konfession *f*; **3**

PROT Gottesdienst *m*; **4** *adjt* Kult…; ***film-~*** *m* Kultfilm *m*

cultiva|teur [kyltivatœʀ] *m*, **~trice** [-tʀis] *f* Landwirt(in) *m(f)*

cultivé [kyltive] *adj* ⟨~e⟩ **1** (*instruit*) gebildet; **2** ***plante ~e*** Kulturpflanze *f*; ***surface ~e*** Anbaufläche *f*

▸ **cultiver** [kyltive] **I** *v/t* **1** *terre, champ* bebauen; bestellen; *céréales, légumes* anbauen; kultivieren; *fleurs* züchten; **2** *fig dons, relations* pflegen; kultivieren; **II** *v/pr* ***se ~*** sich bilden

▸ **culture** [kyltyʀ] *f* **1** AGR *d'une terre* Bebauung *f*; Bestellung *f*; *de légumes, de fruits* Anbau *m*; ***~s*** *pl* bebautes, bestelltes Land; Kulturland *n*; **2** BIOL Kultur *f*; **3** *d'une personne* Bildung *f*; Kultur *f*; ***~ générale*** Allgemeinbildung *f*; **4** (*civilisation*) Kultur *f*; ***~ occidentale*** abendländische Kultur; **5** ***~ physique*** Leibesübungen *f/pl*

culturel [kyltyʀɛl] *adj* ⟨~le⟩ **1** kulturell; Kultur…; **2** Bildungs…

culturisme [kyltyʀism(ə)] *m* Bodybuilding *n*

cumin [kymɛ̃] *m* Kümmel *m*

cumul [kymyl] *m* Häufung *f*; ***~ de fonctions*** Ämterhäufung *f*

cumulard [kymylaʀ] *péj m* Doppelverdiener *m*

cumuler [kymyle] *v/t traitements* gleichzeitig beziehen; *fonctions* auf sich vereinigen

cumulus [kymylys] *m* Haufenwolke *f*; Kumulus *m*

cunéiforme [kyneifɔʀm] *adj* ***écriture f ~*** Keilschrift *f*

cupid|e [kypid] *adj* habgierig; **~ité** [-ite] *f* Hab-, Geldgier *f*

cura|teur [kyʀatœʀ] *m*, **~trice** [-tʀis] *f* JUR Pfleger(in) *m(f)*

curatif [kyʀatif] *adj* ⟨-ive [-iv]⟩ Heil…

cure¹ [kyʀ] *f* **1** MÉD Kur *f*; ***~ de raisin*** Traubenkur *f*; ***~ de repos*** Erholungskur *f*; **2** ***n'avoir ~ de qc*** sich (*acc*) um etw nicht kümmern

cure² *f* CATH Pfarrstelle *f*

curé [kyʀe] *m* CATH Pfarrer *m*

cure-dent *m* ⟨cure-dents⟩ Zahnstocher *m*

curée [kyʀe] *f* Jagd *f* (*nach Posten, Ehren*)

curer [kyʀe] **I** *v/t* reinigen; säubern; **II** *v/pr* ***se ~ les ongles*** sich die Nägel reinigen, sauber machen

curetage [kyʀtaʒ] *m* MÉD Ausschabung *f*

curie [kyʀi] *f* CATH Kurie *f*

curieusement [kyʀjøzmɑ̃] *adv* seltsam(-), merkwürdig(erweise)

▸ **curieux** [kyʀjø] **I** *adj* ⟨-euse [-øz]⟩ **1** (*indiscret*) neugierig; **2** (*intéressé*) wissbegierig; interessiert; ***être ~ de savoir qc*** auf etw (*acc*) neugierig, gespannt sein; **3** (*bizarre*) seltsam; eigenartig; merkwürdig; sonderbar; kurios; **II** *subst* ***les ~*** *m/pl* die Neugierigen *m/pl*, Schaulustigen *m/pl*

curiosité [kyʀjozite] *f* **1** (*indiscrétion*) Neugier(de) *f*; **2** ***~*** (***d'esprit***) Wissbegier *f*; Wissensdrang *m*; **3** *d'une ville* ***~s*** *pl* Sehenswürdigkeiten *f/pl*; **4** (*objet rare*) Kuriosität *f*

curiste [kyʀist] *m,f* Kurgast *m*

curling [kœʀliŋ] *m* Eis(stock)schießen *n*

curriculum (vitae) [kyʀikylɔm(vite)] *m* (*abr* ***C.V.***) Lebenslauf *m*

curry [kyʀi] *m* Curry *n ou m*

curseur [kyʀsœʀ] *m* **1** INFORM Cursor *m*; **2** TECH Läufer *m*

cursus [kyʀsys] *m* Studiengang *m*

cutané [kytane] *adj* ⟨~e⟩ Haut…

cuti [kyti] *f abr* → ***cuti-réaction***; F *fig* ***virer sa ~*** völlig umschwenken

cuti-réaction *f* ⟨cuti-réactions⟩ ***~*** (***à la tuberculine***) Tuberkulinprobe *f*

cuve [kyv] *f* Bottich *m*; Bütte *f*; ***~ à mazout*** (Heiz)Öltank *m*

cuvée [kyve] *f* Jahrgang *m* (*a fig*)

cuver [kyve] *v/t* F *fig* ***~ son vin*** s-n Rausch ausschlafen

cuvette [kyvɛt] *f* **1** (Wasch)Schüssel *f*; *de W.-C.* Klosettbecken *n*, -schüssel *f*; **2** GÉOGR Kessel *m*

CV *abr* → ***cheval*** *5*

▸ **C.V.** [seve] *m abr* (*curriculum vitae*) Lebenslauf *m*

cyanure [sjanyʀ] *m* ***~*** (***de potassium***) Zyankali *n*

cybermonde [sibɛʀmɔ̃d] *m* Cyberspace *m*

cybernétique [sibɛʀnetik] *f* Kybernetik *f*

cyclable [siklabl(ə)] *adj* ***piste f ~*** Rad(fahr)weg *m*

cyclamen [siklamɛn] *m* Alpenveilchen *n*

cycle [sikl(ə)] *m* **1** Zyklus *m*; *dans la na-*

ture Kreislauf *m*; **2** ÉTUDES ***premier ~*** 1.-4. Gymnasialklasse *f*; *à l'université* Grundstudium *n*; ***second ~*** 5.-7. Gymnasialklasse *f* (*Abschluss „baccalauréat"*); *à l'université* Hauptstudium *n*; ***troisième ~*** Aufbau- und Promotionsstudium *n*
cycles [sikl(ə)] *m/pl* Fahrräder *n/pl* (und Mofas *n/pl*); ADM Zweiräder *n/pl*
cyclisme [siklism(ə)] *m* Radsport *m*
▸ **cycliste** [siklist] **I** *adj* (Fahr)Rad…; ***coureur m ~*** Radrennfahrer *m*; **II** *subst* **1** *m,f* Radfahrer(in) *m(f)*; F Radler(in) *m(f)*; **2** *m* Radlerhose *f*
cyclo|-cross [siklokʀɔs] *m* ⟨*inv*⟩ Querfeldeinrennen *n*; **~moteur** *m* Mofa *n*
cyclone [siklon] *m* **1** Wirbelsturm *m*; **2** *fig personne* Wirbelwind *m*
cyclo|-pousse [siklopus] *m* ⟨cyclo-pousses⟩ Fahrradrikscha *f*; **~tourisme** *m* Radwandern *n*
cygne [siɲ] *m* Schwan *m*
cylindre [silɛ̃dʀ(ə)] *m* TECH, MATH Zylinder *m*; (*rouleau*) Walze *f*; AUTO ***une six ~s*** ein Sechszylinder *m*
cylindr|ée [silɛ̃dʀe] *f* Hubraum *m*; **~ique** [-ik] *adj* zylindrisch
cymbale [sɛ̃bal] *f* MUS Becken *n*
cyn|ique [sinik] *adj* zynisch; **~isme** [-ism(ə)] *m* Zynismus *m*
cyprès [sipʀɛ] *m* Zypresse *f*
cyrillique [siʀilik] *adj* kyrillisch
cystite [sistit] *f* Blasenentzündung *f*
cytise [sitiz] *m* BOT Goldregen *m*

D

D, d [de] *m* ⟨*inv*⟩ D, d *n*; F ***système m D*** Kniffe *m/pl*; F Drehs *m/pl*
d' [d] → ***de***
▸ **d'abord** [dabɔʀ] → ***abord*** *3*
dactylo [daktilo] *f* **1** *personne* Schreibkraft *f*; **2** *action* Maschine(n)schreiben *n*
dactylograph|ie [daktilɔgʀafi] *f* Maschine(n)schreiben *n*; **~ier** [-je] *v/t* mit, auf der Maschine schreiben; (ab)tippen
dada [dada] *m* **1** *enf* Hottepferd *n*; **2** F *fig* Lieblingsthema *n*; Steckenpferd *n*
dadais [dadɛ] *m* (***grand***) **~** Tollpatsch *m*
dahlia [dalja] *m* Dahlie *f*
daigner [deɲe] *v/t* **~** (+ *inf*) die Güte haben, *iron* geruhen zu (+ *inf*)
daim [dɛ̃] *m* **1** ZO Damhirsch *m*; **2** *cuir* Wildleder *n*
dais [dɛ] *m* Baldachin *m*
dallage [dalaʒ] *m* Plattenbelag *m*
dalle [dal] *f* **1** Steinplatte *f*; Fliese *f*; **2** P ***se rincer la ~*** F einen heben, kippen; **3** F ***que ~*** nichts
dalton|ien [daltɔnjɛ̃] **I** *adj* ⟨-ienne [-jɛn]⟩ farbenblind; **II** *m* Farbenblinde(r) *m*; **~isme** [-ism(ə)] *m* Farbenblindheit *f*
dam [dam, dɑ̃] ***au grand ~ de*** zum großen Missfallen, Unwillen (+ *gén*)
damas [dama] *m* Damast *m*
Damas [damas] Damaskus *n*
damassé [damase] *adj* ⟨~e⟩ Damast…
▸ **dame** [dam] *f* **1** Dame *f*; Frau *f*; ***~ de compagnie*** Gesellschafterin *f*; **2** JEUX Dame *f*; ***jeu m de ~s*** Damespiel *n*; ***jouer aux ~s*** Dame spielen
damer [dame] *v/t* **1** *pion* zur Dame machen; *fig* ***~ le pion à qn*** j-n ausstechen; **2** TECH (fest)stampfen
damier [damje] *m* **1** Damebrett *n*; **2** Schachbrett-, Würfelmuster *n*
damnation [danasjõ] *f* Verdammung *f*; *état* Verdammnis *f*
damné [dane] *m* REL ***les ~s*** die Verdammten *pl*; *fig* ***souffrir comme un ~*** Höllenqualen leiden
damner [dane] *v/t* verdammen
dancing [dɑ̃siŋ] *m* Tanzlokal *n*, -diele *f*
dandiner [dɑ̃dine] *v/pr* ***se ~*** hin und her schwanken, schaukeln; *en marchant* watscheln
▸ **Danemark** [danmaʀk] ***le ~*** Dänemark *n*
▸ **danger** [dɑ̃ʒe] *m* Gefahr *f*; ***~ de mort*** Lebens-, Todesgefahr *f*; ***sans ~*** ungefährlich; gefahrlos; ***être en ~*** in Gefahr sein, schweben; gefährdet sein; ***mettre en ~*** in Gefahr bringen; gefährden
▸ **dangereux** [dɑ̃ʒʀø] *adj* ⟨-euse [-øz]⟩

gefährlich; ***zone dangereuse*** Gefahrenzone *f*

▸**danois** [danwa] **I** *adj* ⟨-oise [-waz]⟩ dänisch; **II** ♀(**e**) *m(f)* Däne *m*, Dänin *f*

▸**dans** [dɑ̃] *prép* **1** *lieu*: **a**) *question «wo?»*: in (+ *dat*); ~ ***Paris*** in(nerhalb von) Paris; ~ ***la Drôme, le Var****, etc* im Departement Drôme, Var *etc*; ~ ***la foule*** in der Menge; ~ ***la rue*** auf der Straße; *par ext* ~ ***Sartre*** bei Sartre; ***il est*** ~ ***sa chambre*** er ist in, auf s-m Zimmer; ***boire*** ~ ***une tasse*** aus e-r Tasse trinken; ~ ***tout ce qu'il fait*** bei allem, was er tut; ***il est*** ~ ***le commerce*** er ist im Handel tätig; **b**) *question «wohin?»*: in (+ *acc*); in … hinein; ***entrer*** ~ ***la maison*** ins Haus (hinein)gehen; **2** *temps*: **a**) in (+ *dat*); ~ ***une semaine*** in e-r Woche; **b**) innerhalb von (*ou* + *gén*); binnen (+ *dat*); ~ ***les 24 heures*** innerhalb von, binnen 24 Stunden; ~ ***l'année*** im Laufe des Jahres; **3** *manière*: ~ ***un accident*** bei e-m Unfall; ~ ***ces circonstances*** unter diesen Umständen; **4** ~ ***les …*** etwa; ungefähr; um die …

dansant [dɑ̃sɑ̃] *adj* ⟨-ante [-ɑ̃t]⟩ **1** Tanz…; ***soirée*** ~***e*** Tanzabend *m*; **2** tanzend (*a fig reflets*)

▸**danse** [dɑ̃s] *f* Tanz *m*; ~ ***classique*** klassisches Ballett; ~ ***de salon*** Gesellschaftstanz *m*; ~ ***du ventre*** Bauchtanz *m*

▸**danser** [dɑ̃se] *v/t et v/i* tanzen; ***faire*** ~ ***qn*** mit j-m tanzen

dans|eur [dɑ̃sœʀ] *m*, ~**euse** [-øz] *f* Tänzer(in) *m(f)*; ***danseurs*** *pl a* Tanzende(n) *pl*; CYCLISME ***en danseuse*** in den Pedalen stehend

Danube [danyb] ***le*** ~ die Donau

dard [daʀ] *m* Stachel *m*

darder [daʀde] *v/t soleil* ~ ***ses rayons*** brennen; sengen; ~ ***un regard sur qn*** j-n mit e-m Blick durchbohren

dare-dare [daʀdaʀ] F *adv* F dalli, dalli!; in aller Eile; schnurstracks

darne [daʀn] *f* Fischsteak *n*; (Fisch-)Scheibe *f*

dartres [daʀtʀ(ə)] *f/pl* (Haut)Flechten *f/pl*

▸**date** [dat] *f* **1** Datum *n*; ~ ***de naissance*** Geburtsdatum *n*; **2** Zeitpunkt *m*; Termin *m*; ADM *a* Stichtag *m*; ***à cette*** ~ zu diesem Zeitpunkt; ***de fraîche*** ~ neueren Datums; ***de longue*** ~ seit langem; seit langer Zeit; *adj* langjährig; *fig* ***faire*** ~ e-n bedeutenden Einschnitt darstellen; Epoche machen

dater [date] **I** *v/t* datieren (*a œuvre*); **II** *v/i* **1** ~ ***de*** stammen, datieren aus; ***à*** ~ ***de*** ab …; von … an, ab; **2** (*être démodé*) veraltet sein

datif [datif] *m* Dativ *m*; Wemfall *m*

datt|e [dat] *f* Dattel *f*; ~**ier** [-je] *m* Dattelpalme *f*

daube [dob] *f* Schmoren *n*; *par ext* Schmorbraten *m*

dauphin [dofɛ̃] *m* **1** ZO Delphin *m*; **2** HIST ♀ Dauphin *m* (*frz Thronfolger*); **3** *fig* Kronprinz *m*

daurade [dɔʀad] *f* ZO Dorade *f*; Goldbrassen *m*

davantage [davɑ̃taʒ] *adv* (noch) mehr; ~ ***que*** mehr als

D.C.A. [desea] *f abr* (*défense contre avions*) Flak *f*

▸**de** [d(ə)] ⟨*vor Vokal u stummem h* **d'**; *„de le" wird zu* **du**, *„de les" zu* **des** *zusammengezogen*⟩ **I** *prép* **1** *lieu*: **a**) *origine, point de départ* von; aus; von … her; von … aus; *particule de noblesse* von; ***venir de l'étranger, de la gare*** aus dem Ausland, vom Bahnhof kommen; ▸ ***de la porte à la fenêtre*** von der Tür zum Fenster; ***de ville en ville*** von Stadt zu Stadt; **b**) *direction*: ***le train de Paris*** der Zug von *ou* nach Paris; **2** *temps*: ***de jour*** bei, am Tag(e); tagsüber; *ne rien faire* **de** (**toute**) ***la journée*** den ganzen Tag; ▸ ***de lundi à jeudi*** von Montag bis Donnerstag; **3** *appartenance*: von; *souvent traduit par un génitif* ***le livre de Pierre*** Peters Buch; das Buch von Peter; ***le prix du pain*** der Brotpreis; **4** *cause*: ***de colère, honte*** vor Zorn, Scham; ***trembler de froid*** vor Kälte zittern; ***se plaindre de qn, qc*** sich über j-n, etw *ou* wegen j-m, etw beklagen; **5** *matière*: aus; von; ***plaque*** *f* ***de marbre*** Marmorplatte *f*; Platte *f* aus Marmor; **6** *contenu*: *non traduit*; ***trois verres de vin*** drei Glas Wein; ***collection*** *f* ***de timbres*** Briefmarkensammlung *f*; **7** *moyen, outil*: mit; ***coup*** *m* ***de matraque*** Schlag *m* mit dem Gummiknüppel; ***se nourrir de riz*** sich von Reis ernähren; **8** *sujet, thème*: über (+ *acc*); von; ***parler de qn, qc*** von j-m, etw, über j-n, etw sprechen; **9** *manière*: ***de force*** mit Gewalt; ***d'un pas ferme*** mit festem Schritt; festen Schrittes; ▸ ***de plus en plus grand*** immer größer; ***livres*** *m/pl* ***d'enfants*** Kinderbücher *n/pl*; ***père*** *m* ***de cinq enfants*** Vater *m* von fünf Kindern; F ***le ciel est d'un bleu!*** F der Himmel ist unwahrscheinlich blau!; **10** *fonction syntaxique*: ***le mois de mai*** der Monat Mai; ***la ville de Paris*** die Stadt Paris; ***une drôle de voiture*** ein komisches Auto; ***âgé de dix ans*** zehn Jahre alt; ***la hauteur est de trois mètres*** die Höhe beträgt drei Meter; ***cesser de parler*** aufhören zu sprechen; ***et tout le monde de rire*** und alle fingen an zu lachen; ***en voici une de terminée*** hier ist e-e fertig; ***qc de beau*** etwas Schönes; ***qn de résolu*** jemand Entschlossenes; ***si j'étais*** (***que***) ***de vous*** ich an Ihrer Stelle; wenn ich Sie wäre; **II** *article partitif*: *souvent non traduit*; **1** ***de l'eau, des épinards, du pain, de la salade*** Wasser *n*, Spinat *m*, Brot *n*, Salat *m*; F ***du solide*** etwas Solides; ***écouter du Mozart*** Mozart hören; ***du bon travail*** gute Arbeit; ***de*** *ou* F ***des belles fleurs*** schöne Blumen *f/pl*; ***travailler pour de l'argent*** für Geld arbeiten; **2** *seulement* ***de***: ***beaucoup d'argent*** viel Geld; ***un litre de lait*** ein Liter Milch; ***il n'a jamais eu de succès*** er hat nie Erfolg gehabt

dé[1] [de] *m* **1** (Spiel)Würfel *m*; *fig* ***les ~s sont jetés*** die Würfel sind gefallen; ***jouer aux ~s*** würfeln; **2** CUIS ***couper en ~s*** in Würfel schneiden

dé[2] *m* ~ (***à coudre***) Fingerhut *m*

dé... [de] *préfixe* ⟨*vor Vokal* ***dés...***, *vor s meist* ***des...***⟩ *souvent* ent...; Ent...

dealer [dilœʀ] *m* Dealer *m*

déambuler [deɑ̃byle] *v/i* umhergehen, -schlendern

débâcle [debɑkl(ə)] *f* **1** MIL wilde Flucht; Auflösung *f*; **2** *fig* Zusammenbruch *m*; Debakel *n*

déball|age [debalaʒ] *m* **1** Auspacken *n*; **2** F *fig* rückhaltloses Geständnis; **~er** [-e] *v/t* auspacken (*a* F *fig*)

débandade [debɑ̃dad] *f* Auseinanderlaufen *n*; wilde Flucht

débaptiser *v/t* umbenennen; umtaufen

débarbouiller **I** *v/t* ~ ***qn*** j-m das Gesicht sauber machen; **II** *v/pr* ***se*** ~ sich (rasch) das Gesicht waschen

débarcadère [debaʀkadɛʀ] *m* Landungsbrücke *f*, -steg *m*; Anlegestelle *f*; Pier *m ou f*

débardeur [debaʀdœʀ] *m* Pullunder *m*

débarquement [debaʀkəmɑ̃] *m* **1** Anlandgehen *n*; Aussteigen *n*; **2** Ausladen *n*; MAR Löschen *n*; **3** MIL Landung *f*

débarquer [debaʀke] **I** *v/t* **1** *marchandises* ausladen; MAR löschen; *passagers* an Land setzen; **2** F *fig* ~ ***qn*** F j-n ausbooten; **II** *v/i* **3** an Land gehen; von Bord gehen (*a* AVIAT); **4** F *fig* ~ ***chez qn*** F bei j-m hereingeschneit kommen, aufkreuzen; **6** F *fig* ***il débarque*** F er lebt hinter dem Mond

débarras [debaʀa] *m* **1** F ***bon ~!*** F e-e wahre Erlösung!; **2** *lieu* Abstellraum *m*; Rumpelkammer *f*

débarrasser [debaʀase] **I** *v/t* befreien (***de*** von); *place* frei machen; räumen; *pièce* ausräumen; *table* abräumen; ***débarrasser qn de qc*** j-n von etw befreien; j-m etw abnehmen; ***être débarrassé de qn, qc*** j-n, etw los sein, vom Halse haben; **II** *v/pr* ▸ ***se débarrasser de qc, de qn*** sich e-r Sache, j-s entledigen; sich etw, j-n vom Halse schaffen; etw, j-n loswerden

débat [deba] *m* Debatte *f*; Erörterung *f*; Aussprache *f*; Diskussion *f*; POL ***~s*** *pl* Debatte *f*

débattre ⟨→ battre⟩ **I** *v/t* debattieren, diskutieren über (+ *acc*); erörtern; *prix* aushandeln; *prix* ***à*** ~ nach Vereinbarung; **II** *v/pr* ***se*** ~ **1** um sich schlagen; sich wehren; **2** *fig* sich herumschlagen (***contre*** mit)

débauche [deboʃ] *f* **1** Ausschweifung *f*; JUR Unzucht *f*; **2** *fig* ***une*** ~ ***de*** e-e verschwenderische Fülle von

débauché(e) [deboʃe] *m(f)* Wüstling *m*; liederliches Frauenzimmer

débaucher [deboʃe] *v/t* **1** (*détourner de son travail*) von der Arbeit abbringen; *chercheur, sportif* abwerben; **2** (*licencier*) entlassen; **3** F (*distraire*) verführen; verleiten

débile [debil] **I** *adj* F blöd; F doof; F schwachsinnig; **II** *m,f* **1** ~ ***mental(e)*** Schwachsinnige(r) *f(m)*; **2** F Idiot(in) *m(f)*

débilitant [debilitɑ̃] *adj* ⟨-ante [-ɑ̃t]⟩ de-

moralisierend; deprimierend
débilité [debilite] *f* Schwachsinn *m*
débiner F **I** *v/t* schlecht machen; **II** *v/pr* ***se ~*** F abhauen
débit [debi] *m* **1** *de marchandises* Absatz *m*; Vertrieb *m*; Umsatz *m*; **2** ***~ de boissons*** (Getränke)Ausschank *m*; ***~ de tabac*** Tabakladen *m*; *österr* (Tabak)Trafik *f*; **3** *(manière de parler)* Sprechweise *f*; *rapide* Redefluss *m*; **4** *d'un robinet, etc* Durchflussmenge *f*; **5** COMM Soll *n*
débiter [debite] *v/t* **1** *marchandises* absetzen; vertreiben; umsetzen; *boissons* ausschenken; **2** *péj sottises* von sich geben; F verzapfen; *par cœur* her(unter)leiern; **3** *bois* zuschneiden; *animal* zerlegen; **4** COMM ***~ un compte d'une somme*** ein Konto mit e-m Betrag belasten
débi|teur [debitœʀ] *m*, ***~trice*** [-tʀis] *f* Schuldner(in) *m(f)*
déblaiement [deblɛmɑ̃] *m* Freimachen *n*; Aufräumen *n*
déblais [deblɛ] *m/pl* Aushub *m*; Abraum *m*
déblatérer [deblateʀe] *v/t/indir* ⟨-è-⟩ ***~ contre*** herziehen über (+ *acc*)
déblayer [debleje] *v/t* ⟨-ay- *od* -ai-⟩ **1** *rue, entrée* frei machen; aufräumen; *décombres* wegschaffen; weg-, abräumen; **2** *terrain* abtragen; *terre* ausheben; **3** *fig* ***~ le terrain*** den Weg ebnen; die Bahn frei machen
débloquer **I** *v/t* **1** *freins* lösen; *serrure* wieder gängig machen; **2** *prix, etc* freigeben; ***~ les salaires*** den Lohnstopp aufheben; **II** F *v/i* F Quatsch reden
déboires [debwaʀ] *m/pl* (bittere) Enttäuschungen *f/pl*; Verdruss *m*
déboiser *v/t* abholzen; entwalden
déboîter [debwate] **I** *v/t* MÉD aus-, verrenken; auskugeln; **II** *v/i* AUTO ausscheren
débonnaire [debɔnɛʀ] *adj* gutmütig
débordant [debɔʀdɑ̃] *adj* ⟨-ante [-ɑ̃t]⟩ *joie* überströmend; überschwänglich; *activité* rastlos; *imagination* blühend
débordé [debɔʀde] *adj* ⟨~e⟩ ***être ~*** überlastet sein
débordement [debɔʀdəmɑ̃] *m* **1** *d'un fleuve* Übertreten *n*; *d'un récipient* Überlaufen *n*; **2** *fig* ***~ de joie*** Überschwang *m* der Freude; **3** ***~s*** *pl* Exzesse *m/pl*; Ausschweifungen *f/pl*
déborder *v/i* **1** *fleuve* über die Ufer treten; *liquide, récipient* überlaufen; F überschwappen; *fig* ***faire ~ le vase*** das Fass zum Überlaufen bringen; **2** *fig* ***~ d'enthousiasme*** vor *ou* von Begeisterung überströmen; ***~ de vie*** vor *ou* von Lebenslust, Temperament übersprudeln, überschäumen
débouché *m* **1** *d'une rue* Einmündung *f*; *d'une vallée* Ausgang *m*; **2** ÉCON Absatzmarkt *m*; **3** *pl* ***~s*** Berufsaussichten *f/pl*
déboucher **I** *v/t* **1** *bouteille* aufmachen; öffnen; entkorken; **2** *évier* frei machen; **II** *v/i* **3** ***~ de*** (heraus)kommen aus; **4** *chemin* ***~ dans*** (ein)münden in (+ *acc*); **5** *fig* ***~ sur*** einmünden in (+ *acc*); führen zu
débouler [debule] *v/i* (*a v/t*) ***~ (l'escalier*** die Treppe) F hinunterkullern, -purzeln
déboulonner *v/t* **1** abschrauben; **2** F fig ***~ qn*** F j-n absägen
débourser [debuʀse] *v/t* ausgeben
déboussoler [debusɔle] F *v/t* ***~ qn*** j-n aus der Fassung bringen; ***déboussolé*** rat-, hilflos
debout [d(ə)bu] *adv et adj* ⟨*inv*⟩ **1** stehend; aufrecht (stehend); ***place*** *f* ***debout*** Stehplatz *m*; ▸ ***être debout*** stehen; ***manger debout*** im Stehen essen; ***mettre qc debout*** etw (auf)stellen; ***rester debout*** stehen bleiben; ***ne plus tenir debout*** sich nicht mehr auf den Beinen halten können; **2** auf; aufgestanden; ***être debout*** auf sein; auf den Beinen sein; ***rester debout*** aufbleiben; **3** *fig histoire* ***à dormir debout*** ganz unwahrscheinlich; *argument* ***tenir debout*** Hand und Fuß haben
déboutonner **I** *v/t* aufknöpfen; **II** *v/pr* ***se ~*** s-e Jacke *etc* aufknöpfen
débraillé [debʀɑje] *adj* ⟨~e⟩ *personne* nachlässig, schlampig, (allzu) salopp gekleidet; *allure* salopp; lässig
débrancher *v/t* den Stecker (+ *gén*) herausziehen; *circuit* ab-, ausschalten
débrayage [debʀɛjaʒ] *m* **1** AUTO Auskuppeln *n*; **2** *fig* Arbeitsniederlegung *f*; Ausstand *m*
débrayer [debʀeje] *v/i* ⟨-ay- *od* -ai-⟩ **1** AUTO auskuppeln; (auf) die Kupplung treten; **2** *fig* die Arbeit niederlegen; in den Ausstand treten

débridé *adj* ⟨~e⟩ zügellos; ungezügelt; hemmungslos
débris [debʀi] *m/pl* **1** *de verre, etc* Scherben *f/pl*; *d'une statue, etc* Trümmer *pl*; **2** *fig* Überreste *m/pl*; Trümmer *pl*
débrouillard [debʀujaʀ] *adj* ⟨-arde [-aʀd]⟩ pfiffig; findig; F gewieft
débrouillardise [debʀujaʀdiz] *f* Improvisationskunst *f*; F Gewieftheit *f*
débrouiller **I** *v/t* **1** entwirren (*a fig*); **2** F ***débrouiller qn*** j-m die Grundbegriffe beibringen; **II** *v/pr* ▸ ***se débrouiller*** sich (*dat*) zu helfen wissen; zurechtkommen; zurande kommen; F sich durchwursteln
débroussailler [debʀusaje] *v/t* **1** das Gestrüpp entfernen (***qc*** von, aus); **2** *fig* Licht bringen in (+ *acc*)
débusquer [debyske] *v/t* **1** aufscheuchen; aufstöbern; **2** *fig de sa position* verdrängen
▸ **début** [deby] *m* **1** Anfang *m*; Beginn *m*; ***au ~*** anfangs; am Anfang, zu Beginn (***de*** *gén*); ***du ~ à la fin*** von Anfang bis Ende; ***~ mai*** Anfang Mai; ***en ~ de semaine*** (am) Anfang der Woche; **2** *pl* ***~s*** Debüt *n*; ***faire ses ~s*** sein Debüt geben; **3** *fig pl* ***~s*** Anfänge *m/pl*; erste Schritte *m/pl*
débutant [debytɑ̃] **I** *adj* ⟨-ante [-ɑ̃t]⟩ angehend; **II** *subst* **1** ***~(e)*** *m(f)* Anfänger(in) *m(f)*; **2** ***~e*** *f* Debütantin *f*
débuter *v/t et v/i* **1** anfangen; beginnen; ***~ dans la vie*** ins Leben treten; **2** *artiste* debütieren
déca [deka] *m* F *abr* → ***décaféiné***
deçà [dəsa] ***en ~ de*** diesseits (+ *gén*)
décacheter *v/t* ⟨-tt-⟩ *lettre* öffnen; aufreißen
décade [dekad] *f* Dekade *f*
décadence *f* Dekadenz *f*; Kulturverfall *m*; Niedergang *m*
décadent [dekadɑ̃] *adj* ⟨-ente [-ɑ̃t]⟩ dekadent
décaféiné [dekafeine] *adj* ⟨~e⟩ koffeinfrei; entkoffeiniert; *subst* ***du ~*** koffeinfreier Kaffee
décalage [dekalaʒ] *m* **1** Verschiebung *f*; ***~ horaire*** Zeitunterschied *m*; **2** *fig* Diskrepanz *f*; Missverhältnis *n*
décalcification [dekalsifikasjõ] *f* Kalziumverlust *m*; Kalkmangel *m*
décalcomanie [dekalkɔmani] *f* Abziehbild *n*
décaler *v/t* verschieben; *dans le temps a* verlegen
décalquer *v/t* ab-, durchpausen
décamper *v/i* F sich aus dem Staub machen; F abhauen
décan [dekɑ̃] *m* ASTR Dekade *f*
décaniller [dekanije] *v/i* F abhauen
décanter [dekɑ̃te] **I** *v/t* **1** *liquide* klären; **2** *fig idées* sich abklären lassen; **II** *v/pr* ***se ~*** **3** sich klären; ***laisser ~*** absetzen lassen; **4** *fig* sich klären
décapant [dekapɑ̃] **I** *m* Abbeizmittel *n*; **II** *adj* ⟨-ante [-ɑ̃t]⟩ *fig* ätzend
décaper [dekape] *v/t* abbeizen; *par ext* blank scheuern
décapiter [dekapite] *v/t* **1** *personne* enthaupten; köpfen (*a arbre*); **2** *fig* führerlos machen
décapotable [dekapɔtabl(ə)] *adj* (***voiture*** *f*) ***~*** *f* Kabriolett *n*
décapsul|er [dekapsyle] *v/t bouteille* öffnen; aufmachen; ***~eur*** [-œʀ] *m* Flaschenöffner *m*
décarcasser [dekaʀkase] *v/pr* F ***se ~*** F sich abrackern
décathlon [dekatlõ] *m* Zehnkampf *m*
décati [dekati] *adj* ⟨~e⟩ abgelebt; verblüht; gealtert
décavé [dekave] *adj* ⟨~e⟩ F **1** ruiniert; F pleite; **2** *physiquement* mitgenommen
décéder *v/i* ⟨-è-; être⟩ (ver)sterben; ***décédé*** verstorben
déceler [desle] *v/t* ⟨-è-⟩ **1** (*découvrir*) nachweisen; feststellen; **2** (*indiquer*) ***~ qc*** etw erkennen lassen; auf etw (*acc*) schließen lassen
décélération [deseleʀasjõ] *f* **1** TECH Geschwindigkeitsabnahme *f*; **2** *fig* Verlangsamung *f*
▸ **décembre** [desɑ̃bʀ(ə)] *m* Dezember *m*
décemment [desamɑ̃] *adv* → ***décent***
décence [desɑ̃s] *f* **1** (*bienséance*) Anstand *m*; Schicklichkeit *f*; **2** (*tact*) Zurückhaltung *f*; Diskretion *f*
décennie [deseni] *f* Jahrzehnt *n*
décent [desɑ̃] *adj* ⟨-ente [-ɑ̃t]⟩ **1** *tenue, propos, etc* anständig; schicklich; geziemend; **2** *conditions, salaire, etc* annehmbar; akzeptabel
décentraliser *v/t* dezentralisieren; *entreprise* in die Provinz verlegen
déception [desɛpsjõ] *f* Enttäuschung *f*

décerner *v/t* **1** zuerkennen; *prix a* verleihen; **2** JUR **~ *un mandat d'arrêt*** Haftbefehl erlassen

décès [desɛ] *m* Ableben *n*; Tod *m*; Todes-, Sterbefall *m*

D

décevant [des(ə)vɑ̃] *adj* ⟨-ante [-ɑ̃t]⟩ enttäuschend

▸**décevoir** [des(ə)vwaʀ] *v/t* ⟨→ recevoir⟩ enttäuschen

déchaîné [deʃene] *adj* ⟨~e⟩ entfesselt; *mer, passions a* aufgewühlt; *personne* außer Rand und Band

déchaînement [deʃɛnmɑ̃] *m* Entfesselung *f*; Ausbruch *m*; *des éléments* Aufruhr *m*

déchaîner [deʃene] **I** *v/t éléments, passions* entfesseln; *hilarité* hervorrufen; *colère* auslösen; entfachen; **II** *v/pr* ***se ~*** **1** *tempête* losbrechen; toben; wüten; *passions* ausbrechen; **2** *personne* toben, F losziehen (***contre*** gegen)

déchanter *v/i* zurückstecken

▸**décharge** *f* **1** ÉLECT Entladung *f*; ***recevoir une ~*** e-n elektrischen Schlag bekommen; sich elektrisieren; **2 ~ *publique*** Müllkippe *f*; Deponie *f*; **3** JUR, COMM Entlastung *f*

déchargement *m* Entladung *f*; Ausladen *n*

décharger ⟨-ge-⟩ **I** *v/t* **1** *véhicule, marchandise* ent-, ausladen; *personne* s-e Last abnehmen (+ *dat*); **2** *arme à feu* **a)** entladen; **b)** (*tirer*) abfeuern (***sur*** auf + *acc*); **3** *batterie* entladen; **4** *fig* **~ *qn*** (***d'un travail***) j-n (in s-r Arbeit) entlasten; j-m Arbeit abnehmen; **5** *fig sa conscience* entlasten; erleichtern; *sa colère* **~ *sur qn*** an j-m auslassen; **6** JUR entlasten; **II** *v/pr* **7 *se ~ d'un travail sur qn*** e-e Arbeit an j-n abgeben; **8** *batterie* ***se ~*** sich entladen

décharné [deʃaʀne] *adj* ⟨~e⟩ abgemagert

déchausser **I** *v/t* **~ *qn*** j-m die Schuhe ausziehen; **II** *v/pr* ***se ~*** **1** (sich) die Schuhe ausziehen; **2** *dent* locker, lose werden

dèche [dɛʃ] *f* F (Geld)Klemme *f*

déchéance [deʃeɑ̃s] *f* **1** Verfall *m*; Niedergang *m*; Zerrüttung *f*; **2** JUR Verwirkung *f*; Aberkennung *f*

déchet [deʃɛ] *m* **1** *pl* ▸ ***déchets*** Abfälle *m/pl*; Abfall *m*; ***déchets radioactifs, nucléaires*** Atommüll *m*; **2** *fig* ***un déchet de l'humanité*** ein heruntergekommenes Subjekt

déchetterie [deʃɛtʀi] *f* Müllsammelstelle *f*

déchiffrer *v/t* **1** *écriture, texte* entziffern; *message secret* entschlüsseln; dechiffrieren; **2** MUS vom Blatt spielen *ou* singen

déchiqueter [deʃikte] *v/t* ⟨-tt-⟩ in Stücke, Fetzen reißen; zerfetzen

déchirant [deʃiʀɑ̃] *adj* ⟨-ante [-ɑ̃t]⟩ herzzerreißend

déchirement [deʃiʀmɑ̃] *m* **1** tiefer (seelischer) Schmerz; **2** *pl* **~*s*** (innere) Zerrissenheit; Zwietracht *f*

déchirer [deʃiʀe] **I** *v/t* **1** zerreißen; **~ *en morceaux*** in Stücke reißen; **2** *fig* **~ (*le cœur de*) *qn*** j-m das Herz zerreißen; **3** *peuple* entzweien; spalten; **II** *v/pr* ***se ~*** zerreißen; *corde, sachet, muscle* reißen; *au bord* einreißen

déchirure [deʃiʀyʀ] *f* Riss *m*; **~ *musculaire*** Muskelriss *m*

déchoir *v/i* ⟨*déf*: je déchois, il déchoit, nous déchoyons; je déchus; déchu; avoir *u* être⟩ *socialement* (ab)sinken; *physiquement* verfallen

déchu [deʃy] *p/p* → ***déchoir*** *et adj* ⟨~e⟩ abgesunken; heruntergekommen; *souverain* gestürzt; abgesetzt; ***ange ~*** gefallener Engel

de-ci [dəsi] *adv* **~ *de-là*** hier und da

décibel [desibɛl] *m* Dezibel *n*

▸**décidé** [deside] *adj* ⟨~e⟩ **1** *personne, attitude* entschlossen; *attitude a* entschieden; (sehr) bestimmt; ***être ~ à faire qc*** entschlossen sein, etw zu tun; **2** *chose* entschieden; beschlossen

décidément [desidemɑ̃] *adv* (also) wirklich; wahrhaftig

▸**décider** [deside] **I** *v/t* **1 *décider qc*** etw beschließen; ***décider de*** (+ *inf*) beschließen zu (+ *inf*); **2 *décider qn à qc*** j-n zu etw bestimmen, veranlassen, bewegen; **II** *v/t/indir* **3 *décider de qc*** über etw (*acc*) entscheiden; etw bestimmen; **III** *v/i* **4** entscheiden; bestimmen; **IV** *v/pr* ▸ ***se décider*** **5** sich entschließen (***à qc*** zu etw; ***à faire qc*** etw zu tun); **6** (*choisir*) sich entscheiden (***pour*** für); **7** *issue, avenir* sich entscheiden

décideur [desidœʀ] *m* Entscheidungsträger *m*

décimal [desimal] *adj* ⟨~e; -aux [-o]⟩

Dezimal…; Zehner…

décimale [desimal] *f* Dezimale *f*; Dezimalstelle *f*

décimer [desime] *v/t* dezimieren

décimètre [desimɛtʀ(ə)] *m* **1** Dezimeter *m ou n*; **2** ***double*** **~** Lineal *n* von 20 cm Länge

décisif [desizif] *adj* ⟨-ive [-iv]⟩ entscheidend; ausschlaggebend; maßgeblich

▸**décision** [desizjõ] *f* **1** Entscheidung *f*; *d'un comité a* Beschluss(fassung) *m(f)*; (*résolution*) Entschluss *m*; ADM *a* Entscheid *m*; Bescheid *m*; ***prendre une*** **~** e-e Entscheidung treffen; e-n Beschluss *ou* Entschluss fassen; **2** *qualité* Entschiedenheit *f*; Bestimmtheit *f*

déclam|ation [deklamasjõ] *f* Deklamation *f*; **~er** [-e] *v/t* deklamieren

▸**déclaration** [deklaʀasjõ] *f* **1** Erklärung *f*; Aussage *f*; Deklaration *f*; ***faire une*** **~** e-e Erklärung abgeben; **2** **~** (***d'amour***) Liebeserklärung *f*; **3** ADM Anmeldung *f*; Anzeige *f*; Erklärung *f*; Deklaration *f*; **~ *d'impôts*** Steuererklärung *f*

déclaré [deklaʀe] *adj* ⟨~e⟩ *ennemi, etc* erklärt

▸**déclarer** [deklaʀe] **I** *v/t* **1** (*faire savoir*) erklären; äußern; bekannt geben; **2** ADM (an)melden; angeben; anzeigen; COMM *a* deklarieren; *à la douane* verzollen; **II** *v/pr* ***se*** **~** **3** sich äußern, Stellung nehmen (***sur un point*** zu e-m Punkt); **4** *amoureux* sich erklären; **5** *incendie, maladie* ausbrechen

déclasser *v/t* **1** deklassieren; sozial zurücksetzen; **2** *personnel, hôtel* niedriger einstufen; zurückstufen; SPORTS zurückversetzen

déclench|er [deklɑ̃ʃe] **I** *v/t* auslösen (*a* TECH); **II** *v/pr* ***se*** **~** ausgelöst werden; *crise, guerre* ausbrechen; **~eur** [-œʀ] *m* PHOT Auslöser *m*

déclic [deklik] *m* **1** TECH Auslösevorrichtung *f*, -knopf *m*; **2** *bruit* Klicken *n*; *fig* ***il y a eu un*** **~** F da machte es klick

déclin [deklɛ̃] *m* **1** Niedergang *m*; Schwinden *n*; Verfall *m*; **2** *st/s* **~ *du jour*** Abenddämmerung *f*

déclinaison [deklinɛzõ] *f* GR, PHYS Deklination *f*

décliner [dekline] **I** *v/t* **1** (*refuser*) ablehnen; **2** *identité* angeben; **3** GR deklinieren; **II** *v/i* verfallen; *forces a* nachlassen; schwinden; *st/s jour* sich neigen

déclivité [deklivite] *f* Gefälle *n*

décocher *v/t* **1** *flèche* abschießen; abschnellen; **2** *fig remarque* fallen lassen; *regard* zuwerfen (***à qn*** j-m)

décod|er *v/t* dekodieren; **~eur** [-œʀ] *m* Decoder *m*

décoiffer *v/t* **1** **~ *qn*** die Frisur, Haare j-s in Unordnung bringen; **2** F *fig* ***ça décoiffe*** F das ist 'ne Wucht

décoincer *v/t* ⟨-ç-⟩ **1** lockern; **2** F *fig* **~ *qn*** j-n lockerer, ungezwungener werden lassen

décolérer [dekɔleʀe] *v/i* ⟨-è-⟩ ***ne pas*** **~** immer noch wütend sein

décollage *m* Start *m*; Abheben *n*

décollé [dekɔle] *adj* ⟨~e⟩ *oreilles* abstehend

▸**décoller** **I** *v/t* ablösen; abmachen; **II** *v/i* **1** *avion* starten; abheben; **2** F ***ne pas*** **~** nicht von der Stelle weichen; **3** ÉCON e-n Aufschwung nehmen; **4** F (*maigrir*) F vom Fleisch fallen; **III** *v/pr* ***se*** **~** *affiche, etc* sich ablösen; abgehen; *enveloppe* aufgehen; *meuble, livre* F aus dem Leim gehen

décolleté [dekɔlte] **I** *adj* ⟨~e⟩ *robe* (tief) ausgeschnitten; *femme* dekolletiert; **II** *m* Dekolleté *n*; (tiefer) Ausschnitt

décolonisation [dekɔlɔnizasjõ] *f* Entkolonialisierung *f*

décoloré *adj* ⟨~e⟩ *cheveux* gebleicht; *tissu* ausgeblichen; verschossen

décolorer **I** *v/t* bleichen; **II** *v/pr* **1** ***se*** **~** (***les cheveux***) sich das Haar bleichen; **2** ***se*** **~** *tissu* (aus-, ver)bleichen; verschießen

décombres [dekõbʀ(ə)] *m/pl* Trümmer *pl*; Schutt *m*

décommander **I** *v/t marchandises* abbestellen; *invitation* absagen; *invités* ausladen; **II** *v/pr* ***se*** **~** absagen

décomposer **I** *v/t* **1** (in s-e Bestandteile) zerlegen; **2** *personne* ***décomposé*** bleich und mitgenommen aussehend; **II** *v/pr* ***se*** **~** sich zersetzen; verwesen

décomposition *f* **1** Zerlegung *f* (***en*** in + *acc*); **2** Zersetzung *f*; Verwesung *f*

décompress|er [dekõpʀese] *v/i* F den Stress loswerden; relaxen; **~ion** [-jõ] *f* Druckabfall *m*, -verminderung *f*

décompt|e *m* **1** (*déduction*) Abzug *m*; **2** *d'un total* Abrechnung *f*; Aufschlüsselung *f*; **~er** [-e] *v/t* abziehen; abrechnen

D

déconcerter *v/t* verwirren; durcheinander bringen; verunsichern; irritieren
déconfit *adj* ⟨-ite [-it]⟩ betreten; enttäuscht
déconfiture *f* F Pleite *f*

D

décongeler *v/t* ⟨-è-⟩ (wieder) auftauen
décongestionner [dekõʒɛstjɔne] *v/t route, etc* entlasten
déconnecter I *v/t* ÉLECT trennen (*a fig*); unterbrechen; abklemmen; **II** *v/pr* INFORM **se ~** (sich) ausloggen
déconner [dekɔne] *v/i* F Mist reden *ou* machen; *appareil* F spinnen
déconseiller *v/t* **~ qc à qn** j-m von etw abraten
déconsidérer *v/t* ⟨-è-⟩ in Verruf, Misskredit bringen
décontaminer *v/t* dekontaminieren; entseuchen; entgiften
décontenancer [dekõtnɑ̃se] *v/t* ⟨-ç-⟩ aus der, außer Fassung bringen
▸ **décontract|é** *adj* ⟨~e⟩ entspannt; locker; *par ext* unbekümmert; lässig; *fête, tenue* zwanglos; **~er** [-e] *v/pr* **se ~** sich entspannen
déconvenue [dekõvny] *f* Enttäuschung *f*
décor [dekɔʀ] *m* **1** Ausstattung *f*; Zierrat *m*; Dekor *m ou n*; **2** *pl* **~s** THÉ Bühnenbild *n*; Kulisse(n) *f(pl)*; CIN Bauten *m/pl*; **3** *fig* Umgebung *f*; Rahmen *m*; F **rentrer dans le(s) ~(s)** von der Fahrbahn abkommen
décora|teur [dekɔʀatœʀ] *m*, **~trice** [-tʀis] *f* **1** Dekorateur(in) *m(f)*; Raumausstatter(in) *m(f)*; **2** THÉ Bühnenbildner(in) *m(f)*
décoratif [dekɔʀatif] *adj* ⟨-ive [-iv]⟩ **1** **arts décoratifs** Kunstgewerbe *n*; **2** dekorativ; *personne* etwas darstellend
décoration [dekɔʀasjõ] *f* **1** Ausschmückung *f*; Verzierung *f*; Dekoration *f*; Ausstattung *f*; **2** (*insigne*) Auszeichnung *f*; Orden *m*
▸ **décorer** [dekɔʀe] *v/t* **1** (aus)schmücken, verzieren, *vitrine* dekorieren, *appartement* ausstatten (**de qc** mit etw); *objet* **~ qc** etw zieren, schmücken; **2** **~ qn** j-n auszeichnen, dekorieren
décortiquer [dekɔʀtike] *v/t* **1** schälen; enthülsen; **2** *fig texte* zerpflücken
décorum [dekɔʀɔm] *m* Etikette *f*
découcher *v/i* nicht zu Hause schlafen, übernachten
découdre ⟨→ coudre⟩ **I** *v/t* COUT auftrennen; **II** *v/i fig* **en ~** sich schlagen; kämpfen; **III** *v/pr* **se ~** aufgehen; aufplatzen
découler *v/i* **~ de** herrühren von; sich ergeben aus
découpage *m* **1** **~s** *pl* Ausschneidebilder *n/pl*; **2** **~ électoral** Wahlkreiseinteilung *f*
découper I *v/t* **1** zerschneiden; *rôti* aufschneiden; *volaille* tranchieren; zerlegen; **2** ausschneiden (**dans** aus); **II** *v/pr* **se ~ sur** sich abheben von, gegen
découpures *f/pl* gezackter Rand
découragement [dekuʀaʒmɑ̃] *m* Mutlosigkeit *f*
▸ **décourager** [dekuʀaʒe] ⟨-ge-⟩ **I** *v/t* **~ qn** j-n entmutigen; j-m den Mut, die Lust nehmen (**de faire qc** etw zu tun); (*dissuader*) j-n abschrecken; **découragé** entmutigt; mutlos; **II** *v/pr* **se ~** den Mut verlieren; mutlos werden
décousu *adj* ⟨~e⟩ **1** aufgetrennt; aufgeplatzt; **2** *fig* unzusammenhängend; zusammenhang(s)los
découvert I *adj* ⟨-erte [-ɛʀt]⟩ unbedeckt; bloß; *terrain* frei; offen; *véhicule* offen; **II** *adv* **à ~** **1** MIL ohne Deckung; **2** *fig* offen; unverhohlen; **3** FIN ungedeckt; ohne Deckung; *compte* überzogen; **III** *m* FIN ungedeckter Betrag; *d'un compte* Überziehung *f*
découverte [dekuvɛʀt] *f* Entdeckung *f*
▸ **découvrir** ⟨→ couvrir⟩ **I** *v/t* **1** *panier, enfant* aufdecken; *épaules* entblößen; **2** (*trouver*) entdecken; herausfinden; *complot* aufdecken; **3** (*révéler*) offenbaren; enthüllen; **II** *v/pr* **se ~** **4** den Hut abnehmen, ziehen; **5** *en dormant* sich aufdecken
décrasser [dekʀase] *v/t* säubern
décrépit [dekʀepi] *adj* ⟨-ite [-it]⟩ altersschwach; hinfällig
décrépitude [dekʀepityd] *f* Verfall *m*
décret [dekʀɛ] *m* Verordnung *f*; Erlass *m*; Dekret *n*
décréter [dekʀete] *v/t* ⟨-è-⟩ **1** anordnen; verfügen; dekretieren; **2** (*décider*) bestimmen
▸ **décrire** [dekʀiʀ] *v/t* ⟨→ écrire⟩ beschreiben (*a par ext: courbe*); schildern
décrispation [dekʀispasjõ] *f fig* Entkrampfung *f*
▸ **décrocher** [dekʀɔʃe] **I** *v/t* **1** *rideaux,*

etc abnehmen; TECH loshaken; *remorque* abhängen; TÉL (den Hörer) abnehmen, abheben; **2** F *fig prix* F sich (*dat*) holen; *place* F ergattern; **II** *v/i* F *fig* aufhören; aufgeben; F aufstecken
décroissant *adj* ⟨-ante [-ɑ̃t]⟩ abnehmend; rückläufig
décroître *v/i* ⟨→ accroître⟩ abnehmen; zurückgehen
décrotter *v/t* den Schmutz abkratzen (***qc*** von etw)
décrue *f* Rückgang *m* (des Hochwassers)
déçu [desy] *p/p* → ***décevoir*** *et adj* ⟨~e⟩ enttäuscht (***de*** von)
déculotter [dekylɔte] *v/t* (*et v/pr* ***se ~*** sich) die Hose ausziehen (***qn*** j-m)
déculpabiliser *v/t* ***~ qn*** j-m das Schuldgefühl nehmen
décupler [dekyple] *v/i* sich verzehnfachen
dédaigner *v/t* verachten; gering schätzen; *aide, offre* verschmähen
dédaigneux [dedɛɲø] *adj* ⟨-euse [-øz]⟩ verächtlich; geringschätzig
dédain [dedɛ̃] *m* Verachtung *f*; Geringschätzung *f*
dédale [dedal] *m* Labyrinth *n*; Irrgarten *m*; Gewirr *n*
▸ **dedans** [d(ə)dɑ̃] **I** *adv* darin; F drin; *dans un lieu* drinnen; *avec mouvement* hinein *ou* herein; F rein; ***de ~*** von drinnen; von innen; ***en ~*** nach innen; F *fig* ***foutre qn ~*** F j-n reinlegen; **II** *m* Innere(s) *n*
dédicac|e [dedikas] *f* Widmung *f*; **~er** [-e] *v/t* ⟨-ç-⟩ mit e-r Widmung versehen
dédier [dedje] *v/t* ***~ à qn*** j-m widmen
dédire *v/pr* ⟨→ dire, *aber* vous dédisez⟩ ***se ~*** sein Wort, das Gesagte zurücknehmen; *invité* absagen
dédit [dedi] *m* Abstandsgeld *n*
dédommag|ement [dedɔmaʒmɑ̃] *m* Entschädigung *f*; **~er** [-e] *v/t* ⟨-ge-⟩ entschädigen (***qn de qc*** j-n für etw)
dédouaner [dedwane] *v/t* verzollen
dédoubler *v/t* halbieren; teilen
dédramatiser *v/t* entdramatisieren; F herunterspielen
déductible [dedyktibl(ə)] *adj* abzugsfähig; absetzbar
déduction [dedyksjõ] *f* **1** Abzug *m*; Absetzung *f*; **2** Schluss *m*; (Schluss)Folgerung *f*
déduire [dedɥiʀ] *v/t* ⟨→ conduire⟩ **1** COMM abziehen (***de*** von); *des impôts* absetzen; **2** (*conclure*) schließen, folgern (***de*** aus)
déesse [deɛs] *f* Göttin *f*
défaillance [defajɑ̃s] *f* **1** Schwäche(anfall) *f*(*m*); **2** TECH, *fig* Versagen *n*; Ausfall *m*; TECH *a* Defekt *m*
défaillant [defajɑ̃] *adj* ⟨-ante [-ɑ̃t]⟩ schwach; *personne a* geschwächt; *mémoire a* lückenhaft
défaillir *v/i* ⟨→ assaillir⟩ **1** e-n Schwächeanfall erleiden; **2** *fig* versagen; nachlassen
défaire ⟨→ faire⟩ **I** *v/t* ab-, wegmachen; *valise* auspacken; *nœud* lösen; aufbinden; *paquet* aufmachen; aufschnüren; *chaussures* ausziehen; *couture* auftrennen; *lit* abziehen; *coiffure* in Unordnung bringen; **II** *v/pr* ***se ~*** **1** *natte, couture, etc* aufgehen; sich auflösen; *coiffure* in Unordnung geraten; **2** ***se ~ de*** sich entledigen (+ *gén*); loswerden (+ *acc*); *habitude* ablegen; (*vendre*) abstoßen
défait *adj* ⟨défaite [defɛt]⟩ **1** aufgegangen; aufgelöst; *lit* nicht gemacht; ungemacht; **2** ***avoir la mine ~e*** mitgenommen aussehen
▸ **défaite** [defɛt] *f* Niederlage *f*
défait|isme [defetism(ə)] *m* Defätismus *m*; F Miesmacherei *f*; **~iste** [-ist] **I** *adj* defätistisch; **II** *m,f* Defätist(in) *m*(*f*)
défalquer [defalke] *v/t* abziehen
▸ **défaut** [defo] *m* **1** (*absence*) Mangel *m* (***de*** an + *dat*); Fehlen *n*; ***à ~ de*** in Ermangelung von (*ou* + *gén*); mangels (+ *gén*); ***faire ~*** fehlen; **2** (*imperfection*) Fehler *m*; Mangel *m*; **3** (*vice*) Fehler *m*; Laster *n*; ***prendre qn en ~*** j-n bei e-m Fehler ertappen
défaveur *f* Ungunst *f*; Ungnade *f*
défavorable *adj* ungünstig; *personne* ***être ~ à qc, qn*** e-r Sache, j-m ablehnend gegenüberstehen
défavoriser *v/t* benachteiligen
défécation [defekasjõ] *f* Darmentleerung *f*; Stuhlgang *m*
défection [defɛksjõ] *f* **1** POL Abfall *m*; Abtrünnigwerden *n*; **2** (*absence*) Fernbleiben *n*; Nichterscheinen *n*
défectueux [defɛktɥø] *adj* ⟨-euse [-øz]⟩ fehler-, mangelhaft
défendeur [defɑ̃dœʀ] *m*, **défenderesse**

D

[defɑ̃dʀɛs] *f* JUR Beklagte(r) *f(m)*

▸**défendre** ⟨→ rendre⟩ **I** *v/t* **1** verteidigen (***contre*** gegen); *cause* verfechten; eintreten für; **2** verbieten, untersagen (***qc à qn*** j-m etw; ***à qn de faire qc*** j-m, etw zu tun); **II** *v/pr* ***se* ~** **3** sich verteidigen, wehren (***contre*** gegen); **4** F sich tapfer schlagen; ganz gut zurechtkommen; **5** ***se ~ de critiquer***, *etc* sich der Kritik *etc* enthalten; **6** ***ça se défend*** das lässt sich vertreten

▸**défense** [defɑ̃s] *f* **1** Verteidigung *f* (*a* JUR); SPORTS, MIL *a* Abwehr *f*; *de l'organisme* Abwehrkräfte *f/pl*; JUR ***en état de légitime ~*** in Notwehr; ***être sans ~*** schutzlos sein; ***prendre la ~ de qn*** j-n verteidigen; für j-n eintreten; **2** (*interdiction*) Verbot *n*; ***~ d'entrer*** Eintritt verboten!; **3** ZO Stoßzahn *m*

La Défense

La Défense hat nichts – wie der Name vielleicht vermuten lässt – mit Verteidigung zu tun. **La Défense** ist vielmehr ein supermodernes Pariser Geschäftszentrum und Wohnviertel, das nordwestlich des Eiffelturms entstanden ist.
Besonders bekannt wurde **la Grande Arche** (der große Bogen), ein Gebäude, das in der Form eines riesigen Würfels gebaut wurde, der mehr als 100 Meter hoch und breit ist und in der Mitte eine Öffnung hat. In diesem Bauwerk haben vor allem verschiedene Behörden ihren Sitz.
Wegen der vielen Bürohochhäuser, in die vor allem Erdölkonzerne und Computerfirmen eingezogen sind, heißt dieser Stadtteil im Volksmund auch **le Manhattan de Paris**.

défenseur [defɑ̃sœʀ] *m* **1** Verteidiger(in) *m(f)* (*a* JUR); *d'une thèse* Verfechter(in) *m(f)*; **2** SPORTS Abwehrspieler *m*

défensif [defɑ̃sif] *adj* ⟨-ive [-iv]⟩ Verteidigungs…; defensiv; *subst* ***être sur la défensive*** in der Defensive, in Verteidigungsstellung sein

déféquer [defeke] *v/i* ⟨-è-⟩ Stuhlgang haben

déférence [defeʀɑ̃s] *f* Achtung *f*; Ehrerbietung *f*

déférer [defeʀe] *v/t* ⟨-è-⟩ ***~ à la justice*** vor Gericht bringen

déferlement [defɛʀləmɑ̃] *m* **1** Brandung *f*; **2** *fig* ***~ d'enthousiasme*** aufbrandende Begeisterung

déferler [defɛʀle] *v/i* **1** *vagues* sich brechen; *mer* branden; **2** *fig foule* strömen; *enthousiasme* aufbranden

défi [defi] *m* **1** Herausforderung *f*; ***lancer un ~ à qn*** j-n herausfordern; ***relever le ~*** die Herausforderung annehmen; **2** ***mettre qn au ~ de faire qc*** → ***défier*** *3*

défi|ance [defjɑ̃s] *f* Argwohn *m*; Misstrauen *n*; **~ant** [-ɑ̃] *adj* ⟨-ante [-ɑ̃t]⟩ argwöhnisch; misstrauisch

déficience [defisjɑ̃s] *f* Schwäche *f*

déficient [defisjɑ̃] *adj* ⟨-ente [-ɑ̃t]⟩ schwach (*a fig*)

déficit [defisit] *m* Defizit *n*; Fehlbetrag *m*

déficitaire [defisitɛʀ] *adj* mit Verlust abschließend; defizitär

défier [defje] **I** *v/t* **1** ***~ qn*** j-n herausfordern (***à qc*** zu etw); **2** *fig* ***~ le danger*** der Gefahr (*dat*) trotzen; *prix* ***~ toute concurrence*** konkurrenzlos niedrig sein; **3** ***~ qn de faire qc*** wetten, dass j etw nicht tun kann *ou* wird; **II** *v/pr st/s* ***se ~ de qn, qc*** j-m, e-r Sache misstrauen

défigurer *v/t* entstellen (*a fig*); verunstalten; *fig a* verzerren

défilé [defile] *m* **1** Aufmarsch *m*; Parade *f*; Vorbeimarsch *m*; *de voitures* endlose Reihe; ***~ de mode*** Mode(n)schau *f*; **2** GÉOGR Engpass *m*

défiler **I** *v/i* defilieren (*abs*); vorbeimarschieren, -ziehen (***devant*** an + *dat*); *clients* sich die Klinke in die Hand geben; **II** *v/pr* ***se ~*** F sich drücken; F kneifen

défini *adj* ⟨~e⟩ bestimmt; genau abgegrenzt; GR ***article ~*** bestimmter Artikel

définir *v/t* definieren; bestimmen; festlegen

▸**définitif** [definitif] *adj* ⟨-ive [-iv]⟩ **1** endgültig; definitiv; **2** ***en définitive***

schließlich; letzten Endes
définition *f* **1** Begriffsbestimmung *f*; Definition *f*; ***par ~*** definitionsgemäß; wie das Wort schon sagt; **2** *par ext* Bestimmung *f*; Festlegung *f*; **3** ***télévision*** *f* ***'haute ~*** hoch auflösendes Fernsehen
déflagration [deflagʀasjõ] *f* Explosion *f*
déflation [deflasjõ] *f* Deflation *f*
déflecteur [deflɛktœʀ] *m* AUTO Ausstellfenster *n*
déflor|ation [deflɔʀasjõ] *f* Defloration *f*; Entjungferung *f*; **~er** [-e] *v/t* entjungfern; deflorieren
défonce [defõs] *f arg* Turn *m*
défoncer ⟨-ç-⟩ **I** *v/t mur* eindrücken, -schlagen; *rue* ***défoncé*** voller Schlaglöcher; **II** *v/pr* ***se ~*** **1** F *dans un travail* das Letzte hergeben; **2** *arg* sich antörnen
déformation *f* **1** Verformung *f*; Deformation *f* (*a* MÉD); **2** *fig* Verzerrung *f*; Entstellung *f*; Verbildung *f*
déformer **I** *v/t* **1** verformen; deformieren; *chaussures* austreten; *image* verzerren; **2** *fig* verzerren; entstellen; *goût* verbilden; **II** *v/pr* ***se ~*** sich verformen
défoul|ement [defulmɑ̃] *m* Abreaktion *f*; **~er** [-e] *v/pr* ***se ~*** **1** sich abreagieren; **2** *par ext* sich austoben
défraîchir *v/pr* ***se ~*** nicht mehr neu aussehen; *couleur* verblassen
défrayer *v/t* ⟨-ay- *od* -ai-⟩ **1** die Kosten übernehmen (***qn*** für j-n); **2** *fig* ***~ la chronique*** von sich reden machen
défricher [defʀiʃe] *v/t* **1** *terre* urbar machen; roden; **2** *fig* die Vorarbeit leisten (***un domaine*** auf e-m Gebiet)
défriser *v/t* **1** *cheveux* entkrausen; **2** F *fig* ***ça te défrise?*** ärgert dich das?
défroisser *v/t* glatt streichen
défroqué [defʀɔke] *m* ehemaliger Mönch *ou* Priester
défunt [defɛ̃, -fœ̃] *m*, **défunte** [defɛ̃t, -fœ̃t] *f* Verstorbene(r) *f(m)*
dégagé [degaʒe] *adj* ⟨~e⟩ **1** *nuque, front, vue* frei; *ciel* klar; wolkenlos; **2** *allure* ungezwungen; leger
dégagement [degaʒmɑ̃] *m* **1** Befreiung *f*; *de blessés* Bergung *f*; **2** *d'une rue, etc* Freimachen *n*; Räumung *f*; **3** ARCH Gang *m*; Flur *m*; **4** *d'énergie* Freisetzung *f*
dégager ⟨-ge-⟩ **I** *v/t* **1** *blessés* befreien; bergen; *objets a* hervor-, herausziehen, -holen; **2** *passage* frei machen; räumen; *nuque* frei lassen; **3** *énergie* entwickeln; abgeben; freisetzen; *odeur* verströmen; **4** *fig idée* herausstellen, -arbeiten; **5** ***~ qn de qc*** j-n von etw befreien, entbinden; **II** *v/i* **6** FOOTBALL klären; **III** *v/pr* ***se ~*** **7** *personne* sich befreien (***de*** aus); **8** *rue* frei, leer werden; *nez* wieder frei werden; ***le ciel se dégage*** es klart auf; **9** *énergie* frei werden; *odeur* ausströmen; *fumée* aufsteigen; **10** *fig résultat* hervortreten (***de*** aus); zutage treten; *d'une contrainte* sich lösen (***de*** aus); sich freimachen (von)
dégaine F *f* (lächerliche) Haltung; (komischer) Gang
dégainer *v/i* blankziehen; s-n Revolver ziehen
dégarnir **I** *v/t* aus-, abräumen; *réfrigérateur, compte* plündern; ***front dégarni*** Stirnglatze *f*; **II** *v/pr* ***se ~*** *tête, arbre* kahl werden; *rangs* sich lichten
▸ **dégât** [degɑ] *m* Schaden *m*
dégel *m* (Auf)Tauen *n*; Tauwetter *n* (*a fig*)
dégeler [deʒle] ⟨-è-⟩ **I** *v/t* **1** auftauen; **2** *fig qn* aus s-r Reserve herauslocken; *situation* entspannen; **3** *crédits* freigeben; **II** *v/i* auftauen; **III** *v/imp* ***il dégèle*** es taut; **IV** *v/pr* ***se ~*** *fig personne* auftauen
dégénérer *v/i* ⟨-è-⟩ **1** degenerieren; entarten; **2** *fig* ausarten (***en*** in + *acc*)
dégénérescence [deʒeneʀesɑ̃s] *f* Degeneration *f*; Entartung *f*
dégingandé [deʒɛ̃gɑ̃de, deʒɛ̃-] *adj* ⟨~e⟩ F schlaksig
dégivrer *v/t* abtauen; enteisen; entfrosten
déglinguer [deglɛ̃ge] F **I** *v/t* F kaputtmachen; **II** *v/pr* ***se ~*** F kaputtgehen
déglutir [deglytiʀ] *v/t* schlucken
dégobiller [degɔbije] *v/t et v/i* P kotzen
dégonflé [degõfle] **I** *adj* ⟨~e⟩ nicht aufgepumpt; **II** *m* F Hasenfuß *m*
dégonfler **I** *v/t* (die) Luft herauslassen (***qc*** aus etw); **II** *v/pr* ***se ~*** **1** *pneu* (die) Luft verlieren; **2** F *fig* F Bammel, P Schiss bekommen
dégorger [degɔʀʒe] ⟨-ge-⟩ **I** *v/t* frei machen; reinigen; **II** *v/i* CUIS ***faire ~*** Wasser ziehen lassen; entwässern
dégot(t)er [degɔte] *v/t* F auftreiben; F ergattern

D

dégouliner [deguline] *v/i* (herab)tropfen, (-)rieseln
dégourdi [degurdi] *adj* ⟨~e⟩ aufgeweckt; gewandt; gewitzt; wendig
dégourdir [degurdir] **I** *v/t* **1** *membres* bewegen; lockern; **2** *fig* **~ qn** j-n gewandter, aufgeweckter machen; **II** *v/pr* **se ~ les jambes** sich die Beine vertreten
dégoût *m* Ekel *m*, Abscheu *m* (**pour** vor + *dat*); Widerwille *m* (gegen)
dégoûtant [degutɑ̃] *adj* ⟨-ante [-ɑ̃t]⟩ **1** Ekel erregend; ekelhaft; ek(e)lig; widerlich; **2** *personne, acte* abscheulich; widerlich; F (**type**) **~** *m* widerlicher Kerl; F Ekel *n*
dégoûté [degute] *adj* ⟨~e⟩ **1** angeekelt; angewidert; **2 n'être pas ~** nicht gerade wählerisch, *fig* zimperlich sein; **3 ~ de qn, de qc** j-s, e-r Sache überdrüssig
dégoûter I *v/t* **1 ~ qn** j-n anekeln, anwidern; **2 ~ qn de qc** j-m etw verleiden; **II** *v/pr* **se ~ de qc, de qn** e-r Sache, j-s überdrüssig werden; etw, j-n leid werden
dégradant [degradɑ̃] *adj* ⟨-ante [-ɑ̃t]⟩ erniedrigend; entwürdigend
dégradation [degradasjõ] *f* **1** Degradierung *f*; Rangverlust *m*; **2** (*dégât*) Beschädigung *f*; **~s** *pl* Schäden *m/pl*; **3** *fig* Verschlechterung *f*
dégradé *m* Abstufung *f*
dégrader [degrade] **I** *v/t* **1** MIL, JUR degradieren; **2** *moralement* erniedrigen; moralisch sinken lassen; **3** (*abîmer*) beschädigen; **II** *v/pr* **se ~ 4** *situation, santé* sich verschlechtern; **5** *maison* verfallen; verwittern
dégrafer [degrafe] *v/t* aufhaken
dégraissage *m d'une entreprise* Verschlankung *f*
dégraisser *v/t* **1** CUIS das Fett abschöpfen (**qc** von etw); degraissieren; **2** *fig entreprise* verschlanken; F abspecken
▸ **degré** [dəgre] *m* **1** Grad *m* (*a température*, GÉOGR, MATH); (*échelon*) Stufe *f*; **le plus 'haut ~** *de l'échelle sociale* die höchste Stufe, Sprosse; **~ de parenté** Verwandtschaftsgrad *m*; **brûlure** *f* **du second ~** Verbrennung *f* zweiten Grades; **par ~(s)** stufen-, schrittweise; **au plus 'haut ~** im höchsten Maß, Grad; **2** (Volum)Prozent *n*; **~ d'alcool** Alkoholgehalt *m*; **3 enseignement** *m* **du premier, second ~** Grundschulwesen *n*, höheres Schulwesen
dégressif [degresif] *adj* ⟨-ive [-iv]⟩ degressiv; abnehmend
dégrèvement [degrɛvmɑ̃] *m* Steuerermäßigung *f*
dégriffé *adj* ⟨~e⟩ ohne Markenzeichen
dégringolade [degrɛ̃gɔlad] F *f* **1** Sturz *m*; **2** *fig* Kurssturz *m*; F Talfahrt *f*
dégringoler [degrɛ̃gɔle] F **I** *v/t escalier* F runterstürzen, -sausen; **II** *v/i* ⟨être *od* avoir⟩ **1** F runterpurzeln; **2** *fig actions* stark fallen; F purzeln
dégriser *v/t* **1** nüchtern machen; **2** *fig* ernüchtern
dégrossir *v/t* **1** TECH grob bearbeiten; **2** *fig travail* aufbereiten; **3 ~ qn** j-m Schliff *ou* die Anfangsgründe beibringen; **mal dégrossi** ungehobelt; grob
déguenillé [deg(ə)nije] *adj* ⟨~e⟩ zerlumpt
déguerpir [degɛrpir] *v/i* sich davonmachen; F abhauen
dégueulasse [degœlas] P *adj* ekelhaft; P zum Kotzen; **pas ~** F nicht übel
dégueuler *v/t et v/i* P kotzen
déguisement [degizmɑ̃] *m* Verkleidung *f*
déguiser [degize] **I** *v/t* **1** verkleiden (**en** als); **2** *voix* verstellen; **II** *v/pr* **se ~** sich verkleiden (**en** als)
dégustation [degystasjõ] *f* **~ de vins** Weinprobe *f*
déguster [degyste] *v/t* **1** kosten; probieren; (*savourer*) genießen; **2** F *fig* abkriegen
déhancher [deɑ̃ʃe] *v/pr* **se ~** sich in den Hüften wiegen
▸ **dehors** [dəɔr] **I** *adv* draußen; *avec déplacement* hinaus *ou* heraus; F raus; ▸ **dehors!** raus!; **de dehors** von draußen; **en dehors** nach außen; **II** *prép* ▸ **en dehors de** außerhalb (+ *gén*); außer (+ *dat*); **III** *m* Äußere(s) *n*; **sous des dehors gentils** hinter e-m freundlichen Äußeren
▸ **déjà** [deʒa] *adv* **1** schon; bereits; **2 comment s'appelle-t-il ~?** wie heißt er doch gleich?
déjections [deʒɛksjõ] *f/pl* Exkremente *n/pl*
▸ **déjeuner** [deʒœne] **I** *v/i* **1** *à midi* zu Mittag essen; **2** *le matin* frühstücken; **II** *m* **1** Mittagessen *n*; **~ d'affaires** Ge-

schäfts-, POL Arbeitsessen *n*; **2** ***petit ~*** Frühstück *n*; **3** Frühstücksgedeck *n*

déjouer *v/t* vereiteln; durchkreuzen

délabré [delɑbʀe] *adj* ⟨~e⟩ **1** *maison* verfallen; baufällig; **2** *fig* zerrüttet

délabrement [delɑbʀəmɑ̃] *m* **1** Baufälligkeit *f*; **2** *fig* Zerrüttung *f*

délacer *v/t* ⟨-ç-⟩ aufschnüren, -binden

► **délai** [delɛ] *m* **1** Frist *f*; Zeit(raum) *f(m)*; ***dans un ~ de*** innerhalb (von); binnen; ***dans les ~s*** fristgemäß; termingerecht; **2** (*prolongation*) Aufschub *m*; ***sans ~*** unverzüglich

délaisser *v/t* **1** *qn* verlassen; im Stich lassen; F sitzen lassen; (*négliger*) vernachlässigen; **2** *études* aufgeben

délass|ant [delɑsɑ̃] *adj* ⟨-ante [-ɑ̃t]⟩ erholsam; entspannend; **~ement** [-mɑ̃] *m* Erholung *f*; Entspannung *f*

délasser I *v/t* entspannen; erquicken; **II** *v/pr* ***se ~*** sich erholen, entspannen

déla|teur [delatœʀ] *m*, **~trice** [-tʀis] *f* Denunziant(in) *m(f)*; **~tion** [-sjõ] *f* Denunziation *f*; *par ext* Denunziantentum *n*

délavé [delave] *adj* ⟨~e⟩ verwaschen; *jeans* vorgewaschen

délayage [delɛjaʒ] *m fig* ***faire du ~*** sich in weitschweifigen, langatmigen Ausführungen ergehen

délayer [deleje] *v/t* ⟨-ay- *od* -ai-⟩ anrühren

délect|able [delɛktabl(ə)] *adj* köstlich; **~ation** [-asjõ] *f* Genuss *m*

délecter [delɛkte] *v/pr* ***se ~ à*** *ou* ***de qc*** sich an etw (*dat*) erfreuen, ergötzen; etw genießen

délégation *f* **1** *groupe* Delegation *f*; Abordnung *f*; Vertretung *f*; **2** Übertragung *f*, Delegierung *f* (***de pouvoirs à qn*** von Macht-, Amtsbefugnissen auf j-n); **3** (*mandat*) Auftrag *m*; Vollmacht *f*; ***par ~*** im Auftrag

délégué(e) [delege] *m(f)* Delegierte(r) *f(m)*; Vertreter(in) *m(f)*; Beauftragte(r) *f(m)*; ***~ de classe*** Klassensprecher(in) *m(f)*

déléguer *v/t* ⟨-è-⟩ **1** *personne* entsenden; abordnen; delegieren; **2** *pouvoirs* übertragen; delegieren (*a tâche*)

délestage [delɛstaʒ] *m* ***itinéraire*** *m* ***de ~*** Entlastungsstrecke *f*

délester *v/t* **1** entlasten; **2** *fig* (*voler*) ***~ qn de qc*** j-n um etw erleichtern

délibération *f* **1** (*débat*) Beratung *f*; **2** (*réflexion*) Überlegung *f*

délibéré [delibeʀe] *adj* ⟨~e⟩ **1** (*décidé*) entschlossen; **2** ***de propos ~*** absichtlich; bewusst

délibérément [delibeʀemɑ̃] *adv* wohl überlegt; bewusst; absichtlich

délibérer *v/i* ⟨-è-⟩ beraten, beratschlagen (***sur qc*** etw *ou* über etw [*acc*])

délicat [delika] *adj* ⟨-ate [-at]⟩ **1** (*fin*) fein; *peau, santé* zart; **2** *fig question, situation* heikel; delikat; **3** *personne* feinfühlig; zart fühlend; rücksichts-, taktvoll; **4** *personne* (*difficile*) wählerisch; anspruchsvoll

délicatesse [delikatɛs] *f* **1** Feinheit *f*; Zartheit *f*; **2** Fein-, Zartgefühl *n*; Rücksichtnahme *f*; Takt(gefühl) *m(n)*

délice [delis] **1** *f/pl* ***~s*** Wonnen *f/pl*; **2** *m* Wonne *f*; Genuss *m*

délicieux [delisjø] *adj* ⟨-euse [-øz]⟩ **1** *mets* köstlich; lecker; wohlschmeckend; *parfum* lieblich; **2** *sensation* sehr angenehm; *femme, robe* entzückend; reizend

délié [delje] *adj* ⟨~e⟩ **1** ***avoir la langue ~e*** ein flinkes Mundwerk haben; **2** *esprit* scharf; klar

délier *v/t* **1** auf-, losbinden; lösen; **2** *fig* ***~ qn de qc*** j-n von etw entbinden

délimiter *v/t* abgrenzen (*a fig*)

délinqu|ance [delɛ̃kɑ̃s] *f* Kriminalität *f*; Straffälligkeit *f*; **~ant** [-ɑ̃] *m*, **~ante** [-ɑ̃t] *f* Straftäter(in) *m(f)*; Delinquent(in) *m(f)*

délirant [deliʀɑ̃] *adj* ⟨-ante [-ɑ̃t]⟩ **1** *joie, imagination* überschwänglich; **2** F wahnsinnig

délire [deliʀ] *m* **1** MÉD Delirium *n*; (Fieber)Wahn *m*; **2** *fig* Toben *n*; Raserei *f*; ***foule*** *f* ***en ~*** tobende, rasende Menge; **3** F ***c'est du ~!*** das ist Wahnsinn!

délirer [deliʀe] *v/i* **1** MÉD im Delirium sein; **2** *fig* ***~ de joie*** vor Freude außer Rand und Band sein; **3** F ***il délire*** F er spinnt

► **délit** [deli] *m* Delikt *n*; Vergehen *n*; Straftat *f*; ***~ de fuite*** Fahrer-, Unfallflucht *f*

délivrance [delivʀɑ̃s] *f* **1** *fig* Befreiung *f*; Erleichterung *f*; Erlösung *f*; **2** MÉD Entbindung *f*; **3** ADM Ausstellung *f*; Ausfertigung *f*

délivrer *v/t* **1** *prisonnier* befreien; **2** *fig* ~

qn de qc j-n von etw befreien, erlösen; **3** *passeport* ausstellen; *billets* ausgeben; *brevet* erteilen

délocaliser *v/t industrie* ver-, auslagern; verlegen

D

déloger *v/t* ⟨-ge-⟩ ausquartieren; (*chasser*) verjagen, -treiben

déloyal *adj* ⟨~e; -aux [-o]⟩ unfair; unaufrichtig; unehrenhaft; unredlich; ***concurrence ~e*** unlauterer Wettbewerb

delta [dɛlta] *m* Delta *n*

deltaplane [dɛltaplan] *m* **1** (Flug)Drachen *m*; F Drachenflieger *m*; **2** *sport* Drachenfliegen *n*

déluge [delyʒ] *m* **1** BIBL ♀ Sintflut *f*; *fig* ***remonter au ~*** uralt sein; **2** sintflutartige Regenfälle *m/pl*; **3** *fig de larmes* Strom *m*; *de paroles* Flut *f*

déluré [delyʀe] *adj* ⟨~e⟩ **1** munter; pfiffig; **2** *péj* ungeniert; kess

démagog|ie [demagɔʒi] *f* Demagogie *f*; Volksverhetzung *f*; **~ique** [-ik] *adj* demagogisch

démagogue [demagɔg] **I** *m* Demagoge *m*; Volksverführer *m*; **II** *adj* demagogisch

▸**demain** [d(ə)mɛ̃] *adv* morgen (*a fig*); ***à ~!*** bis morgen!; ***la journée de ~*** der morgige Tag

▸**demande** [d(ə)mɑ̃d] *f* **1** Bitte *f*; Ersuchen *n*; Anfrage *f*; ADM Antrag *m*; Gesuch *n*; Eingabe *f*; ***~ d'emploi*** Stellengesuch *n*; ***à, sur la ~ de qn*** auf die Bitte j-s (hin); ***à la ~ générale*** auf allgemeinen Wunsch; ***sur ~*** auf Anfrage; auf Wunsch; ***faire une ~*** e-n Antrag stellen (***à*** bei); **2** ***~ en mariage*** Heiratsantrag *m*; **3** ÉCON Nachfrage *f* (***de qc*** nach etw); **4** JUR Klage *f*; ***~ en divorce*** Scheidungsklage *f*

demandé [d(ə)mɑ̃de] *adj* ⟨~e⟩ gefragt; begehrt

▸**demander** [d(ə)mɑ̃de] **I** *v/t* **1** (*solliciter*) bitten (***qc à qn*** j-n um etw); erbitten (etw von j-m); ersuchen (j-n um etw); ADM beantragen; ***~ la parole*** ums Wort bitten; sich zu Wort melden; ***~ à qn de faire qc*** j-n (darum) bitten, etw zu tun; ***~ que …*** (+ *subj*) (darum) bitten, dass …; **2** (*exiger*) verlangen, fordern (***qc à qn*** etw von j-m); abverlangen (j-m etw); (*désirer*) wünschen, begehren (etw von j-m); ***il ne demande que ça*** darauf wartet er nur; das will er ja gerade; ***~ trop à qn*** *a* j-m zu viel zumuten; j-n überfordern; ***~ à*** (+ *inf*) verlangen, wünschen zu (+ *inf*); **3** *chose* ***~ qc*** etw verlangen, erfordern, benötigen, brauchen; *situation* ***~ réflexion*** Bedenkzeit erfordern; ***~ beaucoup de soins*** viel Pflege brauchen, benötigen; *résultat* ***~ à être vérifié*** geprüft werden müssen; **4** ***~ qn*** j-n *ou* nach j-m verlangen; ***on vous demande*** Sie werden verlangt; man wünscht Sie zu sprechen; **5** *par question* fragen (***qc à qn*** j-n nach etw); ***~ son chemin*** (***à qn***) (j-n) nach dem Weg fragen; **6** JUR ***~ le divorce*** die Scheidung einreichen; **7** ***~ qn en mariage*** um die Hand j-s anhalten; **II** *v/t/indir* F ***~ après qn*** nach j-m fragen; **III** *v/pr* ***se ~*** sich fragen

demandeur[1] [d(ə)mɑ̃dœʀ] *m*, **demanderesse** [d(ə)mɑ̃dʀɛs] *f* JUR Kläger(in) *m(f)*

demand|eur[2] *m*, **~euse** [-øz] *f* ***~ d'asile*** Asylbewerber(in) *m(f)*; Asylant(in) *m(f)*; ***~ d'emploi*** Arbeit(s)-, Stellung(s)suchende(r) *f(m)*

démangeaison [demɑ̃ʒɛzõ] *f* Jucken *n*; Juckreiz *m*

démanger [demɑ̃ʒe] *v/t et v/i* ⟨-ge-⟩ **1** jucken (***qn*** *ou* ***à qn*** j-n); **2** *fig* ***cela le démange de*** (+ *inf*) F es kribbelt ihm in den Fingern zu (+ *inf*)

démanteler [demɑ̃t(ə)le] *v/t* ⟨-è-⟩ **1** *forteresse* schleifen; **2** *fig* zerschlagen

démantibuler [demɑ̃tibyle] *v/t* F kaputtmachen, -schlagen

démaquillant [demakijɑ̃] *adj* ⟨-ante [-ɑ̃t]⟩ (***produit, lait***) ***~*** *m* Reinigungscreme *f*, -milch *f*

démaquiller *v/t* (*et v/pr* ***se ~*** sich) abschminken

démarcation [demaʀkasjõ] *f* Grenzziehung *f*; Abgrenzung *f* (*a fig*); ***ligne*** *f* ***de ~*** Demarkationslinie *f*

démarchage [demaʀʃaʒ] *m* Kundenwerbung *f*; Akquisition *f*

démarche *f* **1** (*allure*) Gang *m*; **2** *fig* Vorstoß *m*; ***~s*** *pl* Schritte *m/pl*; ***faire des ~s*** Schritte unternehmen; **3** *de la pensée* Aufbau *m*; Weg *m*

démarch|eur *m*, **~euse** [-øz] *f* Kundenwerber(in) *m(f)*; Akquisiteur *m*; F Drücker *m*

démarquer **I** *v/t* **1** COMM das Markenzeichen entfernen (***qc*** von etw); *par ext* im Preis herabsetzen; **2** kopieren; plagiieren; **3** SPORTS *joueur* freispielen; **II** *v/pr* ***se ~*** **4** SPORTS sich freilaufen; sich freispielen; **5** *fig* sich profilieren
démarrage [demaʀaʒ] *m* **1** Anfahren *n*; Start *m*; **2** *fig* Start *m*; Anlaufen *n*; Beginn *m*
▸ **démarrer** **I** F *v/t* beginnen; starten; **II** *v/i* **1** anfahren; starten; *moteur* anspringen; ***faire ~*** *moteur* anlassen; anwerfen; starten (*a véhicule*); **2** *fig* anlaufen; in Gang kommen; beginnen
démarreur [demaʀœʀ] *m* Anlasser *m*; Starter *m*
démasquer **I** *v/t* entlarven; demaskieren; *espion a* enttarnen; **II** *v/pr* ***se ~*** s-e Maske fallen lassen
d'emblée [dɑ̃ble] → ***emblée***
démêlé [demele] *m* Streit *m*; Auseinandersetzung *f*
démêler *v/t* **1** *cheveux* auskämmen, -bürsten; **2** *fig* entwirren; Licht bringen in (+ *acc*); (*distinguer*) auseinander halten
démembrer [demɑ̃bʀe] *v/t* (auf)teilen; zerstückeln
déménagement *m* Umzug *m*; Auszug *m*
▸ **déménag|er** ⟨-ge-⟩ **I** *v/t* umräumen; **II** *v/i* um-, ausziehen; **~eur** [-œʀ] *m* **1** Möbelpacker *m*; **2** Möbelspediteur *m*
démence [demɑ̃s] *f* Irrsinn *m*
démener [demne] *v/pr* ⟨-è-⟩ ***se ~*** **1** (herum)toben; **2** *fig* sich plagen; sich abmühen
dément [demɑ̃] *adj* ⟨-ente [-ɑ̃t]⟩ irrsinnig; irre (*a* F *fig*)
démenti [demɑ̃ti] *m* Dementi *n*
démentiel [demɑ̃sjɛl] *adj* ⟨~le⟩ unsinnig; verrückt
démentir ⟨→ partir⟩ **I** *v/t* **1** ***~ qn*** j-m (offiziell) widersprechen; **2** *nouvelle* dementieren; **3** *chose* ***~ qc*** etw Lügen strafen; **II** *v/pr* ***ne pas se ~*** nicht nachlassen, abflauen
démerder *v/pr* P ***se ~*** → ***débrouiller II***
démériter *v/i* ***~ aux yeux de qn*** sich in den Augen j-s schuldig machen
démesure *f* Maßlosigkeit *f*
démesuré *adj* ⟨~e⟩ **1** immens; riesig; **2** *fig orgueil*, *etc* maßlos
démettre ⟨→ mettre⟩ **I** *v/t* ***~ qn de ses fonctions*** j-n s-s Amtes entheben; j-n absetzen; **II** *v/pr* **1** ***se ~ le bras*** sich den Arm ver-, ausrenken, auskugeln; **2** ***se ~ (de ses fonctions)*** sein Amt niederlegen
demeurant [dəmœʀɑ̃] *st/s* ***au ~*** im Übrigen; ansonsten
demeure [dəmœʀ] *f* **1** Wohnsitz *m*; *fig* ***dernière ~*** letzte Ruhestätte; **2** ***à ~*** auf Dauer; **3** ***mettre qn en ~ de*** (+ *inf*) j-n auffordern, mahnen zu (+ *inf*)
demeuré [dəmœʀe] *adj* ⟨~e⟩ (geistig) zurückgeblieben; *péj* schwachköpfig
demeurer [dəmœʀe] *v/i* **1** (*habiter*) wohnen; **2** ⟨être⟩ (*rester*) bleiben
▸ **demi** [d(ə)mi] **I** *adj* ***un jour et ~*** anderthalb *ou* eineinhalb Tage *m/pl*; ***trois heures et ~e*** dreieinhalb Stunden *f/pl*; ***à trois heures et ~e*** um halb vier; **II** *adv* ***à ~*** halb; zur Hälfte; **III** *subst* **1** ***~(e)*** *m(f)* halbe(r, -s) *f(m, n)*; **2** *m* MATH Halbe(s) *n*; **3** *bière* ***un ~*** ein (kleines) Glas Bier; **4** *m* SPORT Mittelfeldspieler *m*; **5** *heure* ***à la ~e*** um halb
demi-… [d(ə)mi] *préfixe* ⟨*f u pl inv*: demi-places, *etc*⟩ halb…; Halb…
demi-cercle *m* Halbkreis *m*; ***en ~*** im Halbkreis
demi|-douzaine *f* halbes Dutzend; **~-finale** *f* SPORTS Halb-, Semifinale *n*; **~-fond** *m* SPORTS Mittelstrecke *f*; **~-frère** *m* Halb-, Stiefbruder *m*
▸ **demi|-heure** *f* halbe Stunde; **~-jour** *m* Dämmer-, Zwielicht *n*; Halbdunkel *n*; **~-journée** *f* halber Tag
démilitariser *v/t* entmilitarisieren
demi-litre *m* halber Liter
demi-mal *m* ***il n'y a que ~*** es ist (nur) halb so schlimm
demi-mesure *f* halbe Sache; Halbheit *f*
demi-mot: ***à ~*** ohne viel Worte; mithilfe von Andeutungen
déminage [deminaʒ] *m* Minenräumung *f*; Entminung *f*
demi|-pension *f* **1** Halbpension *f*; **2** Ganztagsschule *f* (mit gemeinsamem Mittagessen); **~-pensionnaire** *m,f* Ganztagsschüler(in) *m(f)*
demi|-place *f* (um die Hälfte) ermäßigte Fahrkarte; **~-portion** *f* F *fig* halbe Portion; **~-queue** *m* Stutzflügel *m*
démis [demi] *p/p* → ***démettre*** *et adj* ⟨-ise [-iz]⟩ verrenkt
demi|-saison *f* Übergangszeit *f*; **~-sel**

adj leicht gesalzen; **~-sœur** *f* Halb-, Stiefschwester *f*; **~-sommeil** *m* Halbschlaf *m*

▸ **démission** *f* **1** Rücktritt *m*; POL *a* Demission *f*; *d'un salarié* Kündigung *f*; ***donner sa ~*** den Rücktritt einreichen, erklären; *salarié* kündigen; **2** *fig* Verzicht *m*; Aufgabe *f*

▸ **démissionner** [demisjɔne] *v/i* **1** zurücktreten; *salarié* kündigen; **2** *fig* aufgeben

demi-tarif: **(*à*) ~** zum halben Preis

demi-teinte *f* PEINT Halbton *m* (*a fig*)

demi-tour *m* Kehrtwendung *f*; ▸ ***faire demi-tour*** kehrtmachen; umkehren

démobiliser *v/t* **1** MIL demobilisieren; **2** *fig* demotivieren

démocrate [demɔkʀat] **I** *m,f* Demokrat(in) *m(f)*; **II** *adj* demokratisch

▸ **démocra|tie** [demɔkʀasi] *f* Demokratie *f*; **~tique** [-tik] *adj* demokratisch

démocratiser [demɔkʀatize] **I** *v/t* demokratisieren; **II** *v/pr* ***se ~*** **1** POL demokratisch werden; **2** allen Bevölkerungsschichten zugänglich werden

démodé [demɔde] *adj* ⟨~e⟩ altmodisch; unmodern; überholt

démoder [demɔde] *v/pr* ***se ~*** unmodern werden; aus der Mode kommen

démographie [demɔgʀafi] *f* Demographie *f*; ***~ galopante*** sprunghafte Bevölkerungszunahme

demoiselle [d(ə)mwazɛl] *f* **1** Fräulein *n*; **2** *iron* junge Dame; **3** ***~ d'honneur*** Brautjungfer *f*

▸ **démolir** [demɔliʀ] *v/t* **1** *construction* abreißen; abbrechen; **2** (*casser*) demolieren; kaputtmachen; **3** *fig* zerstören; zunichte machen; **4** F (*frapper*) ***~ qn*** F j-n zusammenschlagen; **5** *fig* ***~ qn*** j-n diffamieren, in Verruf bringen; *par la critique* j-n verreißen

démolition [demɔlisjõ] *f* **1** Abriss *m*; Abbruch *m*; **2** *fig* Zerstörung *f*

démon [demõ] REL, *fig* Dämon *m*; Teufel *m*; *enfant* ***petit ~*** Wildfang *m*; *fig* ***~ de midi*** Midlife-Crisis *f*

démoniaque [demɔnjak] *adj* dämonisch; teuflisch

démonstra|teur [demõstʀatœʀ] *m*, **~trice** [-tʀis] *f* Demonstrator *m*; Vorführdame *f*; Propagandist(in) *m(f)*

démonstratif [demõstʀatif] *adj* ⟨-ive [-iv]⟩ **1** *personne* mitteilsam; überschwänglich; **2** (***pronom***) **~** *m* Demonstrativpronomen *n*; hinweisendes Fürwort

démonstration [demõstʀasjõ] *f* **1** (*raisonnement*) Beweisführung *f*; **2** *d'un appareil, etc* Vorführung *f*; Demonstration *f*; **3** *de sentiments* Bekundung *f*; Äußerung *f*; ***~ de force*** Demonstration *f* der Stärke (*a* MIL)

démontage *m* Zerlegung *f*; Demontage *f*; Abbau *m*; *d'un pneu* Abmontieren *n*

démonté [demõte] *adj* ⟨~e⟩ *mer* aufgewühlt

démonter **I** *v/t* **1** zerlegen; auseinander nehmen; demontieren; *tente* abbrechen; *échafaudage* abbauen; **2** *roue* abmontieren; *pièce* ausbauen; **3** *fig* ***~ qn*** j-n aus der Fassung bringen; **II** *v/pr* ***se ~*** sich aus der Fassung bringen lassen

▸ **démontrer** *v/t* beweisen; *par ext a* demonstrieren; hinweisen auf (+ *acc*)

démoraliser *v/t* demoralisieren; entmutigen

démordre *v/t/indir* ⟨→ rendre⟩ ***il n'en démord pas*** er lässt sich nicht davon abbringen; er beharrt darauf; er lässt nicht locker

démotiver *v/t* demotivieren

démouler *v/t* aus der Form nehmen

démunir **I** *v/t* ***~ qn de qc*** j-m etw wegnehmen; j-n um etw bringen; ***être démuni*** ohne Geld, mittellos, *fig* hilflos dastehen; **II** *v/pr* ***se ~ de qc*** etw weggeben

dénatalité *f* Geburtenrückgang *m*

dénationaliser *v/t* reprivatisieren

dénaturé [denatyʀe] *adj* ⟨~e⟩ entartet; ***mère ~e, père ~*** *a* Rabenmutter *f*, -vater *m*

dénaturer [denatyʀe] *v/t* **1** entstellen; verfälschen; **2** TECH denaturieren

dénégation *f* Abstreiten *n*; Leugnen *n*

déneigement [denɛʒmɑ̃] *m* Schneeräumung *f*

déni [deni] *m* ***~ de justice*** Rechtsverweigerung *f*

déniaiser [denjeze] *v/t* die Unschuld nehmen (***qn*** j-m)

dénicher **1** aus dem Nest nehmen; **2** (*trouver*) aufstöbern; auftreiben; F ergattern

denier [dənje] *m* **1** HIST Denar *m*; Heller *m*; **2** ***~s publics*** öffentliche Gelder

n/pl; ~ ***du culte*** Kirchgeld *n*
dénier *v/t* ~ ***qc à qn*** j-m etw verweigern, absprechen
dénigrer [denigʀe] *v/t* anschwärzen; herabsetzen; schlecht machen
dénivellation [denivɛlasjõ] *f* Höhenunterschied *m*
dénombrer [denõbʀe] *v/t* zählen
dénominateur [denɔminatœʀ] *m* Nenner *m*; ~ ***commun*** gemeinsamer Nenner (*a fig*)
dénomination *f* Bezeichnung *f*; Benennung *f*
dénommer *v/t* (be)nennen; bezeichnen; ***le dénommé X*** der besagte X
dénoncer [denõse] *v/t* ⟨-ç-⟩ **1** anzeigen (***à la police*** bei der Polizei); *bassement* denunzieren; **2** *fig abus, etc* anprangern; **3** *accord* (auf)kündigen
dénoncia|teur [denõsjatœʀ] *m*, **~trice** [-tʀis] *f péj* Denunziant(in) *m(f)*
dénonciation [denõsjasjõ] *f* **1** Anzeige *f*; *péj* Denunziation *f*; **2** *fig* Anprangerung *f*
dénoter *v/t* schließen lassen, hindeuten auf (+ *acc*)
dénouement [denumɑ̃] *m* Ausgang *m* (*a* THÉ); Lösung *f*
dénouer I *v/t* **1** aufbinden; aufknoten; **2** *fig* entwirren; *crise* lösen; **II** *v/pr* ***se*** ~ aufgehen; sich lösen (*a* THÉ, *difficultés*)
dénoyauter *v/t* entsteinen; entkernen
denrée [dɑ̃ʀe] *f* **1** (Ess)Ware *f*; **~s** *pl* Lebensmittel *n/pl*; ***~s alimentaires*** Nahrungsmittel *n/pl*; **2** *fig* ***une ~ rare*** e-e Seltenheit, Rarität
dense [dɑ̃s] *adj* **1** dicht; *foule* dicht gedrängt; **2** *fig style* gedrängt
densité [dɑ̃site] *f* Dichte *f* (*a* PHYS)
▸ **dent** [dɑ̃] *f* **1** Zahn *m*; ~ ***de lait, de sagesse*** Milch-, Weisheitszahn *m*; ***à belles ~s*** *mordre* kräftig; *fig* ***déchirer qn à belles ~s*** kein gutes Haar an j-m lassen; *parler* ***entre les ~s*** undeutlich; vor sich hin; F *fig* ***avoir la*** ~ F e-n Mordshunger haben; *fig* ***avoir les ~s longues*** geldgierig *ou* ehrgeizig sein; *fig* ***avoir une ~ contre qn*** F e-n Pik auf j-n haben; *fig* ***être sur les ~s*** in äußerster Anspannung sein; *bébé* ***faire, percer ses ~s*** s-e Zähne bekommen; zahnen; ***n'avoir rien à se mettre sous la ~*** nichts zu beißen haben; **2** *d'une fourchette* Zinke *f*; *d'un peigne, d'un timbre* Zahn *m*; *d'une scie a* Zacke *f*
dentaire [dɑ̃tɛʀ] *adj* **1** Zahn...; **2** zahnärztlich
dentale [dɑ̃tal] *f* Dental *m*; Zahnlaut *m*
denté [dɑ̃te] *adj* ⟨~e⟩ TECH gezahnt; ***roue ~e*** Zahnrad *n*
dentelé [dɑ̃tle] *adj* ⟨~e⟩ gezahnt; gezähnt; gezackt
dentelle [dɑ̃tɛl] *f* Spitze *f*
dentellière [dɑ̃təljɛʀ] *f* (Spitzen)Klöpplerin *f*
dentier [dɑ̃tje] *m* (künstliches) Gebiss; (Zahn)Prothese *f*
▸ **dentifrice** [dɑ̃tifʀis] *m* Zahncreme *f*, -pasta *f*
▸ **dentiste** [dɑ̃tist] *m,f* Zahnarzt, -ärztin *m,f*
dentition [dɑ̃tisjõ] *f* (natürliches) Gebiss
dénucléarisé [denykleaʀize] *adj* ⟨~e⟩ kern-, atomwaffenfrei
dénud|é [denyde] *adj* ⟨~e⟩ nackt; entblößt; *paysage, crâne* kahl; *câble* blank; **~er** [-e] *v/t* entblößen; *câble* bloß-, freilegen
dénué [denɥe] *adj* ⟨~e⟩ ~ ***de qc*** ohne etw; ...los
denuement [denymɑ̃] *m* Mittellosigkeit *f*; Not *f*
dénutrition *f* Mangelernährung *f*
déodorant *m* Deodorant *n*
déontologie [deõtɔlɔʒi] *f* Berufsethos *n*
dépannage [depanaʒ] *m* **1** Pannenhilfe *f*; Reparatur *f*; AUTO ***service m de ~*** Pannen-, Abschleppdienst *m*; **2** F *fig* Hilfe(leistung) *f*
dépanner [depane] *v/t* **1** die Panne beheben (***la voiture*** am Auto); reparieren; *voiture a* abschleppen; **2** F *fig* ~ ***qn*** j-m aus der Verlegenheit helfen; j-m aus-, weiterhelfen
dépann|eur [depanœʀ] *m* Kundendienst(techniker) *m*; **~euse** [-øz] *f* Abschleppwagen *m*
dépaqueter [depakte] *v/t* ⟨-tt-⟩ auspacken
dépareillé [depaʀeje] *adj* ⟨~e⟩ *collection* nicht komplett; *gant* einzeln; *tasses* nicht zusammengehörend
déparer *v/t* verschandeln
▸ **départ** [depaʀ] *m* **1** Abreise *f*; Aufbruch *m*; *d'un train, bus* Abfahrt *f*; *d'un avion* Abflug *m*; ***être sur le ~*** im Begriff sein abzureisen; **2** SPORTS

Start *m*; ***donner le ~*** das Startzeichen geben (*a fig*) (***à*** für); ***prendre le ~*** starten; **3** (*début*) Anfang *m*; Beginn *m*; ***au ~*** am Anfang; zu Beginn; **4** *d'un fonctionnaire* Abgang *m*; **5** ***prix*** *m* ***~ usine*** Preis *m* ab Werk

D

départager *v/t* ⟨-ge-⟩ die Entscheidung herbeiführen zwischen (+ *dat*)

département [depaʀtəmɑ̃] *m* **1** *territoire* Departement *n*; **2** ADM Abteilung *f*

départemental [depaʀtəmɑ̃tal] *adj* ⟨~e; -aux [-o]⟩ Departements…; (***route***) ***~e*** *f* Landstraße *f*

départir *v/pr* ⟨→ partir⟩ ***se ~ de qc*** etw aufgeben

dépassé *adj* ⟨~e⟩ überholt; veraltet

dépassement [depɑsmɑ̃] *m* **1** Überholen *n*; Überholvorgang *m*; **2** FIN Überschreitung *f*; Überziehung *f*

▸ **dépasser I** *v/t* **1** (*doubler*) überholen (*a abs*); **2** *en dimensions* überragen; hinausragen über (+ *acc*); **3** *temps, quantité, etc* überschreiten; übersteigen; *espoirs* übertreffen; **4** *fig* ***cela le dépasse*** da ist er überfordert; ***il est dépassé*** (***par les événements***) die Dinge wachsen ihm über den Kopf; **II** *v/i* hinausragen (***de*** über + *acc*); herausragen, -stehen (aus); *vêtement* hervorschauen; **III** *v/pr* ***se ~*** (***soi-même***) über sich selbst hinauswachsen; sich selbst übertreffen

dépassionner *v/t* entschärfen; versachlichen

dépatouiller [depatuje] *v/pr* F ***se ~*** F sich selbst aus der Patsche helfen

dépaysement [depeizmɑ̃] *m* **1** Fremdsein *n*; Verloren-, Verlassenheit *f*; **2** *positif* Orts-, F Tapetenwechsel *m*

dépayser [depeize] *v/t* ein Gefühl der Fremdheit geben (***qn*** j-m); ***se sentir dépaysé*** sich fremd, verlassen vorkommen

dépecer [depəse] *v/t* ⟨-è-, -ç-⟩ *proie* in Stücke reißen; *bœuf* zerlegen

dépêche [depɛʃ] *f* Depesche *f*

dépêcher I *v/t* ***dépêcher qn auprès de qn*** j-n schnell zu j-m schicken; **II** *v/pr* ▸ ***se dépêcher*** sich beeilen (***de faire qc*** etw zu tun, mit etw)

dépeindre *v/t* ⟨→ peindre⟩ beschreiben; schildern

dépenaillé [dep(ə)naje] *adj* ⟨~e⟩ zerlumpt

dépendance [depɑ̃dɑ̃s] *f* **1** Abhängigkeit *f* (*a d'une drogue*); **2** MÉD Pflegebedürftigkeit *f*; **3** *pl* ***~s*** Nebengebäude *n/pl*

dépendant *adj* ⟨-ante [-ɑ̃t]⟩ **1** abhängig (***de*** von); **2** ***~*** (***d'une drogue***) drogenabhängig; **3** MÉD pflegebedürftig; ***personne ~e*** *a* Pflegefall *m*

▸ **dépendre** ⟨→ rendre⟩ **I** *v/t* abhängen; abnehmen; **II** *v/t/indir* **1** ***~ de qc, de qn*** von etw, von j-m abhängen; *personne* ***~ de qn*** *a* von j-m abhängig sein; auf j-n angewiesen sein; *abs* ***ça dépend*** das kommt d(a)rauf an; je nachdem; **2** (*faire partie*) ***~ de qc*** zu etw gehören

dépens [depɑ̃] *m/pl* ***aux ~ de*** auf Kosten von (*ou* + *gén*) (*a fig*); ***à mes ~*** auf meine Kosten

dépense [depɑ̃s] *f* **1** Ausgabe *f*; Auslage *f*; **2** *fig* Aufwand *m*; ***~ physique*** physische Anstrengung, Belastung; ***~ d'énergie*** Engergieverbrauch *m*

▸ **dépenser I** *v/t* **1** *argent* ausgeben; **2** *fig temps* aufwenden; *énergie* verbrauchen; **II** *v/pr* ***se ~*** sich (physisch) verausgaben

dépensier [depɑ̃sje] *adj* ⟨-ière [-jɛʀ]⟩ verschwenderisch; ausgabenfreudig

déperdition *f* Verlust *m*; ***~ de chaleur*** Wärmeverlust *m*

dépérir *v/i* dahinsiechen; verkümmern; allmählich zugrunde gehen

dépêtrer [depetʀe] **I** *v/t* befreien, herausholen (***de*** aus); **II** *v/pr* ***se ~*** loskommen, sich frei machen (***de qn, qc*** von j-m, etw)

dépeupler *v/t* (*et v/pr* ***se ~*** sich) entvölkern

déphasé [defaze] *adj* ⟨~e⟩ **1** PHYS phasenverschoben; **2** *fig* nicht angepasst; orientierungslos; ***être ~*** sich nicht mehr zurechtfinden

dépiauter [depjote] F *v/t* ab-, enthäuten

dépilatoire [depilatwaʀ] *m* Enthaarungsmittel *n*

dépist|age [depistaʒ] *m* MÉD Erkennung *f*; Nachweis *m*; **~er** [-e] *v/t maladie* nachweisen; feststellen; erkennen; *fraude, criminel* auf die Spur kommen (+ *dat*); aufspüren

dépit [depi] *m* **1** Verdruss *m*; Verstimmung *f*; Missmut *m*; ***par ~*** aus Trotz; **2** ***en ~ de*** trotz (+ *gén*); ***en ~ du bon sens*** völlig planlos

dépité [depite] *adj* ⟨~e⟩ verstimmt; verdrossen; missmutig; enttäuscht

déplacé *adj* ⟨~e⟩ **1** unpassend; unangebracht; fehl am Platz; deplatziert; **2** ***personne ~e*** Vertriebene(r) *f(m)*

déplacement *m* **1** Umstellung *f*; Verschiebung *f*; Bewegung *f*; **2** Reise *f*; Fahrt *f*; ***être en ~*** auswärts *ou* im Außendienst arbeiten

déplacer ⟨-ç-⟩ **I** *v/t* umstellen; verrücken; verschieben; *fonctionnaire* versetzen; *fig problème* verlagern; **II** *v/pr* ***se ~*** **1** (*bouger*) sich (fort)bewegen; **2** (*voyager*) (ver)reisen; **3** (*se déranger*) eigens kommen

déplaire ⟨→ plaire⟩ **I** *v/t/indir* ***~ à qn*** j-m missfallen, nicht zusagen; **II** *v/pr* ***se ~*** sich nicht wohl fühlen

déplaisant *adj* ⟨-ante [-ɑ̃t]⟩ unangenehm; *personne a* unsympathisch; *remarque* unfreundlich

déplaisir *m* Missfallen *n*

dépliant *m* Faltprospekt *m*, -blatt *n*

déplier *v/t* auseinander falten; entfalten

déploiement [deplwamɑ̃] *m* **1** Entfaltung *f*; Aufbietung *f*; Zurschaustellung *f*; Demonstration *f*; **2** MIL Aufmarsch *m*

déplor|able [deplɔʀabl(ə)] *adj* **1** beklagens-, bedauernswert; bedauerlich; **2** (*mauvais*) miserabel; erbärmlich; **~er** [-e] *v/t perte, victime* beklagen; *incident, absence* bedauern

déployer ⟨-oi-⟩ **I** *v/t* **1** auseinander falten; entfalten; ausbreiten (*a ailes*); **2** *fig zèle, courage* entfalten; aufbieten; *puissance, luxe* zur Schau stellen; **II** *v/pr* ***se ~*** **3** sich entfalten; **4** MIL aufmarschieren

déplumer *v/pr* F ***se ~*** kahl werden; F e-e Platte bekommen

dépoli *adj* ⟨~e⟩ ***verre ~*** Mattglas *n*

dépolitiser *v/t* entpolitisieren

dépolluer *v/t* sanieren; reinigen

déportation [depɔʀtasjõ] *f* Deportation *f*; Verschleppung *f* (in ein Konzentrationslager)

déporté(e) *m(f)* Deportierte(r) *f(m)*

déporter I *v/t* **1** *véhicule* abdrängen; zur Seite drücken; **2** deportieren; (in ein Konzentrationslager) verschleppen; **II** *v/pr* ***se ~*** von der Fahrtrichtung abkommen; ausscheren

déposer I *v/t* **1** *objet* ab-, nieder-, hinstellen, -legen; *couronne* niederlegen; *passager* absetzen; *alluvions* ablagern; **2** *en lieu sûr* deponieren; hinterlegen; in Verwahrung geben; *argent* einzahlen; *bagages* abgeben; **3** *brevet* anmelden; ***marque déposée*** Marke *f*; ***~ son bilan*** Konkurs anmelden, beantragen; **4** *souverain* absetzen; **II** *v/i au tribunal* aussagen; **III** *v/pr* ***se ~*** *poussière, boue* sich ablagern; *lie* sich absetzen

dépositaire [depozitɛʀ] *m* **1** Verwahrer *m*; FIN Depositar *m*; **2** *d'un secret* Mitwisser *m*; **3** COMM Auslieferer *m*

déposition *f* JUR (Zeugen)Aussage *f*

déposséder *v/t* ⟨-è-⟩ ***~ qn de qc*** j-m etw entziehen

dépôt [depo] *m* **1** *d'une couronne* Niederlegung *f*; *d'une somme* Hinterlegung *f*; ***~ de bilan*** Konkurs *m*; ***~ des ordures*** Müll-, Schuttabladen *n*; **2** FIN (Spar)Einlage *f*; **3** *lieu* Depot *n*; Lager *n*; *pour transports publics* Betriebshof *m*; Depot *n*; ***~ de pain*** Brotverkauf(sstelle) *m(f)*; **4** (*prison*) Arrestlokal *n*; **5** *dans un liquide* Bodensatz *m*; Rückstand *m*; GÉOL Ablagerung *f*

dépotoir [depɔtwaʀ] *m* Schuttabladeplatz *m*; Müllkippe *f* (*a fig*)

dépouille [depuj] *f* **1** abgezogenes Fell; Balg *m*; **2** *st/s* ***~ (mortelle)*** sterbliche Hülle; sterbliche Überreste *pl*

dépouillement [depujmɑ̃] *m* **1** ***~ du scrutin*** Auszählung *f* der Stimmen; **2** Strenge *f*; Schmucklosigkeit *f*

dépouiller [depuje] *v/t* **1** ***~ qn de qc*** j-m etw wegnehmen; j-n e-r Sache (*gén*) berauben; ***~ qn*** j-n be-, ausrauben; **2** (genau) durchsehen; prüfen; *questionnaire* auswerten; ***~ le scrutin*** die Stimmen auszählen

dépourvu I *adj* ⟨~e⟩ ***~ de qc*** ohne etw; …los; **II** ***prendre qn au ~*** j-n (völlig) überraschen; j-n unvorbereitet treffen

dépoussiérer [depusjeʀe] *v/t* ⟨-è-⟩ **1** ab-, entstauben; **2** *fig* frischen Wind bringen in (+ *acc*)

dépravation [depʀavasjõ] *f* Verdorbenheit *f*

déprav|é [depʀave] *adj* ⟨~e⟩ **1** verdorben; lasterhaft; **2** *goût* abwegig; **~er** [-e] *v/t* verderben

dépréciation [depʀesjasjõ] *f* Wertminderung *f*, -verlust *m*

déprécier [depʀesje] **I** *v/t* **1** den Wert

mindern (+ *gén*); **2** *fig* gering schätzen; herabsetzen; **II** *v/pr* ***se ~*** an Wert verlieren

déprédation [depredasjõ] *f* **1** ***~s*** *pl* (*dégâts*) Schaden *m*; **2** *de fonds publics* Veruntreuung *f*; **3** ÉCOL Raubbau *m*

D

dépressif [depresif] *adj* ⟨-ive [-iv]⟩ depressiv

dépression *f* **1** GÉOGR Senke *f*; **2** MÉTÉO Tief *n*; **3** ***~ nerveuse*** nervöse Erschöpfung; Depressionen *f/pl*; **4** ÉCON Depression *f*; Flaute *f*; Konjunkturtief *n*

déprimant [deprimã] *adj* ⟨-ante [-ãt]⟩ deprimierend; bedrückend

déprime F *f* depressive Stimmung

déprimer **I** *v/t* deprimieren; bedrückt machen; **II** F *v/i* in e-r depressiven Stimmung sein; F down sein

dépuceler [depysle] F *v/t* ⟨-ll-⟩ entjungfern

▸ **depuis** [d(ə)pɥi] **I** *prép* **1** *temps* seit (+ *dat*); ***depuis toujours*** schon immer; von jeher; **2** *lieu* von … ab; von … aus; ***depuis Paris*** von Paris ab; ***depuis ma fenêtre*** von meinem Fenster aus; **3** ***depuis … jusqu'à …*** von … bis (zu) …; **II** *adv* seitdem; seither; **III** *conj* ▸ ***depuis que*** seit(dem)

dépuratif [depyratif] *m* Entschlackungsmittel *n*

députation [depytasjõ] *f* **1** Abordnung *f*; **2** POL Abgeordnetenmandat *n*

▸ **député** [depyte] *m* Abgeordnete(r) *f(m)*

déraciner [derasine] *v/t* **1** *arbre*, *fig personne* entwurzeln; **2** *fig préjugés* ausrotten

déraill|er *v/i* **1** CH DE FER entgleisen; **2** F *fig* dummes Zeug faseln; *mécanisme* F spinnen; verrückt spielen; ***~eur*** [-œr] *m* Ketten-, Gangschaltung *f*

déraisonn|able *adj* unvernünftig; ***~er*** [-e] *v/i* Unsinn reden

dérangement *m* **1** Unordnung *f*; **2** Störung *f* (*a* TÉL); TÉL ***en ~*** gestört

▸ **déranger** ⟨-ge-⟩ **I** *v/t* **1** *objets* in Unordnung bringen; durcheinander bringen; **2** F *fig* ***être dérangé*** nicht ganz richtig im Kopf sein; **3** ***~ qn*** j-n stören; j-m Umstände machen; **II** *v/pr* ***se ~*** s-n Platz verlassen; sich persönlich bemühen

dérapage [derapaʒ] *m* **1** *d'un véhicule* Schleudern *n*; **2** *fig* Außer-Kontrolle-Geraten *n*; *de langage* Entgleisung *f*; F Ausrutscher *m*

déraper [derape] *v/i* **1** schleudern; rutschen; ins Schleudern kommen; **2** *fig* außer Kontrolle geraten; abgleiten

dératé *m* ***courir comme un ~*** laufen wie ein Wiesel

dératisation [deratizasjõ] *f* Rattenbekämpfung *f*

dérégl|é *adj* ⟨~e⟩ **1** gestört; nicht in Ordnung; *machine* unregelmäßig laufend; **2** *vie* unstet; unregelmäßig; ***~er*** [-e] *v/t* ⟨-è-⟩ in Unordnung bringen; stören

dérider **I** *v/t* ***~ qn*** j-n aufheitern; **II** *v/pr* ***se ~*** heiter werden

dérision [derizjõ] *f* Spott *m*; *p/fort* Hohn *m*; ***tourner qc en ~*** etw verspotten, lächerlich machen

dérisoire [derizwar] *adj* lächerlich; ***à un prix ~*** spottbillig

dériva|tif [derivatif] *m* Ablenkung *f* (***à*** von); ***~tion*** [-sjõ] *f* Ableitung *f* (*a* LING)

dérive *f* **1** MAR, AVIAT Abdrift *f*; ***aller à la ~*** treiben; driften; *fig personne* sich treiben lassen; *entreprise* führungslos dahintreiben; **2** *d'un bateau* Schwert *n*

dérivé [derive] *m* **1** LING Ableitung *f*; **2** CHIM Derivat *n*

dériver **I** *v/t cours d'eau*, MATH ableiten; **II** *v/t/indir* ***~ de*** zurückgehen auf (+ *acc*); **III** *v/i* MAR, AVIAT, *fig* abdriften

dermatologue [dɛrmatɔlɔg] *m,f* Hautarzt, -ärztin *m,f*

▸ **dernier** [dɛrnje] **I** *adj* ⟨-ière [-jɛr]⟩ **1** letzte; ***~ étage*** oberste Etage; ***en ~*** (***lieu***) an letzter Stelle; zuletzt; **2** (*extrême*) äußerste; höchste; letzte; **3** (*le plus proche*) letzte; neueste; jüngste; vorige; ***l'an ~, l'année dernière*** das letzte Jahr; *adv* letztes Jahr; im letzten Jahr; ***information*** *f* ***de dernière minute*** letzte, allerneueste Meldung; **II** *subst* **1** ***le ~, la dernière*** der, die, das Letzte; ***petit ~*** Nesthäkchen *n*; ***le ~ des imbéciles*** der größte Dummkopf; ***être le ~ de sa classe*** Klassenletzter sein; **2** ***ce ~, cette dernière*** Letzterer, Letztere

dernièrement [dɛrnjɛrmã] *adv* kürzlich; vor kurzem; letzthin

dernier-né *m* ⟨derniers-nés⟩, **dernière-née** *f* ⟨dernières-nées⟩ **1** Letztgeborene(r, -s) *f(m, n)*; **2** *fig* ***dernier-né des***

avions neuestes Flugzeugmodell
dérobade [deʀɔbad] *f* Ausweichmanöver *n*
dérobé [deʀɔbe] *adj* ⟨~e⟩ ***porte ~e*** Geheimtür *f*; ***regarder qn à la ~e*** j-n verstohlen ansehen
dérober [deʀɔbe] **I** *v/t* **1** *st/s* entwenden (***qc à qn*** j-m etw); **2** *fig* (weg)nehmen; entziehen; **II** *v/pr* **3** ***se ~ à qc*** sich e-r Sache (*dat*) entziehen; *abs* ***se ~*** ausweichen; **4** *sol* ***se ~ sous*** nachgeben unter (+ *dat*)
dérogation [deʀɔgasjõ] *f* **1** JUR Abweichung *f* (***à*** von); **2** *par ext* Sondergenehmigung *f*
déroger [deʀɔʒe] *v/t/indir* ⟨-ge-⟩ abweichen (***à*** von)
dérouillée [deʀuje] *f* F Dresche *f*
dérouiller I *v/t* entrosten; **II** *v/i* F verdroschen, versohlt werden; **III** *v/pr* ***se ~ les jambes*** sich die Beine vertreten
déroulement *m* Verlauf *m*; Ablauf *m*
dérouler I *v/t* abrollen; *tapis, rouleau a* auf-, entrollen; *fil, pelote a* abwickeln; **II** *v/pr* ***se ~*** *événements* verlaufen; *drame* sich abspielen; ***se ~ devant qn*** vor j-m ablaufen, abrollen
déroute *f* **1** wilde Flucht; ***mettre en ~*** in die Flucht schlagen; **2** *fig* (völliger) Zusammenbruch
dérouter [deʀute] *v/t* **1** ***~ qn*** j-n verwirren, verunsichern; **2** *avion* umleiten
derrick [deʀik] *m* Bohrturm *m*
▸ **derrière** [dɛʀjɛʀ] **I** *prép* **1** hinter (+ *dat question «wo?»*; + *acc question «wohin?»*); ***de ~*** hinter (+ *dat*) hervor; **2** *fig* hinter (+ *dat*); ***il faut toujours être ~ lui*** man muss immer hinter ihm her sein; **II** *adv* hinten; ***regarder ~*** nach hinten schauen; ***par ~*** → ***par-derrière***; **III** *m* **1** ANAT Hinterteil *n*; F Hintern *m*; **2** ***de ~*** Hinter…; hintere; ***patte*** *f* ***de ~*** Hinterpfote *f*
des [de] **I** *article défini* der (*gén pl*); ***la mère ~ enfants*** die Mutter der Kinder; **II** *article indéfini et article partitif: non traduit:* ***~ amis*** Freunde *m/pl*; ***~ mois entiers*** monatelang
▸ **dès** [dɛ] **I** *prép* schon von … an; schon seit; schon, gleich in *ou* an (+ *dat*); ***dès mon retour*** gleich bei meiner Rückkehr; ***dès maintenant*** schon, gleich jetzt; schon von jetzt an; **II** *conj* ▸ ***dès que*** sobald; sowie
dés… [dez…] *préfixe* → ***dé…***
désabusé *adj* ⟨~e⟩ desillusioniert; enttäuscht; ernüchtert
désaccord *m* Uneinigkeit *f*; Unstimmigkeit *f*; ***être en ~ avec qn*** mit j-m uneinig, uneins sein (***sur*** in + *dat ou* über + *acc*)
désaccordé *adj* ⟨~e⟩ MUS verstimmt
désaffecté *adj* ⟨~e⟩ **1** *bâtiment* nicht mehr benutzt; leer stehend; CH DE FER, MINES stillgelegt; **2** (*utilisé autrement*) zweckentfremdet
désaffection *f* Abkehr *f* (***pour qc*** von etw); Desinteresse *n* (an + *dat*)
▸ **désagréable** *adj* unangenehm; ***être ~ avec qn*** unfreundlich zu j-m sein
désagrégation *f* Zerfall *m* (*a fig*)
désagréger [dezagʀeʒe] ⟨-è-, -ge-⟩ **I** *v/t* zersetzen; **II** *v/pr* ***se ~*** sich zersetzen; zerfallen (*a fig*)
désagrément *m* Unannehmlichkeit *f*
désaltér|ant [dezalteʀɑ̃] *adj* ⟨-ante [-ɑ̃t]⟩ durststillend; **~er** [-e] ⟨-è-⟩ **I** *v/i* den Durst stillen, löschen; **II** *v/pr* ***se ~*** s-n Durst löschen
désamorcer *v/t* ⟨-ç-⟩ *bombe* entschärfen (*a fig conflit*)
désamour *m* Abkehr *f* (***pour*** von)
désappoint|ement [dezapwɛ̃tmɑ̃] *m* Enttäuschung *f*; **~er** [-e] *v/t* enttäuschen
désapproba|teur *adj* ⟨-trice⟩ missbilligend; **~tion** [-sjõ] *f* Missbilligung *f*
désapprouver *v/t* missbilligen
désarçonner [dezaʀsɔne] *v/t* **1** *cavalier* abwerfen; **2** *fig* aus dem Konzept, aus der Fassung bringen
désargenté *adj* ⟨~e⟩ ohne Geld; mittellos
désarmant [dezaʀmɑ̃] *adj* ⟨-ante [-ɑ̃t]⟩ *fig* entwaffnend
désarmement *m* Abrüstung *f*
désarmer I *v/t* **1** entwaffnen (*a fig*); *pays* abrüsten; **2** *arme à feu* entladen *ou* sichern; **II** *v/i* **3** POL, MIL abrüsten; **4** *fig* ***ne pas ~*** nicht nachlassen
désarroi [dezaʀwa] *m* Verwirrung *f*; Bestürzung *f*
désarticuler I *v/t* ausrenken; **II** *v/pr* ***se ~*** sich nach allen Seiten verrenken
désastre *m* Katastrophe *f*; Desaster *n*; Unheil *n*
désastreux [dezastʀø] *adj* ⟨-euse [-øz]⟩ katastrophal; verheerend

D

désavantag|e *m* Nachteil *m*; **~er** [-e] *v/t* ⟨-ge-⟩ benachteiligen; **~eux** [-ø] *adj* ⟨-euse [-øz]⟩ nachteilig; unvorteilhaft
désaveu *m* ⟨~x⟩ **1** Widerruf *m*; Nichtanerkennung *f*; **2** *fig* Missbilligung *f*
désavouer *v/t* **1** *déclaration* widerrufen; **2** *acte, œuvre* nicht als das Seinige anerkennen; **3** *fig conduite* missbilligen; *personne* desavouieren
désaxé [dezakse] → ***déséquilibré***
descendance [desɑ̃dɑ̃s] *f* Nachkommenschaft *f*
descendant [desɑ̃dɑ̃] **I** *adj* ⟨-ante [-ɑ̃t]⟩ absteigend (*a gamme*); fallend; **II** **~(e)** *m(f)* Nachkomme *m*; Abkömmling *m*
descend|eur [desɑ̃dœʀ] *m*, **~euse** [-øz] *f* SKI Abfahrtsläufer(in) *m(f)*
▸ **descendre** [desɑ̃dʀ(ə)] ⟨→ rendre⟩ **I** *v/t* **1** *montagne, rue, escalier* hinunter- *ou* herunter-, F runtergehen, -steigen, -kommen, (*en*) *voiture* -fahren; **2** *objet* hinunter- *ou* herunter-, F runterbringen, -tragen, -schaffen; *de l'armoire* herunter-, F runternehmen, -holen; **3** *avion, oiseau* abschießen; F herunterholen; F *personne* F ab-, niederknallen; **II** *v/i* ⟨être⟩ **4** herunter- *ou* hinunter-, F runtergehen, -steigen, -kommen, (*dans un*) *véhicule* -fahren; *d'un sommet a* absteigen (von); *d'un véhicule* aussteigen (aus); *dans un hôtel* absteigen (in + *dat*); **~ *de cheval*** vom Pferd steigen; absitzen; **5** (*tenir son origine*) **~ *de*** abstammen von; **6** *terrain* abfallen; *route* bergab, abwärts gehen, führen; *avion* tiefer gehen; *niveau, fig prix* fallen; **7** (*atteindre*) **~ (*jusqu'*)*à*** (hinunter)reichen bis zu; **8** F *nourriture* verdaulich, bekömmlich sein; F runterrutschen
▸ **descente** [desɑ̃t] *f* **1** Abstieg *m*; *dans un véhicule* Abwärtsfahrt *f*; *d'un avion* Sinken *n*; *d'un organe* Senkung *f*; **~ *sur les lieux*** Lokaltermin *m*; **~ *de police*** (Polizei)Razzia *f*; F ***faire une*** **~** F (lärmend) ziehen, einfallen (***dans*** in + *acc*); **2** ♀ ***de croix*** Kreuzabnahme *f*; **3** (*pente*) Gefällstrecke *f*; Abfahrt *f*; **4** SKI Abfahrtslauf *m*; **5** **~ *de lit*** Bettvorleger *m*
descriptif [dɛskʀiptif] **I** *adj* ⟨-ive [-iv]⟩ beschreibend; deskriptiv; **II** *m* Baubeschreibung *f*
▸ **description** [dɛskʀipsjõ] *f* Beschreibung *f*; Schilderung *f*; Darstellung *f*

désemparé [dezɑ̃paʀe] *adj* ⟨~e⟩ hilf-, ratlos
désemparer *adv* ***sans*** **~** unablässig
désemplir *v/i* ***ne pas*** **~** ständig voll sein
désenchanté *adj* ⟨~e⟩ desillusioniert; ernüchtert
désenclaver *v/t* an den Verkehr anschließen
désencombrer *v/t* freimachen (***de*** von); entlasten
désendettement *m* Entschuldung *f*
désenfler *v/i* ⟨*Vorgang* avoir, *Ergebnis* être⟩ MÉD abschwellen
désensibiliser [desɑ̃sibilize] *v/t* desensibilisieren
désépaissir *v/t cheveux* ausdünnen; effilieren
déséquilibre *m* **1** seelische Störungen *f/pl*; **2** *des forces, etc* Unausgewogenheit *f*; Ungleichgewicht *n*
déséquilibr|é(e) *m(f)* seelisch Gestörte(r) *f(m)*; Psychopath(in) *m(f)*; **~er** [-e] *v/t* aus dem Gleichgewicht bringen (*a fig*)
▸ **désert** [dezɛʀ] **I** *adj* ⟨-erte [-ɛʀt]⟩ **1** *île* unbewohnt; einsam; *région* öde; **2** *rue* menschenleer; wie ausgestorben; **II** *m* **1** Wüste *f*; **2** *par ext* Einöde *f*
désert|er [dezɛʀte] **I** *v/t* **1** *lieu* (für immer) verlassen; **2** *un parti* abtrünnig werden (+ *dat*); **II** *v/i* MIL desertieren; fahnenflüchtig werden; **~eur** [-œʀ] *m* Deserteur *m*; Fahnenflüchtige(r) *m*
désertification [dezɛʀtifikasjõ] *f* **1** Versteppung *f*; **2** *par ext* Verödung *f*
désertion [dezɛʀsjõ] *f* **1** MIL Desertion *f*; Fahnenflucht *f*; **2** *d'un parti* Abtrünnigwerden *n*
désertique [dezɛʀtik] *adj* **1** Wüsten…; **2** wüstenartig; öde
désespérant [dezɛsperɑ̃] *adj* ⟨-ante [-ɑ̃t]⟩ entmutigend; zum Verzweifeln
▸ **désespéré** [dezɛspeʀe] *adj* ⟨~e⟩ verzweifelt (*a effort*); *situation a* hoffnungs-, ausweglos
désespérer ⟨-è-⟩ **I** *v/t* **~ *qn*** j-n zur Verzweiflung bringen; **II** *v/t/indir* **~ *de*** (+ *inf*) die Hoffnung aufgeben, verlieren zu (+ *inf*); **~ *de la vie*** am Leben verzweifeln; **III** *v/i* (*et v/pr* ***se***) **~** verzweifeln
désespoir *m* Verzweiflung *f*; Hoffnungslosigkeit *f*; ***en*** **~ *de cause*** als letzten Ausweg; ***faire le*** **~ *de qn*** j-n

zur Verzweiflung bringen
déshabillé [dezabije] *m* Negligé *n*
▸ **déshabiller** [dezabije] *v/t* (*et v/pr* ***se ~*** sich) ausziehen, entkleiden
déshabituer I *v/t* ***~ qn de qc*** j-m etw abgewöhnen; **II** *v/pr* ***se ~ de*** (+ *inf*) sich etw abgewöhnen
désherb|ant [dezɛʀbɑ̃] *m* Unkrautvernichtungsmittel *n*; **~er** [-e] *v/t et v/i* (Unkraut) jäten
déshérit|é(e) [dezeʀite] *m(f)* *fig* Benachteiligte(r) *f(m)*; Bedürftige(r) *f(m)*; **~er** [-e] *v/t* enterben
déshonneur *m* Unehre *f*; Schande *f*
déshonor|ant [dezɔnɔʀɑ̃] *adj* ⟨-ante [-ɑ̃t]⟩ unehrenhaft; entehrend; schimpflich; **~er** [-e] **I** *v/t* entehren; **II** *v/pr* ***se ~*** sich mit Schande bedecken; s-e Ehre verlieren
déshumaniser *v/t* entmensch(lich)en
déshydraté [dezidʀate] *adj* ⟨~e⟩ **1** ausgetrocknet; ***légumes ~s*** Trockengemüse *n*; **2** F ***être complètement ~*** F e-n Mordsdurst haben
design [dizajn] *m* Design *n*
désignation [deziɲasjõ] *f* **1** Bezeichnung *f*; **2** *d'un successeur* Designierung *f*
designer [dizajnœʀ] *m* Designer *m*
désigner [deziɲe] *v/t* **1** (*dénommer*) bezeichnen; **2** (*montrer*) zeigen, (hin)weisen auf (+ *acc*); **3** *successeur* designieren; bestimmen
désillusion *f* Desillusion *f*; Enttäuschung *f*
désillusionner *v/t* desillusionieren; enttäuschen
désinence [dezinɑ̃s] *f* GR Endung *f*
désinfect|ant [dezɛ̃fɛktɑ̃] *m* Desinfektionsmittel *n*; **~er** [-e] *v/t* desinfizieren
désinfection *f* Desinfektion *f*
désinformation *f* Desinformation *f*
désintégration *f* Auflösung *f*; Zerfall *m* (*a* NUCL); Desintegration *f*
désintégrer ⟨-è-⟩ **I** *v/t* NUCL zertrümmern; spalten; **II** *v/pr* ***se ~*** sich auflösen; zerfallen (*a* NUCL)
désintéress|é *adj* ⟨~e⟩ uneigennützig; selbstlos; **~ement** [-mɑ̃] *m* Uneigennützigkeit *f*; Selbstlosigkeit *f*
désintéresser *v/pr* ***se ~ de*** das Interesse verlieren an (+ *dat*)
désintérêt *m* Desinteresse *n*
désintoxication *f* Entgiftung *f*; Entwöhnung *f*; ***cure f de ~*** Entziehungskur *f*
désintoxiquer *v/t* entgiften (*a fig*); *drogués* entwöhnen
désinvolte [dezɛ̃vɔlt] *adj* ungezwungen; *péj* lässig; (zu) frei; ungeniert
désinvolture [dezɛ̃vɔltyʀ] *f* Lässigkeit *f*; Ungeniertheit *f*
désir [deziʀ] *m* **1** Wunsch *m* (***de qc*** nach etw *ou* ***de*** + *inf* zu + *inf*); *p/fort* Verlangen *n*, Sehnsucht *f* (***de qc*** nach etw); **2** *sexuel* (sinnliche) Begierde, Lust
désirable [deziʀabl(ə)] *adj* **1** wünschenswert; **2** *personne* begehrenswert
désiré [deziʀe] *adj* ⟨~e⟩ erwünscht
désirer [deziʀe] *v/t* **1** (sich [*dat*]) wünschen; ~ (+ *inf*) wünschen zu (+ *inf*); gern(e) mögen (+ *inf*); ▸ ***vous désirez?, que désirez-vous?*** was wünschen Sie?; was darf es sein?; ***laisser à ~*** zu wünschen übrig lassen; **2** *personne* begehren
désireux [deziʀø] *adj* ⟨-euse [-øz]⟩ ***~ de*** (+ *inf*) bestrebt zu (+ *inf*)
désistement [dezistəmɑ̃] *m* Rücktritt *m*; Verzicht *m*
désister [deziste] *v/pr* ***se ~ en faveur de qn*** zugunsten von j-m (von der Kandidatur) zurücktreten
désobéir *v/t/indir* ***~ à qn, à un ordre*** j-m, e-m Befehl nicht gehorchen; *enfant a* j-m nicht folgen; *abs a* ungehorsam sein
désobéiss|ance *f* Ungehorsam *m*; **~ant** [-ɑ̃] *adj* ⟨-ante [-ɑ̃t]⟩ ungehorsam; unfolgsam
désobligeant *adj* ⟨-ante [-ɑ̃t]⟩ ungefällig; *remarque* unfreundlich
désodorisant [dezɔdɔʀizɑ̃] *m* Deodorant *n*
désœuvré [dezœvʀe] *adj* ⟨~e⟩ untätig; *st/s* müßig
désœuvrement [dezœvʀəmɑ̃] *m* Untätigkeit *f*; *st/s* Müßiggang *m*
désol|ant [dezɔlɑ̃] *adj* ⟨-ante [-ɑ̃t]⟩ trostlos; **~ation** [-asjõ] *f* tiefe Betrübnis
▸ **désolé** [dezɔle] *adj* ⟨~e⟩ **1** tief betrübt; untröstlich; ***(je suis) ~*** (es) tut mir Leid; **2** *région* öde; trostlos
désoler [dezɔle] **I** *v/t* tief betrüben; traurig stimmen; **II** *v/pr* ***se ~*** traurig, betrübt sein
désolidariser *v/pr* ***se ~ de*** sich distanzieren von

D

désopilant [dezɔpilɑ̃] *adj* ⟨-ante [-ɑ̃t]⟩ urkomisch

désordonné *adj* ⟨~e⟩ **1** *personne* unordentlich; F schlampig; **2** *vie* unordentlich; zügellos

▸ **désordre** *m* **1** Unordnung *f*; Durcheinander *n*; ***en ~*** in Unordnung; ungeordnet; *lieu* unaufgeräumt; **2** (*trouble*) Unruhe *f*; Verwirrung *f*; ***~s*** *pl* Aufruhr *m*; Unruhen *f/pl*

désorganiser *v/t* desorganisieren; in Unordnung bringen; auflösen

désorienter *v/t* verwirren; verunsichern

désormais [dezɔʀmɛ] *adv* von nun *ou* jetzt an

désosser [dezɔse] *v/t* von den Knochen lösen; entbeinen

despot|e [dɛspɔt] *m* Despot *m* (*a fig*); Alleinherrscher *m*; *péj* Gewaltherrscher *m*; **~ique** [-ik] *adj* despotisch

despotisme [dɛspɔtism(ə)] *m* **1** POL Despotismus *m*; Alleinherrschaft *f*; *péj* Despotie *f*; **2** *fig* Tyrannei *f*

desquamer [dɛskwame] *v/i* (*et v/pr **se***) ~ sich (ab)schuppen; abschilfern

desquels, desquelles [dekɛl] → ***lequel***

dessaisir [desezir] *v/pr **se ~ de qc*** etw abgeben, abtreten

dessaler [desale] **I** *v/t* entsalzen; *hareng* wässern; **II** *v/pr **se ~*** *fig* s-e Naivität *ou* Schüchternheit ablegen; ***dessalé*** recht keck; *p/fort* abgebrüht

dessécher [deseʃe] ⟨-è-⟩ **I** *v/t* **1** austrocknen; **2** *fig* abstumpfen; **II** *v/pr **se ~*** **3** austrocknen; *végétation* vertrocknen; verdorren; **4** *fig* abstumpfen; verhärten; **5** *vieillard* zusammenfallen; verschrumpeln

dessein [desɛ̃] *st/s m* Absicht *f*; ***à ~*** absichtlich

desserrer [deseʀe] **I** *v/t* **1** lockern; *frein* lösen; **2** *fig **ne pas ~ les dents*** den Mund nicht auftun *ou* aufmachen; kein Wort sagen; **II** *v/pr **se ~*** sich lockern

▸ **dessert** [desɛʀ] *m* Dessert *n*; Nachtisch *m*, -speise *f*

desserte [desɛʀt] *f* **1** Abstell-, Beistell-, Serviertisch *m*; **2** Verkehrsverbindung *f* (***de*** zu, nach)

desservir [desɛʀviʀ] *v/t* ⟨→ servir⟩ **1** *bus, train* (regelmäßig) fahren zu, halten in (+ *dat*); *port* (regelmäßig) anlaufen, *aéroport* anfliegen; **2** ~ (***la table***) (den Tisch) abdecken, abräumen; **3** (*nuire*) ~ ***qn*** j-m schaden

dessiller [desije] *v/t **~ les yeux à qn*** j-m die Augen öffnen

▸ **dessin** [desɛ̃] *m* **1** Zeichnung *f*; ▸ ***dessin(s) animé(s)*** Zeichentrickfilm *m*; ***dessin humoristique*** Karikatur *f*; **2** *action* Zeichnen *n*; ***dessin industriel*** technisches Zeichnen; ***dessin publicitaire*** Werbegrafik *f*; **3** *d'un tissu* Muster *n*; **4** (*lignes*) Zeichnung *f*; Züge *m/pl*

dessinateur [desinatœʀ] *m* Zeichner *m*; ~ ***humoristique*** Karikaturist *m*; Cartoonist *m*; ~ ***industriel*** technischer Zeichner

dessinatrice [desinatʀis] *f* Zeichnerin *f*

▸ **dessiner** [desine] **I** *v/t* **1** zeichnen; **2** *contours* hervortreten lassen; **II** *v/pr **se ~*** sich abzeichnen (***à l'horizon*** am Horizont) (*a fig*)

dessoûler [desule] **I** *v/t **~ qn*** j-n nüchtern machen; **II** *v/i* nüchtern werden; ausnüchtern

dessous [d(ə)su] **I** *adv* darunter *ou* F (unten)drunter; ***en ~*** darunter *ou* F drunter; unten; F ***par en ~*** von unten her; **II** *prép **de ~*** unter (+ *dat*) hervor; ***en ~ de*** → ***au-dessous de***; **III** *m* **1** *d'objets* Unterseite *f*; **2** (***étage m du***) ~ untere Etage; unteres Stockwerk; **3** *fig **avoir le ~*** unterlegen sein; *fig **être au trente-sixième ~*** völlig deprimiert, ganz verzweifelt sein; **4** ~ *pl* Dessous *n/pl*; (Damen)Unterwäsche *f*; **5** *fig ~ pl d'une affaire* Hintergründe *m/pl*

dessous-de-|plat *m* ⟨*inv*⟩ Untersetzer *m*; **~table** *m* ⟨*inv*⟩ Schmier-, Draufgeld *n*

dessus [d(ə)sy] **I** *adv* darauf; F (oben-)drauf; ***en ~*** oben; F obendrauf; **II** *prép **de ~*** von … hoch; **III** *m* **1** *d'objets* Oberseite *f*; **2** (***étage m du***) ~ obere Etage; oberes Stockwerk; **3** *fig **le ~ du panier*** die oberen zehntausend; die Creme der Gesellschaft; **4** ***avoir le ~*** überlegen sein; die Oberhand gewinnen; ***(re)prendre le ~*** F sich (wieder) auf-, hochrappeln

dessus-de-lit [d(ə)sydli] *m* ⟨*inv*⟩ Tagesdecke *f*

déstabiliser *v/t* destabilisieren

destin [dɛstɛ̃] *m* Schicksal *n*

destinataire [dɛstinatɛʀ] *m* Empfänger *m*; Adressat *m*

destination [dɛstinasjõ] *f* **1** Bestimmung *f*; Verwendungszweck *m*; **2** *lieu* Bestimmungsort *m*; Ziel *n*; ***à ~ de*** nach
destinée [dɛstine] *f* Schicksal *n*; Los *n*
destiner [dɛstine] **I** *v/t* **1** ***~ qn à qc*** j-n zu etw bestimmen, ausersehen; **2** ***~ qc à qn*** etw für j-n bestimmen; ***être destiné à qn, à qc*** für j-n, für etw bestimmt sein; j-m zugedacht sein; **II** *v/pr* ***se ~ à l'enseignement*** den Lehrberuf wählen
destituer [dɛstitɥe] *v/t* absetzen; ***~ qn de ses fonctions*** j-n s-s Amtes entheben
destruct|eur [dɛstʀyktœʀ] *adj* ⟨-trice [-tʀis]⟩ zerstörerisch; *fig a* destruktiv; **~if** [-if] *adj* ⟨-ive [-iv]⟩ Zerstörungs…
▸ **destruction** [dɛstʀyksjõ] *f* **1** Zerstörung *f*; **2** *de parasites* Vernichtung *f*; Vertilgung *f*
désuet [dezɥɛ, des-] *adj* ⟨-ète [-ɛt]⟩ altmodisch; antiquiert
désuétude [dezɥetyd, des-] *f* ***tomber en ~*** außer Gebrauch kommen; unüblich werden
désunion *f* Zwietracht *f*
désunir *v/t* entzweien
détachable [detaʃabl(ə)] *adj* abreißbar
détachant [detaʃɑ̃] *m* Fleck(en)entferner *m*
détaché [detaʃe] *adj* ⟨~e⟩ **1** ***pièce ~e*** Einzelteil *n*; Ersatzteil *n*; **2** *air* unbeteiligt; uninteressiert
détachement [detaʃmɑ̃] *m* **1** erloschenes Interesse; **2** MIL (Sonder)Trupp *m*, (-)Abteilung *f*, (-)Kommando *n*
▸ **détacher**[1] **I** *v/t* **1** lösen; los-, abmachen; abtrennen; *chien* losbinden; *feuille* abreißen (***de*** von); *remorque* abhängen; **2** *mots, syllabes* getrennt aussprechen; *lettres* getrennt schreiben; **3** ***~ qn*** j-n abstellen, abordnen, MIL abkommandieren; *fonctionnaire* vorübergehend versetzen; **II** *v/pr* **4** ***se ~*** sich lösen; abgehen; *chien* sich losreißen; **5** *fig* ***se ~ de qc*** sich nicht mehr für etw interessieren; *fig* ***se ~ de qn*** sich (gefühlsmäßig) von j-m lösen; **6** ***se ~ sur qc*** sich abheben gegen etw
détacher[2] *v/t* die Flecken entfernen (***qc*** aus etw)
▸ **détail** [detaj] *m* **1** (***commerce*** *m* ***de***) **~** Einzel-, Kleinhandel *m*; ***vendre au ~*** in kleinen Mengen, einzeln verkaufen; **2** Einzelheit *f*; Detail *n*; ***en ~*** im Einzelnen; ausführlich; F ***ne pas faire de*** *ou* ***le ~*** sich nicht mit Einzelheiten aufhalten; **3** (*vétille*) Kleinigkeit *f*
détaill|ant [detajɑ̃] *m*, **~ante** [-ɑ̃t] *f* Einzel-, Kleinhändler(in) *m(f)*
détaillé [detaje] *adj* ⟨~e⟩ detailliert; ausführlich; ins Einzelne gehend
détaler *v/i* F abhauen
détartrer [detaʀtʀe] *v/t* **1** entkalken; **2** ***~ les dents*** den Zahnstein entfernen
détaxé [detakse] *adj* ⟨~e⟩ steuerermäßigt *ou* -frei; gebühren- *ou* zollfrei
détect|er [detɛkte] *v/t* feststellen; auffinden; aufspüren (*a fig*); **~eur** [-œʀ] *m* Detektor *m*; Anzeigegerät *n*
détection [detɛksjõ] *f* Feststellung *f*; Auffindung *f*; Aufspürung *f* (*a fig*)
détective [detɛktiv] *m* **~** (***privé***) (Privat)Detektiv *m*
déteindre *v/i* ⟨→ peindre⟩ **1** ausbleichen; verschießen; **2** ***~ sur*** abfärben auf (+ *acc*) (*a fig*)
dételer [detle] *v/t* ⟨-ll-⟩ ausspannen
détendre ⟨→ rendre⟩ **I** *v/t* **1** *arc* lockern; **2** *fig* entspannen; **II** *v/pr* ▸ ***se détendre*** **3** sich lockern; erschlaffen; **4** *fig personne, situation* sich entspannen
détendu *adj* ⟨~e⟩ entspannt
détenir *v/t* ⟨→ venir⟩ **1** besitzen; innehaben; *record* halten; *secret* bewahren; **2** ***~ qn*** j-n gefangen halten, in Haft halten
détente *f* **1** *d'une arme à feu* Abzug *m*; F *fig* ***être dur à la ~*** F nichts herausrücken wollen; **2** *d'un ressort* Lockerung *f*; Erschlaffung *f*; **3** *fig* Entspannung *f*; ***politique*** *f* ***de ~*** Entspannungspolitik *f*; **4** SPORTS Wurf- *ou* Sprungvermögen *n*
déten|teur [detɑ̃tœʀ] *m*, **~trice** [-tʀis] *f* Besitzer(in) *m(f)*; Inhaber(in) *m(f)*; ***~ d'un record*** Rekordhalter(in) *m(f)*
détention [detɑ̃sjõ] *f* **1** Besitz *m*; ***~ d'armes*** Waffenbesitz *m*; **2** Haft *f*; ***~ provisoire*** Untersuchungshaft *f*
détenu(e) [detny] *m(f)* Häftling *m*
détergent [detɛʀʒɑ̃] *m* Waschmittel *n*
détérioration [deteʀjɔʀasjõ] *f* **1** Beschädigung *f*; **2** *fig* Verschlechterung *f*
détériorer [deteʀjɔʀe] **I** *v/t* **1** beschädigen; **2** *fig* verschlechtern; **II** *v/pr* ***se ~*** **3** schadhaft werden; verkommen; **4** *fig* sich verschlechtern; sich verschlimmern
déterminant [detɛʀminɑ̃] *adj* ⟨-ante

[-ɑ̃t]⟩ bestimmend; ausschlaggebend
détermination [detɛʀminasjõ] *f* **1** Bestimmung *f*; Festlegung *f*; **2** (*résolution*) Entschluss *m*; (*fermeté*) Entschlossenheit *f*
D
déterminé *adj* ⟨~e⟩ **1** (*défini*) bestimmt; **2** (*résolu*) entschlossen
déterminer **I** *v/t* **1** bestimmen; festlegen; *cause* feststellen; ermitteln; **2** *~ qn à* (+ *inf*) j-n bestimmen, veranlassen zu (+ *inf*); **3** *réaction* bewirken; hervorrufen; **II** *v/pr* ***se ~ à*** (+ *inf*) sich entschließen zu (+ *inf*)
déterrer *v/t* ausgraben (*a fig*)
détestable [detɛstabl(ə)] *adj* abscheulich; scheußlich
▸ **détester** [detɛste] *v/t* verabscheuen; hassen; nicht ausstehen können
détonant [detɔnɑ̃] *adj* ⟨-ante [-ɑ̃t]⟩ explosiv
détona|teur [detɔnatœʀ] *m* **1** Zünder *m*; **2** *fig* Auslöser *m*; **~tion** [-sjõ] *f* Detonation *f*; Knall *m*
détoner [detɔne] *v/i* detonieren
détonner *v/i* **1** MUS falsch singen *ou* spielen; **2** *fig* nicht passen
▸ **détour** *m* **1** Umweg *m* (*a fig*); *fig a* Winkelzug *m*; ***faire un ~*** e-n Umweg machen; *fig* ***sans ~*** ohne Umschweife; freiheraus; **2** (*tournant*) Biegung *f*; Krümmung *f*
détourné *adj* ⟨~e⟩ indirekt
détournement [deturnəmɑ̃] *m* **1** ***~ d'avion*** Flugzeugentführung *f*; **2** ***~ de fonds*** Unterschlagung *f*; Veruntreuung *f*; **3** ***~ de mineur*** Verführung *f* Minderjähriger
détourner **I** *v/t* **1** *avion* entführen; **2** *tête, regard* ab-, wegwenden; **3** *fig* ***~ qn de qc*** j-n von etw abbringen; **4** *fig attention* ablenken; *soupçons* zerstreuen; ***~ sur qn*** auf j-n lenken; ***~ la conversation*** vom Thema ablenken; **5** *fonds* unterschlagen; veruntreuen; **II** *v/pr* ***se ~*** sich abwenden
détracteur *m péj* Kritiker *m*
détraqué(e) [detʀake] F *m(f)* Geistesgestörte(r) *f(m)*
détraquer **I** *v/t* F kaputtmachen; **II** *v/pr* ***se ~*** **1** F kaputtgehen; **2** F *temps* schlecht werden; **3** F ***se ~ l'estomac*** sich den Magen verderben, F verkorksen
détrempé *adj* ⟨~e⟩ aufgeweicht
détresse *f* **1** Not *f*; Bedrängnis *f*; ***être dans la ~*** in Not, im Elend sein; **2** ***en ~*** *bateau* in Seenot; *avion* in e-r Notsituation
détriment [detʀimɑ̃] *m* ***au ~ de*** zum Schaden, Nachteil von (*ou* + *gén*)
détritus [detʀitys] *m/pl* Abfälle *m/pl*
détroit [detʀwa] *m* Meerenge *f*; Straße *f*
détromper **I** *v/t* ***~ qn*** j-n über s-n Irrtum aufklären; **II** *v/pr* ***détrompez-vous!*** glauben Sie es nicht!
détrôner *v/t* entthronen (*a fig*)
détrousser *v/t plais* ausplündern
▸ **détruire** [detʀɥiʀ] *v/t* ⟨→ conduire⟩ **1** zerstören; **2** *parasites* vernichten; vertilgen; **3** *fig espoirs, etc* zerstören; zunichte machen
▸ **dette** [dɛt] *f* COMM Schuld *f*; ***~ publique*** Staatsschuld(en) *f(pl)*; *fig* ***avoir une ~ envers qn*** in j-s Schuld stehen
DEUG [døg] *m* ⟨*inv*⟩ *abr* (*diplôme d'études universitaires générales*) Abschlussprüfung *f*, -diplom *n* des „premier cycle" (*nach 2 Studienjahren*)
deuil [dœj] *m* **1** Trauer *f*; F *fig* ***faire son ~ de qc*** F etw abschreiben, in den Kamin schreiben; **2** Trauerkleidung *f*; ***être en ~*** in Trauer sein; **3** (*décès*) Trauerfall *m*
▸ **deux** [dø] **I** *num/c* zwei; ▸ ***les deux*** beide; die beiden; ***tous (les) deux*** alle beide, zwei; ***Élisabeth II*** Elisabeth II. (die Zweite); ***le deux mai*** der zweite *ou* am zweiten Mai; ***à deux*** zu zweit; zu zweien; ***couper en deux*** in zwei Teile schneiden; ***partager en deux*** halbieren; ***deux par*** *ou* ***à deux*** je zwei und zwei; immer zwei; paarweise; F *fig* ***en moins de deux*** F in Null Komma nichts; **II** *m* Zwei *f*; Zweier *m*; ***le deux (du mois)*** der Zweite *ou* am Zweiten (des Monats); TV F ***sur la deux*** im Zweiten (*Programm*)
▸ **deuxième** [døzjɛm] **I** *num/o* zweite; **II** *subst* **1** ***le, la ~*** der, die, das Zweite; **2** *m étage* ***au ~*** im zweiten Stock
deuxièmement [døzjɛmmɑ̃] *adv* zweitens
deux|-pièces *m* ⟨*inv*⟩ **1** zweiteiliger Badeanzug; F Zweiteiler *m*; **2** Jackenkleid *n*; Deux-pièces *n*; F Zweiteiler *m*; **3** Zweizimmerwohnung *f*; **~-points** *m/pl* Doppelpunkt *m*; **~-roues** *m* ⟨*inv*⟩ Zweirad *n*

deuzio [døzjo] F *adv* zweitens
dévaler [devale] *v/t escalier* hinuntereilen, -stürzen; *pente* hinuntersausen
dévaliser [devalize] *v/t* **1** ausplündern, -rauben; **2** *fig magasin* leer kaufen
dévalorisation *f* Entwertung *f*; Wertverlust *m*, -minderung *f*
dévaloriser **I** *v/t* **1** entwerten; **2** *fig* herabsetzen; **II** *v/pr* ***se ~*** s-n Wert verlieren; wertlos werden
dévalu|ation [devalɥasjõ] *f* Abwertung *f*; **~er** [-e] *v/t* abwerten
devancer [d(ə)vɑ̃se] *v/t* ⟨-ç-⟩ **1** kommen vor (+ *dat*); vorangehen (+ *dat*); ***~ une question*** e-r Frage zuvorkommen; **2** *fig rival* übertreffen; voraus sein (+ *dat*)
devanc|ier [dəvɑ̃sje] *m*, **~ière** [-jɛʀ] *f* Vorgänger(in) *m(f)*
▸ **devant** [d(ə)vɑ̃] **I** *prép* vor (+ *dat question «wo?»*; + *acc question «wohin?»*); → *Info bei* ***vor***; ***aller droit ~ soi*** geradeaus gehen; *fig* s-n Weg unbeirrt gehen; **II** *adv* vorn(e); *avec des verbes de mouvement* voraus…; voran…; ***regarder ~*** nach vorn(e) schauen; **III** *m* Vorderfront *f*, -seite *f*; vorderer Teil; ***patte f de ~*** Vorderpfote *f*; ***loger sur le ~*** nach vorn(e) (hinaus) wohnen; *fig* ***prendre les ~s*** j-m zuvorkommen
devanture [d(ə)vɑ̃tyʀ] *f* Schaufenster *n*; Auslage *f*
dévaster [devaste] *v/t* verwüsten; verheeren
déveine *f* F Pech *n*
▸ **développement** [devlɔpmɑ̃] *m* **1** Entwicklung *f*; ÉCON *a* Aufwärtsentwicklung *f*; *des sciences a* Weiterentwicklung *f*; *des relations a* Ausbau *m*; **2** *d'un thème* Ausführung *f*; **3** **~s** *pl d'une affaire* Folgen *f/pl*; **4** PHOT Entwickeln *n*; **5** *d'un vélo* Übersetzung *f*
développer [devlɔpe] **I** *v/t* entwickeln (*a* PHOT); entfalten; *relations a* ausbauen; *idées a* näher ausführen; **II** *v/pr* ▸ ***se développer*** sich entwickeln; *talent a* sich entfalten; ÉCON sich aufwärts entwickeln
▸ **devenir** [dəv(ə)niʀ] *v/i* ⟨→ venir; être⟩ werden; ***qu'allons-nous ~?*** was wird aus uns werden?; F ***que devenez--vous?*** was machen, F treiben Sie denn so?
dévergondé [devɛʀgõde] *adj* ⟨~e⟩ zügellos; ausschweifend; schamlos
déverser **I** *v/t* entleeren; ausschütten; *bombes* abwerfen; *fig voyageurs* F ausspucken; **II** *v/pr* ***se ~*** sich ergießen; abfließen
dévêtir ⟨→ vêtir⟩ *v/t* (*et v/pr* ***se ~*** sich) aus-, entkleiden
▸ **déviation** [devjasjõ] *f* **1** Umleitung *f*; **2** PHYS Ablenkung *f*; **3** ***~ de la colonne vertébrale*** Rückgratverkrümmung *f*; **4** *fig*, POL Abweichung *f*
déviationniste [devjasjɔnist] *m,f* Abweichler(in) *m(f)*
dévider *v/t* abspulen; abwickeln
dévier [devje] **I** *v/t circulation* umleiten; **II** *v/i* abweichen (***de*** von) (*a fig*)
devin [dəvɛ̃] *m*, **devineresse** [dəvinʀɛs] *f* Hellseher(in) *m(f)*
▸ **deviner** [d(ə)vine] *v/t énigme* raten; *in-*

Wer in Frankreich schon mit dem Auto unterwegs war, kennt sie sicher – die Schilder mit der Aufschrift **déviation** (Umleitung). Hier ein paar weitere Verkehrshinweise, die einem in Frankreich häufig begegnen:

allumez vos phares	Licht einschalten!
bouchon	Stau
cédez le passage	Vorfahrt achten!
horodateur	Parkscheinautomat
parking	Parkplatz
péage	Zahlstelle (für Autobahngebühr)
ralentissez	Langsamer fahren!
sens unique	Einbahnstraße
stationnement interdit	Parken verboten!
travaux	Straßenarbeiten
vous n'avez pas la priorité	Vorfahrt achten!

tentions, secret erraten; *avenir* ahnen; ***devine!*** rate mal!
devinette [d(ə)vinɛt] *f* Rätsel *n*; **~s** *pl* Ratespiel *n*; ***poser une*** **~** ein Rätsel aufgeben
devis [d(ə)vi] *m* Kostenvoranschlag *m*
dévisager [devizaʒe] *v/t* ⟨-ge-⟩ anstarren
devise [d(ə)viz] *f* **1** Devise *f*; Wahlspruch *m*; Motto *n*; **2** FIN **~s** *pl* Devisen *f/pl*
dévisser **I** *v/t* (*défaire*) abschrauben; (*ouvrir*) aufschrauben; **II** *v/i alpiniste* abstürzen
dévitaliser [devitalize] *v/t* den Nerv entfernen (***une dent*** e-s Zahnes)
dévoiler **I** *v/t* **1** *statue* enthüllen; **2** *fig* enthüllen; offenbaren; *secret a* lüften; **II** *v/pr* ***se*** **~** *fig* sich enthüllen; offenbar werden
▸ **devoir**[1] [d(ə)vwaʀ] ⟨je dois, il doit, nous devons, ils doivent; je devais; je dus; je devrai; que je doive; devant; dû, due⟩ **I** *v/t* **1** *argent, fig explication, respect* **~** ***à qn*** j-m schulden, schuldig sein; → ***dû***; **2** *situation, surnom, vie, etc* **~** ***à qn*** j-m (zu) verdanken (haben); **II** *v/aux avec inf* **3** *nécessité* müssen; *obligation* müssen; sollen; haben zu; ***ne pas*** **~** nicht dürfen, sollen; ***cela devait arriver!*** das musste so kommen!; **4** *probabilité* müssen; wohl werden; ***il a dû avoir une panne*** er muss, wird wohl e-e Panne gehabt haben; **5** *futur dans le passé* sollen; ***il devait mourir deux jours plus tard*** zwei Tage später sollte er sterben; **III** *v/pr* ***comme il se doit*** wie es sich gehört, gebührt; ***se*** **~** ***de faire qc*** es sich schuldig sein, etw zu tun
▸ **devoir**[2] *m* **1** Pflicht *f*; ***par*** **~** aus Pflichtgefühl; ***faire son*** **~** s-e Pflicht tun; **2** ÉCOLE Aufgabe *f*; **~s** *pl* Hausaufgaben *f/pl*; **~** ***sur table*** Klassenarbeit *f*
dévolu [devɔly] *m* ***jeter son*** **~** ***sur*** sein Auge werfen auf (+ *acc*)
dévorer [devɔʀe] *v/t* **1** fressen; verschlingen (*a fig livre*); *fig* **~** ***des yeux*** mit den Augen verschlingen; **2** *fig passion, remords* **~** ***qn*** j-n verzehren
dévot [devo] *m*, **dévote** [devɔt] *f* Fromme(r) *f(m)*; *péj* Frömmler(in) *m(f)*
dévotion [devosjõ] *f* **1** Frömmigkeit *f*; ***fausse*** **~** Frömmelei *f*; **2** *fig* glühende Verehrung
dévoué [devwe] *adj* ⟨**~e**⟩ ergeben (***à qn*** j-m)
dévouement [devumã] *m* Ergebenheit *f*; *p/fort* Hingabe *f*; Aufopferung *f*; Opferbereitschaft *f*
dévouer *v/pr* ***se*** **~** **1** sich aufopfern; **2** F *plais* sich opfern (***pour faire qc*** und etw tun); **3** ***se*** **~** ***à une cause*** sich e-r Sache (*dat*) ganz hingeben
dévoyé [devwaje] *adj* ⟨**~e**⟩ auf die schiefe Bahn geraten
dextérité [dɛksteʀite] *f* Fingerfertigkeit *f*; Geschicklichkeit *f*
dextrose [dɛkstʀoz] *m* Dextrose *f*; Traubenzucker *m*
diabète [djabɛt] *m* Zuckerkrankheit *f*; Diabetes *m*
diabétique [djabetik] **I** *adj* zuckerkrank; **II** *m,f* Diabetiker(in) *m(f)*; Zuckerkranke(r) *f(m)*
▸ **diable** [djɑbl(ə)] **I** *m* **1** Teufel *m*; F *fig* ***boucan*** *m* ***du*** **~** F Höllenlärm *m*; ***à la*** **~** flüchtig; oberflächlich; ***au*** **~** ***…!*** zum Teufel mit …!; *se démener* ***comme un*** (***beau***) **~** wie wild, toll; ***c'est bien le*** **~** ***si …*** es müsste mit dem Teufel zugehen, wenn …; *fig* ***tirer le*** **~** ***par la queue*** kaum sein Auskommen haben; *p/fort* am Hungertuch nagen; **2** *int* **~!** Teufel auch!; ***où*** **~** ***…?*** wo zum Teufel …?; **3** *fig* ***pauvre*** **~** F armer Teufel, Schlucker; **4** *chariot* Sack-, Stechkarre *f*; **II** *adj enfant* wild
diablesse [djɑblɛs] *f* **1** MYTH Teufelin *f*; **2** *fig* Teufelsweib *n*
diablotin [djablɔtɛ̃] *m* kleiner Teufel (*a fig enfant*)
diabolique [djabɔlik] *adj* teuflisch; diabolisch
diabolo [djabɔlo] *m* **1** *jouet* Diabolo *n*; **2** **~** ***menthe*** Limonade *f* mit Pfefferminzsirup
diacre [djakʀ(ə)] *m* Diakon *m*
diadème [djadɛm] *m* Diadem *n*
diagnostic [djagnɔstik] *m* Diagnose *f*
diagnostiquer [djagnɔstike] *v/t* diagnostizieren (*a fig*)
diagonale [djagɔnal] *f* Diagonale *f*; ***en*** **~** diagonal; schräg
diagramme [djagʀam] *m* Diagramm *n*
dialecte [djalɛkt] *m* Dialekt *m*; Mundart *f*
dialogue [djalɔg] *m* Dialog *m* (*a* THÉ,

CIN, INFORM); Zwiegespräch *n*; *fig* ***c'est un ~ de sourds*** sie reden aneinander vorbei

dialoguer [djalɔge] *v/i* ***~ avec qn*** mit j-m e-n Dialog, ein Gespräch führen

dialyse [djaliz] *f* Dialyse *f*; Blutwäsche *f*

diamant [djamɑ̃] *m* Diamant *m*

diamétralement [djametʀalmɑ̃] *adv fig* ***~ opposé*** diametral entgegengesetzt

diamètre [djamɛtʀ(ə)] *m* Durchmesser *m*

diapason [djapazõ] *m* Stimmgabel *f*; Diapason *m*; *fig* ***être au ~ de qn*** auf j-n eingestellt sein

diaphane [djafan] *adj* durchscheinend

diaphragme [djafʀagm(ə)] *m* **1** ANAT Zwerchfell *n*; **2** PHOT Blende *f*; **3** MÉD Diaphragma *n*

diapo [djapo] *f* F *abr* Dia *n*

diapositive [djapozitiv] *f* Diapositiv *n*

diarrhée [djaʀe] *f* MÉD Durchfall *m*

diaspora [djaspɔʀa] *f* Diaspora *f*

diatribe [djatʀib] *f* heftige, beißende Kritik (***contre qn*** an j-m)

dico [diko] *m* F → ***dictionnaire***

dictaphone [diktafɔn] *m* Diktiergerät *n*

dictateur [diktatœʀ] *m* Diktator *m*

▸ **dictature** [diktatyʀ] *f* Diktatur *f* (*a fig*)

▸ **dict|ée** [dikte] *f* Diktat *n* (*a* ÉCOLE); **~er** [-e] *v/t* diktieren (*a fig*)

diction [diksjõ] *f* Vortrags-, Sprechweise *f*; Diktion *f*

▸ **dictionnaire** [diksjɔnɛʀ] *m* Wörterbuch *n*; Lexikon *n*

dicton [diktõ] *m* sprichwörtliche Redensart; volkstümlicher Spruch

didact|iciel [didaktisjɛl] *m* Lernsoftware *f*; **~ique** [-ik] *adj* didaktisch

dièse [djɛz] *m* MUS Kreuz *n*; *adjt* ***do ~*** cis(*-Moll*) *ou* Cis(*-Dur*)

diesel [djezɛl] *m* Dieselmotor *m*, *par ext* -fahrzeug *n*; F Diesel *m*; *adjt* ***moteur*** *m* ♀ Dieselmotor *m*

diète[1] [djɛt] *f* Nulldiät *f*; (*régime*) Diät *f*; Schonkost *f*

diète[2] *f* **1** HIST Reichstag *m*; **2** *aujourd'hui en Allemagne* Landtag *m*

diététic|ien [djetetisjɛ̃] *m*, **~ienne** [-jɛn] *f* Diätassistent(in) *m(f)*

diététique [djetetik] *f* Diätetik *f*; Ernährungslehre *f*; ***magasin*** *m* ***de ~*** Reformhaus *n*

▸ **Dieu** [djø] *m* **1** REL Gott *m*; ▸ ***mon Dieu!*** mein Gott!; ach Gott!; ***Dieu sait pourquoi, quand***, *etc* Gott weiß warum, wann *etc*; ***si Dieu le veut*** so Gott will; **2** ***dieu*** ⟨dieux⟩ MYTH Gott *m*; ***jurer ses grands dieux*** Stein und Bein schwören

diffama|teur [difamatœʀ] *m*, **~trice** [-tʀis] *f* Verleumder(in) *m(f)*; **~tion** [-sjõ] *f* Diffamierung *f*; Verleumdung *f*; JUR üble Nachrede; **~toire** [-twaʀ] *adj* diffamatorisch; verleumderisch

diffamer [difame] *v/t* diffamieren; verleumden

différé [difeʀe] *m* ***émission*** *f* ***en ~*** Aufzeichnung *f*

différemment [difeʀamɑ̃] *adv* anders

▸ **différence** [difeʀɑ̃s] *f* Unterschied *m*; Differenz *f* (*a* MATH); ***~ d'âge*** Altersunterschied *m*, -abstand *m*; ***à la ~ de*** im Unterschied zu

différencier [difeʀɑ̃sje] **I** *v/t* differenzieren (*a* MATH); unterscheiden; **II** *v/pr* ***se ~*** sich differenzieren

différend [difeʀɑ̃] *m* Meinungsverschiedenheit *f*; Differenz *f*

▸ **différent** [difeʀɑ̃] *adj* ⟨-ente [-ɑ̃t]⟩ **1** verschieden (***de*** von); unterschiedlich; anders (als); **2** ⟨*nur pl u vorangestellt*⟩ ***~s*** verschiedene; mehrere

différentiel [difeʀɑ̃sjɛl] **I** *adj* ⟨~le⟩ ***calcul ~*** Differentialrechnung *f*; **II** *m* AUTO Ausgleichsgetriebe *n*; Differential *n*

différer [difeʀe] ⟨-è-⟩ **I** *v/t* auf-, ver-, hinausschieben; **II** *v/i* abweichen (***de*** von); sich unterscheiden (von); *abs opinions a* differieren; auseinander gehen

▸ **difficile** [difisil] *adj* **1** schwierig; schwer; mühsam; *caractère a* diffizil; *enfant a* schwer erziehbar; **2** *personne* heikel; wählerisch; ***faire le, la ~*** wählerisch sein

difficilement [difisilmɑ̃] *adv* schwer; mit Mühe

▸ **difficulté** [difikylte] *f* Schwierigkeit *f*; ***sans ~*** ohne Schwierigkeit; mühelos; ***être en ~*** in Schwierigkeiten sein, stecken

difforme [difɔʀm] *adj* difform; missgestaltet; (*gros*) unförmig

diffraction [difʀaksjõ] *f* PHYS Beugung *f*

diffus [dify] *adj* ⟨-use [-yz]⟩ diffus; *fig a* verschwommen

diffuser [difyze] *v/t* **1** OPT (zer)streuen; **2** RAD, TV ausstrahlen; senden; übertragen; **3** *fig* verbreiten

diffusion [difyzjõ] *f* **1** Ausstrahlung *f*; Übertragung *f*; **2** *fig* Verbreitung *f*
digérer [diʒeʀe] *v/t* ⟨-è-⟩ verdauen (*a fig*, F)
digeste [diʒɛst] *adj* leicht verdaulich
digestif [diʒɛstif] **I** *adj* ⟨-ive [-iv]⟩ **1** Verdauungs…; **2** verdauungsfördernd; **II** *m* Digestif *m*; Verdauungstrank *m*

D

Les digestifs français

Nach einem guten Essen greift der Franzose gern zu einem **digestif**, einem alkoholischen Getränk, das die Verdauung anregen soll. Bekannte **digestifs** sind unter anderem **le calvados**, ein normannischer Apfelschnaps (43%), der in Eichenfässern gelagert wird, und **le cognac**, ein Branntwein, der aus Weißweinen hergestellt wird, die nur aus einem genau festgelegten Anbaugebiet um die Stadt Cognac stammen dürfen. Guter Cognac hat einen mehrjährigen Reifungsprozess in Fässern aus Limousin-Eiche hinter sich.
Aus dem Elsass stammende **digestifs** sind **la framboise** (Himbeergeist), **le kirsch** (Kirschwasser) sowie **la quetsche** (Zwetschgenwasser).

digestion [diʒɛstjõ] *f* Verdauung *f*
digicode® [diʒikɔd] *m* elektronisches Türschloss
digital [diʒital] *adj* ⟨~e; -aux [-o]⟩ **1** Finger…; **2** INFORM Digital…
digitale [diʒital] *f* BOT Fingerhut *m*
digne [diɲ] *adj* würdig (***de qc*** e-r Sache [*gén*]); *air a* würdevoll; ***~ de confiance*** vertrauenswürdig; ***~ d'intérêt*** Interesse verdienend
dignitaire [diɲitɛʀ] *m* Würdenträger *m*
dignité [diɲite] *f* Würde *f*
digression [digʀɛsjõ] *f* Abschweifung *f*; Exkurs *m*
digue [dig] *f* Deich *m*; Damm *m* (*a fig*)
diktat [diktat] *m* POL Diktat *n*
dilapider [dilapide] *v/t* verschwenden; vergeuden
dilatation [dilatasjõ] *f* **1** PHYS Ausdehnung *f*; **2** MÉD Erweiterung *f*
dilater [dilate] *v/t* (*et v/pr* ***se***) **~ 1** PHYS (sich) ausdehnen; **2** MÉD (sich) erweitern
dilemme [dilɛm] *m* Dilemma *n*
dilettante [dilɛtɑ̃t] *m,f* Dilettant(in) *m(f)*; ***en ~*** dilettantisch
dilettantisme [dilɛtɑ̃tism(ə)] *m* Dilettantismus *m*; Dilettantentum *n*
diligence [diliʒɑ̃s] *f* **1** HIST Postkutsche *f*; **2** *st/s* (*zèle*) Eifer *m*; Beflissenheit *f*
diluant [dilɥɑ̃] *m* Verdünnungsmittel *n*
diluer [dilɥe] *v/t* verdünnen; (*dissoudre*) auflösen
diluvien [dilyvjɛ̃] *adj* ⟨-ienne [-jɛn]⟩ *pluies* sintflutartig
▸ **dimanche** [dimɑ̃ʃ] *m* Sonntag *m*; F *fig* ***chauffeur*** *m* ***du ~*** Sonntagsfahrer *m*
dimension [dimɑ̃sjõ] *f* **1** Abmessung *f*; Dimension *f*; Maß *n*; ***~s*** *pl a* Größe *f*; Ausdehnung *f*; ***à trois ~s*** dreidimensional; **2** *fig* Ausmaß *n*; Dimension *f*; Bedeutung *f*
diminué [diminɥe] *adj* ⟨~e⟩ *personne* geschwächt
▸ **diminuer** [diminɥe] **I** *v/t* **1** vermindern; verringern; herabsetzen; **2** *fig* verringern; *mérites a* schmälern; *forces* schwächen; **3 *~ qn*** (*dénigrer*) j-n herabsetzen, schlecht machen; **II** *v/i* **4** sich vermindern; sich verringern; *prix a* heruntergehen; sinken; fallen; *marchandise* billiger werden; *production* zurückgehen; *chaleur, pluies* nachlassen; schwächer werden; *jours* abnehmen; kürzer werden; **5** *fig forces, enthousiasme* nachlassen; abnehmen; schwächer werden
diminutif [diminytif] *m* Diminutiv(um) *n*; Verkleinerungswort *n*; *d'un nom* Koseform *f*
diminution [diminysjõ] *f* Verminderung *f*; Verringerung *f*; Herabsetzung *f*; Rückgang *m*; Abnahme *f*; Nachlassen *n*
▸ **dinde** [dɛ̃d] *f* **1** ZO Truthenne *f*; Pute *f*; CUIS *a* Truthahn *m*; Puter *m*; **2** *fig* F dumme Pute, Gans
dindon [dɛ̃dõ] *m* Truthahn *m*; Puter *m*; *fig* ***être le ~ de la farce*** der Dumme sein
dindonneau [dɛ̃dɔno] *m* ⟨~x⟩ junger Truthahn, Puter; CUIS Babypute *f*

► **dîner** [dine] **I** *v/i* zu Abend essen; *st/s* dinieren; **II** *m* Abendessen *n*, -mahlzeit *f*, -brot *n*; *st/s* Diner *n*
dînette [dinɛt] *f* Puppengeschirr *n*
ding [diŋ] *int sonnette* kling(e)ling!; **~, dong!** [diŋdõg] *carillon* bim, bam!
dingue [dɛ̃g] F **I** *adj* **1** wahnsinnig; → ***cinglé***; **2** F toll; F wahnsinnig; **II** *m,f* Wahnsinnige(r) *f(m)*; ***~ de la télé*** F Fernsehnarr *m*
dinosaure [dinɔzɔʀ] *m* Dinosaurier *m* (*a fig*)
diocèse [djɔsɛz] *m* Diözese *f*
dioxine [djɔksin] *f* Dioxin *n*
diphtérie [difteʀi] *f* Diphtherie *f*
diphtongue [diftõg] *f* Diphthong *m*; Doppellaut *m*
diplomate [diplɔmat] **I** *m* Diplomat *m* (*a fig*); **II** *adj fig* diplomatisch
diplomatie [diplɔmasi] *f* Diplomatie *f* (*a fig*)
diplomatique [diplɔmatik] *adj* **1** diplomatisch (*a fig*); ***corps*** *m* **~** diplomatisches Korps; **2** *fig* ***maladie*** *f* **~** vorgeschobene, politische Krankheit
► **diplôme** [diplom] *m* Diplom *n*; Zeugnis *n*
diplômé [diplome] *adj* ⟨~e⟩ diplomiert; Diplom…; staatlich geprüft
► **dire**[1] [diʀ] ⟨je dis, il dit, nous disons, vous dites, ils disent; je disais; je dis; je dirai; que je dise; disant; dit⟩ **I** *v/t* **1** sagen; *poème* aufsagen; *acteur: texte* sprechen; vortragen; ***dire la messe*** die Messe lesen; ***dire que …*** wenn man bedenkt, dass …; ***dire à qn de faire qc*** j-m sagen, dass er etw tun soll; ***à ce qu'il dit*** nach dem, was er sagt; s-n Worten nach; ***qui l'eût dit?*** wer hätte das gedacht?; ***qu'est-ce que tu en dis?*** was sagst du dazu?; ***c'est beaucoup dire*** das wäre zu viel gesagt; ***comment dirais-je?*** wie soll ich sagen, mich ausdrücken?; F ***dis donc!*** F sag (doch) mal!; he du!; F ***eh ben, dis donc!*** na so was!; ***c'est tout dire*** das (be)sagt alles; ***pour tout dire*** kurz (und gut); ***cela va sans dire*** (das) versteht sich (von selbst); das ist selbstverständlich; ***est-ce à dire que …?*** heißt, bedeutet das, dass …?; ***si j'ose (le) dire*** wenn ich so sagen darf; ***on dit que …*** man sagt, es heißt, es wird behauptet, dass …; ***comme on dit*** wie man so sagt; wie es heißt; ***on dirait*** man möchte meinen; ***on dirait un gangster*** man könnte ihn für e-n Gangster halten; ***dis, dites*** sag, sagen Sie; nicht wahr?; **2** *visage, nom, etc* ***dire qc à qn*** j-m etw sagen; j-m bekannt vorkommen; **3** (*faire envie*) ***dire à qn*** j-m zusagen, gefallen; ***est-ce que cela vous dit?*** haben Sie dazu Lust?; würde Ihnen das gefallen?; **4** *chose* ► ***vouloir dire*** bedeuten; heißen; ***ça ne veut rien dire*** das will gar nichts heißen, (be)sagen; das bedeutet gar nichts; **II** *v/pr* **5** ***se dire*** (zu) sich sagen; ***dis-toi bien que …*** denk daran, dass …; **6** ***cela ne se dit plus*** das sagt man nicht mehr; ***comment ça se dit en français?*** wie heißt das, wie sagt man dazu auf Französisch?
dire[2] *m* ***d'après les ~s de*** *ou* ***au ~ de*** nach Aussage (+ *gén*); nach den Worten (+ *gén*)
direct [diʀɛkt] **I** *adj* ⟨~e⟩ direkt; *chemin a* gerade; *contact, cause a* unmittelbar; ***train direct*** Eilzug *m*; **II** *m* **1** BOXE Gerade *f*; **2** ► ***émission f en direct*** Live-Sendung *f*
► **directement** [diʀɛktəmɑ̃] *adv* direkt
► **directeur** [diʀɛktœʀ] **I** *m* **1** Direktor *m*; Leiter *m*; ***~ sportif*** Sportfunktionär *m*; ***~ de la publication*** Herausgeber *m*; **2** **~ (*d'école*)** Rektor *m*; Schulleiter *m*; **II** *adj* ⟨-trice [-tʀis]⟩ **1** leitend; ***comité ~*** Vorstand *m*; Direktorium *n*; **2** *fig idée* Leit…
directif [diʀɛktif] *adj* ⟨-ive [-iv]⟩ autoritär
► **direction** [diʀɛksjõ] *f* **1** *action* Führung *f*; Leitung *f*; ***sous la ~ de*** unter der Leitung von; **2** *comité* Direktion *f*; Geschäfts-, Betriebsleitung *f*; **3** *d'un ministère* **~ (*générale*)** Abteilung *f*; **4** TECH Lenkung *f*; Steuerung *f*; **5** (*sens*) Richtung *f*; ***en ~ de la gare*** in Richtung Bahnhof
directives [diʀɛktiv] *f/pl* Direktiven *f/pl*; Richtlinien *f/pl*; Weisungen *f/pl*
► **directrice** [diʀɛktʀis] *f* Direktorin *f*; Leiterin *f*; *d'une école primaire* Rektorin *f*; Schulleiterin *f*
dirigeable [diʀiʒabl(ə)] *m* Luftschiff *n*; Zeppelin *m*
dirigeant [diʀiʒɑ̃] **I** *adj* ⟨-ante [-ɑ̃t]⟩ führend; herrschend; **II** **~(*e*)** *m(f)* Füh-

rer(in) *m(f)*; **~s** *pl de l'industrie* Führungskräfte *f/pl*; *d'un parti* Führung *f*; Führungsspitze *f*; POL Machthaber *m/pl*

⚠ **dirigeant**	≠	**Dirigent**
le dirigeant	=	der Führer, der Chef
der Dirigent	=	le chef d'orchestre

D

▸ **diriger** [diʀiʒe] ⟨-ge-⟩ **I** *v/t* **1** *(mener)* leiten; *orchestre a* dirigieren; *journal* herausgeben; *pays* lenken; regieren; **2** *(guider)* dirigieren, schicken (***sur, vers*** nach); **3** *(orienter)* richten (***vers, sur*** auf + *acc*; ***contre*** gegen); **II** *v/pr* ***se ~ vers qc*** auf etw *(acc)* zugehen, zusteuern; *fig* ***se ~ vers les sciences*** sich den Naturwissenschaften zuwenden

dirigisme [diʀiʒism(ə)] *m* Dirigismus *m*

discal [diskal] *adj* ⟨~e; -aux [-o]⟩ Bandscheiben…

discernement [disɛʀnəmɑ̃] *m* Urteilsvermögen *n*; Einsicht *f*

discerner [disɛʀne] *v/t* erkennen (*a fig vérité*); unterscheiden

disciple [disipl(ə)] *m* Schüler *m*; Jünger *m* (*a* REL)

disciplinaire [disiplinɛʀ] *adj* disziplinarisch; Disziplinar…

discipline [disiplin] *f* **1** *(obéissance)* Disziplin *f*; Zucht *f*; **2** *(matière)* Lehr-, Unterrichtsfach *n*; Disziplin *f*; **3** SPORTS Disziplin *f*; Sportart *f*

discipliné [disipline] *adj* ⟨~e⟩ diszipliniert

disc-jockey [diskʒɔkɛ] *m* ⟨disc-jockeys⟩ Diskjockey *m*

disco [disko] *m* Diskosound *m*; *adjt* ***musique f ~*** Diskomusik *f*

discontinu [diskõtiny] *adj* ⟨~e⟩ **1** *ligne* unterbrochen; gestrichelt; **2** *fig* diskontinuierlich

discontinuer [diskõtinɥe] ***sans ~*** ohne Unterlass; unablässig

discordant [diskɔʀdɑ̃] *adj* ⟨-ante [-ɑ̃t]⟩ **1** nicht zusammenpassend; **2** MUS disharmonisch; **3** *voix, cris* misstönend

discorde [diskɔʀd] *f* Zwietracht *f*

discothèque [diskɔtɛk] *f* **1** Disko(thek) *f*; **2** Schallplattensammlung *f*

discount [diskawnt] *m* Discountgeschäft *n*

discourir [diskuʀiʀ] *v/i* ⟨→ courir⟩ lang und breit reden; schwadronieren

▸ **discours** [diskuʀ] *m* **1** Rede *f*; ***faire, prononcer un ~*** e-e Rede halten; **2** *péj* Geschwätz *n*; Gerede *n*; **3** GR ***~ direct, indirect*** direkte *ou* wörtliche, indirekte *ou* abhängige Rede

discrédit [diskʀedi] *m* Misskredit *m*

discréditer [diskʀedite] **I** *v/t* in Misskredit, Verruf bringen; diskreditieren; **II** *v/pr* ***se ~*** in Verruf geraten

discret [diskʀɛ] *adj* ⟨-ète [-ɛt]⟩ **1** taktvoll; diskret; unaufdringlich; *couleur, vêtement a* dezent; **2** diskret; verschwiegen

discrétion [diskʀesjõ] *f* **1** Takt *m*; Diskretion *f*; Unaufdringlichkeit *f*; Dezenz *f*; **2** Diskretion *f*; Verschwiegenheit *f*; **3** ***à ~*** nach Belieben

discrimin|ation [diskʀiminasjõ] *f* **1** Unterscheidung *f*; **2** *sociale* Diskriminierung *f*; Ungleichbehandlung *f*; **~atoire** [-atwaʀ] *adj* diskriminierend; **~er** [-e] *v/t* diskriminieren

disculper [diskylpe] **I** *v/t* ***~ qn*** j-n entlasten; **II** *v/pr* ***se ~*** s-e Unschuld beweisen; sich (von Schuld) reinwaschen

▸ **discussion** [diskysjõ] *f* **1** Diskussion *f*, Aussprache *f* (***de*** über + *acc*); Erörterung *f*, Besprechung *f* (+ *gén*); POL *a* Debatte *f* (über + *acc*); **2** ***pas de ~!*** keine Widerrede!; **3** *(dispute)* Auseinandersetzung *f*; Wortwechsel *m*

discutable [diskytabl(ə)] *adj* anfechtbar; fragwürdig

discutailler [diskytaje] *v/i* F *péj* palavern

discuté [diskyte] *adj* ⟨~e⟩ ***très ~*** viel diskutiert; umstritten

▸ **discuter** [diskyte] **I** *v/t* **1** diskutieren; erörtern; besprechen; ***~ politique*** über Politik diskutieren; **2** *(contester)* infrage stellen; anzweifeln; **II** *v/i* **3** diskutieren, sprechen, reden, debattieren (***de, sur*** über + *acc*; ***avec qn*** mit j-m); **4** *(protester)* widersprechen

disert [dizɛʀ] *litt adj* ⟨-erte [-ɛʀt]⟩ redegewandt

disette [dizɛt] *f* Hunger(snot) *m(f)*

dis|eur [dizœʀ] *m*, **~euse** [-øz] *f* ***excellent diseur*** Vortragskünstler *m*; ***diseuse de bonne aventure*** Wahrsagerin *f*

disgrâce [dizgʀɑs, dis-] *f* Ungnade *f*

disgracieux [dizgʀasjø, dis-] *adj* ⟨-euse [-øz]⟩ ohne Anmut; ungraziös; unschön
disjoindre [disʒwɛ̃dʀ(ə)] *v/t* ⟨→ joindre⟩ (voneinander) trennen
disjonct|er [disʒɔ̃kte] *v/i* F spinnen; F ausrasten; **~eur** [-œʀ] *m* ÉLECT Sicherungsautomat *m*
dislocation [dislɔkasjõ] *f* **1** Auseinanderbrechen *n*, -fallen *n* (*a fig*); **2** MÉD Verrenkung *f*; **3** *d'un cortège* Auflösung *f*
disloquer [dislɔke] **I** *v/t* **1** *membre* aus-, verrenken; **2** *fig cortège* auflösen; *empire* zerschlagen; **II** *v/pr* **se ~ 3** auseinander brechen, fallen (*a fig empire*); **4** *clown* sich verrenken; **5** *cortège* sich auflösen
▸ **disparaître** [dispaʀɛtʀ(ə)] *v/i* ⟨→ connaître⟩ **1** verschwinden; *objets a* abhanden kommen; *tache a* weggehen; *douleurs, soucis* vergehen; *espèce* aussterben; **faire ~** *document* verschwinden lassen; *tache, douleur, fig personne* beseitigen; **2** (*mourir*) dahingehen; sterben
dispar|ate [dispaʀat] *adj* uneinheitlich; ungleich; disparat; **~ité** [-ite] *f* Ungleichheit *f*, Diskrepanz *f*, Disparität *f* (**entre** zwischen + *dat*)
▸ **disparition** [dispaʀisjõ] *f* **1** Verschwinden *n*; *d'une espèce* Aussterben *n*; **2** (*mort*) Hinscheiden *n*
disparu [dispaʀy] **I** *p/p* → **disparaître** *et adj* ⟨~e⟩ *personne* vermisst; verschollen; **II ~(e)** *m(f)* **1** Vermisste(r) *f(m)*; **2** (*mort[e]*) Verstorbene(r) *f(m)*
dispendieux [dispɑ̃djø] *adj* ⟨-euse [-øz]⟩ kostspielig; aufwendig
dispensaire [dispɑ̃sɛʀ] *m* Ambulanz *f*; Poliklinik *f*; Gesundheitsamt *n*
dispense [dispɑ̃s] *f* Dispens *f ou m*; Befreiung *f* (**de** von); Ausnahmebewilligung *f*
dispenser [dispɑ̃se] **I** *v/t* **1 ~ qn de qc** j-n von etw befreien, dispensieren; j-m etw erlassen; **2** *bienfaits* erweisen; zuteil werden lassen; *lumière* spenden; **II** *v/pr* **se ~ d'une obligation** sich e-r Verpflichtung (*dat*) entziehen
disperser [dispɛʀse] **I** *v/t* **1** zerstreuen; *collection* zersplittern; aufteilen; **2** *fig attention, forces* verzetteln; **II** *v/pr* **se ~ 3** *foule* sich zerstreuen; **4** *personne* sich verzetteln
dispersion [dispɛʀsjõ] *f* **1** Zerstreuen *n*, -ung *f*; **2** *fig* Verzettelung *f*; **3** PHYS Streuung *f*; Dispersion *f* (*a* CHIM)
disponibilité [dispɔnibilite] *f* **1** Verfügbarkeit *f*; Disponibilität *f*; *morale* innere Bereitschaft; **2 ~s** *pl* verfügbare Mittel *n/pl*; **3** *fonctionnaire* **être en ~** beurlaubt sein
disponible [dispɔnibl(ə)] *adj* verfügbar; *personne a* abkömmlich; *moralement* bereit; offen; *place a* frei; FIN *a* disponibel; *marchandise a* greifbar; vorrätig
dispos [dispo] *adj* ⟨*nur m*⟩ **frais et ~** frisch und munter; ausgeruht
disposé [dispoze] *adj* ⟨~e⟩ **bien, mal ~** gut, schlecht aufgelegt; **bien ~ envers qn** j-m wohlgesinnt, gewogen; **être ~ à faire qc** bereit *ou* gewillt sein, etw zu tun
disposer [dispoze] **I** *v/t* anordnen; arrangieren; aufstellen; **II** *v/t/indir* **~ de qc, qn** über etw, j-n verfügen; **III** *v/pr* **se ~ à faire qc** sich anschicken, etw zu tun
dispositif [dispozitif] *m* **1** TECH Vorrichtung *f*; Anlage *f*; **2 ~ policier** Polizeiaufgebot *n*
disposition [dispozisjõ] *f* **1** *d'objets* Anordnung *f*; **2** Verfügung *f*; **avoir qc à sa ~** etw zu s-r Verfügung haben; **être à la ~ de qn** j-m zur Verfügung stehen; **3** JUR Bestimmung *f*; Vorschrift *f*; **4 prendre des ~s** Vorbereitungen, *face à un danger* Vorkehrungen treffen; **5 ~s** *pl* (*dons*) Anlagen *f/pl*, Begabung *f* (**pour** für)
disproportion [dispʀɔpɔʀsjõ] *f* Missverhältnis *n*
disproportionné [dispʀɔpɔʀsjɔne] *adj* ⟨~e⟩ **1 ~ à qc** in keinem Verhältnis zu etw stehend; **2** unproportioniert; übergroß
dispute [dispyt] *f* Streit *m*; Auseinandersetzung *f*
disputer [dispyte] **I** *v/t* **1 disputer qc à qn** j-m etw streitig machen; **2** *match* austragen; **disputer un titre** um e-n Titel kämpfen; **3** F *enfant* ausschimpfen; **II** *v/pr* ▸ **se disputer** (sich, miteinander) streiten; sich zanken; **se disputer avec qn** (sich) mit j-m streiten
disquaire [diskɛʀ] *m,f* Schallplattenhändler(in) *m(f)*

D

disqualification [diskalifikasjõ] *f* Disqualifizierung *f*; Disqualifikation *f*
disqualifier [diskalifje] **I** *v/t* SPORTS disqualifizieren; **II** *v/pr* ***se ~*** *fig* sich disqualifizieren
▸ **disque** [disk] *m* **1** Schallplatte *f*; Platte *f* (*a* INFORM); ▸ ***disque dur*** Festplatte *f*; F *fig* ***changer de disque*** F e-e andere Platte auflegen; **2** Scheibe *f* (*a* TECH); ***disque intervertébral*** Bandscheibe *f*; ***disque de stationnement*** Parkscheibe *f*; **3** SPORTS Diskus *m*; Wurfscheibe *f*
▸ **disquette** [diskɛt] *f* Diskette *f*
dissection [disɛksjõ] *f* Sezieren *n*
dissemblable [disɑ̃blabl(ə)] *adj* unähnlich; ungleich
dissémination [diseminasjõ] *f* Ausstreuung *f*; Verbreitung *f*
disséminer [disemine] *v/t* **1** ausstreuen; verbreiten; **2** *armes atomiques* verbreiten; weitergeben
dissensions [disɑ̃sjõ] *f/pl* Streitigkeiten *f/pl*; Zwistigkeiten *f/pl*
disséquer [diseke] *v/t* ⟨-è-⟩ MÉD, *fig* sezieren
dissertation [disɛʀtasjõ] *f* (Besinnungs)Aufsatz *m*
dissid|ent [disidɑ̃] *m*, **~ente** [-ɑ̃t] *f* Dissident(in) *m(f)*; Andersdenkende(r) *f(m)*
dissimulation [disimylasjõ] *f* **1** Verstellung(skunst) *f*; Heuchelei *f*; **2** *de qc* Verheimlichung *f*
dissimuler [disimyle] **I** *v/t* verheimlichen; verhehlen; verbergen; *revenus* verschleiern; *abs* sich verstellen; **II** *v/pr* ***se ~*** sich verbergen
dissipation [disipasjõ] *f* **1** Verschwendung *f*; **2** Unaufmerksamkeit *f*; Undiszipliniertheit *f*
dissipé [disipe] *adj* ⟨~e⟩ *élèves* unaufmerksam; undiszipliniert
dissiper [disipe] **I** *v/t* **1** *nuages* vertreiben; **2** *fig soucis, doutes* zerstreuen; *malentendu* beseitigen; ausräumen; **3** *fortune* verschwenden; vergeuden; **4** *élèves* ablenken; von der Arbeit abhalten; **II** *v/pr* ***se ~*** **5** *brume* sich auflösen; **6** *fig soucis* verfliegen; **7** *élèves* unaufmerksam werden
dissocier [disɔsje] *v/t* **1** voneinander trennen; **2** CHIM dissoziieren
dissolu [disɔly] *adj* ⟨~e⟩ ausschweifend; lasterhaft; liederlich
dissolution [disɔlysjõ] *f* **1** Auflösung *f* (*a* JUR, *fig*); **2** *liquide* Lösung *f*; *colle* Gummilösung *f*
dissolvant [disɔlvɑ̃] *m* **1** CHIM Lösungsmittel *n*; **2** Nagellackentferner *m*
dissonance [disɔnɑ̃s] *f* MUS, *fig* Dissonanz *f*
dissoudre [disudʀ(ə)] ⟨→ absoudre⟩ *v/t* (*et v/pr* ***se ~*** sich) auflösen (*a* JUR, *fig*)
dissous [disu] *p/p* ⟨dissoute [disut]⟩ → ***dissoudre***
dissuader [disɥade] *v/t* ***~ qn de faire qc*** j-n davon abbringen, etw zu tun
dissuasion [disɥazjõ] *f* Abschreckung *f*
▸ **distance** [distɑ̃s] *f* **1** Entfernung *f*; Abstand *m* (*a fig*); Distanz *f* (*a* SPORTS, *fig*); ***à ~*** aus der Ferne; Fern...; *fig* ***garder ses ~s*** Distanz, den nötigen Abstand wahren; *fig* ***prendre ses ~s*** sich (von j-m, etw) distanzieren; ***tenir qn à ~*** j-n auf Distanz halten (*a fig*); **2** *dans le temps* ***à ~*** aus der Distanz; ***à quelques années de ~*** im Abstand von einigen Jahren
distancer [distɑ̃se] *v/t* ⟨-ç-⟩ distanzieren; hinter sich lassen
distant [distɑ̃] *adj* ⟨-ante [-ɑ̃t]⟩ **1** entfernt (***de 2 km*** 2 km); **2** *fig* distanziert
distendre [distɑ̃dʀ(ə)] ⟨→ rendre⟩ **I** *v/t* überdehnen; **II** *v/pr* ***se ~*** **1** sich (über)dehnen; *peau* schlaff werden; **2** *fig liens* sich lockern
distillation [distilasjõ] *f* Destillation *f*; *du vin a* Brennen *n*
distiller [distile] *v/t* **1** destillieren; ***eau distillée*** destilliertes Wasser; **2** BIOL ausscheiden; *fig ennui* verbreiten
distillerie [distilʀi] *f* (Branntwein)Brennerei *f*
distinct [distɛ̃] *adj* ⟨-incte [-ɛ̃kt]⟩ **1** (*clair*) deutlich; **2** (*différent*) unterschiedlich; verschieden (***de*** von)
distinctif [distɛ̃ktif] *adj* ⟨-ive [-iv]⟩ Unterscheidungs...; ***signe ~*** Kennzeichen *n*
distinction [distɛksjõ] *f* **1** *action* Unterscheidung *f*; (*différence*) Unterschied *m*; ***sans ~*** unterschiedslos; **2** (*honneur*) Auszeichnung *f*; **3** (*élégance*) Vornehmheit *f*
distingué [distɛ̃ge] *adj* ⟨~e⟩ vornehm
▸ **distinguer** [distɛ̃ge] **I** *v/t* **1** (*percevoir*) unterscheiden; erkennen; **2** (*différencier*) unterscheiden (***de*** von; ***entre*** zwi-

schen + *dat*); auseinander halten; **II** *v/pr* **3 se ~** (*être différent*) sich unterscheiden (**de** von); **4 se ~** (*s'illustrer*) sich auszeichnen (**par** durch)
distorsion [distɔʀsjõ] *f* Verzerrung *f*
▸ **distraction** [distʀaksjõ] *f* **1** (*inattention*) Zerstreutheit *f*; **2** (*diversion*) Zerstreuung *f*; Ablenkung *f*; Abwechslung *f*; **3** (*passetemps*) Unterhaltung *f*; Freizeitbeschäftigung *f*
▸ **distraire** [distʀɛʀ] ⟨→ traire⟩ **I** *v/t* **1 ~ qn** j-n ablenken (**de son travail** von s-r Arbeit); **2** *public* unterhalten; **II** *v/pr* **se ~** sich ablenken; sich zerstreuen
distrait [distʀɛ] *adj* ⟨-aite [-ɛt]⟩ zerstreut; geistesabwesend
distrayant [distʀɛjɑ̃] *adj* ⟨-ante [-ɑ̃t]⟩ unterhaltsam
▸ **distribuer** [distʀibɥe] *v/t* **1** (*répartir*) ver-, austeilen, ausgeben (**à qn** an j-n); **2** *courrier* zustellen; austragen; **3** *gaz, eau* verteilen; weiterleiten; liefern; **4** *rôles* verteilen; *film, pièce* besetzen; **5** COMM vertreiben
distributeur [distʀibytœʀ] *m* **1 ~ de films** Filmverleiher *m*; **2** COMM Vertreiber *m*; **3 ~ (automatique)** Automat *m*; **~ de billets** Geldautomat *m*; **4** AUTO (Zünd)Verteiler *m*
distribution [distʀibysjõ] *f* **1** Ver-, Austeilung *f*; Ausgabe *f*; **2** *du courrier* Zustellung *f*; **3 ~ de l'électricité, du gaz** Strom-, Gasversorgung *f*; **4** THÉ, CIN Rollenverteilung *f*; Besetzung *f*; **5** COMM Vertrieb *m*
district [distʀikt] *m* Distrikt *m*; (Verwaltungs)Bezirk *m*
dit [di] *p/p* → **dire** *et adj* ⟨dite [dit]⟩ **1** (*fixé*) genannt; festgesetzt; **2** (*surnommé*) genannt; mit Beinamen; **3 autrement ~** anders gesagt, ausgedrückt; **cela, ceci ~** abgesehen davon; trotzdem; **soit ~ en passant** beiläufig, nebenbei gesagt
diurétique [diyʀetik] *adj* harntreibend
diurne [diyʀn] *adj* Tag(es)…
divagations [divagasjõ] *f/pl* wirres Gerede; Fantastereien *f/pl*
divaguer [divage] *v/i* irrereden; ungereimtes Zeug reden
divan [divɑ̃] *m* Liege(sofa) *f(n)*
diverg|ence [divɛʀʒɑ̃s] *f* **1** Divergenz *f* (*a* MATH, OPT); **2** *fig* Meinungsverschiedenheit *f*; Divergenz *f*; **~ent** [-ɑ̃] *adj* ⟨-ente [-ɑ̃t]⟩ divergierend; divergent; *fig a* abweichend
diverger [divɛʀʒe] *v/i* ⟨-ge-⟩ **1** *lignes, rues* auseinander laufen; **2** *fig* divergieren; voneinander abweichen; auseinander gehen
divers [divɛʀ] *adj* ⟨-erse [ɛʀs]⟩ **1** (*varié*) verschieden(artig); **fait divers** Lokalnachricht *f*; ▸ **faits divers** *a* Vermischte(s) *n*; **2** (*plusieurs*) verschiedene; diverse
diversi|fication [divɛʀsifikasjõ] *f* ÉCON Diversifikation *f*; **~fier** [-fje] *v/t* vielseitig(er), abwechslungsreicher gestalten; ÉCON diversifizieren
diversion [divɛʀsjõ] *f* Ablenkung *f*
diversité [divɛʀsite] *f* Verschiedenheit *f*; Verschiedenartigkeit *f*; Vielfalt *f*
divertir [divɛʀtiʀ] **I** *v/t* unterhalten; belustigen; **II** *v/pr* **se ~** sich unterhalten, vergnügen
divertissant [divɛʀtisɑ̃] *adj* ⟨-ante [-ɑ̃t]⟩ unterhaltsam; vergnüglich
divertissement [divɛʀtismɑ̃] *m* Unterhaltung *f*; Vergnügen *n*
dividende [dividɑ̃d] *m* FIN Dividende *f*
divin [divɛ̃] *adj* ⟨-ine [-in]⟩ **1** göttlich; Gottes…; **2** *fig* göttlich; himmlisch
divination [divinasjõ] *f* Weissagen *n*; *par ext* Hellsehen *n*
divinité [divinite] *f* **1** (*nature divine*) Göttlichkeit *f*; **2** (*dieu*) Gottheit *f*
diviser [divize] **I** *v/t* **1** (ein)teilen (**en** in + *acc*); gliedern (in + *acc*); **2** MATH dividieren; teilen; **3** *fig* entzweien; **divisé** uneinig; gespalten; **II** *v/pr* **se ~** sich teilen (**en** in + *acc*)
divisible [divizibl(ə)] *adj* teilbar
division [divizjõ] *f* **1** (Ein)Teilung *f*; Gliederung *f*; **2** MATH Dividieren *n*; Teilen *n*; **3** *d'un thermomètre* Einteilung *f*; **4** MIL, SPORTS Division *f*; **5** *fig* Uneinigkeit *f*; Zwietracht *f*
▸ **divorce** [divɔʀs] *m* **1** (Ehe)Scheidung *f*; **2** *fig* Kluft *f*
divorcé [divɔʀse] **I** *adj* ⟨**~e**⟩ geschieden; **II ~(e)** *m(f)* Geschiedene(r) *f(m)*
▸ **divorcer** [divɔʀse] *v/i* ⟨-ç-⟩ sich scheiden lassen (**d'avec qn** von j-m)
divulguer [divylge] *v/t* verbreiten; unter die Leute bringen
▸ **dix** [dis, *vor Konsonant* di, *vor Vokal* diz] **I** *num/c* zehn; **Charles X** Karl X. (der Zehnte); **le ~ mars** der zehnte

D

D

ou am zehnten März; F *fig* **ça vaut ~** F das ist (ja) zum Kugeln, Schießen, Totlachen; **II** *m* Zehn *f*; Zehner *m*; **le ~ (du mois)** der Zehnte *ou* am Zehnten (des Monats)

▸ **dix-huit** [dizɥit] *num/c* achtzehn

▸ **dixième** [dizjɛm] **I** *num/o* zehnte; **II** *subst* **1 le, la ~** der, die, das Zehnte; **2** *m* MATH Zehntel *n*

▸ **dix-neuf** [diznœf] *num/c* neunzehn

▸ **dix-sept** [di(s)sɛt] *num/c* siebzehn

▸ **dizaine** [dizɛn] *f* **1 une ~ (de)** etwa, ungefähr zehn; **des ~s de …** Dutzende von …; **2** *dans les nombres* Zehner *m*

do [do] *m* ⟨*inv*⟩ MUS c *ou* C *n*

doberman [dɔbɛʀman] *m* ZO Dobermann *m*

docile [dɔsil] *adj* folgsam; fügsam; gefügig; willig

dock [dɔk] *m* **1** Hafenbecken *n*; Dock *n*; **2 ~s** *pl* Lagerhäuser *n/pl*

docker [dɔkɛʀ] *m* Hafenarbeiter *m*; **~s** *pl a* Schauerleute *pl*

docte [dɔkt] *adj péj* hochgelehrt; schulmeisterlich

▸ **docteur** [dɔktœʀ] *m* **1** (*médecin*) Doktor *m*; Arzt *m ou* Ärztin *f*; **2 ~ en droit, ès lettres** (habilitierter) Doktor der Rechte, der Philosophie

doctoral [dɔktɔʀal] *adj* ⟨**~e**; -aux [-o]⟩ *péj* professoral

doctorat [dɔktɔʀa] *m* Doktorwürde *f*, -grad *m*, *par ext* -prüfung *f*; Habilitation *f*

doctoresse [dɔktɔʀɛs] F *f* Ärztin *f*

doctrinaire [dɔktʀinɛʀ] *m* Doktrinär *m* (*a péj*)

doctrine [dɔktʀin] *f* Doktrin *f*; Lehre *f*

▸ **document** [dɔkymɑ̃] *m* Dokument *n*; Schriftstück *n*; Beweisstück *n*; **~s** *pl a* Unterlagen *f/pl*

documentaire [dɔkymɑ̃tɛʀ] **I** *adj* dokumentarisch; **II** *m* Dokumentar-, Kulturfilm *m*

documentaliste [dɔkymɑ̃talist] *m,f* Dokumentar(in) *m(f)*; (Schul)Bibliothekar(in) *m(f)*

document|ation [dɔkymɑ̃tasjõ] *f* Dokumentation *f*; Unterlagen *f/pl*; Informationsmaterial *n*; **~er** [-e] *v/pr* **se ~** sich Unterlagen beschaffen; sich informieren

dodeliner [dɔdline] *v/i* **~ de la tête** den Kopf hin und her wiegen, bewegen

dodo [dodo] *m enf* **1 faire ~** schlafen; *enf* heia machen; **2** (*lit*) *enf* Heia(bettchen) *f(n)*

dodu [dɔdy] *adj* ⟨**~e**⟩ fleischig; *bébé*, *bras* rundlich; F pummelig

dogmatique [dɔgmatik] *adj* dogmatisch

dogme [dɔgm(ə)] *m* REL, *fig* Dogma *n*; Glaubenssatz *m*

dogue [dɔg] *m* Dogge *f*

▸ **doigt** [dwa] *m* **1** Finger *m*; **petit doigt** kleiner Finger; *fig* **ne pas lever le petit doigt** F keinen Finger krumm machen; ▸ **doigt de pied** Zehe *f*; Zeh *m*; **être comme les deux doigts de la main** ein Herz und e-e Seele sein; F *fig* **gagner les doigts dans le nez** spielend, mühelos siegen; *élève* **lever le doigt** den Finger heben; sich melden; *fig* **mettre le doigt sur qc** den Kern e-r Sache (*gén*) treffen; F *fig* **se mettre le doigt dans l'œil** F sich in den Finger schneiden; F schief gewickelt sein; *fig* **obéir au doigt et à l'œil** aufs Wort gehorchen; **2** *mesure* **un doigt de** ein Fingerhut voll; ein ganz klein wenig; **à deux doigts, à un doigt de qc** ganz nahe an etw (*dat*)

> **Les doigts** sind die Finger.
> **Les doigts de pied** (wörtlich ‚die Finger des Fußes') sind die Zehen.

doigté [dwate] *m* **1** Fingerspitzengefühl *n*; **2** MUS Fingersatz *m*

doigtier [dwatje] *m* Fingerling *m*

dois, doit [dwa] → ***devoir***[1]

doléances [dɔleɑ̃s] *f/pl* Beschwerden *f/pl*; Klagen *f/pl*

dollar [dɔlaʀ] *m* Dollar *m*

> **Les dolmens – Zeugen der Vorgeschichte**
>
> Die keltischen Wörter **dol** und **men** bedeuten so viel wie ‚Tisch' bzw. ‚Stein'. Ein **dolmen** ist ein aus schweren Steinen bestehendes tischartiges Gebilde, bei dem senkrecht aufgestellte Steine eine Grabkammer bilden, die von einem riesigen Deckstein nach oben abgeschlossen wird. Man nimmt an, dass in den so genannten Me-

galithkulturen (im ausgehenden 4. und 3. Jahrtausend vor Christus) in diesen **dolmens** Stammeshäuptlinge bestattet wurden. Der **dolmen** wurde zumeist mit einem mehrere Meter hohen Stein- oder Erdhügel (**le tumulus**) bedeckt. Die imposantesten **dolmens** sind an der Südküste der Bretagne zu bewundern (wie zum Beispiel **la Table des marchands** in Locmariaquer).

▸ **domaine** [dɔmɛn] *m* **1** (Land)Gut *n*; ***~s*** *pl a* Ländereien *f/pl*; **2** ♀ **(*de l'État*)** Staatsbesitz *m*; **3** *fig* Bereich *m*; Gebiet *n*; Domäne *f*; Sparte *f*; ***dans ce ~*** auf diesem Gebiet

domanial [dɔmanjal] *adj* ⟨~e; -aux [-o]⟩ staatseigen; ***forêt ~e*** Staatsforst *m*

dôme [dom] *m* Kuppel *f*

domestication [dɔmɛstikasjõ] *f* **1** Zähmung *f*; **2** *fig* Bändigung *f*

domestique [dɔmɛstik] **I** *adj* Haus…; häuslich; ▸ ***animal m domestique*** Haustier *n*; **II** *m,f* Dienstbote *m*; Diener(in) *m(f)*

domestiquer [dɔmɛstike] *v/t* **1** *animal* zähmen; **2** *fig* bändigen

▸ **domicile** [dɔmisil] *m* Wohnsitz *m*; Wohnung *f*; Domizil *n*; ***~ conjugal*** eheliche Wohnung; ***à ~*** *livrer* ins Haus; *travailler* zu Hause; ***travail*** *m* ***à ~*** Heimarbeit *f*; ***sans ~ fixe*** ohne festen Wohnsitz; ***élire ~*** s-n Wohnsitz nehmen; sich niederlassen

domicilié [dɔmisilje] *adj* ⟨~e⟩ ***~ à*** wohnhaft, mit Wohnsitz in

domin|ant [dɔminɑ̃] *adj* ⟨-ante [-ɑ̃t]⟩ **1** vor-, beherrschend; dominierend; *opinion* herrschend; **2** BIOL dominant; ***~ante*** [-ɑ̃t] *f* dominierendes Merkmal; Dominante *f* (*a* MUS)

dominateur [dɔminatœʀ] *adj* ⟨-trice [-tʀis]⟩ herrisch; herrschsüchtig

domination [dɔminasjõ] *f* Herrschaft *f* (***sur*** über + *acc*)

dominer [dɔmine] **I** *v/t* beherrschen (*a fig*); *passions a* zügeln; im Zaum halten; *situation a* dominieren; *concurrents a* überlegen sein (***qn*** j-m); *monument*: *ville a* überragen; **II** *v/i* vorherrschen; überwiegen; dominieren (*a* SPORTS); **III** *v/pr* ***se ~*** sich beherrschen; sich in der Gewalt haben

dominic|ain [dɔminikɛ̃] *m*, ***~aine*** [-ɛn] *f* Dominikaner(in) *m(f)*

dominical [dɔminikal] *adj* ⟨~e; -aux [-o]⟩ sonntäglich; Sonntags…

domino [dɔmino] *m* **1** Dominostein *m*; ***~s*** *pl* Domino(spiel) *n*; **2** Domino(kostüm) *m(n)*

dommage [dɔmaʒ] *m* **1** Schaden *m*; ***dommage corporel, matériel*** Personen-, Sachschaden *m*; ***dommages et intérêts*** Schaden(s)ersatz *m*; **2** ▸ **(*c'est*)** ***dommage*** (das ist) schade; ***quel dommage!*** wie schade!

dommages-intérêts [dɔmaʒɛ̃teʀɛ] *m/pl* Schaden(s)ersatz *m*

dompt|er [dõ(p)te] *v/t* **1** *animaux* bändigen; **2** *fig rebelles* bezwingen; *passions* bezähmen; ***~eur*** [-œʀ] *m*, ***~euse*** [-øz] *f* Dompteur *m*, Dompteuse *f*

DOM-TOM [dɔmtɔm] *m/pl abr* (*départements et territoires d'outre-mer*) überseeische Departements und Gebiete *pl*

Les DOM-TOM sind die Überseegebiete Frankreichs.

Es gibt vier **DOM** (**Départements d'outre-mer**):

Martinique	*Karibik*
Guadeloupe	*Karibik*
Réunion	*Indischer Ozean*
Französisch-Guayana	*Südamerika*

und vier **TOM** (**Territoires d'outre-mer**):

Neukaledonien	*Pazifik*
Wallis und Futuna	*Pazifik*
Französisch-Polynesien	*Pazifik*
Terres Australes et Antarctiques Françaises	*Antarktis und Indischer Ozean*

don [dõ] *m* **1** Schenkung *f* (*a* JUR); *par charité* Spende *f*; ***faire ~ de qc à qn*** j-m

D

etw schenken *ou* spenden; **2** *(talent)* Gabe *f (a iron)*; Begabung *f* (***pour*** für)

dona|teur [dɔnatœʀ] *m*, **~trice** [-tʀis] *f* Spender(in) *m(f)*; Stifter(in) *m(f)*; **~tion** [-sjõ] *f* JUR Schenkung *f*

▸ **donc** [dõk] *conj* **1** *conséquence* also; folglich; demnach; demzufolge; **2** *dans des interrogatives* denn; ***qui ~?*** wer denn?; **3** *avec impératif* doch; F ***dites ~*** F sagen Sie (doch) mal!; **4** ***et moi ~!*** und ich erst!

dondon [dõdõ] *f* F ***grosse ~*** F Dampfwalze *f*; F Tonne *f*

donjon [dõʒõ] *m* Bergfried *m*

don Juan [dõʒɥɑ̃] *m* Casanova *m*; Frauenheld *m*; Don Juan *m*

donnant [dɔnɑ̃] **~ ~** nichts ohne Gegenleistung; do ut des *(prov)*

donne [dɔn] *f* **1** CARTES Geben *n*; **2** *fig* Gesamtlage *f*; Ausgangssituation *f*

donné [dɔne] *adj* ⟨**~e**⟩ **1** gegeben *(a* MATH*)*; *(déterminé)* bestimmt; **2** ***c'est ~*** das ist geschenkt, spottbillig; **3** ***étant ~ que*** da (ja); in Anbetracht der Tatsache, dass

donnée [dɔne] *f* **1** ▸ ***données*** *pl* INFORM Daten *n/pl*; *par ext* Ausgangsmaterial *n*; Gegebenheiten *f/pl*; **2** MATH gegebene, bekannte Größe

▸ **donner** [dɔne] **I** *v/t* **1** geben; *mot d'ordre* ausgeben; *manteau au vestiaire* abgeben; *son nom* angeben; *de l'appétit, de l'espoir* machen; ***donner qc à qn*** j-m etw geben; *arbre* ***donner*** (***des fruits***) Früchte tragen; *radio* ***donner des nouvelles*** Nachrichten bringen; ***je me demande ce que ça va donner*** ich frage mich, was daraus werden soll; *les recherches* ***n'ont rien donné*** haben nichts gebracht *ou* ergeben; ***donner à penser à qn*** j-m zu denken geben; ***donner qc à réparer*** etw zur Reparatur bringen; **2** ***donner trente ans à qn*** j-n auf dreißig Jahre schätzen; **3** F ***donner du directeur à qn*** j-n (mit) Herr Direktor titulieren; j-n mit Herr Direktor anreden; **4** F *complice* verraten; F verpfeifen; **II** *v/i* **5** *(cogner)* schlagen; stoßen; *par ext soleil* brennen; **6** *personne* ***donner dans qc*** in etw *(acc)* geraten; *fig* e-r Sache *(dat)* verfallen; **7** *fenêtre, pièce* ▸ ***donner sur la cour*** auf den Hof gehen; zum Hof (hin) *ou* auf der Hofseite liegen; **III** *v/pr* ***se donner à qc*** sich e-r Sache *(dat)* hingeben, widmen; *femme* ***se donner à qn*** sich j-m hingeben

donn|eur [dɔnœʀ] *m*, **~euse** [-øz] *f* **1** Geber(in) *m(f)*; **2** MÉD Spender(in) *m(f)*; ***donneur de sang*** Blutspender *m*

▸ **dont** [dõ] *pr/rel* **1** *complément d'un subst*: dessen; deren; ***un chanteur ~ les disques*** *connaissent un grand succès* ein Sänger, dessen Platten …; **2** *complément d'un verbe*: von dem; von der; von denen; wovon; ***l'accident ~ on parle*** der Unfall, von dem *ou* über den man spricht; ***la manière ~ il est habillé*** die Art, wie er gekleidet ist; **3** *six enfants*, ***~ cinq filles*** davon *ou* darunter fünf Mädchen

donzelle [dõzɛl] *f* F launisches Ding

dop|age [dɔpaʒ] *m* Dopen *n*; Doping *n*; **~ant** [-ɑ̃] *m* Aufputschmittel *n*

dope [dɔp] *f* F Stoff *m*; F Dope *n*

doper [dɔpe] *v/t (et v/pr* ***se ~*** sich) dopen

dorade *f* → ***daurade***

doré [dɔʀe] *adj* ⟨**~e**⟩ **1** vergoldet; Gold…; **2** *couleur* goldfarben; golden; goldbraun *(a* CUIS*)*

dorénavant [dɔʀenavɑ̃] *adv* von nun an

dorer [dɔʀe] **I** *v/t* **1** vergolden; **2** CUIS mit Eigelb bestreichen; **II** *v/i* CUIS goldbraun werden; **III** *v/pr* ***se ~ au soleil*** sich von der Sonne bräunen lassen

d'ores et déjà [dɔʀzedeʒa] *adv* schon jetzt; jetzt schon

dorloter [dɔʀlɔte] *v/t* verhätscheln; verzärteln

dormant [dɔʀmɑ̃] *adj* ⟨-ante [-ɑ̃t]⟩ ***eau ~e*** stehendes Wasser, Gewässer

dorm|eur [dɔʀmœʀ] *m*, **~euse** [-øz] *f* Schlafende(r) *f(m)*; Schläfer(in) *m(f)*

▸ **dormir** [dɔʀmiʀ] *v/i* ⟨je dors, il dort, nous dormons; je dormais; je dormis; je dormirai; que je dorme; dormant; dormi⟩ **1** schlafen *(a fig)*; **2** *affaire* ruhen; ***capitaux qui dorment*** totes Kapital

dorsal [dɔʀsal] *adj* ⟨**~e**; -aux [-o]⟩ Rücken…

dortoir [dɔʀtwaʀ] *m* **1** Schlafsaal *m*; **2** *adjt* ***ville*** *f* **~** Schlafstadt *f*

dorure [dɔʀyʀ] *f* **1** Vergoldung *f*; **2 ~s** *pl* Goldverzierung(en) *f(pl)*

doryphore [dɔʀifɔʀ] *m* Kartoffelkäfer *m*

▸ **dos** [do] *m* **1** Rücken *m*; *transporter* ***à ~***

de chameau auf Kamelen; ***vu de*** ~ von hinten gesehen; *fig chose* ***avoir bon*** ~ ein bequemer Vorwand sein; F *fig* ***en avoir plein le*** ~ F die Nase voll haben; *fig* ***être toujours sur le ~ de qn*** j-m ständig auf die Finger sehen; ***faire le gros*** ~ *chat* e-n Buckel machen; *fig* sich ducken; *fig* ***mettre qc sur le ~ de qn*** j-m etw in die Schuhe schieben; *fig* ***se mettre qn à*** ~ sich j-n zum Feind machen; ***tourner le ~ à qn, à qc*** j-m, e-r Sache den Rücken zuwenden, *fig* kehren; **2** *d'objets* Rücken *m*; *d'une feuille* Rückseite *f*; *d'une chaise* Rückenlehne *f*; ***~ de la main*** Handrücken *m*; **3** ***~ d'âne*** Bodenwelle *f*; Querrinne *f*

dosage [dozaʒ] *m* Dosierung *f*

dose [doz] *f* Dosis *f*; *par ext* Menge *f*; ***forcer la*** ~ zu viel nehmen; *fig* zu viel des Guten tun

doser [doze] *v/t* dosieren (*a fig*)

dossard [dosaʀ] *m* SPORTS Start-, Rückennummer *f*

▸ **dossier** [dosje] *m* **1** *d'un siège* Rückenlehne *f*; **2** (*documents*) Akten *f/pl*; Akte *f*; Vorgang *m*; Unterlagen *f/pl*

dot [dɔt] *f* Mitgift *f*

dotation [dɔtasjõ] *f* **1** (*revenus*) Dotierung *f*; **2** Ausstattung *f* (***en*** mit)

doter [dɔte] *v/t* **1** e-e Mitgift geben (***qn*** j-m); **2** (*équiper*) ausstatten (***de*** mit)

douairière [dwɛʀjɛʀ] *f péj* F reiche alte Schachtel

▸ **douane** [dwan] *f* Zoll *m*

douanier [dwanje] **I** *m* Zollbeamte(r) *m*; F Zöllner *m*; **II** *adj* ⟨-ière [-jɛʀ]⟩ Zoll…

doublage [dublaʒ] *m* CIN Synchronisierung *f*

▸ **double** [dubl(ə)] **I** *adj* doppelt; Doppel…; zweifach; **II** *adv* doppelt; ***voir*** ~ doppelt sehen (*a fig*); **III** *m* **1** ***le*** ~ das Doppelte; doppelt, zweimal so viel; **2** Dublette *f*; Doppelstück *n*; ***avoir qc en*** ~ etw doppelt haben; **3** *d'un document* Doppel *n*; Zweitausfertigung *f*; **4** TENNIS Doppel *n*; **5** *fig personne* Geistes-, Seelenverwandte(r) *f(m)*

doublé [duble] **I** *adj* ⟨~e⟩ **1** COUT gefüttert; **2** CIN synchronisiert; **3** *fig* ***~ de*** und zugleich, gleichzeitig; **II** *m* SPORTS, *fig* Doppelerfolg *m*, -sieg *m*

doublement [dubləmɑ̃] **I** *adv* doppelt; zweifach; **II** *m* Verdopp(e)lung *f*

doubler [duble] **I** *v/t* **1** verdoppeln; **2** *vêtement* (ab)füttern; **3** *acteur* doubeln; **4** *film* synchronisieren; **5** (*dépasser*) überholen (*a abs*); SPORTS überrunden; **6** F ***~ qn*** j-n hintergehen; **II** *v/i* sich verdoppeln; **III** *v/pr* ***se ~ de qc*** von etw begleitet sein

doublure [dublyʀ] *f* **1** COUT Futter *n*; **2** THÉ, CIN Double *n*

douce → ***doux***

douceâtre [dusɑtʀ(ə)] *adj* süßlich-fad(e)

▸ **doucement** [dusmɑ̃] *adv* **1** sanft; sachte; *poser* behutsam; *parler, marcher* leise; **2** (*lentement*) langsam; **3** (*médiocrement*) mittelmäßig; leidlich; **4** *int* ***~!*** immer sachte!

doucereux [dusʀø] *adj* ⟨-euse [-øz]⟩ *fig* zuckersüß; süßlich

douceur [dusœʀ] *f* **1** Süße *f*; ***~s*** *pl* Leckereien *f/pl*; Schleckereien *f/pl*; **2** *de la musique* Sanftheit *f*; *du climat* Milde *f*; *de la peau* Zartheit *f*; Weichheit *f*; **3** *fig* Annehmlichkeit *f*; ***la ~ de vivre*** ein angenehmes und friedliches Leben; **4** ~ (***de caractère***) Sanftmut *f*, -heit *f*; Milde *f*; **5** *atterrir, démarrer* ***en*** ~ weich; sanft

▸ **douche** [duʃ] *f* **1** Dusche *f*; ***prendre une*** ~ (sich) duschen; **2** *fig* ***~ écossaise*** Wechselbad *n*

doucher [duʃe] **I** *v/t* **1** (ab)duschen; **2** *fig* ***se faire*** ~ e-e (Regen)Dusche abkriegen; **II** *v/pr* ***se*** ~ (sich) duschen

doudoune [dudun] F *f* Daunenjacke *f*

▸ **doué** [dwe] *adj* ⟨~e⟩ **1** begabt (***pour qc*** für etw); ***~ pour les langues*** sprachbegabt; **2** ***~ de*** ausgestattet mit; ***~ de raison*** vernunftbegabt

douille [duj] *f* **1** *d'une ampoule* Fassung *f*; **2** (Patronen)Hülse *f*

douillet [dujɛ] *adj* ⟨-ette [-ɛt]⟩ **1** mollig (weich); F kuschelig; **2** (*confortable*) behaglich; gemütlich; **3** *personne* überempfindlich; zimperlich

▸ **douleur** [dulœʀ] *f* **1** Schmerz *m*; ***de*** ~ vor Schmerz(en); **2** ***~s*** *pl* (Geburts)Wehen *f/pl*; **3** *morale* Schmerz *m*; Leid *n*

douloureux [duluʀø] **I** *adj* ⟨-euse [-øz]⟩ **1** schmerzhaft; *partie du corps* schmerzend; **2** *fig perte, souvenir* schmerzlich; *regard* schmerzvoll; **II** F ***la doulou-***

D

D

reuse die Rechnung

▸ **doute** [dut] *m* Zweifel *m*; Bedenken *n*; ▸ ***sans doute*** sicher(lich); wohl; ***sans aucun doute*** zweifellos; ohne (jeden) Zweifel; ***il n'y a pas de doute*** es besteht kein Zweifel (daran); ***mettre qc en doute*** etw in Zweifel ziehen

▸ **douter** [dute] **I** *v/i et v/t/indir* ***douter de qc*** an etw (*dat*) zweifeln; etw be-, anzweifeln; ***douter de qn*** an j-m zweifeln; j-m misstrauen; ***douter que …*** (+ *subj*) bezweifeln, dass …; **II** *v/pr* ▸ ***se douter de qc*** etw ahnen, vermuten; sich etw denken können

douteux [dutø] *adj* ⟨-euse [-øz]⟩ **1** zweifelhaft; ungewiss; fraglich; **2** *péj réputation, goût* zweifelhaft; dubios; fragwürdig; *vêtements, vaisselle* nicht ganz sauber

douve [duv] *f* FORTIF Wassergraben *m*

Douvres [duvʀ(ə)] Dover *n*

▸ **doux** [du] **I** *adj* ⟨douce [dus]⟩ **1** *fruit, vin* süß; ***eau douce*** Süßwasser *n*; **2** *musique, pente, par ext énergie* sanft; *lumière, climat, savon* mild; *peau* weich (*a lit*); zart; ***drogue douce*** weiche Droge; **3** *fig émotion, souvenir* angenehm; freudig; **4** *personne, regard* sanft(mütig); **5** ***faire les yeux ~ à qn*** j-m schöne, verliebte Augen machen; **II** *adv* ***en douce*** heimlich; unauffällig

▸ **douzaine** [duzɛn] *f* **1** Dutzend *n*; ***à la ~*** dutzendweise; im Dutzend; **2** ***une ~ (de)*** etwa, ungefähr zwölf

▸ **douze** [duz] **I** *num/c* zwölf; ***le ~ mai*** der zwölfte *ou* am zwölften Mai; ***Pie XII*** Pius XII. (der Zwölfte); **II** *m* ⟨*inv*⟩ Zwölf *f*; Zwölfer *m*; ***le ~ (du mois)*** der Zwölfte *ou* am Zwölften (des Monats)

▸ **douzième** [duzjɛm] **I** *num/o* zwölfte; **II 1** ***le, la ~*** der, die, das Zwölfte; **2** *m* MATH Zwölftel *n*

doyen [dwajɛ̃] *m*, **doyenne** [dwajɛn] *f* **1** *m* Dekan *m*; ÉGL *a* Dechant *m*; **2** Älteste(r) *f(m)*; DIPL Doyen *m*; ***~ d'âge*** Alterspräsident(in) *m(f)*

draconien [dʀakɔnjɛ̃] *adj* ⟨-ienne [-jɛn]⟩ drakonisch

dragée [dʀaʒe] *f* **1** (Zucker)Dragée *n*; Wiener Mandel *f*; *fig* ***tenir la ~ 'haute à qn*** j-n teuer bezahlen lassen; *par ext* j-n s-e Macht spüren lassen; **2** Dragée *n*; (Arznei)Pille *f*

dragon [dʀagõ] *m* **1** MYTH Drache(n) *m*; **2** HIST MIL Dragoner *m*

dragonne [dʀagɔn] *f* (Halte)Schlaufe *f*

drague [dʀag] *f* **1** TECH (Schwimm)Bagger *m*; **2** F Anmache *f*

draguer [dʀage] *v/t* **1** ausbaggern; **2** F anmachen; F aufreißen; F anbaggern

drag|ueur [dʀagœʀ] *m*, **~euse** [-øz] *f* **1** F Anmacher(in) *m(f)*; **2** ***dragueur de mines*** Minensuch-, Minenräumboot *n*

drainage [dʀɛnaʒ] *m* AGR, MÉD Drainage *ou* Dränage *f*

dramatique [dʀamatik] **I** *adj* dramatisch (*a fig*); Bühnen…; Theater…; ***art*** *m* **~** Schauspielkunst *f*; **II** *f* TV Fernsehspiel *n*

dramatiser [dʀamatize] *v/t fig* dramatisieren

dramaturge [dʀamatyʀʒ] *m* Bühnenautor *m*; Theaterdichter *m*

drame [dʀam] *m* Drama *n* (*a fig*); Schauspiel *n*

▸ **drap** [dʀa] *m* **1** TEXT Tuch *n*; **2 ~ (*de lit*)** Betttuch *n*; (Bett)Laken *n*; ***~ de bain*** Badetuch *n*; *fig* ***être dans de beaux ~s*** (schön) in der Klemme, F Patsche sitzen

drapé [dʀape] *m* Faltenwurf *m*

▸ **drapeau** [dʀapo] *m* ⟨~x⟩ Fahne *f*; Flagge *f*; *fig* ***être sous les ~x*** Soldat sein

draper [dʀape] **I** *v/t* drapieren; **II** *v/pr* **1** ***se ~*** sich (ein)hüllen (***dans*** in + *acc*); **2** *fig* ***se ~ dans sa dignité*** sich in beleidigtes Schweigen hüllen

drap-housse [dʀaus] *m* ⟨draps-housses⟩ Spannbetttuch *n*

drastique [dʀastik] *adj mesures* drastisch

dreadlocks [dʀɛdlɔks] *f/pl* Rastalocken *f/pl*

Dresde [dʀɛzd] Dresden *n*

dressage [dʀɛsaʒ] *m* Dressur *f* (*a fig*); *péj* Drill *m*

dresser [dʀese] **I** *v/t* **1** *échelle, mât* aufstellen; *monument* errichten; *tente* aufschlagen; *tête* aufrichten; *fig* ***~ l'oreille*** die Ohren spitzen; *fig* ***faire ~ les cheveux sur la tête à qn*** j-m die Haare zu Berge stehen lassen; **2** *plan, bilan, liste* aufstellen; *liste a* anlegen; anfertigen; *procès-verbal, inventaire* aufnehmen; *contrat* aufsetzen; *facture* ausfertigen; **3 *~ qn contre qn*** j-n gegen j-n aufbringen, aufhetzen; **4** *animaux* dressieren; abrichten; **5** *fig et péj* drillen; dressieren; **6** CUIS anrichten; dressieren; **II** *v/pr* ***se ~*** **7** sich aufrichten; ***se ~ sur la pointe des pieds*** sich auf die Zehenspitzen stellen; **8** *montagne, tour* emporragen; sich erheben; **9** *fig* ***se ~ contre*** sich auflehnen gegen

dribble [dʀibl(ə)] *m* Dribbling *n*

dribbler [dʀible] **I** *v/t adversaire* umspielen; **II** *v/i* dribbeln

drille [dʀij] *m* ***joyeux ~*** lustiger, fideler Kerl, Geselle; F fideles Haus

dring [dʀiŋ] *int* drr!

▸ **drogue** [dʀɔg] *f* **1** Droge(n) *f(pl)*; Rauschgift *n*; **2** *fig* Droge *f*; Suchtmittel *n*; **3** *péj* Arznei *f*; F Mittelchen *n*

drogué(e) [dʀɔge] *m(f)* Drogen-, Rauschgiftsüchtige(r) *f(m)*

droguer [dʀɔge] **I** *v/t* unter Drogen setzen; **II** *v/pr* ***se ~*** **1** Drogen, Rauschgift nehmen; **2** (zu) viele Arzneien nehmen

drogu|erie [dʀɔgʀi] *f* Drogerie *f*; **~iste** [-ist] *m,f* Drogist(in) *m(f)*

▸ **droit**[1] [dʀwa] *m* **1** ⟨*ohne pl*⟩ Recht *n*; ***droit civil*** bürgerliches Recht; Zivilrecht *n*; ***droit pénal*** Strafrecht *n*; ***droit du plus fort*** Recht des Stärkeren; Faustrecht *n*; ***s'adresser à qui de droit*** sich an die zuständige Stelle, Person wenden; **2** *science* Rechtswissenschaft *f*; Jura *n/pl*; Rechte *n/pl*; *österr* Jus *n*; **3** Recht *n*; Berechtigung *f*; Befugnis *f*; Anrecht *n*; Anspruch *m*; ▸ ***droits de l'homme*** Menschenrechte *n/pl*; ***droit de vote*** Wahlrecht *n*; ***avoir le droit, être en droit de*** (+ *inf*) das Recht haben, berechtigt sein zu (+ *inf*); ***avoir droit à qc*** ein (An)Recht, e-n Anspruch auf etw (*acc*) haben; ***être dans son droit*** im Recht sein; **4** (*taxe*) Gebühr *f*; Abgabe *f*

▸ **droit**[2] [dʀwa] **I** *adj* ⟨droite [dʀwat]⟩ **1** (*à droite*) rechte; **2** (*rectiligne*) gerade; *écriture a* steil; *veston* einreihig; ***angle ~*** rechter Winkel; ***en ligne ~e*** in gerader Linie; in Luftlinie; **3** *fig personne* aufrecht; gerade; rechtschaffen; redlich; **II** *adv* gerade; ***tout ~*** *ou* ***~ devant soi*** geradeaus; *fig* ***aller ~ au but*** geradewegs aufs Ziel losgehen; ***se tenir ~*** sich gerade halten; **III** *m* BOXE Rechte *f*

▸ **droite** [dʀwat] *f* **1** Rechte *f*; rechte Seite; ***à ~*** rechts *ou* nach rechts; ***à ~ de*** rechts von; ***à*** *ou* ***sur la ~ de qn*** rechts von j-m; zur Rechten j-s; ***tenir sa ~*** sich rechts halten; rechts fahren; **2** POL ***la ~*** die Rechte; ***de ~*** Rechts…; rechts stehend; **3** MATH Gerade *f*

droit|ier [dʀwatje] *m*, **~ière** [-jɛʀ] *f* Rechtshänder(in) *m(f)*

droiture [dʀwatyʀ] *f* Geradheit *f*; Aufrichtigkeit *f*; Rechtschaffenheit *f*

▸ **drôle** [dʀol] *adj* **1** (*amusant*) lustig; spaßig; ulkig; drollig; **2** ⟨*a* ***~ de***⟩ (*bizarre*) komisch; seltsam; sonderbar; merkwürdig; ***une ~ d'idée*** e-e komische Idee; ***je me sens tout ~*** mir ist so komisch (zumute); **3** F ***~ de*** (*énorme*) ungeheuer; enorm; F unheimlich

drôlement [dʀolmɑ̃] *adv* **1** komisch; seltsam; sonderbar; **2** F (*très*) enorm; ungeheuer; F unheimlich

drôlerie [dʀolʀi] *f* Komik *f*; Lustigkeit *f*

dromadaire [dʀɔmadɛʀ] *m* Dromedar *n*

dru [dʀy] **I** *adj* ⟨~e⟩ dicht; **II** *adv pluie* ***tomber ~*** prasseln

drugstore [dʀœgstɔʀ] *m* Drugstore *m*

druide [dʀɥid] *m* Druide *m*

D.S.T. [deɛste] *f abr* (*Direction de la surveillance du territoire*) Geheimdienst *m*

▸ **du** [dy] → ***de*** *I et II*

dû [dy] **I** *p/p* → ***devoir***[1] *et adj* ⟨due⟩ **1** *somme* geschuldet; **2** ***en bonne et due forme*** formgerecht; vorschriftsmäßig; **3** ***être ~ à qc*** auf etw (*acc*) zurückzuführen sein; **4** *honneurs* ***être ~ à qn*** j-m gebühren, zukommen; **II** *subst* ***mon ~*** das mir Zukommende, Gebührende

dubitatif [dybitatif] *adj* ⟨-ive [-iv]⟩ Zweifel audrückend; zweifelnd

duc [dyk] *m* **1** Herzog *m*; **2** ZO ***grand ~*** Uhu *m*

duché [dyʃe] *m* Herzogtum *n*

duchesse [dyʃɛs] *f* **1** Herzogin *f*; **2** (***poire*** *f*) **~** Butterbirne *f*

duel [dɥɛl] *m* **1** Duell *n*; Zweikampf *m*; ***se battre en ~*** sich duellieren; **2** *fig* ***~ oratoire*** Rededuell *n*

dulcinée [dylsine] *f plais* Dulzinea *f*; Angebetete *f*

dûment [dymɑ̃] *adv* **1** gebührend; **2** JUR ordnungsgemäß

dumping [dœmpiŋ] *m* Dumping *n*

dune [dyn] *f* Düne *f*
Dunkerque [dɛ̃kɛʀk, dœ̃-] Dünkirchen *n*
duo [dyo] *m vocal* Duett *n*; *instrumental* Duo *n* (*a fig et plais*); *chanter* **en ~** im Duett
duodénum [dɥɔdenɔm] *m* Zwölffingerdarm *m*
dupe [dyp] **I** *f* **être la ~ de qn** von j-m betrogen, geprellt, übers Ohr gehauen werden; **II** *adj* **être ~ de qc** auf etw (*acc*) hereinfallen
dup|er [dype] *v/t* betrügen; prellen; **~erie** [-ʀi] *f* Schwindel *m*; Betrug *m*
duplex [dyplɛks] *m* **1** TECH Duplexbetrieb *m*; RAD, TV Konferenzschaltung *f*; **2** Maiso(n)nettewohnung *f*
duplicata [dyplikata] *m* ⟨*inv*⟩ Duplikat *n*; Zweitschrift *f*, -ausfertigung *f*
duplicité [dyplisite] *f* Doppelzüngigkeit *f*; Falschheit *f*
duquel [dykɛl] → **lequel**
▸ **dur** [dyʀ] **I** *adj* **1** (*ferme*) hart; *viande* zäh; *œuf* hart (gekocht); **2** *combats* hart; F **coup ~** harter, schwerer (Schicksals)Schlag; **drogue ~e** harte Droge; **3** (*difficile*) schwer; schwierig; **4** (*sévère*) hart; streng; *personne a* hartherzig; **II** *adv frapper* fest; kräftig; *travailler* hart; **croire à qc ~ comme fer** (an) etw (*acc*) felsenfest glauben; **III** *subst* **1** F **un ~** (**à cuire**) F ein hartgesottener Bursche; **2** *m* **construction** *f* **en ~** Massivbau *m*; **3 élevé à la ~e** streng, spartanisch erzogen; **4 coucher sur la ~e** auf der bloßen Erde schlafen
durable [dyʀabl(ə)] *adj* dauerhaft
durant [dyʀɑ̃] *prép* während (+ *gén*, F *a* + *dat*); **~ l'été** *a* den Sommer über; **une heure ~** e-e (ganze) Stunde lang
durcir [dyʀsiʀ] **I** *v/t* **1** hart machen; **2** *fig* verhärten; **II** *v/i* **3** hart werden; erhärten; **III** *v/pr* **se ~ 4** hart werden; **5** *fig* sich verhärten
durcissement [dyʀsismɑ̃] *m* **1** Hartwerden *n*; **2** *fig* Verhärtung *f*
▸ **durée** [dyʀe] *f* Dauer *f*; Zeit(dauer) *f*; **~ du travail** Arbeitszeit *f*; **de courte ~** von kurzer Dauer
▸ **durer** [dyʀe] *v/i* **1** dauern; an-, fortdauern; *beau temps* anhalten; *mode, œuvre* sich halten; **pourvu que cela dure!** hoffentlich bleibt es so!; **faire ~ qc** etw hinausziehen, in die Länge ziehen; **2** *objet, matériau* halten
dureté [dyʀte] *f* Härte *f* (*a fig*)
durillon [dyʀijõ] *m* Schwiele *f*
duvet [dyvɛ] *m* **1** *plumes* Daunen *f/pl*; Flaumfedern *f/pl*; **2** *sac de couchage* (Daunen)Schlafsack *m*; **3** (*poils doux*) Flaum *m*
D.V.D. [devede] *m abr* (*digital versatile disc*) DVD *f*
dynamique [dinamik] **I** *adj* dynamisch; *personne a* tatkräftig; **II** *f* PHYS, *fig* Dynamik *f*
dynam|iser [dinamize] *v/t* dynamisieren; **~isme** [-ism(ə)] *m* Dynamik *f*
dynamit|e [dinamit] *f* Dynamit *n*; **~er** [-e] *v/t* (mit Dynamit) sprengen
dynamo [dinamo] *f* ÉLECT Dynamo *m*; AUTO Lichtmaschine *f*
dynastie [dinasti] *f* Dynastie *f* (*a fig*)
dysenterie [disɑ̃tʀi] *f* MÉD Ruhr *f*
dysfonctionnement [disfõksjɔnmɑ̃] *m* Funktionsstörung *f*
dyslex|ie [dislɛksi] *f* Legasthenie *f*; **~ique** [-ik] **I** *adj* legasthenisch; **II** *m,f* Legastheniker(in) *m(f)*
dyspepsie [dispɛpsi] *f* Verdauungsstörung *f*

E

E, e [ə] *m* ⟨*inv*⟩ E, e *n*
E. *abr* (*est*) O (Ost[en])
▸ **eau** [o] *f* ⟨**~x**⟩ **1** Wasser *n*; **~x** *pl* GÉOGR Gewässer *n/pl*; (*sources thermales*) Heilquellen *f/pl*; **~ froide** kaltes Wasser; Kaltwasser *n*; **~x thermales** warme Quellen *f/pl*; Thermalquellen *f/pl*; **~ de Cologne** Kölnisch Wasser; **~ de mer** Meerwasser *n*; **~ de pluie** Regenwasser *n*; **~ de toilette** Eau de Toilette *n*; **~ de vaisselle** Abwasch-, Spülwasser *n*; *fig*, *péj* dünne Brühe; CUIS **à l'~** (in Wasser)

gekocht; ***au bord de l'~*** am Ufer; am Wasser; ***entre deux ~x*** in e-r gewissen Wassertiefe; *fig* ***nager entre deux ~x*** es mit keinem verderben wollen; geschickt lavieren; *fig* ***amener de l'~ au moulin de qn*** Wasser auf die Mühle j-s sein; ***être en ~*** in Schweiß gebadet sein; ***se jeter à l'~*** ins (*fig* kalte) Wasser springen; *fig* ***mettre de l'~ dans son vin*** zurückstecken; ***cela me met l'~ à la bouche*** das Wasser läuft mir im Munde zusammen; ***passer à l'~*** CUIS abschrecken; *vaisselle* (kurz) abspülen; *fig* ***pêcher en ~ trouble*** im Trüben fischen; ***prendre l'~*** nicht wasserdicht sein; **2** ***Ẽx et Forêts*** *f/pl* Forstwesen *n*

eau-de-vie [odvi] *f* ⟨eaux-de-vie⟩ Schnaps *m*; Branntwein *m*

eau-forte [ofɔʀt] *f* ⟨eaux-fortes⟩ Radierung *f*

ébahi [ebai] *adj* ⟨~e⟩ verdutzt; verblüfft

ébats [eba] *st/s et plais m/pl* Herumtollen *n*; (muntere) Spiele *n/pl*

ébattre [ebatʀ(ə)] *v/pr* ⟨→ battre⟩ *st/s* ***s'~*** herumtollen

ébauche [eboʃ] *f* **1** (erster) Entwurf; Skizze *f*; **2** *fig* Andeutung *f*

ébaucher [eboʃe] *v/t* **1** entwerfen; skizzieren; **2** *fig* *sourire* andeuten

ébène [ebɛn] *f* Ebenholz *n*

ébéniste [ebenist] *m* (Kunst)Tischler *m*; Möbeltischler *m*

ébénisterie [ebenistəʀi] *f* (Kunst-, Möbel)Tischlerei *f*

éberlué [ebɛʀlɥe] *adj* ⟨~e⟩ verdutzt

éblouir [ebluiʀ] *v/t* **1** (*aveugler*) blenden; **2** *fig* beeindrucken; *p/fort* hinreißen

éblouissant [ebluisɑ̃] *adj* ⟨-ante [-ɑ̃t]⟩ blendend (*a fig*); *teint* strahlend

éblouissement [ebluismɑ̃] *m* **1** Blendung *f*; ***j'ai des ~s*** es wird mir schwarz, es flimmert mir vor den Augen; **2** *fig* ***un ~*** etwas Wunderbares

éborgner [ebɔʀɲe] *v/t* ***~ qn*** j-m ein Auge ausstechen, ausschlagen

éboueur [ebwœʀ] *m* Arbeiter *m* bei der Müllabfuhr; Müllwerker *m*

ébouillanter [ebujɑ̃te] **I** *v/t* abbrühen; **II** *v/pr* ***s'~*** sich verbrühen

éboulement [ebulmɑ̃] *m* Erdrutsch *m*; *d'une falaise* Einsturz *m*

ébouler [ebule] *v/pr* ***s'~*** einstürzen; *talus* abrutschen

éboulis [ebuli] *m* Geröll *n*; Schutt *m*

ébouriffant [ebuʀifɑ̃] F *adj* ⟨-ante [-ɑ̃t]⟩ unglaublich; *péj* haarsträubend

ébouriffé [ebuʀife] *adj* ⟨~e⟩ zerzaust; F strubbelig

ébranler [ebʀɑ̃le] **I** *v/t* **1** *vitres, sol* erschüttern; erzittern lassen; **2** *fig* *confiance, pouvoir* erschüttern; ins Wanken bringen; *qn* unsicher machen; *santé* zerrütten; **II** *v/pr* ***s'~*** sich in Bewegung setzen

ébréch|é [ebʀeʃe] *adj* ⟨~e⟩ *lame* schartig; *tasse* angeschlagen; *dent* ab-, ausgebrochen; **~er** [-e] *v/t* ⟨-è-⟩ schartig machen; anschlagen

ébriété [ebʀijete] *f* Trunkenheit *f*

ébrouer [ebʀue] *v/pr* ***s'~*** sich schütteln

ébruiter [ebʀɥite] **I** *v/t* verbreiten; ausplaudern; **II** *v/pr* ***s'~*** sich herumsprechen; bekannt werden

ébullition [ebylisjõ] *f* **1** (Auf)Kochen *n*; Sieden *n*; **2** *fig* ***en ~*** in Aufruhr

écaille [ekaj] *f* **1** ZO, BOT Schuppe *f*; **2** *de peinture* Plättchen *n*; **3** *de tortues* Schildpatt *n*; ***lunettes*** *f/pl* ***d'~*** Hornbrille *f*

écailler[1] [ekaje] **I** *v/t* **1** *poisson* abschuppen; **2** *huîtres* aufbrechen; öffnen; **II** *v/pr* ***s'~*** abblättern

écaill|er[2] [ekaje] *m*, **~ère** [-ɛʀ] *f* Austernhändler(in) *m(f)*

écaler [ekale] *v/t* schälen

écarlate [ekaʀlat] *adj* scharlachrot; *visage* hochrot

écarquiller [ekaʀkije] *v/t* ***~ les yeux*** die Augen aufreißen, aufsperren

écart [ekaʀ] *m* **1** (*distance*) Abstand *m*; (*différence*) Unterschied *m*; Abweichung *f*; Spanne *f*; **2** *fig* (*irrégularité*) Abweichung *f*; Verfehlung *f*; ***~ de langage*** sprachliche Entgleisung; **3** (*brusque mouvement*) ***faire un ~*** auf die Seite, zur Seite springen; **4** ***grand ~*** Spagat *m ou n*; ***faire le grand ~*** (e-n) Spagat machen; **5** ***à l'~*** beiseite; abseits (***de*** *gén*); *fig* ***tenir qn à l'~*** j-n fernhalten (***de*** von); ***vivre à l'~*** zurückgezogen leben

écarté [ekaʀte] *adj* ⟨~e⟩ **1** *yeux* auseinander stehend; **2** *lieu* abgelegen

écarteler [ekaʀtəle] *v/t* ⟨-è-⟩ **1** HIST vierteilen; **2** *fig* ***être écartelé*** hin- und hergerissen sein (***entre*** zwischen + *dat*)

écartement [ekaʀtəmɑ̃] *m* Abstand *m*; Entfernung *f*; CH DE FER Spurweite *f*

E

écarter [ekaʀte] **I** *v/t* **1** *bras* ausbreiten; *doigts, jambes* spreizen; SPORTS *jambes* grätschen; **2** *(éloigner)* wegrücken, -schieben; zur Seite rücken, schieben; **3** *fig idée* verwerfen; fallen lassen; *problème* ausklammern; *danger* abwenden; **4** *qn du bon chemin* entfernen (**de** von); abbringen (von; *a fig*); **II** *v/pr* **s'~** sich entfernen (**de** von) (*a fig*); zur Seite rücken; *foule* sich teilen; zurückweichen; *fig* **s'~ du droit chemin** vom rechten Weg abkommen; auf Abwege geraten

ecchymose [ekimoz] *f* blauer Fleck; blutunterlaufene Stelle

ecclésiastique [eklezjastik] **I** *adj* kirchlich; geistlich; **II** *m* Geistliche(r) *m*

écervelé [esɛʀvəle] *adj* ⟨~e⟩ leichtsinnig; gedankenlos; kopflos

échafaud [eʃafo] *m* Schafott *n*

echafaud|age [eʃafodaʒ] *m* **1** CONSTR (Bau)Gerüst *n*; **2** *fig* (Gedanken)Gebäude *n*; **~er** [-e] *v/t plan* entwerfen; *théorie* aufstellen

échalas [eʃala] *m* **1** *(pieu)* Pfahl *m*; **2** F *fig* **grand ~** F lange Latte; F Bohnenstange *f*

échalote [eʃalɔt] *f* Schalotte *f*

échancré [eʃɑ̃kʀe] *adj* ⟨~e⟩ **1** COUT ausgeschnitten; **2** *côte* zerklüftet

échancrure [eʃɑ̃kʀyʀ] *f* Ausschnitt *m*

▸ **échange** [eʃɑ̃ʒ] *m* **1** Austausch *m*; Tausch *m*; **~s (commerciaux)** Warenaustausch *m*, -verkehr *m*; **~ scolaire** Schüleraustausch *m*; **~ de vues** Meinungsaustausch *m*; **2** COMM Umtausch *m*; **3 en ~** als Gegenleistung; als Ersatz; dafür; **en ~ de** (als Ersatz) für

▸ **échanger** [eʃɑ̃ʒe] *v/t* ⟨-ge-⟩ **1** tauschen (**qc contre qc** etw gegen etw); *idées, prisonniers* austauschen; *regards, lettres* wechseln; **~ un sourire** einander, sich zulächeln; **2** *marchandises* umtauschen

échangeur [eʃɑ̃ʒœʀ] *m* kreuzungsfreier Verkehrsknoten; Verkehrskreuz *n*; *d'autoroutes* Autobahnkreuz *n*

échangisme [eʃɑ̃ʒism(ə)] *m* Partnertausch *m*

échantillon [eʃɑ̃tijɔ̃] *m* **1** COMM (Waren)Probe *f*; (Waren)Muster *n*; Probestück *n*; **2** *fig* Kostprobe *f*; **3** STATISTIQUE Stichprobe *f*; repräsentative Auswahl; Sample *n*

échantillonnage [eʃɑ̃tijɔnaʒ] *m* **1** COMM Musterkollektion *f*; *fig* Auswahl *f*; **2** STATISTIQUE Stichprobenerhebung *f*; Repräsentativbefragung *f*

échappatoire [eʃapatwaʀ] *f* Ausflucht *f*; Ausrede *f*; *par ext* Ausweg *m*

échappée [eʃape] *f* **1** CYCLISME Ausreißversuch *m*; **2** *(perspective)* (schmaler) Durchblick (**sur** auf + *acc*)

échappement [eʃapmɑ̃] *m* Auspuff *m*

échapper [eʃape] **I** *v/t* **l'~ belle** noch einmal *ou* mit dem Schrecken davonkommen; **II** *v/i* **1** *personne* **~ à qn** j-m entkommen, entwischen; **~ à qc** e-r Sache (*dat*) entgehen, entrinnen; **2** *parole* entfahren, entschlüpfen, herausrutschen (**à qn** j-m); **laisser ~** *cri, soupir* ausstoßen; **3** *nom* entfallen (sein) (**à qn** j-m); **4** *faute, détail* entgehen (**à qn** j-m); **5** *objet* **~ des mains à qn** j-m aus den Händen gleiten; j-m entgleiten; **III** *v/pr* **s'~** **6** *(s'évader)* entkommen; entlaufen (*a animal*); entfliehen; entspringen; entwischen; *oiseau* entfliegen; **7** *gaz, fumée* entweichen (**de** aus); ausströmen

écharde [eʃaʀd] *f* Splitter *m*; *südd* Spreißel *m*

écharpe [eʃaʀp] *f* **1** *(cache-nez)* Schal *m*; Halstuch *n*; **2** *insigne* Schärpe *f*; **3** MÉD Schlinge *f*; (Arm)Binde *f*; *bras* **porter en ~** in der Schlinge tragen; **4** *véhicule* **prendre en ~** (seitlich) rammen

écharper [eʃaʀpe] *v/t* **1** in Stücke reißen; **2** F *fig* **se faire ~** F fertig gemacht werden

échasse [eʃas] *f* Stelze *f*

échassier [eʃasje] *m* Stelzvogel *m*

échauder [eʃode] *v/t* **1** CUIS brühen; überbrühen; **2** *fig* **être échaudé** sich die Finger verbrennen

échauffement [eʃofmɑ̃] *m* **1** Erwärmung *f*; *p/fort* Erhitzung *f*; TECH Heißlaufen *n*; **2** SPORTS Aufwärmen *n*

échauffer [eʃofe] **I** *v/t* erwärmen; *p/fort* erhitzen; **II** *v/pr* **s'~** **1** SPORTS sich aufwärmen; sich warm laufen; **2** *fig personne* sich ereifern; *esprits* sich erhitzen, erregen

échauffourée [eʃofuʀe] *f* Zusammenstoß *m*; Krawall *m*

échéance [eʃeɑ̃s] *f* **1** COMM, JUR Fälligkeit *f*; Fälligkeitsdatum *n*, -termin *m*; **2**

paiement fällige Zahlung; **3 *à brève, longue ~*** auf kurze, lange Sicht; kurz-, langfristig

échéancier [eʃeɑ̃sje] *m* Terminplan *m*

échéant [eʃeɑ̃] ***le cas ~*** gegebenenfalls

▸ **échec** [eʃɛk] *m* **1** Misserfolg *m*; Scheitern *n*; Fehlschlag *m*; *à un examen* Durchfallen *n*; ***faire ~ à*** vereiteln; zum Scheitern bringen; **2 *~s*** *pl* Schach *n*; ***jeu*** *m* ***d'~s*** Schachspiel *n*; *adjt* ***~ et mat*** schachmatt; *fig* ***tenir qn en ~*** j-n in Schach halten

échelle [eʃɛl] *f* **1** Leiter *f*; ***la grande ~*** die Feuerwehrleiter; ***faire la courte ~ à qn*** j-m hinaufhelfen; **2** (*graduation*) Skala *f* (*a fig*); ***~ des salaires*** Lohnskala *f*, -tabelle *f*; **3** (*hiérarchie*) Rangordnung *f*; Stufenleiter *f*; **4** (*rapport*) Maßstab *m*; ***à l'~ de 1/10000*** (***un dix-millième***) im Maßstab 1:10000 (eins zu zehntausend); *fig* ***à l'~ nationale*** auf nationaler Ebene; *fig* ***être à l'~ de*** entsprechen (+ *dat*); angemessen sein (+ *dat*); *fig* ***sur une grande, vaste ~*** in großem Maßstab, Stil, Umfang

échelon [eʃlõ] *m* **1** *d'une échelle* Sprosse *f*; **2** *fig* Stufe *f*; **3** ADM Rang(stufe) *m*(*f*); Dienstgrad *m*

échelonnement [eʃlɔnmɑ̃] *m* Staffelung *f*; Verteilung *f*

échelonner [eʃlɔne] **I** *v/t* staffeln; verteilen (***sur un an*** auf, über ein Jahr); **II** *v/pr* ***s'~*** sich erstrecken (***sur*** auf, über + *acc*)

écheveau [eʃvo] *m* ⟨~x⟩ **1** *de laine, etc* Strang *m*; **2** *fig* Wirrwarr *m*

échevelé [eʃəvle] *adj* ⟨~e⟩ **1** mit zerzaustem, fliegendem Haar; **2** *fig* wild; hemmungslos

échevin [eʃ(ə)vɛ̃] *m en Belgique* Beigeordnete(r) *m* des Bürgermeisters

échine [eʃin] *f* **1** Rückgrat *n*; Wirbelsäule *f*; *fig* ***plier l'~*** sich unterordnen; katzbuckeln; **2 *~ de porc*** Schweinekamm *m*

échiner [eʃine] *v/pr* ***s'~*** sich abplagen, F abrackern (***à*** + *inf* um zu + *inf*)

échiquier [eʃikje] *m* **1** Schachbrett *n*; **2** *fig* Schauplatz *m*; Kräftespiel *n*

écho [eko] *m* Echo *n*, Widerhall *m* (*a fig*); ***se faire l'~ de qc*** etw weitererzählen, -tragen

échographie [ekografi] *f* Ultraschalluntersuchung *f*; Sonographie *f*

échoir [eʃwaʀ] ⟨*déf*: il échoit, ils échoient; il échut; il échoira; échéant; échu; être *od* avoir⟩ **I** *v/t/indir* ***~ à qn*** j-m zufallen; *st/s* j-m anheim fallen; **II** *v/i dette* fällig werden *ou* sein; *date* verfallen; ablaufen

échoppe [eʃɔp] *f* kleiner (Kram)Laden

▸ **échouer** [eʃwe] *v/i* **1** *personne, projet* scheitern; *projet a* fehlschlagen; misslingen; ***~ à un examen*** in, bei e-r Prüfung durchfallen; durch e-e Prüfung fallen; **2** *bateau* ⟨*a v/pr* ***s'~***⟩ stranden; auf Grund laufen; auflaufen; **3** *fig* (*arriver*) landen

échu [eʃy] *p/p* → ***échoir***

éclabousser [eklabuse] *v/t* **1** bespritzen; voll spritzen; **2** *fig* ***~ qn*** den Ruf j-s schädigen

éclaboussure [eklabusyʀ] *f* **1** Spritzer *m*; **2** *fig* Fleck *m* auf der weißen Weste

▸ **éclair** [eklɛʀ] *m* **1** Blitz *m*; ***il y a*** *ou* ***il fait un ~, des ~s*** es blitzt; *fig* ***en un ~*** blitzartig; **2** *fig* Aufblitzen *n*; Aufleuchten *n*; ***~ de génie*** Geistesblitz *m*; **3** *adjt* ⟨*inv*⟩ Blitz…; ***guerre*** *f* ***~*** Blitzkrieg *m*; ***visite*** *f* ***~*** Blitzbesuch *m*; F Stippvisite *f*; **4** *gâteau* Eclair *n*; Liebesknochen *m*

éclairage [eklɛʀaʒ] *m* Beleuchtung *f*; ***sous cet ~*** in diesem Licht

éclairagiste [eklɛʀaʒist] *m* Beleuchtungstechniker *m*

éclaircie [eklɛʀsi] *f* **1** MÉTÉO (Zwischen)Aufheiterung *f*; **2** *fig* Lichtblick *m*; Silberstreif(en) *m* am Horizont

éclaircir [eklɛʀsiʀ] **I** *v/t* **1** *couleur* aufhellen; **2** *fig* (auf)klären; klarstellen; Licht, Klarheit bringen in (+ *acc*); **II** *v/pr* ***s'~*** *ciel* sich aufhellen, aufheitern; *temps* aufklaren; *couleur* sich aufhellen; heller werden; *cheveux*, *rangs* sich lichten; ***s'~ la voix*** sich räuspern

éclaircissement [eklɛʀsismɑ̃] *m* Klarstellung *f*; (Auf)Klärung *f*; Aufschluss *m*

▸ **éclairer** [ekleʀe] **I** *v/t* **1 *~ qc*** etw beleuchten, erleuchten, erhellen; *abs lampe* ***~ mal*** ein schlechtes Licht geben; **2 *~ qn*** j-m leuchten; **3** *fig* ***~ qn*** j-n aufklären, j-m Aufschluss geben (***sur*** über + *acc*); ***~ qc*** etw aufklären, klarlegen, erhellen; **II** *v/pr* ***s'~*** **4** *pièce* hell werden; *fenêtre* sich erhellen; *fig visage* aufleuchten; sich erhellen; **5**

E

fig (*devenir intelligible*) klar, verständlich werden

éclair|eur [eklɛʀœʀ] *m* **1** MIL Aufklärer *m*; Kundschafter *m*; **2** (*scout*) Pfadfinder *m*; **~euse** [-øz] *f* Pfadfinderin *f*

éclat [ekla] *m* **1** (*fragment*) Splitter *m*; ***~ d'obus*** Granatsplitter *m*; **2** ***~ de rire*** lautes Auflachen; schallendes Gelächter; ***des ~s de voix*** heftige, erregte Stimmen *f/pl*; ***rire aux ~s*** schallend lachen; **3** (*scandale*) Skandal *m*; Eklat *m*; **4** (*luminosité*) Glanz *m* (*a fig*); *des couleurs* Leuchtkraft *f*; Pracht *f*; *fig* ***coup m d'~*** Glanzleistung *f*, -stück *n*

éclatant [eklatɑ̃] *adj* ⟨-ante [-ɑ̃t]⟩ **1** *rire, voix* schallend; *bruit* durchdringend; **2** (*brillant*) strahlend; *couleur* leuchtend; **3** *fig succès, victoire* glänzend

éclatement [eklatmɑ̃] *m* **1** Platzen *n*; Bersten *n*; **2** *fig* Aufspaltung *f*; Aufteilung *f*

▸ **éclater** [eklate] **I** *v/i* **1** *pneu* platzen; *bombe* krepieren; *vitres* bersten; zersplittern; zerspringen; **2** *fig parti* sich aufspalten; *institution* aufgeteilt, aufgegliedert werden; **3** *coups de feu* knallen; krachen; *orage* losbrechen; sich entladen; *applaudissements* aufbranden; ***~ de rire*** in Gelächter ausbrechen; laut auflachen; **4** *maladie, guerre* ausbrechen; **5** (*se manifester*) sich zeigen; zum Ausdruck kommen; **II** *v/pr* F ***s'~*** sich austoben; P die Sau rauslassen

éclectisme [eklɛktism(ə)] *m* **1** PHILOS Eklektizismus *m*; **2** *par ext* Vielseitigkeit *f*

éclipse [eklips] *f* **1** ***~ de Lune, de Soleil*** Mond-, Sonnenfinsternis *f*; **2** *fig* (zeitweiliges) Verschwinden

éclipser [eklipse] **I** *v/t* ***~ qn*** j-n in den Schatten stellen; **II** *v/pr* F ***s'~*** verschwinden; F sich verdrücken

éclopé [eklɔpe] *adj* ⟨~e⟩ schlecht zu Fuß; gehbehindert; fußkrank

éclore [eklɔʀ] *v/i* ⟨*déf*: il éclôt *od* éclot, ils éclosent; éclos; être *od* avoir⟩ **1** *poussin* ausschlüpfen; aus dem Ei schlüpfen; **2** *fleurs* aufblühen; **3** *fig* sich entfalten

éclosion [eklozjõ] *f* **1** zo Ausschlüpfen *n*; **2** BOT Aufblühen *n*; **3** *fig* Entfaltung *f*

écluse [eklyz] *f* Schleuse *f*

écluser [eklyze] *v/t* **1** (durch)schleusen; **2** P (*boire*) P saufen

éco [eko] *adj abr* (*économique*) F ***sciences f/pl ~*** Wirtschaftswissenschaften *f/pl*

écœurant [ekœʀɑ̃] *adj* ⟨-ante [-ɑ̃t]⟩ **1** widerlich (*a fig*); ekelhaft; (*trop sucré*) widerlich süß; **2** (*décourageant*) entmutigend

écœurement [ekœʀmɑ̃] *m* Ekel *m*; Widerwille(n) *m* (*a fig*)

écœurer [ekœʀe] *v/t* **1** anekeln; anwidern (*a fig*); **2** *fig* (*démoraliser*) entmutigen

▸ **école** [ekɔl] *f* **1** Schule *f* (*a coll*); *locaux a* Schulhaus *n*; ***grande ~*** Elitehochschule *f*; ***aller à l'~*** in die, zur Schule gehen; **2** *fig* Schule *f*; ***être à bonne ~*** in e-r guten Schule sein (*a iron*); ***faire ~*** Schule machen

▸ **écolier** [ekɔlje] *m*, **écolière** [ekɔljɛʀ] *f* Schüler(in) *m(f)*; *fig* ***prendre le chemin des écoliers*** Umwege machen

écolo [ekɔlo] F *abr* (*écologiste*) **I** *m,f* Grüne(r) *f(m)*; Umweltschützer(in) *m(f)*; **II** *adj* der Grünen; Umwelt(schutz)…

▸ **écologie** [ekɔlɔʒi] *f* Ökologie *f*; *par ext* Umweltschutz *m*

▸ **écologique** [ekɔlɔʒik] *adj* ökologisch; Umwelt…; *par ext* Umweltschutz…

▸ **écologiste** [ekɔlɔʒist] *m,f* Ökologe, -login *m,f*; *par ext* Umweltschützer(in) *m(f)*

éconduire [ekõdɥiʀ] *v/t* ⟨→ conduire⟩ abweisen; hinauskomplimentieren; *soupirant* e-n Korb geben (***qn*** j-m)

économat [ekɔnɔma] *m* **1** (Wirtschafts)Verwaltung *f*; **2** MIL heereseigene Verkaufsstelle

économe [ekɔnɔm] **I** *adj* sparsam; haushälterisch; **II** *m,f* Wirtschaftsdirektor(in) *m(f)*; Verwalter(in) *m(f)*

▸ **économie** [ekɔnɔmi] *f* **1** Wirtschaft *f*; *science* Wirtschaftswissenschaft *f*; ***économie politique*** Volkswirtschaft(slehre) *f*; Nationalökonomie *f*; ***économie de marché*** (freie) Marktwirtschaft; **2** (*contraire*: *gaspillage*) Sparsamkeit *f*; **3** *d'argent* ▸ ***économies*** *pl* Ersparnisse *f/pl*; Ersparte(s) *n*; **4** *de place, d'énergie, etc* Einsparung *f*; Ersparnis *f*; *fig* ***faire des économies de bouts de chandelle*** an lächerlichen Kleinigkeiten sparen

▸ **économique** [ekɔnɔmik] *adj* **1** ÉCON Wirtschafts…; wirtschaftlich; ökonomisch; **2** *chauffage, voiture, etc* wirtschaftlich; sparsam (im Verbrauch); ***classe*** *f* ~ Economyklasse *f*

économiquement [ekɔnɔmikmɑ̃] *adv* **1** wirtschaftlich; ökonomisch; ***les ~ faibles*** *m/pl* die sozial Schwachen *pl*; **2** (*en dépensant peu*) sparsam; billig

▸ **économiser** [ekɔnɔmize] *v/t* **1** *argent* (er)sparen; *énergie, etc* sparen; *matériel, personnel* einsparen; ***~ sur qc*** an etw (*dat*) sparen; **2** *fig* (*ménager*) sparsam umgehen, haushalten mit

économiseur [ekɔnɔmizœʀ] *m* INFORM ***~ d'écran*** Bildschirmschoner *m*

économiste [ekɔnɔmist] *m,f* Wirtschaftswissenschaftler(in) *m(f)*, -experte *m*, -expertin *f*

écoper [ekɔpe] *v/t* **1** *bateau* leer schöpfen; **2** F ~ (***de***) *punition* F aufgebrummt kriegen

écorce [ekɔʀs] *f* **1** BOT Rinde *f*; **2** *d'orange* Schale *f*; **3** ***~ terrestre*** Erdrinde *f*, -kruste *f*

écorcher [ekɔʀʃe] **I** *v/t* **1** (*dépiauter*) die Haut abziehen (+ *dat*); enthäuten; *fig* ***sensibilité*** *f* ***d'écorché vif*** mimosenhafte Empfindlichkeit; **2** *blesser* aufschürfen; *fig* ***~ les oreilles*** in den Ohren wehtun; **3** *mot* entstellen; falsch aussprechen; **II** *v/pr* ***s'~*** sich aufschürfen, aufscheuern

écorchure [ekɔʀʃyʀ] *f* Schürfwunde *f*; Schramme *f*

écorner [ekɔʀne] *v/t* die Ecken, Kanten abstoßen (***qc*** an etw [*dat*])

écossais [ekɔsɛ] **I** *adj* ⟨-aise [-ɛz]⟩ schottisch; *fig* ***douche ~e*** Wechselbad *n*; ***jupe ~e*** Schottenrock *m*; (***tissu***) ~ *m* Schotten(stoff) *m*; **II** ♀(***e***) *m(f)* Schotte *m*, Schottin *f*

Écosse [ekɔs] ***l'~*** *f* Schottland *n*

écosser [ekɔse] *v/t* aus-, enthülsen

écosystème [ekɔsistɛm] *m* Ökosystem *n*

écot [eko] *m* Anteil *m* (*an der Zeche*)

écoulement [ekulmɑ̃] *m* **1** Abfluss *m*; Abfließen *n*; *fig des véhicules* Fluss *m*; **2** COMM Absatz *m*; Vertrieb *m*

écouler [ekule] **I** *v/t marchandises* absetzen; vertreiben; verkaufen; **II** *v/pr* ***s'~*** **1** *liquide* abfließen; ab-, auslaufen; **2** *foule* sich verlaufen; strömen (***de*** aus); *temps* vergehen; verrinnen; ***l'année écoulée*** das abgelaufene Jahr; **3** *marchandises* Absatz finden; gehen

écourter [ekuʀte] *v/t* abkürzen

écoute [ekut] *f* RAD Hören *n*; TÉL Abhören *n*; ***heure*** *f* ***de grande ~*** Hauptsendezeit *f*; ***table*** *f* ***d'~*** Abhörgerät *n*; ***être à l'~ de qn*** j-m zuhören

▸ **écouter** [ekute] **I** *v/t* **1** *qc* anhören; hören (*a abs*); *aux portes, etc* horchen (*abs ou* auf + *acc*); ***~ qn*** j-m zuhören; j-m lauschen; ***~ un concert à la radio*** sich ein Konzert im Radio anhören; ***~ la radio*** Radio hören; → *Info bei* ***hören***; **2** *avec bienveillance* ***~ qn*** j-n anhören; j-m Gehör schenken; **3** (*suivre*) ***~ qn, qc*** auf j-n, etw hören; ***n'~ que son courage*** nicht an die Gefahr denken; **II** *v/pr* **4** ***s'~ parler*** sich (selbst) gern reden hören; **5** ***s'~*** (***trop***) zu sehr auf s-e Gesundheit achten

écouteur [ekutœʀ] *m* TECH Hörer *m*

écoutille [ekutij] *f* MAR Luke *f*

écrabouiller [ekʀabuje] F *v/t* zerquetschen

▸ **écran** [ekʀɑ̃] *m* **1** *de protection* Abschirmung *f*; (Sicht)Blende *f*; (Schutz-)Wand *f*; *par ext* ***~ total*** Sonnencreme *f* mit höchstem Schutzfaktor; **2** CIN Leinwand *f*; ***vedette*** *f* ***de l'~*** Filmstar *m*; ***porter à l'~*** verfilmen; **3** TV, INFORM Bildschirm *m*; ***le petit ~*** das Fernsehen

écrasant [ekʀɑzɑ̃] *adj* ⟨ante [-ɑ̃t]⟩ **1** *poids* enorm; gewaltig; **2** *fig majorité* erdrückend; überwältigend; *défaite* vernichtend; *chaleur* drückend

▸ **écraser** [ekʀɑze] **I** *v/t* **1** zerdrücken; zerquetschen; zermalmen; *cigarette* ausdrücken; *accélérateur* ganz durchtreten; *ver* zertreten; *personne* überfahren; ***se faire ~ par une voiture*** von e-m Auto überfahren werden; F ***rubrique*** *f* ***des chiens écrasés*** vermischte (Lokal)Nachrichten *f/pl*; ***nez écrasé*** plattgedrückte Nase; **2** *fig révolte* niederschlagen, -werfen; MIL vernichten; zerschlagen; SPORTS vernichtend schlagen; **3** *fig* ***~ qn*** *soucis* j-n drücken; *travail* j-n (fast) erdrücken; *responsabilité* schwer auf j-m lasten; **4** P ***en ~*** F wie ein Sack schlafen; **II** *v/pr* ***s'~*** **5** *fruits* zer-, aufplatzen; *avion* ***s'~*** (***au sol***) abstürzen; am Boden zerschellen; *voiture* ***s'~ contre un mur*** gegen e-e Mauer

E

prallen; **6** P (*s'effacer*) P die Schnauze halten

écrémer [ekʀeme] *v/t* ⟨-è-⟩ **1** *lait* entrahmen; ***lait écrémé*** Magermilch *f*; **2** *fig* (sich) das Beste nehmen (***qc*** von etw)

écrevisse [ekʀəvis] *f* (Fluss)Krebs *m*; *fig* ***rouge comme une ~*** krebsrot

écrier [ekʀije] *v/pr* ***s'~*** ausrufen

écrin [ekʀɛ̃] *m* Schmuckkästchen *n*; Schatulle *f*

E

▸ **écrire** [ekʀiʀ] ⟨j'écris, il écrit, nous écrivons; j'écrivais; j'écrivis; j'écrirai; que j'écrive; écrivant; écrit⟩ **I** *v/t* schreiben; (*noter*) aufschreiben; ***~ qc à qn*** j-m etw schreiben; an j-n etw schreiben; **II** *v/pr* ***s'~*** **1** *mot* geschrieben werden; **2** *personnes* sich schreiben

écrit [ekʀi] **I** *p/p* → ***écrire*** *et adj* ⟨-ite [-it]⟩ **1** schriftlich; geschrieben; *feuille* beschrieben; ***langue ~e*** Schriftsprache *f*; ***~ à la machine, à la main*** maschine(n)-, handgeschrieben; **2** ***être ~*** *dans un texte* stehen; BIBL geschrieben stehen; *fig* ***c'était ~*** es musste so kommen; **II** *m* **1** *ouvrage* Schrift *f*; **2** *examen* schriftliche Prüfung; Schriftliche(s) *n*; **3** ***par ~*** schriftlich; ***mettre par ~*** niederschreiben

écriteau [ekʀito] *m* ⟨~x⟩ (Hinweis)Schild *n*

▸ **écriture** [ekʀityʀ] *f* **1** Schrift *f*; *action, à l'école* Schreiben *n*; **2** *de qn* (Hand-) Schrift *f*; **3** COMM ***~s*** *pl* Geschäftsbücher *n/pl*; **4** ***l'É*** (***sainte***) *ou* ***les*** (***Saintes***) ***És*** die (Heilige) Schrift

écrivailleur [ekʀivajœʀ] *m péj* Schreiberling *m*

▸ **écrivain** [ekʀivɛ̃] *m* **1** Schriftsteller(in) *m(f)*; Dichter(in) *m(f)*; **2** ***~ public*** öffentlicher Schreiber

écrou [ekʀu] *m* **1** TECH (Schrauben-) Mutter *f*; **2** JUR Inhaftierung *f*

écrouer [ekʀue] *v/t* inhaftieren

écroulement [ekʀulmɑ̃] *m* **1** Einsturz *m*; **2** *fig* Zusammenbruch *m*

écrouler [ekʀule] *v/pr* ***s'~*** **1** einstürzen; **2** *fig* zusammenbrechen (*a personne*); **3** F *fig* (*s'affaler*) sich fallen lassen (***dans*** in + *acc*)

écru [ekʀy] *adj* ⟨~e⟩ ungebleicht; naturfarben

ecstasy [ɛkstazi] *f* Ecstasy *f*

écu [eky] *m* **1** HIST MIL Schild *m*; **2** HÉRALDIQUE (Wappen)Schild *m ou n*; **3** HIST *monnaie* Taler *m*; **4** FIN Ecu *m*

écueil [ekœj] *m* Riff *n*; Klippe *f* (*a fig*)

écuelle [ekɥɛl] *f* Napf *m*

éculé [ekyle] *adj* ⟨~e⟩ **1** *chaussures* abgelaufen; schief getreten; **2** *fig* abgedroschen

écume [ekym] *f* Schaum *m*; *sur les vagues a* Gischt *m ou f*

écumer [ekyme] **I** *v/t* **1** den Schaum abschöpfen (***qc*** von etw); **2** *fig* ausrauben; plündern; **II** *v/i* **3** schäumen; **4** *fig* ***~*** (***de rage***) vor Wut schäumen

écumoire [ekymwaʀ] *f* Schaumlöffel *m*

écureuil [ekyʀœj] *m* Eichhörnchen *n*

écurie [ekyʀi] *f* **1** (Pferde)Stall *m*; **2** SPORTS Rennstall *m*; **3** *fig* (*lieu sale*) Schweinestall *m*

écusson [ekysõ] *m* Schild *n*; Abzeichen *n*; *österr* Wapperl *n*

écuy|er [ekɥije] *m*, **~ère** [-ɛʀ] *f* Kunstreiter(in) *m(f)*

eczéma [ɛgzema] *m* Ekzem *n*

edelweiss [edɛlvɛs] *m* Edelweiß *n*

éden [edɛn] *m fig* Paradies *n*

édenté [edɑ̃te] *adj* ⟨~e⟩ zahnlos; *peigne* mit abgebrochenen Zähnen

E.D.F. [ədeɛf] *f abr* (*Électricité de France*) *staatliche frz Elektrizitätsgesellschaft*

édicter [edikte] *v/t* verordnen

édifiant [edifjɑ̃] *adj* ⟨-ante [-ɑ̃t]⟩ erbaulich

édification [edifikasjõ] *f* **1** (*construction*) Errichtung *f* (*a fig*); Erbauung *f*; Bau *m*; **2** *des fidèles* Erbauung *f*; (*instruction*) Belehrung *f*

édifice [edifis] *m* Gebäude *n* (*a fig*); Bauwerk *n*; Bau *m*

édifier [edifje] *v/t* **1** (*construire*) erbauen; errichten; erstellen; **2** *fig empire, etc* errichten; schaffen; *théorie* aufstellen; **3** *fidèles* erbauen; **4** *iron* (*instruire*) belehren; aufklären

édit [edi] *m* HIST Edikt *n*

éditer [edite] *v/t* herausgeben; verlegen; herausbringen (*a disque*)

édi|teur [editœʀ], **~trice** [-tʀis] **1** *m,f* Verleger(in) *m(f)*; Herausgeber(in) *m(f)*; Verlag *m*; **2** *m* INFORM Editor *m*

édition [edisjõ] *f* **1** *œuvre* Ausgabe *f*; Edition *f*; *action* Herausgabe *f* (*a de disques*); *d'un journal* ***~ spéciale*** Extrablatt *n*; Sonderausgabe *f*; ***maison f d'~*** Verlag *m*; ***les ~s X*** der Verlag

X; ***travailler dans l'~*** im Verlagswesen tätig sein; **2** (*tirage*) Auflage *f*; ***nouvelle ~*** Neuauflage *f* (*a fig*)

éditorial [editɔʀjal] *m* ⟨-aux [-o]⟩ Leitartikel *m*; **~iste** [-ist] *m* Leitartikler *m*

édredon [edʀədõ] *m* Daunendecke *f*; Federbett *n*; Plumeau *n*

éduca|teur [edykatœʀ], **~trice** [-tʀis] **I** *m,f* Erzieher(in) *m(f)*; **II** *adj* erzieherisch

éducatif [edykatif] *adj* ⟨-ive [-iv]⟩ erzieherisch; pädagogisch (wertvoll); Lern…

▸ **éducation** [edykasjõ] *f* **1** Erziehung *f*; Bildung *f*; ▸ ***éducation physique*** Sportunterricht *m*; Turnen *n*; Leibeserziehung *f*; ***éducation sexuelle*** Sexualerziehung *f*, -kunde *f*; ***ministère m de l'Éducation nationale*** Erziehungs-, Kultusministerium *n*; ***avoir de l'éducation*** gut erzogen sein; **2** *d'une faculté* Schulung *f*; Ausbildung *f*

édulcor|ant [edylkɔʀɑ̃] *m* Süßstoff *m*; **~er** [-e] *v/t* mildern; abschwächen

éduquer [edyke] *v/t* erziehen; bilden

effacé [efase] *adj* ⟨~e⟩ *personne* unauffällig; unscheinbar

effacement [efasmɑ̃] *m* **1** *d'un enregistrement* Löschung *f*; **2** *d'une personne* (bescheidene) Zurückhaltung

▸ **effacer** [efase] ⟨-ç-⟩ **I** *v/t* **1** *chose écrite* (aus)löschen; aus-, wegwischen; *tableau* abwischen; (*gommer*) aus-, wegradieren; *traces* verwischen; *enregistrement* löschen; **2** *fig souvenir* (aus)löschen; **3** *épaules* zurücknehmen; **II** *v/pr* ***s'~*** **4** (*disparaître*) verblassen (*a fig souvenir*); **5** *personne* zur Seite treten; *fig* zurückstehen (***devant qn*** hinter j-m); sich (bescheiden) zurückhalten

effaceur [efasœʀ] *m* Tintenkiller *m*

effarant [efaʀɑ̃] *adj* ⟨-ante [-ɑ̃t]⟩ erschreckend; bestürzend; *prix* horrend

effar|é [efaʀe] *adj* ⟨~e⟩ fassungslos; bestürzt; **~ement** [-mɑ̃] *m* Bestürzung *f*; Betroffenheit *f*; **~er** [-e] *v/t* bestürzen

effaroucher [efaʀuʃe] *v/t* **1** *animal* verscheuchen; **2** *fig* ein-, verschüchtern; erschrecken

effectif [efɛktif] **I** *adj* ⟨-ive [-iv]⟩ wirklich; tatsächlich (vorhanden); effektiv; **II** *m ou* **~s** *pl* Personalbestand *m*; *d'une classe* Stärke *f*; MIL Truppenstärke *f*

effectivement [efɛktivmɑ̃] *adv* tatsächlich; in der Tat

effectuer [efɛktɥe] **I** *v/t* aus-, durchführen; vornehmen; *paiements* leisten; *achats* tätigen; **II** *v/pr* ***s'~*** erfolgen; sich vollziehen; vor sich gehen

efféminé [efemine] *adj* ⟨~e⟩ *péj* weibisch; unmännlich; weichlich

effervescence [efɛʀvesɑ̃s] *f* **1** CHIM Aufbrausen *n*, -wallen *n*; **2** *fig* ***en ~*** in Aufruhr, Wallung

effervescent [efɛʀvesɑ̃] *adj* ⟨-ente [-ɑ̃t]⟩ Brause…; ***comprimé ~*** Brausetablette *f*

▸ **effet** [efɛ] *m* **1** Wirkung *f*; Effekt *m*; ***~ de serre*** Treibhauseffekt *m*; ***à cet ~*** zu diesem Zweck; ***en ~*** (*car*) nämlich; (*effectivement*) in der Tat; allerdings; ***sans ~*** wirkungslos; ***sous l'~ de*** unter der Wirkung von (*ou* + *gén*); ***avoir pour ~*** zur Folge haben; ***faire l'~ de*** den Eindruck (+ *gén*) machen; wirken wie; *médicament* ***faire son ~*** s-e Wirkung tun; wirken; ***faire (un) bon, mauvais ~*** e-n guten, schlechten Eindruck machen (***sur*** auf + *acc*); ***faire de l'~*** wirken (***à qn*** auf j-n); beeindrucken (j-n); JUR ***prendre ~*** in Kraft treten; wirksam werden; **2** COMM Wertpapier *n*; Wechsel *m*

effeuiller [efœje] *v/t* entblättern; *fleur* die Blütenblätter auszupfen (+ *gén*)

effeuilleuse [efœjøz] *f* F Stripperin *f*

▸ **efficac|e** [efikas] *adj* wirksam; effektiv; effizient; *aide* tatkräftig; *personne* (leistungs)fähig; tüchtig; **~ité** [-ite] *f* Wirksamkeit *f*; Effektivität *f*; (*rendement*) Effizienz *f*; *d'une personne* (Leistungs)Fähigkeit *f*; Tüchtigkeit *f*

efficience [efisjɑ̃s] *f* Effizienz *f*

effigie [efiʒi] *f* Bild(nis) *n*; *sur une monnaie* Kopfbild(nis) *n*

effilé [efile] *adj* ⟨~e⟩ schmal; dünn; spitz (zulaufend)

effilocher [efilɔʃe] *v/pr* ***s'~*** ausfasern; ausfransen

efflanqué [eflɑ̃ke] *adj* ⟨~e⟩ dürr; mager; ausgemergelt

effleurer [eflœʀe] *v/t* **1** streifen (*a fig problème*); flüchtig berühren; **2** *idée* ***~ qn*** j-m in den Sinn kommen

effluves [eflyv] *m/pl* Duft *m*; Düfte *m/pl*

effondrement [efõdʀəmɑ̃] *m* **1** (*écrou-*

E

lement) Einsturz *m*; **2** *fig* Zusammenbruch *m*; **~ des prix** Preissturz *m*, -einbruch *m*; **3** GÉOL (Ein)Bruch *m*

effondrer [efõdʀe] *v/pr* **s'~ 1** einstürzen; *pont, tribune a* zusammenbrechen; *maison a* einfallen; **2** *fig empire, prix* zusammenbrechen; (rasch) zerfallen; *espoirs* sich zerschlagen; **3** *fig personne* zusammenbrechen; **effondré** gebrochen; völlig niedergeschlagen

▸ **efforcer** [efɔʀse] *v/pr* ⟨-ç-⟩ **s'~** sich bemühen, sich anstrengen (**de** + *inf* zu + *inf*)

▸ **effort** [efɔʀ] *m* **1** Anstrengung *f*; Bemühung *f*; Mühe *f*; Anspannung *f*; **sans ~** mühelos; **faire un ~ a**) sich anstrengen; es versuchen; **b**) F *financier* große Summen (aus)geben; **2** TECH Beanspruchung *f*

effraction [efʀaksjõ] *f* Einbruch *m*; **vol** *m* **avec ~** Einbruch(s)diebstahl *m*

effraie [efʀɛ] *f* Schleiereule *f*

effrayant [efʀɛjɑ̃] *adj* ⟨-ante [-ɑ̃t]⟩ schrecklich (*a* F *chaleur, etc*); erschreckend

effrayer [efʀeje] ⟨-ay- *od* -ai-⟩ **I** *v/t* erschrecken; **II** *v/pr* **s'~** (sich) erschrecken

effréné [efʀene] *adj* ⟨~e⟩ zügellos; hemmungslos; wild; unbändig

effriter [efʀite] *v/pr* **s'~ 1** zerbröckeln; *roche a* verwittern; **2** *fig* zerfallen; sich auflösen; *cours* abbröckeln

effroi [efʀwa] *st/s m* Entsetzen *n*

effronté [efʀõte] *adj* ⟨~e⟩ frech; unverschämt; unverfroren; dreist

effronterie [efʀõtʀi] *f* Frechheit *f*; Dreistigkeit *f*; Unverschämtheit *f*

effroyable [efʀwajabl(ə)] *adj* entsetzlich; fürchterlich; grauenhaft

effusion [efyzjõ] *f* **1 ~ de sang** Blutvergießen *n*; **2** (Gefühls)Überschwang *m*; **avec ~** überschwänglich

égailler [egaje] *v/pr* **s'~** sich zerstreuen

▸ **égal** [egal] **I** *adj* ⟨~e; -aux [-o]⟩ **1** gleich; **être ~ à qc** e-r Sache (*dat*) gleich sein; **2** (*constant*) gleichmäßig; *humeur* gleich bleibend; **il est toujours ~ à lui-même** er bleibt sich immer gleich; **3** *terrain* flach; eben; **4** (*indifférent*) gleich(gültig); egal; **cela m'est ~** das ist mir gleich(gültig), egal, einerlei; **5** GÉOMÉTRIE deckungsgleich; kongruent; **II** *subst* ⟨*m/pl* -aux [-o]⟩ **être l'~ de qn** j-m gleich, ebenbürtig sein; **à l'~ de** ⟨*inv*⟩ ebenso (sehr) wie; **traiter qn d'~ à ~** ⟨*inv*⟩ j-n wie seinesgleichen behandeln; **sans ~** ohnegleichen; **être sans ~** nicht seinesgleichen haben

▸ **également** [egalmɑ̃] *adv* **1** (*d'une manière égale*) gleichermaßen; in gleicher Weise; **2** (*aussi*) ebenfalls; gleichfalls

égaler [egale] *v/t* **1 ~ qc, qn** e-r Sache, j-m gleichkommen; **2** MATH **3 plus 3 égale(nt) 6** 3 und *ou* plus 3 ist 6; **3** *record* einstellen; egalisieren

égalisation [egalizasjõ] *f* Ausgleich *m* (*a* SPORTS); Angleichung *f*

égaliser [egalize] **I** *v/t* ausgleichen; (einander) angleichen; *sol* (ein)ebnen; *cheveux* gleich lang schneiden; **II** *v/i* SPORTS ausgleichen; den Ausgleich erzielen; egalisieren

égalitaire [egalitɛʀ] *adj* egalitär

▸ **égalité** [egalite] *f* **1** Gleichheit *f*; **~ des chances** Chancengleichheit *f*; **~ des droits** Gleichberechtigung *f*; SPORTS **être à ~** gleichstehen; punktgleich stehen; **être sur un pied d'~ avec qn** j-m gleich, ebenbürtig sein; **2** (*constance*) Gleichmäßigkeit *f*; **~ d'humeur** Ausgeglichenheit *f*; **3** TENNIS Einstand *m*; **4** GÉOMETRIE Deckungsgleichheit *f*; Kongruenz *f*

égard [egaʀ] *m* **1 ~s** *pl* Rücksicht(nahme) *f*; Aufmerksamkeit *f*; **2 à cet ~** in dieser Hinsicht, Beziehung; diesbezüglich; **à tous ~s** in jeder Hinsicht, Beziehung; **à l'~ de** gegenüber (**qn** j-m); zu (**qn** j-m); **eu ~ à** im Hinblick auf (+ *acc*); mit Rücksicht auf (+ *acc*); in Anbetracht (+ *gén*); **par ~ pour** mit Rücksicht auf (+ *acc*)

égaré [egaʀe] *adj* ⟨~e⟩ **1** (*perdu*) verirrt; **2** (*fou*) verwirrt; verstört; irr(e)

égarement [egaʀmɑ̃] *m* **1** *litt* **~s** *pl* Verirrungen *f/pl*; **2** (*folie*) geistige Verwirrung, Umnachtung

égarer [egaʀe] **I** *v/t* **1** *objets* verlegen; *personne* irreführen (*a fig*); **2** *esprit* verwirren; trüben; **II** *v/pr* **s'~ 3** *personnes* sich verirren; sich verlaufen (*a animal*); *en voiture* sich verfahren; *objets* abhanden kommen; **4** *orateur* vom Thema abkommen

égayer [egeje] *v/t* ⟨-ay- *od* -ai-⟩ **1** *public* erheitern; **2** *lieu* freundlich gestalten; beleben; *récit* auflockern

égérie [eʒeʀi] *f* Muse *f* (*fig*)
égide [eʒid] *f* ***sous l'~ de*** unter der Ägide, Schirmherrschaft von (*ou* + *gén*)
églant|ier [eglɑ̃tje] *m* wilder Rosenstrauch; **~ine** [-in] *f* Heckenrose *f*
églefin [egləfɛ̃] *m* Schellfisch *m*
▸ **Église** [egliz] *f* (*édifice* 2) Kirche *f*
ego [ego] *m* ⟨*inv*⟩ Ego *n*; Ich *n*
égocentrique [egɔsɑ̃tʀik] *adj* egozentrisch; ichbezogen
égoïsme [egɔism(ə)] *m* Egoismus *m*; Selbstsucht *f*
▸ **égoïste** [egɔist] **I** *adj* egoistisch; selbstsüchtig; **II** *m,f* Egoist(in) *m(f)*
égorger [egɔʀʒe] *v/t* ⟨-ge-⟩ ~ ***qn*** j-m die Kehle durchschneiden
égosiller [egozije] *v/pr* ***s'~*** sich heiser schreien
égout [egu] *m* (Abwasser)Kanal *m*; **~s** *pl* Kanalisation *f*
égoutt|er [egute] **I** *v/t* abtropfen lassen; **II** *v/pr* ***s'~*** abtropfen; **~oir** [-waʀ] *m* Abtropfgestell *n*
égratigner [egʀatiɲe] **I** *v/t* **1** *peau* zer-, aufkratzen; aufritzen; *meuble* zerkratzen; **2** *fig* (*critiquer*) aufs Korn nehmen; **II** *v/pr* ***s'~*** sich auf-, zerkratzen
égratignure [egʀatiɲyʀ] *f* Kratzwunde *f*; Kratzer *m*; Schramme *f*
égrener [egʀəne] ⟨-è-⟩ **I** *v/t* **1** *épi* entkörnen; *raisins, groseilles* abbeeren; **2** *fig* ~ ***son chapelet*** den Rosenkranz herbeten; **II** *v/pr* ***s'~*** **3** *blé* ausfallen; **4** *fig notes* hintereinander ertönen
égrillard [egʀrijaʀ] *adj* ⟨-arde [-aʀd]⟩ frech; gewagt; schlüpfrig
Égypte [eʒipt] ***l'~*** *f* Ägypten *n*
égyptien [eʒipsjɛ̃] **I** *adj* ⟨-ienne [-jɛn]⟩ ägyptisch; **II** 2(***ne***) *m(f)* Ägypter(in) *m(f)*
eh [e] *int appel* he!; heda!; hallo!; *étonnement* ach!; ah!; ▸ ***eh bien!*** nun!; na!
éhonté [eõte] *adj* ⟨~e⟩ schamlos; unverschämt

La tour Eiffel

Der Eiffelturm, auf Französisch **la tour Eiffel** [ɛfɛl], ist das Wahrzeichen von Paris. Er wurde nach einem Entwurf des Ingenieurs **Gustave Eiffel** für die Weltausstellung 1889 in Paris errichtet. Die drei Plattformen des 320 m hohen Turms sind täglich für die Besucher geöffnet.
Lohnenswert ist übrigens auch der Besuch des 210 m hohen **tour Montparnasse**. In dem am Bahnhof **Montparnasse** gelegenen Büro- und Geschäftshaus gibt es eine Aussichtsplattform und ein Panoramarestaurant, von denen man ebenfalls einen schönen Blick über Paris hat.

éjacul|ation [eʒakylasjõ] *f* Ejakulation *f*; Samenerguss *m*; **~er** [-e] *v/i* ejakulieren
éjectable [eʒɛktabl(ə)] *adj* ***siège*** *m* ~ Schleudersitz *m*
éjecter [eʒɛkte] *v/t* **1** auswerfen; ausstoßen; ***être éjecté*** (***de la voiture***) (aus dem Auto) herausgeschleudert werden; **2** F *fig* ~ ***qn*** j-n hinauswerfen, F rausschmeißen
élaboration [elabɔʀasjõ] *f* **1** Ausarbeitung *f*; **2** BIOL Bildung *f*
élaborer [elabɔʀe] *v/t* **1** *projet, etc* ausarbeiten; erarbeiten; erstellen; **2** BIOL *bile, etc* bilden
élaguer [elage] *v/t* **1** *arbre* ausschneiden; auslichten; **2** *fig texte* kürzen
élan[1] [elɑ̃] *m* **1** Schwung *m*; SPORTS Anlauf *m*; ***prendre son*** ~ (e-n) Anlauf nehmen *ou* Schwung holen; **2** *fig* Schwung *m*; Elan *m*; ~ ***de générosité*** Anwandlung *f* von Großzügigkeit
élan[2] *m* zo Elch *m*
élancé [elɑ̃se] *adj* ⟨~e⟩ schlank; hoch aufgeschossen
élancement [elɑ̃smɑ̃] *m* stechender Schmerz
élancer [elɑ̃se] ⟨-ç-⟩ **I** *v/i* MÉD heftig stechen; **II** *v/pr* ***s'~*** sich stürzen (***sur*** auf + *acc*); los-, hervorstürzen
élargir [elaʀʒiʀ] **I** *v/t* **1** *rue* verbreitern; *ouverture* erweitern; **2** *fig* erweitern; *débat* ausweiten; **II** *v/pr* ***s'~*** *fleuve, rue* sich verbreitern; *vêtements* sich ausweiten; weiter werden
élargissement [elaʀʒismɑ̃] *m* Verbreiterung *f*; Erweiterung *f* (*a fig*)
élasticité [elastisite] *f* Elastizität *f* (*a fig*)

E

élastique [elastik] **I** *adj* elastisch; dehnbar; *fig a* flexibel; *démarche a* federnd; geschmeidig; **II** *m* **1** *ruban* Gummi *n*; Gummiband *n*; *dans un vêtement* Gummizug *m*; **2** *tissu* Elastik *n*
Elbe [ɛlb] **1** *fleuve* **l'~** *f* die Elbe; **2** *l'île f* **d'~** Elba *n*
eldorado [ɛldɔʀado] *m* Eldorado *n*
E
▸ **électeur** [elɛktœʀ] *m*, **électrice** [elɛktʀis] *f* **1** Wähler(in) *m(f)*; **2** HIST **Électeur** Kurfürst *m*
▸ **élection** [elɛksjõ] *f* **1** POL Wahl *f*; **~s municipales** Kommunalwahlen *f/pl*; **2 d'~** auserwählt (*a* REL); s-r Wahl
électoral [elɛktɔʀal] *adj* ⟨~e; -aux [-o]⟩ Wahl...; **liste ~e** Wählerliste *f*
électorat [elɛktɔʀa] *m* Wählerschaft *f*; Wähler *m/pl*
▸ **électricien** [elɛktʀisjɛ̃] *m* Elektriker *m*; Elektroinstallateur *m*; *adjt* **ingénieur ~** Elektroingenieur *m*
▸ **électricité** [elɛktʀisite] *f* Elektrizität *f*; elektrischer Strom; F *fig* **il y a de l'~ dans l'air** F hier ist dicke Luft
électri|fication [elɛktʀifikasjõ] *f* Elektrifizierung *f*; **~fier** [-fje] *v/t* elektrifizieren
▸ **électrique** [elɛktʀik] *adj* **1** elektrisch; **appareil** *m* **~** Elektrogerät *n*; **2** *fig atmosphère* geladen
électriser [elɛktʀize] *v/t* elektrisieren (*a fig*)
électrocardiogramme [elɛktʀokaʀdjɔgʀam] *m* Elektrokardiogramm *n* (*abr* EKG)
électrochoc [elɛktʀoʃɔk] *m* Elektroschock *m*
électrocuter [elɛktʀɔkyte] **I** *v/t* durch elektrischen Strom töten; **II** *v/pr* **s'~** e-n (tödlichen) elektrischen Schlag bekommen
électrocution [elɛktʀɔkysjõ] *f* tödlicher elektrischer Schlag
électrode [elɛktʀɔd] *f* Elektrode *f*
électro-encéphalogramme [elɛktʀoɑ̃sefalɔgʀam] *m* Elektroenzephalogramm *n*
électrogène [elɛktʀɔʒɛn] *adj* Strom erzeugend; **groupe** *m* **~** Stromaggregat *n*
électrolyse [elɛktʀɔliz] *f* Elektrolyse *f*
électromagnétique [elɛktʀomaɲetik] *adj* elektromagnetisch
électroménager [elɛktʀomenaʒe] *adj* **appareils** *m/pl* **~s** elektrische Haushaltsgeräte *n/pl*
électron [elɛktʀõ] *m* Elektron *n*
électronic|ien [elɛktʀɔnisjɛ̃] *m*, **~ienne** [-jɛn] *f* Elektroniker(in) *m(f)*
électronique [elɛktʀɔnik] **I** *adj* elektronisch; Elektronen...; **II** *f* Elektronik *f*
électrophone [elɛktʀɔfɔn] *m* Plattenspieler *m*
électrotechn|icien [elɛktʀotɛknisjɛ̃] *m* Elektrotechniker *m*; **~ique** [-ik] **I** *adj* elektrotechnisch; **II** *f* Elektrotechnik *f*
élégamment [elegamɑ̃] *adv* elegant
élégance [elegɑ̃s] *f* **1** Eleganz *f*; **2** *par ext* Takt *m*
▸ **élégant** [elegɑ̃] *adj* ⟨-ante [-ɑ̃t]⟩ elegant
élégie [eleʒi] *f* Elegie *f*
élément [elemɑ̃] *m* **1** Element *n* (*a* CHIM); Teil *m ou n*; Bestandteil *m*; Einzelteil *n*; (*détail*) Einzelheit *f*; *d'un meuble* Anbauteil *m ou n*; **2 ~s** *pl* (*rudiments*) Elemente *n/pl*; Grundzüge *m/pl*; Anfangsgründe *m/pl*; **3 ~s** *pl* (*individus*) Elemente *n/pl* (*souvent péj*); Kräfte *f/pl*; **4 ~s** *pl* (*forces naturelles*) Elemente *n/pl*; Naturgewalten *f/pl*; **5** (*milieu*) (Lebens)Element *n*; **être dans son ~** in s-m Element sein
élémentaire [elemɑ̃tɛʀ] *adj* elementar; grundlegend; Elementar...; Grund...; Anfangs...; **précaution** *f* **~** einfach(st)e Vorsichtsmaßnahme
éléphant [elefɑ̃] *m* Elefant *m*; *fig* **avoir une mémoire d'~** ein phänomenales Gedächtnis haben
éléphanteau [elefɑ̃to] *m* ⟨~x⟩ junger Elefant
▸ **élevage** [elvaʒ] *m* (Auf)Zucht *f*; Züchtung *f*; *abs* Viehzucht *f*; **~ en batterie** Batteriehaltung *f*
élévateur [elevatœʀ] *adj* ⟨-trice [-tʀis]⟩ Hebe...; **chariot ~** Gabelstapler *m*
élévation [elevasjõ] *f* **1** *mouvement* (An)Heben *n*; **2** *fig de l'âme, à un rang* Erhebung *f* (**à** in + *acc*); **3** *de la température, etc* Erhöhung *f*; Anstieg *m*; **4** *de terrain* (Boden)Erhebung *f*; Anhöhe *f*; **5** (*noblesse*) Erhabenheit *f*
▸ **élève** [elɛv] *m,f* Schüler(in) *m(f)*
élevé [elve] *adj* ⟨~e⟩ **1** (*haut*) hoch; **2** (*noble*) erhaben; edel; **3 bien ~** wohlerzogen; gut erzogen; **mal ~** schlecht erzogen; ungezogen
▸ **élever** [elve] ⟨-è-⟩ **I** *v/t* **1** *mur, monu-*

ment errichten; **2** *température, niveau* erhöhen; anheben; heraufsetzen; **3** *protestation, objection* erheben; ***~ la voix*** die Stimme heben; *fig* die Stimme erheben (***contre*** gegen); **4** *enfant, animal* groß-, aufziehen; *animaux* züchten; *(éduquer)* erziehen; **II** *v/pr* ***s'~*** **5** *avion* (auf)steigen; *température* (an)steigen; *édifice, etc* sich erheben; aufragen; **6** *voix, dispute* sich erheben; **7** *facture* ***s'~ à*** betragen; sich belaufen auf (+ *acc*); **8** *personne à un rang supérieur* hochkommen; vorwärts kommen; ***s'~ au-dessus de qc*** sich über etw (*acc*) erheben; über etw (*acc*) hinauswachsen; ***s'~ contre*** protestieren, sich wenden gegen

élev|eur [elvœʀ] *m*, **~euse** [-øz] *f* Züchter(in) *m(f)*

élider [elide] *v/t voyelle* ausstoßen; elidieren

éligible [eliʒibl(ə)] *adj* wählbar

élimé [elime] *adj* ⟨~e⟩ durchgescheuert; abgewetzt

élimination [eliminasjõ] *f* **1** Ausschaltung *f*; Beseitigung *f*; Eliminierung *f*; *dans un concours* Ausscheiden *n*; Ausschluss *m*; ***~ des déchets*** (Abfall)Entsorgung *f*; **2** BIOL Ausscheidung *f*

éliminatoire [eliminatwaʀ] **I** *adj note* den Ausschluss bedingend; SPORTS Ausscheidungs…; **II** **~s** *f/pl* Ausscheidungs(wett)kämpfe *m/pl*

éliminer [elimine] *v/t* **1** ausschalten (*a concurrent*); ausschließen (*a candidat*); eliminieren (*a* MATH); *obstacle* beseitigen; *déchets* entsorgen; ***être éliminé*** ausscheiden (müssen); **2** BIOL ausscheiden

▸ **élire** [eliʀ] *v/t* ⟨→ lire⟩ wählen; ***~ qn président*** j-n zum Präsidenten wählen

élision [elizjõ] *f d'une voyelle* Elision *f*

élite [elit] *f* Elite *f*

élitiste [elitist] *adj* elitär

élixir [eliksiʀ] *m* Elixier *n*

▸ **elle** [ɛl] *pr/pers* ⟨*pl* elles⟩ **1** sie (*sg et pl*); ***~(s) arrive(nt)*** sie kommt (sie kommen); ***~ et sa sœur*** sie und ihre Schwester; **2** *avec prép* sie (*acc sg et pl*); ihr (*dat sg*); ihnen (*dat pl*); *réfléchi* sich; ***pour ~(s)*** für sie; ***avec ~(s)*** mit ihr (mit ihnen); ***~ ne pense qu'à ~*** sie denkt nur an sich; **3** F (*histoire, fait*) ***~ est bien bonne!*** das ist ja gut!

elle-même [ɛlmɛm] *pr/pers* ⟨*pl* elles-mêmes⟩ **1** *emphatique* (sie) selbst; **2** *réfléchi* sich selbst

▸ **elles** [ɛl] *pr/pers* → ***elle***

ellipse [elips] *f* Ellipse *f*

elliptique [eliptik] *adj* elliptisch; *phrase a* unvollständig

élocution [elɔkysjõ] *f* Sprech-, Redeweise *f*

éloge [elɔʒ] *m* **1** Lob *n*; ***faire l'~ de qc, qn*** etw, j-n (sehr) loben; **2** *discours* Lobrede *f*

élogieux [elɔʒjø] *adj* ⟨-euse [-øz]⟩ lobend; anerkennend

éloigné [elwaɲe] *adj* ⟨~e⟩ **1** fern; (weit) entfernt (***de*** von); *époque* weit zurückliegend; **2** *parent* entfernt; weitläufig

éloignement [elwaɲmɑ̃] *m* Entfernung *f* (*a action*); *dans le temps* Distanz *f*

▸ **éloigner** [elwaɲe] **I** *v/t* **1** entfernen (***de*** von); *objet a* wegrücken, (weiter) wegstellen (***de*** von); *danger, échéance* hinausschieben; **2** *fig personne* entfremden (***de*** *dat*); entfernen, abbringen (von); **II** *v/pr* ***s'~*** **3** sich entfernen (***de*** von); **4** *fig* ***s'~ de qn*** sich j-m entfremden

élongation [elõgasjõ] *f* Zerrung *f*; Überdehnung *f*

éloquence [elɔkɑ̃s] *f* Beredsamkeit *f*; Redegabe *f*; Beredtheit *f* (*a fig*); Eloquenz *f*

éloquent [elɔkɑ̃] *adj* ⟨-ente [-ɑ̃t]⟩ **1** beredt; rede-, wortgewandt; eloquent; **2** *fig regard, silence* beredt; viel sagend; *chiffre* ***être ~*** für sich sprechen

élu [ely] **I** *p/p* → ***élire*** *et adj* ⟨~e⟩ **1** POL gewählt; **2** REL auserwählt; **II** *subst* **1** POL ***les ~s*** *m/pl* die gewählten Vertreter *m/pl*; **2** *fig* **~(*e*)** *m(f)* Auserwählte(r) *f(m)*

élucider [elyside] *v/t* aufklären; erhellen; Licht bringen in (+ *acc*)

élucubrations [elykybʀasjõ] *f/pl péj* Hirngespinste *n/pl*

éluder [elyde] *v/t* (geschickt) ausweichen (+ *dat*)

Élysée [elize] *m* ***l'~*** POL das Elysee

émacié [emasje] *adj* ⟨~e⟩ abgezehrt

e-mail [imɛl] *m* INFORM E-Mail ['iːmeːl] *f*; *adjt* ***adresse f ~*** E-Mail-Adresse *f*

émail [emaj] *m* ⟨émaux [emo]⟩ **1** Email *n*; ***en ~*** Email…; **2** *bijou* Emailschmuck *m*; **3** ANAT Zahnschmelz *m*

E

émaillé [emaje] *adj* ⟨~e⟩ **1** TECH emailliert; **2** *fig* ~ **de** (aus)geschmückt, *iron* gespickt mit

émanation [emanasjõ] *f* **1** (*odeur*) Ausdünstung *f*; *de gaz* Ausströmen *n*; **2** *fig* Auswirkung *f*; Ausdruck *m*

émancipation [emɑ̃sipasjõ] *f* **1** Emanzipation *f*; Befreiung *f*; Gleichberechtigung *f*; **2** JUR Mündigsprechung *f*

E

émanciper [emɑ̃sipe] **I** *v/t* **1** emanzipieren; befreien; (rechtlich) gleichstellen; **2** JUR für mündig erklären; **II** *v/pr* **s'~** sich emanzipieren; unabhängig, selbstständig werden

émaner [emane] *v/i* **1** *gaz, etc* ausströmen (**de** aus); **2** *fig* ausgehen (**de** von)

émarger [emaʀʒe] *v/t* ⟨-ge-⟩ (auf dem Rand) abzeichnen

émasculer [emaskyle] *v/t* entmannen

emballage [ɑ̃balaʒ] *m* Verpackung *f*

emballement [ɑ̃balmɑ̃] *m* **1** (*enthousiasme*) (vorschnelle) Begeisterung (**pour** für); **2** *d'un moteur* Aufheulen *n*; Durchgehen *n*

▸ **emballer** [ɑ̃bale] **I** *v/t* **1** *objets* ein-, verpacken; **2** *moteur* aufheulen lassen; hochjagen; **3** F (*enthousiasmer*) mitreißen; begeistern; **II** *v/pr* **s'~** **4** *cheval* scheuen; durchgehen; **5** *moteur* aufheulen; durchgehen; **6** F (*s'enthousiasmer*) sich rasch begeistern; gleich Feuer und Flamme sein; (*s'emporter*) F hochgehen

embarcadère [ɑ̃baʀkadɛʀ] *m* Landungsbrücke *f*, -steg *m*; Pier *m ou f*; Anlegestelle *f*

embarcation [ɑ̃baʀkasjõ] *f* (kleines) Boot; Wasserfahrzeug *n*

embardée [ɑ̃baʀde] *f* **faire une ~** plötzlich ausscheren; F e-n Schlenker machen

embargo [ɑ̃baʀgo] *m* Embargo *n*; **mettre l'~ sur** ein Embargo verhängen über (+ *acc*)

embarquement [ɑ̃baʀkəmɑ̃] *m* Anbordgehen *n*; Einsteigen *n*; MAR *a* Einschiffung *f*; Verschiffung *f*

embarquer [ɑ̃baʀke] **I** *v/t* **1** an Bord nehmen; MAR *a* einschiffen; *marchandises a* verschiffen; *dans tous véhicules* ver-, einladen; **2** F (*voler*) F mitgehen lassen; **3** F *police* ~ **qn** j-n festnehmen, F einlochen; **4** F *qn dans une affaire* verwickeln, hineinziehen (in + *acc*); **II** *v/i et v/pr* **5** *passagers* (**s'**)~ an Bord gehen; **6** F *fig* **s'~ dans** sich einlassen in *ou* auf (+ *acc*)

embarras [ɑ̃baʀa] *m* **1** (*situation difficile*) unangenehme, schwierige Lage; **tirer qn d'~** j-m aus der Verlegenheit, aus e-r Notlage, F aus der Klemme helfen; *fig*: **l'~ du choix** die Qual der Wahl; **n'avoir que l'~ du choix** nur zu wählen brauchen; **2** (*confusion*) Verlegenheit *f*; Verwirrung *f*; **3** ~ **gastrique** Magenbeschwerden *f/pl*

embarrassant [ɑ̃baʀasɑ̃] *adj* ⟨-ante [-ɑ̃t]⟩ unangenehm; peinlich; unbequem; lästig

embarrassé [ɑ̃baʀase] *adj* ⟨~e⟩ verlegen; verwirrt; betreten; befangen

embarrasser [ɑ̃baʀase] **I** *v/t* **1** (*gêner*) behindern; hinderlich, lästig sein (**qn** j-m); **2** (*déconcerter*) in Verlegenheit bringen; **3** (*mettre dans une situation gênante*) ~ **qn** j-n in e-e unangenehme Situation bringen; j-m Ungelegenheiten machen; **II** *v/pr* **s'~** sich belasten (**de** mit; *a fig*)

embauche [ɑ̃boʃ] *f* Ein-, Anstellung *f*

▸ **embaucher** [ɑ̃boʃe] *v/t* **1** ein-, anstellen; **2** F *fig* anstellen; einspannen

embaumer [ɑ̃bome] **I** *v/t* **1** *cadavre* einbalsamieren; **2** *lieu* mit s-m Duft erfüllen; **II** *v/i* duften (*a iron*)

embellie [ɑ̃beli] *f* (Zwischen)Aufheiterung *f*

embellir [ɑ̃beliʀ] **I** *v/t* schöner machen; verschönern; **II** *v/i* schöner werden

emberlificoter [ɑ̃bɛʀlifikɔte] F **I** *v/t* beschwatzen; einwickeln; **II** *v/pr* **s'~** F sich verheddern (*a fig*)

embêtant [ɑ̃bɛtɑ̃] F *adj* ⟨-ante [-ɑ̃t]⟩ **1** (*contrariant*) ärgerlich; F blöd; **2** (*ennuyeux*) *film, etc* langweilig; fad; *personne* lästig

embêtement [ɑ̃bɛtmɑ̃] F *m* Ärger *m*; **~s** *pl* F Scherereien *f/pl*

embêter [ɑ̃bete] F **I** *v/t* **1** (*lasser*) ~ **qn** j-n langweilen; j-m lästig fallen *ou* werden; F j-n anöden; **2** (*contrarier*) ~ **qn** j-m Ärger, F Scherereien machen; j-m zu schaffen machen; j-n wurmen; **être embêté** in Verlegenheit, F in der Klemme sein; **3** (*irriter*) ~ **qn** j-n ärgern; **II** *v/pr* **s'~** sich langweilen; F sich mopsen

emblée [ɑ̃ble] *adv* **d'~** auf Anhieb

emblème [ɑ̃blɛm] *m* Emblem *n*; Sinnbild *n*; Wahrzeichen *n*
embobiner [ɑ̃bɔbine] *v/t* F beschwatzen; F einwickeln
emboîter [ɑ̃bwate] **I** *v/t* **1** ineinander stecken; zusammenstecken; **~ qc dans qc** etw in etw (*acc*) stecken; **2 ~ le pas à qn** j-m auf dem Fuße folgen; *fig* dem Beispiel j-s folgen; **II** *v/pr* **s'~** ineinander passen, greifen
embolie [ɑ̃bɔli] *f* Embolie *f*
embonpoint [ɑ̃bɔ̃pwɛ̃] *m* Korpulenz *f*; Körperfülle *f*; Beleibtheit *f*; **prendre de l'~** korpulent, dick, füllig werden
embouché [ɑ̃buʃe] *adj* ⟨~e⟩ F **être mal ~** grob, ausfällig werden
embouchure [ɑ̃buʃyʀ] *f* **1** *d'un fleuve* Mündung *f*; **2** MUS Mundstück *n*
embourber [ɑ̃buʀbe] *v/pr* **s'~** **1** im Schlamm, Morast stecken bleiben; **2** *fig* sich verwickeln, verstricken (**dans** in + *acc*)
embourgeoiser [ɑ̃buʀʒwaze] *v/pr* **s'~** verbürgerlichen; *péj* spießig werden
embout [ɑ̃bu] *m* Spitze *f*; Zwinge *f*; *d'une seringue* Aufsatz *m*
►**embouteillage** [ɑ̃butɛjaʒ] *m* (Verkehrs)Stau *m*; Verstopfung *f*; **être pris dans un ~** im Stau stecken
embouteillé [ɑ̃buteje] *adj* ⟨~e⟩ *rue* verstopft; TÉL überlastet; *profession* überfüllt; überlaufen
emboutir [ɑ̃butiʀ] *v/t* **1** *voiture* eindrücken; zerbeulen; demolieren; **2** TECH tiefziehen; kümpeln
embranchement [ɑ̃bʀɑ̃ʃmɑ̃] *m* Abzweigung *f*; Gabelung *f*
embraser [ɑ̃bʀɑze] *st/s v/t ciel* in (rote) Glut tauchen; *paysage* versengen
embrassades [ɑ̃bʀasad] *f/pl* (heftige, stürmische) Begrüßungsküsse *m/pl*
embrasse [ɑ̃bʀas] *f* Raffhalter *m*
►**embrasser** [ɑ̃bʀase] **I** *v/t* **1** küssen; umarmen (und küssen); **2** *fig* **~ une carrière** e-n Beruf ergreifen; e-e Laufbahn einschlagen; **3** (*englober*) umfassen; umschließen; **4 ~ du regard** überschauen, -blicken; **II** *v/pr* **s'~** sich küssen
embrasure [ɑ̃bʀɑzyʀ] *f* Fenster- *ou* Türöffnung *f*; Laibung *f*
embrayage [ɑ̃bʀɛjaʒ] *m* **1** *mécanisme* Kupplung *f*; **2** *action* Einkuppeln *n*
embrayer [ɑ̃bʀeje] *v/i* ⟨-ay- *od* -ai-⟩ **1** AUTO (ein)kuppeln; die Kupplung kommen lassen; **2** *fig* anfangen, beginnen (**sur** mit)
embrigader [ɑ̃bʀigade] *v/t* einreihen; eingliedern
embringuer [ɑ̃bʀɛ̃ge] F **I** *v/t* hineinziehen (**dans** in + *acc*); **II** *v/pr* **s'~ dans qc** in etw (*acc*) hineingeraten, F hineinschlittern
embrocher [ɑ̃bʀɔʃe] *v/t* **1** an den (Brat)Spieß stecken; **2** F aufspießen
embrouillamini [ɑ̃bʀujamini] F *m* Durcheinander *n*; Wirrwarr *m*
embrouille [ɑ̃bʀuj] *f* F verworrene Geschichte
embrouillé [ɑ̃bʀuje] *adj* ⟨~e⟩ wirr; konfus; verworren
embrouiller [ɑ̃bʀuje] **I** *v/t* **1** verwirren, durcheinander bringen (*a fig qn*); **2** *fig situation, question* komplizieren; **II** *v/pr* **s'~** sich verheddern (**dans** in + *dat*)
embroussaillé [ɑ̃bʀusaje] *adj* ⟨~e⟩ voller Gestrüpp; *cheveux* struppig
embruns [ɑ̃bʀɛ̃, ɑ̃bʀœ̃] *m/pl* Gischt *m ou f*; Sprühwasser *n*
embryon [ɑ̃bʀijɔ̃] *m* **1** BIOL Embryo *m*; **2** *fig* Ansatz *m*; Keim *m*
embryonnaire [ɑ̃bʀijɔnɛʀ] *adj* **1** BIOL embryonal; **2** *fig* **au stade ~** im Ansatz vorhanden
embûches [ɑ̃byʃ] *f/pl* Fallstricke *m/pl*; Fallen *f/pl*; Tücken *f/pl*
embué [ɑ̃bɥe] *adj* ⟨~e⟩ *vitres* beschlagen; angelaufen; *yeux* **~s de larmes** tränenfeucht
embuer [ɑ̃bɥe] *v/pr* **s'~** (sich) beschlagen; anlaufen
embuscade [ɑ̃byskad] *f* Hinterhalt *m*
embusquer [ɑ̃byske] *v/pr* **s'~** **1** sich in den Hinterhalt legen; **tireur embusqué** Heckenschütze *m*; **2** *fig* sich drücken
éméché [emeʃe] *adj* ⟨~e⟩ F beschwipst; angeheitert; F angesäuselt
émeraude [emʀod] **I** *f* Smaragd *m*; **II** *adj* (**vert**) **~** ⟨*inv*⟩ smaragdgrün
émergence [emɛʀʒɑ̃s] *f* Auftauchen *n*; Zutagetreten *n*
émerger [emɛʀʒe] *v/i* ⟨-ge-⟩ **1** auftauchen; *fig a* zum Vorschein kommen; sich herausheben; **2** F *du sommeil* zu sich kommen
émeri [emʀi] *m* **papier** *m* **(d')~** Schmirgelpapier *n*

E

émérite [emeʀit] *adj* bedeutend; hervorragend; (*expérimenté*) erfahren
émerveillement [emɛʀvɛjmɑ̃] *m* Bewunderung *f*; Entzücken *n*
émerveiller [emɛʀveje] **I** *v/t* **~ qn** die Bewunderung j-s erregen; ***émerveillé*** voll(er) Bewunderung; entzückt; **II** *v/pr* **s'~** in Entzücken geraten (**de** über + *acc*)
émetteur [emɛtœʀ] **I** *m* **1** RAD, TV Sender *m*; **2** FIN Emittent *m*; **II** *adj* ⟨-trice [-tʀis]⟩ Sende…
émettre [emɛtʀ(ə)] *v/t* ⟨→ mettre⟩ **1** RAD, TV senden; **2** FIN ausgeben; emittieren; **3** PHYS *rayons* aussenden; *lumière* ausstrahlen; *sons* von sich geben; **4** *fig opinion* äußern
émeute [emøt] *f* Aufruhr *m*; Krawall *m*; **~s** *pl* Unruhen *f/pl*
émeutier [emøtje] *m* Aufrührer *m*
émietter [emjete] **I** *v/t* **1** *pain* zerbröckeln; zerkrümeln; **2** *fig* zersplittern; **II** *v/pr* **s'~** **3** zerbröckeln; **4** *fig* abbröckeln
émigrant [emigʀɑ̃] *m* Auswanderer *m*
émigration [emigʀasjõ] *f* Auswanderung *f*; POL Emigration *f*
émigré [emigʀe] *m* POL Emigrant *m*
émigrer [emigʀe] *v/i* **1** auswandern; POL emigrieren; **2** *oiseaux* wegziehen
émincer [emɛ̃se] *v/t* ⟨-ç-⟩ in dünne Scheiben schneiden
éminemment [eminamɑ̃] *adv* höchst
éminence [eminɑ̃s] *f* **1** *du terrain* Erhebung *f*; **2** CATH ♀ Eminenz *f*; *fig* **~ *grise*** graue Eminenz
éminent [eminɑ̃] *adj* ⟨-ente [-ɑ̃t]⟩ bedeutend; hervorragend
émir [emiʀ] *m* Emir *m*
émirat [emiʀa] *m* Emirat *n*
émissaire [emisɛʀ] **I** *m* Abgesandte(r) *m*; Emissär *m*; **II** *adj* ***bouc*** *m* **~** Sündenbock *m*
▸ **émission** [emisjõ] *f* **1** RAD, TV Sendung *f*; **2** FIN Ausgabe *f*; Emission *f*; **3** PHYS Emission *f*; Aussendung *f*; Ausstrahlung *f*
emmagasiner [ɑ̃magazine] *v/t* **1** (ein)lagern; speichern (*a chaleur*); **2** *fig connaissances* ansammeln
emmailloter [ɑ̃majɔte] *v/t bébé* wickeln; *doigt blessé* umwickeln; verbinden
emmancher [ɑ̃mɑ̃ʃe] *v/pr* F *affaire* ***s'~ bien, mal*** sich gut, schlecht anlassen
emmanchure [ɑ̃mɑ̃ʃyʀ] *f* Ärmel-, Armausschnitt *m*
emmêler [ɑ̃mele] *v/t* verwirren; durcheinander bringen (*a fig*); F verwursteln
emménag|ement [ɑ̃menaʒmɑ̃] *m* Einzug *m* (*in e-e Wohnung*); **~er** *v/i* ⟨-ge-⟩ einziehen
▸ **emmener** [ɑ̃mne] *v/t* ⟨-è-⟩ mitnehmen
emmerdant [ɑ̃mɛʀdɑ̃] P *adj* ⟨-ante [-ɑ̃t]⟩ P beschissen; P saublöd; *personne* lästig; unausstehlich
emmerde [ɑ̃mɛʀd] *f* P → ***emmerdement***
emmerdement [ɑ̃mɛʀdəmɑ̃] P *m* F Mordsärger *m*; **~s** *pl* F Scherereien *f/pl*
emmerder [ɑ̃mɛʀde] P **I** *v/t* **1** **~ qn** F j-m zum Hals heraushängen; P j-m stinken; P j-n ankotzen; *personne* F j-m auf den Wecker fallen, auf den Geist gehen; **2** ***je l'emmerde!*** P der kann mich am Arsch lecken!; **3** ***être emmerdé*** F in der Patsche, in der Tinte, P in der Scheiße sitzen; **II** *v/pr* **s'~** sich zu Tode langweilen; F sich mopsen
emmerd|eur [ɑ̃mɛʀdœʀ] P *m*, **~euse** [-øz] P *f* F Nervensäge *f*
emmitoufler [ɑ̃mitufle] *v/t* (*et v/pr* **s'~** sich) einmummen
emmurer [ɑ̃myʀe] *v/t* einmauern; *par ext* einschließen
émoi [emwa] *st/s m* Aufregung *f*; ***être en ~*** in (heller) Aufregung sein
émollient [emɔljɑ̃] *m* PHARM linderndes Mittel
émoluments [emɔlymɑ̃] *m/pl* (Dienst-) Bezüge *pl*; Vergütung *f*
émotif [emɔtif] *adj* ⟨-ive [-iv]⟩ **1** *réaction, etc* Gefühls…; affektiv; **2** *personne* überempfindlich; empfindsam
émotion [emosjõ] *f* **1** (*sentiment*) Rührung *f*; (Gemüts)Bewegung *f*; Emotion *f*; **2** (*affolement*) Aufregung *f*; Erregung *f*; ***~s fortes*** F Nervenkitzel *m*; F ***tu m'as donné des ~s*** ich hab Ängste ausgestanden
émotionnel [emosjɔnɛl] *adj* ⟨~le⟩ Gefühls…; emotional; gefühlsmäßig
émotionner [emosjɔne] F *v/t* (be)rühren; bewegen
émotivité [emɔtivite] *f* Überempfindlichkeit *f*; Empfindsamkeit *f*
émoulu [emuly] *adj* ***être frais ~*** ⟨*f* fraîche **~e**⟩ **de** gerade, frisch kommen von
émousser [emuse] **I** *v/t* abstumpfen (*a*

fig); stumpf machen; ***émoussé*** stumpf; **II** *v/pr* ***s'~*** **1** *lame, etc* stumpf werden; **2** *fig* abstumpfen; nachlassen

émoustiller [emustije] *v/t* anregen; in angeregte Stimmung versetzen

émouvant [emuvɑ̃] *adj* ⟨-ante [-ɑ̃t]⟩ ergreifend; bewegend; rührend

émouvoir [emuvwaʀ] ⟨→ mouvoir; *aber p/p* ému⟩ **I** *v/t* rühren; ergreifen; bewegen; **II** *v/pr* ***s'~*** sich erregen (***de*** über + *acc*); gerührt sein *ou* werden

empailler [ɑ̃paje] *v/t animaux* ausstopfen

empaler [ɑ̃pale] **I** *v/t* **1** (*embrocher*) aufspießen; **2** HIST pfählen; **II** *v/pr* ***s'~*** aufgespießt werden

empaqueter [ɑ̃pakte] *v/t* ⟨-tt-⟩ ein-, verpacken

emparer [ɑ̃paʀe] *v/pr* **1** *par la force* ***s'~ de qc, de qn*** etw, j-n in s-e Gewalt bringen; *st/s* sich e-r Sache, j-s bemächtigen; *illégalement* ***s'~ de qc*** sich etw aneignen; etw an sich bringen; **2** *concrètement* ***s'~ de qc*** etw an sich reißen; *fig journal* ***s'~ d'une affaire*** e-e Affäre aufgreifen; **3** *sentiment, sommeil* ***s'~ de qn*** j-n überkommen, übermannen

empâté [ɑ̃pɑte] *adj* ⟨~e⟩ dicklich; aufgedunsen

empâter [ɑ̃pɑte] *v/pr* ***s'~*** dicker werden; *visage* dick, teigig, schlaff werden

empattement [ɑ̃patmɑ̃] *m* Radstand *m*; Achsabstand *m*

empêché [ɑ̃peʃe] *adj* ⟨~e⟩ (am Erscheinen) verhindert

empêchement [ɑ̃pɛʃmɑ̃] *m* Hindernis *n*; Hinderungsgrund *m*; ***il a eu un ~*** er war verhindert

▸ **empêcher** [ɑ̃peʃe] **I** *v/t* ***~ qc*** etw verhindern; ***~ qn de faire qc*** j-n (daran) hindern, etw zu tun; j-n an etw (*dat*) hindern; j-n von etw abhalten; ***~ que ...*** (*st/s* ***ne***) (+ *subj*) verhindern, dass…; ***(il) n'empêche que ...*** trotzdem; immerhin; **II** *v/pr* ***je ne peux pas m'~ de*** (+ *inf*) ich kann nicht anders, ich muss (einfach) (+ *inf*); ich kann nicht umhin zu (+ *inf*)

empêcheur [ɑ̃pɛʃœʀ] *m* ***~ de danser*** *ou* ***tourner en rond*** Spielverderber *m*

empennage [ɑ̃pɛnaʒ] *m* Leitwerk *n*

▸ **empereur** [ɑ̃pʀœʀ] *m* Kaiser *m*

empeser [ɑ̃pəze] *v/t* ⟨-è-⟩ *linge* stärken

empester [ɑ̃pɛste] *v/t* **1** (*empuantir*) verpesten; **2** (*puer*) stinken (***qc*** nach etw)

empêtrer [ɑ̃petʀe] *v/pr* ***s'~*** sich verwickeln (***dans*** in + *acc*) (*a fig*); sich verfangen (in + *dat*); *fig a* sich verstricken (in + *acc*)

emphase [ɑ̃fɑz] *f* Emphase *f*

emphatique [ɑ̃fatik] *adj* emphatisch; *péj* hochtrabend; schwülstig

empiècement [ɑ̃pjɛsmɑ̃] *m* COUT Einsatz *m*; Passe *f*

empiéter [ɑ̃pjete] *v/t/indir* ⟨-è-⟩ ***~ sur*** **1** vordringen in (+ *acc*); übergreifen auf (+ *acc*); **2** (*usurper*) (widerrechtlich) eingreifen in (+ *acc*); antasten (+ *acc*)

empiffrer [ɑ̃pifʀe] *v/pr* F ***s'~*** F sich voll stopfen, F sich den Bauch voll schlagen (***de*** mit)

empiler [ɑ̃pile] **I** *v/t* (auf)stapeln; **II** *v/pr* ***s'~*** sich stapeln, anhäufen, türmen

empire [ɑ̃piʀ] *m* **1** Kaiserreich *n*; *par ext* Weltreich *n*; Imperium *n*; Reich *n*; *fig* ***~ industriel*** Industrieimperium *n*; *fig* ***pas pour un ~*** nicht um alles in der Welt; **2** HIST ***l'♀*** das Erste Kaiserreich; *adjt* Empire…; im Empirestil; **3** (*influence*) Einfluss *m*; Macht *f*; ***sous l'~ de*** unter dem Einfluss von (*ou* + *gén*)

empirer [ɑ̃piʀe] *v/i* sich verschlimmern; sich verschlechtern; schlechter, schlimmer werden

empirique [ɑ̃piʀik] *adj* empirisch

empirisme [ɑ̃piʀism(ə)] *m* **1** PHILOS Empirismus *m*; **2** *par ext* Empirie *f*

emplacement [ɑ̃plasmɑ̃] *m* Stelle *f*; Platz *m*; Standort *m*; AUTO Stellplatz *m*

emplâtre [ɑ̃plɑtʀ(ə)] *m fig* → ***cautère***

emplette [ɑ̃plɛt] *f* Einkauf *m*; Kauf *m*; ***faire des ~s*** Einkäufe, Besorgungen *f/pl* machen; einkaufen

emplir [ɑ̃pliʀ] *st/s v/t* (er)füllen

▸ **emploi** [ɑ̃plwa] *m* **1** (*utilisation*) Gebrauch *m*; Anwendung *f*; Verwendung *f*; Benutzung *f*; ▸ ***emploi du temps*** Zeitplan *m*; Terminkalender *m*; ÉCOLE Stundenplan *m*; ***faire double emploi*** überflüssig, überzählig, doppelt sein; **2** (*travail*) Beschäftigung *f* (*a* ÉCON); Anstellung *f*; Stelle *f*; Arbeitsplatz *m*; ***plein emploi*** Vollbeschäftigung *f*; **3** THÉ Rollenfach *n*

▸ **employé(e)** [ɑ̃plwaje] *m(f)* Angestellte(r) *f(m)*; ***~ de bureau*** Büroangestellte(r) *f(m)*; Bürokraft *f*

E

▸ **employer** [ɑ̃plwaje] ⟨-oi-⟩ **I** *v/t* **1** (*utiliser*) gebrauchen; anwenden (*a violence*); verwenden (*a argent*); benutzen; **2** *salariés* beschäftigen; **II** *v/pr* **3** *mot, etc* ***s'~*** gebraucht werden; **4** ***s'~ à (faire) qc*** sich für etw einsetzen; sich um etw bemühen
▸ **employeur** [ɑ̃plwajœʀ] *m*, **employeuse** [ɑ̃plwajøz] *f* Arbeitgeber(in) *m(f)*
empocher [ɑ̃pɔʃe] *v/t* F einstecken
empoignade [ɑ̃pwaɲad] F *f* heftige Auseinandersetzung
empoigne [ɑ̃pwaɲ] *f* F ***foire d'~*** F wüstes Gerangel, Gezerre
empoigner [ɑ̃pwaɲe] **I** *v/t* packen; ergreifen; **II** *v/pr* ***s'~*** aneinander geraten
empoisonnement [ɑ̃pwazɔnmɑ̃] *m* **1** Vergiftung *f*; *meurtre* Giftmord *m*; **2** F *fig* ***~s*** *pl* Ärger *m*; F Scherereien *f/pl*
empoisonner [ɑ̃pwazɔne] **I** *v/t* **1** (*intoxiquer*) vergiften (*a fig*); **2** (*empuantir*) verpesten; **3** F → ***embêter***; **II** *v/pr* ***s'~*** sich vergiften; Gift nehmen
emporté [ɑ̃pɔʀte] *adj* ⟨~e⟩ aufbrausend; jähzornig
emportement [ɑ̃pɔʀtəmɑ̃] *m* Zornesausbruch *m*
emporte-pièce [ɑ̃pɔʀtəpjɛs] *m* ⟨*inv*⟩ **1** TECH (Loch)Stanze *f*; **2** *fig* ***à l'~*** *expression* pointiert; zugespitzt; scharf; *jugement* treffsicher
▸ **emporter** [ɑ̃pɔʀte] **I** *v/t* **1** *objet* mitnehmen; ***donner qc à ~ qn*** j-m etw mitgeben; **2** *blessés* wegtragen, -bringen; **3** ***~ qn*** *maladie* j-n dahin-, hinwegraffen; *courant* j-n fort-, mitreißen; ***~ qc*** *inondations* etw weg-, fortschwemmen; *vent* etw weg-, fortwehen; **4** ***l'~*** den Sieg davontragen, die Oberhand gewinnen, siegen (***sur*** über + *acc*); ***~ l'affaire*** das Geschäft machen; **II** *v/pr* ***s'~*** (zornig) aufbrausen; in Zorn geraten
empoté [ɑ̃pɔte] F *adj* ⟨~e⟩ unbeholfen
empourprer [ɑ̃puʀpʀe] *v/pr* ***s'~*** *ciel* sich purpurrot färben; *visage* rot anlaufen
empreint [ɑ̃pʀɛ̃] *adj* ⟨-einte [-ɛ̃t]⟩ ***~ de*** geprägt von
empreinte [ɑ̃pʀɛ̃t] *f* **1** Abdruck *m*; ***~ digitale*** Fingerabdruck *m*; *par ext* ***~ génétique*** genetischer Fingerabdruck; **2** *fig* Gespräge *n*; Stempel *m*; Prägung *f*; ***marquer de son ~*** prägen
empressé [ɑ̃pʀese] *adj* ⟨~e⟩ eifrig; (dienst)beflissen
empressement [ɑ̃pʀɛsmɑ̃] *m* **1** *auprès de qn* Dienstbeflissenheit *f*, -eifer *m*; **2** (*zèle*) Eifer *m*
empresser [ɑ̃pʀese] *v/pr* **1** ***s'~ auprès de qn*** sich eifrig um j-n bemühen; **2** ***s'~ de faire qc*** sich beeilen, etw zu tun
emprise [ɑ̃pʀiz] *f* Einfluss *m*; ***sous l'~ de*** unter dem Einfluss von (*ou* + *gén*); im Bann (+ *gén*)
emprisonnement [ɑ̃pʀizɔnmɑ̃] *m* Gefängnisstrafe *f*; Haft(strafe) *f*; *action* Inhaftierung *f*
emprisonner [ɑ̃pʀizɔne] *v/t* ins Gefängnis schicken, F stecken; gefangen setzen; F einsperren; *fig* ***être emprisonné dans*** gefangen sein in (+ *dat*)
emprunt [ɑ̃pʀɛ̃, ɑ̃pʀœ̃] *m* **1** FIN Anleihe *f*; *action* Kreditaufnahme *f*; **2** *fig* Anleihe *f* (***à qn*** bei j-m); LING Entlehnung *f*, Lehnwort *n* (***à*** aus)
emprunté [ɑ̃pʀɛ̃te, -pʀœ̃-] *adj* ⟨~e⟩ *personne* linkisch; verlegen; gehemmt
▸ **emprunter** [ɑ̃pʀɛ̃te, -pʀœ̃-] *v/t* **1** ***~ qc à qn*** sich etw von j-m (aus)leihen, borgen, entleihen; ***~ de l'argent*** sich Geld leihen; Geld aufnehmen; → *Info bei* ***leihen***; **2** *fig* übernehmen (***qc à qn*** etw von j-m); *mot* entlehnen (***à l'anglais*** aus dem Englischen); **3** *chemin* benutzen
empuantir [ɑ̃pɥɑ̃tiʀ] *v/t* verpesten
▸ **ému** [emy] *p/p* → ***émouvoir*** *et adj* ⟨~e⟩ bewegt; gerührt; ergriffen
émulation [emylasjõ] *f* Wetteifer *m*; Wettstreit *m*; Nacheiferung *f*
émule [emyl] *m,f* Nacheiferer *m*
émulsifiant [emylsifjɑ̃] *m* Emulgator *m*
émulsion [emylsjõ] *f* Emulsion *f*
▸ **en** [ɑ̃, *vor Vokal u stummem h* ɑ̃n] **I** *prép* **1** *lieu*: **a)** *question «wo?»*: in (+ *dat*); *être, arriver, etc* ***~ Allemagne, ~ Normandie***, *etc* in Deutschland, in der Normandie *etc*; ***~ Iran*** im Iran; ***~ Corse*** auf Korsika; ***~ montagne*** im Gebirge; **b)** *question «wohin?»*: nach (+ *dat*); in (+ *acc*); *aller, envoyer, etc* ***~ Allemagne, France, Normandie, Sicile***, *etc* nach Deutschland, nach Frankreich, in die Normandie, nach Sizilien *etc*; **2** *temps* in (+ *dat*); ***~ 1945*** (im Jahre) 1945; ***~ l'an mille*** im Jahr(e) tausend; ***~ janvier***, *etc* im Januar *etc*; ***~ deux heures*** in zwei Stunden; inner-

halb von zwei Stunden; **~ une journée** an e-m Tag; innerhalb e-s Tages; **3** *domaine*: in (+ *dat ou acc*); **~ allemand, français**, *etc* im Deutschen, Französischen *etc*; auf Deutsch, Französisch *etc*; **~ mathématiques, politique**, *etc* in der Mathematik, Politik *etc*; **docteur** *m* **~ médecine** Doktor *m* der Medizin; **4** *manière*: **~ trois volumes** in drei Bänden; dreibändig; **promenade** *f* **~ vélo** Radtour *f*; *le même article* **~ rouge**, *etc* in Rot *etc*; **teindre qc ~ rouge** etw rot färben; **agir ~ ami** als Freund handeln; **aller ~ voiture** mit dem Auto fahren; **être ~ blanc, noir** weiß, schwarz gekleidet sein; **cela fait ~ euros ...** das macht in Euro ...; **5** *matériau* aus; **~ fer**, *etc* aus Eisen *etc*; **montre** *f* **~ or** goldene Uhr; **6** *gérondif*: **parler ~ mangeant** beim Essen, während des Essens sprechen; **~ passant par là**, *vous éviterez le bouchon* wenn Sie so *ou* diese Strecke fahren...; **répondre ~ souriant** lächelnd antworten; **II** *adv et pr* ⟨*vertritt Konstruktionen mit „de"*⟩ **1** *local* von dort; daher; *vous allez à Paris?* **j'~ reviens** ich komme von dort; **2** *complément* davon; darüber; daran *etc*; **tout le monde ~ parle** alle sprechen davon, *de qn* von ihm, ihr, ihnen; *il a réussi* **et il ~ est fier** und er ist stolz darauf; **qu'~ dites-vous?** was sagen Sie dazu?; **3** *génitif partitif* davon; welche(n, -s); *j'ai des bonbons*, **est-ce que tu ~ veux?** willst du welche *ou* davon?; **je n'~ ai plus** ich habe keine(n, -s) mehr; *prenez des gâteaux*, **il y ~ a encore** es sind noch (welche) da; *avez-vous des frères?* **j'~ ai deux** ja, zwei; **les journaux ~ sont pleins** die Zeitungen sind voll davon

ENA [ena] *f abr* (*École nationale d'administration*) *Elitehochschule zur Ausbildung für hohe Staatsämter*

énarque [enaʀk] *m,f* Absolvent(in) *m(f)* der ENA

encablure [ɑ̃kablyʀ] *f* MAR Kabellänge *f* (*etwa 200 m*)

encadré [ɑ̃kadʀe] *m* umrandeter Text; Kasten *m*

encadrement [ɑ̃kadʀəmɑ̃] *m* **1** *d'un tableau* Einrahmung *f* (*a résultat*); **2** *d'une porte* Einfassung *f*; Rahmen *m*; **3** *de personnes* Betreuung *f*; *personnel* Betreuungspersonal *n*; Betreuer *m/pl*

encadrer [ɑ̃kadʀe] *v/t* **1** *tableau* (ein-) rahmen; *texte* umranden; F einkasteln; **2** *fig* ein-, umrahmen; einfassen; **3** *personnes* betreuen; **4** F *fig* → **encaisser** 3

encaisse [ɑ̃kɛs] *f* Kassenbestand *m*

encaissé [ɑ̃kɛse] *adj* ⟨~e⟩ *vallée* tief eingeschnitten

encaissement [ɑ̃kɛsmɑ̃] *m* (Ein)Kassieren *n*; Inkasso *n*; *d'un chèque* Einlösung *f*

encaisser [ɑ̃kese] *v/t* **1** FIN (ein)kassieren; einziehen; vereinahmen; *chèque* einlösen; **2** F *fig coups*, *etc* einstecken (müssen); F kassieren; **savoir ~** F hart im Nehmen sein; **3** F *fig* **ne pas pouvoir ~ qn** j-n nicht ausstehen können

encanailler [ɑ̃kanaje] *v/pr* **s'~** sich mit dem Pöbel gemein machen

encart [ɑ̃kaʀ] *m* Beilage *f*; **~ publicitaire** Werbebeilage *f*

en-cas *ou* **encas** [ɑ̃kɑ] *m* ⟨*inv*⟩ kleiner Imbiss

encastrable [ɑ̃kastʀabl(ə)] *m* Einbauelement *n*, -möbel *n*

encastrer [ɑ̃kastʀe] **I** *v/t* einbauen, einlassen (**dans** in + *acc*); **II** *v/pr* **s'~** sich einfügen; eingelassen sein

encaustiqu|e [ɑ̃kɔstik] *f* Bohnerwachs *n*; (Möbel)Politur *f*; **~er** [-e] *v/t parquet* bohnern; *meuble* polieren

► **enceinte**[1] [ɑ̃sɛ̃t] *adj f* schwanger; **femme ~** Schwangere *f*; **être ~ de quatre mois** im fünften(!) Monat (schwanger) sein

enceinte[2] *f* **1** FORTIF Ring-, Umfassungsmauer *f*; *d'une ville* Stadtmauer *f*; **2** (*espace clos*) abgeschlossener Bereich; **3 ~** (**acoustique**) (Lautsprecher)Box *f*; Lautsprechergruppe *f*

encens [ɑ̃sɑ̃] *m* Weihrauch *m*; **bâtons** *m/pl* **d'~** Räucherstäbchen *n/pl*

encens|er [ɑ̃sɑ̃se] *v/t* **1** REL (mit Weihrauch) beräuchern; **2** *fig* beweihräuchern; **~oir** [-waʀ] *m* (Weih)Rauchfass *n*

encéphale [ɑ̃sefal] *m* Gehirn *n*

encercler [ɑ̃sɛʀkle] *v/t* einkreisen; umzingeln; MIL *a* einschließen; einkesseln

enchaînement [ɑ̃ʃɛnmɑ̃] *m* **1** *d'idées* Verbindung *f*; Verknüpfung *f*; *de circonstances* Verkettung *f*; **2** *dans un spectacle* Überleitung *f*

enchaîner [ɑ̃ʃene] **I** *v/t* **1** *prisonnier* in

Ketten legen; anketten (*a chien*); **2** *idées* verbinden; verknüpfen; **II** *v/i dans la conversation* (rasch) fortfahren (***sur qc*** mit etw); CIN überblenden; **III** *v/pr* ***s'~*** *épisodes* ineinander greifen; aufeinander folgen

enchanté [ɑ̃ʃɑ̃te] *adj* ⟨~e⟩ **1** (*magique*) Zauber…; **2** *fig* ***être ~*** begeistert, entzückt sein (***de*** von); **3** ***~!*** sehr erfreut!; (sehr) angenehm!

enchantement [ɑ̃ʃɑ̃tmɑ̃] *m* Zauber *m*, Verzauberung *f* (*a fig*); *fig a* Entzücken *n*; Wonne (*a chose*); ***comme par ~*** wie von Zauberhand

enchanter [ɑ̃ʃɑ̃te] *v/t* verzaubern; *fig a* bezaubern; entzücken; begeistern

enchanteur [ɑ̃ʃɑ̃tœʀ], **enchanteresse** [ɑ̃ʃɑ̃tʀɛs] **I** *m,f* Zauberer *m*, Zauberin *f*; **II** *adj* zauberhaft; bezaubernd

enchâsser [ɑ̃ʃɑse] *v/t* **1** *pierre précieuse* fassen; **2** *par ext* einsetzen (***dans*** in + *acc*)

enchère [ɑ̃ʃɛʀ] *f* (Mehr)Gebot *n*; ***vente f aux ~s*** Versteigerung *f*; Auktion *f*; ***vendre aux ~s*** versteigern

enchérir [ɑ̃ʃeʀiʀ] *v/t/indir* ***~ sur qn, qc*** j-n, etw überbieten

enchevêtrement [ɑ̃ʃ(ə)vɛtʀəmɑ̃] *m* Gewirr *n*; (wirres) Durcheinander

enchevêtrer [ɑ̃ʃ(ə)vetʀe] **I** *v/t fils, fig* verwirren; verwickeln; durcheinander bringen; **II** *v/pr* ***s'~*** sich verwirren; sich verwickeln; sich verheddern

enclave [ɑ̃klav] *f* Enklave *f*

enclavé [ɑ̃klave] *adj* ⟨~e⟩ umschlossen (***dans*** von)

enclencher [ɑ̃klɑ̃ʃe] **I** *v/t* **1** TECH einrücken; *vitesse* einschalten; **2** *fig* in Gang bringen; **II** *v/pr* ***s'~*** einrasten

enclin [ɑ̃klɛ̃] *adj* ⟨-ine [-in]⟩ ***~ à qc*** zu etw neigend; ***être ~ à*** (+ *inf*) geneigt sein, dazu neigen zu (+ *inf*)

enclos [ɑ̃klo] *m* **1** *terrain* eingezäuntes, eingefriedetes Stück Land; **2** (*clôture*) Einfriedung *f*; Umzäunung *f*

enclume [ɑ̃klym] *f* Amboss *m*

encoche [ɑ̃kɔʃ] *f* Kerbe *f*; Einschnitt *m*

encoder [ɑ̃kɔde] *v/t* (en)kodieren

encoignure [ɑ̃kɔɲyʀ, ɑ̃kwaɲyʀ] *f* Ecke *f*; Winkel *m*

encoller [ɑ̃kɔle] *v/t papier peint* einkleistern

encolure [ɑ̃kɔlyʀ] *f* **1** *du cheval* Hals *m*; TURF Halslänge *f*; **2** COUT (*tour de cou*) Hals-, Kragenweite *f*; *d'un vêtement* (Hals)Ausschnitt *m*

encombrant [ɑ̃kɔ̃bʀɑ̃] *adj* ⟨-ante [-ɑ̃t]⟩ **1** sperrig; unhandlich; Platz raubend; **2** *fig* störend; lästig

encombre [ɑ̃kɔ̃bʀ(ə)] ***sans ~*** ohne Zwischenfälle; glatt

encombrement [ɑ̃kɔ̃bʀəmɑ̃] *m* **1** *de véhicules* Verkehrsstau *m*, -stockung *f*; **2** *fig* Überfüllung *f*; TÉL Überlastung *f*; **3** (*dimensions*) Abmessungen *f/pl*

encombrer [ɑ̃kɔ̃bʀe] **I** *v/t* **1** *rue, couloir, etc* versperren; *rue a* verstopfen; *table* überhäufen (***de*** mit); **2** *fig* ***encombré*** *profession* überlaufen; überfüllt; TÉL überlastet; **II** *v/pr* ***s'~*** sich belasten (***de*** mit) (*a fig*)

encontre [ɑ̃kɔ̃tʀ(ə)] ***aller à l'~ de qc*** im Gegensatz zu etw stehen; e-r Sache (*dat*) zuwiderlaufen

encorbellement [ɑ̃kɔʀbɛlmɑ̃] *m* Auskragung *f*; Erker *m*

encorder [ɑ̃kɔʀde] *v/pr* ***s'~*** sich anseilen

▸**encore** [ɑ̃kɔʀ] **I** *adv* **1** *temporel* noch; immer noch; ***pas ~*** noch nicht; **2** (*de nouveau*) (schon) wieder; nochmals; **3** (*en plus*) noch (mehr); ***~ plus grand*** noch größer; **4** *restrictif* ***si ~*** wenn wenigstens; ***et ~!*** höchstens!; und vielleicht (noch) nicht mal das!; ***~ faut-il*** allerdings muss man; **II** *conj litt* ***~ que*** (+ *subj*) obschon; obgleich

encourageant [ɑ̃kuʀaʒɑ̃] *adj* ⟨-ante [-ɑ̃t]⟩ ermutigend

encouragement [ɑ̃kuʀaʒmɑ̃] *m* **1** Ermutigung *f*; Er-, Aufmunterung *f*; **2** *de projets* Förderung *f*

▸**encourager** [ɑ̃kuʀaʒe] *v/t* ⟨-ge-⟩ **1** ***~ qn*** j-n ermutigen; j-m Mut machen; SPORTS j-n anfeuern; ***~ qn à (faire) qc*** j-n zu etw ermutigen, ermuntern; **2** *talent, projet* fördern

encourir [ɑ̃kuʀiʀ] *v/t* ⟨→ courir⟩ ***~ qc*** mit etw rechnen müssen

encrasser [ɑ̃kʀase] **I** *v/t* verschmutzen; **II** *v/pr* ***s'~*** verschmutzen; AUTO *bougie* verrußen

▸**encre** [ɑ̃kʀ(ə)] *f* **1** Tinte *f*; **2** ***~ de Chine*** Tusche *f*

encrier [ɑ̃kʀije] *m* Tintenfass *n*

encroûter [ɑ̃kʀute] *v/pr* ***s'~*** **1** sich mit e-r Kruste überziehen; **2** *fig* verkrusten; verknöchern; festgefahren sein (***dans*** in + *dat*)

encul|é [ɑ̃kyle] *m injure* P Arschloch *n*
enculer [ɑ̃kyle] *v/t injure* ***va te faire ~!*** P verpiss dich!
encyclique [ɑ̃siklik] *f* Enzyklika *f*
encyclopéd|ie [ɑ̃siklɔpedi] *f* Enzyklopädie *f*; Konversationslexikon *n*; *pour un domaine* Reallexikon *n*; Sachwörterbuch *n*; **~ique** [-ik] *adj* enzyklopädisch
endémique [ɑ̃demik] *adj* **1** MÉD endemisch; **2** *fig* ständig; dauernd
endettement [ɑ̃dɛtmɑ̃] *m* Verschuldung *f*
endetter [ɑ̃dete] *v/pr* ***s'~*** sich verschulden
endeuiller [ɑ̃dœje] *v/t* in Trauer versetzen
endiablé [ɑ̃djable] *adj* ⟨~e⟩ wild
endiguer [ɑ̃dige] *v/t* **1** *fleuve* eindeichen; **2** *fig* eindämmen
endimanché [ɑ̃dimɑ̃ʃe] *adj* ⟨~e⟩ festlich, sonntäglich gekleidet; im Sonntagsstaat
endive [ɑ̃div] *f* Chicorée *f ou m*
endoctriner [ɑ̃dɔktʀine] *v/t péj* indoktrinieren
endolori [ɑ̃dɔlɔʀi] *adj* ⟨~e⟩ schmerzend
endommager [ɑ̃dɔmaʒe] *v/t* ⟨-ge-⟩ *objet* beschädigen; *récoltes* schaden (+ *dat*)
endormi [ɑ̃dɔʀmi] **I** *adj* ⟨~e⟩ **1** (*qui dort*) schlafend; ***encore tout ~*** noch ganz schläfrig, verschlafen; **2** *fig* verschlafen; träge; **II ~(*e*)** *m(f) fig* F Schlafmütze *f*
▸**endormir** [ɑ̃dɔʀmiʀ] ⟨→ dormir⟩ **I** *v/t* **1** *enfant* zum Schlafen bringen; *chaleur, fig musique, etc* **~ *qn*** j-n einschläfern; j-n schläfrig machen; auf j-n einschläfernd wirken; **2** (*anesthésier*) betäuben; **II** *v/pr* ***s'~*** **3** einschlafen (*a fig*); **4** *st/s* (*mourir*) *st/s* entschlafen
endoscop|e [ɑ̃dɔskɔp] *m* Endoskop *n*; **~ie** [-i] *f* Endoskopie *f*
endosser [ɑ̃dose] *v/t* **1** *vêtement* an-, überziehen; **2** *fig responsabilité* auf sich nehmen; *conséquences* geradestehen für; **3** FIN indossieren; girieren
▸**endroit** [ɑ̃dʀwa] *m* **1** Stelle *f* (*a d'un livre, du corps*); Ort *m*; Platz *m*; ***par endroits*** stellenweise; **2** *d'un tissu* rechte Seite; Oberseite *f*; ▸ ***à l'endroit*** auf der rechten Seite; rechts
enduire [ɑ̃dɥiʀ] ⟨→ conduire⟩ **I** *v/t* bestreichen (***de*** mit); **II** *v/pr* ***s'~ de qc*** sich mit etw einreiben
enduit [ɑ̃dɥi] *m* **1** *sur un mur* (Ver)Putz *m*; **2** (*revêtement*) Belag *m*; Überzug *m*
endurance [ɑ̃dyʀɑ̃s] *f* Ausdauer *f*
endurant [ɑ̃dyʀɑ̃] *adj* ⟨-ante [-ɑ̃t]⟩ ausdauernd; zäh
endurci [ɑ̃dyʀsi] *adj* ⟨~e⟩ *célibataire* eingefleischt; *criminel* hartgesotten
endurcir [ɑ̃dyʀsiʀ] **I** *v/t* **1** *physiquement* abhärten; **2** *fig qn* hart machen; *cœur* verhärten; **II** *v/pr* ***s'~*** **3** sich abhärten (***au froid*** gegen Kälte); **4** *fig* hart *ou* gleichgültig werden; abstumpfen
endurer [ɑ̃dyʀe] *v/t* ertragen; aushalten; *souffrances a* erdulden
énergétique [enɛʀʒetik] *adj* Energie…; PHYS *a* energetisch; ***aliment m ~*** Energiespender *m*
▸**énergie** [enɛʀʒi] *f* **1** Energie *f*; ***~ atomique, nucléaire*** Atom-, Kernenergie *f*, -kraft *f*; **2** *d'une personne* Energie *f*; Tatkraft *f*
énergique [enɛʀʒik] *adj* energisch; *personne a* tatkräftig; *protestation a* nachdrücklich; *poignée de main a* kraftvoll
énergumène [enɛʀgymɛn] *m,f* verrückter Kerl; überspannte Person
énervant [enɛʀvɑ̃] *adj* ⟨-ante [-ɑ̃t]⟩ nervenaufreibend; entnervend; zermürbend
énervé [enɛʀve] *adj* ⟨~e⟩ aufgeregt; nervös
énervement [enɛʀvəmɑ̃] *m* Nervosität *f*; Erregtheit *f*; Aufregung *f*
énerver [enɛʀve] **I** *v/t* ***énerver qn*** j-n nervös machen; j-m auf die Nerven gehen; F j-n nerven; **II** *v/pr* ▸ ***s'énerver*** sich auf-, erregen; nervös werden
▸**enfance** [ɑ̃fɑ̃s] *f* **1** Kindheit *f*; Kinderzeit *f*; Kindesalter *n*; ***petite ~*** frühe Kindheit; ***dès l'~*** von Kind an *ou* auf; von Kindheit an; von klein auf; ***retomber en ~*** (wieder) kindisch werden; **2** *fig* Anfänge *m/pl*; F ***c'est l'~ de l'art*** das ist kinderleicht
▸**enfant** [ɑ̃fɑ̃] **I** *m* Kind *n*; ***~ de chœur*** Ministrant *m*; Chorknabe *m*; *fig* Unschuldslamm *n*; *fig* ***faire l'~*** sich wie ein Kind aufführen; **II** *f* (kleines) Mädchen; **III** *adj* **1** ***bon ~*** ⟨*inv*⟩ gutmütig; *ambiance* gemütlich; **2** ***étant ~*** *ou* ***tout ~*** als Kind
enfanter [ɑ̃fɑ̃te] *litt v/t* **1** *litt* niederkommen (mit); **2** *fig* hervorbringen

enfantillage [ɑ̃fɑ̃tijaʒ] *m* Kinderei *f*
enfantin [ɑ̃fɑ̃tɛ̃] *adj* ⟨-ine [-in]⟩ **1** kindlich; Kinder…; **2** (*facile*) kinderleicht; **3** *péj* (*puéril*) kindisch
enfariné [ɑ̃faʀine] *adj* ⟨~e⟩ F *fig* ***arriver le bec ~*** (naiv) siegessicher auftreten
▸ **enfer** [ɑ̃fɛʀ] *m* **1** REL, *fig* Hölle *f*; ***d'~*** Höllen…; höllisch; F super; toll; *fig* ***bruit*** *m* ***d'~*** Höllenlärm *m*; ***aller en ~*** in die Hölle kommen; **2** MYTH ***~s*** *pl* Unterwelt *f*
▸ **enfermer** [ɑ̃fɛʀme] **I** *v/t* einschließen, *personne, animal a* einsperren (***dans*** in + *acc ou dat*); *chose a* wegschließen; **II** *v/pr* ***s'~*** **1** sich einschließen; **2** *fig* ***s'~ dans une attitude*** sich auf e-e Haltung zurückziehen
enferrer [ɑ̃feʀe] *v/pr fig* ***s'~ dans qc*** sich in etw (*acc*) verwickeln
enfiévrer [ɑ̃fjevʀe] *v/t* ⟨-è-⟩ *fig* erregen; erhitzen; fiebern lassen
enfilade [ɑ̃filad] *f* lange Reihe; *de maisons, de salles* Flucht *f*
enfiler [ɑ̃file] **I** *v/t* **1** *perles* aufreihen; ***~ une aiguille*** e-e Nadel, den Faden einfädeln; **2** *vêtement* (sich) überziehen, überstreifen; hineinschlüpfen in (+ *acc*); **II** *v/pr* ***s'~*** **3** F *nourriture* F sich reinziehen; **4** ***s'~ dans une rue*** rasch in e-e Straße einbiegen
▸ **enfin** [ɑ̃fɛ̃] *adv* **1** (*à la fin*) endlich; schließlich; zuletzt; ***viens ~!*** komm endlich!; **2** *conclusion* kurzum; **3** *résignation* nun ja; **4** *restriction* das heißt
enflammé [ɑ̃flame] *adj* ⟨~e⟩ **1** (*en flammes*) brenned; **2** MÉD entzündet; **3** *fig* flammend
enflammer [ɑ̃flame] **I** *v/t* **1** (*allumer*) in Brand setzen; anstecken; **2** *fig visage* röten; **3** *fig* entflammen; *personne a* mitreißen; begeistern; **II** *v/pr* ***s'~*** **4** (*prendre feu*) sich entzünden; in Brand geraten; Feuer fangen; **5** MÉD sich entzünden; **6** *fig* entflammen (***pour*** für)
enflé [ɑ̃fle] *adj* ⟨~e⟩ (an)geschwollen
enfler [ɑ̃fle] **I** *v/i* anschwellen; **II** *v/pr* ***s'~*** *fig voix* anschwellen
enflure [ɑ̃flyʀ] *f* **1** Schwellung *f*; **2** *fig* F Trottel *m*
enfoiré(e) [ɑ̃fwaʀe] *m(f)* *injure* P Arschloch *n*
enfoncé [ɑ̃fɔ̃se] *adj* ⟨~e⟩ *yeux* tief liegend
enfoncer [ɑ̃fɔ̃se] ⟨-ç-⟩ **I** *v/t* **1** *clou* einschlagen; *punaise, bouchon* hineindrücken; *pieu* einrammen; ***~ son chapeau sur les yeux*** (sich) den Hut (tief) ins Gesicht drücken; ziehen; F *fig* ***~ qc dans le crâne de qn*** j-m etw einhämmern, F einbläuen, F eintrichtern; **2** *porte, etc* eindrücken; F *fig* ***~ qn*** (*battre*) j-n schlagen; (*surpasser*) j-n ausstechen; **II** *v/i* **3** einsinken; **III** *v/pr* **4** ***s'~ une épine*** (***dans la peau***) sich e-n Dorn einziehen; **5** *bateau* ***s'~*** (ver)sinken; ***s'~ dans la neige*** im Schnee ein-, versinken; **6** (*pénétrer*) ***s'~*** (tief) vor-, eindringen (***dans*** in + *acc*)
enfouir [ɑ̃fwiʀ] *v/t* vergraben (*a fig*); eingraben
enfourcher [ɑ̃fuʀʃe] *v/t vélo, cheval* besteigen; steigen auf (+ *acc*)
enfourner [ɑ̃fuʀne] *v/t* **1** *pain* in den Ofen schieben; **2** F *fig* (*avaler*) F verspachteln; F verputzen
enfreindre [ɑ̃fʀɛ̃dʀ(ə)] *v/t* ⟨→ peindre⟩ zuwiderhandeln (+ *dat*); übertreten
▸ **enfuir** [ɑ̃fɥiʀ] *v/pr* ⟨→ fuir⟩ ***s'~*** **1** fliehen; flüchten; (*se sauver*) davonlaufen; **2** *fig, st/s* dahinschwinden (*a temps*)
enfumer [ɑ̃fyme] *v/t pièce* verräuchern; F verqualmen; ***~ qn*** j-n einräuchern
engagé [ɑ̃gaʒe] **I** *adj* ⟨~e⟩ engagiert; **II** *m* MIL Freiwillige(r) *m*; Zeitsoldat *m*
engageant [ɑ̃gaʒɑ̃] *adj* ⟨-ante [-ɑ̃t]⟩ *sourire* gewinnend; *offre* verlockend
engagement [ɑ̃gaʒmɑ̃] *m* **1** (*obligation*) Verpflichtung *f* (***envers qn*** gegenüber j-m); bindende Zusage; ***sans ~*** unverbindlich; ***prendre un ~*** e-e Verpflichtung eingehen, übernehmen; **2** (*embauche*) Ein-, Anstellung *f*; THÉ Engagement *n*; MIL freiwillige Verpflichtung; **3** *d'un écrivain, etc* Engagement *n*
engager [ɑ̃gaʒe] ⟨-ge-⟩ **I** *v/t* **1** (*mettre en gage*) verpfänden (*a fig sa parole*); *fig* ***~ l'avenir*** die Weichen für die Zukunft stellen. **2** (*obliger*) ***~ qn*** (***à qc***) j-n (zu etw) verpflichten; *par ext* (*exhorter*) ***~ qn à qc*** j-n zu etw anhalten, veranlassen; **3** (*embaucher*) an-, einstellen; THÉ engagieren; verpflichten; **4** (*introduire*) einführen, einlegen, *clé* hineinstecken (***dans*** in + *acc*); *véhicule* hineinfahren, -steuern, -manövrieren; **5** *argent* hineinstecken (***dans*** in + *acc*); *capitaux* einsetzen; **6** (*commencer*) *négociations*

einleiten; aufnehmen; eintreten in (+ *acc*) (*a discussion*); *conversation* anknüpfen; beginnen; *combat* eröffnen; **II** *v/pr* **7** ***s'~ à (faire) qc*** sich zu etw verpflichten; sich verpflichten, etw zu tun; **8** *écrivain, etc* ***s'~*** sich engagieren; **9** ***s'~*** MIL sich freiwillig verpflichten; *par ext* e-e Stelle annehmen (***comme chauffeur*** als Chauffeur); **10** *vehicule* ***s'~ dans qc*** in etw (*acc*) einbiegen, hineinfahren; **11** *fig* (*se lancer*) ***s'~ dans qc*** sich auf etw (*acc*) einlassen; **12** (*commencer*) beginnen; anfangen

engeance [ɑ̃ʒɑ̃s] *f péj* Gesindel *n*; Gelichter *n*; Brut *f*

engelure [ɑ̃ʒlyʀ] *f* Frostbeule *f*

engendrer [ɑ̃ʒɑ̃dʀe] *v/t* **1** *enfant* zeugen; **2** (*causer*) erzeugen; hervorbringen; nach sich ziehen

engin [ɑ̃ʒɛ̃] *m* **1** Gerät *n*; Maschine *f*; ***~ spatial*** Raumfahrzeug *n*; **2** MIL Rakete *f*; **3** F *péj* Ding *n*; F Apparat *m*

engineering [ɛnʒiniʀiŋ] *m* → ***ingénierie***

englober [ɑ̃glɔbe] *v/t* umfassen; einschließen, einbeziehen (***dans*** in + *acc*)

engloutir [ɑ̃glutiʀ] *v/t* verschlingen (*a fig navire, somme*); hinunterschlingen

engluer [ɑ̃glye] **I** *v/t* klebrig machen; **II** *v/pr fig* ***s'~ dans qc*** sich in etw (*dat*) festfahren

engoncé [ɑ̃gõse] *adj* ⟨~e⟩ ***~ dans*** *un vêtement* eingezwängt in (+ *acc*); steckend in (+ *dat*)

engorgement [ɑ̃gɔʀʒəmɑ̃] *m* **1** *d'un conduit* Verstopfung *f*; **2** MÉD Stauung *f*; **3** *du marché* Überschwemmung *f*

engorger [ɑ̃gɔʀʒe] *v/t* ⟨-ge-⟩ verstopfen; MÉD *a* verschleimen

engouement [ɑ̃gumɑ̃] *m* Schwärmerei *f* (***pour*** für)

engouer [ɑ̃gwe] *v/pr* ***s'~ de*** schwärmen, sich begeistern für

engouffrer [ɑ̃gufʀe] **I** *v/t* F *nourriture* verschlingen; F verdrücken; **II** *v/pr* ***s'~*** **1** *vent* sich verfangen (***dans*** in + *dat*); fegen (durch); **2** *foule* strömen, sich ergießen, sich hineindrängen (***dans*** in + *acc*); *individus* verschwinden (in + *dat*)

engourdir [ɑ̃guʀdiʀ] **I** *v/t* **1** *membres* gefühllos, taub machen; *par le froid* klamm, steif, starr werden lassen; **2** *fig* träge, schlaff, benommen machen; **II** *v/pr* ***s'~*** taub, gefühllos werden; einschlafen

engourdissement [ɑ̃guʀdismɑ̃] *m* **1** *des membres* Gefühllosigkeit *f*; Erstarrung *f*; **2** *fig* Betäubung *f*; Benommenheit *f*

engrais [ɑ̃gʀɛ] *m* Dünger *m*; ***~ chimique*** Kunstdünger *m*

engraisser [ɑ̃gʀese] **I** *v/t* **1** *animaux* mästen; **2** *terres* düngen; **II** *v/i* dick, fett werden; Fett ansetzen; **III** *v/pr fig* ***s'~*** sich bereichern

engranger [ɑ̃gʀɑ̃ʒe] *v/t* ⟨-ge-⟩ *récolte* einfahren (*a fig*); einbringen

engrenage [ɑ̃gʀənaʒ] *m* **1** TECH (Zahnrad)Getriebe *n*; **2** *fig* Räderwerk *n*; Maschinerie *f*; ***l'~ de la violence*** die Spirale der Gewalt

engrosser [ɑ̃gʀose] P *v/t* F ein Kind andrehen (***qn*** j-m)

engueulade [ɑ̃gœlad] F *f* **1** F Anschnauzer *m*; F Anpfiff *m*; P Anschiss *m*; **2** (*dispute*) F Krach *m*

engueuler [ɑ̃gœle] F **I** *v/t* F anschnauzen; F zusammenstauchen; F anpfeifen; ***~ qn comme du poisson pourri*** P j-n zusammenscheißen, zur Sau machen; ***se faire ~*** F eins auf den Deckel kriegen; **II** *v/pr* ***s'~*** sich anschreien, anbrüllen, F anschnauzen

enguirlander [ɑ̃giʀlɑ̃de] *v/t* F → ***engueuler***

enhardir [ɑ̃aʀdiʀ] **I** *v/t* kühn, mutig machen; **II** *v/pr* ***s'~*** kühn(er), mutig(er) werden (***jusqu'à faire qc*** und etw tun)

énième [enjɛm] *adj* → ***nième***

énigmatique [enigmatik] *adj* rätselhaft; geheimnisvoll

énigme [enigm(ə)] *f* Rätsel *n* (*a fig*)

enivrer [ɑ̃nivʀe] *v/t* (*et v/pr* ***s'~*** sich) berauschen (*a fig*)

enjambée [ɑ̃ʒɑ̃be] *f* (großer, langer) Schritt

enjamber [ɑ̃ʒɑ̃be] *v/t* hinweggehen, -steigen, -schreiten über (+ *acc*); *fossé* überspringen; *pont*: *rivière* überspannen

enjeu [ɑ̃ʒø] *m* ⟨~x⟩ **1** *au jeu* Einsatz *m*; **2** *fig* (Streit)Gegenstand *m*; Sache *f* (, um die es geht); Thema *n*

enjoindre [ɑ̃ʒwɛ̃dʀ(ə)] *v/t* ⟨→ joindre⟩ *st/s* ***~ à qn de*** (+ *inf*) j-m gebieten zu (+ *inf*)

enjôl|er [ɑ̃ʒole] *v/t* betören; umschmeicheln; **~eur** [-œʀ], **~euse** [-øz] **I** *m,f* Schönredner(in) *m(f)*; **II** *adj* verführerisch; betörend

enjoliv|er [ɑ̃ʒɔlive] *v/t* **1** verzieren; **2** *fig récit* ausschmücken; **~eur** [-øʀ] *m* Radkappe *f*

enjoué [ɑ̃ʒwe] *adj* ⟨~e⟩ heiter; fröhlich; unbeschwert

E

enlacer [ɑ̃lase] ⟨-ç-⟩ **I** *v/t* **1** *qc* umranken; umwinden; umschlingen; **2** *qn* umarmen; umschlingen; **II** *v/pr* ***s'~ amoureux*** sich umarmen, umschlingen; sich umschlungen halten

enlaidir [ɑ̃lediʀ] **I** *v/t* verunstalten; verschandeln; **II** *v/i* hässlich, unansehnlich werden

enlevé [ɑ̃lve] *adj* ⟨~e⟩ schwungvoll ausgeführt

enlèvement [ɑ̃lɛvmɑ̃] *m* **1** Abtransport *m*; Abholung *f*; ***~ des ordures (ménagères)*** Müllabfuhr *f*; **2** JUR Entführung *f*

►**enlever** [ɑ̃lve] ⟨-è-⟩ **I** *v/t* **1** (*emporter*) abholen; abtransportieren; wegschaffen, -bringen; **2** (*ôter*) wegnehmen; *panneau, etc* abmachen; F wegmachen; *tache* entfernen; beseitigen; F herausmachen; *saleté* wegputzen, -kehren, -wischen; *vêtement* ausziehen; ablegen; *chapeau* abnehmen; *amygdales* herausnehmen, F -machen; *clou* herausziehen; **3** (*kidnapper*) entführen; **4** (*s'emparer de*) MIL (ein)nehmen; SPORTS *première place*, POL *siège* erringen; **5** (*priver de*) *courage, illusions* nehmen, rauben (***à qn*** j-m); **II** *v/pr* ***s'~ tache*** heraus-, weggehen; *peinture* abgehen

enliser [ɑ̃lize] *v/pr* ***s'~*** **1** einsinken; *voiture a* stecken bleiben; **2** *fig enquête, etc* stecken bleiben; erlahmen, versanden

enluminure [ɑ̃lyminyʀ] *f* Buchmalerei *f*; Miniaturmalerei *f*; *œuvre a* Miniatur *f*

enneigé [ɑ̃neʒe] *adj* ⟨~e⟩ schneebedeckt; verschneit

enneigement [ɑ̃nɛʒmɑ̃] *m* Schneehöhe *f*; Schneeverhältnisse *n/pl*; ***bulletin m d'~*** Schneebericht *m*

►**ennemi(e)** [ɛnmi] **I** *m(f)* Feind(in) *m(f)*; ***ennemi public numéro un*** Staatsfeind *m* Nummer eins; ***passer à l'ennemi*** (zum Feind) überlaufen; **II** *adj* feindlich

ennoblir [ɑ̃nɔbliʀ] *v/t fig* adeln

►**ennui** [ɑ̃nɥi] *m* **1** *surtout pl* ***~s*** Ärger *m*; Unannehmlichkeiten *f/pl*; Schwierigkeiten *f/pl*; Ungelegenheiten *f/pl*; Verdruss *m*; ***l'~, c'est que …*** das Ärgerliche (an der Sache) ist, dass …; **2** (*lassitude*) Langeweile *f*

ennuyé [ɑ̃nɥije] *adj* ⟨~e⟩ **1** (*contrarié*) ärgerlich; verärgert; **2** (*dans l'embarras*) ***je suis ~*** es ist mir unangenehm, peinlich; **3** (*soucieux*) besorgt; beunruhigt

►**ennuyer** [ɑ̃nɥije] ⟨-ui-⟩ **I** *v/t* **1** (*contrarier*) ***ennuyer qn*** j-n stören, belästigen, ärgern, verdrießen; j-m lästig sein, werden, fallen; **2** (*lasser*) ***ennuyer qn*** j-n langweilen; **3** (*préoccuper*) ***ennuyer qn*** j-n beunruhigen; j-m Sorgen, Kummer machen; **II** *v/pr* **4** ► ***s'ennuyer*** sich langweilen; **5** ***s'ennuyer de qn*** j-n vermissen; sich nach j-m sehnen

►**ennuyeux** [ɑ̃nɥijø] *adj* ⟨-euse [-øz]⟩ **1** (*désagréable*) ärgerlich; lästig; peinlich; unangenehm; unerquicklich; leidig; **2** (*inintéressant*) langweilig

énoncé [enɔ̃se] *m* Darlegung *f*; LING Aussage *f*; JUR Wortlaut *m*; MATH Aufgabenstellung *f*

énoncer [enɔ̃se] *v/t* ⟨-ç-⟩ aussprechen; formulieren; darlegen

enorgueillir [ɑ̃nɔʀgœjiʀ] **I** *v/t* stolz, *péj* überheblich machen; **II** *v/pr* ***s'~ de*** stolz sein auf (+ *acc*); *péj* sich etwas einbilden auf (+ *acc*)

►**énorme** [enɔʀm] *adj* enorm; ungeheuer (groß *ou* dick); gewaltig; mächtig; riesig; *crime* ungeheuerlich

énormément [enɔʀmemɑ̃] *adv* **1** enorm; ungeheuer; **2** ***~ de*** (+ *subst*) ungeheuer viel(e)

énormité [enɔʀmite] *f* **1** ungeheure Größe; **2** *parole ou action* Ungeheuerlichkeit *f*

enquérir [ɑ̃keʀiʀ] *v/pr* ⟨→ acquérir⟩ *st/s* ***s'~ de*** sich erkundigen nach

►**enquête** [ɑ̃kɛt] *f* **1** Untersuchung *f*; Enquete *f*; Erhebung *f*; (*sondage*) Umfrage *f*; Befragung *f*; ***faire sa petite ~*** sich umhören; **2** JUR Ermittlungen *f/pl*; Untersuchung *f*

enquêter [ɑ̃kete] *v/i* ermitteln, e-e Untersuchung *ou* Umfrage durchführen (***sur qc*** in e-r, über e-e Sache)

enquiquinant [ɑ̃kikinɑ̃] F *adj* ⟨-ante [-ɑ̃t]⟩ → ***embêtant***

enquiquiner [ɑ̃kikine] F *v/t* → ***embêter, emmerder***

enraciné [ɑ̃ʀasine] *adj* ⟨~e⟩ *personne* verwurzelt (***dans*** mit); *préjugés* eingewurzelt

enraciner [ɑ̃ʀasine] *v/pr* ***s'~*** **1** *plante* einwurzeln; anwachsen; **2** *fig personne* Wurzeln schlagen; *habitude, etc* sich festsetzen

enragé [ɑ̃ʀaʒe] *adj* ⟨~e⟩ **1** *chien* tollwütig; **2** *fig* leidenschaftlich; besessen; fanatisch; *subst* ***un(e) ~(e) de musique*** ein leidenschaftlicher Musikfan

enrager [ɑ̃ʀaʒe] *v/i* ⟨-ge-⟩ ***j'enrage de*** (+ *inf*) es macht mich rasend, dass ich …; ***faire ~ qn*** j-n ärgern, reizen

enrayer [ɑ̃ʀeje] ⟨-ay- *od* -ai-⟩ **I** *v/t* eindämmen; aufhalten; **II** *v/pr* ***s'~*** *arme* Ladehemmung haben

enrégimenter [ɑ̃ʀeʒimɑ̃te] *v/t* eingliedern, einreihen (***dans*** in + *acc*)

enregistrement [ɑ̃ʀəʒistʀəmɑ̃] *m* **1** *de son, d'images* Aufnahme *f* (*a résultat*); Aufzeichnung *f*; **2** JUR Eintragung *f*; Registrierung *f*; **3** *de données, d'observations* Verzeichnung *f*; Registrierung *f*; **4** ***~ des bagages*** Gepäckabfertigung *f*, -aufgabe *f*; AVIAT ***se présenter à l'~*** einchecken

▸**enregistrer** [ɑ̃ʀəʒistʀe] *v/t* **1** *son, images* aufnehmen; aufzeichnen; *disque a* einspielen; **2** *données, observations* ver-, aufzeichnen; registrieren; festhalten; vermerken; *qc dans sa mémoire* sich merken; sich einprägen; registrieren; **3** (*inscrire*) (in ein Register) eintragen; registrieren; **4** *bagages* abfertigen; AVIAT einchecken; ▸ ***faire enregistrer*** aufgeben

enregistreur [ɑ̃ʀəʒistʀœʀ] *adj* ⟨-euse [-øz]⟩ Registrier…; ***caisse enregistreuse*** Registrierkasse *f*

enrhum|é [ɑ̃ʀyme] *adj* ⟨~e⟩ erkältet; verschnupft; **~er** [-e] *v/pr* ***s'~*** sich erkälten; e-n Schnupfen bekommen

enrichir [ɑ̃ʀiʃiʀ] **I** *v/t* **1** ***~ qn*** j-n reich machen; **2** *collection, langue, etc* bereichern (***de qc*** um etw); **3** *minerai, terre* anreichern; **II** *v/pr* ***s'~*** reich werden; *péj* sich bereichern

enrichissant [ɑ̃ʀiʃisɑ̃] *adj* ⟨-ante [-ɑ̃t]⟩ Gewinn bringend; nutzbringend

enrichissement [ɑ̃ʀiʃismɑ̃] *m* **1** Reichwerden *n*; *péj* Bereicherung *f*; **2** *d'une collection, etc* Bereicherung *f*

enrober [ɑ̃ʀɔbe] *v/t* **1** umhüllen; überziehen; ***enrobé de chocolat*** mit Schokoladenüberzug; **2** *fig* einkleiden (***de*** in + *acc*); verbrämen (mit)

enrôler [ɑ̃ʀole] **I** *v/t* anwerben (***dans*** für); **II** *v/pr* ***s'~*** eintreten (***dans*** in + *acc*)

enroué [ɑ̃ʀwe] *adj* ⟨~e⟩ heiser

enrouement [ɑ̃ʀumɑ̃] *m* Heiserkeit *f*

enrouer [ɑ̃ʀwe] *v/pr* ***s'~*** heiser werden

enrouler [ɑ̃ʀule] **I** *v/t* ein-, auf-, zusammenrollen; aufwickeln; ***~ qc autour de qc*** etw um etw (herum)wickeln, schlingen; **II** *v/pr* ***s'~*** sich auf-, zusammenrollen; ***s'~ dans qc*** sich in etw (*acc*) (ein)wickeln

ensabler [ɑ̃sable] *v/pr* ***s'~*** **1** *port, etc* versanden; **2** *véhicule* im Sand einsinken, stecken bleiben

ensanglanté [ɑ̃sɑ̃glɑ̃te] *adj* ⟨~e⟩ blutverschmiert; blutig

▸**enseignant** [ɑ̃sɛɲɑ̃] **I** *adj* ⟨-ante [-ɑ̃t]⟩ ***corps ~*** Lehrerschaft *f*; Lehrer *m/pl*; **II** ***~(e)*** *m(f)* Lehrkraft *f*; Lehrer(in) *m(f)*

enseigne [ɑ̃sɛɲ] *f* **1** Laden-, Firmenschild *n*; ***~ publicitaire*** Reklameschild *n*; *fig* ***être logé(s) à la même ~*** im gleichen Boot sitzen; **2** *litt* ***à telle ~ que*** sodass sogar

▸**enseignement** [ɑ̃sɛɲmɑ̃] *m* **1** Unterricht *m*; *institution* Schul-, Unterrichtswesen *n*; ***~ technique, professionnel*** Fachschul-, Berufsschulunterricht *m ou* -wesen *n*; **2** *métier* Lehr(er)beruf *m*; Lehrfach *n*; **3** (*leçon*) Lehre *f*

▸**enseigner** [ɑ̃seɲe] *v/t* unterrichten (*abs ou* ***qc*** etw); ***~ qc à qn*** j-n in etw (*dat*) unterrichten; F j-m etw beibringen; *par ext* j-n etw lehren

▸**ensemble** [ɑ̃sɑ̃bl(ə)] **I** *adv* **1** zusammen; miteinander; beisammen; (*en commun*) gemeinsam; ▸ ***aller ensemble*** zusammenpassen; **2** (*simultanément*) zugleich; gleichzeitig; **II** *m* **1** (*totalité*) Gesamtheit *f*; Ganze(s) *n*; ***d'ensemble*** Gesamt…; ***dans l'ensemble*** insgesamt; im (großen und) ganzen; alles in allem; **2** (*harmonie*) Zusammenspiel *n*, -wirken *n*, -klang *m*; **3** MUS Ensemble *n*; **4** *d'édifices* Komplex *m*; Gruppe *f*; ***grand ensemble*** Großsiedlung *f*; Trabantenstadt *f*; **5** *de meubles* Garnitur *f*; Grup-

E

pe *f*; **6** COUT Ensemble *n*; Komplet *n*; **7** MATH Menge *f*; ***théorie f des ensembles*** Mengenlehre *f*

ensemblier [ɑ̃sɑ̃blije] *m* Innenarchitekt *m*

ensemencer [ɑ̃smɑ̃se] *v/t* ⟨-ç-⟩ **1** *champ* einsäen; **2** *rivière* mit Fischbrut besetzen

enserrer [ɑ̃seʀe] *v/t* (eng) umschließen

E

ensevelir [ɑ̃səv(ə)liʀ] *v/t* **1** *litt (enterrer)* begraben; bestatten; **2** *fig (recouvrir)* unter sich begraben; verschütten; **3** *fig secret* verbergen; begraben

ensoleillé [ɑ̃sɔleje] *adj* ⟨~e⟩ sonnig

ensoleillement [ɑ̃sɔlɛjmɑ̃] *m* Sonneneinstrahlung *f*; Sonnenschein *m*

▸ **ensommeillé** [ɑ̃sɔmeje] *adj* ⟨~e⟩ schläfrig; schlaftrunken

ensorcel|er [ɑ̃sɔʀsəle] *v/t* ⟨-ll-⟩ **1** verzaubern; verwünschen; verhexen; **2** *fig* bezaubern; betören; **~eur** [-œʀ] *m*, **~euse** [-øz] *f* Verführer(in) *m(f)*; Hexe *f*

ensorcellement [ɑ̃sɔʀsɛlmɑ̃] *m* Verzauberung *f*

▸ **ensuite** [ɑ̃sɥit] *adv* dann; danach; darauf; nachher; hinterher

ensuivre [ɑ̃sɥivʀ(ə)] *v/pr* ⟨→ suivre; *déf: nur inf u 3. Person sg u pl*⟩ ***s'~*** *(découler)* sich daraus ergeben; *(suivre)* darauf folgen; ***et tout ce qui s'ensuit*** und alles, was damit zusammenhängt

entaille [ɑ̃taj] *f* **1** Einschnitt *m*; Kerbe *f*; **2** *blessure* (tiefe) Schnittwunde

entailler [ɑ̃taje] **I** *v/t* TECH einschneiden; **II** *v/pr* ***s'~ le doigt*** sich tief in den Finger schneiden

entame [ɑ̃tam] *f* Anschnitt *m*

entamer [ɑ̃tame] *v/t* **1** *réserves* anbrechen; *pain, rôti* anschneiden; *capital* angreifen; **2** CHIM angreifen; anfressen; **3** *fig optimisme, etc* erschüttern; **4** *(commencer)* beginnen, anfangen (***qc*** etw *ou* mit etw); *discussion* einleiten; eröffnen; *conversation* anknüpfen

entartrer [ɑ̃taʀtʀe] **I** *v/t* Kesselstein ablagern in, auf (+ *dat*); **II** *v/pr* ***s'~*** Kesselstein ansetzen

entassement [ɑ̃tasmɑ̃] *m* **1** Auf-, Anhäufung *f*; *résultat a* Haufen *m*; **2** *de personnes* Zusammenpferchen *n*; *état* Zusammengepferchtsein *n*

entasser [ɑ̃tase] **I** *v/t* **1** *objets* auf-, anhäufen (*a fig*); (auf)stapeln; **2** *personnes* zusammenpferchen (***dans*** in + *dat*); **II** *v/pr* ***s'~*** **3** *objets* sich stapeln, türmen, (an)häufen, ansammeln; **4** *personnes* sich (dicht zusammen)drängen

entendement [ɑ̃tɑ̃dmɑ̃] *m* Verständnis *n*; ***dépasser l'~*** die Fassungskraft übersteigen

entendeur [ɑ̃tɑ̃dœʀ] *m* ***à bon ~ salut!*** Sie wissen jetzt Bescheid!

▸ **entendre** [ɑ̃tɑ̃dʀ(ə)] ⟨→ rendre⟩ **I** *v/t* **1** hören (*a abs*); *st/s* vernehmen; ***j'ai mal entendu*** ich habe mich verhört; ***ne pas entendre qc*** *a* etw überhören; ***à l'entendre*** wenn man ihn hört; s-n Reden nach; ***j'ai entendu dire que ...*** ich habe gehört, dass ...; ***entendre qn dire qc*** j-n etw sagen hören; hören, wie j etw sagt; ***entendre parler de qn, de qc*** von j-m, von etw (reden) hören; ***se faire entendre*** zu hören sein; *personne* sich Gehör verschaffen; → *Info bei* ***hören***; **2** *(écouter) concert, etc* (sich) anhören; *témoin* hören; vernehmen; *prières* erhören; **3** *(comprendre)* verstehen; ***laisser entendre qc*** (***à qn***) (j-m) etw zu verstehen geben; ***entendre par*** verstehen unter (+ *dat*); meinen mit; **4** *st/s (vouloir)* beabsichtigen; wollen; **II** *v/pr* **5** ▸ ***s'entendre*** (***bien, mal***) ***avec qn*** sich mit j-m (gut, schlecht) verstehen; ***entendons-nous bien!*** damit wir uns recht verstehen!; ***s'entendre avec qn, sur qc*** *(se mettre d'accord)* sich mit j-m, über etw (*acc*) verständigen; ***s'entendre à qc*** *(s'y connaître)* sich auf etw (*acc*) verstehen; **6** *bruit, etc* zu hören sein

entendu [ɑ̃tɑ̃dy] *adj* ⟨~e⟩ **1** *(convenu)* abgemacht; (***c'est***) ***~!*** einverstanden!; abgemacht!; geht in Ordnung!; ***bien ~*** natürlich; selbstverständlich; das versteht sich; **2** *air, sourire* des Einverständnisses

entente [ɑ̃tɑ̃t] *f* **1** *(accord) processus* Verständigung *f*; *résultat* Übereinkommen *n*; Abmachung *f*; Absprache *f* (*a* ÉCON); POL Entente *f*; Bündnis *n*; **2** *(concorde)* Einvernehmen *n*; Eintracht *f*

entériner [ɑ̃teʀine] *v/t* billigen; gutheißen

▸ **enterrement** [ɑ̃tɛʀmɑ̃] *m* Beerdigung *f*; Bestattung *f*; *cérémonie a* Begräbnis *n*

▸ **enterrer** [ãteʀe] **I** *v/t* **1** *mort* beerdigen; begraben; bestatten; zu Grabe tragen; **2** *cadavre, trésor* vergraben; *par ext* ***être enterré sous les décombres*** unter den Trümmern begraben werden *ou* (begraben) liegen; **3** *fig affaire, projets* begraben; **II** *v/pr* ***s'~*** *fig* sich vergraben (***en province*** in der Provinz)

entêtant [ãtɛtã] *adj* ⟨-ante [-ãt]⟩ betäubend; zu Kopfe steigend

en-tête [ãtɛt] *m* ⟨en-têtes⟩ Briefkopf *m*

entêté [ãtete] *adj* ⟨~e⟩ eigensinnig; starrköpfig, -sinnig; F stur; dickköpfig

entêtement [ãtɛtmã] *m* Eigensinn *m*; Starrsinn *m*; F Sturheit *f*; Dickköpfigkeit *f*

entêter [ãtete] *v/pr* ***s'~*** eigensinnig werden; ***s'~ dans qc*** eigensinnig auf etw (*dat*) beharren; ***s'~ à faire qc*** sich darauf versteifen, etw zu tun

enthousiasme [ãtuzjasm(ə)] *m* Begeisterung *f*; Enthusiasmus *m*

enthousiasmer [ãtuzjasme] **I** *v/t* begeistern; in Begeisterung versetzen; **II** *v/pr* ***s'~*** sich begeistern (***pour*** für)

enthousiaste [ãtuzjast] *adj* begeistert; enthusiastisch

enticher [ãtiʃe] *v/pr* ***s'~ de*** schwärmen für; sich vernarren in (+ *acc*)

▸ **entier** [ãtje] **I** *adj* ⟨-ière [-jɛʀ]⟩ **1** ganz; ***une année entière*** ein ganzes, volles Jahr; ***lait ~*** Vollmilch *f*; ***tout*** ⟨*inv*⟩ ~ ganz; ***en ~*** ganz; vollständig; **2** (*absolu*) völlig; uneingeschränkt; *confiance a* unbedingt; **3** (*intact*) ganz; unversehrt; *mystère* ***rester ~*** ungelöst bleiben; **4** *caractère* gerade; unbeugsam; direkt; **II** *m* MATH Ganze(s) *n*

entièrement [ãtjɛʀmã] *adv* ganz; völlig; voll und ganz; gänzlich

entité [ãtite] *f* Gebilde *n*

entomologie [ãtɔmɔlɔʒi] *f* Insektenkunde *f*; *sc* Entomologie *f*

entonner [ãtɔne] *v/t* anstimmen; intonieren

entonnoir [ãtɔnwaʀ] *m* Trichter *m*

entorse [ãtɔʀs] *f* Verstauchung *f*; ***se faire une ~ au pied*** sich den Fuß verstauchen; *fig* ***faire une ~ à*** verstoßen gegen

entortiller [ãtɔʀtije] **I** *v/t* **1** (ein)wickeln (***dans*** in + *acc*); **2** *fig* ***~ qn*** j-n beschwatzen, F einwickeln; **II** *v/pr* ***s'~*** sich wickeln (***autour de*** um)

entourage [ãtuʀaʒ] *m* Umgebung *f*; Umfeld *n*

entouré [ãtuʀe] *adj* ⟨~e⟩ **1** ***~ de*** umgeben von; **2** *personne* (***très***) ~ sehr umschwärmt; viel bewundert; ***être mal ~*** schlechte Ratgeber, Mitarbeiter haben

▸ **entourer** [ãtuʀe] **I** *v/t* **1** umgeben (***de*** mit); ***~ de, en rouge*** rot umranden; **2** *personnes* ***~ qn*** j-n umgeben; (ständig) um j-n herum sein; *par ext* (*s'occuper de qn*) j-m Zuwendung entgegenbringen; j-m zur Seite stehen; **II** *v/pr* ***s'~ de*** sich umgeben mit

entourloupette [ãtuʀlupɛt] F *f* (übler) Streich

entournure [ãtuʀnyʀ] *f* Ärmelausschnitt *m*; *fig* ***être gêné aux ~s*** sich unbehaglich fühlen; *financièrement* F knapp bei Kasse sein

entracte [ãtʀakt] *m* Pause *f*

entraide [ãtʀɛd] *f* (gegenseitige) Hilfe

entraider [ãtʀede] *v/pr* ***s'~*** einander, sich gegenseitig helfen

entrailles [ãtʀaj] *f/pl* **1** (*viscères*) Eingeweide *pl*; **2** *fig* Innere(s) *n*; *litt* Schoß *m*

entrain [ãtʀɛ̃] *m* Schwung *m*; Temperament *n*

entraînant [ãtʀɛnã] *adj* ⟨-ante [-ãt]⟩ beschwingt; mitreißend; schwungvoll

▸ **entraînement** [ãtʀɛnmã] *m* **1** Training *n* (*a* SPORTS); Schulung *f*; Übung *f*; **2** TECH Antrieb *m*

entraîner [ãtʀene] **I** *v/t* **1** ***entraîner qc*** etw (mit sich) fortreißen; etw mitreißen; TECH etw antreiben; **2** ***entraîner qn*** j-n mitnehmen, *dans sa chute* mitreißen; *fig musique* j-n mitreißen; *fig passion* j-n hinreißen; *fig* ***entraîner qn dans qc*** j-n in etw (*acc*) (mit) hineinziehen; ***entraîner qn à faire qc*** j-n dazu bringen, veranlassen, etw zu tun; **3** (*avoir pour conséquence*) nach sich ziehen; zur Folge haben; mit sich bringen; **4** (*exercer*) trainieren (*a* SPORTS); schulen; **II** *v/pr* ▸ ***s'entraîner*** trainieren (*a* SPORTS); sich üben (***à*** [***faire***] ***qc*** in etw [*dat*])

entraîn|eur [ãtʀɛnœʀ] *m* Trainer(in) *m(f)*; ***~euse*** [-øz] *f* Animierdame *f*, -mädchen *n*

entrapercevoir [ãtʀapɛʀsəvwaʀ] *v/t* ⟨→ recevoir⟩ flüchtig sehen, erblicken

entrave [ãtʀav] *f* **1** (Fuß)Fessel *f*; **2** *fig*

Fessel *f*; Hemmnis *n*; Hindernis *n*

entraver [ɑ̃tʀave] *v/t* **1** (am Fuß) fesseln; **2** *fig* behindern; beeinträchtigen; hemmen; **3** *arg* (*comprendre*) F kapieren

►**entre** [ɑ̃tʀ(ə)] *prép* **1** *lieu, temps* zwischen (+ *dat*; *question «wohin?»* + *acc*); **2** (*parmi*) unter (+ *dat*); **~ autres** unter anderem; **(soit dit) ~ nous** unter uns (gesagt); **~ amis** unter Freunden; **qui d'~ vous?** wer von euch?

E

entrebâill|ement [ɑ̃tʀəbɑjmɑ̃] *m* (Tür-)Spalt *m*; **~er** [-e] *v/t* e-n Spalt (weit) öffnen; anlehnen

entrechat [ɑ̃tʀəʃa] *m* DANSE Entrechat *m*

entrechoquer [ɑ̃tʀəʃɔke] *v/t et v/pr* **s'~** aneinander stoßen

entrecôte [ɑ̃tʀəkot] *f* Rippenstück *n*; Entrecote *n*

entrecoupé [ɑ̃tʀəkupe] *adj* ⟨**~e**⟩ **~ de** unterbrochen von

entrecroiser [ɑ̃tʀəkʀwaze] **I** *v/t* ineinander flechten; **II** *v/pr* **s'~** sich überkreuzen

entre-deux-guerres [ɑ̃tʀədøgɛʀ] *m* ⟨*inv*⟩ Zeit *f* zwischen den zwei Weltkriegen

►**entrée** [ɑ̃tʀe] *f* **1** *action* Eintritt *m*; Eintreten *n*; Hereinkommen *n*; *en scène* Auftritt *m*; *dans un pays* Einreise *f*; *de véhicules* Einfahrt *f*; *par ext* **~ en fonction(s)** Amtsantritt *m*; **~ en matière** Einleitung *f*; *fig* **avoir ses ~s chez qn** bei j-m ein und aus gehen; **2** *endroit* Eingang *m*; *d'un bus* Einstieg *m*; *pour véhicules* Einfahrt *f*; **~ des artistes** Bühneneingang *m*; **~ d'air** Lufteintritt *m*, -zuführung *f*; **3** *dans un parti, etc* Eintritt *m*; Aufnahme *f*; **4** (*prix d'entrée*) Eintritt *m*; Eintrittsgeld *n*; (*billet*) Eintrittskarte *f*; **5** (*vestibule*) Diele *f*; Vorraum *m*; Flur *m*; **6** CUIS erster Gang; Vorspeise *f*; **7** INFORM Eingabe *f*; Input *m ou n*; **8** *d'un dictionnaire* Stichwort *n*; **9 d'~ de jeu** gleich zu Beginn; von vornherein

entrefaite [ɑ̃tʀəfɛt] **sur ces ~s** in diesem Augenblick, Moment

entrefilet [ɑ̃tʀəfilɛ] *m* kurze Notiz, Meldung

entregent [ɑ̃tʀəʒɑ̃] *m* **avoir de l'~** sehr gewandt, kontaktfreudig sein

entrejambe [ɑ̃tʀəʒɑ̃b] *m* COUT Schritt *m*

entrelacer [ɑ̃tʀəlase] ⟨-ç-⟩ **I** *v/t* ineinander schlingen; (miteinander) verflechten; **II** *v/pr* **s'~** sich verflechten; ineinander verschlungen, verflochten sein

entrelarder [ɑ̃tʀəlaʀde] *v/t* CUIS spicken

entremêler [ɑ̃tʀəmele] *v/t* (ver)mischen; vermengen

entremets [ɑ̃tʀəmɛ] *m* Süßspeise *f*; Nachtisch *m*

entremetteuse [ɑ̃tʀəmɛtøz] *f péj* Kupplerin *f*

entremettre [ɑ̃tʀəmɛtʀ(ə)] *v/pr* ⟨→ mettre⟩ *st/s* **s'~** vermitteln

entremise [ɑ̃tʀəmiz] *f* Vermittlung *f*

entrepont [ɑ̃tʀəpõ] *m* Zwischendeck *n*

entreposer [ɑ̃tʀəpoze] *v/t* (ein)lagern

entrepôt [ɑ̃tʀəpo] *m* Lager *n*; Lagerhaus *n*, -halle *f*; Warenlager *n*

entreprenant [ɑ̃tʀəpʀənɑ̃] *adj* ⟨-ante [-ɑ̃t]⟩ **1** unternehmungslustig; einsatzfreudig; rührig; **2** *auprès des femmes* draufgängerisch; *péj* aufdringlich

entreprendre [ɑ̃tʀəpʀɑ̃dʀ(ə)] *v/t* ⟨→ prendre⟩ **1** unternehmen; in Angriff nehmen; **~ de faire qc** versuchen *ou* es unternehmen, etw zu tun; **2 ~ qn** j-n zu überreden (ver)suchen

entrepreneur [ɑ̃tʀəpʀənœʀ] *m* (Bau)Unternehmer *m*

►**entreprise** [ɑ̃tʀəpʀiz] *f* **1** (*projet*) Unternehmen *n*, -ung *f*; Vorhaben *n*; **2** ÉCON Unternehmen *n*; Betrieb *m*; Firma *f*; *par ext* **la libre ~** das freie Unternehmertum

►**entrer** [ɑ̃tʀe] **I** *v/t* INFORM eingeben; **II** *v/i* ⟨être⟩ **1** *personne* eintreten; herein-, F reinkommen; hinein-, F reingehen; betreten (**dans qc** etw); *dans un pays* einreisen; (*qn en*) *voiture* hinein- *ou* hereinfahren; *lumière* hereinkommen, -fallen; ► **entrez!** kommen Sie herein!; treten Sie ein!; *quand on frappe* herein!; **~ dans** *a* gehen, kommen in (+ *acc*); **~ en scène** auftreten; **faire ~ qn** j-n eintreten lassen, hereinholen; **faites ~** ich lasse bitten; **2** *objets* hineingehen, (hinein)passen (**dans** in + *acc*); **faire ~ qc dans qc** etw in etw (*acc*) hineinstecken, -drücken; **3** *dans une entreprise, un club, etc* eintreten; **~ à l'école** in die, zur Schule kommen; **4** *par ext* (*changer d'état*) (ein)treten, kommen (**dans, en** in + *acc*); **~ dans l'histoire** in die Geschichte eingehen;

~ en communication avec qn mit j-m in Verbindung treten; **~ en guerre** in den Krieg eintreten; **5** (*faire partie de*) e-n Bestandteil bilden (**dans** von *ou* + *gén*); **~ dans la fabrication de qc** zur Herstellung e-r Sache verwendet werden; **~ en ligne de compte** in Betracht kommen

entresol [ɑ̃tʀəsɔl] *m* Zwischengeschoss *n*

entre-temps [ɑ̃tʀətɑ̃] *adv* inzwischen; in der Zwischenzeit; unterdessen

entretenir [ɑ̃tʀətniʀ] ⟨→ venir⟩ **I** *v/t* **1** *relations, correspondance, etc* unterhalten; aufrechterhalten; *relations, légende a* pflegen; **2** *maison, vêtements, etc* instand, in Ordnung halten; *édifice a* erhalten; unterhalten; *machine a* warten; *voiture a* pflegen; **bien entretenu** gut erhalten; gepflegt; **3** *famille* unterhalten; für den Unterhalt aufkommen (+ *gén*); *péj femme* aushalten; **4** *st/s* **~ qn de qc** mit j-m über etw (*acc*) reden; **II** *v/pr* **s'~ avec qn de qc** sich mit j-m über etw (*acc*) unterhalten; mit j-m etw besprechen

entretien [ɑ̃tʀətjɛ̃] *m* **1** *en bon état* Unterhaltung *f*; Unterhalt *m*; Instandhaltung *f*; Pflege *f*; TECH Wartung *f*; **2** *d'une famille* (Lebens)Unterhalt *m*; **3** (*conversation*) Unterredung *f*; Besprechung *f*; Gespräch *n*; **~ d'embauche** Vorstellungsgespräch *n*

entretuer [ɑ̃tʀətɥe] *v/pr* **s'~** einander, sich gegenseitig umbringen

entrevoir [ɑ̃tʀəvwaʀ] *v/t* ⟨→ voir⟩ **1** flüchtig *ou* undeutlich sehen; **2** (*pressentir*) ahnen; vorhersehen

entrevue [ɑ̃tʀəvy] *f* Unterredung *f*

entrouvrir [ɑ̃tʀuvʀiʀ] *v/t* ⟨→ couvrir⟩ halb, ein wenig, e-n Spalt (weit, breit) öffnen, aufmachen

entuber [ɑ̃tybe] *v/t* P bescheißen

énumér|ation [enymeʀasjõ] *f* Aufzählung *f*; **~er** [-e] *v/t* ⟨-è-⟩ aufzählen

énurésie [enyʀezi] *f* Bettnässen *n*

▸ **envahir** [ɑ̃vaiʀ] *v/t* **1** *territoire* einfallen in (+ *acc*); überfallen; **2** *par ext* überfluten; *herbes: jardin* überwuchern; *produit: marché* überschwemmen; *foule* **~ la salle** in den Saal strömen; **3** *sentiment* **~ qn** j-n überkommen

envahiss|ant [ɑ̃vaisɑ̃] *adj* ⟨-ante [-ɑ̃t]⟩ **1** *voisin* aufdringlich; **2** *mauvaises herbes* überhand nehmend; **~eur** [-œʀ] *m* Aggressor *m*; Eindringling *m*

▸ **enveloppe** [ɑ̃vlɔp] *f* **1** (Brief)Umschlag *m*; **mettre dans une ~, sous ~** in e-n Umschlag stecken; **2** (*revêtement*) Hülle *f* (*a fig*); Umhüllung *f*; **3** **~ budgétaire** Haushaltssumme *f*

enveloppé [ɑ̃vlɔpe] *adj* ⟨~e⟩ F **bien ~** vollschlank; dicklich

envelopper [ɑ̃vlɔpe] **I** *v/t* **1** einwickeln, einhüllen, einschlagen (**dans** in + *acc*); *emballage* **~ qc** etw umhüllen; **2** *fig pensées* einkleiden; verpacken; *brouillard* **~ qc** etw ein-, verhüllen; **II** *v/pr* **s'~ dans** sich hüllen, sich wickeln in (+ *acc*)

envenimer [ɑ̃vnime] **I** *v/t* **1** *blessure* infizieren; **2** *fig* verschärfen; **II** *v/pr* **s'~** **3** *blessure* sich entzünden; **4** *fig* sich verschärfen

envergure [ɑ̃vɛʀgyʀ] *f* **1** ZO, AVIAT Spannweite *f*; **2** *fig* (*valeur*) Format *n*; **d'~** von Format; **3** *fig* (*ampleur*) Ausmaß *n*; Umfang *m*; **de grande ~** großen Umfangs; groß angelegt

enverrai, *etc* [ɑ̃vɛʀɛ] → **envoyer**

envers[1] [ɑ̃vɛʀ] *prép* **1** gegenüber (+ *dat*); gegen (+ *acc*); **aimable ~ qn** freundlich zu j-m; **2** **~ et contre tous** *ou* **tout** allen Widerständen, Schwierigkeiten zum Trotz

envers[2] *m* **1** Rückseite *f*; *d'un tissu a* linke Seite; ▸ **à l'envers** umgekehrt; verkehrt (herum); TEXT links; **2** *fig* **l'envers du décor** die Kehrseite; die Schattenseite

envi [ɑ̃vi] *adv litt* **à l'~** um die Wette

enviable [ɑ̃vjabl(ə)] *adj* beneidenswert

envie [ɑ̃vi] *f* **1** (*jalousie*) Neid *m*; Missgunst *f*; **2** (*désir*) Lust *f* (**de** auf + *acc*; zu); Verlangen *n* (nach); **avoir ~ de** (**faire**) **qc** Lust haben auf etw (*acc*), zu etw, etw zu tun; etw gerne (tun, haben) wollen; **il a ~ de pleurer** er möchte am liebsten weinen; *chose* **faire ~ à qn** j-n reizen; **3** (*besoin organique*) (natürliches) Bedürfnis; Drang *m*; F **avoir ~ de faire pipi** F mal müssen; **j'ai ~ de vomir** mir wird schlecht; **4** *autour de l'ongle* Niednagel *m*; **5** *sur la peau* Muttermal *n*

envier [ɑ̃vje] *v/t* **~ qn** j-n beneiden; auf j-n neidisch sein; **~ qc à qn** j-n um etw beneiden; j-m etw neiden, missgönnen;

n'avoir rien à ~ à qn j-m in nichts nachstehen

envieux [ɑ̃vjø] **I** *adj* ⟨-euse [-øz]⟩ neidisch (***de*** auf + *acc*); missgünstig; **II** *m* Neider *m*; ***faire des ~*** beneidet werden

▸ **environ** [ɑ̃viʀõ] *adv* ungefähr; etwa; rund; zirka

environnant [ɑ̃viʀɔnɑ̃] *adj* ⟨-ante [-ɑ̃t]⟩ umliegend

E

▸ **environn|ement** [ɑ̃viʀɔnmɑ̃] *m* **1** ÉCOL Umwelt *f*; → *Info bei* ***Umwelt***; **2** (*entourage*) Umfeld *n*; **~er** [-e] *v/t* umgeben

environs [ɑ̃viʀõ] *m/pl* **1** Umgebung *f*; Umland *n*; ***dans les ~*** in der Umgebung; in dieser Gegend; **2** ***aux ~ de*** *époque* um; gegen; *lieu* in der Nähe, Umgebung von; bei; *par ext* ungefähr; um (die)

envisager [ɑ̃vizaʒe] *v/t* ⟨-ge-⟩ ins Auge fassen; in Betracht ziehen; ***~ de faire qc*** beabsichtigen, vorhaben, daran denken, etw zu tun

envoi [ɑ̃vwa] *m* **1** *action* Versendung *f*; Verschickung *f*; Zusendung *f*; Übersendung *f*; COMM Versand *m*; *de troupes* Entsendung *f*; **2** (*paquet*) Sendung *f*; **3** SPORTS, *fig* ***coup*** *m* ***d'~*** Anstoß *m*; ***donner le coup d'~*** den Anstoß ausführen, *fig* geben (***à*** zu)

envol [ɑ̃vɔl] *m* Wegfliegen *n*

envolée [ɑ̃vɔle] *f* Aufschwung *m* (*a des prix*); Gedankenflug *m*

envoler [ɑ̃vɔle] *v/pr* ***s'~*** **1** *oiseau* auf-, wegfliegen; *avion* abfliegen; aufsteigen; *fig feuilles* davonfliegen; **2** F *objets* verschwinden; F Beine kriegen

envoûtement [ɑ̃vutmɑ̃] *m* **1** Verhexung *f*; **2** *fig* Zauber *m*; Bann *m*

envoûter [ɑ̃vute] *v/t* **1** verhexen; **2** *fig* be-, verzaubern; in s-n Bann schlagen

envoyé [ɑ̃vwaje] *m* **1** ***~ spécial*** Sonderberichterstatter *m*; **2** (*délégué*) Abgesandte(r) *m*

▸ **envoyer** [ɑ̃vwaje] ⟨-oi-; *Futur u Conditionnel* j'enverrai(s)⟩ **I** *v/t* **1** *personne* schicken; ausschicken; *délégué, troupes* entsenden; ***~ (qn) chercher qn, qc*** (j-n) nach j-m, etw schicken; (j-n) j-n, etw holen lassen; **2** *choses* (ab-, weg-, ver-, ein)schicken, (-)senden; ***~ qc à qn*** j-m etw (zu)schicken, zusenden, übersenden; ***~ des invitations*** Einladungen verschicken; **3** *coup* versetzen; F verpassen; *balle* werfen; *avec le pied* treten; schießen; **II** *v/pr* ***s'~*** F *travail* auf sich nehmen (müssen); F sich aufhalsen; F *nourriture* sich gönnen; F sich genehmigen; F sich reinziehen; P *fille* F vernaschen

envoyeur [ɑ̃vwajœʀ] *m* Absender *m*

enzyme [ɑ̃zim] *m ou f* Enzym *n*

éolienne [eɔljɛn] *f* Windrad *n*; Windkraftanlage *f*

épagneul [epaɲœl] *m* Spaniel *m*

▸ **épais** [epɛ] *adj* ⟨épaisse [epɛs]⟩ **1** *mur, couche, etc* dick; *lèvres a* wulstig; ***~ de 2 cm*** 2 cm dick, stark; **2** *brouillard, fumée, cheveux, forêt* dicht; *obscurité* undurchdringlich; **3** *liquides* dick(flüssig); zäh; *soupe, sauce* dick; sämig; **4** *fig plaisanterie* plump; grob

épaisseur [epɛsœʀ] *f* **1** Dicke *f*; Stärke *f*; **2** *du brouillard, etc* Dichte *f*

épaissir [epesiʀ] **I** *v/t sauce, etc* eindicken; **II** *v/i sauce, etc* dick(er), dickflüssig werden; einkochen; *sauce a* sämig werden; **III** *v/pr* ***s'~*** dick(er) werden; sich verdicken; *brouillard* dichter, stärker werden; sich verdichten; *obscurité, mystère* (immer) undurchdringlicher werden

épanchement [epɑ̃ʃmɑ̃] *m* MÉD, *fig* Erguss *m*

épancher [epɑ̃ʃe] *v/pr* **1** MÉD ***s'~*** sich ergießen; **2** ***s'~ (auprès de qn)*** (j-m) sein Herz ausschütten; sich (bei j-m) aussprechen

épandage [epɑ̃daʒ] *m* ***champs*** *m/pl* ***d'~*** Rieselfelder *n/pl*

épanoui [epanwi] *adj* ⟨~e⟩ **1** *fleur* aufgeblüht; **2** *visage* (freude)strahlend; vergnügt; **3** *formes* (voll) entwickelt

épanouir [epanwiʀ] *v/pr* ***s'~*** **1** *fleur, fig* sich entfalten; aufblühen; *st/s* erblühen; *fleur a* aufgehen; **2** *visage* aufleuchten

épanouissement [epanwismɑ̃] *m* **1** *de fleurs* Aufblühen *n*; Aufgehen *n*; **2** *fig* (volle) Entfaltung, Entwicklung; *st/s* Aufblühen *n*

épargnant [epaʀɲɑ̃] *m* Sparer *m*; ***les petits ~s*** die Kleinsparer *m/pl*

épargne [epaʀɲ] *f* **1** *action* Sparen *n*; Spartätigkeit *f*; **2** *somme(s)* Spargelder *n/pl*; Ersparnisse *f/pl*; **~-logement** *f* Bausparen *n*

épargner [epaʀɲe] **I** *v/t* **1** *argent, par ext forces, etc* sparen; **2** *~ qc à qn* j-m etw ersparen; j-n mit etw verschonen; **3** (*ménager*) verschonen; ***être épargné*** verschont bleiben; **II** *v/pr fig* ***s'~ qc*** sich etw ersparen
éparpiller [epaʀpije] **I** *v/t* **1** verstreuen; umherstreuen; **2** *fig* verzetteln; zersplittern; **II** *v/pr* ***s'~*** *fig personne* sich verzetteln
épars [epaʀ] *st/s adj* ⟨éparse [epaʀs]⟩ verstreut; *cheveux* aufgelöst
épatant [epatɑ̃] *adj* ⟨-ante [-ɑ̃t]⟩ F toll; F klasse; F fantastisch
épate [epat] *f* F ***faire de l'~*** F Eindruck schinden (wollen)
épat|é [epate] *adj* ⟨~e⟩ **1** *nez* platt (gedrückt); stumpf; **2** F (*étonné*) verblüfft; F platt; **~er** [-e] F *v/t* verblüffen; imponieren (***qn*** j-m)
▸ **épaule** [epol] *f* Schulter *f* (*a* CUIS); *chez l'homme a* Achsel *f*
épauler [epole] *v/t* **1** *fusil* anlegen (*a abs*); **2** *fig* unterstützen
épaulette [epolɛt] *f* **1** MIL Schulterstück *n*; **2** COUT Schulterpolster *n*
épave [epav] *f* Wrack *n* (*a fig de qn*)
épeautre [epotʀ(ə)] *m* BOT Dinkel *m*
épée [epe] *f* Schwert *n*; Degen *m*; *fig* ***un coup d'~ dans l'eau*** ein Schlag ins Wasser
▸ **épeler** [eple] *v/t* ⟨-ll-⟩ buchstabieren
épépiner [epepine] *v/t* entkernen
éperdu [epɛʀdy] *adj* ⟨~e⟩ **1** außer sich (***de*** vor); ***~ de bonheur*** überglücklich; **2** *amour* leidenschaftlich; heftig; **3** ***fuite ~e*** überstürzte Flucht
éperdument [epɛʀdymɑ̃] *adv* ***~ amoureux*** (un)sterblich verliebt; ***je m'en moque ~*** das ist mir völlig gleichgültig
éperlan [epɛʀlɑ̃] *m* ZO Stint *m*
éperon [epʀõ] *m* **1** Sporn *m*; **2** GÉOL Vorsprung *m*
éperonner [epʀɔne] *v/t* **1** ***~ son cheval*** s-m Pferd die Sporen geben; **2** *fig* anspornen
épervier [epɛʀvje] *m* ZO Sperber *m*
éphémère [efemɛʀ] **I** *adj* vergänglich; vorübergehend; kurzlebig; ephemer; **II** *m* Eintagsfliege *f*
éphéméride [efemeʀid] *f* Abreißkalender *m*
épi [epi] *m* **1** Ähre *f*; *de maïs* Kolben *m*; **2** *de cheveux* (Haar)Wirbel *m*; **3** ***stationnement*** *m* ***en ~*** Schrägparken *n*
épice [epis] *f* Gewürz *n*
épicé [epise] *adj* ⟨~e⟩ gewürzt; würzig; pikant; scharf
épicéa [episea] *m* Fichte *f*
épicentre [episɑ̃tʀ(ə)] *m* Epizentrum *n*
épicer [epise] *v/t* ⟨-ç-⟩ würzen (*a fig*)
▸ **épicerie** [episʀi] *f* **1** Lebensmittelgeschäft *n*; ***petite ~ du coin*** Tante-Emma-Laden *m*; **2** *produits* Lebensmittel *n/pl*; ***~ fine*** Feinkost *f*; Delikatessen *f/pl*
▸ **épicier** [episje] *m*, **épicière** [episjɛʀ] *f* Lebensmittelhändler(in) *m(f)*; Krämer *m*
épidémie [epidemi] *f* MÉD, *fig* Epidemie *f*; Seuche *f*; *fig de suicides* Serie *f*; Welle *f*
épiderme [epidɛʀm] *m* Epidermis *f*; Oberhaut *f*
épier [epje] *v/t* (heimlich) beobachten; belauern
épieu [epjø] *m* ⟨~x⟩ Spieß *m*
épigramme [epigʀam] *f* Epigramm *n*
épigraphe [epigʀaf] *f* **1** (*inscription*) Inschrift *f*; **2** (*exergue*) Motto *n*
épilation [epilasjõ] *f* Enthaarung *f*
épilepsie [epilɛpsi] *f* Epilepsie *f*
épileptique [epilɛptik] **I** *adj* epileptisch; **II** *m,f* Epileptiker(in) *m(f)*
épiler [epile] **I** *v/t* enthaaren; *sourcils* auszupfen; **II** *v/pr* ***s'~ les jambes*** sich die Beinhaare entfernen
épilogue [epilɔg] *m* **1** Epilog *m*; **2** *fig* Ende *n*; Ausgang *m*
épiloguer [epilɔge] *v/t/indir* ***~ sur qc*** (hinterher) lange über etw (*acc*) diskutieren
épinards [epinaʀ] *m/pl* Spinat *m*
épine [epin] *f* **1** Dorn *m*; Stachel *m*; **2** ***~ dorsale*** Rückgrat *n*
épineux [epinø] *adj* ⟨-euse [-øz]⟩ **1** BOT dornig; stach(e)lig; **2** *fig problème* heikel; kniff(e)lig
épingle [epɛ̃gl(ə)] *f* (Steck)Nadel *f*; ***~ à cheveux*** Haarnadel *f*; ***virage*** *m* ***en ~ à cheveux*** Haarnadelkurve *f*; ***~ de nourrice, de sûreté*** Sicherheitsnadel *f*; *fig* ***monter en ~*** groß herausstellen; *fig* ***tirer son ~ du jeu*** sich geschickt aus der Affäre ziehen; rechtzeitig abspringen; *fig* ***tiré à quatre ~s*** wie aus dem Ei gepellt
épingler [epɛ̃gle] *v/t* **1** an-, feststecken;

ourlet abstecken; **2** F *fig* **~ qn** F j-n schnappen
épinière [epinjɛʀ] *adj f* **moelle ~** Rückenmark *n*
épinoche [epinɔʃ] *f* Stichling *m*
Épiphanie [epifani] *f* (Fest *n* der) Erscheinung *f* des Herrn; Epiphanias *n*
épique [epik] *adj* **1** episch; **2** *fig* abenteuerlich
E
épiscopal [episkɔpal] *adj* ⟨~e; -aux [-ø]⟩ bischöflich; Bischofs…
épiscopat [episkɔpa] *m* Episkopat *m ou n* (*a coll*); Bischofswürde *f*, -amt *n*
épisod|e [epizɔd] *m* Episode *f*; (*événement*) *a* Begebenheit *f*; **~ique** [-ik] *adj* episodisch; (*secondaire*) nebensächlich
épistolaire [epistɔlɛʀ] *adj* Brief…; brieflich
épitaphe [epitaf] *f* Grabinschrift *f*
épithète [epitɛt] *f* **1** Beiwort *n*; Bezeichnung *f*; **2** *adjt* **adjectif** *m* **~** attributives Adjektiv
épître [epitʀ(ə)] *f* (Apostel)Brief *m*; Epistel *f* (*a à la messe*)
éploré [eplɔʀe] *adj* ⟨~e⟩ *visage* verweint; *personne* in Tränen aufgelöst; *par ext* (*affligé*) untröstlich
épluche-légumes [eplyʃlegym] *m* ⟨*inv*⟩ Schälmesser *n*; Gemüseschäler *m*
éplucher [eplyʃe] *v/t* **1** *pommes de terre, fruits* schälen; *légumes* putzen; **2** *fig* (*examiner*) unter die Lupe nehmen; Punkt für Punkt durchgehen
épluchures [eplyʃyʀ] *f/pl* Schalen *f/pl*; Gemüseabfälle *m/pl*
éponge [epõʒ] *f* **1** Schwamm *m* (*a* ZO); **~ métallique** Topfkratzer *m*; *fig* **jeter l'~** das Handtuch werfen; *fig* **passer l'~ sur qc** nicht mehr von etw reden; **passons l'~!** Schwamm drüber!; **2** *adjt* **serviette** *f* **~** Frottee-, Frottier(hand)tuch *n*; **tissu** *m* **~** Frottee *n ou m*
éponger [epõʒe] *v/t* ⟨-ge-⟩ **1** *table, visage* abwischen; *liquide* aufwischen; **2** *fig* aufsaugen; *dette* tilgen
épopée [epɔpe] *f* **1** Epos *n*; **2** *fig* heroische Zeit; *iron* Serie *f* von Abenteuern
▸**époque** [epɔk] *f* **1** (*période*) Epoche *f*; Zeit(alter) *f*(*n*); **époque classique** Klassik *f*; **d'époque** Original…; echt; **costume** *m* **d'époque** Kostüm *n* der Zeit; Originalkostüm *n*; ▸ **à l'époque de** zur Zeit (+ *gén*); **à notre époque** in der heutigen Zeit; heutzutage; **faire époque** Epoche machen; **2** (*moment*) Zeit *f*; Zeitpunkt *m*; **à cette époque (de l'année)** zu dieser, um diese (Jahres)Zeit; **à l'époque** damals
épouiller [epuje] *v/t* entlausen
époumoner [epumɔne] *v/pr* **s'~** sich die Lunge aus dem Hals schreien
épouse [epuz] *f* → **époux**
épouser [epuze] *v/t* **1 ~ qn** j-n heiraten; **2** *fig* (*adopter*) sich zu eigen machen; **3** (*se modeler sur*) sich anpassen, anschmiegen (**qc** *dat*)
épousseter [epuste] *v/t* ⟨-tt-⟩ abstauben
époustoufler [epustufle] F *v/t* verblüffen; F umwerfen; **époustouflé** F platt; F baff
épouvantable [epuvɑ̃tabl(ə)] *adj* entsetzlich; schrecklich; grauenhaft, -voll; grausig; *temps* scheußlich
épouvantail [epuvɑ̃taj] *m* **1** Vogelscheuche *f* (*a fig de qn*); **2** *fig chose* Schreckgespenst *n*; Popanz *m*
épouvante [epuvɑ̃t] *f* Entsetzen *n*; Grau(s)en *n*; **film** *m* **d'~** Horrorfilm *m*
épouvanter [epuvɑ̃te] *v/t* in Schrecken, Angst versetzen; **épouvanté** entsetzt
époux [epu] *m*, **épouse** [epuz] *f* (Ehe)Mann *m*, (Ehe)Frau *f*; *st/s* Gatte *m*, Gattin *f*; Gemahl(in) *m*(*f*); **époux** *pl* Eheleute *pl*; ADM Ehegatten *pl*; **prendre pour époux** (**pour épouse**) zum Mann (zur Frau) nehmen
éprendre [epʀɑ̃dʀ(ə)] *v/pr* ⟨→ prendre⟩ *st/s* **s'~** sich verlieben (**de qn** in j-n)
▸**épreuve** [epʀœv] *f* **1** (*test*) Probe *f*, Test *m*, Prüfung *f* (*a* TECH); **~ de force** Kraft-, Machtprobe *f*; **à toute ~** unbedingt (zuverlässig); bewährt; erprobt; *santé* eisern; **à l'~ de** widerstandsfähig gegen; **mettre à l'~** auf die Probe stellen; **2** (*malheur*) (Schicksals)Prüfung *f*; Heimsuchung *f*; **3** *d'un examen* Prüfung(sarbeit) *f*; **4** SPORTS Wettkampf *m*; **5** PHOT Abzug *m*; **6** TYPO (Korrektur)Fahne *f*
épris [epʀi] *p/p* → **éprendre** *et adj* ⟨-ise [-iz]⟩ **1 ~ de qn** in j-n verliebt; **2 ~ de qc** von etw begeistert
éprouvant [epʀuvɑ̃] *adj* ⟨-ante [-ɑ̃t]⟩ hart; beschwerlich
éprouvé [epʀuve] *adj* ⟨~e⟩ **1** (*sûr*) bewährt; erprobt; **2** (*qui a souffert*) leidgeprüft

▸ **éprouver** [epʀuve] *v/t* **1** (*tester*) prüfen; testen; erproben; ausprobieren; **2** (*faire souffrir*) (sehr) mitnehmen; schwer treffen; **3** (*ressentir*) empfinden; verspüren

éprouvette [epʀuvɛt] *f* Reagenzglas *n*

E.P.S. [əpeɛs] *f abr* (*éducation physique et sportive*) Sportunterricht *m*

épuisant [epɥizɑ̃] *adj* ⟨-ante [-ɑ̃t]⟩ kräftezehrend; anstrengend; strapaziös

épuisé [epɥize] *adj* ⟨~e⟩ **1** *personne* (völlig) erschöpft; entkräftet; abgespannt; **2** *réserves* verbraucht; erschöpft; *stock* ausverkauft; *livre* vergriffen

épuisement [epɥizmɑ̃] *m* **1** *des réserves* Erschöpfung *f*; ***jusqu'à l'~ des stocks*** solange der Vorrat reicht; **2** *d'une personne* (völlige) Erschöpfung; Entkräftung *f*

épuiser [epɥize] **I** *v/t* **1** *réserves, moyens* aufbrauchen; erschöpfen; *sujet* erschöpfend behandeln; *stock* restlos verkaufen; *sol* auslaugen; **2** *personne* erschöpfen; entkräften; mitnehmen; *forces* aufzehren; verbrauchen; **II** *v/pr* ***s'~*** **3** *réserves* zu Ende, zur Neige gehen; ausgehen; **4** *personne* kraftlos werden; *forces* nachlassen; schwinden; ***s'~ à faire qc*** sich mit etw abmühen, abrackern

épuisette [epɥizɛt] *f* Kescher *m*; Fangnetz *n*

épuration [epyʀasjõ] *f* **1** TECH Reinigung *f*; *des eaux a* Klärung *f*; **2** POL Säuberung *f*

épure [epyʀ] *f* Aufriss *m*

épurer [epyʀe] *v/t* **1** TECH reinigen; *eaux a* klären; **2** *fig* reinigen; läutern; veredeln; **3** POL säubern

équarrir [ekaʀiʀ] *v/t* **1** *bois* vierkantig zuschneiden; **2** *animal mort* beseitigen

équateur [ekwatœʀ] *m* **1** GÉOGR Äquator *m*; **2** *État* ***l'*** ♀ Ecuador *n*

équation [ekwasjõ] *f* Gleichung *f*

équatorial [ekwatɔʀjal] *adj* ⟨~e; -aux [-o]⟩ äquatorial; Äquatorial…

équatorien [ekwatɔʀjɛ̃] **I** *adj* ⟨-ienne [-jɛn]⟩ ecuadorianisch; **II** ♀(***ne***) *m(f)* Ecuadorianer(in) *m(f)*

équerre [ekɛʀ] *f* Winkel(maß) *m(n)*; ***d'~, en ~*** im rechten Winkel; rechtwinklig

équestre [ekɛstʀ(ə)] *adj* **1** ***statue f ~*** Reiterstandbild *n*; **2** Reit…; ***randonnée f ~*** Ausritt *m*

équeuter [ekøte] *v/t* entstielen

équilatéral [ekɥilateʀal] *adj* ⟨~e; -aux [-o]⟩ gleichseitig

▸ **équilibre** [ekilibʀ(ə)] *m* **1** Gleichgewicht *n* (*a fig*, ÉCON, POL); Balance *f*; ***en ~*** im Gleichgewicht; ***tenir qc en ~*** etw balancieren; ***perdre l'~*** die Balance, das Gleichgewicht verlieren; **2** *fig d'une personne* (seelisches) Gleichgewicht; Ausgeglichenheit *f*; *d'une œuvre d'art* Ausgewogenheit *f*

équilibré [ekilibʀe] *adj* ⟨~e⟩ ausgeglichen

équilibrer [ekilibʀe] **I** *v/t* **1** ausbalancieren; ins Gleichgewicht bringen; **2** *roue* auswuchten; **3** *budget* ausgleichen; **II** *v/pr* ***s'~*** sich ausgleichen; sich die Waage halten

équilibriste [ekilibʀist] *m,f* Balancierkünstler(in) *m(f)*

équinoxe [ekinɔks] *m* Tagundnachtgleiche *f*

équipage [ekipaʒ] *m* Besatzung *f*; Crew *f*; *d'un bateau a* Mannschaft *f*

▸ **équipe** [ekip] *f* Mannschaft *f* (*surtout* SPORTS); Team *n*; *d'ouvriers* Kolonne *f*; *en usine a* Schicht *f*; *de gymnastes* Riege *f*; ***faire ~ avec qn*** mit j-m ein Team bilden; ***travailler en ~*** im Team arbeiten

équipée [ekipe] *f* **1** *plais* (*sortie*) Ausflug *m*; **2** *irréfléchie* Abenteuer *n*

équipement [ekipmɑ̃] *m* Ausrüstung *f*; Ausrüstungsgegenstände *m/pl*; Ausstattung *f*; ***~s collectifs*** Gemeinschaftseinrichtungen *f/pl*

équiper [ekipe] **I** *v/t* ausrüsten (***de*** mit); ausstatten (mit); *par ext* (*pourvoir*) versehen (mit); ***cuisine tout équipée*** komplett eingerichtete Küche; **II** *v/pr* ***s'~*** sich ausrüsten, ausstatten (***de*** mit)

équip|ier [ekipje] *m*, **~ière** [-jɛʀ] *f* SPORTS Mannschaftsmitglied *n*

équitable [ekitabl(ə)] *adj* gerecht

équitation [ekitasjõ] *f* Reiten *n*; Reitsport *m*; Reitkunst *f*

équité [ekite] *f* Gerechtigkeit *f*; *d'un jugement, etc* Angemessenheit *f*; Billigkeit *f*

équivalence [ekivalɑ̃s] *f* Gleichwertigkeit *f*; (Wert)Gleichheit *f*

équivalent [ekivalɑ̃] **I** *adj* ⟨-ente [-ɑ̃t]⟩

gleichwertig (**à** mit); entsprechend (+ *dat*); gleich; *tournure* gleichbedeutend; **II** *m* Äquivalent *n*; Entsprechung *f* (*a* LING); Entsprechende(s) *n*; Gegenwert *m*

équivaloir [ekivalwaʀ] ⟨→ valoir⟩ **I** *v/t/indir* **~ à** entsprechen, gleichkommen (+ *dat*); **II** *v/pr* **s'~** gleich (gut *ou* schlecht) sein

E

équivoque [ekivɔk] **I** *adj* zweideutig (*a par ext*); mehrdeutig; missverständlich; *péj* zweifelhaft; **II** *f* Zweideutigkeit *f*; **sans ~** eindeutig; unzweideutig

érable [eʀabl(ə)] *m* Ahorn *m*

éradication [eʀadikasjõ] *f* Ausrottung *f*

érafler [eʀafle] **I** *v/t* zerkratzen; (auf)ritzen; (zer)schrammen; (auf)schürfen; *balle* **~ qn** j-n streifen; **II** *v/pr* **s'~** sich (die Haut) zerkratzen, (auf)ritzen

éraflure [eʀaflyʀ] *f* Kratzer *m*; Schramme *f*

éraillé [eʀɑje] *adj* ⟨~e⟩ heiser; krächzend; rau

ère [ɛʀ] *f* Ära *f*; Zeitalter *n*; Zeitrechnung *f*; GÉOL Erdzeitalter *n*

érection [eʀɛksjõ] *f* **1** CONSTR Errichtung *f*; **2** *du pénis* Erektion *f*; **en ~** erigiert

éreintant [eʀɛ̃tɑ̃] *adj* ⟨-ante [-ɑ̃t]⟩ aufreibend; kräftezehrend

éreinté [eʀɛ̃te] *adj* ⟨~e⟩ todmüde; (ganz) abgespannt, zerschlagen

éreinter [eʀɛ̃te] *v/t* **1** (*fatiguer*) überanstrengen; erschöpfen; **2** (*critiquer*) verreißen; F heruntermachen

érésipèle [eʀezipɛl] → ***érysipèle***

ergot [ɛʀgo] *m* **1** *du coq* Sporn *m*; *du chien* Afterkralle *f*, -klaue *f*; *fig* **se dresser sur ses ~s** aggressiv werden; die Krallen zeigen; **2** AGR Mutterkorn *n*

ergoter [ɛʀgɔte] *v/i* nörgeln; kritteln; mäkeln

ergothérapie [ɛʀgɔteʀapi] *f* Ergotherapie *f*; Beschäftigungs-, Arbeitstherapie *f*

ériger [eʀiʒe] ⟨-ge-⟩ **I** *v/t* **1** errichten; erstellen; *statue a* aufstellen; **2 ~ en** erheben, machen zu; **II** *v/pr* **s'~ en** sich aufwerfen zu; sich aufspielen als

ermitage [ɛʀmitaʒ] *m* Einsiedelei *f*

ermite [ɛʀmit] *m* Einsiedler *m*; Eremit *m*; *fig* **vivre en ~** ein Einsiedlerdasein führen

érogène [eʀɔʒɛn] *adj* erogen

érosion [eʀozjõ] *f* **1** GÉOL Erosion *f*; **2** *fig* schleichender Zerfall

érot|ique [eʀɔtik] *adj* erotisch; **~isme** [-ism(ə)] *m* Erotik *f*

errance [ɛʀɑ̃s] *litt f* Umherirren *n*

errant [ɛʀɑ̃] *adj* ⟨-ante [-ɑ̃t]⟩ umherziehend; *chien* streunend

errements [ɛʀmɑ̃] *litt m/pl* Irrtümer *m/pl*; Irrwege *m/pl*

errer [ɛʀe] *v/i* **1** umherirren, -wandern, -ziehen; *animaux* streunen; **2** *fig regard* (umher)schweifen

▸ **erreur** [ɛʀœʀ, e-] *f* Irrtum *m*; Fehler *m*; Versehen *n*; **~ judiciaire** Justizirrtum *m*; INFORM **~ système** Systemfehler *m*; **~ de calcul** Rechenfehler *m*; **~ de jeunesse** Jugendsünde *f*; **par ~** irrtümlich(erweise); versehentlich; aus Versehen; **sauf ~** wenn ich (mich) nicht irre; COMM Irrtum vorbehalten; **vous faites ~** Sie irren sich

erroné [eʀɔne, ɛ-] *adj* ⟨~e⟩ fehlerhaft; falsch; irrtümlich; irrig; **conclusion ~e** Trug-, Fehlschluss *m*

ersatz [ɛʀzats] *m* Ersatz *m*

éructer [eʀykte] **I** *v/t injures* hervorstoßen; **II** *v/i* aufstoßen

érudit [eʀydi] **I** *adj* ⟨-ite [-it]⟩ gelehrt; **II ~(e)** *m(f)* Gelehrte(r) *f(m)*

érudition [eʀydisjõ] *f* Gelehrsamkeit *f*

éruption [eʀypsjõ] *f* **1** MÉD Ausschlag *m*; **2** *d'un volcan* Ausbruch *m*; Eruption *f*; *de lave* Austritt *m*; **3** *fig* **~ de colère** Zornesausbruch *m*

érysipèle [eʀizipɛl] *m* (Wund)Rose *f*; *sc* Erysipel *n*

érythème [eʀitɛm] *m* MÉD Erythem *n*

es [ɛ] → ***être***

ès [ɛs] *prép* → ***docteur*** *2*

E.S.B. [əɛsbe] *f abr* (*encéphalopathie spongiforme bovine*) BSE *f*

esbroufe [ɛzbʀuf] *f* F Wichtigtuerei *f*; **faire de l'~** F sich wichtig tun; F angeben

escabeau [ɛskabo] *m* ⟨~x⟩ Tritthocker *m*; (kleine) Bockleiter

escadre [ɛskadʀ(ə)] *f* Geschwader *n*

escadrille [ɛskadʀij] *f* AVIAT Staffel *f*

escadron [ɛskadʀõ] *m* MIL Schwadron *f*; AVIAT Staffel *f*

escalade [ɛskalad] *f* **1** *d'un mur* Übersteigen *n*; *d'une montagne* Besteigung *f*; Erklettern *n*; SPORTS Klettern *n*; **2** *fig*

Eskalation *f*; Eskalierung *f*; Zuspitzung *f*

escalader [ɛskalade] *v/t mur, etc* übersteigen; klettern über (+ *acc*); *rocher* erklettern; *montagne* besteigen

escale [ɛskal] *f* **1** Zwischenlandung *f*; ***faire ~ à Londres*** in London zwischenlanden; **2** *lieu* Zwischenstation *f*

▸ **escalier** [ɛskalje] *m* Treppe *f*; ***~ roulant, mécanique*** Rolltreppe *f*; ***dans l'~ ou les ~s*** auf der Treppe; *fig* ***avoir l'esprit de l'~*** nicht schlagfertig sein

▸ **escalope** [ɛskalɔp] *f* (Kalbs)Schnitzel *n*

escamotable [ɛskamɔtabl(ə)] *adj* einziehbar; ***lit*** *m* **~** Schrankbett *n*

escamoter [ɛskamɔte] *v/t* **1** verschwinden lassen; **2** *fig difficulté* umgehen; *mot, note* überspringen; auslassen

escampette [ɛskɑ̃pɛt] F ***prendre la poudre d'~*** davonlaufen; das Hasenpanier ergreifen

escapade [ɛskapad] *f* **1** (*écart de conduite*) Eskapade *f*; *d'homme marié* Seitensprung *m*; **2** (*sortie*) Ausflug *m*

escarbille [ɛskaʀbij] *f* Flugasche *f*

escarcelle [ɛskaʀsɛl] *f plais* Geldkatze *f*

escargot [ɛskaʀgo] *m* Schnecke *f* (*mit Haus*); ***~ de Bourgogne*** Weinbergschnecke *f*

Les escargots gelten in Frankreich als kulinarische Spezialität. Es handelt sich hierbei um Schnecken mit Häuschen (**la coquille**), die oft mit Butter, Knoblauch und Kräutern zubereitet und mit Baguette serviert werden.

Im Unterschied zu den **escargots à la bouguignonne** (Schnecken nach Burgunder Art) wird man **les limaces** nicht auf der Speisekarte finden: So heißen die gefräßigen Nacktschnecken, die dem Gartenfreund ein Dorn im Auge sind.

escarmouche [ɛskaʀmuʃ] *f* **1** MIL Scharmützel *n*; **2** *fig* (Wort)Geplänkel *n*; Wortgefecht *n*

escarpé [ɛskaʀpe] *adj* ⟨~e⟩ steil (ansteigend, abfallend); *chemin* abschüssig

escarpin [ɛskaʀpɛ̃] *m* Pumps *m*

escarpolette [ɛskaʀpɔlɛt] *f* Schaukel *f*

escarre [ɛskaʀ] *f* wund gelegene Stelle; ***avoir des ~s*** sich aufliegen; sich wund liegen

Escaut [ɛsko] ***l'~*** *m* die Schelde

escient [ɛsjɑ̃] ***à bon ~*** ganz bewusst; aus gutem Grund

esclaffer [ɛsklafe] *v/pr* ***s'~*** laut auflachen; in schallendes Gelächter ausbrechen

esclandre [ɛsklɑ̃dʀ(ə)] *m* Szene *f*; Skandal *m*

esclavage [ɛsklavaʒ] *m* Sklaverei *f* (*a fig*)

esclave [ɛsklav] **I** *m,f* Sklave *m*, Sklavin *f* (*a fig*); **II** *adj fig* ***être ~ de qc*** Sklave e-r Sache (*gén*) sein

escogriffe [ɛskɔgʀif] *m* F ***un grand ~*** F ein langer Lulatsch

escompt|e [ɛskõt] *m* **1** FIN Diskont *m*; **2** COMM Skonto *m ou n*; **~er** [-e] *v/t* **1** erwarten; erhoffen; rechnen mit; **2** FIN diskontieren

escort|e [ɛskɔʀt] *f* Eskorte *f*; Geleit *n*; **~er** [-e] *v/t* eskortieren; geleiten; das Geleit geben (+ *dat*)

escouade [ɛskwad] *f* Trupp *m*

escrime [ɛskʀim] *f* Fechten *n*; Fechtkunst *f*, -sport *m*

escrimer [ɛskʀime] *v/pr* ***s'~ à faire qc*** sich abmühen, sich abplagen mit etw

escroc [ɛskʀo] *m* Betrüger *m*; Gauner *m*; Schwindler *m*; Hochstapler *m*

escroquer [ɛskʀɔke] *v/t* ***~ qc à qn*** j-n um etw betrügen, bringen, prellen; ***~ qn*** j-n betrügen

escroquerie [ɛskʀɔkʀi] *f* Betrug *m*; Schwindel *m*; Hochstapelei *f*

ésotér|ique [ezɔteʀik] *adj* esoterisch; **~isme** [-ism(ə)] *m* Esoterik *f*

▸ **espace** [ɛspas] *m* **1** Raum *m*; ***~ aérien*** Luftraum *m*; ***~ vert*** Grünfläche *f*; **2** *extraterrestre* Weltraum *m*; **3** (*distance*) Zwischenraum *m*; Abstand *m*; **4** ***en l'~ d'une heure***, *etc* innerhalb, binnen e-r Stunde *etc*

espacement [ɛspasmɑ̃] *m* Abstand *m*

espacer [ɛspase] ⟨-ç-⟩ **I** *v/t* Abstand lassen zwischen (+ *dat*); auseinander rücken; **II** *v/pr* ***s'~*** immer seltener werden

espadon [ɛspadõ] *m* Schwertfisch *m*

espadrille [ɛspadʀij] *f* Leinenschuh *m*
▸**Espagne** [ɛspaɲ] ***l'~*** *f* Spanien *n*
▸**espagnol** [ɛspaɲɔl] **I** *adj* spanisch; **II** **Ձ(*e*)** *m(f)* Spanier(in) *m(f)*
espagnolette [ɛspaɲɔlɛt] *f* Drehriegel *m*
espalier [ɛspalje] *m* **1** AGR Spalier *n*; **2** SPORTS ***~s*** *pl* Sprossenwand *f*
▸**espèce** [ɛspɛs] *f* **1** (*genre*) Art *f*; ***une ~ de ...*** (so) e-e Art (von) ...; **2** *injure* ***~ d'imbécile!*** (du) Dummkopf!; **3** BIOL Art *f*; Spezies *f*; ***~ humaine*** Menschengeschlecht *n*; **4** ***cas*** *m* ***d'~*** Sonderfall *m*; ***en l'~*** im vorliegenden, in diesem Fall(e); **5** COMM ***en ~s*** (in) bar; ***paiement*** *m* ***en ~s*** Barzahlung *f*
espérance [ɛspeʀɑ̃s] *f* **1** Hoffnung *f*; Erwartung *f*; **2** ***~ de vie*** Lebenserwartung *f*
espéranto [ɛspeʀɑ̃to] *m* Esperanto *n*
▸**espérer** [ɛspeʀe] *v/t et v/i* ⟨-è-⟩ ***~ qc*** auf etw (*acc*) hoffen; (sich) etw erhoffen; etw erwarten; ***~ qn*** j-n erwarten; mit j-m rechnen; *st/s* ***~ en qn, qc*** auf j-n, etw hoffen, vertrauen; ***espérons-le!*** hoffentlich!; hoffen wir es!; ▸***j'espère*** *ou* ***je l'espère*** hoffentlich!; ***j'espère bien*** das will ich hoffen!; ***j'espère que ...*** ich hoffe, dass ...; hoffentlich ...; ***~*** (+ *inf*) hoffen zu (+ *inf*)
espiègle [ɛspjɛgl(ə)] *adj* schalkhaft; schelmisch
espièglerie [ɛspjɛgləʀi] *f* Schelmenstreich *m*
espion [ɛspjõ] *m*, **espionne** [ɛspjɔn] *f* **1** Spion(in) *m(f)*; **2** *adjt* Spionage...
espionnage [ɛspjɔnaʒ] *m* Spionage *f*; ***~ industriel*** Werk-, Wirtschaftsspionage *f*
espionner [ɛspjɔne] *v/t* ***~ qn*** j-n ausspionieren, bespitzeln; j-m nachspionieren
esplanade [ɛsplanad] *f* Esplanade *f*
▸**espoir** [ɛspwaʀ] *m* **1** Hoffnung *f*; Zuversicht *f*; ***~ de guérison*** Hoffnung auf Genesung; ***dans l'~ de*** (+ *inf*) in der Hoffnung zu (+ *inf*); ***sans ~*** hoffnungs-, aussichtslos; ***j'ai bon ~*** ich bin zuversichtlich; ich hoffe schon; **2** *personne* Hoffnung *f*; Hoffnungsträger *m*
▸**esprit** [ɛspʀi] *m* **1** Geist *m*; *d'une personne a* Verstand *m*; ***~ d'à-propos*** Schlagfertigkeit *f*; ***~ de compétition*** Kampfgeist *m*; Wetteifer *m*; ***~ d'équipe*** Teamgeist *m*; ***homme*** *m* ***d'~*** Mann *m* von Geist; ***plein d'~*** geistreich, -voll; witzig; ***dans mon ~*** meiner Ansicht nach; in meinen Augen; ***avoir de l'~*** geistreich, -voll sein; Geist haben; ***ne plus avoir tous ses ~s*** nicht mehr ganz richtig im Kopf sein; ***ne pas avoir l'~ à ...*** nicht aufgelegt sein zu ...; keinen Kopf haben für ...; ***avoir mauvais ~*** es am guten Willen fehlen lassen; ***faire de l'~*** geistreich tun; ***reprendre ses ~s*** (*se ressaisir*) sich wieder fassen; (*reprendre connaissance*) wieder zu sich kommen; ***venir à l'~*** in den Sinn kommen; einfallen; **2** *personne* Geist *m*; Mensch *m*; Kopf *m*; ***~s*** *pl* Gemüter *n/pl*; ***bel ~*** Schöngeist *m*; **3** REL, MYTH Geist *m*; ***l'Ձ saint*** der Heilige Geist
esquif [ɛskif] *m litt* ***frêle ~*** leichtes Boot
esquimau [ɛskimo] **I** *adj* ⟨-aude [-od]; *m/pl* -aux [-o]⟩ Eskimo...; eskimoisch; **II** *subst* **1** **Ձ(*de*)** *m(f)* Eskimo(frau) *m(f)*; **2** *m* Eis *n* am Stiel mit Schokoladenüberzug
esquinter [ɛskɛ̃te] F **I** *v/t* **1** (*abîmer*) F kaputtmachen; *personne* F übel zurichten; **2** (*critiquer*) F verreißen; **II** *v/pr* ***s'~*** (***au travail***) F sich abrackern, abschinden
esquisse [ɛskis] *f* **1** Skizze *f*; Entwurf *m*; **2** *fig de sourire* Andeutung *f*
esquisser [ɛskise] **I** *v/t* **1** skizzieren; entwerfen; **2** *geste, sourire* andeuten; **II** *v/pr* ***s'~*** sich abzeichnen, andeuten
esquiver [ɛskive] **I** *v/t* ***~ qc*** e-r Sache (*dat*) (geschickt) ausweichen, aus dem Wege gehen; **II** *v/pr* ***s'~*** sich davonstehlen
▸**essai** [esɛ] *m* **1** Versuch *m* (*a* SPORTS); Probe *f*; Test *m*; AUTO Probe-, Testfahrt *f*; ***~ nucléaire*** Atomtest *m*; Kernwaffenversuch *m*; *fig* ***coup*** *m* ***d'~*** (erster) Versuch; Anfang *m*; ***période*** *f* ***d'~*** Probezeit *f*; ***pilote*** *m* ***d'~*** Testpilot *m*; ***à l'~, à titre d'~*** auf, zur Probe; probe-, versuchsweise; **2** *texte* Essay *m ou n*
essaim [esɛ̃] *m* Schwarm *m* (*a fig*)
essaimer [eseme] *v/i* **1** *abeilles* schwärmen; **2** *fig famille* sich zerstreuen; *entreprise* Niederlassungen gründen
essayage [esɛjaʒ] *m* Anprobe *f*
▸**essayer** [eseje] ⟨-ay- *od* -ai-⟩ **I** *v/t* **1**

(*tester*) ausprobieren; TECH erproben; testen; *voiture a* Probe fahren; *vêtements* anprobieren; **2** (*tenter*) *abs* es versuchen; ***essayer qc*** es mit etw versuchen, probieren; ***il a tout essayé*** er hat alles versucht; ▸ ***essayer de faire qc*** versuchen, etw zu tun; **II** *v/pr* ***s'essayer à (faire) qc*** sich in, an etw (*dat*) versuchen

essayiste [esejist] *m* Essayist *m*

▸ **essence** [esɑ̃s] *f* **1** Benzin *n*; ***~ sans plomb*** bleifreies Benzin; ***prendre de l'~*** tanken; **2** CHIM Essenz *f*; ätherisches Öl; CUIS Extrakt *m*; **3** PHILOS Wesen *n*; Essenz *f*; ***par ~*** s-m Wesen nach; **4** BOT (Baum)Art *f*

essentiel [esɑ̃sjɛl] **I** *adj* ⟨~le⟩ **1** wesentlich; wichtigste; **2** ***huiles ~les*** ätherische Öle *n/pl*; **II** *m* Wesentliche(s) *n*; Hauptsache *f*

essentiellement [esɑ̃sjɛlmɑ̃] *adv* **1** (*principalement*) im Wesentlichen; **2** (*par essence*) s-m Wesen nach

esseulé [esœle] *adj* ⟨~e⟩ vereinsamt

essieu [esjø] *m* ⟨~x⟩ Achse *f*

essor [esɔʀ] *m* Aufschwung *m*; Auftrieb *m*; ***en plein ~*** in vollem Aufschwung; aufstrebend

essor|er [esɔʀe] *v/t linge* schleudern; *à la main* auswringen; **~euse** [-øz] *f* (Wäsche-, Trocken)Schleuder *f*

essouffler [esufle] **I** *v/t* außer Atem kommen lassen; ***essoufflé*** außer Atem; atemlos; **II** *v/pr* ***s'~*** **1** außer Atem kommen, geraten; **2** *fig* ***qn s'essouffle*** j-m geht der Atem *ou* die Luft aus

▸ **essuie|-glace** [esɥiglas] *m* ⟨essuie-glaces⟩ Scheibenwischer *m*; **~-mains** *m* ⟨*inv*⟩ Handtuch *n*

▸ **essuyer** [esɥije] ⟨-ui-⟩ **I** *v/t* **1** *vaisselle, mains* abtrocknen; *meuble, sueur* abwischen; *tache, sol* aufwischen; *lunettes* putzen; **2** *fig* (*subir*) hinnehmen müssen; erleiden; abbekommen; **II** *v/pr* ***s'~*** sich abtrocknen; ***s'~ le front*** sich die Stirn abwischen

▸ **est**[1] [ɛst] **I** *m* **1** Ost(en) *m*; ***à l'~*** im Osten, östlich (***de*** von *ou* + *gén*); **2** ***l'♀*** der Osten (*a* POL); *de la France* Ostfrankreich *n*; ***l'Europe de l'♀*** Osteuropa *n*; **II** *adj* ⟨*inv*⟩ Ost…; östlich

est[2] [ɛ] → ***être***

estafette [ɛstafɛt] *f* MIL Melder *m*

estafilade [ɛstafilad] *f* Schmarre *f*; Schmiss *m*

estaminet [ɛstaminɛ] *m* Schänke *f*

estampe [ɛstɑ̃p] *f* Graphik *f*; (Kupfer)Stich *m*; *de bois* Holzschnitt *m*

estamper [ɛstɑ̃pe] *v/t* **1** TECH prägen; stanzen; **2** F ***~ qn*** F j-n reinlegen

estampille [ɛstɑ̃pij] *f* Güte-, Echtheitszeichen *n*

est-ce que [ɛskə] *adv* ***~ tu viens?*** kommst du?

esthète [ɛstɛt] *m* Ästhet *m*

esthéticienne [ɛstetisjɛn] *f* Kosmetikerin *f*

esthétique [ɛstetik] **I** *adj* **1** ästhetisch; **2** ***chirurgie f ~*** kosmetische Chirurgie; Schönheitschirurgie *f*; **II** *f* Ästhetik *f*

estimable [ɛstimabl(ə)] *adj* schätzenswert; achtbar

estimation [ɛstimasjõ] *f* Schätzung *f*; Bewertung *f*; Taxierung *f*; *aux elections* ***~s*** *pl* Hochrechnungen *f/pl*

estime [ɛstim] *f* (Hoch)Achtung *f*; Ansehen *n*; Wertschätzung *f*; ***tenir qn en grande ~*** Hochachtung, große Achtung vor j-m haben

▸ **estimer** [ɛstime] **I** *v/t* **1** (*évaluer*) schätzen (***à*** auf + *acc*); bewerten; taxieren; *frais* veranschlagen; (*calculer approximativement*) überschlagen; *fig œuvre, personne* einschätzen; **2** (*apprécier*) (hoch) achten; schätzen; **3** ***~ que …*** der Ansicht sein, dass …; meinen, F schätzen, dass …; **II** *v/pr* ***s'~ heureux que …*** (+ *subj*) sich glücklich schätzen, dass …; von Glück sagen können, dass …

estival [ɛstival] *adj* ⟨~e; -aux [-o]⟩ sommerlich; Sommer…

estiv|ant [ɛstivɑ̃] *m*, **~ante** [-ɑ̃t] *f* Sommergast *m*; Sommerfrischler(in) *m(f)*

estocade [ɛstɔkad] *f* Todesstoß *m*

▸ **estomac** [ɛstɔma] *m* Magen *m*; F *fig* ***avoir de l'~*** dreist, unverfroren sein; F ***avoir l'~ dans les talons*** F e-n Bären-, Mordshunger haben; ***rester sur l'~*** schwer im Magen liegen (*a fig*)

estomaquer [ɛstɔmake] F *v/t* verblüffen; F umhauen; ***être estomaqué*** F platt, baff sein

estomper [ɛstõpe] **I** *v/t contours* verwischen; (*atténuer*) mildern; **II** *v/pr* ***s'~*** verschwimmen; schwinden

Estonie [ɛstɔni] ***l'~*** *f* Estland *n*

E

E

estonien [ɛstɔnjɛ̃] **I** *adj* ⟨-ienne [-jɛn]⟩ estnisch; **II** ≗(**ne**) *m(f)* Este *m*, Estin *f*
estourbi [ɛstuʀbi] F *adj* ⟨~e⟩ ganz benommen
estrade [ɛstʀad] *f* Podium *n*; Podest *n*
estragon [ɛstʀagõ] *m* Estragon *m*
estropier [ɛstʀɔpje] **I** *v/t* **1** zum Krüppel machen; ***estropié*** verkrüppelt; **2** *fig* verstümmeln; **II** *v/pr* ***s'~*** zum Krüppel werden
estuaire [ɛstɥɛʀ] *m* Trichtermündung *f*
estudiantin [ɛstydjɑ̃tɛ̃] *adj* ⟨-ine [-in]⟩ studentisch; Studenten…
esturgeon [ɛstyʀʒõ] *m* Stör *m*
▸ **et** [e] *conj* **1** und; **2** *litt* **~ … ~ …** sowohl … als auch …
étable [etabl(ə)] *f* Stall *m*
établi [etabli] *m* Werkbank *f*
établir [etabliʀ] **I** *v/t* **1** (*installer*) ein-, errichten; (*fonder*) (be)gründen; **2** *relations, contact* herstellen; *liste, devis, record* aufstellen; *règles, frontières* festlegen; *prix* festsetzen; *facture, certificat* ausstellen; ***établi*** *usage, ordre* bestehend; herrschend; **3** (*démontrer*) feststellen; ermitteln; nachweisen; **II** *v/pr* ***s'~*** sich niederlassen
établissement [etablismɑ̃] *m* **1** (*installations*) Anstalt *f*; TECH (Werks-, Betriebs)Anlage *f*; (*entreprise*) Niederlassung *f*; Werk *n*; Betrieb *m*; **~ *hospitalier*** Krankenanstalt *f*; **~ *scolaire*** Lehr-, Bildungsanstalt *f*; ***chef*** *m* ***d'~*** (Schul-) Direktor *m*; **2** (*action de s'établir*) Niederlassung *f*; **3** (*création*) *d'un régime* Errichtung *f*; *de relations* Herstellung *f*; *d'un devis* Aufstellung *f*; *d'un règlement* Festlegung *f*; **4** *de faits* Feststellung *f*; Ermittlung *f*
▸ **étage** [etaʒ] *m* **1** Stock(werk) *m(n)*; Etage *f*; Geschoss *n*; *immeuble* ***à, de quatre ~s*** vierstöckig; viergeschossig; **2** *de fusée* Stufe *f*; **3** *fig* ***de bas ~*** niedrig stehend; minderwertig
étager [etaʒe] *v/pr* ⟨-ge-⟩ ***s'~*** stufenförmig ansteigen
▸ **étagère** [etaʒɛʀ] *f* **1** *meuble* Regal *n*; **2** *au mur* Wandbord *n*, -brett *n*; *à livres* Bücherbord *n*
étain [etɛ̃] *m* Zinn *n*
étais, était [etɛ] → ***être***
étal [etal] *m* ⟨-als⟩ **1** *de marché* Stand *m*; **2** *de boucher* Hack-, Fleischbank *f*
étalage [etalaʒ] *m* **1** (*devanture*) Auslage *f*; Schaufenster *n*; **2** *fig* Zurschaustellung *f*; ***faire ~ de qc*** etw zur Schau stellen
étalagiste [etalaʒist] *m,f* Schaufensterdekorateur(in) *m(f)*
étale [etal] *adj* ***la mer est ~*** das Wasser steigt *ou* fällt nicht mehr
étalement [etalmɑ̃] *m* Verteilung *f*; zeitliche Staffelung
étaler [etale] **I** *v/t* **1** *marchandises* ausstellen; auslegen; *journal* ausbreiten; *colle* verteilen; verstreichen; *beurre* streichen (***sur*** auf + *acc*); **2** *dans le temps* verteilen; (zeitlich) staffeln; **3** *fig luxe, savoir* zur Schau stellen; **II** *v/pr* **4** *titre de journal* ***s'~ sur*** sich erstrecken über (+ *acc*); **5** F ***s'~*** (*prendre de la place*) F sich breit machen; **6** F ***s'~*** (*tomber*) der Länge nach hinfallen; F hinschlagen
étalon [etalõ] *m* **1** *cheval* Hengst *m*; **2** *mesure* Eichmaß *n*; **~-or** *m* FIN Goldstandard *m*, -währung *f*
étamine [etamin] *f* **1** BOT Staubgefäß *n*, -beutel *m*, -blatt *n*; **2** *filtre* Siebtuch *n*
étanche [etɑ̃ʃ] *adj* (wasser-, luft)dicht; undurchlässig (*a fig*); *montre* wasserdicht
étanchéité [etɑ̃ʃeite] *f* Undurchlässigkeit *f*
étancher [etɑ̃ʃe] *v/t* **1** TECH abdichten; **2** *st/s soif* löschen; stillen
▸ **étang** [etɑ̃] *m* Teich *m*; Weiher *m*
étant [etɑ̃] *p/pr* → ***être***
▸ **étape** [etap] *f* **1** *distance* Etappe *f* (*a* SPORTS); **2** *lieu* (Zwischen)Station *f*; ***faire ~ à*** (Zwischen)Station machen in; **3** *fig* Abschnitt *m*; Stufe *f*; Etappe *f*; ***brûler les ~s*** einige Stufen, Etappen überspringen
▸ **état** [eta] *m* **1** Zustand *m* (*a* PHYS); ***état civil*** Familien-, Personenstand *m*; (***bureau*** *m* ***de l'***)***état civil*** Standesamt *n*; ***état général*** Allgemeinzustand *m*, -befinden *n*; ***état second*** Bewusstseinstrübung *f*; ***être dans un état second*** wie benommen sein; ***état d'alerte*** Alarmzustand *m*, -bereitschaft *f*; ***états d'âme*** Gefühlsregungen *f/pl*; seelische Verfassung; Befindlichkeiten *f/pl*; ***état de choses*** Sachlage *f*; Stand *m* der Dinge; ***état d'esprit*** Geistesverfassung *f*; ***état de fait*** Sachverhalt *m*; Tatbestand *m*; ***état de grâce*** REL Stand *m*

der Gnade; POL Schonfrist *f*; ***état de santé*** Gesundheitszustand *m*; Befinden *n*; ***état de siège*** Belagerungszustand *m*; ***état d'urgence*** Notstand *m*; Ausnahmezustand *m*; ***à l'état liquide*** in flüssigem Zustand; ***dans un état de ...*** in e-m Zustand (+ *gén*); ***être dans tous ses états*** in heller Aufregung sein; ***en bon, mauvais état*** in gutem, schlechtem Zustand; ***en tout état de cause*** auf jeden Fall; in jedem Fall; ***en état de marche*** betriebsfähig, -bereit; *véhicule a* fahrbereit; ***être en état de faire qc*** imstande *ou* in der Lage sein, etw zu tun; ***remettre qc en état*** etw instand setzen; ***être 'hors d'état de faire qc*** außerstande sein, etw zu tun; ***mettre qn hors d'état de nuire*** j-n unschädlich machen; **2** ▸ ***État*** Staat *m*; ***État de droit*** Rechtsstaat *m*; ***coup m d'État*** Staatsstreich *m*; **3** (*description*) Aufstellung *f*; ***état de frais*** Kosten-, Spesenaufstellung *f*; ***état des lieux*** Ortsbefund *m*; Zustandsfeststellung *f*; ***faire état de qc*** etw anführen; **4** HIST Stand *m*; ***le tiers état*** der dritte Stand; *par ext* ***de son état*** von Beruf; s-s Zeichens

l'état civil ist der Familienstand:

célibataire	ledig
marié(e)	verheiratet
divorcé(e)	geschieden

Daneben kann auf französischen Formularen nach folgenden Personalien gefragt werden:

nom	Name
prénom	Vorname
née ...	geborene ...
date de naissance	Geburtsdatum
lieu de naissance	Geburtsort
né(e) le ...	geboren am ...
né(e) à ...	geboren in ...
sexe	Geschlecht
masculin	männlich
féminin	weiblich
profession	Beruf
nationalité	Staatsangehörigkeit
adresse	Anschrift
domicilié(e) à ...	wohnhaft in ...
rue	Straße
numéro (de la maison)	Hausnummer
code postal	Postleitzahl
ville	Stadt
pays	Land

étatique [etatik] *adj* staatlich; Staats…; **~iser** [-ize] *v/t* verstaatlichen

état-major [etamaʒɔʀ] *m* ⟨états-majors⟩ **1** MIL (General)Stab *m*; **2** *fig* Führungsspitze *f*; Führungsstab *m*

▸ **États-Unis** [etazyni] ***les ~*** *m/pl* die Vereinigten Staaten *m/pl*

étau [eto] *m* ⟨~x⟩ Schraubstock *m*

étayer [eteje] *v/t* ⟨-ay- *od* -ai-⟩ **1** CONSTR abstützen; **2** *fig* stützen; untermauern

etc. [ɛtseteʀa] *abr* (*et cetera*) usw. (und so weiter); etc.

▸ **été**[1] [ete] *m* Sommer *m*; ***en ~*** im Sommer

été[2] *p/p* → ***être***

▸ **éteindre** [etɛ̃dʀ(ə)] ⟨→ peindre⟩ **I** *v/t* **1** *feu, incendie* löschen; *feu a, bougie* auslöschen; F ausmachen; **2** *appareil* aus-, abschalten; F ausmachen; *télévision, chauffage a* abstellen; aus-, abdrehen; *lumière, lampe a* F ausknipsen; *abs* das Licht ausmachen; **II** *v/pr* ***s'~*** **3** *feu, lumière, chauffage* ausgehen; **4** *fig sentiment* erlöschen; *bruit* verstummen; **5** (*mourir*) entschlafen; *race, famille* aussterben

▸ **éteint** [etɛ̃] *p/p* → ***éteindre*** *et adj* ⟨éteinte [etɛ̃t]⟩ *feu, bougie* erloschen (*a volcan, fig regard, voix*); ausgegangen; *appareil* ausgeschaltet; abgestellt; ***être ~*** *a* aus sein

étendard [etɑ̃daʀ] *m* Standarte *f*; Fahne *f*

étendre [etɑ̃dʀ(ə)] ⟨→ rendre⟩ **I** *v/t* **1** *bras, jambes* (aus)strecken; *ailes* ausbreiten; *linge* aufhängen; *pâte* ausrollen; **2** *vin* verdünnen; strecken; **3** ***~ qn sur un lit*** j-n auf ein Bett legen; F ***~ qn*** j-n zu Boden strecken; F *fig à un examen* ***se faire ~*** durchfallen; F durchrasseln; **4** *influence* ausdehnen (**à** auf + *acc*); **II** *v/pr* ***s'~*** **5** *brouillard, épidémie* sich ausbreiten; **6** *plaine, empire* sich ausdehnen, sich erstrecken (***jusqu'à*** bis [zu]); **7** *personne* sich ausstrecken (***sur*** auf + *dat*); sich hinlegen; **8** ***s'~ sur un sujet*** sich über ein Thema auslassen, verbreiten

E

étendu [etɑ̃dy] *adj* ⟨~e⟩ **1** *forêt, vue* ausgedehnt; **2** *connaissances* umfassend; umfangreich

étendue [etɑ̃dy] *f* **1** (*surface*) Ausdehnung *f*; Weite *f*; **2** (*importance*) Ausmaß *n*; Umfang *m*

▸**éternel** [etɛʀnɛl] **I** *adj* ⟨~le⟩ ewig (*a* F *fig*); **II** *m* ***l'*~** der Ewige

éterniser [etɛʀnize] *v/pr* ***s'~*** **1** sich endlos hinziehen; **2** F *personne* F ewig bleiben

éternité [etɛʀnite] *f* Ewigkeit *f* (*a* F *fig*); ***de toute ~*** seit eh und je

éternuement [etɛʀnymɑ̃] *m* Niesen *n*

éternuer [etɛʀnɥe] *v/i* niesen

êtes [ɛt] → ***être***

étêter [etete] *v/t* köpfen; kappen

éther [etɛʀ] *m* Äther *m*

éthéré [eteʀe] *litt adj* ⟨~e⟩ ätherisch; vergeistigt

Éthiopie [etjɔpi] ***l'~*** *f* Äthiopien *n*

éthique [etik] **I** *adj* ethisch; **II** *f* Ethik *f*; ***~ professionnelle*** Berufsethos *n*

ethn|ie [ɛtni] *f* Ethnie *f*; Sprach-, Kulturgemeinschaft *f*; **~ique** [-ik] *adj* ethnisch

ethnologie [ɛtnɔlɔʒi] *f* Ethnologie *f*; Völkerkunde *f*

éthologie [etɔlɔʒi] *f* Verhaltensforschung *f*; Ethologie *f*

éthylène [etilɛn] *m* Äthylen *n*

éthylique [etilik] **I** *adj* **1** ***alcool*** *m* **~** Äthylalkohol *m*; **2** MÉD alkoholisch; **II** *m,f* Alkoholkranke(r) *f(m)*; Alkoholiker(in) *m(f)*

éthylisme [etilism(ə)] *m* Alkoholismus *m*

étinceler [etɛ̃sle] *v/i* ⟨-ll-⟩ funkeln; glitzern; blitzen; schimmern

étincelle [etɛ̃sɛl] *f* Funke(n) *m* (*a fig*)

étioler [etjɔle] *v/pr* ***s'~*** **1** *plante* vergeilen; **2** *fig* verkümmern

étique [etik] *adj* dürr; mager

étiqueter [etikte] *v/t* ⟨-tt-⟩ **1** etikettieren; *marchandises* auszeichnen; **2** *fig* abstempeln (***comme*** als, zum *ou* zur)

étiquette [etikɛt] *f* **1** (*marque*) Etikett *n*; (Preis)Schild *n*; **2** *fig* Kennzeichen *n*; POL ***sans ~*** parteilos; **3** (*protocole*) Etikette *f*

étirer [etiʀe] **I** *v/t* TECH strecken; ziehen; **II** *v/pr* ***s'~*** **1** *tissu* sich dehnen; **2** *personne, animal* sich strecken; sich recken

étoffe [etɔf] *f* **1** (*tissu*) Stoff *m*; **2** *fig* ***avoir l'~ d'un chef****, etc* das Zeug zum Chef *etc* haben

étoffé [etɔfe] *adj* ⟨~e⟩ gedankenreich; gehaltvoll

étoffer [etɔfe] **I** *v/t* ausgestalten; ausbauen; vertiefen; **II** *v/pr* ***s'~*** kräftiger werden

▸**étoile** [etwal] *f* **1** ASTR, *signe* Stern *m*; ***à la belle ~*** im Freien; unter freiem Himmel; ***un (hôtel) trois ~s*** ein Dreisternehotel *n*; **2** ZO ***~ de mer*** Seestern *m*; **3** THÉ, CIN Star *m*; *adjt* ***danseur*** *m* **~** erster (Solo)Tänzer; ***danseuse*** *f* **~** Primaballerina *f*

étoilé [etwale] *adj* ⟨~e⟩ **1** *ciel* mit Sternen übersät; *nuit* sternklar; **2** ***bannière ~e*** Sternenbanner *n*; **3** (*en étoile*) sternförmig

étole [etɔl] *f* Stola *f*

étonnamment [etɔnamɑ̃] *adv* erstaunlich

▸**étonnant** [etɔnɑ̃] *adj* ⟨-ante [-ɑ̃t]⟩ erstaunlich; erstaunenswert; verwunderlich

étonné [etɔne] *adj* ⟨~e⟩ erstaunt, verwundert (***de*** über + *acc*); ***être ~*** *a* sich wundern; staunen

étonnement [etɔnmɑ̃] *m* (Er)Staunen *n*; Verwunderung *f*

▸**étonner** [etɔne] **I** *v/t* erstaunen; (ver)wundern; ***ça m'étonnerait*** das würde mich wundern; **II** *v/pr* ▸***s'étonner*** (er)staunen, sich wundern (***de*** über + *acc*; ***que …*** [+ *subj*] dass…)

étouffant [etufɑ̃] *adj* ⟨-ante [-ɑ̃t]⟩ *air* stickig; zum Ersticken; *chaleur* erstickend; *fig atmosphère* bedrückend

étouffé [etufe] *adj* ⟨~e⟩ **1** ***mourir ~*** ersticken; **2** *fig bruits* gedämpft; *cris, rires* unterdrückt; erstickt

étouffée [etufe] ***cuire à l'~*** schmoren; dämpfen; dünsten

étouffement [etufmɑ̃] *m* **1** Ersticken *n*; Atemnot *f*; *crise* Erstickungsanfall *m*; **2** *fig* Erstickung *f*; Unterdrückung *f*; *d'un scandale* Vertuschung *f*

étouffer [etufe] **I** *v/t* **1** ***~ qn*** j-n ersticken;

(*gêner la respiration*) j-m den Atem nehmen; **2** *incendie*, *fig révolte* ersticken; *bruits* dämpfen; *cri*, *sentiments* unterdrücken; *scandale* vertuschen; **II** *v/i* ersticken (*a fig*); keine Luft bekommen; **III** *v/pr* ***s'~*** ersticken

étourderie [etuʀdəʀi] *f* Gedankenlosigkeit *f* (*a acte*); Unüberlegtheit *f*; (*légèreté*) Leichtsinn *m*; (*oubli*) Vergesslichkeit *f*; F Schnitzer *m*

étourdi [etuʀdi] *adj* ⟨~e⟩ gedankenlos; unüberlegt; (*léger*) leichtsinnig; (*qui oublie*) vergesslich

étourdir [etuʀdiʀ] **I** *v/t* betäuben; benommen machen; **II** *v/pr* ***s'~*** *fig* sich betäuben

étourdiss|ant [etuʀdisɑ̃] *adj* ⟨-ante [-ɑ̃t]⟩ **1** *bruit* ohrenbetäubend; **2** *fig* überwältigend; **~ement** [-mɑ̃] *m* Schwindelgefühl *n*, -anfall *m*; *fig* Taumel *m*

étourneau [etuʀno] *m* ⟨~x⟩ ZO Star *m*

▸ **étrange** [etʀɑ̃ʒ] *adj* seltsam; sonderbar; merkwürdig; befremdend

étranger [etʀɑ̃ʒe] **I** *adj* ⟨-ère [-ɛʀ]⟩ **1** (*d'une autre nation*) ausländisch; fremdländisch; Auslands…; Fremd…; ***affaires étrangères*** auswärtige Angelegenheiten *f/pl*; ***langues étrangères*** Fremdsprachen *f/pl*; ***politique étrangère*** Außenpolitik *f*; **2** (*d'un autre groupe*) fremd; außenstehend; (*d'une autre ville*) ortsfremd; auswärtig; *visage* fremd; *personne* ***être étranger à qc*** (*insensible à*) e-r Sache (*dat*) fremd gegenüberstehen; (*ne pas participer à*) mit etw nichts zu tun haben; *chose* ***être étranger à qn*** j-m fremd sein; **II** *subst* **1** ▸ ***étranger, étrangère*** *m,f d'une autre nation* Ausländer(in) *m(f)*; *d'un autre groupe social* Fremde(r) *f(m)*; **2** ***l'étranger*** *m* das Ausland; ***à l'étranger*** im *ou* ins Ausland; Auslands…

étrangeté [etʀɑ̃ʒte] *f* Seltsamkeit *f*; Sonderbarkeit *f*; Merkwürdigkeit *f*

étranglé [etʀɑ̃gle] *adj* ⟨~e⟩ *voix* erstickt

étranglement [etʀɑ̃gləmɑ̃] *m* **1** (*strangulation*) Erwürgen *n*; **2** *endroit* Verengung *f*

étrangler [etʀɑ̃gle] **I** *v/t* erwürgen; erdrosseln; strangulieren; *sans tuer* würgen; die Luft abschnüren (***qn*** j-m); *émotion* **~ *qn*** j-m die Kehle zuschnüren; **II** *v/pr* ***s'~*** **1** *se tuer* sich erdrosseln; **2** (*s'étouffer*) keine Luft mehr bekommen; ersticken; **3** *voix* versagen

étrave [etʀav] *f* MAR Vordersteven *m*

▸ **être**[1] [ɛtʀ(ə)] ⟨je suis, tu es, il est, nous sommes, vous êtes, ils sont; j'étais; je fus; je serai; que je sois, qu'il soit, que nous soyons; sois!, soyons!, soyez!; étant; avoir été⟩ **I** *v/aux* **1** *de quelques v/i* sein; *de tous les v/pr* haben; ***elle est arrivée*** sie ist (an)gekommen; ***elle s'est blessée*** sie hat sich verletzt; ***ils se sont serré la main*** sie haben sich die Hand gegeben; **2** *de la forme passive* werden; ***être aimé*** geliebt werden; ***il a été critiqué*** er ist kritisiert worden; **II** *v/i* **3** sein; *litt* ***il n'est plus*** (*il est mort*) er ist nicht mehr; ***être bête*** dumm sein; ***être français*** *ou* ***Français*** (ein) Franzose sein; ***il n'est pas français*** *ou* ***Français*** er ist kein Franzose; ***si j'étais (de) vous*** wenn ich Sie wäre; ***où en êtes-vous (dans votre travail)?*** wie weit sind Sie (mit Ihrer Arbeit)?: ***je n'en suis pas encore là*** so weit bin ich noch nicht; ***ne plus savoir où l'on en est*** nicht mehr wissen, woran man ist; ***en être pour sa peine*** sich umsonst bemüht haben; ***je n'y suis pour personne*** ich bin für niemand(en) zu sprechen; *fig* ***j'y suis*** jetzt hab ich's; ***vous n'y êtes pas du tout*** Sie liegen völlig falsch; ***je n'y suis pour rien*** ich kann nichts dafür; ***être toujours à crier*** andauernd, fortwährend schreien; ***être à louer, à vendre*** zu vermieten, zu verkaufen sein; ***être après qn*** hinter j-m her sein; F ***il est dans les assurances*** er ist, arbeitet bei e-r Versicherung; ***il est de Paris*** er ist aus *ou* von Paris; ***le prix est de 300 euros*** der Preis beträgt 300 Euro; ***être d'une curiosité maladive*** von e-r krankhaften Neugier sein; krankhaft neugierig sein; ***être en maillot de bain*** im Badeanzug sein; ***vous n'êtes pas sans savoir que …*** Sie wissen sehr wohl, dass …; ***être sur le bureau*** auf dem Schreibtisch *lampe* stehen, *journal* liegen; *clé* ***être sur la porte*** stecken (*abs*); **4** *au passé composé* (*aller*) gehen; ***il a été à Paris*** er ist nach Paris gegangen, gefahren; ***j'ai été le voir*** ich habe ihn besucht; **5** (*se sentir*) sich fühlen; sich befinden; ***on est mal dans cette***

E

voiture man sitzt nicht bequem in diesem Wagen; ***il est mieux aujourd'hui*** es geht ihm heute besser; **6** *indiquant la date* haben; ***quel jour sommes-nous aujourd'hui?*** was für e-n Tag *ou* den Wievielten haben wir heute?; ***nous sommes lundi*** wir haben Montag; ***nous sommes le deux mars*** wir haben den zweiten März; heute ist der zweite März; **7** ▸ ***être à*** (*appartenir*) gehören (+ *dat*); ***ce livre est à moi*** dieses Buch gehört mir; ***je suis à vous tout de suite*** ich stehe Ihnen sofort zu Diensten; **III** *v/imp* **8** ***il est*** *st/s* (*il y a*) es gibt; *st/s* ***il est des gens qui …*** es gibt Leute, die …; ***il est difficile de*** (+ *inf*) es ist schwierig zu (+ *inf*); ***il est dix heures*** es ist zehn (Uhr); **9** ▸ ***c'est*** das ist; es ist; ***c'est exagéré*** das ist übertrieben; ***c'est difficile à dire*** es *ou* das ist schwer zu sagen; ***c'est mon ami*** das *ou* er ist mein Freund; ***ce sont***, F ***c'est mes livres*** das sind meine Bücher; ***c'est moi*** ich bin es; das bin ich; ***c'est trois euros*** das kostet drei Euro; ▸ ***… n'est-ce pas?*** nicht wahr?; oder?; *il n'est pas venu*, ***c'est qu'il est malade …*** dann ist er krank; … weil er krank ist; ***ce n'est pas que …*** (+ *subj*) nicht etwa, dass …; ***qui est-ce?***, F ***qui c'est?*** wer ist das?; ***c'était à qui parlerait le plus fort*** jeder wollte am lautesten reden; ***c'est à vous*** Sie sind dran; ***c'est à vous de décider*** es ist an Ihnen zu entscheiden; ***c'est bien de lui*** das sieht ihm ähnlich; ***je sais ce que c'est*** ich weiß, was das bedeutet, heißt; ▸ ***c'est mon frère qui l'a fait*** mein Bruder hat es getan; ***c'est à Paris que je voudrais habiter*** in Paris möchte ich wohnen; ▸ ***est-ce que tu viens?*** kommst du?

être[2] *m* **1** Wesen *n*; ***~ humain*** Mensch *m*; ***~ vivant*** Lebewesen *n*; **2** PHILOS Sein *n*

étreindre [etʀɛ̃dʀ(ə)] *v/t* ⟨→ peindre⟩ **1** in die Arme schließen; fest an sich (*acc*) drücken; umarmen; *adversaire* umklammern; **2** *sentiment* ***~ qn*** j-n bedrücken, beklemmen

étreinte [etʀɛ̃t] *f* **1** Umarmung *f*; *par ext* ***~ amoureuse*** Liebesakt *m*; **2** *fig* Umklammerung *f*

étrenner [etʀene] *v/t* zum ersten Mal benutzen; *vêtements* zum ersten Mal tragen; F einweihen

étrennes [etʀɛn] *f/pl* **1** Neujahrsgeschenk(e) *n(pl)*; **2** *gratification* Weihnachtsgeld *n*

étrier [etʀije] *m* Steigbügel *m*

étriller [etʀije] *v/t* **1** *cheval* striegeln; **2** *fig* (*malmener*) hart anfassen; F striegeln; (*critiquer*) F verreißen

étriper [etʀipe] **I** *v/t animal* ausweiden; ausnehmen; **II** *v/pr* F ***s'~*** sich, einander massakrieren

étriqué [etʀike] *adj* ⟨~e⟩ **1** *vêtements* zu eng; zu knapp; **2** *fig esprit* engstirnig

▸ **étroit** [etʀwa] *adj* ⟨étroite [etʀwat]⟩ **1** eng; *ruban, épaules, fenêtre* schmal; *vêtements* eng; knapp; ***à l'~*** beengt; *fig* ***au sens ~*** im engeren Sinn; **2** *péj* engstirnig; kleinlich; F kleinkariert; **3** *rapports* eng

étroitement [etʀwatmɑ̃] *adv liés* eng; *surveiller* scharf; streng

étroitesse [etʀwatɛs] *f* **1** Enge *f*; Schmalheit *f*; **2** *fig* ***~ (d'esprit)*** Engstirnigkeit *f*; geistige Enge; F Kleinkariertheit *f*

étron [etʀõ] *m* Kothaufen *m*

▸ **étude** [etyd] *f* **1** (*apprentissage*) Lernen *n*; Studieren *n*; *d'une langue* Erlernung *f*; *d'un rôle* Einstudierung *f*; *d'un texte, d'une science* Studium *n*; **2** ▸ ***études*** *pl* Studium *n*; ***études de médecine*** Medizinstudium *n*; ***faire des études de médecine*** Medizin studieren; ***faire ses études*** studieren; **3** (*examen*) Untersuchung *f*; Erforschung *f*; Prüfung *f*; Studium *n*; ***étude du marché*** Marktanalyse *f*; ***voyage*** *m* ***d'études*** Studienreise *f*; ***être à l'étude*** *projet* geprüft werden; in Vorbereitung sein; *dossier* in Bearbeitung sein; **4** *ouvrage* Studie *f*; **5** MUS Etüde *f*; Übungsstück *n*; **6** ÉCOLE *salle* Arbeitsraum *m*; *temps* Zeit *f* für Schularbeiten, Hausaufgaben; **7** *de notaire* Kanzlei *f*; Notariat *n*

▸ **étudi|ant** [etydjɑ̃], **~ante** [-ɑ̃t] **I** *m,f* Student(in) *m(f)*; Studierende(r) *f(m)*; ***~ en médecine*** Medizinstudent(in) *m(f)*; **II** *adj* studentisch; Studenten…

étudié [etydje] *adj* ⟨~e⟩ **1** (*calculé*) wohl überlegt; durchdacht; *prix* scharf, knapp kalkuliert; **2** (*affecté*) einstudiert; gekünstelt

► **étudier** [etydje] **I** *v/t* **1** *à l'université* studieren; *leçon* lernen; *rôle* einstudieren; **2** (*examiner*) studieren; erforschen; untersuchen; prüfen; **II** *v/pr* ***s'~*** sich selbst beobachten
étui [etɥi] *m* Etui *n*; Futteral *n*; Hülle *f*; ***~ à lunettes*** Brillenetui *n*
étuve [etyv] *f* **1** Schwitzbad *n*; *fig* ***quelle ~!*** hier ist e-e Bruthitze!; **2** TECH Trockenapparat *m*
étuvée [etyve] ***cuire à l'~*** dämpfen; dünsten; schmoren
étymolog|ie [etimɔlɔʒi] *f* Etymologie *f*; **~ique** [-ik] *adj* etymologisch
eu [y] *p/p* → ***avoir***
eucalyptus [økaliptys] *m* Eukalyptus *m*
eucharistie [økaristi] *f* Eucharistie *f*
euh [ø] *int* **1** *en cherchant ses mots* äh …; **2** *embarras, doute* hm!
eunuque [ønyk] *m* Eunuch *m*
euphémisme [øfemism(ə)] *m* Euphemismus *m*
euphorbe [øfɔrb] *f* BOT Wolfsmilch *f*
euphor|ie [øfɔri] *f* Euphorie *f*; Hochstimmung *f*; **~ique** [-ik] *adj* euphorisch; **~isant** [-izɑ̃] *adj* ⟨-ante [-ɑ̃t]⟩ euphorisierend
eurasien [ørazjɛ̃] **I** *adj* ⟨-ienne [-jɛn]⟩ eurasisch; **II** **≈(ne)** *m(f)* Eurasier(in) *m(f)*
eurent [yr] → ***avoir***
► **euro** [øro] *m* Euro *m*; *adjt* ***zone f ~*** Euroland *n*
euro… [ørɔ] *préfixe* Euro…; euro…
eurocrate [ørɔkrat] *m* Eurokrat *m*
eurodollars *m/pl* Eurodollars *m/pl*
► **Europe** [ørɔp] ***l'~*** *f* Europa *n*
► **européen** [ørɔpeɛ̃] **I** *adj* ⟨-enne [-ɛn]⟩ europäisch; Europa …; **II** **≈(ne)** *m(f)* Europäer(in) *m(f)*
eurotunnel *m* Eurotunnel *m*
Eurovision *f* Eurovision *f*
eus [y] → ***avoir***
eut, eût [y] → ***avoir***
euthanasie [øtanazi] *f* Euthanasie *f*; Sterbehilfe *f*
► **eux** [ø] *pr/pers* **1** sie (*nom et acc pl*); **2** *avec prép* sie (*acc*); ihnen (*dat*); *réfléchi* sich
eux-mêmes [ømɛm] *pr/pers* **1** *emphatique* (sie) selbst; **2** *réfléchi* sich selbst
évacuation [evakɥasjõ] *f* **1** MÉD Ausscheidung *f*; Entleerung *f*; **2** TECH Ableitung *f*; **3** MIL, *d'une salle* Räumung *f*; *de la population* Evakuierung *f*; *de blessés* Abstransport *m*
évacuer [evakɥe] *v/t* **1** MÉD ausscheiden; **2** *eaux usées, etc* ableiten; **3** MIL, *salle* räumen; *population* evakuieren; *blessés* abtransportieren; ***~ par avion*** ausfliegen
évadé [evade] **I** *adj* ⟨~e⟩ entflohen; flüchtig; **II** *m* Ausbrecher *m*
évader [evade] *v/pr* ***s'~*** **1** ausbrechen, (ent)fliehen (***d'une prison*** aus e-m Gefängnis); **2** *fig* entfliehen (***de*** *dat*)
évaluation [evalɥasjõ] *f* Schätzung *f*; Bewertung *f*; Taxierung *f*; Veranschlagung *f*
évaluer [evalɥe] *v/t* schätzen (***à*** auf + *acc*); *objet a* bewerten; taxieren; *distance* (ab)schätzen; *risque* abschätzen; *prix* überschlagen; veranschlagen
évanescent [evanesɑ̃] *adj* ⟨-ente [-ɑ̃t]⟩ verschwimmend; undefinierbar
évangél|ique [evɑ̃ʒelik] *adj* evangelisch; **~iser** [-ize] *v/t* evangelisieren; missionieren; **~iste** [-ist] *m* Evangelist *m*
Évangile [evɑ̃ʒil] *m* Evangelium *n* (*a fig* ≈)
► **évanouir** [evanwir] *v/pr* ***s'~*** **1** *personne* ohnmächtig werden; ***évanoui*** ohnmächtig; **2** (*disparaître*) (ver-)schwinden; vergehen; *espoir* zerrinnen
évanouissement [evanwismɑ̃] *m* **1** (*syncope*) Ohnmacht *f*; **2** (*disparition*) Schwinden *n*; Zerrinnen *n*
évaporation [evapɔrasjõ] *f* Verdunstung *f*; Verdampfung *f*
évaporé [evapɔre] *adj* ⟨~e⟩ *personne* leichtfertig; leichtsinnig; flatterhaft
évaporer [evapɔre] *v/pr* ***s'~*** **1** verdunsten; verdampfen; **2** F *fig* sich verflüchtigen
évasé [evaze, -vɑ-] *adj* ⟨~e⟩ sich erweiternd; *jupe* ausgestellt
évaser [evaze, -vɑ-] **I** *v/t* erweitern; **II** *v/pr* ***s'~*** sich weiten; sich erweitern; weiter werden
évasif [evazif] *adj* ⟨-ive [-iv]⟩ *réponse* ausweichend; *geste* vage
évasion [evazjõ] *f* **1** *d'un prisonnier* Ausbruch *m*; Flucht *f*; **2** *fig* Flucht *f* (*a* FIN); (*distraction*) Ablenkung *f*
évêché [eveʃe] *m* **1** *territoire* Bistum *n*; **2** *ville* Bischofssitz *m*
éveil [evɛj] *m fig* Erwachen *n*; ***en ~***

wach(sam); aufmerksam; ***donner l'~ à qn*** j-n warnen, aufmerksam machen

éveillé [eveje] *adj* ⟨~e⟩ **1** wach; ***rêve ~*** Wachtraum *m*; Tagtraum *m*; **2** *fig* aufgeweckt; (hell)wach; lebhaft

éveiller [eveje] **I** *v/t* *fig* wachrufen; wecken; *soupçons, sympathie* erwecken; **II** *v/pr* ***s'~*** erwachen (*a fig*); *sentiments a* sich regen; geweckt werden

E

▸**événement** *ou* **évènement** [evɛnmɑ̃] *m* Ereignis *n*; Vorkommnis *n*; *st/s* Begebenheit *f*

événementiel [evɛnmɑ̃sjɛl] *adj* ⟨~le⟩ lediglich die Ereignisse schildernd

éventail [evɑ̃taj] *m* **1** Fächer *m*; ***en ~*** fächerförmig; **2** *fig* Palette *f*; Spektrum *n*

éventaire [evɑ̃tɛʀ] *m* Auslage *f*; *d'un marchand ambulant* Bauchladen *m*

éventé [evɑ̃te] *adj* ⟨~e⟩ **1** *boisson* schal; abgestanden; *parfum* verduftet; **2** *secret* offen; **3** (*venteux*) windig

éventer [evɑ̃te] **I** *v/t* **1** ***~ qn*** j-m Kühlung zufächeln; **2** *complot, secret* aufdecken; enthüllen; **II** *v/pr* ***s'~*** **3** *personne* sich Kühlung zufächeln; **4** *boisson* schal werden; *parfum* verduften

éventrer [evɑ̃tʀe] *v/t* **1** den Bauch aufschlitzen (+ *dat*); **2** *objets* (gewaltsam) aufreißen, aufschlitzen, aufbrechen

éventualité [evɑ̃tɥalite] *f* Eventualität *f*; Möglichkeit *f*; Eventualfall *m*; ***dans l'~ de*** im Fall(e) (+ *gén*)

éventuel [evɑ̃tɥɛl] *adj* ⟨~le⟩ eventuell; etwaig; möglich

éventuellement [evɑ̃tɥɛlmɑ̃] *adv* eventuell; möglicherweise

évêque [evɛk] *m* Bischof *m*

évertuer [evɛʀtɥe] *v/pr* ***s'~*** sich bemühen, sich anstrengen (***à faire qc*** etw zu tun)

éviction [eviksõ] *f* Verdrängung *f*; Ausschaltung *f*

▸**évidemment** [evidamɑ̃] *adv* selbstverständlich; natürlich

évidence [evidɑ̃s] *f* **1** Offensichtlichkeit *f*; Offenkundigkeit *f*; ***de toute ~*** (ganz) offensichtlich; ***se rendre à l'~*** die Tatsachen anerkennen; sich den Tatsachen beugen; **2** (*chose évidente*) offensichtliche Tatsache; Selbstverständlichkeit *f*; **3** ***mettre en ~*** gut sichtbar hinlegen; *fig* klar, deutlich hervorheben, herausstellen

▸**évident** [evidɑ̃] *adj* ⟨-ente [-ɑ̃t]⟩ offensichtlich; offenkundig; augenscheinlich; offenbar; evident; einleuchtend; sinnfällig

évider [evide] *v/t* aushöhlen

évier [evje] *m* Spüle *f*; Spülbecken *n*

évincer [evɛ̃se] *v/t* ⟨-ç-⟩ verdrängen; ausschalten

▸**éviter** [evite] *v/t* **1** vermeiden; *mets, lieu* meiden; *obstacle* ausweichen (+ *dat*); ***~ qn*** j-n meiden; j-m aus dem Weg gehen; ***~ de faire qc*** es vermeiden, etw zu tun; **2** ***~ qc à qn*** j-m etw ersparen

évocateur [evɔkatœʀ] *adj* ⟨-trice [-tʀis]⟩ Erinnerungen wachrufend; bedeutungsvoll; viel sagend

évocation [evɔkasjõ] *f* Erinnerung *f* (***de*** an + *acc*); *d'un souvenir* Wachrufen *n*

évolué [evɔlɥe] *adj* ⟨~e⟩ *pays* hoch entwickelt; *idées* fortschrittlich

évoluer [evɔlɥe] *v/i* **1** (*se mouvoir*) Bewegungen ausführen; sich bewegen; **2** (*changer*) sich (weiter-, fort)entwickeln; sich wandeln; *maladie* fortschreiten

évolutif [evɔlytif] *adj* ⟨-ive [-iv]⟩ **1** *poste* ausbau-, entwicklungsfähig; **2** *maladie* fortschreitend

▸**évolution** [evɔlysjõ] *f* **1** ***~s*** *pl* Bewegungen *f/pl*; Vorführungen *f/pl*; **2** (*progression*) (Weiter-, Fort)Entwicklung *f*; *d'une maladie* Fortschreiten *n*; Verlauf *m*; **3** BIOL Evolution *f*

évoquer [evɔke] *v/t* **1** in Erinnerung, ins Gedächtnis rufen; erinnern an (+ *acc*); *souvenirs* wachrufen; heraufbeschwören; **2** *par ext* e-e Vorstellung geben von; *problème* erwähnen; streifen

ex [ɛks] *m,f* F Verflossene(r) *f(m)*

ex-… [ɛks] *préfixe* Ex…; ehemalige

exacerber [ɛgzasɛʀbe] *v/t* *douleur* verschlimmern; *désir, colère* steigern; ***exacerbé*** übersteigert

▸**exact** [ɛgza(kt)] *adj* ⟨exacte [ɛgzakt]⟩ **1** genau; exakt; richtig; ***heure ~e*** genaue Uhrzeit; ***c'est ~*** das ist richtig; das stimmt; **2** *personne* pünktlich

▸**exactement** [ɛgzaktəmɑ̃] *adv* genau

exactions [ɛgzaksjõ] *f/pl* Machtmissbrauch *m*

exactitude [ɛgzaktityd] *f* **1** Genauigkeit *f*; Exaktheit *f*; Richtigkeit *f*; **2** (*ponctualité*) Pünktlichkeit *f*

ex æquo [ɛgzeko] *adv* gleich(rangig, -wertig)
exagération [ɛgzaʒeʀasjõ] *f* Übertreibung *f*
exagéré [ɛgzaʒeʀe] *adj* ⟨~e⟩ übertrieben; überzogen; übersteigert; überspitzt
▸**exagérer** [ɛgzaʒeʀe] ⟨-è-⟩ **I** *v/t et v/i* übertreiben; **II** *v/pr* ***s'~ qc*** etw überschätzen
exaltant [ɛgzaltɑ̃] *adj* ⟨-ante [-ɑ̃t]⟩ begeisternd; mitreißend
exaltation [ɛgzaltasjõ] *f* Überschwänglichkeit *f*; Überschwang *m*; Überspanntheit *f*; Exaltiertheit *f*
exalté [ɛgzalte] **I** *adj* ⟨~e⟩ überschwänglich; überspannt; exaltiert; **II** ~(*e*) *m*(*f*) Schwärmer(in) *m*(*f*); Fantast(in) *m*(*f*)
exalter [ɛgzalte] **I** *v/t* **1** (*passionner*) begeistern; mitreißen; **2** *st/s* (*glorifier*) preisen; rühmen; **II** *v/pr* ***s'~*** ins Schwärmen geraten
▸**examen** [ɛgzamɛ̃] *m* **1** (*épreuves*) Prüfung *f*; Examen *n*; **2** (*contrôle*) (Über)Prüfung *f*; **3** ~ (***médical***) (ärztliche) Untersuchung; **4** ***~ de conscience*** Gewissenserforschung *f*; **5** JUR ***mise f en ~*** Eröffnung *f* e-s Ermittlungsverfahrens (***de qn*** gegen j-n)
examina|teur [ɛgzaminatœʀ] *m*, **~trice** [-tʀis] *f* Prüfer(in) *m*(*f*); Examinator *m*
examiner [ɛgzamine] **I** *v/t* **1** (*contrôler*) (über)prüfen; untersuchen (*a* MÉD); *dossier a* durchsehen; **2** (*observer*) mustern; genau, prüfend betrachten
exaspér|ant [ɛgzaspeʀɑ̃] *adj* ⟨-ante [-ɑ̃t]⟩ auf die Nerven gehend; **~ation** [-asjõ] *f* Gereiztheit *f*; Erbitterung *f*
exaspérer [ɛgzaspeʀe] *v/t* ⟨-è-⟩ **1** (*irriter*) aufs Äußerste reizen; aufbringen; rasend machen; erbittern; **2** *litt* (*augmenter*) (aufs Höchste) steigern; *colère* reizen
exaucer [ɛgzose] *v/t* ⟨-ç-⟩ erhören
excava|teur [ɛkskavatœʀ] *m ou* **~trice** [-tʀis] *f* Bagger *m*
excédent [ɛksedɑ̃] *m* Überschuss *m*; ***~ de bagages*** Übergepäck *n*; ***~ de naissances*** Geburtenüberschuss *m*; ***en ~*** überschüssig; überzählig
excédentaire [ɛksedɑ̃tɛʀ] *adj* überschüssig
excéder [ɛksede] *v/t* ⟨-è-⟩ **1** (*dépasser*) übersteigen; hinausgehen über (+ *acc*); **2** (*agacer*) ***~ qn*** j-m lästig fallen; j-n ärgern, reizen
excellence [ɛksɛlɑ̃s] *f* **1** Vortrefflichkeit *f*; **2** *titre* ♀ Exzellenz *f*; **3** ***par ~*** schlechthin; par excellence
▸**excellent** [ɛksɛlɑ̃] *adj* ⟨-ente [-ɑ̃t]⟩ hervorragend; (ganz) ausgezeichnet; vortrefflich; vorzüglich; exzellent
exceller [ɛksele] *v/i* ***~ dans, en qc*** sich hervortun, hervorragend sein in etw (*dat*); ***~ à faire qc*** etw hervorragend tun
excentricité [ɛksɑ̃tʀisite] *f* exzentrisches Wesen
excentrique [ɛksɑ̃tʀik] **I** *adj* **1** exzentrisch; überspannt; *tenue* ausgefallen; **2** *quartier* abgelegen; **II** *m,f* Exzentriker(in) *m*(*f*)
excepté [ɛksɛpte] *prép* ⟨*bei Nachstellung veränderlich*⟩ ausgenommen (+ *cas régi par le verbe précédent*); bis auf (+ *acc*); abgesehen von (+ *dat*); außer (+ *dat*)
excepter [ɛksɛpte] *v/t* ausnehmen
▸**exception** [ɛksɛpsjõ] *f* Ausnahme *f*; ***~ à la règle*** Ausnahme von der Regel; ***d'~*** Ausnahme…; Sonder…; außergewöhnlich; ***à l'~ de*** *ou* ***~ faite de*** mit Ausnahme von (*ou* + *gén*); bis auf (+ *acc*); abgesehen von (+ *dat*); außer (+ *dat*); ***sans ~*** ohne Ausnahme; ausnahmslos
exceptionnel [ɛksɛpsjɔnɛl] *adj* ⟨~le⟩ außergewöhnlich; Ausnahme…
exceptionnellement [ɛksɛpsjɔnɛlmɑ̃] *adv* **1** (*par exception*) ausnahmsweise; **2** (*extraordinairement*) außergewöhnlich
excès [ɛksɛ] *m* Übermaß *n*; *acte* Exzess *m*; ▸***excès de vitesse*** Geschwindigkeitsüberschreitung *f*; ***excès de zèle*** Übereifer *m*; ***à l'excès*** im Übermaß; bis zum Exzess; ***tomber dans l'excès inverse*** ins andere Extrem fallen
excessif [ɛksesif] *adj* ⟨-ive [-iv]⟩ übermäßig; *personne* maßlos; (*exagéré*) übertrieben; *prix, vitesse* überhöht
excipient [ɛksipjɑ̃] *m* PHARM Grundmasse *f*
excision [ɛksizjõ] *f* **1** MÉD Ausschneiden *n*; **2** *rite* Beschneidung *f* der Mädchen
▸**excitant** [ɛksitɑ̃] **I** *adj* ⟨-ante [-ɑ̃t]⟩ erregend, aufreizend (*a sexuellement*); *lecture* aufregend; *boisson* anregend;

II *m* Anregungsmittel *n*; Stimulans *n*
excitation [ɛksitasjõ] *f* Erregung *f* (*a* PHYS, BIOL); (*énervement*) *a* Aufregung *f*
▸ **excité** [ɛksite] **I** *adj* ⟨~e⟩ erregt; aufgeregt; **II** **~(e)** *m(f)* Hitzkopf *m*; Heißsporn *m*
exciter [ɛksite] **I** *v/t* **1** *personne* erregen, aufreizen (*a sexuellement*); (*irriter*) reizen; **~ qn à qc** j-n zu etw aufstacheln; **2** *appétit*, *imagination* anregen; *nerf* reizen; erregen; **II** *v/pr* **s'~** erregt werden; (*s'irriter*) sich erregen; sich aufregen
exclamation [ɛksklamasjõ] *f* Ausruf *m*
exclamer [ɛksklame] *v/pr* **s'~** ausrufen
exclu [ɛkskly] *p/p* → **exclure** *et adj* ⟨~e⟩ ausgeschlossen
exclure [ɛksklyʀ] *v/t* ⟨→ conclure⟩ ausschließen (**de** aus)
exclusif [ɛksklyzif] *adj* ⟨-ive [-iv]⟩ ausschließlich; Exklusiv…; **représentant ~** Alleinvertreter *m*; **il est trop ~** *dans ses goûts* er ist zu einseitig; *en amitié* er beansprucht ungeteilte Zuneigung
exclusion [ɛksklyzjõ] *f* Ausschluss *m* (**de** aus); (soziale) Ausgrenzung; **à l'~ de** außer (+ *dat*)
exclusivité [ɛksklyzivite] *f* Alleinvertrieb *m*; Alleinveröffentlichungsrecht *n*, -aufführungsrecht *n*; Exklusivrecht *n*; **cinéma** *m* **d'~** Erstaufführungskino *n*; **en ~** ausschließlich; exklusiv
excommunier [ɛkskɔmynje] *v/t* exkommunizieren
excréments [ɛkskʀemɑ̃] *m/pl* Exkremente *n/pl*; Kot *m*
excrétion [ɛkskʀesjõ] *f* BIOL Ausscheidung *f*
excroissance [ɛkskʀwasɑ̃s] *f* MÉD Auswuchs *m*; Wucherung *f*
▸ **excursion** [ɛkskyʀsjõ] *f* Ausflug *m*
excusable [ɛkskyzabl(ə)] *adj* entschuldbar; *a personne* zu entschuldigen
▸ **excuse** [ɛkskyz] *f* Entschuldigung *f*; (*prétexte*) Ausrede *f*; **mauvaise ~** faule Ausrede; **faire ses** *ou* **des ~s à qn, présenter ses ~s à qn** sich bei j-m entschuldigen
▸ **excuser** [ɛkskyze] **I** *v/t* entschuldigen; ▸ ***excuse-moi!*** entschuldige (bitte)!; Entschuldigung!; Verzeihung!; ▸ ***excusez-moi!*** entschuldigen Sie (bitte)!; Entschuldigung!; Verzeihung!; **II** *v/pr* ▸ ***s'excuser*** sich entschuldigen (**de qc auprès de qn** bei j-m für *ou* wegen etw)
exécr|able [egzekʀabl(ə)] *adj* scheußlich; abscheulich; **~er** [-e] *v/t* ⟨-è-⟩ verabscheuen
exécutant [egzekytɑ̃] *m* **1** ausführendes Organ (*Person*); **2** MUS Mitwirkende(r) *m*; Ausführende(r) *m*
exécuter [egzekyte] **I** *v/t* **1** (*réaliser*) ausführen; durchführen; **2** JUR vollstrecken; **3** MUS vortragen; spielen; aufführen; **4 ~ qn** j-n hinrichten, exekutieren; **II** *v/pr* **s'~** der Aufforderung nachkommen; sich fügen
exécuteur [egzekytœʀ] *m* ***~ testamentaire*** Testamentsvollstrecker *m*
exécutif [egzekytif] *adj* ⟨-ive [-iv]⟩ Exekutiv…; (**pouvoir**) **~** *m* Exekutive *f*; vollziehende Gewalt
exécution [egzekysjõ] *f* **1** Ausführung *f*; Durchführung *f*; **mettre à ~** aus-, durchführen; *menace* wahr machen; **2** JUR Vollstreckung *f*; **3** MUS Vortrag *m*; Spiel *n*; Aufführung *f*; **4 ~** (**capitale**) Hinrichtung *f*; Exekution *f*
exégèse [egzeʒɛz] *f* Exegese *f*; (Text)Auslegung *f*; **faire l'~ de qc** etw auslegen
exemplaire [egzɑ̃plɛʀ] **I** *adj* mustergültig; vorbildlich; beispielhaft; *châtiment* exemplarisch; **II** *m* Exemplar *n*; Stück *n*; **en double ~** in zweifacher Ausfertigung
exemple [egzɑ̃pl(ə)] *m* Beispiel *n*; *avertissement* Exempel *n*; **à l'exemple de** nach dem Beispiel, Vorbild von (*ou* + *gén*); ▸ **par exemple a**) zum Beispiel (*abr* z.B.); beispielsweise; **b**) *int* F (na) so was!; **donner l'exemple** mit gutem Beispiel vorangehen; **faire un exemple** ein Exempel statuieren; **prendre exemple sur qn** sich an j-m ein Beispiel nehmen
exempt [ɛgzɑ̃] *adj* ⟨exempte [ɛgzɑ̃t]⟩ frei, *personne a* befreit (**de** von)
exempter [ɛgzɑ̃te] *v/t* befreien, *personne a* freistellen, dispensieren (**de** von)
exemption [ɛgzɑ̃psjõ] *f* Befreiung *f* (**de** von)
exercé [ɛgzɛʀse] *adj* ⟨~e⟩ geübt
exercer [ɛgzɛʀse] ⟨-ç-⟩ **I** *v/t* **1** *métier*, *pouvoir*, *influence* ausüben; **2** *mémoire* üben; schulen; **II** *v/i* *médecin* praktizie-

ren; *avocat* als Anwalt tätig sein; **III** *v/pr* ***s'~*** üben; SPORTS *a* trainieren; ***s'~ à faire qc*** sich in etw (*dat*) üben

▸ **exercice** [ɛgzɛʀsis] *m* **1** *d'un métier, du pouvoir* Ausübung *f*; ***le président en ~*** der amtierende Präsident; ***dans l'~ de ses fonctions*** in Ausübung s-s Amtes; **2** SPORTS, ÉCOLE Übung *f*; **3** ***~ (physique)*** (körperliche) Bewegung; ***faire de l'~*** sich Bewegung verschaffen; **4** COMM Geschäfts-, Wirtschaftsjahr *n*

exergue [ɛgzɛʀg] *m* Motto *n*

exhalaison [ɛgzalɛzõ] *f* Ausdünstung *f*

exhaler [ɛgzale] **I** *v/t* ver-, ausströmen; *odeur désagréable a* ausdünsten; **II** *v/pr* ***s'~*** ausströmen (***de*** aus)

exhaustif [ɛgzostif] *adj* ⟨-ive [-iv]⟩ erschöpfend

exhiber [ɛgzibe] **I** *v/t* **1** vorzeigen; *animaux au cirque* vorführen; **2** *péj* zur Schau stellen; **II** *v/pr* ***s'~*** *péj* sich zur Schau stellen

exhibition [ɛgzibisjõ] *f* **1** Vorzeigen *n*; *au cirque* Vorführung *f*; **2** *péj* Zurschaustellung *f*

exhibitionn|isme [ɛgzibisjɔnism(ə)] *m* **1** PSYCH Exhibitionismus *m*; **2** *fig* Zurschaustellung *f* s-r Intimsphäre; **~iste** [-ist] *m* Exhibitionist *m*

exhort|ation [ɛgzɔʀtasjõ] *st/s f* Ermahnung *f*; **~er** [-e] *st/s v/t* ermahnen (***à qc*** zu etw)

exhumer [ɛgzyme] *v/t* **1** *cadavre* exhumieren; **2** *par ext* ausgraben (*a fig*)

exigeant [ɛgziʒɑ̃] *adj* ⟨-ante [-ɑ̃t]⟩ anspruchsvoll

exigence [ɛgziʒɑ̃s] *f* **1** ***~s*** *pl de qn* Forderungen *f/pl*; Ansprüche *m/pl*; *de la situation, etc* Erfordernisse *n/pl*; Anforderungen *f/pl*; **2** *caractère* anspruchsvolles Wesen

▸ **exiger** [ɛgziʒe] *v/t* ⟨-ge-⟩ **1** fordern, verlangen (***qc de qn*** etw von j-m); **2** *chose* ***~ qc*** etw erfordern, erforderlich machen

exigible [ɛgziʒibl(ə)] *adj* fällig

exigu [ɛgzigy] *adj* ⟨-guë [-gy]⟩ sehr klein; winzig; eng

exiguïté [ɛgzigɥite] *f* Kleinheit *f*; Enge *f*

exil [ɛgzil] *m* Exil *n* (*a lieu*); ***vivre en ~*** im Exil leben

exilé [ɛgzile] **I** *adj* ⟨~e⟩ im Exil lebend; Exil…; **II** ***~(e)*** *m(f)* Emigrant(in) *m(f)*

exiler [ɛgzile] **I** *v/t* ins Exil schicken; verbannen; **II** *v/pr* ***s'~*** ins Exil gehen; emigrieren

existant [ɛgzistɑ̃] *adj* ⟨-ante [-ɑ̃t]⟩ bestehend; vorhanden; existierend

existence [ɛgzistɑ̃s] *f* **1** (*réalité*) Vorhandensein *n*; Bestehen *n*; Existenz *f*; **2** (*vie*) Dasein *n*; Leben *n*; Existenz *f*

existentialisme [ɛgzistɑ̃sjalism(ə)] *m* Existenzialismus *m*

existentiel [ɛgzistɑ̃sjɛl] *adj* ⟨~le⟩ existenziell

▸ **exister** [ɛgziste] **I** *v/i* existieren (*a vivre*); vorhanden sein; bestehen; da sein; **II** *v/imp* ***il existe*** es gibt

exode [ɛgzɔd] *m* Auszug *m*; Massenauswanderung *f*; POL Massenflucht *f*; Fluchtwelle *f*; ***~ rural*** Landflucht *f*

exonération [ɛgzɔneʀasjõ] *f* Befreiung *f*; Erlass *m*

exonérer [ɛgzɔneʀe] *v/t* ⟨-è-⟩ von Steuern, Gebühren befreien; ***~ qn de qc*** j-n von etw befreien

exorbitant [ɛgzɔʀbitɑ̃] *adj* ⟨-ante [-ɑ̃t]⟩ *prix* horrend; *exigences* maßlos

exorbité [ɛgzɔʀbite] *adj* ⟨~e⟩ ***yeux ~s*** weit aufgerissene, *d'effroi* starre Augen *n/pl*

exorc|iser [ɛgzɔʀsize] *v/t* den Teufel austreiben (***qn*** aus j-m); **~isme** [-ism(ə)] *m* Exorzismus *m*; Teufelsaustreibung *f*

exot|ique [ɛgzɔtik] *adj* exotisch; fremdländisch; **~isme** [-ism(ə)] *m* Exotik *f*

exp. *abr* (*expéditeur*) Abs. (Absender)

expansif [ɛkspɑ̃sif] *adj* ⟨-ive [-iv]⟩ mitteilsam

expansion [ɛkspɑ̃sjõ] *f* **1** Ausdehnung *f*; Expansion *f* (*a* POL, ÉCON); **2** ***besoin*** *m* ***d'~*** Mitteilungsbedürfnis *n*

expansionn|isme [ɛkspɑ̃sjɔnism(ə)] *m* Expansionspolitik *f*; **~iste** [-ist] *adj* expansionistisch

expatrier [ɛkspatʀije] **I** *v/t capitaux* im Ausland anlegen; **II** *v/pr* ***s'~*** sein Land verlassen; auswandern

expectative [ɛkspɛktativ] *f* ***rester dans l'~*** sich abwartend verhalten

expectorant [ɛkspɛktɔʀɑ̃] *adj* ⟨-ante [-ɑ̃t]⟩ schleimlösend

expédient [ɛkspedjɑ̃] *m* Ausweg *m*; Notlösung *f*; Notbehelf *m*; ***vivre d'~s*** sich (so) durchlavieren, durchmogeln

expédier [ɛkspedje] *v/t* **1** *travail, affaire*

E

(rasch, zügig) erledigen; *péj* hinschludern; *repas* hinunterschlingen; **2** *personne* rasch abfertigen; **3** (*envoyer*) versenden; verschicken; *lettre* ab-, wegschicken; absenden; aufgeben

▸**expéditeur** [ɛkspeditœʀ], **expéditrice** [ɛkspeditʀis] **I** *m,f* Absender(in) *m(f)*; **II** *adj* Versand…

E

expéditif [ɛkspeditif] *adj* ⟨-ive [-iv]⟩ flink; zügig, flott arbeitend; *méthode* rasch zum Ziel führend

expédition [ɛkspedisjõ] *f* **1** *voyage*, MIL Expedition *f* (*a iron*); **2** (*envoi*) Versand *m*; *d'une lettre* Absendung *f*

expéditionnaire [ɛkspedisjɔnɛʀ] **I** *adj* ***corps*** *m* **~** Expeditionskorps *n*; **II** *m,f* COMM Expedient(in) *m(f)*

▸**expérience** [ɛkspeʀjɑ̃s] *f* **1** Erfahrung *f*; **~ *amoureuse*** (Liebes)Erlebnis *n*; **~ *professionnelle*** Berufserfahrung *f*; ***faire l'~ de qc*** Erfahrungen mit etw machen; **2** (*essai*) Experiment *n*; Versuch *m*; ***faire des ~s*** Experimente machen (***sur*** an + *dat*); experimentieren (mit)

expériment|al [ɛkspeʀimɑ̃tal] *adj* ⟨~e; -aux [-o]⟩ experimentell; Versuchs…; **~ation** [-asjõ] *f* Experimentieren *n*

expériment|é [ɛkspeʀimɑ̃te] *adj* ⟨~e⟩ erfahren; routiniert; **~er** [-e] *v/t* erproben, ausprobieren (***sur*** an + *dat*)

expert [ɛkspɛʀ] **I** *adj* ⟨-erte [-ɛʀt]⟩ **1** sachverständig; sach-, fachkundig; ***être ~ en la matière*** Fachmann auf dem Gebiet sein; **2** INFORM ***système ~*** Expertensystem *n*; **II** *m* Sachverständige(r) *m*; Gutachter *m*; *par ext* (*connaisseur*) Fachmann *m*; Experte *m*

expert-comptable *m* ⟨experts-comptables⟩ Wirtschafts-, Buch-, Rechnungsprüfer *m*

expertis|e [ɛkspɛʀtiz] *f* Gutachten *n*; Expertise *f*; **~er** [-e] *v/t* begutachten

expiation [ɛkspjasjõ] *f* Sühne *f*

expier [ɛkspje] *v/t* sühnen; (ab)büßen

expiration [ɛkspiʀasjõ] *f* **1** BIOL Ausatmung *f*; **2** *d'un délai* Ablauf *m*; ***date*** *f* ***d'~*** Ablauf-, Verfallsdatum *n*; ***arriver à ~*** ablaufen

expirer [ɛkspiʀe] **I** *v/t* ausatmen (*a abs*); **II** *v/i* **1** *st/s* (*mourir*) *st/s* verscheiden; **2** ⟨*Ergebnis* être⟩ *délai*, *garantie* ablaufen; erlöschen; *passeport*, *etc* ungültig werden; verfallen

explicable [ɛksplikabl(ə)] *adj* erklärlich; erklärbar

explicatif [ɛksplikatif] *adj* ⟨-ive [-iv]⟩ erklärend; erläuternd

▸**explication** [ɛksplikasjõ] *f* **1** Erklärung *f*; Erläuterung *f*; **~ *de texte*** Textinterpretation *f*; ***demander des ~s à qn*** j-n zur Rede stellen (***sur qc*** wegen etw); **2** (*discussion*) Auseinandersetzung *f*

explicit|e [ɛksplisit] *adj* eindeutig; unmissverständlich; unzweideutig; *volonté* ausdrücklich; **~er** [-e] *v/t* eindeutig formulieren, ausdrücken

▸**expliquer** [ɛksplike] **I** *v/t* erklären, erläutern (***qc à qn*** j-m etw); *texte* interpretieren; **II** *v/pr* **1** ***s'~*** sich äußern (***sur*** über + *acc*); ***je m'explique: …*** lassen Sie mich das näher erklären: …; **2** ***s'~*** (*discuter*) sich auseinander setzen, sich aussprechen (***avec qn*** mit j-m); F (*se battre*) sich prügeln; **3** ***s'~ qc*** (*comprendre*) sich etw erklären (können); **4** (*devenir clair*) sich erklären lassen; zu erklären sein

exploit [ɛksplwa] *m* Glanzleistung *f*; Großtat *f*; *iron* Heldentat *f*

exploitant [ɛksplwatɑ̃] *m* **1** **~** (***agricole***) Landwirt *m*; **2** CIN Kinobesitzer *m*

exploitation [ɛksplwatasjõ] *f* **1** Nutzung *f*; Erschließung *f*; Verwertung *f*; *du sol* Bewirtschaftung *f*; *d'une ligne de bus*, *etc* Betrieb *m*; INFORM ***système*** *m* ***d'~*** Betriebssystem *n*; **2** (*entreprise*) Betrieb *m*; **3** *péj de travailleurs* Ausbeutung *f*

exploiter [ɛksplwate] *v/t* **1** (*faire valoir*) nutzen; *gisement*, *mine* erschließen; ausbeuten; *terre* bewirtschaften; *brevet* verwerten; *entreprise*, *ligne de bus*, *etc* betreiben; *ligne aérienne a* befliegen; **2** *situation*, *avantage* (aus)nutzen; sich zunutze machen; **3** *péj travailleurs* ausbeuten

exploiteur [ɛksplwatœʀ] *m péj* Ausbeuter *m*

explorateur [ɛksplɔʀatœʀ] *m* Forschungsreisende(r) *m*; Erforscher *m*

exploration [ɛksplɔʀasjõ] *f* **1** *d'une région et par ext* Erforschung *f*; **2** MÉD Untersuchung *f*

explorer [ɛksplɔʀe] *v/t* **1** *continent*, *problème*, *subconscient* erforschen; *par ext terrain* absuchen; **2** MÉD untersuchen

▸**exploser** [ɛksploze] *v/i* **1** explodieren (*a fig prix, etc*); **2** *fig colère* ausbrechen

explosif [ɛksplozif] **I** *adj* ⟨-ive [-iv]⟩ **1** explosiv; Spreng…; **2** *fig situation* spannungsgeladen; brisant; **II** *m* Sprengstoff *m*

▸**explosion** [ɛksplozjõ] *f* **1** Explosion *f* (*a fig des prix, etc*); *bruit a* Knall *m*; **2** *fig* Ausbruch *m*; **~ de joie** Freudenausbruch *m*

expo [ɛkspo] *f* F Ausstellung *f*

exponentiel [ɛkspɔnɑ̃sjɛl] *adj* ⟨**~le**⟩ MATH Exponential…; exponentiell (*a fig*)

exportateur [ɛkspɔʀtatœʀ] **I** *adj* ⟨-trice [-tʀis]⟩ Ausfuhr…; Export…; **II** *m* Exporteur *m*

exportation [ɛkspɔʀtasjõ] *f* Ausfuhr *f*; Export *m*

▸**exporter** [ɛkspɔʀte] *v/t* ausführen; exportieren

exposant [ɛkspozɑ̃] *m* **1** COMM Aussteller *m*; **2** MATH Exponent *m*; Hochzahl *f*

exposé [ɛkspoze] *m* Darstellung *f*; Bericht *m*; Exposé *n*; Referat *n*

exposer [ɛkspoze] **I** *v/t* **1** *marchandises, objets d'art* ausstellen; **2** *morts* aufbahren; **3** (*soumettre*) aussetzen (**à** *dat*); **4 ~ qn, qc** (**à un danger**) j-n, etw e-r Gefahr aussetzen; j-n, etw exponieren; **5** *édifice* **être exposé au sud** nach Süden liegen; **bien exposé** in sonniger Lage; **6** PHOT belichten; **7** *faits, idées* darlegen; darstellen; vortragen; **II** *v/pr* **s'~** sich aussetzen (**à** *dat*); *abs* sich exponieren

▸**exposition** [ɛkspozisjõ] *f* **1** Ausstellung *f*; **~ de peinture** Gemäldeausstellung *f*; **2 ~ au soleil** Sonnenbestrahlung *f*; **3** *d'un édifice* Lage *f*; **4** PHOT Belichtung *f*; **5** *de faits, d'idées* Darlegung *f*; Darstellung *f*; **6** MUS, THÉ Exposition *f*

▸**exprès**[1] [ɛkspʀɛ] *adv* **1** (*à dessein*) absichtlich; bewusst; F extra; **comme par un fait ~** ausgerechnet; **2** (*spécialement*) extra; eigens

exprès[2] [ɛkspʀɛs] *adj* **1** ⟨expresse⟩ *défense* ausdrücklich; **2** ⟨*inv*⟩ *inscription* durch Eilboten; **colis** *m* **~** Schnellpaket *n*; **lettre** *f* **~** Eilbrief *m*

express [ɛkspʀɛs] **I** *adj* ⟨*inv*⟩ Schnell…; (**train** *m*) **~** *m* Schnellzug *m*; D-Zug *m*; **voie** *f* **~** Schnellstraße *f*; **II** *m café* Espresso *m*

expressément [ɛkspʀesemɑ̃] *adv* ausdrücklich

expressif [ɛkspʀesif] *adj* ⟨-ive [-iv]⟩ ausdrucksvoll; expressiv

▸**expression** [ɛkspʀɛsjõ] *f* Ausdruck *m* (*a* LING, MATH); **~ toute faite** feste (Rede)Wendung; stehende Redensart; **liberté** *f* **d'~** Meinungsfreiheit *f*; **d'~ française** französischsprachig; **réduire à sa plus simple ~** auf ein Minimum reduzieren

expressionn|isme [ɛkspʀɛsjɔnism(ə)] *m* Expressionismus *m*; **~iste** [-ist] *adj* expressionistisch; **II** *m* Expressionist *m*

expressivité [ɛkspʀesivite] *f* Ausdruckskraft *f*

▸**exprimer** [ɛkspʀime] **I** *v/t* ausdrücken; zum Ausdruck bringen; *opinion a* äußern; **II** *v/pr* ▸ **s'exprimer** sich ausdrücken; sich artikulieren

expropri|ation [ɛskpʀɔprijasjõ] *f* Enteignung *f*; **~er** *v/t* enteignen

expulser [ɛkspylse] *v/t* **1** vertreiben, ausweisen, verweisen (**de** aus); *étranger* abschieben; **2** MÉD ausstoßen

expulsion [ɛkspylsjõ] *f* **1** Ausweisung *f*; Vertreibung *f*; *d'un locataire* Zwangsräumung *f*; *d'étrangers* Abschiebung *f*; **2** MÉD Ausstoßung *f*

expurger [ɛkspyʀʒe] *v/t* ⟨-ge-⟩ von anstößigen Stellen säubern

exquis [ɛkski] *adj* ⟨-ise [-iz]⟩ **1** erlesen; ausgesucht (*a politesse*); vorzüglich; exquisit; *mets a* köstlich; **2** *personne* charmant

exsangue [ɛgzɑ̃g, ɛksɑ̃g] *adj* blutleer; ausgeblutet

extase [ɛkstɑz, -taz] *f* Ekstase *f*; Verzückung *f*; **être en ~ devant qn, qc** von j-m, etw ganz hingerissen sein

extasier [ɛkstazje] *v/pr* **s'~** in Entzücken ausbrechen (**devant, sur** über + *acc*)

extenseur [ɛkstɑ̃sœʀ] *m* **1** ANAT Streckmuskel *m*; **2** SPORTS Expander *m*

extensible [ɛkstɑ̃sibl(ə)] *adj* dehnbar

extensif [ɛkstɑ̃sif] *adj* ⟨-ive [-iv]⟩ AGR extensiv

extension [ɛkstɑ̃sjõ] *f* **1** *des membres* Strecken *n*; **2** (*augmentation*) Ausdehnung *f*; Ausweitung *f*; *d'un incendie* Ausbreitung *f*; **3** LING Bedeutungserweiterung *f*; **par ~** im weiteren Sinne

exténuant [ekstenɥɑ̃] *adj* ⟨-ante [-ɑ̃t]⟩

sehr anstrengend; aufreibend

exténuer [ɛkstenɥe] **I** *v/t* sehr anstrengen; entkräften; **II** *v/pr* ***s'~ à faire qc*** etw bis zur Erschöpfung tun

▸ **extérieur** [ɛksteʀjœʀ] **I** *adj* ⟨~e⟩ äußere; Außen…; (*apparent*) äußerlich; ***monde extérieur*** Außenwelt *f*; ***politique extérieure*** Außenpolitik *f*; **II** *m* **1** Äußere(s) *n*; Außenseite *f*; ▸ ***à l'extérieur de*** außerhalb (+ *gén*); ▸ ***à l'extérieur*** (dr)außen; SPORTS auswärts; **2** CIN ***extérieurs*** *pl* Außenaufnahmen *f/pl*

E

extérieurement [ɛksteʀjœʀmɑ̃] *adv* äußerlich; nach außen hin

extérioriser [ɛksteʀjɔʀize] **I** *v/t* äußern; **II** *v/pr* ***s'~*** *sentiment* sich äußern; *personne* aus sich herausgehen

extermin|ation [ɛkstɛʀminasjõ] *f* Ausrottung *f*; Vernichtung *f*; **~er** [-e] *v/t* ausrotten; vernichten; *vermine a* vertilgen

externat [ɛkstɛʀna] *m* ÉCOLE Externat *n*

externe [ɛkstɛʀn] **I** *adj* äußere; äußerlich; Außen…; ***à usage ~*** zur äußerlichen Anwendung; **II** *m,f* **1** *élève* Externe(r) *f(m)*; **2 ~** (***des hôpitaux***) Medizinstuden(in) *m(f)* in den klinischen Semestern

extincteur [ɛkstɛ̃ktœʀ] *m* Feuerlöscher *m*

extinction [ɛkstɛ̃ksjõ] *f* **1** *d'un incendie* Löschen *n*; *par ext* **~ *des feux*** Zapfenstreich *m*; **2** *d'une race* Aussterben *n*; Erlöschen *n* (*a d'un droit*); **3 ~ *de voix*** völlige Heiserkeit

extirper [ɛkstiʀpe] **I** *v/t* **1** *plante* (mit der Wurzel) ausreißen; **2** *st/s préjugé* ausrotten; **3** *renseignement* **~ *à qn*** j-m entlocken; **II** *v/pr* F ***s'~ de qc*** sich aus etw befreien, F quälen

extorquer [ɛkstɔʀke] *v/t* erpressen, erzwingen (***à qn*** von j-m); abnötigen (j-m)

extorsion [ɛkstɔʀsjõ] *f* **~ *de fonds*** Erpressung *f* von Geld

extra [ɛkstʀa] **I** *m* ⟨*inv*⟩ **1 *un ~*** etwas Außergewöhnliches, Besonderes; **2** *serveur* Aushilfskellner *m*; **II** F *adj* ⟨*inv*⟩ ausgezeichnet; F super

extra… [ɛkstʀa] *préfixe* außer…; extra…

extra|budgétaire *adj* außeretatmäßig; **~conjugal** *adj* ⟨~e; -aux⟩ außerehelich

extraction [ɛkstʀaksjõ] *adj* **1** TECH Förderung *f*; Gewinnung *f* (*a* CHIM); MINES *a* Abbau *m*; **2** MÉD (operative) Entfernung; *d'une dent* Ziehen *n*; **3** *litt* (*origine*) Abkunft *f*

extrader [ɛkstʀade] *v/t* ausliefern

extradition [ɛktʀadisjõ] *f* Auslieferung *f*

extrafin *adj* ⟨-fine⟩ extrafein

extrafort *m* Kantenband *n*

extraire [ɛkstʀɛʀ] ⟨→ traire⟩ **I** *v/t* **1** TECH fördern; gewinnen (*a* CHIM); *minerai a* abbauen; **2** MÉD (operativ) entfernen; *dent* ziehen; **3** *passages* entnehmen (***d'un livre*** e-m Buch); exzerpieren; **4** MATH *racine* ziehen; **II** *v/pr* F ***s'~ de sa voiture*** sich aus s-m Wagen zwängen, F quälen

extrait [ɛkstʀɛ] *m* **1** CHIM Extrakt *m*; **2** *d'un livre, etc* Auszug *m*; **3** JUR Auszug *m*; **~** (***d'acte***) ***de naissance*** Geburtsurkunde *f*

extralucide *adj* ***voyante*** *f* **~** Hellseherin *f*; Wahrsagerin *f*

▸ **extraordinaire** *adj* außergewöhnlich; ungewöhnlich; außerordentlich (*a séance, mesure*)

extrapoler [ɛkstʀapɔle] *v/i* **1** MATH extrapolieren; **2** *fig* s-e Schlüsse ziehen; auf anderes schließen

extraterrestre **I** *adj* außerirdisch; **II** *m,f* Außerirdische(r) *f(m)*

extravagance [ɛkstʀavagɑ̃s] *f* Extravaganz *f*; Überspanntheit *f*

extravagant [ɛkstʀavagɑ̃] *adj* ⟨-ante [-ɑ̃t]⟩ **1** extravagant; überspannt; *idée a* verstiegen; *tenue a* ausgefallen; **2** *exigences* übertrieben

extraverti [ɛkstʀavɛʀti] *adj* ⟨~e⟩ extravertiert

extrême [ɛkstʀɛm] **I** *adj* äußerste; extrem (*a climat*); ***cas*** *m* **~** Extremfall *m*; ***l'~ droite, gauche*** die äußerste, extreme Rechte, Linke; **II** *m* **1** Extrem *n*; ***passer d'un ~ à l'autre*** von e-m Extrem ins andere fallen; **2 *à l'~*** bis zum Äußersten

extrêmement [ɛkstʀɛmmɑ̃] *adv* äußerst; extrem

extrême-onction *f* CATH Krankensalbung *f*; Letzte Ölung

Extrême-Orient ***l'~*** *m* der Ferne Osten; Fernost *n*

extrême-oriental *adj* ⟨~e; -aux⟩ fernöstlich

extrém|isme [ɛkstʀemism(ə)] *m* Radikalismus *m*; Extremismus *m*; **~iste** [-ist] **I** *adj* radikal; extrem; extremistisch; **II** *m,f* Radikale(r) *f(m)*; Extremist(in) *m(f)*

extrémité [ɛkstʀemite] *f* **1** (*bout*) äußerstes Ende; **2** **~s** *pl* Gliedmaßen *f/pl*; Extremitäten *f/pl*; **3** *fig* ***en arriver aux pires ~s*** zum Äußersten schreiten; *malade* ***il est à la dernière ~*** es geht mit ihm zu Ende; F er liegt in den letzten Zügen

exubérant [ɛgzybeʀɑ̃] *adj* ⟨-ante [-ɑ̃t]⟩ **1** *végétation* üppig; **2** *personnes, joie* überschwänglich

exulter [ɛgzylte] *v/i* frohlocken

exutoire [ɛgzytwaʀ] *m* Ventil *n* (*fig*)

ex-voto [ɛksvɔto] *m* ⟨*inv*⟩ Votivbild *n*

eye-liner [ajlajnœʀ] *m* Eyeliner *m*

F

F

F, f [ɛf] *m* ⟨*inv*⟩ F, f *n*

F *abr* (*franc*) HIST F

fa [fa] *m* ⟨*inv*⟩ MUS f *ou* F *n*

fable [fɑbl(ə)] *f* Fabel *f* (*a fig*); → *Info bei* ***Fabel***

fabricant [fabʀikɑ̃] *m* Hersteller *m*; Produzent *m*

fabrication [fabʀikasjõ] *f* Herstellung *f*; Fertigung *f*; Fabrikation *f*

fabrique [fabʀik] *f* Fabrik *f*

▸ **fabriquer** [fabʀike] *v/t* **1** herstellen; fertigen; produzieren; *péj* fabrizieren; **2** F (*faire*) tun; machen; F treiben

fabuleux [fabylø] *adj* ⟨-euse [-øz]⟩ **1** sagenhaft; fantastisch; unwahrscheinlich; **2** ***animal ~*** Fabeltier *n*

▸ **fac** [fak] *f* F *abr* (*faculté*) F Uni *f*

façade [fasad] *f* **1** ARCH Fassade *f*; Vorderseite *f*; (Vorder)Front *f*; **2** *fig* Fassade *f*; (äußerer) Anschein

face [fas] *f* **1** Gesicht *n*; *st/s* Angesicht *n*; *fig* ***perdre, sauver la face*** das Gesicht verlieren, wahren; **2** ***face à*** zu (+ *dat*) hin; ***face au public*** zum Publikum hin, gewandt; ***face à face*** Auge in Auge; von Angesicht zu Angesicht; ***à la face du monde*** vor aller Welt; ***de face*** von vorn; ▸ ***en face de*** gegenüber (+ *dat*); vor (+ *acc ou dat*); ***d'en face*** gegenüberliegend; *dire, regarder* ***en face*** ins Gesicht; ***faire face à*** *édifice* gegenüberliegen (+ *dat*); *fig difficultés* fertig werden mit; *dépense* bestreiten; **3** *d'une monnaie* Vorder-, Bildseite *f*; **4** *d'un polyédre* Fläche *f*; **5** *de la lune, d'un disque* Seite *f*

face-à-face [fasafas] *m* ⟨*inv*⟩ Fernsehduell *n*

facétie [fasesi] *f* Spaß *m*; Scherz *m*

facétieux [fasesjø] *adj* ⟨-euse [-øz]⟩ immer zu Späßen aufgelegt

facette [fasɛt] *f* Facette *f*

fâché [fɑʃe] *adj* ⟨~e⟩ **1** (*irrité*) verärgert; ärgerlich; verstimmt; ***être ~ contre***, F ***après qn*** auf j-n böse sein; **2** (*brouillé*) ***être ~ avec qn*** mit j-m zerstritten, böse sein

▸ **fâcher** [fɑʃe] **I** *v/t* ärgern; verstimmen; (*mettre en colère*) zornig, wütend machen; **II** *v/pr* **1** ▸ ***se fâcher*** böse, wütend, zornig werden; sich ärgern; **2** ***se fâcher avec qn*** sich mit j-m zerstreiten, F verzanken, F verkrachen

fâcherie [fɑʃʀi] *f* Streit *m*; Zerwürfnis *n*

fâcheux [fɑʃø] *adj* ⟨-euse [-øz]⟩ misslich; fatal; unangenehm; peinlich

facho [faʃo] F *abr* → ***fasciste***

facial [fasjal] *adj* ⟨~e; -aux [-o]⟩ Gesichts…

faciès [fasjɛs] *m* Gesicht *n*; *péj* Visage *f*

▸ **facile** [fasil] *adj* leicht; *plaisanterie, critique* billig; *femme* leicht herumzukriegen(d); *enfant* leicht erziehbar; *caractère* verträglich; *personne* ***~ à vivre*** umgänglich; verträglich; ***c'est ~ à dire*** das ist leicht gesagt

facilement [fasilmɑ̃] *adv* **1** leicht; mühelos; **2** (*au moins*) gut und gern

facilité [fasilite] *f* **1** Leichtigkeit *f*; Mühelosigkeit *f*; *élève* ***avoir des ~s*** leicht lernen; **2** **~s** *pl* (***de paiement***) Zahlungserleichterungen *f/pl*

▸**faciliter** [fasilite] *v/t* erleichtern
▸**façon** [fasõ] *f* **1** Art *f*; Art und Weise *f*; Weise *f*; ***façon d'être*** Art, sich zu geben; ***façon de procéder*** Verfahrensweise *f*; ***à ma, sa façon*** auf meine, seine Weise, Art; ***à la façon de*** nach Art von (*ou* + *gén*); ▸ ***de toute façon*** auf alle Fälle; auf jeden Fall; jedenfalls; sowieso; ***d'une façon ou d'une autre*** auf die e-e oder andere Art; irgendwie; ***d'une façon générale*** allgemein; im Allgemeinen; ***de façon (à ce) que …*** (+ *subj*) so …, dass …; ***en aucune façon*** in keiner Weise; keineswegs; durchaus nicht; **2** ***façons*** *pl* Benehmen *n*; Manieren *f/pl*; Gebaren *n*; Gehaben *n*; ***sans façon*** ungezwungen; *accepter* ohne weiteres; ***non merci, sans façon!*** nein danke, wirklich nicht!; ***faire des façons*** sich zieren; Umstände machen; **3** COUT Fasson *f*; Ausführung *f*; Verarbeitung *f*
façonner [fasɔne] *v/t* **1** TECH formen; modeln; fassonieren; **2** *fig* formen; prägen
fac-similé [faksimile] *m* ⟨fac-similés⟩ Faksimile *n*
▸**facteur** [faktœʀ] *m* **1** (*préposé*) Briefträger *m*; Postbote *m*; **2** (*élément*) Faktor *m* (*a* MATH); ***le ~ temps*** der Zeitfaktor; **3** ***~ d'orgues*** Orgelbauer *m*
factice [faktis] *adj* **1** nachgemacht; künstlich; ***objet*** *m* ***~*** Attrappe *f*; **2** *fig* unecht; künstlich
factieux [faksjø] **I** *adj* ⟨-euse [-øz]⟩ umstürzlerisch; **II** *m* Umstürzler *m*
faction [faksjõ] *f* **1** POL aufrührerische, umstürzlerische Partei, Fraktion; **2** ***être en*** *ou* ***de ~*** MIL Wache stehen; *fig* sich postiert haben
factotum [faktɔtɔm] *m* Faktotum *n*
▸**factrice** [faktʀis] *f* Briefträgerin *f*
▸**facture** [faktyʀ] *f* **1** COMM Rechnung *f*; **2** *d'un instrument* Bau *m*
facturer [faktyʀe] *v/t* e-e Rechnung ausstellen für, über (+ *acc*); fakturieren; (*compter*) berechnen; in Rechnung stellen
facultatif [fakyltatif] *adj* ⟨-ive [-iv]⟩ fakultativ; nicht obligatorisch; *matière scolaire* wahlfrei; Wahl…; *présence, devoir* jedem freigestellt; freiwillig; ***arrêt ~*** Bedarfshaltestelle *f*
▸**faculté** [fakylte] *f* **1** (*aptitude*) Fähigkeit *f*; Vermögen *n*; ***ne plus jouir de toutes ses ~s*** nicht mehr im Vollbesitz s-r geistigen Kräfte sein; **2** UNIVERSITÉ Fakultät *f*; *par ext* ***la ~*** die Universität; ***~ de médecine*** medizinische Fakultät; **3** *st/s* (*possibilité*) (Wahl)Freiheit *f*
fada [fada] *adj* ⟨*f inv*⟩ F verrückt; → ***cinglé***
fadaises [fadɛz] *f/pl* Albernheiten *f/pl*
fadasse [fadas] *adj* F *péj* → ***fade***
fade [fad] *adj* **1** fad(e); geschmacklos; ohne Geschmack; **2** *fig* fad(e); abgeschmackt; schal; *couleur* stumpf
fadeur [fadœʀ] *f* Fadheit *f* (*a fig*)
fagot [fago] *m* Reisigbündel *n*; *fig* ***vin de derrière les ~s*** von der besten Sorte
fagoté [fagɔte] *adj* ⟨~e⟩ F ***mal ~*** schlecht, geschmacklos angezogen
faiblard [fɛblaʀ] F *adj* ⟨-arde [-aʀd]⟩ (ziemlich) schwach (*a fig*)
▸**faible** [fɛbl(ə)] **I** *adj* **1** schwach (*a élève, lumière, vent*); *personne fig* (*sans énergie*) charakterschwach; (*indulgent*) zu nachsichtig; *bruit, voix a* leise; *pluie* leicht; *raisonnement* auf schwachen Füßen stehend; **2** *hauteur, poids, coût* gering; niedrig; *monnaie* weich; **II** *m* **1** Schwache(r) *m*; *péj* Schwächling *m*; ***les économiquement ~s*** die sozial Schwachen; ***un ~ d'esprit*** ein geistig Beschränkter; **2** (*penchant*) Schwäche *f*, Faible *n* (***pour*** für)
faiblesse [fɛblɛs] *f* **1** Schwäche *f*; Schwachheit *f*; ***~ de caractère*** Charakterschwäche *f*; **2** (*défaillance*) Schwäche(anfall) *f(m)*; **3** (*point faible*) Schwäche *f*; schwache Seite
faiblir [fɛbliʀ] *v/i* schwächer werden; nachlassen
faïence [fajɑ̃s] *f* Steingut *n*; *décorée* Fayence *f*
faille[1] [faj] *f* **1** GÉOL Spalte *f*; Verwerfung *f*; **2** *fig* Schwachstelle *f*; ***sans ~*** *raisonnement* hieb- und stichfest; *amitié* unverbrüchlich
faille[2] → ***falloir***
faillir [fajiʀ] *v/i* ⟨*déf*: j'ai failli; *passé simple* je faillis⟩ **1** ***j'ai failli tomber*** ich wäre beinahe, fast gefallen; **2** *st/s* ***~ à son devoir*** s-e Pflicht verletzen
faillite [fajit] *f* **1** Konkurs *m*; Bankrott *m*; ***faire ~*** Konkurs, Bankrott machen; F Pleite gehen; **2** *fig* Scheitern *n*; Misserfolg *m*

▸**faim** [fɛ̃] *f* **1** Hunger *m*; ***avoir ~*** Hunger haben; hungrig sein; ***manger à sa ~*** sich satt essen; ***ne pas manger à sa ~*** Hunger leiden; hungern; ***mourir de ~*** verhungern; F *fig* am Verhungern sein; ***rester sur sa ~*** nicht satt werden; *fig* nicht auf s-e Kosten kommen; **2** *fig, st/s* Hunger *m* (**de** nach)

faîne *ou* **faine** [fɛn] *f* Buchecker *f*

fainéant [feneɑ̃] **I** *adj* ⟨-ante [-ɑ̃t]⟩ faul; *p/fort* F stinkfaul; **II ~(*e*)** *m(f)* Faulenzer(in) *m(f)*; F Faulpelz *m*

fainéantise [feneɑ̃tiz] *f* Faulenzerei *f*; Faulheit *f*

▸**faire** [fɛʀ] ⟨je fais, il fait, nous faisons [f(ə)zõ], vous faites, ils font; je faisais [f(ə)zɛ]; je fis; je ferai; que je fasse, que nous fassions; faisant [f(ə)zɑ̃]; fait⟩ **I** *v/t et v/i* **1** machen; tun; ***~ ses chaussures*** s-e Schuhe putzen; ***~ un gâteau*** e-n Kuchen backen; *chat* ***~ ses griffes*** die Krallen wetzen; ***~ du jardinage*** im Garten arbeiten; gärtnern; ***~ dix kilomètres à pied*** zehn Kilometer zu Fuß zurücklegen, F machen; *oiseau* ***~ son nid*** nisten; sein Nest bauen; ***~ qn président*** j-n zum Präsidenten machen; ***~ qc de qn, de qc*** etw aus j-m, aus etw machen; ***~ jeune*** jung aussehen, wirken; ***~ bien*** gut aussehen, wirken; sich gut ausnehmen, machen; ***il a bien fait*** er hat richtig gehandelt, recht getan; ***il ferait bien de*** (+ *inf*) er täte gut daran zu (+ *inf*); F ***ça commence à bien ~*** F jetzt reicht's dann aber; ***faites comme chez vous!*** tun Sie, als ob Sie zu Hause wären!; machen Sie es sich bequem!; *st/s* ***c'en est fait de lui, de qc*** es ist um ihn, um etw geschehen; ***ne ~ que ~ qc*** nur, bloß etw tun; ***il ne fait que commencer*** er fängt gerade erst an; ***cela y fait beaucoup*** das macht viel aus; ***fais ce que tu veux!*** mach *ou* tu, was du willst!; ***ce faisant*** dabei; ***que ~?*** was tun?; ***qu'est-ce que vous faites dans la vie?*** welchen Beruf haben Sie?; was arbeiten Sie?; ***~ qc pour qn*** für j-n etw tun; F ***pour quoi ~?*** wozu?; ***il ne fait rien*** er tut, arbeitet nichts; ***je ne lui ai rien fait*** ich habe ihm nichts getan; ***cela ne fait rien*** das macht nichts; ***cela ne lui fait rien*** das macht ihm nichts aus; F ***rien à ~!*** nichts zu machen!; ***j'ai à ~*** ich habe zu tun; ***avoir à ~ à*** zu tun, zu schaffen haben mit; *st/s* ***n'avoir que ~ de qc*** *st/s* e-r Sache (*gén*) nicht bedürfen; ***je ne peux pas ~ autrement*** ich kann nicht anders; ***on ne peut rien y ~*** da kann man nichts machen, tun; ***~ que ...*** bewirken, zur Folge haben, dass ...; ***~ dans sa culotte*** in die Hose machen; **2** ***~ du sport*** Sport treiben; ***~ de la natation*** Schwimmsport betreiben; schwimmen; ***~ de la marche*** wandern; ***~ du tennis*** Tennis spielen; **3** (*étudier*) *matière* studieren; treiben; lernen; *école* besuchen; durchlaufen; absolvieren; ***~ de l'anglais*** *à la fac* Englisch studieren; *à l'école* Englisch lernen; *seul* Englisch treiben, lernen, F machen; ***~ son droit, sa médecine*** Jura, Medizin studieren; **4** (*visiter*) *région* bereisen; F abgrasen; *monument* besichtigen; F machen; *magasins* F abklappern; **5** F *maladie* haben; leiden an (+ *dat*); F durchmachen; **6** F *magasin*: *article* führen; haben; verkaufen; **7** F (*cultiver*) *blé, etc* anbauen; **8** (*devenir*) abgeben; werden; ***il fera un bon professeur*** er wird ein guter Lehrer werden, e-n guten Lehrer abgeben; **9** (*faire semblant*) ***~ le malade*** sich krank stellen; den Kranken markieren, spielen; **10** F (*vendre*) ***je vous le fais (à) dix euros*** ich geb's, lasse es Ihnen für zehn Euro; **11** *en incise* ***fit-il*** erwiderte er; sagte er; **12** GR bilden; ***«cheval» fait «chevaux» au pluriel*** „cheval" bildet den Plural „chevaux"; **13** MATH, MESURES: ***quatre et trois font sept*** vier und drei ist, sind, macht sieben; ***il fait un mètre quatre-vingt*** er ist eins achtzig groß; *pointure* ***je fais du quarante*** ich habe (Größe) vierzig; ***~ du cent (à l'heure)*** mit hundert (Stundenkilometern) fahren; ***ça fait mille euros*** das macht tausend Euro; ***ça fait quinze jours que ...*** seit vierzehn Tagen ...; es sind vierzehn Tage her, dass ...; **II** *v/aux* **14** *avec inf* lassen (+ *inf*); veranlassen zu (+ *inf*); ***~ lire les élèves*** die Schüler lesen lassen; ***~ lire un texte aux élèves*** die Schüler e-n Text lesen lassen; ***~ manger*** *enfant, malade* füttern; ***~ rire qn*** j-n zum Lachen bringen; ***~ traverser la rue à qn*** j-n über die Straße bringen; **III** *v/imp* **15** sein; ***il fait beau, mauvais*** es ist schön(es Wetter), schlechtes Wetter; ***il fait froid*** es ist kalt; ***il va ~ froid*** es wird kalt; ***il fait trente degrés à l'ombre*** es sind, wir haben dreißig Grad im Schatten; **IV** *v/pr* ***se ~*** **16** *sens passif* gemacht werden; (*s'effectuer*) erfolgen; (*être courant*) üblich sein; *mariage, paix* zustande kommen; *silence* eintreten; *fromage* reifen; *chaussures* sich dehnen, weiten; ***il pourrait bien se ~ que ...*** (+ *subj*) es könnte sehr wohl sein, geschehen, passieren, dass ...; ***comment se fait-il que ...*** (+ *subj*) wie kommt es, dass ...; ***ça ne se fait pas!*** das *ou* so was tut man nicht!; **17** *sens actif* sich machen; sich lassen; ***se ~ des ennemis*** sich (*dat*) Feinde machen, schaffen; ***se ~ une situation*** sich (*dat*) e-e Position schaffen; ***se ~ beau*** *ou* ***belle*** sich (*acc*) schön machen; ***se ~ couper les cheveux*** sich (*dat*) die Haare schneiden lassen; ***se ~ ~ un costume*** sich (*dat*) e-n Anzug machen lassen; **18** werden; ***se ~ moine*** Mönch werden; ***il se fait tard*** es wird spät; ***se ~ vieux*** alt werden; altern; ***se ~ renverser par une voiture*** von e-m Auto umgefahren werden; **19** ***se ~ à*** sich gewöhnen an (+ *acc*); F ***il faut se le ~*** es ist nicht so einfach, mit ihm auszukommen; **20** F ***ne pas s'en ~*** sich (deswegen) keine Sorgen machen; sich nichts daraus machen; (*ne pas se gêner*) keine Hemmungen haben; ▸ ***(ne) t'en fais pas!*** mach dir nichts draus!; (*ne t'inquiète pas!*) nur keine Sorge!; ▸ ***ne vous en faites pas!*** machen Sie sich nichts draus!; (*ne vous inquiétez pas!*) nur keine Sorge!

faire-part [fɛʀpaʀ] *m* ⟨*inv*⟩ (Familien)Anzeige *f*; ***~ de mariage, de naissance*** Heirats-, Geburtsanzeige *f*

fair-play [fɛʀplɛ] **I** *m* Fairness *f*; **II** *adj* ⟨*inv*⟩ fair

fais [fɛ] → ***faire***

faisable [fəzabl(ə)] *adj* machbar

faisan [fəzɑ̃] *m* Fasan *m*

faisandé [fəzɑ̃de] *adj* ⟨~e⟩ ***viande ~e*** Fleisch *n* mit Hautgout, mit e-m Stich

faisane [fəzan] (***poule*** *f*) ~ *f* Fasanenhenne *f*

faisceau [fɛso] *m* ⟨~x⟩ Bündel *n* (*a fig*); ***~ lumineux*** Lichtkegel *m*; Strahlenbündel *n*

fais|eur [fəzœʀ] *m*, **~euse** [-øz] *f* ***~ de ...*** ...macher(in) *m(f)*

faisons [f(ə)zõ] → ***faire***

fait[1] [fɛ] *p/p* → ***faire*** *et adj* ⟨faite [fɛt]⟩ **1** *travail* gemacht; getan; erledigt; *objet* beschaffen; gebildet (***de qc*** aus etw); *yeux* geschminkt; *ongles* lackiert; *expression* ***toute ~e*** fest; stehend; ***c'est bien ~*** das geschieht dir, ihm *etc* recht; ***être ~ pour*** wie geschaffen sein für; sich eignen für; F ***c'est ~ pour*** dazu ist es ja da; **2** *fromage* reif; weich; F durch; **3** *personne* ***bien ~*** gut gewachsen; F gut gebaut; **4** F ***être ~*** F dran, *p/fort* geliefert sein

▸ **fait**[2] [fɛ(t)] *m* **1** (*réalité*) Tatsache *f*; Faktum *n*; ***faits*** *pl* Sachverhalt *m*; JUR Tatbestand *m*; **2** (*acte*) Tat *f*; Handlung *f*; ***'hauts faits*** große, denkwürdige Taten; ***fait d'armes*** Heldentat *f*; ***le fait de parler*** das Sprechen; ***prendre qn sur le fait*** j-n auf frischer Tat, in flagranti ertappen; **3** (*événement*) Ereignis *n*; Vorfall *m*; **4** (*cause*) Sache *f*; ***dire son fait à qn*** j-m gründlich die Meinung sagen; ***être sûr de son fait*** s-r Sache (*gén*) sicher sein; ***prendre fait et cause pour qn*** für j-n Partei ergreifen; sich für j-n einsetzen; ***en venir au fait*** zur Sache kommen; **5** ***au fait*** [ofɛt] übrigens; eigentlich; ***de fait*** [dəfɛt] faktisch; tatsächlich; ***de ce fait*** aus diesem Grund; ▸ ***en fait*** [ɑ̃fɛt] in Wirklichkeit; tatsächlich; ***en fait de*** was (+ *acc*) angeht

faîte [fɛt] *m* **1** *d'une maison* (Dach)First *m*; **2** *d'une montagne* Gipfel *m*; Kamm *m*; *d'un arbre* Wipfel *m*; Krone *f*; **3** *fig* Gipfel *m*; Höhepunkt *m*

faites [fɛt] → ***faire***

fait-tout ⟨*inv*⟩ *ou* **faitout** [fɛtu] *m* (schwerer) Kochtopf

fakir [fakiʀ] *m* Fakir *m*

falaise [falɛz] *f* Steilküste *f*; Klippe *f*

falbalas [falbala] *m/pl péj* Firlefanz *m*

fallacieux [falasjø] *adj* ⟨-euse [-øz]⟩ trügerisch

▸ **falloir** [falwaʀ] *v/imp* ⟨il faut; il fallait; il fallut; il a fallu; il faudra; qu'il faille; qu'il fallût⟩ **1** ***il faut*** (+ *inf*) man muss (+ *inf*); ***il ne faut pas*** (+ *inf*) man darf, soll nicht (+ *inf*); ***il me faut, il lui faut,*** *etc* (+ *inf*) ich muss, er *ou* sie muss *etc* (+ *inf*); F ***faut voir!*** das muss man gesehen haben!; ***il faut que je …*** (+ *subj*) ich muss (+ *inf*); ***il le faut*** es muss sein; ***il ne fallait pas!*** das wäre doch nicht nötig gewesen!; ▸ ***comme il faut*** wie es sich gehört; *gens* anständig; ordentlich; **2** (*avoir besoin de*) ***il me faut qc, qn*** ich brauche etw, j-n; **3** ***il s'en faut de peu que …*** (+ *subj*) es fehlt nicht viel und …; ***il s'en faut de beaucoup*** bei weitem nicht; ***tant s'en faut!*** weit gefehlt!

falot [falo] *adj* ⟨-ote [-ɔt]⟩ unscheinbar; farblos

falsification [falsifikasjõ] *f* Fälschung *f*

falsifier [falsifje] *v/t* fälschen; (*dénaturer*) verfälschen

falzar [falzaʀ] *m* F (*pantalon*) F Buxe *f*; F Büx *f*

famé [fame] *adj* ⟨~e⟩ ***mal ~*** verrufen

famélique [famelik] *adj* ausgehungert

fameux [famø] *adj* ⟨-euse [-øz]⟩ **1** (*renommé*) berühmt (***par, pour*** für); **2** (*très grand*) gewaltig; F ganz schön; **3** (*excellent*) hervorragend; F ***pas ~*** nicht besonders

familial [familjal] *adj* ⟨~e; -aux [-o]⟩ Familien…; familiär

familiariser [familjaʀize] **I** *v/t* ***~ qn avec qc*** j-n mit etw vertraut machen; **II** *v/pr* ***se ~ avec qc*** sich mit etw vertraut machen; mit etw vertraut werden

familiarité [familjaʀite] *f* **1** (*intimité*) Vertrautheit *f*, Vertrautsein *n* (*a fig*); **2** *du comportement* Vertraulichkeit *f*; Ungezwungenheit *f*; **3** *péj* ***~s*** *pl* Vertraulichkeiten *f/pl*; Zudringlichkeit *f*

familier [familje] **I** *adj* ⟨-ière [-jɛʀ]⟩ **1** (*habituel*) vertraut; **2** *péj comportement* (allzu) vertraulich, familiär; zudringlich; **3** *conversation* familiär; ungezwungen; **4** *expression* umgangssprachlich; familiär; ***langage ~*** Umgangssprache *f*; **II** *m* häufiger Gast; Freund *m* (des Hauses); Vertraute(r) *m*

▸ **famille** [famij] *f* Familie *f* (*a* BIOL, *fig*); ***de bonne ~*** aus gutem Hause; ***en ~*** im (engsten) Familienkreis

famine [famin] *f* Hungersnot *f*; Hunger *m*

fan [fan] *m,f* Fan *m*

fanal [fanal] *m* ⟨-aux [-o]⟩ (Signal)Laterne *f*

fanatique [fanatik] **I** *adj* fanatisch; **II** *m,f* **1** (*passionné*) begeisterter Anhänger, begeisterte Anhängerin; Fan *m*; **2** POL, REL Fanatiker(in) *m(f)*

fanat|iser [fanatize] *v/t* fanatisieren; aufhetzen; **~isme** [-ism(ə)] *m* Fanatismus *m*

fané [fane] *adj* ⟨~e⟩ welk (*a visage*); verwelkt; verblüht

faner [fane] *v/pr* ***se ~*** **1** *fleurs* (ver)welken; verblühen; **2** *couleur* verblassen

fanes [fan] *f/pl* Kraut *n*; Blätter *n/pl*

fanfare [fɑ̃faʀ] *f* **1** *orchestre* Blaskapelle *f*; **2** *musique* Fanfare *f*; ***accueillir qn en ~*** j-n mit e-m Tusch begrüßen; F *fig* ***réveiller qn en ~*** j-n unsanft aus dem Schlaf reißen

fanfaron [fɑ̃faʀõ] *adj* ⟨-onne [-ɔn]⟩ großsprecherisch; prahlerisch; F angeberisch

fanfaronnade [fɑ̃faʀɔnad] *f* Prahlerei *f*; Großsprecherei *f*; F Angeberei *f*

fanfreluches [fɑ̃fʀəlyʃ] *f/pl* Flitterkram *m*; F Firlefanz *m*

fange [fɑ̃ʒ] *f* Schlamm *m*; Schmutz *m* (*a fig*)

fanion [fanjõ] *m* Wimpel *m*; Flagge *f*; Stander *m*

fantaisie [fɑ̃tezi] *f* **1** (*caprice*) Laune *f*; (launischer, plötzlicher) Einfall; **2** (*goût*) Gutdünken *n*; Belieben *n*; **3** (*imagination*) Fantasie *f*; Einfallsreichtum *m*; **4** *adjt* ***bijoux*** *m/pl* ***~*** Modeschmuck *m*

fantaisiste [fɑ̃tezist] **I** *adj* **1** *hypothèse, etc* der Fantasie entstammend; nicht ernst zu nehmend; **2** *personne* unkonventionell; **II** *m* **1** unkonventioneller Mensch; **2** *artiste* Unterhaltungskünstler *m*

fantasmagor|ie [fɑ̃tasmagɔʀi] *f* Phantasmagorie *f*; Trugbild *n*; **~ique** [-ik] *adj* bizarr; geisterhaft

fantasm|e [fɑ̃tasm(ə)] *m* Fantasie *f*; Wunsch-, Trugbild *n*; PSYCH Phantasma *n*; **~er** [-e] *v/i* fantasieren

fantasque [fɑ̃task] *adj* launenhaft; eigenwillig

fantassin [fɑ̃tasɛ̃] *m* Infanterist *m*

fantastique [fɑ̃tastik] *adj* **1** fantastisch; unwirklich; Fantasie…; ***cinéma*** *m* ***~*** Fantasyfilm *m*; **2** (*étonnant*) fantastisch; großartig; unglaublich

fantoche [fɑ̃tɔʃ] *m fig* Marionette *f*; *adjt* ***gouvernement*** *m* ***~*** Marionettenregierung *f*

F

fantomatique [fɑ̃tɔmatik] *adj* geisterhaft; gespenstisch
▸**fantôme** [fɑ̃tom] *m* **1** (*spectre*) Gespenst *n*; Geist *m*; **2** (*chimère*) Trugbild *n*; Phantom *n*; **3** *adjt* Geister...; Phantom ... (*a* MÉD)
faon [fɑ̃] *m du chevreuil* (Reh)Kitz *n*; *du cerf* Hirschkalb *n*
far [faʀ] *m* ~ **breton** *Milch-Eier-Auflauf (mit Backpflaumen)*
faramineux [faʀaminø] *adj* ⟨-euse [-øz]⟩ F enorm; F fantastisch; horrend
F
farce[1] [faʀs] *f* **1** THÉ Farce *f*; Posse *f*; Schwank *m*; **2** (*tour*) Streich *m*; ***faire une ~ à qn*** j-m e-n Streich spielen; **3** ***~s et attrapes*** *f/pl* Scherzartikel *m/pl*
farce[2] *f* CUIS Füllung *f*
farc|eur [faʀsœʀ] *m*, **~euse** [-øz] *f* Spaßvogel *m*; Witzbold *m*
farcir [faʀsiʀ] **I** *v/t* **1** CUIS füllen; farcieren; ***tomates farcies*** gefüllte Tomaten *f/pl*; **2** *fig* vollstopfen (***de*** mit); **II** *v/pr* F ***se ~*** *repas* F sich reinziehen; *travail* F sich aufhalsen; *personne* ertragen
fard [faʀ] *m* **1** Schminke *f*; ***~ à paupière*** Lidschatten *m*; **2** F ***piquer un ~*** rot anlaufen; F knallrot werden
fardeau [faʀdo] *m* ⟨~x⟩ Last *f*; *fig a* Bürde *f*
farder [faʀde] *v/pr* ***se ~*** sich schminken
farfelu [faʀfəly] *adj* ⟨~e⟩ F spinnig; F verdreht
farfouiller [faʀfuje] F *v/i* herumstöbern, -wühlen, -kramen (***dans*** in + *dat*)
▸**farine** [faʀin] *f* Mehl *n*; ***~(s) animale(s)*** *f(pl)* Tiermehl *n*
farineux [faʀinø] **I** *adj* ⟨-euse [-øz]⟩ **1** mehlig; **2** *féculent* stärkehaltig; **II** *m* stärkehaltiges Gemüse
farniente [faʀnjɛnte, -njɑ̃t] *m* Dolcefarniente *n*; (süßes) Nichtstun
farouche [faʀuʃ] *adj* **1** *enfant, animal* scheu; *adulte* menschenscheu; **2** *haine* heftig; wild (*a regard*); *résistance, adversaire* erbittert
fart [faʀt] *m* Skiwachs *n*; **~er** [-e] *v/t skis* wachsen
fascicule [fasikyl] *m* Lieferung *f*; Heft *n*; Faszikel *m*
fascin|ant [fasinɑ̃] *adj* ⟨-ante [-ɑ̃t]⟩ faszinierend; **~ation** [-asjõ] *f* Faszination *f*; Reiz *m*; Anziehungskraft *f*
fasciner [fasine] *v/t* faszinieren; fesseln; bezaubern
fasc|isant [faʃizɑ̃] *adj* ⟨-ante [-ɑ̃t]⟩ faschistoid; **~isme** [-ism(ə)] *m* Faschismus *m*
fasciste [faʃist] **I** *adj* faschistisch; **II** *m,f* Faschist(in) *m(f)*
fasse [fas] → ***faire***
faste[1] [fast] *m* Prunk *m*; Prachtentfaltung *f*; Gepränge *n*
faste[2] *adj* ***jour*** *m* ~ Glückstag *m*
fast-food [fastfud] *m* ⟨fast-foods⟩ Fast-Food-Restaurant *n*; Schnellimbiss *m*
fastidieux [fastidjø] *adj* ⟨-euse [-øz]⟩ langweilig; stumpfsinnig; eintönig
fastueux [fastɥø] *adj* ⟨-euse [-øz]⟩ prunkvoll
fat [fa(t)] *litt adj m* blasiert; dünkelhaft
fatal [fatal] *adj* ⟨~e; -als⟩ **1** (*funeste*) verhängnisvoll; unheilvoll; fatal; **2** (*mortel*) tödlich; **3** (*inévitable*) unabwendbar; zwangsläufig; unausweichlich
fatal|isme [fatalism(ə)] *m* Fatalismus *m*; Schicksalsglaube *m*; **~iste** [-ist] **I** *adj* fatalistisch; **II** *m,f* Fatalist(in) *m(f)*
fatalité [fatalite] *f* **1** *de la mort, etc* Unabwendbarkeit *f*; Zwangsläufigkeit *f*; **2** (*destin*) Schicksal *n*; Verhängnis *n*
fatidique [fatidik] *adj* schicksalhaft
▸**fatigant** [fatigɑ̃] *adj* ⟨-ante [-ɑ̃t]⟩ **1** ermüdend; anstrengend; strapaziös; beschwerlich; **2** *personne* lästig; störend
▸**fatigue** [fatig] *f* **1** Müdigkeit *f*; Ermüdung *f* (*a* TECH); (*épuisement*) Abgespanntheit *f*; Erschöpfung *f*; *intellectuelle* Überarbeitung *f*; ***tomber de ~*** vor Müdigkeit umfallen; **2** ***~s*** *pl* Strapazen *f/pl*
▸**fatigué** [fatige] *adj* ⟨~e⟩ müde; (*épuisé*) erschöpft; abgespannt
fatiguer [fatige] **I** *v/t* **1** ermüden; strapazieren; anstrengen (*a yeux, cœur*); (*épuiser*) erschöpfen; F *salade* umrühren; **2** (*importuner*) ***~ qn*** j-n ermüden; j-m lästig fallen; **II** *v/i* **3** *moteur* Mühe haben; **III** *v/pr* **4** ***se ~*** (*s'épuiser*) ermüden; müde werden; **5** ***se ~ à*** (+ *inf*) sich abmühen, sich anstrengen zu (+ *inf*); **6** ***se ~ de qc*** e-r Sache (*gén*) müde, überdrüssig werden
fatras [fatʀa] *m péj* Wust *m* (***de*** von)
fatuité [fatɥite] *f* Blasiertheit *f*; Dünkel *m*
faubourg [fobuʀ] *m* Vorstadt *f*
fauche [foʃ] *f* F Klauen *n*
fauché [foʃe] *adj* ⟨~e⟩ F ***être ~*** F blank,

abgebrannt, pleite sein

faucher [foʃe] *v/t* **1** (ab)mähen; **2** *fig voiture*: *piéton* umfahren; *mort*: *personne* hinwegraffen; **3** F (*voler*) F klauen

faucille [fosij] *f* Sichel *f*

faucon [fokõ] *m* Falke *m*

faudra [fodʀa], **faudrait** [fodʀɛ] → ***falloir***

faufiler [fofile] **I** *v/t* COUT heften; **II** *v/pr* ***se ~*** sich (hin)durchschlängeln; sich (hin)einschleichen

faune[1] [fon] *m* MYTH Faun *m*

faune[2] *f* **1** ZO Fauna *f*; Tierwelt *f*; **2** *péj* Typen *m/pl*; Volk *n*

faussaire [fosɛʀ] *m* Fälscher *m*

faussement [fosmɑ̃] *adv* **1** *accuser* fälschlich(erweise); zu Unrecht; **2** ***d'un air ~ modeste*** mit gespielter Bescheidenheit

fausser [fose] *v/t* **1** verfälschen; **2** *clé, lame* verbiegen; **3** ***~ compagnie à qn*** j-n plötzlich verlassen

fausset [fosɛ] *m* MUS Falsett *n*; *péj* ***voix f de ~*** Fistelstimme *f*

fausseté [foste] *f* Falschheit *f*

faut [fo] → ***falloir***

▸**faute** [fot] *f* **1** (*erreur*) Fehler *m*; FOOTBALL Foul *n*; ***~ de calcul*** Rechenfehler *m*; ***~ d'étourderie, d'inattention*** Leichtsinns-, Flüchtigkeitsfehler *m*; ***~ d'orthographe*** Rechtschreibfehler *m*; **2** (*mauvaise action*) Fehler *m*; Verfehlung *f*; ***prendre qn en ~*** j-n ertappen; **3** (*responsabilité*) Schuld *f*; Verschulden *n*; ***c'est (de) sa ~*** das ist s-e Schuld, sein Fehler; er ist schuld daran; ***être en ~*** im Unrecht sein; **4** ***~ de*** mangels (+ *gén*); aus Mangel an (+ *dat*); ***~ de mieux*** in Ermangelung e-s Besseren; ***~ de quoi*** andernfalls; sonst; ***sans ~*** ganz bestimmt

fauter [fote] F *v/i* e-n Fehltritt begehen

▸**fauteuil** [fotœj] *m* Sessel *m*; Lehnstuhl *m*; ***~ roulant*** Rollstuhl *m*

fauteur [fotœʀ] *m* ***~ de guerre*** Kriegstreiber *m*; ***~ de troubles*** Unruhestifter *m*

fautif [fotif] *adj* ⟨-ive [-iv]⟩ schuld(ig)

fauve [fov] **I** *adj* fahlgelb, -rot; **II** *m* **1** ZO Raubtier *n*; große Raubkatze; **2** PEINT ***les ♀s*** die Fauves *m/pl*; die Fauvisten *m/pl*

fauvette [fovɛt] *f* Grasmücke *f*

faux[1] [fo] *f* Sense *f*

▸**faux**[2] [fo] **I** *adj* ⟨fausse [fos]⟩ falsch; *personne a* unaufrichtig; *bijoux a* unecht; *piano* verstimmt; LING ***~ amis*** Faux amis *m/pl*; ***fausse clé*** Nachschlüssel *m*; SPORTS ***~ départ*** Fehlstart *m*; ***fausse facture*** gefälschte Rechnung; ***fausse monnaie*** Falschgeld *n*; ***~ nez*** Pappnase *f*; ***~ problème*** Scheinproblem *n*; ***faire un ~ mouvement*** e-e ungeschickte Bewegung machen; **II** *adv* falsch; nicht richtig; ***chanter, jouer ~*** falsch singen, spielen; **III** *m* **1** Falsche(s) *n*; **2** JUR, *d'une œuvre d'art* Fälschung *f*

faux-filet [fofilɛ] *m* (Rinder)Lende *f*

faux-fuyant [fofɥijɑ̃] *m* Ausflucht *f*; Ausrede *f*

faux-monnayeur [fomɔnɛjœʀ] *m* Falschmünzer *m*

faveur [favœʀ] *f* **1** (*avantage*) Vergünstigung *f*; Gunst *f*; ***tarif** m **de ~*** Vorzugstarif *m*; ***traitement** m **de ~*** Bevorzugung *f*; bevorzugte Behandlung; ***accorder, faire une ~ à qn*** j-m e-e Vergünstigung gewähren, e-n Gefallen tun; ***à la ~ de l'obscurité*** im Schutz(e) der Dunkelheit; ***en ~ de*** zugunsten von (*ou* + *gén*); für (+ *acc*); **2** (*considération*) Gunst *f*; Wohlwollen *n*; Gewogenheit *f*; ***être en ~ auprès de qn*** bei j-m in Gunst stehen

favorable [favɔʀabl(ə)] *adj* **1** *personne* ***être ~ à qn, à qc*** j-m, e-r Sache wohlwollend gegenüberstehen; j-m wohlgesinnt, freundlich gesinnt sein; **2** (*propice*) günstig

favori [favɔʀi] **I** *adj* ⟨favorite [favɔʀit]⟩ **1** (*préféré*) Lieblings…; bevorzugt; ***plat ~*** Leibgericht *n*; **2** SPORTS favorisiert; ***partir ~*** als Favorit ins Rennen gehen; **II** *subst* **1** ***~(te)*** *m(f) du public* Liebling *m*; *d'un souverain* Günstling *m*; *femme* Favoritin *f*; **2** ***~(te)*** *m(f)* SPORTS Favorit(in) *m(f)*; **3** ***~s*** *m/pl* Backenbart *m*

favoriser [favɔʀize] *v/t* begünstigen

favorite → ***favori***

favoritisme [favɔʀitism(ə)] *m* Günstlingswirtschaft *f*

▸**fax** [faks] *m* **1** *message* Fax *n*; **2** *appareil* Faxgerät *n*

▸**faxer** [fakse] *v/t* faxen

fayot [fajo] *m* F **1** CUIS weiße Bohne; **2** *péj personne* Kriecher *m*

fébril|e [febʀil] *adj* **1** MÉD fieb(e)rig; **2**

fig fieberhaft; hektisch; **~ité** [-ite] *f fig* Hektik *f*
fécal [fekal] *adj* ⟨~e; -aux [-o]⟩ fäkal; ***matières ~es*** Fäkalien *pl*; Kot *m*
fécond [fekõ] *adj* ⟨féconde [fekõd]⟩ fruchtbar (*a sol*); *fig* ***~ en*** reich an (+ *dat*)
fécondation [fekõdasjõ] *f* Befruchtung *f*
féconder [fekõde] *v/t* **1** BIOL befruchten; **2** *par ext* fruchtbar machen; *l'esprit* befruchten
fécondité [fekõdite] *f* Fruchtbarkeit *f*
fécule [fekyl] *f* Stärke *f*; Stärkemehl *n*
féculent [fekylã] *m* stärkehaltiges Nahrungsmittel
fédéral [fedeʀal] *adj* ⟨~e; -aux [-o]⟩ Bundes…; bundesstaatlich; *en Suisse a* eidgenössisch
fédéral|isme [fedeʀalism(ə)] *m* Föderalismus *m*; **~iste** [-ist] **I** *adj* föderalistisch; **II** *m* Föderalist *m*
fédération [fedeʀasjõ] *f* **1** POL Föderation *f*; Bund *m*; **2** *d'associations* (Zentral-, Spitzen)Verband *m*; Bund *m*
fée [fe] *f* **1** MYTH Fee *f*; **2** *fig* ***la ~ du logis*** der gute Geist des Hauses
feed-back [fidbak] *m* ⟨*inv*⟩ Feedback *n*; Rückmeldung *f*
féerie [feeʀi] *f* **1** THÉ Märchenspiel *n*; **2** *fig* märchen-, zauberhaftes Schauspiel
féerique [feeʀik] *adj* zauber-, märchenhaft; wunderbar
feignant [fɛɲɑ̃] F → ***fainéant***
feindre [fɛ̃dʀ(ə)] *v/t* ⟨→ peindre⟩ vortäuschen; heucheln; ***~ de*** (+ *inf*) so tun, als ob man …
feint [fɛ̃] *p/p* → ***feindre*** *et adj* ⟨feinte [fɛ̃t]⟩ vorgetäuscht; fingiert
feint|e [fɛ̃t] *f* SPORTS, *fig* Finte *f*; *fig a* Täuschungsmanöver *n*; **~er** [-e] *v/t* (durch e-e Finte) täuschen; F reinlegen
fêlé [fele] *adj* ⟨~e⟩ **1** *porcelaine, etc* gesprungen; **2** *voix* brüchig; **3** F *fig* ***être ~*** F e-e Macke haben; → ***cinglé***
fêler [fele] **I** *v/t* ***~ une tasse*** e-n Sprung in e-e Tasse machen; **II** *v/pr* ***se ~*** springen; e-n Sprung, e-n Riss bekommen
▸ **félicitations** [felisitasjõ] *f/pl* Glückwunsch *m*, -wünsche *m/pl*; Gratulation *f*; (*éloge*) Anerkennung *f*; Lob *n*; **(*mes*) *~!*** (ich) gratuliere!; ***toutes mes ~*** herzlichen Glückwunsch
félicité [felisite] *st/s f* Glückseligkeit *f*
▸ **féliciter** [felisite] **I** *v/t* ***~ qn*** j-n beglückwünschen, j-m gratulieren (***pour, de*** zu); **II** *v/pr* ***se ~ de qc*** froh, glücklich sein über etw (*acc*)
félin [felɛ̃] **I** *adj* ⟨-ine [-in]⟩ **1** ZO Katzen…; **2** *fig* katzenartig, -haft *f*; **II ~s** *m/pl* ZO Katzen *f/pl*
félon [felõ] *litt m* Verräter *m*
fêlure [fɛlyʀ] *f* Sprung *m*; Riss *m*
femelle [fəmɛl] **I** *f* **1** ZO Weibchen *n*; weibliches Tier; **2** *péj* Weibsbild *n*; **II** *adj* **1** ZO, BOT weiblich; **2** ÉLECT ***fiche f ~*** Gerätestecker *m*
▸ **féminin** [feminɛ̃] **I** *adj* ⟨-ine [-in]⟩ **1** weiblich; Frauen…; ***équipe ~e*** Frauen-, Damenmannschaft *f*; **2** GR weiblich; feminin; **II** *m* **1** GR Femininum *n*; **2** ***l'éternel ~*** das Ewigweibliche
féminiser [feminize] *v/pr* ***se ~*** **1** BIOL verweiblichen; **2** *profession* e-n immer höheren Frauenanteil aufweisen
fémin|isme [feminism(ə)] *m* Feminismus *m*; **~iste** [-ist] **I** *adj* feministisch; **II** *m,f* Feminist(in) *m(f)*; Frauenrechtler(in) *m(f)*
féminité [feminite] *f* Weiblichkeit *f*; Fraulichkeit *f*
▸ **femme** [fam] *f* **1** Frau *f*; *poét, péj* F Weib *n*; F ***une bonne femme*** e-e Frau; ***jeune femme*** junge Frau; ***femme ingénieur*** Ingenieurin *f*; ▸ ***femme au foyer*** Hausfrau *f*; ▸ ***femme d'affaires*** Geschäftsfrau *f*; ***femme de chambre*** Zimmermädchen *n*; ***femme d'intérieur*** gute Hausfrau; häusliche Frau; ▸ ***femme de ménage*** Putzfrau *f*; Raumpflegerin *f*; ***femme de tête*** zielstrebige, zielbewusste Frau; **2** (*épouse*) (Ehe)Frau *f*; ***prendre pour ~*** zur Frau nehmen
femmelette [famlɛt] *f homme* Schwächling *m*; F Waschlappen *m*
fémur [femyʀ] *m* Oberschenkelknochen *m*
fenaison [fənɛzõ] *f* Heuernte *f*
fendiller [fɑ̃dije] **I** *v/t* rissig machen; **II** *v/pr* ***se ~*** Risse bekommen; rissig werden
fendre [fɑ̃dʀ(ə)] ⟨→ rendre⟩ **I** *v/t* **1** spalten; *bois a* hacken; **2** *fig* ***~ l'âme, le cœur*** das Herz zerreißen; **3** *fig* zerteilen; ***~ la foule*** sich e-n Weg durch die Menge bahnen; **II** *v/pr* ***se ~*** **4** *rocher* sich spalten; *mur, sol* Risse bekom-

men; rissig werden; **5** F ***se ~ de qc*** F etw herausrücken

fendu [fɑ̃dy] *adj* ⟨*~e*⟩ *pot* rissig; *jupe* geschlitzt

▸ **fenêtre** [f(ə)nɛtʀ(ə)] *f* Fenster *n* (*a* INFORM)

fenil [fənil] *m* Heuboden *m*

fennec [fenɛk] *m* Wüstenfuchs *m*

fenouil [fənuj] *m* Fenchel *m*

fente [fɑ̃t] *f* Spalte *f*; Spalt *m*; *dans le bois a* Riss *m*; *d'un vêtement, d'un volet* Schlitz *m*

féodal [feɔdal] *adj* ⟨*~e*; -aux [-o]⟩ Feudal…; Lehns…; feudalistisch; ***~ité*** [-ite] *f* Feudalsystem *n*; Feudalismus *m*; Lehnswesen *n*

▸ **fer** [fɛʀ] *m* **1** *métal* Eisen *n*; ***en, de fer*** Eisen…; eisern; aus Eisen; *fig* ***de fer*** *volonté, santé* eisern; **2** ***fer à cheval*** Hufeisen *n*; ***en fer à cheval*** ufeisenförmig; ▸ ***fer à repasser*** Bügeleisen *n*; ***fer à souder*** Lötkolben *m*; *fig* ***fer de lance*** Speerspitze *f*; ***donner un coup de fer*** (F über)bügeln (***à qc*** etw); ***tomber les quatre fers en l'air*** auf den Rücken fallen

ferai [f(ə)ʀɛ], **fera(s)** [f(ə)ʀa] → ***faire***

fer-blanc [fɛʀblɑ̃] *m* ⟨fers-blancs⟩ (Weiß)Blech *n*; ***boîte*** *f* ***en ~*** Blechdose *f*

▸ **férié** [feʀje] *adj* ⟨*~e*⟩ ***jour ~*** Feiertag *m*; → *Info bei* ***Feiertag***

férir [feʀiʀ] *v/t* ***sans coup ~*** mühelos; ohne auf Widerstand zu stoßen

▸ **ferme**[1] [fɛʀm] **I** *adj* fest; *poitrine a* straff; *ton* entschieden; bestimmt; *personne* standhaft; unbeirrbar; streng (***avec qn*** zu j-m); *cours a* gleich bleibend; ***prison*** *f* ***~*** Gefängnis *n* ohne Bewährung; ***terre*** *f* ***~*** Festland *n*; **II** *adv* ***discuter ~*** heftig diskutieren; ***s'ennuyer ~*** F sich gewaltig langweilen

▸ **ferme**[2] *f* **1** (Bauern)Hof *m*; *maison* Bauernhaus *n*; ***~ d'élevage*** Farm *f*; **2** JUR Pacht *f*

▸ **fermé** [fɛʀme] *adj* ⟨*~e*⟩ geschlossen; zu (*attribut seulement*); *fig société* geschlossen; exklusiv; *fig visage* verschlossen; *col de montagne* gesperrt; ***les yeux ~s*** mit geschlossenen Augen; *fig* unbesehen

fermement [fɛʀməmɑ̃] *adv* fest

ferment [fɛʀmɑ̃] *m* **1** CHIM Ferment *n*; Gärungserreger *m*; **2** *fig* Keim *m*

fermentation [fɛʀmɑ̃tasjõ] *f* Gärung *f* (*a fig*)

fermenter [fɛʀmɑ̃te] *v/i* gären; *boisson* ***(non) fermenté*** (un)vergoren

▸ **fermer** [fɛʀme] **I** *v/t* schließen; F zumachen; *livre a* zuklappen; zuschlagen; *rideaux a* zuziehen; *robinet a* zudrehen; *appareil electrique* ausschalten; ausmachen; abschalten; abstellen; *radio, télé a* aus-, abdrehen; *lumière* ausknipsen; P ***ferme-la! ou la ferme!*** F halt die Klappe, Schnauze!; ***~ la marche*** am Schluss marschieren; *fig* ***~ les yeux sur qc*** die Augen vor etw (*dat*) verschließen; *par tolérance* bei etw ein Auge zudrücken; ***~ à la circulation*** für den Verkehr sperren; **II** *v/i magasin, etc* schließen; geschlossen haben; F zuhaben; F zu sein; F zumachen; *porte, boîte* ***~ (bien, mal)*** (gut, nicht richtig) schließen, sich schließen lassen; **III** *v/pr* ***se ~*** *porte, etc* sich schließen; zugehen; *yeux* zufallen; *personne* ***se ~ à qc*** sich e-r Sache (*dat*) verschließen

fermeté [fɛʀməte] *f* Festigkeit *f*; *d'une personne a* Bestimmtheit *f*

fermeture [fɛʀmətyʀ] *f* **1** *dispositif* Verschluss *m*; ▸ ***fermeture éclair®*** Reißverschluss *m*; **2** *action* Schließen *n*; *d'un commerce* Schließung *f*; *de la chasse, de la pêche* Ende *n*; ***fermeture annuelle*** Betriebs-, Werksferien *pl*; ***fermeture des magasins*** Ladenschluss(zeit) *m(f)*

ferm|ier [fɛʀmje], ***~ière*** [-jɛʀ] **I** *m,f* Landwirt *m*; Bauer *m*, Bäuerin *f*; **II** *adj* vom Bauern; Land…

fermoir [fɛʀmwaʀ] *m* Verschluss *m*; Schließe *f*

féroc|e [feʀɔs] *adj animal* wild; reißend; *homme* grausam; erbarmungslos; *regard* grimmig; *appétit* unbändig; ***~ité*** [-ite] *f* Wildheit *f*; Grausamkeit *f*

ferraille [fɛʀɑj] *f* **1** Schrott *m*; Alteisen *n*; ***tas*** *m* ***de ~*** Schrotthaufen *m* (*a fig voiture*); ***bon à mettre à la ~*** schrottreif; ***faire un bruit de ~*** F scheppern; klappern; *chaînes* rasseln; **2** F (*menue monnaie*) Kleingeld *n*; Münzen *f/pl*

ferrailleur [fɛʀajœʀ] *m* Schrott-, Alteisenhändler *m*

ferré [fɛʀe] *adj* ⟨*~e*⟩ **1** (mit Eisen) beschlagen; ***voie ~e*** (Bahn)Gleis *n*; Bahnlinie *f*; Schienenstrang *m*; **2** *fig*

F

être ~ (sehr) beschlagen sein (***en*** in + *dat*)

ferrer [fɛʀe] *v/t* **1** *cheval* beschlagen; **2** *poisson* festhaken; anreißen

ferronnerie [fɛʀɔnʀi] *f* **1** ~ **(*d'art*)** *métier* Kunstschlosserei *f*; Kunstschmiedehandwerk *n*; *objets* Kunstschmiedearbeiten *f/pl*; **2** CONSTR Eisen-, Metallbauteile *n/pl*

ferronnier [fɛʀɔnje] *m* ~ **(*d'art*)** Kunstschlosser *m*, -schmied *m*

F

ferroviaire [fɛʀɔvjɛʀ] *adj* (Eisen-)Bahn…; Schienen…

ferrugineux [fɛʀyʒinø] *adj* ⟨-euse [-øz]⟩ eisenhaltig

ferrure [feʀyʀ] *f* (Eisen-, Metall)Beschlag *m*

▸**ferry** [feʀi] *m* ⟨~s od ferries⟩, **ferry-boat** [feʀibot] *m* ⟨ferry-boats⟩ Fährschiff *n*; Fähre *f*

fertile [fɛʀtil] *adj* fruchtbar (*a fig*); *terre a* ertragreich; *fig* ~ ***en*** reich an (+ *dat*)

fertiliser [fɛʀtilize] *v/t* düngen

fertilité [fɛʀtilite] *f* Fruchtbarkeit *f*

féru [feʀy] *adj* ⟨~e⟩ ***être ~ de*** besessen sein von; sich begeistern für

férule [feʀyl] *f* ***être sous la ~ de qn*** unter der Zuchtrute, F Fuchtel j-s stehen

fervent [fɛʀvɑ̃] *adj* ⟨-ente [-ɑ̃t]⟩ *croyant* eifrig; *prière* inbrünstig; *partisan, amour* leidenschaftlich; glühend

ferveur [fɛʀvœʀ] *f* Inbrunst *f*; Eifer *m*; Glut *f*

▸**fesse** [fɛs] *f* Hinter-, Gesäß-, P Arschbacke *f*; **~s** *pl* Gesäß *n*; F Hintern *m*; F ***histoire f de ~s*** Bettgeschichte *f*

fessée [fese] *f* Schläge *m/pl* auf den Hintern; ***donner une ~ à qn*** F j-m den Hintern voll hauen, versohlen

fessier [fesje] **I** *m* F Hintern *m*; **II** *adj* ⟨-ière [-jɛʀ]⟩ ANAT Gesäß…

festin [fɛstɛ̃] *m* Festessen *n*, -mahl *n*

festival [fɛstival] *m* Festspiele *n/pl*; Festival *n*

festivités [fɛstivite] *f/pl* Festlichkeiten *f/pl*; Feiern *f/pl*; *plais* Festivitäten *f/pl*

fest-noz [fɛstnoz] *m* ⟨*inv*⟩ *Fest mit traditionellen bretonischen Tänzen*

feston [fɛstõ] *m* ARCH, COUT Feston *n*

festoyer [fɛstwaje] *v/i* ⟨-oi-⟩ festlich, gut essen, speisen; schlemmen

feta [feta] *f* CUIS Feta *m*

fêtard [fɛtaʀ] F *m* j, der gern feiert

▸**fête** [fɛt] *f* **1** Fest *n*; Fest-, Feiertag *m*; ~ ***nationale*** Nationalfeiertag *m*; ~ ***de famille*** Familienfest *n*, -feier *f*; ~ ***des mères*** Muttertag *m*; ~ ***du travail*** Tag *m* der Arbeit; *fig* ***en ~*** fröhlich; in festlicher Stimmung; *fig* ***ne pas être à la ~*** sich nicht wohl fühlen in s-r Haut; ***faire la ~*** F tüchtig, ordentlich feiern; *fig* ***se faire une ~ de qc*** sich sehr auf etw (*acc*) freuen; *fig* ***faire ~ à qn*** j-n freudig empfangen, begrüßen; **2** *d'une personne* Namenstag *m*

Fête-Dieu [fɛtdjø] *f* ⟨Fêtes-Dieu⟩ Fronleichnam(sfest) *m*(*n*)

▸**fêter** [fete] *v/t* feiern

fétich|e [fetiʃ] *m* Fetisch *m*; **~isme** [-ism(ə)] *m* Fetischismus *m*

fétide [fetid] *adj* übel riechend; stinkend

fétu [fety] *m* ~ **(*de paille*)** Strohhalm *m*

▸**feu**[1] [fø] *m* ⟨~x⟩ **1** Feuer *n* (*a fig*); (*incendie*) Brand *m*; ***feu d'artifice*** Feuerwerk *n* (*a fig*); ***feu de camp*** Lagerfeuer *n*; *fig* ***feu de paille*** Strohfeuer *n*; ***feu du rasoir*** Brennen *n* nach der Rasur; ***mise f à feu*** Zündung *f*; ***au feu!*** Feuer!; es brennt!; CUIS ***à feu doux*** auf kleiner, schwacher Flamme; bei schwacher Hitze; *fig* ***dans le feu de l'action*** im Eifer, in der Hitze des Gefechts; *plat* ***aller au feu*** feuerfest sein; *fumeur* ***avez-vous du feu?*** haben Sie Feuer?; F *fig* ***avoir le feu au derrière***, P ***au cul*** F es brandeilig haben; *fig* ***avoir les joues en feu*** glühende, brennend rote Wangen haben; ***être en feu*** in Flammen stehen; brennen; *fig* ***être tout feu tout flamme pour qc*** für etw Feuer und Flamme sein; ***faire du feu*** Feuer machen; *fig* ***faire feu de tout bois*** alle Mittel einsetzen; *fig* ***jouer avec le feu*** mit dem Feuer spielen; ***mettre le feu à qc*** etw in Brand stecken; ***mettre à feu et à sang*** mit Feuer und Schwert verwüsten; ***prendre feu*** Feuer fangen; in Brand geraten; F *fig* ***il n'y voit que du feu*** F das merkt der gar nicht; **2** (*lumière*) Licht *n*; CIRCULATION ***feu(x)*** Ampel *f*; ***feu(x) arrière*** Rück-, Schlusslicht(er) *n*(*pl*), -leuchte(n) *f*(*pl*); ***feu rouge, orange, vert*** rote, gelbe, grüne Ampel; *fig* ***donner le feu vert*** grünes Licht geben; ***feux de croisement*** Abblendlicht *n*; ***feux de détresse*** Warnblinkanlage *f*, -licht *n*; ***feux de position*** AUTO Standlicht *n*; MAR, AVIAT Positionslichter *n/pl*; THÉ ***feux de la rampe*** Rampenlicht *n*; ***feu de recul*** Rückfahrscheinwerfer *m*; ***feux de route*** Fernlicht *n*; ***feux de stationnement*** Parkleuchte *f*; ***sous les feux des projecteurs*** im Scheinwerferlicht (*a fig*); **3** MIL Feuer *n*; ▸ ***coup** m **de feu*** Schuss *m*; ***faire feu*** feuern; *fig* ***ne pas faire long feu*** nicht lange dauern; *personne* nicht lange bleiben

feu² *litt adj* ⟨*inv*⟩ ***~ sa mère*** s-e verstorbene, selige Mutter

feuillage [fœjaʒ] *m* Laub(werk) *n*

feuille [fœj] *f* **1** BOT Blatt *n*; ***~s*** *pl a* Laub *n*; ***~ de vigne*** Rebenblatt *n*; ART, *fig* Feigenblatt *n*; *fig* ***trembler comme une ~*** zittern wie Espenlaub; **2** *papier* Blatt *n* (Papier); ***~ de papier à lettres*** Briefbogen *m*; ***~ d'impôt*** Steuerformular *n*; ***~ de paie*** Lohnstreifen *m*; F *fig* ***~ de chou*** F Käseblatt *n*; **3** (*plaque mince*) (Metall)Folie *f*; *en bois* Platte *f*; **4** F ***être dur de la ~*** schwerhörig sein

feuillet [fœjɛ] *m* Blatt *n*

feuilleté [fœjte] **I** *adj* ⟨***~e***⟩ blätt(e)rig; ***pâte ~e*** Blätterteig *m*; **II** *m* Blätterteiggebäck *n*

feuilleter [fœjte] *v/t* ⟨-tt-⟩ durchblättern; blättern in (+ *dat*)

feuilleton [fœjtõ] *m* Fortsetzungsroman *m*; TV, RAD Serie *f*

feuillu [fœjy] **I** *adj* ⟨***~e***⟩ dicht belaubt; **II** ***~s*** *m/pl* Laubbäume *m/pl*

feutre [føtʀ(ə)] *m* **1** TEXT Filz *m*; **2** *crayon* Filzstift *m*; Filz-, Faserschreiber *m*

feutré [føtʀe] *adj* ⟨***~e***⟩ *bruit* gedämpft; *atmosphère* intim; ***à pas ~s*** auf leisen Sohlen

feutrer [føtʀe] *v/i* (*et v/pr* ***se ~***) (ver)filzen; filzig werden

feutrine [føtʀin] *f* Wollfilz *m*

fève [fɛv] *f* **1** BOT, CUIS dicke Bohne; Saubohne *f*; ***~ de cacao*** Kakaobohne *f*; **2** *im Dreikönigskuchen versteckte kleine Figur*

▸**février** [fevʀije] *m* Februar *m*

fi [fi] ***faire ~ de*** verschmähen

fiabilité [fjabilite] *f* Zuverlässigkeit *f*

fiable [fjabl(ə)] *adj* zuverlässig

fiacre [fjakʀ(ə)] *m* (Pferde)Droschke *f*; *österr* Fiaker *m*

fiançailles [f(i)jɑ̃saj] *f/pl* Verlobung *f*

▸**fiancé** [f(i)jɑ̃se] **I** *adj* verlobt; **II** ***~(e)*** *m(f)* Verlobte(r) *f(m)*; Bräutigam *m*, Braut *f*

fiancer [f(i)jɑ̃se] *v/pr* ⟨-ç-⟩ ***se ~*** sich verloben (***avec qn*** mit j-m)

fiasco [fjasko] *m* Fiasko *n*; F Reinfall *m*

fibranne [fibʀan] *f* Zellwolle *f*

fibre [fibʀ(ə)] *f* **1** BIOL, TEXT, TECH Faser *f*; **2** *fig* Ader *f*; ***avoir la ~ maternelle*** e-e gute Mutter abgeben

fibreux [fibʀø] *adj* ⟨-euse [-øz]⟩ fas(e)rig; Faser…

fibrome [fibʀom] *m* Fibrom *n*

ficeler [fisle] *v/t* ⟨-ll-⟩ **1** verschnüren; **2** F *fig* ***mal ficelé*** komisch angezogen

▸**ficelle** [fisɛl] *f* **1** Bindfaden *m*; Schnur *f*; *fig* ***tirer les ~s*** der Drahtzieher sein; **2** *pain* dünnes, langes Weißbrot; **3** ***~s*** *pl d'un métier* Kniffe *m/pl*; Tricks *m/pl*

fiche¹ [fiʃ] *f* **1** ÉLECT Stecker *m*; **2** (*feuille*) Zettel *m*; Blatt *n*; Bogen *m*; *d'un fichier* (Kartei)Karte *f*

fiche² → ***ficher¹***

ficher¹ [fiʃe] ⟨*inf a* fiche; *p/p* fichu⟩ F **I** *v/t* **1** (*faire*) machen; tun; **2** (*donner*) geben; *un coup* versetzen; ***je t'en ficherai, moi …*** das würde dir so passen …; **3** (*jeter*) F schmeißen; **II** *v/pr* ***se ~ de qc, qn*** F auf etw, j-n pfeifen; → ***foutre***

ficher² *v/t* **1** (*enfoncer*) einrammen; einschlagen; **2** (*mettre en fiche*) karteimäßig erfassen

▸**fichier** [fiʃje] *m* **1** (*fiches*) Kartei *f*; **2** *boîte* Karteikasten *m*; **3** INFORM Datei *f*

fichu¹ [fiʃy] *m* Schultertuch *n*

▸**fichu²** F *p/p* → ***ficher¹*** *et adj* ⟨***~e***⟩ **1** (*détruit*) F kaputt; F futsch; F hin; F im Eimer; *personne* F erledigt; am Ende; **2** (*détestable*) scheußlich; F verflixt; **3** ***bien ~*** *femme* gut gebaut; *mécanisme* gut, geschickt gemacht; *personne* ***être mal ~*** sich elend fühlen; F nicht gut beieinander sein; **4** (*capable de*) ***il est ~ de*** (***le faire***) F er ist imstand(e) und (tut's)

fictif [fiktif] *adj* ⟨-ive [-iv]⟩ **1** (*imaginaire*) (frei) erfunden; erdacht; fiktiv; **2** (*faux*) fingiert (*a* ÉCON); Schein…

fiction [fiksjõ] *f* Fiktion *f*; Dichtung *f*; Erfindung *f*

▸**fidèle** [fidɛl] **I** *adj* **1** treu; *serviteur a* (treu) ergeben; *chien a* anhänglich; ***être ~ à qn*** j-m treu sein; ***être, rester ~ à qc*** e-r Sache (*dat*) treu bleiben;

an etw (*dat*) festhalten; **2** *récit* genau; getreu; *reproduction* originalgetreu; *mémoire* zuverlässig; **II** *m,f* **1** REL Gläubige(r) *f(m)*; **2** (*adepte*) Getreue(r) *f(m)*

fidéliser [fidelize] *v/t* gewinnen; an sich binden

fidélité [fidelite] *f* **1** Treue *f* (**à, envers qn** zu j-m); **2** *d'une traduction, etc* Genauigkeit *f*; originalgetreue Wiedergabe; **'haute ~** Highfidelity *f* (*abr* Hi-Fi)

fief [fjɛf] *m* **1** HIST Lehen *n*; **2** *fig* Domäne *f*; POL Hochburg *f*

fieffé [fjefe] *adj* ⟨~e⟩ ausgemacht; Erz…

fiel [fjɛl] *m* **1** *d'animaux* Galle *f*; **2** *fig* Bosheit *f*; Bitterkeit *f*

fielleux [fjɛlø] *adj* ⟨-euse [-øz]⟩ gallig

fiente [fjɑ̃t] *f* Kot *m*; (Vogel)Mist *m*, (-)Dreck *m*

fier[1] [fje] *v/pr* **se ~ à qn, qc** sich auf j-n, etw verlassen; j-m, e-r Sache vertrauen

▸ **fier**[2] [fjɛʀ] *adj* ⟨fière [fjɛʀ]⟩ **1** stolz; **être ~ de qn, qc** stolz auf j-n, etw sein; *péj* sich etwas einbilden auf j-n, etw; F **ne pas être ~** F ganz schön Angst haben; **2** F gewaltig

▸ **fierté** [fjɛʀte] *f* Stolz *m*

▸ **fièvre** [fjɛvʀ(ə)] *f* **1** MÉD Fieber *n*; **~ jaune** Gelbfieber *n*; **avoir de la ~** Fieber haben; fiebern; **2** *fig* Fieber *n*; Erregung *f*; Hektik *f*

fiévreusement [fjevʀøzmɑ̃] *adv* fieberhaft; mit Feuereifer

fiévreux [fjevʀø] *adj* ⟨-euse [-øz]⟩ **1** MÉD fieb(e)rig; *personne a* fieberkrank; **2** *fig* fieberhaft

figé [fiʒe] *adj* ⟨~e⟩ **1** *huile, sauce* fest; steif; **2** *fig* starr; erstarrt; *locution* fest(stehend)

figer [fiʒe] ⟨-ge-⟩ **I** *v/t* erstarren lassen (*a fig*); **II** *v/pr* **se ~** erstarren (*a fig*); *huile, sauce a* fest, steif, dick werden

fignoler [fiɲɔle] *v/t* ausfeilen; den letzten Schliff geben (+ *dat*)

figue [fig] *f* Feige *f*

figuier [figje] *m* Feigenbaum *m*

figur|ant [figyʀɑ̃] *m*, **~ante** [-ɑ̃t] *f* Statist(in) *m(f)*; Komparse *m*, Komparsin *f*; *fig a* Randfigur *f*

figuratif [figyʀatif] *adj* ⟨-ive [-iv]⟩ **1** *art, peintre* gegenständlich; **2** *représentation* bildlich; bildhaft

figuration [figyʀasjõ] *f* **1** THÉ, CIN *coll* Statisterie *f*; Komparserie *f*; **faire de la ~** Statisten-, Nebenrollen spielen; **2** (*représentation*) bildliche Darstellung

▸ **figure** [figyʀ] *f* **1** (*visage*) Gesicht *n*; F **casser la ~ à qn** j-n verprügeln, F verhauen; F **se casser la ~** hinfallen; *fig* **faire bonne ~** e-e gute Figur machen; *fig* **faire ~ de** gelten, angesehen werden als; **2** ART, MATH, *etc* Figur *f*; PATINAGE **~s imposées** Pflicht *f*; **~s libres** Kür *f*; **3** (bedeutende, große) Persönlichkeit, Gestalt

⚠ **figure**	≠	**Figur**
la figure	=	das Gesicht
Sie hat eine gute Figur.	=	Elle est bien faite.

figuré [figyʀe] *adj* ⟨~e⟩ bildlich; übertragen; figürlich; **au (sens) ~** im übertragenen Sinn(e)

figurer [figyʀe] **I** *v/t* (bildlich, figürlich) darstellen; **II** *v/i sur une liste, etc* stehen; (aufgeführt) sein; vorkommen; figurieren; **III** *v/pr* **se ~ qc** sich etw vorstellen; **se ~ que …** sich einbilden, dass …

figurine [figyʀin] *f* Figürchen *n*; kleine Figur, Statue; Figurine *f*

▸ **fil** [fil] *m* **1** TEXT Faden *m* (*a fig*); Garn *n*; *des haricots* Faser *f*; *d'un collier* Schnur *f*; **fil à coudre** Nähfaden *m*, -garn *n*; **fil à plomb** Lot *n*; Senkblei *n*; *fig* **fil de la conversation** Gesprächsfaden *m*; **fils de la Vierge** Altweibersommer *m*; **en fil d'Écosse, pur fil** reinleinen; *prétexte* **cousu de fil blanc** leicht zu durchschauen(d); fadenscheinig; *fig* **de fil en aiguille** im Lauf(e) des Gesprächs; nach und nach; *fig* **perdre le fil** den Faden verlieren; *fig* **ne tenir qu'à un fil** an e-m (seidenen) Faden hängen; **2** *métallique* Draht *m*; *d'une lampe, de téléphone* Schnur *f*; Kabel *n*; **fil électrique** elektrische Leitung; **fil de fer** (Eisen)Draht *m*; **3** F ▸ **coup** *m* **de fil** Anruf *m*; Telefongespräch *n*; **passer un coup de fil à qn** j-n anrufen; **avoir qn au bout du fil** F j-n an der Strippe haben; **4** *d'une lame* Schneide *f*; **5** **au fil de l'eau** mit dem Strom; **au fil des jours** im Laufe der Zeit; mit der Zeit

filament [filamɑ̃] *m* **1** Faser *f*; Faden *m* (*a de salive*); **2** ÉLECT Glühfaden *m*, -draht *m*
filandreux [filɑ̃dʀø] *adj* ⟨-euse [-øz]⟩ **1** fas(e)rig; voller Fasern; **2** *fig* weitschweifig
filant [filɑ̃] *adj* ⟨-ante [-ɑ̃t]⟩ ***étoile ~e*** Sternschnuppe *f*
filasse [filas] *adj* ***blond ~*** ⟨*inv*⟩ flachsblond
filature [filatyʀ] *f* **1** TEXT Spinnerei *f*; **2** *par la police* Beschattung *f*; ***prendre qn en ~*** j-n beschatten
file [fil] *f* Reihe *f*; *de gens, de voitures a* Schlange *f*; *de voitures a* Kolonne *f*; *d'une route* (Fahr)Spur *f*; ***~ d'attente*** Warteschlange *f*; ***à la ~*** hintereinander; in einer Reihe; ***en ~ indienne*** im Gänsemarsch; *stationner* ***en double ~*** in der zweiten Reihe; ***prendre la ~*** sich (hinten) anstellen
filer [file] **I** *v/t* **1** *coton, laine, etc* (ver)spinnen; **2** *bateau* ***~ 30 nœuds*** (mit) 30 Knoten fahren; **3** ***~ qn*** j-n beschatten; **4** F (*donner*) geben; **II** *v/i* **5** *maille* laufen; *bas* e-e Laufmasche bekommen; **6** (*aller vite*) (dahin)sausen; flitzen; F (*s'en aller*) F sich verziehen; F abzischen; *temps* verrinnen; verfliegen; *argent* zerrinnen; **7** ***~ doux*** sich fügen; F klein beigeben; kuschen
filet [filɛ] *m* **1** Netz *n*; ***~ à bagages*** Gepäcknetz *n*; ***~ (à provisions)*** Einkaufsnetz *n*; *fig* ***coup*** *m* ***de ~*** Fang *m*; Fischzug *m*; **2** CUIS Filet *n* (*a de poisson*); Lende(nstück) *f(n)*; **3** *de liquide* feiner, dünner Strahl; *fig* ***~ de voix*** schwache, dünne Stimme
filetage [filtaʒ] *m* TECH Gewinde *n*
filial [filjal] *adj* ⟨~e; -aux [-o]⟩ kindlich; Kindes…; der Kinder
filiale [filjal] *f* Tochtergesellschaft *f*, -firma *f*
filiation [filjasjõ] *f* **1** JUR Abstammung *f*; **2** *fig* Zusammenhang *m*; Aufeinanderfolge *f*
filière [filjɛʀ] *f* **1** *d'une carrière* Stufenleiter *f*; UNIVERSITÉ Studiengang *m*; **2** *fig* Linie *f*; Kette *f*; Reihe *f*; *de la drogue* Connection *f*; ***remonter la ~*** den Weg, die Linie zurückverfolgen
filiforme [filifɔʀm] *adj* fadenförmig; *personne* spindeldürr
filigrane [filigʀan] *m* **1** Filigran(arbeit) *n(f)*; **2** *sur le papier* Wasserzeichen *n*
filin [filɛ̃] *m* Tau *n*; Trosse *f*
▸ **fille** [fij] *f* **1** (*opposé à fils*) Tochter *f*; **2** (*opposé à garçon*) Mädchen *n*; ▸ ***jeune fille*** junges Mädchen; ***fille mère*** ledige Mutter; ***petite fille*** kleines Mädchen; ***vieille fille*** alte Jungfer; **3** ***fille (publique)*** Dirne *f*; Strichmädchen *n*; ***fille de joie*** Freudenmädchen *n*; **4** ***fille de cuisine*** Küchenhilfe *f*; *à l'hôpital* ***fille de salle*** Stationsmädchen *n*
fillette [fijɛt] *f* kleines Mädchen
filleul(e) [fijœl] *m(f)* Patenkind *n*
▸ **film** [film] *m* **1** CIN, TV (Spiel)Film *m*; ▸ ***film policier*** Kriminalfilm *m*; F Krimi *m*; ***~ de guerre*** Kriegsfilm *m*; **2** PHOT Film(streifen) *m*; **3** (*couche mince*) Film *m*; ***film d'huile*** Ölfilm *m*; **4** ***film plastique*** Frischhaltefolie *f*
filmer [filme] *v/t* filmen
filon [filõ] *m* **1** MINES Ader *f*; Gang *m*; **2** F *fig* einträglicher *ou* bequemer Job
filou [filu] *m* Gauner *m*
▸ **fils** [fis] *m* Sohn *m*; *fig* ***~ spirituel*** geistiger Erbe; *péj* ***~ à papa*** verwöhnter Sohn reicher Eltern; ***~ de famille*** Sohn aus reichem, gutem Hause
filtrant [filtʀɑ̃] *adj* ⟨-ante [-ɑ̃t]⟩ Filter…
filtre [filtʀ(ə)] *m* Filter *m*; ***~ à air*** Luftfilter *m*; *adjt* ***bout*** *m* ***~*** Filtermundstück *n*
filtrer [filtʀe] **I** *v/t* **1** filtern; *liquides a* filtrieren; **2** *fig* genau, streng kontrollieren; *informations* sieben; **II** *v/i* **3** *café* durchlaufen; *eau* durchsickern; *lumière* durchdringen; **4** *fig informations* durchsickern
▸ **fin**[1] [fɛ̃] *f* **1** Ende *n* (*a de la vie*); Schluss *m*; Ausgang *m*; ***~ du monde*** Weltuntergang *m*, -ende *n*; ***~ de semaine*** Wochenende *n*; ***~ de série*** auslaufende Serie; Auslaufmodell *n*; ***~ de siècle*** Jahrhundertwende *f*; *adjt* dekadent; ***~ mai*** Ende Mai; ***à la ~*** am Ende, Schluss (***de*** *gén*); ***à la ~ de l'année*** *ou* ***en ~ d'année*** am Jahresende; ***en ~ d'après-midi*** am Spätnachmittag; ***sans ~*** endlos (*a* TECH); ohne Ende; ***c'est la ~ de tout,*** F ***des 'haricots*** jetzt ist alles aus; ***mener à bonne ~*** (glücklich) zu Ende führen; zustande bringen; ***mettre ~ à qc*** e-r Sache (*dat*) ein Ende machen, bereiten, setzen; ***prendre ~*** zu Ende gehen; enden; ***tirer, toucher à sa ~*** s-m

F

Ende zugehen; *provisions a* ausgehen; **2** (*but*) Ziel *n*; (End)Zweck *m*; **~ en soi** Selbstzweck *m*; **à cette ~** zu diesem Zweck; hierzu; **à toutes ~s utiles** für alle Fälle; **parvenir à ses ~s** sein Ziel erreichen

▸**fin²** [fɛ̃] **I** *adj* ⟨fine [fin]⟩ fein; *mains, taille* schmal; schlank; *papier, couche* dünn; *remarque* geistreich; witzig; *personne* schlau; F helle; **~ gourmet** Feinschmecker *m*; **lingerie ~e** Feinwäsche *f*; **perle ~e** echte Perle; **pierre ~e** Halbedelstein *m*; **pluie ~e** feiner Regen; Sprühregen *m*; **au ~ fond de** weit hinten in (+ *dat*); tief im Innern (+ *gén*); **II** *adv* **1 être ~ prêt** ganz fertig sein; **2 moudre ~** fein mahlen; **III** *m* **1 le ~ du ~** das Feinste vom Feinen; das Allerfeinste; **2 jouer au plus ~ avec qn** schlauer sein wollen als j

final [final] *adj* ⟨~e; -als⟩ **1** End…; Schluss…; letzte; **point ~** Schlusspunkt *m*; **2** GR final

final(e) [final] *m* MUS Finale *n*

▸**finale** [final] *f* **1** SPORTS Finale *n*; Endspiel *n*; **2** GR Endsilbe *f*; Auslaut *m*

▸**finalement** [finalmɑ̃] *adv* schließlich; am Ende; letzten Endes

finaliste [finalist] *m,f* Finalist(in) *m(f)*; Endspielteilnehmer(in) *m(f)*

finance [finɑ̃s] *f* **1** *pl* **~s** Finanzen *f/pl* (*a* F); ADM Finanzwesen *n*; **2** *coll* Finanzwelt *f*; **'haute ~** Hochfinanz *f*; **3 moyennant ~** mit, mittels (Bar)Geld

financ|ement [finɑ̃smɑ̃] *m* Finanzierung *f*; **~er** [-e] *v/t* ⟨-ç-⟩ finanzieren

financier [finɑ̃sje] **I** *adj* ⟨-ière [-jɛʀ]⟩ **1** finanziell; Finanz…; Geld…; **2 sauce financière** Madeirasoße *f* mit Trüffelfond; **II** *m* Finanzier *m*; Finanzmann *m*

finass|er [finase] *v/i* Winkelzüge machen; mit Tricks arbeiten; **~eries** [-ʀi] *f/pl* Winkelzüge *m/pl*; Tricks *m/pl*

finaud [fino] *adj* ⟨-aude [-od]⟩ (bauern)schlau; pfiffig

fine [fin] *f* fein(st)er Weinbrand

finesse [finɛs] *f* **1** Feinheit *f* (*a fig*); **~ d'esprit** Scharfsinn *m*; **2** *pl* **~s** Feinheiten *f/pl*; Finessen *f/pl*; Raffinessen *f/pl*

▸**fini** [fini] **I** *adj* ⟨~e⟩ **1** *travail* fertig; abgeschlossen; beendet; **produit ~** Fertigprodukt *n*, -erzeugnis *n*; **c'est ~ entre nous** zwischen uns ist es aus; **2** *objet* **bien ~** gut, sorgfältig gearbeitet, gefertigt; **3** *fig* **c'est un homme ~** er ist erledigt, am Ende; **4** *péj menteur, etc* ausgemacht; Erz…; **5** PHILOS, MATH endlich; **II** *m* sorgfältige Verarbeitung, Ausführung

▸**finir** [finiʀ] **I** *v/t* **1** beend(ig)en; abschließen; fertig stellen, machen; zu Ende führen, bringen; *vêtements* auftragen; *assiette* leer essen; *verre* austrinken; **avoir fini (de faire) qc** mit etw fertig sein; **~ de faire qc** aufhören, etw zu tun; **2** (*parachever*) den letzten Schliff geben (+ *dat*); **II** *v/i* **3** *personne* aufhören; Schluss machen; **avoir fini** fertig sein; **en ~ avec qn, qc** mit j-m, e-r Sache Schluss machen; etw aus der Welt schaffen; **4** *chose* enden (*a personne*); zu Ende gehen *ou* sein; aufhören; F aus sein; **~ bien, mal** gut, schlimm enden, ausgehen; *personne* **il finira mal** es wird ein böses, schlimmes Ende mit ihm nehmen; **n'en pas, plus ~** kein Ende haben; endlos sein; **5 ~ par faire qc** am Ende, schließlich, zuletzt (doch) etw tun

finish [finiʃ] *m* Finish *n*; Endspurt *m*

finition [finisjõ] *f* **1** *action* Endbearbeitung *f*; Fertigstellung *f*; **~s** *pl* letzte Arbeiten *f/pl*; letzter Schliff; **2** *résultat* Verarbeitung *f*; Ausführung *f*

finlandais [fɛ̃lɑ̃dɛ] **I** *adj* ⟨-aise [-ɛz]⟩ finnisch; **II** **2(e)** *m(f)* Finne *m*, Finnin *f*

Finlande [fɛ̃lɑ̃d] **la ~** Finnland *n*

finnois [finwa] **le ~** (das) Finnisch(e)

fiole [fjɔl] *f* Phiole *f*

fiord → **fjord**

fioritures [fjɔʀityʀ] *f/pl* Schnörkel *m/pl*

firent [fiʀ] → **faire**

firmament [fiʀmamɑ̃] *m litt* Firmament *n*

firme [fiʀm] *f* Firma *f*

fis [fi] → **faire**

FIS [fis] *m abr* (*Front islamique du salut*) Islamische Heilsfront

fisc [fisk] *m* Fiskus *m*; Steuerbehörde *f*

fiscal [fiskal] *adj* ⟨~e; -aux [-o]⟩ Steuer…; steuerlich; **~iser** [-ize] *v/t* besteuern; **~ité** [-ite] *f* Steuersystem *n*, -wesen *n*

fission [fisjõ] *f* Kernspaltung *f*

fissure [fisyʀ] *f* Riss *m*

fissurer [fisyʀe] **I** *v/t* Risse verursachen in (+ *dat*); **fissuré** rissig; **II** *v/pr* **se ~** rissig werden; Risse bekommen

fiston [fistõ] *m* F Filius *m*
fistule [fistyl] *f* MÉD Fistel *f*
fit, fît [fi] → ***faire***
F.I.V. [ɛfive] *f abr (fécondation in vitro)* In-vitro-Fertilisation *f*; IVF *f*
fixateur [fiksatœʀ] *m* **1** PHOT Fixiermittel *n*; **2** COIFFURE Haarfestiger *m*
fixatif [fiksatif] *m* Fixativ *n*
fixation [fiksasjõ] *f* **1** *d'un objet* Befestigen *n*; Festmachen *n*; **2** *dispositif* Befestigung *f*; Halterung *f*; *de ski* Bindung *f*; **3** *d'un délai, des prix* Festsetzung *f*; Festlegung *f*; **4** PSYCH Fixierung *f*; ***faire une ~ sur*** fixiert sein auf (+ *acc*)
fixe [fiks] **I** *adj date, revenu* fest; COMM fix; *regard* starr; unverwandt; *péj* stier; *objet* unbeweglich; TECH ortsfest; ***étoile*** *f* **~** Fixstern *m*; ***à prix ~*** zum Festpreis; ***à heure ~*** immer zur gleichen Zeit; **II** *m* Fixum *n*; festes Gehalt
fixé [fikse] *adj* ⟨**~e**⟩ ***être ~ sur*** Bescheid wissen über (+ *acc*)
fixer [fikse] **I** *v/t* **1** *objet* befestigen; festmachen; **2** *délai, prix, etc* festsetzen; festlegen; fixieren; *date a* anberaumen; *délai a* setzen; **3** *par écrit, dans la mémoire* festhalten; fixieren; **4 ~** ***(son regard sur) qn, qc*** j-n, etw fixieren, anstarren; den Blick auf j-n, etw heften; **~** ***son attention sur qn, qc*** s-e Aufmerksamkeit auf j-n, etw richten; **5** PHOT, PEINT fixieren; **II** *v/pr* **6 *se ~*** *(s'établir)* sich niederlassen; sich festsetzen; **7 *se ~ sur*** *regard* sich heften auf (+ *acc*); *choix* fallen auf (+ *acc*)
fjord [fjɔʀ(d)] *m* Fjord *m*
flac [flak] *int* patsch!; klatsch!
flacon [flakõ] *m* Fläschchen *n*; Flakon *n ou m*
flagada [flagada] *adj* ⟨*f inv*⟩ F → ***flapi***
flageller [flaʒɛle] *v/t* geißeln
flageoler [flaʒɔle] *v/i jambes* zittern; schlottern; **~** ***sur ses jambes*** wack(e)lig auf den Beinen sein
flageolet [flaʒɔlɛ] *m* kleine weißgrüne Bohne
flagorner [flagɔʀne] *v/t litt* liebedienern (***qn*** vor j-m)
flagrant [flagʀɑ̃] *adj* ⟨-ante [-ɑ̃t]⟩ **1** ***(prendre qn) en ~ délit*** (j-n) in flagranti, auf frischer Tat (ertappen); **2** *(évident)* flagrant; offenkundig
flair [flɛʀ] *m* **1** *du chien, etc* Witterung *f*; Geruchssinn *m*; **2** *fig* Gespür *n*; Spürsinn *m*; ***avoir du ~*** F den richtigen Riecher haben
flairer [fleʀe] *v/t* **1** *animal: nourriture, etc* schnuppern an (+ *dat*); *gibier* wittern; **2** *fig* wittern
flamand [flamɑ̃] **I** *adj* ⟨-ande [-ɑ̃d]⟩ flämisch (*a* ART); flandrisch; **II** **2(e)** *m(f)* Flame *m*, Flamin *ou* Flämin *f*
flamant [flamɑ̃] *m* **~** ***(rose)*** Flamingo *m*
flambant [flɑ̃bɑ̃] *adv* **~ *neuf*** ⟨*inv od* **~** *neuve*⟩ F brandneu; F (funkel)nagelneu
flambeau [flɑ̃bo] *m* ⟨**~x**⟩ Fackel *f* (*a fig*)
flambée [flɑ̃be] *f* **1** (kurz auf)loderndes Feuer; ***faire une ~*** ein Feuer anzünden; **2** *fig* Aufflammen *n*; Auflodern *n*; **~ *des prix*** starker Preisauftrieb
flamber [flɑ̃be] **I** *v/t* **1** CUIS flambieren; **2** *volaille* (ab)sengen; **II** *v/i* **3** *feu* (hell auf)lodern; *bois sec, maison* lichterloh brennen; in Flammen aufgehen; **4** *fig prix* in die Höhe schnellen; **5** F *au jeu* sein ganzes Geld verspielen
flamboyant [flɑ̃bwajɑ̃] *adj* ⟨-ante [-ɑ̃t]⟩ **1** *(brillant)* flammend; funkelnd; **2** *fig regard* **~** ***(de colère)*** funkelnd, lodernd (vor Zorn); **3** ARCH spätgotisch; im Flamboyantstil
flamboyer [flɑ̃bwaje] *v/i* ⟨-oi-⟩ **1** *feu* lodern; **2** *fig* funkeln
►**flamme** [flam, flɑm] *f* **1** Flamme *f*; ***être en ~s*** in Flammen stehen; **2** *fig* Feuer *n*; Glut *f*; *litt* ***déclarer sa ~*** e-e Liebeserklärung machen
flan [flɑ̃] *m* Pudding *m*
flanc [flɑ̃] *m* Seite *f*; Flanke *f* (*a* MIL); ANAT *a* Weiche *f*; *fig* ***être sur le ~*** erschöpft, F erschlagen sein; *fig* ***prêter le ~*** e-e Angriffsfläche bieten (***à*** *dat*); F *fig* ***tirer au ~*** F sich drücken; faulenzen
flancher [flɑ̃ʃe] F *v/i* schwach werden; nachlassen; aufgeben; *cœur* F streiken; nicht mehr mitmachen
Flandre [flɑ̃dʀ(ə)] ***la ~*** *ou* ***les ~s*** *f/pl* Flandern *n*
flanelle [flanɛl] *f* Flanell *m*
flân|er [flɑne] *v/i* (umher)schlendern; flanieren; F bummeln; **~erie** [-ʀi] *f* Umherschlendern *n*; *(promenade)* F Bummel *m*; **~eur** [-œʀ] *m*, **~euse** [-øz] *f* Spaziergänger(in) *m(f)*
flanquer[1] [flɑ̃ke] *v/t* flankieren; ***flanqué de*** flankiert von

flanquer² F **I** *v/t* **1** (*jeter*) werfen; F schmeißen; **~ qn à la porte, dehors** F j-n vor die Tür setzen, rauswerfen, rausschmeißen, feuern; **2** *gifle* versetzen; F verpassen; *peur* einjagen; **~ une volée**, F **une raclée à qn** j-n verprügeln, verhauen, F verdreschen; **II** *v/pr* **se ~ par terre** hinschlagen, -fallen

flapi [flapi] *adj* ⟨**~e**⟩ F erledigt; todmüde; kaputt

flaque [flak] *f* (Wasser)Pfütze *f*

flash [flaʃ] *m* ⟨**~es**⟩ **1** PHOT Blitz(licht) *m(n)*; *dispositif* Blitzgerät *n*; **2** RAD Kurznachrichten *f/pl*; kurze (wichtige) Meldung

flash-back [flaʃbak] *m* ⟨*inv*⟩ Rückblende *f*

flasher [flaʃe] *v/i* F **~ sur qn, qc** F auf j-n, etw abfahren

flasque [flask] *adj* schlaff

flatter [flate] **I** *v/t* **1 ~ qn** j-m schmeicheln (*a par ext de qc*); **2** *animal* streicheln; tätscheln; **II** *v/pr* **se ~ de** (+ *inf*) sich (etwas darauf) einbilden zu (+ *inf*)

flatterie [flatʀi] *f* Schmeichelei *f*

flatt|eur [flatœʀ], **~euse** [-øz] **I** *m,f* Schmeichler(in) *m(f)*; **II** *adj* **1** *personne*, *propos* schmeichlerisch; **2** (*élogieux*) schmeichelhaft

flatulence [flatylɑ̃s] *f* Blähung *f*

fléau [fleo] *m* ⟨**~x**⟩ **1** (*calamité*) Geißel *f*; Heimsuchung *f*; Plage *f*; **2** *d'une balance* Waagebalken *m*; **3** AGR Dreschflegel *m*

▸ **flèche** [flɛʃ] *f* **1** Pfeil *m*; *fig* **démarrage** *m* **en ~** Blitzstart *m*; **comme une ~** wie ein Pfeil; pfeilschnell; **monter en ~** in die Höhe schnellen; jäh ansteigen; **2** *d'un clocher* (Turm)Spitze *f*; **3** *d'une grue* Ausleger *m*

flécher [fleʃe] *v/t* ⟨-è-⟩ mit Pfeilen markieren

fléchette [fleʃɛt] *f* Wurfpfeil *m*; **jouer aux ~s** Darts spielen

fléchir [fleʃiʀ] **I** *v/t genoux, etc* beugen; **II** *v/i* **1** *poutre* sich (durch)biegen; *jambes* weich werden; nachgeben; **2** *fig* nachlassen; wankend werden; **faire ~ qn** j-n erweichen; **3** *cours* nachgeben

fléchissement [fleʃismɑ̃] *m* **1** Beugen *n*; Biegen *n*; **2** *fig* Nachlassen *n*; *des cours* Nachgeben *n*

flegmatique [flɛgmatik] *adj* gelassen; gleichmütig; *péj* phlegmatisch

flegme [flɛgm(ə)] *m* Gelassenheit *f*; Gleichmut *m*; *péj* Phlegma *n*

flemmard [flemaʀ] F **I** *adj* ⟨-arde [-aʀd]⟩ faul; **II ~(e)** *m(f)* F Faulpelz *m*

flemmarder [flemaʀde] F *v/i* faulenzen

flemme [flɛm] F *f* Faulheit *f*; **avoir la ~ de faire qc** zu faul sein, (um) etw zu tun

flétan [fletɑ̃] *m* Heilbutt *m*

flétrir [fletʀiʀ] **I** *v/t* **1** *plante* (ver)welken lassen; **2** *litt* (*déshonorer*) in den Schmutz ziehen; **II** *v/pr* **se ~** (ver)welken; verblühen (*a beauté*); welk werden (*a visage*)

flétrissure [fletʀisyʀ] *f* **1** *d'une plante* Welken *n*; **2** *litt* Schmach *f*

▸ **fleur¹** [flœʀ] *f* **1** Blume *f*; (*partie en fleur*) Blüte *f*; **~s de jardin** Gartenblumen *f/pl*; **~s d'oranger** Orangenblüten *f/pl*; *adjt fig* **~ bleue** ⟨*inv*⟩ sentimental; romantisch; *tissu* **à ~s** mit Blumenmuster; geblümt; F *fig* **comme une ~** (spielend) leicht; als ob nichts dabei wäre; **en ~(s)** blühend; **être en ~(s)** blühen; in Blüte stehen; F *fig* **faire une ~ à qn** j-m sehr entgegenkommen; **2** *fig* **la (fine) ~** die Blüte; die Besten *m/pl*; **à la ~ de l'âge** in der Blüte s-r Jahre

fleur² *prép* **à ~ d'eau** *rocher* dicht unter der Wasseroberfläche; *fig* **sensibilité** *f* **à ~ de peau** Überempfindlichkeit *f*

fleurer [flœʀe] *v/t* duften (**qc** nach etw)

fleuret [flœʀɛ] *m* Florett *n*

fleurette [flœʀɛt] *f* **conter ~ à qn** j-m den Hof machen

fleuri [flœʀi] *adj* ⟨**~e**⟩ **1** blühend; *jardin a* voll(er) Blumen; *balcon* blumengeschmückt; **2** *tissu* geblümt; **3** *fig teint* blühend; *style* blumig; bilderreich

▸ **fleurir** [flœʀiʀ] **I** *v/t* (mit Blumen) schmücken; **II** *v/i* **1** *plantes* blühen; **2** ⟨*imparfait meist* florissait⟩ *fig* e-e Blütezeit erleben

fleuriste [flœʀist] *m,f* **1** *marchand* Blumenhändler(in) *m(f)*; **2** *métier* Blumenbinder(in) *m(f)*; Florist(in) *m(f)*

fleuron [flœʀõ] *m* **le plus beau ~** das Prunkstück

▸ **fleuve** [flœv] *m* **1** (großer) Fluss; Strom *m* (*a fig*); **2** *adjt* endlos lang

flexible [flɛksibl(ə)] *adj* **1** biegsam; **2** *fig* flexibel; anpassungsfähig

flexion [flɛkjõ] *f* **1** TECH (Durch)Biegung *f*; **2** *du bras*, *du genou* Beugen *n*; *exercice* Beuge *f*; **3** LING Flexion *f*; Beugung *f*

flic [flik] F *m* Polizist *m*

flingue [flɛ̃g] *m* F Knarre *f*; F Schießprügel *m*

flinguer [flɛ̃ge] F **I** *v/t* F abknallen; F umlegen; **II** *v/pr* ***se ~*** sich erschießen

flipper[1] [flipe] F *v/i* **1** (*être déprimé*) F down sein; **2** (*paniquer*) F ausflippen; F durchdrehen

flipper[2] [flipœʀ] *m* Flipper *m*

flirt [flœʀt] *m* **1** Flirt *m* (*a fig*); **2** *personne* Schwarm *m*; **~er** [-e] *v/i* flirten (*a fig*)

F.L.N. [ɛfɛlɛn] *m abr* (*Front de libération nationale*) Nationale Befreiungsfront

floc [flɔk] *int* plumps!

flocon [flɔkõ] *m* Flocke *f*; ***~s d'avoine*** Haferflocken *f/pl*; ***~ de neige*** Schneeflocke *f*

flonflons [flõflõ] *m/pl* Klänge *m/pl*; Geschmetter *n*

flopée [flɔpe] F *f* Menge *f*; F Haufen *m*

floraison [flɔʀɛzõ] *f* **1** Blüte *f*; **2** *fig* Aufblühen *n*

floral [flɔʀal] *adj* ⟨~e; -aux [-o]⟩ Blumen…

floralies [flɔʀali] *f/pl* Blumenschau *f*

flore [flɔʀ] *f* Flora *f* (*a* MÉD)

florilège [flɔʀilɛʒ] *m* Blütenlese *f*

florin [flɔʀɛ̃] *m* HIST Gulden *m*

florissait [flɔʀisɛ] → ***fleurir*** *2*

florissant [flɔʀisɑ̃] *adj* ⟨-ante [-ɑ̃t]⟩ blühend; florierend

flot [flo] *m* **1** *pl* ***~s*** Fluten *f/pl*; **2** (*courant*) Flut *f*, Strom *m* (*a fig*); ***à ~s*** in Strömen; **3** MAR ***à ~*** flott; ***remettre à ~*** (wieder) flottmachen (*a fig*)

flottage [flɔtaʒ] *m* Flößen *n*; Flößerei *f*

flottaison [flɔtɛzõ] *f* MAR ***ligne f de ~*** Wasserlinie *f*

flottant [flɔtɑ̃] *adj* ⟨-ante [-ɑ̃t]⟩ **1** schwimmend; Treib…; ***glaces ~es*** Treibeis *n*; **2** *fig* flatternd; wehend; **3** *capitaux* fluktuierend; *monnaie* floatend

flotte [flɔt] *f* **1** MAR, AVIAT Flotte *f*; **2** F (*eau*) Wasser *n*

flottement [flɔtmɑ̃] *m* **1** (*indécision*) Unschlüssigkeit *f*; Zögern *n*; **2** *d'une monnaie* Floaten *n*; Floating *n*

flotter [flɔte] **I** *v/i* **1** schwimmen, treiben (***sur l'eau*** auf dem Wasser); **2** *drapeau, vêtement* flattern; wehen; *cheveux a* fliegen; *brume* wallen; wogen; *parfum dans la pièce* schweben; **3** *roues* flattern; schlagen; **4** *monnaie* floaten; **II** *v/imp* F ***il flotte*** F es gießt, schüttet

flotteur [flɔtœʀ] *m* TECH Schwimmer *m*

flottille [flɔtij] *f* Flottille *f*

flou [flu] **I** *adj* ⟨~e⟩ **1** *photo* unscharf; *dessin* weich; *coiffure* weich fließend; **2** *fig pensée* unklar; verschwommen; **II** *m* Unschärfe *f*; Verschwommenheit *f*

flouer [flue] F *v/t* begaunern; F reinlegen

fluctuant [flyktɥɑ̃] *adj* ⟨-ante [-ɑ̃t]⟩ schwankend; *prix a* fluktuierend

fluctu|ation [flyktɥasjõ] *f* Schwankung *f*; Fluktuation *f*; **~er** [-e] *v/i* fluktuieren; schwanken

fluet [flyɛ] *adj* ⟨-ette [-ɛt]⟩ schmächtig; zart; *jambes, voix* dünn

fluide [flɥid, flyid] **I** *adj* **1** *huile, sang* (dünn)flüssig; **2** *fig circulation, style* flüssig; **II** *m* **1** PHYS flüssiger oder gasförmiger Körper; **2** (*rayonnement*) Fluidum *n*

fluidité [flɥidite] *f* **1** *du sang, etc* Dünnflüssigkeit *f*; **2** *fig du style* Flüssigkeit *f*; ***~ de la circulation*** Verkehrsfluss *m*

fluor [flyɔʀ] *m* Fluor *n*

fluorescent [flyɔʀɛsɑ̃] *adj* ⟨-ente [-ɑ̃t]⟩ fluoreszierend; ***tube ~*** Leucht(stoff)röhre *f*

flûte [flyt] *f* **1** Flöte *f*; ***~ à bec*** Blockflöte *f*; **2** ***~ à champagne*** (hohes) Sektglas; **3** *pain* langes dünnes Weißbrot; **4** *int* verflixt!

flûté [flyte] *adj* ⟨~e⟩ *voix* hoch

flûtiste [flytist] *m,f* Flötist(in) *m(f)*; Flötenspieler(in) *m(f)*

fluvial [flyvjal] *adj* ⟨~e; -aux [-o]⟩ Fluss…; ***port ~*** Binnenhafen *m*

flux [fly] *m* **1** MÉD Ausfluss *m*; ***~ menstruel*** Menstruationsblutung *f*; **2** MAR Flut *f*; ***le ~ et le reflux*** Ebbe *f* und Flut; *fig* das Auf und Ab; **3** PHYS, *fig* Fluss *m*

F.M. [ɛfɛm] *f abr* (*modulation de fréquence*) UKW *n*

F.M.I. [ɛfɛmi] *m abr* (*Fonds monétaire international*) IWF *m*

F.N. [ɛfɛn] *m abr* (*Front national*) *rechtsextreme frz Partei*

F.O. [ɛfo] *f abr* (*Force ouvrière*) *sozialdemokratisch orientierte frz Gewerkschaft*

foc [fɔk] *m* Fock(segel) *f(n)*

focal [fɔkal] *adj* ⟨~e; -aux [-o]⟩ PHYS fo-

kal; ***distance ~e*** Brennweite *f*
focaliser [fɔkalize] *v/t* **1** PHYS fokussieren; **2** *fig* konzentrieren (***sur*** auf + *acc*)
fœtus [fetys] *m* Fetus *ou* Fötus *m*
fofolle [fɔfɔl] *adj* → ***foufou***
▸ **foi** [fwa] *f* **1** Glaube(n) *m*; Vertrauen *n*; ***bonne ~*** guter Glaube (*a* JUR); Aufrichtigkeit *f*; ***être de bonne ~*** gutgläubig, aufrichtig sein; ***mauvaise ~*** Böswilligkeit *f*; Unaufrichtigkeit *f*; ***de mauvaise ~*** böswillig; unaufrichtig; *int* ***ma ~ oui*** aber ja; (aber) gewiss; ***digne de ~*** glaubwürdig; ***sur la ~ de*** im Vertrauen auf (+ *acc*); ***ajouter ~ à qc*** e-r Sache (*dat*) Glauben schenken; ***avoir ~ en qn*** zu j-m Vertrauen haben; ***faire ~*** beweiskräftig, maßgebend sein; **2** REL Glaube(n) *m*; ***avoir la ~*** gläubig sein; ***n'avoir ni ~ ni loi*** weder Glauben noch Moral besitzen
▸ **foie** [fwa] *m* Leber *f*; ***~ gras*** Gänseleber(pastete) *f*; P *fig* ***avoir les ~s*** P Schiss haben
▸ **foin** [fwɛ̃] *m* **1** AGR Heu *n*; **2** F ***faire du ~*** F Krach machen; (*se fâcher*) Krach schlagen
foire [fwaʀ] *f* **1** (*exposition*) Messe *f*; **2** (*marché*) (Jahr)Markt *m*; **3** (*fête foraine*) Volksfest *n*; Kirmes *f*; **4** F *fig* ***c'est la ~ ici*** F das ist ein Rummel hier; ***faire la ~*** F einen draufmachen; F sumpfen
foirer [fwaʀe] *v/i* F schief gehen
foireux [fwaʀø] *adj* ⟨-euse [-øz]⟩ F *projet* faul
▸ **fois** [fwa] *f* Mal *n*; ▸ ***une fois*** einmal; ***une autre fois*** ein anderes Mal; ein andermal; ***une bonne fois*** *ou* ***une fois pour toutes*** ein für alle Mal; ***une fois sur deux*** jedes zweite Mal; ***en une fois*** auf einmal; ***encore une fois*** noch einmal; nochmals; F noch mal; ***il était une fois …*** es war einmal …; ***cette fois(-ci)*** dieses Mal; diesmal; ***pour la dernière fois*** zum letzten Mal; ***bien des fois*** (sehr) oft; viele Male; ***trois fois quatre (font) douze*** drei mal vier ist zwölf; ***deux fois plus grand, petit*** doppelt, halb so groß; ***dix fois plus*** zehnmal so viel; das Zehnfache; *fig* ***c'est trois fois rien*** das ist nicht der Rede wert; ▸ ***à la fois*** zugleich; gleichzeitig; auf einmal; F ***des fois*** (*parfois*) manchmal; (*par hasard*) zufällig; vielleicht; (***à***) ***chaque fois, toutes les fois que …*** jedes Mal, immer wenn …; sooft …; ***une fois que …*** wenn (erst) einmal, F mal …
foison [fwazõ] ***à ~*** in Hülle und Fülle
foisonnement [fwazɔnmɑ̃] *m* (Über-)Fülle *f*
foisonner [fwazɔne] *v/i* **1** wimmeln; *plantes* wuchern; **2** ***~ de, en*** überquellen von; ***~ d'idées*** voller Einfälle stecken
fol [fɔl] *adj* → ***fou***
folâtr|e [fɔlɑtʀ(ə)] *adj* ausgelassen; fröhlich; ***~er*** [-e] *v/i* herumtollen
folichon [fɔliʃõ] *adj* ⟨-onne [-ɔn]⟩ ***pas (très) ~*** gar nicht lustig
▸ **folie** [fɔli] *f* Wahnsinn *m*; Irrsinn *m*; Verrücktheit *f*; ***~ furieuse*** Tobsucht *f*; ***~ des grandeurs*** Größenwahn *m*; ***coup*** *m* ***de ~*** Anfall *m* von Wahnsinn; *aimer* ***à la ~*** wahnsinnig; ***c'est de la ~*** das ist doch Wahnsinn; F ***c'est de la ~ douce*** F das ist so e-e Spinnerei; *par ext* ***faire une ~*** sich in Unkosten stürzen
folio [fɔljo] *m* (nummeriertes) Blatt
folklore [fɔlklɔʀ] *m* **1** Folklore *f*; *science* Volkskunde *f*; **2** F *péj* Theater *n*; (reine) Schau
folklorique [fɔlklɔʀik] *adj* **1** Volks…; folkloristisch; volkskundlich; ***costume*** *m* ***~*** Tracht *f*; ***danse*** *f* ***~*** Volkstanz *m*; **2** F *péj* (ein bisschen) komisch, F spinnig
folle [fɔl] *adj* → ***fou***
follement [fɔlmɑ̃] *adv* F wahn-, irrsinnig
follet [fɔlɛ] *adj* ***feu*** *m* ***~*** Irrlicht *n*
fomenter [fɔmɑ̃te] *v/t* schüren (*fig*)
▸ **foncé** [fõse] *adj* ⟨***~e***⟩ dunkel; ***rouge ~*** ⟨*inv*⟩ dunkelrot
foncer [fõse] ⟨-ç-⟩ **I** *v/t* **1** CUIS mit Teig auslegen; **2** *couleur* dunkler machen; *cheveux* dunkler färben; **II** *v/i* **3** *bois* nachdunkeln; *cheveux* dunkler werden; **4** ***~ sur qn*** sich auf j-n stürzen; auf j-n losgehen; **5** (*en*) *voiture* F rasen; ein hohes Tempo vorlegen
fonceur [fõsœʀ] F *m* Draufgänger *m*
foncier [fõsje] *adj* ⟨-ière [-jɛʀ]⟩ **1** Grund…; Boden…; ***impôt ~*** Grundsteuer *f*; **2** (*inné*) grundlegend; wesensmäßig
foncièrement [fõsjɛʀmɑ̃] *adv* von Grund auf
fonction [fõksjõ] *f* **1** (*activité*) Funktion

f; Amt *n*; (*poste*) (Dienst)Stellung *f*; **~ publique** öffentlicher Dienst (*a coll*); **appartement** *m* **de ~** Dienstwohnung *f*; **entrer en ~(s)** sein Amt antreten; **être en ~** im Amt sein; amtieren; **faire ~ de** fungieren als; *choses a* dienen als; **2** BIOL, TECH, MATH Funktion *f*; **3 en ~ de** in Abhängigkeit von (+ *dat*); entsprechend (+ *dat*); je nach (+ *dat*); **être ~ de qc** von etw abhängen

▸ **fonctionnaire** [fõksjɔnɛʀ] *m,f* Beamte(r) *m*, Beamtin *f*

fonctionnel [fõksjɔnɛl] *adj* ⟨~le⟩ zweckmäßig; funktionell (*a* MÉD)

fonctionnement [fõksjɔnmɑ̃] *m* Funktionieren *n*

▸ **fonctionner** [fõksjɔne] *v/i* funktionieren; arbeiten (*a organe*); **faire ~** in Gang setzen; bedienen

fond [fõ] *m* **1** *d'un récipient* Boden *m*; *d'un lac, etc* Grund *m*; *d'une vallée* Sohle *f*; *d'une pièce* Hintergrund *m*; hinterster Teil; **~ d'artichaut** Artischockenboden *m*; **chambre** *f* **du ~** hinteres Zimmer; **au ~** (ganz) hinten *ou* unten; *dans une voiture a* im Fond; **au ~ du couloir** am Ende des Ganges; (ganz) hinten im Gang; **au ~ du sac** (ganz) unten in der Tasche; **au ~ des bois, de l'eau** tief im Wald, im Wasser; **de ~ en comble** von oben bis unten; *fig* von Grund auf *ou* aus; *fig personne* **toucher le ~** am Tiefpunkt angelangt sein; **2** *dans une bouteille* Bodensatz *m*; Rest *m*; **3** *en peinture* Untergrund *m*; *d'un tissu* Grund *m*; Fond *m*; *d'un tableau* Hintergrund *m*; **~ sonore** Geräuschkulisse *f*; akustischer Hintergrund; **~ de robe** Unterkleid *n*; **~ de teint** Make-up *n*; **4** *fig* Grund(lage) *m(f)*; Kern *m*; Wesen *n*; *d'un texte* Inhalt *m*; Gehalt *m*; **le ~ de sa pensée** was er eigentlich denkt; **le ~ du problème** der Kern des Problems; **article** *m* **de ~** Leitartikel *m*; **à ~** gründlich; von Grund auf; eingehend; **respirer à ~** tief durchatmen; **à ~ de train** im Eiltempo; blitzschnell; **au ~, dans le ~** im Grunde (genommen); eigentlich; **aller au ~ des choses** den Dingen auf den Grund gehen; **avoir un bon ~** e-n guten Kern haben; **5** (**course** *f* **de**) **~** Langstreckenlauf *m*; SKI Langlauf *m*

fondamental [fõdamɑ̃tal] *adj* ⟨~e; -aux [-o]⟩ grundlegend; fundamental; Grund…; **recherche ~e** Grundlagenforschung *f*

fondant [fõdɑ̃] *adj* ⟨-ante [-ɑ̃t]⟩ **1** *glace* schmelzend; **2** im Mund(e) zergehend; **bonbon ~** Fondant *m ou n*

fonda|teur [fõdatœʀ] *m*, **~trice** [-tʀis] *f* Gründer(in) *m(f)*; *d'une œuvre de bienfaisance, d'un prix* Stifter(in) *m(f)*

fondation [fõdasjõ] *f* **1** CONSTR **~s** *pl* Fundament(e) *n(pl)*; Grundmauern *f/pl*; **2** (*création*) Gründung *f*; **3** *de bienfaisance* Stiftung *f*

fondé [fõde] **I** *adj* ⟨~e⟩ begründet; fundiert; **II ~(e)** *m(f)* **de pouvoir(s)** (Handlungs)Bevollmächtigte(r) *f(m)*; Prokurist(in) *m(f)*

fondement [fõdmɑ̃] *m* Grundlage *f*; **dénué de ~, sans ~** haltlos; unbegründet

▸ **fonder** [fõde] **I** *v/t* **1** (*créer*) gründen; **2** *prix, œuvre de bienfaisance* stiften; **3** *fig* **~ qc sur qc** etw auf etw (*acc*) gründen; **être fondé sur qc** auf etw (*dat*) basieren, fußen; **II** *v/pr* **se ~ sur qc** sich auf etw (*acc*) stützen

fond|erie [fõdʀi] *f* Gießerei *f*; **~eur** [-œʀ] *m* **1** TECH Gießer *m*; **2** SKI Langläufer *m*

▸ **fondre** [fõdʀ(ə)] ⟨→ rendre⟩ **I** *v/t* **1** *métal, etc* schmelzen; **2** *statue* gießen; **3** *fig* (*mélanger*) verschmelzen; **II** *v/i* **4** *glace, neige* schmelzen (*a métal*); (weg)tauen; *sucre, graisse* zergehen; *fig* **~ en larmes** in Tränen ausbrechen, *p/fort* zerfließen; **faire ~** zum Schmelzen bringen; *glace a* auftauen; CUIS zergehen lassen; *beurre* zerlassen; **5** *fig argent* zusammenschmelzen; *personne* abnehmen; abmagern; **6 ~ sur** sich stürzen auf (+ *acc*); *malheur* hereinbrechen über (+ *acc*); **III** *v/pr* **se ~** verschwinden, untertauchen (**dans** in + *dat*)

fondrière [fõdʀijɛʀ] *f* Schlammloch *n*

fonds [fõ] *m* **1** *pl* Geld(er) *n(pl)*; Kapital *n*; *sg* Fonds *m*; **~ publics** Staatsgelder *n/pl*; öffentliche Mittel *n/pl*; **~ de roulement** Betriebskapital *n*; **à ~ perdu** auf Verlustkonto; F **être en ~** F (gut) bei Kasse sein; **2 ~ de commerce** (Handels)Geschäft *n*; **3** *fig* Schatz *m*; Bestand *m*; Fundus *m*

fondu [fõdy] **I** *adj* ⟨~e⟩ geschmolzen; CUIS *beurre* zerlassen; **neige ~e** Schneeregen *m*; **II** *m* **1** CIN **~ enchaîné**

F

Überblendung *f*; **2** PEINT Farbabstufung *f*

fondue [fõdy] *f* (Käse)Fondue *f ou n*; **~ *bourguignonne*** Fleischfondue *f ou n*

fongicide [fõʒisid] *m* Fungizid *n*; pilztötendes Mittel

font [fõ] → ***faire***

▸ **fontaine** [fõtɛn] *f* (Spring)Brunnen *m*

fonte [fõt] *f* **1** Schmelzen *n*; **~ *des neiges*** Schneeschmelze *f*; **2** TECH Gießen *n*; Guss *m*; **3** *fer* Guss-, Roheisen *n*; ***en* ~** gusseisern

fonts [fõ] *m/pl* **~ *baptismaux*** Taufbecken *n*, -stein *m*

▸ **foot** [fut] *m* F → ***football***

▸ **football** [futbol] *m* Fußball *m*; **~ *américain*** Football *m*

football|eur [futbolœʀ] *m*, **~*euse*** [-øz] *f* Fußballspieler(in) *m(f)*; F Fußballer(in) *m(f)*

footing [futiŋ] *m* Jogging *n*; ***faire du* ~** joggen

for [fɔʀ] *m* ***en, dans mon, son****, etc* **~ *intérieur*** im Innersten

forage [fɔʀaʒ] *m* Bohren *n*, -ung *f*

forain [fɔʀɛ̃] **I** *adj* ⟨-aine [-ɛn]⟩ Jahrmarkts…; ***fête* ~*e*** Volksfest *n*; Jahrmarkt *m*; Kirmes *f*; **II** *m* Schausteller *m*

forçat [fɔʀsa] *m* Sträfling *m*

▸ **force** [fɔʀs] *f* **1** Kraft *f* (*a* PHYS); Stärke *f*; ***tour m de force*** Kunststück *n*; Glanzleistung *f*; ***travail m de force*** Schwerarbeit *f*; ***à bout de force*** mit s-r Kraft am Ende; ***dans la force de l'âge*** in den besten Jahren; ***de toutes mes, ses****, etc* ***forces*** mit aller Kraft; ▸ ***à force de*** mit, durch viel(es) (+ *subst*); ***à force de patience*** mit viel Geduld; *fig* ***être une force de la nature*** e-e Bärennatur haben; ***exiger qc avec force*** etw mit Nachdruck fordern; **2** (*contrainte*) Zwang *m*; Gewalt *f*; **(*cas m de*) *force majeure*** höhere Gewalt; ***par la force des choses*** unter dem Zwang der Verhältnisse; ***à toute force*** unbedingt; mit aller Gewalt; ***de force, par*** **(*la*)** ***force*** mit Gewalt; gewaltsam; zwangsweise; **3** *pl* ***forces*** MIL Streitkräfte *f/pl*; ***forces de l'ordre*** Polizei *f*; Ordnungskräfte *f/pl*; *fig* ***en force*** zahlreich; in großer Zahl

forcé [fɔʀse] *adj* ⟨~e⟩ **1** (*imposé*) Zwangs…; ***atterrissage* ~** Notlandung *f*; **2** *sourire* gezwungen; forciert; **3** (*inévitable*) zwangsläufig; unvermeidlich

▸ **forcément** [fɔʀsemɑ̃] *adv* zwangsläufig; notwendigerweise; ***pas* ~** nicht unbedingt

forcené [fɔʀsəne] **I** *adj* ⟨~e⟩ fanatisch; verbissen; **II** *m* Rasende(r) *m*; Besessene(r) *m*

Le football

siffler le coup d'envoi du match	das Spiel anpfeifen
avoir le ballon	in Ballbesitz sein
passer à l'offensive	angreifen
tirer au but	aufs Tor schießen
remettre le ballon en jeu	einwerfen
passer le ballon à l'ailier droit	den Ball zum Rechtsaußen spielen
feinter l'arrière	den Abwehrspieler austricksen
marquer le premier but	das erste Tor schießen
jouer la défensive	defensiv spielen
commettre une faute	foulen
sanctionner la faute d'un coup franc	das Foul mit einem Freistoß ahnden
égaliser	den Ausgleich erzielen
il y a main!	das war Hand!
transformer le penalty	den Elfmeter verwandeln
mener par 2 à 1	mit 2 : 1 führen
siffler la fin du match	das Spiel abpfeifen
remporter le championnat	die Meisterschaft gewinnen

forceps [fɔʀsɛps] *m* (Geburts)Zange *f*
forcer [fɔʀse] ⟨-ç-⟩ **I** *v/t* **1** *serrure, porte* aufbrechen; gewaltsam, mit Gewalt öffnen; *barrage de police* durchbrechen; **2** *personne* zwingen; nötigen; ***forcer qn à (faire) qc*** j-n zu etw zwingen; j-n zwingen, etw zu tun; ***forcer la main à qn*** j-n dazu zwingen; **3** *admiration* abnötigen; **II** *v/i* sich überanstrengen; sich verausgaben; **III** *v/pr* ▸ ***se forcer*** sich zwingen (***à faire qc*** etw zu tun)
forcing [fɔʀsiŋ] *m* SPORTS Forcierung *f* des Tempos; F *fig* ***faire le*** *ou* ***du*** ~ alles daransetzen
forcir [fɔʀsiʀ] *v/i* zunehmen
forer [fɔʀe] *v/t trou, puits* bohren; *objet* ausbohren
forestier [fɔʀɛstje] **I** *adj* ⟨-ière [-jɛʀ]⟩ Wald…; Forst…; **II** *m* Förster *m*
foret [fɔʀɛ] *m* Bohrer *m*
▸ **forêt** [fɔʀɛ] *f* Wald *m* (*a fig*); Forst *m*
▸ **Forêt-Noire** [fɔʀɛnwaʀ] ***la*** ~ der Schwarzwald
forfait [fɔʀfɛ] *m* **1** COMM Pauschalpreis *m*; Pauschale *f*; **2** ***déclarer*** ~ SPORTS s-e Meldung zurückziehen; *fig* aufgeben; **3** *litt* (*crime*) Verbrechen *n*; Untat *f*
forfaitaire [fɔʀfɛtɛʀ] *adj* Pauschal…
forfanterie [fɔʀfɑ̃tʀi] *f* Prahlerei *f*
forge [fɔʀʒ] *f* Schmiede *f*
forger [fɔʀʒe] *v/t* ⟨-ge-⟩ **1** schmieden; ***fer forgé*** Schmiedeeisen *n*; **2** *fig expression* prägen
forgeron [fɔʀʒəʀõ] *m* Schmied *m*
formaliser [fɔʀmalize] **I** *v/t* formalisieren; **II** *v/pr* ***se*** ~ Anstoß nehmen, sich stoßen (an + *dat*)
formaliste [fɔʀmalist] *adj* formalistisch; *personne* förmlich; formell
formalité [fɔʀmalite] *f* Formalität *f*; Formvorschrift *f*; Förmlichkeit *f*; ***une simple*** ~ e-e reine Formsache
format [fɔʀma] *m* Format *n*
formater [fɔʀmate] *v/t* INFORM formatieren
▸ **formation** [fɔʀmasjõ] *f* **1** (*développement*) Bildung *f*; Entstehung *f*; BIOL Entwicklungsjahre *n/pl*; **2** (*instruction*) Ausbildung *f*; ~ ***permanente*** *ou* ***continue*** Fortbildung *f*; ständige Weiterbildung; ~ ***professionnelle*** Berufs(aus)-bildung *f*; **3** POL Gruppierung *f*; **4** MIL, GÉOL Formation *f*
▸ **forme** [fɔʀm] *f* Form *f* (*a* GR, JUR, SPORTS, *etc*); Gestalt *f*; ***formes*** *pl d'une femme* (Körper)Formen *f/pl*; ***dans les formes*** in aller Form; förmlich; ***de pure forme*** rein formal; ***en forme de*** in Form von (*ou* + *gén*); …förmig; ***en bonne (et due) forme*** formgerecht; vorschriftsmäßig; ***pour la forme*** der Form halber; pro forma; ***sous forme de*** in Form von; in …form; ***sous toutes ses formes*** in all(en) s-n Erscheinungsformen; SPORTS, *fig* ▸ ***être en (pleine) forme*** in (Hoch-) Form sein; (top)fit sein; ***prendre forme*** (feste) Gestalt annehmen
formé [fɔʀme] *adj* ⟨~e⟩ *jeune fille* (körperlich voll) entwickelt
formel [fɔʀmɛl] *adj* ⟨~le⟩ **1** *interdiction, etc* ausdrücklich; *ordre a* strikt; *refus* entschieden; *preuve* eindeutig; *personne* ***être*** ~ sehr bestimmt sein; **2** (*de pure forme*) formell; förmlich; **3** (*relatif a la forme*) formal
▸ **former** [fɔʀme] **I** *v/t* **1** bilden; formen; gestalten; *équipe a* aufstellen; **2** (*constituer*) bilden; darstellen; **3** *apprenti, personnel, goût* ausbilden; *esprit, caractère* bilden; formen; **II** *v/pr* ***se*** ~ sich bilden
formica® [fɔʀmika] *m* Resopal® *n*
▸ **formidable** [fɔʀmidabl(ə)] *adj* **1** (*énorme*) gewaltig; ungeheuer; **2** (*épatant*) großartig; F toll; F klasse
formol [fɔʀmɔl] *m* Formalin® *n*
formulaire [fɔʀmylɛʀ] *m* Formular *n*; Formblatt *n*; Vordruck *m*
formulation [fɔʀmylasjõ] *f* Formulierung *f*
formule [fɔʀmyl] *f* **1** Formel *f* (*a* MATH, CHIM, *etc*); ~ ***magique*** Zauberformel *f*, -spruch *m*; ~ ***de politesse*** Höflichkeitsfloskel *f*; **2** *par ext* Methode *f*; Möglichkeit *f*; Art *f*; **3** SPORTS ~ ***1*** Formel *f* 1
formuler [fɔʀmyle] *v/t* formulieren; in Worte fassen; *vœux, craintes* aussprechen; äußern; *objection* vorbringen
forniquer [fɔʀnike] *v/i* REL, *plais* Unzucht treiben; huren
forsythia [fɔʀsisja] *m* Forsythie *f*
▸ **fort** [fɔʀ] **I** *adj* ⟨forte [fɔʀt]⟩ **1** stark; *personne a* kräftig; *vent, coup a* heftig; *voix* kräftig; laut; *fièvre a* hoch; *fromage* scharf; *monnaie* stark; hart; ***~e tête*** Rebell *m*; eigenwilliger Mensch; ***au***

sens ~ du mot in des Wortes voller Bedeutung; ***ça a été plus ~ que moi*** das war stärker als ich; ich konnte nicht anders; ***se faire ~*** ⟨*inv*⟩ ***de*** (+ *inf*) sich anheischig machen zu (+ *inf*); **2** (*corpulent*) stark; korpulent; *femme* vollschlank; *poitrine* voll; **3** (*doué*) gut (***en*** in + *dat*); ***être ~ en maths*** in Mathe gut sein; ***il a trouvé plus ~ que lui*** er hat s-n Meister gefunden; **4** *somme d'argent* hoch; **5** *fig* F ***c'est un peu ~!*** das geht zu weit!; das ist ein starkes Stück!; *iron* ***le plus ~, c'est que ...*** das (Aller)Schönste ist, dass ...; **II** *adv* **1** stark; kräftig; heftig; fest; F *fig* ***y aller ~*** zu weit gehen; ***parler ~*** laut sprechen; **2** (*très*) sehr; ***il aura ~ à faire pour*** (+ *inf*) es wird schwer für ihn sein zu (+ *inf*); **III** *m* **1** Starke(r) *m*; ***un ~ en anglais*** ein Ass *n* in Englisch; *iron* ***un ~ en thème*** ein Musterschüler *m*; **2** *d'une personne* Stärke *f*; starke Seite; **3** ***au plus ~ de*** mitten in (+ *dat*); auf dem Höhepunkt (+ *gén*); **4** MIL Fort *n*

fortement [fɔʀtəmɑ̃] *adv* stark; sehr

forteresse [fɔʀtəʀɛs] *f* Festung *f*

fortifiant [fɔʀtifjɑ̃] *m* Stärkungsmittel *n*

fortifications [fɔʀtifikasjõ] *f/pl* Befestigungsanlangen *f/pl*

fortifier [fɔʀtifje] *v/t* **1** kräftigen; stärken (*a fig*); **2** MIL befestigen

fortuit [fɔʀtɥi] *adj* ⟨-uite [-ɥit]⟩ (*par hasard*) zufällig; (*imprévu*) unvorhergesehen

► **fortune** [fɔʀtyn] *f* **1** (*richesses*) Vermögen *n*; ***faire ~*** ein Vermögen erwerben; zu Geld kommen; **2** (*destinée*) Schicksal *n*; (*chance*) Glück *n*; ***faire contre mauvaise ~ bon cœur*** gute Miene zum bösen Spiel machen; ***manger à la ~ du pot*** essen, ohne besondere Umstände zu machen; **3** ***de ~*** behelfsmäßig; Behelfs...; Not...

fortuné [fɔʀtyne] *adj* ⟨~e⟩ vermögend; wohlhabend

forum [fɔʀɔm] *m* Forum *n*

fosse [fos] *f* **1** Grube *f*; ***~ aux lions*** BIBL Löwengrube *f*; *au zoo* Löwenzwinger *m*; ***~ d'orchestre*** Orchestergraben *m*; **2** ***~ commune*** Massen-, Sammelgrab *n*; **3** GÉOL Tiefseegraben *m*; **4** ***~s nasales*** Nasenhöhle *f*

fossé [fɔse] *m* **1** Graben *m*; Straßengraben *m*; **2** *fig* Kluft *f*

fossette [fosɛt] *f* Grübchen *n*

fossile [fosil] **I** *adj* fossil; **II** *m* **1** GÉOL Fossil *n*; Versteinerung *f*; **2** *fig, péj* Fossil *n*; F alter Knacker

fossoyeur [foswajœʀ] *m* Totengräber *m*

► **fou** [fu] **I** *adj* ⟨*m vor Vokal u stummem h* fol [fɔl]; *f* folle [fɔl]⟩ **1** wahnsinnig; F verrückt; *regard* irr(e); *idée a* närrisch; *espoir, tentative* sinnlos; töricht; *vitesse* rasend; ***tireur ~*** Amokschütze *m*; ***devenir ~*** F verrückt werden; F ***il n'est pas ~*** der weiß schon, was er tut; ***être tout ~*** außer Rand und Band sein; ***être ~ de joie*** außer sich sein vor Freude; F sich wahnsinnig freuen; **2** ***être ~ de qn*** in j-n vernarrt, F nach j-m verrückt sein; ***être ~ de qc*** auf etw (*acc*) ganz versessen, F verrückt sein; **3** F (*énorme*) F wahnsinnig; F irrsinnig; F irr(e); *prix* horrend; ***argent ~*** F Heidengeld *n*; ***succès ~*** F toller Erfolg; F Bombenerfolg *m*; ***il y avait un monde ~*** F es waren irrsinnig viel Leute da; **4** *herbes* wild (wachsend); *mèche de cheveux* lose; widerspenstig; **II** *subst* **1** ***~, folle*** *m,f* Irre(r) *f(m)*; Wahnsinnige(r) *f(m)*; F Verrückte(r) *f(m)*; ***pauvre ~*** F armer Irrer; ***~ du volant*** F Raser *m*; ***maison*** *f* ***de ~s*** Irrenhaus *n* (*a fig*); F ***vie*** *f* ***de ~*** gehetztes Leben; ***faire le ~*** herumtollen, -toben; **2** *m* HIST (Hof)Narr *m*; **3** *m* ÉCHECS Läufer *m*; **4** F ***une folle*** (*un homosexuel*) F e-e Tunte

foudre [fudʀ(ə)] *f* **1** Blitz(schlag) *m*; ***la ~ est tombée*** der Blitz hat eingeschlagen (***sur*** in + *acc*); **2** *fig* ***coup*** *m* ***de ~*** Liebe *f* auf den ersten Blick; **3** *fig* ***~s*** *pl* Zorn *m*; Missbilligung *f*

foudroyant [fudʀwajɑ̃] *adj* ⟨-ante [-ɑ̃t] **1** *succès* durchschlagend; **2** *maladie* blitzartig verlaufend⟩

foudroyer [fudʀwaje] *v/t* ⟨-oi-⟩ **1** *personne* ***être foudroyé*** vom Blitz erschlagen werden; **2** *fig maladie* ***~ qn*** j-n dahinraffen; ***~ qn du regard*** j-m vernichtende Blicke zuwerfen

fouet [fwɛ] *m* **1** Peitsche *f*; ***coup*** *m* ***de ~*** Peitschenhieb *m*; *fig remède* ***donner un coup de ~*** (***à***) anregen; **2** ***de plein ~*** *heurter* mit voller Wucht; **3** CUIS Schneebesen *m*

fouetter [fwete] *v/t* **1** (aus)peitschen; **2** CUIS schlagen; **3** *pluie* ***~ qc*** gegen etw

peitschen, schlagen
foufou [fufu] *adj* ⟨fofolle [fɔfɔl]⟩ ein bisschen verrückt; F spinnig
fougère [fuʒɛʀ] *f* Farn *m*
fougue [fug] *f* Feuer *n* (*fig*); (mitreißender) Schwung; Ungestüm *n*
fougueux [fugø] *adj* ⟨-euse [-øz]⟩ feurig (*a animal*); schwungvoll; ungestüm
fouille [fuj] *f* **1** ARCHÉOLOGIE **~s** *pl* (Aus)Grabungen *f/pl*; **2** *de gens, de bagages* Durchsuchung *f*; F Filzen *n*; **3** F (*poche*) Tasche *f*
fouillé [fuje] *adj* ⟨~e⟩ sorgfältig ausgearbeitet; detailliert
fouiller [fuje] **I** *v/t* durchsuchen; *gens, bagages* F *a* filzen; **II** *v/i* (F herum)stöbern, (-)wühlen, (-)kramen (**dans** in + *dat*); *animal* (im Boden) wühlen
fouillis [fuji] F *m* Durcheinander *n*; Wirrwarr *m*; F Wust *m*
fouine [fwin] *f* Steinmarder *m*
fouiner [fwine] *v/i* F herumschnüffeln
foulard [fulaʀ] *m* (Seiden)Kopftuch *n*; (Seiden)Schal *m*
▸ **foule** [ful] *f* **1** *de gens* (Menschen)Menge *f*; **2** **la ~** die Masse; der große Haufen; **3** **une ~ de** e-e Menge, Vielzahl, Masse (+ *subst*)
foulée [fule] *f* **1** Schritt *m*; SPORTS *a* Laufstil *m*; **2** *fig* **dans la ~** gleich im Anschluss (daran)
fouler [fule] **I** *v/t* **1** *litt sol* betreten; *fig* **~ aux pieds** mit Füßen treten; **2** *raisins* zerquetschen; maischen; **3** *drap, cuir* walken; **II** *v/pr* **4** **se ~ la cheville** sich den Knöchel verstauchen; **5** F *fig* **ne pas se ~** F sich kein Bein ausreißen
foulque [fulk] *f* Blässhuhn *n*
foulure [fulyʀ] *f* Verstauchung *f*
▸ **four** [fuʀ] *m* **1** (Back)Ofen *m*; *d'une cuisinière a* Back-, Bratröhre *f*; **four à micro-ondes** Mikrowellenherd *m*; **2** TECH Ofen *m*; **3** **petits fours** *pl* Petits fours *pl*; **4** THÉ Fiasko *n*; F Reinfall *m*; **faire un four** ein Fiasko erleben; F durchfallen
fourb|e [fuʀb] *litt adj* schurkisch; arglistig; **~erie** [-əʀi] *litt f* Schurkenstreich *m*
fourbi [fuʀbi] *m* **1** F (*affaires*) F Krempel *m*; F Zeug *n*; **2** F (*fouillis*) F Wust *m*
fourbir [fuʀbiʀ] *v/t* blank putzen
fourbu [fuʀby] *adj* ⟨~e⟩ todmüde
fourche [fuʀʃ] *f* AGR, TECH Gabel *f*; *d'une route* Gabelung *f*
fourcher [fuʀʃe] *v/i* **1** *cheveux* sich spalten; **2** **sa langue a fourché** er hat sich versprochen
▸ **fourchette** [fuʀʃɛt] *f* **1** (Ess)Gabel *f*; **2** (*écart*) Spanne *f*
fourchu [fuʀʃy] *adj* ⟨~e⟩ *arbre* sich gabelnd; *langue, cheveu* gespalten; **pied ~** *du diable* Pferdefuß *m*
fourgon [fuʀgõ] *m* **1** AUTO Kastenwagen *m*; **~ mortuaire** Leichenwagen *m*; **2** CH DE FER Gepäckwagen *m*
fourgonner [fuʀgɔne] *v/i* F (herum-) wühlen, (-)stöbern (**dans** in + *dat*)
fourgonnette [fuʀgɔnɛt] *f* Lieferwagen *m*
fourguer [fuʀge] *v/t* F **~ qc à qn** F j-m etw andrehen
▸ **fourmi** [fuʀmi] *f* Ameise *f*; *fig* **j'ai des ~s dans les jambes** meine Beine sind (mir) eingeschlafen
fourmil|ier [fuʀmilje] *m* Ameisenbär *m*; **~ière** [-jɛʀ] *f* Ameisenhaufen *m* (*a fig*)
fourmillement [fuʀmijmɑ̃] *m* **1** Gewimmel *n*; **2** *dans les membres* (Ameisen)Kribbeln *n*
fourmiller [fuʀmije] *v/i* wimmeln; **les fautes fourmillent dans ce texte** in dem Text wimmelt es von Fehlern
fournaise [fuʀnɛz] *f* **1** starkes, loderndes Feuer; Glut *f*; **2** *fig endroit* Backofen *m*; Brutkasten *m*
fourneau [fuʀno] *m* ⟨~x⟩ **1** **'haut ~** Hochofen *m*; **2** *de cuisine* Herd *m*
fournée [fuʀne] *f* **1** *de pain* Schub *m*; **2** *fig de gens* Schub *m*; *de touristes a* F Ladung *f*; F Fuhre *f*
fourni [fuʀni] *adj* ⟨~e⟩ **1** **bien ~** reichhaltig; mit großer Auswahl; **2** *chevelure* dicht; üppig
fournil [fuʀni] *m* Backstube *f*
fournir [fuʀniʀ] **I** *v/t* **1** **~ qn** j-n beliefern (**en qc** mit etw); **2** *marchandises* liefern (**à qn** j-m); *moyens financiers, etc* beschaffen; zur Verfügung stellen; *certificat* beibringen; *preuve* liefern; erbringen; *alibi* nachweisen; **3** *par ext travail* leisten; **II** *v/pr* **se ~ chez qn** bei j-m kaufen
fournisseur [fuʀnisœʀ] *m* **1** Lieferant *m*; Lieferfirma *f*; **2** (*marchand*) Kaufmann *m*; Händler *m*
fourniture [fuʀnityʀ] *f* **1** Lieferung *f*; **2** **~s** *pl* Bedarf *m*; **~s scolaires** Schulbedarf *m*

fourrage [fuʀaʒ] *m* (Vieh)Futter *n*; **~ sec** Trockenfutter *n*
fourrager¹ [fuʀaʒe] *v/i* ⟨-ge-⟩ F (herum)wühlen (**dans** in + *dat*)
fourrager² [fuʀaʒe] *adj* ⟨-ère [-ɛʀ]⟩ Futter…
fourré¹ [fuʀe] *m* Gestrüpp *n*; Dickicht *n*
fourré² *adj* ⟨~e⟩ **1** CUIS gefüllt (**à qc** mit etw); **2** *vêtement* pelzgefüttert; **3** *fig* **coup ~** Tücke *f*; Gemeinheit *f*
fourreau [fuʀo] *m* ⟨~x⟩ **1** *d'un parapluie* Hülle *f*; *d'une épée* Scheide *f*; **2** *robe* Etuikleid *n*
fourrer [fuʀe] **I** *v/t* **1** F (*faire entrer*) (hinein)stecken, (-)stopfen (**dans** in + *acc*); **2** F (*placer sans soin*) hinlegen, -stellen, F -tun; **3** *vêtement* mit Pelz füttern; **4** *bonbons* füllen; **II** *v/pr* F **se ~** (*se cacher*) sich verkriechen; F **se ~ dans qc** in etw (*acc*) hineingeraten; F *fig* **se ~ qc dans la tête** sich etw in den Kopf setzen
fourre-tout [fuʀtu] F *m* ⟨*inv*⟩ weite Handtasche
fourreur [fuʀœʀ] *m* Kürschner *m*
fourrière [fuʀjɛʀ] *f* **1** *pour voitures* Kfz-Verwahrstelle *f*; **mettre en ~** kostenpflichtig abschleppen; **2** *pour animaux* Tierasyl *n*, -heim *n*
▸ **fourrure** [fuʀyʀ] *f* Pelz *m*
fourvoyer [fuʀvwaje] *v/pr* ⟨-oi-⟩ **se ~ 1** sich verirren (**dans** in + *acc*); **2** *fig* (sich) irren
foutaise [futɛz] *f* F Quatsch *m*
foutoir [futwaʀ] *m* P Saustall *m*
foutre [futʀ(ə)] ⟨je fous, il fout, nous foutons; je foutais; *kein Passé simple*; je foutrai; que je foute; foutant; foutu⟩ P **I** *v/t* **1** (*faire*) machen; tun; **je n'en ai rien à ~** F das kümmert, schert mich e-n Dreck; **ça la fout mal** das macht e-n schlechten Eindruck; das ist peinlich; **2** (*donner*) geben; *un coup* F verpassen; **3** (*jeter*) F schmeißen; **~ qn à la porte** F j-n vor die Tür setzen; j-n rauswerfen, rausschmeißen; **va te faire ~!** F hau (bloß) ab!; P verpiss dich!; **II** *v/pr* **4** **se ~ de qc, de qn** (*ne pas se soucier de*) F auf etw, j-n pfeifen, P scheißen; **je m'en fous** F das ist mir wurscht, schnuppe, P scheißegal; **5** **se ~ de qn** (*tourner en dérision*) j-n veralbern, P verarschen; **6** **se ~ dans une sale affaire** in e-e üble Sache hineingeraten
foutu [futy] P *p/p* → **foutre** *et adj* ⟨~e⟩ → **fichu²**
fox-terrier [fɔkstɛʀje] *m* ⟨fox-terriers⟩ Foxterrier *m*
foyer [fwaje] *m* **1** (*âtre*) Feuerstelle *f*; TECH Feuerung *f*; *par ext* (*feu*) (Kamin)Feuer *n*; **2** (*domicile familial*) Hausstand *m*; Heim *n*; häuslicher Herd; **3** Heim *n*; **~ d'étudiants** Studentenheim *n*; **4** THÉ Foyer *n*; Wandelhalle *f*; **5** OPT Brennpunkt *m*; *lunettes* **à double ~** mit Bifokalgläsern; **6** *d'incendie*, MÉD, *fig* Herd *m*
frac [fʀak] *m* Frack *m*
fracas [fʀaka] *m* Krach *m*; Getöse *n*
fracassant [fʀakasɑ̃] *adj* ⟨-ante [-ɑ̃t]⟩ **1** *bruit* krachend; **2** *fig* Aufsehen erregend
fracasser [fʀakase] **I** *v/t* zerschmettern; zertrümmern; **II** *v/pr* **se ~** zerschellen (**contre** an + *dat*)
fraction [fʀaksjõ] *f* **1** MATH Bruch *m*; **2** (*partie*) (Bruch)Teil *m*; **en une ~ de seconde** im Bruchteil e-r Sekunde; **3** *dans un parti* Gruppierung *f*
fractionnaire [fʀaksjɔnɛʀ] *adj* **nombre m ~** Bruchzahl *f*
fractionner [fʀaksjɔne] **I** *v/t* aufteilen; aufspalten; **II** *v/pr* **se ~** sich (auf)spalten; sich aufsplittern
▸ **fracture** [fʀaktyʀ] *f* (Knochen)Bruch *m*; *sc* Fraktur *f*
fracturer [fʀaktyʀe] **I** *v/t porte*, *serrure* aufbrechen; **II** *v/pr* **se ~ le bras**, *etc* sich den Arm *etc* brechen
▸ **fragile** [fʀaʒil] *adj* **1** *verre*, *etc* zerbrechlich; **2** *personne* (sehr) zart; empfindlich; anfällig; *constitution* schwach; **3** *fig* unbeständig; unsicher; *bonheur a* zerbrechlich
fragiliser [fʀaʒilize] *v/t* schwächen
fragilité [fʀaʒilite] *f* **1** *du verre*, *etc* Zerbrechlichkeit *f*; **2** *de l'organisme* Empfindlichkeit *f*; Anfälligkeit *f*; *d'une personne a* Zartheit *f*; *st/s* Zerbrechlichkeit *f*; **3** *fig* Unbeständigkeit *f*; Unsicherheit *f*
fragment [fʀagmɑ̃] *m* **1** (*d'une œuvre*) Fragment *n*; Bruchstück *n*; **2** *d'os*, *etc* Splitter *m*; **3** *d'un texte* Auszug *m*
fragmentaire [fʀagmɑ̃tɛʀ] *adj* fragmentarisch; bruchstückhaft
fragmenter [fʀagmɑ̃te] *v/t* aufteilen
fraîche [fʀɛʃ] *adj* → **frais¹**

fraîchement [fʀɛʃmɑ̃] *adv* **1** (*récemment*) frisch; **2** *accueillir* kühl

fraîcheur [fʀɛʃœʀ] *f* **1** Frische *f*; Kühle *f*; **2** *fig d'un accueil* Kühle *f*; **3** *d'aliments, du teint, de la jeunesse* Frische *f*

fraîchir [fʀɛʃiʀ] *v/i* **1** *vent* auffrischen; **2** *temps* frischer, kühler werden

▸ **frais**[1] [fʀɛ] **I** *adj* ⟨fraîche [fʀɛʃ]⟩ **1** *air, vent, nuit* frisch; kühl (*a lieu*); **2** *fig accueil* kühl; frostig; **3** *aliment, traces, teint* frisch; ***légumes ~*** Frischgemüse *n*; ***peinture fraîche!*** frisch gestrichen!; **4** F ***nous voilà ~!*** F da haben wir den Schlamassel!; **II** *adv* ***il fait ~*** es ist frisch, kühl; ***servir ~*** kühl servieren; **III** *subst* **1** *m* Kühle *f*; Frische *f*; ***mettre qc au ~*** etw kalt stellen; ***prendre le ~*** frische Luft schnappen; **2** ***à la fraîche*** in der Morgenkühle

▸ **frais**[2] *m/pl* Kosten *pl*; Unkosten *pl*; Spesen *pl*; (Kosten)Aufwand *m*; ***faux ~*** Nebenkosten *pl*; zusätzliche Kosten; ***~ généraux*** allgemeine Unkosten; Gemeinkosten *pl*; ***~ professionnels*** Werbungskosten *pl*; ***~ de déplacement*** Reisespesen *pl*; ***~ d'entretien*** Instandhaltungskosten *pl*; ***aux ~ de qn*** auf Kosten j-s; ***à grands ~*** mit hohem Kostenaufwand; *fig* ***en être pour ses ~*** sich umsonst bemüht haben; ***faire des ~*** viel Geld ausgeben; ***faire les ~ de qc*** für etw aufkommen müssen, die Kosten tragen müssen; *fig* ***faire les ~ de la conversation*** das Gesprächsthema bilden; (*parler seul*) die Unterhaltung allein bestreiten; ***se mettre en ~*** sich in Unkosten stürzen; *fig* sich Mühe geben

▸ **fraise** [fʀɛz] *f* **1** Erdbeere *f*; ***~s des bois*** Walderdbeeren *f/pl*; F *fig* ***sucrer les ~s*** F den Tatterich haben; **2** TECH Fräse *f*; *de dentiste* Bohrer *m*; **3** COUT Halskrause *f*

fraiser [fʀeze] *v/t* (aus)fräsen

fraisier [fʀezje] *m* Erdbeerpflanze *f*

▸ **framboise** [fʀɑ̃bwaz] *f* Himbeere *f*

framboisier [fʀɑ̃bwazje] *m* Himbeerstrauch *m*; Himbeere *f*

▸ **franc**[1] [fʀɑ̃] *m monnaie en Suisse* Franken *m*; HIST *en France, en Belgique* Franc *m*

franc[2] [fʀɑ̃] *adj* ⟨franche [fʀɑ̃ʃ]⟩ **1** (*sincère*) freimütig; offen; aufrichtig; ***jouer ~ jeu*** mit offenen Karten spielen; *par ext* ***franche hostilité*** offene Feindseligkeit; **2** (*libre*) frei; ***coup ~*** Freistoß *m*; ***zone franche*** Freizone *f*

franc[3] [fʀɑ̃] HIST **I** *adj* ⟨franque [fʀɑ̃k]⟩ fränkisch; **II** **2s** *m/pl* Franken *m/pl*

▸ **français** [fʀɑ̃sɛ] **I** *adj* ⟨-aise [-ɛz]⟩ französisch; ***acheter ~*** (nur) französische Produkte kaufen; **II** *subst* **1** **2(*e*)** *m(f)* Franzose *m*, Französin *f*; **2** *langue* ***le ~*** das Französische; Französisch *n*

▸ **France** [fʀɑ̃s] ***la ~*** Frankreich *n*

France 2 [fʀɑ̃sdø] Zweites Programm (des französischen Fernsehens)

Franche-Comté [fʀɑ̃ʃkõte] ***la ~*** **1** *frz Region*; **2** HIST die Freigrafschaft Burgund

▸ **franchement** [fʀɑ̃ʃmɑ̃] *adv* **1** (*sincèrement*) offen; freimütig; geradeheraus; *abs* offen gesagt, gestanden; **2** (*nettement*) (ganz) eindeutig; **3** (*courageusement*) beherzt; entschlossen

franchir [fʀɑ̃ʃiʀ] *v/t frontière* überschreiten; *obstacle* überwinden (*a fig*); *pont, mers* überqueren; *distance* zurücklegen; *ligne d'arrivée* passieren

franchise [fʀɑ̃ʃiz] *f* **1** (*sincérité*) Offenheit *f*; Freimut *m*; Freimütigkeit *f*; **2** FIN (Gebühren)Freiheit *f*; *dans une assurance* Selbstbeteiligung *f*

francilien [fʀɑ̃siljɛ̃] *adj* ⟨-ienne [-jɛn]⟩ der Ile-de-France

franciscain [fʀɑ̃siskɛ̃] **I** *adj* ⟨-aine [-ɛn]⟩ franziskanisch; Franziskaner…; **II** **~(*e*)** *m(f)* Franziskaner(in) *m(f)*

franciser [fʀɑ̃size] *v/t* franzö(si)sieren

franc-maçon [fʀɑ̃masõ] **I** *m* ⟨francs-maçons⟩ Freimaurer *m*; **II** *adj* ⟨franc-maçonne [fʀɑ̃masɔn]⟩ freimaurerisch; Freimaurer…

franc-maçonnerie [fʀɑ̃masɔnʀi] *f* Freimaurerei *f*

franco [fʀɑ̃ko] *adv* **~ (*de port*)** (porto-, fracht)frei

franco-… [fʀɑ̃ko] *adj* französisch-…; ▸ ***franco-allemand*** deutsch-französisch

franco-français *adj* ⟨-aise⟩ innerfranzösisch; der Franzosen unter sich

François [fʀɑ̃swa] *m* Franz *m*

francophile [fʀɑ̃kɔfil] **I** *adj* frankreich-, franzosenfreundlich; frankophil; **II** *m,f* Freund *m* Frankreichs; Frankophile(r) *f(m)*

francophon|e [fʀɑ̃kɔfɔn] *adj* Französsisch sprechend; französischsprachig; frankophon; **~ie** [-i] *f* französische Sprachgemeinschaft; Frankophonie *f*

franc-parler [fʀɑ̃paʀle] *m* ***avoir son ~*** kein Blatt vor den Mund nehmen

franc-tireur [fʀɑ̃tiʀœʀ] *m* ⟨francs-tireurs⟩ **1** MIL Freischärler *m*; **2** *fig* Einzelkämpfer *m*

frange [fʀɑ̃ʒ] *f* **1** *bordure* Franse *f*; **2** *cheveux* Pony(frisur) *m(f)*; **3** *fig* (*minorité*) Randgruppe *f*

franger [fʀɑ̃ʒe] *v/t* ⟨-ge-⟩ mit Fransen verzieren, versehen

frang|in [fʀɑ̃ʒɛ̃] F *m* Bruder *m*; *plais* Bruderherz *n*; **~ine** [-in] F *f* Schwester *f*; *plais* Schwesterherz *n*

frangipane [fʀɑ̃ʒipan] *f* Mandelcreme *f*

franglais [fʀɑ̃glɛ] *m* mit Anglizismen durchsetztes Französisch

franquette [fʀɑ̃kɛt] F ***à la bonne ~*** ohne besondere Umstände; ganz zwanglos

frappant [fʀapɑ̃] *adj* ⟨-ante [-ɑ̃t]⟩ auffallend; verblüffend; frappierend

frappe [fʀap] *f* **1** Maschine(n)schreiben

F

La francophonie

La francophonie ist die Bezeichnung für die französische Sprachgemeinschaft. Sie umfasst alle Länder, in denen Französisch als Muttersprache, Amtssprache oder Verkehrssprache gesprochen wird. Vertreter der frankophonen Länder kommen regelmäßig zu „Gipfeltreffen" zusammen, um sich für den Erhalt des Französischen als Weltsprache einzusetzen.

Zurzeit gibt es auf der Welt etwa 100 Millionen französische Muttersprachler, etwa 200 Millionen Menschen benutzen Französisch im täglichen Leben.

Französisch ist *Landessprache* in:

Frankreich	– mit seinen Überseegebieten Guadeloupe, Martinique, Französisch-Guayana, Réunion, Französisch-Polynesien (Tahiti) und Neukaledonien
Belgien	– Wallonien und Brüssel
Luxemburg	– neben Luxemburgisch und Deutsch
Schweiz	– in den Kantonen Genf, Waadt, Neuenburg, Jura; neben Deutsch auch in Freiburg, Bern, Wallis
Kanada	– Québec
Monaco	
Haiti	

Französisch ist *Amtssprache* neben anderen Sprachen in:

Benin	Kamerun	Niger
Burkina Faso	Komoren	Ruanda
Burundi	Kongo, Republik	Senegal
Dschibuti	Kongo, Dem. Republik	Togo
Elfenbeinküste	Madagaskar	Tschad
Gabun	Mali	Zentralafrikanische Republik
Guinea	Mauretanien	

Französisch ist neben anderen Sprachen *Verkehrssprache* in:

Algerien	Libanon	Seychellen
Kambodscha	Marokko	Tunesien
Laos	Mauritius	

n; *manière* Anschlag *m*; ***faute** f **de** ~* Tippfehler *m*; **2** *de la monnaie* Prägung *f*; **3** ***force** f **de** ~* französische Atomstreitmacht; **4** F ***une petite** ~* F ein sauberes Früchtchen

▸ **frapper** [fʀape] **I** *v/t* **1** schlagen; ***~ qn au visage*** j-n ins Gesicht schlagen, treffen; **2** *fig malheur* ***~ qn*** j-n treffen, heimsuchen; **3** *loi, mesure* ***~ qn*** j-n (be)treffen; **4** *(étonner)* ***~ qn*** j-n verblüffen, frappieren, erstaunen; j-m auffallen; **5** *boisson* ***frappé*** (eis)gekühlt; **6** *monnaie* prägen; **II** *v/i* ~ (***à la porte***) (an die Tür) klopfen; anklopfen; ***~ dans ses mains*** in die Hände klatschen; **III** *v/pr* F *fig* ***se ~*** sich Sorgen machen

frasque [fʀask] *f* Eskapade *f*; Streich *m*; Torheit *f*

fraternel [fʀatɛʀnɛl] *adj* ⟨~le⟩ brüderlich, Bruder… (*a fig*); (*entre frères et sœurs*) geschwisterlich; Geschwister…

fraterniser [fʀatɛʀnize] *v/i* sich verbrüdern (***avec*** mit); fraternisieren (mit)

▸ **fraternité** [fʀatɛʀnite] *f* Brüderlichkeit *f*

fratricide [fʀatʀisid] **I** *adj* brudermörderisch; ***guerre** f ~* Bruderkrieg *m*; **II** *m,f* Bruder- *ou* Schwestermörder(in) *m(f)*

fraude [fʀod] *f* Betrug *m*; ***~ électorale*** Wahlbetrug *m*; ***~ fiscale*** Steuerhinterziehung *f*; ***passer qc en ~*** etw schmuggeln

frauder [fʀode] *v/t et v/i* betrügen; ***~ le fisc*** Steuern hinterziehen

fraudeur [fʀodœʀ] *m* Betrüger *m*

frauduleux [fʀodylø] *adj* ⟨-euse [-øz]⟩ betrügerisch

frayer [fʀeje] ⟨-ay- *ou* -ai-⟩ **I** *v/t chemin*, *fig voie* bahnen; **II** *v/i* ***~ avec qn*** mit j-m verkehren; **III** *v/pr* ***se ~ un chemin, un passage*** sich e-n Weg bahnen

frayeur [fʀɛjœʀ] *f* Schrecken *m*; Angst *f*

fredaine [fʀədɛn] *f* Eskapade *f*; Streich *m*

fredonner [fʀədɔne] *v/t* summen; trällern

free-lance [fʀilɑ̃s] *adj* frei(beruflich)

freezer [fʀizœʀ] *m* Gefrierfach *n*

frégate [fʀegat] *f* **1** MAR Fregatte *f*; **2** ZO Fregattvogel *m*

▸ **frein** [fʀɛ̃] *m* **1** TECH Bremse *f*; ***~ à main*** Handbremse *f*; ***donner un coup de ~*** kurz (ab)bremsen; *fig* drosseln (***à qc*** etw); **2** *fig* Hemmschuh *m*; Zügel *m*; ***mettre un ~ à qc*** e-r Sache (*dat*) Zügel anlegen; ***ronger son ~*** s-n Ärger verbeißen

freinage [fʀɛnaʒ] *m* Bremsung *f*

▸ **freiner** [fʀene] **I** *v/t fig* bremsen; hemmen; drosseln; **II** *v/i* (ab)bremsen

frelater [fʀəlate] *v/t* verfälschen; *vin a* panschen

frêle [fʀɛl] *adj* **1** (*délicat*) zart; zierlich; **2** (*faible*) schwach (*a voix*)

frelon [fʀəlõ] *m* Hornisse *f*

freluquet [fʀəlykɛ] *m péj* Laffe *m*

frémir [fʀemiʀ] *v/i* **1** *feuillage* zittern; rauschen; säuseln; *eau chaude* summen; **2** *personne* (er)zittern; (er)beben

frémissement [fʀemismɑ̃] *m* Zittern *n*

frêne [fʀɛn] *m* Esche *f*

frénesie [fʀenezi] *f* Raserei *f*; ***avec ~*** wie wahnsinnig

frénétique [fʀenetik] *adj* frenetisch; rasend

fréquemment [fʀekamɑ̃] *adv* häufig; oft

fréquence [fʀekɑ̃s] *f* **1** Häufigkeit *f*; **2** PHYS Frequenz *f*

▸ **fréquent** [fʀekɑ̃] *adj* ⟨-ente [-ɑ̃t]⟩ häufig

fréquentable [fʀekɑ̃tabl(ə)] *adj personne* ***peu ~*** mit der man nicht verkehren sollte

fréquentation [fʀekɑ̃tasjõ] *f des musées, etc* häufiger Besuch; *des gens* Umgang *m* (***de*** mit); ***avoir de mauvaises ~s*** schlechten Umgang haben

fréquenté [fʀekɑ̃te] *adj* ⟨~e⟩ *route* stark befahren; *lieu* viel besucht; ***mal ~*** wo zweifelhafte Leute verkehren

fréquenter [fʀekɑ̃te] *v/t* **1** *lieu* häufig, regelmäßig besuchen; **2** ***~ qn*** **a)** mit j-m verkehren; mit j-m Umgang haben, pflegen; **b)** (*courtiser*) mit j-m gehen

▸ **frère** [fʀɛʀ] *m* **1** Bruder *m*; ***~(s) et sœur(s)*** *f(pl)* Geschwister *pl*; **2** *fig* Bruder *m* (*a* REL); *adjt* Bruder…; ***faux ~*** falscher Freund; ***partis** m/pl **~s*** Schwesterparteien *f/pl*

fresque [fʀɛsk] *f* **1** PEINT Fresko *n*; ***~s** pl* Fresken *pl*; **2** *fig* Monumentalgemälde *n*

fret [fʀɛ] *m* Fracht *f*; ***~ aérien*** Luftfracht *f*

frétiller [fʀetije] *v/i poisson* zappeln; zucken; *personne* zappeln (***d'impa-***

F

tience vor Ungeduld); *chien* **~ *de la queue*** mit dem Schwanz wedeln

fretin [fʀətɛ̃] *m fig* ***menu*** **~** kleine Fische *m/pl*

friable [fʀijabl(ə)] *adj* bröck(e)lig

friand [fʀijɑ̃] **I** *adj* ⟨-ande [-ɑ̃d]⟩ ***être* ~ *de qc*** etw für sein Leben gern essen; *fig* auf etw (*acc*) aus sein; **II** *m* kleine Blätterteigpastete

friandises [fʀijɑ̃diz] *f/pl* Leckereien *f/pl*

fric [fʀik] *m* F (*argent*) F Zaster *m*; F Knete *f*; F Kies *m*; F Moneten *pl*; F Piepen *pl*; F Moos *n*; F Kohle *f*

F

Le fric

Genauso wie es im Deutschen viele Ausdrücke für *Geld* gibt (*Knete*, *Kohle*, *Moneten* etc.), existiert auch im Französischen eine Reihe von umgangssprachlichen Begriffen für **argent** (Geld):

le fric	**le blé**
le pognon	**le flouze**
le pèze	**la galette**

fricassée [fʀikase] *f* Frikassee *n*

friche [fʀiʃ] *f* AGR Brachland *n*; ***en* ~** brachliegend (*a fig*)

fricoter [fʀikɔte] F **I** *v/t* F aushecken; **II** *v/i* dunkle Geschäfte machen

friction [fʀiksjõ] *f* **1** (*massage*) Einreibung *f*; Frottieren *n*; **2** TECH Reibung *f*; **3** *fig* Reibung *f*; Reiberei *f*

frictionner [fʀiksjɔne] *v/t* ein-, abreiben; frottieren

frigidaire® [fʀiʒidɛʀ] *m* Kühlschrank *m*

frigid|e [fʀiʒid] *adj* frigid(e); **~ité** [-ite] *f* Frigidität *f*

▸ **frigo** [fʀigo] F *m* Kühlschrank *m*

frigorifié [fʀigɔʀifje] F *adj* ⟨~e⟩ (ganz) durch(ge)froren

frigorifique [fʀigɔʀifik] *adj* Kühl…; ***camion*** *m* **~** Kühlwagen *m*

frileux [fʀilø] *adj* ⟨-euse [-øz]⟩ **1** kälteempfindlich; ***être* ~** leicht frieren, frösteln; **2** *fig* ängstlich; zaghaft

frimas [fʀimɑ] *poét m/pl* (Rau)Reif *m*

frime [fʀim] *f* F Theater *n*; F Mache *f*; ***pour la* ~** (nur) zum Schein

frim|er [fʀime] *v/i* F angeben; **~eur** [-œʀ] *m*, **~euse** [-øz] *f* F Angeber(in) *m(f)*

frimousse [fʀimus] F *f* Gesicht(chen) *n*

fringale [fʀɛ̃gal] F *f* Heißhunger *m* (*a fig*) (***de*** auf + *acc*)

fringant [fʀɛ̃gɑ̃] *adj* ⟨-ante [-ɑ̃t]⟩ **1** *cheval* feurig; **2** *personne* flott

fringuer [fʀɛ̃ge] *v/pr* F ***se* ~** sich anziehen

fringues [fʀɛ̃g] *f/pl* F Klamotten *f/pl*

friper [fʀipe] *v/t* zerknittern

fripes [fʀip] F *f/pl* Altkleider *n/pl*; Secondhandkleidung *f*

fripon [fʀipõ] F **I** *adj* ⟨-onne [-ɔn]⟩ schelmisch; spitzbübisch; **II** **~(*ne*)** *m(f)* Schelm *m*

fripouille [fʀipuj] F *f* Lump *m*; Halunke *m*

frire [fʀiʀ] ⟨*déf*: je fris, il frit; je frirai; frit⟩ *v/t et v/i* (***faire***) **~** (in schwimmendem Fett) backen, braten; frittieren

frisbee® [fʀizbi] *m* Frisbee® *n*

frise [fʀiz] *f* Fries *m*

Frise [fʀiz] ***la* ~** Friesland *n*

frisé [fʀize] *adj* ⟨~e⟩ **1** *cheveux* lockig; gelockt; gewellt; *personne* mit Lockenhaar; ***tête* ~*e*** Lockenkopf *m*; **2 *chou* ~** Wirsing *m*

friser [fʀize] **I** *v/t* **1** *cheveux* in Locken legen; wellen; **2** **~ *le ridicule***, *etc* ans Lächerliche *etc* grenzen; **~ *la soixantaine*** knapp, an die sechzig (Jahre alt) sein; **II** *v/i cheveux* sich wellen, kräuseln; lockig sein; *personne* Lockenhaar haben

frisette [fʀizɛt] *f* Löckchen *n*

frison [fʀizõ] **I** *adj* ⟨-onne [-ɔn]⟩ friesisch; **II** **♀(*ne*)** *m(f)* Friese *m*, Friesin *f*

frisotter [fʀizɔte] *v/i* sich kräuseln, (k)ringeln

frisquet [fʀiskɛ] F *adj* ⟨-ette [-ɛt]⟩ frisch; kühl

frisson [fʀisõ] *m* Schauder *m*; *st/s* Schauer *m*; *de froid a* Frösteln *n*; MÉD **~*s*** *pl* Schüttelfrost *m*; ***donner le* ~ *à qn*** j-n schaudern, erschauern lassen

frissonner [fʀisɔne] *v/i* **1** erschauern; schaudern; *de froid a* frösteln; *d'effroi* sich gruseln; **2** *eau* sich kräuseln

frit [fʀi] *p/p* → ***frire*** *et adj* ⟨frite [fʀit]⟩ frittiert; ***pommes de terre* ~*es*** Pommes frites *pl*

frite [fʀit] *f* F Fritte *f*; ▸ ***frites*** *pl* Pommes frites *pl*; F Pommes *pl*; F *fig* ***avoir la frite*** in Form sein

frit|erie [fʀitʀi] *f* Pommes-frites-Stand

m; F Frittenbude *f*; **~euse** [-øz] *f* Fritteuse *f*

friture [fʀityʀ] *f* **1** *graisse* (heißes) Ausbackfett; Frittüre *f*; **2** *poissons* kleine frittierte Fische *m/pl*; **3** RAD, TÉL Störgeräusch *n*; Knattern *n*

frivol|e [fʀivɔl] *adj* **1** *personne* leichtfertig; oberflächlich; frivol; **2** *lecture, etc* nichts sagend; **~ité** [-ite] *f* Leichtfertigkeit *f*; Oberflächlichkeit *f*

froc [fʀɔk] *m* **1** REL (Mönchs)Kutte *f*; **2** F (*pantalon*) F Büx *f*; F Buxe *f*

▸ **froid** [fʀwa] **I** *adj* ⟨froide [fʀwad]⟩ **1** *temps, eau, lieu, etc* kalt; ***boire froid*** kalt trinken; **2** *personne* (gefühls)kalt; kühl; (*insensible*) kaltherzig; (*indifférent*) ungerührt; *accueil* kühl; frostig; *colère* kalt; verhalten; ***cela me laisse froid*** das lässt mich kalt; TECH ***à froid*** kalt; ***démarrage** m **à froid*** Kaltstart *m*; **II** *m* Kälte *f*; ***attraper, prendre froid*** sich erkälten; ▸ ***avoir froid*** frieren; ***j'ai froid*** *a* es friert mich; mich friert; mir ist kalt; *fig* ***n'avoir pas froid aux yeux*** Courage haben; *fig* ***battre froid à qn*** j-m die kalte Schulter zeigen; j-n links liegen lassen; F *fig* ***être en froid avec qn*** auf gespanntem Fuß *ou* nicht gut mit j-m stehen; ***il fait froid*** es ist kalt; F ***il fait un froid de canard*** F es ist hunde-, P saukalt; *fig* ***jeter un froid*** wie e-e kalte Dusche, ernüchternd, peinlich wirken

froidement [fʀwadmɑ̃] *adv accueillir* kühl; *tuer qn* kaltblütig

froideur [fʀwadœʀ] *f* (Gefühls)Kälte *f*; Kühle *f*

froissement [fʀwasmɑ̃] *m* Rascheln *n*; Knistern *n*

froisser [fʀwase] **I** *v/t* **1** *tissu* zerknittern; *papier* zerknüllen; ***tôle froissée*** Blechschaden *m*; **2** (*vexer*) kränken; verletzen; **II** *v/pr* **3** *tissu, vêtement* ***se ~*** knittern; **4** ***se ~ un muscle*** sich e-e Muskelquetschung zuziehen; **5** *personne* ***se ~*** gekränkt, beleidigt sein

frôlement [fʀolmɑ̃] *m* Rascheln *n*

frôler [fʀole] *v/t* **1** (*effleurer*) streifen; **2** (*raser*) dicht vorbeigehen *ou* -fahren an (+ *dat*); **3** *fig accident, etc* knapp entgehen (+ *dat*)

▸ **fromage** [fʀɔmaʒ] *m* **1** Käse *m*; ***~ blanc*** Quark *m*; ***~ fondu, frais*** Schmelz-, Frischkäse *m*; ***~ à pâte molle*** Weichkäse *m*; **2** ***~ de tête*** Schweinskopfsülze *f*

Les fromages

Käse, **le fromage**, gibt es in Frankreich in einer unvergleichlichen Vielfalt. Hier ein paar bekannte Käsesorten:

– Weichkäse:

le brie
le camembert

– Hartkäse:

le gruyère
la tomme (de Savoie)

– Schimmelkäse:

le roquefort
le bleu d'Auvergne

Zu jeder „richtigen" Mahlzeit gehört – vor dem Dessert – eine Käseplatte. Sie wird immer mit Stangenbrot, **la baguette**, serviert. Dazu trinken die Franzosen gerne Rotwein.

fromager [fʀɔmaʒe] **I** *adj* ⟨-ère [-ɛʀ]⟩ Käse…; **II** *m* BOT Kapokbaum *m*

froment [fʀɔmɑ̃] *m* Weizen *m*

fronce [fʀɔ̃s] *f* Kräuselfalte *f*

froncer [fʀɔ̃se] *v/t* ⟨-ç-⟩ **1** ***~ les sourcils*** die Stirn runzeln; **2** COUT kräuseln; fälteln

fronde [fʀɔ̃d] *f* **1** Schleuder *f*; **2** HIST ***la*** ♀ *Aufstand gegen Mazarin*

frondeur [fʀɔ̃dœʀ] **I** *m* scharfer Kritiker der Autorität; **II** *adj* ⟨-euse [-øz]⟩ aufrührerisch; aufsässig

▸ **front** [fʀɔ̃] *m* **1** ANAT Stirn *f*; *st/s* ***avoir le ~ de faire qc*** die Stirn haben *ou* sich erdreisten, etw zu tun; *fig* ***faire ~ à*** die Stirn bieten (+ *dat*); **2** MIL, POL, MÉTÉO Front *f*; ♀ ***national*** *rechtsextreme frz Partei*; ***au ~*** an der Front; **3** ***~ de mer*** Häuserfront *f* entlang dem Meer; **4** ***de ~*** *se heurter* frontal; *fig* (ganz) direkt; ohne Umschweife; *avancer* nebeneinander; ***mener de ~*** gleichzeitig ausüben, betreiben

F

frontal [fʀõtal] *adj* ⟨~e; -aux [-o]⟩ **1** ANAT Stirn…; **2** ***collision ~e*** Frontalzusammenstoß *m*

frontalier [fʀõtalje] **I** *adj* ⟨-ière [-jɛʀ]⟩ Grenz…; **II** *m* **1** *habitant* Grenzbewohner *m*; **2** *travailleur* Grenzgänger *m*

▸ **frontière** [fʀõtjɛʀ] *f* **1** Grenze *f* (*a fig*); ***à la ~*** an der Grenze; **2** *adjt* ⟨*inv*⟩ Grenz…

frontispice [fʀõtispis] *m* **1** Titelblatt *n*; **2** Frontispiz *n*; Titelbild *n*

fronton [fʀõtõ] *m* Giebeldreieck *n*, -feld *n*

frottement [fʀɔtmɑ̃] *m* **1** Reibung *f* (*a* TECH); Abreiben *n*; **2** *fig* ***~s*** *pl* Reibereien *f/pl*

▸ **frotter** [fʀɔte] **I** *v/t* **1** (ab)reiben; *son corps a* frottieren; *allumette* anzünden; **2** *sol* scheuern; schrubben; *parquet* bohnern; wienern; *cuivres*, *vitres* blank reiben; **II** *v/i* **3** reiben; scheuern; **III** *v/pr* **4** ***se ~*** sich abreiben, frottieren; ***se ~ les mains*** sich die Hände reiben; **5** *fig* ***se ~ à qn*** sich an j-m reiben; sich mit j-m anlegen; **6** ***se ~ à qc*** F in etw (*acc*) hineinriechen

frottis [fʀɔti] *m* **1** PEINT dünner Farbauftrag; **2** MÉD Abstrich *m*

froufrou [fʀufʀu] *m* Rascheln *n*; Rauschen *n*; Knistern *n*; **~ter** [-te] *v/i* rascheln; rauschen; knistern

froussard [fʀusaʀ] F **I** *adj* ⟨-arde [-aʀd]⟩ ängstlich; **II** **~(*e*)** *m(f)* F Angsthase *m*

frousse [fʀus] *f* (F Heiden)Angst *f*; F Bammel *m*; P Schiss *m*

fructifier [fʀyktifje] *v/i* **1** *arbre* Früchte tragen (*a fig*); *terre* ertragreich sein; **2** FIN Zinsen bringen, tragen; ***faire ~*** Zins, Gewinn bringend anlegen

fructose [fʀyktoz] *m* Fruchtzucker *m*

fructueux [fʀyktɥø] *adj* ⟨-euse [-øz]⟩ fruchtbar; erfolgreich

frugal [fʀygal] *adj* ⟨~e; -aux [-o]⟩ **1** *repas* frugal; einfach; karg; **2** *personne* genügsam

▸ **fruit** [fʀɥi] *m* **1** Frucht *f* (*a fig*); *pl* ▸ ***fruits*** *a* Obst *n*; ***fruits secs*** Dörr-, Trockenobst *n*; → *Info bei* ***Obst***; **2** ▸ ***fruits de mer*** Meeresfrüchte *f/pl*

fruité [fʀɥite] *adj* ⟨~e⟩ fruchtig; ***goût ~*** Fruchtgeschmack *m*

fruitier [fʀɥitje] *adj* ⟨-ière [-jɛʀ]⟩ Obst…; Frucht…

frusques [fʀysk] *f/pl* F Klamotten *f/pl*

fruste [fʀyst] *adj* ungeschliffen; ungehobelt; grob; plump

frustration [fʀystʀasjõ] *f* Frustration *f*; F Frust *m*

frustrer [fʀystʀe] *v/t* **1** frustrieren; enttäuschen; ***frustré*** frustriert; **2** ***~ qn de qc*** j-n um etw bringen

fuchsia [fyʃja] *m* Fuchsie *f*

fuel [fjul] *m* Heizöl *n*

fugace [fygas] *litt adj* flüchtig

fugitif [fyʒitif] **I** *adj* ⟨-ive [-iv]⟩ **1** *personne* flüchtig; **2** (*fugace*) flüchtig; (von) kurz(er Dauer); **II** **~, *fugitive*** *m,f* Flüchtige(r) *f(m)*

fugue [fyg] *f* **1** MUS Fuge *f*; **2** *d'enfant* Ausreißen *n*; ***faire une ~*** ausreißen; weglaufen

fugu|er [fyge] *v/i* F ausreißen; **~eur** [-œʀ] *m*, **~euse** [-øz] *f* Ausreißer(in) *m(f)*

▸ **fuir** [fɥiʀ] ⟨je fuis, il fuit, nous fuyons; je fuyais; je fuis; je fuirai; que je fuie; fuyant; fui⟩ **I** *v/t* **~ *qn, qc*** j-m, e-r Sache aus dem Weg(e) gehen; j-n, etw meiden; **II** *v/i* **1** fliehen, flüchten (***devant*** vor + *dat*); ***faire ~ qn*** j-n vertreiben; **2** *liquide* (durch e-e undichte Stelle) rinnen, auslaufen, *gaz* ausströmen (***de*** aus); **3** *récipient* leck sein; lecken; undicht sein; rinnen; *robinet* tropfen

▸ **fuite** [fɥit] *f* **1** Flucht *f*; *fig* ***~ en avant*** Flucht nach vorn; ***être en ~*** auf der Flucht *ou* flüchtig sein; ***mettre en ~*** in die Flucht schlagen; ***prendre la ~*** die Flucht ergreifen; **2** *fig* ***~ des capitaux*** Kapitalflucht *f*; **3** *de liquide* Auslaufen *n*; *de gaz* Ausströmen *n*; **4** (*fissure*) undichte Stelle; Leck *n*; **5** *fig* Indiskretion *f*

fulgurant [fylgyʀɑ̃] *adj* ⟨-ante [-ɑ̃t]⟩ **1** *idée* erleuchtend; **2** *douleur* stechend; **3** (*rapide*) blitzschnell; *vitesse, progrès* F rasant

fulminer [fylmine] *v/i* toben; wettern (***contre*** gegen)

fumant [fymɑ̃] *adj* ⟨-ante [-ɑ̃t]⟩ **1** rauchend; **2** F ***réussir un coup ~*** e-n tollen Coup landen

fumasse [fymas] F *adj* wütend; F wild

fumé [fyme] *adj* ⟨~e⟩ **1** *aliment* geräuchert; Räucher…; **2** ***verres ~s*** dunkle Brille(ngläser) *f(n/pl)*

fume-cigarette [fymsigaʀɛt] *m* ⟨*inv*⟩ Zigarettenspitze *f*

▸ **fumée** [fyme] *f* Rauch *m*; ~ ***épaisse*** Qualm *m*; dichter Rauch; *fig* ***partir en*** ~ in Rauch aufgehen; sich in Rauch auflösen
▸ **fumer** [fyme] **I** *v/t* **1** *cigarette*, *etc* rauchen (*a abs*); ***arrêter de*** ~ das Rauchen aufgeben; **2** *aliment* räuchern; **3** AGR (mit Mist) düngen; **II** *v/i* **4** *cheminée*, *etc* rauchen; *p/fort* qualmen; **5** *soupe* dampfen; **6** F *personne* kochen vor Wut
fûmes [fym] → ***être***
fumet [fymɛ] *m* **1** CUIS Bratenduft *m*; **2** (*odeur*) Duft *m*; Geruch *m*
▸ **fumeur** [fymœʀ] *m*, **fumeuse** [fymøz] *f* Raucher(in) *m*(*f*)
fumeux [fymø] *adj* ⟨-euse [-øz]⟩ verschwommen; verworren
fumier [fymje] *m* **1** AGR (Stall)Mist *m*; **2** *injure* P Mistvieh *n*, -kerl *m*
fumigation [fymigasjõ] *f* MÉD, AGR Räuchern *n*; *d'un lieu* Ausräucherung *f*
fumigène [fymiʒɛn] *adj* Rauch entwickelnd; Rauch…
fumiste [fymist] *m,f* F ***c'est un*** ~ F er reißt sich kein Bein aus
fumisterie [fymistəʀi] F *f* Bluff *m*; Schwindel *m*
fumoir [fymwaʀ] *m* **1** *pour aliments* Räucherkammer *f*; **2** Rauchsalon *m*
funambule [fynɑ̃byl] *m,f* Seiltänzer(in) *m*(*f*)
funèbre [fynɛbʀ(ə)] *adj* **1** (*funéraire*) Bestattungs…; Leichen…; Toten…; **2** *fig* düster; *voix* unheimlich
funérailles [fyneʀɑj] *f/pl* Bestattung *f*; Beisetzung *f*; Begräbnis *n*
funéraire [fyneʀɛʀ] *adj* **1** (*d'une tombe*) Grab…; **2** (*d'enterrement*) Bestattungs…; Begräbnis…
funérarium [fyneʀaʀjɔm] *m* Leichenhalle *f*
funeste [fynɛst] *adj* verhängnisvoll
funiculaire [fynikylɛʀ] *m* (Stand)Seilbahn *f*
fur [fyʀ] ***au*** ~ ***et à mesure*** entsprechend; nach und nach; ***au*** ~ ***et à mesure que*** in dem Maße, wie
furax [fyʀaks] F *adj* ⟨*inv*⟩ wütend; F wild
furent [fyʀ] → ***être***
furet [fyʀɛ] *m* ZO Frettchen *n*
fureter [fyʀte] *v/i* ⟨-è-⟩ herumschnüffeln
fureur [fyʀœʀ] *f* **1** Wut *f*; Raserei *f*; **2** *fig* Leidenschaft *f*; ***faire*** ~ großen Erfolg haben; Furore machen
furibard [fyʀibaʀ] F *adj* ⟨-arde [-aʀd]⟩ → ***furibond***
furibond [fyʀibõ] *adj* ⟨-bonde [-bõd]⟩ wütend; grimmig; F fuchsteufelswild
furie [fyʀi] *f* **1** MYTH, *fig* Furie *f*; **2** (*fureur*) Wut *f*; Raserei *f*; ***en*** ~ wütend; wild geworden
▸ **furieux** [fyʀjø] *adj* ⟨-euse [-øz]⟩ **1** wütend (***contre*** auf + *acc*); zornig; aufgebracht; **2** *fig* wütend; heftig
furoncle [fyʀõkl(ə)] *m* Furunkel *m*
furtif [fyʀtif] *adj* ⟨-ive [-iv]⟩ **1** *regard*, *geste* verstohlen; heimlich; unauffällig; **2** ***avion*** ~ Tarnkappenflugzeug *n*
fus [fy] → ***être***
fusain [fyzɛ̃] *m* **1** (Zeichen)Kohle *f*; **2** *dessin* Kohlezeichnung *f*
fuseau [fyzo] *m* ⟨~x⟩ **1** *pour filer* Spindel *f*; **2** (***pantalon*** *m*) ~ Keilhose *f*; Steghose *f*; **3** ~ ***horaire*** Zeitzone *f*
▸ **fusée** [fyze] *f* Rakete *f*
fuselage [fyzlaʒ] *m* AVIAT Rumpf *m*
fuselé [fyzle] *adj* ⟨~e⟩ spindelförmig; *doigts*, *jambes* schlank
fuser [fyze] *v/i* **1** CHIM unter Zischen abbrennen; **2** *fig rires*, *cris* erschallen; aufsteigen
fusible [fyzibl(ə)] *m* (Schmelz)Sicherung *f*
▸ **fusil** [fyzi] *m* Gewehr *n*; ~ ***à air comprimé*** Luftgewehr *n*; ~ ***de chasse*** Jagdgewehr *n*; *à plomb* (Jagd)Flinte *f*; *fig* ***changer son*** ~ ***d'épaule*** umschwenken
fusilier [fyzi(l)je] *m* ~ ***marin*** Marineinfanterist *m*
fusillade [fyzijad] *f* Schießerei *f*; Schusswechsel *m*
fusiller [fyzije] *v/t* **1** erschießen; **2** *fig* ~ ***qn du regard*** j-m vernichtende Blicke zuwerfen
fusion [fyzjõ] *f* **1** PHYS Schmelzen *n*; **2** ~ ***nucléaire*** Kernfusion *f*, -verschmelzung *f*; **3** ÉCON Fusion *f*; Zusammenschluss *m*; **4** *fig* Verschmelzung *f*
fusionner [fyzjɔne] **I** *v/t* zusammenlegen; **II** *v/i* fusionieren; sich zusammenschließen
fusse [fys] → ***être***
fustiger [fystiʒe] *v/t* ⟨-ge-⟩ geißeln (*fig*)
fut, fût[1] [fy] → ***être***
fût[2] [fy] *m* **1** *d'un arbre* Stamm *m*; **2**

d'une colonne, d'un fusil Schaft *m*; **3** (*tonneau*) Fass *n*

futaie [fytɛ] *f* Hochwald *m*

futé [fyte] *adj* ⟨~e⟩ pfiffig; schlau; verschmitzt

fûtes [fyt] → ***être***

futile [fytil] *adj* **1** belanglos; bedeutungslos; unwichtig; *prétexte* nichtig; **2** *personne* oberflächlich

futilité [fytilite] *f* **1** Bedeutungslosigkeit *f*; Nichtigkeit *f*; Oberflächlichkeit *f*; **2** *pl* **~s** Belanglosigkeiten *f/pl*; belangloses Zeug

▸ **futur** [fytyʀ] **I** *adj* (zu)künftig; kommende; **II** *subst* **1** **~(e)** *m(f)* F (*fiancé[e]*) F Zukünftige(r) *f(m)*; **2** *m* (*avenir*) Zukunft *f*; **3** *m* GR Futur *n*; Zukunft *f*; **~ *antérieur*** zweites Futur

futuriste [fytyʀist] *adj* futuristisch

futurologue [fytyʀɔlɔg] *m* Futurologe *m*; Zukunftsforscher *m*

fuyant [fɥijɑ̃] *adj* ⟨-ante [-ɑ̃t]⟩ *menton, front* fliehend; *regard* ausweichend

fuyard [fɥijaʀ] *m* Fliehende(r) *m*; Flüchtige(r) *m*

fuyons [fɥijõ] → ***fuir***

G

G

G, g [ʒe] *m* ⟨*inv*⟩ G, g *n*

g *abr* (*gramme*) **g**

gabardine [gabaʀdin] *f* **1** Gabardine *m ou f*; **2** Garbardinemantel *m*

gabarit [gabaʀi] *m* **1** Abmessungen *f/pl*; Größe *f*; *d'une personne* stattlicher Wuchs; **2** *fig* Art *f*; Schlag *m*

gabegie [gabʒi] *f* Misswirtschaft *f*

gabelle [gabɛl] *f* HIST Salzsteuer *f*

Gabon [gabõ] ***le ~*** Gabun *n*

▸ **gâcher** [gɑʃe] *v/t* **1** *plâtre* anrühren; **2** *fig* verderben; *travail, vie* verpfuschen

gâchette [gaʃɛt] *f* Abzug *m*; ***appuyer sur la ~*** abdrücken

gâchis [gɑʃi] *m* **1** (*gaspillage*) Verschwendung *f*; **2** (*désordre*) F Schlamassel *m*

gadget [gadʒɛt] *m* (technische) Spielerei

gadoue [gadu] *f* Schlamm *m*; F Dreck *m*

gaélique [gaelik] *adj* gälisch

gaffe [gaf] *f* **1** F (*maladresse*) Fehler *m*; Missgriff *m*; F Schnitzer *m*; F Patzer *m*; **2** F ***faire ~*** aufpassen; **3** MAR Bootshaken *m*

gaffer [gafe] F *v/t* sich blamieren

gaff|eur [gafœʀ] *m*, **~euse** [-øz] *f* F Dussel *m*; *adjt* ungeschickt; F dusselig

gag [gag] *m* Gag *m*

gaga [gaga] *adj* ⟨*f inv*⟩ F vertrottelt; F verkalkt

gage [gaʒ] *m* **1** Pfand *n* (*à* JEUX); ***mettre en ~*** verpfänden; ***prêter sur ~*** gegen Pfand leihen; **2** *fig* Unterpfand *n*; Beweis *m*; Zeichen *n*; **3** **~s** *pl* (*salaire*) Lohn *m*

gager [gaʒe] *v/t* ⟨-ge-⟩ **~ *que ...*** wetten, dass ...

gageure [gaʒyʀ, *abus* gaʒœʀ] *f* unmögliches Unterfangen; gewagte Sache

gagnant [gaɲɑ̃] **I** *adj* ⟨-ante [-ɑ̃t]⟩ Gewinn...; *dans une compétition* siegreich; **II** **~(e)** *m(f)* Gewinner(in) *m(f)*; (*vainqueur*) Sieger(in) *m(f)*

gagne-pain [gaɲpɛ̃] *m* ⟨*inv*⟩ Broterwerb *m*

gagne-petit [gaɲpəti] *m* ⟨*inv*⟩ Kleinverdiener *m*

▸ **gagner** [gaɲe] **I** *v/t* **1** *en travaillant* verdienen; ***bien gagné*** wohlverdient; **2** *jeu, guerre, procès* gewinnen; **3** *temps, place, l'amitié de qn* gewinnen; **~ *qn à une cause*** j-n für e-e Sache gewinnen; **4** *lieu* erreichen; gelangen zu; **5** *faim, sommeil* **~ *qn*** j-n überkommen; *incendie* **~ *qc*** etw erfassen; **II** *v/i* **6** gewinnen; **~ *par 2-0*** (***deux à zero***) (mit) 2:0 (zwei zu null) gewinnen; **7** (*s'améliorer*) **~ *à être connu*** bei näherem Kennenlernen gewinnen; **~ *en précision***, *etc* an Präzision *etc* gewinnen; **8** (*se progager*) sich ausbreiten

gai [ge] *adj* ⟨~e⟩ **1** fröhlich; heiter; lustig; vergnügt; fidel; *couleur* freundlich; **2** (*un peu ivre*) angeheitert

gaieté [gete] *f* Fröhlichkeit *f*; Heiterkeit *f*; Lustigkeit *f*; ***ne ... pas de ~ de cœur*** nur ungern; schweren Herzens

gaillard [gajaʀ] **I** *adj* ⟨-arde [-aʀd]⟩ **1** (*alerte*) (gesund und) munter; **2** (*grivois*) etwas frei; locker; **II** *m* **1** (kräftiger) Kerl, Bursche; **2** MAR Back *f*

gain [gɛ̃] *m* **1** (*profit*) Gewinn *m*; *par ext* **~ de temps, de place** Zeit-, Raumgewinn *m*; **2 avoir, obtenir ~ de cause** Recht bekommen

gaine [gɛn] *f* **1** *sous-vêtement* Mieder *n*; **2** *d'une épée, etc* Scheide *f*; **3** TECH (Schutz)Hülle *f*; Mantel *m*

gainer [gene] *v/t* umhüllen

gaîté → ***gaieté***

gala [gala] *m* Fest-, Galaveranstaltung *f*; **~ de bienfaisance** Wohltätigkeitsfest *n*

galant [galɑ̃] **I** *adj* ⟨-ante [-ɑ̃t]⟩ **1** galant; zuvorkommend (gegenüber Damen); **homme ~** *a* Kavalier *m*; **2** (*amoureux*) galant; Liebes…; **II** *m plais* Galan *m*; Verehrer *m*

galanterie [galɑ̃tʀi] *f* Galanterie *f*

galantine [galɑ̃tin] *f Fleisch- od Geflügelsülze*

galaxie [galaksi] *f* ASTR **1** Galaxie *f*; **2 la** ♌ die Milchstraße

galbe [galb] *m* anmutig geschwungene Form

galbé [galbe] *adj* ⟨~e⟩ (anmutig) geschwungen, gerundet; *jambes* **bien ~** wohlgeformt

gale [gal] *f* **1** MÉD Krätze *f*; **2** VÉT Räude *f*; **3** *fig de qn* F Giftkröte *f*

galère [galɛʀ] *f* **1** MAR HIST Galeere *f*; **2** F *fig* Plagerei *f*; Kreuz *n*

galérer [galeʀe] *v/i* ⟨-è-⟩ F sich abrackern, abschinden; es schwer haben

galerie [galʀi] *f* **1** ARCH Galerie *f*; **2** (Kunst)Galerie *f*; **~ de peinture** Gemäldegalerie *f*; **3 ~ marchande** Einkaufspassage *f*; **4 ~s** *pl* THÉ Rang *m*; *fig* **pour épater la ~** aus Effekthascherei; **5** (*tunnel*) (unterirdischer) Gang; Stollen *m*; **6** AUTO Dachgepäckträger *m*

galet [galɛ] *m* **1** (*caillou*) Kiesel(stein) *m*; **2** TECH (Lauf)Rolle *f*

galette [galɛt] *f* **1** *crêpe* (Buchweizen-)Pfannkuchen *m*; **~s bretonnes** bretonische Butterplätzchen *n/pl*; **~ des Rois** Dreikönigskuchen *m*; **2** F (*argent*) F Kies *m*; → ***fric***

galeux [galø] *adj* ⟨-euse [-øz]⟩ **1** *animal* räudig; *fig* **brebis galeuse** schwarzes Schaf; **2** MÉD krätzig

La galette

Zu den kulinarischen Spezialitäten der Bretagne zählen unter anderem **les galettes. Une galette** ist eine Art Pfannkuchen, der im Gegensatz zu den **crêpes** aus Buchweizen (**le sarrasin**) hergestellt wird und nicht gezuckert, sondern gesalzen ist. Die Zutaten reichen je nach Rezept von Käse, Eiern, Wurst oder Schinken bis hin zu Sardinen.
Das passende Getränk zur **galette** ist **le cidre**, der bretonisch-normannische Apfelwein, den man meistens in einem **bol** (einer Trinkschale) serviert bekommt.

galimatias [galimatja] *m* verworrenes Gerede

galipette [galipɛt] F *f* Purzelbaum *m*

galle [gal] *f* BOT (Pflanzen)Galle *f*

Galles [gal] **le pays de ~** Wales *n*

gallicisme [galisism(ə)] *m* französische Spracheigentümlichkeit; Gallizismus *m*

gallinacés [galinase] *m/pl* Hühnervögel *m/pl*

gallois [galwa] **I** *adj* ⟨-oise [-waz]⟩ walisisch; von, aus Wales; **II** ♌(**e**) *m(f)* Waliser(in) *m(f)*

gallo-romain [galoʀɔmɛ̃] *adj* ⟨-aine [-ɛn]⟩ galloromanisch

galoche [galɔʃ] *f* (Holz)Pantine *f*; *fig* **menton** *m* **en ~** vorspringendes Kinn

galon [galõ] *m* Borte *f*; Tresse *f* (*a* MIL); Litze *f*; *fig* **prendre du ~** befördert werden; avancieren

galop [galo] *m* Galopp *m*; **~ d'essai** Aufgalopp *m*; *fig* Probelauf *m*; **au ~** im Galopp (*a fig*)

galopade [galɔpad] *f* **1** Galopp *m*; Galoppieren *n*; **2** *fig* Getrappel *n*

galop|ant [galɔpɑ̃] *adj* ⟨-ante [-ɑ̃t]⟩ *fig* galoppierend; **~er** [-e] *v/i* **1** galoppieren; **2** *fig* (herum)rennen

galopin [galɔpɛ̃] *m* Schlingel *m*; Lausbub *m*; F Bengel *m*

galvaniser [galvanize] *v/t* **1** TECH verzinken; **2** *fig* begeistern; mitreißen

G

galvauder [galvode] *v/t réputation* kompromittieren; *talent* vergeuden
gambad|e [gɑ̃bad] *f* Luftsprung *m*; **~er** [-e] *v/i* hüpfen; Luftsprünge machen
gambe [gɑ̃b] *f* → ***viole***
gamberger [gɑ̃bɛʀʒe] F *v/i* ⟨-ge-⟩ nachdenken; grübeln
gambette [gɑ̃bɛt] *f* F (*jambe*) Bein *n*
Gambie [gɑ̃bi] ***la ~*** Gambia *n*
gambiller [gɑ̃bije] *v/i* F schwofen
gamelle [gamɛl] *f* **1** Koch-, Essgeschirr *n*; **2** F ***ramasser une ~*** F auf die Nase fallen (*a fig*)
gam|in [gamɛ̃], **~ine** [-in] **I** *m,f* **1** *garçon* kleiner Junge, Bub; F Bengel *m*; *fille* kleines Mädchen; F Göre *f*; **2** F (*fils, fille*) F Kleine(r) *f(m)*; **II** *adj* jungenhaft; lausbubenhaft
gaminerie [gaminʀi] *f* Kinderei *f*
gamme [gam] *f* **1** MUS Tonleiter *f*; **2** *fig* (*série*) Skala *f*; COMM Palette *f*; *adjt* ***bas de ~*** der unteren Preisklasse; minderwertig; ***'haut de ~*** der gehobenen Preisklasse; Qualitäts…
gammée [game] *adj f* ***croix ~*** Hakenkreuz *n*
Gand [gɑ̃] Gent *n*
gang [gɑ̃g] *m* Bande *f*; Gang *f*
Gange [gɑ̃ʒ] ***le ~*** der Ganges
ganglion [gɑ̃glijõ] *m* Lymphknoten *m*
gangrène [gɑ̃gʀɛn] *f* **1** MÉD Brand *m*; **2** *fig* Krebsschaden *m*
gangster [gɑ̃gstɛʀ] *m* **1** Gangster *m*; **2** *fig* Lump *m*; Betrüger *m*
gangstérisme [gɑ̃gsteʀism(ə)] *m* Gangstertum *n*, -unwesen *n*
gangue [gɑ̃g] *f* MINES Gangart *f*
ganse [gɑ̃s] *f* Kordel *f*; Besatzband *n*
▸ **gant** [gɑ̃] *m* **1** Handschuh *m*; ***gant de boxe*** Boxhandschuh *m*; ***aller à qn comme un gant*** *vêtement* (j-m) sitzen wie angegossen; *par ext* j-m auf den Leib geschneidert sein; F *fig* ***prendre des gants avec qn*** j-n mit Samt-, Glacéhandschuhen anfassen; *fig* ***relever le gant*** den Fehdehandschuh aufnehmen; **2** ▸ ***gant*** (***de toilette***) Waschlappen *m*
▸ **garage** [gaʀaʒ] *m* **1** *abri* Garage *f*; **2** *atelier* (Auto-, Kfz-)Werkstatt *f*
garagiste [gaʀaʒist] *m* (selbstständiger) Kfz-Mechaniker
garance [gaʀɑ̃s] *adj* ⟨*inv*⟩ krapprot
gar|ant [gaʀɑ̃] *m*, **~ante** [-ɑ̃t] *f* JUR Bürge *m*, Bürgin *f*; POL Garantiemacht *f*; *par ext* Garant *m*; *fig* ***se porter ~ de qc*** sich für etw verbürgen
garantie [gaʀɑ̃ti] *f* **1** COMM Garantie *f*; Gewährleistung *f*; ***ma montre est encore sous ~*** auf meiner Uhr ist noch Garantie; **2** *par ext* Garantie *f*; Gewähr *f*; ***sans ~*** ohne Gewähr
garantir [gaʀɑ̃tiʀ] *v/t* **1** *dette* bürgen für; *droits* garantieren; COMM Garantie geben auf (+ *acc*); ***être garanti un an*** ein Jahr Garantie haben; **2** (*certifier*) garantieren; versichern; ***~ le succès*** für den Erfolg garantieren; **3** (*protéger*) schützen (***de*** vor + *dat*)
garce [gaʀs] *f* F *péj* Weibsbild *n*; F Biest *n*
▸ **garçon** [gaʀsõ] *m* **1** *enfant* Junge *m*; *südd* Bub *m*; *st/s* Knabe *m*; **2** (*jeune homme*) junger Mann; Bursche *m*; F Kerl *m*; ***~ d'honneur*** Brautführer *m*; ***être beau ~*** ein schmucker Bursche sein; **3** ***mauvais ~*** Ganove *m*; F schwerer Junge; **4** ***vieux ~*** (älterer) Junggeselle; **5** ***~ coiffeur*** Friseurgehilfe *m*; ***~ de courses*** Laufbursche *m*; Bote *m*; **6** ***~*** (***de café***) Kellner *m*; Ober *m*
garçonnet [gaʀsɔnɛ] *m* (kleiner) Junge
garçonnière [gaʀsɔnjɛʀ] *f* Junggesellenwohnung *f*
garde[1] [gaʀd] *f* **1** (*surveillance*) Bewachung *f*; ***~ à vue*** Polizeigewahrsam *m*; ***droit*** *m* ***de ~*** Sorgerecht *n*; ***avoir la ~ d'un enfant*** das Sorgerecht für ein Kind haben; **2** (*attention*) ***mettre qn en ~*** j-n warnen (***contre*** vor + *dat*); ***prendre ~*** Acht geben, aufpassen, achten (***à*** auf + *acc*); ***être sur ses ~s*** auf der Hut sein; sich vorsehen; **3** *service* Wachdienst *m*; Wache *f*; MÉD Bereitschafts-, Notdienst *m*; ***pharmacie*** *f* ***de ~*** dienstbereite Apotheke; ***être de ~*** MIL Wachdienst haben; auf Wache sein; MÉD Bereitschaftsdienst haben; MIL ***monter la ~*** Wache halten, F schieben; **4** (*soldats en faction*) Wache *f*; Wachmannschaft *f*; **5** *corps de troupe* Garde *f*; ***~ républicaine*** Republikanische Garde; *fig* ***la vieille ~*** die alte Garde; **6** ***page*** *f* ***de ~*** Vorsatzblatt *n*
garde[2] *m* **1** Wächter *m*; ***~ champêtre*** Feldhüter *m*; ***~ forestier*** (Revier)Förster *m*; ***~ du corps*** Leibwächter *m*; ***~ des Sceaux*** (französischer) Justizmi-

nister; **2** MIL Gardist *m*; ~ ***mobile*** Bereitschaftspolizist *m*
gardé [gaʀde] *adj* ⟨~e⟩ bewacht; ***chasse ~e*** Jagdrevier *n*; *fig* Reservat *n*
garde-à-vous [gaʀdavu] **I** *int* **~!** stillgestanden!; **II** *m* ⟨*inv*⟩ ***se mettre au ~*** strammstehen
garde-barrière [gaʀd(ə)baʀjɛʀ] *m,f* ⟨gardes-barrière(s)⟩ Schranken-, Bahnwärter(in) *m(f)*
garde|-boue [gaʀdəbu] *m* ⟨*inv*⟩ Schutzblech *n*; **~-chasse** *m* ⟨gardes-chasse(s)⟩ Jagdaufseher *m*; Wildhüter *m*
garde|-chiourme [gaʀdəʃjuʀm] *m* ⟨gardes-chiourme⟩ *péj* brutaler Aufseher; Antreiber *m*; **~-fou** *m* ⟨garde-fous⟩ (Schutz)Geländer *n*; **~-malade** *m,f* ⟨gardes-malades⟩ Krankenwärter(in) *m(f)*; **~-manger** *m* ⟨*inv*⟩ Fliegenschrank *m*; **~-meuble** *m* ⟨garde-meuble(s)⟩ Möbellager *n*
gardénia [gaʀdenja] *m* Gardenie *f*
▸ **garder** [gaʀde] **I** *v/t* **1** (*surveiller*) bewachen; *vaches, etc* hüten; ~ ***un enfant*** ein Kind hüten; auf ein Kind aufpassen; **2** *provisions, documents, etc* aufbewahren; aufheben; *place* freihalten (***à qn*** für j-n); **3** *objet trouvé, etc* behalten; *vêtement* anbehalten; F anlassen; *chapeau* aufbehalten; F auflassen; *habitude* beibehalten; *invité à dîner* dabehalten; *secret* ***~ pour soi*** für sich behalten; **4** *dans tel ou tel état* halten; bewahren; *fortune* erhalten; bewahren; *jeunesse, humour* bewahren; ***~ la tête froide*** e-n kühlen Kopf bewahren; **II** *v/pr* **5** ***se ~ de qc*** sich vor etw (*dat*) hüten, in Acht nehmen; ***se ~ de faire qc*** sich hüten, etw zu tun; **6** *aliments* ***se ~*** sich halten; haltbar sein
garderie [gaʀdəʀi] *f* Kinderhort *m*
garde-robe [gaʀdəʀɔb] *f* ⟨garde-robes⟩ Garderobe *f*
▸ **gardien** [gaʀdjɛ̃] *m*, **gardienne** [gaʀdjɛn] *f* **1** Aufseher(in) *m(f)*; Wärter(in) *m(f)*; Wächter *m*; *d'un immeuble* Hausmeister(in) *m(f)*; ▸ ***gardien de but*** Torhüter *m*, -wart *m*; ***gardien de la paix*** Polizeibeamte(r) *m*; **2** *fig* (*défenseur*) Hüter(in) *m(f)*; **3** *adjt* ***ange gardien*** Schutzengel *m* (*a fig*)
gardiennage [gaʀdjɛnaʒ] *m* Aufseher-, Wärteramt *n*, -dienst *m*; *d'un immeuble* Hausmeisterei *f*; ***société f de ~*** Wach- und Schließgesellschaft *f*
gardon [gaʀdõ] *m* Plötze *f*; Rotauge *n*; ***être frais comme un ~*** wie das blühende Leben aussehen
▸ **gare**[1] [gaʀ] *f* **1** Bahnhof *m*; ***chef m de ~*** Bahnhofs-, Stationsvorsteher *m*; ***à la ~*** am *ou* auf dem Bahnhof; ***entrer en ~*** einfahren; **2** ***~ routière*** Busbahnhof *m*
gare[2] *int* **1** ***~ à toi!*** nimm dich in Acht!; na warte!; **2** ***sans crier ~*** unvermutet; unerwartet
garenne [gaʀɛn] *f* ***lapin*** *m* ***de ~*** Wildkaninchen *n*
▸ **garer** [gaʀe] **I** *v/t* parken; abstellen; **II** *v/pr* **1** ▸ ***se garer*** parken; **2** ***se garer*** (*éviter*) ausweichen
gargariser [gaʀgaʀize] *v/pr* **1** ***se ~*** gurgeln; **2** F *fig* ***se ~ de*** sich berauschen an (+ *dat*)
gargarisme [gaʀgaʀism(ə)] *m* **1** *remède* Gurgelwasser *n*, -mittel *n*; **2** *action* Gurgeln *n*
gargote [gaʀgɔt] *f péj* mieses Esslokal
gargouille [gaʀguj] *f* Wasserspeier *m*
gargouillement [gaʀgujmɑ̃] *m* **1** *d'eau* Plätschern *n*; Gurgeln *n*; **2** *de l'estomac* ***~s*** *pl* Knurren *n*
gargouiller [gaʀguje] *v/i* **1** *eau* plätschern; gurgeln; gluckern; **2** *estomac* knurren
garnement [gaʀnəmɑ̃] *m* Lausbub *m*
garnir [gaʀniʀ] *v/t* **1** (*munir*) ausstatten, versehen (***de*** mit); ***bien garni*** *portefeuille* prall gefüllt; *table* reich gedeckt; **2** (*décorer*) verzieren (***de*** mit); **3** CUIS garnieren (***de*** mit); ***garni*** mit Beilagen
garnison [gaʀnizõ] *f* Garnison *f*
garniture [gaʀnityʀ] *f* **1** Ausstattung *f*; Zubehör *n*; ***~ de frein*** Bremsbelag *m*; **2** (*décoration*) Verzierung *f*; **3** CUIS Beilage *f*; **4** ***~ périodique*** (Monats)Binde *f*
garrigue [gaʀig] *f immergrüne Strauchheide im Mittelmeerraum*
garrot [gaʀo] *m* **1** MÉD Arterienabbinder *m*; **2** *supplice* Ga(r)rotte *f*; Würgschraube *f*; **3** *du cheval, etc* Widerrist *m*
garrotter [gaʀɔte] *v/t* fesseln
gars [gɑ] F *m* Bursche *m*; F Kerl *m*
Gascogne [gaskɔɲ] ***la ~*** die Gaskogne; ***le golfe de ~*** die Biskaya
gascon [gaskõ] *adj* ⟨-onne [-ɔn]⟩ gaskognisch; (aus) der Gaskogne
gasoil [gazwal] *m* → ***gazole***
gaspill|age [gaspijaʒ] *m* Verschwen-

G

dung *f*; **~er** [-e] *v/t* verschwenden; vergeuden

gastéropodes [gasterɔpɔd] *m/pl* Schnecken *f/pl*; *sc* Gastropoden *m/pl*

gastrique [gastrik] *adj* Magen…

gastrite [gastrit] *f* Magenschleimhautentzündung *f*; *sc* Gastritis *f*

gastro-entérite [gastroɑ̃terit] *f* ⟨gastro-entérites⟩ Brechdurchfall *m*; Magen-Darm-Entzündung *f*

gastronom|e [gastrɔnɔm] *m* Feinschmecker *m*; **~ie** [-i] *f* Kochkunst *f*; Gastronomie *f*; Esskultur *f*; **~ique** [-ik] *adj* Feinschmecker…; gastronomisch; kulinarisch

G

▸ **gâteau** [gɑto] *m* ⟨**~x**⟩ **1** Kuchen *m*; *a* (Creme)Torte *f*; ***petits ~x*** Kleingebäck *n*; ***~x secs*** Teegebäck *n*; Plätzchen *n/pl*; Kekse *m/pl*; ***~ de riz*** Reisauflauf *m*; F *fig* ***c'est du ~*** das ist kinderleicht; **2** ***~ de cire*** Bienenwabe *f*; **3** *adjt* F ***papa*** *m* ***~*** F Opa, der gern Kinder verwöhnt

▸ **gâter** [gɑte] **I** *v/t* **1** *personne* verwöhnen; *enfant a* verziehen; **2** *chose* verderben; ***ce qui ne gâte rien*** was nichts schaden kann; **II** *v/pr* ***se ~*** sich verschlechtern

gâterie [gɑtri] *f* **1** (*petit cadeau*) Kleinigkeit *f*; **2** (*friandise*) Leckerei *f*

gâteux [gɑtø] *adj* ⟨-euse [-øz]⟩ F verkalkt; F trottelig; kindisch (geworden); ***devenir ~*** abbauen; F verkalken

gâtisme [gɑtism(ə)] *m* Altersabbau *m*; F Verkalkung *f*

▸ **gauche** [goʃ] **I** *adj* **1** (*à gauche*) linke; *fig* ***il s'est levé du pied ~*** er ist mit dem linken Fuß zuerst aufgestanden; **2** (*maladroit*) linkisch; unbeholfen; **II** *subst* **1** *f* Linke *f*; linke Seite; ***à ~*** links *ou* nach links; ***à ~ de*** links von; ***à*** *ou* ***sur la ~ de qn*** links von j-m; zur Linken j-s; **2** POL ***la ~*** die Linke; ***de ~*** Links…; links stehend; ***être à, de ~*** links stehen; **3** *m* BOXE Linke *f*

gauchement [goʃmɑ̃] *adv* linkisch

gauch|er [goʃe], **~ère** [-ɛr] **I** *m,f* Linkshänder(in) *m(f)*; **II** *adj* linkshändig

gaucherie [goʃri] *f* linkische Art; Unbeholfenheit *f*

gauchir [goʃir] *v/i* sich verziehen

gauchisant [goʃizɑ̃] *adj* ⟨-ante [-ɑ̃t]⟩ POL nach links tendierend

gauch|isme [goʃism(ə)] *m* Linksextremismus *m*, -radikalismus *m*; **~iste** [-ist] **I** *adj* linksradikal; **II** *m,f* Linksextreme(r) *f(m)*, -radikale(r) *f(m)*

gaudriole [godrijɔl] *f* Sinnengenuss *m*

gaufre [gofr(ə)] *f* Waffel *f*

gaufrer [gofre] *v/t* gaufrieren; mit Prägedruck versehen

gaufrette [gofrɛt] *f* Waffel *f*

gaufrier [gofrije] *m* Waffeleisen *n*

Gaule [gol] ***la ~*** Gallien *n*; → *Info bei* ***Gallien***

gaul|e [gol] *f* **1** (*perche*) (lange) Stange; **2** (*canne à pêche*) Angelrute *f*; **~er** [-e] *v/t noix* herunterschlagen

gaull|isme [golism(ə)] *m* Gaullismus *m*; **~iste** [-ist] **I** *adj* gaullistisch; **II** *m,f* Gaullist(in) *m(f)*

gaulois [golwa] **I** *adj* ⟨-oise [-waz]⟩ **1** HIST gallisch; **2** *plaisanterie* derb; schlüpfrig; F deftig; **II** *subst* **1** **♀(e)** *m(f)* Gallier(in) *m(f)*; **2** ***~e*** *f frz Zigarettenmarke*

gauloiserie [golwazri] *f* derber, F deftiger Witz; Zote *f*

gaver [gave] **I** *v/t* **1** *oies, canards* nudeln; stopfen; **2** *fig* ***~ qn*** j-n voll stopfen, überfüttern (***de*** mit); **II** *v/pr* ***se ~*** sich voll stopfen (***de*** mit) (*a fig*)

gay [gɛ] **I** *adj* ⟨*inv*⟩ Schwulen…; **II** *m* Schwule(r) *m*

▸ **gaz** [gɑz] *m* **1** Gas *n*; ***~ naturel*** Erdgas *n*; ***~ pl d'échappement*** Auspuffgase *n/pl*; Abgase *n/pl*; F ***(à) pleins ~*** mit Vollgas; **2** *pl* MÉD Blähungen *f/pl*

gaze [gɑz] *f* **1** TEXT Gaze *f*; **2** MÉD (Verband)Mull *m*

gazelle [gazɛl] *f* Gazelle *f*

gazer [gɑze] **I** *v/t* vergasen; **II** *v/t* F ***ça gaze*** F es klappt; F das haut hin

gazette [gazɛt] *f* Zeitung *f*

gazeux [gɑzø] *adj* ⟨-euse [-øz]⟩ **1** CHIM gasförmig; **2** *boisson* mit Kohlensäure versetzt; kohlensäurehaltig; ***eau gazeuse*** *a* Sprudel *m*

gazinière [gazinjɛr] *f* Gasherd *m*

gazoduc [gazɔdyk] *m* Ferngasleitung *f*

▸ **gazole** [gazɔl] *m* Diesel(kraftstoff) *m*

gazomètre [gazɔmɛtr(ə)] *m* Gaskessel *m*

▸ **gazon** [gazõ] *m* Rasen *m*

gazouillement [gazujmɑ̃] *m* **1** *d'oiseaux* Gezwitscher *n*; **2** *de bébé* Geplapper *n*

gazouiller [gazuje] *v/i* **1** *oiseau* zwitschern; **2** *bébé* plappern; lallen

gazouillis [gazuji] *m* → ***gazouillement***
G.D.F. [ʒedeɛf] *m abr* (*Gaz de France*) *staatliche frz Gasgesellschaft*
geai [ʒe] *m* Eichelhäher *m*
géant [ʒeɑ̃], **géante** [ʒeɑ̃t] **I** *m,f* **1** Riese *m*, Riesin *f*; *homme a* Hüne *m*; **2** *fig* Gigant *m*; **II** *adj* riesig; Riesen…; gigantisch; COMM ***paquet géant*** Großpackung *f*
gégène [ʒeʒɛn] *f* Folter *f* (durch Elektroschocks)
geignard [ʒɛɲaʀ] F *adj* ⟨-arde [-aʀd]⟩ jammernd; wehleidig; weinerlich
geindre [ʒɛ̃dʀ(ə)] *v/i* ⟨→ peindre⟩ **1** (*gémir*) stöhnen; *faiblement* wimmern; **2** *péj* (dauernd) jammern, lamentieren
▸ **gel** [ʒɛl] *m* **1** MÉTÉO Frost *m*; **2** *fig*, FIN Einfrieren *n*; **3** *substance* Gel *n*
gélatine [ʒelatin] *f* Gelatine *f*; Gallert *n*
gélatineux [ʒelatinø] *adj* ⟨-euse [-øz]⟩ gallertartig; CUIS geleeartig; F schwabbelig
gelé [ʒ(ə)le] *adj* ⟨~e⟩ **1** *eau* gefroren; *lac* zugefroren; **2** *personne* ***être ~*** (schrecklich) frieren; ***être complètement ~*** ganz durchgefroren sein; ***avoir les mains ~es*** eiskalte Hände haben
gelée [ʒ(ə)le] *f* **1** (*gel*) Frost *m*; ***~ blanche*** Reif *m*; **2** *de viande* Sülze *f*; ***en ~*** in Gelee; in Aspik; **3** *de fruits* Gelee *n*; **4** ***~ royale*** Gelee royale *n*
▸ **geler** [ʒ(ə)le] ⟨-è-⟩ **I** *v/t* **1** *eau, sol* gefrieren lassen; zum Gefrieren bringen; **2** *fig crédits, etc* einfrieren; **II** *v/i* **3** *eau* gefrieren; *lac, rivière* zufrieren; *canalisation* einfrieren; *membres, fleurs* erfrieren; **4** *personne* frieren; **III** *v/imp* ***il gèle*** es friert; es herrscht Frost; ***il gèle à pierre fendre*** es friert Stein und Bein; **IV** *v/pr* ***se ~*** → *4*
gélinotte [ʒelinɔt] *f* Haselhuhn *n*
gélule [ʒelyl] *f* Gelatinekapsel *f*
Gémeaux [ʒemo] *m/pl* ASTR Zwillinge *m/pl*; ***être ~*** ein Zwilling sein
gémir [ʒemiʀ] *v/i* **1** stöhnen (***de douleur*** vor Schmerzen); *sous un fardeau a* ächzen; **2** *par ext vent* heulen; *porte* ächzen; knarren; **3** *fig* (*se plaindre*) seufzen; klagen
gémissement [ʒemismɑ̃] *m* **1** Stöhnen *n*; Klagelaut *m*; **2** *du vent* Heulen *n*; *d'une porte* Ächzen *n*; Knarren *n*
gemme [ʒɛm] *f* **1** MINÉR Edelstein *m*; **2** *adjt* ***sel*** *m* ***~*** Steinsalz *n*

gênant [ʒɛnɑ̃] *adj* ⟨-ante [-ɑ̃t]⟩ *objet* hinderlich; *bruit* störend; *situation* peinlich; *personne* lästig; unbequem
gencive [ʒɑ̃siv] *f* Zahnfleisch *n*
▸ **gendarme** [ʒɑ̃daʀm] *m* **1** Gendarm *m*; ***jouer au(x) ~(s) et au(x) voleur(s)*** Räuber und Gendarm spielen; **2** F ***~ couché*** Fahrbahnschwelle *f*
gendarmer [ʒɑ̃daʀme] *v/pr* ***se ~*** e-n energischen Ton anschlagen
gendarmerie [ʒɑ̃daʀməʀi] *f* Gendarmerie *f*

Die **gendarmerie nationale** nimmt neben der allgemeinen Polizei, der **police nationale**, polizeiliche Aufgaben wahr. Sie wird vor allem auf Flughäfen und in ländlichen Gegenden eingesetzt. In Friedenszeiten ist sie dem Innenministerium zugeordnet. Offiziell jedoch gehört sie zu den französischen Streitkräften und ist dem Verteidigungsminister unterstellt.

▸ **gendre** [ʒɑ̃dʀ(ə)] *m* Schwiegersohn *m*
gêne [ʒɛn] *f* **1** *physique* Enge *f*; Beklemmung *f*; **2** (*désagrément*) (lästiger) Zwang; Last *f*; **3** *financière* Geldverlegenheit *f*; **4** *psychique* Verlegenheit *f*; Befangenheit *f*; ***sans ~*** frech; dreist; unverfroren
gène [ʒɛn] *m* Gen *n*
gêné [ʒene] *adj* ⟨~e⟩ **1** (*embarrassé*) verlegen; betreten; befangen; *personne a* gehemmt; peinlich berührt; **2** *financièrement* in Geldverlegenheit
généalogie [ʒenealɔʒi] *f* **1** (*filiation*) Abstammung *f*; Geschlechterfolge *f*; **2** *science* Genealogie *f*; Ahnenforschung *f*
généalogique [ʒenealɔʒik] *adj* ***arbre*** *m* ***~*** Stammbaum *m*; Ahnentafel *f*
▸ **gêner** [ʒene] **I** *v/t* **1** (*entraver*) behindern; *vêtement* ***~ qn*** j-m unbequem sein; **2** (*déranger*) ***~ qn*** j-m lästig fallen, werden; j-n stören, genieren; **3** (*embarrasser*) in Verlegenheit bringen; verlegen machen; peinlich berühren; **II** *v/pr* ***se ~*** sich Zwang antun, auferlegen; sich genieren (***avec qn*** vor j-m); ***ne pas***

G

se ~** a* keine Hemmungen haben, kennen; ***ne vous gênez pas! tun Sie sich keinen Zwang an! *(a iron)*

▸ **général** [ʒeneʀal] **I** *adj* ⟨~e; -aux [-o]⟩ allgemein; generell; Allgemein…; General…; Gesamt…; ***médecine générale*** Allgemeinmedizin *f*; ▸ ***en général*** im Allgemeinen; meist(ens); **II** *subst* **1** *m* ⟨-aux [-o]⟩ MIL General *m*; HIST Feldherr *m*; **2** ***générale*** *f* THÉ Generalprobe *f (a fig)*

▸ **généralement** [ʒeneʀalmɑ̃] *adv* **1** *(d'une manière générale)* allgemein; **2** *(en général)* im Allgemeinen; meist(ens)

G

généralisation [ʒeneʀalizasjõ] *f* **1** allgemeine Verbreitung; *d'un conflit* Ausweitung *f*; **2** *en raisonnant* Verallgemeinerung *f*

généraliser [ʒeneʀalize] **I** *v/t* **1** *mesure, méthode* allgemein anwenden, verbreiten, einführen; **2** *cas* verallgemeinern *(a abs)*; **II** *v/pr* ***se ~*** sich allgemein verbreiten; sich ausbreiten; *conflit* sich ausweiten; ***cancer généralisé*** Krebs, der Metastasen gebildet hat

généraliste [ʒeneʀalist] *m* praktischer Arzt; Allgemeinmediziner *m*

généralité [ʒeneʀalite] *f* **1** allgemeiner Charakter; **2** **~s** *pl* Allgemeinheiten *f/pl*

générateur [ʒeneʀatœʀ] **I** *adj* ⟨-trice [-tʀis]⟩ **1** BIOL Zeugungs…; **2** *par ext* ***~ de …*** bewirkend; **II** *m* ÉLECT Generator *m*

génération [ʒeneʀasjõ] *f* **1** Generation *f (a* TECH); *espace de temps a* Menschenalter *n*; ***la jeune, nouvelle ~*** die junge Generation; **2** BIOL Zeugung *f*; Fortpflanzung *f*

génératrice [ʒeneʀatʀis] *f* (Gleichstrom)Generator *m*

générer [ʒeneʀe] *v/t* ⟨-è-⟩ bewirken; auslösen

▸ **généreux** [ʒeneʀø] *adj* ⟨-euse [-øz]⟩ **1** *(contraire: avare)* großzügig; freigebig; generös; **2** *(magnanime)* edel(mütig); *vainqueur* großmütig; **3** *poitrine* üppig; *sol* ertragreich; *vin* feurig

générique [ʒeneʀik] **I** *adj* Gattungs…; ***terme** m* **~** Gattungs-, Oberbegriff *m*; **II** *m* CIN, TV Vorspann *m*; *à la fin* Nachspann *m*

générosité [ʒeneʀozite] *f* **1** *(libéralité)* Großzügigkeit *f*; Freigebigkeit *f*; **2** *(noblesse)* Edelmut *m*; Großmut *f*

Gênes [ʒɛn] Genua *n*

genèse [ʒənɛz] *f* **1** Entstehung *f*; Genese *f*; **2** BIBL ***la*** **♀** die Schöpfungsgeschichte; die Genesis

genêt [ʒ(ə)nɛ] *m* Ginster *m*

généticien [ʒenetisjɛ̃] *m* **~ienne** [-jɛn] *f* Genetiker(in) *m(f)*

génétique [ʒenetik] **I** *adj* genetisch; Gen…; **II** *f* Genetik *f*; Vererbungslehre *f*

génétiquement [ʒenetikmɑ̃] *adv* gentechnisch; ***~ modifié*** gentechnisch verändert

gêneur [ʒɛnœʀ] *m*, **~euse** [-øz] *f* lästige Person; Störenfried *m*

Genève [ʒ(ə)nɛv] Genf *n*

génial [ʒenjal] *adj* ⟨~e; -aux [-o]⟩ **1** genial; **2** F klasse; F spitze

génie [ʒeni] *m* **1** *(esprit)* Geist *m*; **2** *(talent)* Genie *n (a personne)*; Genialität *f*; ***de ~*** genial; **3** MIL Pioniertruppe *f*; Pioniere *m/pl*; **4** ***~ civil*** Bau(ingenieur)wesen *n*; ***~ génétique*** Gentechnologie *f*

genièvre [ʒənjɛvʀ(ə)] *m* Wacholder *m*

génique [ʒenik] *adj* Gen…

génisse [ʒenis] *f* Färse *f*; Kalbe *f*

génital [ʒenital] *adj* ⟨~e; -aux [-o]⟩ Geschlechts…; genital; ***organes génitaux*** Genitalien *pl*

géniteur [ʒenitœʀ] *m* **1** *plais (père)* Erzeuger *m*; **2** ZO männliches Zuchttier

génitif [ʒenitif] *m* Genitiv *m*; Wesfall *m*

génocide [ʒenɔsid] *m* Völkermord *m*; Genozid *m ou n*

génoise [ʒenwaz] *f* Tortenbiskuit *n*

génome [ʒenom] *m* BIOL Genom *n*

▸ **genou** [ʒ(ə)nu] *m* ⟨~x⟩ Knie *n*; ***à ~x*** kniend; auf (den) Knien; ***être à ~x*** knien; *fig* anhimmeln (***devant qn*** j-n); ***se mettre à ~x*** niederknien; sich hinknien; *fig* ***être sur les ~x*** todmüde, wie zerschlagen sein; ***prendre sur ses ~x*** auf den Schoß nehmen

genouillère [ʒ(ə)nujɛʀ] *f* SPORTS Knieschützer *m*; MÉD Kniebandage *f*

▸ **genre** [ʒɑ̃ʀ] *m* **1** Art *f (a d'une personne)*; ***~ de vie*** Lebensweise *f*; ***dans le ~*** in dieser, der Art; ***en tout ~** ou **en tous ~s*** aller Art; allerlei; ***avoir mauvais ~*** e-e vulgäre Art haben; ***se donner un ~, faire du ~*** auffallen wollen; ***ce n'est pas mon ~*** das ist nicht mein Fall, *personne a* mein Typ; **2** GR Genus *n*; Geschlecht *n*; **3** LITTÉRATURE, *etc* Gattung *f* (*a* BIOL); Genre *n*; ***le ~ humain*** das Menschengeschlecht; **4** PEINT ***tableau*** *m* ***de ~*** Genrebild *n*

▸ **gens** [ʒɑ̃] *m/pl* ⟨*vorangehendes adj steht in der Form des f/pl*⟩ Leute *pl*; Menschen *m/pl*; ***jeunes ~*** junge Leute; (*jeunes hommes*) junge Männer *m/pl*; ***les petites ~*** die kleinen Leute; der kleine Mann; ***~ de couleur*** Farbige(n) *pl*; ***~ de lettres*** Literaten *m/pl*; ***~ de maison*** Hauspersonal *n*

gentiane [ʒɑ̃sjan] *f* Enzian *m*

▸ **gentil** [ʒɑ̃ti] *adj* ⟨gentille [ʒɑ̃tij]⟩ **1** nett; *personne a* freundlich; liebenswürdig; ***être ~ avec qn*** nett zu j-m sein; **2** *enfant* lieb; artig; brav; **3** *somme d'argent* nett; hübsch

gentilhomme [ʒɑ̃tijɔm] *m* ⟨gentilshommes [ʒɑ̃tizɔm]⟩ Edelmann *m*

gentillesse [ʒɑ̃tijɛs] *f* Freundlichkeit *f*; Nettigkeit *f*

gentillet [ʒɑ̃tijɛ] *adj* ⟨-ette [-ɛt]⟩ ganz nett, hübsch

gentiment [ʒɑ̃timɑ̃] *adv* → ***gentil***

gentleman [dʒɛntləman, F ʒɑ̃-] *m* ⟨gentlemen [dʒɛntləmɛn]⟩ Gentleman *m*

génuflexion [ʒenyflɛksjõ] *f* REL Kniebeuge *f*

géographe [ʒeɔgʀaf] *m,f* Geograph(in) *m(f)*

▸ **géograph|ie** [ʒeɔgʀafi] *f* Geographie *f*; *matière scolaire a* Erdkunde *f*; **~ique** [-ik] *adj* geographisch

geôle [ʒol] *f litt* Kerker *m*

geôlier [ʒolje] *m litt* Kerkermeister *m*

géolog|ie [ʒeɔlɔʒi] *f* Geologie *f*; **~ique** [-ik] *adj* geologisch; erdgeschichtlich

géologue [ʒeɔlɔg] *m,f* Geologe, -login *m,f*

géomètre [ʒeɔmɛtʀ(ə)] *m* Geometer *m*; Vermessungsingenieur *m*

géométrie [ʒeɔmetʀi] *f* Geometrie *f*; ***à ~ variable*** *avion* Schwenkflügel…; *fig* den jeweiligen Gegebenheiten angepasst

géométrique [ʒeɔmetʀik] *adj* geometrisch

géopolitique [ʒeopɔlitik] **I** *adj* geopolitisch; **II** *f* Geopolitik *f*

gérance [ʒeʀɑ̃s] *f* Geschäftsführung *f*

géranium [ʒeʀanjɔm] *m* Geranie *f*

gér|ant [ʒeʀɑ̃] *m*, **~ante** [-ɑ̃t] *f* Geschäftsführer(in) *m(f)*; *d'immeubles* Verwalter(in) *m(f)*

gerbe [ʒɛʀb] *f* **1** AGR Garbe *f*; **2 ~** (***de fleurs***) (Blumen)Strauß *m*; Bukett *n*; **3** *d'étincelles* Funkenregen *m*

gerber [ʒɛʀbe] **I** *v/t* TECH stapeln; **II** *v/i* P kotzen

gercer [ʒɛʀse] ⟨-ç-⟩ **I** *v/t* rissig werden lassen; **II** *v/i* (*et v/pr* ***se ~***) aufspringen; rissig werden; ***gercé*** aufgesprungen; rissig

gerçure [ʒɛʀsyʀ] *f* (Haut)Riss *m*; Schrunde *f*

gérer [ʒeʀe] *v/t* ⟨-è-⟩ **1** *affaires, entreprise* führen; *biens* verwalten; **2** *fig problème, crise* bewältigen; F managen

gériatrie [ʒeʀjatʀi] *f* Geriatrie *f*; Altersheilkunde *f*

germain [ʒɛʀmɛ̃] *adj* ⟨-aine [-ɛn]⟩ ***cousin ~, cousine ~e*** Vetter *m*, Cousine *f* (ersten Grades)

Germains [ʒɛʀmɛ̃] *m/pl* Germanen *m/pl*

germanique [ʒɛʀmanik] *adj* **1** HIST germanisch; **2** (*allemand*) deutsch

german|isme [ʒɛʀmanism(ə)] *m* deutsche Spracheigentümlichkeit; Germanismus *m*; **~iste** [-ist] *m,f* Germanist(in) *m(f)*

germano-… [ʒɛʀmano] *adj* deutsch-…

germano|phile [ʒɛʀmanɔfil] *adj* deutschfreundlich; **~phobe** [-fɔb] *adj* deutschfeindlich; **~phone** [-fɔn] *adj* deutschsprachig; Deutsch sprechend

germe [ʒɛʀm] *m* Keim *m* (*a fig*)

germer [ʒɛʀme] *v/i* keimen (*a fig*)

gérondif [ʒeʀõdif] *m* Gerundium *n*

gérontologie [ʒeʀõtɔlɔʒi] *f* Gerontologie *f*; Altersforschung *f*

gésier [ʒezje] *m* (Kau)Magen *m*

gésir [ʒeziʀ] *st/s v/i* ⟨*déf*: il gît, ils gisent; il gisait; gisant⟩ (da)liegen

gestation [ʒɛstasjõ] *f* **1** ZO Trächtigkeit *f*; **2** *fig* Entstehung *f*; ***en ~*** im Entstehen (begriffen)

▸ **geste**[1] [ʒɛst] *m* **1** (Hand)Bewegung *f*; Geste *f*; Gebärde *f*; ***faire des grands ~s*** lebhaft gestikulieren; **2** *par ext* Geste *f*; *fig* ***faire un ~*** s-m Herzen e-n Stoß geben

geste[2] *f* **1** ***les faits et ~s de qn*** das Tun und Treiben j-s; **2** ***chanson f de ~*** Heldenlied *n*, -epos *n*

gesticuler [ʒɛstikyle] *v/i* gestikulieren

G

gestion [ʒɛstjõ] *f* Geschäftsführung *f*; *de biens* Verwaltung *f*; ~ **(d'entreprise)** Betriebswirtschaft(slehre) *f*
gestionnaire [ʒɛstjɔnɛʀ] **I** *adj* Geschäftsführungs...; Verwaltungs...; **II** *m* Geschäftsführer *m*; Verwalter *m*; Betriebswirt *m*
gestuel [ʒɛstɥɛl] **I** *adj* ⟨~le⟩ Gesten...; Gebärden...; ***langage*** ~ Gebärdensprache *f*; **II** *f* **~le** Gestik *f*
geyser [ʒezɛʀ] *m* Geysir *m*
Ghana [gana] ***le*** ~ Ghana *n*
ghetto [geto] *m* G(h)etto *n*
G.I.A. [ʒeia] *m abr* (*Groupe islamique armé*) Bewaffnete islamische Gruppe
gibbon [ʒibõ] *m* Gibbon *m*
gibbosité [ʒibozite] *f* Höcker *m*
gibecière [ʒibsjɛʀ] *f* **1** CH Jagdtasche *f*; **2** *par ext* Umhängetasche *f*
gibelotte [ʒiblɔt] *f* ~ ***de lapin*** Kaninchenfrikassee *n* in Weißwein
gibet [ʒibɛ] *m* Galgen *m*
► **gibier** [ʒibje] *m* **1** Wild *n*; CUIS *a* Wildbret *n*; ***gros*** ~ Hoch-, Schalenwild *n*; **2** *fig* ~ ***de potence*** Galgenvogel *m*
giboulée [ʒibule] *f* (Regen-, Graupel-) Schauer *m*
giboyeux [ʒibwajø] *adj* ⟨-euse [-øz]⟩ wildreich
Gibraltar [ʒibʀaltaʀ] Gibraltar *n*
giclée [ʒikle] *f* Spritzer *m*
gicler [ʒikle] *v/i* spritzen
gicleur [ʒiklœʀ] *m* AUTO Vergaserdüse *f*
► **gifle** [ʒifl(ə)] *f* Ohrfeige *f* (*a fig*); Backpfeife *f*; ***donner***, F ***flanquer une*** ~ ***à qn*** j-m e-e Ohrfeige geben, F verpassen; F j-m eine runterhauen, kleben, schmieren, knallen
gifler [ʒifle] *v/t* ohrfeigen
gigantesque [ʒigɑ̃tɛsk] *adj* riesig; riesenhaft; gigantisch; Riesen...
G.I.G.N. [ʒeiʒeɛn] *m abr* (*Groupe d'intervention de la Gendarmerie nationale*) Einsatzgruppe *f* der Gendarmerie
gigogne [ʒigɔɲ] *adj* ***poupée*** *f* ~ russische Puppen *f/pl*; ***table*** *f* ~ Satztisch(e) *m(pl)*
gigolo [ʒigɔlo] *m* Gigolo *m*
gigot [ʒigo] *m* Hammelkeule *f*; ~ ***d'agneau*** Lammkeule *f*
gigoter [ʒigɔte] F *v/i* zappeln; *bébé* strampeln
gigue [ʒig] *f* **1** MUS Gigue *f*; **2** F ***une grande*** ~ F e-e Hopfenstange
gilet [ʒilɛ] *m* Weste *f*; *tricoté* Strickjacke *f*; ~ ***de sauvetage*** Schwimmweste *f*
gin [dʒin] *m* Gin *m*
gingembre [ʒɛ̃ʒɑ̃bʀ(ə)] *m* Ingwer *m*
gingivite [ʒɛ̃ʒivit] *f* Zahnfleischentzündung *f*
ginseng [ʒinsɛŋ] *m* Ginseng *m*
girafe [ʒiʀaf] *f* Giraffe *f*; F *fig* ***peigner la*** ~ e-e sinnlose Arbeit machen
girandole [ʒiʀɑ̃dɔl] *f* Lichtgirlande *f*
giratoire [ʒiʀatwaʀ] *adj* Kreis...; Dreh...; ***sens*** *m* ~ Kreisverkehr *m*
girofle [ʒiʀɔfl(ə)] *m* ***clou*** *m* ***de*** ~ (Gewürz)Nelke *f*
giroflée [ʒiʀɔfle] *f* BOT Goldlack *m*
girolle [ʒiʀɔl] *f* Pfifferling *m*
giron [ʒiʀõ] *m* Schoß *m* (*a fig*)
girond [ʒiʀõ] *adj* ⟨-ronde [-ʀõd]⟩ F (*bien fait*) F gut gebaut; (*bien en chair*) mollig
girouette [ʒiʀwɛt] *f* Wetterfahne *f* (*a fig*)
gisant [ʒizɑ̃] **I** *p/pr* → ***gésir***; **II** *m* liegende (Grab)Figur
gisement [ʒizmɑ̃] *m* Lagerstätte *f*; Vorkommen *n*
gît [ʒi] → ***gésir***
git|an [ʒitɑ̃], **~ane** [-an] **1** *m,f* Zigeuner(in) *m(f)*; *adjt* Zigeuner...; **2** *f frz Zigarettenmarke*
gîte[1] [ʒit] *m* **1** Unterkunft *f*; Quartier *n*; ~ ***rural*** Ferienquartier *n* auf dem Land; **2** *du gibier* Lager *n*; **3** BOUCHERIE Hinterhesse *f*; ~ ***à la noix*** Oberschale *f*
gîte[2] *f* MAR Schlagseite *f*; ***donner de la*** ~ Schlagseite haben; krängen
givrant [ʒivʀɑ̃] *adj* ⟨-ante [-ɑ̃t]⟩ ***brouillard*** ~ gefrierender Nebel
givre [ʒivʀ(ə)] *m* (Rau)Reif *m*
givré [ʒivʀe] *adj* ⟨~e⟩ **1** *arbres* mit Raureif bedeckt; **2** *vitre* zugefroren; vereist (*a* AVIAT); **3** ***orange*** **~e** Orangensorbet(t) *m ou n*; **4** F (*fou*) F bescheuert; → ***cinglé***
glabre [glabʀ(ə)] *adj* glatt rasiert; bartlos
glaçage [glasaʒ] *m* CUIS Glasieren *n*; *résultat* Glasur *f*; Zuckerguss *m*
► **glace** [glas] *f* **1** (*eau congelée*) Eis *n*; *fig* ***rester de*** ~ eiskalt bleiben; **2** (*crème glacée*) (Speise)Eis *n*; *österr* Gefrorene(s) *n*; ~ ***à l'italienne*** Softeis *n*; ~ ***à la vanille*** Vanilleeis *n*; **3** (*miroir*) Spiegel *m*; **4** *verre* (Glas)Scheibe *f*; AUTO *a*

La glace

1. Wenn das Thermometer unter null Grad fällt, wird aus Wasser Eis, auf Französisch **la glace**:

La couche de glace est encore très mince.	Die Eisdecke ist noch sehr dünn.

Les glaces sind die Eismassen der Polarmeere:

Le bateau est pris dans les glaces.	Das Schiff sitzt im Eis fest.

2. **La glace** kann auch das Speiseeis sein:

une glace à la vanille	ein Vanilleeis
une glace à l'italienne	ein Softeis
manger une glace	ein Eis essen

3. **La glace** ist auch die Fensterscheibe eines Autos:

la glace arrière	die Heckscheibe
baisser la glace	das Seitenfenster herunterkurbeln
monter la glace	das Seitenfenster hochkurbeln

4. **La glace** kann auch ‚der Spiegel' bedeuten:

se regarder dans une glace	sich im Spiegel betrachten
la galerie des Glaces au château de Versailles	der Spiegelsaal des Schlosses von Versailles

5. **La glace** ist auch die Glasur, der Zuckerguss:

le sucre glace	der Puderzucker

Achtung: *ein Glas* ist **un verre.**

(Wagen)Fenster *n*; **5** *adjt* ***sucre*** *m* **~** Puderzucker *m*

glacé [glase] *adj* ⟨**~e**⟩ **1** (*gelé*) vereist; **2** CUIS Eis…; ***chocolat*** **~** Eis *n* am Stiel mit Schokoladenüberzug; ***crème*** **~e** Eiscreme *f*; **3** *eau, pièce* eiskalt; eisig (*a fig*); *boisson a* eisgekühlt; *personne* durch(ge)froren; steif, starr vor Kälte; **4** ***papier*** **~** Glanzpapier *n*; **5** ***marrons*** **~s** kandierte Kastanien *f/pl*

glacer [glase] *v/t* ⟨-ç-⟩ **1** *fig* **~** ***qn*** j-n erstarren lassen; **2** TECH mit Hochglanz versehen; **3** CUIS glasieren

glaciaire [glasjɛʀ] *adj* Eis…; Gletscher…; ***période*** *f* **~** Eiszeit *f*

glacial [glasjal] *adj* ⟨**~e**; -als, *selten* -aux [-o]⟩ **1** *vent, etc* eisig; eiskalt; ***océan*** **~** Eismeer *n*; **2** *fig* eisig; *accueil a* frostig; *personne* eiskalt

glacier [glasje] *m* **1** GÉOGR Gletscher *m*; **2** *pâtissier* Eiskonditor *m*; *marchand* Eisverkäufer *m*; F Eismann *m*

glacière [glasjɛʀ] *f* Eisschrank *m*; *portable a* Kühltasche *f*

glaçon [glasõ] *m* **1** *pour une boisson* Eiswürfel *m*; *dans une rivière* Eisscholle *f*; *sur une gouttière* Eiszapfen *m*; **2** F *fig personne* Eisberg *m*

gladiateur [gladjatœʀ] *m* Gladiator *m*

glaïeul [glajœl] *m* Gladiole *f*

glaire [glɛʀ] *f* (zäher) Schleim

glaise [glɛz] *f* (***terre*** *f*) **~** Lehm *m*; Ton *m*

glaive [glɛv] *litt m* Schwert *n*

gland [glɑ̃] *m* **1** BOT, ANAT Eichel *f*; **2** *décoratif* Quaste *f*; **3** F Trottel *m*

glande [glɑ̃d] *f* Drüse *f*

glander [glɑ̃de] *v/i* F s-e Zeit vertrödeln

glaner [glane] *v/t* **1** *abs* Ähren lesen; **2**

fig (auf)sammeln; zusammentragen

glap|ir [glapiʀ] *v/i* **1** *chien* kläffen; *renard* bellen; **2** *fig* kreischen; **~issement** [-ismɑ̃] *m* Kläffen *n*; Gekläff *n*

glas [glɑ] *m* Totengeläut(e) *n*; Totenglocke *f*; ***sonner le ~*** die Totenglocke läuten; *fig* das Ende ankündigen

glaucome [glokom] *m* MÉD grüner Star

glauque [glok] *adj* **1** *mer* blau-, graugrün; *yeux* meergrün; **2** *fig* trüb(e); trostlos

glaviot [glavjo] P *m* Auswurf *m*; Spucke *f*

glèbe [glɛb] *f litt* Scholle *f*

glissade [glisad] *f* Gleiten *n*; ***faire des ~s*** gleiten; schlittern

glissant [glisɑ̃] *adj* ⟨-ante [-ɑ̃t]⟩ rutschig; glatt; F glitschig

glissement [glismɑ̃] *m* **1** Gleiten *n*; Rutschen *n*; *bruit* Gleitgeräusch *n*; **2** ***~ de terrain*** Erd-, Bergrutsch *m*; **3** *fig* Verschiebung *f*; POL ***~ à droite*** Rechtsruck *m*; LING ***~ de sens*** Bedeutungsverschiebung *f*

▸ **glisser** [glise] **I** *v/t* schieben (***dans*** in + *acc*); ***~ qc à qn*** j-m etw zustecken; *fig* ***~ qc à l'oreille de qn*** j-m etw zuflüstern; **II** *v/i* **1** gleiten (*a* TECH); rutschen; schlittern; F glitschen; *personne* (*déraper*) ausrutschen; ausgleiten; ***le verre lui a glissé des mains*** das Glas ist ihm aus der Hand gerutscht; **2** *fig* ***~ sur un sujet*** rasch über ein Thema hinweggehen; **3** *reproches* ***~ sur qn*** an, von j-m abgleiten; **III** *v/pr* ***se ~*** **4** (sich) schleichen, schlüpfen (***dans*** in + *acc*); **5** *fig erreur* sich einschleichen (***dans*** in + *acc*)

glissière [glisjɛʀ] *f* Gleitschiene *f*; ***~ de sécurité*** Leitplanke *f*

global [glɔbal] *adj* ⟨~e; -aux [-o]⟩ gesamt; Gesamt…; global; Global…

globalement [glɔbalmɑ̃] *adv* im Ganzen (genommen)

globe [glɔb] *m* **1** ~ (***terrestre***) Erdkugel *f*, -ball *m*; **2** (*mappemonde*) Globus *m*; **3** *d'une lampe* Glaskugel *f*, -glocke *f*; *lampe* Kugelleuchte *f*; **4** ***~ oculaire, de l'œil*** Augapfel *m*

globule [glɔbyl] *m* Blutkörperchen *n*

globuleux [glɔbylø] *adj* ⟨-euse [-øz]⟩ *yeux* hervortretend; vorquellend

gloire [glwaʀ] *f* **1** Ruhm *m*; ***à la ~ de*** zum Ruhme von (*ou* + *gén*); **2** (*personne célèbre*) Berühmtheit *f*; **3** (*splendeur*) Glorie *f*; Herrlichkeit *f*

glorieux [glɔʀjø] *adj* ⟨-euse [-øz]⟩ ruhmreich; glorreich

glorifier [glɔʀifje] **I** *v/t* verherrlichen; glorifizieren; **II** *v/pr* ***se ~ de qc*** sich e-r Sache (*gén*) rühmen

gloriole [glɔʀjɔl] *f péj* (kleinliche) Eitelkeit, Selbstgefälligkeit

glos|e [gloz] *f* Glosse *f*; **~er** [-e] *v/t* glossieren

glossaire [glɔsɛʀ] *m* Glossar *n*; Wörterverzeichnis *n*

glotte [glɔt] *f* Stimmritze *f*; PHON ***coup m de ~*** Knacklaut *m*

glouglou [gluglu] F *m* Gluckern *n*

glouglouter [gluglute] *v/i* gluckern

glousser [gluse] *v/i* **1** *poule* glucken; **2** *fig* glucksen; glucksend lachen

glouton [glutõ] **I** *adj* ⟨-onne [-ɔn]⟩ gefräßig; gierig; **II** *m* Vielfraß *m*

gloutonnerie [glutɔnʀi] *f* Gefräßigkeit *f*; (Ess)Gier *f*

glu [gly] *f* Vogelleim *m*

gluant [glyɑ̃] *adj* ⟨-ante [-ɑ̃t]⟩ klebrig

glucides [glysid] *m/pl* Kohle(n)hydrate *n/pl*

glucose [glykoz] *m* Traubenzucker *m*; Glukose *f*

gluten [glytɛn] *m* Kleber *m*; Gluten *n*

glycémie [glisemi] *f* Blutzucker *m*

glycérine [gliseʀin] *f* Glyzerin *n*

glycine [glisin] *f* Glyzinie *f*

gnangnan [ɲɑ̃ɲɑ̃] *adj* ⟨*inv*⟩ F schlafmützig; F lahm; F tranig

gniole [ɲol] *f* → ***gnôle***

gnognote [ɲɔɲɔt] *f* F wertloses Zeug

gnôle [ɲol] F *f* Schnaps *m*

gnome [gnom] *m* Gnom *m*

gnon [ɲõ] F *m* Schlag *m*; Hieb *m*

go [go] *adv* ***tout de ~*** ohne weiteres; schlankweg; rundweg; F glatt

gobelet [gɔblɛ] *m* Becher *m*

gober [gɔbe] *v/t* **1** *œuf* ausschlürfen; *huître* schlürfen; *insecte* schnappen; **2** F (*croire*) (naiv) glauben; F schlucken

goberger [gɔbɛʀʒe] *v/pr* ⟨-ge-⟩ ***se ~*** fröhlich schmausen

godailler [gɔdaje] F *v/i* Falten werfen

godasse [gɔdas] *f* F Latschen *m*

godet [gɔdɛ] *m* **1** *récipient* kleiner Napf; Näpfchen *n*; **2** TECH (Förder)Becher *m*; Eimer *m*; **3** ***jupe f à ~s*** Glockenrock *m*; **4** F (*verre*) Glas *n*

godiche [gɔdiʃ] F *adj* tollpatschig; unbeholfen
godille [gɔdij] *f* **1** MAR Wrigg-, Wrickriemen *m*; **2** SKI Wedeln *n*
godiller [gɔdije] *v/i* **1** MAR wriggen; wricken; **2** SKI wedeln
godillots [gɔdijo] *m/pl* F Quadratlatschen *m/pl*
goéland [gɔelɑ̃] *m* (große) Möwe
goélette [gɔelɛt] *f* MAR Schoner *m*
goémon [gɔemõ] *m* (See)Tang *m*
gogo[1] [gogo] *adv* F **à ~** so viel man will; F jede Menge
gogo[2] *m* F Einfaltspinsel *m*
goguenard [gɔgnaʀ] *adj* ⟨-arde [-aʀd]⟩ spöttisch; ironisch
goguette [gɔgɛt] F **en ~** angeheitert; in Stimmung
goinfre [gwɛ̃fʀ(ə)] **I** *m* Vielfraß *m*; F Fresssack *m*; **II** *adj* gefräßig; F verfressen
goinfrer [gwɛ̃fʀe] *v/pr* **se ~** F sich voll fressen; sich den Bauch voll schlagen
goinfrerie [gwɛ̃fʀəʀi] *f* Gefräßigkeit *f*; F Verfressenheit *f*
goitre [gwatʀ(ə)] *m* MÉD Kropf *m*
golf [gɔlf] *m* Golf *n*; **~ miniature** Mini-, Kleingolf *n*
golfe [gɔlf] *m* Golf *m*; Meerbusen *m*
golf|eur [gɔlfœʀ] *m*, **~euse** [-øz] *f* Golfspieler(in) *m(f)*; Golfer(in) *m(f)*
gominé [gɔmine] *adj* ⟨~e⟩ pomadisiert
gommage [gɔmaʒ] *m* **1** Radieren *n*; **2** *de la peau* Peeling *n*
gomme [gɔm] *f* **1** Radiergummi *m*; Gummi *m*; **2** BOT Gummiharz *n*; **3** F **à la ~** wertlos; unseriös
gommé [gɔme] *adj* ⟨~e⟩ *papier* gummiert
gommer [gɔme] *v/t* **1** weg-, ausradieren; *abs* radieren; **2** *fig* beseitigen; (aus)tilgen
gond [gõ] *m* (Tür-, Fenster)Angel *f*; *fig* **sortir de ses ~s** vor Wut außer sich geraten
gondole [gõdɔl] *f* **1** *barque* Gondel *f*; **2** COMM Warenstand *m*
gondoler [gõdɔle] *v/i et v/pr* **1** **(se) ~** *papier* sich wellen; *bois* sich werfen; sich verziehen; **2** F **se ~** F sich biegen vor Lachen; F sich schieflachen
gondolier [gõdɔlje] *m* Gondoliere *m*
gonfl|able [gõflabl(ə)] *adj* aufblasbar; **~age** [-aʒ] *m* Aufpumpen *n*
gonflement [gõfləmɑ̃] *m* Anschwellen *n*; Aufblähung *f* (*a* ÉCON)
gonfler [gõfle] **I** *v/t* **1** *pneu* aufpumpen; *ballon, joues* aufblasen; *vent: voiles* (auf)blähen; **être gonflé à bloc** *pneu* hart aufgepumpt sein; F *fig personne* energiegeladen, zu allem entschlossen sein; **2** *par ext* anschwellen, (auf)quellen lassen; **yeux gonflés de larmes** (vom Weinen) verquollene Augen *n/pl*; **avoir l'estomac gonflé** ein Völlegefühl im Magen haben; **3** *fig* (*exagérer*) aufbauschen; **4** *fig sentiments* **~** (**le cœur de**) **qn** j-n erfüllen; **gonflé d'orgueil** aufgeblasen; **5** F *fig* **gonflé** (*effronté*) dreist; frech; **II** *v/i bois humide, etc* (auf)quellen; *fleuve, partie du corps* anschwellen; **III** *v/pr* **se ~** schwellen; *voile a* sich (auf)blähen
gonfleur [gõflœʀ] *m* Blasebalg *m*
gong [gõg] *m* Gong *m*
gonzesse [gõzɛs] *f* F Weib *n*; F Tussi *f*
goret [gɔʀɛ] *m* Ferkel *n* (*a fig*)
▸ **gorge** [gɔʀʒ] *f* **1** Kehle *f*; Hals *m*; Gurgel *f*; **mal** *m* **de ~** Halsschmerzen *m/pl*, -weh *n*; **à ~ déployée** aus vollem Hals; aus voller Kehle; lauthals; **avoir la ~ sèche** e-e trockene Kehle haben; *fig* **faire des ~s chaudes de qc** über etw (*acc*) schadenfroh lachen *ou* reden; **prendre qn à la ~** sich j-m auf die Brust legen; **2** *litt* (*poitrine de femme*) Busen *m*; Brust *f*; **3** GÉOGR **~s** *pl* Schlucht *f*
gorgée [gɔʀʒe] *f* Schluck *m*; *boire* **à petites ~s** schlückchenweise
gorger [gɔʀʒe] *v/t* ⟨-ge-⟩ (*gaver*) überfüttern; (*imprégner*) (durch)tränken
gorille [gɔʀij] *m* **1** ZO Gorilla *m*; **2** F *fig* Leibwächter *m*
gosier [gozje] *m* Schlund *m*; Rachen *m*; Kehle *f*; Hals *m*
▸ **gosse** [gɔs] F *m,f* Kind *n*; F Kleine(s) *n*; F Gör *n*; *m a* (kleiner) Junge; F Kleine(r) *m*; *f a* (kleines) Mädchen; F Kleine *f*; *adjt* **être beau ~** gut aussehen
gothique [gɔtik] *adj* **1** gotisch; (**art** *m*, **style** *m*) **~** *m* Gotik *f*; **2** **écriture** *f* **~** Fraktur *f*
gouache [gwaʃ] *f* **1** Guaschfarbe *f*; Deckfarbe *f*; **2** *tableau* Gouache *f*
gouaille [gwaj] *f* Spottlust *f*
goudron [gudʀõ] *m* Teer *m*
goudronner [gudʀɔne] *v/t* teeren
gouffre [gufʀ(ə)] *m* **1** Abgrund *m*; *fig* **au**

G

bord du ~ am Rand des Abgrunds; **2** *fig* Fass *n* ohne Boden
gouine [gwin] *f* P (*lesbienne*) F Lesbe *f*
goujat [guʒa] *m péj* Rüpel *m*; Flegel *m*
goujon [guʒõ] *m* ZO Gründling *m*
goulache *ou* **goulasch** [gulaʃ] *f ou m* Gulasch *n ou m*
goulag [gulag] *m* Straflager *n*
goulet [gulɛ] *m* **1** MAR enge Hafenzufahrt; **2** *en montagne* Engpass *m*; **3** *fig* **~ d'étranglement** → **goulot** *2*
gouleyant [gulejã] *adj* ⟨-ante [-ãt]⟩ süffig
goulot [gulo] *m* **1** (Flaschen)Hals *m*; **boire au ~** aus der Flasche trinken; **2** *fig* **~ d'étranglement** Engstelle *f*; Engpass *m* (*a* ÉCON); Flaschenhals *m*; Nadelöhr *n*

G

goulu [guly] *adj* ⟨~e⟩ gierig
goulûment [gulymã] *adv* gierig
goupille [gupij] *f* TECH Stift *m*
goupiller [gupije] **I** *v/t* F deichseln; **II** *v/pr* F **ça s'est bien (mal) goupillé** F das hat (nicht) geklappt
goupillon [gupijõ] *m* **1** ÉGL Weih(wasser)wedel *m*; **2** *brosse* Flaschenbürste *f*
gourbi [guʀbi] *m* armselige Behausung; F Loch *n*
gourd [guʀ] *adj* ⟨gourde [guʀd]⟩ steif vor Kälte; klamm
gourde [guʀd] **I** *f* **1** *bouteille* Feldflasche *f*; **2** *fig* F Dussel *m*; **II** *adj* F dusselig
gourdin [guʀdɛ̃] *m* Knüppel *m*
gourer [guʀe] *v/pr* F **se ~** sich irren; F sich vertun; F schief gewickelt sein
▸ **gourmand** [guʀmã] **I** *adj* ⟨-ande [-ãd]⟩ **1** esslustig; *de sucreries* naschhaft; **~ de qc** gierig nach etw; **être ~** gern essen; ein Schlemmer sein; *de sucreries* gern naschen, schlecken; **2** *fig* geldgierig; **II ~(e)** *m(f)* Schlemmer *m*; *de sucreries* F Naschkatze *f*; F Leckermaul *n*
gourmandise [guʀmãdiz] *f* **1** Esslust *f*; Naschhaftigkeit *f*; **2 ~s** *pl* Leckerbissen *m/pl*; Leckereien *f/pl*
gourmet [guʀmɛ] *m* Feinschmecker *m*; Gourmet *m*
gourmette [guʀmɛt] *f* Gliederarmband *n* (mit Namensplakette)
gourou [guʀu] *m* Guru *m* (*a fig*)
gousse [gus] *f* **1** BOT Schote *f*; **2 ~ d'ail** Knoblauchzehe *f*
gousset [gusɛ] *m* Westen-, Uhrtasche *f*
▸ **goût** [gu] *m* **1** *sens* Geschmack(ssinn) *m*; **2** (*saveur*) Geschmack *m*; **avoir bon ~** gut schmecken; schmackhaft sein; **3** *fig* Geschmack *m*; **bon ~** guter Geschmack; **de bon ~** geschmackvoll; **de mauvais ~** geschmacklos; unpassend; *bibelot* kitschig; **à mon ~** für meinen Geschmack; **au ~ du jour** nach heutigem Geschmack; im Zeitgeschmack; **avec, sans ~** geschmackvoll, -los; **4** (*envie*) Lust *f* (**de, pour** zu); (*plaisir*) Gefallen *n*, Spaß *m*, Freude *f* (an + *dat*); (*penchant*) Sinn *m*, Vorliebe *f* (für); **~ du risque** Risikofreudigkeit *f*, -bereitschaft *f*; **prendre ~ à qc** Gefallen, Geschmack an etw (*dat*) finden; **5 ~s** *pl* (*préférences*) Neigungen *f/pl*; **avoir des ~s simples** das einfache Leben lieben
▸ **goûter** [gute] **I** *v/t* **1** (*déguster*) versuchen; kosten; probieren; **2** *fig* genießen; auskosten; **II** *v/t/indir* **~ de qc** etw ausprobieren; F in etw (*acc*) hineinriechen; **III** *v/i enfants* (am Nachmittag) e-n Imbiss einnehmen, ein Butterbrot essen; **IV** *m* (Nachmittags)Imbiss *m*; Butterbrot *n*
▸ **goutte**[1] [gut] **I** *f* **1** Tropfen *m*; **~ à ~** tropfenweise; **couler ~ à ~** tropfen; tröpfeln; **verser ~ à ~** träufeln; *fig* **c'est la ~ d'eau qui fait déborder le vase** das bringt das Fass zum Überlaufen; **se ressembler comme deux ~s d'eau** sich gleichen wie ein Ei dem anderen; **2** PHARM **~s** *pl* Tropfen *m/pl*; **3** *par ext* **une ~ de café**, *etc* ein Schluck *m*, ein Schlückchen *n* Kaffee *etc*; **4** F *fig* **boire la ~** e-n Schnaps trinken; **II** *adv litt ou plais* **ne … ~** überhaupt nichts
goutte[2] *f* MÉD Gicht *f*
goutte-à-goutte *m* ⟨*inv*⟩ MÉD Tropf *m*
gouttelette [gutlɛt] *f* Tröpfchen *n*
goutter [gute] *v/i* tropfen
gouttière [gutjɛʀ] *f* **1** *d'un toit* Dachrinne *f*; **2** MÉD Schiene *f*
gouvernail [guvɛʀnaj] *m* Ruder *n* (*a fig*); AVIAT **~ de direction, de profondeur** Seiten-, Höhenruder *n*
gouvernante [guvɛʀnãt] *f* **1** *d'enfants* Gouvernante *f*; **2** *d'un célibataire* Haushälterin *f*
gouverne [guvɛʀn] *f* **1** AVIAT **~s** *pl* Steuerflächen *f/pl*; **2 pour votre ~** zu Ihrer Orientierung
▸ **gouvernement** [guvɛʀnəmã] *m* **1** Re-

gierung *f*; **2** (*régime*) Regierungsform *f*
gouvernemental [guvɛʀnəmɑ̃tal] *adj* ⟨~e; -aux [-o]⟩ **1** Regierungs…; **2** *presse* regierungsfreundlich
▸ **gouverner** [guvɛʀne] *v/t* regieren
gouverneur [guvɛʀnœʀ] *m* Gouverneur *m*; HIST *a* Statthalter *m*
goyave [gɔjav] *f* Guajave *f*
G.P.L. [ʒepeɛl] *m abr* (*gaz de pétrole liquéfié*) Flüssig-, Autogas *n*
grabat [gʀaba] *m* ärmliches Bett
grabataire [gʀabatɛʀ] *adj* bettlägerig
grabuge [gʀabyʒ] *m* F Krach *m*; F Knatsch *m*
grâce [gʀɑs] **I** *f* **1** (*faveur*) Gnade *f*; Gunst *f*; *st/s* Huld *f*; ***de grâce!*** ich bitte Sie!; ***de bonne grâce*** bereitwillig; ***de mauvaise grâce*** widerwillig; ***être dans les bonnes grâces de qn*** bei j-m in Gunst stehen; ***trouver grâce aux yeux de qn*** vor den Augen j-s Gnade finden; **2** JUR Begnadigung *f*; Gnade *f*; *par ext* ***coup m de grâce*** Gnadenstoß *m* (*a fig*); *avec une arme à feu* Gnadenschuss *m*; *fig* ***faire grâce à qn de qc*** j-m etw erlassen, ersparen; j-n mit etw verschonen; **3** REL Gnade *f*; **4** (*charme*) Anmut *f*; Grazie *f*; *st/s* Liebreiz *m*; **5** ***les trois Grâces*** die drei Grazien *f/pl*; **6** REL ***action f de grâce(s)*** Danksagung *f*; ***grâce à Dieu!*** Gott sei Dank!; **II** *prép* ▸ ***grâce à*** dank (+ *dat ou gén*); durch (+ *acc*)
gracier [gʀasje] *v/t* begnadigen
gracieusement [gʀasjøzmɑ̃] *adv* **1** (*gratuitement*) gratis; kostenlos; **2** (*avec grâce*) anmutig; graziös
gracieux [gʀasjø] *adj* ⟨-euse [-øz]⟩ **1** (*charmant*) anmutig; graziös; **2** (*aimable*) liebenswürdig; **3** ***à titre ~*** unentgeltlich; gratis; kostenlos
gracile [gʀasil] *adj* zierlich; zart; grazil
gradation [gʀadasjõ] *f* Abstufung *f*
grade [gʀad] *m* Dienstgrad *m*; MIL *a* Rang *m*; ***monter en ~*** aufrücken; befördert werden; F *fig* ***en prendre pour son ~*** F gehörig eins auf den Deckel kriegen
gradé [gʀade] *m* unterer Dienstgrad
gradins [gʀadɛ̃] *m/pl* (ansteigende) Sitzreihen *f/pl*; (Zuschauer)Ränge *m/pl*
graduation [gʀadɥasjõ] *f* Maßeinteilung *f*; *d'un thermomètre* Gradeinteilung *f*
graduel [gʀadɥɛl] *adj* ⟨~le⟩ allmählich; graduell; stufen-, schrittweise
graduer [gʀadɥe] *v/t* **1** *difficultés, etc* abstufen; allmählich steigern; **2** *instrument de mesure* mit e-r Maß-, Gradeinteilung versehen
graffiti(s) [gʀafiti] *m/pl* Kritzeleien *f/pl*; Graffiti *pl*
graillon [gʀɑjõ] *m* ***odeur f de ~*** Geruch *m* nach angebranntem Fett
▸ **grain** [gʀɛ̃] *m* **1** *des céréales* Korn *n*; **2** *de raisin, de groseille* Beere *f*; *de café* Bohne *f*; ***~ de poivre*** Pfefferkorn *n*; *café, poivre* ***en ~s*** ungemahlen; **3** *d'un chapelet* Perle *f*; **4** *de sable, de sel, etc* Korn *n*; Körnchen *n*; F *fig* ***mettre son ~ de sel*** F s-n Senf dazugeben; **5** ***~ de beauté*** Leberfleck *m*; **6** *d'un papier*, PHOT Korn *n*; *d'un cuir* Narbe *f*; **7** F *fig* ***avoir un ~*** F e-n Sparren (zu viel), e-n Stich haben; **8** (*averse*) (Regen)Schauer *m*; *fig* ***veiller au ~*** auf der Hut sein
graine [gʀɛn] *f* **1** BOT Samenkorn *n*; Samen *m*; ***~s de tournesol*** Sonnenblumenkerne *m/pl*; ***monter en ~*** (in Samen) schießen; *fig* ***en prendre de la ~*** sich daran ein Beispiel nehmen; **2** *fig* ***mauvaise ~*** *péj* sauberes Früchtchen; *plais* Schlingel *m*
grainetier [gʀɛntje] *m* Samen- und Futtermittelhändler *m*
graissage [gʀɛsaʒ] *m* (Ab)Schmieren *n*
graisse [gʀɛs] *f* **1** ANAT, CHIM, CUIS Fett *n*; **2** TECH Schmierfett *n*; Schmiere *f*
graisser [gʀese] *v/t* **1** einfetten; TECH schmieren; AUTO abschmieren; **2** *salir* fettig machen
graisseux [gʀɛsø] *adj* ⟨-euse [-øz]⟩ **1** (*gras*) fettig; mit Fettflecken; **2** BIOL Fett…
graminées [gʀamine] *f/pl* Gräser *n/pl*
▸ **grammaire** [gʀamɛʀ] *f* Grammatik *f*; Sprachlehre *f*
grammatical [gʀamatikal] *adj* ⟨~e; -aux [-o]⟩ grammatikalisch; grammatisch
▸ **gramme** [gʀam] *m* **1** Gramm *n*; ***1 ~ 6 d'alcoolémie*** 1,6 Promille Blutalkohol; **2** *fig* ***pas un ~ de bon sens*** kein Funken *m*, kein Quäntchen *n* gesunder Menschenverstand
▸ **grand** [gʀɑ̃, *in der Bindung* gʀɑ̃t] **I** *adj* ⟨grande [gʀɑ̃d]⟩ groß; ***~ âge*** [-t-] hohes Alter; ***~ blessé*** Schwerverletzte(r) *m*;

G

~ choix große, reiche Auswahl; ÉCOLE **les ~es classes** die oberen Klassen *f/pl*; **~ cri** lauter Schrei; **~ format** Großformat *n*; **~ froid** große, starke Kälte; **~ fumeur** starker Raucher; **deux ~es heures** volle, geschlagene zwei Stunden *f/pl*; **~es jambes** lange Beine *n/pl*; **le ~ monde** die große, vornehme Welt; **II** *adv* **en ~** im Großen; in großem Stil, Umfang; **voir ~** in großem Stil handeln; *péj* große, hochfliegende Pläne haben; **~** ⟨*veränderlich*⟩ **ouvert** [-t-] weit offen, geöffnet; **III** *subst* **1** *d'enfants* **le ~, la ~e** der, die Große; F **mon ~!** lieber Junge!; F **ma ~e!** liebes Kind!; **2** (*adulte*) **les ~s** die Großen, Erwachsenen *pl*; (**les**) **petits et** (**les**) **~s** groß und klein; **3** (*puissant*) **les ~s de ce monde** die Großen *pl* dieser Welt

grand-angle [gʀɑ̃tɑ̃gl(ə)] *m* ⟨grands-angles [gʀɑ̃zɑ̃gl(ə)]⟩ Weitwinkelobjektiv *n*

grand-chose I *pr/ind* **pas ~** nicht viel; **II** F **un, une pas ~** ein Nichtsnutz *m*

grand-duc *m* ⟨grands-ducs⟩ **1** Großherzog *m*; **2** ZO Uhu *m*

grand-duché *m* ⟨grands-duchés⟩ Großherzogtum *n*

▸ **Grande-Bretagne** [gʀɑ̃dbʀətaɲ] **la ~** Großbritannien *n*

grandement [gʀɑ̃dmɑ̃] *adv* **1** (*beaucoup*) in hohem Maße; **2** (*largement*) reichlich

grandeur [gʀɑ̃dœʀ] *f* Größe *f* (*a* PHYS, MATH); **~ d'âme** Seelengröße *f*

grand-faim: **avoir ~** großen Hunger haben; sehr hungrig sein

grandiloquent [gʀɑ̃dilɔkɑ̃] *adj* ⟨-ente [-ɑ̃t]⟩ hochtrabend; bombastisch

grandiose [gʀɑ̃djoz] *adj* großartig; grandios; überwältigend

▸ **grandir** [gʀɑ̃diʀ] **I** *v/t* **1** größer machen; größer erscheinen lassen; **2** *fig* Größe verleihen (+ *dat*); erhöhen; **II** *v/i* **3** (*pousser*) wachsen, größer werden (**de** um); *fig* **~ en sagesse** an Weisheit zunehmen; **4** (*s'intensifier*) zunehmen; (immer) größer, stärker werden

grandissant [gʀɑ̃disɑ̃] *adj* ⟨-ante [-ɑ̃t]⟩ wachsend; zunehmend

▸ **grand-mère** *f* ⟨grand(s)-mères⟩ **1** Großmutter *f*; **2** F (*vieille femme*) F Oma *f*

grand-messe *f* ⟨grand(s)-messes⟩ Hochamt *n*

grand-oncle [gʀɑ̃tõkl(ə)] *m* ⟨grands-oncles [gʀɑ̃zõkl(ə)]⟩ Großonkel *m*

grand-peine *adv* **à ~** mit Müh und Not; mit großer Mühe

▸ **grand-père** *m* ⟨grands-pères⟩ **1** Großvater *m*; **2** F (*vieillard*) F Opa *m*

grand-route *f* ⟨grand(s)-routes⟩ Landstraße *f*

▸ **grands-parents** [gʀɑ̃paʀɑ̃] *m/pl* Großeltern *pl*

grand-tante *f* ⟨grand(s)-tantes⟩ Großtante *f*

grange [gʀɑ̃ʒ] *f* Scheune *f*

granit(e) [gʀanit] *m* Granit *m*

granulés [gʀanyle] *m/pl* Granulat *n*

granuleux [gʀanylø] *adj* ⟨-euse [-øz]⟩ körnig; gekörnt

graphique [gʀafik] **I** *adj* grafisch; **arts** *m/pl* **~s** grafische Künste *f/pl*; *secteur* grafisches Gewerbe; **II** *m* Grafik *f*; Schaubild *n*; Diagramm *n*

graphisme [gʀafism(ə)] *m* Schriftzüge *m/pl*; Schriftbild *n*; *d'un dessinateur* Führung *f* des Zeichenstiftes

graphiste [gʀafist] *m,f* Grafiker(in) *m(f)*

grapho|logie [gʀafɔlɔʒi] *f* Graphologie *f*; **~logue** [-lɔg] *m,f* Graphologe, -login *m,f*

grappe [gʀap] *f* Traube *f* (*a fig*); **~ de raisin** Weintraube *f*

grappiller [gʀapije] *v/t* **1** hier und da (ab)pflücken; **2** *fig avantages* herausschlagen; *informations* auflesen

grappin [gʀapɛ̃] *m* MAR Draggen *m*; F *fig* **mettre le ~ sur qn** j-n mit Beschlag belegen

▸ **gras** [gʀɑ] **I** *adj* ⟨grasse [gʀɑs]⟩ **1** fett; *aliment a* fetthaltig; *personne, animal a* feist; **2** (*enduit de graisse*) fettig; **3** *fig terre* fett; schwer; *crayon* weich; *toux* mit Auswurf; *rire* laut; ordinär; **en caractères ~** fett gedruckt; **II le ~** das Fett(e)

gras-double *m* ⟨gras-doubles⟩ Kaldaunen *f/pl*; Kutteln *f/pl*

grassement [gʀasmɑ̃] *adv* reichlich

grasseyer [gʀaseje] *v/i* das Zäpfchen-R sprechen

grassouillet [gʀasujɛ] *adj* ⟨-ette [-ɛt]⟩ dicklich; rundlich; *femme a* mollig

gratifiant [gʀatifjɑ̃] *adj* ⟨-ante [-ɑ̃t]⟩ (innerlich) befriedigend

gratification [gʀatifikasjõ] *f* **1** *somme* Gratifikation *f*; Sonderzuwendung *f*; **2** PSYCH Befriedigung *f*

gratifier [gʀatifje] *v/t* **1** **~ qn de qc** j-m etw zukommen lassen; j-n mit etw bedenken (*a iron*); **2** PSYCH **~ qn** j-n befriedigen, erfüllen

gratin [gʀatɛ̃] *m* **1** **au ~** überbacken; gratiniert; **~ dauphinois** überbackener Kartoffelauflauf; **2** F *fig* **le ~** die oberen zehntausend

gratiné [gʀatine] *adj* ⟨~e⟩ **1** überbacken; gratiniert; **2** F toll; F enorm

gratinée [gʀatine] *f* mit Käse überbackene Zwiebelsuppe *f*

gratiner [gʀatine] *v/t* **faire ~** überbacken; gratinieren

gratis [gʀatis] F *adv* umsonst; gratis; kostenlos; *adjt* Gratis…; Frei…

gratitude [gʀatityd] *f* Dankbarkeit *f*

gratte|-ciel [gʀatsjɛl] *m* ⟨*inv*⟩ Wolkenkratzer *m*; **~-cul** *m* ⟨gratte-cul(s)⟩ Hagebutte *f*; **~-papier** *m* ⟨gratte-papier(s)⟩ *péj* Federfuchser *m*

gratter [gʀate] **I** *v/t* **1** *surface* abkratzen; (ab)schaben; *casserole* auskratzen; *cicatrice* aufkratzen; *sol, neige* aufscharren; **2** (*enlever*) ab-, wegkratzen; abschaben; *inscription* auskratzen; *abs* LOTERIE rubbeln; **3** (*démanger*) kratzen; jucken; **4** F *à son profit* herausschlagen, -schinden; **II** *v/i* **5** kratzen; scharren; **6** F **~ de la guitare** F auf der Gitarre klimpern; **7** F (*travailler*) F werke(l)n; *p/fort* schuften; **III** *v/pr* **se ~** sich kratzen

grattoir [gʀatwaʀ] *m* Schaber *m*; Kratzer *m*

▸ **gratuit** [gʀatɥi] *adj* ⟨-uite [-ɥit]⟩ **1** (*non payant*) kostenlos; unentgeltlich; Frei…; Gratis…; *prêt* zinslos; **billet ~** Freikarte *f*; **2** (*sans fondement*) unbegründet; grundlos; unmotiviert; willkürlich

gratuité [gʀatɥite] *f* **1** Unentgeltlichkeit *f*; *des transports* Nulltarif *m*; **2** *d'une accusation, etc* Unbegründetheit *f*; Grundlosigkeit *f*

gravats [gʀava] *m/pl* Bauschutt *m*

▸ **grave** [gʀav] *adj* **1** *air, ton* ernst; *attitude* gemessen; würdevoll; **2** *problème, décision, etc* ernst; schwerwiegend; gravierend; *situation, erreur a* schlimm; *maladie* schwer; **blessé** *m* **~** Schwerverletzte(r) *m*; **ce n'est pas ~** das ist nicht schlimm; **3** *voix* tief (*a son*); dunkel; **4** **accent** *m* **~** Accent grave *m*

graveleux [gʀavlø] *adj* ⟨-euse [-øz]⟩ zotig; anstößig; schlüpfrig

gravement [gʀavmɑ̃] *adv* **1** (*dignement*) ernst; würdevoll; **2** **~ malade** schwer krank; ernstlich erkrankt

graver [gʀave] *v/t* **1** einschneiden, einritzen, *pour reproduire* (ein)gravieren (**sur** in + *acc*); **2** *fig souvenir* **est gravé dans ma mémoire** hat sich mir eingeprägt

graveur [gʀavœʀ] *m* Graveur *m*; **~ de CD** CD-Brenner *m*

gravier [gʀavje] *m* Kies *m*

gravillon [gʀavijõ] *m* Splitt *m*

gravir [gʀaviʀ] *v/t* erklimmen (*a fig*)

gravitation [gʀavitasjõ] *f* Gravitation *f*; Massenanziehung *f*

gravité [gʀavite] *f* **1** (*sérieux*) (feierlicher) Ernst; **2** *de la situation* Ernst *m*; *d'une maladie* Schwere *f*; **sans ~** harmlos; **3** *d'un son* Tiefe *f*; **4** PHYS, *fig* **centre** *m* **de ~** Schwerpunkt *m*

graviter [gʀavite] *v/t/indir* **1** ASTR kreisen, sich drehen (**autour de** um); **2** *fig* **~ autour de qn** ständig um j-n sein

gravure [gʀavyʀ] *f* **1** *technique* Gravierung *f*; *art* Gravierkunst *f*; Grafik *f*; **2** *ouvrage* Grafik *f*; (Kupfer)Stich *m*; *sur bois* Holzschnitt *m*; *par ext* (Kunst-) Druck *m*; Kunstblatt *n*

gré [gʀe] *m* **1** **à mon ~** (*à mon goût*) nach meinem Geschmack; (*à volonté*) nach Belieben; nach (meinem) Gutdünken; (*à mon avis*) meines Erachtens; **au ~ des événements** je nach den Ereignissen; **contre le ~ de qn** gegen den Willen j-s; **de bon ~** bereitwillig; gern; **de son plein ~** freiwillig; aus freien Stücken; **de ~ ou de force** gutwillig oder gezwungen; so oder so; **bon ~ mal ~** wohl oder übel; **2** *st/s* **savoir ~ à qn de qc** j-m für etw dankbar sein

▸ **grec** [gʀɛk] **I** *adj* ⟨grecque [gʀɛk]⟩ griechisch; **II** ♀**, Grecque** *m,f* Grieche *m*, Griechin *f*

▸ **Grèce** [gʀɛs] **la ~** Griechenland *n*

gredin [gʀədɛ̃] *m* F **petit ~** Schlingel *m*

gréement [gʀemɑ̃] *m* MAR Takelage *f*

greffe[1] [gʀɛf] *f* **1** MÉD Transplantation *f*; Verpflanzung *f*; **~ du cœur** Herztrans-

plantation *f*; **2** BOT Pfropfen *n*; (*greffon*) Edel-, Pfropfreis *n*
greffe² *m* Geschäftsstelle *f* des Gerichts
greffer [gʀefe] **I** *v/t* **1** *arbre* pfropfen; veredeln; **2** MÉD verpflanzen; transplantieren; **II** *v/pr fig* ***se ~ sur qc*** zu etw hinzukommen
greffier [gʀefje] *m* Urkundsbeamte(r) *m*
greffon [gʀɛfõ] *m* **1** BOT Edel-, Pfropfreis *n*; **2** MÉD Transplantat *n*
grégaire [gʀegɛʀ] *adj* Herden…; ***instinct*** *m* **~** Herdentrieb *m*
grège [gʀɛʒ] *adj* **1** ***soie*** *f* **~** Roh-, Grègeseide *f*; **2** *couleur* rohseidenfarben; hellbeige
grégorien [gʀegɔʀjɛ̃] *adj* ⟨-ienne [-jɛn]⟩ gregorianisch
grêle¹ [gʀɛl] *f* Hagel *m* (*a fig*)
grêle² *adj* dünn (*a voix*); schmal; ***intestin*** *m* **~** Dünndarm *m*
grêlé [gʀele] *adj* ⟨**~e**⟩ pockennarbig
grêler [gʀele] *v/imp* hageln
grêlon [gʀɛlõ] *m* Hagelkorn *n*
grelot [gʀəlo] *m* Schelle *f*; Glöckchen *n*
grelotter [gʀəlɔte] *v/i* (vor Kälte) zittern, schlottern; **~ *de fièvre*** vom Fieber geschüttelt werden
greluche [gʀəlyʃ] *f* F (dumme) Zicke
grenade [gʀənad] *f* **1** BOT Granatapfel *m*; **2** MIL (Hand)Granate *f*
Grenade [gʀənad] **1** *en Espagne* Granada *n*; **2** *aux Petites Antilles* Grenada *n*
grenadier [gʀənadje] *m* **1** BOT Granatapfelbaum *m*; **2** HIST MIL Grenadier *m*
grenadine [gʀənadin] *f* Granatapfelsirup *m*
grenaille [gʀənaj] *f* Schrot *m ou n*
grenat [gʀəna] *m* **1** MINÉR Granat *m*; **2** *adjt* ⟨*inv*⟩ granatrot
▸ **grenier** [gʀənje] *m* **1** Speicher *m*; Dachboden *m*; **2** *fig* Kornkammer *f*
grenouille [gʀənuj] *f* Frosch *m*
grenouillère [gʀənujɛʀ] *f* Strampelanzug *m*
grès [gʀɛ] *m* **1** *roche* Sandstein *m*; **2** *céramique* Steinzeug *n*
grésil [gʀezil] *m* Graupeln *f/pl*
grésiller [gʀezije] *v/i* *friture* brutzeln; TÉL, RAD knistern
▸ **grève** [gʀɛv] *f* **1** Streik *m*; Ausstand *m*; **~ *générale*** Generalstreik *m*; **~ *de la faim*** Hungerstreik *m*; **~ *du zèle*** Dienst *m* nach Vorschrift; Bummelstreik *m*; **~ *sur le tas*** Sitzstreik *m*; ***être en ~, faire ~*** streiken; ***se mettre en ~*** in (den) Streik treten; **2** *plage* (Sand-, Kies-) Strand *m*
grever [gʀəve] *v/t* ⟨-è-⟩ belasten (***de*** mit)
gréviste [gʀevist] *m,f* Streikende(r) *f(m)*
gribouillage [gʀibujaʒ] *m péj écriture* Gekritzel *n*; Kritzelei *f*; F Gekrakel *n*; F Gesudel *n*; F Geschmier *n*
gribouiller [gʀibuje] **I** *v/t* hinkritzeln; F hinschmieren; **II** *v/i* kritzeln; F sudeln
gribouillis [gʀibuji] *m* → ***gribouillage***
grief [gʀijɛf] *m* (Grund *m*, Anlass *m* zur) Klage *f*, Beschwerde *f*; ***faire ~ de qc à qn*** j-m etw zum Vorwurf machen
grièvement [gʀijɛvmɑ̃] *adv* **~ *blessé*** schwer verletzt
griffe [gʀif] *f* **1** ZO Kralle *f*; *fig* ***tomber dans les ~s de qn*** j-m in die Klauen geraten; **2** ADM Namensstempel *m*; COMM Namenszug *m*; Markenzeichen *n*; **3** *fig* Stempel *m*; Handschrift *f*
griffé [gʀife] *adj* ⟨**~e**⟩ Marken…
▸ **griffer** [gʀife] *v/t* (zer)kratzen
griffonner [gʀifɔne] *v/t* (hin)kritzeln; *à la hâte* hinwerfen
griffure [gʀifyʀ] *f* Kratzer *m*
grignoter [gʀiɲɔte] *v/t* **1** knabbern (*a abs*); (*entamer*) anknabbern; **~ *qc*** *a* an etw (*dat*) (herum)knabbern; **2** *fig héritage* allmählich aufzehren; *droits* stückchenweise abbauen
grigou [gʀigu] *m* F Geizkragen *m*; F Knauser *m*
grigri [gʀigʀi] *m* Amulett *n*; Talisman *m*
gril [gʀil] *m* Bratrost *m*; Grill *m*; F *fig* ***être sur le ~*** wie auf glühenden Kohlen sitzen
grillade [gʀijad] *f* Grillgericht *n*
grillag|e [gʀijaʒ] *m* (Draht)Gitter *n*; *clôture* Drahtzaun *m*; **~er** [-e] *v/t* ⟨-ge-⟩ vergittern
grille [gʀij] *f* **1** Gitter *n* (*a barrière*); **2** *d'un poêle* (Feuer)Rost *m*; **3** *de mots croisés, etc* Kästchen *n/pl*; Felder *n/pl*; **4** (*tableau*) Übersicht *f*; Tabelle *f*
grille-pain *m* ⟨*inv*⟩ Toaster *m*
▸ **griller** [gʀije] **I** *v/t* **1** *viande* (auf dem Rost) braten; grillen; *pain, marrons, café* rösten; *pain a* toasten; ***amandes grillées*** gebrannte Mandeln *f/pl*; ***pain grillé*** Toast *m*; **2** F *cigarette* rauchen; F

qualmen; **3 ~ *un feu rouge*** ein Rotlicht überfahren; bei Rot durchfahren; **4** F *fig* **~ *qn*** SPORTS j-n überholen, überrunden; *par ext* j-n ausstechen; F ***être grillé*** F erledigt, unten durch sein; **II** *v/i* **5** *viande* (auf dem Rost) braten; **6** ÉLECT durchbrennen; **7** F *personne* vor Hitze vergehen; F braten; **8** *fig* **~ (*d'envie*) *de*** (+ *inf*) darauf brennen zu (+ *inf*)

grillon [gʀijõ] *m* Grille *f*; Heimchen *n*

grimaçant [gʀimasɑ̃] *adj* ⟨-ante [-ɑ̃t]⟩ (fratzenhaft) verzerrt

grimace [gʀimas] *f* Grimasse *f*; Fratze *f*; ***faire des ~s*** Grimassen schneiden, ziehen; ***faire la ~*** ein Gesicht ziehen, machen

grimacer [gʀimase] *v/i* ⟨-ç-⟩ *das* Gesicht verziehen, verzerren

grimer [gʀime] *v/t* (*et v/pr* ***se ~*** sich) schminken

grimoire [gʀimwaʀ] *m* **1** (*livre de magie*) Zauberbuch *n*; **2** *fig* unverständliches, obskures Werk

grimpant [gʀɛ̃pɑ̃] *adj* ⟨-ante [-ɑ̃t]⟩ ***plante ~e*** Kletterpflanze *f*

grimper [gʀɛ̃pe] *v/i* **1** (hinauf)klettern (***sur, à*** auf + *acc*); *plante* sich emporranken (***à*** an + *dat*); **2** *par ext chemin* steil ansteigen; *fig prix* in die Höhe klettern

grimp|eur [gʀɛ̃pœʀ] *m*, **~euse** [-øz] *f* Kletterer *m* (*a cycliste*); Kletterin *f*

grinçant [gʀɛ̃sɑ̃] *adj* ⟨-ante [-ɑ̃t]⟩ **1** knarrend; quietschend; **2** *fig ton, ironie* bissig; *humour* gallig

grincement [gʀɛ̃smɑ̃] *m* **1** Knarren *n*; Quietschen *n*; **2** *fig* **~ *de dents*** Zähneknirschen *n*

grincer [gʀɛ̃se] *v/i* ⟨-ç-⟩ **1** knarren; quietschen; **2 ~ *des dents*** mit den Zähnen knirschen

grincheux [gʀɛ̃ʃø] *adj* ⟨-euse [-øz]⟩ mürrisch; griesgrämig; *enfant* F quengelig

gringalet [gʀɛ̃galɛ] *m péj* schmächtiges Männchen, Kerlchen

griotte [gʀijɔt] *f* Sauerkirsche *f*

grippe [gʀip] *f* **1** MÉD Grippe *f*; **2 *prendre en ~*** e-e Abneigung fassen gegen

grippé [gʀipe] *adj* ⟨~e⟩ grippekrank

gripper [gʀipe] *v/pr* ***se ~*** TECH sich festfressen

grippe-sou [gʀipsu] *m* ⟨grippe-sou(s)⟩ Pfennigfuchser *m*

▸ **gris** [gʀi] **I** *adj* ⟨grise [gʀiz]⟩ **1** grau; ***cheveux ~*** graue Haare *n/pl*; **2** *temps* trüb; *ciel* grau; **3** *fig* öde; grau; trübselig; **4** *fig* (*éméché*) angeheitert; F beschwipst; **II** *m* **1** Grau *n*; **2** F *tabac* gewöhnlicher Tabak

grisaille [gʀizaj] *f* Eintönigkeit *f*; Öde *f*

grisâtre [gʀizɑtʀ(ə)] *adj* etwas grau; gräulich; *ciel, jour* grau; trüb

griser [gʀize] **I** *v/t* **~ *qn*** *alcool, fig* j-m die Sinne benebeln; j-m zu Kopf steigen; *succès* j-n berauschen; **II** *v/pr fig* ***se ~ de*** sich berauschen an (+ *dat*)

griserie [gʀizʀi] *f* Rausch *m* (*fig*); Taumel *m*

grisonn|ant [gʀizɔnɑ̃] *adj* ⟨-ante [-ɑ̃t]⟩ leicht ergraut; **~er** [-e] *v/i* ergrauen; grau werden; *personne a* graues Haar bekommen

Grisons [gʀizõ] ***les ~*** *m/pl* Graubünden *n*

grisou [gʀizu] *m* Grubengas *n*; ***coup*** *m* ***de ~*** Schlagwetterexplosion *f*

grive [gʀiv] *f* ZO Drossel *f*

grivois [gʀivwa] *adj* ⟨-oise [-waz]⟩ schlüpfrig; locker; frei

Groenland [gʀɔɛnlɑ̃d] ***le ~*** Grönland *n*

grog [gʀɔg] *m* Grog *m*

groggy [gʀɔgi] *adj* ⟨*f inv*⟩ groggy (*a* F *fig*)

grogne [gʀɔɲ] *f* Murren *n*; Unzufriedenheit *f*

grogner [gʀɔɲe] *v/i* **1** *personne* murren (***contre*** gegen); knurren; brummen; F maulen; **2** *cochon* grunzen; *ours* brummen; *chien* knurren

grognon [gʀɔɲõ] *adj* ⟨*f inv*⟩ mürrisch; F brummig; *enfant* F quengelig

groin [gʀwɛ̃] *m* Rüssel *m*

grol(l)e [gʀɔl] *f* F Latschen *m*

grommeler [gʀɔmle] *v/t et v/i* ⟨-ll-⟩ ~ (***entre ses dents***) (vor sich hin, in s-n Bart) brummen, brummeln

gronder [gʀõde] **I** *v/t* schelten; schimpfen (***qn*** mit j-m); **II** *v/i* **1** *tonnerre* grollen; rollen; *canon* donnern; *moteur* brummen; dröhnen; *torrent* tosen; **2** *chien, fauve* knurren; *ours* brummen; **3** *fig révolte* drohen

groom [gʀum] *m* Hotelboy *m*; Page *m*

▸ **gros** [gʀo] **I** *adj* ⟨grosse [gʀos]⟩ **1** (*volumineux*) groß; dick; mächtig; massig; **~ *chien*** großer Hund; **~ *intestin*** Dickdarm *m*; **~ *os pl*** starke, kräftige Kno-

G

chen *m/pl*; ~ ***comme le poing*** faustgroß; **2** (*corpulent*) dick; beleibt; stark; **3** (*important*) groß; *mangeur* stark; *orage, rhume* stark; heftig; *dégâts, soucis, erreur a* schwer; *somme* hoch; *affaire* gut; lukrativ; ~ ***industriel*** Großindustrielle(r) *m*; ~ ***soupir*** schwerer, tiefer Seufzer; F *fig* ~***se tête*** F gelehrtes Haus; ~***se voix*** laute, dröhnende Stimme; **4** (*grossier*) grob; ~ ***mensonge*** grobe Lüge; ~ ***mot*** unanständiges, hässliches Wort; ~ ***rire*** lautes, schallendes Lachen; F ~ ***rouge*** gewöhnlicher Rotwein; ~ ***sel*** grobes Salz; Grobsalz *n*; **5** MAR ~***se mer*** schwere, raue, grobe See; ~ ***temps*** stürmisches Wetter; **II** *adv* **1** groß; ***écrire*** ~ groß schreiben; e-e große Schrift haben; **2** (*beaucoup*) viel; ***jouer*** ~ hoch, mit hohem Einsatz spielen; ***il en a*** ~ ***sur le cœur***, F ***sur la patate*** ihm ist schwer ums Herz; **3** ***en*** ~ *écrit* groß; (*grosso modo*) in großen, groben Zügen; COMM im Großen; in großen Mengen; en gros; **III** *subst* **1** ~(***se***) *m(f)* (*personne grosse*) Dicke(r) *f(m)*; **2** F ***les*** ~ *m/pl* (*les riches*) die Reichen *pl*; **3** *m* COMM Großhandel *m*; ***commerce*** *m* ***de*** *ou* ***en*** ~ Großhandel *m*; **4** ***le*** ~ ***de …*** der größte Teil, das Gros (+ *gén*); ***le plus*** ~ ***est fait*** das Gröbste ist geschafft

▸ **groseille** [gʀozɛj] *f* Johannisbeere *f*; ~ ***à maquereau*** Stachelbeere *f*

groseillier [gʀozeje] *m* Johannisbeerstrauch *m*

gros-grain *m* ⟨gros-grains⟩ Seidenripsband *n*

gros-porteur *m* ⟨gros-porteurs⟩ Großraumflugzeug *n*

grossesse [gʀosɛs] *f* Schwangerschaft *f*

grosseur [gʀosœʀ] *f* **1** Größe *f*; Dicke *f*; **2** MÉD Geschwulst *f*

grossier [gʀosje] *adj* ⟨-ière [-jɛʀ]⟩ **1** *tissu, traits* grob; derb; *travail, ruse* plump; *erreur* grob; krass; schwer; **2** (*mal élevé*) grob; ungehobelt; flegel-, rüpelhaft; ~ ***personnage*** Grobian *m*; Flegel *m*; Rüpel *m*; **3** (*vulgaire*) derb; vulgär; unflätig; wüst

grossièreté [gʀosjɛʀte] *f* Grobheit *f*; Derbheit *f*

▸ **grossir** [gʀosiʀ] **I** *v/t* **1** *vêtements* ~ ***qn*** j-n dick(er) machen, erscheinen lassen; **2** (*augmenter*) vergrößern (*a* OPT); *fig* (*exagérer*) übertreiben; aufbauschen; **II** *v/i* **3** *personne* dick(er) werden; zunehmen (***d'un kilo*** [um] ein Kilo); **4** (*augmenter*) größer werden; sich vergrößern; zunehmen; *rivière* anschwellen

grossiss|ant [gʀosisɑ̃] *adj* ⟨-ante [-ɑ̃t]⟩ Vergrößerungs…; ~***ement*** [-mɑ̃] *m* **1** Vergrößerung *f* (*a* OPT); **2** *fig* Aufbauschung *f*

grossiste [gʀosist] *m,f* Grossist(in) *m(f)*; Großhändler(in) *m(f)*

grosso modo [gʀosomodo] *adv* in großen, groben Zügen, Umrissen; ungefähr

grotesque [gʀɔtɛsk] **I** *adj* grotesk; **II** ***le*** ~ das Groteske

▸ **grotte** [gʀɔt] *f* Höhle *f*; *artificielle* Grotte *f*

grouiller [gʀuje] **I** *v/i* wimmeln (***de*** von); **II** *v/pr* F ***se*** ~ sich beeilen

▸ **groupe** [gʀup] *m* **1** Gruppe *f*; ~ ***de travail*** Arbeitsgruppe *f*, -kreis *m*, -gemeinschaft *f*; ***cabinet*** *m* ***de*** ~ Gemeinschaftspraxis *f*; ***en*** ~ in der, als Gruppe; *adjt* Gruppen…; **2** ~ ***parlementaire*** (Parlaments)Fraktion *f*; **3** MUS Band *f*; ~ ***de rock*** Rockband *f*; **4** ~ ***scolaire*** Schulzentrum *n*; **5** TECH Aggregat *n*; **6** ~ ***sanguin*** Blutgruppe *f*

groupé [gʀupe] *adj* ⟨~e⟩ Sammel…

groupement [gʀupmɑ̃] *m* Gruppierung *f*; Zusammenschluss *m*; Verband *m*

grouper [gʀupe] **I** *v/t* zusammenfassen, -schließen; *objets, faits* zusammenstellen; **II** *v/pr* ***se*** ~ sich zusammenschließen; ***se*** ~ ***autour de qn*** sich um j-n scharen, gruppieren

groupuscule [gʀupyskyl] *m* Splittergruppe *f*

gruau [gʀyo] *m* ⟨~x⟩ Grütze *f*

grue [gʀy] *f* **1** ZO Kranich *m*; *fig* ***faire le pied de*** ~ F sich die Beine in den Bauch stehen; **2** F (*prostituée*) F Nutte *f*; **3** TECH Kran *m*

gruger [gʀyʒe] *v/t* ⟨-ge-⟩ ~ ***qn*** j-n ausnehmen

grumeau [gʀymo] *m* ⟨~x⟩ Klumpen *m*; Klümpchen *n*

grumeleux [gʀymlø] *adj* ⟨-euse [-øz]⟩ **1** *sauce, etc* klumpig; **2** *peau* uneben

grutier [gʀytje] *m* Kranführer *m*

gruyère [gʀyjɛʀ] *m* Schweizer Käse *m*; Emmentaler *m*

Guadeloupe [gwadlup] ***la ~*** Guadeloupe *n*
Guatemala [gwatemala] ***le ~*** Guatemala *n*
gué [ge] *m* Furt *f*; ***passer à ~*** durch e-e Furt fahren *ou* waten
guéguerre [gegɛʀ] F *f* Kleinkrieg *m*
guenilles [gənij] *f/pl* Lumpen *m/pl*
guenon [gənõ] *f* Affenweibchen *n*
guépard [gepaʀ] *m* Gepard *m*
▸ **guêpe** [gɛp] *f* Wespe *f*
guêpier [gepje] *m* Wespennest *n*; *fig* ***se fourrer dans un ~*** sich in die Nesseln setzen
guère [gɛʀ] *adv* ***ne ... ~*** kaum; nicht sehr; nicht viel; ***ne ... plus ~*** kaum noch; ***ne ... ~ que*** fast nur; höchstens
guéridon [geʀidõ] *m* kleiner runder Tisch
guérilla [geʀija] *f* Guerilla(krieg) *f(m)*
guérillero [geʀijeʀo] *m* Guerillakämpfer *m*; Guerillero *m*
▸ **guérir** [geʀiʀ] **I** *v/t* **1** *malade* heilen; gesund machen; *maladie* (aus)heilen; **2** *fig* ***~ qn de qc*** j-n von etw kurieren, heilen; **II** *v/i* **3** *malade* (wieder) gesund werden, gesunden; *st/s* genesen; **4** *blessure* (ver-, zu)heilen; *grippe* ausheilen; weggehen; **III** *v/pr* **5** ***se ~*** → *II*; **6** *fig* ***se ~ de qc*** etw ablegen; von etw loskommen
guérison [geʀizõ] *f* Genesung *f*; Gesundung *f*; Heilung *f* (*a fig*)
guériss|able [geʀisabl(ə)] *adj* heilbar; ***~eur*** [-œʀ] *m* Heilpraktiker *m*
guérite [geʀit] *f* **1** MIL Schilderhaus *n*; **2** (*baraque*) Bretterbude *f*
▸ **guerre** [gɛʀ] *f* Krieg *m* (*a fig*); ***~ froide*** Kalter Krieg; ***la Grande ~*** der Erste Weltkrieg; ***la Première, Seconde ~ mondiale*** der Erste, Zweite Weltkrieg; ***~ psychologique*** psychologische Kriegführung; *fig* ***à la ~ comme à la ~*** das geht nun einmal nicht anders; *fig* ***de bonne ~*** nicht unfair; *fig* ***de ~ lasse*** um des lieben Friedens willen; nach langem Sträuben; ***être en ~*** sich im Krieg befinden; im Krieg stehen; ***faire la ~*** Krieg führen (***à*** mit, gegen); *fig* e-n ständigen Kampf führen (***à qn*** gegen j-n); ***se faire la ~*** sich bekriegen (*a fig*); *fig* ***faire la ~ à qc*** etw bekämpfen, bekriegen; gegen etw zu Felde ziehen
guerrier [gɛʀje] **I** *m* Krieger *m*; **II** *adj* ⟨-ière [-jɛʀ]⟩ kriegerisch
guerroyer [gɛʀwaje] *litt v/i* ⟨-oi-⟩ Krieg führen; e-e Fehde austragen
guet [gɛ] *m* ***faire le ~*** auf der Lauer liegen; *complice* F Schmiere stehen
guet-apens [gɛtapɑ̃] *m* ⟨guets-apens [gɛtapɑ̃]⟩ Hinterhalt *m* (*a fig*)
guêtre [gɛtʀ(ə)] *f* Gamasche *f*; F *fig* ***traîner ses ~s*** F sich herumtreiben
guetter [gete] *v/t* **1** (*épier*) lauern (*abs ou* ***qn*** auf j-n); auflauern (***qn*** j-m); **2** *occasion, facteur* abwarten; abpassen; **3** *fig maladie, etc* ***~ qn*** j-n bedrohen; F auf j-n lauern
guetteur [gɛtœʀ] *m* Beobachtungsposten *m*
▸ **gueule** [gœl] *f* **1** *des animaux* Maul *n*; *fig* ***se jeter dans la ~ du loup*** sich leichtsinnig in Gefahr bringen; **2** F (*bouche*) F Maul *n*; F Klappe *f*; F Schnauze *f*; P Fresse *f*; *par ext personne* ***grande ~*** F Großmaul *n*; ***coup*** *m* ***de ~*** Protestgeschrei *n*; ***avoir la ~ de bois*** F e-n Kater haben; P (***ferme***) ***ta ~!*** P halt's Maul!; P (halt die) Schnauze!; **3** F (*figure*) Gesicht *n*; F Visage *f*; P Fresse *f*; ***avoir une bonne ~*** sympathisch aussehen, wirken; *par ext de qc* ***avoir de la ~*** F nicht übel, nach etw aussehen; P ***se casser la ~*** hinfallen; *fig* F auf die Nase fallen; P ***casser la ~ à qn*** P j-m die Fresse polieren; ***faire la ~*** F eingeschnappt sein
gueule-de-loup *f* ⟨gueules-de-loup⟩ Löwenmaul *n*, -mäulchen *n*
gueuler [gœle] F **I** *v/t* brüllen; **II** *v/i* **1** (*hurler*) (F herum)brüllen; F krakeelen; **2** (*protester*) schimpfen; F wettern; **3** *fig radio, télé* mit voller Lautstärke laufen
gueuleton [gœltõ] F *m* Festschmaus *m*; ***un bon petit ~*** ein leckeres Mahl
gueux [gø] *litt m* Bettler *m*
gui [gi] *m* Mistel *f*
guibol(l)e [gibɔl] F *f* Bein *n*; F Haxe *f*
▸ **guichet** [giʃɛ] *m* Schalter *m*; ***~ automatique*** Geldautomat *m*
guichet|ier [giʃtje] *m*, ***~ière*** [-jɛʀ] *f* Schalterbeamte(r) *m*, -beamtin *f*
▸ **guide** [gid] **1** *m,f* (Fremden)Führer(in) *m(f)*; ***~ de montagne*** Bergführer *m*; **2** *m livre* (Reise)Führer *m*; *par ext* Ratgeber *m*; Wegweiser *m*; **3** *m fig personne* Lehrmeister *m*; Ratgeber *m*; **4** *f* SCOU-

G

TISME Pfadfinderin *f*

guider [gide] **I** *v/t* **1** *touristes, aveugle* führen; *étoiles, etc* **~ qn** j-m den Weg weisen; **2** *fig* (*orienter*) leiten; **3** TECH führen; *par radio* lenken; **II** *v/pr* **se ~ sur** sich richten nach

guides [gid] *f/pl* Zügel *m/pl*

guidon [gidõ] *m* Lenker *m*; Lenkstange *f*

guigne [giɲ] *f* **1** *cerise* kleine saftige Süßkirsche; F *fig* **se soucier de qn, de qc comme d'une ~** F sich e-n Dreck um j-n, etw kümmern; **2** F Pech(strähne) *n*(*f*)

guigner [giɲe] *v/t* schielen nach (*a fig*)

G

guignol [giɲɔl] *m* **1** ♀ Kasper *m*; **2** Kasper(le)theater *n*; **3** *fig* Kasper *m*; Hanswurst *m*

guilde [gild] *f* Gilde *f*

guili-guili [giligili] *int* killekille!

Guillaume [gijom] *m* Wilhelm *m*

Guillaume le Conquérant und der Teppich von Bayeux

Im Jahre 1066 überquerte Guillaume, Herzog der Normandie und Anwärter auf den englischen Thron, mit seinem Heer den Ärmelkanal, landete an der Südküste Englands und besiegte in der Schlacht von Hastings die englische Armee unter der Führung von Harold. Noch im selben Jahr wurde **Guillaume le Conquérant** (Wilhelm der Eroberer), wie der erfolgreiche Normannenherzog daraufhin genannt wurde, am Weihnachtstag zum König Englands gekrönt.
Szenen dieses historischen Siegeszuges zieren in Form von Stickereien den über 70 Meter langen Teppich von Bayeux (**la tapisserie de Bayeux**). Bayeux, ein gerade mal 15 000 Einwohner zählendes Städtchen in der Normandie, ist dadurch weit über die Grenzen Frankreichs hinaus bekannt geworden.

guillemets [gijmɛ] *m/pl* Anführungszeichen *n/pl*, -striche *m/pl*; F Gänsefüßchen *n/pl*; **entre ~** in Anführungszeichen

guilleret [gijʀɛ] *adj* ⟨-ette [-ɛt]⟩ fröhlich; munter; F aufgekratzt

guillotine [gijɔtin] *f* **1** Guillotine *f*; Fallbeil *n*; **2 fenêtre *f* à ~** Fall-, Hebefenster *n*

guillotiner [gijɔtine] *v/t* guillotinieren

guimauve [gimov] *f* **1** BOT Eibisch *m*; **2** *pâte* weiche Bonbonmasse; Marshmallow *n*; **3** *fig* (sentimentaler) Kitsch

guimbarde [gɛ̃baʀd] *f* **1** F alte Karre; F Klapperkasten *m*; **2** MUS Maultrommel *f*

guincher [gɛ̃ʃe] *v/i* F schwofen

guindé [gɛ̃de] *adj* ⟨~e⟩ steif; unnatürlich; *style* gestelzt; geschraubt

Guinée [gine] **la ~** Guinea *n*

Guinée-Bissau [ginebiso] **la ~** Guinea-Bissau *n*

guingois [gɛ̃gwa] F **de ~** schief

guinguette [gɛ̃gɛt] *f* volkstümliches (Tanz)Lokal im Grünen

guirlande [giʀlɑ̃d] *f* Girlande *f*

guise [giz] *f* **1 à ma** (**ta**, *etc*) **~** nach meiner (deiner *etc*) Fasson; wie es mir (dir *etc*) passt; **2 en ~ de** (*comme*) als; (*au lieu de*) (an)statt (+ *gén*)

▸ **guitare** [gitaʀ] *f* Gitarre *f*

guitariste [gitaʀist] *m,f* Gitarrist(in) *m*(*f*); Gitarrenspieler(in) *m*(*f*)

guitoune [gitun] *f* F (*tente*) Zelt *n*; (*cabane*) Hütte *f*

Gulf Stream [gœlfstʀim] *m* Golfstrom *m*

guppy [gypi] *m* ZO Guppy *m*

gustatif [gystatif] *adj* ⟨-ive [-iv]⟩ Geschmacks…

guttural [gytyʀal] *adj* ⟨~e; -aux [-o]⟩ kehlig; guttural

Guyane [gɥijan] **la ~ française** Französisch-Guayana *n*

gym [ʒim] *f* F *abr* → **gymnastique**

gymkhana [ʒimkana] *m* Geschicklichkeitswettbewerb *m*

gymnase [ʒimnɑz] *m* Turnhalle *f*

⚠ gymnase ≠ Gymnasium

le gymnase	=	die Turnhalle
das Gymnasium	=	le lycée

gymnaste [ʒimnast] *m,f* Turner(in) *m(f)*
gymnastique [ʒimnastik] *f* **1** Turnen *n*; *surtout médicale* Gymnastik *f*; ***pas** m* ***de ~*** Laufschritt *m*; ***professeur** m* ***de ~*** Turnlehrer(in) *m(f)*; ***faire de la ~*** Gymnastik machen, treiben; **2** *fig* ***~ de l'esprit*** Geistestraining *n*
gynéco|logie [ʒinekɔlɔʒi] *f* Frauenheilkunde *f*; Gynäkologie *f*; **~logique** *adj* gynäkologisch; **~logue** [-lɔg] *m,f* Frauenarzt, -ärztin *m,f*; Gynäkologe, -login *m,f*
gypse [ʒips] *m* Gips *m*
gyrophare [ʒiʀɔfaʀ] *m* Blaulicht *n*

H

(**'h**: aspiriertes h, das Apostrophierung und Bindung ausschließt)

H, h [aʃ] *m* ⟨*inv*⟩ **1** H, h *n*; **2** *fig* ***l'heure H*** die Stunde X
h *abr* (*heure*) h; Std.
ha *abr* (*hectare*) ha
habile [abil] *adj* geschickt; gewandt
habileté [abilte] *f* Geschick(lichkeit) *n(f)*; Gewandtheit *f*
habilité [abilite] *adj* ⟨~e⟩ befugt
habillé [abije] *adj* ⟨~e⟩ **1** *personne* angezogen; ***~ de noir*** schwarz gekleidet; **2** *vêtements* festlich
habillement [abijmɑ̃] *m* Kleidung *f*
▸ **habiller** [abije] **I** *v/t* **1** *personne* anziehen; *st/s* ankleiden; *militaires, etc* einkleiden; **2** *vêtement* ***habiller qn bien*** j-n gut kleiden; j-m gut stehen; **3** (*recouvrir*) verkleiden, beziehen (***de*** mit); **II** *v/pr* ▸ ***s'habiller*** sich anziehen; *d'une certaine façon* sich kleiden; *avec élégance* sich festlich kleiden; ***s'habiller chez qn*** bei j-m s-e Kleidung kaufen; ***s'habiller court*** kurze Kleider *ou* Röcke tragen; kurz tragen; ***s'habiller de neuf*** sich neu einkleiden
habilleuse [abijøz] *f* THÉ Garderobiere *f*
habit [abi] *m* **1** ***~s** pl* (*vêtements*) Kleidung *f*; Kleider *n/pl*; **2** *propre à une fonction* Kleid *n*; Gewand *n*; **3** (*costume de cérémonie*) Frack *m*
habitable [abitabl(ə)] *adj* bewohnbar; ***surface** f* ***~*** Wohnfläche *f*
habitacle [abitakl(ə)] *m* **1** AVIAT Pilotenkanzel *f*; *d'un engin spatial* Kommandokapsel *f*; **2** AUTO Fahrgastzelle *f*
▸ **habitant** [abitɑ̃] *m*, **habitante** [abitɑ̃t] *f* Einwohner(in) *m(f)*; *d'un immeuble* Bewohner(in) *m(f)*; ***loger chez l'habitant*** ein Privatquartier *n* haben
habitat [abita] *m* **1** GÉOGR Siedlungsweise *f*; **2** (*conditions de logement*) Wohnverhältnisse *n/pl*
habitation [abitasjõ] *f* Wohnung *f*
habité [abite] *adj* ⟨~e⟩ **1** bewohnt; **2** *engin spatial* bemannt
▸ **habiter** [abite] **I** *v/t* **1** bewohnen; wohnen in (+ *dat*); **2** *fig sentiment* ***~ qn*** j-n beherrschen; *st/s* in j-m wohnen; **II** *v/i* wohnen; ***~ au 5 de la rue X*** X-Straße 5 wohnen; ***aller ~ en province*** in die Provinz ziehen
▸ **habitude** [abityd] *f* Gewohnheit *f*; (*coutume*) Gepflogenheit *f*; ***mauvaise habitude*** schlechte Angewohnheit; Unart *f*; ▸ ***d'habitude*** gewöhnlich; ***comme d'habitude*** wie gewöhnlich, üblich; ***avoir l'habitude de faire qc*** gewöhnlich etw tun; etw zu tun pflegen; ***j'en ai l'habitude*** ich bin es gewohnt; ***avoir l'habitude de qc, de qn*** *a* sich mit etw, mit j-m auskennen; ***perdre l'habitude de*** (+ *inf*) es sich abgewöhnen zu (+ *inf*); ***prendre l'habitude de*** (+ *inf*) (es) sich angewöhnen zu (+ *inf*)
habitué(e) [abitɥe] *m(f)* Stammgast *m*; COMM Stammkunde *m*, -kundin *f*
▸ **habituel** [abitɥɛl] *adj* ⟨~le⟩ üblich; gewöhnlich; gewohnt
▸ **habituellement** [abitɥɛlmɑ̃] *adv* normalerweise; (für) gewöhnlich
habituer [abitɥe] **I** *v/t* ***habituer qn à*** (+ *inf*) j-n daran gewöhnen zu (+ *inf*); j-m angewöhnen zu (+ *inf*); ▸ ***être habitué à qc*** an etw (*acc*) gewöhnt sein; etw ge-

wohnt sein; **II** *v/pr* ▸ ***s'habituer à qc, à qn*** sich an etw, an j-n gewöhnen

'hâbl|eur [ablœʀ], **~euse** [-øz] **I** *m,f* Aufschneider(in) *m(f)*; **II** *adj* prahlerisch

'hache [aʃ] *f* Axt *f*; Beil *n*; *fig* ***enterrer la ~ de guerre*** das Kriegsbeil begraben

'haché [aʃe] *adj* ⟨~e⟩ **1** ***steak ~*** Hacksteak *n*; ***viande ~e*** Hackfleisch *n*; Gehackte(s) *n*; **2** *fig* abgehackt

'hacher [aʃe] *v/t* hacken; zerkleinern; *avec un appareil* durchdrehen

'hachis [aʃi] *m* Gehackte(s) *n* (*aus Fleisch, Zwiebeln etc*)

'hachisch [aʃiʃ] *m* Haschisch *n*

'hachoir [aʃwaʀ] *m appareil* Fleischwolf *m*; *couteau* Hackbeil *n*, -messer *n*

'hachurer [aʃyʀe] *v/t* schraffieren

'hachures [aʃyʀ] *f/pl* Schraffierung *f*; Schraffur *f*

H

'haddock [adɔk] *m* geräucherter Schellfisch

'hagard [agaʀ] *adj* ⟨-arde [-aʀd]⟩ verstört; verängstigt

▸ **'haie** [ɛ] *f* **1** *clôture* Hecke *f*; **2** ***course f de ~s*** Hürdenlauf *m*; HIPPISME Hürdenrennen *n*; **3** *de personnes* Spalier *n*

'haillons [ajõ] *m/pl* Lumpen *m/pl*

'Hainaut [ɛno] ***le ~*** der Hennegau

'haine [ɛn] *f* Hass *m* (***pour, de*** gegen, auf + *acc*)

'haineux [ɛnø] *adj* ⟨-euse [-øz]⟩ hasserfüllt; gehässig

'haïr [aiʀ] ⟨je hais [ɛ], il hait [ɛ], nous haïssons, ils haïssent; je haïssais; je haïs; je haïrai; que je haïsse; haïssant; haï⟩ *v/t* hassen

'haïssable [aisabl(ə)] *adj* hassenswert

Haïti [aiti] Haiti *n*

'haïtien [aisjɛ̃] **I** *adj* ⟨-ienne [-jɛn]⟩ haitianisch; **II** **♀(*ne*)** *m(f)* Haitianer(in) *m(f)*

'halage [alaʒ] *m* ***chemin m de ~*** Treidel-, Leinpfad *m*

'hâle [ɑl] *m* (Sonnen-, Wetter)Bräune *f*

'hâlé [ɑle] *adj* ⟨~e⟩ gebräunt

haleine [alɛn] *f* Atem *m*; ***mauvaise ~*** Mundgeruch *m*; *fig travail* ***de longue ~*** langwierig; ***'hors d'~*** außer Atem; ***reprendre ~*** (sich) verschnaufen; *fig* Atem holen; *fig* ***tenir qn en ~*** j-n in Atem halten

'haler [ale] *v/t bateau* treideln

'halètement [alɛtmɑ̃] *m* Keuchen *n*

'haleter [alte] *v/t* ⟨-è-⟩ keuchen; nach Luft ringen; F japsen

'hall [ol] *m* (Eingangs)Halle *f*

hallali [alali] *m* Halali *n*

'halle [al] *f* Markthalle *f*

Les Halles

Bis Ende der 60er-Jahre befanden sich **les Halles**, die berühmten Großmarkthallen, mitten in Paris. Aus Platzgründen wurden sie 1968 in den Pariser Vorort **Rungis** verlegt. Das dort entstandene **Centre de distribution alimentaire** umfasst eine Fläche von 600 ha (die alten Hallen waren nur 15 ha groß!).
Auf dem Gelände der alten **Halles** steht jetzt das **Forum des Halles**, ein hochmodernes Einkaufszentrum mit eigener Metrostation.

halloween [alɔwin] *f* Halloween *n*

hallucin|ant [alysinɑ̃] *adj* ⟨-ante [-ɑ̃t]⟩ *spectacle* Grauen erregend; F (*étonnant*) verblüffend; **~ation** [-asjõ] *f* Halluzination *f*; Sinnestäuschung *f*

halluciné [alysine] *adj* ⟨~e⟩ verwirrt; irr(e)

hallucinogène [alysinɔʒɛn] **I** *adj* Halluzinationen hervorrufend; **II** *m* Halluzinogen *n*

'halo [alo] *m* **1** ASTR Hof *m*; **2** PHOT Lichthof *m*; **3** *effet lumineux* (verschwommener) Lichtkreis (***de*** um)

halogène [alɔʒɛn] *adj* ***lampe ~*** Halogenlampe *f*

'halte [alt] **I** *f* Halt *m*; Rast *f*; ***faire (une) ~*** Halt machen; **II** *int* MIL halt!; *fig* ***~ à …!*** Schluss mit …!

'halte-garderie *f* ⟨haltes-garderies⟩ Kinderbetreuungsstelle *f*

haltère [altɛʀ] *m* Hantel *f*; ***les poids et ~s*** das Gewichtheben

haltérophil|e [alteʀɔfil] *m* Gewichtheber *m*; **~ie** [-i] *f* Gewichtheben *n*

'hamac [amak] *m* Hängematte *f*

'Hambourg [ɑ̃buʀ] Hamburg *n*

'hamburger [ɑ̃buʀgœʀ] *m* CUIS Hamburger *m*

'hameau [amo] *m* ⟨~x⟩ Weiler *m*
hameçon [amsõ] *m* Angelhaken *m*
'hampe [ɑ̃p] *f* Schaft *m* (*a* BOT); *d'un drapeau a* Stange *f*
'hamster [amstɛʀ] *m* Hamster *m*
'hanche [ɑ̃ʃ] *f* Hüfte *f*; ***rouler des** ou **les ~s*** sich in den Hüften wiegen
'handball [ɑ̃dbal] *m* Handball *m*; **~eur** [-œʀ] *m* Handballspieler *m*; F Handballer *m*
'handicap [ɑ̃dikap] *m* **1** (*désavantage*) Handikap *n*; **2** MÉD Behinderung *f*
▸ **'handicapé** [ɑ̃dikape] **I** *adj* ⟨~e⟩ behindert; **II** **~(*e*)** *m*(*f*) Behinderte(r) *f*(*m*); ***~ moteur*** spastisch Gelähmte(r) *m*; Spastiker *m*
'handicaper [ɑ̃dikape] *v/t* handikapen; benachteiligen
'hangar [ɑ̃gaʀ] *m* Schuppen *m*; AVIAT Hangar *m*
'hanneton [antõ] *m* Maikäfer *m*
'Hanovre [anɔvʀ(ə)] Hannover *n*
'hanter [ɑ̃te] *v/t* **1** *fantôme* ***~ une maison*** in e-m Haus spuken; ***château hanté*** Spukschloss *n*; **2** *fig* ***~ qn*** j-m keine Ruhe lassen; j-n umtreiben
'hantise [ɑ̃tiz] *f* quälende Angst, Grauen *n* (***de*** vor + *dat*)
'happer [ape] *v/t* **1** *proie* schnappen; erhaschen; **2** *véhicule* ***~ qn*** j-n erfassen
'hara-kiri [aʀakiʀi] *m* Harakiri *n*; ***(se) faire ~*** Harakiri machen (*a fig*)
'haranguer [aʀɑ̃ge] *v/t* e-e Rede, Ansprache halten (***la foule*** an die Menge)
'haras [aʀɑ] *m* Gestüt *n*
'harassant [aʀasɑ̃] *adj* ⟨-ante [-ɑ̃t]⟩ ermüdend; aufreibend; strapaziös
'harassé [aʀase] *adj* ⟨~e⟩ (völlig) übermüdet; erschöpft
'harcèlement [aʀsɛlmɑ̃] *m* ***~ sexuel*** sexuelle Belästigung; ***tir** m **de ~*** Störfeuer *n*
'harceler [aʀsəle] *v/t* ⟨-è-⟩ bedrängen; ***~ qn de questions*** j-n mit Fragen bedrängen; j-m mit Fragen zusetzen
'hardes [aʀd] *f/pl* abgetragene Kleider *n/pl*
'hardi [aʀdi] *adj* ⟨~e⟩ kühn
'hardiesse [aʀdjɛs] *f* Kühnheit *f*
'hardware [aʀdwɛʀ] *m* Hardware *f*
'harem [aʀɛm] *m* Harem *m*
'hareng [aʀɑ̃] *m* Hering *m*
'hargn|e [aʀɲ] *f* Bissigkeit *f*; *p/fort* Gehässigkeit *f*; **~eux** [-ø] *adj* ⟨-euse [-øz]⟩ bissig; zänkisch; *p/fort* gehässig
▸ **'haricot** [aʀiko] *m* Bohne *f*; ▸ ***haricots blancs, verts*** weiße, grüne Bohnen *f/pl*
harmonica [aʀmɔnika] *m* Mundharmonika *f*
harmonie [aʀmɔni] *f* **1** Harmonie *f*; *des sons a* Wohlklang *m*; *fig a* Einklang *m*; Übereinstimmung *f*; ***en ~ avec*** im Einklang mit; **2** *orchestre* Blaskapelle *f*
harmonieux [aʀmɔnjø] *adj* ⟨-euse [-øz]⟩ harmonisch
harmonique [aʀmɔnik] *m ou f* Oberton *m*
harmoniser [aʀmɔnize] **I** *v/t* in Einklang bringen; aufeinander abstimmen; harmonisieren (*a* MUS); **II** *v/pr* ***s'~*** harmonieren, übereinstimmen (***avec*** mit)
harmonium [aʀmɔnjɔm] *m* Harmonium *n*
'harnachement [aʀnaʃmɑ̃] *m* **1** (Pferde)Geschirr *n*; **2** *fig* Ausstaffierung *f*
'harnacher [aʀnaʃe] *v/t* **1** *cheval* anschirren; **2** *fig* ausstaffieren
'harnais [aʀnɛ] *m* **1** *d'un cheval* Geschirr *n*; **2** *d'un parachutiste, etc* Gurte *m/pl*
'harpe [aʀp] *f* Harfe *f*
'harpie [aʀpi] *f* Xanthippe *f* (*fig*)
'harpon [aʀpõ] *m* Harpune *f*
'harponner [aʀpɔne] *v/t* **1** harpunieren; **2** F *fig* schnappen
▸ **'hasard** [azaʀ] *m* Zufall *m*; ***jeu** m **de hasard*** Glücksspiel *n*; ***au hasard*** aufs Geratewohl; auf gut Glück; ***à tout hasard*** für alle Fälle; ▸ ***par hasard*** zufällig; durch Zufall
'hasarder [azaʀde] **I** *v/t* wagen; riskieren; **II** *v/pr* ***se ~*** sich wagen, sich trauen (***dans la rue*** auf die Straße)
'hasardeux [azaʀdø] *adj* ⟨-euse [-øz]⟩ gewagt; riskant; unsicher
'haschisch [aʃiʃ] *m* Haschisch *n*
'hâte [ɑt] *f* Eile *f*; Hast *f*; ***à la ~*** (zu) hastig, eilig; überstürzt; ***en ~*** (sehr) schnell; eilends; ***avoir ~ de*** (+ *inf*) *ou* ***que …*** (+ *subj*) es kaum erwarten können, zu (+ *inf*) *ou* dass …
'hâter [ɑte] **I** *v/t* beschleunigen; **II** *v/pr* ***se ~*** sich beeilen
'hâtif [ɑtif] *adj* ⟨-ive [-iv]⟩ **1** zu hastig; übereilt; *conclusion* vorschnell; **2** AGR Früh…

'hauban [obɑ̃] *m* MAR Want *f*; TECH Verspannungskabel *n*
'hausse [os] *f* Steigen *n*; Anstieg *m*; Erhöhung *f*; *des prix a* Auftrieb *m*; ***être en ~*** (an)steigen; *prix a* anziehen
'haussement [osmɑ̃] *m* ***~ d'épaules*** Achselzucken *n*
'hausser [ose] *v/t* **1** *le ton* heben; **2 *~ les épaules*** mit den Achseln *ou* Schultern, die Achseln *ou* Schultern zucken
► **'haut** [o] **I** *adj* ⟨haute [ot]⟩ **1** hohe (*épithète*); hoch (*attribut*); Hoch…; ***plus haut*** höher; ***mur haut de deux mètres*** zwei Meter hohe Mauer; ***être haut de deux mètres*** zwei Meter hoch sein; ***haut fonctionnaire*** hoher Beamter; ***la haute société*** die feine, vornehme Gesellschaft; ***au plus haut point*** im höchsten Grade, Maße; ***de haute précision*** von hoher Präzision; **2** GÉOGR Ober…; obere; ***la haute Égypte*** Oberägypten *n*; **3 *la plus haute antiquité*** uralte Zeiten *f/pl*; die graue Vorzeit; **4** *voix* laut; MUS hohe; hoch; **II** *adv* **1** hoch; ***haut les cœurs!*** Kopf hoch!; ***personnage haut placé*** hoch gestellte Persönlichkeit; ***voir plus haut*** siehe oben; ***voler haut*** hoch fliegen; **2 *remonter plus haut* (*dans le temps*)** weiter ausholen; **3** *parler, penser* (***tout***) ***haut*** laut; **4 *de haut*** von oben (*a fig*); ***le prendre de haut*** von oben herab tun; ***de haut en bas*** von oben bis unten; ► ***en haut*** oben; (*vers le ~*) nach oben; aufwärts; hinauf; ***d'en haut*** von oben (*a fig*); ***par en haut*** oben entlang, herum; ► ***en haut de qc*** oben auf etw (*dat ou acc*); **III** *m* **1** oberer Teil; ***le tiroir du haut*** die oberste Schublade; ***les voisins du haut*** die Nachbarn von oben; ***du haut de qc*** von etw herab; **2 *avoir dix mètres de haut*** zehn Meter hoch sein; **3** *fig* ***les hauts et les bas*** die Höhen *f/pl* und Tiefen *f/pl*; das Auf und Ab
'hautain [otɛ̃] *adj* ⟨-aine [-ɛn]⟩ hochmütig
'hautbois [obwɑ] *m* Oboe *f*
'haut-de-forme [odfɔʀm] *m* ⟨hauts-de--forme⟩ Zylinder(hut) *m*
'haute [ot] *f* F ***la ~*** die Hautevolee; F die oberen zehntausend
'haute-fidélité *f* → ***fidélité*** *2*
'hautement [otmɑ̃] *adv* hoch
► **'hauteur** [otœʀ] *f* **1** Höhe *f* (*a* ASTR, *d'un son*); **2** *péj* Hochmut *m*; Arroganz *f*; **3** GÉOGR (An)Höhe *f*; **4 *à la ~ de*** auf gleicher Höhe mit; *fig* ***être à la ~ de qc*** e-r Sache (*dat*) gewachsen sein
'haut-le-cœur [olkœʀ] *m* ⟨*inv*⟩ Übelkeit *f*; Brechreiz *m*; ***j'ai un ~*** mir wird übel
'haut-le-corps [olkɔʀ] *m* ⟨*inv*⟩ ***avoir un ~*** hochschrecken; hochfahren
'haut-parleur *m* ⟨haut-parleurs⟩ Lautsprecher *m*
'Haut-Rhin [oʀɛ̃] ***le ~*** das Oberelsass
'havane [avan] **I** *m* Havanna(zigarre) *f*; **II** *adj* ⟨*inv*⟩ havannabraun
'hâve [ɑv] *adj* (*pâle*) fahl; bleich; (*émacié*) eingefallen
'havre [ɑvʀ(ə)] *m st/s* Zufluchtsort *m*; ***~ de paix*** Insel *f* des Friedens
Hawaï [awaj] Hawaii *n*
'Haye (La) [laɛ] Den Haag *n*
'hayon [ajõ] *m* AUTO Heckklappe *f*
'hé [(h)e] *int* he!
hebdo [ɛbdo] *m* F *abr* → ***hebdomadaire*** *II*
hebdomadaire [ɛbdɔmadɛʀ] **I** *adj* wöchentlich; Wochen…; **II** *m* Wochenblatt *n*, -zeitschrift *f*
héberger [ebɛʀʒe] *v/t* ⟨-ge-⟩ beherbergen; (bei sich) unterbringen, *réfugiés* aufnehmen
hébété [ebete] *adj* ⟨~e⟩ *regard* stumpf(sinnig); *personne* benommen, wie betäubt (***de qc*** von etw)
hébraïque [ebʀaik] *adj* hebräisch
hébreu [ebʀø] **I** *adj* ⟨*nur m*, ~x⟩ hebräisch; **II** *m* **1** *pl* **Ⓢx** Hebräer *m/pl*; **2 *l'~*** das Hebräische; Hebräisch *n*
'H.E.C. [aʃəse] *abr* ([*École des*] *Hautes études commerciales*) (*führende*) *frz Wirtschaftshochschule*
hécatombe [ekatõb] *f* **1** (*massacre*) Blutbad *n*; Hekatombe *f*; **2** *fig* ***quelle ~!*** viele blieben auf der Strecke
hectare [ɛktaʀ] *m* Hektar *n ou m*
hectolitre [ɛktolitʀ(ə)] *m* Hektoliter *n ou m*
hégémonie [eʒemɔni] *f* Hegemonie *f*; Vorherrschaft *f*; Vormachtstellung *f*
hégire [eʒiʀ] *f* ISLAM Hedschra *f*
► **'hein** [ɛ̃] *int* F ***~?* 1** (*comment?*) F hm?; was?; **2** (*n'est-ce pas?*) oder?; nicht?; F hm?; **3** *surprise* na(nu)!; was!
► **'hélas** [elɑs] *int* ach!; leider!

'héler [ele] *v/t* ⟨-è-⟩ herbeirufen

hélice [elis] *f* AVIAT Propeller *m*; MAR (Schiffs)Schraube *f*

hélicoïdal [elikɔidal] *adj* ⟨~e; -aux [-o]⟩ schraubenförmig; Schrauben…

▸ **hélicoptère** [elikɔptɛʀ] *m* Hubschrauber *m*

héliport [elipɔʀ] *m* Hubschrauberlandeplatz *m*

héliporté [elipɔʀte] *adj* ⟨~e⟩ mit Hubschrauber(n) befördert; Hubschrauber…

hélium [eljɔm] *m* Helium *n*

helvétique [ɛlvetik] *adj* schweizerisch; helvetisch

hématome [ematom] *m* Bluterguss *m*

hémicycle [emisikl(ə)] *m* **1** Halbrund *n*; **2** *par ext* **l'~** die französische Nationalversammlung

hémiplég|ie [emiplеʒi] *f* halbseitige Lähmung; **~ique** [-ik] *m,f* halbseitig Gelähmte(r) *f(m)*

hémisphère [emisfɛʀ] *m* **1** Halbkugel *f*; Hemisphäre *f*; **2 ~ *cérébral*** Großhirnhälfte *f*

hémoglobine [emɔglɔbin] *f* Hämoglobin *n*; Blutfarbstoff *m*

hémophil|e [emɔfil] *m* Bluter *m*; **~ie** [-i] *f* Bluterkrankheit *f*

hémorragie [emɔʀaʒi] *f* **1** MÉD Blutung *f*; **2** *fig* Aderlass *m*

hémorroïdes [emɔʀɔid] *f/pl* Hämorr(ho)iden *f/pl*

'henné [ene] *m* Henna *f ou n*

'henn|ir [eniʀ] *v/i* wiehern; **~issement** [-ismɑ̃] *m* Wiehern *n*; Gewieher *n*

Henri [ɑ̃ʀi] *m* Heinrich *m*

'hep [(h)ɛp] *int* he!; hallo!

hépatique [epatik] *adj* Leber…

hépatite [epatit] *f* Hepatitis *f*

heptathlon [ɛptatlõ] *m* Siebenkampf *m*

héraldique [eʀaldik] *f* Heraldik *f*; Wappenkunde *f*

'héraut [eʀo] *m* HIST Herold *m*

herbacé [ɛʀbase] *adj* ⟨~e⟩ ***plante ~e*** Kraut *n*; krautige Pflanze

herbage [ɛʀbaʒ] *m* Weide *f*

▸ **herbe** [ɛʀb] *f* **1** *coll* Gras *n*; ▸ ***mauvaise herbe*** Unkraut *n*; ***en herbe*** *blé* noch grün; *fig* zukünftig; *fig* ***couper l'herbe sous le pied de qn*** j-m den Rang ablaufen; j-m den Wind aus den Segeln nehmen; **2** BOT Kraut *n*; ***fines herbes*** Küchenkräuter *n/pl*; ***herbes médicinales*** Heilkräuter *n/pl*; **3** *arg drogue* Grass *n*; Heu *n*

herbicide [ɛʀbisid] *m* Unkrautvertilgungsmittel *n*; Herbizid *n*

herbier [ɛrbje] *m* Herbarium *n*

herbivore [ɛʀbivɔʀ] **I** *adj* Pflanzen fressend; **II** *m* Pflanzenfresser *m*

herboriser [ɛʀbɔʀize] *v/i* botanisieren; Kräuter sammeln

herborist|e [ɛʀbɔʀist] *m,f* (Heil)Kräuterhändler(in) *m(f)*; **~erie** [-əʀi] *f* (Heil)Kräuterhandlung *f*

'hère [ɛʀ] *m* ***pauvre ~*** armer Teufel

héréditaire [eʀeditɛʀ] *adj* Erb…; erblich; BIOL *a* erbbedingt; JUR *a* vererbbar; *fig* ***ennemi*** *m* **~** Erbfeind *m*

hérédité [eʀedite] *f* **1** BIOL Vererbung *f*; **2** *par ext* Erbgut *n*, -anlagen *f/pl*; ***avoir une ~ chargée*** erblich belastet sein

hérésie [eʀezi] *f* REL, *fig* Häresie *f*; Ketzerei *f*; Irrlehre *f*

hérétique [eʀetik] REL, *fig* **I** *adj* ketzerisch; **II** *m,f* Ketzer(in) *m(f)*; Häretiker(in) *m(f)*

'hérissé [eʀise] *adj* ⟨~e⟩ **1** *plumes, poils, cheveux* gesträubt; **2 ~ *de*** bedeckt, gespickt mit

'hérisser [eʀise] **I** *v/t* **1** *plumes, poils* sträuben; **2** *fig* **~ *qn*** j-n zornig machen, erzürnen; **II** *v/pr* ***se ~*** sich sträuben

'hérisson [eʀisõ] *m* Igel *m*

héritage [eʀitaʒ] *m* Erbe *n* (*a fig*); Erbschaft *f*; ***laisser qc en ~*** etw vererben; *fig* etw hinterlassen

hériter [eʀite] *v/t et v/i* erben (*a fig*); **~ (*de*) *qc*** etw erben (***de qn*** von j-m); **~ *de qn*** j-n beerben

hérit|ier [eʀitje] *m*, **~ière** [-jɛʀ] *f* Erbe *m*, Erbin *f* (*a fig*)

hermaphrodite [ɛʀmafʀɔdit] *m* Zwitter *m*

hermétique [ɛʀmetik] *adj* **1** hermetisch (verschlossen); luft- und wasserdicht; **2** *fig* schwer verständlich; undurchschaubar; hermetisch

hermine [ɛʀmin] *f* **1** ZO Hermelin *n*; **2** *fourrure* Hermelin *m*

'hernie [ɛʀni] *f* (Eingeweide)Bruch *m*; **~ *discale*** Bandscheibenvorfall *m*

▸ **héroïne**[1] [eʀɔin] *f* Heldin *f* (*a d'une histoire*)

héroïne[2] *f drogue* Heroin *n*

héroïnomane [eʀɔinɔman] *m,f* Heroinsüchtige(r) *f(m)*

héroïque [eʀɔik] *adj* heldenhaft; heldenmütig; heroisch
héroïsme [eʀɔism(ə)] *m* Heldenmut *m*; Heldentum *n*; Heroismus *m*
'héron [eʀõ] *m* Reiher *m*
▸ **'héros** [eʀo] *m* Held *m* (*a d'une histoire*); Heros *m*; Heroe *m*
herpès [ɛʀpɛs] *m* MÉD Herpes *m*
'hers|e [ɛʀs] *f* **1** AGR Egge *f*; **2** FORTIF Fallgatter *n*; **~er** [-e] *v/t* eggen
hertz [ɛʀts] *m* PHYS Hertz *n*
hésitant [ezitɑ̃] *adj* ⟨-ante [-ɑ̃t]⟩ zögernd; *personne a* unschlüssig
hésitation [ezitasjõ] *f* Zögern *n*
▸ **hésiter** [ezite] *v/i* zögern, zaudern (***à faire qc*** etw zu tun); *en parlant* stocken; ***~ sur qc*** sich (*dat*) über etw (*acc*) unschlüssig sein; ***~ entre …*** schwanken zwischen (+ *dat*)

H

'Hesse [ɛs] ***la ~*** Hessen *n*
hétéroclite [eteʀɔklit] *adj* verschiedenartig; bunt zusammengewürfelt
hétérogène [eteʀɔʒɛn] *adj* heterogen; uneinheitlich; ungleichartig
hétérogénéité [eteʀɔʒeneite] *f* Heterogenität *f*; Uneinheitlichkeit *f*; Ungleichartigkeit *f*
hétérosexuel [eteʀosɛksɥɛl] *adj* ⟨~le⟩ heterosexuell
'hêtre [ɛtʀ(ə)] *m* Buche *f*
▸ **heure** [œʀ] *f* **1** (*60 minutes*) Stunde *f*; ***rouler à cent à l'heure*** (mit) hundert (Stundenkilometern) fahren; ***gagner cent euros l'heure***, F ***de l'heure*** hundert Euro die Stunde, pro Stunde verdienen; **2** *division du temps* (Uhr)Zeit *f*; *après un chiffre* Uhr; ***heure locale*** Ortszeit *f*; ***heure d'arrivée, de départ*** Ankunfts-, Abfahrtszeit *f*; ***heure d'été*** Sommerzeit *f*; ***deux heures dix*** zwei Uhr zehn; zehn (Minuten) nach zwei; ***deux heures et*** *ou* ***un quart*** Viertel nach zwei; ***dix heures et demie*** halb elf; ***une heure moins le quart*** Viertel vor eins; ***trois heures moins cinq*** fünf (Minuten) vor drei; ▸ ***à quelle heure?*** um wie viel Uhr?; um welche Zeit?; ***vous avez l'heure?*** haben Sie die genaue Uhrzeit?; ***demander l'heure*** fragen, wie viel Uhr *ou* wie spät es ist; ***quelle heure est-il?*** wie spät ist es?; wie viel Uhr ist es?; ***il est 'huit heures*** es ist acht (Uhr); ▸ ***être à l'heure*** *personne* pünktlich sein; *montre* richtig, genau gehen; **3** (*moment*) Zeit(punkt) *f*(*m*); Stunde *f*; *par ext* (*époque*) Zeitalter *n*; ***à l'heure qu'il est*** *ou* ***à l'heure actuelle*** zu diesem Zeitpunkt; gegenwärtig; zur Zeit; ***à la bonne heure!*** so lass ich mir's gefallen!; recht so!; ***à toute heure*** jederzeit; zu jeder Tageszeit; ***tout à l'heure*** (*il y a un moment*) (so)eben; gerade; vorhin; (*dans un moment*) gleich; sofort; ***à tout à l'heure!*** bis gleich, nachher!; ***de bonne heure*** früh (am Tage); *par ext* frühzeitig; ***nouvelle*** *f* ***de*** (***la***) ***dernière heure*** allerneueste Meldung; ***sur l'heure*** auf der Stelle; sogleich; sofort; ***c'est l'heure de*** (+ *inf*) es ist Zeit zu (+ *inf*)
▸ **heureusement** [øʀøzmɑ̃] *adv* **1** (*par bonheur*) glücklicherweise; zum Glück; **2** (*avec succès*) glücklich; gut
▸ **heureux** [øʀø] **I** *adj* ⟨-euse [-øz]⟩ **1** (*content*) glücklich; ***~ événement*** (*naissance*) freudiges Ereignis; ***être ~ de*** (+ *inf*) *ou* ***que …*** (+ *subj*) sich freuen, glücklich sein zu (+ *inf*) *ou* dass …; **2** (*chanceux*) glücklich; ***être ~ au jeu*** beim Spiel Glück haben; ***encore ~ que …*** (+ *subj*) ein Glück, dass …; **3** *formule, etc* gut; treffend; glücklich; **II** *subst* ***faire un ~*** j-n *ou* ihn glücklich machen
'heurt [œʀ] *m* Reiberei *f*; Zusammenstoß *m*
'heurter [œʀte] **I** *v/t* **1** ***~ qc*** an etw (*acc*) *ou* gegen etw stoßen; *véhicule a* auf etw (*acc*) aufprallen; **2** *fig personne* verletzen; vor den Kopf stoßen; **II** *v/pr* **3** ***se ~ à, contre*** stoßen an (+ *acc*), gegen; *fig* ***se ~ à des difficultés***, *etc* auf Schwierigkeiten (*acc*) *etc* stoßen; **4** ***se ~*** *véhicules* zusammenstoßen (*a fig personnes*); aufeinander prallen
hévéa [evea] *m* Kautschukbaum *m*
hexagonal [ɛgzagɔnal] *adj* ⟨~e; -aux [-o]⟩ **1** sechseckig; **2** *fig* französisch
hexagone [ɛgzagon, -gɔn] *m* **1** Sechseck *n*; **2** ▸ ***l'Hexagone*** Frankreich *n*

L'Hexagone

Frankreich wird auch **l'Hexagone** genannt, weil es auf der Landkarte einem Sechseck ähnlich sieht.

hiatus [jatys] *m* **1** PHON Hiatus *m*; **2** *fig* Unterbrechung *f*; Kluft *f*
hibern|ation [ibɛʀnasjõ] *f* Winterschlaf *m*; **~er** [-e] *v/i* Winterschlaf halten
'hibou [ibu] *m* ⟨~x⟩ Eule *f*
'hic [ik] *m* F ***voilà le ~*** F da liegt, sitzt der Haken; da liegt der Hase im Pfeffer
'hideux [idø] *adj* ⟨-euse [-øz]⟩ abscheulich; scheußlich
▸ **hier** [ijɛʀ, jɛʀ] *adv* gestern; ***la journée d'~*** der gestrige Tag; F *fig* ***ne pas être né d'~*** F nicht von gestern sein
'hiérarchie [jeʀaʀʃi] *f* Hierarchie *f*; Rangordnung *f*, -folge *f*
'hiérarchique [jeʀaʀʃik] *adj* hierarchisch; ADM Dienst...; ***voie f ~*** Dienst-, Instanzenweg *m*
hiéroglyphe [jeʀɔglif] *m* Hieroglyphe *f*
'hi-fi [ifi] *f* → ***fidélité*** *2*
hilarant [ilaʀɑ̃] *adj* ⟨-ante [-ɑ̃t]⟩ belustigend; erheiternd; zum Lachen
hilar|e [ilaʀ] *adj* vergnügt; heiter; fröhlich; **~ité** [-ite] *f* Heiterkeit *f*
hindou [ɛ̃du] **I** *adj* ⟨~e⟩ Hindu...; hinduistisch; **II** **2**(***e***) *m(f)* Hindu *m*, Hindufrau *f*; **~isme** [-ism(ə)] *m* Hinduismus *m*
'hip-hop [ipɔp] *m* ⟨*inv*⟩ MUS Hip-Hop *m*
'hippie [ipi] **I** *m,f* Hippie *m*; Blumenkind *n*; **II** *adj* Hippie...
hipp|ique [ipik] *adj* Pferde(sport)...; Reit...; **~isme** [-ism(ə)] *m* Pferdesport *m*
hippocampe [ipɔkɑ̃p] *m* Seepferdchen *n*
hippodrome [ipodʀom] *m* Pferderennbahn *f*; Hippodrom *m ou n*
hippopotame [ipɔpɔtam] *m* Nilpferd *n*; Flusspferd *n*
hirondelle [irõdɛl] *f* Schwalbe *f*
hirsute [iʀsyt] *adj* struppig
hispanique [ispanik] *adj* spanisch
hispano-... [ispano] *adj* spanisch-...
'hisse [is] *int* ***oh ~!*** hau ruck!
'hisser [ise] **I** *v/t* hochziehen; *charge* hieven; *drapeau, voile* hissen; **II** *v/pr* ***se ~*** sich hoch-, emporziehen
▸ **histoire** [istwaʀ] *f* **1** *science* Geschichte *f*; ***~ moderne*** Neuere Geschichte; ***~ de l'art*** Kunstgeschichte *f*; **2** (*récit*) Geschichte *f*; Erzählung *f*; (*anecdote comique*) Witz *m*; ***ce sont des ~s*** das sind Märchen; **3** (*affaire*) Geschichte *f*; Sache *f*; Angelegenheit *f*; ***~s*** *pl* (*ennuis*) Unannehmlichkeiten *f/pl*; Scherereien *f/pl*; ***~ de fous*** ganz verrückte Geschichte, Sache; ***sans ~*** problemlos; *vie* unauffällig; ***c'est toute une ~*** das ist e-e lange Geschichte *ou* e-e Riesenaffäre; **4** F ***~ de*** (+ *inf*) um zu (+ *inf*); ***~ de rire*** zum Spaß
histor|ien [istɔʀjɛ̃] *m*, **~ienne** [-jɛn] *f* Historiker(in) *m(f)*; Geschichtsforscher(in) *m(f)*, -wissenschaftler(in) *m(f)*
historique [istɔʀik] **I** *adj* historisch; geschichtlich; Geschichts...; **II** *m* geschichtlicher, chronologischer Überblick
hitlérien [itleʀjɛ̃] *adj* ⟨-ienne [-jɛn]⟩ Hitler...; Nazi...
'hit-parade [itpaʀad] *m* Hitparade *f*
'HIV [aʃive] *m abr* (*human immunodeficiency virus*) HIV *n*
▸ **hiver** [ivɛʀ] *m* Winter *m*; ***en ~*** im Winter
hivern|al [ivɛʀnal] *adj* ⟨~e; -aux [-o]⟩ winterlich; Winter...; **~er** [-e] *v/i* überwintern
H.L.M. [aʃɛlɛm] *m ou f* ⟨*inv*⟩ *abr* (*habitation à loyer modéré*) Sozialwohnung *f*
'hobby [ɔbi] *m* ⟨hobbies⟩ Hobby *n*
'hobereau [ɔbʀo] *m* ⟨~x⟩ (Land)Junker *m*; *péj* Krautjunker *m*
'hocher [ɔʃe] *v/t* ***~ la tête*** den Kopf schütteln, wiegen; *approbation* zögernd mit dem Kopf nicken
'hochet [ɔʃɛ] *m* Rassel *f*; Klapper *f*
'hockey [ɔkɛ] *m* ***~*** (***sur gazon***) (Feld-) Hockey *n*; ***~ sur glace*** Eishockey *n*
'holà [ɔla] *m* ***mettre le ~ à qc*** e-r Sache (*dat*) Einhalt gebieten, e-n Riegel vorschieben
'holding [ɔldiŋ] *m* Holding(gesellschaft) *f*
▸ **'hold-up** [ɔldœp] *m* ⟨*inv*⟩ Raubüberfall *m*
▸ **'hollandais** [ɔlɑ̃dɛ] **I** *adj* ⟨-aise [-ɛz]⟩ holländisch; **II** **2**(***e***) *m(f)* Holländer(in) *m(f)*
▸ **'Hollande** [ɔlɑ̃d] ***la ~*** Holland *n*
holocauste [ɔlokost] *m* Holocaust *m*
hologramme [ɔlɔgʀam] *m* Hologramm *n*
'homard [ɔmaʀ] *m* Hummer *m*
'home [om] *m* ***~ d'enfants*** Kinderheim *n*

H

homéopathe [ɔmeɔpat] *m,f* (***médecin m***) ~ Homöopath(in) *m(f)*

homéopath|ie [ɔmeɔpati] *f* Homöopathie *f*; **~ique** [-ik] *adj* homöopathisch

'home-trainer [omtʀɛnœʀ] *m* 〈home-trainers〉 Home-, Heimtrainer *m*

homicide [ɔmisid] **I** *m* Tötung *f*; ***~ involontaire, volontaire*** fahrlässige, vorsätzliche Tötung; **II** *adj* mörderisch; todbringend

hommage [ɔmaʒ] *m* **1** Huldigung *f* (*a* HIST); (Ver)Ehrung *f*; ***mes ~s, Madame*** guten Tag, gnädige Frau!; ***rendre ~ à qn*** j-m Ehre erweisen; j-n ehren; ***rendre ~ à qc*** etw würdigen; e-r Sache (*dat*) Anerkennung zollen; **2** *d'auteur, d'éditeur* Widmungsexemplar *n*

H

hommasse [ɔmas] *adj péj* ***femme f ~*** Mannweib *n*

▸**homme** [ɔm] *m* **1** (*être humain*) Mensch *m*; ***homme des cavernes*** Höhlenmensch *m*; **2** (*individu mâle*) Mann *m*; ***grand homme*** großer, berühmter Mann; ***jeune homme*** junger Mann; ▸***homme politique*** Politiker *m*; ***homme à femmes*** Frauen-, F Weiberheld *m*; ***homme d'action*** Mann der Tat; ▸***homme d'affaires*** Geschäftsmann *m*; ***homme de couleur*** Farbige(r) *m*; ***homme d'État*** Staatsmann *m*; ***homme de loi*** Jurist *m*; *péj* ***homme de main*** Handlanger *m*; Helfershelfer *m*; ***homme de ménage*** Putzmann *m*; *fig* ***homme de paille*** Strohmann *m*; ***l'homme de la rue*** der Mann auf der Straße; der kleine Mann; ***d'homme*** Männer…; ***chemise f d'homme*** Herrenhemd *n*; ***métier m d'homme*** Männerberuf *m*; ***comme un seul homme*** wie e i n Mann; ***d'homme à homme*** von Mann zu Mann; ***être homme à*** (+ *inf*) imstande, fähig sein zu (+ *inf*)

homme|-grenouille *m* 〈hommes-grenouilles〉 Froschmann *m*; **~-orchestre** *m* 〈hommes-orchestres〉 **1** MUS Einmannorchester *n*; **2** *fig* Allroundman *m*; **~-sandwich** *m* 〈hommes-sandwich(e)s〉 Sandwichmann *m*; Plakatträger *m*

homo [omo] *m* F *abr* (*homosexuel*) F Homo *m*

homogène [ɔmɔʒɛn] *adj* homogen; gleichartig; einheitlich

homogénéiser [ɔmɔʒeneize] *v/t* homogenisieren

homogénéité [ɔmɔʒeneite] *f* Homogenität *f*; Gleichartigkeit *f*; Einheitlichkeit *f*

homologue [ɔmɔlɔg] **I** *adj* entsprechend; *sc* homolog; **II** *m* (Amts)Kollege *m*

homologuer [ɔmɔlɔge] *v/t* **1** SPORTS offiziell anerkennen; **2** JUR (staatlich) genehmigen

homonyme [ɔmɔnim] *m* **1** LING Homonym *n*; **2** *personne* Namensvetter *m*

homosexualité [ɔmɔsɛksɥalite] *f* Homosexualität *f*

▸**homosexuel** [ɔmɔsɛksɥɛl] **I** *adj* 〈~le〉 homosexuell; gleichgeschlechtlich; **II** ~(***le***) *m(f)* Homosexuelle(r) *f(m)*

'Honduras [õdyʀas] ***le ~*** Honduras *n*

'hongre [õgʀ(ə)] *adj* ***cheval m ~*** Wallach *m*

▸**'Hongrie** [õgʀi] ***la ~*** Ungarn *n*

▸**'hongrois** [õgʀwa] **I** *adj* 〈-oise [-waz]〉 ungarisch; **II** ♀(***e***) *m(f)* Ungar(in) *m(f)*

▸**honnête** [ɔnɛt] *adj* **1** (*intègre*) ehrlich; anständig; **2** (*satisfaisant*) recht, ganz gut; anständig; *prix* angemessen

honnêteté [ɔnɛtte] *f* Ehrlichkeit *f*; Anständigkeit *f*; Redlichkeit *f*

▸**honneur** [ɔnœʀ] *m* Ehre *f*; ***~s*** Ehren *f/pl*; Ehrenerweisung(en) *f(pl)*; ***à son ~*** zu s-r Ehre(nrettung); *jurer* ***sur l'~, sur son ~*** bei s-r Ehre; ***en l'~ de qn*** zu Ehren j-s; ***faire à qn l'~ de*** (+ *inf*) j-m die Ehre erweisen, antun zu (+ *inf*); ***faire ~ à qn*** j-m Ehre machen; F ***faire ~ à un plat*** e-m Gericht tüchtig zusprechen; ***faire les ~s de la maison*** (***à qn***) j-n willkommen heißen (und durch das Haus führen); ***mettre son point d'~ à faire qc*** s-e Ehre dareinsetzen, etw zu tun

'honnir [ɔniʀ] *v/t litt* der Schande preisgeben

honorable [ɔnɔʀabl(ə)] *adj* **1** achtbar; ehrenwert (*a iron*); *métier* ehrbar; *conduite* ehrenhaft; **2** *moyen* ganz gut; ordentlich

honoraire [ɔnɔʀɛʀ] **I** *adj* Ehren…; **II** *m/pl* ***~s*** Honorar *n*

honorer [ɔnɔʀe] **I** *v/t* **1** *personne* ehren; **2** *lettre de change* honorieren; *promesse* einlösen; **II** *v/pr* ***s'~ de qc*** sich durch etw geehrt fühlen

honorifique [ɔnɔʀifik] *adj* Ehren…

▸ **'honte** [õt] *f* **1** (*déshonneur*) Schande *f*; *st/s* Schmach *f*; ***faire ~ à qn*** j-m Schande machen, bereiten; *moins fort* j-n blamieren; → *2*; **2** (*sentiment d'humiliation*) Scham(gefühl) *f*(*n*); ***avoir ~*** sich schämen (***de qn, qc*** für j-n, etw; ***d'avoir fait qc*** etw getan zu haben); ***faire ~ à qn*** (*faire des reproches*) j-m ins Gewissen reden

'honteux [õtø] *adj* ⟨-euse [-øz]⟩ **1** (*déshonorant*) schändlich; beschämend; *capitulation* schmachvoll; **2** (*qui a honte*) verschämt; schamhaft; ***être ~ de qc*** sich für etw schämen

'hop [(h)ɔp] *int* hopp!; *enf* hopsa!; ***allez, ~!*** los, los!; auf geht's!; ***~ là!*** husch!; schwupp!

▸ **hôpital** [ɔpital] *m* ⟨-aux [-o]⟩ Krankenhaus *n*; Klinik *f*; Hospital *n*; *österr, schweiz* Spital *n*; ***~ militaire*** Lazarett *n*

'hoquet [ɔkɛ] *m* Schluckauf *m*; ***avoir le ~*** den Schluckauf haben

'hoqueter [ɔkte] *v/i* ⟨-tt-⟩ **1** (*sangloter*) schluchzen; **2** *fig moteur* stottern

▸ **horaire** [ɔʀɛʀ] **I** *adj* Stunden…; **II** *m* **1** *des trains, etc* Fahrplan *m*; AVIAT Flugplan *m*; **2** (*emploi du temps*) Zeitplan *m*; ***~ mobile, variable, à la carte*** gleitende Arbeitszeit; Gleitzeit *f*

'horde [ɔʀd] *f* Horde *f*; Bande *f*

'horions [ɔʀjõ] *m/pl* heftige Schläge *m/pl*

▸ **horizon** [ɔʀizõ] *m* Horizont *m*; *fig a* Gesichtskreis *m*; Perspektive *f*; ***à l'~*** am Horizont; ***tour m d'~*** Überblick *m*; Bestandsaufnahme *f*

horizontal [ɔʀizõtal] **I** *adj* ⟨~e; -aux [-o]⟩ waag(e)recht; horizontal; **II** *f* ***~e*** Waag(e)rechte *f*; Horizontale *f*

horloge [ɔʀlɔʒ] *f* Uhr *f*; Turmuhr *f*; Normaluhr *f*; ***~ parlante*** Zeitansage *f*

horloger [ɔʀlɔʒe] **I** *adj* ⟨-ère [-ɛʀ]⟩ Uhren…; **II** ~, ***horlogère*** *m,f* Uhrmacher(in) *m*(*f*)

horlogerie [ɔʀlɔʒʀi] *f* Uhrmacherei *f*; Uhrenindustrie *f*

'hormis [ɔʀmi] *st/s prép* außer (+ *dat*)

hormonal [ɔʀmɔnal] *adj* ⟨~e; -aux [-o]⟩ hormonal; Hormon…

hormone [ɔʀmɔn] *f* Hormon *n*

▸ **horodateur** [ɔʀɔdatœʀ] *m* TECH Datum- und Uhrzeitstempler *m*; AUTO Parkscheinautomat *m*

horoscope [ɔʀɔskɔp] *m* Horoskop *n*

▸ **horreur** [ɔʀœʀ] *f* **1** Entsetzen *n*; Grauen *n*; Abscheu *m*; Horror *m*; Schrecken *m*; ***avoir ~ de*** *ou* ***avoir en ~*** verabscheuen; e-n Horror haben vor (+ *dat*); ***faire ~*** Entsetzen *etc* hervorrufen (***à qn*** bei j-m); **2** *d'un crime* Abscheulichkeit *f*; Grauenhaftigkeit *f*; ***film m d'~*** Horrorfilm *m*; ***vision f d'~*** Schreckensvision *f*; **3** *fig* (*chose laide*) Scheußlichkeit *f*; ***quelle ~!*** wie entsetzlich, scheußlich!; ***~s*** *pl* Scheußlichkeiten *f/pl*; (*propos malveillants*) Horrorgeschichten *f/pl*

▸ **horrible** [ɔʀibl(ə)] *adj* **1** (*effroyable*) grauenhaft, -voll; entsetzlich; abscheulich; **2** (*très laid*) scheußlich; **3** (*extrême*) entsetzlich; fürchterlich

horrifié [ɔʀifje] *adj* ⟨~e⟩ entsetzt (***de, par*** über + *acc*)

horripil|ant [ɔʀipilɑ̃] *adj* ⟨-ante [-ɑ̃t]⟩ nervtötend; unausstehlich; ***~er*** [-e] *v/t* nerven; F den Nerv töten (***qn*** j-m)

'hors [ɔʀ] *prép* **1** *dans des expressions* außer (+ *dat*); **2** ▸ ***'hors de*** außerhalb (+ *gén*); aus (+ *dat*) heraus; außer (+ *dat*) (*a fig*); ***'hors de danger*** außer Gefahr; ***être 'hors de soi*** außer sich sein

'hors-bord *m* ⟨*inv*⟩ Boot *n* mit Außenbordmotor *m*; F Außenborder *m*

▸ **'hors-d'œuvre** [ɔʀdœvʀ(ə)] *m* ⟨*inv*⟩ Vorspeise *f*

'hors-jeu *m* ⟨*inv*⟩ SPORTS Abseits *n*

'hors-la-loi *m* ⟨*inv*⟩ Gesetzlose(r) *m*; Verfemte(r) *m*

hortensia [ɔʀtɑ̃sja] *m* Hortensie *f*

horticul|teur [ɔʀtikyltœʀ] *m*, ***~trice*** [-tʀis] *f* Gärtner(in) *m*(*f*)

horticulture [ɔʀtikyltyʀ] *f* Gartenbau *m*

hospice [ɔspis] *m* **1** (*asile*) (Alten)Pflegeheim *n*; **2** REL Hospiz *n*

hospitalier [ɔspitalje] *adj* ⟨-ière [-jɛʀ]⟩ **1** (*accueillant*) gastfreundlich; **2** (*relatif aux hôpitaux*) Krankenhaus…

hospitalisation [ɔspitalizasjõ] *f* **1** *admission* Einweisung *f*, Aufnahme *f* in ein Krankenhaus; **2** *séjour* Krankenhausaufenthalt *m*; stationäre Behandlung

hospitaliser [ɔspitalize] *v/t* in ein Krankenhaus einweisen, einliefern; ***hospitalisé*** in stationärer Behandlung

hospitalité [ɔspitalite] *f* Gastfreund-

H

schaft *f*; ***donner l'~ à qn*** j-m Gastfreundschaft gewähren
hostie [ɔsti] *f* Hostie *f*
hostile [ɔstil] *adj* feindlich; feindselig; ***être ~ à*** ablehnend, feindlich gegenüberstehen (+ *dat*)
hostilité [ɔstilite] *f* **1** Feindseligkeit *f*; Feindschaft *f*; **2** MIL ***~s*** *pl* Feindseligkeiten *f/pl*
'hot-dog [ɔtdɔg] *m* Hotdog *n ou m*
hôte [ot] *m* **1** *qui reçoit* Gastgeber *m*; **2** (*invité*) Gast *m* (*a femme*); **3** ***table*** *f* ***d'~*** Tisch *m* für Pensions-, Stammgäste
▸ **hôtel** [otɛl] *m* **1** Hotel *n*; Gasthof *m*; Gasthaus *n*; **2** ***hôtel*** (***particulier***) herrschaftliches Stadthaus; Palais *n*; **3** ▸ ***hôtel de ville*** Rathaus *n*
hôtel-Dieu *m* ⟨hôtels-Dieu⟩ (Zentral-)Krankenhaus *n*
hôtelier [otəlje] **I** *adj* ⟨-ière [-jɛʀ]⟩ Hotel…; ***école hôtelière*** Hotelfachschule *f*; **II ~, *hôtelière*** *m,f* Hotelbesitzer(in) *m(f)*; Hotelier *m*
hôtellerie [otɛlʀi] *f* **1** Hotel(- und Gaststätten)gewerbe *n*; **2** (*hôtel-restaurant*) (vornehmer) Gasthof
hôtesse [otɛs] *f* **1** *qui reçoit chez elle* Gastgeberin *f*; **2** ***hôtesse*** (***d'accueil***) Hostess *f*; ▸ ***hôtesse*** (***de l'air***) Stewardess *f*
'hotte [ɔt] *f* **1** Tragkorb *m*; Kiepe *f*; VIT *a* Butte *f*; **2** ~ (***filtrante***) Dunstabzugshaube *f*
'hou [(h)u] *int pour faire peur* hu!; *pour faire honte* pfui!
'houblon [ublõ] *m* Hopfen *m*
'houe [u] *f* Hacke *f*
'houille [uj] *f* Steinkohle *f*; *fig* ***~ blanche*** Wasserkraft *f*; weiße Kohle
'houiller [uje] *adj* ⟨-ère [-ɛʀ]⟩ Steinkohlen…; ***bassin ~*** Steinkohlenrevier *n*
'houle [ul] *f* Seegang *m*; Dünung *f*
'houlette [ulɛt] *f* ***sous la ~ de qn*** unter der Führung j-s
'houleux [ulø] *adj* ⟨-euse [-øz]⟩ **1** *mer* bewegt; unruhig; **2** *fig réunion* sehr lebhaft; erregt
'houligan [uligan] *m* Hooligan *m*
'houppe [up] *f* **1** (*touffe*) Quaste *f*; **2** *de cheveux* Haarbüschel *n*; Tolle *f*
'houppette [upɛt] *f* Puderquaste *f*
'hourra [uʀa] **I** *int* hurra!; **II** *m/pl* ***~s*** Hurrarufe *m/pl*
'houspiller [uspije] *v/t* ausschimpfen
'housse [us] *f* (Schutz)Hülle *f*; Schonbezug *m*
'houx [u] *m* Stechpalme *f*; Ilex *f ou m*
'H.S. [aʃɛs] *abr* (*hors service*) *adjt* F ***être*** *~ appareil, personne* kaputt sein
H.T. *abr* (*hors taxe*) → ***taxe***
'hublot [yblo] *m* **1** MAR Bullauge *n*; **2** AVIAT Fenster *n*; **3** *d'une machine à laver, etc* Sichtfenster *n*
'huche [yʃ] *f* Brotkasten *m*
'hue [y] *int* hü!
'huées [ɥe] *f/pl* Buhrufe *m/pl*
'huer [ɥe] *v/t orateur, etc* ausbuhen; *abs* buh rufen; buhen
▸ **huile** [ɥil] *f* **1** Öl *n*; *alimentaire* Speiseöl *n*; ***~ de foie de morue*** Lebertran *m*; ***~ d'olive*** Olivenöl *n*; *fig* ***mer*** *f* ***d'~*** spiegelglatte See; *fig* ***jeter de l'~ sur le feu*** Öl ins Feuer gießen; F *fig* ***mettre de l'~ de coude*** Energie, Kraft aufwenden; **2** (***peinture*** *f* ***à l'***)~ *art* Ölmalerei *f*; *tableau* Ölgemälde *n*; Ölbild *n*; **3** F *fig* (*personnalité*) F hohes, großes Tier
huiler [ɥile] *v/t* (ein)ölen
huileux [ɥilø] *adj* ⟨-euse [-øz]⟩ ölig; *peau, cheveux* fettig
huilier [ɥilje] *m* Essig-und-Öl-Ständer *m*; Menage *f*
'huis clos [ɥiklo] *m* ***à ~*** unter Ausschluss der Öffentlichkeit
huissier [ɥisje] *m* **1** ~ (***de justice***) Gerichtsvollzieher *m*; **2** ADM Amtsdiener *m*
▸ **'huit** [ɥit, *vor Konsonant* ɥi] **I** *num/c* acht; ***le ~ avril*** der achte *ou* am achten April; ***Henri VIII*** Heinrich VIII. (der Achte); ***dans ~ jours*** in acht Tagen; ***mardi en ~*** Dienstag in acht Tagen; **II** *m* ⟨*inv*⟩ **1** *chiffre* Acht *f*; Achter *m*; ***le ~*** (***du mois***) der Achte *ou* am Achten (des Monats); **2** ***grand ~*** Achterbahn *f*
'huitaine [ɥitɛn] *f* **1** ***une ~*** (***de***) etwa, ungefähr acht; **2** ***sous ~*** binnen acht Tagen
'huitante [ɥitɑ̃t] *num/c en Suisse* achtzig
▸ **'huitième** [ɥitjɛm] **I** *num/o* achte; **II** *subst* **1** ***le, la ~*** der, die, das Achte; **2** *m* MATH Achtel *n*; **3** *m étage* ***au ~*** im achten Stock; **4** *m* SPORTS ***~ de finale*** Achtelfinale *n*
huître [ɥitʀ(ə)] *f* Auster *f*; → *Info bei* ***Auster***
'hulotte [ylɔt] *f* Waldkauz *m*

'hululer [ylyle] *v/i hibou, etc* schreien
'hum [(h)œm] *int* hm!
▸ **humain** [ymɛ̃] **I** *adj* ⟨-aine [-ɛn]⟩ **1** (*de l'homme*) menschlich; Menschen…; ***corps ~*** menschlicher Körper; ***sciences ~es*** Humanwissenschaften *f/pl*; **2** (*bon*) menschlich; human; **II** *m* **1** *st/s* ***les ~s*** *pl* die Menschen *m/pl*; **2** ***l'~*** das Menschliche
humainement [ymɛnmɑ̃] *adv* **1** ***~ possible*** menschenmöglich; **2** *traiter* menschlich
humaniser [ymanize] **I** *v/t* menschenwürdiger gestalten; humanisieren; **II** *v/pr* ***s'~*** menschlicher werden
human|isme [ymanism(ə)] *m* Humanismus *m*; **~iste** [-ist] **I** *adj* humanistisch; **II** *m,f* Humanist(in) *m(f)*
humanitaire [ymanitɛʀ] *adj* humanitär
▸ **humanité** [ymanite] *f* **1** (*genre humain*) Menschheit *f*; **2** (*bonté*) Menschlichkeit *f*; Humanität *f*; ***avec ~*** menschlich; human
humble [ɛ̃bl(ə), œ̃-] *adj* **1** (*modeste*) demütig; bescheiden (*a chose*); **2** *st/s* (*de condition modeste*) einfach
humecter [ymɛkte] **I** *v/t* an-, befeuchten; *linge a* einsprengen; **II** *v/pr* ***s'~*** *yeux* feucht werden; ***s'~ les lèvres*** sich die Lippen befeuchten
'humer [yme] *v/t odeur* einatmen; *plat* riechen
humérus [ymerys] *m* Oberarmknochen *m*
▸ **humeur** [ymœʀ] *f* **1** Stimmung *f*; Laune *f*; ***être de bonne, mauvaise ~*** gut, schlecht gelaunt sein; gute, schlechte Laune haben; ***être, se sentir d'~ à*** (+ *inf*) in der Stimmung, Laune sein zu (+ *inf*); zu etw aufgelegt sein; **2** (*irritation*) schlechte Laune; Gereiztheit *f*; **3** (*tempérament*) Gemütsart *f*
▸ **humide** [ymid] *adj* feucht (*a yeux*); *p/fort* nass
humidi|ficateur [ymidifikatœʀ] *m* Luftbefeuchter *m*; **~fier** [-fje] *v/t* befeuchten
humidité [ymidite] *f* Feuchtigkeit *f*; *p/fort* Nässe *f*
humili|ant [ymiljɑ̃] *adj* ⟨-ante [-ɑ̃t]⟩ demütigend; **~ation** [-asjõ] *f* Demütigung *f*
humilier [ymilje] **I** *v/t* demütigen; **II** *v/pr* ***s'~ devant qn*** sich vor j-m demütigen
humilité [ymilite] *f* Demut *f*; Bescheidenheit *f*
humorist|e [ymɔʀist] *m,f* Humorist(in) *m(f)*; **~ique** [-ik] *adj* humoristisch
▸ **humour** [ymuʀ] *m* Humor *m*; ***avoir (le sens) de l'~*** (Sinn für) Humor haben
humus [ymys] *m* Humus *m*
'huppé [ype] *adj* ⟨**~e**⟩ **1** zo Hauben…; **2** F *fig* (F stink)vornehm, (-)reich
'hure [yʀ] *f* CH (abgetrennter) Kopf
'hurlement [yʀləmɑ̃] *m* **1** Schrei *m*; **~s** *pl* Gebrüll *n*; **2** *du loup* Heulen *n*
'hurler [yʀle] *v/t et v/i* **1** brüllen; schreien; **2** *animal, sirène, vent* heulen
hurluberlu [yʀlybɛʀly] *m* komischer Kauz; F Spinner *m*
'hussard [ysaʀ] *m* HIST MIL Husar *m*
'hussarde [ysaʀd] ***à la ~*** brutal
'hutte [yt] *f* Hütte *f*
hybride [ibʀid] *adj* **1** BIOL hybrid; Bastard…; **2** *fig* Zwitter…; Misch…; hybrid
hydratant [idʀatɑ̃] *adj* ⟨-ante [-ɑ̃t]⟩ Feuchtigkeits…; Feuchtigkeit spendend
hydrater [idʀate] *v/t* ***~ la peau*** der Haut (*dat*) Feuchtigkeit zuführen
hydraulique [idʀolik] **I** *adj* **1** ***énergie f ~*** Wasserkraft *f*; **2** TECH hydraulisch; **II** *f* Hydraulik *f*
hydravion [idʀavjõ] *m* Wasserflugzeug *n*
hydrocarbure [idʀokaʀbyʀ] *m* Kohlenwasserstoff *m*
hydrocéphale [idʀɔsefal] *adj* mit e-m Wasserkopf
hydrocution [idʀɔkysjõ] *f* Bewusstloswerden *n* in kaltem Wasser
hydro-électrique [idʀoelɛktʀik] *adj* hydroelektrisch; ***centrale f ~*** Wasserkraftwerk *n*
hydrogène [idʀɔʒɛn] *m* Wasserstoff *m*
hydroglisseur [idʀoglisœʀ] *m* Gleitboot *n*
hydrographie [idʀɔgʀafi] *f* Hydrographie *f*; Gewässerkunde *f*
hydrophile [idʀɔfil] *adj* Wasser anziehend; hydrophil; ***coton m ~*** Verband(s)watte *f*
hyène [jɛn] *f* Hyäne *f*
hygiène [iʒjɛn] *f* Hygiene *f*; ***~ de la bouche*** Mundpflege *f*
hygiénique [iʒjenik] *adj* hygienisch; ***papier m ~*** Toiletten-, F Klopapier *n*

H

hygromètre [igʀɔmɛtʀ(ə)] *m* Hygrometer *n*; Luftfeuchtigkeitsmesser *m*

hymen [imɛn] *m* **1** ANAT Jungfernhäutchen *n*; **2** *poét* (*mariage*) Ehe *f*

hymne [imn(ə)] *m* Hymne *f* (***à*** an + *acc*); Hymnus *m*; ***~ national*** Nationalhymne *f*

hyper... [ipɛʀ] *préfixe* Hyper...; hyper...; Über...; über...

hyperbole [ipɛʀbɔl] *f* Hyperbel *f*

hypermarché *m* Verbrauchermarkt *m*; großer Supermarkt

hypermétrope [ipɛʀmetʀɔp] *adj* weitsichtig

hyper|nerveux *adj* ⟨-euse [-øz]⟩ übernervös; **~sensible** *adj* überempfindlich

hyper|tendu *adj* ⟨~e⟩ an zu hohem Blutdruck leidend; **~tension** *f* Bluthochdruck *m*; *sc* Hypertonie *f*

hypertrophié [ipɛʀtʀɔfje] *adj* ⟨~e⟩ **1** MÉD übermäßig vergrößert; *sc* hypertroph(isch); **2** *fig* übersteigert; übermäßig entwickelt

hypnose [ipnoz] *f* Hypnose *f*

hypnotique [ipnɔtik] **I** *adj* hypnotisch; **II** *m* PHARM Hypnotikum *n*; Schlafmittel *n*

hypnotiser [ipnɔtize] **I** *v/t* hypnotisieren (*a fig*); **II** *v/pr* ***s'~ sur qc*** von etw besessen sein

hypnotiseur [ipnɔtizœʀ] *m* Hypnotiseur *m*

hypocondriaque [ipɔkõdʀijak] **I** *adj* hypochondrisch; **II** *m* Hypochonder *m*

hypocrisie [ipɔkʀisi] *f* Heuchelei *f*; Verstellung *f*; Scheinheiligkeit *f*

hypocrite [ipɔkʀit] **I** *adj* heuchlerisch; scheinheilig; **II** *m,f* Heuchler(in) *m(f)*

hypoglycémie [ipɔglisemi] *f* verminderter Blutzuckergehalt; F Unterzuckerung *f*

hypophyse [ipɔfiz] *f* Hypophyse *f*; Hirnanhangsdrüse *f*

hypoténuse [ipɔtenyz] *f* Hypotenuse *f*

hypothécaire [ipɔtekɛʀ] *adj* hypothekarisch; Hypotheken...

hypothèque [ipɔtɛk] *f* Hypothek *f* (*a fig*)

hypothéquer [ipɔteke] *v/t* ⟨-è-⟩ *grever* mit e-r Hypothek belasten (*a fig*); *garantir* hypothekarisch sichern

hypothermie [ipɔtɛʀmi] *f* Unterkühlung *f*

hypothèse [ipɔtɛz] *f* Hypothese *f*; Annahme *f*; ***dans l'~ où ...*** im Fall(e), dass ...

hypothétique [ipɔtetik] *adj* **1** (*supposé*) hypothetisch; **2** (*douteux*) fraglich; unsicher

hystérie [isteʀi] *f* Hysterie *f*; ***~ collective*** Massenhysterie *f*

hystérique [isteʀik] **I** *adj* hysterisch; **II** *m,f* Hysteriker(in) *m(f)*

I

I, i [i] *m* ⟨*inv*⟩ I, i *n*; ***i grec*** Ypsilon *n*; *fig* ***mettre les points sur les i*** es klipp und klar sagen

ibérique [ibeʀik] *adj* iberisch; ***péninsule f*** ♀ Pyrenäenhalbinsel *f*; Iberische Halbinsel

ibis [ibis] *m* Ibis *m*

iceberg [ajsbɛʀg, isbɛʀg] *m* Eisberg *m*

▸ **ici** [isi] *adv* **1** hier; ***viens ~!*** komm (hier)her!; ***d'~*** von hier (aus); *adjt* hiesige; ***par ~*** (*dans cette direction*) hier entlang *ou* hier hinauf *ou* hier hinunter; (*dans les environs*) hier (in der Gegend); **2** *temporel* ***d'~*** von jetzt an; ***d'~ (à) demain*** bis morgen; ***d'~ là*** bis dahin; ***d'~ peu*** binnen kurzem; in Kürze

ici-bas [isibɑ] *adv* hier unten; auf dieser Erde; ***d'~*** irdisch; diesseitig

icône [ikon] *f* **1** PEINT Ikone *f*; **2** INFORM Symbol *n*

iconoclaste [ikɔnɔklast] **I** *m* Bilderstürmer *m*; Ikonoklast *m*; **II** *adj* bilderstürmerisch; ikonoklastisch

iconographie [ikɔnɔgʀafi] *f* **1** *science* Ikonographie *f*; **2** *d'un livre* Bebilderung *f*; Illustrationen *f/pl*

▸ **idéal** [ideal] **I** *adj* ⟨~e; -aux [-o] *od* -als⟩ ideal (*a* F); **II** *m* ⟨idéaux [ideo] *od* idéals⟩ **1** Ideal *n*; ***~ de beauté*** Schönheitsideal *n*; **2** ***l'~*** das Ideale (*a* F)

idéal|iser [idealize] *v/i* idealisieren; **~isme** [-ism(ə)] *m* Idealismus *m*; **~iste** [-ist] **I** *adj* idealistisch; **II** *m,f* Idealist(in) *m(f)*

▸**idée** [ide] *f* Idee *f*; Gedanke *m*; Vorstellung *f*; (*pensée originale*) Einfall *m*; (*notion*) Begriff *m*; **~s** *pl* (*opinion*) Auffassung *f*; Meinung *f*; **~ fixe** fixe Idee; Zwangsvorstellung *f*; **~ de derrière la tête** Hintergedanke *m*; **à mon ~** für meine Begriffe; nach meinen (eigenen) Vorstellungen; **avoir de l'~** einfallsreich, erfinderisch sein; **je n'en ai aucune ~** ich habe keine Ahnung (davon); **avoir dans l'~ que …** sich vorstellen *ou* denken können, dass …; vermuten, dass …; **on n'a pas ~!** das ist unvorstellbar!; **avoir des ~s de gauche** links eingestellt sein; **changer d'~** s-e Meinung, Absicht ändern; sich anders besinnen; **faire changer qn d'~** j-n umstimmen; **pour se changer les ~s** um auf andere Gedanken zu kommen; **donner à qn l'~ de faire qc** j-n auf die Idee, auf den Gedanken bringen, etw zu tun; **donner des ~s à qn** j-n auf dumme Gedanken bringen; **se faire une ~ de qc** sich e-e Vorstellung, e-n Begriff von etw machen; **elle se fait des ~s** das bildet sie sich nur ein

idem [idɛm] *adv* idem; der-, dasselbe; F (*de même*) ebenso

identification [idɑ̃tifikasjõ] *f* Identifizierung *f*

identifier [idɑ̃tifje] **I** *v/t* **1** (*reconnaître*) identifizieren; **2** (*assimiler*) identifizieren, gleichsetzen (**avec, à** mit); **II** *v/pr* **s'~ avec** *ou* **à qn, qc** sich mit j-m, etw identifizieren

identique [idɑ̃tik] *adj* identisch (**à** mit); (völlig) gleich; übereinstimmend

identité [idɑ̃tite] *f* **1** (völlige) Gleichheit, Übereinstimmung; Identität *f* (*a* PSYCH); **2** *d'une personne* Identität *f*; **vérification** *f* **d'~** Überprüfung *f* der Personalien

idéolog|ie [ideɔlɔʒi] *f* Ideologie *f*; **~ique** [-ik] *adj* ideologisch

idiomatique [idjɔmatik] *adj* idiomatisch

idiome [idjom] *m* Idiom *n*

▸**idiot** [idjo] **I** *adj* ⟨idiote [idjɔt]⟩ dumm; töricht; F blöd(sinnig); F idiotisch; **II** **~(e)** *m(f)* Dummkopf *m*; Idiot(in) *m(f)* (*a* MÉD); F Depp *m*; **~ du village** Dorftrottel *m*

idiotie [idjɔsi] *f* Dummheit *f*; Torheit *f*; F Blödheit *f*; F Blödsinn *m*; Idiotie *f* (*a* MÉD)

idoine [idwan] *adj* geeignet

idolâtr|e [idɔlɑtʀ(ə)] *adj* götzendienerisch; **~er** [-e] *v/t* abgöttisch lieben

idole [idɔl] *f* **1** REL Götze(nbild) *m(n)*; Idol *n*; **2** *fig* Abgott *m*; Idol *n*; Kultfigur *f*

idyll|e [idil] *f* **1** *amour* Romanze *f*; **2** *poème* Idylle *f*; **~ique** [-ik] *adj* idyllisch

if [if] *m* Eibe *f*; Taxus *m*

IFOP [ifɔp] *m abr* (*Institut français d'opinion publique*) *frz* Meinungsforschungsinstitut

igloo *ou* **iglou** [iglu] *m* Iglu *m ou n*

igname [iɲam] *f* Jamswurzel *f*

ignare [iɲaʀ] *péj* **I** *adj* völlig unwissend, ungebildet; **II** *m,f* Ignorant(in) *m(f)*

ignifuge [iɲifyʒ, igni-] *m* Feuerschutzmittel *n*

ignoble [iɲɔbl(ə)] *adj* **1** (*abject*) gemein; niederträchtig; **2** (*sordide*) widerlich; abscheulich

ignominie [iɲɔmini] *f* **1** (*déshonneur*) Schande *f*; Schmach *f*; **2** *caractère, action* Schändlichkeit *f*

ignominieux [iɲɔminjø] *adj* ⟨-euse [-øz]⟩ schändlich; schmachvoll

ignorance [iɲɔʀɑ̃s] *f* Unkenntnis *f*; Unwissenheit *f*; *péj* Ignoranz *f*

ignorant [iɲɔʀɑ̃] **I** *adj* ⟨-ante [-ɑ̃t]⟩ **1** **être ~ de qc** etw nicht kennen; über etw (*acc*) nicht Bescheid wissen; **2** (*inculte*) unwissend; **II** **~(e)** *m(f)* Unwissende(r) *f(m)*; Unkundige(r) *f(m)*; *péj* Ignorant *m*

ignoré [iɲɔʀe] *adj* ⟨~e⟩ unbeachtet (**de qn** von j-m); (*méconnu*) verkannt

▸**ignorer** [iɲɔʀe] **I** *v/t* **1** (*ne pas savoir*) nicht wissen; *qc a* nicht kennen; **ne pas ~ que …** sehr wohl wissen, dass …; **2** (*ne pas tenir compte de*) **~ qn, qc** j-n, etw ignorieren, nicht beachten; **II** *v/pr* **c'est un poète qui s'ignore** er ist ein Dichter, ohne es zu wissen

iguane [igwan] *m* Leguan *m*

ikebana [ikebana] *m* Ikebana *n*

▸**il** [il, F *vor Konsonant* i] *pr/pers* **1** *m* er; **~ vient** er kommt; **2** *impersonnel* es; **~ fait froid** es ist kalt

I

► **île** [il] *f* **1** Insel *f*; ***l'~ de Ré*** die Insel Ré; **2** ***des ~s*** von den Antillen; **3** ***~ flottante*** Eierschnee *m* auf Vanillesoße

► **illégal** [ilegal] *adj* ⟨~e; -aux [-o]⟩ gesetz-, rechtswidrig; illegal; ungesetzlich; widerrechtlich; **~ité** [-ite] *f* Gesetz-, Rechtswidrigkeit *f*; Illegalität *f*

illégitime [ileʒitim] *adj* **1** unrechtmäßig; illegitim; *enfant* unehelich; **2** (*injustifié*) ungerechtfertigt

illettré [iletʀe] **I** *adj* ⟨~e⟩ des Lesens und Schreibens unkundig; **II** ***~(e)*** *m(f)* Analphabet(in) *m(f)*

illicite [ilisit] *adj* unerlaubt; unzulässig; unstatthaft

illico [iliko] *adv* F ***~ (presto)*** auf der Stelle; sofort

illimité [ilimite] *adj* ⟨~e⟩ unbegrenzt

illisible [ilizibl(ə)] *adj* **1** *écriture* unleserlich; **2** *ouvrage* unlesbar

illogique [ilɔʒik] *adj* unlogisch

illumination [ilyminasjõ] *f* **1** (*éclairage*) (Fest)Beleuchtung *f*; Illumination *f*; **2** (*inspiration*) Erleuchtung *f*

illuminé [ilymine] *m péj* wirklichkeitsfremder Schwärmer; Illusionist *m*

illuminer [ilymine] **I** *v/t* **1** (festlich) beleuchten; illuminieren; *avec des projecteurs* anstrahlen; **2** *par ext* erhellen; **II** *v/pr* ***s'~*** erstrahlen (***de joie*** vor Freude)

illusion [ilyzjõ] *f* **1** *des sens* (Sinnes-)Täuschung *f*; THÉ Illusion *f*; ***~ d'optique*** optische Täuschung; **2** (*croyance erronée*) Illusion *f*; ***faire ~*** den Leuten etwas vorgaukeln; ***se faire des ~s*** sich (*dat*) Illusionen machen

illusionner [ilyzjɔne] *v/pr* ***s'~*** sich Illusionen hingeben (***sur*** über + *acc*)

illusionniste [ilyzjɔnist] *m* Zauberkünstler *m*; Illusionist *m*

illusoire [ilyzwaʀ] *adj* illusorisch

illustra|teur [ilystʀatœʀ] *m*, **~trice** [-tʀis] *f* Illustrator(in) *m(f)*

illustration [ilystʀasjõ] *f* **1** *action* Illustrierung *f*; Bebilderung *f*; **2** *résultat* Illustration *f*; Abbildung *f*; **3** *fig* Illustration *f*; Veranschaulichung *f*

illustre [ilystʀ(ə)] *adj* illuster; berühmt

illustré [ilystʀe] **I** *adj* ⟨~e⟩ illustriert; **II** *m* Illustrierte *f*

illustrer [ilystʀe] **I** *v/t* **1** illustrieren; bebildern; **2** *fig* (*éclairer*) illustrieren; veranschaulichen; **II** *v/pr* ***s'~*** sich auszeichnen

îlot [ilo] *m* **1** kleine Insel; *fig* ***~ de calme*** Insel *f* der Ruhe; **2** *de maisons* Häuserblock *m*

îlotier [ilɔtje] *m* Kontakt(bereichs)beamte(r) *m*

► **ils** [il] *pr/pers m/pl* sie

► **image** [imaʒ] *f* **1** Bild *n* (*a* OPT, RHÉT); *fig* ***~ d'Épinal*** naives Klischee; ***livre m d'~s*** Bilderbuch *n*; *enfant* ***sage comme une ~*** sehr artig, brav; ***être l'~ fidèle de qc*** das getreue Abbild von etw sein; **2** ***~ (de marque)*** Image *n*

imagé [imaʒe] *adj* ⟨~e⟩ bilderreich; bildhaft

imagerie [imaʒʀi] *f* Bilder *n/pl*

imaginable [imaʒinabl(ə)] *adj* vorstellbar

imaginaire [imaʒinɛʀ] *adj* imaginär; erdacht; ***malade*** *m* **~** eingebildeter Kranker

imaginatif [imaʒinatif] *adj* ⟨-ive [-iv]⟩ fantasievoll, -begabt; einfallsreich

► **imagination** [imaʒinasjõ] *f* Fantasie *f*; Einbildung(skraft) *f*; Vorstellungsvermögen *n*; (*faculté d'inventer*) Erfindungsgabe *f*; Einfallsreichtum *m*

► **imaginer** [imaʒine] **I** *v/t* **1** (*supposer*) ***imaginer qc*** sich (*dat*) etw vorstellen, denken (können); **2** (*inventer*) ***imaginer qc*** sich (*dat*) etw einfallen lassen, ausdenken; **II** *v/pr* ► ***s'imaginer*** **3** (*se figurer*) sich (*dat*) vorstellen; **4** (*croire à tort*) sich (*dat*) einbilden

imam [imam] *m* Imam *m*

imbattable [ɛ̃batabl(ə)] *adj* unschlagbar; *prix* nicht zu unterbieten(d)

imbécile [ɛ̃besil] **I** *adj* dumm; **II** *m,f* Dummkopf *m*

imbécillité [ɛ̃besilite] *f* Dummheit *f*

imberbe [ɛ̃bɛʀb] *adj* (noch) bartlos

imbiber [ɛ̃bibe] **I** *v/t* **1** (durch)tränken (***de*** mit); **2** F *fig* ***complètement imbibé*** F stockbesoffen; **II** *v/pr* ***s'~*** sich voll saugen (***de*** mit)

imbriqué [ɛ̃bʀike] *adj* ⟨~e⟩ ineinander verschachtelt, verzahnt; sich überschneidend

imbroglio [ɛ̃bʀɔglijo] *m* Wirrwarr *m*

imbu [ɛ̃by] *adj* ⟨~e⟩ ***~ de qc*** von etw durchdrungen; ***~ de soi-même*** von sich eingenommen

imbuvable [ɛ̃byvabl(ə)] *adj* ungenießbar (*a* F *fig personne*); nicht trinkbar

imita|teur [imitatœʀ] *m*, **~trice** [-tʀis] *f*

Nachahmer(in) *m(f)*; *artiste* Imitator(in) *m(f)*
imitation [imitasjõ] *f* Nachahmung *f*, Imitation *f* (*a objet*)
▸ **imiter** [imite] *v/t* **1** nachahmen; nachmachen; imitieren; (*suivre l'exemple*) nacheifern, nachstreben (***qn*** j-m); **2** *matière* **~ *qc*** genauso aussehen wie etw
immaculé [imakyle] *adj* ⟨**~e**⟩ **1** REL ***2e Conception*** Unbefleckte Empfängnis; **2** *fig* makellos rein; *linge* strahlend weiß
immanent [imanã] *adj* ⟨-ente [-ãt]⟩ immanent; innewohnend (***à*** *dat*)
immangeable [ɛ̃mãʒabl(ə)] *adj* ungenießbar
immanquable [ɛ̃mãkabl(ə)] *adj* unausbleiblich
immatériel [imateʀjɛl] *adj* ⟨**~le**⟩ **1** PHILOS immateriell; **2** *fig* ätherisch; vergeistigt
immatricul|ation [imatʀikylasjõ] *f* Eintragung *f*; Einschreibung *f*; AUTO Zulassung *f*; **~er** [-e] *v/t* eintragen; einschreiben; registrieren; AUTO zulassen
immatur|e [imatyʀ] *adj* unreif; **~ité** [-ite] *f* Unreife *f*
immédiat [imedja] **I** *adj* ⟨-ate [-at]⟩ *successeur, voisinage* unmittelbar; *départ, livraison* sofortig; unverzüglich; **II** *m* ***dans l'~*** im, für den Augenblick; zunächst
▸ **immédiatement** [imedjatmã] *adv* unmittelbar; unverzüglich; sofort
immémorial [imemɔʀjal] *adj* ⟨**~e**; -aux [-o]⟩ uralt; ***de temps ~*** seit undenklichen Zeiten
▸ **immense** [imãs] *adj* unermesslich (groß); unendlich groß; immens
immensément [imãsemã] *adv* **~ *riche*** unermesslich reich; steinreich
immensité [imãsite] *f* Unermesslichkeit *f*; (*vaste étendue*) unendliche Weite
immerger [imɛʀʒe] *v/t* ⟨-ge-⟩ versenken (***dans*** in + *dat*); eintauchen
immérité [imeʀite] *adj* ⟨**~e**⟩ unverdient
immersion [imɛʀsjõ] *f* Versenken *n*; Unter-, Eintauchen *n*
immettable [ɛ̃mɛtabl(ə)] *adj* *vêtement* nicht (mehr) tragbar
▸ **immeuble** [imœbl(ə)] *m* Gebäude *n*
immigrant [imigʀã] *m* Einwanderer *m*
▸ **immigration** [imigʀasjõ] *f* Einwanderung *f*; Immigration *f*; → *Info bei **Einwanderung***
immigré [imigʀe] **I** *adj* ⟨**~e**⟩ eingewandert; ***travailleur immigré*** Gastarbeiter *m*; ausländischer Arbeitnehmer; **II** ▸ ***immigré(e)*** *m(f)* Einwanderer *m*, Einwand(r)erin *f*
immigrer [imigʀe] *v/i* einwandern
immin|ence [iminãs] *f* unmittelbares, nahes Bevorstehen; **~ent** [-ã] *adj* ⟨-ente [-ãt]⟩ unmittelbar, nahe bevorstehend; *danger* drohend
immiscer [imise] *v/pr* ⟨-ç-⟩ ***s'~ dans qc*** sich in etw (*acc*) einmischen
▸ **immobile** [imɔbil] *adj* unbeweglich (*a fig*); bewegungslos; regungslos; immobil; *visage, mer* unbewegt
immobilier [imɔbilje] **I** *adj* ⟨-ière [-jɛʀ]⟩ **1** Grundstücks…; Immobilien…; ***agence immobilière*** Maklerbüro *n*; **2** JUR unbeweglich; **II** *m* Immobilienhandel *m*
immobiliser [imɔbilize] **I** *v/t* **1** *circulation, etc* blockieren; zum Stehen bringen; **2** MÉD *membre* ruhig stellen; **3** *capitaux* fest anlegen; festlegen; **II** *v/pr* ***s'~*** stehen bleiben
immobil|isme [imɔbilism(ə)] *m* Immobilismus *m*; Fortschrittsfeindlichkeit *f*; **~ité** [-ite] *f* Unbeweglichkeit *f* (*a fig*); Bewegungslosigkeit *f*
immodéré [imɔdeʀe] *adj* ⟨**~e**⟩ unmäßig
immoler [imɔle] *v/t* opfern
immonde [imõd] *adj* **1** (*sale*) schmutzig; dreckig; **2** (*ignoble*) schändlich
immondices [imõdis] *f/pl* Unrat *m*
immoral [imɔʀal] *adj* ⟨**~e**; -aux [-o]⟩ unmoralisch; unsittlich; sittenwidrig; **~ité** [-ite] *f* Immoralität *f*; Unsittlichkeit *f*
immortal|iser [imɔʀtalize] **I** *v/t* unsterblich machen; **II** *v/pr* ***s'~*** unsterblich werden; **~ité** [-ite] *f* Unsterblichkeit *f*
immortel [imɔʀtɛl] *adj* ⟨**~le**⟩ **1** unsterblich; **2** *fig* unvergänglich; → *Info-Fenster S. 340*
immortelle [imɔʀtɛl] *f* Immortelle *f*; Strohblume *f*
immuable [imɥabl(ə)] *adj* unveränderlich; unwandelbar
immuniser [imynize] *v/t* immunisieren (***contre*** gegen); ***être immunisé*** immun sein (*a fig*)
immunitaire [imynitɛʀ] *adj* Immun…
immunité [imynite] *f* MÉD, JUR Immunität *f*

Les Immortels

Die Mitglieder der **Académie française** werden auch **les 40 Immortels** genannt. Da sie auf Lebenszeit gewählt sind, kann nur nach dem Tod eines **académicien** ein neues Mitglied aufgenommen werden (weitere Infos bei **académie**).

impact [ɛ̃pakt] *m* **1** *d'un projectile* (**point** *m* **d'**)**~** Einschlag(stelle) *m(f)*; **2** *fig* (nachhaltige) Wirkung (**sur** auf + *acc*); *d'une publicité* Zugkraft *f*

impair [ɛ̃pɛʀ] **I** *adj* ⟨~e⟩ *nombre* ungerade; **II** *m* Fehler *m*; Ungeschicklichkeit *f*; Dummheit *f*

impalpable [ɛ̃palpabl(ə)] *adj* nicht greifbar (*a fig*)

I

imparable [ɛ̃paʀabl(ə)] *adj coup* unabwendbar; *tir* unhaltbar

impardonnable [ɛ̃paʀdɔnabl(ə)] *adj* unverzeihlich; **vous êtes ~** es ist unverzeihlich von Ihnen

imparfait [ɛ̃paʀfɛ] **I** *adj* ⟨-faite [-fɛt]⟩ unvollkommen; mangelhaft; **II** *m* GR Imperfekt *n*

impartial [ɛ̃paʀsjal] *adj* ⟨~e; -aux [-o]⟩ unparteiisch; **~ité** [-ite] *f* Unparteilichkeit *f*

impartir [ɛ̃paʀtiʀ] *v/t délai* bewilligen

impasse [ɛ̃pas] *f* **1** Sackgasse *f* (*a fig*); **2** *pour un examen* **faire l'~ sur qc** darauf spekulieren, dass etw nicht drankommt

impassible [ɛ̃pasibl(ə)] *adj* unbewegt; gleichmütig; gefasst

impatience [ɛ̃pasjɑ̃s] *f* Ungeduld *f*

▸**impatient** [ɛ̃pasjɑ̃] *adj* ⟨-ente [-ɑ̃t]⟩ ungeduldig; **être ~ de** (+ *inf*) begierig darauf sein, darauf brennen zu (+ *inf*)

impatienter [ɛ̃pasjɑ̃te] **I** *v/t* **~ qn** j-n ungeduldig machen; (*énerver*) j-m auf die Nerven gehen; **II** *v/pr* **s'~** ungeduldig werden; die Geduld verlieren

impayable [ɛ̃pɛjabl(ə)] *adj* F köstlich; F unbezahlbar; F gottvoll

impayé [ɛ̃peje] *adj* ⟨~e⟩ unbezahlt

impec [ɛ̃pɛk] *adj* F *abr* → **impeccable**

impeccable [ɛ̃pekabl(ə)] *adj* tadellos; einwandfrei

impénétrable [ɛ̃penetʀabl(ə)] *adj forêt, visage* undurchdringlich; *intentions* unergründlich; *personne* undurchschaubar

impénitent [ɛ̃penitɑ̃] *adj* ⟨-ente [-ɑ̃t]⟩ unverbesserlich

impensable [ɛ̃pɑ̃sabl(ə)] *adj* undenkbar

imper [ɛ̃pɛʀ] *m* F *abr* → **imperméable** *II*

impératif [ɛ̃peʀatif] **I** *adj* ⟨-ive [-iv]⟩ **1** (*obligatoire*) zwingend; bindend; imperativ; **2** (*autoritaire*) Befehls…; gebieterisch; **II** *m* **1** GR Imperativ *m*; Befehlsform *f*; **2 ~s** *pl* (unabdingbare) Erfordernisse *n/pl*

impératrice [ɛ̃peʀatʀis] *f* Kaiserin *f*

imperceptible [ɛ̃pɛʀsɛptibl(ə)] *adj* nicht *ou* kaum wahrnehmbar; unmerklich

imperfection [ɛ̃pɛʀfɛksjõ] *f* Unvollkommenheit *f*; Mangel *m*

impérial [ɛ̃peʀjal] **I** *adj* ⟨~e; -aux [-o]⟩ **1** kaiserlich; Kaiser…; **2** *fig* majestätisch; **II** *f* **~e** *d'un bus* Oberdeck *n*

impérial|isme [ɛ̃peʀjalism(ə)] *m* Imperialismus *m*; **~iste** [-ist] **I** *adj* imperialistisch; **II** *m,f* Imperialist(in) *m(f)*

impérieux [ɛ̃peʀjø] *adj* ⟨-euse [-øz]⟩ **1** *ton* gebieterisch; **2** *besoin* (vor)dringlich; *nécessité* zwingend

impérissable [ɛ̃peʀisabl(ə)] *adj* unvergänglich

imperméabiliser [ɛ̃pɛʀmeabilize] *v/t* imprägnieren

imperméable [ɛ̃pɛʀmeabl(ə)] **I** *adj* **1** (wasser)undurchlässig; **2** *fig* **~ à qc** unempfänglich für etw; **II** *m* Regen-, Wettermantel *m*

impersonnel [ɛ̃pɛʀsɔnɛl] *adj* ⟨~le⟩ unpersönlich

impertin|ence [ɛ̃pɛʀtinɑ̃s] *f* Frechheit *f*; Unverschämtheit *f*; **~ent** [-ɑ̃] *adj* ⟨-ente [-ɑ̃t]⟩ *adj* frech; unverschämt; ungehörig; impertinent

imperturbable [ɛ̃pɛʀtyʀbabl(ə)] *adj* unerschütterlich

impétigo [ɛ̃petigo] *m* Eiterflechte *f*

impétueux [ɛ̃petɥø] *adj* ⟨-euse [-øz]⟩ ungestüm; heftig; stürmisch; *fig torrent* reißend

impétuosité [ɛ̃petɥozite] *st/s f* Ungestüm *n*; Heftigkeit *f*

impie [ɛ̃pi] *litt adj* gottlos

impitoyable [ɛ̃pitwajabl(ə)] *adj* mitleid(s)los; unerbittlich; schonungslos; erbarmungslos

implacable [ɛ̃plakabl(ə)] *adj* **1** *ennemi* unversöhnlich; **2** *logique* unerbittlich; *mal* unaufhaltsam

implant [ɛ̃plɑ̃] *m* MÉD Implantat *n*

implanter [ɛ̃plɑ̃te] **I** *v/t* **1** *entreprise* ansiedeln; *mode* einführen; **2** MÉD implantieren; **II** *v/pr* ***s'~*** sich niederlassen; sich ansiedeln; *traditions* sich einbürgern

implication [ɛ̃plikasjõ] *f* **1** JUR Verwicklung *f* (***dans*** in + *acc*); **2** (*conséquence*) Auswirkung *f*; Folge *f*

implicite [ɛ̃plisit] *adj* nicht ausdrücklich gesagt; implizit; stillschweigend

impliquer [ɛ̃plike] *v/t* **1** ***~ qn dans qc*** j-n in etw (*acc*) verwickeln; **2** (*comporter*) mit einschließen; implizieren; (*supposer*) voraussetzen

implorer [ɛ̃plɔʀe] *v/t* **1** ***~ qn*** j-n anflehen; **2** ***~ qc*** um etw flehen

implos|er [ɛ̃ploze] *v/i* implodieren; ***~ion*** [-jõ] Implosion *f*

▸**impoli** [ɛ̃pɔli] *adj* ⟨*~e*⟩ unhöflich

impolitesse [ɛ̃pɔlitɛs] *f* Unhöflichkeit *f*

impondérable [ɛ̃põdeʀabl(ə)] **I** *adj* unwägbar; **II** ***~s*** *m/pl* Unwägbarkeiten *f/pl*; Imponderabilien *pl*

impopulaire [ɛ̃pɔpylɛʀ] *adj* unpopulär; *chef, collègue* unbeliebt

▸**importance** [ɛ̃pɔʀtɑ̃s] *f* **1** Bedeutung *f*; Wichtigkeit *f*; ***d'~*** *adjt* wichtig; von Bedeutung; *advt* (*très fort*) tüchtig; kräftig; ***sans ~*** bedeutungslos; belanglos; unwichtig; ***avoir de l'~*** von Bedeutung, Wichtigkeit sein; ***se donner de l'~*** sich wichtig machen, tun; **2** *d'une somme* Größe *f*; Höhe *f*

▸**important** [ɛ̃pɔʀtɑ̃] **I** *adj* ⟨-ante [-ɑ̃t]⟩ **1** wichtig; bedeutend; **2** *somme, retard, dégâts* groß; beträchtlich; *somme a* hoch; **II** ***faire l'~(e)*** *m(f)* sich aufspielen; sich wichtig tun, machen

importateur [ɛ̃pɔʀtatœʀ] **I** *adj* ⟨-trice [-tʀis]⟩ Einfuhr…; Import…; **II** *m* Importeur *m*

importation [ɛ̃pɔʀtasjõ] *f* Einfuhr *f*; Import *m*

▸**importer**[1] [ɛ̃pɔʀte] *v/t* COMM einführen; importieren

importer[2] *v/i et v/imp* wichtig, von Bedeutung, von Belang sein; ***peu importe!*** das ist nicht so wichtig; das hat wenig zu bedeuten; ▸***n'importe qui, quoi, où, quand*** irgendjemand, irgendetwas, irgendwo(hin), irgendwann; egal *ou* ganz gleich wer, was, wo(hin), wann; *travailler* ***n'importe comment*** ohne Methode; oberflächlich; ***n'importe où*** *a* überall; ***n'importe qui*** *a* jeder (x-Beliebige); ***à n'importe quel prix*** zu jedem Preis

import-export [ɛ̃pɔʀɛkspɔʀ] *m* Import-Export *m*

importun [ɛ̃pɔʀtɛ̃, -tœ̃] **I** *adj* ⟨-une [-yn]⟩ lästig; aufdringlich; **II** *m* lästiger, aufdringlicher Mensch

importuner [ɛ̃pɔʀtyne] *v/t* ***~ qn*** j-n belästigen, behelligen; j-m lästig fallen

imposable [ɛ̃pozabl(ə)] *adj* steuerpflichtig

imposant [ɛ̃pozɑ̃] *adj* ⟨-ante [-ɑ̃t]⟩ imposant; imponierend; beeindruckend

imposer [ɛ̃poze] **I** *v/t* **1** ***~ à qn*** *conditions, règle* j-m vorschreiben; *devoirs, punition* j-m auferlegen; *volonté, régime, chef* j-m aufzwingen; (bei j-m) durchsetzen; **2** FIN besteuern; veranlagen; **3** REL ***~ les mains*** die Hände auflegen; **II** *v/i* **4** ***en ~ à qn*** j-m imponieren; **III** *v/pr* **5** ***s'~ qc*** sich etw auferlegen; **6** *mesure, etc* ***s'~*** (zwingend) geboten sein; **7** *personne, produit* ***s'~*** sich durchsetzen; **8** ***s'~*** (*imposer sa présence*) sich aufdrängen

imposition [ɛ̃pozisjõ] *f* **1** FIN Besteuerung *f*; Veranlagung *f*; **2** REL ***~ des mains*** Handauflegung *f*

impossibilité [ɛ̃pɔsibilite] *f* **1** Unmöglichkeit *f*; ***être dans l'~ de*** (+ *inf*) außerstande sein zu (+ *inf*); **2** (*chose impossible*) unmögliche Sache

▸**impossible** [ɛ̃pɔsibl(ə)] **I** *adj* unmöglich (*a* F); **II** *m* Unmögliche(s) *n*; ***faire l'~*** alles Menschenmögliche tun

impost|eur [ɛ̃pɔstœʀ] *m* Hochstapler *m*; Schwindler *m*; ***~ure*** [-yʀ] *f* Hochstapelei *f*; Schwindel *m*

▸**impôt** [ɛ̃po] *m* Steuer *f*; ***~ sur le revenu*** Einkommen(s)steuer *f*

impotent [ɛ̃pɔtɑ̃] *adj* ⟨-ente [-ɑ̃t]⟩ *personne* gebrechlich

⚠ impotent	≠	impotent
impotent	=	gebrechlich
impotent	=	impuissant

impraticable [ɛ̃pratikabl(ə)] *adj* **1** *che-*

min nicht begehbar; *route* unbefahrbar; unpassierbar; **2** *idée* undurchführbar

imprécation [ɛ̃pʀekasjõ] *litt f* Verwünschung *f*; Fluch *m*

imprécis [ɛ̃pʀesi] *adj* ⟨-ise [-iz]⟩ ungenau; unpräzis(e); undeutlich

imprécision [ɛ̃pʀesizjõ] *f* Ungenauigkeit *f*

imprégner [ɛ̃pʀeɲe] ⟨-è-⟩ **I** *v/t* **1** TECH (durch)tränken (**de** mit); *bois* imprägnieren; *par ext odeur* sich festsetzen in (+ *dat*); **2** *fig* **~ qn** j-n durchdringen, erfüllen; **II** *v/pr* **s'~ de qc** sich mit etw voll saugen; etw in sich (*dat*) aufnehmen (*a fig*)

imprenable [ɛ̃pʀənabl(ə)] *adj* **1** *forteresse* uneinnehmbar; **2** *vue* unverbaubar

imprésario *ou* **impresario** [ɛ̃pʀezaʀjo] *m* Impresario *m*

▸ **impression** [ɛ̃pʀɛsjõ] *f* **1** Eindruck *m*; **avoir l'~ de** (+ *inf*) *ou* **que ...** den Eindruck, das Gefühl haben, zu (+ *inf*) *ou* dass ...; **faire (une) bonne, mauvaise ~** e-n guten, schlechten Eindruck machen (**à qn** auf j-n); **2** TECH Druck *m*; Drucken *n*; **faute** *f* **d'~** Druckfehler *m*

impressionn|able [ɛ̃pʀɛsjɔnabl(ə)] *adj* empfindlich; sensibel; **~ant** [-ɑ̃] *adj* ⟨-ante [-ɑ̃t]⟩ eindrucksvoll; beeindruckend

▸ **impressionner** [ɛ̃pʀɛsjɔne] *v/t* beeindrucken

impressionn|isme [ɛ̃pʀɛsjɔnism(ə)] *m* Impressionismus *m*; **~iste** [-ist] **I** *adj* impressionistisch; **II** *m* Impressionist *m*

imprévisible [ɛ̃pʀevizibl(ə)] *adj* unvorhersehbar

imprévoyant [ɛ̃pʀevwajɑ̃] *adj* ⟨-ante [-ɑ̃t]⟩ sorglos; gedankenlos; kurzsichtig

▸ **imprévu** [ɛ̃pʀevy] **I** *adj* ⟨~e⟩ unvorhergesehen; **II** *m* Unvorhergesehene(s) *n*; **sauf ~** wenn nichts dazwischenkommt

▸ **imprimante** [ɛ̃pʀimɑ̃t] *f* Drucker *m*; **~ à jet d'encre, à laser** Tintenstrahl-, Laserdrucker *m*

imprimé [ɛ̃pʀime] **I** *adj texte* gedruckt; *tissu, papier* bedruckt; *formulaire* vorgedruckt; **II** *m* **1** POSTE Drucksache *f*; *depuis 1993* Infopost *f*; **2** *livre, brochure, etc* Druckwerk *n*; **3** (*formulaire*) Vordruck *m*; **4** TEXT bedruckter Stoff; Druck *m*

▸ **imprimer** [ɛ̃pʀime] **I** *v/t* **1** *texte* drucken; *extraits d'un livre* abdrucken; **2** *tissu, papier* bedrucken; *motif* aufdrucken; **3** *cachet* **~ sur qc** auf etw (*acc*) drücken; **4** *mouvement* **~ à qc** e-r Sache (*dat*) verleihen; **II** *v/pr* **s'~ dans la mémoire** sich einprägen

imprim|erie [ɛ̃pʀimʀi] *f* **1** *entreprise* (Buch)Druckerei *f*; **2** *technique* Buchdruck(erkunst) *m(f)*; **~eur** [-œʀ] *m* (Buch)Drucker *m*

improbable [ɛ̃pʀɔbabl(ə)] *adj* unwahrscheinlich

improductif [ɛ̃pʀɔdyktif] *adj* ⟨-ive [-iv]⟩ unproduktiv

impromptu [ɛ̃pʀõpty] **I** *adj* ⟨~e⟩ aus dem Stegreif; *visite* überraschend; **II** *m* MUS Impromptu *n*

imprononçable [ɛ̃pʀɔnõsabl(ə)] *adj* unaussprechbar

impropre [ɛ̃pʀɔpʀ(ə)] *adj* **1** *mot* unpassend; **2 ~ à qc** ungeeignet für etw

improvisation [ɛ̃pʀɔvizasjõ] *f* Improvisation *f* (*a* MUS)

improviser [ɛ̃pʀɔvize] **I** *v/t* improvisieren; *discours a* aus dem Stegreif halten; **II** *v/i* MUS improvisieren; **III** *v/pr* **s'~ arbitre**, *etc* als Schiedsrichter *etc* einspringen, aushelfen

improviste [ɛ̃pʀɔvist] **à l'~** unerwartet; unvermutet; unverhofft

imprud|ence [ɛ̃pʀydɑ̃s] *f* **1** Unvorsichtigkeit *f* (*a action*); **2** JUR Fahrlässigkeit *f*; **~ent** [-ɑ̃] *adj* ⟨-ente [-ɑ̃t]⟩ unvorsichtig; *conducteur a* leichtsinnig

impud|ence [ɛ̃pydɑ̃s] *f* Unverschämtheit *f*; **~ent** [-ɑ̃] *adj* ⟨-ente [-ɑ̃t]⟩ unverschämt

impud|eur [ɛ̃pydœʀ] *f* Schamlosigkeit *f*; **~ique** [-ik] *adj* unkeusch; unzüchtig

impuissance [ɛ̃pɥisɑ̃s] *f* **1** (*faiblesse*) Unvermögen *n*; Ohnmacht *f*; **2** *sexuelle* Impotenz *f*

impuissant [ɛ̃pɥisɑ̃] *adj* ⟨-ante [-ɑ̃t]⟩ **1** machtlos; ohnmächtig (*a rage*); **être ~ à** (+ *inf*) nicht imstande sein zu (+ *inf*); **2** *sexuellement* impotent

impulsif [ɛ̃pylsif] *adj* ⟨-ive [-iv]⟩ impulsiv

impulsion [ɛ̃pylsjõ] *f* Impuls *m* (*a* PHYS, PSYCH); Antrieb *m*; Anstoß *m*; Auftrieb *m*

impunément [ɛ̃pynemɑ̃] *adv* ungestraft
impuni [ɛ̃pyni] *adj* ⟨~e⟩ unbestraft; straflos, -frei
impunité [ɛ̃pynite] *f* Straffreiheit *f*, -losigkeit *f*; ***en toute ~*** völlig ungestraft
impur [ɛ̃pyʀ] *adj* ⟨~e⟩ unsauber; unrein (*a* REL)
impureté [ɛ̃pyʀte] *f* **1** Unsauberkeit *f*; Unreinheit *f*; **2 ~s** *pl* Verunreinigungen *f/pl*
imputable [ɛ̃pytabl(ə)] *adj* ***être ~ à qc*** auf etw (*acc*) zurückzuführen sein
imputer [ɛ̃pyte] *v/t* **1 *~ qc à qn*** j-m etw anlasten; **2 *~ qc à qc*** etw auf etw (*acc*) zurückführen; **3** FIN ***~ à, sur qc*** auf etw (*acc*) anrechnen
imputrescible [ɛ̃pytʀesibl(ə)] *adj* unverweslich; nicht verfaulend
in [in] *adj* ⟨*inv*⟩ F in; ***une boîte ~*** ein Lokal, das gerade in ist
inabordable [inabɔʀdabl(ə)] *adj* unerschwinglich
inacceptable [inaksɛptabl(ə)] *adj* unannehmbar; inakzeptabel; unzumutbar
inaccessible [inaksesibl(ə)] *adj* **1** *lieu* unerreichbar (***à qn*** für j-n) (*a fig but*); unzugänglich (*a fig texte*); **2** *personne* unnahbar; unzugänglich; ***~ à la pitié*** für Mitleid unempfänglich
inaccoutumé [inakutyme] *adj* ⟨~e⟩ ungewohnt
inachevé [inaʃve] *adj* ⟨~e⟩ unvollendet
inactif [inaktif] *adj* ⟨-ive [-iv]⟩ **1** untätig; tatenlos; inaktiv; ***rester ~*** untätig bleiben; **2** ÉCON nicht erwerbs-, berufstätig
inaction [inaksjõ] *f* Untätigkeit *f*; Nichtstun *n*
inadapté [inadapte] *adj* ⟨~e⟩ *enfant* verhaltensgestört
inadéquat [inadekwa] *adj* ⟨-ate [-at]⟩ unangemessen; inadäquat
inadmissible [inadmisibl(ə)] *adj* unzulässig; inakzeptabel; indiskutabel
inadvertance [inadvɛʀtɑ̃s] ***par ~*** aus Versehen; versehentlich
inaliénable [inaljenabl(ə)] *adj* JUR unveräußerlich
inaltérable [inalteʀabl(ə)] *adj* unveränderlich; *fig a* unwandelbar
inamical [inamikal] *adj* ⟨~e; -aux [-o]⟩ unfreundlich
inamovible [inamɔvibl(ə)] *adj* JUR unabsetzbar; nicht versetzbar
inanimé [inanime] *adj* ⟨~e⟩ *personne* leblos; *matière* unbelebt
inanition [inanisjõ] *f* Entkräftung *f*; ***tomber d'~*** vor Hunger sterben
inaperçu [inapɛʀsy] *adj* ⟨~e⟩ ***passer ~*** unbemerkt bleiben; nicht auffallen
inappréciable [inapʀesjabl(ə)] *adj* unschätzbar
inapte [inapt] *adj* untauglich, ungeeignet (***à*** für); MIL wehruntauglich
inaptitude [inaptityd] *f* Untauglichkeit *f*
inarticulé [inaʀtikyle] *adj* ⟨~e⟩ unartikuliert
inassouvi [inasuvi] *st/s adj* ⟨~e⟩ ungestillt
inattaquable [inatakabl(ə)] *adj* unangreifbar; *théorie a* unanfechtbar
inattendu [inatɑ̃dy] *adj* ⟨~e⟩ unerwartet; unvermutet; unverhofft; überraschend
inatten|tif [inatɑ̃tif] *adj* ⟨-ive [-iv]⟩ unaufmerksam; unachtsam; achtlos; **~tion** [-sjõ] *f* Unaufmerksamkeit *f*
inaudible [inodibl(ə)] *adj* **1** unhörbar; **2** *à peine* kaum hörbar, vernehmbar
inaugur|al [inogyʀal] *adj* ⟨~e; -aux [-o]⟩ Eröffnungs…; Einweihungs…; **~ation** [-asjõ] *f* Einweihung *f*; (feierliche) Eröffnung
inaugurer [inogyʀe] *v/t* **1** *monument, édifice* einweihen (*a plais*); (feierlich) eröffnen; **2** *fig* einleiten; *méthode* einführen
inavouable [inavwabl(ə)] *adj* den, die, das man nicht eingestehen kann
inavoué [inavwe] *adj* ⟨~e⟩ uneingestanden
inca [ɛ̃ka] **I** *adj* ⟨*inv*⟩ Inka…; **II** *m/pl* **♀s** Inka(s) *m/pl*
incalculable [ɛ̃kalkylabl(ə)] *adj* unberechenbar; unkalkulierbar
incandesc|ence [ɛ̃kɑ̃desɑ̃s] *f* Glühen *n*; Weißglut *f*; **~ent** [-ɑ̃] *adj* ⟨-ente [-ɑ̃t]⟩ glühend
incantation [ɛ̃kɑ̃tasjõ] *f* Beschwörung *f*; *paroles a* Zauberformel *f*
incapable [ɛ̃kapabl(ə)] **I** *adj* unfähig; ***~ de*** (+ *inf*) unfähig, nicht in der Lage, nicht imstande zu (+ *inf*); **II** *m,f* Unfähige(r) *f(m)*; Nichtskönner(in) *m(f)*
incapacité [ɛ̃kapasite] *f* **1** Unfähigkeit *f*; ***être dans l'~ de*** (+ *inf*) nicht in der Lage sein zu (+ *inf*); **2 ~ *(de travail)*** Arbeitsunfähigkeit *f*
incarcér|ation [ɛ̃kaʀseʀasjõ] *f* Inhaftie-

I

rung *f*; **~er** [-e] *v/t* ⟨-è-⟩ inhaftieren; gefangen setzen

incarnation [ɛ̃karnasjõ] *f* **1** REL Inkarnation *f*; Menschwerdung *f*; **2** *fig* Verkörperung *f*

incarné [ɛ̃karne] *adj* ⟨~e⟩ *ongle* eingewachsen

incarner [ɛ̃karne] **I** *v/t* verkörpern (*a* THÉ); **II** *v/pr* **s'~ 1** REL Mensch werden; **2** *espoirs, etc* sich verkörpern (**en qn** in j-m)

incartade [ɛ̃kartad] *f* Dummheit *f*; Streich *m*; Torheit *f*

incassable [ɛ̃kasabl(ə)] *adj* unzerbrechlich; *fil* unzerreißbar

incendiaire [ɛ̃sɑ̃djɛr] **I** *adj* **1** Brand…; **2** *fig propos* Hetz…; aufrührerisch; *œillade* aufreizend; **II** *m,f* Brandstifter(in) *m(f)*

▸**incendie** [ɛ̃sɑ̃di] *m* Brand *m*; (Schaden-, Groß)Feuer *n*; **~ volontaire** Brandstiftung *f*; **~ de forêt** Waldbrand *m*

incendier [ɛ̃sɑ̃dje] *v/t* **1** in Brand stecken; **2** F **~ qn** F j-n rüffeln, abkanzeln

incertain [ɛ̃sɛrtɛ̃] *adj* ⟨-aine [-ɛn]⟩ **1** unsicher; ungewiss; *temps* unbeständig; *contours* unbestimmt; **2** *personne* unschlüssig; unsicher

incertitude [ɛ̃sɛrtityd] *f* Ungewissheit *f*; Unsicherheit *f*

incess|amment [ɛ̃sesamɑ̃] *adv* gleich; unverzüglich; **~ant** [-ɑ̃] *adj* ⟨-ante [-ɑ̃t]⟩ unaufhörlich; unablässig; ständig

inceste [ɛ̃sɛst] *m* Blutschande *f*; Inzest *m*

incestueux [ɛ̃sɛstɥø] *adj* ⟨-euse [-øz]⟩ blutschänderisch; inzestuös

inchangé [ɛ̃ʃɑ̃ʒe] *adj* ⟨~e⟩ unverändert

incidemment [ɛ̃sidamɑ̃] *adv* beiläufig

incidence [ɛ̃sidɑ̃s] *f* Auswirkung *f* (**sur** auf + *acc*)

▸**incident** [ɛ̃sidɑ̃] *m* Zwischenfall *m*; NUCL Störfall *m*; **~ technique** Betriebsstörung *f*; **~ de parcours** Panne *f*; Missgeschick *n*

incinérateur [ɛ̃sineratœr] *m* Müllverbrennungsofen *m*

incinér|ation [ɛ̃sinerasjõ] *f* Einäscherung *f* (*surtout des morts*); Verbrennung *f* (zu Asche); **~er** [-e] *v/t* ⟨-è-⟩ einäschern; verbrennen

incise [ɛ̃siz] *f* eingeschobener Satz

inciser [ɛ̃size] *v/t* einschneiden; *abcès* aufschneiden

incisif [ɛ̃sizif] *adj* ⟨-ive [-iv]⟩ *ton* schneidend; bissig; *ironie, critique* beißend

incision [ɛ̃sizjõ] *f* (Ein)Schnitt *m*

incisive [ɛ̃siziv] *f* Schneidezahn *m*

incitation [ɛ̃sitasjõ] *f* Anreiz *m*, Anregung *f* (**à qc** zu etw)

inciter [ɛ̃site] *v/t* anreizen, anregen, veranlassen (**à** + *inf* zu + *inf*; **à qc** zu etw); **~ à la révolte** aufwiegeln

inclinaison [ɛ̃klinɛzõ] *f* Neigung *f*

inclination [ɛ̃klinasjõ] *f* **1** *du corps* Verneigung *f*; Verbeugung *f*; *de tête* Nicken *n*; **2** (*penchant*) Neigung *f* (**pour** für)

incliné [ɛ̃kline] *adj* ⟨~e⟩ geneigt; schräg; abfallend; PHYS **plan ~** schiefe Ebene

incliner [ɛ̃kline] **I** *v/t* neigen; schräg halten, stellen; **II** *v/i* **~ à** (+ *inf*) dazu neigen zu (+ *inf*); **III** *v/pr* **s'~ 1** (*se courber*) sich verneigen, sich verbeugen (**devant** vor + *dat*); **2** (*se soumettre*) sich beugen, sich fügen (**devant** *dat*)

inclure [ɛ̃klyr] *v/t* ⟨→ conclure; *p/p* inclus⟩ **1** (*insérer*) beifügen, beilegen (**dans une lettre** e-m Brief); *clause* einbeziehen (**dans** in + *acc*); **2** (*impliquer*) einschließen

inclus [ɛ̃kly] *p/p* → **inclure** *et adj* ⟨-use [-yz]⟩ einschließlich

inclusivement [ɛ̃klyzivmɑ̃] *adv* einschließlich

incoercible [ɛ̃kɔɛrsibl(ə)] *adj rire, toux* nicht zu unterdrücken(d)

incognito [ɛ̃kɔɲito] **I** *adv* inkognito; **II** *m* **garder l'~** das Inkognito wahren

incohérent [ɛ̃kɔerɑ̃] *adj* ⟨-ente [-ɑ̃t]⟩ unzusammenhängend; zusammenhang(s)los

incollable [ɛ̃kɔlabl(ə)] F *adj* unschlagbar

incolore [ɛ̃kɔlɔr] *adj* farblos (*a fig style*)

incomber [ɛ̃kõbe] *v/t/indir* **~ à qn** j-m obliegen, zukommen

incombustible [ɛ̃kõbystibl(ə)] *adj* nicht brennbar

incommensurable [ɛ̃kɔmɑ̃syrabl(ə)] *adj* **1** MATH inkommensurabel; **2** *fig* (*démesuré*) maßlos

incommoder [ɛ̃kɔmɔde] *v/t* belästigen; stören

incomparable [ɛ̃kõparabl(ə)] *adj* unvergleichlich; unübertrefflich

incompatible [ɛ̃kõpatibl(ə)] *adj* unvereinbar (***avec*** mit); inkompatibel (*a* MÉD, INFORM)

incompét|ence [ɛ̃kõpetɑ̃s] *f* **1** Inkompetenz *f*; Unkenntnis *f*; **2** JUR Inkompetenz *f*; Unzuständigkeit *f*; **~ent** [-ɑ̃] *adj* ⟨-ente [-ɑ̃t]⟩ inkompetent; JUR *a* unzuständig

incomplet [ɛ̃kõplɛ] *adj* ⟨-ète [-ɛt]⟩ unvollständig

incompréhens|ible [ɛ̃kõpʀeɑ̃sibl(ə)] *adj* unverständlich; **~ion** [-jõ] *f* Unverständnis *n*

incompris [ɛ̃kõpʀi] *adj* ⟨-ise [-iz]⟩ unverstanden (*a iron*)

inconcevable [ɛ̃kõs(ə)vabl(ə)] *adj* unbegreiflich; unfassbar; unvorstellbar

inconciliable [ɛ̃kõsiljabl(ə)] *adj* unvereinbar (***avec*** mit)

inconditionnel [ɛ̃kõdisjɔnɛl] **I** *adj* ⟨~le⟩ bedingungslos; uneingeschränkt; **II** *m* bedingungsloser Anhänger

inconduite [ɛ̃kõdɥit] *f* schlechter Lebenswandel

inconfort [ɛ̃kõfɔʀ] *m* Unbequemlichkeit *f*

inconfortable [ɛ̃kõfɔʀtabl(ə)] *adj* unbequem

incongru [ɛ̃kõgʀy] *adj* ⟨~e⟩ unpassend; unschicklich

▸**inconnu** [ɛ̃kɔny] **I** *adj* ⟨~e⟩ unbekannt (***à, de qn*** j-m); **II** *subst* **1** ***~(e)*** *m(f)* Unbekannte(r) *f(m)*; **2** ***l'~*** *m* (*ce qui est ~*) das Unbekannte; **3** MATH ***~e*** *f* Unbekannte *f* (*a fig*)

inconsciemment [ɛ̃kõsjamɑ̃] *adv* unbewusst

inconscience [ɛ̃kõsjɑ̃s] *f* **1** Unüberlegtheit *f*; Leichtfertigkeit *f*; **2** MÉD Bewusstlosigkeit *f*

inconscient [ɛ̃kõsjɑ̃] **I** *adj* ⟨-ente [-ɑ̃t]⟩ **1** (*irréfléchi*) unüberlegt; leichtfertig; **2** *réaction* unbewusst; **3** MÉD bewusstlos; **II** *subst* **1** ***~(e)*** *m(f)* Leichtfertige(r) *f(m)*; *p/fort* Leichtsinnige(r) *f(m)*; **2** PSYCH ***l'~*** *m* das Unbewusste

inconséqu|ence [ɛ̃kõsekɑ̃s] *f* Inkonsequenz *f*; **~ent** [-ɑ̃] *adj* ⟨-ente [-ɑ̃t]⟩ inkonsequent

inconsidéré [ɛ̃kõsideʀe] *adj* ⟨~e⟩ unüberlegt; unbesonnen; unbedacht

inconsistant [ɛ̃kõsistɑ̃] *adj* ⟨-ante [-ɑ̃t]⟩ **1** *théorie* haltlos; *programme* substanzlos; **2** *personne* unbeständig; haltlos

inconsolable [ɛ̃kõsɔlabl(ə)] *adj* untröstlich

inconstant [ɛ̃kõstɑ̃] *adj* ⟨-ante [-ɑ̃t]⟩ unbeständig; unstet; wankelmütig

incontestable [ɛ̃kõtɛstabl(ə)] *adj* unbestreitbar

incontesté [ɛ̃kõtɛste] *adj* ⟨~e⟩ unbestritten; (allgemein) anerkannt

incontin|ence [ɛ̃kõtinɑ̃s] *f* MÉD Inkontinenz *f*; **~ent** [-ɑ̃] *adj* ⟨-ente [-ɑ̃t]⟩ an Inkontinenz leidend

incontournable [ɛ̃kõtuʀnabl(ə)] *adj* unumgänglich

incontrôlable [ɛ̃kõtʀolabl(ə)] *adj* unkontrollierbar

inconven|ance [ɛ̃kõvnɑ̃s] *f* Unschicklichkeit *f*; Ungebührlichkeit *f*; **~ant** [-ɑ̃] *adj* ⟨-ante [-ɑ̃t]⟩ unschicklich; ungebührlich

▸**inconvénient** [ɛ̃kõvenjɑ̃] *m* Nachteil *m*; ***je n'y vois pas d'~*** ich habe nichts dagegen

incorporation [ɛ̃kɔʀpɔʀasjõ] *f* MIL Einberufung *f*

incorporer [ɛ̃kɔʀpɔʀe] *v/t* **1** *substance* **~ *dans*** *ou* ***à qc*** e-r Sache (*dat*) beimengen; **2** *par ext* **~ *dans qc*** e-r Sache (*dat*) einverleiben; in etw (*acc*) einfügen; TECH ***incorporé*** eingebaut; integriert; **3** MIL einberufen (***dans*** zu)

incorrect [ɛ̃kɔʀɛkt] *adj* ⟨~e⟩ **1** un-, inkorrekt; unrichtig; **2** *personne* nicht korrekt (***avec qn*** j-m gegenüber)

incorrection [ɛ̃kɔʀɛksjõ] *f* Un-, Inkorrektheit *f* (*a = impolitesse*); Unrichtigkeit *f*

incorrigible [ɛ̃kɔʀiʒibl(ə)] *adj* unverbesserlich

incorruptible [ɛ̃kɔʀyptibl(ə)] *adj* unbestechlich

incrédul|e [ɛ̃kʀedyl] *adj* ungläubig; skeptisch; **~ité** [-ite] *f* Unglaube(n) *m*; Ungläubigkeit *f*

increvable [ɛ̃kʀəvabl(ə)] *adj* **1** F *personne* unverwüstlich; F nicht totzukriegen(d); **2** *pneu* pannensicher

incriminer [ɛ̃kʀimine] *v/t* beschuldigen

▸**incroyable** [ɛ̃kʀwajabl(ə)] *adj* unglaublich

incroyant [ɛ̃kʀwajɑ̃] **I** *adj* ⟨-ante [-ɑ̃t]⟩ ungläubig; **II** ***~(e)*** *m(f)* Ungläubige(r) *f(m)*

incrustation [ɛ̃kʀystasjõ] *f* Einlegearbeit *f*; Intarsien *f/pl*

I

incruster [ɛ̃kʀyste] **I** *adjt* ***incrusté de nacre*** mit Perlmuttintarsien (verziert); **II** *v/pr* ***s'~*** **1** sich festsetzen (***dans*** in + *dat*); **2** *visiteur* sich einnisten (***chez qn*** bei j-m)

incubation [ɛ̃kybasjõ] *f* **1** ZO Brüten *n*; **2** MÉD Inkubation(szeit) *f*; **3** *fig* latentes Vorstadium

inculpation [ɛ̃kylpasjõ] *f* Be-, Anschuldigung *f*

inculp|é(e) [ɛ̃kylpe] *m(f)* Beschuldigte(r) *f(m)*; Angeschuldigte(r) *f(m)*; **~er** [-e] *v/t* be-, anschuldigen (***d'un crime*** e-s Verbrechens)

inculquer [ɛ̃kylke] *v/t* ***~ qc à qn*** j-m etw beibringen, einschärfen

inculte [ɛ̃kylt] *adj* **1** AGR unbebaut; **2** *personne* ungebildet

incurable [ɛ̃kyʀabl(ə)] *adj* **1** *maladie* unheilbar; *malade* unheilbar krank; **2** *fig* unverbesserlich

I

incurie [ɛ̃kyʀi] *f* Fahrlässigkeit *f*; Nachlässigkeit *f*

incursion [ɛ̃kyʀsjõ] *f* **1** MIL Einfall *m*; **2** *fig* Abstecher *m* (***dans*** in + *acc*)

incurvé [ɛ̃kyʀve] *adj* ⟨~e⟩ gekrümmt; gebogen

▸ **Inde** [ɛ̃d] ***l'~*** *f* Indien *n*

indécence [ɛ̃desɑ̃s] *f* Anstößigkeit *f*

indécent [ɛ̃desɑ̃] *adj* ⟨-ente [-ɑ̃t]⟩ **1** *tenue, propos* unschicklich; anstößig; **2** *luxe* unverschämt

indéchiffrable [ɛ̃deʃifʀabl(ə)] *adj* nicht entzifferbar

indécis [ɛ̃desi] *adj* ⟨-ise [-iz]⟩ **1** *personne* unentschlossen; unschlüssig; **2** *problème, victoire* unentschieden; **3** (*vague*) unbestimmt

indécision [ɛ̃desizjõ] *f* Unschlüssigkeit *f*

indécrottable [ɛ̃dekʀɔtabl(ə)] F *adj* unverbesserlich

indéfendable [ɛ̃defɑ̃dabl(ə)] *adj* unhaltbar; *fig thèse a* unvertretbar

indéfini [ɛ̃defini] *adj* ⟨~e⟩ **1** GR unbestimmt; indefinit; **2** (*vague*) unbestimmt; *quantité* unbegrenzt; **~ment** [-mɑ̃] *adv* auf unbestimmte Zeit; unbegrenzt

indéfinissable [ɛ̃definisabl(ə)] *adj* undefinierbar; *charme* unerklärlich

indéformable [ɛ̃defɔʀmabl(ə)] *adj* formbeständig

indélébile [ɛ̃delebil] *adj tache* nicht zu entfernen(d); *fig* unauslöschlich

indélicat [ɛ̃delika] *adj* ⟨-ate [-at]⟩ **1** (*sans tact*) rücksichts-, taktlos; **2** (*malhonnête*) unredlich

indemne [ɛ̃dɛmn(ə)] *adj* unverletzt; unversehrt

indemnis|ation [ɛ̃dɛmnizasjõ] *f* Entschädigung *f*; **~er** [-e] *v/t* entschädigen (***qn de qc*** j-n für etw)

indemnité [ɛ̃dɛmnite] *f* Entschädigung *f*; Schaden(s)ersatz *m*; Vergütung *f*; ***~ journalière*** Krankengeld *n*; ***~ parlementaire*** Diäten *pl*; ***~ de licenciement*** Abfindung *f*

indéniable [ɛ̃denjabl(ə)] *adj* unleugbar

indépendamment [ɛ̃depɑ̃damɑ̃] *prép* ***~ de*** **1** (*sans égard à*) unabhängig von (+ *dat*); ungeachtet (+ *gén*); **2** (*en plus de*) zusätzlich zu (+ *dat*)

▸ **indépendance** [ɛ̃depɑ̃dɑ̃s] *f* Unabhängigkeit *f* (*a* POL); Selbstständigkeit *f*

▸ **indépendant** [ɛ̃depɑ̃dɑ̃] *adj* ⟨-ante [-ɑ̃t]⟩ **1** unabhängig (***de*** von); selbstständig (*a travailleur*); **2** *chambre* mit separatem Eingang

indépendantiste [ɛ̃depɑ̃dɑ̃tist] **I** *adj* ***mouvement ~*** Unabhängigkeitsbewegung *f*; **II** *m,f* Mitglied *n* der Unabhängigkeitsbewegung; Freiheitskämpfer (-in) *m(f)*

indescriptible [ɛ̃dɛskʀiptibl(ə)] *adj* unbeschreiblich

indésirable [ɛ̃deziʀabl(ə)] *adj* unerwünscht

indestructible [ɛ̃dɛstʀyktibl(ə)] *adj* unzerstörbar

indéterminé [ɛ̃detɛʀmine] *adj* ⟨~e⟩ unbestimmt

index [ɛ̃dɛks] *m* **1** ANAT Zeigefinger *m*; **2** (*liste*) Register *n*; Namen(s)-, Stichwortverzeichnis *n*; **3** *fig* ***mettre à l'~*** auf den Index setzen

indexer [ɛ̃dɛkse] *v/t* ÉCON binden (*sur* an + *acc*); ***indexé*** indexgebunden

indic [ɛ̃dik] *m* F *abr* (*indicateur*) Spitzel *m*

indicateur [ɛ̃dikatœʀ] **I** *adj* ⟨-trice [-tʀis]⟩ Hinweis…; ***panneau ~*** Hinweisschild *n*, -tafel *f*; **II** *m* **1** ***~*** (***des chemins de fer***) Kursbuch *n*; **2** (*mouchard*) (Polizei)Spitzel *m*; **3** TECH Anzeiger *m*; ***~ d'altitude*** Höhenmesser *m*; **4** CHIM, ÉCON Indikator *m*

indicatif [ɛ̃dikatif] **I** *adj* ⟨-ive [-iv]⟩ ***prix ~*** Richtpreis *m*; ***à titre ~*** zur Information, Orientierung; als Hinweis; **II** *m* **1** GR Indikativ *m*; **2** *d'une émission* Kennmelodie *f*; Indikativ *n*; **3** TÉL Vorwahl *f*

indication [ɛ̃dikasjõ] *f* Angabe *f*; Hinweis *m*

indice [ɛ̃dis] *m* **1** (*signe*) Anzeichen *n*; Indiz *n* (*a* JUR); Hinweis *m*; **2** (*taux*) Index(ziffer) *m(f)*; ***~ du coût de la vie*** Lebenshaltungsindex *m*; ***~ d'écoute*** Einschaltquote *f*; ***~ d'octane*** Oktanzahl *f*

indicible [ɛ̃disibl(ə)] *adj* unsagbar

▸ **indien** [ɛ̃djɛ̃] **I** *adj* ⟨-ienne [-jɛn]⟩ **1** (*d'Inde*) indisch; **2** (*d'Amérique*) indianisch; **II** ♀(***ne***) *m(f)* **1** *de l'Inde* Inder(in) *m(f)*; **2** *d'Amérique du Nord* Indianer(in) *m(f)*; *d'Amérique latine* Indio(frau) *m(f)*

indifféremment [ɛ̃diferamɑ̃] *adv* unterschiedslos; in gleicher Weise

indifférence [ɛ̃diferɑ̃s] *f* Gleichgültigkeit *f*; Indifferenz *f*; Desinteresse *n*

indifférencié [ɛ̃diferɑ̃sje] *adj* ⟨~e⟩ undifferenziert

indifférent [ɛ̃diferɑ̃] *adj* ⟨-ente [-ɑ̃t]⟩ **1** (*peu intéressé*) gleichgültig (***à qc*** gegenüber e-r Sache [*dat*]); teilnahmslos; desinteressiert; **2** (*sans importance*) gleichgültig; unwichtig

indigence [ɛ̃diʒɑ̃s] *f* Bedürftigkeit *f*

indigène [ɛ̃diʒɛn] **I** *adj* **1** (*autochtone*) Eingeborenen…; **2** (*local*) einheimisch; **II** *m,f* Eingeborene(r) *f(m)*

indigent [ɛ̃diʒɑ̃] *adj* ⟨-ente [-ɑ̃t]⟩ **1** bedürftig; Not leidend; arm; **2** *fig* dürftig

indigeste [ɛ̃diʒɛst] *adj* schwer verdaulich; unverdaulich (*a fig*)

indigestion [ɛ̃diʒɛstjõ] *f* Magenverstimmung *f*; verdorbener Magen; *fig* ***avoir une ~ de qc*** von etw genug haben

indignation [ɛ̃diɲasjõ] *f* Entrüstung *f*; Empörung *f*; Unwille(n) *m*

indigne [ɛ̃diɲ] *adj* **1** ***~ de qn, de qc*** j-s, e-r Sache unwürdig, nicht wert; **2** (*odieux*) unwürdig; nichtswürdig; ***parents*** *m/pl* ***~s*** Rabeneltern *pl*

indigné [ɛ̃diɲe] *adj* ⟨~e⟩ entrüstet; empört; indigniert

indigner [ɛ̃diɲe] **I** *v/t* empören; **II** *v/pr* ***s'~*** sich entrüsten, sich empören (***contre qn, de qc*** über j-n, etw)

indigo [ɛ̃digo] *m* **1** Indigo *m ou n*; **2** *adjt* ⟨*inv*⟩ ***bleu*** *m* ***~*** Indigoblau *n*

indiqué [ɛ̃dike] *adj* ⟨~e⟩ **1** (*conseillé*) angebracht; angezeigt; ratsam; MÉD indiziert; **2** *lieu, heure* angegeben; ***être ~ sur*** (*être écrit*) stehen auf (+ *dat*)

▸ **indiquer** [ɛ̃dike] *v/t* **1** (*montrer*) zeigen, (hin)weisen, deuten auf (+ *acc*); *chemin* zeigen; weisen; *direction, température* anzeigen; angeben; **2** (*faire connaître*) ***~ qc*** (***à qn***) (j-n) auf etw (*acc*) hinweisen; (j-m) etw angeben, nennen; **3** (*dénoter*) ***~ qc*** auf etw (*acc*) hinweisen, hindeuten

indirect [ɛ̃dirɛkt] *adj* ⟨~e⟩ indirekt; *cause, effet a* mittelbar

indiscipline [ɛ̃disiplin] *f* Disziplinlosigkeit *f*

indiscipliné [ɛ̃disipline] *adj* ⟨~e⟩ undiszipliniert; disziplinlos

indiscret [ɛ̃diskrɛ] *adj* ⟨-ète [-ɛt]⟩ indiskret; *personne a* taktlos; aufdringlich

indiscrétion [ɛ̃diskresjõ] *f* Indiskretion *f* (*a parole*); (*manque de tact*) Taktlosigkeit *f*; ***sans ~*** … ohne indiskret sein zu wollen …

indiscutable [ɛ̃diskytabl(ə)] *adj* unbestreitbar

▸ **indispensable** [ɛ̃dispɑ̃sabl(ə)] **I** *adj* unerlässlich; unentbehrlich (*a personne*); unbedingt erforderlich; **II** ***l'~*** *m* das Allernotwendigste

indisponible [ɛ̃dispɔnibl(ə)] *adj* nicht verfügbar; *personne a* unabkömmlich

indisposé [ɛ̃dispoze] *adj* ⟨~e⟩ unpässlich; unwohl

indisposer [ɛ̃dispoze] *v/t* **1** (*rendre malade*) ***~ qn*** das Wohlbefinden j-s beeinträchtigen; **2** (*fâcher*) verstimmen; verärgern

indissociable [ɛ̃disɔsjabl(ə)] *adj* untrennbar (miteinander verbunden)

indissoluble [ɛ̃disɔlybl(ə)] *adj* unauflöslich

indistinct [ɛ̃distɛ̃] *adj* ⟨-incte [-ɛ̃kt]⟩ undeutlich

indistinctement [ɛ̃distɛ̃ktəmɑ̃] *adv* **1** *voir, parler* undeutlich; **2** (*indifféremment*) ohne Unterschied

individu [ɛ̃dividy] *m* Individuum *n* (*a péj*); Einzelwesen *n*; Einzelperson *f*; ***l'~*** *a* der Einzelne

individual|iser [ɛ̃dividɥalize] *v/t* individualisieren; individuell gestalten;

I

~isme [-ism(ə)] *m* Individualismus *m*; **~iste** [-ist] **I** *adj* individualistisch; **II** *m,f* Individualist(in) *m(f)*; **~ité** [-ite] *f* Individualität *f*; Eigenart *f*
individuel [ɛ̃dividɥɛl] *adj* ⟨~le⟩ individuell; persönlich; Einzel…; ***chambre ~le*** Einzelzimmer *n*; ***maison ~le*** Einfamilienhaus *n*
indivisible [ɛ̃divizibl(ə)] *adj* unteilbar
Indochine [ɛ̃dɔʃin] HIST ***l'~*** *f* Indochina *n*
indo-européen [ɛ̃doœʀɔpeɛ̃] *adj* ⟨-enne [-ɛn]⟩ indogermanisch, -europäisch
indol|ence [ɛ̃dɔlɑ̃s] *f* Trägheit *f*; **~ent** [-ɑ̃] *adj* ⟨-ente [-ɑ̃t]⟩ träg(e); indolent
indolore [ɛ̃dɔlɔʀ] *adj* schmerzlos
indomptable [ɛ̃dɔ̃tabl(ə)] *adj* un(be)zähmbar; *caractère* unbeugsam
Indonésie [ɛ̃dɔnezi] ***l'~*** *f* Indonesien *n*
indonésien [ɛ̃dɔnezjɛ̃] **I** *adj* ⟨-ienne [-jɛn]⟩ indonesisch; **II** **Ձ(*ne*)** *m(f)* Indonesier(in) *m(f)*
indu [ɛ̃dy] *adj* ⟨~e⟩ ***à une heure ~e*** zu unpassender Stunde
indubitable [ɛ̃dybitabl(ə)] *adj* unzweifelhaft
induction [ɛ̃dyksjɔ̃] *f* ÉLECT, PHILOS Induktion *f*
induire [ɛ̃dɥiʀ] *v/t* ⟨→ conduire⟩ **1** ***~ en erreur*** irreführen; **2** ÉLECT induzieren
indulgence [ɛ̃dylʒɑ̃s] *f* **1** Nachsicht *f*; ***avec, sans ~*** nachsichtig, unnachsichtig; **2** CATH Ablass *m*
indulgent [ɛ̃dylʒɑ̃] *adj* ⟨-ente [-ɑ̃t]⟩ nachsichtig
industrial|isation [ɛ̃dystʀijalizasjɔ̃] *f* Industrialisierung *f*; **~iser** [-ize] *v/t* industrialisieren
▸**industrie** [ɛ̃dystʀi] *f* **1** Industrie *f*; ***~ textile*** Textilindustrie *f*; **2** (*secteur d'activité*) Industrie(zweig) *f(m)*; Gewerbe *n*
▸**industriel** [ɛ̃dystʀijɛl] **I** *adj* ⟨~le⟩ Industrie…; industriell; gewerblich; ***région ~le*** Industriegebiet *n*; F *fig* ***en quantité ~le*** in sehr großer Menge; massenweise, -haft; **II** *m* Industrielle(r) *m*
inébranlable [inebʀɑ̃labl(ə)] *adj* unerschütterlich
inédit [inedi] **I** *adj* ⟨-ite [-it]⟩ **1** (noch) unveröffentlicht; **2** *fig* ganz neu; noch nicht da gewesen; **II** *m* (noch) unveröffentlichtes Werk
ineffable [inefabl(ə)] *adj st/s joie* unaussprechlich; unsagbar
inefficace [inefikas] *adj* unwirksam; wirkungslos; *personne* leistungsschwach
inégal [inegal] *adj* ⟨~e; -aux [-o]⟩ **1** ungleich; **2** (*irrégulier*) ungleichmäßig; *pouls* unregelmäßig; **3** *sol* uneben
inégalable [inegalabl(ə)] *adj* unerreichbar; unvergleichlich
inégalé [inegale] *adj* ⟨~e⟩ unerreicht
inégalité [inegalite] *f* **1** Ungleichheit *f*; **2** (*irrégularité*) Ungleichmäßigkeit *f*; *du pouls* Unregelmäßigkeit *f*; **3** *du sol* Unebenheit *f*
inéluctable [inelyktabl(ə)] *adj* unvermeidlich; unabwendbar; unausweichlich
inénarrable [inenaʀabl(ə)] *adj* unbeschreiblich komisch
inepte [inɛpt] *adj* albern; dumm
ineptie [inɛpsi] *f* Albernheit *f*; Dummheit *f*; ***~s*** *pl a* Unsinn *m*
inépuisable [inepɥizabl(ə)] *adj* unerschöpflich
inerte [inɛʀt] *adj* **1** leblos; reg(ungs)los; PHYS träge; **2** *fig* passiv; untätig
inertie [inɛʀsi] *f* **1** PHYS Trägheit *f*; ***force f d'~*** Beharrungsvermögen *n*; *fig* passiver Widerstand; **2** *fig* Passivität *f*; Untätigkeit *f*
inespéré [inɛspeʀe] *adj* ⟨~e⟩ unverhofft
inestimable [inɛstimabl(ə)] *adj* unschätzbar (*a fig*)
inévitable [inevitabl(ə)] *adj* unvermeidlich (*a iron*)
inexact [inɛgza(kt)] *adj* ⟨-acte [-akt]⟩ **1** ungenau; **2** (*en retard*) unpünktlich
inexactitude [inɛgzaktityd] *f* **1** Ungenauigkeit *f*; **2** (*retard*) Unpünktlichkeit *f*
inexcusable [inɛkskyzabl(ə)] *adj* unentschuldbar; unverzeihlich; ***vous êtes ~*** es ist unverzeihlich von Ihnen
inexistant [inegzistɑ̃] *adj* ⟨-ante [-ɑ̃t]⟩ **1** (*absent*) nicht vorhanden; inexistent; **2** (*sans efficacité*) wertlos; bedeutungslos
inexorable [inegzɔʀabl(ə)] *adj* unerbittlich
inexpérience [inɛkspeʀjɑ̃s] *f* Unerfahrenheit *f*
inexpérimenté [inɛkspeʀimɑ̃te] *adj* ⟨~e⟩ unerfahren; ungeübt

inexplicable [inɛksplikabl(ə)] *adj* unerklärlich
inexpliqué [inɛksplike] *adj* ⟨~e⟩ ungeklärt
inexploré [inɛksplɔʀe] *adj* ⟨~e⟩ unerforscht
inexpressif [inɛkspʀesif] *adj* ⟨-ive [-iv]⟩ ausdruckslos
inexprimable [inɛkspʀimabl(ə)] *adj* unaussprechlich; unbeschreiblich
inexprimé [inɛkspʀime] *adj* ⟨~e⟩ unausgesprochen
in extremis [inɛkstʀemis] *adv* in letzter Minute
inextricable [inɛkstʀikabl(ə)] *adj* unentwirrbar; *affaire* verzwickt
infaillibilité [ɛ̃fajibilite] *f* Unfehlbarkeit *f*
infaillible [ɛ̃fajibl(ə)] *adj* unfehlbar
infailliblement [ɛ̃fajibləmɑ̃] *adv* unweigerlich
infaisable [ɛ̃fəzabl(ə)] *adj* nicht machbar
infalsifiable [ɛ̃falsifjabl(ə)] *adj* fälschungssicher
infamant [ɛ̃famɑ̃] *adj* ⟨-ante [-ɑ̃t]⟩ ehrenrührig; entehrend
infâme [ɛ̃fɑm] *adj* **1** infam; niederträchtig; schändlich; **2** (*répugnant*) abscheulich
infamie [ɛ̃fami] *f* Infamie *f*; Schändlichkeit *f*; *action a* Schandtat *f*
infanterie [ɛ̃fɑ̃tʀi] *f* Infanterie *f*
infanticide [ɛ̃fɑ̃tisid] **1** *m,f* Kindesmörder(in) *m(f)*; **2** *m acte* Kindesmord *m*
infantile [ɛ̃fɑ̃til] *adj* **1** MÉD Kinder…; ***mortalité*** *f* **~** Säuglings-, Kindersterblichkeit *f*; **2** *péj* kindisch; infantil
infarctus [ɛ̃faʀktys] *m* Infarkt *m*; **~ *du myocarde*** Herzinfarkt *m*
infatigable [ɛ̃fatigabl(ə)] *adj* unermüdlich
infatué [ɛ̃fatɥe] *adj* ⟨~e⟩ selbstgefällig
infect [ɛ̃fɛkt] *adj* ⟨~e⟩ scheußlich; abscheulich; widerlich (*a personne*)
infecter [ɛ̃fɛkte] *v/t* (*et v/pr* ***s'~*** sich) infizieren
infectieux [ɛ̃fɛksjø] *adj* ⟨-euse [-øz]⟩ Infektions…; ansteckend
infection [ɛ̃fɛksjɔ̃] *f* **1** MÉD Infektion *f*; Ansteckung *f*; **2** (*puanteur*) ***c'est une ~*** es stinkt scheußlich
inféodé [ɛ̃feɔde] *adj* ⟨~e⟩ **~ *à*** abhängig von
inférieur [ɛ̃feʀjœʀ] **I** *adj* ⟨~e⟩ **1** *dans l'espace* untere; Unter…; **2** *dans une hiérarchie* niedere; **~ *à qc*** niedriger als etw; ***être ~ à*** stehen, liegen unter (+ *dat*); **3** *en quantité ou en qualité* unterlegen (***à qn, à qc*** j-m, e-r Sache); ***qualité ~e*** mindere Qualität; **II ~*(e)*** *m(f)* Untergebene(r) *f(m)*
infériorité [ɛ̃feʀjɔʀite] *f* Unterlegenheit *f*; Minderwertigkeit *f* (*a* PSYCH)
infernal [ɛ̃fɛʀnal] *adj* ⟨~e; -aux [-o]⟩ **1** (*de l'enfer*) Höllen…; höllisch; **2** F (*insupportable*) unausstehlich; F infernalisch; ***bruit ~*** Höllenlärm *m*
infester [ɛ̃fɛste] *v/t* heimsuchen; befallen
infidèle [ɛ̃fidɛl] **I** *adj* **1** *ami* treulos; *en amour* untreu; **2** *récit* ungenau; *mémoire* unzuverlässig; **II** *m/pl* ***les ~s*** REL die Ungläubigen *m/pl*
infidélité [ɛ̃fidelite] *f* Untreue *f*; ***faire des ~s à qn*** j-m untreu sein *ou* werden
infiltration [ɛ̃filtʀasjɔ̃] *f* Eindringen *n*; Einsickern *n*; Infiltration *f* (*a* MÉD, POL)
infiltrer [ɛ̃filtʀe] *v/pr* **1** ***s'~*** eindringen (***dans*** in + *acc*); *liquide a* einsickern (in + *acc*); **2** *fig* ***s'~ dans qc*** in etw (*acc*) eindringen; POL etw infiltrieren, unterwandern
infime [ɛ̃fim] *adj* winzig (klein)
infini [ɛ̃fini] **I** *adj* ⟨~e⟩ unendlich (*a* MATH, *fig patience, etc*); endlos; **II** *m* ***l'~*** das Unendliche (*a* PHILOS); MATH ***de zéro à l'~*** von null bis unendlich; PHOT ***régler sur l'~*** auf unendlich stellen
infiniment [ɛ̃finimɑ̃] *adv* unendlich
infinité [ɛ̃finite] *f* ***une ~ de*** e-e Unmenge, e-e Unzahl von (*ou* + *gén*)
infinitif [ɛ̃finitif] *m* Infinitiv *m*
infirme [ɛ̃fiʀm] **I** *adj* verkrüppelt; (körper)behindert; **II** *m,f* Körperbehinderte(r) *f(m)*
infirmer [ɛ̃fiʀme] *v/t* **1** *preuve, etc* entkräften; **2** JUR *jugement* aufheben
infirmerie [ɛ̃fiʀməʀi] *f* Krankenabteilung *f*, -zimmer *n*, -saal *m*
► **infirmier** [ɛ̃fiʀmje] *m* Krankenpfleger *m*; MIL Sanitäter *m*
► **infirm|ière** [ɛ̃fiʀmjɛʀ] *f* Krankenschwester *f*; **~ité** [-ite] *f* Behinderung *f*; Gebrechen *n*
inflammable [ɛ̃flamabl(ə)] *adj* entzünd-

I

bar; feuergefährlich; leicht brennbar
inflamma|tion [ɛ̃flamasjõ] *f* MÉD Entzündung *f*; **~toire** [-twaʀ] *adj* MÉD entzündlich; Entzündungs…
inflation [ɛ̃flasjõ] *f* Inflation *f* (*a fig*)
inflationniste [ɛ̃flasjɔnist] *adj* inflationär; Inflations…
infléchir [ɛ̃fleʃiʀ] **I** *v/t* e-e andere Richtung geben (+ *dat*); **II** *v/pr* **s'~ 1** e-e Biegung machen; **2** *fig* e-e andere Richtung nehmen
inflexible [ɛ̃flɛksibl(ə)] *adj* unbeugsam (*a volonté*); unnachgiebig; unerbittlich
inflexion [ɛ̃flɛksjõ] *f* **1** Biegung *f*; *du corps* Beugung *f*; **2** *de la voix* Tonfall *m*; **3** LING Umlaut *m*
infliger [ɛ̃fliʒe] *v/t* ⟨-ge-⟩ **~ à qn** *punition* j-m auferlegen; gegen j-n verhängen; *pertes, défaite* j-m zufügen, beibringen; *humiliation* j-m zufügen
influençable [ɛ̃flyɑ̃sabl(ə)] *adj* (leicht) beeinflussbar
▸ **influence** [ɛ̃flyɑ̃s] *f* Einfluss *m* (**sur** auf + *acc*)
▸ **influencer** [ɛ̃flyɑ̃se] *v/t* ⟨-ç-⟩ beeinflussen
influent [ɛ̃flyɑ̃] *adj* ⟨-ente [-ɑ̃t]⟩ einflussreich
influer [ɛ̃flye] *v/i* **~ sur** Einfluss haben auf (+ *acc*); beeinflussen
info [ɛ̃fo] *f* F *abr* → **information** 2
informa|teur [ɛ̃fɔʀmatœʀ] *m*, **~trice** [-tʀis] *f* Informant(in) *m(f)*
informatic|ien [ɛ̃fɔʀmatisjɛ̃] *m*, **~ienne** [-jɛn] *f* Informatiker(in) *m(f)*; EDV-Fachmann *m*, -frau *f*
▸ **information** [ɛ̃fɔʀmasjõ] *f* **1** *action* Information *f*; Unterrichtung *f*; Informierung *f*; **2** (*renseignement*) Information *f*; Auskunft *f*; Mitteilung *f*; (*nouvelle*) Nachricht *f*; PRESSE *a* Meldung *f*; **~s télévisées** Fernsehnachrichten *f/pl*; **3** INFORM Information *f*; **traitement** *m* **de l'~** Datenverarbeitung *f*; **4** JUR Ermittlungen *f/pl*
▸ **informatique** [ɛ̃fɔʀmatik] **I** *adj* EDV-…; Computer…; **II** *f science* Informatik *f*; *techniques* EDV *f*; elektronische Datenverarbeitung
informatiser [ɛ̃fɔʀmatize] *v/t* auf EDV umstellen; computerisieren; *adjt* **informatisé** Computer…
informe [ɛ̃fɔʀm] *adj* formlos; unförmig; ungestaltet
informel [ɛ̃fɔʀmɛl] *adj* ⟨~le⟩ informell; formlos
▸ **informer** [ɛ̃fɔʀme] **I** *v/t* **~ qn de qc** j-n über etw (*acc*) unterrichten, informieren; j-n von etw in Kenntnis setzen, benachrichtigen; **milieux bien informés** gut unterrichtete Kreise *m/pl*; **II** *v/pr* **s'~** sich informieren
infortune [ɛ̃fɔʀtyn] *st/s f* Unglück *n*
infortuné [ɛ̃fɔʀtyne] *st/s adj* ⟨~e⟩ unglücklich; leidgeprüft
infraction [ɛ̃fʀaksjõ] *f* Zuwiderhandlung *f*; Verstoß *m* (**à** gegen); Übertretung *f* (**à** *gén*)
infranchissable [ɛ̃fʀɑ̃ʃisabl(ə)] *adj* unüberwindlich
infrarouge [ɛ̃fʀaʀuʒ] **I** *adj* infrarot; **II** *m* Infrarot *n*
infrastructure [ɛ̃fʀastʀyktyʀ] *f* Infrastruktur *f*
infroissable [ɛ̃fʀwasabl(ə)] *adj* knitterfrei
infructueux [ɛ̃fʀyktɥø] *adj* ⟨-euse [-øz]⟩ fruchtlos; erfolglos; ergebnislos
infuse [ɛ̃fyz] *adj* **avoir la science ~** F die Weisheit mit Löffeln gefressen haben
infuser [ɛ̃fyze] *v/t* **laisser, faire ~** aufgießen; ziehen lassen
infusette [ɛ̃fyzɛt] *f* Aufgussbeutel *m*
infusion [ɛ̃fyzjõ] *f* (Kräuter)Tee *m*; Aufguss *m*

⚠ **infusion**	≠	**Infusion**
l'infusion *f*	=	der Kräutertee
die Infusion	=	la perfusion

ingénier [ɛ̃ʒenje] *v/pr* **s'~ à** (+ *inf*) sich alle Mühe geben zu (+ *inf*)
ingénierie [ɛ̃ʒeniʀi] *f* Engineering *n*
▸ **ingénieur** [ɛ̃ʒenjœʀ] *m* Ingenieur *m*
ingénieux [ɛ̃ʒenjø] *adj* ⟨-euse [-øz]⟩ *personne* findig; einfallsreich; erfinderisch; *invention, etc* sinnreich; geschickt
ingéniosité [ɛ̃ʒenjozite] *f* Findigkeit *f*; Einfallsreichtum *m*
ingénu [ɛ̃ʒeny] **I** *adj* ⟨~e⟩ treuherzig; naiv; unbefangen; **II** *f* **~e** THÉ Naive *f*
ingénuité [ɛ̃ʒenɥite] *f* Treuherzigkeit *f*
ingérable [ɛ̃ʒeʀabl(ə)] *adj* *situation* nicht *ou* kaum zu bewältigen(d)
ingérence [ɛ̃ʒeʀɑ̃s] *f* Einmischung *f*
ingérer [ɛ̃ʒeʀe] ⟨-è-⟩ **I** *v/t* *médicament*

einnehmen; **II** *v/pr* ***s'~*** sich einmischen (***dans*** in + *acc*)

ingrat [ɛ̃gʀa] *adj* ⟨-ate [-at]⟩ **1** *personne* undankbar (***envers qn*** j-m gegenüber); **2** *tâche* undankbar; **3** *visage* ungefällig; ***âge ~*** Pubertätsalter *n*; Flegeljahre *n/pl*

ingratitude [ɛ̃gʀatityd] *f* Undank(barkeit) *m(f)*

ingrédient [ɛ̃gʀedjɑ̃] *m* Zutat *f*; Ingredienz *f*

inguérissable [ɛ̃geʀisabl(ə)] *adj* unheilbar (*a fig*)

ingurgiter [ɛ̃gyʀʒite] *v/t* **1** gierig verschlingen; *boisson* hinunterstürzen; **2** *fig connaissances* F pauken

inhabitable [inabitabl(ə)] *adj* unbewohnbar

inhabité [inabite] *adj* ⟨~e⟩ unbewohnt

inhabituel [inabitɥɛl] *adj* ⟨~le⟩ ungewohnt; ungewöhnlich

inhala|teur [inalatœʀ] *m* Inhalationsapparat *m*; **~tion** [-sjõ] *f* Inhalation *f*

inhaler [inale] *v/t* einatmen; inhalieren

inhérent [ineʀɑ̃] *adj* ⟨-ente [-ɑ̃t]⟩ innewohnend (***à qc*** e-r Sache [*dat*])

inhibé [inibe] *adj* ⟨~e⟩ gehemmt

inhibition [inibisjõ] *f* Hemmung *f*; PSYCH *a* Gehemmtheit *f*

inhospitalier [inɔspitalje] *adj* ⟨-ière [-jɛʀ]⟩ ungastlich; *région a* unwirtlich

inhumain [inymɛ̃] *adj* ⟨-aine [-ɛn]⟩ unmenschlich; inhuman; menschenunwürdig

inhum|ation [inymasjõ] *f* Bestattung *f*; **~er** [-e] *v/t* bestatten; beisetzen

inimaginable [inimaʒinabl(ə)] *adj* unvorstellbar

inimitable [inimitabl(ə)] *adj* unnachahmlich

inimitié [inimitje] *st/s f* Feindschaft *f*

ininflammable [inɛ̃flamabl(ə)] *adj* nicht entzündbar, brennbar

inintelligible [inɛ̃teliʒibl(ə)] *adj* unverständlich

inintéressant [inɛ̃teʀɛsɑ̃] *adj* ⟨-ante [-ɑ̃t]⟩ uninteressant

ininterrompu [inɛ̃tɛʀõpy] *adj* ⟨~e⟩ ununterbrochen

iniqu|e [inik] *st/s adj* ungerecht; **~ité** [-ite] *st/s f* Ungerechtigkeit *f*

initial [inisjal] *adj* ⟨~e; -aux [-o]⟩ Anfangs…; anfänglich; Initial…; (***lettre***) ***~e*** *f* Anfangsbuchstabe *m*; Initiale *f*

initia|teur [inisjatœʀ] *m*, **~trice** [-tʀis] *f* Initiator(in) *m(f)*; Urheber(in) *m(f)*

initiation [inisjasjõ] *f* **1** *à un culte* Einweihung *f*, Initiation *f* (***à*** in + *acc*); **2** (*instruction*) Einführung *f* (***à*** in + *acc*)

initiatique [inisjatik] *adj* Initiations…

initiative [inisjativ] *f* Initiative *f*; ***esprit*** *m* ***d'~*** Unternehmungsgeist *m*; Initiative *f*; ***à l'~ de qn*** auf die Initiative j-s hin; ***prendre l'~*** die Initiative ergreifen (***de qc*** zu etw)

initié(e) [inisje] *m(f)* Eingeweihte(r) *f(m)*; Insider *m*

initier [inisje] **I** *v/t* einweihen, einführen (***à*** in + *acc*); **II** *v/pr* ***s'~ à qc*** sich mit etw vertraut machen

injecté [ɛ̃ʒɛkte] *adj* ⟨~e⟩ *yeux* ***~s de sang*** blutunterlaufen

injecter [ɛ̃ʒɛkte] *v/t* **1** MÉD injizieren, (ein)spritzen (***dans*** in + *acc*); **2** TECH einspritzen

injection [ɛ̃ʒɛksjõ] *f* **1** MÉD Injektion *f*; **2** ***moteur*** *m* ***à ~*** Einspritzmotor *m*

injonction [ɛ̃ʒõksjõ] *f* (ausdrücklicher) Befehl

injur|e [ɛ̃ʒyʀ] *f* Beleidigung *f* (*a* JUR); (*gros mot*) Schimpfwort *n*; **~ier** [-je] *v/t* beleidigen; beschimpfen; verunglimpfen; **~ieux** [-jø] *adj* ⟨-euse [-øz]⟩ beleidigend

▸ **injust|e** [ɛ̃ʒyst] *adj* ungerecht; **~ice** [-is] *f* Ungerechtigkeit *f*; *acte a* Unrecht *n*

injustifié [ɛ̃ʒystifje] *adj* ⟨~e⟩ ungerechtfertigt; unberechtigt

inlassable [ɛ̃lasabl(ə)] *adj* unermüdlich

inné [ine] *adj* ⟨~e⟩ angeboren

innocence [inɔsɑ̃s] *f* Unschuld *f*

▸ **innocent** [inɔsɑ̃] **I** *adj* ⟨-ente [-ɑ̃t]⟩ **1** unschuldig (***de qc*** an etw [*dat*]); schuldlos; **2** (*candide*) unschuldig; arglos; unverdorben; ***air ~*** Unschuldsmiene *f*; **3** (*naïf*) naiv; einfältig; leichtgläubig; **4** *jeux, etc* harmlos; unschuldig; **II** *subst* **~(*e*)** *m(f)* **1** JUR Unschuldige(r) *f(m)*; **2** *fig* Unschuldslamm *n*

innocenter [inɔsɑ̃te] *v/t* für unschuldig erklären

innocuité [inɔkɥite] *f* Unschädlichkeit *f*

innombrable [inõbʀabl(ə)] *adj* zahllos; unzählig; *foule* unübersehbar

innommable [inɔmabl(ə)] *adj péj* unbeschreiblich; scheußlich; ekelhaft

innov|ation [inɔvasjõ] *f* Innovation *f* (*a*

TECH); Neuerung *f*; **~er** [-e] *v/i* Neuerungen einführen; TECH innovieren
inoccupé [inɔkype] *adj* ⟨~e⟩ **1** *personne* untätig; unbeschäftigt; **2** *maison* unbewohnt; leer stehend; *poste* unbesetzt
inoculer [inɔkyle] *v/t* MÉD inokulieren; einimpfen (*a fig*)
inodore [inɔdɔʀ] *adj* geruchlos
inoffensif [inɔfɑ̃sif] *adj* ⟨-ive [-iv]⟩ harmlos; ungefährlich
▸**inondation** [inõdasjõ] *f* Überschwemmung *f* (*a fig*); Hochwasser *n*; Überflutung *f* (*a fig* ***de qc*** mit etw)
inonder [inõde] *v/t* überschwemmen, überfluten (*a fig* ***de qc*** mit etw); unter Wasser setzen; *fig visage* ***inondé de larmes*** tränenüberströmt; *fig pièce* ***inondé de soleil*** sonnendurchflutet
inopérable [inɔpeʀabl(ə)] *adj* nicht operierbar; inoperabel
inopérant [inɔpeʀɑ̃] *adj* ⟨-ante [-ɑ̃t]⟩ unwirksam; wirkungslos
inopiné [inɔpine] *adj* ⟨~e⟩ unerwartet; unvermutet
inopportun [inɔpɔʀtɛ̃, -tœ̃] *adj* ⟨-une [-yn]⟩ unpassend; unangebracht; unzweckmäßig; ungelegen
inoubliable [inublijabl(ə)] *adj* unvergesslich
inouï [inwi] *adj* ⟨~e⟩ unerhört; unwahrscheinlich
inoxydable [inɔksidabl(ə)] *adj* nicht oxydierend; rostfrei
inqualifiable [ɛ̃kalifjabl(ə)] *adj* unerhört; skandalös
▸**inquiet** [ɛ̃kjɛ] *adj* ⟨-ète [-ɛt]⟩ unruhig; beunruhigt; besorgt
inquiétant [ɛ̃kjetɑ̃] *adj* ⟨-ante [-ɑ̃t]⟩ **1** (*alarmant*) beunruhigend; Besorgnis erregend; **2** (*peu rassurant*) unheimlich
inquiéter [ɛ̃kjete] ⟨-è-⟩ **I** *v/t* **1** (*alarmer*) beunruhigen; besorgt machen; **2** (*importuner*) behelligen; **II** *v/pr* ▸ ***s'inquiéter*** sich sorgen, sich Sorgen *ou* Gedanken machen (***pour qn*** um j-n; ***de qc*** um etw); sich beunruhigen (wegen etw)
inquiétude [ɛ̃kjetyd] *f* Unruhe *f*; Sorge *f*; Besorgnis *f*
inquisiteur [ɛ̃kizitœʀ] *adj* ⟨-trice [-tʀis]⟩ *regard* inquisitorisch
Inquisition [ɛ̃kizisjõ] *f* HIST Inquisition *f*
insaisissable [ɛ̃sezi sabl(ə)] *adj* **1** JUR unpfändbar; **2** *fugitif* nicht zu fassen(d); **3** *nuance* kaum wahrnehmbar
insalubr|e [ɛ̃salybʀ(ə)] *adj* ungesund; gesundheitsschädlich; **~ité** [-ite] *f* Gesundheitsschädlichkeit *f*
insanité [ɛ̃sanite] *f* **1** Unsinnigkeit *f*; **2** ***~s*** *pl* Unsinn *m*; unsinniges Zeug
insatiable [ɛ̃sasjabl(ə)] *adj* unersättlich
insatisfait [ɛ̃satisfɛ] *adj* ⟨-faite [-fɛt]⟩ *désir* unbefriedigt; *personne* unzufrieden
inscription [ɛ̃skʀipsjõ] *f* **1** *gravée* Inschrift *f*; *imprimée* Aufschrift *f*; Beschriftung *f*; **2** *action* Eintragung *f*; Einschreibung *f*; (An)Meldung *f*; *à l'université* Immatrikulation *f*
inscrire [ɛ̃skʀiʀ] ⟨→ écrire⟩ **I** *v/t* eintragen, einschreiben (***sur une liste*** in e-e Liste); (***faire***) ***inscrire*** anmelden (***à une école*** in e-r Schule); **II** *v/pr* ▸ ***s'inscrire*** **1** sich eintragen; sich einschreiben; sich (an)melden (***à un concours*** zu e-m Wettbewerb); ***s'inscrire à une faculté*** sich (an e-r Hochschule) immatrikulieren; ***s'inscrire à un parti*** e-r Partei beitreten; **2** *chose* ***s'inscrire dans*** (***le cadre de***) ***qc*** Teil e-r Sache (*gén*) sein; **3** ***s'inscrire en faux contre qc*** etw dementieren, bestreiten
inscrit [ɛ̃skʀi] **I** *p/p* → ***inscrire*** *et adj* ⟨-ite [-it]⟩ *député* ***non ~*** fraktionslos; **II** ***~s*** *m/pl* POL Wahlberechtigte(n) *m/pl*
▸**insecte** [ɛ̃sɛkt] *m* Insekt *n*
insecticide [ɛ̃sɛktisid] **I** *adj* Insekten vertilgend; **II** *m* Insektenbekämpfungsmittel *n*; Insektengift *n*; Insektizid *n*
insécur|iser [ɛ̃sekyʀize] *v/t* verunsichern; **~ité** [-ite] *f* Unsicherheit *f*
INSEE [inse] *m abr* (*Institut national de la statistique et des études économiques*) Nationales Institut für Statistik und Wirtschaftsplanung
insémin|ation [ɛ̃seminasjõ] *f* **~** (***artificielle***) künstliche Besamung; **~er** [-e] *v/t* künstlich besamen
insensé [ɛ̃sɑ̃se] *adj* ⟨~e⟩ unsinnig
insensibil|iser [ɛ̃sɑ̃sibilize] *v/t* MÉD betäuben; **~ité** [-ite] *f* Unempfindlichkeit *f*; Gefühllosigkeit *f* (*a fig*)
insensible [ɛ̃sɑ̃sibl(ə)] *adj* **1** unempfindlich; gefühllos; **~ *au froid*** kälteunempfindlich; **2** *moralement* gefühllos,

gleichgültig (**à** gegenüber); **3** (*imperceptible*) unmerklich
inséparable [ɛ̃sepaʀabl(ə)] *adj amis* unzertrennlich
insérer [ɛ̃seʀe] ⟨-è-⟩ **I** *v/t* einfügen, einschieben, aufnehmen (***dans*** in + *acc*); **II** *v/pr* ***s'~ dans qc*** sich einfügen, *personnes a* sich eingliedern in etw (*acc*)
insertion [ɛ̃sɛʀsjõ] *f* Einfügung *f*, *de personnes a* Eingliederung *f* (***dans*** in + *acc*)
insidieux [ɛ̃sidjø] *adj* ⟨-euse [-øz]⟩ *question* verfänglich; *maladie* heimtückisch
insigne [ɛ̃siɲ] **I** *m* Abzeichen *n*; **II** *adj* bemerkenswert; ganz besondere
insignifiant [ɛ̃siɲifjɑ̃] *adj* ⟨-ante [-ɑ̃t]⟩ bedeutungslos; belanglos; unbedeutend (*a personne*); unerheblich
insinuation [ɛ̃sinɥasjõ] *f* Andeutung *f*; Einflüsterung *f*
insinuer [ɛ̃sinɥe] **I** *v/t* (geschickt) zu verstehen geben; einflüstern; **II** *v/pr* ***s'~*** sich einschmeicheln
insipide [ɛ̃sipid] *adj* fad(e) (*a fig*); geschmacklos; *fig a* schal; langweilig
insistance [ɛ̃sistɑ̃s] *f* Beharrlichkeit *f*; Eindringlichkeit *f*; Nachdruck *m*; ***avec ~*** beharrlich *etc*
insistant [ɛ̃sistɑ̃] *adj* ⟨-ante [-ɑ̃t]⟩ beharrlich; eindringlich; nachdrücklich
▸**insister** [ɛ̃siste] *v/i* **1** ***~ sur qc*** Nachdruck, den Akzent auf etw (*acc*) legen; **2** ***~ auprès de qn*** in j-n dringen; ***~ pour*** (+ *inf*) darauf dringen, bestehen, beharren zu (+ *inf*); **3** *abs* darauf bestehen; beharren; es weiter versuchen
insolation [ɛ̃sɔlasjõ] *f* **1** MÉD Sonnenstich *m*; **2** MÉTÉO Sonneneinstrahlung *f*
insol|ence [ɛ̃sɔlɑ̃s] *f* Frechheit *f*; Unverschämtheit *f*; **~ent** [-ɑ̃] *adj* ⟨-ente [-ɑ̃t]⟩ frech; unverschämt (*a fig chance*)
insolite [ɛ̃sɔlit] *adj* ungewöhnlich
insoluble [ɛ̃sɔlybl(ə)] *adj* **1** CHIM unlöslich; **2** *problème* unlösbar
insolvable [ɛ̃sɔlvabl(ə)] *adj* zahlungsunfähig; insolvent
insomniaque [ɛ̃sɔmnjak] *adj* an Schlaflosigkeit leidend
insomnie [ɛ̃sɔmni] *f* Schlaflosigkeit *f*; ***avoir des ~s*** an Schlaflosigkeit leiden
insondable [ɛ̃sõdabl(ə)] *adj* unergründlich (*a fig mystère*); (*immense*) unermesslich
insonor|e [ɛ̃sɔnɔʀ] *adj* schalldicht, -dämmend; **~isation** [-izasjõ] *f* Schalldämmung *f*; **~iser** [-ize] *v/t* schalldicht machen
insouci|ance [ɛ̃susjɑ̃s] *f* Sorglosigkeit *f*; Unbekümmertheit *f*; **~ant** [-ɑ̃] *adj* ⟨-ante [-ɑ̃t]⟩ sorglos; unbekümmert
insoumis [ɛ̃sumi] *adj* ⟨-ise [-iz]⟩ **1** aufsässig; **2** *soldat* unerlaubt abwesend
insoupçonné [ɛ̃supsɔne] *adj* ⟨~e⟩ ungeahnt; unvermutet
insoutenable [ɛ̃sutnabl(ə)] *adj* **1** *argument* unhaltbar; **2** (*insupportable*) unerträglich
inspecter [ɛ̃spɛkte] *v/t* inspizieren; in Augenschein nehmen
inspec|teur [ɛ̃spɛktœʀ] *m*, **~trice** [-tʀis] *f* **1** Inspektor(in) *m(f)*; Kontrolleur(in) *m(f)*; **2** *fonctionnaire* Regierungsrat *m*, -rätin *f*; *dans l'enseignement* Schulrat *m*, -rätin *f*; ***inspecteur de police*** Polizeikommissar *m*
inspection [ɛ̃spɛksjõ] *f* **1** *action* Inspektion *f*; Kontrolle *f*; **2** ADM Aufsichtsbehörde *f*; **≗ *du travail*** Gewerbeaufsichtsamt *n*
inspiration [ɛ̃spiʀasjõ] *f* **1** BIOL Einatmung *f*; **2** Inspiration *f* (*a* REL); Anregung *f*; (*idée*) Eingebung *f*; Einfall *m*; *œuvre* ***d'~ cubiste*** vom Kubismus inspiriert
inspirer [ɛ̃spiʀe] **I** *v/t* **1** *air* einatmen (*a abs*); **2** *artiste* inspirieren; ***~ qc à qn*** j-n zu etw inspirieren, anregen; *par ext* F ***cela ne m'inspire pas*** das sagt mir nichts; ***il a été bien inspiré de*** (+ *inf*) es war ein guter Einfall von ihm zu (+ *inf*); **3** *sentiment* ***~ à qn*** in j-m erwecken, erregen; ***~ confiance à qn*** j-m Vertrauen einflößen; **II** *v/pr* ***s'~ de qn, de qc*** sich von j-m, von etw inspirieren lassen
instabilité [ɛ̃stabilite] *f* Unbeständigkeit *f*
instable [ɛ̃stabl(ə)] **I** *adj* unbeständig; *caractère a*, *équilibre* labil; *situation* instabil; unsicher; **II** *m,f* labiler Mensch, Charakter
installateur [ɛ̃stalatœʀ] *m* Installateur *m*
installation [ɛ̃stalasjõ] *f* **1** TECH *action* Installierung *f*; Installation *f*; **2** (*équipement*) Anlage *f*; Einrichtung *f*; Installation *f*; **3** *d'un appartement* Ein-

richtung *f*; Ausstattung *f*; (*emménagement*) Einzug *m*; **4** *d'un fonctionnaire* Amtseinsetzung *f*; Bestallung *f*

▸ **installer** [ɛ̃stale] **I** *v/t* **1** *gaz, chauffage, etc* installieren; *appareil a* einbauen; **2** *cuisine, etc* einrichten; ausstatten; *meubles* aufstellen; **3** ***installer qn*** j-n unterbringen; **4** *fonctionnaire* (in sein Amt) einsetzen; **II** *v/pr* ▸ ***s'installer*** **5** (*s'établir, s'asseoir*) sich niederlassen; ***s'installer confortablement*** es sich bequem machen; **6** *fig sentiments* sich festsetzen, einnisten (***dans*** in + *dat*)

instamment [ɛ̃stamɑ̃] *adv* inständig

instance [ɛ̃stɑ̃s] *f* **1** ***sur les ~s de qn*** auf Drängen j-s; **2** JUR *et par ext* Instanz *f*; ***être en ~*** JUR anhängig sein; *par ext* noch unerledigt sein; vorliegen; ***être en ~ de divorce*** in Scheidung leben, liegen

▸ **instant** [ɛ̃stɑ̃] *m* Augenblick *m*; Moment *m*; ***à l'~*** gerade; (so)eben; im Augenblick; ***à chaque ~, à tout ~*** alle Augenblicke; ständig; (an)dauernd; ***dans un ~*** im Augenblick, Moment; sofort; ***en un ~*** im Nu; ***pour l'~*** für den Augenblick; vorerst

instantané [ɛ̃stɑ̃tane] **I** *adj* ⟨~e⟩ augenblicklich; sofortig; unverzüglich; *café, etc* Instant…; **II** *m* PHOT Momentaufnahme *f*; Schnappschuss *m*

instar [ɛ̃staʀ] *litt prép* ***à l'~ de*** nach Art (+ *gén*); nach dem Muster (+ *gén*)

instaurer [ɛ̃stɔʀe] *v/t* begründen; errichten; einführen

instiga|teur [ɛ̃stigatœʀ] *m*, **~trice** [-tʀis] *f* Anstifter(in) *m(f)*; Anführer(in) *m(f)*

instigation [ɛ̃stigasjõ] *f* ***à l'~ de qn*** auf Betreiben, Anraten j-s (hin)

instinct [ɛ̃stɛ̃] *m* **1** Instinkt *m*; Trieb *m*; **2** *par ext* Instinkt *m*, Gespür *n*, Gefühl *n* (***de*** für); ***d'~*** instinktiv

instinctif [ɛ̃stɛ̃ktif] *adj* ⟨-ive [-iv]⟩ instinktiv; unwillkürlich; ***c'est ~*** das geschieht instinktiv

instituer [ɛ̃stitɥe] **I** *v/t* (neu) einführen; **II** *v/pr* **1** ***s'~*** *relations, etc* sich herausbilden; **2** ***s'~ le défenseur de qc*** sich zum Verteidiger e-r Sache (*gén*) machen

institut [ɛ̃stity] *m* **1** Institut *n*; Forschungsstätte *f*; ♀ (***de France***) *frz Akademie der Wissenschaften*; **2** ***~ de beauté*** Schönheits-, Kosmetiksalon *m*

▸ **instituteur** [ɛ̃stitytœʀ] *m*, **institutrice** [ɛ̃stitytʀis] *f* (Grundschul)Lehrer(in) *m(f)*

institution [ɛ̃stitysjõ] *f* **1** Institution *f*; Einrichtung *f*; **2** ***~ religieuse*** kirchliche (private) Lehranstalt

institutionnaliser [ɛ̃stitysjɔnalize] **I** *v/t* institutionalisieren; **II** *v/pr* ***s'~*** sich institutionalisieren; zu e-r festen Einrichtung werden

instructeur [ɛ̃stʀyktœʀ] *m* MIL Ausbilder *m*

instructif [ɛ̃stʀyktif] *adj* ⟨-ive [-iv]⟩ instruktiv; lehr-, aufschlussreich

instruction [ɛ̃stʀyksjõ] *f* **1** (*enseignement*) Unterricht *m*; Ausbildung *f*; Unterweisung *f*; Belehrung *f*; ***~ civique*** Gemeinschaftskunde *f*; ***~ publique*** staatliches Unterrichtswesen; **2** (*connaissances*) Wissen *n*; Kenntnisse *f/pl*; Schulbildung *f*; ***avoir de l'~*** gebildet sein; **3** (*directive*) (An)Weisung *f*; Instruktion *f*; **4** (*mode d'emploi*) ***~s*** *pl* (Betriebs)Anleitung *f*; Gebrauchsanweisung *f*; **5** INFORM Befehl *m*; **6** JUR Voruntersuchung *f*

instruire [ɛ̃stʀɥiʀ] ⟨→ conduire⟩ **I** *v/t* **1** unterweisen; unterrichten; ausbilden (*a* MIL); belehren; **2** ***~ un procès*** die strafrechtliche Voruntersuchung durchführen; **II** *v/pr* ***s'~*** sich bilden

instruit [ɛ̃stʀɥi] *adj* ⟨-ite [-it]⟩ gebildet

▸ **instrument** [ɛ̃stʀymɑ̃] *m* **1** Instrument *n*; ***~ de mesure*** Messinstrument *n*, -gerät *n*; **2** ***~*** (***de musique***) (Musik)Instrument *n*; ***~ à cordes*** Saiteninstrument *n*; **3** *fig* Instrument *n*; Mittel *n*; *personne* Werkzeug *n*

instrumentiste [ɛ̃stʀymɑ̃tist] *m,f* Instrumentalist(in) *m(f)*

insu [ɛ̃sy] *prép* ***à l'~ de qn*** ohne Wissen j-s; ***à mon ~*** ohne mein Wissen

insubmersible [ɛ̃sybmɛʀsibl(ə)] *adj* unsinkbar

insubordination [ɛ̃sybɔʀdinasjõ] *f* Gehorsams-, Befehlsverweigerung *f*

insubordonné [ɛ̃sybɔʀdɔne] *adj* ⟨~e⟩ widersetzlich

insuccès [ɛ̃syksɛ] *m* Misserfolg *m*

insuffisance [ɛ̃syfizɑ̃s] *f* **1** Unzulänglichkeit *f*; Mangel *m*; **2** ***~ cardiaque*** Herzschwäche *f*, -insuffizienz *f*

▸ **insuffisant** [ɛ̃syfizɑ̃] *adj* ⟨-ante [-ɑ̃t]⟩ ungenügend; unzureichend; unzulänglich

insuffler [ɛ̃syfle] *v/t* **1** MÉD einblasen; **2** *fig vie* einhauchen
insulaire [ɛ̃sylɛʀ] **I** *adj* Insel…; insular; **II** *m,f* Inselbewohner(in) *m(f)*; Insulaner(in) *m(f)*
insuline [ɛ̃sylin] *f* Insulin *n*
insultant [ɛ̃syltɑ̃] *adj* ⟨-ante [-ɑ̃t]⟩ beleidigend
▸ **insulte** [ɛ̃sylt] *f* Beleidigung *f* (*a fig* **à** *gén*); Beschimpfung *f*
▸ **insulter** [ɛ̃sylte] *v/t* beleidigen; beschimpfen
insupportable [ɛ̃sypɔʀtabl(ə)] *adj* unerträglich; *personne a* unausstehlich
insurgé [ɛ̃syʀʒe] **I** *adj* ⟨~e⟩ aufständisch; **II** *m* Aufständische(r) *m*
insurger [ɛ̃syʀʒe] *v/pr* ⟨-ge-⟩ **s'~** sich auflehnen, sich erheben (**contre** gegen)
insurmontable [ɛ̃syʀmõtabl(ə)] *adj* unüberwindlich
insurrection [ɛ̃syʀɛksjõ] *f* Aufstand *m*; **~ populaire** Volksaufstand *m*
insurrectionnel [ɛ̃syʀɛksjɔnɛl] *adj* ⟨~le⟩ Aufstands…
intact [ɛ̃takt] *adj* ⟨~e⟩ unbeschädigt; unversehrt; ganz; heil; intakt
intangible [ɛ̃tɑ̃ʒibl(ə)] *adj* unantastbar
intarissable [ɛ̃taʀisabl(ə)] *adj* **1** *source*, *fig imagination* nie versiegend; **2** *personne* unerschöpflich
intégral [ɛ̃tegʀal] **I** *adj* ⟨~e; -aux [-o]⟩ vollständig; *texte a* ungekürzt; *bronzage* nahtlos; **casque ~** Integralhelm *m*; **II** *f* **~e 1** MATH Integral *n*; **2** MUS Gesamtausgabe *f*, -aufnahme *f*
intégralité [ɛ̃tegʀalite] *f* Vollständigkeit *f*; **dans son ~** in s-r Gesamtheit
intégrant [ɛ̃tegʀɑ̃] *adj* ⟨-ante [-ɑ̃t]⟩ **faire partie ~e de** ein integrierender Bestandteil sein (+ *gén*)
intégration [ɛ̃tegʀasjõ] *f* Integration *f*; Integrierung *f*; POL, ÉCON *a* Zusammenschluss *m*; *dans un ensemble a* Eingliederung *f*
intègre [ɛ̃tɛgʀ(ə)] *adj* integer; rechtschaffen; unbescholten
intégrer [ɛ̃tegʀe] ⟨-è-⟩ **I** *v/t* **1** integrieren, einfügen, eingliedern, einbeziehen (**dans, à** in + *acc*); **2** ⟨*a v/i* **~ à**⟩ *école* eintreten in (+ *acc*); **II** *v/pr* **s'~** sich integrieren, sich einfügen (**dans, à** in + *acc*)
intégr|isme [ɛ̃tegʀism(ə)] *m* REL Fundamentalismus *m*; **~iste** [-ist] **I** *adj* fundamentalistisch; **II** *m,f* Fundamentalist(in) *m(f)*
intégrité [ɛ̃tegʀite] *f* **1** *d'un territoire* Unversehrtheit *f*; Integrität *f*; **2** (*probité*) Integrität *f*; Rechtschaffenheit *f*; Unbescholtenheit *f*
intellect [ɛ̃telɛkt] *m* Intellekt *m*
intellectuel [ɛ̃telɛktɥɛl] **I** *adj* ⟨~le⟩ **1** geistig; Geistes…; intellektuell; verstandesmäßig; **quotient ~** Intelligenzquotient *m*; **2** *personne* intellektuell; geistig orientiert; **II ~(le)** *m(f)* Intellektuelle(r) *f(m)*
intelligemment [ɛ̃teliʒamɑ̃] *adv* → ***intelligent***
▸ **intelligence** [ɛ̃teliʒɑ̃s] *f* **1** Intelligenz *f*; Klugheit *f*; Einsicht *f*; **~ artificielle** künstliche Intelligenz; **avec ~** intelligent; klug; **2** (*compréhension*) Verständnis *n* (**de qc** für etw); **3** (*entente*) Einvernehmen *n*; (*complicité*) (geheimes) Einverständnis; **vivre en bonne ~ avec qn** mit j-m in gutem Einvernehmen leben
▸ **intelligent** [ɛ̃teliʒɑ̃] *adj* ⟨-ente [-ɑ̃t]⟩ intelligent; klug; gescheit; verständig
intelligentsia [ɛ̃teliʒɛntsja] *f* Intelligenz *f*; Intellektuelle(n) *m(pl)*
intelligible [ɛ̃teliʒibl(ə)] *adj* verständlich; **à 'haute et ~ voix** laut und deutlich
intello [ɛ̃telo] *m,f* F *abr* (*intellectuel*[*le*]) Intelligenzler(in) *m(f)*
intempérance [ɛ̃tɑ̃peʀɑ̃s] *st/s f* Unmäßigkeit *f*
intempéries [ɛ̃tɑ̃peʀi] *f/pl* schlechtes Wetter
intempestif [ɛ̃tɑ̃pɛstif] *adj* ⟨-ive [-iv]⟩ unangebracht
intenable [ɛ̃t(ə)nabl(ə)] *adj* unerträglich; F nicht zum Aushalten
intendance [ɛ̃tɑ̃dɑ̃s] *f* (Wirtschafts)Verwaltung *f*
intend|ant [ɛ̃tɑ̃dɑ̃] *m*, **~ante** [-ɑ̃t] *f* Verwaltungsdirektor(in) *m(f)*
intense [ɛ̃tɑ̃s] *adj* stark; intensiv; *circulation a* dicht; lebhaft
intensément [ɛ̃tɑ̃semɑ̃] *adv* intensiv
intensif [ɛ̃tɑ̃sif] *adj* ⟨-ive [-iv]⟩ intensiv (*a* AGR)
intensi|fication [ɛ̃tɑ̃sifikasjõ] *f* Intensivierung *f*; **~fier** [-fje] **I** *v/t* intensivieren; verstärken; **II** *v/pr* **s'~** stärker, intensiver werden

I

intensité [ɛ̃tɑ̃site] *f* Intensität *f*; Stärke *f* (*a* PHYS)

intenter [ɛ̃tɑ̃te] *v/t* **~ un procès à qn** e-n Prozess gegen j-n anstrengen

▸ **intention** [ɛ̃tɑ̃sjõ] *f* Absicht *f*; Vorsatz *m*; Intention *f*; **à l'~ de qn** (speziell) für j-n; *fête* j-m zu Ehren; **avoir l'~ de** (+ *inf*) die Absicht haben, beabsichtigen, vorhaben zu (+ *inf*)

intentionné [ɛ̃tɑ̃sjɔne] *adj* ⟨~e⟩ **bien ~** wohlmeinend; wohlgesinnt

intentionnel [ɛ̃tɑ̃sjɔnɛl] *adj* ⟨~le⟩ absichtlich; beabsichtigt; vorsätzlich

inter [ɛ̃tɛʀ] *m* Halbstürmer *m*; **~ droit, gauche** Halbrechte(r) *m*, -linke(r) *m*

interac|tif [ɛ̃tɛʀaktif] *adj* ⟨-ive [-iv]⟩ interaktiv; INFORM Dialog…; **~tion** [-sjõ] *f* Wechselwirkung *f*

intercal|aire [ɛ̃tɛʀkalɛʀ] **I** *adj* eingeschoben, -gelegt; **II** *m* eingelegtes Blatt; Trennblatt *n*; **~er** [-e] *v/t* einschieben, -legen, -fügen, -schalten

intercéder [ɛ̃tɛʀsede] *v/i* ⟨-è-⟩ sich einsetzen, sich verwenden (**pour qn** für j-n)

intercepter [ɛ̃tɛʀsɛpte] *v/t* **1** *message, avion, ballon* abfangen; *lettre a* unterschlagen; **2** *lumière, etc* ab-, zurückhalten

interchangeable [ɛ̃tɛʀʃɑ̃ʒabl(ə)] *adj* (untereinander) austauschbar

interclasse [ɛ̃tɛʀklɑs] *m* ÉCOLE kurze Pause

interconnexion [ɛ̃tɛʀkɔnɛksjõ] *f* TECH, ADM Verbund *m*

interdépendance [ɛ̃tɛʀdepɑ̃dɑ̃s] *f* gegenseitige Abhängigkeit; Verflechtung *f*

interdiction [ɛ̃tɛʀdiksjõ] *f* **1** Verbot *n*; **~ de stationner** Parkverbot *n*; JUR **~ de séjour** Aufenthaltsverbot *n*; **2** *d'un fonctionnaire* Amtsenthebung *f*; Berufsverbot *n*

▸ **interdire** [ɛ̃tɛʀdiʀ] ⟨→ dire; *aber* vous interdisez⟩ **I** *v/t* **1** (*défendre*) verbieten; untersagen; **2** *fonctionnaire* s-s Amtes entheben; **II** *v/pr* **s'~ qc** sich etw versagen

interdisciplinaire [ɛ̃tɛʀdisiplinɛʀ] *adj* interdisziplinär; fächerübergreifend

interdit [ɛ̃tɛʀdi] **I** *adj* ⟨-ite [-it]⟩ **1** (*défendu*) verboten; JUR **~ de séjour** mit e-m Aufenthaltsverbot belegt; **2** (*très étonné*) bestürzt; verblüfft; wie vor den Kopf geschlagen; **II** *m* **1** CATH Interdikt *n*; *fig* **jeter l'~ sur** ausschließen; ächten; **2** (*tabou*) Verbot *n*; Tabu *n*

▸ **intéressant** [ɛ̃teʀɛsɑ̃] **I** *adj* ⟨-ante [-ɑ̃t]⟩ **1** (*qui retient l'attention*) interessant; reizvoll; beachtenswert; aufschlussreich; **2** (*avantageux*) vorteilhaft; interessant; **II** *péj* **faire l'~(e)** *m(f)* sich interessant machen; F sich aufspielen

intéressé [ɛ̃teʀese] **I** *adj* ⟨~e⟩ **1** (*concerné*) betreffend; beteiligt; betroffen; **2** (*recherchant son intérêt*) eigennützig; **II ~(e)** *m(f)* Betreffende(r) *f(m)*; Beteiligte(r) *f(m)*; Betroffene(r) *f(m)*

intéressement [ɛ̃teʀɛsmɑ̃] *m* Gewinnbeteiligung *f*

▸ **intéresser** [ɛ̃teʀese] **I** *v/t* **1** (*retenir l'attention*) **intéresser qn** j-n interessieren; **2** (*concerner*) **intéresser qc, qn** etw, j-n betreffen; **3** ÉCON **intéresser qn** j-n beteiligen (**aux bénéfices** am Gewinn); **II** *v/pr* ▸ **s'intéresser à qn, qc** sich für j-n, etw interessieren; an j-m, etw interessiert sein

▸ **intérêt** [ɛ̃teʀɛ] *m* **1** (*attention*) Interesse *n*; (geistige) Anteilnahme; Beachtung *f*; **avec ~** mit Interesse; interessiert; **2** (*importance*) Interesse *n*; Reiz *m*; Bedeutung *f*; **sans ~, dénué d'~** uninteressant; **avoir, présenter de l'~** von Interesse sein (**pour qn** für j-n); **3** (*avantage*) Interesse *n*; Vorteil *m*; Nutzen *m*; **~s** *pl a* Belange *m/pl*; **dans l'~ de qn** im Interesse j-s; **il a (tout) ~ à faire qc** es ist, liegt (ganz) in s-m Interesse, dass er etw tut; **agir par ~** aus Eigennutz handeln; **4** FIN **~(s)** Zins(en) *m(pl)*; **~(s) composé(s)** Zinseszins(en) *m(pl)*

interface [ɛ̃tɛʀfas] *f* INFORM Interface *n*; Schnittstelle *f* (*a fig*)

interférence [ɛ̃tɛʀfeʀɑ̃s] *f* PHYS, *fig* Interferenz *f*; Überlagerung *f*

▸ **intérieur** [ɛ̃teʀjœʀ] **I** *adj* ⟨~e⟩ innere; Innen…; innerlich; **marché intérieur** (ein)heimischer Markt; Binnenmarkt *m*; **mer intérieure** Binnenmeer *n*; **politique intérieure** Innenpolitik *f*; **vol intérieur** Inlandflug *m*; **II** *m* **1** Innere(s) *n*; *d'un État* Inland *n*; **l'intérieur du pays** das Landesinnere, Binnenland; **ministère** *m* **de l'Intérieur** Innenministerium *n*; ▸ **à l'intérieur de** innerhalb, im Innern (+ *gén*); ▸ **à l'intérieur**

(dr)innen; im Inner(e)n; **2** (*chez-soi*) (Da)Heim *n*; Zuhause *n*; ***veste** f **d'intérieur*** Hausjacke *f*; Joppe *f*
intérieurement [ɛ̃teʀjœʀmɑ̃] *adv* innerlich; im Inner(e)n
intérim [ɛ̃teʀim] *m* **1** *période* Übergangszeit *f*; ***par** ~* in Vertretung; Interims…; ***assurer** l'~* die Vertretung übernehmen; **2** (*travail temporaire*) Zeitarbeit *f*; ***agence** f **d'**~* Zeitarbeitsfirma *f*
intérimaire [ɛ̃teʀimɛʀ] **I** *adj* zeitweilig; vorübergehend; interimistisch; ***travail** m ~* Zeitarbeit *f*; **II** *m,f* **1** *remplaçant* Vertreter(in) *m(f)*; **2** *travailleur* Zeitarbeiter(in) *m(f)*
interjection [ɛ̃tɛʀʒɛksjõ] *f* Interjektion *f*; Ausrufewort *n*
interlocu|teur [ɛ̃tɛʀlɔkytœʀ] *m*, **~trice** [-tʀis] *f* Gesprächspartner(in) *m(f)*; POL Verhandlungspartner(in) *m(f)*
interlope [ɛ̃tɛʀlɔp] *adj* anrüchig
interloqué [ɛ̃tɛʀlɔke] *adj* ⟨~e⟩ verdutzt; verblüfft; sprachlos
interlude [ɛ̃tɛʀlyd] *m* **1** MUS Interludium *n*; **2** TV Pausenfüller *m*
intermède [ɛ̃tɛʀmɛd] *m* THÉ, *fig* Zwischenspiel *n*; Intermezzo *n*
intermédiaire [ɛ̃tɛʀmedjɛʀ] **I** *adj* dazwischenliegend; Zwischen…; **II** *subst* **1** *m,f* Mittelsmann *m*, -person *f*; Vermittler(in) *m(f)*; **2** *m,f* COMM Zwischenhändler(in) *m(f)*; **3** *m* ***par l'~ de qn*** über j-n
interminable [ɛ̃tɛʀminabl(ə)] *adj* endlos
interministériel [ɛ̃tɛʀministeʀjɛl] *adj* ⟨~le⟩ interministeriell
intermittence [ɛ̃tɛʀmitɑ̃s] *f* zeitweiliges Aussetzen; ***par** ~* in Abständen, Intervallen
intermittent [ɛ̃tɛʀmitɑ̃] *adj* ⟨-ente [-ɑ̃t]⟩ zeitweilig aussetzend; intermittierend (*a* MÉD)
internat [ɛ̃tɛʀna] *m* **1** *école* Internat *n*; **2** MÉD Tätigkeit *f* als Assistenzarzt
▸ **international** [ɛ̃tɛʀnasjɔnal] **I** *adj* ⟨~e; -aux [-o]⟩ international; zwischenstaatlich; ***match** ~* Länderspiel *n*; **II** *subst* **1** ~**(*e*)** *m(f)* ⟨*m/pl* -aux [-o]⟩ SPORTS Nationalspieler(in) *m(f)*; **2** ***Ꙭe*** *f* POL Internationale *f*
internaute [ɛ̃tɛʀnot] *m,f* Internet-Surfer(in) *m(f)*
interne [ɛ̃tɛʀn] **I** *adj* innere; innerlich; Innen…; intern; ***oreille** f ~* Innenohr *n*; ***à usage** ~* zur innerlichen Anwendung; **II** *m,f* **1** Internatsschüler(in) *m(f)*; **2** ~ (***des hôpitaux***) Assistenzarzt, -ärztin *m,f*
intern|ement [ɛ̃tɛʀnəmɑ̃] *m* **1** POL Internierung *f*; **2** MÉD Einweisung *f* (in e-e geschlossene Anstalt); **~er** [-e] *v/t* **1** POL internieren; **2** MÉD (in e-e geschlossene Anstalt) einweisen
Internet [ɛ̃tɛʀnɛt] *m* Internet *n*; *adjt* ***adresse*** *f*, ***connexion*** *f* ~ Internetadresse *f*, -anschluss *m*; ***naviguer sur*** ~ im Internet surfen
interpellation [ɛ̃tɛʀpelasjõ] *f* **1** POL parlamentarische Anfrage; Interpellation *f*; **2** *par la police* (Festnahme *f* zur) Überprüfung *f* der Personalien
interpeller [ɛ̃tɛʀpəle] *v/t* **1** (*apostropher*) (laut) anreden, ansprechen; **2** *police* ~ ***qn*** die Personalien j-s überprüfen; **3** *chose* ~ ***qn*** j-n beschäftigen
interphone® [ɛ̃tɛʀfɔn] *m* Sprechanlage *f*
interplanétaire [ɛ̃tɛʀplanetɛʀ] *adj* interplanetar(isch)
interposer [ɛ̃tɛʀpoze] **I** *v/t* dazwischensetzen; ***par … interposé(e)*** durch Vermittlung, mithilfe (+ *gén*); **II** *v/pr* ***s'~*** dazwischentreten; eingreifen
interprétariat [ɛ̃tɛʀpʀetaʀja] *m* Dolmetscherwesen *n*, -beruf *m*
interprétation [ɛ̃tɛʀpʀetasjõ] *f* **1** (*explication*) Interpretation *f*; Auslegung *f*; Deutung *f*; **2** THÉ, MUS Interpretation *f*; (künstlerische) Wiedergabe, THÉ *a* Darstellung
▸ **interprète** [ɛ̃tɛʀpʀɛt] *m,f* **1** Dolmetscher(in) *m(f)*; ***servir d'~, faire l'~*** dolmetschen; **2** THÉ, MUS Interpret(in) *m(f)*; THÉ *a* Darsteller(in) *m(f)*; **3** *fig* (*porte-parole*) Dolmetsch *m*; Fürsprecher(in) *m(f)*; *de qc* Sprachrohr *n*
interpréter [ɛ̃tɛʀpʀete] *v/t* ⟨-è-⟩ **1** interpretieren; auslegen; deuten (*a rêve*); **2** THÉ, MUS (künstlerisch) wiedergeben; interpretieren; *rôle a* darstellen
interprofessionnel [ɛ̃tɛʀpʀɔfɛsjɔnɛl] *adj* ⟨~le⟩ mehrere Berufsgruppen umfassend
interrogateur [ɛ̃teʀɔgatœʀ] *adj* ⟨-trice [-tʀis]⟩ fragend
interrogatif [ɛ̃teʀɔgatif] *adj* ⟨-ive [-iv]⟩

I

1 *regard, etc* fragend; **2** GR Frage…; Interrogativ…; (***proposition***) ***interrogative*** *f* Frage-, Interrogativsatz *m*

interrogation [ɛ̃tɛʀɔgasjõ] *f* **1** GR Frage(form) *f*; **2** *action* Befragung *f*; (*question*) Frage *f*; ÉCOLE ~ ***écrite*** Extemporale *n*

interrogatoire [ɛ̃tɛʀɔgatwaʀ] *m* Vernehmung *f*; Verhör *n* (*a fig*); ***faire subir un ~ à qn*** j-n vernehmen, verhören

▸ **interroger** [ɛ̃tɛʀɔʒe] ⟨-ge-⟩ **I** *v/t* **1** be-, ausfragen (***sur*** über + *acc*); JUR vernehmen; verhören; *élève* abfragen; (*examiner*) prüfen; **2** *fig conscience* befragen; prüfen; **3** INFORM abfragen; **II** *v/pr* ***s'~*** sich Fragen stellen; sich fragen

▸ **interrompre** [ɛ̃tɛʀõpʀ(ə)] ⟨→ rompre⟩ **I** *v/t* unterbrechen (*a qn qui parle*); *définitivement* abbrechen; **II** *v/pr* ***s'~*** innehalten (***dans son travail*** in s-r Arbeit)

interrupteur [ɛ̃tɛʀyptœʀ] *m* ÉLECT Schalter *m*

interruption [ɛ̃tɛʀypsjõ] *f* Unterbrechung *f*; *de grossesse* Abbruch *m*; ***sans ~*** ohne Unterbrechung; ununterbrochen

intersection [ɛ̃tɛʀsɛksjõ] *f* **1** MATH Schnittpunkt *m*, -linie *f*, -fläche *f*; **2** *de routes* Kreuzung(spunkt) *f(m)*

interstice [ɛ̃tɛʀstis] *m* (kleiner) Zwischenraum; Spalt *m*

intertitre [ɛ̃tɛʀtitʀ(ə)] *m* CIN eingeblendeter Zwischentext

interurbain [ɛ̃tɛʀyʀbɛ̃] *adj* ⟨-aine [-ɛn]⟩ ***communication ~e*** Ferngespräch *n*

intervalle [ɛ̃tɛʀval] *m* **1** Zeitspanne *f*; Intervall *n* (*a* MUS); ***à dix minutes d'~*** im Abstand von zehn Minuten; ***dans l'~*** in der Zwischenzeit; ***par ~s*** hin und wieder; von Zeit zu Zeit; **2** (*distance*) Zwischenraum *m*, Abstand *m* (***entre*** zwischen + *dat*)

interven|ant [ɛ̃tɛʀvənɑ̃] *m*, **~ante** [-ɑ̃t] *f* Diskussionsteilnehmer(in) *m(f)*

▸ **intervenir** [ɛ̃tɛʀvəniʀ] *v/i* ⟨→ venir⟩ **1** einschreiten; eingreifen (***dans qc*** in etw [*acc*]); intervenieren (***auprès de qn*** bei j-m); **2** *événement* eintreten; dazwischenkommen; *facteur* e-e Rolle spielen; *accord* zustande kommen

intervention [ɛ̃tɛʀvɑ̃sjõ] *f* **1** Einschreiten *n*; Eingreifen *n*; Intervention *f* (*a* MIL); **2** (*prise de parole*) Stellungnahme *f*; Diskussionsbeitrag *m*; **3** MÉD Eingriff *m*

intervertir [ɛ̃tɛʀvɛʀtiʀ] *v/t* vertauschen

▸ **interview** [ɛ̃tɛʀvju] *f* Interview *n*

interviewer[1] [ɛ̃tɛʀvjuve] *v/t* interviewen

interview|er[2] *ou* **~eur** [ɛ̃tɛʀvjuvœʀ] *m*, **~euse** [-øz] *f* Interviewer(in) *m(f)*

intestin [ɛ̃tɛstɛ̃] *m* Darm *m*; ***~s*** *pl* Gedärm(e) *n(pl)*

intestinal [ɛ̃tɛstinal] *adj* ⟨~e; -aux [-o]⟩ Darm…

intime [ɛ̃tim] **I** *adj* **1** intim; *liaison a* innig; *personnes a* eng befreundet; *atmosphère a* gemütlich; *conviction* innerste; **2** (*privé*) ganz persönlich; privat; *cérémonie* im engsten (Familien)Kreis; ***journal*** *m* **~** Tagebuch *n*; **3** (*sexuel*) intim; **II** *m,f* enge(r) Vertraute(r) *f(m)*

intimement [ɛ̃tim(ə)mɑ̃] *adv* **1** ***~ liés*** eng befreundet; **2** ***~ convaincu*** im Innersten überzeugt

intimer [ɛ̃time] *v/t* ***~ l'ordre à qn de*** (+ *inf*) j-m den Befehl erteilen zu (+ *inf*)

intimid|ant [ɛ̃timidɑ̃] *adj* ⟨-ante [-ɑ̃t]⟩ Furcht einflößend; **~ation** [-asjõ] *f* Einschüchterung *f*; **~er** [-e] *v/t* einschüchtern

intimité [ɛ̃timite] *f* **1** (*familiarité*) Intimität *f*; **2** (*vie privée*) Intimsphäre *f*; ***dans la plus stricte ~*** im engsten (Familien-) Kreis

intitulé [ɛ̃tityle] *m* Überschrift *f*; Titel *m*

intituler [ɛ̃tityle] **I** *v/t* betiteln; **II** *v/pr* ***s'~ …*** den Titel … tragen

intolér|able [ɛ̃tɔleʀabl(ə)] *adj* **1** (*insupportable*) unerträglich; **2** (*inadmissible*) inakzeptabel; **~ance** [-ɑ̃s] *f* Intoleranz *f* (*a* MÉD); **~ant** [-ɑ̃] *adj* ⟨-ante [-ɑ̃t]⟩ intolerant; unduldsam

intonation [ɛ̃tɔnasjõ] *f* Tonfall *m*; Intonation *f* (*a* MUS, PHON)

intouchable [ɛ̃tuʃabl(ə)] **I** *adj* unantastbar; **II** *m,f* Unberührbare(r) *f(m)*

intoxication [ɛ̃tɔksikasjõ] *f* **1** Vergiftung *f*; ***~ alimentaire*** Nahrungsmittelvergiftung *f*; **2** *fig* Beeinflussung *f*; Indoktrinierung *f*

intoxiqué(e) [ɛ̃tɔksike] *m(f)* Süchtige(r) *f(m)*

intoxiquer [ɛ̃tɔksike] **I** *v/t* **1** vergiften; **2** *fig* beeinflussen; indoktrinieren; **II** *v/pr* ***s'~*** sich vergiften

intraduisible [ɛ̃tʀadɥizibl(ə)] *adj* **1** unübersetzbar; **2** *fig* nicht wiederzugeben(d)
intraitable [ɛ̃tʀɛtabl(ə)] *adj* unnachgiebig, kompromisslos (***sur*** in Bezug auf + *acc*)
intra-muros [ɛ̃tʀamyʀos] *adv* innerhalb der Stadt(mauern)
intramusculaire [ɛ̃tʀamyskylɛʀ] *adj* intramuskulär
intransige|ance [ɛ̃tʀɑ̃ziʒɑ̃s] *f* Unnachgiebigkeit *f*; Kompromisslosigkeit *f*; **~ant** [-ɑ̃] *adj* ‹-ante [-ɑ̃t]› unnachgiebig; kompromisslos
intransitif [ɛ̃tʀɑ̃zitif] *adj* ‹-ive [-iv]› intransitiv; nichtzielend
intraveineux [ɛ̃tʀavɛnø] *adj* ‹-euse [-øz]› intravenös
intrépid|e [ɛ̃tʀepid] *adj* unerschrocken; furchtlos; **~ité** [-ite] *f* Unerschrockenheit *f*; Furchtlosigkeit *f*
intrigant [ɛ̃tʀigɑ̃] **I** *adj* ‹-ante [-ɑ̃t]› intrigant; **II ~(*e*)** *m(f)* Intrigant(in) *m(f)*
intrigue [ɛ̃tʀig] *f* **1** Intrige *f*; Ränkespiel *n*; **2** THÉ Intrige *f*; Plot *m*
intriguer [ɛ̃tʀige] **I** *v/t* neugierig machen; beschäftigen; **II** *v/i* intrigieren
intrinsèque [ɛ̃tʀɛ̃sɛk] *adj* eigentlich
introduction [ɛ̃tʀɔdyksjõ] *f* **1** Einführung *f*; ***lettre** f **d'~*** Empfehlungsschreiben *n*; **2** (*préface*) Einleitung *f*
introduire [ɛ̃tʀɔdɥiʀ] ‹→ conduire› **I** *v/t* **1** *personne* hinein- *ou* hereinführen (***auprès de qn*** zu j-m); *dans un club, milieu* einführen; **2** *objet* einführen; hineinstecken, -schieben; *pièce* einwerfen; **3** *mode, produit* einführen; **II** *v/pr* ***s'~*** eindringen, sich Zutritt verschaffen (***dans*** in + *acc*)
introniser [ɛ̃tʀɔnize] *v/t* inthronisieren; feierlich einsetzen
introspection [ɛ̃tʀɔspɛksjõ] *f* Selbstbeobachtung *f*; Introspektion *f*
introuvable [ɛ̃tʀuvabl(ə)] *adj* unauffindbar; COMM nicht aufzutreiben(d)
introverti [ɛ̃tʀɔvɛʀti] *adj* ‹~e› introvertiert
intr|us [ɛ̃tʀy] *m*, **~use** [-yz] *f* Eindringling *m*; ungebetener Gast
intrusion [ɛ̃tʀyzjõ] *f* Eindringen *n* (***dans*** in + *acc*)
intuitif [ɛ̃tɥitif] *adj* ‹-ive [-iv]› intuitiv
intuition [ɛ̃tɥisjõ] *f* Intuition *f*; (*pressentiment*) (Vor)Ahnung *f*

inusable [inyzabl(ə)] *adj* unverwüstlich
inusité [inyzite] *adj* ‹~e› ungebräuchlich
► **inutile** [inytil] *adj* unnütz; nutzlos; unnötig; überflüssig; *efforts a* vergeblich; *mesure a* sinn-, zwecklos; **~ *de*** (+ *inf*) *a* es hat keinen Zweck zu (+ *inf*)
inutilement [inytilmɑ̃] *adv* umsonst
inutilisable [inytilizabl(ə)] *adj* unbrauchbar
inutilisé [inytilize] *adj* ‹~e› ungenutzt
inutilité [inytilite] *f* Nutzlosigkeit *f*
invalid|e [ɛ̃valid] **I** *adj* invalid(e); erwerbsunfähig; **II** *m,f* Invalide *m,f*; **~er** [-e] *v/t* für ungültig erklären; **~ité** [-ite] *f* Invalidität *f*; Erwerbsunfähigkeit *f*
invariable [ɛ̃vaʀjabl(ə)] *adj* unveränderlich
invasion [ɛ̃vazjõ] *f* Invasion *f* (*a fig*)
invectiv|e [ɛ̃vɛktiv] *f* Beschimpfung *f*; **~er** [-e] *v/t* beschimpfen
invendable [ɛ̃vɑ̃dabl(ə)] *adj* unverkäuflich
invendu [ɛ̃vɑ̃dy] **I** *adj* ‹~e› unverkauft; **II** *m/pl* **~*s*** unverkaufte Artikel *m/pl*; Restposten *m/pl*
inventaire [ɛ̃vɑ̃tɛʀ] *m opération* Bestandsaufnahme *f*; COMM Inventur *f*; *liste* Inventar *n*; Verzeichnis *n*; Aufstellung *f*; ***faire l'~ de qc*** e-e Bestandsaufnahme von etw machen
► **inventer** [ɛ̃vɑ̃te] **I** *v/t* erfinden; **II** *v/pr* ***ça ne s'invente pas*** das ist nicht erfunden
inven|teur [ɛ̃vɑ̃tœʀ] *m*, **~trice** [-tʀis] *f* Erfinder(in) *m(f)*
inventif [ɛ̃vɑ̃tif] *adj* ‹-ive [-iv]› erfinderisch; findig
► **invention** [ɛ̃vɑ̃sjõ] *f* **1** Erfindung *f*; **2** *don* Erfindungsgabe *f*
inventorier [ɛ̃vɑ̃tɔʀje] *v/t* inventarisieren
invérifiable [ɛ̃veʀifjabl(ə)] *adj* nicht nachprüfbar
inverse [ɛ̃vɛʀs] **I** *adj* umgekehrt; entgegengesetzt; **II** *m* Gegenteil *n*; ***à l'~*** hingegen; dagegen; ***à l'~ de*** im Gegensatz zu
inversement [ɛ̃vɛʀsəmɑ̃] *adv* umgekehrt; **~ *proportionnel*** umgekehrt proportional (***à*** zu)
inverser [ɛ̃vɛʀse] *v/t* umkehren (*a* ÉLECT); *rôles* vertauschen

inversion [ɛ̃vɛʀsjõ] *f* **1** Umkehr(ung) *f*; **2** GR Inversion *f*
invertébrés [ɛ̃vɛʀtebʀe] *m/pl* Wirbellose(n) *pl*
investigation [ɛ̃vɛstigasjõ] *f* Nachforschung *f*; Untersuchung *f*
investir [ɛ̃vɛstiʀ] *v/t* **1** ÉCON investieren (***dans*** in + *acc*) (*a fig*); anlegen (in + *dat*); **2** **~ *qn* (*d'une charge*)** j-n (in ein Amt) einsetzen; **~ *qn de pouvoirs*** j-n mit Vollmachten ausstatten; **3** MIL einschließen
investiss|ement [ɛ̃vɛstismɑ̃] *m* Investition *f*; (Kapital)Anlage *f*; **~eur** [-œʀ] *m* Investor *m*; Anleger *m*
investiture [ɛ̃vɛstityʀ] *f* POL *d'un candidat* Aufstellung *f*
invétéré [ɛ̃veteʀe] *adj* ⟨~e⟩ unverbesserlich; ***alcoolique* ~** Gewohnheitstrinker *m*
invincible [ɛ̃vɛ̃sibl(ə)] *adj* **1** unbesiegbar; **2** *fig* unüberwindlich
inviolable [ɛ̃vjɔlabl(ə)] *adj* unverletzlich; unantastbar
invisible [ɛ̃vizibl(ə)] *adj* unsichtbar (*a fig*)
▸**invitation** [ɛ̃vitasjõ] *f* **1** Einladung *f* (***à*** zu); **2** (*incitation*) Aufforderung *f*
invite [ɛ̃vit] *f* Wink *m*
▸**invité(e)** [ɛ̃vite] *m(f)* Gast *m*
▸**inviter** [ɛ̃vite] *v/t* **1** (*convier*) einladen; **~ *qn au cinéma, à dîner*** j-n ins Kino, zum Abendessen einladen; **~ *qn à danser*** j-n zum Tanz auffordern; **2** (*inciter*) **~ *qn à*** (+ *inf*) j-n auffordern zu (+ *inf*)
in vitro [invitʀo] ***fécondation*** *f* **~** In-vitro-Fertilisation *f*
invivable [ɛ̃vivabl(ə)] *adj* unerträglich; F *personne a* unausstehlich
invocation [ɛ̃vɔkasjõ] *f* REL Anrufung *f*
involontaire [ɛ̃vɔlõtɛʀ] *adj* unabsichtlich; ungewollt; unfreiwillig; unbewusst
invoquer [ɛ̃vɔke] *v/t* **1** REL anrufen; **2** (*avoir recours à*) sich berufen auf (+ *acc*); *argument a* anführen; *excuse* benutzen
invraisembl|able [ɛ̃vʀɛsɑ̃blabl(ə)] *adj* **1** *histoire, etc* unwahrscheinlich; **2** *tenue, etc* unmöglich; **~ance** [-ɑ̃s] *f* Unwahrscheinlichkeit *f*
invulnérable [ɛ̃vylneʀabl(ə)] *adj* unverwundbar
iode [jɔd] *m* Jod *n*; ***phare*** *m* ***à* ~** Halogenscheinwerfer *m*
iodé [jɔde] *adj* ⟨~e⟩ jodhaltig
ion [jõ] *m* Ion *n*
irai [iʀɛ], **ira(s)** [iʀa], *etc* → ***aller***[1]
Irak [iʀak] → ***Iraq***
Iran [iʀɑ̃] ***l'~*** *m* der Iran; Iran *n*
iranien [iʀanjɛ̃] **I** *adj* ⟨-ienne [-jɛn]⟩ iranisch; **II** ♀(***ne***) *m(f)* Iraner(in) *m(f)*
Iraq [iʀak] ***l'~*** *m* der Irak; Irak *n*
iraq(u)ien [iʀakjɛ̃] **I** *adj* ⟨-ienne [-jɛn]⟩ irakisch; **II** ♀(***ne***) *m(f)* Iraker(in) *m(f)*
irascible [iʀasibl(ə)] *adj* jähzornig
iris [iʀis] *m* **1** BOT Schwertlilie *f*; Iris *f*; **2** ANAT Iris *f*; Regenbogenhaut *f*
irisé [iʀize] *adj* ⟨~e⟩ irisierend; regenbogenfarbig (schillernd)
▸**irlandais** [iʀlɑ̃dɛ] **I** *adj* ⟨-aise [-ɛz]⟩ irisch; irländisch; **II** ♀(***e***) *m(f)* Ire *m*, Irin *f*
▸**Irlande** [iʀlɑ̃d] ***l'~*** *f* Irland *n*; ***l'~ du Nord*** Nordirland *n*
ironie [iʀɔni] *f* Ironie *f*
▸**iron|ique** [iʀɔnik] *adj* ironisch; **~iser** [-ize] *v/i* ironisch werden
irradiation [iʀadjasjõ] *f* Bestrahlung *f*
irradier [iʀadje] **I** *v/t* MÉD, NUCL bestrahlen; *accidentellement* verstrahlen; **II** *v/i* *douleur* ausstrahlen (***dans*** in + *acc*)
irraisonné [iʀɛzɔne] *adj* ⟨~e⟩ sinnlos; unsinnig
irrationnel [iʀasjɔnɛl] *adj* ⟨~le⟩ irrational (*a* MATH); vernunftwidrig
irréal|isable [iʀealizabl(ə)] *adj* nicht realisierbar; **~iste** [-ist] *adj* unrealistisch; wirklichkeitsfremd
irrecevable [iʀəsəvabl(ə)] *adj* **1** JUR unzulässig; **2** *fig* unannehmbar
irréconciliable [iʀekõsiljabl(ə)] *adj* unversöhnlich
irrécupérable [iʀekypeʀabl(ə)] *adj* **1** *déchets* nicht mehr verwertbar; **2** *personne* nicht resozialisierbar
irrécusable [iʀekyzabl(ə)] *adj* **1** JUR nicht ablehnbar; **2** *preuve* unanfechtbar
irréductible [iʀedyktibl(ə)] *adj* **1** *personne* unbeugsam; nicht kleinzukriegen(d); **2** MATH *fraction* nicht kürzbar
irréel [iʀeɛl] *adj* ⟨~le⟩ irreal; unwirklich
irréfléchi [iʀefleʃi] *adj* ⟨~e⟩ unüberlegt; *a personne* unbesonnen
irréfutable [iʀefytabl(ə)] *adj* unwiderlegbar

irrégularité [iʀegylaʀite] *f* Unregelmäßigkeit *f*
irrégulier [iʀegylje] *adj* ⟨-ière [-jɛʀ]⟩ **1** unregelmäßig (*a* GR); **2** (*illégal*) regel-, ordnungswidrig; irregulär; **3** *personne* mit Leistungsschwankungen
irrémédiable [iʀemedjabl(ə)] *adj mal* nicht behebbar; unheilbar; *perte* unersetzlich
irremplaçable [iʀɑ̃plasabl(ə)] *adj* unersetzlich
irréparable [iʀeparabl(ə)] *adj* **1** *objet* nicht mehr zu reparieren(d); **2** *faute* nicht wieder gutzumachen(d); irreparabel
irrépressible [iʀepʀesibl(ə)] *adj* nicht zu unterdrücken(d)
irréprochable [iʀepʀɔʃabl(ə)] *adj* untadelig; tadellos; einwandfrei
irrésistible [iʀezistibl(ə)] *adj* **1** unwiderstehlich; **2** (*très amusant*) hinreißend komisch
irrésolu [iʀezɔly] *adj* ⟨~e⟩ unentschlossen; unschlüssig; **~tion** [-sjõ] *f* Unentschlossenheit *f*
irrespectueux [iʀɛspɛktɥø] *adj* ⟨-euse [-øz]⟩ respektlos
irrespirable [iʀɛspiʀabl(ə)] *adj* **1** *air* nicht atembar; irrespirabel; **2** *fig atmosphère* unerträglich
irresponsable [iʀɛspõsabl(ə)] *adj* **1** verantwortungslos; **2** JUR schuldunfähig
irrévérencieux [iʀeveʀɑ̃sjø] *adj* ⟨-euse [-øz]⟩ unehrerbietig
irréversible [iʀevɛʀsibl(ə)] *adj* unumkehrbar; nicht rückgängig zu machen(d)
irrévocable [iʀevɔkabl(ə)] *adj* unwiderruflich
irrigation [iʀigasjõ] *f* **1** AGR Bewässerung *f*; **2** MÉD Durchblutung *f*
irriguer [iʀige] *v/t* **1** AGR bewässern; **2** MÉD durchbluten
irrit|able [iʀitabl(ə)] *adj* reizbar; **~ant** [-ɑ̃] *adj* ⟨-ante [-ɑ̃t]⟩ enervierend; ärgerlich
irritation [iʀitasjõ] *f* **1** (*colère*) Gereiztheit *f*; Verärgerung *f*; **2** MÉD Reizung *f*; leichte Entzündung
irriter [iʀite] **I** *v/t* **1** **~ *qn*** j-n reizen, verärgern, ungehalten machen; **2** MÉD reizen; **II** *v/pr* ***s'~ contre qn, de qc*** sich über j-n, etw aufregen
irruption [iʀypsjõ] *f* Eindringen *n*; MIL *a* Einfall *m*; *fig* ***faire ~*** F hineinplatzen (***dans*** in + *acc*)
islam [islam] *m* Islam *m*; **~ique** [-ik] *adj* islamisch; **~isation** [-izasjõ] *f* Islamisierung *f*; **~iser** [-ize] *v/t* islamisieren; **~isme** [-ism(ə)] *m* Islamismus *m*; **~iste** [-ist] **I** *adj* islamistisch; **II** *m* Islamist *m*
islandais [islɑ̃dɛ] **I** *adj* ⟨-aise [-ɛz]⟩ isländisch; **II** **♀(*e*)** *m(f)* Isländer(in) *m(f)*
Islande [islɑ̃d] ***l'~*** *f* Island *n*
isocèle [izɔsɛl] *adj* gleichschenklig
isol|ant [izɔlɑ̃] **I** *adj* ⟨-ante [-ɑ̃t]⟩ Isolier…; **II** *m* Isoliermaterial *n*; Dämmstoff *m*; **~ateur** [-atœʀ] *m* Isolator *m*; **~ation** [-asjõ] *f* Isolierung *f*; Isolation *f*; Dämmung *f*
isolationnisme [izɔlasjɔnism(ə)] *m* Isolationismus *m*
isolé [izɔle] *adj* ⟨~e⟩ **1** *endroit* abgelegen; entlegen; einsam; **2** *arbre, bâtiment* frei, allein stehend; **3** (*individuel*) einzeln; Einzel…; vereinzelt; ***cas ~*** Einzelfall *m*; **4** *personne* isoliert (***de*** von); allein; einsam; vereinsamt
isolement [izɔlmɑ̃] *m* **1** Isolation *f*; *d'une personne a* Alleinsein *n*; **2** *d'un malade, d'un détenu* Isolierung *f*; Absonderung *f*
isolément [izɔlemɑ̃] *adv* einzeln; isoliert
isoler [izɔle] **I** *v/t* **1** isolieren (*a* TECH, ÉLECT, *malade*); **2** *fait* isoliert, für sich betrachten; **II** *v/pr* ***s'~*** sich isolieren, sich absondern (***de qn*** von j-m); sich abkapseln
isoloir [izɔlwaʀ] *m* Wahlzelle *f*, -kabine *f*
isotherme [izɔtɛʀm] *adj* **1** ***sac m ~*** Kühltasche *f*; **2** MÉTÉO (***ligne f***) **~** *f* Isotherme *f*
isotope [izɔtɔp] *m* Isotop *n*
Israël [isʀaɛl] ⟨*ohne Artikel*⟩ Israel *n*
israélien [isʀaeljɛ̃] **I** *adj* ⟨-ienne [-jɛn]⟩ israelisch; **II** **♀(*ne*)** *m(f)* Israeli *m,f*
israélite [isʀaelit] **I** *adj* israelitisch; **II** *m,f* Israelit(in) *m(f)*
issu [isy] *adj* ⟨~e⟩ **~ *de*** abstammend von; hervorgegangen aus (*a fig*)
issue [isy] *f* **1** Ausgang *m*; **~ *de secours*** Notausgang *m*; ***voie f sans ~*** Sackgasse *f*; **2** *fig* (*solution*) Ausweg *m* (***à*** aus); ***sans ~*** ausweglos; **3** *fig* (*fin*) Ausgang *m*; Ende *n*; ***à l'~ de*** am Ende, am Schluss (+ *gén*)

I

isthme [ism(ə)] *m* Landenge *f*; Isthmus *m*

▸ **Italie** [itali] ***l'~*** *f* Italien *n*

▸ **italien** [italjɛ̃] **I** *adj* ⟨-ienne [-jɛn]⟩ italienisch; **II** **♀(ne)** *m(f)* Italiener(in) *m(f)*

italique [italik] *m* Kursivschrift *f*; ***en ~*** kursiv

itinéraire [itineʀɛʀ] *m* Route *f*; Strecke *f*

itinérant [itineʀɑ̃] *adj* ⟨-ante [-ɑ̃t]⟩ Wander…

itou [itu] *adv plais* ***et moi ~*** ich auch

I.U.T. [iyte] *m* ⟨*inv*⟩ *abr* (*institut universitaire de technologie*) Fachhochschule *f*

I.V.G. [iveʒe] *f* ⟨*inv*⟩ *abr* (*interruption volontaire de grossesse*) Schwangerschaftsabbruch *m*

ivoire [ivwaʀ] *m* **1** Elfenbein *n*; **2** ANAT Zahnbein *n*

ivoirien [ivwaʀjɛ̃] **I** *adj* ⟨-ienne [-jɛn]⟩ (von) der Elfenbeinküste; **II** **♀(ne)** *m(f)* Ivorer(in) *m(f)*

▸ **ivre** [ivʀ(ə)] *adj* **1** betrunken; ***~ mort*** sinnlos betrunken; **2** *fig* ***~ de*** erfüllt von; *st/s* trunken von *ou* vor (+ *dat*)

ivresse [ivʀɛs] *f* **1** Trunkenheit *f*; Rausch *m*; **2** *fig* Taumel *m*; Rausch *m*

ivrogne [ivʀɔɲ] *m,f* Säufer(in) *m(f)*; Trunkenbold *m*

ivrognerie [ivʀɔɲʀi] *f* Trunksucht *f*

J

J

J, j [ʒi] *m* ⟨*inv*⟩ J, j *n*; ***le jour J*** der Tag X

j' [ʒ] → ***je***

jabot [ʒabo] *m* **1** ZO Kropf *m*; **2** COUT Jabot *n*

jacasser [ʒakase] *v/i* **1** *pie* schreien; **2** *fig* schwatzen; F plappern; F schnattern

jachère [ʒaʃɛʀ] *f* Brache *f*; ***en ~*** brachliegend

jacinthe [ʒasɛ̃t] *f* Hyazinthe *f*

jacobin [ʒakɔbɛ̃] *m* HIST Jakobiner *m*

Jacques [ʒak] *m* Jakob *m*

jacter [ʒakte] *v/i* F quasseln

jacuzzi® [ʒakyzi] *m* Whirlpool® *m*

jade [ʒad] *m* Jade *m ou f*

jadis [ʒadis] *adv* einst(mals); früher

jaguar [ʒagwaʀ] *m* Jaguar *m*

jaillir [ʒajiʀ] *v/i* **1** *liquide* herausspritzen (***de*** aus); hervorquellen, -sprudeln; *flammes* hochschlagen; *étincelles* sprühen; **2** *fig idées* hervorbrechen; aufblitzen

jais [ʒɛ] *m* Gagat *m*; Pechkohle *f*; *fig* ***de ~*** tiefschwarz; pechschwarz

jalon [ʒalõ] *m* Fluchtstab *m*; Absteckpfahl *m*; *fig* ***poser des ~s*** den Weg bereiten (***de qc*** für etw)

jalonner [ʒalɔne] *v/t* **1** *terrain* abstecken; markieren; **2** (*border*) säumen; *fig* ***jalonné de*** reich an (+ *dat*); voller (+ *gén*)

jalouser [ʒaluze] *v/t* eifersüchtig sein auf (+ *acc*); beneiden

jalousie [ʒaluzi] *f* **1** (*envie*) Neid *m*; Missgunst *f*; **2** *en amour* Eifersucht *f*; **3** TECH Jalousie *f*

▸ **jaloux** [ʒalu] *adj* ⟨jalouse [ʒaluz]⟩ **1** (*envieux*) neidisch (***de qn, qc*** auf j-n, etw); missgünstig; *subst* ***faire des ~*** Neid erregen; Neider schaffen; **2** *en amour* eifersüchtig (***de qn*** auf j-n); **3** (*très attaché à*) ***~ de qc*** ängstlich auf etw (*acc*) bedacht

Jamaïque [ʒamaik] ***la ~*** Jamaika *n*

▸ **jamais** [ʒamɛ] *adv* **1** ⟨*mit ne beim Verb*⟩ nie(mals); ***je ne l'oublierai ~*** ich werde es nie vergessen; ***ne … plus ~*** *ou* ***ne … ~ plus*** nie mehr; nie wieder; ***ne … ~ que*** immer nur; schließlich nur; ***~ de la vie!*** nie und nimmer!; nie im Leben!; **2** *sens positif* je(mals); ***pire que ~*** schlimmer denn je; ***si ~ je te revois*** wenn ich dich je wiedersehen sollte; ***à (tout) ~*** für immer; ***sans ~ …*** ohne je(mals) …

jambage [ʒɑ̃baʒ] *m de lettres* Abstrich *m*

▸ **jambe** [ʒɑ̃b] *f* Bein *n*; → *Info bei* ***Bein***; *s'enfuir* ***à toutes ~s*** Hals über Kopf; *fig* ***par-dessous*** *ou* ***par-dessus la ~*** nachlässig; flüchtig; oberflächlich; *fig* ***avoir les ~s en coton*** weiche Knie haben; F *fig* ***cela me fait une belle ~!*** was nützt mir das!; F dafür kann ich mir nichts

kaufen!; *fig* ***prendre ses ~s à son cou*** F die Beine in die Hand nehmen; *fig* ***tenir la ~ à qn*** j-n durch sein Gerede aufhalten
jambière [ʒɑ̃bjɛʀ] *f* **1** SPORTS (Schien-)Beinschutz *m*, -schützer *m*; **2** *en laine* Legwarmer *m*
▸ **jambon** [ʒɑ̃bõ] *m* Schinken *m* (*a* F *fig cuisse*); ***~ de Bayonne*** roher, leicht gesalzener Schinken
jambonneau [ʒɑ̃bɔno] *m* ⟨~x⟩ Eisbein *n*; Schweinshaxe *f*
jante [ʒɑ̃t] *f* Felge *f*
▸ **janvier** [ʒɑ̃vje] *m* Januar *m*
▸ **Japon** [ʒapõ] ***le ~*** Japan *n*
▸ **japonais** [ʒapɔnɛ] **I** *adj* ⟨-aise [-ɛz]⟩ japanisch; **II** ≈(***e***) *m*(*f*) Japaner(in) *m*(*f*)
japper [ʒape] *v/i* kläffen
jaquette [ʒakɛt] *f* **1** *pour hommes* Cut(away) *m*; *pour femmes* taillierte (Kostüm)Jacke; **2** *d'un livre* Schutzumschlag *m*; **3** *d'une dent* Jacketkrone *f*
▸ **jardin** [ʒaʀdɛ̃] *m* **1** Garten *m*; ***~ ouvrier*** Schreber-, Kleingarten *m*; ***~ public*** öffentliche Anlage; **2** ***~ d'enfants*** Kindergarten *m*
jardin|age [ʒaʀdinaʒ] *m* Gartenarbeit *f*; Gartenbau *m*; **~er** [-e] *v/i* im Garten arbeiten; gärtnern
jardinet [ʒaʀdinɛ] *m* Gärtchen *n*
▸ **jardinier** [ʒaʀdinje] *m* Gärtner *m*
▸ **jardinière** [ʒaʀdinjɛʀ] *f* **1** Gärtnerin *f*; **2** (*bac à fleurs*) Blumenkasten *m*; **3** CUIS gemischtes Gemüse
jargon [ʒaʀgõ] *m* **1** Jargon *m*; Fach-, Berufssprache *f*; **2** *péj* Kauderwelsch *n*
jarre [ʒaʀ] *f* großer Tonkrug
jarret [ʒaʀɛ] *m* **1** ANAT Kniekehle *f*; **2** CUIS Hachse *f*; *südd* Haxe *f*
jarretelle [ʒaʀtɛl] *f* Strumpfhalter *m*; Straps *m*
jarretière [ʒaʀtjɛʀ] *f* Strumpfband *n*
jars [ʒaʀ] *m* Gänserich *m*; *nordd* Ganter *m*
jaser [ʒaze] *v/i* schwatzen; F klatschen
jasmin [ʒasmɛ̃] *m* (Echter) Jasmin
jaspe [ʒasp] *m* Jaspis *m*
jatte [ʒat] *f* Schale *f*; Napf *m*
jauge [ʒoʒ] *f* Messstab *m*; ***~ d'essence*** Benzinuhr *f*
jauger [ʒoʒe] ⟨-ge-⟩ **I** *v/t* **1** (*mesurer*) (ver)messen; **2** *fig* (*évaluer*) ab-, einschätzen; **II** *v/i* MAR ***~ 10 000 tonneaux*** 10 000 Tonnen haben
jaunâtre [ʒonɑtʀ(ə)] *adj* gelblich
▸ **jaune** [ʒon] **I** *adj* gelb; **II** *adv fig* ***rire ~*** gezwungen lachen; **III** *m* **1** *couleur* Gelb *n*; **2** ***~ d'œuf*** Eigelb *n*; (Ei)Dotter *m ou n*; **3** *péj* Streikbrecher *m*
jaunir [ʒoniʀ] **I** *v/t* gelb färben; **II** *v/i* gelb werden; *papier a* vergilben
jaunisse [ʒonis] *f* Gelbsucht *f*; F *fig* ***en faire une ~*** F sich schwarz ärgern
java [ʒava] *f* **1** *für den „bal musette" typischer Tanz*; **2** F *fig* ***faire la ~*** F einen draufmachen
Javel [ʒavɛl] ***eau*** *f* ***de ~*** *chlorhaltiges Desinfektionsmittel*
javellisé [ʒavelize] *adj* ⟨~e⟩ gechlort
javelot [ʒavlo] *m* **1** Speer *m*; **2** *discipline* Speerwerfen *n*
jazz [dʒaz] *m* Jazz *m*
▸ **je** [ʒ(ə)] *pr/pers* ⟨*vor Vokal u stummem h* ***j'***⟩ ich; ***~ parle*** ich spreche; ***j'entends*** ich höre
Jean [ʒɑ̃] *m* Hans *m*; Johannes *m*
▸ **jean** [dʒin] *m* **1** *pantalon* ~ *ou pl* ***~s*** [dʒins] Jeans *pl*; **2** *tissu* Jeansstoff *m*
Jeanne d'Arc [ʒandaʀk] *f* die heilige Johanna; ***coiffure*** *f* ***à la ~*** Pagenfrisur *f*, -kopf *m*
jeep® [dʒip] *f* Jeep® *m*
je-m'en-foutisme [ʒmɑ̃futism(ə)] F *m* Gleichgültigkeit *f*; F Wurschtigkeit *f*
je-ne-sais-quoi [ʒənsekwa] *m* ⟨*inv*⟩ ***un ~*** ein gewisses Etwas
jérémiades [ʒeʀemjad] *f/pl* F Gejammer *n*
jerricane *ou* **jerrycan** [(d)ʒeʀikan] *m* (Benzin)Kanister *m*
Jersey [ʒɛʀzɛ] **1** *île* Jersey *n*; **2** ≈ *m* TEXT Jersey *m*
jésuite [ʒezɥit] **I** *m* Jesuit *m*; **II** *adj* **1** Jesuiten…; **2** *péj* jesuitisch; verschlagen
Jésus-Christ [ʒezykʀi] *m* Jesus Christus
jet[1] [ʒɛ] *m* **1** (*action de jeter*) Wurf *m*; Werfen *n*; **2** *d'un fluide* Strahl *m*; ***~ d'eau*** Wasserstrahl *m*; *vertical* Fontäne *f*; **3** *fig* ***premier ~*** erster Entwurf; ***d'un*** (***seul***) ***~*** in einem Zug
jet[2] [dʒɛt] *m* AVIAT Jet *m*; Düsenflugzeug *n*
jetable [ʒətabl(ə)] *adj* Wegwerf…; Einmal…
jeté [ʒ(ə)te] *m* ***~ de table*** Tischläufer *m*
jetée [ʒ(ə)te] *f* (Hafen)Mole *f*
▸ **jeter** [ʒ(ə)te] ⟨-tt-⟩ **I** *v/t* **1** (*lancer*) wer-

J

fen; F schmeißen; *filet, ligne de pêche* auswerfen; *liquide* schütten (***dans*** in + *acc*); **~ *par la fenêtre*** zum Fenster hinauswerfen; **~ *des pierres à qn*** j-n mit Steinen bewerfen; *fig* **~ *un regard à qn*** j-m e-n Blick zuwerfen; *fig* **~ *un coup d'œil sur qc*** e-n Blick auf etw (*acc*) werfen; **~ *qc à la tête de qn*** j-m etw an den Kopf werfen (*a fig*); **2** *pour s'en débarrasser* wegwerfen; fortwerfen; F wegschmeißen; (***bon***) ***à*** **~** zum Wegwerfen; **3** (*émettre*) *lumière, ombre* werfen (***sur*** auf + *acc*); *cris* ausstoßen; *étincelles* sprühen; F ***en*** **~** Eindruck machen; F viel hermachen; **4** (*poser*) *fig* **~ *les bases de qc*** den Grund zu etw legen; **~ *un pont*** e-e Brücke schlagen (***sur*** über + *acc*); **II** *v/pr* **5 *se*** **~** sich stürzen (***dans le vide*** in die Tiefe); ***se*** **~ *de côté*** zur Seite springen; ***se*** **~ *aux pieds de qn*** sich j-m zu Füßen werfen; ***se*** **~ *sur qn, qc*** sich auf j-n, etw stürzen; über j-n, etw herfallen; **6** *fleuve* ***se*** **~ *dans*** münden, fließen in (+ *acc*)

J

jeton [ʒ(ə)tõ] *m* **1** Marke *f*; Münze *f*; *au jeu* Spielmarke *f*; Jeton *m* (*a* TÉL); **~*s de présence*** Sitzungs-, Tagegeld *n*; **2** F *fig* ***un faux*** **~** [foʃtõ] F ein falscher Fuffziger; **3** F (*coup*) Schlag *m*; F Macke *f* (*a fig*); **4** F ***avoir les*** **~*s*** F Manschetten, P Schiss haben

▸**jeu** [ʒø] *m* ⟨~x⟩ **1** Spiel *n* (*a objet, fig*); **~ *télévisé*** Fernsehquiz *n*; **~ *de cartes*** Kartenspiel *n*; **~ *de construction*** Baukasten *m*; **~ *d'enfant*** Kinderspiel *n* (*a fig*); **~ *de mots*** Wortspiel *n*; **~ *de piste*** Schnitzeljagd *f*; **~ *de société*** Gesellschaftsspiel *n*; ***au*** **~** beim Spiel; SPORTS ***'hors*** **~** abseits; *fig* ***avoir beau*** **~** leichtes Spiel haben; *fig* ***entrer dans le*** **~** mitmachen; darauf eingehen; ***entrer en*** **~** *facteur* ins Spiel kommen; *personne* in Funktion treten; ***ce n'est pas de*** **~** das ist gegen die Spielregel; *fig* ***être en*** **~** auf dem Spiel stehen; *fig* ***faire le*** **~ *de qn*** j-m (unbeabsichtigt) in die Hände arbeiten; *fig* ***les*** **~*x sont faits*** die Würfel sind gefallen; ***jouer le*** **~** sich an die Spielregeln halten; *fig* ***se piquer, se prendre au*** **~** Gefallen, Geschmack an der Sache finden; **2** *adjt* F ***vieux*** **~** altmodisch; unmodern; **3** TECH (*série*) Satz *m*; **~ *de clés*** Satz Schlüssel; **4** TECH Spiel *n*; ***avoir du*** **~** Spiel haben

▸**jeudi** [ʒødi] *m* Donnerstag *m*; **~ *saint*** Gründonnerstag *m*

jeun [ʒɛ̃, ʒœ̃] ***à*** **~** nüchtern; auf nüchternen Magen

▸**jeune** [ʒœn] **I** *adj* **1** jung; ***tout jeune*** blutjung; ganz jung; ***dès son plus jeune âge*** von frühester Jugend an; **2** (*juvénile*) jugendlich; ***être jeune de caractère*** ein jugendliches Wesen haben; ***ils font jeune(s)*** sie sehen jung, jugendlich aus; **II** *m,f* Jugendliche(r) *f(m)*; ▸ ***les jeunes*** die jungen Leute; die Jugendlichen; die Jugend; die Jungen; der Nachwuchs

jeûn|e [ʒøn] *m* Fasten *n* (*a* REL); **~*er*** [-e] *v/i* fasten

▸**jeunesse** [ʒœnɛs] *f* **1** *période* Jugend(zeit) *f*; Jugendjahre *n/pl*; ***première*** **~** frühe(ste) Jugend; **2** (*les jeunes*) Jugend *f*; **3** *qualité* Jugendlichkeit *f*; **~ *d'esprit*** geistige Frische; **4** *plais* ***une*** **~** ein junges Ding

jeunot [ʒœno] *m* F ***un petit*** **~** F ein junger Spund; F ein Bürschchen *n*

J.O. [ʒio] *m/pl abr* (*Jeux olympiques*) Olympische Spiele *n/pl*

joaillerie [ʒɔajʀi] *f* **1** *art* Juwelierkunst *f*; **2** *magasin* Juweliergeschäft *n*

joaill|ier [ʒɔaje] *m*, **~*ière*** [-jɛʀ] *f* Juwelier(in) *m(f)*

job [dʒɔb] *m* F Job *m*

jockey [ʒɔkɛ] *m* Jockei *ou* Jockey *m*

Joconde [ʒɔkõd] ***la*** **~** die Mona Lisa

jogging [dʒɔgiŋ] *m* **1** *sport* Jogging *n*; ***faire du*** **~** joggen; **2** *vêtement* Jogginganzug *m*

▸**joie** [ʒwa] *f* Freude *f*; **~ *de vivre*** Lebensfreude *f*, -lust *f*; ***à cœur*** **~** nach Herzenslust; ***s'en donner à cœur*** **~** mit Leib und Seele dabei sein; ***faire la*** **~ *de qn*** die ganze Freude j-s sein; ***mettre en*** **~** erheitern; fröhlich stimmen

joignable [ʒwaɲabl(ə)] *adj personne* erreichbar

joindre [ʒwɛ̃dʀ(ə)] ⟨je joins [ʒwɛ̃], il joint, nous joignons [ʒwaɲõ]; je joignais; je joignis; je joindrai; que je joigne; joignant; joint⟩ **I** *v/t* **1** (*mettre ensemble*) aneinander fügen; zusammenfügen; miteinander verbinden; **~ *les mains*** die Hände falten; **2** (*ajouter*) **~ *à*** hinzufügen (+ *dat*); dazutun zu; *à une lettre* beilegen (+ *dat*); **3** **~ *qn*** j-n erreichen; **II** *v/i planches, etc* ***~ bien*** **(*mal*)** (un)genau anliegen; **III** *v/pr* ***se ~ à qn*** sich j-m anschließen

joint [ʒwɛ̃] **I** *adj* ⟨jointe [ʒwɛ̃t]⟩ **1** zusammengefügt; verbunden, vereinigt (***à*** mit); *document* beigelegt (***à*** *dat*); ***pièces ~es*** Anlagen *f/pl*; *sauter* ***à pieds ~s*** mit geschlossenen Füßen; aus dem Stand; **2** INFORM ***fichier ~, pièce ~e*** Attachment [ə'tɛtʃmənt] *n*; **II** *m* **1** TECH (*articulation*) Gelenk *n*; *fig* ***chercher le ~*** e-n Weg, ein Mittel suchen; **2** TECH *de robinet, etc* Dichtung *f*; ***~ de culasse*** Zylinderkopfdichtung *f*; **3** CONSTR Fuge *f*; **4** F *de haschisch* Joint *m*

jointure [ʒwɛ̃tyʀ] *f* **1** ANAT Gelenk *n*; **2** TECH Verbindungsstelle *f*; Fuge *f*

jojo [ʒoʒo] F **I** *adj* ⟨*inv*⟩ ***pas très ~*** nicht sehr schön, nett; **II** *m* ***un affreux ~*** ein Ekel *n*

joker [ʒɔkɛʀ] *m* Joker *m*

▸**joli** [ʒɔli] *adj* ⟨~e⟩ **1** hübsch; nett; ***~ comme un cœur*** bildhübsch; **2** *somme, etc* F (ganz) hübsch, beachtlich; ***c'est bien ~, mais ...*** das ist alles ganz schön und gut, aber ...; **3** *iron* sauber; nett; reizend; *subst* ***c'est du ~!*** F das ist e-e schöne Bescherung!

joliment [ʒɔlimɑ̃] *adv* **1** hübsch; **2** F ganz schön

jonc [ʒɔ̃] *m* Binse *f*

joncher [ʒɔ̃ʃe] *v/t* **1** bestreuen (***de*** mit); **2** *objets* verstreut liegen (***le sol*** auf dem Boden); ***jonché de*** übersät mit

jonction [ʒɔ̃ksjɔ̃] *f* Verbindung *f*; Vereinigung *f*; Anschluss(stelle) *m(f)*

jongl|er [ʒɔ̃gle] *v/i* jonglieren (***avec*** mit; *a fig*); **~eur** [-œʀ] *m*, **~euse** [-øz] *f* Jongleur(in) *m(f)*

jonque [ʒɔ̃k] *f* Dschunke *f*

jonquille [ʒɔ̃kij] *f* Gelbe Narzisse; Osterglocke *f*

Jordanie [ʒɔʀdani] ***la ~*** Jordanien *n*

jordanien [ʒɔʀdanjɛ̃] **I** *adj* ⟨-ienne [-jɛn]⟩ jordanisch; **II** ♀(***ne***) *m(f)* Jordanier(in) *m(f)*

jouable [ʒwabl(ə)] *adj* **1** spielbar; **2** (*possible*) möglich

▸**joue** [ʒu] *f* Backe *f*; *st/s* Wange *f*; ***mettre, tenir qn en ~*** auf j-n anlegen, zielen

▸**jouer** [ʒwe] **I** *v/t* **1** spielen (*a* MUS, THÉ); *carte, couleur* ausspielen; *somme* setzen (***sur*** auf + *acc*); *fig réputation* aufs Spiel setzen; *pièce, film a* aufführen; geben; MUS ***~ qc à qn*** j-m etw vorspielen; **2** *fig étonnement, etc* mimen; heucheln; ***~ les innocents***, *etc* den Unschuldigen *etc* spielen, markieren; **II** *v/i et v/t/indir* **3** spielen; ***à qui de ~?*** wer ist dran, an der Reihe?; *fig* ***bien joué!*** gut so!; gut gemacht!; ***~ aux cartes, aux échecs***, *etc* Karten, Schach *etc* spielen; ***~ au football, au tennis***, *etc* Fußball, Tennis *etc* spielen; ***~ aux courses*** (bei Pferderennen) wetten; ***~ de la flûte, du piano***, *etc* Flöte, Klavier *etc* spielen; ***~ sur les mots*** Wortspielereien machen; **4** (*utiliser*) ***~ de qc*** etw einsetzen, ausnutzen; ***~ de son charme*** s-n Charme einsetzen, aufbieten; **5** (*entrer en jeu*) e-e Rolle spielen; zum Tragen kommen; sich auswirken; ***faire ~ ses relations*** s-e Beziehungen spielen lassen; **III** *v/pr* **6** ***se ~*** THÉ, MUS gespielt werden; *fig drame* sich abspielen; *avenir* sich entscheiden; **7** ***se ~ de qn*** j-n zum Narren halten; ***se ~ des difficultés*** die Schwierigkeiten spielend meistern

▸**jouet** [ʒwɛ] *m* **1** Spielzeug *n*; ***~s*** *pl* Spielzeug *n* (*coll*); Spielsachen *f/pl*; **2** *fig* ***être le ~ de*** der Spielball, das Opfer (+ *gén*) sein

▸**joueur** [ʒwœʀ], **joueuse** [ʒwøz] **I** *m,f* Spieler(in) *m(f)*; ***il est beau, mauvais joueur*** er ist ein guter, schlechter Verlierer (*a fig*); **II** *adj enfant, chat* verspielt

joufflu [ʒufly] *adj* ⟨~e⟩ pausbäckig

joug [ʒu] *m* Joch *n* (*a fig*)

jouir [ʒwiʀ] **I** *v/t/indir* ***~ de qc*** **1** (*posséder*) etw genießen, besitzen, haben; sich e-r Sache (*gén*) erfreuen; **2** (*tirer plaisir de*) etw genießen, auskosten; **3** JUR die Nutzung von etw haben; **II** *v/i* e-n Orgasmus haben; F kommen; F fertig werden

jouissance [ʒwisɑ̃s] *f* **1** (*plaisir*) Genuss *m*; **2** JUR Nutzung *f*; Nutzungsrecht *n*; Nießbrauch *m*

joujou [ʒuʒu] *m* ⟨~x⟩ *enf* **1** Spielzeug *n* (*a fig*); **2** ***faire ~*** spielen

joule [ʒul] *m* PHYS Joule *n*

▸**jour** [ʒuʀ] *m* **1** Tag *m*; ***~ de l'An*** Neujahrstag *m*; ***~ de fête*** Festtag *m*; ***~ de semaine, de travail*** Wochen-, Arbeitstag *m*; ***beau comme le ~*** bildschön; **(*pendant*)** ***le ~*** tagsüber; am Tag(e);

während des Tages; ***l'autre ~*** neulich; unlängst; vor kurzem; ***un ~*** e-s Tages; einmal; ***un ~ ou l'autre*** früher oder später; über kurz oder lang; ***un ~ sur deux, tous les deux ~s*** alle zwei Tage; jeden zweiten Tag; ***ces ~s-ci*** in diesen Tagen; dieser Tage; ***un de ces ~s*** demnächst; bald einmal; ***tous les ~s*** *ou* ***chaque ~*** täglich; jeden Tag; alle Tage; ***à ~*** auf dem Laufenden; ***mettre à ~*** aufs Laufende, auf den neuesten Stand bringen; aufarbeiten; ***~ après ~*** Tag für Tag; tagaus, tagein; tagtäglich; ***de ~*** bei Tag(e); tagsüber; ***de ~ en ~*** von Tag zu Tag; mit jedem Tag; ***de nos ~s*** heutzutage; ***du ~ au lendemain*** von heute auf morgen; ***du ~ où ...*** seit dem Tag, da *ou* an dem ...; ***par ~*** täglich; pro, am Tag; ***~ pour ~*** auf den Tag (genau); ***être comme le ~ et la nuit*** grundverschieden sein; ***vivre au ~ le ~*** von der Hand in den Mund leben; **2** (Tages)Licht *n*; ***faux ~*** schlechtes Licht; ungünstige Beleuchtung; ***au ~*** bei Tageslicht; *fig* ***au grand ~*** in aller Öffentlichkeit; ***au petit ~*** bei Tagesanbruch; im Morgengrauen; *fig* ***sous un ~ favorable*** in günstigem Licht; *fig* ***se montrer sous son vrai ~*** sein wahres Gesicht zeigen; ***il fait ~*** es ist Tag, hell; *fig* ***se faire ~*** *vérité* ans Licht, an den Tag kommen; *idée* zum Durchbruch kommen; *fig* ***voir le ~*** *personne* das Licht der Welt erblicken; *idée, mode* aufkommen; **3** (*vie*) ***~s*** *pl* Leben *n*; Tage *m/pl*; ***donner le ~ à un enfant*** e-m Kind das Leben schenken; ***finir ses ~s à la campagne*** s-n Lebensabend auf dem Land verbringen; **4** COUT Hohlsaum *m*

▸ **journal** [ʒuʀnal] *m* ⟨-aux [-o]⟩ **1** *publication* (Tages)Zeitung *f*; Blatt *n*; (*périodique*) Zeitschrift *f*; **2** ***~ télévisé*** (Fernseh)Nachrichten *f/pl*; **3** ***~ (intime)*** Tagebuch *n*; ***~ de voyage*** Reisetagebuch *n*

journalier [ʒuʀnalje] **I** *adj* ⟨-ière [-jɛʀ]⟩ täglich; **II** *m* Tagelöhner *m*

journalisme [ʒuʀnalism(ə)] *m* Journalismus *m*; Publizistik *f*

▸ **journalist|e** [ʒuʀnalist] *m,f* Journalist(in) *m(f)*; **~ique** [-ik] *adj* journalistisch

▸ **journée** [ʒuʀne] *f* **1** (*jour*) Tag *m*; ***toute la ~*** den ganzen Tag (lang, über); ***des ~s entières*** tagelang; **2** ***~ (de travail)*** Arbeitstag *m*; ***~ continue*** durchgehende Arbeitszeit; ***faire la ~ continue*** durcharbeiten

jour – oder etwa doch journée?

Elle prend le métro tous les jours.
Sie fährt jeden Tag mit der U-Bahn.

Wird der Tag als Zeiteinheit von 24 Stunden betrachtet, so verwendet man **le jour**.
Betont man bei einem Tag hingegen dessen Verlauf, so nimmt man **la journée**:

Vous avez passé une belle journée à Dijon?
Haben Sie einen schönen Tag in Dijon verbracht?

journellement [ʒuʀnɛlmɑ̃] *adv* täglich; alle Tage; tagaus, tagein

joute [ʒut] *f* **1** ***~ sur l'eau*** Fischerstechen *n*; **2** *fig* ***~ oratoire*** Rededuell *n*

jouvence [ʒuvɑ̃s] *f* ***fontaine*** *f* ***de ~***, *fig a* ***bain*** *m* ***de ~*** Jungbrunnen *m*

jovial [ʒɔvjal] *adj* ⟨~e; -aux [-o] *od* -als⟩ fröhlich; heiter; **~ité** [-ite] *f* Fröhlichkeit *f*; Heiterkeit *f*

joyau [ʒwajo] *m* ⟨~x⟩ Juwel *n* (*a fig*); *fig a* Kleinod *n*

▸ **joyeux** [ʒwajø] *adj* ⟨-euse [-øz]⟩ fröhlich; lustig; vergnügt; heiter

jubé [ʒybe] *m* ARCH Lettner *m*

jubilation [ʒybilasjõ] *f* Jubel *m*; unbändige Freude

jubilé [ʒybile] *m* fünfzigjähriges (Dienst)Jubiläum

jubiler [ʒybile] *v/i* (innerlich) frohlocken; sich unbändig freuen

jucher [ʒyʃe] **I** *v/t* (hoch) hinaufstellen, -legen, -setzen; ***juché sur*** hoch oben auf (+ *dat*); **II** *v/pr* ***se ~ sur qc*** sich (hoch oben) auf etw (*acc*) setzen

judaïque [ʒydaik] *adj* jüdisch

judaïsme [ʒydaism(ə)] *m* Judentum *n*

judas [ʒyda] *m d'une porte* Spion *m*

judiciaire [ʒydisjɛʀ] *adj* gerichtlich; richterlich; Gerichts…; Justiz…

judicieux [ʒydisjø] *adj* ⟨-euse [-øz]⟩ klug; gescheit; vernünftig

judo [ʒydo] *m* Judo *n*

judoka [ʒydɔka] *m,f* Judoka *m*

▸ **juge** [ʒyʒ] *m* JUR Richter *m* (*a fig*); **~ d'instruction** Untersuchungsrichter *m*; SPORTS **~ de touche** Linienrichter *m*; **~ pour enfants** Jugendrichter *m*

jugé [ʒyʒe] *m* **au ~** ungefähr; nach Gefühl

▸ **jugement** [ʒyʒmɑ̃] *m* **1** Urteil *n* (*a fig*); REL **le** ♀ **dernier** das Jüngste Gericht; **~ de valeur** Werturteil *n*; JUR **~ par défaut** Versäumnisurteil *n*; **prononcer, rendre un ~** ein Urteil verkünden, fällen; **2** *faculté* Urteilsvermögen *n*; **manquer de ~** kein Urteil haben; unkritisch sein

jugeote [ʒyʒɔt] *f* F Grips *m*; F Köpfchen *n*

juger [ʒyʒe] ⟨-ge-⟩ **I** *v/t* **1** JUR aburteilen; das Urteil sprechen über (+ *acc*); ▸ **être jugé** vor Gericht kommen; **force** *f* **de chose jugée** Rechtskraft *f*; **2** *fig* urteilen (*abs ou* **qn, qc** über j-n, etw); beurteilen; **3** (*considérer*) *avec adj* für … halten, erachten; als … ansehen; **~ nécessaire de faire qc** es für notwendig halten *ou* erachten, etw zu tun; **II** *v/t/indir* **~ de** urteilen über (+ *acc*); beurteilen, ermessen (+ *acc*); *la joie, surprise de qn* sich (*dat*) vorstellen, denken (können); **à en ~ par sa réaction …** nach s-r Reaktion zu urteilen …; **III** *m* → **jugé**

juguler [ʒygyle] *v/t* eindämmen; Einhalt gebieten (+ *dat*)

▸ **juif** [ʒɥif] **I** *adj* ⟨juive [ʒɥiv]⟩ jüdisch; Juden…; **II ~, juive** *m,f* Jude *m*, Jüdin *f*

▸ **juillet** [ʒɥijɛ] *m* Juli *m*; **le quatorze** ♀ der vierzehnte Juli (*frz Nationalfeiertag*)

▸ **juin** [ʒɥɛ̃] *m* Juni *m*

jujube [ʒyʒyb] *m* Jujube *f*; Brustbeere *f*

juke-box [(d)ʒukbɔks] *m* ⟨*inv*⟩ Musikbox *f*, -automat *m*; Jukebox *f*

julienne [ʒyljɛn] *f* **~ de légumes** klein geschnittenes Gemüse

jumeau [ʒymo] **I** *adj* ⟨-elle [-ɛl]; **~x**⟩ Zwillings…; Doppel…; **frère ~, sœur jumelle** Zwillingsbruder *m*, -schwester *f*; **lits ~x** Doppelbett *n*; **II ~** *m* ⟨**~x**⟩, **jumelle** *f* Zwilling *m*; Zwillingsbruder *m*, -schwester *f*; **~x, jumelles** Zwillinge *m/pl*; Zwillingspaar *n*; **vrais, faux ~x** eineiige, zweieiige Zwillinge *m/pl*

jumelage [ʒymlaʒ] *m* Städtepartnerschaft *f*

jumelé [ʒymle] *adj* ⟨**~e**⟩ Zwillings…; Doppel…; **pari ~** Sieg- und Platzwette *f*; **villes ~es** Partnerstädte *f/pl*

jumeler [ʒymle] *v/t* ⟨-ll-⟩ durch e-e Städtepartnerschaft verbinden

jumelles [ʒymɛl] *f/pl* **1** Fernglas *n*; Feldstecher *m*; **~ de théâtre** Opernglas *n*; F Operngucker *m*; **2** → **jumeau**

jument [ʒymɑ̃] *f* Stute *f*

jungle [ʒɛ̃gl(ə), ʒœ̃-] *f* Dschungel *m*

junior [ʒynjɔʀ] **I** *adj* ⟨*f inv*⟩ SPORTS Junioren…; *par ext* **mode** *f* **~** Mode *f* für Junioren; **II** *m,f* Junior(in) *m(f)*

junkie [dʒœŋki] *m,f* Junkie *m*

junte [ʒɛ̃t, ʒœ̃t] *f* Junta *f*; **~ militaire** Militärjunta *f*

▸ **jupe** [ʒyp] *f* Rock *m*; **~-culotte** *f* ⟨jupes-culottes⟩ Hosenrock *m*

jupette [ʒypɛt] *f* Röckchen *n*

jupon [ʒypõ] *m* Unterrock *m*

Jura [ʒyʀa] **le ~** GEOGR der Jura

jurassique [ʒyʀasik] *m* GÉOL Jura *m*

juré [ʒyʀe] **I** *adj* ⟨**~e**⟩ **ennemi ~** geschworener, erklärter Feind; **II** *m* JUR Geschworene(r) *m*; Schöffe *m*

▸ **jurer** [ʒyʀe] **I** *v/t* schwören (*a abs*); *par ext* (*assurer*) versichern; **~ fidélité à qn** j-m Treue schwören, geloben; *fig* **on ne jure plus que par lui** man schwört auf ihn; **je vous jure** das kann ich Ihnen sagen, versichern; **II** *v/i* **1** (*dire des jurons*) fluchen; **2** (*aller mal avec*) nicht zueinander passen; *couleurs a* sich beißen; **~ avec qc** nicht zu etw passen; sich nicht mit etw vertragen; **III** *v/pr* **se ~ de faire qc** sich schwören, etw zu tun

juridiction [ʒyʀidiksjõ] *f* Gerichtsbarkeit *f*; Rechtsprechung *f*; Jurisdiktion *f*; (*tribunal*) Gericht *n*

juridictionnel [ʒyʀidiksjɔnɛl] *adj* ⟨**~le**⟩ richterlich; Gerichts…

juridique [ʒyʀidik] *adj* juristisch; rechtlich; Rechts…

jurisprudence [ʒyʀispʀydɑ̃s] *f* Rechtsprechung *f*; Spruchpraxis *f*; **faire ~** zum Präzedenzfall werden

J

juriste [ʒyʀist] *m,f* Jurist(in) *m(f)*
juron [ʒyʀõ] *m* Fluch *m*
jury [ʒyʀi] *m* **1** JUR Geschworene(n) *m/pl*; **2** *d'un prix*, SPORTS Jury *f*; **3** *d'examen* Prüfungskommission *f*
jus [ʒy] *m* **1** Saft *m*; ▸ ***jus de fruit*** Obst-, Fruchtsaft *m*; ***jus de rôti*** Bratensaft *m*; F *fig* ***ça vaut le jus*** das lohnt sich; **2** F (*café*) Kaffee *m*; *péj* ***jus de chaussette*** F Brühe *f*; **3** F (*courant électrique*) F Saft *m*
jusqu'au-boutiste [ʒyskobutist] *m* Durchhaltepolitiker *m*; *par ext* Unentwegte(r) *m*
▸ **jusque** [ʒysk(ə)] **I** *prép* 〈*vor Vokal* ***jusqu'***〉 bis; **a)** ***jusqu'à Paris*** bis nach Paris; ***jusqu'au bord*** bis an den *ou* zum Rand; ***jusqu'à demain*** bis morgen; ***jusqu'à quand?*** bis wann?; wie lange noch?; ***jusqu'au dernier*** bis auf den letzten Mann; **b)** *avec d'autres prép*: ***accompagner qn ~ chez lui*** j-n bis nach Hause begleiten; ***jusqu'après Noël*** bis nach Weihnachten; **c)** *avec adv*: ***jusqu'ici*** *lieu* bis hier(her); *temps* bis jetzt; bisher; ***~-là*** bis dahin; F *fig* ***j'en ai ~-là*** F mir steht's bis hierhin; ***~ tard dans la nuit*** bis spät in die Nacht (hinein); **II** *adv* sogar; selbst; **III** *conj* ▸ ***jusqu'à ce que …*** (+ *subj*) bis
▸ **juste** [ʒyst] **I** *adj* **1** (*équitable*) gerecht; *revendications* berechtigt; **2** (*correct*) richtig; (*exact*) genau; *mot* passend; treffend; ***être ~*** *addition*, *réponse* stimmen; *montre* richtig, genau gehen; **3** (*serré*) knapp; **II** *adv* **1** (*exactement*) genau; richtig; (*précisément*) gerade; ***~ à côté*** gleich nebenan; ***chanter ~*** richtig singen; ***il vient ~ d'arriver*** er ist gerade, eben angekommen; ***au ~*** eigentlich; genau; ***comme de ~*** wie nicht anders zu erwarten; **2** (*de justesse*) (***tout***) ***~*** gerade noch; (ganz) knapp; (*seulement*) nur; ***au plus ~*** ganz knapp; **III** *m* Gerechte(r) *m*
▸ **justement** [ʒystəmɑ̃] *adv* **1** (*précisément*) gerade; eben; **2** (*avec justesse*) richtig; **3** (*à bon droit*) zu, mit Recht
justesse [ʒystɛs] *f* **1** *d'une montre*, *etc* Genauigkeit *f*; *d'une remarque*, *etc* Richtigkeit *f*; **2** ***de ~*** gerade noch; mit knapper Not
▸ **justice** [ʒystis] *f* **1** (*équité*) Gerechtigkeit *f*; ***ce n'est que ~*** das ist nur recht und billig; ***rendre ~ à qn*** j-m Gerechtigkeit widerfahren lassen; **2** (*juridiction*) Justiz *f*; Rechtswesen *n*; ***se faire ~*** (***soi-même***) (*se tuer*) sich selbst richten; (*se venger*) sich selbst Recht verschaffen; ***rendre la ~*** Recht sprechen
justicier [ʒystisje] *m* Rächer *m*; *iron* Weltverbesserer *m*
justificatif [ʒystifikatif] **I** *adj* 〈-ive [-iv]〉 Beweis…; Beleg…; **II** *m* Beleg *m*
justification [ʒystifikasjõ] *f* **1** Rechtfertigung *f*; **2** (*preuve*) Nachweis *m*
justifier [ʒystifje] **I** *v/t* rechtfertigen; *conduite*, *critiques a* begründen; *affirmation* beweisen; ***justifié*** berechtigt; begründet; **II** *v/pr* ***se ~*** **1** *personne* sich rechtfertigen; **2** *craintes* sich als begründet, gerechtfertigt erweisen
jute [ʒyt] *m* Jute *f*
juteux [ʒytø] *adj* 〈-euse [-øz]〉 **1** *fruit* saftig; **2** F *fig affaire* einträglich
juvénile [ʒyvenil] *adj* jugendlich
juxtaposer [ʒykstapoze] *v/t* nebeneinander stellen

K

K, k [kɑ] *m* 〈*inv*〉 K, k *n*
K7 [kasɛt] *f abr* Kassette *f*
kabyle [kabil] **I** *adj* kabylisch; **II** ♀ *m,f* Kabyle *m*, Kabylin *f*
Kabylie [kabili] ***la ~*** die Kabylei
kafkaïen [kafkajɛ̃] *adj* 〈-ïenne [-jɛn]〉 kafkaesk
kaki[1] [kaki] *adj* 〈*inv*〉 khakifarben
kaki[2] *m fruit* Kaki *f*
kaléidoscope [kaleidɔskɔp] *m* Kaleidoskop *n* (*a fig*)
kamikaze [kamikaz] *m* **1** MIL Kamikazeflieger *m*; **2** *fig adjt* selbstmörderisch
kangourou [kɑ̃guʀu] *m* Känguru *n*
kaolin [kaɔlɛ̃] *m* Kaolin *n*; Porzellanerde *f*

kapok [kapɔk] *m* Kapok *m*
karaoké [kaʀaɔke] *m* **1** *action* Karaoke *n*; **2** *appareil* Karaokeanlage *f*
karaté [kaʀate] *m* Karate *n*
kart [kaʀt] *m* Gokart *m*
karting [kaʀtiŋ] *m* Gokartsport *m*; Karting *n*
kascher → ***casher***
kayak [kajak] *m* Kajak *m*; ***faire du*** ~ Kajak fahren
Kazakhstan [kazakstɑ̃] ***le*** ~ Kasachstan *n*
kebab [kebab] *m* Kebab *m*
Kenya [kenja] ***le*** ~ Kenia *n*
kényan [kenjɑ̃] **I** *adj* ⟨-ane [-an]⟩ kenianisch; **II** **2(e)** *m(f)* Kenianer(in) *m(f)*
képi [kepi] *m* Schirmmütze *f*
kermesse [kɛʀmɛs] *f* **1** (*fête de charité*) Wohltätigkeitsfest *n*; **2** (*fête foraine*) Kirmes *f*
kérosène [keʀozɛn] *m* Kerosin *n*
ketchup [kɛtʃœp] *m* Ketschup *m ou n*
kg *abr* (*kilogramme*) kg
khmer [kmɛʀ] **I** *adj* ⟨-ère⟩ der Khmer; Khmer…; **II** *m/pl* **2s** Khmer *m/pl*
khôl [kol] *m* Kajal *n*
kibboutz [kibuts] *m* Kibbuz *m*
kidnapp|er [kidnape] *v/t* kidnappen; entführen; **~eur** [-œʀ] *m*, **~euse** [-øz] *f* Kidnapper *m*; Entführer(in) *m(f)*; **~ing** [-iŋ] *m* Kidnapping *n*; Entführung *f*
kif-kif [kifkif] *adj* ⟨*inv*⟩ F ***c'est*** ~ F das ist Jacke wie Hose
kiki [kiki] *m* F ***serrer le ~ à qn*** j-m die Gurgel, Kehle zudrücken
▸**kilo** [kilo] *m* Kilo *n*
▸**kilogramme** [kilɔgʀam] *m* Kilogramm *n*
kilométrage [kilɔmetʀaʒ] *m* Kilometerzahl *f*; *d'un compteur* Kilometerstand *m*
▸**kilomètre** [kilɔmɛtʀ(ə)] *m* Kilometer *m*; ***faire des ~s*** viele Kilometer laufen *ou* fahren; **~s-heure** *m/pl* Stundenkilometer m/pl
kilométrique [kilɔmetʀik] *adj* Kilometer…
kilo-octet [kilɔɔktɛ] *m* ⟨kilo-octets⟩ INFORM Kilobyte *n*
kilowatt [kilɔwat] *m* Kilowatt *n*; **~heure** *f* Kilowattstunde *f*
kilt [kilt] *m* Kilt *m*; Schottenrock *m*
kimono [kimɔno] *m* Kimono *m*
kinésithérap|eute [kineziteʀapøt] *m,f* (*abr* F ***kiné***) Krankengymnast(in) *m(f)*; **~ie** [-i] *f* (*abr* F ***kiné***) Heil-, Krankengymnastik *f*
kiosque [kjɔsk] *m* **1** Kiosk *m*; ***~ à journaux*** Zeitungskiosk *m*, -stand *m*; **2** (Garten)Pavillon *m*

Le kir royal

Mancher mag sich schon die Frage gestellt haben, woher das Wort **kir** eigentlich kommt. Das Getränk, das weit über die Grenzen Burgunds hinaus Bekanntheit und Beliebtheit erlangt hat, hat seinen Namen vom ehemaligen Bürgermeister von Dijon, Félix-Adrien Kir (1876–1968).

Ein **kir** wird aus Schwarzem Johannisbeerlikör (**crème de cassis**) und trockenem Burgunder Weißwein im Verhältnis 1:4 gemischt.

Wer es prickelnder mag, nimmt statt Weißwein Sekt oder Champagner. Ein derart königliches Getränk nennt sich dann **kir royal**.

kirsch [kiʀʃ] *m* Kirsch *m*; Kirschwasser *n*; → *Info bei* ***digestif***
kit [kit] *m* Bausatz *m*; ***en*** ~ zum Zusammenbauen
kitchenette [kitʃənɛt] *f* kleine Küche; Kochnische *f*
kitsch [kitʃ] **I** *adj* ⟨*inv*⟩ kitschig; **II** *m* Kitsch *m*
kiwi [kiwi] *m* **1** *fruit* Kiwi *f*; **2** *oiseau* Kiwi *m*
klaxon® [klaksɔn] *m* Hupe *f*
klaxonner [klaksɔne] *v/i* hupen
kleptoman|e [klɛptɔman] *m,f* Kleptomane, -manin *m,f*; **~ie** [-i] *f* Kleptomanie *f*
km *abr* (*kilomètre*) km
km/h *abr* (*kilomètres-heure*) km/h; km/st
K.-O. [kao] *abr* (*knock-out*) **I** *adj* ⟨*inv*⟩ ***être*** ~ k. o. sein (*a fig*); ***mettre*** ~ k. o. schlagen; **II** *m* K. o. *m*
koala [kɔala] *m* Koala *m*
Kosovo [kɔsɔvo] ***le*** ~ der *ou* das Kosovo

K

kouglof [kuglɔf] *m* Napfkuchen *m*; *südd* Gugelhupf *m*
Koweït [kɔwɛjt] ***le ~*** Kuwait *n*
krach [kʀak] *m* Börsenkrach *m*
kraft [kʀaft] *adjt* ***papier*** *m* **~** Packpapier *n*
Kremlin [kʀɛmlɛ̃] ***le ~*** der Kreml
kurde [kyʀd] **I** *adj* kurdisch; **II** ♀ *m,f* Kurde *m*, Kurdin *f*
kW *abr* (*kilowatt*) kW
kWh *abr* (*kilowattheure*) kWh
kyrielle [kiʀjɛl] *f* lange Reihe (***de*** von)
kyste [kist] *m* Zyste *f*

L

L, l [ɛl] *m* ⟨*inv*⟩ L, l *n*
l *abr* (*litre*) l
l' [l] → ***le***
▸ **la**[1] [la] *article et pr/pers* → ***le***
la[2] *m* ⟨*inv*⟩ MUS a *ou* A *n*; ***donner le ~*** das A angeben
▸ **là** [la] **I** *adv* da; dort; *avec mouvement* dahin; dorthin; ***ces gens-là*** diese Leute da; *st/s* jene Leute; ***être là*** da sein; F *fig* ***être un peu là*** ziemlich gewichtig, auffällig sein; ***les faits sont là*** das sind nun einmal Tatsachen; ***de là*** von da, dort; von dorther; *causalité* daher; ***à quelque temps de là*** einige Zeit danach; ***mais de là à prétendre que …*** aber deswegen gleich behaupten zu wollen, dass …; ***par là*** *passer* da, dort entlang; *entrer* da, dort hinein; *habiter* dort in der Gegend; ***entendre par là*** darunter verstehen; **II** *int* ***'hé là!*** he!; ▸ ***oh là là!*** oje!
▸ **là-bas** *adv* da drüben; dort; *avec mouvement* dorthin; dahin
label [labɛl] *m* **~** (***de qualité***) Gütezeichen *n*; **~** ***vert*** Umweltzeichen *n*
labeur [labœʀ] *st/s m* (mühsame) Arbeit
labial [labjal] *adj* ⟨~e; -aux [-o]⟩ Lippen…
labo [labo] *m* F *abr* (*laboratoire*) Labor *n*
laborant|in [labɔʀɑ̃tɛ̃] *m*, **~ine** [-in] *f* Laborant(in) *m(f)*
laboratoire [labɔʀatwaʀ] *m* Labor(atorium) *n*; **~** ***de langues*** Sprachlabor *n*
laborieux [labɔʀjø] *adj* ⟨-euse [-øz]⟩ **1** *recherches, etc* mühsam; mühselig; langwierig; **2** *personne* fleißig; arbeitsam; *vie* arbeitsreich; ***les classes laborieuses*** die arbeitenden Klassen *f/pl*
labour [labuʀ] *m* **1** Pflügen *n*; Ackern *n*; **2 ~s** *pl* gepflügtes Land
labourage [labuʀaʒ] *m* (Um)Pflügen *n*
labourer [labuʀe] *v/t* **1** *terre* (um)pflügen; *abs* pflügen; ackern; **2** *fig terrain* aufwühlen; (*griffer*) zerkratzen
labrador [labʀadɔʀ] *m* Labrador(hund) *m*
labyrinthe [labiʀɛ̃t] *m* Labyrinth *n*; *jardin a* Irrgarten *m*; *fig a* Gewirr *n*
▸ **lac** [lak] *m* See *m*
lacer [lase] *v/t* ⟨-ç-⟩ (zu)schnüren; zubinden
lacérer [lasere] *v/t* ⟨-è-⟩ zerreißen; zerfetzen
lacet [lasɛ] *m* **1** *de chaussure* Schnürsenkel *m*; **2** *d'une route* **~s** *pl* Serpentinen *f/pl*; Kehren *f/pl*; **3** CH Schlinge *f*
▸ **lâche** [lɑʃ] **I** *adj* **1** *nœud, etc* locker; **2** (*sans courage*) feige; **3** (*méprisable*) gemein; **II** *m,f* Feigling *m*
▸ **lâcher** [lɑʃe] **I** *v/t* **1** *objet, main, chiens* loslassen; *animal a* (frei) laufen lassen; *pigeons* auflassen; *ballon* aufsteigen lassen; *bombe, lest* abwerfen; F *fig* ***ne pas vouloir les ~*** F auf s-m Geld sitzen; **2** *fig remarque* fallen lassen; von sich geben; *juron* ausstoßen; **3** F (*abandonner*) fallen lassen; im Stich lassen; *petite amie* sitzen lassen; **II** *v/i corde* reißen; *freins* versagen; **III** *m de pigeons* Auflassen *n*; *de ballons* (Auf)Steigenlassen *n*
lâcheté [lɑʃte] *f* **1** (*manque de courage*) Feigheit *f*; **2** (*bassesse*) Gemeinheit *f*
lâch|eur [lɑʃœʀ] *m*, **~euse** [-øz] *f* F treulose Tomate
lacis [lasi] *m* Netz *n*; Geflecht *n*
laconique [lakɔnik] *adj* **1** *réponse, etc* lakonisch; kurz und bündig; **2** *personne* wortkarg; einsilbig
lacrymal [lakʀimal] *adj* ⟨~e; -aux [-o]⟩ Tränen…

lacrymogène [lakʀimɔʒɛn] *adj* ***gaz*** *m* **~** Tränengas *n*
lacs [lɑ] *m* CH Schlinge *f*
lacté [lakte] *adj* ⟨~e⟩ Milch…; ***Voie ~e*** Milchstraße *f*
lactique [laktik] *adj* ***acide*** *m* **~** Milchsäure *f*
lacune [lakyn] *f* Lücke *f*
lacustre [lakystʀ(ə)] *adj plantes* in Seen vorkommend; ***cité*** *f* **~** Pfahlbauten *m/pl*
lad [lad] *m* Stallbursche *m*
là-dedans [lad(ə)dɑ̃] *adv* darin; F da drin(nen); *avec mouvement* dahinein; *fig* ***il y a du vrai ~*** da ist etwas Wahres dran
là-dessous [lad(ə)su] *adv* darunter; F da drunter
là-dessus [lad(ə)sy] *adv* darauf; F da drauf
ladite [ladit] *adj* → ***ledit***
lagon [lagõ] *m* Lagune *f*
lagune [lagyn] *f* Lagune *f*
là-haut [lao] *adv* da oben, dort oben (*a fig: au ciel*); (da) droben; *avec mouvement* dahinauf
laïc [laik] *m* ÉGL Laie *m*

Le laïcisme

Le laïcisme ist eine Doktrin, die eine strikte Trennung von Staat und Kirche vorsieht. Konkret bedeutet das, dass die Kirche keinerlei Einfluss auf Politik, Verwaltung und Schulen nehmen soll.
Die staatlichen Schulen in Frankreich sind so genannte **écoles laïques**: Sie sind frei von kirchlichen Einflüssen, an ihnen wird kein Religionsunterricht erteilt, und sie haben sich gegenüber allen Konfessionen neutral zu verhalten.

laïcité [laisite] *f* religiöse Neutralität des Staates; Trennung *f* von Kirche und Staat
▸ **laid** [lɛ] *adj* ⟨laide [lɛd]⟩ hässlich
laideron [lɛdʀõ] *m* hässliches Mädchen
laideur [lɛdœʀ] *f* Hässlichkeit *f*
laie [lɛ] *f* Wildsau *f*; Bache *f*
lainage [lɛnaʒ] *m* **1** *tissu* Wollstoff *m*; **2** *gilet* Woll-, Strickjacke *f*
▸ **laine** [lɛn] *f* **1** Wolle *f*; ***pure ~ vierge*** reine Schurwolle; ***~ de verre*** Glaswolle *f*; ***de*** *ou* ***en ~*** wollen; aus Wolle; Woll…; *fig* ***se laisser manger la ~ sur le dos*** sich alles gefallen lassen; **2** F ***une petite ~*** F etwas Wollenes
laineux [lɛnø] *adj* ⟨-euse [-øz]⟩ wollig; wollartig
laïque [laik] **I** *adj* **1** ÉGL Laien…; weltlich; **2** *école, État* laizistisch; bekenntnisneutral; **II** *m,f* ÉGL Laie *m*
laisse [lɛs] *f* Leine *f*; ***tenir en ~*** an der Leine halten; *fig* am Gängelband führen
laissé-pour-compte [lesepuʀkõt] **1** *m* COMM nicht angenommene Ware; **2** *fig* ***laissé(e)s-pour-compte*** *m/pl* (*f/pl*) Zukurzgekommene(n) *pl*; Stiefkinder *n/pl*
▸ **laisser** [lese] **I** *v/t* **1** lassen; (*ne pas emmener*) *a* zurücklassen; (*ne pas manger, etc*) *a* übrig lassen; *fautes dans un texte* stehen lassen; ***~ la lumière allumée*** das Licht anlassen, brennen lassen; ***~ la porte ouverte*** die Tür offen lassen; ***y ~ sa vie*** sein Leben lassen; ***laisse ça!*** lass das (bleiben, sein)!; **2** (*quitter*) verlassen; *logement* aufgeben; F ***je vous laisse*** ich muss jetzt gehen; **3** *traces, goût, adresse, personnes à sa mort* hinterlassen (*a héritage*); zurücklassen; **4** (*confier, céder*) ***~ qc à qn*** j-m etw überlassen; **II** *v/aux* lassen; ***~ tout aller*** alles (so) laufen lassen; ***~ entrer*** herein-, hineinlassen; ***~ faire qn*** j-n gewähren, machen lassen; ***il laisse faire*** er lässt alles geschehen; ***~ partir*** gehen lassen; fortlassen; **III** *v/pr* ***se ~ aller*** sich gehen lassen; ***se ~ aller à faire qc*** sich dazu hinreißen lassen, etw zu tun; ***se ~ faire*** sich alles gefallen lassen; F ***laissez-vous faire!*** lassen Sie sich verführen!
laisser|-aller *m péj* Sichgehenlassen *n*; Nachlässigkeit *f*; *dans le travail* F Schlendrian *m*; ***~-faire*** *m* Gewährenlassen *n*; Laisser-faire *n*
laissez-passer [lesepase] *m* ⟨*inv*⟩ Passierschein *m*
▸ **lait** [lɛ] *m* Milch *f*; ***~ de vache*** Kuhmilch *f*; ***~ en poudre*** Milchpulver *n*
laitages [lɛtaʒ] *m/pl* Milchprodukte *n/pl*

laiterie [lɛtʀi] *f* Molkerei *f*

laiteux [lɛtø] *adj* ⟨-euse [-øz]⟩ milchig

laitier [lɛtje] **I** *adj* ⟨-ière [-jɛʀ]⟩ Milch…; Molkerei…; ***vache laitière*** Milchkuh *f*; **II** **~**, ***laitière*** *m,f* Milchmann, -frau *m,f*

laiton [lɛtõ] *m* Messing *n*

laitue [lety] *f* Kopfsalat *m*; grüner Salat

laïus [lajys] F *m* (lange, weitschweifige) Rede, Ansprache

lama [lama] *m* **1** ZO Lama *n*; **2** REL Lama *m*

lambeau [lãbo] *m* ⟨~x⟩ Fetzen *m*; ***mettre en ~x*** zerfetzen; in Fetzen reißen

lambin [lãbɛ̃] *adj* ⟨-ine [-in]⟩ F bummelig; F trödelig

lambiner [lãbine] *v/i* F trödeln

lambris [lãbʀi] *m* Wandverkleidung *f*; *en bois a* Täfelung *f*

▸**lame** [lam] *f* **1** *de couteau, d'épée* Klinge *f*; ***~ de rasoir*** Rasierklinge *f*; ***~ de scie*** Sägeblatt *n*; **2** (*bande mince*) Plättchen *n*; dünne Platte; *d'une jalousie* Lamelle *f*; ***~ de parquet*** Parkettstab *m*; Riemen *m*; **3** (*vague forte*) Woge *f*; ***~ de fond*** Grundsee *f*

lamé [lame] **I** *adj* ⟨~e⟩ mit Metallfäden, mit Lamé durchwirkt; **II** *m* Lamé *m*

lamelle [lamɛl] *f* dünnes Plättchen, Scheibchen; Lamelle *f*

lament|able [lamãtabl(ə)] *adj* jämmerlich; kläglich; **~ations** [-asjõ] *f/pl* Jammern *n*; Klagen *n*; F Gejammer *n*; F Lamento *n*

lamenter [lamãte] *v/pr* ***se ~*** jammern; klagen; F lamentieren (***sur*** über + *acc*)

lamin|er [lamine] *v/t* **1** TECH walzen; **2** *fig* niederwalzen; **~oir** [-waʀ] *m* Walzwerk *n*

lampadaire [lãpadɛʀ] *m* **1** Laternenpfahl *m*; Lichtmast *m*; (*réverbère*) Straßenlaterne *f*; **2** *d'appartement* Stehlampe *f*

▸**lampe** [lãp] *f* Lampe *f*; Leuchte *f*; ***~ à bronzer*** Höhensonne *f*; ***~ à incandescence*** Glühlampe *f*; ***~ de bureau*** Schreibtischlampe *f*; ***~ de poche*** Taschenlampe *f*; F *fig* ***s'en mettre plein la ~*** F sich den Bauch voll schlagen

lampée [lãpe] *f* F tüchtiger Schluck

lampion [lãpjõ] *m* Lampion *m*

lampiste [lãpist] *m* kleiner Angestellter; *par ext* kleiner Mann

lamproie [lãpʀwa] *f* ZO Neunauge *n*

lance [lãs] *f* **1** *arme* Lanze *f*; **2** ***~ d'arrosage*** Spritzdüse *f*; ***~ d'incendie*** Strahlrohr *n*

lancé [lãse] *adj* ⟨~e⟩ **1** *artiste* arriviert; bekannt; **2** (*sur sa lancée*) in Schwung, in Fahrt (*a fig*); ***départ ~*** fliegender Start

lancée [lãse] *f* Schwung *m*; ***continuer sur sa ~*** *coureur* weiterlaufen; *véhicule* weiterrollen; *fig* weitermachen, solange man noch in Schwung ist

lance-flammes *m* ⟨*inv*⟩ Flammenwerfer *m*

lancement [lãsmã] *m* **1** Werfen *n*; Schleudern *n*; *d'une fusée* Abschuss *m*; *d'un satellite* Start *m*; **2** *d'un navire* Stapellauf *m*; **3** *fig* Lancierung *f*; Einführung *f*

lance-pierres *m* ⟨*inv*⟩ Steinschleuder *f*; F *fig* ***avec un ~*** *manger* hastig; *payer* schlecht

▸**lancer**[1] [lãse] ⟨-ç-⟩ **I** *v/t* werfen; schleudern; F schmeißen; *fusée, flèche* abschießen; *satellite* starten; ***~ qc à qn*** j-m etw zuwerfen; ***~ des pierres à qn*** j-n mit Steinen bewerfen; **2** *cri* ausstoßen; *insultes* entgegenschleudern (***à qn*** j-m); *regard* zuwerfen (***à qn*** j-m); **3** *artiste* lancieren; *affaire* in Gang bringen; lancieren; einfädeln; *produit* einführen; auf den Markt bringen; *emprunt* auflegen; aus-, begeben; *campagne publicitaire* starten; *mode* aufbringen; *mandat d'arrêt* erlassen; *appel* ergehen lassen; richten (***à qn*** an j-n); *ultimatum* stellen; *invitation* ergehen lassen; ausschicken; **4** *moteur* anlassen; anwerfen; **5** *navire* vom Stapel (laufen) lassen; **6** *chiens* ***~ sur*** hetzen auf (+ *acc*); **II** *v/pr* *fig* ***se ~ dans l'aventure, dans des dépenses*** sich ins Abenteuer, in Ausgaben stürzen; ***se ~ dans des explications*** sich in Erklärungen ergehen

lancer[2] *m* **1** SPORTS Werfen *n*; Wurf *m*; ***~ du disque*** Diskuswerfen *n*; ***~ du poids*** Kugelstoßen *n*; **2** (***pêche*** *f* ***au***) **~** Spinn-, Fußangeln *n*

lanc|eur [lãsœʀ] *m*, **~euse** [-øz] *f* **1** SPORTS Werfer(in) *m(f)*; ***~ de javelot*** Speerwerfer(in) *m(f)*; ***~ de poids*** Kugelstoßer(in) *m(f)*; **2** *m fusée* Trägerrakete *f*

lancinant [lãsinã] *adj* ⟨-ante [-ãt]⟩ **1** *douleur* stechend; **2** *fig* quälend

landau [lɑ̃do] *m* Kinderwagen *m*
lande [lɑ̃d] *f* Heide *f*; Heideland *n*
▸**langage** [lɑ̃gaʒ] *m* Sprache *f*; Rede-, Ausdrucksweise *f*; **~ *technique*** Fachsprache *f*; INFORM **~ *machine*** Maschinensprache *f*
lange [lɑ̃ʒ] *m* Wickeltuch *n*; Windel *f*
langer [lɑ̃ʒe] *v/t* ‹-ge-› *bébé* wickeln
langoureux [lɑ̃guʀø] *adj* ‹-euse [-øz]› *regard* schmachtend; *musique* schmalzig; *pose* verführerisch
langoust|e [lɑ̃gust] *f* Languste *f*; **~ine** [-in] *f* Kaisergranat *m*
▸**langue** [lɑ̃g] *f* **1** ANAT Zunge *f*; *fig* ***mauvaise langue, langue de vipère*** böse Zunge; Lästermaul *n*, -zunge *f*; CUIS ***langue de bœuf*** Rinder-, Ochsenzunge *f*; *fig* ***langue de terre*** Landzunge *f*; *fig* ***avoir la langue bien pendue*** ein flottes Mundwerk haben; *fig* ***ne pas avoir sa langue dans sa poche*** nicht auf den Mund gefallen sein; *fig* ***donner sa langue au chat*** keine Lösung wissen; ***se mordre la langue*** sich auf die Zunge beißen (*a fig*); ***tenir sa langue*** s-e Zunge im Zaum halten; den Mund halten; ***tirer la langue*** die Zunge herausstrecken (***à qn*** j-m); *fig* (*s'appliquer*) sich anstrengen; sich abmühen; **2** LING Sprache *f*; ▸ ***langue maternelle*** Muttersprache *f*; ***langue de bois*** klischeehafte, stereotype Sprache

La langue d'oc [lɑ̃gdɔk] ist der Oberbegriff für die französischen Dialekte, die südlich der Loire gesprochen werden.
La langue d'oïl [lɑ̃gdɔjl] sind die Dialekte, die früher nördlich der Loire gesprochen wurden.

langue-de-chat [lɑ̃gdəʃa] *f* ‹langues--de-chat› *Gebäck in der Form wie „Katzenzungen"*
languette [lɑ̃gɛt] *f* Zunge *f*; Lasche *f*
langueur [lɑ̃gœʀ] *litt f* Schmachten *n*; Sehnsucht *f*
languir [lɑ̃giʀ] **I** *v/i* **1** *litt* **~ *d'amour pour qn*** nach j-m schmachten; ***faire* ~ *qn*** j-n warten, F zappeln lassen; **2** *conversation* stocken; erlahmen; **II** *v/pr* ***se* ~ *de qn*** sich nach j-m sehnen
languissant [lɑ̃gisɑ̃] *adj* ‹-ante [-ɑ̃t]› stockend; schleppend
lanière [lanjɛʀ] *f* Riemen *m*; Streifen *m*
lanterne [lɑ̃tɛʀn] *f* Laterne *f*; *fig* **~ *rouge*** Schlusslicht *n*; *fig* ***éclairer la* ~ *de qn*** j-n aufklären
lanterner [lɑ̃tɛʀne] *v/i* ***faire* ~ *qn*** j-n warten lassen
Laon [lɑ̃] *Stadt im Dep. Aisne*
Laos [laɔs] ***le* ~** Laos *n*
laotien [laɔsjɛ̃] **I** *adj* ‹-ienne [-jɛn]› laotisch; **II** **2*(ne)*** *m(f)* Laote *m*, Laotin *f*
lapalissade [lapalisad] *f* Binsenwahrheit *f*, -weisheit *f*
laper [lape] *v/t* schlabbern
lapereau [lapʀo] *m* ‹~x› junges Kaninchen
lapidaire [lapidɛʀ] **I** *adj* lapidar; **II** *m* Edelsteinschleifer *m*
lapider [lapide] *v/t* **1** *tuer* steinigen; **2** *par ext* mit Steinen bewerfen
▸**lapin** [lapɛ̃] *m* **1** ZO, CUIS Kaninchen *n*; Karnickel *n*; **2** F *fig* ***chaud* ~** F geiler Bock; ***mon (petit)* ~** F mein Häschen; ***poser un* ~ *à qn*** F j-n versetzen
lapine [lapin] *f* weibliches Kaninchen
Laponie [lapɔni] ***la* ~** Lappland *n*
Lapons [lapõ] *m/pl* Lappen *m/pl*
laps [laps] *m* **~ *de temps*** (gewisse) Zeit; Zeitraum *m*
lapsus [lapsys] *m* Versprecher *m*; ***faire un* ~** sich versprechen
laquais [lakɛ] *m* Lakai *m* (*a fig*)
laque [lak] *f* **1** PEINT (echter) Lack; **2** *pour les cheveux* Haarspray *n ou m*
laqué [lake] *adj* ‹~e› **1** lackiert; Lack…; **2** CUIS ***canard* ~** Pekingente *f*
▸**laquelle** → ***lequel***
larbin [laʀbɛ̃] *péj m* Diener *m*
larcin [laʀsɛ̃] *m* kleiner Diebstahl
▸**lard** [laʀ] *m* Speck *m*; F *fig* ***gros* ~** Dickwanst *m*; **~ *de poitrine*** Bauchspeck *m*
larder [laʀde] *v/t* **1** CUIS spicken; **2** *fig* (*percer*) durchbohren
lardon [laʀdõ] *m* **1** CUIS Speckstückchen *n*; **2** F (*enfant*) F Gör(e) n(f)
▸**large** [laʀʒ] **I** *adj* **1** breit; *vêtements* weit; **~ *de dix mètres*** zehn Meter breit; **2** *fig* (*important*) groß; *responsabilités, concessions* weit gehend; **3** ***avoir les idées* ~*s*** großzügig, liberal, vorurteilsfrei denken; **4** (*généreux*) freigebig; großzügig; **II** *adv calculer* großzügig;

L

F *fig* ***ne pas en mener ~*** ängstlich, besorgt, kleinlaut sein; **III** *m* **1** Breite *f*; ***avoir dix mètres de ~*** zehn Meter breit sein; **2** ***être au ~*** viel Platz, Bewegungsfreiheit haben; **3** (*haute mer*) hohe, offene See; offenes Meer; ***au ~*** auf hoher See; ***au ~ de Cherbourg*** vor (der Küste von) Cherbourg; F *fig* ***prendre le ~*** das Weite suchen

▸ **largement** [larʒəmɑ̃] *adv* **1** weit; ***~ répandu*** weit verbreitet; **2** (*amplement*) reichlich

largesse [larʒɛs] *f* **1** Freigebigkeit *f*; Großzügigkeit *f*; **2** ***~s*** *pl* großzügige Geschenke *n/pl*

▸ **largeur** [larʒœr] *f* **1** Breite *f*; **2** *fig* ***~ d'esprit*** Großzügigkeit *f* im Denken; liberale Gesinnung

larguer [large] *v/t* **1** *bombes* abwerfen; *parachutistes* absetzen; **2** F ***~ qn*** F j-n abhängen; j-m den Laufpass geben; F *fig* ***être largué*** F nicht mehr mitkommen; **3** MAR *amarres* losmachen; loswerfen

▸ **larme** [larm] *f* **1** Träne *f*; *fig* ***~s de crocodile*** Krokodilstränen *f/pl*; ***être (tout) en ~s*** in Tränen aufgelöst sein; ***pleurer à chaudes ~s*** heiße Tränen vergießen; ***rire aux ~s*** Tränen lachen; **2** *fig* ***une ~ de cognac****, etc* ein paar Tropfen, ein ganz klein wenig Kognak *etc*

larmoy|ant [larmwajɑ̃] *adj* ⟨-ante [-ɑ̃t]⟩ **1** *yeux* tränend; **2** *voix* weinerlich; *histoire* rührselig; **~er** [-e] *v/i* ⟨-oi-⟩ weinerlich tun; jammern

larron [larɔ̃] *m* BIBL Schächer *m*; *fig* ***un troisième ~*** der lachende Dritte; *fig* ***s'entendre comme ~s en foire*** zusammenhalten wie Pech und Schwefel

larve [larv] *f* **1** ZO Larve *f*; **2** *fig, péj* Jammergestalt *f*

larvé [larve] *adj* ⟨~e⟩ latent; verkappt; versteckt

laryngite [larɛ̃ʒit] *f* Kehlkopfentzündung *f*

larynx [larɛ̃ks] *m* Kehlkopf *m*

las [lɑ] *adj* ⟨lasse [lɑs]⟩ *st/s* **1** müde; abgespannt; **2** *fig* ***être ~ de qc*** e-r Sache (*gén*) müde, überdrüssig sein; etw leid sein

lascar [laskar] *m* F schlauer Bursche

lascif [lasif] *adj* ⟨-ive [-iv]⟩ lasziv; sinnlich

laser [lazɛr] *m* Laser *m*; *adjt* Laser…

lasser [lɑse] **I** *v/t* ermüden; langweilen; strapazieren; **II** *v/pr* ***se ~ de qc*** e-r Sache (*gén*) müde, überdrüssig werden; etw leid werden

lassitude [lɑsityd] *f* **1** (*fatigue*) Müdigkeit *f*; **2** (*ennui*) Überdruss *m*

lasso [laso] *m* Lasso *n*

latent [latɑ̃] *adj* ⟨-ente [-ɑ̃t]⟩ latent (*a* MÉD); verborgen; versteckt

latéral [lateral] *adj* ⟨~e; -aux [-o]⟩ seitlich; Seiten…; ***rue ~e*** Seitenstraße *f*

latex [latɛks] *m* Latex *m*

latin [latɛ̃] **I** *adj* **1** lateinisch; ***l'Amérique ~e*** Lateinamerika *n*; **2** *langues, peuples* romanisch; **II** *subst* **1** ***le ~*** das Latein(ische); Latein(isch) *n*; *fig* ***y perdre son ~*** mit s-m Latein, mit s-r Weisheit am Ende sein; **2** ***Ls*** *m/pl* Romanen *m/pl*

latino-américain [latinoamerikɛ̃] *adj* ⟨-aine [-ɛn]⟩ lateinamerikanisch

latitude [latityd] *f* **1** (geographische) Breite; ***sous nos ~s*** in unseren Breiten; **2** *fig* freie Hand; ***avoir toute ~ pour faire qc*** völlig freie Hand haben, etw zu tun

latrines [latrin] *f/pl* Latrine *f*

latte [lat] *f* Latte *f*

laudatif [lodatif] *adj* ⟨-ive [-iv]⟩ lobend; Lob…

lauré|at [lɔrea] *m*, **~ate** [-at] *f* Preisträger(in) *m(f)*

laurier [lɔrje] *m* **1** BOT Lorbeer(baum) *m*; **2** *fig* ***~s*** *pl* Lorbeeren *m/pl*; ***se reposer sur ses ~s*** sich auf s-n Lorbeeren ausruhen

laurier-rose *m* ⟨lauriers-roses⟩ Oleander *m*

lavable [lavabl(ə)] *adj* waschbar; *peinture* abwaschbar; ***~ en machine*** maschinenwaschbar

▸ **lavabo** [lavabo] *m* **1** Waschbecken *n*; **2** ***~s*** *pl* Toilette *f*; Klosett *n*

lavage [lavaʒ] *m* **1** (Ab-, Aus)Waschen *n*; Wäsche *f*; *fig* ***~ de cerveau*** Gehirnwäsche *f*; **2** MÉD ***~ d'estomac*** Magenspülung *f*

lavallière [lavaljɛr] *f* Künstlerschleife *f*

lavande [lavɑ̃d] *f* Lavendel *m*

lavasse [lavas] *f* F *péj* dünne Brühe

lave [lav] *f* Lava *f*

lave|-glace *m* ⟨lave-glaces⟩ Scheibenwaschanlage *f*; **~-linge** *m* ⟨*inv*⟩ Waschmaschine *f*

lavement [lavmɑ̃] *m* Klistier *n*; Einlauf *m*

► **laver** [lave] **I** *v/t* **1** waschen; *vitres* putzen; *sol* (feucht) (auf)wischen; *tache, plaie* auswaschen; *peinture* abwaschen; ***laver la vaisselle*** (das Geschirr) spülen; abwaschen; den Abwasch machen; **2** *fig d'une accusation* reinwaschen (***de*** von); **II** *v/pr* ► ***se laver*** sich waschen; ***se laver les dents*** sich die Zähne putzen; *fig* ***je m'en lave les mains*** ich wasche meine Hände in Unschuld

laverie [lavʀi] *f* ~ (***automatique***) Waschsalon *m*

lavette [lavɛt] *f* **1** Spültuch *n*, -lappen *m*; Abwaschlappen *m*; **2** F *fig* (*homme mou*) Waschlappen *m*

laveur [lavœʀ] *m* Wäscher *m*; ~ ***de carreaux*** Fensterputzer *m*

► **lave-vaisselle** *m* ⟨*inv*⟩ Geschirrspülmaschine *f*; F Geschirrspüler *m*; *adjt vaisselle* spülmaschinenfest

lavis [lavi] *m* PEINT **1** Tuschen *n*; Lavieren *n*; **2** *dessin* Tuschzeichnung *f*

lavoir [lavwaʀ] *m* (öffentlicher) Waschplatz; Waschhaus *n*

laxatif [laksatif] **I** *adj* ⟨-ive [-iv]⟩ Abführ…; **II** *m* Abführmittel *n*

lax|isme [laksism(ə)] *m* Laxheit *f*; zu große Toleranz; **~iste** [-ist] *adj* lax; zu nachsichtig; prinzipienlos

layette [lɛjɛt] *f* Babywäsche *f*, -ausstattung *f*

lazzis [la(d)zi] *st/s m/pl* Spott *m*

► **le** [l(ə)] *m*, **la** [la] *f* ⟨*beide vor Vokal u stummen h* **l'**⟩, *pl* **les** [le] **I** *article défini*: *m* der (*acc* den), *f* die, *n* das; *pl* die; ***approchez, les enfants!*** kommt mal her, (ihr) Kinder!; *adv* ***le 20 juillet*** am 20. Juli; *adv* ***le mardi*** dienstags; ***les Durand*** Durands; ***avoir les cheveux gris*** graue Haare haben; **II** *pr/pers* **1** *m* ihn, *f* sie, *n* es; *pl* sie; ***je les ai vu(e)s hier*** ich habe sie gestern gesehen; **2** *neutre* ***le*** es; ***je le sais*** ich weiß es

lé [le] *m* COUT Bahn *f*

leader [lidœʀ] *m* **1** POL Führer *m*; **2** SPORTS Spitzenreiter *m*

leasing [liziŋ] *m* Leasing *n*

lèche [lɛʃ] *f* F ***faire de la*** ~ (***à qn***) (vor j-m) kriechen, liebedienern

léché [leʃe] *adj* ⟨~e⟩ sorgfältig ausgeführt; ausgefeilt

lèche|-bottes F *m* ⟨*inv*⟩ Speichellecker *m*; Kriecher *m*; **~-cul** *m* ⟨*inv*⟩ P Arschkriecher *m*

lèchefrite [lɛʃfʀit] *f* Auffangschale *f*; Abtropfpfanne *f*

lécher [leʃe] ⟨-è-⟩ **I** *v/t* **1** lecken; *plat* auslecken; *assiette* ablecken; *fig flammes* (empor)züngeln (***qc*** an etw [*dat*]); **2** F *fig* ~ ***les bottes***, P ***le cul à qn*** vor j-m kriechen, liebedienern; F j-m in den Hintern, P Arsch kriechen; **II** *v/pr animal* ***se*** ~ sich lecken; ***se*** ~ ***les doigts*** (sich) die Finger ablecken

lèche-vitrines *m* ⟨*inv*⟩ ***faire du*** ~ e-n Schaufensterbummel machen

► **leçon** [l(ə)sõ] *f* **1** (*cours*) (Unterrichts-, Lehr)Stunde *f*; *d'un manuel scolaire* Lektion *f*; **~s** *pl* Unterricht *m*; *fig* ***faire la*** ~ ***à qn*** j-m die Leviten lesen; **2** *à apprendre* Lektion *f*; (mündliche) Aufgabe; **3** *fig* Lehre *f*; ***tirer la*** ~ ***de qc*** aus etw e-e Lehre ziehen

► **lecteur** [lɛktœʀ] *m*, **lectrice** [lɛktʀis] *f* **1** (*qui lit*) Leser(in) *m(f)*; **2** *à l'université* Lektor(in) *m(f)*; **3** *m appareil* Abspielgerät *n*; ***lecteur de cassettes*** Kassettenrekorder *m*; ► ***lecteur de CD*** CD-Player *m*; ***lecteur de disquettes*** Diskettenlaufwerk *n*

► **lecture** [lɛktyʀ] *f* **1** (*action de lire*) Lesen *n*; Lektüre *f*; ***livre*** *m* ***de*** ~ Lesebuch *n*; **2** *à haute voix* Vorlesen *n*; ***faire la*** ~ ***à qn*** j-m vorlesen; **3** (*texte*) Lektüre *f*; Lesestoff *m*; **4** *d'un projet de loi* Lesung *f*; **5** (*interprétation*) Lesart *f*; **6** ÉLECTRON, INFORM Abtasten *n*; *d'un disque* Abspielen *n*

ledit [lədi] *adj* ⟨*f* ladite [ladit]; *m/pl* lesdits [ledi], *f/pl* lesdites [ledit]⟩ JUR besagte(r, -s); der, die, das genannte

► **légal** [legal] *adj* ⟨~e; -aux [-o]⟩ gesetzlich; legal; ***âge*** ~ (gesetzlich) vorgeschriebenes Alter; ***médecine*** **~e** Gerichtsmedizin *f*

légal|iser [legalize] *v/t* legalisieren; *signature* amtlich beglaubigen; **~ité** [-ite] *f* Legalität *f*

légataire [legatɛʀ] *m,f* Vermächtnisnehmer(in) *m(f)*; ~ ***universel*** Allein-, Universalerbe *m*

légation [legasjõ] *f* Gesandtschaft *f*

légendaire [leʒɑ̃dɛʀ] *adj* **1** (*fabuleux*) sagenhaft; Sagen…; Legenden…; **2** (*célèbre*) legendär

légende [leʒɑ̃d] *f* **1** (*conte*) Legende *f*;

L

Sage *f*; **2** *d'une illustration* Bildunterschrift *f*; *d'une carte* Zeichenerklärung *f*; Legende *f*

▸**léger** [leʒe] *adj* ⟨-ère [-ɛʀ]⟩ **1** leicht; *thé, café a* dünn; schwach; *repas a* leicht verdaulich; *bruit a* leise; *couche* dünn; ***blessé*** **~** Leichtverletzte(r) *m*; ***le cœur*** **~** leichten Herzens; unbeschwert; ***d'un pas*** **~** leichtfüßig; **2** *comportement* leichtfertig; leichtsinnig; *mœurs* locker; lose; *propos* schlüpfrig; frivol; ***musique légère*** leichte Musik; Unterhaltungsmusik *f*; ***à la légère*** *s'engager* leichtsinnig(erweise); ***prendre qc à la légère*** etw auf die leichte Schulter nehmen

légèreté [leʒɛʀte] *f* **1** *d'un objet* Leichtheit *f*; geringes Gewicht; **2** (*agilité*) Leichtigkeit *f*; **3** (*manque de sérieux*) Leichtfertigkeit *f*; Leichtsinn *m*

légiférer [leʒifeʀe] *v/i* ⟨-è-⟩ Gesetze erlassen

légion [leʒjõ] *f* **1** MIL Legion *f*; ♀ (***étrangère***) Fremdenlegion *f*; **2** *fig* ***une*** **~** ***de*** ***...*** ein Heer von ...; ***être*** **~** sehr zahlreich sein; **3** ♀ ***d'honneur*** Ehrenlegion *f*

légionnaire [leʒjɔnɛʀ] *m* (Fremden)Legionär *m*

législateur [leʒislatœʀ] *m* Gesetzgeber *m*

législatif [leʒislatif] *adj* ⟨-ive [-iv]⟩ gesetzgebend; (***pouvoir***) **~** *m* Legislative *f*; gesetzgebende Gewalt; ▸ (***élections***) ***législatives*** *f/pl* Parlamentswahlen *f/pl*

législa|tion [leʒislasjõ] *f* Gesetzgebung *f*; Rechtsvorschriften *f/pl*; **~ture** [-tyʀ] *f* Legislaturperiode *f*

légiste [leʒist] *adj* ***médecin*** *m* **~** Gerichtsmediziner *m*

légitime [leʒitim] *adj* **1** rechtmäßig; legitim; *enfant* ehelich; **2** (*justifié*) berechtigt; legitim

légitimer [leʒitime] *v/t* **1** JUR *enfant* für ehelich erklären; **2** (*justifier*) rechtfertigen

légitimité [leʒitimite] *f* **1** Rechtmäßigkeit *f*; Legitimität *f*; **2** *d'une revendication* Berechtigung *f*

legs [lɛg] *m* Vermächtnis *n* (*a fig*)

léguer [lege] *v/t* ⟨-è-⟩ **1** JUR vermachen; **2** *fig* vererben; hinterlassen

▸**légume** [legym] **1** *m* Gemüse(art) *n(f)*; **~*****s*** *m/pl* Gemüse *n*; **~*****s secs*** Hülsenfrüchte *f/pl*; → *Info bei* **Gemüse**; **2** F *fig* ***une grosse*** **~** F ein hohes Tier

leitmotiv [lajtmɔtif, lɛt-] *m* **1** MUS Leitmotiv *n*; **2** *fig* Standardformel *f*; Dauerthema *n*

Léman [lemɑ̃] ***le lac*** **~** der Genfer See

lémuriens [lemyʀjɛ̃] *m/pl* Halbaffen *m/pl*

lendemain [lɑ̃dmɛ̃] *m* **1** ***le*** **~** der nächste Tag; *adv* am nächsten, folgenden Tag; am Tag darauf, danach; ***le*** **~** ***de son arrivée*** am Tage nach s-r Ankunft; **2** (*avenir*) Morgen *n*; Zukunft *f*; ***sans*** **~** ohne Dauer

lénifiant [lenifjɑ̃] *adj* ⟨-ante [-ɑ̃t]⟩ **1** MÉD lindernd; **2** *fig* besänftigend

▸**lent** [lɑ̃] *adj* ⟨lente [lɑ̃t]⟩ langsam; *voix* schleppend; ***véhicule*** **~** langsam fahrendes Fahrzeug; ***il est*** **~** ***à faire qc*** er braucht lange, um etw zu tun

lente [lɑ̃t] *f* Nisse *f*

lentement [lɑ̃tmɑ̃] *adv* langsam

lenteur [lɑ̃tœʀ] *f* Langsamkeit *f*; **~*****s pl*** Umständlichkeit *f*; **~** ***d'esprit*** geistige Trägheit

lentille [lɑ̃tij] *f* BOT, CUIS, OPT Linse *f*

léonin [leɔnɛ̃] *adj* ⟨-ine [-in]⟩ Löwen...

léopard [leɔpaʀ] *m* Leopard *m*

LEP [lɛp] *m* ⟨*inv*⟩ *abr* (*lycée d'enseignement professionnel*) Fachoberschule *f*

lépidoptères [lepidɔptɛʀ] *m/pl* Schmetterlinge *m/pl*

lépisme [lepism(ə)] *m* Silberfischchen *n*

lèpre [lɛpʀ(ə)] *f* **1** MÉD Lepra *f*; Aussatz *m*; **2** *fig* Krebsschaden *m*

lépreux [lepʀø] **I** *adj* ⟨-euse [-øz]⟩ **1** MÉD leprakrank; aussätzig; **2** *fig mur* fleckig; verwittert; **II** **~**, ***lépreuse*** *m,f* Leprakranke(r) *f(m)*; Aussätzige(r) *f(m)*

▸**lequel** [l(ə)kɛl] ⟨*f* ***laquelle*** [lakɛl]; *m/pl* ***lesquels*** [lekɛl], *f/pl* ***lesquelles***⟩ **I** *pr/rel* der, die, das *pl* die; *st/s* welche(r, -s), *pl* welche; ***le milieu dans lequel il vit*** das Milieu, in dem er lebt; *un outil* ***à l'aide duquel ...*** mit dessen Hilfe; *adjt* ***auquel cas*** in welchem Fall; **II** *pr/int* welche(r, -s)?, *pl* welche?; ***lequel de vos enfants?*** welches Ihrer Kinder?; *un beau château –* ***duquel parlez-vous?*** von welchem sprechen Sie?

▸**les** [le] → ***le***

lesbienne [lɛzbjɛn] *f* Lesbierin *f*; F Lesbe *f*

lèse-majesté [lɛzmaʒɛste] *f* ***crime** m **de ~*** Majestätsbeleidigung *f* (*a fig*)
léser [leze] *v/t* ⟨-è-⟩ **1** benachteiligen; beeinträchtigen; *les droits de qn* verletzen; **2** MÉD verletzen; schädigen
lésiner [lezine] *v/t/indir* ***~ sur qc*** an etw (*dat*) sparen; mit etw geizen, knausern
lésion [lezjõ] *f* MÉD Verletzung *f*; Schädigung *f*
lesquel(le)s [lekɛl] → ***lequel***
▸**lessive** [lesiv] *f* **1** *produit* Waschmittel *n*, -pulver *n*; **2** (*lavage*) Waschen *n*; Wäsche *f*; **3** (*linge*) (gewaschene) Wäsche
lessiv|é [lesive] *adj* ⟨~e⟩ F kaputt; F völlig erschlagen; ausgelaugt; **~er** [-e] *v/t mur* abwaschen; abseifen; **~euse** [-øz] *f* Waschkessel *m*
lest [lɛst] *m* Ballast *m*; ***lâcher du ~*** Ballast abwerfen; *fig* Konzessionen machen
leste [lɛst] *adj* **1** (*agile*) flink; behend(e); gewandt; *fig* ***avoir la main ~*** e-e lockere Hand haben; **2** *propos* frivol; pikant; schlüpfrig
lester [lɛste] *v/t* **1** MAR mit Ballast beladen; **2** *filet de pêche* beschweren
létharg|ie [letarʒi] *f* **1** MÉD Lethargie *f*; Erstarrung *f*; Scheintod *m*; **2** *fig* Teilnahmslosigkeit *f*; Lethargie *f*; **~ique** [-ik] *adj* lethargisch
letton [lɛtõ] **I** *adj* ⟨-one [-ɔn]⟩ lettisch; **II** ☐(*e*) *m*(*f*) Lette *m*, Lettin *f*
Lettonie [lɛtɔni] ***la ~*** Lettland *n*
▸**lettre** [lɛtʀ(ə)] *f* **1** (*caractère*) Buchstabe *m*; TYPO Letter *f*; ***à la ~, au pied de la ~*** (wort)wörtlich; im wörtlichen, buchstäblichen Sinn; *fig* ***avant la ~*** ehe es diesen Begriff überhaupt gab; ***en toutes ~s*** *mot* ausgeschrieben; *chiffre* in Worten; *fig* deutlich; unmissverständlich; **2** (*missive*) Brief *m*; COMM, ADM Schreiben *n*; ***~ d'amour, d'affaires*** Liebes-, Geschäftsbrief *m*; FIN ***~ de change*** Wechsel *m*; DIPL ***~s de créance*** Beglaubigungsschreiben *n*; ***~ de licenciement*** Kündigungsschreiben *n*; ***par ~(s)*** brieflich; F ***passer comme une ~ à la poste*** glatt durchgehen; **3** ***~s** pl* schöne Literatur; Belletristik *f*; ***homme** m, **femme** f **de ~s*** Literat(in) *m*(*f*); Schriftsteller(in) *m*(*f*); ***avoir des ~s*** gebildet sein; **4** ***~s** pl* (*opposé à «sciences»*) Geisteswissenschaften *f/pl*; ***~s modernes*** Neuphilologie *f*; ***faculté** f **des ~s et sciences humaines*** philosophische Fakultät
lettré [letʀe] *adj* ⟨~e⟩ gebildet
leucémie [løsemi] *f* Leukämie *f*
leucocytes [løkɔsit] *m/pl* weiße Blutkörperchen *n/pl*; Leukozyten *m/pl*
▸**leur** [lœʀ] **I** *pr/pers* ⟨*inv*⟩ ihnen; **II** *adj/poss* ⟨*f inv*; *pl* ~s⟩ ihr(e), *pl* ihre; **III** *pr/poss* ▸ ***le leur, la leur*** der, die, das ihrige; ihre(r, -s); *pl* ***les leurs*** die ihren; ihre; **IV** *subst* **1** ***le leur*** das Ihre; ***ils y ont mis du leur*** sie haben das Ihre *ou* ihren Teil dazu beigetragen; **2** ***les leurs** m/pl* (*parents, amis*) die Ihren
leurre [lœʀ] *m* Köder *m*; Lockmittel *n*; Augenwischerei *f*
leurrer [lœʀe] **I** *v/t* ködern; **II** *v/pr* ***se ~*** sich etwas vormachen
levain [l(ə)vɛ̃] *m* Sauerteig *m*
levant [l(ə)vɑ̃] **I** *adj* ***soleil ~*** aufgehende Sonne; **II** ***le*** ☐ HIST die Levante; das Morgenland
levé [l(ə)ve] *adj* ⟨~e⟩ **1** *bras, tête, etc* erhoben; **2** (*sorti du lit*) auf(gestanden); **3** ***pâte ~e*** Hefeteig *m*
levée [l(ə)ve] *f* **1** *d'une interdiction, etc* Aufhebung *f*; ***~ d'écrou*** Haftentlassung *f*; **2** *du courrier* Leerung *f*; **3** *aux cartes* Stich *m*; **4** ***~ de terre*** Erdwall *m*; **5** ***~ du corps*** Aussegnung *f*; **6** *fig* ***~ de boucliers*** heftiger, einstimmiger Protest
lève-glace [lɛvglas] *m* ⟨lève-glaces⟩ Fensterheber *m*
▸**lever**[1] [l(ə)ve] ⟨-è-⟩ **I** *v/t* **1** *main, jambe, etc* (hoch)heben; THÉ *rideau* auf-, hochziehen; *voile* lüften; *ancre* lichten; ***lever les enfants*** die Kinder aus dem Bett holen und anziehen; ***lever son verre à la santé de qn*** sein Glas auf die Gesundheit j-s erheben; **2** *interdiction, etc* aufheben; *séance a* schließen; beenden; **3** *impôt* erheben; **4** *gibier* aufscheuchen; **II** *v/i* **5** *pâte* gehen; *semis* aufgehen; **III** *v/pr* ▸ ***se lever*** **6** *personne* aufstehen (*a du lit*); sich erheben; ***se lever de table*** vom Tisch, Essen aufstehen; **7** *astre* aufgehen; *jour* anbrechen; **8** *vent* aufkommen; **9** *temps* sich aufklären; sich aufhellen; *brouillard* sich auflösen; **10** *mains*, THÉ *rideau* sich heben; hochgehen; *rideau a* aufgehen
lever[2] *m* **1** ***lever du jour*** Tagesanbruch *m*; ▸ ***lever du soleil*** Sonnenaufgang *m*;

2 *du lit* Aufstehen *n*; **3** THÉ ***lever du rideau*** Auf-, Hochgehen *n* des Vorhangs
lève|-tard [lɛvtaʀ] *m* ⟨*inv*⟩ Langschläfer *m*; **~-tôt** *m* ⟨*inv*⟩ Frühaufsteher *m*
levier [l(ə)vje] *m* Hebel *m*
levraut [ləvʀo] *m* junger Hase
▸ **lèvre** [lɛvʀ(ə)] *f* **1** Lippe *f*; *fig* ***du bout des ~s*** widerstrebend; **2** *de la vulve* ***~s*** *pl* Schamlippen *f/pl*; **3** MÉD ***~s*** *pl* Wundränder *m/pl*
levrette [ləvʀɛt] *f* Windhündin *f*
lévrier [levʀije] *m* Windhund *m*
levure [l(ə)vyʀ] *f* Hefe *f*; ***~ chimique*** Backpulver *n*; ***~ de bière*** Bierhefe *f*
lexical [lɛksikal] *adj* ⟨~e; -aux [-o]⟩ lexikalisch
lexicographie [lɛksikɔgʀafi] *f* Lexikographie *f*
lexique [lɛksik] *m* **1** *dictionnaire* (kleines) Wörterbuch; Glossar *n*; **2** (*vocabulaire*) Wortschatz *m*; Vokabular *n*
lézard [lezaʀ] *m* Eidechse *f*
lézarde [lezaʀd] *f* Riss *m*; Ritze *f*
lézardé [lezaʀde] *adj* ⟨~e⟩ *mur* rissig
lézarder [lezaʀde] **I** *v/i* F sich in der Sonne aalen; **II** *v/pr* ***se ~*** Risse bekommen
liaison [ljɛzõ] *f* **1** Verbindung *f*; (*rapport*) Zusammenhang *m*; ***~ routière, téléphonique*** Straßen-, Telefonverbindung *f*; ***être en ~ avec qn*** mit j-m in Verbindung stehen; **2** ***~*** (***amoureuse***) (Liebes)Verhältnis *n*; Liebschaft *f*; **3** GR Bindung *f*; Liaison *f*; ***faire la ~*** binden
liane [ljan] *f* Liane *f*
liant [ljɑ̃] **I** *adj* ⟨-ante [-ɑ̃t]⟩ kontaktfreudig; **II** *m* TECH Bindemittel *n*
liasse [ljas] *f* Bündel *n*; Pack(en) *m*
Liban [libɑ̃] ***le ~*** der Libanon
libanais [libanɛ] **I** *adj* ⟨-aise [-ɛz]⟩ libanesisch; **II** **♀(*e*)** *m(f)* Libanese *m*, -esin *f*
libell|é [libele] *m* Wortlaut *m*; Text *m*; **~er** [-e] *v/t document* aufsetzen; abfassen; *chèque* ausstellen
libellule [libelyl] *f* Libelle *f*
libéral [libeʀal] *adj* ⟨~e; -aux [-o]⟩ **1** POL liberal; *subst* ***les libéraux*** *m/pl* die Liberalen *m/pl*; ***économie ~e*** freie (Markt)Wirtschaft; **2** (*tolérant*) liberal; tolerant; großzügig; **3** *médecin*, *etc* freiberuflich; ***professions ~es*** freie Berufe *m/pl*
libéralis|ation [libeʀalizasjõ] *f* Liberalisierung *f*; **~er** [-e] *v/t* liberalisieren
libéralisme [libeʀalism(ə)] *m* **1** POL, ÉCON Liberalismus *m*; **2** *attitude* Liberalität *f*; Toleranz *f*
libéralité [libeʀalite] *st/s f* Freigebigkeit *f*; Großzügigkeit *f*
libéra|teur [libeʀatœʀ], **~trice** [-tris] **I** *m,f* Befreier(in) *m(f)*; **II** *adj* POL Befreiungs…; *fig rire* befreiend
libération [libeʀasjõ] *f* **1** POL *d'un pays*, *etc* Befreiung *f*; *des femmes a* Emanzipation *f*; ***la ♀*** die Befreiung (Frankreichs im 2. Weltkrieg); **2** *d'un détenu* Freilassung *f*; *de soldats* Entlassung *f*; **3** *d'une obligation* Entlastung *f*, Befreiung *f* (***de*** von); **4** ÉCON Freigabe *f*; **5** PHYS, CHIM Freisetzung *f*
▸ **libérer** [libeʀe] ⟨-è-⟩ **I** *v/t* **1** POL *pays*, *etc* befreien; **2** *détenu* freilassen; auf freien Fuß setzen; *soldats* entlassen; **3** *d'une obligation* entlasten, befreien (***de*** von); **4** *prix*, *etc* freigeben; **5** *passage* frei machen; **6** *énergie*, *gaz* freisetzen; **7** *fig sa conscience* entlasten; **II** *v/pr* ***se ~*** *de son travail* sich freimachen
Liberia [libeʀja] ***le ~*** Liberia *n*
libéro [libeʀo] *m* Libero *m*
libertaire [libɛʀtɛʀ] *adj* anarchistisch
▸ **liberté** [libɛʀte] *f* Freiheit *f*; ***~ d'action, de mouvement*** Handlungs-, Bewegungsfreiheit *f*; ***~ d'expression*** Meinungsfreiheit *f*; Recht *n* auf freie Meinungsäußerung; ***en toute ~*** völlig frei, ungehindert; ***mettre qn en ~*** j-n freilassen, auf freien Fuß setzen; ***prendre des ~s avec qn*** sich j-m gegenüber Freiheiten herausnehmen
libertin [libɛʀtɛ̃] **I** *adj* ⟨-ine [-in]⟩ sittenlos; *personne a* ausschweifend; **II** *m* ausschweifend lebender Mensch
libertinage [libɛʀtinaʒ] *m* Ausschweifung *f*; Liederlichkeit *f*; Zügellosigkeit *f*
libidineux [libidinø] *adj* ⟨-euse [-øz]⟩ lüstern; wollüstig
libido [libido] *f* Libido *f*
libraire [libʀɛʀ] *m,f* Buchhändler(in) *m(f)*
▸ **librairie** [libʀɛʀi] *f* Buchhandlung *f*; ***~ d'occasion*** Antiquariat *n*; ***en ~*** im Buchhandel
▸ **libre** [libʀ(ə)] *adj* frei; ***école f ~*** Privatschule *f*; (private) Konfessionsschule; ***temps*** *m* ***~*** Freizeit *f*; freie Zeit; ***~ à***

vous de (+ *inf*) es steht Ihnen frei zu (+ *inf*); **~ *comme l'air*** frei wie der Vogel in der Luft; ***être très ~ avec qn*** ungezwungen mit j-m verkehren
libre-échange [libʀeʃɑ̃ʒ] *m* Freihandel *m*
librement [libʀəmɑ̃] *adv* **1** *circuler, traduire* frei; **2** *parler* offen; **3 ~ *consenti*** freiwillig
libre-penseur [libʀəpɑ̃sœʀ] *m* ⟨libres-penseurs⟩ Freidenker *m*; Freigeist *m*
▸ **libre-service** [libʀəsɛʀvis] *m* ⟨libres-services⟩ **1** *système* Selbstbedienung *f*; **2** *magasin* Selbstbedienungsladen *m*
Libye [libi] ***la ~*** Libyen *n*
libyen [libjɛ̃] **I** *adj* ⟨-yenne [-jɛn]⟩ libysch; **II** ♀***(ne)*** *m(f)* Libyer(in) *m(f)*
lice [lis] *f* HIST Turnierplatz *m*; *fig* ***entrer en ~*** auf den Plan treten
licence [lisɑ̃s] *f* **1** Licence *f* (*akademischer Grad nach dreijährigem Studium*); **~ *en droit, ès sciences*** Licence in Rechts-, Naturwissenschaften; **2** COMM, JUR Lizenz *f* (*a* SPORTS); Konzession *f*; Erlaubnis *f*; **3 ~ *poétique*** dichterische Freiheit; **4** *litt* (*liberté excessive*) Zügellosigkeit *f*; Ausschweifung *f*
licencié(e) [lisɑ̃sje] *m(f)* **1** Hochschulabsolvent(in), der (die) die Licence besitzt; **2** SPORTS Lizenzinhaber(in) *m(f)*
▸ **licenciement** [lisɑ̃simɑ̃] *m* Entlassung *f*
▸ **licencier** [lisɑ̃sje] *v/t* entlassen
licencieux [lisɑ̃sjø] *litt adj* ⟨-euse [-øz]⟩ unanständig; anstößig; allzu frei
lichen [likɛn] *m* BOT Flechte *f*
lichette [liʃɛt] F *f* Stückchen *n*; Scheibchen *n*
licite [lisit] *adj* erlaubt; zulässig; statthaft
licorne [likɔʀn] *f* Einhorn *n*
licou [liku] *m* Halfter *m ou n*
lie [li] *f* **1 ~ *de vin*** Weinhefe *f*; *adjt* ⟨*inv*⟩ weinrot; *fig* ***boire le calice jusqu'à la ~*** den Kelch bis zur Neige leeren; **2** *litt, fig* Abschaum *m*
liège [ljɛʒ] *m* Kork *m*
Liège [ljɛʒ] Lüttich *n*
liégeois [ljeʒwa] *adj* ⟨-oise [-waz]⟩ von Lüttich; Lütticher; ***café ~*** Eiskaffee *m*
lien [ljɛ̃] *m* **1** *pour attacher* Band *n*; **2** *fig* Band *n*; Bindung *f*; **~*s de parenté*** verwandtschaftliche Bande; **3** (*rapport*) Verbindung *f*; Zusammenhang *m*
lier [lje] **I** *v/t* **1** binden (***à*** an + *acc*); *plusieurs choses* zusammenbinden; *fig promesse, etc* **~ *qn*** j-n binden; *fig* ***j'ai les mains liées*** mir sind die Hände gebunden; ***être fou à ~*** F total verrückt sein; **2** *sauce* binden; andicken; sämig machen; **3** *fig* (miteinander) verbinden; ***ils sont très liés*** sie sind eng befreundet, liiert; *chose* ***être lié à qc*** mit etw verknüpft sein; in Zusammenhang mit etw stehen; **II** *v/pr* ***se ~ d'amitié avec qn*** mit j-m Freundschaft schließen; sich mit j-m anfreunden
lierre [ljɛʀ] *m* Efeu *m*
liesse [ljɛs] *f* ***en ~*** jubelnd
▸ **lieu** [ljø] *m* ⟨~x⟩ **1** Ort *m*; Stelle *f*; *st/s* Stätte *f*; *fig* ***lieu commun*** Gemeinplatz *m*; ***'haut lieu*** berühmte Stätte; Hochburg *f*; *fig* ***en haut lieu*** höheren Orts; an höherer Stelle; ***les Lieux saints*** die heiligen Stätten; ***lieu de naissance*** Geburtsort *m*; ▸ ***au lieu de*** anstelle, an Stelle (+ *gén*); (an)statt (+ *gén*, F + *dat*); ***au lieu de cela*** stattdessen; ***en premier lieu*** an erster Stelle; zuerst; ***avoir lieu*** stattfinden; *accident* sich ereignen; ***avoir lieu de faire qc*** Grund, Anlass haben, etw zu tun; ***donner lieu à qc*** Anlass, Veranlassung zu etw geben; ***mettre en lieu sûr*** an e-n sicheren Ort bringen; ***tenir lieu de qc*** etw ersetzen; die Stelle von etw einnehmen; **2** ***lieux*** *pl* Örtlichkeit *f*; *d'un appartement* Räumlichkeiten *f/pl*; JUR Ort *m* des Geschehens; ***sur les lieux du crime*** am Tatort
lieu-dit *m* ⟨lieux-dits⟩ Ort, der e-n Flurnamen trägt
lieue [ljø] *f* Meile *f*; Wegstunde *f*; *fig* ***être à mille ~s de*** (+ *inf*) meilenweit davon entfernt sein zu (+ *inf*)
lieutenant [ljøtnɑ̃] *m* Oberleutnant *m*; **~-colonel** *m* ⟨lieutenants-colonels⟩ Oberstleutnant *m*
lièvre [ljɛvʀ(ə)] *m* Hase *m*; *fig* ***courir deux ~s à la fois*** zwei Ziele auf einmal verfolgen; *fig* ***(sou)lever un ~*** e-e heikle Frage aufwerfen
lifter [lifte] *v/t* ***se faire ~*** sich liften lassen
lifting [liftiŋ] *m* Lifting *n*
ligament [ligamɑ̃] *m* ANAT Band *n*
ligatur|e [ligatyʀ] *f* MÉD Ligatur *f*; **~er** [-e] *v/t* unterbinden
▸ **ligne** [liɲ] *f* **1** Linie *f*; Strich *m*; **~ *d'ar-***

L

rivée Ziellinie *f*; Ziel *n*; **~s de la main** Handlinien *f/pl*; *fig* **dans les grandes ~s** in großen Zügen, Umrissen; *fig* **sur toute la ~** auf der ganzen Linie; **2** ÉLECT, TÉL Leitung *f*; TÉL **être en ~** am Telefon, am Apparat sein; **3** INFORM **en ~** online; Online…; **'hors ~** offline; **achat** *m* **en ~** Onlinekauf *m*; **banque** *f* **en ~** Online-Banking *n*; **4** TRANSPORTS Linie *f*; Strecke *f*; CH DE FER **grandes ~s** Fernstrecken *f/pl*; **~ de métro** U-Bahn-Linie *f*; **vol** *m* **de ~** Linienflug *m*; **5** *d'un texte*, TV Zeile *f*; **aller à la ~** e-e neue Zeile anfangen; *fig* **lire entre les ~s** zwischen den Zeilen lesen; **6** (*suite alignée*) Reihe *f*; Linie *f* (*a par ext* MIL, GÉNÉALOGIE); *fig* **'hors ~** hervorragend; außergewöhnlich; **7** PÊCHE Angelschnur *f*, -leine *f*; *par ext* Angel *f*; **8** *fig* (*règle*) Linie *f*; **~ directrice** Leitlinie *f*; **~ de conduite** Verhaltensmaßregeln *f/pl*; Richtschnur *f*; **~ du parti** Parteilinie *f*; **9** (*silhouette*) **avoir la ~** e-e schlanke Figur haben; **garder la** *ou* **sa ~** s-e schlanke Linie bewahren

lignée [liɲe] *f* Nachkommenschaft *f*; Geschlecht *n*; *fig* **dans la ~ de qn** in der Nachfolge j-s

ligneux [liɲø] *adj* ⟨-euse [-øz]⟩ holzig

lignite [liɲit] *m* Braunkohle *f*

ligoter [ligɔte] *v/t* fesseln

ligue [lig] *f* Liga *f*; Bund *m*

liguer [lige] *v/pr* **se ~** sich verbünden (**contre qn** gegen j-n)

lilas [lilɑ] **I** *m* Flieder *m*; **II** *adj* ⟨*inv*⟩ lila

lilliput|ien [lilipysjɛ̃] *m*, **~ienne** [-jɛn] *f* Liliputaner(in) *m(f)*

limace [limas] *f* (Nackt)Schnecke *f*

limande [limɑ̃d] *f* Kliesche *f*

limbes [lɛ̃b] *m/pl* CATH Vorhölle *f*; *fig* **être encore dans les ~** noch im Werden sein

lime [lim] *f* Feile *f*; **~ à ongles** Nagelfeile *f*

limer [lime] *v/t* feilen; *enlever* abfeilen; *barreau* durchfeilen

limette [limɛt] *f* Limette *f*

limier [limje] *m* **1** CH Stöberhund *m*; **2** *fig* **fin ~** gute Spürnase (*Person*)

limitatif [limitatif] *adj* ⟨-ive [-iv]⟩ einschränkend

limitation [limitasjõ] *f* Beschränkung *f*; Einschränkung *f*; Begrenzung *f*; **~ de vitesse** Geschwindigkeitsbeschränkung *f*

limite [limit] *f* **1** Grenze *f*; Limit *n*; **~ d'âge** Altersgrenze *f*; **à la ~** äußerstenfalls; **sans ~s** unbegrenzt; **il y a des ~s** (**à tout**) alles hat s-e Grenzen; **2** *adjt* **âge** *m* **~** Höchstalter *n*; **cas** *m* **~** Grenzfall *m*; **date** *f* **~** letzter, äußerster Termin; **vitesse** *f* **~** zulässige Höchstgeschwindigkeit

▸**limiter** [limite] **I** *v/t* begrenzen, beschränken (**à** auf + *acc*); limitieren; ***limité*** begrenzt; beschränkt (*a* F *fig*); *tirage* limitiert; **II** *v/pr* **se ~** sich einschränken; sich beschränken (**à** auf + *acc*)

limitrophe [limitʀɔf] *adj* angrenzend (**de** an + *acc*); Grenz…

limoger [limɔʒe] *v/t* ⟨-ge-⟩ F kaltstellen; F absägen

limon [limõ] *m* Schlamm *m*; Schlick *m*

limonade [limɔnad] *f* Limonade *f*; F Limo *f*

limousine [limuzin] *f* (große) Limousine

limpid|e [lɛ̃pid] *adj* klar (*a fig*); **~ité** [-ite] *f* Klarheit *f*

lin [lɛ̃] *m* **1** BOT Flachs *m*; **2** TEXT Leinen *n*

linceul [lɛ̃sœl] *m* Leichentuch *n*

linéaire [lineɛʀ] *adj* **1** linear; **2** *fig récit* eindimensional

▸**linge** [lɛ̃ʒ] *m* **1** Wäsche *f*; **~ (de corps)** Leib-, Unterwäsche *f*; **~ de table** Tischwäsche *f*; **2** (*chiffon*) (sauberes) Tuch; *fig* **blanc comme un ~** leichenblass; kreidebleich

lingerie [lɛ̃ʒʀi] *f* **1** *linge de corps* Damen(unter)wäsche *f*; **2** *local* Wäschekammer *f*, -zimmer *n*

lingot [lɛ̃go] *m* Barren *m*; **~ d'or** Goldbarren *m*

linguiste [lɛ̃gɥist] *m,f* Sprachwissenschaftler(in) *m(f)*; Linguist(in) *m(f)*

linguistique [lɛ̃gɥistik] **I** *adj* **1** sprachwissenschaftlich; linguistisch; **2** (*relatif à la langue*) Sprach(en)…; **II** *f* Sprachwissenschaft *f*, -forschung *f*; Linguistik *f*; **~ appliqué** angewandte Sprachwissenschaft

lino [lino] *abr* → **linoléum**

linoléum [linɔleɔm] *m* Linoleum *n*

linotte [linɔt] *f* **1** ZO Hänfling *m*; **2** F *fig* **tête** *f* **de ~** F Schussel *m*

linteau [lɛ̃to] *m* ⟨~x⟩ (Tür-, Fenster-) Sturz *m*
▸**lion** [ljõ] *m* Löwe *m* (ASTR ♌)
lionceau [ljõso] *m* ⟨~x⟩ junger Löwe
lionne [ljɔn] *f* Löwin *f*
lipides [lipid] *m/pl* Fette *n/pl*
lippe [lip] ***faire la ~*** schmollen
lippu [lipy] *adj* ⟨~e⟩ *lèvre* wulstig
liquéfier [likefje] **I** *v/t* verflüssigen; **II** *v/pr* ***se ~*** **1** sich verflüssigen; **2** *fig* F schlappmachen; F allen Mumm verlieren
liquette [likɛt] F *f* Hemd *n*
liqueur [likœʀ] *f* Likör *m*
liquidation [likidasjõ] *f* **1** JUR Liquidation *f*; Auflösung *f*; **2** COMM ~ (***du stock***) Räumungsverkauf *m*; Ausverkauf *m*; **3** F *d'une personne* Liquidierung *f*; Beseitigung *f*
▸**liquide** [likid] **I** *adj* **1** flüssig; *sauce* ***trop ~*** zu dünn; **2** FIN flüssig; liquid; ***argent m ~*** Bargeld *n*; **II** *m* **1** Flüssigkeit *f*; **2** FIN Bargeld *n*; flüssige Mittel *n/pl*; ***payer en ~*** bar (be)zahlen
liquider [likide] *v/t* **1** JUR liquidieren; auflösen; abwickeln; **2** COMM ausverkaufen; (billig) abstoßen; **3** F *affaire, travail* erledigen; zum Abschluss bringen; F *restes d'un repas* aufessen; F wegputzen; **4** F *adversaire* liquidieren; beseitigen; aus dem Weg räumen
liquidité [likidite] *f* FIN Liquidität *f*; ***~s*** *pl* flüssige, liquide Mittel *n/pl*
liquoreux [likɔʀø] *adj* ⟨-euse [-øz]⟩ ***vin ~*** Likörwein *m*; Süßwein *m*
▸**lire**[1] [liʀ] ⟨je lis, il lit, nous lisons; je lisais; je lus; je lirai; que je lise; lisant; lu⟩ *v/t* lesen; *jugement* verlesen; *discours* ablesen; INFORM (ein)lesen; ***~ qc à qn*** j-m etw vorlesen; ***~ qc sur le visage de qn*** j-m etw am Gesicht ablesen
lire[2] *f* HIST *monnaie* Lira *f*
lis[1] [lis] *m* Lilie *f*
lis[2] [li] → ***lire***
Lisbonne [lizbɔn] Lissabon *n*
liseré [lizʀe] *ou* **liséré** [lizeʀe] *m* Paspel *f*; Borte *f*
liseron [lizʀõ] *m* BOT Winde *f*
liseuse [lizøz] *f* **1** (*couvre-livre*) Buchhülle *f*; **2** *vêtement* Bettjäckchen *n*
lisible [lizibl(ə)] *adj* lesbar; leserlich
lisière [lizjɛʀ] *f* **1** TEXT Webkante *f*; **2** ***~ du bois*** Waldrand *m*
lisse [lis] *adj* glatt
lisser [lise] *v/t* glatt streichen; glätten
liste [list] *f* Liste *f*; Verzeichnis *n*; ***~ noire*** schwarze Liste; TÉL ***~ rouge*** Liste der Teilnehmer mit Geheimnummer; ***~ d'attente*** Warteliste *f*; ***~ de mariage*** Geschenkliste *f* (e-s Brautpaars)
lister [liste] *v/t* INFORM ausdrucken
listing [listiŋ] *m* (Computer)Ausdruck *m*
▸**lit**[1] [li] *m* **1** Bett *n*; *cadre* Bettgestell *n*; ***~ de camp*** Feldbett *n*; Campingliege *f*; ***~ d'enfant*** Kinderbett *n*; ***~ de mort*** Sterbebett *n*; ***aller, se mettre au ~*** ins *ou* zu Bett gehen; ***faire le ~*** das Bett machen; ***garder le ~*** das Bett hüten; **2** *par ext* Lager *n*; ***~ de paille*** Strohlager *n*; **3** ***enfant m du premier ~*** Kind *n* aus erster Ehe; **4** *d'un cours d'eau* Bett *n*; ***sortir de son ~*** über die Ufer treten; **5** (*couche*) Lage *f*; Schicht *f*
lit[2] → ***lire***
litanie [litani] *f* Litanei *f* (*a fig*)
litchi [litʃi] *m* Litschi *f*
literie [litʀi] *f* Bettzeug *n*
lithographie [litɔgʀafi] *f* Lithographie *f*
litière [litjɛʀ] *f* **1** *pour animaux* Streu *f*; **2** *autrefois* Sänfte *f*
litige [litiʒ] *m* Streit *m*; JUR *a* Streitfall *m*; Rechtsstreit *m*
litigieux [litiʒjø] *adj* ⟨-euse [-øz]⟩ strittig; umstritten
▸**litre** [litʀ(ə)] *m* Liter *m ou n*
litron [litʀõ] F *m* Liter *m* Wein
littéraire [liteʀɛʀ] **I** *adj* literarisch; Literatur…; *talent a* schriftstellerisch; *par ext études* geisteswissenschaftlich; ***langue f ~*** Literatur-, Schriftsprache *f*; **II** *m,f* Geisteswissenschaftler(in) *m(f)*
littéral [liteʀal] *adj* ⟨~e; -aux [-o]⟩ wörtlich; buchstäblich; ***~ement*** [-mɑ̃] *adv* buchstäblich; im wahrsten Sinn des Wortes
▸**littérature** [liteʀatyʀ] *f* Literatur *f*; Schrifttum *n*
littoral [litɔʀal] **I** *adj* ⟨~e; -aux [-o]⟩ Küsten…; **II** *m* Küstenstreifen *m*; Küste *f*
Lituanie [litɥani] ***la ~*** Litauen *n*
lituanien [litɥanjɛ̃] **I** *adj* ⟨-ienne [-jɛn]⟩ litauisch; **II** ♌(***ne***) *m(f)* Litauer(in) *m(f)*
liturg|ie [lityʀʒi] *f* Liturgie *f*; ***~ique*** [-ik] *adj* liturgisch
livide [livid] *adj* fahl; bleich
living [liviŋ] *m* Wohnzimmer *n*
livrable [livʀabl(ə)] *adj* lieferbar

livraison [livʀɛzõ] *f* Lieferung *f*; ***délai m de ~*** Lieferfrist *f*

▸ **livre**[1] [livʀ(ə)] *m* Buch *n*; ***~ d'art*** Kunstband *m*; ***~ de classe*** Schulbuch *n*; ***~ de cuisine*** Kochbuch *n*; ***~ d'or*** Goldenes Buch; ***~ de poche*** Taschenbuch *n*; *fig* ***à ~ ouvert*** mühelos; ***parler comme un ~*** sich gewählt ausdrücken

livre[2] *f* Pfund *n* (*a monnaie*)

livre-cassette [livʀəkasɛt] *m* ⟨livres-cassettes⟩ Hörbuch *n*

livrée [livʀe] *f* Livree *f*; ***en ~*** livriert

▸ **livrer** [livʀe] **I** *v/t* **1** *marchandises* liefern; ***~ qc à qn*** j-m etw liefern; ***~ qn*** j-n beliefern; **2** *coupable* ausliefern (***à qn*** j-m *ou* an j-n); *complice, secret* preisgeben (***à qn*** j-m); verraten (an j-n); ***il est livré à lui-même*** er ist sich selbst überlassen; **3** ***~ (une) bataille*** e-e Schlacht schlagen, liefern; **II** *v/pr* **4** ***se ~*** sich stellen (***à la police*** der Polizei [*dat*]); **5** ***se ~ à qc*** sich e-r Sache (*dat*) hingeben, widmen; ***se ~ à une enquête*** Nachforschungen anstellen; **6** ***se ~*** (*se confier*) von sich reden; mitteilsam sein

livresque [livʀɛsk] *adj péj* Buch…; Bücher…

livret [livʀɛt] *m* **1** kleines Buch; Heft *n*; ***~ scolaire*** Zeugnisheft *n*; ***~ de caisse d'épargne*** Sparbuch *n*; ***~ de famille*** Familienstammbuch *n*; **2** *d'un opéra* Libretto *n*; Textbuch *n*

livreur [livʀœʀ] *m* (Aus)Fahrer *m*

lob [lɔb] *m* SPORTS Lob *m*; Hochschlag *m*

lobby [lɔbi] *m* ⟨lobbies⟩ Lobby *f*

lobe [lɔb] *m* ANAT, BOT Lappen *m*; ***~ de l'oreille*** Ohrläppchen *n*

lober [lɔbe] *v/i* SPORTS lobben

local [lɔkal] **I** *adj* ⟨~e; -aux [-o]⟩ örtlich; lokal; Lokal…; Orts…; **II** *m* ⟨-aux [-o]⟩ Raum *m*; *pl* ***locaux*** *a* Räumlichkeiten *f/pl*

localiser [lɔkalize] *v/t* lokalisieren; *incendie, épidémie* eingrenzen

localité [lɔkalite] *f* Ort *m*; Ortschaft *f*

▸ **locataire** [lɔkatɛʀ] *m,f* Mieter(in) *m(f)*

locatif [lɔkatif] *adj* ⟨-ive [-iv]⟩ Miet…

location [lɔkasjõ] *f* **1** *par le locataire* Mieten *n*; *par le propriétaire* Vermietung *f*; *de barques, vélos, etc* Verleih *m*; ***~ de voitures*** Autovermietung *f*; **2** THÉ Vorverkauf *m*; CH DE FER, AVIAT (Platz)Reservierung *f*; **3** *pour les vacances* (gemietete) Ferienwohnung

location-vente *f* ⟨locations-ventes⟩ Mietkauf *m*

lock-out [lɔkawt] *m* ⟨*inv*⟩ Aussperrung *f*

locomotion [lɔkɔmɔsjõ] *f* Fortbewegung *f*; ***moyens*** *m/pl* ***de ~*** Fortbewegungs-, Transportmittel *n/pl*

locomotive [lɔkɔmɔtiv] *f* **1** Lokomotive *f*; Lok *f*; **2** *fig personne* Motor *m*; treibende Kraft; Zugpferd *n*

locuteur [lɔkytœʀ] *m* LING Sprecher *m*

locution [lɔkysjõ] *f* (Rede)Wendung *f*

loden [lɔdɛn] *m* **1** *tissu* Loden *m*; **2** *manteau* Lodenmantel *m*

loft [lɔft] *m logement* Loft *m*

logarithme [lɔgaʀitm(ə)] *m* Logarithmus *m*

loge [lɔʒ] *f* **1** ***~ du concierge*** Pförtner-, Hausmeisterwohnung *f*; **2** THÉ Loge *f*; *fig* ***être aux premières ~s*** es, etw aus nächster Nähe miterleben, sehen; **3** THÉ *d'un acteur* Garderobe *f*; **4** *des francs-maçons* Loge *f*

▸ **logement** [lɔʒmɑ̃] *m* Wohnung *f*; Wohnraum *m*; *pour les vacances, etc* Quartier *n*; Unterkunft *f*

loger [lɔʒe] ⟨-ge-⟩ **I** *v/t* **1** beherbergen; unterbringen; ***être logé et nourri*** freie Kost und Logis haben; **2** *par ext objets* unterbringen; **II** *v/i* **3** wohnen; **III** *v/pr* **4** ***trouver à se ~*** e-e Wohnung, Unterkunft finden; **5** *balle* ***se ~*** stecken bleiben (***dans le bras*** im Arm)

log|eur [lɔʒœʀ] *m*, ***~euse*** [-øz] *f* (Zimmer)Vermieter(in) *m(f)*

loggia [lɔdʒja] *f* Loggia *f*

▸ **logiciel** [lɔʒisjɛl] *m* Software *f*

▸ **logique** [lɔʒik] **I** *f* Logik *f*; **II** *adj* logisch; GR ***analyse f ~*** Satzanalyse *f*; ***rester ~ avec soi-même*** konsequent bleiben

logis [lɔʒi] *m litt* Behausung *f*; ***maître m du ~*** Hausherr *m*; *fig* ***la folle du ~*** die Fantasie

logistique [lɔʒistik] **I** *adj* logistisch; Versorgungs…; **II** *f* Logistik *f*

logo [logo] *m* Logo *n*

▸ **loi** [lwa] *f* Gesetz *n*; ***~ du plus fort*** Recht *n* des Stärkeren; Faustrecht *n*; ***faire la ~*** befehlen; Vorschriften machen; ***tomber sous le coup de la ~***

Verbverbindungen mit la loi

abolir une loi	ein Gesetz abschaffen
amender une loi	ein Gesetz ändern
appliquer une loi	ein Gesetz anwenden
approuver une loi	einem Gesetzentwurf zustimmen
contourner une loi	ein Gesetz umgehen
promulguer une loi	ein Gesetz verkünden
proposer une loi	eine Gesetzesvorlage einbringen
respecter une loi	ein Gesetz achten, beachten
transgresser une loi	gegen ein Gesetz verstoßen
violer une loi	ein Gesetz verletzen
voter une loi	ein Gesetz verabschieden

... unter das Gesetz ... fallen; *abs* strafbar sein

▸ **loin** [lwɛ̃] *adv* weit (weg), fern, weit entfernt (***de*** von); ***au ~*** in der *ou* in die Ferne; ***de ~*** aus der Ferne; von fern; von weitem; *fig* bei weitem; mit Abstand; ***de ~ en ~*** ab und zu; hin und wieder; *conj* ***d'aussi ~ que*** *ou* ***du plus ~ que*** (+ *ind ou subj*) sobald; soweit; *fig* ***~ de là!*** weit davon entfernt!; im Gegenteil!; *fig* ***~ de moi cette idée!*** dieser Gedanke liegt mir völlig fern; das sei fern von mir!; *fig* ***être*** (***bien***) ***~ de faire qc*** weit davon entfernt sein, etw zu tun; ***aller ~*** weit gehen, fahren; *fig affaire* weitreichende Folgen haben; *fig* ***il ira ~*** er wird es weit bringen; *fig* ***j'irai même plus ~*** ich gehe sogar noch weiter; *fig* ***aller trop ~*** zu weit gehen

lointain [lwɛ̃tɛ̃] **I** *adj* ⟨-aine [-ɛn]⟩ fern; *époque a* weit zurückliegend; ***pays ~*** fernes Land; **II** *m* Ferne *f*; ***dans le ~*** in der Ferne

loir [lwaʀ] *m* Siebenschläfer *m*; *fig* ***dormir comme un ~*** schlafen wie ein Murmeltier

▸ **loisir** [lwaziʀ] *m* **1** freie Zeit; Freizeit *f*; *st/s* Muße *f*; ***moments*** *m/pl* ***de ~*** Mußestunden *f/pl*; (***tout***) ***à ~*** in (aller) Ruhe; mit Muße; **2** ***~s*** *pl* Freizeitbeschäftigungen *f/pl*

lombago [lõbago] *m* → ***lumbago***

lombaire [lõbɛʀ] *adj* Lenden...; ***ponction*** *f* ***~*** Lumbalpunktion *f*

l'on [lõ] → ***on***

londonien [lõdɔnjɛ̃] **I** *adj* ⟨-ienne [-jɛn]⟩ Londoner; **II** ♀(***ne***) *m(f)* Londoner(in) *m(f)*

Londres [lõdʀ(ə)] London *n*

▸ **long** [lõ] **I** *adj* ⟨longue [lõg]⟩ lang; *visage* länglich; *cri* lang gezogen; ***moins ~*** kürzer; ***plus ~*** länger; ***long de trois mètres*** drei Meter lang; *réunion* ***être long*** lange dauern; ***être long à faire qc*** lange brauchen, um etw zu tun; *réponse, personne* ***être long à venir*** lange auf sich warten lassen; lange ausbleiben; **II** *adv* ***à la longue*** auf die Dauer; mit der Zeit; *regard* ***en dire long*** viel sagend sein; ***en savoir long*** genau Bescheid wissen (***sur*** über + *acc*); **III** *m* Länge *f*; ***avoir dix mètres de long*** zehn Meter lang sein; *tomber* ***de tout son long*** der Länge nach; ***de long en large*** auf und ab; hin und her; *fig* ***en long et en large*** lang und breit; des Langen und Breiten; ▸ ***le long de qc*** *ou* ***au long de qc*** an etw (*dat*) entlang; längs (+ *gén*); ***tout le long du chemin*** auf dem ganzen Weg; ***tout au long*** *ou* ***tout le long de l'année*** das ganze Jahr über, lang

long-courrier *m* ⟨long-courriers⟩ Langstreckenflugzeug *n*; *adjt* Langstrecken...

longe [lõʒ] *f* **1** CUIS Lendenstück *n*, -braten *m*; **2** *corde* Longe *f*

longer [lõʒe] *v/t* ⟨-ge-⟩ ***~ qc*** an etw (*dat*) entlanggehen, -laufen, *en voiture* -fahren, *route* -führen

longévité [lõʒevite] *f* **1** (*longue durée de la vie*) Langlebigkeit *f*; **2** (*durée de la vie*) Lebensdauer *f*

longiligne [lõʒiliɲ] *adj* langglied(e)rig

longitude [lõʒityd] *f* (geographische) Länge

L

longitudinal [lõʒitydinal] *adj* ⟨~e; -aux [-o]⟩ Längs…
▸**longtemps** [lõtɑ̃] *adv* lange (Zeit); ***il y a ~ que …*** es ist schon lange her, dass …; ***avant ~*** bald; binnen kurzem; ***depuis ~*** seit langem; ***pour ~*** für *ou* auf lange Zeit
longue [lõg] → ***long***
longuement [lõgmɑ̃] *adv* lange; lang und breit
longuet [lõgɛ] F *adj* ⟨-ette [-ɛt]⟩ etwas, ein bisschen (zu) lang
▸**longueur** [lõgœʀ] *f* **1** Länge *f*; *durée a* lange Dauer; ***~ d'onde*** Wellenlänge *f*; F *fig* ***(ne pas) être sur la même ~ d'onde*** F (nicht) auf derselben Wellenlänge liegen; ***à ~ d'année*** das ganze Jahr über, lang; **2** *d'un texte, d'un film* ***~s*** *pl* Längen *f/pl*
longue-vue *f* ⟨longues-vues⟩ Fernrohr *n*
look [luk] *m* Look *m*; Aussehen *n*
looping [lupiŋ] *m* Looping *m*
lopin [lɔpɛ̃] *m* ***~ de terre*** kleines Stück Land
loquace [lɔkas] *adj* redselig; gesprächig
loque [lɔk] *f* **1** ***~s*** *pl* Lumpen *m/pl*; Fetzen *m/pl*; *vêtement* ***tomber en ~s*** in Fetzen gehen; **2** *fig personne* Wrack *n*
loquet [lɔkɛ] *m* (einfache) Klinke; Schnäpper *m*
loqueteux [lɔktø] *adj* ⟨-euse [-øz]⟩ zerlumpt
lorgner [lɔʀɲe] *v/t* schielen nach (*a fig*)
lorgnette [lɔʀɲɛt] *f* kleines Fern-, Opernglas *n*
lorgnon [lɔʀɲõ] *m* **1** (*pince-nez*) Kneifer *m*; **2** *avec manche* Lorgnette *f*
loriot [lɔʀjo] *m* Pirol *m*
lorrain [lɔʀɛ̃] **I** *adj* ⟨-aine [-ɛn]⟩ lothringisch; **II** ♀(***e***) *m(f)* Lothringer(in) *m(f)*
Lorraine [lɔʀɛn] ***la ~*** Lothringen *n*
lors [lɔʀ] **I** *adv* ***depuis lors*** seitdem; seither; ***dès lors*** seitdem; von da an; (*en conséquence*) folglich; also; ***dès lors que*** sobald; **II** *prép* ▸***lors de*** bei; zur Zeit (+ *gén*)
▸**lorsque** [lɔʀsk(ə)] *conj* ⟨*vor Vokal* ***lorsqu'***⟩ als (+ *passé*); wenn (+ *présent ou futur*)
losange [lɔzɑ̃ʒ] *m* Raute *f*; Rhombus *m*
lot [lo] *m* **1** LOTERIE Gewinn *m*; Treffer *m*; ***gros ~*** Hauptgewinn *m*, -treffer *m*; **2** JUR Teil *m ou n*; **3** COMM Los *n*; Posten *m*; Partie *f*
loterie [lɔtʀi] *f* **1** Lotterie *f*; **2** *fig* Lotteriespiel *n*
loti [lɔti] *adj* ⟨~e⟩ ***être bien, mal ~*** gut, schlecht dran sein
lotion [lɔsjõ] *f* Lotion *f*; ***~ capillaire*** Haarwasser *n*
lotir [lɔtiʀ] *v/t* parzellieren
lotissement [lɔtismɑ̃] *m* **1** *d'un terrain* Parzellierung *f*; **2** (*terrain*) Parzelle *f*; *ensemble* Siedlung *f*
loto [lɔto] *m* Lotto *n*; ***~ sportif*** Fußballtoto *n*; ***jouer au ~*** im Lotto spielen
lotte [lɔt] *f* ZO Seeteufel *m*
lotus [lɔtys] *m* Lotos(blume) *m(f)*
louable [lwabl(ə)] *adj* lobenswert; löblich
louanges [lwɑ̃ʒ] *f/pl* Lob *n*; ***chanter les ~ de qn*** ein Loblied auf j-n singen, anstimmen
loubar(d) [lubaʀ] F *m* Rocker *m*
louche[1] [luʃ] *adj* undurchsichtig; verdächtig; fragwürdig; zweifelhaft
louche[2] *f* Schöpflöffel *m*; Suppenkelle *f*
loucher [luʃe] *v/i* **1** schielen; **2** F *fig* ***~ sur*** schielen nach
louer[1] [lwe] **I** *v/t* loben; preisen; *efforts, mérites de qn* würdigen; ***~ qn de ou pour qc*** j-n für etw loben; **II** *v/pr* ***se ~ de qc*** sich zu etw beglückwünschen
▸**louer**[2] **I** *v/t* **1** (*donner en location*) vermieten; ***à ~*** zu vermieten; ***chambre à ~*** Zimmer frei; **2** (*prendre en location*) mieten; **3** (*réserver*) vorbestellen; reservieren; **II** *v/pr* ***se ~*** *appartement* vermietet werden

> **louer**
>
> *Achtung*: In der französischen Sprache wird kein Unterschied zwischen ‚mieten' und ‚vermieten' gemacht. Beides heißt **louer**.
>
> Der Ausdruck **louer une chambre** kann also sowohl ‚ein Zimmer mieten' als auch ‚ein Zimmer vermieten' bedeuten.
>
> Man muss aus dem Zusammenhang erschließen, welche Bedeutung gemeint ist.

lou|eur [lwœʀ] *m*, ***~euse*** [-øz] *f* Vermieter(in) *m(f)*

loufiat [lufja] P *m* Kellner *m*
loufoque [lufɔk] F *adj* verrückt; → ***cinglé***
Louis [lwi] *m* Ludwig *m*
loulou [lulu] *m* **1** ZO Spitz *m*; **2** (*jeune voyou*) Halbstarke(r) *m*
▸ **loup** [lu] *m* **1** ZO Wolf *m*; *fig* ***être connu comme le ~ blanc*** bekannt sein wie ein bunter Hund; **2** *fig* ***jeune ~*** ehrgeiziger junger Mann; **3** F ***~ de mer*** F (alter) Seebär; **4** *masque* schwarze Halbmaske; **5** *poisson* Wolfsbarsch *m*
loupe [lup] *f* **1** Lupe *f*; Vergrößerungsglas *n*; *fig* ***regarder qc à la ~*** etw unter die Lupe nehmen; **2** BOT Knorren *m*
louper [lupe] F **I** *v/t* **1** *travail* F verpfuschen; F verpatzen (*a examen*); **2** *train, occasion* verpassen; *personne a* verfehlen; **II** *v/i* ***ça n'a pas loupé*** das musste ja so kommen
loup-garou [lugaʀu] *m* ⟨loups-garous⟩ Werwolf *m*
loupiote [lupjɔt] F *f péj* Funzel *f*
▸ **lourd** [luʀ] **I** *adj* ⟨lourde [luʀd]⟩ **1** schwer; *nourriture a* schwer verdaulich; ***industrie ~e*** Schwerindustrie *f*; ***~ de conséquences*** folgenschwer; ***~ de sous-entendus*** voller Anspielungen; ***avoir l'estomac ~*** Magendrücken haben; ***avoir la main ~e*** hart, fest zuschlagen; *fig* es zu gut meinen; ***avoir la tête ~e*** e-n schweren Kopf haben; **2** *temps* schwül; drückend; *fig silence, atmosphère* beklemmend; dumpf; **3** *personne, démarche, style* schwerfällig (*a esprit*); plump (*a plaisanterie*); **II** *adv* ***peser ~*** schwer sein; *fig* ***ne pas peser ~ dans la balance*** nicht sehr ins Gewicht fallen; F *fig* ***ça ne fait pas ~*** das ist nicht viel; F *personne* ***ne pas en faire ~*** nicht viel tun
lourdaud [luʀdo] *adj* ⟨-aude [-od]⟩ schwerfällig; unbeholfen; plump; tölpelhaft
lourde [luʀd] *f arg* (*porte*) Tür *f*
lourdement [luʀdəmɑ̃] *adv* **1** *chargé* schwer; *fig* ***se tromper ~*** sich schwer täuschen; **2** (*gauchement*) schwerfällig; plump
lourdeur [luʀdœʀ] *f* **1** *fig* Schwere *f*; ***~s d'estomac*** Magendrücken *n*; **2** (*maladresse*) Schwerfälligkeit *f*; Plumpheit *f*
loustic [lustik] *m* F *péj* Kerl *m*; Knilch *m*
loutre [lutʀ(ə)] *f* Fischotter *m*; ***~ de mer*** Seeotter *m*
louve [luv] *f* Wölfin *f*
louveteau [luvto] *m* ⟨~x⟩ **1** ZO junger Wolf; **2** (*jeune scout*) Wölfling *m*
louvoyer [luvwaje] *v/i* ⟨-oi-⟩ **1** MAR kreuzen; **2** *fig* lavieren
lover [lɔve] *v/pr* ***se ~*** sich zusammenrollen
loyal [lwajal] *adj* ⟨~e; -aux [-o]⟩ loyal; fair; ehrenhaft; anständig; aufrichtig; redlich; (pflicht)treu
loyalisme [lwajalism(ə)] *m* Loyalität *f*; Staatstreue *f*
loyauté [lwajote] *f* Loyalität *f*; Fairness *f*; Ehrenhaftigkeit *f*; Anstand *m*; (Pflicht)Treue *f*
▸ **loyer** [lwaje] *m* Miete *f*
L.S.D. [ɛlɛsde] *m* LSD *n*
lu [ly] *p/p* → ***lire***
lubie [lybi] *f* Schrulle *f*; Marotte *f*
lubricité [lybʀisite] *f* Lüsternheit *f*
lubrifiant [lybʀifjɑ̃] *m* Schmiermittel *n*
lubrifier [lybʀifje] *v/t* schmieren
lubrique [lybʀik] *adj* lüstern; geil
lucarne [lykaʀn] *f* Dachfenster *n*, -luke *f*
lucide [lysid] *adj* klar; scharf blickend; hellsichtig; *malade* bei klarem Verstand
lucidité [lysidite] *f* Klarheit *f*; Scharfblick *m*; Hellsichtigkeit *f*; ***moments m/pl de ~*** lichte Momente *m/pl*
luciole [lysjɔl] *f* Leuchtkäfer *m*
lucratif [lykʀatif] *adj* ⟨-ive [-iv]⟩ einträglich; Gewinn bringend; lukrativ
lucre [lykʀ(ə)] *st/s m péj* Profit *m*
ludique [lydik] *adj* Spiel…
ludothèque [lydɔtɛk] *f* Spielsachenverleih *m*; Spiel(i)othek *f*
luette [lɥɛt] *f* ANAT Zäpfchen *n*
lueur [lɥœʀ] *f* **1** (Licht)Schein *m*; (Licht)Schimmer *m*; **2** *du regard* Aufblitzen *n*; **3** *fig* ***~ d'espoir*** Funke(n) *m* Hoffnung; Hoffnungsschimmer *m*
luge [lyʒ] *f* (Rodel)Schlitten *m*; ***faire de la ~*** Schlitten fahren; rodeln
lugubre [lygybʀ(ə)] *adj* düster; trübselig; finster
▸ **lui** [lɥi] *pr/pers* **1** ⟨*m et f*⟩ *obj/indir* ihm (*m et n*); ihr (*f*); ***je ~ pardonne*** ich verzeihe ihm *ou* ihr; **2** ⟨*m*⟩ *sujet* er; *obj/dir* ihn; *avec prép* ihm (*dat*); ihn (*acc*); *réfléchi* sich; ***~ aussi*** er auch; ***je ne vois que ~*** ich sehe nur ihn; ***avec ~*** mit ihm;

L

sans ~ ohne ihn; ***il est content de*** ~ er ist mit sich zufrieden

lui-même [lɥimɛm] *pr/pers* **1** *emphatique* (er) selbst; TÉL ***~!*** am Apparat; **2** *réfléchi* sich (selbst); ***de*** ~ von sich aus; von selbst; aus eigenem Antrieb

luire [lɥiʀ] *v/i* ⟨→ conduire; *aber p/p* lui⟩ glänzen; schimmern; leuchten

luisant [lɥizɑ̃] *adj* ⟨-ante [-ɑ̃t]⟩ **1** glänzend; schimmernd; leuchtend; **2** ***ver*** ~ Glühwürmchen *n*

lumbago [lɔ̃bago, lɛ̃-] *m* Hexenschuss *m*

▸ **lumière** [lymjɛʀ] *f* **1** Licht *n*; ***à la*** ~ (***du jour***) bei (Tages)Licht; *fig* ***à la*** ~ ***des événements*** im Lichte der Ereignisse; ***sous la*** ~ ***des projecteurs*** im Scheinwerferlicht; *fig* ***faire*** (***toute***) ***la*** ~ ***sur une affaire*** Licht in e-e Sache bringen; **2** *fig personne* ***ce n'est pas une*** ~ er *ou* sie ist keine große Leuchte; **3** ***~s*** *pl* Wissen *n*; ***le siècle des ~s*** das Jahrhundert, Zeitalter der Aufklärung; *plais* ***j'ai besoin de vos ~s*** ich brauche Ihre guten Einfälle

luminaire [lyminɛʀ] *m* Beleuchtungskörper *m*; Leuchte *f*

lumineux [lyminø] *adj* ⟨-euse [-øz]⟩ **1** Leucht…; Licht…; *regard* leuchtend; ***enseigne lumineuse*** Leuchtschild *n*; **2** *fig* klar; einleuchtend; F *idée* glänzend

luminosité [lyminozite] *f* **1** strahlende Helle; Glanz *m*; **2** ASTR Leuchtkraft *f*; Helligkeit *f*

lump [lɛ̃p, lœ̃p] *m* ***œufs*** *m/pl* ***de*** ~ Seehasenrogen *m*; deutscher Kaviar

lunaire [lynɛʀ] *adj* Mond…; *fig* ***face*** *f* ~ Vollmondgesicht *n*; *fig* ***paysage*** *m* ~ Mondlandschaft *f*

lunatique [lynatik] *adj* launisch

lunch [lœntʃ, lɛ̃ʃ] *m* kaltes Büfett

▸ **lundi** [lɛ̃di, lœ̃-] *m* Montag *m*; ~ ***de Pâques, de*** (***la***) ***Pentecôte*** Oster-, Pfingstmontag *m*

▸ **lune** [lyn] *f* **1** (ASTR ♀) Mond *m*; ***nouvelle*** ~ Neumond *m*; ***pleine*** ~ Vollmond *m*; ~ ***rousse*** Zeit *f* der späten Nachtfröste im April und Mai; *fig* ***être dans la*** ~ nicht bei der Sache sein; geistesabwesend sein; *fig* ***promettre la*** ~ Unmögliches versprechen; **2** ~ ***de miel*** Flitterwochen *f/pl* (*a fig*); **3** F (*derrière*) F (nackter) Hintern

luné [lyne] *adj* ⟨~e⟩ ***bien, mal*** ~ gut, schlecht gelaunt

lunette [lynɛt] *f* **1** ▸ ***lunettes*** *pl* Brille *f*; ***lunettes de soleil*** Sonnenbrille *f*; ***porter des lunettes*** e-e Brille tragen; Brillenträger sein; **2** OPT Fernrohr *n*; **3** ***lunette*** (***arrière***) Rück- *ou* Heckfenster *n*, -scheibe *f*; **4** (*siège d'aisances*) (Klosett)Brille *f*

lunule [lynyl] *f* (Nagel)Möndchen *n*

lupin [lypɛ̃] *m* Lupine *f*

lurette [lyʀɛt] *f* F ***il y a belle*** ~ F es ist schon ewig lange her

luron [lyʀɔ̃] *m* ***un gai, joyeux*** ~ ein lustiger Geselle; F ein fideles Haus

lus [ly] → ***lire***

lustre [lystʀ(ə)] *m* **1** *luminaire* Kronleuchter *m*; **2** (*éclat*) Glanz *m* (*a fig*); **3** ***depuis des ~s*** seit langer Zeit

lustrer [lystʀe] *v/t* **1** (*rendre brillant*) glänzend machen; **2** *par l'usure* blank scheuern, wetzen

lut [ly] → ***lire***

luth [lyt] *m* Laute *f*

luthérien [lyteʀjɛ̃] **I** *adj* ⟨-ienne [-jɛn]⟩ lutherisch; **II** ~(***ne***) *m*(*f*) Lutheraner(in) *m*(*f*)

luthier [lytje] *m* Geigenbauer *m*

lutin [lytɛ̃] *m* Kobold *m*; Wichtelmännchen *n*

lutte [lyt] *f* **1** (*combat*) Kampf *m*; *st/s* Ringen *n*; ~ ***contre le cancer*** Krebsbekämpfung *f*; ~ ***des classes*** Klassenkampf *m*; ***de haute*** ~ nach hartem Kampf, Ringen; **2** SPORTS Ringen *n*; Ringkampf *m*

▸ **lutter** [lyte] *v/i* kämpfen; ringen (*a* SPORTS, *fig*); ~ ***contre qc, qn*** gegen etw, j-n kämpfen; etw, j-n bekämpfen

lutt|eur [lytœʀ] *m*, ***~euse*** [-øz] *f* **1** *m* SPORTS Ringer *m*; Ringkämpfer *m*; **2** *fig* Kämpfer(in) *m*(*f*)

luxation [lyksasjɔ̃] *f* Verrenkung *f*

luxe [lyks] *m* **1** Luxus *m*; ***de*** ~ Luxus…; *fig* ***se payer le*** ~ ***de faire qc*** es sich leisten, etw zu tun; **2** *fig* ***un*** ~ ***de*** reichlich viele

▸ **Luxembourg** [lyksɑ̃buʀ] *ville* ~, *pays* ***le*** ~ Luxemburg *n*

▸ **luxembourgeois** [lyksɑ̃buʀʒwa] **I** *adj* ⟨-oise [-waz]⟩ luxemburgisch; **II** ♀(***e***) *m*(*f*) Luxemburger(in) *m*(*f*)

luxer [lykse] *v/pr* ***se*** ~ ***le bras***, *etc* sich den Arm *etc* verrenken

luxueux [lyksɥø] *adj* ⟨-euse [-øz]⟩ luxuriös
luxure [lyksyʀ] *litt f* Sinnenlust *f*, -genuss *m*
luxuriant [lyksyʀjɑ̃] *adj* ⟨-ante [-ɑ̃t]⟩ üppig
luxurieux [lyksyʀjø] *litt adj* ⟨-euse [-øz]⟩ wollüstig; unkeusch
luzerne [lyzɛʀn] *f* Luzerne *f*
▸**lycée** [lise] *m* Gymnasium *n* (*ab der 10. Klasse*)
▸**lyc|éen** [liseɛ̃] *m*, **~éenne** [-eɛn] *f* Oberschüler(in) *m(f)*; Gymnasiast(in) *m(f)*
lymphatique [lɛ̃fatik] *adj* **1** MÉD Lymph…; **2** *fig* träge; phlegmatisch
lymphe [lɛ̃f] *f* Lymphe *f*
lyncher [lɛ̃ʃe] *v/t* lynchen
lynx [lɛ̃ks] *m* Luchs *m*; *fig* ***avoir des yeux de ~*** Augen wie ein Luchs haben
lyophilisé [ljɔfilize] *adj* ⟨~e⟩ gefriergetrocknet
lyre [liʀ] *f* MUS Lyra *f*; Leier *f*
lyrique [liʀik] *adj* **1** lyrisch; ***poésie f ~*** lyrische Dichtung; Lyrik *f*; ***poète m ~*** Lyriker(in) *m(f)*; **2** ***artiste m,f ~*** Opern-, Operettensänger(in) *m(f)*; ***théâtre m ~*** Operettentheater *n*; **3** *fig* lyrisch; gefühlvoll
lyrisme [liʀism(ə)] *m* Lyrik *f*; Lyrismus *m*
lys [lis] *m* Lilie *f*

Le lycée

In Frankreich kommt jeder Schüler nach fünf Jahren Grundschule (**école primaire**) an das **collège**, wo er weitere vier Jahre absolvieren muss.
Nach dem obligatorischen neunten Schuljahr können die begabteren Schüler ans **lycée** wechseln und nach drei Schuljahren **le baccalauréat** (das Abitur), kurz **le bac**, machen. Das **lycée** entspricht also in etwa der gymnasialen Oberstufe in Deutschland. Der Leiter eines **lycée** wird **le proviseur** genannt.

M

M, m [ɛm] *m* ⟨*inv*⟩ M, m *n*
m *abr* (*mètre*) m
M. *abr* (*Monsieur*) Hr.
m' [m] → ***me***
▸**ma** → ***mon***
maboul [mabul] *adj* ⟨~e⟩ F plemplem; → ***cinglé***
macabre [makɑbʀ(ə)] *adj* makaber; unheimlich; grausig; ***danse f ~*** Totentanz *m*
macadam [makadam] *m* Makadam *m ou n*
macaque [makak] *m* ZO Makak *m*
macaron [makaʀõ] *m* **1** *pâtisserie* Makrone *f*; **2** *coiffure* Schnecke *f*; **3** F *insigne* (rundes) Abzeichen; Plakette *f*
macaroni(s) [makaʀɔni] *m/pl* Makkaroni *pl*
macchabée [makabe] P *m* Leiche *f*
macédoine [masedwan] *f* ***~ de fruits*** Frucht-, Obstsalat *m*; ***~ de légumes*** Mischgemüse *n*
Macédoine [masedwan] ***la ~*** Makedonien *ou* Mazedonien *n*
macérer [maseʀe] ⟨-è-⟩ **I** *v/t* einlegen; **II** *v/i* (durch)ziehen
mâche [mɑʃ] *f* Feldsalat *m*
mâcher [mɑʃe] *v/t* **1** kauen (*a abs*); zerkauen; **2** *fig* ***~ la besogne à qn*** schon die halbe Arbeit für j-n machen; ***ne pas ~ ses mots*** kein Blatt vor den Mund nehmen; **3** ***papier mâché*** Pappmaché *n*
machette [maʃɛt] *f* Buschmesser *n*; Machete *f*
machiavélique [makjavelik] *adj* POL machiavellistisch; *par ext* diabolisch; perfide
▸**machin** [maʃɛ̃] *m* F Dings(da, -bums) *n*
machinal [maʃinal] *adj* ⟨~e; -aux [-o]⟩ mechanisch; automatisch

machination [maʃinasjõ] *f* Machenschaft *f*

▸ **machine** [maʃin] *f* **1** Maschine *f* (*a locomotive, moto*); ▸ ***machine à coudre, à écrire, à laver*** Näh-, Schreib-, Waschmaschine *f*; ***machine à sous*** Spielautomat *m*; ***machine à vapeur*** Dampfmaschine *f*; ***fait à la machine*** maschinell hergestellt; *fig* ***faire machine arrière*** e-n Rückzieher machen; es sich anders überlegen; **2** *fig* Maschinerie *f*; Getriebe *n*; *péj d'une personne* Maschine *f*; Roboter *m*

machine-outil *f* ⟨machines-outils⟩ Werkzeugmaschine *f*

machiner [maʃine] *v/t* anzetteln

machin|erie [maʃinʀi] *f* Maschinen *f/pl*; THÉ Maschinerie *f*; **~iste** [-ist] *m* **1** THÉ Bühnenarbeiter *m*; **2** (*conducteur*) Fahrer *m*; Wagenführer *m*

machisme [ma(t)ʃism(ə)] *m péj* (männlicher) Chauvinismus; Machismo *m*

macho [matʃo] *m* F *péj* Macho *m*; F Chauvi *m*

mâchoire [mɑʃwaʀ] *f* **1** ANAT Kiefer *m*; ***~ inférieure, supérieure*** Unter-, Oberkiefer *m*; **2** TECH Backe *f*

mâchonner [mɑʃɔne] *v/t* kauen (***qc*** etw *ou* an etw [*dat*])

mâchouiller [mɑʃuje] *v/t* F ***~ qc*** an etw (*dat*) herumkauen

▸ **maçon** [masõ] *m* Maurer *m*

maçonner [masɔne] *v/t* mauern; (*revêtir*) ausmauern

maçonnerie [masɔnʀi] *f* **1** *ouvrage* Mauerwerk *n*; **2** *travail* Mau(r)erarbeit *f*

maçonnique [masɔnik] *adj* freimaurerisch; Freimaurer…

macramé [makʀame] *m* Makramee *n*

macromolécule [makʀomɔlekyl] *f* Makromolekül *n*

maculer [makyle] *v/t st/s* beflecken

Madagascar [madagaskaʀ] Madagaskar *n*

▸ **madame** [madam] *f* ⟨mesdames [medam]⟩ **a**) *avec un nom*: ***~ X*** Frau X; ♀ ***votre mère*** Ihre Frau Mutter; ♀ ***la Présidente*** die Frau Präsidentin; **b**) *pour s'adresser à une femme*: ♀ Frau (+ *nom de famille*)!; *très formel* gnädige Frau!; *dans un magasin a* F die Dame!; *au début d'une lettre* Sehr geehrte Frau (+ *nom de famille*); ***Mesdames!*** meine Damen!; ***Mesdames, Messieurs!*** meine Damen und Herren!; (***bonjour,***) ♀***!*** guten Tag! *ou* guten Tag, Frau (+ *nom de famille*)!

madeleine [madlɛn] *f e-e Art Sandplätzchen*

▸ **mademoiselle** [madmwazɛl] *f* ⟨mesdemoiselles [medmwazɛl]⟩ **a**) *avec un nom*: ***~ X*** Fräulein X; **b**) *pour s'adresser à une jeune fille/femme*: ♀ Fräulein (+ *nom de famille ou prénom*)!; *très formel* gnädiges Fräulein!; *au début d'une lettre* Sehr geehrtes Fräulein (+ *nom de famille ou prénom*); (***bonjour,***) ♀***!*** guten Tag! *ou* guten Tag, Fräulein (+ *nom de famille ou prénom*)!; ***Mesdemoiselles!*** meine Damen!

madère [madɛʀ] *m* Made(i)ra(wein) *m*

madone [madɔn] *f* Madonna *f*; Madonnenbild *n*, -figur *f*

madras [madʀas] *m* Madras(karo) *m*(*n*)

madré [madʀe] *litt adj* ⟨~e⟩ (bauern)schlau; durchtrieben

madrier [madʀije] *m* Bohle *f*

madrilène [madʀilɛn] **I** *adj* Madrider; **II** ♀ *m,f* Madrider(in) *m*(*f*)

maestria [maɛstʀija] *f* Meisterschaft *f*; ***avec ~*** meisterhaft; meisterlich

maf(f)ia [mafja] *f* Mafia *f* (*a fig*)

maf(f)ieux [mafjø] *m* Mafioso *m*; *pl* Mafiosi *m/pl*

▸ **magasin** [magazɛ̃] *m* **1** Geschäft *n*; Laden *m*; ▸ ***grand magasin*** Kaufhaus *n*; ***magasin spécialisé*** Fachgeschäft *n*; ***magasin d'alimentation*** Lebensmittelgeschäft *n*; ***faire les magasins*** F die Geschäfte abklappern; **2** (*entrepôt*) Lager *n*; Magazin *n*

magasinier [magazinje] *m* Lagerist *m*; Lagerverwalter *m*

▸ **magazine** [magazin] *m* Magazin *n* (*a* TV, RAD); Zeitschrift *f*

mage [maʒ] *adj* ***les Rois*** *m/pl* ***~s*** die Heiligen Drei Könige *m/pl*

Maghreb [magʀɛb] ***le ~*** der Maghreb

Le Maghreb

Als **Maghreb** bezeichnet man im Allgemeinen die drei nordafrikanischen Länder Algerien, Marokko und Tunesien.

Algerien war bis in die 60er-Jahre

französische Kolonie. Marokko und Tunesien lösten sich in den 50er-Jahren aus der langjährigen französischen Schutzherrschaft. Noch heute ist in den drei Ländern Französisch Verkehrssprache (neben Arabisch als Amtssprache). Die **Maghrébins** (Menschen aus dem **Maghreb**) stellen einen hohen Anteil der in Frankreich lebenden Ausländer dar.

maghrébin [magʀebɛ̃] **I** *adj* ⟨-ine [-in]⟩ des Maghreb; maghrebinisch; **II** ♀(***e***) *m(f)* Nordafrikaner(in) *m(f)*
magic|ien [maʒisjɛ̃] *m*, **~ienne** [-jɛn] *f* Zauberer *m*, Zauberin *f*
magie [maʒi] *f* Magie *f* (*a fig*)
magique [maʒik] *adj* magisch (*a fig*); Zauber…; ***baguette*** *f* **~** Zauberstab *m*
magistral [maʒistʀal] *adj* ⟨**~***e*; -aux [-o]⟩ **1** (*parfait*) meisterlich; meisterhaft; **2** F *gifle* schallend; **3** ***cours*** **~** Hauptvorlesung *f*
magistrat [maʒistʀa] *m* hohe(r) Staatsbeamte(r); (*juge*) Richter *m*; (*procureur*) Staatsanwalt *m*
magistrature [maʒistʀatyʀ] *f* **1** *fonction* hohes Staatsamt; *d'un juge* Richteramt *n*; **2** *coll* Richter *m/pl* und Staatsanwälte *m/pl*
magma [magma] *m* **1** GEOL Magma *n*; **2** *fig* (wirres) Durcheinander
magnanime [maɲanim] *adj* großmütig; hochherzig
magnat [magna] *m* Magnat *m*
magner [maɲe] *v/pr* F ***se*** **~** F sich tummeln; F sich ranhalten
magnésium [maɲezjɔm] *m* Magnesium *n*
magnétique [maɲetik] *adj* magnetisch (*a fig*); Magnet…; ***champ*** *m* **~** Magnetfeld *n*
magnétis|er [maɲetize] *v/t* **1** PHYS, MÉD magnetisieren; **2** *fig* in s-n Bann schlagen; **~eur** [-œʀ] *m* Magnetiseur *m*
magnétisme [maɲetism(ə)] *m* **1** PHYS Magnetismus *m*; **2** *fig* Anziehungskraft *f*
magnéto [maɲeto] *m* F *abr* → ***magnétophone***
magnétophone [maɲetɔfɔn] *m* Tonbandgerät *n*; *à cassettes* Kassettenrekorder *m*
▸ **magnétoscope** [maɲetɔskɔp] *m* Videorekorder *m*
magnificence [maɲifisɑ̃s] *st/s f* Pracht *f*
magnifier [maɲifje] *litt v/t* verherrlichen
▸ **magnifique** [maɲifik] *adj* herrlich; prächtig; prachtvoll; großartig
magnolia [maɲɔlja] *m* Magnolie *f*
magnum [magnɔm] *m* große Champagnerflasche (*etwa 2 l fassend*)
magot [mago] *m* versteckte Ersparnisse *f/pl*; verstecktes Geld
magouillage [magujaʒ] *m ou* **magouille** [maguj] *f* F *péj* Kungelei *f*; Filz *m*
magouiller [maguje] *v/i* F *péj* kungeln; mauscheln
magret [magʀɛ] *m* **~** ***de canard*** Entenbrust(filets) *f(n/pl)*
Mahomet [maɔmɛ] *m* Mohammed *m*
▸ **mai** [mɛ] *m* Mai *m*; ***le Premier*** **~** der Erste Mai; der Maifeiertag
▸ **maigre** [mɛgʀ(ə)] **I** *adj* **1** mager; *personne a* dünn; *visage a* hager; *advt* ***faire*** **~** kein Fleisch essen; **2** *fig résultat* mager; dürftig; *repas*, *salaire* karg; *végétation* spärlich; **II** *m,f* Dünne(r) *f(m)*; ***fausse*** **~** Frau, die schlanker wirkt, als sie ist
maigrelet [mɛgʀəlɛ] *adj* ⟨-ette [-ɛt]⟩ ***maigrichon***
maigreur [mɛgʀœʀ] *f* Magerkeit *f*
maigrichon [megʀiʃõ] **I** *adj* ⟨-onne [-ɔn]⟩ etwas zu mager, dünn; **II** **~(*ne*)** *m(f)* schmächtige Person
▸ **maigrir** [megʀiʀ] *v/i* abnehmen; *p/fort* abmagern; ***se faire*** **~** sein Gewicht verringern
mailing [mɛliŋ] *m* Mailing *n*
maille [maj] *f* **1** *d'un tricot*, *d'un filet* Masche *f*; **2** ***avoir*** **~** ***à partir avec qn*** e-n Streit mit j-m haben
maillet [majɛ] *m* Holzhammer *m*
maillon [majõ] *m* (Ketten)Glied *n*
▸ **maillot** [majo] *m* **1** **~** (***de bain***) Badeanzug *m*; **2** *de sportif* Trikot *n*; ***le*** **~** ***jaune*** das gelbe Trikot; **3** **~** (***de corps***) Unterhemd *n*
▸ **main** [mɛ̃] *f* **1** Hand *f*; COUT ***petite*** **~** Nähmädchen *n*; ***coup*** *m* ***de*** **~** MIL Handstreich *m*; ***donner un coup de*** **~** ***à qn*** j-m zur Hand gehen; ***à la*** **~** *écrire*,

coudre mit der Hand; *avoir, tenir* in der Hand; ***fait (à la) ~*** von Hand gemacht; Handarbeit; ***à ~ levée*** *dessiner* freihändig; *voter* durch Handzeichen; ***à pleines ~s*** *prendre* mit beiden Händen; *dépenser* mit vollen Händen; MUS ***à quatre ~s*** vierhändig; ***la ~ dans la ~*** Hand in Hand; ***de longue ~*** seit langem; *préparer* von langer Hand; ***de première, seconde ~*** aus erster, zweiter Hand; ***de la ~ à la ~*** direkt; ohne Formalitäten; ohne Quittung; ***de ~ de maître*** von Meisterhand; ***en (de) bonnes ~s*** in guten Händen; gut aufgehoben; *fig* ***entre les ~s de qn*** in den Händen j-s; ***sous la ~*** bei der *ou* zur Hand; griffbereit; ***avoir qn sous la ~*** j-n an der Hand haben; ***(en) sous ~*** unter der Hand; ***'haut les ~s!*** Hände hoch!; *gagner* ***'haut la ~*** überlegen; haushoch; *fig* ***avoir la haute ~ sur qc*** maßgebenden Einfluss auf etw (*acc*) haben; ***ne pas y aller de ~ morte*** kräftig zuschlagen; *par ext* zu weit gehen; ***changer de ~s*** in andere Hände übergehen; ***donner la ~ à qn*** j-n an der Hand nehmen; ***se faire la ~*** (sich) üben; ***faire ~ basse sur qc*** etw an sich bringen; F sich etw unter den Nagel reißen; ***lever, porter la ~ sur qn*** die Hand gegen j-n erheben; ***mettre la dernière ~ à qc*** letzte Hand an etw legen; ***j'en mettrais ma ~ au feu*** dafür könnte ich meine Hand ins Feuer legen; F ***mettre la ~ à la pâte*** Hand ans Werk legen; mit Hand anlegen; *police* ***mettre la ~ sur qn*** j-n fassen; *fig* ***prendre qc en ~*** etw in die Hand nehmen; ***prendre qn la ~ dans le sac*** j-n auf frischer Tat ertappen; *fig* ***tendre la ~*** betteln; *fig* ***tendre la ~ à qn*** j-m helfen; ***en venir aux ~s*** handgemein werden; **2** *d'un escalier* ***~ courante*** Handlauf *m*

▸ **main-d'œuvre** [mɛ̃dœvʀ(ə)] *f* Arbeitskräfte *f/pl*

main-forte [mɛ̃fɔʀt] *f* ***prêter ~ à qn*** j-m Beistand, Hilfe leisten

mainmise [mɛ̃miz] *f* Beherrschung *f* (***sur qc*** e-r Sache [*gén*])

maint [mɛ̃] *st/s adj/ind* ⟨mainte [mɛ̃t]⟩ so manche(r, -s); ***~e(s) fois*** so manches Mal

maintenance [mɛ̃tnɑ̃s] *f* Wartung *f*

▸ **maintenant** [mɛ̃tnɑ̃] *adv* jetzt; nun; ***~ que*** jetzt, wo; nun, da

maintenir [mɛ̃tniʀ] ⟨→ tenir⟩ **I** *v/t* **1** (*conserver*) aufrechterhalten; *paix a* erhalten; wahren; *tradition a* beibehalten; bewahren; **2** (*soutenir*) ***~ que ...*** dabei bleiben, dass ...; **3** (*tenir*) halten; **II** *v/pr* ***se ~*** sich halten

maintien [mɛ̃tjɛ̃] *m* **1** *de l'ordre, etc* Aufrechterhaltung *f*; *de la paix a* Erhaltung *f*; Wahrung *f*; *de qn en fonction* Belassung *f*; **2** (*attitude*) Haltung *f*

▸ **maire** [mɛʀ] *m* Bürgermeister *m*; *femme* Bürgermeisterin *f*

▸ **mairie** [mɛʀi] *f* Rathaus *n*

▸ **mais** [mɛ] **I** *conj* aber; *après un énoncé négatif* sondern; **II** *adv* ***~ non!*** aber nein!; nicht doch!; *indigné* ***ah ~!*** also wirklich!; **III** *m* Aber *n*

▸ **maïs** [mais] *m* Mais *m*

▸ **maison** [mɛzõ] *f* **1** Haus *n*; ***~ close, de tolérance*** Bordell *n*; Freudenhaus *n*; ♀ ***des jeunes et de la culture*** Jugendklubhaus *n*; ***~ de retraite*** Alten-, Altersheim *n*; ***ami*** *m* ***de la ~*** Freund *m* des Hauses; ***à la ~*** zu *ou* nach Hause; ***rentrer à la ~*** nach Hause gehen; heimgehen; ***rester à la ~*** zu Hause, daheim bleiben; **2** COMM Firma *f*; (Handels)Haus *n*; Geschäft *n*; **3** ***~ d'arrêt*** Haftanstalt *f*; **4** *adjt* CUIS hausgemacht; **5** (*lignée de nobles*) Haus *n*

maisonn|ée [mɛzɔne] *f* Hausgemeinschaft *f*; Familie *f*; **~ette** [-ɛt] *f* Häuschen *n*

maître [mɛtʀ(ə)], **maîtresse** [mɛtʀɛs] **I** *m,f* **1** Herr(in) *m(f)*; *d'un chien a* F Herrchen *n*, Frauchen *n*; ***~ de maison*** Hausherr(in) *m(f)*; Herr *m*, Dame *f* des Hauses; ***être son (propre) maître*** sein eigener, freier Herr sein; ***être maître de soi*** Herr s-r selbst sein; sich in der Gewalt haben; **2** ***~ (d'école)*** (Grundschul)Lehrer(in) *m(f)*; **3** ***maître*** *m* Meister *m* (*a artisan, artiste*); ***maître nageur*** Bademeister *m*; *professeur* Schwimmlehrer *m*; ***maître à penser*** geistiges Vorbild; ***maître de conférences*** außerordentlicher Professor; ***maître d'hôtel*** Oberkellner *m*; (*majordome*) Butler *m*; ***maître d'œuvre*** (Architekt *m* und) Bauleiter *m*; ***coup*** *m* ***de maître*** Meisterstück *n*, -leistung *f*; **4** JUR ***Maître Dupont*** der Rechtsanwalt *ou* Notar Dupont; **5** ***maîtresse*** *f* (*bien-*

M

-aimée) Geliebte *f*; *péj* Mätresse *f*; **II** *adj* **1** Haupt…; wichtigste; ***idée maîtresse*** Hauptgedanke *m*; **2** ***une maîtresse femme*** e-e energische Frau

maître-autel [mɛtʀotɛl] *m* ⟨maîtres-autels⟩ Hoch-, Hauptaltar *m*

maître-chien [mɛtʀəʃjɛ̃] *m* ⟨maîtres-chiens⟩ Hundeführer *m*

maîtrisable [metʀizabl(ə)] *adj* bezähmbar; bezwingbar

maîtrise [metʀiz] *f* **1** (*domination*) Herrschaft *f* (***de*** über + *acc*); ***~ de soi*** Selbstbeherrschung *f*; **2** (*virtuosité*) Meisterschaft *f*; **3** ***agents*** *m/pl* ***de ~*** Werkmeister *m/pl*; technische(n) Angestellte(n) *m/pl*; **4** *diplôme* Magisterwürde *f ou* -prüfung *f* (*nach vierjährigem Studium*); **5** MUS Domsingschule *f*; Kantorei *f*

maîtriser [metʀize] **I** *v/t animal* bändigen; *agresseur* überwältigen; *incendie, épidémie* unter Kontrolle bringen; *difficulté* meistern; *colère, jalousie* bezwingen; bezähmen; **II** *v/pr* ***se ~*** sich beherrschen, bezwingen, bezähmen

majesté [maʒɛste] *f* **1** Majestät *f*; Erhabenheit *f*; **2** ***Sa, Votre*** ♀ Seine *ou* Ihre, Eure Majestät

majestueux [maʒɛstɥø] *adj* ⟨-euse [-øz]⟩ majestätisch; erhaben; hoheits-, würdevoll

▸**majeur** [maʒœʀ] **I** *adj* ⟨~e⟩ **1** (*important*) wichtig(ste); Haupt…; ***la ~e partie*** der größere, überwiegende Teil; **2** MUS Dur…; ***en ré ~*** in D-Dur; **3** JUR volljährig; **4** ***le lac*** ♀ der Lago Maggiore; **II** *m* ANAT Mittelfinger *m*

major [maʒɔʀ] *m* **1** MIL hoher Verwaltungsoffizier; **2** ÉCOLE ***~ de promotion*** Beste(r) *m*; Erste(r) *m*

majoration [maʒɔʀasjõ] *f* Erhöhung *f*; Aufschlag *m*

majordome [maʒɔʀdɔm] *m* Butler *m*

majorer [maʒɔʀe] *v/t* erhöhen; heraufsetzen

majorette [maʒɔʀɛt] *f* Majorette *f*

majoritaire [maʒɔʀitɛʀ] *adj* Mehrheits…

▸**majorité** [maʒɔʀite] *f* **1** Mehrheit *f* (*a* POL); Mehrzahl *f*; ***dans la ~ des cas*** in den meisten Fällen; ***en ~*** überwiegend; größtenteils; mehrheitlich; **2** ***~ (civile)*** Volljährigkeit *f*; ***~ pénale*** Strafmündigkeit *f*

Majorque [maʒɔʀk] Mallorca *n*

majuscule [maʒyskyl] *adj* (***lettre*** *f*) ~ *f* Großbuchstabe *m*; großer Buchstabe; ***un A ~*** ein große **A**

▸**mal**[1] [mal] **I** *adv* **1** schlecht; übel; ***mal payé*** schlecht bezahlt; unterbezahlt; ▸***pas mal de*** (+ *subst*) ziemlich viel(e); e-e (ganze) Menge; ***aller mal*** *affaires* schlecht gehen; *projet* schlecht stehen; *personne* ***il va mal*** es geht ihm schlecht; *malade* ***il est au plus mal*** es steht sehr schlecht mit ihm; ***prendre mal*** übel nehmen; **2** (*incorrectement*) falsch; ***mal interpréter*** falsch interpretieren; missdeuten; **II** *adj* ⟨*inv*⟩ ***dire, faire qc de mal*** etw Böses, Schlimmes sagen, tun; ***être mal*** sich nicht wohl fühlen; ***être mal avec qn*** (sich) mit j-m schlecht stehen; ***être pas mal*** nicht übel, nicht schlecht, ganz gut sein

▸**mal**[2] [mal] *m* ⟨maux [mo]⟩ **1** ***le mal*** das Übel; REL das Böse; ***le moindre mal*** das geringere *ou* kleinere Übel; ***quel mal y a-t-il à cela?*** was ist denn schon dabei!; ***dire du mal de qn*** j-m Schlechtes, Böses nachsagen; schlecht über j-n reden; ***faire du mal à qn*** (*nuire*) j-m schaden; (*faire souffrir*) j-m etwas zuleide tun; *paroles* j-m wehtun; ***sans penser à mal*** ohne (sich) Schlimmes, Böses, Arges dabei zu denken; ***je n'y vois aucun mal*** ich finde nichts Schlimmes dabei; **2** (*souffrance*) Schmerz *m*; (*maladie*) Krankheit *f*; Leiden *n*; ***mal blanc*** → ***panaris***; ▸***maux de dents, de tête*** Zahn-, Kopfschmerzen *m/pl ou* -weh *n*; ***mal de mer*** Seekrankheit *f*; ***avoir le mal de mer*** seekrank sein; ***mal du pays*** Heimweh *n*; ***mal des transports*** Reisekrankheit *f*; ***j'ai mal au cœur*** mir ist *ou* mir wird schlecht, übel; ***avoir mal aux dents, à la tête*** Zahn-, Kopfschmerzen *ou* -weh haben; ***il n'y a pas de mal!*** bitte, (das) macht nichts!; *fig* ***être en mal de qc*** etw sehnlich(st) wünschen; ▸***faire mal à qn*** j-m wehtun; **3** (*peine*) Mühe *f*; ***sans mal*** mühelos; ***donner du mal à qn*** j-m viel Mühe machen; ***se donner du mal*** sich Mühe geben

malabar [malabaʀ] F *m* stämmiger Kerl

▸**malade** [malad] **I** *adj* **1** krank; ***avoir le cœur ~, être ~ du cœur*** herzkrank sein; ***je suis ~*** (*j'ai mal au cœur*) mir

M

ist schlecht; *fig* ***être ~ de jalousie*** krank vor Eifersucht sein; ***tomber ~*** krank werden; erkranken; **2** F (*fou*) F übergeschnappt; → ***cinglé***; **3** F *objet* ramponiert; *entreprise* angeschlagen; **II** *m,f* Kranke(r) *f(m)*; *d'un médecin* Patient(in) *m(f)*; ***grand(e) ~*** Schwerkranke(r) *f(m)*; ***~ mental(e)*** Geisteskranke(r) *f(m)*

▸ **maladie** [maladi] *f* **1** Krankheit *f*; ***~ de Parkinson*** Parkinsonsche Krankheit; F *fig* ***en faire une ~*** sich aufregen; F ein Theater machen; **2** *fig* (*manie*) krankhafte Angewohnheit; *p/fort* Sucht *f*

maladif [maladif] *adj* ⟨-ive [-iv]⟩ **1** *personne* kränklich; ***être ~*** kränkeln; **2** *curiosité, peur* krankhaft

maladresse *f* Ungeschicklichkeit *f*; Ungeschick *n*

▸ **maladroit** **I** *adj* ⟨-oite⟩ ungeschickt; **II** ***~(e)*** *m(f)* Tollpatsch *m*

mal-aimé *adj* ⟨~e⟩ ungeliebt

malaise *m* **1** MÉD Unwohlsein *n*; **2** *fig* Unbehagen *n*; Missstimmung *f*

malaisé *st/s adj* ⟨~e⟩ nicht leicht

malappris *m* Flegel *m*

malaria [malaʀja] *f* Malaria *f*

malaxer [malakse] *v/t* (durch)kneten

Malaysia [malezja] ***la ~*** Malaysia *n*

malchance *f* Pech *n*; Missgeschick *n*; Unglück *n*; ***jouer de ~*** vom Pech verfolgt sein

malchanceux *adj* ⟨-euse⟩ glücklos; *subst* ***un ~*** F ein Pechvogel *m*; F ein Unglücksrabe *m*

Maldives [maldiv] ***les îles*** *f/pl* ***~*** die Malediven *pl*

maldonne *f* ***il y a ~*** *aux cartes* falsch gegeben!; F *fig* so haben wir nicht gewettet!

mâle [mɑl] **I** *m* **1** ZO Männchen *n*; männliches Tier; **2** (*homme*) männliches Wesen; Mann *m*; **II** *adj* männlich

malédiction [malediksjõ] *f* Fluch *m* (*a malheur*); Verwünschung *f*

maléfice [malefis] *m* böser Zauber

maléfique [malefik] *adj* unheilvoll; Unheil bringend

malencontreux [malɑ̃kõtʀø] *adj* ⟨-euse [-øz]⟩ unglücklich; leidig

malentend|ant [malɑ̃tɑ̃dɑ̃] *m*, ***~ante*** [-ɑ̃t] *f* Hörgeschädigte(r) *f(m)*

malentendu *m* Missverständnis *n*

mal-être *m* Unbehagen *n*

malfaçon *f* (Herstellungs)Mangel *m*

malfaisant [malfəzɑ̃] *adj* ⟨-ante [-ɑ̃t]⟩ **1** *esprit* böse; **2** *influence* schädlich

malfaiteur [malfɛtœʀ] *m* Übeltäter *m*; Verbrecher *m*; F Ganove *m*

malfamé *adj* ⟨~e⟩ verrufen

malformation *f* Missbildung *f*

malfrat [malfʀa] *m* F Ganove *m*

malgache [malgaʃ] **I** *adj* madagassisch; **II** ♀ *m,f* Madagasse *m*, Madagassin *f*

▸ **malgré** *prép* **1** ***~ moi*** (*contre mon gré*) gegen meinen Willen; (*sans le vouloir*) ungewollt; **2** (*en dépit de*) trotz (+ *gén*); ***~ cela*** trotzdem; ***~ tout*** trotzdem; dennoch

▸ **malheur** [malœʀ] *m* Unglück *n*; (*ennui*) Missgeschick *n*; F Malheur *n*; ***~ à ...!*** wehe (+ dat)!; ***par ~*** unglücklicherweise; ***pour son ~*** zu s-m Unglück; ***faire le ~ de qn*** j-n ins Unglück stürzen; *spectacle* ***faire un ~*** F e-n Riesenerfolg haben

▸ **malheureusement** *adv* leider; unglücklicherweise

▸ **malheureux** **I** *adj* ⟨-euse⟩ **1** (*qui souffre*) unglücklich; (*malchanceux*) glücklos; *situation, suites* unglücklich; bedauerlich; betrüblich; ***être ~ en amour*** kein Glück in der Liebe haben; **2** *péj* unbedeutend; läppisch; F lumpig; **II** ***~, malheureuse*** *m,f* Unglückliche(r) *f(m)*; (*indigent*) Notleidende(r) *f(m)*; Arme(r) *f(m)*

malhonnête *adj* unehrlich; unredlich

malhonnêteté *f* Unehrlichkeit *f*

Mali [mali] ***le ~*** Mali *n*

malice [malis] *f* **1** Schalkhaftigkeit *f*; Spottlust *f*; **2** ***être sans ~*** arglos sein

malicieux [malisjø] *adj* ⟨-euse [-øz]⟩ schelmisch; schalkhaft

maligne → ***malin***

▸ **malin** [malɛ̃] **I** *adj* ⟨maligne [maliɲ]⟩ **1** (*rusé*) schlau; pfiffig; gewitzt; clever; *air, sourire* listig; **2** (*malveillant*) boshaft; *p/fort* hämisch; ***joie maligne*** *a* Schadenfreude *f*; **3** MÉD bösartig; **II** ***~, maligne*** *m,f* Schlaukopf *m*; F Pfiffikus *m*; F *iron* Schlauberger *m*; F *iron* Schlaumeier *m*; ***faire le ~*** angeben; F große Töne spucken

malingre [malɛ̃gʀ(ə)] *adj* schwächlich

malintentionné *adj* ⟨~e⟩ übel gesinnt

malle [mal] *f* Übersee-, Kabinenkoffer

m; P *fig* ***se faire la ~*** F abhauen
malléable [maleabl(ə)] *adj* **1** *métal* schmiedbar; *substance* modellierfähig; **2** *fig* bildsam
mallette [malɛt] *f* (kleiner) Koffer; Köfferchen *n*
malmener *v/t* ⟨-è-⟩ **1** (*brutaliser*) grob behandeln; misshandeln; **2** *adversaire* hart zusetzen (***qn*** j-m)
malnutrition *f* Unterernährung *f*
malodorant *adj* ⟨-ante⟩ übel riechend
malotru [malɔtʀy] *m* Rüpel *m*; Flegel *m*
Malouines [malwin] ***les*** (***îles***) **~** *f/pl* die Falklandinseln *f/pl*
malpropre **I** *adj* unsauber (*a fig*); **II** *m* *péj* Lump *m*
malsain *adj* ⟨-aine⟩ ungesund (*a fig*)
malséant *st/s adj* ⟨-ante⟩ unschicklich
malt [malt] *m* Malz *n*
Malte [malt] Malta *n*
maltraiter *v/t* misshandeln
malus [malys] *m* Malus *m*; Prämienzuschlag *m*
malveill|ance [malvɛjɑ̃s] *f* **1** (*hostilité*) Boshaftigkeit *f*; Feindseligkeit *f*; Gehässigkeit *f*; **2** (*intention de nuire*) Böswilligkeit *f*; **~ant** [-ɑ̃] *adj* ⟨-ante [-ɑ̃t]⟩ boshaft; gehässig; feindselig
malversation [malvɛʀsasjõ] *f* JUR Untreue *f*; Unterschlagung *f*
malvoy|ant *m*, **~ante** *f* Sehbehinderte(r) *f(m)*
▸ **maman** [mamɑ̃] *f* Mutti *f*; Mama *f*
mamelle [mamɛl] *f* Brust(drüse) *f*
mamelon [mamlõ] *m* **1** ANAT Brustwarze *f*; **2** (*sommet arrondi*) Kuppe *f*
▸ **mamie** [mami] *f enf* Oma *f*; Omi *f*
mammifère [mamifɛʀ] *m* Säugetier *n*
mammographie [mamɔgʀafi] *f* Mammographie *f*
mammouth [mamut] *m* Mammut *n*
mamours [mamuʀ] *m/pl* F ***faire des ~ à qn*** F mit j-m schmusen
management [manaʒmɑ̃] *m* Management *n*
manager [manadʒɛʀ] *m* Manager *m*
▸ **manche**[1] [mɑ̃ʃ] *f* **1** Ärmel *m*; ***à ~s courtes, longues*** kurz-, langärm(e)lig; ***sans ~s*** ärmellos; **2** *d'un jeu* Partie *f*; Runde *f* (*a fig*); *aux épreuves de ski* Durchgang *m*; **3** **~** ***à air*** Windsack *m*; **4** ***faire la ~*** Geld sammeln; betteln
manche[2] *m* **1** *d'un outil* Stiel *m*; *d'un couteau* Heft *n*; *d'un tournevis* Griff *m*; **~ *à balai*** Besenstiel *m*; AVIAT Steuerknüppel *m*; *fig* ***jeter le ~ après la cognée*** die Flinte ins Korn werfen; **2** *d'un violon* Hals *m*; **3** *d'un gigot* Knochenende *n*
Manche [mɑ̃ʃ] ***la ~*** der Ärmelkanal
manchette [mɑ̃ʃɛt] *f* **1** *de chemise* Manschette *f*; **2** *d'un journal* Schlagzeile *f*
manchon [mɑ̃ʃõ] *m* **1** *en fourrure* Muff *m*; **2** TECH Muffe *f*
manch|ot [mɑ̃ʃo], **~ote** [-ɔt] **1** *m,f* Einarmige(r) *f(m)*; **2** *m* ZO Pinguin *m*
mandarin [mɑ̃daʀɛ̃] *m* **1** HIST Mandarin *m*; **2** *fig* einflussreiche(r) Intellektuelle(r) *m*; *péj* Halbgott *m*
mandarine [mɑ̃daʀin] *f* Mandarine *f*
mandat [mɑ̃da] *m* **1** Mandat *n* (*a* POL); (Handlungs)Vollmacht *f*; **2** JUR **~ *d'amener*** Vorführungsbefehl *m*; **~ *d'arrêt, de dépôt*** Haftbefehl *m*; **3** **~** (***postal***) Postanweisung *f*
mandataire [mɑ̃datɛʀ] *m,f* Bevollmächtigte(r) *f(m)*; Mandatar *m*
mandater [mɑ̃date] *v/t* **~ *qn*** j-m ein Mandat erteilen
mandibules [mɑ̃dibyl] *f/pl* ZO Fresswerkzeuge *n/pl*
mandoline [mɑ̃dɔlin] *f* Mandoline *f*
manège [manɛʒ] *m* **1** ÉQUITATION Reitbahn *f*, -halle *f*, -schule *f*; **2** *attraction foraine* Karussell *n*; ***faire un tour de ~*** Karussell fahren; **3** *comportement* Schliche *m/pl*; Tricks *m/pl*
manette [manɛt] *f* (Schalt-, Bedienungs)Hebel *m*
manganèse [mɑ̃ganɛz] *m* Mangan *n*
mangeable [mɑ̃ʒabl(ə)] *adj* essbar; genießbar
mangeaille [mɑ̃ʒaj] *f* F *péj* Fraß *m*; P Fressen *n*
mangeoire [mɑ̃ʒwaʀ] *f* Futtertrog *m*; Futterkrippe *f*; *pour volaille* Futter-, Fressnapf *m*
▸ **manger** [mɑ̃ʒe] **I** *v/t* ⟨-ge-⟩ **1** essen (*a abs*); *animal* fressen; ***donner à ~ à*** füttern (+ *acc*); **2** *fig fortune* vergeuden; durchbringen; **3** ***mangé par les mites, par la rouille*** von Motten, von Rost zerfressen; **II** *m* Essen *n*
mange-tout [mɑ̃ʒtu] *m/pl* *fadenlose grüne Bohnen*
mang|eur [mɑ̃ʒœʀ] *m*, **~euse** [-øz] *f* Esser(in) *m(f)*; ***un gros mangeur*** ein starker Esser

mangouste [mɑ̃gust] *f* Manguste *f*
mangue [mɑ̃g] *f* Mango *f*
maniable [manjabl(ə)] *adj* **1** *outil, format* handlich; *véhicule* wendig; **2** *fig personne* fügsam; lenkbar
maniaque [manjak] **I** *adj* **1** PSYCH manisch; **2** *fig* schrullig; pedantisch; **II** *m,f* **1** PSYCH manisch Kranke(r) *f(m)*; **2** *fig* Pedant(in) *m(f)*; F Ordnungsfanatiker(in) *m(f)*
manichéen [manikeɛ̃] *adj* ⟨-enne [-ɛn]⟩ **1** REL manichäisch; **2** *fig* rigoros; einseitig
manie [mani] *f* **1** PSYCH Manie *f*; ~ ***de la persécution*** Verfolgungswahn *m*; **2** *fig* Schrulle *f*; F Tick *m*; Eigenheit *f*
maniement [manimɑ̃] *m* Handhabung *f*; Umgang *m* (***de*** mit; *a fig*)
manier [manje] **I** *v/t* **1** handhaben; umgehen, hantieren (***qc*** mit etw); *machine* bedienen; *véhicule* lenken; manövrieren; **2** *fig fonds* umgehen mit; *ironie* (geschickt) gebrauchen; **II** v/pr F ***se*** ~ → ***magner***
▸ **manière** [manjɛʀ] *f* **1** Art *f*; Weise *f*; Art und Weise *f*; ***manière d'agir*** Handlungsweise *f*; ***adverbe*** *m* ***de manière*** Adverb *n* der Art und Weise; ***à la manière de*** nach Art (+ *gén*); BEAUX-ARTS in der Manier (+ *gén*); ***de la manière suivante*** folgendermaßen; auf folgende Weise; ▸ ***de toute manière*** auf jeden Fall; auf alle Fälle; ***de manière à*** (+ *inf*) um zu (+ *inf*); ***de manière (à ce) que …*** (+ *subj*) so …, dass …; ***employer la manière forte*** Gewalt, Zwang anwenden; **2** ▸ ***manières*** *pl* Manieren *f/pl*; Umgangsformen *f/pl*; Benehmen *n*; ***faire des manières*** sich zieren
maniéré [manjeʀe] *adj* ⟨~e⟩ **1** affektiert; geziert; gekünstelt; **2** *style* manieriert
manif [manif] *f* F *abr* (*manifestation*) F Demo *f*
manifest|ant [manifɛstɑ̃] *m*, **~ante** [-ɑ̃t] *f* Demonstrant(in) *m(f)*
▸ **manifestation** [manifɛstasjõ] *f* **1** *d'un sentiment* Äußerung *f*; Bekundung *f*; **2** POL Demonstration *f*; (Massen-)Kundgebung *f*; **3** *sportive, culturelle* Veranstaltung *f*
manifeste [manifɛst] **I** *adj* offenkundig; offensichtlich; **II** *m* Manifest *n*
▸ **manifester** [manifɛste] **I** *v/t* äußern; kundtun; bekunden; **II** *v/i* POL demonstrieren; **III** *v/pr* ***se*** ~ **1** *maladie, sentiment* sich äußern (***par*** durch; in + dat); **2** *personne* sich melden; von sich hören lassen
manigance [manigɑ̃s] *f* Trick *m*; **~s** *pl a* Schliche *m/pl*
manigancer [manigɑ̃se] *v/t* ⟨-ç-⟩ aushecken; anzetteln
manioc [manjɔk] *m* Maniok *m*
manipula|teur [manipylatœʀ], **~trice** [-tʀis] **1** *m,f* Assistent(in) *m(f)*; **2** *m* TECH Manipulator *m*
manipulation [manipylasjõ] *f* **1** (*maniement*) Umgang *m*, Hantieren *n* (***de*** mit); Handhabung *f*; **2** ÉCOLE Versuch *m*; **3** ~ ***génétique*** Genmanipulation *f*; **4** *péj* Manipulation *f*
manipuler [manipyle] *v/t* **1** umgehen, hantieren (***qc*** mit etw); handhaben; **2** *péj* manipulieren
manitou [manitu] *m* F Boss *m*
manivelle [manivɛl] *f* Kurbel *f*
manne [man] *f* BIBL, BOT Manna *n*
mannequin [mankɛ̃] *m* **1** *personne* Mannequin *n*; **2** COUT Schneiderpuppe *f*; *dans une vitrine* Schaufensterpuppe *f*
manœuvre[1] [manœvʀ(ə)] *f* **1** *d'un véhicule* Manöver *n*; Manövrieren *n*; CH DE FER Rangieren *n*; **2** MIL **~s** *pl* Manöver *n*; **3** fig, *péj* Manöver *n*; **~s** *pl a* Machenschaften *f/pl*
manœuvre[2] *m* Hilfsarbeiter *m*
manœuvrer [manœvʀe] **I** *v/t* **1** *véhicule* manövrieren; rangieren; lenken; *bateau a* steuern; *gouvernail* bedienen; **2** *fig personne* manipulieren; **II** *v/i fig* manövrieren; zu Werke gehen
manoir [manwaʀ] *m* Landsitz *m*; Herrenhaus *n*
manouche [manuʃ] F *m,f* Zigeuner(in) *m(f)*
manquant [mɑ̃kɑ̃] *adj* ⟨-ante [-ɑ̃t]⟩ fehlend
▸ **manque** [mɑ̃k] *m* **1** Mangel *m* (***de*** an + dat); Manko *n*; ~ ***de calcium*** Kalziummangel *m*; ~ ***d'intérêt*** mangelndes Interesse; Interesselosigkeit *f*; ***par*** ~ ***de*** aus Mangel an (+ *dat*); mangels (+ *gén*); **2** ~ ***à gagner*** entgangener Gewinn; Verdienstausfall *m*; **3** *d'un drogué* (***état*** *m* ***de***) ~ Entzugserscheinungen *f/pl*

manqué [mɑ̃ke] *adj* ⟨~e⟩ *occasion* verpasst; *tentative* fehlgeschlagen; misslungen (*a photo*); missglückt; *vie* verfehlt; F verpfuscht; ***c'est un garçon ~*** an ihr ist ein Junge verloren gegangen
manquement [mɑ̃kmɑ̃] *m* **~ à** Verstoß *m* gegen; Verletzung *f* (+ *gén*)
▸**manquer** [mɑ̃ke] **I** *v/t cible, personne* verfehlen; *occasion, train, bus* verpassen; versäumen (*a cours, spectacle*); ***~ sa vocation*** s-n Beruf verfehlen (*a plais*); **II** *v/t/indir* **1** ***~ à qc*** etw verletzen; gegen etw verstoßen; ***~ à sa parole*** sein Wort nicht halten; wortbrüchig werden; **2** ***~ de qc*** Mangel an etw (*dat*) haben; *p/fort* etw nicht haben; ***je manque de qc*** es fehlt, mangelt mir an etw (*dat*); **3** ***ne pas ~ de faire qc*** nicht vergessen *ou* nicht versäumen, etw zu tun; **4** (*faillir*) ***elle a manqué (de) se faire écraser*** sie wäre beinahe, fast überfahren worden; **III** *v/i et v/imp* **5** fehlen (***à qn*** j-m); ***~ à l'école*** in der Schule fehlen; ***il manque deux pages*** es fehlen zwei Seiten; ***il ne manquait plus que cela!*** das fehlte gerade noch!; **6** *tentative* fehlschlagen; misslingen; missglücken; *voix, forces* versagen
mansarde [mɑ̃saʀd] *f* Mansarde *f*; Dachkammer *f*
mansardé [mɑ̃saʀde] *adj* ⟨~e⟩ mit schrägen Wänden
mansuétude [mɑ̃sɥetyd] *st/s f* Milde *f*
mante [mɑ̃t] *f* ZO ***~ religieuse*** Gottesanbeterin *f*
▸**manteau** [mɑ̃to] *m* ⟨~x⟩ Mantel *m*; *fig* ***sous le ~*** heimlich; unter der Hand
mantille [mɑ̃tij] *f* Mantilla *f*; Spitzentuch *n*
manucure [manykyʀ] *f* Maniküre *f*; Handpflegerin *f*
▸**manuel** [manɥɛl] **I** *adj* ⟨~le⟩ Hand…; manuell; ***métier ~*** handwerklicher Beruf; **II** *m* Handbuch *n*; *scolaire* Lehrbuch *n*
manufacture [manyfaktyʀ] *f* Manufaktur *f*
manufacturé [manyfaktyʀe] *adj* ⟨~e⟩ ***produits ~s*** gewerbliche Erzeugnisse *n/pl*
manu militari [manymilitaʀi] *adv* mit Gewalt; gewaltsam
manuscrit [manyskʀi] **I** *adj* ⟨-ite [-it]⟩ handgeschrieben; handschriftlich; **II** *m* **1** *ancien* Handschrift *f*; **2** TYPO Manuskript *n*
manutention [manytɑ̃sjõ] *f* (Be)Förderung *f*; Transport *m*
manutentionnaire [manytɑ̃sjɔnɛʀ] *m* Lagerarbeiter *m*
mappemonde [mapmõd] *f* **1** *globe* Globus *m*; **2** *carte* Welt-, Erdkarte *f*; *sc* Planiglob *n*
maquer [make] P *v/pr* ***se ~*** zusammenziehen (***avec qn*** mit j-m)
maquereau [makʀo] *m* ⟨~x⟩ **1** ZO Makrele *f*; **2** P (*souteneur*) Zuhälter *m*
maquerelle [makʀɛl] *f* P Puffmutter *f*
maquette [makɛt] *f* **1** (verkleinertes) Modell; ***~ d'avion*** Modellflugzeug *n*; **2** (*ébauche*) Entwurf *m*; TYPO Layout *n*
maquettiste [maketist] *m* Layouter *m*
maquignon [makiɲõ] *m* Pferdehändler *m*; *péj* Rosstäuscher *m*
▸**maquillage** [makijaʒ] *m* **1** *action* Schminken *n*; *résultat* Make-up *n*; **2** (*falsification*) F Frisieren *n*
maquiller [makije] **I** *v/t* **1** *acteur, etc* schminken; **2** *voiture volée, etc* F frisieren; **II** v/pr ▸***se maquiller*** sich schminken
maquill|eur [makijœʀ] *m*, **~euse** [-øz] *f* Maskenbildner(in) *m(f)*
maquis [maki] *m* **1** GÉOGR Macchia *f*; Buschwald *m*; **2** HIST Maquis *m*; französische Widerstandsgruppe
marabout [maʀabu] *m* **1** ZO Marabu *m*; **2** ISLAM Marabut *m*
maraîch|er [maʀeʃe], **~ère** [-ɛʀ] **I** *m,f* Gemüsegärtner(in) *m(f)*; **II** *adj* Gemüse…
marais [maʀɛ] *m* **1** Sumpf *m*; Moor *n*; **2** ***~ salant*** Salzgarten *m*
marasme [maʀasm(ə)] *m* Flaute *f*; Stocken *n*
marasquin [maʀaskɛ̃] *m* Maraschino *m*
marathon [maʀatõ] *m* **1** SPORTS Marathon(lauf) *m*; **2** *fig* Marathonveranstaltung *f*; F Marathon *n*; *adjt* Marathon…
marâtre [maʀɑtʀ(ə)] *f péj* Rabenmutter *f*
maraude [maʀod] *f* **1** *taxi* ***être en ~*** langsam durch die Straßen fahren und Kunden suchen; **2** JUR Felddiebstahl *m*
maraud|eur [maʀodœʀ] *m*, **~euse** [-øz] *f* (Feld-, Garten)Dieb(in) *m(f)*
marbre [maʀbʀ(ə)] *m* **1** Marmor *m*; ***de, en ~*** Marmor…; marmorn; *fig* ***rester***

M

de ~ ungerührt bleiben; **2** Marmorstatue *f*

marbré [maʀbʀe] *adj* ⟨~e⟩ marmoriert; *peau* (blau) gefleckt; ***gâteau ~*** Marmorkuchen *m*

marbrier [maʀbʀije] *m* **1** *ouvrier* Marmorschleifer *m*; **2** *funéraire* Steinmetz *m* (für Grabsteine)

marbrure [maʀbʀyʀ] *f* **1** *sur papier* Marmorierung *f*; **2** *sur la peau* leichte Flecke(n) *m/pl*

marc [maʀ] *m* **1** *résidu* Trester *m/pl*; **2** *eau-de-vie* Tresterbranntwein *m*; Grappa *m*; **3** ***~ de café*** Kaffeesatz *m*

marcassin [maʀkasɛ̃] *m* Frischling *m*

march|and [maʀʃɑ̃], **~ande** [-ɑ̃d] **I** *m,f* **1** Händler(in) *m(f)*; ***~ de journaux*** Zeitungshändler(in) *m(f)*; ***~ des quatre-saisons*** Obst- und Gemüsehändler(in) *m(f)* (*auf der Straße*); **2** *enf* ***marchand de sable*** Sandmännchen *n*; **II** *adj* Handels…; ***valeur ~e*** Handels-, Markt-, Verkehrswert *m*

marchandage [maʀʃɑ̃daʒ] *m* Handeln *n*; *péj* Feilschen *n*

marchander [maʀʃɑ̃de] *v/t* handeln, *péj* feilschen, *péj* schachern (***qc*** um etw)

M

▸ **marchandise** [maʀʃɑ̃diz] *f* Ware *f*

▸ **marche** [maʀʃ] *f* **1** *d'un escalier* (Treppen)Stufe *f*; **2** (*action de marcher*) Gehen *n* (*a* SPORTS); Laufen *n*; *dans la nature* Wandern *n*; ***heure f de marche*** Wegstunde *f*; **3** Marsch *m* (*a* MIL, MUS); (*randonnée*) Wanderung *f*; ***marche à pied*** Fußmarsch *m*; **4** *d'un véhicule* Fahrt *f*; *d'une machine* Gang *m*; ▸ ***marche arrière*** Rückwärtsgang *m*; ▸ ***marche avant*** Vorwärtsgang *m*; ***faire marche arrière*** rückwärts fahren; zurücksetzen; *fig* e-n Rückzieher machen; ***en marche*** *véhicule* in Fahrt; fahrend; *machine, moteur* in Gang; in Betrieb; laufend; ***mettre en marche*** *machine* in Gang, in Betrieb setzen; *moteur* anlassen; anwerfen; ***se mettre en marche*** *machine* sich in Gang setzen; anlaufen; *moteur* anspringen; **5** (*cours*) Gang *m*; Lauf *m*; ***marche à suivre*** Vorgehen *n*; einzuschlagender Weg

▸ **marché** [maʀʃe] *m* **1** (Wochen)Markt *m*; ***marché aux poissons*** Fischmarkt *m*; ***aller au marché*** auf den Markt gehen; ***faire son marché*** auf dem Markt einkaufen; **2** ÉCON Markt *m*; *par ext d'une grande ville* Handels-, Umschlagplatz *m*; ***le Marché commun*** der Gemeinsame Markt; ***le grand marché européen*** *ou* ***le marché unique*** der europäische Binnenmarkt; ***marché des changes*** Devisenmarkt *m*; ***marché de l'emploi*** Arbeits-, Stellenmarkt *m*; **3** (*transaction*) Geschäft *n*; (Geschäfts)Abschluss *m*; Handel *m*; *fig* ***par-dessus le marché*** obendrein; noch dazu; **4** ▸ ***(à) bon marché*** ⟨*inv*⟩ billig; preiswert; preisgünstig; ***(à) meilleur marché*** billiger

marchepied [maʀʃəpje] *m* **1** *d'un train, d'un bus* Trittbrett *n*; **2** (*petite échelle*) Tritt-, Stehleiter *f*; Tritt *m*

▸ **marcher** [maʀʃe] *v/i* **1** (*aller à pied*) gehen; laufen; marschieren (*a* MIL); (*poser le pied*) ***~ sur, dans qc*** auf, in etw (*acc*) treten; F *fig* ***ne pas se laisser ~ sur les pieds*** sich nicht alles gefallen, bieten lassen; sich nicht auf der Nase herumtanzen lassen; **2** F (*consentir*) mitmachen; mittun; **3** F (*croire*) F darauf reinfallen; ***faire ~ qn*** j-n zum Narren halten; **4** (*fonctionner*) laufen; gehen (*a montre*); funktionieren; ***faire ~*** laufen lassen; **5** (*réussir*) *affaires* gehen; *études, projets* erfolgreich verlaufen; *ruse* wirken; F ***ça marche*** F es macht sich; F es klappt

march|eur [maʀʃœʀ], **~euse** [-øz] **1** *m,f* Marschierer(in) *m(f)*; ***être bon marcheur, bonne marcheuse*** gut zu Fuß sein; **2** *m* SPORTS Geher *m*

marcotte [maʀkɔt] *f* JARD Ableger *m*

▸ **mardi** [maʀdi] *m* Dienstag *m*; ***~ gras*** Fastnacht *f*; Karnevals-, Faschingsdienstag *m*

mare [maʀ] *f* **1** Tümpel *m*; kleiner Teich; **2** ***~ de sang*** Blutlache *f*

marécag|e [maʀekaʒ] *m* Sumpf *m*; Moor *n*; **~eux** [-ø] *adj* ⟨-euse [-øz]⟩ sumpfig; moorig; Sumpf…; Moor…

maréchal [maʀeʃal] *m* ⟨-aux [-o]⟩ **1** Marschall *m*; **2** ***~ des logis*** Unteroffizier *m*

maréchal-ferrant [maʀeʃalfɛʀɑ̃] *m* ⟨maréchaux-ferrants [maʀeʃofɛʀɑ̃]⟩ Hufschmied *m*

marée [maʀe] *f* **1** Ebbe *f* und Flut *f*; Tide *f*; **~s** *pl a* Gezeiten *pl*; ***~ basse, 'haute*** Niedrig-, Hochwasser *n*; ***à ~ basse,***

'**haute** bei Ebbe, Flut; **~ descendante** Ebbe *f*; **grande ~** Springflut *f*, -tide *f*; **~ montante** Flut *f*; **2 ~ noire** Ölpest *f*; **3** *fig* **~ humaine** (wogende) Menschenmenge

marelle [maʀɛl] *f* **jouer à la ~** Himmel und Hölle spielen

marémoteur [maʀemɔtœʀ] *adj* ⟨-trice [-tʀis]⟩ **usine marémotrice** Gezeitenkraftwerk *n*

marey|eur [maʀɛjœʀ] *m*, **~euse** [-øz] *f* Seefisch(groß)händler(in) *m(f)*

margarine [maʀgaʀin] *f* Margarine *f*

marge [maʀʒ] *f* **1** *d'un texte* Rand *m*; **2** *fig* Spielraum *m*; **~ de manœuvre** Handlungsspielraum *m*; **~ de sécurité** Sicherheitsmarge *f*; **3** COMM Spanne *f*; **~ bénéficiaire** Gewinnspanne *f*; **4** *fig* **en ~ de** am Rand(e) (+ *gén*); **vivre en ~** (**de la société**) am Rande der Gesellschaft leben

margelle [maʀʒɛl] *f* Brunnenrand *m*

marginal [maʀʒinal] **I** *adj* ⟨**~e**; -aux [-o]⟩ Rand…; *fig a* nebensächlich; marginal; **groupe ~** Randgruppe *f*; **II** *m* ⟨-aux [-o]⟩ (gesellschaftlicher) Außenseiter; Aussteiger *m*; Marginalexistenz *f*

marginal|iser [maʀʒinalize] *v/t* an den Rand der Gesellschaft, ins soziale Abseits drängen; ausgrenzen; **~ité** [-ite] *f* Außenseitertum *n*

margoulin [maʀgulɛ̃] *m péj* skrupelloser Geschäftemacher

marguerite [maʀgəʀit] *f* Margerite *f*; **effeuiller la ~** das Blumenorakel befragen

▸ **mari** [maʀi] *m* (Ehe)Mann *m*

▸ **mariage** [maʀjaʒ] *m* **1** *institution* Ehe *f*; (*fait de se marier*) Eheschließung *f*; Heirat *f*; Verheiratung *f*; *cérémonie* Trauung *f*; *fête* Hochzeit *f*; **~ d'amour** Liebesheirat *f*; **faire un ~ de raison** e-e Vernunftehe eingehen; **faire un beau ~** e-e gute Partie machen; **2** *fig* Zusammenstellung *f*; Verbindung *f*; Vereinigung *f*

▸ **marié** [maʀje] **I** *adj* ⟨**~e**⟩ verheiratet; **II ~(e)** *m(f)* Bräutigam *m*, Braut *f*; **les ~s** das Brautpaar; **les jeunes ~s** das junge Paar; die Jungverheirateten *pl*; die Neuvermählten *pl*

marier [maʀje] **I** *v/t* **1** (*unir*) trauen; **2** (*donner en mariage*) verheiraten; **3** *fig* verbinden, vereinigen, kombinieren (**à** mit); **II** *v/pr* **4** ▸ **se marier** heiraten; sich verheiraten; **se marier avec qn** j-n heiraten; **se marier à l'église** sich kirchlich trauen lassen; **5** *fig couleurs, etc* **se marier** zusammenpassen; miteinander harmonieren

marihuana *ou* **marijuana** [maʀiʀwana] *f* Marihuana *n*

marin [maʀɛ̃] **I** *adj* ⟨-ine [-in]⟩ **1** (*de la mer*) Meer(es)…; See…; **2 col, costume ~** Matrosenkragen *m*, -anzug *m*; **avoir le pied ~** seefest sein; **II** *m* **1** (*matelot*) Seemann *m*; Matrose *m*; **2** (*navigateur*) Seefahrer *m*

marinade [maʀinad] *f* Marinade *f*

▸ **marine** [maʀin] *f* **1** Marine *f*; **~ marchande** Handelsmarine *f*; **2** PEINT Seestück *n*; **3** *adjt* (**bleu**) **~** ⟨*inv*⟩ marineblau

mariner [maʀine] **I** *v/t* marinieren; **II** *v/i* **1** CUIS in Marinade liegen; **2** F **laisser qn ~** F j-n schmoren lassen

marinier [maʀinje] *m* (Binnen)Schiffer *m*

marinière [maʀinjɛʀ] *f* **1** *vêtement* Überziehbluse *f*; Jumper *m*; **2 moules** *f/pl* (**à la**) **~** Muscheln *f/pl* im eigenen Saft mit Zwiebeln gekocht

marin-pêcheur *m* ⟨marins-pêcheurs⟩ (Hochsee-, Küsten)Fischer *m*

mariolle [maʀjɔl] *m* F **faire le ~** sich wichtig machen; (sich) wichtig tun

marionnette [maʀjɔnɛt] *f* **1** Puppe *f*; **~ à fils** Marionette *f*; **2** *fig* Marionette *f*

marital [maʀital] *adj* ⟨**~e**; -aux [-o]⟩ JUR des Ehemannes

maritalement [maʀitalmɑ̃] *adv* **vivre ~** in eheähnlicher Gemeinschaft leben

maritime [maʀitim] *adj* See…; maritim; **gare** *f* **~** Hafenbahnhof *m*

marjolaine [maʀʒɔlɛn] *f* Majoran *m*

mark [maʀk] *m* HIST *monnaie* Mark *f*

marketing [maʀkətiŋ] *m* Marketing *n*

marmaille [maʀmaj] *f* F Gören *n/pl*

marmelade [maʀməlad] *f* Mus *n*; Kompott *n*; **en ~** CUIS zerkocht; F *fig* zerquetscht

⚠ marmelade ≠ Marmelade

la marmelade	=	das Mus, das Kompott
die Marmelade	=	la confiture

M

marmite [marmit] *f* (Koch)Topf *m*; *très grande* (Koch)Kessel *m*; *fig* ***faire bouillir la ~*** die Familie ernähren
marmiton [marmitõ] *m* Küchenjunge *m*
marmonner [marmɔne] *v/t* (vor sich hin) murmeln, brummen, brummeln
marmot [marmo] *m* F Knirps *m*
marmotte [marmɔt] *f* Murmeltier *n*
marner [marne] *v/i* F schuften
Maroc [marɔk] ***le ~*** Marokko *n*
marocain [marɔkɛ̃] **I** *adj* ⟨-aine [-ɛn]⟩ marokkanisch; **II** **2(*e*)** *m(f)* Marokkaner(in) *m(f)*
maronner [marɔne] F *v/i* knurren; ***faire ~ qn*** F j-n auf die Palme bringen
maroquin [marɔkɛ̃] *m* Saffian(leder) *m(n)*
maroquinerie [marɔkinri] *f* feine Lederwaren *f/pl*
marotte [marɔt] *f* Marotte *f*; Schrulle *f*
marquage [markaʒ] *m* **1** Kennzeichnung *f*; Markierung *f*; **2** SPORTS Deckung *f*
marquant [markɑ̃] *adj* ⟨-ante [-ɑ̃t]⟩ bedeutend; hervorstechend; markant
▸ **marque** [mark] *f* **1** (*signe*) (Kenn)Zeichen *n*; Markierung *f*; Marke *f*; SPORTS ***à vos ~s – prêts? – partez!*** auf die Plätze – fertig – los!; **2** COMM Marke *f*; Warenzeichen *n*; ***de ~*** Marken…; ***de grande ~*** Spitzen…; Qualitäts…; *fig* ***hôte** m **de ~*** hoher Gast; **3** (*trace*) Spur *f*; Abdruck *m*; *sur la peau a* Mal *n*; **4** *fig* (*témoignage*) Zeichen *n*; Beweis *m*
marqué [marke] *adj* ⟨~e⟩ **1** *objet* gekennzeichnet; markiert; **2** *fig personne* gezeichnet (***par la misère*** vom Elend); *traits* scharf; markant; *visage* zerfurcht; faltig; **3** *taille* betont; *différence* deutlich; unverkennbar; *préférence* ausgeprägt; ausgesprochen
▸ **marquer** [marke] **I** *v/t* **1** *par un signe distinctif* kennzeichnen; markieren; bezeichnen; kenntlich machen; *linge* zeichnen; *place* belegen; *passage dans un livre* anstreichen; ***~ d'une croix*** ankreuzen; **2** (*écrire*) aufschreiben; notieren; vermerken; **3** (*laisser des traces*) Spuren hinterlassen (***qc*** auf etw [*dat*]); *fig* prägen; den Stempel aufdrücken (+ dat); *épreuve* ***~ qn*** j-n zeichnen; **4** *fig événement* ***~ qc*** etw bedeuten, darstellen, kennzeichnen; **5** *instrument de mesure* ***~ qc*** etw anzeigen, angeben; **6** SPORTS *but, point* erzielen; *but a* schießen; *fig* ***~ un point*** e-n Erfolg verbuchen, zu verzeichnen haben; **7** SPORTS *joueur* decken; **8** (*souligner*) betonen; unterstreichen; ***~ le coup*** das Ereignis feiern; (*réagir*) Wirkung zeigen; **9** *sentiment, intérêt* bekunden; zum Ausdruck bringen; **II** *v/i* **10** *coups, etc* Spuren hinterlassen; *fig* prägend wirken; **11** SPORTS e-n Treffer erzielen
marqueterie [markɛtri] *f* **1** *ouvrage* Einlegearbeit *f*; Intarsien *f/pl*; **2** *art* Intarsien-, Einlegekunst *f*
marqueur [markœr] *m* **1** SPORTS Torschütze *m*; **2** *crayon* (dicker) Filzschreiber; (Text)Marker *m*
marquis [marki] *m* Marquis *m*
marquise [markiz] *f* **1** (*femme d'un marquis*) Marquise *f*; **2** *auvent* gläsernes Schutz-, Vordach; Glasdach *n*; **3** ***les îles 2s*** *f/pl* die Marquesasinseln *f/pl*
▸ **marraine** [marɛn] *f* (Tauf)Patin *f*; Patentante *f*
marrant [marɑ̃] *adj* ⟨-ante [-ɑ̃t]⟩ F **1** (*rigolo*) lustig; spaßig; F ulkig; **2** (*bizarre*) komisch; F ulkig
marre [mar] *adv* F ▸ ***en avoir marre*** F es satt *ou* dick haben; ▸ ***en avoir marre de qn, qc*** j-n, etw satt haben
marrer [mare] *v/pr* ***se ~*** F sich e-n Ast lachen; F sich schieflachen
marron[1] [marõ] *m* **1** Esskastanie *f*; Marone *f*; ***~ d'Inde*** (Ross)Kastanie *f*; *fig* ***tirer les ~s du feu*** die Kastanien aus dem Feuer holen; **2** F *coup* Faustschlag *m*
marron[2] **I** *adj* ⟨*inv*⟩ **1** braun; **2** F *fig* ***être ~*** der *ou* die Dumme sein; **II** *m* Braun *n*
marron[3] *adj* ⟨*nur m*⟩ *péj* ***avocat ~*** Winkeladvokat *m*
marronnier [marɔnje] *m* **~ (*d'Inde*)** (Ross)Kastanie(nbaum) *f(m)*
▸ **mars** [mars] *m* März *m*
Mars [mars] ASTR (der) Mars
marseillais [marsɛjɛ] **I** *adj* ⟨-aise [-ɛz]⟩ Marseiller; von, aus Marseille; **II** *subst* **1** **2(*e*)** *m(f)* Marseiller(in) *m(f)*; **2** ***la 2e*** die Marseillaise (*frz Nationalhymne*)
marsouin [marswɛ̃] *m* Tümmler *m*
marsupiaux [marsypjo] *m/pl* Beuteltiere *n/pl*
▸ **marteau** [marto] *m* ⟨~x⟩ **1** Hammer

m (*a* SPORTS); **2** *adjt* F behämmert; → ***cinglé***
marteau-piqueur [maʀtopikœʀ] *m* ⟨marteaux-piqueurs⟩ Presslufthammer *m*
martel [maʀtɛl] *m* ***se mettre ~ en tête*** sich Gedanken, Sorgen machen
martèlement [maʀtɛlmɑ̃] *m* **1** Hämmern *n*; **2** *fig* Dröhnen *n*
marteler [maʀtəle] *v/t* ⟨-è-⟩ **1** *métaux* (be)hämmern; **2** *fig* einhämmern auf (+ *acc*); **3** *ses mots* laut und deutlich artikulieren
martial [maʀsjal] *adj* ⟨~e; -aux [-o]⟩ **1** (*guerrier*) kriegerisch; martialisch; **2** ***cour ~e*** Standgericht *n*; ***loi ~e*** Standrecht *n*; **3** ***arts martiaux*** asiatische Kampfsportarten *f/pl*
Martien [maʀsjɛ̃] *m* Marsbewohner *m*, -mensch *m*
martinet [maʀtinɛ] *m* **1** ZO Mauersegler *m*; **2** *fouet* (Klopf)Peitsche *f*
martingale [maʀtɛ̃gal] *f* **1** COUT Rückenspange *f*; Halbgürtel *m*; **2** JEU Gewinnsystem *n*
martiniquais [maʀtinikɛ] **I** *adj* ⟨-aise [-ɛz]⟩ von, aus Martinique; **II** ♀(***e***) *m(f)* Bewohner(in) *m(f)* von Martinique
Martinique [maʀtinik] ***la ~*** Martinique *n*
martin-pêcheur [maʀtɛ̃pɛʃœʀ] *m* ⟨martins-pêcheurs⟩ Eisvogel *m*
martre [maʀtʀ(ə)] *f* Marder *m*
martyr(e) [maʀtiʀ] *m(f)* **1** Märtyrer(in) *m(f)*; **2** *adjt enfant* misshandelt
martyre [maʀtiʀ] *m* Martyrium *n*; *fig* ***souffrir le ~*** ein Martyrium erdulden; Qualen ausstehen
martyriser [maʀtiʀize] *v/t* (grausam) quälen
marx|isme [maʀksism(ə)] *m* Marxismus *m*; **~iste** [-ist] **I** *adj* marxistisch; **II** *m,f* Marxist(in) *m(f)*
mas [mɑ(s)] *m* provenzalisches Land- *ou* Bauernhaus *n*
mascara [maskaʀa] *m* Wimperntusche *f*
mascarade [maskaʀad] *f* Maskerade *f* (*a fig*)
mascotte [maskɔt] *f* Maskottchen *n*
▸ **masculin** [maskylɛ̃] **I** *adj* ⟨-ine [-in]⟩ **1** männlich; Männer…; *péj d'une femme* maskulin; ***mode ~e*** Herrenmode *f*; **2** GR männlich; maskulin; **II** *m* GR Maskulinum *n*
maso [mazo] F *abr* → ***masochiste***
masoch|isme [mazɔʃism(ə)] *m* Masochismus *m*; **~iste** [-ist] **I** *adj* masochistisch; **II** *m,f* Masochist(in) *m(f)*
masque [mask] *m* **1** Maske *f* (*a fig*); *de chirurgien* Mundschutz *m*; *de plongée* Tauchermaske *f*; ***~ à gaz*** Gasmaske *f*; *fig* ***lever le ~*** die Maske fallen lassen; **2** *préparation* (Gesichts)Maske *f*
masqué [maske] *adj* ⟨~e⟩ maskiert; ***bal ~*** Maskenball *m*
masquer [maske] *v/t* **1** *vérité, desseins* verbergen; maskieren; **2** *vue* versperren; verdecken; *goût, odeur* überdecken; *lumière* abschirmen
massacrant [masakʀɑ̃] *adj* ⟨-ante [-ɑ̃t]⟩ ***humeur ~e*** unausstehliche, abscheuliche Laune; F Stinklaune *f*
massacre [masakʀ(ə)] *m* **1** Massaker *n*; Blutbad *n*; Gemetzel *n*; **2** *fig* Verschandelung *f*; F Verhunzung *f*
massacrer [masakʀe] *v/t* **1** niedermetzeln; niedermachen; hinschlachten; massakrieren; **2** F *fig adversaire* übel zurichten; **3** *fig travail* verschandeln; F verhunzen
massage [masaʒ] *m* Massage *f*; ***~ cardiaque*** Herzmassage *f*
masse [mas] *f* **1** Masse *f* (*a* PHYS, ELECT); Menge *f*; ***la ~*** (*le peuple*) die große, breite Masse; ***une ~ énorme de ...*** e-e Unmasse, Unmenge (von) …; ***~ monétaire*** Geldmenge *f*; ***~ salariale*** Lohn- und Gehaltsaufkommen *n*; ***~s d'eau*** Wassermassen *f/pl*; ***en ~*** massenweise; in Massen; ***tomber comme une ~*** schwer zu Boden fallen; **2** *marteau* Schlägel *m*; Fäustel *m*
massepain [maspɛ̃] *m en Belgique* Marzipan *n*
masser [mase] **I** *v/t* **1** *troupes* zusammenziehen; massieren; **2** MÉD massieren; **II** *v/pr* ***se ~*** sich (in Massen) versammeln; sich drängen
mass|eur [masœʀ], **~euse** [-øz] **1** *m,f* Masseur(in) *m(f)*; **2** *m* Massagegerät *n*
massif [masif] **I** *adj* ⟨-ive [-iv]⟩ **1** (*gros*) massig; wuchtig; **2** *bois, or* massiv; **3** (*en masse*) Massen…; *attaque* massiv; *dose* stark; **II** *m* **1** (Gebirgs)Massiv *n*; ***le ♀ central*** das Zentralmassiv; **2** ***~ de fleurs*** Blumenbeet *n*
massivement [masivmɑ̃] *adv* in Massen; massenweise

mass media [masmedja] *m/pl* Massenmedien *n/pl*
massue [masy] *f* **1** Keule *f*; *fig* ***coup*** *m* ***de*** ~ schwerer, harter Schlag; **2** *adjt* ***argument*** *m* ~ schlagendes Argument
mastic [mastik] *m* Kitt *m*
mastiquer [mastike] *v/t* **1** (*mâcher*) kauen; **2** *avec du mastic* kitten
mastoc [mastɔk] *adj* ⟨*inv*⟩ *péj* plump; klobig
mastodonte [mastɔdõt] *m* **1** *personne, machine* Koloss *m*; **2** *animal fossile* Mastodon *n*
masturbation [mastyʀbasjõ] *f* Selbstbefriedigung *f*; Masturbation *f*
masturber [mastyʀbe] **I** *v/t* masturbieren; **II** *v/pr* ***se*** ~ sich selbst befriedigen; masturbieren; onanieren
m'as-tu-vu(e) [matyvy] *m(f)* ⟨*pl inv*⟩ F Angeber(in) *m(f)*
masure [mazyʀ] *f* baufälliges Haus
mat[1] [mat] *adj* ⟨*inv*⟩ ÉCHECS (schach-) matt
mat[2] [mat] *adj* ⟨mate [mat]⟩ **1** (*pas brillant*) matt (*a teint*); **2** *bruit* dumpf
mât [mɑ] *m* MAR Mast *m*; *d'un drapeau* Fahnenmast *m*, -stange *f*
matador [matadɔʀ] *m* Matador *m*
▸ **match** [matʃ] *m* ⟨~s *od* ~es⟩ Spiel *n*; (Wett)Kampf *m*; Match *n*; ~ ***de boxe*** Boxkampf *m*; ~ ***de football*** Fußballspiel *n*
matelas [matla] *m* Matratze *f*
matelassé [matlase] *adj* ⟨~e⟩ (wattiert und) gesteppt
matelot [matlo] *m* Matrose *m*
matelote [matlɔt] *f* Fischragout *n*
mater [mate] *v/t* (*dompter*) bändigen; *révolte* niederwerfen
matérialiser [mateʀjalize] **I** *v/t* **1** *plan, idée* verwirklichen; realisieren; **2** *voie* ***matérialisé*** mit Leitlinien; **II** *v/pr* ***se*** ~ Wirklichkeit werden; *espoir* sich erfüllen
matérial|isme [mateʀjalism(ə)] *m* Materialismus *m*; **~iste** [-ist] **I** *adj* materialistisch; **II** *m,f* Materialist(in) *m(f)*
matériau [mateʀjo] *m* ⟨~x⟩ TECH Material *n* (*a fig*); Werkstoff *m*; CONSTR *a* Baustoff *m*
matériel [mateʀjɛl] **I** *adj* ⟨~le⟩ materiell; PHILOS *a* stofflich; *preuve* handgreiflich; ***dégâts matériels*** Sachschaden *m*; **II** *m* **1** Material *n*; Gerät *n*; Ausrüstung *f*; **2** INFORM ▸ ***matériel (informatique)*** Hardware *f*
matériellement [mateʀjɛlmɑ̃] *adv* faktisch; praktisch
maternel [mateʀnɛl] *adj* ⟨~le⟩ **1** mütterlich (*a fig*); Mutter…; ***langue maternelle*** Muttersprache *f*; **2** ▸ (***école***) ***maternelle*** *f* (staatliche) Vorschule; Kindergarten *m*
materner [mateʀne] *v/t* bemuttern; umsorgen
maternité [mateʀnite] *f* **1** *état* Mutterschaft *f*; **2** Entbindungsklinik *f*, -station *f*
mathématic|ien [matematisjɛ̃] *m*, **~ienne** [-jɛn] *f* Mathematiker(in) *m(f)*
mathématique [matematik] **I** *adj* mathematisch; **II** *f/pl* ▸ ***mathématiques*** Mathematik *f*
math|eux [matø] *m*, **~euse** [-øz] *f* F Ass *n* in Mathematik
▸ **maths** [mat] *f/pl* F Mathe *f*
▸ **matière** [matjɛʀ] *f* **1** PHILOS, PHYS Materie *f*; **2** (*substance*) Stoff *m*; Material *n*; ~***s grasses*** Fett *n*; ~ ***grise*** graue Substanz; F *fig* Grips *m*; ~ ***première*** Rohstoff *m*; **3** (*sujet*) Gegenstand *m*; Thema *n*; Stoff *m*; Materie *f*; ***en la*** ~ auf diesem Gebiet; ***en*** ~ ***de*** in Sachen, in puncto (+ *subst*); auf dem Gebiet (+ *gén*); **4** ÉCOLE (Schul-, Unterrichts-) Fach *n*; **5** (*motif*) ***donner*** ~ ***à qc*** Anlass zu etw geben
Matignon [matiɲõ] (***l'hôtel*** *m*) ~ *Sitz des frz Premierministers*
▸ **matin** [matɛ̃] *m* Morgen *m*; Vormittag *m*; ***le*** ~ morgens; vormittags; ***ce*** ~ heute früh; heute Morgen; ***demain*** ~ morgen früh; morgen Vormittag; ***tous les*** ~***s*** jeden Morgen; jeden Vormittag; ***de bon, de grand*** ~ frühmorgens; in aller (Herrgotts)Frühe; ***du*** ~ ***au soir*** von morgens bis abends; ~ ***et soir*** morgens und abends
matinal [matinal] *adj* ⟨~e; -aus [-o]⟩ **1** morgendlich; Morgen…; **2** ***être*** ~ früh aufstehen; ein Frühaufsteher sein
mâtiné [mɑtine] *adj* ⟨~e⟩ ~ ***de chien*** gekreuzt mit; *fig* vermischt, durchsetzt mit
▸ **matinée** [matine] *f* **1** Vormittag *m*; Vormittagsstunden *f/pl*; Morgen *m*; ***dans la*** ~ im Laufe des Vormittags; ***faire la grasse*** ~ bis in den Tag hinein

schlafen; **2** THÉ, CIN Nachmittagsvorstellung *f*
matines [matin] *f/pl* Mette *f*
mat|on [matõ] *m*, **~onne** [-ɔn] *f arg* Gefängnisaufseher(in) *m(f)*
matou [matu] *m* Kater *m*
matraquage [matʀakaʒ] *m fig* Berieselung *f*
matraque [matʀak] *f* Knüppel *m*
matraquer [matʀake] *v/t* **1** *frapper* niederknüppeln; **2** *fig clients* F ausnehmen; F neppen; **3** *le public* berieseln; *chanson* einhämmern
matriarc|al [matʀijaʀkal] *adj* ⟨~e; -aux [-o]⟩ matriarchalisch; **~at** [-a] *m* Matriarchat *n*; Mutterrecht *n*
matrice [matʀis] *f* **1** TECH Matrize *f*; **2** MATH Matrix *f*
matricule [matʀikyl] **1** *f* (*registre*) ADM Matrikel *f*; MIL Stammrolle *f*; **2** *m* Matrikel-, Personalnummer *f*
matrimonial [matʀimɔnjal] *adj* ⟨~e; -aux [-o]⟩ ehelich; Ehe…; ***agence ~e*** Eheanbahnungsinstitut *n*; Heiratsvermittlung *f*
matrone [matʀɔn] *f* Matrone *f*
maturation [matyʀasjõ] *f* Reifung *f*; *fig* Heranreifen *n*
maturité [matyʀite] *f* Reife *f* (*a fig*); ***venir à ~*** (heran)reifen
maudire [modiʀ] *v/t* ⟨je maudis, il maudit, nous maudissons; je maudissais; je maudis; je maudirai; que je maudisse; maudissant; maudit⟩ verfluchen; verwünschen
maudit [modi] *adj* ⟨-ite [-it]⟩ verflucht; verwünscht; verdammt
maugréer [mogʀee] *v/i* murren; (vor sich hin) schimpfen
Maure [mɔʀ] **I** *m,f* Maure *m*, Maurin *f*; **II** ♀ *adj* maurisch
mauresque [mɔʀɛsk] *adj* maurisch
Maurice [mɔʀis, mo-] ***l'île** f* **~** Mauritius *n*
Mauritanie [mɔʀitani, mo-] ***la ~*** Mauretanien *n*
mausolée [mozɔle] *m* Mausoleum *n*
maussade [mosad] *adj* **1** *personne* mürrisch; übellaunig; *mine* griesgrämig; verdrießlich; **2** *temps* unfreundlich
▸ **mauvais** [mɔvɛ] **I** *adj* ⟨-aise [-ɛz]⟩ **1** schlecht; *odeur, situation a* übel; *nouvelle, situation a* schlimm; ***~e graisse*** überflüssiges Fett; ***~e plaisanterie*** schlechter, übler Scherz; ***~e tête*** Querkopf *m*; ***avoir ~e mine*** schlecht, krank aussehen; ***être ~ en français*** in Französisch schlecht sein; F ***je la trouve ~e** ou **je l'ai ~e*** das gefällt, das passt mir gar nicht; F ich bin sauer; **2** (*erroné*) falsch; verkehrt; ***la ~e direction*** die falsche, verkehrte Richtung; **3** (*méchant*) böse; ***joie ~e*** Schadenfreude *f*; hämische Freude; ***~ tour*** böser, übler Streich; **4** *mer* bewegt; unruhig; stürmisch; **II** *adv sentir* schlecht; übel; ***il fait ~*** es ist schlechtes Wetter
mauve [mov] **I** *f* Malve *f*; **II** *adj* malvenfarben; blasslila; mauve
mauviette [movjɛt] *f péj* Schwächling *m*
maux [mo] *m/pl* → ***mal***[2]
max [maks] F *abr* (*maximum*) ***un ~*** F total; F e-e Menge
maxi [maksi] *adj* ⟨*inv*⟩ **1** ***mode** f* **~** Maximode *f*; **2** F (*maximal*) Höchst…; *advt* höchstens
maxi… [maksi] *préfixe* Maxi…
maxillaire [maksilɛʀ] *m* Kiefer(knochen) *m*
maxima [maksima] → ***maximum***
maximal [maksimal] *adj* ⟨~e; -aux [-o]⟩ maximal; Höchst…
maxime [maksim] *f* Maxime *f*; Leitsatz *m*
▸ **maximum** [maksimɔm] **I** *adj* ⟨*f ~ od* maxima; *pl m u f ~s od* maxima⟩ maximal; höchste; größte; Maximal…; Höchst…; **II** *m* ⟨*~s od* maxima⟩ Maximum *n*; Höchstmaß *n*; Höchstwert *m*; ***un ~ d'attention*** ein Höchstmaß an Aufmerksamkeit; ***le ~ de chances*** die meisten Chancen; ***au ~*** höchstens; im Höchstfall; maximal; ***faire le ~*** alles tun, was irgend möglich ist
Mayas [maja] *m/pl* Maya(s) *m/pl*
Mayence [majɑ̃s] Mainz *n*
mayonnaise [majɔnɛz] *f* Majonäse *f*
mazout [mazut] *n* (Heiz)Öl *n*
mazouté [mazute] *adj* ⟨~e⟩ ölverschmutzt
▸ **me** [m(ə)] *pr/pers* ⟨*vor Vokal u stummem h* **m'**⟩ *obj/dir* mich; *obj/indir* mir; ***~ voici!*** hier bin ich!
Me *ou* **M**[e] *abr* → ***maître** I 4*
mea-culpa [meakylpa] *m* ***faire son ~*** sich schuldig bekennen
méandre [meɑ̃dʀ(ə)] *m* **1** *d'un fleuve* Windung *f*; Schleife *f*; Mäander *m*; **2**

M

fig ***~s de la pensée*** verschlungene Gedankengänge *m/pl*
mec [mɛk] F *m* Kerl *m*; F Typ *m*
▸ **mécanicien** [mekanisjɛ̃] *m* **1** Mechaniker *m*; **2** CH DE FER Lok(omotiv)führer *m*
mécanique [mekanik] **I** *adj* **1** mechanisch (*a* PHYS); Maschinen…; ***train*** *m* ~ Eisenbahn *f* zum Aufziehen; **2** *fig geste* mechanisch; automatisch; **II** *f* **1** PHYS Mechanik *f*; **2** TECH Maschinenbau *m*; ***~ de précision*** Feinmechanik *f*; **3** F *fig* ***rouler des ~s*** s-e Muskeln spielen lassen
mécaniser [mekanize] *v/t* mechanisieren
mécanisme [mekanism(ə)] *m* Mechanismus *m* (*a fig*)
mécano [mekano] F *m* Mechaniker *m*
mécénat [mesena] *m* Mäzenatentum *n*
mécène [mesɛn] *m* Mäzen *m*
méchamment [meʃamɑ̃] *adv* bös(e)
méchanceté [meʃɑ̃ste] *f* Bosheit *f* (*a parole, action*); Boshaftigkeit *f*; Bösartigkeit *f*; ***sans ~*** ohne böse Absicht
▸ **méchant** [meʃɑ̃] **I** *adj* ⟨-ante [-ɑ̃t]⟩ **1** bös(e); boshaft; bösartig; *enfant* unartig; F bös(e); ***attention, chien ~!*** Vorsicht, bissiger Hund!; Warnung vor dem Hunde!; **2** *humeur* übel; schlecht; **3** F ***pas ~*** *blessure, etc* nicht schlimm; harmlos; **4** (*médiocre*) *péj* lumpig; **5** F (*formidable*) F toll; **II** ~(***e***) *m(f)* Böse(r) *f(m)*; Bösewicht *m*
mèche [mɛʃ] *f* **1** *d'une bougie* Docht *m*; **2** *d'une charge explosive* Zündschnur *f*; HIST Lunte *f*; ***vendre la ~*** das Geheimnis ausplaudern; **3** *pour percer* (Spiral)Bohrer *m*; **4** ~ (***de cheveux***) (Haar)Strähne *f*; **5** F ***être de ~ avec qn*** mit j-m unter e-r Decke stecken
méchoui [meʃwi] *m* (arabischer) Hammelspießbraten
mécompte [mekõt] *m* Enttäuschung *f*
méconnaissable [mekɔnɛsabl(ə)] *adj* unkenntlich; nicht wieder zu erkennen
méconnaissance [mekɔnɛsɑ̃s] *f* Verkennung *f*; (*ignorance*) Unkenntnis *f*
méconnaître [mekɔnɛtʀ(ə)] *v/t* ⟨→ connaître⟩ verkennen
méconnu [mekɔny] *adj* ⟨~e⟩ verkannt
mécontent [mekõtɑ̃] **I** *adj* ⟨-ente [-ɑ̃t]⟩ unzufrieden (***de*** mit); **II** ~(***e***) *m(f)* Unzufriedene(r) *f(m)*
mécontent|ement [mekõtɑ̃tmɑ̃] *m* Unzufriedenheit *f*; **~er** [-e] *v/t* unzufrieden machen; verärgern
Mecque (La) [lamɛk] Mekka *n*
mécréant [mekʀeɑ̃] *litt ou plais m* Ungläubige(r) *m*
médaille [medaj] *f* Medaille *f* (*a* MIL); *commémorative* Gedenkmünze *f*; SPORTS ***~ d'or*** Goldmedaille *f*
médaillé(e) [medaje] *m(f)* Inhaber(in) *m(f)* e-r Medaille; SPORTS Medaillengewinner(in) *m(f)*
médaillon [medajõ] *m* Medaillon *n* (*a* CUIS)
▸ **médecin** [mɛdsɛ̃] *m* Arzt *m*; Mediziner *m*; F Doktor *m*; *d'une femme* Ärztin *f*; ***~ de famille*** Hausarzt *m*; (***aller***) ***voir le ~*** zum Arzt gehen
médecine [mɛdsin] *f* **1** *science* Medizin *f*; Heilkunde *f*; **2** *profession* Arztberuf *m*
média [medja] *m* Medium *n*; ▸ ***les médias*** die Medien *n/pl*
médian [medjɑ̃] *adj* ⟨-ane [-an]⟩ mittlere; Mittel…
média|teur [medjatœʀ] *m*, **~trice** [-tʀis] *f* Vermittler(in) *m(f)*; Schlichter(in) *m(f)*
médiathèque [medjatɛk] *f* Mediothek *f*
médiation [medjasjõ] *f* Vermittlung *f*; Schlichtung *f*
médiatique [medjatik] *adj* **1** Medien…; in den Medien; medial; ***événement*** *m* ~ Medienereignis *n*; **2** *qui fait effet* medienwirksam
médiatiser [medjatize] *v/t* durch die Medien bekannt machen
▸ **médical** [medikal] *adj* ⟨~e; -aux [-o]⟩ medizinisch; ärztlich
▸ **médicament** [medikamɑ̃] *m* Arznei-, Heilmittel *n*; Medikament *n*; Arznei *f*
médicamenteux [medikamɑ̃tø] *adj* ⟨-euse [-øz]⟩ medikamentös
médicinal [medisinal] *adj* ⟨~e; -aux [-o]⟩ heilkräftig; Heil…; ***plantes ~es*** Arznei-, Heilpflanzen *f/pl*
médico-légal [medikolegal] *adj* ⟨~e; -aux [-o]⟩ gerichtsmedizinisch
médiéval [medjeval] *adj* ⟨~e; -aux [-o]⟩ mittelalterlich; des Mittelalters
médiocre [medjɔkʀ(ə)] **I** *adj* unzureichend; unzulänglich; dürftig; *existence* armselig; kümmerlich; *nourriture* minderwertig; *élève* sehr mittelmäßig;

schlecht; schwach; **II** *subst* ***un(e)* ~** ein sehr mittelmäßiger Mensch

médiocrité [medjɔkʀite] *f* Unzulänglichkeit *f*; Dürftigkeit *f*; Mittelmäßigkeit *f*

médire [mediʀ] *v/t/indir* ⟨→ dire; *aber* vous médisez⟩ ***~ de qn*** j-n schlecht machen; über j-n lästern

médisance [medizɑ̃s] *f* üble Nachrede; Verleumdung *f*

médisant [medizɑ̃] **I** *adj* ⟨-ante [-ɑ̃t]⟩ verleumderisch; **II** ***~(e)*** *m(f)* Lästerzunge *f*

médita|tif [meditatif] *adj* ⟨-ive [-iv]⟩ nachdenklich; ***~tion*** [-sjõ] *f* Nachdenken *n*; Meditation *f*

méditer [medite] **I** *v/t* **1** ***~ qc*** über etw (*acc*) nachdenken, nachsinnen; **2** *projet* ausdenken; ***~ de faire qc*** im Sinn haben, etw zu tun; **II** *v/i* nachdenken, meditieren (***sur*** über + *acc*)

▸ **Méditerranée** [mediteʀane] ***la ~*** das Mittelmeer

méditerranéen [mediteʀaneɛ̃] **I** *adj* ⟨-éenne [-eɛn]⟩ Mittelmeer…; mittelmeerisch; *sc* mediterran; ***bassin ~*** Mittelmeerraum *m*; **II** **♀*(ne)*** *m(f)* Südländer(in) *m(f)*

médium [medjɔm] *m* **1** SPIRITISME Medium *n*; **2** MUS Mittelstimme *f*, -lage *f*

méduse [medyz] *f* Qualle *f*

médusé [medyze] *adj* ⟨~e⟩ ***en rester ~*** völlig verblüfft sein

meeting [mitiŋ] *m* POL Versammlung *f*; SPORTS Meeting *n*; ***~ aérien*** Flugschau *f*, -tag *m*

méfait [mefɛ] *m* **1** *pl* ***~s*** *de l'alcool, etc* schädliche Folgen *f/pl*, Auswirkungen *f/pl*; **2** (*délit*) Missetat *f*; Übeltat *f*

méfiance [mefjɑ̃s] *f* Misstrauen *n*

méfiant [mefjɑ̃] *adj* ⟨-ante [-ɑ̃t]⟩ misstrauisch

▸ **méfier** [mefje] *v/pr* **1** ***se ~ de qn, de qc*** j-m, e-r Sache misstrauen; **2** ***se ~*** (*faire attention*) sich vorsehen

méga… [mega] *préfixe* **1** *sc* Mega…; **2** F Riesen…

mégalo [megalo] F *abr* → ***mégalomane***

mégaloman|e [megalɔman] *adj* größenwahnsinnig; ***~ie*** [-i] *f* Größenwahn *m*

méga-octet *m* ⟨méga-octets⟩ INFORM Megabyte *n*

mégaphone [megafɔn] *m* Megaphon *n*

mégarde [megaʀd] ***par ~*** aus Versehen

mégawatt *m* Megawatt *n*

mégère [meʒɛʀ] *f* Megäre *f*

mégot [mego] *m* Zigarettenstummel *m*; F Kippe *f*

mégoter [megɔte] *v/i* F knausern (***sur*** bei; mit)

▸ **meilleur** [mɛjœʀ] **I** *adj* ⟨~e⟩ **1** ⟨*comp von* bon⟩ besser; **2** ⟨*sup von* bon⟩ ***le ~, la ~e*** der, die, das beste; F ***c'est la ~e!*** F das ist doch das Dollste, der Clou!; ***j'en passe et des ~es*** ich übergehe einiges, und nicht das Schlechteste; **II** *subst* **1** *personne* ***le ~, la ~e*** der, die Beste; **2** ***le ~*** das Beste; ***pour le ~ et pour le pire*** auf Gedeih und Verderb

mélancolie [melɑ̃kɔli] *f* Schwermut *f*; Melancholie *f*; Trübsinn *m*

mélancolique [melɑ̃kɔlik] **I** *adj* schwermütig; melancholisch; trübsinnig; **II** *m,f* Melancholiker(in) *m(f)*

Mélanésie [melanezi] ***la ~*** Melanesien *n*

▸ **mélange** [melɑ̃ʒ] *m* **1** *opération* (Ver)Mischung *f*; Vermengung *f*; ***sans ~*** unvermischt; *fig bonheur* ungetrübt; **2** *produit* Mischung *f* (***de*** aus); Gemisch *n*

▸ **mélanger** [melɑ̃ʒe] *v/t* ⟨-ge-⟩ **1** (*mêler*) (ver)mischen; vermengen; **2** (*confondre*) durcheinander bringen

mélangeur [melɑ̃ʒœʀ] *m* **1** *appareil* Mischer *m*; **2** *robinet* Mischbatterie *f*; **3** ***~ de son*** Mischpult *n*

mélasse [melas] *f* Melasse *f*

mêlée [mele] *f* **1** Handgemenge *n*; (Kampf)Getümmel *n*; **2** RUGBY Gedränge *n*

mêler [mele] **I** *v/t* **1** (*mélanger*) (ver)mischen, vermengen (***à, avec*** mit); **2** (*embrouiller*) in Unordnung, durcheinander bringen; **3** ***~ qn à une affaire*** j-n in e-e Sache hineinziehen, verwickeln; **II** *v/pr* **4** *odeurs, races, etc* ***se ~*** sich (ver)mischen; **5** ***se ~ à la foule*** sich unter die Menge mischen; **6** *personne* ***se ~ de qc*** sich um etw kümmern; *péj* sich in etw (*acc*) (ein)mischen

mélèze [melɛz] *m* Lärche *f*

méli-mélo [melimelo] F *m* ⟨mélis-mélos⟩ Durcheinander *n*; Wirrwarr *m*

mélisse [melis] *f* Melisse *f*

mélo [melo] F *abr* → ***mélodrame, mélodramatique***

mélodie [melɔdi] *f* **1** (*air*) Melodie *f*; **2** (*chant*) (Kunst)Lied *n*

mélodieux [melɔdjø] *adj* ⟨-euse [-øz]⟩ melodiös; melodisch; wohlklingend
mélodique [melɔdik] *adj* melodisch
mélodramatique [melɔdʀamatik] *adj* melodramatisch; rührselig
mélodrame [melɔdʀam] *m* Melodram(a) *n*; Rührstück *n*
mélomane [melɔman] **I** *adj* Musik liebend; musikbegeistert; **II** *m,f* begeisterter Musikfreund, begeisterte Musikfreundin
melon [m(ə)lõ] *m* Melone *f* (*a chapeau*)
mélopée [melɔpe] *f* monotoner Gesang; Singsang *m*
membrane [mɑ̃bʀan] *f* Membran *f*
▸ **membre** [mɑ̃bʀ(ə)] *m* **1** ANAT Glied *n*; **~s** *pl a* Gliedmaßen *f/pl*; **~ (viril)** (männliches) Glied; **2** *d'une association* Mitglied *n*; *d'une famille a* Angehörige(r) *m*
▸ **même** [mɛm] **I** *adj/ind et pr/ind* **1** ▸ **le, la même**, *pl* **les mêmes** der-, die-, dasselbe, *pl* dieselben; der, die, das gleiche, *pl* die gleichen; **du même âge** im gleichen *ou* im selben Alter; gleichalt(e)rig; **cela revient au même** das läuft auf dasselbe, auf eins, aufs Gleiche hinaus; das kommt auf dasselbe *etc* heraus; **2** ⟨*nachgestellt*⟩ gerade; selbst; **être la bonté même** die Güte selbst sein; **II** *adv* **1** sogar; selbst; ▸ **même pas** nicht einmal; **avant même que** (+ *subj*) noch ehe; **sans même** (+ *inf*) ohne überhaupt zu (+ *inf*); **même si** selbst wenn; wenn auch; **à même** direkt auf (+ *dat*); **à même le sol** auf der bloßen Erde; **de même** ebenso (**que** wie); genauso; geradeso; **tout de même** trotzdem; dennoch; → **quand** *II 2*; **2 être à même de faire qc** imstande sein, in der Lage sein, etw zu tun
mémé [meme] *f* F *enf* Oma *f* (*a par ext*)
mémento [memɛ̃to] *m* **1** (*agenda*) Notiz-, Merkbuch *n*; **2** (*aide-mémoire*) Handbuch *n*; Abriss *m*
mémère [memɛʀ] F *f* **1** *enf* Oma *f*; **2** *péj* **grosse ~** dicke, ältliche Frau
▸ **mémoire**[1] [memwaʀ] *f* **1** *faculté* Gedächtnis *n*; **~ des noms** Namensgedächtnis *n*; **de ~** aus dem Gedächtnis; auswendig; aus dem Kopf; **avoir de la ~** ein gutes Gedächtnis haben; **si j'ai bonne ~** wenn ich mich recht erinnere; **2** (*souvenir*) Erinnerung *f*, Gedenken *n* (**de** an + *acc*); Andenken *n* (an *ou* + *gén*); **à la ~ de**, *st/s* **en ~ de** zum Andenken, zum Gedenken an (+ *acc*); **de sinistre ~** unseligen Angedenkens; **de ~ d'homme** seit Menschengedenken; **pour ~** zur Erinnerung; zur Information; **3** INFORM Speicher *m*; **~ morte** Festspeicher *m*; ROM *n*; **~ vive** Arbeitsspeicher *m*; RAM *n*; **mettre en ~** (ab)speichern
mémoire[2] *m* **1** (*exposé*) Denkschrift *f*; Memorandum *n*; **2** *scientifique* Arbeit *f*; Abhandlung *f*; **3 ~s** *pl* Memoiren *pl*; Erinnerungen *f/pl*
mémorable [memɔʀabl(ə)] *adj* denkwürdig
mémorandum [memɔʀɑ̃dɔm] *m* DIPL Memorandum *n*
mémorial [memɔʀjal] *m* ⟨-aux [-o]⟩ Denkmal *n*
mémoriser [memɔʀize] *v/t* **1** sich einprägen; **2** INFORM speichern
menaçant [mənasɑ̃] *adj* ⟨-ante [-ɑ̃t]⟩ drohend; bedrohlich
menace [mənas] *f* **1** Drohung *f*; **~s de mort** Todesdrohungen *f/pl*; **2** (*danger imminent*) Bedrohung *f*; (drohende) Gefahr
menacé [mənase] *adj* ⟨**~e**⟩ bedroht; gefährdet
▸ **menacer** [mənase] *v/t* ⟨-ç-⟩ drohen; **~ qn de qc** j-m mit etw drohen; j-n mit etw bedrohen; **~ de** (+ *inf*) drohen zu (+ *inf*)
▸ **ménage** [menaʒ] *m* **1** Haushalt *m*; **articles** *m/pl* **de ~** Haushaltwaren *f/pl*; **faire le ~** putzen; aufräumen (*a fig*); **faire des ~s** putzen gehen; **monter son ~** Hausrat anschaffen; sich einrichten; **tenir le ~ à qn** j-m den Haushalt führen; **2** (*couple*) Ehepaar *n*; Ehe *f*; F **~ à trois** Dreiecksverhältnis *n*; **se mettre en ~** zusammenziehen; *fig* **faire bon ~ avec qn** sich mit j-m gut vertragen; mit j-m gut auskommen
ménagement [menaʒmɑ̃] *m* Schonung *f*; **sans ~** schonungslos
ménager[1] [menaʒe] ⟨-ge-⟩ **I** *v/t* **1** *ses forces, adversaire, etc* schonen; Rücksicht nehmen auf (+ *acc*); **ne pas ~ sa peine** keine Mühe scheuen; **2** *rencontre* herbeiführen; bewerkstelligen; *surprise* bereiten (**à qn** j-m); *espace* lassen; **3** *escalier, etc* anbringen; **II** *v/pr* **4 se ~**

sich schonen; **5** ***se ~ l'appui de qn*** sich die Unterstützung j-s sichern

ménager² [menaʒe] *adj* ⟨-ère [-ɛʀ]⟩ Haushalts…; ***appareils ~s*** Haushalts- und Küchengeräte *n/pl*; ***travaux ~s*** Hausarbeit *f*

ménagère [menaʒɛʀ] *f* **1** *femme* Hausfrau *f*; **2** (*couverts*) Besteckgarnitur *f*

ménagerie [menaʒʀi] *f* Tiergehege *n*; *d'un cirque* Tierschau *f*

▸ **mendiant** [mɑ̃djɑ̃] *m*, **mendiante** [mɑ̃djɑ̃t] *f* Bettler(in) *m(f)*

mendicité [mɑ̃disite] *f* Betteln *n*; Bettelei *f*

mendier [mɑ̃dje] *v/t et v/i* betteln (***qc*** um *etw*) (*a fig*)

menées [məne] *f/pl* Machenschaften *f/pl*; Umtriebe *m/pl*

▸ **mener** [məne] ⟨-è-⟩ **I** *v/t* **1** (*conduire*) führen, bringen (***à*** zu); *enfant* ***~ à l'école*** in die Schule bringen; ***cela ne vous mène à rien*** das führt zu nichts; **2** (*être en tête de*) anführen; **3** *affaire* betreiben; *enquête* durchführen; *vie* führen; ***~ la vie dure à qn*** j-m das Leben schwer machen; **4** (*diriger*) leiten; führen; **II** *v/i* **5** *chemin* ***~ à*** führen nach, zu; **6** SPORTS führen; in Führung liegen

meneur [mənœʀ] *m* **1** Anführer *m*; *péj* Rädelsführer *m*; ***~ d'hommes*** Führernatur *f*; **2** ***~ de jeu*** Spielleiter *m*

menhir [meniʀ] *m* Menhir *m*; Hinkelstein *m*

Les menhirs – Zeugen aus prähistorischer Zeit

Le menhir ist ein keltischer Ausdruck, der so viel wie ‚langer Stein' bedeutet. Gemeint sind damit aufrecht stehende, längliche Steine, die bis zu 20 Meter hoch und bis zu 350 Tonnen schwer sein können. Sie stammen aus prähistorischer Zeit (etwa 5000 bis 2000 vor Christus) und hatten gemäß einer weit verbreiteten Theorie kultisch-religiöse Bedeutung. In der Bretagne, genauer gesagt in der Nähe von Carnac, gibt es davon über 3000.

méninge [menɛ̃ʒ] *f* **1** ANAT Hirnhaut *f*; **2** F *fig* ***ne pas se fatiguer les ~s*** F s-n Grips nicht anstrengen

méningite [menɛ̃ʒit] *f* Hirnhautentzündung *f*

ménisque [menisk] *m* Meniskus *m*

ménopause [menɔpoz] *f* Wechseljahre *n/pl*; Menopause *f*

menotte [mənɔt] *f* **1** ***~s*** *pl* Handschellen *f/pl*; ***passer les ~s à qn*** j-m die Handschellen anlegen; **2** *enf* (Patsch)Händchen *n*

▸ **mensonge** [mɑ̃sɔ̃ʒ] *m* Lüge *f*; Unwahrheit *f*; ***dire des ~s*** lügen

mensonger [mɑ̃sɔ̃ʒe] *adj* ⟨-ère [-ɛʀ]⟩ erlogen; lügenhaft; lügnerisch; Lügen…

menstruation [mɑ̃stʀyasjɔ̃] *f* Monatsblutung *f*; Periode *f*; Menstruation *f*

menstruel [mɑ̃stʀyɛl] *adj* ⟨~le⟩ Menstruations…

mensualiser [mɑ̃sɥalize] *v/t* monatlich (be)zahlen

mensualité [mɑ̃sɥalite] *f* Monatsrate *f*; monatliche Zahlung

mensuel [mɑ̃sɥɛl] *adj* ⟨~le⟩ monatlich; Monats…

mensurations [mɑ̃syʀasjɔ̃] *f/pl* Körpermaße *n/pl*

mental [mɑ̃tal] *adj* ⟨~e; -aux [-o]⟩ **1** geistig; Geistes…; ***maladie ~e*** Geisteskrankheit *f*; **2** gedanklich; ***calcul ~*** Kopfrechnen *n*

mentalité [mɑ̃talite] *f* Mentalität *f*; Denkweise *f*; Einstellung *f*

ment|eur [mɑ̃tœʀ] *m*, **~euse** [-øz] *f* **1** Lügner(in) *m(f)*; **2** *adjt* verlogen

menthe [mɑ̃t] *f* **1** BOT Minze *f*; (***tisane*** *f* ***de***) **~** Pfefferminztee *m*; **2** Pfefferminzsirup *m*; ***~ à l'eau*** *erfrischendes Pfefferminzgetränk*; ***bonbon*** *m* ***à la ~*** Pfefferminz *n*

mentholé [mɛ̃tɔle] *adj* ⟨~e⟩ Menthol…

mention [mɑ̃sjɔ̃] *f* **1** Erwähnung *f*; ***faire ~ de qc*** etw erwähnen; **2** (*indication*) Vermerk *m*; ***rayer les ~s inutiles*** Nichtzutreffendes streichen; **3** EXAMEN Note *f*; Prädikatsexamen *n*; ***être reçu avec ~*** mit besser als „ausreichend" bestanden haben

mentionner [mɑ̃sjɔne] *v/t* **1** (*citer*) erwähnen; **2** (*indiquer*) vermerken

▸ **mentir** [mɑ̃tiʀ] ⟨→ partir⟩ *v/i* lügen; ***~ à qn*** j-n anlügen, belügen; ***sans ~*** ungelogen; ***il ment comme il respire*** er lügt wie gedruckt

▸ **menton** [mɑ̃tɔ̃] *m* Kinn *n*; ***double ~*** Doppelkinn *n*

menu[1] [məny] **I** *adj* ⟨~e⟩ klein; *personne* klein und zart; ***par le ~*** haarklein; bis in die kleinsten Einzelheiten; **II** *adv* ***couper ~*** klein schneiden

▸ **menu**[2] *m* **1** Menü *n* (*a* INFORM); Speisenfolge *f*; **2** (*carte*) Speisekarte *f*

menuis|erie [mənɥizʀi] *f* Tischlerei *f*; Schreinerei *f*; **~ier** [-je] *m* Tischler *m*; Schreiner *m*

méprendre [mepʀɑ̃dʀ(ə)] *v/pr* ⟨→ prendre⟩ *st/s* ***se ~ sur qn, qc*** sich in j-m, in etw täuschen, irren; *se ressembler* ***à s'y ~*** zum Verwechseln

▸ **mépris** [mepʀi] *m* Geringschätzung *f*; Verachtung *f*; Missachtung *f*; ***au ~ de*** ungeachtet (+ *gén*)

mépris|able [mepʀizabl(ə)] *adj* verächtlich; verachtenswert; **~ant** [-ɑ̃] *adj* ⟨-ante [-ɑ̃t]⟩ verächtlich; gering schätzig

méprise [mepʀiz] *f* Irrtum *m*; Versehen *n*

▸ **mépriser** [mepʀize] *v/t* verachten (*a danger, mort*); gering schätzen

▸ **mer** [mɛʀ] *f* **1** Meer *n*; See *f*; ***la ~ Morte*** das Tote Meer; ***haute, pleine ~*** hohe, offene See; ***la ~ du Nord*** die Nordsee; ***les ~s du Sud*** die Südsee; ***en ~*** auf See; auf dem Meer; ***par ~*** See…; zur See; COMM auf dem Seeweg; *fig* ***ce n'est pas la ~ à boire*** das ist gar nicht so schwer; F das ist nicht die Welt; ***prendre la ~*** in See stechen; **2** *fig* ***une ~ de …*** ein Meer von …; ***~ de feu*** Flammenmeer *n*

mercantile [mɛʀkɑ̃til] *adj péj* krämerhaft; profitgierig

mercenaire [mɛʀsənɛʀ] *m* Söldner *m*

mercerie [mɛʀsəʀi] *f* **1** *articles* Kurzwaren *f/pl*; **2** *magasin* Kurzwarengeschäft *n*

▸ **merci**[1] [mɛʀsi] *int* danke!; ▸ ***merci beaucoup!*** vielen Dank!; ***merci bien!*** danke sehr!; danke schön!; ***Dieu merci!*** Gott sei Dank!; ▸ ***non, merci*** nein, danke; ***dire merci à qn*** j-m danke (schön) sagen

merci[2] *f* ***sans ~*** gnadenlos; ***être à la ~ de qn, de qc*** j-m, e-r Sache ausgeliefert, preisgegeben sein; ***tenir qn à sa ~*** j-n in s-r Gewalt haben

merc|ier [mɛʀsje] *m*, **~ière** [-jɛʀ] *f* Kurzwarenhändler(in) *m(f)*

▸ **mercredi** [mɛʀkʀədi] *m* Mittwoch *m*

mercure [mɛʀkyʀ] *m* Quecksilber *n*

▸ **merde** [mɛʀd] P *f* P Scheiße *f*; ▸ ***merde!*** P (so 'ne) Scheiße!; F *admiration* ***merde alors!*** F Donnerwetter!; F *fig* ***il ne se prend pas pour une merde*** F er bildet sich Wunder was ein

merder [mɛʀde] P *v/i personne* P Scheiße bauen; *projet* F in die Hose gehen

merd|eux [mɛʀdø] P *m*, **~euse** [-øz] P *f péj* P Rotznase *f*; F eingebildeter Schnösel, eingebildete Pute

merdier [mɛʀdje] *m* P Saustall *m*

merdique [mɛʀdik] *adj* P beschissen

▸ **mère** [mɛʀ] *f* **1** Mutter *f* (*a* fig, REL); F ***la ~ X*** Mutter X; (die alte) Frau X; ***~ de famille*** verheiratete Frau mit Kindern; *comme profession* Hausfrau *f*; **2** *adjt* Haupt…; Grund…; ***maison f ~*** Stammhaus *n*; Hauptgeschäft *n*

merguez [mɛʀgɛz] *f scharf gewürzte kleine Bratwurst*

méridien [meʀidjɛ̃] **I** *adj* ⟨-ienne [-jɛn]⟩ ASTR Mittags…; **II** *m* Meridian *m*; Längenkreis *m*

méridional [meʀidjɔnal] **I** *adj* ⟨~e; -aux [-o]⟩ **1** (*au sud*) südlich; Süd…; **2** (*du Midi*) südfranzösisch; **II** ~ *m* ⟨-aux [-o]⟩, **~e** *f* Südfranzose, -französin

M

La mer

La mer est agitée.	Die See ist unruhig.
La mer est belle.	Die See ist glatt.
La mer est calme.	Die See ist ruhig.
La mer est forte.	Die See ist stark bewegt.
La mer est grosse.	Die See ist rau.
La mer est plate.	Die See ist vollkommen glatt.
La mer est tourmentée.	Die See ist aufgewühlt.

m,f; par ext Südländer(in) *m(f)*
meringue [məʀɛ̃g] *f* Baiser *n*
mérinos [meʀinos] *m* Merino(schaf) *m(n)*
merise [məʀiz] *f* Vogelkirsche *f*
merisier [məʀizje] *m* **1** BOT Vogelkirsche *f (Baum)*; **2** *bois* Kirschbaum *m*
méritant [meʀitɑ̃] *adj* ⟨-ante [-ɑ̃t]⟩ verdienstvoll; verdient
mérite [meʀit] *m* Verdienst *n*; ***il a du ~ à faire qc*** er verdient Anerkennung, dass er etw tut
▸ **mériter** [meʀite] **I** *v/t* verdienen; ***ceci mérite réflexion*** das ist überlegenswert; *repos* ***bien mérité*** wohlverdient; **II** *v/t/indir st/s* ***il a bien mérité de la patrie*** er hat sich um das Vaterland verdient gemacht
méritoire [meʀitwaʀ] *adj* verdienstvoll; löblich
merlan [mɛʀlɑ̃] *m* Merlan *m*; Wittling *m*
merle [mɛʀl] *m* Amsel *f*
merlu [mɛʀly] *m* Seehecht *m*
merveille [mɛʀvɛj] *f* Wunder(werk) *n*; ***à ~*** wunderbar; ausgezeichnet; großartig; ***faire ~, des ~s*** Wunder wirken, vollbringen
merveilleux [mɛʀvɛjø] **I** *adj* ⟨-euse [-øz]⟩ wunderbar; wundervoll; großartig; **II** ***le ~*** das Wunderbare
mes [me] → ***mon***
mésalliance [mezaljɑ̃s] *f* Mesalliance *f*
mésange [mezɑ̃ʒ] *f* Meise *f*
mésaventure [mezavɑ̃tyʀ] *f* Missgeschick *n*
mesdames, mesdemoiselles *pl* → ***madame, mademoiselle***
mésentente [mezɑ̃tɑ̃t] *f* Misshelligkeit *f*; *p/fort* Uneinigkeit *f*
mésestimer [mezɛstime] *litt v/t* gering schätzen; *difficultés* unterschätzen
mesquin [mɛskɛ̃] *adj* ⟨-ine [-in]⟩ kleinlich; engstirnig; F kleinkariert; schäbig *(a = avare)*
mesquinerie [mɛskinʀi] *f* Kleinlichkeit *f*; Engstirnigkeit *f*; Schäbigkeit *f*
mess [mɛs] *m* MIL Kasino *n*
▸ **message** [mɛsaʒ] *m* Botschaft *f (a* POL, *fig)*; Nachricht *f*; Mitteilung *f*; Meldung *f (a* INFORM*)*; RAD *a* Durchsage *f*; *d'une œuvre d'art* Aussage *f*; F Message *f*; ***~ publicitaire*** Werbespot *m*; ***~ radio*** Funkspruch *m*; ***laisser un ~ à qn*** j-m e-e Nachricht hinterlassen
messag|er [mɛsaʒe] *m*, **~ère** [-ɛʀ] *f* Bote *m*, Botin *f (a fig)*
messagerie [mɛsaʒʀi] *f* **1** *pl* ***~s aériennes, maritimes*** Luft-, Seefrachtagentur *f*; ***~s de presse*** Zeitungsvertriebsgesellschaft *f*; **2** ***~ électronique*** elektronische Post; Mailbox *f*
▸ **messe** [mɛs] *f* Messe *f*; ***~ de minuit*** Christmette *f*; ***aller à la ~*** zur Messe, in die Kirche gehen; F *fig* ***faire des ~s basses*** miteinander tuscheln
Messie [mesi] ***le ~*** der Messias
messieurs *pl* → ***monsieur***
mesurable [məzyʀabl(ə)] *adj* messbar
▸ **mesure** [məzyʀ] *f* **1** *action* Messung *f*; ***appareil*** *m* ***de ~*** Messgerät *n*; **2** *(dimension, unité, récipient)* Maß *n*; ***~s de capacité, de longueur*** Hohl-, Längenmaße *n/pl*; ***à ~ que*** in dem Maße, wie; ***à la ~ de qn, qc*** j-m, e-r Sache angemessen, entsprechend; ***dans la ~ où*** soweit; in dem Maße, wie; insoweit *ou* insofern, als; ***dans la ~ du possible*** im Rahmen des Möglichen; soweit möglich; nach Möglichkeit; ***dans une large ~*** in hohem Maße; weitgehend; ***sans commune ~*** nicht vergleichbar; ***sur ~*** nach Maß *(a fig)*; ***costume*** *m* ***sur ~*** Maßanzug *m*; ***donner toute sa ~*** zeigen, was man kann; ***faire bonne ~*** gut, reichlich messen, wiegen; ***prendre les ~s de qc*** etw aus-, abmessen; **3** *(modération)* Maß *n*; ***outre ~*** übermäßig; ***sans ~*** maßlos; ohne Maß (und Ziel); **4** *(disposition)* Maßnahme *f*; ***~ de sécurité*** Sicherheitsmaßnahme *f*; ***par ~ de*** aus Gründen (+ *gén*); ***prendre des ~s*** Maßnahmen ergreifen; **5** MUS Takt(maß) *m(n)*; ***en ~*** im Takt; **6** ***être en ~ de faire qc*** in der Lage, imstande sein, etw zu tun
mesuré [məzyʀe] *adj* ⟨~e⟩ **1** *(modéré)* maßvoll; gemäßigt; **2** *pas* gemessen
▸ **mesurer** [məzyʀe] **I** *v/t* **1** *(prendre les mesures)* (ab-, aus-, ver)messen; **2** *(avoir pour mesure)* messen; groß sein; **3** *fig risque, etc* ermessen; *ses paroles* abwägen; ***~ qc à qc*** etw an etw *(dat)* messen; etw nach etw bemessen; **II** *v/pr* ***se ~ à, avec qn*** sich mit j-m messen
métabolisme [metabɔlism(ə)] *m* Stoffwechsel *m*
métacarpe [metakaʀp] *m* Mittelhand *f*

M

▸ **métal** [metal] *m* ⟨-aux [-o]⟩ Metall *n*
métallique [metalik] *adj* **1** *(en métal)* Metall…; metallen; **2** *éclat, son* metallisch
métallisé [metalize] *adj* ⟨~e⟩ metallic
métallo [metalo] *m* F *abr (métallurgiste)* F Metaller *m*
métallurgie [metalyʀʒi] *f* **1** Metallindustrie *f*; **2** *techniques* Metallbearbeitung *f*; Metallurgie *f*
métallurgique [metalyʀʒik] *adj* Metall…; ***usine*** ***f*** **~** Hüttenwerk *n*
métallurgiste [metalyʀʒist] *m* Metallarbeiter *m*
métamorphose [metamɔʀfoz] *f* Verwandlung *f*; Metamorphose *f (a* ZO)
métamorphoser [metamɔʀfoze] *v/t (et v/pr* ***se*** **~** sich) verwandeln (***en*** in + *acc*)
métaphore [metafɔʀ] *f* Metapher *f*; Bild *n*
métaphysique [metafizik] **I** *f* Metaphysik *f*; **II** *adj* metaphysisch
métastase [metastaz] *f* Metastase *f*
métatarse [metataʀs] *m* Mittelfuß *m*
métay|er [meteje] *m*, **~ère** [-ɛʀ] *f* Halb-, Teilpächter(in) *m(f)*
métempsyc(h)ose [metɑ̃psikoz] *f* Seelenwanderung *f*
▸ **météo** [meteo] **I** *f* Wetterbericht *m*, -vorhersage *f*; **II** *adj* ⟨*inv*⟩ Wetter…
météor|e [meteɔʀ] *m* Meteor *m*; Sternschnuppe *f*; **~ite** [-it] *m ou f* Meteorit *m*
météorolog|ie [meteɔʀɔlɔʒi] *f* **1** *science* Wetterkunde *f*; Meteorologie *f*; **2** *service* Wetterdienst *m*, -amt *n*; **~ique** [-ik] *adj* Wetter…; meteorologisch
météoro|logiste [meteɔʀɔlɔʒist] *m,f ou* **~logue** [-lɔg] *m,f* Meteorologe, -login *m,f*
métèque [metɛk] *péj m* Ausländer *m*
méthadone [metadɔn] *f* MÉD, CHIM Methadon *n*
méthane [metan] *m* Methan *n*
▸ **méthode** [metɔd] *f* **1** Methode *f*; Verfahren *n*; ***avec*** **~** mit Methode; methodisch; planmäßig; **2** *livre* Lehrbuch *n*
méthodique [metɔdik] *adj* methodisch; planmäßig; systematisch
méthodiste [metɔdist] *m,f* REL Methodist(in) *m(f)*
méthodologie [metɔdɔlɔʒi] *f* Methodik *f*
méticuleux [metikylø] *adj* ⟨-euse [-øz]⟩ gewissenhaft; peinlich genau; sehr sorgfältig; *propreté* peinlich
▸ **métier** [metje] *m* **1** Beruf *m*; Gewerbe *n*; Fach *n*; F Metier *n*; *artisanal* Handwerk *n*; ***de son*** **~** von Beruf; ***avoir du*** **~** Berufserfahrung haben; ***être du*** **~** vom Fach sein; ***faire son*** **~** s-e Arbeit, s-e Pflicht tun; **2** **~** (***à tisser***) Webstuhl *m*
métis [metis] **I** *adj* ⟨~se⟩ Mischlings…; **II** *subst* **1** **~(se)** *m(f)* Mischling *m*; **2** *m* TEXT Halbleinen *n*
métissage [metisaʒ] *m* Rassenmischung *f*
métrage [metʀaʒ] *m* **1** COUT Meterzahl *f*; Stoffmenge *f*; **2** CIN ***court*** **~** Kurzfilm *m*; ***long*** **~** Spielfilm *m*
▸ **mètre** [mɛtʀ(ə)] *m* **1** *unité de mesure* Meter *m ou n*; **2** Metermaß *n*; **~ *pliant*** Zollstock *m*; **~ *de couturière*** Zentimetermaß *n*; **3** SPORTS ***cent*** **~s** Hundertmeterlauf *m*; **4** *d'un vers* Metrum *n*; Versmaß *n*
métrer [metʀe] *v/t* ⟨-è-⟩ vermessen
métrique [metʀik] **I** *adj* metrisch; ***système*** ***m*** **~** metrisches System; **II** *f* Metrik *f*; Verslehre *f*
▸ **métro** [metʀo] *m* U-Bahn *f*; Metro *f*

Le métro

Le métro (Abkürzung für **chemin de fer métropolitain**) ist die U-Bahn in Paris, deren erste Linie anlässlich der Weltausstellung im Jahr 1900 eröffnet wurde. Heute verkehren 15 Linien auf rund 200 km Schienennetz. Hinzu kommen noch 92 km der Schnellbahnlinien **R.E.R. (réseau express régional)**. Von jedem Punkt der Stadt aus ist eine der ca. 300 Metro-Stationen zu Fuß zu erreichen.
Einige Eingänge, **les bouches du métro**, sind mit schmiedeeisernen Elementen verziert und stehen unter Denkmalschutz.

métronome [metʀɔnɔm] *m* Metronom *n*; Taktmesser *m*
métropole [metʀɔpɔl] *f* **1** *ville* Metropole *f*; **2** *d'une colonie* Mutterland *n*
métropolitain [metʀɔpɔlitɛ̃] *adj* ⟨-aine [-ɛn]⟩ des Mutterlandes; ***la France***

~e das französische Mutterland
mets [mɛ] *m* Gericht *n*; Speise *f*
mettable [mɛtabl(ə)] *adj vêtements* tragbar
metteur [mɛtœʀ] *m* **~ en scène** Regisseur *m*
▸ **mettre** [mɛtʀ(ə)] ‹je mets, il met, nous mettons; je mettais; je mis; je mettrai; que je mette; mettant; mis› **I** *v/t* **1** *objet* legen; stellen; setzen; (hinein)stecken, (-)tun (***dans*** in + *acc*); bringen, schaffen (***à la poste*** zur Post); *pellicule* einlegen; *nappe* auflegen; *verrou* vorlegen; zuschieben; *rideaux* anmachen; anbringen; *du beurre* streichen (***sur*** auf + *acc*); *liquide* geben (***dans*** in + *acc*); *radio, télé, chauffage* anmachen; anstellen; *personne* bringen (***au lit*** ins Bett); schicken (***à l'école maternelle*** in die Vorschule); geben (***en pension*** in Pension); ***combien voulez-vous mettre?*** wie viel wollen Sie dafür anlegen, ausgeben?; ***mettre à la boîte aux lettres*** in den Briefkasten werfen; einwerfen; ***mettre au four*** in den (Back)Ofen schieben; ***mettre au futur*** ins Futur setzen; *montre* ***mettre à l'heure*** stellen; ***mettre à mal*** verprügeln; ***mettre à mort*** töten; ***mettre son orgueil à faire qc*** s-n Stolz dareinsetzen, etw zu tun; ***mettre de la bonne volonté à faire qc*** guten Willen bei etw zeigen; ***mettre du sel dans la soupe*** Salz an *ou* in die Suppe tun; *texte* ***mettre en bon français*** in gutes Französisch bringen; **2** *vêtements* anziehen; *chapeau, lunettes* aufsetzen; *ceinture* umschnallen; *tablier* umbinden; *bijoux* anlegen; *bague* anstecken; **3** *un certain temps* brauchen; ***mettre deux heures*** (***à faire qc***) zwei Stunden brauchen (um etw zu tun); **4** (*écrire*) schreiben; ***mettre son nom sur une liste*** s-n Namen auf e-e Liste setzen, schreiben; **5** F (*supposer*) ***mettons que …*** (+ *subj*) nehmen wir (einmal) an, (dass) …; **II** *v/pr* ***se mettre*** **6** sich setzen (***au volant*** ans Steuer); sich stellen (***à la fenêtre*** ans Fenster); sich legen (***au lit*** ins Bett); F ***s'en mettre partout*** F sich völlig bekleckern; F *fig* ***s'en mettre jusque là*** F sich den Bauch voll schlagen; *fig* ***se mettre bien avec qn*** sich gut mit j-m stellen; *fig* ***se mettre avec qn*** sich mit j-m zusammentun; *poussière* ***se mettre dans qc*** sich in etw (*acc*) setzen; ***se mettre en relation avec qn*** sich mit j-m in Verbindung setzen; mit j-m in Verbindung treten; **7** *vêtement* (sich) anziehen; ***se mettre en pantalon*** e-e Hose anziehen; ***je n'ai rien à me mettre*** ich habe nichts anzuziehen; **8** ▸ ***se mettre à faire qc*** anfangen, beginnen, etw zu tun; ***se mettre à qc*** sich an etw (*acc*) machen; ***se mettre à l'anglais*** anfangen, Englisch zu lernen; ***s'y mettre*** sich d(a)ranmachen; ***il se met à pleuvoir*** es fängt an zu regnen; ***le temps se met au beau*** es wird schön
▸ **meuble** [mœbl(e)] **I** *m* Möbelstück *n*; Möbel *n*; **~s** *pl* Möbel *n/pl*; Mobiliar *n*; **II** *adj* **1** JUR beweglich; **2** *terre* locker
meublé [mœble] **I** *adj* ‹~e› möbliert; **II** *m* möbliertes Zimmer; möblierte Wohnung
▸ **meubler** [mœble] **I** *v/t* **1** *appartement* möblieren; **2** *abs* (*décorer*) der Ausstattung dienen; dekorativ wirken; **3** *fig silence* ausfüllen; **II** *v/pr* ***se ~*** sich einrichten
meuf [mœf] *f* F (*femme*) F Tussi *f*
meugler [møgle] *v/i* muhen; brüllen
meuh [mø] *int* muh!
meule [møl] *f* **1** *à moudre* Mühl-, Mahlstein *m*; **2** *à aiguiser* Schleifstein *m*; **3** *de fromage* großer, runder Laib; **4** AGR Schober *m*; **5** F (*moto*) F Feuerstuhl *m*
meunier [mønje] *m* Müller *m*
meunière [mønjɛʀ] *f* CUIS (***à la***) **~** nach Müllerinart
meurs, meurt [mœʀ] → ***mourir***
▸ **meurtre** [mœʀtʀ(ə)] *m* Totschlag *m* (*a* JUR); Mord *m* (***de qn*** an j-m)
meurtrier [mœʀtʀije] **I** *adj* ‹-ière [-ijɛʀ]› *combat* mörderisch; *épidémie* verheerend; *route* lebensgefährlich; unfallträchtig; ***folie meurtrière*** Amoklauf *m*; **II** *subst* **1 ~, *meurtrière*** *m,f* Mörder(in) *m(f)*; **2** FORTIF ***meurtrière*** *f* Schießscharte *f*
meurtrir [mœʀtʀiʀ] *v/t* **1** (zer)quetschen; **2** *fig* verwunden
meurtrissure [mœʀtʀisyʀ] *f* **1** *sur la peau* blauer Fleck; Striemen *m*; **2** *fig* Wunde *f*
meus, meut [mø] → ***mouvoir***

Meuse [møz] ***la ~*** die Maas
meute [møt] *f* Meute *f*
mévente [mevɑ̃t] *f* Absatzflaute *f*
mexicain [mɛksikɛ̃] **I** *adj* ⟨-aine [-ɛn]⟩ mexikanisch; **II** ♀(*e*) *m(f)* Mexikaner(in) *m(f)*
Mexico [mɛksiko] Mexiko(-Stadt) *n*
Mexique [mɛksik] ***le ~*** Mexiko *n* (*Land*)
mezzanine [mɛdzanin] *f* Zwischen-, Halbgeschoss *n*; Mezzanin *n*
mezzo-soprano [mɛdzɔsɔpʀano] ⟨mezzo-sopranos⟩ *f* Mezzosopran *m*
Mgr *ou* **Mgr** *abr* → ***monseigneur***
mi [mi] *m* ⟨*inv*⟩ MUS e *ou* E *n*
mi-... [mi] *préfixe* **1** *devant noms de mois* Mitte; (***à la***) ***~-janvier*** Mitte Januar; **2** (*à moitié*) halb; halb...; Halb...
miam-miam [mjammjam] *int* mm!; lecker, lecker!
miaou [mjau] *int* miau!
miasme [mjasm(ə)] *m* Miasma *n*
miauler [mjole] *v/i* miauen
mi-bas *m* ⟨*inv*⟩ Kniestrumpf *m*
mica [mika] *m* Glimmer *m*
Mi-Carême: ***la ~*** Mittfasten *pl*
miche [miʃ] *f* **1** Brotlaib *m*; Laib *m* Brot; **2** ***~s*** *pl arg* (*fesses*) F Hintern *m*; F Po *m*
mi-chemin *adv* ***à ~*** auf halbem Weg
mi-clos *adj* ⟨-ose⟩ halb geschlossen
micmac [mikmak] F *m* **1** (*intrigues*) Machenschaften *f/pl*; **2** (*désordre*) Durcheinander *n*
mi-côte *adv* ***à ~*** auf halber Höhe
mi-course *adv* ***à ~*** auf halber Strecke
▸ **micro** [mikʀo] *m* **1** *abr* (*microphone*) Mikrofon *n*; *pour espionner* F Wanze *f*; **2** *abr* (*micro-ordinateur*) PC *m*
microbe [mikʀɔb] *m* **1** Mikrobe *f*; Krankheitserreger *m*, -keim *m*; **2** F *fig* Wicht *m*
microbien [mikʀɔbjɛ̃] *adj* ⟨-ienne [-jɛn]⟩ Mikroben...; mikrobiell
micro|chirurgie *f* Mikrochirurgie *f*; **~climat** *m* Klein-, Mikroklima *n*
microcosme [mikʀɔkɔsm(ə)] *m* Mikrokosmos *m*
micro-électronique *f* Mikroelektronik *f*
micro|fiche *f* Mikrofiche *n ou m*; **~film** *m* Mikrofilm *m*
micro-informatique *f* (Informatik *f* im) PC-Bereich *m*
Micronésie [mikʀɔnezi] ***la ~*** Mikronesien *n*
▸ **micro-ondes** *m* (***four*** *m* ***à***) ***~*** Mikrowelle(nherd) *f(m)*
micro|-ordinateur *m* Mikrocomputer *m*; Personalcomputer *m* (*abr* PC); **~-organisme** *m* Mikroorganismus *m*; Kleinstlebewesen *n*
microphone [mikʀɔfɔn] *m* Mikrofon *n*
microprocesseur *m* Mikroprozessor *m*
microscop|e [mikʀɔskɔp] *m* Mikroskop *n*; **~ique** [-ik] *adj* mikroskopisch; *fig a* winzig (klein)
microsillon *m* Langspielplatte *f*
miction [miksjõ] *f* Harnlassen *n*
▸ **midi** [midi] *m* **1** Mittag *m*; Mittagszeit *f*; *heure* zwölf Uhr (mittags); ***à midi*** mittags; um die Mittagszeit; *heure* um zwölf (Uhr); ***il est midi dix*** es ist zehn nach zwölf (Uhr); *fig* ***chercher midi à quatorze heures*** *iron* warum einfach, wenn es auch umständlich geht; **2** ▸ ***le Midi*** Südfrankreich *n*
midinette [midinɛt] *f* naiv-sentimentales Mädchen
mie [mi] *f* ***la ~*** das weiche Innere (vom Brot); die Krume
▸ **miel** [mjɛl] *m* Honig *m*
mielleux [mjɛlø] *adj* ⟨-euse [-øz]⟩ honigsüß (*fig*); katzenfreundlich
mien [mjɛ̃] **I** *pr/poss* ⟨mienne [mjɛn]⟩ ▸ ***le mien, la mienne*** der, die, das meine; meine(r, -s); *pl* ***les miens, les miennes*** die meinen; meine; **II** *subst* **1** ***le mien*** das Meine; mein Eigentum; ***j'y ai mis du mien*** ich habe das Meine getan, mein(en) Teil dazu beigetragen; **2** ***les miens*** (*famille, amis*) die Meinen
miette [mjɛt] *f* Krümel *m*; *par ext* ***mettre en ~s*** in (viele kleine) Stücke schlagen; F ***ne pas en perdre une ~*** sich nicht das Geringste entgehen lassen
▸ **mieux** [mjø] **I** *adv* **1** ⟨*comp von* bien⟩ besser; ***à qui ~ ~*** um die Wette; ***de ~ en ~*** immer besser; ***on ne peut ~*** (aller-) bestens; aufs Beste; ***je ne demande pas ~*** mir ist nichts lieber als das; ***dire ~*** mehr bieten; ***faire ~ de*** (+ *inf*) besser daran tun zu (+ *inf*); *adjt*: *dans ce fauteuil*, ***vous serez ~*** da sitzen Sie bequemer, besser; ***elle est ~ que sa sœur*** sie sieht besser aus als ihre Schwester; ***se sentir ~*** sich wohler, besser fühlen; ***il n'a rien trouvé de ~ que de*** (+ *inf*) er hatte nichts Besseres zu tun, als zu

(+ *inf*); **2** ⟨*sup von* bien⟩ ***le ~*** am besten; ***le ~ qu'il peut*** so gut er kann; ***le plus tôt sera le ~*** je eher, desto besser; ***des ~*** (+ *p/p*) bestens; ***des ~ réussi(e)s*** bestens gelungen; ***pour le ~*** bestens; aufs Beste; zum Besten; ***être au ~ avec qn*** mit j-m sehr gut stehen; ***(en mettant les choses) au ~*** bestenfalls; **II** *m* **1** ***le ~*** das Beste *ou* das Bessere; ***faire de son ~*** sein Bestes, Möglichstes tun; **2** (*amélioration*) Besserung *f*; (*progrès*) Fortschritt *m*

mieux-être [mjøzɛtʀ(ə)] *m* höherer Wohlstand; höherer Lebensstandard

mièvre [mjɛvʀ(ə)] *adj* fad(e); abgeschmackt; manieriert

mi-figue, mi-raisin *adjt accueil* lau (-warm); *réponse, mine* zweideutig

mignard [miɲaʀ] *adj* ⟨-arde [-aʀd]⟩ niedlich; *péj* geziert

▸ **mignon** [miɲõ] **I** *adj* ⟨-onne [-ɔn]⟩ **1** niedlich; allerliebst; süß; goldig; reizend; herzig; **2** F (*gentil*) nett; **II** ***~(ne)*** *m(f)* Süße(r) *f(m)*; Liebling *m*

migraine [migʀɛn] *f* Migräne *f*

migrant [migʀɑ̃] *m* Zuwanderer *m*

migrateur [migʀatœʀ] *adj* ⟨-trice [-tʀis]⟩ Wander…; (***oiseau***) ~ *m* Zugvogel *m*

migration [migʀasjõ] *f* Wanderung(sbewegung) *f*; ***~ des oiseaux*** Vogelzug *m*

mijaurée [miʒɔʀe] *f péj* affektierte Person

mijoter [miʒɔte] *v/t et v/i* **1** (***faire***) ~ bei schwacher Hitze, auf kleiner Flamme kochen (lassen); **2** (*préparer avec soin*) liebevoll zubereiten; **3** F *fig* ausbrüten; F aushecken

mil[1] [mil] *num/c dans une date* tausend

mil[2] [mil] *m* BOT Hirse *f*

milan [milɑ̃] *m* Milan *m*

Milan [milɑ̃] Mailand *n*

mildiou [mildju] *n* Mehltau *m*

milice [milis] *f* Miliz *f*

milicien [milisjɛ̃] *m* Milizionär *m*

▸ **milieu** [miljø] *m* ⟨~x⟩ **1** Mitte *f*; ***du ~*** mittlere; Mittel…; ***au ~ de*** in der Mitte (+ *gén*); mitten in, auf (+ *dat*); ***au ~ de la semaine prochaine*** Mitte kommender Woche; **2** *fig* Mittelweg *m*; ***le juste ~*** die richtige, goldene Mitte; der goldene Mittelweg; **3** (*entourage*) Milieu *n*; Umfeld *n*; Umgebung *f*; **4** ***~x*** *pl* Kreise *m/pl*; ***~x gouvernementaux*** Regierungskreise *m/pl*; **5** (*pègre*) ***le ~*** die Unterwelt; **6** FOOTBALL ***~ de terrain*** Mittelfeldspieler *m*

▸ **militaire** [militɛʀ] **I** *adj* militärisch; Militär…; Wehr…; Kriegs…; **II** *m* Militärperson *f*; Soldat *m*; (*officier supérieur*) Militär *m*

militant [militɑ̃] **I** *adj* ⟨-ante [-ɑ̃t]⟩ militant; politisch aktiv; **II** ***~(e)*** *m(f)* Aktivist(in) *m(f)*; *d'un parti* aktives Mitglied

militantisme [militɑ̃tism(ə)] *m* militante, politisch aktive Haltung

militar|iser [militaʀize] *v/t* militarisieren; *police, etc* militärisch organisieren; ***~isme*** [-ism(ə)] *m péj* Militarismus *m*; ***~iste*** [-ist] *péj* **I** *adj* militaristisch; **II** *m* Militarist *m*

militer [milite] *v/i* sich aktiv betätigen; (politisch) aktiv sein

▸ **mille**[1] [mil] **I** *num/c* ⟨*inv*⟩ tausend; ***~ un*** tausend(und)eins; ***cent ~*** hunderttausend; ***l'an deux ~*** das Jahr zweitausend; *fig* ***~ fois*** tausendmal; unzählige Mal; *fig* ***je vous le donne en ~*** raten Sie mal; **II** *m* ⟨*inv*⟩ **1** *nombre* Tausend *f*; MATH Tausender *m*; ***cinq pour ~ (5 ‰)*** fünf Promille (5 ‰); fünf vom Tausend (*abr* v. T.); **2** *quantité* Tausend *n*; F ***des ~ et des cents*** F Unsummen *f/pl*; **3** *d'une cible* ***le ~*** das Schwarze; ***taper dans le ~*** ins Schwarze treffen (*a fig*)

mille[2] *m* Meile *f*; ***~ marin*** Seemeile *f*

millefeuille [milfœj] *m* Cremeschnitte *f* aus Blätterteig

millénaire [milenɛʀ] **I** *adj* tausendjährig; *par ext* uralt; ***plusieurs fois ~*** mehrere tausend Jahre alt; **II** *m* **1** *période* Jahrtausend *n*; *st/s* Millennium *n*; **2** *anniversaire* Tausendjahrfeier *f*

mille-pattes *m* ⟨*inv*⟩ Tausendfüß(l)er *m*

millésime [milezim] *m* Jahreszahl *f*; *d'un vin* Jahrgang *m*

millésimé [milezime] *adj* ⟨~e⟩ *vin* Jahrgangs…

millet [mijɛ] *m* Hirse *f*

▸ **milliard** [miljaʀ] *m* Milliarde *f*; ***un ~ de dollars*** e-e Milliarde Dollar

milliardaire [miljaʀdɛʀ] *m,f* Milliardär(in) *m(f)*

▸ **millième** [miljɛm] **I** *num/o* tausendste; **II** *subst* **1** ***le, la ~*** der, die, das Tausendste; **2** *m* MATH Tausendstel *n*

M

▸ **millier** [milje] *m* Tausend *n*; ***des ~s de*** Tausende von (*ou* + *gén*); ***par ~s*** zu Tausenden
milli|gramme [miligʀam] *m* Milligramm *n*; **~mètre** *m* Millimeter *m ou n*
millimétr|é [milimetʀe] *adj* ⟨~e⟩ *ou* **~ique** [-ik] *adj* Millimeter…; ***papier ~*** Millimeterpapier *n*
▸ **million** [miljõ] *m* Million *f*; ***un ~ d'hommes*** e-e Million Menschen; ***1,5 ~*** (*sg!*) 1,5 Millionen; ***riche à ~s*** steinreich; F millionenschwer
▸ **millionième** [miljɔnjɛm] **I** *num/o* millionste; **II** *m* Millionstel *n*
millionnaire [miljɔnɛʀ] *m,f* Millionär(in) *m(f)*
mime [mim] *m* Pantomime *m*
mimer [mime] *v/t* **1** THÉ pantomimisch darstellen; **2** (*imiter*) nachmachen
mimétisme [mimetism(ə)] *m* **1** BIOL Mimikry *f*; **2** *fig* Nachahmung *f*
mimique [mimik] *f* Mimik *f* und Gestik *f*
mimosa [mimoza] *m* BOT Mimose *f*
minable [minabl(ə)] F **I** *adj* miserabel; erbärmlich; **II** *m,f* F Flasche *f*
minaret [minaʀɛ] *m* Minarett *n*
minauder [minode] *v/i* sich zieren
▸ **mince** [mɛ̃s] **I** *adj* **1** dünn; schmal; *personne* schlank; **2** *fig* klein; unbedeutend; **II** *int* F ~ ***(alors)!*** F verflixt (noch mal)!; *admiration* Donnerwetter!
minceur [mɛ̃sœʀ] *f* Dünnheit *f*; Schmalheit *f*; Schlankheit *f*
▸ **mine**[1] [min] *f* (*physionomie*) Gesichtsausdruck *m*; Gesicht *n*; Miene *f*; (*aspect*) Aussehen *n*; ***avoir bonne ~*** gut, gesund aussehen; ***faire grise ~ à qn*** j-m ein finsteres, saures Gesicht zeigen; *péj* ***faire des ~s*** sich zieren; ***faire ~ de*** so tun, als ob; F ***~ de rien*** (so) als ob nichts wäre
mine[2] *f* **1** *exploitation* Bergwerk *n*; Grube *f*; Zeche *f*; Mine *f*; ***~ d'or*** Goldmine *f*; *fig* Goldgrube *f*; ***service*** *m* ***des* ℒ*s*** *correspond à* Technischer Überwachungsverein *m*; **2** *fig* Fundgrube *f*; **3** *d'un crayon* Mine *f*; **4** MIL Mine *f*
miner [mine] **I** *v/t* **1** MIL verminen; **2** (*creuser*) aushöhlen; unterspülen; **3** *fig santé* untergraben; zerrütten; *soucis* ***~ qn*** j-n zermürben; an j-m zehren; **II** *v/pr* ***se ~*** sich Sorgen machen
minerai [minʀɛ] *m* Erz *n*
minéral [mineʀal] **I** *adj* ⟨~e; -aux [-o]⟩ mineralisch; Mineral…; ▸ ***eau minérale*** Mineralwasser *n*; **II** *m* ⟨-aux [-o]⟩ Mineral *n*
minéralogie [mineʀalɔʒi] *f* Mineralogie *f*
minéralogique [mineʀalɔʒik] *adj* **1** mineralogisch; Mineralien…; **2** AUTO ***plaque*** *f* ~ Nummernschild *n*
minerve [minɛʀv] *f* Halskrause *f*; Gipskrawatte *f*
min|et [minɛ], **~ette** [-ɛt] **1** *m,f* F (*chat*) F Mieze(katze) *f*; **2** *m jeune homme* F Schickimicki *m*; **3** *f* F (*jeune fille*) F Mieze *f*
▸ **mineur**[1] [minœʀ] **I** *adj* ⟨~e⟩ **1** (*secondaire*) zweitrangig; nebensächlich; untergeordnet; ***l'Asie* ℒ*e*** Kleinasien *n*; **2** MUS Moll…; ***en ut ~*** in c-Moll; **3** JUR minderjährig; **II ~*(e)*** *m(f)* JUR Minderjährige(r) *f(m)*
mineur[2] *m ouvrier* Bergarbeiter *m*; Bergmann *m*; Kumpel *m*; Knappe *m*; ***~ de fond*** Untertagearbeiter *m*
mini [mini] *adj* ⟨*inv*⟩ ***mode*** *f* ~ Minimode *f*
mini… [mini] *préfixe* Mini…
miniature [minjatyʀ] *f* **1** *image* Miniatur *f*; **2** *art* Miniaturmalerei *f*; **3** *adjt* ***(en)*** ~ Miniatur…; im Kleinformat
miniaturisation [minjatyʀizasjõ] *f* Miniaturisierung *f*
minibus *m* Kleinbus *m*
minichaîne *f* Kompaktanlage *f*
minier [minje] *adj* ⟨-ière [-jɛʀ]⟩ Bergbau…
minigolf *m* Mini-, Kleingolf *n*
minijupe *f* Minirock *m*; F Mini *m*
minima [minima] → ***minimum***
minimal [minimal] *adj* ⟨~e; -aux [-o]⟩ minimal; Mindest…; Tiefst…
minime [minim] **I** *adj* gering(fügig); minimal; **II** *m* SPORTS Jugendliche(r) *m* (*zwischen 13 u 15 Jahren*)
minimiser [minimize] *v/t* bagatellisieren; herunterspielen; abwiegeln
▸ **minimum** [minimɔm] **I** *adj* ⟨*f* ~ *od* minima; *pl m u f* ~*s od* minima⟩ Minimal…; Mindest…; **II** *m* ⟨~*s od* minima⟩ Minimum *n*; Mindestmaß *n*; ***~ vital*** Existenzminimum *n*; ***un ~ de travail*** ein Minimum, Mindestmaß an Arbeit; ***au ~*** mindestens
ministère [ministɛʀ] *m* **1** Ministerium *n* (*a bâtiment*); ***~ des Affaires étran-***

gères Außenministerium *n*; **2** *charge* Ministeramt *n*; **3** (*cabinet*) Regierung *f*; Kabinett *n*; **4 ~ *public*** Staatsanwaltschaft *f*; **5** REL Priesteramt *n*

ministériel [ministeʀjɛl] *adj* ⟨~le⟩ **1** (*du ministre*) ministeriell; **2** (*du gouvernement*) Regierungs…; Kabinetts…

► **ministre** [ministʀ(ə)] *m* **1** POL Minister *m*; *femme* Ministerin *f*; ► ***Premier ministre*** Premierminister *m*; Ministerpräsident *m*; ***ministre des Finances*** Finanzminister *m*; **2** DIPL ***ministre (plénipotentiaire)*** Gesandte(r) *m*; **3** ÉGL Pfarrer *m*; Pastor *m*; ***ministre du culte*** Priester *m*

minitel® [minitɛl] *m* Btx(-Gerät) *n*; Bildschirmtext *m*

minium [minjɔm] *m* Rostschutzfarbe *f*

minois [minwa] *m* frisches, niedliches Gesicht

minoritaire [minɔʀitɛʀ] *adj* Minderheits…

► **minorité** [minɔʀite] *f* **1** Minderheit *f* (*a* POL); Minderzahl *f*; Minorität *f*; ***~ ethnique*** ethnische Minderheit; ***une ~ de*** e-e kleine Zahl von; ***mettre en ~*** überstimmen; **2** JUR Minderjährigkeit *f*

Minorque [minɔʀk] Menorca *n*

minoterie [minɔtʀi] *f* Mühle(nbetrieb) *f(m)*

minou [minu] *m enf* Mieze *f*

► **minuit** [minɥi] *m* Mitternacht *f*; zwölf Uhr nachts; ***à ~*** um Mitternacht; ***à ~ et demi*** nachts um halb eins

minus [minys] *m* F Null *f*; F Niete *f*

► **minuscule** [minyskyl] *adj* **1** (*très petit*) winzig; **2** (***lettre*** *f*) ~ *f* Kleinbuchstabe *m*; kleiner Buchstabe; ***un a ~*** ein kleines **a**

► **minute** [minyt] *f* **1** Minute *f*; *par ext* Augenblick *m*; Moment *m*; F ***~!*** Moment mal!; nicht so eilig!; ***~ de silence*** Schweigeminute *f*; ***dans une ~*** sofort; gleich; in e-r Minute; ***d'une ~ à l'autre*** jeden Augenblick; jede Minute; **2** *adjt* Schnell…; Sofort…; ***clé*** *f* ~ Schlüsselschnelldienst *m*; **3** JUR Original *n*; Urschrift *f*

minuter [minyte] *v/t* (zeitlich) genau festlegen, einteilen

minut|erie [minytʀi] *f* automatische Treppen(haus)beleuchtung; **~eur** [-œʀ] *m* ÉLECT Schaltuhr *f*; *avec sonnerie* Küchenwecker *m*

minutie [minysi] *f* (peinliche) Genauigkeit, Sorgfalt; Gründlichkeit *f*

minutieux [minysjø] *adj* ⟨-euse [-øz]⟩ peinlich genau; sehr sorgfältig; gründlich; *soin* peinlich

mioche [mjɔʃ] F *m,f* (*petit garçon*) F Knirps *m*; (*petite fille*) F Gör *n*

mirabelle [miʀabɛl] *f* **1** *fruit* Mirabelle *f*; **2** *eau-de-vie* Mirabellenschnaps *m*

► **miracle** [miʀakl(ə)] *m* **1** Wunder *n* (*a* REL); ***(comme) par ~*** wie durch ein Wunder; **2** *adjt* Wunder…; ***remède*** *m* ~ Wundermittel *n*; ***solution*** *f* ~ Patentlösung *f*

miraculé [miʀakyle] *adj* ⟨~e⟩ durch ein Wunder geheilt

miraculeux [miʀakylø] *adj* ⟨-euse [-øz]⟩ **1** wunderbar; Wunder…; *eau* wundertätig; **2** (*extraordinaire*) außergewöhnlich

mirador [miʀadɔʀ] *m* Wach(t)turm *m*

mirage [miʀaʒ] *m* **1** *du désert* Fata Morgana *f*; **2** *fig* Trugbild *n*

miraud [miʀo] *adj* ⟨-aude [-od]⟩ F → ***miro***

mire [miʀ] *f* **1** ***ligne*** *f* ***de ~*** Schusslinie *f*; *fig* ***être le point de ~*** im Mittelpunkt des Interesses stehen; **2** TV Testbild *n*

mirent [miʀ] → ***mettre***

mirer [miʀe] *v/pr litt* ***se ~*** sich spiegeln (***dans l'eau*** im Wasser)

mirifique [miʀifik] *adj* F → ***mirobolant***

miro [miʀo] F *adj* ⟨*f inv*⟩ kurzsichtig

mirobolant [miʀɔbɔlɑ̃] *adj* ⟨-ante [-ɑ̃t]⟩ F fantastisch; F sagenhaft

miroir [miʀwaʀ] *m* Spiegel *m*; *fig* ***~ aux alouettes*** Lockvogel *m*; Dummenfang *m*

miroiter [miʀwate] *v/i* **1** spiegeln; glänzen; schillern; **2** *fig* ***faire ~ qc à qn*** j-n mit etw locken

miroitier [miʀwatje] *m* Spiegelglaser *m*

mis [mi] **I** *p/p et passé simple* → ***mettre***; **II** *adj* ⟨mise [miz]⟩ **1** *table* gedeckt; **2** *personne* ***bien ~*** gut gekleidet

misaine [mizɛn] *f* ***mât*** *m* ***de ~*** Fockmast *m*

misanthrope [mizɑ̃tʀɔp] *m,f* Menschenfeind *m*, -hasser *m*; Misanthrop *m*

mise [miz] *f* **1** *au jeu* Einsatz *m*; F *fig* ***sauver la ~ à qn*** j-n vor Ärger bewahren; **2** *vestimentaire* Art *f* sich zu kleiden; Kleidung *f*; **3** *fig* ***être de ~*** ange-

M

bracht, passend sein; **4 ~ *à* (*la*) *disposition*** Bereitstellung *f*; Zurverfügungstellung *f*; **~ *à jour*** Aufarbeitung *f*; **~ *à mort*** Tötung *f*; **~ *à pied*** Entlassung *f*; **~ *au point*** (*réglage*) Einstellung *f*; (*éclaircissement*) Richtig-, Klarstellung *f*; (*création*) Entwicklung *f*; **~ *à la retraite*** Versetzung *f* in den Ruhestand; Pensionierung *f*; **~ *au tombeau*** Grablegung *f* Christi; **~ *en liberté*** Freilassung *f*; **~ *en marche*** Ingangsetzung *f*; *d'un moteur* Anlassen *n*; Anwerfen *n*; **~ *en œuvre*** Einsatz *m*; Aufbietung *f*; **~ *en scène*** Inszenierung *f* (*a fig*); Regie *f*; **~ *en valeur*** *d'un terrain* Erschließung *f*; *d'un mot, etc* Hervorhebung *f*

miser [mize] *v/t au jeu* setzen (***sur*** auf + *acc*)

misérabilisme [mizeʀabilism(ə)] *m* Darstellung *f* des Elends

misérable [mizeʀabl(ə)] **I** *adj* **1** *personne* (sehr, bitter) arm; *vêtements* ärmlich; *cabane* armselig; elend; **2** (*sans valeur*) armselig; **II** *m,f* **1** (*pauvre*) Arme(r) *f(m)*; **2** *litt, plais* Schurke *m*, Schurkin *f*

▸ **misère** [mizɛʀ] *f* **1** (*pauvreté*) Elend *n*; Armut *f*; Not *f*; **~ *noire*** bittere Armut; ***salaire*** *m* ***de*** **~** Hungerlohn *m*; ***crier, pleurer*** **~** sein Elend klagen; jammern; **2** (*malheur*) *souvent pl* **~*s*** Elend *n*; Jammer *m*; Leiden *n/pl*; Unglück *n*; Misere *f*; ***petites ~s*** kleine Nöte *f/pl*; F Wehwehchen *n/pl*; ***faire des ~s à qn*** j-n quälen, plagen, F piesacken; **3** (*bagatelle*) lächerliche Kleinigkeit

miséreux [mizeʀø] *adj* ⟨-euse [-øz]⟩ arm; Not leidend

miséricorde [mizeʀikɔʀd] *f* Barmherzigkeit *f*; Erbarmen *n*; Gnade *f*

miséricordieux [mizeʀikɔʀdjø] *adj* ⟨-euse [-øz]⟩ barmherzig; gnädig

misogyne [mizɔʒin] **I** *adj* frauenfeindlich; **II** *m* Frauenfeind *m*

missel [misɛl] *m* Messbuch *n*

missile [misil] *m* Rakete *f*; Flugkörper *m*; **~ *sol-air*** Boden-Luft-Rakete *f*; **~ *de croisière*** Marschflugkörper *m*

mission [misjõ] *f* **1** (*charge*) Auftrag *m*; Mission *f*; ADM Dienstreise *f*; ***envoyer qn en*** **~** j-n als Beauftragten, mit e-m Auftrag schicken; **2** *groupe* Mission *f*; Abordnung *f*; **3** REL Mission *f*

missionnaire [misjɔnɛʀ] **I** *m* Missionar *m*; **II** *adj* Missions…

missive [misiv] *f litt, iron* Brief *m*

mistral [mistʀal] *m* Mistral *m* (*kalter Nordwind in der Provence*)

mit [mi] → ***mettre***

mitaine [mitɛn] *f* fingerloser Handschuh

mite [mit] *f* (Kleider)Motte *f*

mité [mite] *adj* ⟨~e⟩ von Motten zerfressen

mi-temps [mitɑ̃] **1** *f* ⟨*inv*⟩ SPORTS Halbzeit *f*; **2** *m* ⟨*inv*⟩ *ou* ***travail*** *m* ***à*** **~** Halbtagsarbeit *f*, -beschäftigung *f*, -stellung *f*; ***travailler à*** **~** halbtags arbeiten

miteux [mitø] *adj* ⟨-euse [-øz]⟩ schäbig; armselig

mitigé [mitiʒe] *adj* ⟨~e⟩ **1** (*relâché*) abgeschwächt; gemäßigt; **2** (*mélangé*) gemischt (***de*** mit)

mitigeur [mitiʒœʀ] *m robinet* Einhandmischer *m*

mitonner [mitɔne] *v/t et v/i* → ***mijoter***

mitoyen [mitwajɛ̃] *adj* ⟨-enne [-ɛn]⟩ ***mur*** **~** gemeinschaftliche Grenzmauer

mitrailler [mitʀaje] *v/t* **1** MIL beschießen; mit MG-Feuer belegen; **2** *fig* bombardieren (***de questions*** mit Fragen); **3** F PHOT Bilder schießen (***qn, qc*** von j-m, etw)

mitraill|ette [mitʀajɛt] *f* Maschinenpistole *f*; **~*eur*** [-œʀ] *m* MG-Schütze *m*; **~*euse*** [-øz] *f* Maschinengewehr *n* (*abr* MG)

mitre [mitʀ(ə)] *f* Mitra *f*; Bischofsmütze *f*

mitron [mitʀõ] *m* Bäckerjunge *m*

mi-voix *adv* ***à*** **~** halblaut

mix|age [miksaʒ] *m* CIN, MUS Mischen *n*; Mixen *n*; **~*er*¹** [-e] *v/t* mischen; mixen

mixer² [miksɛʀ] *m ou* **mixeur** [miksœʀ] *m* CUIS Mixer *m*

mixité [miksite] *f* koedukativer Charakter

mixte [mikst] *adj* gemischt; Misch…; ***école*** *f* **~** Schule *f* für Jungen und Mädchen; ***mariage*** *m* **~** Mischehe *f*

mixture [mikstyʀ] *f péj à boire* Gebräu *n*; *à manger* Mischmasch *m*

M.L.F. [ɛmɛlɛf] *m abr* (*Mouvement de libération des femmes*) Frauenbewegung *f*

Mlle *ou* **Mlle** *abr* (*Mademoiselle*) Fr.

mm *abr* (*millimètre*) mm

MM. *abr* (*Messieurs*) (die) Herren
Mme *ou* **Mme** *abr* (*Madame*) Fr.
mn *abr* (*minute*[*s*]) Min.
mnémotechnique [mnemɔtɛknik] *adj* mnemotechnisch; ***moyen*** *m* ~ Gedächtnisstütze *f*
Mo *abr* (*méga-octet*) MB (Megabyte)
mob [mɔb] *f* F *abr* → ***mobylette***
mobile [mɔbil] **I** *adj* beweglich; mobil; **II** *m* **1** *d'une action* Beweggrund *m*; Motiv *n* (*a* JUR); Triebfeder *f*; **2** *objet décoratif* Mobile *n*
mobilier [mɔbilje] **I** *adj* ⟨-ière [-jɛʀ]⟩ JUR beweglich; Mobiliar…; **II** *m* Mobiliar *n*; Möbel *n/pl*; (Wohnungs)Einrichtung *f*
mobilisation [mɔbilizasjõ] *f* **1** MIL Mobilmachung *f*; **2** *par ext* Mobilisierung *f*; Bereitstellung *f*; Einsatz *m*
mobiliser [mɔbilize] **I** *v/t* **1** MIL mobilisieren; *abs* mobil machen; **2** *par ext* mobilisieren; *ressources a* bereitstellen; *personnel a* einsetzen; **II** *v/pr* ***se*** ~ aktiv werden
mobilité [mɔbilite] *f* Beweglichkeit *f*; Mobilität *f* (*a de la main-d'œuvre*); ***personne f à ~ réduite*** Gehbehinderte(r) *f*(*m*)
mobylette® [mɔbilɛt] *f* Mofa *n*
mocassin [mɔkasɛ̃] *m* **1** *des Indiens* Mokassin *m*; **2** *par ext* Slipper *m*
▸ **moche** [mɔʃ] F *adj* **1** (*laid*) hässlich; F scheußlich; **2** (*mauvais*) übel; F mies; **3** *moralement* gemein; F fies
mocheté [mɔʃte] *f* F (*femme laide*) F Vogelscheuche *f*
modalité [mɔdalite] *f* Art und Weise *f*; ***~s*** *pl* Modalitäten *f/pl*; ***~s de paiement*** Zahlungsweise *f*, -bedingungen *f/pl*
mode[1] [mɔd] *m* **1** (Art *f* und) Weise *f*; Modus *m*; ▸ ***mode d'emploi*** Gebrauchsanweisung *f*; TECH Bedienungsanleitung *f*; ***mode de scrutin*** Wahlmodus *m*; ***mode de vie*** Lebensweise *f*; **2** GR Modus *m*; Aussageweise *f*; **3** MUS Tonart *f*
▸ **mode**[2] *f* **1** Mode *f* (*a* COUT); Zeitgeschmack *m*; ***à la ~*** Mode…; modisch; in Mode; *par ext* ***à la ~ de*** nach Art von (*ou* + *gén*); ***être passé de ~*** aus der Mode gekommen sein; **2** *adjt* Mode…; modisch; CUIS ***bœuf*** *m* ~ *mit Karotten geschmortes Rindfleisch*
modelage [mɔdlaʒ] *m* Modellieren *n*
▸ **modèle** [mɔdɛl] *m* **1** Muster *n* (*a fig*); Vorlage *f*; *fig* Vorbild *n*; *fig* ***un ~ de fidélité*** ein Muster an, *iron* ein Ausbund *m* von Treue; ***prendre qn pour ~, prendre ~ sur qn*** sich j-n zum Vorbild nehmen; **2** *adjt* Muster…; mustergültig; vorbildlich; ***élève*** *m* ~ Musterschüler *m*; **3** TECH, COUT, BEAUX-ARTS Modell *n* (*a personne*); ~ ***déposé*** Gebrauchsmuster *n*; ~ ***réduit*** Modell *n*
modeler [mɔdle] ⟨-è-⟩ **I** *v/t* **1** modellieren; **2** *fig* ~ ***sur*** ausrichten nach; **II** *v/pr* ***se ~ sur qn, qc*** sich nach j-m, etw richten
modél|isme [mɔdelism(ə)] *m* Modellbau *m*; **~iste** [-ist] *m,f* **1** COUT Modezeichner(in) *m*(*f*); **2** TECH Modellbauer(in) *m*(*f*)
modem [mɔdɛm] *m* Modem *n ou m*
modérateur [mɔdeʀatœʀ] **I** *adj* ⟨-trice [-tʀis]⟩ mäßigend; **II** *m* **1** *personne* mäßigendes Element; Schlichter *m*; **2** NUCL Moderator *m*; Bremssubstanz *f*
modération [mɔdeʀasjõ] *f* Mäßigung *f*
modéré [mɔdeʀe] **I** *adj* ⟨~e⟩ mäßig; maßvoll; gemäßigt (*a* POL); **~ment** [-mɑ̃] *adv* maßvoll; in, mit Maßen
modérer [mɔdeʀe] ⟨-è-⟩ **I** *v/t* mäßigen; dämpfen; **II** *v/pr* ***se*** ~ sich mäßigen; Maß halten
▸ **moderne** [mɔdɛʀn] *adj* modern; neuzeitlich; zeitgemäß; ***les temps ~s*** die Neuzeit
modern|isation [mɔdɛʀnizasjõ] *f* Modernisierung *f*; **~iser** [-ize] *v/t* modernisieren; **~isme** [-ism(ə)] *m* Modernismus *m*; **~ité** [-ite] *f* Modernität *f*
modeste [mɔdɛst] *adj* bescheiden
modestie [mɔdɛsti] *f* Bescheidenheit *f*
modicité [mɔdisite] *f* geringe Höhe
modification [mɔdifikasjõ] *f* (Ab-, Ver)Änderung *f*
modifier [mɔdifje] **I** *v/t* (ab-, ver)ändern; abwandeln; modifizieren; **II** *v/pr* ***se*** ~ sich ändern; sich wandeln
modique [mɔdik] *adj* bescheiden; gering; niedrig
modiste [mɔdist] *f* Modistin *f*; Hutmacherin *f*
modulable [mɔdylabl(ə)] *adj* **1** TECH ***système*** *m* ~ Baukastensystem *n*; **2** *fig* flexibel; anpassungsfähig
modulation [mɔdylasjõ] *f* MUS, ÉLECT Modulation *f*; RAD ~ ***de fréquence***

(*abr* ***F.M.***) Ultrakurzwelle *f* (*abr* UKW)
module [mɔdyl] *m* **1** TECH, INFORM Modul *n*; **2** *par ext* (*élément*) Element *n* (*a de meubles*); Bauteil *n*; *d'apprentissage* Lerneinheit *f*; Baustein *m*; *à l'université* Schein *m*
moduler [mɔdyle] *v/t* **1** MUS, ÉLECT modulieren; **2** *fig* anpassen
modus vivendi [mɔdysvivɛ̃di] *m* ⟨*inv*⟩ Modus vivendi *m*
moelle [mwal] *f* (Knochen)Mark *n*; ***~ épinière*** Rückenmark *n*; *fig* ***jusqu'à la ~*** bis ins Mark; durch und durch
moelleux [mwalø] *adj* ⟨-euse [-øz]⟩ **1** *étoffe* weich und flauschig; *tapis, coussin* weich; behaglich; **2** *fromage* sahnig; *vin* voll und mild
moellon [mwalõ] *m* Bruchstein *m*
mœurs [mœʀ(s)] *f/pl* Sitten *f/pl*
mohair [mɔɛʀ] *m* Mohair *ou* Mohär *m*
▸ **moi** [mwa] **I** *pr/pers* **1** *sujet* ich; ▸ ***moi aussi*** ich auch; ▸ ***moi non plus*** ich auch nicht; ***moi, je ne viens pas*** i c h komme nicht; ***c'est comme moi*** genau wie bei mir; ich bin in der gleichen Lage; ***c'est moi*** i c h bin's; ***c'est moi qui ...*** i c h ...; **2** *obj/dir* mich; *obj/indir* mir; ***regarde-moi*** sieh mich an; ***donne-moi la clé*** gib mir den Schlüssel; ***sans moi*** ohne mich; ***avec moi*** mit mir; **II** *m* ⟨*inv*⟩ Ich *n*
moignon [mwaɲõ] *m* (Arm-, Bein-) Stumpf *m*
moi-même [mwamɛm] *pr/pers* **1** *emphatique* (ich) selbst; **2** *réfléchi* mich selbst; ***de ~*** von selbst; von mir aus
moindre [mwɛ̃dʀ(ə)] *adj* **1** ⟨*comp von* petit⟩ geringer; kleiner; minder; **2** ⟨*sup von* petit⟩ ***le ~, la ~*** der, die, das geringste, kleinste, mindeste; ***au ~ bruit*** beim leisesten, geringsten Geräusch; ***les ~s détails*** die kleinsten Einzelheiten; ***c'est la ~ des choses*** das ist das Mindeste
moine [mwan] *m* Mönch *m*
moineau [mwano] *m* ⟨~x⟩ Spatz *m*; Sperling *m*
▸ **moins** [mwɛ̃] **I** *adv* **1** ⟨*comp von* peu⟩ weniger; ***moins riche*** weniger reich; nicht so reich; ***moins âgé*** *a* jünger; ***moins de*** (+ *subst*) weniger (+ *subst*); ***moins que***, *suivi d'un numéral* ***moins de*** weniger als; *subst* ***c'est un moins que rien*** er ist ein nichtswürdiger Kerl; *subst* ***interdit aux moins de 18 ans*** für Jugendliche unter 18 Jahren verboten; ***cinq heures moins dix*** (***minutes***) zehn (Minuten) vor fünf; ***à moins le quart*** um Viertel vor; ***à moins de dix euros*** unter zehn Euro; ***de moins en moins*** immer weniger; ***en moins*** zu wenig; ***être en moins*** fehlen; ***en moins de rien, en moins de deux*** im Nu; im Handumdrehen; ***la moitié moins*** halb so viel; *conj* ▸ ***à moins que ...*** (***ne***) (+ *subj*), ***à moins de*** (+ *inf ou* + *subst*) es sei denn (, dass); wenn nicht; außer wenn; ***moins ... moins ...*** je weniger ... umso *ou* desto weniger ...; **2** MATH minus (*a température*); weniger; ***il fait moins dix*** es sind zehn Grad unter Null, zehn Grad Kälte, minus zehn Grad; **3** ⟨*sup von* peu⟩ ***le moins*** am wenigsten; ***pas le moins du monde*** nicht im Geringsten, Mindesten; ▸ ***au moins*** wenigstens; mindestens; ***tout au moins, pour le moins*** (aller)mindestens, (-)wenigstens; zumindest; ***du moins*** wenigstens; zumindest; ***le climat le moins humide*** das am wenigsten feuchte Klima; ***le moins souvent possible*** so selten wie möglich; ***le moins de bagages possible*** so wenig Gepäck wie möglich; **II** *subst* **1** ▸ ***le moins*** das Mindeste, Wenigste, Geringste; ***c'est le moins qu'on puisse dire*** das kann man wohl sagen; **2** *m* MATH Minuszeichen *n*
moire [mwaʀ] *f* Moiré *m ou n*
moiré [mwaʀe] *adj* ⟨~e⟩ **1** *tissu, papier* moiriert; **2** *fig* schillernd
▸ **mois** [mwa] *m* **1** Monat *m*; ***le ~ de janvier*** der Monat Januar; ***trois ~ de loyer*** drei Monatsmieten; ***au ~ d'août*** im (Monat) August; ***dans un ~*** in e-m Monat; ***par ~, tous les ~*** monatlich; ***tous les trois, six ~*** viertel-, halbjährlich; **2** *salaire* Monatsgehalt *n*
Moïse [mɔiz] *m* Mose(s) *m*
moisi [mwazi] **I** *adj* ⟨~e⟩ schimm(e)lig; verschimmelt; **II** *m* Schimmel *m*; ***tache f de ~*** Stockfleck *m*
moisir [mwaziʀ] *v/i* **1** (ver)schimmeln; schimm(e)lig werden; **2** F *fig personne* lange bleiben; F versauern
moisissure [mwazisyʀ] *f* Schimmel(-pilz) *m*
moisson [mwasõ] *f* **1** (Getreide)Ernte

f; ***faire la ~*** (das Getreide) ernten; **2** *fig* Ernte *f*, Ausbeute *f* (***de*** an + *dat*)

moissonner [mwasɔne] *v/t* ernten

moissonn|eur [mwasɔnœʀ] *m* Erntearbeiter *m*; **~euse** [-øz] *f* Mähmaschine *f*; **~euse-batteuse** *f* ⟨moissonneuses--batteuses⟩ Mähdrescher *m*

moit|e [mwat] *adj* feucht; **~eur** [-œʀ] *f* Feuchtigkeit *f*; Feuchte *f*

► **moitié** [mwatje] *f* Hälfte *f*; F *fig* ***ma ~*** (*ma femme*) F meine bessere Hälfte; ***la ~ de …*** die Hälfte (+ *gén*); der, die, das halbe …; F ***~ plus*** um die Hälfte mehr; ***à ~*** halb; zur Hälfte; ***à ~ plein*** halb voll; ***de ~*** zur Hälfte; um die Hälfte; ***~ …, ~ …*** halb …, halb …; teils …, teils …; F ***faire ~-~*** F halbe-halbe *ou* fifty-fifty machen

moka [mɔka] *m* **1** *café* Mokka *m*; **2** *gâteau* Mokka-, Schokoladencremetorte *f*

mol [mɔl] → ***mou***

molaire [mɔlɛʀ] *f* Backenzahn *m*

Moldavie [mɔldavi] ***la ~*** Moldawien *n*

môle [mol] *m* **1** (*jetée*) Mole *f*; Hafendamm *m*; **2** (*quai*) Ladekai *m*

moléculaire [mɔlekylɛʀ] *adj* molekular; Molekül…; ***biologie f ~*** Molekularbiologie *f*

molécule [mɔlekyl] *f* Molekül *n*

moleskine [mɔlɛskin] *f* Moleskin *m ou n*; Englischleder *n*

molester [mɔlɛste] *v/t* misshandeln; brutal behandeln

molette [mɔlɛt] *f* Rändel(rad) *n*; ***clé f à ~*** Rollgabelschlüssel *m*

mollasse [mɔlas] *adj* **1** *chairs* wabb(e)lig; **2** *fig* lasch; schlaff; schlapp

mollass|on [mɔlasõ] *m*, **~onne** [-ɔn] *f* F Schlappschwanz *m*; F Schlaffi *m*

molle [mɔl] → ***mou***

mollement [mɔlmɑ̃] *adv travailler* lasch; träg(e); *être étendu* lässig

mollesse [mɔlɛs] *f* **1** *d'une personne* Laschheit *f*; Trägheit *f*; Schlappheit *f*; **2** *d'un matelas, etc* Weichheit *f*

mollet[1] [mɔlɛ] *m* Wade *f*

mollet[2] *adj m* ***œuf ~*** weiches Ei

molletière [mɔltjɛʀ] *adj f* ***bande ~*** Wickelgamasche *f*

molleton [mɔltõ] *m* Molton *m*

molletonné [mɔltɔne] *adj* ⟨~e⟩ Molton…; geraut

mollir [mɔliʀ] *v/i* nachlassen; schwach werden; *vent* abflauen

mollo [mɔlo] *adv* F ***vas-y ~!*** F sachte, sachte!

mollusques [mɔlysk] *m/pl* Weichtiere *n/pl*

molosse [mɔlɔs] *m* großer massiger Hund; F Fleischerhund *m*

môme [mom] F **1** *m,f* Kind *n*; F Gör *n*; **2** *f* junges Mädchen; F Kleine *f*

► **moment** [mɔmɑ̃] *m* **1** Augenblick *m*; Moment *m*; Zeitpunkt *m*; ***bons, mauvais ~s*** schöne, schlimme Stunden *f/pl*, Zeit; ***un ~!*** e-n Augenblick, Moment, bitte!; ***un bon ~*** ziemlich lange; e-e ganze Weile; ***au ~ de*** (+ *inf*) in dem Augenblick, Moment, als ich *etc*; gerade als ich *etc*; ***à tout ~*** jederzeit; ***à tous ~s*** alle Augenblicke; ***dans un ~*** im Moment; gleich; sofort; ***d'un ~ à l'autre*** jeden Augenblick, Moment; ***du ~ que*** (*puisque*) da ja; da doch; ***en ce ~*** im Augenblick, Moment; momentan; zurzeit; ***par ~s*** dann und wann; mitunter; gelegentlich; ***pour le ~*** vorerst; für den *ou* im Augenblick; ***sur le ~*** im ersten Augenblick; e-n Moment (lang); ***c'est le ~ ou jamais!*** jetzt oder nie!; **2** PHYS Moment *n*

momentané [mɔmɑ̃tane] *adj* ⟨~e⟩ momentan; vorübergehend

momie [mɔmi] *f* Mumie *f*

momifier [mɔmifje] *v/t* mumifizieren

► **mon** [mõ] *adj/poss* ⟨*f* ***ma*** [ma], *vor Vokal u stummem h* ***mon***; *pl* ***mes*** [me]⟩ mein(e); ***~ capitaine!*** Herr Hauptmann!

monacal [mɔnakal] *adj* ⟨~e; -aux [-o]⟩ mönchisch; Mönchs…

Monaco [mɔnako] Monaco *ou* Monako *n*

monarch|ie [mɔnaʀʃi] *f* Monarchie *f*; **~ique** [-ik] *adj* monarchisch; **~iste** [-ist] **I** *adj* monarchistisch; **II** *m,f* Monarchist(in) *m(f)*

monarque [mɔnaʀk] *m* Monarch *m*

monastère [mɔnastɛʀ] *m* Kloster *n*

monastique [mɔnastik] *adj* klösterlich; Kloster…; mönchisch

monceau [mõso] *m* ⟨~x⟩ Haufen *m* (*a fig*); Berg *m*

mondain [mõdɛ̃] **I** *adj* ⟨-aine [-ɛn]⟩ gesellschaftlich; Gesellschafts…; *personne* mondän; **II** **~(e)** *m(f)* Weltmann *m*, Dame *f* von Welt

mondanités [mõdanite] *f/pl* gesellschaftliches Leben

▸ **monde** [mõd] *m* **1** Welt *f*; ***l'Ancien, le Nouveau Monde*** die Alte, Neue Welt; ***l'autre monde*** das Jenseits; ***monde du travail*** Arbeitswelt *f*; Welt der Arbeit; ***dans le monde, au monde*** auf der Welt; ***en ce bas monde*** auf dieser Welt; im Diesseits; *poét* hienieden; ***c'est un monde!*** das ist doch unerhört!; ***c'est le monde à l'envers, le monde renversé*** das ist e-e verkehrte Welt; ***se faire un monde de qc*** etw als sehr schwierig ansehen; *enfant* ***mettre au monde*** zur Welt bringen; ***venir au monde*** auf die Welt kommen; **2** (*gens*) Menschen *m/pl*; Leute *pl*; (*foule*) Menschenmenge *f*; viele Menschen, Leute; ***devant le monde*** vor den Leuten; ***avoir du monde*** Besuch, Gäste haben; ***se moquer du monde*** die Leute zum Narren halten; **3** ▸ ***tout le monde*** jeder(mann); alle; alle Welt; ***Monsieur Tout le monde*** der kleine Mann; ***bonjour tout le monde!*** guten Tag allerseits!; **4** (*haute société*) Gesellschaft *f*; ***femme*** *f*, ***homme*** *m* ***du monde*** Dame *f*, Mann *m* von Welt; Weltmann *m*

M

▸ **mondial** [mõdjal] *adj* ⟨~e; -aux [-o]⟩ Welt…; weltweit; global; **~isation** [-izasjõ] *f* Globalisierung *f*

monégasque [mɔnegask] **I** *adj* monegassisch; **II** ♀ *m,f* Monegasse *m*, Monegassin *f*

monétaire [mɔnetɛʀ] *adj* Währungs…

monétique [mɔnetik] *f* elektronischer Zahlungsverkehr

mongol [mõgɔl] **I** *adj* ⟨~e⟩ mongolisch; Mongolen…; **II** ♀(*e*) *m(f)* Mongole *m*, Mongolin *f*

Mongolie [mõgɔli] ***la*** **~** die Mongolei

mongol|ien [mõgɔljɛ̃] MÉD **I** *adj* ⟨-ienne [-jɛn]⟩ mongoloid; **II** **~(*ne*)** *m(f)* mongoloider Mensch; **~isme** [-ism(ə)] *m* Mongolismus *m*

moni|teur [mɔnitœʀ], **~trice** [-tʀis] **1** *m,f* *d'une colonie de vacances* Betreuer(in) *m(f)*; SPORTS Sportlehrer(in) *m(f)*; **~** (***d'auto-école***) Fahrlehrer(in) *m(f)*; **~** (***de ski***) Skilehrer(in) *m(f)*; **2** *m* *appareil* Monitor *m*

▸ **monnaie** [mɔnɛ] *f* **1** *d'un État* Währung *f*; **~** ***électronique*** Plastikgeld *n*; ***fausse*** **~** Falschgeld *n*; *fig* **~** ***d'échange*** Tauschobjekt *n*; *fig* ***c'est*** **~** ***courante*** das ist gang und gäbe; das ist so üblich; **2** *pièces* Münzen *f/pl*; *coll* Kleingeld *n*; *d'un gros billet* Wechsel-, Kleingeld *n*; ***petite, menue*** **~** kleine Münzen; ***auriez-vous la*** **~** ***de cent euros?*** können Sie mir hundert Euro wechseln, F klein machen?; ***faire de la*** **~** wechseln; **3** (*somme rendue*) Wechselgeld *n*; ***rendre la*** **~** herausgeben (***sur dix euros*** auf zehn Euro); *fig* ***rendre la*** **~** ***de sa pièce à qn*** j-m mit gleicher Münze heimzahlen

monnayer [mɔneje] *v/t* ⟨-ay- *od* -ai-⟩ zu Geld machen; in klingende Münze umsetzen

monochrome [mɔnɔkʀom] *adj* einfarbig

monocle [mɔnɔkl(ə)] *m* Monokel *n*

monocorde [mɔnɔkɔʀd] *adj* **1** MUS Einsaiten…; **2** *fig* monoton; eintönig

monoculture [mɔnɔkyltyʀ] *f* AGR Monokultur *f*

monogam|e [mɔnɔgam] *adj* monogam; **~ie** [-i] *f* Monogamie *f*; Einehe *f*

monogramme [mɔnɔgʀam] *m* Monogramm *n*; Namenszeichen *n*

monolithique [mɔnɔlitik] *adj* monolithisch; *fig a* in sich geschlossen

monolog|ue [mɔnɔlɔg] *m* Monolog *m* (*a* THÉ); Selbstgespräch *n*; **~uer** [-e] *v/i* Selbstgespräche führen; monologisieren

monôme [mɔnom] *m des étudiants* (lärmender) Umzug

monoparental [mɔnɔpaʀɑ̃tal] *adj* ⟨~e; -aux [-o]⟩ ***famille*** **~e** allein Erziehende(r) *f(m)*; Einelternfamilie *f*

monoplace [mɔnɔplas] *adj* einsitzig; (***avion*** *m*) **~** *m* Einsitzer *m*

monopole [mɔnɔpɔl] *m* **1** ÉCON Monopol *n*; ***avoir le*** **~** ***de qc*** das Monopol auf etw (*acc*) haben; **2** *fig* Exklusivrecht *n* (***de*** auf + *acc*)

monopoliser [mɔnɔpɔlize] *v/t* **1** ÉCON monopolisieren; **2** *fig* für sich in Anspruch nehmen; in Beschlag nehmen

monorail [mɔnɔʀaj] *m* Einschienenbahn *f*

monosyllabe [mɔnɔsilab] **I** *adj* einsilbig; **II** *m* einsilbiges Wort; *fig* ***répondre par*** **~s** einsilbig antworten

monothéisme [mɔnɔteism(ə)] *m* Monotheismus *m*

monoton|e [mɔnɔtɔn] *adj* monoton; eintönig; einförmig; **~ie** [-i] *f* Monotonie *f*; Eintönigkeit *f*; Einförmigkeit *f*

monseigneur [mõsɛɲœʀ] *m* ⟨messeigneurs [mesɛɲœʀ]⟩ *évêque* Seine Exzellenz; *prince* Seine Durchlaucht

▸ **monsieur** [məsjø] *m* ⟨messieurs [mesjø]⟩ **1 a)** *avec un nom ou titre*: **~ Durand** Herr Durand; **♀ le Maire** der Herr Bürgermeister; *par ext* **~ Sécurité** Mister *m* Sicherheit; **b)** *pour s'adresser à un homme*: ♀ Herr (+ *nom de famille*); *dans un magasin a* F der Herr!; *au début d'une lettre* Sehr geehrter Herr (+ *nom de famille*); **Messieurs!** meine Herren!; (**bonjour**,) **♀!** guten Tag! *ou* guten Tag, Herr (+ *nom de famille*); F **bonjour, Messieurs Dames!** F guten Tag, die Herrschaften!; **2** (*homme*) Herr *m*; **un vieux ~** ein alter Herr

monstre [mõstʀ(ə)] *m* **1** MYTH Ungeheuer *n*; Monster *n*; **2** *fig* (*personne cruelle*) Monster *n*; Ungeheuer *n*; Scheusal *n* (*a très laide*); **3 ~ sacré** Welt-, Superstar *m*; Kultfigur *f*; **4** MÉD Missgeburt *f*; **5** F *adjt* Monster…; riesig; ungeheuer; **procès** *m* **~** Monsterprozess *m*; **succès** *m* **~** Bomben-, Riesenerfolg *m*

monstrueux [mõstʀyø] *adj* ⟨-euse [-øz]⟩ **1** (*gigantesque*) ungeheuer; riesig; monströs; **2** (*horrible*) ungeheuerlich; scheußlich; abscheulich

monstruosité [mõstʀyozite] *f* Ungeheuerlichkeit *f*, Scheußlichkeit *f*, Abscheulichkeit *f* (*a action, parole*)

mont [mõ] *m* Berg *m*; **le ~ Blanc** der Montblanc; *fig* **être toujours par ~s et par vaux** F ständig auf Achse sein; *fig* **promettre ~s et merveilles** goldene Berge versprechen

montage [mõtaʒ] *m* **1** TECH Montage *f*; Zusammenbau *m*; Einbau *m* (**dans** in + *acc*); **2** ÉLECT Schaltung *f*; **3** CIN Montage *f*; Schnitt *m*; **4 ~** (**photo**) Fotomontage *f*

montagnard [mõtaɲaʀ] **I** *adj* ⟨-arde [-aʀd]⟩ Berg…; Gebirgs…; **II ~(e)** *m(f)* Bergbewohner(in) *m(f)*; Gebirgler(in) *m(f)*

▸ **montagne** [mõtaɲ] *f* **1** Berg *m*; *fig* **se faire une ~ de qc** die Schwierigkeiten e-r Sache (*gén*) übertreiben; **2 ~** *ou* **~s** *pl* Gebirge *n*; Berge *m/pl*; **'haute ~** Hochgebirge *n*; **en ~** im Gebirge; in den Bergen; **3** *fig* Berg *m*; Haufen *m*; **4 ~s russes** Berg-und-Tal-Bahn *f*; Achterbahn *f*

montagneux [mõtaɲø] *adj* ⟨-euse [-øz]⟩ bergig; gebirgig

montant [mõtɑ̃] **I** *adj* ⟨-ante [-ɑ̃t]⟩ **1** *chemin* (an)steigend; *gamme* aufsteigend; **2** *robe* hochgeschlossen; **chaussure ~e** hoher Schuh; Stiefel *m*; **II** *m* **1** (*somme*) Betrag *m*; Summe *f*; Höhe *f*; **2** *d'un lit, d'une fenêtre* Pfosten *m*; *d'une échelle* Holm *m*; Leiterbaum *m*

mont-de-piété [mõdpjete] *m* ⟨monts-de-piété⟩ Leihhaus *n*; Pfandleihe *f*

monte-charge [mõtʃaʀʒ] *m* ⟨*inv*⟩ Lastenaufzug *m*

▸ **montée** [mõte] *f* **1** Aufstieg *m* (*a d'un ballon*); *en ascenseur* Auffahrt *f*; Hinauffahren *n*; *en téléférique* Bergfahrt *f*; *des eaux* (An)Steigen *n*; **2** (*augmentation*) Anstieg *m*; Steigen *n*; **3** (*pente*) Steigung *f*

monte-plats [mõtpla] *m* ⟨*inv*⟩ Speisenaufzug *m*

▸ **monter** [mõte] **I** *v/t* **1** *escalier, marches, côte* hinauf- *ou* herauf-, hoch-, F raufgehen, -steigen, -kommen; (*en*) *voiture* hinauffahren; **2** *objet* hinauf- *ou* herauf-, hoch-, F raufbringen, -tragen, -schaffen; **3** *cheval* reiten; reiten auf (+ *dat*); **4** TECH montieren; zusammenbauen; *tente, échafaudage* aufbauen; aufschlagen; aufstellen; errichten; ÉLECT schalten; COUT *manche* einsetzen; *mailles* aufschlagen; *film* montieren; schneiden; **5** *une affaire* aufbauen; gründen; *spectacle* zur Aufführung bringen; herausbringen; inszenieren; **6** *fig* **~** (**la tête à**) **qn** j-n aufbringen, aufhetzen (**contre** gegen); **7** *femelle* decken; belegen; bespringen; **II** *v/i* ⟨*meist* être, *wenn e-e Person Subjekt ist*⟩ **8** steigen (**à, sur** auf + *acc*); hinauf- *ou* herauf-, hoch-, F raufgehen, -steigen, -kommen, (*dans un*) *véhicule* -fahren; *dans un moyen de transport* einsteigen (**dans, en** in + *acc*); besteigen (+ *acc*); **~ à bicyclette** aufs (Fahr)Rad steigen; das (Fahr)Rad besteigen; **~ sur le trône** den Thron besteigen; **9** *route* ansteigen; *avion, brouillard, odeurs* aufsteigen; *eaux, température* steigen; *lait qui bout* hochkommen;

M

flammes hochschlagen; emporlodern; *fig prix* steigen; anziehen; aufschlagen; *fig ton* scharf, gereizt, heftig werden; *vin* **~ à la tête** zu Kopf steigen; *vêtement* **~ (jusqu') à** gehen, reichen bis zu; **faire ~** *prix* in die Höhe treiben; hochtreiben; **10 ~ (à cheval)** reiten; **police montée** berittene Polizei; **III** *v/pr* **11** *somme, dépenses* **se ~ à** sich belaufen auf (+ *acc*); betragen; ausmachen; **12** *personne* **se ~ en qc** sich mit etw versorgen, eindecken

mont|eur [mõtœʀ] *m*, **~euse** [-øz] *f* **1** TECH Monteur(in) *m(f)*; **2** CIN Cutter(in) *m(f)*

montgolfière [mõgɔlfjɛʀ] *f* Heißluftballon *m*; Montgolfiere *f*

monticule [mõtikyl] *m* Hügel *m*; Anhöhe *f*

▸ **montre** [mõtʀ(ə)] *f* **1** (Armband-, Taschen)Uhr *f*; **course** *f* **contre la ~** CYCLISME (Einzel)Zeitfahren *n*; *fig* Wettlauf *m* mit der Zeit; **~ en main** auf die Minute, Sekunde genau; **2 faire ~ de qc** etw beweisen, zeigen

montre-bracelet *f* ⟨montres-bracelets⟩ Armbanduhr *f*

M

▸ **montrer** [mõtʀe] **I** *v/t* zeigen; *papiers a* vorzeigen; *chemin a* weisen; *courage a* beweisen; an den Tag legen; **~ qn, qc du doigt** (mit dem Finger) auf j-n, etw zeigen; **~ les dents** die Zähne fletschen; *fig* die Zähne zeigen; **II** *v/pr* **se ~** sich zeigen; sich sehen, blicken lassen; **se ~ courageux** sich mutig zeigen; sich als mutig erweisen

montreur [mõtʀœʀ] *m* **~ de marionnettes** Marionetten-, Puppenspieler *m*

monture [mõtyʀ] *f* **1** *animal* Reittier *n*; *cheval* Reitpferd *n*; **2** *d'un bijou* Fassung *f*; **~ (de lunettes)** Brillengestell *n*

▸ **monument** [mɔnymã] *m* **1** Denkmal *n*, Monument *n* (*a fig*); **~ aux morts** Krieger-, Gefallenendenkmal *n*; **2** *édifice* Bauwerk *n*; Baudenkmal *n*; **3** F **un ~ de bêtise** e-e ganz große Dummheit

monumental [mɔnymãtal] *adj* ⟨~e; -aux [-o]⟩ **1** (*imposant*) monumental; **2** F gewaltig

▸ **moquer** [mɔke] *v/pr* **se ~ de 1** (*tourner en ridicule*) sich lustig machen, sich mokieren über (+ *acc*); spotten über (+ *acc*); verspotten; **2** (*ne pas se soucier de*) sich nicht kümmern um; **je m'en moque** das ist mir egal, F schnuppe, F Wurscht, F piepe; **3** (*berner*) an der Nase herumführen; zum Narren halten

moquerie [mɔkʀi] *f* Spott *m*

▸ **moquette** [mɔkɛt] *f* Teppichboden *m*

moqueur [mɔkœʀ] **I** *adj* ⟨-euse [-øz]⟩ spöttisch; **II** *m* Spötter *m*

moraine [mɔʀɛn] *f* Moräne *f*

moral [mɔʀal] **I** *adj* ⟨~e; -aux [-o]⟩ **1** *conduite, valeur, etc* moralisch; sittlich; **sens ~** Gefühl *n* für sittliches Verhalten; **2** (*psychique*) seelisch; geistig; innere; moralisch; **II** *m* Moral *f*; seelische, innere Verfassung; **avoir le ~, avoir bon ~** in guter seelischer Verfassung sein; F gut drauf sein; **remonter le ~ à qn** j-m wieder Mut machen

morale [mɔʀal] *f* **1** (*valeurs morales*) Moral *f*; Sittlichkeit *f*; *doctrine* Moral-, Sittenlehre *f*; **faire la ~ à qn** j-m e-e Moralpredigt halten; **2** (*leçon*) Moral *f*

moral|isateur [mɔʀalizatœʀ] *adj* ⟨-trice [-tʀis]⟩ *péj* moralisierend; **~isme** [-ism(ə)] *m* Moralismus *m*; **~iste** [-ist] *m* Moralist *m* (*a auteur*); *péj* Moralprediger *m*

moralité [mɔʀalite] *f* **1** (*qualité morale*) Moral *f*; Sittlichkeit *f*; **2** (*enseignement*) Moral *f*; Nutzanwendung *f*

moratoire [mɔʀatwaʀ] **I** *m* Moratorium *n*; Zahlungsaufschub *m*; Stundung *f*; **II** *adj* **intérêts** *m/pl* **~s** Verzugszinsen *m/pl*

morbide [mɔʀbid] *adj* krankhaft; morbid

▸ **morceau** [mɔʀso] *m* ⟨~x⟩ **1** Stück *n*; **un ~ de pain** ein Stück Brot; **en (mille) ~x** in (tausend) Stücke; F *fig* **c'est un ~** F er *ou* sie ist ein Brocken; F **manger un ~** e-e Kleinigkeit essen; F *fig* **manger, lâcher le ~** F auspacken; **2** (Musik)Stück *n*

morceler [mɔʀsəle] *v/t* ⟨-ll-⟩ zerstückeln; aufteilen

morcellement [mɔʀsɛlmã] *m* Zerstückelung *f*; Aufteilung *f*

mordant [mɔʀdã] **I** *adj* ⟨-ante [-ãt]⟩ beißend; bissig; scharf; **II** *m* **avoir du ~** Biss haben

mordicus [mɔʀdikys] *adv* F **soutenir qc ~** etw steif und fest behaupten

mordiller [mɔʀdije] *v/t* **~ qc** an etw (*dat*) knabbern, herumbeißen

mordoré [mɔʀdɔʀe] *adj* ⟨~e⟩ goldbraun
▸ **mordre** [mɔʀdʀ(ə)] ⟨→ rendre⟩ **I** *v/t* **1** beißen (***qn à la jambe*** j-n ins Bein); *personne* ~ ***qc*** *en mangeant* auf etw (*acc*) beißen; (*ronger*) auf etw (*dat*) herumbeißen; **2** *acide*: *métal, etc* angreifen; **II** *v/t/indir* **3** *poisson* ~ (***à l'appât***) anbeißen; *fig* ~ ***à l'hameçon*** sich ködern lassen; F anbeißen; **4** ~ ***dans qc*** in etw (*acc*) beißen; **5** SPORTS ~ ***sur la ligne*** übertreten; AUTO ~ ***sur la ligne continue*** über die Mittellinie fahren; **III** *v/i mécanisme, vis* greifen; fassen; **IV** *v/pr* ***se*** ~ ***les lèvres*** sich auf die Lippen beißen (*a fig*); *fig* ***se*** ~ ***les doigts de qc*** etw bereuen
mordu [mɔʀdy] F **I** *adj* ⟨~e⟩ (*amoureux*) verliebt; F verknallt; **II** *subst* ***un*** ~ ***du jazz*** ein Jazzfan *m*
moresque [mɔʀɛsk] → ***mauresque***
morfondre [mɔʀfõdʀ(ə)] *v/pr* ⟨→ rendre⟩ ***se*** ~ sich langweilen (und Trübsal blasen)
morgue [mɔʀg] *f* **1** *bâtiment* Leichenschauhaus *n*; *salle* Leichenhalle *f*; **2** (*orgueil*) Dünkel *m*; Überheblichkeit *f*
moribond [mɔʀibõ] **I** *adj* ⟨-onde [-õd]⟩ im Sterben liegend; sterbend; **II** ~(***e***) *m(f)* Sterbende(r) *f(m)*
morigéner [mɔʀiʒene] *st/s v/t* ⟨-è-⟩ rügen
morille [mɔrij] *f* Morchel *f*
morm|on [mɔʀmõ] *m*, **~one** [-ɔn] *f* Mormone *m*, Mormonin *f*
morne [mɔʀn] *adj* trübselig; *personne a* trübsinnig; *existence, paysage a* trist; trostlos; öde
moros|e [mɔʀoz] *adj* missmutig; griesgrämig; grämlich; verdrossen; **~ité** [-ite] *f* Missmut *m*; Verdrossenheit *f*
morphine [mɔʀfin] *f* Morphium *n*
morphinomane [mɔʀfinɔman] *m,f* Morphinist(in) *m(f)*; Morphiumsüchtige(r) *f(m)*
morphologie [mɔʀfɔlɔʒi] *f* Morphologie *f*; LING *a* Formenlehre *f*
morpion [mɔʀpjõ] F *m* **1** ZO Filzlaus *f*; **2** (*petit garçon*) F Knirps *m*
mors [mɔʀ] *m* Gebiss *n* (*am Pferdezaum*); ***prendre le*** ~ ***aux dents*** *cheval* durchgehen; scheuen; *fig* (*s'emporter*) in Harnisch geraten; sich ereifern
morse¹ [mɔʀs] *m* ZO Walross *n*
morse² *m code* Morsealphabet *n*
morsure [mɔʀsyʀ] *f* Biss *m*
▸ **mort¹** [mɔʀ] *f* Tod *m* (*a fig*); ***à*** ~ tödlich; zu Tode; *combat* auf Leben und Tod; ***condamner qn à*** ~ j-n zum Tode verurteilen; F *fig* ***freiner à*** ~ e-e Vollbremsung machen; ***la*** ~ ***dans l'âme*** zu Tode betrübt; ***se donner la*** ~ sich das Leben nehmen
▸ **mort²** [mɔʀ] **I** *p/p* → ***mourir*** *et adj* ⟨morte [mɔʀt]⟩ tot; *personne a* gestorben; verstorben; *soldat* gefallen; *animal a* verendet; BOT, MÉD tot; abgestorben; *bois* dürr; *yeux* glanzlos; erloschen; *ville* (wie) tot, ausgestorben; F *moteur* F kaputt; F hin; F *pile* leer; ***angle*** ~ toter Winkel; ***eau*** **~*e*** stehendes Wasser; ***feuille*** **~*e*** welkes, dürres Blatt; ***langue*** **~*e*** tote Sprache; ***poids*** ~ TECH Eigengewicht *n*; *fig* Hemmschuh *m*; Last *f*; ***temps*** ~ (*sans activité*) tote, stille Zeit; SPORTS Auszeit *f*; ***être*** ~ (***de fatigue***) todmüde sein; ***être*** ~ ***de peur*** vor Angst wie gelähmt, F halb tot sein; **II** ~(***e***) *m(f)* Tote(r) *f(m)*; (*victime*) Todesopfer *n*; ***jour*** *m* ***des*** **~*s*** Allerseelen *n*; ***faire le*** ~ sich totstellen; *fig* sich nicht rühren; nichts von sich hören lassen; *accident* ***faire deux*** **~*s*** zwei Todesopfer fordern
mortadelle [mɔʀtadɛl] *f* Mortadella *f*
mortaise [mɔʀtɛz] *f* Zapfenloch *n*
mortalité [mɔʀtalite] *f* Sterblichkeit *f*; (***taux*** *m* ***de***) ~ Sterbeziffer *f*
mort-aux-rats [mɔʀoʀa] *f* ⟨*inv*⟩ Rattengift *n*
mortel [mɔʀtɛl] **I** *adj* ⟨~le⟩ **1** *être vivant* sterblich; **2** *maladie, poison, danger* tödlich; ***coup*** ~ Todesstoß *m*; **3** *fig* ***ennemi*** ~ Todfeind *m*; ***ennui*** ~ tödliche Langeweile; ***péché*** ~ Todsünde *f*; **4** F (*très ennuyeux*) sterbenslangweilig; zum Sterben, tödlich langweilig; **II** ~(***le***) *m(f)* Sterbliche(r) *f(m)*
morte-saison [mɔʀt(ə)sɛzõ] *f* ⟨mortes--saisons⟩ geschäftlich stille Zeit; F Saure-Gurken-Zeit *f*
mortier [mɔʀtje] *m* **1** CONSTR Mörtel *m*; **2** MIL, *récipient* Mörser *m*
morti|fication [mɔʀtifikasjõ] *f* **1** Kränkung *f*; Demütigung *f*; **2** REL Kasteiung *f*; **~fier** [-fje] *v/t* **1** kränken; demütigen; **2** REL kasteien
mort-né [mɔʀne] **I** *adj* ⟨mort-née⟩ **1** *enfant* tot geboren; **2** *fig projet* ein tot ge-

M

borenes Kind; **II** *m* ⟨mort-nés⟩ Totgeburt *f*

mortuaire [mɔʀtɥɛʀ] *adj* Toten…; Sterbe…; Leichen…; ***couronne f*** ~ Grabkranz *m*

morue [mɔʀy] *f* **1** ZO Kabeljau *m*; *jeune poisson* Dorsch *m*; *séchée* Stockfisch *m*; **2** P *péj* Nutte *f*

morve [mɔʀv] *f* Nasenschleim *m*; F Rotz *m*

morveux [mɔʀvø] **I** *adj* ⟨-euse [-øz]⟩ *enfant* mit e-r Rotznase; **II** ~, ***morveuse*** *m,f* F Rotznase *f*

mosaïque [mɔzaik] *f* Mosaik *n* (*a fig*)

Moscou [mɔsku] Moskau *n*

moscovite [mɔskɔvit] **I** *adj* Moskauer; **II** ♀ *m,f* Moskauer(in) *m(f)*

mosquée [mɔske] *f* Moschee *f*

▸ **mot** [mo] *m* **1** Wort *n*; *d'une langue étrangère a* Vokabel *f*; ***bon*** ~, ~ ***d'esprit*** Bonmot *n*; geistreiche, witzige Bemerkung; *fig* ***le fin*** ~ ***de l'histoire*** der wahre Sachverhalt; des Pudels Kern; ~ ***d'enfant*** Kindermund *m*; *fig* ***le*** ~ ***de l'énigme*** des Rätsels Lösung *f*; ~ ***d'ordre*** Parole *f*; Losung *f*; ~ ***de passe*** Kennwort *n*; MIL *a* Losung(swort) *f(n)*; Parole *f*; INFORM Passwort *n*; ~ ***à*** ~ [motamo] wörtlich; ~ ***pour*** ~ wortwörtlich; Wort für Wort; ***au bas*** ~ mindestens; bei vorsichtiger Schätzung; ***en un*** ~ mit einem Wort; kurz; ***sans*** ~ ***dire*** wortlos; ohne ein Wort zu sagen; ***avoir des*** ~***s avec qn*** e-n Wortwechsel mit j-m haben; ***avoir toujours le*** ~ ***pour rire*** immer zu Scherzen aufgelegt sein; ***avoir le dernier*** ~ das letzte Wort haben; ***j'ai deux*** ~***s à vous dire*** ich habe ein Wörtchen mit Ihnen zu reden; ***avoir son*** ~ ***à dire*** auch noch ein Wörtchen mitzureden haben; ***se donner le*** ~ sich absprechen; ***prendre qn au*** ~ j-n beim Wort nehmen; ***ne*** (***pas***) ***souffler*** ~ kein Sterbenswörtchen sagen; ***toucher un*** ~ ***de qc à qn*** j-n auf etw (*acc*) ansprechen; **2** (*message*) ***un*** (***petit***) ~ ein paar Zeilen *f/pl*; ~ ***d'excuse*** Entschuldigung(szettel) *f(m)*

motard [mɔtaʀ] F *m* **1** motorisierter (Verkehrs)Polizist; **2** Motorradfahrer *m*

motel [mɔtɛl] *m* Motel *n*

▸ **moteur** [mɔtœʀ] **I** *adj* ⟨-trice [-tʀis]⟩ **1** ANAT motorisch; Bewegungs…; **2** TECH Antriebs…; ***roue motrice*** Antriebsrad *n*; **II** *m* **1** TECH Motor *m*; ~ ***électrique*** Elektromotor *m*; ~ ***à essence*** Benzinmotor *m*; *adjt* ***bloc*** *m*, ***frein*** *m* ~ Motorblock *m*, -bremse *f*; **2** *fig* Motor *m*; treibende Kraft

motif [mɔtif] *m* **1** (*raison*) Motiv *n*; (Beweg)Grund *m*; ***sans*** ~ grundlos; ohne Veranlassung; **2** (*sujet*) Motiv *n* (*a* MUS); PEINT *a* Gegenstand *m*; *d'un tissu a* Muster *n*

motion [mɔsjõ] *f* POL Antrag *m*; ~ ***de censure*** Misstrauensantrag *m*

motivation [mɔtivasjõ] *f* Motivation *f*; ~***s*** *pl* Beweggründe *m/pl*

motiver [mɔtive] *v/t* **1** (*justifier*) begründen; motivieren; **2** (*être le motif de*) der Grund, Anlass sein (***qc*** für etw); **3** ~ ***qn*** j-n motivieren; (***très***) ***motivé*** (hoch) motiviert

▸ **moto** [mɔto] *f* Motorrad *n*; ***faire de la*** ~ Motorrad fahren

motocross [mɔtɔkʀɔs] *m* Motocross *n*

motoculteur [mɔtɔkyltœʀ] *m* Einachsschlepper *m*

motocycl|e [mɔtɔsikl(ə)] *m* ADM Kraftrad *n*; ~***ette*** [-ɛt] *f* → ***moto***; ~***isme*** [-ism(ə)] *m* Motorradsport *m*; ~***iste*** [-ist] *m,f* Motorradfahrer(in) *m(f)*

motoriser [mɔtɔʀize] *v/t* motorisieren; F ***être motorisé*** motorisiert sein

motrice [mɔtʀis] *f* Triebwagen *m*; *du T.G.V.* Triebkopf *m*

motte [mɔt] *f* **1** ~ (***de terre***) Scholle *f*; Erdklumpen *m*; **2** ~ ***de beurre*** Butterklumpen *m*

motus [mɔtys] *int* ~ (***et bouche cousue***)***!*** (reinen) Mund halten!; nichts verraten!

▸ **mou** [mu] **I** *adj* ⟨*m vor Vokal u stummem h* mol [mɔl]; *f* molle [mɔl]⟩ **1** *substance, matelas, etc* weich; **2** *fig* willen-, energielos; schlaff; schlapp; F lahm; **II** *m* **1** BOUCHERIE Lunge *f*; **2** *personne* F Schlappschwanz *m*; F Waschlappen *m*; **3** ***donner du*** ~ locker lassen (***à*** *acc*)

mouch|ard [muʃaʀ] *m*, ~***arde*** [-aʀd] *f* F **1** (*espion*) Spitzel *m*; **2** ÉCOLE F Petze *f*; **3** *m* TECH Fahrt(en)schreiber *m*

moucharder [muʃaʀde] F *v/t* **1** (*espionner*) bespitzeln; *abs* (herum)spionieren; **2** (*dénoncer*) F verpetzen; F verpfeifen; *abs* petzen

▸ **mouche** [muʃ] *f* **1** ZO Fliege *f*; ~ ***bleue***

M

Schmeißfliege *f*; *fig* ***fine ~*** F schlaues Weib; schlauer Fuchs; ***on aurait entendu une ~ voler*** man konnte e-e Stecknadel fallen hören; *fig* ***prendre la ~*** gleich böse werden, aufbrausen; **2** TIR, *fig* ***faire ~*** ins Schwarze treffen; **3** *adjt* SPORTS ***poids*** *m* ***~*** Fliegengewicht *n*

moucher [muʃe] **I** *v/t* **1** die Nase putzen (***qn*** j-m); **2** F *fig* ***se faire ~*** abgekanzelt, F heruntergeputzt werden; **II** *v/pr* ***se ~*** sich die Nase putzen; sich schneuzen

moucheron [muʃʀõ] *m* (kleine) Mücke

moucheté [muʃte] *adj* ⟨~e⟩ getüpfelt, getupft (*a tissu*); gesprenkelt

▸ **mouchoir** [muʃwaʀ] *m* Taschentuch *n*; ***~ en papier*** Papiertaschentuch *n*; ***grand comme un ~ (de poche)*** winzig; F ein Handtuch *n*

moudre [mudʀ(ə)] *v/t* ⟨je mouds, il moud, nous moulons; je moulais; je moulus; je moudrai; que je moule; moulant; moulu⟩ mahlen

moue [mu] *f* schiefes Gesicht; Schmollmund *m*; ***faire une ~ de dédain*** verächtlich den Mund verziehen; ***faire la ~*** ein (schiefes) Gesicht, F e-n Flunsch ziehen

mouette [mwɛt] *f* Möwe *f*

moufeter → ***moufter***

moufle [mufl(ə)] *f* Fausthandschuh *m*; Fäustling *m*

moufl|et [muflɛ] *m*, **~ette** [-ɛt] *f* F Gör *n*; Göre *f*

mouflon [muflõ] *m* Mufflon *m*

moufter [mufte] F *v/i* ***ne pas ~*** F nicht (auf)mucken

mouillage [mujaʒ] *m* MAR Ankern *n*; *endroit* Ankerplatz *m*

▸ **mouillé** [muje] *adj* ⟨~e⟩ nass; feucht

mouiller [muje] **I** *v/t* **1** nass machen; (*humidifier*) anfeuchten; ***se faire ~*** nass werden; **2** *ancre* (aus)werfen; **II** *v/i* **3** *bateau* vor Anker gehen; ankern; **III** *v/pr* **4** ***se ~*** nass werden; feucht werden (*a yeux*); *personne a* sich nass machen; **5** F *fig* ***se ~*** sich kompromittieren; ein Risiko eingehen

mouillette [mujɛt] *f* Stück *n* Brot (*zum Eintauchen*)

mouise [mwiz] P *f* Not *f*; Elend *n*; ***il est dans la ~*** F es geht ihm dreckig

moulage [mulaʒ] *m* **1** TECH Formguss *m*; Gießen *n*; **2** SCULP Abguss *m*

moulant [mulɑ̃] *adj* ⟨-ante [-ɑ̃t]⟩ eng anliegend; hauteng

moule[1] [mul] *m* **1** TECH, SCULP (Guss-, Gieß)Form *f*; **2** CUIS Back-, Kuchenform *f*; ***~ à tarte*** rundes Obstkuchenblech; **3** *pour pâtés de sable* Sandförmchen *n*

moule[2] *f* ZO Miesmuschel *f*

mouler [mule] *v/t* **1** (*fabriquer*) formen; gießen; **2** (*reproduire*) abformen; **3** *fig* ***~ sur qc*** nach etw bilden, formen; **4** *vêtement* ***~ (le corps)*** hauteng sitzen

▸ **moulin** [mulɛ̃] *m* **1** Mühle *f*; ***~ à café*** Kaffeemühle *f*; ***~ à légumes*** Passiermaschine *f*; ***~ à vent*** Windmühle *f*; *jouet* Windrädchen *n*; F *fig* ***c'est un ~ à paroles*** der Mund steht ihm *ou* ihr nie still; **2** F (*moteur*) Motor *m*

mouliner [muline] *v/t* CUIS passieren

moulinet [mulinɛ] *m* **1** PÊCHE Rolle *f*; **2** ***faire des ~s avec qc*** etw im Kreis herumwirbeln

moulinette® [mulinɛt] *f* *kleine Mühle zum Raspeln von Gemüse etc*

moult [mult] *iron adv* viel(e)

moulu [muly] *p/p* → ***moudre*** *et adj* ⟨~e⟩ **1** gemahlen; **2** *fig* ***être ~ (de fatigue)*** wie zerschlagen sein

moulure [mulyʀ] *f* Profilleiste *f*, -stab *m*

moumoute [mumut] *f* **1** *plais* Perücke *f*; **2** *veste* Schaffelljacke *f*

mourant [muʀɑ̃] **I** *adj* ⟨-ante [-ɑ̃t]⟩ **1** sterbend; im Sterben liegend; **2** *fig*, *litt* ersterbend; **II** **~(e)** *m(f)* Sterbende(r) *f(m)*

▸ **mourir** [muʀiʀ] ⟨je meurs, il meurt, nous mourons, ils meurent; je mourais; je mourus; je mourrai; que je meure, que nous mourions; mourant; être mort⟩ *v/i* *personne* sterben (***de*** an + *dat*); *dans un accident* umkommen; ums Leben kommen; *à la guerre* fallen; *fig* vergehen, umkommen, sterben (***de*** vor + *dat*); *animal* eingehen (*a plante*); verenden; *plante* absterben; *civilisation* untergehen; *fig bruit* sich verlieren; immer leiser werden; *fig passion* vergehen; *st/s* sterben; *fig* ***~ d'amour*** (un)sterblich verliebt sein; *fig* ***~ de chaleur*** vor Hitze umkommen; ***~ de froid*** erfrieren; ***~ de sa belle mort*** e-s natürlichen Todes sterben; ***s'ennuyer à ~*** sich tödlich, zu Tode langweilen; ***c'est à ~ de rire*** das ist zum Totlachen

M

mouroir [murwaʀ] *m péj* Sterbeanstalt *f*
mouron [murõ] *m* F ***se faire du ~*** sich Sorgen machen
mouscaille [muskaj] *f* P → ***mouise***
mousquetaire [muskətɛʀ] *m* Musketier *m*
mousqueton [muskətõ] *m* Karabinerhaken *m*
moussant [musɑ̃] *adj* ⟨-ante [-ɑ̃t]⟩ Schaum…
mousse[1] [mus] *f* **1** BOT Moos *n*; *adjt* ***vert ~*** ⟨*inv*⟩ moosgrün; **2** (*écume*) Schaum *m*; **3** CUIS Mousse *f*; ***~ au chocolat*** Schokoladencremespeise *f*; **4** *matière plastique* Schaumstoff *m*; **5** ***~ carbonique*** Kohlensäureschnee *m*; **6** TRICOT *adjt* ***point*** *m* ***~*** Rechts-rechts-Muster *n*
mousse[2] *m* MAR Schiffsjunge *m*
mousseline [muslin] *f* **1** TEXT Musselin *m*; **2** CUIS *adjt* ***pommes*** *f/pl* ***~*** sahnig geschlagenes Kartoffelpüree; ***sauce*** *f* ***~*** holländische Soße mit Schlagsahne
mousser [muse] *v/i* **1** schäumen; *vin a* moussieren; perlen; **2** F *fig* ***se faire ~*** sich besonders herausstreichen
mousseux [musø] *adj* ⟨-euse [-øz]⟩ schäumend; (***vin*** *m*) ***~*** *m* Schaumwein *m*; Sekt *m*
mousson [musõ] *f* Monsun *m*
moustache [mustaʃ] *f* **1** Schnurrbart *m*; *grosse* Schnauzbart *m*; **2** ZO ***~s*** *pl* Schnurrhaare *n/pl*; Bart *m*
moustachu [mustaʃy] **I** *adj* ⟨***~e***⟩ schnurrbärtig; **II** *m* Schnurrbärtige(r) *m*; F Schnauzbart *m*
moustiquaire [mustikɛʀ] *f* Moskitonetz *n*
▸ **moustique** [mustik] *m* **1** (Stech)Mücke *f*; *des pays tropicaux* Moskito *m*; **2** *fig enfant* F Wicht *m*
moût [mu] *m* Most *m*; unvergorener Saft
moutard [mutaʀ] *m* F Knirps *m*; ***~s*** *pl* F Gören *n/pl*
▸ **moutarde** [mutaʀd] *f* Senf *m* (*a* BOT); Mostrich *m*; *adjt* ⟨*inv*⟩ senffarben; ***sauce*** *f* ***~*** Senfsoße *f*; *fig* ***la ~ lui monte au nez*** der Zorn steigt in ihm hoch
▸ **mouton** [mutõ] *m* **1** ZO Schaf *n*; *mâle castré* Hammel *m*; *fig* ***~ de Panurge*** Herdenmensch *m*; *fig* ***revenons à nos ~s!*** kommen wir wieder zur Sache *ou* zum Thema!; **2** *viande* Hammelfleisch *n*; ***côtelette*** *f* ***de ~*** Hammelkotelett *n*; **3** *fig* ***~s*** *pl poussière* (Staub)Flocken *f/pl*; *sur les vagues* Schaumkronen *f/pl*; *nuages* Schäfchen(wolken) *n/pl(f/pl)*
mouture [mutyʀ] *f* **1** *du blé, etc* Mahlen *n*; **2** *café* ***~ fine*** fein gemahlener Kaffee; **3** *fig* Fassung *f*; *péj* Aufguss *m*
mouvance [muvɑ̃s] *f* Einflussbereich *m*; Dunstkreis *m*
mouvant [muvɑ̃] *adj* ⟨-ante [-ɑ̃t]⟩ **1** in ständiger Bewegung; sich ständig wandelnd; **2** ***sables ~s*** Treibsand *m*
▸ **mouvement** [muvmɑ̃] *m* **1** Bewegung *f* (*a fig*, POL); ***~ de grève*** Streikbewegung *f*; *mécanisme* ***mettre en ~*** in Bewegung setzen; *fig* ***suivre le ~*** mit dem Strom schwimmen; **2** MUS Tempo *n*; Zeitmaß *n*; *partie d'une œuvre* Satz *m*; **3** ***~ d'horlogerie*** Uhrwerk *n*; ***~ perpétuel*** Perpetuum mobile *n*; **4** (*impulsion*) Reaktion *f*; (Gefühls)Regung *f*; *de colère* Anwandlung *f* (***de*** von); Aufwallung *f* (+ *gén*); ***bon ~*** gute Regung; ***de son propre ~*** aus eigenem Antrieb; **5** (*animation*) reges Leben (und Treiben)
mouvementé [muvmɑ̃te] *adj* ⟨***~e***⟩ *vie* bewegt; wechselvoll; abwechslungsreich; *séance* erregt; stürmisch
mouvoir [muvwaʀ] ⟨je meus, il meut, nous mouvons, ils meuvent; je mouvais; je mus; je mouvrai; que je meuve, que nous mouvions; mouvant; mû, mue; *selten bis auf inf, présent ind u p/p*⟩ **I** *v/t* bewegen; ***être mû par l'électricité*** elektrisch angetrieben werden; **II** *v/pr* ***se ~*** sich bewegen
▸ **moyen**[1] [mwajɛ̃] *adj* ⟨moyenne [mwajɛn]⟩ **1** (*intermédiaire*) mittlere; Mittel…; ***♀ Âge*** Mittelalter *n*; **2** (*en moyenne*) durchschnittlich; Durchschnitts…; ***le Français ~*** der Durchschnittsfranzose; **3** *résultats, élève* mittelmäßig
▸ **moyen**[2] *m* **1** Mittel *n*; *fig* ***~s du bord*** verfügbare, vorhandene Mittel; ***~ de transport*** Transport-, Verkehrsmittel *n*; ***au ~ de*** mit (+ *dat*); mithilfe von (*ou* + *gén*); mittels (+ *gén*); F ***pas ~!*** unmöglich!; F geht nicht!; ***il y a ~ de*** (+ *inf*) es gibt ein Mittel, e-n Weg zu (+ *inf*); es ist möglich zu (+ *inf*); ***employer les grands ~s*** zum äußersten, letzten Mittel greifen; ***tous les ~s lui***

sont bons ihm ist jedes Mittel recht; **2** ***~s*** *pl d'une personne* Fähigkeiten *f/pl*; Talent *n*; Begabung *f*; *physiques* Kräfte *f/pl*; ***par ses propres ~s*** aus eigener Kraft; ohne fremde Hilfe; ***perdre ses ~s*** (völlig) versagen; **3** ***~s*** *pl (ressources pécuniaires)* Mittel *n/pl*; F ***il a les ~s!*** er kann es sich leisten!; ***vivre au-dessus de ses ~s*** über s-e Verhältnisse leben

moyenâgeux [mwajɛnɑʒø] *adj* ⟨-euse [-øz]⟩ mittelalterlich (*a péj*)

moyen-courrier *m* ⟨moyen-courriers⟩ Mittelstreckenflugzeug *n*; *adjt* Mittelstrecken…

moyennant [mwajɛnɑ̃] *prép* mittels (+ *gén*); für (+ *acc*); gegen (+ *acc*); ***~ récompense*** gegen Belohnung; ***~ quoi*** womit; wodurch

moyenne [mwajɛn] *f* Durchschnitt *m*; MATH, MÉTÉO Mittel *n*; Mittelwert *m*; ***~ d'âge*** Durchschnittsalter *n*; ***en ~*** durchschnittlich; im Durchschnitt; im Mittel; F im Schnitt; ***faire du 70 de ~*** durchschnittlich, im Schnitt (mit) 70 fahren

moyennement [mwajɛnmɑ̃] *adv* mittelmäßig

Moyen-Orient [mwajɛnɔʀjɑ̃] ***le ~*** der Mittlere Osten

moyeu [mwajø] *m* ⟨~x⟩ Nabe *f*

Mozambique [mɔzɑ̃bik] ***le ~*** Mosambik *ou* Moçambique *n*

M.S.T. [ɛmɛste] *f* ⟨*inv*⟩ *abr* (*maladie sexuellement transmissible*) Geschlechtskrankheit *f*

mû [my] *p/p* → ***mouvoir***

mucosité [mykozite] *f* Schleim *m*

mucus [mykys] *m* Schleim *m*

mue [my] *f* **1** *des oiseaux* Mauser *f*; *des serpents* Häutung *f*; **2** *de la voix* Stimmbruch *m*

muer [mɥe] **I** *v/i* **1** *oiseaux* sich mausern; *serpents* sich häuten; **2** *jeune homme* im Stimmbruch sein; **II** *v/pr litt* ***se ~ en*** sich verwandeln in (+ *acc*)

▸ **muet** [mɥɛ] **I** *adj* ⟨muette [mɥet]⟩ stumm (*a fig*); ***e, h ~*** stummes e, h; ***cinéma, film ~*** Stummfilm *m*; **II** *subst* **1** ***~(te)*** *m(f)* Stumme(r) *f(m)*; **2** CIN ***le ~*** der Stummfilm

mufle [myfl(ə)] *m* **1** *d'un animal* Schnauze *f*; Maul *n*; **2** *péj (goujat)* Flegel *m*; Lümmel *m*; Rüpel *m*

muflerie [myflәʀi] *f* Flegelhaftigkeit *f*

mugir [myʒiʀ] *v/i* **1** *bovins* brüllen; muhen; **2** *fig mer* brausen; tosen

mugissement [myʒismɑ̃] *m* **1** *des bovins* Brüllen *n*; Muhen *n*; **2** *fig* Brausen *n*; Tosen *n*

muguet [mygɛ] *m* **1** BOT Maiglöckchen *n*; **2** MÉD Schwämmchen *n*; Soor *m*

mulâtr|e [mylɑtʀ(ə)] *m,f* Mulatte *m*, Mulattin *f*; ***~esse*** [-ɛs] *f* Mulattin *f*

mule [myl] *f* **1** ZO weibliches Maultier; Mauleselin *f*; F *fig* ***tête f de ~*** F Dickschädel *m*; **2** *pantoufle* Pantoffel *m*

mulet [mylɛ] **1** ***(grand) ~*** Maultier *n*; ***(petit) ~*** Maulesel *m*; **2** *poison* Meeräsche *f*

muletier [myltje] **I** *m* Maultiertreiber *m*; **II** *adj* ***sentier ~*** Maultier-, Saumpfad *m*

mulot [mylo] *m* Waldmaus *f*

multi|colore [myltikɔlɔʀ] *adj* mehr-, vielfarbig; bunt; ***~latéral*** *adj* ⟨~e; -aux⟩ multilateral; mehrseitig; ***~média*** *adj* ⟨*f inv*⟩ Multimedia…; ***~millionnaire*** **I** *adj* viele *ou* mehrere Millionen besitzend; F millionenschwer; **II** *m,f* Multimillionär(in) *m(f)*; ***~national*** **I** *adj* ⟨~e; -aux⟩ multinational; **II** *f* ***~e*** multinationales Unternehmen; F Multi *m*

multiple [myltipl(ə)] **I** *adj* mehrfach; vielfach; mannigfach; vielfältig; ***grossesse f ~*** Mehrlingsschwangerschaft *f*; ÉLECT ***prise f ~*** Mehrfachsteckdose *f*; ***à usages ~s*** Mehrzweck…; **II** *m* MATH Vielfache(s) *n*

multiplex [myltiplɛks] *m* Konferenzschaltung *f*

multiplicateur [myltiplikatœʀ] *m* Multiplikator *m*

multiplication [myltiplikasjõ] *f* **1** MATH Multiplizieren *n*; Multiplikation *f*; **2** (*augmentation*) Vermehrung *f* (*a* BIOL); Zunahme *f*; **3** TECH Übersetzung *f*

multiplicité [myltiplisite] *f* **1** (*grand nombre*) Vielzahl *f*; **2** (*caractère multiple*) Vielfalt *f*; Vielfältigkeit *f*

multiplier [myltiplije] **I** *v/t* **1** MATH malnehmen, multiplizieren (***par*** mit); **2** *tentatives* mehrfach wiederholen; *erreurs, difficultés* vermehren; vervielfachen; **II** *v/pr* ***se ~*** **3** *cas, incidents, etc* sich häufen; sich mehren; zunehmen; **4** *êtres vivants* sich vermehren

M

multi|propriété [myltipʀɔpʀijete] *f* Miteigentum *n* an e-r Ferienwohnung; Timesharing *n*; **~racial** *adj* ⟨~e; -aux⟩ gemischtrassig

multirisque [myltiʀisk] *adj* ***assurance*** *f* **~** kombinierte Versicherung

multisalles [myltisal] *adj* ***cinéma*** *m* **~** Kinocenter *n*

multitude [myltityd] *f* **1** (*grand nombre*) Vielzahl *f*; **2** *st/s* (*foule*) Menge *f*

Munich [mynik] München *n*

municipal [mynisipal] *adj* ⟨~e; -aux [-o]⟩ kommunal; Gemeinde…; städtisch; Stadt…; (***élections*** *f/pl*) ***~es*** *f/pl* Kommunalwahlen *f/pl*

municipalité [mynisipalite] *f* **1** (*corps municipal*) Gemeindevorstand *m*; **2** (*commune*) Gemeinde *f*; (*ville*) Stadt *f*

munir [myniʀ] **I** *v/t* versehen, ausstatten (***de*** mit); **II** *v/pr* ***se ~ de qc*** sich mit etw versehen; (*emporter*) etw mitnehmen

munitions [mynisjõ] *f/pl* Munition *f*

munster [mɛ̃stɛʀ, mœ̃-] *m* Münsterkäse *m*

muqueuse [mykøz] *f* Schleimhaut *f*

▸ **mur** [myʀ] *m* Mauer *f* (*a fig*); *d'une habitation a* Wand *f*; **~ *antibruit*** Lärmschutzwall *m*; AVIAT **~ *du son*** Schallmauer *f*; *fig* ***coller qn au ~*** (*fusiller*) j-n an die Wand stellen; ***faire le ~*** (*sortir sans permission*) heimlich, unerlaubt weggehen; SPORTS e-e Mauer bilden

▸ **mûr** [myʀ] *adj* ⟨~e⟩ reif (*a fig personne, abcès*); F *étoffe* mürb(e); brüchig; *péj femme* in reiferen Jahren; *fruit* ***trop ~*** überreif; ***après ~e réflexion*** nach reiflicher Überlegung

muraille [myʀaj] *f* (Stadt-, Befestigungs)Mauer *f*

mural [myʀal] *adj* ⟨~e; -aux [-o]⟩ Wand…

mûre [myʀ] *f* Brombeere *f*

murène [myʀɛn] *f* Muräne *f* (*Fisch*)

murer [myʀe] **I** *v/t fenêtre, porte* zumauern; *lieu* ummauern; *personne* einmauern; *fig mineurs* ***être murés*** eingeschlossen sein; **II** *v/pr fig* ***se ~ dans son silence*** sich in Schweigen hüllen

muret [myʀɛ] *m* niedrige Mauer; Mäuerchen *n*

mûrier [myʀje] *m* Maulbeerbaum *m*

mûrir [myʀiʀ] **I** *v/t* reifen lassen (*a fig projet*); *fig personne* reifer werden lassen; **II** *v/i* reifen (*a fig personne*); reif werden; *fig personne a* reifer werden; *fig projet* (heran)reifen

murmure [myʀmyʀ] *m* **1** Murmeln *n*; Gemurmel *n*; **2** *poét de l'eau* Murmeln *n*; *du vent* Säuseln *n*

murmurer [myʀmyʀe] *v/i* **1** *personne* murmeln (*a v/t*); **2** *poét eau* murmeln; plätschern; *vent, feuilles* säuseln

musaraigne [myzaʀɛɲ] *f* Spitzmaus *f*

musarder [myzaʀde] *v/i* die Zeit vertrödeln

musc [mysk] *m* Moschus *m*

muscade [myskad] *f* (***noix*** *f*) **~** Muskat(-nuss) *m(f)*

muscadet [myskadɛ] *m trockener Weißwein aus der Gegend um Nantes*

muscat [myska] *m* Muskateller *m*

▸ **muscle** [myskl(ə)] *m* Muskel *m*

muscl|é [myskle] *adj* ⟨~e⟩ **1** muskulös; **2** *fig* energisch; stark; **~er** [-e] *v/t* die Muskeln stärken (+ *gén*)

musculaire [myskylɛʀ] *adj* Muskel…

musculation [myskylasjõ] *f* Muskeltraining *n*; Bodybuilding *n*; ***salle*** *f* ***de ~*** Fitnessraum *m*

muscul|ature [myskylatyʀ] *f* Muskulatur *f*; **~eux** [-ø] *adj* ⟨-euse [-øz]⟩ muskulös

muse [myz] *f* Muse *f*

museau [myzo] *m* ⟨~x⟩ **1** *de chien, de chat, etc* Schnauze *f*; *de bovins* Maul *n*; **2** CUIS **~ *de porc*** Schweinskopfsülze *f*; **3** F (*figure*) Gesicht *n*

▸ **musée** [myze] *m* Museum *n*

museler [myzle] *v/t* ⟨-ll-⟩ e-n Maulkorb anlegen (+ *dat*) (*a fig*); *fig a* mundtot machen

muselière [myzəljɛʀ] *f* Maul-, Beißkorb *m*

musette [myzɛt] **1** *adjt* ***bal*** *m* **~** *volkstümliches Tanzvergnügen, bei dem nach Akkordeonmusik getanzt wird*; **2** *m* Musettemusik *f*; **3** *f sac* Umhängebeutel *m*

muséum [myzeɔm] *m* Naturkundemuseum *n*

musical [myzikal] *adj* ⟨~e; -aux [-o]⟩ **1** musikalisch; Musik…; ***comédie ~e*** Musical *n*; **2** *fig* klangvoll; melodisch

music-hall [myzikol] *m* ⟨music-halls⟩ Varietee(theater) *n*

▸ **musicien** [myzisjɛ̃], **musicienne** [myzisjɛn] **I** *m,f* Musiker(in) *m(f)*; *de musique populaire* Musikant(in) *m(f)*;

(*compositeur*) Komponist(in) *m(f)*; **II** *adj* ***être ~*** musikalisch sein

musicologie [myzikɔlɔʒi] *f* Musikwissenschaft *f*

▸ **musique** [myzik] *f* **1** Musik *f*; ***~ classique***, F ***grande ~*** klassische Musik; ***~ de chambre*** Kammermusik *f*; ***~ de film*** Filmmusik *f*; *travailler, dîner* ***en ~*** bei, mit Musik; F *fig* ***connaître la ~*** F wissen, wie der Hase läuft; ***faire de la ~*** musizieren; Musik machen; ***mettre en ~*** vertonen; **2** *écrite* Noten *f/pl*; *fig* ***c'est réglé comme du papier à ~*** das geht alles wie nach der Uhr; ***magasin*** *m* ***de ~*** Musikalienhandlung *f*; **3** ***~*** (***militaire***) Militärkapelle *f*; Musikkorps *n*; F Musik *f*

musqué [myske] *adj* ⟨~e⟩ **1** *parfum* nach Moschus duftend; **2** ***bœuf ~*** Moschusochse *m*; ***rat ~*** Bisamratte *f*

must [mœst] *m* ***être un ~*** ein Muss *n* sein

musulman [myzylmɑ̃] **I** *adj* ⟨-ane [-an]⟩ moslemisch; mohammedanisch; **II** ***~(e)*** *m(f)* Moslem *m*; Mohammedaner(in) *m(f)*

mutation [mytasjõ] *f* **1** *à un autre poste* Versetzung *f*; **2** BIOL Mutation *f*; **3** *fig* (tief greifender) Wandel; ***être en pleine ~*** sich mitten im Umbruch befinden

muter [myte] *v/t* versetzen

mutilation [mytilasjõ] *f* Verstümmelung *f* (*a fig*)

mutilé(e) [mytile] *m(f)* Versehrte(r) *f(m)*; ***~ de guerre*** Kriegsbeschädigte(r) *f(m)*, -versehrte(r) *f(m)*

mutiler [mytile] *v/t* verstümmeln (*a fig*)

mutin [mytɛ̃] **I** *adj* ⟨-ine [-in]⟩ schelmisch; **II** *m* Meuterer *m*; Aufrührer *m*

mutiner [mytine] *v/pr* ***se ~*** meutern

mutinerie [mytinʀi] *f* Meuterei *f*

mutisme [mytism(ə)] *m* Schweigen *n*; Stummheit *f*

mutualité [mytɥalite] *f* Versicherung(swesen) *f(n)* auf Gegenseitigkeit

mutuel [mytɥɛl] *adj* ⟨~le⟩ gegenseitig; ***torts ~s*** beiderseitiges Verschulden

mutuelle [mytɥɛl] *f* Versicherungsverein *m* auf Gegenseitigkeit; Zusatzversicherung *f*

mycose [mikoz] *f* Pilzkrankheit *f*; Mykose *f*

mygale [migal] *f* Vogelspinne *f*

myocarde [mjɔkaʀd] *m* Herzmuskel *m*

myopathie [mjɔpati] *f* Muskelschwund *m*

myop|e [mjɔp] **I** *adj* kurzsichtig (*a fig*); **II** *m,f* Kurzsichtige(r) *f(m)*; **~ie** [-i] *f* Kurzsichtigkeit *f* (*a fig*)

myosotis [mjozɔtis] *m* Vergissmeinnicht *n*

myriade [miʀjad] *f* Myriade *f*; Unzahl *f*

myrrhe [miʀ] *f* Myrrhe *f*

myrte [miʀt] *m* Myrte *f*

myrtille [miʀtij] *f* Heidelbeere *f*

▸ **mystère** [mistɛʀ] *m* **1** Geheimnis *n*; ***faire des ~s, s'entourer de ~*** geheimnisvoll tun; ***faire*** (***un***) ***~ de qc*** aus etw ein Geheimnis machen; **2** REL Mysterium *n*; **3** CUIS Tartuffo *n*

▸ **mystérieux** [misteʀjø] *adj* ⟨-euse [-øz]⟩ geheimnisvoll; mysteriös; rätselhaft

mysticisme [mistisism(ə)] *m* REL Mystik *f*

mystifica|teur [mistifikatœʀ] *m*, **~trice** [-tʀis] *f* Spaßvogel *m*

mystification [mistifikasjõ] *f* **1** (*blague*) Ulk *m*; **2** (*tromperie*) Täuschung *f*; Schwindel *m*

mystifier [mistifje] *v/t* hereinlegen; hinters Licht führen; täuschen

mystique [mistik] **I** *adj* **1** REL mystisch; **2** *fig* schwärmerisch; exaltiert; **II** *subst* **1** *m,f* REL Mystiker(in) *m(f)*; **2** *f* REL Mystik *f*; *fig* mystischer, blinder Glaube (***de*** an + *acc*)

mythe [mit] *m* **1** Mythos *m* (*a par ext*); (Götter-, Helden)Sage *f*; **2** *péj* Fiktion *f*; Erfindung *f*

mythique [mitik] *adj* **1** mythisch; **2** *péj* erfunden

mytholog|ie [mitɔlɔʒi] *f* Mythologie *f*; **~ique** [-ik] *adj* mythologisch

mythomane [mitɔman] **I** *adj* zum Fabulieren neigend; **II** *m,f* Fabulierer(in) *m(f)*

N

N, n [ɛn] *m* ⟨*inv*⟩ N, n *n*
N. *abr* (*nord*) N (Nord[en])
n' [n] → ***ne***
na! [na] *int* F ätsch!
nabab [nabab] *m* Nabob *m*
nabot [nabo] *m péj* Zwerg *m*
nacelle [nasɛl] *f* (Ballon)Korb *m*; Gondel *f*
nacre [nakʀ(ə)] *f* Perlmutter *f ou n*; Perlmutt *n*
nacré [nakʀe] *adj* ⟨~e⟩ wie Perlmutt(er) schimmernd
nage [naʒ] *f* **1** Schwimmen *n*; ***~ libre*** Freistilschwimmen *n*; ***quatre ~s*** Lagenschwimmen *n*; ***à la ~*** schwimmend; **2** *fig* ***être en ~*** in Schweiß gebadet sein
nageoire [naʒwaʀ] *f* Flosse *f*
▸ **nager** [naʒe] ⟨-ge-⟩ **I** *v/t distance* schwimmen; ***~ la brasse*** brustschwimmen; ***~ le crawl*** kraulen; **II** *v/i* **1** schwimmen (*a fig dans le bonheur*); **2** *fig* ***il nage dans son costume*** der Anzug schlottert ihm um den Leib; **3** F (*être dans l'embarras*) schwimmen
nag|eur [naʒœʀ] *m*, ***~euse*** [-øz] *f* Schwimmer(in) *m(f)*
naguère [nagɛʀ] *adv* **1** (*récemment*) unlängst; **2** (*jadis*) früher
naïf [naif] *adj* ⟨naïve [naiv]⟩ **1** naiv; *subst* ***un ~, une naïve*** F ein Naivling *m*; **2** ***les*** (***peintres***) ***~s*** die Naiven *m/pl*
nain [nɛ̃], **naine** [nɛn] **I** *m,f* Zwerg(in) *m(f)*; **II** *adj* Zwerg…
▸ **naissance** [nɛsɑ̃s] *f* **1** Geburt *f*; ***à sa ~*** bei s-r Geburt; ***de ~*** von Geburt (an); ***donner ~ à une fille*** e-m Mädchen das Leben schenken; **2** *fig* Entstehung *f*; *du jour* Anbruch *m*; **3** ***~ des cheveux*** Haaransatz *m*
▸ **naître** [nɛtʀ(ə)] *v/i* ⟨je nais, il naît, nous naissons; je naissais; je naquis; je naîtrai; que je naisse; naissant; être né⟩ **1** *personne* geboren werden; zur Welt kommen; ***être né Français*** von Geburt Franzose sein; ***il est né à Paris*** er ist, wurde in Paris geboren; ***être né de qn*** von j-m abstammen; *fig* ***je ne suis pas né d'hier*** ich bin doch nicht von gestern; **2** *fig* entstehen; *amour* aufkeimen; *jour* anbrechen; ***faire ~*** entstehen lassen; hervorrufen
naïveté [naivte] *f* Naivität *f*
naja [naʒa] *m* Kobra *f*
Namibie [namibi] ***la ~*** Namibia *n*
nana [nana] *f* F Tussi *f*
nanisme [nanism(ə)] *m* Zwergwuchs *m*
nanti [nɑ̃ti] *adj* ⟨**~e**⟩ wohlhabend; ***les ~s*** *m/pl* die Besitzenden *m/pl*, Wohlhabenden *m/pl*
nantissement [nɑ̃tismɑ̃] *m* JUR Sicherungsübereignung *f*
naphtaline [naftalin] *f* ***boule f de ~*** Mottenkugel *f*
naphte [naft] *m* Rohöl *n*; Naphtha *n*
Naples [napl(ə)] Neapel *n*
napolitain [napɔlitɛ̃] *adj* ⟨-aine [-ɛn]⟩ neapolitanisch; ***tranche ~e*** Fürst-Pückler-Eis *n*
▸ **nappe** [nap] *f* **1** Tischtuch *n*, -decke *f*; **2** ***~ de brouillard*** Nebelbank *f*; ***~ de pétrole*** *gisement* Erdölschicht *f*; *sur la mer* Ölteppich *m*
napper [nape] *v/t* CUIS übergießen; überziehen (***de*** mit)
napperon [napʀõ] *m* (Zier)Deckchen *n*
naquit [naki] → ***naître***
narciss|e [naʀsis] *m* Narzisse *f*; ***~isme*** [-ism(ə)] *m* Narzissmus *m*

Zusammensetzungen mit naissance

l'acte *m* **de naissance**	die Geburtsurkunde
l'année *f* **de naissance**	das Geburtsjahr
la date de naissance	das Geburtsdatum
le faire-part de naissance	die Geburtsanzeige
le jour de naissance	der Tag der Geburt
le lieu de naissance	der Geburtsort

narcodollars [naʀkodɔlaʀ] *m/pl* Drogendollars *m/pl*

narcotique [naʀkɔtik] *m* Narkotikum *n*; Narkose-, Betäubungsmittel *n*

narguer [naʀge] *v/t* verhöhnen; herausfordern

narguilé [naʀgile] *m* Wasserpfeife *f*

narine [naʀin] *f* Nasenloch *n*

narquois [naʀkwa] *adj* ⟨-oise [-waz]⟩ spöttisch

narra|teur [naʀatœʀ] *m*, **~trice** [-tʀis] *f* Erzähler(in) *m(f)*

narration [naʀasjõ] *f* Erzählung *f*

nasal [nazal] *adj* ⟨~e; -aux [-o]⟩ **1** ANAT Nasen…; **2** PHON nasal; *subst* **~e** *f* Nasal *m*

naseau [nazo] *m* ⟨~x⟩ Nüster *f*

nasillard [nazijaʀ] *adj* ⟨-arde [-aʀd]⟩ näselnd

nasse [nas] *f* (Fisch)Reuse *f*

natal [natal] *adj* ⟨~e; -als⟩ Geburts…; Heimat…; ***pays ~*** Heimat *f*

natalité [natalite] *f* (***taux*** *m* ***de***) ~ Geburtenziffer *f*, -zahl *f*

▸ **natation** [natasjõ] *f* Schwimmsport *m*; Schwimmen *n*

natif [natif] *adj* ⟨-ive [-iv]⟩ **1** ***~ de*** gebürtig aus; **2** *or* gediegen

▸ **nation** [nasjõ] *f* Nation *f*; Volk *n*; ***les ~s Unies*** die Vereinten Nationen *f/pl*

▸ **national** [nasjɔnal] **I** *adj* ⟨~e; -aux [-o]⟩ national; National…; Volks…; Landes…; Staats…; inländisch; (ein-)heimisch; ***équipe ~e*** Nationalmannschaft *f*; (***route***) ***~e*** *f correspond à* Bundesstraße *f*; **II** ***les nationaux*** *m/pl* die Staatsangehörigen *pl*

nationalis|ation [nasjɔnalizasjõ] *f* Verstaatlichung *f*; Nationalisierung *f*; **~er** [-e] *v/t* verstaatlichen; nationalisieren

national|isme [nasjɔnalism(ə)] *m* Nationalismus *m*; **~iste** [-ist] **I** *adj* nationalistisch; **II** *m,f* Nationalist(in) *m(f)*

▸ **nationalité** [nasjɔnalite] *f* Staatsangehörigkeit *f*; Nationalität *f*; Staatsbürgerschaft *f*; Volkszugehörigkeit *f*

nativité [nativite] *f* Geburt *f* Christi

natte [nat] *f* **1** *tapis* Matte *f*; **2** *tresse* Zopf *m*

natter [nate] *v/t cheveux* flechten

naturalisation [natyʀalizasjõ] *f* Einbürgerung *f*; Naturalisierung *f*

naturaliser [natyʀalize] *v/t* **1** *étranger* einbürgern; naturalisieren; ***se faire ~ français*** die französische Staatsangehörigkeit erwerben; **2** *animal* präparieren

naturaliste [natyʀalist] **I** *adj* naturalistisch; **II** *m* **1** *peintre, romancier* Naturalist *m*; **2** (*empailleur*) Präparator *m*; **3** *savant* Naturforscher *m*

▸ **nature** [natyʀ] *f* **1** (*monde physique*) Natur *f*; ***grandeur ~*** lebensgroß; in Lebensgröße; in natürlicher Größe; **2** (*caractère*) Natur *f* (*a personne*); Wesen *n*; Art *f*; *de qn a* Wesensart *f*; *de qc a* Beschaffenheit *f*; ***la ~ humaine*** die menschliche Natur; ***de cette ~*** dieser Art; derartig; ***de ~ à*** (+ *inf*) geeignet, dazu angetan zu (+ *inf*); ***de ou par ~*** von Natur (aus); **3** PEINT ***~ morte*** Stillleben *n*; **4** ***payer en ~*** in Naturalien, in natura (be)zahlen; **5** *adjt* ⟨*inv*⟩ **a)** CUIS nature; ohne besondere Zutaten; *café* schwarz; **b)** F *personne* ***être ~*** unbefangen, natürlich sein

▸ **naturel** [natyʀɛl] **I** *adj* ⟨~le⟩ **1** natürlich; Natur…; *aliment* naturrein; naturbelassen; ***mort ~le*** natürlicher Tod; ***soie ~le*** Naturseide *f*; **2** *personne, geste, style* natürlich; ungekünstelt; ungezwungen; *personne a* unverbildet; **3** (*normal*) natürlich; selbstverständlich; **4** *enfant* unehelich; **II** *m* **1** (*caractère de qn*) Naturell *n*; Wesen *n*; Wesensart *f*; Veranlagung *f*; **2** (*simplicité*) Natürlichkeit *f*; **3** ***au ~*** **a)** *conserves* ohne besondere Zutaten; **b)** (*en réalité*) in natura; in Wirklichkeit

▸ **naturellement** [natyʀɛlmã] *adv* **1** (*évidemment*) natürlich; selbstverständlich; **2** (*de nature*) von Natur (aus)

natur|isme [natyʀism(ə)] *m* Freikörperkultur *f* (*abr* FKK); **~iste** [-ist] *m,f* Anhänger(in) *m(f)* der Freikörperkultur

naufrage [nofʀaʒ] *m* **1** Schiffbruch *m*; Untergang *m*; *bateau* ***faire ~*** untergehen; **2** *fig* Scheitern *n*

naufragé(e) [nofʀaʒe] *m(f)* Schiffbrüchige(r) *f(m)*

nauséabond [nozeabõ] *adj* ⟨-onde [-õd]⟩ widerlich; Ekel erregend

nausée [noze] *f* **1** Übelkeit *f*; Brechreiz *m*; **2** *fig* Ekel *m*; Abscheu *m*

nautique [notik] *adj* **1** MAR nautisch; **2** ***ski*** *m* ***~*** Wasserski *n*; ***sports*** *m/pl* ***~s*** Wassersport *m*

naval [naval] *adj* ⟨~e; -als⟩ **1** TECH

Schiff(s)…; ***chantier** ~* (Schiffs)Werft *f*; **2** MAR MIL Marine…; See…

navarin [navaʀɛ̃] *m* Lammragout *n* mit Weißen Rüben

navet [navɛ] *m* **1** Weiße Rübe; **2** *péj* (*mauvais film*) F Schmarren *m*; F Krampf *m*

navette [navɛt] *f* **1** TEXT Web(er)schiffchen *n*; **2** *service* Pendelverkehr *m*; *bus* Pendelbus *m*; *train* Pendelzug *m*; ***faire la navette*** pendeln; **3** ▸ ***navette spatiale*** Raumfähre *f*

navigable [navigabl(ə)] *adj* schiffbar

navigant [navigɑ̃] *adj* ⟨-ante [-ɑ̃t]⟩ AVIAT ***le personnel*** ~ das Flugpersonal

navigateur [navigatœʀ] *m* **1** AVIAT, MAR Navigator *m*; **2** (*marin*) Seefahrer *m*; **3** INFORM ~ (***Web***) (Web-)Browser [-brausər] *m*

navigation [navigasjõ] *f* **1** MAR Schifffahrt *f*; ~ ***côtière*** Küstenschifffahrt *f*; ~ ***au long cours*** große Fahrt; **2** ~ ***aérienne*** Luftfahrt *f*; ~ ***spatiale*** Raumfahrt *f*; **3** TECH Navigation *f*

naviguer [navige] *v/i bateau* fahren; *marin* zur See fahren; *voilier* segeln; AVIAT fliegen

navire [naviʀ] *m* Schiff *n*; ~ ***de commerce, de guerre*** Handels-, Kriegsschiff *n*

N

navrant [navʀɑ̃] *adj* ⟨-ante [-ɑ̃t]⟩ betrüblich; (sehr) bedauerlich

navré [navʀe] *adj* ⟨~e⟩ ***je suis*** ~ es tut mir sehr Leid

nazi [nazi] *péj* **I** *adj* ⟨~e⟩ Nazi…; nazistisch; **II** ~(***e***) *m(f)* Nazi *m*

nazisme [nazism(ə)] *m péj* Nazismus *m*

N.B. *abr* (*nota bene*) Anm. (Anmerkung)

▸ **ne** [n(ə)] *adv* ⟨*vor Vokal u stummem h* ***n'***⟩ **1** ▸ ***ne … pas*** nicht; ***ne … pas de*** (+ *subst*) kein(e); ▸ ***ne … jamais*** nie(mals); ***ne … personne*** niemand; ▸ ***ne … plus*** nicht mehr; ▸ ***ne … que*** nur; *temporel* erst; ***ne … rien*** nichts; **2** *sans «pas» dans un style plus élégant*: ***je ne cesse de vous le répéter*** ich wiederhole es Ihnen immer wieder; **3** *explétif: non traduit*; ***il est plus riche qu'on ne pense*** er ist reicher, als man denkt

né [ne] *p/p* → ***naître*** *et adj* ⟨~e⟩ geboren; ***madame X ~e Y*** Frau X geborene Y; *fig* ***un orateur-~*** ein geborener Redner

néanmoins [neɑ̃mwɛ̃] *adv* dennoch; nichtsdestoweniger

néant [neɑ̃] *m* **1** ***le*** ~ das Nichts; *espoirs* ***réduire à*** ~ zunichte machen; **2** ADM entfällt

nébuleux [nebylø] *adj* ⟨-euse [-øz]⟩ **1** *ciel* bewölkt; **2** *fig* verschwommen; nebulös

nécessaire [nesesɛʀ] **I** *adj* nötig; notwendig; erforderlich; ***mal*** *m* ~ notwendiges Übel; **II** *m* **1** ***le*** ~ das Nötige, Notwendige; **2** ~ ***de voyage*** Reisenecessaire *n*

nécessairement [nesesɛʀmɑ̃] *adv* notwendigerweise; zwangsläufig; (*absolument*) unbedingt

nécessité [nesesite] *f* **1** Notwendigkeit *f*; ***de première*** ~ lebensnotwendig; ***par*** ~ notgedrungen; ***être dans la ~ de faire qc*** sich genötigt, gezwungen sehen, etw zu tun; **2** ~***s*** *pl* Erfordernisse *n/pl*

nécessiter [nesesite] *v/t* erfordern

nécessiteux [nesesitø] *adj* ⟨-euse [-øz]⟩ Not leidend; bedürftig

nec plus ultra [nɛkplysyltʀa] *m* ⟨*inv*⟩ Nonplusultra *n*

nécrologique [nekʀɔlɔʒik] *adj* ***notice*** *f* ~ kurzer Nachruf; ***rubrique*** *f* ~ Todesanzeigen *f/pl*

nécrose [nekʀoz] *f* Nekrose *f*

nectar [nɛktaʀ] *m* Nektar *m*

nectarine [nɛktaʀin] *f* Nektarine *f*

néerlandais [neɛʀlɑ̃dɛ] **I** *adj* ⟨-aise [-ɛz]⟩ niederländisch; **II** ♀(***e***) *m(f)* Niederländer(in) *m(f)*

nef [nɛf] *f* **1** ARCH (Kirchen)Schiff *n*; **2** HIST (Segel)Schiff *n*

néfaste [nefast] *adj* verhängnisvoll; unheilvoll; ***jour*** *m* ~ Unglückstag *m*

nèfle [nɛfl(ə)] *f* Mispel *f*

négatif [negatif] **I** *adj* ⟨-ive [-iv]⟩ **1** *critique*, MÉD, ÉLECT, MATH negativ; ÉLECT ***pôle*** ~ Minuspol *m*; **2** *réponse* verneinend (*a* GR); abschlägig; negativ; **II** *subst* **1** *m* PHOT Negativ *n*; **2** ***dans la négative*** im Falle e-r Absage, e-r Ablehnung

négation [negasjõ] *f* Verneinung *f*

négligé [negliʒe] **I** *adj* ⟨~e⟩ *tenue* nachlässig; unordentlich; *personne* ungepflegt; *travail* F schlampig; **II** *m* schlampige Kleidung

négligeable [negliʒabl(ə)] *adj* unerheblich; unwesentlich; unbedeutend

negligemment [negliʒamɑ̃] *adv* → ***négligent***
négligence [negliʒɑ̃s] *f* Nachlässigkeit *f*; Fahrlässigkeit *f* (*a* JUR); F Schlamperei *f*
négligent [negliʒɑ̃] *adj* ⟨-ente [-ɑ̃t]⟩ **1** *personne* nachlässig; F schlampig; **2** *geste* lässig
▸**négliger** [negliʒe] ⟨-ge-⟩ **I** *v/t* vernachlässigen; *conseil* außer Acht lassen; **~ *de faire qc*** versäumen, etw zu tun; **II** *v/pr* ***se ~*** sich vernachlässigen
négoce [negɔs] *m* Handel *m*
négociant [negɔsjɑ̃] *m* **~ *en vins*** Wein(groß)händler *m*
négocia|teur [negɔsjatœʀ] *m*, **~trice** [-tʀis] *f* Unterhändler(in) *m(f)*
négociation [negɔsjasjõ] *f* Verhandlung *f*
négocier [negɔsje] **I** *v/t* **1** *accord* aushandeln; verhandeln über (+ *acc*); **2** COMM *titre* begeben; übertragen; **II** *v/i* verhandeln (***avec*** mit)
nègre [nɛgʀ(ə)] *m*, **négresse** [negʀɛs] *f* **1** *péj* (*Noir*) Neger(in) *m(f)*; **2** *m fig* Ghostwriter *m*; **3** *adjt* ***nègre*** ⟨*m u f*⟩ Neger…
négrier [negʀije] *m* Sklavenhändler *m*
▸**neige** [nɛʒ] *f* Schnee *m* (*a arg: cocaïne*); ***~s éternelles*** ewiger Schnee; *par ext* ***battre des blancs*** (***d'œuf***) ***en ~*** Eiweiß zu Schnee schlagen; ***être bloqué par la ~*** eingeschneit sein; ***partir à la ~*** in den Skiurlaub fahren
▸**neiger** [neʒe] *v/imp* ⟨-ge-⟩ ***il neige*** es schneit
neigeux [nɛʒø] *adj* ⟨-euse [-øz]⟩ schneebedeckt; verschneit; Schnee…
nénette [nenɛt] *f* F **1** ***ne pas se casser la ~*** sich nicht den Kopf zerbrechen; **2** → ***nana***
nénuphar [nenyfaʀ] *m* Seerose *f*
néo… [neo] *préfixe* neo…; Neo…; neu…; Neu…
néo-calédonien [neokaledɔnjɛ̃] **I** *adj* ⟨-ienne [-jɛn]⟩ neukaledonisch; **II** ***Néo-Calédonien(ne)*** *m(f)* Neukaledonier(in) *m(f)*
néocolonialisme *m* Neokolonialismus *m*
néologisme [neɔlɔʒism(ə)] *m* Neologismus *m*; (sprachliche) Neubildung
néon [neõ] *m* Neon *n*; (***tube*** *m* ***au***) **~** Neonröhre *f*
néo-nazi(e) *m(f)* Neonazi *m*
néophyte [neɔfit] *m,f* Neuling *m*
néo-zélandais [neozelɑ̃dɛ] **I** *adj* ⟨-aise [-ɛz]⟩ neuseeländisch; **II** ***Néo-Zélandais(e)*** *m(f)* Neuseeländer(in) *m(f)*
néphrétique [nefʀetik] *adj* Nieren…
népotisme [nepɔtism(ə)] *m* Vetternwirtschaft *f*
nerf [nɛʀ] *m* **1** ANAT Nerv *m*; **2** PSYCH **~s** *pl* Nerven *m/pl*; ***avoir ses ~s*** gereizt sein; ***être à bout de ~s*** mit den Nerven *ou* nervlich fertig, am Ende sein; ***être, vivre sur les ~s*** nervlich stark angespannt sein; übernervös sein; **3** (*vigueur*) Kraft *f*; Energie *f*; **4** ***~ de bœuf*** Ochsenziemer *m*
▸**nerveux** [nɛʀvø] **I** *adj* ⟨-euse [-øz]⟩ **1** ANAT Nerven…; **2** *personne, rire, etc* nervös; ***rendre ~*** nervös machen; **3** *mains* nervig; sehnig (*a viande*); **4** *cheval* schnell reagierend; *voiture* spritzig; **II ~, *nerveuse*** *m,f* nervöser Mensch
nervosité [nɛʀvozite] *f* Nervosität *f*
nervure [nɛʀvyʀ] *f* BOT Rippe *f* (*a* ARCH, AVIAT); Blattader *f*; *d'une aile d'insecte* Ader *f*
▸**n'est-ce pas** [nɛspa] *adv* nicht (wahr)?
Net [nɛt] *m* INFORM Netz *n*
net [nɛt] **I** *adj* ⟨nette [nɛt]⟩ **1** (*propre*) sauber; rein(lich); **2** (*clair*) klar; (*distinct*) deutlich; *réponse a* eindeutig; *image, photo* scharf; **3** COMM Netto…; Rein…; ***~ d'impôt*** steuerfrei; **II** *adv* ⟨*inv*⟩ **1** (*brusquement*) plötzlich; mit einem Mal; *tuer* auf der Stelle; **2** (*carrément*) (***tout***) **~** klar und deutlich; unmissverständlich; *refuser* rundweg
▸**nettement** [nɛtmɑ̃] *adv* **1** (*clairement*) klar und deutlich; eindeutig; unmissverständlich; **2** (*distinctement*) deutlich; scharf
netteté [nɛtte] *f* **1** (*clarté*) Klarheit *f*; Deutlichkeit *f*; **2** PHOT, TV Schärfe *f*
nettoiement [nɛtwamɑ̃] *m* ***service*** *m* ***de ~*** Müllabfuhr *f* und Straßenreinigung *f*
nettoyage [nɛtwajaʒ] *m* Reinigung *f*; Säuberung *f* (*a* MIL); Putzen *n*; ***~ à sec*** chemische Reinigung; Trockenreinigung *f*; F *fig* ***faire le ~ par le vide*** F alles wegschmeißen
nettoyant [nɛtwajɑ̃] *m* Reinigungsmittel *n*

N

▸ **nettoyer** [nɛtwaje] *v/t* ⟨-oi-⟩ **1** reinigen; säubern; sauber machen; putzen; *étable* ausmisten; *oreilles* ausputzen; ***faire ~ les vêtements*** die Kleider reinigen lassen; **2** MIL, *fig* säubern; **3** F *fig* (*vider*) F ausräumen

▸ **neuf**[1] [nœf] **I** *num/c* neun; ***Charles IX*** Karl IX. (der Neunte); ***le ~ juin*** der neunte *ou* am neunten Juni; **II** *m* ⟨*inv*⟩ Neun *f*; Neuner *m*; ***le ~*** (***du mois***) der Neunte *ou* am Neunten (des Monats)

▸ **neuf**[2] [nœf] **I** *adj* ⟨neuve [nœv]⟩ neu; ***voiture neuve*** *a* Neuwagen *m*; **II** *m* **1** ***le ~*** das Neue; ***du ~*** (etwas) Neues; neue Sachen *f/pl*; ***quoi de ~?*** was gibt's Neues?; **2** ***à ~*** neu; *logement* ***refaire à ~*** renovieren; ***repeindre à ~*** frisch (an)streichen

neurasthén|ie [nøʀasteni] *f* Depressionen *f/pl*; **~ique** [-ik] *adj* depressiv

neuro|logie [nøʀɔlɔʒi] *f* Nervenheilkunde *f*; Neurologie *f*; **~logue** [-lɔg] *m,f* Neurologe, -login *m,f*

neurovégétatif [nøʀoveʒetatif] *adj* ⟨-ive [-iv]⟩ ***systéme ~*** vegetatives Nervensystem

neutral|iser [nøtʀalize] *v/t* neutralisieren; POL *a* für neutral erklären; *adversaire*, MIL *a* ausschalten; unschädlich machen; **~isme** [-ism(ə)] *m* Neutralismus *m*; Neutralitätspolitik *f*; **~ité** [-ite] *f* Neutralität *f*

N

neutre [nøtʀ(ə)] **I** *adj* **1** *État* neutral; **2** *personne* neutral; unparteiisch; **3** GR sächlich; **4** ÉLECT ***conducteur*** *m* **~** Nullleiter *m*; **5** *fig couleur* neutral; *ton* leidenschaftslos; unbeteiligt; *style* trocken; farblos; **II** *m* **1** POL ***les ~s*** *pl* die neutralen Staaten *m/pl*; **2** GR Neutrum *n*

neutron [nøtʀõ] *m* Neutron *n*

▸ **neuvième** [nœvjɛm] **I** *num/o* neunte; **II** *subst* **1** ***le, la ~*** der, die, das Neunte; **2** *m* MATH Neuntel *n*

névé [neve] *m* Firn(schnee) *m*

▸ **neveu** [n(ə)vø] *m* ⟨~x⟩ Neffe *m*

névralgie [nevʀalʒi] *f* **1** Nervenschmerz *m*; Neuralgie *f*; **2** (*mal de tête*) Kopfschmerzen *m/pl*

névralgique [nevʀalʒik] *adj* neuralgisch; ***point*** *m* **~** neuralgischer, wunder Punkt

névrose [nevʀoz] *f* Neurose *f*

névrosé(e) [nevʀoze] *m(f)* Neurotiker(in) *m(f)*

▸ **nez** [ne] *m* Nase *f* (*a fig d'un avion*); ***faux ~*** Pappnase *f*; ***au ~ et à la barbe de qn*** vor den Augen j-s; *fig* ***avoir du ~*** F den richtigen Riecher haben; F *fig* ***avoir qn dans le ~*** F j-n nicht riechen können; *fig* ***se casser le ~*** (***à la porte de qn***) vor verschlossener Tür stehen; niemanden antreffen; ***ne pas mettre le ~ dehors*** keinen Fuß vor die Tür setzen; F ***fourrer son ~ partout*** F s-e Nase in alles hineinstecken; ***se mettre***, F ***se fourrer les doigts dans le ~*** in der Nase bohren; F popeln; ***parler du ~*** durch die Nase sprechen; ***cela lui*** (***te***, *etc*) ***pend au ~*** das kann nicht ausbleiben; ***rire au ~ de qn*** j-m (frech) ins Gesicht lachen; ***saigner du ~*** aus der Nase bluten; Nasenbluten haben; ***se trouver ~ à ~ avec qn*** j-m unverhofft gegenüberstehen

ni [ni] *conj* ⟨*bei Verb mit* ***ne***⟩ und nicht; noch; ▸ ***ni … ni …*** weder … noch …; ***ni aujourd'hui ni demain*** weder heute noch morgen; ***ni plus ni moins*** (***que***) nicht mehr und nicht weniger (als); ***sans … ni …*** ohne … und …

niais [njɛ] **I** *adj* ⟨niaise [njɛz]⟩ einfältig; albern; **II** **~**(***e***) *m(f)* Einfaltspinsel *m*

niaiseries [njɛzʀi] *f/pl* dummes, albernes Zeug

Nicaragua [nikaʀagwa] ***le ~*** Nicaragua *ou* Nikaragua *n*

Nice [nis] Nizza *n*

niche [niʃ] *f* **1** *dans un mur* Nische *f*; **2** *de chien* Hundehütte *f*; **3** (*farce*) ***faire des ~s à qn*** j-m Streiche spielen; mit j-m s-n Schabernack treiben

nichée [niʃe] *f* **1** *d'oiseaux* Brut *f*; **2** F *fig* Kinderschar *f*

nicher [niʃe] **I** *v/i* **1** *oiseaux* nisten; **2** F *fig personne* F hausen; **II** *v/pr* ***se ~*** *fig* (*se blottir*) sich schmiegen; (*se cacher*) sich verstecken

nichon [niʃõ] *m* F (*sein*) P Titte *f*

nickel [nikɛl] *m* **1** Nickel *n*; **2** *adjt* F ***c'est ~ chez eux*** bei ihnen ist alles blitzblank, F wie geleckt

nickeler [nikle] *v/t* ⟨-ll-⟩ vernickeln

nicotine [nikɔtin] *f* Nikotin *n*

▸ **nid** [ni] *m* Nest *n* (*a fig*); ***~ de guêpes*** Wespennest *n*

nid-d'abeilles [nidabɛj] *m* ⟨nids-d'a-

beilles⟩ COUT Smokarbeit *f*; ***serviette** f* **~** Handtuch *n* mit Waffelmuster; AUTO ***radiateur** m* ***à nids-d'abeilles*** Wabenkühler *m*
nid-de-poule [nidpul] *m* ⟨nids-de--poule⟩ Schlagloch *n*
▸ **nièce** [njɛs] *f* Nichte *f*
nième [ɛnjɛm] *adj* **1** MATH n-te; **2** F ***pour la ~ fois*** zum x-ten Mal
▸ **nier** [nje] *v/t* leugnen (*a abs*)
nigaud [nigo] **I** *adj* ⟨-aude [-od]⟩ dumm; einfältig; **II ~(e)** *m(f)* Dummkopf *m*; F Trottel *m*; ***gros ~!*** du Dummerchen!
Niger [niʒɛʀ] ***le ~*** **1** *fleuve* der Niger; **2** *État* Niger *n*
Nigeria [niʒeʀja] ***le ~*** Nigeria *n*
nihilisme [niilism(ə)] *m* Nihilismus *m*
nimbe [nɛ̃b] *m* Gloriole *f*
▸ **n'importe ...** [nɛ̃pɔʀt] → ***importer²***
nippes [nip] *f/pl* F Klamotten *f/pl*
nippon [nipõ] *adj* ⟨-on(n)e [-ɔn]⟩ japanisch
nique [nik] *f* ***faire la ~ à qn*** F ätsch machen; j-n verhöhnen
niquer [nike] *arg v/t* P ficken
nitouche [nituʃ] *f* F ***sainte ~*** Scheinheilige *f*
nitrate [nitʀat] *m* Nitrat *n*
nitrique [nitʀik] *adj* ***acide** m* **~** Salpetersäure *f*
nitroglycérine [nitʀogliseʀin] *f* Nitroglyzerin *n*
▸ **niveau** [nivo] *m* ⟨~x⟩ **1** (*hauteur*) Niveau *n*; Höhe *f*; *d'un liquide* Stand *m*; ***niveau d'essence, d'huile*** Benzin-, Ölstand *m*; ***niveau de la mer*** Meeresspiegel *m*, -höhe *f*; ***au niveau de*** in Höhe (+ *gén*); *arriver* bis zu; → *2*; **2** *fig* Niveau *n*; Stand *m*; Höhe *f*; Stufe *f*; Ebene *f*; ***niveau intellectuel*** Bildungsstand *m*, -niveau *n*; ***niveau de langue*** Sprachebene *f*; ***niveau des salaires*** Lohnniveau *n*; ▸ ***niveau de vie*** Lebensstandard *m*; ***à tous les niveaux*** auf allen Ebenen; ***au niveau de*** in Bezug auf (+ *acc*); hinsichtlich (+ *gén*); …mäßig; **3** Etage *f*; Stockwerk *n*; **4** *instrument* ***niveau*** (***à bulle***) Wasserwaage *f*
niveler [nivle] *v/t* ⟨-ll-⟩ **1** *terrain* einebnen; planieren; **2** *fig* (einander) angleichen; nivellieren
nivellement [nivɛlmɑ̃] *m* **1** *d'un terrain* Einebnung *f*; Planierung *f*; **2** *fig* Angleichung *f*; Nivellierung *f*
n° ou N° *abr* (*numéro*) Nr. (Nummer)
nobililaire [nɔbiljɛʀ] *adj* Adels…
noble [nɔbl(ə)] **I** *adj* **1** (*aristocratique*) ad(e)lig; **2** *fig* edel; vornehm; *sentiments a, style* erhaben; *attitude* würdevoll; **II** *m,f* Ad(e)lige(r) *f(m)*
noblesse [nɔblɛs] *f* **1** *classe sociale* Adel *m*; **2** *fig* Erhabenheit *f*; Würde *f*; Hoheit *f*; ***~ d'âme*** Seelenadel *m*
noce [nɔs] *f* **1** ***~s*** Hochzeit *f*; ***~** ou **~s*** Hochzeitsfeier *f*; ***~s d'or*** goldene Hochzeit; *épouser qn* ***en secondes ~s*** in zweiter Ehe; *fig* ***n'être pas à la ~*** übel dran sein; **2** (*les invités*) Hochzeitsgesellschaft *f*; **3** F *fig* ***faire la ~*** in Saus und Braus leben
noceur [nɔsœʀ] F *m* Lebemann *m*; Bonvivant *m*
nocif [nɔsif] *adj* ⟨-ive [-iv]⟩ schädlich
noctambule [nɔktɑ̃byl] *m,f* Nachtschwärmer *m*
nocturne [nɔktyʀn] **I** *adj* nächtlich; Nacht…; **II** *subst* **1** *m* MUS Notturno *n*; **2** *f* COMM verlängerte Öffnungszeit am Abend; **3** ***match** m* ***en ~*** Flutlichtspiel *n*
nodosité [nɔdɔzite] *f* MÉD Knoten *m*
nodule [nɔdyl] *m* MÉD Knötchen *n*
Noé [nɔe] *m* Noah *m*
▸ **Noël** [nɔɛl] *m* **1** ⟨*ohne Artikel*⟩ Weihnachten *n ou* F *f/pl*; ***joyeux ~!*** fröhliche Weihnachten!; ***à ~*** (zu *ou* an) Weihnachten; **2** F (***petit***) ♀ Weihnachtsgeschenk *n*; **3** ♀ *chant* Weihnachtslied *n*
▸ **nœud** [nø] *m* **1** *pour attacher* Knoten *m*; ***~ de cravate*** Krawattenknoten *m*; **2** (*ruban noué*) Schleife *f*; **3** *fig d'une affaire* springender Punkt; **4** ***~ ferroviaire*** (Eisen)Bahnknotenpunkt *m*; **5** MAR Knoten *m*; **6** *dans du bois* Ast *m*
▸ **noir** [nwaʀ] **I** *adj* ⟨noire⟩ **1** *couleur* schwarz; *raisin* blau; ***pain ~*** Schwarzbrot *n*; ***~ comme du jais, comme de l'encre*** schwarz wie die Nacht; pechschwarz; kohl(raben)schwarz; ***~ de monde*** schwarz von Menschen; **2** (*sale*) schwarz; schmutzig; **3** (*sans lumière*) dunkel; finster; **4** *race, personne* schwarz; Neger…; ***l'Afrique ~e*** Schwarzafrika *n*; **5** *fig idées* trüb(e); schwarz; *regard* finster; ***être d'humeur ~e*** (in) düsterer Stimmung sein; **6** *fig complot* schändlich; ruchlos; *desseins*

finster; *colère* sinnlos; blind; **7** (*illégal*) ***caisse ~e*** Geheimkasse *f*, -fonds *m*; ***marché ~*** schwarzer Markt; ***travailler au ~*** schwarzarbeiten; **8** F (*ivre*) F blau; F besoffen; **II** *subst* **1** *m couleur* Schwarz *n*; ***~ sur blanc*** (*par écrit*) schwarz auf weiß; ***photo*** *f* ***en ~ et blanc*** Schwarzweißaufnahme *f*; ***se mettre du ~ aux yeux*** sich e-n schwarzen Lidstrich ziehen; *fig* ***voir tout en ~*** alles schwarz, grau in grau sehen; **2** *m* (*obscurité*) Dunkel *n*; Dunkelheit *f*; **3** ♀(*e*) *m*(*f*) Schwarze(r) *f*(*m*); **4** MUS ***~e*** *f* Viertelnote *f*; **5** F ***un*** (***petit***) ***~*** e-e Tasse schwarzen Kaffee

noirâtre [nwaʀɑtʀ(ə)] *adj* schwärzlich

noiraud [nwaʀo] **I** *adj* ⟨-aude [-od]⟩ dunkel(häutig); **II** ***~(e)*** *m*(*f*) dunkler Typ

noirceur [nwaʀsœʀ] *f* **1** *couleur* Schwärze *f*; **2** *litt* Schändlichkeit *f*; Ruchlosigkeit *f*

noircir [nwaʀsiʀ] **I** *v/t* **1** schwarz machen, färben; schwärzen; **2** *fig situation* in schwarzen, düsteren Farben schildern; *pages* eng beschreiben; **II** *v/i* schwarz werden

noise [nwaz] ***chercher ~*** *ou* ***des ~s à qn*** mit j-m Streit, Händel suchen

noisetier [nwaztje] *m* Hasel(nuss)-strauch *m*

noisette [nwazɛt] *f* **1** Haselnuss *f*; **2** *adjt* ⟨*inv*⟩ haselnussbraun

▸ **noix** [nwa] *f* **1** *du noyer* (Wal)Nuss *f*; ***~ de coco*** Kokosnuss *f*; F *fig* ***à la ~*** F mies; **2** ***une ~ de beurre*** ein walnussgroßes Stück Butter; **3** ***~ de veau*** Kalbsnuss *f*; **4** F *fig* (*imbécile*) F doofe Nuss

▸ **nom** [nõ] *m* **1** Name *m*; ***nom commercial*** Handelsname *m*; ***nom déposé*** Marke *f*; ***nom d'emprunt, de guerre*** Deckname *m*; Pseudonym *n*; ▸ ***nom*** (***de famille***) Familien-, Nach-, Zuname *m*; ***nom de jeune fille*** Mädchenname *m* (*e-r verheirateten Frau*); ***nom de rue*** Straßenname *m*; ***au nom de*** im Namen (+ *gén*); *connaître qn* ***de nom*** dem Namen nach; ***sans nom*** *misère* namenlos; *bêtise* unsagbar; ***appeler les choses par leur nom*** die Dinge, das Kind beim rechten Namen nennen; ***quel est le nom de la rue?*** wie heißt die Straße?; ***prendre le nom de qn*** den Namen j-s annehmen; **2** GR Substantiv *n*; Hauptwort *n*; ***nom commun*** Gattungsname *m*; ***nom propre*** Eigenname *m*; **3** *int* F ***nom d'un chien!*** zum Donnerwetter!; verdammt (und zugenäht)!

nomade [nɔmad] **I** *adj* Nomaden…; **II** *m,f* **1** *du désert* Nomade *m*; **2** ADM Nichtsesshafte(r) *f*(*m*)

no man's land [nomanslɑ̃d] *m* Niemandsland *n*

▸ **nombre** [nõbʀ(ə)] *m* **1** Zahl *f* (*a* MATH); Anzahl *f*; ***~ d'habitants*** Einwohnerzahl *f*; TECH ***~ de tours*** Dreh-, Tourenzahl *f*; ***~ de …*** viele …; (***un***) ***bon ~ de …*** nicht wenige…; ziemlich viele…; ***au ~ de trois*** drei (an der Zahl); ***dans le ~*** darunter; ***en ~*** zahlreich; in großer Zahl; *être supérieur* zahlenmäßig; ***sans ~*** zahllos; unzählig; ***serez-vous du ~?*** werden Sie auch dabei sein?; **2** GR Numerus *m*; Zahl *f*

▸ **nombreux** [nõbʀø] *adj* ⟨-euse [-øz]⟩ zahlreich; *foule, public* a groß; ***famille nombreuse*** kinderreiche Familie

nombril [nõbʀil] *m* Nabel *m* (*a fig*); F Bauchnabel *m*

nombrilisme [nõbʀilism(ə)] *m* F Nabelschau *f*

nomenclature [nɔmɑ̃klatyʀ] *f* **1** (*terminologie*) Nomenklatur *f*; **2** (*liste*) Verzeichnis *n*; **3** *d'un dictionnaire* Wortgut *n*

nominal [nɔminal] *adj* ⟨~e; -aux [-o]⟩ **1** (*des noms*) namentlich; Namen(s)…; **2** (*n'existant que de nom*) nominell; **3** ÉCON Nominal…; Nenn…; **4** GR Nominal…

nominatif[1] [nɔminatif] *m* Nominativ *m*; Werfall *m*

nominatif[2] *adj* ⟨-ive [-iv]⟩ namentlich; Namen(s)…

nomination [nɔminasjõ] *f* Ernennung *f*

nommé [nɔme] *adj* ⟨~e⟩ **1** namens; mit (dem) Namen; **2** (*cité*) genannt; **3** ***à point ~*** wie gerufen; zur rechten Zeit; **4** (*opposé: élu*) ernannt

nommément [nɔmemɑ̃] *adv* namentlich

▸ **nommer** [nɔme] **I** *v/t* **1** (*donner un nom*) nennen; *chose a* benennen; **2** (*dire le nom*) (mit Namen) nennen; **3** *qn à une fonction* ernennen; berufen; **II** *v/pr* ***se ~*** sich nennen; heißen

▸**non** [nõ] **I** *adv* **1** nein; nicht; *il est venu?* **- non** nein; ▸ **non, merci** nein danke; **ah, ça non!** ganz bestimmt nicht!; **moi non** ich nicht!; ▸ **non plus** auch nicht; **non sans** nicht ohne; **non (pas) ... mais ...** nicht …, sondern …; **non que ...** (+ *subj*) nicht (etwa), dass *ou* weil …; **j'espère que non** ich hoffe nicht; **2** *int* F **non, mais!** F nein, so was!; **3** F *en fin de phrase* nicht (wahr)?; ja?; **II** *m* ⟨*inv*⟩ **1** Nein *n*; **2** POL Neinstimme *f*

non-... *ou* **non ...** [nõ, *vor Vokal u stummem h* nɔn] *préfixe* Nicht…; nicht…; *exemples*: **non-gréviste** *m* Nichtstreikende(r) *m*; **non coupable** nicht schuldig

nonagénaire [nɔnaʒenɛʀ] *m,f* Neunzigjährige(r) *f(m)*

non-agression [nɔnagʀɛsjõ] *f* **pacte** *m* **de ~** Nichtangriffspakt *m*

non-aligné [nɔnaliɲe] *adj* ⟨**~e**⟩ blockfrei

nonante [nɔnɑ̃t] *num/c en Belgique et en Suisse* neunzig

non-assistance [nɔnasistɑ̃s] *f* **~ à personne en danger** unterlassene Hilfeleistung

nonce [nõs] *m* Nuntius *m*

nonchal|ance [nõʃalɑ̃s] *f* Lässigkeit *f*; Nonchalance *f*; Unbekümmertheit *f*; **~ant** [-ɑ̃] *adj* ⟨-ante [-ɑ̃t]⟩ lässig; unbekümmert

non-conformisme [nõkõfɔʀmism(ə)] *m* Nonkonformismus *m*

non|-figuratif [nõfigyʀatif] *adj* ⟨-ive [-iv]⟩ *art, peintre* abstrakt; **~-fumeur** *m* Nichtraucher *m*

non|-inscrit [nɔnɛ̃skʀi] *adj* ⟨-ite [-it]⟩ **(député)** **~** *m* fraktionslose(r) Abgeordnete(r); **~-intervention** *f* Nichteinmischung *f*

non-lieu [nõljø] *m* Einstellung *f* des (Straf)Verfahrens

nonne [nɔn] *f plais* (*religieuse*) Nonne *f*

nonnette [nɔnɛt] *f kleiner runder Lebkuchen* (*mit Marmelade*)

nonobstant [nɔnɔpstɑ̃] ADM *prép* ungeachtet, trotz (+ *gén*)

non-prolifération [nõpʀɔlifeʀasjõ] *f* **traité** *m* **de ~** Atom(waffen)sperrvertrag *m*

non-recevoir [nõʀ(ə)səvwaʀ] *m* **fin** *f* **de ~** strikte Ablehnung

non-retour [nõʀ(ə)tuʀ] *m* **point** *m* **de ~** Punkt *m*, an dem es kein Zurück mehr gibt

non|-sens [nõsɑ̃s] *m* Unsinn *m*; Nonsens *m*; Widersinn *m*; **~-violence** *f* Gewaltlosigkeit *f*

▸**nord** [nɔʀ] **I** *m* **1** Nord(en) *m*; **au ~** im Norden, nördlich (**de** von *ou* + *gén*); F *fig* **perdre le ~** den Kopf verlieren; **2 le** ♀ der Norden; *de la France* Nordfrankreich *n*; **le Grand** ♀ der hohe Norden; **l'Afrique** *f* **du** ♀ Nordafrika *n*; **les gens** *m/pl* **du** ♀ die Nordfranzosen *m/pl*; **II** *adj* ⟨*inv*⟩ Nord…; nördlich

nord-africain [nɔʀafʀikɛ̃] **I** *adj* ⟨-aine [-ɛn]⟩ nordafrikanisch; **II Nord-Africain(e)** *m(f)* Nordafrikaner(in) *m(f)*

nord-est [nɔʀɛst] *m* Nordost(en) *m*

nordique [nɔʀdik] *adj* nordisch

nord-ouest [nɔʀwɛst] *m* Nordwest(en) *m*

noria [nɔʀja] *f* Becherwerk *n*; Schöpfrad *n*

▸**normal** [nɔʀmal] **I** *adj* ⟨**~e**; -aux [-o]⟩ **1** normal; Normal…; üblich; **redevenir ~** sich wieder normalisieren; **2 École ~e** Pädagogische Hochschule (*abr* PH); **II** *f* **la ~e** das Normale, Übliche; *intelligence* **au-dessus de la ~e** überdurchschnittlich

▸**normalement** [nɔʀmalmɑ̃] *adv* normal; *en début de phrase* normalerweise

normal|ien [nɔʀmaljɛ̃] *m*, **~ienne** [-jɛn] *f* Schüler(in) *m(f)* e-r „École normale“

normalisation [nɔʀmalizasjõ] *f* **1** POL Normalisierung *f*; **2** TECH Normung *f*; Normierung *f*

normalisé [nɔʀmalize] *adj* ⟨**~e**⟩ genormt

normand [nɔʀmɑ̃] **I** *adj* ⟨-ande [-ɑ̃d]⟩ normannisch (*a* HIST); der Normandie; **II** *subst* **1** ♀**(e)** *m(f)* Bewohner(in) *m(f)* der Normandie; *fig* **réponse** *f* **de** ♀ ausweichende Antwort; **2** HIST **les** ♀**s** *m/pl* die Normannen *m/pl*

Normandie [nɔʀmɑ̃di] **la ~** die Normandie

norme [nɔʀm] *f* Norm *f* (*a* TECH); Regel *f*; **conforme aux ~s** normgerecht

noroît [nɔʀwa] *m* Nordwest(wind) *m*

▸**Norvège** [nɔʀvɛʒ] **la ~** Norwegen *n*

▸**norvégien** [nɔʀveʒjɛ̃] **I** *adj* ⟨-ienne [-jɛn]⟩ norwegisch; **II** ♀**(ne)** *m(f)* Norweger(in) *m(f)*

N

nos [no] → ***notre***
nostalg|ie [nɔstalʒi] *f* Sehnsucht *f* (***de*** nach); *du passé* Nostalgie *f*; **~ique** [-ik] *adj* sehnsüchtig; sehnsuchtsvoll; wehmütig
nota bene [nɔtabene] *m* ⟨*inv*⟩ Anmerkung *f*
notabilité [nɔtabilite] *f* prominente Persönlichkeit; ***les ~s*** *pl a* die Prominenz; die Honoratioren *pl*
notable [nɔtabl(ə)] **I** *adj* beachtlich; nennenswert; bemerkenswert; **II** *m* → ***notabilité***
notaire [nɔtɛʀ] *m* Notar *m*
notamment [nɔtamɑ̃] *adv* besonders
notarié [nɔtaʀje] *adj* ⟨**~e**⟩ ***acte ~*** notarielle Urkunde
notation [nɔtasjõ] *f* **1** Zeichensystem *n*; **2** ÉCOLE Benotung *f*; Notengebung *f*
▸ **note** [nɔt] *f* **1** *imprimée* Anmerkung *f*; *en bas de page* Fußnote *f*; **2** *par écrit* Notiz *f*; Vermerk *m*; ***~s*** *pl a* Aufzeichnungen *f/pl*; ***prendre des ~s*** sich Notizen machen; *à un cours* mitschreiben; *fig* ***j'en prends bonne ~*** das werde ich mir gut merken; **3** DIPL Note *f*; **4** **~** (***de service***) Mitteilung *f*; Umlauf *m*; **5** MUS Note *f*; *son* Ton *m*; **6** *fig* Note *f*; Gepräge *n*; ***fausse ~*** störendes Detail; ***ne pas être dans la ~*** nicht dazupassen; **7** ÉCOLE Note *f*; Zensur *f*; *d'un fonctionnaire* Beurteilung *f*; **8** (*facture*) Rechnung *f*
▸ **noter** [nɔte] *v/t* **1** (*marquer*) anstreichen; anmerken; **2** (*écrire*) (sich) notieren; (sich) aufschreiben; vermerken; **3** (*remarquer*) bemerken; feststellen; **4** *élève* e-e Note, Zensur geben (***qn*** j-m); *devoir, copie* zensieren; benoten; *fonctionnaire* beurteilen
notice [nɔtis] *f* Hinweise *m/pl*; ***~ explicative*** Bedienungsanleitung *f*
notifier [nɔtifje] *v/t* ***~ qc à qn*** j-m etw offiziell mitteilen
notion [nosjõ] *f* **1** (*concept*) Begriff *m*; (*connaissance intuitive*) Vorstellung *f*; Gefühl *n* (***de qc*** für etw); ***je n'en ai pas la moindre ~*** ich habe nicht die geringste Ahnung; **2** ***~s*** *pl* Grund-, Elementarkenntnisse *f/pl* (***de français*** im Französischen)
notoire [nɔtwaʀ] *adj fait* allgemein bekannt; offenkundig; *criminel* notorisch
notoriété [nɔtɔʀjete] *f* Bekanntheit(sgrad) *f(m)*; Ruf *m*; Name *m*; ***de ~ publique*** allgemein bekannt
▸ **notre** [nɔtʀ(ə)] *adj/poss* ⟨*pl* **nos** [no]⟩ unser(e), *pl* unsere
nôtre [notʀ(ə)] **I** *pr/poss* ▸ ***le nôtre, la nôtre*** der, die, das unsere; unsere(r, -s); *pl* ***les nôtres*** die unseren; unsere; **II** *subst* **1** ***le nôtre*** das Unsere; **2** ***les nôtres*** *m/pl* (*famille, amis, etc*) die Unseren; ***serez-vous des nôtres?*** kommen Sie auch?
Notre-Dame [nɔtʀədam] *f* **1** Unsere Liebe Frau; **2** Marienkirche *f*
nouba [nuba] *f* F ***faire la ~*** F feste feiern; F einen draufmachen
nouer [nwe, nue] *v/t* **1** knoten; *lacets a* (zu)schnüren; (zu)binden; *cravate a* binden; *fig* ***il avait la gorge nouée*** s-e Kehle war wie zugeschnürt; **2** *relations* anknüpfen; *intrigue* spinnen
noueux [nuø] *adj* ⟨-euse [-øz]⟩ *arbre, racine* knorrig; *mains* knotig
nougat [nuga] *m* (*Art*) türkischer Honig

> **Le nougat** ist die berühmte Spezialität aus der südfranzösischen Stadt **Montélimar**. Die weiße Mandelmasse mit Pistazien und ganzen Mandeln entspricht in etwa dem türkischen Honig in Deutschland.
> Der dunkle deutsche Nougat heißt in Frankreich **le praliné**.

nougatine [nugatin] *f* Krokant *m*
nouille [nuj] *f* **1** ***~s*** *pl* Nudeln *f/pl*; **2** F *fig de qn* F Flasche *f*
nounou [nunu] *enf f* Amme *f*
nounours [nunuʀs] *enf m* Teddy(bär) *m*
nourri [nuʀi] *adj* ⟨**~e**⟩ **1** ***bien ~*** wohlgenährt; gut genährt; **2** *fig applaudissements* anhaltend; MIL ***feu ~*** Dauerfeuer *n*
nourrice [nuʀis] *f* **1** *qui allaite* Amme *f*; *qui garde* Pflegemutter *f*; Tagesmutter *f*; **2** TECH Reservetank *m*; *bidon* Reservekanister *m*
nourricier [nuʀisje] *adj* ⟨-ière [-jɛʀ]⟩ Nähr…; Pflege…
▸ **nourrir** [nuʀiʀ] **I** *v/t* **1** *personne, famille* (*entretenir*) ernähren; (*alimenter*) beköstigen; verpflegen; *fig* ***~ l'esprit*** dem Geist Nahrung geben; ***~ au sein***

N

stillen; *abs* ***le sucre nourrit*** Zucker nährt; **2** *animal* füttern; **3** *fig désir, espoir, etc* hegen; **II** *v/pr* ***se ~*** sich ernähren (***de*** von)

nourrissant [nuʀisɑ̃] *adj* ⟨-ante [-ɑ̃t]⟩ nahrhaft

nourrisson [nuʀisõ] *m* Säugling *m*

▸ **nourriture** [nuʀityʀ] *f* **1** *(aliments)* Nahrung *f*; Kost *f*; Essen *n*; **2** *d'un animal* Futter *n*

▸ **nous** [nu] *pr/pers*: *sujet* wir; *obj/dir et obj/indir* uns *(acc ou dat)*; ***~ ~ sommes regardé(e)s*** wir sahen uns an; ***c'est ~*** wir sind es

nous-mêmes [numɛm] *pr/pers* **1** *accentué* (wir) selbst; **2** *réfléchi* uns selbst

▸ **nouveau** [nuvo] **I** *adj* ⟨*m vor Vokal u stummem h* nouvel [nuvɛl]; *f* nouvelle [nuvɛl]; *m/pl* ~x⟩ neu; Neu…; *vin* jung; ***nouvel an*** Neujahr(stag) *n(m)*; ***pommes de terre nouvelles*** neue Kartoffeln *f/pl*; Frühkartoffeln *f/pl*; ***les nouveaux riches*** die Neureichen *m/pl*; ***de nouvelles têtes*** neue Gesichter *n/pl*; ***à nouveau*** aufs Neue; von neuem; erneut; ▸ ***de nouveau*** wieder; nochmals; abermals; noch einmal; **II** *subst* **1** ***du nouveau*** etwas Neues; ***rien de nouveau*** nichts Neues; **2** ***le nouveau, la nouvelle*** der, die Neue *(dans une école, etc)*

nouveau-né *m* ⟨nouveau-nés⟩ ***le ~*** das Neugeborene

nouveauté [nuvote] *f* **1** *(originalité)* Neuheit *f*; Neuartigkeit *f*; **2** *(du nouveau)* Neue(s) *n*; **3** *(innovation)* Neuerung *f*; **4** *(produit récent)* Neuheit *f*; Novität *f*; *en librairie a* Neuerscheinung *f*

nouvel(le) [nuvɛl] *adj* → ***nouveau***

▸ **nouvelle** [nuvɛl] *f* **1** *d'un événement* Nachricht *f*; Meldung *f*; Neuigkeit *f*; ***~s*** *pl* Nachrichten *f/pl*; ***la grande ~*** die große Neuigkeit; ***aller aux ~s*** sich erkundigen, was es Neues gibt; ***connaissez-vous la ~?*** wissen Sie schon das Neueste?; **2** ***~s*** *pl* Nachricht *f (die j von sich gibt)*; ***avoir des ~s de qn*** von j-m Nachricht haben *ou* erhalten; von j-m hören; ***demander des ~s de qn*** sich nach j-m erkundigen; nach j-m fragen; ***donner de ses ~s*** von sich hören lassen; **3** LITTÉRATURE Novelle *f*

Nouvelle-Calédonie [nuvɛlkaledɔni] ***la ~*** Neukaledonien *n*

nouvellement [nuvɛlmɑ̃] *adv* neu; vor kurzem; kürzlich

Nouvelle-Orléans (La) [lanuvɛlɔʀleɑ̃] New Orleans *n*

Nouvelle-Zélande [nuvɛlzelɑ̃d] ***la ~*** Neuseeland *n*

novateur [nɔvatœʀ] *m* Neuerer *m*

▸ **novembre** [nɔvɑ̃bʀ(ə)] *m* November *m*

novice [nɔvis] *m,f* **1** CATH Novize *m,f*; Novizin *f*; **2** *(débutant[e])* Neuling *m*; Anfänger(in) *m(f)*

noyade [nwajad] *f* Ertrinken *n*

noyau [nwajo] *m* ⟨~x⟩ **1** BOT Stein *m*; Kern *m*; ***~ de cerise*** Kirschkern *m*; ***fruits*** *m/pl* ***à ~*** Steinobst *n*; **2** PHYS *et fig* Kern *m*; ***~ de l'atome*** Atomkern *m*; **3** BIOL Zellkern *m*; **4** *de personnes* kleine Gruppe

noyaut|age [nwajotaʒ] *m* Unterwanderung *f*; **~er** [-e] *v/t* unterwandern

noyé [nwaje] **I** *adj* ⟨~e⟩ **1** ertrunken; **2** ***elle avait les yeux ~s de pleurs*** ihre Augen schwammen in Tränen; **II** ***~(e)*** *m(f)* Ertrunkene(r) *f(m)*

noyer[1] [nwaje] ⟨-oi-⟩ **I** *v/t personne, animal, plante* ertränken; *animal* F ersäufen; *région* überfluten; ***noyer le carburateur*** F den Motor absaufen lassen; *révolte* ***noyer dans le sang*** blutig niederschlagen; **II** *v/pr* ▸ ***se noyer*** **1** ertrinken; **2** *fig* ins Schwimmen geraten

noyer[2] *m* (Wal)Nussbaum *m*

▸ **nu** [ny] **I** *adj* **1** *personne* nackt *(a fig vérité)*; *bras, etc a* bloß; ***(les) pieds ~s*** barfuß; ***à l'œil ~*** mit bloßem Auge; **2** *mur* nackt; kahl *(a pièce, arbre)*; *fil, épée* blank; **II** *m* BEAUX-ARTS Akt *m*

▸ **nuage** [nɥaʒ] *m* Wolke *f*; ***~s*** *pl a* Bewölkung *f*; ***~ de fumée, de pluie, de poussière*** Rauch-, Regen-, Staubwolke *f*; ***sans ~s*** *ciel* wolkenlos; *fig bonheur* ungetrübt; *fig* ***être dans les ~s*** zerstreut, geistesabwesend sein

nuageux [nɥaʒø] *adj* ⟨-euse [-øz]⟩ bewölkt

nuance [nɥɑ̃s] *f* Nuance *f*; feiner Unterschied; Feinheit *f*; *d'une couleur a* Abtönung *f*; Schattierung *f*

nuancer [nɥɑ̃se] *v/t* ⟨-ç-⟩ nuancieren; fein differenzieren

nubile [nybil] *adj* heiratsfähig

▸ **nucléaire** [nykleɛʀ] **I** *adj* Kern…;

N

Atom…; nuklear; Nuklear…; **II** *m* Kern-, Atomkraft *f*

nudisme [nydism(ə)] *m* Freikörperkultur *f* (*abr* FKK); Nacktkultur *f*

nudiste [nydist] **I** *adj* FKK-…; **II** *m,f* FKK-Anhänger(in) *m(f)*; Nudist(in) *m(f)*; ***camp*** *m* ***de ~s*** FKK-Gelände *n*

nudité [nydite] *f* **1** *d'une personne* Nacktheit *f*; Blöße *f*; **2** *fig* Nacktheit *f*; Kahlheit *f*; **3** PEINT ***~s*** *pl* nackte Figuren *f/pl*

nue [ny] *f* ***porter qn aux ~s*** j-n in den Himmel heben; ***tomber des ~s*** (wie) aus allen Wolken fallen

nuée [nɥe] *f* **1** *litt* große, dicke Wolke; **2** *fig* Schwarm *m*

▸**nuire** [nɥiʀ] ⟨→ conduire; *aber p/p* nui⟩ *v/t/indir* ***~ à qn*** j-m schaden; ***~ à qc*** e-r Sache (*dat*) schaden; etw schädigen

nuisance [nɥizɑ̃s] *f* Umweltbelastung *f*; Beeinträchtigung *f* der Lebensqualität

nuisette [nɥizɛt] *f* kurzes Nachthemd

nuisible [nɥizibl(ə)] *adj* schädlich; ***animaux*** *m/pl* ***~s*** Schädlinge *m/pl*; ***~ à la santé*** gesundheitsschädlich, -schädigend

▸**nuit** [nɥi] *f* Nacht *f*; ▸ ***bonne nuit!*** gute Nacht!; ***la nuit*** *ou* ***de nuit*** in der Nacht; nachts; bei Nacht; ***dans la nuit des temps*** in grauer Vorzeit; ***il fait nuit*** es ist Nacht, dunkel

nuitée [nɥite] *f* Übernachtung *f*

nul[1] [nyl] *adj* ⟨~le⟩ **1** SPORTS unentschieden; ***faire match nul*** unentschieden spielen; **2** (*inexistant*) gleich null; **3** JUR ungültig; nichtig; (rechts)unwirksam; **4** (*sans valeur*) wertlos; völlig unzulänglich; **5** *personne* ▸ ***être nul*** F e-e Null, e-e Niete sein

nul[2] **I** *adj/ind* ⟨~le; *mit* ne *vor dem Verb*⟩ **1** *st/s* (*aucun*) kein(e); **2** ▸ ***nulle part*** nirgends; nirgendwo; **II** *pr/ind* ⟨*nur m sg; mit* ne *beim Verb*⟩ *st/s* (*aucun*) keiner; niemand

nullement [nylmɑ̃] *adv* keineswegs; ganz und gar nicht; in keiner Weise

nullité [nylite] *f* **1** JUR Ungültigkeit *f*; Nichtigkeit *f*; (Rechts)Unwirksamkeit *f*; **2** *d'une personne* Unfähigkeit *f*; **3** (*personne incapable*) F Null *f*; F Niete *f*

numéraire [nymeʀɛʀ] *m* (Bar)Geld *n*

numéral [numeʀal] *adj* ⟨~e; -aux [-o]⟩ Zahl(en)…; ***adjectif ~*** Zahlwort *n*

numérateur [nymeʀatœʀ] *m* MATH Zähler *m*

numération [nymeʀasjõ] *f* **1** Zählung *f*; **2** Zahlensystem *n*

numérique [nymeʀik] *adj* **1** MATH Zahlen…; **2** *supériorité* zahlenmäßig; numerisch; **3** INFORM digital; Digital…

numéro [nymeʀo] *m* **1** Nummer *f*; ***numéro gagnant*** Gewinnzahl *f*; *fig* ***le numéro un*** die Nummer eins; TÉL ***numéro vert*** Service *m* 130; ***numéro de compte*** Kontonummer *f*; AUTO ***numéro d'immatriculation*** amtliches, polizeiliches Kennzeichen; Zulassungsnummer *f*; ▸ ***numéro de téléphone*** Telefon-, Rufnummer *f*; TÉL ***faire un numéro*** e-e Nummer wählen; *fig* ***tirer le bon numéro*** das große Los ziehen; **2** *d'un journal* Nummer *f*; Ausgabe *f*; *d'une revue a* Heft *n*; ***numéro spécial*** Sondernummer *f*, -heft *n*; **3** SPECTACLES Nummer *f*; Auftritt *m*; Darbietung *f*; ***numéro de cirque*** Zirkusnummer *f*; F *fig* ***faire son numéro habituel*** F das übliche Theater machen; **4** F *fig* ***c'est un*** (***drôle de***) ***numéro*** er *ou* sie ist e-e komische Nummer, Type

numéroter [nymeʀɔte] *v/t* nummerieren

numismat|e [nymismat] *m* Numismatiker *m*; **~ique** [-ik] *f* Münzkunde *f*; Numismatik *f*

nu-pieds **I** *adv* barfuß; **II** *m/pl* (einfache) Sandalen *f/pl*

nuptial [nypsjal] *adj* ⟨~e; -aux [-o]⟩ Braut…; Hochzeits…

nuque [nyk] *f* Nacken *m*; Genick *n*

Nuremberg [nyʀɛ̃bɛʀ, -ʀɑ̃-] Nürnberg *n*

nurse [nœʀs] *f* Kindermädchen *n*, -frau *f*

nu-tête *adv* ohne Kopfbedeckung

nutritif [nytʀitif] *adj* ⟨-ive [-iv]⟩ **1** Nähr…; ***valeur nutritive*** Nährwert *m*; **2** (*nourrissant*) nahrhaft

nutrition [nytʀisjõ] *f* Ernährung *f*

nylon [nilõ] *m* Nylon *n*; *adjt* ***bas*** *m/pl* ***~*** Nylonstrümpfe *m/pl*

nymphe [nɛ̃f] *f* **1** MYTH Nymphe *f*; **2** ZO Puppe *f*

nymphéa [nɛ̃fea] *m* Weiße Seerose

nymphette [nɛ̃fɛt] *f* Lolita(typ) *f(m)*; Kindfrau *f*

N

O

O, o [o] *m* ⟨*inv*⟩ O, o *n*
ô [o] *int* o; ***~ ciel!*** o Himmel!
O. *abr* (*ouest*) W (West[en])
oasis [ɔazis] *f*, *a m* Oase *f* (*a fig*)
obédience [ɔbedjɑ̃s] *f* ***d'~ communiste***, *etc* kommunistischer *etc* Prägung
▸**obéir** [ɔbeiʀ] *v/t/indir* ***~ à qn, à qc*** j-m, e-r Sache gehorchen, folgen; (***savoir***) ***se faire ~*** sich Gehorsam (zu) verschaffen (wissen)
obéissance [ɔbeisɑ̃s] *f* Gehorsam *m* (***à qn*** j-m gegenüber)
obéissant [ɔbeisɑ̃] *adj* ⟨-ante [-ɑ̃t]⟩ gehorsam; folgsam
obélisque [ɔbelisk] *m* Obelisk *m*
obèse [ɔbɛz] *adj* fett-, dickleibig
obésité [ɔbezite] *f* Fett-, Dickleibigkeit *f*
objecter [ɔbʒɛkte] *v/t* **1** (*opposer*) einwenden (***que*** dass); ***~ qc à qn*** j-m etw entgegenhalten; **2** (*alléguer*) vorgeben; vorschützen
objecteur [ɔbʒɛktœʀ] *m* ***~ de conscience*** Wehrdienst-, Kriegsdienstverweigerer *m*
objectif [ɔbʒɛktif] **I** *adj* ⟨-ive [-iv]⟩ objektiv; sachlich; **II** *m* **1** OPT Objektiv *n*; **2** (*but*) Ziel *n*
objection [ɔbʒɛksjõ] *f* Einwand *m*, Einwendung *f* (***à qc*** gegen etw)
objectivité [ɔbʒɛktivite] *f* Objektivität *f*; Sachlichkeit *f*
▸**objet** [ɔbʒɛ] *m* **1** *concret* Gegenstand *m*; Ding *n*; Sache *f*; ***~ d'art*** Kunstgegenstand *m*; **2** (*sujet*, *matière*) Gegenstand *m*; *en début de lettre* Betreff *m* (*abr* Betr.); ***être sans ~*** gegenstandslos sein; ***être, faire l'~ de qc*** Gegenstand von etw sein; **3** (*but*) Zweck *m*; Ziel *n*; **4** GR (***complément*** *m* ***d'***)***~ direct*** Akkusativobjekt *n*; (***complément*** *m* ***d'***)***~ indirect*** Präpositionalobjekt *n*
objurgations [ɔbʒyʀgasjõ] *litt f/pl* inständiges Bitten; Beschwörungen *f/pl*
obligation [obligasjõ] *f* **1** (*engagement*) Verpflichtung *f*, (*devoir*) Pflicht *f* (***envers qn*** j-m gegenüber); **2** (*nécessité*) Notwendigkeit *f*; (*contrainte*) Zwang *m*; ***sans ~ d'achat*** ohne Kaufzwang; ***être dans l'~ de faire qc*** gezwungen, genötigt sein, etw zu tun; **3** FIN Schuldverschreibung *f*; Obligation *f*
▸**obligatoire** [ɔbligatwaʀ] *adj* **1** obligatorisch; vorgeschrieben; verbindlich; Pflicht…; ***enseignement*** *m* ***~*** Schulpflicht *f*; **2** F unvermeidlich; zwangsläufig
obligé(e) [ɔbliʒe] *m(f)* ***être l'~ de qn*** j-m zu Dank verpflichtet sein
obligeamment [ɔbliʒamɑ̃] *adv* entgegenkommenderweise
obligeance [ɔbliʒɑ̃s] *f* Entgegenkommen *n*; Freundlichkeit *f*
obligeant [ɔbliʒɑ̃] *adj* ⟨-ante [-ɑ̃t]⟩ gefällig; entgegenkommend; freundlich
▸**obliger** [ɔbliʒe] *v/t* ⟨-ge-⟩ **1** *loi*, *etc* ***~ qn*** j-n verpflichten, binden; **2** (*forcer*) ***~ qn à faire qc*** j-n zwingen, nötigen, etw zu tun; ***être obligé de faire qc*** gezwungen, genötigt sein, etw zu tun; etw tun müssen; **3** ***je vous serais très obligé de bien vouloir faire qc*** ich wäre Ihnen sehr verbunden *ou* dankbar, wenn Sie etw tun würden
oblique [ɔblik] *adj* schräg
obliquer [ɔblike] *v/i* abbiegen
oblitérer [ɔbliteʀe] *v/t* ⟨-è-⟩ entwerten; abstempeln; ***timbre oblitéré*** *a* gestempelte Marke
oblong [ɔblõ] *adj* ⟨oblongue [ɔblõg]⟩ länglich
obnubiler [ɔbnybile] *v/t* → ***obséder***
obole [ɔbɔl] *f* Obolus *m*; Scherflein *n*
obscène [ɔpsɛn] *adj* obszön; unanständig; *paroles a* unflätig; zotig
obscénité [ɔpsenite] *f* Obszönität *f*; Unanständigkeit *f*; Unflätigkeit *f*; ***dire des ~s*** Zoten *f/pl* reißen
obscur [ɔpskyʀ] *adj* ⟨~e⟩ **1** (*sombre*) dunkel; finster; **2** *fig* dunkel; unverständlich; unklar; **3** *auteur* obskur; unbekannt; *existence* unauffällig; unscheinbar
obscurantisme [ɔpskyʀɑ̃tism(ə)] *m*

Fortschritts- und Bildungsfeindlichkeit *f*; Obskurantismus *m*

obscurcir [ɔpskyʀsiʀ] *v/t* **1** verdunkeln (*a ciel*); **2** *fig* unverständlich, unklar, dunkel machen

obscurément [ɔpskyʀemɑ̃] *adv* dunkel; undeutlich

obscurité [ɔpskyʀite] *f* **1** Dunkelheit *f*; Dunkel *n*; Finsternis *f*; ***dans l'~*** im Dunkeln, Finstern; **2** *fig* Unverständlichkeit *f*; Unklarheit *f* (*a passage, point obscur*); **3** (*anonymat*) Unbekanntheit *f*

obsédé(e) [ɔpsede] *m(f)* Besessene(r) *f(m)*; ***~ sexuel(le)*** Sexbesessene(r) *f(m)*

obséder [ɔpsede] *v/t* ‹-è-› ***~ qn*** j-m nicht aus dem Sinn gehen; j-n verfolgen, nicht loslassen; ***être obsédé par une idée*** *a* von e-r Idee besessen sein, beherrscht werden

obsèques [ɔpsɛk] *f/pl* Trauerfeier *f*; Beisetzung *f*; ***~ nationales*** Staatsbegräbnis *n*

obséquieux [ɔpsekjø] *adj* ‹-euse [-øz]› unterwürfig; *péj* kriecherisch

observance [ɔpsɛʀvɑ̃s] *f* Befolgung *f*; Einhaltung *f*; REL Observanz *f*

observa|teur [ɔpsɛʀvatœʀ] *m*, **~trice** [-tʀis] *f* Beobachter(in) *m(f)*

observation [ɔpsɛʀvasjõ] *f* **1** (*surveillance*) Beobachtung *f*; **2** (*remarque*) (kritische) Bemerkung, Anmerkung; **3** (*réprimande*) Ermahnung *f*; Tadel *m*; Rüge *f*

O

observatoire [ɔpsɛʀvatwaʀ] *m* Observatorium *n*; ASTR *a* Sternwarte *f*; MÉTÉO *a* Wetterwarte *f*

observer [ɔpsɛʀve] *v/t* **1** (*regarder attentivement*) beobachten; **2** (*remarquer*) beobachten; bemerken; ***faire ~ à qn que …*** j-n darauf aufmerksam machen, daß …; **3** *loi, règlement* einhalten; befolgen; beachten

obsession [ɔpsesjõ] *f* Zwangsvorstellung *f*; fixe Idee; quälender Gedanke

obsidienne [ɔpsidjɛn] *f* Obsidian *m*

obsolète [ɔpsɔlɛt] *adj* veraltet; obsolet

▸ **obstacle** [ɔpstakl(ə)] *m* Hindernis *n*; *fig a* Hemmnis *n*; ***course f d'~s*** Hindernisrennen *n*; *fig* ***faire ~ à qc*** etw verhindern; sich e-r Sache (*dat*) in den Weg stellen

obstétrique [ɔpstetʀik] *f* Geburtshilfe *f*

obstination [ɔpstinasjõ] *f* Hartnäckigkeit *f*; Eigensinn *m*; Sturheit *f*; Starrsinn *m*

obstiné [ɔpstine] *adj* ‹~e› hartnäckig; *personne a* eigensinnig; starrsinnig; stur

obstiner [ɔpstine] *v/pr* ***s'~*** eigensinnig, stur sein; ***s'~ à faire qc*** sich darauf versteifen, etw zu tun; ***s'~ dans son refus*** sich hartnäckig weigern

obstruction [ɔpstʀyksjõ] *f* **1** (parlamentarische) Obstruktion; **2** SPORTS Behinderung *f* (des Gegners)

obstruer [ɔpstʀye] *v/t passage* versperren; blockieren; MÉD *artère* verstopfen

obtempérer [ɔptɑ̃peʀe] *v/t/indir* ‹-è-› ***~ à un ordre*** e-m Befehl Folge leisten, nachkommen

obtenir [ɔptəniʀ] *v/t* ‹→ venir› erlangen; erhalten; bekommen; erreichen; durchsetzen; JUR erwirken; *résultat, prix, succès* erzielen; ***faire ~ qc à qn*** j-m etw verschaffen

obtention [ɔptɑ̃sjõ] *f* Erlangung *f*

obturateur [ɔptyʀatœʀ] *m* PHOT Verschluss *m*

obturer [ɔptyʀe] *v/t* verschließen; verstopfen; *dent* füllen

obtus [ɔpty] *adj* ‹obtuse [ɔptyz]› **1** *angle* stumpf; **2** *fig esprit* schwerfällig; *personne* schwer von Begriff

obus [ɔby] *m* (Artillerie)Granate *f*

▸ **occasion** [ɔkazjõ] *f* **1** Gelegenheit *f*; ***à l'~*** bei Gelegenheit; gelegentlich; ***à la première ~*** bei der ersten (besten) Gelegenheit; **2** (*cause*) Anlass *m*; Veranlassung *f*; ***à l'~ de*** anlässlich, aus Anlass (+ *gén*); **3** COMM Gelegenheitskauf *m*; günstiger Kauf; F Schnäppchen *n*; ***d'~*** gebraucht; Gebraucht…; aus zweiter Hand; *livre* antiquarisch

occasionn|el [ɔkazjɔnɛl] *adj* ‹~le› gelegentlich; Gelegenheits…; (*fortuit*) ganz zufällig; **~er** [-e] *v/t* verursachen; *soucis* bereiten

Occident [ɔksidɑ̃] *m* **1** ***l'~*** das Abendland; **2** POL ***l'~*** der Westen

occidental [ɔksidɑ̃tal] **I** *adj* ‹~e; -aux [-o]› GÉOGR, POL westlich; West…; *civilisation a* abendländisch; **II** ***les Occidentaux*** *m/pl* die Abendländer *m/pl*

occidentaliser [ɔksidɑ̃talize] *v/pr* ***s'~*** verwestlichen

occiput [ɔksipyt] *m* Hinterkopf *m*

occire [ɔksiʀ] *v/t* ‹*nur inf u p/p* occis›

plais (*tuer*) F kaltmachen
occitan [ɔksitɑ̃] *m* ***l'~*** das Okzitanische; die süd- und südwestfranzösischen Dialekte *m/pl*
occlusion [ɔklyzjõ] *f* ***~ intestinale*** Darmverschluss *m*
occulte [ɔkylt] *adj* geheim; verborgen; okkult; ***sciences*** *f/pl* ***~s*** Geheimwissenschaften *f/pl*
occult|er [ɔkylte] *v/t* verdecken; kaschieren; verschleiern; **~isme** [-ism(ə)] *m* Okkultismus *m*
occupant [ɔkypɑ̃] **I** *adj* ⟨-ante [-ɑ̃t]⟩ MIL Besatzungs…; **II** *m* **1** *d'un logement* Bewohner *m*; (Wohnungs)Inhaber *m*; *d'une voiture* Insasse *m*; **2** MIL **~(s)** Besatzung(smacht) *f*; F Besatzer *m/pl*
▸ **occupation** [ɔkypasjõ] *f* **1** (*activité*) Beschäftigung *f*; **2** MIL Besetzung *f* (*a illicite d'un local*); Okkupation *f*; HIST *en France* ***l'*O** die deutsche Besatzungszeit
▸ **occupé** [ɔkype] *adj* ⟨~e⟩ **1** *personne* beschäftigt (***à qc*** mit etw); **2** *logement* bewohnt; belegt; *place, poste, taxi, toilettes*, TÉL besetzt; TÉL *a* belegt
▸ **occuper** [ɔkype] **I** *v/t* **1** *personne(s)* beschäftigen; *temps* ausfüllen; **2** *poste, fonction* bekleiden; innehaben; einnehmen; **3** *de la place* einnehmen; **4** *logement* bewohnen; **5** MIL, *grévistes: usine* besetzen; besetzt halten; **II** *v/pr* **6** ▸ ***s'occuper*** sich beschäftigen, betätigen; **7** ▸ ***s'occuper de qn, qc*** sich um j-n, etw kümmern; sich mit j-m, etw befassen, beschäftigen
occurrence [ɔkyʀɑ̃s] *f* ***en l'~*** in diesem Fall; im vorliegenden Fall
O.C.D.E. [osedeə] *f abr* (*Organisation de coopération et de développement économique*) OECD *f*
▸ **océan** [ɔseɑ̃] *m* Ozean *m*; Weltmeer *n*
Océanie [ɔseani] ***l'~*** *f* Ozeanien *n*
océanique [ɔseanik] *adj* ozeanisch
océanographie [ɔseanɔgʀafi] *f* Meereskunde *f*
ocelle [ɔsɛl] *m* ZO *tache* Augenfleck *m*
ocelot [ɔslo] *m* Ozelot *m* (*a fourrure*)
ocre [ɔkʀ(ə)] *m* Ocker(gelb) *n*
octave [ɔktav] *f* MUS Oktave *f*
octet [ɔktɛ] *m* INFORM Byte *n*
▸ **octobre** [ɔktɔbʀ(ə)] *m* Oktober *m*
octogénaire [ɔktɔʒenɛʀ] *m,f* Achtzigjährige(r) *f(m)*
octogone [ɔktɔgon, -gɔn] *m* Achteck *n*
octroi [ɔktʀwa] *m* **1** Gewährung *f*; **2** HIST (Stadt)Zoll *m*
octroyer [ɔktʀwaje] ⟨-oi-⟩ **I** *v/t* bewilligen; gewähren; **II** *v/pr* F ***s'~ qc*** sich etw genehmigen, gönnen
oculaire [ɔkylɛʀ] *adj* Augen…; ***témoin*** *m* **~** Augenzeuge *m*
oculiste [ɔkylist] *m,f* Augenarzt, -ärztin *m,f*
▸ **odeur** [ɔdœʀ, o-] *f* Geruch *m*; (*parfum*) Duft *m*
odieux [ɔdjø] *adj* ⟨-euse [-øz]⟩ **1** *crime* abscheulich; scheußlich; **2** *personne* unausstehlich; grässlich
odorant [ɔdɔʀɑ̃] *adj* ⟨-ante [-ɑ̃t]⟩ wohlriechend; duftend
odorat [ɔdɔʀa] *m* Geruch(ssinn) *m*
odyssée [ɔdise] *f* Odyssee *f*; Irrfahrt *f*
œcuménisme [ekymenism(ə)] *m* REL ökumenische Bewegung
œdème [edɛm] *m* Ödem *n*
▸ **œil** [œj] *m* ⟨yeux [jø]⟩ **1** Auge *n*; *fig* ***mauvais œil*** böser Blick; ▸ ***coup*** *m* ***d'œil*** flüchtiger, kurzer Blick; ***avoir le coup d'œil*** ein gutes Augenmaß haben; F ***mon œil!*** F wer's glaubt, wird selig!; F ***à l'œil*** umsonst; *fig* ***à mes yeux*** in meinen Augen; ***de ses*** (***propres***) ***yeux*** mit eigenen Augen; F ***entre quatre-z-yeux*** [ɑ̃tʀəkatzjø] unter vier Augen; ***pour ses beaux yeux*** um s-r schönen Augen willen; ***sous mes yeux*** vor meinen Augen; ***avoir les yeux bleus*** blaue Augen haben; ***avoir l'œil à tout*** auf alles ein wachsames Auge haben; F ***avoir qn à l'œil*** j-n nicht aus den Augen lassen; F ***je m'en bats l'œil*** F das kümmert mich e-n Dreck; ***être tout yeux tout oreilles*** ganz Auge und Ohr sein; F ***faire de l'œil à qn*** j-m Blicke zuwerfen; j-m zuzwinkern; ***ouvrir de grands yeux*** große Augen machen; ***tourner de l'œil*** in Ohnmacht fallen; F umfallen; umkippen; ***voir qc d'un bon, mauvais œil*** etw gern, ungern sehen; **2** *dans une porte* Spion *m*; **3** BOT Auge *n*; **4** *pl* ***yeux*** *de bouillon* Fettaugen *n/pl*
œil-de|-bœuf *m* ⟨œils-de-bœuf⟩ ARCH Ochsenauge *n*; Rundfenster *n*; **~-perdrix** *m* ⟨œils-de-perdrix⟩ MÉD Hühnerauge *n*
œillade [œjad] *f* verliebter Blick; koket-

tes Augenzwinkern
œillère [œjɛʀ] *f* Scheuklappe *f*; *fig* ***avoir des ~s*** Scheuklappen tragen
œillet [œjɛ] *m* **1** BOT Nelke *f*; **2** *de chaussure* Schnürloch *n*; *de ceinture* Öse *f*; *de feuille de classeur* Verstärkungsring *m*
œnologie [enɔlɔʒi] *f* Wein(bau)kunde *f*
œsophage [ezɔfaʒ] *m* Speiseröhre *f*
œstrogène [ɛstʀɔʒɛn] *m* Östrogen *n*
▸ **œuf** [œf] *m* ‹~s [ø]› Ei *n*; ***~ à repriser*** Stopfei *n*; ***~ de Pâques*** Osterei *n*; ***~s de poisson*** Fischeier *n/pl*; Rogen *m*; ***~ de poule*** Hühnerei *n*; ***~ sur le plat, au plat*** Spiegelei *n*; *fig* ***étouffer dans l'~*** im Keim ersticken
œuvre[1] [œvʀ(ə)] *f* **1** Werk *n*; Arbeit *f*; REL ***bonnes ~s*** gute Werke *n/pl*; ***~ d'art*** Kunstwerk *n*; ***se mettre à l'~*** sich an die Arbeit machen; ***être l'~ de qn*** das Werk j-s sein; ***mettre tout en ~ pour faire qc*** alles aufbieten, alles einsetzen, um etw zu tun; **2** ***~*** (***de bienfaisance***) Wohltätigkeitseinrichtung *f*
œuvre[2] *m* ***le gros ~*** der Rohbau
œuvrer [œvʀe] *litt v/i* wirken, tätig sein
OFAJ [ɔfaʒ] *m* → ***office*** *2*
offense [ɔfɑ̃s] *f* **1** Beleidigung *f*; Kränkung *f*; **2** REL ***pardonne-nous nos ~s*** vergib uns unsere Schuld
offens|er [ɔfɑ̃se] *v/t* beleidigen; kränken; verletzen; ***~eur*** [-œʀ] *m* Beleidiger *m*
offensif [ɔfɑ̃sif] *adj* ‹-ive [-iv]› Angriffs…; Offensiv…; *fig du froid, etc* ***retour ~*** erneuter Einbruch
offensive [ɔfɑ̃siv] *f* MIL Offensive *f* (*a fig*); Angriff *m*; ***~ de l'hiver*** erneutes Einsetzen des Winters
offert [ɔfɛʀ] *p/p* ‹-erte [-ɛʀt]› → ***offrir***
office [ɔfis] *m* **1** ***faire ~ de …*** *personne* sich betätigen als …; *chose* als … dienen; **2** (*bureau*) Amt *n*; Dienststelle *f*; ***♀ franco-allemand pour la Jeunesse*** (*abr* ***OFAJ***) Deutsch-Französisches Jugendwerk; ***~ du tourisme*** Fremdenverkehrsbüro *n*; **3** ***bons ~s*** gute Dienste *m/pl*; Vermittlung *f*; ***Monsieur*** *m* ***Bons ~s*** Vermittler *m*; Schlichter *m*; **4** ***d'~*** von Amts wegen; *par ext* zwangsweise; ***avocat*** (***commis***) ***d'~*** Pflicht-, Offizialverteidiger *m*; **5** CATH Gottesdienst *m*
officialiser [ɔfisjalize] *v/t* offiziell, amtlich bestätigen, anerkennen
officiant [ɔfisjɑ̃] *m* Zelebrant *m*
▸ **officiel** [ɔfisjɛl] **I** *adj* ‹~le› offiziell; amtlich; Amts…; ***Journal ~*** Gesetzblatt *n*; ***visite ~le*** Staatsbesuch *m*; **II** *m* **1** ***~s*** *pl* Vertreter *m/pl* von Staat und Behörden; **2** SPORTS Offizielle(r) *m*; (Sport)Funktionär *m*
▸ **officier**[1] [ɔfisje] *m* **1** MIL Offizier *m*; **2** ***~ de la Légion d'honneur*** Offizier der Ehrenlegion; **3** ***~ de l'état civil*** Standesbeamte(r) *m*
officier[2] *v/i* REL zelebrieren
officieux [ɔfisjø] *adj* ‹-euse [-øz]› offiziös; halbamtlich; inoffiziell
officinal [ɔfisinal] *adj* ‹~e; -aux [-o]› ***plantes, herbes ~es*** Arznei-, Heilpflanzen *f/pl*; Heilkräuter *n/pl*
officine [ɔfisin] *f* PHARM Offizin *f*
offrande [ɔfʀɑ̃d] *f* REL Opfer(gabe) *n(f)*
offrant [ɔfʀɑ̃] *m* ***vendre au plus ~*** meistbietend verkaufen
offre [ɔfʀ(ə)] *f* Angebot *n*; COMM *a* Offerte *f*; ENCHÈRES Gebot *n*; ***~s d'emplois*** Stellenangebote *n/pl*; offene Stellen *f/pl*; ***l'~ et la demande*** Angebot und Nachfrage
▸ **offrir** [ɔfʀiʀ] ‹→ couvrir› **I** *v/t* **1** *en cadeau* schenken (***qc à qn*** j-m etw); **2** (*proposer*) anbieten (***qc à qn*** j-m etw); *récompense* aussetzen; **3** *avantages, difficultés* bieten; *spectacle* (dar)bieten; **II** *v/pr* ***s'~*** **4** *personne* sich anbieten; ***s'~ à faire qc*** sich erbieten, etw zu tun; **5** *occasion* sich bieten; *vue* sich darbieten; **6** ***s'~ qc*** (*se payer qc*) sich etw leisten, gönnen
offset [ɔfsɛt] *m* TYPO Offsetdruck *m*
offusquer [ɔfyske] **I** *v/t* schockieren; **II** *v/pr* ***s'~ de qc*** an etw (*dat*) Anstoß nehmen
ogive [ɔʒiv] *f* **1** ARCH (***arc*** *m* ***en***) ***~*** Spitzbogen *m*; **2** ***~ nucléaire*** Atomsprengkopf *m*
ogre [ɔgʀ(ə)] *m* Menschenfresser *m* (*im Märchen*); *fig* ***manger comme un ~*** F essen wie ein Scheunendrescher
oh [o] *int* oh!; ach!; ▸ ***oh là là!*** oje!
ohé [ɔe] *int* he(da)!; hallo!; MAR ahoi!
▸ **oie** [wa] *f* **1** ZO Gans *f*; **2** ***jeu*** *m* ***de l'~*** Gänsespiel *n*; **3** MIL ***pas*** *m* ***de l'~*** Stechschritt *m*
▸ **oignon** [ɔɲõ] *m* **1** BOT, CUIS Zwiebel *f*; ***~ de tulipe*** Tulpenzwiebel *f*; F *fig* ***aux petits ~s*** bestens; *fig* ***en rang d'~s*** in

O

einer Reihe; F *fig* ***occupe-toi de tes ~s!*** kümmere dich um deine eigenen Angelegenheiten!; **2** MÉD *au pied* Ballen *m*

oindre [wɛ̃dʀ(ə)] *v/t* ⟨→ joindre⟩ salben

▸ **oiseau** [wazo] *m* ⟨~x⟩ **1** zo Vogel *m*; ***~ de proie*** Raubvogel *m*; **2** F (*individu*) ***un drôle d'~*** ein komischer Kauz; ein seltsamer Vogel; *iron* ***un ~ rare*** ein weißer Rabe; ***~ de mauvais augure, de malheur*** Unglücksprophet *m*

oiseau-mouche *m* ⟨oiseaux-mouches⟩ Kolibri *m*

oiseleur [wazlœʀ] *m* Vogelfänger *m*, -steller *m*

oiselier [wazəlje] *m* Vogelzüchter *m ou* -händler *m*

oiseux [wazø] *adj* ⟨-euse [-øz]⟩ müßig; unnütz; überflüssig

oisif [wazif] *adj* ⟨-ive [-iv]⟩ müßig; untätig; unbeschäftigt

oisillon [wazijõ] *m* Vögelchen *n*

oisiveté [wazivte] *f* Müßiggang *m*; Untätigkeit *f*; Nichtstun *n*

oison [wazõ] *m* Gänseküken *n*

O.K. [okɛ] *int* F O. K. *ou* o. k.; okay

olé [ɔle] *adj* ⟨*inv*⟩ F ***un peu ~ ~*** ein bisschen keck, frei, gewagt

oléagineux [ɔleaʒinø] *m* Ölfrucht *f*, -pflanze *f*

oléoduc [ɔleɔdyk] *m* Ölleitung *f*; Pipeline *f*

olfactif [ɔlfaktif] *adj* ⟨-ive [-iv]⟩ Geruchs…; Riech…

olibrius [ɔlibʀijys] F *m* Kauz *m*; F Type *f*

oligarchie [ɔligaʀʃi] *f* Oligarchie *f*

oligo-éléments [ɔligoelemɑ̃] *m/pl* Spurenelemente *n/pl*

olivâtre [ɔlivɑtʀ(ə)] *adj* grünlich

olive [ɔliv] *f* **1** Olive *f*; **2** *adjt* ⟨*inv*⟩ olivgrün

oliveraie [ɔlivʀɛ] *f* Olivenpflanzung *f*, -hain *m*

olivette [ɔlivɛt] *f* Eiertomate *f*

olivier [ɔlivje] *m* **1** Olivenbaum *m*; Ölbaum *m*; **2** *bois* Olivenholz *n*

ollé [ɔle] → ***olé***

O.L.P. [oɛlpe] *f abr* (*Organisation de libération de la Palestine*) PLO *f*

olympien [ɔlɛ̃pjɛ̃] *adj* ⟨-ienne [-jɛn]⟩ olympisch (*a fig*)

olympique [ɔlɛ̃pik] *adj* olympisch; Olympia…; ***Jeux*** *m/pl* ***~s*** Olympische Spiele *n/pl*; Olympiade *f*; ***stade*** *m* ***~*** Olympiastadion *n*

ombelle [õbɛl] *f* Dolde *f*

ombilical [õbilikal] *adj* ⟨~e; -aux [-o]⟩ Nabel…; ***cordon ~*** Nabelschnur *f*

ombrage [õbʀaʒ] *m* **1** Schatten *m*; **2** *fig* ***prendre ~ de qc*** etw übel nehmen

ombrag|é [õbʀaʒe] *adj* ⟨~e⟩ schattig; **~eux** [-ø] *adj* ⟨-euse [-øz]⟩ leicht verletzlich, verletzbar; mimosenhaft

▸ **ombre** [õbʀ(ə)] *f* **1** Schatten *m*; ***~s chinoises*** Schattenspiel *n*; ***à l'~*** im Schatten; F *fig* ***mettre qn à l'~*** j-n einsperren, F einlochen; *fig* ***dans l'~*** im Verborgenen; ***tu me fais de l'~*** du stehst mir im Licht; **2** *fig* ***il n'y a pas l'~ d'un doute*** es besteht nicht der leiseste, geringste Zweifel daran; **3** ***~ à paupières*** Lidschatten *m(pl)*

ombrelle [õbʀɛl] *f* Sonnenschirm *m*

▸ **omelette** [ɔmlɛt] *f* Omelett *n*

omettre [ɔmɛtʀ(ə)] *v/t* ⟨→ mettre⟩ auslassen; weglassen; ***~ de*** (+ *inf*) (es) unterlassen zu (+ *inf*)

omis [ɔmi] *p/p* ⟨-ise [-iz]⟩ → ***omettre***

omission [ɔmisjõ] *f* Auslassung *f*; Weglassung *f*; ***pécher par ~*** e-e Unterlassungssünde begehen

omnibus [ɔmnibys] *m* Personenzug *m*; Nahverkehrszug *m*

⚠ omnibus ≠ Omnibus

L'omnibus *m* bedeutet *der Nahverkehrszug.*
Der Omnibus ist **l'autobus** *m* (wenn es sich um das öffentliche Verkehrsmittel im Stadtbereich handelt) bzw. **l'autocar** *m* (wenn ein Reise- bzw. Schulbus gemeint ist).

omni|potence [ɔmnipɔtɑ̃s] *f* Allmacht *f*; **~présent** [-pʀezɑ̃] *adj* ⟨-ente [-ɑ̃t]⟩ allgegenwärtig; **~sports** [-spɔʀ] *adj* ⟨*inv*⟩ für alle Sportarten

omnivore [ɔmnivɔʀ] *m* Allesfresser *m*

omoplate [ɔmɔplat] *f* Schulterblatt *n*

▸ **on** [õ] *pr/ind* **1** man; ***~ fait ce qu'~ peut*** man tut, was man kann; ***~ frappe*** es klopft; ***~ vous demande au téléphone*** Sie werden am Telefon verlangt; **2** F (*nous*) wir; ***alors, ~ y va?*** also, gehen wir hin?

onagre [ɔnagʀ(ə)] *m* Wildesel *m*
once [õs] *f* **1** Unze *f*; **2** *fig* Quäntchen *n*
▸ **oncle** [õkl(ə)] *m* Onkel *m*
onction [õksjõ] *f* Salbung *f*
onctueux [õktɥø] *adj* ⟨-euse [-øz]⟩ **1** *savon* mild; cremig; *potage* sämig; **2** *fig* salbungsvoll
onde [õd] *f* Welle *f*; ***~s courtes*** Kurzwelle(n) *f(pl)*; ***grandes ~s*** Langwelle(n) *f(pl)*; ***petites ~s*** Mittelwelle(n) *f(pl)*; ***~ de choc*** Stoß-, Druckwelle *f*; ***passer sur les ~s*** im Radio kommen
ondée [õde] *f* (Regen)Guss *m*; Platzregen *m*
ondine [õdin] *f* Undine *f*; Nixe *f*; Wasserjungfrau *f*
on-dit [õdi] *m* ⟨*inv*⟩ Gerücht *n*; *pl a* Gerede *n* der Leute
ondoyer [õdwaje] *v/i* ⟨-oi-⟩ (sanft) wogen
ondulations [õdylasjõ] *f/pl* **1** Wellenbewegung *f*; **2** *des cheveux, du sol* Wellen *f/pl*
ondulé [õdyle] *adj* ⟨~e⟩ wellig; *cheveux a* gewellt; ***tôle ~e*** Wellblech *n*
onduler [õdyle] *v/i* **1** *blés* sanft wogen; sich wiegen; *surface de l'eau* sich kräuseln; **2** *cheveux* sich wellen
onéreux [ɔneʀø] *adj* ⟨-euse [-øz]⟩ **1** kostspielig; teuer; **2** ***à titre ~*** gegen Entgelt
▸ **ongle** [õgl(ə)] *m* **1** (Finger-, Zehen-, Fuß)Nagel *m*; ***se faire les ~s*** sich (die Fingernägel) maniküren; **2** zo Kralle *f*; *des rapaces a* Klaue *f*
onglée [õgle] *f* ***avoir l'~*** erstarrte Fingerspitzen haben
onglet [õglɛ] *m* **1** RELIURE Falz *m*; **2** BOUCHERIE Steakfleisch *n* (aus dem Rinderzwerchfell)
onguent [õgã] *m* Salbe *f*
ongulés [õgyle] *m/pl* Huftiere *n/pl*
onirique [ɔniʀik] *adj* traumhaft; Traum…
onomatopée [ɔnɔmatɔpe] *f* Lautmalerei *f*
ont [õ] → ***avoir***
▸ **ONU** [ɔny] *f abr* (*Organisation des Nations Unies*) UNO *f*
onusien [ɔnyzjɛ̃] **I** *adj* ⟨-ienne [-jɛn]⟩ UNO…; **II** *m* UNO-Beamte(r) *m*
▸ **onze** [õz, *keine Bindung u keine Elision*] **I** *num/c* elf; ***le ~ mai*** der elfte Mai *ou* am elften Mai; **II** *m* ⟨*inv*⟩ Elf *f* (*a* FOOTBALL); Elfer *m*; ***le ~ (du mois)*** der Elfte *ou* am Elften (des Monats)
▸ **onzième** [õzjɛm] **I** *num/o* elfte; **II** *subst* ***le, la ~*** der, die, das Elfte
O.P.A. [opea] *f* ⟨*inv*⟩ *abr* (*offre publique d'achat*) (Aktien)Übernahmeangebot *n*
opacité [ɔpasite] *f* Lichtundurchlässigkeit *f*
opale [ɔpal] *f* Opal *m*
opaline [ɔpalin] *f* Opalglas *n*
opaque [ɔpak] *adj* **1** lichtundurchlässig; undurchsichtig; **2** *brouillard, nuit* undurchdringlich
OPEP [ɔpɛp] *f abr* (*Organisation des pays exportateurs de pétrole*) OPEC *f*
opéra [ɔpeʀa] *m* **1** *œuvre* Oper *f*; **2** *théâtre* ♀ Opernhaus *n*; Oper *f*
opérable [ɔpeʀabl(ə)] *adj* operabel; operierbar
opéra|teur [ɔpeʀatœʀ] *m*, **~trice** [-tʀis] *f* **1** Bedienungskraft *f*, -person *f*; INFORM Operator(in) *m(f)*; **2** CIN Kameramann *m*
▸ **opération** [ɔpeʀasjõ] *f* **1** MATH Rechenvorgang *m*; Operation *f*; ***les quatre ~s*** die vier Grundrechenarten *f/pl*; **2** ***~ (chirurgicale)*** Operation *f*; **3** ***~ (militaire)*** (militärische) Operation; Unternehmen *n*; **4** *par ext* Aktion *f*; ***~ de sauvetage*** Rettungsaktion *f*; **5** COMM, FIN Geschäft *n*; Abschluss *m*; **6** TECH Arbeits(vor)gang *m*; **7** *iron* ***par l'~ du Saint-Esprit*** auf unerklärliche, rätselhafte Weise
opérationnel [ɔpeʀasjɔnɛl] *adj* ⟨~le⟩ **1** MIL operativ; Operations…; **2** TECH einsatzfähig, -bereit
opératoire [ɔpeʀatwaʀ] *adj* MÉD operativ; Operations…
opérer [ɔpeʀe] ⟨-è-⟩ **I** *v/t* **1** MÉD operieren (*a abs*); **2** *changement* bewirken; herbeiführen; *paiement* vornehmen; *réforme, sauvetage* durchführen; *choix* treffen; **II** *v/i* **3** (*procéder*) vorgehen; verfahren; **4** *remède* wirken; **III** *v/pr* ***s'~*** (*se produire*) sich vollziehen; erfolgen
opérette [ɔpeʀɛt] *f* Operette *f*
ophtalmo|logiste [ɔftalmɔlɔʒist] *m,f ou* **~logue** [-lɔg] *m,f* Augenarzt, -ärztin *m,f*
opiacé [ɔpjase] *m* Opiat *n*
opiner [ɔpine] *v/i* ***~ du bonnet*** (durch

Kopfnicken) zustimmen

opiniâtre [ɔpinjɑtʀ(ə)] *adj* hartnäckig (*a toux*); zäh, beharrlich

opiniâtreté [ɔpinjɑtʀəte] *f* Hartnäckigkeit *f*; Zähigkeit *f*

▸ **opinion** [ɔpinjõ] *f* **1** Meinung *f*; Ansicht *f*; Anschauung *f*; Auffassung *f*; ***presse f d'~*** parteigebundene Presse; Tendenzpresse *f*; ***se faire une ~*** sich e-e (eigene) Meinung bilden; **2 *l'~ (publique)*** die öffentliche Meinung; die Öffentlichkeit

opium [ɔpjɔm] *m* Opium *n*

opportun [ɔpɔʀtɛ̃, -tœ̃] *adj* ⟨-tune [-tyn]⟩ günstig; angebracht; geeignet; passend; zweckmäßig; opportun

opportun|iste [ɔpɔʀtynist] *m,f* Opportunist(in) *m(f)*; **~ité** [-ite] *f* Zweckmäßigkeit *f*; Opportunität *f*

oppos|ant [ɔpozɑ̃] *m*, **~ante** [-ɑ̃t] *f* Gegner(in) *m(f)*; Opponent(in) *m(f)*

opposé [ɔpoze] **I** *adj* ⟨~e⟩ **1** gegenüberliegend (***à*** *dat*); *direction* entgegengesetzt; **2** *caractères, goûts, opinions* entgegengesetzt; konträr; gegensätzlich; **3** *personne* ***être ~ à qc*** gegen etw sein; **II** *m* Gegenteil *n*; ***à l'~ de*** im Gegensatz zu (+ *dat*); ***à l'~*** auf der entgegengesetzten, gegenüberliegenden Seite

opposer [ɔpoze] **I** *v/t* **1** (*mettre en face*) gegenüberstellen (***à qn, qc*** j-m, e-r Sache); *pour faire obstacle* entgegenstellen (***à*** *dat*); **2** *argument* entgegenhalten, -setzen; *veto* einlegen; **3** *conflit* ***~ deux pays*** zwei Länder zu Gegnern machen; ***ce match oppose l'équipe de R à celle de M*** in diesem Spiel stehen sich die Mannschaften von R und M gegenüber; **II** *v/pr* **4** *personne* ***s'~ à qn, à qc*** sich j-m, e-r Sache widersetzen; sich gegen j-n, etw stellen; **5** *chose, situation* ***s'~ à qc*** e-r Sache (*dat*) im Wege stehen, entgegenstehen

opposition [ɔpozisjõ] *f* **1** (*contraste*) Gegensatz *m*; Gegensätzlichkeit *f*; (*contradiction*) Widerspruch *m*; ***par ~ à*** im Gegensatz zu; **2** (*résistance*) Widerstand *m*, Opposition *f* (***à qc*** gegen etw); ***faire ~ à qc*** sich e-r Sache (*dat*) widersetzen; gegen etw opponieren; **3** JUR Einspruch *m*; ***faire ~ à un chèque*** e-n Scheck sperren lassen; **4** POL Opposition *f*

oppresser [ɔpʀese] *v/t* **1** *chaleur, crainte* ***~ qn*** j-n beklemmen; j-m den Atem benehmen; ***être oppressé*** an Atemnot leiden; **2** *fig* bedrücken

oppresseur [ɔpʀesœʀ] *m* Unterdrücker *m*

oppression [ɔpʀesjõ] *f* **1** *du peuple* Unterdrückung *f*; **2** (*gêne respiratoire*) Atembeklemmung *f*, -not *f*

opprimé [ɔpʀime] **I** *adj* ⟨~e⟩ unterdrückt; **II *les ~s*** *m/pl* die Unterdrückten *m/pl*

opprimer [ɔpʀime] *v/t* unterdrücken

opprobre [ɔpʀɔbʀ(ə)] *litt m* Schmach *f*; Schande *f*

opter [ɔpte] *v/i* ***~ pour qc*** sich für etw entscheiden; etw wählen

optic|ien [ɔptisjɛ̃] *m*, **~ienne** [-jɛn] *f* Optiker(in) *m(f)*

optimal [ɔptimal] *adj* ⟨~e; -aux [-o]⟩ optimal; bestmögliche

optim|isme [ɔptimism(ə)] *m* Optimismus *m*; Zuversicht *f*; **~iste I** *adj* optimistisch; zuversichtlich; **II** *m,f* Optimist(in) *m(f)*

option [ɔpsjõ] *f* **1** Wahl(möglichkeit) *f*; Option *f* (*a* JUR, COMM); **(*matière f à*) ~** Wahlfach *n*; **2** AUTO ***~s*** *pl* Extras *n/pl*

optionnel [ɔpsjɔnɛl] *adj* ⟨~le⟩ nach Wahl

optique [ɔptik] **I** *adj* **1** ***nerf m ~*** Sehnerv *m*; **2** OPT optisch; **3** ***fibre f ~*** Glasfaser *f*; **II** *f* **1** Optik *f*; ***instruments m/pl d'~*** optische Instrumente *n/pl*; **2** *fig* Blickwinkel *m*; Perspektive *f*; Optik *f*; Betrachtungsweise *f*

opulence [ɔpylɑ̃s] *st/s f* Überfluss *m*

opulent [ɔpylɑ̃] *adj* ⟨-ente [-ɑ̃t]⟩ *st/s* **1** sehr reich; *luxe* groß; **2** *poitrine* üppig

opuscule [ɔpyskyl] *m* kleines Werk

▸ **or**[1] [ɔʀ] *m* Gold *n*; ***d'~, en ~*** Gold...; golden; *fig* ***cheveux m/pl d'~*** goldblondes Haar; F *fig* ***un mari en ~*** ein Ehemann, der Gold wert ist; ***à prix d'~*** für teures Geld; ***rouler sur l'~*** Geld wie Heu haben

or[2] *conj* nun (aber)

oracle [ɔʀakl(ə)] *m* Orakel *n*

▸ **orage** [ɔʀaʒ] *m* Gewitter *n*; ***il fait de l'~*** es gewittert; *fig* ***il y a de l'~ dans l'air*** die Zeichen stehen auf Sturm

orageux [ɔʀaʒø] *adj* ⟨-euse [-øz]⟩ **1** gewitt(e)rig; Gewitter...; **2** *fig discussion* stürmisch; hitzig

oraison [ɔʀɛzõ] *f* **1** (*prière*) Gebet *n*; **2 ~**

O

funèbre Grab-, *st/s* Leichenrede *f*

▸ **oral** [ɔʀal] **I** *adj* ⟨~e; -aux [-o]⟩ **1** (*verbal*) mündlich; **2** ANAT, MÉD Mund…; ***par voie ~e*** oral; durch den Mund; **II** *m* mündliche Prüfung; Mündliche(s) *n*

▸ **orange**[1] [ɔʀɑ̃ʒ] *f* Apfelsine *f*; Orange *f*

▸ **orange**[2] **I** *adj* ⟨*inv*⟩ orange; orangefarben; **II** *m* Orange *n*; *feu* ***passer à l'~*** auf Gelb schalten

orangeade [ɔʀɑ̃ʒad] *f* Orangeade *f*

oranger [ɔʀɑ̃ʒe] *m* Apfelsinen-, Orangenbaum *m*

orangerie [ɔʀɑ̃ʒʀi] *f* Orangerie *f*

orang-outan [ɔʀɑ̃utɑ̃] *m* ⟨orangs-outans⟩ Orang-Utan *m*

orateur [ɔʀatœʀ] *m* Redner(in) *m(f)*

oratoire[1] [ɔʀatwaʀ] *adj* Rede…; rednerisch; *par ext* ***précautions*** *f/pl* ***~s*** schonende Vorbereitung

oratoire[2] *m* Hauskapelle *f*

oratorio [ɔʀatɔʀjo] *m* MUS Oratorium *n*

orbital [ɔʀbital] *adj* ⟨~e; -aux [-o]⟩ Orbital…

orbite [ɔʀbit] *f* **1** ANAT Augenhöhle *f*; **2** ASTR, ESPACE Umlaufbahn *f*; ***placer sur son ~*** in die vorgesehene Umlaufbahn bringen; **3** *fig* Bannkreis *m*

▸ **orchestre** [ɔʀkɛstʀ(ə)] *m* **1** Orchester *n*; Kapelle *f*; *de jazz, rock* Band *f*; **2** THÉ vorderes Parkett

orchestrer [ɔʀkɛstʀe] *v/t* **1** MUS instrumentieren; orchestrieren; **2** *fig* organisieren; inszenieren

orchidée [ɔʀkide] *f* Orchidee *f*

ordinaire [ɔʀdinɛʀ] **I** *adj* **1** (*habituel*) gewöhnlich; üblich; gewohnt; **2** (*normal*) gewöhnlich; alltäglich; normal; ***vin*** *m* ***ordinaire*** einfacher Tischwein; **3** *péj gens* gewöhnlich; **II** *m* **1** ***sortir de l'ordinaire*** aus dem Rahmen fallen; ungewöhnlich sein; ***comme à l'ordinaire*** wie üblich; wie gewöhnlich; ▸ ***d'ordinaire*** (für) gewöhnlich; im Allgemeinen; sonst; meistens; **2** *essence* Normal(benzin) *n*; **3** *nourriture* Alltagsessen *n*, -kost *f*; MIL Mannschaftsverpflegung *f*

⚠ **ordinaire**	≠	**ordinär**
ordinaire	=	gewöhnlich, alltäglich
ordinär	=	vulgaire

ordinal [ɔʀdinal] *adj* ⟨~e; -aux [-o]⟩ ***nombre ~*** Ordnungs-, Ordinalzahl *f*

▸ **ordinateur** [ɔʀdinatœʀ] *m* Computer *m*; *travailler* ***sur ~*** am Computer; → *Info bei* ***Computer***

ordination [ɔʀdinasjõ] *f* Priesterweihe *f*; Ordination *f*

ordonnance [ɔʀdɔnɑ̃s] *f* **1** MÉD Rezept *n*; **2** ADM (Rechts)Verordnung *f*; **3** JUR richterliche Verfügung, Anordnung; **4** MIL *autrefois* (Offiziers)Bursche *m*; **5** (*disposition*) (An)Ordnung *f*; Reihenfolge *f*

ordonnateur [ɔʀdɔnatœʀ] *m* ***~ des pompes funèbres*** Leichenbestatter *m*

ordonné [ɔʀdɔne] *adj* ⟨~e⟩ ordentlich; ordnungsliebend

ordonner [ɔʀdɔne] *v/t* **1** (*classer*) ordnen; **2** (*commander*) befehlen (***qc à qn*** j-m etw); anordnen; **3** MÉD verschreiben; verordnen; **4** REL weihen; ordinieren

▸ **ordre** [ɔʀdʀ(ə)] *m* **1** (*opposé à chaos*) Ordnung *f* (*a* BIOL, ARCH); ***~ public*** öffentliche Ordnung; ***en ~*** ordentlich; (wohl)geordnet; in Ordnung; ***mettre de l'~ dans qc*** etw ordnen; in etw (*acc*) Ordnung bringen; ***rappeler qn à l'~*** j-n zur Ordnung rufen; ***rentrer dans l'~*** wieder in Ordnung kommen; **2** (*succession*) Reihenfolge *f*; ***dans l'~*** der Reihe nach; in der richtigen Reihenfolge; ***par ~ alphabétique*** in alphabetischer Reihenfolge; ***par ~ d'ancienneté*** dem Dienstalter nach; **3** (*catégorie*) Rang *m*; Art *f*; ***~ de grandeur*** Größenordnung *f*; ***de l'~ de*** in der Größenordnung von; *problème* ***d'~ économique*** wirtschaftlicher Art, Natur; ***du même ~*** gleichrangig; gleichartig; ***de second ~*** zweitrangig; ***dans le même ~ d'idées*** in diesem Zusammenhang; **4** ***~ du jour*** Tagesordnung *f*; ***être à l'~ du jour*** auf der Tagesordnung stehen; *fig* an der Tagesordnung sein; **5** (*directive*) Befehl *m* (*a* MIL, INFORM); Anordnung *f*; ***~ de grève*** Streikaufruf *m*; ***jusqu'à nouvel ~*** bis auf weiteres; bis auf Widerruf; ***par ~*** (*abr* ***p.o.***) im Auftrag (*abr* i. A.); ***par ~ de, sur (l')~ de*** auf Befehl, Anordnung von (*ou* + *gén*); ***avoir qn sous ses ~s*** j-n unter sich (*dat*) haben; ***être sous les ~s de qn*** j-m unterstellt sein; *plais* ***je suis à***

O

vos*~*s! ich stehe Ihnen zu Diensten!; **6** COMM, FIN Auftrag *m*; Order *f*; **7** REL *et par ext* Orden *m*; ***entrer dans les*~*s*** in e-n Orden eintreten; **8** *de professions libérales* Verband *m*; Kammer *f*

ordure [ɔʀdyʀ] *f* **1** *pl* **~*s*** (***ménagères***) Abfall *m*; Abfälle *m/pl*; Müll *m*; *st/s* Unrat *m*; **2** *injure* P Miststück *n*

ordurier [ɔʀdyʀje] *adj* ⟨-ière [-jɛʀ]⟩ zotig; *st/s* unflätig

orée [ɔʀe] *f litt* ***à l'*~ *du bois*** *poét* am Waldessaum

▸ **oreille** [ɔʀɛj] *f* **1** Ohr *n*; *par ext* (*ouïe*) Gehör *n*; ***avoir de l'*~** ein musikalisches Gehör haben; ***casser les*~*s à qn*** *bruit* j-m in den Ohren wehtun; *pour demander qc* j-m in den Ohren liegen; ***n'écouter que d'une*~** nur mit halbem Ohr zu-, hinhören; *fig* ***il ne l'entend pas de cette*~** F auf dem Ohr ist er taub; ***faire la sourde*~** sich taub stellen; ***prêter l'*~ (*à qc*)** etw aufmerksam anhören; *abs* aufmerksam hinhören; *fig* ***se faire tirer l'*~** sich lange bitten lassen; **2** *d'une marmite* Griff *m*; **3** ***fauteuil*** *m* ***à*~*s*** Ohrensessel *m*

▸ **oreiller** [ɔʀeje] *m* Kopfkissen *n*

oreillette [ɔʀɛjɛt] *f du cœur* Vorhof *m*

oreillons [ɔʀɛjõ] *m/pl* MÉD Mumps *m*

ores *adv* ***d'*~ *et déjà*** [dɔʀzedeʒa] schon jetzt; jetzt schon

orfèvre [ɔʀfɛvʀ(ə)] *m* Goldschmied *m*; *fig* ***être*~ *en la matière*** sich bestens auskennen

orfèvrerie [ɔʀfɛvʀəʀi] *f* Goldschmiedekunst *f*

orfraie [ɔʀfʀɛ] *f* ***pousser des cris d'*~** gellende Schreie ausstoßen

organdi [ɔʀgɑ̃di] *m* Organdy *m*

organe [ɔʀgan] *m* ANAT, *fig* Organ *n*

organigramme [ɔʀganigʀam] *m* **1** (*schéma*) Organigramm *n*; **2** INFORM Flussdiagramm *n*

organique [ɔʀganik] *adj* organisch

organisa|teur [ɔʀganizatœʀ] *m*, **~trice** [-tʀis] *f* Organisator(in) *m(f)*; Veranstalter(in) *m(f)*

▸ **organisation** [ɔʀganizasjõ] *f* **1** *action* Organisierung *f*; Organisation *f*; **~ *des loisirs*** Freizeitgestaltung *f*; **2** (*structure*) Organisation *f*; Aufbau *m*; **3** (*association*) Organisation *f*; Verband *m*

organisé [ɔʀganize] *adj* ⟨~e⟩ **1** organisiert; ***voyage*~** Gruppen-, Gesellschaftsreise *f*; **2** ***une personne*~*e*** ein Mensch *m*, der s-e Arbeit richtig einzuteilen versteht

▸ **organiser** [ɔʀganize] **I** *v/t* organisieren; *travail a* sinnvoll einteilen; *son temps, une journée* richtig einteilen; *congrès, fête* veranstalten; ausrichten; *ses loisirs* gestalten; **II** *v/pr* ***s'*~** mit s-r Zeit richtig umgehen; sich s-e Zeit, s-e Arbeit richtig einteilen

organisme [ɔʀganism(ə)] *m* **1** BIOL Organismus *m*; **2** (*institution*) Organisation *f*; Einrichtung *f*; Stelle *f*; Organ *n*

organiste [ɔʀganist] *m,f* Organist(in) *m(f)*

orgasme [ɔʀgasm(ə)] *m* Orgasmus *m*

orge [ɔʀʒ] *f* Gerste *f*

orgelet [ɔʀʒəlɛ] *m* MÉD Gerstenkorn *n*

orgie [ɔʀʒi] *f* **1** Orgie *f*; wüstes Gelage; **2** *fig* ***une*~ *de couleurs*** e-e verschwenderische Fülle von Farben

orgue [ɔʀg] *m* Orgel *f*; ***les grandes*~*s*** die Orgel (*e-r Kirche*); **~ *de Barbarie*** Drehorgel *f*; Leierkasten *m*

orgueil [ɔʀgœj] *m* Stolz *m*; *péj* Hochmut *m*; Dünkel *m*

orgueilleux [ɔʀgœjø] *adj* ⟨-euse [-øz]⟩ stolz; *péj* hochmütig; eingebildet

Orient [ɔʀjɑ̃] *m* ***l'*~** der Orient

orientable [ɔʀjɑ̃tabl(ə)] *adj* verstellbar; schwenkbar; drehbar

oriental [ɔʀjɑ̃tal] **I** *adj* ⟨~e; -aux [-o]⟩ **1** (*est*) östlich; Ost…; **2** (*de l'Orient*) orientalisch; **II** ***les Orientaux*** *m/pl* die Orientalen *m/pl*

orientation [ɔʀjɑ̃tasjõ] *f* **1** Orientierung *f*; ***sens*** *m* ***de l'*~** Orientierungssinn *m*; Ortssinn *m*; **2** *fig* Ausrichtung *f*; **~ *professionnelle*** Berufsberatung *f*; **3** *d'un journal* Richtung *f*; Orientierung *f*; POL Kurs *m*; **4** *d'un édifice* Lage *f*

orienté [ɔʀjɑ̃te] *adj* ⟨~e⟩ ***être*~ *à l'est*** nach Osten liegen, gehen; ***être bien*~** e-e gute Lage haben

orienter [ɔʀjɑ̃te] **I** *v/t* **1** ausrichten, orientieren (***au sud*** nach Süden); **2** *fig élève* beraten; hinlenken (***vers*** auf + *acc*); *recherches* lenken, richten (auf + *acc*); **II** *v/pr* **3** ***s'*~** sich orientieren; sich zurechtfinden; **4** *fig* ***s'*~ *vers qc*** sich e-r Sache (*dat*) zuwenden

orifice [ɔʀifis] *m* Öffnung *f*

origami [ɔʀigami] *m* Origami *n*

originaire [ɔʀiʒinɛʀ] *adj* **1** ***être ~ de*** stammen aus; **2** (*primitif*) ursprünglich
original [ɔʀiʒinal] ⟨*m/pl* -aux [-o]⟩ **I** *adj* ⟨~e⟩ **1** *document* original; Original…; Ur…; **2** *idée, etc* originell; **II** *subst* **1** *m d'une reproduction* Original *n*; **2** ~(*e*) *m(f) personne* Original *n*; Unikum *n*
originalité [ɔʀiʒinalite] *f* **1** *d'une idée, etc* Originalität *f*; **2** (*élément original*) Besonderheit *f*
▸ **origine** [ɔʀiʒin] *f* **1** (*commencement*) Anfang *m*; Beginn *m*; *pl* ***~s*** *de la vie* Entstehung *f*; ***à l'~*** ursprünglich; **2** (*provenance*) Ursprung *m*; Herkunft *f*; *d'une personne a* Abstammung *f*; Abkunft *f*; ***d'~*** *produit* original; Original…; ***pays*** *m* ***d'~*** Ursprungs-, Herkunftsland *n*; *mot* ***d'~ latine*** lateinischen Ursprungs; *personne* ***être d'~ française*** französischer Abstammung sein; **3** (*cause*) Ursache *f*
originel [ɔʀiʒinɛl] *adj* ⟨~le⟩ **1** (*primitif*) ursprünglich; **2** REL ***péché ~*** Erbsünde *f*
oripeaux [ɔʀipo] *m/pl* zerschlissene, fadenscheinige Kleidung; Lumpen *m/pl*
O.R.L. [oɛʀɛl] *m,f* ⟨*inv*⟩ *abr* → ***oto-rhino-laryngologiste***
orme [ɔʀm] *m* Ulme *f*; Rüster *f*
ormeau [ɔʀmo] *m* ⟨~x⟩ ZO Seeohr *n*
ornement [ɔʀnəmɑ̃] *m* Ornament *n*; Verzierung *f*; Zierrat *m*; Schmuck *m*
ornemental [ɔʀnəmɑ̃tal] *adj* ⟨~e; -aux [-o]⟩ ornamental; Schmuck…; Zier…
ornementation [ɔʀnəmɑ̃tasjõ] *f* Verzierung *f* (mit Ornamenten)
orner [ɔʀne] *v/t* schmücken, verzieren (***de*** mit)
ornière [ɔʀnjɛʀ] *f* Wagenspur *f*
ornitho|logie [ɔʀnitɔlɔʒi] *f* Vogelkunde *f*; **~logue** [-lɔg] *m,f* Ornithologe, -login *m,f*
oronge [ɔʀõʒ] *f* ~ (***vraie***) Kaiserling *m*; ***fausse ~*** Fliegenpilz *m*
orpailleur [ɔʀpajœʀ] *m* Goldwäscher *m*
orphel|in [ɔʀfəlɛ̃] *m*, **~ine** [-in] *f* **1** Waise *f*; ***~ de père*** vaterlose Halbwaise; ***~ de père et de mère*** Vollwaise *f*; **2** *adjt* verwaist
orphelinat [ɔʀfəlina] *m* Waisenhaus *n*
orphéon [ɔʀfeõ] *m* Blaskapelle *f*
ORSEC [ɔʀsɛk] *abr* (*organisation des secours*) ***plan*** *m* ***~*** (staatlicher) Katastropheneinsatzplan
orteil [ɔʀtɛj] *m* Zehe *f*; Zeh *m*; ***gros ~*** große Zehe
orthodontie [ɔʀtɔdõti] *f* Zahnregulierung *f*; Kieferorthopädie *f*
orthodoxe [ɔʀtɔdɔks] **I** *adj* orthodox; streng-, rechtgläubig; **II** ***les ~s*** *m/pl* die Orthodoxen *m/pl*
▸ **orthographe** [ɔʀtɔgʀaf] *f* **1** Rechtschreibung *f*; Orthographie *f*; **2** *d'un mot* Schreibung *f*; Schreibweise *f*
orthographier [ɔʀtɔgʀafje] *v/t* ***correctement, mal ~*** richtig, falsch schreiben
orthopéd|ique [ɔʀtɔpedik] *adj* orthopädisch; **~iste** [-ist] *m,f* Orthopäde *m*, -pädin *f*
orthophoniste [ɔʀtɔfɔnist] *m,f* Logopäde *m*, -pädin *f*
ortie [ɔʀti] *f* **1** Brennessel *f*; **2** ***~ blanche*** Weiße Taubnessel
ortolan [ɔʀtɔlɑ̃] *m* ZO Ortolan *m*
orvet [ɔʀvɛ] *m* Blindschleiche *f*
▸ **os** [ɔs; *pl* o] *m* **1** Knochen *m*; ***~ à moelle*** Markknochen *m*; *objet* ***en ~*** beinern; aus Knochen; ***être trempé jusqu'aux ~*** bis auf die Haut nass sein; F pudelnass sein; **2** ***~ de seiche*** Sepiaschale *f*; Schulp *m*
O.S. [oɛs] *m abr* (*ouvrier spécialisé*) angelernter Arbeiter
O.S.C.E. [oɛsseə] *f abr* (*Organisation pour la sécurité et la coopération en Europe*) OSZE *f*
oscillation [ɔsilasjõ] *f* **1** PHYS Schwingung *f*; **2** *fig* Schwankung *f*
osciller [ɔsile] *v/t* **1** *pendule* schwingen; **2** *fig* schwanken
osé [oze] *adj* ⟨~e⟩ gewagt
oseille [ozɛj] *f* **1** BOT Sauerampfer *m*; **2** F → ***fric***
▸ **oser** [oze] *v/t* wagen; *abs* es wagen; sich trauen; ***~ faire qc*** (es) wagen, etw zu tun; *péj* sich unterstehen, sich erdreisten, etw zu tun; ***si j'ose m'exprimer ainsi*** wenn ich so sagen darf
osier [ozje] *m* **1** BOT Korbweide *f*; **2** *rameaux* Weidenruten *f/pl*; ***panier*** *m* ***d'~*** Weidenkorb *m*
osmose [ɔsmoz] *f* **1** Osmose *f*; **2** *fig* gegenseitige Durchdringung
ossature [ɔsatyʀ] *f* **1** ANAT Knochengerüst *n*, -bau *m*; **2** CONSTR Skelett *n*; Gerippe *n*
osselets [ɔslɛ] *m/pl* *Geschicklichkeitsspiel mit Knöchelchen*

ossements [ɔsmɑ̃] *m/pl* Gebeine *n/pl*
osseux [ɔsø] *adj* ⟨-euse [-øz]⟩ **1** ANAT Knochen…; **2** *visage, mains* knochig
ossification [ɔsifikasjõ] *f* Verknöcherung *f*
ossuaire [ɔsɥɛʀ] *m* Beinhaus *n*
ostensible [ɔstɑ̃sibl(ə)] *adj* ostentativ
ostensoir [ɔstɑ̃swaʀ] *m* Monstranz *f*
ostentation [ɔstɑ̃tasjõ] *f* Zurschaustellung *f*; ***avec ~*** ostentativ
ostéoporose [ɔsteɔpɔʀoz] *f* Osteoporose *f*
ostracisme [ɔstʀasism(ə)] *m* Ächtung *f*
ostréicult|eur [ɔstʀeikyltœʀ] *m* Austernzüchter *m*; **~ure** [-yʀ] *f* Austernzucht *f*
Ostrogoths [ɔstʀɔgo] *m/pl* Ostgoten *m/pl*
▸ **otage** [ɔtaʒ] *m* Geisel *f*; ***prendre qn en ~*** j-n als Geisel nehmen
▸ **OTAN** [ɔtɑ̃] *f abr* (*Organisation du traité de l'Atlantique Nord*) NATO *f*
otarie [ɔtaʀi] *f* Ohrenrobbe *f*
ôter [ote] **I** *v/t* **1** (*enlever*) wegnehmen; *manteau* ablegen; ausziehen (*a gants*); *chapeau, lunettes* abnehmen; **2** MATH abziehen; **3** ***cela n'ôte rien à son mérite*** das schmälert sein Verdienst nicht; **II** *v/pr* F ***ôte-toi de là!*** Platz da!
otite [ɔtit] *f* Ohrenentzündung *f*
oto-rhino(-laryngologiste) [ɔtɔʀino (-laʀɛ̃gɔlɔʒist)] *m,f* Hals-Nasen-Ohren-Arzt *ou* -Ärztin *m,f*; *abr* HNO-Arzt *ou* -Ärztin *m,f*; F Ohrenarzt, -ärztin *m,f*
ottoman [ɔtɔmɑ̃] *adj* ⟨-ane [-an]⟩ osmanisch
▸ **ou** [u] *conj* **1** oder; ▸ ***ou bien*** oder (aber); ▸ ***ou (bien) … ou (bien)*** entweder … oder; ***ou alors*** sonst; wenn nicht; **2** bis; ***deux ou trois fois*** zweibis dreimal
▸ **où** [u] *adv* **1** *interrogation* wo *ou* wohin; ***~ est-il?*** wo ist er?; ***~ vas-tu?*** wohin gehst du?; ***d'~?*** woher?; ***d'~ mon étonnement*** daher mein Erstaunen; ***jusqu'~?*** bis wohin?; **2** *relatif* ***le pays ~ il est né*** das Land, in dem *ou* wo er geboren wurde; ***au moment ~ il arriva*** in dem Augenblick, als *ou* wo er ankam
O.U.A. [oya] *f abr* (*Organisation de l'unité africaine*) OAU *f*
ouailles [waj] *f/pl* Schäflein *n/pl*
ouais [wɛ] F *adv* ja
ouate [wat, *meist keine Elision*] *f* Watte *f*
ouaté [wate] *adj* ⟨~e⟩ *bruit* gedämpft
ouatiné [watine] *adj* ⟨~e⟩ wattiert
oubli [ubli] *m* **1** *d'un nom, etc* Vergessen *n*; ***tomber dans l'~*** in Vergessenheit geraten; **2** (*omission*) Versäumnis *n*; Versehen *n*; Unterlassung *f*
▸ **oublier** [ublije] **I** *v/t* **1** *nom, date* vergessen; *ce qu' on a appris a* (wieder) verlernen; *clefs a* liegen lassen; *parapluie a* stehen lassen; **2** (*omettre*) vergessen; auslassen; übersehen (*a faute*); (*négliger*) vernachlässigen; **II** *v/pr* **3** *iron* ***il ne s'est pas oublié*** er hat für sich gesorgt; **4** ***s'~*** *enfant* in die Hosen machen; *animal* sein Geschäft verrichten
oubliettes [ublijɛt] *f/pl* Verlies *n*; *fig* ***tomber dans les ~*** in der Versenkung verschwinden
oued [wɛd] *m* Wadi *n*
▸ **ouest** [wɛst] **I** *m* **1** West(en) *m*; ***à l'~*** im Westen, westlich (***de*** von *ou* + *gén*); **2** ***l'*♀** der Westen (*a* POL); ***l'Europe*** *f* ***de l'*♀** Westeuropa *n*; **II** *adj* ⟨*inv*⟩ West…; westlich
ouf [uf] *int* uff!
Ouganda [ugɑ̃da] ***l'~*** *m* Uganda *n*
▸ **oui** [wi, *keine Bindung*] **I** *adv* ja; ***mais oui*** aber ja; ja doch; allerdings; ▸ ***je pense que oui*** ich glaube schon; ***il semble que oui*** es scheint so; **II** *m* ⟨*inv*⟩ **1** Ja *n*; ***pour un oui ou pour un non*** ohne ersichtlichen Grund; **2** POL Jastimme *f*
ouï [wi] *p/p* → ***ouïr***
ouï-dire [widiʀ] *m* ⟨*inv*⟩ ***par ~*** vom Hörensagen
ouïe [wi] *f* **1** Gehör(sinn) *n*(*m*); **2** *des poissons* **~s** *pl* Kiemen *f/pl*
ouille [uj] *int* au!
ouïr [wiʀ] *v/t* ⟨*déf. nur inf u p/p* ouï⟩ ***j'ai ouï dire que …*** ich habe sagen hören, dass …
ouistiti [wistiti, *keine Elision*] *m* **1** ZO Seiden-, Pinseläffchen *n*; **2** F *fig* ***un drôle de ~*** F e-e seltsame Type
ouragan [uʀagɑ̃] *m* Orkan *m*
ourdir [uʀdiʀ] *v/t complot* anzetteln
ourler [uʀle] *v/t* COUT säumen
ourlet [uʀlɛ] *m* Saum *m*; ***faire un ~ à qc*** etw (um-, ein)säumen
▸ **ours** [uʀs] *m* **1** Bär *m*; ***~ blanc*** Eisbär

O

m; ~ ***en peluche*** Teddy(bär) *m*; **2** *fig personne* Einzelgänger *m*; Eigenbrötler *m*; ~ ***mal léché*** ungehobelter, ungeschlachter Kerl

ourse [uʀs] *f* **1** ZO Bärin *f*; **2** ASTR ***la Grande, Petite*** ~ der Große, Kleine Bär, Wagen

oursin [uʀsɛ̃] *m* Seeigel *m*

ourson [uʀsõ] *m* junger, kleiner Bär

oust(e) [ust] *int* F **1** (*dehors!*) F raus!; **2** (*vite!*) F dalli, dalli!

outarde [utaʀd] *f* ZO Trappe *f*

▸ **outil** [uti] *m* **1** Werkzeug *n*; ~***s de jardinage*** Gartengeräte *n/pl*; **2** *fig* ~ (***de travail***) Arbeitsinstrument *n*; Hilfsmittel *n*

outillage [utijaʒ] *m* Werkzeug(ausrüstung) *n(f)*

outillé [utije] *adj* 〈~e〉 ***bien*** ~ gut mit Werkzeugen ausgerüstet

outrag|e [utʀaʒ] *m* (grobe, schwere) Beleidigung (*a* JUR); ~**er** [-e] *v/t* 〈-ge-〉 beleidigen; kränken

outrageusement [utʀaʒøzmɑ̃] *adv* übertrieben; zu stark

outrance [utʀɑ̃s] *f* Übertreibung *f*; *caractère* Überspitztheit *f*; ***à*** ~ übertrieben; übermäßig; *guerre* bis zum bitteren Ende

outrancier [utʀɑ̃sje] *adj* 〈-ière [-jɛʀ]〉 übertrieben; überspitzt

outre[1] [utʀ(ə)] *f* (Leder)Schlauch *m*

outre[2] **I** *prép* außer (+ *dat*); **II** *adv* **1** ***passer*** ~ ***à qc*** sich über etw (*acc*) hinwegsetzen; **2** ***en*** ~ außerdem; überdies; ***pas*** ~ ***mesure*** nicht übermäßig, besonders

outré [utʀe] *adj* 〈~e〉 **1** (*exagéré*) übertrieben; überspitzt; **2** ***être*** ~ ***de, par qc*** über etw (*acc*) empört, entrüstet sein

outre-Atlantique [utʀatlɑ̃tik] *adv* jenseits des Atlantiks

outrecuidance [utʀəkɥidɑ̃s] *litt f* Überheblichkeit *f*; Anmaßung *f*

outre-Manche [utʀəmɑ̃ʃ] *adv* jenseits des (Ärmel)Kanals

outremer [utʀəmɛʀ] *adj* 〈*inv*〉 *couleur* ultramarin

outre-mer [utʀəmɛʀ] *adj* ***d'***~ überseeisch; Übersee…

outrepasser [utʀəpase] *v/t ses droits* überschreiten

outre-Rhin [utʀəʀɛ̃] *adv* jenseits des Rheins (*von Frankreich aus*)

outsider [awtsajdœʀ] *m* Außenseiter *m*; Outsider *m*

▸ **ouvert** [uvɛʀ] *p/p* → ***ouvrir*** *et adj* 〈ouverte [uvɛʀt]〉 offen; geöffnet; auf (*attribut seulement*); *robinet a* aufgedreht; *fenêtre, porte a* offen stehend; *fig personne* offen; freimütig; zugänglich; aufgeschlossen; ***lettre*** ~***e*** offener Brief; ***la chasse est*** ~***e*** es ist Jagdzeit

ouvertement [uvɛʀtəmɑ̃] *adv* offen; geradeheraus; freimütig

ouverture [uvɛʀtyʀ] *f* **1** *d'une porte, d'un magasin, etc* Öffnen *n*; Aufmachen *n*; Öffnung *f* (*a fig* POL); ***heures f/pl d'***~ Öffnungszeiten *f/pl*; **2** *d'une séance, de débats, d'un compte, d'une exposition, d'un nouveau magasin, etc* Eröffnung *f*; *d'un spectacle a* Auftakt *m*; Beginn *m*; *d'une enquête* Einleitung *f*; ~ ***de la chasse*** Eröffnung, Beginn der Jagd(zeit); ~ ***de la succession*** Eintritt *m* des Erbfalles; **3** *dans un mur* Öffnung *f*; PHOT ~ (***du diaphragme***) Blende(nöffnung) *f*; **4** MUS Ouvertüre *f*; **5** *fig* ~ ***d'esprit*** geistige Aufgeschlossenheit

ouvrable [uvʀabl(ə)] *adj* ***jour*** *m* ~ Werk-, Wochentag *m*

ouvrage [uvʀaʒ] *m* **1** (*travail*) Arbeit *f*; ~ ***de dames*** (weibliche) Handarbeit; ***se mettre à l'***~ sich an die Arbeit, ans Werk machen; **2** *littéraire, scientifique* Werk *n*; Schrift *f*; Buch *n*; **3** CONSTR Bau(werk) *m(n)*; ~***s d'art*** Kunstbauten *m/pl*

ouvragé [uvʀaʒe] *adj* 〈~e〉 kunstvoll, fein gearbeitet

ouvrant [uvʀɑ̃] *adj* 〈-ante [-ɑ̃t]〉 ***toit*** ~ Schiebedach *n*

▸ **ouvre-boîte** [uvʀəbwat] *m* 〈ouvre-boîtes〉 Büchsen-, Dosenöffner *m*

▸ **ouvre-bouteille** [uvʀəbutɛj] *m* 〈ouvre-bouteilles〉 Flaschenöffner *m*

ouvr|eur [uvʀœʀ] *m skieur* Vorläufer *m*; ~**euse** [-øz] *f* CIN, THÉ Platzanweiserin *f*

▸ **ouvrier** [uvʀije] **I** *m* (Industrie)Arbeiter *m*; ~ ***agricole*** Landarbeiter *m*; **II** *adj* 〈-ière [-ijɛʀ]〉 Arbeiter…; ***revendications ouvrières*** Forderungen *f/pl* der Arbeiter(schaft)

▸ **ouvrière** [uvʀijɛʀ] *f* Arbeiterin *f* (*a* ZO)

▸ **ouvrir** [uvʀiʀ] 〈→ couvrir〉 **I** *v/t* **1** öffnen; aufmachen; *avec une clé* aufschließen; aufsperren; *yeux, livre a* aufschlagen; *robinet a* aufdrehen; *rideaux, tiroir* aufziehen; *parapluie* aufspannen; *journal* aufschlagen; *gaz, eau, radio* anstellen; *radio, télé a* anmachen; andrehen; einschalten (*a électricité*); *lumière* anmachen; anknipsen; einschalten; *bras, ailes* ausbreiten; *testament* eröffnen; **~ *l'appétit*** den Appetit anregen; **~ *à la circulation*** dem Verkehr übergeben; für den Verkehr freigeben; **2** *séance, débats, exposition, bal, compte en banque, nouveau magasin, hostilités, etc* eröffnen; *enquête* einleiten; *crédit a* bereitstellen; *nom* **~ *la liste*** am Anfang der Liste stehen; **~ *la marche*** den Zug eröffnen; **3** (*percer*) *fenêtre* brechen (***dans*** in + *acc*); *brèche* schlagen; **II** *v/i* **4** *magasin, musée, etc* öffnen; aufmachen; geöffnet haben; F aufhaben; *fenêtre, porte* **~ *sur la rue*** auf die *ou* nach der Straße (hinaus)gehen; **III** *v/pr* **5** ***s'~*** sich öffnen; aufgehen; *fenêtre, porte a* geöffnet, aufgemacht werden; *porte a* aufspringen; *tiroir, boîte* ***s'~ facilement*** sich leicht öffnen lassen; **6** ***s'~ les genoux*** sich die Knie aufschlagen; ***s'~ les veines*** sich die Pulsadern aufschneiden, öffnen; **7** *exposition, congrès* ***s'~*** eröffnet werden (***par*** mit); *perspectives, vie nouvelle* ***s'~ devant qn*** sich j-m eröffnen; vor j-m liegen; **8** *personne* ***s'~ à qn*** sich j-m anvertrauen

ouvroir [uvʀwaʀ] *m* Nähstube *f*

Ouzbékistan [uzbekistɑ̃] ***l'~*** *m* Usbekistan *n*

ovaire [ɔvɛʀ] *m* ANAT Eierstock *m*

ovale [ɔval] **I** *adj* oval; eiförmig; ***ballon* ~** Rugby(ball) *n*(*m*); **II** *m* Oval *n*

ovation [ɔvasjõ] *f* Ovation *f*

ovationner [ɔvasjɔne] *v/t* **~ *qn*** j-m zujubeln, Ovationen bereiten

overdose [ɔvəʀdoz] *f* Überdosis *f*

ovins [ɔvɛ̃] *m/pl* Schafe *n/pl*

ovipare [ɔvipaʀ] *adj* ZO Eier legend

ovni [ɔvni] *m abr* (*objet volant non identifié*) Ufo *ou* UFO *n*

ovulation [ɔvylasjõ] *f* Eisprung *m*; Ovulation *f*

ovule [ɔvyl] *m* BIOL Eizelle *f*; Ei *n*

oxydation [ɔksidasjõ] *f* Oxydierung *f*; Oxydation *f*

oxyde [ɔksid] *m* Oxyd *ou* Oxid *n*; **~ *de carbone*** Kohlen(mon)oxyd *n*

oxyder [ɔkside] *v/pr* ***s'~*** oxydieren

oxygène [ɔksiʒɛn] *m* Sauerstoff *m*

oxygéné [ɔksiʒene] *adj* ⟨~e⟩ ***eau ~e*** Wasserstoffperoxyd *n*; ***cheveux blonds ~s*** wasserstoffblondes Haar

oxygéner [ɔksiʒene] *v/pr* ⟨-è-⟩ F ***s'~*** (***les poumons***) F frische Luft tanken

oyez [oje] *litt* ⟨*Imperativ von* ouïr⟩ hört!

ozone [ozɔn] *m* Ozon *n ou m*

P

P, p [pe] *m* ⟨*inv*⟩ P, p *n*

p. *abr* (*page*) S. (Seite)

pacha [paʃa] *m* Pascha *m*; F *fig* ***faire le ~*** den Pascha spielen

pachyderme [paʃidɛʀm] *m* Dickhäuter *m*

pacifier [pasifje] *v/t* befrieden

pacifique [pasifik] *adj* **1** friedlich; *personne, peuple a* friedliebend; **2 *l'océan*** *m* **♀** *ou* ***le*** **♀** der Pazifische, Stille, Große Ozean; der Pazifik

pacif|isme [pasifism(ə)] *m* Pazifismus *m*; **~iste** [-ist] *m,f* Pazifist(in) *m*(*f*)

pack [pak] *m* Blockpackung *f*

package [pakɛdʒ] *m* Softwarepaket *n*

pacotille [pakɔtij] *f* Schund(ware) *m*(*f*); ***de ~*** wertlos

pacs *ou* **Pacs** [paks] *m abr* (*pacte civil de solidarité*) *vom französischen Staat anerkannte Lebensgemeinschaft zweier nicht verheirateter Personen*

pact|e [pakt] *m* Pakt *m*; **~iser** [-ize] *v/i* paktieren (***avec*** mit)

pactole [paktɔl] *m* Goldgrube *f* (*fig*)

paf [paf] **I** *int* bums!; klatsch!; **II** *adj* ⟨*inv*⟩ F besoffen

pagaie [pagɛ] *f* Paddel *n*

pagaille [pagaj] *f* F **1** (*désordre*) (heilloses) Durcheinander; *chambre* ***en ~*** unordentlich; unaufgeräumt; **2 *en ~***

(*beaucoup*) F in rauen Mengen
paganisme [paganism(ə)] *m* Heidentum *n*
pagayer [pageje] *v/i* ⟨-ay- *od* -ai-⟩ paddeln
▸ **page**[1] [paʒ] *f* **1** (Druck-, Text)Seite *f*; **(à la) ~ 10** (auf) Seite 10; *fig* **être à la ~** mit der Zeit gehen; *fig* **tourner la ~** ein Kapitel als erledigt betrachten; **2** INFORM **~ d'accueil** Homepage ['hoːmpeːtʃ] *f*; **~ Web** Webseite *f*
page[2] *m* HIST Page *m*
pageot [paʒo] *m* P (*lit*) F Falle *f*
pagne [paɲ] *m* Lendenschurz *m*
pagode [pagɔd] *f* Pagode *f*
paie [pɛ] *f* **jour** *m* **de ~** Zahltag *m*
paiement [pɛmɑ̃] *m* (Be)Zahlung *f*
païen [pajɛ̃] **I** *adj* ⟨-ïenne [-jɛn]⟩ heidnisch; **II ~(ne)** *m(f)* Heide *m*, Heidin *f*
paillard [pajaʀ] *adj* ⟨-arde [-aʀd]⟩ *personne* geil; *chanson, histoire* schlüpfrig
paillasse [pajas] *f* **1** Strohsack *m*; **2** *d'un évier* Abstellfläche *f*
paillasson [pajasõ] *m* Fußmatte *f*
▸ **paille** [paj, pɑj] *f* **1** Stroh *n*; *fig* **être sur la ~** bettelarm, im Elend sein; **2** (*brin de* **~**) Strohhalm *m*; *pour boire* Trinkhalm *m*; **3** F *iron* Kleinigkeit *f*; F Peanuts *pl*; **4 ~ de fer** Stahlwolle *f*
paillé [paje] *adj* ⟨~e⟩ *chaise* mit Strohsitz
pailleté [pajte] *adj* ⟨~e⟩ mit Pailletten besetzt
paillette [pajɛt] *f* **1** COUT Paillette *f*; **2 ~ d'or** Goldblättchen *n*; **savon** *m* **en ~s** Seifenflocken *f/pl*
paillote [pajɔt] *f* Strohhütte *f*
▸ **pain** [pɛ̃] *m* **1** Brot *n*; **~ blanc** Weißbrot *n*; **petit ~** Brötchen *n*; *südd* Semmel *f*; *fig* **se vendre comme des petits ~s** reißenden Absatz finden; F weggehen wie warme Semmeln; **~ au chocolat** Schokoladenbrötchen *n*; **~ aux raisins** Schnecke *f*; **~ d'épice(s)** Leb-, Pfefferkuchen *m*; **~ de mie, de seigle** Toast-, Roggenbrot *n*; *fig* **avoir du ~ sur la planche** alle Hände voll zu tun haben; **2 ~ de savon** Riegel *m* (Kern)Seife; **~ de sucre** Zuckerhut *m*
pair[1] [pɛʀ] *adj* ⟨~e⟩ *nombre* gerade
pair[2] *m* **1** *st/s* **ses ~s** (*ses égaux*) seinesgleichen; **'hors ~** unvergleichlich; einzigartig; **aller de ~** Hand in Hand gehen (**avec** mit); **2 jeune fille** *f* **au ~** Au-pair-Mädchen *n*; **être au ~** e-e Au-pair-Stelle haben
▸ **paire** [pɛʀ] *f* **1** Paar *n*; **une ~ de chaussures** ein Paar Schuhe; *fig* **c'est une autre ~ de manches** das ist etwas ganz anderes; **2 une ~ de ciseaux, de lunettes** e-e Schere, Brille
paisible [pezibl(ə)] *adj* friedlich; *personne a* friedfertig; *sommeil, vie* ruhig; *lieu a* still
paître [pɛtʀ(ə)] *v/i* ⟨*déf*: il paît, ils paissent; il paissait; il paîtra; qu'il paisse; paissant⟩ **1** weiden; **2** F *fig* **envoyer ~ qn** F j-n zum Teufel jagen
▸ **paix** [pɛ] *f* **1** POL Frieden *m*; **en temps de paix** in Friedenszeiten; **faire la paix avec qn** mit j-m Frieden schließen; **2** *fig* Frieden *m*; Ruhe *f*; REL **qu'il repose en paix** er ruhe in Frieden; **pour avoir la paix** *fermer la télé* um s-e Ruhe zu haben; *céder* um des lieben Friedens willen; F ▸ **fiche-moi**, P **fous-moi la paix!** lass mich in Ruhe!
Pakistan [pakistɑ̃] **le ~** Pakistan *n*
pakistanais [pakistanɛ] **I** *adj* ⟨-aise [-ɛz]⟩ pakistanisch; **II** **ℒ(e)** *m(f)* Pakistani *m,f*; Pakistaner(in) *m(f)*
palabrer [palabʀe] *v/i* palavern
palabres [palabʀ(ə)] *m/pl* Palaver *n*
palace [palas] *m* Luxus-, Grandhotel *n*
palais[1] [palɛ] *m* **1** Palast *m*; Schloss *n*; Palais *n*; **2 ~ de justice** Gerichtsgebäude *n*; Justizpalast *m*
palais[2] *m* ANAT Gaumen *m*
palan [palɑ̃] *m* Flaschenzug *m*
palanquin [palɑ̃kɛ̃] *m* Tragsessel *m*; Sänfte *f*
palatale [palatal] *f* Gaumenlaut *m*; Palatal *m*
Palatinat [palatina] **le ~** die Pfalz
pale [pal] *f d'une hélice, etc* Blatt *n*
▸ **pâle** [pɑl] *adj* blass (*a fig*); bleich; **bleu ~** ⟨*inv*⟩ blassblau
palefrenier [palfʀənje] *m* Stallbursche *m*
paléolithique [paleɔlitik] *m* Altsteinzeit *f*
paleron [palʀõ] *m* CUIS, ZO Bug *m*
Palestine [palɛstin] **la ~** Palästina *n*
palestinien [palɛstinjɛ̃] **I** *adj* ⟨-ienne [-jɛn]⟩ palästinensisch; **II** **ℒ(ne)** *m(f)* Palästinenser(in) *m(f)*
palet [palɛ] *m* HOCKEY SUR GLACE Puck *m*; MARELLE flacher, runder Stein

P

paletot [palto] *m* Paletot *m*; kurzer Mantel
palette [palɛt] *f* **1** PEINT, MANUTENTION Palette *f*; **2** CUIS Bug *m*
palétuvier [paletyvje] *m* Mangrove(nbaum) *f(m)*
pâleur [pɑlœʀ] *f* Blässe *f*
pâlichon [pɑliʃõ] F *adj* ‹-onne [-ɔn]› blässlich; ein wenig blass
palier [palje] *m* **1** Treppenabsatz *m*; ***être voisins de ~*** auf der gleichen Etage wohnen; **2** TECH Lager *n*; **3** *fig* Stufe *f*; ***par ~s*** stufenweise
pâlir [pɑliʀ] *v/i* **1** blass werden, bleich werden, erblassen (***de colère*** vor Zorn); **2** *couleurs* verblassen
palissade [palisad] *f* Latten-, Bretterzaun *m*; Palisade(n) *f(pl)*
palissandre [palisɑ̃dʀ(ə)] *m* Palisander(holz) *m(n)*
palliatif [paljatif] *m* (Not)Behelf *m*
pallier [palje] *v/t* (*abus* ***~ à***) (einigermaßen) abhelfen (+ *dat*)
palmarès [palmaʀɛs] *m* Liste *f* der Preisträger; SPORTS Siegerliste *f*
palme [palm] *f* **1** BOT Palm(en)zweig *m*, -wedel *m*; **2** *fig* Siegespalme *f*; **3** SPORTS Schwimmflosse *f*
palmé [palme] *adj* ‹~e› ZO ***patte ~e*** Schwimmfuß *m*
palmer [palmɛʀ] *m* Messschraube *f*
palmeraie [palməʀɛ] *f* Palmenpflanzung *f*, -hain *m*
palmier [palmje] *m* **1** BOT Palme *f*; **2** *gâteau* Schweinsohr *n*
palmipède [palmipɛd] *m* Schwimmvogel *m*
palombe [palõb] *f* Ringeltaube *f*
pâlot [pɑlo] *adj* ‹-otte [-ɔt]› blässlich; blass
palourde [paluʀd] *f* Venusmuschel *f*
palpable [palpabl(ə)] *adj preuve, avantage* handgreiflich; konkret; handfest
palper [palpe] *v/t* abtasten
palpit|ant [palpitɑ̃] *adj* ‹-ante [-ɑ̃t]› *récit, film* spannend; aufregend; ***~ations*** [-asjõ] *f/pl* (starkes) Herzklopfen
palpiter [palpite] *v/i* **1** *paupières* zucken; *narines* zittern; **2** *cœur* klopfen; pochen
palplanche [palplɑ̃ʃ] *f* Spundbohle *f*; ***~s*** *pl* Spundwand *f*
paluche [palyʃ] *f* F (*main*) F Flosse *f*
paludisme [palydism(ə)] *m* Malaria *f*
pâmer [pɑme] *v/pr* ***se ~ d'admiration*** in Bewunderung erstarren; ***se ~ de rire*** sich kranklachen
pâmoison [pɑmwazõ] *f plais* ***tomber en ~*** in Ohnmacht fallen; F umkippen
pamphlet [pɑ̃flɛ] *m* Pamphlet *n*; Schmäh-, Streitschrift *f*
pamplemousse [pɑ̃pləmus] *m* Pampelmuse *f*; Grapefruit *f*
pampre [pɑ̃pʀ(ə)] *m* Weinranke *f*
pan[1] [pɑ̃] *m* **1** COUT Schoß(teil) *m(n)*; Zipfel *m*; **2** ***~ de mur*** Mauer- *ou* Wandstück *n*, -fläche *f*; **3** TECH Seite(nfläche) *f*
pan[2] *int* peng!; bum!; bums!
panacée [panase] *f* Allheil-, Wundermittel *n*
panache [panaʃ] *m* **1** Feder-, Helmbusch *m*; **2** ***~ de fumée*** Rauchfahne *f*; **3** *fig* ***avoir du ~*** ein schneidiges Auftreten haben
panaché [panaʃe] *adj* ‹~e› *glace* gemischt; *bière* mit Limonade gemischt; ***un ~*** ein(e) Radler(maß)
panacher [panaʃe] *v/t* ***~ une liste électorale*** panaschieren
panade [panad] *f* **1** CUIS Brotsuppe *f*; **2** F *fig* ***il est dans la ~*** F es geht ihm dreckig
Panama [panama] **1** (***le***) ***~*** Panama *n*; **2** *m* ♀ Panama(hut) *m*
panard [panaʀ] F *m* Fuß *m*; ***~s*** *pl* F Mauken *f/pl*; F Quanten *pl*
panaris [panaʀi] *m* eitrige Fingerentzündung; F böser, schlimmer Finger
pancarte [pɑ̃kaʀt] *f* **1** (*écriteau*) Schild *n*; **2** *de manifestants* Transparent *n*
pancréas [pɑ̃kʀeas] *m* Bauchspeicheldrüse *f*
panda [pɑ̃da] *m* Panda(bär) *m*
pandore [pɑ̃dɔʀ] F *m* Gendarm *m*
pané [pane] *adj* ‹~e› paniert; ***escalope ~e*** Wiener Schnitzel *n*
panégyrique [paneʒiʀik] *m* Lobrede *f*
▸ **panier** [panje] *m* Korb *m* (*a* BASKET); *fig* ***~ percé*** Verschwender *m*; ***~ à salade*** Salatkorb *m*; F *fig* grüne Minna; ÉCON ***~ de la ménagère*** Warenkorb *m*; *fig* ***c'est un ~ de crabes*** sie würden sich am liebsten alle gegenseitig die Augen auskratzen; ***mettre au ~*** wegwerfen; ***~-repas*** *m* ‹paniers-repas› Lunchpaket *n*
panifier [panifje] *v/t* zu Brot verbacken
panique [panik] *f* Panik *f*
paniquer [panike] F **I** *v/t* in Panik verset-

P

zen; ***paniqué*** in panischer Angst; **II** *v/i* in Panik geraten

▸ **panne** [pan] *f* Panne *f*; Betriebsstörung *f*; ***~ d'électricité*** Stromausfall *m*; ***en ~*** defekt; schadhaft; ***avoir une*** *ou* ***tomber en ~*** e-e Panne haben; ***il a une ~ d'essence*** *ou* ***il est tombé en ~ sèche*** ihm ist das Benzin ausgegangen; F *fig* ***être en ~*** *personne* nicht weitermachen können; *travaux* stecken bleiben; ***être en ~ de qc*** etw im Augenblick nicht haben

panneau [pano] *m* ⟨~x⟩ **1** Schild *n*; Tafel *f*; ***panneau électoral*** Plakatwand *f* bei Wahlen; ▸ ***panneau de signalisation*** Verkehrsschild *n*, -zeichen *n*; **2** CONSTR Platte *f*; **3** ***tomber dans le panneau*** F reinfallen; **4** COUT (Stoff)Bahn *f*

panonceau [panõso] *m* ⟨~x⟩ (kleines) Schild

panoplie [panɔpli] *f* **1** ***~ de cow-boy*** (Karton *m* mit e-r) Cowboyausrüstung *f*; **2** *fig* Arsenal *n*

panorama [panɔʀama] *m* Panorama *n*; Rundsicht *f*, -blick *m*

panoramique [panɔʀamik] **I** *adj* Rundsicht…; Panorama…; ***écran*** *m* ***~*** Breitwand *f*; **II** *m* CIN, TV (Panorama-)Schwenk *m*

panse [pɑ̃s] *f* **1** ZO Pansen *m*; **2** F ***se remplir la ~*** F sich den Bauch voll schlagen

▸ **pansement** [pɑ̃smɑ̃] *m* MÉD Verband *m*; *adhésif* Pflaster *n*; ***boîte f à ~*** Verband(s)kasten *m*

panser [pɑ̃se] *v/t* **1** MÉD verbinden; **2** *cheval* striegeln; putzen

pansu [pɑ̃sy] *adj* ⟨~e⟩ *vase* bauchig

▸ **pantalon** [pɑ̃talõ] *m* (lange) Hose; ***~ de ski*** Skihose *f*; ***en ~*** in Hosen

pantalonnade [pɑ̃talɔnad] *f* Posse *f*

pantelant [pɑ̃tlɑ̃] *adj* ⟨-ante [-ɑ̃t]⟩ keuchend; schnaufend

panthère [pɑ̃tɛʀ] *f* Panther *m*; Leopard *m*

pantin [pɑ̃tɛ̃] *m* Hampelmann *m* (*a fig*)

pantois [pɑ̃twa] *adj* ⟨-oise [-waz]⟩ ***rester ~*** verdutzt, verblüfft sein

pantomime [pɑ̃tɔmim] *f* **1** *art* Pantomimik *f*; **2** THÉ Pantomime *f*

pantoufl|ard [pɑ̃tuflaʀ] *m*, ***~arde*** [-aʀd] *f* F Stubenhocker(in) *m(f)*

pantoufle [pɑ̃tufl(ə)] *f* Hausschuh *m*; Pantoffel *m*

P.A.O. [peao] *f abr* (*publication assistée par ordinateur*) Desktop-Publishing *n*

paon [pɑ̃] *m* Pfau *m*

▸ **papa** [papa] *m* **1** Papa *m*; Papi *m*; Vati *m*; **2** F ***le cinéma de ~*** F Opas Kintopp *m*; F ***à la ~*** ganz gemütlich, gemächlich

papal [papal] *adj* ⟨~e; -aux [-o]⟩ päpstlich

paparazzi [papaʀadzi] *m/pl* Paparazzi *m/pl*

papauté [papote] *f* Papsttum *n*

papaye [papaj] *f* Papaya *f*

▸ **pape** [pap] *m* Papst *m* (*a fig*); ***sérieux comme un ~*** todernst

papelard [paplaʀ] F *m* Stück *n* Papier; (*écrit*) F Wisch *m*

paperasse [papʀas] *f coll* Papierkram *m*; ***~s*** *pl* (alte) Papiere *n/pl*

paperasserie [papʀasʀi] *f péj* Papierwust *m*; ADM Papierkrieg *m*

▸ **papeterie** [papɛtʀi] *f* Schreibwarengeschäft *n*

papetier [paptje] *m* Schreibwarenhändler *m*

▸ **papi** [papi] *m enf* Opa *m*

▸ **papier** [papje] *m* **1** Papier *n*; ***papier journal*** Zeitungspapier *n*; ***papier calque*** Pauspapier *n*; ***papier à cigarettes*** Zigarettenpapier *n*; ***papier à dessin*** Zeichenpapier *n*; ***papier à lettres*** Briefpapier *n*; ***papier d'emballage*** Pack-, Einwickelpapier *n*; ***en*** *ou* ***de papier*** Papier…; papier(e)n; **2** ***papier peint*** Tapete *f*; ***poser du papier peint*** tapezieren; **3** ***papier d'aluminium*** Alu(minium)folie *f*; **4** ***un papier*** ein Stück *n*, Blatt *n* Papier; ein Zettel *m*; **5** (*article de journal*) (Zeitungs)Artikel *m*; **6** *pl* ▸ ***papiers*** (***d'identité***) (Ausweis)Papiere *n/pl*; *fig* ***être dans les petits papiers de qn*** bei j-m e-n Stein im Brett haben

papille [papij] *f* Papille *f*

▸ **papillon** [papijõ] *m* **1** ZO Schmetterling *m*; ***~ de nuit*** Nachtfalter *m*; **2** F (*contravention*) F Strafzettel *m*; F Knöllchen *n*; **3** (***brasse*** *f*) ***~*** Delphin-, Schmetterlingsschwimmen *n ou* -stil *m*; **4** *adjt* ***nœud*** *m* ***~*** Fliege *f*; **5** *écrou* Flügelmutter *f*

papillonner [papijɔne] *v/i* flatterhaft, unstet, unbeständig sein

papillote [papijɔt] *f* CUIS ***en ~*** in Folie gebacken

P

papilloter [papijɔte] *v/i yeux* flackern
papot|age [papɔtaʒ] *m* Geschwätz *n*; **~er** [-e] *v/i* schwatzen
paprika [papʀika] *m* Paprika *m* (*in Pulverform*)
papyrus [papiʀys] *m* Papyrus *m*
Pâque [pɑk] *f* ***la ~*** (das) Passah(fest)
paquebot [pakbo] *m* Passagierschiff *n*
pâquerette [pakʀɛt] *f* Gänseblümchen *n*; *fig* ***au ras des ~s*** niveaulos; banal
▸ **Pâques** [pɑk] ⟨*ohne Artikel m sg, mit adj f/pl*⟩ Ostern *n ou pl*; Osterfest *n*; ***joyeuses ~!*** frohe Ostern!; ***à ~*** (zu, an) Ostern; *fig* ***à ~ ou à la Trinité*** am Sankt-Nimmerleins-Tag
▸ **paquet** [pakɛ] *m* **1** Paket *n*; Päckchen *n*; Packung *f*; Pack(en) *m*; Bündel *n*; ***~ de café, de lessive*** Packung Kaffee, Waschpulver; ***~ de cigarettes*** Päckchen, Schachtel *f* Zigaretten; ***~ de linge*** Packen Wäsche; *fig de qn* ***~ de nerfs*** Nervenbündel *n*; **2** ***~ de mer*** Brecher *m*; Sturzsee *f*; **3** F ***(y) mettre le ~*** s-e ganze Kraft (und Energie) einsetzen
paquetage [paktaʒ] *m* MIL Gepäck *n*
▸ **par** [paʀ] *prép* **1** *lieu* durch; über (+ *acc*); ***~ la porte*** durch die Tür; *aller à Paris* ***~ Reims*** über Reims; **2** *temps* an (+ *dat*); in (+ *dat*); bei; ***~ un beau matin d'été*** an e-m schönen Sommermorgen; ***~ quinze degrés*** bei fünfzehn Grad; **3** *moyen* durch; mit; per; ***~ (le) bateau, train*** mit dem Schiff, mit der Bahn; per Schiff, Bahn; ***~ ruse*** durch List; ***faire faire qc ~ qn*** etw von j-m machen lassen; **4** *après un verbe passif* von; durch; ***être élu ~ l'assemblée*** von der Versammlung gewählt werden; ***être détruit ~ un incendie*** durch e-n Brand zerstört werden; **5** *cause* aus; ***~ amour, curiosité*** aus Liebe, Neugier; **6** *distributif* pro; ***~ jour*** täglich; am, pro Tag; ***~ personne*** pro Person; **7** ***de ~ la loi*** im Namen des Gesetzes
para [paʀa] *m* F *abr* (*parachutiste*) Fallschirmjäger *m*
parabole [paʀabɔl] *f* **1** BIBL Gleichnis *n*; **2** MATH Parabel *f*
parabolique [paʀabɔlik] *adj* ***antenne*** *f* ***~*** Parabolantenne *f*; F Satellitenschüssel *f*
parachever [paʀaʃve] *v/t* ⟨-è-⟩ vollenden
parachute [paʀaʃyt] *m* Fallschirm *m*
parachuter [paʀaʃyte] *v/t* **1** *troupes* (mit dem Fallschirm) absetzen, *matériel* abwerfen; **2** F *fig* ***~ qn à un poste*** j-n (unerwartet) auf e-n Posten beordern, F katapultieren
parachut|isme [paʀaʃytism(ə)] *m* Fallschirmsport *m*, -springen *n*; **~iste** [-ist] **1** *m* MIL Fallschirmjäger *m*; **2** *m,f* SPORTS Fallschirmspringer(in) *m(f)*
parade [paʀad] *f* **1** ***de ~*** Parade…; ***faire ~ de qc*** mit etw prahlen; **2** MIL, SPORTS Parade *f*; **3** *fig* Abwehr *f*; Entgegnung *f*; Gegenargument *n*
parader [paʀade] *v/i* paradieren
▸ **paradis** [paʀadi] *m* REL, *fig* Paradies *n*; *fig* ***~ fiscal*** Steueroase *f*
paradisiaque [paʀadizjak] *adj* paradiesisch
paradoxal [paʀadɔksal] *adj* ⟨~e; -aux [-o]⟩ paradox; widersinnig
paradoxe [paʀadɔks] *m* Paradox *n*
paraf|e [paʀaf] *m* Namenszeichen *n*; **~er** [-e] *v/t* abzeichnen; paraphieren
paraffine [paʀafin] *f* Paraffin *n*
parages [paʀaʒ] *m/pl* Gegend *f*
paragraphe [paʀagʀaf] *m* **1** Abschnitt *m*; Absatz *m* (*a* JUR); **2** TYPO Paragraphenzeichen *n*
Paraguay [paʀagwɛ] ***le ~*** Paraguay *n*
▸ **paraître** [paʀɛtʀ(ə)] ⟨→ connaître⟩ **I** *v/i* **1** (*se montrer*) erscheinen; *sentiments* ***laisser ~*** sich anmerken lassen; **2** (*sembler*) (er)scheinen; aussehen; vorkommen (***à qn*** j-m); ***le voyage me paraît très long*** die Reise kommt mir sehr lang vor; ***il ne paraît pas son âge*** man sieht ihm sein Alter nicht an; **3** (*être publié*) ⟨*oft* être⟩ erscheinen; herauskommen; ***faire ~*** herausbringen, -geben; **II** *v/imp* ***il paraît que …*** man sagt, man erzählt sich, es heißt, es scheint, dass …
parallèle [paʀalɛl] **I** *adj* **1** parallel (***à*** zu); Parallel …; **2** *fig* (*non officiel*) inoffiziell; *médecine* alternativ; ***marché*** *m* ***~*** grauer Markt; ***police*** *f* ***~*** Geheimpolizei *f*; **II** *subst* **1** *f* MATH Parallele *f*; **2** *m* GÉOGR Breitengrad *m*; **3** *m fig* Parallele *f*; ***faire un ~ entre …*** e-e Parallele ziehen zwischen (+ *dat*)
parallélisme [paʀalelism(ə)] *m* **1** AUTO Spur *f*; **2** *fig* Parallelismus *m*
parallélogramme [paʀalelɔgʀam] *m*

P

Parallelogramm *n*
paralyser [paʀalize] *v/t* **1** MÉD lähmen; ***paralysé*** gelähmt; **2** *fig personne* lähmen; *économie, circulation* lahmlegen
paralysie [paʀalizi] *f* Lähmung *f* (*a fig*)
paralytique [paʀalitik] *m,f* Gelähmte(r) *f(m)*
paramédical [paʀamedikal] *adj* ⟨~e; -aux [-o]⟩ ***professions ~es*** medizinische Hilfsberufe *m/pl*
paramètre [paʀamɛtʀ(ə)] *m* MATH, *fig* Parameter *m*
paramilitaire [paʀamilitɛʀ] *adj* para-, halbmilitärisch
parangon [paʀɑ̃gõ] *m litt* **~ *de vertu*** Muster *n* an, Ausbund *m* von Tugend
paranoïaque [paʀanɔjak] *m,f* Geistesgestörte(r) *f(m)*
parapente [paʀapɑ̃t] *m* **1** *engin* Gleitschirm *m*; Paragleiter *m*; **2** *sport* Gleitschirmfliegen *n*; Paragliding *n*
parapet [paʀapɛ] *m* Brüstung *f*
paraphe → ***parafe***
paraphrase [paʀafʀɑz] *f* Paraphrase *f*
paraplég|ie [paʀapleʒi] *f* Querschnittslähmung *f*; **~*ique*** [-ik] **I** *adj* querschnittsgelähmt; **II** *m,f* Querschnittsgelähmte(r) *f(m)*
▸ **parapluie** [paʀaplɥi] *m* (Regen-)Schirm *m*
parascolaire [paʀaskɔlɛʀ] *adj* außerhalb des Lehrplans
parasit|e [paʀazit] *m* **1** BIOL, *fig* Parasit *m*; Schmarotzer *m*; **2** RAD ***~s*** *pl* Stör-, Nebengeräusch(e) *n(pl)*; ***~isme*** [-ism(ə)] *m* Schmarotzertum *n* (*a fig*)
parasol [paʀasɔl] *m* **1** Sonnenschirm *m*; **2** *adjt* ***pin*** *m* **~** Pinie *f*
paratonnerre [paʀatɔnɛʀ] *m* Blitzableiter *m*
paravent [paʀavɑ̃] *m* spanische Wand; Wandschirm *m*
▸ **parc** [paʀk] *m* **1** Park *m*; **~ *régional*** Naturpark *m*; **~ *d'attractions*** Erlebnis-, Vergnügungspark *m*; **~ *de loisirs*** Freizeitpark *m*; **2** **~ *de stationnement*** Parkplatz *m*; **3** *pour bébés* Laufgitter *n*, -stall *m*; **4** **~ *à huîtres*** Austernpark *m*; **5** **~ *automobile*** Fuhrpark *m*; (Kraft-)Fahrzeugbestand *m*; **6** *à bestiaux* Pferch *m*
parcelle [paʀsɛl] *f* **1** *terrain* Parzelle *f*; **2** *fig* winziges Stück
▸ **parce que** [paʀsk(ə)] *conj* ⟨*vor Vokal* ***parce qu'***⟩ **1** weil; **2** *abs* (eben) darum
parchemin [paʀʃəmɛ̃] *m* Pergament *n*
parcheminé [paʀʃəmine] *adj* ⟨~e⟩ pergamentartig
par-ci [paʀsi] *adv* **~, *par-là*** *espace* hier und da; *temps* hin und wieder; *fig* ***maman ~, maman par-là*** F Mutti vorn und Mutti hinten
parcimonie [paʀsimɔni] *f* ***avec ~*** sehr sparsam
parcmètre [paʀkmɛtʀ(ə)] *m* Parkuhr *f*
parcourir [paʀkuʀiʀ] *v/t* ⟨→ courir⟩ **1** *région, ville* durchlaufen; durchstreifen; *en voiture* durchfahren; kreuz und quer fahren durch; *un pays a* bereisen; **2** *distance* zurücklegen; **3** *texte* überfliegen
parcours [paʀkuʀ] *m* Strecke *f*; SPORTS *a* Parcours *m*; **~ *du combattant*** MIL Hindernisbahn *f*; *fig* Hindernisrennen *n*
par-delà [paʀdəla] *prép* jenseits (+ *gén*)
par-derrière [paʀdɛʀjɛʀ] **I** *adv* von hinten; hinterrücks (*a fig*); (*en cachette*) hinten(he)rum; **II** *prép* hinter (+ *dat*)
par-dessous [paʀdəsu] **I** *adv* untendurch; **II** *prép* unter (+ *dat*)
pardessus [paʀdəsy] *m* Überzieher *m*
par-dessus [paʀdəsy] **I** *adv* d(a)rüber (hinweg); **II** *prép* über (+ *acc*); **~ *tout*** vor allem
par-devant [paʀdəvɑ̃] **I** *adv* vorn (herum); **II** *prép* **~ *notaire*** vor dem Notar
pardi [paʀdi] *int* natürlich; gewiss
▸ **pardon** [paʀdõ] *m* Verzeihung *f*; Entschuldigung *f*; REL Vergebung *f*; ▸ ***pardon!*** Entschuldigung!; ▸ ***pardon?*** wie bitte?; ***demander pardon à qn*** j-n um Entschuldigung, Verzeihung bitten
pardonnable [paʀdɔnabl(ə)] *adj* verzeihlich
▸ **pardonner** [paʀdɔne] **I** *v/t* verzeihen; *st/s*, REL vergeben; **~ *(qc) à qn*** j-m (etw) verzeihen; ***pardonnez-moi, mais …*** verzeihen, entschuldigen Sie, aber …; **II** *v/i maladie grave* ***cela ne pardonne pas*** da gibt es keine Rettung
pare-balles [paʀbal] *adj* ⟨*inv*⟩ ***gilet*** *m* **~** kugelsichere Weste
▸ **pare-brise** [paʀbʀiz] *m* ⟨*inv*⟩ Windschutzscheibe *f*
▸ **pare|-chocs** [paʀʃɔk] *m* ⟨*inv*⟩ Stoßstange *f*; **~*-feu*** *m* ⟨*inv*⟩ Brand-, Feuerschutz(vorrichtung) *m(f)*

P

▸ **pareil** [parɛj] **I** *adj* ⟨pareille⟩ **1** (*semblable*) gleich; ähnlich; **~ à** gleich (+ *dat*); F *advt* **faire ~** das Gleiche, F dasselbe tun; **2** (*tel*) solche(r, -s); derartige(r, -s); so ein(e); **chose ~le** so etwas; **en ~ cas** in e-m solchen, in so e-m Fall; **II** *subst* **1** *m,f* **ne pas avoir son ~, sa ~le** nicht seines-, ihresgleichen haben; **sans ~(le)** ohnegleichen; unvergleichlich; **2** *f* **rendre la ~le à qn** es j-m mit gleicher Münze heimzahlen; **3** *m* F **c'est du ~ au même** F das ist Jacke wie Hose, gehupft wie gesprungen

pareillement [parɛjmɑ̃] *adv* ebenfalls; gleichfalls

parement [parmɑ̃] *m* **1** COUT Besatz *m*; **2** CONSTR Sichtfläche *f*

▸ **parent** [parɑ̃] **I** *adj* ⟨-ente [-ɑ̃t]⟩ verwandt; **II** *subst* **1** **parent(e)** *m(f)* Verwandte(r) *f(m)*; **2** *m/pl* ▸ **parents** (*père et mère*) Eltern *pl*; **l'un des parents** ein Elternteil *m*; **association** *f* **de(s) parents d'élèves** Elternverband *m*, -vereinigung *f*

parental [parɑ̃tal] *adj* ⟨~e; -aux [-o]⟩ elterlich; **congé ~** Erziehungsurlaub *m*

parenté [parɑ̃te] *f* Verwandtschaft *f*

parenthèse [parɑ̃tɛz] *f* **1** (*digression*) Zwischenbemerkung *f*; **2** (runde) Klammer; **entre ~s** in Klammern; *fig* nebenbei gesagt; **ouvrez, fermez la ~!** Klammer auf, zu!

paréo [pareo] *m* Pareo *m*; Hüfttuch *n*

parer[1] [pare] **I** *v/t* **1** *st/s* (*orner*) festlich schmücken (**de** mit); **2** (*attribuer*) zuschreiben, nachsagen (**qn de qc** j-m etw); **3** *viande* zum Verkauf herrichten; **4** MAR klarmachen; **II** *v/pr* **se ~** sich schmücken (**de** mit)

parer[2] **I** *v/t coup, attaque* parieren; abwehren; **II** *v/t/indir* **~ à qc** e-r Sache (*dat*) vorbeugen, begegnen

pare-soleil [parsɔlɛj] *m* ⟨*inv*⟩ Sonnenblende *f*

paresse [parɛs] *f* Faulheit *f*; Trägheit *f*; **~ intestinale** Darmträgheit *f*

paresser [parɛse] *v/i* faulenzen

▸ **paresseux** [parɛsø] **I** *adj* ⟨-euse [-øz]⟩ faul; träge; bequem; **II** *subst* **1** **~, paresseuse** *m,f* Faulenzer(in) *m(f)*; F Faulpelz *m*; **2** *m* ZO Faultier *n*

parfaire [parfɛr] *v/t* ⟨*nur inf*⟩ vervollkommnen

▸ **parfait** [parfɛ] **I** *adj* ⟨-faite [-fɛt]⟩ **1** vollkommen; vollendet; perfekt; (**c'est**) **~!** also gut!; na schön, gut!; **2** (*total*) völlig; vollkommen; *iron imbécile, etc* ausgemacht; **II** *m* **1** GR Perfekt *n*; **2** *glace* Parfait *n*

▸ **parfaitement** [parfɛtmɑ̃] *adv* **1** (*complètement*) vollkommen; völlig; **2** *abs réponse* ganz recht; jawohl

▸ **parfois** [parfwa] *adv* manchmal; gelegentlich; bis-, zuweilen

parfum [parfɛ̃, -fœ̃] *m* **1** *odeur* Duft *m*; Wohlgeruch *m*; **2** *substance* Parfüm *n*; **3** *d'une glace* Geschmack *m*; **4** F **être au ~** Bescheid wissen (**de** über + *acc*)

parfumé [parfyme] *adj* ⟨~e⟩ **1** *savon* duftend (**à la lavande** nach Lavendel); wohlriechend; **2** *personne* parfümiert; **3** **glace ~e à la fraise** Erdbeereis *n*

parfumer [parrfyme] **I** *v/t* **1** *pièce* mit s-m Duft erfüllen; **2** *mouchoir* parfümieren; **3** CUIS **~ au citron** Zitronengeschmack geben (+ *dat*); **II** *v/pr personne* **se ~** sich parfümieren

parfum|erie [parfymri] *f boutique* Parfümerie *f*; **~eur** [-œr] *m fabricant* Parfümeur *m*

▸ **pari** [pari] *m* **1** Wette *f*; **~ mutuel** Rennwette *f*; **2** *fig* Herausforderung *f*

paria [parja] *m* Paria *m* (*a fig*)

▸ **parier** [parje] *v/t* wetten (**qc** um etw; **que** dass)

parieur [parjœr] *m* Wetter *m*

parigot [parigo] F **I** *adj* ⟨-ote [-ɔt]⟩ pariserisch; **II** **♀(e)** *m(f)* Pariser(in) *m(f)*

Paris [pari] Paris *n*

▸ **parisien** [parizjɛ̃] **I** *adj* ⟨-ienne [-jɛn]⟩ Pariser; pariserisch; **II** **♀(ne)** *m(f)* Pariser(in) *m(f)*

paritaire [paritɛr] *adj* paritätisch

parité [parite] *f* Parität *f*

parjure [parʒyr] **1** *m* (*violation de serment*) Eidbruch *m*; (*faux serment*) Meineid *m*; **2** *m,f personne* Eidbrüchige(r) *f(m)*; Meineidige(r) *f(m)*

parka [parka] *m ou f* Parka *m ou f*

▸ **parking** [parkiŋ] *m* Parkplatz *m*; **~ souterrain** Tiefgarage *f*

par-là [parla] → **par-ci**

parlant [parlɑ̃] *adj* ⟨-ante [-ɑ̃t]⟩ **1** **cinéma, film ~** Tonfilm *m*; **horloge ~e** Zeitansage *f*; **2** **les chiffres sont ~s** die Zahlen sprechen für sich; **3** *advt* **économiquement ~** wirtschaftlich gesehen

P

parlé [paʀle] *adj* ⟨~e⟩ *langue* gesprochen

▸ **Parlement** [paʀləmɑ̃] *m* Parlament *n*

parlementaire [paʀləmɑ̃tɛʀ] **I** *adj* parlamentarisch; Parlaments…; ***groupe** m* ~ Fraktion *f*; **II** *subst* **1** *m,f* POL Parlamentarier(in) *m(f)*; **2** *m* MIL Parlamentär *m*

parlementer [paʀləmɑ̃te] *v/i* verhandeln; unterhandeln

▸ **parler**[1] [paʀle] **I** *v/t* **1** *une langue* sprechen; ~ (***le***) ***français*** Französisch *ou* französisch sprechen; **2** ~ ***affaires*** über Geschäfte reden; ~ ***métier*** fachsimpeln; **II** *v/t/indir* ~ ***à qn***, F ***avec qn*** mit j-m sprechen, reden; j-n sprechen; ~ ***de qc*** von etw, über etw (*acc*) sprechen, reden; etw besprechen, bereden; *livre* von etw handeln; ~ ***de qn*** von j-m, über j-n reden, sprechen; ***faire** ~ **de soi*** von sich reden machen; ~ ***de*** (+ *inf*) davon, darüber reden, sprechen, dass …; ***sans** ~ **de …*** ganz abgesehen von …; von … ganz zu schweigen; ***on m'a beaucoup parlé de vous*** man hat mir viel von Ihnen erzählt; ***qu'on ne m'en parle plus!*** ich will davon nichts mehr hören!; ***ne m'en parlez pas!*** wem sagen Sie das?; F ***tu parles d'un idiot!*** F das ist vielleicht ein Idiot!; ***tu parles!*** so siehst du aus!; von wegen!; **III** *v/i* sprechen; reden (*a = avouer*); ***c'est une façon de*** ~ das sagt man halt so; ***faire** ~ **qn*** j-n zum Reden, Sprechen bringen; **IV** *v/pr* ***se*** ~ miteinander reden, sprechen

P

parler[2] *m* Sprache *f*

parleur [paʀlœʀ] *m péj* ***beau*** ~ Schönredner *m*

parloir [paʀlwaʀ] *m* Besuchszimmer *n*

parlot(t)e [paʀlɔt] *f* F Schwatz *m*

parme [paʀm] *adj* blassviolett

parmesan [paʀməzɑ̃] *m* Parmesan(käse) *m*

▸ **parmi** [paʀmi] *prép* unter (+ *dat*); ~ ***tant d'autres*** unter *ou* von vielen

parod|ie [paʀɔdi] *f* Parodie *f*; **~ier** [-je] *v/t* parodieren

paroi [paʀwa] *f* Wand *f*; *d'un récipient* Innenwand *f*; ~ ***rocheuse*** Felswand *f*

paroisse [paʀwas] *f* (Kirchen-, Pfarr-) Gemeinde *f*; Pfarrei *f*

paroissial [paʀwasjal] *adj* ⟨~e; -aux [-o]⟩ Pfarr…; Gemeinde…

paroiss|ien [paʀwasjɛ̃] *m*, **~ienne** [-jɛn] *f* Gemeinde(mit)glied *n*

▸ **parole** [paʀɔl] *f* **1** (*mot, action de parler*) Wort *n*; ***temps** m **de*** ~ Redezeit *f*; ***donner la** ~ **à qn*** j-m das Wort erteilen; ***couper la** ~ **à qn*** j-m das Wort abschneiden; j-m ins Wort fallen; ***prendre la*** ~ das Wort ergreifen; **2** (*promesse*) ~ (***d'honneur***) (Ehren)Wort *n*; ***sur*** ~ auf Ehrenwort; ***croire qn sur*** ~ j-m aufs Wort glauben; ***n'avoir qu'une*** ~ sein Wort halten; **3** (*faculté de parler*) Sprache *f*; **4** *d'une chanson* **~s** *pl* Text *m*; Worte *n/pl*; **5** ~ ***historique*** berühmter Ausspruch; geflügeltes Wort; ***la** ~ **de Dieu*** das Wort Gottes

⚠ parole	≠	Parole
la parole	=	das Wort
die Parole	=	le mot d'ordre

parol|ier [paʀɔlje] *m*, **~ière** [-jɛʀ] *f* Texter(in) *m(f)*; Textdichter(in) *m(f)*

paroxysme [paʀɔksism(ə)] *m* Höhepunkt *m*

parpaing [paʀpɛ̃] *m* Baustein *m*

parquer [paʀke] *v/t* **1** *bétail* einpferchen; **2** *péj personnes* zusammenpferchen (***dans*** in + *dat*); **3** *voiture* parken; abstellen

parquet [paʀkɛ] *m* **1** Parkett(boden) *n(m)*; **2** JUR Staatsanwaltschaft *f*

▸ **parrain** [paʀɛ̃] *m* **1** *d'un enfant* (Tauf-) Pate *m*; Patenonkel *m*; **2** *dans un cercle, club* Fürsprecher *m*; Bürge *m*; **3** *de la maffia* Pate *m*

parrainage [paʀɛnaʒ] *m* Schirmherrschaft *f*; Patronat *n*

parrainer [paʀɛne] *v/t* **1** ~ ***qn*** für j-n bürgen; **2** ~ ***qc*** die Schirmherrschaft über etw (*acc*) übernehmen

parricide [paʀisid] **1** *m* Vater-, Muttermord *m*; **2** *m,f* Vater-, Muttermörder(in) *m(f)*

parsemé [paʀsəme] *adj* ⟨~e⟩ übersät (***de*** mit)

▸ **part** [paʀ] *f* **1** Anteil *m*; Teil *m ou n*; ***part de gâteau*** Stück *n* Kuchen; ***part d'héritage*** Erbteil *n*; *fig* ***part du lion*** Löwenanteil *m*; ***part de marché*** Marktanteil *m*; ***à part entière*** vollberechtigt; vollwertig; ***à parts égales*** zu gleichen Teilen; ***pour ma part*** was mich betrifft; ***pour une bonne part*** zum großen, größten Teil; ***faire part de qc à qn*** j-m etw mitteilen; ***faire la part des choses*** den Dingen Rechnung tragen; ***prendre part à qc*** an etw (*dat*) teilnehmen; sich an etw (*dat*) beteiligen; *à la douleur de qn* an etw (*dat*) Anteil nehmen; **2** ▸ ***à part*** **a)** *adj* besondere; **b)** *adv* gesondert; getrennt; für sich; beiseite; **c)** *prép* außer (+ *dat*); abgesehen von; ***c'est un garçon à part*** dieser Junge ist anders als die anderen; ***le mauvais temps mis à part*** abgesehen vom schlechten Wetter; ***prendre qn à part*** j-n beiseite nehmen; *penser* ***à part soi***, *etc* insgeheim; F ▸ ***à part ça*** abgesehen davon; sonst; **3** ***autre part*** woanders; anderswo; F sonstwo; *avec verbe de mouvement* woandershin; anderswohin; F sonstwohin; ***d'autre part*** außerdem; übrigens; ***de part et d'autre*** auf *ou* von *ou* zu beiden Seiten (***de*** *gén*); ***d'une part ... d'autre part*** einerseits ... andererseits; einesteils ... andernteils; ***de la part de qn*** von j-m; vonseiten j-s; *par ext* im Auftrag j-s; ***de toute(s) part(s)*** von allen Seiten; von überall (her); ***de part en part*** *avec certains verbes* durch...; ▸ ***nulle part*** nirgends; nirgendwo(hin); ▸ ***quelque part*** irgendwo(hin)

partage [paʀtaʒ] *m* (Auf)Teilung *f*; ***~ du travail*** Jobsharing *n*

partagé [paʀtaʒe] *adj* ⟨~e⟩ geteilt (*a avis*); *amour* gegenseitig; ***être ~ entre deux sentiments*** hin- und hergerissen werden zwischen (+ *dat*)

▸ **partager** [paʀtaʒe] *v/t* ⟨-ge-⟩ teilen (***qc avec qn*** etw mit j-m); aufteilen (***entre*** unter + *dat ou* + *acc*)

partance [paʀtɑ̃s] *f* ***en ~ pour*** (zur Abfahrt *ou* zum Abflug bereit) nach

partant[1] [paʀtɑ̃] **I** *m* SPORTS Startende(r) *m*; TURF startendes Pferd; **II** *adj* ⟨-ante [-ɑ̃t]⟩ F ***être ~*** dafür sein

partant[2] *litt conj* demnach

partenaire [paʀtənɛʀ] *m,f* Partner(in) *m(f)*

partenariat [paʀtənaʀja] *m* Partnerschaft *f*

parterre [paʀtɛʀ] *m* **1** Blumenbeet *n*; **2** THÉ Parkett *n*

▸ **parti**[1] [paʀti] *m* **1** POL Partei *f*; **2** *locutions*: ***prendre ~*** Partei ergreifen (***pour, contre*** für, gegen); ***prendre le ~ de qn*** für j-n eintreten, Partei ergreifen; ***prendre le ~ de faire qc*** sich entschließen, etw zu tun; ***prendre son ~ de qc*** sich mit etw abfinden; ***tirer ~ de qc*** Nutzen aus etw ziehen; **3** ***~ pris*** Voreingenommenheit *f*; **4** (*personne à marier*) ***un beau ~*** e-e gute Partie

parti[2] *p/p* → ***partir*** *et adj* ⟨~e⟩ **1** ***être ~*** weg sein; *personne a* fort sein; *bouton, peinture* ab sein; **2** ***être bien, mal ~*** *affaire* sich gut, schlecht anlassen; ***il est mal ~*** er hat e-n schlechten Start; **3** F (*ivre*) ***être ~*** F e-n Schwips haben

partial [paʀsjal] *adj* ⟨~e; -aux [-o]⟩ parteiisch; ***~ité*** [-ite] *f* Parteilichkeit *f*

particip|ant [paʀtisipɑ̃] *m*, ***~ante*** [-ɑ̃t] *f* Teilnehmer(in) *m(f)*

participation [paʀtisipasjõ] *f* Teilnahme *f* (***à*** an + *dat*); Beteiligung *f* (an + *dat*; *a* FIN); (*collaboration*) Mitwirkung *f* (bei)

participe [paʀtisip] *m* Partizip *n*

▸ **participer** [paʀtisipe] *v/t/indir* ***~ à*** *débat, vote, voyage* teilnehmen an (+ *dat*); sich beteiligen an (+ *dat*; *a* FIN); mitmachen bei; *chagrin, joie de qn* Anteil nehmen an (+ *dat*); *succès de qn* Anteil haben, beteiligt sein an (+ *dat*)

particularité [paʀtikylaʀite] *f* Besonderheit *f*; Eigenart *f*

particule [paʀtikyl] *f* **1** Teilchen *n*; Partikel *f* (*a* LING); **2** ***~ (nobiliaire)*** Adelsprädikat *n*

▸ **particulier** [paʀtikylje] **I** *adj* ⟨-ière [-jɛʀ]⟩ **1** Privat...; ***leçons particulières*** Privat-, Nachhilfestunden *f/pl*; ***voiture particulière*** Privatwagen *m*; **2** (*spécifique*) besondere; eigentümlich; speziell; ***cas particulier*** Sonderfall *m*; ***particulier à qn, qc*** j-m, e-r Sache eigen; ▸ ***en particulier*** **a)** (*à part*) gesondert; *parler à qn* allein; unter vier Augen; **b)** (*surtout*) besonders; **II** *m* Privatperson *f*

particulièrement [paʀtikyljɛʀmɑ̃] *adv* besonders; insbesondere

▸ **partie** [paʀti] *f* **1** *d'un tout* Teil *m*; ***les ~s (génitales)*** die Geschlechtsteile *pl*; ***~ du corps*** Körperteil *m*; ***~s du discours*** Wortarten *f/pl*; ***en ~*** teilweise; zum Teil (*abr* z. T.); ***en ~ ... en ~*** teils ... teils; ***en grande ~*** zum großen Teil; großenteils; ***faire ~ de*** gehören zu;

P

2 (*spécialité*) Fach *n*; Sparte *f*; **3** JEUX, SPORTS Spiel *n*; Partie *f*; ***faire une ~ de tennis*** e-e Partie Tennis spielen; **4** ***~ de chasse*** Jagdpartie *f*, -ausflug *m*; *fig* ***ce n'est pas une ~ de plaisir*** das ist alles andere als ein Vergnügen; ***ce n'est que ~ remise*** aufgeschoben ist nicht aufgehoben (*prov*); ***être de la ~*** mit von der Partie sein; **5** JUR Partei *f*; ***se constituer ~ civile*** als Nebenkläger auftreten; *fig* ***prendre qn à ~*** j-n angreifen; **6** MUS Part *m*; Stimme *f*

partiel [paʀsjɛl] *adj* ⟨~le⟩ Teil…; (***élection***) ***~le*** *f* Nach-, Ersatzwahl *f*; (***examen***) ***~*** *m* Teilprüfung *f*

partiellement [paʀsjɛlmɑ̃] *adv* teilweise; zum Teil (*abr* z. T.)

▸ **partir** [paʀtiʀ] *v/i* ⟨je pars, il part, nous partons; je partais; je partis; je partirai; que je parte; partant; être parti⟩ **1** (*s'en aller*) (weg)gehen, fortgehen (***de chez soi*** von zu Hause); (*se mettre en route*) (ab)reisen, (ab)fahren, aufbrechen (***à*** *ou* ***pour Paris*** nach Paris; ***en France*** nach Frankreich); fort-, wegfahren (***en voiture*** im Auto); *train, bus, bateau* (ab)fahren, (ab)gehen; (*en*) *avion* (ab-) fliegen; *coureur* starten; ***faire partir*** *lettre* wegschicken; absenden; *personne* loswerden; *moteur* starten; **2** ***partir de*** (*provenir de*) ausgehen von; **3** *bouton, peinture* abgehen; *tache, maladie* weggehen; *douleur* vergehen; **4** *coup de feu* fallen; losgehen; sich lösen; **5** *prép* ▸ ***à partir de*** ab; von … an, ab

▸ **partisan** [paʀtizɑ̃] **I** *m* **1** POL Anhänger *m*; Parteigänger *m*; Gefolgsmann *m*; **2** MIL Partisan *m*; **II** *adj* ⟨-ane [-an]⟩ **1** ***être ~ de qc*** für etw sein; etw befürworten; **2** ***querelles ~es*** Parteikämpfe *m/pl*

partitif [paʀtitif] *adj* ⟨-ive [-iv]⟩ ***article ~*** Teilungsartikel *m*

partition [paʀtisjõ] *f* MUS Partitur *f*

▸ **partout** [paʀtu] *adv* **1** überall; *avec verbe de mouvement* überallhin; ***de ~*** von überall her; **2** TENNIS ***trente ~*** dreißig beide

partouze [paʀtuz] F *f* Sexparty *f*

paru [paʀy] *p/p* → ***paraître***

parure [paʀyʀ] *f* **1** Schmuck *m*; *de bijoux* Geschmeide *n*; **2** *de linge* (Wäsche)Garnitur *f*

parution [paʀysjõ] *f* Erscheinen *n*

parvenir [paʀvəniʀ] *v/t/indir* ⟨→ venir; être⟩ **1** (*atteindre*) ***~ à qc, qn*** zu etw, j-m gelangen; bei etw, j-m anlangen; j-n, etw erreichen; ***faire ~ qc à qn*** j-m etw zugehen lassen, zukommen lassen, schicken; **2** (*réussir*) ***il parvient à*** (+ *inf*) es gelingt ihm zu (+ *inf*)

parvenu(e) [paʀvəny] *m(f)* Emporkömmling *m*; Parvenü *m*

parvis [paʀvi] *m* (Kirchen)Vorplatz *m*

▸ **pas**[1] [pɑ, pa] *m* **1** Schritt *m*; Tritt *m*; ***~ de course*** Lauf-, Eilschritt *m*; ***~ à ~*** [pɑzapɑ] Schritt für Schritt; schrittweise; ***à ~ de loup*** auf leisen Sohlen; ***sur le ~ de la porte*** vor der, in der Haustür; ***j'y vais de ce ~*** ich gehe sofort, auf der Stelle hin; *fig* ***c'est à deux ~ d'ici*** das ist ganz in der Nähe; ***faire les cent ~*** auf und ab gehen; hin und her gehen; ***faire un faux ~*** stolpern; *st/s* fehltreten; *fig* e-n Fauxpas, e-e Taktlosigkeit begehen; ***marcher au ~*** im Gleichschritt marschieren; ***marcher d'un bon ~*** kräftig, tüchtig ausschreiten; ***marquer le ~*** auf der Stelle treten (*a fig*); *fig* ***prendre le ~ sur*** überflügeln; hinter sich (*dat*) lassen; ***retourner, revenir sur ses ~*** umkehren; ***rouler au ~*** (im) Schritttempo fahren; *fig* ***sortir, se tirer d'un mauvais ~*** sich aus der Klemme ziehen; **2** ***le ~ de Calais*** die Straße von Dover

▸ **pas**[2] *adv* **1** *avec* ne ⟨*in der gesprochenen Sprache meist ohne* ne⟩ nicht; ***il ne vient pas*** er kommt nicht; ***ne … pas de*** (+ *subst*) kein(e); ***je n'ai pas d'argent*** ich habe kein Geld; ***ne … pas que*** nicht nur; nicht bloß; **2** *sans* ne: *il est rentré?* - ***pas encore*** noch nicht; ***pas moi*** ich nicht; ***sûrement pas*** ganz bestimmt nicht; ▸ ***pas du tout*** überhaupt nicht; durchaus nicht; ***poires pas mûres*** unreife Birnen

pascal [paskal] *adj* ⟨~e; -als *ou* -aux [-o]⟩ österlich; Oster…

pas-de-porte [pɑdpɔʀt] *m* ⟨*inv*⟩ COMM Abstand(szahlung) *m(f)*

passable [pasabl(ə)] *adj* **1** leidlich; passabel; einigermaßen, halbwegs gut; **2** *note scolaire* ausreichend

passade [pasad] *f* **1** kurze Liebesaffäre; **2** (*caprice*) Laune *f*; Strohfeuer *n*

passage [pasaʒ] *m* **1** *devant qn, qc* Vorbei- *ou* Vorübergehen *n*; (*à bord*) *d'un véhicule* Vorbeifahren *n*, -fahrt *f*; *en tra-*

P

versant un lieu Durchreise *f*; Durchfahrt *f*; *d'une rivière* Überquerung *f*; *en bateau* Überfahrt *f*; *d'une frontière* Passieren *n*; Übertritt *m*; *d'un état à un autre* Übergang *m*; ~ ***interdit!*** Durchfahrt, Durchgang verboten!; ~***s nuageux*** Durchzug *m* von Wolkenfeldern; SPORTS ~ ***du témoin*** Stabübergabe *f*; ***au*** ~ im Vorbeigehen; ***être de*** ~ ***à Paris*** auf der Durchreise in Paris sein; **2** *endroit* Durchgang *m*, -fahrt *f*, -lass *m*; CH DE FER, ROUTE Übergang *m*; *couvert* Passage *f*; ~ ***protégé*** Vorfahrt an der nächsten Kreuzung; ~ ***souterrain*** Unterführung *f*; ~ ***à niveau*** schienengleicher Bahnübergang; ~ ***pour piétons*** Fußgängerüberweg *m*, -übergang *m*; **3** *d'une œuvre* Stelle *f*; Passage *f*; **4** *fig* ***avoir un*** ~ ***à vide*** F Mattscheibe haben

▸ **passag|er** [pasaʒe], ~**ère** [-ʒɛʀ] **I** *m,f* Passagier *m*; Fahrgast *m*; AVIAT *a* Fluggast *m*; *d'une voiture* Insasse *m*, Insassin *f*; *à côté du conducteur* Beifahrer(in) *m(f)*; **II** *adj* vorübergehend; *bonheur* vergänglich; flüchtig

▸ **passant** [pasɑ̃] **I** *adj* ⟨-ante [-ɑ̃t]⟩ *rue* belebt; verkehrsreich; stark befahren; **II** *adv* ***en*** ~ im Vorbei-, Vorübergehen; *fig* beiläufig; nebenbei; en passant; **III** *subst* **1** ~*(e)* *m(f)* Passant(in) *m(f)*; **2** *m* (Gürtel)Schlaufe *f*

passation [pasasjõ] *f* ~ ***des pouvoirs*** Übertragung *f* der Befugnisse

passe [pɑs, pas] *f* **1** SPORTS Zuspiel *n*; Pass *m*; **2** *fig* ~ ***d'armes*** Wortgefecht *n*; Disput *m*; **3** ***hôtel*** *m*, ***maison*** *f* ***de*** ~ Stundenhotel *n*; Absteige *f*; **4** ***être dans une mauvaise*** ~ e-e schwere Zeit durchmachen; F e-e Pechsträhne haben; ***être en*** ~ ***de*** (+ *inf*) auf dem besten Wege sein zu (+ *inf*)

▸ **passé** [pɑse, pa-] **I** *m* **1** Vergangenheit *f* (*a de qn*); ***comme par le*** ~ wie früher; **2** GR Vergangenheit *f*; ~ ***antérieur*** zweites Plusquamperfekt; ~ ***composé*** Perfekt *n*; ~ ***simple*** historisches Perfekt; Passé simple *n*; **II** *prép* ⟨*inv*⟩ nach (Ablauf von); **III** *adj* ⟨~*e*⟩ **1** vergangen; ***il est onze heures*** ~***es*** es ist elf (Uhr) durch; **2** ***participe*** ~ Partizip Perfekt *n*; **3** *couleur* verblichen

passe-droit *m* ⟨passe-droits⟩ ungerechtfertigte Bevorzugung; Schiebung *f*

passementerie [pasmɑtʀi] *f* Posamenten *n/pl*; Posamenterie *f*

passe|-montagne *m* ⟨passe-montagnes⟩ Kopfschützer *m*; ~**-partout** *m* ⟨*inv*⟩ *clé* Hauptschlüssel *m*

passe-passe *m* ⟨*inv*⟩ ***tour*** *m* ***de*** ~ Taschenspielerkunststück *n*; *péj* Taschenspielertrick *m*

passe-plat *m* ⟨passe-plats⟩ Durchreiche *f*

▸ **passeport** [paspɔʀ] *m* (Reise)Pass *m*

▸ **passer** [pɑse, pa-] **I** *v/t* **1** *rivière* überqueren; *en bac* übersetzen über (+ *acc*); *frontière* überschreiten; passieren; **2** *temps, vacances* verbringen; *vacances a* verleben; ***pour passer le temps*** zum Zeitvertreib; **3** *examen* machen; ablegen; **4** *ligne* aus-, weglassen; überspringen; übergehen; *au jeu* ***je passe*** ich passe; **5** (*permettre*) ***passer qc à qn*** j-m etw durchgehen lassen, nachsehen; **6** (*donner*) ***passer qc à qn*** j-m etw (hinüber)reichen (*a à table*); TÉL ***je vous passe Monsieur X*** ich gebe Ihnen Herrn X; ich verbinde Sie mit Herrn X; ***passer le ballon à qn*** j-m den Ball zuspielen; den Ball an j-n abgeben; ***passer une maladie à qn*** j-n (mit e-r Krankheit) anstecken; **7** *contrat, marché* abschließen; **8** *vêtement* (rasch) überziehen, -streifen; schlüpfen in (+ *acc*); **9** *soupe, sauce* passieren; *café* filtern; **10** *film, vidéo* vorführen; zeigen; *spectacle* aufführen; *disque* auflegen; laufen lassen; *cassette* (ab-)spielen; **11** AUTO ***passer la seconde*** in den zweiten (Gang) schalten, gehen; ***passer les vitesses*** schalten; **12** ***passer sa colère, ses nerfs sur qn*** s-n Zorn, s-e Nervosität an j-m auslassen, abreagieren; **13** (*traiter*) ***passer qc à qc*** etw mit etw behandeln; **14** (*appliquer*) ***passer qc sur qc*** etw auf etw (*acc*) auftragen; **II** *v/i* ⟨avoir, *häufiger* être⟩ **15** *devant qn, qc* vorbei- *ou* vorübergehen, -kommen; (*à bord d'un*) *véhicule* vorbei- *ou* vorüberfahren; *oiseau, avion* vorbei- *ou* vorüberfliegen; *en traversant un lieu* durchgehen, -kommen, -reisen; (*à bord d'un*) *vehicule* durchfahren; *café* durchlaufen; ÉLECT *courant* fließen; *loi au Parlement* durchkommen; *idées* sich durchsetzen; ***ne pas passer*** *objet* nicht durchgehen; *re-*

P

pas im Magen liegen; THÉ beim Publikum nicht ankommen; ***le facteur vient de passer*** der Briefträger ist gerade da gewesen; ***passer prendre qn, qc*** j-n, etw abholen (kommen); ***où est passé mon crayon?*** wo ist mein Bleistift hingekommen?; ***y passer*** *économies* F draufgehen; *personne* F dran glauben müssen; ***passer à autre chose*** zu etwas anderem übergehen; ***passer à la visite médicale*** ärztlich untersucht werden; ***passer chez qn*** bei j-m vorbeischauen, -kommen; ***passer dans l'usage*** in Gebrauch kommen; F ***le camion lui a*** *ou* ***est passé dessus*** der Lastwagen hat ihn überfahren; ***il m'est passé devant*** er hat sich vor mich gedrängt; *conducteur* ***passer en seconde*** in den zweiten Gang schalten, gehen; *élève* ***passer en cinquième*** in die Quinta kommen, versetzt werden; ***passer par*** gehen, fahren, kommen durch; *école* absolvieren; durchlaufen; *route* führen, verlaufen über (+ *acc*); *fig* ***il faut en passer par là*** darum kommt man nicht herum; ***passer sur qc*** über etw (*acc*) gehen, fahren; *fig* etw übergehen; *abs* ***passons!*** weiter!; doch lassen wir das!; ***faire passer*** *objet* weiterreichen; herumgehen lassen; *mot d'ordre* durch-, weitergeben; ***ne faire que passer*** nur kurz, nur auf e-n Sprung vorbeikommen; ***laisser passer*** vorbei-, durchlassen; passieren lassen; *lumière* durchlassen; *faute* durchgehen lassen; *délai* vergehen, verstreichen lassen; ***vouloir passer*** vorbei-, durchwollen; **16** (*être tolérable*) ***passe pour cette fois*** diesmal mag es noch hingehen; **17** ***passer capitaine***, *etc* zum Hauptmann *etc* befördert werden; **18** ⟨avoir⟩ ***passer pour*** (+ *adj ou subst*) gelten als; gehalten werden für; ***se faire passer pour*** (+ *subst*) sich ausgeben als, für; **19** *temps* vergehen; dahingehen; verstreichen; verrinnen; *douleur, chagrin* ver-, vorübergehen; *colère* vergehen; verrauchen; sich legen; *couleurs, étoffe* verblassen; verbleichen; verschießen; ***faire passer qc à qn*** j-m etw austreiben; **20** *film* laufen; *spectacle* aufgeführt, gespielt werden; ***passer à la télévision*** *acteur* im Fernsehen auftreten, zu sehen sein; *émission* im Fernsehen kommen; **III** *v/pr* ▸ ***se passer*** **21** *événement* sich ereignen; sich zutragen; vor sich gehen; passieren; geschehen; *scène, action* spielen (***à Paris*** in Paris); ***tout s'est bien passé*** alles ist gut gegangen, gut (ab)gelaufen; ***que se passe-t-il?*** *ou* ▸ ***qu'est-ce qui se passe?*** was ist hier los?; was geht hier vor?; **22** ▸ ***se passer de qc*** auf etw (*acc*) verzichten; ohne etw auskommen; ***se passer de qn*** ohne j-n auskommen; ***ne plus pouvoir se passer de qc, qn*** etw, j-n nicht mehr entbehren, missen können; **23** ***se passer la main sur le front*** sich mit der Hand über die Stirn streichen, fahren

passereaux [pasʀo] *m/pl* Sperlingsvögel *m/pl*

passerelle [pasʀɛl] *f* **1** Steg *m*; Fußgängerbrücke *f*, -überführung *f*; **2** AVIAT, MAR Gangway *f*; **~ *télescopique*** Fluggastbrücke *f*; **3** MAR (Kommando-) Brücke *f*; **4** *fig* Bindeglied *n*; Brücke *f*

passe-temps *m* ⟨*inv*⟩ Zeitvertreib *m*

passeur [pasœʀ] *m* **1** *batelier* Fährmann *m*; **2** *clandestin* Fluchthelfer *m*; *péj* Schlepper *m*

passible [pasibl(ə)] *adj* ***être ~ d'une amende*** mit e-r Geldstrafe rechnen müssen

passif [pasif] **I** *adj* ⟨-ive [-iv]⟩ passiv; **II** *m* **1** FIN Passiva *pl*; Verbindlichkeiten *f/pl*; *d'un bilan* Passivseite *f*; **2** GR Passiv *n*; Leideform *f*

passion [pasjõ] *f* **1** Leidenschaft *f* (*a amour*); *pour qc a* Passion *f*; **~ *du jeu*** Spielleidenschaft *f*; **2** ***la*** ♀ (***du Christ***) die Passion; das Leiden (und Sterben) Christi; **3** ***fleur*** *f*, ***fruit*** *m* ***de la ~*** Passionsblume *f*, -frucht *f*

passionné [pasjɔne] *adj* ⟨~e⟩ leidenschaftlich; *chasseur, lecteur, etc a* passioniert; begeistert; ***elle est ~e***, *subst* ***c'est une ~e de musique*** sie ist e-e leidenschaftliche Musikliebhaberin

passionnel [pasjɔnɛl] *adj* ⟨~le⟩ ***crime ~*** im Affekt begangenes Verbrechen; ***drame ~*** Eifersuchtsdrama *n*

passionner [pasjɔne] **I** *v/t* **1** begeistern; hinreißen; fesseln; packen; **2** *débat* emotionalisieren; **II** *v/pr* ***se ~ pour qc*** sich für etw begeistern

passivité [pasivite] *f* Passivität *f*

passoire [paswaʀ] *f* Sieb *n*

P

pastel [pastɛl] *m* **1** *crayon* Pastellstift *m*; **2** *œuvre* Pastell *n*; Pastellzeichnung *f*, -bild *n*; **3** *adjt* ⟨*inv*⟩ Pastell…
pastèque [pastɛk] *f* Wassermelone *f*
▸ **pasteur** [pastœʀ] *m* **1** PROT Pfarrer *m*; Pastor *m*; ***femme*** *f* **~** Pastorin *f*; Pfarrerin *f*; **2** *poét* Hirte *m*
pasteuriser [pastœʀize] *v/t* pasteurisieren; ***lait pasteurisé*** pasteurisierte Milch
pastiche [pastiʃ] *m* Nachahmung *f*
pastille [pastij] *f* **1** (Zucker)Plätzchen *n*; Pastille *f* (*a* PHARM); **2** AUTO **~ *verte*** Umweltplakette *f*
pastis [pastis] *m* *Aperitif mit Anis*
pastoral [pastɔʀal] *adj* ⟨**~***e*; -aux [-o]⟩ Schäfer…; Hirten…; pastoral
pat [pat] *adj* ⟨*inv*⟩ ÉCHECS patt
patachon [pataʃõ] *m* F ***mener une vie de*** **~** ein Lotterleben führen
patapouf [patapuf] *m* F ***gros*** **~** F Fettkloß *m*; *enfant* F Dickerchen *n*
pataquès [patakɛs] *m* PHON falsche Bindung
patate [patat] *f* **1** **~ *douce*** Süßkartoffel *f*; Batate *f*; **2** F (*pomme de terre*) Kartoffel *f*; **3** F (*imbécile*) F Trottel *m*
patati [patati] *int* F ***et*** **~ *et patata!*** F und so quasseln sie in einem fort
patatras [patatʀa] *int* bums!
pataud [pato] *adj* ⟨-aude [-od]⟩ tollpatschig; täppisch; unbeholfen
patauger [patoʒe] *v/i* ⟨-ge-⟩ **1** waten; F (herum)patschen; **2** F *fig* sich verheddern
patchouli [patʃuli] *m* *parfum* Patschuli *n*
patchwork [patʃwœʀk] *m* Patchwork *n*
▸ **pâte** [pɑt] *f* **1** CUIS Teig *m*; **2** *pl* ▸ ***pâtes*** **(*alimentaires*)** Teigwaren *f/pl*; **3** ***pâte à modeler*** Knetmasse *f*; Plastilin® *n*; ***pâte à papier*** Papierbrei *m*; ***pâte d'amandes*** Marzipan *n*; ***pâtes de fruits*** Geleefrüchte *f/pl*; **4** *fig de qn* ***une bonne pâte*** e-e gute Haut
▸ **pâté** [pɑte] *m* **1** CUIS Pastete *f*; **~ *de foie gras*** Gänseleberpastete *f*; **~ *en croûte*** Blätterteigpastete *f*; **2** *d'encre* Tintenklecks *m*; **3** **~ *de maisons*** Häuserblock *m*; **4** ***faire des*** **~*s de sable*** mit Sandförmchen spielen
pâtée [pɑte] *f* (breiiges, angemachtes) Futter
patelin [patlɛ̃] *m* F Nest *n*; F Kaff *n*

patent [patɑ̃] *litt adj* ⟨-ente [-ɑ̃t]⟩ offenkundig
patente [patɑ̃t] *f* HIST Gewerbesteuer *f*
patenté [patɑ̃te] F *adj* ⟨**~***e*⟩ anerkannt
patère [patɛʀ] *f* Kleiderhaken *m*
paternalisme [patɛʀnalism(ə)] *m* patriarchalische Bevormundung
paternel [patɛʀnɛl] **I** *adj* ⟨**~***le*⟩ väterlich (*a fig*); Vater…; **II** *m* F ***mon*** **~** F mein alter Herr
paternité [patɛʀnite] *f* **1** Vaterschaft *f*; **2** *fig* Urheberschaft *f*
pâteux [pɑtø] *adj* ⟨-euse [-øz]⟩ **1** *substance* breiig; F pappig; **2** *bouche* trocken
pathétique [patetik] *adj* bewegend; ergreifend; zu Herzen gehend
pathologique [patɔlɔʒik] *adj* krankhaft; pathologisch
patibulaire [patibylɛʀ] *adj* ***mine*** *f* **~** Verbrechergesicht *n*
patiemment [pasjamɑ̃] *adv* → ***patient***
▸ **patience** [pasjɑ̃s] *f* Geduld *f*; *st/s* Langmut *f*; (*persévérance*) Ausdauer *f*; ***jeu*** *m* ***de*** **~** Geduld(s)spiel *n* (*a fig*); ***perdre*** **~** die Geduld verlieren
▸ **patient** [pasjɑ̃] **I** *adj* ⟨-iente [-jɑ̃t]⟩ geduldig; **II** **~*(e)*** *m(f)* MÉD Patient(in) *m(f)*
patienter [pasjɑ̃te] *v/i* sich gedulden; ***faire*** **~ *qn*** j-n warten lassen
patin [patɛ̃] *m* **1** **~ (*à glace*)** Schlittschuh *m*; ***faire du*** **~** Schlittschuh laufen, fahren; Eis laufen; **~ *à roulettes*** Rollschuh *m*; **2** **~ *de frein*** Bremsklotz *m*; **3** *pour parquet* Filzpantoffel *m*, -fleck *m*
patinage [patinaʒ] *m* Eislauf(en) *m(n)*; Schlittschuhlaufen *n*; **~ *artistique*** Eiskunstlauf *m*; **~ *de vitesse*** Eisschnelllauf *m*
patine [patin] *f* Patina *f*
patiner [patine] *v/i* **1** SPORTS Eis laufen; **2** *personne, véhicule* rutschen; F schlittern; **3** *roues* durchdrehen
patinette [patinɛt] *f* (Kinder)Roller *m*
patin|eur [patinœʀ] *m*, **~*euse*** [-øz] *f* Schlittschuh-, Eisläufer(in) *m(f)*
patinoire [patinwaʀ] *f* Eisbahn *f*; *fig* ***la route est une vraie*** **~** die Straße ist spiegelglatt
patio [pasjo, patjo] *m* Innenhof *m*
pâtir [pɑtiʀ] *v/i* **~ *de qc*** unter etw (*dat*) leiden
▸ **pâtisserie** [pɑtisʀi, pa-] *f* **1** *coll* **~** *ou pl*

P

~s feine Backwaren *f/pl*; Feingebäck *n*; **aimer les ~s** gerne Kuchen essen; **2** *magasin* Konditorei *f*

pâtiss|ier [pɑtisje, pa-], **~ière** [-jɛʀ] **I** *m,f* Konditor(in) *m(f)*; **II** *adj f* **crème pâtissière** Vanillecreme *f* (*als Füllung für Backwaren*)

patois [patwa] *m* Mundart *f*; Dialekt *m*

patraque [patʀak] *adj* F **être ~** sich nicht (recht) wohl fühlen; F nicht auf dem Damm sein

pâtre [pɑtʀ(ə)] *litt m* Hirt(e) *m*

patriarcal [patʀijaʀkal] *adj* ⟨~e; -aux [-o]⟩ patriarchalisch

patriarche [patʀijaʀʃ] *m* ehrwürdiges Familienoberhaupt; Patriarch *m* (*a* BIBL, ÉGL)

▸ **patrie** [patʀi] *f* **1** Vaterland *n*; Heimat *f* (*a fig*); **2** (*ville natale*) Geburtsort *m*

patrimoine [patʀimwan] *m* Erbe *n*; *fig* **~ culturel** Kulturerbe *n*

patriot|e [patʀijɔt] **I** *m,f* Patriot(in) *m(f)*; **II** *adj* patriotisch; **~ique** [-ik] *adj* patriotisch; vaterländisch; **~isme** [-ism(ə)] *m* Patriotismus *m*; Vaterlandsliebe *f*

▸ **patron**[1] [patʀõ] *m*, **patronne** [patʀɔn] *f* **1** (*employeur*) Arbeitgeber(in) *m(f)*; (*chef d'entreprise*) Chef(in) *m(f)*; F Boss *m*; *de café, etc* Wirt(in) *m(f)*; **2** REL Schutzpatron(in) *m(f)*, -heilige(r) *f(m)*

patron[2] *m* COUT Schnittmuster *n*

patronage [patʀɔnaʒ] *m* **1** Schirmherrschaft *f*; Patronat *n*; Protektorat *n*; **2** *pour jeunes* Jugendheim *n*

patronal [patʀɔnal] *adj* ⟨~e; -aux [-o]⟩ **1** Arbeitgeber…; **2** CATH Patronats…

patronat [patʀɔna] *m* Arbeitgeber *m/pl*

patronner [patʀɔne] *v/t* fördern

patronnesse [patʀɔnɛs] *adj f* **dame ~** (Vorstands)Dame *f* e-s Wohltätigkeitsvereins

patronyme [patʀɔnim] *m* Familienname *m*

patrouille [patʀuj] *f* Streife *f*; MIL Patrouille *f* (*a mission*); **~ de police** Polizeistreife *f*

patrouiller [patʀuje] *v/i* patrouillieren

▸ **patte** [pat] *f* **1** ZO Pfote *f*; *d'un fauve a* Tatze *f*; Pranke *f*; *d'un oiseau, insecte, cheval* Bein *n*; Fuß *m*; *fig* **~s de mouche** Gekritzel *n*; *fig* **coup** *m* **de ~** kleiner Seitenhieb; *chien* **donner la ~** Pfötchen geben; **2** F (*jambe*) Bein *n*; Fuß *m*; F Hachse *f*; **marcher à quatre ~s** auf allen vieren kriechen, laufen; *fig* **montrer ~ blanche** sich gebührend ausweisen; **3** F (*main*) F Pfote *f*; *fig* **graisser la ~ à qn** F j-n schmieren; **4** *pl* **~s** (*favoris*) Koteletten *pl*; **5** COUT Patte *f*; Klappe *f*; **6** (*attache*) Halterung *f*

pattemouille [patmuj] *f* feuchtes (Bügel)Tuch

pattes-d'oie [patdwa] *f/pl à l'œil* Krähenfüße *m/pl*

pâturage [pɑtyʀaʒ] *m* (Vieh)Weide *f*

pâture [pɑtyʀ] *f* Futter *n*; Nahrung *f*; *fig* **donner, jeter, livrer qc en ~ à qn** j-m etw zum Fraß vorwerfen

paume [pom] *f* **1** Handfläche *f*, -teller *m*; **2** (**jeu** *m* **de**) **~** *altes frz Ballspiel*

paumé [pome] F *adj* ⟨~e⟩ hilflos; F aufgeschmissen; **les ~s** *m/pl* F die unter die Räder gekommen sind

paumer [pome] F **I** *v/t* verlieren; F versaubeuteln; **II** *v/pr* **se ~** sich verlaufen; *en voiture* sich verfahren

paupérisation [popeʀizasjõ] *f* Verelendung *f*; Verarmung *f*

paupière [popjɛʀ] *f* (Augen)Lid *n*

paupiette [popjɛt] *f* **~ de veau** Kalbsroulade *f*

▸ **pause** [poz] *f* Pause *f*; F **~ café** Kaffeepause *f*

▸ **pauvre** [povʀ(ə)] **I** *adj* **1** *personne, pays* arm; *demeure, vêtements* ärmlich; armselig; dürftig; *sol* karg; **~ en …** arm an (+ *dat*); …arm; **~ d'esprit** geistig beschränkt; **2** (*malheureux*) arm; bedauernswert; **II** *m* Arme(r) *m*; **les nouveaux ~s** die durch die Wirtschaftskrise Verarmten *pl*

pauvrement [povʀəmɑ̃] *adv* ärmlich

▸ **pauvreté** [povʀəte] *f* Armut *f*; *d'une demeure* Ärmlichkeit *f*; Armseligkeit *f*; *du sol* Kargheit *f*

pavage [pavaʒ] *m* Pflasterung *f*

pavaner [pavane] *v/pr* **se ~** einherstolzieren; sich in Szene setzen

pavé [pave] *m* **1** *bloc de pierre* Pflasterstein *m*; *fig* **c'est le ~ dans la mare** die Sache schlägt Wellen; **2** *revêtement* (Straßen)Pflaster *n*; *fig* **être sur le ~** F auf der Straße sitzen; **3** *péj livre* F (dicker) Schinken; F Wälzer *m*; **4** F PRESSE eingerahmter (Werbe)Text; **5** *de viande* dickes Filetstück

paver [pave] *v/t* pflastern
pavillon [pavijõ] *m* **1** (*maison individuelle*) Einfamilienhaus *n* (**de banlieue** in e-m Vorort); **2** *d'une exposition, etc* Pavillon *m*; **~ de chasse** Jagdhütte *f*, -schlösschen *n*; **3** MAR Flagge *f*; **~ de complaisance** Billigflagge *f*; *fig* **baisser ~ (devant qn)** klein beigeben; **battre ~ français** unter französischer Flagge fahren; **4** MUS Schalltrichter *m*; **5 ~ (de l'oreille)** Ohrmuschel *f*
pavoiser [pavwaze] *v/t* beflaggen; *abs* flaggen
pavot [pavo] *m* Mohn *m*
payable [pɛjabl(ə)] *adj* zahlbar; fällig
payant [pɛjɑ̃] *adj* **1** *personne* zahlend; **2** *parking* gebührenpflichtig; **billet ~** Eintrittskarte, (für) die bezahlt werden muss; **3** *fig* (*rentable*) lohnend; **être ~** sich lohnen
paye [pɛj] → ***paie***
payement [pɛjmɑ̃] *m* (Be)Zahlung *f*
▸ **payer** [peje] ⟨-ay- *od* -ai-⟩ **I** *v/t* **1** *personne, travail, facture, dettes* bezahlen; *somme, loyer, impôt, etc* (be)zahlen; *salaire* (aus)zahlen; **payer qc dix euros** für etw zehn Euro (be)zahlen; **combien l'avez-vous payé?** wie viel haben Sie dafür be-, gezahlt?; *fig* **je suis payé pour le savoir** ich habe es am eigenen Leib erfahren; **2** F (*offrir*) **payer qc à qn** F j-m etw spendieren; **3** *fig* (*expier*) **payer qc** (für) etw büßen, bezahlen müssen; **il me le paiera!** das soll er mir büßen!; **II** *v/i* **4** (be)zahlen (**pour** für); **5** (*rapporter*) sich lohnen; sich bezahlt machen; sich auszahlen; **6 payer d'audace** etwas riskieren; **ne pas payer de mine** nach nichts aussehen; **payer de sa personne** sich mit s-r ganzen Person einsetzen; **III** *v/pr* F (*s'offrir*) ▸ (**pouvoir**) **se payer qc** sich etw leisten (können)
pay|eur [pɛjœʀ] *m*, **~euse** [-øz] *f* Zahler(in) *m(f)*; **mauvais payeur** säumiger Zahler
▸ **pays** [pei] *m* **1** GÉOGR, POL Land *n*; **~ en voie de développement** Entwicklungsland *n*; **2** (*région*) Land *n*; Gegend *f*; **les gens** *m/pl* **du ~** die Einheimischen *m/pl*; **vin** *m* **de ~** Landwein *m*; **voir du ~** viel von der Welt sehen; **3** (*patrie*) Heimat *f*; **4** (*localité*) kleiner Ort
▸ **paysage** [peizaʒ] *m* Landschaft *f* (*a* PEINT, *fig*)
paysager [peizaʒe] *adj* ⟨-ère [-ɛʀ]⟩ Landschafts…
paysagiste [peizaʒist] *m* **1** PEINT Landschaftsmaler *m*; **2** (**architecte** *m*) **~** Garten-, Landschaftsarchitekt *m*
▸ **paysan** [peizɑ̃], **paysanne** [peizan] **I** *m,f* Bauer, Bäuerin *m,f*; **II** *adj* bäuerlich; der Bauern; *péj* bäurisch
paysann|at [peizana] *m ou* **~erie** [-ʀi] *f* Bauern *m/pl*; Bauernschaft *f*
▸ **Pays-Bas** [peiba] **les ~** *m/pl* die Niederlande *n/pl*
▸ **P.C.** [pese] *m* ⟨*inv*⟩ *abr* **1** (*personal computer*) PC *m*; **2** (*Parti communiste*) KP *f*; **3** (*poste de commandement*) Befehlsstelle *f*
p.c.c. *abr* (*pour copie conforme*) für die Richtigkeit der Abschrift
P.C.V. [peseve] *m* ⟨*inv*⟩ *abr* (*paiement contre vérification*) TÉL R-Gespräch *n*
P.D.G. [pedeʒe] *m* ⟨*inv*⟩ *abr* (*président-directeur général*) Generaldirektor *m*
▸ **péage** [peaʒ] *m* **1** (Straßen)Benutzungsgebühr *f*; Autobahngebühr *f*; *österr* Maut *f*; **à ~** gebührenpflichtig; *par ext* **chaîne** *f* **à ~** Pay-TV *n*; **2** *poste* Zahlstelle *f*; *österr* Mautstelle *f*

Le péage

Wenn man auf französischen Autobahnen fährt, muss man eine Benutzungsgebühr zahlen: **le péage**. Wie hoch die Gebühr ist, hängt von der Strecke ab, die man auf der Autobahn zurückgelegt hat. Zu entrichten ist die Gebühr an den jeweiligen Zahlstellen, die ebenfalls **le péage** heißen.
Ein Vorteil dieses Systems ist, dass auf den französischen Autobahnen weniger Verkehr herrscht als beispielsweise auf den deutschen. Wer kein Geld für die Autobahngebühr ausgeben möchte, kann die **routes nationales** benutzen, die in etwa den deutschen Bundesstraßen entsprechen.

▸ **peau** [po] *f* ⟨**~x**⟩ **1** *de l'homme* Haut *f*;

n'avoir que la ~ et les os nur noch Haut und Knochen sein; *fig* ***être bien, mal dans sa ~*** sich in s-r Haut wohl, nicht wohl fühlen; *fig* ***faire ~ neuve*** sich verändern, (ver)wandeln; F ***y laisser sa ~*** sein Leben lassen; ***se mettre dans la ~ de qn*** sich in die Lage j-s versetzen; **2** *d'un animal* (*fourrure*) Fell *n*; (*cuir souple*) Leder *n*; ***de, en ~*** Leder…; **3** *de fruits* Schale *f*; *de pêche, etc* Haut *f*; *de saucisson* Pelle *f*; Haut *f*; ***~ de banane*** Bananenschale *f*; *fig* Schlinge *f*; Falle *f*; **4** ***~ du lait*** Milchhaut *f*

peaufiner [pofine] *v/t* den letzten Schliff geben (+ *dat*); ausfeilen

Peau-Rouge *m,f* ⟨Peaux-Rouges⟩ Rothaut *f*

peccadille [pekadij] *f* kleiner, geringfügiger Fehler; kleines Versehen

pêche[1] [pɛʃ] *f* **1** *fruit* Pfirsich *m*; **2** F ***avoir la ~*** in Form sein

▸ **pêche**[2] *f* **1** Fischerei *f*; Fischfang *m*; Fischen *n*; ***~ (à la ligne)*** Angeln *n*; ***~ sous-marine*** Unterwasserjagd *f*; ***~ à la baleine*** Walfang *m*; ***aller à la ~*** angeln, fischen gehen; **2** (*poissons pêchés*) Fang *m*

▸ **péché** [peʃe] *m* Sünde *f*; *fig* ***~ mignon*** (kleine) Schwäche

pécher [peʃe] *v/i* ⟨-è-⟩ **1** REL sündigen; **2** *fig* ***~ contre qc*** gegen etw verstoßen; *projet, etc* ***~ par*** kranken an (+ *dat*)

pêcher[1] [pɛʃe] *m* Pfirsichbaum *m*

pêcher[2] *v/t* **1** *poissons* fangen (*a crabes*); fischen (*a perles*); ***~ (à la ligne)*** angeln; **2** F (*trouver*) F aufgabeln

P

pécheresse [peʃʀɛs] *f* Sünderin *f*

pêcherie [pɛʃʀi] *f* (Fisch)Fanggebiet *n*; ***~s*** *pl* Fisch-, Fanggründe *m/pl*

pécheur [peʃœʀ] *m* Sünder *m*

pêch|eur [pɛʃœʀ] *m*, ***~euse*** [-øz] *f* Fischer(in) *m(f)*; ***~ à la ligne*** Angler(in) *m(f)*

pectoral [pɛktɔʀal] *adj* ⟨~e; -aux [-o]⟩ **1** ANAT Brust…; ***pectoraux*** *m/pl* Brustmuskeln *m/pl*; **2** ***sirop ~*** Hustensaft *m*, -sirup *m*

pécule [pekyl] *m* Sparsumme *f*; Rücklage *f*

pécuniaire [pekynjɛʀ] *adj* Geld…; finanziell

pédagog|ie [pedagɔʒi] *f* Pädagogik *f*; Erziehungswissenschaft *f*; ***~ique*** [-ik] *adj* pädagogisch; Erziehungs…; erzieherisch

pédagogue [pedagɔg] *m,f* Pädagoge *m*, Pädagogin *f*; *adjt* ***être ~*** ein guter Pädagoge, e-e gute Pädagogin sein

pédale [pedal] *f* Pedal *n*; TECH *a* Fußhebel *m*; ***~ de frein*** Bremspedal *n*; F *fig* ***perdre les ~s*** (*s'affoler*) kopflos werden; (*perdre le fil*) F sich verheddern

pédaler [pedale] *v/i* in die Pedale treten; F radeln; F *fig* ***~ dans la choucroute*** F sich vergeblich abstrampeln

pédalier [pedalje] *m* Tretkurbel *f*

pédalo® [pedalo] *m* Tretboot *n*

pédant [pedɑ̃] *péj* **I** *adj* ⟨-ante [-ɑ̃t]⟩ schulmeisterlich; **II** *m* Schulmeister *m*

pédé [pede] *m* F *abr* (*pédéraste*) F Homo *m*

pédéraste [pedeʀast] *m* Päderast *m*; *par ext* Homosexuelle(r) *m*

pédestre [pedɛstʀ(ə)] *adj* Fuß…; ***randonnée*** *f* ***~*** Fußwanderung *f*

pédiatr|e [pedjatʀ(ə)] *m,f* Kinderarzt *m*, -ärztin *f*; ***~ie*** [-i] *f* Kinderheilkunde *f*

pédicure [pedikyʀ] *m,f* Fußpfleger(in) *m(f)*

pedigree [pedigʀe] *m* Stammbaum *m*

pédoncule [pedɔ̃kyl] *m* BIOL Stiel *m*

peeling [piliŋ] *m* Schälkur *f*; Peeling *n*

pègre [pɛgʀ(ə)] *f* Unterwelt *f*

▸ **peigne**[1] [pɛɲ] *m* Kamm *m*; ***se donner un coup de ~*** sich rasch (über)kämmen; *fig* ***passer au ~ fin*** sorgfältig prüfen; *région* durchkämmen

peigne[2] → ***peindre***

peigner [peɲe] **I** *v/t* **1** kämmen; **2** TEXT ***laine peignée*** Kammgarn *n*; **II** *v/pr* ***se ~*** sich kämmen

peignoir [pɛɲwaʀ] *m* **1** *de bain* Bademantel *m*; **2** (*robe de chambre*) Morgenrock *m*, -mantel *m*

peinard [pɛnaʀ] F *adj* ⟨-arde [-aʀd]⟩ *personne* ruhig; locker; *travail* bequem; gemütlich

▸ **peindre** [pɛ̃dʀ(ə)] ⟨je peins, il peint, nous peignons; je peignais; je peignis; je peindrai; que je peigne; peignant; peint⟩ *v/t* **1** *mur, clôture, etc* (an)streichen; F anmalen; *pièce streichen*; *voiture* lackieren; (*décorer*) bemalen; ***~ qc sur qc*** etw auf etw (*acc*) malen; **2** PEINT malen; **3** *fig* (*décrire*) schildern; beschreiben

▸ **peine** [pɛn] *f* **1** (*chagrin*) Kummer *m*; (seelischer) Schmerz; Leid *n*; Sorge(n) *f(pl)*; ***faire de la peine à qn*** j-m Kummer machen, bereiten; j-m wehtun; **2** (*effort*) Mühe *f*; Anstrengung *f*; ***sans peine*** mühelos; ***avoir de la peine à faire qc*** Mühe haben, etw zu tun; etw nur mit Mühe tun können; ***se donner la peine de faire qc*** sich die Mühe machen, etw zu tun; ***ce n'est pas la peine*** das ist nicht nötig; ***c'est peine perdue*** das ist verlorene, vergebliche Liebesmühe; ***valoir la peine*** der Mühe wert sein; sich lohnen (***de faire qc*** etw zu tun); ***valoir la peine d'être vu*** sehenswert sein; **3** (*punition*) Strafe *f*; ***peine de mort*** Todesstrafe *f*; *défendu* ***sous peine d'amende*** bei (Geld)Strafe; *par ext* ***sous peine de*** (+ *inf*) sonst; andernfalls; **4** *adv* ▸ ***à peine*** kaum; ***à peine étiez-vous parti qu'il arrivait*** Sie waren kaum weg, da kam er

peiner [pene] **I** *v/t* betrüben; bekümmern; **II** *v/i* Mühe haben (*a moteur*); es schwer haben

peins [pɛ̃] → ***peindre***

peint [pɛ̃] *p/p* ⟨peinte [pɛ̃t]⟩ → ***peindre***

▸ **peintre** [pɛ̃tʀ(ə)] *m* **1** ~ (***en bâtiment***) Anstreicher *m*; Maler *m*; **2** *artiste* (Kunst)Maler(in) *m(f)*

▸ **peinture** [pɛ̃tyʀ] *f* **1** *matière* Farbe *f*; ~ ***à l'eau*** Wasserfarbe *f*; **2** *couche* Anstrich *m*; Farbe *f*; *d'une voiture* Lack *m*; **3** *opération* (An)Streichen *n*; Lackieren *n*; PEINT Malen *n*; **4** *œuvre d'art* Gemälde *n*; Bild *n*; Malerei *f*; **5** *art* Malerei *f*; Malkunst *f*; ***faire de la*** ~ malen; **6** *fig* (*description*) Schilderung *f*

peinturlurer [pɛ̃tyʀlyʀe] F *v/t* grell an-, bemalen

péjoratif [peʒɔʀatif] *adj* ⟨-ive [-iv]⟩ pejorativ; abwertend; abschätzig

Pékin [pekɛ̃] Peking *n*

pelage [pəlaʒ] *m* Fell *n*; Haarkleid *n*

pelé [pəle] *adj* ⟨~e⟩ kahl; mit vielen kahlen Stellen

pêle-mêle [pɛlmɛl] *adv* bunt durcheinander

peler [pəle] ⟨-è-⟩ **I** *v/t fruit* schälen; *pomme de terre a* (ab)pellen; **II** *v/i peau, nez* sich schälen; ***je pèle*** meine Haut schält sich

pèlerin [pɛlʀɛ̃] *m* Pilger(in) *m(f)*

pèlerinage [pɛlʀinaʒ] *m* Pilgerfahrt *f*; Wallfahrt *f*; ***aller en ~, faire un ~*** e-e Wallfahrt machen; pilgern (***à*** nach)

pèlerine [pɛlʀin] *f* Umhang *m*

pélican [pelikɑ̃] *m* Pelikan *m*

pelisse [pəlis] *f* pelzgefütterter Mantel

pelle [pɛl] *f* **1** Schaufel *f*; Schippe *f*; ~ (***à ordures***) Kehr(icht)schaufel *f*; ~ ***à tarte*** Tortenheber *m*, -schaufel *f*; *fig* ***à la*** ~ haufenweise; **2** ~ ***mécanique*** Bagger *m*

pelletée [pɛlte] *f* Schaufel *f* voll

pelleter [pɛlte] *v/t* ⟨-tt-⟩ schaufeln

pelleteuse [pɛltøz] *f* Bagger *m*

pellicule [pɛlikyl] *f* **1** *dans les cheveux* ~***s*** *pl* (Kopf)Schuppen *f/pl*; **2** PHOT, (*couche mince*) Film *m*

pelote [p(ə)lɔt] *f* **1** Knäuel *m ou n*; ~ ***de laine*** Wollknäuel *m ou n*; F *fig* ***avoir les nerfs en*** ~ F stark genervt sein; **2** ~ (***d'épingles***) Nadelkissen *n*; **3** ~ ***basque*** Pelota *f*

pelot|er [p(ə)lɔte] *v/t* F begrapschen; F befummeln; F betatschen; ~**eur** [-œʀ] *m* F Grapscher *m*; F Fummler *m*

peloton [p(ə)lɔtõ] *m* **1** SPORTS (Haupt-)Feld *n*; ~ ***de tête*** Spitzengruppe *f*; *fig* ***être dans le ~ de tête*** zu den Besten zählen; **2** ~ ***d'exécution*** Erschießungs-, Exekutionskommando *n*

pelotonner [p(ə)lɔtɔne] *v/pr* ***se*** ~ sich (zu e-r Kugel) zusammenrollen; ***se ~ contre qn*** sich an j-n kuscheln

pelouse [p(ə)luz] *f* Rasen(fläche) *m(f)*

peluch|e [p(ə)lyʃ] *f* **1** TEXT Plüsch *m*; **2** (*animal en* ~) Stofftier *n*; **3** (*petit poil*) Fussel *f*; ~**eux** [-ø] *adj* ⟨-euse [-øz]⟩ fusselig

pelure [p(ə)lyʀ] *f* (abgeschälte) Schale

pénal [penal] *adj* ⟨~e; -aux [-o]⟩ Straf…; strafrechtlich

pénal|isation [penalizasjõ] *f* SPORTS Strafe *f*; ~**iser** [-ize] *v/t* bestrafen (*a fig*); JUR *a* mit e-m Bußgeld belegen; ~**ité** [-ite] *f* Strafe *f* (*a* SPORTS); Bußgeld *n*; Geldbuße *f*

penalty [penalti] *m* ⟨penalties *od* ~s⟩ Elfmeter *m*; Strafstoß *m*

pénates [penat] *m/pl plais* ***regagner ses*** ~ an den häuslichen Herd zurückkehren

penaud [pəno] *adj* ⟨-aude [-od]⟩ beschämt; verlegen; betreten

penchant [pɑ̃ʃɑ̃] *m* Hang *m*, Neigung *f* (***à*** *ou* ***pour qc*** zu etw); ~ ***pour qn*** Zu-

neigung *f* zu j-m
penché [pãʃe] *adj* ⟨~e⟩ geneigt; schräg (*a écriture*); schief
pencher [pãʃe] **I** *v/t* neigen; **II** *v/i* **1** *arbre, mur, etc* sich neigen; schief sein, stehen, hängen; **2** *personne* ***pencher pour qc*** zu etw (hin)neigen, tendieren; **III** *v/pr* **3** ▸ ***se pencher*** sich nieder-, herabbeugen (***sur*** über [+acc]; ***vers*** zu); ***se pencher par la fenêtre*** sich zum Fenster hinauslehnen, -beugen; **4** *fig* ***se pencher sur qc*** sich mit etw beschäftigen, befassen
pendable [pãdabl(ə)] *adj* ***tour*** *m* ~ schlimmer, übler, böser Streich
pendaison [pãdɛzõ] *f* **1** *supplice* Erhängen *n*; Tod *m* durch den Strang; **2** ~ ***de crémaillère*** F Einzugsfete *f*
pendant[1] [pãdã] *m* Gegenstück *n*, Pendant *n*, Entsprechung *f* (***de*** zu)
▸ **pendant**[2] **I** *prép* während (+ *gén*); ***pendant trois heures*** drei Stunden (lang); **II** *conj* ▸ ***pendant que*** während; ***pendant que tu y es*** wenn du schon dabei bist
pendant[3] **I** *adj* ⟨-ante [-ãt]⟩ **1** (herab-) hängend; ***oreilles ~es*** Hänge-, F Schlappohren *n/pl*; **2** *procès* anhängig; *par ext affaire* in der Schwebe (befindlich); **II** *m/pl* ***~s d'oreilles*** Ohrgehänge *n*
pendeloque [pãdlɔk] *f* Gehänge *n*
pendentif [pãdãtif] *m* (Schmuck)Anhänger *m*
penderie [pãdʀi] *f* Kleiderschrank *m*
pendouiller [pãduje] *v/i* F baumeln
pendre [pãdʀ(ə)] ⟨→ rendre⟩ **I** *v/t* **1** *objet* hängen (***à*** an + *acc*); **2** *condamné* (auf-, er)hängen; henken; **II** *v/i* **3** hängen (***à*** an + *dat*); ***~ jusqu'à terre*** bis zur Erde herabhängen; **4** *robe* ***~ d'un côté*** auf e-r Seite zu lang sein, F zipfeln; **III** *v/pr* **5** ***se ~ à qc*** sich an etw (*acc*) hängen; **6** *suicidé* ***se ~*** sich er-, aufhängen
pendu [pãdy] **I** *adj* ⟨~e⟩ ***être ~*** hängen (***à*** an + *dat*; *a fig*); F ***être toujours ~ au téléphone*** F dauernd an der Strippe hängen; **II** ***~(e)*** *m(f)* Erhängte(r) *f(m)* (*a par suicide*); Gehenkte(r) *f(m)*
pendule[1] [pãdyl] *m* Pendel *n*
pendule[2] *f* Pendel-, Wand-, Tischuhr *f*
pendulette [pãdylɛt] *f* kleine Pendeluhr
pêne [pɛn] *m* Riegel *m*; Falle *f*
pénétr|ant [penetʀã] *adj* ⟨-ante [-ãt]⟩ *odeur* penetrant; *regard, froid* durchdringend; scharf; *pluie* durch alle Kleider dringend; **~ation** [-asjõ] *f* **1** Eindringen *n* (*a fig d'idées*); **2** (*sagacité*) Scharfsinn *m*
pénétrer [penetʀe] ⟨-è-⟩ **I** *v/t* **1** *liquide* ***~ qc*** in etw (*acc*) eindringen; durch etw dringen; **2** *fig intentions de qn* durchschauen; *mystère* ergründen; **3** *fig* (*remplir*) erfüllen (***de*** mit); ***pénétré de son importance*** von s-r Wichtigkeit durchdrungen; **II** *v/i* eindringen (***dans*** in + *acc*)
▸ **pénible** [penibl(ə)] *adj* **1** *travail, existence, voyage* mühselig; mühevoll; mühsam; beschwerlich; **2** *situation, événement, nouvelle* traurig; schmerzlich; betrüblich; **3** F *personne* schwierig; lästig
péniche [peniʃ] *f* Last-, Frachtkahn *m*
pénicilline [penisilin] *f* Penizillin *n*
péninsule [penɛ̃syl] *f* Halbinsel *f*
pénis [penis] *m* Penis *m*; männliches Glied
pénitence [penitãs] *f* **1** (*châtiment*) Strafe *f*; **2** REL Buße *f*
pénitencier [penitãsje] *m* Strafanstalt *f*
pénit|ent [penitã] *m*, **~ente** [-ãt] *f* REL **1** Beichtkind *n*; **2** HIST Büßer(in) *m(f)*
pénitentiaire [penitãsjɛʀ] *adj* ***établissement*** *m* ~ Straf(vollzugs)anstalt *f*
penne [pɛn] *f de l'aile* Schwungfeder *f*; *de la queue* Schwanzfeder *f*
pénombre [penõbʀ(ə)] *f* Halbdunkel *n*
pensable [pãsabl(ə)] *adj* ***ne pas être ~*** undenkbar sein
pensant [pãsã] *adj* ⟨-ante [-ãt]⟩ **1** denkend; **2** ***bien ~*** konformistisch
pense-bête [pãsbɛt] *m* ⟨pense-bêtes⟩ Merkzeichen *n*
pensée[1] [pãse] *f* **1** (*fait de penser*) Denken *n*; (*faculté de penser*) Denkvermögen *n*; **2** (*idée*) Gedanke *m*; ***à la ~ de*** beim Gedanken an (+ *acc*); ***par la ~, en ~*** im Geiste; in Gedanken; **3** (*façon de penser*) Denkweise *f*; Denken *n*; (*opinion*) Ansicht *f*; Meinung *f*; *d'un écrivain* Gedankenwelt *f*
pensée[2] *f* BOT Stiefmütterchen *n*
▸ **penser** [pãse] **I** *v/t* **1** (*croire*) denken, glauben, meinen (***que*** dass); ▸ ***je pense que oui*** ich glaube schon; ***qu'est-ce qui vous fait ~ cela?*** wie kommen

Sie darauf?; ***qu'en pensez-vous?*** was halten Sie davon; wie denken Sie darüber?; ***il n'en pense pas moins*** er denkt sich sein Teil; **2** (*avoir l'intention de*) ~ (+ *inf*) gedenken, beabsichtigen zu (+ *inf*); **3** *problème, aménagement, etc* durchdenken; **II** *v/t/indir et v/i* denken (**à** an + *acc*); ***à quoi penses-tu?*** woran denkst du?; ***n'y pensons plus!*** denken wir nicht mehr daran!; ***mais j'y pense ...*** ach, da fällt mir gerade ein ...; ***sans ~ à mal*** ohne sich Schlimmes dabei zu denken; ***sans y ~*** ganz in Gedanken; ***~ à faire qc*** daran denken, etw zu tun; ***faire ~ à qc*** an etw (*acc*) erinnern; ***donner à ~*** zu denken geben; einen nachdenklich machen; F ***penses-tu!*** ach wo(her)!; wo denkst du hin!

penseur [pɑ̃sœʀ] *m* Denker *m*

pensif [pɑ̃sif] *adj* ⟨-ive [-iv]⟩ nachdenklich

pension [pɑ̃sjõ] *f* **1** (*internat*) Internat *n*; Schülerheim *n*; **2** ***~ de famille*** (Familien)Pension *f*; **3** ***~ complète*** Vollpension *f*; **4** *allocation* Rente *f*

pensionnaire [pɑ̃sjɔnɛʀ] *m,f* **1** *élève* Internatsschüler(in) *m(f)*; **2** *d'un hôtel* Pensionsgast *m*; *d'une maison de retraite, etc* Insasse *m*, Insassin *f*

pensionnat [pɑ̃sjɔna] *m* Pensionat *n*

pensum [pɛ̃sɔm] *m* lästige Arbeit

pentagone [pɛ̃tagon, -gɔn] *m* Fünfeck *n*

pentathlon [pɛ̃tatlõ] *m* Fünfkampf *m*

pente [pɑ̃t] *f* **1** *d'un terrain, d'une route* Gefälle *n*; Neigung *f*; ***en ~*** abfallend; **2** *d'une colline* (Ab)Hang *m*; *fig* ***être sur une mauvaise ~*** auf die schiefe Ebene, Bahn geraten sein; *fig* ***remonter la ~*** wieder auf die Beine kommen

▸ **Pentecôte** [pɑ̃tkot] ***la ~*** Pfingsten *n ou pl*; ***à la ~*** (an, zu) Pfingsten

pénurie [penyʀi] *f* (großer) Mangel (**de** an + *dat*); Knappheit *f*

pépé [pepe] *m enf* Opa *m* (*a par ext*)

pépée [pepe] *f* F (*femme*) F Puppe *f*

pépère [pepɛʀ] **I** F *adj* gemütlich; geruhsam; **II** *m* **1** *enf* Opa *m*; **2** F ***un gros ~*** ein Dickerchen *n*

pépier [pepje] *v/i* piep(s)en

pépin [pepɛ̃] *m* **1** *de certains fruits* Kern *m*; **2** F *fig* ***avoir un ~*** Ärger, ein Problem haben; **3** F (*parapluie*) Schirm *m*; F Musspritze *f*

pépinière [pepinjɛʀ] *f* **1** Baumschule *f*; **2** *fig* Pflanz-, Bildungsstätte *f*

pépite [pepit] *f* (Gold)Klumpen *m*

péquen|aud [pɛkno] *m*, **~aude** [-od] *f*, **péquenot** [pɛkno] *m* F *péj* Bauernlümmel *m*, -trampel *m ou n*; *par ext* Hinterwäldler(in) *m(f)*

percale [pɛʀkal] *f* Perkal *m*

perçant [pɛʀsɑ̃] *adj* ⟨-ante [-ɑ̃t]⟩ durchdringend; *regard a* scharf; *cris a* gellend

percée [pɛʀse] *f* Durchbruch *m* (*a* MIL, SPORTS, *fig*)

perce-neige [pɛʀsənɛʒ] *m ou f* ⟨*inv*⟩ Schneeglöckchen *n*

perce-oreille [pɛʀsɔʀɛj] *m* ⟨perce--oreilles⟩ Ohrwurm *m*

percepteur [pɛʀsɛptœʀ] *m* Finanzbeamte(r) *m*; *par ext* Finanzamt *n*

perceptible [pɛʀsɛptibl(ə)] *adj* wahrnehmbar

perception [pɛʀsɛpsjõ] *f* **1** ADM Finanzamt *n*; **2** *sc* Wahrnehmung *f*

percer [pɛʀse] ⟨-ç-⟩ **I** *v/t* **1** *mur, etc* durchbohren; *avec une aiguille* durchstechen; *front ennemi*, SPORTS *défense* durchbrechen; *trou, tunnel* bohren; *porte, fenêtre* durchbrechen; *tonneau* anstechen; anzapfen; *coffre-fort* aufbrechen; F knacken; *abcès* öffnen; *ampoule* aufstechen; *fig* ***~ le cœur*** das Herz zerreißen; *soleil* ***~ les nuages*** durch die Wolken brechen; *chaussures, etc* ***être percé*** durchlöchert sein; **2** ~ (***à jour***) *intentions de qn* durchschauen; *mystère* ergründen; **II** *v/i* **3** *dents* durchkommen, -brechen; *abcès* aufgehen; MIL, SPORTS durchbrechen; **4** *fig* zum Vorschein kommen; durchdringen; **5** *fig personne* (*réussir*) den Durchbruch schaffen

perceur [pɛʀsœʀ] *m* ***~ de coffre-fort*** Geldschrankknacker *m*

perceuse [pɛʀsøz] *f* Bohrmaschine *f*

percevoir [pɛʀsəvwaʀ] *v/t* ⟨→ recevoir⟩ **1** *par les sens* wahrnehmen; erkennen; **2** *impôts* einnehmen; einziehen; erheben; *loyer, somme* einnehmen

perche[1] [pɛʀʃ] *f zo* Barsch *m*

perche[2] *f* Stange *f*; ***saut m à la ~*** Stabhochsprung *m*; *fig* ***tendre la ~ à qn*** j-m Hilfestellung leisten; *pour faire céder qn* j-m goldene Brücken bauen

perché [pɛʀʃe] *adj* ⟨~e⟩ **1** *oiseau, personne* (erhöht) sitzend (**sur** auf +

P

dat); *village* hoch gelegen; **2** *fig* ***voix 'haut ~e*** hohe Stimme

percher [pɛʀʃe] **I** *v/i* **1** *oiseaux* (auf e-m Baum) sitzen; **2** F *personne* (hoch oben) wohnen; **II** *v/pr oiseaux*, F *personne* ***se ~*** sich setzen (***sur*** auf + *acc*)

perchiste [pɛʀʃist] *m* **1** SPORTS Stabhochspringer *m*; **2** CIN, TV Mikrofonassistent *m*

perchoir [pɛʀʃwaʀ] *m* **1** Sitzstange *f*; **2** F *fig* erhöhter Sitz; **3** POL Tribüne *f*, *par ext* Amt *n* des Präsidenten der Nationalversammlung

perclus [pɛʀkly] *adj* ⟨-use [-yz]⟩ ***être ~ de rhumatismes*** durch Rheuma steif sein

percolateur [pɛʀkɔlatœʀ] *m* Espressomaschine *f*

perçu [pɛʀsy] *p/p* → ***percevoir***

percussion [pɛʀkysjõ] *f* **1** MUS ***instrument*** *m* ***à ~*** Schlaginstrument *n*; **2** TECH ***perceuse*** *f* ***à ~*** Schlagbohrmaschine *f*

percussionniste [pɛʀkysjɔnist] *m* Schlagzeuger *m*

percutant [pɛʀkytɑ̃] *adj* ⟨-ante [-ɑ̃t]⟩ *argument* schlagend

percuter [pɛʀkyte] *v/t* (*et v/i*) ~ (***contre***) ***qc*** gegen etw prallen

perdant [pɛʀdɑ̃] **I** *adj* ⟨-ante [-ɑ̃t]⟩ verlierend; ***numéro ~*** Niete *f*; **II ~(*e*)** *m(f)* Verlierer(in) *m(f)*

perdition [pɛʀdisjõ] *f* **1** *navire* ***en ~*** in Seenot; **2** *iron* ***un lieu de ~*** ein Ort *m* des Lasters

▸ **perdre** [pɛʀdʀ(ə)] ⟨→ rendre⟩ **I** *v/t* **1** verlieren; *somme, prestige, droits a* einbüßen; ***~ courage*** den Mut verlieren, sinken lassen; ***~ espoir*** die Hoffnung verlieren, aufgeben; ***tu n'y perds rien!*** da hast du nichts verpasst, versäumt!; ***faire ~ qc à qn*** j-n um etw bringen; **2** ***~ qn*** (*causer sa ruine*) j-n zugrunde richten; j-n ins Verderben stürzen; **II** *v/i* **3** verlieren (*a dans une compétition*); ***j'y perds*** da zahle ich drauf, setze ich zu; **III** *v/pr* ***se ~*** **4** (*disparaître*) sich verlieren; verloren gehen; untergehen; **5** (*s'égarer*) sich verirren; sich verlaufen; *en voiture* sich verfahren; *fig* ***je m'y perds*** da komme ich nicht mehr mit; **6** *denrées alimentaires* verderben; schlecht werden

perdreau [pɛʀdʀo] *m* ⟨~x⟩ junges Rebhuhn

perdrix [pɛʀdʀi] *f* Rebhuhn *n*

perdu [pɛʀdy] **I** *p/p* → ***perdre*** *et adj* ⟨~e⟩ **1** verloren; *objet a* verloren gegangen; *temps a* vertan; *occasion* verpasst; ***balle ~e*** verirrte Kugel; ***à tes moments ~s*** in deinen Mußestunden; *malade* ***être ~*** nicht mehr zu retten sein; *fig* ***je suis ~*** ich finde mich nicht mehr zurecht; ich weiß mir nicht mehr zu helfen; **2** *lieu* entlegen; abgelegen; **3** ***emballage ~*** Einwegverpackung *f*; Wegwerfpackung *f*

perdurer [pɛʀdyʀe] *v/i* fortdauern

▸ **père** [pɛʀ] *m* **1** Vater *m*; ***~ de famille*** Familienvater *m*; ***de ~ en fils*** von Generation zu Generation; **2** ***nos ~s*** (*ancêtres*) unsere (Vor)Väter *m/pl*; **3** *fig* (*créateur*) Vater *m*; **4** F ***le ~ X*** Vater X; *péj* der (alte) X; ***le ~ Noël*** der Weihnachtsmann; **5** ***Dieu le*** **♀** Gottvater *m*; ***le Notre*** **♀** das Vaterunser; **6** CATH Pater *m*

pérégrinations [peʀegʀinasjõ] *f/pl* Umherreisen *n*; vieles Reisen

péremption [peʀɑ̃psjõ] *f* ***date*** *f* ***de ~*** Verfallsdatum *n*

péremptoire [peʀɑ̃ptwaʀ] *adj ton* keinen Widerspruch duldend

pérennité [peʀenite] *f* Fortdauer *f*

péréquation [peʀekwasjõ] *f* **1** ÉCON Ausgleich *m*; **2** *des traitements* Angleichung *f*

perfectible [pɛʀfɛktibl(ə)] *adj* vervollkommnungs-, verbesserungsfähig

perfection [pɛʀfɛksjõ] *f* Vollkommenheit *f*; Vollendung *f*; Perfektion *f*; ***à la ~*** vollendet; meisterhaft

perfectionnement [pɛʀfɛksjɔnmɑ̃] *m* Vervollkommnung *f*; Verbesserung *f*; ***cours*** *m* ***de ~*** Fortbildungskurs *m*

perfectionner [pɛʀfɛksjɔne] **I** *v/t* vervollkommnen; perfektionieren; verbessern; weiterentwickeln; **II** *v/pr* ***se ~ en français*** s-e Französischkenntnisse verbessern, vervollkommnen

perfectionniste [pɛʀfɛksjɔnist] *m,f* Perfektionist(in) *m(f)*

perfid|e [pɛʀfid] *adj* heimtückisch; perfid(e); **~ie** [-i] *f* Heimtücke *f*; Perfidie *f*

perforation [pɛʀfɔʀasjõ] *f* **1** TECH Perforation *f*; Lochung *f*; **2** MÉD Durchbruch *m*; Perforation *f*

perforer [pɛʀfɔʀe] *v/t* durchbohren; perforieren (*a* MÉD); TECH *a* lochen

P

perform|ance [pɛʀfɔʀmɑ̃s] *f* Leistung *f*; **~ant** [-ɑ̃] *adj* ⟨-ante [-ɑ̃t]⟩ leistungsfähig
perfusion [pɛʀfyzjõ] *f* Infusion *f*; ***être sous ~*** F am Tropf hängen
pergola [pɛʀgɔla] *f* Pergola *f*
péricarde [peʀikaʀd] *m* Herzbeutel *m*
péricarpe [peʀikaʀp] *m* Fruchthülle *f*
péricliter [peʀiklite] *v/i* langsam eingehen, zugrunde gehen
péridurale [peʀidyʀal] *f* Rückenmarksanästhesie *f*
péril [peʀil] *m* Gefahr *f*; ***au ~ de sa vie*** unter Einsatz s-s Lebens; unter Lebensgefahr; ***il (n')y a (pas) ~ en la demeure*** es ist (keine) Gefahr im Verzug
périlleux [peʀijø] *adj* ⟨-euse [-øz]⟩ gefährlich; gefahrvoll
périmé [peʀime] *adj* ⟨~e⟩ **1** *passeport, date* abgelaufen; *billet* verfallen; ungültig; **2** *théorie* überholt
périmètre [peʀimɛtʀ(ə)] *m* **1** MATH Umfang *m*; **2** *fig* Umkreis *m*; Bereich *m*
périnée [peʀine] *m* ANAT Damm *m*
période [peʀjɔd] *f* **1** Zeit(abschnitt) *f(m)*; Zeitraum *m*; Periode *f (a sc)*; ***~ des vacances*** Ferien-, Urlaubszeit *f*; ***en ~ de crise*** in Krisenzeiten; **2** GÉOL Formation *f*; **3** NUCL Halbwertszeit *f*
périodique [peʀjɔdik] **I** *adj* **1** periodisch (wiederkehrend); *publication* regelmäßig erscheinend; **2** ***serviette f, garniture f ~*** (Damen)Binde *f*; **II** *m* Zeitschrift *f*
périodiquement [peʀjɔdikmɑ̃] *adv* in regelmäßigen Zeitabständen
péripatéticienne [peʀipatetisjɛn] *f plais* Dame *f* vom horizontalen Gewerbe
péripéties [peʀipesi] *f/pl* unvorhergesehene, überraschende Ereignisse *n/pl*, Zwischenfälle *m/pl*
périphérie [peʀifeʀi] *f* Peripherie *f*; Stadtrand(gebiet) *m(n)*; Außenbezirke *m/pl*
périphérique [peʀifeʀik] **I** *adj* (Stadt-) Rand…; **II** *m* **1** *à Paris* ***le ~*** die Ringautobahn; **2** INFORM Peripheriegerät *n*

Le boulevard périphérique

Die mehrspurige, über 35 km lange Schnellstraße, auf der man das Zentrum von Paris großräumig umfahren kann, heißt **le boulevard périphérique**. Dieser relativ lange Ausdruck wird gerne zu **le périphérique** verkürzt:

Claude a roulé trop vite sur le périphérique.
Claude ist auf der Ringautobahn zu schnell gefahren.

In der Umgangssprache gehts sogar noch kürzer:

J'prendrai le périf.
Ich nehm den Ring.

périphrase [peʀifʀɑz] *f* Umschreibung *f*; Periphrase *f*
périple [peʀipl(ə)] *m* (große) (Rund-) Reise
périr [peʀiʀ] *litt v/i* **1** *personne* umkommen; ***~ noyé*** den Tod in den Wellen finden; **2** *civilisation, etc* untergehen
périscope [peʀiskɔp] *m* Periskop *n*; Sehrohr *n*
périssable [peʀisabl(ə)] *adj denrées* leicht verderblich
périssoire [peʀiswaʀ] *f* Paddelboot *n*
péristyle [peʀistil] *m* Säulenumgang *m*; Peristyl *n*
péritel [peʀitɛl] *adj* ⟨*inv*⟩ ***prise f ~*** TV-Anschlussbuchse *f* für periphere Geräte
péritoine [peʀitwan] *m* Bauchfell *n*
péritonite [peʀitɔnit] *f* Bauchfellentzündung *f*
▸ **perle** [pɛʀl] *f* **1** Perle *f*; ***~ en verre*** Glasperle *f*; **2** *fig* Perle *f*; Juwel *n*; **3** *fig (ineptie burlesque)* Stilblüte *f*
perlé [pɛʀle] *adj* ⟨~e⟩ perlig; Perl…; ***coton ~*** Perlgarn *n*; *fig* ***grève ~e*** aufeinander folgende Streiks *m/pl* einzelner Abteilungen; *st/s* ***rire ~*** perlendes Lachen
perler [pɛʀle] *v/i sueur* perlen
perlier [pɛʀlje] *adj* ⟨-ière [-jɛʀ]⟩ ***huître perlière*** Perlmuschel *f*
perlimpinpin [pɛʀlɛ̃pɛ̃pɛ̃] *m* ***poudre f de ~*** Wunderpulver *n*; Allheilmittel *n*
permanence [pɛʀmanɑ̃s] *f* **1** Beständigkeit *f*; ***en ~*** ständig; dauernd; permanent; **2** Bereitschaftsdienst *m*; ***être de ~*** Bereitschaftsdienst haben; **3** ÉCOLE Aufenthaltsraum *m* (für Schüler)

P

permanent [pɛʀmanɑ̃] **I** *adj* ⟨-ente [-ɑ̃t]⟩ ständig; dauernd; stetig; permanent; ***cinéma*** ~ Nonstopkino *n*; **II** *subst* **1** *m d'un syndicat, parti* (hauptamtlicher) Funktionär; **2** *f* ~***e*** Dauerwelle *f*
perméable [pɛʀmeabl(ə)] *adj* **1** (wasser)durchlässig; **2** *fig personne* ~ ***à qc*** für etw empfänglich
▸ **permettre** [pɛʀmɛtʀ(ə)] ⟨→ mettre⟩ **I** *v/t* **1** (*autoriser*) erlauben, gestatten (***que ...*** + *subj* dass ...; ***qc à qn*** j-m etw; ***à qn de faire qc*** j-m, etw zu tun); ***vous permettez?*** gestatten Sie?; ***être permis*** erlaubt, gestattet sein; ***il se croit tout permis*** er glaubt, er kann *ou* darf sich alles erlauben; **2** (*rendre possible*) ermöglichen; erlauben; zulassen; **II** *v/pr* **3** (*prendre la liberté*) ***se*** ~ ***de*** (+ *inf*) sich erlauben, sich gestatten, *p/fort* sich herausnehmen zu (+ *inf*); **4** (*s'offrir*) ***se*** ~ ***qc*** sich etw gönnen, leisten, erlauben
permis [pɛʀmi] **I** *m* **1** Erlaubnis(schein) *f(m)*; ***permis de chasse*** Jagdschein *m*; ***permis de construire*** Baugenehmigung *f*; ***permis de séjour*** Aufenthaltserlaubnis *f*; **2** ▸ ***permis*** (***de conduire***) Führerschein *m*; ***avoir son permis*** den Führerschein haben; ***passer son permis*** den Führerschein, die Fahrprüfung machen; **II** *p/p* → ***permettre***
permissif [pɛʀmisif] *adj* ⟨-ive [-iv]⟩ permissiv; freizügig
▸ **permission** [pɛʀmisjõ] *f* **1** Erlaubnis *f*; Genehmigung *f*; **2** MIL Urlaub *m*
permissionnaire [pɛʀmisjɔnɛʀ] *m* MIL Urlauber *m*
permut|able [pɛʀmytabl(ə)] *adj* austauschbar; ~**ation** [-asjõ] *f* Umstellung *f*; Austausch *m*; Vertauschung *f*
permuter [pɛʀmyte] **I** *v/t* umstellen; aus-, vertauschen; **II** *v/i* (das Amt, den Posten) tauschen
pernicieux [pɛʀnisjø] *adj* ⟨-euse [-øz]⟩ schädlich; verderblich; gefährlich
péroné [peʀɔne] *m* Wadenbein *n*
péroraison [peʀɔʀɛzõ] *f* (Rede)Schluss *m*
pérorer [peʀɔʀe] *v/i péj* große Reden führen, F schwingen
Pérou [peʀu] ***le*** ~ Peru *n*; F *fig* ***ce n'est pas le*** ~ davon kann man nicht reich werden
perpendiculaire [pɛʀpɑ̃dikylɛʀ] **I** *adj* rechtwink(e)lig (***à*** zu); (*vertical*) senkrecht; **II** Senkrechte *f*; Lot *n*
perpète [pɛʀpɛt] F *adv* (***jusqu'***)***à*** ~ F e-e Ewigkeit; ewig (lange); *être condamné* ***à*** ~ F zu lebenslänglich
perpétrer [pɛʀpetʀe] *v/t* ⟨-è-⟩ *crime* begehen; verüben
perpétuel [pɛʀpetɥɛl] *adj* ⟨~le⟩ dauernd; (be)ständig; fortwährend; (*à vie*) auf Lebenszeit; lebenslang; ***calendrier*** ~ immer währender Kalender
perpétuer [pɛʀpetɥe] **I** *v/t* fortbestehen lassen; fortführen; **II** *v/pr* ***se*** ~ fortbestehen; fortleben
perpétuité [pɛʀpetɥite] *f* ***être condamné à*** ~ zu lebenslänglicher Freiheitsstrafe verurteilt werden
perplex|e [pɛʀplɛks] *adj* ratlos; unschlüssig; ~**ité** [-ite] *f* Ratlosigkeit *f*; Unschlüssigkeit *f*
perquisition [pɛʀkizisjõ] *f* Haussuchung *f*
perquisitionner [pɛʀkizisjɔne] *v/i* e-e Haussuchung durchführen
perron [pɛʀõ] *m* Freitreppe *f*
perroquet [pɛʀɔkɛ] *m* Papagei *m*
perruche [pɛʀyʃ] *f* Wellensittich *m*
perruque [pɛʀyk] *f* Perücke *f*
pers [pɛʀ] *adj m st/s* ***yeux*** *m/pl* ~ blaugrüne Augen *n/pl*
persan [pɛʀsɑ̃] **I** *adj* ⟨-ane [-an]⟩ persisch; ***tapis*** ~ Perser(teppich) *m*; **II** ⚲(***e***) *m(f)* Perser(in) *m(f)*
Perse [pɛʀs] ***la*** ~ HIST Persien *n*
persécu|ter [pɛʀsekyte] *v/t* verfolgen; ~**teur** [-tœʀ] *m*, ~**trice** [-tʀis] *f* Verfolger(in) *m(f)*
persécution [pɛʀsekysjõ] *f* **1** POL, REL Verfolgung *f*; **2** ***manie*** *f* ***de la*** ~ Verfolgungswahn *m*
persévér|ance [pɛʀseveʀɑ̃s] *f* Ausdauer *f*; Beharrlichkeit *f*; ~**ant** [-ɑ̃] *adj* ⟨-ante [-ɑ̃t]⟩ ausdauernd
persévérer [pɛʀseveʀe] *v/i* ⟨-è-⟩ Ausdauer zeigen; nicht aufgeben; ~ ***dans ses efforts*** in s-n Anstrengungen nicht nachlassen
persienne [pɛʀsjɛn] *f* Klapp-, Faltladen *m*
persifl|age [pɛʀsiflaʒ] *m* Spott *m*; Persiflage *f*; ~**er** [-e] *v/t* verspotten; ~**eur** [-œʀ] *adj* ⟨-euse [-øz]⟩ spöttisch
persil [pɛʀsi] *m* Petersilie *f*
persillé [pɛʀsije] *adj* ⟨~e⟩ **1** CUIS mit

P

fein gehackter Petersilie; **2** *viande* durchwachsen; ***fromage*** **~** grün gesprenkelter Edelpilzkäse

Persique [pɛʀsik] *adj* ***le golfe*** **~** der Persische Golf

persistance [pɛʀsistɑ̃s] *f* **1** beharrliches Festhalten (***dans*** an + *dat*); ***avec*** **~** beharrlich; **2** *du mauvais temps, etc* Anhalten *n*; Fortdauer *f*

persistant [pɛʀsistɑ̃] *adj* ⟨-ante [-ɑ̃t]⟩ anhaltend; (fort)dauernd; ***feuilles*** **~*es*** immergrüne Blätter *n/pl*

persister [pɛʀsiste] *v/i* **1** **~** ***dans qc*** auf etw (*dat*) beharren; ***je persiste à croire que …*** ich bleibe dabei, dass …; **2** *douleurs, fièvre, mauvais temps* anhalten; an-, fortdauern; *doutes, préjugés* fortbestehen

▸ **personnage** [pɛʀsɔnaʒ] *m* **1** (*personne importante*) Persönlichkeit *f*; **2** (*individu*) Mensch *m*; Person *f*; **3** THÉ Person *f*; Rolle *f*; *dans un roman* Person *f*; Gestalt *f*; Figur *f*

personnaliser [pɛʀsɔnalize] *v/t* individuell gestalten; e-e persönliche Note geben (+ *dat*)

▸ **personnalité** [pɛʀsɔnalite] *f* **1** (*identité*) Persönlichkeit *f*; ***avoir une forte*** **~** e-e starke, ausgeprägte Persönlichkeit sein; **2** (*personnage important*) bekannte, prominente Persönlichkeit

▸ **personne**[1] [pɛʀsɔn] *f* **1** (*être humain*) Person *f*; Mensch *m*; **~*s*** *pl a* Leute *pl*; ***une grande*** **~** ein Erwachsener, Großer; ***une famille de douze*** **~*s*** e-e zwölfköpfige Familie; ***en*** **~** (höchst-) persönlich; in eigener Person; (*personnifié*) in Person; **2** ***une jeune*** **~** ein junges Mädchen; e-e junge Dame; **3** JUR **~** ***morale*** juristische Person; **4** GR Person *f*

▸ **personne**[2] *pr/ind* **1** ⟨*mit* ne *beim Verb*⟩ niemand; kein Mensch; keiner; ***il n'y a*** **~** es ist niemand da; ***ne devoir rien à*** **~** niemandem etwas schulden; **~** ***ne le sait*** niemand weiß es; **2** *st/s* ⟨*ohne* ne⟩ (irgend)jemand; irgendwer; ***sans avoir vu*** **~** ohne jemand(en) gesehen zu haben

▸ **personnel**[1] [pɛʀsɔnɛl] *adj* ⟨**~*le***⟩ **1** persönlich; privat; Privat…; eigen; **2** ***pronom*** **~** persönliches Fürwort; Personalpronomen *n*

▸ **personnel**[2] *m* Personal *n*; *d'une entreprise a* Belegschaft *f*; **~** ***au sol*** Bodenpersonal *n*

personnellement [pɛʀsɔnɛlmɑ̃] *adv* persönlich

personnification [pɛʀsɔnifikasjɔ̃] *f* Personifizierung *f*; Verkörperung *f*

personnifier [pɛʀsɔnifje] *v/t* personifizieren; verkörpern; ***la bonté personnifiée*** die Güte in Person

perspective [pɛʀspɛktiv] *f* **1** PEINT Perspektive *f*; **2** (*éventualité*) Aussicht *f*; Perspektive *f*; **~*s d'avenir*** Zukunftsaussichten *f/pl*; ***avoir en*** **~** in Aussicht haben; **3** (*point de vue*) Perspektive *f*; Sicht *f*

perspicac|e [pɛʀspikas] *adj* scharfsinnig; scharfsichtig; **~*ité*** [-ite] *f* Scharfsinn *m*; Scharfblick *m*

persuader [pɛʀsɥade] **I** *v/t* **1** **~** ***qn*** (***de qc***) j-n (von etw) überzeugen; ***j'en suis persuadé*** ich bin überzeugt davon; **2** **~** ***qn de faire qc*** j-n überreden, etw zu tun; **II** *v/pr* ***se*** **~** ***que …*** sich (*dat*) einreden, dass …

persuasif [pɛʀsɥazif] *adj* ⟨-ive [-iv]⟩ überzeugend

persuasion [pɛʀsɥazjɔ̃] *f* Überzeugung *f*; Überredung *f*; (***don*** *m*, ***pouvoir*** *m* ***de***) **~** Überredungskunst *f*

▸ **perte** [pɛʀt] *f* **1** Verlust *m* (*a d'une personne*); *de revenus a* Ausfall *m*; **~** ***de sang, de temps*** Blut-, Zeitverlust *m*; *fig* ***être en*** **~** ***de vitesse*** an Einfluss, Bedeutung, Boden verlieren; *vendre* ***à*** **~** mit Verlust; ***à*** **~** ***de vue*** so weit das Auge reicht; endlos (*a fig*); ***en pure*** **~** ganz umsonst; vergeblich; ***avoir des*** **~*s de mémoire*** an Gedächtnisschwund leiden; **2** *fig* (*ruine*) Verderben *n*; Untergang *m*; Ruin *m*; ***courir à sa*** **~** in sein Verderben rennen

pertinemment [pɛʀtinamɑ̃] *adv* ***savoir*** **~** ***qc*** etw (ganz) genau wissen

pertinent [pɛʀtinɑ̃] *adj* ⟨-ente [-ɑ̃t]⟩ (zu)treffend; richtig; passend; angebracht; sachdienlich; stichhaltig

perturba|teur [pɛʀtyʀbatœʀ] *m*, **~*trice*** [-tʀis] *f* Störenfried *m*; Unruhestifter(in) *m(f)*

perturbation [pɛʀtyʀbasjɔ̃] *f* **1** *du trafic, etc* Störung *f* (*a* MÉTÉO); Beeinträchtigung *f*; **2** *sociale* Unruhe *f*

perturber [pɛʀtyʀbe] *v/t* stören; beeinträchtigen; durcheinander bringen

P

péruvien [peʀyvjɛ̃] **I** *adj* ⟨-ienne [-jɛn]⟩ peruanisch; **II** 2(*ne*) *m(f)* Peruaner(in) *m(f)*

pervenche [pɛʀvɑ̃ʃ] *f* **1** BOT Immergrün *n*; **2** *adjt* ⟨*inv*⟩ hellblau; **3** F *fig* (*contractuelle*) Politesse *f*

pervers [pɛʀvɛʀ] **I** *adj* ⟨-verse [-vɛʀs]⟩ **1** pervers; widernatürlich; abartig (veranlagt); **2** ***effet*** **~** unerwünschte, gegenteilige Folge; **II** **~(*e*)** *m(f)* pervers Veranlagte(r) *f(m)*

pervers|ion [pɛʀvɛʀsjõ] *f* Perversion *f*; **~ité** [-ite] *f* Verkommenheit *f*; Verdorbenheit *f*

pervertir [pɛʀvɛʀtiʀ] *v/t* verderben; pervertieren

pesage [pəzaʒ] *m* **1** (Ab)Wiegen *n*; **2** *endroit* Wiegeplatz *m*

pesant [pəzɑ̃] **I** *adj* ⟨-ante [-ɑ̃t]⟩ **1** *fig charge* schwer; drückend; *présence de qn*, *silence* bedrückend; **2** *démarche* schwer(fällig); plump; **II** *m fig* ***valoir son*** **~** ***d'or*** Gold wert sein; *iron* unbezahlbar sein

pesanteur [pəzɑ̃tœʀ] *f* **1** PHYS Schwerkraft *f*; **2** *fig* Schwerfälligkeit *f*

pèse-bébé [pɛzbebe] *m* ⟨pèse-bébés⟩ Baby-, Säuglingswaage *f*

pesée [pəze] *f* **1** *opération* (Ab)Wiegen *n*; **2** (*poussée*) Druck *m*

pèse|-lettre [pɛzlɛtʀ(ə)] *m* ⟨pèse-lettres⟩ Briefwaage *f*; **~-personne** *m* ⟨pèse-personnes⟩ Personenwaage *f*

▸ **peser** [pəze] ⟨-è-⟩ **I** *v/t* **1** *objet* (ab)wiegen; *personne* wiegen; **2** *fig* abwägen; ***tout bien pesé*** nach reiflicher Überlegung; **II** *v/i* **3** wiegen, schwer sein (***deux kilos*** zwei Kilo); **4** **~** ***sur*** lasten auf (+ *dat*; *a fig responsabilité, etc*); *fig* **~** ***sur la décision de qn*** die Entscheidung j-s beeinflussen; *repas* **~** ***sur l'estomac*** (schwer) im Magen liegen; **5** *fig solitude, etc* **~** ***à qn*** j-n bedrücken, belasten; **III** *v/pr* ***se*** **~** sich wiegen

pessim|isme [pesimism(ə)] *m* Pessimismus *m*; Schwarzseherei *f*; **~iste** [-ist] **I** *adj* pessimistisch; schwarzseherisch; **II** *m,f* Pessimist(in) *m(f)*; Schwarzseher(in) *m(f)*

peste [pɛst] *f* **1** MÉD Pest *f*; *fig* ***fuir qn comme la*** **~** j-n meiden wie die Pest; **2** *péj d'une femme* Biest *n*

pester [pɛste] *v/i* **~** (***contre qn, qc***) (auf j-n, etw) schimpfen

pesticide [pɛstisid] *m* Pestizid *n*; Schädlingsbekämpfungsmittel *n*

pestiféré [pɛstifeʀe] *m* Pestkranke(r) *m*

pestilentiel [pɛstilɑ̃sjɛl] *adj* ⟨~le⟩ *odeur* abscheulich; scheußlich

pet [pɛ] *m* F Furz *m*

pétale [petal] *m* Blütenblatt *n*

pétanque [petɑ̃k] *f correspond à* Boule-, Bocciaspiel *n*

La pétanque

Vor allem in Südfrankreich treffen sich Menschen aller Altersgruppen auf öffentlichen Plätzen, um sich mit großer Begeisterung einem Spiel mit Metallkugeln zu widmen. Die Rede ist von **la pétanque**, der südfranzösischen Variante des bocciaähnlichen Boulespiels.

Zwei Mannschaften, die aus zwei, drei oder vier Spielern bestehen können, spielen gegeneinander. Ziel der angreifenden Mannschaft (**les pointeurs**) ist es, ihre im hohen Bogen ausgeworfenen Metallkugeln möglichst nahe bei einer Holzkugel (**le cochonnet**) zu platzieren. Die gegnerische Mannschaft (**les tireurs**) versucht daraufhin, mit den eigenen Kugeln die Kugeln der **pointeurs** wegzuschießen. Wenn über eine relativ kurze Strecke (bis zu 10 m) gespielt wird, werden die Kugeln – im Unterschied zum Boulespiel – aus dem Stand geworfen.

Die Franzosen sind so begeistert von **la pétanque**, dass es seit 1946 sogar französische Meisterschaften gibt.

pétarad|e [petaʀad] *f d'une moto* Geknatter *n*; **~er** [-e] *v/i* knattern

pétard [petaʀ] *m* **1** Knallkörper *m*; **2** F (*bruit*) F Krach *m*; F Radau *m*; **3** F (*revolver*) F Kanone *f*; F Ballermann *m*; **4** F (*derrière*) F Po *m*; F Hintern *m*; **5** F (großer) Joint

P

pétaudière [petodjɛʀ] *f* ***c'est une véritable*** **~** hier geht es drunter und drüber
pet-de-nonne [pɛdnɔn] *m* ⟨pets-de--nonne⟩ kleiner Krapfen
péter [pete] F *v/i* ⟨-è-⟩ **1** F furzen; F einen fahren lassen; **2** *coup de feu, pétard* knallen; krachen; **3** *bouton* abplatzen; *ficelle, etc* reißen
pète-sec [pɛtsɛk] *m* ⟨*inv*⟩ F *fig* Feldwebel *m*
pét|eux [petø] *m*, **~euse** [-øz] *f* F Angsthase *m*
pétiller [petije] *v/i* **1** *feu* knistern; **2** *eau* sprudeln; *champagne* prickeln; perlen; **3** *fig* ***~ d'esprit*** vor Geist, Witz sprühen; *yeux* ***~ de joie*** vor Freude funkeln, blitzen
pétiole [pesjɔl] *m* Blattstiel *m*
peti|ot [pətjo] *m*, **~ote** [-ɔt] *f* F Kleine(r, -s) *f(m, n)*
▸ **petit** [p(ə)ti] **I** *adj* ⟨-ite [-it]⟩ klein; ***~ bruit*** leises, schwaches, leichtes Geräusch; ÉCOLE ***les ~es classes*** die unteren Klassen *f/pl*; ***une ~e heure*** e-e knappe Stunde; ein Stündchen *n*; ***~e ville*** kleine Stadt; Städtchen *n*; Kleinstadt *f*; ***~ à ~*** allmählich; nach und nach; **II** *subst* **1** *d'enfants* ***le ~, la ~e*** der, die, das Kleine; **2** *socialement* ***les ~s*** die kleinen Leute *pl*; die Kleinen *m/pl*; **3** (*jeune animal*) ***le ~*** das Junge
petit-beurre *m* ⟨petits-beurre⟩ Butterkeks *m*
petit-bourgeois, petite-bourgeoise **I** *m,f* Klein-, *péj* Spießbürger(in) *m(f)*; Spießer(in) *m(f)*; **II** *adj* klein-, *péj* spießbürgerlich; spießig
▸ **petit-déjeuner** *m* ⟨petits-déjeuners⟩ Frühstück *n*; → *Info bei* ***Frühstück***
▸ **petite-fille** *f* ⟨petites-filles⟩ Enkelin *f*; Enkeltochter *f*
petitement [p(ə)titmɑ̃] *adv* **1** *être logé* beengt; **2** *vivre* ärmlich; **3** ***se venger ~*** kleinliche Rache nehmen
petite-nièce *f* ⟨petites-nièces⟩ Großnichte *f*
petitesse [p(ə)titɛs] *f* **1** Kleinheit *f*; **2** *fig* ***~ d'esprit*** Engstirnigkeit *f*; F Kleinkariertheit *f*
▸ **petit-fils** *m* ⟨petits-fils⟩ Enkel *m*; Enkelsohn *m*
petit-gris *m* ⟨petits-gris⟩ **1** *fourrure* Feh *n*; **2** gesprenkelte Weinbergschnecke

pétition [petisjõ] *f* Petition *f*; Eingabe *f*
petit-lait *m* ⟨petits-laits⟩ Molke *f*
petit-nègre *m* ⟨*inv*⟩ Kauderwelsch *n*
petit-neveu *m* ⟨petits-neveux⟩ Großneffe *m*
▸ **petits-enfants** [p(ə)tizɑ̃fɑ̃] *m/pl* Enkel(kinder) *m/pl(n/pl)*
petit-suisse *m* ⟨petits-suisses⟩ *kleiner, runder Doppelrahmfrischkäse*
pétoche [petɔʃ] *f* F → ***frousse***
pétoire [petwaʀ] *f* F Schießeisen *n*
peton [pətõ] F *m* Füßchen *n*
pétoncle [petõkl(ə)] *m* Englisches Pastetchen (*Muschel*)
pétrel [petʀɛl] *m* Sturmvogel *m*
pétrifié [petʀifje] *adj* ⟨~e⟩ versteinert; *fig* ***~ de terreur*** starr vor Entsetzen
pétrin [petʀɛ̃] *m* **1** Backtrog *m*; ***~ mécanique*** Knetmaschine *f*; **2** F Schlamassel *m ou n*; ***être dans le ~*** F in der Patsche, im Schlamassel sitzen, stecken; ***se fourrer, se mettre dans le ~*** F sich in die Tinte setzen; sich etwas (Schönes) einbrocken
pétrir [petʀiʀ] *v/t* **1** (durch)kneten; **2** *fig* ***pétri d'orgueil*** hochmütig
pétro|chimie [petʀɔʃimi] *f* Erdölchemie *f*; Petrochemie *f*; **~dollars** *m/pl* Petrodollars *m/pl*
▸ **pétrole** [petʀɔl] *m* **1** (Erd)Öl *n*; **2** Petroleum *n*; ***lampe f à ~*** Petroleumlampe *f*
pétrolier [petʀɔlje] **I** *adj* ⟨-ière [-jɛʀ]⟩ (Erd)Öl…; **II** *m* (Öl)Tanker *m*
pétrolifère [petʀɔlifɛʀ] *adj* (Erd)Öl…
pétulant [petylɑ̃] *adj* ⟨-ante [-ɑ̃t]⟩ ungestüm; heftig; stürmisch
pétunia [petynja] *m* Petunie *f*
▸ **peu** [pø] **I** *adv* **1** wenig; (*~ de personnes*) wenige; ▸ ***peu de*** (+ *subst*) wenig(e) (+ *subst*); ***il gagne peu*** er verdient wenig; ***peu recommandable*** wenig, nicht sehr empfehlenswert; ***peu après*** bald *ou* kurz danach; ▸ ***peu à peu*** nach und nach; allmählich; ▸ ***à peu près*** ungefähr; etwa; ***avant peu, d'ici peu, sous peu*** bald; in Kürze, Bälde; ***depuis peu*** seit kurzem; ▸ ***de peu*** um (ein) weniges; knapp; ***si peu que …*** (+ *subj*) so wenig … auch; ***pour peu que …*** (+ *subj*) sofern (nur); ***peu de chose*** wenig; ***à peu de chose près*** beinahe; fast; etwa; nahezu; ***en peu de mots*** mit wenigen, mit ein paar

P

Worten; ***en peu de temps*** in kurzer Zeit; **2** ▸ ***un peu*** ein wenig; ein bisschen; etwas; ***un peu moins*** etwas weniger; ***un peu partout*** fast überall; ***un peu de*** (+ *subst*) ein wenig, ein bisschen, etwas (+ *subst*); ***un (tout) petit peu de sel*** ein (ganz) klein wenig, ein klein(es) bisschen Salz; ***pour un peu …*** (+ *conditionnel*), ***un peu plus (et) …*** (+ *imparfait*) fast; beinahe; um ein Haar; ***(un) tant soit peu*** ein (ganz) klein wenig; **II** *subst* ***le peu que j'en sais*** das wenige, das bisschen, was ich darüber weiß

peuplade [pœplad] *f* Völkerschaft *f*

▸ **peuple** [pœpl(ə)] *m* Volk *n*

peuplé [pœple] *adj* ⟨~e⟩ ***peu ~*** dünn *ou* schwach bevölkert, besiedelt; ***très ~*** dicht bevölkert, besiedelt

peuplement [pœpləmɑ̃] *m* Besied(e)lung *f*

peupler [pœple] **I** *v/t* **1** *pays, région* bevölkern (*a par ext*); besiedeln; **2** *étang* mit Fischbrut besetzen

peuplier [pœplije, pø-] *m* Pappel *f*

▸ **peur** [pœʀ] *f* Angst *f*, Furcht *f* (***de*** vor + *dat*); Schreck(en) *m*; ***de ou par peur que …*** ([***ne***] + *subj*) aus Angst, Furcht, Sorge, dass …; ***avoir peur*** Angst haben; sich fürchten; ***j'ai eu peur*** ich bin erschrocken; ich habe e-n Schreck gekriegt; ***avoir peur de*** (+ *inf*) Angst haben, *sens affaibli* sich scheuen zu (+ *inf*); ***avoir peur pour qn*** Angst um j-n haben; ▸ ***faire peur à qn*** j-m Angst machen; (*effrayer qn*) j-n erschrecken; ***prendre peur*** Angst bekommen, F kriegen

peureux [pøʀø, pœ-] **I** *adj* ⟨-euse [-øz]⟩ ängstlich; **II** ~, ***peureuse*** *m,f* Angsthase *m*

peut [pø] → ***pouvoir***

▸ **peut-être** [pøtɛtʀ(ə)] *adv* vielleicht; womöglich; ***~ qu'il fera beau*** vielleicht wird es schön

peuvent [pœv], **peux** [pø] → ***pouvoir***

pèze [pɛz] *m arg* → ***fric***

pH [peaʃ] *m* pH-Wert *m*

phacochère [fakɔʃɛʀ] *m* Warzenschwein *n*

phagocyt|e [fagɔsit] *m* Fresszelle *f*; **~er** [-e] *v/t fig* schlucken

phalange [falɑ̃ʒ] *f* Finger- *ou* Zehenglied *n*

phalène [falɛn] *f ou m* ZO Spanner *m*

phallocrate [falɔkʀat] *m* F Chauvi *m*

phallus [falys] *m* Phallus *m*

pharaon [faʀaɔ̃] *m* Pharao *m*

phare [faʀ] *m* **1** MAR Leuchtturm *m*; **2** AUTO Scheinwerfer *m*; ***les ~s*** (*opposé à codes*) das Fernlicht

pharis|ien [faʀizjɛ̃] *m*, **~ienne** [-jɛn] *f* Pharisäer(in) *m(f)*

pharmaceutique [faʀmasøtik] *adj* pharmazeutisch; Arzneimittel…; Pharma…; ***industrie f ~*** Pharmaindustrie *f*; ***produit m ~*** Arzneimittel *n*

▸ **pharmacie** [faʀmasi] *f* **1** Apotheke *f*; ***vendu en ~*** apothekenpflichtig; **2** Hausapotheke *f*; **3** *science* Pharmazie *f*; Pharmazeutik *f*

▸ **pharmacien** [faʀmasjɛ̃] *m*, **pharmacienne** [faʀmasjɛn] *f* Apotheker(in) *m(f)*

pharyngite [faʀɛ̃ʒit] *f* Rachenentzündung *f*

pharynx [faʀɛ̃ks] *m* Rachen *m*

phase [fɑz] *f* Phase *f* (*a* ASTR); Stadium *n*; *fig* ***en ~*** im Gleichklang

phénix [feniks] *m* MYTH Phönix *m*

phénol [fenɔl] *m* Karbol(säure) *n(f)*; Phenol *n*

phénoménal [fenɔmenal] *adj* ⟨~e; -aux [-o]⟩ phänomenal; außergewöhnlich

phénomène [fenɔmɛn] *m* **1** Erscheinung *f*; Phänomen *n*; **2** F *fig de qn* F Type *f*; F Marke *f*

philanthrope [filɑ̃tʀɔp] *m,f* Menschenfreund(in) *m(f)*; Philanthrop(in) *m(f)*

philatél|ie [filateli] *f* Briefmarkenkunde *f*; Philatelie *f*; **~iste** [-ist] *m,f* Briefmarkensammler(in) *m(f)*; Philatelist(in) *m(f)*

philharmonique [filaʀmɔnik] *adj* philharmonisch

Philippines [filipin] ***les ~*** *flpl* die Philippinen *pl*

philistin [filistɛ̃] *m litt* Philister *m*

philo [filo] *f* F *abr* Philosophie *f*

philodendron [filɔdɛ̃dʀɔ̃] *m* Philodendron *m ou n*

philologie [filɔlɔʒi] *f* Philologie *f*; ***~ germanique, romane*** *a* Germanistik *f*, Romanistik *f*

philosophale [filɔzɔfal] *adj f* ***la pierre ~*** der Stein der Weisen

philosoph|e [filɔzɔf] *m* **1** Philosoph *m*; **2** *adjt* (philosophisch) gelassen, gleich-

mütig; **~er** [-e] *v/i* philosophieren
philosoph|ie [filɔzɔfi] *f* **1** Philosophie *f*; **2** (*sagesse*) (philosophische) Gelassenheit; Gleichmut *m*; **~ique** [-ik] *adj* philosophisch
philtre [filtʀ(ə)] *m* Zauber-, Liebestrank *m*
phlébite [flebit] *f* Venenentzündung *f*
phlegmon [flɛgmõ] *m* Phlegmone *f*
phlox [flɔks] *m* Phlox *m ou f*
phobie [fɔbi] *f* Phobie *f*; *par ext* ***avoir la ~ de qc*** e-e Abneigung gegen etw haben
phocéen [fɔseɛ̃] *adj* ⟨-éenne [-eɛn]⟩ ***la cité ~ne*** Marseille
phonétique [fɔnetik] **I** *adj* phonetisch; Laut(schrift)…; ***alphabet ~ international*** Internationale Lautschrift; **II** *f* Phonetik *f*; Lautlehre *f*
phonographe [fɔnɔgʀaf] *m* Grammophon® *n*
phoque [fɔk] *m* Seehund *m*; Robbe *f*; *fig* ***souffler comme un ~*** schnauben wie ein Walross
phosphate [fɔsfat] *m* Phosphat *n*
phosphaté [fɔsfate] *adj* ⟨~e⟩ phosphathaltig; ***engrais ~*** Phosphatdünger *m*
phosphore [fɔsfɔʀ] *m* Phosphor *m*
phosphorer [fɔsfɔʀe] *v/i* F arbeiten, dass einem der Kopf raucht
phosphorescent [fɔsfɔʀɛsɑ̃] *adj* ⟨-ente [-ɑ̃t]⟩ phosphoreszierend
▸ **photo** [fɔto] *f* **1** *image* Foto *n*; Aufnahme *f*; Bild *n*; ***~ d'identité*** Passbild *n*, -foto *n*; ***~ en couleurs*** Farbfoto *n*; ***faire, prendre une ~*** ein Foto, e-e Aufnahme machen; ***prendre en ~*** aufnehmen; **2** *art* ***la ~*** die Fotografie; das Fotografieren
photocomposition *f* Licht-, Foto-, Filmsatz *m*
photocop|ie [fɔtɔkɔpi] *f* Fotokopie *f*; **~ier** [-je] *v/t* fotokopieren; **~ieur** [-jœʀ] *m ou* **~ieuse** [-jøz] *f* Fotokopiergerät *n*; F Kopierer *m*
photo-électrique *adj* ***cellule f ~*** Photozelle *f*
photo-finish *f* ⟨photos-finish⟩ Zielfoto(grafie) *n(f)*
photogénique *adj* fotogen
▸ **photograph|e** [fɔtɔgʀaf] *m,f* Fotograf(in) *m(f)*; **~ie** [-i] *f* Fotografie *f*
▸ **photograph|ier** [fɔtɔgʀafje] *v/t* fotografieren; aufnehmen; F knipsen; **~ique** [-ik] *adj* fotografisch; Foto…
photo|montage *m* Fotomontage *f*; **~synthèse** *f* Photosynthese *f*
photothèque [fɔtɔtɛk] *f* Bildarchiv *n*; Fotothek *f*
phrase [fʀɑz] *f* **1** GR Satz *m*; **2** *péj* **~s** *pl* Phrasen *f/pl*; **3** MUS Phrase *f*
phraséologie [fʀazeɔlɔʒi] *f* **1** LING Phraseologie *f*; **2** *péj* Phrasen *f/pl*
phras|eur [fʀɑzœʀ] *m*, **~euse** [-øz] *f péj* Phrasendrescher(in) *m(f)*
phréatique [fʀeatik] *adj* ***nappe f ~*** Grundwasser(spiegel) *n(m)*
phrygien [fʀiʒjɛ̃] *adj* ⟨-ienne [-jɛn]⟩ ***bonnet ~*** Jakobinermütze *f*
phtisie [ftizi] *f* (Lungen)Schwindsucht *f*
phylloxéra [filɔkseʀa] *m* Reblaus(befall) *f(m)*
physalis [fizalis] *m* Lampionblume *f*; Physalis *f*
physic|ien [fizisjɛ̃] *m*, **~ienne** [-jɛn] *f* Physiker(in) *m(f)*
physiolog|ie [fizjɔlɔʒi] *f* Physiologie *f*; **~ique** [-ik] *adj* **1** physiologisch; **2** (*opposé à psychique*) physisch
physionomie [fizjɔnɔmi] *f* Physiognomie *f*, Gesicht *n* (*a fig de qc*)
physionomiste [fizjɔnɔmist] *adj* ***être ~*** ein gutes Personengedächtnis haben
physiothérapie [fizjoteʀapi] *f* Physiotherapie *f*
▸ **physique**[1] [fizik] *f* Physik *f*
physique[2] *m* **1** (*aspect de qn*) Äußere(s) *n*; äußere Erscheinung; **2** ***le ~*** das Körperliche; ***au ~*** (***et au moral***) körperlich (und seelisch)
▸ **physique**[3] *adj* **1** (*de la nature matérielle*) physikalisch; **2** (*du corps humain*) körperlich; physisch; ***amour m ~*** körperliche, sinnliche Liebe; **3** JUR ***personne f ~*** natürliche Person
physiquement [fizikmɑ̃] *adv* **1** körperlich; physisch; **2** ***il est bien ~*** er sieht gut aus
phytothérapie [fitoteʀapi] *f* Pflanzenheilkunde *f*
piaf [pjaf] F *m* Spatz *m*
piaffer [pjafe] *v/i* **1** *cheval* mit den Vorderhufen scharren, stampfen; **2** *fig* ***~ d'impatience*** ungeduldig von e-m Fuß auf den anderen treten
piailler [pjaje] *v/i* **1** *oiseaux* piep(s)en; **2** F *enfants* kreischen
pianiste [pjanist] *m,f* Pianist(in) *m(f)*;

P

Klavierspieler(in) *m(f)* (*a amateur*)
▸**piano** [pjano] **I** *m* ~ (**droit**) Klavier *n*; ~ **à queue** Flügel *m*; **II** *adv* **1** MUS piano; **2** F **allez-y ~!** F sachte, sachte!
pianoter [pjanɔte] *v/i* **1** *péj* (auf dem Klavier) klimpern; **2** *fig* ~ **sur** (mit den Fingern) trommeln auf (+ *acc*)
piaule [pjol] *f* F (*chambre*) F Bude *f*
piauler [pjole] *v/i* **1** *petits oiseaux* piep(s)en; **2** F *jeunes enfants* plärren
P.I.B. [peibe] *m* ⟨*inv*⟩ *abr* (*produit intérieur brut*) Bruttoinlandsprodukt *n*
pic[1] [pik] *m* **1** *outil* Spitzhacke *f*; Pickel *m*; **2** *montagne* Bergspitze *f*; **3** *fig d'une courbe* Spitze(nwert) *f(m)*; **4** ZO Specht *m*
pic[2] *adv* **à ~ 1** senkrecht; steil; jäh; **couler à ~** sofort, wie ein Stein untergehen; **2** F **tomber à ~** gerade richtig, F wie gerufen kommen
picaillons [pikajõ] *m/pl* F → **fric**
pichenette [piʃnɛt] *f* → **chiquenaude**
pichet [piʃɛ] *m* Krug *m*; Kanne *f*
pickpocket [pikpɔkɛt] *m* Taschendieb *m*
pick-up [pikœp] *m* ⟨*inv*⟩ Tonabnehmer(system) *m(n)*; Pick-up *m*
picoler [pikɔle] *v/i* F (gern) picheln
picorer [pikɔʀe] *v/i* **1** *poules* picken; **2** F *fig* ohne Appetit essen
picotement [pikɔtmɑ̃] *m* Kribbeln *n*
picoter [pikɔte] *v/t* **1** kribbeln; *fumée* ~ **les yeux** in den Augen beißen; **2** *poules* (an-, auf)picken
picotin [pikɔtɛ̃] *m* Haferration *f*
pictogramme [piktɔgʀam] *m* Piktogramm *n*; Bildzeichen *n*
pictural [piktyʀal] *adj* ⟨~e; -aux [-o]⟩ PEINT Mal…
pie[1] [pi] **I** *f* **1** ZO Elster *f*; **2** F *fig* Schwatzbase *f*; **II** *adj* ⟨*inv*⟩ *cheval, bovin* gescheckt; scheckig
pie[2] *adj f* **œuvre ~** frommes Werk
▸**pièce** [pjɛs] *f* **1** (*unité*) Stück *n*; **pièce d'orfèvrerie** Goldschmiedearbeit *f*; *maillot de bain* **une pièce, deux pièces** ein-, zweiteilig; **à la pièce** stückweise; einzeln; **aux pièces** im Akkord; im Stücklohn; Akkord…; **cela coûte cinq euros pièce** das kostet fünf Euro pro Stück; *fig* **inventer de toutes pièces** völlig frei erfinden; **2** *d'un tout, a* TECH Teil *n*; Stück *n*; ▸**pièce de rechange** Ersatzteil *n*; *service* **de douze pièces** zwölfteilig; **mettre en pièces** in Stücke, Fetzen reißen; **3** *d'habitation* (Wohn)Raum *m*; Zimmer *n*; **un appartement de deux pièces** e-e Zweizimmerwohnung; → *Info bei* **Zimmer**; **4** (*document*) Akte *f*; Beleg *m*; Unterlage *f*; Schriftstück *n*; ▸**pièce d'identité** Ausweis(papier) *m(n)*; **juger sur pièces** aufgrund der Akten entscheiden; **5** ▸**pièce** (**de théâtre**) (Theater)Stück *n*; **6** **pièce** (**de monnaie**) Geldstück *n*; Münze *f*; **pièce de deux euros** Zweieurostück *n*; *fig* **donner la pièce à qn** j-m ein Trinkgeld geben; **7** COUT Flicken *m*; **8** **pièce** (**d'artillerie**) Geschütz *n*; **9** **pièce d'eau** Bassin *n*; Wasserbecken *n*; **10** ÉCHECS (Schach-)Figur *f*; **11** **pièce montée** *pyramidenförmiger Kuchen (aus Windbeuteln)*
piécette [pjesɛt] *f* kleine Münze
▸**pied** [pje] *m* **1** Fuß *m*; **à ~** zu Fuß; *fig* **au ~ levé** unvorbereitet; aus dem Stegreif; F **comme un ~** sehr schlecht; miserabel; **des ~s à la tête** von Kopf bis Fuß; **attendre qn, qc de ~ ferme** j-m, e-r Sache gelassen, furchtlos entgegensehen; **sur le ~ de guerre** *armée* kampfbereit; *fig* gerüstet; gut vorbereitet; *dans l'eau* **avoir ~** Grund haben; stehen können; **avoir bon ~ bon œil** noch sehr rüstig sein; *fig* **avoir les ~s sur terre** mit beiden Beinen (fest) auf der Erde stehen; **faire du ~ à qn** mit j-m füßeln; F *fig* **cela lui fera les ~s** das wird ihm e-e Lehre sein; *fig* **faire des ~s et des mains** Himmel und Hölle, alle Hebel in Bewegung setzen; **lâcher ~** zurückweichen; *fig* es aufgeben; *fig* **mettre les ~s dans le plat** ins Fettnäpfchen treten; **mettre ~ à terre** vom Pferd steigen; absitzen; *fig* **mettre à ~** entlassen; *fig* **mettre sur ~** aufbauen; ins Leben rufen; *armée* aufstellen; **perdre ~** *dans l'eau* keinen Grund mehr haben; *fig* den Boden unter den Füßen verlieren; *fig* **remettre sur ~** wieder auf die Beine bringen; *fig* **ne pas savoir sur quel ~ danser** nicht wissen, woran man ist; *fig* **vivre sur un grand ~** auf großem Fuß leben; **2** *d'un animal* Fuß *m*; CUIS **~s de porc, de veau** Schweins-, Kalbsfüße *m/pl*; **3** *d'un meuble* Bein *n*; *d'une lampe, etc* Fuß *m*; PHOT Stativ *n*; **verre m à ~** Stielglas *n*; **4** (*partie basse*) Fuß

P

m; *d'un lit* Fußende *n*; ***au ~ de*** am Fuß (+ *gén*); *fig* ***mettre qn au ~ du mur*** j-n in die Enge treiben; ***être à ~ d'œuvre*** an Ort und Stelle sein; **5** ***~ de salade*** Salatpflanze *f*; ***~ de vigne*** Wein-, Rebstock *m*; *récolte* ***vendre sur ~*** auf dem Halm verkaufen; **6** *ancienne mesure* Fuß *m*; *fig* ***faire un ~ de nez à qn*** j-m e-e lange Nase machen; **7** F ***c'est le ~*** F das ist einfach Klasse, ganz toll; F ***prendre son ~*** s-n Spaß daran haben

pied-à-terre [pjetatɛʀ] *m* ⟨*inv*⟩ Zweitwohnung *f*; Bleibe *f*

pied-de-biche [pjedbiʃ] *m* ⟨pieds-de-biche⟩ **1** TECH Geißfuß *m*; **2** COUT (Näh)Fuß *m*

pied-de-poule [pjedpul] *m* ⟨pieds-de-poule⟩ (Stoff *m* mit) Hahnentritt(muster) *m*(*n*); Pepita *m ou n*

piédestal [pjedɛstal] *m* ⟨-aux [-o]⟩ Postament *n*; Piedestal *n*; Sockel *m*; *fig* ***mettre qn sur un ~*** F j-n anhimmeln

pied-noir *m,f* ⟨pieds-noirs⟩ Algerienfranzose *m*, -französin *f*

piège [pjɛʒ] *m* **1** Falle *f* (*a fig*); ***être pris au ~*** in die Falle gehen; *fig* ***tendre un ~ à qn*** j-m e-e Falle stellen; **2** *adjt* ***question f ~*** Fangfrage *f*

piégé [pjeʒe] *adj* ⟨~e⟩ ***lettre, voiture ~e*** Brief-, Autobombe *f*

piéger [pjeʒe] *v/t* ⟨-è-, -ge-⟩ **1** *animaux* mit e-r Falle fangen; **2** *fig* ***~ qn*** j-m e-e Falle stellen; ***se faire ~*** in die Falle gehen

piercing [pəʀsiŋ] *m* Piercing [-siŋ] *n*

piéride [pjeʀid] *f* Kohlweißling *m*

pierraille [pjɛʀaj] *f* grober Kies

▸**pierre** [pjɛʀ] *f* **1** Stein *m*; ***la première ~*** der Grundstein (*a fig*); ***~ de taille*** Quader(stein) *m*; Haustein *m*; *fig* ***cœur m de ~*** Herz *n* aus Stein; *fig* ***faire d'une ~ deux coups*** zwei Fliegen mit einer Klappe schlagen; **2** ***~ (précieuse)*** (Edel)Stein *m*

Pierre [pjɛʀ] *m* Peter *m*; *saint* Petrus *m*

pierreries [pjɛʀʀi] *f/pl* Edelsteine *m/pl*

pierreux [pjɛʀø] *adj* ⟨-euse [-øz]⟩ steinig

pierrot [pjɛʀo] *m* **1** ZO Spatz *m*; **2** THÉ Pierrot *m*

piétaille [pjetaj] *f iron* Fußvolk *n*

piété [pjete] *f* **1** Frömmigkeit *f*; **2** *st/s* (*respect*) Pietät *f*; ***~ filiale*** *st/s* Kindesliebe *f*

piétiner [pjetine] **I** *v/t* zertrampeln; zertreten; niedertrampeln (*a qn*); **II** *v/i* kaum von der Stelle kommen; *fig* auf der Stelle treten

▸**piéton** [pjetõ] **I** *m* Fußgänger *m*; **II** *adj* ⟨-onne [-ɔn]⟩ Fußgänger…; ▸ ***zone piétonne, rue(s) piétonne(s)*** Fußgängerzone *f*

piétonnier [pjetɔnje] *adj* ⟨-ière [-jɛʀ]⟩ Fußgänger…

piètre [pjɛtʀ(ə)] *adj* miserabel; armselig; ***~ consolation*** *f* schwacher Trost

pieu [pjø] *m* ⟨~x⟩ **1** Pfahl *m*; Pfosten *m*; Pflock *m*; **2** F (*litt*) F Falle *f*; F Klappe *f*

pieuter [pjøte] *v/pr* F ***se ~*** F sich in die Falle hauen

pieuvre [pjœvʀ(ə)] *f* Krake *m*

pieux [pjø] *adj* ⟨pieuse [pjøz]⟩ **1** fromm; *fig* ***~ mensonge*** fromme Lüge; Notlüge *f*; **2** (*respectueux*) pietät-, liebevoll

pif [pif] *m* F (*nez*) F Zinken *m*

pifomètre [pifɔmɛtʀ(ə)] *m* F ***au ~*** nach Augenmaß; über den Daumen gepeilt

pige [piʒ] *f* **1** *journaliste* ***être payé à la ~*** ein Zeilenhonorar bekommen; **2** *arg* (*année d'âge*) Jahr *n*

▸**pigeon** [piʒõ] *m* **1** ZO Taube *f*; **2** *fig* ***le ~*** der Dumme, Geprellte

pigeonnant [piʒɔnɑ̃] *adj* ⟨-ante [-ɑ̃t]⟩ ***soutien-gorge ~*** Stütz-BH *m*

pigeonnier [piʒɔnje] *m* Taubenschlag *m*, -haus *n*

piger [piʒe] *v/t* ⟨-ge-⟩ F kapieren

pigiste [piʒist] *m* nach Zeilen bezahlter Journalist

pigment [pigmɑ̃] *m* Pigment *n*

pigmentation [pigmɑ̃tasjõ] *f* Pigmentierung *f*

pignon [piɲõ] *m* **1** ARCH Giebel *m*; *fig* ***avoir ~ sur rue*** wohlhabend, gut situiert sein; **2** TECH (Getriebe)Zahnrad *n*; Ritzel *n*; **3** BOT Pinienkern *m*

pilaf [pilaf] *m* (***riz*** *m*) ~ Pilau *ou* Pilaw *m*

pilastre [pilastʀ(ə)] *m* Pilaster *m*; Wandpfeiler *m*

pile¹ [pil] *f* **1** (*tas*) Stapel *m*; Stoß *m*; **2** *d'un pont* Brückenpfeiler *m*; **3** ***~ (électrique)*** Batterie *f*; **4** *d'une pièce de monnaie* ***côté m ~*** Rück-, Schriftseite *f*; ***~ ou face?*** Kopf oder Zahl?

pile² F *adv* ***s'arrêter ~*** F mit einem Schlag stehen bleiben; ***ça tombe ~*** das kommt wie gerufen; ***à deux heures ~*** Punkt zwei Uhr

P

piler [pile] *v/t* **1** (*broyer*) zerstampfen; zerstoßen; zerkleinern; **2** F (*s'arrêter pile*) F mit einem Schlag anhalten
pileux [pilø] *adj* ⟨-euse [-øz]⟩ Haar…; ***système ~*** Behaarung *f*
pilier [pilje] *m* **1** ARCH Pfeiler *m* (*a fig*); **2** *péj de qn* ***c'est un ~ de bistrot*** er hockt immer in der Kneipe; **3** RUGBY Stürmer *m* der ersten Reihe
pill|age [pijaʒ] *m* Plünderung *f*; **~ard** [-aʀ] *m* Plünderer *m*; **~er** [-e] *v/t* (aus)plündern; **~eur** [-œʀ] *m* Plünderer *m*
pilon [pilõ] *m* **1** Stößel *m*; CUIS Stampfer *m*; TYPO ***mettre au ~*** einstampfen; **2** CUIS *d'un poulet* Unterschenkel *m*
pilonner [pilɔne] *v/t* MIL unter Trommelfeuer nehmen; AVIAT pausenlos bombardieren
pilori [pilɔʀi] *m* HIST Pranger *m*
pilosité [pilozite] *f* Behaarung *f*
pilotage [pilɔtaʒ] *m* **1** AVIAT, AUTO Führung *f*; Steuerung *f*; ***~ sans visibilité*** Blindflug *m*; **2** MAR Lotsen(dienst) *n*(*m*)
pilote [pilɔt] *m* **1** AVIAT Pilot *m*; Flugzeugführer *m*; ***~ automatique*** Autopilot *m*; ***~ de chasse*** Jagdflieger *m*; ***~ de ligne*** Pilot e-r Linienmaschine; **2** MAR Lotse *m*; **3** *d'une voiture de course* (Renn)Fahrer *m*; Pilot *m*; **4** *adjt* Modell…; Muster…; Versuchs…; Pilot…
piloter [pilɔte] *v/t* **1** *avion* fliegen; steuern; *voiture* fahren; lenken; **2** *fig qn* führen; lotsen
pilotis [pilɔti] *m* Pfahl(werk) *m*(*n*); ***maisons*** *f/pl* ***sur ~*** Pfahlbauten *m/pl*
▸ **pilule** [pilyl] *f* Pille *f*; *fig* ***dorer la ~ à qn*** j-m die bittere Pille versüßen; ***elle prend la ~*** sie nimmt die Pille
pimbêche [pɛ̃bɛʃ] *f* eingebildete Person, F Pute
piment [pimɑ̃] *m* **1** **~** (***rouge***) Chili *m*; Peperoni *f*; ***~ doux*** Paprika(schote) *m*(*f*); **2** *fig* Würze *f*
pimenter [pimɑ̃te] *v/t* **1** scharf würzen; **2** *fig* Würze verleihen (+ *dat*)
pimpant [pɛ̃pɑ̃] *adj* ⟨-ante [-ɑ̃t]⟩ adrett; fesch
pin [pɛ̃] *m* Kiefer *f*
pinacle [pinakl(ə)] *m* ARCH Fiale *f*; *fig* ***porter qn au ~*** j-n überschwänglich loben
pinailler [pinaje] F *v/i* kleinlich, F pingelig sein; ***~ sur qc*** F an etw (*dat*) herumnörgeln
pinard [pinaʀ] F *m* Wein *m*
pince [pɛ̃s] *f* **1** *outil* Zange *f*; ***~ universelle*** Kombizange *f*; ***~ à épiler*** Pinzette *f*; **2** *pour serrer* Klemme *f*; Klammer *f*; ***~ à cheveux*** Haarklemme *f*, -klammer *f*; ***~ à linge*** Wäscheklammer *f*; **3** *des crabes, etc* Schere *f*; **4** COUT Abnäher *m*; **5** F (*main*) ***serrer la ~ à qn*** F j-m die Flosse schütteln; **6** F (*pied*) ***à ~s*** F per pedes
pincé [pɛ̃se] *adj* ⟨**~e**⟩ *air* verkniffen; *sourire* gezwungen
pinceau [pɛ̃so] *m* ⟨**~x**⟩ **1** Pinsel *m*; **2** ***~x*** F (*pieds*) F Quanten *pl*
pincée [pɛ̃se] *f* ***une ~ de sel*** e-e Prise Salz
pincement [pɛ̃smɑ̃] *m fig* ***~ au cœur*** Stich *m* ins Herz
pince|-monseigneur *f* ⟨pinces-monseigneur⟩ Brecheisen *n*, -stange *f*; **~-nez** *m* ⟨*inv*⟩ Kneifer *m*; Zwicker *m*
pincer [pɛ̃se] ⟨-ç-⟩ **I** *v/t* **1** kneifen, zwicken (***qn*** j-n; ***qc à qn*** j-n in etw [*acc*]); **2** *lèvres* zusammenkneifen, -pressen; **3** MUS *cordes* zupfen; **4** F *fig malfaiteur* F erwischen; F schnappen; **5** *fig du froid* beißen; F ***ça pince dur*** es ist bitter, grimmig kalt; **II** *v/i* F ***en ~ pour qn*** F in j-n verknallt sein; **III** *v/pr* ***se ~ le doigt*** sich den Finger (ein-)klemmen
pince-sans-rire *m,f* ⟨*inv*⟩ ***c'est un(e) ~*** er *ou* sie hat e-n trockenen Humor
pincettes [pɛ̃sɛt] *f/pl* Feuerzange *f*; *fig* ***il n'est pas à prendre avec des ~*** er ist (heute) mit Vorsicht zu genießen
pinçon [pɛ̃sõ] *m* roter Fleck (*vom Kneifen*)
pinède [pinɛd] *f* Kiefern-, Pinienwald *m*
pingouin [pɛ̃gwɛ̃] *m* Alk *m*; (*manchot*) Pinguin *m*
ping-pong [piŋpõg] *m* ⟨*inv*⟩ Tischtennis *n*
pingre [pɛ̃gʀ(ə)] *adj* knaus(e)rig
pin-pon [pɛ̃põ] *int* ***~! ~!*** tatütata!
pin's [pins] *m* (Ansteck)Abzeichen *n*
pinson [pɛ̃sõ] *m* Buchfink *m*; *fig* ***gai comme un ~*** F quietschvergnügt
pintade [pɛ̃tad] *f* Perlhuhn *n*
pinte [pɛ̃t] *f* Schoppen *m*
pin-up [pinœp] *f* ⟨*inv*⟩ Pin-up-Girl *n*
pioche [pjɔʃ] *f* Hacke *f*

piocher [pjɔʃe] **I** *v/t terre* (auf-, um)hacken; **II** *v/i* JEUX e-n Stein *ou* e-e Karte vom Haufen nehmen; *fig* **~ *dans le tas*** aufs Geratewohl eine(n, -s) herausgreifen

piolet [pjɔlɛ] *m* Eispickel *m*

pion [pjõ] *m* **1** (*f* ***pionne*** [pjɔn]) F ÉCOLE Aufsichtführende(r) *f(m)*; **2** ÉCHECS Bauer *m*; **3** DAMES Stein *m*

pioncer [pjõse] *v/i* ⟨-ç-⟩ F pennen

pionn|ier [pjɔnje] *m*, **~ière** [-jɛʀ] *f* **1** HIST (*colon*) Kolonist(in) *m(f)*; **2** *fig* Pionier(in) *m(f)*

►**pipe** [pip] *f* (Tabaks)Pfeife *f*; F *fig* ***casser sa ~*** P ins Gras beißen

pipeau [pipo] *m* ⟨~x⟩ Hirtenflöte *f*

pipelette [piplɛt] *f* F Klatschbase *f*

pipeline [pajplajn, piplin] *m* Pipeline *f*

piper [pipe] *v/t* **1** ***ne pas ~*** (***mot***) kein Wort sagen; **2** *cartes* zinken; *dés* fälschen

piperade [pipeʀad] *f Omelett mit Paprika u Tomaten*

pipette [pipɛt] *f* Pipette *f*; Stechheber *m*

pipi [pipi] *m enf ou* F Pipi *n*; F ***la dame ~*** F die Klofrau; ***faire ~*** *enf* Pipi machen; *par ext* F pinkeln

piquant [pikã] **I** *adj* ⟨-ante [-ãt]⟩ **1** *plante, barbe* stach(e)lig; **2** *froid* schneidend; **3** ***sauce ~e*** pikante Soße; **II** *m* **1** BIOL Stachel *m*; **2** *litt* ***le ~*** das Pikante (***de l'affaire*** an der Sache)

pique[1] [pik] *f* **1** *arme* Pike *f*; Spieß *m*; Lanze *f*; **2** *fig* ***envoyer, lancer des ~s à qn*** gegen j-n sticheln

pique[2] *m aux cartes* Pik *n*; Schippen *n*

piqué [pike] **I** *adj* ⟨~e⟩ **1** COUT (ab)gesteppt; **2** *miroir* fleckig; *livre* stockfleckig; **~** (***des vers***) wurmstichig; **3** CUIS **~ *d'ail*** mit Knoblauch gespickt; **4** F *fig* (*fou*) ***être un peu ~*** F e-n leichten Stich haben; **II** *m* **1** TEXT Pikee *m*; **2** AVIAT ***en ~*** im Sturzflug

pique-assiette *m,f* ⟨*inv*⟩ Schmarotzer *m*; F Nassauer *m*

pique-niqu|e [piknik] *m* ⟨pique-niques⟩ Picknick *n*; **~er** [-e] *v/i* picknicken; Picknick machen

►**piquer** [pike] **I** *v/t* **1** *avec une aiguille, etc* stechen; F pik(s)en; *olives, viande* aufspießen; *épingles, fleurs* **~ *dans qc*** in etw (*acc*) stecken; **2** MÉD e-e Spritze geben (***qn*** j-m); spritzen; *par ext* ***faire ~ son chien*** s-n Hund einschläfern lassen; **3** *guêpe, épines, etc: qn ou abs* stechen; *serpent, puce* beißen; *orties* brennen; *barbe* kratzen; **4** *par ext fumée* beißen (***les yeux*** in den Augen); *froid* schneiden (***le visage*** ins Gesicht); **5** COUT (ab)steppen; **6** *fig curiosité de qn* wecken; **7** F *colère, etc* F plötzlich kriegen; F **~ *un cent mètres*** F losspurten; **8** F *fig* (*voler*) F klauen; **9** F *fig voleur* F schnappen; **II** *v/i* **10** *avion* **~** (***du nez***) im Sturzflug niedergehen; **III** *v/pr* **11** ***se ~ le doigt*** sich in den Finger stechen; **12** *diabétique, drogué* ***se ~*** sich spritzen; **13** *fig personne* ***se ~ de qc*** sich etwas auf etw (*acc*) einbilden

piquet [pikɛ] *m* **1** Pflock *m*; **~ *de tente*** Hering *m*; **2** **~ *de grève*** Streikposten *m/pl*; **3** *élève* ***il est au ~*** er muss in der Ecke stehen

piqueté [pikte] *adj* ⟨~e⟩ **~ *de*** übersät mit

piquette [pikɛt] *f* F (*vin acide*) F Rachenputzer *m*; Krätzer *m*

►**piqûre** [pikyʀ] *f* **1** *d'insecte* Stich *m*; *d'ortie* Brennen *n*; **~ *de moustique*** Mückenstich *m*; **~ *de serpent*** Schlangenbiss *m*; **2** MÉD Spritze *f*; Injektion *f*; ***faire une ~ à qn*** j-m e-e Spritze geben; **3** COUT Steppnaht *f*

piranha [piʀana] *m* Piranha *m*

piratage [piʀataʒ] *m* Raubkopieren *n*

pirate [piʀat] *m* **1** Seeräuber *m*; Pirat *m*; **~ *de l'air*** Luftpirat *m*; Flugzeugentführer *m*; **2** *de logiciels, cassettes* Raubkopierer *m*; INFORM Hacker *m*; **3** *adjt* ***radio f ~*** Piratensender *m*

pirater [piʀate] *v/t* raubkopieren

piraterie [piʀatʀi] *f* Seeräuberei *f*; Piraterie *f* (*a* COMM)

►**pire** [piʀ] **I** *adj* **1** ⟨*comp von* mauvais⟩ schlimmer; **2** ⟨*sup von* mauvais⟩ ***le, la ~*** der, die, das schlimmste; **II** *subst* ***le ~*** das Schlimmste

pirogue [piʀɔg] *f* Piroge *f*; Einbaum *m*

pirouette [piʀwɛt] *f* Drehung *f* um sich selbst; DANSE, SPORTS Pirouette *f*; F *fig* ***répondre par des ~s*** e-r Frage mit ein paar Scherzen ausweichen

pis[1] [pi] *m* Euter *n*

pis[2] *adv* **1** ⟨*comp von* mal⟩ schlimmer; ***de mal en ~*** zunehmend, immer schlechter; **2** ⟨*sup von* mal⟩ ***au ~ aller*** im schlimmsten Fall

P

pis-aller [pizale] *m* ⟨*inv*⟩ Notlösung *f*; (Not)Behelf *m*
pisciculture [pisikyltyʀ] *f* Fischzucht *f*
▸ **piscine** [pisin] *f* Schwimmbad *n*; (*bassin*) Schwimmbecken *n*; *privée* Swimmingpool *m*; **~ couverte** Hallen(schwimm)bad *n*; **~ en plein air** Freibad *n*
pisé [pize] *m* **maison** *f* **en ~** Lehmhaus *n*
pissaladière [pisaladjɛʀ] *f provenzalische Pizza*
pisse [pis] *f* P Pisse *f*; **~-froid** F *m* ⟨*inv*⟩ F Sauertopf *m*
pissenlit [pisɑ̃li] *m* Löwenzahn *m*; F *fig* **manger les ~s par la racine** F (sich) die Radieschen von unten ansehen
pisser [pise] *v/i* **1** P (*uriner*) P pissen; P schiffen; F pinkeln; **2** F *fig robinet* spritzen
pisseux [pisø] *adj* ⟨-euse [-øz]⟩ **1** F nach Urin stinkend; **2** *couleur* vergilbt
pissotière [pisɔtjɛʀ] F *f* Pissoir *n*
pistache [pistaʃ] *f* **1** Pistazie *f*; **2** *adjt* (**vert**) **~** ⟨*inv*⟩ pistaziengrün
piste [pist] *f* **1** (*trace*) Spur *f*, Fährte *f* (*a fig*); **2** *dans le désert* Piste *f*; *dans la jungle* (Trampel)Pfad *m*; **~ cyclable** Rad(fahr)weg *m*; **3** AVIAT Rollbahn *f*; Piste *f*; **~ d'atterrissage** Landebahn *f*; **4** SPORTS (Renn)Bahn *f*; SKI, CYCLISME *a* Piste *f*; **~ (de ski) de fond** (Langlauf)Loipe *f*; **5 ~ de danse** Tanzfläche *f*; **6** CIRQUE Manege *f*; Arena *f*; **7** TECH Spur *f*; *d'une carte bancaire* **~ magnétique** Magnetstreifen *m*
pister [piste] *v/t* **~ qn** die Spur j-s verfolgen
pistil [pistil] *m* BOT Stempel *m*
pistolet [pistɔlɛ] *m* **1** *arme* Pistole *f*; **2** TECH Spritzpistole *f*; **peindre au ~** spritzen; spritzlackieren
pistolet-mitrailleur *m* ⟨pistolets-mitrailleurs⟩ Maschinenpistole *f*
piston [pistõ] *m* **1** TECH Kolben *m*; **2** *fig* (gute) Beziehungen *f/pl*; F Vitamin B *n*
pistonner [pistɔne] *v/t* protegieren; **se faire ~** s-e Beziehungen spielen lassen
pistou [pistu] *m* **au ~** mit Basilikum
pitance [pitɑ̃s] *f* **maigre ~** schmale Kost
pitbull [pitbyl, -bul] *m* ZO Pitbull *m*
piteux [pitø] *adj* ⟨-euse [-øz]⟩ erbärmlich; jämmerlich; kläglich
pithiviers [pitivje] *m mit Mandelcreme gefüllter Blätterteigkuchen*

▸ **pitié** [pitje] *f* Mitleid *n*; Erbarmen *n*; **par ~!** ich bitte Sie!; **sans ~** erbarmungslos; **avoir ~ de qn** Mitleid mit j-m haben; **il me fait ~** er tut mir Leid; *péj* **à faire ~** zum Erbarmen
piton [pitõ] *m* **1** *clou* Felshaken *m*; **~ (à vis)** Ringschraube *f*; Schraubhaken *m*; **2** *rocheux* Bergspitze *f*
pitoyable [pitwajabl(ə)] *adj* **1** Mitleid erregend; erbarmenswert; **2** *péj* erbärmlich; jämmerlich; kläglich
pitre [pitʀ(ə)] *m* Hanswurst *m*
pitreries [pitʀəʀi] *f/pl* Hanswurstiaden *f/pl*; dumme Späße *m/pl*; Possen *m/pl*
pittoresque [pitɔʀɛsk] *adj* **1** *site* malerisch; pittoresk; *personnage* originell; **2** *langage* bilderreich; *style* bildhaft
pivert [pivɛʀ] *m* Grünspecht *m*
pivoine [pivwan] *f* Pfingstrose *f*
pivot [pivo] *m* **1** TECH Zapfen *m*; **2** *fig* (Dreh- und) Angelpunkt *m*; **3 dent** *f* **à, sur ~** Stiftzahn *m*
pivotant [pivɔtɑ̃] *adj* ⟨-ante [-ɑ̃t]⟩ Dreh…; **fauteuil ~** Drehsessel *m*
pivoter [pivɔte] *v/i* sich drehen; **~ sur ses talons** sich auf dem Absatz umdrehen
pixel [piksɛl] *m* Bild-, Rasterpunkt *m*
pizza [pidza] *f* Pizza *f*
pizzeria [pidzeʀja] *f* Pizzeria *f*
P.J. [peʒi] *f* F *abr* (*police judiciaire*) Kripo *f*
placage [plakaʒ] *m en bois* Furnier *n*
▸ **placard** [plakaʀ] *m* **1** Wandschrank *m*; **2 ~ publicitaire** Großanzeige *f*
placarder [plakaʀde] *v/t* anschlagen
▸ **place** [plas] *f* **1** Platz *m*; Raum *m*; Stelle *f*; **place (pour se garer)** Parkplatz *m*; **à la place** stattdessen; dafür; **à ta place** an deiner Stelle; **à la place de** anstelle von (*ou* + *gén*); (an)statt (+ *gén*, F + *dat*); **mettre en place** *service d'ordre* aufstellen; **se mettre à la place de qn** sich in die Lage, an die Stelle j-s versetzen; **prendre, tenir beaucoup de place** viel Platz, Raum einnehmen; **se rendre sur place** sich an Ort und Stelle begeben; **2** (*siège*) (Sitz)Platz *m*; Sitz *m*; THÉ *a* Karte *f*; CH DE FER **louer, réserver sa place** e-e Platzkarte kaufen; ▸ **prendre place** Platz nehmen; **ne pas rester, tenir en place** ständig in Bewegung sein; F kein Sitzfleisch haben; **3** (*emploi*) Stelle *f*; An-

P

stellung *f*; Posten *m*; **4** (*rang*) Platz *m*; Rang *m*; *fig* ***remettre qn à sa place*** j-n in s-e Schranken (ver)weisen, zurechtweisen; **5** *lieu public* Platz *m*; ***place du marché*** Marktplatz *m*; **6** MIL ***place forte*** Festung *f*; **7** FIN Börsenplatz *m*

placé [plase] *adj* ⟨~e⟩ ***être bien, mal ~*** e-n guten, schlechten Platz haben; *fig* ***il est bien ~ pour le savoir*** er muss es doch schließlich wissen

placebo [plasebo] *m* Placebo *n*

placement [plasmɑ̃] *m* **1** FIN (Geld-, Kapital)Anlage *f*; **2** *de demandeurs d'emploi, etc* Unterbringung *f*

placenta [plasɛ̃ta] *m* Plazenta *f*; Mutterkuchen *m*

▸ **placer** [plase] ⟨-ç-⟩ **I** *v/t* **1** *objet* (hin-) stellen, (-)legen, (-)setzen; ***~ qn*** *au cinéma* j-m s-n Platz anweisen; *à table* j-n setzen, platzieren; **2** *remarque, anecdote* anbringen; ***ne pas*** (***pouvoir***) ***~ un mot*** nicht zu Wort kommen; **3** *demandeur d'emploi, enfant, malade* unterbringen; **4** *argent* anlegen; **II** *v/pr* **5** ***se ~*** Platz nehmen; *fig* ***se ~ à un certain point de vue*** sich auf e-n bestimmten Standpunkt stellen; **6** SPORTS ***se ~ deuxième*** sich als Zweiter platzieren

placide [plasid] *adj* ruhig; gelassen

▸ **plafond** [plafõ] *m* **1** *d'une pièce* (Zimmer)Decke *f*; ***faux ~*** Zwischendecke *f*; **2** AVIAT Gipfelhöhe *f*; größte Steighöhe; **3** *limite* Höchst-, Obergrenze *f*; Limit *n*; *de la Sécurité sociale* Beitragsbemessungsgrenze *f*

plafonner [plafɔne] *v/i* **1** *avion* die größte Steighöhe, *voiture* die Höchstgeschwindigkeit erreichen; **2** *production, salaires* die Höchstgrenze erreichen (***à*** bei)

plafonnier [plafɔnje] *m* Deckenlampe *f*

▸ **plage** [plaʒ] *f* **1** (*rivage*) (Bade)Strand *m*; ***~ de sable*** Sandstrand *m*; **2** (*station balnéaire*) Seebad *n*; **3** ***~ arrière*** AUTO Ablagefläche *f* hinter dem Rücksitz; MAR Achterdeck *n*; **4** (*durée limitée*) Zeit(spanne) *f*; Block *m* (*a* RAD)

plagi|aire [plaʒjɛʀ] *m,f* Plagiator *m*; **~at** [-a] *m* Plagiat *n*; **~er** [-e] *v/t* plagiieren

plagiste [plaʒist] *m,f* Strandpächter(in) *m(f)*

plaid [plɛd] *m* Plaid *n*; Reisedecke *f*

plaider [plɛde] *v/t et v/i* **1** ***~ la cause de qn, ~ pour qn*** *avocat* die Sache j-s, j-n vor Gericht vertreten; *fig* sich für j-n einsetzen; für j-n eintreten; *accusé* ***~ coupable*** sich schuldig bekennen; **2** (*faire un procès*) ***~ contre qn*** gegen j-n prozessieren

plaid|eur [plɛdœʀ] *m*, **~euse** [-øz] *f* Prozessführende(r) *f(m)*; Prozesspartei *f*

plaidoirie [plɛdwaʀi] *f* JUR Plädoyer *n*

plaidoyer [plɛdwaje] *m fig* Plädoyer *n*

plaie [plɛ] *f* **1** Wunde *f* (*a fig*); **2** F *fig de qn* Ekel *n*; *de qc* Plage *f*

plaign|ant [plɛɲɑ̃] *m*, **~ante** [-ɑ̃t] *f* Kläger(in) *m(f)*

plaindre [plɛ̃dʀ(ə)] ⟨→ craindre⟩ **I** *v/t* bedauern; bemitleiden; ***je plains qn*** *a* j tut mir Leid; ***il n'est pas à plaindre*** er kann sich nicht beklagen; **II** *v/pr* **1** ▸ ***se plaindre*** klagen, sich beklagen (***de*** über + *acc*); **2** (*protester*) ***se plaindre*** sich beschweren (***à qn*** bei j-m; ***de*** über + *acc*)

▸ **plaine** [plɛn] *f* Ebene *f*

plain-pied [plɛ̃pje] *adv* ***de ~*** auf gleicher Höhe, Ebene; *fig* geradewegs; *fig* ***se sentir de ~ avec qn*** sich j-m ebenbürtig fühlen

plainte [plɛ̃t] *f* **1** (*gémissement*) Klage *f*; Klagelaut *m*; **2** (*grief*) Klage *f*; Beschwerde *f*; **3** JUR Strafantrag *m*; (Straf)Anzeige *f*; ***déposer une ~, porter ~*** e-n Strafantrag stellen, Anzeige erstatten (***contre*** gegen)

plaintif [plɛ̃tif] *adj* ⟨-ive [-iv]⟩ jammernd; kläglich

▸ **plaire** [plɛʀ] ⟨je plais, il plaît, nous plaisons; je plaisais; je plus; je plairai; que je plaise; plaisant; plu (*inv*)⟩ **I** *v/t/indir* ***~ à qn*** j-m gefallen, zusagen; F bei j-m gut ankommen; **II** *v/imp* ***quand il vous plaira*** wann Sie wollen; ▸ ***s'il te plaît, s'il vous plaît*** (*abr* ***S.V.P.***) bitte; **III** *v/pr* **1** ***se ~ à faire qc*** Gefallen, Vergnügen daran finden, etw zu tun; **2** ***se ~ avec qn*** gern mit j-m zusammen sein; **3** ***je me plais à Paris*** es gefällt mir (gut) in Paris; ich bin gern in Paris; *plante* ***se ~*** *dans un lieu* gut gedeihen; **4** *réciproquement* ***se ~*** einander, sich (*dat*) gefallen

plais [plɛ] → ***plaire***

plaisance [plɛzɑ̃s] *f* ***bateau*** *m* ***de ~*** (Segel-, Motor)Jacht *f*; (***navigation*** *f* ***de***) ***~*** Jacht-, Segelsport *m*; ***port*** *m* ***de ~*** Jacht-, Segelhafen *m*

P

plaisancier [plɛzɑ̃sje] *m* Sportsegler *m*
plaisant [plɛzɑ̃] **I** *adj* **1** (*agréable*) gefällig; angenehm; **2** (*comique*) lustig; amüsant; **II** *m* ***mauvais ~*** Spaßvogel *m*; Witzbold *m*
▸**plaisanter** [plɛzɑ̃te] *v/i* scherzen; spaßen; Spaß machen; ***vous plaisantez!*** *a* machen Sie keine Witze!
plaisanterie [plɛzɑ̃tʀi] *f* Scherz *m*; Spaß *m*; Witz *m*
plaisantin [plɛzɑ̃tɛ̃] *m* Witzbold *m*; Spaßvogel *m*
▸**plaisir** [plɛzir] *m* **1** Vergnügen *n*; Freude *f*; Spaß *m*; Lust *f* (*a sexuel*); ***au ~ (de vous revoir)!*** auf baldiges Wiedersehen!; ***avec ~*** gern; mit Vergnügen; ***pour son ~*** zu s-m Vergnügen; zum Spaß; ***avoir le ~ de*** (+ *inf*) das Vergnügen, die Freude haben zu (+ *inf*); ***faire ~ à qn*** j-m (e-e) Freude machen, bereiten; ***cela fait ~ à voir*** so etwas sieht man gern; ***prendre du ~ à*** (+ *inf*) Vergnügen, Freude, Spaß daran finden zu (+ *inf*); **2** *pl* ***~s*** (*distractions*) Freuden *f/pl*; Vergnügungen *f/pl*
plaît [plɛ] → ***plaire***
plan[1] [plɑ̃] **I** *adj* ⟨plane [plan]⟩ eben; **II** *m* **1** (ebene) Fläche; MATH Ebene *f*; **2** ***au premier ~*** im Vordergrund (*a fig*); *fig* ***de tout premier ~*** allerersten Ranges; *fig* ***mettre au premier, second ~*** in den Vorder-, Hintergrund rücken; **3** ***sur le ~ de*** (+ *subst*) hinsichtlich (+ *gén*); ***sur le ~ politique*** auf politischer Ebene; in politischer Hinsicht; **4** CIN Einstellung *f*; Aufnahme *f*; ***gros ~*** Großaufnahme *f*
▸**plan**[2] *m* **1** (*dispositions*) Plan *m* (*a* ÉCON); ***~ social*** Sozialplan *m*; ***~ de bataille*** Schlachtplan *m* (*a fig*); ***avoir son ~*** e-e Idee haben; **2** *graphique* Plan *m*; CONSTR Bauplan *m*; ***~ de Paris*** (Stadt-)Plan *m* von Paris; **3** F ***laisser qn en ~*** j-n im Stich lassen; ***laisser tout en ~*** alles stehen und liegen lassen
▸**planche** [plɑ̃ʃ] *f* **1** Brett *n*; ***planche à dessin*** Zeichen-, Reißbrett *n*; ***planche à repasser*** Bügelbrett *n*; ▸ ***planche à roulettes*** Skateboard *n*; ▸ ***planche à voile*** Surfbrett *n*; *fig* ***planche de salut*** letzte Rettung; *nageur* ***faire la planche*** den toten Mann machen; **2** THÉ ***les planches*** die Bretter, die die Welt bedeuten; ***monter sur les planches*** zum Theater gehen; **3** *dans un livre* (Bild-)Tafel *f*; **4** JARD Beet *n*
▸**plancher**[1] [plɑ̃ʃe] *m* **1** *sol* (Holz)Fußboden *m*; F *fig* ***débarrasse-moi le ~!*** hau ab!; **2** *entre deux étages* Geschossdecke *f*; ***~ en béton*** Betondecke *f*; **3** *d'un véhicule* Boden *m*; F *fig* ***avoir le pied au ~*** F mit Bleifuß fahren; **4** *limite* Mindestgrenze *f*
plancher[2] *v/i terme d'écolier* e-e Aufgabe lösen
planchiste [plɑ̃ʃist] *m,f* Surfer(in) *m(f)*
plancton [plɑ̃ktõ] *m* Plankton *n*
planer [plane] *v/i* **1** *oiseau, etc* (in der Luft) schweben; ***vol plané*** Gleitflug *m* (*a* AVIAT); **2** *fig personne* in höheren Regionen schweben; ***~ au-dessus de qc*** über etw (*dat*) stehen; **3** *fig danger* ***~ sur qn*** j-m drohen; *soupçons, mystère* ***laisser ~*** im Raum stehen lassen
planétaire [planetɛʀ] *adj* **1** ASTR Planeten…; planetar(isch); **2** (*mondial*) weltweit; global
planétarium [planetaʀjɔm] *m* Planetarium *n*
▸**planète** [planɛt] *f* Planet *m*
planeur [planœʀ] *m* Segelflugzeug *n*
planifica|teur [planifikatœʀ] *m*, **~trice** [-tʀis] *f* Planer(in) *m(f)*
planification [planifikasjõ] *f* Planung *f*
planifier [planifje] *v/t* planen; ***économie planifiée*** Planwirtschaft *f*
planisphère [planisfɛʀ] *m* Erdkarte *f*; *sc* Planiglob *n*
planning [planiŋ] *m* **1** Termin-, Arbeitsplan(ung) *m(f)*; **2** ***~ familial*** Familienplanung *f*
planque [plɑ̃k] F *f* **1** *travail* F Druckposten *m*; **2** (*cachette*) Versteck *n*
planqué [plɑ̃ke] *m* F Drückeberger *m*
planquer [plɑ̃ke] F *v/t* (*et v/pr* ***se ~*** sich) verstecken
plant [plɑ̃] *m* Setzling *m*
plantain [plɑ̃tɛ̃] *m* Wegerich *m*
plantaire [plɑ̃tɛʀ] *adj* ***verrue f ~*** Fußwarze *f*; ***voûte f ~*** Fußwölbung *f*
plantation [plɑ̃tasjõ] *f* **1** (An)Pflanzung *f*; **2** *exploitation* Plantage *f*
▸**plante**[1] [plɑ̃t] *f* Pflanze *f*; ***~ d'appartement*** Zimmerpflanze *f*
plante[2] *f* ***~ du pied*** Fußsohle *f*
▸**planter** [plɑ̃te] **I** *v/t* **1** *plant(e)* (an-, ein-)pflanzen; *arbre, salade a* setzen; *bulbes, pommes de terre a* stecken; *terrain,*

P

champ bepflanzen (**de** mit); **2** *piquet, clou* einschlagen; *drapeau* aufpflanzen; *tente* aufschlagen; *décors* aufstellen; *poignard* stoßen (**dans** in + *acc*); **3 ~ là qn, qc** j-n, etw plötzlich stehen lassen, im Stich lassen; **II** *v/pr* **4** *personne* **se ~ devant qn** F sich vor j-m aufpflanzen; **rester planté devant qc** wie angewurzelt vor etw (*dat*) stehen; **5** F **se ~ a)** *conducteur* F aus der Fahrbahn fliegen; **b)** *fig* (*échouer*) F e-n Reinfall erleben; **c)** *ordinateur* abstürzen

planteur [plɑ̃tœʀ] *m* Pflanzer *m*; Plantagenbesitzer *m*

planton [plɑ̃tõ] *m* **1** MIL Ordonnanz *f*; **2** F *fig* **faire le ~** F sich die Beine in den Bauch stehen

plantureux [plɑ̃tyʀø] *adj* ⟨-euse [-øz]⟩ **1** *repas* reichlich; üppig; **2** *femme* üppig; füllig

plaque [plak] *f* **1** Platte *f*; **~ chauffante, de cuisson** Heiz-, Kochplatte *f*; *fig* **~ tournante** Drehscheibe *f*; Umschlagplatz *m*; **une ~ de chocolat** e-e Tafel Schokolade; **~ d'égout** Kanaldeckel *m*; F *fig* **être à côté de la ~** F völlig danebenliegen; **2** *avec une inscription* Tafel *f*; Schild *n*; **~ commémorative** Gedenktafel *f*; AUTO **~ minéralogique, d'immatriculation** Nummernschild *n*; **3** *sur la peau* Fleck *m*; **~ dentaire** Zahnbelag *m*; Plaque *f*

plaqué [plake] *m* Dublee *ou* Doublé *n*

plaquer [plake] *v/t* **1** *métal* plattieren; **plaqué or** aus *ou* in Golddublee; **2** *bois* furnieren; **en chêne plaqué** Eiche furniert; **3 ~ qn, se ~ contre le mur** j-n, sich an, gegen die Wand drücken, pressen; **4** MUS *accord* anschlagen; **5** F (*abandonner*) **~ qn** F j-n sitzen lassen; **~ qc** etw aufgeben, F hinschmeißen

plaquette [plakɛt] *f* **1 une ~ de beurre** ein Viertelpfund *n* Butter; **2** PHARM Blister *m*; **3 ~ sanguine** Blutplättchen *n*

plasma [plasma] *m* **~ (sanguin)** (Blut-) Plasma *n*

plastic [plastik] *m* Plastiksprengstoff *m*; **~age** [-aʒ] *m* Sprengstoffanschlag *m*

plastifier [plastifje] *v/t* mit Plastikfolie überziehen; einschweißen

▸**plastique** [plastik] **I** *adj* **1 matière** *f* **~** Kunststoff *m*; Plastik *n*; **2 arts** *m/pl* **~s** bildende Kunst; **3 chirurgie** *f* **~** plastische Chirurgie; **II** *subst* **1** *m* Kunststoff *m*; Plastik *n*; **en ~** aus Kunststoff; Kunststoff…; Plastik…; **2** *f art* Plastik *f*

plastiquer [plastike] *v/t* mit e-r Plastikbombe in die Luft sprengen

plastron [plastʀõ] *m* **~ de chemise** Hemdbrust *f*

▸**plat**[1] [pla] **I** *adj* ⟨plate [plat]⟩ **1** flach; eben; platt; *assiette, talon* flach; **avoir les pieds ~s** Plattfüße haben; **à ~** *batterie* leer; *pneu* platt; **pneu** *m* **à ~** F Plattfuß *m*; F Platte(r) *m*; F *fig personne* **être à ~** abgeschlagen, F fertig, F kaputt sein; **mettre qc à ~** etw flach hinlegen; *fig* etw eingehend prüfen; **2 eau ~e** stilles Wasser; (Mineral)Wasser *n* ohne Kohlensäure; **3** *fig* fad(e); farblos; schal; geistlos; **faire de ~es excuses** sich unterwürfig entschuldigen; **4 rimes ~es** Paarreim *m*; **II** *m* **1 le ~ de la main** die flache Hand; **2** *d'une route* **faux ~** verdeckte Senke; **3** (*plongeon manqué*) F Bauchklatscher *m*

▸**plat**[2] *m* **1** *pièce de vaisselle* Platte *f*; **~ (à gratin)** feuerfeste Form; *fig* **mettre les petits ~s dans les grands** sich in Unkosten stürzen (, um j-n zu bewirten); **2** (*mets*) Gericht *n*; Speise *f*; *d'un menu* Gang *m*; **~ du jour** Tagesgericht *n*; **~ de résistance** Hauptgericht *n*; F *fig* **faire tout un ~ de qc** viel Lärm um etw machen

platane [platan] *m* Platane *f*

plateau [plato] *m* ⟨~x⟩ **1** *pour servir* Tablett *n*; Servierbrett *n*; **~ de fromages** Käseplatte *f*; **2** *d'une balance* Waagschale *f*; **3** THÉ Bühne *f*; CIN, TV Szenenaufbau *m*; *par ext* Studio *n*; **4** GÉOGR (Hoch)Plateau *n*; Hochfläche *f*, -ebene *f*; **~-repas** *m* ⟨plateaux-repas⟩ auf e-m Tablett serviertes Essen

plate-bande [platbɑ̃d] *f* ⟨plates-bandes⟩ Rabatte *f*; Beet *n*; F *fig* **marcher sur les plates-bandes de qn** j-m ins Gehege kommen

platée [plate] *f* **une ~ de riz** e-e Schüssel voll Reis; e-e Platte mit Reis

plate-forme [platfɔʀm] *f* ⟨plates-formes⟩ **1** *d'un bus*, POL Plattform *f*; **2 ~ de forage** Bohrinsel *f*

platine[1] [platin] *m* **1** Platin *n*; **2** *adjt* (**blond**) **~** ⟨*inv*⟩ platinblond

P

platine[2] *f pour disques* Plattenteller *m*; *par ext* Plattenspieler *m*; *pour cassettes* Kassettendeck *n*; **~ laser** CD-Player *m*
platiné [platine] *adj* ⟨~e⟩ **1 une blonde ~e** e-e Platinblonde; **2** AUTO **vis ~es** Unterbrecherkontakte *m/pl*
platitude [platityd] *f* Plattheit *f*; Plattitüde *f*
platonique [platɔnik] *adj* **1** *amour* platonisch; **2** *protestation* rein theoretisch
plâtras [plɑtʀa] *m/pl* Gipsschutt *m*
plâtre [plɑtʀ(ə)] *m* **1** CONSTR Gips *m*; *fig* **essuyer les ~s** sich mit den Anfangsschwierigkeiten herumschlagen müssen; **2** MÉD Gipsverband *m*; F Gips *m*; **3** *objet* Gipsfigur *f*, -abguss *m*
plâtrer [plɑtʀe] *v/t* **1** CONSTR (ver)gipsen; **2** MÉD eingipsen; in Gips legen
plâtrier [plɑtʀije] *m* Gipser *m*
plausible [plozibl(ə)] *adj* plausibel; einleuchtend; glaubhaft
play-back [plɛbak] *m* ⟨*inv*⟩ Playback *n*; **chanter en ~** (im) Playback singen
play-boy [plɛbɔj] *m* ⟨play-boys⟩ Playboy *m*
plébéien [plebejɛ̃] *adj* ⟨-ienne [-jɛn]⟩ *litt* plebejisch
plébiscit|e [plebisit] *m* Plebiszit *n*; Volksabstimmung *f*; **~er** [-e] *v/t* durch Plebsizit, *par ext* mit großer Mehrheit *qc* billigen, *qn* wählen
pléiade [plejad] *f fig* bedeutender Personenkreis
▸ **plein** [plɛ̃] **I** *adj* ⟨pleine [plɛn]⟩ **1** (*rempli*) voll; **~ de** (+ *subst*) voll(er); voll von; **~ d'admiration** voll(er) Bewunderung; **~ de force** kraftvoll; **2** (*complet*) voll; völlig; *confiance, satisfaction* **~e et entière** vollste; **travailler à ~ temps** ganztags arbeiten; **en ~** (+ *subst*) mitten in, auf (+ *dat ou acc*); **en ~ désert** mitten in der Wüste; **en ~ été** [-plɛn-] im Hochsommer; **en ~ hiver** [-plɛn-] im tiefsten Winter; **en ~ jour** am helllichten Tag(e); **en ~e nature** in der freien Natur; **3** *visage, joues* voll; rund; **4** *femelle animale* **~e** trächtig; **5 une journée ~e** ein ausgefüllter Tag; **6** *bois* massiv; **pneu ~** Vollgummireifen *m*; **roue ~e** Scheibenrad *n*; **II** *adv* **1** F **~ de** (*beaucoup*) e-e Menge; F ein Haufen; F jede Menge; F massenhaft; **2** F **en ~ dans, sur** genau in, auf (+ *dat ou acc*); **III** *prép* ⟨*inv*⟩ **avoir de l'argent ~ les poches** die Taschen voll(er) Geld haben; **IV** *m* **1 faire le ~ (d'essence)** voll tanken; *hôtel* **faire le ~** ausgelastet, ausgebucht sein; **2 battre son ~** in vollem Gang(e) sein
pleinement [plɛnmɑ̃] *adv* voll und ganz
plein-emploi [plɛnɑ̃plwa] *m* Vollbeschäftigung *f*
plénier [plenje] *adj* ⟨-ière [-jɛʀ]⟩ **assemblée plénière** Vollversammlung *f*; **réunion plénière** Plenarsitzung *f*
plénipotentiaire [plenipɔtɑ̃sjɛʀ] *m* DIPL Bevollmächtigte(r) *m*
plénitude [plenityd] *f st/s* Fülle *f*; **conserver la ~ de ses facultés intellectuelles** noch im Vollbesitz s-r geistigen Kräfte sein
pléonasme [pleɔnasm(ə)] *m* Pleonasmus *m*
pléthor|e [pletɔʀ] *f* Überfluss *m* (**de** an + *dat*); **~ique** [-ik] *adj* zu umfangreich; *classe* überfüllt
▸ **pleurer** [plœʀe] **I** *v/t* beweinen; betrauern; trauern um; (*regretter*) nachweinen (+ *dat*); **II** *v/t/indir* **1** *fig* **~ sur qc** etw beklagen; beweisen; **2** F **~ après qc** F nach etw schreien; **III** *v/i* **3** weinen; F heulen; F flennen; *bébé* schreien; **~ de joie** vor Freude weinen; **rire à en ~** Tränen lachen; *fig* **aller ~ auprès de qn pour obtenir qc** j-m etwas vorjammern, um etw zu erreichen; **4** *yeux* tränen; **faire ~** die Tränen in die Augen treiben
pleurésie [plœʀezi] *f* Rippenfellentzündung *f*
pleureur [plœʀœʀ] *adj* ⟨-euse [-øz]⟩ **saule ~** Trauerweide *f*
pleureuse [plœʀøz] *f* Klageweib *n*
pleurnich|er [plœʀniʃe] *v/i* quengeln; **~eries** [-ʀi] *f/pl* Quengelei *f*
pleurnicheur [plœʀniʃœʀ] *adj* ⟨-euse [-øz]⟩ *enfant* quengelig; *ton* weinerlich; **gamine pleurnicheuse** F Heulsuse *f*
pleurs [plœʀ] *m/pl* **être tout en ~** in Tränen aufgelöst sein
pleut [plø] → **pleuvoir**
pleutre [pløtʀ(ə)] *litt m* Feigling *m*
▸ **pleuvoir** [pløvwaʀ] **I** *v/imp* ⟨il pleut; il pleuvait; il plut; il pleuvra; qu'il pleuve; pleuvant; plu⟩ **il pleut** es regnet; **II** *v/i* ⟨ils pleuvent; ils pleuvaient; ils plurent; ils pleuvront; qu'ils pleuvent⟩ **les coups, punitions pleuvaient** es ha-

P

gelte Schläge, Strafen

plèvre [plɛvʀ(ə)] *f* Rippenfell *n*

plexus [plɛksys] *m* ANAT **~ *solaire*** Solarplexus *m*; Sonnengeflecht *n*

pli [pli] *m* **1** COUT Falte *f*; **(*faux*) ~** Knitterfalte *f*; ***faire des ~s*** Falten werfen; F *fig* ***cela ne fait pas un ~*** das steht fest; **2** *marque dans du tissu* Bruch *m*; Kniff *m*; *dans du papier* Knick *m*; TYPO Falz *m*; ***~ de pantalon*** Bügelfalte *f*; **3** COIFFURE ***mise*** *f* ***en ~s*** Wasserwelle *f*; Waschen und Legen *n*; **4** *fig* ***prendre un mauvais ~*** e-e schlechte Gewohnheit annehmen; **5** (*lettre*) Brief *m*; **6** *sur la peau* Falte *f*; Furche *f*; ***~ de l'aine, du bras*** Leisten-, Armbeuge *f*; **7** *aux cartes* Stich *m*

pliable [plijabl(ə)] *adj* faltbar; Klapp…

pliant [plijɑ̃] **I** *adj* ⟨-ante [-ɑ̃t]⟩ zusammenklappbar; Klapp…; ***chaise ~e*** Klappstuhl *m*; ***lit ~*** Klappbett *n*; ***vélo ~*** Klapprad *n*; **II** *m* Feldstuhl *m*

plie [pli] *f* ZO Scholle *f*; Goldbutt *m*

▸ **plier** [plije] **I** *v/t* **1** *tissu, linge* zusammenlegen, -falten; *journal* (zusammen)falten; **2** *papier* knicken; **3** *table pliante, etc* zusammenklappen; **4** *bras, genoux* beugen; anwinkeln; **5** *fig* ***~ qn à une discipline sévère*** j-n e-r strengen Disziplin (*dat*) unterwerfen; **II** *v/i* **6** *branche* sich biegen; **7** *fig personne* sich beugen; **III** *v/pr fig personne* ***se ~ à*** sich beugen, fügen (+ *dat*)

plinthe [plɛ̃t] *f* Fußleiste *f*

plissé [plise] **I** *adj* ⟨~e⟩ ***jupe ~e*** *à plis fins* Plisseerock *m*; *jupe écossaise* Faltenrock *m*; **II** *m* COUT Plissee *n*

plissement [plismɑ̃] *m* GÉOL Faltung *f*

plisser [plise] **I** *v/t* **1** COUT plissieren; in Falten legen; **2** *front* runzeln; *yeux* zusammenkneifen

pliure [plijyʀ] *f* Kniff *m*; Knick *m*; ***~ du genou*** Kniekehle *f*

▸ **plomb** [plõ] *m* **1** Blei *n*; ***de plomb*** Blei…; bleiern (*a fig sommeil, etc*); *essence* ▸ ***sans plomb*** bleifrei; *fig* ***ne pas avoir de plomb dans la cervelle*** leichtsinnig, leichtfertig sein; **2** ÉLECT (Schmelz)Sicherung *f*; **3** CH ***plombs*** *pl* Schrotkörner *n/pl*; **4** PÊCHE Blei(kugel) *n(f)*

plombage [plõbaʒ] *m d'une dent* Plombe *f*; Füllung *f*

plomber [plõbe] *v/t* **1** *dent* plombieren; **2** (*sceller*) plombieren; verplomben; **3** *ligne* mit Blei(kugeln) beschweren

plomberie [plõbʀi] *f* **1** Klempnerei *f*; **2** *installations* Wasser- und Gasleitungen *f/pl*

▸ **plombier** [plõbje] *m* Installateur *m*

plonge [plõʒ] *f* ***faire la ~*** die Teller waschen; das Geschirr spülen

plongeant [plõʒɑ̃] *adj* ⟨-ante [-ɑ̃t]⟩ *décolleté* tief; *vue* von oben

plongée [plõʒe] *f* **1** Tauchen *n*; ***~ sous-marine*** Tauchsport *m*; *sous-marin* ***en ~*** auf Unterwasserfahrt; **2** CIN Aufnahme *f* von oben

plongeoir [plõʒwaʀ] *m* Sprungbrett *n*; *grand* Sprunganlage *f*; Sprungturm *m*

plongeon [plõʒõ] *m* Kopf-, Hechtsprung *m*; *fig* ***faire le ~*** viel Geld einbüßen

plonger [plõʒe] ⟨-ge-⟩ **I** *v/t* **1** (ein)tauchen (***dans*** in + *acc*); **2** *fig* ***~ son regard dans les yeux de qn*** j-m tief in die Augen blicken; *fig* ***~ qn dans la consternation*** j-n in tiefe Bestürzung versetzen; **II** *v/i* **3** (*s'enfoncer dans l'eau*) tauchen; **4** (*faire un plongeon*) e-n Kopf-, Hechtsprung machen; **5** *gardien de but* (nach dem Ball) hechten; **III** *v/pr* **6** *personne* ***se ~ dans l'eau*** ins Wasser (ein)tauchen; **7** *fig* ***se ~ dans un livre*** sich in ein Buch vertiefen, versenken

plong|eur [plõʒœʀ] *m*, **~euse** [-øz] *f* **1** Taucher(in) *m(f)*; **2** *dans un restaurant* Tellerwäscher(in) *m(f)*

plot [plo] *m* ÉLECT Kontakt *m*

plouc [pluk] *m* → ***péquenaud***

plouf [pluf] *int* plumps!

ployer [plwaje] *v/i* ⟨-oi-⟩ **1** *poutre, branche* sich biegen; **2** *fig et litt* sich beugen

plu [ply] *p/p* → ***plaire*** *et* ***pleuvoir***

▸ **pluie** [plɥi] *f* **1** Regen *m*; ***~s*** *pl* Regenfälle *m/pl*; ***~s acides*** saurer Regen; ***sous la ~*** im Regen; ***le temps est à la ~*** es sieht nach Regen aus; → *Info bei* ***Regen***; *fig* ***faire la ~ et le beau temps*** das Sagen haben; ***parler de la ~ et du beau temps*** von belanglosen Dingen reden; Small Talk machen; F *fig* ***il n'est pas tombé de la dernière ~*** F er ist doch nicht von gestern; **2** *fig* ***une ~ de coups*** ein Hagel *m* von Schlägen

P

plumage [plymaʒ] *m* Gefieder *n*
plumard [plymaʀ] *m* F (*lit*) F Falle *f*; ***au ~ a*** in den *ou* die Federn
▸**plume** [plym] *f* **1** (Vogel)Feder *f*; ***~s*** *pl a* Gefieder *n*; F *fig* ***y laisser des ~s*** F Federn lassen (müssen); *fig* ***se parer des ~s du paon*** sich mit fremden Federn schmücken; **2** (Schreib-, Zeichen)Feder *f*; *litt* ***un homme de ~*** ein Schriftsteller *m*
plumeau [plymo] *m* ⟨~x⟩ Staubwedel *m*
plumer [plyme] *v/t* **1** *volaille* rupfen; **2** F *fig* ***~ qn*** F j-n ausnehmen, rupfen
plumet [plymɛ] *m* Federbusch *m*
plumier [plymje] *m* Federkasten *m*
plupart [plypaʀ] *adv* ▸ ***la plupart des*** (+ *subst*) die meisten (+ *subst*); die Mehrzahl, der größte Teil (+ *gén*); *abs* ***la plupart*** die meisten; ***pour la plupart*** zum größten Teil; größtenteils; ▸ ***la plupart du temps*** meist(ens)
plural|isme [plyʀalism(ə)] *m* Pluralismus *m*; ***~ité*** [-ite] *f* Vielzahl *f*
pluri… [plyʀi] *préfixe* mehr…; multi…
▸**pluriel** [plyʀjɛl] *m* Plural *m*; Mehrzahl *f*
▸**plus**[1] [*alleinstehend* plys, *vor adj u adv* ply, *vor Vokal* plyz] **I** *adv* **1** ⟨*comp von* beaucoup⟩ mehr; ***plus court*** kürzer; ***plus grand*** größer; ***plus que***, *avec un chiffre* ***plus de*** mehr als; ***enfants*** *m/pl* ***de plus de dix ans*** Kinder *n/pl* über zehn Jahre; ***plus d'un*** so mancher; ***pour plus d'une raison*** aus mehreren Gründen; ***il est plus de midi*** es ist zwölf durch, nach zwölf; ***beaucoup, bien plus*** viel mehr; ***beaucoup plus vite*** viel schneller; *en incise* ***bien plus*** mehr noch; ***de plus*** mehr; außerdem; noch (dazu); ***une fois de plus*** wieder (einmal); ▸ ***de plus en plus*** immer mehr; ***aller de plus en plus vite*** immer schneller gehen; ***en plus*** noch dazu; außerdem noch; COMM zuzüglich; extra; ▸ ***en plus de*** zusätzlich zu; neben (+ *dat*); ***plus ou moins*** mehr oder weniger; ***ni plus ni moins*** ganz einfach; ***on ne peut plus*** überaus; äußerst; ***rien de plus*** weiter, sonst nichts; ***sans plus*** das ist aber auch alles; ***plus … plus*** [ply] je (mehr) … desto *ou* umso (mehr); ***plus … moins*** je mehr … desto *ou* umso weniger; ***plus de*** [plysdə] (+ *subst*) mehr (+ *subst*); **2** [plys] MATH plus; **3** ⟨*sup von* beaucoup⟩ ***le plus*** am meisten; ***le plus grand, la plus grande*** der, die, das größte; ***être le plus grand*** am größten, der größte sein; ***la situation était des plus compliquées*** die Lage war äußerst, höchst kompliziert; ***c'est lui qui court le plus vite*** er läuft am schnellsten; **(*tout*) *au plus*** (aller)höchstens; **II** *subst* **1** ▸ ***le plus*** das meiste; ***le plus que je puisse faire*** das Äußerste, was ich tun kann; **2** *m* MATH Plus(zeichen) *n*; **3** *m* (*avantage*) Plus(punkt) *n*(*m*)
plus[2] [ply] *adv de négation* ***ne … ~*** nicht mehr; **(*ne* …) *~ de*** (+ *subst*) kein(e) … mehr; ***ne … ~ personne*** niemand mehr; ***ne … ~ que*** nur noch; ***ne … ~ rien*** nichts mehr; ***moi non ~*** ich auch nicht
▸**plusieurs** [plyzjœʀ] *adj/ind et pr/ind* mehrere; ***~ fois*** mehrmals; verschiedentlich; ***à ~*** zu mehreren
plus-que-parfait [plyskəpaʀfɛ] *m* Plusquamperfekt *n*; Vorvergangenheit *f*
plus-value [plyvaly] *f* ⟨plus-values⟩ Wertzuwachs *m*; Mehrwert *m*
plut [ply] → ***pleuvoir*** *et* ***plaire***
plutonium [plytɔnjɔm] *m* Plutonium *n*
▸**plutôt** [plyto] *adv* **1** (*de préférence*) lieber; eher; ***ou ~*** oder vielmehr; ***~ que de*** (+ *inf*) anstatt zu (+ *inf*); **2** (*assez*) ziemlich; recht
pluvial [plyvjal] *adj* ⟨~e; -aux [-o]⟩ Regen…
pluvieux [plyvjø] *adj* ⟨-euse [-øz]⟩ *temps* regnerisch; *pays* regenreich
pluviomètre [plyvjɔmɛtʀ(ə)] *m* Niederschlagsmesser *m*
P.M.E. [peɛmə] *f/pl abr* (*petites et moyennes entreprises*) Klein- und Mittelbetriebe *m/pl*; ***une ~*** ein mittelständischer Betrieb
P.M.U. [peɛmy] *m* ⟨*inv*⟩ *abr* (*Pari mutuel urbain*) Pferdetoto *n*; *agence* Wettannahme *f*
P.N.B. [peɛnbe] *m* ⟨*inv*⟩ *abr* (*produit national brut*) Bruttosozialprodukt *n*
▸**pneu** [pnø] *m* Reifen *m*; ***~ neige*** Winterreifen *m*; ***~s à clous*** Spikes *pl*; ***~ à plat*** F Plattfuß *m*
pneumatique [pnømatik] *adj* ***canot*** *m* ***~*** Schlauchboot *n*; ***marteau*** *m* ***~*** Presslufthammer *m*; ***matelas*** *m* ***~*** Luftmatratze *f*

P

pneumonie [pnømɔni] *f* Lungenentzündung *f*

▸**poche** [pɔʃ] *f* **1** COUT Tasche *f*; ***de** ~* Taschen…; ***argent** m **de** ~* Taschengeld *n*; ***connaître qc comme sa** ~* etw wie s-e Westentasche kennen; F *fig* ***c'est dans la** ~* das ist so gut wie sicher; ***faire les ~s à qn*** heimlich die Taschen j-s durchsuchen; **2** *d'un sac, etc* (Innen)Fach *n*; **3** (*sac en plastique*) (Plastik)Tüte *f*; **4** *pantalon* ***faire des ~s aux genoux*** ausgebeulte Knie haben; **5** ***~s*** (***sous les yeux***) Tränensäcke *m/pl* (unter den Augen); **6** *du kangourou* Beutel *m*; **7** *de gaz naturel, etc* Ansammlung *f*; **8** MÉD ***~ des eaux*** Fruchtblase *f*; ***~ de pus*** Eitersack *m*

poché [pɔʃe] *adj* ⟨~e⟩ **1** ***œil** ~* blaues Auge; **2** ***œufs ~s*** verlorene, pochierte Eier *n/pl*

pochette [pɔʃɛt] *f* **1** *mouchoir* Einstecktuch *n*; **2** ***~ de disque*** Plattenhülle *f*; **3** *sac à main* Unterarmtasche *f*; ***~-surprise*** *f* ⟨pochettes-surprises⟩ Wundertüte *f*

pochoir [pɔʃwaʀ] *m* Schablone *f*

podium [pɔdjɔm] *m* Siegerpodest *n*; (*estrade*) Podium *n*

poêle[1] [pwal] *m* Ofen *m*; ***~ à mazout*** Ölofen *m*

▸**poêle**[2] *f* Pfanne *f*

poêlon [pwalõ] *m* CUIS Tiegel *m*

poème [pɔɛm] *m* Gedicht *n*

▸**poésie** [pɔezi] *f* **1** *art* Dichtung *f*; Dichtkunst *f*; Poesie *f* (*a fig*); **2** (*poème*) Gedicht *n*

▸**poète** [pɔɛt] *m* Dichter(in) *m(f)*; *plais* Poet *m*

poétesse [pɔetɛs] *f a iron* Dichterin *f*

poétique [pɔetik] *adj* dichterisch; poetisch (*a fig*)

pognon [pɔɲõ] *m* F → ***fric***

pogrom(e) [pɔgʀɔm] *m* Pogrom *m ou n*

▸**poids** [pwa] *m* **1** Gewicht *n* (*a d'une balance*); *d'une personne a* Körpergewicht *n*; *fig des impôts, des soucis, etc* Last *f*; *fig* ***faire deux poids, deux mesures*** mit zweierlei Maß messen; ***perdre, prendre du poids*** ab-, zunehmen; ***vendre au poids*** nach Gewicht verkaufen; **2** BOXE, LUTTE Gewichtsklasse *f*; ***poids plume*** Federgewicht *n*; *fig de qn* Fliegengewicht *n*; *fig* ***il ne fait pas le poids*** ihm fehlen die nötigen Voraussetzungen; **3** SPORTS Kugel *f*; ***lancer le poids*** die Kugel stoßen; **4** ▸ ***poids lourd*** Lkw *ou* LKW *m*; Lastwagen *m*; F Laster *m*; **5** *fig* (*importance*) Gewicht *n*; ***de poids*** *argument* gewichtig; *homme* einflussreich

poignant [pwaɲɑ̃] *adj* ⟨-ante [-ɑ̃t]⟩ herzzerreißend

poignard [pwaɲaʀ] *m* Dolch *m*

poignarder [pwaɲaʀde] *v/t* erdolchen; erstechen

poigne [pwaɲ] *f* Kraft *f* in den Fäusten; *fig* ***à** ~* energisch

poignée [pwaɲe] *f* **1** *quantité* Hand *f* voll (*a fig*); **2** ***~ de main*** Händedruck *m*; Handschlag *m*; **3** *d'une fenêtre, valise, etc* Griff *m*; *d'une porte* (Tür)Klinke *f*

▸**poignet** [pwaɲɛ] *m* **1** ANAT Handgelenk *n*; *fig* ***à la force du** ~* aus eigener Kraft; **2** COUT (Ärmel)Bündchen *n*

▸**poil** [pwal] *m* **1** *d'un animal* Haar *n* (*a coll*); (*pelage*) Haarkleid *n*; Fell *n*; **2** *chez l'être humain* (Körper)Haar *n* (*a coll*); ***~s de la barbe*** Barthaar(e) *n(pl)*; F ***à** ~* (F splitter)nackt; ***se mettre à** ~* sich nackt ausziehen; F (***être***) ***au** ~* F prima, F Klasse (sein); *fig* ***à un ~ près*** um ein Haar; um Haaresbreite; *fig* ***de tout** ~* aller Art; aller Schattierungen; *fig* ***avoir un ~ dans la main*** die Arbeit nicht erfunden haben; *fig* ***être de mauvais** ~* schlechter Laune, schlecht gelaunt sein; *fig* ***reprendre du ~ de la bête*** F sich wieder hochrappeln; **3** BOT (Pflanzen)Haar *n*; ***~ à gratter*** Juckpulver *n*; **4** *d'une brosse, d'un pinceau* Borste *f*; *fin* Haar *n*; **5** *d'un velours, tapis* Flor *m*

poilant [pwalɑ̃] F *adj* ⟨-ante [-ɑ̃t]⟩ F zum Totlachen

poilu [pwaly] **I** *adj* ⟨~e⟩ behaart; **II** *m* HIST Frontsoldat *m* (des Ersten Weltkriegs)

poinçon [pwɛ̃sõ] *m* **1** *pour percer* Durchschläger *m*; Durchschlag *m*; **2** *pour graver* Punze *f*; Prägestempel *m*; **3** *marque* Punze *f*; Stempel *m*

poinçonner [pwɛ̃sɔne] *v/t* **1** *billet* knipsen; lochen; **2** *bijoux* punzen; stempeln

poindre [pwɛ̃dʀ(ə)] *v/i* ⟨*déf*: il point; il poignait; il poindra⟩ *litt* ***le jour commence à** ~* der Tag bricht an

▸**poing** [pwɛ̃] *m* Faust *f*; ***coup** m **de** ~*

P

Faustschlag *m*, -hieb *m*; *fig* ***dormir à ~s fermés*** fest, tief, wie ein Murmeltier schlafen

► **point**[1] [pwɛ̃] *m* **1** GR Punkt *m*; ***(les) deux points*** (der) Doppelpunkt; ***point d'exclamation*** Ausrufezeichen *n*; ***point d'interrogation*** Fragezeichen *n* (*a fig*); ***point sur le i*** i-Punkt *m*; i-Tüpfelchen *n*; → ***i***; *fig* ***un point, c'est tout!*** und damit basta!; **2** (*endroit*) Punkt *m* (*a fig*, MATH); Stelle *f*; *fig* ***point chaud*** Krisenherd *m*; (*centre d'intérêt*) Brennpunkt *m*; *fig* ***point faible*** schwache Seite; Schwachstelle *f*; ***point mort*** AUTO Leerlauf *m*; *fig* toter Punkt; ***point noir*** *sur la peau* Mitesser *m*; *fig* neuralgischer Punkt; ***point de départ*** Ausgangspunkt *m*; *fig a* Ansatzpunkt *m*; ***point d'eau*** Wasserstelle *f*; ***point de vente*** Verkaufsstelle *f*; ► ***point de vue*** Aussichtspunkt *m*; *fig* Standpunkt *m*; ***à point*** *bifteck* medium; halb, nicht ganz durchgebraten; *fromage* gerade richtig; reif; *rôti* ***être (cuit) à point*** fertig (gebraten), gar sein; ***à point (nommé)*** gerade zur rechten Zeit; ***au point où en sont les choses*** so wie die Dinge stehen; ***être au point*** *machine* gut *ou* richtig funktionieren; *procédé, système* ausgereift sein; ***mettre au point*** *appareil* einstellen; *procédé, système* entwickeln; ***au point de*** (+ *inf*), ***au point que, à tel point que*** so (sehr), derart(ig), in e-m solchen Maße, Grade, dass; ***à ce point (que)*** so sehr, dermaßen (dass); ***à ce point-là?*** steht es so schlimm?; ***à quel point*** wie sehr; in welchem Maße; ***être mal en point*** schlecht, übel dran sein; gar nicht auf der Höhe sein; ***être sur le point de faire qc*** gerade im Begriff sein, gerade dabei sein, etw zu tun; ***faire le point*** MAR, AVIAT die Position ermitteln; *fig* e-e Zwischenbilanz ziehen; **3** (*sujet*) Punkt *m*; ***point de détail*** nebensächlicher Punkt; ***point par point*** Punkt für Punkt; ***sur ce point*** in diesem Punkt; **4** ÉCOLE, SPORTS, JEUX Punkt *m*; *fig* ***bon, mauvais point*** Plus-, Minuspunkt *m*; SPORTS ***aux points*** nach Punkten; **5** COUT Stich *m*; **6** TRICOT, CROCHET Muster *n*; **7** *d'un dé à jouer* Auge *n*; *aux cartes* Punkt *m*; **8** MÉD ***point de côté*** Seitenstechen *n*; **9** ***au point du jour*** bei Tagesanbruch

point[2] *adv* ***ne … ~*** (durchaus) nicht

pointage [pwɛ̃taʒ] *m* **1** *sur une liste* Abhaken *n*; **2** *du personnel* Stempeln *n*

► **pointe** [pwɛ̃t] *f* **1** (*bout pointu*) Spitze *f*; ***pointe d'asperge*** Spargelspitze *f*; ***marcher sur la pointe des pieds*** auf Zehenspitzen gehen; ***se terminer en pointe*** spitz zulaufen; **2** DANSE (***chaussons*** *m/pl* ***à***) ***pointes*** Spitzenschuhe *m/pl*; ***faire des pointes*** Spitzentanz tanzen; **3** (*objet pointu*) *d'une grille* Spitze *f*; *de barbelés* Stachel *m*; (*clou*) Drahtstift *m*; Tapeziernagel *m*; SPORTS (***chaussures*** *f/pl* ***à***) ***pointes*** Rennschuhe *m/pl*; Spikes *pl*; **4** *du graveur* Radiernadel *f*; ***pointe sèche*** (Kaltnadel)Radierung *f*; **5** ***une pointe d'ironie***, *etc* e-e Spur, ein Anflug *m* von Ironie, *etc*; **6** *fig* (*allusion ironique*) Spitze *f*; ***lancer des pointes à qn*** gegen j-n sticheln; **7** *fig* (*maximum*) Spitze *f*; ***de pointe*** Spitzen…; ► ***heures*** *f/pl* ***de pointe*** Spitzenzeiten *f/pl*; ***technologie*** *f* ***de pointe*** Spitzentechnologie *f*; ***vitesse*** *f* ***de pointe*** Spitzengeschwindigkeit *f*; F Spitze *f*

pointer [pwɛ̃te] **I** *v/t* **1** *sur une liste* abhaken; **2** *arme, par ext index* richten (***vers*** auf + *acc*); **3** *animal*: *oreilles* spitzen; **4** ÉCOLE ***zéro pointé*** das Durchfallen bedingende Sechs; **II** *v/i* **5** *personnel d'une entreprise* stempeln; **6** *aux boules* die Zielkugel anspielen; **7** *tour* emporragen; *seins* sich vorwölben; **8** *bourgeons, pousses* sprießen; **III** *v/pr* F *fig* ***se ~ chez qn*** F bei j-m aufkreuzen

pointeuse [pwɛ̃tøz] *f* Stechuhr *f*

pointillé [pwɛ̃tije] *m* punktierte Linie; (*perforations*) Perforierung *f*; *fig* ***en ~*** zwischen den Zeilen

pointilleux [pwɛ̃tijø] *adj* ⟨-euse [-øz]⟩ pedantisch (***sur*** in + *dat*); übergenau; F pingelig

► **pointu** [pwɛ̃ty] *adj* ⟨~e⟩ **1** *clocher, nez, chapeau, etc* spitz; **2** *voix* schrill; **3** *fig industrie, formation* hoch spezialisiert

pointure [pwɛ̃tyʀ] *f* (Schuh-, Hut)Nummer *f*, (-)Größe *f*

point-virgule *m* ⟨points-virgules⟩ Strichpunkt *m*; Semikolon *n*

► **poire** [pwaʀ] *f* **1** Birne *f*; *fig* ***garder une ~ pour la soif*** e-n Notgroschen zurücklegen; **2** ***~ électrique*** Druckknopfschalter *m* (am Kabelende); ~ ***à lavement*** Klistierspritze *f*; **3** F *fig* (*figure*) F Visage *f*; **4** F *fig* ***une*** (***bonne***) ~ F ein gutmütiger Trottel

poireau [pwaʀo] *m* 〈~x〉 Porree *m*; Lauch *m*

poireauter [pwaʀɔte] *v/i* F ewig lange warten

poirier [pwaʀje] *m* **1** BOT Birnbaum *m*; **2** *fig* ***faire le*** ~ e-n Kopfstand machen

pois [pwa] *m* **1** Erbse *f*; ▸ ***petits pois*** grüne Erbsen; **2** ***pois de senteur*** (Duft)Wicke *f*; **3** ***à pois*** getüpfelt; gepunktet

▸ **poison** [pwazõ] **1** *m* Gift *n*; **2** *m,f* F (*personne méchante*) F Giftnudel *f*; (*enfant insupportable*) F Nervensäge *f*; **3** *m* F *d'une activité* Plage *f*

poissarde [pwasaʀd] *f* ordinäres Weib

poiss|e [pwas] *f* F Pech *n* (*fig*); **~er** [-e] *v/t* beschmieren; **~eux** [-ø] *adj* 〈-euse [-øz]〉 klebrig

▸ **poisson** [pwasõ] *m* **1** Fisch *m*; ~ ***d'eau douce, de mer, de rivière*** Süßwasser-, See-, Flussfisch *m*; **2** ~ ***d'avril*** Aprilscherz *m*; ***faire un*** ~ ***d'avril à qn*** j-n in den April schicken; → *Info bei* **April**; **3** ASTR ***les*** **♀*****s*** die Fische *m/pl*; ***être*** **♀*****s*** (ein) Fisch sein; **~-chat** *m* 〈poissons-chats〉 Wels *m*

poissonn|erie [pwasɔnʀi] *f* **1** *magasin* Fischgeschäft *n*; **2** *commerce* Fischhandel *m*; **~eux** [-ø] *adj* 〈-euse [-øz]〉 fischreich; **~ier** [-je] *m*, **~ière** [-jɛʀ] *f* Fischhändler(in) *m(f)*

poitrail [pwatʀaj] *m* ZO Brust *f*

poitrinaire [pwatʀinɛʀ] *adj* schwindsüchtig

▸ **poitrine** [pwatʀin] *f* **1** ANAT Brust *f*; **2** *d'une femme* Busen *m*; Brust *f*; **3** ~ ***de bœuf, de veau*** Rinder-, Kalbsbrust *f*; ~ ***de porc*** Schweinebauch *m*

▸ **poivre** [pwavʀ(ə)] *m* **1** Pfeffer *m*; **2** *adjt* 〈*inv*〉 ~ ***et sel*** grau meliert

poivr|er [pwavʀe] *v/t* pfeffern; **~ier** [-ije] *m* BOT Pfeffer(strauch) *m*; **~ière** [-ijɛʀ] *f* CUIS Pfefferstreuer *m*

poivron [pwavʀõ] *m* Paprika(schote) *m(f)*

poivr|ot [pwavʀo] *m*, **~ote** [-ɔt] *f* F Säufer(in) *m(f)*

poix [pwa] *f* Pech *n*

poker [pɔkɛʀ] *m* Poker *n ou m*

polaire [pɔlɛʀ] *adj* polar; Polar…; ***l'étoile*** *f* ~ der Polarstern

polar [pɔlaʀ] *m* F Krimi *m*

polariser [pɔlaʀize] *v/t* **1** PHYS polarisieren; **2** *fig attention* auf sich konzentrieren

polaroïd® [pɔlaʀɔid] *m* Polaroidkamera® *f*

polder [pɔldɛʀ] *m* Polder *m*; Ko(o)g *m*

▸ **pôle** [pol] *m* **1** GÉOGR, ÉLECT Pol *m*; ~ ***Nord, Sud*** Nord-, Südpol *m*; **2** *fig* ~ ***d'attraction*** Anziehungspunkt *m*; **3** (*centre d'activités*) Zentrum *n*

polémique [pɔlemik] **I** *adj* polemisch; **II** *f* Polemik *f*; Fehde *f*; Kontroverse *f*

polémiquer [pɔlemike] *v/i* polemisieren

polenta [pɔlɛnta] *f* Polenta *f*

▸ **poli** [pɔli] **I** *adj* 〈~e〉 **1** *personne, ton* höflich; **2** *surface* (glatt und) glänzend; poliert; **II** *m* (Hoch)Glanz *m*

▸ **police** [pɔlis] *f* **1** Polizei *f*; ~ ***judiciaire*** Kriminalpolizei *f* (*abr* Kripo *f*); ~ ***privée*** privater Sicherheitsdienst; ~ ***secours*** Überfallkommando *n*; **2** ~ (***d'assurance***) (Versicherungs)Police *f*

policé [pɔlise] *litt adj* 〈~e〉 zivilisiert

Polichinelle [pɔliʃinɛl] *m* **1** *Gestalt des frz Marionettentheaters*; *fig* ***c'est le secret de*** ~ das ist ein offenes Geheimnis; **2** *fig* **♀** Hampelmann *m*

▸ **policier** [pɔlisje] **I** *adj* 〈-ière [-jɛʀ]〉 **1** *mesures* polizeilich; ***chien*** ~ Polizeihund *m*; **2** *roman, film* Kriminal…; **II** *m* Polizist *m*

policlinique [pɔliklinik] *f* Poliklinik *f*

poliment [pɔlimɑ̃] *adv* höflich

polio [pɔljo] **1** *f* Polio *f*; **2** *m,f* Poliogeschädigte(r) *f(m)*

poliomyélite [pɔljɔmjelit] *f* Kinderlähmung *f*

polir [pɔliʀ] *v/t* **1** TECH schleifen; polieren; glätten; **2** *fig style* ausfeilen

polisson [pɔlisõ] **I** *adj* 〈-onne [-ɔn]〉 zweideutig; schlüpfrig; *regards* lüstern; **II** **~(*ne*)** *m(f)* Schlingel *m*; F Racker *m*

politesse [pɔlitɛs] *f* Höflichkeit *f*

politicard [pɔlitikaʀ] *m péj* skrupelloser, dubioser Politiker

politic|ien [pɔlitisjɛ̃], **~ienne** [-jɛn] *souvent péj* **I** *m,f* Politiker(in) *m(f)*; **II** *adj* (rein) politisch

▸ **politique** [pɔlitik] **I** *adj* **1** politisch; ***crise*** *f* ***politique*** Staatskrise *f*; ▸ ***homme*** *m* ***politique*** Politiker *m*; **2** *st/s* (*habile*) diplomatisch; **II** *subst* **1** *f*

P

Politik *f* (*a fig*); **politique européenne, de l'emploi** Europa-, Beschäftigungspolitik *f*; **faire de la politique** sich politisch betätigen; **2** *m* Politiker *m*; Staatsmann *m*
politis|ation [pɔlitizasjõ] *f* Politisierung *f*; **~er** [-e] *v/t* politisieren
polka [pɔlka] *f* Polka *f*
pollen [pɔlɛn] *m* Pollen *m*; Blütenstaub *m*
pollinisation [pɔlinizasjõ] *f* Bestäubung *f*
polluant [pɔlɥɑ̃] **I** *adj* ⟨-ante [-ɑ̃t]⟩ umweltschädlich; **non ~** umweltfreundlich, -verträglich; schadstoffarm; **II** *m* Schadstoff *m*
▸**polluer** [pɔlɥe] *v/t environnement* verschmutzen; *air, eau a* verunreinigen
pollueur [pɔlɥœʀ] *m* Umweltsünder *m*, -verschmutzer *m*
▸**pollution** [pɔlysjõ] *f* Umweltverschmutzung *f*; Umweltbelastung *f*; **~ atmosphérique** Luftverschmutzung *f*; **~ des sols** *a* Bodenverseuchung *f*
polo [pɔlo] *m* **1** SPORTS Polo(spiel) *n*; **2** *chemise* Polohemd *n*
polochon [pɔlɔʃõ] F *m* Nackenrolle *f*
▸**Pologne** [pɔlɔɲ] **la ~** Polen *n*
▸**polonais** [pɔlɔnɛ] **I** *adj* ⟨-aise [-ɛz]⟩ polnisch; **II** *subst* **1** ♀(**e**) *m(f)* Pole *m*, Polin *f*; **2 ~e** *f* Polonaise *ou* -näse *f*
poltr|on [pɔltʀõ] *m*, **~onne** [-ɔn] *f* Feigling *m*; Hasenfuß *m*
poly... [pɔli] *préfixe* poly...; Poly...; viel...; Viel...; mehr...; Mehr...
polychrome *adj* mehrfarbig
polyclinique *f* Allgemeinkrankenhaus *n*
polycopie *f* Vervielfältigung *f*
polycopier *v/t* vervielfältigen; (**cours**) **polycopié** *m* (Vorlesungs)Skript *n*
polyester *m* Polyester *m*
polygam|e [pɔligam] **I** *adj* polygam; **II** *m,f* Polygamist(in) *m,f*; **~ie** [-i] *f* Polygamie *f*; Vielehe *f*
polyglotte **I** *adj* mehr-, vielsprachig; polyglott; **II** *m,f* Polyglotte(r) *f(m)*
polygone [pɔligon, -gɔn] *m* Vieleck *n*; Polygon *n*
polymère [pɔlimɛʀ] *m* Polymer *n*
Polynésie [pɔlinezi] **la ~** Polynesien *n*; **la ~ française** Französisch-Polynesien *n*
polynésien [pɔlinezjɛ̃] **I** *adj* ⟨-ienne [-jɛn]⟩ polynesisch; **II** ♀(**ne**) *m(f)* Polynesier(in) *m(f)*
polype [pɔlip] *m* Polyp *m*
polyphonique [pɔlifɔnik] *adj* mehrstimmig; polyphon
polysémie [pɔlisemi] *f* Mehrdeutigkeit *f* (von Wörtern); Polysemie *f*
polystyrène [pɔlistiʀɛn] *m* **~** (**expansé**) Styropor® *n*
polytechnic|ien *m*, **~ienne** *f* Absolvent(in) *m(f)* der École polytechnique
polytechnique *adj* **École** *f* **~** *ou subst* ♀ *f* (*vom Armeeministerium verwaltete*) *technische Hochschule*
polythéisme [pɔliteism(ə)] *m* Vielgötterei *f*; Polytheismus *m*
polyvalent [pɔlivalɑ̃] *adj* ⟨-ente [-ɑ̃t]⟩ vielseitig (einsetzbar); Mehrzweck...
pomélo [pɔmelo] *m fruit* Pomelo *f*
pommade [pɔmad] *f* Salbe *f*
pommadé [pɔmade] *adj* ⟨~e⟩ *cheveux* pomadisiert
▸**pomme** [pɔm] *f* **1** Apfel *m*; F *fig* **tomber dans les pommes** in Ohnmacht fallen; F umkippen; **2** ▸ **pomme de terre** Kartoffel *f*; **pommes de terre frites** Pommes frites *pl*; **pommes de terre à l'eau** Salzkartoffeln *f/pl*; **pommes de terre en robe de chambre** *ou* **en robe des champs** Pellkartoffeln *f/pl*; **pommes vapeur** gedämpfte Kartoffeln; **3** ANAT **pomme d'Adam** Adamsapfel *m*; **4** **pomme de pin** Tannenzapfen *m*; **5** **pomme d'arrosoir** (Gießkannen)Brause *f*; **6** F **pour ma pomme** für mich; **7** (*boule décorative*) Knauf *m*
pommé [pɔme] *adj* ⟨~e⟩ BOT Kopf...
pommeau [pɔmo] *m* ⟨~x⟩ Knauf *m*
pommelé [pɔmle] *adj* ⟨~e⟩ *ciel* mit Schäfchenwolken; **cheval** (**gris**) **~** Apfelschimmel *m*
pommette [pɔmɛt] *f* Backenknochen *m*
▸**pommier** [pɔmje] *m* Apfelbaum *m*
▸**pompe**[1] [põp] *f* **1** Pumpe *f*; **~ à bicyclette** Fahrradpumpe *f*; **~ à chaleur** Wärmepumpe *f*; **~ à essence** Zapfsäule *f*; **~ à incendie** Feuerspritze *f*; **2** F *fig* **à toute ~** F mit Karacho; **3** F **~s** *pl* (*chaussures*) F Latschen *pl*; F *fig* **être à côté de ses ~s** F nicht ganz da sein; **4** F *exercice* **faire des ~s** Liegestütze *m/pl* machen
pompe[2] *f* **1** *st/s* (*faste*) **en grande ~** mit

P

großem Prunk, Pomp; **2 ~s funèbres** Beerdigungs-, Bestattungsinstitut *n*
pomper [põpe] *v/t* **1** TECH (ab)pumpen; **2** *sol: eau* aufsaugen; *moustiques: sang* saugen; **3** F (*copier*) abschreiben (***sur*** von)
pompette [põpɛt] *f adj* F beschwipst
pompeux [põpø] *adj* ⟨-euse [-øz]⟩ schwülstig; hochtrabend
▸**pompier**[1] [põpje] *m* Feuerwehrmann *m*; **~s** *pl* Feuerwehr *f*
pompier[2] *adj* ⟨-ière [-jɛʀ]⟩ gestelzt
pompiste [põpist] *m* Tankwart *m*
pompon [põpõ] *m* Pompon *m*; Troddel *f*; F Bommel *f*; F *iron* ***avoir le ~*** F den Vogel abschießen
pomponner [põpɔne] *v/t* (*et v/pr* ***se ~*** sich) herausputzen
ponce [põs] *adj* ***pierre f ~*** Bimsstein *m*
poncer [põse] *v/t* ⟨-ç-⟩ (ab)schleifen; *au papier émeri* (ab)schmirgeln
ponceuse [põsøz] *f* Schleifmaschine *f*
poncho [põʃo] *m* Poncho *m*
poncif [põsif] *m st/s* Gemeinplatz *m*
ponction [põksjõ] *f* **1** MÉD Punktion *f*; **2** FIN (Geld)Entnahme *f*
ponctualité [põktɥalite] *f* Pünktlichkeit *f*
ponctuation [põktɥasjõ] *f* Zeichensetzung *f*; Interpunktion *f*
ponctuel [põktɥɛl] *adj* ⟨~le⟩ **1** *personne* pünktlich; **2** *source lumineuse, fig intervention* punktuell
ponctuer [põktɥe] *v/t* **1** *texte* mit Satzzeichen versehen; interpunktieren; **2** *fig* ***~ d'un geste*** durch e-e Geste unterstreichen
pondération [põdeʀasjõ] *f* **1** *d'une personne* Besonnenheit *f*; Bedachtsamkeit *f*; **2** *statistique* Gewichtung *f*
pondéré [põdeʀe] *adj* ⟨~e⟩ besonnen; bedacht(sam)
pondéreux [põdeʀø] *m/pl* Schwergut *n*
pondeuse [põdøz] *f* Legehenne *f*
pondre [põdʀ(ə)] *v/t* ⟨→ rendre⟩ **1** *œufs* legen; *abs* Eier legen; **2** F *péj* produzieren
poney [pɔnɛ] *m* Pony *n*
pongiste [põʒist] *m,f* Tischtennisspieler(in) *m(f)*
▸**pont** [põ] *m* **1** Brücke *f*; ***~ aérien*** Luftbrücke *f*; AUTO ***~ de graissage*** Hebebühne *f*; *fig* ***faire le ~*** an e-m Werktag zwischen zwei Feiertagen nicht arbeiten; *fig* ***faire un ~ d'or à qn*** j-m ein lukratives Angebot machen; **2 ℘s et Chaussées** [põze-] Tiefbauamt *n*; **3** MAR Deck *n*; **4** AUTO ***~ arrière, avant*** Hinter-, Vorderachse *f*
pontage [põtaʒ] *m* Bypass(operation) *m(f)*
ponte[1] [põt] *f* ZO Eierlegen *n*
ponte[2] *m* F hohes Tier
pontife [põtif] *m* **1** ***souverain ~*** Pontifex maximus *m*; Papst *m*; **2** F *fig* Bonze *m*
pontific|al [põtifikal] *adj* ⟨~e; -aux [-o]⟩ päpstlich; **~at** [-a] *m* Pontifikat *n*
pontifier [põtifje] *v/i* dozieren
pont-levis [põl(ə)vi] *m* ⟨ponts-levis⟩ Zugbrücke *f*
ponton [põtõ] *m* Anlegeponton *m*
pool [pul] *m* **1** ÉCON Pool *m*; **2** ***~ de dactylos*** Schreibzentrale *f*
pop [pɔp] *adj* ⟨*inv*⟩ Pop…; ***musique f ~*** Popmusik *f*
pop-corn [pɔpkɔʀn] *m* Popcorn *n*
pope [pɔp] *m* Pope *m*
popeline [pɔplin] *f* Popelin(e) *m(f)*
popote [pɔpɔt] *f* F **1** ***faire la ~*** kochen; **2** *adjt* ⟨*inv*⟩ hausbacken
popotin [pɔpɔtɛ̃] *m* F (dicker) Po
populace [pɔpylas] *f péj* Pöbel *m*; Mob *m*
▸**populaire** [pɔpylɛʀ] *adj* **1** (*du peuple*) Volks… (*a* POL); volkstümlich; ***art m ~*** Volkskunst *f*; **2** (*plébéien*) (des) einfach(en Volkes); ***quartier m ~*** Arbeiterviertel *n*; **3** (*aimé*) populär; volkstümlich; beliebt
popular|iser [pɔpylaʀize] *v/t* popularisieren; verbreiten; **~ité** [-ite] *f* Popularität *f*; Beliebtheit *f*
▸**population** [pɔpylasjõ] *f* Bevölkerung *f*
populeux [pɔpylø] *adj* ⟨-euse [-øz]⟩ dicht bewohnt, bevölkert
populo [pɔpylo] F *m* ***le ~*** das (einfache) Volk
▸**porc** [pɔʀ] *m* **1** ZO Schwein *n*; **2** *viande* Schweinefleisch *n*; **3** *cuir* Schweinsleder *n*; **4** *péj d'un homme* (Dreck-) Schwein *n*
porcelaine [pɔʀsəlɛn] *f* **1** Porzellan *n*; ***de ou en ~*** Porzellan…; **2** *objet* Porzellangegenstand *m*; *vaisselle* Porzellangeschirr *n*; **3** ZO Porzellanschnecke *f*
porcelet [pɔʀsəlɛ] *m* ZO Ferkel *n*
porc-épic [pɔʀkepik] *m* ⟨porcs-épics

[-ke-]〉 Stachelschwein *n*

porche [pɔʀʃ] *m* Portalvorbau *m*, -vorhalle *f*

porcher [pɔʀʃe] *m* Schweinehirt *m*

porcherie [pɔʀʃəʀi] *f* Schweinestall *m*

porcin [pɔʀsɛ̃] **I** *adj* 〈-ine [-in]〉 **1** Schweine…; **2** *fig* ***yeux ~s*** Schweinsäuglein *n/pl*; **II** *m/pl* **~s** Schweine *n/pl*

pore [pɔʀ] *m* Pore *f*

poreux [pɔʀø] *adj* 〈-euse [-øz]〉 porös

porno [pɔʀno] *adj* 〈*f inv*〉 F *abr* (*pornographique*) Porno…

pornograph|ie [pɔʀnɔgʀafi] *f* Pornographie *f*; **~ique** [-ik] *adj* pornographisch

▸ **port**[1] [pɔʀ] *m* **1** Hafen *m*; ***~ de pêche*** Fischereihafen *m*; *fig* ***arriver à bon ~*** wohlbehalten ankommen; **2** *ville* Hafenstadt *f*; **3** *dans les Pyrénées* Pass *m*

port[2] *m* **1** *d'armes, de casque à moto, etc* Tragen *n*; **2** *d'une lettre* Porto *n*; ***en ~ dû*** unfrankiert; ***en ~ payé*** frankiert; **3** (*maintien*) (Körper)Haltung *f*

▸ **portable** [pɔʀtabl(ə)] *adj* tragbar; (***ordinateur*** *m*) **~** *m* Laptop *m*; (***téléphone*** *m*) **~** *m* Handy *n*

▸ **portail** [pɔʀtaj] *m* ARCH Portal *n*; *d'un parc* Tor *n*

portant [pɔʀtɑ̃] **I** *adj* 〈-ante [-ɑ̃t]〉 **1** CONSTR tragend; **2** ***être bien ~*** gesund sein; **II** *m* Stütze *f*

portatif [pɔʀtatif] *adj* 〈-ive [-iv]〉 tragbar; → ***portable***

▸ **porte**[1] [pɔʀt] *f* Tür *f*; *d'une ville, d'un slalom* Tor *n* (*a fig*); *du Paradis, de l'Enfer* Pforte *f*; AVIAT Flugsteig *m*; ***journée f ~s ouvertes*** Tag *m* der offenen Tür; ***~ d'entrée*** Eingangstür *f*; Haustür *f*; ***~ de secours*** Notausgang *m*; *habiter* ***~ à ~*** Tür an Tür; Haus an Haus; ***être à la ~*** vor der Tür stehen; ***mettre à la ~*** vor die Tür setzen; F rauswerfen; *employé* feuern; *fig* ***entre deux ~s*** zwischen Tür und Angel; (***fermez***) ***la ~!*** Tür zu!; *fig* ***se ménager une ~ de sortie*** sich e-e Hintertür offen halten

porte[2] *adj* ***veine f ~*** Pfortader *f*

porté [pɔʀte] *adj* 〈~e〉 ***être ~ à croire que …*** zu der Annahme neigen, dass …; ***être ~ sur qc*** e-e Schwäche für etw haben

porte-à-faux: ***en ~*** (*hors d'aplomb*) schief (*a fig*); (*en surplomb*) freitragend

porte-à-porte *m* ***faire du ~*** von Tür zu Tür, von Haus zu Haus gehen; hausieren

porte|-avions *m* 〈*inv*〉 Flugzeugträger *m*; **~-bagages** *m* 〈*inv*〉 *d'un vélo* Gepäckträger *m*; *dans un train* Gepäcknetz *n*; **~-bonheur** *m* 〈*inv*〉 Glücksbringer *m*; **~-bouteilles** *m* 〈*inv*〉 Flaschengestell *n*; **~-cartes** *m* 〈*inv*〉 Ausweistasche *f*, -hülle *f*; **~-clés** *m* 〈*inv*〉 *anneau* Schlüsselring *m*; *étui* Schlüsseletui *n*; **~-couteau** *m* 〈porte-couteau(x)〉 Messerbänkchen *n*; **~-drapeau** *m* 〈porte-drapeau(x)〉 Fahnenträger *m*

portée [pɔʀte] *f* **1** zo Wurf *m*; ***une ~ de chiots*** ein Wurf junger Hunde; **2** *distance* Reichweite *f*; ***à ~ de la main*** in Reichweite; griffbereit; greifbar; ***à ~ de*** (***la***) ***voix*** in Hör-, Rufweite; ***à la ~ de qn*** in Reichweite j-s; für j-n erreichbar; ***à la ~ de toutes les bourses*** für jeden erschwinglich; ***à la ~ de tous*** allgemein verständlich; ***'hors de la ~ de qn*** außer Reichweite j-s; für j-n unerreichbar; **3** *fig d'une décision, de paroles, etc* Tragweite *f*; Bedeutung *f*; Wirkung *f*; **4** MUS Notenlinien *f/pl*

porte-fenêtre *f* 〈portes-fenêtres〉 Terrassen-, Balkon-, Fenstertür *f*

▸ **portefeuille** [pɔʀtəfœj] *m* **1** *étui* Brieftasche *f*; **2** *d'un ministre* Geschäftsbereich *m*; Ressort *n*; Portefeuille *n*; **3** FIN Portefeuille *n*; Wertpapierbestand *m*

porte-jarretelles *m* 〈*inv*〉 Strumpfhaltergürtel *m*; Straps *m*

porte|manteau *m* 〈~x〉 Garderobe(nständer) *f*(*m*); Kleiderständer *m*; **~mine** *m* Druck-, Drehbleistift *m*

▸ **porte|-monnaie** *m* 〈*inv*〉 Geldbeutel *m*; Portemonnaie *ou* Portmonee *n*; **~-parapluies** *m* 〈*inv*〉 Schirmständer *m*; **~-parole** *m* 〈*inv*〉 Sprecher *m*; **~-plume** *m* 〈*inv*〉 Federhalter *m*

▸ **porter** [pɔʀte] **I** *v/t* **1** tragen (*a responsabilité, nom, inscription*); *vêtements a* anhaben; *chapeau a* aufhaben; *titre a* führen; **2** (*amener*) (hin)bringen (***à*** zu); *cuiller, etc à la bouche* führen; ***~ une lettre à la poste*** e-n Brief zur Post bringen; ***~ bonheur, malheur*** Glück, Unglück bringen; *litige* ***~ devant les tribunaux*** vor Gericht bringen; *température* ***~ à cent degrés*** auf hundert Grad bringen; ***tout porte à croire que …*** alles legt die Vermutung nahe, dass…; **3** (*inscrire*) eintragen (***sur*** in + *acc*); ***être porté disparu*** als vermisst gemeldet sein; ***se faire ~ malade*** sich krankmelden; sich krankschreiben lassen; **4** *sentiments, intérêt* entgegenbringen (***à qn*** j-m); **5** *regard, attention* ***~ sur qn, qc*** auf j-n, etw richten; ***~ son effort sur qc*** s-e Anstrengungen auf etw konzentrieren; **6** ZO *femelles* tragen (*surtout abs*); **II** *v/i* **7** *voix* ***~*** (***loin***) weit tragen; ***aussi loin que porte la vue*** so weit das Auge reicht; **8** (*avoir de l'effet*) wirken; s-e Wirkung nicht verfehlen; *remarque* sitzen; **9** *discussion, etc* ***~ sur qc*** etw zum Inhalt, Gegenstand haben; sich auf etw (*acc*) beziehen; **III** *v/pr* **10** ▸ ***il se porte bien, mal*** es geht ihm (gesundheitlich) gut, schlecht; **11** ***se ~ acquéreur*** als Käufer auftreten; ***se ~ volontaire*** sich freiwillig melden; **12** ***se ~ sur qn*** *regard* sich auf j-n richten; *a choix* auf j-n fallen; *grippe* ***se ~ sur les bronches*** sich auf die Bronchien legen; **13** *vêtements* ***se ~*** getragen werden

porte|-savon *m* ⟨porte-savon(s)⟩ Seifenschale *f*, -ablage *f*; ***~-serviettes*** *m* ⟨*inv*⟩ Handtuchhalter *m*

porteur [pɔʀtœʀ] **I** *m* **1** CH DE FER Gepäckträger *m*; Dienstmann *m*; *dans une expédition* Träger *m*; **2** (*détenteur*) Inhaber *m*; *chèque* ***payable au ~*** an Überbringer; **II** *adj* ⟨-euse [-øz]⟩ **1** TECH Träger…; **2** ***avion gros ~*** Großraumflugzeug *n*; **3** ***mère porteuse*** Leihmutter *f*; **4** ÉCON zukunftsträchtig

porte-voix *m* ⟨*inv*⟩ Megaphon *n*

portier [pɔʀtje] *m* **1** Portier *m*; Pförtner *m*; **2** ***~ électronique*** elektronisches Türschloss

portière [pɔʀtjɛʀ] *f* (Wagen)Tür *f*

portillon [pɔʀtijõ] *m* Türchen *n*; *du métro* Sperre *f*

portion [pɔʀsjõ] *f* **1** CUIS Portion *f*; **2** *d'un tout* (Teil)Stück *n*; Teil *m ou n*

portique [pɔʀtik] *m* **1** ARCH Säulenhalle *f*; Portikus *m*; **2** SPORTS Turngerüst *n*; **3** TECH Portalkran *m*

porto [pɔʀto] *m* Portwein *m*

portrait [pɔʀtʀɛ] *m* Porträt *n* (*a fig*); ***être tout le ~ de son père*** das getreue Abbild des Vaters sein; *fig* ***faire le ~ de qn*** j-n porträtieren

⚠ **porto**	≠	**Porto**
le porto	=	der Portwein
das Porto	=	le port

portraitiste [pɔʀtʀɛtist] *m,f* Porträtist(in) *m(f)*; Porträtmaler(in) *m(f)*

portrait-robot *m* ⟨portraits-robots⟩ Phantombild *n*; Fahndungsskizze *f*

portuaire [pɔʀtɥɛʀ] *adj* Hafen…

▸ **portugais** [pɔʀtygɛ] **I** *adj* ⟨-aise [-ɛz]⟩ portugiesisch; **II** *subst* **1** **♀(e)** *m(f)* Portugiese, -giesin *m,f*; **2** ZO ***~e*** *f Austernart*

▸ **Portugal** [pɔʀtygal] ***le ~*** Portugal *n*

P.O.S. [peoɛs] *m* ⟨*inv*⟩ *abr* (*plan d'occupation des sols*) Flächennutzungsplan *m*

pose [poz] *f* **1** TECH Anbringung *f*; Installierung *f*; Verlegung *f*; ***~ de la première pierre*** Grundsteinlegung *f*; **2** (*attitude*) (Körper)Haltung *f*; Stellung *f*; *affectée* Pose *f*; **3** PHOT Belichtung *f*

posé [poze] *adj* ⟨~e⟩ gesetzt; ruhig; besonnen

posemètre [pozmɛtʀ(ə)] *m* Belichtungsmesser *m*

▸ **poser** [poze] **I** *v/t* **1** *objet* (hin)stellen, (-)setzen, (-)legen; ***~ qc par terre*** etw auf den Boden stellen, setzen; ***~ son regard sur*** s-n Blick richten auf (+ *acc*); **2** (*installer*) *compteur, etc* anbringen; installieren; *serrure a* einbauen; *tuyaux, câbles, carrelage, moquette* (ver)legen; *bombe* legen; **3** *principe, équation* aufstellen; *question, condition* stellen; *problème* aufwerfen; darstellen; ***ceci posé*** dies vorausgesetzt; **4** (*donner du prestige*) ***~ qn*** j-m Ansehen verschaffen; **5** MATH *chiffre* (hin)schreiben; **II** *v/i* **6** Modell stehen; *fig* ***~*** (***pour la galerie***) auf Wirkung bedacht sein; nach (billigen) Effekten haschen; **III** *v/pr* **7** ***se ~*** *oiseau* sich setzen (***sur*** auf + *acc*); *avion* aufsetzen; landen; *regard* sich richten (***sur*** auf + *acc*); **8** *question, problème* ***se ~*** sich stellen; **9** *personne* ***se ~ en*** sich aufwerfen zu

pos|eur [pozœʀ] *m*, ***~euse*** [-øz] *f* **1** Wichtigtuer(in) *m(f)*; Angeber(in) *m(f)*; **2** ***poseur de bombes*** Bombenleger *m*

positif [pozitif] *adj* ⟨-ive [-iv]⟩ **1** positiv

P

(*a* MÉD, ÉLECT, MATH); *critique a* konstruktiv; ÉLECT ***pôle*** ~ Pluspol *m*; **2** *personne* ***esprit*** ~ Realist(in) *m(f)*

position [pozisjõ] *f* **1** *du corps* Stellung *f*; Haltung *f*; Position *f*; *d'un levier, etc* Stellung *f*; ~ ***horizontale*** Horizontallage *f*; **2** *d'une personne* (*situation*) Lage *f*; Situation *f*; **3** AVIAT, MAR Standort *m*; Position *f*; **4** *dans une hiérarchie, une série* Position *f*; Platz *m*; Stelle *f*; (*condition sociale*) (hohe) Position, Stellung; **5** MIL Stellung *f*; **6** *fig* (*point de vue*) Standpunkt *m*; Ansicht *f* (***sur*** über + *acc*); Position *f*; ***prendre*** ~ Stellung nehmen

positionner [pozisjɔne] *v/t* positionieren (*a produit*)

positivement [pozitivmɑ̃] *adv* **1** (*réellement*) wirklich; effektiv; **2** positiv

posologie [pɔzɔlɔʒi] *f* Dosierung *f*

possédé [pɔsede] **I** *adj* ⟨~e⟩ besessen; **II** ~**(e)** *m(f)* Besessene(r) *f(m)*

▸**posséder** [pɔsede] ⟨-è-⟩ **I** *v/t* **1** *biens, expérience* besitzen; **2** *langue, sujet* beherrschen; **3** *femme st/s* besitzen; **4** F (*tromper*) F hereinlegen; **II** *v/pr st/s* ***ne plus se*** ~ die Beherrschung verlieren

possesseur [pɔsɛsœʀ] *m* Besitzer *m*; *d'un diplôme, d'un titre* Inhaber *m*

possessif [pɔsɛsif] *adj* ⟨-ive [-iv]⟩ **1** (***pronom***) ~ *m* Possessivpronomen *n*; besitzanzeigendes Fürwort; **2** *personne* Besitz ergreifend

possession [pɔsɛsjõ] *f* **1** Besitz *m*; ***c'est en ma*** ~ das ist in meinem Besitz; ***être en pleine*** ~ ***de ses moyens*** im Vollbesitz s-r Kräfte sein; ***prendre*** ~ ***de qc*** von etw Besitz ergreifen; **2** PSYCH Besessenheit *f*

▸**possibilité** [pɔsibilite] *f* Möglichkeit *f*

▸**possible** [pɔsibl(ə)] **I** *adj* möglich; ***aussi bien que*** ~ *ou* ***le mieux*** ~ so gut wie möglich; möglichst gut; ***le plus*** ~ möglichst viel; ***le plus grand nombre*** ~ ***de personnes*** die größtmögliche Personenzahl; ***le plus souvent, tôt, vite*** ~ möglichst oft, bald, schnell; **II** *m* ***faire*** (***tout***) ***son*** ~ sein Möglichstes tun (***pour*** + *inf* um zu + *inf*); *aimable, etc* ***au*** ~ äußerst

post... [pɔst] *préfixe* nach...; Nach...; post...; Post...

postal [pɔstal] *adj* ⟨~e; -aux [-o]⟩ Post...; postalisch

postdater *v/t* vor-, vorausdatieren

▸**poste**[1] [pɔst] *f* Post *f*, *bureau a* Postamt *n*; ***par la*** ~ per Post; mit der Post; *lettre* ***mettre à la*** ~ aufgeben; einwerfen; → *Info bei* ***Post***

▸**poste**[2] *m* **1** MIL Posten *m*; ***poste d'observation*** Beobachtungsposten *m*; *par ext* ▸ ***poste*** (***de police***) Polizeiwache *f*; *fig* ***rester à son poste*** auf s-m Posten bleiben; **2** (*emplacement technique*) Stelle *f*; TÉL Nebenstelle *f*; ***poste frontière*** Grenzübergang *m*; ***poste d'aiguillage*** Stellwerk *n*; ***poste de pilotage*** Cockpit *n*; ***poste de secours*** Unfallstation *f*; Rettungsstelle *f*; **3** (*emploi*) Posten *m*; Stelle *f*; Stellung *f*; ***poste de confiance*** Vertrauensstellung *f*; ***poste de directeur*** Direktorposten *m*; F *fig* ***être fidèle au poste*** F die Stellung halten; **4** ▸ ***poste de radio, de télévision*** Radio-, Fernsehapparat *m*, -gerät *n*; *par ext* (*émetteur*) ***poste*** (***de radio***) Sender *m*

posté [pɔste] *adj* ⟨~e⟩ ***travail*** ~ Schichtarbeit *f*

▸**poster**[1] [pɔste] *v/t* **1** *qn* postieren; aufstellen; **2** *lettre* aufgeben; einwerfen; zur Post geben

poster[2] [pɔstɛʀ] *m* Poster *n ou m*

postérieur [pɔsteʀjœʀ] **I** *adj* ⟨~e⟩ **1** *dans le temps* später (***à qc*** als etw); ***être*** ~ ***à qc*** (zeitlich) nach etw liegen; **2** ANAT hintere; Hinter...; **II** *m* F Hintern *m*; Hinterteil *n*

postérité [pɔsteʀite] *f* **1** (*générations futures*) Nachwelt *f*; **2** *st/s* (*descendants*) Nachkommenschaft *f*

posthume [pɔstym] *adj* post(h)um

postiche [pɔstiʃ] **I** *adj* falsch; unecht; **II** *m* Haarteil *n*; *pour hommes* Toupet *n*

post|ier [pɔstje] *m*, ~**ière** [-jɛʀ] *f* Postbeamte(r), -beamtin *m,f*

postillon [pɔstijõ] *m* **1** HIST Postillon *m*; **2** *de salive* Speicheltröpfchen *n*

postillonner [pɔstijɔne] *v/i* e-e feuchte Aussprache haben

post-it® [pɔstit] *m* ⟨*inv*⟩ Haftnotiz *f*

post|moderne *adj* postmodern; ~**opératoire** *adj* nach der Operation (erfolgend); postoperativ

post-scriptum [pɔstskʀiptɔm] *m* ⟨*inv*⟩ (*abr* ***P.-S.***) Postskript(um) *n* (*abr* PS); Nachschrift *f*

postsynchronisation *f* Nachsynchronisierung *f*
postul|ant [pɔstylɑ̃] *m*, **~ante** [-ɑ̃t] *f* Bewerber(in) *m(f)*; REL Postulant(in) *m(f)*
postuler [pɔstyle] *v/t* sich bewerben (***un emploi*** um e-e Stelle)
posture [pɔstyʀ] *f* (Körper)Haltung *f*; Stellung *f*; Positur *f*; *fig* ***être en mauvaise ~*** in e-r üblen Lage sein; schlecht dran sein
▸**pot** [po] *m* **1** Topf *m*; *pour liquides a* Krug *m*; Kanne *f*; ***~ à eau*** Wasserkrug *m*; ***~ (de chambre)*** (Nacht)Topf *m*; F *fig* ***quel ~ de colle!*** F er *ou* sie ist die reinste Klette!; ***~ de confiture*** Marmeladenglas *n*; ***~ de fleurs*** Blumentopf *m*; ***~ de yaourt*** Becher *m* Joghurt; Joghurtbecher *m*; *fig* ***découvrir le ~ aux roses*** [pɔtoʀoz] dahinterkommen; F ***prendre, boire un ~*** (mit j-m) etwas trinken gehen; *fig* ***tourner autour du ~*** wie die Katze um den heißen Brei (herum)gehen; F herumdrucksen; **2** ***~ d'échappement*** Auspufftopf *m*; **3** F (*chance*) Glück *n*; ***avoir du ~*** F Schwein haben; ***manque*** *m* ***de ~!*** F Pech (gehabt)!
potable [pɔtabl(ə)] *adj* **1** ***eau*** *f* ***~*** Trinkwasser *n*; **2** F *fig* akzeptabel
potache [pɔtaʃ] *m* F Pennäler *m*
potage [pɔtaʒ] *m* Suppe *f*
potager [pɔtaʒe] *adj* ⟨-ère [-ɛʀ]⟩ Gemüse…; (***jardin***) ***~*** *m* Gemüsegarten *m*
potasse [pɔtas] *f* Kali *n*
potasser [pɔtase] *v/t* F büffeln, F pauken (***un examen*** für ein Examen)
potassium [pɔtasjɔm] *m* Kalium *n*
pot-au-feu [pɔtofø] *m* ⟨*inv*⟩ *Eintopf aus Suppenfleisch u verschiedenen Gemüsen*
pot-de-vin [podvɛ̃] *m* ⟨pots-de-vin⟩ Bestechungs-, Schmiergeld *n*
pote [pɔt] F *m* Freund *m*; F Kumpel *m*
poteau [pɔto] *m* ⟨~x⟩ Pfosten *m* (*a* SPORTS); ***~ indicateur*** Wegweiser *m*; ***~ électrique*** Strommast *m*
potée [pɔte] *f Eintopf aus Schweinefleisch u verschiedenen Gemüsen*
potelé [pɔtle] *adj* ⟨~e⟩ rundlich; F pummelig; ***main ~e*** F Patschhändchen *n*
potence [pɔtɑ̃s] *f* Galgen *m* (*a* TECH)
potentat [pɔtɑ̃ta] *m* Potentat *m*; Machthaber *m*
potentiel [pɔtɑ̃sjɛl] **I** *adj* ⟨~le⟩ potenziell; **II** *m* Potenzial *n*
poterie [pɔtʀi] *f art, objet* Töpferei *f*; ***~s*** *pl* Töpfer-, Tonwaren *f/pl*; ***faire de la ~*** töpfern
potiche [pɔtiʃ] *f* **1** Porzellanvase *f*; **2** *fig* Randfigur *f*
potier [pɔtje] *m* Töpfer *m*
potin [pɔtɛ̃] *m* F **1** ***~s*** *pl* Klatsch *m*; F Tratsch *m*; **2** (*vacarme*) Krach *m*; F Radau *m*
potion [posjõ] *f* Arznei(trank) *f(m)*; ***~ magique*** Zaubertrank *m*
potiron [pɔtiʀõ] *m* Riesenkürbis *m*
pot-pourri [popuʀi] *m* ⟨pots-pourris⟩ Potpourri *n*
pou [pu] *m* ⟨~x⟩ Laus *f*; F *fig* ***chercher des ~x dans la tête à qn*** mit j-m Streit suchen
pouah [pwa] F *int* pfui!; F igittigitt!
▸**poubelle** [pubɛl] *f* Müll-, Abfalleimer *m*; *d'un immeuble* Mülltonne *f*; *adjt* ***sac*** *m* ***~*** Müllbeutel *m*, -sack *m*
▸**pouce** [pus] *m* **1** Daumen *m*; *fig* ***donner un coup de ~*** (***à qc***) (bei etw ein bisschen) nachhelfen; *fig* ***manger sur le ~*** schnell e-e Kleinigkeit essen; F *fig* ***se tourner les ~s*** F Däumchen drehen; **2** *int aux jeux d'enfants* ***~!*** halt!; **3** *ancienne mesure* Zoll *m*; *fig* ***ne pas reculer d'un ~*** keinen Zollbreit zurückweichen
▸**poudre** [pudʀ(ə)] *f* **1** Pulver *n*; ***~ à éternuer*** Niespulver *n*; ***en ~*** …pulver *n*; Pulver…; ***sucre*** *m* ***en ~*** Streuzucker *m*; **2** *sur la peau* Puder *m*; **3** *explosif* (Schieß)Pulver *n*
poudrer [pudʀe] *v/t* (*et v/pr* ***se ~*** sich) pudern
poudreux [pudʀø] *adj* ⟨-euse [-øz]⟩ pulv(e)rig; (***neige***) ***poudreuse*** *f* Pulverschnee *m*
poudrier [pudʀije] *m* Puderdose *f*
poudrière [pudʀijɛʀ] *f* **1** Pulvermagazin *n*; **2** *fig* Pulverfass *n*
pouf [puf] **I** *int* plumps!; **II** *m* Puff *m*; Sitzkissen *n*
pouffer [pufe] *v/i* ***~ (de rire)*** loslachen; F losplatzen; F losprusten
pouilleux [pujø] **I** *adj* ⟨-euse [-øz]⟩ **1** *quartier* armselig, schäbig (und schmutzig); **2** ***la Champagne pouilleuse*** die trockene Champagne; **II** *subst* **1** ***~, pouilleuse*** *m,f* armer Schlu-

cker; **2** *jeu de cartes* ***le ~*** der Schwarze Peter

poulailler [pulaje] *m* **1** Hühnerstall *m*; **2** THÉ F Olymp *m*; Galerie *f*

poulain [pulɛ̃] *m* **1** Fohlen *n*; **2** *fig* Schützling *m*

poularde [pulaʀd] *f* Poularde *f*

▸ **poule** [pul] *f* **1** Henne *f*; Huhn *n*; *fig* ***~ mouillée*** F Angsthase *m*; ***~ au pot*** Suppenhuhn *n*; ***~ d'eau*** Teichhuhn *n*; *fig* ***c'est une mère ~*** sie wacht wie e-e Glucke über ihre Kinder; **2** F ***ma ~*** (mein) Schätzchen *n*; **3** F *fig* ***~ de luxe*** F Edelnutte *f*; **4** SPORTS (Turnier-) Gruppe *f*

▸ **poulet** [pulɛ] *m* **1** Hähnchen *n*; ***~ rôti*** Brathähnchen *n*, *südd* -hendl *n*; ***~ de grain*** mit Korn gemästetes Huhn, Hähnchen; **2** F ***mon*** **(*petit*)** ***~*** F (mein) Herzchen *n*, Schätzchen *n*; **3** F (*policier*) F Polyp *m*; F Bulle *m*

poulette [pulɛt] *f* F ***ma ~*** F Schätzchen!

pouliche [puliʃ] *f* junge Stute

poulie [puli] *f* Rolle *f*; Seilscheibe *f*

poulpe [pulp] *m* Krake *m*

pouls [pu] *m* Puls *m*; ***prendre le ~*** den Puls messen, zählen; *fig* ***tâter le ~ de qn*** j-m den Puls fühlen

▸ **poumon** [pumõ] *m* Lunge(nflügel) *f*(*m*); ***~s*** *pl* Lunge *f*

poupe [pup] *f* MAR Heck *n*

▸ **poupée** [pupe] *f* **1** Puppe *f*; ***jouer à la ~*** mit Puppen spielen; **2** F *pansement* verbundener Finger

poupin [pupɛ̃] *adj* ⟨-ine [-in]⟩ ***visage ~*** Puppengesicht *n*

P

poupon [pupõ] *m* Baby *n*

pouponn|er [pupɔne] *v/i* Babys, ein Baby hätscheln; ***~ière*** [-jɛʀ] *f* (Kinder)Krippe *f*

▸ **pour** [puʀ] **I** *prép* **1** *but, intention* für (+ *acc*); ***c'est pour toi*** das ist für dich; *personne* ***être pour qn, qc*** für j-n, etw sein; *abs* ***être pour*** dafür sein; ***payer pour qn*** für j-n bezahlen; ***pour dix euros*** für zehn Euro; *il est grand* ***pour son âge*** für sein Alter; **2** *destination* nach; ***un billet, le train pour Lyon*** e-e Fahrkarte, der Zug nach Lyon; **3** (*concernant*) ***pour*** **(*ce qui est de*)** ***...*** was ... an(be)langt, betrifft; ***pour moi, pour ma part*** für mich; was mich betrifft; **4** *cause* wegen (+ *gén*, F + *dat*); ***pour cela*** deswegen; deshalb; ***pour cette raison*** aus diesem Grund; **5** (*comme*) als; ***pour tout bagage*** als einziges Gepäck; **6** *suivi d'un inf* **a)** *finalité* um zu (+ *inf*); ***pour ne pas le rencontrer*** um ihm nicht zu begegnen; **b)** *cause* weil; *il a été puni* ***pour avoir volé*** weil er gestohlen hat; **II** *conj* **a)** *finalité* ▸ ***pour que ...*** (+ *subj*) damit ...; ***pour que tout le monde soit content*** damit alle zufrieden sind; **b)** *conséquence* ***il est bien trop riche pour qu'on le plaigne*** er ist viel zu reich, als dass man ihn bedauern würde; **III** *subst* ***le pour et le contre*** das Für und Wider

▸ **pourboire** *m* Trinkgeld *n*; → *Info bei* ***Trinkgeld***

pourceau [puʀso] *litt m* ⟨~x⟩ Schwein *n*

pourcentage [puʀsɑ̃taʒ] *m* **1** *rapport* Prozentsatz *m*; **2** *part* prozentualer Anteil (***sur*** an + *dat*)

pourchasser *v/t* jagen; Jagd machen auf (+ *acc*); verfolgen

pourfendre *litt v/t* ⟨→ rendre⟩ heftig attackieren

pourlécher *v/pr* ⟨-è-⟩ ***s'en ~ les babines*** sich (vor Verlangen) den Mund lecken

pourparlers *m/pl* Gespräche *n/pl*; Verhandlung(en) *f*(*pl*)

pourpre[1] [puʀpʀ(ə)] *f colorant, étoffe* Purpur *m*

pourpre[2] **I** *m* **1** *couleur* Purpur(rot) *m*(*n*); **2** ***~ rétinien*** Sehpurpur *m*; **II** *adj* purpurrot

▸ **pourquoi I** *adv* warum; weshalb; wieso; ***pourquoi pas?*** warum nicht?; ▸ ***c'est pourquoi*** darum; deshalb; deswegen; **II** *m* ⟨*inv*⟩ **1** ***le pourquoi*** das Warum; **2** *question* Warum-Frage *f*

pourrai [puʀɛ] → ***pouvoir***

pourri [puʀi] **I** *adj* ⟨~e⟩ **1** *aliments, etc* faul; verfault; **2** *fig* verdorben; korrupt; *enfant* maßlos verwöhnt; **3** *été, temps* verregnet; **II** *m de fruits* faule Stelle; ***odeur*** *f* ***de ~*** Fäulnisgeruch *m*

pourrir [puʀiʀ] **I** *v/t enfant* maßlos verwöhnen; *argent* ***~ qn*** j-n verderben; **II** *v/i* **1** *bois, fruits* (ver)faulen; *feuilles a* verrotten; (ver)modern (*a bois*); **2** *fig situation* sich verschlechtern; ***laisser ~ une grève*** e-n Streik sich totlaufen lassen

pourriture [puʀityʀ] *f* **1** Fäulnis *f*; **2** *fig* Verdorbenheit *f*; **3** *injure* P Scheißkerl *m*; P Miststück *n*

poursuite *f* **1** Verfolgung *f*; ***se lancer à la ~ de qn*** die Verfolgung j-s aufnehmen; **2** CYCLISME Verfolgungsrennen *n*; **3** (*continuation*) Fortsetzung *f*; Weiterführung *f*; **4 ~ (*judiciaire*)** gerichtliche Verfolgung, Ahndung

poursuiv|ant *m*, **~ante** *f* Verfolger(in) *m(f)*

▸ **poursuivre** ⟨→ suivre⟩ **I** *v/t* **1** verfolgen; *fig images* ***~ qn*** j-n verfolgen; ***~ qn de sa haine*** j-n mit s-m Hass verfolgen; **2** (*continuer*) fortsetzen; weiterführen; ***poursuivez!*** fahren Sie fort!; **3 *~ qn* (*en justice*)** j-n gerichtlich belangen, verfolgen; **II** *v/pr négociations, etc* ***se ~*** fortgesetzt, weitergeführt werden

▸ **pourtant** *adv* dennoch; trotzdem

pourtour *m* **1** (*circonférence*) Umfang *m*; **2** (*bord*) Rand *m*

pourvoi [purvwa] *m* JUR Rekurs *m*; Einlegung *f* e-s Rechtsmittels; ***~ en cassation*** Revision(santrag) *f(m)*

pourvoir ⟨→ voir; *aber*: je pourvus; je pourvoirai⟩ **I** *v/t* ***~ qn, qc de qc*** j-n, etw mit etw versehen, ausstatten; **II** *v/t/indir* ***~ à qc*** für etw aufkommen; **III** *v/pr* **1 *se ~ de qc*** sich mit etw versehen, eindecken; **2** JUR ***se ~ en cassation*** Revision einlegen

pourvoy|eur *m*, **~euse** [-øz] *f* ***~ de ...*** ...lieferant(in) *m(f)*

pourvu I *p/p* → ***pourvoir***; **II** *conj* ***~ que*** (+ *subj*) **a)** (*à condition que*) vorausgesetzt, dass ...; **b)** *souhait* hoffentlich; wenn ... (doch) nur

poussah [pusa] *m* **1** *jouet* Stehaufmännchen *n*; **2** *fig* kleiner Dicker

pousse [pus] *f* **1** *d'un végétal* Trieb *m*; Spross *m*; Schössling *m*; ***~s de bambou*** Bambussprossen *pl*; **2** *action* Wachsen *n*; Sprießen *n*

poussé [puse] *adj* ⟨~e⟩ *moteur* hochgezüchtet; *études, discussion* eingehend; ausführlich

pousse-café *m* ⟨*inv*⟩ Verdauungsschnaps *m*

poussée [puse] *f* **1** Stoß *m*; *d'une foule* Drängen *n*; F Drängeln *n*; **2** PHYS, TECH Schub *m*; **3 *~ de fièvre*** plötzlicher Temperaturanstieg; **4** *fig* ***~ démographique*** Bevölkerungsexplosion *f*; POL ***~ vers la gauche*** Linksruck *m*

pousse-pousse *m* ⟨*inv*⟩ Rikscha *f*

▸ **pousser** [puse] **I** *v/t* **1** *personne* (an)stoßen; F schubsen; *véhicule* schieben; *verrou* vorschieben; *porte* aufstoßen *ou* zustoßen; *vent: nuages* treiben; *sur une porte* ***poussez!*** drücken!; *abs* ***ne poussez pas!*** nicht drängen, F drängeln!; ***~ qc du pied*** etw mit dem Fuß beiseite schieben; **2 *~ qn à (faire) qc*** j-n zu etw (an)treiben, drängen, ermuntern, *péj* verleiten; **3** *études, recherches* vorantreiben; *moteur* hochjagen; ***~ la gentillesse jusqu'à*** (+ *inf*) in s-r Höflichkeit so weit gehen zu (+ *inf*); *abs* F ***faut pas ~*** man darf auch nicht übertreiben; **4** *cri, soupir* ausstoßen; **II** *v/i* **5** (*grandir*) wachsen; *plantes a* sprießen (*a barbe*); treiben; *enfant* ***~ bien*** gedeihen; ***faire ~ des légumes*** Gemüse ziehen, anbauen; **6 *~ jusqu'à ...*** weitergehen, -fahren bis (zu) ...; **7** *pour aller à la selle* drücken; **III** *v/pr* ***se ~*** Platz machen

poussette [pusɛt] *f* Sportwagen *m* (*für Kinder*); Buggy *m*

▸ **poussière** [pusjɛʀ] *f* **1** Staub *m*; ***une ~*** ein Staubkorn *n*; ***faire mordre la ~ à qn*** j-n zu Fall bringen (*a fig*); **2** F *mille euros* ***et des ~s*** F und ein paar Zerquetschte

poussiéreux [pusjeʀø] *adj* ⟨-euse [-øz]⟩ staubig; verstaubt (*a fig*)

poussif [pusif] *adj* ⟨-ive [-iv]⟩ **1** *personne* kurzatmig; **2** *moteur* stotternd

poussin [pusɛ̃] *m* Küken *n*

poutre [putʀ(ə)] *f* **1** CONSTR Balken *m*; **2** SPORTS Schwebebalken *m*

poutrelle [putʀɛl] *f* kleiner Stahlträger

▸ **pouvoir**[1] [puvwaʀ] ⟨je peux *ou st/s* je puis (*aber immer* puis-je?), tu peux, il peut, nous pouvons, ils peuvent; je pouvais; je pus; je pourrai; que je puisse; pouvant; pu (*inv*)⟩ **I** *v/t* können; ***on n'y peut rien*** da kann man nichts machen; ***je n'en peux plus*** ich kann nicht mehr; **II** *v/aux avec inf* **1** (*être capable de*) können; *il est* ***on ne peut plus*** *aimable* äußerst; außerordentlich; → *Info bei* ***können***; **2** (*avoir le droit de*) dürfen; können; ▸ ***est-ce que je peux ...*** (+ *inf*)? darf, kann ich ... (+ *inf*)?; ▸ ***est-ce que vous pourriez ...*** (+ *inf*)? Könnten Sie vielleicht ... (+ *inf*)?; ***... si l'on peut dire ...*** wenn

P

man so sagen darf; **3** *possibilité* mögen; können; ***quel âge peut-elle bien avoir?*** wie alt könnte, mag, wird sie wohl sein?; **III** *v/imp et v/pr* ***il se peut que …*** (+ *subj*) es kann sein, es ist möglich, dass …

▸**pouvoir**[2] *m* **1** Macht *f* (***sur qn*** über j-n); Kraft *f*; Gewalt *f*; ***~ d'achat*** Kaufkraft *f*; ***cela n'est pas en mon ~*** das steht nicht in meiner Macht; **2** POL Macht *f*; ***être au ~*** an der Macht sein; **3** POL, JUR (Staats)Gewalt *f*; ***~s publics*** Behörden *f/pl*; Staatsorgane *n/pl*; **4** (*procuration*) Vollmacht *f*; (*droit*) Befugnis *f*; ***pleins ~s*** unbeschränkte Vollmacht; **5** PHYS, TECH Vermögen *n*; Fähigkeit *f*; Kraft *f*

pragmatique [pʀagmatik] *adj* pragmatisch

praire [pʀɛʀ] *f* (Warzige) Venusmuschel

prairie [pʀɛʀi] *f* **1** Wiese *f*; **2** ***la*** ♀ die Prärie

praline [pʀalin] *f* **1** gebrannte Mandel; **2** *en Belgique* (*chocolat*) Praline *f*

praliné [pʀaline] *adj* ⟨~e⟩ *chocolat* mit Nougatfüllung; *glace* mit Krokantsplittern

praticable [pʀatikabl(ə)] **I** *adj* **1** *chemin* begehbar; *route* befahrbar; *terrain de sports* bespielbar; **2** *opération* durchführbar; praktikabel; **II** *m* **1** THÉ Praktikabel *n*; **2** CIN, TV Kamera- *ou* Scheinwerferstand *m*

pratic|ien [pʀatisjɛ̃] *m* (praktizierender) Arzt; **~ienne** [-jɛn] *f* (praktizierende) Ärztin

pratiquant [pʀatikɑ̃] *adj* ⟨-ante [-ɑ̃t]⟩ praktizierend; ***elle est très ~e*** sie ist e-e eifrige Kirchgängerin

▸**pratique** [pʀatik] **I** *adj* praktisch; **II** *f* **1** (*opposé: théorie*) Praxis *f*; ***mettre en ~*** in die Praxis, Tat umsetzen; **2** (*savoir-faire*) Praxis *f*; (praktische, Berufs)Erfahrung; **3** *d'un métier, d'un sport* Ausübung *f*; Betreiben *n*; **4** (*usage*) Praxis *f*; Gepflogenheit *f*; ***~s*** *pl* Praktiken *f/pl*

pratiquer [pʀatike] **I** *v/t* **1** *métier, art* ausüben; betreiben (*a sport*); **2** *méthode* (praktisch) anwenden; praktizieren; *une politique* betreiben; *charité* üben; **3** REL *abs* s-e religiösen Pflichten erfüllen; **4** *ouverture* machen; *intervention chirurgicale* vornehmen; **II** *v/pr* ***se ~*** üblich sein; *sport* betrieben werden

▸**pré** [pʀe] *m* Wiese *f*

pré… [pʀe] *préfixe* prä…; Prä…; vor…; Vor…

préadolesc|ent *m*, **~ente** *f* 10-13-Jährige(r) *f(m)*

préalable [pʀealabl(ə)] **I** *adj* **1** vorherig; vorangehend (***à*** *dat*); **II** *m* **1** Vorbedingung *f*; **2** ***au ~*** vorher; zuvor

préalablement [pʀealabləmɑ̃] *adv* vorher; zuvor; ***~ à*** vor (+ *dat*)

préambule [pʀeɑ̃byl] *m* **1** JUR Präambel *f*; *d'un discours* Vorrede *f*; ***sans ~*** unvermittelt; **2** *fig* Vorspiel *n*

préau [pʀeo] *m* ⟨~x⟩ überdachter Teil des Schulhofs

préavis *m* **1** (Vor)Ankündigung *f*; **2** *de licenciement* Kündigung(sfrist) *f*; *renvoyer qn* ***sans ~*** fristlos

précaire [pʀekɛʀ] *adj* prekär; labil; unsicher

précarité [pʀekaʀite] *f* Unsicherheit *f*; Labilität *f*

précaution *f* (*prudence*) Vorsicht *f*; Behutsamkeit *f*; *disposition prise* Vorsichtsmaßnahme *f*; ***par ~*** vorsichtshalber; ***prendre des ~s*** Vorsichtsmaßnahmen, Vorsorge treffen

précédemment [pʀesedamɑ̃] *adv* vorher; zuvor

précédent [pʀesedɑ̃] **I** *adj* ⟨-ente [-ɑ̃t]⟩ vorangehend; vorig; Vor…; *adv* ***l'année ~e*** im vorigen Jahr; im Vorjahr; **II** *m* Präzedenzfall *m*; ***sans ~*** beispiellos; noch nie da gewesen

précéder *v/t* ⟨-è-⟩ **1** *dans le temps* voran-, vorher-, vorausgehen (+ *dat*); ***il m'a précédé de dix minutes*** er war zehn Minuten früher da als ich; **2** *dans l'espace* ***~ qn*** vor j-m hergehen *ou* -fahren; j-m vorangehen

précepte [pʀesɛpt] *m* Gebot *n*; Vorschrift *f*

précep|teur [pʀesɛptœʀ] *m*, **~trice** [-tʀis] *f* Haus-, Privatlehrer(in) *m(f)*

prêche [pʀɛʃ] *m* Predigt *f*

prêcher [pʀɛʃe] *v/t et v/i* predigen

prêchi-prêcha [pʀɛʃipʀɛʃa] *m* ⟨*inv*⟩ F *péj* (ewige) Moralpredigten *f/pl*

précieusement [pʀesjøzmɑ̃] *adv garder* sorgfältig; sorgsam

▸**précieux** [pʀesjø] *adj* ⟨-euse [-øz]⟩ **1** (*de valeur*) wertvoll; kostbar; ***métaux ~*** Edelmetalle *n/pl*; **2** (*affecté*) geziert; preziös

préciosité [pʀesjozite] *f* Geziertheit *f*
précipice [pʀesipis] *m* Abgrund *m*
précipitamment [pʀesipitamɑ̃] *adv* überstürzt; Hals über Kopf
précipitation [pʀesipitasjõ] *f* **1** Hast *f*; Überstürzung *f*; **2** **~s** *pl* Niederschläge *m/pl*
précipité [pʀesipite] **I** *adj* ⟨~e⟩ **1** *pas* eilig; hastig; **2** *départ* überstürzt; *décision* übereilt; **II** *m* CHIM Niederschlag *m*
précipiter [pʀesipite] **I** *v/t* **1** (*jeter d'en haut*) (in die Tiefe, hinab)stürzen; **2** (*projeter*) schleudern; **3** (*brusquer*) überstürzen; übereilen; **II** *v/pr* **se ~** **4** (*se jeter d'en haut*) sich stürzen (***dans le vide*** in die Tiefe); **5** (*s'élancer*) stürzen (***à la porte*** zur Tür); **6** *événements* sich überstürzen
▸**précis** [pʀesi] **I** *adj* ⟨-ise [-iz]⟩ präzis(e); genau; exakt; *endroit, point* ganz bestimmt; ***à dix heures ~es*** genau um, Punkt zehn Uhr; **II** *m* Abriss *m*
précisément [pʀesizemɑ̃] *adv* **1** (*de façon précise*) präzis(e); genau; ***plus ~*** genauer gesagt; **2** (*justement*) genau; gerade; ***pas ~*** nicht gerade
préciser [pʀesize] **I** *v/t* präzisieren; genau(er) angeben; ***précisez!*** drücken Sie sich klarer, deutlicher aus!; ***~ que ...*** deutlich machen, dass...; **II** *v/pr* ***se ~*** klarer, deutlicher werden
précision [pʀesizjõ] *f* **1** Präzision *f* (*a* TECH); Exaktheit *f*; Genauigkeit *f*; **2** **~s** *pl* genauere, nähere Angaben *f/pl*; Einzelheiten *f/pl*
précoce [pʀekɔs] *adj* **1** *fruit* Früh...; **2** *enfant* frühreif; **3** *hiver, rides* früh(zeitig); vorzeitig
précocité [pʀekɔsite] *f* Frühreife *f*
préconçu *adj* ⟨~e⟩ ***idée ~e*** vorgefasste Meinung
préconiser [pʀekɔnize] *v/t* befürworten; empfehlen
précurseur **I** *m* Vorläufer *m*; Wegbereiter *m*; **II** *adj m* ***signe ~*** Vorzeichen *n*, -bote *m*; Anzeichen *n*
prédateur [pʀedatœʀ] *m* räuberisch lebendes Tier
prédécesseur [pʀedesesœʀ] *m* Vorgänger(in) *m(f)*
prédestiner *v/t* prädestinieren, vorherbestimmen (***à qc*** für *ou* zu etw)
prédicateur [pʀedikatœʀ] *m* Prediger *m*
prédiction *f* Voraus-, Vorhersage *f*
prédilection [pʀedilɛksjõ] *f* Vorliebe *f* (***pour*** für); ***de ~*** Lieblings...
prédire *v/t* ⟨→ dire; *aber*: vous prédisez⟩ voraus-, vorhersagen; prophezeien
prédisposer *v/t* ***~ qn à qc*** j-n für etw prädisponieren; ***être prédisposé à qc*** e-e Veranlagung zu etw haben
prédisposition *f* Veranlagung *f*; MÉD *a* Prädisposition *f*, besondere Anfälligkeit (***à*** für)
prédomin|ant *adj* ⟨-ante⟩ vorherrschend; **~er** *v/i* vorherrschen; überwiegen; (prä)dominieren
préélectoral *adj* ⟨~e; -aux⟩ vor den Wahlen; Wahlkampf...
préemballé [pʀeɑ̃bale] *adj* ⟨~e⟩ abgepackt
prééminence *f* Vorrang(stellung) *m(f)*
préemption [pʀeɑ̃psjõ] *f* ***droit m de ~*** Vorkaufsrecht *n*
préétabli [pʀeetabli] *adj* ⟨~e⟩ vorher festgelegt
préfabriqué [pʀefabʀike] **I** *adj* ⟨~e⟩ vorgefertigt; ***élément ~*** Fertig(bau)teil *n*; ***maison ~e*** Fertighaus *n*; **II** *m* Fertigbau(weise) *m(f)*
préfac|e *f* Vorwort *n*; **~er** *v/t* ⟨-ç-⟩ das Vorwort schreiben zu
préfectoral [pʀefɛktɔʀal] *adj* ⟨~e; -aux [-o]⟩ des Präfekten; der Präfektur
préfecture [pʀefɛktyʀ] *f* **1** Präfektur *f*; **2** *ville* Sitz *m* e-r Präfektur; **3** ***~ de police*** Polizeipräsidium *n* (in Paris)
préférable [pʀefeʀabl(ə)] *adj* ***être ~ à qc*** besser sein als etw; e-r Sache (*dat*) vorzuziehen sein
préféré [pʀefeʀe] **I** *adj* ⟨~e⟩ bevorzugt; Lieblings...; **II** **~(e)** *m(f)* Liebling *m* (***de qn*** j-s)
préférence [pʀefeʀɑ̃s] *f* Vorzug *m*; Bevorzugung *f*; ÉCON Präferenz *f*; ***~ pour qn, qc*** Vorliebe *f* für j-n, etw; ***de ~*** lieber; am besten; vorzugsweise
préférentiel [pʀefeʀɑ̃sjɛl] *adj* ⟨~le⟩ Vorzugs...; Präferenz...
▸**préférer** [pʀefeʀe] *v/t* ⟨-è-⟩ vorziehen (***à*** *dat*); lieber haben (als); bevorzugen; ***je préfère le train*** (***à la voiture***) ich fahre lieber mit der Bahn (als mit dem Auto); ***~ faire qc*** lieber etw tun; (es) vorziehen, etw zu tun
préfet [pʀefɛ] *m* **1** Präfekt *m*; **2** ***~ de police*** Polizeipräsident *m*

P

préfigurer *v/t* e-n Vorgeschmack geben von; ahnen lassen
préfixe *m* Präfix *n*; Vorsilbe *f*
préhensile [preɑ̃sil] *adj* BIOL Greif…
pré|histoire *f* Vor-, Urgeschichte *f*; **~historique** *adj* vor-, urgeschichtlich; prähistorisch
préjudice [preʒydis] *m* Schaden *m*; Nachteil *m*; Beeinträchtigung *f*; **causer un ~ ou porter ~ à qn** j-m schaden, Schaden zufügen
préjudiciable [preʒydisjabl(ə)] *adj* **~ à** schädlich für; abträglich (+ *dat*)
▸ **préjugé** *m* Vorurteil *n*
préjuger *v/t/indir* ⟨-ge-⟩ **~ de qc** e-r Sache (*dat*) vorgreifen
prélasser *v/pr* **se ~ au soleil** F sich in der Sonne aalen; **se ~ dans un fauteuil** F sich in e-m Sessel rekeln
prélat [prela] *m* Prälat *m*
prélavage *m* Vorwäsche *f*
prêle *ou* **prèle** [prɛl] *f* Schachtelhalm *m*
prélèvement [prelɛvmɑ̃] *m* Entnahme *f* (*a d'un organe*); *sur un salaire* Abzug *m* (**sur** von); *sur un compte bancaire* Abbuchung *f* (von); **~ automatique** Einzugs-, Lastschriftverfahren *n*; **faire un ~ de sang** Blut abnehmen; e-e Blutprobe entnehmen, machen
prélever *v/t* ⟨-è-⟩ entnehmen (**sur** *dat ou* aus); nehmen (aus, von); *somme a* einbehalten, erheben (von); *sur un compte bancaire* abbuchen (von)
préliminaire [preliminɛr] **I** *adj* Vor…; einleitend; **II** *m/pl* **~s 1** Präliminarien *pl*; Einleitung *f*; **2** POL Vorverhandlungen *f/pl*
prélude [prelyd] *m* **1** MUS Präludium *n*; Vorspiel *n*; **2** *fig* Auftakt *m* (**à** zu)
préluder [prelyde] *v/t/indir* **~ à qc** den Auftakt zu etw bilden
prématuré [prematyre] *adj* ⟨**~e**⟩ **1** *démarche* verfrüht; voreilig; **2** *mort* vorzeitig; (zu) früh; **accouchement ~** Frühgeburt *f*; (**enfant**) **~** *m* Frühgeburt *f*
préméditation *f* JUR Vorsatz *m*; **avec ~** vorsätzlich
préméditer *v/t* planen
prémices [premis] *litt f/pl* Anfänge *m/pl*
▸ **premier** [prəmje] **I** *adj* ⟨-ière [-jɛr]⟩ **1** erste; **le ~ août** der erste *ou* am ersten August; **François Ier** Franz I. (der Erste); **~ âge** Säuglingsalter *n*; **objectif ~** oberstes, höchstes Ziel; **2** (*primitif*) ursprünglich; **nombre ~** Primzahl *f*; **II** *subst* **1 le ~, la première** der, die, das Erste; *dans un classement a* der, die, das Beste; **les trois ~s** die ersten drei; **le ~ de l'an** der Neujahrstag; **le ~ du mois** der Monatserste; *adv* am Monatsersten; **arriver le ~** als Erster ankommen; **en ~** zuerst; **2** *m étage* **au ~** im ersten Stock; **3** THÉ **jeune ~** jugendlicher Held, Liebhaber
première [prəmjɛr] *f* **1** THÉ, CIN Premiere *f*; Ur-, Erstaufführung *f*; **2** CH DE FER erste Klasse; **3** ÉCOLE sechste Klasse im Gymnasium; Unterprima *f*; **4** AUTO erster Gang; **5** ALPINISME Erstbesteigung *f*
premièrement [prəmjɛrmɑ̃] *adv* erstens; zuerst
premier-né *m* ⟨premiers-nés⟩, **première-née** *f* ⟨premières-nées⟩ Erstgeborene(r, -s) *f(m, n)*
prémisse [premis] *f* Voraussetzung *f*; Prämisse *f*
prémolaire *f* vorderer Backenzahn
prémonition [premɔnisjõ] *f* (schlimme) (Vor)Ahnung
prémonitoire [premɔnitwar] *adj* **signe** *m* **~** (warnendes) Vorzeichen
prémunir *v/pr* **se ~ contre qc** sich vor etw (*dat*), gegen etw schützen
prenant [prənɑ̃] *adj* ⟨-ante [-ɑ̃t]⟩ **1** *film, livre* packend; (*émouvant*) ergreifend; **2** *activité* zeitraubend; **3** **partie ~e** Interessenten *m/pl*
prénatal *adj* ⟨**~e**; -als⟩ vorgeburtlich; Schwangerschafts…
▸ **prendre** [prɑ̃dr(ə)] ⟨je prends, il prend, nous prenons, ils prennent; je prenais; je pris; je prendrai; que je prenne, que nous prenions; prenant; pris⟩ **I** *v/t* **1** nehmen; (*enlever*) wegnehmen; (*sortir de*) herausnehmen (**dans, de** aus); (*emporter*) mitnehmen; (*accueillir*) aufnehmen; *ordres, commandes* entgegennehmen; MIL *ville* einnehmen; *crédit* aufnehmen; *assurance* abschließen; *billet* kaufen; lösen; *photo* aufnehmen; machen; *mesures* ergreifen; treffen; *risques* auf sich nehmen; eingehen; *pouvoir* übernehmen; ergreifen; *ses fonctions* übernehmen; antreten; **prendre de l'âge** alt werden;

taxi ***prendre un client*** e-n Fahrgast auf-, mitnehmen, befördern; ***prendre des forces*** kräftig(er) werden; ***prendre de l'importance*** (an) Bedeutung gewinnen; ***prendre bien*** gut aufnehmen; ***prendre mal*** übel nehmen; ***à tout prendre*** im Grunde (genommen); alles in allem; ***prendre qn, qc en aversion*** e-e Abneigung gegen j-n, etw bekommen, fassen; ***prendre qn par les sentiments*** j-n von der Gefühlsseite her nehmen, packen; ***c'est à prendre ou à laisser*** entweder - oder; eins von beiden; ***passer, venir prendre qn, qc*** j-n, etw abholen (kommen); *chez le coiffeur, etc* ***pouvez-vous me prendre à cinq heures?*** können Sie mich um fünf Uhr drannehmen?; ***savoir prendre qn*** F j-n zu nehmen wissen, verstehen; **2** *nourriture* zu sich nehmen; *repas* einnehmen; *médicament* (ein)nehmen; *poison* nehmen; ***prendre son petit-déjeuner*** frühstücken; ***vous prendrez bien quelque chose?*** Sie trinken doch etwas?; **3** *moyen de transport* nehmen; benutzen (*a escalier*); **4** *direction, chemin* einschlagen; *chemin, route a* gehen *ou* fahren (auf + *dat*); **5** (*embaucher*) einstellen (**comme secrétaire** als Sekretärin); **6** (*capturer*) *animal* (ein)fangen; *poisson* fangen; *personne en fuite* fassen; F schnappen; **7** (*surprendre*) ***prendre qn*** j-n ertappen, F erwischen; **8** (*adopter*) *air* aufsetzen; *ton* anschlagen; *attitude* einnehmen; *habitude* annehmen; **9** (*recevoir*) (ab)bekommen; F (ab)kriegen; **10** (*s'emparer de*) ***prendre qn*** *fatigue, envie* j-n überkommen; *panique* j-n packen (*a colère, désespoir*); j-n erfassen, ergreifen; F ***qu'est-ce qui te prend?*** was ist denn in dich gefahren?; **11** *travail* ***prendre qn*** j-n beschäftigen, in Anspruch nehmen; **12** (*voler*) ***prendre qc, qn à qn*** j-m etw, j-n (weg)nehmen; **13** (*se faire payer*) verlangen; nehmen; ***il prend cher*** er verlangt, nimmt hohe Preise; er ist teuer; **14** ▸ ***prendre pour*** (*considérer comme*) halten für; ***pour qui me prenez-vous?*** für wen halten Sie mich eigentlich?; **II** *v/i* **15** *mayonnaise, crème* steif, fest werden; dicken; *ciment* abbinden; **16** *bouture* anwachsen; *feu* angehen; **17** *spectacle, mode* ankommen; Anklang finden; *menace, excuse* ***ne pas prendre*** nicht wirken, verfangen, F ziehen; **18** ***prendre à droite, sur la droite*** sich nach rechts wenden; rechts einbiegen; **19** ***prendre sur soi*** sich zusammennehmen; **III** *v/pr* **20** ***se prendre le doigt dans la porte*** sich den Finger in der Tür einklemmen; **21** ***s'en prendre à qn, à qc*** j-m, e-r Sache die Schuld geben; **22** ***s'y prendre à l'avance*** sich im Voraus darum kümmern; ***s'y prendre bien, mal*** es richtig *ou* geschickt, falsch *ou* dumm anstellen; **23** ***se prendre pour un génie***, *etc* sich für ein Genie *etc* halten

preneur [pʀənœʀ] *m* **1** COMM Abnehmer *m*; **2** ~ ***d'otage(s)*** Geiselnehmer *m*; **3** ~ ***de son*** Tontechniker *m*

▸ **prénom** *m* Vorname *m*

prénommer **I** *v/t* ~ ***qn ...*** j-m den (Vor)Namen ... geben; **II** *v/pr* ***se*** ~ ... mit Vornamen ... heißen

prénuptial *adj* vor der Eheschließung

préoccup|ant *adj* ⟨-ante⟩ Besorgnis erregend; **~ation** *f* Sorge *f*; Besorgnis *f*

préoccupé *adj* ⟨~e⟩ besorgt

préoccuper **I** *v/t* ~ ***qn*** j-m Sorge(n) machen; j-n stark beschäftigen; **II** *v/pr* ***se*** ~ ***de qc*** sich über etw (*acc*) Gedanken machen

prépara|teur [pʀepaʀatœʀ] *m*, **~trice** [-tʀis] *f* Laborgehilfe *m*, -gehilfin *f*

préparatifs [pʀepaʀatif] *m/pl* Vorbereitung(en) *f/pl*

préparation [pʀepaʀasjõ] *f* **1** Vorbereitung *f*; CUIS Zubereitung *f*; **2** CHIM, PHARM Präparat *n*

préparatoire [pʀepaʀatwaʀ] *adj* vorbereitend; ***classes*** *f/pl* **~s** Vorbereitungsklassen *f/pl* für die „grandes écoles"

▸ **préparer** **I** *v/t* **1** vorbereiten; *repas* zubereiten; ***préparer un examen*** sich auf ein Examen vorbereiten; ***plat préparé*** Fertiggericht *n*; ***préparer qn à qc*** j-n auf etw (*acc*) vorbereiten; **2** *avenir* ***préparer qc à qn*** für j-n etw bereithalten; ***préparer une surprise à qn*** j-m e-e Überraschung bereiten; **II** *v/pr* **3** ▸ ***se préparer à*** sich vorbereiten auf (+ *acc*); ***se préparer pour qc*** sich für etw fertig machen; **4** ***se préparer*** *orage, fig qc de grave* heraufziehen; sich zusammenbrauen; sich vorbereiten

prépondér|ance [pʀepõdeʀɑ̃s] *f* Vor-

P

machtstellung *f*; **~ant** [-ɑ̃] *adj* ⟨-ante [-ɑ̃t]⟩ ausschlaggebend; entscheidend
préposé(e) **I** *m(f)* **1** *des postes* Briefträger(in) *m(f)*; **2** *agent* Bedienstete(r) *f(m)*; **II** *p/p* ***être ~ à qc*** mit etw beauftragt sein
préposition *f* Präposition *f*; Verhältniswort *n*
prépuce [pʀepys] *m* Vorhaut *f*
préretraite *f* **1** Vorruhestand *m*; **2** *allocation* vorgezogene Altersrente
prérogative [pʀeʀɔgativ] *f* Vorrecht *n*
▸**près** [pʀɛ] **I** *adv* **1** (***tout***) ***près*** (ganz) in der Nähe; ***de près*** aus der Nähe; *suivre* dicht; *raser* glatt; *fig examiner* genau; eingehend; **2** ***à ... près*** abgesehen von (+ *dat*); bis auf (+ *acc*); ***à cela près que ...*** abgesehen davon, dass ...; ***je ne suis pas à cinq minutes près*** auf fünf Minuten (mehr oder weniger) kommt es mir nicht an; ▸ ***à peu près, à peu de chose(s) près*** (*environ*) ungefähr; etwa; zirka; (*presque*) fast; beinahe; **II** *prép* ▸ ***près de*** nah(e) bei (+ *dat*); in der Nähe von (*ou* + *gén*); *avec un nombre* fast; beinahe; nahezu; ***près d'ici*** hier in der Nähe; ***il est près de onze heures*** es ist fast, gleich elf (Uhr); ***être près de faire qc*** nahe daran sein, etw zu tun
présage [pʀezaʒ] *m* Vorzeichen *n*; Omen *n*
présager [pʀezaʒe] *v/t* ⟨-ge-⟩ (***laisser***) **~** vermuten, ahnen lassen
pré-salé [pʀesale] *m* ⟨prés-salés⟩ *Schaf, das auf e-r Wiese geweidet hat, die zeitweilig vom Meer überspült wird*
P
presbyte [pʀɛzbit] *adj* weitsichtig
presbytère [pʀɛzbitɛʀ] *m* Pfarrhaus *n*
presbytie [pʀɛzbisi] *f* Weitsichtigkeit *f*
prescience [pʀesjɑ̃s] *f* Wissen *n* um die Zukunft
préscolaire *adj* Vorschul...
prescription [pʀɛskʀipsjõ] *f* **1** MÉD Verordnung *f*; **2** JUR Verjährung *f*
prescrire [pʀɛskʀiʀ] ⟨→ écrire⟩ *v/t* vorschreiben; *médicament* verordnen; verschreiben
prescrit [pʀɛskʀi] *adj* ⟨-ite [-it]⟩ **1** vorgeschrieben; **2** JUR verjährt
préséance [pʀeseɑ̃s] *f* Vortritt *m*; Vorrang *m*
présélection [pʀeselɛksjõ] *f* **1** *de candidats* Vorauswahl *f*; **2** TECH Vorwahl *f*
présélectionner [pʀeselɛksjɔne] *v/t* **1** *candidats* e-e Vorauswahl treffen unter (+ *dat*); **2** TECH vorwählen
▸**présence** [pʀezɑ̃s] *f* **1** *de qn* Anwesenheit *f*; Gegenwart *f*; Präsenz *f*; ***en ~ de*** in Anwesenheit, in Gegenwart, im Beisein von (*ou* + *gén*); ***en votre ~*** in Ihrer Gegenwart; *adversaires* ***être en ~*** sich gegenüberstehen; **2** *de qc* Vorhandensein *n*; **3** ***~ d'esprit*** Geistesgegenwart *f*; **4** *d'un acteur* Ausstrahlungskraft *f*
▸**présent**[1] [pʀezɑ̃] **I** *adj* ⟨-ente [-ɑ̃t]⟩ **1** *personne* anwesend; *réponse* ***~!*** hier!; ***personne ~e*** Anwesende(r) *m*; ***être ~ (à qc)*** (bei etw) anwesend, zugegen, präsent sein; **2** (*actuel*) gegenwärtig; derzeitig; jetzig; **3** ADM, COMM vorliegend; *subst* ***par la ~e*** hierdurch; hiermit; **4** ***participe ~*** Partizip *n* Präsens; **II** *m* **1** Gegenwart *f*; ***à ~*** gegenwärtig; zurzeit; derzeit; jetzt; ***à ~ que ...*** jetzt, da *ou* wo ...; ***jusqu'à ~*** bis jetzt; bisher; **2** GR Präsens *n*; Gegenwart *f*; **3** ***les ~s*** *m/pl* die Anwesenden *m/pl*
présent[2] *litt m* Geschenk *n*; *st/s* Präsent *n*
présentable [pʀezɑ̃tabl(ə)] *adj* vorzeigbar; präsentabel; ansehnlich
présenta|teur [pʀezɑ̃tatœʀ] *m*, **~trice** [-tʀis] *f* RAD, TV Moderator(in) *m(f)*; *dans un spectacle* Ansager(in) *m(f)*; Showmaster *m*; Conférencier *m*
présentation [pʀezɑ̃tasjõ] *f* **1** *d'une collection, etc* Vorführung *f*; *d'un livre* Vorstellung *f*; *d'une émission* Moderation *f*; *d'un spectacle* Ansage *f*; **2** (*manière de présenter*) Präsentation *f*; Aufmachung *f*; *d'un texte* Gestaltung *f*; **3** *d'une thèse, etc* Darlegung *f*; Darstellung *f*; **4** *d'une pièce d'identité* Vorzeigen *n*; *d'un chèque* Vorlage *f*; ***sur ~ de*** gegen Vorlage von (*ou* + *gén*); **5** *d'une personne à une autre* Vorstellung *f*; ***faire les ~s*** die Gäste einander vorstellen; **6** (*apparence de qn*) Erscheinung(sbild) *f(n)*
présentement [pʀezɑ̃tmɑ̃] *adv* zurzeit
▸**présenter** [pʀezɑ̃te] **I** *v/t* **1** *plat* darbieten; *pièce d'identité, billet* vorzeigen; vorweisen; *chèque, facture, rapport* vorlegen; *fig arguments* vorbringen; *condoléances, felicitations* aussprechen; *démission, candidature* einreichen; *cadeau, etc* ***bien présenté*** schön aufgemacht; fürs Auge; **2** *collection*,

etc vorführen; *livre, film* (dem Publikum) vorstellen; *numéro de cirque* darbieten; (*annoncer*) ansagen; *émission* moderieren; führen durch; **3 ~ qn à qn** j-m j-n vorstellen; **4** *idées, faits* (*exposer*) darlegen; darstellen; **5** (*avoir*) *défauts, qualités* aufweisen; **II** *v/i* **6** *personne* **~ bien** e-e gute Erscheinung sein; **III** *v/pr* **7 se ~ (à qn)** sich (j-m) vorstellen; **se ~ aux élections** bei den Wahlen kandidieren; **se ~ à un examen** an e-r Prüfung teilnehmen; **8 se ~** *occasion* sich bieten; *cas* vorkommen; ***l'affaire se présente bien, mal*** die Sache läßt sich gut, schlecht an

présentoir [pʀezɑ̃twaʀ] *m* Verkaufsständer *m*; Display *n*

préservatif [pʀezɛʀvatif] *m* Kondom *n*; Präservativ *n*

préserv|ation [pʀezɛʀvasjõ] *f* Bewahrung *f*; Schutz *m*; **~er** [-e] *v/t* bewahren, schützen (**de** vor + *dat*)

présidence [pʀezidɑ̃s] *f* **1** *d'une réunion* Vorsitz *m*; **2** POL Präsidentschaft *f*

▸**président** [pʀezidɑ̃] *m* **1** Vorsitzende(r) *m*; Obmann *m*; Präsident *m*; **2** POL (Staats)Präsident *m*; ***le* ♀ *de la République*** der französische Staatspräsident

président-directeur général *m* (*abr* ***P.D.G.***) ⟨*pl* présidents-directeurs généraux⟩ Generaldirektor *m*

présidente [pʀezidɑ̃t] *f* Vorsitzende *f*; Präsidentin *f* (*a* POL)

présidentiable [pʀezidɑ̃sjabl(ə)] *adj* zum Präsidenten geeignet

présidentiel [pʀezidɑ̃sjɛl] *adj* ⟨**~le**⟩ (***élections***) **~les** *f/pl* Präsidentschaftswahlen *f/pl*; ***régime* ~** Präsidialsystem *n*

présider [pʀezide] **I** *v/t* **1** den Vorsitz führen (***une réunion*** bei e-r Versammlung); ***présidé par*** unter dem Vorsitz von (*ou* + *gén*); **2 ~ *un repas*** bei e-m Essen den Ehrenplatz einnehmen; **II** *v/t/indir* **~ *à qc*** etw leiten

présignalisation [pʀesiɲalizasjõ] *f* AUTO ***triangle*** *m* ***de* ~** Warndreieck *n*

présomptif [pʀezõptif] *adj* ⟨-ive [-iv]⟩ mutmaßlich

présomption [pʀezõpsjõ] *f* **1** (*supposition*) Vermutung *f* (*a* JUR); Mutmaßung *f*; **2** (*suffisance*) Überheblichkeit *f*; Anmaßung *f*; Dünkel *m*

présomptueux [pʀezõptɥø] *adj* ⟨-euse [-øz]⟩ überheblich; anmaßend; eingebildet

▸**presque** [pʀɛsk(ə)] *adv* fast; beinahe

presqu'île [pʀɛskil] *f* Halbinsel *f*

pressant [pʀɛsɑ̃] *adj* ⟨-ante [-ɑ̃t]⟩ dringend; dringlich

▸**presse** [pʀɛs] *f* **1** Presse *f*; Zeitungswesen *n*; ***la grande* ~** die großen Tageszeitungen *f/pl*; **~ *du cœur*** Regenbogenpresse *f*; ***avoir bonne, mauvaise* ~** e-e gute, schlechte Presse haben; **2** TECH (Druck)Presse *f*; ***sous* ~** im Druck

▸**pressé** [pʀɛse] **I** *adj* ⟨**~e**⟩ **1** *travail, lettre* eilig; dringend; ***être* ~** *personne* es eilig haben; in Eile sein; *travail, lettre* eilen; eilig sein; **2** *fruits* ausgepresst; ***orange* ~*e*** (frisch ausgepresster) Orangensaft; **II** *m* ***aller, parer au plus* ~** das Dringendste zuerst erledigen

presse|-bouton *adj* ⟨*inv*⟩ vollautomatisch; F per Knopfdruck; **~-citron** *m* ⟨*inv*⟩ Zitronenpresse *f*

pressentiment [pʀesɑ̃timɑ̃] *m* (Vor-)Gefühl *n*; (Vor)Ahnung *f*

pressentir [pʀesɑ̃tiʀ] *v/t* ⟨→ sentir⟩ **1** (voraus)ahnen; **2** (*sonder*) **~ *qn*** bei j-m vorfühlen

presse-papiers *m* ⟨*inv*⟩ Briefbeschwerer *m*

presser [pʀɛse] **I** *v/t* **1** *fruits* (aus)pressen; *éponge* ausdrücken; **2** TECH pressen (*a disques*); **3** (*serrer*) drücken; pressen; **4 ~ *qn de questions*** j-n mit Fragen bedrängen; **5** (*hâter*) beschleunigen; **II** *v/i* **6** eilen; eilig, dringend sein; pressieren; **III** *v/pr* **7** (*se dépêcher*) ***se* ~** sich beeilen; ***sans se* ~** ohne Eile; F ***allons, pressons!*** F ein bisschen Tempo!; **8** *foule* ***se* ~** sich drängen

pressing [pʀɛsiŋ] *m* Reinigung *f* (*Geschäft*)

pression [pʀɛsjõ] *f* **1** Druck *m*; *fig* ***exercer une, faire* ~ *sur qn*** Druck auf j-n ausüben; **2** (***bière*** *f*) **~** Fassbier *n*; Bier *n* vom Fass; **3** (*bouton-*~) Druckknopf *m*

pressoir [pʀɛswaʀ] *m* (Frucht)Presse *f*; *pour le vin* Kelter *f*

pressurer [pʀɛsyʀe] *v/t* ausbeuten

pressurisé [pʀɛsyʀize] *adj* ⟨**~e**⟩ ***cabine* ~*e*** Druckkabine *f*

prestance [pʀɛstɑ̃s] *f* *aspect* gutes,

P

stattliches Aussehen; *maintien* gewandtes, sicheres Auftreten

prestataire [prɛstatɛʀ] *m* **1** **~ *de services*** Dienstleistungsunternehmen *n*; **2** (*bénéficiaire*) Leistungsempfänger *m*

prestation [prɛstasjõ] *f* **1** *allocation, service* Leistung *f*; **~ *dépendance*** Pflegegeld *n*; **~ *de service*** Dienstleistung *f*; **2** **~ *de serment*** Eidesleistung *f*; **3** (*performance*) Leistung *f*

preste [prɛst] *adj* behänd(e); flink

prestidigita|teur [prɛstidiʒitatœʀ] *m* Zauberkünstler *m*; Taschenspieler *m*; **~tion** [-sjõ] *f* Zauberkunst *f*

prestige [prɛstiʒ] *m* Prestige *n*; Ansehen *n*

prestigieux [prɛstiʒjø] *adj* ⟨-euse [-øz]⟩ angesehen; COMM anspruchsvoll; (*magnifique*) wundervoll

présumé [prezyme] *adj* ⟨~e⟩ mutmaßlich

présumer [prezyme] **I** *v/t* vermuten; mutmaßen; ***être présumé innocent*** als unschuldig gelten; **II** *v/t/indir* ***trop ~ de ses forces*** s-e Kräfte überschätzen

présupposer [presypoze] *v/t* voraussetzen

présure [prezyʀ] *f* Lab(ferment) *n*

▸ **prêt**[1] [prɛ] *adj* ⟨prête [prɛt]⟩ ***être ~*** bereit, fertig sein; **~ *à tout*** zu allem bereit; **~ *à partir*** startbereit; reisefertig

prêt[2] *m* Darlehen *n*

prêt-à-porter [prɛtapɔʀte] *m* ⟨prêts-à--porter⟩ Konfektion(skleidung) *f*

prétendant [pretɑ̃dɑ̃] *m* **1** Thronprätendent *m*; **2** *d'une femme* Bewerber *m*

prétendre ⟨→ rendre⟩ **I** *v/t* **1** (*soutenir*) behaupten; vorgeben; **2** (*vouloir*) **~** (+ *inf*) gewillt sein, gedenken, beabsichtigen zu (+ *inf*); **II** *v/t/indir* **~ *à qc*** auf etw (*acc*) Anspruch erheben; **III** *v/pr* ***se ~ qc*** behaupten, etw zu sein; etw sein wollen

prétendu *adj* ⟨~e⟩ angeblich

prête-nom [prɛtnõ] *m* ⟨prête-noms⟩ Strohmann *m*

prétentieux [pretɑ̃sjø] *adj* ⟨-euse [-øz]⟩ *personne* eingebildet; eitel; selbstgefällig; *air* affektiert; *style* protzig

prétention [pretɑ̃sjõ] *f* **1** (*revendication*) Anspruch *m*; *pl* **~s** (*salaire exigé*) Gehaltsansprüche *m/pl*; **2** (*ambition*) Ambition *f*; Ehrgeiz *m*; ***avoir la ~ de*** (+ *inf*) sich einbilden, sich anmaßen zu (+ *inf*); *maison, style* ***sans ~*** anspruchslos; **3** (*vanité*) Selbstgefälligkeit *f*; Eitelkeit *f*; Einbildung *f*

▸ **prêter** [prete] **I** *v/t* **1** *argent, objet* (aus-, ver)leihen; borgen; → *Info bei* ***leihen***; *par ext* **~ *son nom à qc*** s-n Namen für etw hergeben; **2** **~ (*son*) *assistance à qn*** j-m Hilfe, Beistand leisten; **~ *attention à*** Aufmerksamkeit schenken (+ *dat*); **3** (*attribuer*) **~ *qc à qn*** j-m etw zuschreiben, *propos, intentions* unterstellen; **II** *v/t/indir* **4** **~ *à qc*** Anlass zu etw geben; **III** *v/pr* **5** *personne* ***se ~ à qc*** sich zu etw hergeben; **6** *thème, terre* ***se ~ à qc*** sich zu, für etw eignen

prétérit [preteʀit] *m* Präteritum *n*

prêt|eur [prɛtœʀ], **~euse** **I** *m,f d'un prêt* Darlehensgeber(in) *m(f)*; **~ *sur gages*** Pfandleiher(in) *m(f)*; **II** *adj* ***être ~*** gern leihen

▸ **prétexte** *m* Vorwand *m*; ***sous ~ que ...*** unter dem Vorwand, dass ...

prétexter [pretɛkste] *v/t* **~ *qc*** etw vorschützen, zum Vorwand nehmen; **~ *que ...*** vorgeben, dass ...

prétoire [pretwaʀ] *m* Gerichtssaal *m*

▸ **prêtre** [prɛtʀ(ə)] *m* Priester *m*

prêtre-ouvrier *m* ⟨prêtres-ouvriers⟩ Arbeiterpriester *m*

prêtr|esse [prɛtʀɛs] *f* Priesterin *f*; **~ise** [-iz] *f* Priesteramt *n*, -würde *f*

▸ **preuve** [prœv] *f* **1** Beweis *m*; *fig* **~ *d'amitié*** Freundschaftsbeweis *m*; ***faire ses ~s*** sich bewähren; ***faire ~ de courage*** Mut beweisen; sich mutig zeigen; sich als mutig erweisen; **2** MATH **~ *par neuf*** Neunerprobe *f*

preux [prø] *m* HIST Recke *m*

prévaloir ⟨→ valoir; *aber*: que je prévale⟩ **I** *v/i st/s* obsiegen (***contre*** über + *acc*); ***faire ~ ses droits*** seine Rechte durchsetzen; **II** *v/pr* ***se ~ de qc*** sich auf e-e Sache etwas zugute halten, einbilden

prévarication [prevaʀikasjõ] *f* Amtspflichtverletzung *f*

préven|ance [prevnɑ̃s] *f* Zuvorkommenheit *f*; Aufmerksamkeit *f* (*a acte*); **~ant** [-ɑ̃] *adj* ⟨-ante [-ɑ̃t]⟩ zuvorkommend

▸ **prévenir** *v/t* ⟨→ venir; *aber v/aux* avoir⟩ **1** (*informer*) **~ *qn*** (***de qc***) j-n (von etw) benachrichtigen, *police* verständigen; **2** (*avertir*) ~ ***qn*** (***de qc***) j-n (vor etw [*dat*]) warnen; **3** (*empêcher*) ~ ***qc*** e-r Sache (*dat*) vorbeugen; etw verhüten; **4** ~ ***les désirs de qn*** den Wünschen j-s zuvorkommen

préventif [prevɑ̃tif] *adj* ⟨-ive [-iv]⟩ **1** vorbeugend; Präventiv…; **2** ***détention préventive*** Untersuchungshaft *f*

prévention [prevɑ̃sjõ] *f* **1** Verhütung *f*; Vorbeugung *f*; ~ ***routière*** Unfallverhütung *f*; **2** (*préjugé*) Voreingenommenheit *f*; Vorurteil *n*

prévenu(e) *m(f)* Beschuldigte(r) *f(m)*; Tatverdächtige(r) *f(m)*

prévisible *adj* vorher-, voraussehbar

prévision *f* Vorher-, Voraussage *f*; Prognose *f*; ~***s*** *pl* Erwartungen *f/pl*; ~ ***budgétaire*** Haushaltsvoranschlag *m*; ~***s météorologiques*** Wetteraussichten *f/pl*, -vorhersage *f*; ***en*** ~ ***de*** in Erwartung (+ *gén*)

▸ **prévoir** *v/t* ⟨→ voir; *aber*: je prévoirai⟩ **1** (*imaginer à l'avance*) voraus-, vorhersehen; **2** (*organiser d'avance*) vorsehen; planen; ***être prévu*** vorgesehen sein

prévoy|ance [prevwajɑ̃s] *f* Vorsorge *f*; Voraussicht *f*; ~**ant** [-ɑ̃] *adj* ⟨-ante [-ɑ̃t]⟩ vorausschauend

prévu *p/p et adj* ⟨~e⟩ → ***prévoir***

prie-Dieu [pridjø] *m* ⟨*inv*⟩ Betstuhl *m*

▸ **prier** [prije] *v/t* **1** REL beten (*a abs*); ~ ***Dieu*** zu Gott beten; **2** (*demander*) bitten; ~ ***qn de faire qc*** j-n bitten, ersuchen, etw zu tun; ***vous êtes prié de*** (+ *inf*) Sie werden gebeten zu (+ *inf*); ***ne pas se faire*** ~ sich nicht lange bitten lassen; ▸ ***je t'en prie*** bitte sehr!; bitte schön!; *injonction* ich bitte dich!; ▸ ***je vous en prie*** bitte sehr!; bitte schön!; *injonction* ich bitte Sie!

▸ **prière** [prijɛr] *f* **1** REL Gebet *n*; ***dire, faire une*** ~ ein Gebet sprechen, verrichten; **2** (*demande*) Bitte *f*; ~ ***de ne pas fumer*** bitte nicht rauchen!

prieur(e) [prijœr] *m(f)* Prior(in) *m(f)*

prieuré [prijœre] *m* Priorat *n*

primaire [primɛr] *adj* **1** ***école*** *f* ~ Grundschule *f*; (***enseignement*** *m*) ~ *m* Grundschulwesen *n*; **2** primär; Primär…; ***élections*** *f/pl* ~***s*** Vorwahlen *f/pl*; ***ère*** *f* ~ Paläozoikum *n*; Erdaltertum *n*; ***secteur*** *m* ~ Agrarwirtschaft *f* und Bergbau *m*; **3** *péj* primitiv

primat [prima] *m* CATH Primas *m*

primates [primat] *m/pl* ZO Primaten *m/pl*

primauté [primote] *f* Vorrang *m*; Primat *m ou n* (*a du pape*)

prime[1] [prim] *adj* **1** ***de*** ~ ***abord*** auf den ersten Blick; zunächst; ***dès sa*** ~ ***jeunesse*** von frühester Jugend an; **2** MATH ***a*** ~ a Strich (a')

prime[2] *f* **1** (*indemnité*) Prämie *f*; Zulage *f*; ~ ***à l'exportation*** Exportprämie *f*; ~ ***de fin d'année*** Weihnachtsgeld *n*, -gratifikation *f*; COMM ***avoir qc en*** ~ etw als Werbegeschenk, Zugabe bekommen; **2** ASSURANCES (Versicherungs)Prämie *f*

primer [prime] *v/t* **1** (*l'emporter*) vorgehen (***qc*** e-r Sache [*dat*]); **2** (*récompenser*) präm(i)ieren

primesautier [primsotje] *adj* ⟨-ière [-jɛr]⟩ impulsiv; spontan

primeur [primœr] *f* **1** ***avoir la*** ~ ***de qc*** als Erste(r) in den Genuss von etw kommen; **2** *adjt* ***vin*** *m* ~ junger Rotwein; **3** ~***s*** *pl* Frühgemüse *n* und Frühobst *n*

primevère [primvɛr] *f* Primel *f*

primitif [primitif] **I** *adj* ⟨-ive [-iv]⟩ **1** (*d'origine*) ursprünglich; Ur…; ***homme*** ~ Urmensch *m*; **2** (*non civilisé*) primitiv; der Primitiven; ***art*** ~ Kunst *f* der Naturvölker; **3** *fig* (*fruste*) primitiv; einfach

primo [primo] *adv* erstens

primo-infection *f* ⟨primo-infections⟩ Erstinfektion *f*

primordial [primɔrdjal] *adj* ⟨~e; -aux [-o]⟩ (äußerst) wichtig; entscheidend

prince [prɛ̃s] *m* **1** *régnant* Fürst *m*; *fig* ***être bon*** ~ großzügig, tolerant sein; **2** *non régnant, titre* Prinz *m*

prince-de-galles [prɛ̃sdəgal] *m* ⟨*inv*⟩ TEXT Glencheck *m*

princesse [prɛ̃sɛs] *f* **1** Prinzessin *f*; *fig* ***aux frais de la*** ~ auf Staats- *ou* Geschäftskosten; **2** *adjt* ***'haricots*** *m/pl* ~***(s)*** Prinzessbohnen *f/pl*; ***robe*** *f* ~ Prinzesskleid *n*

princier [prɛ̃sje] *adj* ⟨-ière [-jɛr]⟩ fürstlich (*a fig*); Fürsten…

▸ **principal** [prɛ̃sipal] **I** *adj* ⟨~e; -aux [-o]⟩ Haupt…; hauptsächliche; wichtigste; (***proposition***) ~***e*** *f* Hauptsatz *m*; **II** *subst* **1** ***le*** ~ die Hauptsache; **2** *m* ⟨-aux [-o]⟩, ~***e*** *f d'un collège* Direktor(in) *m(f)*

P

principalement [prɛ̃sipalmɑ̃] *adv* hauptsächlich; vor allem
principauté [prɛ̃sipote] *f* Fürstentum *n*
principe [prɛ̃sip] *m* **1** Prinzip *n* (*a sc*); Grundsatz *m*; **... de ~** prinzipiell; Prinzipien...; **en ~** im Prinzip; prinzipiell; grundsätzlich; **par ~** aus Prinzip; **2** CHIM Bestandteil *m*; Stoff *m*
printanier [prɛ̃tanje] *adj* ⟨-ière [-jɛʀ]⟩ frühlingshaft; Frühlings...; Frühjahrs...
▸**printemps** [prɛ̃tɑ̃] *m* Frühling *m* (*a fig*); Frühjahr *n*; *poét* Lenz *m*; **au ~** im Frühling, Frühjahr

Achtung!

au printemps	im Frühling
aber:	
en été	im Sommer
en automne	im Herbst
en hiver	im Winter

prioritaire [pʀijɔʀitɛʀ] *adj* vorrangig; bevorzugt; mit Vorrang; **être ~** Priorität, Vorrang, *véhicule* Vorfahrt haben
▸**priorité** [pʀijɔʀite] *f* **1** Priorität *f*, Vorrang *m* (**sur** vor + *dat*); **en ~** vorrangig; mit Vorrang; **2** Vorfahrt *f*; **~ à droite** Vorfahrt von rechts; **route** *f* **à ~** Vorfahrtsstraße *f*; **avoir ~ sur** (die) Vorfahrt haben vor (+ *dat*); **j'ai la ~** ich habe Vorfahrt
pris [pʀi] *p/p* → **prendre** *et adj* ⟨prise [pʀiz]⟩ **1** *place* besetzt; **2** *personne* nicht frei; **être très ~** sehr beschäftigt, beansprucht sein; **3** *st/s* **~ de boisson** betrunken; **~ de panique** von Panik erfasst, ergriffen; **avoir la gorge ~e** e-e raue Kehle haben; **4** *crème* steif; fest; *rivière* (zu)gefroren
prise [pʀiz] *f* **1** (*action de prendre*) Nehmen *n*; *de médicaments*, MIL Einnahme *f*; HIST **la prise de la Bastille** die Erstürmung der Bastille; **prise de contact** Kontaktaufnahme *f*; Fühlungnahme *f*; **prise d'otage(s)** Geiselnahme *f*; **prise de position** Stellungnahme *f* (**sur une question** zu e-r Frage); **prise de pouvoir** Machtübernahme *f*, -ergreifung *f*; **prise de vue(s)** Aufnahme *f*; **prise en charge** Kostenübernahme *f*; **avoir prise sur qn, qc** Einfluss auf j-n, etw haben; **donner prise à** Anlass geben zu; **être aux prises avec qn, qc** mit j-m, etw kämpfen, ringen; **lâcher prise** loslassen; *fig* aufgeben; **2** LUTTE, JUDO Griff *m*; ALPINISME **avoir prise** Halt haben; **3** (*capture*) Fang *m*, CH Beute *f* (*a fig*); **4** ▸ **prise** (**de courant**) Steckdose *f*; **prise de terre** Erdung *f*; **5** **prise** (**de tabac**) Prise *f* (Schnupftabak)
prisé [pʀize] *adj* ⟨~e⟩ gefragt; begehrt
priser [pʀize] *v/t* **1** *litt* (*estimer*) schätzen; **2** schnupfen; **tabac** *m* **à ~** Schnupftabak *m*
prisme [pʀism(ə)] *m* Prisma *n*
▸**prison** [pʀizõ] *f* Gefängnis *n*; **avoir fait de la ~** (im Gefängnis) F gesessen haben; **mettre qn en ~** j-n ins Gefängnis stecken
▸**prisonnier** [pʀizɔnje], **prisonnière** [pʀizɔnjɛʀ] **I** *m,f* Gefangene(r) *f(m)*; (*détenu*) Häftling *m*; **faire qn prisonnier** j-n gefangen nehmen; **II** *adj* gefangen; *fig* **être ~ de ses préjugés** Gefangener s-r Vorurteile sein
privatif [pʀivatif] *adj* ⟨-ive [-iv]⟩ **1** GR verneinend; privativ; **2** **peine privative de liberté** Freiheitsstrafe *f*; **3** *jardin* zur alleinigen Benutzung überlassen
privation [pʀivasjõ] *f* **1** Entzug *m*; Verlust *m*; **2 ~s** *pl* Entbehrungen *f/pl*
privatis|ation [pʀivatizasjõ] *f* Privatisierung *f*; **~er** [-e] *v/t* privatisieren
privautés [pʀivote] *f/pl* Vertraulichkeiten *f/pl*
▸**privé** [pʀive] **I** *adj* ⟨~e⟩ privat; Privat...; **école ~e** Privatschule *f*; **en ~** privat; außerdienstlich; **II** *m* **dans le ~** in der Privatwirtschaft
priver [pʀive] **I** *v/t* **~ qn de qc** j-m etw entziehen; j-n um etw bringen; **II** *v/pr* **se ~ de qc** auf etw (*acc*) verzichten; sich etw versagen; *iron* **il ne se prive pas** er lässt sich nichts abgehen
privilège [pʀivilɛʒ] *m* Privileg *n*; Vorrecht *n*; *par ext* (*chance*) Glück *n*
privilégi|é [pʀivileʒje] *adj* ⟨~e⟩ privilegiert; *par ext* vom Glück begünstigt; **~er** [-e] *v/t* privilegieren; begünstigen
▸**prix** [pʀi] *m* **1** COMM Preis *m* (*a fig*); *par ext* (*valeur*) Wert *m*; **~ à la consommation** Verbraucherpreis *m*; **~ d'achat** Kauf-, Einkaufs-, Bezugspreis *m*; **~ d'ami** Freundschaftspreis *m*; **~ de lan-**

P

cement Einführungspreis *m*; **~ *de vente*** Verkaufs-, COMM *a* Ladenpreis *m*; ***de ~*** wertvoll; kostbar; ***'hors de ~*** unerschwinglich; F sündhaft teuer; *fig* ***à aucun ~*** um keinen Preis; keinesfalls; ***à bas ~*** spottbillig; zu Schleuderpreisen; ***au ~ fort*** zum vollen Preis; ***à moitié ~*** zum halben Preis; *fig* ***à tout ~*** um jeden Preis; partout; ***à ~ d'or*** für teures Geld; *fig* ***n'avoir pas de ~*** e-n unschätzbaren Wert darstellen; ***faire un ~ à qn*** j-m e-n günstigen Preis machen; ***mettre à ~ la tête de qn*** auf j-s Kopf e-n Preis aussetzen; ***y mettre le ~*** es sich etwas kosten lassen; **2 a)** *distinction* Preis *m*; **b)** *lauréat* Preisträger(in) *m(f)*; **~ *Nobel*** Nobelpreis(träger) *m*

pro [pʀo] *m,f* F *abr (professionnel)* Profi *m*

probabilité [pʀɔbabilite] *f* Wahrscheinlichkeit *f*

▸**probable** [pʀɔbabl(ə)] *adj* wahrscheinlich; vermutlich

▸**probablement** [pʀɔbabləmɑ̃] *adv* wahrscheinlich

probant [pʀɔbɑ̃] *adj* ⟨-ante [-ɑ̃t]⟩ beweiskräftig; überzeugend; stichhaltig

probatoire [pʀɔbatwaʀ] *adj* Probe…; ***examen m ~*** Einstufungsprüfung *f*

probité [pʀɔbite] *f* Rechtschaffenheit *f*; Redlichkeit *f*

problématique [pʀɔblematik] *adj* problematisch; fraglich; fragwürdig; ***aspect m ~*** Problematik *f*

▸**problème** [pʀɔblɛm] *m* **1** Problem *n*; Frage *f*; ***à problèmes*** problematisch; Problem…; ***sans problème*** problemlos; F ▸ ***(il n'y a) pas de problème!*** kein Problem!; **2** MATH Textaufgabe *f*

procédé [pʀɔsede] *m* **1** *(méthode)* Verfahren *n (a* TECH); Methode *f*; **2** *(manière d'agir)* ***~s*** *pl* Vorgehen *n*; Verhalten *n*

procéder [pʀɔsede] ⟨-è-⟩ **I** *v/t/indir* **1** ***~ à qc*** etw vornehmen, durchführen; zu etw schreiten; **2** *litt* ***~ de*** hervorgehen aus; **II** *v/i* verfahren; vorgehen

procédure [pʀɔsedyʀ] *f* **1** JUR (gerichtliches, Gerichts)Verfahren *n*; **2** *(marche à suivre)* Verfahren *n*; Vorgehen *n*; Prozedur *f (a* INFORM)

procédurier [pʀɔsedyʀje] *adj* ⟨-ière [-jɛʀ]⟩ *péj* prozesswütig

▸**procès** [pʀɔsɛ] *m* Prozess *m*; Rechtsstreit *m*; *fig* ***sans autre forme de ~*** kurzerhand; ***être en ~ avec qn*** mit j-m, gegen j-n prozessieren; *fig* ***faire le ~ de qc*** mit etw ins Gericht gehen; *fig* ***faire un ~ d'intention à qn*** j-m irgendwelche Absichten unterstellen

processeur [pʀɔsɛsœʀ] *m* Prozessor *m*

procession [pʀɔsesjõ] *f* Prozession *f*

processus [pʀɔsesys] *m* Prozess *m*; Vorgang *m*; Ab-, Verlauf *m*

procès-verbal *m* ⟨procès-verbaux⟩ **1** *(contravention)* Strafmandat *n*; gebührenpflichtige Verwarnung; **2** *(compte rendu écrit)* Protokoll *n*

▸**prochain** [pʀɔʃɛ̃] **I** *adj* ⟨-aine [-ɛn]⟩ nächste; kommende; *adv* ***l'annee ~e, l'an ~*** nächstes Jahr; im nächsten, kommenden Jahr; F ***à la ~e!*** bis zum nächsten Mal!; *descendre* ***à la ~e (station)*** an der nächsten Station; **II** *subst* BIBL ***le ~*** der Nächste

prochainement [pʀɔʃɛnmɑ̃] *adv* demnächst; nächstens

▸**proche** [pʀɔʃ] **I** *adj* **1** nah(e); ***ses plus ~s parents*** s-e nächsten Verwandten *m/pl*; ***être ~*** *endroit* in der Nähe sein (***de*** von); *date* nahen; *langue* verwandt sein (mit); *fig personne* nahe stehen (***de qn*** j-m); **2 *de ~ en ~*** nach und nach; **II** *m/pl* ***ses ~s*** s-e Angehörigen *m/pl*

Proche-Orient [pʀɔʃɔʀjɑ̃] ***le ~*** der Nahe Osten; Nahost *n*

proclamation [pʀɔklamasjõ] *f* Ausrufung *f*; Proklamation *f*; (feierliche) Verkündung

proclamer [pʀɔklame] *v/t* **1** *indépendance, etc* ausrufen; proklamieren; *résultats* bekannt geben; ***~ qn empereur*** j-n zum Kaiser ausrufen; **2** *fig* erklären; verkünden

procréation [pʀɔkʀeasjõ] *f* **1** *litt* Zeugung *f*; **2 ~ *(médicalement) assistée*** künstliche Befruchtung

procréer [pʀɔkʀee] *v/i homme* zeugen; *femme* gebären

procuration [pʀɔkyʀasjõ] *f* Vollmacht *f*; *voter* ***par ~*** durch e-n beauftragten Stellvertreter

procurer [pʀɔkyʀe] **I** *v/t* ***~ qc à qn*** j-m etw verschaffen, beschaffen, besorgen; *(causer)* j-m etw bereiten; **II** *v/pr* ***se ~ qc*** sich etw verschaffen, besorgen

procureur [pʀɔkyʀœʀ] *m* ***~ (de la République)*** Staatsanwalt *m*

P

prodigalité [pʀɔdigalite] *f* **1** Verschwendungssucht *f*; **2** **~s** *pl* Verschwendung *f*
prodige [pʀɔdiʒ] *m* **1** Wunder *n*; ***faire des ~s*** wahre Wunder vollbringen; **2** *adjt* ***enfant*** *m* **~** Wunderkind *n*
prodigieux [pʀɔdiʒjø] *adj* ⟨-euse [-øz]⟩ außergewöhnlich; erstaunlich; gewaltig
prodigue [pʀɔdig] *adj* verschwenderisch; verschwendungssüchtig; BIBL ***l'enfant*** *m* **~** der verlorene Sohn
prodiguer [pʀɔdige] *v/t* **~ *qc à qn*** j-n mit etw überhäufen, überschütten; **~ *des soins à qn*** j-n versorgen
producteur, ~trice [pʀɔdyktœʀ, -tʀis] **I** *m,f* Erzeuger(in) *m(f)*; Produzent(in) *m(f)* (*a* CIN, TV); (*fabricant*) Hersteller(in) *m(f)*; **II** *adj* ***pays producteur de pétrole*** Erdöl produzierendes Land; Erdölförderland *n*
productif [pʀɔdyktif] *adj* ⟨-ive [-iv]⟩ produktiv; *sol* ertragreich; FIN einträglich
▸ **production** [pʀɔdyksjõ] *f* **1** Produktion *f* (*a* CIN, TV); Herstellung *f*; Erzeugung *f*; *litteraire, artistique* Schaffen *n*; **~ *de pétrole*** Erdölförderung *f*, -gewinnung *f*; **2** *d'un document* Vorlage *f*; Vorweisung *f*
productivité [pʀɔdyktivite] *f* Produktivität *f*; Ertragskraft *f*
▸ **produire** [pʀɔdɥiʀ] ⟨→ conduire⟩ **I** *v/t* **1** *produits industriels* produzieren (*a film, émission*); herstellen; *produits agricoles, acier, énergie, son* erzeugen; *pétrole* fördern; *œuvre artistique* schaffen; *arbre*: *fruits* tragen; *capital*: *intérêts* bringen; abwerfen; **2** (*causer*) bewirken; hervorrufen; erzeugen; **3** *document* vorlegen; vorzeigen; vorweisen; **II** *v/pr* ***se ~*** *accident, événement* sich ereignen; passieren; vorkommen; *changement* eintreten
▸ **produit** [pʀɔdɥi] *m* **1** Produkt *n* (*a fig*); Erzeugnis *n*; *industriel a* Fabrikat *n*; (*substance*) Mittel *n*; ***~s de beauté*** Kosmetika *n/pl*; Schönheitsmittel *n/pl*; ***~s d'entretien*** Putz- und Pflegemittel *n/pl*; **2** (*rapport*) Ertrag *m*; *d'une vente* Erlös *m*; **~ *national brut*** Bruttosozialprodukt *n*; **3** MATH Produkt *n*
proéminent [pʀɔeminɑ̃] *adj* ⟨-ente [-ɑ̃t]⟩ vorspringend
▸ **prof** [pʀɔf] *m,f* F *abr* (*professeur*) Lehrer(in) *m(f)*; ***notre ~ de maths*** unser(e) Mathelehrer(in)
profanation [pʀɔfanasjõ] *f* Entweihung *f*; Profanierung *f*; **~ *de sépulture*** Grabschändung *f*
profane [pʀɔfan] **I** *adj* profan; weltlich; **II** *m,f* (*non-spécialiste*) Laie *m*; (*non-initié*) Außenstehende(r) *f(m)*; Nichteingeweihte(r) *f(m)*; ***être ~ en la matière*** auf diesem Gebiet ein Laie sein
profaner [pʀɔfane] *v/t* entweihen; entheiligen; profanieren; *tombes* schänden
proférer [pʀɔfeʀe] *v/t* ⟨-è-⟩ ausstoßen
professer [pʀɔfɛse] *v/t* offen bekunden
▸ **professeur** [pʀɔfɛsœʀ] *m* (Gymnasial)Lehrer(in) *m(f)*; Studienrat, -rätin *m,f*; *à l'université* Professor(in) *m(f)*; **~ *d'anglais, de dessin*** Englisch-, Zeichenlehrer(in) *m(f)*
▸ **profession** [pʀɔfɛsjõ] *f* **1** (*métier*) Beruf *m*; *femme* ***sans ~*** Hausfrau *f*; **2** *coll* Berufsstand *m*, -gruppe *f*; **3** **~ *de foi*** Glaubensbekenntnis *n*
professionnalisme [pʀɔfɛsjɔnalism(ə)] *m* **1** SPORTS Professionalismus *m*; **2** *d'un travail* Professionalität *f*
▸ **professionnel** [pʀɔfɛsjɔnɛl] **I** *adj* ⟨**~le**⟩ **1** beruflich; Berufs…; **2** (*opposé à amateur*) professionell; Berufs…; berufsmäßig; **II** **~(*le*)** *m(f)* **1** (*spécialiste*) Fachmann *m*, -frau *f*; F Profi *m*; **2** SPORTS Berufssportler(in) *m(f)*; Profi *m*
professoral [pʀɔfɛsɔʀal] *adj* ⟨**~e**; -aux [-o]⟩ **1** ***corps ~*** Studienräte *m/pl* und Professoren *m/pl*; **2** *péj* professoral
professorat [pʀɔfɛsɔʀa] *m* Lehrberuf *m*
profil [pʀɔfil] *m* **1** *d'un visage*, TECH Profil *n* (*a fig de qn*); Seitenansicht *f*; ***de ~*** im Profil; **2** *d'un edifice, etc* Umrisse *m/pl*; Silhouette *f*
profiler [pʀɔfile] *v/pr* ***se ~*** sich (scharf) abzeichnen (*a fig*)
profit [pʀɔfi] *m* **1** ÉCON Profit *m*; Gewinn *m*; **2** (*avantage*) Nutzen *m*; Vorteil *m*; Gewinn *m*; ***au ~ de*** zugunsten (+ *gén*); ***avec ~*** mit Gewinn; ***tirer ~ de qc*** Nutzen, (s-n) Vorteil aus etw ziehen; ***mettre qc à ~*** etw nutzbringend verwenden
profitable [pʀɔfitabl(ə)] *adj* nützlich; vorteilhaft; Gewinn bringend

P

► **profiter** [pRɔfite] **I** *v/t/indir* **1** **~ de qc** von etw profitieren; etw (aus)nützen *ou* (-)nutzen; sich etw zunutze machen; **~ de qn** j-n ausnützen; **2 ~ à qn, à qc** j-m, e-r Sache nützlich sein, von Nutzen sein, zustatten kommen, Vorteile bringen; **II** *v/i* F **bien ~** (gut) gedeihen
profiterole [pRɔfitRɔl] *f Windbeutel mit Füllung*
profiteur [pRɔfitœR] *m péj* Profitjäger *m*; **~ de guerre** Kriegsgewinnler *m*
► **profond** [pRɔfõ] **I** *adj* ⟨-onde [-õd]⟩ **1** tief (*a fig voix, sommeil, etc*); *fig différence* groß; gewaltig; **2** (*caché*) *sens, causes* tiefere; **3** *esprit, pensées* tiefsinnig, -gründig, -schürfend; **II** *m* **au plus ~ de la forêt** im tiefsten Wald; **du plus ~ de mon être** aus tiefstem Inner(e)n
profondément [pRɔfõdemã] *adv* tief; *fig a* zutiefst; aufs Tiefste; *aimer* innig; **~ malheureux** todunglücklich
► **profondeur** [pRɔfõdœR] *f* Tiefe *f* (*a fig*); PHOT **~ de champ** Schärfentiefe *f*; Tiefenschärfe *f*; **à mille mètres de ~** in tausend Meter Tiefe; **en ~** in der Tiefe; *fig* von Grund auf
profusion [pRɔfyzjõ] *f* verschwenderische Fülle; **à ~** in Hülle und Fülle
progéniture [pRɔʒenityR] *f plais* Sprösslinge *m/pl*
progiciel [pRɔʒisjɛl] *m* Softwarepaket *n*
programmable [pRɔgRamabl(ə)] *adj* programmierbar
programma|teur [pRɔgRamatœR] *m*, **~trice** [-tRis] *f* **1** RAD, TV, CIN Programmgestalter(in) *m(f)*; **2** *m* TECH Programmregler *m*
programmation [pRɔgRamasjõ] *f* **1** RAD, TV, CIN Programmgestaltung *f*; **2** INFORM Programmierung *f*
► **programme** [pRɔgRam] *m* **1** Programm *n* (*a* POL, INFORM); **~ de télévision** Fernsehprogramm *n*; **c'est tout un ~** da haben Sie sich aber etwas vorgenommen; *adjt* **discours** *m* **~** programmatische Rede; **2** *à l'école* Lehrplan *m*
programmer [pRɔgRame] *v/t* **1** *émission* auf das Programm setzen; **2** *ordinateur, magnétoscope* programmieren; *micro-ondes* einstellen; **3** (*organiser*) planen
programm|eur [pRɔgRamœR] *m*, **~euse** [-øz] *f* Programmierer(in) *m(f)*
► **progrès** [pRɔgRɛ] *m* Fortschritt *m*; F **il y a du ~** es geht besser, bergauf; **faire des ~** Fortschritte machen
progresser [pRɔgRese] *v/i* **1** *épidémie, idées* sich ausbreiten; *chômage* zunehmen; ansteigen; *maladie* fortschreiten; **2** *élève, recherche* Fortschritte machen; **3** (*avancer*) vorrücken; *alpiniste* vorankommen
progressif [pRɔgRɛsif] *adj* ⟨-ive [-iv]⟩ fortschreitend, progressiv (*a* MÉD); *amélioration* allmählich; schrittweise
progression [pRɔgRɛsjõ] *f* **1** *d'une maladie* Fortschreiten *n*; *du chômage* Zunahme *f*; Anstieg *m*; **2** (*mouvement en avant*) Vorrücken *n*; **3** MATH Reihe *f*
progressivement [pRɔgRɛsivmã] *adv* schrittweise; allmählich
progressivité [pRɔgRɛsivite] *f* **~ de l'impôt** Steuerprogression *f*
prohibé [pRɔibe] *adj* ⟨**~e**⟩ (gesetzlich) verboten; *armes* unerlaubt
prohibitif [pRɔibitif] *adj* ⟨-ive [-iv]⟩ **1** ÉCON **droits ~s** Prohibitivzölle *m/pl*; **2** *fig prix* unerschwinglich
proie [pRwa] *f* Beute *f*; *fig personne a* Opfer *n*; *fig* **être la ~ des flammes** ein Raub der Flammen werden; *fig* **être en ~ au désespoir** von Verzweiflung heimgesucht, gepeinigt werden
projecteur [pRɔʒɛktœR] *m* **1** *de scène* Scheinwerfer *m*; **2** OPT Projektor *m*
projectile [pRɔʒɛktil] *m* Geschoss *n*; *lancé à la main* Wurfgeschoss *n*
projection [pRɔʒɛksjõ] *f* **1** *d'un film* Vorführung *f*; **2** *de boue, de graisse* **~s** Spritzer *m/pl*; *d'un volcan* **~s de cendres** ausgeworfene Asche; **3** MATH, PSYCH Projektion *f*
projectionniste [pRɔʒɛksjɔnist] *m,f* Filmvorführer(in) *m(f)*
► **projet** [pRɔʒɛ] *m* **1** Plan *m*; Vorhaben *n*; Projekt *n*; **faire des ~s** Pläne machen, schmieden; **2** (*ébauche*) Entwurf *m*
projeter [pRɔʒte, -ʃte] *v/t* ⟨-tt-⟩ **1** (*envisager*) planen; vorhaben; **2** *film* vorführen; *ombre* werfen; OPT projizieren (*a* MATH); **3** PSYCH **~ sur qn** in j-n projizieren; auf j-n übertragen; **4** (*lancer*) (in die Luft, hoch)schleudern; **être projeté contre un mur** gegen e-e Mauer geschleudert werden
prolétaire [pRɔletɛR] **I** *m* Proletarier *m*; **II** *adj* Proletarier…; proletarisch

P

prolétariat [prɔletarja] *m* Proletariat *n*
prolifér|ation [prɔliferasjõ] *f* rasche, starke Vermehrung, Zunahme; *fig des armes nucléaires* Verbreitung *f*; **~er** [-e] *v/i* ‹-è-› sich rasch, stark vermehren; *fig a* rasch, stark zunehmen
prolifique [prɔlifik] *adj* (sehr) fruchtbar
prolixe [prɔliks] *adj* weitschweifig
prolo [prɔlo] *m* F *abr* (*prolétaire*) *péj* Prolet *m*
prologue [prɔlɔg] *m* **1** Prolog *m*; **2** *fig* Auftakt *m*
prolongation [prɔlõgasjõ] *f* Verlängerung *f*; SPORTS ***jouer les ~s*** in die Verlängerung gehen
prolongé [prɔlõʒe] *adj* ‹~e› lang anhaltend
prolongement [prɔlõʒmɑ̃] *m* **1** Verlängerung *f*; **2** *fig* Fortsetzung *f*; **~s** *pl* Folgen *f/pl*
prolonger [prɔlõʒe] ‹-ge-› **I** *v/t* **1** verlängern (**de** um); *soirée, discussion* ausdehnen; in die Länge ziehen; **2** (*être le prolongement de*) die Fortsetzung (+ *gén*) bilden; **II** *v/pr* **se ~** *réunion* sich hinziehen; *route* weiterführen
▸**promenade** [prɔmnad] *f* **1** *à pied* Spaziergang *m*; (*excursion*) kleiner Ausflug; *en voiture, en vélo* (Spazier)Fahrt *f*; Tour *f*; ***~ en mer*** kleine Rundfahrt auf dem Meer; ***faire une ~*** e-n Spaziergang machen; **2** *lieu* Promenade *f*
promener [prɔmne] ‹-è-› **I** *v/t* **1** *personne* spazieren führen; *bébé* spazieren fahren; ausfahren; *chien* ausführen; **2** *ses doigts* gleiten lassen, *son regard* schweifen lassen (**sur** über + *acc*); **3** F *fig* ***envoyer promener qn*** F j-n zum Teufel jagen; ***envoyer tout promener*** F alles hinschmeißen; **II** *v/pr* **4** ▸ (***aller***) ***se promener*** *à pied* spazieren gehen; *en voiture, en vélo* spazieren fahren; **5** ***se promener nu-pieds***, *etc* barfuß *etc* herumlaufen
promen|eur [prɔmnœr] *m*, **~euse** [-øz] *f* Spaziergänger(in) *m(f)*
promenoir [prɔmənwar] *m* Wandelgang *m*
▸**promesse** [prɔmɛs] *f* **1** Versprechen *n*; Zusage *f*; *pl* **~s** *a* Versprechungen *f/pl*; **2** ***plein de ~s*** verheißungsvoll
prometteur [prɔmɛtœr] *adj* ‹-euse [-øz]› viel versprechend; verheißungsvoll
▸**promettre** [prɔmɛtr(ə)] ‹→ mettre› **I** *v/t* **1** versprechen, zusagen (***qc à qn*** j-m etw); F *iron* ***ça promet!*** das sind ja schöne Aussichten!; **2** (*assurer*) versichern; **II** *v/pr* ***se ~ de faire qc*** sich fest vornehmen, etw zu tun
promis [prɔmi] **I** *p/p* → ***promettre*** *et adj* ‹-ise [-iz]› **1** BIBL ***la terre ~e*** das Gelobte Land (*a fig*); **2** ***être ~ à qc*** zu etw bestimmt sein; etw vor sich (*dat*) haben; ***~ au succès*** Erfolg versprechend; **II ~(*e*)** *m(f) régional* Verlobte(r) *f(m)*
promiscuité [prɔmiskɥite] *f* enges Zusammenleben; enge Berührung
promontoire [prɔmõtwar] *m* Kap *n*; Vorgebirge *n*
promoteur [prɔmɔtœr] *m* **1** CONSTR Bauträger *m*; F Baulöwe *m*; **2** *st/s* Initiator *m*
promotion [prɔmɔsjõ] *f* **1** (*avancement*) Beförderung *f*; ***~ sociale*** sozialer Aufstieg; **2** ***~ des ventes*** Absatz-, Verkaufsförderung *f*; Promotion *f*; ***en ~*** im Sonderangebot; **3** *d'une grande école* Jahrgang *m*
promotionnel [prɔmɔsjɔnɛl] *adj* ‹~le› absatz-, verkaufsfördernd
promouvoir [prɔmuvwar] *v/t* ‹→ mouvoir; *aber* promu› **1** *qn à un poste* befördern (***directeur*** zum Direktor); **2** (*encourager*) fördern
prompt [prõ] *adj* ‹prompte [prõt]› rasch; schnell; ***être ~ à réagir*** schnell reagieren
promptitude [prõtityd] *f* Schnelligkeit *f*
promu [prɔmy] *p/p* → ***promouvoir***
promulgation [prɔmylgasjõ] *f d'une loi* Verkündung *f*
promulguer [prɔmylge] *v/t* verkünden
prôner [prone] *v/t* (*louer*) preisen; (*préconiser*) predigen
pronom [prɔnõ] *m* (allein stehendes, substantivisches) Pronomen, Fürwort
pronominal [prɔnɔminal] *adj* ‹~e; -aux [-o]› ***verbe ~*** reflexives Verb
prononcé [prɔnõse] *adj* ‹~e› markant; (stark) ausgeprägt; ***un goût ~ pour qc*** e-e ausgesprochene Vorliebe für etw
▸**prononcer** [prɔnõse] ‹-ç-› **I** *v/t* **1** *mot* aussprechen; sprechen; **2** (*dire*) sprechen; *discours* halten; **3** JUR *jugement* verkünden; *peine* aussprechen (*a divor-*

P

ce), verhängen (***contre qn*** gegen j-n); **II** *v/pr* **4** ***se ~*** sich äußern (***sur qc*** zu etw); ***se ~ contre, pour qn, qc*** sich gegen, für j-n, etw aussprechen; **5** *mot* ***se ~*** (aus)gesprochen werden

prononciation [pʀɔnõsjasjõ] *f* PHON Aussprache *f*

pronostic [pʀɔnɔstik] *m* Voraussage *f*; Prognose *f* (*a* MÉD)

pronostiqu|er [pʀɔnɔstike] *v/t* voraus-, vorhersagen; prognostizieren; **~eur** [-œʀ] *m* j, der Voraussagen macht; TURF j, der Tipps gibt

propagande [pʀɔpagɑ̃d] *f* Propaganda *f*

propagation [pʀɔpagasjõ] *f* Aus-, Verbreitung *f*

propager [pʀɔpaʒe] ⟨-ge-⟩ **I** *v/t* verbreiten; propagieren; **II** *v/pr* ***se ~*** **1** *incendie, épidémie* sich ausbreiten; um sich greifen; *nouvelle, idées* sich verbreiten; PHYS *lumière, son* sich ausbreiten; sich fortpflanzen; **2** *espèce* sich vermehren; sich fortpflanzen

propane [pʀɔpan] *m* Propan(gas) *n*

propension [pʀɔpɑ̃sjõ] *f* Hang *m*, Neigung *f* (***à qc*** zu etw)

prophète [pʀɔfɛt] *m* Prophet *m* (*a fig*)

prophétesse [pʀɔfetɛs] *f* Prophetin *f*

prophétie [pʀɔfesi] *f* Prophezeiung *f*; REL *a* Weissagung *f*

prophét|ique [pʀɔfetik] *adj* prophetisch; **~iser** [-ize] *v/t* prophezeien

prophylactique [pʀɔfilaktik] *adj* prophylaktisch; vorbeugend

prophylaxie [pʀɔfilaksi] *f* Prophylaxe *f*; Vorbeugung *f*

propice [pʀɔpis] *adj* **1** (*favorable*) günstig (***à*** für); **2** *st/s sort* gnädig

proportion [pʀɔpɔʀsjõ] *f* **1** Proportion *f*; (*rapport*) Verhältnis *n*; (*taux*) Anteil *m*; Prozentsatz *m*; **~s** *pl* Proportionen *f/pl*; Größenverhältnisse *n/pl*; ***toutes ~s gardées*** im Verhältnis; ***en ~ de*** im Verhältnis, im Vergleich zu; **2** *fig* **~s** *pl* Ausmaß(e) *n(pl)*; Umfang *m*; **3** MATH Verhältnisgleichung *f*

proportionné [pʀɔpɔʀsjɔne] *adj* ⟨~e⟩ **1** ***bien ~*** gut proportioniert; **2** ***être ~ à qc*** im richtigen Verhältnis zu etw stehen

proportionn|el [pʀɔpɔʀsjɔnɛl] *adj* ⟨~le⟩ proportional (***à*** zu); im (gleichen) Verhältnis stehend (zu); entsprechend (+ *dat*); **~elle** [-ɛl] *f* Verhältniswahlrecht *n*

propos [pʀɔpo] *m* **1** *pl* (*paroles*) Worte *n/pl*; Reden *f/pl*; Äußerungen *f/pl*; **2** (*intention*) Absicht *f*; Vorsatz *m*; **3** (*occasion*) ***arriver, tomber à propos*** (sehr) gelegen, gerade richtig, im rechten Augenblick kommen; ***juger à propos de*** (+ *inf*) es für angebracht halten zu (+ *inf*); ***mal à propos*** ungelegen; zur Unzeit; im unpassenden Augenblick; ***à tout propos*** bei jeder Gelegenheit; ***il serait 'hors de propos de*** (+ *inf*) es wäre unangebracht zu (+ *inf*); **4** (*sujet*) ***à propos de*** was (+ *acc*) betrifft; (*acc*) betreffend; wegen (+ *gén ou* F + *dat*); ***à quel propos?*** aus welchem Grund, Anlass?; weswegen?; *en tête de phrase* ▸ ***à propos*** übrigens; was ich noch sagen wollte; apropos

▸**proposer** [pʀɔpoze] **I** *v/t* **1** (*suggérer*) vorschlagen (***qc à qn*** j-m etw; ***qn pour qc*** j-n für etw); **2** (*offrir*) anbieten; *somme* bieten; *récompense* aussetzen; **II** *v/pr* **3** ***se ~ de faire qc*** sich vornehmen, etw zu tun; **4** ***se ~*** sich anbieten (***comme*** als); sich bereit erklären (***pour faire qc*** etw zu tun)

▸**proposition** [pʀɔpozisjõ] *f* **1** (*suggestion*) Vorschlag *m*; **~ *de loi*** Gesetzesvorlage *f*; **2** (*offre*) Angebot *n*; **3** GR Satz *m*

▸**propre** [pʀɔpʀ(ə)] **I** *adj* **1** (*opposé à sale*) sauber; rein(lich); F proper; *chien, chat* stubenrein; *iron* ***nous voilà ~s!*** F da sitzen wir schön in der Patsche!; **2** *fig* (*honnête*) *personne* anständig; *argent, affaire* sauber; **3** *possession* eigen; *remettre* ***en main(s) ~(s)*** persönlich; *je l'ai vu* ***de mes ~s yeux*** mit eigenen Augen; **4** *mot* ***au (sens) ~*** in der eigentlichen Bedeutung; **5** (*particulier*) ***être ~ à qn, à qc*** j-m, e-r Sache eigen(tümlich) sein; für j-n, etw charakteristisch sein; **6** (*approprié*) **~ *à qc*** für, zu etw geeignet; **II** *m* **1** *texte* ***mettre au ~*** ins Reine schreiben; F ***sentir le ~*** (so) sauber riechen; *iron* ***c'est du ~!*** das ist ja allerhand!; **2** ***posséder qc en ~*** etw als Eigentum besitzen; **3** ***le ~ de*** die Eigenart, das Besondere (+ *gén*)

propre-à-rien *m,f* ⟨propres-à-rien⟩ Taugenichts *m*

proprement [pʀɔpʀəmɑ̃] *adv* **1** (*opposé à salement*) sauber; ordentlich; **2** (*précisément*) eigentlich; **~ *dit*** eigentlich; ***à***

P

~ ***parler*** streng, genau genommen; **3** *iron* ordentlich; gehörig

propret [pʀɔpʀɛ] *adj* ⟨-ette [-ɛt]⟩ schmuck und sauber

propreté [pʀɔpʀəte] *f* Sauberkeit *f*; Reinlichkeit *f*

▸ **propriétaire** [pʀɔpʀijetɛʀ] *m,f* Eigentümer(in) *m(f)*; Besitzer(in) *m(f)*; *par rapport au locataire* Hausbesitzer(in) *m(f)*; Wohnungseigentümer(in) *m(f)*

▸ **propriété** [pʀɔpʀijete] *f* **1** JUR Eigentum *n*; ~ ***industrielle*** gewerblicher Rechtsschutz; ~ ***littéraire et artistique*** geistiges Eigentum; **2** *(terre, maison)* (Grund-, Haus)Besitz *m*; (Land)Gut *n*; ~ ***privée*** Privatbesitz *m*; **3** PHYS, CHIM Eigenschaft *f*

propulser [pʀɔpylse] *v/t* **1** TECH antreiben; **2** *(projeter)* schleudern; **3** *à un poste* F katapultieren

propulsion [pʀɔpylsjõ] *f* TECH Antrieb *m*

prorata [pʀɔʀata] *prép* ***au ~ de*** im Verhältnis zu

proroger [pʀɔʀɔʒe] *v/t* ⟨-ge-⟩ **1** *délai* verlängern; **2** *assemblée* vertagen

prosaïque [pʀɔzaik] *adj* prosaisch; poesielos; nüchtern

proscrire [pʀɔskʀiʀ] *v/t* ⟨→ écrire⟩ **1** *(interdire)* verbieten; **2** *(bannir)* verbannen; ächten

prose [pʀoz] *f* **1** Prosa *f*; ***en ~*** Prosa…; in Prosa(form); **2** F *iron* (Schreib)Stil *m*; *(lettre)* F Schrieb *m*

prosélyt|e [pʀɔzelit] *m,f* Neubekehrte(r) *f(m)*; Proselyt *m*; **~isme** [-ism(ə)] *m* Proselytenmacherei *f*; Bekehrungseifer *m*

P

prospecter [pʀɔspɛkte] *v/t* **1** GÉOL prospektieren; **2** COMM Kundenwerbung treiben, akquirieren (***une région*** in e-m Gebiet)

prospec|teur [pʀɔspɛktœʀ] *m*, **~trice** *f* COMM Kundenwerber(in) *m(f)*; Akquisiteur(in) *m(f)*

prospection [pʀɔspɛksjõ] *f* **1** GÉOL Prospektion *f*; Schürfung *f*; **2** COMM Kundenwerbung *f*; Akquisition *f*

prospectus [pʀɔspɛktys] *m* (Werbe-)Prospekt *m*

prospère [pʀɔspɛʀ] *adj* blühend; florierend; prosperierend

prospér|er [pʀɔspeʀe] *v/i* ⟨-è-⟩ (auf-)blühen; florieren; prosperieren; **~ité** [-ite] *f* Wohlstand *m*; Prosperität *f*

prostate [pʀɔstat] *f* Prostata *f*

prosterner [pʀɔstɛʀne] *v/pr* ***se ~ devant qn*** sich tief vor j-m verneigen

prostitué [pʀɔstitɥe] *m* Strichjunge *m*

prostituée [pʀɔstitɥe] *f* Prostituierte *f*; Dirne *f*

prostituer [pʀɔstitɥe] **I** *v/t* zur Prostitution verleiten; **II** *v/pr* ***se ~*** sich prostituieren *(a fig)*

prostitution [pʀɔstitysjõ] *f* Prostitution *f*

prostration [pʀɔstʀasjõ] *f* tiefe Niedergeschlagenheit

prostré [pʀɔstʀe] *adj* ⟨~e⟩ völlig niedergeschlagen, -gedrückt

protagoniste [pʀɔtagɔnist] *m* Protagonist *m*; zentrale Gestalt

protec|teur [pʀɔtɛktœʀ], **~trice** [-tʀis] **I** *m,f* Beschützer(in) *m(f)*; *des arts* Förderer *m*; Schirmherr(in) *m(f)*; *patronnant qn* Gönner(in) *m(f)*; **II** *adj* **1** Schutz…; schützend; **2** *air, ton* gönnerhaft

protection [pʀɔtɛksjõ] *f* **1** Schutz *m*; ~ ***civile*** Zivilschutz *m*; ~ ***contre les radiations*** Strahlenschutz *m*; ~ ***de l'environnement*** Umweltschutz *m*; ***prendre qn sous sa ~*** j-n in s-e Obhut, unter s-n Schutz nehmen; **2** *(patronage)* Protektion *f*

protectionn|isme [pʀɔtɛksjɔnism(ə)] *m* Protektionismus *m*; **~iste** [-ist] *adj* protektionistisch

protectorat [pʀɔtɛktɔʀa] *m* Protektorat *n*

protégé(e) [pʀɔteʒe] *m(f)* Schützling *m*

protège-cahier [pʀɔtɛʒkaje] *m* ⟨protège-cahiers⟩ Schutzumschlag *m*

▸ **protéger** [pʀɔteʒe] *v/t* ⟨-è-, -ge-⟩ **1** schützen (***de*** vor + *dat*; ***contre*** gegen); *personne a* beschützen; **2** *favori* protegieren; begünstigen; *arts* fördern

protège|-slip [pʀɔtɛʒslip] *m* ⟨protège-slips⟩ Slipeinlage *f*; **~-tibia** *m* ⟨protège-tibias⟩ Schienbeinschützer *m*

protéine [pʀɔtein] *f* Protein *n*

▸ **protestant** [pʀɔtɛstɑ̃] **I** *adj* ⟨-ante [-ɑ̃t]⟩ protestantisch; evangelisch; **II** **~(e)** *m(f)* Protestant(in) *m(f)*

protestantisme [pʀɔtɛstɑ̃tism(ə)] *m* Protestantismus *m*

protestataire [pʀɔtɛstatɛʀ] *litt adj* protestierend

protestation [pʀɔtɛstasjõ] *f* **1** Protest *m*; Einspruch *m*; **2** *~s pl* ***d'amitié*** Freundschaftsbeteuerungen *f/pl*

▸ **protester** [pʀɔtɛste] **I** *v/i* protestieren, Protest *ou* Einspruch erheben, sich verwahren (***contre*** gegen); **II** *v/t/indir* ***~ de qc*** etw beteuern

prothèse [pʀɔtɛz] *f* Prothese *f*; ***~ dentaire*** Zahnersatz *m*, -prothese *f*

protides [pʀɔtid] *m/pl* Eiweiß *n*

protocolaire [pʀɔtɔkɔlɛʀ] *adj* protokollarisch

protocole [pʀɔtɔkɔl] *m* Protokoll *n*

proton [pʀɔtõ] *m* Proton *n*

prototype [pʀɔtɔtip] *m* Prototyp *m*

protoxyde [pʀɔtɔksid] *m* ***~ d'azote*** Lachgas *n*

protubér|ance [pʀɔtybeʀɑ̃s] *f* Ausbeulung *f*; ANAT Vorsprung *m*; Höcker *m*; ASTR Protuberanz *f*; **~ant** [-ɑ̃] *adj* ⟨-ante [-ɑ̃t]⟩ (her)vorstehend; vorspringend

prou [pʀu] *adv litt* ***peu ou ~*** mehr oder weniger

proue [pʀu] *f* MAR Bug *m*; ***figure*** *f* ***de ~*** Galionsfigur *f* (*a fig*)

prouesse [pʀuɛs] *f* Heldentat *f* (*a iron*)

prout [pʀut] *m enf* (*pet*) F Pup(s) *m*

▸ **prouver** [pʀuve] *v/t* beweisen

provenance [pʀɔv(ə)nɑ̃s] *f* Herkunft *f*; Provenienz *f*; ***en ~ de*** aus

provençal [pʀɔvɑ̃sal] **I** *adj* ⟨~e; -aux [-o]⟩ provenzalisch; **II** *subst* **1** ℒ *m* ⟨-aux [-o]⟩, ℒ***e*** *f* Provenzale, -zalin *m,f*; **2** CUIS ***à la ~e*** mit Knoblauch und Petersilie

Provence [pʀɔvɑ̃s] ***la ~*** die Provence

provenir [pʀɔv(ə)niʀ] *v/i* ⟨→ venir; *p/p ungebräuchlich*⟩ ***~ de*** (her)kommen, (-)stammen von *ou* aus; entstammen (+ *dat*); *douleurs, tristesse* herrühren von

proverbe [pʀɔvɛʀb] *m* Sprichwort *n*

proverbial [pʀɔvɛʀbjal] *adj* ⟨~e; -aux [-o]⟩ sprichwörtlich (*a fig*)

providence [pʀɔvidɑ̃s] *f* (*personnifiée* ***la*** ℒ die) Vorsehung; *fig* ***vous êtes ma ~*** Sie sind mein rettender Engel; *adjt* ***État*** *m* ***~*** Wohlfahrtsstaat *m*

providentiel [pʀɔvidɑ̃sjɛl] *adj* ⟨~le⟩ unverhofft; durch e-e glückliche Fügung

▸ **province** [pʀɔvɛ̃s] *f* Provinz *f*

provincial [pʀɔvɛ̃sjal] **I** *adj* ⟨~e; -aux [-o]⟩ **1** Provinz…; ***vie ~e*** Leben *n* in der Provinz; **2** *péj* provinziell; **II** *m* ⟨-aux [-o]⟩, **~*e*** *f* Provinzbewohner(in) *m(f)*; *péj* Provinzler(in) *m(f)*

▸ **proviseur** [pʀɔvizœʀ] *m* Direktor *m* (*e-s Gymnasiums*)

provision [pʀɔvizjõ] *f* **1** (*stock*) Vorrat *m* (***de*** an + *dat*); ***faire ~ de qc*** sich e-n …vorrat anlegen; sich mit etw eindecken; **2** ***~s*** *pl* (Lebensmittel)Vorräte *m/pl*; Proviant *m*; ***faire ses ~s*** einkaufen gehen; Einkäufe, Besorgungen machen; **3** *chèque* ***sans ~*** ungedeckt; **4** JUR (*acompte*) Vorschuss *m*

provisionnel [pʀɔvizjɔnɛl] *adj* ⟨~le⟩ ***acompte ~*** Steuervorauszahlung *f*

provisoire [pʀɔvizwaʀ] **I** *adj* vorläufig; einstweilig; provisorisch; *installation a* behelfsmäßig; Behelfs…; **II** *m* Provisorium *n*

provocant [pʀɔvɔkɑ̃] *adj* ⟨-ante [-ɑ̃t]⟩ herausfordernd; provozierend; (*aguichant*) aufreizend

provocateur [pʀɔvɔkatœʀ] **I** *adj* ⟨-trice [-tʀis]⟩ provokatorisch; **II** *m* Provokateur *m*

provocation [pʀɔvɔkasjõ] *f* Provokation *f*; Herausforderung *f*, JUR Anstiftung *f* (***à*** zu)

▸ **provoquer** [pʀɔvɔke] *v/t* **1** ***~ qn*** j-n provozieren; ***~ qn à qc*** j-n zu etw herausfordern, anstiften; *femme* ***~ les hommes*** die Männer aufreizen; **2** ***~ qc*** etw auslösen, hervorrufen, verursachen, bewirken

proxénète [pʀɔksenɛt] *m* Zuhälter *m*

proxénétisme [pʀɔksenetism(ə)] *m* Zuhälterei *f*

proximité [pʀɔksimite] *f* Nähe *f*; ***à ~ de*** in der Nähe (+ *gén*)

prude [pʀyd] *adj* prüde

prudemment [pʀydamɑ̃] *adv conduire* vorsichtig; *s'abstenir* wohlweislich

prudence [pʀydɑ̃s] *f* Vorsicht *f*; ***par*** (***mesure de***) ***~*** vorsichtshalber

▸ **prudent** [pʀydɑ̃] *adj* ⟨-ente [-ɑ̃t]⟩ vorsichtig; (*judicieux*) klug; ***c'est plus ~*** das ist klüger, ratsamer

prud'homme [pʀydɔm] *m* ***conseil*** *m* ***des ~s*** Arbeitsgericht *n*

▸ **prune** [pʀyn] *f* **1** Pflaume *f*; F *fig* ***pour des ~s*** für nichts und wieder nichts; **2** *adjt* ⟨*inv*⟩ pflaumenblau; **3** F (*contravention*) F Knöllchen *n*

pruneau [pʀyno] *m* ⟨~x⟩ **1** Back-, Dörrpflaume *f*; **2** F (*balle de fusil*) F blaue Bohne

prunelle [pʀynɛl] *f* **1** Pupille *f*; ***tenir à qc comme à la ~ de ses yeux*** etw wie s-n Augapfel hüten; **2** BOT Schlehe *f*
prunier [pʀynje] *m* Pflaumenbaum *m*
prurit [pʀyʀit] *m* Hautjucken *n*; Juckreiz *m*
Prusse [pʀys] ***la ~*** Preußen *n*
prussien [pʀysjɛ̃] **I** *adj* ⟨-ienne [-jɛn]⟩ preußisch; **II** **~(ne)** *m(f)* Preuße *m*, Preußin *f*
P.S. [peɛs] *m abr* (*Parti socialiste*) Sozialistische Partei
P.-S. [peɛs] *abr* (*post-scriptum*) PS
psalmodier [psalmɔdje] *v/t et v/i* **1** ÉGL psalmodieren; **2** *texte* herunterleiern
psaume [psom] *m* Psalm *m*
pschitt [pʃit] *int* zisch!
pseudo-... [psødo] *préfixe* Pseudo...; pseudo...; Schein...; schein...
pseudonyme [psødɔnim] *m* Pseudonym *n*; Deckname *m*
psitt [psit] *int* he!; pst!; st!
psittacose [psitakoz] *f* Papageienkrankheit *f*
psoriasis [psɔʀjazis] *m* Schuppenflechte *f*
pst [pst] *int* → ***psitt***
psy [psi] *m,f* F *abr* (*psychiatre, etc*) Therapeut(in) *m(f)*; F Seelendoktor *m*
psychanalys|e [psikanaliz] *f* Psychoanalyse *f*; **~er** [-e] *v/t* psychoanalysieren; psychoanalytisch behandeln
psychanaly|ste [psikanalist] *m,f* Psychoanalytiker(in) *m(f)*; **~tique** [-tik] *adj* psychoanalytisch
psyché [psiʃe] *f* beweglicher Standspiegel
psychédélique [psikedelik] *adj* psychedelisch
psychiatre [psikjatʀ(ə)] *m,f* Psychiater(in) *m(f)*
psychiatr|ie [psikjatʀi] *f* Psychiatrie *f*; **~ique** [-ik] *adj* psychiatrisch
psych|ique [psiʃik] *adj* psychisch; seelisch; **~isme** [-ism(ə)] *m* Psyche *f*
psycholog|ie [psikɔlɔʒi] *f* **1** Psychologie *f* (*a* = *mentalité*); **2** (*perspicacité*) Menschenkenntnis *f*; **~ique** [-ik] *adj* **1** *méthode, analyse, guerre* psychologisch; **2** *problème* seelisch; psychisch
psychologue [psikɔlɔg] *m,f* **1** Psychologe, -login *m,f*; **2** *par ext* ***il n'est pas très ~*** er ist ein schlechter Menschenkenner, Psychologe
psychose [psikoz] *f* Psychose *f*
psycho|somatique [psikosɔmatik] *adj* psychosomatisch; **~technique** *adj* ***test m ~*** Eignungstest *m*
psycho|thérapie [psikoteʀapi] *f* Psychotherapie *f*; **~trope** [-tʀɔp] *m* Psychopharmakon *n*
P.T.T. [petete] *f/pl abr* (*Postes, Télégraphe, Téléphone*) Post- und Fernmeldewesen *n*
pu [py] *p/p* → ***pouvoir***
puant [pɥɑ̃] *adj* ⟨-ante [-ɑ̃t]⟩ stinkend; übel riechend
puanteur [pɥɑ̃tœʀ] *f* Gestank *m*
pub [pyb] *f* F *abr* → ***publicité 1***
pubère [pybɛʀ] *adj* geschlechtsreif; mannbar
puberté [pybɛʀte] *f* Pubertät(szeit) *f*
pubis [pybis] *m* Schamberg *m*; ***poils m/pl du ~*** Schamhaar(e) *n(pl)*
▸**public** [pyblik] **I** *adj* ⟨publique⟩ öffentlich; (*de l'État*) *a* staatlich; Staats...; *conducteur* ***c'est un danger ~*** er ist gemeingefährlich; ***rendre ~*** bekannt geben, machen; publik machen; **II** *m* **1** (*les gens*) Öffentlichkeit *f*; Allgemeinheit *f*; ***interdit au ~*** (Unbefugten) Zutritt verboten; ***en ~*** öffentlich; in der Öffentlichkeit; **2** (*spectateurs, etc*) Publikum *n*; ***le grand ~*** das breite Publikum; *adjt* ***électronique f grand ~*** Unterhaltungselektronik *f*; *personne* ***être bon ~*** ein dankbarer Zuhörer *ou* Zuschauer sein
publication [pyblikasjõ] *f* Veröffentlichung *f*, Publikation *f* (*a ouvrage*); *de résultats a* Bekanntgabe *f*
publiciste [pyblisist] *m,f* Werbefachmann *m*, -frau *f*
publicitaire [pyblisitɛʀ] **I** *adj* Werbe...; Reklame...; **II** *m,f* Werbefachmann *m*, -frau *f*
▸**publicité** [pyblisite] *f* **1** Werbung *f*; Reklame *f*; ***faire de la ~ (pour qc)*** (für etw) Werbung betreiben, Reklame machen, werben; **2** *des débats* Öffentlichkeit *f*; **3** *d'une affaire* Publizität *f*; Publicity *f*
▸**publier** [pyblije] *v/t* **1** *livre, article* veröffentlichen; publizieren; **2** *affaire* publik machen
publiphone [pyblifɔn] *m* öffentlicher Fernsprecher
publireportage [pybliʀ(ə)pɔʀtaʒ] *m*

P

PR-Veröffentlichung *f*

puce [pys] *f* **1** ZO Floh *m*; ***jeu** m **de ~*** Flohspiel *n*; ***le marché aux ~s** ou **les ~s*** der Flohmarkt; *fig* ***mettre la ~ à l'oreille de qn*** j-n hellhörig, misstrauisch machen; F *fig* ***secouer les ~s à qn*** F j-m den Marsch blasen; **2** F ***ma ~*** (mein) Mäuschen *n*; **3** INFORM Chip *m*

puceau [pyso] F *m* ⟨~x⟩ unberührter junger Mann

pucelage [pyslaʒ] F *m* Unberührtheit *f*

pucelle [pysɛl] F *f* Jungfrau *f*

puceron [pysʀõ] *m* Blattlaus *f*

pudding [pudiŋ] *m* Plumpudding *m*

pudeur [pydœʀ] *f* Scham(gefühl) *f(n)*; *par ext* (*décence*) Anstand *m*; ***par ~*** aus Scham; schamhaft

pudibond [pydibõ] *adj* ⟨-onde [-õd]⟩ prüde

pudibonderie [pydibõdʀi] *f* Prüderie *f*

pudique [pydik] *adj* **1** schamhaft; sittsam; züchtig; **2** *paroles* diskret

puer [pɥe] *v/t et v/i* **~ (qc)** (nach etw) stinken

puéricult|rice [pɥeʀikyltʀis] *f* Säuglings- und Kinderschwester *f*; **~ure** [-yʀ] *f* Säuglings- und Kleinkinderpflege *f*

puéril [pɥeʀil] *adj* ⟨~e⟩ kindisch; **~ité** [-ite] *f* kindisches Wesen

puerpéral [pɥɛʀpeʀal] *adj* ⟨~e; -aux [-o]⟩ ***fièvre ~e*** Kindbett-, Wochenbettfieber *n*

pugilat [pyʒila] *m* Schlägerei *f*

pugnacité [pygnasite] *f st/s* Streitbarkeit *f*

▸**puis**[1] [pɥi] *adv* dann; danach; ***et ~*** und dann; (*d'ailleurs*) außerdem; F ***et ~ après** ou **quoi?*** na und?

puis[2] → ***pouvoir***[1]

puisard [pɥizaʀ] *m* Sickergrube *f*

puisatier [pɥizatje] *m* Brunnenbauer *m*

puiser [pɥize] *v/t* **1** *liquide* schöpfen (***à** ou **dans*** aus); **2** *fig* ***~ dans*** schöpfen aus; greifen in (+ *acc*); *exemples* entnehmen (+ *dat*)

▸**puisque** [pɥisk(ə)] *conj* ⟨*vor Vokal* ***puisqu'***⟩ **1** *cause* da (ja); da nun einmal; **2** *exclamation* doch; ***~ je vous le dis!*** ich sage es Ihnen doch!

puissamment [pɥisamã] *adv* stark; mächtig (*a iron*)

puissance [pɥisãs] *f* **1** (*pouvoir*), POL (*État*) Macht *f*; ***les grandes ~s*** die Großmächte *f/pl*; **2** (*force*) Stärke *f*; Kraft *f*; Vermögen *n*; **3** PHYS, ÉLECT Leistung *f*; **4** MATH Potenz *f*; ***deux ~ cinq*** zwei hoch fünf (2^5); **5** *advt* ***en ~*** potenziell

▸**puissant** [pɥisã] **I** *adj* ⟨-ante [-ãt]⟩ **1** POL mächtig; **2** (*fort*) stark; *muscles, voix* kräftig; *moteur, émetteur a* leistungsfähig; ***voiture ~e*** Wagen *m* mit e-m starken Motor; **II** ***les ~s*** *m/pl* die Mächtigen *m/pl*

puits [pɥi] *m* **1** *d'eau* Brunnen *m*; *fig de qn* ***un ~ de science*** F ein gelehrtes Haus; ein wandelndes Lexikon; **2** MINES Schacht *m*; ***~ de pétrole*** Erdölbohrloch *n*; *par ext* (Erd)Ölquelle *f*

▸**pull** [pyl] *m* Pulli *m*

▸**pull-over** [pylɔvɛʀ] *m* ⟨pull-overs⟩ Pullover *m*

pulluler [pylyle] *v/i* wimmeln; ***les erreurs pullulent dans ce texte*** in dem Text wimmelt es nur so von Fehlern

pulmonaire [pylmɔnɛʀ] *adj* Lungen…

pulpe [pylp] *f* **1** Fruchtfleisch *n*; CUIS *a* Mark *n*; **2** ***~ dentaire*** Pulpa *f*; Zahnmark *n*

pulpeux [pylpø] *adj* ⟨-euse [-øz]⟩ fleischig; *femme* üppig

pulsation [pylsasjõ] *f* Herzschlag *m ou* Puls(schlag) *m*; ***il avait 120 ~s à la minute*** er hatte 120 Puls

pulsion [pylsjõ] *f* PSYCH Trieb *m*

pulvérisa|teur [pylveʀizatœʀ] *m* Zerstäuber *m*; Sprühgerät *n*; **~tion** [-sjõ] *f* MÉD Sprayen *n*; AGR Sprühen *n*; Spritzen *n*

pulvériser [pylveʀize] *v/t* **1** (*détruire*) zertrümmern; zersplittern; **2** (*projeter*) zerstäuben; *liquide a* versprühen; *arbres fruitiers* spritzen; **3** *fig record* brechen

puma [pyma] *m* Puma *m*

punaise [pynɛz] *f* **1** ZO Wanze *f*; **2** *petit clou* Reißzwecke *f*, -nagel *m*

punch[1] [põʃ] *m boisson* Punsch *m*

punch[2] [pœnʃ] *m d'un boxeur* Punch *m*; F *fig* Schwung *m*; Elan *m*

punching-ball [pœnʃiŋbol] *m* ⟨punching-balls⟩ Punchingball *m*

▸**punir** [pyniʀ] *v/t* (be)strafen (***de*** für); *délit* bestrafen; ahnden; ***être puni de prison*** mit Gefängnis bestraft werden

P

punitif [pynitif] *adj* ⟨-ive [-iv]⟩ Straf…
punition [pynisjõ] *f* Strafe *f*; ***en ~ de*** zur Strafe für
punk [pœnk] **I** *m,f* Punker(in) *m(f)*; Punk *m*; **II** *adj* Punk…
pupille[1] [pypij] *m,f* JUR Mündel *n ou m*; ***~ de la Nation*** (vom Staat betreute) Kriegswaise
pupille[2] *f* ANAT Pupille *f*
pupitre [pypitʀ(ə)] *m* (Schreib-, Lese-) Pult *n*; ***~ (à musique)*** Notenständer *m*; TV ***~ image*** Bildmischpult *n*
pupitr|eur [pypitʀœʀ] *m*, ***~euse*** [-øz] *f* INFORM Operator(in) *m(f)*
▸ **pur** [pyʀ] **I** *adj* ⟨~e⟩ **1** rein; *a* pur (*a or*); unverdünnt; *profil, formes a* klar; *style a* unverfälscht; *ciel* wolkenlos; klar; *regard, intentions* lauter; ohne Falsch; *jeune fille* rein; unverdorben; **2** *hasard, curiosité, etc* ***~ (et simple)*** rein; pur; bloß; ***c'est la ~e vérité*** das ist die reine Wahrheit
purée [pyʀe] *f* Püree *n*; Mus *n*; Brei *m*; ***~ (de pommes de terre)*** Kartoffelpüree *n*; *fig* ***~ de pois*** (*brouillard épais*) F Waschküche *f*
purement [pyʀmɑ̃] *adv* rein; nur; bloß; ***~ et simplement*** ganz einfach; glatt
pureté [pyʀte] *f* Reinheit *f*
purgatif [pyʀgatif] **I** *adj* ⟨-ive [-iv]⟩ abführend; Abführ…; **II** *m* Abführmittel *n*
purgatoire [pyʀgatwaʀ] *m* Fegefeuer *n*
purge [pyʀʒ] *f* **1** MÉD Abführmittel *n*; **2** POL Säuberung(saktion) *f*
purger [pyʀʒe] ⟨-ge-⟩ **I** *v/t* **1** MÉD ***~ qn*** j-m ein Abführmittel verabreichen; **2** TECH entleeren; *radiateur* entlüften; **3** POL säubern (***de*** von); **4** *peine* ver-, abbüßen; **II** *v/pr* ***se ~*** ein Abführmittel (ein)nehmen
purification [pyʀifikasjõ] *f* **1** Reinigung *f*; **2** ***~ ethnique*** ethnische Säuberung
purifier [pyʀifje] *v/t* reinigen
purin [pyʀɛ̃] *m* Jauche *f*; Gülle *f*
puriste [pyʀist] *m* Purist *m*; Sprachreiniger *m*
puritain [pyʀitɛ̃] *adj* ⟨-aine [-ɛn]⟩ puritanisch; sittenstreng
puritanisme [pyʀitanism(ə)] *m* Puritanismus *m*; große Sittenstrenge
pur-sang [pyʀsɑ̃] *m* ⟨*inv*⟩ Vollblut (-pferd) *n*
purulent [pyʀylɑ̃] *adj* ⟨-ente [-ɑ̃t]⟩ eitrig; eiternd
pus[1] [py] *m* Eiter *m*
pus[2] → ***pouvoir***[1]
pusillanime [pyzilanim] *litt adj* kleinmütig; zaghaft
pustule [pystyl] *f* Pustel *f*; Eiterbläschen *n*
put [py] → ***pouvoir***[1]
putain [pytɛ̃] *f* P **1** *péj* Hure *f*; F Nutte *f*; **2** ***~ de*** (+ *subst*) P Scheiß…
putatif [pytatif] *adj* ⟨-ive [-iv]⟩ JUR vermeintlich
pute [pyt] *f* P → ***putain*** *1*
putois [pytwa] *m* ZO Iltis *m*; *fig* ***crier comme un ~*** schreien wie am Spieß
putréfaction [pytʀefaksjõ] *f* Verwesung *f*; Fäulnis(prozess) *f(m)*; ***en ~*** verwesend; (ver)faulend
putréfier [pytʀefje] *v/pr* ***se ~*** verwesen; (ver)faulen
putride [pytʀid] *adj* faulig
putsch [putʃ] *m* Putsch *m*; ***~iste*** [-ist] *m* Putschist *m*
puzzle [pœzəl] *m* Puzzle *n* (*a fig*)
P.-V. [peve] *m* ⟨*inv*⟩ F *abr* (*procès-verbal*) F Strafzettel *m*; F Knöllchen *n*
P.V.C. [pevese] *m* PVC *n*
pygmée [pigme] *m* Pygmäe *m*
▸ **pyjama** [piʒama] *m* Schlafanzug *m*; Pyjama *m*
pylône [pilon] *m* Mast *m*
pylore [pilɔʀ] *m* ANAT Pförtner *m*
pyramide [piʀamid] *f* **1** Pyramide *f*; **2** *fig* ***~ des âges*** Alterspyramide *f*
▸ **Pyrénées** [piʀene] ***les ~*** *f/pl* die Pyrenäen *pl*
pyrex® [pyʀɛks] *m* Jenaer Glas® *n*
pyromane [piʀɔman] *m,f* Pyromane *m*, -manin *f*
python [pitõ] *m* Python(schlange) *m(f)*

Q

Q, q [ky] *m* ⟨*inv*⟩ Q, q *n*
q *abr* (*quintal*) dz (Doppelzentner)
Q.C.M. [kyseɛm] *m* ⟨*inv*⟩ *abr* (*questionnaire à choix multiple*) Multiple-Choice-Fragebogen *m*
Q.G. [kyʒe] *m* ⟨*inv*⟩ *abr* (*quartier général*) Stabsquartier *n*
Q.I. [kyi] *m* ⟨*inv*⟩ *abr* (*quotient intellectuel*) IQ *m*
qu' [k] → ***que***
quadragénaire [kwadʀaʒenɛʀ] *m,f* Vierzigjährige(r) *f(m)*
quadrangulaire [kwadʀɑ̃gylɛʀ] *adj* viereckig
quadrature [kwadʀatyʀ] *f* ***la ~ du cercle*** die Quadratur des Kreises (*a fig*)
quadrilatère [kwadʀilatɛʀ] *m* Viereck *n*
quadrillage [kadʀijaʒ] *m* **1** *du papier* Liniennetz *n*, -gitter *n*; **2** MIL, POLICE Errichtung *f* e-s Kontrollnetzes
quadrille [kadʀij] *m* Quadrille *f*
quadrill|é [kadʀije] *adj* ⟨~e⟩ *papier* kariert; **~er** [-e] *v/t* MIL, POLICE mit e-m Kontrollnetz überziehen
quadrimoteur [kwadʀimɔtœʀ, ka-] *m* viermotorige Maschine
quadriphonie [kwadʀifɔni] *f* Quadrophonie *f*
quadriréacteur [kwadʀiʀeaktœʀ, ka-] *m* vierstrahlige Maschine
quadrupède [kwadʀypɛd, ka-] **I** *adj* vierfüßig; **II** *m* Vierfüßer *m*
quadruple [kwadʀypl(ə), ka-] **I** *adj* vierfach; **II** *subst* ***le ~*** das Vierfache
quadrupler [kwadʀyple, ka-] **I** *v/t* vervierfachen; **II** *v/i* sich vervierfachen
quadruplé(e)s [kwadʀyple, ka-] *m(f)pl* Vierlinge *m/pl*
▸ **quai** [ke] *m* **1** CH DE FER Bahnsteig *m*; **2** *d'un port* Kai *m*; **3** Uferstraße *f*, -promenade *f*; *à Paris* ***les ~s de la Seine*** die Seineufer *n/pl*; ***le Ձ d'Orsay*** *Sitz des frz Außenministeriums*
qualificatif [kalifikatif] **I** *adj* ⟨-ive [-iv]⟩ ***adjectif ~*** Adjektiv *n*; Eigenschaftswort *n*; **II** *m* Bezeichnung *f*
qualification [kalifikasjõ] *f* **1** SPORTS Qualifikation *f*; Qualifizierung *f*; Teilnahmeberechtigung *f*; **2** *professionnelle* Eignung *f*; Qualifikation *f*; Befähigung *f*
▸ **qualifié** [kalifje] *adj* ⟨~e⟩ **1** geeignet; befähigt; qualifiziert; geschult; ***ouvrier ~*** Facharbeiter *m*; **2** JUR ***vol ~*** schwerer Diebstahl
qualifier [kalifje] **I** *v/t* **1** (*nommer*) ***~ de*** bezeichnen als; nennen (+ *acc*); **2** (*donner la compétence*) qualifizieren, befähigen (***pour*** für, zu); **II** *v/pr* SPORTS ***se ~*** sich qualifizieren (***pour*** für)
qualitatif [kalitatif] *adj* ⟨-ive [-iv]⟩ qualitativ
▸ **qualité** [kalite] *f* **1** *de choses* Eigenschaft *f*; Beschaffenheit *f*; COMM Qualität *f*; Güte *f*; ***~ de la vie*** Lebensqualität *f*; ***de ~*** Qualitäts…; **2** *de personnes* (gute, positive) Eigenschaft; Qualität *f*; Vorzug *m*; **3** JUR Eigenschaft *f*; ***vos nom, prénom et ~*** Ihr Name, Vorname und Beruf; ***en ~ de*** als; in s-r Eigenschaft als
▸ **quand** [kɑ̃, *vor Vokal* kɑ̃t] **I** *conj* **1** (*lorsque*) als (+ *passé*); wenn (+ *présent ou futur*); (*toutes les fois que*) (jedes Mal) wenn; **2** *opposition* (*alors que*) da doch; ***quand*** (***bien***) ***même*** und wenn auch; **II** *adv* **1** wann; ***quand est-ce que vous aurez fini?*** wann sind Sie fertig?; ***depuis quand?*** seit wann?; ***je ne sais pas quand il viendra*** ich weiß nicht, wann er kommt; **2** ▸ ***quand même*** (*malgré tout*) trotzdem; dennoch; (*à vrai dire*) immerhin; doch; *int*, *indigné* also wirklich!
quant *prép* ***~ à*** [kɑ̃ta] was (+ *acc*) angeht, betrifft, an(be)langt; ***~ à moi*** ich meinerseits; was mich betrifft
quant-à-soi [kɑ̃taswa] *m* ***rester sur son ~*** sich reserviert verhalten
quantifier [kɑ̃tifje] *v/t* quantifizieren
quantitatif [kɑ̃titatif] *adj* ⟨-ive [-iv]⟩ quantitativ; mengenmäßig
▸ **quantité** [kɑ̃tite] *f* **1** Menge *f*; Quantität *f*; ***~ de …*** e-e Menge (von) …; viele …; ***en ~*** in Menge; haufenweise; **2** MATH Größe *f*
quarantaine [kaʀɑ̃tɛn] *f* **1** ***une ~*** (***de***) etwa, ungefähr, rund vierzig; **2** *âge* Vierzig *f*; Vierziger(jahre) *n/pl*; **3** MÉD Qua-

rantäne *f*; ***mettre en ~*** unter Quarantäne stellen; *fig* isolieren

▸**quarante** [kaʀɑ̃t] **I** *num/c* vierzig; **II** *m* ⟨*inv*⟩ Vierzig *f*

quarante-cinq *num/c* fünfundvierzig; *disque* ***un ~ tours*** e-e Single

▸**quarantième** [kaʀɑ̃tjɛm] **I** *num/o* vierzigste; **II** ***le, la ~*** der, die, das Vierzigste

▸**quart** [kaʀ] *m* **1** Viertel *n*; SPORTS ***quart de finale*** Viertelfinale *n*; *moteur* ***démarrer au quart de tour*** sofort anspringen; ***les trois quarts*** drei Viertel; *par ext* ***les trois quarts du temps*** die meiste Zeit (über); **2** ▸ ***quart d'heure*** Viertelstunde *f*; ***dans trois quarts d'heure*** in drei viertel Stunden; in e-r Dreiviertelstunde; ***passer un mauvais quart d'heure*** bange, schlimme Minuten, Augenblicke durchmachen; ***il est le quart*** es ist Viertel (nach); → ***heure*** 2; **3** MAR (Schiffs)Wache *f*; ***être de quart*** Wache haben; **4** MIL (*gobelet*) Feldbecher *m*

quarté [kaʀte] *m* Viererwette *f*

quarteron [kaʀtəʀõ] *m péj* Hand *f* voll

quartette [kwaʀtɛt] *m* Jazzquartett *n*

▸**quartier** [kaʀtje] *m* **1** *d'une ville* (Stadt)Viertel *n*; Stadtteil *m*; ***2 latin*** *Pariser Universitätsviertel*; **2** MIL ***~ général*** Stabsquartier *n*; ***grand ~ général*** Hauptquartier *n*; *fig* ***ne pas faire de ~*** kein(en) Pardon geben; *fig* ***je vous laisse ~ libre*** ich lasse Ihnen freie Hand; **3** *portion* Viertel *n*; Stück *n*; Teil *m ou n*; ***~ d'orange*** Apfelsinenstück *n*; *südd* Orangenschnitz *m*; **4** ***la Lune est dans son premier (dernier) ~*** der Mond steht im ersten (letzten) Viertel; es ist Halbmond; **5** *fig* ***avoir ses ~s de noblesse*** anerkannt sein

Le Quartier latin

Le Quartier latin ist das berühmte, bereits im 12. Jahrhundert entstandene Pariser Universitäts- und Studentenviertel. Dort befindet sich auch die altehrwürdige Universität Sorbonne. Das studentische Leben, das die locker-entspannte Atmosphäre im **Quartier latin** prägt, spielt sich insbesondere auf dem Boulevard Saint-Michel (kurz **Boul' Mich** [bulmiʃ]) ab. Viele gemütliche Cafés und Bistros sind jedoch inzwischen von Fast-Food-Lokalen verdrängt worden. Darüber hinaus wurden auch Fakultäten an die Peripherie von Paris verlegt (z. B. Paris Nanterre), sodass das Viertel ein wenig von seinem legendären Charme eingebüßt hat.

quartier-maître *m* ⟨quartiers-maîtres⟩ MAR Gefreite(r) *m*

quart-monde *m* ⟨quarts-mondes⟩ ***le ~*** **a)** *d'un pays* die Ärmsten der Armen; **b)** die Vierte Welt

quartz [kwaʀts] *m* Quarz *m*; ***montre f à ~*** Quarzuhr *f*

quasi [kazi] *m* CUIS Kalbskeulenstück *n*

quasi-... [kazi] *préfixe* ***la quasi-totalité des Français*** fast alle Franzosen; so gut wie alle Franzosen; ***à la quasi-unanimité*** fast einstimmig

quasiment [kazimɑ̃] F *adv* (*presque*) fast; (*pour ainsi dire*) quasi

quaternaire [kwatɛʀnɛʀ] *m* GÉOL Quartär *n*

▸**quatorze** [katɔʀz] **I** *num/c* vierzehn; ***Louis XIV*** Ludwig XIV. (der Vierzehnte); ***le ~ mai*** der vierzehnte *ou* am vierzehnten Mai; **II** *m* ⟨*inv*⟩ Vierzehn *f*; ***le ~ (du mois)*** der Vierzehnte *ou* am Vierzehnten (des Monats)

▸**quatorzième** [katɔʀzjɛm] *num/o* vierzehnte

quatrain [katʀɛ̃] *m* Vierzeiler *m*

▸**quatre** [katʀ(ə)] **I** *num/c* vier; ***le ~ août*** der vierte *ou* am vierten August; ***Henri IV*** Heinrich IV. (der Vierte); *fig* ***un de ces ~ matins*** demnächst; in Bälde; ***manger comme ~*** für drei essen; *fig* ***se mettre en ~*** sein Möglichstes tun (***pour qn*** für j-n); ***monter les escaliers ~ à ~*** die Treppe in großen Sprüngen hinaufeilen; **II** *m* ⟨*inv*⟩ Vier *f*; Vierer *m*; ***le ~ (du mois)*** der Vierte *ou* am Vierten (des Monats)

Quatre-Cantons [katʀəkɑ̃tõ] ***le lac des ~*** der Vierwaldstätter See

quatre-heures [katʀœʀ] F *enf m* ⟨*inv*⟩ Nachmittags-, Vesperbrot *n*

Le Québec mit der Hauptstadt **Québec** ist eine Provinz im Osten Kanadas, in der seit 1977 Französisch die offizielle Amtssprache ist. Im übrigen Kanada wird Englisch gesprochen.
Das in Quebec gesprochene Französisch, **le québécois**, unterscheidet sich in der Aussprache und im Vokabular manchmal so deutlich vom Standardfranzösischen, dass mitunter sogar die Franzosen Probleme haben, die Einwohner Quebecs, **les Québécois**, zu verstehen. Deshalb werden im französischen Fernsehen Beiträge aus Quebec manchmal mit Untertiteln versehen.
Einige Beispiele zum Wortschatz:

québécois	Standardfranzösisch	Übersetzung
laveuse	**lave-linge**	Waschmaschine
avant-midi	**matinée**	Vormittag
magasiner	**faire des courses**	einkaufen gehen
faire du pouce	**faire de l'auto-stop**	trampen

quatre-quarts [katkar] *m* ⟨*inv*⟩ Sandkuchen *m*
quatre-quatre [katkatʀ(ə)] *f* ⟨*inv*⟩ ***une ~ ou une 4x4*** ein Geländewagen *m*
▸**quatre-vingt(s)** [katʀəvɛ̃] **I** *num/c* ⟨*bei folgender Zahl ohne s*⟩ achtzig; **II** *m* Achtzig *f*
▸**quatre-vingt-dix** **I** *num/c* neunzig; **II** *m* ⟨*inv*⟩ Neunzig *f*
▸**quatre-vingt-dixième** *num/o* neunzigste
▸**quatre-vingtième** *num/o* achtzigste
▸**quatrième** [katʀijɛm] **I** *num/o* vierte; **II** *subst* **1** ***le, la ~*** der, die, das Vierte; **2** *m étage* ***au ~*** im vierten Stock; **3** *f* dritte Klasse im Gymnasium; Quarta *f*; **4** *f* AUTO vierter Gang
quatuor [kwatɥɔʀ] *m* Quartett *n*
▸**que** [kə] ⟨*vor Vokal u stummem h* ***qu'***⟩ **I** *pr/rel* den, die, das, *pl* die; *st/s* welche(n, -s), *pl* welche; ***un monsieur que je ne connais pas*** ein Herr, den ich nicht kenne; ***ce que*** was; ***tout ce que j'ai vu*** alles, was ich gesehen habe; F ***que tu dis!*** was du nicht sagst!; ***imbécile que tu es!*** du Dummkopf!; ***tout rusé qu'il est …*** schlau, wie er ist …; **II** *pr/int* was?; ***qu'en pensez-vous?*** *ou* ***qu'est-ce que vous en pensez?*** wie denken Sie darüber?; was halten Sie davon?; ***que faire?*** was tun?; ▸ ***qu'est-ce que c'est*** (***que ça***)***?*** was ist das?; ***que s'est-il passé?*** was ist geschehen?; **III** *adv exclamatif* wie; ***que c'est beau!*** *ou* F ***(qu'est-)ce que c'est beau!*** wie schön das ist!; F ist das aber schön!; ***que de monde!*** wie viele Leute!; **IV** *conj* **1** dass; ***je crois qu'il viendra*** ich glaube, er wird kommen *ou* dass er kommen wird; ***je pense que non*** ich denke nein; **2** *pour reprendre une autre conj* ***s'il vient et que je ne sois pas là …*** wenn er kommt und ich nicht da bin …; **3** *hypothèse* ***que vous y alliez ou non*** ob Sie hingehen oder nicht; **4** *souhait, ordre* ***qu'il vienne!*** er soll kommen!; **5** *comparaison: égalité* wie; *après comp* als; ***aussi grand que*** (eben)so groß wie; ***plus grand que*** größer als; ***je dépense plus que toi*** ich gebe mehr aus als du; ***tout autre que lui*** jeder andere (als er); jeder außer ihm; **6** (*seulement*) ▸ ***ne … que*** nur; *temporel* erst; ***je n'ai qu'une clé*** ich habe nur e-n Schlüssel; ***il n'est que huit heures*** es ist erst acht (Uhr)
Québec [kebɛk] **1** *ville* Quebec *n*; **2** *province* ***le ~*** Quebec *n*
québécois [kebekwa] **I** *adj* ⟨-oise [-waz]⟩ von, aus Quebec; **II** ♀(**e**) *m(f)* Quebecer(in) *m(f)*
▸**quel** [kɛl] *adj* ⟨~le⟩ **1** *interrogatif* **a)** *épithète* welche(r, -s); was für ein(e), *pl* was für; ***~ film avez-vous vu?*** welchen Film *ou* was für e-n Film haben Sie gesehen? **b)** *attribut* welches; ***~le est la***

Q

capitale de ce pays? welches ist die Hauptstadt dieses Landes?; **2** *exclamatif* **~ *beau temps!*** was für ein schönes Wetter!; **3** *indéfini* **~*les que soient vos raisons …*** welches, was auch (immer) Ihre Gründe sein mögen …

▸ **quelconque** [kɛlkõk] **I** *adj/ind* irgendein(e), *pl* irgendwelche; beliebige(r, -s); ***pour une raison ~*** aus irgendeinem Grund; **II** *adj* (*médiocre*) mittelmäßig; (*insignifiant*) unbedeutend; banal; (*ordinaire*) gewöhnlich

quelque [kɛlkə; *vor Vokal* kɛlk] ⟨*keine Elision*⟩ *adj/ind* **1** *sg* einige(r, -s); ***depuis quelque temps*** seit einiger Zeit; *st/s* ***quelque peu*** etwas; ein wenig; **2** *pl* ▸ ***quelques*** einige; ein paar; ***avec quelques amis*** mit ein paar Freunden; ***les quelques …*** die paar …; die wenigen …; *après un chiffre* ***… et quelques*** etwas über …; etwas mehr als …; **3** *advt* ⟨*inv*⟩ (*environ*) etwa; ungefähr; ***quelque trente personnes*** etwa, ungefähr, an die dreißig Personen; **4** *st/s* ***quelque … que*** (+ *subj*) welche(r, -s) … auch (immer); ***à quelque prix que ce soit*** um welchen Preis auch immer

▸ **quelque chose** [kɛlkəʃoz] → ***chose*** *2*

▸ **quelquefois** [kɛlkəfwa] *adv* manchmal; bisweilen; mitunter

▸ **quelqu'un** [kɛlkɛ̃, -kœ̃] *pr/ind* **1** ⟨*inv*⟩ jemand; (irgend)einer; F wer; **~ *de sûr*** jemand Zuverlässiges; ***c'est ~ de bien*** er ist ein anständiger, achtbarer Mensch; F ***être ~*** F jemand, wer sein; F *péj* ***c'est ~!*** F das ist schon toll!; **2** *pl* ▸ ***quelques-uns*** [kɛlkəzɛ̃, -zœ̃] ⟨*f* quelques-unes [kɛlkəzyn]⟩ einige; manche; welche

quémander [kemɑ̃de] *v/t* (aufdringlich) betteln (***qc*** um etw)

qu'en-dira-t-on [kɑ̃diʀatõ] *m* ⟨*inv*⟩ Gerede *n* der Leute

quenelle [kənɛl] *f* Klößchen *n*

quenotte [kənɔt] *f enf* Beißerchen *n*

quenouille [kənuj] *f* Spinnrocken *m*

querelle [kəʀɛl] *f* Streit *m*; *st/s* Zwist *m*; Zank *m*; **~*s*** *pl* Streitigkeiten *f/pl*; Händel *m/pl*; ***chercher ~ à qn*** mit j-m Streit, Händel suchen

quereller [kəʀele] *v/pr* ***se ~*** sich streiten, zanken (***avec qn*** mit j-m)

querelleur [kəʀɛlœʀ] *adj* ⟨-euse [-øz]⟩ zänkisch; streitsüchtig

quérir [keʀiʀ] *v/t* ⟨*nur inf*⟩ *litt* ***aller ~*** holen

▸ **qu'est-ce que** [kɛskə] was; → ***que*** *II*

▸ **qu'est-ce qui** [kɛski] was; → ***qui*** *I 3*

▸ **question** [kɛstjõ] *f* **1** (*interrogation*) Frage *f*; PARLEMENT Anfrage *f*; POL **~ *de confiance*** Vertrauensfrage *f*; ***poser une ~*** (***à qn***) (j-m) e-e Frage stellen; **2** (*problème*) Frage *f*; Problem *n*; *prép* F **~ *salaire*** F in puncto Gehalt; ***en ~*** fraglich; betreffend; bewusst; ***remettre qc en ~*** etw infrage stellen; ***la ~ est de savoir si …*** die Frage ist, ob …; ***la ~ n'est pas là*** *ou* ***ce n'est pas la ~*** darum geht es (hier) nicht; ***c'est une ~ de point de vue*** das ist Ansichtssache; ***il est ~ de*** es ist die Rede von; ***il n'en est pas ~*** das kommt nicht infrage; davon kann keine Rede sein; **3** HIST (*torture*) peinliche Befragung

questionnaire [kɛstjɔnɛʀ] *m* Fragebogen *m*

questionner [kɛstjɔne] *v/t* befragen, ausfragen (***sur*** über + *acc*)

quête [kɛt] *f* **1** (Geld)Sammlung *f*; *à l'église* Kollekte *f*; ***faire la ~*** sammeln; *dans le métro* Geld einsammeln; **2** (*recherche*) Suche *f*; ***se mettre en ~ de*** sich auf die Suche machen nach

quêter [kete] **I** *v/t* (*solliciter*) bitten um; **II** *v/i* (*faire la quête*) sammeln (***pour*** für)

quetsche [kwɛtʃ] **1** Zwetsch(g)e *f*; **2** *eau-de-vie* Zwetsch(g)enwasser *n*; → *Info bei* ***digestif***

▸ **queue** [kø] *f* **1** *d'animaux* Schwanz *m*; ***à la ~ leu leu*** im Gänsemarsch; *fig* ***n'avoir ni ~ ni tête*** weder Hand noch Fuß haben; AUTO ***faire une ~ de poisson à qn*** j-n schneiden; *fig* ***finir en ~ de poisson*** ausgehen wie das Hornberger Schießen; im Sand verlaufen; **2** *d'un avion* Schwanz *m*; *d'une comète* Schweif *m*; *d'un fruit, d'une fleur, d'une poêle* Stiel *m*; *de radis* Stängel *m*; **~ *de note*** Notenhals *m*, -stiel *m*; **3** (*dernière partie*) Ende *n*; hinterer Teil; ***à la ~, en ~*** am Ende; hinten; **4** (*file*) Schlange *f*; ***faire la ~*** Schlange stehen; anstehen (***pour qc*** nach etw); **5** BILLARD Queue *n*; Billardstock *m*; **6** P (*pénis*) P Schwanz *m*

queue-de|-cheval [kødʃəval] *f* ⟨queues-de-cheval⟩ *coiffure* Pferde-

schwanz *m*; **~-pie** *f* ⟨queues-de-pie⟩ *habit* Schwalbenschwanz *m*; **~-rat** *f* ⟨queues-de-rat⟩ TECH Rundfeile *f*
queux [kø] *m* ***maître ~*** Küchenchef *m*, -meister *m*
▸ **qui** [ki] **I** *pr/int* **1** *sujet* wer?; ***qui est là?*** *ou* ***qui est-ce qui est là?*** wer ist da?; **2** *obj/dir* wen?; ***qui cherchez-vous?*** *ou* ***qui est-ce que vous cherchez?*** wen suchen Sie?; *obj/indir* ***à qui penses-tu?*** an wen denkst du?; ***de qui parlez-vous?*** von wem sprechen Sie?; **3** ▸ ***qu'est-ce qui?*** was?; ***qu'est-ce qui est arrivé?*** was ist passiert?; ▸ ***qu'est-ce qui se passe?*** was ist los?; **II** *pr/rel* **1** *sujet* der, die, das, *pl* die; *st/s* welche(r, -s), *pl* welche; ***l'homme qui parle*** der Mann, der spricht; *obj/indir* ***l'homme à qui je parle*** der Mann, mit dem ich spreche; ***ce qui*** was; ***ce qui me fait plaisir*** was mir Spaß macht; **2** *sans antécédent*: *sujet* wer; *obj/dir* wen; ***c'était à qui entrerait le premier*** es ging darum, als Erster hineinzukommen; ***qui vous savez*** Sie wissen schon, wen ich meine; *st/s*: *on buvait* ***qui du vin, qui de la bière*** die einen Wein, die anderen Bier; *neutre* ***qui plus est*** was noch dazukommt; ***voilà qui est fait*** das wäre geschafft; **III** *pr/ind* ***qui que*** (+ *subj*) *sujet* wer auch (immer); *obj/dir* wen auch (immer); ***qui que vous soyez*** wer Sie auch (immer) sein mögen; ganz gleich *ou* F egal, wer Sie sind
quiche [kiʃ] *f* ***~ lorraine*** Speckkuchen *m*
quiconque [kikõk] *pr/ind* **1** (*n'importe qui*) irgendjemand; **2** (*toute personne qui*) jeder, der
quidam [kidam] *m* ***un ~*** ein gewisser Jemand
quiétude [kjetyd] *f* ***en toute ~*** in aller (Seelen)Ruhe
quignon [kiɲõ] *m* ***~ (de pain)*** (Brot-)Kanten *m*; Ranken *m* (Brot)
quille[1] [kij] *f* **1** Kegel *m*; ***jouer aux ~s*** kegeln; **2** *pl* **~s** F (*jambes*) F Hachsen *ou* Haxen *f/pl*; **3** *arg* MIL Ausscheiden *n* (aus dem Militärdienst)
quille[2] *f* MAR Kiel *m*
quincaillerie [kɛ̃kɑjʀi] *f* **1** Eisenwarenhandlung *f*; Haushaltswarengeschäft *n*; **2** F *fig* (*bijoux*) F Klunker *m/pl*
quincaill|ier [kɛ̃kɑje] *m*, **~ière** [-jɛʀ] *f* Eisenwaren-, Haushaltswarenhändler(in) *m(f)*
quinconce [kɛ̃kõs] *m arbres* ***disposés en ~*** gegeneinander versetzt; auf Lücke gesetzt
quinine [kinin] *f* Chinin *n*
quinquagénaire [kɛ̃kaʒenɛʀ] *m,f* Fünfzigjährige(r) *f(m)*
quinquennal [kɛ̃kenal] *adj* ⟨~e; -aux [-o]⟩ ***plan ~*** Fünfjahresplan *m*
quinquennat [kɛ̃kena] *m* fünfjährige Amtszeit (*des frz Staatspräsidenten ab 2002*)
quinquina [kɛ̃kina] *m Aperitif, der Chinarinde enthält*
Quint [kɛ̃] *adj* ***Charles ~*** Karl V. (der Fünfte)
quintal [kɛ̃tal] *m* ⟨-aux [-o]⟩ Doppelzentner *m*
quinte [kɛ̃t] *f* **1** **~ (*de toux*)** Hustenanfall *m*; **2** MUS Quint(e) *f*
quintessence [kɛ̃tesɑ̃s] *f* Quintessenz *f*; Hauptinhalt *m*; Wesentliche(s) *n*
quintette [kɛ̃tɛt, kɥɛ̃-] *m* Quintett *n*
quintuple [kɛ̃typl(ə)] **I** *adj* fünffach; **II** *subst* ***le ~*** das Fünffache
quintupler [kɛ̃typle] **I** *v/t* verfünffachen; **II** *v/i* sich verfünffachen
quinzaine [kɛ̃zɛn] *f* **1** ***une ~ (de)*** etwa, ungefähr, rund fünfzehn; **2** (*deux semaines*) vierzehn Tage *m/pl*; zwei Wochen *f/pl*; ***~ commerciale*** vierzehntägige, zweiwöchige Promotion; ***la première ~ de mai*** die erste Maihälfte
▸ **quinze** [kɛ̃z] **I** *num/c* **1** fünfzehn; ***le quinze avril*** der fünfzehnte *ou* am fünfzehnten April; ***Louis XV*** Ludwig XV. (der Fünfzehnte); **2** ▸ ***quinze jours*** vierzehn Tage *m/pl*; ***dans quinze jours*** in vierzehn Tagen; **II** *m* ⟨*inv*⟩ **1** *nombre* Fünfzehn *f*; ***le quinze (du mois)*** der Fünfzehnte *ou* am Fünfzehnten (des Monats); **2** SPORTS Rugbymannschaft *f* (von fünfzehn Spielern)
▸ **quinzième** [kɛ̃zjɛm] *num/o* fünfzehnte
quiproquo [kipʀɔko] *m* Verwechslung *f*
quittance [kitɑ̃s] *f* Quittung *f*; Zahlungsbeleg *m*; ***~ de loyer*** Mietquittung *f*
quitte [kit] *adj* **1** ***être ~ envers qn*** j-m nichts mehr schulden; mit j-m quitt sein; *fig* ***en être ~ pour la peur*** mit dem (bloßen) Schrecken davongekom-

men sein; ~ **à** (+ *inf*) auf die Gefahr hin, dass …; wenn auch …; **2** ***jouer à ~ ou double*** *jeu* weitermachen (und dabei den Einsatz verdoppeln oder verlieren); *fig* alles aufs Spiel setzen

▸**quitter** [kite] **I** *v/t* **1** *personne, lieu* verlassen; *métier* aufgeben; *voiture* ***~ la route*** von der Fahrbahn abkommen; TÉL ***ne quittez pas!*** bitte, bleiben Sie am Apparat!; ***ne pas ~ qn, qc des yeux*** j-n, etw nicht aus den Augen lassen; **2** *vêtement* ablegen; **II** *v/pr* ***se ~*** sich trennen; auseinander gehen

quitus [kitys] *m* ***donner ~ à qn*** j-m Entlastung erteilen; j-n entlasten

qui-vive [kiviv] **I** *int* MIL wer da?; **II** *m* ***être sur le ~*** auf der Hut sein

▸**quoi** [kwa] **I** *pr/int* **1** was; ***quoi faire?*** was tun?; F ***quoi?*** *je n'ai pas compris* was?; ***quoi!*** *vous partez?* was!; wie!; ***quoi de neuf?*** was gibt's Neues?; **2** *obj/indir* woran, worauf, womit, wozu *etc* (*selon la prép*); ***à quoi pensez-vous?*** woran denken Sie?; ***à quoi bon?*** wozu?; **3** F *en fin d'explication* ***une vie monotone, quoi*** ein eintöniges Dasein also, eben, halt; **II** *pr/rel* **1** woran, worauf, womit *etc* (*selon la prép*); ***s'il savait ce à quoi je pense*** wenn er wüsste, woran ich denke; **2** *sans antécédent* ***avoir de quoi écrire*** etwas zum Schreiben haben; ***avoir de quoi vivre*** sein Auskommen, genug zum Leben haben; ▸ **(*il n'y a*) *pas de quoi*** keine Ursache; gern geschehen; nichts zu danken; **III** *pr/ind* ***quoi que*** (+ *subj*) was auch (immer); (ganz) gleich *ou* F egal, was; ***quoi qu'on dise*** was man auch (immer) sagen mag; ***quoi qu'il en soit*** wie dem auch sei

quoique [kwak(ə)] ⟨*vor il, elle, un, une, on* ***quoiqu'***⟩ *conj* (+ *subj*) obgleich; obwohl; wenn auch

quolibet [kɔlibɛ] *m* Anzüglichkeit *f*; spöttische Bemerkung

quorum [kɔʀɔm, kwɔ-] *m* ***le ~ est atteint*** die Versammlung ist beschlussfähig

quota [kɔta, kwɔ-] *m* Quote *f*

quote-part [kɔtpaʀ] *f* ⟨quotes-parts⟩ Anteil *m*

quotidien [kɔtidjɛ̃] **I** *adj* ⟨-ienne [-jɛn]⟩ täglich; **II** *m* **1** *journal* Tageszeitung *f*; **2** (*vie quotidienne*) ***au ~*** im Alltag

quotient [kɔsjɑ̃] *m* **1** MATH Quotient *m*; **2** IMPÔTS ***~ familial*** Bewertungsziffer *f* entsprechend dem Familienstand

R

R, r [ɛʀ] *m* ⟨*inv*⟩ R, r *n*

rab [ʀab] *m* F **1** *de nourriture* Nachschlag *m*; **2** ***faire du ~*** Überstunden machen

rabâch|age [ʀabaʃaʒ] *m* endlose Wiederholungen *f/pl*; **~er** [-e] *v/t* bis zum Überdruss wiederholen; F wiederkäuen; *abs* immer dasselbe reden, F faseln

rabais [ʀabɛ] *m* Preisnachlass *m*; Rabatt *m*; ***au ~*** zu herabgesetzten Preisen; billig; ***faire un ~ sur qc*** auf etw (*acc*) Rabatt geben

rabaisser [ʀabese] **I** *v/t* herabsetzen; **II** *v/pr* ***se ~*** sich (selbst) schlecht machen, herabsetzen

rabane [ʀaban] *f* Bast *m*

rabat [ʀaba] *m* **1** *plastron* Beffchen *n*; **2** *d'un sac, d'une poche* Klappe *f*; **~-joie** *m* ⟨*inv*⟩ Spielverderber *m*

rabatteur [ʀabatœʀ] *m* **1** CH Treiber *m* **2** *fig et péj* (An)Werber *m*

rabattre [ʀabatʀ(ə)] ⟨→ battre⟩ **I** *v/t* **1** *capot, siège* herunterklappen; *col* umschlagen; *vent: fumée* herunterdrücken; **2** CH *gibier* treiben; **II** *v/i* **3** ***en ~*** zurückstecken; **III** *v/pr* **4** ***se ~*** *voiture* rasch wieder einscheren; **5** ***se ~ sur*** vorlieb nehmen mit

rabbin [ʀabɛ̃] *m* Rabbiner *m*

rabibocher [ʀabibɔʃe] *v/pr* F ***se ~*** sich (wieder miteinander) versöhnen

rabiot [ʀabjo] *m* F → ***rab***

râble [ʀɑbl(ə)] *m* Rücken *m* (*a* CUIS)

râblé [ʀɑble] *adj* ⟨**~e**⟩ stämmig; untersetzt

rabot [ʀabo] *m* Hobel *m*

raboter [ʀabɔte] *v/t* (ab-, glatt)hobeln

raboteux [Rabɔtø] *adj* ⟨-euse [-øz]⟩ holp(e)rig
rabougri [RabugRi] *adj* ⟨~e⟩ **1** *plante* verkümmert; **2** *personne* verhutzelt
rabrouer [RabRue] *v/t* ***~ qn*** j-n anfahren, anherrschen; ***se faire ~*** e-e Abfuhr bekommen
racaille [Rakaj] *f* Pack *n*; Gesindel *n*
raccommodage [Rakɔmɔdaʒ] *m* Ausbesserung *f*; Flicken *n*; Flickarbeit *f*
raccommoder [Rakɔmɔde] **I** *v/t* flicken; ausbessern; reparieren; **II** *v/pr* F ***se ~*** sich (wieder miteinander) versöhnen
raccompagner [Rakõpaɲe] *v/t* (zurück)begleiten; zurückbringen
raccord [RakɔR] *m* **1** ***faire un ~*** *de peinture* (die Farbe) ausbessern; F *fig* sein Make-up auffrischen; **2** TECH Verbindungs-, Anschlussstück *n*; **3** CIN Übergang *m*
raccordement [RakɔRdəmɑ̃] *m* Verbindung *f*; Anschluss *m*
raccorder [RakɔRde] *v/t* (miteinander) verbinden; anschließen (***à*** an + *acc*)
raccourci [RakuRsi] *m chemin* Abkürzung *f*
raccourcir [RakuRsiR] **I** *v/t séjour* ab-, verkürzen; *robe* kürzer machen; *texte* kürzen; raffen; *fig* ***à bras raccourcis*** mit voller Wucht; **II** *v/i* kürzer werden
raccroc [RakRo] ***par ~*** durch e-n glücklichen Zufall
►**raccrocher** [RakRɔʃe] **I** *v/t tableau, etc* wieder aufhängen; *wagon* wieder anhängen; **II** *v/i* **1** TÉL auflegen; **2** SPORTS aufhören; **III** *v/pr* ***se ~ à*** sich klammern an (+ *acc*)
►**race** [Ras] *f* **1** Rasse *f*; ***de ~*** Rasse…; reinrassig; **2** (*catégorie de personnes*) (Menschen)Schlag *m*
racé [Rase] *adj* ⟨~e⟩ **1** *animal* Rasse…; **2** *personne* apart
rachat [Raʃa] *m* Rückkauf *m*; *d'une servitude* Ablösung *f*
racheter [Raʃte] ⟨-è-⟩ **I** *v/t* **1** *maison, etc* zurückkaufen; *rente, servitude* ablösen; ***~ qc à qn*** j-m etw (wieder) abkaufen; **2** *prisonniers* los-, freikaufen; REL erlösen; **3** *fig faute, crime* sühnen; wieder gutmachen; **II** *v/pr* ***se ~*** sein Ansehen wiederherstellen
rachidien [Raʃidjɛ̃] *adj* ⟨-ienne [-jɛn]⟩ Rückenmark(s)…
rachit|ique [Raʃitik] *adj* **1** MÉD rachitisch; **2** *par ext* zurückgeblieben; kümmerlich; **~isme** [-ism(ə)] *m* Rachitis *f*
racial [Rasjal] *adj* ⟨~e; -aux [-o]⟩ Rassen…
►**racine** [Rasin] *f* Wurzel *f* (*a* MATH, *fig*); *fig* ***attaquer le mal à sa ~*** das Übel an der Wurzel packen; ***prendre ~*** Wurzeln schlagen; *fig invité* nicht mehr gehen
►**rac|isme** [Rasism(ə)] *m* Rassismus *m*; Rassenhass *m*, -hetze *f*; **~iste** [-ist] **I** *adj* rassistisch; **II** *m,f* Rassist(in) *m(f)*
racket [Rakɛt] *m* Erpressung *f*
racketter [Rakete] *v/t* ***~ qn*** von j-m Geld erpressen
racketteur [RakɛtœR] *m* Erpresser *m*
raclée [Rɑkle] F *f* **1** Tracht *f* Prügel *f*; F Keile *f*; F Dresche *f*; **2** *fig* ***prendre une ~*** e-e Schlappe erleiden
raclement [Rɑkləmɑ̃] *m* ***~ de gorge*** Räuspern *n*
racler [Rɑkle] **I** *v/t* **1** (ab)schaben; (ab-)kratzen; *casserole* auskratzen; **2** F *vin* ***~ le gosier*** im Hals kratzen; **II** *v/pr* ***se ~ la gorge*** sich räuspern
raclette [Rɑklɛt] *f* CUIS Raclette *f ou n*
racloir [RɑklwaR] *m* Schaber *m*; Kratzer *m*
racolage [Rakɔlaʒ] *m péj* Kundenfang *m*; ***~ sur la voie publique*** öffentliche Aufforderung zur Prostitution
racoler [Rakɔle] *v/t péj* (an)werben; fangen; F keilen; *prostituée: clients* ansprechen; F anhauen; *abs* auf Kundenfang gehen
racol|eur [RakɔlœR] *péj m* (Kunden-, Mitglieder)Werber *m*; **~euse** [-øz] *f* (Straßen)Dirne *f*
racontars [RakõtaR] *m/pl* Klatsch *m*; Geschwätz *n*; F Tratsch *m*
►**raconter** [Rakõte] *v/t* erzählen; ***~ qc*** (von) etw erzählen, berichten
racorn|i [RakɔRni] *adj* ⟨~e⟩ *viande, cuir* hart; zusammengeschrumpft; *peau* ledern; **~ir** [-iR] *v/pr* ***se ~*** hart werden
radar [RadaR] *m* Radaranlage *f*, -gerät *n*; *adjt* ***contrôle*** *m* ***~*** Radarkontrolle *f*
rade [Rad] *f* **1** MAR Reede *f*; **2** F *fig* ***rester en ~*** *voiture, projet* liegen bleiben; *personne* zurückbleiben
radeau [Rado] *m* ⟨~x⟩ Floß *n*; ***~ de sauvetage*** Rettungsinsel *f*
radial [Radjal] *adj* ⟨~e; -aux [-o]⟩ radial; Radial…; strahlenförmig
radiateur [RadjatœR] *m* **1** *de chauffage*

R

central Heizkörper *m*; *électrique, à gaz* Heizofen *m*; **2** AUTO Kühler *m*

radiation [Radjasjõ] *f* **1** *sur une liste* Streichung *f*; **2** PHYS Strahlung *f*

radical [Radikal] **I** *adj* ⟨~e; -aux [-o]⟩ radikal; durchgreifend; einschneidend; **II** *m* ⟨-aux [-o]⟩ **1** GR (Wort)Stamm *m*; **2** CHIM Radikal *n*; **3** MATH Wurzelzeichen *n*; **4** POL ***radicaux*** *pl* Radikalsozialisten *m/pl* (*bürgerlich-laizistisch*)

radicalis|ation [Radikalizasjõ] *f* Radikalisierung *f*; **~er** [-e] **I** *v/t* radikalisieren; **II** *v/pr* ***se ~*** radikal werden

radicelle [Radisɛl] *f* Wurzelfaser *f*

radier [Radje] *v/t* streichen

radiesthésiste [Radjɛstezist] *m* (Wünschel)Rutengänger *m*

radieux [Radjø] *adj* ⟨-euse [-øz]⟩ **1** *soleil, journée* strahlend; **2** *personne, air* (glück-, freude)strahlend

radin [Radɛ̃] F **I** *adj* ⟨-ine [-in]⟩ F knick(e)rig; F knaus(e)rig; **II** **~(e)** *m(f)* Geizkragen *m*; F Knauser(in) *m(f)*

radiner [Radine] F *v/i* (*et v/pr* ***se ~***) F antanzen; F eintrudeln

radinerie [RadinRi] *f* F Knaus(e)rigkeit *f*

▸ **radio**[1] [Radjo] *f* **1** (*radiodiffusion*) Radio *n*; Rundfunk *m*; Hörfunk *m*; ***à la ~*** im Radio; **2** *récepteur* Radio *n*; **3** *station émettrice* Sender *m*; ***~ libre*** Privatsender *m*; **4** (*radiotéléphonie*) Funk *m*; ***par ~*** über Funk; **5** (*radiographie*) Röntgenaufnahme *f*, -bild *n*; (*radioscopie*) (Röntgen)Durchleuchtung *f*; ***passer à la ~*** geröntgt *ou* durchleuchtet werden

radio[2] *m* Funker *m*

radio|actif *adj* ⟨-ive⟩ radioaktiv; **~activité** *f* Radioaktivität *f*; **~amateur** *m* Funk-, Radioamateur *m*; **~cassette** *f* Radiorecorder *m*; **~diffuser** *v/t* (im Rundfunk) übertragen, senden; (über den Rundfunk) ausstrahlen; **~diffusion** *f* Rundfunk *m*; **~électrique** *adj* Funk…

radiograph|ie [RadjɔgRafi] *f* **1** *procédé* Röntgenuntersuchung *f*; **2** *cliché* Röntgenaufnahme *f*, -bild *n*; **~ier** [-je] *v/t* röntgen

radioguidage *m* **1** TECH Funksteuerung *f*; **2** AUTO Verkehrsfunk *m*

radio|logique [Radjɔlɔʒik] *adj* röntgenologisch; Röntgen…; **~logue** [-lɔg] *m,f* Röntgenarzt *m*, -ärztin *f*; Röntgenologe, -login *m,f*

radiophonique [Radjɔfɔnik] *adj* Rundfunk…; Hörfunk…; ***jeu*** *m* **~** Quizsendung *f*, Ratespiel *n* (im Rundfunk); ***pièce*** *f* **~** Hörspiel *n*

radioreporter *m* Rundfunkreporter *m*

radio-réveil *m* ⟨radios-réveils⟩ Radiowecker *m*

radioscopie [Radjɔskɔpi] *f* (Röntgen-)Durchleuchtung *f*

radio-taxi *m* ⟨radio-taxis⟩ Funktaxi *n*

radio|téléphone *m* Funktelefon *n*; *de voiture* Autotelefon *n*; **~télévisé** *adj* ⟨~e⟩ von (Hör)Funk und Fernsehen übertragen; **~thérapie** *f* Strahlentherapie *f*, -behandlung *f*

radis [Radi] *m* **1** **~** (***rose***) Radieschen *n*; ***~ noir*** (schwarzer) Rettich; **2** F *fig* ***n'avoir pas un ~*** keinen Pfennig mehr haben; F völlig blank sein

radium [Radjɔm] *m* Radium *n*

radius [Radjys] *m* ANAT Speiche *f*

radot|age [Radɔtaʒ] *m* Gefasel *n*; Geschwafel *n*; **~er** [-e] *v/i* faseln; schwafeln

radoub [Radu] *m* ***bassin*** *m* ***de ~*** Trockendock *n*

radouc|ir [RadusiR] *v/pr* ***se ~*** **1** *temps* milder werden; **2** *personne* umgänglicher werden; **~issement** [-ismɑ̃] *m* Milderung *f*

rafale [Rafal] *f* **1** **~** (***de vent***) Bö *f*; ***~ de neige*** Schneegestöber *n*; **2** MIL Feuerstoß *m*

raffermir [RafɛRmiR] *v/t* **1** *muscles, poitrine* straffen; festigen; **2** *fig courage, autorité* stärken

raffinage [Rafinaʒ] *m* TECH Raffinieren *n*; Raffination *f*

raffiné [Rafine] *adj* ⟨~e⟩ **1** TECH raffiniert; ***sucre ~*** (Zucker)Raffinade *f*; **2** *fig* verfeinert; erlesen; ausgesucht; *personne* feinsinnig; mit Geschmack; *supplices* raffiniert; ausgeklügelt

raffinement [Rafinmɑ̃] *m* **1** Verfeinerung *f*; Raffinement *n*; **2** ***~ de cruauté*** ausgeklügelte Grausamkeit

raffiner [Rafine] *v/t* TECH raffinieren

raffinerie [RafinRi] *f* Raffinerie *f*

raffoler [Rafɔle] *v/t/indir* ***~ de*** schwärmen für; ***elle raffole de musique*** es geht ihr nichts über Musik

raffut [Rafy] F *m* Krach *m*; F Radau *m*

rafiot [Rafjo] *m péj* ***vieux ~*** alter Kahn; Seelenverkäufer *m*

R

rafistol|age [Rafistɔlaʒ] F *m* Flickschusterei *f*; **~er** [-e] F *v/t* zurechtflicken
rafle [Rafl(ə)] *f* Razzia *f*
rafler [Rafle] *v/t* F **~ *qc*** *voleurs* etw mitgehen lassen; *clients* etw aufkaufen, an sich raffen; *sportif: médailles* einheimsen
rafraîchir [RafReʃiR] **I** *v/t* **1** *boisson* kühlen; *boisson* **~ *qn*** j-n erfrischen; **2** *tableau, couleur, fig mémoire* auffrischen; *cheveux* nachschneiden; **II** *v/i* **3** ***mettre à*** **~** kalt stellen; **III** *v/pr* ***se*** **~** **4** *temps* sich abkühlen; **5** *personne* sich erfrischen
rafraîchissant [RafReʃisɑ̃] *adj* ⟨-ante [-ɑ̃t]⟩ erfrischend
rafraîchissement [RafReʃismɑ̃] *m* **1** *de la température* Abkühlung *f*; **2** *souvent pl* **~s** Erfrischungen *f/pl*; ***prendre un*** **~** e-e Erfrischung zu sich nehmen
rafting [Raftiŋ] *m* Rafting *n*; Wildwassersport *m*
ragaillardir [RagajaRdiR] *v/t* aufmuntern
rage [Raʒ] *f* **1** MÉD Tollwut *f*; **2** (*colère*) Wut *f*; Raserei *f*; *fig* **~ *de vivre*** Lebensgier *f*; ***faire*** **~** *tempête, feu* wüten; *bataille* toben; **3** **~ *de dents*** rasende Zahnschmerzen *m/pl*
rageant [Raʒɑ̃] *adj* ⟨-ante [-ɑ̃t]⟩ F ***c'est*** **~** ich könnte mich schwarz ärgern
rager [Raʒe] F *v/i* ⟨-ge-⟩ ***ça me fait*** **~** das macht mich wütend
rageur [RaʒœR] *adj* ⟨-euse [-øz]⟩ wütend
raglan [Raglɑ̃] *adj* ⟨*inv*⟩ Raglan…
ragondin [Ragɔ̃dɛ̃] *m* **1** ZO Nutria *f*; **2** *fourrure* Nutria(pelz) *m*
ragots [Rago] *m/pl* F Tratsch *m*; Klatsch *m*
ragoût [Ragu] *m* Ragout *n*
ragoûtant [Ragutɑ̃] *adj* ⟨-ante [-ɑ̃t]⟩ ***peu*** **~** unappetitlich
rai [Rɛ] *litt m* (Licht-, Sonnen)Strahl *m*
raï [Raj] *m* MUS Rai *m*

Le raï

Le raï ist eine Musikrichtung aus Algerien. Durch die vielen in Frankreich lebenden Nordafrikaner ist der **raï** in Frankreich sehr viel bekannter als in Deutschland.

raid [Rɛd] *m* **1** MIL Überfall *m*; **~ (*aérien*)** Luftangriff *m*; **2** SPORTS Langstreckenfahrt *f*
raide [Rɛd] **I** *adj* **1** *membres, personne* steif; *cheveux* glatt; **2** *pente, escalier* steil; **3** F (*fort*) *histoire* stark; **4** F (*fauché*) ***être*** **~** F abgebrannt, blank sein; **II** *adv* ***tomber*** **~ (*mort*)** auf der Stelle tot umfallen
raideur [RɛdœR] *f* **1** *d'un membre* Steifheit *f*; Steife *f*; **2** *fig des principes* Starrheit *f*
raidillon [Rɛdijɔ̃] *m* steiler Weg, Pfad
raidir [RɛdiR] **I** *v/t muscles* anspannen; **II** *v/pr fig personne* ***se*** **~ *contre*** trotzen (+ *dat*)
raie[1] [Rɛ] *f* **1** (*bande*) Streifen *m*; (*éraflure*) Kratzer *m*; **2** *de la chevelure* Scheitel *m*; **3** **~ *des fesses*** Gesäßspalte *f*; **4** PHYS Linie *f*
raie[2] *f* ZO Rochen *m*
raifort [RɛfɔR] *m* Meerrettich *m*
rail [Rɑj] *m* **1** CH DE FER, TECH Schiene *f*; *fig* ***remettre sur les*** **~s** wieder flottmachen; **2** *par ext* ***le*** **~** die Schiene; die (Eisen)Bahn
railler [Rɑje] *v/t* verspotten
raillerie(s) [RɑjRi] *f(pl)* Spott *m*
railleur [RɑjœR] **I** *adj* ⟨-euse [-øz]⟩ spöttisch; **II** **~, *railleuse*** *m,f* Spötter(in) *m(f)*
rail-route *adj* ⟨*inv*⟩ ***transport*** *m* **~** Huckepackverkehr *m*
rainette [Rɛnɛt] *f* Laubfrosch *m*
rainure [RɛnyR] *f* Rille *f*; TECH Nut *f*
▸ **raisin** [Rɛzɛ̃] *m* (Wein)Traube(n) *f(pl)*; **~s *secs*** Rosinen *f/pl*; **~s *de Corinthe*** Korinthen *f/pl*; ***acheter du*** **~** (Wein-)Trauben kaufen
raison [Rɛzɔ̃] *f* **1** (*intelligence*) Vernunft *f*; Verstand *m*; **~ *d'État*** Staatsräson *f*; ***ne pas vouloir entendre*** **~** keine Vernunft annehmen wollen; ***perdre la*** **~** den Verstand verlieren; **2** (*contraire: tort*) ***avec*** **~** mit Recht; ***comme de*** **~** selbstverständlich; ***avoir*** **~** Recht haben; *par ext* ***avoir*** **~ *de qn, qc*** über j-n, etw siegen; etw überwinden; ***donner*** **~ *à qn*** j-m Recht geben; **3** (*motif, cause*) Grund *m*; Ursache *f*; **~ *d'être*** Existenzberechtigung *f*; **~ *de vivre*** Lebensinhalt *m*; **~ *de plus pour*** (+ *inf*) ein Grund mehr, um zu (+ *inf*); umso mehr muss man (+ *inf*); ***à plus forte*** **~** umso mehr; ***en*** **~ *de*** auf Grund, wegen

R

(+ *gén*); ***pour ~s de santé*** aus gesundheitlichen Gründen; ***pour cette ~*** aus diesem Grund; darum; deshalb; ***sans ~*** ohne Grund; grundlos; ***se faire une ~*** sich ins Unvermeidliche fügen; **4** ***~ sociale*** Firmenname *m*; Firma *f*; **5** ***à ~ de cent euros l'heure*** hundert Euro pro Stunde

►**raisonnable** [ʀɛzɔnabl(ə)] *adj* **1** vernünftig; *personne a* verständig; einsichtig; **2** *prix, salaire* annehmbar

raisonné [ʀɛzɔne] *adj* ⟨~e⟩ durchdacht; überlegt; logisch begründet

raisonnement [ʀɛzɔnmɑ̃] *m* **1** (*argumentation*) Beweisführung *f*; Argumentation *f*; Überlegung *f*; Gedankengang *m*; **2** (***force*** *f* ***de***) ~ Urteilsvermögen *n*

raisonner [ʀɛzɔne] **I** *v/t* zur Vernunft bringen; **II** *v/i* (*juger*) (logisch) urteilen; (*argumenter*) argumentieren; (*conclure*) Schlussfolgerungen ziehen; **III** *v/pr personne* ***se ~*** Vernunft annehmen; *sentiments* ***ne pas se ~*** nicht der Vernunft (*dat*) gehorchen

raisonn|eur [ʀɛzɔnœʀ] *m*, **~euse** [-øz] *f* Widerspruchsgeist *m*

rajeunir [ʀaʒœniʀ] **I** *v/t* **1** *personne* jünger machen; verjüngen; **2** *fig* (*moderniser*) erneuern; **II** *v/i* ⟨*Vorgang* avoir, *Ergebnis* être⟩ jünger werden; sich verjüngen; jünger aussehen; **III** *v/pr* ***se ~*** sich jünger machen

rajeunissement [ʀaʒœnismɑ̃] *m* Verjüngung *f*

rajouter [ʀaʒute] *v/t* hinzufügen; *sel, etc* zugeben; F ***vous en rajoutez!*** F Sie erfinden was dazu!

rajust|ement [ʀaʒystəmɑ̃] *m* Anpassung *f*; Angleichung *f*; **~er** [-e] *v/t* **1** *lunettes, vêtement* zurechtrücken; **2** *salaires, prix* anpassen; angleichen

râle [ʀɑl] *m* Röcheln *n*

ralenti [ʀalɑ̃ti] *m* **1** *d'un moteur* Leerlauf *m*; Standgas *n*; *par ext* ***au ~*** mit mäßigem Tempo; **2** CIN Zeitlupe *f*

►**ralentir** [ʀalɑ̃tiʀ] **I** *v/t* verlangsamen; **II** *v/i* langsamer fahren; langsamer werden; **III** *v/pr* ***se ~*** langsamer werden; sich verlangsamen

ralentiss|ement [ʀalɑ̃tismɑ̃] *m* **1** Verlangsamung *f*; **2** ***~s*** *pl* zähflüssiger Verkehr; **~eur** [-œʀ] *m* Fahrbahnschwelle *f*

râler [ʀɑle] *v/i* **1** *mourant* röcheln; **2** F (*protester*) F motzen; F meckern; ***faire ~ qn*** j-n wütend machen

râleur [ʀɑlœʀ] F **I** *adj* ⟨-euse [-øz]⟩ F motzig; **II** ~, ***râleuse*** *m,f* Nörgler(in) *m(f)*; F Meckerziege *f*

ralliement [ʀalimɑ̃] *m* **1** ***point*** *m* ***de ~*** Sammelpunkt *m*; **2** (*adhésion*) Anschluss *m* (***à*** an + *acc*)

rallier [ʀalje] **I** *v/t* **1** *troupes* sammeln; **2** (*unir*) vereinen; um sich sammeln, scharen; *suffrages* auf sich vereinigen; **3** (*rejoindre*) sich anschließen (+ *dat*); *endroit* zurückkehren zu; **II** *v/pr* ***se ~*** **4** *troupes* sich wieder sammeln; **5** (*adhérer*) sich anschließen (***à*** *dat*)

rallonge [ʀalɔ̃ʒ] *f* **1** *d'une table* Ausziehplatte *f*; ÉLECT Verlängerungsschnur *f*; **2** F *fig* (*supplément*) Zugabe *f*

rallonger [ʀalɔ̃ʒe] ⟨-ge-⟩ **I** *v/t vêtement* länger machen; *piste, etc* verlängern; F ***cela me rallonge*** das ist ein Umweg für mich; **II** *v/i jours* länger werden

rallumer [ʀalyme] **I** *v/t* **1** *feu, cigarette* wieder anzünden; *lumière, radio, télé* wieder einschalten; F wieder anmachen; **2** *fig passion, conflit* wieder entfachen; **II** *v/pr* ***se ~*** *incendie, fig passion, guerre* erneut aufflackern

rallye [ʀali] *m* Rallye *f*

ramadan [ʀamadɑ̃] *m* Ramadan *m*

ramage [ʀamaʒ] *m* **1** ***~s*** *pl* Rankenmuster *n*; **2** *litt des oiseaux* Gezwitscher *n*

ramassage [ʀamasaʒ] *m* (Auf)Sammeln *n*; *des ordures ménagères* Abholung *f*; Abfuhr *f*; ***car*** *m* ***de ~ scolaire*** Schulbus *m*

ramasse-miettes [ʀamasmjɛt] *m* ⟨*inv*⟩ Tischbesen *m* und Schaufel *f*

►**ramasser** [ʀamase] **I** *v/t* **1** *cahiers, copies* einsammeln; *ordures, lait* abholen; *argent* (*accumuler*) anhäufen; (*encaisser*) einnehmen; F *malfaiteurs* aufgreifen; **2** (*prendre par terre*) aufheben; *champignons, coquillages* sammeln; *blessés, ivrogne, animal perdu* auflesen; **3** F *maladie, volée* F (ab)kriegen; **II** *v/pr* ***se ~*** **4** (*se pelotonner*) sich zusammenkauern, -rollen; **5** F (*se relever*) wieder aufstehen; *par ext* (*tomber*) hinfallen; *fig à un examen* durchfallen

ramasseur [ʀamasœʀ] *m* ***~ de balles*** Balljunge *m*

ramassis [ʀamasi] *m péj* Haufen *m*; Wust *m*

rambarde [rɑ̃baʀd] *f* Geländer *n*; MAR Reling *f*

rame [ʀam] *f* **1** (*aviron*) Ruder *n*; **2** ***'haricots*** *m/pl* ***à ~s*** Stangenbohnen *f/pl*; **3** ***~ de métro*** U-Bahn(-Zug) *f(m)*

rameau [ʀamo] *m* ⟨~x⟩ **1** Zweig *m*; ***~ d'olivier*** Ölzweig *m*; **2** ***les* ℛ*x*** *ou* ***le dimanche des* ℛ*x*** der Palmsonntag

▸ **ramener** [ʀamne] ⟨-è-⟩ **I** *v/t* **1** (*amener de nouveau*) wieder her-, mitbringen; (*faire revenir*) zurückbringen; **2** ***~ à*** (wieder) bringen auf (+ *acc*) *ou* zu; ***~ qn à la raison*** j-n zur Vernunft bringen; ***~ tout à soi*** alles nur von seiner Warte aus sehen; ***~ qn à la vie*** j-n ins Leben zurückrufen; **3** *ordre, paix* wiederherstellen; **4** P ***la ~*** F s-n Senf dazugeben; **II** *v/pr* **5** ***se ~ à qc*** auf etw (*acc*) hinauslaufen; **6** F ***se ~*** (*revenir*) F wieder aufkreuzen

ramequin [ʀamkɛ̃] *m* kleine Auflaufform

ramer [ʀame] *v/i* **1** rudern; **2** F *fig* sich abstrampeln

ram|eur [ʀamœʀ] *m*, **~euse** [-øz] *f* Ruderer *m*, Ruderin *f*

rameuter [ʀamøte] *v/t* zusammenrufen; F zusammentrommeln

ramier [ʀamje] *m* Ringeltaube *f*

ramification [ʀamifikasjõ] *f* BIOL, *fig* Verzweigung *f*; Verästelung *f*; *fig* ***avoir des ~s*** weit verzweigt sein

ramifier [ʀamifje] *v/pr* ***se ~*** sich verzweigen; ***ramifié*** verzweigt

ramolli [ʀamɔli] *adj* ⟨~e⟩ **1** aufgeweicht; **2** F *personne* F schlapp; F lahm

ramollir [ʀamɔliʀ] **I** *v/t* weich machen; aufweichen; **II** *v/i* (*et v/pr* ***se ~***) weich werden; aufweichen

ramollissement [ʀamɔlismɑ̃] *m* ***~ du cerveau*** Gehirnerweichung *f*

ramon|age [ʀamɔnaʒ] *m* Schornsteinfegen *n*; **~er** [-e] *v/t cheminée* fegen; **~eur** [-œʀ] *m* Schornsteinfeger *m*; Kaminkehrer *m*

rampant [ʀɑ̃pɑ̃] **I** *adj* ⟨-ante [-ɑ̃t]⟩ **1** kriechend; Kriech…; **2** *personne* kriecherisch; **II** *m/pl* F AVIAT ***les ~s*** das Bodenpersonal

rampe [ʀɑ̃p] *f* **1** *pour véhicules* Auf- *ou* Abfahrt *f*; Rampe *f*; ***~ d'accès*** Auffahrt *f*; *pour fusées* ***~ de lancement*** Start-, Abschussrampe *f*; **2** *d'un escalier* (Treppen)Geländer *n*; F *fig* ***tenir bon la ~*** F sich nicht unterkriegen lassen; **3** THÉ Rampe *f*

ramper [ʀɑ̃pe] *v/i* kriechen (*a fig* ***devant qn*** vor j-m); MIL robben

rancard [ʀɑ̃kaʀ] *m* **1** F (*rendez-vous*) Verabredung *f*; **2** *arg* (*renseignement*) F Tipp *m*

rancart [ʀɑ̃kaʀ] *m* F ***mettre au ~*** ausrangieren; zum alten Eisen werfen

rance [ʀɑ̃s] **I** *adj* ranzig; **II** *m* ***sentir le ~*** ranzig riechen

ranch [ʀɑ̃tʃ] *m* ⟨~(e)s⟩ Ranch *f*

rancir [ʀɑ̃siʀ] *v/i* ranzig werden

rancœur [ʀɑ̃kœʀ] *f* Groll *m*; Verbitterung *f*

rançon [ʀɑ̃sõ] *f* **1** Lösegeld *n*; **2** *fig* Preis *m* (***de*** für)

rançonner [ʀɑ̃sɔne] *v/t* ***~ qn*** von j-m Geld erpressen

rancune [ʀɑ̃kyn] *f* Groll *m*; Rachsucht *f*; ***sans ~!*** nichts für ungut!; ***garder ~ à qn de qc*** j-m etw nachtragen

rancunier [ʀɑ̃kynje] *adj* ⟨-ière [-jɛʀ]⟩ nachtragend

▸ **randonn|ée** [ʀɑ̃dɔne] *f* Ausflug *m*; Tour *f*; Wanderung *f*; **~eur** [-œʀ] *m* Wanderer *m*; **~euse** [-øz] *f* Wand(r)erin *f*

▸ **rang** [ʀɑ̃] *m* **1** (*rangée*) Reihe *f*; ***au premier ~*** in der ersten Reihe; *fig* ***grossir les ~s des mécontents*** den Kreis der Unzufriedenen vergrößern; ***se mettre en ~(s) par deux*** sich in Zweierreihen aufstellen; *fig* ***se mettre sur les ~s*** als Bewerber auftreten; **2** MIL Glied *n*; Reihe *f*; *officier* ***sorti du ~*** aus dem Mannschaftsstand hervorgegangen; **3** (*place*) Platz *m*; Stelle *f*; ***par ~ d'âge, de taille*** dem Alter, der Größe nach; **4** (*échelon*) Rang(stufe) *m(f)*; (*condition*) Stellung *f*; Stand *m*

▸ **rangé** [ʀɑ̃ʒe] *adj* ⟨~e⟩ solide; anständig; ordentlich

rangée [ʀɑ̃ʒe] *f* Reihe *f*; ***~ de maisons*** Häuserreihe *f*, -zeile *f*

rangement [ʀɑ̃ʒmɑ̃] *m* Aufräumen *n*; ***faire du ~*** aufräumen

▸ **ranger** [ʀɑ̃ʒe] ⟨-ge-⟩ **I** *v/t* **1** *objets, chambre* aufräumen; *papiers, livres a* ordnen; *objets a* unterbringen; abstellen; **2** (*classer*) einordnen (***parmi*** unter + *acc*); ***être à ~ parmi …*** gehören zu …; **3** *voiture* (ein)parken; **II** *v/pr* ***se ~*** **4** (*se mettre en rangs*) sich aufstellen; **5**

R

(*s'écarter*) zur Seite gehen; *voiture* ***se ~ contre le trottoir*** an den Bordstein heranfahren; **6** *fig* ***se ~ du côté de qn*** sich auf j-s Seite stellen; **7** (*s'assagir*) solide werden

ranimer [ʀanime] *v/t* **1** *personne* wieder beleben; **2** *flamme*, *fig sentiment* neu entfachen

rap [ʀap] *m* MUS Rap *m*

rapac|e [ʀapas] **I** *adj personne* hab-, raffgierig; **II** *m* ZO Raubvogel *m*; **~ité** [-ite] *f* Habsucht *f*, -gier *f*

rapatrié(e) [ʀapatʀije] *m(f)* Rückwanderer, -wand(r)erin *m,f*; Aus-, Rücksiedler(in) *m(f)*; Heimkehrer(in) *m(f)*

rapatrier [ʀapatʀije] *v/t* repariieren; (in sein Land) zurückführen, -bringen

râpe [ʀɑp] *f* Raspel *f*; CUIS *a* Reibe *f*; ***~ à fromage*** Käsereibe *f*

râpé [ʀɑpe] *adj* ⟨**~e**⟩ **1** CUIS gerieben; **2** *vêtement* abgewetzt; abgetragen; **3** F *fig* ***c'est ~*** F das hat nicht geklappt

râper [ʀɑpe] *v/t* **1** reiben; raspeln (*a* TECH); **2** *fig* kratzen (***le gosier*** im Hals)

rapetisser [ʀaptise] **I** *v/t* verkleinern; kleiner erscheinen lassen; **II** *v/i* kleiner werden; *étoffe* eingehen

râpeux [ʀɑpø] *adj* ⟨-euse [-øz]⟩ **1** *langue de chat* rau; **2** *vin* herb

raphia [ʀafja] *m* (Raphia)Bast *m*

▸**rapide** [ʀapid] **I** *adj* schnell (*a véhicule*); rasch; *personne a* flink; *courant* stark; reißend; *descente* steil; ***voie f ~*** Schnellstraße *f*; **II** *m* **1** *d'un cours d'eau* Stromschnelle *f*; **2** CH DE FER (Fern)Schnellzug *m*; D-Zug *m*

rapidité [ʀapidite] *f* Schnelligkeit *f*

rapiécer [ʀapjese] *v/t* ⟨-è-, -ç-⟩ flicken

rapière [ʀapjɛʀ] *f* HIST Rapier *n*

rapin [ʀapɛ̃] *m péj* Farbenkleckser *m*

rapine [ʀapin] *litt f* Raub *m*

raplapla [ʀaplapla] *adj* ⟨*inv*⟩ F **1** *objet* flach; platt; **2** *personne* F schlapp

R

rappel [ʀapɛl] *m* **1** *pour faire revenir* Zurückrufen *n*; *d'ambassadeur* Abberufung *f*; *acteur* ***avoir de nombreux ~s*** viele Vorhänge bekommen; **2** POL ***~ à l'ordre*** Ordnungsruf *m*; **3** (*évocation*) Erinnerung *f* (***de*** an + *acc*); **4** (*répétition*) Wiederholung *f*; (***piqûre f de***) **~** Nachimpfung *f*; Auffrischungsimpfung *f*; **5** *paiement* Nachzahlung *f*; **6** COMM Mahnung *f*; Erinnerung *f*; **7** ***descendre en ~*** sich abseilen

▸**rappeler** [ʀaple] ⟨-ll-⟩ **I** *v/t* **1** (*faire revenir*) zurückrufen; *ambassadeur* abberufen; *réservistes* wieder einberufen; *acteur* herausrufen; **2** TÉL wieder, noch einmal anrufen; *réciproquement* zurückrufen; **3** (*remettre en mémoire*) ***rappeler qc à qn*** j-n an etw (*acc*) erinnern; ***rappelez-moi votre nom*** nennen Sie mir Ihren Namen noch einmal; **II** *v/pr* ▸ ***se rappeler*** sich erinnern (***qc*** an etw [*acc*], *abus* ***de qc, de qn*** an etw, an j-n)

rappliquer [ʀaplike] *v/i* F aufkreuzen

rapport [ʀapɔʀ] *m* **1** (*compte rendu*) Bericht *m*; *à un supérieur* Rapport *m*; **2** *entre choses* Zusammenhang *m*; Beziehung *f*; Verhältnis *n*; ***~ qualité-prix*** Preis-Leistungs-Verhältnis *n*; ***en ~ avec*** entsprechend (+ *dat*); ***par ~ à*** im Verhältnis zu; im Vergleich zu; ***sous tous les ~s*** in jeder Hinsicht, Beziehung; ***il n'y a aucun ~*** da besteht kein Zusammenhang; **3** *entre personnes, pays* ***~s*** *pl* Beziehungen *f/pl*; Verhältnis *n*; ***~s*** (***sexuels***) (Geschlechts-)Verkehr *m*; ***se mettre en ~ avec qn*** sich mit j-m in Verbindung setzen; **4** (*rendement*) Ertrag *m*; ***~s du tiercé*** Gewinnquoten *f/pl* bei der Dreierwette

rapporter [ʀapɔʀte] **I** *v/t* **1** *à l'endroit initial* wieder-, zurückbringen; **2** (*apporter*) mitbringen; **3** (*faire le récit de*) berichten; *péj* ÉCOLE petzen (*abs*); **4** *bénéfice* einbringen; abwerfen; *abs* einträglich sein; **II** *v/pr* **5** ***se ~ à*** sich beziehen auf (+ *acc*); **6** ***s'en ~ à qn*** sich auf j-n verlassen

rapport|eur [ʀapɔʀtœʀ] *m*, **~euse** [-øz] *f* **1** ÉCOLE *péj* Petze *f*; **2** *m* JUR, ADM Berichterstatter(in) *m(f)*; **3** *m* MATH Winkelmesser *m*

rapproché [ʀapʀɔʃe] *adj* ⟨**~e**⟩ nah(e), dicht beieinander liegend, *dans le temps* aufeinander folgend; Nah…; ***protection ~e*** Personen- und Objektschutz *m*

rapprochement [ʀapʀɔʃmɑ̃] *m* **1** *de peuples* Annäherung *f*; **2** (*parallèle*) ***faire le ~ entre qc et qc*** etw und etw im Zusammenhang sehen

rapprocher [ʀapʀɔʃe] **I** *v/t* **1** *un objet* heranrücken (***de*** an + *acc*); *deux objets* zusammenrücken; **2** *dans le temps* näher bringen (***de*** *dat*); **3** *fig personnes* einander näher bringen; **4** (*comparer*) nebeneinander stellen; in Zusammenhang bringen; **II** *v/pr* ***se ~*** **5** (*venir plus près*) sich nähern (***de*** *dat*); näher kommen; (*se serrer*) zusammenrücken; **6** *fig adversaires, etc* sich näher kommen; **7** *fig* (*devenir comparable*) näher kommen (***de*** *dat*)

rapt [ʀapt] *m* Entführung *f*

▸**raquette** [ʀakɛt] *f* **1** SPORTS Schläger *m*; **2** *pour la neige* Schneeschuh *m*, -teller *m*

⚠ **raquette** ≠	**Rakete**
la raquette =	1. *Tennis etc.* der Schläger 2. der Schneeschuh
die Rakete =	la fusée

▸**rare** [ʀɑʀ] *adj* **1** selten; *denrées, main-d'œuvre* knapp; rar; ***gaz*** *m/pl* ***~s*** Edelgase *n/pl*; ***un des ~s ... qui*** (+ *subj*) einer der wenigen ..., die ...; *personne* ***se faire ~*** sich selten sehen lassen; F sich rar machen; **2** (*exceptionnel*) selten; un-, außergewöhnlich; **3** (*clairsemé*) spärlich; dünn; *cheveux a* schütter

raréfaction [ʀaʀefaksjõ] *f* **1** *de l'air* Verdünnung *f*; **2** *de denrées* Verknappung *f*

raréfier [ʀaʀefje] *v/pr* ***se ~*** **1** *air* dünner werden; **2** (*devenir rare*) selten(er) werden; *produit* knapp werden

▸**rarement** [ʀaʀmɑ̃] *adv* selten

rareté [ʀɑʀte] *f* **1** *de qc* Seltenheit *f*; *de denrées* Knappheit *f*; **2** (*chose rare*) Rarität *f*

rarissime [ʀaʀisim] *adj* sehr, äußerst selten

ras [ʀɑ] *adj* ⟨rase [ʀɑz]⟩ **1** *cheveux* kurz (geschnitten, geschoren); ***à poil ~*** kurzhaarig; Kurzhaar...; **2** *mesure, cuiller* gestrichen voll; ***pull ~ du cou*** Rundhalspulli *m*; ***plein, rempli à ~ bord*** randvoll; ***en ~e campagne*** auf dem flachen Land; auf freiem Feld; ***à ~ de, au ~ de*** dicht, knapp über (+ *dat ou acc*); F *fig* ***en avoir ~ le bol*** F die Schnauze voll haben

rasade [ʀɑzad] *f* ***boire une grande ~*** e-n kräftigen Schluck trinken

rasage [ʀɑzaʒ] *m* Rasur *f*; Rasieren *n*

rasant [ʀɑzɑ̃] F *adj* ⟨-ante [-ɑ̃t]⟩ langweilig; geisttötend; öde

rascasse [ʀaskas] *f* ZO Drachenkopf *m*

rase-mottes [ʀɑzmɔt] *m* ⟨*inv*⟩ Tiefflug *m*; ***faire du ~*** im Tiefflug fliegen

raser [ʀɑze] **I** *v/t* **1** *personne, jambes* rasieren; *nuque* ausrasieren; *crâne* kahl scheren; **2** F (*ennuyer*) langweilen; F anöden; **3** *bâtiment, quartier* abreißen; *fortifications* schleifen; *à la guerre* ***être rasé*** dem Erdboden gleichgemacht werden; **4** (*passer près de*) ***raser qc*** dicht an etw (*dat*) vorbeifahren *ou* -fliegen *ou* -laufen; **II** *v/pr* ▸ ***se raser*** **5** (*se faire la barbe*) sich rasieren; **6** F (*s'ennuyer*) sich langweilen; F sich mopsen

ras|eur [ʀɑzœʀ], **~euse** [-øz] F *m,f* Langweiler(in) *m(f)*; F Nervensäge *f*

ras-le-bol [ʀalbɔl] F *m* Verdruss *m*; Verdrossenheit *f*

▸**rasoir** [ʀɑzwaʀ] *m* **1** Rasiermesser *n ou* -apparat *m*; ***~ électrique, mécanique*** Elektro-, Nassrasierer *m*; ***coupe*** *f* (***de cheveux***) ***au ~*** Messer(haar)schnitt *m*; **2** F *adjt* ⟨*inv*⟩ langweilig; geisttötend; öde

rassasié [ʀasazje] *adj* ⟨~e⟩ **1** satt; **2** *fig* ***~ de qc*** e-r Sache (*gén*) überdrüssig

rassasier [ʀasazje] *v/t* **1** sättigen (*a abs: plat*); satt machen; **2** *fig* ***ne pouvoir ~ sa vue de qc*** sich an etw (*dat*) nicht satt sehen können

rassemblement [ʀasɑ̃bləmɑ̃] *m* **1** *de personnes* Ansammlung *f*; (Menschen)Auflauf *m*; **2** MIL Sammeln *n*; Antreten *n*; **3** POL Sammlungsbewegung *f*

rassembler [ʀasɑ̃ble] **I** *v/t* **1** *élèves, troupes, etc* (ver)sammeln; **2** *documents* sammeln; zusammentragen; **3** *fig courage* zusammennehmen; ***rassembler ses esprits*** sich sammeln; **II** *v/pr* ▸ ***se rassembler*** sich (wieder) (ver)sammeln

rassembleur [ʀasɑ̃blœʀ] *m* Einiger *m*

rasseoir [ʀaswaʀ] *v/pr* ⟨→ asseoir⟩ ***se ~*** sich wieder hinsetzen

rasséréner [ʀaseʀene] *v/t* ⟨-è-⟩ beruhigen

rassir [ʀasiʀ] *v/i* trocken, altbacken werden

rassis [ʀasi] *adj* **1** ⟨rassie [ʀasi]⟩ *pain* altbacken; trocken; **2** ⟨-ise [-iz]⟩ *fig* besonnen

▸ **rassurer** [ʀasyʀe] **I** *v/t* beruhigen; **II** *v/pr* ***se ~*** sich beruhigen; *par ext* ***rassurez-vous!*** seien Sie unbesorgt!
rasta [ʀasta] F **I** *m* (*rastafari*) Rasta *m*; **II** *adj* ⟨*f inv*⟩ Rasta...; ***coiffure*** *f* **~** Rastalocken *f/pl*
▸ **rat¹** [ʀa] *m* **1** zo Ratte *f*; *fig* ***être fait comme un ~*** in der Falle sitzen; **2** *fig* ***~ de bibliothèque*** Bücherwurm *m*; ***~ d'hôtel*** Hoteldieb *m*; ***petit ~ de l'Opéra*** Ballettratte *f*
rat² *adj* ⟨*f inv*⟩ F *péj* → ***radin***
rata [ʀata] *m* F *péj* (mieser) Fraß
ratage [ʀataʒ] *m* Flop *m*
ratatiné [ʀatatine] *adj* ⟨**~e**⟩ **1** zusammengeschrumpft; verschrumpelt; verhutzelt; **2** F *véhicule* ***être ~*** nur noch Schrott sein
ratatiner [ʀatatine] *v/pr* ***se ~*** zusammenschrumpfen
ratatouille [ʀatatuj] *f* **~** (***niçoise***) provenzalischer Gemüseeintopf
rate [ʀat] *f* ANAT Milz *f*
raté [ʀate] **1** *m d'un moteur* Fehlzündung *f*; **2 ~(*e*)** *m(f) péj* Versager(in) *m(f)*
râteau [ʀɑto] *m* ⟨**~x**⟩ Rechen *m*; Harke *f*
râtelier [ʀɑtəlje] *m* **1** (Futter)Raufe *f*; *fig* ***manger à tous les ~s*** überall s-n Profit suchen; **2** F (*dentier*) Gebiss *n*
▸ **rater** [ʀate] **I** *v/t* **1** *but* verfehlen; *train, occasion* verpassen; *virage* F nicht kriegen; **2** (*ne pas réussir*) F verpatzen; F verkorksen; ***~ un examen*** in e-r Prüfung durchfallen; **II** *v/i* **3** (*échouer*) misslingen; F schief gehen; ***faire tout ~*** alles verderben; F ***ça n'a pas raté!*** das musste ja (so) kommen!; **III** *v/pr* **4** (*ne pas se rencontrer*) sich verfehlen; sich verpassen; **5** ***il s'est raté*** sein Selbstmordversuch ist misslungen
ratiboisé [ʀatibwaze] F *adj* ⟨**~e**⟩ ruiniert; F erledigt
rati|fication [ʀatifikasjõ] *f* Bestätigung *f*; POL Ratifizierung *f*; **~fier** [-fje] *v/t* bestätigen; POL ratifizieren
ration [ʀasjõ] *f* **1** Ration *f*; **2** *fig* ***sa ~ de ...*** s-n Anteil an (+ *dat*)
rationalis|ation [ʀasjɔnalizasjõ] *f* Rationalisierung *f*; **~er** [-e] *v/t* rationalisieren
rationalisme [ʀasjɔnalism(ə)] *m* Rationalismus *m*; Vernunftglaube *m*
rationnel [ʀasjɔnɛl] *adj* ⟨**~le**⟩ **1** (*raisonnable*) rational (*a* MATH); vernunftgemäß; **2** (*pratique*) rationell; zweckmäßig
rationn|ement [ʀasjɔnmɑ̃] *m* Rationierung *f*; **~er** [-e] *v/t* **1** *vivres, etc* rationieren; **2** *personnes* auf halbe Ration setzen; *fig* knapp halten
Ratisbonne [ʀatisbɔn] Regensburg *n*
ratissage [ʀatisaʒ] *m par la police* Durchkämmung(saktion) *f*
ratisser [ʀatise] *v/t* **1** *allée* harken; rechen; *feuilles mortes* zusammenharken, -rechen; **2** *police: quartier* durchkämmen; **3** F **~ *large*** F tüchtig absahnen
raton [ʀatõ] *m* junge Ratte; ***~ laveur*** Waschbär *m*
ratonnade [ʀatɔnad] *f* rassistische Ausschreitungen *f/pl* (gegen Nordafrikaner)
R.A.T.P. [ɛʀɑtepe] *f abr* (*Régie autonome des transports parisiens*) Pariser Verkehrsbetriebe *m/pl*
ratrac [ʀatʀak] *m* Schnee-, Pistenraupe *f*
rattachement [ʀataʃmɑ̃] *m* Angliederung *f*; Anschluss *m*
rattacher [ʀataʃe] **I** *v/t* **1** (*attacher de nouveau*) wieder fest-, anbinden; **2** *territoire* angliedern, anschließen (***à*** an + *acc*); **3** *fig question, idée* in Verbindung, in Zusammenhang bringen (***à*** mit); **II** *v/pr* ***se ~*** zusammenhängen (***à*** mit)
rattrapage [ʀatʀapaʒ] *m* ***cours m de ~*** Nachholunterricht *m*
▸ **rattraper** [ʀatʀape] **I** *v/t* **1** *animal* wieder einfangen; *fugitif* wieder ergreifen; **2** *objet, enfant qui tombe* auffangen; **3** (*rejoindre*) (wieder) einholen; **4** *retard* (wieder) aufholen; *heures de travail* nachholen; *mayonnaise* F wieder hinkriegen; *erreur* wieder gutmachen; **II** *v/pr* ***se ~*** **5** *en tombant* sich festhalten (***à*** an + *dat*); **6** *lors d'un retard* (wieder) aufholen; *après une erreur* die Sache wettmachen, wieder gutmachen
ratur|e [ʀatyʀ] *f* Streichung *f*; **~er** [-e] *v/t* (aus-, durch)streichen
rauque [ʀok] *adj* rau; heiser
ravagé [ʀavaʒe] *adj* ⟨**~e**⟩ **1** *pays, jardin* verwüstet; **2** *fig visage* gezeichnet; **3** F *fig* → ***cinglé***
ravager [ʀavaʒe] *v/t* ⟨-ge-⟩ **1** verheeren;

R

verwüsten; heimsuchen; **2** *fig* zugrunde richten; zerstören

ravages [ʀavaʒ] *m/pl* Verheerungen *f/pl*; Verwüstungen *f/pl*; ***faire des ~*** Verheerungen, Verwüstungen anrichten; *épidémie, drogue* verheerende Folgen haben; F *fig dans les cœurs* große Verwirrung stiften

ravalement [ʀavalmɑ̃] *m* Fassadenreinigung *f*, -renovierung *f*

ravaler [ʀavale] **I** *v/t* **1** *façade* renovieren; (*nettoyer*) reinigen; **2** *salive, fig colère* hinunterschlucken; **3** *fig* (*dignité de*) *qn* herabsetzen, -würdigen; **II** *v/pr* ***se ~ au rang de*** herabsinken zu

rave[1] [ʀav] *f* BOT Rübe *f*

rave[2] [ʀɛv] *f fête* Rave *m*

ravi [ʀavi] *adj* ⟨~e⟩ (hoch)erfreut; entzückt

ravier [ʀavje] *m* Vorspeisenschale *f*

ravigote [ʀavigɔt] *adjt* (***à la***) ~ mit Kräutersoße und feingehackten Eiern

ravigoter [ʀavigɔte] F *v/t* aufmuntern; stärken; F aufmöbeln

ravin [ʀavɛ̃] *m* (Fels)Schlucht *f*

raviner [ʀavine] *v/t* **1** *sol* auswaschen; **2** *fig visage* ***raviné*** durchfurcht

ravioli(s) [ʀavjɔli] *m/pl* Ravioli *pl*

ravir [ʀaviʀ] *v/t* **1** (*charmer*) hinreißen; bezaubern; entzücken; ***cela vous va à ~*** das steht Ihnen ausgezeichnet; **2** *litt* (*enlever*) rauben; entreißen

raviser [ʀavize] *v/pr* ***se ~*** s-e Meinung ändern; sich anders besinnen

raviss|ant [ʀavisɑ̃] *adj* ⟨-ante [-ɑ̃t]⟩ bezaubernd; entzückend; hinreißend; reizend; **~ement** [-mɑ̃] *m* Entzücken *n*

raviss|eur [ʀavisœʀ] *m*, **~euse** [-øz] *f* Entführer(in) *m(f)*

ravitaillement [ʀavitajmɑ̃] *m* **1** Versorgung *f* (***en*** mit); MIL *a* Nachschub *m*; **2** F (*provisions*) Lebensmittel *n/pl*

ravitailler [ʀavitaje] **I** *v/t* (MIL mit Nachschub, *ville* mit Lebensmitteln) versorgen; *avion* ***~ en vol*** in der Luft auftanken; **II** *v/pr* ***se ~*** sich versorgen (***en*** mit)

raviver [ʀavive] *v/t* **1** *feu* anfachen; **2** *fig souvenirs* neu beleben; *douleur* wieder aufflackern lassen; **3** *couleur* auffrischen

ravoir [ʀavwaʀ] *v/t* ⟨*nur inf*⟩ **1** (*récupérer*) wiederhaben, -bekommen; **2** F (*nettoyer*) F sauber kriegen

rayé [ʀeje] *adj* ⟨~e⟩ **1** *étoffe* gestreift; **2** *meuble, etc* zerkratzt

rayer [ʀeje] *v/t* ⟨-ay- *od* -ai-⟩ **1** *meuble, voiture* zerkratzen (*a disque*); verschrammen; **2** *mot* (durch)streichen

▸**rayon** [ʀɛjõ] *m* **1** *de lumière* (Licht-)Strahl *m*; **2** PHYS ***~s*** *pl* Strahlen *m/pl*; Strahlung *f*; **3** *d'une roue* Speiche *f*; **4** MATH Radius *m*; Halbmesser *m*; *fig* ***~ d'action*** AVIAT, MAR Aktionsradius *m*; *par ext* Tätigkeits-, Wirkungsbereich *m*; ***dans un ~ de*** in e-m Umkreis von; **5** *d'une étagère* Fachbrett *n*; *par ext* Fach *n*; **6** *d'un grand magasin* Abteilung *f*; **7** *d'une ruche* Wabe *f*

rayonnage [ʀɛjɔnaʒ] *m* Regal *n*

rayonnant [ʀɛjɔnɑ̃] *adj* ⟨-ante [-ɑ̃t]⟩ strahlend; ***~ de joie*** freudestrahlend; ***~ de santé*** vor Gesundheit strotzend

rayonne [ʀɛjɔn] *f* Kunstseide *f*

rayonnement [ʀɛjɔnmɑ̃] *m* **1** PHYS Strahlung *f*; **2** *fig* Ausstrahlung *f*; Wirkung *f*

rayonner [ʀɛjɔne] *v/i* **1** *chaleur, douleur* ausstrahlen; **2** *personne, visage* strahlen (***de joie*** vor Freude); **3** *civilisation* ausstrahlen; verbreitet sein; **4** *avenues* strahlenförmig ausgehen (***de*** von), verlaufen; **5** *personne* Fahrten, Ausflüge in die Umgebung machen

rayure [ʀɛjyʀ] *f* **1** (*bande*) Streifen *m*; ***à ~s*** gestreift; **2** (*éraflure*) Kratzer *m*; Schramme *f*

raz-de-marée *ou* **raz de marée** [ʀɑdmaʀe] *m* ⟨*inv*⟩ **1** Flutwelle *f*; **2** *fig* Erdrutsch *m*

razzia [ʀa(d)zja] *f* Raub-, Beutezug *m*; F *fig* ***faire une ~ sur qc*** über etw (*acc*) herfallen

R.D.A. [ɛʀdea] *f abr* (*République démocratique allemande*) HIST DDR *f*

re... [ʀ(ə)] *préfixe* ⟨*vor Vokal* ***ré...***, *vor s meist* ***res...***⟩ wieder; noch einmal

ré [ʀe] *m* ⟨*inv*⟩ MUS d *ou* D *n*

réa [ʀea] *f* F *abr* → ***réanimation***

réaccoutumer [ʀeakutyme] *v/pr* ***se ~ à*** sich wieder gewöhnen an (+ *acc*)

réacteur [ʀeaktœʀ] *m* **1** AVIAT Düsen-, Strahltriebwerk *n*; **2** ***~ nucléaire*** Atom-, Kernreaktor *m*

réactif [ʀeaktif] *m* CHIM Reagens *n*

▸**réaction** [ʀeaksjõ] *f* **1** Reaktion *f* (*a* CHIM, *etc*) (***à*** auf + *acc*); ***~ en chaîne*** Kettenreaktion *f* (*a fig*); **2** ***avion m à ~*** Düsenflugzeug *n*

réactionnaire [ʀeaksjɔnɛʀ] *péj* **I** *adj* reaktionär; **II** *m,f* Reaktionär(in) *m(f)*
réactiver [ʀeaktive] *v/t* reaktivieren; wieder beleben
réadaptation [ʀeadaptasjõ] *f* **1** Wiederanpassung *f* (*à* an + *acc*); **2** MÉD Rehabilitation *f*
réagir [ʀeaʒiʀ] *v/t/indir* **1** ~ *à* reagieren auf (+ *acc*) (*a* CHIM, *etc*); **2** ~ *contre* sich wehren gegen; **3** ~ *sur* zurückwirken auf (+ *acc*)
réajuster [ʀeaʒyste] → *rajuster*
réalisable [ʀealizabl(ə)] *adj* realisierbar; *projet a* durchführbar
réalisa|teur [ʀealizatœʀ] *m*, ~**trice** [-tʀis] *f* Regisseur(in) *m(f)*; Spiel-, Sendeleiter(in) *m(f)*
réalisation [ʀealizasjõ] *f* **1** *d'un projet* Realisierung *f*; Verwirklichung *f*; Durchführung *f*; *d'un rêve* Erfüllung *f*; **2** *œuvre* Leistung *f*; Errungenschaft *f*; **3** CIN, TV, RAD Regie *f*
réaliser [ʀealize] **I** *v/t* **1** *projet, programme* realisieren; verwirklichen; durchführen; *bénéfice, meilleur temps* erzielen; *rêve* erfüllen; *exploit* vollbringen; *économies* machen; **2** JUR *achat, vente* tätigen; *contrat* erfüllen; **3** *film* machen; Regie führen bei; *scénario* verfilmen; *émission* (zusammenstellen und) leiten; **4** FIN realisieren; zu Geld machen; **5** (*se rendre compte*) realisieren; erkennen; erfassen; **II** *v/pr* **se** ~ **6** *projet* sich verwirklichen; *rêve* in Erfüllung gehen; **7** *personne* sich selbst verwirklichen
réalisme [ʀealism(ə)] *m* Realismus *m*
réaliste [ʀealist] **I** *adj* realistisch; wirklichkeitsnah; **II** *m,f* Realist(in) *m(f)*
▸**réalité** [ʀealite] *f* Wirklichkeit *f*; Realität *f*; ▸ *en réalité* in Wirklichkeit
réanimation [ʀeanimasjõ] *f* MÉD Wiederbelebung *f*; Reanimation *f*; *science* Intensivmedizin *f*; *service m de* ~ Intensivstation *f*; *être en* ~ auf der Intensivstation liegen
réanimer [ʀeanime] *v/t* wieder beleben
réappar|aître [ʀeapaʀɛtʀ(ə)] *v/i* ⟨→ connaître; avoir *od* être⟩ wieder erscheinen; *maladie* wieder auftreten; *personne* F wieder auftauchen; ~**ition** [-isjõ] *f* Wiedererscheinen *n*
réapprendre [ʀeapʀɑ̃dʀ(ə)] *v/t* ⟨→ prendre⟩ wieder, noch einmal lernen
réarmement [ʀeaʀməmɑ̃] *m* Wiederbewaffnung *f*; Wiederaufrüstung *f*
réassortir [ʀeasɔʀtiʀ] **I** *v/t service de table* wieder ergänzen; *la même laine, etc* nachkaufen; **II** *v/pr* **se** ~ *commerçant* s-n Warenbestand auffüllen, ergänzen
réassurance [ʀeasyʀɑ̃s] *f* Rückversicherung *f*
rebaptiser [ʀ(ə)batize] *v/t rue, etc* umbenennen
rébarbatif [ʀebaʀbatif] *adj* ⟨-ive [-iv]⟩ **1** unfreundlich; abweisend; **2** *sujet* trocken; spröde
rebâtir [ʀ(ə)bɑtiʀ] *v/t* wieder aufbauen
rebattre [ʀ(ə)batʀ(ə)] *v/t* ⟨→ battre⟩ ~ *les oreilles à qn de qc* j-m (von) etw bis zum Überdruss erzählen
rebattu [ʀ(ə)baty] *adj* ⟨~e⟩ abgedroschen
rebelle [ʀəbɛl] **I** *adj personne, enfant* aufsässig; rebellisch; *troupes* aufrührerisch; rebellierend; *province* abtrünnig; *fièvre, tache* hartnäckig; *mèche de cheveux* widerspenstig; **II** *m,f* Rebell(in) *m(f)*; Aufrührer(in) *m(f)*
rebeller [ʀ(ə)bɛle] *v/pr* **se** ~ sich auflehnen (*contre* gegen); rebellieren (gegen)
rébellion [ʀebɛljõ] *f* Rebellion *f*; Aufstand *m*; Auflehnung *f*; Aufruhr *m*
rebelote [ʀəbəlɔt] *int* F *et* ~ und das Gleiche noch mal
rebiffer [ʀ(ə)bife] *v/pr* F **se** ~ aufbegehren, F aufmucken (*contre* gegen)
rebiquer [ʀ(ə)bike] F *v/i* abstehen
reboisement [ʀ(ə)bwazmɑ̃] *m* (Wieder)Aufforstung *f*
rebond [ʀ(ə)bõ] *m* Ab-, Rückprall *m*
rebondi [ʀ(ə)bõdi] *adj* ⟨~e⟩ prall; rund; voll; *aux joues ~es* pausbackig
rebond|ir [ʀ(ə)bõdiʀ] *v/i* **1** *balle* hochspringen (*sur le sol* vom Boden); zurückprallen (*sur* von); **2** *fig affaire* wieder in Gang kommen; ~**issement** [-ismɑ̃] *m* neue Entwicklung
rebord [ʀ(ə)bɔʀ] *m* Rand *m*; ~ *de la fenêtre* Fenstersims *m*, -brett *n*, -bank *f*
reboucher [ʀ(ə)buʃe] *v/t bouteille* wieder zustöpseln; *trou* wieder zustopfen
rebours [ʀ(ə)buʀ] *à* ~ gegen den Strich; *fig* verkehrt; *compte m à* ~ Countdown *m*
rebouteux [ʀ(ə)butø] *m* Heilkundige(r), der Glieder einrenkt
rebrousse-poil [ʀ(ə)bʀuspwal] *à* ~ ge-

R

gen den Strich; F *fig* ***prendre qn à ~*** j-n vor den Kopf stoßen

rebrousser [R(ə)bRuse] *v/t* **1** gegen den Strich streichen; **2** *fig* ***~ chemin*** umkehren; kehrtmachen

rebuffade [R(ə)byfad] *f* Abfuhr *f*; ***essuyer une ~*** sich e-e Abfuhr holen

rébus [Rebys] *m* Bilderrätsel *n*; Rebus *m ou n*

rebut [Rəby] *m* **1** Abfall *m*; Ausschuss *m*; ***mettre au ~*** ausrangieren; **2** *fig* Abschaum *m*

rebut|ant [R(ə)bytã] *adj* ⟨-ante [-ãt]⟩ abstoßend; **~er** [-e] *v/t* (*déplaire*) abstoßen; (*décourager*) abschrecken

récalcitrant [RekalsitRã] *adj* ⟨-ante [-ãt]⟩ störrisch; widerspenstig; bockig

recaler [R(ə)kale] F *v/t* durchfallen, F durchrasseln lassen; ***se faire ~*** durchfallen, F -rasseln, F -segeln

récapitul|ation [Rekapitylasjõ] *f* Zusammenfassung *f*; **~er** [-e] *v/t* zusammenfassen; rekapitulieren

recel [Rəsɛl] *m* Hehlerei *f*

receler [Rəs(ə)le] *v/t* ⟨-è-⟩ **1** *secret, trésor* enthalten; bergen; **2** *objets volés* verbergen

recel|eur [Rəs(ə)lœR] *m*, **~euse** [-øz] *f* Hehler(in) *m(f)*

▸**récemment** [Resamã] *adv* kürzlich; vor kurzem; neulich

recens|ement [R(ə)sãsmã] *m* Erfassung *f*; *de la population* Volkszählung *f*; **~er** [-e] *v/t* zählen; (zahlenmäßig) erfassen

▸**récent** [Resã] *adj* ⟨-ente [-ãt]⟩ neu; neuere; *blessure* frisch; *événements* vor kurzem, kürzlich erfolgt; jüngste; neueste

récépissé [Resepise] *m* Empfangsbescheinigung *f*; P.T.T. Einlieferungsschein *m*; *d'un paiement* Quittung *f*

réceptacle [Resɛptakl(ə)] *m* **1** Sammelbecken *n* (*a fig*); **2** BOT Blütenboden *m*

récepteur [ResɛptœR] **I** *m* **1** RAD Empfänger *m*; **2** ~ (***de téléphone***) (Telefon)Hörer *m*; **II** *adj* ⟨-trice [-tRis]⟩ Empfangs…

réceptif [Resɛptif] *adj* ⟨-ive [-iv]⟩ rezeptiv; ***~ à*** empfänglich für; MÉD anfällig für

▸**réception** [Resɛpsjõ] *f* **1** *d'une lettre, d'un hôte*, RAD, TV Empfang *m* (*a réunion*); **2** *d'un hôtel* Empfang(sbüro) *m(n)*; Rezeption *f*; **3** *dans un club, etc* Aufnahme *f*; **4** ***~ de travaux*** Abnahme *f* (von Bauarbeiten); **5** SPORTS (Ball)Annahme *f*; **6** *de marchandises* Annahme *f*

réceptionn|er [Resɛpsjɔne] *v/t marchandises* annehmen (und prüfen); **~iste** [-ist] *m,f* Angestellte(r) *f(m)* der Rezeption; Empfangsdame *f*; Empfangschef *m*

récessif [Resesif] *adj* ⟨-ive [-iv]⟩ rezessiv

récession [Resesjõ] *f* Rezession *f*

▸**recette** [R(ə)sɛt] *f* **1** Einnahme *f*; Erlös *m*; Ertrag *m*; ***faire ~*** ein Kassenerfolg sein; **2** ~ (***de cuisine***) (Koch)Rezept *n*; *fig* ***~ du succès*** Erfolgsrezept *n*

recevable [Rəsəvabl(ə)] *adj* **1** JUR zulässig; **2** *excuse* annehmbar

receveur [RəsəvœR] *m* **1** ~ (***de bus***) (Bus)Schaffner *m*; **2** ***~ des contributions*** Finanzbeamte(r) *m*; ***~ des postes*** Leiter *m* e-s Postamts; **3** MÉD Empfänger *m*; ***~ universel*** Universalempfänger *m*

receveuse [Rəsəvøz] *f* ~ (***de bus***) (Bus)Schaffnerin *f*

▸**recevoir** [RəsəvwaR] ⟨je reçois, il reçoit, nous recevons, ils reçoivent; je recevais; je reçus; je recevrai; que je reçoive, que nous recevions; recevant; reçu⟩ **I** *v/t* **1** erhalten; bekommen; F kriegen; RAD, TV empfangen; F hereinbekommen, -kriegen; *pluie* abbekommen; F abkriegen; ***recevez mes amitiés*** herzliche Grüße euer …; **2** *personne(s)* **a)** empfangen; (*accueillir*) aufnehmen; (*inviter*) einladen; ***~ qn à déjeuner*** j-n zum Mittagessen einladen; **b)** *abs*: *directeur* zu sprechen sein; *médecin, avocat* Sprechstunde haben; **3** ***être reçu*** (***à un examen***) (e-e Prüfung) bestehen; **II** *v/pr* ***se ~*** SPORTS aufspringen; aufkommen

rechange [R(ə)ʃãʒ] ***de ~*** Ersatz…; ***roue f de ~*** *a* Reserverad *n*; ***vêtements m/pl de ~*** Kleider *n/pl* zum Wechseln

rechaper [R(ə)ʃape] *v/t pneu* runderneuern

réchapper [Reʃape] *v/t/indir* ⟨avoir *od* être⟩ ***en ~*** überleben

recharge [R(ə)ʃaRʒ] *f de stylo* Nachfüllung *f*

rechargeable [R(ə)ʃaRʒabl(ə)] *adj stylo* mit auswechselbarer Patrone; *pile* (wieder) aufladbar

R

recharger [ʀ(ə)ʃaʀʒe] *v/t* ⟨-ge-⟩ *camion* wieder beladen; *accus* wieder (auf)laden; *fusil* nachladen; *appareil photo* e-n neuen Film einlegen in (+ *acc*)
réchaud [ʀeʃo] *m* Kocher *m*
réchauffé [ʀeʃofe] *m fig* **c'est du ~** F das sind olle Kamellen
réchauffement [ʀeʃofmɑ̃] *m* Erwärmung *f*; **~ de la planète** Erderwärmung *f*
réchauffer [ʀeʃofe] **I** *v/t* **1** *aliment* aufwärmen; **2** *fig cœur* erwärmen; **II** *v/pr* **se ~** *personne* sich aufwärmen; *temps* wärmer werden
rêche [ʀɛʃ] *adj* rau
recherche [ʀ(ə)ʃɛʀʃ] *f* **1** Suche *f* (**de** nach); **~s** *pl* Nachforschungen *f/pl*; Ermittlungen *f/pl*; *de la police* Fahndung *f*; **à la ~ de** auf der Suche nach; **faire des ~s** Nachforschungen anstellen; **2** *scientifique* Forschung *f*; **faire de la ~** Forschung betreiben; **3** *de la perfection, etc* Trachten *n*, Streben *n* (**de** nach); **4** (*raffinement*) Geschmack *m*; *péj* Gesuchtheit *f*
recherché [ʀ(ə)ʃɛʀʃe] *adj* ⟨**~e**⟩ **1** (*demandé*) begehrt; gefragt; gesucht; **2** (*raffiné*) fein; ausgesucht; *péj* gesucht
rechercher [ʀ(ə)ʃɛʀʃe] *v/t* **1** (*chercher*) suchen; *malfaiteur* fahnden (**qn** nach j-m); **2** *cause* erforschen; **3** *perfection, etc* streben, trachten nach
rechigner [ʀ(ə)ʃiɲe] *v/i* **~ à la besogne** sich widerwillig, murrend an die Arbeit machen; **sans ~** ohne Murren
rechut|e [ʀ(ə)ʃyt] *f* MÉD, *fig* Rückfall *m*; **~er** [-e] *v/i* e-n Rückfall erleiden
récidive [ʀesidiv] *f* JUR, *fig* Rückfall *m*; **vol** *m* **avec ~** Diebstahl *m* im Rückfall
récidiv|er [ʀesidive] *v/i* **1** JUR rückfällig werden (*a fig*); **2** MÉD *tumeur* wieder auftreten; **~iste** [-ist] *m,f* Rückfällige(r) *f(m)*
récif [ʀesif] *m* Riff *n*
récipiendaire [ʀesipjɑ̃dɛʀ] *m à une académie* neues Mitglied; *d'un diplôme* Auszuzeichnende(r) *m*
récipient [ʀesipjɑ̃] *m* Behälter *m*; Gefäß *n*
réciprocité [ʀesipʀɔsite] *f* Gegenseitigkeit *f*
réciproque [ʀesipʀɔk] **I** *adj* **1** (*mutuel*) gegen-, wechselseitig; **2** GR, MATH reziprok; **II** *subst* **la ~** das Umgekehrte
réciproquement [ʀesipʀɔkmɑ̃] *adv* gegenseitig; **et ~** und umgekehrt
récit [ʀesi] *m* Erzählung *f*; Bericht *m*; Geschichte *f*; **faire le ~ de qc** (von) etw erzählen; über etw (*acc*) berichten
récital [ʀesital] *m* ⟨-als⟩ Konzert *n*; **~ de chant** Liederabend *m*
récit|atif [ʀesitatif] *m* Rezitativ *n*; **~ation** [-asjõ] *f* auswendig gelernter *ou* zu lernender Text; **~er** [-e] *v/t* aufsagen; *vers* vortragen; rezitieren
réclamation [ʀeklamasjõ] *f* Reklamation *f*; Beanstandung *f*; Beschwerde *f*
réclame [ʀeklam] *f* Reklame *f*; Werbung *f*; **en ~** im Sonderangebot
réclamer [ʀeklame] **I** *v/t* (*demander*) verlangen (**qc à qn** etw von j-m; **qn** nach j-m); **II** *v/i* (*protester*) reklamieren; **III** *v/pr* **se ~ de** sich berufen auf (+ *acc*)
reclasser [ʀ(ə)klɑse] *v/t* **1** *chômeurs* wieder eingliedern; **2** *fonctionnaires* (gehaltlich) neu einstufen
reclus [ʀəkly] *adj* ⟨-use [-yz]⟩ zurückgezogen; abgeschieden; *subst* **vivre en ~(e)** völlig zurückgezogen leben
réclusion [ʀeklyzjõ] *f* **~ (criminelle)** Zuchthaus(strafe) *n(f)*; Freiheitsstrafe *f*
recoin [ʀəkwɛ̃] *m* (verborgener) Winkel (*a fig*)
reçois, reçoive, *etc* [ʀ(ə)swa, ʀ(ə)swav] → **recevoir**
▸**récolte** [ʀekɔlt] *f* **1** Ernte *f*; **mauvaise ~** Missernte *f*; **2** *fig* Ernte *f*, Ausbeute *f* (**de** an + *dat*)
récolter [ʀekɔlte] *v/t* **1** *fruits, légumes* ernten; **2** *fig ingratitude* ernten; F *coups* abkriegen; F *argent* zusammenbringen
recommandable [ʀ(ə)kɔmɑ̃dabl(ə)] *adj* empfehlenswert; **individu** *m* **peu ~** verdächtiges Individuum
recommandation [ʀ(ə)kɔmɑ̃dasjõ] *f* **1** (*appui*) Empfehlung *f*; **2** (*conseil*) Ermahnung *f*
▸**recommander** [ʀ(ə)kɔmɑ̃de] **I** *v/t* **1** empfehlen (**qc à qn** j-m etw); F **ce n'est pas très recommandé** das ist nicht sehr ratsam; **2** *envoi postal* einschreiben lassen; **lettre recommandée** Einschreib(e)brief *m*; Einschreiben *n*; **II** *v/pr* **se ~ de qn** sich auf j-n berufen
recommencement [ʀ(ə)kɔmɑ̃smɑ̃] *m* Wieder-, Neubeginn *m*

▸ **recommencer** [ʀ(ə)kɔmɑ̃se] ⟨-ç-⟩ **I** *v/t* wieder beginnen (***qc*** [mit] etw; ***à*** + *inf* zu + *inf*); noch einmal von vorn anfangen (*a abs*); (*refaire*) noch einmal machen; **II** *v/i* wieder beginnen, anfangen
▸ **récompense** [ʀekɔ̃pɑ̃s] *f* Belohnung *f*; ***en ~ de*** als, zur Belohnung für
récompenser [ʀekɔ̃pɑ̃se] *v/t* belohnen
recompter [ʀ(ə)kɔ̃te] *v/t* *argent* nachzählen, *addition* nachrechnen (*a abs*)
réconciliation [ʀekɔ̃siljasjɔ̃] *f* Ver-, Aussöhnung *f*
réconcilier [ʀekɔ̃silje] **I** *v/t* (wieder) versöhnen; **II** *v/pr* ***se ~*** sich (wieder) ver-, aussöhnen (***avec qn*** mit j-m)
reconduire [ʀ(ə)kɔ̃dɥiʀ] *v/t* ⟨→ conduire⟩ **1** (*raccompagner*) (zurück)begleiten, (-)bringen; **2** *contrat* verlängern; erneuern; *politique*, *grève* fortsetzen; weiterführen
réconfort [ʀekɔ̃fɔʀ] *m* Trost *m*
réconfortant [ʀekɔ̃fɔʀtɑ̃] *adj* ⟨-ante [-ɑ̃t]⟩ tröstlich; ermutigend
réconforter [ʀekɔ̃fɔʀte] *v/t* **1** (*consoler*) trösten; aufrichten; **2** *aliment* ***~ qn*** j-n stärken
reconnaissable [ʀ(ə)kɔnɛsabl(ə)] *adj* erkennbar; zu erkennen (***à*** an + *dat*)
reconnaissance [ʀ(ə)kɔnɛsɑ̃s] *f* **1** POL, JUR Anerkennung *f*; ***~ de dette*** Schuldschein *m*; **2** (*gratitude*) Dankbarkeit *f*; ***avoir, éprouver de la ~ (pour, envers qn)*** (j-m gegenüber) Dankbarkeit empfinden; **3** *d'un lieu* Erkundung *f*; MIL *a* Aufklärung *f*; F ***partir en ~*** auf Erkundung ausgehen; die Gegend auskundschaften; **4** (*identification*) Erkennung *f*; ***signe*** *m* ***de ~*** Erkennungszeichen *n*
reconnaissant [ʀ(ə)kɔnɛsɑ̃] *adj* ⟨-ante [-ɑ̃t]⟩ dankbar; ***être ~ à qn de qc*** j-m für etw dankbar sein
▸ **reconnaître** [ʀ(ə)kɔnɛtʀ(ə)] ⟨→ connaître⟩ **I** *v/t* **1** (*identifier*) (wieder) erkennen (***à*** an + *dat*); **2** *torts*, *faute* einsehen; (ein)gestehen; zugeben; *qualité*, *droit* zugestehen (***à qn*** j-m); **3** *gouvernement*, *signature*, *dette*, *enfant* anerkennen; **4** *lieu* erkunden (*a* MIL); auskundschaften; **II** *v/pr* ***se ~*** **5** sich wieder erkennen; **6** (*se retrouver*) sich zurechtfinden; **7** ***se ~ coupable*** sich schuldig bekennen
reconnu [ʀ(ə)kɔny] *p/p* → ***reconnaître*** *et adj* ⟨~e⟩ anerkannt
reconquérir [ʀ(ə)kɔ̃keʀiʀ] *v/t* ⟨→ acquérir⟩ zurückerobern
reconquête [ʀ(ə)kɔ̃kɛt] *f* Zurückeroberung *f*
reconsidérer [ʀ(ə)kɔ̃sideʀe] *v/t* ⟨-è-⟩ nochmals überdenken
reconstituant [ʀ(ə)kɔ̃stitɥɑ̃] *m* Kräftigungs-, Stärkungsmittel *n*
reconstituer [ʀ(ə)kɔ̃stitɥe] **I** *v/t* *crime*, *etc* rekonstruieren; **II** *v/pr* *parti* ***se ~*** sich neu bilden
reconstitution [ʀ(ə)kɔ̃stitysjɔ̃] *f* Rekonstruktion *f*; Rekonstruierung *f*; CIN ***~ historique*** historisch getreue Nachstellung
reconstruction [ʀ(ə)kɔ̃stʀyksjɔ̃] *f* Wiederaufbau *m*
reconstruire [ʀ(ə)kɔ̃stʀɥiʀ] *v/t* ⟨→ conduire⟩ **1** *ville*, *maison* wieder aufbauen; **2** *fig* neu aufbauen
reconversion [ʀ(ə)kɔ̃vɛʀsjɔ̃] *f* ÉCON Umstellung *f*; *de personnel* Umsetzung *f*; (*recyclage*) Umschulung *f*
reconvertir [ʀ(ə)kɔ̃vɛʀtiʀ] **I** *v/t* *usine*, *production* umstellen (***en*** auf + *acc*); *personnel* umsetzen; (*recycler*) umschulen; *bâtiment* umwandeln (***en*** in + *acc*); **II** *v/pr* ***se ~*** den Beruf wechseln; ***se ~ dans l'informatique*** F auf Informatik umsatteln
▸ **recopier** [ʀ(ə)kɔpje] *v/t* abschreiben; *au propre* ins Reine schreiben
▸ **record** [ʀ(ə)kɔʀ] *m* **1** Rekord *m* (*a fig*; ***de*** in + *dat*); Höchst-, Bestleistung *f*; *iron* ***battre tous les ~s*** den Vogel abschießen; **2** *adjt* Rekord...
recordman [ʀ(ə)kɔʀdman] *m* ⟨recordmen [-mɛn]⟩ Rekordhalter *m*
recoucher [ʀ(ə)kuʃe] *v/pr* ***se ~*** wieder ins Bett gehen; wieder schlafen gehen
recoudre [ʀ(ə)kudʀ(ə)] *v/t* ⟨→ coudre⟩ *bouton* wieder annähen; MÉD nähen
recoupement [ʀ(ə)kupmɑ̃] *m* Vergleich *m*; (teilweise) Übereinstimmung
recouper [ʀ(ə)kupe] *v/t* **1** noch einmal (durch)schneiden; **2** (*coïncider*) (teilweise) übereinstimmen mit; sich (teilweise) decken mit
recourb|é [ʀ(ə)kuʀbe] *adj* ⟨~e⟩ gekrümmt; gebogen; ***~er*** [-e] *v/t* (um-) biegen
recourir [ʀ(ə)kuʀiʀ] ⟨→ courir⟩ *v/t/indir* **1** ***~ à qn*** sich an j-n wenden; **2** ***~ à qc*** zu

R

etw greifen; etw in Anspruch nehmen; ***~ à la violence*** Gewalt anwenden
recours [R(ə)kuR] *m* **1** Ausweg *m*; (Hilfs)Mittel *n*; Zuflucht *f*; ***~ à qc*** Anwendung *f*, Inanspruchnahme *f* von etw; ***en dernier ~*** als letztes Mittel; ***avoir ~ à*** → ***recourir***; ***c'est sans ~*** das ist ausweglos; **2** ADM Einspruch *m*; Beschwerde *f*; JUR Berufung *f*; ***~ en grâce*** Gnadengesuch *n*; ***voies*** *f/pl* ***de ~*** Rechtsmittel *n/pl*
recouvrer [R(ə)kuvRe] *v/t* **1** *impôts, créances* einziehen, -kassieren; JUR ein-, beitreiben; **2** *liberté* wiedererlangen; ***~ ses forces*** wieder zu Kräften kommen
recouvrir [R(ə)kuvRiR] ⟨→ couvrir⟩ *v/t* **1** *de nouveau* wieder bedecken; *siège* neu be-, überziehen; *enfant, malade* wieder zudecken; **2** *entièrement* bedecken, überziehen (***de*** mit); *livre* einschlagen; *sol* ***~ d'une moquette*** mit (e-m) Teppichboden auslegen; **3** *fig* (*cacher*) verdecken; verbergen; **4** *fig* (*englober*) umfassen
recracher [R(ə)kRaʃe] *v/t* (wieder) ausspucken
récré [RekRe] *f* F *abr* → ***récréation***
récréatif [RekReatif] *adj* ⟨-ive [-iv]⟩ unterhaltend; Unterhaltungs…
récréation [RekReasjõ] *f* (große) Pause
récrier [RekRije] *v/pr* ***se ~*** lauthals protestieren
récrimin|ations [RekRiminasjõ] *f/pl* Klagen *f/pl*; **~er** [-e] *v/i* sich beklagen
récrire [RekRiR] ⟨→ écrire⟩ *v/t* **1** noch einmal schreiben; **2** *en modifiant* umschreiben
recroqueviller [R(ə)kRɔkvije] *v/pr* ***se ~*** *feuilles* zusammenschrumpfen; *personne* sich zusammenrollen
recru [RəkRy] *adj* ⟨~e⟩ *st/s* ***~ de fatigue*** (völlig) erschöpft
recrudesc|ence [R(ə)kRydesɑ̃s] *f* Wiederausbruch *m*; Zunahme *f*; **~ent** [-ɑ̃] *adj* ⟨-ente [-ɑ̃t]⟩ zunehmend
recrue [RəkRy] *f* MIL Rekrut *m*; *fig* ***faire une nouvelle ~*** ein neues Mitglied gewinnen
recrutement [R(ə)kRytmɑ̃] *m* Rekrutierung *f* (*a* MIL); Einstellung *f*
recruter [R(ə)kRyte] **I** *v/t* rekrutieren; *personnel a* einstellen; **II** *v/pr* ***se ~*** sich rekrutieren (***dans, parmi*** aus)
rectal [Rɛktal] *adj* ⟨~e; -aux [-o]⟩ rektal
rectangle [Rɛktɑ̃gl(ə)] *m* Rechteck *n*
rectangulaire [Rɛktɑ̃gylɛR] *adj* rechteckig
recteur [Rɛktœr] *m* Rektor *m* (*der Universität u Präsident des Schulaufsichtsbezirks*)
recti|ficatif [Rɛktifikatif] *m*, **~fication** [-fikasjõ] *f* Berichtigung *f*; Richtigstellung *f*; **~fier** [-fje] *v/t* berichtigen; richtig stellen; korrigieren
rectiligne [Rɛktiliŋ] *adj* geradlinig
recto [Rɛkto] *m* Vorderseite *f*
rectorat [Rɛktɔra] *m* Rektorat *n*
rectum [Rɛktɔm] *m* Mastdarm *m*
reçu [R(ə)sy] **I** *p/p* → ***recevoir*** *et adj* ⟨~e⟩ *idées* überkommen; **II** *m* Quittung *f*; Empfangsbescheinigung *f*
recueil [Rəkœj] *m* Sammlung *f*
recueillement [R(ə)kœjmɑ̃] *m* innere Sammlung; Andacht *f*
recueilli [R(ə)kœji] *adj* ⟨~e⟩ andächtig
recueillir [R(ə)kœjiR] ⟨→ cueillir⟩ **I** *v/t* **1** (*réunir*) sammeln; *renseignements* einziehen; **2** *approbation* erhalten; *suffrages* auf sich vereinigen; **3** *liquide* auffangen; **4** *réfugiés, orphelins* (bei sich) aufnehmen; *animal* auflesen; **II** *v/pr* ***se ~*** sich innerlich sammeln; ***se ~ sur la tombe de qn*** vor dem Grab j-s in stillem Gedenken verharren
recul [R(ə)kyl] *m* **1** *d'une arme à feu* Rückstoß *m*; **2** *d'une armée* Zurückweichen *n*; *fig du chômage, etc* Rückgang *m*; **3** *personne* ***avoir un mouvement de ~*** zurückschrecken; ***prendre du ~*** *pour mieux voir* zurücktreten; *fig* Abstand gewinnen
reculade [R(ə)kylad] *f péj* Rückzieher *m*
reculé [R(ə)kyle] *adj* ⟨~e⟩ **1** *village* abgelegen; **2** *dans le temps* lang zurückliegend
▸ **reculer** [R(ə)kyle] **I** *v/t* **1** *chaise* zurückschieben, -rücken, -setzen; *voiture* zurückfahren; **2** (*reporter à plus tard*) auf-, hinausschieben; **II** *v/i* **3** *personne* zurückweichen (*a foule*); zurücktreten; *voiture* zurückfahren; rückwärts fahren; **4** *épidémie, chômage* zurückgehen; **5** (*hésiter*) zurückschrecken, -scheuen (***devant*** vor + *dat*); **III** *v/pr* ***se ~*** zurücktreten; (einige Schritte) zurückgehen
reculons [R(ə)kylõ] ***à ~*** rückwärts

R

récupération [rekyperasjõ] *f* TECH (Wieder)Verwertung *f*; Rückgewinnung *f*
récupérer [rekypere] ⟨-è-⟩ **I** *v/t* **1** wiedererlangen, -bekommen; *heures de travail* nachholen, -arbeiten; *engin spatial* bergen; **2** *ferraille, etc* (wieder)verwerten; (*ramasser*) sammeln; *chaleur, énergie* zurückgewinnen; **3** F (*aller chercher*) **~ qn** j-n (ab)holen; **4** *délinquants, drogués* wieder eingliedern; resozialisieren; **5** POL (für sich) vereinnahmen; für s-e Zwecke einspannen; **II** *v/i* sich erholen; wieder zu Kräften kommen
récurer [rekyre] *v/t* scheuern
récurrent [rekyrã] *adj* ⟨-ente [-ãt]⟩ wiederholt auftretend
récuser [rekyze] **I** *v/t* ablehnen (*a* JUR); zurückweisen; verwerfen; **II** *v/pr* **se ~** sich für nicht zuständig erklären
recyclable [r(ə)siklabl(ə)] *adj* recycelbar; wieder verwertbar
recyclage [r(ə)siklaʒ] *m* **1** Weiter-, Fortbildung *f*; *de main-d'œuvre a* Umschulung *f*; **2** TECH Recycling *n*; Wiederverwertung *f*
▸ **recycler** [r(ə)sikle] **I** *v/t* **1** weiter-, fortbilden; *main-d'œuvre a* umschulen; **2** TECH recyceln; wieder verwerten; ***papier recyclé*** Recyclingpapier *n*; **II** *v/pr* **se ~** sich weiterbilden; sich umschulen lassen
rédac|teur [redaktœr] *m*, **~trice** [-tris] *f* Redakteur(in) *m(f)*
rédaction [redaksjõ] *f* **1** *d'un texte* Verfassen *n*; Abfassung *f*; **2** *coll* Redaktion *f*; **3** ÉCOLE Aufsatz *m*
reddition [redisjõ] *f* MIL Übergabe *f*
redéfinir [r(ə)definir] *v/t* neu bestimmen, festlegen, definieren
redemander [rəd(ə)mãde] *v/t et v/i* **1** *de nouveau* noch einmal verlangen (***qc à qn*** etw von j-m), bitten (j-n um etw); **2** *chose prêtée* zurückverlangen, -fordern
Rédemp|teur [redãptœr] *m* Erlöser *m*; **~tion** [-sjõ] *f* REL Erlösung *f*
redéploiement [r(ə)deplwamã] *m* **1** ÉCON Umstrukturierung *f*; **2** MIL Umgruppierung *f*
redescendre [r(ə)desãdr(ə)] ⟨→ rendre⟩ **I** *v/t* **1** *escalier* wieder hinuntergehen, -steigen; **2** *meubles du grenier, etc* wieder hinunterschaffen, -bringen; herunterholen; **II** *v/i* ⟨être⟩ **3** *personne* wieder hinuntersteigen, herabkommen (***de*** von); (*dans un*) *véhicule* wieder hinunterfahren; **4** *mer* (wieder) zurückgehen; *baromètre, température* wieder fallen; *chemin* wieder bergab gehen
redevable [rəd(ə)vabl(ə)] *adj* zu Dank verpflichtet (***de qc à qn*** j-m für etw)
redevance [rəd(ə)vãs] *f* Gebühr *f*
rédhibitoire [redibitwar] *adj* JUR ***vice m ~*** (die Wandelung begründender) Sachmangel
rediffuser [r(ə)difyze] *v/t* wiederholen; noch einmal senden
rédiger [rediʒe] *v/t* ⟨-ge-⟩ verfassen; abfassen; redigieren
redingote [r(ə)dɛ̃gɔt] *f* **1** HIST Gehrock *m*; **2** *adjt* ***manteau m ~*** (taillierter) Damenmantel
redire [r(ə)dir] ⟨→ dire⟩ **I** *v/t* noch einmal sagen; wiederholen; ***~ après qn*** j-m nachsprechen; **II** *v/t/indir* ***trouver à ~ à tout*** an allem etwas auszusetzen haben
redistribution [r(ə)distribysjõ] *f* Neuverteilung *f*; FIN Umverteilung *f*
redite [r(ə)dit] *f* unnötige Wiederholung
redondance [r(ə)dõdãs] *f* **1** *du style* Weitschweifigkeit *f*; **2** INFORM Redundanz *f*
redonner [r(ə)dɔne] *v/t* **1** (*donner de nouveau*) wieder, noch einmal geben; **2** (*rendre*) (wieder) zurückgeben
redoubl|ant [r(ə)dublã] *m*, **~ante** [-ãt] *f* F Sitzenbleiber(in) *m(f)*
redoublé [r(ə)duble] *adj* ⟨**~e**⟩ verdoppelt; *par ext* vermehrt; verstärkt; ***frapper à coups ~s*** heftig schlagen
▸ **redoubler** [r(ə)duble] **I** *v/t* **1** (*rendre double*) verdoppeln; **2 ~** (***une classe***) e-e Klasse wiederholen; F sitzen bleiben; **II** *v/t/indir* ***~ d'amabilité*** noch zuvorkommender sein; ***~ d'efforts*** s-e Anstrengungen verdoppeln; **III** *v/i* *peur, tempête, etc* sich verstärken; noch stärker werden; sich steigern
redout|able [r(ə)dutabl(ə)] *adj* Furcht erregend; furchtbar; *adversaire, mal* (sehr) gefährlich; **~er** [-e] *v/t* fürchten; sich fürchten vor (+ *dat*)
redoux [rədu] *m* Frostmilderung *f*
redressement [r(ə)drɛsmã] *m* **1** *d'un pays* Wiedererstarkung *f*; *de l'écono-*

R

mie (Wieder)Aufschwung *m*; **2 ~ fiscal** Steuerberichtigung *f*

redresser [ʀ(ə)dʀese] **I** *v/t* **1** *chose penchée* gerade richten; *chose tordue* gerade biegen; *chose, personne tombée* wieder aufrichten; *roues avant* gerade stellen; **2** *fig économie* wieder ankurbeln; *situation* wieder in Ordnung bringen; **II** *v/pr* **se ~ 3** sich (wieder) aufrichten; **4** *fig pays* wieder hochkommen; wieder erstarken

redresseur [ʀ(ə)dʀesœʀ] *m* **1** *iron* **~ de torts** Weltverbesserer *m*; **2** ÉLECT Gleichrichter *m*

réducteur [ʀedyktœʀ] *m* **1** CHIM Reduktionsmittel *n*; **2** TECH Untersetzungsgetriebe *n*

▸ **réduction** [ʀedyksjõ] *f* **1** Reduzierung *f* (**à** auf + *acc*); *de personnel a* Abbau *m*; *d'un format* Verkleinerung *f*; **~ des heures de travail** Arbeitszeitverkürzung *f*; **2** *sur un prix* Preisnachlass *m*; (Preis)Ermäßigung *f*; **3** CHIM Reduktion *f*

réduire [ʀedɥiʀ] ⟨→ conduire⟩ **I** *v/t* **1** (*diminuer*) reduzieren; *dépenses a* einschränken; *impôts a* senken; herabsetzen (*a peine*); *personnel a* abbauen; *format* verkleinern; *temps de travail* verkürzen; *salaires* kürzen; *vitesse* drosseln; herabsetzen; **2 ~ au même dénominateur** auf den gleichen Nenner bringen; **~ qn au silence** j-n zum Schweigen bringen; **en être réduit à qc** zu etw gezwungen, genötigt sein; **3** (*transformer*) **~ en qc** zu etw werden lassen, machen; **4** MÉD *fracture* einrichten; **5** ⟨*a v/i*⟩ *sauce* eindicken; **II** *v/pr* **se ~ à qc** sich auf etw (*acc*) beschränken

réduit [ʀedɥi] **I** *adj* ⟨-uite [-ɥit]⟩ **1** *prix, tarif* ermäßigt; herabgesetzt; **2** *format, modèle* verkleinert; **II** *m* kleine Kammer; F Kabuff *n*

R

rééchelonnement [ʀeeʃlɔnmɑ̃] *m* FIN Umschuldung *f*

réécrire [ʀeekʀiʀ] → ***récrire***

réédi|ter [ʀeedite] *v/t* **1** neu auflegen; herausgeben; **2** F *fig* wiederholen; **~tion** [-sjõ] *f* Neuauflage *f* (*a* F *fig*); Neuausgabe *f*

rééducation [ʀeedykasjõ] *f* MÉD Rehabilitation *f*; *exercices* Krankengymnastik *f*

rééduquer [ʀeedyke] *v/t* **1** *un blessé, paralysé* rehabilitieren; krankengymnastisch behandeln; **2** *délinquant* sozial wieder eingliedern; **3** POL umerziehen

▸ **réel** [ʀeɛl] **I** *adj* ⟨**~le**⟩ **1** wirklich; real; tatsächlich; **faits ~s** Tatsachen *f/pl*; **2** MATH reell; **II** *subst* **le ~** die Wirklichkeit

réélection [ʀeelɛksjõ] *f* Wiederwahl *f*

réélire [ʀeeliʀ] *v/t* ⟨→ lire⟩ wieder wählen

réemployer [ʀeɑ̃plwaje] *v/t* ⟨-oi-⟩ **1** *choses* wieder verwenden; **2** *personnel* wieder beschäftigen, anstellen

rééquilibrer [ʀeekilibʀe] *v/t* wieder ins Gleichgewicht bringen

réessayer [ʀeeseje] *v/t* ⟨-ay- *od* -ai-⟩ *robe* wieder anprobieren; *abs* es noch einmal versuchen, probieren

réévaluation [ʀeevalɥasjõ] *f* ÉCON Aufwertung *f*; FIN Wertberichtigung *f*; Neubewertung *f*

réexaminer [ʀeɛgzamine] *v/t* noch einmal überprüfen

réexpédier [ʀeɛkspedje] *v/t* **1** (*retourner*) zurücksenden; **2** (*faire suivre*) nachsenden

réexporter [ʀeɛkspɔʀte] *v/t* wieder ausführen; reexportieren

réf. *abr* → ***référence*** *4*

refaire [ʀ(ə)fɛʀ] ⟨→ faire⟩ **I** *v/t* **1** (*faire de nouveau*) noch einmal, wieder machen; **2** (*remettre en état*) (wieder) instand setzen; **~ les peintures** (die Wohnung *etc*) neu streichen; **3** F (*rouler*) **~ qn** F j-n reinlegen; **II** *v/pr* **4 on ne se refait pas** man kann sich nicht ändern; **5 se ~ une santé** sich erholen

réfection [ʀefɛksjõ] *f* (Wieder)Instandsetzung *f*; Reparatur *f*

réfectoire [ʀefɛktwaʀ] *m* Speisesaal *m*; *d'un couvent* Refektorium *n*

référé [ʀefeʀe] *m* JUR einstweilige Verfügung

référence [ʀefeʀɑ̃s] *f* **1 ~s** *pl* (*recommandations*) Referenzen *f/pl*; **2** (*rapport*) Bezugnahme *f*; **faire ~ à** sich beziehen auf (+ *acc*); **3** *d'une citation, etc* Belegstelle *f*; Beleg *m*; **ouvrage** *m* **de ~** Nachschlagewerk *n*; **4** *en tête d'une lettre* Zeichen *n*; *dans un catalogue* Bestell-, Artikelnummer *f*; *dans les petites annonces* Chiffre *f*

référendum [ʀefeʀɛ̃dɔm] *m* Volksabstimmung *f*; Volksentscheid *m*; Referendum *n*

référer [ʀefeʀe] ⟨-è-⟩ **I** *v/t/indir* ***en ~ à qn*** j-m Bericht erstatten; *par ext* sich an j-n wenden; **II** *v/pr* ***se ~ à*** sich beziehen, berufen auf (+ *acc*)
refermer [ʀ(ə)fɛʀme] *v/t* wieder schließen, F zumachen
refiler [ʀ(ə)file] *v/t* F ***~ qc à qn*** F j-m etw andrehen, *fig maladie* anhängen
réfléchi [ʀefleʃi] *adj* ⟨~e⟩ **1** *décision* (wohl) überlegt; *personne* besonnen; ***c'est tout ~*** das ist schon entschieden; **2** GR reflexiv; ***pronom ~*** Reflexivpronomen *n*
▸ **réfléchir** [ʀefleʃiʀ] **I** *v/t lumière, ondes* reflektieren; zurückwerfen; **II** *v/i* überlegen (***à, sur qc*** etw); nachdenken (über etw [*acc*]); ***faire ~, donner à ~*** einen nachdenklich stimmen, machen; ***demander à ~*** um Bedenkzeit bitten; **III** *v/pr* ***se ~*** sich (wider)spiegeln
réfléchissant [ʀefleʃisɑ̃] *adj* ⟨-ante [-ɑ̃t]⟩ reflektierend
réflecteur [ʀeflɛktœʀ] *m* Reflektor *m*
reflet [ʀ(ə)flɛ] *m* **1** *de lumière* Reflex *m*; ***~s*** *pl* Glanz *m*; Schimmer *m*; ***à ~s changeants*** schillernd; **2** (*image réfléchie*) Spiegelbild *n*; **3** *fig* Abbild *n*; Abglanz *m*
refléter [ʀ(ə)flete] ⟨-è-⟩ **I** *v/t* widerspiegeln (*a fig*); **II** *v/pr* ***se ~*** sich (wider)spiegeln
reflex [ʀeflɛks] (***appareil*** *m*) ***~*** *m* Spiegelreflexkamera *f*
réflexe [ʀeflɛks] **I** *m* **1** BIOL Reflex *m*; **2** (rasche, schnelle) Reaktion; ***avoir de bons ~s*** schnell reagieren; gute Reflexe, ein gutes Reaktionsvermögen haben; **II** *adj* Reflex…
▸ **réflexion** [ʀeflɛksjõ] *f* **1** (*pensée*) Überlegung *f*; Nachdenken *n* (***sur*** über + *acc*); ***~ faite*** wenn ich's recht bedenke; **2** (*remarque*) (spitze) Bemerkung; **3** PHYS Reflexion *f*
refluer [ʀəflye] *v/i* zurückfließen; zurückströmen (*a fig*)
reflux [ʀəfly] *m de la mer* Ebbe *f*
refondre [ʀ(ə)fõdʀ(ə)] *v/t* ⟨→ rendre⟩ **1** *métal* (wieder) einschmelzen; **2** *fig ouvrage* überarbeiten; *p/fort* umarbeiten
refonte [ʀ(ə)fõt] *f* **1** *de métal* Einschmelzen *n*; **2** *d'un ouvrage* Überarbeitung *f*; *p/fort* Umarbeitung *f*
réforma|teur [ʀefɔʀmatœʀ], **~trice** [-tʀis] **I** *m,f* **1** Reformer(in) *m(f)*; **2** *m* REL Reformator *m*; **II** *adj* reformerisch; reformatorisch
▸ **réforme** [ʀefɔʀm] *f* **1** Reform *f*; **2** HIST ***la*** ♀ die Reformation
reformer [ʀ(ə)fɔʀme] *v/t* (*et v/pr* ***se ~*** sich) neu bilden
réformer [ʀefɔʀme] *v/t* **1** reformieren (*a* REL); **2** *soldat* als dienstunfähig entlassen; ausmustern
refoulé [ʀ(ə)fule] **I** *adj* ⟨~e⟩ *pulsions* verdrängt; *personne* verklemmt; **II** ***~(e)*** *m(f)* verklemmter Mensch
refoulement [ʀ(ə)fulmɑ̃] *m* **1** *d'étrangers* Abschiebung *f*; **2** PSYCH Verdrängung *f*
refouler [ʀ(ə)fule] *v/t* **1** *envahisseurs* zurückdrängen; *étrangers* ab-, zurückweisen; abschieben; **2** *colère, désirs* unterdrücken; *larmes* zurückhalten; **3** PSYCH verdrängen
réfractaire [ʀefʀaktɛʀ] *adj* **1** *à l'autorité* widerspenstig; aufsässig (***à*** gegenüber); *à une influence* unzugänglich (+ *dat*); **2** TECH feuerfest; hitzebeständig
réfraction [ʀefʀaksjõ] *f* PHYS Brechung *f*
refrain [ʀ(ə)fʀɛ̃] *m* Refrain *m*; Kehrreim *m*; *fig* ***c'est toujours le même ~*** F es ist immer die alte Leier
réfréner *ou* **refréner** [ʀefʀene] *v/t* ⟨-è-⟩ zügeln
réfrigérant [ʀefʀiʒeʀɑ̃] *adj* ⟨-ante [-ɑ̃t]⟩ **1** TECH Kühl…; Kälte…; **2** F *fig accueil* kühl; frostig; *personne* eisig
▸ **réfrigéra|teur** [ʀefʀiʒeʀatœʀ] *m* Kühlschrank *m*; **~tion** [-sjõ] *f* Kühlung *f*
réfrigérer [ʀefʀiʒeʀe] *v/t* ⟨-è-⟩ **1** TECH kühlen; **2** F *personne* ***réfrigéré*** durch(ge)froren; **3** F *fig* ***~ qn*** j-n abschrecken
réfringent [ʀefʀɛ̃ʒɑ̃] *adj* ⟨-ente [-ɑ̃t]⟩ licht-, strahlenbrechend
refroidir [ʀ(ə)fʀwadiʀ] **I** *v/t* **1** abkühlen (*a fig zèle*); **2** *fig* ***~ qn*** j-n abschrecken; **3** F (*assassiner*) F kaltmachen; **II** *v/i* ⟨*Zustand* être⟩ **4** *mets, moteur* kalt werden; abkühlen; **III** *v/pr* ***se ~*** **5** *temps, air* kälter, kühler werden; sich abkühlen; **6** *personne* sich erkälten
refroidissement [ʀ(ə)fʀwadismɑ̃] *m* **1** *de l'air, etc* Abkühlung *f*; *d'un moteur* Kühlung *f*; **2** MÉD Erkältung *f*

refuge [ʀ(ə)fyʒ] *m* **1** Zuflucht *f*; Zufluchtsort *m*; ***chercher ~*** Zuflucht suchen (***auprès de qn*** bei j-m); **2** *en montagne* (Schutz)Hütte *f*; **3** *pour piétons* Verkehrsinsel *f*

▸ **réfugié** [ʀefyʒje] **I** *adj* ⟨~e⟩ geflüchtet; **II** ~*(e)* *m(f)* Flüchtling *m*

réfugier [ʀefyʒje] *v/pr* ***se ~*** (sich) flüchten (***auprès de qn*** zu j-m; *fig* ***dans qc*** in etw [*acc*])

▸ **refus** [ʀ(ə)fy] *m* Ablehnung *f*; Weigerung *f* (*abs*); *d'une autorisation, etc a* Verweigerung *f*; ***~ de priorité*** Nichtbeachtung *f* der Vorfahrt; ***essuyer un ~*** e-e Absage, e-n Korb bekommen; F ***ce n'est pas de ~!*** mit Vergnügen!

▸ **refuser** [ʀ(ə)fyze] **I** *v/t* **1** ablehnen (*a abs*); *renseignement, autorisation* verweigern; *offre a* ausschlagen; ***~ l'accès à qn*** j-m den Zugang verwehren; ***~ de faire qc*** sich weigern *ou* es ablehnen, etw zu tun; **2** ***~ qn*** j-n ab-, zurückweisen; *candidat à un examen* durchfallen lassen; **II** *v/pr* **3** ***il ne se refuse rien*** er gönnt sich alles; **4** ***se ~ à qc*** etw verweigern; ***se ~ à faire qc*** sich weigern, etw zu tun

réfut|ation [ʀefytasjõ] *f* Widerlegung *f*; **~er** [-e] *v/t* widerlegen

regagner [ʀ(ə)gaɲe] *v/t* **1** (*retrouver*) zurück-, wiedergewinnen; **2** (*retourner à*) zurückkehren an, in (+ *acc*)

regain [ʀəgɛ̃] *m* **1** AGR Grummet *n*; **2** *fig* Wiederaufleben *n*; ***~ de jeunesse*** zweite Jugend; ***avoir un ~ de vie*** wieder aufleben

régal [ʀegal] *m* Leckerbissen *m* (*a fig*); ***quel ~!*** was für ein Genuss!; *fig* ***un ~ pour les yeux*** e-e Augenweide

régalade [ʀegalad] *f* ***boire à la ~*** aus der Flasche trinken, ohne sie anzusetzen

régaler [ʀegale] **I** *v/t* gut, reichlich bewirten (***qn de, avec qc*** j-n mit etw); F ***c'est moi qui régale*** ich zahle; **II** *v/pr* ***je me suis régalé*** es hat mir sehr gut geschmeckt; ich habe es sehr genossen (*a fig*)

▸ **regard** [ʀ(ə)gaʀ] *m* **1** Blick *m*; **2** ***avoir droit de ~ sur ...*** das Aufsichts-, Kontrollrecht haben über (+ *acc*); **3** ***au ~ de*** im Hinblick auf (+ *acc*); **4** ***en ~*** gegenüberstehend; **5** *d'un égout* Einstiegsöffnung *f*, -schacht *m*

regardant [ʀ(ə)gaʀdɑ̃] *adj* ⟨-ante [-ɑ̃t]⟩ (*économe*) sehr sparsam; *par ext* zu genau

▸ **regarder** [ʀ(ə)gaʀde] **I** *v/t* **1** ansehen; anschauen; betrachten; anblicken; F angucken; ***~ sa montre*** auf die Uhr sehen; ***~ la télé*** fernsehen; ***~ les gens passer*** zusehen, schauen, wie die Leute vorbeigehen; **2** (*concerner*) ***~ qn*** j-n (etwas) angehen; ***cela ne le regarde pas*** das geht ihn nichts an; **II** *v/t/indir* **3** (*faire attention*) ***~ à qc*** genau auf etw (*acc*) achten; ***ne pas ~ à la dépense*** nicht auf den Preis sehen; keine Kosten scheuen; ***y ~ à deux fois*** es sich zweimal überlegen; **III** *v/i* **4** sehen; schauen; F gucken; *comme spectateur* zusehen; zuschauen; *dans une direction* hin- *ou* hersehen, -schauen; blicken; (*contrôler*) nachsehen, -schauen; ***~ par la fenêtre*** aus dem Fenster sehen; zum Fenster hinaussehen; ***~ partout*** überall nachsehen; **5** *maison* ***~ vers le midi*** nach Süden liegen *ou* gehen; **IV** *v/pr* ***se ~*** sich ansehen, anschauen, betrachten; *fig* ***il ne s'est pas regardé*** er sollte lieber bei sich selbst anfangen

régates [ʀegat] *f/pl* Regatta *f*

regel [ʀəʒɛl] *m* erneut einsetzender Frost

régence [ʀeʒɑ̃s] *f* Regentschaft *f*

régénérer [ʀeʒeneʀe] *v/t* ⟨-è-⟩ regenerieren (*a* BIOL); erneuern

rég|ent [ʀeʒɑ̃] *m*, **~ente** [-ɑ̃t] *f* Regent(in) *m(f)*

régenter [ʀeʒɑ̃te] *v/t* bestimmen (***qc*** etw, ***qn*** über j-n)

reggae [ʀege] *m* MUS Reggae *m*

régicide [ʀeʒisid] *m* **1** Königsmörder *m*; **2** Königsmord *m*

régie [ʀeʒi] *f* **1** *entreprise* Regiebetrieb *m*; staatliches Unternehmen; **2** THÉ, CIN, TV Regieassistenz *f*; **3** *local* Regieraum *m*

regimber [ʀ(ə)ʒɛ̃be] *v/i* sich sträuben

▸ **régime** [ʀeʒim] *m* **1** POL Regierungsform *f*, -system *n*; *péj* Regime *n*; HIST ***l'Ancien*** ♀ das Ancien Régime (*vor 1789*); **2** JUR Rechtsvorschriften *f/pl*; Ordnung *f*; System *n*; ***~ pénitentiaire*** Strafvollzug(sordnung) *m(f)*; ***~ matrimonial*** Güterstand *m*; ***~ de la communauté*** Gütergemeinschaft *f*; **3** ***~*** (***alimentaire***) Ernährung(sweise) *f*; Kost *f*; *d'un malade* Diät *f*; Schonkost *f*; ***être***

R

au ~ Diät leben (müssen); ***suivre un ~*** Diät halten; **4** *d'un moteur* Drehzahl *f*; ***marcher à plein ~*** auf vollen Touren laufen (*a fig*); **5** *d'un cours d'eau* Wasserführung *f*; **6** *de bananes* Büschel *n*; Fruchtstand *m*

régiment [ʀeʒimɑ̃] *m* **1** MIL Regiment *n*; **2** F (*service militaire*) Militär(dienst) *n*(*m*); **3** *fig* Heer *n* (***de*** von)

► **région** [ʀeʒjõ] *f* **1** Gegend *f* (*a* ANAT); Region *f*; ***la ~ parisienne*** der Großraum Paris; **2** ADM (mehrere Departements umfassende) Region

régional [ʀeʒjɔnal] *adj* ⟨~e; -aux [-o]⟩ regional; **~isation** [-izasjõ] *f* Regionalisierung *f*; Dezentralisierung *f*; **~isme** [-ism(ə)] *m* POL, LING Regionalismus *m*

régionaliste [ʀeʒjɔnalist] *adj* **1** regionalistisch; **2** ***écrivain*** *m* **~** Heimatdichter *m*

régir [ʀeʒiʀ] *v/t* **1** (*déterminer*) regeln; bestimmen; **2** GR regieren; stehen mit

régisseur [ʀeʒisœʀ] *m* **1** THÉ, CIN, TV Regieassistent *m*; Aufnahmeleiter *m*; **2** *d'une propriété* Verwalter *m*

registre [ʀəʒistʀ(ə)] *m* **1** Register *n* (*a* MUS); ***~ du commerce*** Handelsregister *n*; ***~ d'état civil*** Standesregister *n*; Personenstandsbuch *n*; **2** *fig d'un discours, etc* Ton *m*; Tenor *m*

régl|able [ʀeglabl(ə)] *adj* **1** TECH regulierbar; einstellbar; *siège, etc* verstellbar; **2** (*payable*) zahlbar; **~age** [-aʒ] *m* TECH Einstellung *f*; Regulierung *f*

► **règle** [ʀɛgl(ə)] *f* **1** *instrument* Lineal *n*; **2** (*principe*) Regel *f*; Vorschrift *f*; ***~s du jeu*** Spielregeln *f/pl* (*a fig*); ***dans les ~s*** (***de l'art***) vorschriftsmäßig; ordnungsgemäß; *iron* nach allen Regeln der Kunst; ***en ~ générale*** in der Regel; ***bataille*** *f* ***en ~*** regelrechte Schlägerei; ***être de ~*** üblich, Sitte sein; sich gehören; ***être en ~*** *papiers* in Ordnung sein; (*avoir ses papiers*) vorschriftsmäßige Papiere haben; (*avoir payé*) ordnungsgemäß bezahlt haben; ***se mettre en ~*** s-e Verhältnisse in Ordnung, ins Reine bringen; **3** *de la femme* ***~s*** *pl* Periode *f*; Regel *f*; F Tage *m/pl*; **4** ***~ de trois*** Dreisatzrechnung *f*

réglé [ʀegle] *adj* ⟨~e⟩ **1** (*organisé*) geregelt; **2** (*terminé*) erledigt; *facture* ***non ~*** offen stehend; **3** *papier* lini(i)ert; **4** *jeune fille* ***être ~e*** ihre Periode haben

règlement [ʀɛgləmɑ̃] *m* **1** (*règles*) Vorschrift(en) *f*(*pl*); Reglement *n*; ***~ intérieur*** Betriebs-, Hausordnung *f*; **2** *d'une affaire* Regelung *f*; Erledigung *f*; *d'un conflit* Beilegung *f*; JUR ***~ judiciaire*** Vergleichsverfahren *n*; **3** *d'une facture* Begleichung *f*; Zahlung *f*; *fig* ***~ de compte(s)*** Abrechnung *f*

réglementaire [ʀɛgləmɑ̃tɛʀ] *adj* vorschriftsmäßig; ordnungsgemäß

réglement|ation [ʀɛgləmɑ̃tasjõ] *f* **1** *action* Regelung *f*; *péj* Reglementierung *f*; **2** (*règlements*) Bestimmungen *f/pl*; Vorschriften *f/pl*; **~er** [-e] *v/t* (durch Vorschriften) regeln; *péj* reglementieren

► **régler** [ʀegle] ⟨-è-⟩ **I** *v/t* **1** *affaire, question* regeln; erledigen; *conflit* beilegen; bereinigen; *circulation* regeln; *programme* festlegen; **2** *facture, dettes* begleichen; bezahlen; *abs* zahlen; **3** TECH *appareil* einstellen; regulieren; **II** *v/pr* ***se ~ sur qn*** sich nach j-m richten

réglisse [ʀeglis] *m ou f* **1** *pâte* Lakritze *f*; **2** *racine* Süßholz *n*

réglo [ʀeglo] F *adj* ⟨*inv*⟩ korrekt

règne [ʀɛɲ] *m* **1** *d'un souverain* Regierung(szeit) *f*; Herrschaft *f*; ***sous le ~ de*** unter der Herrschaft (+ *gén*); **2** ***~ animal, végétal*** Tier-, Pflanzenreich *n*

► **régner** [ʀeɲe] *v/i* ⟨-è-⟩ herrschen (***sur*** über + *acc*); *souverain a* regieren; ***faire ~ l'ordre*** Ordnung schaffen

regorger [ʀ(ə)gɔʀʒe] *v/t/indir* ⟨-ge-⟩ ***~ de qc*** etw in Hülle und Fülle haben; voll von etw sein

régress|er [ʀegʀese] *v/i* zurückgehen; **~if** [-if] *adj* ⟨-ive [-iv]⟩ rückläufig; *sc* regressiv

régression [ʀegʀɛsjõ] *f* **1** *de la natalité, etc* Rückgang *m*; **2** *fig* Rückschritt *m*; **3** PSYCH Regression *f*

regret [ʀ(ə)gʀɛ] *m* **1** (*chagrin*) Trauer *f*, Schmerz *m* (***de qc*** um etw); (*nostalgie*) Sehnsucht *f* (nach etw); ***à ~*** ungern; schweren Herzens; **2** (*remords*) Reue *f*, (*déplaisir*) Bedauern *n* (***de*** über + *acc*); ***je n'ai qu'un ~, c'est de*** (+ *inf*) ich bereue, bedauere nur (eines), dass …; ***j'ai le ~ de vous informer …*** zu meinem Bedauern muss ich Ihnen mitteilen …; ***exprimer ses ~s*** sein Bedauern ausdrücken

regrettable [ʀ(ə)gʀɛtabl(ə)] *adj* bedauerlich

R

▸ **regretter** [ʀ(ə)gʀɛte] *v/t* **1** (*être triste au souvenir de*) nachtrauern (***qn, qc*** j-m, e-r Sache); *un absent* (schmerzlich) vermissen; ***~ le temps où …*** sich nach der Zeit zurücksehnen, da …; **2** (*déplorer*) bedauern; ***~ que …*** (+ *subj*) bedauern, dass …; ***je regrette de vous avoir fait attendre*** es tut mir Leid, dass ich Sie habe warten lassen; **3** *faute, erreur* bereuen

regroup|ement [ʀ(ə)gʀupmɑ̃] *m* Zusammenlegung *f*, -schluss *m*; **~er** [-e] *v/t* zusammenfassen, -legen, -schließen

régulariser [ʀegylaʀize] *v/t* **1** *sa situation* in Ordnung bringen; regeln; **2** *fleuve* regulieren

régularité [ʀegylaʀite] *f* **1** Regelmäßigkeit *f*; *d'un mouvement a* Gleichmäßigkeit *f*; **2** *de l'élection, etc* ordnungsgemäßer Verlauf; Korrektheit *f*

régula|teur [ʀegylatœʀ] **I** *adj* ⟨-trice [-tʀis]⟩ regulierend; Regel…; **II** *m* TECH Regler *m*; **~tion** [-sjõ] *f* Regelung *f*; Regulierung *f*

régulier [ʀegylje] *adj* ⟨-ière [-jɛʀ]⟩ **1** (*égal, constant*) regelmäßig; *mouvement, respiration a* gleichmäßig; *train* fahrplanmäßig; ***vol ~*** Linienflug *m*; ***il est ~ dans son travail*** s-e Leistungen sind gleichmäßig; **2** (*légal*) ordnungsgemäß; vorschriftsmäßig; regulär; **3** F *personne* (*honnête*) korrekt

réhabilit|ation [ʀeabilitasjõ] *f* **1** JUR, *fig* Rehabilitierung *f*; **2** CONSTR Sanierung *f*; **~er** [-e] *v/t* **1** JUR, *fig* rehabilitieren; **2** (*rénover*) sanieren

réhabituer [ʀeabitɥe] *v/pr* ***se ~*** sich wieder gewöhnen (***à*** an + *acc*)

rehausser [ʀəose] *v/t* **1** *mur* höher machen; erhöhen; **2** *fig* hervorheben; zur Geltung bringen

réimporter [ʀeɛ̃pɔʀte] *v/t* wieder einführen; reimportieren

réimpression [ʀeɛ̃pʀɛsjõ] *f* Nachdruck *m*

réimprimer [ʀeɛ̃pʀime] *v/t* nachdrucken

Reims [ʀɛ̃s] Reims *n*

rein [ʀɛ̃] *m* **1** Niere *f*; ***~ artificiel*** künstliche Niere; **2** ***~s*** *pl* Kreuz *n*; ***avoir mal aux ~s*** Kreuzschmerzen haben; ***se donner un tour de ~s*** sich das Kreuz verrenken; *fig* ***avoir les ~s solides*** zahlungskräftig sein

▸ **reine** [ʀɛn] *f* **1** Königin *f* (*a* ZO); **2** ÉCHECS Dame *f*

reine|-claude [ʀɛnklod] *f* ⟨reines-claudes⟩ Reneklode *f*; Reineclaude *f*; **~-marguerite** *f* ⟨reines-marguerites⟩ Garten-, Sommeraster *f*

reinette [ʀɛnɛt] *f pomme* Renette *f*

réinscrire [ʀeɛ̃skʀiʀ] ⟨→ écrire⟩ *v/t* (*et v/pr* ***se ~*** sich) wieder einschreiben, anmelden

réinsertion [ʀeɛ̃sɛʀsjõ] *f des handicapés* Wiedereingliederung *f*; *des délinquants* Resozialisierung *f*

réintégrer [ʀeɛ̃tegʀe] *v/t* ⟨-è-⟩ **1** *lieu* zurückkehren in (+ *acc*); **2** *personne* wieder einsetzen (***dans*** in + *acc*)

réinvestir [ʀeɛ̃vɛstiʀ] *v/t* reinvestieren

réitérer [ʀeiteʀe] *v/t* ⟨-è-⟩ wiederholen

rejaill|ir [ʀ(ə)ʒajiʀ] *v/i* **1** *liquide* (auf-, hoch)spritzen; **2** *fig* ***~ sur qn*** auf j-n zurückfallen

rejet [ʀəʒɛ] *m* **1** MÉD Abstoßung *f*; **2** ÉCOL Schadstoffausstoß *m*; **3** (*refus*) Verwerfung *f*; Ablehnung *f*; Zurückweisung *f*; **4** BOT Schössling *m*

rejeter [ʀəʒ(ə)te] *v/t* ⟨-tt-⟩ **1** (*relancer*) zurückwerfen; *mer: épaves* an Land spülen; *nourriture* wieder von sich geben; *organe greffé* abstoßen; *lave, polluants* ausstoßen; *mot* ***~ à la fin de la phrase*** ans Satzende stellen; **2** *faute, responsabilité* ***~ sur qn*** j-m zuschieben; auf j-n abwälzen; **3** *proposition, etc* verwerfen; ablehnen; zurückweisen; **4** *personne* ver-, ausstoßen

rejeton [ʀəʃtõ] *m* **1** BOT Schössling *m*; **2** F (*enfant*) F Sprössling *m*

rejoindre [ʀ(ə)ʒwɛ̃dʀ(ə)] ⟨→ joindre⟩ **I** *v/t* **1** ***~ qn*** (*aller retrouver*) zu j-m zurückkehren; (wieder) zu j-m gehen, kommen; j-n (wieder) treffen; (*rattraper*) zu j-m aufschließen; j-n einholen; ***je te rejoindrai*** ich komme nach; **2** *endroit* wieder gelangen, kommen, gehen an (+ *acc*); **3** *rue* ***~ le boulevard*** auf den Boulevard stoßen, treffen; **II** *v/pr* ***se ~*** **4** *personnes, rues* sich (wieder) treffen; **5** *fig opinions* übereinstimmen

réjoui [ʀeʒwi] *adj* ⟨~e⟩ vergnügt; heiter; fröhlich

réjouir [ʀeʒwiʀ] **I** *v/t* erfreuen; **II** *v/pr* ▸ ***se réjouir*** sich freuen (***de qc*** über, *à l'avance* auf etw [*acc*])

réjouiss|ance [ʀeʒwisɑ̃s] *f* **1** Fröhlichkeit *f*; Freude *f*; **2** *pl* **~s** Festlichkeiten *f/pl*; **~ant** [-ɑ̃] *adj* ⟨-ante [-ɑ̃t]⟩ erfreulich

relâche[1] [Rəlɑʃ] *m ou f* **1** THÉ **jour** *m* **de ~** vorstellungsfreier Tag; **faire ~** keine Vorstellung geben; **2 sans ~** ununterbrochen; unablässig; pausenlos

relâche[2] *f* MAR **faire ~ dans un port** e-n Hafen anlaufen

relâché [R(ə)lɑʃe] *adj* ⟨~e⟩ *mœurs, discipline* locker; lax; *style* nachlässig

relâchement [R(ə)lɑʃmɑ̃] *m des mœurs* Lockerung *f*; *du zèle* Nachlassen *n*

relâcher [R(ə)lɑʃe] **I** *v/t* **1** *corde, rênes, etc* lockern; *muscles a* entspannen; **2** *fig attention, zèle* erlahmen lassen; **3** *détenu* freilassen; **II** *v/pr* **se ~ 4** *liens, étreinte* sich lockern; *muscles* erschlaffen; **5** *fig discipline, mœurs* sich lockern; *zèle, attention* nachlassen; erlahmen

relais [R(ə)lɛ] *m* **1** (**course** *f* **de**) **~** Staffel(lauf) *f(m)*; *fig* **prendre le ~ de qn, de qc** j-n, etw ablösen; **2** ÉLECT Relais *n*; RAD Relaisstation *f*; **3 ~** (**routier**) Raststätte *f*

relance [Rəlɑ̃s] *f* ÉCON Aufschwung *m*

relancer [R(ə)lɑ̃se] *v/t* ⟨-ç-⟩ **1** *balle* zurückwerfen; **2** *économie* wieder ankurbeln; wieder beleben; *projet* wieder aufnehmen; **3** *moteur* wieder anlassen, anwerfen; **4 ~ qn** j-m zusetzen; j-n bedrängen; **5** *abs au jeu* höher setzen

relater [R(ə)late] *v/t* (ausführlich) berichten

relatif [R(ə)latif] *adj* ⟨-ive [-iv]⟩ **1** relativ; verhältnismäßig; **2 ~ à qc** auf etw (*acc*) bezüglich; etw betreffend; **3** GR Relativ...; **pronom ~** Relativpronomen *n*

▸ **relation** [R(ə)lasjõ] *f* **1** *entre choses* Beziehung *f*; *sc* Relation *f*; **~ de cause à effet** Kausalzusammenhang *m*; **2** *entre personnes, pays* **~s** *pl* Beziehungen *f/pl*; Verhältnis *n*; **~s publiques** Public Relations *pl*; Öffentlichkeitsarbeit *f*; **avoir des ~s avec une femme** (intime) Beziehungen mit e-r Frau haben; **être en ~(s) avec qn** mit j-m in Verbindung stehen; **3** *personne* Bekannte(r) *f(m)*; **~s** *pl a* Beziehungen *f/pl*

relativement [R(ə)lativmɑ̃] *adv* **1** verhältnismäßig; relativ; **2 ~ à** im Verhältnis zu

relativ|iser [R(ə)lativize] *v/t* relativieren; **~ité** [-ite] *f* Relativität *f*

relax [Rəlaks] *adj* F → **relaxe** *I*

relax|ant [R(ə)laksɑ̃] *adj* ⟨-ante [-ɑ̃t]⟩ entspannend; **~ation** [-asjõ] *f* Entspannung *f*

relaxe [Rəlaks] F **I** *adj* ungezwungen; locker; zwanglos; **II** *f* Entspannung *f*

relaxer [R(ə)lakse] **I** *v/t* JUR freilassen; **II** *v/pr* **se ~** sich entspannen; relaxen

relayer [R(ə)leje] ⟨-ay- *od* -ai-⟩ **I** *v/t* **1 ~ qn** j-n ablösen; **2** *émission* übertragen; **II** *v/pr* **se ~** sich ablösen; (sich) abwechseln

relay|eur [R(ə)lɛjœR] *m*, **~euse** [-jøz] *f* Staffelläufer(in) *m(f)*

relégation [R(ə)legasjõ] *f* SPORTS Abstieg *m*

reléguer [R(ə)lege] *v/t* ⟨-è-⟩ *personne* abschieben; verbannen; *chose* abstellen (**au grenier** auf dem Speicher)

relent [Rəlɑ̃] *m* **1** übler Geruch (**de** nach); **2** *fig* Beigeschmack *m* (**de** von)

relève [R(ə)lɛv] *f* Ablösung *f*; **prendre la ~** j-n ablösen; *fig* die Nachfolge antreten

relevé [Rəl(ə)ve] **I** *adj* ⟨~e⟩ **1** *bord* hochgebogen; *col* hochgeschlagen; *virage* überhöht; **2** *expression* gehoben; **3** CUIS pikant; **II** *m* **~ de compte** Kontoauszug *m*; **~ d'identité bancaire** (*abr* **RIB**) (Nachweis *m* der) Bankverbindung *f*

relèvement [R(ə)lɛvmɑ̃] *m* **1** *d'un pays* Wiedererstarkung *f*; Erholung *f*; **2** *des salaires, etc* Anhebung *f*; Erhöhung *f*

relever [Rəl(ə)ve] ⟨-è-⟩ **I** *v/t* **1** *enfant* (wieder) aufheben; *adulte* (wieder) aufhelfen (**qn** j-m); *chaise* wieder aufstellen; *par ext cahiers* einsammeln; *fig économie, entreprise* wieder hochbringen; **2** *siège* hochklappen; *vitre de voiture* hochkurbeln; *col* hochschlagen; *manches* hochstreifen, -ziehen; *plafond* erhöhen; *tête* heben; *fig salaires, impôts* anheben; erhöhen; heraufsetzen; *niveau de vie* heben; CUIS pikanter machen; **3** (*constater*) feststellen; *traces a* sichern; *faute a* anstreichen; *allusion* aufgreifen; *par écrit* (schriftlich) festhalten; notieren; aufschreiben; *compteur* ablesen; **4** (*remplacer*) *sentinelle, équipe* ablösen; **~ qn de ses fonctions** j-n s-s Amtes entheben; **II** *v/t/indir* **5 ~ d'une grippe** ge-

R

rade e-e Grippe überstanden, hinter sich haben; **6** (*dépendre*) **~ de** in den Bereich, in die Zuständigkeit (+ *gén*) fallen; **III** *v/i* **7** *jupe* zipfeln; **IV** *v/pr* **se ~ 8** (*se remettre debout*) wieder aufstehen; **9** *fig* (*se remettre*) sich erholen (**de** von)

releveur [ʀəl(ə)vœʀ] *m* **~ des compteurs** (Strom-, Gas-, Wasser)Ableser *m*

relief [ʀəljɛf] *m* **1** Relief *n* (*a* SCULP); GÉOGR *a* Oberflächengestalt *f*; **carte** *f* **en ~** Reliefkarte *f*; **être en ~** plastisch hervortreten; *fig* **mettre en ~** hervorheben; **2** *litt* **~s** *pl* Reste *m/pl*

relier [ʀəlje] *v/t* **1** *livre* (ein)binden; **2** (*joindre*) (miteinander) verbinden

reli|eur [ʀəljœʀ] *m*, **~euse** [-øz] *f* Buchbinder(in) *m(f)*

religieux [ʀ(ə)liʒjø] **I** *adj* ⟨-euse [-øz]⟩ **1** religiös; kirchlich; Glaubens…; **édifice ~** Kultgebäude *n*; **mariage ~** kirchliche Trauung; **2** *fig* (*scrupuleux*) gewissenhaft; **3** *fig* (*recueilli*) andächtig; *silence* feierlich; **II** *subst* **1 ~, religieuse** *m,f* Ordensmitglied *n*; *pl* Ordensleute *pl*; (*moine*) Ordensgeistliche(r) *m*; (*sœur*) Ordensschwester *f*; Nonne *f*; **2** *pâtisserie* **religieuse** *f* mit Creme gefüllter Windbeutel

▸ **religion** [ʀ(ə)liʒjõ] *f* Religion *f*; Glaube(n) *m*

religiosité [ʀ(ə)liʒjozite] *f* Religiosität *f*; Gläubigkeit *f*

reliquaire [ʀəlikɛʀ] *m* Reliquienschrein *m*; Reliquiar *n*

reliquat [ʀəlika] *m* Restbetrag *m*

relique [ʀəlik] *f* **1** REL Reliquie *f*; **2** *fig* Erinnerungsstück *n*

relire [ʀ(ə)liʀ] ⟨→ lire⟩ **I** *v/t* noch einmal (durch)lesen; **II** *v/pr* **se ~** noch einmal durchlesen, was man geschrieben hat

reliure [ʀəljyʀ] *f* **1** *action* Binden *n*; *métier* Buchbinderei *f*; **2** *couverture* (Buch)Einband *m*; Einbanddecke *f*

R

reloger [ʀ(ə)lɔʒe] *v/t* ⟨-ge-⟩ anderweitig unterbringen

reluire [ʀ(ə)lɥiʀ] *v/i* ⟨→ conduire; *aber p/p* relui⟩ glänzen; schimmern; **faire ~** blank reiben, putzen; polieren

reluisant [ʀ(ə)lɥizɑ̃] *adj* ⟨-ante [-ɑ̃t]⟩ **1** glänzend; blitzblank; **2** *fig* **peu ~** nicht gerade glänzend

reluquer [ʀ(ə)lyke] F *v/t* schielen nach

remâcher [ʀ(ə)mɑʃe] *v/t* nicht loskommen von

remake [ʀimɛk] *m* Neuverfilmung *f*; Remake *n*

remaniement [ʀ(ə)manimɑ̃] *m* **~ ministériel** Regierungsumbildung *f*

remanier [ʀ(ə)manje] *v/t* **1** *texte* neu bearbeiten; umarbeiten; überarbeiten; **2** *ministère*, *équipe* umbilden; umbesetzen

remarier [ʀ(ə)maʀje] *v/pr* **se ~** sich wieder verheiraten; wieder heiraten

remarquable [ʀ(ə)maʀkabl(ə)] *adj* bemerkenswert; beachtlich

▸ **remarque** [ʀ(ə)maʀk] *f* **1** (*réflexion*) Bemerkung *f*; **2** (*annotation*) An-, Bemerkung *f*; Vermerk *m*

remarqué [ʀ(ə)maʀke] *adj* ⟨~e⟩ auffällig; **très ~** viel beachtet

▸ **remarquer** [ʀ(ə)maʀke] **I** *v/t* bemerken; aufmerksam werden auf (+ *acc*); **remarquez (bien) que …** wohlgemerkt …; **sans être remarqué** unbemerkt; **faire ~ qc (à qn)** (j-n) auf etw (*acc*) aufmerksam machen; **se faire ~** auffallen (**par** durch); **sans se faire ~** unauffällig; **II** *v/pr* **se ~** auffallen

remballer [ʀɑ̃bale] *v/t* wieder einpacken

rembarquer [ʀɑ̃baʀke] *v/i* (*et v/pr* **se ~**) wieder an Bord gehen

rembarrer [ʀɑ̃baʀe] F *v/t* (grob) abweisen

remblai [ʀɑ̃blɛ] *m* Aufschüttung *f*; (Straßen-, Bahn)Damm *m*

remblayer [ʀɑ̃blɛje] *v/t* ⟨-ay- *od* -ai-⟩ *chaussée* aufschütten; *fossé* zuschütten

rembobiner [ʀɑ̃bɔbine] *v/t film* zurückspulen

rembourrage [ʀɑ̃buʀaʒ] *m* Polsterung *f*

rembourrer [ʀɑ̃buʀe] *v/t fauteuil* polstern; *coussin*, *matelas* füllen; F *personne* **bien rembourré** gut gepolstert

remboursable [ʀɑ̃buʀsabl(ə)] *adj* rückzahlbar

remboursement [ʀɑ̃buʀsəmɑ̃] *m* **1** Rückzahlung *f*; (Rück)Erstattung *f*; **2** *envoi postal* **contre ~** per Nachnahme

▸ **rembourser** [ʀɑ̃buʀse] *v/t emprunt* zurückzahlen; *frais* (zurück)erstatten; (rück)vergüten; ersetzen; **~ qn** j-m das Geld zurückzahlen

rembrunir [ʀɑ̃bʀyniʀ] *v/pr* **se ~** *visage* sich verfinstern; sich verdüstern; *personne* ein finsteres Gesicht machen

remède [ʀ(ə)mɛd] *m* **1** (*médicament*) (Heil)Mittel *n*; Arznei *f*; **~ de bonne femme** Hausmittel *n*; **2** *fig* (Gegen)Mittel *n*; Abhilfe *f*; **y porter ~** Abhilfe schaffen

remédier [ʀ(ə)medje] *v/t/indir* **~ à** abhelfen (+ *dat*); beheben

remembrement [ʀ(ə)mɑ̃bʀəmɑ̃] *m* Flurbereinigung *f*

remémorer [ʀ(ə)memɔʀe] *v/pr* **se ~ qc** sich an etw (*acc*) erinnern

remerciement [ʀ(ə)mɛʀsimɑ̃] *m* Dank *m*; **avec tous mes ~s** mit bestem Dank

▸ **remercier** [ʀ(ə)mɛʀsje] *v/t* **1** danken (**qn de, pour qc** j-m für etw); sich bedanken (bei j-m für etw); **2** (*congédier*) **~ qn** j-m kündigen; j-n entlassen

remettre [ʀ(ə)mɛtʀ(ə)] ⟨→ mettre⟩ **I** *v/t* **1** *vêtements* wieder anziehen; *chapeau* wieder aufsetzen; *articulation* wieder einrenken; *objet* wieder hinstellen, -legen; *le courant* wieder einschalten; *de l'eau, etc* nachfüllen; *montre* **remettre à l'heure** stellen; **remettre qc dans sa poche** etw wieder in die Tasche stecken; **remettre en marche** wieder in Gang setzen; **2** (*donner*) **remettre qc à qn** j-m etw aushändigen, übergeben, überreichen; etw bei j-m abgeben; *lettre etc a* j-m überbringen; **3** (*faire grâce de*) *dette* erlassen (**à qn** j-m); *péchés* vergeben (j-m); **4** (*ajourner*) auf-, verschieben; **5** (*rétablir la santé*) **remettre qn** j-n wiederherstellen; **6** F (*reconnaître*) **remettre qn** j-n wieder erkennen; **7** F (*recommencer*) **on remet ça?** das Gleiche noch mal?; **II** *v/pr* **8 le temps se remet** (**au beau**) es wird wieder besser, schöner; **9 se remettre à table** sich wieder zu Tisch setzen; **10** (*recommencer*) **se remettre à qc** wieder mit etw anfangen, beginnen; sich wieder mit etw beschäftigen; **se remettre à faire qc** wieder etw tun; wieder anfangen, etw zu tun; **11** (*aller mieux*) ▸ **se remettre de qc** sich (wieder) von etw erholen; **allons, remettez-vous!** beruhigen Sie sich doch!; **12** (*se fier*) **s'en remettre à qn** sich auf j-n verlassen

réminiscence [ʀeminisɑ̃s] *f* Reminiszenz *f*; (vage) Erinnerung

remis [ʀ(ə)mi] → **remettre**

remise [ʀ(ə)miz] *f* **1** *local* Schuppen *m*; **2** COMM (*réduction*) Rabatt *m*; Nachlass *m*; Ermäßigung *f*; **3 ~ de dette** Schuldenerlass *m*; **~ de peine** Straferlass *m*; **4** (*action de donner*) Aushändigung *f*; Übergabe *f*; *d'un prix* Überreichung *f*; **5 ~ à neuf** Renovierung *f*; **~ en état** (Wieder)Instandsetzung *f*; SPORTS **~ en jeu** Einwurf *m*; **~ en marche** Wiederingangsetzung *f*; **~ en question** Infragestellung *f*

remiser [ʀ(ə)mize] *v/t* *véhicule* unterstellen; *objet* abstellen

rémission [ʀemisjõ] *f* **1** *des péchés* Vergebung *f*; Nachlass *m*; *fig* **sans ~** unnachsichtig; *par ext* endgültig; **2** MÉD vorübergehendes Nachlassen

remmener [ʀɑ̃mne] *v/t* ⟨-è-⟩ zurückbringen

remodeler [ʀ(ə)mɔdle] *v/t* ⟨-è-⟩ **1** *visage* liften; **2** ADM umgestalten; umstrukturieren

remontant [ʀ(ə)mõtɑ̃] *m* Stärkungsmittel *n*

remontée [ʀ(ə)mõte] *f* **1** Wiederaufstieg *m*; **la ~ du fleuve** die Fahrt flussaufwärts; **2** *de l'eau, etc* Wiederanstieg *m*; **3** SPORTS Aufholen *n*; **4 ~s mécaniques** Seilbahnen *f/pl* und (Ski)Lifte *m/pl*

remonte-pente [ʀ(ə)mõtpɑ̃t] *m* ⟨remonte-pentes⟩ Schlepplift *m*

remonter [ʀ(ə)mõte] **I** *v/t* **1** (*monter*) *rue* hinaufgehen; (*dans un*) *véhicule* hinauffahren; *colonne de voitures, peloton* überholen; **~ un fleuve** *a* flussaufwärts fahren; **2** (*monter de nouveau*) *escalier* wieder hinaufgehen, -steigen; **3** *objet* wieder hinauftragen, -bringen, -schaffen; *col* hochschlagen; *pantalon, chaussettes* hochziehen; *vitre d'une voiture* hochkurbeln; **4** *fig* **~ qn** j-n stärken, aufmuntern; **5** *pendule, réveil, jouet* aufziehen; **6** TECH wieder montieren, zusammenbauen; **II** *v/i* ⟨*meist* être, *wenn e-e Person Subjekt ist*⟩ **7** *personne* wieder hinauf- *ou* hochgehen, -steigen, heraufkommen; (*dans un*) *véhicule* wieder hinauffahren; **~ dans la voiture** wieder in das Auto steigen; **8** *prix, baromètre, fièvre, mer* wieder, erneut (an)steigen; *robe* **~ par-devant** vorn hochrutschen; **9** *dans le passé* zurückgehen (**à** auf + *acc*; bis); *chose a* zurückreichen (bis); *événement* **~ loin** weit zurückliegen

R

remontrance [R(ə)mõtRɑ̃s] *f* Zurechtweisung *f*; **~s** *pl a* Vorhaltungen *f/pl*
remontrer [R(ə)mõtRe] *v/i* **en ~ à qn** j-m etwas vormachen können
remords [R(ə)mɔR] *m* Schuldgefühl *n*; *pl* Gewissensbisse *m/pl*
remorque [R(ə)mɔRk] *f* **1** Anhänger *m*; **2 prendre en ~** in Schlepp nehmen
remorqu|er [R(ə)mɔRke] *v/t* **1** *voiture* abschleppen; *bateau* schleppen; **2** F *fig qn* mitschleppen; **~eur** [-œR] *m* MAR Schlepper *m*
rémoulade [Remulad] *f* Remoulade(nsoße) *f*
rémouleur [RemulœR] *m* Scherenschleifer *m*
remous [Rəmu] *m* **1** *dans l'eau* Strudel *m*; Wirbel *m*; *d'un bateau* Kielwasser *n*; **2** *fig pl* Wirbel *m*; Unruhe *f*
rempailler [Rɑ̃paje] *v/t chaise* mit e-m neuen Strohgeflecht bespannen
rempart [Rɑ̃paR] *m* **1** FORTIF Befestigungsanlage *f*; *d'une ville a* Stadtmauer *f*; **2** *fig* Bollwerk *n*
rempiler [Rɑ̃pile] *v/i* F MIL sich weiterverpflichten
remplaçable [Rɑ̃plasabl(ə)] *adj* ersetzbar
remplaç|ant [Rɑ̃plasɑ̃] *m*, **~ante** [-ɑ̃t] *f* (Stell)Vertreter(in) *m(f)*; SPORTS Auswechselspieler(in) *m(f)*
remplacement [Rɑ̃plasmɑ̃] *m* **1** *de choses* Ersatz *m*; **en ~ de** als Ersatz für; **2** *d'un absent* Vertretung *f*; **faire des ~s** Vertretungen machen, übernehmen
▸ **remplacer** [Rɑ̃plase] ⟨-ç-⟩ *v/t* **1** *chose* ersetzen (**par** durch); *joueur* auswechseln (gegen); **2 ~ qn** *provisoirement* j-n vertreten; (*succéder à*) j-n ersetzen
rempli [Rɑ̃pli] *adj* ⟨**~e**⟩ voll; *journée, vie* **bien ~** ausgefüllt; **~ de** voll(er)
▸ **remplir** [Rɑ̃pliR] **I** *v/t* **1** füllen (**de** mit); *verre a* voll gießen; voll schenken; *espace* ausfüllen; **2** *fig* **~ qn de joie**, *etc* j-n mit Freude *etc* erfüllen; **3** *questionnaire* ausfüllen; **4** *conditions, devoir, mission* erfüllen; *fonction* ausüben; **II** *v/pr* **se ~** sich füllen (**de** mit)
remplissage [Rɑ̃plisaʒ] *m* **1** *action* (Auf)Füllen *n*; **2** *péj* bloßes Füllwerk
remplumer [Rɑ̃plyme] *v/pr* F **se ~ 1** wieder zu Geld kommen; **2** *physiquement* wieder zunehmen
remporter [Rɑ̃pɔRte] *v/t* **1** *objet* wieder mitnehmen; **2** *victoire, succès, prix* erringen; *victoire a* davontragen
rempoter [Rɑ̃pɔte] *v/t* umtopfen
remuant [Rəmɥɑ̃] *adj* ⟨-ante [-ɑ̃t]⟩ lebhaft; zapp(e)lig; unruhig
remue-ménage [R(ə)mymenaʒ] *m* ⟨*inv*⟩ geräuschvolles Durcheinander; Krach *m*; (*agitation*) Trubel *m*
▸ **remuer** [Rəmɥe] **I** *v/t* **1** (*faire bouger*) bewegen; *meuble* (weg)rücken; *café, salade* umrühren; *chien* **~ la queue** mit dem Schwanz wedeln; **2** *fig* (*émouvoir*) bewegen; rühren; **II** *v/i* **3** (*bouger*) sich bewegen; *enfant* unruhig sein; zappeln; *dent* wackeln; **III** *v/pr* **se ~ 4** (*bouger*) sich bewegen; **5** *fig* (*se démener*) sich einsetzen
rémunéra|teur [RemyneRatœR] *adj* ⟨-trice [-tRis]⟩ einträglich; Gewinn bringend; **~tion** [-sjõ] *f* Entlohnung *f*; Vergütung *f*; (Arbeits)Entgelt *n*
rémunérer [RemyneRe] *v/t* ⟨-è-⟩ bezahlen; entlohnen; *travail a* vergüten; honorieren; *capital* verzinsen
renâcler [R(ə)nɑkle] *v/i* **1** *cheval, etc* schnauben; **2** *fig* → **rechigner**
renaissance [R(ə)nɛsɑ̃s] *f* **1** Wiedergeburt *f*; Wiederaufleben *n*; Renaissance *f*; **2** HIST **la** ♀ die Renaissance
renaître [R(ə)nɛtR(ə)] *v/i* ⟨→ naître⟩ wieder geboren werden (*a* REL); *fig* wieder aufleben; *plantes au printemps* zu neuem Leben erwachen; **se sentir ~** sich wie neugeboren fühlen
rénal [Renal] *adj* ⟨**~e**; -aux [-o]⟩ Nieren…
▸ **renard** [R(ə)naR] *m* Fuchs *m*
renardeau [R(ə)naRdo] *m* ⟨**~x**⟩ junger Fuchs
rencard [Rɑ̃kaR] → **rancard**
renchérir [Rɑ̃ʃeRiR] **I** *v/t/indir* **~ sur qc** etw (noch) übertreffen; **II** *v/i* teurer werden; sich verteuern
renchérissement [Rɑ̃ʃeRismɑ̃] *m* Verteuerung *f*; Preissteigerung *f*
rencontre [Rɑ̃kõtR(ə)] *f* Begegnung *f* (*a* SPORTS); (Zusammen)Treffen *n*; **ami(e)** *m(f)* **de ~** Zufallsbekanntschaft *f*; **aller, venir à la ~ de qn** j-m entgegengehen, -kommen; **faire une mauvaise ~** e-e verhängnisvolle Begegnung haben
▸ **rencontrer** [Rɑ̃kõtRe] **I** *v/t* **1** begegnen (+ *dat*); treffen; **~ qn** *par hasard* j-m begegnen; j-n (an)treffen; *exprès* mit j-m

R

zusammentreffen, -kommen; j-n treffen; SPORT auf j-n treffen; **2** *obstacle, difficultés* stoßen auf (+ *acc*); **II** *v/pr* ***se ~*** **3** *personnes, regards* sich (*dat*) begegnen; sich treffen; (*avoir une entrevue*) zusammenkommen, -treffen; **4** *choses* (*exister*) anzutreffen sein; vorkommen

rendement [rɑ̃dmɑ̃] *m* **1** FIN, ÉCON Rendite *f*; Ertrag *m*; **2** AGR Ertrag *m*; **3** *du travail* (Arbeits)Leistung *f*; *d'une machine* Wirkungsgrad *m*

▸ **rendez-vous** [rɑ̃devu] *m* **1** Verabredung *f*; ~ (***amoureux***) Rendezvous *n*; ***avoir*** (***un***) ~ verabredet sein (***avec qn*** mit j-m); *chez le médecin* e-n Termin haben; ***donner ~ à qn*** sich mit j-m verabreden; j-n bestellen; ***se donner ~*** sich verabreden; *client* ***prendre ~*** sich anmelden (***avec le médecin*** beim Arzt); *médecin* ***recevoir sur ~*** Sprechstunde nach Vereinbarung haben; **2** *lieu* Treffpunkt *m*; **3** ***~ spatial*** Rendezvous(manöver) *n* im Weltraum

rendormir [rɑ̃dɔrmir] ⟨→ dormir⟩ *v/pr* ***se ~*** wieder einschlafen

▸ **rendre** [rɑ̃dr(ə)] ⟨je rends, il rend, nous rendons; je rendais; je rendis; je rendrai; que je rende; rendant; rendu⟩ **I** *v/t* **1** (*restituer*) (wieder) zurückgeben; (*redonner*) wiedergeben; *monnaie* herausgeben; *élève*; *copie* abgeben; ***~ un coup*** zurückschlagen; ***~ une invitation*** e-e Gegeneinladung aussprechen; e-e Einladung erwidern; **2** (*faire payer*) vergelten, *péj* heimzahlen (***qc à qn*** j-m etw); **3** (*laisser échapper*) *de l'eau* abgeben; *sons* von sich geben; (*vomir*) erbrechen; *abs* sich übergeben; **4** *par le langage, par l'art* wiedergeben; **5** *avec adj* machen; ***~ qn célèbre, fou, malade***, *etc* j-n berühmt, verrückt, krank *etc* machen; **II** *v/i* **6** *terres, arbres fruitiers* ***~ peu, bien*** wenig, viel abwerfen, einbringen; **7** *par ext* ***bien ~ à l'écran*** sich auf dem Bildschirm gut machen; **III** *v/pr* ***se ~*** **8** MIL sich ergeben; **9** (*aller*) sich begeben (***chez qn*** zu j-m; ***à Paris*** nach Paris); ***se ~ à son travail*** an die Arbeit gehen; **10** *avec adj* ***se ~ malade, utile***, *etc* sich krank, nützlich *etc* machen

rendu [rɑ̃dy] **I** *p/p* → ***rendre*** *et adj* ⟨~e⟩ **1** *portrait* ***bien ~*** gut getroffen; **2** (*arrivé*) angekommen; **II** *m* ARTS Wiedergabe *f*

rêne [rɛn] *f* Zügel *m*; *fig* ***tenir les ~s*** die Zügel fest in der Hand haben

renég|at [rənega] *m*, **~ate** [-at] *f* REL, *fig* Renegat *m*; Abtrünnige(r) *f(m)*

renfermé [rɑ̃fɛrme] **I** *adj* ⟨~e⟩ *air, personne* verschlossen; **II** *m* ***odeur f de ~*** muffiger Geruch; ***sentir le ~*** muffig riechen

renfermer [rɑ̃fɛrme] **I** *v/t* enthalten; umfassen; in sich schließen; **II** *v/pr* ***se ~ en soi-même*** sich in sich selbst zurückziehen

renflé [rɑ̃fle] *adj* ⟨~e⟩ bauchig

renflement [rɑ̃fləmɑ̃] *m* Ausbauchung *f*; Verdickung *f*

renflouer [rɑ̃flue] *v/t* MAR, *fig* wieder flottmachen; *fig* ***~ qn*** j-m unter die Arme greifen

renfoncement [rɑ̃fõsmɑ̃] *m* Vertiefung *f*

renforcement [rɑ̃fɔrsəmɑ] *m* Verstärkung *f*

renforcer [rɑ̃fɔrse] *v/t* ⟨-ç-⟩ **1** verstärken; POL stärken; **2** ***~ qn dans son opinion*** j-n in s-r Meinung bestärken

renfort [rɑ̃fɔr] *m* **1** MIL, *fig* Verstärkung *f*; **2** ***à grand ~ de*** mit (Hilfe von) viel

renfrogn|é [rɑ̃frɔɲe] *adj* ⟨~e⟩ mürrisch; verdrießlich; **~er** [-e] *v/pr* ***se ~*** ein saures Gesicht machen

rengager [rɑ̃gaʒe] *v/pr* ⟨-ge-⟩ MIL ***se ~*** sich weiterverpflichten

rengaine [rɑ̃gɛn] *f* Schlager *m*; Gassenhauer *m*; *fig* ***c'est toujours la même ~*** es ist immer die alte Leier

rengainer [rɑ̃gene] *v/t* **1** *épée* wieder in die Scheide stecken; **2** F *fig* ***~ qc*** F sich etw verkneifen

rengorger [rɑ̃gɔrʒe] *v/pr* ⟨-ge-⟩ ***se ~*** sich in die Brust werfen; F sich aufplustern

reniement [rənimɑ̃] *m* Verleugnung *f*

renier [rənje] *v/t* verleugnen

renifler [r(ə)nifle] **I** *v/t* **1** schnüffeln (*à odeur*), schnuppern (***qc*** an etw [*dat*]); **2** *fig mauvais coup, etc* wittern; **II** *v/i* (die Nase) hochziehen

renne [rɛn] *m* Ren(tier) *n*

renom [rənõ] *m* (guter) Ruf; Name *m*; Ansehen *n*

renommé [r(ə)nɔme] *adj* ⟨~e⟩ angesehen; renommiert; ***~ pour*** bekannt, berühmt für

R

renommée [ʀ(ə)nɔme] *f* guter Ruf; Ansehen *n*; Renommee *n*

renoncement [ʀ(ə)nõsmã] *m* Verzicht *m* (**à** auf + *acc*); Entsagung *f*

▸ **renoncer** [ʀ(ə)nõse] *v/t/indir* ⟨-ç-⟩ **~ à** verzichten auf (+ *acc*); (*abandonner*) aufgeben; **~ au monde** der Welt entsagen; **~ à faire qc** darauf verzichten, etw zu tun

renonciation [ʀ(ə)nõsjasjõ] *f* Verzicht *m* (**à** auf + *acc*)

renoncule [ʀənõkyl] *f* Hahnenfuß *m*

renouer [ʀənwe] **I** *v/t* **1** *lacets* wieder (zu)binden; **2** *fig conversation* wieder aufnehmen; **II** *v/t/indir* **~ avec qc** an etw (*acc*) (wieder) anknüpfen; **~ avec qn** die Beziehungen zu j-m wieder aufnehmen

renouveau [ʀ(ə)nuvo] *m* ⟨~x⟩ neuer Frühling; neue Blüte

renouvelable [ʀ(ə)nuvlabl(ə)] *adj* erneuerbar; *passeport* verlängerbar; *expérience* wiederholbar

renouveler [ʀ(ə)nuvle] ⟨-ll-⟩ **I** *v/t* erneuern; *contrat, passeport a* verlängern; *offre, exploit a* wiederholen; *question* erneut stellen; **~ une assemblée** ein Gremium neu wählen; **II** *v/pr* **se ~ 1** sich erneuern; *peintre, etc* sich wandeln; Neues schaffen; **2** *incident* sich wiederholen

renouvellement [ʀ(ə)nuvɛlmã] *m* Erneuerung *f*; *d'un passeport a* Verlängerung *f*

rénova|teur [ʀenɔvatœʀ] *m*, **~trice** [-tʀis] *f* Erneuerer *m*, Erneuerin *f*

rénovation [ʀenɔvasjõ] *f* Renovierung *f*

rénover [ʀenɔve] *v/t* **1** *bâtiment* renovieren; **2** *fig enseignement, etc* erneuern

▸ **renseignement** [ʀãsɛɲmã] *m* **1** Auskunft *f*; *par ext* **~s** *pl* Auskunft(sstelle) *f*; Information *f*; **prendre des ~s** Erkundigungen einziehen, einholen (**sur** über + *acc*); **2 ~s généraux** *correspond à* Verfassungsschutz *m*; **service** *m* **de ~s** Nachrichtendienst *m*

renseigner [ʀãseɲe] **I** *v/t* Auskunft geben, erteilen (**qn sur qc, qn** j-m über etw, j-n); informieren, unterrichten (j-n über etw, j-n); **II** *v/pr* ▸ **se renseigner** sich erkundigen, informieren (**sur** über + *acc*)

rentabil|iser [ʀãtabilize] *v/t* rentabel machen; **~ité** [-ite] *f* Rentabilität *f*

rentable [ʀãtabl(ə)] *adj* rentabel; lohnend; einträglich; **être ~** *a* sich rentieren

rente [ʀãt] *f* **1** *d'un capital, bien* Rente *f*; *fig* **~ de situation** Vorteil, der bei e-r Stellung herausspringt; **vivre de ses ~s** von s-m Vermögen leben; **2** F (*dépense régulière*) Fass *n* ohne Boden; **3** (*emprunt d'État*) Staatsanleihe *f*

ren|tier [ʀãtje] *m*, **~ière** [-jɛʀ] *f* Rentier *m*; Privatier *m*

rentrée [ʀãtʀe] *f* **1** (*retour*) Rückkehr *f*; **2** *après les vacances* Wiederbeginn *m* (der Arbeit, der Schule, der Universität *etc*); **la ~ des classes** der Schulbeginn; **3** (*réapparition*) Wiederkehr *f*; *de qn a* Rückkehr *f*; **faire sa ~** (s)ein Come-back feiern; **4** COMM *d'argent* Eingang *m*; **~s** *pl* Eingänge *m/pl*; Einnahmen *f/pl*; **5** ESPACE **~ dans l'atmosphère** Wiedereintritt *m* in die Atmosphäre

▸ **rentrer** [ʀãtʀe] **I** *v/t objet* (wieder) hinein- *ou* herein-, F reinbringen, -schaffen, -tragen, -schieben, -stecken; *ventre* einziehen; *avion: train d'atterrissage* einziehen; einfahren; TYPO *ligne* einrücken; *fig colère* unterdrücken; **~ sa chemise dans son pantalon** sein Hemd (wieder) in die Hose stecken; **~ sa voiture (au garage)** s-n Wagen einstellen, in die Garage fahren *ou* bringen; **II** *v/i* ⟨être⟩ **1** (*revenir*) zurückkehren, -kommen, -gehen; **~ (chez soi)** heimkehren, -kommen; nach Hause kommen, gehen; **2** (*retrouver*) **~ dans qc** etw wiedererlangen; **~ dans ses frais** s-e Ausgaben wieder hereinbekommen; **3** *après les vacances* die Arbeit wieder aufnehmen; *écoles* wieder beginnen; **4** (*entrer*) hereinkommen; *personne a* hineingehen; eintreten; *pluie, odeur a* eindringen; *argent a* eingehen; **5** F *voiture* **~ dans un arbre** gegen e-n Baum fahren; *fig* **il va lui ~ dedans** er wird gleich auf ihn losgehen; **6** *objet dans qc* hineingehen, -passen (**dans** in + *acc*); **7** (*faire partie de*) **~ dans** fallen unter (+ *acc*); gehören zu

renversant [ʀãvɛʀsã] *adj* ⟨-ante [-ãt]⟩ *nouvelle* verblüffend; F umwerfend

renverse [ʀãvɛʀs] **tomber à la ~** auf den Rücken fallen

renversé [ʀãvɛʀse] *adj* ⟨~e⟩ **1** (*à l'en-*

R

vers) umgekehrt; auf dem Kopf stehend; ***crème ~e*** gestürzter Pudding; **2** *chaise* umgekippt; *liquide* verschüttet; *tête* nach hinten geneigt; **3** *fig (stupéfait)* völlig verblüfft

renversement [ʀɑ̃vɛʀsəmɑ̃] *m* **1** *d'un régime* Sturz *m*; **2** *(inversion)* Umkehrung *f*; *fig* Verkehrung *f* ins Gegenteil

▸ **renverser** [ʀɑ̃vɛʀse] **I** *v/t* **1** *objet* umwerfen; umstoßen; *tempête: arbres* umreißen; *voiture: piéton* umfahren; *par ext vin, café* verschütten; F *fig* ***cela me renverse*** F das haut mich um; **2** *gouvernement, régime* stürzen; **3** *(inverser)* umkehren; **4** ***~ la tête (en arrière)*** den Kopf zurückwerfen; **II** *v/pr* ***se ~*** **5** *objet* umfallen; umkippen; umstürzen; **6** *personne (s'adosser)* sich zurücklehnen; **7** *situation* sich ins Gegenteil verkehren

renvoi[ʀɑ̃vwa] *m* **1** *de personnel* Entlassung *f*; *d'un élève* Verweisung *f* (von der Schule); **2** *d'une lettre, etc* Zurückschicken *n*; Rücksendung *f*; **3** *dans un texte* Verweis *m* (***à*** auf + *acc*); **4** JUR Verweisung *f* (***devant un tribunal*** an ein Gericht); **5** *(ajournement)* Verschiebung *f* (***à 'huitaine*** um acht Tage); **6** *(rot)* Aufstoßen *n*

▸ **renvoyer**[ʀɑ̃vwaje] ⟨→ envoyer⟩ **I** *v/t* **1** *personnel* entlassen; *élève* verweisen (***de l'école*** von der Schule); *visiteur gênant* wegschicken; F abwimmeln; **2** *(faire retourner)* zurückschicken *(a lettre, marchandise)*; **3** *balle, image, son* zurückwerfen; **4** ***~ qn à qn*** j-n an j-n verweisen; *dans un texte* ***~ à qc*** auf etw *(acc)* verweisen; **5** *(reporter)* verschieben (***à*** auf + *acc*); **II** *v/pr* ***se ~ la faute*** sich gegenseitig die Schuld zuschieben

réorganiser[ʀeɔʀganize] *v/t* umorganisieren; neu gestalten, ordnen

réorienter [ʀeɔʀjɑ̃te] *v/t* neu orientieren; anders ausrichten

réouverture[ʀeuvɛʀtyʀ] *f* Wiedereröffnung *f*

repaire[ʀ(ə)pɛʀ] *m* **1** *d'animaux* Höhle *f*; **2** *fig* Schlupfwinkel *m*

repaître [ʀəpɛtʀ(ə)] *v/pr*⟨→ connaître⟩ *st/s* ***se ~ de*** **1** *animal* sich satt fressen an (+ *dat*); **2** *fig* sich weiden an (+ *dat*)

répandre [ʀepɑ̃dʀ(ə)] ⟨→ rendre⟩ **I** *v/t* **1** *liquide par accident* verschütten (***sur*** auf + *dat*); *sable, etc* streuen (auf + *acc*); *larmes* vergießen; **2** *odeur, nouvelle, allégresse* verbreiten; *bienfaits* austeilen; **II** *v/pr* ***se ~*** **3** *liquide* sich ergießen (***sur*** über + *acc*); auslaufen; **4** *odeur, chaleur, nouvelle, mode, épidémie* sich verbreiten; sich ausbreiten; **5** *personne* ***se ~ en*** sich ergehen in (+ *dat*)

répandu [ʀepɑ̃dy] *adj* ⟨~e⟩ verbreitet

réparable [ʀepaʀabl(ə)] *adj* reparabel; *perte* ersetzbar

reparaître [ʀ(ə)paʀɛtʀ(ə)] *v/i* ⟨→ connaître⟩ wieder erscheinen; sich wieder zeigen

réparateur [ʀepaʀatœʀ] *adj* ⟨-trice [-tʀis]⟩ *sommeil* erquickend; wohltuend

réparation [ʀepaʀasjõ] *f* **1** TECH Reparatur *f*; ***être en ~*** repariert werden; **2** *d'une faute* Wiedergutmachung *f*; *après une guerre* ***~s*** *pl* Reparationen *f/pl*; **3** FOOTBALL ***surface*** *f* ***de ~*** Strafraum *m*

▸ **réparer** [ʀepaʀe] *v/t* **1** TECH reparieren; *fig* ***~ ses forces*** wieder zu Kräften kommen; **2** *faute* wieder gutmachen

reparler [ʀ(ə)paʀle] **I** *v/i* wieder, noch einmal sprechen (***à qn*** mit j-m; ***de*** über + *acc*; von); zurückkommen (***de*** auf + *acc*); **II** *v/pr* ***se ~*** wieder miteinander sprechen

repartie[ʀepaʀti] *f* ***avoir de la ~*** schlagfertig sein

repartir[ʀ(ə)paʀtiʀ] *v/i* ⟨→ partir⟩ **1** *de nouveau* wieder weggehen, abreisen, abfahren; weiterfahren, -gehen; *moteur* wieder anspringen; **2** *d'où l'on vient* wieder zurückgehen, -fahren

répartir[ʀepaʀtiʀ] **I** *v/t* **1** *(partager)* verteilen, aufteilen (***entre*** unter + *dat*); **2** *(classer)* einteilen (***en*** in + *acc*); **II** *v/pr* **3** ***se ~ un travail*** sich e-e Arbeit aufteilen; **4** *frais, etc* ***se ~*** sich verteilen

répartition [ʀepaʀtisjõ] *f* Verteilung *f*; Aufteilung *f*

▸ **repas** [ʀ(ə)pɑ] *m* Mahlzeit *f*; Essen *n*

repassage [ʀ(ə)pasaʒ] *m* Bügeln *n*

▸ **repasser** [ʀ(ə)pase] **I** *v/t* **1** *fleuve* wieder überqueren; *frontière* wieder überschreiten; *film* noch einmal zeigen; *examen* noch einmal machen, ablegen; **2** F *(donner)* ***~ qc à qn*** etw an j-n weitergeben; **3** *du linge* bügeln; plätten; **4** *(relire) leçons* noch einmal durchge-

R

hen; wiederholen; **5** (*aiguiser*) schleifen; **II** *v/i* ⟨être⟩ noch einmal, wieder vorbeikommen, -gehen, -fahren; *fig* **~ derrière qn** j-m auf die Finger sehen; **passer et ~** auf und ab gehen

repêchage [ʀ(ə)pɛʃaʒ] *m examen* Wiederholungsprüfung *f*

repêcher [ʀ(ə)pɛʃe] *v/t* **1** *dans l'eau* aus dem Wasser ziehen; F herausfischen; **2** F *fig candidat* gerade noch durchkommen lassen

repeindre [ʀ(ə)pɛ̃dʀ(ə)] *v/t* ⟨→ peindre⟩ neu (an)streichen

repenser [ʀ(ə)pɑ̃se] **I** *v/t problème* (noch einmal) überdenken; **II** *v/t/indir* **~ à** wieder denken an (+ *acc*); ***j'y repenserai*** ich werde es mir noch überlegen

repentant [ʀ(ə)pɑ̃tɑ̃] *adj* ⟨-ante [-ɑ̃t]⟩ reumütig; reuig

repenti [ʀ(ə)pɑ̃ti] *m* JUR Kronzeuge *m*

repentir [ʀ(ə)pɑ̃tiʀ] **I** *v/pr* ⟨→ partir⟩ ***se ~ de qc*** etw bereuen; **II** *m* Reue *f*

repérage [ʀ(ə)peʀaʒ] *m* **1** AVIAT Ortung *f*; **2** CIN Erkundung *f* geeigneter Drehorte

répercussion [ʀepɛʀkysjõ] *f* Auswirkung *f* (***sur*** auf + *acc*)

répercuter [ʀepɛʀkyte] **I** *v/t* **1** *son* zurückwerfen; **2** FIN *charge* abwälzen (***sur*** auf + *acc*); **II** *v/pr* **3** ***se ~*** *bruit* widerhallen; *sons, cris* zurückschallen; **4** *fig* ***se ~ sur qc*** sich auf etw (*acc*) auswirken

repère [ʀ(ə)pɛʀ] *m* Markierung *f*; Zeichen *n*; ***point*** *m* ***de ~*** Anhalts-, Bezugs-, Orientierungspunkt *m*

repérer [ʀ(ə)peʀe] ⟨-è-⟩ **I** *v/t* **1** (*découvrir*) ausfindig machen; auffinden; ausmachen; F ***se faire ~*** auffallen; sich verraten; **2** AVIAT, MIL orten; **II** *v/pr* ***se ~*** sich zurechtfinden

répertoire [ʀepɛʀtwaʀ] *m* **1** (Sach)Register *n*; Verzeichnis *n*; ***~ d'adresses*** Adressenheft *n*; **2** THÉ, *d'un artiste*, *fig* Repertoire *n*

répertorier [ʀepɛʀtɔʀje] *v/t* in ein Verzeichnis aufnehmen; erfassen

▸ **répéter** [ʀepete] *v/t* ⟨-è-⟩ **1** wiederholen; *secret, nouvelle* weitererzählen; ***ne pas se le faire ~*** es sich nicht zweimal sagen lassen; ***des tentatives répétées*** wiederholte Versuche *m/pl*; **2** *rôle, pièce, etc* proben (*a abs*); einstudieren; *leçon* wiederholen

répétition [ʀepetisjõ] *f* **1** Wiederholung *f*; **2** THÉ, *etc* Probe *f*; ***~ générale*** Generalprobe *f* (*a fig*)

repeupler [ʀ(ə)pœple] *v/t* **1** *région* wieder bevölkern; **2** *étang* wieder mit Fischen besetzen; *forêt* wieder aufforsten

repiqu|age [ʀ(ə)pikaʒ] *m* **1** JARD Pikieren *n*; **2** *d'une cassette, etc* Überspielung *f*; **~er** [-e] *v/t* **1** JARD pikieren; verpflanzen; **2** *disque, cassette* überspielen

répit [ʀepi] *m* Ruhe *f*; Atempause *f*; ***sans ~*** pausenlos; unablässig

replanter [ʀ(ə)plɑ̃te] *v/t* umpflanzen; versetzen

replat [ʀəpla] *m* GÉOL Terrasse *f*

replâtrage [ʀ(ə)plɑtʀaʒ] *m* F *péj* Flickschusterei *f*

replet [ʀəplɛ] *adj* ⟨-ète [-ɛt]⟩ rundlich; füllig; beleibt

repli [ʀəpli] *m* **1** Falte *f*; *de l'intestin* Windung *f*; COUT Umschlag *m*; **2** MIL (geordneter) Rückzug; **3** *fig du cœur* verborgener Winkel

replier [ʀ(ə)plije] **I** *v/t journal, vêtement* wieder zusammenfalten; *bord* umschlagen; *ailes* anlegen; *jambes* anziehen; **II** *v/pr* **1** MIL ***se ~*** sich zurückziehen; **2** ***se ~ sur soi-même*** sich abkapseln

réplique [ʀeplik] *f* **1** (*riposte*) Erwiderung *f*; Entgegnung *f*; **2** (*objection*) Widerrede *f*; ***sans ~*** ohne Widerrede; **3** THÉ Antwort *f*; Gegenrede *f*; ***donner la ~ à un acteur*** e-m Schauspieler das Stichwort geben; **4** ARTS Replik *f*; Nachbildung *f*

répliquer [ʀeplike] *v/t* **1** (*répondre*) entgegnen, erwidern (***qc à qn*** j-m etw); **2** *abs* (*protester*) widersprechen

répondant [ʀepõdɑ̃] *m* Bürge *m*; F *fig* ***avoir du ~*** F Geld im Rücken haben

répondeur [ʀepõdœʀ] *m* TÉL Anrufbeantworter *m*

▸ **répondre** [ʀepõdʀ(ə)] ⟨→ rendre⟩ **I** *v/t* antworten, erwidern, entgegnen (***qc à qn*** j-m etw; ***que*** dass); **II** *v/t/indir et v/i* **1** antworten (***à qn*** j-m; ***à qc*** auf etw [*acc*]); beantworten (***à qc*** etw); ***~ à l'affection de qn*** die Zuneigung j-s erwidern; ***~ à une lettre*** e-n Brief beantworten; auf e-n Brief antworten; ***~ au nom de …*** auf den Namen … hören; ***~ au téléphone*** ans Telefon gehen; TÉL ***ça ne répond pas*** es meldet sich niemand; **2** (*correspondre*) **~ *à qc*** e-r Sache (*dat*) entsprechen; **3** (*répliquer*) *enfant* widersprechen (***à qn*** j-m); *abs* ***il répond*** er gibt freche Antworten; **4** *mécanisme, organisme* ansprechen, reagieren (***à*** auf + *acc*); **5 *~ de qc, de qn*** für etw, für j-n bürgen, sich verbürgen, einstehen, geradestehen; ***je ne réponds de rien*** ich garantiere für nichts

réponse [ʀepõs] *f* **1** Antwort *f*, Erwiderung *f*, Entgegnung *f* (***à*** auf + *acc*); ***droit*** *m* ***de ~*** Anspruch *m* auf Gegendarstellung; ***en ~ à votre lettre*** in Beantwortung Ihres Schreibens; *lettre, question* ***rester sans ~*** unbeantwortet bleiben; **2** BIOL, *fig* Reaktion *f*

report [ʀəpɔʀ] *m* **1** (*ajournement*) Verschiebung *f*; **2** COMPTABILITÉ Übertrag *m*; **3** POL **~ *des voix*** Stimmenübertragung *f*

▸**reportage** [ʀ(ə)pɔʀtaʒ] *m* Reportage *f*; Bericht *m*

reporter[1] [ʀ(ə)pɔʀte] **I** *v/t* **1** *au point de départ* zurücktragen, -bringen; **2** (*transcrire*) übertragen; **3** (*ajourner*) ver-, aufschieben; **4 *~ qc sur qn*** etw auf j-n übertragen; **II** *v/pr* **5** (*se référer*) ***se ~ à qc*** sich auf etw (*acc*) beziehen; ***se ~ page 16*** siehe Seite 16; **6 *se ~*** *dans le passé* sich zurückversetzen (***à*** in + *acc*)

reporter[2] [ʀ(ə)pɔʀtɛʀ] *m* Reporter *m*

▸**repos** [ʀ(ə)po] *m* **1** Ruhe *f*; Erholung *f*; ***de tout ~*** *placement, situation* sicher; risikolos; *travail* ruhig; ***prendre du ~*** ausspannen; **2** MIL ***~!*** rührt euch!

reposant [ʀ(ə)pozɑ̃] *adj* ⟨-ante [-ɑ̃t]⟩ erholsam

reposé [ʀ(ə)poze] *adj* ⟨~e⟩ erholt; ausgeruht; ***à tête ~e*** in (aller) Ruhe

repose-pied(s) [ʀ(ə)pozpje] *m* ⟨repose-pieds⟩ *d'une moto* Fußraste *f*

reposer [ʀ(ə)poze] **I** *v/t* **1** *objet* wieder (hin)stellen, (-)setzen, (-)legen; *question* noch einmal stellen; **2** (*délasser*) ausruhen; entspannen; *les yeux* erholsam sein für; **II** *v/i* **3** *st/s* ruhen; ***ici repose …*** hier ruht …; **4 *laisser reposer*** *liquide* sich absetzen lassen; *pâte* ruhen lassen; **5 *reposer sur*** ruhen auf (+ *dat*) (*a fig*); **III** *v/pr* **6** ▸***se reposer*** sich erholen; (sich) ausruhen; ***aller se reposer*** sich hinlegen; **7 *se reposer sur qn*** sich auf j-n verlassen

repoussant [ʀ(ə)pusɑ̃] *adj* ⟨-ante [-ɑ̃t]⟩ abstoßend; widerlich

repousse [ʀ(ə)pus] *f* (Nach)Wachsen *n*

repousé [ʀ(ə)puse] *adj* ⟨~e⟩ *métal* getrieben; gepunzt (*a cuir*)

repousser [ʀ(ə)puse] **I** *v/t* **1** (*faire reculer*) weg-, zurückstoßen; *ennemi* zurückwerfen; *attaque* zurückschlagen; **2** (*éconduire*) abweisen; **3** (*dégoûter*) abstoßen; **4** (*rejeter*) *conseil, etc* ablehnen; zurückweisen; *demande* abschlagen; *tentation* widerstehen (+ *dat*); **5** *objets gênants, meuble* weg-, zurückschieben; **6** (*différer*) hinausschieben; verschieben; **II** *v/i cheveux, gazon, etc* wieder wachsen; nachwachsen

repoussoir [ʀ(ə)puswaʀ] *m* ***servir de ~ à qn*** dazu dienen, die Vorzüge j-s zur Geltung zu bringen

répréhensible [ʀepʀeɑ̃sibl(ə)] *adj* tadelnswert; verwerflich

reprendre [ʀ(ə)pʀɑ̃dʀ(ə)] ⟨→ prendre⟩ **I** *v/t* **1** *objet* wieder, noch einmal nehmen; wieder weg-, fortnehmen; *personne, voiture, etc* (*aller chercher*) wieder abholen; *fugitif* wieder fassen; *sa place* wieder einnehmen; *habitude* wieder annehmen; ***~ courage*** wieder Mut fassen; ***~ des forces*** wieder zu Kräften kommen; **2** COMM *article* zurücknehmen; *vieille voiture, etc* in Zahlung nehmen; **3** (*continuer*) *travail, conversation, etc* wieder aufnehmen; fortsetzen; weiterführen; *appartement, commerce, programme* übernehmen; **4** (*améliorer*) *texte* überarbeiten; *vêtement* enger machen; ändern; **5** (*réprimander*) tadeln; zurechtweisen; **6 *on ne m'y reprendra plus*** das wird mir nicht noch einmal passieren; **II** *v/i* **7** (*dire*) ***reprit-il*** sagte er (nach e-r Pause); **8** *plante* wieder anwachsen; *par ext affaires* sich wieder beleben; wieder in Gang kommen; **9** (*recommencer*) wieder beginnen, anfangen; *froid* wieder einsetzen; **III** *v/pr* **10 *se ~*** (*se ressaisir*) sich fangen; (*rectifier*) sich verbessern; **11 *s'y ~ à deux fois*** zweimal beginnen, anfangen

représailles [ʀ(ə)pʀezaj] *f/pl* Repressalien *f/pl*; Vergeltungsmaßnahmen *f/pl*

▸**représent|ant** [ʀ(ə)pʀezɑ̃tɑ̃] *m*, **~ante** [-ɑ̃t] *f* Vertreter(in) *m(f)* (*a* POL, COMM); Repräsentant(in) *m(f)*; ***~ de commerce*** Handelsvertreter(in) *m(f)*

R

représentatif [R(ə)pRezɑ̃tatif] *adj* ⟨-ive [-iv]⟩ repräsentativ (***de*** für)

▸ **représentation** [R(ə)pRezɑ̃tasjõ] *f* **1** (*image*) Darstellung *f*; **2** THÉ Aufführung *f*; Vorstellung *f*; **3** COMM, POL, JUR Vertretung *f*; POL *a* Repräsentation *f*

représentativité [R(ə)pRezɑ̃tativite] *f* repräsentativer Charakter

▸ **représenter** [R(ə)pRezɑ̃te] **I** *v/t* **1** (*exprimer, constituer*) darstellen; **2** THÉ *pièce* aufführen; **3** COMM, POL, JUR vertreten; **II** *v/pr* **4** (*s'imaginer*) ***se ~ qc*** sich etw vorstellen; **5** ***se ~ aux élections*** sich erneut zur Wahl stellen; ***se ~ à un examen*** sich noch einmal zu e-r Prüfung melden

répressif [RepResif] *adj* ⟨-ive [-iv]⟩ repressiv

répression [RepResjõ] *f* **1** *d'un crime* Strafverfolgung *f*; Ahndung *f*; **2** *d'une révolte* Niederschlagung *f*; Unterdrückung *f*; Repression *f*

réprimand|e [RepRimɑ̃d] *f* Rüge *f*; Zurechtweisung *f*; **~er** [-e] *v/t* zurechtweisen; rügen

réprimer [RepRime] *v/t* unterdrücken; *révolte a* niederschlagen

repris [R(ə)pRi] *m* ***~ de justice*** Vorbestrafte(r) *m*

reprise [R(ə)pRiz] *f* **1** *du travail, etc* Wiederaufnahme *f*; Fortsetzung *f*; Weiterführung *f*; *d'un fonds de commerce* Übernahme *f*; THÉ Reprise *f*; Wiederaufnahme *f* in den Spielplan; (*recommencement*) Wiederbeginn *m*; ***~ économique*** Wiederbelebung *f*, Wiederaufschwung *m* der Wirtschaft; **2** COMM *d'un article* Zurücknahme *f*; *d'une vieille voiture* Inzahlungnahme *f*; **3** *moteur* ***avoir de bonnes ~s*** ein gutes Anzugsvermögen haben; spritzig sein; **4** BOXE Runde *f*; **5** *lors d'un emménagement* Ablösesumme *f*; **6** COUT gestopfte Stelle; ***faire une ~ à qc*** etw stopfen; **7** ***à plusieurs ~s*** mehrmals; mehrfach; wiederholt

repriser [R(ə)pRize] *v/t* stopfen

réproba|teur [RepRɔbatœR] *adj* ⟨-trice [-tRis]⟩ vorwurfsvoll; missbilligend; **~tion** [-sjõ] *f* Missbilligung *f*; Missfallen *n*

▸ **reproche** [R(ə)pRɔʃ] *m* Vorwurf *m*

▸ **reprocher** [R(ə)pRɔʃe] **I** *v/t* vorwerfen (***qc à qn*** j-m etw); **II** *v/pr* ***se ~ qc*** sich etw vorwerfen

reproducteur [R(ə)pRɔdyktœR] *adj* ⟨-trice [-tRis]⟩ Fortpflanzungs…

reproduction [R(ə)pRɔdyksjõ] *f* **1** BIOL Fortpflanzung *f*; **2** (*copie*) Nachbildung *f*; Wiedergabe *f*; TECH, TYPO Reproduktion *f*; Vervielfältigung *f*; *d'un texte a* Ab-, Nach-, Neudruck *m*; Reprint *m*

reproduire [R(ə)pRɔdɥiR] ⟨→ conduire⟩ **I** *v/t* **1** *réalité, sons* wiedergeben; **2** *texte* ab-, nachdrucken; *a tableau, dessin* reproduzieren; vervielfältigen; **II** *v/pr* ***se ~*** **3** (*recommencer*) sich wiederholen; wieder vorkommen; **4** BIOL sich fortpflanzen

réprouvé(e) [RepRuve] *m(f)* Geächtete(r) *f(m)*

réprouver [RepRuve] *v/t* missbilligen

reptation [Rɛptasjõ] *f* Kriechen *n*

reptile [Rɛptil] *m* Reptil *n*; Kriechtier *n*

repu [Rəpy] *adj* ⟨~e⟩ satt; gesättigt

républicain [Repyblikɛ̃] **I** *adj* ⟨-aine [-ɛn]⟩ republikanisch; **II** **~(*e*)** *m(f)* Republikaner(in) *m(f)*

▸ **république** [Repyblik] *f* Republik *f*

répudier [Repydje] *v/t* **1** *épouse* verstoßen; **2** *fig* verwerfen; aufgeben

répugnance [Repyɲɑ̃s] *f* Widerwille *m* (***pour*** gegen); Abscheu *m*, Ekel *m* (vor + *dat*); ***avec ~*** widerwillig; mit Widerwillen

répugnant [Repyɲɑ̃] *adj* ⟨-ante [-ɑ̃t]⟩ widerlich; widerwärtig; abstoßend

répugner [Repyɲe] *v/t/indir* **1** *personne* ***~ à qc*** Widerwillen gegen etw empfinden; etw verabscheuen; ***~ à faire qc*** widerwillig etw tun; **2** *chose* ***~ à qn*** j-n anwidern; j-m zuwider sein

répulsion [Repylsjõ] *f* Widerwille *m* (***pour*** gegen); Abscheu *m* (vor + *dat*)

réputation [Repytasjõ] *f* (guter) Ruf; Leumund *m*; Reputation *f*; ***avoir (une) mauvaise ~*** in e-m schlechten Ruf stehen; *connaître* ***de ~*** vom Hörensagen

réputé [Repyte] *adj* ⟨~e⟩ berühmt (***pour*** wegen, für)

requérir [RəkeRiR] *v/t* ⟨→ acquérir⟩ **1** JUR *peine* beantragen; fordern; **2** *attention, soins* erfordern

requête [Rəkɛt] *f* Gesuch *n*; Antrag *m*; ***à, sur la ~ de*** auf Ersuchen (+ *gén*)

requiem [Rekɥijɛm] *m* ⟨*inv*⟩ Requiem *n*

R

requiert [ʀəkjɛʀ] → ***requérir***

▸ **requin** [ʀəkɛ̃] *m* **1** ZO Hai(fisch) *m*; **2** *fig* ~ (***de la finance***) Finanzhai *m*

requinquer [ʀ(ə)kɛ̃ke] *v/t* F aufmöbeln

requis [ʀəki] *adj* ⟨-ise [-iz]⟩ erforderlich

réquisition [ʀekizisjõ] *f* **1** *de choses* Beschlagnahmung *f*; **2** *de personnes* Dienstverpflichtung *f*

réquisitionner [ʀekizisjɔne] *v/t* **1** *véhicules, locaux* beschlagnahmen; requirieren; **2** *personnes* dienstverpflichten; **3** F *fig* ~ ***qn pour faire qc*** F j-n für etw einspannen

réquisitoire [ʀekizitwaʀ] *m* **1** JUR Plädoyer *n* (des Staatsanwaltes); **2** *fig* Anklage(rede) *f*

▸ **R.E.R.** [ɛʀəɛʀ] *m* ⟨*inv*⟩ *abr* (*réseau express régional*) S-Bahn *f*

rescapé(e) [ʀɛskape] *m(f)* Überlebende(r) *f(m)*

rescousse [ʀɛskus] *f* ***venir à la*** ~ (***de qn***) j-m zu Hilfe kommen

réseau [ʀezo] *m* ⟨~x⟩ Netz *n* (*a* INFORM); ANAT *a* Geflecht *n*; ~ ***routier*** Straßennetz *n*; ~ ***d'espionnage*** Spionagenetz *n*, -ring *m*

réséda [ʀezeda] *m* Reseda *f*

▸ **réservation** [ʀezɛʀvasjõ] *f* Reservierung *f*; Vorbestellung *f*; *d'un voyage* Buchung *f*; CH DE FER Platzkarte *f*

▸ **réserve** [ʀezɛʀv] *f* **1** (*provision*) Reserve *f*; Vorrat *m*; ***en*** ~ in Reserve; vorrätig; **2** MIL Reserve *f*; ***officier*** *m* ***de*** ~ Reserveoffizier *m*; **3** *territoire* Reservat *n* (*a d'Indiens*); ~ ***naturelle*** Naturschutzgebiet *n*; **4** *qualité de qn* Reserviertheit *f*; Reserve *f*; Zurückhaltung *f*; **5** (*restriction*) Vorbehalt *m*; ***sans*** ~ vorbehalt-, rückhaltlos; ***sous toutes*** ~***s*** unter Vorbehalt; ***sous*** ~ ***de ...*** vorbehaltlich (+ *gén*)

réservé [ʀezɛʀve] *adj* ⟨~e⟩ **1** *personne* zurückhaltend; reserviert; **2** *place, etc* reserviert (***à qn*** für j-n)

▸ **réserver** [ʀezɛʀve] **I** *v/t* **1** (*garder*) zurück(be)halten; aufbewahren; aufsparen; **2** *chambre, place, table* reservieren; vorbestellen; *voyage, billet d'avion, a chambre* buchen; **3** (*destiner*) ~ ***qc à qn*** j-m etw vorbehalten; etw für j-n bestimmen; *accueil, surprise, déception* j-m bereiten; **II** *v/pr* **4** ***se*** ~ ***qc*** sich etw *ou* etw für sich reservieren; ***se*** ~ ***de*** (+ *inf*) sich vorbehalten zu (+ *inf*); **5** ***se*** ~ sich, s-e Kräfte schonen (***pour*** für)

réserviste [ʀezɛʀvist] *m* Reservist *m*

réservoir [ʀezɛʀvwaʀ] *m* Reservoir *n* (*a fig*); Behälter *m*; ~ ***d'essence*** Benzintank *m*

résidence [ʀezidɑ̃s] *f* **1** (*domicile*) Wohnsitz *m*; Wohnort *m*; ~ ***principale*** Hauptwohnsitz *m*; ~ ***secondaire*** Zweitwohnung *f*; **2** *immeuble(s)* Wohnanlage *f*

résident [ʀezidɑ̃] *m* ***les*** ~***s français en Allemagne*** die in Deutschland ansässigen Franzosen *m/pl*

résidentiel [ʀezidɑ̃sjɛl] *adj* ⟨~le⟩ ***quartier*** ~ vornehmes Wohnviertel

résider [ʀezide] *v/i* **1** wohnhaft sein, ansässig sein (***à, en, dans*** in + *dat*); **2** *fig* ~ ***dans qc*** in etw (*dat*) liegen

résidu [ʀezidy] *m* Rest *m*; *péj* Abfall *m*; CHIM, TECH Rückstand *m*

résiduel [ʀezidɥɛl] *adj* ⟨~le⟩ Rest…

résignation [ʀeziɲasjõ] *f* Resignation *f*

résigné [ʀeziɲe] *adj* ⟨~e⟩ resigniert

résigner [ʀeziɲe] *v/pr* ***se*** ~ resignieren (*abs*); ***se*** ~ ***à qc*** sich mit etw abfinden

résilier [ʀezilje] *v/t contrat* kündigen

résille [ʀezij] *f* **1** Haarnetz *n*; **2** *adjt* ***bas*** *m/pl* ~ Netzstrümpfe *m/pl*

résine [ʀezin] *f* Harz *n*

résineux [ʀezinø] **I** *adj* ⟨-euse [-øz]⟩ harzig; Harz…; **II** *m/pl* Nadelhölzer *n/pl*

▸ **résistance** [ʀezistɑ̃s] *f* **1** (*opposition*) Widerstand *m* (***à*** gegen); Gegenwehr *f*; ***n'opposer aucune*** ~ keinen Widerstand leisten; **2** HIST ***la*** ℛ die Résistance (*frz Widerstandsbewegung 1940-1944*); **3** PHYS, ÉLECT Widerstand *m*; *de matériaux* Festigkeit *f*; **4** (*endurance*) Widerstandskraft *f*, -fähigkeit *f*

résistant [ʀezistɑ̃] **I** *adj* ⟨-ante [-ɑ̃t]⟩ widerstandsfähig; *persomne a* ausdauernd; zäh; BIOL resistent; *vêtement a* strapazierfähig; **II** ~(*e*) *m(f)* POL Widerstandskämpfer(in) *m(f)*

▸ **résister** [ʀeziste] *v/t/indir et v/i* **1** (*s'opposer*) Widerstand leisten (***à*** *dat*); sich widersetzen (+ *dat*); **2** (*supporter*) aushalten (***à qc*** etw); standhalten (+ *dat*); **3** (*ne pas céder*) widerstehen (***à*** *dat*)

résolu [ʀezɔly] *p/p* → ***résoudre*** *et adj* ⟨~e⟩ entschlossen; resolut

résolument [ʀezɔlymɑ̃] *adv s'opposer* entschlossen; *être contre* entschieden

R

résolution [ʀezɔlysjõ] *f* **1** *(décision)* Entschluss *m*; Vorsatz *m*; ***prendre une ~*** e-n Entschluss fassen; ***prendre de bonnes ~s*** gute Vorsätze fassen; **2** *d'une assemblée* Entschließung *f*; Resolution *f*; **3** *(détermination)* Entschlossenheit *f*
résolvais [ʀezɔlvɛ] → ***résoudre***
résonance [ʀezɔnɑ̃s] *f* Resonanz *f*; MÉD ***~ magnétique nucléaire*** *(abr* ***R.M.N.****)* Kernspintomographie *f*; ***caisse*** *f* ***de ~*** Resonanzkörper *m*
résonner [ʀezɔne] *v/i* (wider)hallen (***de*** von)
résorber [ʀezɔʀbe] **I** *v/t chômage, etc* beseitigen; **II** *v/pr* ***se ~*** MÉD resorbiert werden
résorption [ʀezɔʀpsjõ] *f* **1** MÉD Resorption *f*; **2** *du chômage, etc* Beseitigung *f*
▸ **résoudre** [ʀezudʀ(ə)] ⟨je résous, il résout, nous résolvons; je résolvais; je résolus; je résoudrai; que je résolve; résolvant; résolu⟩ **I** *v/t* **1** *problème, énigme* lösen; *équation* (auf)lösen; **2** ***~ de*** (+ *inf*) beschließen zu (+ *inf*); **II** *v/pr* ***se ~ à*** (+ *inf*) sich entschließen zu (+ *inf*)
▸ **respect** [ʀɛspɛ] *m* **1** Respekt *m*; (Hoch)Achtung *f*; ***manque*** *m* ***de ~*** Respektlosigkeit *f*; ***sauf votre ~*** mit Verlaub; ***tenir qn en ~*** j-n in Schach halten; **2** *de la loi* Achtung *f* (***de*** vor + *dat*); *des formes* Wahrung *f*, Einhaltung *f*, Beachtung *f* (+ *gén*)
respectable [ʀɛspɛktabl(ə)] *adj* **1** ehrwürdig; achtbar; respektabel; *scrupules* ehrenhaft; **2** *somme* beachtlich
▸ **respecter** [ʀɛspɛkte] **I** *v/t* respektieren; achten; *priorité* beachten; *règles, engagements* einhalten; *traditions, formes* wahren; *sommeil de qn* Rücksicht nehmen auf (+ *acc*); ***faire ~ la loi*** dem Gesetz Achtung verschaffen; ***se faire ~*** sich Respekt verschaffen; **II** *v/pr* ***se ~*** etwas auf sich *(acc)* halten
respectif [ʀɛspɛktif] *adj* ⟨-ive [-iv]⟩ jeweilige
respectivement [ʀɛspɛktivmɑ̃] *adv* beziehungsweise *(abr* bzw.); *deux enfants* ***âges ~ de cinq et huit ans*** im Alter von fünf beziehungsweise acht Jahren
respectueux [ʀɛspɛktɥø] *adj* ⟨-euse [-øz]⟩ **1** respektvoll; **2** ***~ de qc*** etw achtend

respirable [ʀɛspiʀabl(ə)] *adj* ***pas ~*** *air* schlecht; *fig* unerträglich
respiration [ʀɛspiʀasjõ] *f* Atmung *f*; ***~ artificielle*** künstliche (Be)Atmung
respiratoire [ʀɛspiʀatwaʀ] *adj* Atem…
▸ **respirer** [ʀɛspiʀe] **I** *v/t* **1** (ein)atmen; **2** *fig le calme, etc* ausstrahlen; **II** *v/i* **3** atmen; *par ext* ***laissez-moi ~*** lassen Sie mich verschnaufen; **4** *fig (être soulagé)* aufatmen
resplendir [ʀɛsplɑ̃diʀ] *v/i* glänzen; strahlen *(a fig,* ***de*** vor + *dat)*
resplendissant [ʀɛsplɑ̃disɑ̃] *adj* ⟨-ante [-ɑ̃t]⟩ glänzend; strahlend *(a fig)*
responsabiliser [ʀɛspõsabilize] *v/t* ***~ qn*** das Verantwortungsgefühl j-s wecken
▸ **responsabilité** [ʀɛspõsabilite] *f* Verantwortung *f* (***de*** für); JUR Haftung *f*; ***~ civile*** Haftpflicht *f*; ***prendre ses ~s*** verantwortungsbewusst handeln
▸ **responsable** [ʀɛspõsabl(ə)] **I** *adj* **1** verantwortlich (***de*** für; ***devant qn*** j-m gegenüber); ***être ~ de*** JUR *a* haften für; **2** *(réfléchi)* verantwortungsbewusst; **II** *m* Verantwortliche(r) *m*; ***~ syndical*** Gewerkschaftsfunktionär *m*
resquill|er [ʀɛskije] *v/i dans une queue* sich vordrängen; *au cinéma, etc* sich hereinschmuggeln; *dans le métro, etc* schwarzfahren; ***~eur*** [-œʀ] *m*, ***~euse*** [-øz] *f* j, der sich vordrängt, hereinschmuggelt; *du métro, etc* Schwarzfahrer(in) *m(f)*
ressac [ʀəsak] *m* Brandung *f*
ressaisir [ʀ(ə)seziʀ] *v/pr* ***se ~*** sich (wieder) fassen, fangen
ressasser [ʀ(ə)sase] *v/t* bis zum Überdruss wiederholen; F wiederkäuen
ressembl|ance [ʀ(ə)sɑ̃blɑ̃s] *f* Ähnlichkeit *f*; ***~ant*** [-ɑ̃] *adj* ⟨-ante [-ɑ̃t]⟩ s-m Vorbild ähnlich, getreu
▸ **ressembler** [ʀ(ə)sɑ̃ble] **I** *v/t/indir* ***~ à*** ähneln, gleichen (+ *dat*); ähnlich sein, sehen (+ *dat*); *fig* ***cela lui ressemble tout à fait*** das sieht ihm ähnlich; *fig* ***à quoi ça ressemble!*** was soll das eigentlich!; **II** *v/pr* ***se ~*** sich ähneln
ressemeler [ʀ(ə)səmle] *v/t* ⟨-ll-⟩ (neu) besohlen
ressentiment [ʀ(ə)sɑ̃timɑ̃] *m* Ressentiment *n*; Groll *m*
ressentir [ʀ(ə)sɑ̃tiʀ] ⟨→ sentir⟩ **I** *v/t* empfinden; (ver)spüren; **II** *v/pr* ***se ~***

R

de qc die Folgen e-r Sache (*gén*) spüren

resserre [RəsɛR] *f* Abstellraum *m*

resserrer [R(ə)seRe] **I** *v/t* **1** *nœud* fester ziehen; *ceinture* enger machen; **2** *fig liens* enger knüpfen; festigen; **II** *v/pr* ***se ~*** **3** *vallée* sich verengen; *filet* sich zusammenziehen; **4** *fig liens* enger werden

resservir [R(ə)sɛRviR] ⟨→ partir⟩ **I** *v/t* **1** *mets* noch einmal servieren; **2** *fig histoires* wieder auftischen; **II** *v/i vêtement* noch einmal, wieder gebraucht werden

ressort[1] [R(ə)sɔR] *m* **1** TECH Feder *f*; ***faire ~*** zurückschnellen; **2** *fig d'une personne* Tatkraft *f*; Schwung *m*

ressort[2] *m* ***être du ~ d'un tribunal*** in die Zuständigkeit e-s Gerichts fallen; *par ext* ***cela n'est pas de mon ~*** dafür bin ich nicht zuständig; ***en dernier ~*** *juger* in letzter Instanz; *fig* schließlich; letzten Endes

ressortir [R(ə)sɔRtiR] ⟨→ partir⟩ **I** *v/t* wieder hervorholen; *fig histoires* wieder auftischen; **II** *v/i* ⟨être⟩ **1** wieder hinausgehen; wieder herauskommen; **2** *relief* hervortreten; *couleur* sich abheben; ***faire ~*** herausstellen; hervorheben; **III** *v/imp* ⟨être⟩ ***il ressort de là que …*** daraus geht hervor, ergibt sich, dass …

ressortiss|ant [R(ə)sɔRtisɑ̃] *m*, **~ante** [-ɑ̃t] *f* Staatsangehörige(r) *f(m)*

ressource [R(ə)suRs] *f* **1** (Hilfs)Mittel *n*; ***n'avoir d'autre ~ que …*** keine andere Möglichkeit haben als …; **2** ***~s*** *pl* Mittel *n/pl* (*a pécuniaires*); Möglichkeiten *f/pl*; *d'un pays a* Ressourcen *f/pl*; *par ext* ***~s humaines*** Personal *n*; ***~s minières*** Bodenschätze *pl*; ***~s naturelles*** natürliche Ressourcen, Lebensgrundlagen *f/pl*; ***être sans ~s*** mittellos sein, dastehen

ressurgir [R(ə)syRʒiR] → ***resurgir***

ressusciter [Resysite] **I** *v/t* **1** *mort* auferwecken; **2** *fig* wieder aufleben lassen; **II** *v/i* ⟨être⟩ **3** REL (wieder) auferstehen; **4** *fig* wieder aufleben

restant [Rɛstɑ̃] **I** *adj* ⟨-ante [-ɑ̃t]⟩ **1** übrig geblieben; restlich; **2** ***poste ~e*** postlagernd; **II** *m* Rest *m*

restau [Rɛsto] *m* F → ***resto***

▸ **restaurant** [Rɛstɔʀɑ̃] *m* Restaurant *n*; Gaststätte *f*; (Speise)Lokal *n*; ***~ universitaire*** Mensa *f*

restaura|teur [Rɛstɔʀatœʀ] *m*, **~trice** [-tʀis] *f* **1** *d'un restaurant* (Gast)Wirt(in) *m(f)*; Gastronom *m*; **2** *d'art* Restaurator(in) *m(f)*

restauration [Rɛstɔʀasjõ] *f* **1** *d'art* Restaurierung *f*; **2** HIST ***la*** ♀ die Restauration(szeit); **3** *métier, secteur* Gaststättengewerbe *n*; Gastronomie *f*; ***~ rapide*** Fast Food *n*

restaurer [Rɛstɔʀe] **I** *v/t* **1** *objet d'art* restaurieren; **2** *ordre, etc* wiederherstellen; **II** *v/pr* ***se ~*** sich (wieder) stärken

▸ **reste** [Rɛst] *m* Rest *m*; Überrest *m*; Überbleibsel *n*; ***le ~*** *a* das Übrige; *d'un mort* ***les ~s*** die sterblichen (Über)Reste; *adv* ***le ~ du temps*** während der übrigen Zeit; ***et tout le ~*** und so weiter; und so fort; ***du ~*** übrigens; außerdem; überdies; ***pour le ~*** sonst; ansonsten; ***pour ne pas être en ~*** um nicht nachzustehen

▸ **rester** [Rɛste] ⟨être⟩ **I** *v/i* **1** bleiben; ***~ ouvert jusqu'à 20 heures*** bis 20 Uhr geöffnet bleiben; ***~ des heures entières à bavarder*** stundenlang schwatzen; **2** F ***y ~*** dabei umkommen; **3** ***où en sommes-nous restés?*** wo sind wir stehen geblieben?; ***restons-en là*** lassen wir es dabei bewenden, damit genug sein; **4** (*subsister*) (übrig) bleiben; ***le temps qui me reste*** die Zeit, die mir (übrig) bleibt; die restliche Zeit; **II** *v/imp* ***il ne reste plus de pain*** es ist kein Brot mehr da; ***(il) reste que …*** immerhin …; jedenfalls …; ***il n'en reste pas moins que …*** nichtsdestoweniger …; ***il reste beaucoup à faire*** es bleibt noch viel zu tun; ***il ne vous reste qu'à signer*** Sie brauchen nur noch zu unterschreiben

restituer [Rɛstitɥe] *v/t* **1** (*rendre*) zurückgeben; **2** *texte* wiederherstellen; **3** *énergie* abgeben; *son* wiedergeben

restitution [Rɛstitysjõ] *f* Rückgabe *f*

resto [Rɛsto] *m* F *abr* → ***restaurant***; ***~ U*** *abr* (*restaurant universitaire*) Mensa *f*; ***~ du cœur*** Speiselokal *n* für Bedürftige

restoroute® [Rɛstoʀut] *m* Raststätte *f*

restreindre [Rɛstʀɛ̃dʀ(ə)] ⟨→ peindre⟩ **I** *v/t* be-, einschränken; **II** *v/pr* ***se ~*** sich einschränken

restrictif [Rɛstʀiktif] *adj* ⟨-ive [-iv]⟩ einschränkend; restriktiv

restriction [RɛstRiksjõ] *f* **1** Ein-, Beschränkung *f*; Restriktion *f*; ***sans ~*** uneingeschränkt; vorbehaltlos; **2** *pl* ***~s*** Rationierungsmaßnahmen *f/pl*

restructur|ation [RəstRyktyRasjõ] *f* Umstrukturierung *f*; ***~er*** [-e] *v/t* umstrukturieren

résultante [Rezyltɑ̃t] *f* **1** Folge *f*; **2** PHYS Resultante *f*

▸ **résultat** [Rezylta] *m* Ergebnis *n*; Resultat *n*; Fazit *n*; ***avoir pour ~ que ...*** zur Folge haben, dass ...

résulter [Rezylte] ⟨avoir *od* être⟩ **I** *v/i* ***~ de qc*** sich aus etw ergeben; aus etw hervorgehen, resultieren, folgen; **II** *v/imp* ***il en résulte que ...*** daraus geht hervor, ergibt sich, dass ...

résumé [Rezyme] *m* Zusammenfassung *f*; Resümee *n*; ***en ~*** kurz (gesagt)

▸ **résumer** [Rezyme] **I** *v/t* zusammenfassen; resümieren; **II** *v/pr* ***se ~*** **1** *personne* zusammenfassen (*abs*); **2** *chose* sich zusammenfassen lassen (***à, en*** in + *dat*)

résurgence [RezyRʒɑ̃s] *f* Wiederauftreten *n*

resurgir [R(ə)syRʒiR] *v/i* wieder auftauchen

résurrection [RezyRɛksjõ] *f* **1** REL Auferstehung *f*; **2** *fig* Wiederaufleben *n*

retable [Rətabl(ə)] *m* Altaraufsatz *m*

rétabli [Retabli] *adj* ⟨~e⟩ wiederhergestellt (*a* = *guéri*)

rétablir [RetabliR] **I** *v/t* **1** *ordre, communications, etc* wiederherstellen; *relations diplomatiques* wieder aufnehmen; *peine de mort* wieder einführen; *courant* wieder einschalten; **2** ***~ qn dans ses fonctions*** j-n wieder in sein Amt einsetzen; **3** *malade* (wieder) gesund machen; **II** *v/pr* ***se ~*** **4** *malade* (wieder) gesund werden; **5** *calme* wieder eintreten, einkehren

R

rétablissement [Retablismɑ̃] *m* **1** *de l'ordre, etc* Wiederherstellung *f*; **2** *d'un malade* Genesung *f*; Gesundung *f*; ***je vous souhaite un prompt ~*** ich wünsche Ihnen gute Besserung; **3** SPORTS Aufschwung *m*

rétameur [RetamœR] *m* Kesselflicker *m*

retaper [R(ə)tape] **I** *v/t* **1** F *vieille maison* wieder herrichten; *médicament* ***~ qn*** j-n wieder auf die Beine bringen; **2** *à la machine* noch einmal (ab)tippen; **II** *v/pr* ***se ~*** F sich aufrappeln

▸ **retard** [R(ə)taR] *m* **1** Verspätung *f*; Zuspätkommen *n* (***au travail*** zur Arbeit); ***sans ~*** unverzüglich; umgehend; ***être en ~*** zu spät kommen; sich verspäten; F zu spät dran sein; *train, etc* Verspätung haben; *montre* ***prendre du ~*** nachgehen; **2** *dans le travail, un paiement, un développement* Rückstand *m*; Verzögerung *f*; ***avoir du ~, être en ~*** im Rückstand, im Verzug sein (***sur qn, qc*** gegenüber j-m, etw); *enfant* zurückgeblieben sein; **3** TECH ***~ à l'allumage*** Spätzündung *f*; **4** *adjt* PHARM Depot...

retardataire [R(ə)taRdatɛR] *m,f* Zuspätkommende(r) *f(m)*; Nachzügler(in) *m(f)*

retardé [R(ə)taRde] *adj* ⟨~e⟩ zurückgeblieben

retardement [R(ə)tardəmɑ̃] *m* ***bombe f à ~*** Zeitbombe *f*; *fig* ***comprendre à ~*** erst hinterher begreifen

▸ **retarder** [R(ə)taRde] **I** *v/t* **1** *personne, train, etc* aufhalten; **2** *montre* zurückstellen; **3** *départ, etc* auf-, verschieben; **II** *v/i* **4** *montre* nachgehen (***de cinq minutes*** fünf Minuten); **5** F *personne* F hinter dem Mond leben; ***~ sur son temps, sur son siècle*** hinter s-r Zeit zurück sein

retenir [Rət(ə)niR] ⟨→ venir⟩ **I** *v/t* **1** *personne* zurück-, fest-, aufhalten; *chose* (zurück-, ein)behalten; *argent* abziehen (***de, sur*** von); *souffle* anhalten; *barrage*: *eau* stauen; *ruban*: *cheveux* zusammenhalten; ***~ l'attention de qn*** die Aufmerksamkeit j-s erregen; ***~ ses larmes*** die Tränen zurückhalten, unterdrücken; ***~ qn prisonnier*** j-n gefangen halten; ***~ qn à dîner*** j-n zum Abendessen dabehalten; **2** *dans sa mémoire* sich merken; (im Gedächtnis) behalten; **3** *proposition, candidature* in Betracht ziehen; **4** (*réserver*) vorbestellen; reservieren; **II** *v/pr* ***se ~*** **5** (*se rattraper*) sich festhalten (***à*** an + *dat*); **6** (*s'empêcher*) sich zurückhalten; sich beherrschen; sich zusammennehmen

retentir [R(ə)tɑ̃tiR] *v/i* **1** (er)tönen; (er)schallen; *chants* (er)klingen; *coup de feu* krachen; ***~ de*** hallen von; **2** *fig* ***~ sur*** sich auswirken auf (+ *acc*)

retentissant [R(ə)tɑ̃tisɑ̃] *adj* ⟨-ante [-ɑ̃t]⟩ **1** *choc* geräuschvoll; *gifle* schallend; *voix* dröhnend; **2** *fig* Aufsehen erregend

retentissement [R(ə)tɑ̃tismɑ̃] *m* Widerhall *m*; Resonanz *f*; (Aus)Wirkung *f* (***sur*** auf + *acc*)

retenue [Rət(ə)ny] *f* **1** ÉCOLE Nachsitzen *n*; ***être en ~*** nachsitzen; **2** (*prélèvement*) Abzug *m* (***sur*** von); **3** (*réserve*) Zurückhaltung *f*; Mäßigung *f*; ***sans ~*** unbeherrscht; **4** MATH behaltene Zahl; **5** ***lac*** *m* ***de ~*** Stausee *m*

rétic|ence [Retisɑ̃s] *f* Reserve *f*; Zögern *n*; **~ent** [-ɑ̃] *adj* ⟨-ente [-ɑ̃t]⟩ reserviert; zögernd

réticule [Retikyl] *m* **1** OPT Fadenkreuz *n*; **2** *sac* Abendtäschchen *n*

rétif [Retif] *adj* ⟨-ive [-iv]⟩ störrisch; widerspenstig

rétine [Retin] *f* Netzhaut *f*

retiré [R(ə)tiRe] *adj* **1** (*solitaire*) zurückgezogen; **2** (*à la retraite*) im Ruhestand; **3** *village* abgelegen

retirer [R(ə)tiRe] **I** *v/t* **1** (*faire sortir*) herausnehmen, -ziehen, -holen (***de*** aus); *argent de la banque* abheben; *courrier, billets réservés* abholen; *noyé, etc* ***~ de l'eau*** aus dem Wasser ziehen, bergen; **2** *main* weg-, zurückziehen; *fig candidature, plainte* zurückziehen; *ce qu'on a dit* zurücknehmen; **3** *vêtement, bottes, gants* ausziehen; *chapeau, lunettes, housse* abnehmen; **4** *confiance, parole, permis de conduire* ***~ à qn*** j-m entziehen; **5** *bénéfice, avantages* herausholen, -schlagen; **II** *v/pr* ***se ~*** **6** (*partir*) sich zurückziehen; F ***retire-toi de là!*** geh weg!; **7** *mer, eaux* zurückgehen

retombées [R(ə)tõbe] *f/pl* **1** ***~ radioactives*** radioaktiver Niederschlag; Fallout *m*; **2** *fig* Auswirkungen *f/pl*

retomber [R(ə)tõbe] *v/i* ⟨être⟩ **1** wieder (herunter)fallen; zurückfallen; *personne* wieder hinfallen; **2** *fig* ***~ dans qc*** wieder in etw (*acc*) verfallen; **3** ***~ malade*** wieder krank werden; **4** *rideau* fallen; *cheveux* ***~ sur les épaules*** bis auf die Schultern fallen; **5** *responsabilité* ***~ sur qn*** auf j-n zurückfallen

retordre [R(ə)tɔRdR(ə)] *v/t* ⟨→ rendre⟩ *fig* ***donner du fil à ~ à qn*** j-m schwer zu schaffen machen

rétorquer [Retɔrke] *v/t* ***~ que ...*** erwidern, entgegnen, dass ...

retors [Rətɔr] *adj* ⟨-orse [-ɔrs]⟩ durchtrieben; mit allen Wassern gewaschen

rétorsion [Retɔrsjõ] *f* Vergeltung *f*

retouch|e [R(ə)tuʃ] *f* **1** PHOT, *fig* Retusche *f*; **2** COUT Änderung *f*; **~er** [-e] *v/t* **1** PHOT, *fig œuvre* retuschieren; **2** COUT ändern

▸ **retour** [R(ə)tuR] *m* **1** Rückkehr *f*; *chez soi* Heimkehr *f*; CIN ***~ en arrière*** Rückblende *f*; ***à mon ~*** bei meiner Rückkehr; ***être de ~*** zurück sein; *fig* ***faire un ~ sur soi-même*** sich auf sich selbst besinnen; **2** (*voyage de retour*) Rückfahrt *f*, -reise *f*; *en avion* Rückflug *m*; ***les ~s de vacances*** der Ferienrückreiseverkehr; **3** (*réexpédition*) Rücksendung *f*; ***~ à l'expéditeur*** zurück an Absender; ***par ~ du courrier*** postwendend; umgehend; **4** *du printemps, du froid, etc* Wiederkehr *f*; ***sans ~*** auf, für immer; unwiederbringlich; **5** (*revirement*) Umschlag *m*; Wechsel *m*; ***~ d'âge*** Wechseljahre *n/pl*; *fig* ***~ de bâton*** Rückwirkung *f* auf den Urheber; Bumerang *m*; ***~ de flamme*** TECH Flammenrückschlag *m*; *fig* (negative, fatale) Rückwirkung; Bumerang *m*; (*regain d'activité*) Wiederaufleben *n*; *fig* ***~ de manivelle*** plötzlicher Umschwung; ***par un juste ~ des choses*** als gerechter Ausgleich; **6** (*échange*) ***en ~*** als Gegenleistung; dafür; **7** *adjt* ***match*** *m* ***~*** Rückspiel *n*

retournement [R(ə)tuRnəmɑ̃] *m* Umkehrung *f*; Umschwung *m*

retourner [R(ə)tuRne] **I** *v/t* **1** (*tourner*) umdrehen; *vêtement, bifteck* wenden; *terre* umgraben; *poche* umkehren; *fig situation* grundlegend ändern; *arme* ***~ contre qn*** auf j-n richten; **2** F (*mettre en désordre*) F auf den Kopf stellen; **3** F (*bouleverser*) ***~ qn*** j-n aufwühlen, F durcheinander bringen; **4** (*renvoyer*) zurückschicken, -senden; *fig compliment* zurückgeben; **II** *v/i* ⟨être⟩ **5** (*aller de nouveau*) wieder gehen, fahren, reisen (***à, en*** nach); **6** *au point de départ* zurückkehren, -gehen, -fahren, *en avion* -fliegen; ***~ chez soi*** nach Hause gehen; heimgehen, -kehren; **7** *maison, terrain* ***~ à qn*** an j-n zurückfallen; **III** *v/imp* **8** ***savoir de quoi il retourne*** wissen, worum es sich handelt; **IV** *v/pr* **9** ***se ~*** *personne* sich umdrehen; sich umwenden; *voiture* sich überschlagen;

R

se ~ sur le dos sich auf den Rücken drehen; *fig* ***savoir se ~*** sich zu helfen wissen; **10** ***s'en ~*** wieder umkehren; wieder abziehen; **11** ***se ~ contre qn*** sich gegen j-n wenden

retracer [R(ə)tRase] *v/t* ⟨-ç-⟩ schildern

rétracter [RetRakte] **I** *v/t griffes* einziehen; **II** *v/pr* ***se ~*** **1** *muscle* sich zusammenziehen; **2** (*se dédire*) widerrufen

retrait [R(ə)tRɛ] *m* **1** *du permis de conduire* Entzug *m*; *d'une candidature* Zurückziehung *f*; *d'argent* Abhebung *f*; *de bagages* Abholung *f*; **2** *de troupes* Abzug *m*; *de la compétition* Rücktritt *m*; **3** ***en ~*** *bâtiment* zurückgesetzt; *fig* ***rester en ~*** im Hintergrund bleiben

▸ **retraite** [R(ə)tRɛt] *f* **1** MIL Rückzug *m*; ***battre en ~*** den Rückzug antreten; *fig* e-n Rückzieher machen; **2** ***~ aux flambeaux*** Fackelzug *m*; **3** *d'un travailleur* Ruhestand *m*; ***à la ~, en ~*** im Ruhestand; *fonctionnaire* pensioniert; ***prendre sa ~*** in den Ruhestand gehen, treten; **4** *pension* (Alters)Rente *f*; Ruhegeld *n*; *d'un fonctionnaire* Pension *f*; Ruhegehalt *n*; **5** CATH Exerzitien *pl*; **6** *litt* (*refuge*) Zufluchtsort *m*

▸ **retraité** [R(ə)tRete] **I** *adj* ⟨*~e*⟩ im Ruhestand; *fonctionnaire* pensioniert; **II** ***~(e)*** *m(f)* Rentner(in) *m(f)*; Ruheständler(in) *m(f)*; *fonctionnaire* Pensionär(in) *m(f)*

retraitement [R(ə)tRɛtmɑ̃] *m* NUCL Wiederaufbereitung *f*

retranchement [R(ə)tRɑ̃ʃmɑ̃] *m* MIL Verschanzung *f*

retrancher [R(ə)tRɑ̃ʃe] **I** *v/t* **1** *mot* (weg)streichen; **2** (*déduire*) abziehen; **3** MIL ***camp retranché*** befestigtes Lager; **II** *v/pr* MIL, *fig* ***se ~*** sich verschanzen

▸ **retrans|mettre** [R(ə)tRɑ̃smɛtR(ə)] *v/t* ⟨→ mettre⟩ RAD, TV übertragen; **~mission** *f* Übertragung *f*

retravailler [R(ə)tRavaje] **I** *v/t* (*modifier*) umarbeiten; **II** *v/i* wieder arbeiten

rétrécir [RetResiR] **I** *v/t vêtement* enger machen; **II** *v/i au lavage* einlaufen; eingehen; **III** *v/pr* ***se ~*** sich verengen; ***rétréci*** verengt

rétrécissement [RetResismɑ̃] *m* **1** Verengung *f*; **2** *d'une étoffe* Einlaufen *n*

retremper [R(ə)tRɑ̃pe] *v/pr fig* ***se ~ dans*** wieder eintauchen in (+ *acc*)

rétribuer [RetRibɥe] *v/t* bezahlen; entlohnen

rétribution [RetRibysjõ] *f* Bezahlung *f*

rétro [RetRo] **I** *adj* ⟨*inv*⟩ Nostalgie…; **II** *m* F *abr* → ***rétroviseur***

rétroactif *adj* ⟨-ive⟩ rückwirkend; ***effet ~*** rückwirkende Kraft

rétrocéder *v/t* ⟨-è-⟩ wieder abtreten; rückübertragen

rétrofusée *f* Bremsrakete *f*

rétrograde *adj* rückschrittlich

rétrograder [RetRɔgRade] **I** *v/t* MIL degradieren; **II** *v/i* **1** (*régresser*) zurückfallen; **2** AUTO zurück-, herunterschalten

rétropédalage [RetRopedalaʒ] *m* ***frein m à ~*** Rücktrittbremse *f*

rétroprojecteur *m* Overheadprojektor *m*

rétrospect|if [RetRɔspɛktif] *adj* ⟨-ive [-iv]⟩ **1** rückblickend; rückschauend; **2** *peur* nachträglich; **~ive** [-iv] *f exposition* Retrospektive *f*

retroussé [R(ə)tRuse] *adj* ⟨*~e*⟩ *manches* hochgekrempelt; ***nez ~*** Stupsnase *f*

retrousser [R(ə)tRuse] *v/t manches* hoch-, aufkrempeln (*a fig*); *jupe* raffen; schürzen; *babines* hochziehen; *moustaches* zwirbeln

retrouvailles [R(ə)tRuvaj] F *f/pl* (großes) Wiedersehen

retrouver [R(ə)tRuve] **I** *v/t* **1** *de nouveau* wieder finden; **2** (*rejoindre*) wieder treffen; ***~ sa famille*** wieder zu s-r Familie zurückkehren; ***aller ~ qn*** j-m folgen, nachreisen; **II** *v/pr* **3** *personnes* ***se ~*** sich wieder treffen; *menace* ***on se retrouvera!*** wir sprechen uns noch!; **4** sich (wieder) befinden; ***se ~ seul*** (wieder) allein dastehen; **5** ***s'y ~*** (*s'y reconnaître*) sich zurechtfinden; **6** F ***s'y ~*** (*faire un bénéfice*) auf s-e Kosten kommen

rétroviseur *m* Rückspiegel *m*

rets [Rɛ] *litt m* Netz *n*

réuni|fication [Reynifikasjõ] *f* Wiedervereinigung *f*; **~fier** [-fje] *v/t* wieder vereinigen

▸ **réunion** [Reynjõ] *f* Versammlung *f*; Zusammenkunft *f*; (*séance*) Sitzung *f*; ***~ de famille*** Familientreffen *n*; ***~ de parents d'élèves*** Elternabend *m*

Réunion [Reynjõ] (***l'île f de***) ***la ~*** Reunion *n*

réunir [ReyniR] **I** *v/t* **1** vereinigen; *documents* zusammenstellen; *preuves* zu-

R

sammentragen; *fonds* aufbringen; *qualités* vereinen; ***réunir qc à qc*** etw mit etw vereinigen, verbinden; **2** *personnes* zusammenführen; *en un même lieu* versammeln; *assemblée* einberufen; **II** *v/pr* ▸ ***se réunir*** sich vereinigen; *personnes* sich versammeln; zusammenkommen

réussi [reysi] *adj* ⟨~e⟩ gelungen (*a iron*); geglückt

réussir [reysiʀ] **I** *v/t* erfolgreich durchführen; zustande bringen; *examen* bestehen; ***qn réussit qc a*** etw gelingt j-m (gut); **II** *v/i* **1** *personne* Erfolg haben; erfolgreich sein; es schaffen; reüssieren; ~ (***à un examen***) (e-e Prüfung) bestehen; ***j'ai réussi à faire qc*** es ist mir gelungen *ou* ich habe es geschafft *ou* ich habe es fertig gebracht, etw zu tun; **2** *expérience* gelingen; glücken; *affaire* erfolgreich sein; ***faire*** ~ zum Erfolg führen; **3** (*faire du bien*) ~ ***à qn*** j-m gut tun, gut bekommen

réussite [reysit] *f* **1** Erfolg *m*; *de qc a* Gelingen *n*; ~ ***sociale*** sozialer Aufstieg; **2** *jeu de cartes* Patience *f*; ***faire une*** ~ e-e Patience legen

réutiliser [reytilize] *v/t* wieder verwenden

revaloir [ʀ(ə)valwaʀ] *v/t* ⟨→ valoir⟩ ~ ***qc à qn*** *en bien* sich bei j-m für etw revanchieren; *en mal* j-m etw heimzahlen

revaloris|ation [ʀ(ə)valɔʀizasjõ] *f* Aufwertung *f*; **~er** [-e] *v/t* aufwerten; *salaires, retraites* aufbessern; anpassen

revanchard [ʀ(ə)vɑ̃ʃaʀ] **I** *adj* ⟨-arde [-aʀd]⟩ revanchistisch; **II** *m* Revanchist *m*

revanche [ʀ(ə)vɑ̃ʃ] *f* Vergeltung *f*; Revanche *f* (*a* SPORTS, JEU); ***prendre sa*** ~ (*se venger*) Rache nehmen (***sur qn*** an j-m); SPORTS sich revanchieren; ***en*** ~ dafür

rêvasser [ʀɛvase] *v/i* vor sich hin träumen

▸ **rêve** [ʀɛv] *m* Traum *m*; *fig a* Wunschtraum *m*; ***une voiture de*** ~ ein Traumwagen *m*; ***faire un*** ~ e-n Traum haben

rêvé [ʀɛve] *adj* ⟨~e⟩ Traum…; ideal

revêche [ʀəvɛʃ] *adj* barsch; unwirsch; kratzbürstig

▸ **réveil** [ʀevɛj] *m* **1** Aufwachen *n*; ***au*** ~ beim Aufwachen; **2** *fig* (Wieder)Erwachen *n*; **3** *pendule* Wecker *m*

▸ **réveiller** [ʀeveje] **I** *v/t* **1** (auf)wecken; ***être réveillé*** wach sein; **2** *fig curiosité* (wieder) (er)wecken; *souvenirs* (wieder) wachrufen; *appétit* (wieder) anregen; **II** *v/pr* ▸ ***se réveiller*** **3** aufwachen; wach werden; **4** *fig* wieder wach werden, aufleben

▸ **réveillon** [ʀevɛjõ] *m* Festessen *n* am Heiligabend *ou* zu Silvester; *par ext* Heiligabend *m ou* Silvester(feier) *n*(*f*)

réveillonner [ʀevɛjɔne] *v/i* Heiligabend *ou* Silvester (mit e-m Festessen) feiern

révélateur [ʀevelatœʀ] **I** *adj* ⟨-trice [-tʀis]⟩ aufschlussreich (***de*** für); **II** *m* PHOT Entwickler *m*⟩

révélation [ʀevelasjõ] *f* **1** *d'un crime, etc* Aufdeckung *f*; **~s** *pl* Enthüllungen *f/pl*; **2** REL Offenbarung *f*; **3** *fig* plötzliche Erkenntnis; Offenbarung *f*; **4** *personne* Entdeckung *f*

révéler [ʀevele] ⟨-è-⟩ **I** *v/t* **1** *secret, projets, etc* aufdecken; enthüllen; **2** REL offenbaren; **3** *qualité, attitude* erkennen lassen; verraten; **II** *v/pr* ***se*** ~ sich erweisen, sich herausstellen (***qc*** als etw); zutage treten

revenant [ʀəv(ə)nɑ̃] *m* Gespenst *n*

revend|eur [ʀ(ə)vɑ̃dœʀ] *m*, **~euse** [-øz] *f* Wiederverkäufer(in) *m*(*f*)

revendication [ʀ(ə)vɑ̃dikasjõ] *f* Forderung *f*

revendiquer [ʀ(ə)vɑ̃dike] *v/t* **1** (*exiger*) fordern; verlangen; Anspruch erheben auf (+ *acc*); **2** *responsabilité* übernehmen; *attentat* sich bekennen zu

revendre [ʀ(ə)vɑ̃dʀ(ə)] *v/t* ⟨→ rendre⟩ weiterverkaufen; wieder verkaufen; *fig* ***avoir de qc à*** ~ (von) etw reichlich, mehr als genug haben

▸ **revenir** [ʀəv(ə)niʀ] *v/i* ⟨→ venir; être⟩ **1** *de nouveau* wieder kommen; *mode, saison, calme, etc* wiederkehren; **2** *au point de départ* (wieder) zurückkommen, -kehren; wiederkommen; ***je reviens tout de suite*** ich bin gleich wieder da; ~ ***en arrière*** umkehren; *dans le temps* zurückgehen, -greifen; **3** *fig* (*reprendre*) ~ ***à, sur qc*** auf etw (*acc*) (wieder) zurückkommen; ~ ***à soi*** wieder zu sich kommen; **4** (*annuler*) ~ ***sur qc*** etw zurücknehmen, rückgängig machen; **5** ***il me revient dix euros*** ich bekomme zehn Euro heraus, zurück; **6** *mot, nom* ~ ***à qn*** j-m wieder einfallen; **7** *appétit,* *courage, faculté* **qc revient à qn** j bekommt, erlangt etw wieder; **8** *droit, honneur* **~ à qn** j-m zustehen, zukommen; **c'est à lui qu'il revient de faire qc** ihm kommt es zu, etw zu tun; **9** (*plaire*) **sa tête ne me revient pas** sein Gesicht gefällt mir nicht; **10** (*équivaloir*) **~ à** hinauslaufen auf (+ *acc*); **cela revient à dire que …** das heißt mit anderen Worten, dass …; **11** (*se remettre*) **~ de sa surprise** sich von s-r Überraschung erholen; **il revient de loin** er ist noch einmal davongekommen; F **je n'en reviens pas** ich kann es gar nicht fassen; **12** (*se débarrasser*) **~ de qc** von etw los-, abkommen; **j'en suis bien revenu** davon bin ich längst abgekommen; **13** (*coûter*) kosten; **~ cher** teuer sein; **a** *fig* teuer zu stehen kommen (**à qn** j-n); **14 faire ~** *viande* anbraten; *oignons* in Fett dünsten; **15** *radis, etc* **~ à qn** j-m aufstoßen

revente [R(ə)vɑ̃t] *f* Wieder-, Weiterverkauf *m*

▸ **revenu** [Rəv(ə)ny] *m* Einkommen *n*; **~s** *pl* Einkünfte *pl*

▸ **rêver** [Rɛve] **I** *v/t* **1** träumen (**que** dass); **2** *fig* **~ qc** von etw träumen; **II** *v/i* **3** träumen (**de** von); **4** *fig* (*souhaiter*) **~ de qc** von etw träumen; sich etw erträumen; **~ de** (+ *inf*) davon träumen zu (+ *inf*); **5** *fig* (*rêvasser*) vor sich hin träumen

réverbération [Revɛrberasjõ] *f* Rückstrahlung *f*

réverbère [Revɛrbɛr] *m* Straßenlaterne *f*

réverbérer [Revɛrbere] *v/t* ‹-è-› zurückstrahlen

reverdir [R(ə)vɛrdir] *v/i* wieder grün werden

révérence [Reverɑ̃s] *f* (Hof)Knicks *m*; F *fig* **tirer sa ~ à qn** sich empfehlen

R

révérend [Reverɑ̃] **I** *adj* ‹-ende [-ɑ̃d]› ehrwürdig; **II** *m* (*pasteur anglican*) Reverend *m*

révérer [Revere] *v/t* ‹-è-› verehren

rêverie [Rɛvri] *f* Träumerei *f*

revers [R(ə)vɛr] *m* **1** *d'une feuille, monnaie* Rückseite *f*; *fig* **le ~ de la médaille** die Kehrseite der Medaille; **d'un ~ de main** mit dem Handrücken; **2** *d'un veston* Revers *n*; *d'un pantalon, d'une manche* Auf-, Umschlag *m*; **3** *fig* (*échec*) Rückschlag *m*; **~ (de fortune)** Schicksalsschlag *m*; **4** TENNIS Rückhand(schlag) *f(m)*

reverser [R(ə)vɛrse] *v/t* **1** *à boire* wieder einschenken; nachgießen; **2** *argent* übertragen

réversible [Revɛrsibl(ə)] *adj* umkehrbar; **manteau** *m* **~** Wendemantel *m*

réversion [Revɛrsjõ] *f* **pension** *f* **de ~** Hinterbliebenenrente *f*

revêtement [R(ə)vɛtmɑ̃] *m* TECH Verkleidung *f*; Überzug *m*; *d'une route, de sol* Belag *m*

revêtir [R(ə)vetir] *v/t* ‹→ vêtir› **1** *habits* anlegen; anziehen; **2** *par ext* **~ qn d'une dignité** j-m e-e Würde verleihen; **3** *fig aspect, caractère* annehmen; *par ext* (*avoir*) aufweisen; **4** (*pourvoir*) **~ qc de qc** etw mit etw versehen

rêveur [Rɛvœr] **I** *adj* ‹-euse [-øz]› **1** verträumt; **2 cela me laisse ~** das stimmt mich nachdenklich; **II ~, rêveuse** *m,f* Träumer(in) *m(f)*

revient [Rəvjɛ̃] **prix** *m* **de ~** Selbstkostenpreis *m*

revigorer [R(ə)vigɔre] *v/t* wieder kräftigen, beleben, stärken

revirement [R(ə)virmɑ̃] *m* Umschwung *m*

réviser [Revize] *v/t* **1** *texte, son jugement* revidieren; **2** TECH überholen; **faire ~ sa voiture** s-n Wagen zur Inspektion bringen; **3** *matière d'examen* wiederholen (*a abs*)

révision [Revizjõ] *f* **1** *d'un texte, etc* Revision *f*; **2** JUR Wiederaufnahme(verfahren) *f(n)*; **3** TECH Überholung *f*; AUTO Inspektion *f*; **4** *en vue d'un examen* Wiederholung *f*

révisionnisme [Revizjɔnism(ə)] *m* Revisionismus *m*

revitalisant [R(ə)vitalizɑ̃] *adj* ‹-ante [-ɑ̃t]› kräftigend

revivre [R(ə)vivr(ə)] ‹→ vivre› **I** *v/t épreuve* noch einmal durchleben; **II** *v/i* **1** wieder aufleben; **2** *fig* **faire ~** wieder lebendig werden lassen

révocation [Revɔkasjõ] *f* **1** JUR Aufhebung *f*; **2** *d'un fonctionnaire* Amtsenthebung *f*

revoici [R(ə)vwasi] *prép* F **me ~** hier bin ich wieder

revoilà [R(ə)vwala] *prép* F **nous ~** da sind wir wieder

▸ **revoir** [R(ə)vwar] ‹→ voir› **I** *v/t* **1** wieder sehen; ▸ ***au revoir*** auf Wiedersehen; **2** *texte* noch einmal durchsehen; *leçon* wiederholen; **3** *en esprit* (im Geist noch) vor sich sehen; **II** *v/pr* ***se revoir*** sich wieder sehen

révoltant [ʀevɔltɑ̃] *adj* ⟨-ante [-ɑ̃t]⟩ empörend

révolte [ʀevɔlt] *f* **1** (*rébellion*) Aufstand *m*; Revolte *f*; Aufruhr *m*; **2** (*indignation*) Empörung *f*

révolter [ʀevɔlte] **I** *v/t* empören; **II** *v/pr* ***se ~*** **1** (*se rebeller*) sich auflehnen, revoltieren (***contre*** gegen); **2** (*s'indigner*) sich empören (***contre*** über + *acc*)

révolu [ʀevɔly] *adj* ⟨*~e*⟩ *époque, jours* vergangen; abgelaufen; ***avoir trente ans ~s*** das dreißigste Lebensjahr vollendet haben

▸ **révolution** [ʀevɔlysjõ] *f* **1** POL Revolution *f* (*a fig*); Umsturz *m*; F *fig* ***être en ~*** in Aufruhr sein; **2** ASTR, ESPACE Umlauf *m*; **3** MATH (Um)Drehung *f*

révolutionnaire [ʀevɔlysjɔnɛʀ] **I** *adj* **1** POL Revolutions…; revolutionär; **2** *méthode, invention* revolutionär; umwälzend; **II** *m,f* Revolutionär(in) *m(f)*

révolutionner [ʀevɔlysjɔne] *v/t* **1** *quartier* in Aufruhr versetzen; **2** *industrie* revolutionieren

revolver [ʀevɔlvɛʀ] *m* **1** Revolver *m*; **2** *adjt* ***poche*** *f* ***~*** Gesäßtasche *f*

révoquer [ʀevɔke] *v/t* **1** *fonctionnaire* s-s Amtes entheben; **2** JUR aufheben

▸ **revue** [ʀ(ə)vy] *f* **1** (*magazine*) Zeitschrift *f*; **2** THÉ Revue *f*; ***~ à grand spectacle*** Ausstattungsrevue *f*; **3** (*examen*) Durchsicht *f*; ***~ de presse*** Presseschau *f*; **4** MIL (Truppen)Parade *f*; Truppenschau *f*; ***passer en ~*** *troupes défilant* die Parade abnehmen (***les troupes*** der Truppen); *troupes formant la haie* die Front abschreiten; *fig problèmes, etc* durchgehen; Revue passieren lassen

révulser [ʀevylse] **I** *v/t* anwidern; **II** *v/pr* ***se ~*** *visage* sich verzerren; ***ses yeux se révulsèrent*** er verdrehte die Augen

rewriting [ʀəʀajtiŋ] *m* Umredigieren *n*

▸ **rez-de-chaussée** [ʀedʃose] *m* ⟨*inv*⟩ Erdgeschoss *n*

R.F. *abr* (*République française*) Französische Republik

▸ **R.F.A.** [ɛʀɛfa] *f abr* (*République fédérale d'Allemagne*) BRD *f*

rhabiller [ʀabije] *v/t* (*et v/pr* ***se ~*** sich) wieder anziehen; F *fig* ***va te ~!*** geh nach Hause!

rhénan [ʀenɑ̃] *adj* ⟨-ane [-an]⟩ rhein(länd)isch

Rhénanie [ʀenani] ***la ~*** das Rheinland

rhésus [ʀezys] *m* (***facteur*** *m*) ***~*** Rhesusfaktor *m*; ***~ négatif, positif*** ⟨*inv*⟩ Rhesus negativ, positiv

rhétorique [ʀetɔʀik] *f* **1** Rhetorik *f*; Redekunst *f*; **2** *péj* Phrasendrescherei *f*; Wortgeklingel *n*

▸ **Rhin** [ʀɛ̃] ***le ~*** der Rhein

rhino|céros [ʀinɔseʀɔs] *m* Nashorn *n*; Rhinozeros *n*; **~pharyngite** *f* Entzündung *f* der Nasen- und Rachenschleimhaut

rhizome [ʀizom] *m* Wurzelstock *m*

rhodanien [ʀɔdanjɛ̃] *adj* ⟨-ienne [-jɛn]⟩ Rhone…

Rhodes [ʀɔd] Rhodos *n*

rhododendron [ʀɔdɔdɛ̃dʀõ] *m* Rhododendron *m*; Alpenrose *f*

Rhône [ʀon] ***le ~*** die Rhone

rhubarbe [ʀybaʀb] *f* Rhabarber *m*

rhum [ʀɔm] *m* Rum *m*

rhumatis|ant [ʀymatizɑ̃] *m*, **~ante** [-ɑ̃t] *f* Rheumatiker(in) *m(f)*

rhumatismal [ʀymatismal] *adj* ⟨*~e*; -aux [-o]⟩ rheumatisch

rhumatisme [ʀymatism(ə)] *m* Rheuma *n*; Rheumatismus *m*; ***~ articulaire*** Gelenkrheumatismus *m*

▸ **rhume** [ʀym] *m* ***~*** (***de cerveau***) Schnupfen *m*; ***~ des foins*** Heuschnupfen *m*

ri [ʀi] *p/p* → ***rire***

riant [ʀijɑ̃] *adj* ⟨-ante [-ɑ̃t]⟩ *air* heiter; *paysage* lieblich; anmutig

RIB [ʀib] *m* ⟨*inv*⟩ *abr* → ***relevé*** II

ribambelle [ʀibɑ̃bɛl] F *f* ganze Reihe, Schar *f* (***de*** von *ou* + *gén*)

ricanement [ʀikanmɑ̃] *m* **1** *moqueur* hämisches Grinsen; **2** *bête* Gekicher *n*

ricaner [ʀikane] *v/i* **1** *pour se moquer* hämisch grinsen; F feixen; **2** *bêtement* kichern; albern grinsen

richard [ʀiʃaʀ] *m* F *péj* ***gros ~*** stinkreicher Mann

▸ **riche** [ʀiʃ] **I** *adj* reich (*a fig*; ***en*** an + *dat*); *sol, terre* ergiebig; fruchtbar; *nourriture* reichhaltig; gehaltvoll; *ameublement, etc* kostbar; prächtig; *langue* wortreich; F *idée* großartig; ~

R

en vitamines vitaminreich; **II** *m* Reiche(r) *m*

▸ **richesse** [riʃɛs] *f* Reichtum *m* (*a fig*; ***en*** an + *dat*); *d'un aliment* Reichhaltigkeit *f*; *de l'ameublement*, *etc* Kostbarkeit *f*; Pracht *f*; ***~s*** *pl* Reichtümer *m/pl*; *d'une collection* Schätze *m/pl*; ***~s du sous-sol*** Bodenschätze *m/pl*

richissime [riʃisim] *adj* steinreich

ricin [risɛ̃] *m* ***huile*** *f* ***de ~*** Rizinusöl *n*

ricocher [rikɔʃe] *v/i* abprallen (***sur*** an + *dat*)

ricochet [rikɔʃɛ] *m* Abprall *m*; *caillou* ***faire des ~s sur l'eau*** auf dem Wasser hüpfen; *fig* ***par ~*** indirekt

rictus [riktys] *m* verzerrter Mund; verzerrtes Gesicht

ride [rid] *f* **1** *de la peau* Falte *f*; Runzel *f*; **2** *pl* ***~s*** *de l'eau* Kräuselung *f*

ridé [ride] *adj* ⟨**~e**⟩ *peau*, *visage* faltig; runz(e)lig; *pomme* schrumpelig

▸ **rideau** [rido] *m* ⟨**~x**⟩ **1** Vorhang *m* (*a* THÉ); *de fenêtre a* Gardine *f*; ***~ de douche*** Duschvorhang *m*; ***~ de fer*** HIST Eiserner Vorhang; *d'un magasin* Rollladen *m* aus Stahlblech; **2** *fig* ***~ d'arbres*** dichte Baumreihe; ***~ de fumée*** dicke Rauchschwaden *f/pl*

rider [ride] **I** *v/t eau* kräuseln; **II** *v/pr* ***se ~*** faltig, runz(e)lig werden; Runzeln bekommen

▸ **ridicule** [ridikyl] **I** *adj* lächerlich (*a fig somme*); lachhaft; **II** *m* Lächerlichkeit *f*; ***se couvrir de ~*** sich lächerlich machen; sich blamieren; ***tourner en ~*** lächerlich machen

ridiculiser [ridikylize] *v/t* (*et v/pr* ***se***) ~ (sich) lächerlich machen; (sich) blamieren

▸ **rien** [rjɛ̃] **I** *pr/ind* **1** ⟨*mit* ne *beim Verb*⟩ nichts; ▸ ***rien du tout*** gar nichts; ***il n'y a rien de mieux*** es gibt nichts Besseres; ***ce n'est rien*** halb so schlimm; macht nichts; F ***ce n'est pas rien*** das will schon was heißen!; ***il n'en est rien*** das ist nicht der Fall; ***je ne sais rien*** ich weiß nichts; ***un petit bobo de rien*** ein kleines, unbedeutendes Wehwehchen; ***une fille de rien*** ein unsolides Mädchen; ***de rien!*** keine Ursache!; bitte!; ***comme si de rien n'était*** als ob nichts gewesen wäre; ***en rien*** in keiner Weise; ***pour rien*** umsonst; für nichts (und wieder nichts); ***pour rien au monde*** um nichts in der Welt; ***rien que*** nur; nichts als; ***rien que d'y penser*** schon der Gedanke daran; **2** *sens positif* ⟨*ohne* ne⟩ etwas; ***sans rien dire, faire*** ohne etwas zu sagen, tun; **II** *m* Kleinigkeit *f*; Nichtigkeit *f*; Bagatelle *f*; Lappalie *f*; ***un rien*** (***de***) ein (ganz) klein wenig; F e-e Idee; ***en un rien de temps*** im Nu; im Handumdrehen; ***pour un rien*** wegen e-r Kleinigkeit

rieur [rijœr] **I** *adj* ⟨-euse [-øz]⟩ *personne* lustig; fröhlich; *yeux*, *air* lachend; **II** *m* Lacher *m*

rififi [rififi] *arg m* Schlägerei *f*

rifle [rifl(ə)] *adjt* ***carabine*** *f* ***22 long ~*** 5,58-mm-Karabiner *m*

rigid|e [riʒid] *adj* **1** *matériau* steif; **2** *principes*, *personne* starr; streng; ***~ité*** [-ite] *f* **1** Steifheit *f*; **2** *fig* Starrheit *f*; (unbeugsame) Strenge

rigolade [rigɔlad] F *f* Spaß *m*; Ulk *m*; F Jux *m*; ***c'est de la ~*** (*pas sérieux*) das ist ein Witz, e-e Farce; (*pas difficile*) das ist e-e Kleinigkeit; ***prendre à la ~*** als Spaß *etc* auffassen

rigolard [rigɔlar] F *adj* ⟨-arde [-ard]⟩ spöttisch

rigole [rigɔl] *f* **1** *d'écoulement* Rinne *f*; **2** (*filet d'eau*) Rinnsal *n*

rigoler [rigɔle] F *v/i* (*rire*) lachen; (*s'amuser*) Spaß machen; ***tu rigoles!*** du machst wohl Witze!; ***il ne faut pas ~ avec ça*** damit ist nicht zu spaßen

rigolo [rigɔlo] F **I** *adj* ⟨-ote [-ɔt]⟩ lustig; spaßig; ulkig; **II** ***~(te)*** *m(f)* Spaßvogel *m*; *péj* Witzbold *m*

rigorisme [rigɔrism(ə)] *m* Rigorismus *m*; übertriebene Strenge

rigoureux [rigurø] *adj* ⟨-euse [-øz]⟩ streng (*a hiver*, *raisonnement*); rigoros; unerbittlich; *climat* rau

rigueur [rigœr] *f* Strenge *f*; ***à la ~*** notfalls; zur Not; im Notfall; allenfalls; ***de ~*** erforderlich; unerlässlich; ***tenir ~ à qn de qc*** j-m etw übel nehmen, nachtragen

rillettes [rijɛt] *f/pl fein gehacktes, gekochtes und im eigenen Fett konserviertes Fleisch*

rime [rim] *f* Reim *m*; *fig* ***sans ~ ni raison*** ohne Sinn und Verstand

rimer [rime] *v/i* sich reimen (***avec*** auf + *acc*); *fig* ***ne ~ à rien*** keinen Sinn haben, machen

R

rimmel® [ʀimɛl] *m* Wimperntusche *f*
rinçage [ʀɛ̃saʒ] *m* **1** (Nach)Spülen *n*; **2** *coiffeur* ***faire un ~*** das Haar tönen
rince-doigts [ʀɛ̃zdwa] *m* ⟨*inv*⟩ Wasserschale *f* zum Fingerreinigen
rincer [ʀɛ̃se] ⟨-ç-⟩ **I** *v/t linge* spülen; *vaisselle, cheveux* nachspülen; *verres* ausspülen; *l'extérieur* abspülen; F *fig* ***se faire ~*** (vom Regen) durchnässt werden; **II** *v/pr* ***se ~ la bouche*** sich den Mund ausspülen; *fig* ***se ~ l'œil*** den stillen Genießer spielen
ring [ʀiŋ] *m* (Box)Ring *m*
ringard [ʀɛ̃gaʀ] F *adj* ⟨-arde [-aʀd]⟩ altmodisch; überlebt
ripaille [ʀipaj] *f* F ***faire ~*** F ein Fressgelage *n* veranstalten
riper [ʀipe] *v/i* rutschen
ripolin® [ʀipɔlɛ̃] *m* Lackfarbe *f*
riposte [ʀipɔst] *f* **1** schnelle, schlagfertige Antwort; **2** MIL, *fig* Gegenstoß *m*, -schlag *m*
riposter [ʀipɔste] *v/i* **1** schnell, schlagfertig antworten (***à qc*** auf etw [*acc*]; ***à qn*** j-m); **2** MIL, *fig* e-n Gegenstoß führen; zurückschlagen
ripou [ʀipu] F *m* ⟨~x⟩ korrupter (Polizei)Beamter
riquiqui [ʀikiki] F *adj* ⟨*inv*⟩ winzig; *péj* armselig
▸ **rire** [ʀiʀ] ⟨je ris, il rit, nous rions; je riais; je ris; je rirai; que je rie; riant; ri⟩ **I** *v/i* **1** lachen (***de*** über + *acc*); ***vous me faites ~*** dass ich nicht lache!; **2** (*plaisanter*) spaßen; scherzen; ***c'était pour ~*** das war nur Spaß; **3** (*se moquer*) ***~ de qn, qc*** j-n auslachen; sich über j-n, etw lustig machen; **II** *v/pr st/s* ***se ~ des difficultés*** die Schwierigkeiten spielend meistern; **III** *m* Lachen *n*; Gelächter *n*; (***crise*** *f* ***de***) ***fou ~*** Lachkrampf *m*; ***avoir le fou ~*** nicht mehr können vor Lachen
ris [ʀi] *m* **1** ***~ de veau*** Kalbsbries *n*; **2** MAR Reff *n*
risée [ʀize] *f* Gespött *n*; ***être la ~ de tout le monde*** sich zum Gespött der Leute machen
risette [ʀizɛt] *f enfant* ***faire des ~s à qn*** j-n anlächeln
risible [ʀizibl(ə)] *adj* lächerlich
▸ **risque** [ʀisk] *m* Risiko *n*; Gefahr *f*; ***assurance*** *f* ***tous ~s*** Vollkaskoversicherung *f*; ***à mes***, *etc* ***~s et périls*** auf eigene Gefahr; ***à ~(s)*** Risiko…; ***au ~ de*** (+ *inf*) auf die Gefahr hin zu (+ *inf*); ***prendre des ~s*** Risiken eingehen, auf sich nehmen
risqué [ʀiske] *adj* ⟨~e⟩ riskant; gewagt
risquer [ʀiske] **I** *v/t* **1** *vie, regard, plaisanterie* riskieren (*a amende, renvoi*); wagen; *vie a* aufs Spiel setzen; ***~ gros*** viel riskieren, aufs Spiel setzen; ***~ de*** (+ *inf*) riskieren, Gefahr laufen, drohen zu (+ *inf*); **2** *chose* ***~ de*** (+ *inf*) drohen zu (+ *inf*); *la maison* ***risque de s'écrouler*** droht einzustürzen; *par ext* ***~ de réussir*** gelingen können; vielleicht gelingen; **II** *v/pr* ***se ~ à faire qc*** sich darauf einlassen, etw zu tun
risque-tout [ʀiskətu] *m,f* ⟨*inv*⟩ Draufgänger(in) *m(f)*
rissoler [ʀisɔle] *v/t* ***faire ~*** goldbraun braten; bräunen
ristourne [ʀistuʀn] *f* Rabatt *m*
rite [ʀit] *m* **1** REL Ritus *m*; **2** *fig* Brauch *m*; Gepflogenheit *f*
ritournelle [ʀituʀnɛl] *f* **1** MUS Ritornell *n*; **2** *fig* alte Leier
rituel [ʀitɥɛl] **I** *adj* ⟨~le⟩ **1** REL rituell; **2** *fig* gewohnheitsmäßig; **II** *m* Ritual *n*
rivage [ʀivaʒ] *m* Küste *f*; Strand *m*
rival(e) [ʀival] **I** *m(f)* ⟨*m/pl* -aux [-o]⟩ Rivale *m*, Rivalin *f*; *en amour a* Nebenbuhler(in) *m(f)*; **II** *adj* rivalisierend
rival|iser [ʀivalize] *v/i* rivalisieren, wetteifern (***avec qn de qc*** mit j-m in etw [*dat*]); **~ité** [-ite] *f* Rivalität *f*
▸ **rive** [ʀiv] *f* Ufer *n*
river [ʀive] *v/t* **1** *tôles* (ver)nieten; **2** *fig* fesseln (***à*** an + *acc*); *regard* ***être rivé sur qc*** auf etw (*acc*) geheftet sein
river|ain [ʀivʀɛ̃] *m*, **~aine** [-ɛn] *f* Anlieger(in) *m(f)*; Anrainer(in) *m(f)*; Anwohner(in) *m(f)*
rivet [ʀivɛ] *m* TECH Niete *f*
Riviera [ʀivjeʀa] ***la ~*** die italienische Riviera
▸ **rivière** [ʀivjɛʀ] *f* **1** Fluß *m*; **2** *fig* Strom *m* (***de*** von); **3** SPORTS Wassergraben *m*; **4** ***~ de diamants*** Diamantenkollier *n*
rixe [ʀiks] *f* Schlägerei *f*
▸ **riz** [ʀi] *m* Reis *m*; ***~ au lait*** Milchreis *m*; Reisbrei *m*; ***poule*** *f* ***au ~*** Huhn *n* mit Reis
riziculture [ʀizikyltyʀ] *f* Reisanbau *m*
rizière [ʀizjɛʀ] *f* Reisfeld *n*
R.M.I. [ɛʀɛmi] *m* ⟨*inv*⟩ *abr* (*revenu mini-*

mum d'insertion) correspond à Arbeitslosenhilfe *f*

RMiste [ɛʀemist] *m,f* Arbeitslosenhilfeempfänger(in) *m(f)*

R.M.N. [ɛʀɛmɛn] *f* ⟨*inv*⟩ → ***résonance***

R.N. *abr* (*route nationale*) *correspond à* B (Bundesstraße)

R.N.I.S. [ɛʀɛniɛs] *m abr* (*réseau numérique à intégration de services*) ISDN *n*

▸ **robe** [ʀɔb] *f* **1** Kleid *n*; **~ de chambre** Morgenrock *m*, -mantel *m*; **~ d'été, de mariée, du soir** Sommer-, Braut-, Abendkleid *n*; **2** *des juges, etc* Robe *f*; Talar *m*; **3** *d'un animal* Fell *n*; **4** *d'un cigare* Deckblatt *n*; **5** *du vin* Farbe *f*

▸ **robinet** [ʀɔbinɛ] *m* TECH Hahn *m*

robinetterie [ʀɔbinɛtʀi] *f* Armaturen *f/pl*

robot [ʀɔbo] *m* **1** TECH, *fig* Roboter *m*; **2** CUIS Küchenmaschine *f*

robot|ique [ʀɔbɔtik] *f* Robotertechnik *f*; **~iser** [-ize] *v/t* vollautomatisieren

robust|e [ʀɔbyst] *adj* robust (*a moteur, etc*); widerstandsfähig; kräftig; **~esse** [-ɛs] *f* Robustheit *f*

roc [ʀɔk] *m* Fels *m* (*a fig*)

rocade [ʀɔkad] *f* Umgehungsstraße *f*

rocaille [ʀɔkaj] *f* **1** *terrain* steiniger Boden; **2** ARCH Muschelwerk *n*; Rocaille *n ou f*; **3** *adjt* **style** *m* **~** Rokoko(stil) *n(m)*

rocailleux [ʀɔkajø] *adj* ⟨-euse [-øz]⟩ **1** *chemin* steinig; **2** *fig voix* rau

rocambolesque [ʀɔkɑ̃bɔlɛsk] *adj* fantastisch; abenteuerlich

roche [ʀɔʃ] *f* **1** Fels(en) *m*; **2** GÉOL Gestein *n*

▸ **rocher** [ʀɔʃe] *m* **1** Fels(en) *m*; **2** *au chocolat* große nugatgefüllte Praline

rocheux [ʀɔʃø] *adj* ⟨-euse [-øz]⟩ Fels(en)…; felsig

rock [ʀɔk] **I** *m* **1** MUS Rock *m*; Rockmusik *f*; **2** *danse* Rock and Roll *m*; **II** *adj* ⟨*inv*⟩ Rock…

rock|er [ʀɔkœʀ] *m*, **~euse** [-øz] *f* **1** Rocksänger(in) *m(f)*; **2** Rockfan *m*

rocking-chair [ʀɔkiŋ(t)ʃɛʀ] *m* ⟨rocking-chairs⟩ Schaukelstuhl *m*

rococo [ʀɔkɔko] **I** *adj* ⟨*inv*⟩ Rokoko…; **II** *m* Rokoko *n*

rodage [ʀɔdaʒ] *m* **1** *d'une voiture* Einfahren *n*; ***en* ~** wird eingefahren; **2** *fig* Anlaufzeit *f*; *de qn* Einarbeitung *f*

rodéo [ʀɔdeo] *m* **1** Rodeo *m ou n*; **2** *fig* wilde Verfolgungsjagd

roder [ʀɔde] *v/t* **1** *voiture* einfahren; **2** *fig* einüben; *personne* einarbeiten (***à*** in + *acc*)

rôder [ʀode] *v/i* sich herumtreiben; herumstreunen

rôd|eur [ʀodœʀ] *m*, **~euse** [-øz] *f* Herumtreiber(in) *m(f)*

rodomontade [ʀɔdɔmɔ̃tad] *f* Prahlerei *f*

rogatoire [ʀɔgatwaʀ] *adj* JUR ***commission f* ~** Rechtshilfeersuchen *n*

rogatons [ʀɔgatõ] F *m/pl* (Essens)Reste *m/pl*

rogne [ʀɔɲ] *f* F ***être en* ~** F e-e Stinklaune haben

rogner [ʀɔɲe] **I** *v/t* beschneiden; **II** *v/t/indir* **~ *sur qc*** an etw (*dat*) sparen

rognon [ʀɔɲõ] *m* CUIS Niere *f*

rognure [ʀɔɲyʀ] *f* Schnipsel *m ou n*; **~s *d'ongles*** abgeschnittene Fingernägel *m/pl*; **~s de viande** Fleischreste *m/pl*

rogomme [ʀɔgɔm] F ***voix f de* ~** Säuferstimme *f*

rogue [ʀɔg] *adj* überheblich

▸ **roi** [ʀwa] *m* König *m* (*a* ÉCHECS, CARTES, *fig*); *fig* **les ~s du pétrole** die Ölmagnaten *m/pl*; F **le ~ des imbéciles** der größte Dummkopf; ***fête f des* ♀s** Dreikönigstag *m*; Heilige Drei Könige; ***tirer les* ♀s** den Dreikönigskuchen essen

roitelet [ʀwatlɛ] *m* **1** ZO Goldhähnchen *n*; *abus* Zaunkönig *m*; **2** *plais* Duodezfürst *m*

▸ **rôle** [ʀol] *m* **1** THÉ Rolle *f* (*a fig*); *fig* ***avoir le beau* ~** gut dastehen; F fein heraus sein; *fig* ***jouer un grand* ~ *dans qc*** e-e große Rolle bei etw spielen; **2 *à tour de* ~** abwechselnd; der Reihe nach; turnusmäßig

▸ **roller** [ʀɔlœʀ] *m* Inline-Skate *m*

romain [ʀɔmɛ̃] **I** *adj* ⟨-aine [-ɛn]⟩ **1** römisch; **2** TYPO ***caractères* ~s** Antiqua *f*; **II** *subst* **1** ♀**(e)** *m(f)* Römer(in) *m(f)*; **2 ~e** *f* römischer Salat; Romana *f*

▸ **roman** [ʀɔmɑ̃] **I** *adj* ⟨-ane [-an]⟩ romanisch; **II** *m* **1** Roman *m* (*a fig*); **~ d'amour, d'aventures** Liebes-, Abenteuerroman; **2** ARCH Romanik *f*

romance [ʀɔmɑ̃s] *f* Liebeslied *n*

romancer [ʀɔmɑ̃se] *v/t* ⟨-ç-⟩ in Romanform schreiben

romanche [ʀɔmɑ̃ʃ] *m* Rätoromanisch *n*; Romantsch *n*
romanc|ier [ʀɔmɑ̃sje] *m*, **~ière** [-jɛʀ] *f* Romancier *m*; Romanschriftsteller(in) *m(f)*; Romanautor(in) *m(f)*
romand [ʀɔmɑ̃] *adj* ⟨-ande [-ɑ̃d]⟩ ***la Suisse ~e*** die französische Schweiz
romanesque [ʀɔmanɛsk] *adj* **1** *aventure, etc* romanhaft; wie in e-m Roman; *personne* romantisch; schwärmerisch; **2** ***œuvre*** *f* **~** Romanwerk *n*
roman|-feuilleton *m* ⟨romans-feuilletons⟩ Fortsetzungsroman *m*; **~-fleuve** *m* ⟨romans-fleuves⟩ sehr langer Roman
romanichel(le) [ʀɔmaniʃɛl] *m(f) péj* Zigeuner(in) *m(f)*
romaniste [ʀɔmanist] *m,f* LING Romanist(in) *m(f)*
roman-photo *m* ⟨romans-photos⟩ Fotoroman *m*
romant|ique [ʀɔmɑ̃tik] **I** *adj* romantisch; **II** *m* Romantiker *m*; **~isme** [-ism(ə)] *m* Romantik *f*
romarin [ʀɔmaʀɛ̃] *m* Rosmarin *m*
rombière [ʀõbjɛʀ] *f* F alte Schachtel
Rome [ʀɔm] Rom *n*
rompre [ʀõpʀ(ə)] ⟨je romps, il rompt, nous rompons; je rompais; je rompis; je romprai; que je rompe; rompant; rompu⟩ **I** *v/t* brechen (*a contrat*); *relations* abbrechen; *silence* unterbrechen; *équilibre* stören; *fiançailles, charme* lösen; ***applaudir à tout ~*** tosenden Beifall spenden; **II** *v/i* **~ *avec qn, qc*** mit j-m, etw brechen; **III** *v/pr* ***se ~*** *corde* (zer)reißen; *digue, branche* brechen; ***se ~ les os*** sich die Knochen brechen
rompu [ʀõpy] *adj* ⟨**~e**⟩ **1** **~ (*de fatigue*)** wie gerädert; **2** (*habile*) **~ *à qc*** in etw (*dat*) bewandert, erfahren
romsteck [ʀɔmstɛk] *m* Rumpsteak *n*
ronce [ʀõs] *f* **1** BOT Brombeerstrauch *m*; **~*s*** *pl a* Brombeergestrüpp *n*; **2** *de noyer, etc* Maserung *f*
ronchon [ʀõʃõ] F → ***ronchonneur***
ronchonn|er [ʀõʃɔne] *v/i* F meckern; **~eur** [-œʀ], **~euse** [-øz] **I** F *m,f* F Meckerer *m*, Meckerziege *f*; **II** F *adj* brummig; knurrig
▸ **rond** [ʀõ] **I** *adj* ⟨ronde [ʀõd]⟩ **1** rund (*a chiffre, somme*); *personne, partie du corps a* rundlich; ***ballon ~*** Fußball *m*; **2** **~ *en affaires*** offen und großzügig; **3** F (*ivre*) F besoffen; F blau; **II** *adv* ***tourner ~*** *moteur* gut laufen; *fig* ***ça ne tourne pas ~*** da stimmt etwas nicht; ***ça fait cent euros tout ~*** das macht genau hundert Euro; **III** *m* **1** Kreis *m*; Ring *m*; **~ *de serviette*** Serviettenring *m*; ***en ~*** im Kreis; ***tourner en ~*** sich im Kreis drehen (*a fig*); F *fig* ***en rester comme deux ~s de flan*** F ganz platt, baff sein; **2** F (*sou*) ***avoir des ~s*** Geld, F Moneten haben
rond-de-cuir [ʀõdkɥiʀ] *m* ⟨ronds-de-cuir⟩ *péj* Büromensch *m*
ronde [ʀõd] *f* **1** *d'un gardien* Runde *f*; Rund-, Kontrollgang *m*; *de police* Streife *f*; **2** ***à dix lieues à la ~*** im weiten Umkreis; ***faire passer qc à la ~*** etw reihum gehen lassen; **3** *danse* Rundtanz *m*; Reigen *m*; *enfants* ***faire la ~*** Ringelreihen spielen, tanzen; **4** MUS ganze Note
rondelet [ʀõdlɛ] *adj* ⟨-ette [-ɛt]⟩ **1** rundlich; mollig; F pummelig; **2** ***une somme ~te*** ein nettes Sümmchen
rondelle [ʀõdɛl] *f* Scheibe *f*; *d'un écrou* Unterlegscheibe *f*; **~ *de saucisson*** Wurstscheibe *f*
rondement [ʀõdmɑ̃] *adv* **1** *faire qc* zügig; **2** *parler* offen
rondeur [ʀõdœʀ] *f* **1** *du corps* Rundung *f*; **2** (*sincérité*) Offenheit *f*
rondin [ʀõdɛ̃] *m* ***cabane*** *f* ***en ~s*** Blockhütte *f*, -haus *n*
rondouillard [ʀõdujaʀ] F *adj* ⟨-arde [-aʀd]⟩ dicklich; füllig
rond-point *m* ⟨ronds-points⟩ **1** *carrefour* Kreisel *m*; Kreisverkehr *m*; **2** *place* runder Platz; Stern *m*
ronflant [ʀõflɑ̃] *adj* ⟨-ante [-ɑ̃t]⟩ *péj* hochtrabend
ronflement [ʀõfləmɑ̃] *m* Schnarchen *n*
ronfler [ʀõfle] *v/i* **1** *personne* schnarchen; **2** *moteur* brummen; *feu* bullern
ronger [ʀõʒe] ⟨-ge-⟩ **I** *v/t* **1** nagen (***qc*** an etw [*dat*]); zernagen; *os a* abnagen; *vers: bois* zerfressen; **2** *rouille: fer, etc* zerfressen; angreifen; **3** *fig chagrin, etc* **~ *qn*** an j-m nagen, fressen; j-n quälen; **II** *v/pr* **4** ***se ~ les ongles*** an den Nägeln kauen; **5** *fig* ***se ~ d'inquiétude*** vor Unruhe vergehen
rongeur [ʀõʒœʀ] *m* Nager *m*; Nagetier *n*
ronron [ʀõʀõ] *m* **1** *du chat* Schnurren *n*;

2 *d'un moteur* Surren *n*; 3 *fig* Eintönigkeit *f*
ronronnement [RõRɔnmɑ̃] *m* → **ronron**
ronronner [RõRɔne] *v/i* 1 *chat* schnurren; 2 *moteur* surren
roquefort [Rɔkfɔr] *m* Roquefort(käse) *m*
roquer [Rɔke] *v/i* ÉCHECS rochieren
roquet [Rɔkɛ] *m* Kläffer *m* (*a fig*)
roquette [Rɔkɛt] *f* Rakete(ngeschoss) *f(n)*
rosace [Rozas] *f* ARCH Rosette *f*
rosaire [RozɛR] *m* Rosenkranz *m*
rosâtre [RozɑtR(ə)] *adj* schmutzig rosa
rosbif [Rɔzbif] *m* Roastbeef *n*
▸ **rose**[1] [Roz] *f* 1 BOT Rose *f*; **~ de Noël** Christrose *f*; *fig* **à l'eau de ~** kitschig; sentimental; F **envoyer qn sur les ~s** j-m e-n Korb geben; 2 **~ des vents** Windrose *f*; 3 **~ des sables** Sandrose *f*
▸ **rose**[2] I *adj* 1 rosa; rosarot; rosafarben; **~ bonbon** ⟨*inv*⟩ bonbonrosa; 2 *fig* (*réjouissant*) rosig; 3 *fig* Sex…; II *m* Rosa *n*; *fig* **voir la vie, tout en ~** das Leben, alles durch e-e rosa Brille sehen
rosé [Roze] *adj* ⟨~e⟩ zartrosa; rosé; (**vin**) **~** *m* Rosé(wein) *m*
roseau [Rozo] *m* ⟨~x⟩ Schilf(rohr) *n*
rosée [Roze] *f* Tau *m*
roseraie [RozRɛ] *f* Rosengarten *m*
rosette [Rozɛt] *f* 1 *nœud* Schleife *f*; 2 *insigne* Rosette *f*; **avoir la ~** Offizier *m* der Ehrenlegion sein; 3 **~ de Lyon** Salami *f* aus Lyon
rosier [Rozje] *m* Rosenstrauch *m*, -stock *m*; Rose *f*
rosir [RoziR] *v/i* (zart, leicht) erröten
rosse [Rɔs] I *f* Schuft *m*; Leuteschinder *m*; II *adj* gemein (**avec qn** zu j-m)
rossée [Rɔse] F *f* (Tracht *f*) Prügel *pl*
rosser [Rɔse] *v/t* verprügeln; F verhauen; F verdreschen
rosserie [RɔsRi] *f* Gemeinheit *f*
rossignol [Rɔsiɲɔl] *m* 1 ZO Nachtigall *f*; 2 (*passe-partout*) Dietrich *m*; 3 F COMM Ladenhüter *m*
rot [Ro] *m* F Rülpser *m*; *bébé* **faire son ~** (ein) Bäuerchen machen
rotatif [Rɔtatif] *adj* ⟨-ive [-iv]⟩ Dreh…; **moteur** *m* **à piston ~** Wankelmotor *m*
rotation [Rɔtasjõ] *f* 1 (Um)Drehung *f*; Rotation *f*; 2 *fig* (*roulement*) turnusmäßiger Wechsel; Rotation *f*; ÉCON Umschlag *m*; Umsatz *m*; *d'un moyen de transport* Zug- *ou* Busfolge *f*; **~ du personnel** Fluktuation *f* der Belegschaft
rotative [Rɔtativ] *f* Rotationspresse *f*
roter [Rɔte] *v/i* F rülpsen
▸ **rôti** [Roti, Rɔ-] *m* Braten *m*; **~ de bœuf, de porc** Rinder-, Schweinebraten *m*
rotin [Rɔtɛ̃] *m* Rattan *n*; Peddigrohr *n*; **fauteuil** *m* **de, en ~** Korbsessel *m*
rôtir [RotiR, Rɔ-] I *v/t* (**faire**) **~** braten; II *v/i* braten (*a* F *fig personne*); III *v/pr* **se ~** (**au soleil**) sich (in der Sonne) braten lassen
rôtiss|erie [RɔtisRi] *f* Rotisserie *f*; Grillrestaurant *n*; **~oire** [-waR] *f* Grill(gerät) *m(n)*
rotonde [Rɔtõd] *f* Rundbau *m*; Rotunde *f*
rotor [RɔtɔR] *m* Rotor *m*
rotule [Rɔtyl] *f* 1 ANAT Kniescheibe *f*; F *fig* **être sur les ~s** erschöpft, F ganz kaputt sein; 2 TECH Kugelgelenk *n*
rotur|ier [RɔtyRje] *m*, **~ière** [-jɛR] *f* HIST Nichtadelige(r) *f(m)*
rouage [Rwaʒ] *m* Rädchen *n*; **~s** *pl* Räderwerk *n* (*a fig*)
roublard [RublaR] F I *adj* ⟨-arde [-aRd]⟩ durchtrieben; gerissen; II **~(e)** *m(f)* gerissener Bursche; *femme* F schlaues Luder
roublardise [RublaRdiz] F *f* Gerissenheit *f*; Durchtriebenheit *f*
rouble [Rubl(ə)] *m* Rubel *m*
roucouler [Rukule] *v/i* 1 *pigeon* gurren; 2 *fig* turteln
▸ **roue** [Ru] *f* Rad *n*; **grande ~** Riesenrad *n*; **~ libre** Freilauf *m*; **~ de loterie** Glücksrad *n*; **faire la ~** SPORTS Rad schlagen; *paon* ein Rad schlagen; *fig* **pousser à la ~** nachhelfen
roué [Rwe] *adj* ⟨~e⟩ gerissen; verschlagen
rouelle [Rwɛl] *f* **~** (**de veau**) Fleischscheibe *f* aus der Kalbskeule
rouer [Rwe] *v/t* **~ qn de coups** j-n durchprügeln
rouerie [RuRi] *f* Gerissenheit *f*; Verschlagenheit *f*
rouet [Rwɛ] *m* Spinnrad *n*
rouflaquettes [Ruflakɛt] F *f/pl* Koteletten *pl*
▸ **rouge** [Ruʒ] I *adj* rot (*a* POL); *fer* (rot) glühend; **la mer** ♀ das Rote Meer; **poisson** *m* **~** Goldfisch *m*; (**vin** *m*) **~** *m* Rotwein *m*; II *adv* **se fâcher tout**

~ F fuchsteufelswild werden; ***voir*** **~** F rotsehen; **III** *m* **1** Rot *n*; *de la peau, du visage* Röte *f*; ***chauffer au*** **~** bis zur Rotglut erhitzen; *feux* ***être au*** **~** rot sein; Rot zeigen; ***passer au*** **~** *feux* auf Rot schalten; *voiture* bei Rot durchfahren; **2** **~** ***à joues*** Rouge *n*; **~** ***à lèvres*** Lippenstift *m*

rougeâtre [ʀuʒɑtʀ(ə)] *adj* rötlich

rougeaud [ʀuʒo] *adj* ⟨-aude [-od]⟩ mit rotem Gesicht

rouge-gorge *m* ⟨rouges-gorges⟩ Rotkehlchen *n*

rougeole [ʀuʒɔl] *f* Masern *pl*

rougeoyer [ʀuʒwaje] *v/i* ⟨-oi-⟩ rot, rötlich schimmern

rouget [ʀuʒɛ] *m* Meerbarbe *f*

rougeur [ʀuʒœʀ] *f sur la peau* Rötung *f*; **~*s*** *pl* rote Stellen *f/pl*, Flecken *m/pl*

rougi [ʀuʒi] *adj* ⟨~e⟩ *yeux* gerötet; ***eau*** **~*e*** Wasser *n* mit e-m Schuss Rotwein

rougir [ʀuʒiʀ] *v/i* **1** rot werden; *peau, feuilles a* sich röten; *métal* glühend werden; **2** *personne* rot werden, erröten (***de honte*** vor Scham); *fig* ***je n'ai pas à*** **~** ***de cela*** dessen brauche ich mich nicht zu schämen

rouille [ʀuj] *f* **1** *du fer*, AGR Rost *m*; **2** CUIS scharfe, mit Peperoni gewürzte Knoblauchsoße; **3** *adjt* ⟨*inv*⟩ rostbraun, -farben

rouillé [ʀuje] *adj* ⟨~e⟩ **1** *fer, clé* verrostet; rostig; **2** *fig* eingerostet

rouiller [ʀuje] **I** *v/i* (ver)rosten; rostig werden; **II** *v/pr* ***se*** **~** **1** (ver)rosten; **2** *fig personne* einrosten

roulade [ʀulad] *f* **1** (*galipette*) Purzelbaum *m*; SPORTS Rolle *f*; **2** MUS Roulade *f*

roulant [ʀulɑ̃] *adj* ⟨-ante [-ɑ̃t]⟩ rollend; Roll…; fahrbar; fahrend (*a personnel*); Fahr…; (***cuisine***) **~*e*** *f* Feldküche *f*; F Gulaschkanone *f*; ***feu*** **~** MIL Trommelfeuer *n*; *fig de questions* Kreuzfeuer *n*; ***table*** **~*e*** Servier-, Teewagen *m*

roulé [ʀule] *adj* **1** gerollt; Roll…; ***épaule*** **~*e*** Rollbraten *m*; ***gâteau*** **~** Biskuitrolle *f*; ***r*** **~** gerolltes r; **2** F *femme* ***bien*** **~*e*** F gut gebaut

rouleau [ʀulo] *m* ⟨~x⟩ **1** *de papier* Rolle *f*; *fig* ***être au bout du*** **~** am Ende sein; **2** (*bigoudi*) Lockenwickler *m*; **3** TECH Walze *f*; **~** ***compresseur*** Straßen-, F Dampfwalze *f*; **~** ***à pâtisserie*** Nudelholz *n*; **~** ***de peintre*** Farbroller *m*; **4** (*grosse vague*) Brandungswelle *f*; **5** SPORTS Roller *m*; Rollsprung *m*

roulé-boulé [ʀulebule] *m* ⟨roulés-boulés⟩ SPORTS Rolle *f*; ***faire un*** **~** abrollen

roulement [ʀulmɑ̃] *m* **1** *mouvement* Rollen *n*; **2** *bruit de voiture* Dröhnen *n*; *du tonnerre* Grollen *n*; **~** ***de tambour*** Trommelwirbel *m*; **3** **~** ***à billes*** Kugellager *n*; **4** (*alternance*) regelmäßiger Wechsel; ***par*** **~** turnusmäßig; *travailler* in Schichten

▸**rouler** [ʀule] **I** *v/t* **1** rollen (*a les yeux, les r*); *objet lourd* wälzen; *invalide* fahren; *tapis, crêpe* zusammenrollen; *cigarette* drehen; **2** F (*tromper*) **~** ***qn*** F j-n reinlegen, übers Ohr hauen; ***se faire*** **~** F reingelegt werden; F reinfallen (***par qn*** auf j-n); **II** *v/i* **3** *balle, etc* rollen; *bateau* schlingern; **4** *véhicule* rollen; fahren (*a personne*); F *fig* **~** ***pour qn*** für j-n arbeiten; F ***ça roule*** F alles in Butter!; **5** *péj* (*se déplacer*) herumziehen; **6** *tonnerre* rollen; grollen; **7** *conversation* **~** ***sur qc*** sich um etw drehen; **III** *v/pr* ***se*** **~** ***par terre*** sich auf dem Boden wälzen; ***se*** **~** ***en boule*** sich zu e-r Kugel zusammenrollen

roulette [ʀulɛt] *f* **1** *de meubles* Rolle *f*; ***sifflet*** *m* ***à*** **~** Trillerpfeife *f*; F *fig* ***marcher comme sur des*** **~*s*** F wie geschmiert, wie am Schnürchen gehen; **2** *outil* Rädchen *n*; *de dentiste* Bohrer *m*; *dentiste* ***passer la*** **~** bohren; **3** *jeu* Roulett(e) *n*

roulis [ʀuli] *m* MAR Schlingern *n*

roulotte [ʀulɔt] *f* **1** Wohnwagen *m*; **2** ***vol*** *m* ***à la*** **~** Einbruchdiebstahl *m* in ein Kraftfahrzeug

roulottier [ʀulɔtje] *m* F Autoknacker *m*, -marder *m*

roulure [ʀulyʀ] *f* P *péj* Nutte *f*

roumain [ʀumɛ̃] **I** *adj* ⟨-aine [-ɛn]⟩ rumänisch; **II** ℛ(***e***) *m(f)* Rumäne *m*, Rumänin *f*

Roumanie [ʀumani] ***la*** **~** Rumänien *n*

round [ʀawnd, ʀund] *m* BOXE Runde *f*

roupiller [ʀupije] *v/i* F pennen

roupillon [ʀupijɔ̃] *m* F Nickerchen *n*

rouquin [ʀukɛ̃] F **I** *adj* ⟨-ine [-in]⟩ rothaarig; **II** **~(*e*)** *m(f)* Rothaarige(r) *f(m)*

rouspéter [ʀuspete] F *v/i* ⟨-è-⟩ schimpfen; F meckern

roussette [ʀusɛt] *f poisson* Katzenhai *m*

rousseur [ʀusœʀ] *f **taches** f/pl **de ~*** Sommersprossen *f/pl*

roussi [ʀusi] *m **sentir le ~*** versengt, angesengt riechen; *fig* brenzlig werden

routage [ʀutaʒ] *m* Sortierung *f* und Versand *m* (nach Leitgebieten)

routard [ʀutaʀ] *m* Rucksacktourist *m*

▸ **route** [ʀut] *f* **1** (Land)Straße *f*; ***grande ~*** viel befahrene Landstraße; ***la ~ de Paris*** die Straße nach Paris; *voiture **tenir bien la ~*** gut auf der Straße liegen; *fig argument **tenir la ~*** stichhaltig sein; **2** (*itinéraire*) Weg *m*; Route *f*; Strecke *f*; ***bonne ~!*** gute Fahrt!; ***en (cours de) ~*** unterwegs; ***se mettre en ~*** sich auf den Weg machen; aufbrechen; ***en ~!*** auf geht's!; *fig **faire fausse ~*** auf dem falschen Weg, Holzweg sein; ***faire ~ vers*** auf dem Weg sein nach; ***faire de la ~*** viel (herum)fahren; oft unterwegs sein; **3 *mettre en ~*** in Gang setzen (*a fig*); *fig* in die Wege leiten

> Die **route Napoléon** ist die Alpenstraße, die als **route nationale 85** von Juan-les-Pins über Sisteron und Gap nach Grenoble führt.
> Auf ihr marschierte **Napoléon Bonaparte** 1815 – nachdem er von der Insel Elba zurückgekehrt war – mit etwa 1000 Anhängern nach Paris.

routier [ʀutje] **I** *adj* ⟨-ière [-jɛʀ]⟩ Straßen…; **II** *m* **1** (*camionneur*) Fernfahrer *m*; **2** *restaurant* (gutes und billiges) Lokal für Fernfahrer; **3 *vieux ~*** (alter) Routinier

routine [ʀutin] *f* Routine *f*

routinier [ʀutinje] **I** *adj* ⟨-ière [-jɛʀ]⟩ routine-, gewohnheitsmäßig; **II** *m* Gewohnheitsmensch *m*

rouvre [ʀuvʀ(ə)] *m* (***chêne*** *m*) **~** Steineiche *f*

rouvrir [ʀuvʀiʀ] ⟨→ couvrir⟩ **I** *v/t* wieder öffnen, aufmachen; *débat* wieder eröffnen; **II** *v/i magasin* wieder geöffnet haben

▸ **roux** [ʀu] **I** *adj* ⟨rousse [ʀus]⟩ gelb-, fuchsrot; *cheveux* rot; *personne* rothaarig; **II** *subst* **1 ~, *rousse*** *m,f* Rothaarige(r) *f(m)*; **2** *m* CUIS Mehlschwitze *f*; Einbrenne *f*

royal [ʀwajal] *adj* ⟨~e; -aux [-o]⟩ **1** königlich; Königs…; **2** *fig cadeau* fürstlich; **3** *fig indifférence* völlig

royaliste [ʀwajalist] **I** *adj* royalistisch; königstreu; *fig **être plus ~ que le roi*** päpstlicher sein als der Papst; **II** *m,f* Royalist(in) *m(f)*

royalties [ʀwajalti] *f/pl* Tantiemen *f/pl*; Lizenzgebühren *f/pl*

royaume [ʀwajom] *m* **1** Königreich *n*; **2** REL, *fig* Reich *n*

Royaume-Uni [ʀwajomyni] ***le ~*** das Vereinigte Königreich

royauté [ʀwajote] *f* Königtum *n*

R.P.R. [ɛʀpeɛʀ] *m abr* (*Rassemblement pour la République*) (Partei *f* der) Neogaullisten *m/pl*

R.S.V.P. *abr* (*répondez, s'il vous plaît*) um Antwort wird gebeten

ruade [ʀyad] *f d'un cheval* Ausschlagen *n*

Ruanda [ʀwɑ̃da] ***le ~*** Ruanda *n*

ruban [ʀybɑ̃] *m* Band *n*; **~ *adhésif*** Klebeband *n*, -streifen *m*; **~ (*encreur*)** Farbband *n*

rubéole [ʀybeɔl] *f* Röteln *pl*

rubicond [ʀybikõ] *adj* ⟨-onde [-õd]⟩ hochrot

rubis [ʀybi] *m* Rubin *m*; *fig **payer ~ sur l'ongle*** sofort auf Heller und Pfennig bezahlen

rubrique [ʀybʀik] *f* Rubrik *f*

ruche [ʀyʃ] *f* **1** Bienenstock *m*, -korb *m*; *par ext colonie* Bienenvolk *n*; **2** *fig* Ameisenhaufen *m*

ruché [ʀyʃe] *m* COUT Rüsche *f*

rucher [ʀyʃe] *m* Bienenhaus *n*, -stand *m*

rude [ʀyd] *adj* **1** *personne, manières* roh; derb; grob; rüde; *métier, épreuve* hart (*a hiver*); schwer; *adversaire* gefährlich; **2** F (*fort*) F Mords…; F Riesen…

rudement [ʀydmɑ̃] *adv* **1** (*sans ménagement*) grob; rüde; rücksichtslos; **2** F (*très*) F unheimlich

rudesse [ʀydɛs] *f* Rohheit *f*; Grobheit *f*

rudimentaire [ʀydimɑ̃tɛʀ] *adj* unzureichend; (not)dürftig

rudiments [ʀydimɑ̃] *m/pl* Anfangsgründe *m/pl*; Grundbegriffe *m/pl*

rudoyer [ʀydwaje] *v/t* ⟨-oi-⟩ (grob) anfahren; grob behandeln

▸ **rue** [ʀy] *f* Straße *f*; *südd a* Gasse *f*; F ***ça***

R

ne court pas les ~s das ist selten; *fig* ***descendre dans la ~*** auf die Straße gehen (*demonstrieren*); *fig* ***être à la ~*** auf der Straße sitzen, stehen
ruée [ʀɥe] *f* Ansturm *m* (***vers*** auf + *acc*); ***~ vers l'or*** Goldrausch *m*
ruelle [ʀɥɛl] *f* (enge) Gasse; Gässchen *n*
ruer [ʀɥe] **I** *v/i cheval* ausschlagen; **II** *v/pr* ***se ~*** sich stürzen (***sur*** auf + *acc*); ***se ~ vers la sortie*** zum Ausgang stürzen
rugby [ʀygbi] *m* Rugby *n*
rugbyman [ʀygbiman] *m* ⟨rugbymen [-mɛn]⟩ Rugbyspieler *m*
rug|ir [ʀyʒiʀ] *v/i* **1** *fauve, personne* brüllen; **2** *vent* heulen; **~issement** [-ismɑ̃] *m* **1** *du lion* Brüllen *n*; Gebrüll *n*; **2** *du vent* Heulen *n*; *d'un moteur* Aufheulen *n*
rugosité [ʀygozite] *f* Rauheit *f*; Unebenheit *f*
rugueux [ʀygø] *adj* ⟨-euse [-øz]⟩ rau; uneben
Ruhr [ʀuʀ] ***la ~*** das Ruhrgebiet
▸**ruine** [ʀɥin] *f* **1** ***~s*** *pl* Ruinen *f/pl*; (*décombres*) Trümmer *pl*; ***château*** *m* ***en ~*** verfallene Burg; Burgruine *f*; ***tomber en ~*** verfallen; **2** *fig personne* Ruine *f*; Wrack *n*; **3** ÉCON Ruin *m*; **4** (*cause de ruine*) ***être une ~*** sehr kostspielig sein
ruiner [ʀɥine] **I** *v/t* ruinieren; zugrunde richten; *santé a* zerrütten; **II** *v/pr* ***se ~*** sich (finanziell) ruinieren; ***se ~ la santé*** s-e Gesundheit ruinieren
ruineux [ʀɥinø] *adj* ⟨-euse [-øz]⟩ ruinös
▸**ruisseau** [ʀɥiso] *m* ⟨~x⟩ **1** *cours d'eau* Bach *m*; **2** (*caniveau*) Gosse *f* (*a fig*); Rinnstein *m*
ruisseler [ʀɥisle] *v/i* ⟨-ll-⟩ **1** *eau, larmes* rinnen, rieseln, laufen (***sur*** über + *acc*); **2** ***~ de sueur*** von Schweiß triefen
ruissellement [ʀɥisɛlmɑ̃] *m* **1** ***eaux*** *f/pl* ***de ~*** abfließendes Wasser; **2** *fig de lumière* Fluten *n*
rumeur [ʀymœʀ] *f* **1** (*on-dit*) Gerücht *n*; **2** *de voix* Gemurmel *n*; (*bruit sourd*) dumpfes Geräusch
ruminant [ʀyminɑ̃] *m* Wiederkäuer *m*
ruminer [ʀymine] *v/t* **1** *vache, etc* wiederkäuen (*a abs*); **2** *fig* grübeln, brüten über (+ *dat*)
rumsteck [ʀɔmstɛk] → ***romsteck***
rupestre [ʀypɛstʀ(ə)] *adj* Fels…
rupin [ʀypɛ̃] F **I** *adj* ⟨*f inv*⟩ *personne* F betucht; F stinkreich; *quartier* F stinkvornehm; **II** *m* Krösus *m*
rupture [ʀyptyʀ] *f* **1** TECH Bruch *m*; (Zer)Reißen *n*; **2** MÉD Zerreißung *f*; Riss *m*; **3** *entre personnes* Bruch *m*; **4** *des relations diplomatiques* Abbruch *m*; *d'un contrat* Bruch *m*; **5** COMM ***nous sommes en ~ de stock*** die Vorräte sind ausgegangen
rural [ʀyʀal] **I** *adj* ⟨~e; -aux [-o]⟩ ländlich; Land…; (*agricole*) landwirtschaftlich; **II** *m/pl* ***ruraux*** Landbevölkerung *f*
ruse [ʀyz] *f* **1** (*artifice*) List *f*; Trick *m*; **2** (*rouerie*) Schlauheit *f*; Schläue *f*; List *f*
rusé [ʀyze] **I** *adj* ⟨~e⟩ listig; schlau; **II** **~(e)** *m(f)* schlauer Fuchs; F Schlauberger(in) *m(f)*; F Schlitzohr *n*
ruser [ʀyze] *v/i* (e-e) List anwenden; Tricks gebrauchen
rush [ʀœʃ] *m* Ansturm *m*
▸**russe** [ʀys] **I** *adj* russisch; **II** 𝔒 *m,f* Russe *m*, Russin *f*
▸**Russie** [ʀysi] ***la ~*** Russland *n*
rustine® [ʀystin] *f* (Gummi)Flicken *m*
rustique [ʀystik] *adj* **1** *style* Bauern…; rustikal; **2** *st/s mœurs, vie* bäuerlich einfach; **3** *plante* widerstandsfähig
rustre [ʀystʀ(ə)] *m péj* Rüpel *m*
rut [ʀyt] *m* Brunst *f*; CH Brunft *f*
rutabaga [ʀytabaga] *m* Kohlrübe *f*
rutilant [ʀytilɑ̃] *adj* ⟨-ante [-ɑ̃t]⟩ blitzend; funkelnd
Rwanda → ***Ruanda***
▸**rythme** [ʀitm(ə)] *m* Rhythmus *m*; *par ext* (*cadence*) Takt *m*; (*vitesse*) Tempo *n*; ***~ cardiaque*** Herzrhythmus *m*; ***au ~ de*** im Rhythmus von (*ou* + *gén*)
rythmer [ʀitme] *v/t* **1** e-n Rhythmus verleihen (+ *dat*); **2** (*scander*) den Takt schlagen zu
rythmique [ʀitmik] **I** *adj* rhythmisch; **II** *f* **1** *science* Rhythmik *f*; **2** rhythmischer Tanz

R

S

S, s [ɛs] *m* ⟨*inv*⟩ S, s *n*
s *abr* (*seconde*) s *ou* Sek.
S. *abr* (*sud*) S (Süd[en])
s' [s] **1** → ***se***; **2** ⟨*vor il(s)*⟩ → ***si²***
▸ **sa** [sa] → ***son¹***
S.A. [ɛsa] *f* ⟨*inv*⟩ *abr* (*société anonyme*) AG *f*
sabbat [saba] *m* **1** REL Sabbat *m*; **2** *de sorcières* Hexensabbat *m*
sabir [sabiʀ] *m* **1** LING Lingua franca *f*; **2** *par ext* Kauderwelsch *n*
▸ **sable** [sɑbl(ə), sa-] *m* **1** Sand *m*; **2** *adjt* ⟨*inv*⟩ sandfarben
sablé [sable] **I** *adj* ⟨~e⟩ ***pâte ~e*** Mürbteig *m*; **II** *m* Sandplätzchen *n*
sabler [sable] *v/t* **1** mit Sand bestreuen; **2** ***~ le champagne*** mit Champagner feiern
sabl|ier [sablije] *m* Sanduhr *f*; CUIS Eieruhr *f*; **~ière** [-ijɛʀ] *f* Sandgrube *f*
sablonneux [sablɔnø] *adj* ⟨-euse [-øz]⟩ sandig
saborder [sabɔʀde] **I** *v/t* **1** *navire* versenken; **2** *par ext* einstellen; aufgeben; **II** *v/pr* ***se ~*** **3** MAR sich selbst versenken; **4** *fig entreprise* s-n Betrieb, *journal* ihr Erscheinen einstellen
sabot [sabo] *m* **1** *chaussure* Holzschuh *m*; **2** ZO Huf *m*; **3** ***~ de Denver*** [dɑ̃vɛʀ] Parkkralle *f*; ***~ de frein*** Bremsklotz *m*; **4** *adjt* ***baignoire f ~*** Sitzbadewanne *f*
sabotage [sabɔtaʒ] *m* Sabotage *f*
saboter [sabɔte] *v/t* **1** *négociations*, *etc* sabotieren; *installation* e-n Sabotageakt verüben an (+ *dat*); **2** *travail* hinschludern
sabot|eur [sabɔtœʀ] *m*, **~euse** [-øz] *f* Saboteur(in) *m(f)*
sabre [sɑbʀ(ə)] *m* Säbel *m*
sabrer [sɑbʀe] *v/t texte* zusammenstreichen; *qn* → ***sacquer***
▸ **sac¹** [sak] *m* **1** *de grande taille*, *en jute* Sack *m*; ***sac postal*** Postsack *m*; ***sac à dos*** Rucksack *m*; ***sac de couchage***, F ***sac à viande*** Schlafsack *m*; *fig* ***l'affaire est dans le sac*** die Sache ist unter Dach und Fach; *fig* ***mettre dans le même sac*** in einen Topf werfen; F ***vider son sac*** F auspacken; **2** *de petite taille* Tüte *f*; Beutel *m*; ***sac en papier*** Papiertüte *f*; ***sac en plastique*** Plastiktüte *f*, -beutel *m*; **3** *porté à la main* Tasche *f*; ▸ ***sac (à main)*** Handtasche *f*; ***sac de voyage*** Reisetasche *f*

Le sac:
Sack, Tasche, Beutel oder Tüte?

le sac de sable	Sandsack
le sac à dos	Rucksack
le sac de couchage	Schlafsack
le sac à main	Handtasche
le sac de voyage	Reisetasche
le sac en papier	Papiertüte
le sac en plastique	Plastiktüte
le sac poubelle	Müllbeutel, Mülltüte

sac² *m* ***mettre à ~*** plündern
saccade [sakad] *f* Ruck *m*; Stoß *m*; ***par ~s*** stoß-, ruckweise
saccadé [sakade] *adj* ⟨~e⟩ *gestes*, *démarche* ruckartig; *voix* abgehackt
saccager [sakaʒe] *v/t* ⟨-ge-⟩ **1** (*piller*) plündern; **2** (*abîmer*) verwüsten
saccharine [sakaʀin] *f* Sa(c)charin *n*
sacerdoce [sasɛʀdɔs] *m* **1** Priesteramt *n*; **2** *fig* aufopferungsvolles Amt
sacerdotal [sasɛʀdɔtal] *adj* ⟨~e; -aux [-o]⟩ priesterlich; Priester…
sachant [saʃɑ̃] *p/pr* → ***savoir¹***
sache [saʃ] → ***savoir¹***
sachet [saʃɛ] *m* Beutel *m*; Tüte *f*; Säckchen *n*; ***~ de thé*** Teebeutel *m*
sacoche [sakɔʃ] *f* Tasche *f*; *de vélo*, *de moto* Packtasche *f*
sacquer [sake] *v/t* **1** F ***~ qn*** (*noter sévèrement*) die Note j-s herunterdrücken; (*recaler*) F j-n durchrasseln lassen; **2** F (*renvoyer*) F feuern
sacre [sakʀ(ə)] *m* **1** *d'un souverain* Salbung *f*; (*couronnement*) Krönung *f*; **2** CATH Bischofsweihe *f*
▸ **sacré** [sakʀe] *adj* ⟨~e⟩ **1** heilig (*a fig*); sakral; ***art ~*** sakrale Kunst; ***musique ~e*** Kirchenmusik *f*; **2** F verdammt (*a chance*); verflixt
sacrement [sakʀəmɑ̃] *m* Sakrament *n*;

S

le saint ~ das Allerheiligste
sacrément [sakʀemɑ̃] *adv* F verdammt
sacrer [sakʀe] *v/t* **1** **~ *qn roi, évêque*** j-n zum König salben, zum Bischof weihen; **2** *fig* **~ *qn qc*** j-n zu etw erklären
sacrifice [sakʀifis] *m* REL, *fig* Opfer *n*; *fig* ***faire des ~s*** Opfer bringen
sacrifier [sakʀifje] **I** *v/t* **1** REL, *fig* opfern; **2** *marchandises* verschleudern; verramschen; ***prix sacrifié*** Schleuderpreis *m*; **II** *v/pr* ***se ~*** sich aufopfern (***à, pour*** für)
sacrilège [sakʀilɛʒ] **I** *m* REL, *fig* Frevel (-tat) *m(f)*; Sakrileg *n*; **II** *adj* frevelhaft; gott-, ruchlos
sacripant [sakʀipɑ̃] *m* Schurke *m*
sacristain [sakʀistɛ̃] *m* Küster *m*
sacristie [sakʀisti] *f* Sakristei *f*
sacro-saint [sakʀosɛ̃] *adj* ⟨-sainte [-sɛ̃t]⟩ *iron* sakrosankt; hochheilig
sacrum [sakʀɔm] *m* Kreuzbein *n*
sadique [sadik] **I** *adj* sadistisch; **II** *m,f* **1** Sadist(in) *m(f)*; **2** JUR Triebtäter *m*
sadisme [sadism(ə)] *m* Sadismus *m*
safari [safaʀi] *m* Safari *f*; **~-photo** *m* ⟨safaris-photos⟩ Fotosafari *f*
safran [safʀɑ̃] *m* **1** Safran *m*; **2** *adjt* ⟨*inv*⟩ safrangelb
saga [saga] *f* Saga *f*
sagac|e [sagas] *adj* scharfsinnig; **~ité** [-ite] *f* Scharfsinn *m*
sagaie [sagɛ] *f* Assagai *m* (*Wurfspieß*)
▸ **sage** [saʒ] **I** *adj* **1** weise; klug; vernünftig; besonnen; **2** *enfant* artig; brav (*a robe*); *jeune fille* sittsam; **II** *m* Weise(r) *m*
sage-femme *f* ⟨sages-femmes⟩ Hebamme *f*
sagesse [saʒɛs] *f* **1** Weisheit *f*; ***la voix de la ~*** die Stimme der Vernunft; **2** *d'un enfant* Artigkeit *f*; Bravheit *f*
Sagittaire [saʒitɛʀ] *m* ASTR Schütze *m*
sagouin [sagwɛ̃] *m* F Schmutzfink *m*
Sahara [saaʀa] ***le ~*** die Sahara
saharien [saaʀjɛ̃] **I** *adj* ⟨-ienne [-jɛn]⟩ (in, aus) der Sahara; **II** *f* **~ne** *veste* Safarijacke *f*
saignant [sɛɲɑ̃] *adj* ⟨-ante [-ɑ̃t]⟩ *viande* nicht durchgebraten; *steak* englisch
saignée [sɛɲe] *f* **1** MÉD, *fig* Aderlass *m*; **2** **~ (*du bras*)** Armbeuge *f*; **3** TECH Rille *f*
saignement [sɛɲmɑ̃] *m* Bluten *n*; **~ *de nez*** Nasenbluten *n*
▸ **saigner** [seɲe] **I** *v/t* **1** HIST MÉD zur Ader lassen; **2** *animal* abstechen; **II** *v/i* bluten (*a fig cœur*); **III** *v/pr fig* ***se ~ aux quatre veines*** große finanzielle Opfer bringen
saillant [sajɑ̃] *adj* ⟨-ante [-ɑ̃t]⟩ vorspringend; hervorstehend
saillie [saji] *f* **1** Vorsprung *m*; ***en ~*** vorspringend; **2** *d'un animal femelle* Decken *n*; Bespringen *n*
saillir [sajiʀ] **I** *v/t animal femelle* decken; bespringen; **II** *v/i* ⟨→assaillir; *aber* il saillera⟩ *veines, etc* hervortreten
▸ **sain** [sɛ̃] *adj* ⟨saine [sɛn]⟩ **1** gesund; **~ *et sauf*** wohlbehalten; unversehrt; heil; **2** *fig* vernünftig; *jugement* gesund
saindoux [sɛ̃du] *m* Schweineschmalz *n*
sainfoin [sɛ̃fwɛ̃] *m* Esparsette *f*
▸ **saint** [sɛ̃] **I** *adj* ⟨sainte [sɛ̃t]⟩ heilig; ***l'histoire ~e*** die Biblische Geschichte; **~ *Martin*** der heilige Martin; Sankt Martin; *par ext* ***toute la ~e journée*** den lieben langen Tag; **II** *subst* **1** **~(*e*)** *m(f)* Heilige(r) *f(m)*; ***les ~s de glace*** die Eisheiligen *m/pl*; *fig* ***ne (plus) savoir à quel ~ se vouer*** nicht ein noch aus wissen; **2** ***le ~ des ~s*** das Allerheiligste
saint-bernard [sɛ̃bɛʀnaʀ] *m* ⟨*inv*⟩ **1** ZO Bernhardiner *m*; **2** *fig* aufopferungsvoller Mensch
saint-cyrien [sɛ̃siʀjɛ̃] *m* ⟨saint-cyriens⟩ Schüler *m* der Militärschule von Saint-Cyr
Saint-Esprit [sɛ̃tɛspʀi] ***le ~*** der Heilige Geist
sainteté [sɛ̃tte] *f* **1** Heiligkeit *f*; **2** ÉGL ***Sa*** ♀ Seine Heiligkeit
saint-frusquin [sɛ̃fʀyskɛ̃] *m* F Kram *m*
saint-glinglin [sɛ̃glɛ̃glɛ̃] F ***à la ~*** am Sankt-Nimmerleins-Tag
saint-honoré [sɛ̃tɔnɔʀe] *m* ⟨*inv*⟩ *Brandteigkuchen mit Schlagsahne*
Saint-Marin [sɛ̃maʀɛ̃] San Marino *n*
Saint-Ouen [sɛ̃twɛ̃] *Vorort von Paris*
Saint-Père: ***le ~*** der Heilige Vater
saint-pierre *m* ⟨*inv*⟩ Heringskönig *m*; Petersfisch *m*
Saint-Pierre-et-Miquelon [sɛ̃pjɛʀemiklɔ̃] *frz Inselgruppe südlich von Neufundland*
Saint-Sépulcre: ***le ~*** das Heilige Grab
Saint-Siège: ***le ~*** der Heilige Stuhl
Saint-Sylvestre [sɛ̃silvɛstʀ(ə)] ***la ~*** Silvester *m ou n*

sais [sɛ] → ***savoir***[1]

saisie [sezi] *f* **1** INFORM Erfassung *f*; **2** JUR Pfändung *f*; **3** *de drogue* Beschlagnahme *f*

►**saisir** [seziʀ] **I** *v/t* **1** *objet, personne* ergreifen; fassen; packen; **2** *fig occasion* ergreifen; *prétexte* greifen zu; **3** (*comprendre*) begreifen; erfassen; verstehen; F mitbekommen; **4** *sensation* **~ qn** j-n befallen, überkommen; ***être saisi de qc*** von etw erfasst, ergriffen werden *ou* sein; **5** *viande* anbraten; **6** JUR *biens de qn* pfänden; *par ext drogue* beschlagnahmen; **7** ***~ un tribunal d'une affaire*** e-e Sache vor Gericht bringen; **8** INFORM erfassen; **II** *v/pr* ***se ~ de*** in s-e Gewalt bringen

saisiss|ant [sezisɑ̃] ⟨-ante [-ɑ̃t]⟩ **1** *froid* durchdringend; **2** *spectacle, ressemblance* erstaunlich; frappierend; **~ement** [-mɑ̃] *m* **1** *frisson* Kälteschauer *m*; **2** *émotion* (plötzliche) Ergriffenheit

►**saison** [sɛzõ] *f* **1** Jahreszeit *f*; ***la belle ~*** die warme Jahreszeit; ***~ des pluies*** Regenzeit *f*; **2** (*époque*) Zeit *f*; TOURISME, COMM Saison *f*; ***~ théâtrale*** Spielzeit *f*; Theatersaison *f*; *fig* ***être de ~*** angebracht, passend sein

saisonnier [sɛzɔnje] **I** *adj* ⟨-ière [-jɛʀ]⟩ saisonbedingt; saisonal; Saison…; **II** *m* Saisonarbeiter *m*

sait [sɛ] → ***savoir***[1]

saké [sake] *m* Sake *m*; Reiswein *m*

salace [salas] *st/s adj* geil

►**salade** [salad] *f* **1** CUIS Salat *m*; ***~ niçoise*** *gemischter Salat aus Tomaten, Oliven, Anschovis etc*; ***~ de fruits*** Obstsalat *m*; ***en ~*** als Salat (zubereitet); **2** *plante* Salat *m*; ***deux ~s*** zwei Salatköpfe *m/pl*; **3** F *fig* (*confusion*) Durcheinander *n*; F Kuddelmuddel *m ou n*; **4** F *fig* ***raconter des ~s*** Ammenmärchen erzählen

►**saladier** [saladje] *m* (Salat)Schüssel *f*

►**salaire** [salɛʀ] *m* **1** *d'un ouvrier* (Arbeits)Lohn *m*; *d'un employé* Gehalt *n*; ***~ de base*** Grundlohn *m*, -gehalt *n*; **2** *fig* Lohn *m*

salaisons [salɛzõ] *f/pl* Eingesalzene(s) *n*; Eingepökelte(s) *n*

salamalecs [salamalɛk] F *m/pl* übertriebene Höflichkeit

salamandre [salamɑ̃dʀ(ə)] *f* **1** ZO Salamander *m*; **2** *poêle* Dauerbrandofen *m*

salami [salami] *m* Salami(wurst) *f*

salarial [salaʀjal] *adj* ⟨**~e**; -aux [-o]⟩ Lohn…

salariat [salaʀja] *m* Arbeitnehmer *m/pl*

salarié [salaʀje] **I** *adj* ⟨**~e**⟩ unselbstständig; lohnabhängig; **II** *m* Arbeitnehmer *m*; Lohn- *ou* Gehaltsempfänger *m*

salaud [salo] P *m* gemeiner Kerl; P Scheiß-, Dreckskerl *m*; F Fiesling *m*

►**sale** [sal] *adj* **1** (*malpropre*) schmutzig; dreckig; F schmuddelig; **2** (*ordurier*) schmutzig; unanständig; **3** (*vilain*) übel; F mies; ***~ temps*** F Sauwetter *n*; ***~ tour*** *m* übler, gemeiner Streich; **4** *terme d'injure* widerlich; gemein; F fies; ***~ gosse*** F Rotzbengel *m*

►**salé** [sale] **I** *adj* ⟨**~e**⟩ **1** *mets* gesalzen; *eau de mer, goût* salzig; ***eau ~e*** Salzwasser *n*; ***trop ~*** versalzen; **2** *fig* (*grivois*) deftig; derb; **3** F *addition* F gesalzen; F gepfeffert; **II** *m* ***petit ~*** frisch eingesalzenes Schweinefleisch

salement [salmɑ̃] *adv* ***manger ~*** unsauber, unappetitlich essen

saler [sale] *v/t* **1** *mets* salzen; *pour conserver* einsalzen; (ein)pökeln; ***~ une route*** auf e-r Straße Salz streuen; **2** F *fig* ***~ la note*** F e-e gesalzene Rechnung machen

►**saleté** [salte] *f* **1** Schmutz *m*; Dreck *m* (*a excrément*); ***faire des ~s sur le tapis*** den Teppich verunreinigen; **2** (*malpropreté*) Schmutzigkeit *f*; Unsauberkeit *f*; ***être d'une ~ repoussante*** vor Schmutz starren; **3** *fig* (*obscénité*) Zote *f*; F Schweinigelei *f*; **4** F (*bassesse*) Gemeinheit *f*; ***faire des ~s à qn*** j-m gegenüber gemein sein; **5** F (*chose sans valeur*) Schund *m*; F Dreck *m*; **6** *personne* P Miststück *n*

salière [saljɛʀ] *f* Salzstreuer *m*

saligaud [saligo] *m* F **1** F Schmutzfink *m*; **2** *fig péj* Dreckskerl *m*

salin [salɛ̃] *adj* ⟨-ine [-in]⟩ salzhaltig; Salz…

►**salir** [saliʀ] **I** *v/t* **1** schmutzig, dreckig machen; be-, verschmutzen; verunreinigen; **2** *fig* in den Schmutz ziehen; beschmutzen; besudeln; **II** *v/pr* ***se ~*** **3** sich schmutzig machen; ***se ~ les mains*** sich die Hände schmutzig machen; **4** *robe* leicht schmutzig werden

salissant [salisɑ̃] *adj* ⟨-ante [-ɑ̃t]⟩ **1** *tissu* leicht schmutzend; **2** *travail* schmutzig

S

salivaire [salivɛʀ] *adj* Speichel…
salive [saliv] *f* Speichel *m*; *fig* ***perdre sa ~*** F sich den Mund fusselig reden
saliver [salive] *v/i* Speichel absondern; ***faire ~ qn*** j-m den Mund wässerig machen
▸**salle** [sal] *f* **1** Saal *m*; (*pièce*) Raum *m*; Zimmer *n*; THÉ, CIN Zuschauerraum *m*; ***salle commune*** Gemeinschaftsraum *m*; ***salle polyvalente*** Mehrzweckhalle *f*; ▸ ***salle à manger*** Esszimmer *n*; *d'un hôtel*, *etc* Speisesaal *m*; ▸ ***salle d'attente*** CH DE FER Wartesaal *m*; MÉD Wartezimmer *n*; ***salle d'audience*** Gerichtssaal *m*; ▸ ***salle de bains*** Bad(ezimmer) *n*; ***salle de classe*** Klasse(nzimmer) *f(n)*; *d'une aérogare* ***salle d'embarquement*** Warteraum *m*; ***salle d'opération*** Operationssaal *m* (*abr* OP); ▸ ***salle de séjour*** Wohnzimmer *n*; SPORTS ***en salle*** Hallen…; → *Info bei* ***Zimmer***; **2** ***salle (de cinéma)*** Kino *n*; Filmtheater *n*
salmis [salmi] *m* (Wild)Ragout *n*
salmonelles [salmɔnɛl] *f/pl* Salmonellen *f/pl*
▸**salon** [salõ] *m* **1** Empfangszimmer *n*; Salon *m*; **2** *meubles* Sitzgruppe *f*; **3** ***~ de coiffure*** Frisiersalon *m*; ***~ de thé*** Café *n*; **4** (*exposition*) Messe *f*
salopard [salɔpaʀ] *m* P → ***salaud***
salope [salɔp] P *f* F Schlampe *f*
saloper [salɔpe] *v/t* F versauen
saloperie [salɔpʀi] *f* P **1** (*chose sans valeur*) Schund *m*; F Mist *m* (*a par ext maladie*, *nourriture*); **2** (*bassesse*) Gemeinheit *f*
salopette [salɔpɛt] *f à bretelles et bavette* Latzhose *f*; (*combinaison*) Overall *m*
salpêtre [salpɛtʀ(ə)] *m* Salpeter *m*
salsifis [salsifi] *m* Schwarzwurzel *f*
saltimbanque [saltɛ̃bɑ̃k] *m* Gaukler *m*
salubre [salybʀ(ə)] *adj* gesund; der Gesundheit zuträglich
salubrité [salybʀite] *f* gesundheitliche Zuträglichkeit; ***mesures*** *f/pl* ***de ~ publique*** Maßnahmen *f/pl* der Gesundheitspflege
▸**saluer** [salɥe] **I** *v/t* **1** grüßen; (*accueillir*) begrüßen; MIL salutieren (***qn*** vor j-m); **2** *fig événement*, *mesure* (freudig) begrüßen; **3** ***~ qn comme …*** j-n anerkennen, ehren als …; **II** *v/pr* ***se ~*** sich (be)grüßen
salut [saly] *m* **1** *geste* Gruß *m*; Begrüßung *f*; **2** F *int* (*bonjour*) F hallo!; F grüß dich!; *österr* F servus!; (*au revoir*) F tschüs!; **3** *d'un peuple*, *pays* Wohl *n*; ***le ~ public*** das Allgemeinwohl; **4** (*vie sauve*) Heil *n*; Rettung *f*; REL (Seelen)Heil *n*
salutaire [salytɛʀ] *adj* **1** *air*, *remède* heilkräftig; wohltuend; **2** *conseil*, *lecture* heilsam; nützlich
salutation [salytasjõ] *f* Gruß *m*
salutiste [salytist] *m,f* Mitglied *n* der Heilsarmee
Salvador [salvadɔʀ] ***le ~*** El Salvador *n*
salve [salv] *f* **1** MIL Salve *f*; **2** *fig* ***~ d'applaudissements*** Beifallssturm *m*
Samaritain [samaʀitɛ̃] *m* ***le bon ~*** der barmherzige Samariter
samba [sɑ̃mba] *f* Samba *f ou m*
▸**samedi** [samdi] *m nordd* Sonnabend *m*; *südd* Samstag *m*
samovar [samɔvaʀ] *m* Samowar *m*
SAMU [samy] *m* ⟨*inv*⟩ *abr* (*service d'aide médicale d'urgence*) Notarzt *m*; Rettungsdienst *m*
sanatorium [sanatɔʀjɔm] *m* (Lungen-)Heilstätte *f*
sanctifier [sɑ̃ktifje] *v/t* heiligen
sanction [sɑ̃ksjõ] *f* **1** JUR Strafmaßnahme *f*; Strafe *f*; Bestrafung *f*; **2** POL Sanktion *f*; Zwangsmaßnahme *f*; **3** (*approbation*) Sanktionierung *f*; Billigung *f*
sanctionner [sɑ̃ksjɔne] *v/t* **1** (*approuver*) sanktionieren; billigen; **2** (*punir*) bestrafen; ahnden
sanctuaire [sɑ̃ktɥɛʀ] *m* **1** (*lieu saint*) Heiligtum *n*; **2** *d'une église* Altarraum *m*; *d'un temple* Allerheiligste(s) *n*
sandal|e [sɑ̃dal] *f* Sandale *f*; **~ette** [-ɛt] *f* Sandalette *f*; leichte Sandale
sandow® [sɑ̃do] *m* Spanngurt *m*
sandre [sɑ̃dʀ(ə)] *m ou f* Zander *m*
sandwich [sɑ̃dwi(t)ʃ] *m* ⟨sandwich(e)s⟩ Sandwich *n*; belegtes Brötchen; ***~ au jambon*** Schinkenbrötchen *n*; F *fig* (***pris***) ***en ~*** eingezwängt
▸**sang** [sɑ̃] *m* Blut *n*; ***prise*** *f* ***de ~*** Blutentnahme *f*, -abnahme *f*, -probe *f*; ***faire une prise de ~*** (***à qn***) (j-m) Blut abnehmen; *se gratter* ***jusqu'au ~*** blutig; *fig* ***avoir du ~ bleu*** blaues Blut haben; *fig* ***avoir le ~ chaud*** heißblütig sein; leicht aufbrausen; *fig* ***il a ça dans le***

~ das liegt ihm im Blut; ***être*** (***tout***) ***en ~*** blutüberströmt sein; *fig* ***se faire du mauvais ~*** sich Sorgen machen; F ***tout mon ~ n'a fait qu'un tour*** das Blut stockte mir in den Adern; *fig* ***se ronger les ~s*** vor Sorgen umkommen

sang-froid *m* **1** (*calme*) Gelassenheit *f*; ***garder son ~*** e-n kühlen Kopf, kaltes Blut bewahren; gelassen bleiben; ***perdre son ~*** s-e Beherrschung verlieren; **2 *de ~*** (*froidement*) kaltblütig

sanglant [sɑ̃glɑ̃] *adj* ⟨-ante [-ɑ̃t]⟩ **1** blutig (*a combats*); **2** *fig reproches* zutiefst verletzend

sangle [sɑ̃gl(ə)] *f* Gurt *m*

sangler [sɑ̃gle] *v/t fig* einschnüren

sanglier [sɑ̃glije] *m* Wildschwein *n*; ~ (***mâle***) Keiler *m*

sanglot [sɑ̃glo] *m* Schluchzer *m*; ***éclater en ~s*** in Schluchzen ausbrechen

sangloter [sɑ̃glɔte] *v/i* schluchzen

sangsue [sɑ̃sy] *f* Blutegel *m*

sanguin [sɑ̃gɛ̃] *adj* ⟨-ine [-in]⟩ **1** Blut…; **2** *tempérament* sanguinisch; **3 *orange ~e*** → ***sanguine*** *2*

sanguinaire [sɑ̃ginɛʀ] *adj* blutrünstig

sanguine [sɑ̃gin] *f* **1** PEINT Rötel(stift) *m*; *dessin* Rötelzeichnung *f*; **2** BOT Blutorange *f*, -apfelsine *f*

sanguinolent [sɑ̃ginɔlɑ̃] *adj* ⟨-ente [-ɑ̃t]⟩ blutig

sanisette® [sanizɛt] *f* (vollhygienisches) Toilettenhäuschen

sanitaire [sanitɛʀ] *adj* **1** MÉD Gesundheits…; gesundheitspolizeilich; **2** (***appareils*** *m/pl*, ***installations*** *f/pl*) ***~s*** *m/pl* sanitäre Einrichtungen *f/pl*

▸ **sans** [sɑ̃] **I** *prép* ohne (+ *acc*); ***sans valeur*** ohne Wert; wertlos; F ***sans ça, sans quoi*** sonst; andernfalls; ***non sans*** nicht ohne; ***sans comprendre*** ohne zu verstehen; verständnislos; **II** *conj* ▸ ***sans que …*** (***ne***) (+ *subj*) ohne dass …

sans-abri [sɑ̃zabʀi] *m,f* ⟨*inv*⟩ Obdachlose(r) *f*(*m*)

sans-culotte [sɑ̃kylɔt] *m* ⟨sans-culottes⟩ *frz Revolutionär von 1789*

sans-emploi [sɑ̃zɑ̃plwa] *m,f* ⟨*inv*⟩ Stellungs-, Arbeitslose(r) *f*(*m*)

sans-gêne [sɑ̃ʒɛn] **1** *m* ⟨*inv*⟩ Frechheit *f*; Dreistigkeit *f*; Unverfrorenheit *f*; ***quel ~!*** so e-e Frechheit *etc* !; **2** *m,f* ⟨*inv*⟩ freche, dreiste Person

sanskrit [sɑ̃skʀi] *m* Sanskrit *n*

sans-le-sou [sɑ̃lsu] F *m,f* ⟨*inv*⟩ Habenichts *m*; F armer Schlucker

sans-logis [sɑ̃lɔʒi] *m,f* ⟨*inv*⟩ Obdachlose(r) *f*(*m*)

sansonnet [sɑ̃sɔnɛ] *m* ZO Star *m*

sans-papiers [sɑ̃papje] *m/pl* illegale Einwanderer *m/pl* (ohne Papiere)

santal [sɑ̃tal] *m* ***bois*** *m* ***de ~*** Sandelholz *n*

▸ **santé** [sɑ̃te] *f* Gesundheit *f*; ***la ~ publique*** das Gesundheitswesen; ***maison*** *f* ***de ~*** (private Nerven)Heilanstalt; ***à votre ~!*** auf Ihr Wohl!; zum Wohl!; prosit!; F prost!; ***meilleure ~!*** gute Besserung!; ***comment va la ~?*** wie geht es gesundheitlich?; ***boire à la ~ de qn*** auf das Wohl j-s trinken; ***être en bonne ~*** gesund, bei guter Gesundheit sein

santiag [sɑ̃tjag] *f* Cowboystiefel *m*

santon [sɑ̃tõ] *m* (provenzalische) Krippenfigur

Saône [son] ***la ~*** *Fluss in Frankreich*

saoudien [saudjɛ̃] **I** *adj* ⟨-ienne [-jɛn]⟩ saudi-arabisch; **II** ≈(***ne***) *m*(*f*) Saudi-Araber(in) *m*(*f*); Saudi *m*

sans und die Wortbildung

Mit der Präposition **sans** (ohne) wird eine Reihe von Wörtern gebildet. In diesen Zusammensetzungen zeigt **sans** an, dass das anschließend Genannte fehlt. Beispiele:

le/la sans-abri	der/die Obdachlose
le sans-fil	das schnurlose Telefon
le/la sans-papiers	der illegale Einwanderer/ die illegale Einwanderin (ohne Papiere)
le/la sans-parti	der/die Parteilose

S

Saoudite [saudit] *adj* ***l'Arabie** f* **~** Saudi-Arabien *n*
saoul [su] *adj* → ***soûl***
saper [sape] **I** *v/t* **1** CONSTR unterhöhlen; *eau: rive* unterspülen; **2** *fig* untergraben; **II** *v/pr* F ***se ~*** sich anziehen; ***être bien sapé*** gut angezogen sein; F in Schale sein
sapeur [sapœʀ] *m* MIL Pionier *m*
sapeur-pompier *m* Feuerwehrmann *m*; ***sapeurs-pompiers*** *pl a* Feuerwehr *f*
saphir [safiʀ] *m* Saphir *m*
▸ **sapin** [sapɛ̃] *m* **1** Tanne *f*; ***~ de Noël*** Weihnachtsbaum *m*; **2** *bois* Tannenholz *n*; F *fig* ***ça sent le ~*** F der macht's nicht mehr lang
sapristi [sapʀisti] *int* F (zum) Donnerwetter!
saquer → ***sacquer***
sarabande [saʀabɑ̃d] *f* Sarabande *f*; *fig* ***faire la ~*** Krach machen
sarbacane [saʀbakan] *f* Blasrohr *n*
sarcas|me [saʀkasm(ə)] *m* Sarkasmus *m*; **~tique** [-tik] *adj* sarkastisch
sarcelle [saʀsɛl] *f* Knäk-, Krickente *f*
sarcler [saʀkle] *v/t* jäten
sarcloir [saʀklwaʀ] *m* Jäthacke *f*
sarcophage [saʀkɔfaʒ] *m* Sarkophag *m*
Sardaigne [saʀdɛɲ] ***la ~*** Sardinien *n*
sarde [saʀd] **I** *adj* sardinisch; sardisch; **II** ≈ *m,f* Sardinier(in) *m(f)*; Sarde *m*, Sardin *f*
sardine [saʀdin] *f* Sardine *f*; ***~s à l'huile*** Ölsardinen *f/pl*; F ***être serrés comme des ~s*** F wie die Sardinen, Heringe stehen *ou* sitzen
sardonique [saʀdɔnik] *adj* hämisch; höhnisch; sardonisch
sari [saʀi] *m* Sari *m*
S.A.R.L. [ɛsaɛʀɛl] *f* ⟨*inv*⟩ *abr* → ***société** 3*
sarment [saʀmɑ̃] *m* Weinranke *f*
Sarras|in [saʀazɛ̃] *m*, **~ine** [-in] *f* HIST Sarazene *m*, Sarazenin *f*
sarrasin [saʀazɛ̃] *m* BOT Buchweizen *m*
sarrau [saʀo] *m* Bauernkittel *m*
▸ **Sarre** [saʀ] ***la ~*** das Saarland
Sarrebruck [saʀbʀyk] Saarbrücken *n*
sarriette [saʀjɛt] *f* Bohnenkraut *n*
sarrois [saʀwa] **I** *adj* ⟨-oise [-waz]⟩ saarländisch; **II** ≈(***e***) *m(f)* Saarländer(in) *m(f)*
sas [sɑs] *m* **1** TECH Luftschleuse *f*; **2** *d'une écluse* Schleusenkammer *f*
satan|é [satane] *adj* ⟨~e⟩ F verdammt; F verflixt; **~ique** [-ik] *adj* satanisch; teuflisch
satelliser [satelize] *v/t* **1** *engin spatial* in e-e Umlaufbahn bringen; **2** POL zu e-m Satelliten machen
▸ **satellite** [satelit] *m* **1** ASTR Satellit *m* (*a* ESPACE); Trabant *m*; ***~s de Jupiter*** Jupitermonde *m/pl*; ***~ de télécommunications*** Fernmeldesatellit *m*; **2** POL Satellit *m*; *adjt* ***pays** m* **~** Satellitenstaat *m*; *par ext* ***ville** f* **~** Trabantenstadt *f*
satiété [sasjete] *f* ***à ~*** *manger, boire* bis man genug hat; *répéter qc* bis zum Überdruss
satin [satɛ̃] *m* TEXT Satin *m*; Atlas *m*
satiné [satine] *adj* ⟨~e⟩ **1** seidig; *papier* satiniert; **2** *peau* seidenweich
satir|e [satiʀ] *f* Satire *f*; **~ique** [-ik] *adj* satirisch
satisfaction [satisfaksjõ] *f* **1** (*contentement*) Zufriedenheit *f*; Befriedigung *f*; Genugtuung *f*; ***donner ~ à qn*** j-n zufrieden stellen; **2** *d'un besoin, désir* Befriedigung *f*; **3** (*réparation*) Genugtuung *f*
satisfaire [satisfɛʀ] ⟨→ faire⟩ **I** *v/t* **1** *personne* zufrieden stellen; befriedigen; **2** *besoin, curiosité* befriedigen; *attente, désir* erfüllen; *faim, soif* stillen; **II** *v/t/indir* ***~ à qc*** e-r Sache (*dat*) genügen, gerecht werden
▸ **satisfaisant** [satisfəzɑ̃] *adj* ⟨-ante [-ɑ̃t]⟩ befriedigend; zufrieden stellend
▸ **satisfait** [satisfɛ] *adj* ⟨-faite [-fɛt]⟩ zufrieden (***de*** mit)
saturation [satyʀasjõ] *f* **1** CHIM, *du marché* Sättigung *f*; TÉL, *d'une route* Überlastung *f*; **2** *fig* Übersättigung *f*
saturé [satyʀe] *adj* ⟨~e⟩ **1** CHIM, *marché* gesättigt; TÉL, *route* überlastet; *terre* ***~e d'eau*** völlig durchtränkt; **2** *fig personne* ***être ~ de qc*** von etw übersättigt sein
satyre [satiʀ] *m* **1** MYTH Satyr *m*; **2** *fig* Lüstling *m*; *p/fort* Sittenstrolch *m*
▸ **sauce** [sos] *f* Soße *f*; Tunke *f*; ***~ blanche*** weiße, helle Soße; ***~ tomate*** Tomatensoße *f*; *fig* ***mettre qn à toutes les ~s*** j-n zu allen möglichen Arbeiten heranziehen
saucée [sose] F *f* (Regen)Guss *m*
saucer [sose] *v/t* ⟨-ç-⟩ **1** *assiette avec du*

S

pain austunken; **2** F *fig* ***se faire ~*** F patschnass werden

saucière [sosjɛʀ] *f* Sauciere *f*; Soßenschüssel *f*

▸ **saucisse** [sosis] *f* Bratwurst *f*; Würstchen *n*; ***~ de Francfort*** Frankfurter Würstchen

▸ **saucisson** [sosisõ] *m* Wurst *f*; ***~ sec*** Dauer-, Hartwurst *f*; Salami *f*

saucissonn|é [sosisɔne] F *adj* ⟨~e⟩ (eng) eingeschnürt; **~er** [-e] *v/i* F Brotzeit machen

▸ **sauf** [sof] **I** *adj* ⟨sauve [sov]⟩ ***avoir la vie sauve*** mit dem Leben davonkommen; *fig* ***l'honneur est ~*** die Ehre ist gerettet; **II** *prép* **1** außer (+ *dat*); bis auf (+ *acc*); ***~ que …*** außer dass …; abgesehen davon, dass …; **2** vorbehaltlich (+ *gén*)

sauf-conduit *m* ⟨sauf-conduits⟩ Passierschein *m*

sauge [soʒ] *f* Salbei *m*

saugrenu [sogʀəny] *adj* ⟨~e⟩ ausgefallen; skurril; ungereimt

saule [sol] *m* BOT Weide *f*

saumâtre [somɑtʀ(ə)] *adj* **1** ***eau f ~*** Brackwasser *n*; **2** F *fig* ***la trouver ~*** es bitter finden

saumon [somõ] *m* **1** Lachs *m*; **2** *adjt* ⟨*inv*⟩ lachsfarben, -rosa

saumoné [somɔne] *adj* ⟨~e⟩ ***truite ~e*** Lachsforelle *f*

saumure [somyʀ] *f* (Salz)Lake *f*

sauna [sona] *m* Sauna *f*

saupoudr|er [sopudʀe] *v/t* bestreuen (***de*** mit); **~euse** [-øz] *f* Streudose *f*, -büchse *f*; Streuer *m*

saur [sɔʀ] *adj* ***'hareng m ~*** Bückling *m*

saurai, saura(s) [sɔʀe, sɔʀa] → ***savoir***[1]

sauriens [sɔʀjɛ̃] *m/pl* Echsen *f/pl*

saut [so] *m* **1** Sprung *m*; Satz *m*; Hüpfer *m*; ***~ périlleux*** Salto *m*; ***~ à l'élastique*** Bungeespringen *n*; ***~ à la perche*** Stabhochsprung *m*; ***~ à skis*** Skispringen *n*; ***~ en 'hauteur, en longueur*** Hoch-, Weitsprung *m*; ***~ en parachute*** Fallschirmabsprung *m*; *fig* ***faire le ~*** den Sprung (ins Ungewisse) wagen; *fig* ***faire un ~ chez qn*** auf e-n Sprung bei j-m vorbeikommen, -schauen; **2** ***au ~ du lit*** beim Aufstehen

saute [sot] *f* ***~ de vent*** Umschlagen *n* des Windes; *fig* ***~ d'humeur*** plötzlicher Stimmungswechsel

sauté [sote] **I** *adj* ⟨~e⟩ gebraten; ***pommes de terre ~es*** Bratkartoffeln *f/pl*; **II** *m* ***~ de veau*** Kalbsragout *n*

saute-mouton [sotmutõ] *m* Bockspringen *n*; ***jouer à ~*** Bockspringen machen

▸ **sauter** [sote] **I** *v/t* **1** *obstacle* überspringen; springen, setzen über (+ *acc*); *fig* ***~ le pas*** zu e-m Entschluss kommen; **2** *mot, etc* auslassen (*a repas*); überspringen (*a classe*); **3** F ***la ~*** (*avoir faim*) F Kohldampf schieben; **4** P *fille* P umlegen; **II** *v/i* **5** springen; hüpfen; ***~ à la corde*** seilspringen, -hüpfen; *fig* ***~ aux yeux*** ins Auge, in die Augen fallen, springen; ***~ de joie*** Freudensprünge machen; ***~ en parachute*** mit dem Fallschirm abspringen; **6** (*se précipiter*) sich stürzen (***sur*** auf + *acc*); ***~ à la gorge de qn*** j-m an die Gurgel springen, fahren; *fig* ***~ sur l'occasion*** die Gelegenheit beim Schopf packen; **7** *bouton* abspringen; *vitre* zerspringen; *bouchon* knallen; ***les plombs ont sauté*** die Sicherung ist durchgebrannt; **8** (*exploser*) in die Luft fliegen; *explosif* hochgehen; *char* ***~ sur une mine*** auf e-e Mine fahren; ***faire ~*** sprengen (*a fig banque*); *serrure* aufbrechen; **9** F *fig avantage* wegfallen; *cours* ausfallen; ***faire ~*** *amende* aufheben; rückgängig machen; **10** F ***et que ça saute!*** hopp, hopp!; **11** CUIS ***faire ~*** braten; **12** F *fig* ***faire ~ qn*** j-n aus s-r Stellung drängen; F j-n absägen; **13** *paupière*, TV *image* zucken

sauterelle [sotʀɛl] *f* Heuschrecke *f*

saut|eur [sotœʀ], **~euse** [-øz] **I** *subst* **1** *m,f* SPORTS Springer(in) *m(f)*; **2** *f* CUIS Bratpfanne *f*; **II** *adj* **1** ZO Spring…; **2** ***scie sauteuse*** Stichsäge *f*

sautiller [sotije] *v/i* (umher)hüpfen; F hopsen

sautoir [sotwaʀ] *m* **1** *collier* lange Halskette; **2** SPORTS Sprunganlage *f*

▸ **sauvage** [sovaʒ] **I** *adj* **1** wild; *animal a* wild lebend; *plante a* wild wachsend; ***canard m ~*** Wildente *f*; **2** *peuplade* primitiv; unzivilisiert; **3** *air, cri* wild; barbarisch; **4** (*farouche*) (menschen-) scheu; **5** (*illégal*) wild; unerlaubt; **II** *m,f* **1** (*non-civilisé*) Wilde(r) *f(m)*; **2** (*brute*) Rohling *m*; Barbar(in) *m(f)*

sauvagement [sovaʒmɑ̃] *adv* brutal; grausam

S

sauvage|on [sovaʒõ] *m*, **~onne** [-ɔn] *f* Naturkind *n*
sauvagerie [sovaʒʀi] *f* Rohheit *f*; Grausamkeit *f*; Brutalität *f*
sauvegard|e [sovgaʀd] *f* **1** Schutz *m*; *de droits a* Wahrung *f*; **2** INFORM Sichern *n*; *par ext* Sicherheitskopie *f*; **~er** [-e] *v/t* **1** schützen; wahren; **2** INFORM sichern
sauve-qui-peut [sovkipø] *m* ⟨*inv*⟩ Panik *f*; wilde Flucht; *int* rette sich, wer kann!
► **sauver** [sove] **I** *v/t* **1** retten (***de*** vor + *dat*); *accidentés* bergen; ***sauver la vie à qn*** j-m das Leben retten; *par ext* ***sauver les apparences*** den Schein wahren; **2** REL erlösen; **II** *v/pr* ► ***se sauver*** **3** (*s'enfuir*) davon-, weglaufen; sich davonmachen; **4** F (*s'en aller*) (weg)gehen; **5** F *lait* überlaufen, -kochen
sauvetage [sovtaʒ] *m* Rettung *f*
sauveteur [sovtœʀ] *m* Retter *m*; ***~s pl*** Rettungsmannschaft *f*
sauvette [sovɛt] ***à la ~*** COMM schwarz; (*à la hâte*) mit verdächtiger Eile
sauveur [sovœʀ] *m* **1** Retter *m*; **2** ***le*** ♀ der Erlöser, Heiland
savamment [savamɑ̃] *adv* **1** *parler* mit Sachkenntnis; **2** (*habilement*) geschickt
savane [savan] *f* Savanne *f*
► **savant** [savɑ̃] **I** *adj* ⟨-ante [-ɑ̃t]⟩ **1** (*érudit*) gelehrt; (*versé*) sachkundig; **2** (*fait avec art*) geschickt; gekonnt; **3** *animal* dressiert; **II** *m* Gelehrte(r) *m*; Wissenschaftler *m*
savarin [savaʀɛ̃] *m mit Rum getränkter Napfkuchen*
savate [savat] *f* alter, abgetragener Schuh; ***~s*** *pl a* F Latschen *m/pl*
savetier [savtje] *m litt* Flickschuster *m*
saveur [savœʀ] *f* **1** Geschmack *m*; **2** *fig* Reiz *m*; Würze *f*
Savoie [savwa] ***la ~*** Savoyen *n*
► **savoir**[1] [savwaʀ] ⟨je sais, il sait, nous savons; je savais; je sus; je saurai; que je sache, que nous sachions; sachant; su⟩ **I** *v/t* **1** (*connaître*) wissen; (*apprendre*) erfahren; ► ***tu sais ...*** weißt du ...; ► ***vous savez ...*** wissen Sie ...; ***je n'en sais rien*** ich weiß nichts davon; ***un je ne sais quoi*** ein gewisses Etwas; ***on ne sait jamais*** man kann nie wissen; ***je sais bien que ...*** ich weiß sehr wohl, dass ...; ***quand il a su que ...*** als er erfuhr, dass ...; ***faire ~ qc à qn*** j-m etw mitteilen; j-n etw wissen lassen; ***à ~ ...*** und zwar ...; nämlich ...; ***reste à ~ si ...*** es fragt sich noch, ob ...; ***il s'agit de ~ si ...*** es geht darum, ob ...; (***autant***) ***que je sache*** soviel ich weiß; meines Wissens; ***pas que je sache*** nicht, dass ich wüsste; ***sachez que ...*** Sie müssen wissen, dass ...; **2** (*être capable, avoir appris*) können; ***~ l'anglais*** Englisch können; ***~ lire, nager, jouer au tennis*** lesen, schwimmen, Tennis spielen können; F ***~ y faire*** sich darauf verstehen; ***elle a su rester jeune*** sie verstand es, jung zu bleiben; ***il ne saurait être question de ...*** es kann keine Rede davon sein zu ...; → *Info bei* ***können***; **II** *v/pr* ***se ~*** **3** (*être connu*) bekannt sein; an den Tag kommen; F herauskommen; **4** ***il se sait incurable*** er weiß, dass er unheilbar krank ist
savoir[2] *m* Wissen *n*; **~-faire** *m* ⟨*inv*⟩ Können *n*; Know-how *n*; **~-vivre** *m* ⟨*inv*⟩ Lebensart *f*; Manieren *pl*
► **savon** [savõ] *m* **1** Seife *f*; ***deux ~s*** zwei Stück Seife; ***~ de Marseille*** Kernseife *f*; **2** F *fig* ***passer un ~ à qn*** F j-n anschnauzen; j-m den Kopf waschen
savonner [savɔne] **I** *v/t* mit Seife waschen; **II** *v/pr* ***se ~*** sich einseifen
savonnette [savɔnɛt] *f* Toilettenseife *f*
savonneux [savɔnø] *adj* ⟨-euse [-øz]⟩ ***eau savonneuse*** Seifenwasser *n*
savourer [savuʀe] *v/t* genießen
savoureux [savuʀø] *adj* ⟨-euse [-øz]⟩ schmackhaft; köstlich; lecker
savoyard [savwajaʀ] **I** *adj* ⟨-arde [-aʀd]⟩ savoyisch; **II** ♀(***e***) *m(f)* Savoyer(in) *m(f)*
Saxe [saks] ***la ~*** Sachsen *n*
saxe [saks] *m* Meiß(e)ner Porzellan *n*
saxon [saksõ] **I** *adj* ⟨-onne [-ɔn]⟩ sächsisch; **II** ♀(***ne***) *m(f)* Sachse *m*, Sächsin *f*
saxophon|e [saksɔfɔn] *m* Saxophon *n*; **~iste** [-ist] *m,f* Saxophonist(in) *m(f)*
sbire [zbiʀ] *m péj* Scherge *m*
scabreux [skabʀø] *adj* ⟨-euse [-øz]⟩ **1** *histoire* anstößig; schlüpfrig; **2** *entreprise* heikel; riskant
scalp [skalp] *m* Skalp *m*
scalpel [skalpɛl] *m* Skalpell *n*
scalper [skalpe] *v/t* skalpieren
scampi [skɑ̃pi] *m/pl* Scampi *pl*

scandale [skɑ̃dal] *m* **1** Skandal *m*; Ärgernis *n*; ***presse f à ~*** Skandalpresse *f*; **2** (*indignation*) Entrüstung *f*; **3** ***faire du ~*** Krach *m* schlagen
scandaleux [skɑ̃dalø] *adj* ⟨-euse [-øz]⟩ skandalös; empörend
scandaliser [skɑ̃dalize] **I** *v/t* empören; **II** *v/pr* ***se ~*** Anstoß nehmen (***de*** an + *dat*); sich entrüsten (über + *acc*)
scander [skɑ̃de] *v/t* skandieren
scandinave [skɑ̃dinav] **I** *adv* skandinavisch; **II** ♀ *m,f* Skandinavier(in) *m(f)*
Scandinavie [skɑ̃dinavi] ***la ~*** Skandinavien *n*
scanner [skanɛʀ] *m* **1** TECH Scanner *m*; **2** MÉD Computertomograph *m*
scaphandr|e [skafɑ̃dʀ(ə)] *m des plongeurs* Taucheranzug *m*; *des astronautes* Raumanzug *m*; **~ier** [-ije] *m* Taucher *m*
scarabée [skaʀabe] *m* Skarabäus *m*
scarification [skaʀifikasjõ] *f* Hautritzung *f*
scarlatine [skaʀlatin] *f* Scharlach *m*
scarole [skaʀɔl] *f* Winterendivie *f*
scatologique [skatɔlɔʒik] *adj* skatologisch; auf die Exkremente anspielend
sceau [so] *m* ⟨~x⟩ Siegel *n*; *fig* ***sous le ~ du secret*** unter dem Siegel der Verschwiegenheit
scélérat [seleʀa] *litt* **I** *adj* ruchlos; **II** *m* Schurke *m*
sceller [sele] *v/t* **1** *amitié, pacte* besiegeln; **2** CONSTR eingipsen; einzementieren
scellés [sele] *m/pl* JUR Siegel *n/pl*
scénar|io [senaʀjo] *m* **1** CIN Drehbuch *n*; **2** *fig* Szenario *n*; Handlungsschema *n*; **~iste** [-ist] *m* Drehbuchautor *m*
▸ **scène** [sɛn] *f* **1** THÉ Bühne *f* (*a fig*); ***mettre en ~*** THÉ inszenieren; Regie führen (***qc*** bei etw) (*a* CIN); **2** THÉ (*partie d'un acte*) Szene *f* (*a* CIN, *fig*); Auftritt *m*; **3** (*dispute*) Szene *f*; ***~ de ménage*** Ehekrach *m*; ***faire une ~ à qn*** j-m e-e Szene machen
scénique [senik] *adj* szenisch; Bühnen…; Theater…
scepticisme [sɛptisism(ə)] *m* Skepsis *f*
sceptique [sɛptik] **I** *adj* skeptisch; **II** *m,f* Skeptiker(in) *m(f)*
sceptre [sɛptʀ(ə)] *m* Zepter *n*
schéma [ʃema] *m* schematische Darstellung; Schema *n*
schémat|ique [ʃematik] *adj* schematisch (*a péj*); **~iser** [-ize] *v/t* schematisch darstellen; schematisieren (*a péj*)
schilling [ʃiliŋ] *m* HIST Schilling *m*
schisme [ʃism(ə)] *m* **1** REL Schisma *n*; **2** *fig* Spaltung *f*
schiste [ʃist] *m* Schiefer *m*
schizophrène [skizɔfʀɛn] **I** *adj* schizophren; **II** *m,f* Schizophrene(r) *f(m)*
schizophrénie [skizɔfʀeni] *f* Schizophrenie *f*
schlinguer [ʃlɛ̃ge] P *v/i* F miefen
schnock *ou* **schnoque** [ʃnɔk] *m* F ***vieux ~*** F alter Knacker
schtroumpf [ʃtʀumpf] *m* Schlumpf *m*
schuss [ʃus] *m* SKI Schussfahrt *f*; ***descendre (en) ~*** Schuss fahren
scialytique® [sjalitik] *m* Operationslampe *f*
sciatique [sjatik] **I** *adj* ***nerf ~*** Ischiasnerv *m*; **II** *f* Ischias *m ou n*
▸ **scie** [si] *f* **1** Säge *f*; ***~ circulaire*** Kreissäge *f*; ***~ à métaux*** Metallsäge *f*; **2** ***~ musicale*** Singende Säge; **3** (***poisson*** *m*) **~** Sägefisch *m*; **4** *fig* F Nervensäge *f*
sciemment [sjamɑ̃] *adv* wissentlich
▸ **science** [sjɑ̃s] *f* **1** Wissenschaft *f*; ***~s naturelles*** Naturwissenschaften *f/pl*; *matière enseignée* Biologie *f*; **2** (*savoir*) Wissen *n*; (Er)Kenntnis *f*
science-fiction *f* Sciencefiction *f*
▸ **scientifique** [sjɑ̃tifik] **I** *adj* wissenschaftlich; Wissenschafts…; **II** *m,f* Wissenschaftler(in) *m(f)*
scier [sje] *v/t* **1** *bois, etc* (zer)sägen; *branche* absägen; **2** F *fig* (*stupéfier*) F (glatt) umhauen, umwerfen
scierie [siʀi] *f* Sägewerk *n*
scinder [sɛ̃de] *v/t* (*et v/pr* ***se ~*** sich) (auf)spalten (***en*** in + *acc*)
scintiller [sɛ̃tije] *v/i* funkeln; glitzern; schimmern; flimmern
scission [sisjõ] *f* Spaltung *f*
sciure [sjyʀ] *f* Sägemehl *n*
sclérose [skleʀoz] *f* Sklerose *f*; ***~ en plaques*** multiple Sklerose
sclérosé [skleʀoze] *adj* ⟨~e⟩ **1** MÉD sklerotisch; verhärtet; **2** *fig* verknöchert; verkalkt; verkrustet; erstarrt
scolaire [skɔlɛʀ] *adj* **1** Schul…; schulisch; ***année f ~*** Schuljahr *n*; **2** *péj* zu schulmäßig
scolaris|ation [skɔlaʀizasjõ] *f* Einschulung *f*; **~er** [-e] *v/t* einschulen
scolarité [skɔlaʀite] *f* Schulbesuch *m*;

S

durée Schulzeit *f*; ~ ***obligatoire*** Pflichtschulzeit *f*
scoliose [skɔljoz] *f* Skoliose *f*; Rückgratverkrümmung *f*
scolopendre [skɔlɔpɑ̃dʀ(ə)] *f* ZO Skolopender *m*
scoop [skup] *m* F Knüller *m*; Scoop *m*
scooter [skutœʀ, -tɛʀ] *m* (Motor)Roller *m*
scootériste [skuteʀist] *m,f* Rollerfahrer(in) *m(f)*
scorbut [skɔʀbyt] *m* Skorbut *m*
score [skɔʀ] *m* **1** SPORTS (Spiel)Stand *m*; ~ ***final*** Endstand *m*, -ergebnis *n*; **2** ~ ***électoral*** Wahlergebnis *n*
scories [skɔʀi] *f/pl* Schlacke *f*
scorpion [skɔʀpjõ] *m* **1** ZO Skorpion *m*; **2** ASTR ♏ Skorpion *m*
scotch[1] [skɔtʃ] *m* ⟨~es⟩ *whisky* Scotch *m*
scotch[2®] *m ruban adhésif* Tesafilm® *m*; **~er** [-e] *v/t* mit Tesafilm kleben
scout [skut] **I** *m* Pfadfinder *m*; **II** *adj* ⟨scoute [skut]⟩ Pfadfinder…; **~isme** [-ism(ə)] *m* Pfadfinderbewegung *f*
scrabble® [skʀabœl] *m* Scrabble® *n*
scribe [skʀib] *m* HIST Schreiber *m*
scribouillard [skʀibujaʀ] *m péj* Schreiberling *m*
script [skʀipt] *m* **1** *écrire* ***en*** ~ in Blockschrift; **2** (*scénario*) Skript *n*
scripte [skʀipt] *f* Skriptgirl *n*
scrotum [skʀɔtɔm] *m* Hodensack *m*
scrupule [skʀypyl] *m* Skrupel *m*; **~s** *pl a* Bedenken *n/pl*; (*conscience professionnelle*) Gewissenhaftigkeit *f*; ***sans*** ~***(s)*** skrupellos
scrupuleux [skʀypylø] *adj* ⟨-euse [-øz]⟩ gewissenhaft; peinlich genau
scrutateur [skʀytatœʀ] **I** *adj* ⟨-trice [-tʀis]⟩ *regard* forschend; **II** *m* Stimmenauszähler *m*
scruter [skʀyte] *v/t* eingehend untersuchen, erforschen; *horizon* absuchen
scrutin [skʀytɛ̃] *m* Wahl *f*; ~ ***majoritaire, proportionnel*** Mehrheits-, Verhältniswahl *f*
sculpter [skylte] *v/t statue* in Stein hauen; (aus)meißeln; *sur bois, ivoire* schnitzen; *bloc de pierre* behauen; *meuble* mit Schnitzereien verzieren; *abs* sich als Bildhauer betätigen
▸ **sculpteur** [skyltœʀ] *m*, **sculptrice** [skyltʀis] *f* Bildhauer(in) *m(f)*; ***sculpteur sur bois*** Holzschnitzer *m*
sculptural [skyltyʀal] *adj* ⟨~e; -aux [-o]⟩ **1** bildhauerisch; Bildhauer…; **2** *fig* von klassischer Schönheit
▸ **sculpture** [skyltyʀ] *f* **1** *art* Bildhauerei *f*; Bildhauerkunst *f*; Skulptur *f*; ~ ***sur bois*** Holzschnitzerei *f*; **2** *œuvre* Skulptur *f*; Plastik *f*; **3** *d'un pneu* **~s** *pl* Profil *n*
S.D.F. [ɛsdeɛf] *m,f* ⟨*inv*⟩ *abr* (*sans domicile fixe*) Obdachlose(r) *f(m)*
▸ **se** [s(ə)] *pr/pers* ⟨*vor Vokal und stummem h* ***s'***⟩ **1** *réfléchi et réciproque* sich (*acc et dat*); ***il*** ~ ***lave les mains*** er wäscht sich die Hände; ***ils*** ~ ***regardent*** sie sehen sich, einander an; **2** *passif* ***cela ne*** ~ ***fait pas*** das tut man nicht; **3** *non traduit* ***s'en aller*** weggehen
▸ **séance** [seɑ̃s] *f* **1** (*réunion*) Sitzung *f*; **2** MÉD ~ ***de rayons*** Bestrahlung *f*; **3** CIN Vorstellung *f*
séant [seɑ̃] **I** *m* ***se dresser, se mettre sur son*** ~ sich aufsetzen; sich aufrichten; **II** *litt adj* ⟨-ante [-ɑ̃t]⟩ schicklich
▸ **seau** [so] *m* ⟨~x⟩ Eimer *m*; Kübel *m*; ~ ***à champagne*** Sektkübel *m*; ~ ***à ordures*** Abfalleimer *m*; ***un*** ~ ***d'eau*** ein Eimer (voll) Wasser; *fig* ***il pleut à ~x*** es regnet wie mit *ou* wie aus Kübeln
sébacé [sebase] *adj* ⟨~e⟩ Talg…; ***glande ~e*** Talgdrüse *f*
sébile [sebil] *f* (Almosen)Schale *f*
▸ **sec** [sɛk] **I** *adj* ⟨sèche [sɛʃ]⟩ **1** trocken; *peau, cheveux a* spröde; *branche, feuille* dürr; *aliments* getrocknet; ***à*** ~ *nettoyage* Trocken…; *torrent, puits* ausgetrocknet; F *fig* ***être à*** ~ F blank sein; **2** *fig vin* trocken; herb; *bruit, coup* kurz (und heftig); ***perte sèche*** reiner, glatter Verlust; **3** *fig personne* dürr; hager; **4** *fig réponse, ton* schroff; barsch; *cœur* hart; **II** *adv frapper* kräftig; *freiner, conduire* scharf; *démarrer* mit e-m Ruck; ***boire*** ~ viel (Alkohol) vertragen (können); F ***aussi*** ~ sofort; auf der Stelle; **III** *m* ***tenir qc au*** ~ etw trocken aufbewahren
sécable [sekabl(ə)] *adj* teilbar
SECAM [sekam] *m abr* (*séquentiel à mémoire*) SECAM-System *n*
sécateur [sekatœʀ] *m* Gartenschere *f*
sécession [sesesjõ] *f* Abspaltung *f*; Sezession *f*; ***faire*** ~ sich abspalten
séchage [seʃaʒ] *m* Trocknen *n*

sèche [sɛʃ] **I** *adj* → ***sec***; **II** *f* F Glimmstängel *m*

sèche|-cheveux [sɛʃʃəvø] *m* ⟨*inv*⟩ Föhn *m*; **~-linge** *m* ⟨*inv*⟩ Wäschetrockner *m*; **~-mains** *m* ⟨*inv*⟩ (Hände-)Trockner *m*

sèchement [sɛʃmɑ̃] *adv* schroff; barsch

sécher [seʃe] ⟨-è-⟩ **I** *v/t* **1** trocknen; *froid: peau* austrocknen; ***poisson séché*** getrockneter Fisch; Trockenfisch *m*; **2** F *élève* **~ *un cours*** e-e Stunde schwänzen; **II** *v/i* **3** *linge, peinture, etc* trocknen; trocken werden; *sol* austrocknen; *route* abtrocknen; *encre* eintrocknen; *récolte* **~ *sur pied*** verdorren; vertrocknen; **4** F *élève* nichts wissen

sécheresse [seʃʀɛs] *f* **1** Trockenheit *f* (*a fig du style*); Dürre *f*; **2** *fig* (*dureté*) Schroffheit *f*; Unfreundlichkeit *f*

séchoir [sɛʃwaʀ] *m* **1** *à linge* Wäschetrockner *m*; **2** *pièce* Trockenraum *m*; **3** *à cheveux* Haartrockner *m*

second [s(ə)gõ] **I** *num/o* ⟨seconde [s(ə)gõd]⟩ zweite; **II** *subst* **1** ***le ~, la ~e*** der, die, das Zweite; ***en ~*** an zweiter Stelle; ***être le ~ de sa classe*** der Zweitbeste s-r Klasse sein; **2** *m étage* ***au ~*** im zweiten Stock; **3** *m* (*adjoint*) Stellvertreter *m*; Assistent *m*; MAR ***le ~*** der Erste Offizier; **4** *f* **~*e*** ÉCOLE fünfte Klasse im Gymnasium; (Unter- *ou* Ober)Sekunda *f*; **5** *f* **~*e*** CH DE FER zweite Klasse; **6** *f* **~*e*** AUTO zweiter Gang

secondaire [s(ə)gõdɛʀ] *adj* **1** Neben…; nebensächlich; sekundär; zweitrangig; ***effets*** *m/pl* **~*s*** Nebenwirkungen *f/pl*; **2** (***enseignement*** *m*) **~** *m* höheres Schulwesen; **3** ***secteur*** *m* **~** industrieller Sektor; **4** ***ère*** *f* **~** Mesozoikum *n*; Erdmittelalter *n*

▸ **seconde** [s(ə)gõd] *f* Sekunde *f*; ***à la ~*** in der, pro Sekunde; *par ext* ***une ~!*** e-e Sekunde, e-n Augenblick (noch)!; ***dans une ~*** gleich; → ***second*** *II 4-6*

seconder [s(ə)gõde] *v/t* **~ *qn*** j-m zur Hand gehen; MÉD j-m assistieren

▸ **secouer** [s(ə)kwe] **I** *v/t* **1** schütteln (*a tête*); *chiffon* ausschütteln; *poussière*, *fig joug* abschütteln; *explosion: ville* erschüttern; *dans une voiture* ***être secoué*** durchgerüttelt, durchgeschüttelt werden; **2** F **~ *qn*** j-n antreiben, F auf Trab bringen; **3** *maladie, etc* **~ *qn*** j-n mitnehmen; **II** *v/pr* ***se ~*** **4** *chien* sich schütteln; **5** F ***secoue-toi!*** rühr dich!; tu was!

secourable [s(ə)kuʀabl(ə)] *adj* hilfreich; hilfsbereit

secourir [s(ə)kuʀiʀ] *v/t* ⟨→ courir⟩ Hilfe leisten (***qn*** j-m)

secour|isme [s(ə)kuʀism(ə)] *m* erste Hilfe; **~*iste*** [-ist] *m,f* Helfer(in) *m(f)*; Sanitäter(in) *m(f)*

▸ **secours** [s(ə)kuʀ] *m* **1** Hilfe *f*; Hilfeleistung *f*; *pl a* Hilfsdienst *m*, -mannschaft(en) *f(pl)*; ***premiers ~*** erste Hilfe; **~ *en montagne*** Bergwacht *f*; ***roue*** *f* ***de ~*** Reserverad *n*; ***sortie*** *f* ***de ~*** Notausgang *m*; ***trousse*** *f* ***de ~*** Verband(s)kasten *m*; ***au ~!*** Hilfe!; ***appeler au ~*** um Hilfe rufen; ***porter ~ à qn*** j-m Hilfe leisten; ***venir au ~ de qn*** j-m zu Hilfe kommen; **2** *matériel, financier* Unterstützung *f*; Hilfe *f*; *pl* Hilfsgüter *n/pl*; **3** MIL Entsatz(truppe) *m(f)*

secousse [s(ə)kus] *f* **1** Stoß *m*; Ruck *m*; **2** *fig* Schlag *m*; Schock *m*

▸ **secret** [səkʀɛ] **I** *adj* ⟨secrète [səkʀɛt]⟩ **1** geheim; Geheim…; **2** *personne* verschlossen; **II** *m* **1** Geheimnis *n*; **~ *professionnel*** Berufsgeheimnis *n*; Schweigepflicht *f*; **~ *de la confession*** Beichtgeheimnis *n*; **~ *d'État*** Staatsgeheimnis *n*; ***dans le plus grand ~*** unter strengster Geheimhaltung; in aller Heimlichkeit; ***en ~*** heimlich; ***avoir le ~ de qc*** sich ausgezeichnet auf etw (*acc*) verstehen; ***garder le ~ sur qc*** etw geheim halten; ***mettre qn dans le ~*** j-n einweihen; **2** JUR ***mise*** *f* ***au ~*** strenge Isolierung

▸ **secrétaire** [s(ə)kʀetɛʀ] **1** *m,f* Sekretär(in) *m(f)*; **~ *médicale*** Arzthelferin *f*; Sprechstundenhilfe *f*; **~** *f* ***de direction*** Chefsekretärin *f*; **2** *m* POL Sekretär *m*; **~ *général*** Generalsekretär *m*; **~ *d'État*** Staatssekretär *m*; **3** *m* **~ *de rédaction*** Assistent *m* des Chefredakteurs; **4** *m meuble* Sekretär *m*

secrétariat [s(ə)kʀetaʀja] *m* **1** *service* Sekretariat *n*; **2** *métier* Beruf *m* e-r Sekretärin

secrètement [səkʀɛtmɑ̃] *adv* **1** (*en cachette*) heimlich; **2** (*intérieurement*) insgeheim

sécréter [sekʀete] *v/t* ⟨-è-⟩ **1** BIOL absondern; **2** *fig ennui* verbreiten

sécrétion [sekʀesjõ] *f* **1** *phénomène*

Sekretion *f*; Absonderung *f*; **2** *substance* Sekret *n*

sectaire [sɛktɛʀ] *adj* intolerant; engstirnig

secte [sɛkt] *f* Sekte *f*

secteur [sɛktœʀ] *m* **1** ADM Bezirk *m*; Sektor *m*; *par ext* Gegend *f* (*a* F); **2** ÉCON (Wirtschafts)Sektor *m*, (-)Bereich *m*; **~ *privé, public*** Privat-, Staatswirtschaft *f*; privater, öffentlicher Sektor; **3** ÉLECT (Strom)Netz *n*; ***panne** f **de** ~* Netzstörung *f*, -ausfall *m*; **4** MATH Sektor *m*

section [sɛksjõ] *f* **1** MATH Schnitt *m*; **2** TECH Querschnitt *m*; **3** *d'une route* Streckenabschnitt *m*; *d'une ligne de bus* Teilstrecke *f*; **4** ADM Abteilung *f*; Sektion *f*; ÉCOLE Fachrichtung *f*; **~ *électorale*** Wahlbezirk *m*; *d'un parti, etc* **~ *locale*** Ortsgruppe *f*; **5** MIL Zug *m*; **6** MUS **~ *rythmique*** Rhythmusgruppe *f*

sectionner [sɛksjɔne] **I** *v/t* **1** durchschneiden; durch-, abtrennen; **2** *fig* aufteilen (***en*** in + *acc*); **II** *v/pr câble* ***se*** ~ reißen

sectoriel [sɛktɔʀjɛl] *adj* ⟨~le⟩ ÉCON sektorbezogen

sécu [seky] *f* F *abr* → ***Sécurité sociale***

séculaire [sekylɛʀ] *adj* jahrhundertealt

sécularisation [sekylaʀizasjõ] *f* Säkularisierung *f*

séculier [sekylje] *adj* ⟨-ière [-jɛʀ]⟩ weltlich

secundo [s(ə)gõdo] *adv* zweitens

sécuriser [sekyʀize] *v/t* **~ *qn*** j-m ein Gefühl der Sicherheit geben

▸ **sécurité** [sekyʀite] *f* **1** Sicherheit *f*; ***sécurité routière*** Verkehrssicherheit *f*; ***de sécurité*** Sicherheits…; ***en toute sécurité*** (ganz) beruhigt; **2** ▸ ***Sécurité sociale*** (französische) Sozialversicherung; **3** TECH Sicherung *f*

sédatif [sedatif] *m* Beruhigungsmittel *n*

sédentaire [sedɑ̃tɛʀ] *adj population, vie* sesshaft; *emploi* ohne Ortsveränderung

sédiment [sedimɑ̃] *m* GÉOL Sediment *n* (*a* MÉD); Ablagerung *f*

sédimentation [sedimɑ̃tasjõ] *f* MÉD ***vitesse** f **de** ~* Blutsenkungsgeschwindigkeit *f*

sédi|tieux [sedisjø] *adj* ⟨-euse [-øz]⟩ aufrührerisch; **~tion** [-sjõ] *f* Aufruhr *m*

séduc|teur [sedyktœʀ] *m*, **~trice** [-tʀis] *f* Verführer(in) *m(f)*

séduction [sedyksjõ] *f* Verführung *f*; *fig a* Verlockung *f*; ***pouvoir** m **de** ~* Anziehungskraft *f*

séduire [sedɥiʀ] *v/t* ⟨→ conduire⟩ **1** *femme* verführen; **2** *fig* (*attirer*) verlocken; verführen; (*charmer*) bezaubern

séduisant [sedɥizɑ̃] *adj* ⟨-ante [-ɑ̃t]⟩ verführerisch; bezaubernd; *idée a* verlockend

segment [sɛgmɑ̃] *m* **1** MATH, BIOL, *fig* Segment *n*; **2 ~ *de frein*** Bremsbacke *f*; **~ *de piston*** Kolbenring *m*

segmenter [sɛgmɑ̃te] *v/t* in Segmente gliedern

ségrégation [segʀegasjõ] *f* **~ *raciale*** Rassentrennung *f*

ségrégationniste [segʀegasjɔnist] **I** *adj* Rassentrennungs…; **II** *m,f* Verfechter(in) *m(f)* der Rassentrennung

seiche [sɛʃ] *f* Tintenfisch *m*

seigle [sɛgl(ə)] *m* Roggen *m*

seigneur [sɛɲœʀ] *m* **1** HIST Lehns-, Grundherr *m*; *fig* ***faire le grand*** ~ groß auftreten; **2** REL ***le*** ≈ der Herr

seigneurial [sɛɲœʀjal] *adj* ⟨~e; -aux [-o]⟩ herrschaftlich

▸ **sein** [sɛ̃] *m* **1** *d'une femme* Brust *f*; **~s** *pl* Busen *m*; **~*s nus*** F oben ohne; ***donner le** ~ **à un enfant*** e-m Kind die Brust geben; **2** *fig* Schoß *m*; ***au** ~ **de*** innerhalb (+ *gén*)

Seine [sɛn] ***la*** ~ die Seine

seing [sɛ̃] *m* JUR ***acte** m **sous** ~ **privé*** Privaturkunde *f*

séisme [seism(ə)] *m* Erdbeben *n*; **~ *sous-marin*** Seebeben *n*

▸ **seize** [sɛz] **I** *num/c* sechzehn; ***Louis XVI*** Ludwig XVI. (der Sechzehnte); ***le** ~ **mai*** der sechzehnte *ou* am sechzehnten Mai; **II** *m* ⟨*inv*⟩ Sechzehn *f*; ***le** ~ (**du mois**)* der Sechzehnte *ou* am Sechzehnten (des Monats)

▸ **seizième** [sɛzjɛm] *num/o* sechzehnte

▸ **séjour** [seʒuʀ] *m* **1** Aufenthalt *m*; ***faire un bref*** ~ sich kurz aufhalten (***à Paris*** in Paris); **2** (***salle** f **de***) ~ Wohnzimmer *n*

séjourner [seʒuʀne] *v/i* sich aufhalten

▸ **sel** [sɛl] *m* **1** Salz *n* (*a* CHIM); **~*s de bain*** Badesalz *n*; ***régime** m **sans** ~* salzlose Kost; **2** *fig* (feiner) Witz; Würze *f*

sélect [selɛkt] *adj* ⟨~e⟩ vornehm; F piekfein
sélecteur [selɛktœʀ] *m* AUTO Wählhebel *m*; *d'une moto* Fußschalthebel *m*; ÉLECT Wählschalter *m*; *d'un lave-linge* Programmtaste *f*
sélectif [selɛktif] *adj* ⟨-ive [-iv]⟩ selektiv
sélection [selɛksjõ] *f* Auswahl *f* (*a* SPORTS *équipe*); Auslese *f* (*a* BIOL)
sélectionner [selɛksjɔne] *v/t* auswählen; ***fruits sélectionnés*** Qualitätsobst *n*
sélectionneur [selɛksjɔnœʀ] *m* Nationaltrainer *m*
sélectivité [selɛktivite] *f* Trennschärfe *f*
sélénium [selenjɔm] *m* Selen *n*
▸ **self** [sɛlf] *m* F *abr* (*self-service*) Selbstbedienungsrestaurant *n*
self-made-man [sɛlfmɛdman] *m* ⟨self-made-men [-men]⟩ Selfmademan *m*
self-service [sɛlfsɛʀvis] *m* ⟨self-services⟩ Selbstbedienungsrestaurant *n*; Selbstbedienungsladen *m*
selle [sɛl] *f* **1** Sattel *m*; ***cheval*** *m* ***de ~*** Reitpferd *n*; ***se mettre en ~*** aufsitzen; **2** CUIS Rücken *m*; ***~ de chevreuil*** Rehrücken *m*; **3** ***~s*** *pl* Stuhlgang *m*; ***aller à la ~*** Stuhlgang haben
seller [sele] *v/t* satteln
sellette [sɛlɛt] *f* ***être sur la ~*** im Blickpunkt stehen; ***mettre qn sur la ~*** j-n ausfragen, F ausquetschen
sellier [sɛlje] *m* Sattler *m*
▸ **selon** [s(ə)lõ] *prép* gemäß, entsprechend, (je) nach, zufolge (+ *dat*); ***~ moi*** meines Erachtens; F ***c'est ~*** je nachdem
semailles [s(ə)mɑj] *f/pl* Aussaat *f*
▸ **semaine** [s(ə)mɛn] *f* **1** Woche *f*; ***la ~ sainte*** die Karwoche; ***des ~s (entières)*** wochenlang; *fig* ***à la petite ~*** kurzsichtig; ohne klares Konzept; ***en ~*** unter der Woche; wochentags; ***une fois par ~*** einmal wöchentlich, pro Woche, in der Woche; **2** *paie* Wochenlohn *m*
semainier [s(ə)menje] *m* Wochenkalender *m*
sémantique [semɑ̃tik] **I** *adj* semantisch; **II** *f* Semantik *f*
sémaphore [semafɔʀ] *m* **1** MAR Semaphor *n ou m*; **2** CH DE FER Flügelsignal *n*
semblable [sɑ̃blabl(ə)] **I** *adj* **1** (*analogue*) ähnlich (***à*** *dat*); **2** (*tel*) derartige; solche; **II** *m* **1** (*personne comparable*) ***son ~*** seinesgleichen; **2** (*prochain*) ***ses ~s*** s-e Mitmenschen *m/pl*
semblant [sɑ̃blɑ̃] *m* ***un semblant de …*** ein Anschein von …; ▸ ***il fait semblant de dormir*** er tut so, als ob er schliefe *ou* F schläft; er stellt sich schlafend; ***ne faire semblant de rien*** sich nichts anmerken lassen
▸ **sembler** [sɑ̃ble] **I** *v/i* scheinen; ***vous semblez fatigué*** Sie scheinen müde zu sein; **II** *v/imp* ***il me semble inutile de*** (+ *inf*) es scheint mir unnötig zu (+ *inf*); ***comme bon lui semble*** wie er es für richtig hält; ***il (me) semble que*** (+ *ind ou* + *subj*) es scheint *ou* mir scheint, (dass) …
semelle [s(ə)mɛl] *f* **1** (Schuh)Sohle *f*; *à l'intérieur* Einlegesohle *f*; ***battre la ~*** mit den Füßen stampfen (*um sich aufzuwärmen*); ***ne pas quitter qn d'une ~*** j-m auf Schritt und Tritt folgen; **2** TECH Grundplatte *f*
semence [s(ə)mɑ̃s] *f* Samen *m*; AGR *a* Saat *f*; Saatgut *n*
▸ **semer** [s(ə)me] *v/t* ⟨-è⟩ **1** AGR (aus-, an)säen; **2** (*répandre*) (aus)streuen; **3** *fig terreur, faux bruits* verbreiten; *discorde* säen; **4** F ***~ qn*** F j-n abhängen
semestre [s(ə)mɛstʀ(ə)] *m* Halbjahr *n*; UNIVERSITÉ Semester *n*; ***par ~*** halbjährlich
semestriel [səmɛstʀijɛl] *adj* ⟨~le⟩ halbjährlich
sem|eur [s(ə)mœʀ] *m*, **~euse** [-øz] *f* Sämann *m*, Säerin *f*
semi-conducteur [səmikõdyktœʀ] *m* ⟨semi-conducteurs⟩ Halbleiter *m*
semi-fini [səmifini] *adj* ⟨~e⟩ ***produit ~*** Halbfabrikat *n*, -fertigware *f*
sémillant [semijɑ̃] *adj* ⟨-ante [-ɑ̃t]⟩ lebhaft
séminaire [seminɛʀ] *m* Seminar *n*
séminal [seminal] *adj* ⟨~e; -aux [-o]⟩ ANAT ***vésicules ~es*** Samenblasen *f/pl*
séminariste [seminaʀist] *m* Seminarist *m*
semi-remorque [səmiʀ(ə)mɔʀk] *m* ⟨semi-remorques⟩ Sattelschlepper *m*; Sattelzug *m*
semis [s(ə)mi] *m* **1** *action* Aussaat *f*; **2** *plantes* Sämlinge *m/pl*; **3** *terrain* Saatbeet; **4** *décor* Streumuster *n*
sémit|e [semit] **I** *adj* semitisch; **II** ♀ *m,f*

S

Semit(in) *m(f)*; **~ique** [-ik] *adj* semitisch
semoir [səmwaʀ] *m* Sämaschine *f*; **~ *à engrais*** Düngerstreumaschine *f*
semonce [səmõs] *f* **1** Rüge *f*; Tadel *m*; **2** MAR, *fig* ***coup** m **de** ~* Warnschuss *m*
semoule [s(ə)mul] *f* Grieß *m*
sempiternel [sɑ̃pitɛʀnɛl, sɛ̃-] *adj* ⟨~le⟩ dauernd; F ewig
Sénat [sena] *m* Senat *m*
sénateur [senatœʀ] *m* Senator *m*
séneçon [sɛnsõ] *m* Kreuzkraut *n*
Sénégal [senegal] ***le*** ~ Senegal *n ou* der Senegal
sénégalais [senegalɛ] **I** *adj* senegalesisch; **II** ℒ**(*e*)** *m(f)* Senegalese *m*, -esin *f*
sénil|e [senil] *adj* senil; greisenhaft; **~ité** [-ite] *f* Senilität *f*
senior [senjɔʀ] *m* SPORTS Senior *m*; *adjt* ***catégorie** f* ~ Seniorenklasse *f*
▸ **sens**[1] [sɑ̃s] *m* **1** Sinn *m*; ***les cinq sens*** die fünf Sinne; *fig* ***le sixième sens*** der sechste Sinn; *par ext* ***le bon sens, le sens commun*** der gesunde Menschenverstand; ***sens esthétique*** ästhetisches Empfinden; ***sens pratique*** praktische Veranlagung; ***sens du devoir*** Pflichtbewusstsein *n*, -gefühl *n*; ***plaisirs** m/pl **des sens*** Sinnengenuss *m*, -freuden *f/pl*; ***à mon sens*** meines Erachtens; ***avoir le sens de qc*** Sinn, ein Gespür für etw haben; ***avoir le sens des affaires*** Geschäftssinn besitzen; geschäftstüchtig sein; *fig* ***cela tombe sous le sens*** das liegt auf der Hand; **2** (*signification*) Sinn *m*; Bedeutung *f*; ***au sens strict, large du terme*** im engeren, weiteren Sinn (des Wortes); ***à double sens*** doppel-, zweideutig; ***en un sens*** in gewissem Sinne; ***en ce sens que*** insofern, als; ***ne pas avoir de sens*** keinen Sinn haben, machen; **3** (*direction*) Richtung *f*; ▸ ***sens interdit*** Verbot *n* der Einfahrt; ▸ (***rue** f **à***) ***sens unique*** Einbahnstraße *f*; ***dans tous les sens*** kreuz und quer; nach allen Seiten; ***dans le sens des aiguilles d'une montre*** im Uhrzeigersinn; ***dans le sens de la longueur*** der Länge nach; in (der) Längsrichtung; ***dans le sens de la marche*** in Fahrtrichtung; ***en sens inverse*** in entgegengesetzter Richtung; in der Gegenrichtung; ***sens dessus dessous*** [sɑ̃dsydsu] völlig durcheinander; in völliger Unordnung
sens[2] [sɑ̃] → ***sentir***
sensation [sɑ̃sasjõ] *f* **1** (*perception*) Empfindung *f*; (*émotion*) Gefühl *n*; ***éprouver une ~ de fatigue*** Müdigkeit verspüren, empfinden; **2** (*forte impression*) Sensation *f*; ***faire ~*** Aufsehen erregen; e-e Sensation sein; ***à ~*** Sensations…
sensationnel [sɑ̃sasjɔnɛl] *adj* ⟨~le⟩ **1** Aufsehen erregend; sensationell; **2** F toll; F klasse; F spitze
sensé [sɑ̃se] *adj* ⟨~e⟩ vernünftig
sensibilis|ation [sɑ̃sibilizasjõ] *f* Sensibilisierung *f*; **~er** [-e] *v/t* sensibilisieren (***qn à qc*** j-n für etw; *a* MÉD, PHOT)
sensibilité [sɑ̃sibilite] *f* **1** *d'une personne* Sensibilität *f*; Empfindsamkeit *f*; Feinfühligkeit *f*; **2** TECH Empfindlichkeit *f*; PHOT Lichtempfindlichkeit *f*
sensible [sɑ̃sibl(ə)] *adj* **1** empfindlich; ***~ à la douleur*** schmerzempfindlich; **2** (*impressionnable*) sensibel; empfindsam; feinfühlend; ***~ à la flatterie*** empfänglich für Schmeicheleien; ***avoir le cœur ~*** ein weiches, mitfühlendes Herz haben; **3** *appareil* empfindlich; PHOT lichtempfindlich; **4** *progrès*, *baisse* fühlbar; spürbar; merklich; **5** (*délicat*) *dossier* heikel; ***quartier** m* ~ Problemviertel *n*
sensiblement [sɑ̃sibləmɑ̃] *adv* **1** (*notablement*) fühlbar; spürbar; merklich; **2** (*à peu près*) etwa; ungefähr
sensiblerie [sɑ̃sibləʀi] *f* Sentimentalität *f*; F Gefühlsduselei *f*
sensoriel [sɑ̃sɔʀjɛl] *adj* ⟨~le⟩ Sinnes…; sensorisch
sensualité [sɑ̃sɥalite] *f* Sinnlichkeit *f*
sensuel [sɑ̃sɥɛl] *adj* ⟨~le⟩ sinnlich
sentence [sɑ̃tɑ̃s] *f* Urteil(sspruch) *n(m)*
sentencieux [sɑ̃tɑ̃sjø] *adj* ⟨-euse [-øz]⟩ *péj* schulmeisterlich; belehrend
senteur [sɑ̃tœʀ] *litt f* Duft *m*
senti [sɑ̃ti] *adj* ⟨~e⟩ ***bien*** ~ treffend
sentier [sɑ̃tje] *m* Fußweg *m*; Pfad *m*
▸ **sentiment** [sɑ̃timɑ̃] *m* **1** Gefühl *n*; Empfindung *f*; F ***ça n'empêche pas les ~s*** das tut der Liebe keinen Abbruch; ***veuillez agréer l'expression de mes ~s distingués*** mit freundlichen Grüßen; **2** (*opinion*) Meinung *f*; Ansicht *f*

sentimental [sɑ̃timɑ̃tal] *adj* ⟨~e; -aux [-o]⟩ **1** (*affectif*) Gefühls…; *personne* gefühlsbetont; **2** *péj* sentimental; gefühlvoll; *film, etc a* rührselig; **3** (*amoureux*) Liebes…

sentimental|isme [sɑ̃timɑ̃talism(ə)] *m* Hang *m* zur Sentimentalität; **~ité** [-ite] *f* Sentimentalität *f*

sentinelle [sɑ̃tinɛl] *f* (Wach)Posten *m*

▸ **sentir** [sɑ̃tiʀ] ⟨je sens, il sent, nous sentons; je sentais; je sentis; je sentirai; que je sente; sentant; senti⟩ **I** *v/t* **1** fühlen; (ver)spüren; empfinden; ***sentir la mort venir*** den Tod herannahen fühlen; ***faire sentir qc à qn*** j-n etw spüren lassen; ***se faire sentir*** sich bemerkbar machen; spürbar, fühlbar werden; **2** (*flairer*) riechen; F *fig* ***ne pas pouvoir sentir qn*** F j-n nicht riechen können; **3** (*répandre une odeur*) ***sentir qc*** nach etw riechen; ***sentir bon*** gut riechen; duften; ***sentir mauvais*** schlecht *ou* übel riechen; stinken; ***sentir de la bouche*** aus dem Mund riechen; **II** *v/pr* ▸ ***se sentir bien*** sich wohl fühlen; ***se sentir mal*** sich schlecht, elend fühlen; ***se sentir la force de faire qc*** sich stark genug fühlen, etw zu tun; ***ne plus se sentir de joie*** vor Freude außer sich sein; ***cela se sent*** das merkt, spürt, fühlt man

seoir [swaʀ] ⟨*déf*: il sied; il seyait; il siérait; seyant⟩ *litt* **I** *v/i* *robe* **~ *à qn*** j-m stehen; **II** *v/imp* ***il sied à qn de faire qc*** *litt* es geziemt sich für j-n, etw zu tun

sépale [sepal] *m* Kelchblatt *n*

séparable [sepaʀabl(ə)] *adj* trennbar

séparation [sepaʀasjõ] *f* Trennung *f*; **~ *de biens*** Gütertrennung *f*; **~ *des pouvoirs*** Gewaltenteilung *f*

séparatiste [sepaʀatist] **I** *adj* separatistisch; **II** *m,f* Separatist(in) *m(f)*

séparé [sepaʀe] *adj* ⟨~e⟩ getrennt; *époux* getrennt lebend; **~ment** [-mɑ̃] *adv* getrennt; gesondert

S

▸ **séparer** [sepaʀe] **I** *v/t* trennen; **II** *v/pr* ▸ ***se séparer*** sich trennen (***de qn, qc*** von j-m, etw); auseinander gehen

▸ **sept** [sɛt] **I** *num/c* sieben; ***le ~ mai*** der sieb(en)te *ou* am sieb(en)ten Mai; **II** *m* ⟨*inv*⟩ Sieben *f*; Siebener *m*; ***le ~ (du mois)*** der Sieb(en)te *ou* am Sieb(en)ten (des Monats)

septante [sɛptɑ̃t] *num/c en Belgique et en Suisse* siebzig

▸ **septembre** [sɛptɑ̃bʀ(ə)] *m* September *m*

septennat [sɛptena] *m* siebenjährige Amtszeit (*des frz Staatspräsidenten bis 2002*)

septentrional [sɛptɑ̃tʀijɔnal] *adj* ⟨~e; -aux [-o]⟩ nördlich; Nord…

septicémie [sɛptisemi] *f* Blutvergiftung *f*

▸ **septième** [sɛtjɛm] **I** *num/o* sieb(en)te; **II** *subst* **1** ***le, la ~*** der, die das Sieb(en)te; **2** *m* MATH Sieb(en)tel *n*; **3** *m étage* ***au ~*** im sieb(en)ten Stock; **4** *f* fünfte Grundschulklasse

septique [sɛptik] *adj* ***fosse f ~*** Klärgrube *f*

septuagénaire [sɛptɥaʒenɛʀ] *m,f* Siebzigjährige(r) *f(m)*

sépulcral [sepylkʀal] *adj* ⟨~e; -aux [-o]⟩ ***voix ~e*** Grabesstimme *f*

sépulcre [sepylkʀ(ə)] *m* → ***Saint-Sépulcre***

sépulture [sepyltyʀ] *f* Grab(stätte) *n(f)*

séquelles [sekɛl] *f/pl* (Spät)Folgen *f/pl*; Nachwirkungen *f/pl*

séquence [sekɑ̃s] *f* Sequenz *f*; Folge *f*

séquentiel [sekɑ̃sjɛl] *adj* ⟨~le⟩ INFORM sequenziell

séquestration [sekɛstʀasjõ] *f* Freiheitsberaubung *f*

séquestr|e [sekɛstʀ(ə)] *m* JUR Zwangsverwaltung *f*; **~er** [-e] *v/t* (widerrechtlich) einsperren

séquoia [sekɔja] *m* Mammutbaum *m*

séracs [seʀak] *m/pl* Eiszacken *f/pl*, -türme *m/pl*

serai [s(ə)ʀɛ], **sera(s)** [s(ə)ʀa] → ***être***[1]

sérail [seʀaj] *m* Serail *n*; *fig* ***être du ~*** zum engsten Kreis (um j-n) gehören

serbe [sɛʀb] **I** *adj* serbisch; **II** ♀ *m,f* Serbe *m*, Serbin *f*

Serbie [sɛʀbi] ***la ~*** Serbien *n*

serein [səʀɛ̃] *adj* ⟨-eine [-ɛn]⟩ **1** (*calme*) ruhig; ausgeglichen; leidenschaftslos; **2** *temps, ciel* heiter

sérénade [seʀenad] *f* **1** MUS (nächtliches) Ständchen; *composition* Serenade *f*; **2** (*charivari*) F Radau *m*; (*rengaine*) F alte Leier

sérénité [seʀenite] *f* Ruhe *f*; Ausgeglichenheit *f*

serf [sɛʀ(f)] *m* HIST Leibeigene(r) *m*

serge [sɛʀʒ] *f* (Kammgarn)Serge *f*

sergent [sɛʀʒɑ̃] *m* Unteroffizier *m*; **~-chef** *m* ⟨sergents-chefs⟩ Feldwebel *m*
sériciculture [seʀisikyltyʀ] *f* Seidenraupenzucht *f*
▸ **série** [seʀi] *f* **1** Reihe *f* (*a* MATH); Serie *f* (*a* TV); Folge *f*; *de choses semblables a* Satz *m*; **~ *noire*** **a)** Serie von Katastrophen, Verbrechen; *de malchance* Pechsträhne *f*; **b)** *de romans policiers* F Krimireihe *f*; ***voiture*** *f* ***de ~*** Serienwagen *m*; ***en ~*** serienmäßig; in Serie; Serien…; ***fabrication*** *f* ***en ~*** Serienfertigung *f*; ***'hors ~*** in Sonderanfertigung hergestellt; *fig* außergewöhnlich; **2** ÉLECT ***montage*** *m* ***en ~*** Hintereinander-, Reihenschaltung *f*; **3** SPORTS Leistungsgruppe *f*, -klasse *f*
sérier [seʀje] *v/t* systematisch prüfen
sérieusement [seʀjøzmɑ̃] *adv* **1** (*sans plaisanter*) im Ernst; **2** (*gravement*) ernstlich; **3** (*consciencieusement*) ernsthaft; *travailler* gewissenhaft; **4** (*vraiment*) wirklich
▸ **sérieux** [seʀjø] **I** *adj* ⟨-euse [-øz]⟩ **1** (*grave*) ernst; *doute a* ernstlich; *offre* ernsthaft; ernst gemeint; ***ce n'est pas ~?*** das ist doch nicht Ihr Ernst?; **2** (*important*) bedeutend; groß; *raisons* gewichtig; **3** *personne dans sa conduite* solid(e); (*consciencieux*) zuverlässig; gewissenhaft (*a travail*); *élève* fleißig; COMM *maison* seriös; **II** *m* Ernst *m*; Ernsthaftigkeit *f*; ***garder son ~*** ernst bleiben; ***prendre qn, qc au ~*** j-n, etw ernst nehmen
serin [s(ə)ʀɛ̃] *m* **1** ZO Kanarienvogel *m*; **2** *fig* (*nigaud*) Einfaltspinsel *m*
seriner [s(ə)ʀine] *v/t péj* einhämmern (***qc à qn*** j-m etw)
seringa [s(ə)ʀɛ̃ga] *m* Falscher Jasmin
seringue [s(ə)ʀɛ̃g] *f* MÉD Spritze *f*
serment [sɛʀmɑ̃] *m* Eid *m* (*a* JUR); Schwur *m*; ***~ d'amour*** Liebesschwur *m*; *fig* ***~ d'ivrogne*** leere Versprechungen *f/pl*; ***sous (la foi du) ~*** unter Eid; eidlich; ***faire (le) ~ de*** (+ *inf*) schwören zu (+ *inf*); ***prêter ~*** e-n Eid leisten, ablegen
sermon [sɛʀmɔ̃] *m* **1** ÉGL Predigt *f*; **2** *péj* Straf-, Moralpredigt *f*
sermonner [sɛʀmɔne] *v/t* abkanzeln
séropositif [seʀopozitif] *adj* ⟨-ive [-iv]⟩ HIV-positiv; aidsinfiziert
serpe [sɛʀp] *f* Hippe *f*; *fig visage* ***taillé à coups de ~*** grob(schlächtig)
▸ **serpent** [sɛʀpɑ̃] *m* **1** ZO Schlange *f*; ***~ à sonnettes*** Klapperschlange *f*; **2** ***~ monétaire*** Währungsschlange *f*
serpenter [sɛʀpɑ̃te] *v/i* sich schlängeln
serpentin [sɛʀpɑ̃tɛ̃] *m* **1** Papierschlange *f*; **2** TECH (Rohr)Schlange *f*
serpette [sɛʀpɛt] *f* Rebmesser *n*
serpillère [sɛʀpijɛʀ] *f* Scheuertuch *n*
serpolet [sɛʀpɔlɛ] *m* Feldthymian *m*
serre [sɛʀ] *f* **1** Gewächs-, Treibhaus *n*; **2** *des rapaces* **~s** *pl* Fänge *m/pl*
serré [seʀe] *adj* ⟨~e⟩ **1** *vêtement* eng; knapp; *nœud* fest; *par ext café* stark; ***en rangs ~s*** in geschlossenen, dichten Reihen; *gens* ***être ~s*** dicht gedrängt stehen; **2** *concurrence* scharf; *discussion* hart; *score* knapp; *fig* ***jouer ~*** sich keine Blöße geben
serre|-joint(s) *m* ⟨*inv*⟩ Schraubzwinge *f*; **~-livres** *m* ⟨*inv*⟩ Bücherstütze *f*
serrer [seʀe] **I** *v/t* **1** zusammendrücken; *dans sa main* festhalten; *sous son bras* klemmen; *dans un étau* spannen; *dents* zusammenbeißen; *lèvres* zusammenkneifen; *poings* ballen; *fig gorge* zuschnüren; *fig cœur* zusammenschnüren; *vêtement* ***serrer qn*** j-m zu eng sein; spannen; *chaussures* drücken; ▸ ***serrer la main à qn*** j-m die Hand geben, drücken; ***serrer les rangs*** zusammenrücken; ***serrer qn dans ses bras*** j-n in die Arme schließen; *fig* ***serrer qn de près*** zudringlich werden; **2** *nœud* fest-, zuziehen; *ceinture* enger machen, schnallen; *vis*, *frein* anziehen; **II** *v/i* **3** ***serrer à droite*** sich rechts halten; **III** *v/pr* **4** *cœur* ***se serrer*** sich zusammenschnüren; **5** ***se serrer contre qn*** sich an j-n anschmiegen; *réciproquement* ***se serrer*** sich (zusammen)drängen; zusammenrücken
serre-tête *m* ⟨*inv*⟩ *bandeau* Stirnband *n*; *en métal* Haarreif *m*
serrure [seʀyʀ] *f* Schloss *n*; ***trou*** *m* ***de la ~*** Schlüsselloch *n*
serrurerie [seʀyʀʀi] *f* Schlosserei *f*
serrurier [seʀyʀje] *m* Schlosser *m*
sers, sert [sɛʀ] → ***servir***
sertir [sɛʀtiʀ] *v/t pierre précieuse* fassen
sérum [seʀɔm] *m* Serum *n*
servage [sɛʀvaʒ] *m* HIST Leibeigenschaft *f*

serval [sɛʀval] *m* ZO Serval *m*
servante [sɛʀvɑ̃t] *f* Magd *f*
serveur [sɛʀvœʀ] *m* **1** (*garçon*) Kellner *m*; **2** TENNIS Aufschläger *m*; **3** INFORM *organisme* Provider *m*; *ordinateur* Server *m*
▸**serveuse** [sɛʀvøz] *f* Kellnerin *f*; Bedienung *f*; Serviererin *f*
serviable [sɛʀvjabl(ə)] *adj* hilfsbereit; gefällig
▸**service** [sɛʀvis] *m* **1** Dienst *m*; ÉCON ***services*** *pl* Dienstleistungen *f/pl*; *secteur* Dienstleistungsgewerbe *n*; ***service secret*** Geheimdienst *m*; ***service de cars*** Busverbindung *f*; ***service d'entretien*** Wartungsdienst *m*; ***service de nuit*** Nachtdienst *m*; ***service d'ordre*** Ordnungsdienst *m*; ***service en ligne*** Onlinedienst *m*; ***être de service*** Dienst haben; im Dienst sein; ***j'ai un service à vous demander*** ich möchte Sie um e-n Gefallen bitten; ***je suis à votre service*** ich stehe zu Ihren Diensten; ***rendre (un) service à qn*** j-m e-n Dienst, e-e Gefälligkeit erweisen; j-m e-n Gefallen tun; *chose* ***rendre de grands services à qn*** j-m gute Dienste leisten, tun; **2** ▸***service (militaire)*** Wehr-, Militärdienst *m*; **3** ***service (religieux)*** Gottesdienst *m*; **4** *dans un restaurant, etc* Bedienung *f*; Service *m*; ***service compris*** einschließlich Bedienung; **5** TECH ***en service*** in Betrieb; ***mettre en service*** in Betrieb nehmen; ***'hors service*** außer Betrieb; **6** *vaisselle* Service *n*; ***service à café*** Kaffeeservice *n*; **7** *d'une entreprise* Abteilung *f*; ADM Dienststelle *f*; Behörde *f*; *d'un hôpital* Station *f*; ***service public*** öffentlicher Betrieb; öffentliche Einrichtung; **8** TENNIS Aufschlag *m*; Service *m ou n*; VOLLEY-BALL An-, Aufgabe *f*
▸**serviette** [sɛʀvjɛt] *f* **1** ~ ***(de toilette)*** Handtuch *n*; ~ ***de bain*** Badetuch *n*; **2** ~ ***(de table)*** Serviette *f*; ~ ***en papier*** Papierserviette *f*; **3** ~ ***hygiénique, périodique*** (Damen-, Monats)Binde *f*; **4** *sac en cuir* Mappe *f*; Aktentasche *f*
servile [sɛʀvil] *adj* unterwürfig; servil; sklavisch
▸**servir** [sɛʀviʀ] ⟨je sers, il sert, nous servons; je servais; je servis; je servirai; que je serve; servant; servi⟩ **I** *v/t* **1** dienen (+ *dat*); *abs* ~ ***dans la marine*** bei der Marine dienen; **2** ~ ***qn*** j-n bedienen; ***on vous sert, Madame?*** werden Sie schon bedient?; ***se faire*** ~ sich bedienen lassen; **3** *repas, plat* servieren; reichen; auf den Tisch bringen; *st/s* auftragen; ~ ***qc à qn*** j-m etw servieren, vorsetzen; ~ ***à boire*** Getränke servieren; **4** TENNIS ~ ***(la balle)*** (den Ball) aufschlagen; **II** *v/t/indir* **5** ~ ***à qn*** j-m nützen; *abs* ***cela peut encore*** ~ das kann man noch (ge)brauchen; ***cela ne sert à rien (de*** + *inf*) es nützt nichts, es hat keinen Wert *ou* Zweck (zu + *inf*); ***à quoi ça sert de*** (+ *inf*)? was nützt es, welchen Zweck hat es zu (+ *inf*)?; **6** ~ ***à (faire) qc*** zu etw dienen; F ***à quoi sert cette machine?*** wozu dient diese Maschine?; **7** ~ ***de*** dienen als; ~ ***de bouc émissaire*** als Sündenbock herhalten müssen; ~ ***de père à qn*** bei j-m Vaterstelle vertreten; **III** *v/pr* **8** ***se*** ~ sich bedienen; ▸***servez-vous!*** bedienen Sie sich!; greifen Sie zu!; ***se*** ~ ***de rôti*** von dem Braten nehmen; *par ext* ***se*** ~ ***chez un marchand*** (gewöhnlich) bei e-m Händler kaufen; **9** ***se*** ~ ***de qc*** etw benutzen, gebrauchen, verwenden; *st/s* sich e-r Sache (*gén*) bedienen; ***se*** ~ ***de qn*** sich j-s bedienen; **10** ***se*** ~ ***frais*** kühl serviert werden
serviteur [sɛʀvitœʀ] *m* Diener *m*
servitude [sɛʀvityd] *f* **1** (*asservissement*) Knechtschaft *f*; (*contrainte*) Zwang *m*; **2** JUR (Grund)Dienstbarkeit *f*
servo|frein [sɛʀvofʀɛ̃] *m* Bremskraftverstärker *m*; **~moteur** *m* Servomotor *m*
ses [se] → ***son***[1]
sésame [sezam] *m* BOT Sesam *m*
session [sɛsjõ] *f* **1** *d'une assemblée* Sitzungsperiode *f*; **2** *d'un examen* ~ ***de juin*** Junitermin *m*
set [sɛt] *m* **1** TENNIS Satz *m*; **2** ~ ***(de table)*** Set *n*
setter [setɛʀ] *m chien* Setter *m*
seuil [sœj] *m* **1** (Tür)Schwelle *f*; **2** *fig* Schwelle *f*; ~ ***d'audibilité*** Hörschwelle *f*
▸**seul** [sœl] **I** *adj* ⟨~e⟩ **1** (*solitaire*) allein; allein stehend; einsam; ***parler tout*** ~ Selbstgespräche führen; ***rire tout*** ~ vor sich hin lachen; ~ ***à*** ~ unter vier Augen; **2** (*unique*) einzig; bloß; ***une*** ~***e***

S

fois ein einziges Mal; ***à la ~e pensée de partir*** bei dem bloßen Gedanken, (allein) schon beim Gedanken an die Abreise; **II** *advt* allein; nur; ***à elle ~e*** sie allein; nur sie; ***cela va tout ~*** das geht (ganz) von selbst, von allein(e); **III** *subst* ***un ~, une ~e*** ein Einziger, e-e Einzige, ein Einziges; ***pas un ~*** kein Einziger; nicht ein Einziger; ***le ~, la ~e*** der, die, das Einzige

▸ **seulement** [sœlmɑ̃] *adv* **1** nur; bloß; lediglich; ***non ~ … mais aussi, encore …*** nicht nur …, sondern auch …; **2** *temporel* erst; ***~ ce soir*** erst heute Abend; **3** **(*ne* …) *pas ~*** nicht einmal

sève [sɛv] *f* **1** BOT Saft *m*; **2** *fig* Kraft *f*

▸ **sévère** [sevɛʀ] *adj* **1** (*dur, austère*) streng; *critique* hart; **2** (*grave*) *pertes, défaite* schwer

sévérité [seveʀite] *f* Strenge *f*

sévices [sevis] *m/pl* Misshandlungen *f/pl*; ***exercer des ~ sur qn*** j-n misshandeln

sévir [seviʀ] *v/i* **1** ***~ contre*** mit aller Strenge vorgehen gegen; *abs* hart durchgreifen; **2** *épidémie* grassieren; *tempête, voyous* wüten

sevrer [səvʀe] *v/t* ⟨-è-⟩ *enfant* abstillen; entwöhnen (*a drogué*)

sexagénaire [sɛksaʒenɛʀ] *m,f* Sechzigjährige(r) *f(m)*

▸ **sexe** [sɛks] *m* **1** Geschlecht *n*; ***le beau ~*** das schöne Geschlecht; ***des deux ~s*** beiderlei Geschlechts; **2** *organes* Geschlechtsteile *pl*; **3** (*sexualité*) Sex *m*

sexiste [sɛksist] **I** *adj* sexistisch; **II** *m,f* Sexist(in) *m(f)*

sex-shop [sɛksʃɔp] *m ou f* ⟨sex-shops⟩ Sexshop *m*

sextant [sɛkstɑ̃] *m* MAR Sextant *m*

sextuple [sɛkstypl(ə)] **I** *adj* sechsfach; **II** *subst* ***le ~*** das Sechsfache

sexualité [sɛksɥalite] *f* Sexualität *f*

sexué [sɛksɥe] *adj* ⟨~e⟩ BIOL geschlechtlich (differenziert)

sexuel [sɛksɥɛl] *adj* ⟨~le⟩ geschlechtlich; Geschlechts…

sexy [sɛksi] *adj* ⟨*inv*⟩ sexy

seyant [sɛjɑ̃] *adj* ⟨-ante [-ɑ̃t]⟩ passend; gut sitzend; kleidsam

Seychelles [sɛʃɛl] ***les ~*** *f/pl* die Seychellen *pl*

shaker [ʃɛkœʀ] *m* Shaker *m*; Mixbecher *m*

shako [ʃako] *m* Tschako *m*

▸ **shampo(o)ing** [ʃɑ̃pwɛ̃] *m* **1** *produit* Shampoo(n) *n*; **2** *lavage* Haarwäsche *f*; ***se faire faire un ~*** sich die Haare waschen lassen

shampouiner [ʃɑ̃pwine] *v/t* die Haare waschen (***qn*** j-m)

shérif [ʃeʀif] *m* Sheriff *m*

sherry [ʃeʀi] *m* Sherry *m*

shetland [ʃɛtlɑ̃d] *m* Shetlandwolle *f*; (***pull*** *m* ***en***) ~ Shetlandpullover *m*

shoot [ʃut] *m* **1** FOOTBALL Schuss *m*; **2** *d'une drogue* F Schuss *m*

shooter [ʃute] **I** *v/i* FOOTBALL schießen; **II** *v/pr drogué* ***se ~*** sich e-n Schuss setzen

shopping [ʃɔpiŋ] *m* ***faire du ~*** e-n Einkaufsbummel machen

▸ **short** [ʃɔʀt] *m* Shorts *pl*; kurze Hose

show [ʃo] *m* Show *f*

showbiz [ʃobiz] F *m* Showbusiness *n*

si[1] [si] *adv* **1** doch; *vous ne viendrez pas?* - ***~!*** doch!; ***que ~*** aber doch; doch, ganz bestimmt; **2** (*tellement*) so; ***pas ~ vite!*** nicht so schnell!

▸ **si**[2] **I** *conj* ⟨*vor il, ils* ***s'***⟩ **1** wenn; falls; ***~ vous continuez ainsi …*** wenn, falls Sie so weitermachen …; ***~ on veut*** wenn man so will; ***~ je le savais, je vous le dirais*** wenn ich es wüsste, würde ich es Ihnen sagen; ***~ ce n'est*** (*excepté*) außer (+ *dat*); (*sinon*) wenn nicht; ***~ ce n'est que*** außer dass; **2** dass; ***c'est à peine ~ …*** kaum dass …; **3** ob; ***je ne sais pas s'il viendra*** ich weiß nicht, ob er kommt; ***vous pensez s'il a été content!*** und ob er sich gefreut hat!; **II** *m* ⟨*inv*⟩ Wenn *n*; ***trop de ~ et de mais*** zu viele Wenn und Aber

si[3] *m* ⟨*inv*⟩ MUS h *ou* H *n*

siamois [sjamwa] *adj* ⟨-oise [-waz]⟩ ***chat ~*** Siamkatze *f*; ***frères*** *m/pl* ***~*** *ou* ***sœurs ~es*** siamesische Zwillinge *m/pl*

Sibérie [sibeʀi] ***la ~*** Sibirien *n*

sibérien [sibeʀjɛ̃] *adj* ⟨-ienne [-jɛn]⟩ sibirisch

sibyllin [sibilɛ̃] *adj* ⟨-ine [-in]⟩ sibyllinisch; geheimnisvoll; rätselhaft

sicav [sikav] *f* ⟨*inv*⟩ *abr* (*société d'investissement à capital variable*) **1** Investmentgesellschaft *f*; **2** Investmentzertifikat *n*

Sicile [sisil] ***la ~*** Sizilien *n*

sicilien [sisiljɛ̃] **I** *adj* ⟨-ienne [-jɛn]⟩ sizilianisch; **II** ≈(***ne***) *m*(*f*) Sizilianer(in) *m*(*f*)

▸ **sida** [sida] *m abr* (*syndrome immuno--déficitaire acquis*) Aids *n*

side-car [sidkaʀ] *m* ⟨side-cars⟩ (Motorrad *n* mit) Seitenwagen *m*

sidéen [sideɛ̃] **I** *adj* ⟨-enne [-ɛn]⟩ aidskrank; **II** ~(***ne***) *m*(*f*) Aidskranke(r) *f*(*m*)

sidéral [sideʀal] *adj* ⟨~e; -aux [-o]⟩ ***année ~e*** siderisches Jahr; Sternjahr *n*

sidérer [sideʀe] F *v/t* ⟨-è-⟩ völlig verblüffen; ***sidéré*** sprachlos; fassungslos

sidérurgie [sideʀyʀʒi] *f* Eisenhüttenwesen *n*

sidérurgique [sideʀyʀʒik] *adj* ***industrie*** *f* **~** Eisen- und Stahlindustrie *f*; ***usine*** *f* **~** Eisenhütte *f*

▸ **siècle** [sjɛkl(ə)] *m* Jahrhundert *n*; ***au vingtième*** (***XXe***) **~** im zwanzigsten (20.) Jahrhundert; F ***il y a des ~s que …*** F es ist e-e Ewigkeit her, dass …

sied [sje] → ***seoir***

▸ **siège** [sjɛʒ] *m* **1** Sitz *m* (*a d'un organisme, d'une douleur, à une assemblée*); *pour s'asseoir a* Sitzgelegenheit *f*; **~ *social*** Firmensitz *m*; ***bain*** *m* ***de*** **~** Sitzbad *n*; **2** ÉGL Stuhl *m*; **3** MIL Belagerung *f*; ***lever le* ~** die Belagerung aufheben

siéger [sjeʒe] *v/i* ⟨-è-, -ge-⟩ **1** *assemblée* tagen; **2** *député* e-n Sitz haben, sitzen (***à*** in + *dat*)

▸ **sien** [sjɛ̃] **I** *pr/poss* ⟨sienne [sjɛn]⟩ ***le ~, la ~ne*** der, die, das seine; seine(r, -s); *possesseur féminin* der, die, das ihre; ihre(r, -s); *pl* ***les ~s, les ~nes*** die seinen *ou* ihren; seine *ou* ihre; **II** *subst* **1** ***y mettre du* ~** das Seine *ou* Ihre, sein(en) *ou* ihr(en) Teil dazu beitragen; **2** ***les ~s*** (*famille, amis*) die Seinen *ou* Ihren; **3** ***il a encore fait des ~nes*** er hat sich wieder was geleistet

sieste [sjɛst] *f* Mittagsschlaf *m*; Siesta *f*

S

sieur [sjœʀ] *m* JUR ***le ~ X*** Herr X

sifflant [siflɑ̃] *adj* ⟨-ante [-ɑ̃t]⟩ pfeifend; ***consonne ~e*** Zischlaut *m*

sifflement [sifləmɑ̃] *m* Pfeifen *n*; RAD *a* Pfeifgeräusch *n*; *résultat* Pfiff *m*

▸ **siffler** [sifle] **I** *v/t* **1** *air, chanson* pfeifen; **~ *son chien*** s-m Hund pfeifen; **~ *le coup d'envoi*** das Spiel anpfeifen; **2** *orateur, pièce* auspfeifen; **3** F (*boire*) F runterkippen; **II** *v/i* pfeifen (*a oiseau, vent, balle*); *merle* flöten; *serpent, vapeur* zischen

▸ **sifflet** [siflɛ] *m* **1** *instrument* Pfeife *f*; ***coup*** *m* ***de* ~** Pfiff *m*; **2** *pl* **~*s*** (*huées*) Pfiffe *m/pl*; Pfeifkonzert *n*; **3** F ***ça lui a coupé le* ~** F da blieb ihm die Spucke weg

siffloter [siflɔte] *v/t et v/i* (leise) vor sich hin pfeifen

sigle [sigl(ə)] *m* (aus den Initialen bestehende) Abkürzung; Kürzel *n*

signal [siɲal] *m* ⟨-aux [-o]⟩ Signal *n* (*a* CH DE FER); Zeichen *n*; **~ *d'alarme*** CH DE FER Notbremse *f*; *contre le vol* Alarmanlage *f*; ***donner le ~ de qc*** das Zeichen zu etw geben

signalement [siɲalmɑ̃] *m* Personenbeschreibung *f*; *d'un fugitif* Steckbrief *m*

signaler [siɲale] **I** *v/t* **1** (*indiquer*) anzeigen; signalisieren; **2** (*faire remarquer*) **~ *qc à qn*** j-n auf etw (*acc*) hinweisen; j-m etw mitteilen, melden; ***rien à* ~** keine besonderen Vorkommnisse; **II** *v/pr* ***se* ~** sich hervortun, sich auszeichnen (***par*** durch)

signalétique [siɲaletik] *adj* ***fiche*** *f* **~** Erkennungsbogen *m*

signalisation [siɲalizasjɔ̃] *f routière* Be-, Ausschilderung *f*; Verkehrszeichen *n/pl*; (*signaux*) Signalsystem *n*

signataire [siɲatɛʀ] *m* Unterzeichner *m*

▸ **signature** [siɲatyʀ] *f* **1** (*nom*) Unterschrift *f*; **2** *action* Unterzeichnung *f*

▸ **signe** [siɲ] *m* **1** Zeichen *n*; MATH *a* Vorzeichen *n*; ASTR Sternzeichen *n*, -bild *n*; ***signes particuliers*** besondere Kennzeichen *n/pl*; ***signe de ponctuation*** Satzzeichen *n*; ***signe du zodiaque*** Tierkreiszeichen *n*; Sternzeichen *n*; → *Info bei* ***Sternzeichen***; ***en signe de*** zum, als Zeichen (+ *gén*); ***sous le signe de*** im Zeichen (+ *gén*); ***ne plus donner signe de vie*** kein Lebenszeichen mehr von sich geben; ***c'est bon, mauvais signe*** das ist ein gutes, schlechtes Zeichen; **2** (*geste*) Wink *m*; ***signe de tête*** (***affirmatif, négatif***) Kopfnicken *n ou* -schütteln *n*; ▸ ***faire signe à qn*** j-m winken; *pour dire bonjour* j-m zuwinken; *par ext* sich bei j-m melden

▸ **signer** [siɲe] **I** *v/t* unterschreiben; unterzeichnen; *œuvre* signieren; **II** *v/pr* ***se ~*** sich bekreuzigen

signet [siɲɛ] *m* **1** Buch-, Lesezeichen *n*; **2** INFORM Bookmark *n ou f*

significa|tif [siɲifikatif] *adj* ⟨-ive [-iv]⟩ bezeichnend (***de*** für); **~tion** [-sjõ] *f* Bedeutung *f*; Sinn *m*

signifier [siɲifje] *v/t* **1** (*vouloir dire*) bedeuten; **2** (*faire savoir*) mitteilen, bekannt geben (***qc à qn*** j-m etw); **3** JUR zustellen

▸ **silence** [silɑ̃s] *m* **1** Schweigen *n*; *d'un endroit* Stille *f*; ***~!*** Ruhe!; ***~ de mort*** Totenstille *f*; ***garder le ~*** Stillschweigen bewahren (***sur*** über + *acc*); ***passer sous ~*** verschweigen; **2** MUS Pause *f*

▸ **silencieux** [silɑ̃sjø] **I** *adj* ⟨-euse [-øz]⟩ still; *endroit a* ruhig; *pas, geste* lautlos; *machine* geräuschlos; (*taciturne*) schweigsam; ***majorité silencieuse*** schweigende Mehrheit; ***rester ~*** stillschweigen; **II** *m* TECH Schalldämpfer *m*

Silésie [silezi] ***la ~*** Schlesien *n*

silex [silɛks] *m* Feuerstein *m*

silhouette [silwɛt] *f* **1** Silhouette *f*; Umrisse *m/pl*; **2** *d'une personne* Figur *f*

silice [silis] *f* Kieselerde *f*

silicium [silisjɔm] *m* Silicium *n*

silic|one [silikon] *f* Silikon *n*; **~ose** [-os] *f* Silikose *f*; Staublunge *f*

sillage [sijaʒ] *m* **1** MAR Kielwasser *n*; *fig* ***marcher dans le ~ de qn*** in die Fuß(s)tapfen j-s treten; **2** *d'un parfum* Duftwolke *f*

sillon [sijõ] *m* **1** AGR, ANAT Furche *f*; **2** *d'un disque* Rille *f*

sillonner [sijɔne] *v/t bateau: mer* durchpflügen; *routes: pays* durchziehen; *en voiture* ***~ une région*** in e-r Gegend umherfahren; *visage* ***sillonné de rides*** zerfurcht

silo [silo] *m* Silo *m ou n*

silure [silyʀ] *m* ZO Wels *m*

simagrées [simagʀe] *f/pl* Gehabe *n*; Getue *n*; F Mätzchen *n/pl*

simiesque [simjɛsk] *adj* affenähnlich

similaire [similɛʀ] *adj* gleichartig; ähnlich

simili [simili] *m* Imitation *f*; Nachahmung *f*

similitude [similityd] *f* Ähnlichkeit *f*

▸ **simple** [sɛ̃pl(ə)] **I** *adj* **1** einfach; *méthode a* simpel; *style, robe, etc a* schlicht; **2** ***~ d'esprit*** geistig beschränkt; **II** *m* **1** TENNIS Einzel *n*; **2** PHARM ***~s*** *pl* Heilkräuter *n/pl*

simplement [sɛ̃pləmɑ̃] *adv* einfach

simplet [sɛ̃plɛ] *adj* ⟨-ette [-ɛt]⟩ etwas einfältig; simpel; naiv

simplicité [sɛ̃plisite] *f* Einfachheit *f*; *du style a* Schlichtheit *f*; *d'une personne a* (*naturel*) Natürlichkeit *f*; Unkompliziertheit *f*; (*modestie*) Anspruchslosigkeit *f*

simpli|fication [sɛ̃plifikasjõ] *f* Vereinfachung *f*; **~fier** [-fje] *v/t* vereinfachen; MATH *fraction a* kürzen

simpliste [sɛ̃plist] *adj* zu einfach; zu einseitig

simulacre [simylakʀ(ə)] *m* ***~ de …*** Schein…; ***~ de combat*** Scheingefecht *n*

simula|teur [simylatœʀ] *m*, **~trice** [-tʀis] *f* **1** Simulant(in) *m(f)*; **2** *m* TECH Simulator *m*; ***~ de vol*** Flugsimulator *m*

simulation [simylasjõ] *f* **1** Verstellung *f* (*abs*); Vortäuschung *f*; Simulieren *n*; **2** TECH Simulierung *f*; Simulation *f*

simuler [simyle] *v/t* **1** (*feindre*) vortäuschen; heucheln; *maladie a* simulieren; **2** TECH simulieren

simultané [simyltane] *adj* ⟨~e⟩ gleichzeitig; ***traduction ~e*** Simultanübersetzung *f*

simultanéité [simyltaneite] *f* Gleichzeitigkeit *f*

sinapisme [sinapism(ə)] *m* Senfpflaster *n*

sincère [sɛ̃sɛʀ] *adj* aufrichtig; ehrlich; offen

sincérité [sɛ̃seʀite] *f* Aufrichtigkeit *f*; Ehrlichkeit *f*; Offenheit *f*

sinécure [sinekyʀ] *f* F Druckposten *m*; F ***ce n'est pas une ~*** F das ist kein Honigschlecken

sine qua non [sinekwanɔn] ***condition*** *f* ***~*** unerlässliche Voraussetzung

Singapour [sɛ̃gapuʀ] Singapur *n*

▸ **singe** [sɛ̃ʒ] *m* **1** ZO Affe *m*; ***faire le ~*** Faxen machen; **2** *arg* (*corned-beef*) Büchsenfleisch *n*; **3** *arg* (*patron*) ***le ~*** F der Alte

singer [sɛ̃ʒe] *v/t* ⟨-ge-⟩ nachäffen

singeries [sɛ̃ʒʀi] *f/pl* Grimassen *f/pl*; Faxen *f/pl*

singulariser [sɛ̃gylaʀize] *v/pr* ***se ~*** auffallen; von den anderen abstechen

singularité [sɛ̃gylaʀite] *f* **1** (*particula-*

rité) Eigenart *f*; Eigenheit *f*; **2** (*étrangeté*) Eigenartigkeit *f*

▸ **singulier** [sɛ̃gylje] **I** *adj* ⟨-ière [-jɛʀ]⟩ **1** eigenartig; eigentümlich; sonderbar; **2** ***combat*** ~ Einzelkampf *m*; **II** *m* GR Singular *m*; Einzahl *f*

singulièrement [sɛ̃gyljɛʀmɑ̃] *adv* **1** (*très*) ungemein; überaus; **2** (*bizarrement*) eigenartig

sinistre [sinistʀ(ə)] **I** *adj* **1** unheimlich; *présage* Unheil verkündend; **2** *péj* ***une ~ crapule*** ein elender Lump; **II** *m* **1** (Brand-, Flut-, Erdbeben)Katastrophe *f*; **2** JUR Schaden(sfall) *m*

sinistré [sinistʀe] **I** *adj* ⟨~e⟩ von e-r Katastrophe heimgesucht; geschädigt; ***région ~e*** Katastrophengebiet *n*; **II** *m* Opfer *n* (e-r Katastrophe); Geschädigte(r) *m*

sinistrose [sinistʀoz] *f* Katastrophenstimmung *f*; Schwarzseherei *f*

sino-… [sino] *adj* chinesisch-…

▸ **sinon** [sinõ] *conj* **1** (*autrement*) sonst; ander(e)nfalls; **2** (*sauf*) außer; **3** (*si ce n'est*) wenn nicht (gar)

sinueux [sinɥø] *adj* ⟨-euse [-øz]⟩ **1** *ligne* gewunden; *route* kurvenreich; **2** *fig* verschlungen; gewunden

sinuosités [sinɥozite] *f/pl* Windungen *f/pl*; Krümmungen *f/pl*

sinus [sinys] *m* **1** ANAT Nasennebenhöhle *f*; **2** MATH Sinus *m*

sinusite [sinyzit] *f* Stirnhöhlenkatarrh *m*

sion|isme [sjɔnism(ə)] *m* Zionismus *m*; **~iste** [-ist] **I** *adj* zionistisch; **II** *m,f* Zionist(in) *m(f)*

Sioux [sju] *m/pl* Sioux *m/pl*; F *fig* ***ruses*** *f/pl* ***de ~*** geschickte Tricks *m/pl*

siphon [sifõ] *m* **1** *d'un évier* Geruchsverschluss *m*; Siphon *m*; **2** *bouteille* Siphon(flasche) *m(f)*; **3** PHYS Saugheber *m*

siphonné [sifɔne] *adj* ⟨~e⟩ F meschugge; → ***cinglé***

sire [siʀ] *m* **1** *titre* ♀ Majestät; **2** ***un triste ~*** ein übles Subjekt

sirène [siʀɛn] *f* Sirene *f* (*a* MYTH)

sirocco [siʀɔko] *m* Schirokko *m*

sirop [siʀo] *m* Sirup *m*; ***~ contre la toux*** Hustensaft *m*; ***fruits*** *m/pl* ***au ~*** eingemachte Früchte *f/pl*

siroter [siʀɔte] F *v/t* mit Genuss schlürfen

sis [si] *adj* ⟨sise [siz]⟩ JUR gelegen

sismique [sismik] *adj* Erdbeben…; ***secousse*** *f* ~ Erdstoß *m*

sismographe [sismɔgʀaf] *m* Seismograph *m*, -meter *n*

site [sit] *m* **1** (*paysage*) Landschaft *f*; Gegend *f*; (*endroit*) Stätte *f*; *d'une ville* Lage *f*; *d'une usine* Standort *m*; ***~ classé*** Natur- *ou* Kulturdenkmal *n*; ***~ historique*** historische Stätte; ***~ protégé*** Landschaftsschutzgebiet *n*; **2** INFORM ~ (***Web, Internet***) Website [-saɪt] *f*

sitôt [sito] **I** *adv* ***pas de ~*** nicht so bald; nicht so schnell; ***~ dit, ~ fait*** gesagt, getan; **II** *conj* ***~ que*** sobald

▸ **situation** [sitɥasjõ] *f* **1** *d'une ville, d'une maison* Lage *f*; **2** (*circonstances*) Lage *f*; Situation *f* (*a* THÉ); Verhältnisse *n/pl*; ***~ de famille*** Familien-, Personenstand *m*; **3** (*emploi*) (berufliche) Stellung; Position *f*

situé [sitɥe] *adj* ⟨~e⟩ gelegen; ***être ~*** liegen

situer [sitɥe] **I** *v/t* einordnen; zuordnen (+ *dat*); verlegen; **II** *v/pr* ***se ~*** *chose* liegen; *événement* stattfinden; *roman* spielen (***à*** in + *dat*); *personne* sich einordnen; POL stehen (***à gauche*** links)

▸ **six** [sis, *vor Konsonant* si, *vor Vokal* siz] **I** *num/c* sechs; ***le ~ mai*** der sechste *ou* am sechsten Mai; ***Charles VI*** Karl VI. (der Sechste); ***~ jours*** *m/pl* Sechstagerennen *n*; **II** *m* Sechs *f*; Sechser *m*; ***le ~*** (***du mois***) der Sechste *ou* am Sechsten (des Monats)

▸ **sixième** [sizjɛm] **I** *num/o* sechste; **II** *subst* **1** ***le, la ~*** der, die, das Sechste; **2** *m* MATH Sechstel *n*; **3** *m étage* ***au ~*** im sechsten Stock; **4** *f* erste Klasse im Gymnasium; Sexta *f*

six-quatre-deux [siskatdø] F ***à la ~*** F schluderig

skaï® [skaj] *m* Skai® *n*

skateboard [skɛtbɔʀd] *m* Skateboard *n*

sketch [skɛtʃ] *m* ⟨sketches⟩ Sket(s)ch *m*

▸ **ski** [ski] *m* **1** Ski *ou* Schi *m*; ***à, en ~s*** auf Skiern; **2** *sport* Skilauf(en) *m(n)*; Skifahren *n*; Skisport *m*; ***faire du ~*** Ski laufen, fahren; ***~ de fond*** (Ski)Langlauf *m*

skiable [skjabl(ə)] *adj* zum Skifahren geeignet; *neige* geführig

▸ **skier** [skje] *v/i* Ski laufen, fahren

ski|eur [skjœʀ] *m*, **~euse** [-øz] *f* Skiläu-

fer(in) *m(f)*; Skifahrer(in) *m(f)*
skin(head) [skin(ɛd)] *m,f* Skin(head) *m*
skipper [skipœʀ] *m* MAR Skipper *m*
slalom [slalɔm] *m* Slalom *m*; Torlauf *m*; ~ ***géant, spécial*** Riesen-, Spezialslalom *m*; *fig* ***faire du ~*** Slalom fahren
slalom|eur [slalɔmœʀ] *m*, **~euse** [-øz] *f* Slalomläufer(in) *m(f)*
slave [slav] **I** *adj* slawisch; **II** ≗ *m,f* Slawe *m*, Slawin *f*
▸ **slip** [slip] *m* Slip *m*; *pour femme a* Höschen *n*; ~ ***de bain*** Badehose *f*
slogan [slɔgɑ̃] *m* Slogan *m*; Parole *f*; Schlagwort *n*
slovaque [slɔvak] **I** *adj* slowakisch; **II** ≗ *m,f* Slowake *m*, Slowakin *f*
Slovaquie [slɔvaki] ***la ~*** die Slowakei
slovène [slɔvɛn] **I** *adj* slowenisch; **II** ≗ *m,f* Slowene *m*, Slowenin *f*
Slovénie [slɔveni] ***la ~*** Slowenien *n*
slow [slo] *m danse* Slowfox *m*
smala(h) [smala] *f* F *péj* Sippschaft *f*
smash [smaʃ] *m* ⟨smashes⟩ Schmetterball *m*; **~er** [-e] *v/i* schmettern
S.M.E. [ɛsɛmə] *m abr* (*Système monétaire européen*) EWS *n*
▸ **SMIC** [smik] *m abr* (*salaire minimum interprofessionnel de croissance*) gesetzlicher Mindestlohn
smic|ard [smikaʀ] *m*, **~arde** [-aʀd] *f* Mindestlohnempfänger(in) *m(f)*
smoking [smɔkiŋ] *m* Smoking *m*
smurf [smœʀf] *m* Breakdance *m*
▸ **snack** [snak] *m* Schnellgaststätte *f*; Snackbar *f*; Imbissstube *f*
▸ **S.N.C.F.** [ɛsɛnseɛf] *f abr* (*Société nationale des chemins de fer français*) Französische Staatsbahn
snob [snɔb] **I** *adj* ⟨*f inv*⟩ snobistisch; **II** *m,f* Snob *m*
snob|er [snɔbe] *v/t* von oben herab behandeln; **~isme** [-ism(ə)] *m* Snobismus *m*
snowboard [snobɔʀd] *m* Snowboard *n*; **~eur** [-œʀ] *m*, **~euse** [-øz] *f* Snowboarder(in) *m(f)*
sobre [sɔbʀ(ə)] *adj* **1** *personne* mäßig, maßvoll, zurückhaltend im Trinken; **2** *style, tenue* nüchtern; schmucklos
sobriété [sɔbʀijete] *f* **1** Mäßigkeit *f* im Trinken; **2** *du style, etc* Nüchternheit *f*; Schmucklosigkeit *f*
sobriquet [sɔbʀikɛ] *m* Spitzname *m*
soc [sɔk] *m* Pflugschar *f*
sociable [sɔsjabl(ə)] *adj* gesellig; umgänglich
▸ **social** [sɔsjal] **I** *adj* ⟨~e; -aux [-o]⟩ **1** (*relatif à la justice sociale*) sozial; Sozial…; ***mesures ~es*** soziale Maßnahmen *f/pl*; **2** (*de la société*) Gesellschafts…; gesellschaftlich; sozial; Sozial…; ***sciences ~es*** Gesellschafts-, Sozialwissenschaften *f/pl*; **3** COMM Firmen…; Gesellschafts…; **II** *m* Sozialbereich *m*
social-démocrate **I** *adj* ⟨sociale-démocrate; sociaux-démocrates⟩ sozialdemokratisch; **II** *m,f* Sozialdemokrat(in) *m(f)*
socialis|ation [sɔsjalizasjõ] *f* Sozialisierung *f*; **~er** [-e] *v/t* sozialisieren
socialisme [sɔsjalism(ə)] *m* Sozialismus *m*
▸ **socialiste** [sɔsjalist] **I** *adj* sozialistisch; **II** *m,f* Sozialist(in) *m(f)*
sociétaire [sɔsjetɛʀ] *m* Mitglied *n*
▸ **société** [sɔsjete] *f* **1** Gesellschaft *f*; ~ ***industrielle*** Industriegesellschaft *f*; ~ ***de consommation*** Konsumgesellschaft *f*; ***en ~*** in Gesellschaft; **2** (*association*) Gesellschaft *f*; Verein *m*; Verband *m*; Bund *m*; ~ ***protectrice des animaux*** (*abr* ***S.P.A.***) Tierschutzverein *m*; ~ ***secrète*** Geheimbund *m*; **3** ÉCON Gesellschaft *f*; Firma *f*; ~ ***anonyme*** (*abr* ***S.A.***) Aktiengesellschaft *f* (*abr* AG); ~ ***à responsabilité limitée*** (*abr* ***S.A.R.L.***) Gesellschaft mit beschränkter Haftung (*abr* GmbH)
socio|culturel [sɔsjokyltyʀɛl] *adj* ⟨~le⟩ soziokulturell; **~-économique** *adj* sozioökonomisch
socio|logie [sɔsjɔlɔʒi] *f* Soziologie *f*; **~logique** *adj* soziologisch; **~logue** [-lɔg] *m,f* Soziologe, -login *m,f*
socioprofessionnel [sɔsjɔpʀɔfɛsjɔnɛl] *adj* ⟨~le⟩ Berufs…
socle [sɔkl(ə)] *m* Sockel *m*
socquette [sɔkɛt] *f* Söckchen *n*
soda [sɔda] *m* Sodawasser *n*
sodium [sɔdjɔm] *m* Natrium *n*
sodom|ie [sɔdɔmi] *f* Analverkehr *m*; **~iser** [-ize] *v/t* anal koitieren mit
▸ **sœur** [sœʀ] *f* **1** Schwester *f* (*a* REL); F *fig* ***et ta ~?*** was geht dich das an!; **2** *adjt* ***âme*** *f* ~ gleich gestimmte Seele
sofa [sɔfa] *m* Sofa *n*
SOFRES [sɔfʀɛs] *f abr* (*Société fran-*

S

çaise d'enquête par sondage) frz Meinungsforschungsinstitut

software [sɔftwɛʀ] *m* Software *f*

► **soi** [swa] *pr/pers* sich; ***cela va de ~*** das versteht sich von selbst; ***en ~*** an sich; ***chacun pour ~*** jeder für sich

► **soi-disant** [swadizɑ̃] **I** *adj* ⟨*inv*⟩ angeblich; so genannt; **II** *adv* angeblich

► **soie** [swa] *f* **1** Seide *f*; *par ext* ***papier m de ~*** Seidenpapier *n*; ***en ~, de ~*** seiden; aus Seide; Seiden…; **2** *du porc* Borste *f*

soient [swa] → ***être***[1]

soierie [swaʀi] *f* Seidenstoff *m*

► **soif** [swaf] *f* Durst *m* (*a fig* ***de*** nach); ***avoir ~*** Durst haben; durstig sein; ***mourir de ~*** verdursten; F *fig* ***jusqu'à plus ~*** F bis zum Gehtnichtmehr

soigné [swaɲe] *adj* ⟨**~e**⟩ **1** gepflegt; *travail* sorgfältig; **2** F *iron* ordentlich

► **soigner** [swaɲe] **I** *v/t* **1** (*s'occuper de*) pflegen; *vêtement* sorgfältig umgehen mit; **2** MÉD behandeln; ***se faire ~*** sich (ärztlich) behandeln lassen; **II** *v/pr* ***se ~*** auf s-e Gesundheit achten, Acht geben; sich pflegen

soigneur [swaɲœʀ] *m* Betreuer *m*

► **soigneusement** [swaɲøzmɑ̃] *adv* sorgfältig

soigneux [swaɲø] *adj* ⟨-euse [-øz]⟩ sorgfältig

soi-même *pr/pers* selbst; F selber; *réfléchi* sich selbst

soin [swɛ̃] *m* **1** (*application*) Sorgfalt *f*; ***avec ~*** sorgfältig; ***sans ~*** ohne Sorgfalt; **2** (*préoccupation*) Sorge *f*; ***avoir, prendre ~ de qn, qc*** sich um j-n, etw kümmern; auf etw (*acc*) achten; ***avoir, prendre ~ de*** (+ *inf*) dafür Sorge tragen, darauf achten, dass …; **3** ***~s*** *pl* Pflege *f*; ***~s de beauté*** Schönheitspflege *f*; Kosmetik *f*; *sur une lettre* ***aux bons ~s de*** bei; per Adresse (*abr* p.A.); ***être aux petits ~s pour, avec qn*** j-m jeden Wunsch von den Augen ablesen; **4** MÉD ***~s*** *pl* Behandlung *f*; ***premiers ~s*** erste Hilfe

► **soir** [swaʀ] *m* Abend *m*; ***le ~*** abends; am Abend; ***un ~*** e-s Abends; ***ce ~*** heute Abend; ***à ce ~!*** bis heute Abend!; ***demain ~*** morgen Abend; ***lundi ~*** (am) Montagabend

► **soirée** [swaʀe] *f* **1** Abend *m*; Abendstunden *f/pl*; ***dans la ~*** im Laufe des Abends; **2** *réunion* Abendgesellschaft *f*; **3** THÉ, CIN ***en ~*** in der Abendvorstellung

sois [swa] → ***être***[1]

soit [swa] **I** *conj* **1** ***~ …, ~ …*** entweder … oder …; ***~ que …*** (+ *subj*), ***~ que …*** (+ *subj*) sei es dass … oder dass…; ob … oder …; **2** MATH gegeben; **3** (*à savoir*) das heißt; nämlich; sprich; **II** *adv* ***~!*** [swat] meinetwegen!; von mir aus!

soixantaine [swasɑ̃tɛn] *f* **1** ***une ~ (de)*** etwa, ungefähr, rund sechzig; **2** *âge* Sechzig *f*; Sechziger(jahre) *n/pl*

► **soixante** [swasɑ̃t] **I** *num/c* sechzig; ► ***soixante et onze*** einundsiebzig; ***soixante et onzième*** einundsiebzigste; **II** *m* ⟨*inv*⟩ Sechzig *f*

► **soixante-dix** [swasɑ̃tdis] **I** *num/c* siebzig; **II** *m* ⟨*inv*⟩ Siebzig *f*

► **soixante-dixième** [swasɑ̃tdizjɛm] *num/o* siebzigste

soixante-huitard [swasɑ̃tɥitaʀ] *m* F Achtundsechziger *m*

► **soixantième** [swasɑ̃tjɛm] *num/o* sechzigste

soja [sɔʒa] *m* Soja(bohne) *f*

► **sol**[1] [sɔl] *m* Boden *m*; Erdboden *m*; ***au ~*** am Boden

sol[2] *m* ⟨*inv*⟩ MUS g *ou* G *n*

► **solaire** [sɔlɛʀ] **I** *adj* Sonnen…; Solar…; ***chauffage*** *m* **~** Solarheizung *f*; ***crème*** *f* **~** Sonnen(schutz)creme *f*; **II** *m* Solartechnik *f*

solarium [sɔlaʀjɔm] *m* Solarium *n*

► **soldat** [sɔlda] *m* Soldat *m*; ***~ de métier*** Berufssoldat *m*; ***~ de plomb*** Blei-, Zinnsoldat *m*

soldatesque [sɔldatɛsk] *f péj* Soldateska *f*

solde[1] [sɔld] *f* MIL (Wehr)Sold *m*; *fig* ***être à la ~ de qn*** im Sold j-s stehen

solde[2] *m* **1** *d'un compte* Saldo *m*; (*reste à payer*) Restbetrag *m*; ***pour solde de (tout) compte*** zum Ausgleich des Kontos; **2** ► ***soldes*** *pl* (*abus f/pl*) *marchandises* Restposten *m/pl*; Ausverkaufsware *f*; *ventes* Schluss-, Ausverkauf *m*; ***acheter qc en solde*** etw im Schlussverkauf kaufen

solder [sɔlde] **I** *v/t* **1** *compte* saldieren; **2** *marchandises* (als Restposten, im Schlussverkauf) billiger verkaufen; **II** *v/pr* ***se ~ par*** (ab)schließen mit; *fig* ***se ~ par un échec*** mit e-m Misserfolg enden

sole [sɔl] *f* Seezunge *f*

solécisme [sɔlesism(ə)] *m* syntaktischer Fehler

▸ **soleil** [sɔlɛj] *m* **1** (ASTR ***Soleil***) Sonne *f*; ▸ ***coup*** *m* ***de soleil*** Sonnenbrand *m*; ***au soleil*** in der *ou* in die Sonne; ***en plein soleil*** in der prallen Sonne; ***il y a du soleil*** *ou* ***il fait*** (***du***) ***soleil*** die Sonne scheint; **2** BOT Sonnenblume *f*; **3** FEU D'ARTIFICE Feuerrad *n*; **4** SPORTS Riesenschwung *m*, -welle *f*

solennel [sɔlanɛl] *adj* ⟨~le⟩ feierlich

solennité [sɔlanite] *f* Feierlichkeit *f*

Soleure [sɔlœʀ] Solothurn *n*

solfège [sɔlfɛʒ] *m* Musiklehre *f*

solfier [sɔlfje] *v/t* die Noten (+ *gén*) singen

solidaire [sɔlidɛʀ] *adj* **1** *personnes* solidarisch (***de qn*** mit j-m); **2** TECH verbunden (***de*** mit)

solidariser [sɔlidaʀize] *v/pr* ***se*** ~ sich solidarisch erklären, sich solidarisieren (***avec*** mit)

solidarité [sɔlidaʀite] *f* Solidarität *f*

▸ **solide** [sɔlid] **I** *adj* **1** fest (*a nourriture*); solid(e); *matériau a* haltbar; *vêtement a* strapazierfähig; *maison* fest, solid(e) gebaut; **2** *fig connaissances* solid(e); gründlich; *amitié* fest; *raison* stichhaltig; **3** *personne* robust; kräftig; *nerfs* stark; ***ne plus être très*** ~ ***sur ses jambes*** keine Kraft mehr in den Beinen haben; **II** *m* **1** (geometrischer) Körper; **2** PHYS Festkörper *m*

solidifier [sɔlidifje] *v/pr* ***se*** ~ sich verfestigen; erstarren

solidité [sɔlidite] *f* Festigkeit *f*; Solidität *f*; *d'un matériau a* Haltbarkeit *f*; Strapazierfähigkeit *f*

soliloquer [sɔlilɔke] *v/i* Selbstgespräche führen

soliste [sɔlist] *m,f* Solist(in) *m(f)*

solitaire [sɔlitɛʀ] **I** *adj* einsam; *personne a* zurückgezogen lebend; ***navigateur*** *m* ~ Einhandsegler *m*; **II** *subst* **1** *m,f* Einzelgänger(in) *m(f)*; **2** *m diamant* Solitär *m*

solitude [sɔlityd] *f* Einsamkeit *f*

solive [sɔliv] *f* (Decken)Balken *m*

sollicitation [sɔlisitasjõ] *f* (dringende) Bitte

solliciter [sɔlisite] *v/t* **1** (*demander*) ~ ***qc*** um etw nach-, ersuchen, bitten; ~ ***qn*** j-n ersuchen, bitten (***de*** + *inf* zu + *inf*); ***être sollicité*** gefragt, umworben sein; **2** *attention, curiosité* erregen; auf sich ziehen; *personne* ***être sollicité par qc*** von etw angelockt werden

sollicit|eur [sɔlisitœʀ] *m*, **~euse** [-øz] *f* Bittsteller(in) *m(f)*

sollicitude [sɔlisityd] *f* (liebevolle) Fürsorge

solo [sɔlo] *m* MUS Solo *n*; ***en*** ~ solo

solstice [sɔlstis] *m* ~ ***d'été, d'hiver*** Sommer-, Wintersonnenwende *f*

soluble [sɔlybl(ə)] *adj* **1** löslich; ~ ***dans l'eau*** wasserlöslich; **2** *problème* lösbar

soluté [sɔlyte] *m* PHARM Lösung *f*

▸ **solution** [sɔlysjõ] *f* **1** Lösung *f* (*a liquide*); ~ ***de facilité*** bequem(st)e Lösung; **2** *st/s* ~ ***de continuité*** Unterbrechung *f*

solutionner [sɔlysjɔne] *v/t* lösen

solvable [sɔlvabl(ə)] *adj* zahlungsfähig; solvent

solvant [sɔlvɑ̃] *m* Lösungsmittel *n*

Somalie [sɔmali] ***la*** ~ Somalia *n*

sombre [sõbʀ(ə)] *adj* **1** (*obscur*) finster; dunkel (*a teinte*); düster; **2** *fig personne, air, avenir, etc* finster; düster

sombrer [sõbʀe] *v/i* **1** *bateau* (ver)sinken; **2** *fig* ~ ***dans qc*** e-r Sache (*dat*) verfallen

sommaire [sɔmɛʀ] **I** *adj* **1** *explication, exposé* kurz gefasst; knapp; summarisch; **2** *connaissances, tenue, repas* dürftig; einfach; **3** *exécution* ohne Gerichtsverfahren; ***procédure*** *f* ~ Schnellverfahren *n*; **II** *m* Inhaltsübersicht *f*; kurze Inhaltsangabe

sommation [sɔmasjõ] *f* JUR, MIL Aufforderung *f*; *de payer* Zahlungsbefehl *m*

▸ **somme**[1] [sɔm] *f* **1** MATH Summe *f*; ***faire la*** ~ ***de*** zusammenzählen, -rechnen; **2** ~ (***d'argent***) (Geld)Summe *f*, (-)Betrag *m*; **3** *par ext* Menge *f*; ***en*** ~, ~ ***toute*** alles in allem; aufs Ganze gesehen; eigentlich; schließlich

somme[2] *f* ***bête*** *f* ***de*** ~ Lasttier *n*

somme[3] *m* Schläfchen *n*; F Nickerchen *n*; ***ne faire qu'un*** ~ durchschlafen

▸ **sommeil** [sɔmɛj] *m* **1** Schlaf *m*; ***nuit*** *f* ***sans*** ~ schlaflose Nacht; ***avoir le*** ~ ***léger*** e-n leichten Schlaf haben; **2** (*envie de dormir*) Schläfrigkeit *f*; ***avoir*** ~ müde, schläfrig sein; ***tomber de*** ~ zum Umfallen müde sein; **3** *fig projet* ***être en*** ~ ruhen

sommeiller [sɔmeje] *v/i* schlummern (*a fig*)
sommelier [sɔməlje] *m* Weinkellner *m*; (*caviste*) Kellermeister *m*
sommer [sɔme] *v/t* **~ *qn de faire qc*** j-n auffordern, etw zu tun
sommes [sɔm] → ***être***[1]
▸ **sommet** [sɔmɛ] *m* **1** *d'une montagne* Gipfel *m* (*a fig*); *d'un arbre* Wipfel *m*; *d'une tour, d'un rocher* Spitze *f*; **2** (***conférence*** *f* ***au***) **~** Gipfel(konferenz) *m*(*f*); **3** MATH Scheitel *m*
sommier [sɔmje] *m* **~** (***à ressorts***) Sprungfederrahmen *m*; **~ *à lattes*** Lattenrost *m*
sommité [sɔmite] *f* Kapazität *f*; Größe *f*
somnambule [sɔmnɑ̃byl] **I** *m,f* Schlafwandler(*in*) *m*(*f*); **II** *adj* mondsüchtig
somnifère [sɔmnifɛʀ] *m* Schlafmittel *n*
somnol|ent [sɔmnɔlɑ̃] *adj* ⟨-ente [-ɑ̃t]⟩ schläfrig; **~er** [-e] *v/i* halb *schlafen*; F dösen
somptueux [sõptɥø] *adj* ⟨-euse [-øz]⟩ prächtig; prunkvoll; prachtvoll
somptuosité [sõptɥozite] *f* Pracht *f*; Prunk *m*
▸ **son**[1] [sõ] *adj/poss* ⟨*f* **sa** [sa], *vor Vokal u stummen h* **son**; *pl* **ses** [se]⟩ sein(e); *d'un possesseur féminin* ihr(e)
▸ **son**[2] *m* **1** Ton *m*; *d'un instrument* Klang *m*; ***prise*** *f* ***de*** **~** Tonaufnahme *f*; **2** PHON Laut *m*; **3** PHYS Schall *m*; **4** (***spectacle*** *m*) **~ *et lumière*** Licht und Tonschau *f*

Son et lumière

Bei einem **spectacle son et lumière** kann man auf unterhaltsame Weise etwas über die Geschichte Frankreichs erfahren. Ein historisches Gebäude wird in wechselnden Beleuchtungen angestrahlt, dazu werden – oft musikalisch untermalt – Ereignisse aus seiner Geschichte erzählt.

S

son[3] *m du blé* Kleie *f*
sonar [sɔnaʀ] *m* Sonar(gerät) *n*
sonate [sɔnat] *f* Sonate *f*
sondage [sõdaʒ] *m* **1** TECH Sondierung *f*; *forage* Probebohrung *f*; **2** (*enquête*) Umfrage *f*; **~ *d'opinion*** Meinungsumfrage *f*; *science* Meinungsforschung *f*; Demoskopie *f*
sonde [sõd] *f* **1** MAR Senkblei *n*; Lot *n*; **2** MÉD, TECH Sonde *f*; **~** (***urinaire***) Katheter *m*; **~ *spatiale*** Raumsonde *f*
sonder [sõde] *v/t* **1** TECH, MÉD sondieren; untersuchen; *malade* katheterisieren; **2** *fig* **~ *qn*** j-n aushorchen; **~ *l'opinion*** die öffentliche Meinung erforschen
sondeur [sõdœʀ] *m d'opinion* Meinungsbefrager *m*; Interviewer *m*
songe [sõʒ] *litt m* Traum *m*
songer [sõʒe] *v/t/indir* ⟨-ge-⟩ **~ *à*** denken an (+ *acc*); **~ *à faire qc*** daran denken, etw zu tun
songeur [sõʒœʀ] *adj* ⟨-euse [-øz]⟩ nachdenklich
sonnant [sɔnɑ̃] *adj* ⟨-ante [-ɑ̃t]⟩ ***à cinq heures ~es*** Schlag fünf Uhr
sonné [sɔne] *adj* ⟨**~e**⟩ **1** ***il est midi*** **~** es hat gerade zwölf (Uhr) geschlagen; F *fig* ***avoir soixante ans bien ~s*** gut sechzig Jahre alt sein; **2** F *fig* (*fou*) F bekloppt; → ***cinglé***; **3** F *boxeur* angeschlagen; groggy
▸ **sonner** [sɔne] **I** *v/t* **1** *cloches* läuten; *l'heure* schlagen; **2** MIL **~ *l'alarme*** Alarm blasen; **3** **~ *qn*** j-m läuten, klingeln; F ***on ne vous a pas sonné*** man hat Sie nicht um Ihre Meinung gefragt; **II** *v/t/indir* **4** **~ *de la trompette***, *etc* Trompete *etc* blasen; **III** *v/i* **5** *cloche* läuten; *sonnette, téléphone, réveil* klingeln; läuten; F schellen; *horloge* schlagen; ***trois heures sonnent*** es schlägt drei (Uhr); *fig* ***sa dernière heure a sonné*** sein letztes Stündlein hat geschlagen; *instrument, fig nom* **~ *bien*** gut *ou* schön klingen; **6** *à la porte de qn* klingeln; läuten; F schellen
sonnerie [sɔnʀi] *f* **1** (*son*) Klingeln *n*; Läuten *n*; MIL, CH (Horn-, Trompeten)Signal *n*; **2** *mécanisme* Klingel(anlage) *f*; *d'une horloge* Schlagwerk *n*; *d'un réveil* Läut(e)werk *n*
sonnet [sɔnɛ] *m poème* Sonett *n*
▸ **sonnette** [sɔnɛt] *f* Klingel *f* (*a d'un vélo*); Glocke *f*; ***coup*** *m* ***de*** **~** Klingeln *n*; Klingelzeichen *n*
sono [sɔno] *f* F *abr* → ***sonorisation*** *1*
sonore [sɔnɔʀ] *adj* **1** tönend; *voix* klangvoll; sonor; *rire* schallend; *logement* hellhörig; ***une salle*** **~** ein Saal,

in dem es hallt; **2** Ton…; CIN ***piste*** *f* **~** Tonspur *f*; ***signal*** *m* **~** akustisches Signal; **3** PHYS Schall…; **4** PHON stimmhaft

sonoris|ation [sɔnɔʀizasjõ] *f* **1** *d'une salle* Beschallung *f*; *appareils* Verstärker-, Lautsprecheranlage *f*; **2** *d'un film* Vertonung *f*; **~er** [-e] *v/t* **1** *salle* beschallen; **2** *film* vertonen

sonorité [sɔnɔʀite] *f* **1** *d'un violon, d'une voix* Klang *m*; **2** *d'une salle* Akustik *f*

sonotone® [sɔnɔtɔn] *m* Hörgerät *n*

sont [sõ] → ***être***[1]

sophistiqué [sɔfistike] *adj* ⟨**~e**⟩ **1** (*affecté*) gekünstelt; unnatürlich; (*recherché*) exquisit; **2** (*perfectionné*) hoch entwickelt; komplex; ausgeklügelt

soporifique [sɔpɔʀifik] *m* Schlafmittel *n*

soprano [sɔpʀano] **1** *m voix* Sopran *m*; **2** *m,f* Sopranist(in) *m(f)*

sorbet [sɔʀbɛ] *m* Fruchteis *n*; Sorbet(t) *m ou n*

sorbetière [sɔʀbətjɛʀ] *f* Eismaschine *f*

sorbier [sɔʀbje] *m* Eberesche *f*

sorcellerie [sɔʀsɛlʀi] *f* Hexerei *f*

sorcier [sɔʀsje] *m* Zauberer *m*; Hexenmeister *m*; *en Afrique* Medizinmann *m*; ***apprenti* ~** Zauberlehrling *m*; *adjt* ***ce n'est pas bien* ~** dazu gehört nicht viel

sorcière [sɔʀsjɛʀ] *f* Hexe *f*

sordide [sɔʀdid] *adj* **1** *maison* schmutzig und ärmlich; **2** *fig avarice, affaire* schmutzig; *crime* gemein

sornettes [sɔʀnɛt] *f/pl* leeres Gerede

▸ **sort** [sɔʀ] *m* **1** (*destin*) Schicksal *n*; Los *n*; F *fig* ***faire un* ~ *à*** *mets* aufessen; *bouteille* austrinken; leeren; **2** (*hasard*) ***tirer au* ~** auslosen; *abs* losen; *fig* ***le* ~ *en est jeté*** die Würfel sind gefallen; **3** (*maléfice*) ***jeter un* ~ *à qn*** j-n be-, verhexen

sortable [sɔʀtabl(ə)] *adj* ***il n'est pas* ~** er ist nicht vorzeigbar

sortant [sɔʀtɑ̃] *adj* ⟨-ante [-ɑ̃t]⟩ **1** *député* bisherige; **2** ***numéros* ~s** Gewinnzahlen *f/pl*

▸ **sorte** [sɔʀt] *f* **1** (*espèce*) Art *f*; Sorte *f* (*a* COMM); ***toutes* ~s *de*** e-e Art (von); **2** (*façon*) Art *f*; Weise *f*; Art und Weise; ***de la* ~** so; auf diese (Art und) Weise; ***en quelque* ~** gewissermaßen; ***de*** (***telle***) **~ *que*** sodass; derart, dass; ***faire en* ~ *que*** (+ *subj*) es so einrichten, dass

▸ **sortie** [sɔʀti] *f* **1** *endroit* Ausgang *m*; *pour voitures* Ausfahrt *f*; *d'un bus* Ausstieg *m*; ***à la* ~** am Ausgang; **2** *action* Hinausgehen *n*; Verlassen *n*; *d'un pays* Ausreise *f*; *d'un acteur, d'un gymnaste* Abgang *m*; ***à la* ~ *des bureaux*** bei Büroschluss; **3** (*promenade*) Spaziergang *m*; Ausflug *m*; **~ *du personnel*** Betriebsausflug *m*; ***nous sommes de* ~** wir gehen aus; **4** MIL Ausbruch *m*; **5** AVIAT, *de la police, des pompiers* Einsatz *m*; **6** *fig* ***faire une* ~ *contre qn*** gegen j-n ausfallend, ausfällig werden; **7** *d'un nouveau produit* Herausbringen *n*; *d'un livre* Erscheinen *n*; *d'un film* Uraufführung *f*; **8** *pl* **~s** (***d'argent***) Ausgaben *f/pl*; Ausgänge *m/pl*; **~ *de devises*** Devisenabfluss *m*; **9** INFORM Ausgabe *f*; Output *m ou n*; **10** **~ *de bain*** Bademantel *m*

sortilège [sɔʀtilɛʒ] *m* Zauber *m*; *fig* Bann *m*

▸ **sortir** [sɔʀtiʀ] ⟨→ partir⟩ **I** *v/t* **1** *visiteur, femme, chien* ausführen; *malade, enfant* spazieren führen; *en voiture* ausfahren; **2** F **~ *qn*** F j-n rauswerfen; **3** *qc de qc* heraus-, F rausholen, -nehmen, -ziehen, -schaffen; *plante, chaise de jardin* hinausstellen, -tragen; *avion: train d'atterrissage* ausfahren; **~ *sa voiture du garage*** s-n Wagen aus der Garage holen, fahren; **4** *nouveau produit* herausbringen; **5** F *sottises* von sich geben; F verzapfen; **II** *v/i* ⟨être⟩ **6** *personne* hinaus-, F rausgehen; heraus-, F rauskommen; *acteur* abgehen; abtreten; (*qn en*) *voiture* hinaus- *ou* herausfahren; *objet* herauskommen; *fumée, odeur a* herausdringen; *liquide, gaz a* austreten; *gaz a* ausströmen; *dents* kommen; (*dépasser*) hervor-, herausragen; *fig* ***que va-t-il en* ~?** was wird wohl dabei herauskommen?; **~ *vainqueur*** als Sieger hervorgehen; **~ *à cinq heures*** *ouvrier* um fünf (Uhr) Feierabend haben; *élève* um fünf (Uhr) aushaben; ***je sors de chez lui*** ich komme gerade von ihm; **~ *de l'hôpital*** aus dem Krankenhaus entlassen werden; *rivière* **~ *de son lit*** über die Ufer treten; *bateau* **~ *du port*** auslaufen; **~ *de table*** vom Tisch, vom Essen aufstehen; SPORTS *balle* ~ ***du terrain*** ins Aus gehen; *fig* ~ ***de maladie*** e-e Krankheit überstanden, hinter sich haben; *fig* ***ça m'est sorti de la mémoire, de la tête*** das ist mir entfallen; *fig* ~ ***de sa réserve*** aus s-r Reserve herausgehen; ***faire*** ~ *qn* auffordern hinauszugehen; *arbitre: joueur* hinausstellen; *animal* hinausjagen, -scheuchen; *jus d'un citron* herausdrücken, -pressen; *air* herauslassen; **7** *en soirée ou pour se promener* ausgehen; ~ (***en voiture***) ausfahren; spazieren fahren; *par ext d'amoureux* ~***avec qn*** mit j-m gehen; **8** *nouveau produit* herauskommen (*a livre*); auf den Markt kommen; *film* anlaufen; **9** LOTERIE *numéro* gezogen werden; **10** ~ ***de*** (*s'écarter de*) abweichen von; ~ ***de la route*** von der Straße abkommen; **11** ~ ***de*** (*venir de*) kommen, stammen von; hervorgehen aus; ***d'où est-ce qu'il sort, celui-là?*** wo kommt der bloß her?; **III** *v/pr* ***s'en*** ~ (*venir à bout*) damit fertig werden; (*en réchapper*) davonkommen

S.O.S. [ɛsoɛs] *m* SOS *n*; SOS-Ruf *m* (*a fig*); ***lancer un*** ~ SOS-Rufe aussenden

sosie [sɔzi] *m* Doppelgänger *m*

sot [so] **I** *adj* ⟨sotte [sɔt]⟩ töricht; dumm; **II** ~(***te***) *m(f)* Tor *m*; Narr *m*, Närrin *f*

sottise [sɔtiz] *f* Dummheit *f*; Torheit *f*

sottisier [sɔtizje] *m* Stilblütensammlung *f*

sou [su] *m* HIST Sou *m*; F *fig* ~***s*** *pl* (*argent*) Geld *n*; → ***fric***; ***propre comme un*** ~ ***neuf*** blitzsauber; ***être sans le*** ~, ***n'avoir pas le*** ~ keinen Pfennig (Geld) haben; ***être près de ses*** ~***s*** ein Pfennigfuchser *m* sein

souabe [swab] **I** *adj* schwäbisch; **II** ♀ *m,f* Schwabe *m*, Schwäbin *f*

soubassement [subasmɑ̃] *m* Sockel *m*

soubresaut [subʀəso] *m* **1** (*secousse*) Stoß *m*; **2** (*tressaillement*) ***avoir un*** ~ zusammenzucken, -fahren

soubrette [subʀɛt] *f* Kammerzofe *f*

souche [suʃ] *f* **1** *d'un arbre* Baumstumpf *m*; **2** *fig* ***être de vieille*** ~ aus e-r alten Familie stammen; ***faire*** ~ ein Geschlecht begründen; **3** *d'un chéquier* Stamm-, Kontrollabschnitt *m*

▸ **souci**[1] [susi] *m* **1** Sorge *f*; ***donner bien du*** ~ ***à qn*** j-m große Sorgen machen, bereiten; ***se faire du*** ~ sich Sorgen machen, sich sorgen (***pour qn*** um j-n); **2** (*intérêt*) ***par*** ~ ***d'équité*** im Bestreben, gerecht zu sein; ***avoir le*** ~ ***de l'exactitude*** auf Genauigkeit bedacht sein

souci[2] *m* BOT Ringelblume *f*

soucier [susje] *v/pr* ***ne pas se*** ~ ***de qc, qn*** sich nicht um etw, j-n kümmern, scheren

▸ **soucieux** [susjø] *adj* ⟨-euse [-øz]⟩ **1** (*inquiet*) besorgt; **2** ***être*** ~ ***de*** (+ *inf*) darauf bedacht sein zu (+ *inf*); bestrebt sein zu (+ *inf*)

soucoupe [sukup] *f* **1** Untertasse *f*; **2** *fig* ~ ***volante*** fliegende Untertasse

▸ **soudain** [sudɛ̃] *adj* ⟨-aine [-ɛn]⟩ *et adv* plötzlich

soudaine|ment [sudɛnmɑ̃] *adv* plötzlich; ~**té** [-te] *f* Plötzlichkeit *f*

Soudan [sudɑ̃] ***le*** ~ der Sudan

soudard [sudaʀ] *péj m* alter Haudegen

soude [sud] *f* Soda *f ou n*; ~ (***caustique***) Ätznatron *n*; kaustische Soda

souder [sude] **I** *v/t* **1** *par fusion* schweißen; *par métal d'apport* löten; **2** *fig* zusammenschweißen; **II** *v/pr* ***se*** ~ BIOL, *fig* zusammen-, verwachsen

soud|eur [sudœʀ] *m*, ~**euse** [-øz] *f* Schweißer(in) *m(f)*; Löter(in) *m(f)*

soudoyer [sudwaje] *v/t* ⟨-oi⟩ dingen; bestechen

soudure [sudyʀ] *f* **1** TECH *opération* Schweißen *n*; Löten *n*; *endroit* Schweißnaht *f*; Lötstelle *f*; **2** BIOL Zusammen-, Verwachsen *n*; **3** ÉCON ***faire la*** ~ die Zeit überbrücken

souffert [sufɛʀ] *p/p* → ***souffrir***

▸ **souffle** [sufl(ə)] *m* **1** (*expiration*) Hauch *m*; **2** (*respiration*) Atem *m*; Luft *f*; F Puste *f*; *fig* ***il en a eu le*** ~ ***coupé*** da blieb ihm die Luft, F die Spucke weg; ***être à bout de*** ~ außer Atem sein; *fig* nicht mehr können; ***retenir son*** ~ den Atem, die Luft anhalten; **3** *fig* ***second*** ~ neuer Anlauf, Aufschwung; **4** *d'air* Lufthauch *m*; ***il n'y a pas un*** ~ es weht kein Lüftchen; **5** *d'un réacteur* Luftstrom *m*; *d'une explosion* Druckwelle *f*; **6** ***avoir un*** ~ ***au cœur*** e-n Herz(klappen)fehler haben

soufflé [sufle] **I** *adj* ⟨~e⟩ **1** CUIS frittiert; **2** F (*stupéfait*) sprachlos; F baff; F platt; **II** *m* CUIS Auflauf *m*; Soufflé *n*

▸ **souffler** [sufle] **I** *v/t* **1** *bougie* ausblasen; F auspusten; **2** *par une explosion*

être soufflé vom Luftdruck weggefegt werden; **3** *un pion au jeu* wegnehmen; F **~ *qc à qn*** F j-m etw (vor der Nase) wegschnappen; **4** (*dire*) **~ *qc à qn*** j-m etw ein-, vorsagen, zuflüstern, ÉCOLE *a* einblasen, THÉ soufflieren (*a abs*); **5** *verre* blasen; **II** *v/i* **6** *vent* wehen; *p/fort* blasen; **7** *personne* blasen *ou* hauchen; F pusten; ***inspirez, soufflez!*** einatmen, ausatmen!; **~ *dans, sur ses doigts*** in die Hände hauchen; **~ *sur le feu*** das Feuer anblasen; **8** (*respirer difficilement*) schnaufen; **9** (*reprendre haleine*) (sich) verschnaufen

soufflerie [suflǝʀi] *f* Gebläse *n*; **~ (*aérodynamique*)** Windkanal *m*

soufflet [suflɛ] *m* **1** TECH Blasebalg *m*; **2** *entre deux wagons* Faltenbalg *m*; **3** *litt* (*gifle*) *st/s* Backenstreich *m*

souffleur [suflœʀ] *m* **1** *de verre* Glasbläser *m*; **2** THÉ Souffleur *m*

souffleuse [sufløz] *f* THÉ Souffleuse *f*

souffrance [sufʀɑ̃s] *f* **1** Leiden *n*; Schmerz *m*; *morale a* Leid *n*; **2 *rester en* ~** *dossier* unerledigt bleiben; *colis* nicht abgeholt werden

souffrant [sufʀɑ̃] *adj* ‹-ante [-ɑ̃t]› (leicht, vorübergehend) erkrankt

souffre-douleur [sufʀǝdulœʀ] *m* ‹*inv*› Opfer *n*; Prügelknabe *m*

souffreteux [sufʀǝtø] *adj* ‹-euse [-øz]› leidend; kränklich

▸ **souffrir** [sufʀiʀ] ‹→ couvrir› *v/t* **1** (*supporter*) erleiden; erdulden; ***ne pas pouvoir* ~ *qn, qc*** j-n, etw nicht leiden, nicht ausstehen können; **2** *litt* (*permettre*) ***souffrez que …*** (+ *subj*) gestatten Sie, dass …; *st/s affaire* ***ne* ~ *aucun retard*** keinen Aufschub dulden; **II** *v/i* leiden (***de*** MÉD an + *dat*, *par ext* unter + *dat*); **~ *de la tête*** an Kopfschmerzen leiden; **~ *du froid*** unter der Kälte leiden; ***faire* ~ *qn*** j-m Leiden, Leid zufügen; MÉD j-m Schmerzen bereiten

soufre [sufʀ(ǝ)] *m* Schwefel *m*

▸ **souhait** [swɛ] *m* Wunsch *m*; F ***à vos* ~*s!*** Gesundheit!; ***à* ~** (*parfaitement*) nach Wunsch; (*très*) sehr; äußerst

souhaitable [swɛtabl(ǝ)] *adj* wünschenswert

▸ **souhaiter** [swete] *v/t* wünschen (***qc à qn*** j-m etw; ***que …*** + *subj* dass …; ***faire qc*** etw zu tun); **~ *la bonne année à qn*** j-m ein gutes neues Jahr wünschen

souiller [suje] *st/s v/t* besudeln, beschmutzen (*a fig*)

souillon [sujõ] *f péj* Schmutzliese *f*

souillure [sujyʀ] *f st/s* Makel *m*

souk [suk] *m* **1** Basar *m*; Suk *ou* Souk *m*; **2** F *fig* Durcheinander *n*; Chaos *n*

soûl [su] **I** F *adj* ‹soûle [sul]› betrunken; F besoffen; **II** *adv* ***tout mon*** (*ou* ***ton, son***, *etc*) **~** nach Herzenslust

soulagement [sulaʒmɑ̃] *m* Erleichterung *f*

soulager [sulaʒe] ‹-ge-› **I** *v/t* **1** *moralement* erleichtern; ***être soulagé*** erleichtert sein; **2** *douleur, misère* lindern; **~ *un malade*** e-m Kranken Erleichterung bringen; **3 ~ *qn*** *au travail* j-n entlasten; **4** *plais* (*voler*) **~ *qn de qc*** j-n um etw erleichtern; **II** *v/pr* F ***se* ~** *d'un besoin naturel* F sich erleichtern

soûl|ard [sulaʀ] *m* F Säufer *m*; F Schnapsbruder *m*; **~*arde*** [-aʀd] *f* F Schnapsdrossel *f*

soûler [sule] F **I** *v/t* **1** F besoffen machen; **2** *fig* (*fatiguer*) **~ *qn*** j-n ermüden; *de paroles* F j-n dumm und dusslig reden; **II** *v/pr* ***se* ~** F sich besaufen

soulèvement [sulɛvmɑ̃] *m* **1** (*révolte*) Aufstand *m*; Erhebung *f*; **2** GÉOL Hebung *f*

▸ **soulever** [sulve] ‹-è-› **I** *v/t* **1** *objet* hochheben; *un peu* anheben; *poids, charge* heben; *poussière* aufwirbeln; **2** *enthousiasme, etc* hervorrufen; *problème* aufwerfen; **~ *l'opinion contre qn*** die Öffentlichkeit gegen j-n aufbringen; **3** *élan de générosité, etc* **~ *qn*** j-n beflügeln; **II** *v/pr* ***se* ~** *peuple* sich erheben

soulier [sulje] *m* Schuh *m*; F *fig* ***être dans ses petits* ~*s*** verlegen sein

souligner [suliɲe] *v/t* unterstreichen (*a fig*)

soûlographie [sulɔgʀafi] *f* F Suff *m*

soumettre [sumɛtʀ(ǝ)] ‹→ mettre› **I** *v/t* **1** *pays, rebelles* unterwerfen; **2** ADM unterwerfen (***à l'impôt*** der Steuer [*dat*]); ***être soumis à*** unterliegen (+ *dat*); **3** (*faire subir*) unterziehen (***à un examen*** e-r Prüfung [*dat*]); **4** *projet, question, cas* unterbreiten, vorlegen (***à qn*** j-m); **II** *v/pr* ***se* ~** sich unterwerfen, sich fügen (***à*** *dat*)

soumis [sumi] *p/p* → ***soumettre*** *et adj* ‹-ise [-iz]› fügsam; ergeben

S

soumission [sumisjõ] *f* **1** (*capitulation*) Unterwerfung *f* (**à** unter + *acc*); **2** (*obéissance*) Fügsamkeit *f*; Ergebenheit *f*; **3** JUR Angebot *n* (bei e-r Ausschreibung)
soupape [supap] *f* Ventil *n* (*a fig*)
soupçon [supsõ] *m* **1** Verdacht *m*; Argwohn *m*; ***être au-dessus de tout ~*** über jeden Verdacht erhaben sein; **2** (*un peu*) Quäntchen *n*; Spur *f*
▸ **soupçonner** [supsɔne] *v/t* **1** *~ **qn*** j-n verdächtigen (***de vol*** des Diebstahls); j-n im Verdacht haben; **2** (*pressentir*) vermuten; argwöhnen; ahnen
soupçonneux [supsɔnø] *adj* ⟨-euse [-øz]⟩ argwöhnisch
▸ **soupe** [sup] *f* **1** Suppe *f*; *par ext* ***~ populaire*** Suppenküche *f*; ***~ à l'oignon*** Zwiebelsuppe *f*; F *fig* ***un gros plein de ~*** F ein Fettkloß *m*, -sack *m*; *fig* ***être ~ au lait*** ein Hitzkopf *m* sein; leicht aufbrausen; **2** F (*neige fondante*) Matsch *m*
soupente [supɑ̃t] *f* Hängeboden *m*; *sous un escalier* Verschlag *m*
souper [supe] **I** *v/i* (zu Abend) essen; *st/s* soupieren; F *fig* ***j'en ai soupé*** F davon habe ich die Nase voll; **II** *m* **1** Essen *n* (nach e-r Abendveranstaltung); *st/s* Souper *n*; **2** *régional* Abendessen *n*
soupeser [supəze] *v/t* ⟨-è-⟩ **1** mit der Hand abwiegen; **2** *fig* abwägen
soupière [supjɛʀ] *f* Suppenschüssel *f*
soupir [supiʀ] *m* **1** Seufzer *m*; ***rendre le dernier ~*** den letzten Atemzug tun; **2** MUS Viertelpause *f*
soupirail [supiʀaj] *m* ⟨-aux [-o]⟩ Kellerfenster *n*
soupirant [supiʀɑ̃] *m plais* Verehrer *m*
soupirer [supiʀe] *v/t et v/i* seufzen
▸ **souple** [supl(ə)] *adj* **1** geschmeidig; *corps a* gelenkig; biegsam; *matière a* schmiegsam; weich; **2** *fig personne, caractère* geschmeidig; wendig; anpassungsfähig; **3** F (*accommodant*) entgegenkommend; kulant
souplesse [suplɛs] *f* **1** Geschmeidigkeit *f*; *du corps a* Gelenkigkeit *f*; Biegsamkeit *f*; **2** *fig de qn* Geschmeidigkeit *f*; Wendigkeit *f*; Anpassungsfähigkeit *f*
sourate [suʀat] *f du Coran* Sure *f*
▸ **source** [suʀs] *f* Quelle *f* (*a fig*); ***~ lumineuse*** Lichtquelle *f*; *fig* ***de ~ sûre*** aus zuverlässiger, sicherer Quelle; *fig* ***cela coule de ~*** das ergibt sich zwangsläufig, von selbst; *fleuve* ***prendre sa ~*** entspringen
sourcier [suʀsje] *m* (Wünschel)Rutengänger *m*
sourcil [suʀsi] *m* Augenbraue *f*
sourcilier [suʀsilje] *adj* ⟨-ière [-jɛʀ]⟩ Augenbrauen…
sourciller [suʀsije] *v/i* ***ne pas ~*** keine Miene verziehen; ***sans ~*** ohne mit der Wimper zu zucken
sourcilleux [suʀsijø] *adj* ⟨-euse [-øz]⟩ kleinlich; pedantisch
▸ **sourd** [suʀ] **I** *adj* ⟨sourde [suʀd]⟩ **1** *personne* schwerhörig; *p/fort* taub; *fig* ***rester ~ aux prières de qn*** gegen die Bitten j-s taub bleiben; **2** *bruit, douleur* dumpf; *lutte* versteckt; **3** PHON stimmlos; **II** *~(**e**) m(f)* Schwerhörige(r) *f(m)*; *p/fort* Taube(r) *f(m)*; Gehörlose(r) *f(m)*
sourdine [suʀdin] *f* MUS Dämpfer *m*; ***en ~*** leise; *fig* ***mettre une ~ à*** e-n Dämpfer aufsetzen (+ *dat*)
sourd-muet [suʀmɥɛ], **sourde-muette** [suʀdəmɥɛt] **I** *m,f* Taubstumme(r) *f(m)*; **II** *adj* taubstumm
sourdre [suʀdʀ(ə)] *v/i* ⟨*déf*: *inf u 3. Person Präsens* il sourd, ils sourdent⟩ *litt* hervorquellen
souriant [suʀjɑ̃] *adj* ⟨-ante [-ɑ̃t]⟩ freundlich; vergnügt; heiter
souric|eau [suʀiso] *m* ⟨~x⟩ Mäuschen *n*; **~ière** [-jɛʀ] *f* **1** Mausefalle *f*; **2** *fig* Falle *f*
▸ **sourire** [suʀiʀ] **I** *v/i* ⟨→ rire⟩ lächeln; ***~ à qn*** j-m zulächeln; *fig projet, idée* j-m passen, behagen; *fig* ***la chance lui sourit*** das Glück ist ihm hold; **II** *m* Lächeln *n*
▸ **souris** [suʀi] *f* Maus *f* (*a* INFORM, *du gigot*)
sournois [suʀnwa] **I** *adj* ⟨-oise [-waz]⟩ hinterhältig; heimtückisch; **II** *~(**e**) m(f)* hinterhältiger Mensch; Duckmäuser(in) *m(f)*
▸ **sous** [su] *prép* unter (+ *dat question wo?*; + *acc question wohin?*); ***~ (la) terre*** unter der Erde; ***~ mes yeux*** vor meinen Augen; ***~ Napoléon*** unter Napoleon; ***~ la Révolution*** während, zur Zeit der (Französischen) Revolution; ***~ cet aspect*** unter diesem Aspekt, Gesichtspunkt; ***être ~ antibiotiques*** unter

S

Antibiotika stehen; ***placer ~ sa direction*** s-r Leitung (*dat*) unterstellen

sous-… [su, *vor Vokal* suz] *préfixe* unter…; Unter…

sous-alimenté [suzalimɑ̃te] *adj* ⟨~e⟩ unterernährt

sous|-bois [subwa] *m* Unterholz *n*; **~-chef** *m,f* stellvertretender Chef, stellvertretende Chefin

souscripteur [suskʀiptœʀ] *m à une édition* Subskribent *m*; *à un emprunt* Zeichner *m*

souscription [suskʀipsjõ] *f* **1** Subskription *f*; FIN Zeichnung *f*; (*quête*) Spendenaktion *f*; **2** *somme* Subskriptions-, Zeichnungsbetrag *m*

souscrire [suskʀiʀ] *v/t/indir* ⟨→ écrire⟩ **1** subskribieren (***à une publication*** [auf] ein Werk); zeichnen (***à un emprunt*** e-e Anleihe); (*donner de l'argent*) Geld spenden (***à qc*** für etw); **2** *fig* ***~ à*** zustimmen (+ *dat*)

sous|-cutané [sukytane] *adj* ⟨~e⟩ MÉD subkutan; **~-développé** *adj* ⟨~e⟩ unterentwickelt; **~-directeur** *m* stellvertretender Direktor

sous-emploi [suzɑ̃plwa] *m* Unterbeschäftigung *f*

sous-entendre [suzɑ̃tɑ̃dʀ(ə)] *v/t* ⟨→ rendre⟩ mit darunter verstehen; als selbstverständlich voraussetzen

sous-entendu [suzɑ̃tɑ̃dy] *m* Andeutung *f*; Anspielung *f*

sous-estimer [suzɛstime] *v/t* unterschätzen

sous-évaluer [suzevalɥe] *v/t* unterbewerten; zu niedrig bewerten

sous-exposé [suzɛkspoze] *adj* ⟨~e⟩ PHOT unterbelichtet

sous-fifre [sufifʀ(ə)] *m* F kleines Würstchen

sous-lieutenant [suljøtnɑ̃] *m* Leutnant *m*

sous|-locataire [sulɔkatɛʀ] *m,f* Untermieter(in) *m(f)*; **~-louer** *v/t* **1** *locataire principal* untervermieten; **2** *sous-locataire* als Untermieter mieten

sous-main [sumɛ̃] **1** *m* ⟨*inv*⟩ Schreibunterlage *f*; **2** ***en ~*** unter der Hand

sous-marin [sumaʀɛ̃] **I** *adj* ⟨-ine [-in]⟩ Unterwasser…; unterseeisch; **II** *m* U-Boot *n*; Unterseeboot *n*

sous-officier [suzɔfisje] *m* Unteroffizier *m*

sous-pied [supje] *m d'un pantalon* Steg *m*

sous|-préfecture [supʀefɛktyʀ] *f* Unterpräfektur *f*; **~-préfet** *m correspond à* Landrat *m*

sous-produit [supʀɔdɥi] *m* Nebenprodukt *n*

sous-pull *m* (Unterzieh)Rolli *m*

soussigné [susiɲe] *adj* ⟨~e⟩ JUR ***je ~ X déclare*** (Endes)Unterzeichneter erklärt

sous-sol [susɔl] *m* **1** *d'une maison* Unter-, Kellergeschoss *n*; Souterrain *n*; **2** GÉOL Untergrund *m*

sous-titr|e [sutitʀ(ə)] *m* Untertitel *m*; **~er** [-e] *v/t* mit Untertiteln versehen; untertiteln

soustraction [sustʀaksjõ] *f* MATH Abziehen *n*; Subtraktion *f*

soustraire [sustʀɛʀ] ⟨→ traire⟩ **I** *v/t* **1** MATH abziehen, subtrahieren (***de*** von); **2** (*voler*) entwenden (***qc à qn*** j-m etw); unterschlagen (***qc*** etw); **3** (*faire échapper*) ***~ à*** entziehen (+ *dat*); **II** *v/pr* ***se ~ à qc*** sich e-r Sache (*dat*) entziehen

sous-trait|ance [sutʀɛtɑ̃s] *f* Vergabe *f* an Zulieferer; Zulieferindustrie *f*; **~ant** [-ɑ̃] *m* Zulieferer *m*; Zulieferfirma *f*

sous|-verre [suvɛʀ] *m* ⟨*inv*⟩ Passepartout *n*; **~-vêtements** *m/pl* Unterbekleidung *f*; Unterwäsche *f*

soutane [sutan] *f* Soutane *f*

soute [sut] *f* AVIAT, MAR Fracht-, Laderaum *m*; ***~ à bagages*** Gepäckraum *m*

soutenable [sutnabl(ə)] *adj* **1** *opinion* vertretbar; **2** (*supportable*) ***pas ~*** unerträglich

soutènement [sutɛnmɑ̃] *m* ***mur*** *m* ***de ~*** Stützmauer *f*

souteneur [sutnœʀ] *m* Zuhälter *m*

soutenir [sutniʀ] *v/t* ⟨→ venir⟩ **1** CONSTR, *malade*, *fig monnaie* stützen; **2** (*aider*) unterstützen; ***~ qn*** *a* j-m beistehen; *dans une dispute* zu j-m halten, stehen; **3** *attaque*, *regard* standhalten (+ *dat*); aushalten; **4** *attention* nicht erlahmen lassen; *conversation* in Gang halten; aufrechterhalten; ***~ son effort*** in s-n Anstrengungen nicht nachlassen; **5** (*prétendre*) behaupten; **6** *point de vue* aufrechterhalten; vertreten; UNIVERSITÉ ***~ une thèse*** e-e Doktorarbeit

S

vorlegen, verteidigen
soutenu [sutny] *adj* ⟨~e⟩ **1** *effort, attention* nicht nachlassend; *attention a* gespannt; **2** *couleur* kräftig; **3** *style* gehoben
souterrain [sutɛʀɛ̃] **I** *adj* ⟨-aine [-ɛn]⟩ unterirdisch; **II** *m* unterirdischer Gang; *pour piétons, voitures* Unterführung *f*
soutien [sutjɛ̃] *m* **1** (*aide*) Unterstützung *f*; ***apporter son ~ à qn*** j-n unterstützen; **2** *personne, chose* Stütze *f*; ***~ de famille*** Ernährer *m* der Familie
soutien-gorge *m* ⟨soutiens-gorge⟩ Büstenhalter *m* (*abr* BH)
soutirer [sutiʀe] *v/t* **1** *vin* abziehen; **2 *~ à qn*** *argent* F j-m abknöpfen; *information* j-m entlocken
souvenance [suvnɑ̃s] *litt f* Erinnerung *f*
► **souvenir**[1] [suvniʀ] *v/pr* ⟨→ venir⟩ ***se ~ de qn, qc*** sich an j-n, etw erinnern; sich j-s, e-r Sache entsinnen; sich auf j-n, etw besinnen
► **souvenir**[2] *m* **1** Erinnerung *f* (***de*** an + *acc*); ***en ~*** zur Erinnerung, zum Andenken (***de*** an + *acc*); ***garder un bon ~ de qn, qc*** j-n, etw in guter Erinnerung haben; **2** ***meilleurs ~s*** viele, herzliche Grüße (***de Paris*** aus Paris); **3** *objet* Andenken *n* (*a iron*); Souvenir *n*
► **souvent** [suvɑ̃] *adv* oft; häufig; oftmals; ***assez souvent*** öfter; ► ***le plus souvent*** meistens
souverain [suvʀɛ̃] **I** *adj* ⟨-aine [-ɛn]⟩ **1** POL souverän; **2** (*suprême*) höchste; ***remède ~*** unfehlbares Mittel (*a fig*); **II *~(e)*** *m(f)* Herrscher(in) *m(f)*; Souverän *m*
souveraineté [suvʀɛnte] *f* Souveränität *f*; höchste Gewalt; ***~ du peuple*** Volkssouveränität *f*
soviétique [sɔvjetik] *adj* HIST sowjetisch; Sowjet…; ***l'Union*** *f* ***~*** die Sowjetunion
soyeux [swajø] **I** *adj* ⟨-euse [-øz]⟩ seidig; seidenweich; **II** *m à Lyon* Seidenfabrikant *m ou* -händler *m*
soyez, soyons [swaje, swajõ] → ***être***[1]
S.P.A. [ɛspea] *f abr* → ***société*** *2*
spacieux [spasjø] *adj* ⟨-euse [-øz]⟩ geräumig
spaghetti(s) [spageti] *m/pl* Spaghetti *pl*
sparadrap [spaʀadʀa] *m* Heftpflaster *n*
spartiate [spaʀsjat] **I** *adj* spartanisch (*a fig*); **II *~s*** *f/pl* Römersandalen *f/pl*
spasme [spasm(ə)] *m* Krampf *m*
spasmodique [spasmɔdik] *adj* krampfartig
spatial [spasjal] *adj* ⟨~e; -aux [-o]⟩ Raum…; ► ***vol spatial*** Raumflug *m*
spatule [spatyl] *f* **1** *outil* Spachtel *m ou f*; Spatel *m* (*a* MÉD); CUIS Backschaufel *f*; Teigschaber *m*; **2** *d'un ski* Spitze *f*
speaker [spikœʀ] *m* Ansager *m*
► **spécial** [spesjal] *adj* ⟨~e; -aux [-o]⟩ **1** besondere; speziell; Sonder…; Spezial…; ***rien de ~*** nichts Besonderes; ***~ à qn*** j-m eigen; **2** (*bizarre*) eigenartig
spécial|ement [spesjalmɑ̃] *adv* besonders; speziell; (*exprès*) eigens; ***~isation*** [-izasjõ] *f* Spezialisierung *f*
spécialisé [spesjalize] *adj* ⟨~e⟩ spezialisiert (***dans*** auf + *acc*); Fach…; *ouvrier* angelernt
spécialiser [spesjalize] *v/pr* ***se ~*** sich spezialisieren (***dans*** auf + *acc*)
► **spécialiste** [spesjalist] *m,f* **1** Spezialist(in) *m(f)*, Fachmann *m*, Fachfrau *f* (***de*** für); **2** MÉD Facharzt, -ärztin *m,f*
spécialité [spesjalite] *f* **1** (*domaine*) (Spezial)Fach *n*; Fachgebiet *n*; Spezialgebiet *n*; F *iron* ***c'est sa ~*** das ist e-e Spezialität von ihm; **2** CUIS Spezialität *f*
spécieux [spesjø] *adj* ⟨-euse [-øz]⟩ Schein…
spéci|fication [spesifikasjõ] *f* Spezifizierung *f*; ***~ficité*** [-fisite] *f* Spezifität *f*; Eigenart *f*
spécifier [spesifje] *v/t* genau angeben; spezifizieren; ***bien ~*** ausdrücklich sagen, betonen
spécifique [spesifik] *adj* spezifisch
spécimen [spesimɛn] *m* **1** (*représentant*) Exemplar *n*; Stück *n*; **2** *d'un livre* Freiexemplar *n*; Prüfstück *n*; *d'une revue* Probenummer *f*
► **spectacle** [spɛktakl(ə)] *m* **1** (*tableau*) Anblick *m*; Schauspiel *n*; ***à ce ~*** bei diesem Anblick; *péj* ***se donner en ~*** sich zur Schau stellen; **2** (*représentation*) Vorstellung *f*; Aufführung *f*; ***industrie*** *f* ***du ~*** Unterhaltungsindustrie *f*; Showgeschäft *n*; ***salle*** *f* ***de ~*** Theater(saal) *n(m)*; ***aller au ~*** ins Theater gehen
spectaculaire [spɛktakylɛʀ] *adj* Aufsehen erregend; spektakulär
► **spectateur** [spɛktatœʀ] *m*, **specta-**

S

trice [spɛktatʀis] *f* Zuschauer(in) *m(f)*
spectre [spɛktʀ(ə)] *m* **1** (*fantôme*) Gespenst *n*; *fig a* Schreckgespenst *n*; **2** PHYS Spektrum *n*
spécula|teur [spekylatœʀ] *m*, **~trice** [-tʀis] *f* Spekulant(in) *m(f)*; **~tif** [-tif] *adj* ⟨-ive [-iv]⟩ FIN Spekulations…; spekulativ (*a par ext*); **~tion** [-sjõ] *f* Spekulation *f*
spéculer [spekyle] *v/i* spekulieren (***en Bourse*** an der Börse; ***sur*** auf + *acc*)
spéléo|logie [speleɔlɔʒi] *f* Höhlenkunde *f*, -forschung *f*; **~logue** [-lɔg] *m,f* Höhlenforscher(in) *m(f)*
spermatozoïde [spɛʀmatɔzɔid] *m* Samenfaden *m*, -zelle *f*; Spermium *n*
sperme [spɛʀm] *m* (männlicher) Samen; Sperma *n*
sphère [sfɛʀ] *f* **1** MATH Kugel *f*; **2** *fig* Sphäre *f*; Bereich *m*; **~ *d'influence*** Einflussbereich *m*
sphérique [sfeʀik] *adj* **1** (*rond*) kugelförmig; **2** MATH Kugel…; sphärisch
sphincter [sfɛ̃ktɛʀ] *m* Schließmuskel *m*
sphinx [sfɛ̃ks] *m* **1** ART, MYTH Sphinx *f*; **2** *fig* undurchschaubarer Mensch
spinnaker [spinakɛʀ] *m* Spinnaker *m*
spirale [spiʀal] *f* Spirale *f* (*a fig*); ***en ~*** spiralförmig
spire [spiʀ] *f* TECH Windung *f*
Spire [spiʀ] Speyer *n*
spiritisme [spiʀitism(ə)] *m* Spiritismus *m*
spiritualité [spiʀitɥalite] *f* **1** *de l'âme, etc* Geistigkeit *f*; **2** REL Spiritualität *f*
spirituel [spiʀitɥɛl] *adj* ⟨~le⟩ **1** (*moral*) geistig; **2** REL geistlich; **3** (*plein d'esprit*) geistreich; witzig
spiritueux [spiʀitɥø] *m/pl* Spirituosen *pl*
spleen [splin] *litt m* Schwermut *f*
splendeur [splɑ̃dœʀ] *f* **1** Glanz *m*; Pracht *f*; Herrlichkeit *f*; **2** ***une ~*** etwas Herrliches, Prächtiges
splendide [splɑ̃did] *adj* herrlich; prächtig; wunderschön
spolier [spɔlje] *st/s v/t* berauben; ***~ qn de qc*** j-n um etw bringen
spongieux [spõʒjø] *adj* ⟨-euse [-øz]⟩ schwammig; schwammartig
sponsor [spõsɔʀ] *m* Sponsor *m*; **~iser** [-ize] *v/t* sponsern
spontané [spõtane] *adj* ⟨~e⟩ spontan; *personne, caractère a* natürlich; s-r eigenen Eingebung folgend
spontanéité [spõtaneite] *f* Spontaneität *f*; *de qn a* Natürlichkeit *f*
spontanément [spõtanemɑ̃] *adv* spontan; aus eigenem Antrieb
sporadique [spɔʀadik] *adj* vereinzelt (auftretend); sporadisch
spore [spɔʀ] *f* BIOL Spore *f*
▸ **sport** [spɔʀ] **I** *m* **1** Sport *m*; ***sport de compétition*** Leistungssport *m*; ***faire du sport*** Sport treiben; **2** (*forme de sport*) Sportart *f*; ***sports d'équipe*** Mannschaftssport(arten) *m(f/pl)*; ▸ ***sports d'hiver*** Wintersport *m*; → *Info bei* **Sport**; **3** F *fig* ***il va y avoir du sport*** F da wird's was geben; **II** *adj* ⟨*inv*⟩ Sport…; sportlich
▸ **sportif** [spɔʀtif] **I** *adj* ⟨-ive [-iv]⟩ **1** (*relatif au sport*) Sport…; **2** *personne, allure* sportlich; **3** (*beau joueur*) sportlich; fair; **II ~, *sportive*** *m,f* Sportler(in) *m(f)*
spot [spɔt] *m* **1** *lampe* Strahler *m*; Spotlight *n*; Spot *m*; **2 ~ (*publicitaire*)** (Werbe)Spot *m*
sprat [spʀat] *m* Sprotte *f*
spray [spʀɛ] *m* Spray *m ou n*
sprint [spʀint] *m* **1** (End)Spurt *m*; **2** (*course de vitesse*) Sprint *m*
sprinter[1] [spʀintœʀ] *m* Sprinter *m*
sprinter[2] [spʀinte] *v/i* spurten; sprinten
squale [skwal] *m* Hai(fisch) *m*
square [skwaʀ] *m* kleine Grünanlage
squash [skwaʃ] *m* Squash *n*
squat [skwat] F *m* besetztes Haus
squatter [skwate] *ou* **squattériser** [skwateʀize] *v/t* (illegal) besetzen
squatteur [skwatœʀ] *m* Hausbesetzer *m*
squelette [skəlɛt] *m* ANAT, TECH Skelett *n*; Gerippe *n*; ANAT *a* Knochengerüst *n*
squelettique [skəletik] *adj* **1** spindel-, F klapperdürr; **2** *fig* dürftig; mager
Sri Lanka [sʀilɑ̃ka] ***le ~*** Sri Lanka *n*
S.S. [ɛsɛs] HIST ***les ~*** *m/pl* die SS *sg*; ***un ~*** ein SS-Mann *m*
S[t] *abr* (*saint*) hl. *ou* St.
stabilisation [stabilizasjõ] *f* Stabilisierung *f*
stabiliser [stabilize] **I** *v/t* festigen; stabilisieren (*a monnaie*, TECH); **II** *v/pr* ***se ~*** sich festigen; sich stabilisieren; sich einpendeln
stabilité [stabilite] *f* Beständigkeit *f*;

S

Festigkeit *f*; Stabilität *f* (*a de la monnaie*, TECH); *d'une échelle* Standfestigkeit *f*, -sicherheit *f*

stable [stabl(ə)] *adj* beständig; fest; stabil (*a monnaie*, TECH); *échelle* standfest, -sicher

▸ **stade** [stad] *m* **1** SPORTS Stadion *n*; Sportanlage *f*; **2** (*phase*) Stadium *n*; Phase *f*

staff [staf] *m* (Führungs)Stab *m*

▸ **stage** [staʒ] *m* Praktikum *n*; *pour avocat, professeur débutant* Referendarzeit *f*; *dans une entreprise a* Volontärzeit *f*

▸ **stagiaire** [staʒjɛʀ] **I** *m,f* Praktikant(in) *m(f)*; *dans une entreprise a* Volontär(in) *m(f)*; **II** *adj* ***avocat*** *m*, ***professeur*** *m* ~ Gerichts-, Studienreferendar *m*

stagnant [stagnɑ̃] *adj* ⟨-ante [-ɑ̃t]⟩ **1** ***eaux ~es*** stehende Gewässer *n/pl*; **2** ÉCON stagnierend

stagnation [stagnasjõ] *f* ÉCON Stagnation *f*; Stockung *f*; Flaute *f*

stagner [stagne] *v/i* **1** *liquide* stehen; **2** *fig affaires* stagnieren; stocken; flau sein; *personne* dahinvegetieren

stalactite [stalaktit] *f* (herabhängender) Tropfstein; Stalaktit *m*

stalagmite [stalagmit] *f* (vom Boden aufsteigender) Tropfstein; Stalagmit *m*

stalle [stal] *f* **1** ÉGL ***~s*** *pl* Chorgestühl *n*; **2** *dans une écurie* Stand *m*; Box *f*

stances [stɑ̃s] *f/pl poème* Stanzen *f/pl*

stand [stɑ̃d] *m* **1** *d'exposition* (Messe) Stand *m*; **2** *pour voitures de course* ***~ de ravitaillement*** Boxen *f/pl*; **3** ***~ (de tir)*** Schießstand *m*

standard [stɑ̃daʀ] *m* **1** (*type*) Standard *m*; *adjt* ⟨*inv*⟩ Standard…; **2** (Telefon)Zentrale *f*; Vermittlung *f*

standard|isation [stɑ̃daʀdizasjõ] *f* Standardisierung *f*; **~iser** [-ize] *v/t* standardisieren; vereinheitlichen, normen (*a fig*); **~iste** [-ist] *m,f* Telefonist(in) *m(f)*

standing [stɑ̃diŋ] *m* Lebensstandard *m*; ***de grand ~*** Luxus…; für höchste Ansprüche

star [staʀ] *f* Filmstar *m*

starlette [staʀlɛt] *f* Starlet(t) *n*; Filmsternchen *n*

starter [staʀtɛʀ] *m* AUTO Starterklappe *f*; Choke *m*

starting-block [staʀtiŋblɔk] *m* ⟨starting-blocks⟩ Startblock *m*

▸ **station** [stasjõ] *f* **1** CH DE FER, *etc* Station *f*; *bus a* Haltestelle *f*; ▸ ***station de métro*** U-Bahn-Station *f*; U-Bahnhof *m*; ***station de taxis*** Taxistand *m*; **2** (*ville*) Kur-, Ferienort *m*; ***station thermale*** Thermal-, Heilbad *n*; Bade-, Kurort *m*; ***station de sports d'hiver*** Wintersportplatz *m*, -ort *m*; **3** TECH Station *f*; ***station météorologique*** Wetterwarte *f*, -station *f*; ***station orbitale, spatiale*** Raum-, Orbitalstation *f*; ***station d'épuration*** Kläranlage *f*; ***station de radio*** Radio-, Rundfunkstation *f*; INFORM ***station de travail*** Workstation *f*; **4** ***station debout*** Stehen *n*

stationnaire [stasjɔnɛʀ] *adj* gleich bleibend; unverändert; stationär

stationné [stasjɔne] *adj* ⟨~e⟩ **1** *véhicule* geparkt; parkend; **2** *troupes* stationiert

▸ **stationnement** [stasjɔnmɑ̃] *m* Parken *n*

▸ **stationner** [stasjɔne] *v/i* parken

▸ **station-service** *f* ⟨stations-service⟩ Tankstelle *f*

statique [statik] *adj* statisch

statistic|ien [statistisjɛ̃] *m*, **~ienne** [-jɛn] *f* Statistiker(in) *m(f)*

statistique [statistik] **I** *adj* statistisch; **II** *f* Statistik *f*

statuaire [statɥɛʀ] *f* Bildhauerkunst *f*

▸ **statue** [staty] *f* Statue *f*; Standbild *n*

statuer [statɥe] *v/t/indir* ***~ sur qc*** über etw (*acc*) entscheiden, befinden

statuette [statɥɛt] *f* kleine Statue; Statuette *f*; Figur *f*

statufier [statyfje] *v/t plais* durch e-e Statue verewigen

statu quo [statykwo] *m* Status quo *m*

stature [statyʀ] *f* **1** Statur *f*; Gestalt *f*; Wuchs *m*; **2** *fig de qn* Format *n*

statut [staty] *m* **1** (*règlement*) ***~s*** *pl* Satzung *f*; Statuten *n/pl*; **2** (*position*) Status *m*

statutaire [statytɛʀ] *adj* satzungsgemäß

Ste *abr* (*sainte*) hl. *ou* St.

Sté *abr* (*Société*) Fa. (Firma)

▸ **steak** [stɛk] *m* Steak *n*

Le steak

saignant	englisch
à point	medium
bien cuit	gut durchgebraten

S

stéarine [steaʀin] *f* Stearin *n*
stéatite [steatit] *f* Speckstein *m*
stèle [stɛl] *f* Stele *f*
sténo [steno] *f* **1** *abr* (*sténographie*) Steno *f*; **2** *abr* → ***sténodactylo***
sténodactylo [stenɔdaktilo] *f* Stenotypistin *f*
sténograph|ie [stenɔgʀafi] *f* Stenografie *f*; Kurzschrift *f*; **~ier** [-je] *v/t* (mit)stenografieren
sténotypiste [stenɔtipist] *m,f* Maschinenstenograf(in) *m(f)*
stentor [stɑ̃tɔʀ] *m* ***voix f de ~*** Stentor-, Donnerstimme *f*
stéphanois [stefanwa] *adj* ⟨-oise [-waz]⟩ (*et subst* ♀ Einwohner) von Saint-Étienne
steppe [stɛp] *f* Steppe *f*
stère [stɛʀ] *m* Raummeter *m ou n*
stéréo [steʀeo] **I** *f* Stereo *n*; ***en ~*** in Stereo; stereo; Stereo…; **II** *adj* ⟨*inv*⟩ Stereo…
stéréotypé [steʀeɔtipe] *adj* ⟨~e⟩ stereotyp
stérile [steʀil] *adj* **1** *sol, être vivant* unfruchtbar; steril; *homme a* zeugungsunfähig; **2** *pansement, etc* steril; keimfrei; **3** *fig* unergiebig; fruchtlos; nutzlos
stérilet [steʀilɛ] *m contraceptif* Spirale *f*
stérilis|ation [steʀilizasjõ] *f* **1** (*désinfection*) Sterilisierung *f*; Keimfreimachung *f*; **2** *d'une personne* Sterilisation *f*; Unfruchtbarmachung *f*; **~er** [-e] *v/t* **1** (*désinfecter*) sterilisieren; keimfrei machen; **2** *personne* sterilisieren; unfruchtbar machen
stérilité [steʀilite] *f* Unfruchtbarkeit *f*; Sterilität *f*
sternum [stɛʀnɔm] *m* Brustbein *n*
stéthoscope [stetɔskɔp] *m* Stethoskop *n*; Hörrohr *n*
steward [stiwaʀd] *m* Steward *m*; AVIAT *a* Flugbegleiter *m*
stick [stik] *m produit de beauté* Stift *m*
stigmate [stigmat] *m* **1** REL ***~s*** *pl* Stigmen *n/pl*; Wundmale *n/pl* Christi; **2** *péj* Stigma *n*; Schandmal *n*
stigmatiser [stigmatize] *v/t* brandmarken; anprangern
stimulant [stimylɑ̃] **I** *adj* ⟨-ante [-ɑ̃t]⟩ stimulierend; anregend; **II** *m* **1** PHARM Anregungs-, Reizmittel *n*; Stimulans *n*; **2** *fig* Anreiz *m*; Ansporn *m*; Stimulans *n*
stimulateur [stimylatœʀ] *m* ***~ cardiaque*** Herzschrittmacher *m*
stimulation [stimylasjõ] *f* **1** (*encouragement*) Ansporn *m*; Stimulierung *f*; **2** *de l'appétit, etc* Anregung *f*; Stimulation *f*
stimuler [stimyle] *v/t* **1** *personne, zèle* anspornen; anstacheln; stimulieren; **2** *digestion, appétit* anregen
stipendié [stipɑ̃dje] *adj* ⟨~e⟩ *litt* gedungen
stipuler [stipyle] *v/t* **1** JUR ***le contrat stipule que …*** im Vertrag ist festgelegt, dass …; **2** (*spécifier*) ***il est stipulé que …*** es wird ausdrücklich gesagt, dass …
stock [stɔk] *m* **1** COMM (Lager-, Waren-) Bestand *m*, (-)Vorrat *m*; ***en ~*** vorrätig; auf Lager; **2** F (*réserve*) Vorrat *m*; Menge *f*
stock|age [stɔkaʒ] *m* (Ein)Lagerung *f*; Speicherung *f* (*a* INFORM); **~er** [-e] *v/t* (ein)lagern; speichern (*a* INFORM); *pour spéculer* horten
stoïcisme [stɔisism(ə)] *m* Stoizismus *m*; *fig a* stoischer Gleichmut
stoïque [stɔik] *adj* (von) stoisch(em Gleichmut); unerschütterlich
stop [stɔp] **I** *int* stop(p)!; halt!; **II** *m* **1** *panneau* Stoppschild *n*; **2** AUTO Bremslicht *n*; **3** F (*auto-stop*) Trampen *n*; Autostopp *m*; ***en stop*** per Anhalter; ▸ ***faire du stop*** per Anhalter fahren; trampen
stopper[1] [stɔpe] *v/t et v/i* stoppen (*a fig*); anhalten
stopper[2] *v/t* COUT kunststopfen
store [stɔʀ] *m* **1** *léger* Rollo *n*; **2** *à lamelles* ***~*** (***vénitien***) Jalousie *f*; **3** *en biais* Markise *f*; Sonnendach *n*; **4** (*voilage*) Store *m*
strabisme [stʀabism(ə)] *m* Schielen *n*
strangulation [stʀɑ̃gylasjõ] *f* Erwürgen *n*; Erdrosseln *n*; Strangulation *f*
strapontin [stʀapõtɛ̃] *m* Klappsitz *m*
Strasbourg [stʀazbuʀ] Straßburg *n*
strass [stʀas] *m* Strass *m*
stratagème [stʀataʒɛm] *m* List *f*
strate [stʀat] *f* GÉOL Schicht *f*
stratège [stʀatɛʒ] *m* MIL, *fig* Stratege *m*
stratég|ie [stʀateʒi] *f* Strategie *f* (*a fig*); **~ique** [-ik] *adj* strategisch (wichtig)
stratifié [stʀatifje] **I** *adj* ⟨~e⟩ TECH, GÉOL Schicht…; **II** *m* Schichtpressstoff *m*; Laminat *n*

stratosphère [stʀatɔsfɛʀ] *f* Stratosphäre *f*
stress [stʀɛs] *m* Stress *m*
stressant [stʀɛsɑ̃] *adj* ⟨-ante [-ɑ̃t]⟩ stressig
stresser [stʀɛse] **I** *v/t* stressen; ***être stressé*** gestresst sein; unter Stress stehen; **II** F *v/i* sich gestresst fühlen
strict [stʀikt] *adj* ⟨~e⟩ streng; strikt; (peinlich) genau; *tenue* korrekt; *vérité* rein; ***le ~ minimum*** das (Aller)Nötigste; ***au sens ~*** im engeren Sinn; ***c'est son droit le plus ~*** das ist sein gutes Recht
strictement [stʀiktəmɑ̃] *adv* streng; ***~ rien*** rein gar nichts
strident [stʀidɑ̃] *adj* ⟨-ente [-ɑ̃t]⟩ schrill; *cri a* gellend
strie [stʀi] *f surtout pl* ***~s*** Rillen *f/pl*; Riffeln *f/pl*; (*rayures*) Streifen *m/pl*
strié [stʀije] *adj* ⟨~e⟩ gerillt; geriffelt
string [stʀiŋ] *m* String(-Tanga) *m*
strip-teas|e [stʀiptiz] *m* Striptease *m ou n*; **~euse** [-øz] *f* Stripteasetänzerin *f*; F Stripperin *f*
strophe [stʀɔf] *f* Strophe *f*
structuralisme [stʀyktyʀalism(ə)] *m* Strukturalismus *m*
structure [stʀyktyʀ] *f* Struktur *f*; Bau *m*; Aufbau *m*; Gefüge *n*; Gliederung *f*; ***~(s) d'accueil*** Aufnahmestelle(n) *f(pl)*; (touristische *etc*) Infrastruktur
structur|el [stʀyktyʀɛl] *adj* ⟨~le⟩ strukturell; **~er** [-e] *v/t* strukturieren; gliedern
strychnine [stʀiknin] *f* Strychnin *n*
stuc [styk] *m* Stuck *m*; ***~s*** *pl* Stuckaturen *f/pl*
studieux [stydjø] *adj* ⟨-euse [-øz]⟩ fleißig; eifrig; strebsam; *vacances* mit geistiger Arbeit ausgefüllt
studio [stydjo] *m* **1** *logement* 1-Zimmer-Appartement [aɪn-] *n*; **2** RAD, TV Studio *n*; Senderaum *m*; **3** CIN, PHOT, *d'un artiste* Atelier *n*; Studio *n*
stupéfaction [stypefaksjõ] *f* Verblüffung *f*; sprachloses Erstaunen
stupéfait [stypefɛ] *adj* ⟨-faite [-fɛt]⟩ verblüfft; sprachlos; (völlig) verdutzt
stupéfiant [stypefjɑ̃] **I** *adj* ⟨-ante [-ɑ̃t]⟩ verblüffend; **II** *m* Rauschgift *n*; PHARM Betäubungsmittel *n*
stupéfier [stypefje] *v/t* (*étonner*) verblüffen; (*consterner*) betroffen machen
stupeur [stypœʀ] *f* **1** (*étonnement*) Verblüffung *f*; Fassungslosigkeit *f*; (*consternation*) Betroffenheit *f*; **2** MÉD Stupor *m*
stupide [stypid] *adj* dumm; stupid(e); *travail a* stumpfsinnig; (*absurde*) sinnlos
stupidité [stypidite] *f* **1** Dummheit *f*; Stupidität *f*; **2** ***~s*** *pl* dummes Zeug
▸ **style** [stil] *m* **1** Stil *m*; ***~ gothique*** gotischer Stil; ***~ 1900*** Jugendstil *m*; *par ext* ***~ de vie*** Lebensstil *m*; **2** GR ***~ (in)direct*** (in)direkte Rede
stylé [stile] *adj* ⟨~e⟩ *personnel* perfekt
stylet [stilɛ] *m poignard* Stilett *n*
styliser [stilize] *v/t* stilisieren
styliste [stilist] *m* **1** COUT Stylist *m*; INDUSTRIE Designer *m*; **2** *écrivain* guter Stilist
▸ **stylo** [stilo] *m à plume* Füller *m*; Füll(feder)halter *m*; ▸ ***stylo (à) bille*** Kugelschreiber *m*
stylo-feutre *m* ⟨stylos-feutres⟩ Filzschreiber *m*, -stift *m*; Faserschreiber *m*
stylomine® [stilɔmin] *m* Druckbleistift *m*
Styrie [stiʀi] ***la ~*** die Steiermark
su [sy] **I** *p/p* → ***savoir***[1]; **II** *m* → ***vu*** *III*
suaire [sɥɛʀ] *m* ***le saint ~*** das Grabtuch Christi
suant [sɥɑ̃] *adj* ⟨-ante [-ɑ̃t]⟩ **1** schwitzend; **2** F *fig* lästig
suave [sɥav] *adj* lieblich; sanft
subalterne [sybaltɛʀn] **I** *adj* untergeordnet; subaltern; **II** *m* Untergebene(r) *m*
subconscient [sypkõsjɑ̃] *m* Unterbewusstsein *n*
subdivis|er [sybdivize] *v/t* unterteilen, untergliedern (***en*** in + *acc*); **~ion** [-jõ] *f* Unterteilung *f*
▸ **subir** [sybiʀ] *v/t* **1** *défaite, pertes* erleiden; hinnehmen müssen; *conséquences* zu spüren bekommen; *opération* sich unterziehen (+ *dat*); ***~ un interrogatoire*** verhört, vernommen werden; ***~ des violences*** tätlich angegriffen werden; **2** *chose*: *modification, etc* erfahren
subit [sybi] *adj* ⟨-ite [-it]⟩ plötzlich
subjectif [sybʒɛktif] *adj* ⟨-ive [-iv]⟩ subjektiv
subjonctif [sybʒõktif] *m* Konjunktiv *m*
subjuguer [sybʒyge] *v/t* fesseln; packen; in s-n Bann schlagen

S

Le subjonctif

Der **subjonctif** deckt sich in seinem Gebrauch nicht ganz mit dem deutschen Konjunktiv. Der **subjonctif** wird verwendet

1. nach Verben, die einen Wunsch, ein Verlangen oder ein Verbot ausdrücken:

Les parents de Cathérine veulent que leur fille fasse des études de droit.
Cathérines Eltern wollen, dass ihre Tochter Jura studiert.

2. nach Verben und Ausdrücken, die ein subjektives Empfinden oder eine Wertung beinhalten:

C'est dommage que tu ne puisses pas venir.
Es ist schade, dass du nicht kommen kannst.

3. nach unpersönlichen Ausdrücken, die eine Möglichkeit oder eine geringe Wahrscheinlichkeit anzeigen:

Il se peut que notre prochain P.D.G. soit une femme.
Es ist möglich, dass unser nächster Generaldirektor eine Frau sein wird.

sublime [syblim] *adj* **1** *beauté, spectacle, etc* erhaben; **2** *personne* überragend
sublimer [syblime] *v/t* CHIM, PSYCH sublimieren
submerger [sybmɛʀʒe] *v/t* ⟨-ge-⟩ **1** (*inonder*) überschwemmen, -fluten; **2** *fig sentiment* **~ qn** j-n überwältigen; ***être submergé de travail*** mit Arbeit überhäuft, überlastet sein; ***être submergé par la foule*** von der Menge überrannt werden
submersible [sybmɛʀsibl(ə)] *m* Untersee-, Tauchboot *n*
subodorer [sybɔdɔʀe] *v/t plais* wittern
subordination [sybɔʀdinasjõ] *f* Unterordnung *f*; ***conjonction*** *f* ***de ~*** unterordnende Konjunktion
subordonné [sybɔʀdɔne] *m* Untergebene(r) *m*
subordonnée [sybɔʀdɔne] *f* (*a adj* ***proposition ~***) Nebensatz *m*
subordonner [sybɔʀdɔne] *v/t* unterordnen, *qn a* unterstellen (**à** *dat*); *décision, action* abhängig machen (von); ***être subordonné à qn*** *a* j-m unterstehen
subornation [sybɔʀnasjõ] *f* ***~ de témoins*** Zeugenbeeinflussung *f*, -bestechung *f*
subrepticement [sybʀɛptismɑ̃] *adv* heimlich
subséquemment [sypsekamɑ̃] *plais adv* daraufhin; infolgedessen
subsides [sybzid, -psid] *m/pl* Finanzhilfe *f*; Zuschüsse *m/pl*
subsidiaire [sybzidjɛʀ] *adj* zusätzlich; ***question*** *f* **~** Stichfrage *f*
subsidiarité [sybzidjaʀite] *f* Subsidiarität *f*
subsistance [sybzistɑ̃s] *f* (Lebens)Unterhalt *m*
subsister [sybziste] *v/i* **1** *chose* fortbestehen; (noch) vorhanden sein; **2** *personne* s-n Lebensunterhalt bestreiten
substance [sypstɑ̃s] *f* **1** (*matière*) Substanz *f*; Stoff *m*; **2** *d'un livre, discours* wesentlicher Inhalt; Substanz *f*; Kern *m*; ***en ~*** im Wesentlichen
substantiel [sypstɑ̃sjɛl] *adj* ⟨~le⟩ **1** (*nourrissant*) nahrhaft; gehaltreich; **2** (*important*) wesentlich; substanziell
substantif [sypstɑ̃tif] *m* Substantiv *n*; Hauptwort *n*
substituer [sypstitɥe] **I** *v/t* ersetzen (***une copie à l'original*** das Original durch e-e Kopie); **II** *v/pr* ***se ~ à*** an die Stelle (+ *gén*) treten
substitut [sypstity] *m* (Stell)Vertreter *m* des Staatsanwaltes
substitution [sypstitysjõ] *f* Ersetzung *f*; Substitution *f* (*a* CHIM, MATH)
subterfuge [syptɛʀfyʒ] *m* List *f*; Trick *m*
subtil [syptil] *adj* ⟨~e⟩ **1** *personne* scharf-, feinsinnig; *esprit, question* subtil; *péj* spitzfindig; **2** *différence, nuance* fein; subtil; *odeur* fein; zart
subtiliser [syptilize] *v/t* F stibitzen (***qc à qn*** j-m etw)
subtilité [syptilite] *f d'une personne*

S

Scharfsinn *m*; *d'un raisonnement* Subtilität *f*; *péj* Spitzfindigkeit *f*; *d'une nuance* Feinheit *f*; Subtilität *f*

subtropical [sybtʀɔpikal] *adj* ⟨~e; -aux [-o]⟩ subtropisch

suburbain [sybyʀbɛ̃] *adj* ⟨-aine [-ɛn]⟩ vorstädtisch; Vorstadt…; Vorort…

subvenir [sybvəniʀ] *v/t/indir* ⟨→ venir; *aber*: avoir⟩ **~ à qc** für etw aufkommen

subvention [sybvɑ̃sjõ] *f* Subvention *f*

subventionner [sybvɑ̃sjɔne] *v/t* subventionieren

subvers|if [sybvɛʀsif] *adj* ⟨-ive [-iv]⟩ umstürzlerisch; subversiv; **~ion** [-jõ] *f* Umsturz *m*; Subversion *f*; Zersetzung *f*

suc [syk] *m* **1** BIOL Saft *m*; **~ *gastrique*** Magensaft *m*; **2** *litt* Quintessenz *f*

succédané [syksedane] *m* Surrogat *n*, Ersatz *m* (*a fig*) (**de** für)

▸**succéder** [syksede] ⟨-è-⟩ **I** *v/t/indir* **~ à *qc, qn*** auf etw, j-n folgen; **II** *v/pr* ***se ~*** aufeinander folgen

▸**succès** [syksɛ] *m* Erfolg *m*; **à ~** Erfolgs…; ***avec ~*** erfolgreich; mit Erfolg; ***sans ~*** erfolglos; ohne Erfolg; ***avoir du ~*** Erfolg haben; erfolgreich sein; *proposition* Anklang, Beifall finden

successeur [syksesœʀ] *m* Nachfolger(in) *m(f)*

successif [syksesif] *adj* ⟨-ive [-iv]⟩ aufeinander folgend; fortwährend; laufend

succession [syksesjõ] *f* **1** (*suite*) (Aufeinander)Folge *f*; **2** *dans une fonction* Nachfolge *f*; ***prendre la ~ de qn*** die Nachfolge j-s antreten; **3** (*transmission de biens*) Erbfolge *f*; ***par voie de ~*** auf dem Erbwege; **4** (*biens transmis*) Nachlass *m*; Erbschaft *f*; ***droits m/pl de ~*** Erbschaftssteuer *f*

successivement [syksesivmɑ̃] *adv* nacheinander

succinct [syksɛ̃] *adj* ⟨-cincte [-sɛ̃t]⟩ knapp; kurz; *exposé a* gedrängt

succion [sysjõ, syksjõ] *f* Saugen *n*

succomber [sykõbe] *v/i* **1** (*mourir*) sterben; ***~ à ses blessures*** s-n Verletzungen erliegen; **2** (*céder*) erliegen (***à la tentation*** der Versuchung [*dat*])

succulent [sykylɑ̃] *adj* ⟨-ente [-ɑ̃t]⟩ köstlich (*a histoire*); schmackhaft; lecker

succursale [sykyʀsal] *f* Filiale *f*; Zweigniederlassung *f*; Zweigstelle *f*; ***magasin m à ~s multiples*** Ladenkette *f*

sucer [syse] *v/t* ⟨-ç-⟩ **1** (*aspirer*) saugen; *orange, plaie* aussaugen; **2** *bonbon* lutschen; ***~ son pouce*** am Daumen lutschen

sucette [sysɛt] *f bonbon* (Dauer)Lutscher *m*

suçon [sysõ] *m* F Knutschfleck *m*

▸**sucre** [sykʀ(ə)] *m* Zucker *m*; ***un ~*** ein Stück *n* Zucker; ***~ glace*** Puderzucker *m*; ***~ d'orge*** Lutschstange *f*; ***~ en morceaux, en poudre*** Würfel-, Streuzucker *m*; *fig* ***casser du ~ sur le dos de qn*** über j-n herziehen

▸**sucré** [sykʀe] *adj* ⟨~e⟩ **1** süß; *subst* ***préférer le ~ au salé*** lieber Süßes als Gesalzenes essen; **2** *fig, péj* zuckersüß

sucrer [sykʀe] **I** *v/t* **1** zuckern; süßen (*a abs*); **2** F (*supprimer*) streichen; **II** *v/pr* F ***se ~*** **3** Zucker nehmen; **4** *fig* (*se servir*) F sich die Taschen füllen; F absahnen

sucrerie [sykʀəʀi] *f* **1** ***~s*** *pl* Süßigkeiten *f/pl*; **2** Zuckerfabrik *f*

sucrette® [sykʀɛt] *f* Süßstoff *m*

sucrier [sykʀije] **I** *adj* ⟨-ière [-jɛʀ]⟩ Zucker…; ***betterave sucrière*** Zuckerrübe *f*; **II** *m* Zuckerdose *f*

▸**sud** [syd] **I** *m* **1** Süd(en) *m*; ***au ~*** im Süden, südlich (***de*** von *ou* + *gén*); **2** *d'un pays, d'une ville, etc* ***le*** ♀ der Süden; ***l'Afrique f du*** ♀ Südafrika *n*; **II** *adj* ⟨*inv*⟩ Süd…; südlich

sud-africain [sydafʀikɛ̃] **I** *adj* ⟨-aine [-ɛn]⟩ südafrikanisch; **II** ***Sud-Africain(e)*** *m(f)* Südafrikaner(in) *m(f)*

sud-américain [sydameʀikɛ̃] **I** *adj* ⟨-aine [-ɛn]⟩ südamerikanisch; **II** ***Sud-Américain(e)*** *m(f)* Südamerikaner(in) *m(f)*

sudation [sydasjõ] *f* (starkes) Schwitzen

sud-est [sydɛst] *m* Südost(en) *m*; ***le Sud-Est asiatique*** Südostasien *n*

sudoripare [sydɔʀipaʀ] *adj* ***glandes f/pl ~s*** Schweißdrüsen *f/pl*

sud-ouest [sydwɛst] *m* Südwest(en) *m*

▸**Suède** [sɥɛd] ***la ~*** Schweden *n*

suédine [sɥedin] *f* Wildlederimitation *f*

▸**suédois** [sɥedwa] **I** *adj* ⟨-oise [-waz]⟩ schwedisch; **II** ♀(**e**) *m(f)* Schwede *m*, Schwedin *f*

suée [sɥe] F *f* Schweißausbruch *m*

S

suer [sɥe] *v/t et v/i* **1** schwitzen; *fig* **~ *sang et eau*** sich mächtig anstrengen, ins Zeug legen; **2** F *fig* ***faire ~ qn*** F j-m auf den Geist gehen, auf den Wecker fallen; F *fig* ***se faire ~*** F sich entsetzlich langweilen; F sich mopsen

sueur [sɥœʀ] *f* Schweiß *m*; ***cela vous donne des ~s froides*** dabei bricht einem der Angstschweiß aus; ***être en ~, couvert de ~*** in Schweiß gebadet, schweißgebadet sein

▸ **suffire** [syfiʀ] ⟨je suffis, il suffit, nous suffisons; je suffisais; je suffis; je suffirai; que je suffise; suffisant; suffi⟩ **I** *v/i* **1** genügen, (aus)reichen, F langen (***à qn*** j-m; ***pour qc*** für etw; ***à, pour*** + *inf* um zu + *inf*); **II** *v/imp* ***il suffit de*** (+ *inf*) *ou* ***que …*** (+ *subj*) es genügt, reicht zu (+ *inf*) *ou* dass … *ou* wenn …; **III** *v/pr* ***se ~ à soi-même*** sich selbst genügen; niemand(en) brauchen

suffis|amment [syfizamɑ̃] *adv* ausreichend; genügend; genug; **~ance** [-ɑ̃s] *f* Selbstgefälligkeit *f*; Dünkel *m*

▸ **suffisant** [syfizɑ̃] *adj* ⟨-ante [-ɑ̃t]⟩ **1** (*qui suffit*) ausreichend; genügend; **2** *personne, air, ton* selbstgefällig; eingebildet; süffisant

suffixe [syfiks] *m* Suffix *n*; Nachsilbe *f*

suffocant [syfɔkɑ̃] *adj* ⟨-ante [-ɑ̃t]⟩ **1** *atmosphère, chaleur* zum Ersticken; stickig; **2** *fig* verblüffend

suffoquer [syfɔke] **I** *v/t* **~ *qn*** j-m den Atem nehmen, *fig* verschlagen; **II** *v/i* keine Luft mehr bekommen; fast ersticken (*a fig* ***d'indignation*** vor Empörung)

suffrage [syfʀaʒ] *m* **1** (*scrutin*) Wahl *f*; **~ *universel*** allgemeines Wahlrecht; **2** (*voix*) (Wahl)Stimme *f*; ***~s exprimés*** abgegebene Stimmen *f/pl*; *fig* ***remporter tous les ~s*** allgemein Beifall finden

suggérer [sygʒeʀe] *v/t* ⟨-è-⟩ **1** (*proposer*) **~ *qc à qn*** j-m etw nahe legen, vorschlagen; **2** (*évoquer*) denken lassen an (+ *acc*); **3** *en influençant* **~ *qc à qn*** j-m etw (ein)suggerieren

suggest|if [sygʒɛstif] *adj* ⟨-ive [-iv]⟩ **1** *paroles, musique* suggestiv; **2** *déshabillé, pose* (sinnlich) aufreizend; **~ion** [-jõ] *f* **1** (*proposition*) Anregung *f*; Vorschlag *m*; **2** PSYCH Suggestion *f*

suicidaire [sɥisidɛʀ] *adj acte* selbstmörderisch; *personne* suizidgefährdet

suicide [sɥisid] *m* Selbstmord *m*; Freitod *m*

suicidé(e) [sɥiside] *m(f)* Selbstmörder(in) *m(f)*

suicider [sɥiside] *v/pr* ***se ~*** Selbstmord begehen; sich das Leben nehmen

suie [sɥi] *f* Ruß *m*

suif [sɥif] *m* Talg *m*

suinter [sɥɛ̃te] *v/i* **1** *liquide* (aus-, durch-) sickern; **2** *mur* schwitzen; *plaie* nässen

suis[1] [sɥi] → ***être***[1]

suis[2] → ***suivre***

▸ **Suisse** [sɥis] ***la ~*** die Schweiz

▸ **suisse** [sɥis] **I** *adj* schweizerisch; Schweizer; **II** *subst* **1** ♀ *m,f* Schweizer(in) *m(f)*; **2** *m* CATH Kirchendiener *m*; **3** F ***boire en ~*** für sich allein trinken

Suissesse [sɥisɛs] *iron f* Schweizerin *f*

▸ **suite** [sɥit] *f* **1** Folge *f*; ***propos m/pl sans suite*** zusammenhanglose Reden *f/pl*; ***à la suite, de suite*** nach-, hintereinander; ▸ ***tout de suite*** sofort; gleich; ***à la suite de*** nach (+ *dat*); im Anschluss an (+ *acc*); (*derrière*) hinter (+ *dat*); (*à cause de*) infolge (+ *gén*); ***par la suite*** in der Folge; nachher; später; ***par suite de*** infolge (+ *gén*); ***avoir de la suite dans les idées*** konsequent, beharrlich sein Ziel verfolgen; ***faire suite à qc*** auf etw (*acc*) folgen; ***prendre la suite de qn*** die Nachfolge j-s antreten; **2** *d'un roman, d'une affaire* Fortsetzung *f*; ***et ainsi de suite*** und so weiter; und so fort; **3** (*série*) (Aufeinander)Folge *f*; Reihe *f*; **4** (*escorte*) Gefolge *n*; **5** MUS, *dans un hôtel* Suite *f*

▸ **suivant** [sɥivɑ̃] **I** *adj* ⟨-ante [-ɑ̃t]⟩ folgende; nächste; *subst* ***au ~!*** der Nächste, bitte!; **II** *prép* **1** (*conformément à*) nach, gemäß, entsprechend (+ *dat*); **2** (*selon*) je nach (+ *dat*); **~ *le(s) cas*** je nach Fall; von Fall zu Fall; **III** *conj* **~ *que …*** je nachdem, ob …

suiveur [sɥivœʀ] *m* SPORTS Begleiter *m*

suivi [sɥivi] **I** *adj* ⟨~e⟩ **1** fortlaufend; beständig; *correspondance* regelmäßig; *qualité* gleich bleibend gut; ***très ~*** *procès* viel beachtet; *exemple* viel befolgt; **2** *raisonnement* zusammenhängend; folgerichtig; **II** *m* Weiterverfolgung *f*; (*surveillance*) Überwachung *f*; *de personnes* (weitere) Betreuung

▸ **suivre** [sɥivʀ(ə)] ⟨je suis, il suit, nous

suivons; je suivais; je suivis; je suivrai; que je suive; suivant; suivi⟩ **I** *v/t* **1** **~ *qn, qc*** j-m, e-r Sache folgen; **~ *qn*** *à pied a* hinter j-m hergehen, -laufen; *en voiture a* hinter j-m herfahren; j-m nachfahren; ***je vous suis*** ich komme (gleich) nach; **~ *qn, qc des yeux*** j-n, etw mit den Blicken verfolgen; ***qc suit qc*** *a* etw folgt auf etw (*acc*); ***comme suit*** wie folgt; *courrier* ***faire ~*** nachsenden, -schicken; **2** *idée, piste, politique* verfolgen; **3** (*obéir à*) folgen (+ *dat*); Folge leisten (+ *dat*); *conseil a* befolgen; **~ *la mode*** mit der Mode gehen; **~ *un traitement*** sich e-r Behandlung unterziehen; **4** (*être attentif à*) *émission, conversation* (aufmerksam, genau) verfolgen; *médecin* **~ *un malade*** e-n Patienten überwachen, betreuen; ***à ~*** Fortsetzung folgt; **5** (*comprendre*) mitkommen, folgen können (*a abs*); **6** (*assister à*) **~ *un, des cours*** an e-m Kurs teilnehmen; e-n Kurs besuchen; **7** COMM *article* dauernd führen; **II** *v/pr* ***se ~*** einander folgen; *dans le temps* aufeinander folgen; *voitures* ***se ~ de trop près*** zu dicht auffahren

sujet[1] [syʒɛ] *adj* ⟨-ette [-ɛt]⟩ **~ *à qc*** für etw anfällig; zu etw neigend

▸ **sujet**[2] *m* **1** Thema *n* (*a* MUS); Gegenstand *m*; Stoff *m*; ***sujet de conversation*** Gesprächsthema *n*; ▸ ***au sujet de*** hinsichtlich (+ *gén*); über (+ *acc*); wegen (+ *gén*, F + *dat*); ***à ce sujet*** diesbezüglich; hierüber; ***c'est à quel sujet?*** worum geht es?; **2** GR Subjekt *n*; Satzgegenstand *m*; **3** (*motif*) Anlass *m*; Grund *m*; Ursache *f*; ***sujet de mécontentement*** Anlass, Grund zur Unzufriedenheit; **4** (*individu*) Person *f*; *péj* Subjekt *n*; MÉD Versuchsperson *f ou* -tier *n*; ***mauvais sujet*** Taugenichts *m*; **5** *d'un souverain* Untertan *m*

sujétion [syʒesjõ] *f* **1** *st/s* POL Abhängigkeit *f*; **2** *fig* lästiger Zwang

sulfamide [sylfamid] *m* Sulfonamid *n*

sulfate [sylfat] *m* Sulfat *n*

sulfure [sylfyʀ] *m* Sulfid *n*

sulfureux [sylfyʀø] *adj* ⟨-euse [-øz]⟩ *fig* dämonisch; unheimlich

sulfurique [sylfyʀik] *adj* ***acide m ~*** Schwefelsäure *f*

sulfurisé [sylfyʀize] *adj* ⟨~e⟩ ***papier ~*** Pergament-, Butterbrotpapier *n*

sultan [syltɑ̃] *m* Sultan *m*

summum [sɔmɔm] *m* Höhepunkt *m*; Gipfel *m*

sunlight [sœnlajt] *m* Jupiterlampe *f*

sunnites [synit] *m/pl* Sunniten *m/pl*

▸ **super** [sypɛʀ] **I** *m* Super *n*; ***prendre du ~*** Super tanken; **II** *adj* ⟨*inv*⟩ F super; F spitze

super... [sypɛʀ] *préfixe* super..., Super... (*a* F)

superbe [sypɛʀb] **I** *adj* prächtig; herrlich; **II** *litt f* Hochmut *m*

superchampion *m* vielfacher Meister

supercherie [sypɛʀʃəʀi] *f* Betrug *m*; Schwindel *m*

supérette [sypeʀɛt] *f* (kleiner) Supermarkt

superfétatoire [sypɛʀfetatwaʀ] *litt adj* überflüssig; unnütz

superficie [sypɛʀfisi] *f* **1** Fläche *f*; **2** *fig* Oberfläche *f* (*a fig*)

superficiel [sypɛʀfisjɛl] *adj* ⟨~le⟩ oberflächlich (*a fig*)

superflu [sypɛʀfly] **I** *adj* ⟨~e⟩ überflüssig; unnötig; **II** ***le ~*** das Überflüssige

supergrand *m* Supermacht *f*

supérieur [sypeʀjœʀ] **I** *adj* ⟨~e⟩ **1** *localement* obere; Ober...; **2** *hiérarchiquement* höhere; ***enseignement ~*** Hochschulwesen *n*; **~ *à qc*** höher als etw; ***être ~ à*** stehen, liegen über (+ *dat*); **3** (*dominant*) überlegen (*a mine*); ***qualité ~e*** Spitzenqualität *f*; **~ *à qn, à qc*** j-m, e-r Sache überlegen; **II ~(*e*)** *m*(*f*) **1** Vorgesetzte(r) *f*(*m*); **2** REL Superior(in) *m*(*f*); Oberin *f*

supériorité [sypeʀjɔʀite] *f* Überlegenheit *f*

superlatif [sypɛʀlatif] *m* Superlativ *m*

▸ **supermarché** *m* Supermarkt *m*

superposer **I** *v/t* übereinander legen; aufeinander legen, setzen, stellen; (auf)stapeln; ***lits superposés*** Etagenbett *n*; **II** *v/pr* ***se ~*** sich überlagern (*a fig*)

super|production *f* Monumentalfilm *m*; **~puissance** *f* Supermacht *f*

supersonique [sypɛʀsɔnik] *adj* Überschall...

superstar *f* Superstar *m*

supersti|tieux [sypɛʀstisjø] *adj* ⟨-euse [-øz]⟩ abergläubisch; **~tion** [-sjõ] *f* Aberglaube *m*

superstructure *f* CONSTR Ober-, Über-

S

bau *m*; MAR Aufbauten *m/pl*
superviser *v/t* überwachen
supplanter [syplɑ̃te] *v/t* verdrängen
suppléant [sypleɑ̃] *m*, **~ante** [-ɑ̃t] *f* (Stell)Vertreter(in) *m(f)*; Ersatzmann *m*
suppléer [syplee] *v/t/indir* **~ à qc** etw ersetzen, aufwiegen, wettmachen
▸ **supplément** [syplemɑ̃] *m* **1** Zusatz *m*; *financier* Zulage *f*; **un ~ d'information** zusätzliche, weitere Informationen *f/pl*; **2** *d'un livre* Nachtrag *m*; *d'un journal* Beilage *f*; **3** CH DE FER Zuschlag *m*; COMM (Preis)Aufschlag *m*; Aufpreis *m*; Mehrpreis *m*; **vin** *m* **en ~** Wein wird extra berechnet
supplémentaire [syplemɑ̃tɛʀ] *adj* zusätzlich; Zusatz...; Extra...; Mehr...; ▸ **heure** *f* **supplémentaire** Überstunde *f*; **train** *m* **supplémentaire** Entlastungszug *m*
suppliant [syplijɑ̃] *adj* ⟨-ante [-ɑ̃t]⟩ flehend
supplication [syplikasjõ] *f* inständige, flehentliche Bitte
supplice [syplis] *m* **1** (*peine corporelle*) Marter *f*; Folter *f*; (*peine capitale*) Hinrichtung(sart) *f*; **2** (*souffrance*) Qual(en) *f(pl)*; **être au ~** wie auf glühenden Kohlen sitzen
supplicié [syplisje] *m* (zu Tode) Gemarterte(r) *m*
supplier [syplije] *v/t* **~ qn de** (+ *inf*) j-n anflehen zu (+ *inf*)
supplique [syplik] *litt f* Bittgesuch *n*
support [sypɔʀ] *m* **1** TECH Stütze *f*; Ständer *m*; Gestell *n*; *au mur, etc* Halterung *f*; **2** *fig* Träger *m*; INFORM Datenträger *m*; **~ publicitaire** Werbeträger *m*
supportable [sypɔʀtabl(ə)] *adj* erträglich
▸ **supporter**[1] [sypɔʀte] **I** *v/t* **1** TECH, *par ext conséquences, frais* tragen; **2** *douleurs, épreuve, maladie* ertragen; erdulden; *douleurs a* aushalten; *critique, conduite de qn* sich gefallen lassen; hinnehmen; **ne pas ~ que** (+ *subj*) es nicht ertragen, dass ...; **3** *chaleur, froid, alcool* vertragen; **4 ~ qn** j-n ertragen; **ne pas pouvoir ~ qn** j-n nicht ausstehen können
supporter[2] [sypɔʀtɛʀ] *m* SPORTS Fan *m*; Schlachtenbummler *m*
supposé [sypoze] *adj* ⟨~e⟩ mutmaßlich; vermutlich
▸ **supposer** [sypoze] *v/t* **1** (*présumer*) annehmen; vermuten; mutmaßen; **à ~** *ou* **en supposant que ...** (+ *subj*) angenommen, ...; gesetzt den Fall, (dass) ...; **2** (*impliquer*) voraussetzen; zur Voraussetzung haben
supposition [sypozisjõ] *f* Vermutung *f*; Annahme *f*; Mutmaßung *f*
suppositoire [sypozitwaʀ] *m* PHARM Zäpfchen *n*
suppôt [sypo] *m* **~ de Satan** Ausgeburt *f* der Hölle
suppression [sypʀɛsjõ] *f* Beseitigung *f*; Aufhebung *f*; Streichung *f*; Wegfall *m*; Abbau *m*
▸ **supprimer** [sypʀime] *v/t* beseitigen; *censure, libertés, arrêt de bus* aufheben; *subventions, trains, passage d'un texte* streichen; wegfallen lassen; *emplois* abbauen; **~ qc à qn** j-m etw entziehen; **~ qn** j-n beseitigen, aus dem Weg räumen
suppurer [sypyʀe] *v/i* eitern
supputation [sypytasjõ] *f* (Ab)Schätzung *f*; **~er** [-e] *v/t* (ab)schätzen
supraconducteur [sypʀakõdyktœʀ] *m* ÉLECT Supraleiter *m*; **~national** *adj* ⟨~e; -aux⟩ überstaatlich
suprématie [sypʀemasi] *f* Vorherrschaft *f*; Vormachtstellung *f*
suprême [sypʀɛm] *adj* **1** (*supérieur*) oberste; höchste; **2** *st/s* (*très grand*) höchste; **3** *st/s* (*dernier*) äußerste; letzte; **4 sauce** *f* **~** Geflügelrahmsoße *f*
▸ **sur**[1] [syʀ] *prép* **1** *lieu*: auf, *sans contact* über (+ *dat question wo?*; + *acc question wohin?*); **s'asseoir ~ une chaise** sich auf e-n Stuhl setzen; **être assis ~ une chaise** auf e-m Stuhl sitzen; *personne* **avoir qc ~ soi** etw bei sich haben; **fermer la porte ~ soi** die Tür hinter sich zumachen; **il pleut ~ Paris** es regnet über Paris; **retirer qc de ~ la table** etw vom Tisch nehmen; **fenêtre ~ la rue** Fenster nach der Straße zu, zur Straße hin; **Châlons-~-Marne** Châlons an der Marne; **2** *temps*: auf (+ *acc*); gegen (+ *acc*); **~ ses vieux jours** auf s-e alten Tage; **~ le soir** gegen Abend; F **aller ~ la cinquantaine** auf die fünfzig zugehen; **être ~ un travail** bei, an e-r Arbeit sein; **faire bêtise ~ bêtise** e-e

S

Dummheit nach der andern machen; Dummheit auf Dummheit begehen; **3** *fig* auf (+ *acc*); aufgrund von (*ou* + *gén*); ~ (*la*) ***recommandation de*** auf Empfehlung (+ *gén*); ***juger ~ les apparences*** nach dem äußeren Anschein urteilen; **4** (*au sujet de*) über (+ *acc*); ***apprendre qc ~ qn*** etw über j-n erfahren; **5** *rapport numérique*: von (+ *dat*); auf (+ *acc*); ***un cas ~ cent*** e-r von hundert Fällen; ***un Français ~ deux*** jeder zweite Franzose; *pièce* ***avoir trois mètres ~ cinq*** drei mal fünf *ou* drei auf fünf Meter groß sein; *élève* ***avoir douze ~ vingt*** zwölf von zwanzig Punkten haben

sur[2] *adj* ⟨~e⟩ sauer

▸ **sûr** [syʀ] *adj* ⟨~e⟩ **1** (*incontestable*) sicher; gewiss; feststehend; ***c'est sûr et certain*** das ist ganz sicher, F bombensicher; ▸ ***bien sûr!*** sicher!; gewiss!; bestimmt!; natürlich!; selbstverständlich!; **2** *personne* ***être sûr de qc*** e-r Sache (*gén*) sicher, gewiss sein; ***être sûr de qn*** sich auf j-n verlassen können; ***être sûr de soi*** selbstsicher, selbstbewusst sein; **3** (*fiable*) sicher; zuverlässig (*a personne*); **4** *endroit, quartier* sicher

sur… [syʀ] *préfixe* über…; Über…

sur|abondance *f* Überfülle *f*, großer Überfluss (**de** an + *dat*); **~aigu** *adj* ⟨-uë⟩ schrill; *voix a* kreischend; **~ajouter** *v/t* zusätzlich, nachträglich hinzufügen; **~alimentation** *f* **1** Überernährung *f*; **2** *d'un moteur* Aufladung *f*

suranné [syʀane] *adj* ⟨~e⟩ altmodisch

surbaissé [syʀbese] *adj* ⟨~e⟩ **1** ***arc ~*** Flachbogen *m*; **2** *carrosserie* tief liegend

surbook|é [syʀbuke] *adj* ⟨~e⟩ überbucht; **~ing** [-iŋ] *m* Überbuchung *f*

surcharge *f* **1** Überlastung *f*; *d'un véhicule a* Überladung *f*; **2** *sur un timbre* Überdruck *m*

surcharger *v/t* ⟨-ge-⟩ überlasten; *véhicule a* überladen; ***être surchargé de travail*** (mit Arbeit) überlastet sein

sur|chauffe [syʀʃof] *f* TECH, ÉCON Überhitzung *f*; **~chauffé** *adj* ⟨~e⟩ *pièce* überheizt; TECH, *fig* überhitzt

surchoix *adj* ⟨*inv*⟩ erster Wahl

surclasser *v/t* SPORTS, *fig* deklassieren; weit hinter sich lassen

surcomposé *adj* ⟨~e⟩ ***passé ~*** Perfekt *n* mit doppeltem Hilfsverb (*exemple*: *quand il a eu terminé*)

surconsommation *f* übermäßig hoher Verbrauch, Konsum

surcroît [syʀkʀwa] *m* ~ ***de travail*** zusätzliche Arbeit; Mehrarbeit *f*; ***par, de ~*** überdies; obendrein

surdité [syʀdite] *f* Taubheit *f*; *incomplète* Schwerhörigkeit *f*

surdoué *adj* ⟨~e⟩ hoch begabt

sureau [syʀo] *m* ⟨~x⟩ Holunder *m*

sureffectif *m* Personalüberhang *m*

surélever *v/t* ⟨-è-⟩ erhöhen; *maison* ***~ d'un étage*** aufstocken

▸ **sûrement** [syʀmɑ̃] *adv* sicher(lich); bestimmt; gewiss

surenchère *f* **1** höheres Angebot; Mehrgebot *n*; **2** *par ext* (gegenseitige) Überbietung (***électorale*** in Wahlversprechungen)

surendett|é *adj* ⟨~e⟩ überschuldet; **~ement** *m* Überschuldung *f*

surent [syʀ] → ***savoir***[1]

surestimer *v/t* überschätzen

sûreté [syʀte] *f* **1** Sicherheit *f*; ***de ~*** Sicherheits…; ***en ~*** in Sicherheit; sicher; **2** ♀ (***nationale***) Sicherheitspolizei *f*; **3** *d'une arme, d'un bijou* Sicherung *f*

sur|évaluer *v/t* überbewerten; zu hoch bewerten; **~excité** *adj* ⟨~e⟩ übererregt; überreizt; **~exposer** *v/t* überbelichten

surf [sœʀf] *m* **1** Surfen *n*; Surfing *n*; Wellenreiten *n*; **2** ~ (***des neiges***) Snowboard(fahren) *n*

▸ **surface** [syʀfas] *f* **1** (*partie apparente*) Oberfläche *f*; ***surface de l'eau*** Wasseroberfläche *f*; *sous-marin* ***faire surface*** auftauchen; *fig* ***refaire surface*** wieder auftauchen; **2** (*superficie*) Fläche *f*; ***surface de but, de réparation*** Tor-, Strafraum *m*; **3** COMM ▸ ***grande surface*** Verbrauchermarkt *m*

surfait *adj* ⟨-faite⟩ zu hoch eingeschätzt; überbewertet

surfer [sœʀfe] *v/i* surfen; *fig* ***~ sur Internet*** im Internet surfen

surf|eur [sœʀfœʀ] *m*, **~euse** [-øz] *f* Surfer(in) *m(f)*

surfiler *v/t* COUT umstechen

surfin *adj* ⟨-ine⟩ extrafein

surgelé [syʀʒəle] **I** *adj* ⟨~e⟩ tiefgekühlt; tiefgefroren; **II** *m/pl* **~s** Tiefkühlkost *f*

surgénérateur *m* Brutreaktor *m*; schneller Brüter

surgir [syʀʒiʀ] *v/i* plötzlich auftauchen
sur|homme *m* Übermensch *m*; **~humain** *adj* ⟨-aine⟩ übermenschlich
surimpression *f* Doppelbelichtung *f*; *fig* ***en ~*** zusätzlich; dazu noch
Surinam [syʀinam] ***le ~*** Surinam *n*
surir [syʀiʀ] *v/i* sauer werden
surjet [syʀʒɛ] *m* überwendliche Naht
sur-le-champ [syʀləʃɑ̃] *adv* auf der Stelle; sofort; sogleich
surlendemain *m* ***le ~*** am übernächsten Tag
surlign|er [syʀliɲe] *v/t* mit Leuchtstift markieren; **~eur** [-œʀ] *m* Leuchtstift *m*; Textmarker *m*
surmenage [syʀmənaʒ] *m* Überarbeitung *f*; ***~ scolaire*** Schulstress *m*
surmener ⟨-è-⟩ **I** *v/t* überanstrengen; ***surmené*** überarbeitet; **II** *v/pr* ***se ~*** sich überarbeiten; sich überanstrengen
surmonter *v/t* **1** *difficulté, peur, etc* überwinden; **2** (*être placé au-dessus*) überragen
surnager *v/i* ⟨-ge-⟩ an der Oberfläche schwimmen
surnaturel **I** *adj* ⟨~le⟩ übernatürlich; **II** ***le ~*** das Übernatürliche
surnom *m* Beiname *m*; (*sobriquet*) Spitzname *m*
surnombre *adjt* ***en ~*** überzählig; zu viele
surnommé *adj* ⟨~e⟩ mit dem Beinamen …
surnuméraire *adj* überzählig
surpasser **I** *v/t* ***~ qn*** j-n übertreffen (***en courage*** an Mut); **II** *v/pr* ***se ~*** sich selbst übertreffen
sur|peuplé *adj* ⟨~e⟩ übervölkert; überbevölkert; **~peuplement** *m* Übervölkerung *f*
surpiqûre *f* Ziernaht *f*
surplace *m* ***faire du ~*** nicht vorankommen; nicht von der Stelle kommen
surplis [syʀpli] *m* CATH Chorhemd *n*
surplomb *m* Überhang *m*; ***en ~*** *balcon* auskragend; vorspringend; *mur, rocher* überhängend
surplomber *v/t* überragen
surplus [syʀply] *m* **1** Überschuss *m*; **2** ***au ~*** im Übrigen
surpopulation *f* Überbevölkerung *f*; *des prisons* Überbelegung *f*; Überfüllung *f*
surprenant *adj* ⟨-ante⟩ überraschend; erstaunlich
▸ **surprendre** ⟨→ prendre⟩ **I** *v/t* **1** (*étonner*) überraschen; verwundern; **2** *voleur* überraschen; (auf frischer Tat) ertappen; *secret* kommen hinter (+ *acc*); **3** *ennemi* überrumpeln; überfallen; ***~ qn (chez lui)*** j-n (mit s-m Besuch) überraschen; ***être surpris par la pluie*** vom Regen überrascht werden; **II** *v/pr* ***se ~ à faire qc*** sich dabei ertappen, dass man etw tut
surpris *p/p* → ***surprendre***
▸ **surprise** *f* **1** Überraschung *f* (*a chose, cadeau*); Verwunderung *f*; ***à la ~ de tous*** zur allgemeinen Überraschung; ***attaquer qn par ~*** j-n überrumpeln; ***faire une ~ à qn*** j-n (mit e-m Geschenk *etc*) überraschen; **2** *adjt* überraschend; ***attaque f ~*** Überraschungsangriff *m*
surproduction *f* Überproduktion *f*
surréal|isme *m* Surrealismus *m*; **~iste** [-ist] **I** *adj* surrealistisch; **II** *m* Surrealist *m*
surrénal *adj* ⟨~e; -aux⟩ ***glandes*** *ou* ***capsules ~es*** Nebennieren *f/pl*
sursaut *m* **1** Aufschrecken *n*; ***avoir un ~*** → ***sursauter***; ***se réveiller en ~*** aus dem Schlaf hochfahren; **2** *de colère, etc* Aufwallung *f*
sursauter *v/i* zusammenfahren, -schrecken, -zucken; aufschrecken; hochfahren
surseoir [syʀswaʀ] *v/t/indir* ⟨je sursois, il sursoit, nous sursoyons; je sursoyais; je sursis; je surseoirai; que je sursoie; sursoyant; sursis⟩ ***~ à*** aufschieben; aussetzen
sursis [syʀsi] *m* **1** JUR ***six mois de prison avec ~*** sechs Monate Gefängnis mit Bewährung; **2** (*délai*) Aufschub *m*; (*répit*) Gnaden-, Galgenfrist *f*; ***un mort en ~*** ein Todeskandidat *m*
sursitaire [syʀsitɛʀ] *m* (vom Wehrdienst) Zurückgestellte(r) *m*
surtaxe *f* (Steuer- *ou* Gebühren)Zuschlag *m*; *d'une lettre* Nachgebühr *f*
▸ **surtout** **I** *adv* vor allem; vor allen Dingen; besonders; ***~ ne fais pas ça!*** tu das bloß, ja nicht!; *conj* F ***~ que*** zumal; **II** *m* Tafelaufsatz *m*
surveillance [syʀvɛjɑ̃s] *f* Überwachung *f*; Aufsicht *f* (***de*** über + *acc*); ***être placé sous la ~ de la police*** unter Polizeiaufsicht stehen

▸ **surveill|ant** [syʀvɛjɑ̃] *m*, **~ante** [-ɑ̃t] *f* Aufseher(in) *m(f)*; ÉCOLE Aufsicht Führende(r) *f(m)*
surveillé [syʀveje] *adj* ⟨~e⟩ JUR ***liberté ~e*** Freilassung *f* mit Bewährungsaufsicht; ***être en résidence ~e*** unter Hausarrest stehen
▸ **surveiller** [syʀveje] **I** *v/t* überwachen; beaufsichtigen (*a enfant*); SPORTS *adversaire* bewachen; ***~ sa ligne*** auf s-e Linie achten; **II** *v/pr* ***se ~*** sich in Acht nehmen
survenir [syʀvəniʀ] *v/i* ⟨→ venir⟩ (unerwartet, plötzlich) *personne* auftauchen, *incident* sich ereignen, *changement* eintreten, *problème* auftreten
survêtement *m* Trainingsanzug *m*
survie *f* **1** Überleben *n*; **2** REL Weiterleben *n* nach dem Tode
survivance [syʀvivɑ̃s] *f* Relikt *n*
survivant **I** *adj* ⟨-ante⟩ überlebend; **II** ***~(e)*** *m(f)* Überlebende(r) *f(m)*
▸ **survivre** ⟨→ vivre⟩ *v/t/indir et v/i* überleben; ***~ à qn, à qc*** j-n, etw überleben, *de qc a* überdauern; ***~ à un accident*** e-n Unfall überleben, lebend überstehen
survol *m* Überfliegen *n*
survoler *v/t* überfliegen (*a texte*)
survolté [syʀvɔlte] *adj* ⟨~e⟩ übererregt; *atmosphère* hektisch
sus[1] [sy] → ***savoir***[1]
sus[2] [sy(s)] *adv st/s* ***courir ~ à l'ennemi*** auf den Feind losgehen; ***en ~*** zusätzlich (***de*** zu)
susceptibilité [sysɛptibilite] *f* Empfindlichkeit *f*
susceptible [sysɛptibl(ə)] *adj* **1** *personne* empfindlich; verletzbar; **2** ***être ~ de*** (+ *inf*) fähig, *chose a* geeignet sein zu (+ *inf*); ***~ d'être amélioré*** verbesserungsfähig
susciter [sysite] *v/t* hervorrufen
susdit [sy(s)di] *adj* ⟨-ite [-it]⟩ oben genannt
sushi [suʃi] *m* CUIS Sushi *n*
susnommé [sy(s)nɔme] *adj* ⟨~e⟩ oben genannt
▸ **suspect** [syspɛ(kt)] **I** *adj* ⟨-ecte [-ɛkt]⟩ verdächtig (***de qc*** e-r Sache [*gén*]); suspekt; **II** ***~(e)*** *m(f)* Verdächtige(r) *f(m)*
suspecter [syspɛkte] *v/t* verdächtigen; im Verdacht haben; *la bonne foi de qn* anzweifeln
suspendre [syspɑ̃dʀ(ə)] *v/t* ⟨→ rendre⟩ **1** (*accrocher*) aufhängen; **2** (*interrompre*) *séance* unterbrechen; *négociations a* aussetzen; *paiements* einstellen; **3** *fonctionnaire* (vom Dienst) suspendieren; beurlauben; *permis de conduire* (vorläufig) einziehen
suspendu [syspɑ̃dy] *adj* ⟨~e⟩ **1** hängend, aufgehängt (***à, par*** an + *dat*); ▸ ***être suspendu*** hängen; ***pont suspendu*** Hängebrücke *f*; **2** *voiture* ***bien suspendue*** gut gefedert
suspens [syspɑ̃] ***en ~*** *affaire, question* in der Schwebe; offen; *travail* nicht abgeschlossen; unerledigt
suspense [syspɛns] *m* Spannung *f*; ***film m à ~*** Thriller *m*
suspension [syspɑ̃sjõ] *f* **1** TECH Aufhängung *f*; *d'un véhicule a* Federung *f*; **2** (*lustre*) Hängelampe *f*; **3** *d'une séance* Unterbrechung *f*; Aussetzung *f*; *des paiements* Einstellung *f*; **4** *d'un fonctionnaire* Suspendierung *f*; **5** ***points*** *m/pl* ***de ~*** Auslassungspunkte *m/pl*
suspentes [syspɑ̃t] *f/pl* Fangleinen *f/pl*
suspicion [syspisjõ] *st/s f* Argwohn *m*
sustentation [systɑ̃tasjõ] *f* ***train m à ~ magnétique*** Magnet(schwebe)bahn *f*
sustenter [systɑ̃te] *v/pr* ***se ~*** sich stärken
susurrer [sysyʀe] *v/t et v/i* flüstern
sut, sût [sy] → ***savoir***[1]
suture [sytyʀ] *f* MÉD Naht *f*; ***point*** *m* ***de ~*** Stich *m*; Einzelnaht *f*
suzerain [suzʀɛ̃] *m* HIST Lehnsherr *m*
svelt|e [svɛlt] *adj* schlank; **~esse** [-ɛs] *f* Schlankheit *f*
S.V.P. *abr* (*s'il vous plaît*) bitte
sweat-shirt [switʃœʀt] *m* ⟨sweat-shirts⟩ Sweatshirt *n*
swing [swiŋ] *m* **1** MUS Swing *m*; **2** BOXE Schwinger *m*; GOLF Schwung *m*
syllabe [silab] *f* Silbe *f*
sylphe [silf] *m* Sylphe *m*; Luftgeist *m*
sylviculture [silvikyltyʀ] *f* Forstwirtschaft *f*
symbiose [sɛ̃bjoz] *f* Symbiose *f*
▸ **symbole** [sɛ̃bɔl] *m* **1** Symbol *n* (*a* MATH, CHIM); Sinnbild *n*; **2** REL Glaubensbekenntnis *n*
symbol|ique [sɛ̃bɔlik] *adj* symbolisch; sinnbildlich; **~iser** [-ize] *v/t* symbolisieren; versinnbildlichen; **~isme** [-ism(ə)]

m **1** Symbolik *f*; symbolische Bedeutung; **2** ART Symbolismus *m*
symétr|ie [simetʀi] *f* Symmetrie *f*; **~ique** [-ik] *adj* symmetrisch
sympa [sɛ̃pa] *adj* ⟨*f inv*⟩ F *abr* → ***sympathique***
sympathie [sɛ̃pati] *f* Sympathie *f*; Zuneigung *f*; (*condoléances*) Anteilnahme *f*; ***avoir de la ~ pour qn*** für j-n Sympathie empfinden
▸ **sympathique** [sɛ̃patik] **I** *adj personne, visage* sympathisch; *accueil* freundlich; *soirée, ambiance* gemütlich; nett; **II** *m* ANAT Sympathikus *m*
sympathis|ant [sɛ̃patizɑ̃] *m*, **~ante** [-ɑ̃t] *f* Sympathisant(in) *m(f)*
sympathiser [sɛ̃patize] *v/i* sympathisieren (***avec qn*** mit j-m); ***ils ont tout de suite sympathisé*** sie waren sich gleich sympathisch
symphonie [sɛ̃fɔni] *f* Symphonie *f*; Sinfonie *f* (*a fig*)
symphonique [sɛ̃fɔnik] *adj* sinfonisch; ***orchestre*** *m* **~** Sinfonieorchester *n*
symposium [sɛ̃pozjɔm] *m* Symposion *n*; Symposium *n*
symptomatique [sɛ̃ptɔmatik] *adj* symptomatisch (***de*** für)
symptôme [sɛ̃ptom] *m* Symptom *n*; *fig a* Anzeichen *n*
synagogue [sinagɔg] *f* Synagoge *f*
synchrone [sɛ̃kʀon] *adj* synchron; ***moteur*** *m* **~** Synchronmotor *m*
synchroniser [sɛ̃kʀɔnize] *v/t* synchronisieren (*a* TECH, *film*); zeitlich aufeinander abstimmen; ***feux synchronisés*** grüne Welle
syncope [sɛ̃kɔp] *f* **1** MÉD ***avoir une ~*** ohnmächtig, bewusstlos werden; **2** MUS Synkope *f*
syndic [sɛ̃dik] *m* Verwalter *m*
syndical [sɛ̃dikal] *adj* ⟨**~e**; -aux [-o]⟩ **1** gewerkschaftlich; Gewerkschafts…; **2** ***chambre ~e*** Arbeitgeberverband *m*
syndicalisme [sɛ̃dikalism(ə)] *m* Gewerkschaftsbewegung *f*; ***faire du ~*** aktives Mitglied e-r Gewerkschaft sein
syndicaliste [sɛ̃dikalist] **I** *adj* Gewerkschafts…; **II** *m,f* Gewerkschaft(l)er(in) *m(f)*
▸ **syndicat** [sɛ̃dika] *m* **1** *de salariés* Gewerkschaft *f*; *par ext* (*association*) Verband *m*; ***syndicat patronal*** Arbeitgeberverband *m*; **2** ▸ ***syndicat d'initiative*** Fremdenverkehrsbüro *n*
syndiqué(e) [sɛ̃dike] *m(f)* Gewerkschaftsmitglied *n*
syndiquer [sɛ̃dike] *v/pr* ***se ~*** **1** *salariés* sich gewerkschaftlich organisieren; **2** *adhérer* e-r Gewerkschaft (*dat*) beitreten
syndrome [sɛ̃dʀom] *m* Syndrom *n*
synergie [sinɛʀʒi] *f* Synergie *f* (*a* ÉCON)
synode [sinɔd] *m* Synode *f*
synonyme [sinɔnim] **I** *adj* synonym; sinnverwandt; *fig* ***être ~ de*** gleichbedeutend sein mit; **II** *m* Synonym *n*
synoptique [sinɔptik] *adj* synoptisch; ***tableau*** *m* **~** Übersichtstafel *f*
synovie [sinɔvi] *f* Gelenkschmiere *f*
syntaxe [sɛ̃taks] *f* Syntax *f*; Satzlehre *f*
syntaxique [sɛ̃taksik] *adj* syntaktisch
synthèse [sɛ̃tɛz] *f* Synthese *f* (*a* CHIM); Zusammenfassung *f*; ***avoir l'esprit de ~*** in Zusammenhängen denken
▸ **synthétique** [sɛ̃tetik] *adj* synthetisch; CHIM *a* Kunst…; künstlich hergestellt; ***fibres*** *f/pl* **~s** Kunst-, Chemiefasern *f/pl*; synthetische Fasern *f/pl*; ***résine*** *f* **~** Kunstharz *n*
synthétiser [sɛ̃tetize] *v/t* CHIM synthetisch herstellen
synthétiseur [sɛ̃tetizœʀ] *m* MUS Synthesizer *m*
syphilis [sifilis] *f* Syphilis *f*
Syrie [siri] ***la ~*** Syrien *n*
syrien [siʀjɛ̃] **I** *adj* ⟨-ienne [-jɛn]⟩ syrisch; **II** ♀(***ne***) *m(f)* Syrer(in) *m(f)*
systémat|ique [sistematik] *adj* systematisch; *péj a* hartnäckig; **~iser** [-ize] *v/t* systematisieren
système [sistɛm] *m* System *n* (*a* POL, PHYS, INFORM, *etc*); F ***je connais le ~*** ich weiß Bescheid; F ***taper sur le ~ à qn*** j-m auf die Nerven gehen

T

T, t [te] *m* ⟨*inv*⟩ T, t *n*
t' [t] → ***te***
▸**ta** → ***ton***[1]
▸**tabac** [taba] *m* **1** Tabak *m*; ▸ **(*bureau m de*) *tabac*** Tabakladen *m*; *österr* (Tabak)Trafik *f*; **2** F ***passage m à tabac*** Prügel *pl*; ***passer qn à tabac*** j-n verprügeln; **3** F ***faire un tabac*** F e-n Riesen-, Bombenerfolg haben; **4** MAR ***coup m de tabac*** Sturm *m*; **5** *adjt* ⟨*inv*⟩ tabakfarben

> In einem **bureau de tabac** (Tabakladen) bekommt man nicht nur Tabak und Zigaretten, sondern auch Briefmarken, Telefonkarten, Schreibwaren und Lotteriescheine.

tabag|ie [tabaʒi] *f* verräucherte Bude; **~isme** [-ism(ə)] *m* Nikotinmissbrauch *m*; Rauchen *n*
tabasser [tabase] F *v/t* verprügeln
tabatière [tabatjɛʀ] *f* Tabaksdose *f*
tabernacle [tabɛʀnakl(ə)] *m* Tabernakel *m ou n*
▸**table** [tabl(ə)] *f* **1** Tisch *m*; ***table basse*** Couchtisch *m*; *fig* ***table ronde*** runder Tisch; Gesprächsrunde *f*; ***table à dessin, à repasser*** Zeichen-, Bügeltisch *m*; ***table de nuit, de chevet*** Nachttisch *m*; ***table d'opération*** Operationstisch *m*; ***table de ping-pong*** Tischtennisplatte *f*; ***table de travail*** Arbeitstisch *m*; *fig* ***faire table rase*** Tabula rasa, reinen Tisch machen; **2** (Ess)Tisch *m*; Tafel *f*; ***plaisirs m/pl de la table*** Tafelfreuden *f/pl*; ***être à table*** bei Tisch sitzen; ▸ ***mettre la table*** den Tisch decken; ***se mettre à table*** sich zu Tisch setzen; F *fig* (*avouer*) F auspacken; ***passer à table*** zu Tisch gehen; **3** (*tableau*) Tafel *f*; Tabelle *f*; ***table des matières*** Inhaltsverzeichnis *n*; ***table de multiplication*** Einmaleins *n*

> ## La table ronde
>
> **La table ronde** bezeichnet ursprünglich die erlesene Tafelrunde von König Artus. Dabei saßen zwölf Ritter zu Beratungsgesprächen zusammen, und zwar an einem runden Tisch, damit keiner der Ritter eine bevorzugte Position am Tisch einnehmen konnte.
>
> Im modernen Sprachgebrauch versteht man unter **table ronde** auch eine Diskussion am runden Tisch.

▸**tableau** [tablo] *m* ⟨~x⟩ **1** (*peinture*) Gemälde *n*; Bild *n*; *fig, péj* ***vieux ~*** F alte Schachtel; *par ext* ***~ de chasse*** CH Strecke *f*; F *fig* Erfolge *m/pl* (bei Frauen); **2** (*spectacle*) Bild *n* (*a* THÉ); Anblick *m*; **3** (*description*) Bild *n*; Schilderung *f*; **4** (*panneau*) Tafel *f*; Brett *n*; ***~ d'affichage*** Anschlagtafel *f*; Schwarzes Brett; *dans une gare, etc* Anzeigetafel *f*; ***~ de bord*** Armaturen-, Instrumentenbrett *n*; **5** ÉCOLE ***~ (noir)*** (Wand)Tafel *f*; **6** (*liste*) Übersicht *f*; Tabelle *f*; ***~ d'avancement*** Beförderungsliste *f*; ***~ des conjugaisons*** Konjugationstabelle *f*; ÉCOLE ***~ d'honneur*** Lob *n* für gute Leistungen; ***~ de service*** Dienstplan *m*
tablée [table] *f* Tischgesellschaft *f*
tabler [table] *v/t/indir* ***~ sur qc*** auf etw (*acc*) setzen; mit etw rechnen
tablette [tablɛt] *f* **1** (*planchette*) Ablage *f*; **2** ***~ de chewing-gum*** Kaugummistreifen *m*; ***~ de chocolat*** Tafel *f* Schokolade; **3** HIST (Schreib)Tafel *f*; *fig* ***noter qc sur ses ~s*** sich etw merken

> ## ⚠ tablette ≠ Tablette
>
> | | | |
> |---|---|---|
> | la tablette | = | 1. die Ablage
2. a) die Schokoladentafel
b) der Kaugummistreifen |
> | die Tablette | = | le comprimé |

tableur [tablœʀ] *m* INFORM Tabellen(kalkulations)programm *n*

T

tablier [tablije] *m* **1** Schürze *f*; ~ ***à bavette*** Latzschürze *f*; ~ ***d'écolier*** Schulkittel *m*; *fig* ***rendre son*** ~ s-e Stelle aufgeben; **2** *d'un pont* Fahrbahn *f*; **3** *d'une cheminée* Verschlussblech *n*
tabloïd(e)® [tablɔid] *m* Zeitung *f* im Kleinformat
tabou [tabu] **I** *adj* ⟨~e⟩ tabu; **II** *m* Tabu *n*
tabouret [tabuʀɛ] *m* Hocker *m*
tabulateur [tabylatœʀ] *m* Tabulator *m*
tac [tak] ***du*** ~ ***au*** ~ schlagfertig
▸ **tache** [taʃ] *f* **1** Fleck(en) *m*; ~ ***d'encre, de graisse*** Tinten-, Fettfleck *m*; ~***s de rousseur, de son*** Sommersprossen *f/pl*; ~ ***de vin*** Feuermal *n*; *fig* ***faire*** ~ nicht passen (***dans*** in + *acc*); *fig* ***faire*** ~ ***d'huile*** sich verbreiten; **2** (*tare*) Makel *m*; Schandfleck *m*
▸ **tâche** [tɑʃ] *f* **1** (*devoir*) Aufgabe *f*; (*travail*) Arbeit *f*; **2** ***à la*** ~ im Akkord; Akkord…
taché [taʃe] *adj* ⟨~e⟩ fleckig
tacher [taʃe] **I** *v/t* fleckig machen; **II** *v/pr* ***se*** ~ **1** *personne* sich fleckig machen; **2** *chose* fleckig werden; Flecken bekommen
tâcher [tɑʃe] *v/t* ~ ***de*** (+ *inf*) sich bemühen zu (+ *inf*); versuchen zu (+ *inf*)
tâcheron [tɑʃʀõ] *m péj* Handlanger *m*
tacheté [taʃte] *adj* ⟨~e⟩ gefleckt; gesprenkelt
tachycardie [takikaʀdi] *f* Herzjagen *n*
tacite [tasit] *adj* stillschweigend
taciturne [tasityʀn] *adj* schweigsam
tacot [tako] *m* F (***vieux***) ~ F Klapperkasten *m*; F alte Kiste, Karre
tact [takt] *m* **1** Takt *m*; Feingefühl *n*; ***manque*** *m* ***de*** ~ Taktlosigkeit *f*; ***avoir du*** ~ taktvoll sein; Takt besitzen; **2** BIOL Tastsinn *m*; Gefühl *n*
tacticien [taktisjɛ̃] *m* Taktiker *m*
tactile [taktil] *adj* Tast…
tactique [taktik] *f* Taktik *f*
tænia → ***ténia***
taffetas [tafta] *m* Taft *m*
tag [tag] *m* (aufgesprühte) Graffiti *pl*
tagueur [tagœʀ] *m* Sprayer *m*
Tahiti [taiti] Tahiti *n*
tahitien [taisjɛ̃] **I** *adj* ⟨-ienne [-jɛn]⟩ von, aus, auf Tahiti; **II** ♀(***ne***) *m(f)* Bewohner(in) *m(f)* von Tahiti
taie [tɛ] *f* ~ (***d'oreiller***) Kopfkissenbezug *m*
taillader [tajade] *v/pr* ***se*** ~ sich schneiden
▸ **taille** [taj, tɑj] *f* **1** Größe *f* (*a* COUT); *d'une personne a* Körpergröße *f*; Wuchs *m*; Statur *f*; ***de*** ~ ***moyenne*** mittelgroß; F ***de*** ~ F gewaltig; Riesen…; COUT ***la*** ~ ***au-dessus*** e-e Nummer größer; *fig* ***être de*** ~ ***à*** (+ *inf*) imstande, fähig sein zu (+ *inf*); **2** ANAT Taille *f*; ~ ***de guêpe*** Wespentaille *f*; ***avoir la*** ~ ***fine*** e-e schlanke Taille haben; **3** *de la pierre* Behauen *n*; *de diamants* Schleifen *n*; Schliff *m*; *d'arbres* Beschneiden *n*; Schnitt *m*; **4** HIST Steuer *f* (der Nichtadligen)
taillé [taje] *adj* ⟨~e⟩ ~ ***en athlète*** athletisch gebaut; *fig* ***être*** ~ ***pour*** geschaffen sein für
taille-crayon *m* ⟨taille-crayons⟩ Bleistiftspitzer *m*
tailler [taje] **I** *v/t vêtement* (zu)schneiden; *pierre* behauen; *diamants* schleifen; *crayon* spitzen; *haie, etc* beschneiden; stutzen; **II** *v/i vêtement* ~ ***grand, petit*** groß, klein ausfallen; **III** *v/pr* **1** *fig* ***se*** ~ ***la part du lion*** sich den Löwenanteil nehmen; ***se*** ~ ***un succès*** e-n Erfolg verbuchen; **2** F ***se*** ~ F abhauen
tailleur [tajœʀ] *m* **1** Schneider *m*; ***être assis en*** ~ im Schneidersitz sitzen; **2** *costume de femme* Kostüm *n*; **3** ~ ***de pierre(s)*** Steinmetz *m*
taillis [taji] *m* Dickicht *n*; Unterholz *n*
tain [tɛ̃] *m* Spiegelbelag *m*; ***glace*** *f* ***sans*** ~ Einwegspiegel *m*
taire [tɛʀ] ⟨→ plaire; *aber* il se tait⟩ **I** *v/t* verschweigen; **II** *v/pr* ▸ ***se taire*** (*être silencieux*) schweigen (***sur*** über + *acc*); still sein; (*cesser*) verstummen (*a choses*); ***tais-toi!*** halt den Mund!; ***faire taire qn*** j-n zum Schweigen bringen; j-n auffordern, ruhig zu sein
Taïwan [tajwan] Taiwan *n*
talc [talk] *m* (Körper)Puder *m*
talé [tale] *adj* ⟨~e⟩ *fruit* mit Druckstellen
talent [talɑ̃] *m* Talent *n*; Gabe *f*; Begabung *f*; ***avoir du*** ~ talentiert, begabt sein
talentueux [talɑ̃tɥø] *adj* ⟨-euse [-øz]⟩ talentiert; begabt; fähig
talion [taljõ] *m* ***la loi du*** ~ das Gesetz der Wiedervergeltung
talisman [talismɑ̃] *m* Talisman *m*
talkie-walkie [tokiwoki] *m* ⟨talkies-

T

-walkies⟩ tragbares Funksprechgerät; Walkie-Talkie *n*

taloche [talɔʃ] *f* **1** F (*gifle*) Ohrfeige *f*; **2** CONSTR Reibebrett *n*

▸ **talon** [talõ] *m* **1** ANAT, *d'un bas* Ferse *f*; *fig* **~ *d'Achille*** Achillesferse *f*; *fig* ***être sur les ~s de qn*** j-m auf den Fersen sein; *fig* ***tourner les ~s*** Fersengeld geben; **2** *de la chaussure* Absatz *m*; *nordd* Hacke *f*; **3** (*contraire*: *entame*) Endstück *n*; **4** *d'un chèque*, *etc* Stammabschnitt *m*; Coupon *m*; **5** CARTES Talon *m*; Kartenstock *m*

talonn|ade [talɔnad] *f* FOOTBALL Absatzkick *m*; **~age** [-aʒ] *m* RUGBY Hakeln *n*

talonner [talɔne] *v/t* **~ *qn*** j-m auf den Fersen sein; *fig* j-n bedrängen; j-m zusetzen

talonnette [talɔnɛt] *f* **1** *de chaussure* Ferseneinlage *f*; **2** *du pantalon* Stoßband *n*

talquer [talke] *v/t* einpudern

talus [taly] *m* Böschung *f*

tamagotchi [tamagɔtʃi] *m* Tamagotchi *n ou m*

tamaris [tamaʀis] *m* Tamariske *f*

tambouille [tɑ̃buj] F *f* Essen *n*; *péj* Fraß *m*; ***faire la ~*** kochen

tambour [tɑ̃buʀ] *m* **1** MUS, TECH Trommel *f*; *fig* ***mener l'affaire ~ battant*** die Sache zügig, tatkräftig erledigen; *fig* ***partir sans ~ ni trompette*** heimlich, still und leise verschwinden; **2** *personne* Trommler *m*; **3** CONSTR Windfang *m*; (***porte*** *f* ***à***) **~** Drehtür *f*; **4** *pour broder* Stickrahmen *m*

tambourin [tɑ̃buʀɛ̃] *m* Tamburin *n*

tambouriner [tɑ̃buʀine] *v/i* trommeln

tambour-major *m* ⟨tambours-majors⟩ Tambourmajor *m*

tamil [tamil] → ***tamoul***

tamis [tami] *m* Sieb *n*

Tamise [tamiz] ***la ~*** die Themse

tamiser [tamize] *v/t* **1** (durch)sieben; **2** *fig lumière* dämpfen

tamoul [tamul] **I** *adj* ⟨~e⟩ tamilisch; **II** *m/pl* **2s** Tamilen *m/pl*

▸ **tampon** [tɑ̃põ] *m* **1** ***~ hygiénique, périodique*** Tampon *m*; ***~ d'ouate*** Wattebausch *m*; **2** CH DE FER, *fig* Puffer *m*; *adjt* ***État*** *m* **~** Pufferstaat *m*; **3** (*cachet*) Stempel *m*; **4** ***~ encreur*** Stempelkissen *n*; **5** (*bouchon*) Pfropfen *m*

tamponner [tɑ̃pɔne] **I** *v/t* **1** (*essuyer*) abtupfen; abwischen; **2** *véhicule* auffahren auf (+ *acc*); rammen; **3** (*apposer un cachet*) (ab)stempeln; **II** *v/pr* ***se ~*** zusammenstoßen

tamponneuse [tɑ̃pɔnøz] *adj* ⟨*f*⟩ ***auto ~*** (Auto)Skooter *m*

tam-tam [tamtam] *m* ⟨tam-tams⟩ **1** afrikanische Trommel; **2** *fig* ***faire du ~*** ein Tamtam machen (***autour de qc*** um etw)

tancer [tɑ̃se] ⟨-ç-⟩ *litt v/t* schelten

tanche [tɑ̃ʃ] *f* Schleie *f*

tandem [tɑ̃dɛm] *m* **1** *vélo* Tandem *n*; **2** *fig* Gespann *n*; Tandem *n*

tandis que [tɑ̃di(s)k(ə)] *conj* während; *opposition a* wo(hin)gegen

tangage [tɑ̃gaʒ] *m* MAR Stampfen *n*

tangent [tɑ̃ʒɑ̃] *adj* ⟨-ente [-ɑ̃t]⟩ **1** ***droite ~e à un cercle*** Gerade, die e-n Kreis berührt; **2** (*de justesse*) knapp

tangente [tɑ̃ʒɑ̃t] *f* Tangente *f*

tangible [tɑ̃ʒibl(ə)] *adj* greifbar; *preuve* handgreiflich

tango [tɑ̃go] **I** *m* Tango *m*; **II** *adj* ⟨*inv*⟩ orange(rot)

tanguer [tɑ̃ge] *v/i* MAR stampfen; *par ext véhicule* schwanken

tanière [tanjɛʀ] *f d'un animal* Höhle *f*

tanin [tanɛ̃] *m* Gerbstoff *m*

tank [tɑ̃k] *m* **1** (*réservoir*) Tank *m*; **2** MIL Panzer *m*; **3** F *voiture* Straßenkreuzer *m*

tanner [tane] *v/t* **1** *peaux*, *par ext soleil*: *visage* gerben; **2** F ***~ qn*** F j-n nerven

tanneur [tanœʀ] *m* Gerber *m*

tannin → ***tanin***

▸ **tant** [tɑ̃] **I** *adv* **1** so; so viel(e); so sehr; ***tant de fois*** so oft; ***il a tant de livres que …*** er hat so viele Bücher, dass …; ***il vous aime tant*** er liebt Sie so sehr; ***il a tant travaillé que …*** er hat so viel gearbeitet, dass …; ***tous tant que vous êtes*** ihr alle (ohne Ausnahme); ***tant et plus*** reichlich; in Mengen; ***~ tant bien que mal*** recht und schlecht; so gut es (eben) geht; ▸ ***tant mieux*** umso *ou* desto besser; ▸ ***tant pis*** da kann man nichts machen; schade; **2** *quantité indéfinie* soundso viel; *subst* ***le tant*** am Soundsovielten (*des Monats*); **II** *conj* **1** ▸ ***tant que …*** solange …; ***tant que vous y êtes*** wenn Sie schon dabei sind; ***tant qu'à faire!*** wennschon, dennschon!; **2** ***tant et si bien que …*** so lange, bis …; sodass schließlich …; **3** ***si tant est que*** (+ *subj*) falls; sofern; wenn überhaupt; **4** ***en tant que*** als; ***en tant que médecin*** als Arzt; **5** ***tant … que*** sowohl … als auch

▸ **tante** [tɑ̃t] *f* **1** Tante *f*; **2** F (*homosexuel*) F *péj* Tunte *f*; **3** F *plais* (*mont-de-piété*) ***ma ~*** das Leihhaus

tantinet [tɑ̃tinɛ] *adv* ***un ~*** ein klein wenig

tantôt [tɑ̃to] *adv* **1** heute Nachmittag; **2** ***~ …, ~ …*** bald …, bald …; (ein)mal …, (ein)mal …

Tanzanie [tɑ̃zani] ***la ~*** Tansania *n*

taon [tɑ̃] *m* ZO Bremse *f*

tapage [tapaʒ] *m* **1** (*bruit*) Lärm *m*; Krach *m*; F Spektakel *m*; ***~ nocturne*** nächtliche Ruhestörung; **2** *fig* Wirbel *m*; Aufsehen *n*

tapageur [tapaʒœʀ] *adj* ⟨-euse [-øz]⟩ auffällig; aufdringlich; *publicité* marktschreierisch

tapant [tapɑ̃] *adj* ⟨-ante [-ɑ̃t]⟩ ***à midi ~*** Schlag zwölf (Uhr)

tape [tap] *f* Klaps *m*

tapé [tape] *adj* ⟨~e⟩ F → ***cinglé***

tape-à-l'œil [tapalœj] *adj* ⟨*inv*⟩ protzig; kitschig; *subst* ***c'est du ~*** das ist Schaumschlägerei

tapecul [tapky] F *m* **1** *voiture* F schlecht gefederte Karre; **2** *balançoire* Wippe *f*

tapée [tape] *f* F Haufen *m*

▸ **taper** [tape] **I** *v/t* **1** (*frapper*) schlagen; ***~ trois coups à la porte*** dreimal an die Tür klopfen; **2** *à la machine à écrire* tippen; *sur ordinateur, minitel* eingeben; eintippen; **3** F (*emprunter*) ***~ qn*** F j-n anpumpen; **II** *v/i* **4** (*frapper*) schlagen; ***~ dans les mains*** *ou* ***des mains*** in die Hände klatschen; ***~ des pieds*** mit den Füßen trampeln; F *fig* ***~ sur qn*** F über j-n herziehen; F *fig* ***~ dans l'œil de qn*** j-m ins Auge stechen; ***~ sur les nerfs à qn*** j-m auf die Nerven gehen; **5** ***~*** (***à la machine***) tippen; **6** F (*se servir*) ***~ dans*** sich hermachen über (+ *acc*); **7** *soleil* ***~*** (***dur***) (heiß) brennen; **III** *v/pr* ***se ~*** **8** F *à manger, à boire* F sich genehmigen; F sich reinziehen; **9** F *travail, trajet* auf sich nehmen müssen; *collègues, famille* ertragen

tapette [tapɛt] *f* **1** *pour tapis* Teppichklopfer *m*; *pour mouches* Fliegenklatsche *f*; **2** F (*langue*) F (flottes) Mundwerk; **3** (*souricière*) Mausefalle *f*; **4** P (*homosexuel*) F Tunte *f*

tapi [tapi] *adj* ⟨~e⟩ versteckt

tapinois [tapinwa] ***en ~*** heimlich

tapioca [tapjɔka] *m* Tapioka *f*

tapir[1] [tapiʀ] *v/pr* ***se ~*** sich verkriechen

tapir[2] *m* ZO Tapir *m*

▸ **tapis** [tapi] *m* **1** Teppich *m*; *d'escalier* Läufer *m*; **2** *par ext* Matte *f* (*a* SPORTS); ***~ de bain*** Badematte *f*; BOXE ***aller au ~*** zu Boden gehen; *fig* ***(re)mettre une question sur le ~*** e-e Frage (wieder) aufs Tapet, zur Sprache bringen; **3** ***~ roulant*** Förderband *n*; *pour piétons* Roll-, Fahrsteig *m*

tapis-brosse *m* ⟨tapis-brosses⟩ Fußmatte *f*; Abtreter *m*

tapisser [tapise] *v/t* **1** *murs* tapezieren; **2** *par ext* bedecken (***de*** mit)

tapisserie [tapisʀi] *f* **1** Wandbehang *m*; Wandteppich *m*; Gobelin *m*; *fig* ***faire ~*** ein Mauerblümchen sein; **2** (*canevas*) Kanevasstickerei *f*

tapissier [tapisje] *m* **1** *décorateur* Tapezierer *m*; **2** *d'ameublement* Polsterer *m*

tapoter [tapɔte] *v/t* (leicht) klopfen auf (+ *acc*); *joue* tätscheln

taquet [takɛ] *m* Knagge *f*; Pflock *m*

taquin [takɛ̃] *adj* ⟨-ine [-in]⟩ schalkhaft; schelmisch

taquin|er [takine] *v/t* necken; hänseln; **~erie** [-ʀi] *f* Neckerei *f*; Hänselei *f*

tarabiscoté [taʀabiskɔte] *adj* ⟨~e⟩ *décor* verschnörkelt; *style* geschraubt

tarabuster [taʀabyste] *v/t* ***~ qn*** j-m zusetzen; j-m keine Ruhe lassen

taratata [taʀatata] *int* na, na!

tarauder [taʀode] *v/t* (TECH ein Gewinde) bohren in (+ *acc*)

▸ **tard** [taʀ] **I** *adv* spät; ***plus ~*** später; ***au plus ~*** spätestens; ***trop ~*** zu spät; ***attendre trop ~*** zu lange warten; **II** *m* ***sur le ~*** in vorgerücktem Alter

tarder [taʀde] **I** *v/i* auf sich warten lassen; ***ça ne va pas ~*** es wird nicht mehr lange dauern; ***sans ~*** unverzüglich; ***~ à*** (+ *inf*) zögern zu (+ *inf*); ***ne pas ~ à faire qc*** bald etw tun; **II** *v/imp* ***il me tarde de*** (+ *inf*) ich kann es kaum erwarten zu (+ *inf*)

tardif [taʀdif] *adj* ⟨-ive [-iv]⟩ spät; *fruit* spät reifend

tare [taʀ] *f* **1** (*défaut*) Fehler *m*; Makel

m; **~ héréditaire** erbliche Belastung; **2** COMM Tara *f*; Verpackungsgewicht *n*
taré [taʀe] *adj* ⟨~e⟩ **1** (*dégénéré*) erblich belastet; **2** F (*débile*) schwachsinnig
tarentule [taʀɑ̃tyl] *f* Tarantel *f*
targette [taʀʒɛt] *f* Schubriegel *m*
targuer [taʀge] *v/pr st/s* **se ~ de** (+ *inf*) sich damit brüsten, dass …
▸ **tarif** [taʀif] *m* Tarif *m*; Preisliste *f*; *des médecins, avocats* Gebührenordnung *f*; **plein ~** voller Preis; **~s postaux** Postgebühren *f/pl*; **billet** *m* **à ~ réduit** ermäßigte Fahrkarte; **~ syndical** Verbandstarif *m*
tarifaire [taʀifɛʀ] *adj* Tarif…; tariflich
tarification [taʀifikasjõ] *f* tarifliche Festlegung; Tarifierung *f*
tarin [taʀɛ̃] *m arg* (*nez*) F Zinken *m*
tarir [taʀiʀ] **I** *v/t* versiegen lassen; **II** *v/i* **1** *source, par ext larmes* versiegen; **2** *fig* **ne pas ~ d'éloges sur** des Lobes voll sein über (+ *acc*); **III** *v/pr* **se ~** *source, fig inspiration* versiegen
tarots [taʀo] *m/pl* Tarockkarten *f/pl*
tarse [taʀs] *m* Fußwurzel *f*
tartare [taʀtaʀ] *adj* **sauce** *f* **~** *Mayonnaise mit gehackten Kräutern*; **steak** *m* **~** *rohes Rinderhackfleisch mit Sauce tartare*
▸ **tarte** [taʀt] **I** *f* **1** Obstkuchen *m*, -torte *f*; *fig* **~ à la crème** abgedroschenes Thema; **~ aux pommes** Apfelkuchen *m*; F *fig* **c'est pas de la ~** F das hat es in sich; **2** F (*gifle*) Ohrfeige *f*; **II** *adj* F (*moche*) hässlich; (*sot*) F dämlich; (*ridicule*) lächerlich
tartelette [taʀtəlɛt] *f* Törtchen *n*
Tartempion [taʀtɑ̃pjõ] *m* F irgendein (Herr) Müller oder Meier
▸ **tartine** [taʀtin] *f* **1** (bestrichene Brot-) Schnitte; *nordd* Stulle *f*; **~ beurrée** Butterbrot *n*; **2** F (*laïus*) F Sermon *m*
tartiner [taʀtine] *v/t du beurre, etc* auf e-e Brotschnitte streichen; *tranche de pain* (be)streichen
tartre [taʀtʀ(ə)] *m* **1** *calaire* Kesselstein *m*; **2** *des dents* Zahnstein *m*
tartuf(f)e [taʀtyf] *m* Heuchler *m*
▸ **tas** [tɑ, ta] *m* **1** (*amas*) Haufen *m*; **2** (*grande quantité*) Menge *f*; F Haufen *m*; P **~ de salauds!** P Saubande!; **dans le ~** unter den vielen; **3 sur le ~** am Arbeitsplatz
t'as [ta] F = **tu as**

▸ **tasse** [tɑs, tas] *f* Tasse *f*; **~ à café** Kaffeetasse *f*; **~ de café** Tasse Kaffee; *fig* **boire la ~** Wasser schlucken (*beim Baden*)

Unterscheide:	
une tasse de café, de thé	eine Tasse Kaffee, Tee
une tasse à café, à thé	eine Kaffeetasse, Teetasse

tasseau [tɑso] *m* ⟨~x⟩ Knagge *f*; (Trag)Leiste *f*
tassement [tɑsmɑ̃] *m* **~ de vertèbres** Zusammensinken *n* der Wirbelkörper
tasser [tɑse] **I** *v/t sol* feststampfen; *qc de volumineux* zusammenpressen, -drücken; F *fig* **bien tassé** *verre* randvoll; *café* sehr stark; **II** *v/pr* **se ~ 1** *sol*, CONSTR sich senken; sich setzen; *fig personne* (mit zunehmendem Alter) kleiner werden; **2** F *affaire* wieder in Ordnung kommen; F sich wieder einrenken
taste-vin [tastəvɛ̃] *m* ⟨*inv*⟩ (silberner) Probierbecher; (*pipette*) Stechheber *m*
tata [tata] *enf f* Tante *f*; Tantchen *n*
tatanes [tatan] *f/pl* F Latschen *m/pl*
tâter [tɑte] **I** *v/t* be-, abtasten; be-, anfühlen; **II** *v/t/indir* **~ de qc** etw ausprobieren; F in etw (*acc*) hineinriechen; **III** *v/pr* **je me tâte** ich muss es mir noch überlegen
tatillon [tatijõ] *adj* ⟨-onne [-ɔn]⟩ pedantisch; F pingelig
tâtonn|ements [tɑtɔnmɑ̃] *m/pl* tastende Versuche *m/pl*; **~er** [-e] *v/i* **1** herumtasten; **2** *fig* tastende Versuche machen
tâtons [tɑtõ] **à ~** tastend; **chercher la sortie à ~** sich zum Ausgang tasten
tatou [tatu] *m* Gürteltier *n*
tatouage [tatwaʒ] *m* Tätowierung *f*
tatouer [tatwe] *v/t* tätowieren
taudis [todi] *m* Elendsquartier *n*; *par ext péj* Saustall *m*
taulard [tolaʀ] *m arg* Knastbruder *m*
taule [tol] *f* **1** *arg* (*prison*) F Kittchen *n*; F Knast *m*; **2** F (*chambre, maison*) F Bude *f*
taul|ier [tolje] F *m*, **~ière** [-jɛʀ] F *f* Wirt(in) *m(f)*
taupe [top] *f* Maulwurf *m* (*a fig espion*); **myope comme une ~** stark kurzsichtig

taupinière [topinjɛʀ] *f* Maulwurfshügel *m*

taureau [tɔʀo] *m* ⟨~x⟩ **1** ZO Stier *m*; Bulle *m*; **~ *de combat*** Kampfstier *m*; *fig* ***prendre le ~ par les cornes*** den Stier bei den Hörnern packen; **2** ASTR ***le*** ♉ der Stier

tauromachie [tɔʀɔmaʃi] *f* Stierkampf *m*

▸ **taux** [to] *m* **1** FIN **~ (*d'intérêt*)** Zinssatz *m*; **~ *directeurs*** Leitzinsen *m/pl*; **~ *de change*** Wechselkurs *m*; **~ *d'escompte*** Diskontsatz *m*; **2** (*proportion*) Rate *f*; Quote *f*; Ziffer *f*; **~ *de chômage*** Arbeitslosenquote *f*; **~ *de glucose dans le sang*** Blutzuckerspiegel *m*; **~ *d'inflation*** Inflationsrate *f*; **~ *d'invalidité*** Erwerbsminderung *f*; **~ *de mortalité*** Sterbeziffer *f*; Sterblichkeitsrate *f*

tavelé [tavle] *adj* ⟨~e⟩ fleckig

taverne [tavɛʀn] *f* Wirtshaus *n*

taxation [taksasjõ] *f* **1** *des prix* Preisbindung *f*; **2** (*imposition*) Besteuerung *f*

taxe [taks] *f* (*impôt*) Steuer *f*; Abgabe *f*; (*redevance*) Gebühr *f*; **~ *professionnelle*** Gewerbesteuer *f*; **~ *d'enlèvement des ordures ménagères*** Müllabfuhrgebühr *f*; **~ *de séjour*** Kurtaxe *f*; ***'hors ~*** ohne Steuern und Abgaben; *marchandise importée* zollfrei

taxer [takse] *v/t* **1** *prix* amtlich festsetzen; **2** (*imposer*) besteuern; **3** *fig* **~ *qn, qc de*** j-n, etw bezeichnen als

▸ **taxi** [taksi] *m* Taxi *n*; *par ext* F ***il est ~*** er ist Taxichauffeur

taximètre [taksimɛtʀ(ə)] *m* Fahrpreisanzeiger *m*

Tchad [tʃad] ***le ~*** der Tschad; Tschad *n*

tchatche [tʃatʃ] *f* F ***avoir de la ~*** F ein flinkes Mundwerk haben

tchèque [tʃɛk] **I** *adj* tschechisch; ***la République ~*** die Tschechische Republik; **II** ♉ *m,f* Tscheche *m*, Tschechin *f*

Tchétchénie [tʃetʃeni] ***la ~*** Tschetschenien *n*

tchin-tchin [tʃintʃin] *int* prost!

T.D. [tede] *m/pl abr* → ***travail*** 2

▸ **te** [t(ə)] *pr/pers* ⟨*vor Vokal u stummem h* ***t'***⟩ *obj/dir* dich; *obj/indir* dir

té [te] *m règle* Reißschiene *f*

▸ **technicien** [tɛknisjɛ̃] *m*, **technicienne** [tɛknisjɛn] *f* **1** Techniker(in) *m(f)*; ***technicien supérieur*** graduierter Ingenieur; **2** (*spécialiste*) Fachmann *m*, -frau *f*

technicité [tɛknisite] *f* fachlicher Charakter

technico-commercial [tɛknikokɔmɛʀsjal] *adj* ⟨~e; -aux [-o]⟩ ***ingénieur ~*** Vertriebs-, Verkaufsingenieur *m*

▸ **technique** [tɛknik] **I** *adj* **1** (*spécialisé*) fachlich; Fach...; ***lycée*** *m* **~** Fachoberschule *f*; ***terme*** *m* **~** Fachausdruck *m*; **2** (*mécanique*) technisch; ***incident*** *m* **~** technische Störung; **II** *f* Technik *f*

techno [tɛkno] *adj* (***musique*** *f*) **~** *f* Techno *n ou m*

techno|crate [tɛknɔkʀat] *m* Technokrat *m*; **~logie** [-lɔʒi] *f* Technologie *f*; Technik *f*; **~logique** *adj* technologisch; technisch

teck [tɛk] *m* Teakholz *n*

teckel [tekɛl] *m* Dackel *m*

tectonique [tɛktɔnik] *adj* tektonisch

tectrice [tɛktʀis] *f* Deckfeder *f*

teenager [tinɛdʒœʀ] *m,f* Teenager *m*

▸ **tee-shirt** [tiʃœʀt] *m* ⟨tee-shirts⟩ T-Shirt *n*

téflon® [teflõ] *m* Teflon® *n*

teigne [tɛɲ] *f* **1** MÉD (Erb)Grind *m*; **2** *fig de qn* Giftkröte *f*

teindre [tɛ̃dʀ(ə)] ⟨→ peindre⟩ **I** *v/t* färben; **II** *v/pr* ***se ~ (les cheveux)*** sich die Haare färben

teint [tɛ̃] **I** *m* **1** Teint *m*; Gesichtsfarbe *f*; **2** *adjt* ⟨*inv*⟩ ***bon, grand ~*** *tissu* farbecht; *fig, plais de qn* in der Wolle gefärbt; **II** *adj* ⟨teinte [tɛ̃t]⟩ gefärbt; F ***elle est ~e*** sie hat gefärbtes Haar

teinte [tɛ̃t] *f* **1** Färbung *f*; Farbton *m*; **2** *fig* Anflug *m*; Hauch *m*

teinté [tɛ̃te] *adj* ⟨~e⟩ ***lunettes*** *f/pl* ***à verres ~s*** getönte Brille

teinter [tɛ̃te] **I** *v/t* tönen; *bois* beizen; **II** *v/pr* **1** ***se ~ de rouge*** sich rot färben; **2** *fig* ***se ~ d'ironie***, *etc* e-n ironischen *etc* Beiklang annehmen

teinture [tɛ̃tyʀ] *f* **1** *action* Färben *n*; **2** (*colorant*) Färbemittel *n*; Farblösung *f*; **3** **~ *d'iode*** Jodtinktur *f*

teinturerie [tɛ̃tyʀʀi] *f* (chemische) Reinigung

teinturier [tɛ̃tyʀje] *m* ***porter une robe chez le ~*** ein Kleid in die Reinigung bringen

▸ **tel** [tɛl] *adj et pr* ⟨~le⟩ **1** (*semblable*) solche(r, -s); so(lch) ein(e); derartige(r, -s); ***une ~le conduite*** ein solches, ein derartiges Verhalten; ***je n'ai rien vu***

T

de ~ ich habe nichts dergleichen gesehen; ***~le est mon opinion*** das ist meine Meinung; *il n'est pas riche*, ***mais passe pour ~*** wird aber dafür gehalten; ***comme ~*** *ou* ***en tant que ~*** als solcher; ***~ que*** (so) wie; *énumération* ***~(le)s que*** wie zum Beispiel; ***~ quel*** unverändert; **2** (*si grand*) solche(r, -s); so groß; derartig; ***rien de ~ que …*** es geht nichts über (+ *acc*); **3** *indéfini* der oder der; soundso; ***~ ou ~ numéro*** die oder die Nummer; ***~ jour, à ~le heure*** an dem und dem Tag, um soundso viel Uhr; ***~le quantité de …*** soundso viel von …; ***Monsieur Un ~*** Herr Sowieso, Soundso; ***Madame Une ~le*** Frau Sowieso, Soundso

tél. *abr* (*téléphone*) Tel. (Telefon)

▸ **télé** [tele] *f* F **1** Fernsehen *n*; ***à la ~*** im Fernsehen; ***regarder la ~*** fernsehen; **2** (*téléviseur*) Fernseher *m*

télé… [tele] *préfixe* **1** (*à distance*) Fern…; fern…; Tele…; tele…; **2** (*de télévision*) Fernseh…

téléachat *m* Teleshopping *n*

télé|benne *f ou* **~cabine** *f* Kabinenseilbahn *f*

▸ **télécarte** *f* Telefonkarte *f*

In den meisten Telefonzellen in Frankreich braucht man eine Telefonkarte, **une télécarte**. Diese kann man auf der Post oder im Tabakladen kaufen.
So lautet die automatische Ansage in französischen Telefonzellen:

Décrochez	Nehmen Sie den Hörer ab.
Insérez votre carte	Führen Sie Ihre Karte ein.
Patientez	Warten Sie.
Composez votre numéro	Wählen Sie.

télécharger *v/t* ⟨-geons⟩ INFORM *vers l'internaute* herunterladen

télécommand|e *f* Fernsteuerung *f*, -bedienung *f*; **~er** [-e] *v/t* fernsteuern (*a fig*); fernbedienen; ***télécommandé*** ferngesteuert

télécommunications *f/pl* Telekommunikation *f*

télécop|ie *f* (Tele)Fax *n*; **~ieur** [-jœʀ] *m* Faxgerät *n*

télédiffusion *f* Fernsehübertragung *f*

téléenseignement *m* Fernunterricht *m*

téléférique → ***téléphérique***

téléfilm *m* Fernsehfilm *m*

télégramme *m* Telegramm *n*

télégraph|e [telegʀaf] *m* Telegraf *m*; **~ier** [-je] *v/t* telegrafieren

télégraphique *adj* **1** TECH Telegrafen…; **2** (*par télégramme*) telegrafisch; **3** *fig* ***style*** *m* **~** Telegrammstil *m*

télégraphiste [telegʀafist] *m* Telegrammbote *m*

téléguidé [telegide] *adj* ⟨~e⟩ ferngelenkt (*a fig*)

téléinformatique *f* Datenfernverarbeitung *f*

télématique [telematik] *f* Telematik *f*; Verbindung *f* von Informatik und Fernmeldetechnik

téléobjectif *m* Teleobjektiv *n*

télépathie [telepati] *f* Telepathie *f*

téléphérique [telefeʀik] *m* Drahtseilbahn *f*; Seil(schwebe)bahn *f*

▸ **téléphone** [telefɔn] *m* **1** Telefon *n*; ADM Fernsprecher *m*; ▸ ***téléphone mobile*** Mobiltelefon *n*; ***téléphone public*** öffentlicher Fernsprecher; POL ***le téléphone rouge*** der heiße Draht; ***téléphone à cartes*** Kartentelefon *n*; ***téléphone de voiture*** Autotelefon *n*; ***téléphone sans fil*** schnurloses Telefon; ***par téléphone*** telefonisch; fernmündlich; **2** F *fig* ***téléphone arabe*** F Buschtrommel *f*

▸ **téléphoner** [telefɔne] **I** *v/t* durchtelefonieren, telefonisch mitteilen, durchgeben (***qc à qn*** j-m etw); **II** *v/i* telefonieren (***à qn*** mit j-m); anrufen (j-n); **III** *v/pr* ***se ~*** miteinander telefonieren

téléphon|ique [telefɔnik] *adj* telefonisch; Telefon…; Fernsprech…; **~iste** [-ist] *m,f* Telefonist(in) *m,f*

télescopage [teleskɔpaʒ] *m* Zusammenstoß *m*; Auffahrunfall *m*

télescope [teleskɔp] *m* Fernrohr *n*; Teleskop *n*

télescoper [teleskɔpe] **I** *v/t* zusammenstoßen mit; auffahren auf (+ *acc*); **II** *v/pr* ***se ~*** zusammenstoßen

télescopique [teleskɔpik] *adj* auszieh-

bar; Teleskop…
téléscripteur [teleskʀiptœʀ] *m* Fernschreiber *m*
télésiège *m* Sessellift *m*
téléski *m* Skilift *m*; Schlepplift *m*
▸ **téléspectateur** *m*, **téléspectatrice** *f* Fernsehzuschauer(in) *m(f)*
télésurveillance *f* Bildschirm-, Videoüberwachung *f*
téléviser *v/t* im Fernsehen übertragen; ***télévisé*** Fernseh…
téléviseur *m* Fernsehapparat *m*, -gerät *n*; Fernseher *m*; **~ *couleur*** Farbfernseher *m*
▸ **télévision** *f* **1** Fernsehen *n*; **~ *par câble, par satellite*** Kabel-, Satellitenfernsehen *n*; **2** → ***téléviseur***
télex [telɛks] *m* Telex *n*; Fernschreiben *n*
▸ **tellement** [tɛlmɑ̃] *adv* so; dermaßen; so sehr; F **~ *de*** so viele; ***pas* ~** nicht besonders; ***ce serait* ~ *mieux*** das wäre viel, viel besser
tellurique [tɛlyʀik] *adj* ***secousse f* ~** Erdstoß *m*
témér|aire [temeʀɛʀ] *adj* kühn; waghalsig; vermessen; **~ité** [-ite] *f* Kühnheit *f*; Waghalsigkeit *f*
témoignage [temwaɲaʒ] *m* **1** (*déclaration*) Aussage *f*; JUR *a* Zeugenaussage *f*; ***faux* ~** Falschaussage *f*; *par ext* Meineid *m*; **2** (*signe*) Beweis *m*, Zeichen *n* (***de qc*** für etw); Bekundung *f*; ***en* ~ *de*** als Beweis, Zeichen (+ *gén*)
témoigner [temwaɲe] **I** *v/t* **~ *qc*** *personne* etw zeigen, bekunden; *chose* etw erkennen lassen, verraten; **II** *v/t/indir* **~ *de qc*** *personne* etw bezeugen; *chose* von etw zeugen; **III** *v/i* JUR (als Zeuge) aussagen
▸ **témoin** [temwɛ̃] *m* **1** Zeuge *m*, Zeugin *f* (*a* JUR); *d'un mariage* Trauzeuge *m*, -zeugin *f*; **~ *à charge, à décharge*** Belastungs-, Entlastungszeuge *m*; **2** SPORTS Staffelstab *m*; **3** *adjt* ***appartement m* ~** Musterwohnung *f*; ***lampe f* ~** Kontrolllampe *f*
tempe [tɑ̃p] *f* Schläfe *f*
tempérament [tɑ̃peʀamɑ̃] *m* **1** (*caractère*) Temperament *n*; Wesensart *f*; Veranlagung *f*; **2** ***acheter à* ~** auf Raten, Teil-, Abzahlung kaufen
tempérance [tɑ̃peʀɑ̃s] *f* Enthaltsamkeit *f*; Mäßigkeit *f* (*im Essen, Trinken*)
▸ **température** [tɑ̃peʀatyʀ] *f* Temperatur *f*; ***avoir, faire de la* ~** Fieber *ou* (erhöhte) Temperatur haben; ***prendre sa* ~** s-e Temperatur messen
tempér|é [tɑ̃peʀe] *adj* ⟨~e⟩ *climat, zone* gemäßigt; **~er** [-e] *v/t* ⟨-è-⟩ mäßigen; mildern
▸ **tempête** [tɑ̃pɛt] *f* Sturm *m* (*a fig*); Unwetter *n*; **~ *de neige, de sable*** Schnee-, Sandsturm *m*; *fig* **~ *d'applaudissements*** Beifallssturm *m*
tempêter [tɑ̃pete] *v/i* toben; wettern
temple [tɑ̃pl(ə)] *m* **1** Tempel *m*; **2** (protestantische) Kirche
templier [tɑ̃plije] *m* HIST Templer *m*; Tempelritter *m*
tempo [tɛmpo, tɛ̃po] *m* MUS Tempo *n*
temporaire [tɑ̃pɔʀɛʀ] *adj* vorübergehend; zeitweilig; ***travail m* ~** Zeitarbeit *f*
temporel [tɑ̃pɔʀɛl] *adj* ⟨~le⟩ zeitlich (*a* REL); GR *a* Temporal…
temporiser [tɑ̃pɔʀize] *v/i* versuchen, Zeit zu gewinnen
▸ **temps**[1] [tɑ̃] *m* **1** Zeit *f*; ***temps de réflexion*** Bedenkzeit *f*; ***un certain temps*** e-e Zeit lang; e-e Weile; ***ces derniers temps*** in letzter Zeit; ***ces temps-ci*** zurzeit; ***peu de temps après*** kurze Zeit später; kurz darauf; ***quelque temps*** einige Zeit; e-e Zeit lang; ▸ ***tout le temps*** ständig; die ganze Zeit (über); ▸ ***à temps*** rechtzeitig; beizeiten; ***dans le temps*** seinerzeit; früher; ***dans peu de temps*** bald; in kurzer Zeit; ***dans un premier temps …, dans un second temps …*** zuerst …, dann …; ***de mon temps*** zu meiner Zeit; ***de tout temps*** seit je; schon immer; ***du*** *ou* ***au temps des diligences*** im Zeitalter der Postkutsche; ▸ ***de temps en temps, de temps à autre*** von Zeit zu Zeit; dann und wann; ab und zu; hin und wieder; ***en ce temps-là*** in, zu jener Zeit; damals; ***en même temps*** zur gleichen Zeit; gleichzeitig; ***en deux temps, trois mouvements*** im Handumdrehen; im Nu; F blitzschnell; ***en un temps record*** in Rekordzeit; ***depuis le temps que …*** seit(dem) …; seit der Zeit, da …; ***le temps de me retourner, il était déjà parti*** ich drehte mich nur um, da war er fort; ***avoir le temps*** Zeit haben

T

(***de*** + *inf* zu + *inf*); ***n'avoir pas le temps*** keine Zeit haben; ***vouz avez tout votre temps*** Sie haben noch reichlich Zeit; ***il est temps*** es ist Zeit (***de*** + *inf* zu + *inf*; ***que*** + *subj* dass …); ***il est grand temps*** es ist höchste Zeit; ***être de son temps*** mit der Zeit gehen; ***avoir fait son temps*** *objet* ausgedient haben; *fig* vorbei sein; ***perdre son temps*** s-e Zeit vertun, verschwenden, vertrödeln; ***perdre du temps*** Zeit verlieren; ***faire perdre son temps à qn*** *personne* j-m die Zeit stehlen; *chose* j-n viel Zeit kosten; ***prendre le temps de*** (+ *inf*) sich die Zeit nehmen zu (+ *inf*); ***prendre*** (***tout***) ***son temps*** sich Zeit lassen, nehmen; ***travailler à plein temps*** ganztags arbeiten; ***je trouve le temps long*** die Zeit wird mir lang; **2** GR Zeit(form) *f*; Tempus *n*; **3** MUS, TECH Takt *m*; **4** INFORM ***temps partagé*** Timesharing *n*

▸ **temps**[2] *m* MÉTÉO Wetter *n*; Witterung *f*; ***par beau ~*** bei schönem Wetter; ***quel ~ fait-il?*** wie ist das Wetter?; → *Info bei* ***Wetter***

tenable [t(ə)nabl(ə)] *adj* ***pas ~*** nicht auszuhalten; unerträglich

tenace [tənas] *adj* hartnäckig; zäh

ténacité [tenasite] *f* Hartnäckigkeit *f*; Zähigkeit *f*

tenailler [tənaje] *v/t* quälen; peinigen

tenailles [t(ə)naj] *f/pl* Zange *f*

tenanc|ier [tənɑ̃sje] *m*, **~ière** [-jɛʀ] *f péj ou* ADM Geschäftsführer(in) *m(f)*

tenant [tənɑ̃] **I** *adj* ‹-ante [-ɑ̃t]› ***séance ~e*** auf der Stelle; sofort; **II** *subst* **1** SPORTS **~(*e*)** *m(f)* ***du titre*** Titelhalter(in) *m(f)*; **2** *m/pl* ***les ~s et aboutissants*** die näheren Umstände *m/pl*; ***d'un seul ~*** in einem Stück

tendance [tɑ̃dɑ̃s] *f* **1** (*inclination*) Neigung *f*; Hang *m*; Tendenz *f*; ***avoir ~ à*** (+ *inf*) dazu neigen *ou* tendieren zu (+ *inf*); ***avoir ~ à exagérer*** zu Übertreibungen neigen; **2** POL, ART, FIN Tendenz *f*; Trend *m*; ***~ à la hausse*** steigende Tendenz

tendancieux [tɑ̃dɑ̃sjø] *adj* ‹-euse [-øz]› *péj* tendenziös

tendeur [tɑ̃dœʀ] *m* Spanner *m*; *pour porte-bagages* Spanngurt *m*

tendinite [tɑ̃dinit] *f* Sehnenentzündung *f*

tendon [tɑ̃dõ] *m* Sehne *f*

tendre[1] [tɑ̃dʀ(ə)] ‹→ rendre› **I** *v/t* **1** *corde*, *muscle* (an)spannen; *ressort*, *arc* spannen; **2** *mur* bespannen (***de*** mit); **3** (*avancer*) ausstrecken (*a bras*, *etc*); ***~ qc à qn*** j-m etw hinhalten (*a joue*), reichen; ***~ le cou*** den Hals recken; ***~ l'oreille*** die Ohren spitzen; **II** *v/t/indir* **4** *personne* ***~ à, vers qc*** nach etw streben; **5** *activité*, *paroles* ***~ à*** (+ *inf*) darauf abzielen zu (+ *inf*); *situation* dazu tendieren zu (+ *inf*); **III** *v/pr* ***se ~*** *fig rapports* gespannt werden

▸ **tendre**[2] *adj* **1** *viande*, *légumes*, *couleur* zart; *pain*, *herbe* weich; **2** *fig* ***âge*** *m* ***~*** Kindheit *f*; ***depuis ma plus ~ enfance*** seit meiner frühesten Kindheit; **3** (*affectueux*) zärtlich; liebevoll; *cœur* weich; ***mot*** *m* ***~*** Kosewort *n*; *subst* ***c'est un ~*** er hat ein weiches Gemüt

tendresse [tɑ̃dʀɛs] *f* Zärtlichkeit *f*; *fig* ***n'avoir aucune ~ pour*** nichts übrig haben für

tendreté [tɑ̃dʀəte] *f* Zartheit *f*

tendron [tɑ̃dʀõ] *m* ***~ de veau*** Kalbsbrust *f*

tendu [tɑ̃dy] *adj* ‹~e› gespannt (*a fig rapports*); *fig personne*, *visage* angespannt

ténèbres [tenɛbʀ(ə)] *f/pl* Finsternis *f* (*a* REL); Dunkelheit *f*; Dunkel *n* (*a fig*)

ténébreux [tenebʀø] *adj* ‹-euse [-øz]› *fig* dunkel; finster; düster

teneur [tənœʀ] *f* **1** *d'un écrit* Inhalt *m*; Tenor *m*; **2** CHIM Gehalt *m*; ***~ en alcool*** Alkoholgehalt *m*

ténia [tenja] *m* Bandwurm *m*

▸ **tenir** [t(ə)niʀ] ‹→ venir› **I** *v/t* **1** halten; festhalten; ***tenir qc à la main*** etw in der Hand halten; ***tenir les yeux baissés*** die Augen gesenkt halten; **2** (*avoir*) haben; *voleur*, *etc* (gefasst) haben; ***tenir qc de qn*** etw von j-m haben; **3** *registre*, *caisse*, *compte*, *article*, *restaurant* führen; **4** *promesse*, *pari* halten; *engagements* nachkommen (+ *dat*); ***tenir*** (***sa***) ***parole*** (sein) Wort halten; **5** *réunion*, *conférence* abhalten; *discours* halten; ***tenir des propos insensés*** Unsinn reden; **6** ***tenir pour*** ansehen als; halten für; ***tenez-vous-le pour dit*** lassen Sie sich das gesagt sein; **7** *de la place* einnehmen; **8** *int* ▸ ***tiens!*** (*prends*) da!; da, nimm!; *étonné* ach!;

so (et)was!; sieh mal (einer) an!; da schau her!; ***tenez!*** da!; nehmen Sie!; *par ext* hören Sie!; sehen Sie!; **II** *v/t/indir* **9** ***tenir à qn, qc*** (*être attaché à*) auf j-n, etw Wert legen; an j-m, etw hängen; ***j'y tiens beaucoup*** mir liegt viel daran; ich lege großen Wert darauf; ***il a tenu à vous inviter*** ihm lag daran *ou* er legte Wert darauf, Sie einzuladen; **10** ***tenir à*** (*résulter, dépendre de*) liegen an (+ *dat*); abhängen von; ***s'il ne tenait qu'à moi*** wenn es (nur) nach mir ginge; ***qu'à cela ne tienne!*** daran soll es nicht liegen; **11** *concrètement* ***tenir à qc*** an etw (*dat*) halten *ou* hängen; **12** ***tenir de qn*** j-m gleichen, ähneln, nachschlagen; ***il a de qui tenir*** er ist nicht aus der Art geschlagen; ***cela tient du miracle*** das grenzt an ein Wunder; **III** *v/i* **13** *clou, pansement, etc* halten; festsitzen; *coiffure, couleur, nœud* halten; *neige* liegen bleiben; *fig union, accord* von Bestand sein; *vase, etc* ***tenir debout*** stehen bleiben; **14** *personne* (*résister*) aus-, standhalten; ***tenir bon, ferme*** standhalten; standhaft bleiben; durchhalten; ***ne plus pouvoir*** (***y***) ***tenir*** es nicht mehr aushalten; **15** (*être contenu*) Platz haben, finden; ***cela tient en peu de mots*** das lässt sich mit wenigen Worten sagen; **IV** *v/pr* ▸ ***se tenir*** **16** *sens réfléchi* sich (fest)halten (***à*** an + *dat*); *fig* ***tenez-vous bien*** jetzt halten Sie sich fest; machen Sie sich auf etw gefasst; **17** *réciproquement* ***se tenir par la main*** einander, sich an der Hand halten; **18** *dans une certaine position* sich halten; (da)stehen; ***se tenir caché*** sich versteckt halten; ***se tenir tranquille*** sich ruhig verhalten; **19** ***se tenir pour*** sich betrachten als; **20** (*se comporter*) sich benehmen; ***tiens-toi bien!*** benimm dich!; **21** ***s'en tenir à qc*** sich an etw (*acc*) halten; ***tenons-nous-en là*** wir wollen es dabei bewenden lassen; ***savoir à quoi s'en tenir*** wissen, woran man ist; **22** *congrès, marché, etc* stattfinden; abgehalten werden; **23** *arguments* schlüssig, logisch sein; *récit* glaubhaft sein

▸ **tennis** [tenis] *m* **1** SPORT Tennis *n*; ***~ de table*** Tischtennis *n*; **2** *terrain* Tennisplatz *m*; **3** *pl chaussures* Turnschuhe *m/pl*

tenon [tənõ] *m* TECH Zapfen *m*

ténor [tenɔʀ] *m* **1** MUS Tenor *m*; **2** *fig* Star *m*

tensio-actif [tɑ̃sjoaktif] **I** *adj* ⟨-ive [-iv]⟩ CHIM grenzflächenaktiv; **II** *m* Tensid *n*

tension [tɑ̃sjõ] *f* **1** Spannung *f* (*a* ÉLECT, *fig*, POL); ÉLECT ***'haute ~*** Hochspannung *f*; **2** ***~ (artérielle)*** Blutdruck *m*; ***avoir de la ~*** hohen Blutdruck haben; **3** ***~ d'esprit*** geistige Anspannung

tentaculaire [tɑ̃takylɛʀ] *adj fig* sich ungehemmt ausbreitend; ausufernd

tentacule [tɑ̃takyl] *m* Fangarm *m*

tentant [tɑ̃tɑ̃] *adj* ⟨-ante [-ɑ̃t]⟩ verlockend

tentation [tɑ̃tasjõ] *f* Versuchung *f*; ***céder à la ~*** der Versuchung nachgeben

▸ **tentative** [tɑ̃tativ] *f* Versuch *m*; ***~ d'évasion*** Fluchtversuch *m*; ***~ de suicide*** Selbstmordversuch *m*

▸ **tente** [tɑ̃t] *f* Zelt *n*; ***~ à oxygène*** Sauerstoffzelt *n*; ***sous la ~*** im Zelt

tenter [tɑ̃te] *v/t* **1** in Versuchung führen (*a* REL); *par ext* (*séduire*) reizen; verlocken; verführen; ***être tenté de*** (+ *inf*) versucht sein zu (+ *inf*); ***ça ne me tente pas*** das reizt mich nicht; **2** (*essayer*) versuchen (***de*** + *inf* zu + *inf*); ***~ sa chance*** sein Glück versuchen

tenture [tɑ̃tyʀ] *f* (Wand)Behang *m*

tenu [t(ə)ny] *p/p* → ***tenir*** *et adj* ⟨~e⟩ **1** ***être ~ au secret professionnel*** an das Berufsgeheimnis gebunden sein; ***être ~ de faire qc*** verpflichtet, gehalten sein, etw zu tun; **2** ***bien ~*** gepflegt; ordentlich

ténu [teny] *adj* ⟨~e⟩ fein; dünn

tenue [t(ə)ny] *f* **1** *du ménage, des livres de compte* Führung *f*; **2** (*conduite*) Betragen *n*; Benehmen *n*; **3** *du corps* ***mauvaise ~*** schlechte Haltung; **4** (*vêtements*) Kleidung *f*; Anzug *m*; MIL Uniform *f*; ***~ de soirée*** Abendtoilette *f*; *pour hommes* Abendanzug *m*; ***~ de sport*** Sportkleidung *f*; ***être en ~ légère, en petite ~*** sehr wenig anhaben; **5** AUTO ***~ de route*** Straßenlage *f*

ter [tɛʀ] *adv* ***habiter au 18 ~*** Nummer 18 b wohnen

tercet [tɛʀsɛ] *m* Terzine *f*

térébenthine [teʀebɑ̃tin] *f* Terpentin *n*

tergal® [tɛʀgal] *m* Tergal® *n*

tergivers|ations [tɛʀʒivɛʀsasjõ] *f/pl*

T

Ausflüchte *f/pl*; **~er** [-e] *v/i* Ausflüchte machen

terme [tɛʀm] *m* **1** (*fin*) Ende *n*; (*date*) Termin *m*; (*délai*) Frist *f*; ***marché** m **à ~*** Terminmarkt *m*, -geschäft *n*; ***à court, à moyen, à long ~*** kurz-, mittel-, langfristig; ***accoucher à ~, avant ~*** zum errechneten Termin, vorzeitig entbinden; ***mener qc à ~*** etw zu Ende führen; ***mettre un ~ à qc*** e-r Sache (*dat*) ein Ende setzen, machen; **2** *pour les loyers* Zahlungstermin *m*; *somme* fällige (Vierteljahres)Miete; **3** ***être en bons ~s avec qn*** mit j-m gut, auf gutem Fuß stehen; ***être en mauvais ~s avec qn*** mit j-m nicht auskommen; **4** (*mot*) Wort *n*; (*expression*) Ausdruck *m*; ***aux ~s du contrat*** nach dem Wortlaut des Vertrages; ***en d'autres ~s*** mit anderen Worten; **5** GR, MATH Glied *n*

terminaison [tɛʀminɛzõ] *f* Endung *f*

terminal [tɛʀminal] **I** *adj* ⟨~e; -aux [-o]⟩ End…; Schluss…; **II** *subst* **1** *m* ⟨-aux [-o]⟩ INFORM Terminal *n*; AVIAT, TECH Terminal *m ou n*; **2** **~e** *f* Abiturklasse *f*

▸ **terminer** [tɛʀmine] **I** *v/t* beenden; abschließen; *travail a* fertig stellen; *lettre* schließen; *abs* ***j'ai terminé*** ich bin fertig (damit); ***pour ~*** zum (Ab)schluss; abschließend; *chose* ▸ ***être terminé*** fertig, beendet, zu Ende sein; **II** *v/pr* ***se ~*** enden (***par*** mit); zu Ende gehen *ou* sein; ***se ~ bien, mal*** gut, schlecht ausgehen; GR ***se ~ en -er*** auf -er enden, ausgehen

terminologie [tɛʀminɔlɔʒi] *f* Terminologie *f*; Fachsprache *f*

▸ **terminus** [tɛʀminys] *m* Endstation *f*

termit|e [tɛʀmit] *m* Termite *f*; **~ière** [-jɛʀ] *f* Termitenhügel *m*

terne [tɛʀn] *adj* **1** glanzlos; matt; trüb; **2** *fig* farblos; uninteressant; eintönig

ternir [tɛʀniʀ] **I** *v/t* trüben (*a fig*); ***terni*** *vitre, miroir* trüb; angelaufen; **II** *v/pr* ***se ~*** s-n Glanz verlieren; *miroir* trüb werden

▸ **terrain** [tɛʀɛ̃] *m* Gelände *n*; MIL *a* Terrain *n*; (*parcelle*) Grundstück *n*; Platz *m*; (*sol*) Boden *m*; *fig* (*domaine*) Gebiet *n*; Bereich *m*; ***~ à bâtir*** Bauland *n*; (*parcelle*) Bauplatz *m*; ***~ d'aviation*** Flugplatz *m*; *fig* ***~ d'entente*** Verständigungsgrundlage *f*; ***~ de jeu(x)*** Spielplatz *m*; ***~ de sport(s)*** Sportplatz *m*; *adj* ***véhicule** m **tout ~*** Geländewagen *m*; *fig* ***sur le ~*** an Ort und Stelle; *fig* ***céder du ~*** Zugeständnisse machen; *fig* ***gagner, perdre du ~*** (an) Boden gewinnen, verlieren; *fig* ***préparer le ~*** den Boden bereiten; *fig* ***tâter le ~*** das Terrain sondieren; vorfühlen

terrarium [teʀaʀjɔm] *m* Terrarium *n*

▸ **terrasse** [tɛʀas] *f* Terrasse *f*; ***toit** m **en ~*** Flachdach *n*

terrassement [tɛʀasmɑ̃] *m* (***travaux** m/pl **de***) **~** Erdarbeiten *f/pl*

terrasser [tɛʀase] *v/t* niederstrecken; niederschmettern (*a fig*)

terrassier [tɛʀasje] *m* Erdarbeiter *m*

▸ **terre** [tɛʀ] *f* **1** (*sol*) Boden *m*; Erdboden *m*; Erde *f*; *adjt fig* ***terre à terre*** prosaisch; nüchtern; ***à terre,*** ▸ ***par terre*** auf dem *ou* den Boden; auf der *ou* die Erde; ***être assis par terre*** auf dem Boden sitzen; ***jeter à, par terre*** auf den, zu Boden werfen; **2** *matière* Erde *f*; Erdreich *n*; Boden *m*; ***en pleine terre*** im Freiland; **3** (*terrain*) Grund *m*; Stück *n* Land; (*domaine*) Grundbesitz *m*; Gut *n*; ***terres** pl a* Ländereien *f/pl*; **4** *planète* ***Terre*** Erde *f*; (*monde*) Welt *f*; ***sur (la) terre*** auf der *ou* die Erde; **5** (*territoire*) Gebiet *n*; (*pays*) Land *n*; ***la Terre sainte*** das Heilige Land; ***la Terre de Feu*** Feuerland *n*; ***en terre étrangère*** in der Fremde; **6** (*opposé à mer et air*) Land *n*; ***par voie de terre*** auf dem Landwege; ***sur terre et sur mer*** zu Wasser und zu Lande; ***aller, descendre à terre*** an Land gehen; *bateau* ***toucher terre*** landen; anlegen; **7** ÉLECT Erde *f*; ***mettre à la terre*** erden; **8** TECH Erde *f*; ***terre cuite*** Terrakotta *f* (*a objet*); ***de, en terre*** Ton…; irden

terreau [tɛʀo] *m* ⟨~x⟩ Garten-, Blumen-, Humuserde *f*

terre-neuvas [tɛʀnœva] *m* ⟨*inv*⟩ Neufundlandfischer *m*

Terre-Neuve [tɛʀnœv] *f* Neufundland *n*

terre-neuve [tɛʀnœv] *m* ⟨*inv*⟩ ZO Neufundländer *m*

terre-plein *m* ⟨terre-pleins⟩ **1** (*levée de terre*) Erdaufschüttung *f*; **2** *d'une autoroute* ***~ central*** Mittelstreifen *m*

terrer [tɛʀe] *v/pr* ***se ~*** sich verkriechen

terrestre [tɛʀɛstʀ(ə)] *adj* **1** (*de la planète*) Erd…; **2** (*opposé à mer ou air*) Land…; **3** REL irdisch

terreur [tɛʀœʀ] *f* **1** (*épouvante*) (Angst *f* und) Schrecken *m*; panische Angst; **2** POL Terror *m*; Schreckensherrschaft *f*; **3** F *fig personne* ***la ~ du quartier*** der Schrecken der Nachbarschaft
terreux [tɛʀø] *adj* ⟨-euse [-øz]⟩ **1** *teint* fahl; **2** *goût* erdig
▸**terrible** [tɛʀibl(ə)] *adj* **1** (*effrayant*) furchtbar; schrecklich; ***il fait un froid ~*** es ist furchtbar kalt; **2** F (*énorme*) gewaltig; enorm; **3** F (*sensationnel*) großartig; F toll
terrien [tɛʀjɛ̃] **I** *adj* ⟨-ienne [-jɛn]⟩ **1** ***propriétaire ~*** Grundbesitzer *m*; **2** (*paysan*) bäuerlich; **II** ♀(***ne***) *m(f)* Erdbewohner(in) *m(f)*
terrier [tɛʀje] *m* **1** *d'un animal* Bau *m*; **2** *chien* Terrier *m*
terri|fiant [tɛʀifjɑ̃] *adj* ⟨-ante [-ɑ̃t]⟩ Furcht erregend; erschreckend; **~fier** [-fje] *v/t* in Angst und Schrecken versetzen
terril [tɛʀi(l)] *m* (Abraum)Halde *f*
terrine [tɛʀin] *f* **1** *récipient* Schüssel *f* mit Deckel; Römertopf *m*; **2** *pâté* Fleischpastete *f*
territoire [tɛʀitwaʀ] *m* **1** (Hoheits)Gebiet *n*; Territorium *n*; ***~s d'outre-mer*** überseeische Gebiete *n/pl*; **2** *d'un animal* Revier *n*
territorial [tɛʀitɔʀjal] *adj* ⟨~e; -aux [-o]⟩ territorial; ***eaux ~es*** Hoheitsgewässer *n/pl*
terroir [tɛʀwaʀ] *m* **1** *vin* ***avoir un goût de ~*** am Geschmack s-e Herkunft erkennen lassen; **2** (Heimat)Region *f*; ***accent*** *m* ***du ~*** regionaler Akzent
terroriser [tɛʀɔʀize] *v/t* terrorisieren; verängstigen; völlig einschüchtern
▸**terrorisme** [tɛʀɔʀism(ə)] *m* Terrorismus *m*; ***acte*** *m* ***de ~*** Terrorakt *m*
terroriste [tɛʀɔʀist] **I** *adj* terroristisch; Terror…; Terroristen…; **II** *m,f* Terrorist(in) *m(f)*
tertiaire [tɛʀsjɛʀ] *adj* **1** (***ère*** *f*) *~ m* Tertiär *n*; **2** (***secteur*** *m*) *~ m* Dienstleistungssektor *m*; tertiärer Bereich, Sektor
tertio [tɛʀsjo] *adv* drittens
tertre [tɛʀtʀ(ə)] *m* kleiner Hügel
tes [te] → ***ton***[1]
t'es [tɛ] F = ***tu es***
tesson [tesõ] *m* Scherbe *f*
test [tɛst] *m* PSYCH, MÉD, *fig* Test *m*; *adjt* Test…; ***~ de dépistage du sida*** Aidstest *m*
testament [tɛstamɑ̃] *m* **1** JUR Testament *n*; **2** ***l'Ancien, le Nouveau*** ♀ das Alte, das Neue Testament
testamentaire [tɛstamɑ̃tɛʀ] *adj* testamentarisch; Testaments…
▸**tester** [tɛste] *v/t* testen
testicule [tɛstikyl] *m* Hoden *m*
tétaniser [tetanize] *v/t fig* lähmen
tétanos [tetanos] *m* Wundstarrkrampf *m*; Tetanus *m*
têtard [tɛtaʀ] *m* Kaulquappe *f*
▸**tête** [tɛt] *f* **1** Kopf *m*; *st/s* Haupt *n*; *fig* Verstand *m*; → *Info bei* ***Kopf***; ***~ de cheval*** Pferdekopf *m*; ***~ de mort*** Totenkopf *m*; *fig* ***coup*** *m* ***de ~*** unüberlegte Tat; Kurzschlusshandlung *f*; ***la ~ 'haute*** stolz erhobenen Hauptes; ***la ~ la première*** mit dem Kopf voran; kopfüber; vornüber; *calculer* ***de ~*** im Kopf; ***de la ~ aux pieds*** von Kopf bis Fuß; *fig* ***en ~ à ~*** unter vier Augen; allein; F *fig* ***ça ne va pas, la ~?*** F du bist wohl nicht recht bei Trost!; *fig* ***il n'a pas de ~*** er vergisst alles; *fig* ***avoir la ~ dure*** ein Dickkopf, F -schädel sein; F *fig* ***avoir la grosse ~*** eingebildet sein; ***avoir encore toute sa ~*** geistig noch rüstig, frisch sein; ***il n'a que cela en ~*** er hat nichts anderes im Kopf; F ***j'en ai par-dessus la ~*** F ich habe die Nase voll; F *fig* ***casser la ~ à qn*** j-m auf die Nerven gehen, fallen; *fig* ***se casser la ~*** sich den Kopf zerbrechen; ***chercher dans sa ~*** hin und her überlegen; FOOTBALL ***faire une ~*** köpfen; *fig* ***n'en faire qu'à sa ~*** nur nach seinem Kopf handeln; *cheval* ***gagner d'une courte ~*** mit e-r knappen Nasenlänge gewinnen; *fig* ***se mettre qc dans la ~*** *ou* ***en ~*** sich etw in den Kopf setzen; ***mets-toi bien cela dans la ~!*** merk dir das!; *fig* ***se payer la ~ de qn*** F j-n auf den Arm nehmen; *fig* ***perdre la ~*** (*s'affoler*) den Kopf verlieren; (*devenir fou*) den Verstand verlieren; ***piquer une ~*** e-n Kopfsprung machen; ***faire rentrer qc dans la ~ à qn*** j-m etw beibringen, *p/fort* einbläuen; ***cela ne veut pas lui rentrer dans la ~*** das will ihm nicht in den Kopf; ***ne plus savoir où donner de la ~*** nicht mehr wissen, wo einem der Kopf steht; *fig* ***tenir ~ à qn*** j-m die Stirn

bieten; sich j-m widersetzen; *fig* ***tu es tombé sur la ~, non?*** du hast wohl den Verstand verloren?; **2** (*individu*) Person *f*; Kopf *m*; (*animal*) Stück *n*; ***par ~***, F ***par ~ de pipe*** pro Kopf; pro Person; F pro Nase; **3** (*visage*) Gesicht *n*; Aussehen *n*; ***~ sympathique*** sympathisches Gesicht; ***il a une sale ~*** er sieht sehr schlecht (= *krank*) aus; ***faire la ~*** schmollen; ***faire une ~ d'enterrement*** e-e Leichenbittermiene aufsetzen; **4** *d'un train* vorderes Ende; Spitze *f*; *d'un chapitre*, *d'une liste* Anfang *m*; *d'un lit* Kopfende *n*; *d'un clou*, *d'une fusée*, *fig d'une conjuration* Kopf *m*; *d'un cortège* Spitze *f*; *fig* ***~ d'affiche*** Hauptdarsteller(in) *m(f)*; ***~ d'épingle*** Stecknadelkopf *m*; ***~ de lecture*** Lesekopf *m*; ***~ de ligne*** Endstation *f*; POL ***~ de liste*** Spitzenkandidat *m*; MIL ***~ de pont*** Brückenkopf *m*; ***wagon m de ~*** vorderer Waggon; ***en ~*** an der *ou* an die Spitze; SPORTS ***être en ~*** in Führung liegen; ***être à la ~ de qc*** an der Spitze (+ *gen*) stehen

tête-à-queue *m* ⟨*inv*⟩ AUTO ***faire un ~*** sich um die eigene Achse drehen

tête-à-tête *m* ⟨*inv*⟩ Gespräch *n* unter vier Augen; ~ (***amoureux***) Tête-à-tête *n*

tête-bêche *adv* ***être couchés ~*** entgegengesetzt liegen

tête-de-nègre *adj* ⟨*inv*⟩ dunkelbraun

tétée [tete] *f d'un nourrisson* Mahlzeit *f*; ***donner six ~s par jour*** (ein Kind) sechsmal täglich stillen

téter [tete] *v/t et v/i* ⟨-è-⟩ saugen; *nourrisson* ***~ sa mère*** gestillt werden

tétine [tetin] *f du biberon* Sauger *m*; *pour calmer* Schnuller *m*

téton [tetõ] F *m* Brust *f*; P Titte *f*

tétralogie [tetʀalɔʒi] *f* Tetralogie *f*

têtu [tety] *adj* ⟨~e⟩ eigensinnig; dickköpfig

teuf-teuf [tœftœf] F *m* ⟨*inv*⟩ altes Auto; F Töfftöff *n*

teuton [tøtõ] *péj* **I** *adj* ⟨-onne [-ɔn]⟩ teutonisch; **II** 𝔗(***ne***) *m(f)* Teutone *m*, Teutonin *f*

texte [tɛkst] *m* Text *m*; ***lire Goethe dans le ~*** Goethe im Original lesen

textile [tɛkstil] **I** *adj* Textil...; Faser...; **II** *m* **1** Faserstoff *m*; ***~s*** *pl a* Textilien *pl*; ***~s artificiels*** Chemiefaserstoffe *m/pl*; **2** Textilindustrie *f*

textuel [tɛkstɥɛl] *adj* ⟨~le⟩ wörtlich

textuellement [tɛkstɥɛlmɑ̃] *adv* wortwörtlich

texture [tɛkstyʀ] *f* Struktur *f*; Textur *f*

T.F. 1 [teɛfɛ̃, -œ̃] *abr* (*Télévision française première chaîne*) erstes Programm des französischen Fernsehens

▸**T.G.V.** [teʒeve] *m* ⟨*inv*⟩ *abr* (*train à grande vitesse*) Hochgeschwindigkeitszug *m*; *correspond à* ICE *m*

Le T.G.V.

T.G.V. ist die Abkürzung für **train à grande vitesse**, den französischen Hochgeschwindigkeitszug, der Spitzengeschwindigkeiten von bis zu 300 km/h erreicht. Er verbindet Paris mit anderen französischen Großstädten, wie z.B. Lyon, Bordeaux, Nantes und Rennes. Das Streckennetz wird außerdem ständig ausgebaut.
Für den **T.G.V.** benötigt man einen Zuschlag (**un supplément**) und eine Platzreservierung (**une réservation**).

Thaïlande [tajlɑ̃d] ***la ~*** Thailand *n*

thalassothérapie [talasɔteʀapi] *f* Thalassotherapie *f*

thaumaturge [tomatyʀʒ] *litt m* Wundertäter *m*

▸**thé** [te] *m* (schwarzer) Tee

théâtral [teɑtʀal] *adj* ⟨~e; -aux [-o]⟩ **1** Theater...; Bühnen...; **2** *fig*, *péj* theatralisch

▸**théâtre** [teɑtʀ(ə)] *m* **1** Theater *n*; ***~ en plein air*** Freilichtbühne *f*; *fig* ***coup m de ~*** Theatercoup *m*; unerwartete Wendung; ***aller au ~*** ins Theater gehen; ***faire du ~*** Theaterschauspieler(in) sein; **2** *fig* Schauplatz *m*

théier [teje] *m* Teestrauch *m*

théière [tejɛʀ] *f* Teekanne *f*

thématique [tematik] *adj* thematisch

thème [tɛm] *m* **1** (*sujet*) Thema *n* (*a* MUS); Gegenstand *m*; Sujet *n*; **2** ÉCOLE Übersetzung *f* in die Fremdsprache; ***~ anglais*** Übersetzung ins Englische; **3** ***~ astral*** Geburtshoroskop *n*

théologie [teɔlɔʒi] *f* Theologie *f*
théolog|ien [teɔlɔʒjɛ̃] *m*, **~ienne** [-jɛn] *f* Theologe, -login *m,f*; **~ique** [-ik] *adj* theologisch
théorème [teɔʀɛm] *m* Theorem *n*; Lehrsatz *m*
théoric|ien [teɔʀisjɛ̃] *m*, **~ienne** [-jɛn] *f* Theoretiker(in) *m(f)*
théorie [teɔʀi] *f* Theorie *f*; ***en ~*** theoretisch; in der Theorie
théorique [teɔʀik] *adj* theoretisch
thérapeut|e [teʀapøt] *m,f* Therapeut(in) *m(f)*; **~ique** [-ik] *adj* therapeutisch; Heil…
thérapie [teʀapi] *f* Therapie *f*; ***~ de groupe*** Gruppentherapie *f*
thermal [tɛʀmal] *adj* ⟨~e; -aux [-o]⟩ Thermal…; **~isme** [-ism(ə)] *m* Bäderwesen *n*
thermes [tɛʀm] *m/pl* HIST Thermen *f/pl*
thermique [tɛʀmik] *adj* Wärme…; thermisch
thermomètre [tɛʀmɔmɛtʀ(ə)] *m* Thermometer *n*; ***~ médical*** Fieberthermometer *n*
thermo|nucléaire [tɛʀmonykleɛʀ] *adj* thermonuklear; **~plongeur** *m* Tauchsieder *m*
thermos® [tɛʀmos] *m ou f ou adjt **bouteille** f **~*** Thermosflasche® *f*
thermostat [tɛʀmɔsta] *m* Thermostat *m*
thésauriser [tezɔʀize] *v/t et v/i* horten
thèse [tɛz] *f* **1** *(opinion)* These *f*; Behauptung *f*; ***pièce** f, **roman** m **à ~*** Tendenzstück *n*, -roman *m*; **2** UNIVERSITÉ Doktorarbeit *f*, Dissertation *f*
thibaude [tibod] *f* Teppichunterlage *f*
▸**thon** [tõ] *m* Thunfisch *m*
thoracique [tɔʀasik] *adj* Brust(korb)…
thorax [tɔʀaks] *m* **1** ANAT Brustkorb *m*; *sc* Thorax *m*; **2** *des insectes* Brust *f*
thrombose [tʀõboz] *f* Thrombose *f*
thune [tyn] *arg f* F Knete *f*; ***je n'ai plus une ~*** F ich bin pleite
Thurgovie [tyʀgɔvi] ***la ~*** der Thurgau
Thuringe [tyʀɛ̃ʒ] ***la ~*** Thüringen *n*
thuya [tyja] *m* Thuja *f*; Lebensbaum *m*
thym [tɛ̃] *m* Thymian *m*
thyroïde [tiʀɔid] *f* Schilddrüse *f*
Tibériade [tibeʀjad] ***le lac de ~*** der See Genezareth
Tibet [tibɛ] ***le ~*** Tibet *n*
tibia [tibja] *m* Schienbein *n*
tic [tik] *m* MÉD, *fig* Tick *m*; MÉD *a* Tic *m*
▸**ticket** [tikɛ] *m* **1** *de transport* Fahrschein *m*; *d'entrée* Eintrittskarte *f*; ***~ repas, restaurant*** Essen(s)marke *f*; ***~ de caisse*** Kassenzettel *m*, -bon *m*; ***~ de métro*** U-Bahn-Fahrschein *m*; **2** SÉCURITÉ SOCIALE ***~ modérateur*** Selbstbeteiligung *f*; **3** F ***avoir un ~*** e-e Eroberung gemacht haben
tic-tac [tiktak] **I** *int* ticktack!; ***faire ~*** ticken; **II** *m* ⟨*inv*⟩ Ticken *n*
▸**tiède** [tjɛd] *adj* **1** *liquide* lauwarm; *air, vent* lau; **2** *fig* lau
tiédeur [tjedœʀ] *f* **1** *température* wohlige Wärme; **2** *fig* Lauheit *f*
tiédir [tjediʀ] **I** *v/t* anwärmen; **II** *v/i* lauwarm werden; ***laisser ~*** abkühlen lassen
▸**tien** [tjɛ̃] **I** *pr/poss* ⟨tienne [tjɛn]⟩ ***le tien, la tienne*** der, die, das deine; deine(r, -s); *pl* ***les tiens, les tiennes*** die deinen; deine; F ▸***à la tienne!*** prost!; auf dein Wohl!; *iron* viel Vergnügen!; **II** *subst* **1** ***le tien*** *(ton bien)* das Deine; ***le tien et le mien*** Mein und Dein; ***il faut y mettre du tien*** du musst dein(en) Teil dazu beitragen; **2** ***les tiens*** *(famille, amis)* die Deinen
tiens [tjɛ̃] → ***tenir*** *8*
tierce [tjɛʀs] **I** *adj* → ***tiers***; **II** *f* MUS Terz *f*
tiercé [tjɛʀse] *m* TURF Dreierwette *f*
▸**tiers** [tjɛʀ] **I** *adj* ⟨tierce [tjɛʀs]⟩ dritte; ***le ~ monde*** die Dritte Welt; ***une tierce personne*** ein Dritter; **II** *m* **1** ***un ~*** ein Dritter (*a* JUR); ein Außenstehender; ***~ payant*** Zahlung *f* der Arzt-, Arznei- und Krankenhauskosten direkt durch die Versicherung; **2** MATH Drittel *n*; ***les deux ~*** zwei Drittel; ***~ provisionnel*** Steuervorauszahlung *f*
▸**tiers-monde** [tjɛʀmõd] *m* Dritte Welt
tiers-mondiste [tjɛʀmõdist] *adj* sich mit der Dritten Welt solidarisierend
tif [tif] F *m* Haar *n*
tige [tiʒ] *f* **1** BOT Stängel *m*; Stiel *m*; *des céréales* Halm *m*; **2** TECH Stange *f*; Stift *m*
tignasse [tiɲas] *f* (wirrer) Haarschopf; dichte Mähne
▸**tigre** [tigʀ(ə)] *m* Tiger *m*
tigré [tigʀe] *adj* ⟨~e⟩ getigert
tigresse [tigʀɛs] *f* **1** ZO Tigerin *f*; **2** *fig* Furie *f*
tilde [tild] *m* Tilde *f*

tilleul [tijœl] *m* **1** BOT Linde *f*; **2** *tisane* Lindenblütentee *m*
tilt [tilt] F *fig* ***ça a fait ~*** F da machte es klick
timbale [tɛ̃bal] *f* **1** MUS (Kessel)Pauke *f*; **2** (*gobelet*) (Trink)Becher *m* (*aus Metall*); F *fig* ***décrocher la ~*** es schaffen; **3** CUIS (Teig)Pastete *f*; *moule* Pastetenform *f*
▸**timbre** [tɛ̃bʀ(ə)] *m* **1** (*timbre-poste*) Briefmarke *f*; ***~ de collection*** Sondermarke *f*; **2** (*tampon*) Stempel *m*; *de la Poste* Poststempel *m*; **3** ***~ fiscal*** Gebührenmarke *f*; **4** (*sonnette*) Glocke *f*; **5** *de la voix, d'un instrument* Klangfarbe *f*; Timbre *n*
timbré [tɛ̃bʀe] *adj* ⟨~e⟩ **1** F übergeschnappt; → ***cinglé***; **2** *voix* ***bien ~e*** klangvoll; **3** *enveloppe* frankiert; ***enveloppe ~e*** *a* Freiumschlag *m*; **4** ***papier ~*** Papier *n* mit Stempelmarke
timbre-poste [tɛ̃bʀəpɔst] *m* ⟨timbres-poste⟩ → ***timbre*** *1*
timbrer [tɛ̃bʀe] *v/t* **1** (*affranchir*) frankieren; freimachen; **2** (*tamponner*) (ab)stempeln
timide [timid] **I** *adj* schüchtern; zaghaft; **II** *m,f* schüchterner Mensch
timidité [timidite] *f* Schüchternheit *f*; *d'une réaction, etc* Zaghaftigkeit *f*
timon [timõ] *m* (Wagen)Deichsel *f*
timonier [timɔnje] *m* Steuermann *m*
timoré [timɔʀe] *adj* ⟨~e⟩ ängstlich
tint [tɛ̃] → ***tenir***
tintamarre [tɛ̃tamaʀ] *m* Getöse *n*; *des klaxons* Gellen *n*
tintement [tɛ̃tmɑ̃] *m* **1** *d'une sonnette* Läuten *n*; *des cloches a* F Gebimmel *n*; **2** *de verres, etc* Klingen *n*; **3** ***~ d'oreilles*** Ohrensausen *n*
tinter [tɛ̃te] *v/i* **1** *cloches* läuten; F bimmeln; **2** *verres, métal* klingen; *fig* ***les oreilles ont dû vous ~*** die Ohren müssen Ihnen geklungen haben
tintin [tɛ̃tɛ̃] F *int* nichts!; F ***faire ~*** F in den Mond gucken
tintouin [tɛ̃twɛ̃] *m* F Scherereien *f/pl*
tique [tik] *f* Zecke *f*
tiquer [tike] *v/i* zurückzucken; ***faire ~ qn*** j-n verstimmen
tir [tiʀ] *m* **1** Schießen *n*; Schuss *m*; MIL *a* Feuer *n*; Beschuss *m*; ***~ à l'arc*** Bogenschießen *n*; **2** FOOTBALL, *etc* Schuss *m*; ***~s au but*** Elfmeterschießen *n*; **3** ~ (***forain***) Schießbude *f*
tirade [tiʀad] *f* **1** THÉ langer Monolog; **2** *péj* Wortschwall *m*; Tirade *f*; Vortrag *m*
tirage [tiʀaʒ] *m* **1** TYPO Auflage *f*; *journal* ***à grand ~*** auflagenstark; **2** PHOT Abziehen *n*; Abzug *m*; **3** LOTERIE Ziehung *f*; ***~ au sort*** Auslosung *f*; **4** *d'un chèque* Ausstellung *f*; *d'une lettre de change* Ziehung *f*; **5** *d'une cheminée* Zug *m*; **6** *du vin* Abziehen *n*; **7** F *fig* (*difficultés*) Reibereien *f/pl*; Schwierigkeiten *f/pl*
tiraillements [tiʀajmɑ̃] *m/pl* **1** (*douleurs*) ziehende Schmerzen *m/pl*; Ziehen *n*; **2** *fig* (*difficultés*) Reibereien *f/pl*; F Hickhack *n*
tirailler [tiʀaje] **I** *v/t* **1** herumzerren an (+ *dat*); **2** *fig* ***être tiraillé entre*** hin und her gerissen werden zwischen (+ *dat*); **II** *v/i* F herumballern
tirailleur [tiʀajœʀ] *m* Einzelschütze *m*
tirant [tiʀɑ̃] *m* MAR ***~ d'eau*** Tiefgang *m*
tire [tiʀ] *f* **1** ***vol*** *m* ***à la ~*** Taschendiebstahl *m*; ***voleur*** *m* ***à la ~*** Taschendieb *m*; **2** *arg* (*auto*) F Schlitten *m*
tiré [tiʀe] **I** *adj* ⟨~e⟩ ***avoir les traits ~s*** abgespannt aussehen; **II** *m* COMM Bezogene(r) *m*
tire-au-flanc *m* ⟨*inv*⟩ F Drückeberger *m*
▸**tire-bouchon** *m* ⟨tire-bouchons⟩ Korkenzieher *m*; *fig* ***queue*** *f* ***en ~*** Ringelschwänzchen *n*
tire-bouchonner *v/i* sich kringeln
tire-d'aile [tiʀdɛl] ***à ~*** pfeilschnell
tire-fesses F *m* ⟨*inv*⟩ Ski-, Schlepplift *m*
tire-lait *m* ⟨*inv*⟩ Milchpumpe *f*
tire-larigot [tiʀlaʀigo] ***à ~*** reichlich; sehr viel
tirelire [tiʀliʀ] *f* Sparbüchse *f*; Sparschwein *n*
▸**tirer** [tiʀe] **I** *v/t* **1** ziehen; *rideau* zu- *ou* aufziehen; *verrou* vorschieben; *tiroir* herausziehen; *vin* abziehen; auf Flaschen ziehen; ***tirer les cartes*** die Karten legen; ***tirer les cheveux à qn*** j-n an den Haaren ziehen; ***tirer une remorque*** e-n Anhänger ziehen; ***tirer qn du lit*** j-n aus dem Bett holen, zerren; ***tirer qc de sa poche*** etw aus der Tasche ziehen; ***tirer qn du sommeil*** j-n aus dem Schlaf reißen; ***tirer qn par la manche*** j-n am Ärmel zie-

T

hen, zupfen; ***tirer qc vers soi*** etw zu sich heranziehen; **2** *fig* ziehen (***de*** aus); her-, ableiten (von); *argent, bénéfice, renseignements* herausholen (aus); CHIM *produit* gewinnen (aus); ***tirer des sons d'un instrument*** e-m Instrument Töne entlocken; **3** *balle, flèche* (ab)schießen; *coup de feu* abgeben; abfeuern; *feu d'artifice* abbrennen; ***tirer un lièvre*** e-n Hasen schießen; *par ext* ***tirer un penalty*** e-n Elfmeter schießen; **4** *ligne, trait* ziehen; **5** *chèque* ausstellen; *lettre de change* ziehen; **6** ***tirer un livre à dix mille exemplaires*** von e-m Buch zehntausend Exemplare drucken; **7** F *fig laps de temps* durch-, aushalten; *prison* F absitzen; **II** *v/t/indir* **8** *couleur* ***tirer sur le bleu*** ins Blaue (hinüber)spielen; **III** *v/i* **9** ziehen (*a poêle, cheminée*); *peau* spannen; ***tirer sur sa cigarette*** an s-r Zigarette ziehen; **10** *avec une arme* schießen; feuern; *par ext* ***tirer au but*** aufs Tor schießen; ▸ ***tirer sur qn, qc*** auf j-n, etw schießen, feuern; j-n, etw beschießen; **11** PÉTANQUE die Kugel des Mitspielers anspielen, um sie wegzustoßen; **12** *journal* ***tirer à cent mille exemplaires*** e-e Auflage von hunderttausend haben; **IV** *v/pr* **13** ***s'en tirer*** *d'un accident, d'une condamnation* davonkommen; *d'affaire* sich aus der Affäre ziehen; (*se débrouiller*) sich (so) durchschlagen; **14** F (*se terminer*) ***ça se tire*** es geht allmählich dem Ende zu; **15** F (*s'en aller*) ***se tirer*** F abhauen; F sich verziehen

tiret [tiʀɛ] *m* Gedankenstrich *m*; *en fin de ligne* Trennungsstrich *m*

tirette [tiʀɛt] *f* **1** *d'un meuble* Ausziehplatte *f*; **2** *en Belgique* Reißverschluss *m*

tireur [tiʀœʀ] *m* **1** Schütze *m*; ***~ d'élite*** Scharfschütze *m*; **2** FIN Aussteller *m*

tireuse [tiʀøz] *f* ***~ de cartes*** Kartenlegerin *f*

▸ **tiroir** [tiʀwaʀ] *m* Schublade *f*

tiroir-caisse *m* ⟨tiroirs-caisses⟩ Registrierkasse *f*

tisane [tizan] *f* (Kräuter)Tee *m*

tison [tizõ] *m* glimmendes Holzstück

tisonn|er [tizɔne] *v/t feu* schüren; **~ier** [-je] *m* Schürhaken *m*

tissage [tisaʒ] *m* **1** *action* Weben *n*; **2** *atelier* Weberei *f*

tisser [tise] *v/t* weben

tisserand [tisʀɑ̃] *m* (Hand)Weber *m*

▸ **tissu** [tisy] *m* **1** TEXT Stoff *m*; Gewebe *n*; **2** BIOL Gewebe *n*; **3** *fig* ***~ de mensonges*** Lügengewebe *n*

tissu-éponge *m* ⟨tissus-éponges⟩ Frottee *n ou m*

titan [titɑ̃] *m* MYTH Titan *m*

titane [titan] *m* CHIM Titan *n*

titi [titi] *m* ***~ parisien*** Pariser Straßenjunge *m*

titiller [titije] *v/t* **1** (*chatouiller*) kitzeln; **2** F *fig* (*démanger*) jucken

▸ **titre** [titʀ(ə)] *m* **1** (*dignité*) Titel *m* (*a* SPORTS); ***~ universitaire*** akademischer Titel; ***en ~*** im Beamtenverhältnis; *par ext* ständig; fest; offiziell; **2** *d'un livre, film, etc* Titel *m*; *d'un chapitre, article* Überschrift *f*; *dans un journal* Titel *m*; Überschrift *f*; ***gros ~s*** Schlagzeilen *f/pl*; **3** (*document*) Urkunde *f*; (*droit*) Rechtsanspruch *m*; ***~ de transport*** Fahr(t)ausweis *m*; **4** ***à ~ de*** als; ***à ce ~*** als solche(r); ***à ~ d'exemple*** als Beispiel; ***à ~ d'information*** zur Information; ***à ~ de réciprocité*** auf Gegenseitigkeit; ***à aucun ~*** in keiner Weise; ***à ~ définitif*** endgültig; ***à ~ exceptionnel*** ausnahmsweise; ***à juste ~*** mit vollem Recht; mit Fug und Recht; ***au même ~ que ...*** ebenso wie ...; **5** FIN (Wert)Papier *n*; **6** CHIM Titer *m*; *d'or, etc* Feingehalt *m*

titrer [titʀe] *v/t* **1** *journal* ***~ sur cinq colonnes ...*** die fünfspaltige Überschrift, Schlagzeile bringen ...; **2** CHIM titrieren; *liqueur* ***~ 15 degrés*** 15 (Volum)Prozent haben

tituber [titybe] *v/i* taumeln; *ivrogne* torkeln

titulaire [titylɛʀ] **I** *adj* im Beamtenverhältnis; ADM beamtet; **II** *m,f* Inhaber(in) *m(f)*; ***~ d'un compte*** Kontoinhaber *m*

titulariser [titylaʀize] *v/t* ins Beamtenverhältnis übernehmen; verbeamten

toast [tost] *m* **1** Toast *m*; Trinkspruch *m*; ***porter un ~*** e-n Toast ausbringen (***à qn*** auf j-n); **2** (*pain grillé*) Toast *m*

toasteur [tostœʀ] *m* Toaster *m*

toboggan [tɔbɔgɑ̃] *m* **1** *pour jouer* Rutschbahn *f*; AVIAT Notrutsche *f*; TECH Rutsche *f*; **2** *sur une route* (provisorische) Stahlbrücke, Überführung

toc [tɔk] *m* Talmi *n*; Imitation *f*
tocade → ***toquade***
tocard [tɔkaʀ] **I** *adj* ⟨-arde [-aʀd]⟩ F scheußlich; **II** *m* schlechtes Pferd
tocsin [tɔksɛ̃] *m* Sturmläuten *n*; ***sonner le ~*** Sturm läuten
tofu [tɔfu] *m* Tofu *m*
toge [tɔʒ] *f* **1** HIST Toga *f*; **2** *des avocats, etc* Robe *f*; Talar *m*
Togo [tɔgo] ***le ~*** Togo *n*
tohu-bohu [tɔybɔy] *m* Tumult *m*; Trubel *m*; Tohuwabohu *n*
▸**toi** [twa] *pr/pers* **1** *sujet* du; ***~, tu restes ici!*** du bleibst hier!; ***si j'étais ~*** wenn ich du wäre; **2** *obj/dir* dich; *obj/indir* dir; ***on parle de ~*** man spricht von dir, über dich; ***sers-~*** bedien dich; ***figure-~ ...*** stell dir vor …
toile [twal] *f* **1** TEXT Leinen *n*; *par ext* Tuch *n*; ***de** ou **en ~*** aus Leinen; Leinen…; leinen; **2** *tableau* (Öl)Gemälde *n*; *fig* ***~ de fond*** Hintergrund *m*; **3** MAR Segel *n/pl*; **4** ***~ d'araignée*** Spinnwebe *f*; Spinnennetz *n*; **5** INFORM ***la ℒ*** das Web
toilettage [twalɛtaʒ] *m pour chiens* Trimmen *n*; ***boutique** f **de ~*** Hundesalon *m*
toilette [twalɛt] *f* **1** Waschen *n*; ***faire sa toilette*** sich waschen; *chat* sich putzen; **2** (*habits*) Kleidung *f*; Toilette *f*; **3** ▸***toilettes** pl* Toilette *f*; ***aller aux toilettes*** auf die Toilette gehen
toi-même [twamɛm] *pr/pers* **1** *emphatique* (du) selbst; **2** *réfléchi* dich selbst
toise [twaz] *f* Messstab *m*; ***passer qn à la ~*** die Größe j-s messen
toiser [twaze] *v/t* mustern; mit dem Blick messen
toison [twazõ] *f* **1** *du mouton* Wolle *f*; *par ext* Schaffell *n*; ***la ℒ d'or*** das Goldene Vlies; **2** *fig* dichtes Haar
▸**toit** [twa] *m* Dach *n*; *par ext* ***avoir un ~*** ein Dach über dem Kopf haben; *fig* ***crier qc sur les ~s*** etw ausposaunen; ***recevoir qn sous son ~*** j-n bei sich, in s-m Haus empfangen
toiture [twatyʀ] *f* Bedachung *f*; Dach *n*
tôle [tol] *f* **1** Blech *n*; **2** → ***taule***
tôlé [tole] *adj* ⟨~e⟩ ***neige ~e*** Harsch *m*; verharschter Schnee
tolérable [tɔleʀabl(ə)] *adj* **1** (*admissible*) tolerierbar; **2** (*supportable*) erträglich
tolérance [tɔleʀɑ̃s] *f* **1** Toleranz *f*; Nachsicht *f*; Duldsamkeit *f*; **2** TECH Toleranz *f* (*a* MÉD); zulässige Abweichung; **3** ***~ orthographique*** zulässige Schreibung
tolérant [tɔleʀɑ̃] *adj* ⟨-ante [-ɑ̃t]⟩ tolerant; duldsam; nachsichtig
tolérer [tɔleʀe] *v/t* ⟨-è-⟩ **1** *chose* dulden; zulassen; tolerieren; *personne* ertragen; dulden; **2** MÉD vertragen
tolet [tɔlɛ] *m* (Ruder)Dolle *f*
tollé [tɔle] *m* Protestgeschrei *n*; Aufbegehren *n*
▸**tomate** [tɔmat] *f* Tomate *f*; *österr* Paradeiser *m*
tombal [tõbal] *adj* ⟨~e; -als⟩ ***pierre ~e*** *dalle* Grabplatte *f*; *stèle* Grabstein *m*
tombant [tõbɑ̃] *adj* ⟨-ante [-ɑ̃t]⟩ *moustaches, paupières* herabhängend; ***cheveux ~s*** langes, offenes Haar; ***poitrine ~e*** Hängebusen *m*; *fig* ***à la nuit ~e*** bei Einbruch der Nacht
▸**tombe** [tõb] *f* Grab *n*; Grabstätte *f*
tombeau [tõbo] *m* ⟨~x⟩ Grabmal *n*; Grabstätte *f*; *poét* Gruft *f*; *fig* ***rouler à ~ ouvert*** rasen wie ein Irrer
tombée [tõbe] *f* ***à la ~ du jour, de la nuit*** bei Einbruch der Dunkelheit, Nacht
▸**tomber** [tõbe] **I** *v/t* **1** F *veste* ausziehen; **2** F *fig femme* F herumkriegen; **II** *v/i* ⟨être⟩ **3** fallen; stürzen; (*se renverser*) umfallen; *personne a* hinfallen; *du haut de qc* hinab- *ou* herab-, hinunter- *ou* herunterfallen; *alpiniste, avion* abstürzen; *feuilles, fruits* abfallen; *cheveux, dents* ausfallen; *foudre* einschlagen; ***tomber à** ou **dans l'eau*** ins Wasser fallen (*a fig projet*); ***tomber par terre*** hinunter- *ou* herabfallen; *personne debout* hinfallen; ***faire tomber*** (*renverser*) umwerfen; *du haut de qc* herunterwerfen; *d'un arbre* herunterschütteln; **4** *fig paroles, etc* fallen; ***la nuit tombe*** es wird Nacht, dunkel; *son anniversaire* ***tombe un dimanche*** fällt auf e-n Sonntag; **5** *soldat, ville* fallen; *obstacle, difficulté* wegfallen; *gouvernement* stürzen; ***faire tomber*** *gouvernement* stürzen; zu Fall bringen; ▸***laisser tomber*** *projet, personne* fallen lassen; F *abs* ***laisse tomber!*** gib's auf!; **6** ***tomber sur qn*** (*attaquer*) über j-n herfallen; **7** (*devenir*) werden; *dans un endroit, une situation* geraten; kommen; ***tomber amoureux*** sich verlieben (***de qn*** in j-n); ***tomber malade*** krank werden; erkranken; ***il est tombé dans le piège***

er ist in die Falle gegangen; **8** (*arriver*) (unerwartet *ou* zufällig) kommen; *fax, etc* eingehen; ***tomber bien*** (*à propos*) gerade recht, zur richtigen Zeit, wie gerufen kommen; ***ça tombe bien*** das trifft sich gut, günstig; ***il est bien tombé*** (*il a eu de la chance*) er hat es gut getroffen; ***tomber juste*** *calcul* aufgehen; (*deviner*) es erraten; das Richtige treffen; ***tomber sur qc*** auf etw (*acc*) stoßen, treffen; ***tomber sur qn*** j-n zufällig treffen; j-m zufällig begegnen; **9** *prix, température* fallen; sinken; zurückgehen; *vent, enthousiasme* nachlassen; sich legen; *jour* sich neigen; ***faire tomber*** *prix* drücken; **10** (*descendre, pendre*) (herab)hängen; fallen; *vêtement* ***tomber bien*** gut fallen; ***épaules*** *f/pl* ***qui tombent*** Hängeschultern *f/pl*; **III** *v/imp* ***il tombe de la neige, de la pluie*** es fällt Schnee, Regen

tombereau [tõbʀo] *m* ⟨~x⟩ **1** *charrette* Kippkarren *m*; **2** TECH Kipper *m*

tombeur [tõbœʀ] *m* F **1** (*séducteur*) Frauenheld *m*; **2** POL j, der e-n Minister *etc* zu Fall bringt

tombola [tõbɔla] *f* Tombola *f*

tome [tɔm] *m* Band *m*

tomette [tɔmɛt] *f* Terrakottafliese *f*

tomme [tɔm] *f* *Hartkäse aus Savoyen*

▸ **ton¹** [tõ] *adj/poss* ⟨*f* ***ta*** [ta], *vor Vokal u stummem h* ***ton***; *pl* ***tes*** [te]⟩ dein(e)

ton² *m* **1** *de la voix* Ton(höhe) *m(f)*; **2** *par ext* Ton *m* (*a d'une lettre*); Umgangston *m*; *fig* ***de bon ~*** zum guten Ton gehörend; *élégance* geschmackvoll; ***changer de ~*** e-n anderen Ton anschlagen; ***si vous le prenez sur ce ~ …*** wenn Sie in diesem Ton mit mir reden …; **3** MUS (*note*) Ton *m*; (*intervalle*) Tonschritt *m*; (*tonalité*) Tonart *f*; *fig* ***donner le ~*** den Ton angeben; **4** (*couleur*) (Farb)Ton *m*

tonalité [tɔnalite] *f* **1** MUS Tonalität *f*; Tonart *f*; **2** *d'une voix, radio, etc* Klang *m*; Klangfarbe *f*; **3** TÉL Wählton *m*

tondeuse [tõdøz] *f* **1** *du coiffeur* Haarschneidemaschine *f*; **2** ~ (***à gazon***) Rasenmäher *m*

▸ **tondre** [tõdʀ(ə)] *v/t* ⟨→ rendre⟩ **1** *mouton, caniche, cheveux* scheren; **2** *gazon* mähen; **3** F *fig* ~ ***qn*** j-n ausnehmen

tondu [tõdy] *adj* ⟨~e⟩ kahl geschoren

tongs [tõg] *f/pl* Zehensandalen *f/pl*

tonicité [tɔnisite] *f* stärkende, kräftigende Wirkung

tonifier [tɔnifje] *v/t* stärken; kräftigen

tonique [tɔnik] **I** *adj* **1** (*stimulant*) kräftigend; stärkend; tonisch; belebend; ***lotion*** *f* ~ Gesichtswasser *n*; **2** PHON betont; **II** *subst* **1** *m* Tonikum *n*; Stärkungsmittel *n*; **2** *f* MUS Tonika *f*; Grundton *m*

tonitruant [tɔnitʀyɑ̃] *adj* ⟨-ante [-ɑ̃t]⟩ ***voix ~e*** dröhnende Stimme; Donnerstimme *f*

tonnage [tɔnaʒ] *m* Tonnage *f*

▸ **tonne** [tɔn] *f* Tonne *f*; F *fig* ***des ~s de …*** F Riesenmengen *f/pl* von …; *camion* ***un sept ~s*** ein Siebentonner *m*

tonneau [tɔno] *m* ⟨~x⟩ **1** *à vin, etc* Fass *n*; **2** MAR (Register)Tonne *f*; **3** AUTO ***faire un ~*** sich überschlagen

tonnelet [tɔnlɛ] *m* Fässchen *n*

tonnelier [tɔnəlje] *m* Böttcher *m*

tonnelle [tɔnɛl] *f* (Garten)Laube *f*

tonner [tɔne] **I** *v/imp* ***il tonne*** es donnert; **II** *v/i* **1** *canons* donnern; **2** *personne* ~ ***contre*** wettern gegen

▸ **tonnerre** [tɔnɛʀ] *m* **1** Donner *m*; *fig* ~ ***d'applaudissements*** tosender Beifall; donnernder Applaus; ***coup*** *m* ***de ~*** Donnerschlag *m*; *fig* schwerer Schlag; **2** F *fig* ***du ~*** großartig; F toll

tonsure [tõsyʀ] *f* CATH Tonsur *f*

tonte [tõt] *f* Schur *f*

tonton [tõtõ] *m* *enf* Onkel(chen) *m(n)*

tonus [tɔnys] *m* **1** *d'une personne* Energie *f*; Dynamik *f*; Spannkraft *f*; **2** ~ (***musculaire***) (Muskel)Tonus *m*

top [tɔp] *m* RAD ***au quatrième ~ il sera …*** beim vierten Ton des Zeitzeichens ist es …

topaze [tɔpɑz] *f* Topas *m*

toper [tɔpe] *v/i* ***tope là!*** schlag ein!; deine Hand drauf!

topette [tɔpɛt] F *f* Fläschchen *n*

topinambour [tɔpinɑ̃buʀ] *m* Topinambur *f ou m*

topique [tɔpik] *m* **1** MÉD örtlich wirkendes Mittel; **2** RHÉT Topos *m*

topo [tɔpo] F *m* (kurze) Darstellung

topographie [tɔpɔgʀafi] *f* Topographie *f*

topoguide [topogid] *m* Wanderkarte *f*

toponymie [tɔpɔnimi] *f* Ortsnamenkunde *f*

toquade [tɔkad] F *f* Marotte *f*; F Fimmel

m; ***avoir une ~ pour qn, qc*** in j-n, etw vernarrt sein
toquard → ***tocard***
toque [tɔk] *f* Mütze *f*; *de magistrat* Barett *n*; **~ (*de cuisinier*)** Kochmütze *f*; **~ *de fourrure*** Pelzmütze *f*
toqué [tɔke] F *adj* ⟨~e⟩ **1** F verdreht; F leicht bekloppt; **2 *être ~ de qn*** F in j-n verknallt, verschossen sein
torche [tɔʀʃ] *f* **1** Fackel *f*; **2 ~ (*électrique*)** Stablampe *f*
torcher [tɔʀʃe] F *v/t* **1 ~ (*le derrière d'*)*un enfant*** F e-m Kind den Hintern (ab)wischen, putzen; **2** *travail* F hinhauen; ***bien torché*** F gekonnt
torchère [tɔʀʃɛʀ] *f* **1** *d'une raffinerie* Fackel *f*; **2** großer Kandelaber
torchis [tɔʀʃi] *m* Strohlehm *m*
torchon [tɔʀʃõ] *m* **1** *pour la vaisselle* Geschirrtuch *n*; *fig* ***le ~ brûle*** die haben Krach miteinander; **2** F *fig* (*écrit sans valeur*) F Geschmiere *n*; **3** *en Belgique* (*serpillière*) Scheuertuch *n*
tordant [tɔʀdɑ̃] *adj* ⟨-ante [-ɑ̃t]⟩ F zum Piepen; F zum Schießen; urkomisch
tord-boyaux [tɔʀbwajo] *m* ⟨*inv*⟩ F Fusel *m*
tordre [tɔʀdʀ(ə)] ⟨→ rendre⟩ **I** *v/t* **1** (*tourner*) drehen; verdrehen; *linge* auswringen; F ***~ le cou à qn*** F j-m den Hals umdrehen; **2** (*plier*) (ver)biegen; **3** *bouche*, *visage* verzerren; **II** *v/pr* **4 *se ~ la cheville, le pied*** sich den Knöchel verrenken; mit dem Fuß umknicken; ***se ~ les mains*** die Hände ringen; **5 *se ~*** (*se plier*) sich winden, sich krümmen (***de douleur*** vor Schmerzen); ***se ~*** (***de rire***) sich biegen vor Lachen; F sich schieflachen
tordu [tɔʀdy] *adj* ⟨~e⟩ **1** *barre* verbogen; *jambes*, *nez* krumm; *bouche*, *visage* verzerrt; **2** F (*fou*) verrückt; F übergeschnappt; *fig* ***avoir l'esprit ~*** auf absonderliche Gedanken kommen
toréador [tɔʀeadɔʀ] *m* → ***torero***
torero [tɔʀeʀo] *m* Torero *m*; Stierkämpfer *m*
torgnole [tɔʀɲɔl] F *f* (saftige) Ohrfeige
tornade [tɔʀnad] *f* Tornado *m*; Wirbelsturm *m*
torpeur [tɔʀpœʀ] *f* Benommenheit *f*; Betäubung *f*; Erstarrung *f*
torpille [tɔʀpij] *f* **1** MIL Torpedo *m*; **2** (***poisson*** *m*) **~** Zitterrochen *m*
torpill|er [tɔʀpije] *v/t* torpedieren (*a fig*); **~eur** *m* Torpedoboot *n*
torré|faction [tɔʀefaksjõ] *f* (Kaffee-)Rösten *n*; **~fier** [-fje] *v/t* rösten
▸ **torrent** [tɔʀɑ̃] *m* **1** Wildbach *m*; Gebirgsbach *m*; ***il pleut à ~s*** es regnet in Strömen; F es gießt; **2** *fig* Strom *m*; Flut *f*
torrentiel [tɔʀɑ̃sjɛl] *adj* ⟨~le⟩ ***pluie ~le*** Wolkenbruch *m*
torride [tɔʀid] *adj climat* heiß; *chaleur* glühend; sengend
tors [tɔʀ] *adj* ⟨torse [tɔʀs]⟩ gedreht; gewunden; *jambes* krumm
torsade [tɔʀsad] *f* **1 ~ *de cheveux*** gedrehter Zopf; *pull* ***à ~s*** mit Zopfmuster; **2** *de fils* Kordel *f*
torse [tɔʀs] *m* **1** Oberkörper *m*; **~ *nu*** mit nacktem Oberkörper; ***se mettre ~ nu*** den Oberkörper freimachen; **2** SCULP Torso *m*
torsion [tɔʀsjõ] *f* Torsion *f*; Verwindung *f*; Verdrehung *f*
▸ **tort** [tɔʀ] *m* **1** Unrecht *n*; (*faute*) Verschulden *n*; Fehler *m*; ***à ~*** zu Unrecht; ***à ~ ou à raison*** zu Recht oder zu Unrecht; ***à ~ et à travers*** unüberlegt; drauflos; ***avoir ~*** Unrecht haben; ***il a ~ de*** (+ *inf*) es ist falsch, ein Fehler von ihm zu (+ *inf*); ***être dans son ~*** im Unrecht sein; schuld sein; ***reconnaître ses ~s*** sein Unrecht einsehen; **2** (*préjudice*) Schaden *m*; Nachteil *m*; ***faire du ~ à qn*** j-m schaden; j-m Schaden zufügen; j-n schädigen
torticolis [tɔʀtikɔli] *m* steifer Hals
tortillard [tɔʀtijaʀ] *m* F Bummelzug *m*; F Bimmelbahn *f*
tortiller [tɔʀtije] **I** *v/t* zusammendrehen; *moustache* zwirbeln; **II** *v/i* F *fig* ***il n'y a pas à ~*** da hilft (alles) nichts; **III** *v/pr* ***se ~*** *d'impatience* zappeln; *en marchant* sich in den Hüften wiegen
tortionnaire [tɔʀsjɔnɛʀ] *m* Folterknecht *m*
tortue [tɔʀty] *f* Schildkröte *f*; *avancer* ***comme une ~*** im Schneckentempo
tortueux [tɔʀtɥø] *adj* ⟨-euse [-øz]⟩ **1** *chemin* gewunden; *ruelle* krumm; **2** *fig manœuvres* undurchsichtig; dunkel
torture [tɔʀtyʀ] *f* **1** Folter *f*; *fig* ***mettre qn à la ~*** j-n auf die Folter spannen; **2** *fig* (Folter)Qual *f*
torturer [tɔʀtyʀe] *v/t* **1** foltern; **2** *fig*

quälen; peinigen; ***se ~ l'esprit*** sich das Hirn zermartern

torve [tɔʀv] *adj regard* finster

▸ **tôt** [to] *adv* früh; ***~ ou tard*** früher oder später; ***plus ~*** früher (***que*** als); eher; ***au plus ~*** frühestens; ***il n'eut pas plus ~ dit cela que …*** kaum hatte er das gesagt, als …; ***pas de si ~*** nicht so bald

total [tɔtal] **I** *adj* ⟨~e; -aux [-o]⟩ **1** (*complet*) völlig; vollkommen; vollständig; total; ***confiance ~e*** volles Vertrauen; **2** (*global*) gesamt; Gesamt…; **II** *subst* **1** *m* Gesamtzahl *f*; *d'une addition* Summe *f*; *d'argent* Gesamtbetrag *m*; (Gesamt)Summe *f*; F ***~: …*** Fazit: …; ***au ~*** (*en tout*) insgesamt; (*tout compte fait*) alles in allem (genommen); ***faire le ~*** zusammenzählen, -rechnen (***de qc*** etw); **2** ***~e*** *f* F Totaloperation *f* (*Hysterektomie*)

▸ **totalement** [tɔtalmɑ̃] *adv* völlig

totaliser [tɔtalize] *v/t* **1** (*avoir au total*) (insgesamt) erreichen, erzielen; *voix* auf sich vereinigen; **2** (*faire le total*) zusammenzählen, -rechnen

totalitaire [tɔtalitɛʀ] *adj* totalitär

totalitarisme [tɔtalitaʀism(ə)] *m* Totalitarismus *m*

totalité [tɔtalite] *f* Gesamtheit *f*; ***la (presque) ~ du personnel*** (fast) das gesamte Personal; ***en ~*** vollständig; ganz

totem [tɔtɛm] *m* Totem *n*; *poteau* Totempfahl *m*

toubib [tubib] F *m* Arzt *m*; F Doktor *m*

touchant [tuʃɑ̃] *adj* ⟨-ante [-ɑ̃t]⟩ rührend (*a iron*)

▸ **touche** [tuʃ] *f* **1** *d'un clavier* Taste *f*; INFORM ***~ de fonction*** Funktionstaste *f*; **2** ***pierre*** *f* ***de ~*** *de l'orfèvre* Probierstein *m*; *fig* Prüfstein *m*; **3** PÊCHE Anbeißen *n*; ***je n'ai pas eu une ~*** kein einziger Fisch hat angebissen; F *fig* ***faire une ~*** e-e Eroberung machen; **4** PEINT Pinselstrich *m*; F Note *f*; **5** F (*allure*) ***avoir une drôle de ~*** komisch aussehen; **6** SPORTS (***rentrée*** *f* ***en***) ***~*** Einwurf *m*; (***ligne*** *f* ***de***) ***~*** Seitenlinie *f*; ***il y a ~*** der Ball ist im Seitenaus; *fig* ***rester, être mis sur la ~*** kaltgestellt werden

touche-à-tout *m* ⟨*inv*⟩ **1** Kind, das alles anfasst; **2** *fig* ***c'est un ~*** er tut tausend Dinge (*péj* und alle nur halb)

▸ **toucher**[1] [tuʃe] **I** *v/t* **1** berühren; *de la main a* anfassen; anrühren; *autre maison* (an)grenzen, stoßen an (+ *acc*); *port* anlaufen; **2** (*atteindre*) treffen; ***être touché par une balle*** von e-r Kugel getroffen werden; **3** *qn par téléphone, lettre* erreichen; **4** ***~ qn*** (*émouvoir*) j-n bewegen, ergreifen, rühren; j-m zu Herzen gehen; j-m nahe gehen; (*blesser*) j-n treffen; **5** *argent* bekommen; erhalten; *salaire, pension* beziehen; **6** (*concerner*) betreffen; angehen; **II** *v/t/indir* **7** ***~ à qc*** etw anfassen, berühren, anrühren; *fig* ***il n'a jamais touché à un livre*** er hat nie ein Buch angerührt; ***n'y touche pas!*** rühr *ou* fass das nicht an!; **8** *par ext* ***~ à*** *économies* anrühren; angreifen; *institution, coutume* antasten; rühren an (+ *acc*); *question, sujet* anschneiden; zur Sprache bringen; **III** *v/pr* ***se ~*** sich berühren; *terrains, bâtiments* aneinander stoßen, grenzen

toucher[2] *m* **1** *sens* Tastsinn *m*; Gefühl(ssinn) *n(m)*; **2** ***être doux, rude au ~*** sich weich, rau anfühlen; **3** MÉD Austasten *n*

touffe [tuf] *f* Büschel *n*; ***~ de cheveux*** Haarbüschel *n*

touffu [tufy] *adj* ⟨~e⟩ **1** *haie, bois* dicht; **2** *fig* unübersichtlich

touiller [tuje] F *v/t* umrühren

▸ **toujours** [tuʒuʀ] *adv* **1** (*constamment*) immer; stets; ***~ moins*** immer weniger; ***c'est un ami de ~*** er war schon immer mein Freund; ***depuis ~*** schon immer; von jeher; ***pour ~*** für, auf immer; **2** (*encore*) immer noch; noch immer; ***il l'aime ~*** er liebt sie immer noch; **3** (*en tout cas*) jedenfalls; immerhin; wenigstens; F ***c'est ~ ça (de pris, de gagné)*** das ist immerhin etwas; *conj* ***~ est-il que …*** jedenfalls …; immerhin …

toundra [tundʀa] *f* Tundra *f*

toupet [tupɛ] F *m* Frechheit *f*; Unverschämtheit *f*; Unverfrorenheit *f*; Dreistigkeit *f*; ***avoir du ~*** frech, unverschämt, unverfroren sein

toupie [tupi] *f* Kreisel *m*

▸ **tour**[1] [tuʀ] *f* Turm *m* (*a* ÉCHECS); *immeuble* (turmartiges) Hochhaus; Wohnturm *m*; ***~ de contrôle*** Kontrollturm *m*

▸ **tour**[2] *m* **1** (*circonférence*) Umfang *m*; COUT *a* Weite *f*; ***~ de poitrine*** Brustumfang *m*; Oberweite *f*; ***~ de taille*** Taillenweite *f*; **2** (*promenade*) Rundgang *m*, -fahrt *f*; Runde *f*; Spaziergang *m*; (*excursion*) Tour *f*; Ausflug *m*; (*voyage*) Fahrt *f*; Reise *f*; ***~ d'honneur*** Ehrenrunde *f*; ***~ en vélo, en voiture*** Rad-, Autotour *f*; ***faire un petit ~*** e-n kleinen Spaziergang machen; ***faire le ~ de qc*** um etw herumgehen, -fahren; ***faire le ~ du monde*** *personne* e-e Weltreise machen; *chanson* um die Welt gehen; *fig* ***faire le ~ de la question*** die Frage durchsprechen, erörtern; ***faire le ~ de la ville*** *personne* e-n Rundgang, e-e Rundfahrt durch die Stadt machen; *nouvelle* in der ganzen Stadt die Runde machen; **3** (*rotation*) Drehung *f*; *d'un moteur* Umdrehung *f*; Tour *f*; *fig* ***~ de main*** (Kunst)Fertigkeit *f*; ***en un ~ de main*** im Handumdrehen; im Nu; ***fermer*** (***la porte***) ***à double ~*** den Schlüssel zweimal herumdrehen; (die Tür) zweimal abschließen; **4** ***~ d'adresse*** Kunststück *n*; Trick *m*; ***~ de force*** Kunststück *n*; Glanzleistung *f*; ***avoir plus d'un ~ dans son sac*** mit allen Wassern gewaschen sein; ***et voilà, le ~ est joué*** (und damit ist die Sache) schon in Ordnung, erledigt, F geritzt; **5** (*farce*) Streich *m*; ***faire, jouer un*** (***mauvais***) ***~ à qn*** j-m e-n (bösen, üblen) Streich spielen; **6** (*tournure*) Wendung *f*; ***prendre un ~ dramatique*** e-e dramatische Wendung nehmen; **7** *dans un certain ordre* Reihe *f*; ***~ de chant*** Repertoire *n*; ***~ de scrutin*** Wahlgang *m*; ***à qui le ~?*** wer ist dran, an der Reihe?; ***à mon, ton****, etc* ***~*** meinerseits, deinerseits *etc*; ***à ~ de rôle*** der Reihe nach; ***~ à ~*** abwechselnd; ***attendre son ~*** warten, bis man an der Reihe ist *ou* bis man drankommt; ***c'est mon, ton****, etc* ***~*** ich bin, du bist *etc* dran, an der Reihe

tour[3] *m* **1** TECH Drehbank *f*; **2** *du potier* Töpferscheibe *f*

tourbe [turb] *f* Torf *m*

tourbière [turbjɛr] *f* Torfmoor *n*

tourbillon [turbijõ] *m* **1** Luftwirbel *m*; ***~ de neige*** Schneegestöber *n*; ***~ de poussière*** Staubwirbel *m*, -wolke *f*; **2** *dans l'eau* Strudel *m*; **3** *fig* Wirbel *m*; Strudel *m*; Trubel *m*

tourbillonner [turbijɔne] *v/i* **1** *feuilles, neige, etc* umherwirbeln; **2** *fig* *idées* ***~ dans la tête de qn*** j-m durch den Kopf schwirren

tourelle [turɛl] *f* **1** ARCH Türmchen *n*; **2** *d'un char* Drehturm *m*

▸ **tourisme** [turism(ə)] *m* Fremdenverkehr *m*; Tourismus *m*; Touristik *f*; ***~ de masse*** Massentourismus *m*; ***avion*** *m* ***de ~*** Privatflugzeug *n*; ***voiture*** *f* ***de ~*** Personenwagen *m*; Pkw *m*; ***faire du ~*** als Tourist, zum Vergnügen reisen

▸ **touriste** [turist] *m,f* Tourist(in) *m(f)*; *adjt* ***classe*** *f* ***~*** Touristenklasse *f*

touristique [turistik] *adj* Fremdenverkehrs…; Touristen…; touristisch; ***guide*** *m* ***~*** Reiseführer *m*; ***menu*** *m* ***~*** preiswertes Menü für Touristen

tourment [turmã] *litt* *m* Qual *f*

tourmente [turmãt] *f* **1** *litt* (*tempête*) Sturm *m*; **2** *fig* Wirren *pl*

tourmenté [turmãte] *adj* ⟨~e⟩ *époque* unruhig; *vie* bewegt; *paysage* wild; zerklüftet; *mer* aufgewühlt

tourmenter [turmãte] **I** *v/t* quälen; peinigen; plagen; **II** *v/pr* ***se ~*** sich Sorgen machen

tournage [turnaʒ] *m* Dreharbeiten *f/pl*

tournant [turnã] **I** *adj* ⟨-ante [-ãt]⟩ Dreh…; ***grève ~e*** wechselnder Schwerpunktstreik; **II** *m* **1** (*virage*) Kurve *f*; Biegung *f*; F *fig* ***je l'attends, l'aurai au ~*** F den kriege ich noch; **2** *fig* Wende *f*; Wendepunkt *m*

tourné [turne] *adj* ⟨~e⟩ **1** *lait* geronnen; **2** *lettre, etc* ***bien ~*** gut formuliert; ***avoir l'esprit mal ~*** immer gleich Schlechtes denken

tournebouler [turnəbule] *v/t* F ***~ qn*** j-n durcheinander bringen

tournebroche [turnəbrɔʃ] *m* Drehspieß *m*

tourne-disque [turnədisk] *m* ⟨tourne-disques⟩ Plattenspieler *m*

tournedos [turnədo] *m* (Rinder)Filetschnitte *f*

tournée [turne] *f* **1** *d'un facteur* Runde *f*; *d'un gardien* Rundgang *m*; COMM (Geschäfts)Reise *f*; ***~ électorale*** Wahlkampftournee *f*; ***~ théâtrale*** Tournee *f*; Gastspielreise *f*; THÉ ***être en ~*** auf Tournee sein; **2** F *au café* Runde *f*

tournemain [turnəmɛ̃] *adv* *litt* ***en un ~*** im Handumdrehen; im Nu

▸ **tourner** [turne] **I** *v/t* **1** drehen; wenden; *page* umblättern; umschlagen; *clé* (her)umdrehen; *salade, sauce* umrühren; ***tourner et retourner*** hin und her wenden (*a fig*); *fig* ***tourner la tête à qn*** *vin, réussite* j-m zu Kopf steigen; *personne* j-m den Kopf verdrehen; *regard, attention* ***tourner vers*** richten auf (+ *acc*); **2** (*contourner*) ***tourner qc*** um etw gehen *ou* fahren; *fig difficulté, loi* umgehen; ***tourner le coin de la rue*** um die Ecke biegen; **3** TECH *métal* (ab)drehen; *bois* drechseln; **4** *film, scène* (ab)drehen; **5** *phrase, compliment* formulieren; **II** *v/i* **6** sich drehen; kreisen; TECH rotieren; umlaufen; *moteur* laufen; *fig entreprise, usine* in Betrieb sein; ***l'heure tourne*** die Zeit vergeht; ***j'ai la tête qui tourne*** mir dreht sich alles im Kopf; ***ça me fait tourner la tête*** davon wird mir schwind(e)lig; *représentant* ***tourner sur une région*** e-e Gegend bereisen; **7** ***tourner autour de qc*** sich um etw drehen (*a fig*); um etw kreisen (*a fig*); etw umkreisen; um etw herumgehen *ou* -laufen *ou* -fahren; *péj* ***tourner autour de qn*** um j-n herumscharwenzeln, -schwirren; *fig* ***tourner autour de dix pour cent*** sich um zehn Prozent bewegen; **8** (*changer de direction*) abbiegen; *vent* sich drehen; umspringen; *fig chance* sich wenden; ***tourner à droite, à gauche*** (nach) rechts, links abbiegen; ***tourner dans une rue*** in e-e Straße einbiegen; **9** (*se terminer*) ablaufen; ausgehen; (*évoluer*) sich entwickeln (***à*** zu); werden; ***tourner bien*** gut ablaufen; gut ausgehen; ***tourner mal*** e-e schlechte, schlimme Wendung nehmen; F schief gehen; *personne* auf die schiefe Bahn geraten; *temps* ***tourner à la pluie*** regnerisch werden; **10** *lait* gerinnen; sauer werden; **11** CIN drehen; filmen; ***silence, on tourne!*** Achtung, Aufnahme!; **III** *v/pr* **12** ▸ ***se tourner*** sich umdrehen; ***se tourner et se retourner dans son lit*** sich im Bett hin und her wälzen; **13** *fig* ***se tourner vers qc*** sich e-r Sache (*dat*) zuwenden

tournesol [turnəsɔl] *m* **1** BOT Sonnenblume *f*; **2** CHIM Lackmus *n ou m*

tourneur [turnœr] **I** *m sur métaux* Dreher *m*; *sur bois* Drechsler *m*; **II** *adj* ***derviche*** *m* **~** tanzender Derwisch

tournevis [turnəvis] *m* Schraubenzieher *m*

tournicoter [turnikɔte] F *v/i* herumstreichen, -schleichen

tourniquet [turnikɛ] *m* **1** *pour passer un à un* Drehkreuz *n*; **2** *pour arroser* Rasensprenger *m*; Kreisregner *m*; **3** *pour cartes postales* Drehständer *m*

tournis [turni] *m* F ***ça me donne le ~*** F ich krieg den Drehwurm

tournoi [turnwa] *m* Turnier *n*

tournoyer [turnwaje] *v/i* ⟨-oi-⟩ sich im Kreise drehen; ***faire ~*** *lasso* schwingen

tournure [turnyr] *f* **1** **~** ***(de phrase)*** (Rede)Wendung *f*; Redensart *f*; **2** (*apparence*) Aussehen *n*; Gestalt *f*; **3** (*évolution*) Wendung *f*; *affaire* ***prendre une bonne, mauvaise ~*** e-e gute, schlimme Wendung nehmen; **4** **~** ***d'esprit*** Denkart *f*, -weise *f*

tour-opérateur *m* ⟨tour-opérateurs⟩ Reiseveranstalter *m*

tourte [turt] **I** *f flache, mit Fleisch oder Gemüse gefüllte Pastete*; **II** *adj* F blöd

tourteau [turto] *m* ⟨~x⟩ **1** AGR Ölkuchen *m*; **2** ZO Taschenkrebs *m*

tourter|eaux [turtəro] *m/pl fig* Turteltäubchen *n/pl*; Liebespärchen *n*; **~elle** [-ɛl] *f* Turteltaube *f*

tourtière [turtjɛr] *f* Kuchenform *f*

tous → ***tout***

▸ **Toussaint** [tusɛ̃] *f* ***la ~*** Allerheiligen *n*

▸ **tousser** [tuse] *v/i* **1** husten; **2** (*se racler la gorge*) sich räuspern; **3** *fig moteur* stottern

toussoter [tusɔte] *v/i* hüsteln

▸ **tout** [tu, *vor Vokal u stummem h* tut] ⟨*f* ***toute*** [tut], *m/pl* ***tous*** [tu, *allein stehend u als pr/ind* tus], *f/pl* ***toutes*** [tut]⟩ **I** *adj* **1** *sg* ***tout(e)*** (*entier*) ganze(r, -s); alle(r, -s); (*chaque*) jede(r, -s); ***tout l'argent*** das ganze Geld; alles Geld; ***toute la France*** ganz Frankreich; ***tout un peuple*** ein ganzes Volk; ***toute la nuit*** die ganze Nacht (über, hindurch); ***tout ceci, cela***, F ***ça*** dies, das alles; ***tout ce qui*** *ou* ***que*** alles, was; ***à tout âge*** in jedem Alter; ***à tout point de vue*** in jeder Hinsicht; ***de toute espèce*** allerlei …; ***il n'a pour tout bagage que …*** sein ganzes Gepäck besteht aus …; ***j'ai lu tout Balzac*** ich habe den ganzen Balzac gelesen; **2** *pl* ***tous, toutes*** alle; ***tous nos amis*** alle unsere Freunde; ***tous les au-***

T

tres alle anderen; ***tous les trois*** alle drei; ***tous les deux ans*** alle zwei Jahre; jedes zweite Jahr; ***tous les dimanches*** jeden Sonntag; ***toutes les questions ne sont pas réglées*** nicht alle Fragen sind geregelt; **II** *pr/ind* **1** *sg* ***tout*** alles; ***en tout*** insgesamt; ***il a tout d'un artiste*** er ist ein richtiger Künstler; ***c'est tout?*** ist das alles?; ***ce n'est pas tout de*** (+ *inf*) es genügt nicht zu (+ *inf*); ***c'est tout ou rien*** alles oder nichts; ***on se fait à tout*** man gewöhnt sich an alles; **2** *pl* ***tous*** [tus], ***toutes*** alle; ***nous tous*** wir alle; ***ils sont tous venus*** sie sind alle gekommen; **III** *adv* ⟨*vor mit Konsonant od h aspiré beginnendem adj f* ***toute*** *bzw.* ***toutes***⟩ ganz; ***une tout autre affaire*** e-e ganz andere Sache; ***une voiture toute neuve*** ein ganz neuer Wagen; ***la toute première fois*** das allererste Mal; ***tout malin qu'il est*** so schlau er auch ist …; ***tout autant*** ebenso viel; ebenso sehr; ***tout autrement*** ganz anders; ***tout comme*** genau(so) wie; ***tout à côté*** gleich nebenan; ▸ ***tout à fait*** ganz (und gar); völlig; vollständig; vollkommen; F genau!; richtig!; ***tout en marchant****, il me racontait …* im Gehen …; während wir weitergingen …; ***tout en étant très connu****, il vit simplement* obwohl er sehr berühmt ist …; **IV** *subst* ***le tout*** das Ganze; ***un tout*** ein Ganzes; ▸ ***pas du tout*** überhaupt nicht; ***du tout au tout*** vollständig; völlig; vollkommen; ***le tout est de*** (+ *inf*) die Hauptsache ist zu (+ *inf*); ***risquer le tout pour le tout*** alles aufs Spiel, auf e-e Karte setzen

tout-à-l'égout [tutalegu] *m* ⟨*inv*⟩ (Abwasser)Kanalisation *f*; *d'une maison* Kanalanschluss *m*

toutefois [tutfwa] *adv* jedoch; dennoch; ***si*** ~ wenn überhaupt

toute-puissance [tutpɥisɑ̃s] *f* Allmacht *f*

toutou [tutu] *m enf* Wauwau *m*

tout-petit *m* ⟨tout-petits⟩ Kleinkind *n*

tout-puissant **I** *adj* ⟨*f* toute-puissante; *m/pl* tout-puissants⟩ allmächtig; **II** *m* ***le Tout-Puissant*** der Allmächtige

tout-terrain **I** *adj* ⟨*f inv*; *pl* tout-terrains⟩ geländegängig; Gelände…; **II** *m* ***faire du*** ~ e-e Geländefahrt machen

tout-venant [tuvnɑ̃] *m* ***le*** ~ alles, wie es gerade kommt; *personnes* die große Masse

toux [tu] *f* Husten *m*; ***petite*** ~ Hüsteln *n*

toxicité [tɔksisite] *f* Giftigkeit *f*

toxicoman|e [tɔksikɔman] *m,f* Drogenabhängige(r) *f(m)*; (Rauschgift)Süchtige(r) *f(m)*; **~ie** [-i] *f* Rauschgiftsucht *f*

toxine [tɔksin] *f* Toxin *n*; Giftstoff *m*

toxique [tɔksik] *adj* giftig; Gift…; ***gaz m*** ~ Giftgas *n*

trac [trak] *m* Lampenfieber *n*

tracas [traka] *m* (*soucis*) Sorgen *f/pl*; (*ennuis*) Ärger *m*

tracasser [trakase] **I** *v/t* beunruhigen; plagen; **II** *v/pr* ***se*** ~ beunruhigt sein; sich Sorgen machen

tracasseries [trakasri] *f/pl* Schikanen *f/pl*

▸ **trace** [tras] *f* Spur *f* (*a fig*); CH *a* Fährte *f*; ***~s de sang*** Blutspuren *f/pl*; *fig* ***marcher sur les ~s de qn*** in j-s Fuß(s)tapfen treten; ***suivre un animal à la*** ~ der Fährte e-s Tieres folgen

tracé [trase] *m* **1** *d'une route, etc* Verlauf *m*; **2** *d'un dessin* Umrisse *m/pl*

tracer [trase] ⟨-ç-⟩ **I** *v/t* **1** *ligne, cercle* ziehen; *plan* (auf)zeichnen; *fig* ~ ***un tableau de*** ein Bild entwerfen von; **2** *route* trassieren; *fig* ~ ***le chemin, la voie à qn*** j-m s-n Weg vorzeichnen; **II** *v/i* F rasen; F flitzen

traceur [trasœr] *m* INFORM ~ ***de courbes*** Plotter *m*

trachée [traʃe] *f ou* **~-artère** *f* ⟨trachées-artères⟩ Luftröhre *f*

trachéotomie [trakeɔtɔmi] *f* Luftröhrenschnitt *m*

tract [trakt] *m* Flugblatt *n*

tractations [traktasjõ] *f/pl péj* Machenschaften *f/pl*; geheime Verhandlungen *f/pl*

tracter [trakte] *v/t* schleppen; ziehen

tracteur [traktœr] *m* Traktor *m*; Schlepper *m*; Trecker *m*

traction [traksjõ] *f* **1** TECH Ziehen *n*; *par ext* Antrieb *m*; ~ ***avant*** Vorderrad-, Frontantrieb *m*; **2** SPORTS *suspendu* Klimmzug *m*; (*pompe*) Liegestütz *m*

tradition [tradisjõ] *f* Tradition *f*; Überlieferung *f*

traditionaliste [tradisjɔnalist] *adj* traditionsbewusst; traditionalistisch

traditionnel [tradisjɔnɛl] *adj* ⟨~le⟩ traditionell; althergebracht

traduc|teur [tʀadyktœʀ] *m*, **~trice** [-tʀis] *f* Übersetzer(in) *m(f)*

▸ **traduction** [tʀadyksjõ] *f* Übersetzung *f*; *action a* Übersetzen *n*

▸ **traduire** [tʀadɥiʀ] ⟨→ conduire⟩ **I** *v/t* **1** übersetzen (***de l'allemand en français*** aus dem Deutschen ins Französische); *st/s* übertragen; **2** *fig* ausdrücken; zum Ausdruck bringen; **3** ***~ qn en justice*** j-n vor Gericht stellen; **II** *v/pr* ***se ~*** zum Ausdruck kommen, sich äußern (***par*** in + *dat*)

traduisible [tʀadɥizibl(ə)] *adj* übersetzbar

trafic [tʀafik] *m* **1** (*circulation*) Verkehr *m*; ***~ aérien*** Flugverkehr *m*; **2** *péj* Schleich-, Schwarzhandel *m*; ***~ d'armes*** Waffenschmuggel *m*; illegaler Waffenhandel; ***~ de drogue*** Rauschgifthandel *m*; JUR ***~ d'influence*** passive Bestechung; ***faire du ~ de drogue*** mit Rauschgift handeln; dealen

trafiquant [tʀafikɑ̃] *m péj* Schwarzhändler *m*; Schieber *m*; ***~ de drogue*** Rauschgifthändler *m*; Dealer *m*

trafiquer [tʀafike] *v/t* **1** *denrées* verfälschen; *vin, lait* F pan(t)schen; *passeport* fälschen; *moteur* F frisieren; *compteur* manipulieren; **2** F (*faire*) F treiben; **3** COMM Schwarzhandel treiben mit

tragédie [tʀaʒedi] *f* Tragödie *f* (*a fig*); Trauerspiel *n*

tragéd|ien [tʀaʒedjɛ̃] *m*, **~ienne** [-jɛn] *f* Tragöde *m*, Tragödin *f*

tragi-com|édie [tʀaʒikɔmedi] *f* ⟨tragi-comédies⟩ THÉ, *fig* Tragikomödie *f*; **~ique** [-ik] *adj* THÉ, *fig* tragikomisch

tragique [tʀaʒik] **I** *adj* THÉ, *fig* tragisch; ***auteur*** *m* ***~*** Tragiker *m*; Tragödiendichter *m*; **II** *m* Tragik *f*; Tragische(s) *n*; ***prendre qc au ~*** etw tragisch nehmen

▸ **trahir** [tʀaiʀ] **I** *v/t* **1** *secret, patrie, personne* verraten; *confiance* enttäuschen; **2** (*montrer*) verraten; erkennen lassen; **3** *forces, nerfs*: *qn* verlassen; im Stich lassen; **4** *fig la pensée de qn* falsch wiedergeben; **II** *v/pr* ***se ~*** sich verraten

trahison [tʀaizõ] *f* Verrat *m*

▸ **train** [tʀɛ̃] *m* **1** CH DE FER Zug *m*; Eisenbahn *f* (*a jouet*); ***~ de banlieue*** Nahverkehrs-, Vorortzug *m*; ***~ de marchandises*** Güterzug *m*; ***~ de voyageurs*** Reise-, Personenzug *m*; *par ext* ***~ de péniches*** Schleppzug *m*; **2** (*allure*) Gang *m*; (*vitesse*) Tempo *n*; ***au ~ où vont les choses*** wenn das so weitergeht; ***aller bon ~*** flott gehen; zügig vorankommen; ***être en ~*** *travail* im Gange sein; ***il n'est pas en ~*** er ist nicht in Form; ***mettre en ~*** *personne* in Stimmung bringen; *travail* in Angriff nehmen; ***être en ~ de lire***, *etc* gerade lesen *etc*; ***maison*** *f* ***en ~ de brûler*** brennendes Haus; **3** AVIAT ***~ d'atterrissage*** Fahrgestell *n*, -werk *n*; ***~ de pneus*** Bereifung *f*; Satz *m* Reifen; **4** *fig de mesures* Reihe *f*; **5** ***~ de vie*** Lebensstil *m*, -standard *m*; ***mener grand ~*** auf großem Fuß leben

traînant [tʀɛnɑ̃] *adj* ⟨-ante [-ɑ̃t]⟩ *voix, accent* schleppend; gedehnt

traînard [tʀɛnaʀ] *m* Nachzügler *m*

traîne [tʀɛn] *f* **1** *d'une robe* Schleppe *f*; **2** ***être, rester à la ~*** zurückbleiben

traîneau [tʀɛno] *m* ⟨~x⟩ Schlitten *m*

traînée [tʀene] *f* **1** Streifen *m*; Spur *f*; ***~ de condensation*** Kondensstreifen *m*; *nouvelle* ***se répandre comme une ~ de poudre*** sich wie ein Lauffeuer verbreiten; **2** P (*prostituée*) P Nutte *f*

▸ **traîner** [tʀene] **I** *v/t* **1** (hinter sich her)ziehen; schleppen; schleifen; ***~ les pieds*** (mit den Füßen) schlurfen; **2** (*amener avec soi*) (mit sich) (herum)schleppen; mitschleppen; **3** *fig maladie* mit sich herumschleppen; **II** *v/i* **4** ***~ par terre*** auf dem Boden schleifen; **5** (*n'être pas rangé*) herumliegen; ***laisser ~*** herumliegen lassen; **6** ***~ (en longueur)*** sich in die Länge ziehen; sich hinziehen; **7** (*lambiner*) trödeln; (*rester en arrière*) zurückbleiben; *péj* ***~ dans les rues*** sich auf den Straßen herumtreiben; **III** *v/pr* ***se ~*** **8** *personne* sich (fort-, dahin)schleppen; ***se ~ par terre*** auf dem Boden herumkriechen; **9** (*durer*) sich hinschleppen

training [tʀeniŋ] *m* Training *n*

train-train *m* F ***~ quotidien*** F Alltagstrott *m*

traire [tʀɛʀ] ⟨je trais, il trait, nous trayons, ils traient; je trayais; *kein Passé simple*; je trairai; que je traie; trayant; trait⟩ *v/t* melken

trait [tʀɛ] *m* **1** Strich *m*; ***~ d'union*** Bindestrich *m*; *fig* Bindeglied *n*; Brücke *f*; *fig* ***tirer un ~ sur qc*** e-n Schlussstrich

T

unter etw (*acc*) ziehen; **2** (*caractéristique*) Merkmal *n*; Zug *m*; **~ de caractère** Charakter-, Wesenszug *m*; **3** *pl* **~s (du visage)** Gesichtszüge *m/pl*; **4** **~ d'esprit** geistreiche Bemerkung; **~ de génie** Geistesblitz *m*; genialer Einfall; **5** **avoir ~ à** Bezug haben auf (+ *acc*); im Zusammenhang stehen mit; **6** *en buvant* Zug *m*; *vider son verre* **d'un ~** in einem Zug; **7** **bête** *f* **de ~** Zugtier *n*

traitant [tʀɛtɑ̃] *adj* ⟨-ante [-ɑ̃t]⟩ **1** *shampoing* Pflege…; **2** **médecin ~** behandelnder Arzt

traite [tʀɛt] *f* **1** COMM Tratte *f*; gezogener Wechsel; *dans une vente à tempérament* Rate *f*; **2** **d'une seule ~** in einem Zug; **faire le trajet d'une seule ~** ohne Aufenthalt durchfahren; **3** **~ des blanches, des noirs** Mädchen-, Sklavenhandel *m*; **4** *des vaches* Melken *n*

▸ **traité** [tʀete] *m* **1** POL Vertrag *m*; **2** *ouvrage* Abhandlung *f*

▸ **traitement** [tʀɛtmɑ̃] *m* **1** Behandlung *f* (*a* MÉD); **mauvais traitements** Misshandlung(en) *f(pl)*; **2** *d'un fonctionnaire* Gehalt *n*; Bezüge *m/pl*; **3** TECH Behandlung *f*; Verarbeitung *f*; Aufbereitung *f*; **4** **traitement de l'information** Datenverarbeitung *f*; ▸ **traitement de texte** Textverarbeitung *f*

traiter [tʀete] **I** *v/t* **1** **~ qn** j-n behandeln (*a* MÉD); **2** **~ qn de menteur**, *etc* j-n e-n Lügner *etc* nennen, schimpfen; **3** *sujet, problème* behandeln; **4** *affaire* verhandeln über (+ *acc*); **5** TECH behandeln; *matières premières* verarbeiten; *minerai* aufbereiten; *fruits* spritzen; **6** INFORM verarbeiten; **II** *v/t/indir* **~ de qc** *ouvrage* von etw handeln; **III** *v/i* verhandeln (**avec qn sur qc** mit j-m über etw [*acc*])

traiteur [tʀɛtœʀ] *m* Partyservice *m*

traître [tʀɛtʀ(ə)], **traîtresse** [tʀɛtʀɛs] **I** *m,f* Verräter(in) *m(f)*; **prendre qn en traître** j-m in den Rücken fallen; **II** *adj* verräterisch; heimtückisch; **pas un traître mot** kein einziges Wort

traîtreusement [tʀɛtʀøzmɑ̃] *adv* heimtückisch; hinterrücks

traîtrise [tʀɛtʀiz] *f* Verrat *m*; (Heim-)Tücke *f* (*a de qc*)

trajectoire [tʀaʒɛktwaʀ] *f* Flugbahn *f*

▸ **trajet** [tʀaʒɛ] *m* **1** (*parcours*) Strecke *f*; Weg *m*; Fahrt *f*; **2** *d'un nerf* Verlauf *m*

tralala [tʀalala] F *m* Pomp *m*; F Tamtam *n*

▸ **tram** [tʀam] *m* → **tramway**

trame [tʀam] *f* **1** TEXT Schuss *m*; **2** TYPO, TV Raster *m*; **3** *fig* Hintergrund *m*; Grundlage *f*

tramer [tʀame] **I** *v/t complot* schmieden; **II** *v/pr* **il se trame qc** da braut sich etw zusammen

traminot [tʀamino] *m* Straßenbahner *m*

tramontane [tʀamɔ̃tan] *f* Nordwind *m*

trampoline [tʀɑ̃pɔlin] *m* Trampolin *n*

tramway [tʀamwɛ] *m* Straßenbahn *f*

tranchant [tʀɑ̃ʃɑ̃] **I** *adj* ⟨-ante [-ɑ̃t]⟩ **1** schneidend; scharf; **instrument ~** Schneidwerkzeug *n*; **2** *fig ton* entschieden; **II** *m* Schneide *f*; *fig* **à double ~** zweischneidig

▸ **tranche** [tʀɑ̃ʃ] *f* **1** Scheibe *f*; Schnitte *f*; **~ de jambon** Scheibe Schinken; F *fig* **s'en payer une ~** sich köstlich amüsieren; **2** *par ext* Abschnitt *m*; Stufe *f*; Teil *m*; MATH (Zahlen)Gruppe *f*; **~ d'âge** Altersstufe *f*; **3** *d'un livre* Schnitt *m*; **doré sur ~(s)** mit Goldschnitt; **4** BOUCHERIE Unterschale *f*

tranché [tʀɑ̃ʃe] *adj* ⟨**~e**⟩ klar (abgegrenzt); *opinion* fest; bestimmt

tranchée [tʀɑ̃ʃe] *f* Graben *m*; MIL Schützengraben *m*

trancher [tʀɑ̃ʃe] **I** *v/t* **1** (*couper*) durchschneiden; *tête* abschlagen; **2** *question* entscheiden; *difficulté* ausräumen; **II** *v/i* **3** *fig* **~ dans le vif** energisch durchgreifen; **4** (*décider*) entscheiden; **5** *couleur, fig* **~ sur** abstechen gegen, von

▸ **tranquille** [tʀɑ̃kil] *adj* ruhig; still; *personne a* (*paisible*) friedlich; (*rassuré*) unbesorgt; **avoir la conscience ~** ein ruhiges Gewissen haben; **vous pouvez être ~** Sie können beruhigt, unbesorgt sein; **laisse-moi ~!** lass mich in Ruhe!; **rester, se tenir ~** sich ruhig verhalten; still sitzen bleiben

tranquillisant [tʀɑ̃kilizɑ̃] *m* Beruhigungsmittel *n*

tranquilliser [tʀɑ̃kilize] *v/t* (*et v/pr* **se ~** sich) beruhigen; **tranquillisez-vous** beruhigen Sie sich; seien Sie unbesorgt

tranquillité [tʀɑ̃kilite] *f* Ruhe *f*; Stille *f*; *d'une personne* (innere) Ruhe; Frieden *m*; **~ d'esprit** Seelenfrieden *m*; **en toute ~** in (aller) Ruhe

transaction [tʀɑ̃zaksjɔ̃] *f* **1** COMM Ge-

T

schäft *n*; Transaktion *f*; **2** JUR Vergleich *m*
transat [tʀɑ̃zat] **1** *m* Liegestuhl *m*; **2** *f* Transatlantikregatta *f*
transatlantique [tʀɑ̃zatlɑ̃tik] *m* Übersee-, Ozeandampfer *m*
transbahuter [tʀɑ̃zbayte] F *v/t* (anderswohin) schleppen, schaffen
transborder [tʀɑ̃zbɔʀde] *v/t* umladen
transcendant [tʀɑ̃sɑ̃dɑ̃] *adj* ⟨-ante [-ɑ̃t]⟩ **1** PHILOS transzendent; übersinnlich; **2** (*sublime*) überragend
transcod|age [tʀɑ̃skɔdaʒ] *m* Umkodierung *f*; **~eur** [-œʀ] *m* Compiler *m*
transcription [tʀɑ̃skʀipsjõ] *f* **1** JUR Eintragung *f*; **2 ~ *phonétique*** phonetische Umschrift, Transkription; Lautschrift *f*; **3** MUS Transkription *f*
transcrire [tʀɑ̃skʀiʀ] *v/t* ⟨→ écrire⟩ **1** *texte*, JUR übertragen; (*enregistrer*) eintragen; **2** LING transkribieren; PHON umschreiben; **3** MUS transkribieren; bearbeiten
transe [tʀɑ̃s] *f* **1** ***être dans les ~s*** Todesängste ausstehen; **2** SPIRITISME Trance *f*; ***entrer en ~*** in Trance kommen; *par ext* außer sich geraten
transept [tʀɑ̃sɛpt] *m* ARCH Querschiff *n*
transférer [tʀɑ̃sfeʀe] *v/t* ⟨-è-⟩ **1** *propriété*, *etc*, *fig sentiments* übertragen (**à** auf + *acc*); transferieren; **2** *siège d'une firme* verlegen; *dépouille mortelle* überführen; *prisonnier* überstellen
transfert [tʀɑ̃sfɛʀ] *m* **1** JUR, PSYCH Übertragung *f*; ÉCON, SPORTS Transfer *m*; **2** *du siège d'une firme* Verlegung *f*; *d'une dépouille mortelle* Überführung *f*; *d'un prisonnier* Überstellung *f*; **~ *de populations*** Umsiedlung *f*
transfigurer [tʀɑ̃sfigyʀe] *v/t* verklären
transformable [tʀɑ̃sfɔʀmabl(ə)] *adj* umwandelbar
transformateur [tʀɑ̃sfɔʀmatœʀ] *m* Transformator *m*; Umspanner *m*
transformation [tʀɑ̃sfɔʀmasjõ] *f* **1** Umwandlung *f*; Verwandlung *f*; Umgestaltung *f*; TECH (Weiter)Verarbeitung *f*; Veredelung *f*; CONSTR **~*s*** *pl* Umbau *m*; **2** ÉLECT Transformierung *f*; ***station f de ~*** Umspannwerk *n*
▸ **transformer** [tʀɑ̃sfɔʀme] **I** *v/t* **1** verändern; verwandeln, umwandeln (***en*** in + *acc*); *choses a* umformen; umgestalten; *maison* umbauen; *matières premières* (weiter)verarbeiten; RUGBY *essai* verwandeln; **2** ÉLECT transformieren; **II** *v/pr* ***se ~*** sich verwandeln (***en*** in + *acc*)
transfuge [tʀɑ̃sfyʒ] *m* Überläufer *m*
transfuser [tʀɑ̃sfyze] *v/t sang* übertragen; **~ *qn*** j-m Blut übertragen
transfusion [tʀɑ̃sfyzjõ] *f* **~ (*sanguine*)** Blutübertragung *f*; (Blut)Transfusion *f*
transgénique [tʀɑ̃sʒenik] *adj* gentechnisch verändert; *sc* transgen; ***maïs m ~*** Genmais *m*
transgresser [tʀɑ̃sgʀese] *v/t* übertreten; verstoßen gegen; zuwiderhandeln (+ *dat*)
transhumance [tʀɑ̃zymɑ̃s] *f* Almauftrieb *m*
transi [tʀɑ̃zi] *adj* ⟨**~e**⟩ **1 ~ (*de froid*)** starr, steif vor Kälte; **2** *amoureux* zaghaft
transiger [tʀɑ̃ziʒe] *v/i* ⟨-ge-⟩ e-n Kompromiss schließen; ***ne pas ~ sur qc*** es sehr genau nehmen mit etw
transistor [tʀɑ̃zistɔʀ] *m* **1** ÉLECTRON Transistor *m*; **2** RAD Transistorgerät *n*; Kofferradio *n*
transit [tʀɑ̃zit] *m* Transit *m*; ***passagers m/pl en ~*** Transitreisende(n) *m/pl*
transiter [tʀɑ̃zite] **I** *v/t marchandises* im Transit(verkehr) befördern; **II** *v/i voyageurs* durchreisen; **~ *par*** reisen, *en avion* fliegen über
transitif [tʀɑ̃zitif] *adj* ⟨-ive [-iv]⟩ transitiv; zielend
transition [tʀɑ̃zisjõ] *f* Übergang *m*; LITTÉRATURE, MUS *a* Überleitung *f*
transitoire [tʀɑ̃zitwaʀ] *adj* Übergangs…
translucide [tʀɑ̃slysid] *adj* durchscheinend; lichtdurchlässig
transmettre [tʀɑ̃smɛtʀ(ə)] ⟨→ mettre⟩ **I** *v/t* weitergeben, -leiten (***qc à qn*** etw an j-n); *message* übermitteln (j-m etw); *droit*, *pouvoirs*, *biens*, PHYS *mouvement*, RAD übertragen; BIOL vererben; **~ *une maladie à qn*** j-n mit e-r Krankheit anstecken; e-e Krankheit auf j-n übertragen; **II** *v/pr* ***se ~*** übertragen werden; ***se ~ héréditairement*** sich vererben
transmissible [tʀɑ̃smisibl(ə)] *adj* übertragbar (*a maladie*); BIOL vererblich
transmission [tʀɑ̃smisjõ] *f* **1** Übertragung *f* (*a* JUR, PHYS, MÉD); BIOL Vererbung *f*; *d'un message* Übermittlung *f*;

T

de connaissances Weitergabe *f*; **~ *de pensée*** Gedankenübertragung *f*; **2** TECH Transmission *f*; Antrieb *m*; **3** MIL **~*s*** *pl* Fernmeldetruppe *f*
transmutation [tʀɑ̃smytasjɔ̃] *f* Um-, Verwandlung *f*
transparaître [tʀɑ̃spaʀɛtʀ(ə)] *st/s v/i* ⟨→ connaître⟩ **1** **~ *à travers qc*** durch etw scheinen; **2** *fig* ***laisser*** **~** erkennen lassen
transparence [tʀɑ̃spaʀɑ̃s] *f* Durchsichtigkeit *f*; Transparenz *f* (*a* POL, ÉCON); *regarder qc* ***par*** **~** gegen das Licht
transparent [tʀɑ̃spaʀɑ̃] **I** *adj* ⟨-ente [-ɑ̃t]⟩ **1** durchsichtig; transparent; **2** *fig intentions, etc* durchsichtig; leicht durchschaubar; **II** *m* Folie *f* (für Tageslichtprojektor)
transpercer [tʀɑ̃spɛʀse] *v/t* ⟨-ç-⟩ **1** (*percer*) durchbohren; *fig cœur* zerreißen; **2** *froid* **~ *qn*** j-n durchdringen; *pluie* **~ *les vêtements*** durch die Kleidung dringen
transpiration [tʀɑ̃spiʀasjɔ̃] *f* Schwitzen *n*; (*sueur*) Schweiß *m*
transpirer [tʀɑ̃spiʀe] *v/i* **1** schwitzen; **2** *fig secret, nouvelle* durchsickern
transplant [tʀɑ̃splɑ̃] *m* Transplantat *n*
transplant|ation [tʀɑ̃splɑ̃tasjɔ̃] *f* Verpflanzung *f*; MÉD *a* Transplantation *f*; **~*er*** [-e] *v/t* verpflanzen; MÉD *a* transplantieren; *personnes a* umsiedeln
▸ **transport** [tʀɑ̃spɔʀ] *m* **1** Transport *m*; Beförderung *f*; ***transport de marchandises, de voyageurs*** Güter-, Personenbeförderung *f*, -transport *m*; **2** ***transports*** *pl* Verkehrsmittel *n/pl*; *par ext* Verkehr *m*; ***transports publics*** öffentliche Verkehrsmittel; ***transports routiers*** Lkw-Verkehr *m*; ▸ ***transports en commun*** öffentliche Verkehrsmittel; Massenverkehrsmittel *n/pl*; **3** *litt ou plais* ***transports amoureux*** Leidenschaft *f*; ***transports de colère*** Zornesausbruch *m*; ***transports de joie*** Freudentaumel *m*; **4** ***transport au cerveau*** Gehirnschlag *m*
transportable [tʀɑ̃spɔʀtabl(ə)] *adj* transportabel; *malade* transportfähig
transporté [tʀɑ̃spɔʀte] *adj* ⟨~e⟩ **~ *d'admiration*** hingerissen; ***être* ~ *de joie*** vor Freude außer sich sein
▸ **transporter** [tʀɑ̃spɔʀte] **I** *v/t* **1** befördern; transportieren (*a malade*); **2** *fig* **~ *à une autre époque*** in e-e andere Zeit versetzen; **II** *v/pr* ***se* ~ *sur les lieux*** sich an Ort und Stelle begeben
transporteur [tʀɑ̃spɔʀtœʀ] *m* **1** Spediteur *m*; Transportunternehmer *m*; **2** TECH Förderanlage *f*
transposer [tʀɑ̃spoze] *v/t* **1** umsetzen; umgestalten; **2** MUS transponieren
transsexuel [tʀɑ̃ssɛksɥɛl] *adj* ⟨~le⟩ transsexuell
transsibérien [tʀɑ̃ssibeʀjɛ̃] *m* Transsibirische Eisenbahn
transvaser [tʀɑ̃svaze] *v/t* umfüllen
transversal [tʀɑ̃svɛʀsal] **I** *adj* ⟨~e; aux [-o]⟩ Quer…; **II** *f* **~*e*** *du but* Querlatte *f*; *passe* Querpass *m*; **~*ement*** [-mɑ̃] *adv* quer
trapèze [tʀapɛz] *m* MATH, SPORTS Trapez *n*
trapéziste [tʀapezist] *m,f* Trapezkünstler(in) *m(f)*
trappe [tʀap] *f* **1** *dans un plancher* Falltür *f*; Klappe *f*; THÉ Versenkung *f*; **2** CH Fallgrube *f*
trappeur [tʀapœʀ] *m* Trapper *m*
trapu [tʀapy] *adj* ⟨~e⟩ **1** *personne* untersetzt; stämmig; **2** *bâtiment* massig; wuchtig
traquenard [tʀaknaʀ] *m* CH, *fig* Falle *f*
traquer [tʀake] *v/t* **1** CH *animal* treiben; umstellen; **2** *fig* hetzen; jagen
traumatisant [tʀomatizɑ̃] *adj* ⟨-ante [-ɑ̃t]⟩ traumatisch
traumatiser [tʀomatize] *v/t* schocken; ***être traumatisé*** e-n Schock, ein Trauma erleiden
traumatisme [tʀomatism(ə)] *m* **1** MÉD Verletzung *f*; **~ *crânien*** Schädelverletzung *f*; **2** PSYCH Trauma *n*; Schock *m*
traumatologie [tʀomatɔlɔʒi] *f* Unfallchirurgie *f*
▸ **travail** [tʀavaj] *m* ⟨-aux [-o]⟩ **1** *sg* Arbeit *f*; **~ *à la chaîne*** Fließbandarbeit *f*; **~ *à temps partiel, à plein temps*** Teilzeit-, Ganztagsarbeit *f*, -beschäftigung *f*; **~ *au noir*** Schwarzarbeit *f*; **~ *des enfants*** Kinderarbeit *f*; **~ *en équipe*** *ou* ***d'équipe*** Teamarbeit *f*, -work *n*; ***aller au* ~** zur Arbeit gehen; ***demander beaucoup de* ~** viel Arbeit erfordern, kosten; *iron* ***c'est du beau ~!*** das ist ja e-e schöne Bescherung!; ***se mettre au* ~** sich an die Arbeit machen; an die Arbeit gehen; **2** *pl* ***travaux*** Arbei-

T

ten *f/pl*; CONSTR Bauarbeiten *f/pl*; UNIVERSITÉ ***travaux dirigés*** (*abr* ***T.D.***) (Seminar)Übungen *f/pl*; ***travaux publics*** Tiefbau *m*; Bauarbeiten der öffentlichen Hand; *fig* ***travaux d'approche*** Annäherungsversuche *m/pl*; **3** (*déformation*) *du bois, etc* Arbeiten *n*; **4** *de l'or, du verre, etc* Bearbeitung *f*; **5** MÉD ***salle** f **de ~*** Kreißsaal *m*; ***femme** f **en ~*** Gebärende *f*

▸ **travailler** [tʀavaje] **I** *v/t* **1** *matériau* bearbeiten; *pâte* (durch)kneten; **2** *style* durch-, ausfeilen; **3** MUS *morceau* (ein)üben; SPORTS trainieren; ***~ ses mathématiques*** Mathematik lernen, F büffeln; **4** ***~ qn*** (*influencer*) j-n bearbeiten; (*tourmenter*) j-m keine Ruhe lassen; *pensée a* j-n umtreiben; **II** *v/t/indir* **5** ***~ à qc*** *à un ouvrage* an etw (*dat*) arbeiten; *pour un résultat* auf etw (*acc*) hinarbeiten; **III** *v/i* **6** arbeiten; tätig sein; (*exercer un métier*) *a* berufstätig sein; beschäftigt sein (***chez*** bei); *élève* ***il travaille bien*** er lernt gut; **7** *bois, fig imagination* arbeiten; ***faire ~ son argent*** sein Geld arbeiten lassen

travailleur [tʀavajœʀ] **I** *m* Arbeiter *m*; Erwerbs-, Berufs-, Werktätige(r) *m*; ***~ indépendant*** Selbstständige(r) *m*; ***~ manuel*** Handarbeiter *m*; ***~ social*** Sozialarbeiter *m*; **II** *adj* ‹-euse [-øz]› fleißig; arbeitsam

travailleuse [tʀavajøz] *f* **1** Arbeiterin *f*; **2** COUT Nähtisch *m*

travailliste [tʀavajist] **I** *adj* Labour…; ***parti** m **~*** Labour Party *f*; **II** *m,f* Mitglied *n* der Labour Party

travée [tʀave] *f* **1** ARCH Joch *n*; **2** (*rangée*) Reihe *f*

traveller's chèque [tʀavlœʀ(s)ʃɛk] *m* Reise-, Travellerscheck *m*

travelling [tʀavliŋ] *m* Fahraufnahme *f*; Kamerafahrt *f*

travelo [tʀavlo] F *m* Transvestit *m*

travers [tʀavɛʀ] **I** *prép et adv* **1** ▸ ***à travers qc** ou **au travers de qc*** durch etw (hindurch); *fig* ***passer au travers*** darum herumkommen; **2** ***de travers*** schief; schräg; *fig comprendre, faire qc* verkehrt; falsch; ***avaler de travers*** sich verschlucken; ***marcher de travers*** schwanken; torkeln; ***regarder qn de travers*** j-n schief, *p/fort* böse ansehen; **3** ***en travers*** quer; ***en travers de qc*** quer über etw (*dat ou acc*); *fig* ***se mettre en travers de qc*** sich e-r Sache (*dat*) in den Weg stellen; **II** *subst* **1** *m* (*défaut*) kleiner Fehler, Mangel; Schwäche *f*; **2** *m/pl* ***travers de porc*** Spareribs *pl*; Schälrippchen *n/pl*

traverse [tʀavɛʀs] *f* **1** CH DE FER Schwelle *f*; **2** CONSTR Querbalken *m*; **3** ***chemin** m **de ~*** Abkürzung *f*

▸ **traversée** [tʀavɛʀse] *f* Überquerung *f*; Durchquerung *f*; *en véhicule a* (Durch)Fahrt *f* (***de*** durch); *en bateau a* (Über)Fahrt *f* (über + *acc*); *en avion a* Flug *m* (über + *acc*); *fig* ***~ du désert*** Durststrecke *f*

▸ **traverser** [tʀavɛʀse] *v/t* **1** *rue, pont, mer, rivière, montagne* überqueren; *ville, pays, désert* durchqueren; *frontière* überschreiten; *à pied a* gehen über (+ *acc*) *ou* durch; *véhicule a* fahren über (+ *acc*) *ou* durch; durchfahren; *avion a* fliegen über (+ *acc*); überfliegen; ***~ la foule*** sich durch die Menge drängen; **2** (*transpercer*) durchdringen; dringen durch; **3** *fig une idée* ***lui traversa l'esprit*** ging, fuhr, schoss ihm durch den Kopf; **4** *crise* durchmachen

traversier [tʀavɛʀsje] *adj* ‹-ière [-jɛʀ]› ***flûte traversière*** Querflöte *f*

traversin [tʀavɛʀsɛ̃] *m* Schlummer-, Nackenrolle *f*

travesti [tʀavɛsti] *m* Transvestit *m*

travestir [tʀavɛstiʀ] **I** *v/t vérité, etc* entstellen; **II** *v/pr* ***se ~*** sich verkleiden (***en*** als)

traviole [tʀavjɔl] F ***de ~*** schief

trayeuse [tʀɛjøz] *f* Melkmaschine *f*

trébuchant [tʀebyʃɑ̃] *adj* ‹-ante [-ɑ̃t]› ***espèces sonnantes et ~es*** klingende Münze

trébucher [tʀebyʃe] *v/i* stolpern (*a fig*) (***sur** ou **contre*** über + *acc*)

trébuchet [tʀebyʃɛ] *m* Feinwaage *f*

trèfle [tʀɛfl(ə)] *m* **1** BOT Klee *m*; ***~ à quatre feuilles*** vierblättriges Kleeblatt; **2** *aux cartes* Kreuz *n*; Treff *n*

tréfonds [tʀefõ] *m poét* ***le ~ de l'âme*** das Innerste der Seele

treillage [tʀɛjaʒ] *m* Gitter-, Lattenwerk *n*

treille [tʀɛj] *f* Weinlaube *f*; *plais* ***le jus de la ~*** der Rebensaft

treillis [tʀɛji] *m* **1** TEXT Drillich *m*; *vêtement* Drillichanzug *m*; **2** Gitter(werk) *n*; **~ (*métallique*)** Drahtgitter *n*

▸ **treize** [tʀɛz] **I** *num/c* dreizehn; ***Louis XIII*** Ludwig XIII. (der Dreizehnte); ***vendredi ~*** Freitag der Dreizehnte *ou* am Freitag dem Dreizehnten; *huîtres* ***~ à la douzaine*** dreizehn Stück für den Preis von zwölf; **II** *m* ⟨*inv*⟩ Dreizehn *f*; ***le ~*** **(*du mois*)** der Dreizehnte *ou* am Dreizehnten (des Monats)

▸ **treizième** [tʀɛzjɛm] *num/o* dreizehnte

trekking [tʀekiŋ] *m* Trekking *n*

tréma [tʀema] *m* Trema *n*

tremble [tʀɑ̃bl(ə)] *m* Espe *f*; Zitterpappel *f*

tremblement [tʀɑ̃bləmɑ̃] *m* **1** Zittern *n*; ▸ ***tremblement de terre*** Erdbeben *n*; **2** F ***... et tout le tremblement*** ... und alles Übrige

▸ **trembler** [tʀɑ̃ble] *v/i* **1** zittern; *jambes a* schlottern; *terre* beben; *vitres a* klirren; *lumière, flamme* flackern; ***~ de froid, de peur*** vor Kälte, vor Angst zittern; ***faire ~ les vitres*** die Scheiben erzittern lassen; **2** *fig* zittern (***devant qn*** vor j-m); ***~ pour qn*** um j-n bangen, zittern

trembloter [tʀɑ̃blɔte] *v/i* zittern

trémie [tʀemi] *f* TECH Trichter *m*

trémière [tʀemjɛʀ] *adj* ***rose f ~*** Stockrose *f*

trémolo [tʀemɔlo] *m* MUS Tremolo *n*; *fig* ***avec des ~s dans la voix*** mit tremolierender Stimme

trémousser [tʀemuse] *v/pr* ***se ~*** sich in den Hüften wiegen

trempe [tʀɑ̃p] *f* **1** *de l'acier* Härten *n*; **2** *fig* Art *f*; Schlag *m*; Kaliber *n*; **3** F (*volée de coups*) F Keile *f*; F Dresche *f*

trempé [tʀɑ̃pe] *adj* ⟨~e⟩ **1** (*mouillé*) durchnässt; nass; **2** *st/s* ***caractère bien ~*** sehr fester Charakter

tremper [tʀɑ̃pe] **I** *v/t* **1** *vêtements* durchnässen; *pieds, éponge* eintauchen, *croissant* tunken (***dans*** in + *acc*); ***~ ses lèvres dans le vin*** am Wein nippen; ***se faire ~*** nass werden; **2** *acier* härten; **II** *v/i* **3** ***faire ~*** *linge, pain* einweichen; *légumes secs a* wässern; quellen lassen; **4** *fig personne* ***~ dans qc*** in etw (*acc*) verwickelt sein

trempette [tʀɑ̃pɛt] *f* ***faire ~*** kurz ins Wasser gehen

tremplin [tʀɑ̃plɛ̃] *m* Sprungbrett *n* (*a fig*); SKI Sprungschanze *f*

trentaine [tʀɑ̃tɛn] *f* **1** ***une ~*** **(*de*)** etwa, ungefähr, rund dreißig; **2** *âge* Dreißig *f*; Dreißiger(jahre) *n/pl*

▸ **trente** [tʀɑ̃t] **I** *num/c* dreißig; ***le ~ mai*** der dreißigste *ou* am dreißigsten Mai; **II** *m* ⟨*inv*⟩ Dreißig *f*; F *fig* ***se mettre sur son ~ et un*** F sich in Schale werfen

trente-six **I** *num/c* **1** sechsunddreißig; **2** F (*grande quantité*) Dutzende (von); F zig; **II** *m fig* ***tous les ~ du mois*** alle Jubeljahre

trente-trois *num/c* dreiunddreißig; *subst* ***un ~ tours*** e-e Langspielplatte

▸ **trentième** [tʀɑ̃tjɛm] **I** *num/o* dreißigste; **II** *subst* **1** ***le, la ~*** der, die, das Dreißigste; **2** *m* MATH Dreißigstel *n*

trépaner [tʀepane] *v/t* den Schädel aufbohren (***qn*** j-m)

trépas [tʀepɑ] *m litt* Hinscheiden *n*

trépassés [tʀepɑse] *m/pl litt* ***les ~*** die Verstorbenen *pl*

trépidant [tʀepidɑ̃] *adj* ⟨-ante [-ɑ̃t]⟩ schnell; wirbelnd; ***vie ~e*** hektisches Leben; Hektik *f*

trépidations [tʀepidasjõ] *f/pl* Vibrieren *n*; Erschütterungen *f/pl*

trépied [tʀepje] *m* Dreifuß *m*

trépigner [tʀepiɲe] *v/i* trampeln; mit den Füßen stampfen

▸ **très** [tʀɛ] *adv* sehr; ***~ intéressant*** sehr interessant; hochinteressant; ***être ~ en avance sur son temps*** s-r Zeit weit voraus sein; ***avoir ~ faim*** großen Hunger haben; sehr hungrig sein

Très-Haut [tʀɛo] *m* ***le ~*** der Allerhöchste

▸ **trésor** [tʀezɔʀ] *m* **1** Schatz *m* (*a fig*); *d'un musée* Schatzkammer *f*; ***~s artistiques*** Kunstschätze *m/pl*; **2** *fig* ***des ~s de patience*** unerschöpfliche Geduld; **3** *terme d'affection* ***mon ~*** (mein) Schatz; **4** ♀ **(*public*)** Staatskasse *f*; Fiskus *m*

⚠ **trésor**	≠	**Tresor**
le trésor	=	der Schatz
der Tresor	=	le coffre-fort

trésorerie [tʀezɔʀʀi] *f* **1** ADM Finanzverwaltung *f*; **2** *d'une entreprise* flüssige Mittel *n/pl*; ***difficultés*** *f/pl* ***de ~*** Liquiditätsengpass *m*

T

trésor|ier [tʀezɔʀje] *m*, **~ière** [-jɛʀ] *f* Kassenwart *m*; Schatzmeister *m*
tressaillement [tʀesajmɑ̃] *m* Zusammenzucken *n*; Schau(d)er *m*
tressaillir [tʀesajiʀ] *v/i* ⟨→ assaillir⟩ zusammenzucken; erschauern (**de joie** vor Freude)
tressauter [tʀesote] *v/i* **1** (*sursauter*) zusammenzucken; auffahren; **2** (*être secoué*) hin und her geschüttelt werden
tresse [tʀɛs] *f* **1** (*natte*) Zopf *m*; **2** (*galon*) Tresse *f*; Litze *f*
tresser [tʀese] *v/t* flechten
tréteau [tʀeto] *m* ⟨~x⟩ **1** TECH Bock *m*; **2** THÉ HIST **~x** *pl* Gerüstbühne *f*
treuil [tʀœj] *m* (Seil)Winde *f*
trêve [tʀɛv] *f* **1** MIL Waffenruhe *f*; **2** *fig* Ruhe(pause) *f*; **~ de plaisanteries!** Scherz beiseite!; **sans ~** (**ni repos**) rastlos; pausenlos
Trèves [tʀɛv] Trier *n*
trévise [tʀeviz] *f* Radicchio *m*
tri [tʀi] *m* (Aus)Sortieren *n*; **faire un ~** e-e Auswahl treffen (**parmi** unter + *dat*); sieben (+ *acc*); **faire le ~ de qc** etw (aus)sortieren
triage [tʀijaʒ] *m* **gare** *f* **de ~** Rangierbahnhof *m*
triangle [tʀijɑ̃gl(ə)] *m* **1** MATH, *fig* Dreieck *n*; **en ~** dreieckig; Dreieck(s)…; **2** MUS Triangel *m*
triangulaire [tʀijɑ̃gylɛʀ] *adj* **1** dreieckig; **2** *fig élection* mit drei Kandidaten
triathlon [tʀiatlõ] *m* Triathlon *n*; ATHLÉTISME Dreikampf *m*
tribal [tʀibal] *adj* ⟨~e; -aux [-o]⟩ Stammes…
tribord [tʀibɔʀ] *m* Steuerbord *n*
tribu [tʀiby] *f* **1** (Volks)Stamm *m*; **2** *iron ou péj* Sippe *f*
tribulations [tʀibylasjõ] *f/pl* Widerwärtigkeiten *f/pl*; Missgeschicke *n/pl*
tribun [tʀibɛ̃, -bœ̃] *m* (Volks)Tribun *m*
▸ **tribunal** [tʀibynal] *m* ⟨-aux [-o]⟩ Gericht *n*; **~ de commerce** Handelsgericht *n*; **~ d'instance** Amtsgericht *n*; **~ de grande instance** Landgericht *n*
tribune [tʀibyn] *f* **1** (Redner-, Zuschauer)Tribüne *f*; **2** *fig* Meinungsforum *n*; **~ libre** Kommentare *m/pl*
tribut [tʀiby] *m* HIST, *fig* Tribut *m*
tributaire [tʀibytɛʀ] *adj* **~ de** angewiesen auf (+ *acc*); abhängig von
tricentenaire [tʀisɑ̃tnɛʀ] *m* dreihundertster Jahrestag
triche [tʀiʃ] F *f* Schiebung *f*; F Mogelei *f*
▸ **tricher** [tʀiʃe] **I** *v/i* betrügen; F mogeln; F schummeln; *au jeu a* falsch spielen; **II** *v/t/indir* **~ sur son âge**, *etc* ein falsches Alter *etc* angeben
trich|erie [tʀiʃʀi] *f* Betrug *m*; F Mogelei *f*; F Schummelei *f*; *au jeu a* Falschspielen *n*; **~eur** [-œʀ] *m*, **~euse** [-øz] *f* Betrüger(in) *m(f)*; F Mogler(in) *m(f)*; *au jeu a* Falschspieler(in) *m(f)*
trichine [tʀiʃin, -k-] *f* Trichine *f*
tricolore [tʀikɔlɔʀ] *adj* **1** blauweißrot; **drapeau** *m* **tricolore** Trikolore *f*; **l'équipe** *f* **tricolore** *ou* **les tricolores** *m/pl* die französische Nationalmannschaft; **2** (*de trois couleurs*) dreifarbig; ▸ **feux** *m/pl* **tricolores** (Verkehrs)Ampel *f*
tricorne [tʀikɔʀn] *m* Dreispitz *m*
tricostéril® [tʀikɔsteʀil] *m* Hansaplast® *n*
tricot [tʀiko] *m* **1 en ~** Strick…; **veste** *f* **en ~** Strickjacke *f*; **2** *vêtement* Strickjacke *f*; Pullover *m*; **~ de corps** (Herren)Unterhemd *n*; **3** *action* Stricken *n*; **faire du ~** stricken
▸ **tricoter** [tʀikɔte] *v/t et v/i* stricken
tricycle [tʀisikl(ə)] *m* Dreirad *n*
trident [tʀidɑ̃] *m* **1** *symbole* Dreizack *m*; **2** PÊCHE Fischspeer *m*
trièdre [tʀi(j)ɛdʀ(ə)] *adj* dreiflächig
triennal [tʀijɛnal] *adj* ⟨~e; -aux [-o]⟩ **1** (*tous les trois ans*) dreijährlich; **2** (*pour trois ans*) dreijährig
trier [tʀije] *v/t* **1** (*classer*) *papiers*, *etc* sortieren; sichten; **2** (*sélectionner*) aussortieren; *lentilles*, *etc* aus-, verlesen; *fig candidats* sieben; auswählen
trifouiller [tʀifuje] F *v/i* kramen; wühlen; stöbern
trigonométrie [tʀigɔnɔmetʀi] *f* Trigonometrie *f*
trijumeau [tʀiʒymo] *m* Trigeminus *m*
trilingue [tʀilɛ̃g] *adj* dreisprachig
trille [tʀij] *m* MUS Triller m; *d'un rossignol* **~s** *pl* Trillern *n*
trilobé [tʀilɔbe] *adj* ⟨~e⟩ **arc ~** Kleeblattbogen *m*
trilogie [tʀilɔʒi] *f* Trilogie *f*
trimaran [tʀimaʀɑ̃] *m* Trimaran *m*
trimbal(l)er [tʀɛ̃bale] F **I** *v/t* F mit sich herumschleppen; **II** *v/pr* **se ~ en ba-**

gnole F herumkutschieren
trimer [tʀime] *v/i* F schuften
▸ **trimestre** [tʀimɛstʀ(ə)] *m* **1** Vierteljahr *n*; Quartal *n*; ÉCOLE Trimester *n*; **2** *somme* vierteljährliche Zahlung
trimestriel [tʀimɛstʀijɛl] *adj* ⟨~le⟩ **1** (*tous les trois mois*) Vierteljahres…; **2** (*de trois mois*) dreimonatig
tringle [tʀɛ̃gl(ə)] *f* (Metall)Stange *f*; ***~ à rideaux*** Gardinenstange *f*
Trinité [tʀinite] *f* Dreifaltigkeit *f*; Dreieinigkeit *f*
trinquer [tʀɛ̃ke] *v/i* **1** (mit den Gläsern) anstoßen (***à*** auf + *acc*); **2** F *fig* (*écoper*) F es ausbaden müssen
trio [tʀijo] *m* **1** MUS Trio *n* (*instruments*); Terzett *n* (*chant*); **2** *personnes* Trio *n*; Kleeblatt *n*
triomphal [tʀijõfal] *adj* ⟨~e; -aux [-o]⟩ triumphal; ***accueil ~*** triumphaler, begeisterter Empfang; ***élection ~e*** großer Wahlerfolg
triomphal|ement [tʀijõfalmɑ̃] *adv accueillir* triumphal; im Triumph; *annoncer* triumphierend; ***~isme*** [-ism(ə)] *m* übertriebene Siegessicherheit
triomph|ant [tʀijõfɑ̃] *adj* ⟨-ante [-ɑ̃t]⟩ triumphierend; ***~ateur*** [-atœʀ] *m* Triumphator *m*
triomphe [tʀijõf] *m* Triumph *m*; glänzender Sieg *ou* Erfolg; ***cri m de ~*** Jubelschrei *m*; ***porter qn en ~*** j-n (im Triumph) auf den Schultern tragen
triompher [tʀijõfe] *v/i* **1** triumphieren (***de*** über + *acc*); ***faire ~ qc, qn*** e-r Sache, j-m zum Sieg verhelfen; **2** *acteur, chanteur* Triumphe feiern; **3** (*jubiler*) triumphieren; jubeln
trip [tʀip] *m d'un drogué* F Trip *m*
tripaille [tʀipɑj] F *f* Eingeweide *n/pl*
tripartite [tʀipaʀtit] *adj* Dreier…; *pacte* Dreimächte…; *gouvernement* Dreiparteien…
tripatouill|ages [tʀipatujaʒ] F *m/pl* Manipulationen *f/pl*; ***~er*** [-e] F *v/t texte* manipulieren; *compte* F frisieren
tripe [tʀip] *f* ***~s*** *pl* CUIS Kaldaunen *f/pl*; Kutteln *f/pl*; ZO Eingeweide *n/pl*; F *fig* ***avoir la ~ républicaine*** F Republikaner bis in die Knochen sein; F *fig* ***prendre qn aux ~s*** j-n im Innersten ergreifen
triperie [tʀipʀi] *f* Geschäft *n*, in dem Innereien verkauft werden
trip|ier [tʀipje] *m*, ***~ière*** [-jɛʀ] *f* Innereienhändler(in) *m(f)*, -geschäft *n*
triple [tʀipl(ə)] **I** *adj* dreifach; ***~ saut*** *m* Dreisprung *m*; **II** *subst* ***le ~*** das Dreifache; dreimal so viel
triplé [tʀiple] *m* **1** SPORTS Hattrick *m*; **2** TURF Dreierwette *f*
tripler [tʀiple] **I** *v/t* verdreifachen; **II** *v/i* sich verdreifachen
triplé(e)s [tʀiple] *m(f)pl* Drillinge *m/pl*
triporteur [tʀipɔʀtœʀ] *m* (Liefer)Dreirad *n*
tripot [tʀipo] *m péj* Spielhölle *f*
tripotages [tʀipɔtaʒ] F *m/pl* Machenschaften *f/pl*; F krumme Touren *f/pl*; ***~ électoraux*** Wahlmanipulationen *f/pl*
tripotée [tʀipɔte] *f* F Haufen *m*
tripoter [tʀipɔte] F **I** *v/t* herumspielen mit; F herumfummeln an (+ *dat*); *fruits* betasten; *femme* F begrapschen; F befummeln; **II** *v/i* **1** (*farfouiller*) herumwühlen (***dans*** in + *dat*); **2** (*trafiquer*) unsaubere Geschäfte machen
triptyque [tʀiptik] *m* **1** PEINT, SCULP Triptychon *n*; LITTÉRATURE Werk *n* in drei Teilen; **2** ADM Triptyk *n*
trique [tʀik] *f* Knüppel *m*; *fig* ***sec comme un coup de ~*** F klapperdürr
▸ **triste** [tʀist] *adj* **1** *personne, mine* traurig; betrübt; **2** *temps, paysage, etc* trist; trübselig; trostlos; *sort, nouvelle, film* traurig; ***dans un ~ état*** in e-m traurigen, beklagenswerten Zustand; **3** *péj* (*lamentable*) erbärmlich; armselig; traurig
tristement [tʀistəmɑ̃] *adv* traurig; ***se rendre ~ célèbre*** e-e traurige Berühmtheit erlangen
tristesse [tʀistɛs] *f* **1** Traurigkeit *f*; Trauer *f*; Betrübnis *f*; **2** *d'un paysage, etc* Trostlosigkeit *f*
tristounet [tʀistunɛ] F *adj* ⟨-ette [-ɛt]⟩ (etwas) traurig; *chose a* freudlos; trist
trithérapie [tʀiteʀapi] *f* MÉD Kombinationstherapie *f*
triton [tʀitõ] *m* **1** ZO Molch *m*; **2** MYTH ♀ Triton *m*
triturer [tʀityʀe] *v/t* zerreiben; zermalmen; *muscles* (durch)kneten; *mouchoir* zerknüllen; F *fig* ***se ~ la cervelle*** F sich das Hirn zermartern
trivial [tʀivjal] *adj* ⟨~e; -aux [-o]⟩ **1** (*grossier*) vulgär; ordinär; zotig; unanständig; **2** *litt* (*commun*) trivial
trivialité [tʀivjalite] *f* **1** Vulgarität *f*; Un-

T

anständigkeit *f*; *parole(s)* Zote *f*; **2** *litt* (*banalité*) Trivialität *f*

troc [tʀɔk] *m* Tausch *m*; ÉCON Tauschhandel *m*; ***faire du ~*** Tauschhandel treiben

troène [tʀɔɛn] *m* Liguster *m*

troglodyte [tʀɔglɔdit] *m* **1** Höhlenbewohner *m*; **2** ZO Zaunkönig *m*

trogne [tʀɔɲ] F *f* Gesicht *n*

trognon [tʀɔɲõ] **I** *m de pomme, de poire* Kerngehäuse *n*; F Griebs *m*; F Butzen *m*; *de chou, de salade* Strunk *m*; **II** *adj* ⟨*f inv*⟩ F süß; niedlich

troïka [tʀɔika] *f* Troika *f*, Dreigespann *n* (*a fig*)

▸ **trois** [tʀwa] **I** *num/c* drei; ***Henri III*** Heinrich III. (der Dritte); ***le ~ mai*** der dritte *ou* am dritten Mai; **II** *m* Drei *f*; Dreier *m*; ***le ~*** (***du mois***) der Dritte *ou* am Dritten (des Monats)

trois-huit [tʀwaɥit] *m/pl* ***faire les ~*** in drei Schichten arbeiten

▸ **troisième** [tʀwazjɛm] **I** *num/o* dritte; **II** *subst* **1** ***le, la ~*** der, die, das Dritte; **2** *m étage* ***au ~*** im dritten Stock; **3** *f* vierte Klasse im Gymnasium; Tertia *f*; **4** *f* AUTO dritter Gang

troisièmement [tʀwazjɛmmɑ̃] *adv* drittens

trois-mâts [tʀwamɑ] *m* Dreimaster *m*

trois-quarts [tʀwakaʀ] *m* RUGBY Dreiviertelspieler *m*

trois-quatre [tʀwakatʀ(ə)] *m* ⟨*inv*⟩ MUS Dreivierteltakt *m*

trolley(bus) [tʀɔlɛ(bys)] *m* Oberleitungsomnibus *m*; Trolleybus *m*; F Obus *m*

trombe [tʀõb] *f* ***~ d'eau*** Wolkenbruch *m*; *fig* ***arriver en ~*** angesaust kommen; *fig* ***passer en ~*** vorbeirasen

trombine [tʀõbin] F *f* Gesicht *n*

trombone [tʀõbɔn] *m* **1** *agrafe* Büroklammer *f*; **2** MUS Posaune *f*; *joueur* Posaunist *m*; ***~ à coulisse*** Zugposaune *f*

trompe [tʀõp] *f* **1** MUS Horn *n*; MAR ***~ de brume*** Nebelhorn *n*; ***~ de chasse*** Jagdhorn *n*; **2** ZO Rüssel *m*; *des insectes* Saugrüssel *m*; **3** ***~ d'Eustache*** Ohrtrompete *f*; eustachische Röhre; ***~ de Fallope, ~ utérine*** Eileiter *m*; Tube *f*

trompe-l'œil [tʀõplœj] *m* ⟨*inv*⟩ **1** ***décor m en ~*** perspektivisch gemalte Kulisse; **2** *fig* trügerischer Schein

▸ **tromper** [tʀõpe] **I** *v/t* täuschen; betrügen (*a son conjoint*); hintergehen; *vigilance de qn* überlisten; ***ça ne trompe pas*** das ist ein untrügliches Zeichen; *par ext* ***tromper la*** *ou* ***sa faim*** das Hungergefühl betäuben; **II** *v/pr* ▸ ***se tromper*** sich täuschen; (sich) irren; ***se tromper de date*** sich im Datum irren; ***se tromper de vingt euros*** sich um zwanzig Euro verrechnen; TÉL ***se tromper de numéro*** sich verwählen; ***se tromper de route*** den Weg verfehlen; sich verlaufen; *en voiture* sich verfahren; ***elle lui ressemble à s'y tromper*** sie sieht ihr täuschend ähnlich

tromperie [tʀõpʀi] *f* Betrug *m*; Täuschung *f*

trompette [tʀõpɛt] *f* Trompete *f*; *fig* ***nez m en ~*** Stülpnase *f*; F Himmelfahrtsnase *f*; ***jouer de la ~*** (auf der) Trompete blasen; trompeten

trompettiste [tʀõpetist] *m* Trompeter *m*

trompeur [tʀõpœʀ] *adj* ⟨-euse [-øz]⟩ trügerisch; täuschend; ***les apparences sont trompeuses*** der Schein trügt

▸ **tronc** [tʀõ] *m* **1** ***~*** (***d'arbre***) (Baum-) Stamm *m*; **2** *partie du corps* Rumpf *m*; **3** ÉGL Opferstock *m*; **4** ***~ commun*** gemeinsamer Teil; ÉCOLE gemeinsamer Grundlehrplan

tronche [tʀõʃ] *f* F (*figure*) F Visage *f*

tronçon [tʀõsõ] *m* **1** *de route* (Strecken)Abschnitt *m*; Teilstrecke *f*, -stück *n*; **2** *de qc de cylindrique* Stück *n*

tronçonn|er [tʀõsɔne] *v/t* (in Stücke) zersägen; ***~euse*** [-øz] *f* Kettensäge *f*

trône [tʀon] *m* Thron *m*

trôner [tʀone] *v/i* thronen (*a iron*)

tronqué [tʀõke] *adj* ⟨~e⟩ ***colonne ~e*** Säulenstumpf *m*; ***cône ~*** Kegelstumpf *m*

tronquer [tʀõke] *v/t texte* verstümmeln

▸ **trop** [tʀo] *adv* **1** zu viel; *avec adj et adv* zu; *avec verbe* zu sehr; zu viel; ***~ de*** (+ *subst*) zu viel (+ *sg*); zu viele (+ *pl*); ***bien, beaucoup ~ difficile*** viel zu schwierig; ***~ peu*** zu wenig; ***sans ~ de peine*** ohne allzu viel Mühe; ***j'ai ~ chaud*** es ist mir zu heiß; ***boire ~*** zu viel trinken; ***c'est ~*** das ist zu viel; ***de, en ~*** zu viel; ***avoir des kilos en ~*** überflüssige Pfunde haben; F ***manger de ~*** zu viel essen; ***se sentir de*** *ou* ***en ~*** sich überflüssig vorkommen; **2** (*très*) sehr; (*bien*) recht; ***ça ne me dit ~ rien, pas ~*** das reizt mich nicht besonders, sonderlich; ***vous êtes ~ aimable*** das ist sehr freundlich von Ihnen; ***je ne sais pas ~*** ich weiß nicht recht

trophée [tʀɔfe] *m* Trophäe *f*; ***~ de chasse*** Jagdtrophäe *f*

tropical [tʀɔpikal] *adj* ⟨~e; -aux [-o]⟩ tropisch; Tropen…; ***forêt ~e*** tropischer Regenwald

tropique [tʀɔpik] *m* **1** ***~s*** *pl* Tropen *pl*; ***sous les ~s*** in den Tropen; **2** *cercle* Wendekreis *m*

trop-perçu *m* ⟨trop-perçus⟩ zu viel erhobener Betrag

trop-plein *m* ⟨trop-pleins⟩ **1** ***le ~ des eaux*** das überschüssige Wasser; **2** TECH Überlauf *m*; **3** *fig* ***~ d'énergie*** überschäumende Kraft; ***épancher le ~ de son cœur*** sein übervolles Herz ausschütten

troquer [tʀɔke] *v/t* ***~ qc contre qc*** etw gegen etw tauschen; (*remplacer*) etw mit etw vertauschen

troquet [tʀɔkɛ] *m* F Kneipe *f*

trot [tʀo] *m* Trab *m*; ***course f de ~ attelé*** Trabrennen *n*; F *fig* ***allez, au ~!*** F dalli, dalli!

trotte [tʀɔt] *f* F ***ça fait une ~*** F es ist ein gutes Ende zu laufen

trotte-bébé *m* ⟨*inv*⟩ Lauflerngerät *n*

trotter [tʀɔte] **I** *v/i* **1** *cheval* traben; **2** *par ext souris* huschen; *enfant* laufen; *personne* traben; herumlaufen; **3** *fig une idée, un air* ***lui trotte dans la tête*** geht ihm nicht aus dem Kopf

trott|eur [tʀɔtœʀ] *m* **1** *cheval* Traber *m*; **2** *chaussure* Trotteur(schuh) *m*; ***~euse*** [-øz] *f* Sekundenzeiger *m*

trottin|er [tʀɔtine] *v/i* trippeln; trappeln (*a âne*); ***~ette*** [-ɛt] *f* (Kinder)Roller *m*

▸ **trottoir** [tʀɔtwaʀ] *m* Geh-, Bürgersteig *m*; Trottoir *n*; ***~ roulant*** Roll-, Fahrsteig *m*; F ***faire le ~*** F auf den Strich gehen

▸ **trou** [tʀu] *m* **1** Loch *n*; *d'une aiguille* (Nadel)Öhr *n*; AVIAT ***~ d'air*** Luftloch *n*; F ***~s de nez*** Nasenlöcher *n/pl*; ***~ du souffleur*** Souffleurkasten *m*; F *fig* ***être au ~*** (*en prison*) F (im Loch) sitzen; F *fig* ***faire son ~*** es zu etwas bringen; **2** *fig* Lücke *f*; Loch *n* (*a dans un budget*); ***~ de mémoire*** Gedächtnislücke *f*; **3** F ***~*** (***perdu***) F gottverlassenes Nest; F Kaff *n*

troubadour [tʀubaduʀ] *m* Troubadour *m*

troublant [tʀublɑ̃] *adj* ⟨-ante [-ɑ̃t]⟩ **1** verwirrend; *ressemblance* verblüffend; *détail* störend; **2** (*sensuel*) verführerisch; aufregend

trouble[1] [tʀubl(ə)] *adj* **1** *liquide* trüb(e); ***j'ai la vue ~, je vois ~*** mir verschwimmt alles vor den Augen; **2** *fig* dunkel; undurchsichtig; *désirs* uneingestanden

trouble[2] *m* **1** (*inquiétude*) Verwirrung *f*; **2** POL ***~s*** *pl* Unruhen *f/pl*; **3** MÉD Störung *f*; ***~s*** *pl a* Beschwerden *f/pl*; ***~s respiratoires*** Atembeschwerden *f/pl*; ***~s de la vue*** Sehstörungen *f/pl*

troublé [tʀuble] *adj* ⟨~e⟩ **1** *personne, esprit* verwirrt; durcheinander; **2** *époque* unruhig

trouble-fête [tʀubləfɛt] *m* ⟨*inv*⟩ Störenfried *m*; Spielverderber *m*

troubler [tʀuble] **I** *v/t* **1** *eau* trüben; **2** *sommeil, ordre public* stören; *raison* trüben; *personne* in Verwirrung bringen; verwirren (*a sensuellement*); verunsichern; **II** *v/pr* ***se ~*** *personne* unsicher werden; in Verwirrung geraten

trouée [tʀue] *f* Lücke *f*; Schneise *f*; ***la ~ de Belfort*** die Burgundische Pforte

trouer [tʀue] **I** *v/t vêtement* ein Loch *ou* Löcher machen in (+ *acc*); **II** *v/pr* ***se ~*** Löcher bekommen

troufion [tʀufjõ] F *m* einfacher Soldat

trouillard [tʀujaʀ] F **I** *adj* ⟨-arde [-aʀd]⟩ ängstlich; **II** ***~(e)*** *m(f)* F Angsthase *m*

trouille [tʀuj] F *f* ***avoir la ~*** Angst, F Bammel, P Schiss haben

troupe [tʀup] *f* **1** (*groupe*) Gruppe *f*; Schar *f*; Trupp *m*; **2** ***~ (de comédiens)*** Theatertruppe *f*; Ensemble *n*; **3** MIL Truppe *f*; ***~s*** *pl* Truppen *pl*

▸ **troupeau** [tʀupo] *m* ⟨~x⟩ Herde *f* (*a fig*)

trousse [tʀus] *f* **1** ***~ (d'écolier)*** Federmäppchen *n*; Schüleretui *n*; ***~ à couture*** Nähetui *n*; ***~ de médecin*** Bestecktasche *f*; ***~ de toilette, de voyage*** Kulturbeutel *m*; Reisenecessaire *n*; **2** ***être aux ~s de qn*** j-m auf den Fersen sein

trousseau [tʀuso] *m* ⟨~x⟩ **1** ***~ de clés*** Schlüsselbund *m ou n*; **2** *d'une mariée* Aussteuer *f*; *pour un internat* Wäscheausstattung *f*

trousser [tʀuse] *v/t* **1** CUIS *volaille* zusammenbinden; **2** *compliment* drechseln

trouvaille [tʀuvaj] *f* **1** glücklicher Fund; COMM F Schnäppchen *n*; **2** (*idée originale*) guter Einfall; Geistesblitz *m*

trouvé [tʀuve] *adj* ⟨~e⟩ **1** ***enfant ~*** Findelkind *n*; ***objet ~*** Fundsache *f*; (***bureau*** *m* ***des***) ***objets ~s*** Fundbüro *n*; **2** *formule* ***bien ~e*** treffend; *la solution* ***est toute ~e*** bietet sich von selbst an

▸ **trouver** [tʀuve] **I** *v/t* **1** (*découvrir*) finden; auffinden; ausfindig machen; herausfinden; *abs* ***j'ai trouvé!*** ich hab's!; ***trouver du travail*** Arbeit finden; ***trouver du plaisir à*** (+ *inf*) Freude daran finden zu (+ *inf*); ***aller trouver qn*** j-n aufsuchen; zu j-m gehen; ***il n'a pas encore trouvé à se loger*** er hat noch keine Bleibe gefunden; **2** (*rencontrer*) finden; vorfinden; antreffen; ***trouver la mort*** den Tod finden, ums Leben kommen (***dans un accident*** bei e-m Unfall); ***trouver la maison vide*** das Haus leer (vor)finden; ***trouver la porte fermée*** vor verschlossener Tür stehen; F ***trouver à qui parler*** (gerade) an den Richtigen kommen; **3** (*juger*) ~ (+ *adj*) finden (+ *adj*); halten für (+ *adj*); ***trouver que …*** finden, dass …; ***comment trouvez-vous cela?*** wie finden Sie das?; ***je ne trouve pas cela très bien de sa part*** ich finde das nicht sehr schön von ihm; ***je ne lui trouve pas bonne mine*** ich finde, er sieht nicht gesund aus; **II** *v/pr* **4** (*être*) ▸ ***se trouver*** sich befinden; sein; ***c'est là que se trouve la difficulté*** darin liegt die Schwierigkeit; *votre nom* ***ne se trouve pas sur cette liste*** steht nicht auf dieser Liste; **5** (*se sentir*) ***se trouver bien*** sich wohl fühlen; ***se trouver mal*** ohnmächtig werden; **6** (*se croire*) ***se trouver laid***, *etc* sich hässlich *etc* finden; **7** (*arriver*) *st/s* ***il se trouve que …*** es trifft sich, dass …; F ***si ça se trouve*** womöglich; **8** ***se trouver*** (+ *p/p*) werden; ***se trouver puni*** bestraft werden; ***se trouver attrapé*** hereinfallen

trouvère [tʀuvɛʀ] *m* (nordfranzösischer) Minnesänger

truand [tʀyɑ̃] *m* Ganove *m*

truander [tʀyɑ̃de] F **I** *v/t* F übers Ohr hauen; **II** *v/i* F mogeln

trublion [tʀyblijõ] *m* Unruhestifter *m*

▸ **truc** [tʀyk] *m* **1** F (*astuce*) Kniff *m*; Trick *m*; F Dreh *m*; **2** CIN Trick *m*; **3** F (*chose*) Sache *f*; Ding *n*; F Dings(da, -bums) *n*; F *péj* Zeug *n*; F ***c'est pas mon ~*** F das ist nicht mein Fall

trucage → ***truquage***

truchement [tʀyʃmɑ̃] *m* ***par le ~ de qn*** über j-n; durch j-n; durch j-s Vermittlung

trucider [tʀyside] *iron v/t* umbringen

truculent [tʀykylɑ̃] *adj* ⟨-ente [-ɑ̃t]⟩ urwüchsig

truelle [tʀyɛl] *f* (Maurer)Kelle *f*

truffe [tʀyf] *f* **1** BOT, CUIS Trüffel *f*; **2** ~ (***en chocolat***) (Schokolade)Trüffel *f*; **3** *du chien* Nase *f*

truffé [tʀyfe] *adj* ⟨~e⟩ **1** CUIS getrüffelt; Trüffel…; **2** *fig* gespickt (***de*** mit)

truie [tʀɥi] *f* (Zucht)Sau *f*

▸ **truite** [tʀɥit] *f* Forelle *f*

trumeau [tʀymo] *m* ⟨~x⟩ **1** ARCH Mittelpfosten *m*; **2** *d'une cheminée* Kaminspiegel *m*

truquage [tʀykaʒ] *m* Trickaufnahme *f*

truquer [tʀyke] *v/t* **1** fälschen; *cartes* zinken; *élections* manipulieren; ***match truqué*** Wettkampf, bei dem geschoben wird; **2** CIN ***scène truquée*** Trickszene *f*

trust [tʀœst] *m* Trust *m*

tsar [tsaʀ, dzaʀ] *m* Zar *m*; **~ine** [-in] *f* Zarin *f*

tsé-tsé [tsetse] *adjt* ***mouche*** *f* ~ Tsetsefliege *f*

T-shirt [tiʃœʀt] *m* → ***tee-shirt***

tsigane → ***tzigane***

T.T.C. *abr* (*toutes taxes comprises*) einschließlich aller Gebühren und Steuern

▸ **tu¹** [ty] *pr/pers* du; ***dire ~ à qn*** du zu j-m sagen; *fig* ***être à ~ et à toi avec qn*** mit j-m auf Du und Du stehen

tu² *p/p* → ***taire***

tuant [tɥɑ̃] F *adj* ⟨-ante [-ɑ̃t]⟩ aufreibend; anstrengend (*a personne*); F strapaziös

tuba [tyba] *m* **1** MUS Tuba *f*; **2** SPORTS Schnorchel *m*

tube [tyb] *m* **1** (*tuyau*) Rohr *n*; Röhre *f*; F ***rouler à pleins ~s*** F mit Karacho fahren; F auf die Tube drücken; **2** ÉLECT Röhre *f*; **3** Tube *f*; ***~ de dentifrice*** Tube Zahnpasta; Zahnpastatube *f*; ***en ~*** in der Tube; **4** ***~ d'aspirine*** Röhrchen *n*

Aspirin; **5 ~ *digestif*** Verdauungskanal *m*, -trakt *m*; F (*œsophage*) Speiseröhre *f*; **6** F MUS Hit *m*; Schlager *m*
tubercule [tybɛʀkyl] *m* **1** BOT Knolle *f*; **2** ANAT Höcker *m*; **3** MÉD Knötchen *n*
tuberculeux [tybɛʀkylø] **I** *adj* ⟨-euse [-øz]⟩ tuberkulös; **II ~, *tuberculeuse*** *m,f* Tuberkulosekranke(r) *f(m)*
tuberculose [tybɛʀkyloz] *f* Tuberkulose *f*
tubulaire [tybylɛʀ] *adj* **1** röhrenförmig; **2** (*en tubes métalliques*) Stahlrohr…
tubulure [tybylyʀ] *f* **1** *orifice* Stutzen *m*; **2** *coll* Röhren *f/pl*; Rohre *n/pl*
tudesque [tydɛsk] *litt, péj adj* deutsch
tué [tɥe] **I** *adj* ⟨~e⟩ getötet; MIL gefallen; **II** *m* Getötete(r) *m*; MIL Gefallene(r) *m*
tue-mouches [tymuʃ] *adj* ***amanite*** *f* **~** Fliegenpilz *m*; ***papier*** *m* **~** Fliegenfänger *m*
▸ **tuer** [tɥe] **I** *v/t* **1** töten (*a abs*); *personne a* umbringen; (*assommer*) totschlagen; erschlagen; *avec une arme à feu* erschießen; *boucher: animal* schlachten; CH erlegen; schießen; ***être tué, se faire tuer*** getötet werden; umkommen; ums Leben kommen; *à la guerre a* fallen; **2** *fig sentiments* (ab)töten; völlig abstumpfen; *petit commerce, etc* ruinieren; zugrunde richten; ***tuer le temps*** die Zeit totschlagen; **3** F *fig* (*épuiser*) F fertig machen; F krank machen; F umbringen; **II** *v/pr* ▸ ***se tuer*** **4** (*se suicider*) sich töten; sich umbringen; sich das Leben nehmen; **5** (*mourir*) umkommen; ums Leben kommen; ***se tuer en voiture*** mit dem Auto tödlich verunglücken; **6** *fig* ***se tuer au travail*** sich zu Tode arbeiten; F ***je me tue à lui dire que …*** ich sage es ihm tausendmal, dass …
tuerie [tyʀi] *f* Blutbad *n*; Gemetzel *n*
tue-tête [tytɛt] ***à ~*** *crier* aus Leibeskräften; *chanter* aus vollem Hals
tueur [tɥœʀ] **I** *m* **1** (Massen)Mörder *m*; **~ (*à gages*)** Killer *m*; **2** *dans un abattoir* Schlächter *m*; **II** *adj* ⟨-euse [-øz]⟩ Killer…
tuf [tyf] *m* Tuff(stein) *m*
tuile [tɥil] *f* **1** (Dach)Ziegel *m*; **2** F *fig* Schlag *m* ins Kontor; ***quelle ~!*** F so ein Pech!; **3** CUIS Mandelplätzchen *n*
tulipe [tylip] *f* Tulpe *f*
tulle [tyl] *m* Tüll *m*
tuméfié [tymefje] *adj* ⟨~e⟩ (an)geschwollen; verschwollen
tumeur [tymœʀ] *f* Tumor *m*; Geschwulst *f*
tumulte [tymylt] *m* Tumult *m*; Lärm *m*; Getöse *n*
tumultueux [tymyltɥø] *adj* ⟨-euse [-øz]⟩ **1** *réunion* stürmisch; turbulent; lärmend; **2** *litt flots* tosend; **3** *fig vie* bewegt; *passion* stürmisch
tumulus [tymylys] *m* Hügelgrab *n*
tuner [tynɛʀ] *m* Tuner *m*
tungstène [tɛ̃kstɛn, tœ̃-] *m* CHIM Wolfram *n*
tunique [tynik] *f* **1** HIST Tunika *f*; **2** *corsage long* Kasack(bluse) *m(f)*
Tunis [tynis] Tunis *n*
Tunisie [tynizi] ***la ~*** Tunesien *n*
tunisien [tynizjɛ̃] **I** *adj* ⟨-ienne [-jɛn]⟩ tunesisch; **II** ♀(***ne***) *m(f)* Tunesier(in) *m(f)*
▸ **tunnel** [tynɛl] *m* Tunnel *m*; **~ *sous la Manche*** Kanaltunnel *m*; *fig* ***être au bout du ~*** das Schlimmste hinter sich haben
turban [tyʀbɑ̃] *m* Turban *m*
turbin [tyʀbɛ̃] *m arg* (*travail*) F Maloche *f*
turbine [tyʀbin] *f* Turbine *f*
turbopropulseur [tyʀbopʀɔpylsœʀ] *m* Turbo-Prop-Triebwerk *n*
turbot [tyʀbo] *m* Steinbutt *m*
turbotrain [tyʀbotʀɛ̃] *m* Turbinenzug *m*
turbulence [tyʀbylɑ̃s] *f* **1** *d'un enfant* Wildheit *f*; Lebhaftigkeit *f*; **2** PHYS, MÉTÉO Turbulenz *f*
turbulent [tyʀbylɑ̃] *adj* ⟨-ente [-ɑ̃t]⟩ *enfant* wild; sehr lebhaft; ausgelassen
▸ **turc** [tyʀk] **I** *adj* ⟨turque [tyʀk]⟩ türkisch; ***bain ~*** Dampfbad *n*; türkisches Bad; ***cabinets*** *m/pl* ***à la turque*** Hockabort *m*; **II** ♀, ***Turque*** *m,f* Türke *m*, Türkin *f*; *fig* ***tête*** *f* ***de*** ♀ *ridiculisé* Zielscheibe *f* des Spotts; *victime* Prügelknabe *m*; ***fort comme un*** ♀ bärenstark
turf [tyʀf, tœʀf] *m* Pferderennsport *m*; **~iste** [-ist] *m,f* Wetter(in) *m(f)* bei Pferderennen
turlupiner [tyʀlypine] *v/t* F ***ça me turlupine*** das lässt mir keine Ruhe
turlututu [tyʀlytyty] *int* **~ (*chapeau pointu*)!** papperlapapp!
turne [tyʀn] *f* F Bude *f*

turpitude [tyrpityd] *f st/s* Schändlichkeit *f*
▸ **turque** [tyrk] → ***turc***
▸ **Turquie** [tyrki] ***la ~*** die Türkei
turquoise [tyrkwaz] **I** *f* Türkis *m*; **II** *adj* ⟨*inv*⟩ türkis(farben)
tussilage [tysilaʒ] *m* Huflattich *m*
tutelle [tytɛl] *f* **1** JUR Vormundschaft *f*; ***territoire m sous ~*** Treuhandgebiet *n*; **2** *péj* (*dépendance*) Bevormundung *f*; **3** *st/s* (*protection*) Schutz *m*
tuteur [tytœr] *m* **1** JUR Vormund *m*; **2** JARD Stütze *f*
tutoyer [tytwaje] ⟨-oi-⟩ *v/t* (*et v/pr* ***se ~*** sich, einander) duzen
tutrice [tytris] *f* (weiblicher) Vormund
tutu [tyty] *m* **1** Ballettröckchen *n*; **2** *enf* (*derrière*) Popo *m*
▸ **tuyau** [tɥijo] *m* ⟨~x⟩ **1** *rigide* Rohr *n*; Röhre *f*; *souple* Schlauch *m*; ***~ d'arrosage*** Gartenschlauch *m*; **2** F (*renseignement*) Tip *m*; **3** ***~ d'orgue*** Orgelpfeife *f*
tuyauter [tɥijote] *v/t* F ***~ qn*** j-m Tipps geben
tuyauterie [tɥijotri] *f* Rohrleitung(en) *f(pl)*
tuyère [tɥijɛr] *f* (Schub)Düse *f*
▸ **T.V.A.** [teveа] *f abr* (*taxe à la valeur ajoutée*) Mehrwertsteuer *f* (*abr* MwSt.)
tweed [twid] *m* Tweed *m*
twin-set [twinsɛt] *m* ⟨twin-sets⟩ Twinset *n ou m*
tympan [tɛ̃pɑ̃] *m* **1** ANAT Trommelfell *n*; **2** ARCH Tympanon *n*; Giebelfeld *n*
tympanon [tɛ̃panõ] *m* MUS Hackbrett *n*
▸ **type** [tip] *m* **1** (*genre*) Typ(us) *m*; ***avoir le ~ nordique*** ein nordischer Typ sein; **2** F (*gars*) F Kerl *m*; F Typ *m*; ***un chic ~*** ein prima Kerl; **3** TECH Modell *n*; Typ *m*; Bauart *f*; Ausführung *f*; **4** *adjt* typisch
typé [tipe] *adj* ⟨~e⟩ ***être très ~*** ein sehr ausgeprägter Typ sein
typesse [tipɛs] *f* F *péj* Weibsbild *n*
typhoïde [tifɔid] *f* Typhus *m*
typhon [tifõ] *m* Taifun *m*
typhus [tifys] *m* ***~ (exanthématique)*** Fleckfieber *n*, -typhus *m*
▸ **typique** [tipik] *adj* typisch (***de*** für)
typograph|e [tipɔgraf] *m,f* (Schrift-)Setzer(in) *m(f)*; **~ie** [-i] *f* Typographie *f* (*a aspect*); Buchdruckerkunst *f*; Druck *m*
tyran [tirɑ̃] *m* Tyrann *m*
tyrann|ie [tirani] *f* Tyrannei *f* (*a fig*); Gewalt-, Willkürherrschaft *f*; *de la mode* Diktatur *f*; **~ique** [-ik] *adj* tyrannisch; **~iser** [-ize] *v/t* tyrannisieren
Tyrol [tirɔl] ***le ~*** Tirol *n*
tyrolien [tirɔljɛ̃] **I** *adj* ⟨-ienne [-jɛn]⟩ Tiroler; ***chapeau ~*** Tirolerhut *m*; Trachtenhut *m*; **II** *subst* **1** ♀(***ne***) *m(f)* Tiroler(in) *m(f)*; **2** **~ne** *f* MUS Jodler *m*
tzigane [dzigan, tsi-] **I** *adj* Zigeuner…; **II** ♀ *m,f* Zigeuner(in) *m(f)*

U

U, u [y] *m* ⟨*inv*⟩ U, u *n*
ubiquité [ybikɥite] *f* Allgegenwart *f*; ***je n'ai pas le don d'~*** ich kann nicht überall zugleich sein
U.D.F. [ydeɛf] *f abr* (*Union pour la démocratie française*) *Partei der bürgerlich-liberalen Mitte*
U.F.R. [yɛfɛr] *f* ⟨*inv*⟩ → ***unité*** *6*
U.H.T. [yaʃte] *abr* (*ultra-haute température*) ***lait m ~*** H-Milch *f*
Ukraine [ykrɛn] ***l'~*** *f* die Ukraine
ulcère [ylsɛr] *m* Geschwür *n*
ulcérer [ylsere] *v/t* ⟨-è-⟩ ***~ qn*** j-n tief kränken; j-n verbittern
U.L.M. [yɛlɛm] *m* ⟨*inv*⟩ *abr* (*ultra-léger motorisé*) Ultraleichtflugzeug *n*
ultérieur [ylterjœr] *adj* ⟨~e⟩ spätere; (zu)künftige; **~ement** [-mɑ̃] *adv* später; in der Folge
ultimatum [yltimatɔm] *m* Ultimatum *n*
ultime [yltim] *adj* allerletzte
ultra [yltra] *m* Ultra *m*; Rechtsextremist *m*
ultra… [yltra] *préfixe* sehr; extrem; hoch(…); F super…; POL, *sc* ultra…; Ultra…; **~moderne** *adj* hochmodern; F supermodern; **~sensible** *adj* hoch empfindlich; **~son** *m* Ultraschall *m*

ultraviolet I *adj* ⟨-ette⟩ ultraviolett; ***rayons ~s*** ultraviolette Strahlen *m/pl*; II *m* Ultraviolett *n*
Ulysse [ylis] *m* Odysseus *m*
▸ **un** [ɛ̃, œ̃] *m*, **une** [yn] *f* **I** *num/c* **a)** *emploi isolé*: ***un*** ⟨*inv*⟩ eins; ***le un*** die Eins; der Einser; **b)** *devant un subst*: *m* ein, *f* eine, *n* ein (*elliptiquement* einer, eine, ein[e]s); ***pas un mot*** kein Wort; ***il est une heure*** es ist ein Uhr *ou* eins; ***trois heures une*** drei Uhr eins; F ***ne faire ni une ni deux*** nicht lange fackeln; *journal* ***à la une*** auf der ersten Seite; TV F ***sur la Une*** im Ersten (*Programm*); ***et d'un*** *ou* ***et d'une*** das wäre eine(r, -s); eine(n, -s) hätten wir; ***il était moins une*** es hätte nicht mehr viel gefehlt; **c)** *adjt* eins; einzig; ***c'est tout un*** es ist ganz einerlei; ***ne faire qu'un*** eins, unzertrennlich sein; **d)** ***pas un(e)*** nicht einer, eine, ein(e)s; keiner, keine, kein(e)s; ***comme pas un*** wie kein anderer; ***un à un*** [ɛ̃naɛ̃] *ou* ***un par un*** einer nach dem anderen; einzeln; **II** *article indéfini*: *m* ein, *f* eine, *n* ein (*elliptiquement* einer, eine, ein[e]s); **III** *pr/ind*: *m* einer, *f* eine, *n* ein(e)s; ***l'un d'eux*** einer von ihnen; ***de deux choses l'une*** eins von beiden; ***l'un(e) ..., l'autre ...*** der (die) eine ..., der (die) andere ...; ***l'un dans l'autre*** im Großen und Ganzen; ***l'un et l'autre*** beide; ***ni l'un ni l'autre*** keiner *ou* kein(e)s von beiden; ***c'est l'un ou l'autre*** entweder - oder; eins von beiden; *réciproquement* ***l'un(e) l'autre*** *ou* ***les un(e)s les autres*** sich gegenseitig; einander; ***l'un après, avec, contre, pour l'autre*** nach-, mit-, gegen-, füreinander
unanime [ynanim] *adj* einmütig; einstimmig; einhellig
unanimité [ynanimite] *f* Einmütigkeit *f*; Einstimmigkeit *f* (*a* POL); Einhelligkeit *f*; ***à l'~*** einstimmig
une → ***un***
uni [yni] *adj* ⟨~e⟩ **1** vereint; vereinigt; *famille* einträchtig zusammenlebend; **2** *tissu* uni; *papier* glatt; unlin(i)iert; *surface* glatt; eben
unicellulaire *adj* einzellig
unième [ynjɛm] *num/o* ***vingt et ~*** einundzwanzigste; ***cent ~*** hunderterste
uni|fication [ynifikasjõ] *f* **1** Vereinheitlichung *f*; **2** Einigung *f*; **~fier** [-fje] *v/t* **1** *tarifs, etc* vereinheitlichen; **2** *pays, parti* einigen
▸ **uniforme** [ynifɔʀm] **I** *adj* **1** gleichförmig, -artig, -mäßig; einheitlich; **2** (*monotone*) ein-, gleichförmig; **II** *m* Uniform *f*; Dienst-, Berufskleidung *f*
uniformément [ynifɔʀmemɑ̃] *adv* gleichartig, -förmig, -mäßig; einheitlich
uniformis|ation [ynifɔʀmizasjõ] *f* Vereinheitlichung *f*; **~er** [-e] *v/t* vereinheitlichen
uniformité [ynifɔʀmite] *f* **1** Gleichförmigkeit *f*, -artigkeit *f*, -mäßigkeit *f*; Einheitlichkeit *f*; **2** (*monotonie*) Einförmig-, Gleichförmigkeit *f*
unijambiste [ynizɑ̃bist] *m,f* Beinamputierte(r) *f(m)*
unilatéral *adj* ⟨~e; -aux⟩ einseitig
unilingue [ynilɛ̃g] *adj* einsprachig
▸ **union** [ynjõ] *f* **1** Union *f*; Bund *m*; Zusammenschluss *m*; ♀ ***européenne*** Europäische Union (*abr* EU); **2** Ehe (-bund) *f(m)*; ***~ libre*** Ehe *f* ohne Trauschein; **3** Einigkeit *f*; *prov* ***l'~ fait la force*** *prov* Einigkeit macht stark; **4** Verbindung *f*; Vereinigung *f*
▸ **unique** [ynik] *adj* **1** (*seul*) einzig; alleinig; *paiement, etc* einmalig; ***enfant*** *m,f* ***unique*** Einzelkind *n*; ***parti*** *m* ***unique*** Einheitspartei *f*; ▸ ***sens*** *m* ***unique*** Einbahnstraße *f*; **2** (*exceptionnel*) einzigartig; einmalig
uniquement [ynikmɑ̃] *adv* einzig und allein; nur; bloß
unir [yniʀ] **I** *v/t* verein(ig)en, verbinden (***à*** mit); einigen; *couple* trauen; **II** *v/pr* ▸ ***s'unir*** sich verein(ig)en; ***s'unir contre qn*** sich gegen j-n verbünden
unisson [ynisõ] *m* ***à l'~*** unisono; *fig* im Gleichklang
unitaire [ynitɛʀ] *adj* einheitlich; Einheits...
▸ **unité** [ynite] *f* **1** Einheit *f*; Einheitlichkeit *f*; Geschlossenheit *f*; ***~ d'action*** einheitliches Vorgehen; **2** (Maß)Einheit *f*; ***~ monétaire*** Währungseinheit *f*; **3** (*ensemble*) Einheit *f* (*a* MIL); **4** MATH Einer *m*; **5** COMM Stück *n*; ***prix*** *m* ***à l'~*** Einzel-, Stückpreis *m*; **6** UNIVERSITÉ ***~ de formation et de recherche*** (*abr* ***U.F.R.***) Fachbereich *m*; **7** INFORM Gerät *n*; ***~ centrale*** Zentraleinheit *f*
univers [univɛʀ] *m* **1** Weltall *n*; Univer-

U

sum *n*; All *n*; **2** *fig* Welt *f*
universalité [yniversalite] *f* Universalität *f*; All-, Vielseitigkeit *f*; *d'une langue* allgemeine Verbreitung; *d'une loi* Allgemeingültigkeit *f*
universel [yniversɛl] *adj* ⟨~le⟩ **1** universell; Universal…; allgemein (gültig, verbreitet); (all)umfassend; Gesamt…; *culture* universal; all-, vielseitig; **2** (*mondial*) Welt…; weltweit
universitaire [yniversitɛr] **I** *adj* Universitäts…; Hochschul…; akademisch; ***restaurant*** *m* **~** Mensa *f*; **II** *m,f* Hochschullehrer(in) *m(f)*
▸ **université** [yniversite] *f* Universität *f*; Hochschule *f*; **~ *populaire*** Volkshochschule *f*
Untel [ɛ̃tɛl, œ̃-] ***monsieur, madame* ~** Herr, Frau Sowieso, Soundso
uppercut [ypɛrkyt] *m* BOXE Aufwärtshaken *m*; Uppercut *m*
uranium [yranjɔm] *m* Uran *n*
urbain [yrbɛ̃] *adj* ⟨-aine [-ɛn]⟩ städtisch; Stadt…; TEL ***réseau* ~** Ortsnetz *n*
urban|isation [yrbanizasjõ] *f* Verstädterung *f*; **~isme** [-ism(ə)] *m* (Stadtplanung *f* und) Städtebau *m*; **~iste** [-ist] *m* Städtebauer *m*, -planer *m*
urée [yre] *f* Harnstoff *m*
urémie [yremi] *f* Harnvergiftung *f*; Urämie *f*
uretère [yrtɛr] *m* Harnleiter *m*
urètre [yrɛtr(ə)] *m* Harnröhre *f*
urgence [yrʒɑ̃s] *f* **1** Dringlichkeit *f*; Eiligkeit *f*; ***d'*~** dringend; sofort; ***en cas d'*~** in eiligen, dringenden Fällen; **2** MÉD Notfall *m*; ***service*** *m* ***des* ~s** Notaufnahme *f*
▸ **urgent** [yrʒɑ̃] *adj* ⟨-ente [-ɑ̃t]⟩ dringend; eilig; (vor)dringlich
urger [yrʒe] F *v/i* ⟨-ge-⟩ ***ça urge*** es eilt; es ist dringend
urinaire [yrinɛr] *adj* Harn…
urinal [yrinal] *m* ⟨-aux [-o]⟩ Urinflasche *f*
urine [yrin] *f* Urin *m*; Harn *m*
urin|er [yrine] *v/i* urinieren; Wasser lassen; **~oir** [-war] *m* Pissoir *n*
urne [yrn] *f* **1** Urne *f*; **~ *funéraire*** Graburne *f*; **2** Wahlurne *f*; ***aller aux* ~s** zur Wahl gehen
uro|logie [yrɔlɔʒi] *f* Urologie *f*; **~logue** [-lɔg] *m* Urologe *m*
urticaire [yrtikɛr] *f* Nesselsucht *f*, -ausschlag *m*, -fieber *n*
Uruguay [yrygwɛ] ***l'*~** *m* Uruguay *n*
uruguayen [yrygwɛjɛ̃] **I** *adj* ⟨-yenne [-jɛn]⟩ uruguayisch; **II** ♀(***ne***) *m(f)* Uruguayer(in) *m(f)*
us [ys] *m/pl* **~ *et coutumes*** Sitten und Gebräuche *pl*
▸ **usage** [yzaʒ] *m* **1** (*utilisation*) Gebrauch *m*; Benutzung *f*; Anwendung *f*; Verwendung *f*; *de drogues, etc* Genuss *m*; ***à l'*~** beim Gebrauch; ***à l'*~ *de qn*** für j-n (zum Gebrauch); ***être encore en* ~** noch verwendet, gebraucht werden; ***'hors d'*~** außer Gebrauch; F ***faire de l'*~** strapazierfähig sein; lange halten; ***faire* ~ *de qc*** etw verwenden, gebrauchen, anwenden; **2** *de la langue* **~ (*courant*)** (allgemeiner) Sprachgebrauch; ***en* ~** üblich; gebräuchlich; **3** (*coutume*) Brauch *m*; Sitte *f*; F Usus *m*; ***d'*~** üblich; gebräuchlich
usagé [yzaʒe] *adj* ⟨~e⟩ gebraucht; Alt…; *vêtements a* getragen
usager [yzaʒe] *m* Benutzer *m*; **~ *de la route, du téléphone*** Verkehrs-, Fernsprechteilnehmer *m*
usant [yzɑ̃] F *adj* ⟨-ante [-ɑ̃t]⟩ anstrengend
▸ **usé** [yze] *adj* ⟨~e⟩ **1** abgenutzt; *vêtements a* abgetragen; ver-, zerschlissen; *semelle* durchgelaufen; *pneus* abgefahren; ***eaux* ~es** Abwässer *n/pl*; **2** *personne* verbraucht; verlebt; *mains* abgearbeitet; **3** *expression* abgegriffen
user [yze] **I** *v/t* **1** abnutzen; *vêtements a* abtragen; verschleißen; **2** (*consommer*) verbrauchen; **3 ~ *qn*** j-n zermürben, aufreiben; **~ *ses yeux, s'*~ *les yeux*** sich die Augen verderben; **II** *v/t/indir* **~ *de qc*** etw anwenden, gebrauchen; von etw Gebrauch machen; **III** *v/pr* ***s'*~** sich abnutzen; verschleißen
usinage [yzinaʒ] *m* maschinelle Fertigung; Be-, Verarbeitung *f*
▸ **usine** [yzin] *f* Fabrik *f*; Werk *n*; Betrieb *m*; Fabrikanlage *f*; F *fig* ***c'est une véritable* ~** das ist die reinste Fabrik
usiner [yzine] *v/t* maschinell fertigen; be-, verarbeiten
usité [yzite] *adj* ⟨~e⟩ *mot* gebräuchlich; geläufig; ***peu* ~** selten gebraucht
ustensile [ystɑ̃sil] *m* Gerät *n*; **~ *de cuisine*** Küchengerät *n*

U

usuel [yzɥɛl] *adj* ⟨~le⟩ üblich; gebräuchlich; gewöhnlich
usufruit [yzyfʀɥi] *m* JUR Nießbrauch *m*; Nutzung(srecht) *f(n)*
usuraire [yzyʀɛʀ] *adj* wucherisch; Wucher…
usure [yzyʀ] *f* **1** FIN (Kredit)Wucher *m*; Wucherzins *m*; **2** (*détérioration*) Abnutzung *f*; Verschleiß *m*; F *fig* ***je l'aurai à l'~*** F mit der Zeit krieg ich ihn schon mürbe, herum
usurier [yzyʀje] *m* Wucherer *m*
usurpa|teur [yzyʀpatœʀ] *m* Usurpator *m*; Thronräuber *m*; **~tion** [-sjõ] *f* **1** POL Usurpation *f*; **2** *d'un droit* Anmaßung *f*
usurper [yzyʀpe] *v/t* **1** POL usurpieren; **2** ***~ qc*** sich etw anmaßen; sich widerrechtlich etw aneignen
ut [yt] *m* ⟨*inv*⟩ MUS c *ou* C n
utérin [yteʀɛ̃] *adj* ⟨-ine [-in]⟩ Gebärmutter…; Uterus…
utérus [yteʀys] *m* Gebärmutter *f*; Uterus *m*
▸ **utile** [ytil] **I** *adj* **1** nützlich; zweckmäßig; (zweck)dienlich; brauchbar; geeignet; ***~ à qn*** von Nutzen für j-n; ***en temps ~*** zu gegebener Zeit; ***si je peux vous être ~ en qc*** wenn ich Ihnen irgendwie behilflich sein kann; ***se rendre ~*** sich nützlich machen; **2** TECH Nutz…; **II** *m* ***joindre l'~ à l'agréable*** das Angenehme mit dem Nützlichen verbinden
utilisa|ble [ytilizabl(ə)] *adj* verwendbar; benutzbar; **~teur** [-tœʀ] *m*, **~trice** [-tʀis] *f* Benutzer(in) *m(f)*; INFORM *a* User *m*
▸ **utilisation** [ytilizasjõ] *f* Ver-, Anwendung *f*; Gebrauch *m*; Be-, Ausnutzung *f*; Nutzung *f*
▸ **utiliser** [ytilize] *v/t* verwenden; gebrauchen; benutzen; *espace* ausnutzen; *restes* verwerten; *méthode* anwenden; *ressources* nutzen
utilitaire [ytilitɛʀ] *adj* Nutz…; Gebrauchs…; ***véhicule*** *m* **~** Nutzfahrzeug *n*
utilitarisme [ytilitaʀism(ə)] *m* Utilitarismus *m*; Nützlichkeitsprinzip *n*
utilité [ytilite] *f* Nützlichkeit *f*; Nutzen *m*; Zweckmäßigkeit *f*; Brauchbarkeit *f*; Verwendbarkeit *f*; ***association reconnue d'~ publique*** gemeinnützige Vereinigung
utop|ie [ytɔpi] *f* Utopie *f*; **~ique** [-ik] *adj* utopisch; **~iste** [-ist] *m* Utopist *m*; Fantast *m*

V

V, v [ve] *m* ⟨*inv*⟩ V, v *n*; F ***à la vitesse grand V*** mit Höchstgeschwindigkeit
va [va] → ***aller***; F ***~ pour 200 euros*** also gut *ou* schön, 200 Euro; F *fig* ***à la ~ comme je te pousse*** schludrig; schlampig; ***à tout ~*** ungehemmt
▸ **vacances** [vakɑ̃s] *f/pl* Ferien *pl*; *des salariés* Urlaub *m*; ***grandes ~*** große Ferien; ***~ scolaires*** Schulferien *pl*; ***être en ~*** in *ou* im Urlaub, in Ferien sein; Urlaub, Ferien haben; ***partir en ~*** in Urlaub fahren *ou* gehen; → *Info bei* ***Urlaub***
vacanc|ier [vakɑ̃sje] *m*, **~ière** [-jɛʀ] *f* Urlauber(in) *m(f)*; Feriengast *m*
vacant [vakɑ̃] *adj* ⟨-ante [-ɑ̃t]⟩ *poste* offen; unbesetzt; frei; vakant; *appartement* leer stehend
vacarme [vakaʀm] *m* Lärm *m*; Krach *m*
vaca|taire [vakatɛʀ] *m,f* Aushilfskraft *f*; Aushilfe *f*; **~tion** [-sjõ] *f* Aushilfstätigkeit *f*; (Stell)Vertretung *f*
vaccin [vaksɛ̃] *m* Impfstoff *m*
vaccination [vaksinasjõ] *f* Impfung *f*
vacciner [vaksine] *v/t* **1** MÉD impfen (***contre*** gegen); **2** F *fig* ***être vacciné*** geheilt sein (***contre*** von)
▸ **vache** [vaʃ] **I** *f* **1** ZO Kuh *f*; ***~ sacrée*** heilige Kuh (*a fig*); *fig* ***~ à lait*** F Melkkuh *f*; gute Einnahmequelle; ***maladie f de la ~ folle*** Rinderwahn(sinn) *m*; *fig* ***manger de la ~ enragée*** sich kümmerlich durchschlagen müssen; F ***parler français comme une ~ espagnole*** F ein miserables Französisch sprechen; F ***il pleut comme ~ qui pisse***

P es schifft; **2** *cuir* Rinds-, Kuhleder *n*; **3** F *fig* (**peau** *f* **de**) ~ Schuft *m*; (F hunds)gemeiner Kerl; **4** F *int* **la ~!** F Donnerwetter!; Mensch!; **II** *adj* F (*méchant*) gemein, schuftig (**avec qn** zu j-m)

vachement [vaʃmɑ̃] F *adv* F ungeheuer; **~ cher** F sauteuer; **il est ~ bien** F er sieht toll aus

vach|er [vaʃe] *m*, **~ère** [-ɛʀ] *f* Kuhhirt (-in) *m(f)*

vacherie [vaʃʀi] F *f* Gemeinheit *f*

vacherin [vaʃʀɛ̃] *m* Baisertorte *f* mit Eis und Sahne

vachette [vaʃɛt] *f* Färsenleder *n*

vaciller [vasije] *v/i* **1** schwanken; wanken; taumeln; **2** *flamme* flackern; **3** *fig raison* wirr, verwirrt sein; *mémoire* unzuverlässig sein

vacuité [vakɥite] *st/s f* Leere *f*

vadrouille [vadʀuj] *f* F **être en ~** → **vadrouiller**

vadrouiller [vadʀuje] *v/i* F herumbummeln, -strolchen, -ziehen

va-et-vient [vaevjɛ̃] *m* ⟨*inv*⟩ **1 un ~ incessant** ein ständiges Kommen und Gehen, Hin und Her; **2** TECH Hin- und Herbewegung *f*; **3** ÉLECT Wechselschalter *m*

vagabond [vagabõ] *m* Vagabund *m*; Landstreicher *m*; Streuner *m*

vagabondage [vagabõdaʒ] *m* Umherziehen *n*, -streifen *n*; Vagabundieren *n*

vagabonder [vagabõde] *v/i* **1** sich herumtreiben; vagabundieren; umherstreifen; streunen; **2** *fig imagination* umherschweifen

vagin [vaʒɛ̃] *m* ANAT Scheide *f*

vag|ir [vaʒiʀ] *v/i bébé* wimmern; schreien; **~issement** [-ismɑ̃] *m* Wimmern *n*

vague[1] [vag] **I** *adj* **1** vage; undeutlich; verschwommen; unklar; *regard* zerstreut; **2** (*quelconque*) irgendein; **3** (*ample*) weit; **4 terrain** *m* **~** unbebautes Gelände, Grundstück; **II** *m* **~ à l'âme** Weltschmerz *m*; **rester dans le ~** sich nur vage äußern

▸ **vague**[2] *f* Welle *f* (*a fig*); *st/s* Woge *f*; **~ de chaleur, de froid** Hitze-, Kältewelle *f*; *fig* **~ de départs** Reisewelle *f*; *fig* **~ d'enthousiasme** Welle, Woge der Begeisterung; *fig* **faire des ~s** Wellen schlagen

vaillance [vajɑ̃s] *st/s f* Tapferkeit *f*

vaillant [vajɑ̃] *adj* ⟨-ante [-ɑ̃t]⟩ **1** *st/s* (*courageux*) tapfer; beherzt; *plais* wacker; **2 il n'est pas encore bien ~** er ist noch etwas schwach; **3 n'avoir pas un sou ~** keinen Pfennig (Geld), F keinen (roten) Heller haben

vaille [vaj] **1** → **valoir**; **2 ~ que ~** komme, was da wolle

vain [vɛ̃] *adj* ⟨vaine [vɛn]⟩ unnütz; vergeblich (*a effort, espoir*); *promesses* leer; *discussion* fruchtlos; ▸ **en vain** umsonst; vergeblich; vergebens; **il est vain de** (+ *inf*) es ist sinn-, zwecklos zu (+ *inf*)

▸ **vaincre** [vɛ̃kʀ(ə)] *v/t* ⟨je vaincs, il vainc, nous vainquons; je vainquais; je vainquis; je vaincrai; que je vainque; vainquant; vaincu⟩ **1** *abs* siegen; **~ qn** j-n besiegen; über j-n siegen; j-n bezwingen; **2** *fig* (*surmonter*) überwinden; *maladie* besiegen

vaincu [vɛ̃ky] **I** *p/p* → **vaincre** *et adj* ⟨**~e**⟩ besiegt; **II** *m* Besiegte(r) *m*

▸ **vainqueur** [vɛ̃kœʀ] *m* **1** Sieger(in) *m(f)*; **2** *fig* Bezwinger *m*; Überwinder *m*; **3** *adjt* siegreich; **air ~** Siegermiene *f*

vairon [vɛʀõ] **I** *adj m yeux* verschiedenfarbig; **II** *m* ZO Elritze *f*; Pfrille *f*

vais [vɛ] → **aller**

vaisseau [vɛso] *m* ⟨**~x**⟩ **1** BIOL Gefäß *n*; **~ (sanguin)** Blutgefäß *n*; **2** Schiff *n*; **~ spatial** Raumschiff *n*

vaisselier [vɛsəlje] *m* Tellerbord *n*, -büfett *n*

▸ **vaisselle** [vɛsɛl] *f* Geschirr *n*; **faire la ~** (das) Geschirr spülen; abwaschen; *adjt* **liquide** *m* **~** (Geschirr)Spülmittel *n*

val [val] *litt m* ⟨vaux [vo]⟩ Tal *n*

valable [valabl(ə)] *adj* **1** *passeport, etc* gültig; **2** *excuse, argument* annehmbar; stichhaltig; *solution* brauchbar; *collaborateur* tüchtig; wertvoll; *interlocuteur* kompetent; **sans motif ~** ohne triftigen Grund

Valais [valɛ] **le ~** das Wallis

valdingue [valdɛ̃g] *m* F **faire un ~** F hinunterpurzeln, -kollern

valence [valɑ̃s] *f* CHIM Wertigkeit *f*

valériane [valeʀjan] *f* Baldrian *m*

valet [valɛ] *m* **1** Diener *m*; AGR Knecht *m* (*a péj*); **~ de chambre** Kammerdiener *m*; **2** *carte à jouer* Bube *m*

▸ **valeur** [valœʀ] *f* **1** Wert *m* (*a* MATH, PHILOS); **d'une ~ de** im Wert von; **de ~**

wertvoll; hochwertig; ***sans ~*** wertlos; ***la ~ de*** etwa; ungefähr; ***à sa juste ~*** s-m Wert entsprechend; ***mettre en ~*** *argent* arbeiten lassen; *région* erschließen; *sol* bestellen; *fig* hervorheben; herausstellen; zur Geltung bringen; **2** *d'une personne* Wert *m*; Bedeutung *f*; ***de ~*** bedeutend; ausgezeichnet; **3** BOURSE ***~s*** *pl* Werte *m/pl*; ***~s (mobilières)*** (Wert)Papiere *n/pl*; Effekten *pl*

valeureux [valœʀø] *st/s adj* ⟨-euse [-øz]⟩ tapfer

validation [validasjõ] *f* Gültigkeitserklärung *f*; Anerkennung *f*; *d'un titre de transport* Entwertung *f*

valide [valid] *adj* **1** *personne* gesund; kräftig; **2** *passeport, etc* gültig

valider [valide] *v/t* für rechtsgültig erklären; gültig machen; *diplômes, etc* anerkennen; *titre de transport* entwerten

validité [validite] *f* (Rechts)Gültigkeit *f*; ***durée f de ~*** Gültigkeits-, Geltungsdauer *f*

▸ **valise** [valiz] *f* (Reise-, Hand)Koffer *m*; ***faire sa ~, ses ~s*** den, die Koffer packen

▸ **vallée** [vale] *f* Tal *n*

vallon [valõ] *m* kleines Tal; Talmulde *f*

vallonné [valɔne] *adj* ⟨~e⟩ hügelig

valoche [valɔʃ] F *f* Koffer *m*

▸ **valoir** [valwaʀ] ⟨je vaux, il vaut, nous valons; je valais; je valus; je vaudrai; que je vaille, que nous valions; valant; valu⟩ **I** *v/t* **1** ***~ qc à qn*** j-m etw einbringen; **2** *somme* ***à ~ sur*** anzurechnen auf (+ *acc*); **II** *v/i* **3** wert sein; ***~ mieux*** besser sein, mehr wert sein (***que*** als); ***il vaut mieux*** (+ *inf*) es ist besser zu (+ *inf*) (***que de*** + *inf* als zu + *inf*); ***ça vaut un détour*** ein Umweg lohnt sich; ***ne rien ~*** nichts wert sein; nichts taugen; ***ne rien ~ à qn*** j-m nicht bekommen, gut tun; ***ça ne me dit rien qui vaille*** das lässt mich nichts Gutes ahnen; ***faire ~*** *droits* geltend machen; *argument* vorbringen; ***faire ~ à qn que ...*** j-m gegenüber betonen, geltend machen, dass ...; ***avoir*** *des références* ***à faire ~*** vorzuweisen haben; **4** (*coûter*) kosten; ***~ cher*** teuer sein; *fig* ***ne pas ~ cher*** nichts taugen; **5** (*concerner*) ***~ pour*** gelten für; betreffen (+ *acc*); **III** *v/pr* ***se ~*** gleich (gut *ou* schlecht) sein; F ***ça se vaut*** das kommt aufs Gleiche heraus

valoris|ant [valɔʀizɑ̃] *adj* ⟨-ante [-ɑ̃t]⟩ das Selbstwertgefühl steigernd; **~ation** [-asjõ] *f* Aufwertung *f*; Wertsteigerung *f*; **~er** [-e] *v/t* aufwerten

valse [vals] *f* **1** MUS Walzer *m*; **2** F *fig* Karussell *n*

valser [valse] *v/i* **1** Walzer tanzen; **2** F *fig* ***aller ~*** F fliegen; F *fig* ***envoyer ~ qc*** etw wegschleudern

vals|eur [valsœʀ] *m*, **~euse** [-øz] *f* Walzertänzer(in) *m(f)*

valve [valv] *f* TECH Ventil *n*

valvule [valvyl] *f* Herzklappe *f*

vamp [vɑ̃p] *f* Vamp *m*

vamper [vɑ̃pe] F *v/t* bezirzen

vampire [vɑ̃piʀ] *m* **1** Vampir *m*; **2** *fig* Blutsauger *m*

van [vɑ̃] *m* Transportwagen *m* für Rennpferde

vandal|e [vɑ̃dal] *m* Vandale *ou* Wandale *m* (*a fig*); **~isme** [-ism(ə)] *m* Vandalismus *ou* Wandalismus *m*; Zerstörungswut *f*

vanille [vanij] *f* Vanille *f*

vanillé [vanije] *adj* ⟨~e⟩ Vanille...; ***sucre ~*** Vanillezucker *m*

vanité [vanite] *f* **1** Einbildung *f*; Selbstgefälligkeit *f*; Eitelkeit *f*; ***tirer ~ de*** sich etwas einbilden auf (+ *acc*); **2** *litt* (*futilité*) Nichtigkeit *f*

vaniteux [vanitø] *adj* ⟨-euse [-øz]⟩ eingebildet; selbstgefällig; eitel

vanne [van] *f* **1** TECH Schieber *m*; Schütz *n*; **2** F Stichelei *f*

vanné [vane] *adj* ⟨~e⟩ F hundemüde

vanneau [vano] *m* ⟨~x⟩ ZO Kiebitz *m*

vannerie [vanʀi] *f* **1** *métier* Korbflechterei *f*; **2** *objets* Korbwaren *f/pl*

vantail [vɑ̃taj] *m* ⟨vantaux [vɑ̃to]⟩ (Tür-, Fenster)Flügel *m*

vantard [vɑ̃taʀ] **I** *adj* ⟨-arde [-aʀd]⟩ prahlerisch; **II** *m* Prahlhans *m*; Angeber *m*; Aufschneider *m*

vantardise [vɑ̃taʀdiz] *f* Prahlerei *f*; Aufschneiderei *f*; Angeberei *f*

vanter [vɑ̃te] **I** *v/t* rühmen; *marchandise* anpreisen; **II** *v/pr* ▸ ***se vanter*** prahlen, aufschneiden, angeben (***de qc*** mit etw); ***se vanter de*** (+ *inf*) sich (damit) brüsten, sich rühmen zu (+ *inf*); ***et je m'en vante!*** und ich bin stolz darauf!; F ***il ne s'en est pas vanté*** das hat er

V

schamhaft verschweigen
va-nu-pieds *m,f* ⟨*inv*⟩ Bettler(in) *m(f)*
vapes [vap] *f/pl* F ***être dans les ~*** F im Tran sein; F ***tomber dans les ~*** F umkippen
▸ **vapeur**[1] [vapœʀ] *f* **1** Dampf *m*; **(*cuit à la*)** ~ gedämpft; ***à toute ~*** mit Volldampf (*a fig*); *fig* ***renverser la ~*** auf Gegenkurs gehen; **2** *plais* ***avoir ses ~s*** sich unwohl fühlen
vapeur[2] *m* Dampfer *m*
vaporeux [vapɔʀø] *adj* ⟨-euse [-øz]⟩ duftig
vaporis|ateur [vapɔʀizatœʀ] *m* Zerstäuber *m*; **~er** [-e] *v/t* zerstäuben; sprayen
vaquer [vake] *v/t/indir* ***~ à ses occupations*** s-r Beschäftigung nachgehen
varappe [vaʀap] *f* (Felsen)Klettern *n*
varech [vaʀɛk] *m* (See)Tang *m*
vareuse [vaʀøz] *f* Jacke *f*; Joppe *f*
vari|abilité [vaʀjabilite] *f* Veränderlichkeit *f*; **~able** [-abl(ə)] *adj* veränderlich; wechselnd; *temps a* wechselhaft; MATH *a* variabel
variante [vaʀjɑ̃t] *f* Variante *f*
variateur [vaʀjatœʀ] *m* Dimmer *m*
variation [vaʀjasjõ] *f* Schwankung *f*; (Ver)Änderung *f*; Wechsel *m*; Variation *f* (*a* MUS)
varice [vaʀis] *f* Krampfader *f*
varicelle [vaʀisɛl] *f* Windpocken *pl*
▸ **varié** [vaʀje] *adj* ⟨~e⟩ verschiedenartig; vielfältig; abwechslungsreich; bunt; ***'hors-d'œuvre ~s*** verschiedene Vorspeisen *f/pl*
varier [vaʀje] **I** *v/t* abwechslungsreich gestalten; variieren; **II** *v/i* **1** (*changer*) sich ändern; wechseln; (*différer*) verschieden sein; variieren; *opinions* auseinander gehen; *prix* schwanken; **2** *personne* s-e Meinung ändern
variété [vaʀjete] *f* **1** Verschiedenartigkeit *f*; Mannigfaltigkeit *f*; Abwechslung *f*; (*choix*) Vielfalt *f*; **2** BIOL Ab-, Spielart *f*; Varietät *f*; Sorte *f*; **3** (***spectacle*** *m* ***de***) **~s** *pl* Varieté *n*; ***émission*** *f* ***de ~s*** Unterhaltungssendung *f*
variole [vaʀjɔl] *f* Pocken *pl*
Varsovie [vaʀsɔvi] Warschau *n*
vasculaire [vaskylɛʀ] *adj* Gefäß…
▸ **vase**[1] [vɑz] *m* Vase *f*; (*récipient*) Gefäß *n*; *fig* ***en ~ clos*** abgekapselt; ohne Kontakt mit anderen
vase[2] *f* Schlamm *m*; Schlick *m*
vaseline [vazlin] *f* Vaseline *f*
vaseux [vɑzø] *adj* ⟨-euse [-øz]⟩ **1** (*boueux*) schlammig; **2** F *fig* ***se sentir ~*** sich unwohl fühlen; **3** F *idées* schwammig; verschwommen
vasistas [vazistas] *m* Guckfenster *n*; Oberlicht *n*
vasouiller [vazuje] F *v/i personne* unsicher sein; F schwimmen
vasque [vask] *f* (*bassin*) Brunnenschale *f*; (*coupe*) flache Schale
vassal [vasal] *m* ⟨-aux [-o]⟩ Vasall *m* (*a fig*)
vaste [vast] *adj* **1** weit; ausgedehnt; *bâtiment* weitläufig; *pièce* geräumig; **2** *par ext* umfassend; umfangreich; vielseitig; F ***une ~ blague*** F ein ausgemachter Schwindel
va-tout [vatu] *m* ***jouer son ~*** alles auf e-e Karte setzen
Vaud [vo] ***le canton de ~*** die Waadt
vaudrai [vodʀɛ] → ***valoir***
vau-l'eau [volo] *fig* ***s'en aller à ~*** zunichte werden
vaurien [voʀjɛ̃] *m* (***petit***) ~ Bengel *m*; Range *f*
vaut [vo] → ***valoir***
vautour [votuʀ] *m* Geier *m* (*a fig*)
vautrer [votʀe] *v/pr* ***se ~*** **1** sich wälzen; *personne a* sich rekeln; F *péj* sich fläzen; sich hinlümmeln; **2** *fig* ***se ~ dans qc*** sich in etw (*dat*) gefallen, wohl fühlen
vauvert [vovɛʀ] ***au diable ~*** ganz weit draußen; F jwd
vaux [vo] → ***valoir*** *et* ***val***
va-vite [vavit] ***faire qc à la ~*** etw hinschludern
▸ **veau** [vo] *m* ⟨~x⟩ **1** zo Kalb *n*; F ***pleurer comme un ~*** F heulen wie ein Schlosshund; *fig* ***tuer le ~ gras*** e-n Festschmaus veranstalten; **2** CUIS Kalbfleisch *n*; **3** *cuir* Kalb(s)leder *n*; **4** F *fig personne* Trampel *m ou n*; F Tranfunzel *f*; *voiture* F lahme Karre
vecteur [vɛktœʀ] *m* **1** MATH Vektor *m*; **2** MÉD Überträger *m*; **3** *fig* Träger *m*; Vermittler *m*
vécu [veky] **I** *p/p* → ***vivre*** *et adj* ⟨~e⟩ erlebt; **II** *m* eigenes Erleben; persönliche Erfahrung
vedettariat [vədɛtaʀja] *m* Welt *f* der Stars; Startum *n*
▸ **vedette** [vədɛt] *f* **1** Star *m*; ***~ de*** *ou* ***du***

V

cinéma Filmstar *m*; **2** ***avoir la ~*** die Hauptrolle spielen; *par ext* im Vordergrund stehen; ***mettre en ~*** herausstellen, -streichen; in den Vordergrund rücken; ***voler la ~ à qn*** j-m die Schau stehlen; **3** *adjt* Spitzen…; Star…; Haupt…; **4** MAR Schnellboot *n*; Küstenwachboot *n*

végétal [veʒetal] **I** *adj* ⟨~e; -aux [-o]⟩ Pflanzen…; pflanzlich; **II** *m* ⟨-aux [-o]⟩ Pflanze *f*; Gewächs *n*

végétar|ien [veʒetaʀjɛ̃] **I** *adj* ⟨-ienne [-jɛn]⟩ vegetarisch; **II** **~(*ne*)** *m(f)* Vegetarier(in) *m(f)*

végéta|tif [veʒetatif] *adj* ⟨-ive [-iv]⟩ vegetativ; **~tion** [-sjõ] *f* Vegetation *f*; Pflanzenwuchs *m*

végéter [veʒete] *v/i* ⟨-è-⟩ (dahin)vegetieren; *plante* kümmern

véhém|ence [veemɑ̃s] *f* Heftigkeit *f*; Vehemenz *f*; **~ent** [-ɑ̃] *adj* ⟨-ente [-ɑ̃t]⟩ heftig; *discours* flammend

véhiculaire [veikylɛʀ] *adj* ***langue f ~*** Verkehrssprache *f*

▸**véhicul|e** [veikyl] *m* **1** Fahrzeug *n*; **2** *fig* Träger *m*; Medium *n*; **~er** [-e] *v/t* befördern; transportieren

veille [vɛj] *f* **1** Vortag *m*; ***la ~*** am Tag zuvor; tags zuvor; ***la ~ au soir*** am Abend vorher; ***la ~ du départ*** am Tag vor der Abreise; *fig* ***à la ~ de*** kurz vor (+ *dat*); *st/s* am Vorabend (+ *gén*); **2** (*contraire: sommeil*) Wachen *n*; Wachsein *n*; **3** (*garde*) (Nacht)Wache *f*

veillée [veje] *f* **1** *d'un malade* Nachtwache *f*; ***~ funèbre*** Totenwache *f*; *fig* ***~ d'armes*** Vorabend *m* e-s wichtigen Ereignisses; **2** (*soirée*) abendliches Beisammensein

veiller [veje] **I** *v/t* ***~ un malade*** bei e-m Kranken wachen; **II** *v/t/indir* **1** ***~ à qc*** über etw (*acc*) wachen; für etw sorgen; auf etw (*acc*) achten, bedacht sein; ***~ à ce que …*** (+ *subj*) dafür sorgen, dass …; ***~ à*** (+ *inf*) darauf achten zu (+ *inf*); **2** ***~ sur qn*** j-n unter s-e Obhut nehmen, hüten; **III** *v/i* **3** (*être de garde*) wachen; **4** (*ne pas se coucher*) wach bleiben; aufbleiben

veilleur [vɛjœʀ] *m* Wächter *m*; ***~ de nuit*** Nachtwächter *m*

veilleuse [vɛjøz] *f* Nachtlicht *n*; AUTO Standlicht *n*; *d'un appareil à gaz* Zündflamme *f*; ***mettre en ~*** *lampe* dunkler einstellen; *flamme* klein stellen; *fig affaire* ruhen lassen; F auf Eis legen

vein|ard [vɛnaʀ] F *m*, **~arde** [-aʀd] F *f* Glückspilz *m*

veine [vɛn] *f* **1** ANAT Vene *f*; (Blut)Ader *f*; **2** (*chance*) Glück *n*; F Dusel *m*; F Schwein *n*; **3** *fig* ***~ poétique*** poetische Ader; ***être en ~ de générosité*** in Geberlaune sein; **4** MINES Ader *f*; Gang *m*; **5** ***~s*** *pl du bois* Maserung *f*; *du marbre* Adern *f/pl*; Äderung *f*

veiné [vene] *adj* ⟨~e⟩ *peau, marbre* geädert; *bois* gemasert

veineux [vɛnø] *adj* ⟨-euse [-øz]⟩ Venen…; *sang* venös

veinule [venyl] *f* Äderchen *n*

velcro® [vɛlkʀo] *m* (***bande*** *f*) **~** Klettverschluss *m*

vêler [vele] *v/i vache* kalben

véliplanchiste [veliplɑ̃ʃist] *m,f* (Wind-)Surfer(in) *m(f)*

velléitaire [veleitɛʀ] *adj* entschlusslos; unentschlossen

velléité [veleite] *f* Anwandlung *f*

▸**vélo** [velo] *m* (Fahr)Rad *n*; *schweiz* Velo *n*; *action* Radfahren *n*; ***~ d'appartement*** Hometrainer *m*; ***~ de course*** Rennrad *n*; ***faire du ~*** Rad fahren; F radeln; → *Info bei* ***Fahrrad***

vélocité [velɔsite] *litt f* Schnelligkeit *f*; Gewandtheit *f*

vélodrome [velodʀom] *m* Radrennbahn *f*; Velodrom *n*

▸**vélomoteur** *m* Moped *n*

velours [v(ə)luʀ] *m* Samt *m*; Velours *m*; ***de ~*** samten; *peau* samtig; wie Samt; *fig* ***faire des yeux de ~*** sanft blicken; *fig* ***il joue sur le ~*** dabei riskiert er nichts

velouté [v(ə)lute] **I** *adj* ⟨~e⟩ samtig; samtweich; **II** *m* **1** Samtglanz *m*; **2** ***~ d'asperges*** Spargelcremesuppe *f*

velu [vəly] *adj* ⟨~e⟩ stark behaart

venaison [vənɛzõ] *f* Wildbret *n*

vénal [venal] *adj* ⟨~e; -aux [-o]⟩ *péj* käuflich; bestechlich

venant [v(ə)nɑ̃] ***à tout ~*** dem ersten Besten; jedem; allen

vendange [vɑ̃dɑ̃ʒ] *f* Weinlese *f*; Traubenernte *f*; **~s** *pl* Zeit *f* der Weinlese; ***faire les ~s*** Weinlese halten

vendanger [vɑ̃dɑ̃ʒe] ⟨-ge-⟩ **I** *v/t raisin* ernten; *vigne* abernten; **II** *v/i* Weinlese halten

vendetta [vɑ̃dɛta] *f* Blutrache *f*

▸ **vendeur** [vɑ̃dœʀ] *m*, **vendeuse** [vɑ̃døz] *f* Verkäufer(in) *m(f)*

▸ **vendre** [vɑ̃dʀ(ə)] ⟨→ rendre⟩ **I** *v/t* **1** verkaufen (*a abs*); veräußern; **~ qc à qn** j-m *ou* an j-n etw verkaufen; **2** *fig* **~ qn** j-n verraten, *complices a* F verpfeifen; **II** *v/pr* **se ~ 3** *marchandise* verkauft werden; sich verkaufen (lassen); Absatz finden; **ne pas se ~** *a* nicht gehen; **4** *fig personne* sich bestechen lassen; sich verkaufen (**à** an + *acc*)

▸ **vendredi** [vɑ̃dʀədi] *m* Freitag *m*; **2 saint** Karfreitag *m*

vendu [vɑ̃dy] **I** *adj* ⟨~e⟩ **1** verkauft; **2** *fig* bestochen; **II** *m injure* Lump *m*

vénéneux [venenø] *adj* ⟨-euse [-øz]⟩ giftig; Gift…

vénér|able [veneʀabl(ə)] *adj* ehrwürdig; **~ation** [-asjõ] *f* Verehrung *f*; Ehrfurcht *f*; **~er** [-e] *v/t* ⟨-è-⟩ verehren

vénerie [vɛnʀi] *f* Hetzjagd *f*; Parforcejagd *f*

vénérien [veneʀjɛ̃] *adj* ⟨-ienne [-jɛn]⟩ **maladie ~ne** Geschlechtskrankheit *f*

Venezuela [venezɥela] **le ~** Venezuela *n*

vénézuélien [venezɥeljɛ̃] **I** *adj* ⟨-ienne [-jɛn]⟩ venezolanisch; **II** **2(ne)** *m(f)* Venezolaner(in) *m(f)*

vengeance [vɑ̃ʒɑ̃s] *f* Rache *f*

venger [vɑ̃ʒe] ⟨-ge-⟩ **I** *v/t* rächen (**qn, qc** j-n, etw; **qn de qc** j-n für etw); **II** *v/pr* ▸ **se venger** sich rächen (**de qn** an j-m; **de qc** für etw)

vengeur [vɑ̃ʒœʀ], **vengeresse** [vɑ̃ʒʀɛs] **I** *m,f* Rächer(in) *m(f)*; **II** *adj* rächend; Rache…

véniel [venjɛl] *adj* ⟨~le⟩ *péché* lässlich

venimeux [v(ə)nimø] *adj* ⟨-euse [-øz]⟩ **1** giftig; Gift…; **2** *fig* giftig; bösartig

venin [v(ə)nɛ̃] *m* **1** Gift *n*; **2** *fig* Bosheit *f*; **cracher son ~** Gift und Galle speien

▸ **venir** [v(ə)niʀ] ⟨je viens, il vient, nous venons, ils viennent; je venais; je vins, nous vînmes; je viendrai; que je vienne, que nous venions; venant; être venu⟩ **I** *v/i* **1** kommen; herkommen; **venir à qn** zu j-m kommen; *idée* j-m kommen; **venir de** kommen von, aus; *par ext* (her)kommen von; herrühren von; stammen von, aus; **venir d'Allemagne** aus, von Deutschland kommen; *mot* **venir du grec** aus dem Griechischen kommen; **venir de ce que …** daran liegen *ou* daher kommen, dass …; **en venir à qc** zu etw kommen; **c'est là que je voulais en venir** gerade darauf wollte ich hinaus; **comment en est-on venu là?** wie konnte es so weit kommen?; **faire venir qn** j-n kommen lassen; **faire venir qc** sich (*dat*) etw kommen lassen; **voir venir** die Dinge auf sich zukommen lassen; *fig* **je l'ai vu venir** ich habe es kommen sehen; *fig* **je la vois venir** ich merke schon, worauf sie hinauswill; *adjt* **à venir** *ou* **qui vient, qui viennent** kommende; (zu)künftige; **2** (*atteindre*) gehen, reichen (**à, jusqu'à** bis); **il me vient à l'épaule** er reicht mir bis zur Schulter; **II** *v/aux* **3** *avec inf*: **venir chercher qn, qc** j-n, etw abholen; etw holen; **il est venu nous dire …** er kam, um uns zu sagen …; er kam und sagte uns …; **venir trouver qn** j-n aufsuchen; bei j-m vorsprechen; zu j-m kommen; **venir voir qn** j-n besuchen; **venir voir si …** nachsehen, ob …; **4 si cela venait à se faire** falls es dazu kommen sollte; **5** *passé récent*: ▸ **venir de faire qc** etw gerade, (so)eben getan haben; *livre* **vient de paraître** soeben erschienen; → *Info-Fenster S. 660*

Venise [vəniz] Venedig *n*

vénitien [venisjɛ̃] **I** *adj* ⟨-ienne [-jɛn]⟩ venezianisch; **II** **2(ne)** *m(f)* Venezianer(in) *m(f)*

▸ **vent** [vɑ̃] *m* **1** Wind *m*; **~ du nord** Nordwind *m*; **coup** *m* **de ~** Windstoß *m*; *fig* **entrer en coup de ~** hereinstürzen; *fig* **il est passé en coup de ~** er war nur auf e-n Sprung da; **(les) cheveux au ~** mit wehenden Haaren; *fig* **contre ~s et marées** allen Widerständen, Hindernissen zum Trotz; **en plein ~** völlig frei stehend; *fig* **quel bon ~ vous amène?** welchem glücklichen Umstand verdanke ich Ihren Besuch?; **il y a, il fait du ~** es ist windig; *fig* **avoir ~ de qc** von etw Wind bekommen; *fig* **avoir le ~ en poupe** Glück, e-e Glückssträhne haben; *fig* **être dans le ~** in sein; modern, zeitgemäß, aktuell sein; *fig* **c'est du ~** das ist leeres Gerede; **2** (Darm)Wind *m*; **lâcher un ~** e-n Wind abgehen lassen; **3** MUS **instrument** *m* **à ~** Blasinstrument *n*

▸ **vente** [vɑ̃t] *f* Verkauf *m*; Vertrieb *m*;

Absatz *m*; **~ au détail** Einzel-, Kleinverkauf *m*; **~ de charité** Wohltätigkeitsbasar *m*; **~ par correspondance** Versandhandel *m*, -geschäft *n*; **en ~** erhältlich (**chez** bei); **en ~ libre** frei verkäuflich; *médicament* rezeptfrei; **mettre en ~** zum Verkauf bringen, anbieten

venter [vɑ̃te] *v/imp* **il vente** es ist windig; **qu'il pleuve ou qu'il vente** bei Wind und Wetter

venteux [vɑ̃tø] *adj* ⟨-euse [-øz]⟩ windig

ventila|teur [vɑ̃tilatœʀ] *m* Ventilator *m*; *d'un moteur* Gebläse *n*; **~tion** [-sjõ] *f* **1** Belüftung *f*; Ventilation *f*; **2** FIN *et par ext* Verteilung *f*; Aufschlüsselung *f*

ventiler [vɑ̃tile] *v/t* **1** (*aérer*) belüften; **2** (*répartir*) verteilen; aufschlüsseln

ventouse [vɑ̃tuz] *f* Saugnapf *m* (*a* zo); Sauger *m*; **faire ~** sich festsaugen

ventral [vɑ̃tʀal] *adj* ⟨~e; -aux [-o]⟩ Bauch…

▸ **ventre** [vɑ̃tʀ(ə)] *m* **1** Bauch *m*; Leib *m*; **bas ~** Unterleib *m*; **mal** *m* **au ~** Bauchweh *n*; **à plat ~** bäuchlings; auf dem *ou* den Bauch; *fig* **se mettre, être à plat ~ devant qn** vor j-m kriechen; **~ à terre** in gestrecktem Galopp; *fig* **courir ~ à terre** dahinjagen; **avoir, prendre du ~** e-n Bauch haben, ansetzen *ou* bekommen; *fig* **il n'a rien dans le ~** F er ist ein Schlappschwanz

ventricule [vɑ̃tʀikyl] *m* Herzkammer *f*

ventriloque [vɑ̃tʀilɔk] *m* Bauchredner *m*

venir

Das Verb **venir** wird auf vielfältige Weise eingesetzt.

1. venir quelque part:	
Chaque année, beaucoup de touristes viennent en Bourgogne.	Jedes Jahr kommen viele Touristen nach Burgund.
2. venir de:	
L'obélisque érigé sur la place de la Concorde vient d'Egypte.	Der Obelisk, der auf der Place de la Concorde steht, kommt aus Ägypten.
3. venir de faire quelque chose:	
Le ministre vient de prononcer un discours.	Der Minister hat soeben eine Rede gehalten.
4. venir à quelqu'un:	
Tout d'un coup, il lui est venu une idée formidable.	Plötzlich kam ihm eine fantastische Idee.
5. venir à faire quelque chose:	
S'il vient à pleuvoir, nous devrons annuler notre randonnée.	Sollte es regnen, so werden wir unsere Wanderung absagen müssen.
6. en venir à (faire) quelque chose:	
Nous en sommes venu(e)s à la conclusion que ...	Wir sind zu der Schlussfolgerung gelangt, dass ...
7. venir chercher quelqu'un / quelque chose:	
Anne est venue chercher ses livres.	Anne hat ihre Bücher abgeholt.

ventripotent [vɑ̃tʀipɔtɑ̃] *adj* ⟨-ente [-ɑ̃t]⟩ dickbäuchig
ventru [vɑ̃tʀy] *adj* ⟨~e⟩ dickbäuchig; *choses* bauchig
venu [v(ə)ny] **I** *p/p* → ***venir*** *et adj* ⟨~e⟩ ***il serait mal ~ de*** (+ *inf*) es wäre (jetzt) völlig verkehrt zu (+ *inf*); **II** *subst* ***nouveau ~*** (neu) Hinzugekommene(r) *m*; Neuankömmling *m*; ***le premier ~, la première ~e*** der, die erste Beste *ou* Erstbeste
venue [v(ə)ny] *f* Kommen *n*; Ankunft *f*
Vénus [venys] *f* ASTR, MYTH Venus *f*
vêpres [vɛpʀ(ə)] *f/pl* CATH Vesper *f*
ver [vɛʀ] *m* Wurm *m*; (*asticot*) Made *f*; ***~ luisant*** Glühwürmchen *n*; Leuchtkäfer *m*; ***~ solitaire*** Bandwurm *m*; ***~ à soie*** Seidenraupe *f*; ***~ de terre*** Regenwurm *m*; ***nu comme un ~*** splitter(faser)-nackt; *fig* ***tirer les ~s du nez à qn*** j-m die Würmer aus der Nase ziehen
véracité [veʀasite] *f* Wahrheit *f*; Wahrheitsgehalt *m*; Richtigkeit *f*
véranda [veʀɑ̃da] *f* (Glas)Veranda *f*
verbal [vɛʀbal] *adj* ⟨~e; -aux [-o]⟩ **1** mündlich; verbal; **2** LING Verbal…
verbalis|ation [vɛʀbalizasjõ] *f* gebührenpflichtige Verwarnung; JUR Protokollaufnahme *f*; ***~er*** [-e] *v/i police* gebührenpflichtig verwarnen (***contre qn*** j-n); JUR ein Protokoll aufnehmen
▸ **verbe** [vɛʀb] *m* **1** GR Verb *n*; Zeit-, Tätigkeitswort *n*; **2** REL ***le*** ♀ das Wort; **3** ***avoir le ~ 'haut*** das große Wort führen
verbeux [vɛʀbø] *adj* ⟨-euse [-øz]⟩ *péj* wortreich; weitschweifig
verbiage [vɛʀbjaʒ] *m* leeres Gerede
verdâtre [vɛʀdɑtʀ(ə)] *adj* grünlich
verdeur [vɛʀdœʀ] *f* **1** ***~*** (***de langage***) Deftigkeit *f*; **2** *d'une personne* Rüstigkeit *f*; **3** *d'un vin* Herbheit *f*
verdict [vɛʀdikt] *m* **1** JUR (Urteils-)Spruch *m* der Geschworenen; **2** *par ext* (hartes) Urteil; Verdikt *n*
verdir [vɛʀdiʀ] *v/i* grün werden; *de peur* blass, bleich werden
verdoy|ant [vɛʀdwajɑ̃] *adj* ⟨-ante [-ɑ̃t]⟩ (satt)grün; ***~er*** [-e] *v/i* ⟨-oi-⟩ grünen
verdure [vɛʀdyʀ] *f* **1** Grün *n*; ***dans la ~*** im Grünen; **2** CUIS F Grünzeug *n*
véreux [veʀø] *adj* ⟨-euse [-øz]⟩ **1** *fruit* wurmig; wurmstichig; **2** *fig* anrüchig; zweifelhaft; faul; unreell
verge [vɛʀʒ] *f* **1** ANAT männliches Glied; **2** (*baguette*) Rute *f*; Gerte *f*
verger [vɛʀʒe] *m* Obstgarten *m*
verglacé [vɛʀglase] *adj* ⟨~e⟩ vereist
▸ **verglas** [vɛʀglɑ] *m* Glatteis *n*
vergogne [vɛʀgɔɲ] *f* ***sans ~*** unverschämt; schamlos
vergue [vɛʀg] *f* MAR Rah(e) *f*
véridique [veʀidik] *adj* wahrheitsgemäß, -getreu
vérificateur [veʀifikatœʀ] *m* Prüfer *m*; Kontrolleur *m*
vérification [veʀifikasjõ] *f* (Über-, Nach)Prüfung *f*; Kontrolle *f*
▸ **vérifier** [veʀifje] **I** *v/t* (über-, nach)prüfen; (nach)kontrollieren; nachsehen (*a abs*); *monnaie* nachzählen; **II** *v/pr* ***se ~*** sich bestätigen
vérin [veʀɛ̃] *m* TECH (Schrauben)Winde *f*
▸ **véritable** [veʀitabl(ə)] *adj* wirklich; wahr; echt
▸ **vérité** [veʀite] *f* **1** Wahrheit *f*; ***~ première, ~ de La Palice*** Binsenweisheit *f*, -wahrheit *f*; ***heure*** *f*, ***minute*** *f* ***de ~*** Stunde *f* der Wahrheit; ***en ~*** in der Tat; tatsächlich; wahrhaftig; ***dire à qn ses*** (***quatre***) ***~s*** j-m gründlich die, s-e Meinung sagen; **2** *d'un personnage* Lebensechtheit *f*; *d'un portrait* Naturtreue *f*
verlan [vɛʀlɑ̃] *m* Argot, das auf Silbenvertauschung beruht; → *Info-Fenster S. 662*
vermeil [vɛʀmɛj] **I** *adj* ⟨~le⟩ *teint* rot; ***lèvres ~les*** Purpurlippen *f/pl*; **II** *m* Vermeil *n*
vermicelle [vɛʀmisɛl] *m* Suppennudeln *f/pl*; ***potage*** *m* ***au ~*** Nudelsuppe *f*
vermifuge [vɛʀmifyʒ] *m* Wurmmittel *n*
vermillon [vɛʀmijõ] *m* Zinnober(rot) *m*(*n*)
vermine [vɛʀmin] *f* **1** Ungeziefer *n*; **2** *fig* Gesindel *n*; Geschmeiß *n*
vermisseau [vɛʀmiso] *m* ⟨~x⟩ Würmchen *n*
vermoul|u [vɛʀmuly] *adj* ⟨~e⟩ wurmstichig; ***~ure*** [-yʀ] *f* Wurmstich *m*, -fraß *m*
vermout(h) [vɛʀmut] *m* Wermut *m*
vernaculaire [vɛʀnakylɛʀ] *adj* ***langue*** *f* ***~*** einheimische Sprache
verni [vɛʀni] **I** *adj* ⟨~e⟩ lackiert; *poterie* glasiert; ***chaussures ~es*** Lackschuhe *m/pl*; **II** *subst* F *fig* ***c'est un petit ~*** F er ist ein Glückspilz

Le verlan

Le verlan ist eine „Geheimsprache", die es Außenstehenden erschweren soll, einer Unterhaltung zu folgen. Beliebt sind Verlanausdrücke unter anderem bei Jugendlichen.
Das Prinzip des **verlan** besteht darin, dass die Silben eines Wortes vertauscht werden. Dabei wird von der Aussprache ausgegangen; das stumme **e** wird zu **eu** [œ].
Ein paar Beispiele:

féca	=	**café**	Café, Kaffee
tromé	=	**métro**	U-Bahn
laisse béton!	=	**laisse tomber!**	gibs auf!, vergiss es!

Manche Ausdrücke sind in den allgemeinen Sprachgebrauch übergegangen:

le beur	in Frankreich geborener Nordafrikaner	*von* **arabe**	Araber
la meuf	Tussi	*von* **femme**	Frau
le ripou	korrupter Beamter	*von* **pourri**	korrupt, verdorben

Der Begriff **verlan** selbst ist übrigens durch die Umkehrung des Wortes **l'envers** entstanden (**à l'envers** bedeutet ‚umgekehrt').

vernir [vɛrnir] *v/t bois, etc* lackieren; *tableau* firnissen

vernis [vɛrni] *m* Lack *m*; *pour tableaux* Firnis *m* (*a fig*); *pour poteries* Glasur *f*; **~ à ongles** Nagellack *m*

vernissage [vɛrnisaʒ] *m* **1** Lackieren *n*; Glasieren *n*; Firnissen *n*; **2** (*réception*) Vernissage *f*

vernissé [vɛrnise] *adj* ⟨~e⟩ *poterie* glasiert

vérole [verɔl] *f* **1** ***petite ~*** Blattern *pl*; Pocken *pl*; **2** F Syphilis *f*

verrai [vɛrɛ] → ***voir***

verrat [vɛra] *m* (Zucht)Eber *m*

▸ **verre** [vɛr] *m* **1** *matière, objet* Glas *n*; ***~s de lunettes*** Brillengläser *n/pl*; ***~ de montre*** Uhrglas *n*; ***de ou en ~*** gläsern; Glas…; aus Glas; **2** *récipient* (Trink-) Glas *n*; *contenu* Glas *n*; ***petit ~*** Gläschen *n* (Schnaps); ***~ à dents*** Zahnputzglas *n*, -becher *m*; ***~ à pied, à vin*** Stiel-, Weinglas *n*; ***~ d'eau*** Glas Wasser; *fig* ***se noyer dans un ~ d'eau*** sich bei der geringsten Schwierigkeit nicht zu helfen wissen; *fig* ***avoir un ~ dans le nez*** zu tief ins Glas geguckt haben

Unterscheide:

un verre d'eau, de vin	ein Glas Wasser, Wein
un verre à eau, à vin	ein Wasserglas, Weinglas

verrerie [vɛrri] *f* **1** Glasfabrik *f*, -hütte *f*; **2** Glasware(n) *f(pl)*

verrière [vɛrjɛr] *f* **1** Glaswand *f ou* -dach *n*; **2** großes Kirchenfenster

verroterie [vɛrɔtri] *f* Glasschmuck *m*

verrou [vɛru] *m* Riegel *m*; *fig* ***être sous les ~s*** hinter Schloss und Riegel sitzen

verrouiller [vɛruje] *v/t* ver-, zuriegeln

verrue [vɛry] *f* Warze *f*

▸ **vers**[1] [vɛr] *prép* **1** *direction* gegen; nach; in Richtung auf (+ *acc*); auf (+ *acc*) zu; zu; …wärts; ***~ la droite*** (nach) rechts; ***~ le nord*** nach, gegen Norden; nordwärts; ***~ Paris*** gegen Paris zu; ***aller ~ qn, qc*** auf j-n, etw zugehen; **2** *temps* gegen; (etwa) um; ***~ 1900*** um (das Jahr) 1900; ***~ la fin*** gegen Ende; ***~ (les) deux heures*** gegen, etwa um zwei Uhr; **3** *fig* ***le premier pas ~ la détente*** der erste Schritt zur Entspannung

vers² *m* Vers *m*; Verszeile *f*
versant [vɛʀsɑ̃] *m* (Ab)Hang *m*; **~ nord** Nordhang *m*
versatil|e [vɛʀsatil] *adj* wankelmütig; unbeständig; wetterwendisch; **~ité** [-ite] *f* Wankelmut *m*
verse [vɛʀs] ***il pleut à ~*** es gießt in Strömen
versé [vɛʀse] *adj* ⟨~e⟩ ***~ dans*** bewandert, versiert in (+ *dat*)
Verseau [vɛʀso] *m* ASTR Wassermann *m*
versement [vɛʀsəmɑ̃] *m* Zahlung *f*; Einzahlung *f* (***à, sur un compte*** auf ein Konto); *de pensions* Auszahlung *f*; ***en plusieurs ~s*** in (mehreren) Raten
▸ **verser** [vɛʀse] **I** *v/t* **1** *liquide* (hinein)gießen; (ein)füllen; *café, etc* ein-, ausschenken; eingießen; *fig larmes, sang* vergießen; *sucre, riz, etc* schütten (***dans*** in + *acc*); *abs* eingießen, -füllen, -schenken; **~ (*à boire*)** ein-, ausschenken; ***se ~ du vin*** sich Wein einschenken; **2** *argent* einzahlen (***à un compte*** auf ein Konto); *pension, etc* (aus)zahlen; *acompte* leisten; *cotisations* entrichten; **II** *v/i voiture* umstürzen; ***~ dans le fossé*** in den Graben stürzen
verset [vɛʀsɛ] *m* BIBL Vers *m*
verseur [vɛʀsœʀ] *adj* ⟨*nur m*⟩ ***bec ~*** Schnauze *f*; Schnabel *m*; Tülle *f*
versification [vɛʀsifikasjõ] *f* Versbildung *f*, -bau *m*
version [vɛʀsjõ] *f* **1** Übersetzung *f* in die Muttersprache; ***~ latine*** Übersetzung *f* aus dem Lateinischen; **2** Version *f*; Fassung *f*; *film* ***en ~ originale*** (*abr* ***V.O.***) in Originalfassung; **3** (*interprétation*) Darstellung *f*; Version *f*; Wiedergabe *f*
verso [vɛʀso] *m* Rückseite *f*; ***au ~*** auf der *ou* die Rückseite; umseitig
▸ **vert** [vɛʀ] **I** *adj* ⟨verte [vɛʀt]⟩ **1** grün; *légumes* frisch; *fruits a* unreif; *vin* zu jung; noch herb; ***salade ~e*** Blattsalat *m*; ***être ~ de peur*** vor Angst blass sein; *fig* ***en faire voir des ~es et des pas mûres à qn*** j-m viel zu schaffen machen; **2** *vieillard* rüstig; **3** *langage* derb; deftig; ***langue ~e*** Gaunersprache *f*; Rotwelsch *n*; ***en dire des ~es*** Zoten erzählen; **4 *l'Europe ~e*** der gemeinsame europäische Agrarmarkt; **5** POL grün; *adv* ***voter ~*** grün wählen; **II** *m* **1** Grün *n*; *fig* ***se mettre au ~*** ins Grüne, aufs Land ziehen; **2** POL ***les Verts*** *pl* die Grünen *pl*
vert-de-gris [vɛʀdəgʀi] **I** *m* Grünspan *m*; **II** *adj* ⟨*inv*⟩ graugrün
vertébral [vɛʀtebʀal] *adj* ⟨~e; -aux [-o]⟩ Wirbel…; ▸ ***colonne vertébrale*** Wirbelsäule *f*
vertèbre [vɛʀtɛbʀ(ə)] *f* ANAT Wirbel *m*
vertébrés [vɛʀtebʀe] *m/pl* Wirbeltiere *n/pl*
vertement [vɛʀtəmɑ̃] *adv* ***réprimander qn ~*** j-n heftig tadeln, rügen
vertical [vɛʀtikal] **I** *adj* ⟨~e; -aux [-o]⟩ senk-, lotrecht; vertikal; **II** *f* ***~e*** Senkrechte *f*; Vertikale *f*
vertige [vɛʀtiʒ] *m* **1** Schwindel(gefühl *n*, -anfall *m*) *m*; ***j'ai un ~, des ~s, le ~*** mir ist, ich bin schwind(e)lig; **2** *fig* Taumel *m*; Rausch *m*
vertigineux [vɛʀtiʒinø] *adj* ⟨-euse [-øz]⟩ schwindelnd; Schwindel erregend
vertu [vɛʀty] *f* **1** Tugend *f*; ***femme*** *f* ***de petite ~*** leichtes Mädchen; Flittchen *n*; **2** (*pouvoir*) Kraft *f*; ***~ thérapeutique*** Heilkraft *f*; **3 *en ~ de*** aufgrund von (*ou* + *gén*); *a* JUR kraft (+ *gén*)
vertueux [vɛʀtɥø] *adj* ⟨-euse [-øz]⟩ tugendhaft
verve [vɛʀv] *f* Schwung *m*; Feuer *n*; Witz *m*
verveine [vɛʀvɛn] *f* Eisenkraut *n*
vésicule [vezikyl] *f* **1 ~ (*biliaire*)** Gallenblase *f*; **2** (*cloque*) Bläschen *n*
vessie [vesi] *f* (Harn)Blase *f*; *fig* ***faire prendre des ~s pour des lanternes à qn*** j-m ein X für ein U vormachen; j-m blauen Dunst vormachen
▸ **veste** [vɛst] *f* Jacke *f*; Jackett *n*; Sakko *m ou n*; F *fig* ***prendre une ~*** e-e Schlappe erleiden; F *fig* ***retourner sa ~*** F umfallen; umschwenken

⚠ **veste**	≠	**Weste**
la veste	=	die Jacke, das Jackett
die Weste	=	le gilet

vestiaire [vɛstjɛʀ] *m* Garderobe *f* (*a objets déposés*); *d'une piscine, etc* Umkleideraum *m*; ***la dame du ~*** die Garderobenfrau
vestibule [vɛstibyl] *m* Vorraum *m*; Diele *f*; Flur *m*; Vestibül *n*

vestiges [vɛstiʒ] *m/pl* Spuren *f/pl*; (Über)Reste *m/pl*; Relikte *n/pl*
vestimentaire [vɛstimɑ̃tɛʀ] *adj* Kleider…
veston [vɛstɔ̃] *m* Jacke *f*; Jackett *n*
▸ **vêtement** [vɛtmɑ̃] *m* Kleidungsstück *n*; **~s** *pl* (Be)Kleidung *f*; Oberbekleidung *f*; → *Info bei* **Kleidung**
vétéran [veteʀɑ̃] *m* Veteran *m* (*a fig*); SPORTS Alter Herr
vétérinaire [veteʀinɛʀ] **I** *adj* tierärztlich; **II** *m,f* Tierarzt, -ärztin *m,f*; Veterinär *m*
vététiste [vetetist] *m* Mountainbiker *m*
vétille [vetij] *f* Lappalie *f*; Bagatelle *f*
vêtir [vetiʀ] ⟨je vêts, il vêt, nous vêtons; je vêtais; je vêtis; je vêtirai; que je vête; vêtant; vêtu⟩ **I** *litt v/t* ankleiden; **II** *v/pr* ***se ~*** sich anziehen; sich ankleiden
veto [veto] *m* Veto *n*; ***droit*** *m* ***de ~*** Vetorecht *n*
vêtu [vety] *adj* ⟨~e⟩ angezogen; bekleidet (***de*** mit)
vétuste [vetyst] *adj* alt; baufällig; überaltert
▸ **veuf** [vœf] **I** *adj* ⟨veuve [vœv]⟩ verwitwet; **II ~,** ***veuve*** *m,f* Witwer *m*, Witwe *f*; ***veuve de guerre*** Kriegerwitwe *f*
veuille [vœj] → ***vouloir***[1]
veule [vøl] *adj* willenlos
veulent [vœl] → ***vouloir***[1]
veulerie [vølʀi] *f* Willenlosigkeit *f*
veut [vø] → ***vouloir***[1]
veuvage [vœvaʒ] *m* Witwer- *ou* Witwenschaft *f*
▸ **veuve** [vœv] → ***veuf***
veux [vø] → ***vouloir***[1]
vexant [vɛksɑ̃] *adj* ⟨-ante [-ɑ̃t]⟩ **1** kränkend; beleidigend; **2** (*contrariant*) ärgerlich
vexation [vɛksasjɔ̃] *f* Kränkung *f*; Beleidigung *f*
vexatoire [vɛksatwaʀ] *adj* schikanös; ***mesure*** *f* **~** Schikane *f*
vexé [vɛkse] *adj* ⟨~e⟩ gekränkt; beleidigt
▸ **vexer** [vɛkse] **I** *v/t* kränken; beleidigen; **II** *v/pr* ***se ~*** gekränkt sein
via [vja] *prép* über (+ *acc*); via
viabilisé [vjabilize] *adj* ⟨~e⟩ *terrain* erschlossen; baureif
viabilité [vjabilite] *f* **1** CONSTR Erschließung *f*; **2** BIOL, *fig* Lebensfähigkeit *f*
viable [vjabl(ə)] *adj* lebensfähig

viaduc [vjadyk] *m* Viadukt *m ou n*; Talbrücke *f*
viager [vjaʒe] **I** *adj* ⟨-ère [-ɛʀ]⟩ ***rente viagère*** Leibrente *f*; **II** *m* ***mettre en ~*** auf Rentenbasis verkaufen
▸ **viande** [vjɑ̃d] *f* **1** Fleisch *n*; ***~ froide*** kalter Braten; → *Info bei* **Fleisch**; **2** F *péj* Körper *m*; Fleisch *n*
vibrant [vibʀɑ̃] *adj* ⟨-ante [-ɑ̃t]⟩ **1** vibrierend (*a voix*); **2** *fig* aufrüttelnd; mitreißend
vibraphone [vibʀafɔn] *m* Vibraphon *n*
vibration [vibʀasjɔ̃] *f* **1** Vibrieren *n* (*a de la voix*); Vibration *f*; Erschütterung *f*; Erzittern *n*; *de l'air* Flimmern *n*; **2** PHYS Schwingung *f*
vibrer [vibʀe] *v/i* **1** vibrieren (*a voix*); schwingen; erzittern; **2** *fig* gepackt, ergriffen sein; ***faire ~ qn*** j-n mitreißen, packen, ergreifen
vibromasseur [vibʀɔmasœʀ] *m* Vibrator *m*; Massagestab *m*
vicaire [vikɛʀ] *m* Vikar *m*; Kaplan *m*
vice [vis] *m* **1** Untugend *f*; *p/fort* Laster *n*; **2** *de qc* Fehler *m*; Mangel *m*; JUR ***~ de forme*** Formfehler *m*
vice-président *m* ⟨vice-présidents⟩ stellvertretende(r) Vorsitzende(r) *m*; Vizepräsident *m* (*a* POL)
vice versa [vis(ə)vɛʀsa] ***et ~*** und umgekehrt
vicié [visje] *adj* ⟨~e⟩ *air* schlecht; verbraucht
vicieux [visjø] **I** *adj* ⟨-euse [-øz]⟩ lasterhaft; verderbt; sittenlos; *regard* geil; lüstern; **II** *m* Lüstling *m*; ***vieux ~*** Lustgreis *m*
vicinal [visinal] *adj* ⟨~e; -aux [-o]⟩ ***chemin ~*** Gemeindeweg *m*
vicissitudes [visisityd] *f/pl* Auf und Ab *n*, Wechselfälle *m/pl* des Lebens
vicomte [vikɔ̃t] *m* Vicomte *m*
vicomtesse [vikɔ̃tɛs] *f* Vicomtesse *f*
▸ **victime** [viktim] *f* **1** *de la guerre, de l'injustice, etc* Opfer *n*; (*mort*) *a* Todesopfer *n*; ***être ~ d'un accident*** e-n Unfall erleiden; verunglücken; ***faire de nombreuses ~s*** zahlreiche Menschenleben fordern; **2** REL Opfertier *n*
▸ **victoire** [viktwaʀ] *f* Sieg *m* (*a* MIL, SPORTS); ***~ électorale*** Wahlsieg *m*; ***chanter, crier ~*** hurra schreien; jubeln
victorieux [viktɔʀjø] *adj* ⟨-euse [-øz]⟩ siegreich; Sieger…

victuailles [viktɥaj] *f/pl* Proviant *m*

vidange [vidɑ̃ʒ] *f* Entleerung *f*; AUTO Ölwechsel *m*; ***faire la ~*** das Öl wechseln

vidanger [vidɑ̃ʒe] *v/t* ⟨-ge-⟩ **1** *réservoir, etc* entleeren; **2** AUTO *huile* wechseln

▸**vide** [vid] **I** *adj* **1** leer; *logement* leer stehend; *rue a* menschenleer; **2** *fig* leer; *existence a* unausgefüllt; inhaltslos; sinnlos; *paroles* ***~ de sens*** leer; nichts sagend; **II** *m* **1** PHYS, TECH Vakuum *n*; luftleerer Raum; ***emballage*** *m* ***sous ~*** Vakuumverpackung *f*; **2** Leere *f*; Zwischen-, Hohlraum *m*; Lücke *f* (*a fig*); ***à ~*** leer; Leer…; *moteur* ***tourner à ~*** leer laufen; *fig* ***laisser un grand ~*** e-e große Lücke hinterlassen; *fig* ***parler dans le ~*** ins Blaue hinein reden; ***regarder dans le ~*** ins Leere starren; **3** (*abîme*) Tiefe *f*; Abgrund *m*; ***sauter dans le ~*** in die Tiefe springen; **4** *fig* Leere *f*; Sinnlosigkeit *f*

vidé [vide] *adj* ⟨~e⟩ ***être ~*** F vollkommen ausgepumpt sein

▸**vidéo** [video] **I** *f* Video *n*; **II** *adj* ⟨*inv*⟩ Video…; ***jeu*** *m* ***~*** Video-, Telespiel *n*; ***~cassette*** *f* Videokassette *f*; ***~clip*** *m* Videoclip *m*; ***~disque*** *m* Bildplatte *f*; ***~phone*** *m* Bildtelefon *n*

vide-ordures [vidɔrdyʀ] *m* ⟨*inv*⟩ Müllschlucker *m*

vidéosurveillance *f* Videoüberwachung *f*

vidéothèque [videɔtɛk] *f* Videothek *f*

vide-poches [vidpɔʃ] *m* ⟨*inv*⟩ AUTO Handschuhfach *n*

▸**vider** [vide] **I** *v/t* **1** *récipient* (aus-, ent-) leeren; leer machen; *bouteille* (*boire*) austrinken; leeren; *contenu* aus-, entleeren; auskippen, -schütten; *pièce* ausräumen; **2** *volaille, poisson* ausnehmen; **3** F (*épuiser*) F fertig machen; **4** ***~ une querelle*** e-n Streit beilegen; **II** *v/pr* ***se ~*** *récipient* sich entleeren; auslaufen; *lieu* sich leeren; ***se ~ de son sang*** verbluten

videur [vidœʀ] *m* F Rausschmeißer *m*

▸**vie** [vi] *f* **1** Leben *n*; *par ext* ***vie culturelle*** kulturelles Leben; Kulturleben *n*; ***vie de famille*** Familienleben *n*; ***à vie*** auf Lebenszeit; lebenslänglich; ***de (toute) ma vie*** in meinem ganzen Leben; mein Lebtag; ***sans vie*** leblos; ***avoir la vie dure*** zählebig sein; ein zähes Leben haben (*a fig*); ***donner la vie à qn*** j-m das Leben schenken; ***être en vie*** am Leben sein; ***être entre la vie et la mort*** zwischen Leben und Tod schweben; ***c'est une question de vie ou de mort*** es geht auf Leben und Tod; ***c'est la vie*** so ist das Leben; ***ce n'est pas une vie*** das ist doch kein Leben; ***c'est la belle vie*** so lässt sich's leben; F ***faire la vie*** Szenen machen (***à qn*** j-m); **2** (*vitalité*) Leben *n*; Lebendigkeit *f*; Lebhaftigkeit *f*; ***plein de vie*** *personne* sehr lebhaft; quicklebendig; *œuvre* lebendig; **3** Leben(sunterhalt) *n*(*m*); ▸***gagner sa vie*** s-n Lebensunterhalt verdienen; ***gagner bien sa vie*** sein gutes Auskommen haben

vieil [vjɛj] → ***vieux***

vieillard [vjɛjaʀ] *m* Greis *m*; alter Mann

vieille [vjɛj] → ***vieux***

vieilleries [vjɛjʀi] *f/pl* alter Plunder, Kram

▸**vieillesse** [vjɛjɛs] *f* **1** (hohes) Alter; Greisenalter *n*; *adjt* ***assurance*** *f* ***~*** Alters-, Rentenversicherung *f*; ***mourir de ~*** an Altersschwäche sterben; **2** *de choses* hohes Alter

vieillir [vjejiʀ] **I** *v/t* alt *ou* älter machen, erscheinen lassen; **II** *v/i* **1** *personne* alt *ou* älter werden; altern; ***en vieillissant*** mit zunehmendem Alter; **2** *mot, etc* veralten; **3** *vin* altern; reifen

vieillissement [vjejismɑ̃] *m* Altern *n*; Altwerden *n*; *de la population* Überalterung *f*

vieillot [vjɛjo] *adj* ⟨-otte [-ɔt]⟩ altmodisch

vielle [vjɛl] *f* MUS Dreh-, Radleier *f*

vienne [vjɛn] → ***venir***

Vienne [vjɛn] *en Autriche* Wien *n*

viennois [vjenwa] **I** *adj* ⟨-oise [-waz]⟩ Wiener; wienerisch; **II** ♀(***e***) *m*(*f*) Wiener(in) *m*(*f*)

viennoiserie [vjɛnwazʀi] *f* Feingebäck *n*

viens, vient [vjɛ̃] → ***venir***

vierge [vjɛʀʒ] **I** *adj* **1** jungfräulich; unberührt; **2** *papier* unbeschrieben; *pellicule* unbelichtet; ***cassette*** *f* ***~*** Leerkassette *f*; ***forêt*** *f* ***~*** Urwald *m*; **II** *f* **1** Jungfrau *f*; **2** ***la (Sainte)*** ♀, ***la*** ♀ ***Marie*** die Heilige Jungfrau; die Jungfrau Maria; ***une*** ♀ e-e Madonna; ein Marienbild *n*; **3** ASTR ♀ Jungfrau *f*

Viêt-nam [vjɛtnam] ***le ~*** Vietnam *n*
vietnamien [vjɛtnamjɛ̃] **I** *adj* ⟨-ienne [-jɛn]⟩ vietnamesisch; **II** *2(ne) m(f)* Vietnamese *m*, Vietnamesin *f*
▸ **vieux** [vjø] **I** *adj* ⟨*m vor Vokal u stummem h* vieil [vjɛj]; *f* vieille [vjɛj]⟩ alt; *personne a* bejahrt; betagt; ***un vieil ami*** ein alter, langjähriger Freund; *adjt* ***vieille France*** altväterisch; antiquiert; ***une vieille histoire*** e-e alte Geschichte; ***~ vêtements*** Altkleider *n/pl*; ***vin ~*** alter Wein; ***ma vieille voiture*** mein alter, voriger Wagen; ***sur ses ~ jours*** auf s-e alten Tage; ***devenir ~, se faire ~*** alt werden; altern; **II** *subst* **1** ***~, vieille*** *m,f* alter Mann; Alte(r) *m*; alte Frau; Alte *f*; ***les ~*** die Alten *pl*; F ***mes ~*** F meine Alten *pl* (*parents*); F ***mon ~!*** F mein Lieber!; alter Freund, Junge!; F ***ma vieille!*** F meine Liebe!; F ***son ~*** (*mari*) F ihr Alter, Oller; F ***sa vieille*** (*femme*) F s-e Alte, Olle; F ***un petit ~*** ein altes Männchen; F ***une petite vieille*** ein altes Mütterchen; *fig* ***un ~ de la vieille*** ein alter Hase; **2** ***le ~*** das Alte; F ***prendre un coup de ~*** mit e-m Schlag alt, älter werden
vif [vif] **I** *adj* ⟨vive [viv]⟩ **1** *personne* lebhaft; lebendig; *curiosité, désir, souvenir, etc* lebhaft; *imagination a* rege; **2** (*emporté*) heftig; aufbrausend; *propos a* scharf; *discussion a* hitzig; **3** *lumière* hell; *p/fort* grell; *couleur* lebhaft; kräftig; leuchtend; *teint* gesund; frisch; *air* frisch und kalt; *arête* scharf; **4** (*vivant*) lebendig; lebend; ***être brûlé(e) vif (vive)*** bei lebendigem Leib verbrannt werden; **II** *m* **1** JUR ***donation f entre ~s*** Schenkung *f* unter Lebenden; **2** ***il a les nerfs à ~*** s-e Nerven sind zum Zerreißen gespannt; ***être piqué au ~*** zutiefst getroffen, verletzt sein; ***entrer dans le ~ du sujet*** zum Kern der Sache kommen; ***prendre sur le ~*** PHOT e-n Schnappschuss machen von; *scène* aus dem Leben greifen
vif-argent *m* Quecksilber *n* (*a fig*)
vigie [viʒi] *f* MAR Ausguck *m*
vigil|ance [viʒilɑ̃s] *f* Wachsamkeit *f*; **~ant** [-ɑ̃] *adj* ⟨-ante [-ɑ̃t]⟩ wachsam; umsichtig
vigile [viʒil] *m* Wachmann *m*
▸ **vigne** [viɲ] *f* **1** Weinrebe *f*; (***cep*** *m*, ***pied*** *m* ***de***) **~** Wein-, Rebstock *m*; ***~ vierge*** wilder Wein; **2** Weinberg *m*; ***~s*** *pl a* Rebflächen *f/pl*; *fig* ***être dans les ~s du Seigneur*** betrunken, berauscht sein
vigner|on [viɲ(ə)ʀõ] *m*, **~onne** [-ɔn] *f* Winzer(in) *m(f)*
vignette [viɲɛt] *f* **1** PHARM (Preis)Aufkleber *m* für die Kostenerstattung; **2** **~** (***automobile***) (Gebührenmarke *f* über entrichtete) Kraftfahrzeugsteuer *f*
vignoble [viɲɔbl(ə)] *m* **1** Weinberg *m*, -garten *m*; **2** Wein(bau)gebiet *n*
vigogne [vigɔɲ] *f* ZO Vikunja *n*
vigoureux [viguʀø] *adj* ⟨-euse [-øz]⟩ **1** kräftig; robust; **2** *style* kraftvoll; *protestation* heftig
vigueur [vigœʀ] *f* **1** (Lebens)Kraft *f*; Robustheit *f*; Stärke *f*; **2** *d'une protestation* Heftigkeit *f*; *d'expression* Kraft *f*; **3** JUR ***en ~*** in Kraft; gültig; geltend; ***entrer en ~*** in Kraft treten
Vikings [vikiŋ] *m/pl* Wikinger *m/pl*
vil [vil] *adj* ⟨**~e**⟩ **1** *st/s* ruchlos; nichtswürdig; **2** ***à ~ prix*** zu e-m Spottpreis
vilain [vilɛ̃] **I** *adj* ⟨-aine [-ɛn]⟩ **1** *enfant* unartig; böse; garstig; **2** (*laid*) hässlich; *blessure* schlimm; böse; *temps* scheußlich; **II** *m* F ***il va y avoir du ~*** F das gibt 'ne Keilerei
vilebrequin [vilbʀəkɛ̃] *m* Kurbelwelle *f*
vilenie [vil(ə)ni] *litt f* Ruchlosigkeit *f*
villa [vila] *f* Villa *f*
▸ **village** [vilaʒ] *m* Dorf *n*; ***~ de vacances*** Feriendorf *n*
villageois [vilaʒwa] **I** *adj* ⟨-oise [-waz]⟩ dörflich; **II** **~(*e*)** *m(f)* Dorfbewohner (-in) *m(f)*
▸ **ville** [vil] *f* **1** Stadt *f*; ***grande ~*** Großstadt *f*; ***~ nouvelle*** neue, neu gegründete Stadt; ***petite ~*** Kleinstadt *f*, Städtchen *n*; ***vieille ~*** Altstadt *f*; ***la ~ de Lyon*** die Stadt Lyon; ***à la ~*** in der *ou* in die Stadt (*contraire: à la campagne*); ***aller en ~*** in die Stadt gehen, fahren; ***dîner en ~*** in der Stadt, auswärts essen
villégiature [vileʒjatyʀ] *f* Sommerfrische *f*
▸ **vin** [vɛ̃] *m* Wein *m*; ***~ blanc, rouge*** Weiß-, Rotwein *m*; ***~ d'honneur*** Ehrentrunk *m*; ***~ de table*** Tafel-, Tischwein *m*; *fig* ***il a le ~ triste*** der Wein macht, stimmt ihn traurig; *fig* ***être entre deux ~s*** nicht ganz nüchtern sein
▸ **vinaigre** [vinɛgʀ(ə)] *m* **1** Essig *m*; *fig*

Le vin

Mit einem Verbrauch von durchschnittlich 80 Litern pro Jahr hält der Franzose den Weltrekord im Weintrinken.

In Frankreich wird Wein je nach Qualität und Herkunft in vier Kategorien eingeteilt:

1. **A.O.C.** (**Appellation d'origine contrôlée**): geprüfte Herkunftsbezeichnung; höchste Qualitätsklasse
2. **V.D.Q.S.** (**Vin délimité de qualité supérieure**): Weine höherer Qualität aus bestimmten Anbaugebieten
3. **Vin de pays**: Landwein
4. **Vin de table**: Tafel-, Tischwein

un verre de ...	ein Glas ...	**vin blanc**	Weißwein
une bouteille de ...	eine Flasche ...	**vin rouge**	Rotwein
une demi-bouteille de ...	eine halbe Flasche ...	**vin rosé**	Rosé(wein)
un quart de ...	ein Viertel ...		

tourner au ~ schlechter werden; **2** F ***faire ~*** schnell machen

vinaigrer [vinegʀe] *v/t* Essig geben an (+ *acc*); mit Essig anmachen

vinaigrette [vinɛgʀɛt] *f* Salatsoße *f*; Essig *m* und Öl *n*; ***à la, en ~*** in Salatsoße

vinasse [vinas] F *f* schlechter Wein

vindicatif [vɛ̃dikatif] *adj* ⟨-ive [-iv]⟩ rachsüchtig

▸**vingt** [vɛ̃, *vor Vokalen u stummem h u in den Zahlen 22 bis 29* vɛ̃t] **I** *num/c* zwanzig; ***le vingt mai*** der zwanzigste *ou* am zwanzigsten Mai; ***vingt mille*** zwanzigtausend; ▸***vingt et un*** [vɛ̃teɛ̃] einundzwanzig; **II** *m* **1** Zwanzig *f*; ***le vingt*** (***du mois***) der Zwanzigste *ou* am Zwanzigsten (des Monats); **2** (*meilleure note*) Eins *f*; Einser *m*

vingtaine [vɛ̃tɛn] *f* ***une ~*** (***de***) etwa, ungefähr, an die zwanzig

▸**vingt-deux** [vɛ̃tdø] *num/c* zweiundzwanzig; F ***~!*** Achtung!

▸**vingtième** [vɛ̃tjɛm] **I** *num/o* zwanzigste; **II** *subst* **1** ***le, la ~*** der, die, das Zwanzigste; **2** *m* MATH Zwanzigstel *n*

vingt-quatre [vɛ̃tkatʀ(ə)] *num/c* vierundzwanzig; ***~ heures sur ~*** rund um die Uhr

vini|cole [vinikɔl] *adj* Wein(bau)...; ***~fication*** [-fikasjõ] *f* Weinbereitung *f*

vins, vint [vɛ̃] → ***venir***

vinyle [vinil] *m* Vinyl *n*

viol [vjɔl] *m* **1** Vergewaltigung *f*; **2** → ***violation***

violacé [vjɔlase] *adj* ⟨~e⟩ blaurot; bläulich rot; ***rouge m ~*** Rotviolett *n*

violateur [vjɔlatœʀ] *m* Rechtsbrecher *m*; ***~ de tombeau*** Grabschänder *m*

violation [vjɔlasjõ] *f de la loi, d'un secret* Verletzung *f*; *d'une sépulture* Schändung *f*; ***~ de domicile*** Hausfriedensbruch *m*

viole [vjɔl] *f* Viola *f*; ***~ de gambe*** Gambe *f*; Kniegeige *f*; Viola da Gamba *f*

violemment [vjɔlamã] *adv* heftig

▸**violence** [vjɔlãs] *f* **1** Gewalt *f*; *acte(s)* Gewalttat *f*, -tätigkeit *f*; *disposition* Brutalität *f*; Rohheit *f*; ***~s*** *pl a* Ausschreitungen *f/pl*; ***par la ~*** gewaltsam; mit Gewalt; ***faire ~ à qn*** auf j-n Zwang ausüben; ***se faire ~*** sich, s-n Gefühlen Zwang antun; **2** (*intensité*) Heftigkeit *f*

▸**violent** [vjɔlã] *adj* ⟨-ente [-ãt]⟩ **1** *personne* gewalttätig; brutal (*a sport, scène*); *mort* gewaltsam; **2** (*intense*) heftig; *effort, choc a* gewaltig; *poison* (sehr schnell und) stark (wirkend); F ***c'est un peu ~*** F das ist ein starkes Stück

violenter [vjɔlãte] *v/t* vergewaltigen

violer [vjɔle] *v/t* **1** *loi, secret, traité* verletzen; *promesse, traité* brechen; **2** *sépulture* schänden; **3** *femme* vergewaltigen

violet [vjɔlɛ] **I** *adj* ⟨-ette [-ɛt]⟩ violett; veilchenblau; *de froid* bläulich (ange-

laufen); **II** *m* Violett *n*
violette [vjɔlɛt] *f* Veilchen *n*
violeur [vjɔlœʀ] *m* Vergewaltiger *m*
▸ **violon** [vjɔlõ] *m* **1** Geige *f*; Violine *f*; F *ou péj* Fiedel *f*; *fig* **~ d'Ingres** Steckenpferd *n*; Hobby *n*; P *fig* **c'est comme si on pissait dans un ~!** F das ist für die Katz!; **2** *joueur* Geiger(in) *m(f)*; **3** F *prison* Arrestlokal *n*; Polizeigewahrsam *m*
violoncell|e [vjɔlõsɛl] *m* (Violon)Cello *n*; **~iste** [-ist] *m,f* Cellist(in) *m(f)*
violon|eux [vjɔlɔnø] *m* Fiedler *m* (*a péj*); **~iste** [-ist] *m,f* Geiger(in) *m(f)*; Violinist(in) *m(f)*
vipère [vipɛʀ] *f* **1** ZO Viper *f*; Otter *f*; **2** *fig* Schlange *f*; F Giftkröte *f*
▸ **virage** [viʀaʒ] *m* **1** *d'une route* Kurve *f*; **2** *action* Wendung *f*; Drehung *f*; AUTO, AVIAT Kurve *f*; SKI Bogen *m*; **3** *fig* Wende *f*; Umschwung *m*; POL **~ à droite** Schwenkung *f* nach rechts
virago [viʀago] *f* Mannweib *n*
viral [viʀal] *adj* ⟨~e; -aux [-o]⟩ Virus…
virée [viʀe] *f* F Spritztour *f*
virement [viʀmɑ̃] *m* Überweisung *f*; Giro *n*
virent [viʀ] → **voir**
virer [viʀe] **I** *v/t* **1** überweisen (**à un compte** auf ein Konto); **2** F *qn* hinauswerfen; F feuern; **II** *v/t/indir* **~ à** umschlagen in (+ *acc*); werden zu; **III** *v/i* sich drehen; *véhicule* e-e Kurve fahren; **~ à droite** nach rechts abbiegen; **~ de bord** MAR wenden; *fig*, POL umschwenken
virevolt|e [viʀvɔlt] *f* Drehung *f* (um die eigene Achse); **~er** [-e] *v/i* sich drehen; umherwirbeln
virginal [viʀʒinal] *adj* ⟨~e; -aux [-o]⟩ jungfräulich; unberührt
virginité [viʀʒinite] *f* Jungfräulichkeit *f*; Unberührtheit *f*; *fig* **se refaire une ~** sich e-e weiße Weste verpassen
▸ **virgule** [viʀgyl] *f* Komma *n*
viril [viʀil] *adj* ⟨~e⟩ **1** männlich; Mannes…; viril; **2** *sexuellement* potent; **3** (*courageux*) männlich (*a traits*); mannhaft
virilité [viʀilite] *f* **1** Männlichkeit *f*; Virilität *f*; **2** (*puissance sexuelle*) Potenz *f*; **3** *fig* Männlichkeit *f*; Mannhaftigkeit *f*
virtuel [viʀtɥɛl] *adj* ⟨~le⟩ virtuell (*a* INFORM); theoretisch möglich
virtuellement [viʀtɥɛlmɑ̃] *adv* praktisch; so gut wie
virtuos|e [viʀtɥoz] *m,f* Virtuose *m*, Virtuosin *f*; **~ité** [-ite] *f* Virtuosität *f*
virul|ence [viʀylɑ̃s] *f* Heftigkeit *f*; Schärfe *f*; **~ent** [-ɑ̃] *adj* ⟨-ente [-ɑ̃t]⟩ heftig; scharf; bissig
virus [viʀys] *m* BIOL, INFORM, *fig* Virus *m ou n*
vis[1] [vi] → **voir** *et* **vivre**
vis[2] [vis] *f* Schraube *f*; *fig* **serrer la ~ à qn** bei j-m die Zügel anziehen; j-n kurz halten
▸ **visa** [viza] *m* Visum *n*; Sichtvermerk *m*
▸ **visage** [vizaʒ] *m* Gesicht *n*; *st/s* Antlitz *n*; **2s pâles** Bleichgesichter *n/pl*; *fig* **à ~ humain** human; menschlich
visagiste [vizaʒist] *m,f* Visagist(in) *m(f)*
vis-à-vis [vizavi] **I** *prép* **~ de** gegenüber (+ *dat*); **II** *adv* **en ~** einander gegenüber; vis-à-vis; **III** *m* Gegenüber *n*; Visavis *n*
viscéral [viseʀal] *adj* ⟨~e; -aux [-o]⟩ **1** ANAT Eingeweide…; **2** *peur* irrational; *haine* abgründig
viscères [visɛʀ] *m/pl* Eingeweide *n/pl*
viscos|e [viskoz] *f* CHIM Viskose *f*; **~ité** [-ite] *f* Zähflüssigkeit *f*; Viskosität *f*
visées [vize] *f/pl* Absichten *f/pl* (**sur** auf + *acc*)
viser [vize] **I** *v/t* **1** zielen auf (+ *acc*); anvisieren; **2** *fig but* anstreben; anvisieren; **3** (*concerner*) **~ qn** auf j-n abzielen; **se sentir visé** sich getroffen fühlen; **4** P (*regarder*) F angucken; **5** ADM mit e-m Visum versehen; **II** *v/t/indir* **6 ~ à** zielen auf (+ *acc*), nach; **7** *fig* **~ à qc** auf etw (*acc*) hin-, abzielen; nach etw trachten; **III** *v/i fig* **~ 'haut** hoch hinauswollen; hochfliegende Pläne haben
viseur [vizœʀ] *m* PHOT Sucher *m*; *d'une arme à feu* Visier *n*
visibilité [vizibilite] *f* Sicht *f*; *virage* **sans ~** unübersichtlich
visible [vizibl(ə)] *adj* **1** sichtbar; erkennbar; **être ~** *a* zu sehen sein; **2** (*évident*) sichtlich; merklich; **3** *personne* **n'être pas ~** nicht zu sprechen sein
visière [vizjɛʀ] *f* **1** (Helm)Visier *n*; **2** (Mützen)Schirm *m*; *par ext* Augenschirm *m*, -blende *f*
vision [vizjõ] *f* **1** (*vue*) Sehen *n*; Sehver-

V

mögen *n*; **2** (*idée*) Vorstellung(en) *f(pl)*; Bild *n*; **3** *surnaturelle* Vision *f*; Gesicht *n*; Erscheinung *f*; F ***j'ai des ~s*** F ich hab wohl geträumt, Halluzinationen

visionnaire [vizjɔnɛʀ] **I** *adj* visionär; seherisch; **II** *m,f* Visionär(in) *m(f)*; Seher(in) *m(f)*

visionn|er [vizjɔne] *v/t film* (prüfend) ansehen; **~euse** [-øz] *f* Diabetrachter *m*; F Gucki *m*; *pour films* Bildbetrachter *m*

visiophone [vizjɔfɔn] *m* Bildtelefon *n*

▸**visite** [vizit] *f* **1** Besuch *m*; *d'un musée, etc a* Besichtigung *f*; *du médecin à l'hôpital* Visite *f*, *à domicile* Hausbesuch *m*; ***visite guidée*** Führung *f*; ***avoir la visite de qn*** j-n zu Besuch haben; ***être en visite chez qn*** bei j-m zu, auf Besuch sein; ***faire une visite,*** ▸***rendre (une) visite à qn*** j-n besuchen; j-m e-n Besuch machen, abstatten; **2** (*visiteur*) Besuch *m*; ***avoir de la visite*** Besuch haben; **3** (*inspection*) Visitation *f*; **4** ***visite médicale*** ärztliche Untersuchung

▸**visiter** [vizite] *v/t* besuchen; *ville, musée, etc* besichtigen; *pays a* bereisen

▸**visiteur** [vizitœʀ] *m*, **visiteuse** [vizitøz] *f* Besucher(in) *m(f)*; *a* Gast *m*

vison [vizõ] *m* Nerz *m* (*a* F *manteau*)

visqueux [viskø] *adj* ⟨-euse [-øz]⟩ **1** *liquide* zähflüssig; **2** *poisson, etc* schleimig; schmierig

visser [vise] *v/t* (an-, fest)schrauben; *bouchon* zu-, verschrauben; *fig* ***être vissé sur sa chaise*** sich nicht von s-m Stuhl rühren

Vistule [vistyl] ***la ~*** die Weichsel

visualiser [vizɥalize] *v/t* sichtbar machen (INFORM auf e-m Bildschirm)

visuel [vizɥɛl] **I** *adj* ⟨~le⟩ Seh…; Gesichts…; Blick…; visuell (*a mémoire*); **II** *subst* **1** ~(***le***) *m(f)* visueller Typ; Augenmensch *m*; **2** *m* INFORM Display *n*

vit [vi] → ***voir*** *et* ***vivre***

vital [vital] *adj* ⟨~e; -aux [-o]⟩ **1** BIOL Lebens…; **2** *par ext* lebenswichtig; vital; **~ité** [-ite] *f* Vitalität *f*; Lebenskraft *f*

vitamine [vitamin] *f* Vitamin *n*

vitaminé [vitamine] *adj* ⟨~e⟩ mit Vitaminen angereichert

▸**vite** [vit] *adv* schnell; rasch; geschwind; zügig; ***au plus ~*** schleunigst; schnellstens; ***aller trop ~*** übereilt, vorschnell handeln; ***on a ~ fait de dire que …*** man hat leicht sagen, dass …; F ***c'est du ~ fait*** F das ist geschludert, gepfuscht

▸**vitesse** [vitɛs] *f* **1** Geschwindigkeit *f*; Tempo *n*; Schnelligkeit *f*; ***~ moyenne*** Durchschnittsgeschwindigkeit *f*; ***~ de croisière*** Reisegeschwindigkeit *f*; *fig* fester Rhythmus; ***à toute ~*** in aller Eile; schleunigst; F im Eiltempo; F ***en ~*** schnellstens; schleunigst; F hopp, hopp!; ***faire de la ~*** schnell fahren; F rasen; ***prendre qn de ~*** j-m zuvorkommen; schneller sein als j; ***prendre de la ~*** immer schneller werden; beschleunigen; **2** AUTO Gang *m*; F *fig* ***en quatrième ~*** in größter Eile, Hast; F mit Volldampf, Karacho

viticole [vitikɔl] *adj* Wein(bau)…

viticult|eur [vitikyltœʀ] *m* Winzer *m*; **~ure** [-yʀ] *f* Weinbau *m*

vitrage [vitʀaʒ] *m* **1** Glasscheibe *f*, -wand *f*; **2** *rideau* Scheibengardine *f*

vitrail [vitʀaj] *m* ⟨vitraux [vitʀo]⟩ Kirchenfenster *n*

▸**vitre** [vitʀ(ə)] *f* (Glas-, Fenster)Scheibe *f*; *par ext* Fenster *n*

vitré [vitʀe] *adj* ⟨~e⟩ Glas…; verglast; ***porte ~e*** Glastür *f*

vitrer [vitʀe] *v/t* verglasen

vitreux [vitʀø] *adj* ⟨-euse [-øz]⟩ glasig

vitrier [vitʀije] *m* Glaser *m*

vitrifier [vitʀifje] *v/t parquet* versiegeln

▸**vitrine** [vitʀin] *f* **1** Schaufenster *n* (*a fig*); Auslage *f*; *fig* ***lécher les ~s*** e-n Schaufensterbummel machen; **2** *meuble* Vitrine *f*; Glasschrank *m*; Schaukasten *m*

vitriol [vitʀijɔl] *m* Vitriol *n*; *fig* ***au ~*** scharf; bissig

vitrocéramique [vitʀoseʀamik] *f* Glaskeramik *f*

vitupérations [vitypeʀasjõ] *st/s f/pl* heftige Vorwürfe *m/pl*

vitupérer [vitypeʀe] *v/t/indir* ⟨-è-⟩ *st/s* ***~ contre*** wettern gegen

vivable [vivabl(ə)] *adj* ***pas ~*** unerträglich; *personne a* unausstehlich

vivace [vivas] *adj* **1** ***plante f ~*** Dauerpflanze *f*; mehrjährige Pflanze; **2** *haine, etc* hartnäckig; beharrlich

vivacité [vivasite] *f* **1** Lebhaftigkeit *f*; Lebendigkeit *f*; ***~ d'esprit*** geistige Regsamkeit; rasche Auffassungsgabe;

2 (*emportement*) Heftigkeit *f*; **3** *d'une couleur* Leuchtkraft *f*; Glanz *m*

▸ **vivant** [vivɑ̃] **I** *adj* ⟨-ante [-ɑ̃t]⟩ **1** lebend; lebendig; ▸ ***langue vivante*** lebende Sprache; **2** *fig* lebendig; *personnage* lebenswahr, -echt; *rue* belebt; *enfant a* lebhaft; **II** *m* **1** ***de son vivant*** zu, bei s-n Lebzeiten; **2** ***les vivants*** die Lebenden *pl*; **3** ***bon vivant*** Genießer *m*; Schlemmer *m*

vivat [viva] *m* Vivat *n*; ***~s*** *pl* Hochrufe *m/pl*

vive[1] [viv] *int* ***~ …!*** es lebe …!; ein Hoch auf (+ *acc*)!; ***~ les vacances!*** hurra, Ferien!

vive[2] *f* ZO Petermännchen *n*

vivement [vivmɑ̃] *adv* **1** (*vite*) schnell; rasch; zügig; **2** *s'intéresser, etc* lebhaft; *souhaiter* innig; *regretter* zutiefst; *conseiller* wärmstens; **3** F ***~ les vacances!*** wären doch schon die Ferien da!

viveur [vivœʀ] *m* Lebemann *m*

vivier [vivje] *m* **1** Fischteich *m*; **2** (*aquarium*) Fischbehälter *m*, -kasten *m*

vivifiant [vivifjɑ̃] *adj* ⟨-ante [-ɑ̃t]⟩ kräftigend; belebend

vivipare [vivipaʀ] *adj* lebend gebärend

vivisection [vivisɛksjõ] *f* Vivisektion *f*

vivoter [vivɔte] *v/i* sein Leben mühsam fristen; *entreprise* dahinvegetieren

▸ **vivre** [vivʀ(ə)] ⟨je vis, il vit, nous vivons; je vivais; je vécus; je vivrai; que je vive; vivant; vécu⟩ **I** *v/t* erleben; durchleben; *jours a* verleben; ***~ sa vie*** sein eigenes Leben leben, führen; ***~ mal un problème*** mit e-m Problem schwer fertig werden; **II** *v/i* leben; ***~ vieux*** alt werden; *mode* ***avoir vécu*** sich überlebt haben; *prov* ***qui vivra verra*** man wird ja sehen; ***il a (beaucoup) vécu*** er hat (in s-m Leben) viel erlebt; ***~ bien*** sorgenfrei leben; ***~ avec qn*** mit j-m zusammenleben; ***~ dans l'angoisse, en paix*** in Angst, in Frieden leben; ***~ de qc*** von etw leben; ***~ pour soi*** nur an sich denken; ***avoir de quoi ~*** sein Auskommen, genug zum Leben haben; ***faire ~ qn*** für den Lebensunterhalt j-s aufkommen; j-n ernähren; ***se laisser ~*** in den Tag hinein leben; ***savoir ~*** *agréablement* zu leben verstehen; *selon l'usage* Lebensart haben

vivres [vivʀ(ə)] *m/pl* Lebensmittel *n/pl*; Verpflegung *f*; *fig* ***couper les ~ à qn*** j-m den Geldhahn zudrehen

vizir [viziʀ] *m* Wesir *m*

vlan [vlɑ̃] *int* peng!; bums!; wumm!

V.O. *abr* → ***version 2***

vocable [vɔkabl(ə)] *m* Vokabel *f*; Wort *n*

▸ **vocabulaire** [vɔkabylɛʀ] *m* **1** Wortschatz *m*; Vokabular *n*; **2** (*lexique*) Wörterverzeichnis *n*; Vokabular *n*; Glossar *n*

vocal [vɔkal] *adj* ⟨~e; -aux [-o]⟩ Stimm…; MUS Vokal…

vocalise [vɔkaliz] *f* MUS Stimmübung *f*; Vokalise *f*

vocation [vɔkasjõ] *f* **1** REL, *pour une profession* Berufung *f*; **2** (*mission*) Bestimmung *f*; Aufgabe *f*; Eignung *f*

vocifér|ations [vɔsifeʀasjõ] *f/pl* Gebrüll *n*; Gezeter *n*; ***~er*** [-e] *v/i* ⟨-è-⟩ brüllen (*a v/t*); toben; zetern

vodka [vɔdka] *f* Wodka *m*

vœu [vø] *m* ⟨~x⟩ **1** REL Gelübde *n*; *par ext* Gelöbnis *n*; feierliches Versprechen; ***j'ai fait le vœu de*** (+ *inf*) ich habe mir gelobt zu (+ *inf*); **2** (*souhait*) Wunsch *m*; ▸ ***meilleurs vœux!*** *ou* ***tous mes vœux!*** meine besten Wünsche!; alles Gute!; ***vœux de bonne année*** Glückwünsche *m/pl* zum neuen Jahr; ***faire un vœu*** sich etwas wünschen

vogue [vɔg] *f* Publikumsgunst *f*; Beliebtheit *f*; ***en ~*** in Mode; en vogue

voguer [vɔge] *litt v/i* fahren; segeln

voici [vwasi] *prép* da ist *ou* sind; hier ist *ou* sind; ***la, les ~*** da *ou* das ist, sind sie; ***le livre que ~*** dieses Buch da, hier; → ***voilà***

▸ **voie** [vwa] *f* **1** (*chemin*) (Verkehrs)Weg *m*; Straße *f*; ***~ publique*** öffentliche Straße; ***~ romaine*** Römerstraße *f*; ***~ d'accès*** Zu-, Auffahrt *f*; AUTOROUTE Zubringer *m*; ***~s de communication*** Verkehrswege *m/pl*, -verbindungen *f/pl*; **2** CH DE FER Gleis *n*; ***~ de garage*** Abstellgleis *n* (*a fig*); ***à plusieurs ~s*** mehrgleisig; **3** *d'une route* Fahrspur *f*; ***~ réservée aux véhicules lents*** Kriechspur *f*; ***à trois ~s*** dreispurig; **4** ANAT Weg *m*; ***~s respiratoires*** Atemwege *m/pl*; **5** *fig* Weg *m*; ***~ royale*** Königsweg *m*; ***en ~ de …*** in (+ *dat*) begriffen; ***en ~ de guérison*** auf dem Wege der Genesung; ***par (la) ~ diplomatique*** auf diplomatischem Wege; ***être dans la bonne ~*** auf dem richtigen Weg sein;

être en bonne ~ auf gutem Wege sein; ***mettre qn sur la ~*** j-n auf die (richtige) Spur bringen; j-m auf die Sprünge helfen; **6** JUR ***~s*** *pl* ***de fait*** Tätlichkeiten *f/pl*; **7** MAR ***~ d'eau*** Leck *n*

▸ **voilà** [vwala] *prép* da ist *ou* sind; ***~!*** da!; ***(et) ~!*** das wär's!; ***~, ~, j'arrive!*** ich komm ja schon!; ***~ un an (que…)*** es ist ein Jahr her (, dass …); *tu veux des bonbons*, ***en ~*** da sind welche; ***en veux-tu en ~*** F in rauen Mengen; ***me ~*** da bin ich; ***nous y ~*** nun sind wir beim eigentlichen Thema; ***(et) ~ tout*** das ist alles; weiter nichts; ***~ ce que c'est (que) de*** (+ *inf*) das kommt davon *ou* so geht es, wenn man …; ***la maison que ~*** das, dieses Haus da; ***~ comment …*** so …; ***~ pourquoi …*** deshalb …; darum …; ***mais ~ que, tout à coup, …*** aber (siehe da,) plötzlich…

voilage [vwalaʒ] *m rideau* Store *m*

voile[1] [vwal] *m* **1** Schleier *m*; ***~ de mariée*** Brautschleier *m*; REL ***prendre le ~*** den Schleier nehmen; Nonne werden; **2** TEXT Voile *m*; **3** *fig* Schleier *m*; ***jeter un ~ sur qc*** e-n Schleier über etw (*acc*) breiten; **4** ***~ du palais*** Gaumensegel *n*; weicher Gaumen

▸ **voile**[2] *f* **1** Segel *n*; ***faire ~ sur*** segeln nach; F *fig* ***mettre les ~s*** F abhauen; F verduften; **2** Segeln *n*; Segelsport *m*; ***faire de la ~*** segeln; Segelsport treiben; **3** ***vol*** *m* ***à ~*** Segelflug *m*, -fliegen *n*

voilé [vwale] *adj* ⟨~e⟩ **1** *femme* verschleiert; **2** *ciel, regard* verschleiert; *photo* mit e-m Schleier; *voix* heiser; belegt; *allusion* versteckt; ***en termes ~s*** in verhüllten Worten; **3** *roue* verbogen; F mit e-m Achter, e-r Acht

voiler[1] [vwale] **I** *v/t* verschleiern, verhüllen (*a fig*); **II** *v/pr* ***se ~*** **1** *femme* verschleiert sein *ou* gehen; **2** *ciel, regard* sich verschleiern; sich trüben

voiler[2] *v/pr* ***se ~*** *roue* sich verbiegen

voilette [vwalɛt] *f* (Hut)Schleier *m*

voilier [vwalje] *m* Segelschiff *n*; Segler *m*; SPORTS Segelboot *n*, -jacht *f*

voilure [vwalyʀ] *f* **1** MAR Besegelung *f*; **2** AVIAT Tragflächen *f/pl*

▸ **voir** [vwaʀ] ⟨je vois, il voit, nous voyons, ils voient; je voyais; je vis; je verrai; que je voie; voyant; vu⟩ **I** *v/t* **1** (*apercevoir*) sehen; erblicken; bemerken; ***voir un accident*** e-n Unfall (mit an)sehen; ***ne pas voir qn, qc*** *a* j-n, etw übersehen; ***sans être vu*** *a* ungesehen; ***je les ai vus mourir*** ich habe sie sterben sehen; ▸ ***faire voir qc à qn*** j-m etw zeigen; ***fais voir*** zeig mal; ***se faire voir*** sich sehen lassen; F ***va te faire voir (ailleurs)!*** F scher dich doch zum Teufel!; ***ne pas laisser voir son chagrin*** sich s-n Kummer nicht anmerken lassen; **2** (*visiter*) (an)sehen; besuchen; (*rencontrer*) sehen; besuchen; ***voir un film*** sich e-n Film ansehen; e-n Film sehen; ***être à voir*** sehenswert sein; ▸ ***aller voir qc, qn*** sich etw ansehen; etw besichtigen; j-n auf-, besuchen; bei j-m vorsprechen; ***(aller) voir le médecin*** zum Arzt gehen; ***se faire bien, mal voir*** sich beliebt, unbeliebt machen; ***venir voir qn*** j-n be-, aufsuchen; **3** (*se représenter*) sehen; sich vorstellen; verstehen; ***voir un 'héros en qn*** in j-m e-n Helden sehen; F ***tu vois ça d'ici*** das kannst du dir wohl vorstellen; ***tu vois ce que je veux dire*** du verstehst, was ich sagen will; **4** (*examiner*) (nach-, durch)sehen; ***va voir ce qui se passe*** sieh nach, was los ist; ***c'est à voir*** das wäre zu überlegen; **5** (*vivre qc*) sehen; erleben; mit-, durchmachen; ***elle en a vu dans sa vie*** sie hat in ihrem Leben viel durchgemacht; F ***vous allez voir ce que vous allez voir*** F Sie werden (noch) Ihr blaues Wunder erleben; ***on aura tout vu*** das ist doch unglaublich, die Höhe, F das Letzte; **6** ***cela n'a rien à voir*** das gehört nicht hierher; das hat damit (gar) nichts zu tun; ***je n'ai rien à voir là-dedans*** ich habe damit nichts zu tun; **II** *v/t/indir* **7** F ***il faudrait voir à ne pas confondre!*** F dass mir ja keine Verwechslungen vorkommen!; **III** *v/i* **8** sehen (können); ***ne voir que d'un œil*** nur auf einem Auge sehen; **9** *par ext*: ***voir page 20*** siehe Seite 20; ***voyons!*** also!; aber, aber!; hören Sie *ou* hör mal!; ***(ah!) je vois!*** jetzt verstehe ich!; ***on verra bien*** man wird dann ja weitersehen; ***il faut voir*** das muss man (F erst mal) abwarten, sehen; ***essaie (un peu) pour voir*** versuch's doch mal; ***viens voir*** komm mal her; da, schau mal; **IV** *v/pr* **10** ***se voir déjà millionnaire*** sich schon als Millionär sehen; ***se voir obligé de*** (+

inf) sich gezwungen sehen zu (+ *inf*); **11** *semi-auxiliaire*: ***il s'est vu décerner le prix*** er bekam den Preis verliehen; ***elle s'est vu refuser l'entrée*** der Eintritt wurde ihr verwehrt; **12 *se voir*** sich, einander sehen, treffen; zusammenkommen; *fig* ***ils ne peuvent pas se voir*** sie können sich, einander nicht ausstehen, F riechen; **13 *cela se voit*** das sieht, merkt man; ***ça ne s'est jamais vu*** das ist noch nie da gewesen; das hat's noch nie gegeben

se voir

M. Dupont s'est vu retirer le permis de conduire.

In diesem Satz bedeutet **voir** nicht ‚sehen', sondern es ist Teil einer Passivkonstruktion, die sich aus **se voir** + Infinitiv zusammensetzt. Übersetzt lautet der Satz also:

M. Dupont wurde der Führerschein abgenommen.

voire [vwaʀ] *adv* (ja) sogar

voirie [vwaʀi] *f* Straßenverwaltung *f*; ***service*** *m* ***de ~*** *nettoyage* Straßenreinigung *f*; *enlèvement des ordures* städtische Müllabfuhr

▸**voisin** [vwazɛ̃] **I** *adj* ⟨-ine [-in]⟩ **1** benachbart; Nachbar…; Neben…; angrenzend; ***États ~s*** Nachbarstaaten *m/pl*; ***maison ~e*** Nachbar-, Nebenhaus *n*; **2** (*ressemblant*) verwandt, ähnlich (**de** *dat*); **II ~(e)** *m(f)* Nachbar(in) *m(f)*; ÉCOLE Banknachbar(in) *m(f)*; *en rang* Nebenmann *m*; ***~ de table*** Tischnachbar *m*

voisinage [vwazinaʒ] *m* Nachbarschaft *f* (*a coll*); ***relations*** *f/pl* ***de bon ~*** gutnachbarliche Beziehungen *f/pl*

voisiner [vwazine] *v/i* ***~ avec*** stehen, liegen, sein bei, neben (+ *dat*)

▸**voiture** [vwatyʀ] *f* **1** Wagen *m*; Auto *n*; ***~ ancienne*** Oldtimer *m*; ***~ de course, d'occasion*** Renn-, Gebrauchtwagen *m*; ***~ de pompiers*** Feuerwehrauto *n*; ***en ~*** mit dem Auto, Wagen; ***faire de la ~*** Auto fahren; **2** CH DE FER Wagen *m*; Waggon *m*; ***en ~!*** bitte einsteigen!; **3** Wagen *m*; Karren *m*; ***~ à bras*** Handwagen *m*, -karren *m*; ***~ d'enfant*** Kinderwagen *m*

voiturer [vwatyʀe] *v/t* (im Wagen) befördern, transportieren

▸**voix** [vwa, vwɑ] *f* **1** Stimme *f* (*a* MUS, POL, *fig*); *fig* ***~ de la raison*** Stimme der Vernunft; ***à ~ basse, 'haute*** leise, laut; mit leiser, lauter Stimme; ***de vive ~*** mündlich; ***par dix ~ contre trois*** mit zehn gegen drei Simmen; ***avoir de la ~*** Stimme haben; singen können; *fig* ***avoir ~ au chapitre*** etwas zu sagen, ein Wort mitzureden haben; ***entendre des ~*** Stimmen hören; ***rester sans ~*** keinen Ton hervorbringen; **2** GR ***~ active*** Aktiv *n*; Tätigkeitsform *f*; ***~ passive*** Passiv *n*; Leideform *f*

▸**vol**[1] [vɔl] *m* **1** Flug *m* (*a* AVIAT); ***~ à voile*** Segelflug *m*, -fliegen *n*; ***au ~*** im Fluge; ***attraper au ~*** *balle* im Fluge fangen; *bus* im letzten Moment erwischen; *remarque* aufschnappen; auffangen; ***à ~ d'oiseau*** *distance* (in der) Luftlinie; *photo* aus der Vogelschau, -perspektive; *fig escroc* ***de haut ~*** ausgekocht; gerissen; ***en (plein) ~*** während des Fluges; **2** (*nuée*) Schwarm *m*

vol[2] *m* Diebstahl *m*; ***~ à main armée*** bewaffneter Diebstahl; (schwerer) Raub; ***~ de voiture*** Autodiebstahl *m*; *fig* ***c'est du ~ (organisé)*** das ist ja Wucher; *au restaurant* F das ist der reinste Nepp

volage [vɔlaʒ] *adj* flatterhaft; unstet

volaille [vɔlaj] *f* Geflügel *n*; F Federvieh *n*; ***une ~*** ein Stück *n* Geflügel

volant[1] [vɔlɑ̃] *adj* ⟨-ante [-ɑ̃t]⟩ **1** fliegend; Flug…; **2** (*mobile*) beweglich; *feuille* lose

▸**volant**[2] *m* **1** AUTO Lenkrad *n*; Steuer *n*; **2** SPORTS Federball(spiel) *m(n)*; **3** COUT Volant *m*

volatil [vɔlatil] *adj* ⟨~e⟩ CHIM flüchtig

volatile [vɔlatil] *m* (Stück *n*) Geflügel *n*

volatiliser [vɔlatilize] *v/pr* ***se ~*** CHIM sich verflüchtigen (*a fig* F); verdunsten; *fig a* sich in Luft auflösen

vol-au-vent [vɔlovɑ̃] *m* ⟨*inv*⟩ große Blätterteigpastete

volcan [vɔlkɑ̃] *m* Vulkan *m*

volcanique [vɔlkanik] *adj* **1** vulkanisch; Vulkan…; **2** *fig* explosiv

volée [vɔle] *f* **1** *d'oiseaux, d'enfants* Schwarm *m*; **2** *de projectiles* Hagel *m*; ***~ (de coups)*** Tracht *f* Prügel; **3** TEN-

NIS Flugschlag *m*; Volley *m*; **4** ***à toute ~*** in vollem Schwung

▸ **voler**[1] [vɔle] *v/i* **1** *oiseau, avion, pilote* fliegen; *objet* durch die Luft fliegen; ***~ en éclats*** in Stücke fliegen; zersplittern; zerspringen; ***faire ~ la poussière*** den Staub aufwirbeln; **2** *fig* ***~ au secours de qn*** j-m zu Hilfe eilen

▸ **voler**[2] *v/t* **1** stehlen (*a abs*); ***~ qc à qn*** j-m etw stehlen, entwenden; **2** ***~ qn*** j-n bestehlen; ***se faire ~*** bestohlen werden; **3** *clients* betrügen; *au restaurant* ausnehmen; F neppen; **4** *fig idée, etc* stehlen; F ***il ne l'a pas volé*** das geschieht ihm ganz recht

▸ **volet** [vɔlɛ] *m* **1** Fensterladen *m*; ***~ roulant*** Rollladen *m*; **2** ***trier sur le ~*** sieben; sorgfältig auswählen; **3** *d'un dépliant* (umklappbarer) Teil, Abschnitt; Blatt *n*; *par ext* Teil *m*

voleter [vɔlte] *v/i* ⟨-tt-⟩ (herum)flattern

▸ **voleur** [vɔlœʀ], **voleuse** [vɔløz] **I** *m,f* **1** Dieb(in) *m(f)*; ***voleur de voitures*** Autodieb *m*; ***au voleur!*** Hilfe, Diebe!; haltet den Dieb!; **2** *m fig* Halsabschneider *m*; Geldschneider *m*; **II** *adj* diebisch

volière [vɔljɛʀ] *f* Vogelhaus *n*; Voliere *f*

volley-ball [vɔlɛbol] *m* Volleyball *m*

volley|eur [vɔlɛjœʀ] *m*, **~euse** [-øz] *f* Volleyballspieler(in) *m(f)*

volontaire [vɔlɔ̃tɛʀ] **I** *adj* **1** (*de plein gré*) freiwillig; **2** (*voulu*) absichtlich; gewollt; vorsätzlich; bewusst; **3** (*décidé*) willensstark; **II** *m,f* Freiwillige(r) *f(m)*

▸ **volonté** [vɔlɔ̃te] *f* **1** (*désir*) Wille *m*; Wunsch *m*; ***les dernières ~s de qn*** der letzte Wille j-s; ***à ~*** nach Belieben; nach Wunsch; beliebig (viel); F ***elle fait ses quatre ~s*** sie gibt allen s-n Launen nach; **2** (*disposition*) ***bonne ~*** guter Wille; Bereitwilligkeit *f*; *par ext* ***les bonnes ~s*** die Menschen guten Willens; ***mauvaise ~*** böser Wille; mangelnde Bereitschaft; ***mettre de la mauvaise ~ à faire qc*** etw absichtlich langsam *ou* schlecht machen; ***avec la meilleure ~ du monde*** beim besten Willen; **3** (*caractère*) Wille *m*; Willenskraft *f*, -stärke *f*; ***manque m de ~*** Willenlosigkeit *f*; Willensschwäche *f*; ***sans ~*** willenlos; willensschwach; ohne eigenen Willen

▸ **volontiers** [vɔlɔ̃tje] *adv* **1** gern(e); bereitwillig; ***plus ~*** lieber; **2** (*facilement*) häufig; leicht; gern

volt [vɔlt] *m* Volt *n*; **~age** [-aʒ] *m* Spannung *f*; Voltzahl *f*

volte-face [vɔltəfas] *f* ⟨*inv*⟩ Kehrtwendung *f* (*a fig*); ***faire ~*** e-e Kehrtwendung machen (*a fig*); sich umdrehen

voltige [vɔltiʒ] *f* **1** ***'haute ~*** Hochseilakrobatik *f*; *fig* gewagtes, riskantes Unterfangen; **2** *à cheval* Kunstreiten *n*; **3** AVIAT Kunstfliegen *n*, -flug *m*

voltig|er [vɔltiʒe] *v/i* ⟨-ge-⟩ hin und her fliegen; *papillons* gaukeln; *flocons* tanzen; **~eur** [-œʀ] *m* Seilakrobat *m*

volubile [vɔlybil] *adj personne* zungenfertig; *explications* wortreich

volubilis [vɔlybilis] *m* BOT Winde *f*

volubilité [vɔlybilite] *f* Zungenfertigkeit *f*

volume [vɔlym] *m* **1** (*livre*) Band *m*; ***en trois ~s*** dreibändig; **2** MATH Volumen *n*; Rauminhalt *m*; **3** *fig* Umfang *m*; Volumen *n*; Menge *f*; **4** *de la voix* Volumen *n*; *d'un haut-parleur* Lautstärke *f*

volumineux [vɔlyminø] *adj* ⟨-euse [-øz]⟩ voluminös; umfangreich

volupté [vɔlypte] *f* **1** (Sinnen)Lust *f*; Sinnenfreude *f*; *sexuelle* Wollust *f*; **2** (*délice*) Wonne *f*; Genuss *m*

voluptueux [vɔlyptɥø] *adj* ⟨-euse [-øz]⟩ sinnenfreudig; wollüstig

volute [vɔlyt] *f* ARCH Volute *f*; *fig* ***~s de fumée*** Rauchspirale *f*

vomi [vɔmi] F *m* Erbrochene(s) *n*

vomir [vɔmiʀ] *v/t* **1** er-, ausbrechen; *abs* sich übergeben; sich erbrechen; F brechen; *st/s* speien; *fig* ***c'est à ~*** dabei wird einem übel; **2** *fig* ***~ qn*** j-n verabscheuen

vomissement [vɔmismɑ̃] *m* Erbrechen *n*

vomitif [vɔmitif] *m* Brechmittel *n*

vont [vɔ̃] → ***aller***

vorac|e [vɔʀas] *adj* gefräßig; gierig (*a fig*); **~ité** [-ite] *f* Gefräßigkeit *f*; Gier *f* (*a fig*)

vos → ***votre***

▸ **Vosges** [voʒ] ***les ~*** *f/pl* die Vogesen *pl*

votants [vɔtɑ̃] *m/pl* Abstimmende(n) *m/pl*; Wähler *m/pl*

▸ **vote** [vɔt] *m* **1** Wahl *f*; Abstimmung *f*; ***~ de confiance*** Vertrauensvotum *n*; ***~ par correspondance*** Briefwahl *f*; **2** (*voix*) (Wahl)Stimme *f*; **3** *d'une loi* Verabschiedung *f*

▸**voter** [vɔte] **I** *v/t loi* verabschieden; ***faire ~ une loi*** ein Gesetz durchbringen; **II** *v/i* wählen; abstimmen; s-e Stimme abgeben; ***~ oui, non*** mit Ja, Nein stimmen; → *Info bei* ***wählen***

▸**votre** [vɔtʀ(ə)] *adj/poss* ⟨*pl* ***vos*** [vo]⟩ **1** euer, eure, *pl* eure; **2** *forme de politesse* Ihr(e), *pl* Ihre

vôtre [votʀ(ə)] **I** *pr/poss* **1** ▸ ***le vôtre, la vôtre*** der, die, das eure; eure(r, -s); *pl* ***les vôtres*** die euren; eure; **2** *forme de politesse* ▸ ***le vôtre, la vôtre*** der, die, das Ihre; Ihre(r, -s); *pl* ***les vôtres*** die Ihren; Ihre; F ▸ ***à la vôtre!*** zum Wohl!; prost!; **II** *subst* **1** ***le vôtre*** **a)** das Eure; **b)** das Ihre; **2** ***les vôtres*** *m/pl* (*famille, amis, etc*) **a)** die Euren; **b)** die Ihren; ***je suis des vôtres*** ich mache, komme mit

voudrai(s) [vudʀɛ] → ***vouloir¹***

vouer [vwe] **I** *v/t* **1** *sa vie, etc* ***~ à*** widmen, weihen (+ *dat*); **2** *haine, amour, etc* geloben; **3** ***~ à qc*** zu etw bestimmen; ***être voué à l'échec*** zum Scheitern verurteilt sein; **II** *v/pr* ***se ~ à qc*** sich e-r Sache (*dat*) verschreiben, weihen

▸**vouloir¹** [vulwaʀ] ⟨je veux, il veut, nous voulons, ils veulent; je voulais; je voulus; je voudrai; que je veuille, que nous voulions; voulant; voulu; *Imperativ der höflichen Aufforderung* veuillez⟩ **I** *v/t* **1** wollen; ***vouloir qc*** etw (haben) wollen (***de qn*** von j-m); ***voulez-vous un apéritif?*** möchten, wollen Sie e-n Aperitif?; ▸ ***je voudrais ...*** ich möchte ...; ***tu l'as voulu*** du hast es so gewollt; ***que tu le veuilles ou non*** ob du (es) willst oder nicht; ***sans le vouloir*** ohne es zu wollen; ungewollt; *résigné* ***qu'est-ce que vous voulez?*** das ist nun mal so; was soll man da machen?; ▸ ***je veux bien*** oh ja!; gerne!; das ist mir recht; ich habe nichts dagegen; ***comme tu voudras*** wie du willst; ***vouloir faire qc*** etw tun wollen; ▸ ***vouloir dire*** → ***dire*** *4*; ***je voudrais vous parler*** ich möchte Sie, mit Ihnen sprechen; ***veux-tu te taire*** willst du wohl still sein; ***veuillez*** (+ *inf*) wollen, würden Sie bitte (+ *inf*); F ***le moteur ne veut pas démarrer*** der Motor will nicht anspringen; ***que voulez-vous que je vous dise?*** was soll ich da sagen?; ***le hasard a voulu que ...*** (+ *subj*) der Zufall wollte es, dass ...; **2** (*prétendre*) ***vouloir que ...*** (+ *subj*) behaupten, dass ...; **II** *v/t/indir* **3** ***ne pas vouloir de qc, qn*** etw, j-n nicht (haben) wollen; von etw, j-m nichts wissen wollen; **4** ▸ ***en vouloir à qn*** j-m böse sein; es j-m übel nehmen, nachtragen; ***en vouloir à mort à qn*** j-n tödlich hassen; ***en vouloir à qn, qc*** es auf j-n, etw abgesehen haben; ***en vouloir à la vie de qn*** j-m nach dem Leben trachten; **III** *v/pr* **5** ***s'en vouloir de*** (+ *inf*) sich über sich selbst ärgern, auf sich selbst böse sein, dass ...; **6** (*vouloir passer pour*) ***se vouloir ...*** sich ... geben; ... sein wollen

vouloir² *m* ***bon ~*** guter Wille; Bereitwilligkeit *f*; ***dépendre du bon ~ de qn*** vom Belieben j-s abhängen

voulu [vuly] *adj* ⟨~e⟩ **1** (*exigé*) gewünscht; *âge* erforderlich (***pour*** für); ***en temps ~*** zur festgesetzten Zeit; **2** (*intentionnel*) absichtlich; gewollt; beabsichtigt

▸**vous** [vu] **I** *pr/pers* **1** *sujet* ihr; *obj/dir et obj/indir* euch (*acc et dat*); ***~ ~ êtes trompé(e)s*** ihr habt euch getäuscht; **2** *forme de politesse* (*sg u pl*) *sujet* Sie; *obj/dir et obj/indir* Sie (*acc*); Ihnen (*dat*); *réfléchi* sich (*acc et dat*); ***imaginez-~!*** stellen Sie sich vor!; ***de ~ à moi*** unter uns gesagt; ***dire ~ à qn*** zu j-m Sie sagen; **II** *pr/ind* einen *ou* einem; ***les gens qui ~ disent que ...*** die Leute, die einem sagen, dass ...

vous-même(s) [vumɛm] *pr/pers* **1** *accentué* (ihr *ou* Sie) selbst; **2** *réfléchi* euch *ou* sich selbst

voûte [vut] *f* Gewölbe *n*; *fig* ***~ céleste*** Himmelsgewölbe *n*

voûté [vute] *adj* ⟨~e⟩ *dos* krumm; gebeugt; *personne* ***être tout ~*** e-n krummen, gebeugten Rücken haben; gebeugt gehen

voûter [vute] *v/pr* ***se ~*** vom Alter gebeugt werden; krumm werden

vouvoyer [vuvwaje] ⟨-oi-⟩ *v/t* (*et v/pr* ***se*** sich, einander) siezen

▸**voyage** [vwajaʒ] *m* **1** Reise *f*; Fahrt *f*; ***bon ~!*** gute Reise!; gute Fahrt!; ***~ éclair*** Blitzbesuch *m*; ***~ à l'étranger*** Auslandsreise *f*; ***~ d'affaires*** Geschäftsreise *f*; ***~ de noces*** Hochzeits-

V

reise *f*; ~ ***en avion, en bateau*** Flug-, Schiffsreise *f*; ~ ***en voiture*** Autoreise *f*, -fahrt *f*; ***gens*** *m/pl* ***du*** ~ Zirkusleute *pl*; fahrendes Volk; ***être en*** ~ verreist, auf Reisen sein; ***partir en*** ~ verreisen; auf Reisen gehen; **2** (*trajet*) Fahrt *f*; ***faire plusieurs*** ~***s*** mehrmals hin- und herfahren *ou* -gehen

▸**voyager** [vwajaʒe] *v/i* ‹-ge-› **1** reisen; ***il a beaucoup voyagé*** er ist viel gereist, herumgekommen; **2** *marchandises* transportiert werden

▸**voyageur** [vwajaʒœʀ], **voyageuse** [vwajaʒøz] **1** *m,f* Reisende(r) *f(m)*; Fahrgast *m*; Passagier *m*; **2** ***voyageur*** (***de commerce***) (Handlungs)Reisende(r) *m*; Handelsvertreter *m*; **3** *adjt* ***pigeon voyageur*** Brieftaube *f*

voyagiste [vwajaʒist] *m* Reiseveranstalter *m*

voyant [vwajɑ̃] **I** *adj* ‹-ante [-ɑ̃t]› auffallend; auffällig; *couleur a* grell; **II** *subst* **1** ~(***e***) *m(f)* Hellseher(in) *m(f)*; ~***e*** *f a* Wahrsagerin *f*; **2** (*non aveugle*) ~(***e***) *m(f)* Sehende(r) *f(m)*; **3** *m* Kontrolllampe *f*

voyelle [vwajɛl] *f* Vokal *m*; Selbstlaut *m*

voyeur [vwajœʀ] *m* Voyeur *m*; F Spanner *m*; ~**isme** [-ism(ə)] *m* Voyeurismus *m*

voyons [vwajõ] → ***voir***

voyou [vwaju] *m* **1** (*loubar*) jugendlicher Rowdy; ***petit*** ~ Schlingel *m*; Lausbub *m*; **2** (*délinquant*) Ganove *m*

vrac [vʀak] ***en*** ~ **1** *marchandises* lose; offen; als Schüttgut; **2** *fig* durcheinander

▸**vrai** [vʀɛ] **I** *adj* ‹~***e***› **1** (*exact*) wahr; richtig; wahrheitsgemäß, -getreu; tatsächlich; ***pas*** ~***?*** nicht wahr?; ***c'est*** ~***?*** ist das wahr?; stimmt das (wirklich)?; F ***c'est pas*** ~***!*** das kann, F darf doch nicht wahr sein!; ***il est*** ~ ***que ...*** es ist wahr, es stimmt, es trifft zu, dass ...; *restrictif* zwar ...; allerdings ...; **2** (*authentique*) echt (*a tableau*); richtig; wirklich; wahr; ~ ***de*** ~ unverfälscht; typisch; F hundertprozentig; **II** *adv* ***à*** ~ ***dire, à dire*** ~ offen gesagt, gestanden; eigentlich; ***dire*** ~ die Wahrheit sagen; Recht haben; **III** *m* ***le*** ~ das Wahre; die Wahrheit; *enf* ***pour de*** ~ im Ernst; wirklich; ***être dans le*** ~ Recht haben

▸**vraiment** [vʀɛmɑ̃] *adv* wirklich; wahrhaftig

vraisembl|able [vʀɛsɑ̃blabl(ə)] *adj* wahrscheinlich; ~**ance** [-ɑ̃s] *f* Wahrscheinlichkeit *f*

vrille [vʀij] *f* **1** BOT Ranke *f*; **2** TECH Nagelbohrer *m*; **3** AVIAT ***descendre en*** ~ abtrudeln

vriller [vʀije] *v/t* durchbohren

vromb|ir [vʀõbiʀ] *v/i* *moteur* dröhnen; *insecte* summen; ~**issement** [-ismɑ̃] *m* Dröhnen *n*

vroum [vʀum] *int* ~***!*** ~***!*** brumm, brumm!

V.R.P. [veɛʀpe] *m* ‹*inv*› *abr* (*voyageur de commerce, représentant et placier*) Handelsvertreter *m*

V.T.T. [vetete] *m* ‹*inv*› *abr* (*vélo tout terrain*) Mountainbike *n*

vu [vy] **I** *p/p* → ***voir*** *et adj* ‹~***e***› gesehen; ***ni*** ~ ***ni connu*** ohne dass jemand etwas bemerkt; ***être bien, mal*** ~ beliebt, unbeliebt sein *ou* gut, schlecht angeschrieben sein (***de qn*** bei j-m); *chose* gern, nicht gern gesehen werden; F ***c'est tout*** ~***!*** das ist ein für alle Mal erledigt!; **II** *prép* angesichts (+ *gén*); in Anbetracht (+ *gén*); ~ ***le temps*** bei dem Wetter; **III** *m* ***au*** ~ ***et au su de tous*** vor aller Augen; ***c'est du déjà*** ~ das ist nichts Neues

▸**vue** [vy] *f* **1** *sens* Sehen *n*; Sehkraft *f*, -vermögen *n*; Gesichtssinn *m*; ***avoir la*** ~ ***basse*** kurzsichtig sein; ***avoir une bonne*** ~ gute Augen haben; gut sehen; ***perdre la*** ~ erblinden; das Augenlicht verlieren; **2** (*regard*) Blick *m*; Sicht *f*; ***à*** ~ AVIAT auf Sicht; COMM bei Sicht; Sicht...; ***à première*** ~ auf den ersten Blick; ***à*** ~ ***de nez*** F über den Daumen gepeilt; ***à*** ~ ***d'œil*** zusehends; merklich; ***à la*** ~ ***de tous*** vor aller Augen; ***en*** ~ in Sicht; sichtbar; *personne* herausragend; sehr bekannt; ***connaître qn de*** ~ j-n vom Sehen kennen; F ***en mettre plein la*** ~ ***à qn*** F bei j-m Eindruck schinden; ***perdre qn, qc de*** ~ j-n, etw aus den Augen verlieren; **3** (*spectacle*) Anblick *m*; ***à la*** ~ ***du sang*** beim Anblick von Blut; ***à sa*** ~ *a* als ich, er *etc* ihn *ou* sie sah; **4** (*panorama*) Aussicht *f*; (Aus)Blick *m*; ***avec*** ~ ***sur la mer*** mit Blick aufs Meer; mit Meeresblick; **5** PHOT Ansicht *f*; ~ ***aérienne*** Luftbild *n*; ~ ***d'ensemble*** Gesamtansicht *f*; Überblick *m*, -sicht *f* (*a fig*); **6** (*idée*) ~***s*** *pl* Ansichten *f/pl*; Meinung *f*; ***une***

V

~ de l'esprit e-e (rein) theoretische Vorstellung; **7** (*intention*) Absicht *f*; ***en ~ de*** (+ *subst*) im Hinblick auf (+ *acc*); ***en ~ de*** (+ *inf*) um zu (+ *inf*); ***avoir qn en ~*** j-n in Aussicht genommen haben; ***avoir qc en ~*** etw im Auge haben; ***avoir des ~s sur qc, qn*** ein Auge auf etw, j-n geworfen haben; **8** ***seconde ~*** zweites Gesicht; Hellsehen *n*

vulcaniser [vylkanize] *v/t* vulkanisieren

vulgaire [vylgɛʀ] *adj* **1** (*quelconque*) einfach; gewöhnlich; ordinär; **2** (*grossier*) ordinär; vulgär; **3** (*populaire*) volkstümlich; allgemein üblich; ***langue f ~*** Volkssprache *f*

vulgarisation [vylgaʀizasjõ] *f* ***ouvrage de ~*** populärwissenschaftlich

vulgariser [vylgaʀize] *v/t* allgemein verständlich darstellen (und verbreiten)

vulgarité [vylgaʀite] *f* Vulgarität *f*

vulnérabilité [vylneʀabilite] *f* Verwundbarkeit *f*

vulnérable [vylneʀabl(ə)] *adj* verwundbar; *fig a* verletzbar; empfindlich; ***point m ~*** verwundbare Stelle; Schwachstelle *f*

vulve [vylv] *f* Vulva *f*

Vve *ou* **Vve** *abr* (*veuve*) Wwe. (Witwe)

W

W, w [dubləve] *m* ⟨*inv*⟩ W, w *n*

▸ **wagon** [vagõ] *m* Waggon *m*; Wagen *m*; ~ (***de marchandises***) Güterwagen *m*

wagon|-citerne *m* ⟨wagons-citernes⟩ Kesselwagen *m*; **~-couchettes** *m* ⟨wagons-couchettes⟩ Liegewagen *m*

▸ **wagon-lit** *m* ⟨wagons-lits⟩ Schlafwagen *m*

wagonnet [vagɔnɛ] *m* (Kipp)Lore *f*

▸ **wagon-restaurant** *m* ⟨wagons-restaurants⟩ Speisewagen *m*

walkman® [wɔkman] *m* Walkman® *m*

walkyrie [valkiʀi] *f* Walküre *f*

wallon [walõ] **I** *adj* ⟨-onne [-ɔn]⟩ wallonisch; **II** *ℒ(**ne**)* *m(f)* Wallone *m*, Wallonin *f*

Wallonie [walɔni] ***la ~*** Wallonien *n*

water-polo [watɛʀpɔlo] *m* Wasserball *m*

waters [watɛʀ] *m/pl* Klosett *n*; Abort *m*; F Klo *n*; ***aller aux ~*** aufs Klo gehen

watt [wat] *m* ÉLECT Watt *n*

▸ **W.-C.** [(dublə)vese] *m/pl* WC *n*; F Null-Null *n* (*inscription* 00)

Web [wɛb] *m abr* (*World Wide Web*) INFORM Web [vɛp] *n*

webmaster [wɛbmastœʀ] *m* INFORM Webmaster [ˈvɛpmaːstər] *m*

▸ **week-end** [wikɛnd] *m* ⟨week-ends⟩ Wochenende *n*; ***partir en ~*** übers Wochenende wegfahren

western [wɛstɛʀn] *m* Western *m*; Wildwestfilm *m*

Westphalie [vɛsfali] ***la ~*** Westfalen *n*

whisky [wiski] *m* ⟨whiskies⟩ Whisky *m*

white-spirit [wajtspiʀit] *m* Terpentinersatz *m*

Wisigoths [vizigo] *m/pl* Westgoten *m/pl*

Wurtemberg [vyʀtɛ̃bɛʀ] ***le ~*** Württemberg *n*

X

X, x [iks] *m* ⟨*inv*⟩ **1** *lettre* X, x *n*; ***jambes f/pl en X*** X-Beine *n/pl*; **2** MATH x *n*; (***Monsieur***) ***X*** Herr X(Y); JUR ***plainte f contre X*** Anzeige *f* gegen Unbekannt; **3** ***rayons m/pl X*** Röntgenstrahlen *m/pl*; **4** ***film classé X*** indizierter, nicht jugendfreier Film

xénophob|e [gzenɔfɔb] *adj* fremden-,

ausländerfeindlich; **~ie** [-i] *f* Fremdenhass *m*; Ausländerfeindlichkeit *f*

xérès [kseʀɛs, gze-] *m* Sherry *m*
xylophone [gzilɔfɔn] *m* Xylophon *n*

Y

Y, y[1] [igʀɛk] *m* ⟨*inv*⟩ **1** *lettre* Y, y *n*; Ypsilon *n*; **2** MATH y *n*
▸ **y**[2] [i] **I** *adv* dort; da; dort-, dahin; ***tu ~ vas?*** gehst du (da-, dort)hin?; ***j'~ étais aussi*** ich war auch dort, dabei; ***j'~ suis, j'~ reste*** hier bin ich und hier bleibe ich; ***on n'~ voit rien*** man sieht nichts; **II** *pr* **1** (*à cela*) dazu; daran; darauf *etc*; ***vous m'~ obligez*** Sie zwingen mich dazu; ***j'~ penserai*** ich werde daran denken; ***j'~ renonce*** ich verzichte darauf; **2** F (*lui*) ***j'~ ai dit*** ich hab ihm *ou* ihr gesagt
yacht [jɔt] *m* Jacht *f*
yachting [jɔtiŋ] *m* Jachtsport *m*
ya(c)k [jak] *m* Yak *m*; Jak *m*
▸ **yaourt** [jauʀ(t)] *m* Joghurt *m ou n*
yard [jaʀd] *m* Yard *n*
Yémen [jemen] ***le ~*** Jemen *n ou* der Jemen
yen [jɛn] *m* Yen *m*
yeux [jø] *m/pl* → ***œil***
yiddish [jidiʃ] **I** *adj* ⟨*inv*⟩ jiddisch; **II** *m* ***le ~*** das Jiddische; Jiddisch *n*
yoga [jɔga] *m* Yoga *n*; Joga *n*
yog(h)ourt [jɔguʀt] → ***yaourt***
Yougoslavie [jugɔslavi] ***la ~*** Jugoslawien *n*
youpi [jupi] *int* juchhe!; hurra!
youyou [juju] *m* Dingi *n*
yo-yo [jojo] *m* ⟨*inv*⟩ **1** *jouet* Jo-Jo *n*; Yo-Yo *n*; **2** *fig* Auf und Ab *n*
yuppie [jupi] *m* Yuppie *m*

Z

Z, z [zɛd] *m* ⟨*inv*⟩ Z, z *n*
Zaïre [zaiʀ] HIST ***le ~*** Zaire *n*
Zambie [zɑ̃bi] ***la ~*** Sambia *n*
zapper [zape] *v/i* zappen; hin und her schalten
zèbre [zɛbʀ(ə)] *m* **1** ZO Zebra *n*; **2** F *fig* ***un drôle de ~*** ein komischer Kauz
zébr|é [zebʀe] *adj* ⟨~e⟩ (zebraartig) gestreift; **~ure** [-yʀ] *f* **1** Streifen *m*; **2** *sur la peau* Strieme(n) *f(m)*
zébu [zeby] *m* Zebu *n ou m*
zèle [zɛl] *m* Eifer *m*; Fleiß *m*; Beflissenheit *f*; Diensteifer *m*; ***pas de ~!*** nur kein Übereifer!; ***faire du ~*** übereifrig, allzu eifrig sein
zélé [zele] *adj* ⟨~e⟩ eifrig; voll Eifer
zénith [zenit] *m* **1** ASTR Zenit *m*; Scheitelpunkt *m*; **2** *fig* Gipfel *m*; Höhepunkt *m*; Zenit *m*
zéphyr [zefiʀ] *m* Zephir *ou* Zephyr *m*
▸ **zéro** [zeʀo] **I** *m* **1** MATH Null *f*; **2** *fig* Nichts *n*; Null *f*; F ***les avoir à ~*** P Mordsschiss haben; ***avoir le moral à ~*** seelisch auf dem Nullpunkt (angelangt) sein; F ***c'est ~*** das taugt nichts; ***repartir à ~*** wieder ganz von vorne, bei Null anfangen; **3** *fig personne* Null *f*; **4** Nullpunkt *m*; Gefrierpunkt *m*; ***dix degrés au-dessus, au-dessous de ~*** zehn Grad über, unter null; zehn Grad Wärme, Kälte; **5** ÉCOLE Sechs *f*; ***avoir (un) ~ en maths*** e-e Sechs in Mathe haben; **II** *num/c* null; ***~ degré*** null Grad; ***~ heure*** null Uhr
zeste [zɛst] *m* ***~ de citron*** (Stück *n*) Zitronenschale *f*
zézaiement [zezɛmɑ̃] *m* Lispeln *n*
zézayer [zezeje] *v/i* ⟨-ay- od -ai-⟩ lispeln; mit der Zunge anstoßen
Z.I. *abr* (*zone industrielle*) Industrie-, Gewerbegebiet *n*
zibeline [ziblin] *f* Zobel *m*

zieuter [zjøte] F *v/t* angucken
zigoto [zigɔto] *m* F ***un drôle de ~*** F e-e seltsame Type; F ein komischer Kauz
zigouiller [ziguje] *v/t* F abmurksen
zigue [zig] F *m* → ***zigoto***
zigzag [zigzag] *m* Zickzack *m*; ***en ~*** Zickzack…; im Zickzack (verlaufend)
zigzaguer [zigzage] *v/i* im Zickzack, in Schlangenlinien gehen *ou* fahren; *ivrogne a* torkeln
Zimbabwe [zimbabwe] ***le ~*** Simbabwe *n*
zinc [zɛ̃g] *m* **1** Zink *n*; **2** F (*comptoir*) Theke *f*; Schanktisch *m*; **3** F (*avion*) F Kiste *f*
zingueur [zɛ̃gœʀ] *m* ***plombier*** *m* ~ Klempner *m*
zinzin [zɛ̃zɛ̃] *adj* ⟨*inv*⟩ ***il est un peu ~*** F er spinnt ein bisschen
zip [zip] *m* (breiter) (Zier)Reißverschluss
zizanie [zizani] *f* ***semer la ~*** Zwietracht säen, stiften
zizi [zizi] *m enf* (*pénis*) *enf* Zipfelchen *n*
zodiacal [zɔdjakal] *adj* ⟨~e; -aux [-o]⟩ ASTR Tierkreis…
zodiaque [zɔdjak] *m* ASTR Tierkreis *m*
zona [zona] *m* MÉD Gürtelrose *f*
zonard [zonaʀ] *m péj* Rocker *m*
▸**zone** [zon] *f* **1** Zone *f* (*a* GÉOGR, MATH, ANAT); Gebiet *n*; Bereich *m*; ***~ bleue*** Kurzparkzone *f*; ***~ dangereuse*** Gefahrenzone *f*; ***~ franc*** Franc-Zone *f*; ***~ industrielle*** Industrie-, Gewerbegebiet *n*; ***~ sinistrée*** Katastrophengebiet *n*; ***~ de basse, haute pression*** Tief-druck-, Hochdruckgebiet *n*; ***sur une ~ de 5 km*** in e-m Umkreis, Gebiet von 5 km; **2** *autour d'une grande ville* arme Außenviertel *n/pl*; **3** *fig* ***de seconde ~*** zweitrangig; zweitklassig
zoner [zone] *v/t arg* (*habiter*) F hausen
zoo [zo] *m* Zoo *m*; Tierpark *m*
zoologie [zɔɔlɔʒi] *f* Zoologie *f*; Tierkunde *f*
zoologique [zɔɔlɔʒik] *adj* zoologisch; ***jardin*** *m* ~ zoologischer Garten; Tierpark *m*
zoo|logiste [zɔɔlɔʒist] *ou* **~logue** [-lɔg] *m,f* Zoologe, -login *m,f*
zoom [zum] *m* Zoom(objektiv) *n*
zouave [zwav] *m* **1** HIST MIL Zuave *m*; **2** F *fig* ***faire le ~*** den Hanswurst spielen
Zoulou(s) [zulu] *m/pl* Zulu *m/pl*
zozo [zozo] *m* F Dummchen *n*
zozoter [zɔzɔte] F → ***zézayer***
ZUP [zyp] *f* ⟨*inv*⟩ *abr* (*zone à urbaniser en priorité*) dicht bebaute Außenviertel *n/pl*
Zurich [zyʀik] Zürich *n*
▸**zut** [zyt] *int* F ***~ (alors)!*** F verflixt!; verdammt!
zyeuter [zjøte] → ***zieuter***

Z

Deutsch-französisches Wörterverzeichnis
Dictionnaire allemand-français

A

A, a [aː] *n* ⟨~; ~⟩ **1** A, a *m*; ***(das ist) das A und (das) O*** (voilà) l'essentiel; F *fig* ***von A bis Z*** du commencement à la fin; de A à Z; *prov* ***wer A sagt, muss auch B sagen*** *prov* (quand) le vin est tiré, il faut le boire; **2** MUS la *m*

A *abr* (*Autobahn*) A (autoroute)

à [a] *prép* ⟨*Nominativ*⟩ COMM à; ***zehn Flaschen ~ ein Euro*** dix bouteilles à un euro

Aachen ['aːxən] *n* ⟨~s⟩ Aix-la-Chapelle

Aal [aːl] *m* ⟨~(e)s; ~e⟩ ZO anguille *f*

'aalen F *v/r* ***sich ~*** se prélasser; *in der Sonne a* F faire le lézard

'aal'glatt *adj* souple

Aas [aːs] *n* ⟨~es⟩ **1** ⟨*pl* ~e⟩ charogne *f*; **2** F *fig péj* ⟨*pl* Äser⟩ F saleté *f*; P ordure *f*; **'~geier** *m* vautour *m*; charognard *m* (*beide a* F *fig*)

ab [ap] **I** *prép* ⟨*dat*⟩ **1** *räumlich* à partir de; ***~ Düsseldorf fliegen*** prendre l'avion à Düsseldorf; **2** COMM ***~ Werk*** départ usine; **3** *zeitlich* à partir de; dès; **4** *Folge* à partir de; ***~ zehn Euro*** à partir de dix euros; **II** *adv* **1** *räumlich* ***von hier ~*** à partir d'ici; F ***~ sein*** *Knopf* être parti; manquer; **2** ***~ ins Bett!*** allez, au lit!; ***~ und zu*** parfois; de temps en temps

'ab•änder|n *v/t* modifier; changer; **2ung** *f* modification *f*; changement *m*

'ab•arbeiten ⟨-e-⟩ **I** *v/t* **1** ***s-e Schulden ~*** travailler pour s'acquitter de ses dettes; **2** (*abnutzen*) ***abgearbeitete Hände*** *f/pl* mains abîmées par le travail; **II** *v/r* ***sich ~*** s'épuiser

'Abart *f* BOT, ZO variété *f*; **2ig** *adj* anormal; pervers

Abb. *abr* (*Abbildung*) ill. (illustration)

'Abbau *m* ⟨~(e)s⟩ **1** BERGBAU extraction *f*; **2** (*Verminderung*) diminution *f*; réduction *f*; *von Vorurteilen, Angst a* suppression *f*; *von Arbeitsplätzen* suppression *f*; réduction *f*; **3** *e-r Maschine, e-s Gerüsts, Zelts* démontage *m*

'ab•bauen **I** *v/t* **1** BERGBAU extraire; **2** *Steuern, Personal* diminuer; réduire; *Vorurteile, Arbeitsplätze* supprimer; **3** *Gerüst, Maschine, Zelt* démonter; **II** *v/i körperlich, geistig* baisser

'ab•|beißen *v/t* ⟨*irr*⟩ arracher (en mordant); mordre; **~beizen** *v/t* ⟨(e)s⟩ *Farbe* enlever (avec un décapant); *Holz* décaper

'ab•bekommen *v/t* ⟨*irr, sans ge*⟩ **1** (*bekommen*) (en) avoir; **2** *Schläge, Kratzer* attraper; F se prendre; ***etw ~ haben*** (*verletzt sein*) être blessé; (*beschädigt sein*) être abîmé; **3** (*losbekommen*) réussir à enlever

'ab•beruf|en *v/t* ⟨*irr, sans ge*⟩ rappeler; *zur Amtsenthebung* révoquer; **2ung** *f* rappel *m*; révocation *f*

'ab•|bestellen *v/t* ⟨*sans ge*⟩ décommander; *Hotelzimmer* annuler la réservation de; **~bezahlen** *v/t* ⟨*sans ge*⟩ rembourser (à tempérament)

'ab•biegen ⟨*irr*⟩ **I** *v/t* plier; **II** *v/i* ⟨sn⟩ ***(nach) rechts ~*** tourner, prendre à droite

'Abbiegespur *f* file *f* de droite *bzw* de gauche

'Abbild *n* image *f*; *e-r Person a* portrait *m*

'ab•bilden *v/t* ⟨-e-⟩ *Sache* reproduire; ***abgebildet sein*** *Person* être représenté

'Abbildung *f* ⟨~; ~en⟩ reproduction *f*; image *f*; *in Texten* illustration *f*

'ab•binden ⟨*irr*⟩ **I** *v/t* **1** (*losbinden*) détacher; **2** MÉD *Arm, Bein* poser un garrot à; *Arterie* ligaturer; **II** *v/i Zement etc* prendre

'Abbitte *st/s f* ***j-m ~ leisten*** présenter ses excuses à qn

'ab•|blasen F *fig v/t* ⟨*irr*⟩ *Veranstaltung* annuler; *Termin, Treffen* F laisser tomber; **~blättern** *v/i* ⟨sn⟩ s'écailler; **~blenden** *v/i* ⟨-e-⟩ *im Auto* se mettre en code

'Abblendlicht *n* AUTO codes *m/pl*; feux

m/pl de croisement; ***mit ~ fahren*** rouler en code

'**ab·blitzen** F *v/i* ⟨ĉŝ, sn⟩ ***j-n ~ lassen*** F envoyer promener qn

'**ab·brausen** ⟨ĉŝ⟩ **I** *v/t* doucher; **II** F *v/i* ⟨sn⟩ *mit dem Auto* F démarrer en trombe, F sur les chapeaux de roues

'**ab·brechen** ⟨*irr*⟩ **I** *v/t* **1** détacher; *Spitze* casser; **2** *Haus* démolir; raser; *Zelt*, *Lager* démonter; **3** *Beziehungen*, *Verhandlungen* rompre; *Sitzung*, *Reise*, *Spiel* arrêter; *Studium* abandonner; *Streik* cesser; *Gespräch* interrompre; **II** *v/i* **4** ⟨sn⟩ se détacher; *Bleistiftspitze*, *Zahn* se casser; se briser; **5** (*aufhören*) cesser; s'arrêter; ***brechen wir hier für heute ab!*** restons-en là, arrêtons-nous ici pour aujourd'hui; **III** *v/r* ***sich*** (*dat*) ***e-n Fingernagel ~*** se casser un ongle

'**ab·bremsen** *v/t u v/i* ⟨ĉŝ⟩ freiner; ralentir (*beide a fig*)

'**ab·brennen** ⟨*irr*⟩ **I** *v/t* brûler; *Feuerwerk* tirer; faire partir; **II** *v/i* ⟨sn⟩ *Haus* brûler; ***abgebrannt*** *Haus* détruit par le feu

'**ab·bringen** *v/t* ⟨*irr*⟩ ***j-n von etw ~*** détourner, dissuader qn de qc

'**ab·bröckeln** *v/i* ⟨ĉ, sn⟩ *Putz*, *Farbe*, *fig Preise* s'effriter

'**Abbruch** *m* **1** *e-s Hauses* démolition *f*; **2** *von Verhandlungen*, *Beziehungen* rupture *f*; *e-s Gesprächs*, *Wettkampfs* arrêt *m*; *e-r Schwangerschaft* interruption *f*; **3** ***e-r Sache*** (*dat*) ***~ tun*** nuire à qc; porter atteinte, préjudice à qc

'**ab·brühen** *v/t* ébouillanter; blanchir

'**ab·buchen** *v/t* ***e-n Betrag*** (***vom Konto***) ***~*** prélever une somme (sur le compte)

'**Abbuchung** *f* prélèvement *m* (***von*** sur)

'**ab·bürsten** *v/t* ⟨-e-⟩ **1** *Kleider* brosser; **2** *Staub*, *Haare* enlever à la brosse

'**ab·büßen** *v/t* ⟨ĉŝ⟩ *Schuld* expier; *Strafe* purger; exécuter

Abc [a:be:'tse:] *n* ⟨~⟩ **1** alphabet *m*; **2** *fig* abc *m*; b a ba *m*

Ab'c-Schütze *m* écolier, -ière *m,f* (qui a fait sa première rentrée)

AB'C-Waffen *f/pl* armes *f/pl* atomiques, biologiques et chimiques

'**ab·dampfen** *v/i* ⟨sn⟩ F *fig* F filer

'**ab·dank|en** *v/i* *Minister* démissionner; *Monarch* abdiquer; **&ung** *f* ⟨~; ~en⟩ *e-s Ministers* démission *f*; *e-s Monarchen* abdication *f*

'**ab·decken** *v/t* **1** enlever, retirer la couverture de; ***das Dach ~*** *Sturm* arracher, emporter la toiture; **2** (*zudecken*) recouvrir (***mit*** de); **3** *Themenkreis* tenir compte de

'**ab·dichten** *v/t* ⟨-e-⟩ *Ritzen*, *Leck* boucher; colmater; *gegen Kälte* calfeutrer; *Schiffswand* calfater

'**ab·drängen** *v/t* repousser

'**ab·drehen** **I** *v/t* *Gas* fermer; *Heizung*, *Radio* éteindre; **II** *v/i* ⟨h *ou* sn⟩ changer de direction; *Schiff*, *Flugzeug* changer de cap

'**ab·drucken** *v/t* imprimer; reproduire

'**ab·drücken** **I** *v/t* ***j-m die Luft ~*** étrangler qn; **II** *v/i* (*schießen*) appuyer sur la gâchette

'**ab·|dunkeln** *v/t* ⟨ĉ⟩ *Raum* obscurcir; *Licht* foncer; **~duschen** **I** *v/t* **1** (*duschen*) doucher; **2** (*wegwaschen*) nettoyer (au moyen d'une douche); **II** *v/r* ***sich ~*** se doucher; **~ebben** *v/i* ⟨sn⟩ *Lärm*, *Wind* diminuer; *fig* se calmer

Abend ['a:bənt] *m* ⟨~s; ~e⟩ soir *m*; *Zeitdauer* soirée *f*; ***bunter ~*** soirée *f* de variétés; ***guten ~!*** bonsoir!; ***heute ~*** ce soir; ***es wird ~*** le soir tombe; ***am ~*** le soir; ***zu ~ essen*** dîner

'**Abend|brot** *n* dîner *m*; **~dämmerung** *f* crépuscule *m*; **~essen** *n* dîner *m*; **&füllend** *adjt* *Programm* qui remplit toute la soirée; **~gymnasium** *n* cours *m/pl* du soir préparant au baccalauréat

'**Abendkasse** *f* ***die Karten an der ~ kaufen*** prendre les places directement avant la représentation

'**Abend|kleid** *n* robe *f* du soir; **~kurs** *m* cours *m* du soir; **~land** *n* Occident *m*; **&lich** *adj* du soir; *st/s* vespéral

'**Abendmahl** *n* **1** BIBL Cène *f*; **2** PROT communion *f*; ***das ~ nehmen*** communier

'**Abend|programm** *n* programme *m* de la soirée; **~rot** *n* flamboiement *m* du soleil couchant

'**abends** *adv* le soir; ***um sieben Uhr ~*** à sept heures du soir

'**Abend|schule** *f* cours *m/pl* du soir; **~stern** *m* étoile *f* du berger

'**Abendstunde** *f* ***in den*** (***späten***) ***~n*** (tard) dans la soirée; (tard) le soir

'**Abendvorstellung** *f* soirée *f*; représentation *f* du soir

Abenteuer ['a:bəntɔʏər] *n* ⟨~s; ~⟩ aventure *f* (*a fig*); **~in** *f* ⟨~; ~nen⟩ aventurière *f*; **2lich** *adj* **1** aventureux; **2** *fig* extravagant; fantastique; **~lust** *f* esprit *m* d'aventure; goût *m* de l'aventure; **~roman** *m* roman *m* d'aventures

'**Abenteurer(in)** *m* ⟨~s; ~⟩ (*f*) ⟨~; ~nen⟩ aventurier, -ière *m,f*

aber ['a:bər] **I** *conj* mais; **II** *adv* ~ ***ja!*** mais oui!; ***das ist ~ schön!*** c'est bien, joli!

'**Aber|glaube(n)** *m* superstition *f*; **2gläubisch** *adj* superstitieux

'**ab·erkennen** *v/t* ⟨*irr, sans ge*⟩ ***j-m etw ~*** refuser qc à qn; ***j-m ein Recht ~*** priver qn d'un droit

aber|malig ['a:bərma:lıç] *adj* nouveau; autre; (*wiederholt*) répété; **~mals** [-ma:ls] *adv* de nouveau; encore une fois

Abf. *abr* (*Abfahrt*) départ

'**abfahrbereit** *adj* prêt à partir; *Zug, Schiff* en partance (***nach*** pour)

'**ab·fahren** ⟨*irr*⟩ **I** *v/t* **1** enlever; transporter; **2** ⟨h *ou* sn⟩ *prüfend* reconnaître (en voiture); **3** ***j-m ein Bein ~*** écraser la jambe de qn; **4** *Reifen* user; **II** *v/i* ⟨sn⟩ **5** (*wegfahren*) partir (***nach*** pour); **6** *nach unten*, SKISPORT descendre; **7** F *fig* ***auf etw, j-n*** (***voll***) ~ s'emballer pour qc, qn; F être fana de qc, qn

'**Abfahrt** *f* **1** *e-s Zuges, Autos etc* départ *m*; **2** SKISPORT descente *f*; **3** (*Autobahn2*) sortie *f*

'**Abfahrts|lauf** *m* SKISPORT descente *f*; **~zeit** *f* heure *f* du départ

'**Abfall** *m* **1** déchets *m/pl*; (*Müll*) ordures *f/pl*; **2** *von Verbündeten* défection *f*; **3** (*Rückgang*) diminution *f*; **~beseitigung** *f* collecte *f* et traitement *m* des déchets; **~eimer** *m* poubelle *f*

'**ab·fallen** *v/i* ⟨*irr*, sn⟩ **1** (*sich ablösen*) tomber; **2** *Gelände* descendre; **3** *fig* (*übrig bleiben*) rester; ***es wird für dich nicht viel dabei ~*** tu n'en (re)tireras pas grand-chose; **4** *Verbündete* renier (***von j-m*** qn); **5** *in der Leistung* être plus faible (***gegenüber*** que)

'**abfällig** **I** *adj* désobligeant; **II** *adv* ***von j-m ~ sprechen*** médire de qn

'**Abfall|produkt** *n* sous-produit *m*; **~verwertung** *f* récupération *f*, recyclage *m* des déchets

'**ab·fälschen** *v/t Ball* détourner

'**ab·fangen** *v/t* ⟨*irr*⟩ **1** *Brief, Meldung* intercepter; *Person* s'emparer de; **2** (*wieder unter Kontrolle bringen*) redresser

'**ab·färben** *v/i* déteindre (***auf*** [+ *acc*] sur; *a fig*)

'**ab·|fassen** *v/t* ⟨*ge*⟩ rédiger; **~federn** *v/t* **1** *Stoß etc* amortir; **2** *fig Verluste, soziale Härten* atténuer les effets de; **~feilen** *v/t* limer

'**ab·fertigen** *v/t* **1** *Post* expédier; *Gepäck* enregistrer; **2** *Personen* servir; F *fig* ***j-n kurz ~*** F expédier qn

'**ab·feuern** *v/t* tirer; faire feu avec

'**ab·finden** ⟨*irr*⟩ **I** *v/t* ***j-n ~*** dédommager, indemniser qn; **II** *v/r* ***sich mit etw ~*** s'accommoder, s'arranger de qc

'**Abfindung** *f* ⟨~; ~en⟩ indemnité *f*

'**ab·|flachen** *v/t* aplatir; **~flauen** *v/i* ⟨sn⟩ **1** *Wind* faiblir; *Lärm* diminuer; **2** *fig Gefühl, Begeisterung* diminuer; *Interesse* baisser; **~fliegen** *v/i* ⟨sn⟩ partir, s'envoler (***nach*** pour); **~fließen** *v/i* ⟨*irr*, sn⟩ s'écouler (*a fig Verkehr*)

'**Abflug** *m* départ *m*

'**Abfluss** *m e-s Waschbeckens* tuyau *m* d'écoulement; *der Kanalisation* égout *m*; **~rohr** *n* tuyau *m* d'écoulement

'**Abfolge** *f* suite *f*

'**ab·fragen** *v/t* **1** *Schüler* faire réciter sa leçon à; interroger; ***j-n Vokabeln ~*** faire réciter le vocabulaire à qn; **2** INFORM extraire; sortir

'**ab·fressen** *v/t* ⟨*irr*⟩ *Blätter* manger; *Baum* manger toutes les feuilles de

'**ab·frieren** ⟨*irr*⟩ **I** *v/i* ⟨sn⟩ geler; **II** *v/r* ***sich*** (*dat*) ***die Füße ~*** avoir les pieds gelés

Abfuhr ['apfu:r] *f* ⟨~; ~en⟩ **1** (*Abtransport*) enlèvement *m*; **2** (*Zurückweisung*) rebuffade *f*; ***j-m e-e ~ erteilen*** rembarrer, rabrouer qn

'**ab·führen** **I** *v/t* **1** *Verbrecher* emmener; **2** FIN payer (***an*** [+ *acc*] à); **3** *fig* ***das führt*** (***uns***) ***zu weit vom Thema ab*** cela nous éloigne, écarte trop du sujet; **II** *v/i* MÉD être laxatif

'**Abführmittel** *n* laxatif *m*

'**ab·füllen** *v/t in Flaschen* mettre en bouteille; *in Tüten* emballer

'**Abgabe** *f* **1** (*Ablieferung*) remise *f*; **2** *e-r schriftlichen Erklärung* dépôt *m*; **3** (*Verkauf*) vente *f*; **4** (*Ball2*) passe *f*; **5** FIN *meist pl* **~n** impôts *m/pl*; taxes *f/pl*

'**Abgang** *m* **1** *von Waren* départ *m*; envoi *m*; **2** *von Personen* départ *m* (*a aus-*

scheidende Person); THÉ sortie *f*; **3** TURNEN descente *f*

'Abgas *n* gaz *m* d'échappement; **≈arm** *adj* peu polluant; **~(sonder)untersuchung** *f* contrôle *m* (obligatoire) des gaz d'échappement

'ab·geben ⟨*irr*⟩ **I** *v/t* **1** (*aushändigen*) donner; *Prüfungsarbeit* remettre; rendre; **2** *Erklärung, Gutachten* faire; **3** (*abtreten*) céder; donner; **4** *Ball* passer; **5** *Wärme, Energie* dégager; **6** (*sein*) ***er wird einmal einen guten Lehrer ~*** il fera un bon professeur; **II** *v/i* SPORT faire une passe; **III** *v/r* ***sich mit j-m, etw ~*** s'occuper de qn, qc

'abgebrannt I *p/p* → ***abbrennen***; **II** *adjt* F *fig* ***~ sein*** F être fauché, à sec

'abgebrüht F *fig adj* F blindé; ***ein ~er Bursche*** F un dur à cuire

'abgedroschen F *adj* ressassé

ab|gefeimt ['apgəfaɪmt] *adj* malin; **~gegriffen** *adjt* abîmé; usé; **~gehackt** *adjt* *Worte, Stil* 'haché; *Rhythmus* saccadé; **~gehangen** *adjt Fleisch* rassis; **~gehärtet** *adjt* endurci, aguerri (***gegen*** à)

'ab·gehen *v/i* ⟨*irr*, sn⟩ **1** *Schiff* partir; s'en aller; *Post, Waren* partir; **2** (*weggehen*) partir; sortir (*a* THÉ); **3** *vom Weg, fig von e-m Entschluss* s'écarter, s'éloigner (**von** de); **4** (*sich ablösen*) se détacher; *Knopf a* sauter; **5** (*abgezogen werden*) être à déduire; **6** (*fehlen*) *Fähigkeit* faire défaut; manquer (*a Materielles*)

'abgehetzt *adjt* stressé; (*außer Atem*) à bout de souffle

'abgekämpft *adjt* épuisé; exténué

'abgekartet F *adjt* ***das ist ein ~es Spiel*** c'est un coup monté

'abgeklärt *adjt* serein

'abgelegen *adj* éloigné; retiré

'ab·gelten *v/t* ⟨*irr*⟩ régler; acquitter

'abgeneigt *adj* ***e-r Sache*** (*dat*) (**nicht**) ***~ sein*** (ne pas) être défavorable, hostile à qc; ***nicht ~ sein, etw zu tun*** être assez disposé, être prêt à faire qc

'Abgeordnete(r) *f(m)* ⟨→ A⟩ député *m*

'abgerissen *adjt Kleidung* en lambeaux; *Person* déguenillé; en 'haillons

'Abgesandte(r) *st/s f(m)* envoyé(e) *m(f)*

'abgeschieden *st/s adjt* retiré; isolé; **≈heit** *f* ⟨~⟩ isolement *m*; solitude *f*

'abgeschlossen I *p/p* → ***abschließen***; **II** *adjt* **1** *Tür* fermé à clé; **2** (*beendet*) terminé; achevé; **3** *von der Welt* isolé; retiré

abgeschmackt ['apgəʃmakt] *adj Späße, Redensarten* plat; banal

'abgesehen *advt* ***~ von*** à l'exception de; excepté; ***~ davon, dass …*** mis à part le fait que …

'ab|gespannt *adjt* fatigué; épuisé; **~gestanden** *adjt Wasser* pas frais; *Bier* éventé; **~gestumpft** *adjt* abruti; insensible; **~getakelt** *adj* F *péj Person* F décati; **~getragen** *adjt Kleidung* usé; **~getreten** *adjt Absätze* usé; éculé; **~gewetzt** *adjt* élimé; râpé

'ab·gewinnen *v/t* ⟨*irr*⟩ *fig* ***e-r Sache*** (*dat*) ***etw ~*** trouver un (*bzw* des) avantage(s) à qc

'ab·gewöhnen I *v/t* ***j-m etw ~*** déshabituer, désaccoutumer qn de qc; **II** *v/r* ***sich*** (*dat*) ***etw ~*** perdre l'habitude de (faire) qc; se déshabituer de (faire) qc

'abgezehrt *adjt* émacié

'ab·gießen *v/t* ⟨*irr*⟩ **1** *Flüssigkeit* verser; **2** *Kartoffeln* jeter l'eau (de cuisson) de

'Abglanz *m* reflet *m*

'ab·gleiten *st/s v/i* ⟨*irr*⟩ glisser (**von** de)

'Abgott *m* idole *f* (*a fig*)

abgöttisch ['apgœtɪʃ] **I** *adj* idolâtre; **II** *adv* ***j-n ~ lieben, verehren*** idolâtrer qn

'ab·grasen *v/t* ⟨-t⟩ **1** ***e-e Wiese ~*** brouter l'herbe d'un pré; **2** F *fig* (*absuchen*) ratisser; *Geschäfte* fouiller

'ab·grenzen *v/t* ⟨-t⟩ **1** délimiter (***gegen*** de); **2** *Begriffe* ***gegeneinander ~*** différencier

'Abgrenzung *f* ⟨~; ~en⟩ délimitation *f* (***gegen*** de); *fig von Begriffen* différenciation *f*

'Abgrund *m* abîme *m* (*a fig*)

'abgrund'tief *adj* extrême; sans borne; *Verachtung, Hass* profond

'ab·gucken F *v/t* ***etw bei*** *od* ***von j-m ~*** copier qc sur qn (*a* SCHULE)

'ab·haben F *v/t* ⟨*irr*⟩ ***du kannst etwas davon ~*** tu peux en avoir un peu

'ab·|hacken *v/t* couper (à coups de hache, à la hache, *etc*); **~haken** *v/t* **1** (*loshaken*) décrocher; **2** *auf e-r Liste* cocher; pointer; *fig* (*erledigen*) régler

'ab·halten *v/t* ⟨*irr*⟩ **1** (*fernhalten*) ***etw, j-n von sich*** (*dat*) ***~*** tenir qc, qn à distance; **2** (*hindern*) empêcher; ***j-n davon ~, etw zu tun*** empêcher qn de faire qc;

3 *Feier, Gottesdienst* célébrer; *Tagung, Wahlen* tenir
'ab·handeln *v/t* ⟨-e-⟩ **1** ***j-m etw*** (***billig***) **~** acheter qc (pas cher, bon marché) à qn; **2** ***ein Thema*** **~** traiter (d')un sujet
abhanden [ap'handən] *adv* **~** ***kommen*** disparaître
'Abhandlung *f* traité *m*, étude *f*, thèse *f* (**über** [+ *acc*] sur)
'Abhang *m* pente *f*; *e-s Berges* versant *m*
'ab·hängen[1] *v/t* **1** (*abnehmen, abkuppeln*) décrocher; **2** F *Verfolger* F semer
'ab·hängen[2] *v/i* ⟨*irr*⟩ **von** ***j-m, etw*** **~** dépendre de qn, qc
'abhängig *adj* **1** dépendant (**von** de); *von Drogen* toxicomane; drogué; **von** ***j-m, etw*** **~** ***sein*** dépendre de qn, de qc; **2** *Satz(teil)* subordonné
'Abhängigkeit *f* ⟨~; ~en⟩ dépendance *f*; (*Drogen*2) toxicomanie *f*
'ab·härt|en *v/t* (*u v/r*) ⟨-e-⟩ (**sich** **~** s')endurcir, (s')aguerrir (**gegen** à); **2ung** *f* ⟨~⟩ endurcissement *m* (**gegen** à)
'ab·hauen ⟨*irr*⟩ **I** *v/t* couper; *Baum* abattre; **II** F *v/i* ⟨sn⟩ (*verschwinden*) F filer; F ficher le camp; F se tailler
'ab·häuten *v/t* ⟨-e-⟩ dépouiller; écorcher
'ab·heben ⟨*irr*⟩ **I** *v/t* **1** *Deckel etc* enlever; *Telefonhörer* décrocher; KARTENSPIEL *einzelne Karten* retirer; *Kartenstapel* couper; **2** *Geld* retirer; **II** *v/i* AVIAT décoller; **III** *v/r* ***sich von*** *od* ***gegen etw*** **~** *als Kontrast* se détacher de qc
'ab·|heften *v/t* ⟨-e-⟩ mettre, ranger (dans un classeur); **~heilen** *v/i* ⟨sn⟩ guérir
'ab·helfen *v/i* ⟨*irr*⟩ ***e-r Sache*** (*dat*) **~** remédier, porter remède à qc
'ab·hetzen *v/r* ⟨-(e)t⟩ **sich** **~** se dépêcher, se presser (continuellement, *etc*)
'Abhilfe *f* ⟨~⟩ remède *m*; **~** ***schaffen*** y porter remède; y remédier
'ab·hobeln *v/t* ⟨-e-⟩ raboter
'ab·holen *v/t* (*holen gehen, fahren*) (aller *bzw* venir) chercher, prendre; ***etw*** **~** ***lassen*** envoyer chercher, prendre qc; faire prendre qc
'Abholmarkt *m* libre-service *m* de gros
'ab·holzen *v/t* ⟨-(e)t⟩ *Wald* abattre; *Gebiet* déboiser
'ab·horchen *v/t* écouter; MÉD ausculter
'ab·hören *v/t* **1** interroger; ***j-n etw*** **~** faire réciter qc à qn; **2** (*mithören*) écouter; capter; **3** (*überwachen*) placer sur écoute; **4** MÉD ausculter
Abi ['abi] F *n* ⟨~s; ~s⟩ F bac *m*
Abitur [abi'tu:r] *n* ⟨~s; ~e⟩ baccalauréat *m*; ***das*** **~** ***machen*** passer le baccalauréat
Abituri'ent(in) *m* ⟨~en; ~en⟩ (*f*) ⟨~; ~nen⟩ candidat(e) *m*(*f*) au baccalauréat; *nach bestandenem Abitur* bachelier, -ière *m,f*
'ab·jagen *v/t* ***j-m s-e Beute, den Ball*** **~** courir après, poursuivre qn pour lui prendre son butin, le ballon
Abk. *abr* (*Abkürzung*) abrév. (abréviation)
'ab·kanzeln F *v/t* ⟨-e-⟩ F sonner les cloches à; F passer un savon à
'ab·kapseln *v/r* ⟨-e-⟩ **sich** **~** s'isoler (**von** ***etw, j-m*** de qc, qn)
'ab·kaufen *v/t* ***j-m etw*** **~** acheter qc à qn
Abkehr ['apke:r] *f* ⟨~⟩ abandon *m*; détachement *m*
'ab·kehren *v/r* **sich** **~** (**von**) se détourner, s'éloigner (de)
'ab·klappern F *v/t* ***ich habe die ganze Stadt danach abgeklappert*** j'ai couru toute la ville pour trouver cela
'ab·klären *v/t* s'assurer de
'Abklatsch *m* ⟨~(e)s; ~e⟩ *péj* (mauvaise) copie *f*; imitation *f*
'ab·|klemmen *v/t* *Leitung* séparer; **~klingen** *v/i* ⟨*irr*, sn⟩ s'affaiblir; diminuer
'ab·klopfen *v/t* **1** (*wegklopfen*) faire tomber (en tapant); ***den Staub von etw*** **~** épousseter qc; **2** MÉD percuter
'ab·knallen F *v/t* F descendre
'ab·knapsen F *v/t* ⟨-(e)t⟩ ***j-m etw*** (**von** ***etw***) **~** rogner qc à qn (sur qc)
'ab·knicken **I** *v/t* **1** (*abbrechen*) casser; **2** (*knicken*) courber; plier; **II** *v/i* ⟨sn⟩ **3** (*abbrechen*) se casser; **4** (*einknicken*) se courber; se plier
'ab·knöpfen *v/t* **1** déboutonner; détacher; **2** F *fig* ***j-m etw*** **~** soutirer, F carotter qc à qn
'ab·|knutschen F *v/t* (*u v/r* **sich**) **~** F (se) bécoter; **~kochen** *v/t* faire cuire; *Wasser, Milch* (faire) bouillir; **~kommandieren** *v/t* ⟨*sans ge*⟩ MIL détacher
'ab·kommen *v/i* ⟨*irr*, sn⟩ **1** *vom Weg, Thema* s'écarter, s'éloigner (**von** de); ***von der Fahrbahn*** **~** quitter la route;

2 *von e-r Gewohnheit* abandonner (**von etw** qc)

'**Abkommen** *n* ⟨~s; ~⟩ accord *m*; POL *a* convention *f*

abkömm|lich ['apkœmlıç] *adj* libre; disponible; **2ling** *st/s m* ⟨~s; ~e⟩ descendant(e) *m(f)*

'**ab·koppeln** *v/t* ⟨¢⟩ détacher; décrocher

'**ab·kratzen** ⟨¢$⟩ **I** *v/t* enlever; gratter; **II** P *v/i* ⟨sn⟩ *(sterben)* P crever; F claquer

'**ab·kriegen** F *v/t* → **abbekommen**

'**ab·kühlen I** *v/t* refroidir; **II** *v/i* ⟨h *ou* sn⟩ (se) refroidir (*a fig*); **III** *v/r* **sich ~ 1** se refroidir (*a fig*); **2** *Witterung* se rafraîchir; se refroidir

'**Abkühlung** *f Wetter* rafraîchissement *m*; refroidissement *m* (*a fig*)

'**ab·kuppeln** *v/t* ⟨¢⟩ décrocher

'**ab·kürz|en** *v/t* ⟨¢$⟩ **1** *Weg* raccourcir; **2** *Wort* abréger; **2ung** *f* **1** *Weg* raccourci *m*; **2** *von Wörtern* abréviation *f*

'**ab·laden** *v/t* ⟨*irr*⟩ décharger

'**Ablage** *f* **1** *(Akten2)* classeur *m*; **2** *(Kleider2)* vestiaire *m*; *im Badezimmer* tablette *f*; **3** *(Ablegen)* classement *m*

'**ab·lagern I** *v/t* déposer; **II** *v/r* **sich** (**auf, in etw** [*dat*]) **~** se déposer sur, dans qc

'**Ablagerung** *f* GÉOL, CHIM dépôt *m*

'**ab·lassen** ⟨*irr*⟩ **I** *v/t* **1** *Flüssigkeiten* faire écouler; évacuer; *Dampf, Luft* faire échapper; laisser, faire sortir; **2** *Teich, Becken* vider; **II** *v/i* **von etw ~** abandonner qc; **von j-m ~** laisser qn tranquille

'**Ablauf** *m* **1** *(~vorrichtung)* conduit *m* d'écoulement; **2** *(Verlauf)* déroulement *m*; cours *m*; **3** *e-r Frist* expiration *f*; **nach ~ von** à l'expiration de; au bout de

'**ab·laufen** ⟨*irr*⟩ **I** *v/t Schuhsohlen, Absätze* user; **II** *v/i* ⟨sn⟩ **1** *Flüssigkeit* s'écouler; **2** *(verlaufen)* se dérouler; **3** *(zu Ende gehen)* se terminer; finir; *Frist, Parkuhr, Ausweis* expirer

'**Ableben** *st/s n* ⟨~s⟩ décès *m*

'**ab·lecken** *v/t* lécher

'**ab·legen I** *v/t* **1** *Kleidung* enlever; se débarrasser de; **2** *Akten* classer; ranger; **3** *beim Kartenspiel* écarter; **4** *(niederlegen)* poser; **5** *(nicht mehr tragen)* mettre au rebut; **6** *fig Gewohnheiten* abandonner; perdre; **7** *Prüfung* passer; **II** *v/i* **8** *Kleidung* enlever son manteau, *etc*; **9** MAR appareiller

'**Ableger** *m* ⟨~s; ~⟩ BOT marcotte *f*

'**ab·lehn|en** *v/t* **1** refuser; *Angebot, Entwurf a* rejeter; **2** *(missbilligen)* désapprouver; **~end** *adjt* défavorable; négatif; *Haltung* hostile; **2ung** *f* ⟨~; ~en⟩ **1** refus *m*; rejet *m*; **2** *(Missbilligung)* désapprobation *f*

Niemals!

Will man ausdrücken, dass man zu einer Unternehmung keine Lust hat, bzw. dass man verhindert ist, so hat man dafür mehrere Möglichkeiten:

1. sehr direkte Ablehnung:

Ich habe keine Zeit.
Je n'ai pas le temps.

Ich habe keine Lust, ins Kino zu gehen.
Je n'ai pas envie d'aller au cinéma.

Das geht mir ziemlich auf die Nerven.
Ça m'embête beaucoup.

2. höfliche Ablehnung:

Ich bin leider beruflich verhindert.
Malheureusement, je suis empêché(e) pour des raisons professionnelles.

Tut mir Leid, ich bin sehr beschäftigt.
Je regrette, je suis très occupé(e).

'**ab·leisten** *v/t* ⟨-e-⟩ faire; accomplir

'**ab·leit|en** *v/t* ⟨-e-⟩ **1** *Fluss* dériver; détourner; **2** MATH, LING dériver; **3** *(folgern)* déduire (**von** de); **2ung** *f* **1** dérivation *f*; **2** MATH dérivation *f*; *Ergebnis* dérivée *f*; **3** LING dérivation *f*; *Wort* dérivé *m*

'**ab·lenken I** *v/t* **1** dévier; détourner; **2** *Aufmerksamkeit, Verdacht* détourner; **3** *(zerstreuen)* distraire; divertir; **II** *v/i* **4** (**vom Thema**) **~** *Person* faire diversion; **5** *in der Aufmerksamkeit* distraire

'Ablenkung *f* **1** déviation *f*; **2** *der Aufmerksamkeit* détournement *m*; **3** (*Zerstreuung*) distraction *f*; diversion *f*

'ab·lesen *v/t* ⟨*irr*⟩ **1** *Text* lire; **2** *Zähler etc* relever; **3** *fig* (*erschließen*) ***etw an etw*** (*dat*) **~** (***können***) (pouvoir) déduire qc de qc

'ab·|leugnen *v/t* ⟨-e-⟩ nier; contester; **~lichten** *v/t* ⟨-e-⟩ **1** F (*fotografieren*) photographier; **2** (*fotokopieren*) photocopier

'ab·liefer|n *v/t* **1** *Ware* livrer; fournir; *Fundsachen* remettre; déposer; **2** *Hausarbeit, Manuskript* rendre; **2ung** *f von Waren* livraison *f*; *von Fundsachen, e-r Hausarbeit* remise *f*

'ab·lösen ⟨*¢$*⟩ **I** *v/t* **1** (*loslösen*) détacher, enlever (***von*** de); **2** (*abwechseln*) relayer; ***j-n in s-m Amt* ~** succéder à qn; **II** *v/r* ***sich* ~ 3** (*sich loslösen*) se détacher; s'enlever; **4** (*sich abwechseln*) se relayer

'Ablösesumme *f* SPORT somme *f* de transfert

'Ablösung *f* **1** *e-r Person* relève *f*; **2** (*Loslösen*) décollement *m*

'ab·luchsen *v/t* ⟨*¢$*⟩ F ***j-m etw* ~** F carotter qc à qn

ABM [a:be:'ʔɛm] *abr* (*Arbeitsbeschaffungsmaßnahme*) mesure *f* de réinsertion des chômeurs

'ab·machen *v/t* **1** F (*losmachen*) enlever; **2** (*vereinbaren*) convenir de; ***abgemacht!*** entendu!; d'accord!

'Abmachung *f* ⟨~; ~en⟩ arrangement *m*; accord *m*

'ab·mager|n *v/i* ⟨sn⟩ maigrir; **2ungskur** *f* régime amaigrissant

'ab·malen *v/t* copier

'Abmarsch *m* départ *m*

'ab·marschieren *v/i* ⟨*sans ge*, sn⟩ se mettre en marche, en route

'ab·melden ⟨-e-⟩ **I** *v/t* ***j-n* ~** *polizeilich* déclarer le départ de qn; F *fig* ***er ist bei mir abgemeldet!*** il n'existe plus pour moi; ***ein Fahrzeug* ~** déclarer qu'on n'utilise plus un véhicule; ***sein Telefon* ~** résilier son abonnement de téléphone; **II** *v/r* ***sich* ~** *polizeilich* déclarer son départ (à la police); *beim Weggehen* prévenir (qn) de son départ

'Abmeldung *f polizeilich* déclaration *f* de départ; *von Fahrzeugen* déclaration *f* qu'on n'utilise plus qc; *e-s Telefons* résiliation *f* d'abonnement

'ab·mess|en *v/t* ⟨*irr*⟩ mesurer; **2ung** *f* mesure *f*

'ab·montieren *v/t* ⟨*sans ge*⟩ démonter

'ab·mühen *v/r* ***sich* (*mit etw, j-m*) ~** se donner du mal, de la peine (avec qc, qn)

'ab·|murksen F *v/t* ⟨*¢$*⟩ F bousiller; F zigouiller; **~nagen** *v/t* ronger

Abnahme ['apna:mə] *f* ⟨~⟩ **1** (*Entfernen*) enlèvement *m*; **2** COMM *von Waren* achat *m*; **3** (*Verminderung*) diminution *f*

'ab·nehmen ⟨*irr*⟩ **I** *v/t* **1** (*entfernen*) enlever; retirer; *Wäsche* rentrer; *Telefonhörer* décrocher; (*amputieren*) couper; amputer; **2** ***j-m etw* ~** prendre, ôter qc à qn (*a fig*); *Arbeit* décharger qn de qc; *Weg, Sorge* épargner qc à qn; **3** COMM *Waren* prendre; acheter; **4** F *Geld etc* prendre; demander; **5** F *fig* (*glauben*) croire; **II** *v/i* **6** (*sich verringern*) diminuer; *Mond* décroître; **7** *an Gewicht* maigrir; **8** *am Telefon* décrocher

'abnehmend *adjt* ***~er Mond*** lune décroissante; ***wir haben ~en Mond*** la lune décroît

'Abnehmer *m* ⟨~s; ~⟩ acheteur *m*

'Abneigung *f* aversion *f* (***gegen*** pour)

abnorm [ap'nɔrm] *adj* anormal; **2i'tät** *f* ⟨~; ~en⟩ anomalie *f*

'ab·nötigen *st/s v/t* ***j-m etw* ~** arracher qc à qn

'ab·nutzen, 'ab·nützen *v/t* (*u v/r*) ⟨*¢$*⟩ (***sich* ~** s')user

'Abnutzung, 'Abnützung *f* usure *f*

Abo ['abo] F *n* ⟨~s; ~s⟩ → ***Abonnement***

Abonnement [abɔnə'mã:] *n* ⟨~s; ~s⟩ abonnement *m* (+ *gén* à)

Abon'nent(in) *m* ⟨~en; ~en⟩ (*f*) ⟨~; ~nen⟩ abonné(e) *m*(*f*) (+ *gén* à)

abon'nieren *v/t* ⟨*sans ge*⟩ s'abonner à; ***auf etw*** (*acc*) ***abonniert sein*** être abonné à qc

'ab·ordn|en *v/t* ⟨-e-⟩ déléguer; envoyer (***zu*** à); **2ung** *f* ⟨~; ~en⟩ délégation *f*

Abort [a'bɔrt] *m* ⟨~s; ~e⟩ MÉD **1** (*Fehlgeburt*) fausse couche; **2** (*Abtreibung*) avortement *m*

'ab·|packen *v/t* empaqueter; **~passen** *v/t* ⟨*¢$*⟩ attendre; guetter

'ab·pfeifen *v/t* ⟨*irr*⟩ SPORT **1** (*unterbrechen*) siffler l'arrêt de; **2** (*beenden*) siffler la fin de

'**Abpfiff** *m* SPORT coup *m* de sifflet d'arrêt *bzw* final

'**ab·pflücken** *v/t* cueillir

'**ab·plagen** *v/r* ***sich*** **~** se tuer; s'éreinter; ***sich mit etw, j-m*** **~** se donner beaucoup de mal avec qc, qn

'**ab·platzen** *v/i* ⟨¢$, sn⟩ *Farbe* s'écailler; *Knopf* sauter

'**ab·prallen** *v/i* ⟨sn⟩ **1** (***von*** *od* ***an etw*** [*dat*]) **~** *Ball* rebondir (sur qc); *Geschoss* ricocher (sur qc); **2** *fig* ***an j-m*** **~** ne pas avoir prise sur qn

'**ab·pressen** *v/t* ⟨¢$⟩ ***j-m etw*** **~** arracher qc à qn

'**ab·pumpen** *v/t* pomper

'**ab·putzen** *v/t* ⟨¢$⟩ essuyer; nettoyer

'**ab·quälen** *v/r* ***sich*** (***mit etw***) **~** se donner beaucoup de mal (avec qc)

'**ab·rackern** F *v/r* ***sich*** (***mit etw***) **~** F s'esquinter, se tuer (à faire qc)

'**ab·rasieren** *v/t* ⟨*sans ge*⟩ raser

'**ab·raten** *v/i* ⟨*irr*⟩ ***j-m von etw*** **~** déconseiller qc à qn; dissuader qn de qc

'**ab·räumen** *v/t Tisch* débarrasser; desservir; *Schutt etc* déblayer

'**ab·reagieren** ⟨*sans ge*⟩ **I** *v/t* ***etw*** (***an j-m, etw***) **~** décharger qc (sur qn, qc); **II** *v/r* **1** ***sich*** **~** (*sich beruhigen*) se tranquilliser; se calmer; s'apaiser; **2** PSYCH ***sich*** (***an j-m, etw***) **~** se défouler (sur qn, qc)

'**ab·rechnen** ⟨-e-⟩ **I** *v/t* **1** (*abziehen*) déduire, retirer (***von*** de); **2** *als Abschlussrechnung* faire les comptes de; **II** *v/i* **3** *als Abschlussrechnung* faire les comptes; **4** *fig* ***mit j-m*** **~** régler un compte avec qn, son compte à qn

'**Abrechnung** *f* **1** (*Abzug*) déduction *f*; **2** (*Rechnungsabschluss*) règlement *m* de comptes (*a fig*); ***die*** **~** ***machen*** faire les comptes

'**Abrede** *f* ***etw in*** **~** ***stellen*** nier, contester qc

'**ab·regen** F *v/r* ***sich*** **~** se calmer; ***reg dich ab!*** calme-toi!

'**ab·reiben** *v/t* ⟨*irr*⟩ **1** (*trockenreiben*) frotter; **2** *Fleck* ôter, enlever (en frottant)

'**Abreibung** *f* F *fig* (*Prügel*) F dérouillée *f*; F raclée *f*

'**Abreise** *f* départ *m* (***nach*** pour)

'**ab·reisen** *v/i* ⟨¢$, sn⟩ partir (en voyage) (***nach*** pour)

'**ab·reißen** ⟨*irr*⟩ **I** *v/t* **1** (*fortreißen*) arracher; **2** (*abtrennen*) détacher; **3** *Haus* démolir; raser; **II** *v/i* ⟨sn⟩ **4** *Telefon-, Funkverbindung* être coupé; **5** *fig Beziehungen, Besucherstrom* cesser; s'arrêter

'**ab·richten** *v/t* ⟨-e-⟩ dresser (*a fig*)

'**ab·riegeln** *v/t* ⟨¢⟩ *Tür* verrouiller; barricader; *Straße* barrer

'**ab·ringen** ⟨*irr*⟩ **I** *v/t* ***j-m etw*** **~** arracher qc à qn; **II** *v/r* ***sich*** (*dat*) ***ein Lächeln*** **~** se forcer à (un) sourire

'**Abriss** *m* **1** (*Kurzdarstellung*) précis *m*; abrégé *m*; **2** *e-s Hauses* démolition *f*

'**ab·rollen** **I** *v/t* dérouler; **II** *v/i* ⟨sn⟩ *fig Ereignisse* ***vor j-m*** **~** se dérouler devant qn

'**ab·rücken** **I** *v/t* éloigner, reculer (***von*** de); **II** *v/i* ⟨sn⟩ **1** ***von j-m, etw*** **~** s'éloigner, s'écarter de qn, qc; *fig* prendre ses distances à l'égard de qn, qc; **2** MIL partir

'**Abruf** *m* ***auf*** **~** sur appel; ***sich auf*** **~** ***bereithalten*** être prêt au rappel

'**abrufbar** *adj Daten, Summe* disponible

'**ab·rufen** *v/t* ⟨*irr*⟩ **1** *Personen* rappeler; **2** COMM faire livrer; **3** INFORM rechercher

'**ab·runden** *v/t* ⟨-e-⟩ **1** *Kanten* arrondir; **2** *Zahl* arrondir (***auf*** [+ *acc*] à); **3** (*vervollständigen*) compléter

abrupt [a'brupt] *adj* brusque (*a fig*)

'**ab·rüst|en** *v/i* (*u v/t*) ⟨-e-⟩ désarmer; **~ung** *f* désarmement *m*

'**ab·rutschen** *v/i* ⟨sn⟩ glisser (***von*** de)

ABS [a:be:'ʔɛs] *n abr* (*Antiblockiersystem*) A.B.S. *m*

Abs. *abr* **1** (*Absender*) exp. (expéditeur); **2** (*Absatz*) alinéa

'**ab·sacken** F *v/i* ⟨sn⟩ **1** *Boden, Mauer* s'affaisser; s'enfoncer (*a Schiff, Flugzeug*); **2** F *fig* dégringoler

'**Absage** *f* **1** (*abschlägiger Bescheid*) réponse négative; **2** *fig* refus *m* (***an*** [+ *acc*] à); ***j-m, e-r Sache e-e*** **~** ***erteilen*** refuser qn, qc

'**ab·sagen** **I** *v/t Veranstaltung* annuler; décommander; *Einladung* refuser; **II** *v/i* (***j-m***) **~** donner une réponse négative (à qn); *nach Zusage* se décommander

'**ab·sägen** *v/t* **1** scier; **2** F *fig* ***j-n*** **~** éliminer qn

'**ab·sahnen** **I** *v/t* F *fig* F empocher; **II** *v/i* F (***kräftig***) **~** F s'en mettre plein les poches

'Absatz *m* **1** (*Schuh*≈) talon *m*; **2** (*Treppen*≈) palier *m*; **3** *in e-m Text* alinéa *m*; paragraphe *m* (*a* JUR); **4** COMM vente *f*; écoulement *m*

'Absatzmarkt *m* marché *m*; débouché *m*

'ab·|saugen *v/t* **1** aspirer; **2** *Teppich* passer l'aspirateur sur; **~schaben** *v/t* gratter; racler; **~schaffen** *v/t* (*beseitigen*) supprimer; *Missbräuche*, *Todesstrafe* abolir; *Gesetze* abroger; **≈schaffung** *f* ⟨~⟩ suppression *f*; abolition *f*; abrogation *f*

'ab·schälen *v/t* peler

'ab·schalten ⟨-e-⟩ **I** *v/t* → ***ausschalten*** *1*; **II** F *v/i* **1** (*nicht mehr zuhören*) F décrocher; **2** (*sich entspannen*) se relaxer

'ab·schätz|en *v/t* ⟨¢/⟩ estimer; évaluer; **~ig** *adj* méprisant

'Abschaum *m* ⟨~¢s⟩ *péj* rebut *m*; *st/s* lie *f*

'ab·scheiden *v/t* ⟨*irr*⟩ **1** CHIM séparer; **2** BIOL sécréter

'Abscheu *m* ⟨~s⟩ horreur *f*; répulsion *f*

'ab·scheuern *v/t* **1** (*säubern*) récurer; **2** (*entfernen*) enlever (en frottant); **3** (*abnutzen*) user (par frottement)

ab'scheulich *adj* horrible; détestable; affreux; **≈keit** *f* ⟨~; ~en⟩ horreur *f*; atrocité *f*

'ab·schicken *v/t* *Post* envoyer; *Paket a* expédier

'ab·schieben *v/t* ⟨*irr*⟩ **1** *Schuld*, *Verantwortung* rejeter (***auf*** [+ *acc*] sur); **2** *Person* se débarrasser de; ***j-n ins Ausland ~*** expulser, refouler qn à l'étranger

'Abschiebung *f* *ins Ausland* expulsion *f*; refoulement *m*

Abschied ['apʃiːt] *m* ⟨~¢s; ~e⟩ adieu(x) *m*(*pl*); ***von j-m ~ nehmen*** faire ses adieux à qn; prendre congé de qn

'Abschiedsbrief *m* lettre *f* d'adieu(x)

'ab·schießen *v/t* ⟨*irr*⟩ **1** *Kugel* tirer; *Pfeil* décocher; *Rakete* lancer; **2** *Wild* tuer; *Vogel*, *Flugzeug* abattre; *Panzer* détruire

'ab·schinden F *v/r* ⟨*irr*⟩ ***sich ~*** F se crever

'ab·|schirmen *v/t* **1** (*schützen*) protéger (***gegen*** contre); **2** *Licht* masquer; *Lärm* étouffer; **~schlachten** *v/t* ⟨-e-⟩ **1** abattre; **2** *péj bes Menschen* massacrer

'ab·schlaffen F *v/i* ⟨sn⟩ (*schlaff werden*) devenir fatigué; *fig péj* ***ein abgeschlaffter Typ*** un mollasson

'Abschlag *m* **1** (*Preis*≈) réduction *f*; diminution *f*; **2** (*Vorschuss*) avance *f*; acompte *m*; **3** FUSSBALL coup *m* de pied de but

'ab·schlagen *v/t* ⟨*irr*⟩ **1** *Putz*, *Äste* abattre; *Kopf* couper; trancher; **2** *Angriff* repousser; **3** *Ball* remettre en jeu; **4** *Wunsch*, *Bitte* refuser

abschlägig ['apʃlɛːgɪç] ADM **I** *adj* négatif; **II** *adv* ***~ beschieden werden*** être refusé

'Abschlagszahlung *f* → ***Abschlag*** *2*

'ab·schleifen ⟨*irr*⟩ **I** *v/t* **1** (*entfernen*) enlever; **2** (*glätten*) polir; poncer; **II** *v/r* ***sich ~*** **3** s'user (par frottement); **4** *fig* s'effacer, disparaître (peu à peu)

'Abschleppdienst *m* service *m* de dépannage

'ab·schleppen **I** *v/t* **1** *Fahrzeug* remorquer; **2** F *Personen* F draguer; **II** F *v/r* ***sich*** (***mit etw***) ***~*** F se tuer à porter qc

'Abschleppseil *n* câble *m* de remorquage

'ab·schließen ⟨*irr*⟩ **I** *v/t* **1** fermer à clé; **2** (*absondern*) isoler, séparer (***von*** de); **3** (*beenden*) terminer; achever; **4** (*begrenzen*) terminer; **II** *v/i* **5** (*enden*) se terminer (***mit*** par); **6** *fig* ***mit dem Leben abgeschlossen haben*** ne plus rien attendre de la vie; **III** *v/r* ***sich ~*** s'isoler (***von*** de)

'abschließend *adjt* final; définitif

'Abschluss *m* **1** (*Ende*) fin *f*; ***zum ~ kommen*** s'achever; se terminer; **2** (*Beendigung*) achèvement *m*; *e-r Rede*, *Diskussion* conclusion *f*; *e-r Debatte*, *Untersuchung* clôture *f*; ***etw zum ~ bringen*** terminer, achever qc; **3** COMM clôture *f*; **4** (*Vertrags*≈, *Geschäfts*≈) conclusion *f*

'Abschluss|prüfung *f* examen *m* de fin d'études; **~zeugnis** *n* diplôme *m* de fin d'études

'ab·|schmecken *v/t* goûter (pour assaisonner); **~schmieren** *v/t* TECH graisser; lubrifier

'ab·schminken **I** *v/t* démaquiller; **II** *v/r* **1** ***sich ~*** se démaquiller; **2** F (*verzichten*) ***sich*** (*dat*) ***etw ~*** F faire son deuil de qc; faire une croix sur qc

'ab·|schmirgeln *v/t* ⟨¢⟩ **1** (*polieren*) polir au papier émeri; **2** (*entfernen*) enlever au papier émeri; **~schnallen** **I** *v/t* enlever; ôter; **II** *v/r* **sich ~** *im Auto* détacher sa ceinture

'**ab·schneiden** ⟨*irr*⟩ **I** *v/t* couper (*a fig*); ***j-m den Weg ~*** couper la route à qn; **II** *v/i **gut, schlecht ~*** avoir un bon, mauvais résultat

'**Abschnitt** *m* **1** (*Teil*2) section *f*; partie *f*; **2** *zeitlich* période *f*; époque *f*; **3** (*Text*2) passage *m*; partie *f*; **4** *e-s Gebiets, der Front* secteur *m*

'**ab·schnüren** *v/t* **1** *mit e-r Schnur* serrer avec une corde; ***das schnürt mir die Luft ab*** cela m'étrangle; **2** *fig* (*blockieren*) bloquer; barrer

'**ab·schöpfen** *v/t* **1** ***Fett ~*** dégraisser; **2** COMM absorber

'**ab·schrauben** *v/t* dévisser

'**ab·schreck|en** *v/t* **1** rebuter; décourager; **2** CUIS tremper dans l'eau froide; **~end** *adjt* décourageant; rebutant; **2ung** *f* ⟨~; ~en⟩ dissuasion *f* (*a* MIL)

'**ab·schreiben** ⟨*irr*⟩ **I** *v/t* **1** copier (***von j-m*** sur qn; ***aus e-m Buch*** dans un livre); **2** COMM amortir; **3** F *fig* (*aufgeben*) F faire son deuil de; faire une croix sur; **II** *v/i* **4** *in der Schule* copier (***von j-m*** sur qn); **5** ***j-m ~*** *e-m Gastgeber* se décommander auprès de qn

'**Abschreibung** *f* COMM amortissement *m*

'**Abschrift** *f* copie *f*; *e-r Urkunde etc a* double *m*; duplicata *m*

'**ab·|schrubben** F *v/t* **1** *Gegenstand* nettoyer, frotter à la brosse, au balai-brosse; **2** *Schmutz* enlever à la brosse, au balai-brosse; **~schuften** F *v/r* ⟨-e-⟩ ***sich ~*** F se crever; F trimer; **~schuppen** **I** *v/t Fisch* écailler; **II** *v/r* ***sich ~*** *Haut* se desquamer

'**ab·schürfen** *v/r* ***sich*** (*dat*) ***die Haut ~*** s'érafler; s'écorcher

'**Abschürfung** *f* éraflure *f*; écorchure *f*

'**Abschuss** *m* **1** *e-r Rakete etc* lancement *m*; **2** *e-s Flugzeugs, Panzers* destruction *f*

abschüssig ['apʃʏsɪç] *adj* en pente

'**ab·schütteln** *v/t* ⟨¢⟩ **1** *Schnee, Staub* secouer (*a fig Joch*); **2** *fig Müdigkeit, Sorgen* se débarrasser de; **3** *fig Verfolger* distancer; F semer

'**ab·schwäch|en** **I** *v/t* affaiblir; *Kritik* atténuer; modérer; **II** *v/r* ***sich ~*** s'affaiblir; faiblir; **2ung** *f* affaiblissement *m*; atténuation *f*; modération *f*

'**ab·schweif|en** *v/i* ⟨sn⟩ s'écarter; s'éloigner (***vom Thema*** du sujet); **2ung** *f* ⟨~; ~en⟩ digression *f*

'**ab·|schwellen** *v/i* ⟨*irr*, sn⟩ désenfler; **~schwenken** *v/i* ⟨sn⟩ tourner (***nach rechts*** à droite)

'**ab·schwindeln** *v/t* ⟨¢⟩ ***j-m etw ~*** escroquer, soutirer qc à qn

'**ab·schwören** *v/i* ⟨*irr*⟩ ***e-r Sache*** (*dat*) ***~*** renoncer définitivement à qc; REL renier, abjurer qc

'**Abschwung** *m* ÉCON récession *f*

'**ab·segnen** F *plais v/t* ⟨-e-⟩ F donner sa bénédiction à; approuver

'**absehbar** *adj* qu'on peut prévoir; ***in ~er Zeit*** dans un proche avenir

'**ab·sehen** ⟨*irr*⟩ **I** *v/t* **1** (*voraussehen*) prévoir; ***es ist kein Ende abzusehen*** on n'en voit pas la fin; **2** ***er hat es darauf abgesehen, mich zu ärgern*** il est bien décidé à m'agacer; ***er hat es auf mich abgesehen*** c'est à moi qu'il en veut; F c'est après moi qu'il en a; ***es auf etw*** (*acc*) ***abgesehen haben*** avoir des visées, des vues sur qc; **II** *v/i **von etw ~*** (*verzichten*) renoncer à qc; (*außer Acht lassen*) faire abstraction de qc

'**ab·seilen** **I** *v/t* descendre (à la corde); **II** *v/r* ***sich ~*** **1** descendre en rappel; **2** F *fig* (*verschwinden*) F se tirer; F se casser

'**absein** → ***ab*** *II 1*

abseits ['apzaɪts] **I** *adv* **1** à l'écart; **2** SPORT 'hors-jeu; **II** *prép* ⟨*gén*⟩ à l'écart de

'**Abseits** *n* ⟨~; ~⟩ **1** SPORT 'hors-jeu *m*; **2** *fig* ***im ~ stehen*** être tenu à l'écart

'**ab·send|en** *v/t* ⟨*irr ou régulier*⟩ envoyer; expédier; **2er(in)** *m* ⟨~s; ~⟩ (*f*) ⟨~; ~nen⟩ expéditeur, -trice *m,f*

'**ab·senken** *v/t* (a)baisser

'**ab·servieren** *v/t* ⟨*sans ge*⟩ **1** *Geschirr* enlever; *Tisch* desservir; **2** F *fig* (*kaltstellen*) éliminer

'**absetzbar** *adj steuerlich* déductible

'**ab·setzen** ⟨-(e)t⟩ **I** *v/t* **1** *Hut* ôter; enlever; **2** *Beamte, Präsidenten* destituer; révoquer; **3** *Last, Glas* (re)poser; **4** *Fahrgast* déposer; **5** *vom Spielplan, von der Tagesordnung* supprimer; **6** COMM écouler; vendre; **7** *Medikament* arrêter; **8** *von den Steuern* déduire; **II** *v/i beim Sprechen, Schreiben* s'arrêter; **III** *v/r* ***sich ~*** **9** *ins Ausland* fuir; F *fig* (*sich* *davonmachen)* F se tirer; F se casser; **10** *(sich ablagern)* se déposer

'**Absetzung** *f* ⟨~; ~en⟩ **1** *von Amtsinhabern* destitution *f*; révocation *f*; **2** *e-s Theaterstücks* retrait *m*

'**ab·sichern** **I** *v/t* protéger; **II** *v/r* ***sich*** ***(gegen etw)*** ~ s'assurer, se prémunir (contre qc)

'**Absicht** *f* ⟨~; ~en⟩ intention *f*; dessein *m*; ***mit (voller)*** ~ exprès; à dessein

absichtlich ['apzɪçtlɪç *ou* -'zɪçt-] **I** *adj* intentionnel; voulu; **II** *adv* exprès; intentionnellement

'**ab·sinken** *v/i* ⟨*irr*, sn⟩ **1** *Schiff etc* couler; **2** → ***sinken*** *2*; **3** *fig* baisser

'**ab·sitzen** ⟨*irr*⟩ **I** F *v/t* **1** *(hinter sich bringen)* F se farcir; **2** *im Gefängnis* F tirer; **II** *v/i* ⟨sn⟩ *vom Pferd* descendre (de cheval)

absolut [apzo'lu:t] *adj* absolu

Absolution [apzolutsi'o:n] *f* ⟨~; ~en⟩ CATH absolution *f*

Absolu'tismus *m* ⟨~⟩ absolutisme *m*

Absolvent(in) [apzɔl'vɛnt(ɪn)] *m* ⟨~en; ~en⟩ *(f)* ⟨~; ~nen⟩ personne *f* qui a fait, terminé ses études (à l'université, *etc*)

absol'vieren *v/t* ⟨*sans ge*⟩ **1** *Lehre, Studium* faire; **2** *Pensum* faire

ab'sonderlich *adj* singulier; bizarre

'**ab·sondern** **I** *v/t* **1** séparer; isoler; **2** BIOL sécréter; **II** *v/r* ***sich*** ~ s'isoler

absorbieren [apzɔr'bi:rən] *v/t* ⟨*sans ge*⟩ absorber *(a fig)*

Absorption [apzɔrptsi'o:n] *f* ⟨~⟩ absorption *f*

'**ab·spalten** ⟨*irr ou régulier*⟩ **I** *v/t* **1** *mit dem Beil* détacher; enlever; **2** *fig* séparer; **II** *v/r fig* ***sich (von j-m, etw)*** ~ se séparer (de qn, qc)

'**Abspaltung** *f fig* séparation *f*

'**ab·spann|en** *v/t Zugtier* dételer; **ℒung** *f (Ermüdung)* fatigue *f*

'**ab·sparen** *v/r* ***sich*** *(dat)* ***etw vom Munde*** ~ se serrer la ceinture, se priver pour acheter qc

'**ab·|specken** F *v/i (u v/t) Person* maigrir (de); *fig Unternehmen* F dégraisser; **~speichern** *v/t* INFORM mémoriser

'**ab·speisen** *v/t* ⟨¢$⟩ *fig* ***j-n mit leeren Versprechungen*** ~ bercer qn de vaines promesses

abspenstig ['apʃpɛnstɪç] *adj* ***j-m etw, j-n ~ machen*** prendre qc, qn à qn

'**ab·sperr|en** *v/t* **1** *Baustelle* interdire l'accès de; *Straße* barrer; **2** *Wasser, Gas, Strom* couper; **3** *österr, südd (abschließen)* fermer à clé; **ℒhahn** *m* robinet *m* d'arrêt; **ℒung** *f* barrage *m*

'**Abspiel** *n* SPORT passe *f*

'**ab·spielen** **I** *v/t* **1** *Schallplatte, Tonband* passer; **2** *Musikstück* jouer; **3** SPORT ***(den Ball)*** ~ faire une passe; **II** *v/r* ***sich*** ~ *Geschehnisse* se dérouler; se passer

'**ab·splittern** *v/i* ⟨sn⟩ *Holz, Lack* sauter en éclats

'**Absprache** *f* accord *m*, arrangement *m* (***mit*** avec); *geheime* entente *f*; ***mit j-m e-e ~ treffen*** se mettre d'accord avec qn

'**ab·sprechen** ⟨*irr*⟩ **I** *v/t* **1** *(verabreden)* convenir de; fixer; **2** *(aberkennen)* contester; dénier; **II** *v/r* ***sich*** ~ convenir (de faire qc); se concerter

'**ab·springen** *v/i* ⟨*irr*, sn⟩ **1** *beim Weitsprung etc* partir; **2** *(herunterspringen)* sauter; **3** *Fahrradkette, Knopf* sauter

'**ab·spritzen** ⟨¢$⟩ *v/t* **1** *Gegenstand* nettoyer au jet d'eau; **2** *Schmutz* enlever au jet d'eau

'**Absprung** *m* **1** *beim Weitsprung* appel *m*; **2** *(Herunterspringen)* saut *m*; **3** *fig* ***den ~ schaffen*** saisir sa chance

'**ab·|spulen** *v/t* débobiner; dérouler; **~spülen** *v/t* **1** *Schmutz* enlever à l'eau, par rinçage; **2** *Gegenstände* laver

'**ab·stammen** *v/i* ⟨*pas de p/p*⟩ ***von j-m*** ~ descendre de qn; être né de qn

'**Abstammung** *f* ⟨~; ~en⟩ origine *f*

'**Abstand** *m* **1** *räumlich* distance *f* *(a fig)*; intervalle *m*; écart *m*; ~ ***halten*** *mit dem Auto etc* garder sa distance; *fig* ***den nötigen ~ wahren*** tenir, garder ses distances; *fig* ***mit*** ~ de loin; **2** *zeitlich* intervalle *m*; ***in Abständen von fünf Minuten*** à cinq minutes d'intervalle; **3** *fig* recul *m*; ***von etw ~ nehmen*** renoncer à qc

ab·statten ['apʃtatən] *v/t* ⟨-e-⟩ ***j-m e-n Besuch*** ~ rendre visite à qn

'**ab·stauben** *v/t* épousseter

'**ab·stechen** ⟨*irr*⟩ **I** *v/t Tiere* saigner; égorger; **II** *v/i* *(kontrastieren)* ***von etw, j-m*** ~ contraster avec qc, qn

'**Abstecher** *m* ⟨~s; ~⟩ ***e-n ~ (nach …) machen*** faire un crochet (par …)

'**ab·stecken** *v/t* **1** *(abgrenzen)* jalonner; **2** *fig (umreißen)* tracer; fixer

'**ab·stehen** *v/i* ⟨*irr*⟩ **1** *(entfernt sein)* être

éloigné, distant; **2** *Ohren* être décollé; **~de Ohren haben** avoir les oreilles décollées

'Absteige *f* ⟨~; ~n⟩ *péj* hôtel miteux; (*Stundenhotel*) hôtel *m* de passe

'ab·steigen *v/i* ⟨*irr*, sn⟩ **1** (*heruntersteigen*) descendre (**von** de; *a fig*); *vom Pferd* mettre pied à terre; **2** *Sportverein* être relégué en deuxième division; être déclassé; **3** *in e-m Hotel* descendre (**in** [+ *dat*] dans)

'Absteiger *m* ⟨~s; ~⟩ **1** SPORT club relégué, déclassé; **2** *gesellschaftlicher* personne *f* en perte de vitesse

'ab·stellen *v/t* **1** *Lasten* poser; *an e-m bestimmten Ort* déposer; **2** *nach Gebrauch* ranger; *Fahrrad, Wagen a* garer; **3** *Maschinen, Wecker* arrêter; *Heizung, Radio* éteindre; *Klingel, Strom, Gas* couper; **4** *fig Missstände* supprimer; **5** MIL détacher

'Abstellgleis *n* voie *f* de garage; F *fig* **j-n aufs ~ schieben** mettre qn sur une voie de garage

'Abstell|kammer *f*, **~raum** *m* débarras *m*

'ab·stempeln *v/t* ⟨¢⟩ **1** *Brief* timbrer; *Briefmarke* oblitérer; *Antrag, Ausweis* apposer un cachet sur; **2** *fig* **j-n ~ als** *od* **zu** étiqueter qn comme

'ab·sterben *v/i* ⟨*irr*, sn⟩ *Pflanze* mourir; *Gliedmaßen* s'engourdir; devenir insensible

Abstieg ['apʃtiːk] *m* ⟨~¢s; ~e⟩ **1** *vom Gipfel* descente *f*; **2** *fig sozialer* déclin *m*; baisse *f*; **3** *e-s Sportvereins* déclassement *m*

'ab·stimmen I *v/t* **1** (*absprechen*) **etw mit j-m ~** convenir de qc avec qn; **2** **etw auf etw** (*acc*) **~** *Farben* assortir à qc; *Interessen, Arbeit etc* harmoniser, faire concorder avec qc; **aufeinander ~** *Farben* assortir; *Interessen* harmoniser; **II** *v/i bei e-r Wahl* voter; **über etw** (*acc*) **~** procéder au vote de qc

'Abstimmung *f* ⟨~; ~en⟩ **1** (*Wahl*) vote *m*, scrutin *m* (**über** [+ *acc*] sur); (*Volksentscheid*) référendum *m*; **geheime ~** scrutin secret; **2** (*Harmonisierung*) harmonisation *f*

absti|nent [apsti'nɛnt] *adj im Alkoholgenuss* sobre; *sexuell* continent; **&'nenz** *f* ⟨~⟩ sobriété *f*; continence *f*

'ab·stoppen I *v/t Fahrzeug* arrêter; stopper; **II** *v/i* s'arrêter (brusquement); stopper

'Abstoß *m* FUSSBALL coup *m* de pied de but

'ab·stoßen ⟨*irr*⟩ **I** *v/t* **1** *Boot vom Ufer* donner une poussée à; **2** (*beschädigen*) abîmer; **3** PHYS repousser; **4** *fig* repousser; répugner; **alles stößt mich an ihm ab** tout me repousse en lui; **5** COMM se défaire de; liquider; **6** MÉD rejeter; **II** *v/r* **sich** (**von etw**) **~** s'éloigner (de qc) par une poussée

'abstoßend *adjt* repoussant; répugnant

'ab·stottern F *v/t* payer à crédit; *Kredit* rembourser péniblement

abstrahieren [apstra'hiːrən] *v/t u v/i* ⟨*sans ge*⟩ abstraire

abstrakt [ap'strakt] *adj* abstrait; **&i'on** *f* ⟨~; ~en⟩ abstraction *f*

'ab·strampeln F *v/r* ⟨¢⟩ **sich ~ 1** *beim Radfahren* s'essouffler à pédaler; **2** (*sich abmühen*) s'exténuer; s'épuiser

'ab·streifen *v/t* **1** *Kleidungsstücke, Ring* enlever; ôter; **die Asche ~** enlever la cendre; **2** *fig Vorurteile* se débarrasser de; abandonner

'ab·streiten *v/t* ⟨*irr*⟩ nier

'Abstrich *m* **1** *finanziell* coupe *f*; réduction *f*; *fig* **~e** (**an etw** [*dat*]) **machen** faire des concessions (sur qc); **2** MÉD prélèvement *m*

'ab·stuf|en *v/t* **1** *Gelände* disposer en gradins, en terrasses; **2** *Farbtöne* dégrader; nuancer (*a fig*); **3** (*staffeln*) échelonner (**nach** selon); **&ung** *f* ⟨~; ~en⟩ **1** *im Gelände* étagement *m*; **2** *von Farbtönen* dégradé *m*; (*Nuance*) nuance *f*; **3** (*Staffelung*) gradation *f*; *der Gehälter* échelonnement *m*

'ab·stumpfen I *v/t Gefühle, Sinne* émousser; *Person* rendre insensible, indifférent (**gegen** à); **II** *v/i* ⟨sn⟩ *Gefühle, Sinne* s'émousser; *Person* devenir insensible, indifférent (**gegen** à)

'Absturz *m* chute *f*

'ab·stürzen *v/i* ⟨¢s, sn⟩ **1** *Flugzeug* s'abattre, s'écraser (au sol, *etc*); **2** *Person* faire une chute; tomber; **3** F INFORM F se planter

'ab·stützen ⟨¢s⟩ **I** *v/t* CONSTR étayer; **II** *v/r* **sich an etw** (*dat*) **~** s'appuyer à qc

'ab·suchen *v/t* fouiller; *Gelände a* ratisser

absurd [ap'zʊrt] *adj* absurde

Abszess [aps'tsɛs] *m* ⟨~es; ~e⟩ abcès *m*
Abt [apt] *m* ⟨~¢s; ~e⟩ abbé *m*
Abt. *abr* (*Abteilung*) département *m*; service *m*
'ab·tasten *v/t* ⟨-e-⟩ tâter; palper
'ab·tauen **I** *v/t* dégeler; *Kühlschrank* dégivrer; **II** *v/i* ⟨sn⟩ *Eis, Schnee* fondre
Abtei [ap'taɪ] *f* ⟨~; ~en⟩ abbaye *f*
Ab'teil *n* ⟨~¢s; ~e⟩ compartiment *m*
'ab·teilen *v/t* séparer (**von** de); *durch e-e Wand* cloisonner
Ab'teilung *f* ⟨~; ~en⟩ *e-s Betriebs* service *m*; *e-s Krankenhauses* département *m*; *e-s Warenhauses* rayon *m*; MIL détachement *m*; **~sleiter(in)** *m(f)* *im Warenhaus* chef *m* de rayon; *im Büro* chef *m* de service
'ab·tippen F *v/t* taper (à la machine)
'ab·tönen *v/t* nuancer; dégrader
'ab·töten *v/t* ⟨-e-⟩ *Keim, Nerv* tuer; *fig Gefühl* étouffer
'ab·tragen *v/t* ⟨*irr*⟩ **1** *Erde* déblayer; **2** *Kleidung* user
abträglich ['aptrɛːklɪç] *st/s adj* ***e-r Sache*** (*dat*) ***~ sein*** être nuisible, préjudiciable à qc
'Abtransport *m* transport *m*
'ab·transportieren *v/t* ⟨*sans ge*⟩ transporter
'ab·treiben ⟨*irr*⟩ **I** *v/t* **1** *Wind, Strömung* ***etw ~*** déporter qc; ***von der Strömung abgetrieben werden*** être entraîné par le courant; **2** MÉD avorter; **II** *v/i* **3** ⟨sn⟩ MAR, AVIAT dériver; **4** MÉD avorter; ***sie hat abgetrieben*** elle s'est fait avorter; elle a avorté
'Abtreibung *f* ⟨~; ~en⟩ avortement *m*
'ab·trennen *v/t* *Raum* séparer (*a fig*); *Abschnitt* détacher; *Angenähtes* découdre
'ab·treten ⟨*irr*⟩ **I** *v/t* **1** *Schuhsohlen* user; *Absätze* éculer; **2** *Schmutz von den Schuhen* faire tomber (en piétinant); **3** *fig Anspruch, Gebiet* ***etw an j-n ~*** céder qc à qn; **II** *v/i* ⟨sn⟩ **4** (*zurücktreten*) démissionner; se retirer de ses fonctions; **5** MIL se retirer; **6** THÉ sortir de scène; *fig* ***von der Bühne ~*** quitter la scène; **III** *v/r* ***sich*** (*dat*) ***die Füße ~*** s'essuyer les pieds
'Abtreter *m* ⟨~s; ~⟩ (*Fuß*≈) paillasson *m*; *aus Metall* décrottoir *m*
'Abtretung *f* ⟨~; ~en⟩ JUR cession *f*; désistement *m*
'ab·trocknen ⟨-e-⟩ **I** *v/t* *Geschirr, Hände* essuyer; *abs* essuyer la vaisselle; **II** *v/i* ⟨sn⟩ (*trocken werden*) sécher; **III** *v/r* ***sich*** (*dat*) ***die Tränen ~*** essuyer ses larmes
'ab·tropfen *v/i* ⟨sn⟩ **1** *Wasser* s'égoutter; ***von etw ~*** (dé)goutter de qc; **2** *Salat* ***~ lassen*** (laisser) égoutter
'ab·trotzen *v/t* ⟨¢$⟩ ***j-m etw ~*** arracher, extorquer qc à qn
abtrünnig ['aptrʏnɪç] *adj* ***~ sein*** être un apostat; être un renégat (*a fig*)
'Abtrünnige(r) *f(m)* ⟨→ A⟩ apostat(e) *m(f)*; renégat(e) *m(f)* (*a fig*)
'ab·tun *v/t* ⟨*irr*⟩ *Einwand etc* écarter
'ab·tupfen **I** *v/t* tamponner; **II** *v/r* ***sich*** (*dat*) ***die Stirn ~*** se tamponner le front
'ab·urteilen *v/t* juger
'ab·verlangen *v/t* ⟨*sans ge*⟩ ***j-m etw ~*** exiger qc de qn
'ab·wägen *v/t* ⟨*irr ou régulier*⟩ peser
'ab·wählen *v/t* **1** *Person* destituer (d'un poste, d'une fonction) par vote; **2** *Schulfach* abandonner
'ab·wälzen *v/t* ⟨¢$⟩ (***auf j-n***) ***~*** *Verantwortung, Verdacht* rejeter (sur qn); *Kosten* reporter (sur qn)
'ab·wandeln *v/t* ⟨¢⟩ modifier; changer
'ab·wandern *v/i* ⟨sn⟩ émigrer (***aus*** de; ***nach, in*** [+ *acc*] vers)
'Abwanderung *f* émigration *f*; exode *m*; *der Arbeitskräfte* migration *f*
'Abwandlung *f* modification *f*; changement *m*
'ab·warten ⟨-e-⟩ **I** *v/t* attendre; ***das bleibt abzuwarten*** c'est à voir; **II** *v/i* attendre; ***~, bis …*** attendre (jusqu'à ce) que … (+ *subj*); ***sich ~d verhalten*** rester dans l'expectative; ***warten wir*** (***mal***) ***ab!*** attendons un peu!
abwärts ['apvɛrts] *adv* en descendant; en bas; vers le bas; *Weg* ***~ führen*** descendre; conduire en bas; *fig* ***mit ihm, mit s-r Gesundheit geht es ~*** il, sa santé baisse, décline
'Abwärtstrend *m* tendance *f* à la baisse
Abwasch ['apvaʃ] *m* ⟨~¢s⟩ vaisselle *f*; ***den ~ machen*** faire, laver la vaisselle
'abwaschbar *adj* lavable
'ab·waschen ⟨*irr*⟩ **I** *v/t* laver; **II** *v/i* faire, laver la vaisselle
'Abwasser *n* ⟨~s; -wässer⟩ eaux usées, d'égout
'ab·wechseln *v/i* (*u v/r*) ⟨¢⟩ (***sich ~***)

1 (*aufeinander folgen*) alterner (**mit** avec); **2** (*sich ablösen*) se relayer

'**abwechselnd** **I** *adjt* alternatif; alternant; **II** *advt* alternativement; tour à tour; à tour de rôle; en alternance (**mit** avec)

'**Abwechslung** *f* ⟨~; ~en⟩ (*Zerstreuung*) diversion *f*; changement *m*; (*Verschiedenartigkeit*) variété *f*; diversité *f*; **zur ~** pour changer, varier

'**Abweg** *m* **auf ~e geraten** s'écarter du droit chemin

'**abwegig** *adj* aberrant

'**Abwehr** *f* ⟨~⟩ **1** SPORT, MIL, MÉD défense *f*; **2** *fig* (*Ablehnung*) refus *m*

'**ab·wehren** *v/t* **1** *Angriff*, *Feind*, SPORT repousser; *Schlag* parer; **2** *Gefahr* détourner; écarter

'**Abwehr|kraft** *f*, **~kräfte** *f/pl des Organismus* défenses *f/pl* immunitaires; **~spieler** *m* SPORT joueur *m* de la défense; FUSSBALL arrière *m*

'**ab·weichen** *v/i* ⟨*irr*, sn⟩ **1** *vom Weg*, *fig* s'écarter; s'éloigner; **2** (*sich unterscheiden*) **von etw ~** différer de qc; **voneinander ~** différer; diverger

'**Abweichung** *f* ⟨~; ~en⟩ **1** *vom Kurs*, *fig* écart *m*; **2** (*Unterschied*) différence *f*; divergence *f*

'**ab·weisen** *v/t* ⟨*irr*⟩ **1** *Person* renvoyer; refuser; **2** *Bitte*, *Vorschlag* rejeter

'**abweisend** **I** *adjt* rébarbatif; **II** *advt* **sich ~ verhalten** prendre une attitude de refus

'**Abweisung** *f* **1** *von Personen* refus *m*; **2** *e-r Bitte*, *e-r Klage* rejet *m*

'**ab·wenden** **I** *v/t* **1** ⟨*irr ou régulier*⟩ *Gesicht etc* détourner; **2** *fig Gefahr*, *Katastrophe* écarter; prévenir; **II** *v/r* ⟨*irr ou régulier*⟩ **sich** (**von j-m, etw**) **~** *a fig* se détourner, se détacher (de qn, qc)

'**ab·werb|en** *v/t* ⟨*irr*⟩ *Kunden* prendre, *Arbeitskräfte* débaucher (**j-m** de qn); **&ung** *f von Arbeitskräften* débauchage *m*

'**ab·werfen** *v/t* ⟨*irr*⟩ **1** (*herunterwerfen*) jeter; *Reiter* désarçonner; *Hirsch* **das Geweih ~** perdre ses bois; **2** *Bombe* larguer; lancer; *Ballast* lâcher; **3** (*sich befreien von*) *Bürde* s'affranchir de; secouer; **4** *Spielkarte* se défausser de; **5** *Ball ins Spielfeld* lancer

'**ab·wert|en** *v/t* ⟨-e-⟩ **1** (*herabsetzen*) dévaloriser; dénigrer; **2** *Währung* dévaluer; **&ung** *f* **1** (*Herabsetzung*) dévalorisation *f*; dénigrement *m*; **2** *der Währung* dévaluation *f*

abwesend ['apve:zənt] *adj* absent (*a fig*)

'**Abwesende(r)** *f(m)* ⟨→ A⟩ absent(e) *m(f)*

'**Abwesenheit** *f* ⟨~⟩ absence *f* (*a fig*)

'**ab·wick|eln** ⟨-e-⟩ *v/t* **1** dérouler; **2** (*erledigen*) mener; régler; *Auftrag* exécuter; **3** (*auflösen*) *Betrieb* liquider; **&lung** *f* ⟨~; ~en⟩ **1** *e-s Auftrags* exécution *f*; **2** (*Auflösung*) liquidation *f*

'**ab·|wiegen** *v/t* ⟨*irr*⟩ peser; **~wimmeln** F *v/t* ⟨*¢*⟩ se débarrasser de; F envoyer promener

'**ab·|winken** **I** *v/t Rennen* terminer par un signe; F **bis zum &** jusqu'à n'en plus pouvoir; **II** *v/i* faire signe que non

'**ab·wirtschaften** *v/i* ⟨-e-⟩ **abgewirtschaftet haben** *Firma* être ruiné; **ein abgewirtschaftetes Landgut** une propriété en ruine

'**ab·wischen** *v/t* **1** *Schmutz*, *Staub* essuyer; **2** *Tisch* essuyer; nettoyer

'**Abwurf** *m* **1** lancement *m*; *e-s Reiters* désarçonnement *m*; **2** *von Bomben* largage *m*; **3** BALLSPIELE lancement *m* de balle

'**ab·würgen** F *v/t* **1** *Diskussion* étouffer; **2** *Motor* caler

'**ab·zahlen** *v/t* payer à crédit

'**ab·zählen** *v/t* compter (**an** [+ *dat*] sur)

'**Abzahlung** *f* paiement *m* à tempérament, à crédit

'**ab·|zapfen** *v/t* tirer; **~zäumen** *v/t* débrider; **~zäunen** *v/t* clôturer

'**Abzäunung** *f* ⟨~; ~en⟩ (*Zaun*) clôture *f*

'**Abzeichen** *n* insigne *m*

'**ab·zeichnen** ⟨-e-⟩ **I** *v/t* **1** (*abmalen*) dessiner; *Bild* copier; **2** (*signieren*) parapher *od* parafer; **II** *v/r* **sich ~** **3** *in Umrissen* se dessiner; *gegen e-n Hintergrund* se découper, se détacher (**gegen** sur); **4** *Entwicklung* se dessiner; s'annoncer

'**Abziehbild** *n* décalcomanie *f*

'**ab·ziehen** ⟨*irr*⟩ **I** *v/t* **1** *Bettbezüge*, *Ring* enlever; retirer; **e-m Pfirsich die Haut ~** enlever, retirer la peau d'une pêche; **2** *Truppen* retirer (*a fig*); **3** PHOT, TYPO tirer (une épreuve, une gravure, *etc* de); **4** MATH soustraire; COMM déduire (**von** de); *vom Gehalt* retenir (sur); **II** *v/i* ⟨sn⟩

Truppen se retirer; *Rauch* s'échapper; sortir; *Gewitter* s'éloigner
'ab·zielen *v/i* ***auf etw*** *(acc)* **~** *Maßnahme etc* viser qc
'ab·zocken F *v/t* ***j-n*** **~** F plumer qn; saigner qn (à blanc)
'Abzug *m* **1** épreuve *f*; ***e-n ~ machen (lassen)*** (faire) tirer une épreuve; **2** (*Gewehr*≗) détente *f*; gâchette *f*; **3** (*Rauch*≗) sortie *f*; **4** (*Truppen*≗) départ *m*; retrait *m*; **5** COMM déduction *f*; décompte *m*; (*Gehalts*≗) retenue *f*
abzüglich ['aptsyːklıç] *prép* ⟨*gén*⟩ COMM déduction faite de; moins
'abzugs|fähig *adj* déductible; **≗rohr** *n* conduit *m* d'évacuation
'ab·zweig|en **I** F *v/t* *Geld etc* prélever (***von*** sur); **II** *v/i* ⟨sn⟩ *Straße* bifurquer; s'embrancher (***von*** sur); **≗ung** *f* ⟨~; ~en⟩ *e-r Straße* bifurcation *f*; embranchement *m*
'ab·zwicken *v/t* couper (à la pince, *etc*)
Accessoire [aksɛso'aːr] *n* ⟨~s; ~s⟩ accessoire *m*
ach [ax] *int* ah!; eh!; *klagend* 'hélas!; *sehnsüchtig*, *bedauernd* ***~ ja!*** eh oui!; *zweifelnd* ***~ ja?*** ah oui?; ***~ was!, ~ wo!*** allons donc!; mais non!; pensez-vous!; pas du tout!; ***~ so!*** ah bon!; ah ah!
Ach *n* ⟨~s⟩ F ***mit ~ und Krach*** avec bien du mal; péniblement
Achat [a'xaːt] *m* ⟨~~e~~s; ~e⟩ agate *f*
Achilles [a'xılɛs] *m* ⟨~⟩ Achille *m*; **~ferse** *f fig* talon *m* d'Achille; point *m* vulnérable
Achse ['aksə] *f* ⟨~; ~n⟩ MATH, TECH axe *m* (*a fig*); *e-s Fahrzeugs* essieu *m*; ***sich um s-e*** *od* ***die eigene ~ drehen*** tourner autour de son axe; *Person* tourner sur soi-même; F ***immer auf ~ sein*** avoir la bougeotte
Achsel ['aksəl] *f* ⟨~; ~n⟩ aisselle *f*; (*Schulter*) épaule *f*; ***die ~n zucken*** 'hausser les épaules
'Achsel|haare *n/pl* poils *m/pl* de l'aisselle; **~höhle** *f* creux *m* de l'aisselle; **~zucken** *n* ⟨~s⟩ 'haussement *m* d'épaules
acht [axt] **I** *num/c* **1** 'huit; ***~ zu vier gewinnen*** gagner par 'huit à quatre; ***er ist ~ Jahre (alt)*** il a 'huit ans; ***in ~ Tagen*** dans une semaine, 'huitaine; ***morgen, Montag in ~ Tagen*** demain, lundi en 'huit; (***heute***) ***vor ~ Tagen*** il y a (aujourd'hui) une semaine, 'huit jours; ***alle ~ Tage*** tous les 'huit jours; chaque semaine; **2** *Uhrzeit* ***um ~*** (***Uhr***) à 'huit heures; **II** *adv* ***zu ~*** à 'huit; ***zu ~ sein*** être 'huit
Acht[1] *f* ⟨~; ~en⟩ **1** *Zahl* 'huit *m* (*a Spielkarte*, *Straßenbahn*); **2** F *Fahrrad* ***e-e ~ im Rad haben*** avoir une roue voilée
Acht[2] *f* ⟨~⟩ HIST, *fig* ban *m*
Acht[3] *f* ***~ geben*** (*vorsichtig sein*) faire attention; prendre garde; ***gib ~, dass du nicht fällst!*** fais attention, prends garde à ne pas tomber!; ***auf etw, j-n ~ geben*** (*aufpassen*) faire attention, prendre garde, veiller à qc, qn; ***etw außer ~ lassen*** ne pas faire attention à qc; négliger qc; ***sich vor j-m, etw in ~ nehmen*** prendre garde, faire attention à qn, qc
'achtbar *st/s adj* respectable; estimable; honorable
'achte *num/o* 'huitième; ***der ~, den ~n, am ~n Januar*** le huit janvier; ***der*** ≗ (***des Monats***) le huit (du mois)
'Achteck *n* octogone *m*; **≗ig** *adj* octogonal
'achtein'halb *num/c* 'huit et demi
achtel ['axtəl] *adj* ⟨*inv*⟩ ***ein ~ Pfund …*** *etwa* soixante-deux grammes de …
'Achtel *n* ⟨~s; ~⟩ 'huitième *m*; **~finale** *n* SPORT 'huitième *m* de finale; **~note** *f* MUS croche *f*
'achten ⟨-e-⟩ **I** *v/t* *Person* estimer; considérer; respecter (*a Gesetz*, *Gefühle*); **II** *v/i* **1** (*aufpassen*) ***auf etw, j-n ~*** faire attention, prendre garde à qc, qn; ***auf s-e Gesundheit ~*** prendre soin de sa santé; **2** (*beachten*) ***ohne darauf zu ~, dass …*** sans remarquer que …; ***~ Sie auf den Herrn mit dem grauen Mantel*** regardez le monsieur au manteau gris
ächten ['ɛçtən] *v/t* ⟨-e-⟩ **1** HIST mettre au ban; **2** *fig* bannir; proscrire
achtens ['axtəns] *adv* 'huitièmement
'achtenswert *adj* estimable; respectable
'Achter *m* ⟨~s; ~⟩ **1** → ***Acht***[1]; **2** RUDERN 'huit *m*
'Achter|bahn *f* montagnes *f/pl* russes; **~deck** *n* MAR pont *m* arrière
'achter'lei *adj* ⟨*inv*⟩ de huit sortes, espèces différentes
achtfach ['axtfax] **I** *adj* octuple; ***die ~e***

Menge 'huit fois la quantité; **II** *adv* 'huit fois (plus); ~ ***vergrößert*** agrandi 'huit fois

'acht|'hundert *num/c* 'huit cent(s); **~jährig** *adj (acht Jahre alt)* (âgé) de huit ans; *(acht Jahre lang)* de huit ans; qui dure 'huit ans

'achtlos I *adj* inattentif; négligent; **II** *adv* sans faire attention; négligemment

'achtmal *adv* 'huit fois

'achtsam *st/s adj* attentif

'acht|stellig *adj* de *od* à huit chiffres; **~stöckig** [-ʃtœkɪç] *adj* de huit étages; **2'stundentag** *m* journée *f* de huit heures

achttägig ['axttɛːgɪç] *adj (acht Tage lang)* de huit jours; d'une semaine; qui dure 'huit jours, une semaine

'Achtung *f* ⟨~⟩ **1** *(Aufmerksamkeit)* attention *f*; *bei Durchsagen* ~, ~! attention, s'il vous plaît!; SPORT ~, ***fertig, los!*** à vos marques! prêts! partez!; **2** *(Respekt)* respect *m* (***vor*** [+ *dat*] pour); *(Wertschätzung)* estime *f*, considération *f* (pour); F ***alle ~!*** F chapeau!

'Ächtung *f* ⟨~; ~en⟩ mise *f* 'hors la loi; bannissement *m* *(beide a fig)*

'Achtungs|erfolg *m* succès *m* d'estime; **2voll** *adj* respectueux

'achtzehn *num/c* dix-huit; → ***acht***

achtzig ['axtsɪç] *num/c* quatre-vingts; *bei folgender Zahl* quatre-vingt; ***mit ~ Stundenkilometern*** à quatre-vingts kilomètres à l'heure

'Achtzig *f* ⟨~⟩ *Zahl* quatre-vingts *m*

'achtziger *adj* ***die ~ Jahre, die 2*** les années *f/pl* quatre-vingt

'achtzigjährig *adj (achtzig Jahre alt)* (âgé) de quatre-vingts ans; *Person a* octogénaire; *(achtzig Jahre lang)* de quatre-vingts ans; qui dure quatre-vingts ans

ächzen ['ɛçtsən] *v/i* ⟨-t⟩ gémir

Acker ['akər] *m* ⟨~s; ⸚⟩ champ (labouré); ***auf dem ~*** aux champs

'Ackerbau *m* ⟨~(e)s⟩ agriculture *f*; ***~ treiben*** cultiver la terre

'Acker|boden *m* terre *f* labourable, arable; **~land** *n* ⟨~(e)s⟩ terres cultivées, labourées

'ackern F *v/i* F bûcher; F trimer

Acryl [a'kryːl] *n* ⟨~s⟩ acrylique *m*

a. D. [aː'deː] *abr (außer Dienst)* à la, en retraite

ad absurdum [atˀap'zʊrdʊm] *adv* ***etw ~ führen*** prouver, montrer l'absurdité de qc

ADAC [aːdeːˀaː'tseː] *m* ⟨~⟩ *abr (Allgemeiner Deutscher Automobil-Club)* Automobile-Club allemand

ad acta [at'ˀakta] *adv* ***etw ~ legen*** classer qc

Adams|apfel ['aːdams-] F *plais m* pomme *f* d'Adam; **~kostüm** *n* F ***im ~*** en costume d'Adam

adäquat [adɛ'kvaːt] *adj* adéquat

addieren [a'diːrən] *v/t* ⟨*sans ge*⟩ additionner; faire l'addition de

Additi'on *f* ⟨~; ~en⟩ addition *f*

ade [a'deː] *int* **1** *poét* adieu!; **2** *regional* au revoir!

Adel ['aːdəl] *m* ⟨~s⟩ noblesse *f* (*a fig*); ***von ~ sein*** être noble; *prov* ***~ verpflichtet*** *prov* noblesse oblige

'adelig → ***adlig***

'adeln *v/t* ⟨-le⟩ **1** HIST anoblir; **2** *st/s fig* ennoblir

'Adels|familie *f*, **~geschlecht** *n* famille *f* noble

'Adelsstand *m* noblesse *f*; ***j-n in den ~ erheben*** anoblir qn

'Adelstitel *m* titre *m* de noblesse, nobiliaire

Ader ['aːdər] *f* ⟨~; ~n⟩ veine *f* (*a fig*); *(Erz2) a* filon *m*; *e-s Kabels* fil *m*; *(Arterie, Verkehrs2)* artère *f*; *fig* ***j-n zur ~ lassen*** saigner qn; *fig* ***e-e künstlerische, poetische ~ haben*** avoir des dispositions, des dons artistiques, pour la poésie

Aderlass ['aːdərlas] *m* ⟨~es; -lässe⟩ MÉD, *fig* saignée *f*

ad hoc [at'hɔk] *adv* spontanément; immédiatement; au pied levé

adieu [adi'øː] → ***ade***

Adjektiv ['atjɛktiːf] *n* ⟨~s; ~e⟩ adjectif (qualificatif); **2isch** *adj* adjectif

Adjutant [atju'tant] *m* ⟨~en; ~en⟩ officier *m* d'ordonnance

Adler ['aːdlər] *m* ⟨~s; ~⟩ aigle *m*

'Adlerauge *n fig* ***~n haben*** avoir des yeux d'aigle

'Adler|blick *m* regard *m* d'aigle; **~nase** *f* nez en bec d'aigle, busqué

adlig ['aːdlɪç] *adj* noble (*a fig*)

'Adlige(r) *f(m)* ⟨→ A⟩ noble *m,f*

Admiral [atmi'raːl] *m* ⟨~s; ~e *ou* -räle⟩ amiral *m*; **~i'tät** *f* ⟨~; ~en⟩ amirauté *f*

adopt|ieren [adɔp'tiːrən] *v/t* ⟨*sans ge*⟩ adopter; **ℒi'on** *f* ⟨~; ~en⟩ adoption *f*
Adop'tiv|eltern *pl* parents adoptifs; **~kind** *n* enfant adoptif
Adrenalin [adrena'liːn] *n* ⟨~s⟩ adrénaline *f*
Adres'sat(in) *m* ⟨~en; ~en⟩ (*f*) ⟨~; ~nen⟩ destinataire *m,f*
A'dressbuch *n* répertoire *m* d'adresses
Adresse [a'drɛsə] *f* ⟨~; ~n⟩ adresse *f*; ***dieses Restaurant zählt zu den ersten ~n (der Stadt)*** ce restaurant compte parmi les meilleurs (de la ville); F *fig* ***da sind Sie bei mir an der falschen ~*** ce n'est pas à moi qu'il faut demander ça
adres'sieren *v/t* ⟨*sans ge*⟩ *Brief etc* mettre, écrire l'adresse sur
adrett [a'drɛt] *adj* (*hübsch anzusehen*) coquet; (*sauber und ordentlich*) propret
Adria ['aːdria] ⟨~⟩ ***die ~*** l'Adriatique *f*
'A-Dur *n* la *m* majeur
Advent [at'vɛnt] *m* ⟨~s⟩ Avent *m*; ***der erste ~*** le premier dimanche de l'Avent
Ad'vents|kalender *m* calendrier *m* de l'Avent; **~kranz** *m* couronne *f* de l'Avent (*tressée avec des branches de sapin et décorée de quatre bougies*); **~sonntag** *m* dimanche *m* de l'Avent
Adverb [at'vɛrp] *n* ⟨~s; ~ien⟩ adverbe *m*; **ℒi'al** *adj* adverbial
Advokat [atvo'kaːt] *m* ⟨~en; ~en⟩ *österr, schweiz, fig* avocat *m*
Aerobic [ɛ'roːbɪk] *n* ⟨~s⟩ aérobic *f*
Aero|dynamik [aerody'naːmɪk] *f* aérodynamique *f*; **ℒdy'namisch** *adj* aérodynamique
Affäre [a'fɛːrə] *f* ⟨~; ~n⟩ affaire *f*; F ***sich (geschickt) aus der ~ ziehen*** se tirer, se sortir (habilement) d'affaire
Affe ['afə] *m* ⟨~n; ~n⟩ **1** singe *m*; **2** F *Schimpfwort* ***dieser blöde ~!*** P ce, quel con!; **3** F (*Rausch*) ***e-n ~n (sitzen) haben*** F être beurré, bourré
Affekt [a'fɛkt] *m* ⟨~ȩs; ~e⟩ passion *f*; émotion *f*; ***im ~ handeln*** agir sous le coup de l'émotion
Af'fekthandlung *f* acte commis sous le coup de l'émotion
affek'tiert *adj* affecté; maniéré
'affenartig *adj* qui ressemble au singe; qui rappelle le singe; simiesque; F ***mit ~er Geschwindigkeit*** F à une vitesse dingue
'Affen|'hitze F *f* F chaleur *f* à crever; **~liebe** *f* amour excessif
'Affen'schande F *f* 'honte *f*; scandale *m*; ***es ist eine ~!*** c'est scandaleux!; c'est une 'honte!
'Affentheater F *n* simagrées *f/pl*; comédie *f*
'Affen'zahn F *m* F vitesse démente; ***e-n ~ drauf haben*** F rouler plein pot
'affig F *péj adj* affecté; (*lächerlich, albern*) ridicule; F cucul
Äffin ['ɛfɪn] *f* ⟨~; ~nen⟩ guenon *f*
Afghanistan [af'gaːnɪstaːn] *n* ⟨~s⟩ l'Afghanistan *m*
Afrika ['aːfrika] *n* ⟨~s⟩ l'Afrique *f*
Afri'kan|er(in) *m* ⟨~s; ~⟩ (*f*) ⟨~; ~nen⟩ Africain(e) *m(f)*; **ℒisch** *adj* africain
After ['aftər] *m* ⟨~s; ~⟩ anus *m*
AG [aː'geː] *f* ⟨~; ~s⟩ *abr* **1** (*Aktiengesellschaft*) S.A. *f*; **2** (*Arbeitsgemeinschaft*) groupe *m* de travail
Ägäis [ɛ'gɛːɪs] ***die ~*** la mer Égée
Agave [a'gaːvə] *f* ⟨~; ~n⟩ agave *m*
Agent(in) [a'gɛnt(ɪn)] *m* ⟨~en; ~en⟩ (*f*) ⟨~; ~nen⟩ agent *m*
Agen'tur *f* ⟨~; ~en⟩ agence *f*
Aggregat [agre'gaːt] *n* ⟨~ȩs; ~e⟩ **1** MINÉR, CHIM agrégat *m*; **2** TECH, ÉLECT groupe *m*; **~zustand** *m* état *m* (de la matière)
Aggres|sion [agrɛsi'oːn] *f* ⟨~; ~en⟩ agression *f*; **ℒ'siv** *adj* agressif; **~sivi'tät** *f* ⟨~⟩ agressivité *f*
Ag'gressor *m* ⟨~s; -'soren⟩ agresseur *m*
agieren [a'giːrən] *st/s v/i* ⟨*sans ge*⟩ agir
agil [a'giːl] *st/s adj* agile; vif
Agitation [agitatsi'oːn] *f* ⟨~; ~en⟩ propagande *f* (politique)
Agi'tator *m* ⟨~s; -'toren⟩ agitateur *m*; propagandiste *m*
agi'tieren *v/i* ⟨*sans ge*⟩ faire de la propagande
Agrar... [a'graːr...] *in Zssgn* agricole; agraire; **ℒisch** *adj* agricole; **~land** *n* pays *m* agricole; **~markt** *m* marché *m* agricole; **~reform** *f* réforme *f* agraire
Ägypt|en [ɛ'gʏptən] *n* ⟨~s⟩ l'Égypte *f*; **~er(in)** *m* ⟨~s; ~⟩ (*f*) ⟨~; ~nen⟩ Égyptien, -ienne *m,f*; **ℒisch** *adj* égyptien
ah [aː] *int verwundert* oh!; *freudig, genießerisch* ah!
äh [ɛː] *int bei Sprechpausen* euh …
aha [a'ha(ː)] *int* 'ha! ('ha!); ah!; *über-*

rascht, *iron* tiens, tiens!; *verstehend* ah, bon!

Ahn [a:n] *st/s* *m* ⟨~¢s *ou* ~en; ~en⟩ aïeul *m*; ancêtre *m* (*a fig*)

ahnd|en ['a:ndən] *st/s* *v/t* ⟨-e-⟩ punir; réprimer; **2ung** *st/s* *f* ⟨~; ~en⟩ punition *f*; répression *f*

'Ahne *st/s* *m* ⟨~n; ~n⟩ → ***Ahn***

ähneln ['ɛ:nəln] ⟨¢⟩ **I** *v/i* ***j-m, e-r Sache*** ~ ressembler à qn, qc; **II** *v/r* ***sich*** (*dat*) ~ se ressembler

ahnen ['a:nən] *v/t* **1** (*vermuten*) se douter de; (*voraus~*) pressentir; ***das konnte ich doch nicht ~!*** je ne pouvais pourtant pas le savoir, le prévoir; **2** (*schwach erkennen*) deviner

'Ahnen|forschung *f* généalogie *f*; **~galerie** *f* galerie *f* des ancêtres, des aïeux; **~tafel** *f* arbre *m* généalogique

ähnlich ['ɛ:nlɪç] **I** *adj* semblable; ressemblant; ***j-m ~ sehen*** ressembler à qn; F ***das sieht ihm ~!*** c'est bien lui!; ça lui ressemble!; **II** *adv* semblablement; ***mir geht es ~*** c'est pour moi la même chose; c'est pareil pour moi; **III** *prép* ⟨*dat*⟩ comme

'Ähnlichkeit *f* ⟨~; ~en⟩ ressemblance *f* (***mit*** avec); ***mit j-m, etw ~ haben*** ressembler à qn, qc

'Ahnung *f* ⟨~; ~en⟩ **1** (*Vorgefühl, Befürchtung*) pressentiment *m*; **2** F (***ich habe***) ***keine ~, wie man das macht*** je ne sais pas comment on fait cela

'ahnungslos **I** *adj* **1** (*nichts ahnend*) qui ne se doute de rien; **2** (*unwissend*) ignorant; inconscient; **II** *adv* **1** sans se douter de rien; **2** inconsciemment

ahoi [a'hɔʏ] *int* ohé; ***Schiff ~!*** ohé! du bateau

Ahorn ['a:hɔrn] *m* ⟨~s; ~e⟩ érable *m*

Ähre ['ɛ:rə] *f* ⟨~; ~n⟩ épi *m*

Aids [e:ts] *n* ⟨~⟩ sida *m*; **'2krank** *adj* sidéen; malade du sida; **'~kranke(r)** *f(m)* sidéen, -éenne *m,f*; malade *m,f* du sida; **'~test** *m* test *m* de dépistage du sida

Aikido [aɪ'ki:do] *n* ⟨~$⟩ SPORT aïkido *m*

Airbag ['ɛ:rbɛk] *m* ⟨~s; ~s⟩ airbag *m*

Airline ['ɛ:rlaɪn] *f* ⟨~; ~s⟩ compagnie aérienne

Akademie [akade'mi:] *f* ⟨~; ~n⟩ académie *f*

Akademiker(in) [aka'de:mikər(ɪn)] *m* ⟨~s; ~⟩ (*f*) ⟨~; ~nen⟩ personne *f* ayant fait des études universitaires

aka'demisch **I** *adj* universitaire; **II** *adv* ~ ***gebildet sein*** avoir fait des études universitaires

Akazie [a'ka:tsiə] *f* ⟨~; ~n⟩ acacia *m*

akklimatisieren [aklimati'zi:rən] *v/r* ⟨*sans ge*⟩ ***sich*** ~ s'acclimater

Akkord [a'kɔrt] *m* ⟨~¢s; ~e⟩ **1** MUS accord *m*; **2** ÉCON ***im ~ arbeiten*** travailler à la tâche, à la pièce, aux pièces

Ak'kord|arbeit *f* travail *m* à la tâche, à la pièce, aux pièces; **~arbeiter** *m* ouvrier *m* à la tâche, à la pièce, aux pièces

Akkordeon [a'kɔrdeɔn] *n* ⟨~s; ~s⟩ accordéon *m*

Ak'kordlohn *m* salaire *m* à la tâche, à la pièce, aux pièces

akkreditieren [akredi'ti:rən] *v/t* ⟨*sans ge*⟩ accréditer (***bei*** auprès de)

Akku ['aku] *m* ⟨~s; ~s⟩ F accus *m/pl*

Akkumulator [akumu'la:tɔr] *m* ⟨~s; -'toren⟩ accumulateur *m*

akkurat [aku'ra:t] *adj* méticuleux

Akkusativ ['akuzati:f] *m* ⟨~s; ~e⟩ accusatif *m*; **~objekt** *n* complément *m* d'objet direct

Akne ['aknə] *f* ⟨~; ~n⟩ acné *f*

Akontozahlung [a'kɔnto-] *f* acompte *m*

Akquisiteur(in) [akvizi'tø:r(ɪn)] *m* ⟨~s; ~e⟩ (*f*) ⟨~; ~nen⟩ COMM démarcheur, -euse *m,f*

Akribie [akri'bi:] *st/s* *f* ⟨~⟩ méticulosité *f*; minutie *f*

Akrobat|(in) [akro'ba:t(ɪn)] *m* ⟨~en; ~en⟩ (*f*) ⟨~; ~nen⟩ acrobate *m,f*; **~ik** *f* ⟨~⟩ acrobatie *f*; **2isch** *adj* acrobatique

Akt [akt] *m* ⟨~¢s; ~e⟩ **1** acte *m* (*a* THÉ); **2** KUNST nu *m*; **3** (*Geschlechts2*) acte sexuel; **'~bild** *n* nu *m*

Akte ['aktə] *f* ⟨~; ~n⟩ pièce *f*; (*~nbündel*) dossier *m*; ***etw zu den ~n legen*** ajouter, verser qc au dossier; *fig* (*beenden*) classer qc

'Akten|deckel *m* chemise *f*; **~koffer** *m* attaché-case *m*

'aktenkundig *adj* ~ ***sein*** être inscrit, figurer dans un dossier

'Akten|mappe *f* porte-documents *m*; serviette *f*; **~notiz** *f* note *f*; → ***Aktenvermerk***; **~ordner** *m* classeur *m*; **~schrank** *m* (meuble-)classeur *m*; **~tasche** *f* serviette *f*; **~vermerk** *m* mention *f*, note *f* (figurant dans un dossier); **~zeichen** *n* référence *f*; numéro *m* du dossier

Akteur [ak'tøːr] *m* ⟨~s; ~e⟩ acteur *m* (*a* THÉ)
'Aktfoto *n* photo *f* de nu(s)
Aktie ['aktsiə] *f* ⟨~; ~n⟩ action *f*
'Aktien|fonds *m* fonds *m* d'actions; **~gesellschaft** *f* société *f* anonyme, par actions; **~mehrheit** *f* majorité *f* des actions
Aktion [aktsi'oːn] *f* ⟨~; ~en⟩ **1** (*Handlung*) action *f*; *bes* MIL, COMM, *humanitäre* opération *f*; **2** ***in ~ treten*** entrer en action
Aktionär(in) [aktsio'nɛːr(ɪn)] *m* ⟨~s; ~e⟩ (*f*) ⟨~; ~nen⟩ actionnaire *m,f*
Akti'onsradius *m* rayon *m* d'action (*a fig*)
aktiv [ak'tiːf] *adj* actif; ***~er Offizier*** officier *m* d'active; ***~ werden*** se mobiliser
'Aktiv *n* ⟨~s; ~e⟩ GR actif *m*; voix, forme active
Aktiva [ak'tiːva] *pl* COMM actif *m*
Ak'tive(r) *f(m)* ⟨→ A⟩ SPORT concurrent(e) *m(f)*
akti'vieren *v/t* ⟨*sans ge*⟩ activer
Aktivi'tät *f* ⟨~; ~en⟩ activité *f*
Ak'tiv|posten *m* COMM (poste *m*) actif *m*; élément *m* d'actif (*a fig*); **~urlaub** *m* vacances actives
'Akt|modell *n* modèle (*m* de) nu; **~studie** *f* étude *f* de nu
aktuali|sieren [aktuali'ziːrən] *v/t* ⟨*sans ge*⟩ actualiser; mettre à jour; **2'tät** *f* ⟨~; ~en⟩ actualité *f*
aktuell [aktu'ɛl] *adj* actuel
'Aktzeichnung *f* dessin *m* de nu(s); nu *m*
akupunk|tieren [akupuŋk'tiːrən] *v/t* ⟨*sans ge*⟩ traiter par l'acupuncture *od* l'acuponcture; **2'tur** *f* ⟨~; ~en⟩ acupuncture *od* acuponcture *f*
Akust|ik [a'kʊstɪk] *f* ⟨~⟩ acoustique *f*; **2isch** *adj* acoustique
akut [a'kuːt] *adj* MÉD aigu; *Problem, Frage* urgent; *Gefahr* imminent
AKW [aːkaː'veː] F *n* ⟨~$; ~s⟩ *abr* (*Atomkraftwerk*) centrale *f* nucléaire
Akzent [ak'tsɛnt] *m* ⟨~¢s; ~e⟩ accent *m*; *fig* ***den ~ auf etw*** (*acc*) ***legen*** mettre l'accent sur qc; insister sur qc; → *Info bei* ***accent***
ak'zentfrei *adj u adv* sans accent
akzentuieren [aktsɛntu'iːrən] *v/t* ⟨*sans ge*⟩ accentuer
akzeptabel [aktsɛp'taːbəl] *adj* ⟨-bl-⟩ acceptable
Akzep'tanz *f* ⟨~⟩ acceptation *f*; (*Zustimmung*) consentement *m*
akzep'tieren *v/t* ⟨*sans ge*⟩ accepter
Alabaster [ala'bastər] *m* ⟨~s; ~⟩ albâtre *m*
Alarm [a'larm] *m* ⟨~¢s; ~e⟩ alarme *f*; alerte *f* (*a* MIL); ***blinder ~*** fausse alerte, alarme; ***~ schlagen*** donner l'alerte, l'alarme
A'larm|anlage *f* alarme *f* automatique; **~bereitschaft** *f* état *m* d'alerte; **~glocke** *f* sonnette *f* d'alarme
alar'mier|en *v/t* ⟨*sans ge*⟩ **1** (*zu Hilfe rufen*) alerter; **2** (*beunruhigen*) alarmer; **~end** *adjt* alarmant
A'larmsignal *n* signal *m* d'alarme (*a fig*)
A'larmstufe *f* ***höchste ~*** niveau *m* d'alerte le plus élevé; *fig* état *m* d'alerte
A'larmzustand *m* état *m* d'alerte
Alaun [a'laʊn] *m* ⟨~s; ~e⟩ alun *m*
Alban|er(in) [al'baːnər(ɪn)] *m* ⟨~s; ~⟩ (*f*) ⟨~; ~nen⟩ Albanais(e) *m(f)*; **~ien** *n* ⟨~s⟩ l'Albanie *f*; **2isch** *adj* albanais
Albatros ['albatrɔs] *m* ⟨~; ~se⟩ albatros *m*
'Alb|druck *m* ⟨~¢s; -drücke⟩, **~drücken** *n* cauchemar *m*
albern[1] ['albərn] *adj* **1** (*einfältig*) bête; stupide; niais; (*kindisch*) nigaud; **2** F (*unbedeutend*) idiot
'albern[2] *v/i* dire, faire des âneries
'Albernheit *f* ⟨~; ~en⟩ **1** *Verhalten* stupidité *f*; **2** *Bemerkung, Handlung* sottises *f/pl*; âneries *f/pl*
'Albtraum *m* cauchemar *m* (*a fig*)
Album ['album] *n* ⟨~s; Alben⟩ album *m*
Alchimie [alçi'miː] *f* ⟨~⟩ alchimie *f*
al dente [al'dɛntə] *adj u adv* CUIS al dente
Alemann|e [alə'manə] *m* ⟨~n; ~n⟩, **~in** *f* ⟨~; ~nen⟩ Alémanique *m,f*; **2isch** *adj* alémanique
Alge ['algə] *f* ⟨~; ~n⟩ algue *f*
Algebra ['algebra] *f* ⟨~⟩ algèbre *f*
alge'braisch *adj* algébrique
Alger|ien [al'geːriən] *n* ⟨~s⟩ l'Algérie *f*; **~ier(in)** *m* ⟨~s; ~⟩ (*f*) ⟨~; ~nen⟩ Algérien, -ienne *m,f*; **2isch** *adj* algérien
alias ['aːlias] *adv* alias
Alibi ['aːlibi] *n* ⟨~s; ~s⟩ alibi *m*
Alimente [ali'mɛntə] *pl* pension *f* alimentaire
Alkali [al'kaːli] *n* ⟨~s; ~en⟩ alcali *m*

Alkohol ['alkoho:l] *m* ⟨~s; ~e⟩ alcool *m*; **≈abhängig** *adj* alcoolique; **≈arm** *adj* peu alcoolisé; **≈frei** *adj* sans alcool; *Getränk a* non alcoolisé; **~gehalt** *m* teneur *f* en alcool; *im Blut* taux *m* d'alcoolémie; **~genuss** *m* consommation *f* d'alcool; **≈haltig** *adj* alcoolisé

Alko'hol|iker(in) *m* ⟨~s; ~⟩ (*f*) ⟨~; ~nen⟩ alcoolique *m,f*; **≈isch** *adj* alcoolisé; alcoolique (*a* CHIM)

alkoholi'siert *adj Person* ivre; F soûl; ***in ~em Zustand*** en état d'ivresse

Alkoho'lismus *m* ⟨~⟩ alcoolisme *m*

'Alkohol|konsum *m* consommation *f* d'alcool; **≈krank** *adj* alcoolique; **~spiegel** *m im Blut* taux *m* d'alcoolémie; **~test** *m* alco(o)test *m*; **~verbot** *n* interdiction *f*, défense *f* de boire de l'alcool; **~vergiftung** *f* intoxication *f* par l'alcool

Alkoven [al'ko:vən] *m* ⟨~s; ~⟩ alcôve *f*

all [al] → ***alle***[1]

All [al] *n* ⟨~s⟩ univers *m*

alle[1] ['alə], **~s** *pr/ind* **I** *adjt* tout, toute; *pl* ~ tous, toutes; ***~ Menschen*** tout le monde; tous les hommes; ***~s Mögliche*** tout ce que l'on peut imaginer; ***~ Jahre wieder*** tous les ans; chaque année; ***~ zwei Jahre*** tous les deux ans; un an sur deux; ***ein für ~ Mal*** une fois pour toutes; ***~ beide, drei*** tous *bzw* toutes les deux, trois; ***all die schönen Bilder*** tous les jolis tableaux; **II** *subst* tous *bzw* toutes; ***~s*** tout; ***wir ~*** nous tous *bzw* toutes; ***~s in ~m*** en fin de compte; tout compte fait; ***~s, was …*** tout ce qui … *bzw acc* que …; ***das sind ~s Verbrecher*** ce sont tous des bandits; ***was es nicht ~s gibt!*** tu parles d'une histoire!; F ***~s aussteigen!*** tout le monde descend!; F ***du hast sie wohl nicht mehr ~!*** F tu débloques!

'alle[2] F *adj* (*weg, verbraucht*) fini; F parti; ***das Geld ist ~*** il n'y a plus d'argent; ***~ werden*** s'épuiser

alle'dem *pr* ***bei ~*** avec tout cela

Allee [a'le:] *f* ⟨~; ~n⟩ avenue *f*; *e-s Schlosses, Parks* allée *f*

Allegorie [alego'ri:] *f* ⟨~; ~n⟩ allégorie *f*

alle'gorisch *adj* allégorique

allein [a'laɪn] **I** *adj u adv* seul; ***ganz ~*** tout seul; ***~ stehend*** *Person* seul; (*ledig*) célibataire; *Gebäude* isolé; ***jeder für sich ~*** chacun pour soi; ***alles ~ erledigen*** faire, régler tout soi-même, tout seul; F ***die Schmerzen sind von ~ weggegangen*** les douleurs sont parties d'elles-mêmes; ***der Gedanke ~, ~ der Gedanke*** rien que d'y penser; **II** *st/s conj* cependant; toutefois

al'leine F → ***allein I***

Al'lein|erbe *m*, **~erbin** *f* unique héritier, -ière *m,f*; **~erziehende(r)** *f(m)* ⟨→ A⟩ personne *f* qui élève seule son *bzw* ses enfant(s); parent isolé

Al'leingang *m* SPORT course *f* solitaire; ***im ~*** en solitaire; *fig* tout seul

Al'lein|herrschaft *f* pouvoir absolu; **~herrscher** *m* souverain absolu

al'leinig *adj Erbe, Besitzer* unique; *Vertreter* exclusif

Al'lein|schuld *f* entière faute; **~sein** *n* solitude *f*; **~stehende(r)** *f(m)* ⟨→ A⟩ personne *f* qui vit seule; (*Ledige[r]*) célibataire *m,f*; **~unterhalter** *m* artiste *m* qui présente un spectacle solo; **~verdiener** *m* personne *f* dont le revenu professionnel est le seul du ménage; **~verkauf** *m* vente exclusive; **~vertrieb** *m* distribution exclusive

'alle'mal *adv* F (*auf jeden Fall*) F à tous les coups; à coup sûr

'allen'falls *adv* **1** (*höchstens*) à la rigueur; **2** (*vielleicht*) peut-être

allenthalben ['alənt'halbən] *st/s adv* partout; en tous lieux

'aller'beste I *adj* le meilleur de tous; ***sie kaufen nur das ≈*** ils n'achètent que ce qu'il y a de mieux; **II** *adv* ***am ~n*** au mieux

'aller'dings *adv* **1** *einschränkend* à vrai dire; mais; **2** *e-e Bejahung verstärkend* certainement; bien sûr; **3** (*in der Tat*) ***das ist ~ etwas anderes*** dans ce cas-là *od* alors, c'est tout autre chose

'aller'erste *adj* le premier de tous

Allergie [alɛr'gi:] *f* ⟨~; ~n⟩ allergie *f*

Al'lergiker(in) *m* ⟨~s; ~⟩ (*f*) ⟨~; ~nen⟩ (sujet *m*) allergique *m,f*

al'lergisch I *adj* allergique (***gegen*** à; *a fig*); **II** *adv* MÉD ***~ auf etw*** (*acc*) ***reagieren*** réagir d'une façon allergique à qc

'aller'größte *adj* le plus grand de tous

'aller'hand *adj* ⟨*inv*⟩ **1** (*viel*) pas mal de; *alleinstehend* pas mal de choses; F ***das ist doch*** *od* ***ja ~!*** F c'est un peu raide!; c'est trop fort!; **2** (*vielerlei*) toutes sortes de

'Aller'heiligen *n* ⟨~⟩ la Toussaint

'aller'höchste *adj* le plus 'haut de tous; ***es ist ~ Zeit*** il est grand temps
'aller'höchstens *adv* tout au plus
'aller'lei *adj* ⟨*inv*⟩ toutes sortes de; *allerlei Stehendes* → *al-leinstehend* toutes sortes de choses
'Aller'lei *n* ⟨~s; ~s⟩ (*Mischung*) mélange *m*; (*Durcheinander*) pêle-mêle *m*
'aller'letzte *adj* le dernier de tous; F *fig* ***das ist ja (wirklich) das ♀!*** c'est (vraiment) le comble!
'aller'liebste I *adj* le plus cher de tous; ***es wäre mir das ♀, wenn ...*** ce que j'aimerais le mieux ce serait que ... (+ *subj*); **II** *adv* ***am ~n*** de préférence
'aller'meiste I *adj* la plupart de; la plus grande partie de; ***die ~n (Menschen)*** la plupart, la plus grande partie des gens; **II** *adv* ***am ~n*** le plus (de tous)
'aller'nächste I *adj* le plus proche; **II** *adv* ***am ~n*** tout près
'aller'neueste *adj* tout dernier
'aller|'nötigste, '~not'wendigste *adj* le plus nécessaire de tous; ***das ♀*** l'indispensable *m*
'aller'schlimmste I *adj* le pire de tous; **II** *adv* ***am ~n*** le pire; le plus grave
'aller'schönste I *adj* le plus beau de tous; **II** *adv* ***am ~n*** le mieux (de tous)
'Aller'seelen *n* ⟨~⟩ CATH le jour, la fête des Morts
'aller'seits *adv* (*überall*) partout; F ***guten Abend ~!*** F bonsoir, toute la compagnie!; bonsoir, tout le monde!
'aller'spätestens *adv* au plus tard
'Aller'weltsgesicht *n péj* visage banal, ordinaire
'aller'wenigste I *adj* très, bien peu de; ***die ~n (Menschen)*** très, bien peu de gens; ***das ♀*** le moins (de tous); **II** *adv* ***am ~n*** le moins (de tous, de toutes)
'alles → ***alle***[1]
'alle'samt F *adv* tous ensemble
'Alleskleber *m* colle universelle
'alle'zeit *st/s adv* toujours; en *od* de tout temps
'all'gegenwärtig *adj* omniprésent
'allge'mein I *adj* **1** général; ***im ♀en*** généralement; en général; **2** *oft péj* (*unverbindlich*) vague; flou; **II** *adv* ***~ bekannt*** connu de tous, de tout le monde; ***~ bildend*** de culture générale; ***~ gültig*** valable pour tout le monde, pour tous; ***~ verständlich*** à la portée de tous; compréhensible pour tout le monde
'Allge'mein|befinden *n* MÉD état général; **~bildung** *f* culture générale
'Allge'meinheit *f* ⟨~⟩ public *m*; ***im Interesse der ~*** dans l'intérêt général
'Allge'mein|medizin *f* médecine générale; **~mediziner(in)** *m(f)* généraliste *m(f)*; **~wissen** *n* connaissances générales; **~wohl** *n* intérêt général
'allgewaltig *st/s adj* tout-puissant; omnipotent
All'heilmittel *n* MÉD, *fig* remède universel; panacée *f*
Allianz [ali'ants] *f* ⟨~; ~en⟩ alliance *f*
Alligator [ali'ga:tɔr] *m* ⟨~s; -'toren⟩ alligator *m*
Alli'ierte(r) *m* ⟨→ A⟩ POL allié *m*; HIST ***die Alliierten*** les Alliés
'all'jährlich I *adj* annuel; **II** *adv* tous les ans; chaque année
'Allmacht *st/s f* toute-puissance *f*; omnipotence *f*
all'mächtig *adj* tout-puissant; omnipotent; ***der ~e Gott*** Dieu Tout-Puissant
All'mächtige(r) *st/s m* ⟨→ A⟩ ***der Allmächtige*** le Tout-Puissant; ***Allmächtiger!*** ah, mon Dieu!; grand Dieu!
allmählich [al'mɛ:lɪç] **I** *adj* graduel; **II** *adv* **1** peu à peu; petit à petit; **2** F (*langsam*) ***ich werde ~ müde*** je commence à être fatigué; ***es wird ~ Zeit!*** il est temps!
'Allradantrieb *m* traction *f* à quatre roues motrices; ***Fahrzeug*** *n* ***mit ~*** quatre-quatre *f*
'allseitig I *adj* général; de tous les côtés; **II** *adv* ***~ begabt sein*** être doué en tout
'allseits *adv* partout
'Alltag *m* vie quotidienne; quotidien *m*; ***der graue ~*** la grisaille quotidienne
all'täglich *adj* **1** (*täglich*) quotidien; de chaque jour; **2** (*gewöhnlich*) ordinaire; banal; de tous les jours; **♀keit** *f* ⟨~; ~en⟩ **1** (*Alltäglichsein*) banalité *f*; **2** (*alltägliche Sache*) chose *f* de tous les jours
'alltags *adv* en semaine
'Alltags|dinge *n/pl* petites choses de la vie de tous les jours; banalités *f/pl*; **~sorgen** *f/pl* soucis quotidiens; **~stress** *m* stress *m* de la vie quotidienne; **~trott** *m péj* train-train quotidien
'all|um'fassend *adj* universel; **'~'wissend** *adjt* qui sait tout; omniscient; **'♀'wissenheit** *f* ⟨~⟩ omniscience *f*;

'~'**wöchentlich** I *adj* hebdomadaire; II *adv* chaque semaine

'**allzu** *adv* (par) trop; ~ ***früh*** trop tôt; ~ ***oft*** trop souvent; ~ ***sehr*** trop; ~ ***viel*** (par) trop

'**Allzweck...** *in Zssgn* ... à tout faire; TECH polyvalent; ~**reiniger** *m* ⟨~s; ~⟩ nettoyant *m* multi-usages

Alm [alm] *f* ⟨~; ~en⟩ pâturage *m* alpestre; alpage *m*; '~**hütte** *f* chalet *m* sur l'alpage

Almosen ['almo:zən] *n* ⟨~s; ~⟩ aumône *f*; ***ein ~ geben*** faire l'aumône

Aloe ['a:loe] *f* ⟨~; ~n⟩ aloès *m*

Alpaka [al'paka] *n* ⟨~s; ~s⟩ alpaga *m*

'**Alpdruck** *m* → **Albdruck**

Alpen ['alpən] *pl* ***die ~*** les Alpes *f/pl*

'**Alpen|glühen** *n* ⟨~s⟩ coucher *m* de soleil sur les Alpes; ~**land** *n* pays alpin; région alpine; ~**pass** *m* col alpin; ~**rose** *f* rhododendron *m* des Alpes; ~**veilchen** *n* cyclamen *m*; ~'**vorland** *n* (région *f* des) Préalpes *f/pl*

Alphabet [alfa'be:t] *n* ⟨~(e)s; ~e⟩ alphabet *m*; 2**isch** I *adj* alphabétique; II *adv* par ordre alphabétique; 2**i'sieren** *v/t* ⟨*sans ge*⟩ **1** *Geschriebenes* classer par ordre alphabétique; **2** *Menschen* alphabétiser; ~**i'sierung** *f* ⟨~; ~en⟩ **1** *Ordnen* classification *f*, classement *m* par ordre alphabétique; **2** *von Menschen* alphabétisation *f*

'**Alphorn** *n* cor *m* des Alpes

alpin [al'pi:n] *adj* alpin; *Landschaft, Pflanze* alpestre

Alpi'nist *m* ⟨~en; ~en⟩ alpiniste *m*

'**Alptraum** *m* cauchemar *m* (*a fig*)

als [als] *conj* **1** *zeitlich* lorsque; quand; comme; ***damals ~ ...*** à l'époque où ...; autrefois lorsque ...; **2** *vergleichend nach comp* que; *vor Zahlen* de; ***größer ~*** plus grand que; ***mehr ~ hundert Personen*** plus de cent personnes; **3** (*in der Eigenschaft*) comme; en tant que; en qualité de; *Zweck* pour; comme; ***~ Schlosser arbeiten*** travailler comme serrurier; ***er ~ Abgeordneter*** lui en tant que député; ***etw ~ Medizin nehmen*** prendre qc comme médicament; **4** *modal* ***~ ob*** *od* ***wenn*** comme si; ***~ ob ich das nicht wüsste!*** comme si je ne savais pas cela!; **5** *Folge* ***die Zeit war zu kurz, ~ dass ...*** le temps était trop court pour que ... (+ *subj*)

als'bald *st/s adv* peu après; ~**ig** *adj* immédiat

als'dann *st/s adv* puis; ensuite

also ['alzo] *adv* **1** *Folgerung* donc; par conséquent; **2** (*das heißt*) c'est à dire; **3** *verstärkend* ***~ gut!*** bon alors!; eh bien alors!; ***~ los!*** allons!; allez!; ***~, so was!*** incroyable!; ***~ doch!*** vous voyez!; ***na ~!*** voyez!; eh bien!; **4** *zusammenfassend* ***~ wie gesagt ...*** or, comme je viens de le dire ...

alt [alt] *adj* ⟨≈er, ≈este⟩ **1** *Altersangabe* âgé; ***sie ist zwanzig Jahre ~*** elle a vingt ans; elle est âgée de vingt ans; ***wie ~ sind Sie?*** quel âge avez-vous?; quel est votre âge?; ***ein vier Jahre ~es Kind*** un enfant de quatre ans; **2** (*bejahrt*) vieux; ***2 und Jung*** jeunes et vieux; ***~ werden*** vieillir; F *fig* ***~ aussehen*** F être dans le pétrin; **3** (*schon lange bestehend*) vieux; (*vorherig, ehemalig*) ancien; ***ein ~er Bekannter*** une vieille connaissance; **4** (*vertraut*) ***es bleibt alles beim 2en*** tout reste comme par le passé; il n'y a rien de changé; ***er ist noch ganz der 2e*** il est encore, toujours le même; il n'a pas changé; **5** (*mit historischem Wert*) ancien; ***das ~e Berlin*** le Vieux-Berlin; **6** (*nicht mehr frisch*) qui n'est plus frais; *Brot* rassis; **7** (*vom letzten Jahr*) de l'année dernière; **8** F *verstärkend* vieux; ***~er Geizkragen*** vieil avare

Alt *m* ⟨~s; ~e⟩ MUS contralto *m*

Altar [al'ta:r] *m* ⟨~(e)s; -täre⟩ autel *m*

'**altbacken** *adj* **1** *Brot* rassis; **2** *fig péj* vieux jeu

'**Altbau** *m* ⟨~(e)s; ~ten⟩ immeuble ancien; *coll* habitat ancien; ~**wohnung** *f* appartement *m* dans un immeuble ancien

'**alt|be'kannt** *adj* connu depuis longtemps; ~**be'währt** *adj* infaillible; qui a fait ses preuves

'**Alte(r)** *f(m)* ⟨→ A⟩ **1** vieux *m*, vieille *f* (*a* F *von Eltern, Ehegatten*); ***meine Alten*** (*Eltern*) mes vieux; **2** F (*Chef*) patron *m*

'**alt'ehrwürdig** *st/s adj* vénérable

'**Alteisen** *n* ferraille *f*

'**Altenheim** *n* maison *f* de retraite

Alter ['altər] *n* ⟨~s; ~⟩ âge *m*; (*Greisen*2) vieillesse *f*; ***hohes ~*** grand âge; ***im ~*** quand on est vieux; ***in meinem ~*** à mon âge; ***er ist in meinem ~*** il a mon âge; il est de mon âge; ***im ~ von dreißig Jahren*** à (l'âge de) trente ans

älter ['ɛltər] *adj* plus vieux; *bei Personen a* plus âgé; *bei Verwandtschaftsbezeichnungen* aîné; ***meine ~e Schwester*** ma sœur aînée; ***~ werden*** vieillir; avancer en âge; ***ein ~er Herr*** un monsieur d'un certain âge; ***dieses Kleid macht dich ~*** cette robe te vieillit

'altern *v/i* ⟨sn⟩ vieillir

alternativ [altɛrna'ti:f] *adj* alternatif; ***~e Energien*** *f/pl* énergies douces; ***~e Medizin*** médecine douce, parallèle, alternative

Alterna'tive *f* ⟨~; ~n⟩ alternative *f*

'alters|bedingt *adjt* dû à l'âge, au grand âge (de qn); **\&beschwerden** *f/pl* troubles *m/pl* du vieillissement; **\&erscheinung** *f* signe *m* de vieillissement; **~gemäß I** *adj* approprié à l'âge de qn; **II** *adv* en fonction de l'âge de qn; **\&genosse** *m* personne *f* du même âge; **\&grenze** *f* limite *f* d'âge; **\&gruppe** *f* tranche *f* d'âge; **\&heim** *n* maison *f* de retraite; **\&rente** *f* retraite *f*; pension *f* de retraite; **~schwach** *adj* décrépit; *fig plais* délabré; **\&schwäche** *f* vieillesse *f*; décrépitude *f*; **\&teilzeit** *f* cessation progressive d'activité; C.P.A. *f*; **\&unterschied** *m* différence *f* d'âge; **\&versicherung** *f* assurance *f* vieillesse

'Altertum ⟨~s⟩ ***das ~*** l'Antiquité *f*

'altertümlich *adj* antique; *Wort* archaïque

älteste ['ɛltəstə] *adj* le plus vieux; *bei Personen a* le plus âgé; *verwandtschaftlich* aîné; ***mein ~r Bruder*** mon frère aîné

'Altflöte *f* flûte *f* alto

'Altglas *n* verre usagé; **~container** *m* conteneur *m* à verre

'alt'hergebracht *adjt* traditionnel

Al'tistin *f* ⟨~; ~nen⟩ MUS contralto *f*

alt|jüngferlich ['altjʏŋfərlɪç] *adj* de vieille fille; **\&kleidersammlung** *f* collecte *f* de vieux vêtements; **~klug** *adj* précoce (et arrogant); **\&lasten** *f/pl* ÉCOL décharges désaffectées

ältlich ['ɛltlɪç] *adj* vieillot

'Alt|material *n* matériel usagé; vieux matériel; **~meister** *m* vieux maître; chef *m* d'école; SPORT ancien champion; **~metall** *n* ferraille *f*; vieux métal; **\&modisch** *adj* démodé; *Ansichten a* périmé; **~öl** *n* huile usagée, AUTO de vidange; **~papier** *n* vieux papiers; **~papiercontainer** *m* conteneur *m* à vieux papiers; **~stadt** *f* vieille ville; cité *f*

'Altstimme *f* (voix *f* de) contralto *m*

'alt|testamentarisch *adj* de l'Ancien Testament; **~ver'traut** *adj* familier; bien connu; **\&warenhändler** *m* brocanteur *m*; **\&'weibersommer** *m* été *m* de la Saint-Martin

Alu ['a:lu] F *n* ⟨~s⟩ F alu *m*; **~folie** *f* papier *m* (d')alu

Aluminium [alu'mi:niʊm] *n* ⟨~s⟩ aluminium *m*; **~folie** *f* papier *m* d'aluminium

Alzheimer ['altshaɪmər] F *m* ⟨~s⟩, **~krankheit** *f* ⟨~⟩ maladie *f* d'Alzheimer

am [am] *prép* **1** (*an dem*) *räumlich* à; GÉOGR *bei Flüssen etc* sur; *zeitlich meist bloßer acc*; ***Frankfurt ~ Main*** Francfort-sur-le-Main; ***~ ersten Mai*** le premier mai; **2** F ***er ist*** (***gerade***) ***~ Schreiben*** il est en train d'écrire

am: Datumsangabe

Am 14. Juli 1789 wurde die Bastille von den Aufständischen eingenommen.

Le 14 juillet 1789, la Bastille fut prise par les émeutiers.

Das Datum wird im Französischen mit dem bestimmten Artikel und der Grundzahl angegeben. Ausnahme: Bei **le 1er** wird die Ordnungszahl verwendet.

Am 1. Januar fliege ich nach Kanada.

Le 1er janvier, je prendrai l'avion pour le Canada.

Amalgam [amal'ga:m] *n* ⟨~s; ~e⟩ amalgame *m*

Amateur|(in) [ama'tø:r(ɪn)] *m* ⟨~s; ~e⟩ (*f*) ⟨~; ~nen⟩ amateur *m*; **\&haft** *péj* **I** *adj* d'amateur; **II** *adv* en amateur

Amazonas [ama'tso:nas] ⟨~⟩ ***der ~*** l'Amazone *f*

Ama'zone *f* ⟨~; ~n⟩ amazone *f*

Amboss ['ambɔs] *m* ⟨~es; ~e⟩ enclume *f*

ambulant [ambu'lant] **I** *adj* **1** *Behandlung* ambulatoire; *Patient* non hospitalisé; **2** *Gewerbe, Händler* ambulant; **II** *adv* ***j-n ~ behandeln*** donner des soins ambulatoires à qn

Ambu'lanz *f* ⟨~; ~en⟩ **1** (*Krankenwagen*) ambulance *f*; **2** (*Behandlungsstelle in Kliniken*) consultations *f/pl* externes (d'un hôpital)

Ameise ['a:maɪzə] *f* ⟨~; ~n⟩ fourmi *f*

'Ameisenhaufen *m* fourmilière *f*

amen ['a:mɛn] *adv* ainsi soit-il; amen

Amerika [a'me:rika] *n* ⟨~s⟩ l'Amérique *f*

Ameri'kan|er(in) *m* ⟨~s; ~⟩ (*f*) ⟨~; ~nen⟩ Américain(e) *m(f)*; **²isch** *adj* américain

Amethyst [ame'tʏst] *m* ⟨~es; ~e⟩ améthyste *f*

Amme ['amə] *f* ⟨~; ~n⟩ nourrice *f*

'Ammenmärchen *n meist péj* conte *m* de bonne(s) femme(s)

Ammoniak [amoni'ak] *n* ⟨~s⟩ ammoniac *m*

Amnestie [amnɛs'ti:] *f* ⟨~; ~n⟩ amnistie *f*; **²ren** *v/t* ⟨*sans ge*⟩ amnistier

Amöbe [a'mø:bə] *f* ⟨~; ~n⟩ amibe *f*

Amok ['a:mɔk] *m* ⟨~s⟩ ***~ laufen*** avoir un accès de folie meurtrière

'Amok|lauf *m* course folle; **~läufer** *m* personne *f* en proie à un accès de folie meurtrière; fou furieux *m*

'a-Moll *n* la *m* mineur

Amor ['a:mɔr] *m* ⟨~s⟩ MYTH Amour *m*; Cupidon *m*

amorph [a'mɔrf] *adj* amorphe

Amortisation [amɔrtizatsi'o:n] *f* ⟨~; ~en⟩ amortissement *m*

amorti'sieren *v/t* (*u v/r*) ⟨*sans ge*⟩ (***sich ~*** s')amortir

amourös [amu'rø:s] *adj* galant

Ampel ['ampəl] *f* ⟨~; ~n⟩ feux *m/pl* (de signalisation); ***die ~ wird grün*** le feu passe au vert

Ampere [am'pɛ:r] *n* ⟨~s; ~⟩ ampère *m*; **~'meter** *n* ⟨~s; ~⟩ ampèremètre *m*

Amphibie [am'fi:biə] *f* ⟨~; ~n⟩ amphibie *m*; *pl* ***~n*** amphibiens *m/pl*

Am'phib|ienfahrzeug *n* véhicule *m* amphibie; **²isch** *adj* amphibie

Ampulle [am'pʊlə] *f* ⟨~; ~n⟩ ampoule *f*

Amputation [amputatsi'o:n] *f* ⟨~; ~en⟩ amputation *f*

ampu'tieren *v/t* ⟨*sans ge*⟩ amputer

Amsel ['amzəl] *f* ⟨~; ~n⟩ merle *m*

Amt [amt] *n* ⟨~es; ~er⟩ **1** (*Dienststelle*) service *m*; administration *f*; bureau *m* (*a Raum*); ***von ~s wegen*** d'office; **2** *Tätigkeit* fonction(s) *f(pl)*; charge *f*; (*Posten*) poste *m*; *fig* (*Aufgabe*) tâche *f*; ***im ~ sein*** être en fonction, exercice; **3** TÉL central *m* (téléphonique)

am'tieren *v/i* ⟨*sans ge*⟩ être en fonction; ***~ als*** exercer les fonctions de; *stellvertretend* faire fonction de

'amtlich *adj* officiel; F *fig* ***das ist ~*** c'est sûr et certain

'Amtmann *m* ⟨~es; -männer *ou* -leute⟩ fonctionnaire *m* appartenant à la catégorie A de la fonction publique

'Amts|antritt *m* entrée *f* en fonction; **~arzt** *m*, **~ärztin** *f* médecin *m* de la santé publique, du service de santé; **~bereich** *m* ressort *m*; compétence *f*; **~eid** *m* serment *m* professionnel; **~gericht** *n* tribunal *m* d'instance; **~geschäfte** *pl* fonctions officielles; **~handlung** *f* acte administratif; **~inhaber** *m* titulaire *m* d'une fonction, d'une charge; **~leitung** *f* TÉL ligne principale; **²müde** *adj* usé par le pouvoir; **~richter(in)** *m(f)* juge *m* auprès d'un tribunal d'instance; **~schimmel** F *péj m* bureaucratie *f*; chinoiseries administratives; **~sprache** *f* **1** *e-s Landes* langue officielle; **2** (*Amtsdeutsch*) jargon administratif; **~vorgänger(in)** *m(f)* prédécesseur *m*; **~vorsteher** *m* chef *m* de service; **~zeit** *f* durée *f* d'un mandat

Amulett [amu'lɛt] *n* ⟨~es; ~e⟩ amulette *f*

amüsant [amy'zant] *adj* amusant; drôle

amü'sieren ⟨*sans ge*⟩ **I** *v/t* amuser; **II** *v/r* ***sich ~*** s'amuser; ***sich mit j-m, etw ~*** s'amuser avec qn, qc; ***sich über j-n, etw ~*** se moquer de qn, qc

an [an] **I** *prép Lage* ⟨*dat*⟩, *Richtung* ⟨*acc*⟩ **1** *räumlich* à; GÉOGR *bei Flüssen* sur; ***nahe ~*** près, proche de; ***~ der Ecke*** au coin; ***~ der Küste*** sur la côte; ***Frankfurt ~ der Oder*** Francfort-sur-l'Oder; ***~ der Elbe*** sur le bord de l'Elbe; ***~ der Straße nach X*** sur la route de X; ***~ erster Stelle*** en premier lieu; ***~ die Arbeit!*** au travail!; **2** *zeitlich* à; *oft bloßer acc*; ***~ e-m Sonntagmorgen*** un dimanche matin; **II** *adv* **1** *auf Fahrplänen* ***Berlin ~ ...*** arrivée Berlin à ...; **2** F *vor Maß-, Mengenangaben* ***~ die*** presque; à peu près; environ; **3 ~ sein** *Licht, Radio* être allumé; *Maschine* être en marche; **4** (*bekleidet*) **mit wenig ~** habillé légèrement; **ohne etw, mit nichts ~** (tout) nu

Anabolikum [ana'boːlikum] *n* ⟨~s; -ka⟩ anabolisant *m*

anal [a'naːl] **I** *adj* anal; **II** *adv untersuchen* par l'anus

analog [ana'loːk] **I** *adj* analogue (**zu** à); INFORM, TECH analogique; **II** *adv* par analogie (**zu** avec); INFORM, TECH analogiquement

Analo'gie *f* ⟨~; ~n⟩ analogie *f*; **in ~ zu** par analogie avec

Analphabet [anˀalfa'beːt] *m* ⟨~en; ~en⟩ illettré *m*; analphabète *m*; **~entum** *n* ⟨~s⟩ analphabétisme *m*

Analyse [ana'lyːzə] *f* ⟨~; ~n⟩ analyse *f*

analy'sieren *v/t* ⟨*sans ge*⟩ analyser

Ana'lyt|iker(in) *m* ⟨~s; ~⟩ (*f*) ⟨~; ~nen⟩ analyste *m,f*; **2isch** *adj* analytique

Anämie [anɛ'miː] *f* ⟨~; ~n⟩ anémie *f*

Ananas ['ananas] *f* ⟨~; ~ *ou* ~se⟩ ananas *m*

Anarchie [anar'çiː] *f* ⟨~; ~n⟩ anarchie *f*

Anar'chis|mus *m* ⟨~⟩ anarchisme *m*; **~t(in)** *m* ⟨~en; ~en⟩ (*f*) ⟨~; ~nen⟩ anarchiste *m,f*; **2tisch** *adj* anarchiste

Anästhesie [anˀɛste'ziː] *f* ⟨~; ~n⟩ anesthésie *f*

Anatomie [anato'miː] *f* ⟨~; ~n⟩ anatomie *f*

ana'tomisch *adj* anatomique

'an·baggern F *v/t* F draguer

'an·bahnen **I** *v/t* préparer (la voie à); **II** *v/r* **sich ~** s'ébaucher

an·bändeln ['anbɛndəln] *v/i* ⟨¢⟩ F **mit j-m ~** flirter avec qn

'Anbau *m* ⟨~¢s; ~ten⟩ **1** AGR culture *f*; **2** CONSTR (*Anbauen*) agrandissement *m*; *Gebäude* annexe *f*

'an·bauen **I** *v/t* **1** AGR cultiver; **2** CONSTR ajouter (**an** [+ *acc*] à); **II** *v/i* CONSTR s'agrandir

'Anbau|fläche *f* surface *f*, superficie *f* cultivable, arable; **~gebiet** *n* région *f*, zone *f* de culture; **~möbel** *n/pl* meubles *m/pl*, éléments *m/pl* modulables

'Anbeginn *st/s m* commencement *m*; début *m*; origine *f*

'an·behalten *v/t* ⟨*irr, sans ge*⟩ garder; ne pas enlever

an'bei *adv* ci-joint; ci-inclus

'an·beißen ⟨*irr*⟩ **I** *v/t* mordre dans; entamer; F *fig* **zum 2 sein** F être (mignon, joli) à croquer; **II** *v/i* **1** *Fisch* mordre (à l'hameçon); **2** *fig* mordre à l'hameçon

'an·belangen *v/t* ⟨*sans ge*⟩ **was mich anbelangt, (so) ...** en ce qui me concerne *od* quant à moi, je ...

'an·bellen *v/t* aboyer après

'an·beraumen *v/t* ⟨*sans ge*⟩ fixer

'an·beten *v/t* ⟨-e-⟩ REL, *fig* adorer

'Anbetracht *m* **in ~ e-r Sache** (*gén*) en considération de, en raison de qc; **in ~ der Tatsache** *od* **dessen, dass ...** attendu, vu, étant donné que ...

'an·betteln *v/t* ⟨¢⟩ **j-n (um etw) ~** mendier (qc) auprès de qn

'Anbetung *f* ⟨~; ~en⟩ adoration *f*

'an·biedern *v/r péj* **sich bei j-m ~** vouloir se faire bien voir de qn; F faire de la lèche à qn

'an·bieten ⟨*irr*⟩ **I** *v/t* **(j-m) etw ~** offrir qc (à qn); (*vorschlagen*) proposer qc (à qn); **II** *v/r* **sich ~** se proposer (**etw zu tun** de faire qc); *fig Möglichkeit* se présenter; *Erklärung* s'imposer

'Anbieter *m* fournisseur *m*

'an·bind|en ⟨*irr*⟩ *v/t* attacher (**an** [+ *dat ou acc*] à); *Boot a* amarrer (à); **2ung** *f e-r Region* rattachement *m*, liaison *f* (**an** [+ *acc*] à)

'an·blasen *v/t* ⟨*irr*⟩ **1** *Feuer, Glut* attiser; *Hochofen* mettre à feu; allumer; **2** MUS *Instrument* souffler dans; *Ton* jouer; **3 j-n (mit etw) ~** souffler (qc) dans la direction de qn

'Anblick *m* **1** vue *f*; **beim ~ von** à la vue de; **2** (*Bild*) spectacle *m*

'an·blicken *v/t* regarder

'an·blinzeln *v/t* ⟨¢⟩ regarder en clignant des yeux

'an·bohren *v/t* (commencer à) percer

'an·braten *v/t* ⟨*irr*⟩ faire revenir

'an·brechen ⟨*irr*⟩ **I** *v/t Vorräte* entamer; **II** *st/s v/i* ⟨sn⟩ *Epoche* commencer; *Tag* se lever; poindre; *Nacht* tomber

'an·brennen ⟨*irr*⟩ **I** *v/t* allumer; **II** *v/i* ⟨sn⟩ *Essen* brûler; *Milch, Brei* attacher

'an·bringen *v/t* ⟨*irr*⟩ **1** F (*herbeibringen*) (r)apporter; *bes Person, Tier* (r)amener; **2** (*befestigen*) mettre; placer; poser; **3** *fig Bemerkung, Kinnhaken* placer

'Anbruch *st/s m* ⟨~¢s⟩ *des Tages* lever *m*; *der Nacht* tombée *f*; *e-r Epoche*

commencement *m*; ***bei ~ der Dunkelheit*** à la tombée de la nuit
'an·brüllen *v/t* F ***j-n ~*** F engueuler qn
Anchovis [an'ʃoːvɪs] *f* ⟨~; ~⟩ anchois *m*
Andacht ['andaxt] *f* ⟨~; ~en⟩ **1** REL *innere* dévotion *f*; piété *f*; (*Gebete*) prières *f/pl*; **2** *fig* recueillement *m*
andächtig ['andɛçtɪç] **I** *adj* recueilli; **II** *adv* avec recueillement
Andalusien [anda'luːziən] *n* ⟨~s⟩ l'Andalousie *f*
'an·dauern *v/i* continuer; persister
'andauernd I *adj* continuel; permanent; **II** *adv* continuellement; en permanence
'Andenken *n* ⟨~s; ~⟩ (*Erinnerung*), *Gegenstand* souvenir *m*; *an e-n Verstorbenen a* mémoire *f*; ***als ~*** en souvenir; ***zum ~ an*** (+ *acc*) en souvenir de
andere ['andərə], **~r, ~s** *pr/ind* **I** *adjt* autre; **II** *subst* ***ein ~r, e-e ~*** un(e) autre; *pl* ***~*** d'autres; ***die ander(e)n*** les autres; ***einer nach dem ander(e)n*** l'un après l'autre; à tour de rôle; ***er ist ein ~r geworden*** il a changé; ***etwas ~s*** autre chose; ***er ist alles ~ als …*** il est loin d'être …; ***… und ~s mehr*** … et (d')autres choses encore; … et ainsi de suite; ***alles ~*** tout le reste; (***immer***) ***eins nach dem ander(e)n*** pas tout à la fois; ***er macht e-n Fehler nach dem ander(e)n*** il fait faute sur faute, une faute après l'autre; ***eine war hübscher als die ~*** elles étaient plus jolies les unes que les autres; ***da müssen schon ~ kommen!*** si tu crois que tu m'impressionnes!
'anderen'falls *adv* sinon; autrement
'anderer'seits *adv* d'autre part
'ander'mal *adv* ***ein ~*** une autre fois
ändern ['ɛndərn] **I** *v/t* changer; modifier; *Kleidung* retoucher; ***etw an e-r Sache*** (*dat*) ***~*** changer qc à qc; **II** *v/r* ***sich ~*** changer
'andern'falls → ***anderenfalls***
anders ['andərs] *adv u adj* ⟨*attribut*⟩ (*verschieden*) autrement (***als*** que); différemment (de); ***~ aussehen als*** ne pas ressembler à; ***~ geartet*** différent; ***~ lautend*** autre; différent; (*widersprüchlich*) contradictoire; ***er ist ~ als s-e Kameraden*** il est différent de ses camarades; ***das muss ~ werden*** cela doit changer; ***ich konnte nicht ~*** je ne pouvais pas faire autrement; ***irgendwo ~*** ailleurs; autre part; ***nirgendwo ~*** nulle part
'anders|artig *adj* différent; **≗denkende(r)** *f(m)* ⟨→ A⟩ personne *f* qui pense autrement; POL *a* dissident(e) *m(f)*; **≗gläubige(r)** *f(m)* ⟨→ A⟩ personne *f* qui a d'autres convictions religieuses; **~herum** *adv* dans l'autre sens; **~wo** F *adv* ailleurs; autre part; **~woher** F *adv* (provenant) d'ailleurs, d'un autre lieu; **~wohin** F *adv* ailleurs; autre part
anderthalb ['andərt'halp] *num/c* un et demi; ***~ Stunden*** une heure et demie
'Änderung *f* ⟨~; ~en⟩ changement *m*, modification *f* (***an*** [+ *dat*] à)
'anderweitig I *adj* autre; ***~e Verpflichtungen*** *f/pl* d'autres obligations; **II** *adv* ailleurs; autre part; *verwenden* pour autre chose; (*an j anderen*) à qn d'autre
'an·deuten ⟨-e-⟩ **I** *v/t* **1** (*zu verstehen geben*) indiquer (vaguement, à demi-mot); (*ahnen lassen*) laisser entendre; laisser, faire comprendre; **2** *zeichnerisch* esquisser; **II** *v/r* ***sich ~*** s'annoncer
'Andeutung *f* (vague) indication *f*; (*Anspielung*) allusion *f*; *fig e-s Lächelns etc* esquisse *f*; ébauche *f*; ***~en machen*** laisser, faire comprendre qc
'andeutungsweise *adv* vaguement; *mit Worten* à demi-mot
'an·dichten *v/t* ⟨-e-⟩ ***j-m etw ~*** attribuer, imputer (faussement, à tort) qc à qn
Andorra [an'dɔra] *n* ⟨~s⟩ l'Andorre *f*
'Andrang *m* ⟨~(e)s⟩ affluence *f*
'andre, ~r, ~s → ***andere***
'an·drehen *v/t* **1** *Radio*, *Heizung* mettre; allumer; *Gas* ouvrir; **2** F ***j-m etw ~*** F refiler qc à qn
'andrer'seits → ***andererseits***
'an·drohen *v/t* ***j-m etw ~*** menacer qn de qc
'Androhung *f* menace *f*
'an·drücken *v/t* presser, appuyer (***an*** [+ *acc*] sur, contre)
'an·ecken *v/i* ⟨sn⟩ F *fig* (***bei j-m***) ***~*** se faire mal voir (par qn)
'an·eignen *v/r* ⟨-e-⟩ ***sich*** (*dat*) ***etw ~*** **1** *Kenntnisse* assimiler qc; *Gewohnheiten*, *Bildung* acquérir qc; **2** *fremdes Eigentum* s'approprier qc
'Aneignung *f* **1** assimilation *f*; acquisition *f*; **2** appropriation *f*
anei'nander *adv* l'un(e) à l'autre *bzw*

les un(e)s aux autres; **~ binden** attacher bout à bout, l'un à l'autre; **~ fügen** joindre; **~ geraten** se disputer (**mit** avec); *handgreiflich* en venir aux mains (avec); **~ grenzen** se toucher; être contigu; **~ legen** mettre l'un à côté de l'autre; **~ reihen** mettre l'un à côté de l'autre; **sich ~ reihen** *zeitlich* se suivre; *räumlich* être aligné; **sich ~ schmiegen** se blottir, se pelotonner l'un contre l'autre; **~ stoßen** s'entrechoquer; (**~** *grenzen*) se toucher; être contigu; **~ vorbeigehen** passer l'un à côté de l'autre

Anei'nanderreihung *f von Fakten* suite *f*; succession *f*; *von Gegenständen* alignement *m*; rangée *f*; *von Gedanken* enchaînement *m*

Anekdote [anɛk'do:tə] *f* ⟨~; ~n⟩ anecdote *f*; **2nhaft** *adj* anecdotique

'an·ekeln *v/t* ⟨¢⟩ **j-n ~** dégoûter, écœurer qn

Anemone [ane'mo:nə] *f* ⟨~; ~n⟩ BOT anémone *f*

'Anerbieten *st/s n* ⟨~s; ~⟩ offre *f*

'anerkannt *adjt* reconnu

'anerkennen *v/t* ⟨*irr, séparable ou inséparable, sans ge*⟩ reconnaître (*a* JUR, POL); *Regeln* accepter; *Leistung* apprécier; *Rekord* homologuer; **ein paar ~de Worte sprechen** dire quelques mots d'appréciation

'anerkennenswert *adj* louable

'Anerkennung *f* ⟨~; ~en⟩ reconnaissance *f* (*a* JUR, POL); (*Wertschätzung*) appréciation *f*; *e-s Rekords* homologation *f*; (*Zustimmung*) acceptation *f*

'an·erziehen *v/t* ⟨*irr, sans ge*⟩ **j-m etw ~** inculquer qc à qn

an·fachen ['anfaxən] *st/s v/t* **1 Feuer ~** souffler sur le feu; **2** *fig Eifer, Ehrgeiz* exciter; *Leidenschaft* attiser

'an·fahren ⟨*irr*⟩ **I** *v/t* **1** (*hertransportieren*) amener; transporter; **2** *Fußgänger* accrocher; 'heurter; **3** F *fig* **j-n (grob) ~** F enguirlander, engueuler qn; **4** (*ansteuern*) se diriger vers; *Schiff* mettre le cap sur; **II** *v/i* ⟨sn⟩ **5** *Zug, Auto* se mettre en marche; démarrer; **6 angefahren kommen** arriver, approcher (en voiture, *etc*)

'Anfahrt *f* **1** *zur Arbeit* trajet *m*; **2** (*Zufahrt*) (voie *f* d')accès *m*

'Anfall *m von Fieber, Husten* accès *m*; (*Asthma2, Herz2, Tobsuchts2*) crise *f*

'an·fallen ⟨*irr*⟩ **I** *v/t* attaquer; **II** *v/i* ⟨sn⟩ *Arbeiten, Kosten* se présenter (**für** à); *Produkte* être produit

'anfällig *adj* de santé fragile, délicate; **für etw ~ sein** être sujet à qc

'Anfang *m* début *m*; commencement *m*; **von ~ an** dès le début; dès le commencement; **am** *od* **zu ~** au commencement; au début; **~ Mai** début mai; **er ist ~ sechzig** il a une petite soixantaine; **(mit etw) den ~ machen** commencer (par qc)

'an·fangen *v/t u v/i* ⟨*irr*⟩ **1** (*beginnen*) commencer (**zu** à; **mit** par, avec); **~ zu** (+ *inf*) *a* se mettre à (+ *inf*); **er fängt immer wieder davon an** il recommence toujours à en parler; **bei e-m Unternehmen ~** commencer à travailler dans *bzw* pour une entreprise; **2** (*zustande bringen*) faire; **etw falsch, richtig ~** s'y prendre mal, bien

'Anfäng|er(in) ['anfɛŋər(ɪn)] *m* ⟨~s; ~⟩ (*f*) ⟨~; ~nen⟩ débutant(e) *m(f)* (*a péj*); **2lich** *adj* premier; du début

'anfangs *adv* au début; d'abord

'Anfangsbuchstabe *m* première lettre; *als Monogramm* initiale *f*; **mit großem, kleinem ~n** avec (une) majuscule, minuscule

'Anfangs|gründe *m/pl e-r Wissenschaft* notions *f/pl* élémentaires; rudiments *m/pl*; **~stadium** *n* stade initial; première phase

'an·fassen ⟨¢t⟩ **I** *v/t* **1** (*berühren*) toucher; **2** (*nehmen, halten*) prendre; **3** *fig* (*behandeln*) **j-n hart, zart ~** traiter qn durement *od* avec dureté, avec douceur; **4** *fig* (*angehen*) *Problem, Arbeit* aborder; **II** *v/i* **mit ~** (*helfen*) donner un coup de main

'an·fauchen *v/t* **1** *Katze* **j-n ~** feuler après qn; **2** *fig Person* rembarrer

'anfechtbar *adj* contestable; attaquable

'an·fecht|en *v/t* ⟨*irr*⟩ **1** JUR attaquer (en justice); contester (la validité de); **2** *st/s* (*beunruhigen*) inquiéter; **2ung** *f* ⟨~; ~en⟩ **1** JUR contestation *f* (de la validité); **2** *st/s* (*Versuchung*) tentation *f*

'an·feind|en *v/t* ⟨-e-⟩ attaquer; manifester de l'hostilité à; **2ung** *f* ⟨~; ~en⟩ attaque *f*; hostilité *f*

'an·fertig|en *v/t* faire; confectionner; **2ung** *f* exécution *f*; confection *f*

'an·feuchten *v/t* ⟨-e-⟩ humecter

'an·feuern *v/t* **1** *Ofen, Kessel* allumer; faire du feu dans; **2** *fig* SPORT encourager

'Anfeuerungsruf *m* cri *m* d'encouragement

'an·flehen *v/t* implorer; supplier; ***j-n um etw ~*** implorer qc de qn

'an·fliegen ⟨*irr*⟩ **I** *v/t Flughafen* approcher de; voler sur; *zur Zwischenlandung* faire escale à; **II** *v/i* ⟨sn⟩ ***angeflogen kommen*** arriver

'Anflug *m* **1** AVIAT approche *f*; **2** *fig* ***ein ~ von Spott*** une légère moquerie; ***ein ~ von Traurigkeit*** une légère tristesse; une ombre de tristesse; ***mit e-m ~ von Ironie*** avec une pointe d'ironie

'an·fordern *v/t Hilfe, Arbeitskräfte* demander; *Ersatzteile* commander; *Notarzt* faire venir

'Anforderung *f* **1** (*Bestellung*) commande *f*; *von Arbeitskräften, Hilfe* demande *f*; **2** (*Anspruch*) exigence *f*; ***hohe ~en an j-n, etw stellen*** exiger beaucoup de qn, qc; demander beaucoup à qn, qc

'Anfrage *f* demande *f*; PARLAMENT interpellation *f*

'an·fragen *v/i* (***bei j-m wegen etw***) ~ demander (qc à qn)

'an·fressen *v/t* ⟨*irr*⟩ **1** (*annagen*) (commencer à) manger; s'attaquer à; **2** (*zersetzen*) ronger

'an·freunden *v/r* ⟨-e-⟩ ***sich*** (***mit j-m***) ~ se lier d'amitié (avec qn); *fig* ***sich mit etw ~*** se faire à qc; se familiariser avec qc

'an·frieren *v/i* ⟨*irr*, sn⟩ ***an etw*** (*dat*) ~ s'attacher à qc par le gel

'an·fügen *v/t* ajouter; joindre

'an·fühlen *v/r* ***sich hart ~*** être dur au toucher; ***sich wie Wolle ~*** avoir le toucher de la laine

'an·führen *v/t* **1** *Mannschaft etc* conduire; **2** *Beispiele, Textstellen* citer (*a Zeugen*); donner (*a Gründe*); **3** F (*an der Nase herumführen*) ***j-n ~*** F posséder qn; F rouler qn; F avoir qn

'Anführer(in) *m(f)* chef *m*; *bes* POL meneur, -euse *m,f* (*a péj*)

'Anführung *f von Beispielen* citation *f*; *von Gründen* énumération *f*

'Anführungs|striche *m/pl*, **~zeichen** *n/pl* guillemets *m/pl*

'an·füllen *v/t* remplir (***mit*** de)

'Angabe *f* **1** (*Aussage*) indication *f*; *statistisch* donnée *f*; (*Auskunft*) renseignement *m*; information *f*; **2** SPORT service *m*; **3** (*Prahlerei*) vantardise *f*; crânerie *f*

'an·gaffen *v/t* regarder bouche bée

'an·geben ⟨*irr*⟩ **I** *v/t* **1** (*nennen*) indiquer; *Adresse a* donner; *Waren beim Zoll* déclarer; **2** *Tempo, Ton* donner; **II** *v/i* **3** SPORT servir; **4** (*prahlen*) se vanter (***mit*** de); crâner

'Angeber(in) *m* ⟨~s; ~⟩ (*f*) ⟨~; ~nen⟩ crâneur, -euse *m,f*; vantard(e) *m(f)*; fanfaron, -onne *m,f*

Angebe'rei *f* ⟨~; ~en⟩ crânerie *f*; vantardise *f*; F esbroufe *f*

'angeberisch *adj* crâneur; vantard; fanfaron

'angeblich **I** *adj* prétendu; soi-disant; **II** *adv* soi-disant; paraît-il

'angeboren *adjt Krankheit* congénital; *Eigenschaft* inné; naturel

'Angebot *n* **1** offre *f* (*a* COMM); ***~ und Nachfrage*** l'offre et la demande; **2** (*Sonder*~) promotion *f*; ***im ~ sein*** être en promotion

'angebracht *adjt* opportun; indiqué; convenable; ***ich halte es für ~ zu*** (+ *inf*) je crois qu'il conviendrait de (+ *inf*)

'angedeihen *v/i* ⟨*seulement inf*⟩ *st/s* ***j-m etw ~ lassen*** faire bénéficier qn de qc

'angefault *adjt Holz* qui a commencé à pourrir; *Obst* abîmé

'angegossen *adjt Kleidung* ***wie ~ sitzen*** *od* ***passen*** aller comme un gant

'angegriffen *adjt* fatigué; *Gesundheit* affaibli; compromis

'angeheiratet *adjt Verwandtschaft* par alliance

'angeheitert *adjt* gai; gris; F éméché

'an·gehen ⟨*irr*⟩ **I** *v/t* **1** *Gegner, Hindernis* attaquer; *fig* s'attaquer à; **2** ***j-n um etw ~*** s'adresser à qn pour avoir qc; demander qc à qn; **3** (*betreffen*) concerner; regarder; ***was mich angeht ...*** quant à moi ...; ***das geht dich nichts an*** cela ne te regarde pas; ce n'est pas ton affaire; **II** *v/i* ⟨sn⟩ **4** ***gegen etw, j-n ~*** s'attaquer à qc, qn (*a fig*); **5** F (*beginnen*) commencer; **6** *Licht, Radio, Fernseher, Heizung* s'allumer; *Feuer* prendre; *Motor, Maschine* se mettre en marche; **7** (*vertretbar sein*) être admissible, acceptable

'**angehend** *adjt* futur

'**an·gehören** *v/i* ⟨*p/p* angehört⟩ ***e-r Sache*** (*dat*) ~ faire partie de qc

'**angehörig** *adj* ***e-r Sache*** (*dat*) ~ membre de qc

'**Angehörige(r)** *f(m)* ⟨→ A⟩ **1** (*Familien*≈) (proche) parent(e) *m(f)*; *pl meist* famille *f*; ***meine Angehörigen*** les miens; ma famille; mes proches; **2** (*Mitglied*) membre *m*

'**Angeklagte(r)** *f(m)* ⟨→ A⟩ accusé(e) *m(f)*; *im Strafprozess a* prévenu(e) *m(f)*

Angel ['aŋəl] *f* ⟨~; ~n⟩ **1** *zum Fischfang* canne *f* à pêche; gaule *f*; ***die ~ auswerfen*** lancer la ligne; **2** *e-r Tür* gond *m*; *fig* ***die Welt aus den ~n heben*** bouleverser le monde

'**Angelegenheit** *f* affaire *f*

'**Angelhaken** *m* hameçon *m*

'**angeln** ⟨*ge*⟩ **I** *v/t u v/i* **1** pêcher (à la ligne); ***~ gehen*** aller pêcher; ≈ ***verboten!*** pêche interdite!; **2** F *fig* ***nach etw ~*** chercher à attraper qc; **II** *v/r* ***sich*** (*dat*) ***e-n reichen Mann ~*** se trouver un mari riche

'**Angelrute** *f* canne *f* à pêche; gaule *f*

'**Angel|sachse** *m* Anglo-Saxon *m*; **≈sächsisch** *adj* anglo-saxon

'**Angel|schein** *m* permis *m* de pêche; **~schnur** *f* ligne *f*; **~sport** *m* pêche *f* à la ligne

'**angemessen** *adjt* convenable; *Preis a* raisonnable; *Strafe* équitable; juste

'**angenehm** *adj* agréable; ***~e Ruhe!*** repose-toi *bzw* reposez-vous bien!; *beim Vorstellen* **(*sehr*) *~!*** enchanté!

'**angenommen** *p/p* → ***annehmen***

'**angepasst** *adjt* conforme; conformiste

'**angeregt** **I** *adjt Gespräch* animé; **II** *advt* ***sich ~ unterhalten*** avoir une conversation animée

'**angeschlagen** *adjt fig Gegner* touché; *gesundheitlich, seelisch* ébranlé; secoué

'**Angeschuldigte(r)** *f(m)* ⟨→ A⟩ JUR inculpé(e) *m(f)*; prévenu(e) *m(f)*

'**angesehen** *adjt* estimé; considéré

'**Angesicht** *st/s n* ⟨~(e)s; ~er⟩ visage *m*; figure *f*; face *f*; ***von ~ zu ~*** face à face; ***im ~ des Todes*** *etc* face à la mort, *etc*

'**angesichts** *prép* ⟨*gén*⟩ **1** en vue, présence de; face à; **2** *fig* vu; étant donné

'**angespannt** *adjt Lage* tendu; *Arbeit* assidu; intense

'**angestammt** *adjt Recht, Macht* héréditaire; *Rolle, Platz* habituel

'**angestellt** *adjt* ***fest ~ sein*** avoir un emploi fixe; ***bei der Stadt, bei e-r Firma ~ sein*** être employé à *od* de la ville, dans une société

'**Angestellte(r)** *f(m)* ⟨→ A⟩ employé(e) *m(f)*

'**angestrengt** **I** *adjt Arbeit* assidu; intense; **II** *advt arbeiten, nachdenken* intensément

'**angetan** **I** *p/p* → ***antun***; **II** *adjt* ***von j-m, e-r Sache*** (***sehr***) ***~ sein*** être conquis, séduit, charmé par qn, qc

'**angetrunken** *adjt* légèrement ivre

'**angewandt** *adjt* appliqué

'**angewiesen** *adjt* ***auf j-n, etw ~ sein*** dépendre de qn, qc; ***aufeinander ~ sein*** dépendre l'un de l'autre

'**an·gewöhnen** ⟨*p/p* angewöhnt⟩ **I** *v/t* ***j-m etw ~*** habituer, accoutumer qn à qc; **II** *v/r* ***sich*** (*dat*) ***etw ~*** *od* (***es***) ***sich*** (*dat*) ***~, etw zu tun*** prendre l'habitude de faire qc

'**Angewohnheit** *f* habitude *f*; coutume *f*

'**angewurzelt** *adjt* ***wie ~ dastehen*** être cloué, figé sur place

Angina [aŋ'gi:na] *f* ⟨~; -nen⟩ angine *f*

'**an·gleich|en** *v/t* ⟨*irr*⟩ r(é)ajuster, adapter (***an*** [+ *acc*] à); **≈ung** *f der Löhne etc* r(é)ajustement *m*, adaptation *f* (***an*** [+ *acc*] à)

Angler(in) ['aŋlər(ɪn)] *m* ⟨~s; ~⟩ (*f*) ⟨~; ~nen⟩ pêcheur, -euse *m,f* (à la ligne)

'**an·glieder|n** *v/t* rattacher, joindre (***an*** [+ *acc*] à); **≈ung** *f* rattachement *m* (***an*** [+ *acc*] à)

Anglistik [aŋ'glɪstɪk] *f* ⟨~⟩ (études *f/pl* de) langue *f*, (de) littérature *f* et (de) civilisation *f* anglaises

'**an·glotzen** F *v/t* ⟨-(e)s⟩ ***j-n, etw ~*** regarder qn, qc bouche bée, avec des yeux ronds

Angola [aŋ'go:la] *n* ⟨~s⟩ l'Angola *m*

Angora|katze [aŋ'go:ra-] *f* chat *m* angora; **~wolle** *f* (laine *f*) angora *m*

'**angreifbar** *adj* attaquable (*a fig*)

'**an·greifen** *v/t* ⟨*irr*⟩ **1** *Gegner*, SPORT attaquer; *mit Gewalt* agresser; **2** *fig Material* attaquer; *Nerven* fatiguer; *Gesundheit* ébranler; **3** *Vorräte* entamer; F attaquer; *Ersparnisse a* écorner

'**Angreifer(in)** *m* ⟨~s; ~⟩ (*f*) ⟨~; ~nen⟩ agresseur *m*; attaquant(e) *m(f)*; assaillant(e) *m(f)*

'an·grenzen *v/i* ⟨*o ge*⟩ ***an etw*** (*acc*) **~** toucher (à) qc; avoisiner qc

'angrenzend *adjt* avoisinant; voisin; *Länder, Gemeinden a* limitrophe; *Grundstücke a* attenant; contigu

'Angriff *m* SPORT, MIL, *fig* attaque *f* (***auf*** [+ *acc*], ***gegen*** contre); ***etw in ~ nehmen*** commencer qc; se mettre à qc

'Angriffs|lust *f* agressivité *f*; **2lustig** *adj* agressif; **~waffe** *f* arme offensive

'an·grinsen F *v/t* ⟨*o ge*⟩ ***j-n ~*** ricaner au nez de qn; regarder qn en ricanant

angst [aŋst] *adjt* ***mir ist ~*** (***und bange***) j'ai peur; ***mir wird ~*** (***und bange***) je commence à avoir peur

Angst *f* ⟨~; ≈e⟩ peur *f* (***vor*** [+ *dat*] de); (*~gefühl*) angoisse *f*; anxiété *f*; ***schreckliche ~*** peur bleue; (***vor etw, j-m***) ***~ haben*** avoir peur (de qc, qn); ***davor habe ich keine ~*** cela ne me fait pas peur; ***j-m ~ machen*** faire peur à qn; ***keine ~, das schaffen wir schon!*** n'aie *bzw* n'ayez pas peur, nous y arriverons!; ***~ bekommen*** *od* F ***kriegen*** prendre peur; ***um j-n ~ haben*** avoir peur pour qn

Angst hat neben der allgemeinen Übersetzung **la peur** noch andere französische Entsprechungen:

innere Angst, Unruhe	**l'anxiété** *f*
große Angst, Angstzustände	**l'angoisse** *f*
Schrecken	**la frayeur**
Furcht, Befürchtung	**la crainte**

'Angsthase F *m* F froussard *m*; poule mouillée

ängstigen ['ɛŋstɪgən] **I** *v/t* faire peur à; **II** *v/r* ***sich*** (***um j-n***) **~** avoir peur (pour qn)

'ängstlich *adj* (*scheu*) craintif; (*feige*) peureux; (*~ besorgt*) anxieux; **2keit** *f* ⟨~⟩ (*Scheuheit*) caractère craintif; (*Besorgnis*) peur *f*

'Angstschweiß *m* sueur *f* d'angoisse

'angstvoll **I** *adj* angoissé; **II** *adv* ***j-n ~ anblicken*** regarder qn d'un air angoissé

'an·gucken F *v/t* regarder

'an·gurten ⟨-e-⟩ **I** *v/t* ***j-n ~*** attacher la ceinture à qn; **II** *v/r* ***sich ~*** attacher sa ceinture

'an·haben *v/t* ⟨*irr*⟩ **1** F *Kleidung* porter; avoir mis; **2** ***j-m, e-r Sache nichts ~ können*** ne pouvoir rien faire à qn, qc

'an·haften *v/i* ⟨-e-⟩ *fig Makel* ***j-m, e-r Sache ~*** être inhérent à qn, qc

'Anhalt *m* → ***Anhaltspunkt***

'an·halten ⟨*irr*⟩ **I** *v/t* **1** (faire) arrêter; *Auto a* stopper; **2** ***den Atem ~*** *a fig* retenir son souffle, sa respiration; **3** ***j-n zu etw ~*** apprendre à qn (à faire) qc; **II** *v/i* **4** (*stehen bleiben*) s'arrêter; stopper; **5** (*andauern*) durer; continuer; persister

'anhaltend *adjt* continuel

'Anhalter(in) *m* ⟨~s; ~⟩ (*f*) ⟨~; ~nen⟩ auto-stoppeur, -euse *m,f*; F stoppeur, -euse *m,f*; ***per Anhalter fahren*** faire de l'auto-stop, F du stop

'Anhaltspunkt *m* point *m* de repère (***für*** pour); indice *m* (pour)

an'hand *prép* ⟨*gén*⟩, *adv* **~ *von*** au moyen de; en s'appuyant sur

'Anhang *m* **1** *e-s Buches etc* appendice *m*; **2** (*Anhängerschaft*) partisans *m/pl*; adhérents *m/pl*; **3** (*Verwandtschaft*) famille *f*

'an·hängen **I** *v/t* **1** *Schild* suspendre (***an*** [+ *acc*] à); (*ankuppeln*) accrocher, atteler (***an*** [+ *acc*] à); **2** *fig* (*anfügen*) ajouter (***an*** [+ *acc*] à); **3** F *fig* ***j-m etw ~*** F mettre qc sur le dos de qn; **II** *v/r fig* ***sich an j-n ~*** suivre qn; s'attacher aux pas de qn

'Anhänger *m* **1** (*Auto2*) remorque *f*; **2** *Schmuckstück* pendentif *m*; **3** (*Koffer2*) étiquette *f* mobile; porte-adresse *m*

'Anhänger(in) *m* ⟨~s; ~⟩ (*f*) ⟨~; ~nen⟩ *e-r Partei* partisan(e) *m(f)*; adhérent(e) *m(f)*; SPORT, POL supporter *m*

'Anhängerschaft *f* ⟨~; ~en⟩ partisans *m/pl*; adhérents *m/pl*

'anhäng|ig *adj* JUR *Verfahren* en instance; **~lich** *adj* affectueux; **2lichkeit** *f* ⟨~⟩ attachement *m* (***an*** [+ *acc*] pour); affection *f* (pour)

Anhängsel ['anhɛŋzəl] *n* ⟨~s; ~⟩ (*Überflüssiges*) ***ein ~ sein*** n'être qu'accessoire

'an·hauchen *v/t* faire de la buée sur

'an·häuf|en *v/t* (*u v/r* ***sich*** **~** s')amasser; (s')accumuler; (s')entasser; **2ung** *f* amassement *m*; accumulation *f*; entassement *m*

'**an·heben** *v/t* ⟨*irr*⟩ **1** *Schrank etc* soulever (un peu); **2** *Gehälter, Preise* relever

'**an·heften** *v/t* ⟨-e⟩ ***etw an etw*** (*acc*) ~ attacher qc à qc; fixer qc sur, à qc; *mit Heftklammern* agrafer qc à qc

an'heim *st/s adv* *Vermögen* ***j-m ~ fallen*** échoir à qn; ***der Vergessenheit*** (*dat*) ***~ fallen*** tomber dans l'oubli; ***es j-m ~ stellen, etw zu tun*** laisser qn libre de faire qc

anheimelnd ['anhaɪməlnt] *adj* accueillant; douillet

'**an·heizen** *v/t* ⟨-t⟩ **1** *Ofen* allumer; **2** F *fig Stimmung* chauffer

'**an·heuern** *v/t* MAR enrôler; engager (*a fig*)

'**Anhieb** *m* ***auf ~*** du premier coup

'**an·himmeln** F *v/t* ⟨-e⟩ adorer; porter aux nues

'**Anhöhe** *f* éminence *f*; 'hauteur *f*; élévation *f* (de terrain); colline *f*

'**an·hören** **I** *v/t* écouter; *Zeugen* entendre; **II** *v/r* **1** ***sich*** (*dat*) ***etw ~*** écouter qc; **2** ***sich gut, schlecht ~*** être agréable, désagréable à entendre *od* à l'oreille; *fig* ***das hört sich gut an*** ça n'a pas l'air mal

'**Anhörung** *f* ⟨~; ~en⟩ *im Parlament* consultation *f*

animalisch [ani'maːlɪʃ] *adj* animal; *fig a* bestial

Animateur(in) [anima'tøːr(ɪn)] *m* ⟨~s; ~e⟩ (*f*) ⟨~; ~nen⟩ animateur, -trice *m,f*

Ani'mierdame *f* entraîneuse *f*

ani'mieren *v/t* ⟨*sans ge*⟩ inciter, pousser, entraîner (***zu*** à)

Anis [a'niːs] *m* ⟨~es; ~e⟩ anis *m*; **~likör** *m* anisette *f*

Ank. *abr* (*Ankunft*) arrivée

'**an·kämpfen** *v/i* ***gegen j-n, etw ~*** lutter contre qn, qc

'**Ankauf** *m* achat *m*

'**an·kaufen** *v/t* acheter

Anker ['aŋkər] *m* ⟨~s; ~⟩ **1** MAR ancre *f*; ***~ werfen, vor ~ gehen*** jeter l'ancre; mouiller; ***vor ~ liegen*** être, se tenir à l'ancre, au mouillage; **2** ÉLECT induit *m*

'**ankern** *v/i* mouiller

'**Ankerplatz** *m* mouillage *m*

'**an·ketten** *v/t* ⟨-e-⟩ attacher; mettre à la chaîne; enchaîner

'**Anklage** *f* JUR accusation *f* (*a ~vertretung, fig*); inculpation *f*; (***gegen j-n***) ***~ erheben*** accuser (qn); inculper (qn)

'**Anklagebank** *f* ⟨~; -bänke⟩ banc *m* des accusés

'**an·klagen** *v/t* JUR, *fig* ***j-n*** (***e-r Sache*** [*gén*] *od* ***wegen etw***) ~ accuser qn (de qc)

'**Anklagepunkt** *m* chef *m* d'accusation

'**Ankläger** *m* accusateur

'**Anklage|schrift** *f* acte *m* d'accusation; **~vertreter** *m* représentant *m* de l'accusation; procureur *m*; **~vertretung** *f* ministère public; accusation *f*

'**an·klammern** *v/t* attacher (avec une pince, une agrafe, *etc*) (***an*** [+ *acc*] à)

'**Anklang** *m* *Plan, Vorschlag* ***~ finden*** être bien accueilli, reçu (***bei*** par)

'**an·kleben** *v/t* (*u v/i* ⟨sn⟩) coller (***an*** [+ *acc*] à, sur)

'**an·kleiden** *st/s v/t* (*u v/r*) ⟨-e-⟩ (***sich ~***) s')habiller; (se) vêtir

'**an·klicken** *v/t* INFORM cliquer sur

'**an·klingen** *v/i* ⟨*irr*⟩ **1** ***an etw*** (*acc*) ~ évoquer qc; **2** ⟨h *ou* sn⟩ ***in ihren Worten klingt Enttäuschung an*** la déception transparaît dans ses paroles

'**an·klopfen** *v/i* frapper (à la porte)

'**an·knipsen** F *v/t* ⟨-t⟩ allumer

'**an·knüpfen** **I** *v/t* **1** (***an etw*** [*acc*]) ~ attacher, nouer (à qc); **2** ***mit j-m Beziehungen ~*** entrer en relations avec qn; ***mit j-m ein Gespräch ~*** engager la conversation avec qn; lier conversation avec qn; **II** *v/i* ***an etw*** (*acc*) ~ partir de qc; se rattacher à qc

'**Anknüpfungspunkt** *m* point *m* de départ (***für*** pour)

'**an·kommen** ⟨*irr*, sn⟩ **I** *v/i* **1** (*eintreffen*) arriver; ***bist du gut*** (***zu Hause***) ***angekommen?*** tu es bien rentré(e)?; **2** F (*Anklang finden*) avoir du succès; *Witz a* être bien accueilli; **3** ***gegen j-n, etw ~*** venir à bout de qn, qc; **II** *v/imp* **4** (*abhängen*) ***auf etw*** (*acc*) ~ dépendre de qc; ***es kommt*** (***ganz***) ***darauf an*** cela dépend; c'est selon; **5** (*wichtig sein*) ***es kommt darauf an zu*** (+ *inf*) il importe de (+ *inf*); il s'agit de (+ *inf*); ***darauf kommt es nicht an*** cela n'importe, ne compte pas; ***auf ein paar Euro soll es mir nicht ~*** je n'en suis pas à quelques euros près; **6** ***es auf etw*** (*acc*) ***~ lassen*** risquer qc; ***es darauf ~ lassen*** risquer, F tenter le coup

'an·koppeln ⟨¢⟩ **I** *v/t Raumfahrzeug* (**an etw** [*acc*]) **~** arrimer (à qc); → **ankuppeln**; **II** *v/i* s'arrimer
'an·kreiden *v/t* ⟨-e-⟩ **j-m etw ~** reprocher qc à qn; faire grief de qc à qn
'an·kreuzen *v/t* ⟨¢s⟩ marquer d'une croix; *auf e-m Formular* cocher
'an·kündig|en *v/t* (*u v/r* **sich ~** s')annoncer (*a fig*); **2ung** *f* annonce *f*
Ankunft ['ankʊnft] *f* ⟨~; -künfte⟩ arrivée *f*; **~szeit** *f* heure *f* d'arrivée
'an·|kuppeln *v/t* ⟨¢⟩ *Anhänger etc* atteler; accrocher; **~kurbeln** *v/t* ⟨¢⟩ **1** *Motor etc* mettre en marche (à la manivelle); **2** *fig Wirtschaft, Produktion* relancer; stimuler
Anl. *abr* (*Anlage*[*n*]) P.J.
'an·lächeln *v/t* ⟨¢⟩ sourire à
'an·lachen I *v/t* regarder en riant; **II** F *v/r* **sich** (*dat*) **j-n ~** se trouver qn, un(e) petit(e) ami(e)
'Anlage *f* **1** (*Anlegen*) *von Parks, Straßen* aménagement *m*; *e-r Akte* établissement *m*; **2** (*Grün*2) espace vert; jardin (public); parc *m*; **3** (*Einrichtung*) installation *f*; (*Vorrichtung*) dispositif *m*; **4** (*Sport*2) terrain *m* de sport; stade *m*; **5** (*Konzeption*) plan *m*; conception *f*; **6** (*Veranlagung*) disposition *f* (**zu** à); **7** (*Kapital*2) placement *m*; investissement *m*; **8** *in Briefen* pièce jointe; annexe *f*; **in der ~** ci-joint; **9** (*Stereo*2) chaîne *f* stéréo
'Anlage|berater(in) *m(f)* conseiller, -ère *m,f* d'investissements; **~kapital** *n* capital *n* d'investissement
'an·langen I *v/t* → **anbelangen**; **II** *v/i* ⟨sn⟩ arriver; parvenir
Anlass ['anlas] *m* ⟨~es; -lässe⟩ **1** (*Grund*) raison *f* (**zu** de); (*Beweggrund*) motif *m* (de); **~ zur Klage geben** donner lieu à des plaintes; **2** (*Gelegenheit*) occasion *f*; **bei offiziellen Anlässen** pour des occasions officielles
'an·lassen ⟨*irr*⟩ **I** *v/t* **1** (*in Gang setzen*) mettre en marche; faire démarrer; *Motor a* lancer; **2** (*eingeschaltet lassen*) laisser allumé; **3** F *Kleidung* garder; **II** F *v/r* **etw lässt sich gut, schlecht an** qc se présente, s'annonce bien, mal
'Anlasser *m* ⟨~s; ~⟩ démarreur *m*
anlässlich ['anlɛslɪç] *prép* ⟨*gén*⟩ à l'occasion de; lors de
'Anlauf *m* **1** SPORT élan *m*; **~ nehmen** prendre son élan, de l'élan; **2** *fig* (*Versuch*) essai *m*; **beim ersten ~** du premier coup; d'emblée
'an·laufen ⟨*irr*⟩ **I** *v/t Hafen* toucher; faire escale (à Hambourg, dans un port); **II** *v/i* ⟨sn⟩ **1** *Maschine* se mettre en marche; démarrer; *Produktion, Aktion* démarrer; commencer; *Film* sortir; **2 angelaufen kommen** arriver, venir en courant; accourir; **3** SPORT prendre son élan, de l'élan; **4** *fig* **gegen etw ~** lutter contre qc; combattre qc; **5** (*beschlagen*) se couvrir de buée; s'embuer; **6 rot ~** rougir; devenir tout rouge
'Anlaufstelle *f* (centre *m* d')accueil *m*
'an·legen I *v/t* **1 etw** (**an etw** [*acc*]) **~** mettre, poser qc (contre qc); (**e-e Spielkarte, e-n Dominostein**) **~** fournir (une carte, un domino); **das Gewehr ~** mettre le fusil en joue; **2 die Arme ~** mettre les bras le long du corps; **die Ohren ~** rabattre les oreilles; **die Flügel ~** replier ses ailes; **3** *st/s* (*anziehen*) mettre; **4** *Garten, Straße* aménager; *Vorräte* faire; *Liste, Akte* faire; établir; **5** (*investieren*) placer; **6** (*ausgeben*) **etw** (**für etw**) **~** mettre qc (pour qc); **7 er hat es darauf angelegt, ihm zu schaden** il s'est donné pour but, il a en tête de lui nuire; **II** *v/i* **8** *Schiff* accoster, aborder (**an etw** [*dat*] qc); **9** *mit dem Gewehr etc* **auf j-n ~** mettre, coucher qn en joue; **III** *v/r* **sich mit j-m ~** se disputer, F s'accrocher avec qn
'Anlegeplatz *m* débarcadère *m*; embarcadère *m*
'an·lehnen I *v/t Tür, Fenster* laisser entrouvert, entrebâillé; **etw an etw** (*acc*) **~** appuyer, adosser qc contre, à qc; **II** *v/r* **sich** (**an j-n, etw**) **~** s'appuyer (contre qn, qc)
'Anlehnung *f* ⟨~; ~en⟩ **in ~ an** (+ *acc*) (en) suivant l'exemple de; sur le modèle de
'an·leiern F *v/t* mettre en route
'Anleihe *f* ⟨~; ~n⟩ FIN, *fig* emprunt *m*
'an·leimen *v/t* **etw** (**an etw** [*acc*]) **~** coller qc (à qc)
'an·leinen *v/t* mettre en laisse
'an·leit|en *v/t* ⟨-e-⟩ instruire; **2ung** *f* instruction(s) *f(pl)*
'an·lernen *v/t* initier; former; **angelernter Arbeiter** ouvrier spécialisé; O.S. *m*

'an•liefern *v/t* livrer
'an•liegen *v/i* ⟨*irr*⟩ **1** *Kleidung* **eng ~** être collant; **2** F (*zu erledigen sein*) ***es liegt viel an*** il y a beaucoup à faire
'Anliegen *n* ⟨~s; ~⟩ (*Bitte*) demande *f*; (*Wunsch*) désir *m*
'anliegend *adjt Schriftstück* ci-joint; ci-inclus
'Anlieger *m* ⟨~s; ~⟩ riverain *m*; **~staat** *m* État riverain, limitrophe
'an•|locken *v/t* attirer; *durch Köder a* allécher; **~löten** *v/t* ⟨-e-⟩ souder; **~lügen** *v/t* ⟨*irr*⟩ mentir à
'Anmache F *f* ⟨~; ~n⟩ F drague *f*
'an•machen *v/t* **1** *Feuer, Licht, Radio* allumer; **2** *Mörtel, Gips* gâcher; **3** *Salat* assaisonner; accommoder; **4** F (*aufreißen*) ***j-n* ~** F draguer qn
'an•malen **I** *v/t* peindre; **II** *v/r* F ***sich* ~** (*schminken*) se peindre
'Anmarsch *m* approche *f*; ***im* ~ *sein*** approcher, avancer (***auf*** [+ *acc*] sur, vers)
'an•maßen *v/r* ⟨*¢$*⟩ ***sich*** (*dat*) ***etw* ~** se permettre de faire qc
'anmaß|end **I** *adjt* arrogant; présomptueux; **II** *advt* avec arrogance; avec présomption; **2ung** *f* ⟨~; ~en⟩ **1** *von Rechten* usurpation *f*; **2** *im Auftreten* arrogance *f*; présomption *f*
'Anmelde|formular *n* formulaire *m* d'inscription; *im Hotel* fiche *f*; **~frist** *f* délai *m* de déclaration, *zur Teilnahme* d'inscription
'an•melden ⟨-e-⟩ **I** *v/t* **1** *Besuch* annoncer; *Schüler* faire inscrire; *Rundfunkgerät* déclarer; *Auto* (faire) immatriculer; TÉL *Gespräch* demander; **2** *fig* (*geltend machen*) revendiquer; présenter; ***Bedenken* ~** avoir des doutes, des hésitations; **II** *v/r* ***sich* ~** *zur Teilnahme* se faire inscrire (***zu, bei, an*** [+ *dat*] à); *beim Arzt etc* prendre rendez-vous; ***sich polizeilich* ~** déclarer son domicile
'Anmeldung *f* **1** *e-s Besuchers* annonce *f*; *für e-e Schule* inscription *f*; *beim Arzt* ***nach vorheriger* ~** sur rendez-vous; **2** *fig von Ansprüchen* revendication *f*; présentation *f*
'an•merken *v/t* **1** ***j-m s-n Ärger, s-e Verlegenheit* ~** voir que qn est en colère, est gêné; lire la colère, la gêne sur le visage de qn; ***man merkt ihm an, dass …*** on voit, on remarque qu'il …; ***sich*** (*dat*) ***nichts* ~ *lassen*** ne rien montrer; **2** (*bemerken*) ***etw zu etw* ~** faire des remarques sur qc
'Anmerkung *f* ⟨~; ~en⟩ **1** (*Bemerkung*) remarque *f*; **2** (*Fußnote*) note *f*; *am Rand* annotation *f*
'Anmut *f* ⟨~⟩ grâce *f*; charme *m*
'an•muten *v/t u v/i* ⟨-e-⟩ (***j-n***) **… ~** sembler … (à qn); donner l'impression de … (à qn)
'anmutig *adj* gracieux; *Landschaft* charmant
'an•nageln *v/t* ⟨*¢*⟩ clouer (***an etw*** [*acc*] à, sur qc)
'an•nähen *v/t* ***etw*** (***an etw*** [*acc*]) **~** coudre, attacher qc (à qc)
'an•nähern *v/r* ***sich*** (***e-r Sache*** [*dat*] *od* ***an etw*** [*acc*]) **~** s'approcher (de qc); *fig, geistig, menschlich* se rapprocher (de qc)
'annähernd *advt* à peu près; environ; approximativement
'Annäherung *f* ⟨~; ~en⟩ **1** approche *f* (***an*** [+ *acc*] de); **2** *fig* rapprochement *m* (***zwischen*** [+ *dat*] entre); **~sversuch** *m* travaux *m/pl* d'approche; avances *f/pl*
Annahme ['anna:mə] *f* ⟨~; ~n⟩ **1** *von Waren* réception *f*; **2** (*Billigung*) acceptation *f*; *von Gesetzesvorlagen* adoption *f*; **3** (*Vermutung*) supposition *f*; hypothèse *f*; ***in der* ~, *dass …*** à supposer *od* en supposant que … (+ *subj*)
'Annahmestelle *f für Wetten* guichet *m*
Annalen [a'na:lən] *pl* annales *f/pl*
'annehmbar *adj* acceptable; (*halbwegs gut*) *a* passable
'an•nehmen ⟨*irr*⟩ **I** *v/t* **1** *Einladung, Geschenk, Angebot, Vorschlag* accepter; **2** *Antrag, Gesetzesvorlage* adopter; **3** *Form, Gewohnheit, Haltung* prendre; **4** (*vermuten, voraussetzen*) supposer; admettre; ***ich nehme es*** (***nicht***) ***an*** je (ne) crois (pas); **II** *v/r* ***sich j-s, e-r Sache* ~** se charger, s'occuper, prendre soin de qn, qc
'Annehmlichkeit *f* ⟨~; ~en⟩ commodité *f*; agrément *m*
annektier|en [anɛk'ti:rən] *v/t* ⟨*sans ge*⟩ annexer; **2ung** *f* ⟨~; ~en⟩ annexion *f*
anno, Anno ['ano] **~ *1813*** en (l'an) 1813; **~ *dazumal*** au temps jadis
Annonce [a'nõ:sə] *f* ⟨~; ~n⟩ annonce *f*

annon'cieren *v/i* ⟨*sans ge*⟩ insérer, passer une annonce
annullier|en [anu'liːrən] *v/t* ⟨*sans ge*⟩ annuler; **²ung** *f* ⟨~; ~en⟩ annulation *f*
Anode [a'noːdə] *f* ⟨~; ~n⟩ PHYS anode *f*
an·öden ['anʔøːdən] F *v/t* ⟨-e-⟩ assommer; F raser; F barber
anomal ['anomaːl] *adj* anormal
Anoma'lie *f* ⟨~; ~n⟩ anomalie *f*
anonym [ano'nyːm] *adj* anonyme; **²i'tät** *f* ⟨~⟩ anonymat *m*
Anorak ['anorak] *m* ⟨~s; ~s⟩ anorak *m*
'an·ordnen *v/t* ⟨-e-⟩ **1** (*befehlen*) ordonner; **2** (*ordnen*) arranger; disposer
'Anordnung *f* **1** (*Anweisung*) ordre *m*; ***auf ~ des Arztes*** sur l'ordre du médecin; **2** (*Ordnung*) arrangement *m*; disposition *f*
'anorganisch *adj* inorganique
'anormal *adj* anormal
'an·packen I *v/t* **1** F (*anfassen*) toucher; **2** (*angehen*) ***etw falsch, richtig ~*** mal, bien aborder qc; **II** *v/i* (***mit***) ~ donner un coup de main
'an·passen ⟨*-ßt*⟩ **I** *v/t* **1** TECH ajuster (***e-r Sache*** [*dat*] à qc); **2** *fig* adapter (***e-r Sache*** [*dat*] à qc); *Löhne*, *Gehälter etc a* r(é)ajuster; **II** *v/r* ***sich ~*** (+ *dat*, ***an*** [+ *acc*]) s'adapter (à)
'Anpassung *f* ⟨~; ~en⟩ adaptation *f* (***an*** [+ *acc*] à); *der Löhne*, *Mieten etc* r(é)ajustement *m*
'anpassungsfähig *adj* BIOL capable de s'adapter; *geistig* souple; flexible; **²keit** *f* capacité *f*, faculté *f* d'adaptation; souplesse *f*; flexibilité *f*
'an·peilen *v/t* (*ansteuern*) mettre le cap sur; F *fig* viser
'an·pfeifen *v/t* ⟨*irr*⟩ SPORT ***das Spiel ~*** donner le coup de sifflet d'envoi
'Anpfiff *m* **1** SPORT coup *m* de sifflet d'envoi; **2** F *fig* F engueulade *f*
'an·pflanz|en *v/t* ⟨*-t*⟩ (*pflanzen*) planter; (*anbauen*) cultiver; **²ung** *f* plantation *f*
'an·pinseln F *v/t* ⟨*-le*⟩ peindre; *péj* barbouiller
'an·pöbeln F *v/t* ⟨*-le*⟩ apostropher (en termes grossiers)
Anprall ['anpral] *m* ⟨~*-s*⟩ choc *m*
'an·prallen *v/i* ⟨sn⟩ ***an*** *od* ***gegen j-n, etw ~*** 'heurter qn, qc
'an·prangern *v/t* dénoncer (***als*** comme)
'an·preisen *v/t* ⟨*irr*⟩ recommander vivement, vanter, prôner (***als*** comme)
'Anprobe *f* essayage *m*
'an·probieren *v/t* ⟨*sans ge*⟩ essayer
'an·pumpen F *v/t* ***j-n*** (***um fünfzig Euro***) ~ F taper qn (de cinquante euros)
'Anrainer *m* ⟨~s; ~⟩ riverain *m*; **~staat** *m* État riverain, limitrophe
'an·raten *v/t* ⟨*irr*⟩ ***j-m etw ~*** conseiller, recommander qc à qn; ***auf ²*** (*acc*) ***des Arztes*** sur le conseil, sur la recommandation du médecin
'an·rechnen *v/t* ⟨-e-⟩ **1** (*gutschreiben*, *berücksichtigen*) tenir compte de; COMM, JUR imputer (***auf*** [+ *acc*] sur); **2** *fig* (*würdigen*) ***j-m etw hoch ~*** savoir gré à qn de qc; **3** (*berechnen*) ***j-m etw ~*** compter qc à qn
'Anrecht *n* droit *m* (***auf*** [+ *acc*] à)
'Anrede *f* formule *f* pour s'adresser à qn; (*Titel*) titre *m*
'an·reden *v/t* ⟨-e-⟩ (*ansprechen*) adresser la parole à; *auf der Straße* aborder
'an·regen *v/t* **1** suggérer; **2** (*ermuntern*) stimuler; inspirer; **3** *Appetit*, *Kreislauf*, *Fantasie* stimuler
'anregend *adjt* stimulant (*a fig*)
'Anregung *f* **1** (*Vorschlag*) suggestion *f*, idée *f* (***zu*** pour); **2** *des Appetits*, *der Fantasie* stimulation *f* (*a* MÉD)
'an·reichern I *v/t* enrichir (***mit*** de); **II** *v/r* ***sich in etw*** (*dat*) ~ s'accumuler dans qc
'Anreise *f* **1** (*Reise*) voyage *m*; **2** (*Ankunft*) arrivée *f*
'an·reisen *v/i* ⟨*-t*, sn⟩ **1** (*reisen*) voyager; **2** (*ankommen*) arriver
'Anreiz *m* attrait *m*; stimulant *m*
'an·reizen *v/t* ⟨*-t*⟩ inciter, pousser (***zu*** à)
'an·rempeln F *v/t* ⟨*-le*⟩ bousculer; F rentrer dans
'an·rennen *v/t* ⟨*irr*, sn⟩ **1** F ***gegen etw, j-n ~*** 'heurter qc, qn; se cogner dans qc, qn (en courant); **2** *fig* ***gegen e-e Mauer von Vorurteilen ~*** se heurter à un mur de préjugés; **3** F ***angerannt kommen*** arriver en courant; accourir
'Anrichte *f* ⟨~; ~n⟩ buffet (bas)
'an·richten *v/t* ⟨-e-⟩ **1** ***das Essen ~*** garnir et décorer les plats; **2** *Schaden* causer; provoquer; *iron* ***da hast du*** (***ja***) ***etwas Schönes angerichtet!*** tu en as fait de belles!
anrüchig ['anrʏçɪç] *adj* de mauvaise ré-

putation; *Haus, Kneipe a* mal famé
'**an·rücken** *v/i* ⟨sn⟩ arriver; s'approcher
'**Anruf** *m* appel *m* téléphonique; coup *m* de téléphone; **~beantworter** *m* ⟨~s; ~⟩ répondeur *m* (automatique)
'**an·rufen** *v/t* ⟨*irr*⟩ **1** TÉL ***j-n* ~** téléphoner à qn; appeler qn (par téléphone); **2** *durch Rufen* appeler; **3** JUR ***ein Gericht wegen e-r Sache* ~** saisir un tribunal d'une affaire; **4** REL invoquer
'**Anrufer(in)** *m* ⟨~s; ~⟩ (*f*) ⟨~; ~nen⟩ correspondant(e) *m(f)* qui appelle
'**Anrufung** *f* ⟨~; ~en⟩ **1** *e-s Gerichts* saisine *f* (+ *gén* de); **2** REL invocation *f* (+ *gén* à)
'**an·rühren** *v/t* **1** toucher; *fig* ***keinen Alkohol* ~** ne pas toucher à l'alcool; **2** *Kleister, Farben* délayer
ans [ans] = ***an das***
'**Ansage** *f* présentation *f*
'**an·sagen** *v/t* **1** annoncer (*a beim Kartenspiel*); **2** F ***angesagt sein*** (*in Mode sein*) être à la mode; être en vogue; (*auf dem Programm stehen*) être prévu
'**Ansager(in)** *m* ⟨~s; ~⟩ (*f*) ⟨~; ~nen⟩ RAD, TV speaker *m*, speakerine *f*; *e-r Show* présentateur, -trice *m,f*
'**an·sammeln** ⟨¢⟩ **I** *v/t* amasser; accumuler; **II** *v/r* ***sich* ~** s'accumuler; *Menschen* se rassembler; *fig Ärger* s'accumuler; s'amasser
'**Ansammlung** *f* accumulation *f*; *von Menschen* rassemblement *m*
ansässig ['anzɛsɪç] *adj* domicilié; *seit langem* établi
'**Ansatz** *m* **1** (*Lösungs*♀) approche *f*; **2** (*Beginn*) commencement *m*; début *m*; **3** (*Haar*♀) racine *f*; **~punkt** *m* point *m* de départ, d'attaque; **♀weise** *adv* en partie
'**an·saugen** *v/t* aspirer
'**an·schaffen** **I** *v/t* acheter; acquérir; **II** *v/r* ***sich*** (*dat*) ***etw* ~** s'acheter qc
'**Anschaffung** *f* ⟨~; ~en⟩ achat *m*; acquisition *f*; **~skosten** *pl* frais *m/pl* d'achat, d'acquisition
'**an·schalten** *v/t* ⟨-e-⟩ *Licht, Radio* allumer; *Maschine* mettre en marche
'**an·schauen** *v/t bes südd, österr, schweiz* → ***ansehen***
'**anschaulich** *adj* clair; compréhensible; *Beispiel, Bild* concret
'**Anschauung** *f* ⟨~; ~en⟩ **1** (*Erfahrung*) expérience *f*; ***etw aus eigener* ~ *kennen*** connaître qc par expérience; **2** (*Meinung*) vue *f*; idée *f*
'**Anschauungsmaterial** *n* matériel d'illustration, *im Unterricht* éducatif
'**Anschein** *m* ⟨~¢s⟩ apparence *f*; ***dem* ~ *nach*** selon les apparences; ***es hat*** (***ganz***) ***den* ~, *als ob* …** on dirait, il semble que … (+ *ind*)
'**anscheinend** *advt* apparemment; selon toute apparence; **~ …** on dirait que …; il semble que … (+ *ind*)
'**an·schicken** *st/s v/r* ***sich* ~, *etw zu tun*** s'apprêter, se disposer à faire qc
'**an·schieben** *v/t* ⟨*irr*⟩ pousser
'**an·schießen** *v/t* ⟨*irr*⟩ blesser, toucher (d'un coup de fusil, d'une balle)
'**Anschlag** *m* **1** (*Bekanntmachung*) affiche *f*; **2** (*Attentat*) attentat *m* (***auf*** [+ *acc*] contre); **3** *auf der Schreibmaschine* frappe *f*; **~brett** *n* tableau *m*, panneau *m* d'affichage
'**an·schlagen** ⟨*irr*⟩ **I** *v/t* **1** *Plakate, Ankündigungen* afficher; apposer; placarder; **2** *Stimmgabel* frapper; *Saite* toucher; *fig* ***e-n anderen Ton* ~** changer de ton; **3** (*beschädigen*) abîmer; *Glas* ébrécher; **II** *v/i* **4** *Hund* aboyer; **5** ⟨sn⟩ (*anstoßen*) ***an etw*** (*acc*) **~** 'heurter qc; taper contre qc; **III** *v/r* ***sich*** (*dat*) ***den Kopf an etw*** (*acc*) **~** se heurter, se taper la tête contre qc
'**an·schleichen** *v/r* ⟨*irr*⟩ ***sich*** (***an j-n, etw***) **~** s'approcher (de qn, qc) à pas de loup, à pas feutrés
'**an·schließen** ⟨*irr*⟩ **I** *v/t* **1 ~** (***an*** [+ *acc ou dat*]) *mit Schloss* attacher (à); *elektrische Geräte* brancher (à); **2** (*anfügen*) ajouter (***an*** [+ *acc*] à); **II** *v/i* **3** ***an etw*** (*acc*) **~** *räumlich* être contigu à qc; *zeitlich* suivre qc; **III** *v/r* **4** ***sich an etw*** (*acc*) **~** (*angrenzen*) être contigu à qc; **5** (*beipflichten*) ***sich j-s Meinung*** (*dat*) **~** partager l'opinion de qn; se rallier à l'avis de qn; **6** (*folgen*) ***sich* ~** suivre; ***an den Vortrag schloss sich eine Diskussion an*** la conférence fut suivie d'une discussion; **7** (*zugesellen*) ***sich j-m* ~** se joindre à qn; ***sich e-r Partei*** (*dat*) *etc* **~** rejoindre un parti
'**anschließend** **I** *adjt* suivant; qui suit; **II** *advt* ensuite; après
'**Anschluss** *m* **1** (*Zug*♀) correspondance *f*; **2** TÉL, *von Gas, Wasser, Strom* raccordement *m*; *von Strom a* branche-

ment *m*; TÉL ***kein ~ unter dieser Nummer*** le numéro que vous demandez n'est pas en service actuellement; **3** *fig* (*Verbindung*) contact *m* (**an** [+ *acc*] avec); ***im ~ an*** (+ *acc*) à la suite de; comme, faisant suite à; **4** (*menschlicher Kontakt*) **~ *suchen*** chercher à se faire des connaissances; **5** POL rattachement *m*

'**Anschluss|flug** *m* (vol *m* de) correspondance *f*; **~stelle** *f e-r Autobahn* bretelle *f* (d'accès); **~zug** *m* (train *m* de) correspondance *f*

'**an·schmiegen** *v/r* ***sich an j-n ~*** se serrer, se blottir contre qn

'**anschmiegsam** *adj* (*zärtlich*) câlin

'**an·schmieren** F *v/t* F refaire; F rouler

'**an·schnallen** I *v/t* attacher; II *v/r* ***sich ~*** *im Auto, Flugzeug* attacher sa ceinture; s'attacher

'**an·schnauzen** F *v/t* ⟨¢$⟩ F engueuler; F enguirlander

'**an·schneiden** *v/t* ⟨*irr*⟩ **1** *Brot, Wurst* entamer; **2** *fig Frage* aborder

'**Anschnitt** *m* entame *f*

Anschovis [an'ʃoːvɪs] *f* ⟨~; ~⟩ anchois *m*

'**an·schrauben** *v/t* ***etw*** (***an etw*** [*dat ou acc*]) ~ visser qc (à *od* sur qc)

'**an·schreiben** *v/t* ⟨*irr*⟩ **1** ***etw*** (***an die Tafel***) ~ écrire qc (au tableau); **2** ***j-n ~*** écrire à qn; **3** F ***etw ~ lassen*** faire mettre qc sur son compte *od* son ardoise; **4** F *fig* ***bei j-m gut*** (***schlecht***) ***angeschrieben sein*** F (ne pas) avoir la cote avec qn

'**an·schreien** *v/t* ⟨*irr*⟩ crier après

'**Anschrift** *f* adresse *f*

'**an·schuldigen** *v/t* ***j-n*** (***wegen etw***) ~ accuser, inculper qn (de qc)

'**Anschuldigung** *f* ⟨~; ~en⟩ accusation *f*; inculpation *f*

'**an·schwärzen** F *péj v/t* ⟨¢$⟩ ***j-n*** (***bei s-m Vorgesetzten***) ~ F débiner qn (auprès de son supérieur)

'**an·schweißen** *v/t* ⟨¢$⟩ ***etw*** (***an etw*** [*dat ou acc*]) ~ souder qc (à qc)

'**an·schwell|en** *v/i* ⟨*irr*, sn⟩ **1** *Füße* (se) gonfler; (s')enfler; *Fluss* être en crue; **2** *fig Stimme, Musik* (s')enfler; **2ung** *f* enflure *f*; gonflement *m*

'**an·schwemmen** *v/t* apporter; déposer

'**an·schwindeln** F *v/t* ⟨¢⟩ F raconter un (des) bobard(s) à

'**an·sehen** ⟨*irr*⟩ I *v/t* **1** (*anblicken, betrachten*) regarder; ***es war schrecklich anzusehen*** c'était terrible à voir; F ***sieh*** (***mal***) ***an!*** tiens! (tiens!); voyez donc!; **2** ***j-m, e-r Sache ~, dass ...*** voir que qn, qc ...; ***man sieht ihm sein Alter nicht an*** on ne lui donnerait pas son âge; **3** ***j-n, etw ~ als*** considérer qn, qc comme; *irrtümlich* prendre qn, qc pour; **4** (*zusehen*) ***etw nicht mit ~ können*** ne pas pouvoir supporter qc; II *v/r* ***sich*** (*dat*) ***etw ~*** regarder, voir qc; ***sich*** (*dat*) ***die Stadt ~*** visiter la ville

'**Ansehen** *n* ⟨~s⟩ **1** *st/s* ***ohne ~ der Person*** sans égard à la personne; **2** (*Achtung*) considération *f*; estime *f*; réputation *f*; *bes großes, hohes* prestige *m*

ansehnlich ['anzeːnlɪç] *adj* **1** (*stattlich*) de belle apparence; **2** (*beträchtlich*) considérable; remarquable

'**an·seilen** *v/t* (*u v/r* ***sich ~***) *Bergsteiger* (s')encorder

'**ansein** → ***an*** *II 3*

'**an·sengen** *v/t* brûler légèrement

'**an·setzen** ⟨¢$⟩ I *v/t* **1** *Trinkgefäß* porter aux lèvres; *Blasinstrument* emboucher; *Werkzeug* appliquer; **2** (*anfügen*) ~ (***an*** [+ *acc*]) (r)ajouter, rapporter (à); **3** *Bowle, Likör* préparer; faire; **4** ***Rost*** ~ (commencer à) rouiller; ***Fett ~*** engraisser; **5** (*veranschlagen*) ***3000 Euro für etw ~*** estimer, évaluer qc à 3000 euros; **6** *Termin* fixer; II *v/i* (*sich anschicken*) commencer; ***zu e-r Frage ~*** s'apprêter à poser une question; ***zur Landung ~*** amorcer un *od* l'atterrissage

'**Ansicht** *f* ⟨~; ~en⟩ **1** (*Meinung*) opinion *f*; avis *m*; vue *f*; idée *f*; ***meiner ~ nach*** à mon avis; d'après moi; **2** COMM ***Ware zur ~ senden*** envoyer de la marchandise pour examen gratuit; **3** (*Bild*) vue *f*

'**Ansichts|karte** *f* carte postale (illustrée); **~sache** *f* affaire *f*, question *f* d'opinion

'**an·siedeln** ⟨¢⟩ I *v/t* ***j-n ~*** établir qn; II *v/r* ***sich ~*** s'établir; se fixer

'**Ansied(e)lung** *f* **1** (*Siedlung*) agglomération *f*; **2** (*Ansiedeln*) établissement *m*

'**Ansinnen** *n* ⟨~s; ~⟩ exigence *f*

'**an·spann|en** *v/t* **1** *Pferde* atteler; **2** *Seil* tendre; *Muskeln* bander; **2ung** *f* tension *f*

'**an·spielen** I *v/t* BALLSPIEL ***j-n ~*** passer

la balle à qn; **II** *v/i fig* ***auf j-n, etw ~*** faire allusion à qn, qc

'Anspielung *f* ⟨~; ~en⟩ allusion *f* (***auf*** [+ *acc*] à)

'an·spitzen *v/t* ⟨-t⟩ *Bleistift* tailler

'Ansporn *m* ⟨~(e)s⟩ stimulant *m*

'an·spornen *v/t* ***j-n ~*** stimuler, aiguillonner qn

'Ansprache *f* allocution *f*; discours *m*

'an·sprechen ⟨*irr*⟩ **I** *v/t* **1** (*anreden*) adresser la parole à; *auf der Straße* aborder; **2** (*sich wenden an*) s'adresser à; ***er fühlte sich angesprochen*** il s'est senti concerné; ***j-n um Hilfe ~*** demander de l'aide à qn; **3** (*zur Sprache bringen*) ***etw ~*** aborder le sujet, la question de qc; **4** (*gefallen*) ***j-n ~*** plaire à qn; **II** *v/i* (***auf etw*** [*acc*]) ~ réagir (à qc)

'ansprechend *adjt* plaisant; sympathique; agréable

'Ansprechpartner(in) *m(f)* interlocuteur, -trice *m,f*

'an·springen ⟨*irr*⟩ **I** *v/t* bondir, sauter sur; **II** *v/i* ⟨sn⟩ *Motor* démarrer; partir

'Anspruch *m* **1** (*Forderung*) exigence *f*; (*Erwartung*) prétention *f*; ***Ansprüche stellen*** avoir des prétentions *bzw* exigences; ***etw, j-n in ~ nehmen*** recourir à qc, qn; **2** (*Anrecht*) droit *m* (***auf*** [+ *acc*] à); ***auf etw*** (*acc*) ***~ haben*** avoir droit à qc; ***auf etw*** (*acc*) ***~ erheben*** revendiquer qc; *st/s* prétendre à qc

'anspruchs|los *adj* **1** (*genügsam*) peu exigeant; **2** (*schlicht*) sans prétention; simple; **~voll** *adj* exigeant; *péj* prétentieux

'an·|spucken *v/t* cracher sur; **~spülen** *v/t* rejeter; **~stacheln** *v/t* ⟨-le⟩ aiguillonner; stimuler

Anstalt ['anʃtalt] *f* ⟨~; ~en⟩ **1** établissement *m*; **2** (*Heil*2) hôpital *m* psychiatrique

'Anstalten *pl* ***~ machen, etw zu tun*** se préparer, s'apprêter à faire qc; ***sie machte keine ~ zu gehen*** elle ne faisait pas mine de vouloir partir

'Anstand *m* bienséance *f*; convenances *f/pl*; *bes moralisch* décence *f*; (*Würde*) dignité *f*

'anständig **I** *adj* convenable; honnête; *Benehmen a* correct; comme il faut; *Kleidung* décent; **II** *adv* convenablement; décemment; comme il faut; ***benimm dich bitte ~!*** tiens-toi bien *od* de la tenue, s'il te plaît!

'anstandslos *adv* (*ohne Zögern*) sans hésitation; (*ohne Probleme*) sans difficulté

'an·starren *v/t* regarder fixement; fixer du regard

an'statt **I** *conj* ***~ zu*** (+ *inf*), ***~ dass ...*** au lieu de (+ *inf*); **II** *prép* ⟨*gén*⟩ à la place de; au lieu de

'an·stecken **I** *v/t* **1** *Brosche* attacher, fixer (avec une épingle); accrocher; *Ring* mettre sur *od* à son doigt; **2** (*infizieren*) ***j-n ~*** contaminer qn; ***er hat mich angesteckt*** il m'a passé sa maladie; **II** *v/i Krankheit* être contagieux (*a fig*); **III** *v/r* ***sich ~*** contracter une maladie contagieuse; ***ich habe mich bei ihm angesteckt*** j'ai attrapé sa maladie; c'est lui qui m'a contaminé

'ansteckend *adjt Krankheit*, *fig Lachen* contagieux

'Anstecknadel *f als Schmuck* épingle *f*; *als Abzeichen* insigne *m*; badge *m*

'Ansteckung *f* ⟨~; ~en⟩ contagion *f* (*a fig*); infection *f*; **~sgefahr** *f* risque *m*, danger *m* de contagion, d'infection

'an·stehen *v/i* ⟨*irr*⟩ **1** *in e-r Schlange* faire la queue (***nach etw*** pour [avoir] qc); **2** *Probleme, Fragen* être en suspens; **3** *st/s* ***es steht ihm nicht an, Kritik zu üben*** *st/s* il ne lui sied pas de critiquer

'an·steigen *v/i* ⟨*irr*, sn⟩ → ***steigen*** *2*

an'stelle *prép* ⟨*gén*⟩, *adv* ***~ von*** à la place de; au lieu de

'an·stellen **I** *v/t* **1** ***etw an etw*** (*acc*) ***~*** mettre, placer, appuyer qc contre qc; **2** *beruflich* ***j-n ~*** engager qn; *Arbeiter* embaucher qn; **3** *Wasser, Gas* ouvrir; *Radio, Fernseher* mettre; allumer; *Elektrogeräte, Heizung* allumer; faire marcher; *Motor* mettre en marche; **4** (*machen*) *Vergleich* faire; *Nachforschungen* procéder à; *Betrachtungen, Experimente* se livrer à; ***was habt ihr schon wieder angestellt?*** qu'est-ce que vous avez encore fait, F fabriqué?; F ***wie hast du das angestellt?*** comment tu t'y es pris?; comment t'as fait ça?; **II** *v/r* **5** *in e-r Schlange* ***sich*** (***nach etw***) ***~*** faire la queue (pour [avoir] qc); ***sich hinten ~*** se mettre à la queue, en bout de file; **6** F ***sich*** (***bei etw***) ***dumm ~*** s'y prendre bêtement (pour faire qc); ***stell dich nicht so an!*** ne fais pas tant de manières!

'**Anstellung** *f* **1** (*Einstellung*) engagement *m*; *von Arbeitern* embauche *f*; embauchage *m*; **2** (*Stellung*) emploi *m*; place *f*

'**an·steuern** *v/t* se diriger vers

'**Anstieg** *m* ⟨~ẹs; ~e⟩ *des Geländes, des Wassers* montée *f*; *der Temperatur* 'hausse *f*; *des Umsatzes, der Produktion etc* augmentation *f*; (*Preis*2) montée *f*; 'hausse *f*

'**an·stieren** *v/t péj* fixer d'un air bête

'**an·stiften** *v/t* ⟨-e-⟩ **1** *Komplott* tramer; **2** ***j-n zu etw ~*** inciter qn à (faire) qc

'**Anstift|er** *m* instigateur *m*; **~ung** *f* provocation *f*; incitation *f* (***zu*** à)

'**an·stimmen** *v/t* entonner

'**Anstoß** *m* **1** FUSSBALL coup *m* d'envoi; **2** (*Auslöser*) impulsion *f*; ***den ~ zu etw geben*** donner une impulsion à qc; **3** (*Ärgernis*) ***~ erregen*** causer, provoquer un scandale; faire scandale; (***mit etw***) ***bei j-m ~ erregen*** choquer, offusquer, scandaliser qn (par qc); ***an etw*** (*dat*) ***~ nehmen*** se scandaliser de qc; être choqué par qc

'**an·stoßen** ⟨*irr*⟩ **I** *v/t* **1** *Gegenstand* donner un coup à; 'heurter; **2** *Person* pousser (***mit*** de); *versehentlich* 'heurter; **II** *v/i* **3** ⟨sn⟩ (***mit dem Fuß, Kopf***) ***an etw*** (*acc*) ***~*** 'heurter qc (du pied, de la tête); **4** *beim Trinken* (***mit den Gläsern***) ***~*** trinquer; ***auf j-n, etw ~*** porter un toast à qn, qc; **5** (*lispeln*) ***mit der Zunge ~*** zézayer; zozoter

anstößig ['anʃtøːsɪç] *adj* choquant; indécent; inconvenant

'**an·strahlen** *v/t* **1** (*anleuchten*) illuminer; **2** *mit Blicken* ***j-n ~*** regarder qn d'un air radieux *od* rayonnant

'**an·streben** *st/s v/t* aspirer à

'**an·streichen** *v/t* ⟨*irr*⟩ **1** peindre; **2** (*markieren*) marquer

'**Anstreicher** *m* peintre *m* (en bâtiment)

an·strengen ['anʃtrɛŋən] **I** *v/t* **1** *Tätigkeit* ***j-n ~*** fatiguer qn; **2** ***s-e Fantasie ~*** faire travailler son imagination; **II** *v/r* ***sich ~*** (***, etw zu tun***) se donner du mal (pour faire qc); faire un effort, *körperlich a* des efforts (pour faire qc)

'**anstrengend** *adjt* fatigant; pénible

'**Anstrengung** *f* ⟨~; ~en⟩ **1** (*Bemühung*) effort *m*; (***große***) ***~en machen, etw zu tun*** faire tous ses efforts pour faire qc; **2** (*Strapaze*) fatigue *f*

'**Anstrich** *m* **1** (*Farbe*) (couche *f* de) peinture *f*; **2** (*Anstreichen*) peintures *f/pl*; **3** *fig* apparence *f*; air *m*

'**Ansturm** *m* **1** assaut *m* (***auf*** [+ *acc*] à); **2** *fig von Kunden* ruée *f* (***auf*** [+ *acc*] sur); rush *m*

'**an·stürmen** *v/i* ⟨sn⟩ ***~ gegen*** donner l'assaut à

Antarktis [ant'ʔarktɪs] ⟨~⟩ ***die ~*** l'Antarctique *m*

'**an·tasten** *v/t* ⟨-e-⟩ **1** (*berühren*) toucher; **2** *fig Ehre, Rechte* porter atteinte à; empiéter sur; **3** *fig Vorräte* toucher à

'**Anteil** *m* **1** part *f* (***an*** [+ *dat*] de) (*a* COMM); portion *f*; quote-part *f*; **2** (*Beteiligung, Interesse*) part *f*; ***geringen, großen ~ an etw*** (*dat*) ***haben*** avoir peu de, avoir une grande part à qc; ***an etw*** (*dat*) ***regen, lebhaften ~ nehmen*** prendre vivement part à qc; prendre un vif intérêt à qc

'**anteil|ig, ~mäßig** *adj* proportionnel

'**Anteilnahme** *f* **1** (*Beteiligung*) participation *f*; **2** (*Mitgefühl*) sympathie *f*; (*Interesse*) intérêt *m* (***an*** [+ *dat*] pour)

'**Anteilschein** *m* ÉCON action *f*

Antenne [an'tɛnə] *f* ⟨~; ~n⟩ antenne *f*

anthrazitfarben [antra'tsiːt-] *adj* anthracite

anti…, Anti… [anti…] *in Zssgn* anti(-)…

Anti|alko'holiker(in) *m(f)* antialcoolique *m,f*; **2autori'tär** *adj* anti-autoritaire; **~'babypille** F *f* pilule (contraceptive, anticonceptionnelle); **~bi'otikum** *n* ⟨~s; -ka⟩ antibiotique *m*; **~blo'ckiersystem** *n* AUTO système *m* antiblocage; **~fa'schist(in)** *m(f)* antifasciste *m,f*

antik [an'tiːk] *adj* **1** (*die Antike betreffend*) antique; **2** *fig Möbel, Schmuck etc* ancien

An'tike *f* ⟨~⟩ Antiquité *f*

'**Antikörper** *m* MÉD anticorps *m*

Antillen [an'tɪlən] *pl* ***die ~*** les Antilles *f/pl*

Antilope [anti'loːpə] *f* ⟨~; ~n⟩ antilope *f*

Antipathie [antipa'tiː] *f* ⟨~; ~n⟩ antipathie *f*

Antipode [anti'poːdə] *m* ⟨~n; ~n⟩ GÉOGR antipode *m*

'**an·tippen** *v/t* **1** toucher; **2** *fig Thema* effleurer

Antiquar [anti'kvaːr] *m* ⟨∼s; ∼e⟩ **1** *Buchhändler* marchand *m* de livres d'occasion; *in Paris* bouquiniste *m*; **2** (*Antiquitätenhändler*) antiquaire *m*

Antiquari'at *n* ⟨∼ẹs; ∼e⟩ *Buchhandlung* librairie *f* (de livres) d'occasion; bouquiniste *m*; ***modernes*** ∼ librairie ancienne et moderne

anti'quarisch *adj u adv* d'occasion

Antiqui'tät *f* ⟨∼; ∼en⟩ objet d'art ancien; **∼enhändler** *m* antiquaire *m*; marchand *m* d'antiquités

Anti|se'mit *m* antisémite *m*; **2se'mitisch** *adj* antisémite; **∼semi'tismus** *m* ⟨∼⟩ antisémitisme *m*

anti'septisch *adj* MÉD antiseptique

Anti'virusprogramm *n* INFORM programme *m* antivirus

Antlitz ['antlɪts] *st/s n* ⟨∼es; ∼e⟩ visage *m*; face *f*

Antrag ['antraːk] *m* ⟨∼ẹs; -träge⟩ **1** *im Parlament* motion *f* (***auf*** [+ *acc*], ***zu*** de); ***e-n*** ∼ ***stellen, einbringen*** déposer, présenter une motion; **2** (*Gesuch*) demande *f* (***auf*** [+ *acc*] de); JUR *a* requête *f*; ***auf*** ∼ (***zurückerstatten***) (rembourser) sur demande; ***e-n*** ∼ ***stellen*** faire une demande; **3** *Formular* formulaire *m* de demande; **4** (*Heirats2*) demande *f* en mariage

'an·tragen *st/s v/t* ⟨*irr*⟩ ***j-m etw*** ∼ offrir, proposer qc à qn

'Antragsformular *n* → ***Antrag*** *3*

'Antragsteller(in) *m* ⟨∼s; ∼⟩ (*f*) ⟨∼; ∼nen⟩ demandeur, -deresse *m,f* (*a* JUR); JUR requérant *m*

'an·treffen *v/t* ⟨*irr*⟩ trouver; rencontrer

'an·treiben *v/t* ⟨*irr*⟩ **1** *Tiere* faire avancer; **2** *ans Ufer* pousser (vers le rivage); **3** *fig* ***j-n zu etw*** ∼ pousser, inciter qn à faire qc; **4** *Maschine* actionner; commander; *Fahrzeug, Flugzeug, Rakete* propulser

'an·treten ⟨*irr*⟩ **I** *v/t* commencer; ***e-e Fahrt*** ∼ se mettre en route; ***s-n Urlaub*** ∼ prendre ses vacances, ses congés; ***e-e Stelle*** ∼ commencer à un poste, dans un emploi; ***s-n Dienst*** ∼ prendre son service; ***j-s Nachfolge*** (*acc*) ∼ succéder à qn; ***e-e Erbschaft*** ∼ recueillir un héritage; ***e-e Strafe*** ∼ (commencer à) purger une peine; **II** *v/i* **1** (*sich aufstellen*) se mettre en rang; **2** ***zu e-m Wettkampf, gegen e-e Spitzenmannschaft*** ∼ se présenter à une épreuve, contre une équipe vedette

'Antrieb *m* **1** (*Impuls*) impulsion *f*; mouvement *m*; ***etw aus eigenem*** ∼ ***tun*** faire qc de son propre gré; **2** *e-r Maschine* commande *f*; entraînement *m*; *e-s Fahrzeugs, Flugzeugs, e-r Rakete* propulsion *f*

'Antriebs|kraft *f* force motrice, de propulsion; **∼welle** *f* TECH arbre moteur

'Antritt *m* début *m*; commencement *m*; ***vor*** ∼ ***der Reise, Fahrt*** avant le voyage, départ

'Antritts|besuch *m* première visite (de politesse); **∼rede** *f* discours inaugural

'an·tun ⟨*irr*⟩ **I** *v/t* **1** *Böses, Leid etc* faire; **2** ***es j-m angetan haben*** avoir charmé, enchanté, séduit qn; **II** F *v/r* ***sich*** (*dat*) ***etwas*** ∼ se suicider

Antwerpen [ant'vɛrpən] *n* ⟨∼s⟩ Anvers

Antwort ['antvɔrt] *f* ⟨∼; ∼en⟩ **1** réponse *f* (***auf*** [+ *acc*] à); (*Erwiderung*) réplique *f*; *schlagfertige* repartie *f*; *scharfe* riposte *f*; ∼ ***geben*** donner (une) réponse; répondre; *auf Einladungskarten* ***um*** ∼ ***wird gebeten*** répondez, s'il vous plaît; **2** *fig* (*Reaktion*) réponse *f*; réaction *f*

'antworten *v/i* ⟨-e-⟩ **1** répondre (***auf etw*** [*acc*] à qc; ***j-m*** à qn); (*erwidern*) répliquer; *schlagfertig, rasch* riposter; **2** (*reagieren*) répondre (***mit*** par)

'Antwortkarte *f* carte-réponse *f*

'Antwortschein *m* ***internationaler*** ∼ coupon-réponse international

'Antwortschreiben *n* lettre *f* de réponse

'an·vertrauen ⟨*sans ge*⟩ **I** *v/t* ***j-m etw*** ∼ confier qc à qn; **II** *v/r* **1** ***sich j-s Schutz*** (*dat*) ∼ se mettre sous la protection de qn; **2** ***sich j-m*** ∼ se confier à qn, auprès de qn

'an·wachsen *v/i* ⟨*irr*⟩ **1** *Pflanze* prendre racine; s'enraciner; **2** (*zunehmen*) augmenter; s'accroître

An|walt ['anvalt] *m* ⟨∼ẹs; -wälte⟩, **∼wältin** *f* ⟨∼; ∼nen⟩ JUR avocat(e) *m(f)* (*a fig*)

'Anwaltsbüro *n* cabinet *m* juridique, d'avocat(s)

'Anwandlung *f* accès *m*; velléité *f*; ***in e-r*** ∼ ***von Furcht ging sie ...*** prise d'un accès de peur elle alla ...

'an·wärmen *v/t* (faire) chauffer légèrement; (faire) tiédir

'Anwärter(in) *m(f)* postulant(e) *m(f)*,

candidat(e) *m(f)*, (*Thron*≈) prétendant(e) *m(f)* (***auf*** [+ *acc*] à)

'**Anwartschaft** *f* ⟨~; ~en⟩ expectative *f*, prétentions *f/pl* (***auf*** [+ *acc*] à)

'**an·weisen** *v/t* ⟨*irr*⟩ **1** (*beauftragen*) ***j-n ~, etw zu tun*** ordonner à qn, donner l'ordre à qn de faire qc; **2** (*anleiten*) ***j-n ~*** donner des instructions à qn; **3** *Platz* indiquer; *Zimmer, Tätigkeit* attribuer; **4** ***etw*** (***zur Zahlung***) **~** donner l'ordre de payer qc

'**Anweisung** *f* **1** (*Anordnung*) consigne *f*; ordre *m*; instruction *f*; **~en** *pl a* directives *f/pl*; ***auf*** (***schriftliche***) **~** sur ordre (écrit); **2** (*Anleitung*) indication *f*, instruction *f* (***für, bei*** pour)

'**anwendbar** *adj* applicable (***auf*** [+ *acc*] à)

'**an·wenden** *v/t* ⟨*irr*⟩ **1** (*gebrauchen*) employer; utiliser; faire usage de; **2** *Regel, Gesetz* appliquer

'**Anwender** *m* ⟨~s; ~⟩ INFORM utilisateur *m*

'**Anwendung** *f* **1** (*Gebrauch*) emploi *m*; utilisation *f*; usage *m*; **2** *e-r Regel etc* application *f* (***auf*** [+ *acc*] à)

'**an·werb|en** *v/t* ⟨*irr*⟩ recruter; MIL *a* enrôler; *Arbeitskräfte a* engager; embaucher; **≈ung** *f* recrutement *m*; enrôlement *m*; embauche *f*; embauchage *m*

'**an·werfen** *v/t* ⟨*irr*⟩ *Motor* lancer; mettre en marche

'**Anwesen** *n* ⟨~s; ~⟩ propriété *f*

anwesend ['anveːzənt] *adj* présent

'**Anwesende(r)** *f(m)* ⟨→ A⟩ personne présente; ***die Anwesenden*** *a* l'assistance *f*

'**Anwesenheit** *f* ⟨~⟩ présence *f*; ***in ~*** (*dat*) ***von*** *od* (+ *gén*) en présence de; **~sliste** *f* liste *f* de présence

'**an·widern** *v/t* ***j-n ~*** répugner à qn; dégoûter qn

'**Anwohner(in)** *m* ⟨~s; ~⟩ (*f*) ⟨~; ~nen⟩ riverain(e) *m(f)*

'**Anzahl** *f* ⟨~⟩ nombre *m*; quantité *f*; ***e-e ~*** (***von***) ***Schüler***(***n***) un certain nombre d'élèves

'**an·zahl|en** *v/t* verser un acompte de; **≈ung** *f* acompte *m*; arrhes *f/pl*

'**an·zapfen** *v/t* **1** *Fass* mettre en perce; **2** F *Telefon* mettre sur écoute; *Leitung* se brancher, se raccorder sans autorisation sur; pirater

'**Anzeichen** *n* signe *m*; indice *m*; symptôme *m* (*a* MÉD)

'**an·zeichnen** *v/t* ⟨-e-⟩ **1** ***etw*** (***an etw*** [*acc*]) **~** dessiner qc (sur qc); **2** (*markieren*) marquer

'**Anzeige** *f* ⟨~; ~n⟩ **1** (*Zeitungs*≈) annonce *f*; ***e-e ~ aufgeben*** passer, insérer, faire paraître une annonce; **2** (*Familien*≈) faire-part *m*; **3** (*Straf*≈) plainte *f*; **~ *erstatten*** porter plainte (***gegen j-n*** contre qn); **4** (*Stand e-s Messgerätes*), INFORM affichage *m*

'**an·zeigen** *v/t* **1** *Richtung, Zeit, Temperatur* indiquer; montrer; INFORM afficher; **2** *Vermählung, Geburt* faire part de; **3** *Straftat, Täter* dénoncer; *Täter a* porter plainte contre

'**Anzeigen|blatt** *n* journal *m* d'annonces; **~teil** *m* petites annonces

'**Anzeigetafel** *f* tableau *m* d'affichage

'**an·zetteln** *v/t* ⟨*¢*⟩ *Schlägerei, Streit* provoquer; *Unruhen* fomenter

'**an·ziehen** ⟨*irr*⟩ **I** *v/t* **1** *Kleidungsstücke* mettre; *Hemd, Pullover a* passer; **2** ***j-n ~*** habiller qn; **3** *Metall, fig* attirer; **4** *Beine* ramener vers soi; **5** *Schraube, Bremse* serrer; **II** *v/i Preise* être en 'hausse; monter; augmenter; **III** *v/r* ***sich ~*** s'habiller

'**anziehend** *adjt* attirant; attrayant

'**Anziehung** *f* PHYS attraction *f*; **~skraft** *f* **1** PHYS force *f* d'attraction; **2** *fig* attraction *f*; attirance *f*

'**Anzug** *m* **1** costume *m*; complet *m*; **2** *fig* ***im ~ sein*** s'approcher

anzüglich ['antsyːklıç] **I** *adjt* (*unangenehm*) désobligeant; malveillant; (*zweideutig*) équivoque; **II** *adv* ***~ lächeln*** avoir un sourire malveillant

'**Anzüglichkeit** *f* ⟨~; ~en⟩ insinuation, allusion désobligeante, malveillante

'**an·|zünden** *v/t* ⟨-e-⟩ **1** allumer; **2** *Haus* mettre le feu à; incendier; **~zweifeln** *v/t* ⟨*¢*⟩ mettre en doute; douter de

AOK [aːˀoːˈkaː] *f* ⟨~⟩ *abr* (*Allgemeine Ortskrankenkasse*) *etwa* caisse *f* primaire d'assurance maladie

Aorta [a'ɔrta] *f* ⟨~; -ten⟩ ANAT aorte *f*

apart [a'part] *adj Kleid* qui a du cachet, du chic; *Gesicht* qui a un charme particulier

Apartment [a'partmənt] *n* ⟨~s; ~s⟩ studio *m*; **~haus** *n* immeuble *m* de studios

Apathie [apa'tiː] *f* ⟨~; ~n⟩ apathie *f*

a'pathisch *adj* apathique
Aperitif [aperi'ti:f] *m* ⟨~s; ~s⟩ apéritif *m*; → *Info bei **apéro***
Apfel ['apfəl] *m* ⟨~s; ¨~⟩ pomme *f*; *fig **in den sauren ~ beißen*** avaler la pilule; F *fig **für einen ~ und ein Ei*** pour une bouchée de pain
'Apfel|baum *m* pommier *m*; **~kuchen** *m* tarte *f* aux pommes; **~mus** *n* compote *f* de pommes; **~saft** *m* jus *m* de pomme
Apfelsine [apfəl'zi:nə] *f* ⟨~; ~n⟩ orange *f*
Apfel'sinen|baum *m* oranger *m*; **~saft** *m* jus *m* d'orange
'Apfel|strudel *m* strudel *m* aux pommes; **~wein** *m* cidre *m*
Apostel [a'pɔstəl] *m* ⟨~s; ~⟩ REL, *fig* apôtre *m*; **~geschichte** *f* Actes *m/pl* des apôtres
apos'tolisch *adj* apostolique
Apostroph [apo'stro:f] *m* ⟨~s; ~e⟩ apostrophe *f*
Apothek|e [apo'te:kə] *f* ⟨~; ~n⟩ pharmacie *f* (*a Hausꝛ, Reiseꝛ*); **~er(in)** *m* ⟨~s; ~⟩ (*f*) ⟨~; ~nen⟩ pharmacien, -ienne *m,f*
Apparat [apa'ra:t] *m* ⟨~¢s; ~e⟩ appareil *m* (*a* PHOT, TÉL, *Verwaltungsꝛ*)

⚠ **Apparat**	≠	**apparat**
der Apparat	=	l'appareil *m*
l'apparat *m*	=	der Prunk

Appa'ratemedizin *f* médecine technicisée (*oft péj*)
Appara'tur *f* ⟨~; ~en⟩ équipement *m*; appareillage *m*
Appartement [apartə'mã:] *n* ⟨~s; ~s⟩ **1** *Wohnung* studio *m*; **2** (*Hotelꝛ*) suite *f*
Appell [a'pɛl] *m* ⟨~s; ~e⟩ **1** MIL rassemblement *m*; **2** *fig* appel *m*
appel'lieren *v/i* ⟨*sans ge*⟩ ***an etw, j-n ~*** faire appel à qc, qn; en appeler à qc, qn
Appetit [ape'ti:t] *m* ⟨~¢s; ~e⟩ appétit *m*; ***~ auf etw*** (*acc*) ***haben*** avoir envie, faim de qc; ***j-m ~ machen*** donner de l'appétit, faire envie à qn; *Speisen **~ machen*** être appétissant; ***guten ~!*** bon appétit!
appe'tit|anregend *adjt* qui donne de, ouvre l'appétit; (*appetitlich*) appétissant; **ꝛhappen** *m* canapé *m*; F amuse-gueule *m*; **~lich** *adj* appétissant; **ꝛlosigkeit** *f* ⟨~⟩ manque *m* d'appétit
applaudieren [aplau'di:rən] *v/i* ⟨*sans ge*⟩ applaudir (***j-m*** qn)
Applaus [a'plaus] *m* ⟨~es; ~e⟩ applaudissements *m/pl*
apportieren [apɔr'ti:rən] *v/t u v/i* ⟨*sans ge*⟩ *Hund* rapporter
appre|tieren [apre'ti:rən] *v/t* ⟨*sans ge*⟩ apprêter; **ꝛ'tur** *f* ⟨~; ~en⟩ apprêt *m*
Approbation [aprobatsi'o:n] *f* ⟨~; ~en⟩ autorisation *f* d'exercer
Aprikose [apri'ko:zə] *f* ⟨~; ~n⟩ abricot *m*; **~nbaum** *m* abricotier *m*
April [a'prɪl] *m* ⟨~$; ~e⟩ (mois *m* d')avril *m*; ***j-n in den ~ schicken*** faire un poisson d'avril à qn; → ***Januar***

April, April!

Der 1. April ist auch in Frankreich ein Tag der Spaßvögel:
Vor allem Kinder versuchen, anderen Leuten kleine, aus Papier ausgeschnittene Fische, **des poissons d'avril**, auf den Rücken zu heften, ohne dass diese es merken. Statt *April, April!* rufen die Franzosen daher **poisson d'avril!**

A'prilscherz *m* poisson *m* d'avril
Aquädukt [akvɛ'dukt] *m od n* ⟨~¢s; ~e⟩ aqueduc *m*
Aquamarin [akvama'ri:n] *m* ⟨~s; ~e⟩ aigue-marine *f*
Aquaplaning [akva'pla:nɪŋ] *n* ⟨~$⟩ aquaplaning *m*
Aquarell [akva'rɛl] *n* ⟨~s; ~e⟩ aquarelle *f*; **~farbe** *f* peinture *f*, couleur *f* à l'eau; **~maler(in)** *m*(*f*) aquarelliste *m,f*
Aquarium [a'kva:rium] *n* ⟨~s; -ien⟩ aquarium *m*
Äquator [ɛ'kva:tɔr] *m* ⟨~s⟩ équateur *m*
Äquivalent [ɛkviva'lɛnt] *n* ⟨~¢s; ~e⟩ équivalent *m*
Ar [a:r] *n od m* ⟨~s; ~e, *mais* 20 ~⟩ *Flächenmaß* are *m*
Ära ['ɛ:ra] *f* ⟨~; Ären⟩ ère *f*; ***die ~ Adenauer*** les années *f/pl* Adenauer
Araber(in) ['arabər(ɪn)] *m* ⟨~s; ~⟩ (*f*) ⟨~; ~nen⟩ Arabe *m,f*
Arab|ien [a'ra:biən] *n* ⟨~s⟩ l'Arabie *f*; **ꝛisch** *adj* arabe
Arbeit ['arbaɪt] *f* ⟨~; ~en⟩ **1** *Tätigkeit* tra-

Arbeit ist das halbe Leben!

der Arbeitgeber	**l'employeur** *m*, **le patron**
die Arbeitgeberin	**l'employeur** *m*, **la patronne**
der Arbeitnehmer	**le salarié**
die Arbeitnehmerin	**la salariée**
der Arbeitslose	**le chômeur**
die Arbeitslose	**la chômeuse**
die Arbeitslosenquote	**le taux de chômage**
der Arbeitsmarkt	**le marché du travail**
die Teilzeitbeschäftigung	**l'emploi à temps partiel**
der Zeitvertrag	**le C.D.D.** [sedede] (contrat à durée déterminée)
die 35-Stunden-Woche	**la semaine de trente-cinq heures**
halbtags arbeiten	**travailler à mi-temps**
jemanden einstellen	**embaucher quelqu'un**
jemanden entlassen	**licencier quelqu'un**
arbeitslos sein	**être au chômage**

vail *m* (*a* PHYS); ***Tag*** *m* ***der ~*** Fête *f* du Travail; ***ganze ~ leisten*** faire du bon, *iron* du beau travail; ***an die ~ gehen, sich an die ~ machen*** se mettre au travail, à l'œuvre; ***bei der ~ sein*** être en train de travailler; ***etw in ~ haben*** avoir qc en chantier; **2** *Produkt* travail *m*; (*Werk*) ouvrage *m*; (*Kunstwerk*) œuvre *f*; **3** (*Klassen*2) contrôle *m*; **4** (*~splatz, Berufstätigkeit*) travail *m*; ***e-r, s-r ~*** (*dat*) ***nachgehen*** travailler; **5** (*Mühe*) ***(j-m) ~ machen*** donner du travail, du mal (à qn)

'**arbeiten** ⟨-e-⟩ **I** *v/i* travailler (*a fig Holz, Geld*); *Organ* fonctionner; *Maschine* marcher; ***an etw*** (*dat*) ***~*** travailler à qc; **II** *v/r* **1** ***sich müde ~*** travailler jusqu'à l'épuisement; ***sich zu Tode ~*** se tuer au travail; **2** ***sich durch das Gedränge ~*** se frayer un chemin, un passage à travers la foule; *fig* ***sich nach oben ~*** réussir à force de travail; arriver à la force du poignet

'**Arbeiter** *m* ⟨~s; ~⟩ travailleur *m*; *in der Industrie* ouvrier *m*; **~bewegung** *f* mouvement ouvrier; **~in** *f* ⟨~; ~nen⟩ travailleuse *f*; *in der Industrie* ouvrière *f*; **~klasse** *f* classe ouvrière; **~partei** *f* parti ouvrier; **~schaft** *f* ⟨~⟩ ouvriers *m/pl*; *bes* POL travailleurs *m/pl*; **~viertel** *n* quartier ouvrier; **~wohlfahrt** *f* association *f* d'aide sociale aux travailleurs

'**Arbeitgeber(in)** *m* ⟨~s; ~⟩ (*f*) ⟨~; ~nen⟩ employeur *m*; patron, patronne *m,f*; ***die Arbeitgeber*** *pl* le patronat; les patrons

'**Arbeitnehmer(in)** *m* ⟨~s; ~⟩ (*f*) ⟨~; ~nen⟩ salarié(e) *m(f)*; employé(e) *m(f)*

'**arbeitsam** *st/s adj* travailleur; laborieux

'**Arbeits|amt** *n* A.N.P.E. *f* (Agence nationale pour l'emploi); **~anzug** *m* tenue *f*, *blauer* bleu *m* de travail

'**Arbeitsaufwand** *m* ***der ~ dafür ist sehr groß, gering*** cela représente un énorme travail, (assez) peu de travail

'**Arbeits|bedingungen** *f/pl* conditions *f/pl* de travail; **~beginn** *m* début *m* de la journée de travail; **~bereich** *m* **1** (*Arbeitsgebiet*) champ *m* d'activité; domaine *m*; **2** *im Raum* coin *m* travail; *e-r Maschine* rayon *m*, champ *m* d'action; **~beschaffung** *f* création *f* d'emplois; **~beschaffungsmaßnahme** *f* mesure *f* pour la création d'emplois; **~buch** *n* SCHULE livre *m* d'exercices; **~eifer** *m* zèle *m*; *st/s* ardeur *f* au travail; **~einstellung** *f* attitude *f* vis-à-vis du travail; **~ende** *n* fin *f* de la journée de travail; **~erlaubnis** *f* *Recht* autorisation *f* de travail; *Ausweis* permis *m* de travail; **2fähig** *adj* en état, capable de travailler

'**arbeitsfrei** *adj* ***~er Tag*** jour chômé

'**Arbeits|frieden** *m* paix sociale (entre

patronat et salariat); **~gang** *m* opération *f*, phase *f* (de travail); **~gebiet** *n* champ *m* d'activité; **~gemeinschaft** *f* groupe *m* de travail, d'études; **~gerät** *n* **1** *einzelnes* outil *m*; **2** *Gesamtheit* matériel *m* de travail; outils *m/pl*; outillage *m*; **~gericht** *n* conseil *m* de(s) prud'hommes; **~gruppe** *f* → ***Arbeitsgemeinschaft***; **~heft** *n* SCHULE cahier *m* pour les contrôles; **2intensiv** *adj* qui exige, demande beaucoup de travail; **~kampf** *m* conflit social (entre patronat et salariat); **~kleidung** *f* vêtements *m/pl* de travail; **~kollege** *m*, **~kollegin** *f* collègue *m,f*

'**Arbeitskraft** *f* **1** (*Leistungsfähigkeit*) capacité *f*, puissance *f*, potentiel *m* de travail; **2** *Person* travailleur, -euse *m,f*; *in der Industrie* ouvrier, -ière *m,f*; *pl* ***Arbeitskräfte*** main-d'œuvre *f*

'**Arbeits|kreis** *m* cercle *m* de travail, d'études; **~lager** *n* camp *m* de travail; **~leistung** *f* rendement *m*; **~lohn** *m* salaire *m*; paie *f*

'**arbeitslos** *adj* sans travail; en *od* au chômage; chômeur; ***~ werden*** être mis au chômage; ***sich ~ melden*** s'inscrire au chômage

'**Arbeitslose(r)** *f(m)* ⟨→ A⟩ chômeur, -euse *m,f*; sans-travail *m,f*

'**Arbeitslosen|geld** *n* allocation *f* (de) chômage; **~hilfe** *f* allocation *f* de fin de droits; R.M.I. *m*; **~hilfeempfänger(in)** *m(f)* RMiste *m,f*; **~versicherung** *f* assurance *f* chômage; ASSEDIC *f/pl*

'**Arbeitslosigkeit** *f* ⟨~⟩ chômage *m*

'**Arbeits|markt** *m* marché *m* du travail; **~material** *n* matériel *m* de travail; **~minister(in)** *m(f)* ministre *m* du Travail; **~ministerium** *n* ministère *m* du Travail; **~moral** *f* mentalité *f*, attitude *f* vis-à-vis du travail; **~niederlegung** *f* débrayage *m*; **~platz** *m* **1** (*Stelle*) emploi *m*; travail *m*; **2** (*Arbeitszimmer*) bureau *m*; *in e-r Fabrik* poste *m*; **~prozess** *m* **1** (*Erwerbsleben*) vie active; **2** (*Arbeitsablauf*) processus *m* de travail; **~recht** *n* droit *m* du travail; **2reich** *adj Tag, Woche etc* bien rempli; *Leben a* laborieux; **2scheu** *adj* paresseux; **~schutz** *m* sécurité *f* du travail; **~speicher** *m* INFORM mémoire vive; **~stätte** *f* lieu *m* de travail; **~stelle** *f* **1** (*Arbeitsstätte*) lieu *m* de travail; **2** (*Arbeitsplatz*) emploi *m*; travail *m*; **~stunde** *f* heure *f* de travail; **~suche** *f* recherche *f* d'un emploi; **~tag** *m* **1** journée *f* de travail; **2** (*Werktag*) jour *m* ouvrable; **2teilig** *adj* basé sur la répartition des tâches *bzw* sur la division du travail; **~teilung** *f* division *f* du travail; **~tempo** *n* vitesse *f*, rythme *m* de travail; **~tier** *n* **1** (*Lasttier*) bête *f* de somme; (*Zugtier*) animal *m* de trait; **2** F *fig* F bourreau *m* de travail; F bosseur, -euse *m,f*; **2unfähig** *adj* qui n'est pas en état de travailler; **~unfähigkeit** *f* incapacité *f* de travail; **~unfall** *m* accident *m* du travail; **~unterlagen** *f/pl* documents *m/pl* de travail

'**Arbeitsverhältnis** *n* emploi *m*; ***das ~ lösen*** résilier le contrat de travail

'**Arbeitsvermittlung** *f* bureau *m* de placement

'**Arbeitsvertrag** *m* contrat *m* de travail; ***befristeter ~*** contrat *m* à durée déterminée; C.D.D. *m*; ***unbefristeter ~*** contrat *m* à durée indéterminée; C.D.I. *m*

'**Arbeits|weise** *f* manière *f* de travailler; *e-r Maschine* (mode *m* de) fonctionnement *m*; **2willig** *adj* prêt à travailler; *beim Streik* non-gréviste; **~wut** *f* frénésie *f* de travail; **~zeit** *f* heures *f/pl* de travail; **~zeitverkürzung** *f* réduction *f* du temps, des heures de travail; **~zimmer** *n* bureau *m*

archaisch [ar'ça:ɪʃ] *adj* archaïque

Archäo|loge [arçɛo'lo:gə] *m* ⟨~n; ~n⟩, **~'login** *f* ⟨~; ~nen⟩ archéologue *m,f*; **~lo'gie** *f* ⟨~⟩ archéologie *f*; **2'logisch** *adj* archéologique

Arche ['arçə] ⟨~⟩ BIBL ***die ~ Noah*** l'arche *f* de Noé

Archipel [arçi'pe:l] *m* ⟨~s; ~e⟩ archipel *m*

Architek|t(in) [arçi'tɛkt(ɪn)] *m* ⟨~en; ~en⟩ *(f)* ⟨~; ~nen⟩ architecte *m,f*; **2tonisch** [-'to:nɪʃ] *adj* architectonique; **~'tur** *f* ⟨~; ~en⟩ architecture *f*

Archiv [ar'çi:f] *n* ⟨~s; ~e⟩ archives *f/pl*

Archi|'var(in) *m* ⟨~s; ~e⟩ *(f)* ⟨~; ~nen⟩ archiviste *m,f*; **2'vieren** *v/t* ⟨*sans ge*⟩ classer dans les archives

ARD [a:ˀɛr'de:] *f* ⟨~⟩ *abr* (*Arbeitsgemeinschaft der öffentlich-rechtlichen Rundfunkanstalten der Bundesrepublik Deutschland*) première chaîne de la télévision allemande

Ardennen [ar'dɛnən] *pl* ***die ~*** les Ardennes *f/pl*

Areal [are'a:l] *n* ⟨~s; ~e⟩ **1** (*abgegrenztes Gebiet*) terrain *m*; **2** (*Bodenfläche*) superficie *f*; surface *f*

Arena [a're:na] *f* ⟨~; -nen⟩ arène *f* (*a fig*)

arg [ark] **I** *adj* ⟨⁼er, ⁼ste⟩ **1** *st/s* (*böse*) méchant; mauvais; ***sein ärgster Feind*** son plus grand ennemi; **2** *regional* (*schlimm*) grave; (*schlecht*) mauvais; *st/s* ***im 2en liegen*** être en piteux état; **3** *regional verstärkend* grand; très; **II** *regional adv* très; beaucoup

Argentin|ien [argɛn'ti:niən] *n* ⟨~s⟩ l'Argentine *f*; **~ier(in)** *m* ⟨~s; ~⟩ (*f*) ⟨~; ~nen⟩ Argentin(e) *m(f)*; **2isch** *adj* argentin

ärger ['ɛrgər] *comp von* ***arg***

'Ärger *m* ⟨~s⟩ **1** (*Unmut*) dépit *m*; irritation *f*; (*Zorn*) colère *f*; **2** (*Unannehmlichkeiten*) ennuis *m/pl*; contrariété *f*; ***ich habe ~ bekommen*** j'ai eu des ennuis

'ärgerlich **I** *adj* **1** (*ungehalten*) irrité; contrarié; fâché; ***~ werden*** se fâcher; **2** (*unerfreulich*) fâcheux; ennuyeux; embêtant; **II** *adv* (*ungehalten*) avec irritation; (*zornig*) avec colère

'ärgern **I** *v/t* **1** (*reizen*) agacer; embêter; (*zornig machen*) mettre en colère; **2** (*unangenehm berühren*) contrarier; fâcher; **II** *v/r* ***sich ~*** (*verärgert sein*) être fâché (***über j-n*** contre qn, ***über etw*** [*acc*] de qc); (*zornig werden*) se fâcher (***über j-n*** contre qn)

'Ärgernis *n* ⟨~ses; ~se⟩ **1** (*Anstoß*) scandale *m*; outrage *m*; ***~ erregen*** faire scandale; **2** (*Unannehmlichkeit*) contrariété *f*

'Arg|list *st/s f* fourberie *f*; perfidie *f*; **2listig** *adj* sournois; perfide; fourbe; JUR dolosif; **2los** *adj* **1** (*unschuldig*) sans malice; innocent; candide; **2** (*vertrauensselig*) confiant; **~losigkeit** *f* ⟨~⟩ **1** *e-s Kindes* candeur *f*; innocence *f*; **2** (*Vertrauensseligkeit*) confiance *f*

ärgste ['ɛrkstə] *sup von* ***arg***

Argumen|t [argu'mɛnt] *n* ⟨~(e)s; ~e⟩ argument *m*; **~tati'on** *f* ⟨~; ~en⟩ argumentation *f*; raisonnement *m*; **2'tieren** *v/i* ⟨*sans ge*⟩ argumenter; raisonner

Argwohn ['arkvo:n] *st/s m* ⟨~(e)s⟩ soupçon *m*

argwöhnen ['arkvø:nən] *st/s v/t* ***etw ~*** soupçonner qc

'argwöhnisch *st/s* **I** *adj* soupçonneux; méfiant; **II** *adv* avec méfiance, défiance

Arie ['a:riə] *f* ⟨~; ~n⟩ aria *f*; *e-r Oper a* air *m* d'opéra

Aristo|krat(in) [aristo'kra:t(ɪn)] *m* ⟨~en; ~en⟩ (*f*) ⟨~; ~nen⟩ aristocrate *m,f*; **~kra'tie** *f* ⟨~; ~n⟩ aristocratie *f*; **2'kratisch** *adj* aristocratique

Arithmet|ik [arɪt'me:tɪk] *f* ⟨~⟩ arithmétique *f*; **2isch** *adj* arithmétique

Arkade [ar'ka:də] *f* ⟨~; ~n⟩ arcade *f*

Arktis ['arktɪs] ⟨~⟩ ***die ~*** l'Arctique *m*

'arktisch *adj* arctique

arm [arm] *adj* ⟨⁼er, ⁼ste⟩ **1** (*nicht reich*) pauvre; ***j-n ~ machen*** appauvrir qn; *fig plais* ruiner qn; ***2 und Reich*** riches et pauvres; **2** (*bedauernswert*) pauvre (*vorangestellt*); ***du Ärmste(r)!*** ma (mon) pauvre!; **3** ***~ an Rohstoffen, Vitaminen (sein)*** (être) pauvre en matières, en vitamines

Arm [arm] *m* ⟨~(e)s; ~e⟩ **1** bras *m* (*a fig*); ***~ in ~*** bras dessus bras dessous; *fig* ***j-n auf den ~ nehmen*** faire marcher qn; se payer la tête de qn; *fig* ***j-m unter die ~e greifen*** tirer qn d'affaire (***mit etw*** avec qc, en faisant qc); *finanziell* aider qn (financièrement); **2** (*Ärmel*) manche *f*

Der Arm

der Ellbogen	**le coude**
der Finger	**le doigt**
die Hand	**la main**
das Handgelenk	**le poignet**
der Oberarm	**le bras**
die Schulter	**l'épaule** *f*
der Unterarm	**l'avant-bras** *m*

Armaturen [arma'tu:rən] *f/pl im Bad* robinetterie *f*; **~brett** *n* AUTO, AVIAT tableau *m* de bord

'Arm|band *n* ⟨~(e)s; -bänder⟩ bracelet *m*; **~banduhr** *f* montre-bracelet *f*; bracelet-montre *m*; **~binde** *f* brassard *m*; **~brust** *f* arbalète *f*

'Arme(r) *f(m)* ⟨→ A⟩ (homme *m*) pauvre *m*; femme *f* pauvre

Armee [ar'me:] *f* ⟨~; ~n⟩ armée *f* (*a fig*);

~fahrzeug *n* véhicule *m* militaire
Ärmel ['ɛrməl] *m* ⟨~s; ~⟩ manche *f*; ***die ~ hochkrempeln*** retrousser ses manches (*a* F *fig*); F *fig* ***etw aus dem ~ schütteln*** faire qc sans peine, sans (aucune) difficulté
Armenien [ar'me:niən] *n* ⟨~s⟩ l'Arménie *f*
ärmer ['ɛrmər] *comp von* ***arm***
'**Arm|lehne** *f* accoudoir *m*; *e-s Sessels a* bras *m*; **~leuchter** F *péj m* F (espèce *f* d')andouille *f*; F couillon *m*
ärmlich ['ɛrmlɪç] *adj* pauvre (*vorangestellt*); *p/fort* misérable
'**Armreif** *m* bracelet *m*
'**armselig** *adj* **1** (*sehr arm*) pauvre; misérable; **2** (*karg*) maigre; pauvre; **3** *fig* piètre; minable
'**Armsessel** *m* fauteuil *m*
ärmste ['ɛrmstə] *sup von* ***arm***
Armut ['armu:t] *f* ⟨~⟩ pauvreté *f* (*a fig*); (*Bedürftigkeit*) indigence *f*
'**Armutszeugnis** *n* ***sich*** (*dat*) ***ein ~ ausstellen*** faire preuve de, démontrer son incapacité
Aroma [a'ro:ma] *n* ⟨~s; -men *ou st/s* ~ta⟩ arome *od* arôme *m*; parfum *m* (*a Geschmack*)
aro'mat|isch *adj* aromatique; **~i'sieren** *v/t* ⟨*sans ge*⟩ aromatiser
arrangieren [arã'ʒi:rən] **I** *v/t* **1** arranger (*a* MUS); **2** *Fest* organiser; **II** *v/r* ***sich*** (***mit j-m***) ~ s'arranger (avec qn)
Arrest [a'rɛst] *m* ⟨~ɛs; ~e⟩ (*Haft*) détention *f*; HIST SCHULE retenue *f*; MIL arrêts *m/pl*
arretieren [are'ti:rən] *v/t* ⟨*sans ge*⟩ arrêter; bloquer
arrogant [aro'gant] *adj* arrogant
Arro'ganz *f* ⟨~⟩ arrogance *f*
Arsch [arʃ] P *m* ⟨~ɛs; ~e⟩ P cul *m*; ***j-m in den ~ kriechen*** F lécher les bottes, le cul à qn; ***leck mich am ~!*** P je t'emmerde!; F fous-moi la paix!; *Dinge* ***im ~ sein*** F être foutu; F être nase *od* naze; ***am ~ der Welt*** au bout du monde; au diable
'**Arsch|backe** P *f* fesse *f*; **~kriecher** P *m* F lèche-bottes *m*; P lèche-cul *m*; **~loch** P *n Schimpfwort* P con *m*; P connard *m*, connasse *f*
Arsen [ar'ze:n] *n* ⟨~s⟩ arsenic *m*
Arsenal [arze'na:l] *n* ⟨~s; ~e⟩ MIL, *fig* arsenal *m*

Art [a:rt] *f* ⟨~; ~en⟩ **1** (*Weise*) manière *f*; façon *f*; mode *m*; ***auf diese ~*** (***und Weise***) de cette façon, manière; **2** (*Wesens*2) genre *m*; nature *f*; ***das ist nicht ihre ~*** ce n'est pas dans sa nature; **3** (*Benehmen*) manières *f/pl*; façons *f/pl*; **4** (*Sorte*) genre *m*; sorte *f*; espèce *f* (*a* BIOL); (***so***) ***e-e ~ Sofa*** une espèce, sorte de canapé; ***aus der ~ schlagen*** ne ressembler à personne dans la famille; **5** CUIS ***… nach ~ des Hauses*** … maison
'**artenreich** *adj* avec une grande variété d'espèces
'**Arten|reichtum** *m* (grande) variété des espèces; **~schutz** *m* protection *f* des espèces
Arterie [ar'te:riə] *f* ⟨~; ~n⟩ artère *f*
Ar'terienverkalkung *f* artériosclérose *f*
'**Artgenoss|e, ~in** *m,f* congénère *m,f*; *Mensch a* semblable *m,f*
'**artgerecht** *adj Tierhaltung* naturel
Arthritis [ar'tri:tɪs] *f* ⟨~; -'tiden⟩ arthrite *f*
Arthrose [ar'tro:zə] *f* ⟨~; ~n⟩ arthrose *f*
artig ['a:rtɪç] *adj Kind* sage; gentil
Artikel [ar'ti:kəl] *m* ⟨~s; ~⟩ article *m*; *e-s Wörterbuchs* entrée *f*; GR (***un***)***bestimmter ~*** article (in)défini
artikulieren [artiku'li:rən] ⟨*sans ge*⟩ **I** *v/t* **1** PHON articuler; prononcer; **2** (*zum Ausdruck bringen*) exprimer; **II** *v/r* ***sich ~*** s'exprimer
Artillerie [artɪlə'ri:] *f* ⟨~; ~n⟩ artillerie *f*
Artischocke [arti'ʃɔkə] *f* ⟨~; ~n⟩ artichaut *m*
Artist|(in) [ar'tɪst(ɪn)] *m* ⟨~en; ~en⟩ (*f*) ⟨~; ~nen⟩ artiste *m,f* de cirque, de music-hall; acrobate *m,f*; **2isch** *adj* acrobatique
Arznei [a:rts'naɪ] *f* ⟨~; ~en⟩ médicament *m*; remède *m*; **~mittel** *n* médicament *m*; produit *m* pharmaceutique
Arzt [a:rtst] *m* ⟨~es; ~e⟩ médecin *m*; docteur *m*; ***zum ~ gehen*** (aller) voir un médecin
Ärztekammer ['ɛ:rtstəkamər] *f* ordre *m* des médecins
'**Arzthelferin** *f* assistante médicale
Ärztin ['ɛ:rtstɪn] *f* ⟨~; ~nen⟩ (femme *f*) médecin *m*; docteur *m*; F doctoresse *f*
'**ärztlich** **I** *adj* médical; **II** *adv* ***sich ~ untersuchen lassen*** se faire examiner par un médecin

'Arztpraxis *f* cabinet médical, de consultation
As → ***Ass***
Asbest [as'bɛst] *m* ⟨~ẹs; ~e⟩ amiante *m*
Asche ['aʃə] *f* ⟨~; ~n⟩ cendre(s) *f(pl)*; *e-s Verstorbenen* cendres *f/pl*
'Aschen|bahn *f* (piste *f*) cendrée *f*; **~becher** *m* cendrier *m*; **~brödel** [-brøːdəl] *n* ⟨~s⟩, **~puttel** [-putəl] *n* ⟨~s⟩ Cendrillon *f*
'Ascher F *m* ⟨~s; ~⟩ cendrier *m*
Ascher'mittwoch *m* (mercredi *m* des) Cendres *f/pl*
'asch|'fahl *adj Gesicht* terreux; cendreux; **~grau** *adj* gris cendré
ASCII-Code ['aski-] *m* code *m* ASCII
äsen ['ɛːzən] *v/i* ⟨ẹ̶ṣ̶⟩ *Reh, Hirsch* viander
Aserbaidschan [azɛrbaɪ'dʒaːn] *n* ⟨~s⟩ l'Azerbaïdjan *m*
Asiat|(in) [azi'aːt(ɪn)] *m* ⟨~en; ~en⟩ (*f*) ⟨~; ~nen⟩ Asiatique *m,f*; **2isch** *adj* asiatique
Asien ['aːziən] *n* ⟨~s⟩ l'Asie *f*
Askese [as'keːzə] *f* ⟨~⟩ ascèse *f*
As'ket *m* ⟨~en; ~en⟩ ascète *m*
as'ketisch I *adj* ascétique; **II** *adv* ~ ***leben*** vivre en ascète
'asozial *adj oft péj* asocial; *par ext* marginal
Aspekt [as'pɛkt] *m* ⟨~ẹs; ~e⟩ aspect *m*
Asphalt [as'falt] *m* ⟨~ẹs; ~e⟩ asphalte *m*; (*Straßenbelag*) *a* bitume *m*
asphal'tieren *v/t* ⟨*sans ge*⟩ bitumer; asphalter
Aspik [as'piːk] *m* ⟨~s; ~e⟩ CUIS aspic *m*
Aspirant [aspi'rant] *m* ⟨~en; ~en⟩ aspirant *m*
Aspirin® [aspi'riːn] *n* ⟨~s⟩ aspirine® *f*
Ass [as] *n* ⟨~es; ~e⟩ **1** *Spielkarte* as *m*; **2** TENNIS ace *m*; **3** *fig* champion, -ionne *m,f*; as *m*; crack *m*
aß [aːs] → ***essen***
Assessor(in) [a'sɛsɔr (-s'soːrɪn)] *m* ⟨~s; -'soren⟩ (*f*) ⟨~; ~nen⟩ **1** JUR magistrat débutant; **2** (*Studien2*) professeur débutant
Assistent(in) [asɪs'tɛnt(ɪn)] *m* ⟨~en; ~en⟩ (*f*) ⟨~; ~nen⟩ assistant(e) *m(f)*
Assis'tenzarzt *m* interne *m* (des hôpitaux)
assis'tieren *v/i* ⟨*sans ge*⟩ (***j-m***) ~ assister qn (***bei etw*** pendant qc)
Ast [ast] *m* ⟨~ẹs; ~e⟩ **1** branche *f*; F *fig* ***sich*** (*dat*) ***e-n ~ lachen*** rire comme un bossu; **2** (*Stelle im Holz*) nœud *m*
Aster ['astər] *f* ⟨~; ~n⟩ aster *m*
Ästhet [ɛs'teːt] *m* ⟨~en; ~en⟩ esthète *m*; **~ik** *f* ⟨~⟩ esthétique *f*; **2isch** *adj* esthétique
Asthma ['astma] *n* ⟨~s⟩ asthme *m*
Asth'ma|tiker *m* ⟨~s; ~⟩ asthmatique *m*; **2tisch** *adj* asthmatique
'Astloch *n* trou *m* (provenant d'un nœud dans le bois)
Astro|loge [astro'loːgə] *m* ⟨~n; ~n⟩, **~'login** *f* ⟨~; ~nen⟩ astrologue *m,f*; **~lo'gie** *f* ⟨~⟩ astrologie *f*; **2'logisch** *adj* astrologique; **~'naut(in)** *m* ⟨~en; ~en⟩ (*f*) ⟨~; ~nen⟩ astronaute *m,f*; cosmonaute *m,f*; **~'nom** *m* ⟨~en; ~en⟩ astronome *m*; **~no'mie** *f* ⟨~⟩ astronomie *f*; **2'nomisch** *adj* astronomique (*a* F *fig Preise*)
ASU ['aːzu] *f* ⟨~⟩ → ***Abgassonderuntersuchung***
Asyl [a'zyːl] *n* ⟨~s; ~e⟩ **1** asile *m*; ***j-m ~ gewähren*** donner asile à qn; **2** (*Obdachlosen2*) asile *m* de nuit
Asy'lant *m* ⟨~en; ~en⟩, **A'sylbewerber** *m* demandeur *m* d'asile
A'sylrecht *n* droit *m* d'asile
Asymme'trie *f* ⟨~; ~n⟩ asymétrie *f*
'asymmetrisch *adj* asymétrique
Atelier [atəli'eː] *n* ⟨~s; ~s⟩ *e-s Künstlers* atelier *m*; *e-s Fotografen*, (*Film2*) studio *m*
Atem ['aːtəm] *m* ⟨~s⟩ **1** (*Atmung*) respiration *f*; souffle *m*; *fig* ***j-n in ~ halten*** (*in Spannung halten*) tenir qn en haleine; (*pausenlos beschäftigen*) tenir qn en mouvement; **2** (*ein- od ausgeatmete Luft*) haleine *f*; souffle *m*; ***außer ~ sein*** être essoufflé; être 'hors d'haleine; (***tief***) ***~ holen*** respirer (profondément)
'atem|beraubend *adjt Geschwindigkeit* vertigineux; *Spannung* à couper le souffle; **2beschwerden** *f/pl* troubles *m/pl* respiratoires; **2holen** *n* ⟨~s⟩ inspiration *f*; aspiration *f*
'atemlos I *adj* 'hors d'haleine; essoufflé; **II** *adv* ~ ***hereinkommen*** arriver tout essoufflé
'Atem|not *f* (crise *f* d')étouffements *m/pl*; **~pause** *f* (moment *m* de) répit *m*; temps *m* d'arrêt; **~übung** *f* exercice

m respiratoire; **~wege** *m/pl* voies *f/pl* respiratoires

'Atemzug *m* souffle *m*; *fig* **in e-m** *od* **im selben ~** au même instant, moment

Athe|ismus [ate'ɪsmʊs] *m* ⟨~⟩ athéisme *m*; **~'ist(in)** *m* ⟨~en; ~en⟩ (*f*) ⟨~; ~nen⟩ athée *m,f*; **≈'istisch** *adj* athée

Äther ['ɛːtər] *m* ⟨~s; ~⟩ éther *m*

ä'therisch *adj* éthéré

Äthiopien [ɛti'oːpiən] *n* ⟨~s⟩ l'Éthiopie *f*

Athlet|(in) [at'leːt(ɪn)] *m* ⟨~en; ~en⟩ (*f*) ⟨~; ~nen⟩ athlète *m,f*; **≈isch** *adj* athlétique

Atlantik [at'lantɪk] ⟨~s⟩ ***der ~*** l'Atlantique *m*

at'lantisch *adj* atlantique; ***der ≈e Ozean*** l'océan *m* Atlantique

Atlas ['atlas] *m* ⟨~ *ou* ~ses; ~se *ou* -'lanten⟩ atlas *m*

atmen ['aːtmən] *v/t u v/i* ⟨-e-⟩ respirer

Atmosphär|e [atmo'sfɛːrə] *f* ⟨~; ~n⟩ atmosphère *f*; **≈isch** *adj* atmosphérique

'Atmung *f* ⟨~⟩ respiration *f*; **~sorgane** *n/pl* appareil *m* respiratoire

Atoll [a'tɔl] *n* ⟨~s; ~e⟩ atoll *m*

Atom [a'toːm] *n* ⟨~s; ~e⟩ atome *m*

ato'mar *adj* atomique; nucléaire

A'tom|bombe *f* bombe *f* atomique; **~bombenversuch** *m* essai *m* nucléaire; **~energie** *f* énergie *f* atomique, nucléaire; **~explosion** *f* explosion *f* atomique, nucléaire; **~gewicht** *n* PHYS poids *m*, masse *f* atomique; **~kern** *m* noyau *m* atomique; **~kraft** *f* énergie *f* nucléaire, atomique; **~kraftwerk** *n* centrale *f* atomique, nucléaire; **~krieg** *m* guerre *f* atomique, nucléaire; **~müll** *m* déchets nucléaires, radioactifs; **~physik** *f* physique *f* atomique, nucléaire; **~reaktor** *m* réacteur *m* nucléaire; **~sprengkopf** *m* ogive *f* atomique; tête *f* nucléaire; **~transport** *m* transport *m* de déchets nucléaires; **~waffe** *f* arme *f* atomique, nucléaire

a'tomwaffenfrei *adj* ***~e Zone*** zone dénucléarisée

A'tom|waffensperrvertrag *m* accords *m/pl* de non-prolifération des armes atomiques; **~zeitalter** *n* ère *f*, âge *m* atomique

ätsch [ɛːtʃ] *enf int* (c'est) bien fait!

Attachment [ə'tɛtʃmənt] *n* ⟨~s; ~s⟩ INFORM fichier joint; pièce jointe

Attacke [a'takə] *f* ⟨~; ~n⟩ attaque *f* (*a* MÉD, *fig*)

atta'ckieren *v/t* ⟨*sans ge*⟩ attaquer (*a fig*)

Atten|tat ['atəntaːt] *n* ⟨~¢s; ~e⟩ attentat *m*; **~täter(in)** *m*(*f*) auteur *m* d'un attentat

Attest [a'tɛst] *n* ⟨~¢s; ~e⟩ certificat (médical); attestation *f* (du médecin)

attes'tieren *v/t* ⟨*sans ge*⟩ certifier; attester

Attrak|tion [atraktsi'oːn] *f* ⟨~; ~en⟩ attraction *f*; **≈'tiv** *adj* **1** *Angebot etc* intéressant; **2** *Person* attirant; séduisant; **~tivi'tät** *f* ⟨~⟩ **1** *e-s Angebots etc* intérêt *m*; **2** *e-r Frau* (pouvoir *m* de) séduction *f*

Attrappe [a'trapə] *f* ⟨~; ~n⟩ article *m* factice; (*Flaschen≈*) bouteille *f* factice

Attribut [atri'buːt] *n* ⟨~¢s; ~e⟩ **1** (*Merkmal*) attribut *m*; **2** GR épithète *f*; complément *bzw* adjectif déterminatif

attribu'tiv *adj* GR ***~es Adjektiv*** adjectif *m* épithète

ätz|en ['ɛtsən] *v/t* ⟨¢$⟩ **1** CHIM corroder; attaquer; **2** MÉD cautériser; **~end** *adjt* **1** CHIM corrosif; corrodant; caustique; **2** *fig Spott*, *Geruch* mordant; *Spott a* caustique; corrosif; **3** *Jugendsprache* (*scheußlich*) F dégueu(lasse)

au [aʊ] *int* aïe!; ouille!

AU ['aː'ʔuː] *f* ⟨~⟩ *abr* → ***Abgasuntersuchung***

aua ['aʊa] *enf*, F *int* aïe!; ouille!

Aubergine [obɛr'ʒiːnə] *f* ⟨~; ~n⟩ aubergine *f*

auch [aʊx] *adv* **1** (*ebenfalls*) aussi; également; *verneint* non plus; ***ich ~*** moi aussi; ***ich ~ nicht*** (ni) moi non plus; **2** (*sogar, selbst*) même; ***~ wenn …*** même si …; **3** (*außerdem*) **~** (***noch***) encore; F ***~ das noch!*** il ne manquait plus que cela!; F et ça par-dessus le marché!; **4** *verallgemeinernd* ***wer, was, wo*** *etc* ***es ~*** (***immer***) ***sein mag*** qui, quoi, où, *etc* que ce soit; **5** *zweifelnd* bien; ***ist das ~ wahr?*** (mais,) est-ce bien vrai?

Audienz [audi'ɛnts] *f* ⟨~; ~en⟩ audience *f*

audiovisuell [audiovizu'ɛl] *adj* audiovisuel

Aue ['aʊə] *poét f* ⟨~; ~n⟩ prairie *f*; pré *m*

Auerhahn ['aʊərhaːn] *m* grand tétras; coq *m* de bruyère

auf [auf] **I** *prép* ⟨*dat ou acc*⟩ **1** *räumlich* **a)** *Lage* ⟨*dat*⟩ sur; *bei Behörden, Inseln, Veranstaltungen meist* à; *bei femininen Inselnamen* en; **~ der Erde** sur la Terre; **~ der Bank** à la banque; **~ Korsika** en Corse; **~ e-r Insel** dans *od* sur une île; **~ dem Tisch liegen** être sur la table; **b)** *Richtung* ⟨*acc*⟩ sur; **~ den Tisch legen** mettre, poser sur la table; **~ j-n, etw zugehen** aller vers qn, qc; **2** *zeitlich* ⟨*acc*⟩ pour; **~ unbestimmte Zeit** pour un temps indéterminé; **~ die Dreißig zugehen** aller sur ses trente ans; **3** *modal* **~ diese Weise** de cette façon, manière; **~s angenehmste, herzlichste** de la façon la plus agréable, cordiale; le plus agréablement, cordialement possible; **4** *final* ⟨*acc*⟩ **etw ~ s-e Richtigkeit überprüfen** vérifier l'exactitude de qc; **etw ~ Fehler durchlesen** lire qc pour chercher les fautes; **5** *konsekutiv* ⟨*acc*⟩ **~ s-e Bitte** (**hin**) à *od* sur sa demande; **6** (*pro*) ⟨*acc*⟩ **ein Abgeordneter ~ zehntausend Einwohner** un député pour dix mille habitants; **drei Eier ~ ein Pfund Mehl** trois œufs pour une *od* par livre de farine; **II** *adv* **1** F **~** (*offen*) **sein** être ouvert; **schon ~** (*nicht im Bett*) **sein** être déjà levé; **noch ~ sein** être encore debout; **2** *Aufforderung* **~!** (*an die Arbeit etc*) allez!; **~ nach München, zum Sportplatz!** en route pour Munich, le stade!; **3** *in festen Verbindungen* **~ und ab** *od st/s* **nieder** de haut en bas, de bas en 'haut; *Person* **~ und ab** (*hin und her*) **gehen** aller et venir; passer et repasser; marcher de long en large; faire les cent pas; *fig* **das ♀ und Ab des Lebens** les 'hauts et les bas *m/pl* de la vie; *st/s* les vicissitudes *f/pl* de l'existence; **sich ~ und davon machen** se sauver; prendre le large; F décamper; **er war schon ~ und davon** il était déjà parti; **III** *st/s conj* **~ dass …** afin que, pour que … (+ *subj*); afin de (+ *inf*)

'**auf·arbeiten** *v/t* ⟨-e-⟩ **1** *Rückstände, Post* mettre à jour; **2** *Vergangenheit, Erlebnis* assumer

'**auf·|atmen** *v/i* ⟨-e-⟩ respirer (*a fig*); *fig* se sentir soulagé; **~backen** *v/t* ⟨*régulier ou irr*⟩ réchauffer, passer au four; **~bahren** *v/t* exposer (sur un catafalque, sur un lit de parade)

'**Aufbau** *m* ⟨~(e)s; ~ten⟩ **1** construction *f* (*a fig*); *e-s Gerüsts, e-r Maschine* montage *m*; **2** (*Gliederung*) structure *f*; **3** AUTO carrosserie *f*

'**auf·bauen** **I** *v/t* **1** construire; *Gerüst, Zelt, Maschine* monter; **2** (*arrangieren*) disposer; arranger; **3** *fig Gesellschaft* édifier; *Organisation, Firma* créer, monter (avec succès); **4** (*gliedern*) structurer; **5** **etw auf etw** (*dat*) **~** construire, édifier, bâtir qc sur qc (*a fig*); **6** *fig* **j-n zu** *od* **als etw ~** (vouloir) faire qc de qn; **7** F *fig* **j-n ~** *psychisch* redonner le moral à qn; *physisch* remonter qn; **II** *v/i* **auf etw** (*dat*) **~** être basé, fondé sur qc; **III** *v/r* **sich ~** (*sich zusammensetzen*) se composer, se constituer (**aus** de)

'**auf·|bäumen** *v/r* **sich ~** se cabrer (*a fig* **gegen** contre); **~bauschen** *v/t* **1** *Segel* gonfler; **2** *fig Ereignis* exagérer; enfler; **~begehren** *st/s v/i* ⟨*sans ge*⟩ se révolter, se rebeller (**gegen** contre); **~behalten** *v/t* ⟨*irr, sans ge*⟩ garder

'**auf·beißen** ⟨*irr*⟩ **I** *v/t Nuss* ouvrir, casser avec ses dents; **II** *v/r* **sich** (*dat*) **die Lippe ~** s'ouvrir, se fendre la lèvre

'**auf·bekommen** *v/t* ⟨*irr, sans ge*⟩ **1** F *Tür, Schloss* réussir, parvenir, arriver à ouvrir; **2** SCHULE **etw ~** avoir à faire qc comme devoir

'**auf·bereit|en** *v/t* ⟨-e-, *sans ge*⟩ traiter; **♀ung** *f* traitement *m*

'**auf·besser|n** *v/t* **1** *Gehälter* augmenter; relever; **2** *Kenntnisse* améliorer; **♀ung** *f* **1** augmentation *f*; relèvement *m*; **2** amélioration *f*

'**auf·bewahren** *v/t* ⟨*sans ge*⟩ conserver; garder; **kühl, trocken ~** garder, tenir au frais, au sec

'**Aufbewahrung** *f* conservation *f*; garde *f*; dépôt *m*

'**auf·bieten** *v/t* ⟨*irr*⟩ *Kräfte, Energie, Überredungskunst* déployer; *Polizei, Militär a* mettre en action; *Mittel* employer; **s-n ganzen Einfluss ~** user de toute son influence

'**Aufbietung** *f* ⟨~⟩ **unter ~** (*dat*) **aller Kräfte** en rassemblant ses dernières forces; **unter ~** (*dat*) **s-r ganzen Überredungskunst** en déployant toute son éloquence

'**auf·binden** *v/t* ⟨*irr*⟩ *Schleife, Schuh* dénouer; défaire

'**auf·blähen** **I** *v/t* (faire) gonfler; *Leib*

aufgebläht ballonné; **II** *v/r* ***sich ~*** **1** *Segel* se gonfler; s'enfler; **2** *fig, péj* se gonfler d'importance
'**aufblasbar** *adj* gonflable
'**auf·|blasen** ⟨*irr*⟩ **I** *v/t* gonfler; **II** F *péj v/r* ***sich ~*** se rengorger; F se faire mousser; faire l'important; **~bleiben** F *v/i* ⟨*irr*, sn⟩ **1** (*geöffnet bleiben*) rester ouvert; **2** (*nicht zu Bett gehen*) rester debout; veiller
'**auf·blenden** *v/t u v/i* ⟨-e-⟩ (***die Scheinwerfer***) **~** mettre les feux de route, les phares; ***mit aufgeblendeten Scheinwerfern fahren*** rouler pleins phares
'**auf·blicken** *v/i* **1** lever les yeux (***zu j-m*** vers qn); **2** *fig* ***zu j-m ~*** respecter qn
'**auf·|blitzen** *v/i* ⟨¢, sn⟩ **1** étinceler, briller (un moment); jeter une vive lueur; **2** *fig Gedanke* jaillir; **~blühen** *v/i* ⟨sn⟩ fleurir; être en fleur(s); s'épanouir (*a fig*); **~bocken** *v/t* mettre sur (des) chevalets; **~brauchen** *v/t* épuiser (*a fig*)
'**auf·brausen** *v/i* ⟨¢, sn⟩ **1** *Beifall* éclater; retentir; **2** *Person* s'emporter
'**aufbrausend** *adjt Person* emporté; coléreux
'**auf·brechen** ⟨*irr*⟩ **I** *v/t* forcer; fracturer; **II** *v/i* ⟨sn⟩ **1** *Knospen* s'ouvrir; éclore; *Geschwür* crever; percer; **2** (*weggehen*) partir; s'en aller; se mettre en route
'**auf·bringen** *v/t* ⟨*irr*⟩ **1** *Mode* lancer; introduire; *Gerücht* faire courir; lancer; **2** *Geld etc* trouver; fournir; réunir; *Kosten* faire face à; *fig Mut, Kraft* trouver; *fig Verständnis, Geduld* faire preuve de; montrer; **3** (*in Wut versetzen*) mettre en colère; ***j-n gegen sich ~*** monter qn contre soi
'**Aufbruch** *m* départ *m*; ***im ~ sein*** s'éveiller
'**auf·brühen** *v/t Tee* (faire) infuser; *Kaffee* faire
'**auf·bügeln** *v/t* ⟨¢⟩ donner un coup de fer à; repasser
'**auf·bürden** *v/t* ⟨-e-⟩ ***j-m etw ~*** mettre qc sur les bras *od* sur le dos de qn; charger qn de qc
'**auf·decken** *v/t* **1** *Bett* découvrir; **2** *Spielkarte* retourner; **3** *fig* (*enthüllen*) découvrir; *Intrige, Verbrechen* déceler; *Geheimnis, Pläne* révéler
'**Aufdeckung** *f* (*Enthüllung*) découverte *f*
'**auf·drängen** **I** *v/t* ***j-m etw ~*** presser, obliger qn d'accepter qc; *Willen, Ansichten* imposer qc à qn; **II** *v/r* ***sich j-m ~*** s'imposer à qn
'**auf·drehen** *v/t* **1** ouvrir; **2** F *Radio* mettre (plus) fort
'**aufdringlich** *adj* **1** *Person* indiscret; F collant; **2** *Parfüm* tenace; **~keit** *f* ⟨~⟩ indiscrétion *f*
'**Aufdruck** *m* ⟨~¢s; ~e⟩ texte imprimé
'**auf·drucken** *v/t* ***etw*** (***auf etw*** [*acc*]) **~** imprimer qc (sur qc)
'**auf·drücken** *v/t* **1** *Tür* ouvrir (en poussant); pousser; **2** *Pickel* faire crever; **3** *Siegel* apposer
aufei'nander *adv* l'un(e) sur l'autre *bzw* les un(e)s sur les autres; **~ *folgen*** se succéder; se suivre; **~ *folgend*** consécutif; successif; **~ *legen*** mettre, poser l'un sur l'autre; **~ *liegen*** être posé, empilé, entassé l'un sur l'autre; **~ *prallen*** se heurter (*a fig*); se tamponner; **~ *stellen*** mettre, poser l'un sur l'autre; superposer; **~ *treffen*** se rencontrer; *feindlich* se heurter
Aufenthalt ['aufʔɛnthalt] *m* ⟨~¢s; ~e⟩ **1** *während e-r Fahrt* arrêt *m*; 'halte *f*; **2** (*Verweilen*) séjour *m*; ***der ~ in diesem Raum ist verboten*** interdiction de rester dans cette pièce
'**Aufenthalts|erlaubnis** *f*, **~genehmigung** *f* permis *m* de séjour; **~ort** *m* lieu *m* de séjour, de résidence; **~raum** *m e-s Wohnheims* foyer *m*
'**auf·erlegen** *st/s* ⟨*sans ge*⟩ **I** *v/t* ***j-m etw ~*** imposer qc à qn; *Strafe* infliger qc à qn; **II** *v/r* ***sich*** (*dat*) ***etw ~*** s'imposer qc
'**Auferstehung** *f* ⟨~⟩ résurrection *f* (*a fig*)
'**auf·essen** *v/t u v/i* ⟨*irr*⟩ manger tout
'**auf·fahren** ⟨*irr*⟩ **I** *v/t* **1** *Geschütz* mettre en batterie; pousser en position; **2** F *Speisen* mettre sur la table; **II** *v/i* ⟨sn⟩ **3** *aus Gedanken* sursauter; **4** ***auf etw*** (*acc*) **~** *Fahrzeug* télescoper, tamponner qc; **5** (*heranfahren*) ***auf j-n, etw dicht*** *od* ***nah ~*** suivre qn, qc de très près; **6** (*vorfahren*) **~ *vor*** (+ *dat*) *e-m Gebäude* se placer devant (l'entrée de)
'**Auffahrt** *f* (*Autobahn~*) bretelle *f*; *vor e-m Gebäude* rampe *f* (d'accès)
'**Auffahrunfall** *m* télescopage *m*
'**auf·fallen** *v/i* ⟨*irr*, sn⟩ *Person* se faire remarquer (***durch*** par); *Dinge* se voir; se remarquer; sauter aux yeux; ***j-m ~***

frapper qn; ***nicht ~*** passer inaperçu; ***mir fiel auf, dass …*** j'ai remarqué que …; je me suis aperçu que …; ***fiel dir nichts an ihm auf?*** n'as-tu rien remarqué chez lui?

'auffallend I *adjt* frappant; *Kleidung, Farbe* voyant; II *advt* d'une façon frappante; ***sich ~ kleiden*** s'habiller d'une façon voyante

'auffällig *adj* frappant; *Kleidung, Farbe* voyant

'auf·fangen *v/t* ⟨*irr*⟩ **1** *Ball etc* (r)attraper; **2** *Flüssigkeit* recueillir; **3** *Schlag, Stoß* amortir

'Auffanglager *n* centre *m* d'accueil

'auf·fassen *v/t* ⟨g̶ß̶⟩ **1** (*verstehen*) saisir; comprendre; ***etw falsch ~*** mal interpréter qc; **2** (*ansehen*) ***etw als etw ~*** prendre qc pour qc; interpréter qc comme qc

'Auffassung *f* conception *f*; opinion *f*; ***nach meiner ~*** à mon sens; ***der ~ sein, dass …*** être d'avis, penser que …

'Auffassungsgabe *f* compréhension *f*; ***e-e schnelle ~ haben*** avoir l'esprit vif, rapide

'auffindbar *adj* trouvable

'auf·|finden *v/t* ⟨*irr*⟩ trouver; découvrir; **~fischen** F *v/t* **1** (re)pêcher; retirer de l'eau; **2** *fig* (*aufgabeln*) F pêcher; F dégoter; **~flackern** *v/i* ⟨sn⟩ *Feuer, fig* se raviver; se ranimer; **~flammen** *v/i* ⟨sn⟩ flamber; flamboyer; *fig Unruhen* éclater; **~fliegen** *v/i* ⟨*irr*, sn⟩ **1** *Vogel* s'envoler; **2** F *Schwindel, Betrüger* être découvert; **3** *Tür* s'ouvrir brusquement

'auf·fordern *v/t* ***j-n ~, etw zu tun*** inviter qn à faire qc; ADM sommer qn de faire qc

'Aufforderung *f* invitation *f* (***zu*** à); ADM sommation *f*

'auf·forst|en *v/t* ⟨-e-⟩ reboiser; **℘ung** *f* ⟨~; ~en⟩ reboisement *m*

'auf·fressen *v/t* ⟨*irr*⟩ manger (*a fig*); dévorer

'auf·frischen I *v/t Farben* raviver; *Vorräte* renouveler; *Kenntnisse* réactiver; II *v/i* ⟨h *ou* sn⟩ ***der Wind frischt auf*** le vent fraîchit, se lève

'auf·führ|en I *v/t* **1** *Theaterstück* représenter; jouer; *Musikstück* exécuter; **2** *Beispiele, Gründe* donner; énumérer; (*auflisten*) mentionner; II *v/r* ***sich ~*** se comporter; se conduire; **℘ung** *f* **1** représentation *f*; exécution *f*; **2** énumération *f*; mention *f*

'auf·füllen *v/t* remplir; ***s-n Bestand*** (***an etw*** [*dat*]) **~** refaire le stock (de qc)

'Aufgabe *f* **1** (*Auftrag*) tâche *f*; mission *f*; (*Pflicht*) devoir *m*; **2** SCHULE (*Haus℘*) *schriftliche* devoir *m*; *mündliche* leçon *f*; (*Übung*) exercice *m*; *bes* (*Rechen℘*) problème *m*; **3** *des Gepäcks* enregistrement *m*; *e-s Telegramms* expédition *f*; **4** *e-r Stellung, e-s Plans*, SPORT abandon *m*

'auf·gabeln F *fig v/t* ⟨g̶⟩ F pêcher; F dégoter

'Aufgabenbereich *m* ressort *m*; attributions *f/pl*; domaine *m*

'Aufgang *m* **1** *e-s Gestirns* lever *m*; **2** (*Treppe*) escalier *m*; **3** (*Weg*) sentier *m*

'auf·geben ⟨*irr*⟩ I *v/t* **1** *Schularbeiten* donner; *Rätsel* poser; **2** *Brief etc* expédier; *Gepäck* (faire) enregistrer; **3** *Vorhaben, Hoffnung, Widerstand* abandonner; *Stellung* quitter; ***das Rauchen ~*** arrêter de fumer; **4** *e-n Kranken* condamner; ***die Ärzte haben ihn aufgegeben*** les médecins l'ont condamné; **5** ***sein Geschäft ~*** liquider, fermer définitivement son commerce, son affaire; II *v/i* abandonner (*a* SPORT)

'aufgeblasen F *péj adjt* prétentieux

'Aufgebot *n* **1** *zur Eheschließung* publication *f* des bans (de mariage); ***das ~ bestellen*** faire publier les bans; **2** *an Material* mise *f* en action; *an Menschen* déploiement *m*

'auf|gebracht *adjt* en colère; furieux; **~gedreht** F *adjt* excité; **~gedunsen** *adj* bouffi; boursouflé

'auf·gehen *v/i* ⟨*irr*, sn⟩ **1** *Gestirn* se lever; **2** (*sich öffnen*) s'ouvrir; *Knoten, Schleife* se défaire; *Naht* se défaire; se découdre; *Vorhang* se lever; *Geschwür* crever; percer; **3** *Teig* lever; **4** *Saat* lever; pousser; **5** *fig* ***plötzlich ging mir auf, was er gemeint hatte*** je compris soudain ce qu'il avait voulu dire; **6** *Rechnung* tomber juste

'aufgeklärt *adjt* **1** éclairé; sans préjugés; **2** *sexuell* averti

'aufgekratzt F *adjt* en train; en verve; *p/fort* excité

'aufgelegt *adjt* ***gut, schlecht ~ sein*** être de bonne, de mauvaise humeur; ***zu etw***

~ sein être disposé, d'humeur à qc; avoir le cœur à qc

'**aufgelöst** *adjt fig* (**völlig**) **~** (complètement) affolé; bouleversé

'**aufgeräumt** *adjt* **1** *Zimmer* rangé; en ordre; **2** *fig* de bonne humeur

'**aufgeregt** *adjt* excité; agité; (*nervös*) énervé; **2heit** *f* ⟨~⟩ excitation *f*; agitation *f*; (*Nervosität*) énervement *m*

'**aufgeschlossen** *adjt Person* ouvert (**für** à); **2heit** *f* ⟨~⟩ ouverture *f* d'esprit; intérêt *m*; (*Empfänglichkeit*) réceptivité *f*

'**aufgeschmissen** F *adj* F paumé; perdu

'**aufgesetzt** *adjt fig* artificiel; forcé; contraint

'**aufgeweckt** *adjt fig* éveillé; vif; dégourdi; **2heit** *f* ⟨~⟩ vivacité *f* d'esprit; esprit éveillé

'**auf·gießen** *v/t* ⟨*irr*⟩ → ***aufbrühen***

'**auf·glieder|n** *v/t* diviser, décomposer (**in** [+ *acc*] en); *in Kategorien* classer, classifier (**in** [+ *acc*], **nach** en); **2ung** *f* division *f*; décomposition *f*; classification *f*

'**auf·greifen** *v/t* ⟨*irr*⟩ **1** *Thema, Frage* reprendre; **2** (*festnehmen*) appréhender; saisir

auf'grund *prép* ⟨*gén*⟩, *adv* **~ von** (*wegen*) en raison de; vu; (*kraft*) en vertu de

'**Aufguss** *m* infusion *f*; **~beutel** *m* sachet *m* d'infusion

'**auf·haben** F *v/t* ⟨*irr*⟩ **1** *Hut* avoir (sur la tête); *Brille* avoir (sur le nez); **2** (*geöffnet haben*) *Geschäft* être ouvert; ***ab wann haben Sie auf?*** à quelle heure ouvrez-vous?; **3** *Hausaufgaben* avoir à faire, à apprendre

'**auf·hacken** *v/t* ouvrir (à coups de pioche)

'**auf·halsen** F *v/t* ⟨*¢s*⟩ ***j-m etw* ~** F coller, F refiler qc à qn

'**auf·halten** ⟨*irr*⟩ **I** *v/t* **1** (*geöffnet halten*) tenir, garder ouvert; ***die Hand* ~** tendre la main (*a fig*); **2** (*hemmen*) arrêter; (*zurückhalten*) ***j-n* ~** retenir, retarder qn; **II** *v/r* **3** ***sich* ~** (*verweilen*) être; ***sich* ~** (**in** [+ *dat*]) (*bleiben*) rester (à); *im Ausland* séjourner (à); **4** ***sich mit etw* ~** s'arrêter à, s'attarder à *od* sur qc; perdre son temps avec *od* à qc

'**auf·hängen** **I** *v/t* **1** suspendre; *Bild, Mantel* accrocher; *Wäsche* étendre; *Telefonhörer* raccrocher; **2** (*erhängen*) pendre; **II** *v/r* ***sich* ~** se pendre

'**Aufhänger** *m* ⟨~s; ~⟩ **1** attache *f*; **2** *fig* point *m* de départ (***für etw*** de qc)

'**Aufhängung** *f* ⟨~⟩ TECH suspension *f*

'**auf·häufen** *v/t* (*u v/r* ***sich* ~** s')accumuler; (s')amasser; (s')entasser

'**auf·heben** ⟨*irr*⟩ **I** *v/t* **1** *vom Boden* ramasser; (*hochheben*) soulever; **2** (*aufbewahren*) garder; conserver; mettre de côté; *fig* ***gut, schlecht aufgehoben sein*** être, ne pas être en bonnes mains; **3** (*abschaffen*) supprimer; JUR *Strafe, Urteil* lever; annuler; *Gesetz* abroger; *Sperre* débloquer; **4** (*beenden*) *Versammlung* clore; clôturer; *Blockade* lever; **II** *v/r* ***sich*** (***gegenseitig***) **~** s'annuler (réciproquement)

'**Aufheben** *st/s n* ⟨~s⟩ ***viel, kein* ~(*s*) *von etw machen*** faire grand, peu de cas de qc

'**Aufhebung** *f* **1** (*Abschaffung*) suppression *f*; JUR *e-r Strafe, e-s Urteils* levée *f*; annulation *f*; *e-s Gesetzes* abrogation *f*; *e-r Sperre* déblocage *m*; **2** (*Beendigung*) *e-r Blockade* levée *f*; *e-r Versammlung* clôture *f*

'**auf·heitern** **I** *v/t* ***j-n* ~** égayer, dérider qn; **II** *v/r* ***sich* ~** **1** MÉTÉO s'éclaircir; **2** *fig Blick* s'éclairer

'**Aufheiterung** *f* ⟨~; ~en⟩ MÉTÉO éclaircie *f*

'**auf·heizen** ⟨*¢s*⟩ **I** *v/t* (faire) chauffer; *fig Stimmung* chauffer (à blanc); **II** *v/r* ***sich* ~** chauffer

'**auf·helfen** *v/i* ⟨*irr*⟩ ***j-m* ~** aider qn à se relever

'**auf·hellen** **I** *v/t* **1** éclaircir; **2** *fig* (*klären*) éclaircir; élucider; **II** *v/r* ***sich* ~** **3** *Himmel, Wetter* s'éclaircir; se dégager; ***es hat sich aufgehellt*** le temps s'est éclairci; **4** *fig Gesicht* s'éclairer

'**auf·hetzen** *v/t* ⟨*¢s*⟩ ***j-n gegen j-n* ~** monter (la tête à) qn contre qn; dresser qn contre qn

'**auf·heulen** *v/i* 'hurler; *Motor* s'emballer

'**auf·holen** **I** *v/t* rattraper; **II** *v/i* SPORT regagner du terrain

'**auf·horchen** *v/i* dresser, tendre l'oreille; *fig* ***j-n* ~ *lassen*** éveiller l'attention de qn

'**auf·hören** *v/i* s'arrêter; ***mit etw* ~** cesser, arrêter qc; **~ *zu*** (+ *inf*) cesser, (s')arrêter de (+ *inf*); ***ohne aufzuhören*** sans cesse; sans relâche; sans arrêt; F ***da hört (sich) doch alles auf!*** c'est trop fort!

'**auf·|kaufen** *v/t* acheter (en masse); **~keimen** *v/i* ⟨sn⟩ **1** *Saat* germer; **2** *fig* naître

'**aufklappbar** *adj* dépliant; *Autoverdeck* décapotable

'**auf·klappen** *v/t Buch, Taschenmesser etc* ouvrir; *Gartenstuhl* déplier

'**auf·klären** **I** *v/t* **1** *Ursache, Irrtum etc* tirer au clair; *Verbrechen* élucider; **2** (*informieren*) ***j-n über etw*** (*acc*) **~** instruire qn de qc; éclairer qn sur qc; **3** *sexualkundlich* ***j-n* ~** mettre qn au courant des choses de la vie; **II** *v/r* ***sich* ~** **4** *Wetter, Himmel* s'éclaircir; *fig Gesicht* s'éclairer; **5** (*sich klären*) s'expliquer

'**Aufklärung** *f* **1** *e-s Missverständnisses, Verbrechens* éclaircissement *m*; élucidation *f*; **2** (*Erklärung*) explication *f*; information *f*; **3** *sexuelle* éducation sexuelle; **4** HIST ***das Zeitalter der* ~** le siècle des lumières

'**Aufklärungsflug** *m* MIL vol *m* de reconnaissance; **~zeug** *n* MIL avion *m* de reconnaissance

'**auf·kleben** *v/t* ***etw*** (***auf etw*** [*acc*]) **~** coller qc sur qc

'**Aufkleber** *m* autocollant *m*; étiquette collante

'**auf·|knöpfen** *v/t* déboutonner; **~knoten** *v/t* ⟨-e-⟩ défaire; dénouer; **~kochen** **I** *v/t* faire bouillir; **II** *v/i* ⟨sn⟩ bouillir

'**auf·kommen** *v/i* ⟨*irr*, sn⟩ **1** *Gewitter* se former; *Nebel* survenir; *Sturm* se lever; *Gerücht* se répandre; *Zweifel, Gefühl* naître; *Mode* être lancé; ***keine Zweifel über etw*** (*acc*) ***~ lassen*** ne permettre aucun doute sur qc; **2** (*bezahlen*) ***für etw* ~** payer qc; **3** (*auftreffen*) ***auf etw*** (*acc od dat*) **~** *weich* se poser sur qc; *beim Sprung* atterrir sur qc

'**auf·|kratzen** *v/t* ⟨¢$⟩ *Wunde* gratter; *Haut* égratigner; **~krempeln** *v/t* ⟨¢⟩ retrousser; **~kreuzen** F *v/i* ⟨¢$, sn⟩ (*erscheinen*) F s'amener; F rappliquer; **~kriegen** F *v/t* → ***aufbekommen***

'**auf·kündigen** *v/t* résilier; dénoncer; *st/s* ***j-m die Freundschaft* ~** retirer son amitié à qn

'**auf·lachen** *v/i* rire; ***laut* ~** éclater de rire

'**auf·laden** ⟨*irr*⟩ **I** *v/t* **1** *Batterie etc* (re-)charger; **2** *Fracht* ***etw*** (***auf etw*** [*acc*]) **~** charger qc (sur qc); *fig* ***j-m etw* ~** mettre qc sur le dos de qn; **II** *v/r* ***sich* ~** se recharger

'**Aufladung** *f e-r Batterie* (re)chargement *m*

'**Auflage** *f* **1** *e-s Buchs* édition *f*; tirage *m* (*a* **~nhöhe**); ***achte, durchgesehene* ~** 'huitième édition revue; **2** (*Verpflichtung*) obligation *f*; ***j-m zur ~ machen, etw zu tun*** obliger qn à faire qc

'**auf·lassen** F *v/t* ⟨*irr*⟩ **1** *Tür etc* laisser ouvert; **2** *Hut, Brille* garder

'**auf·lauern** *v/i* ***j-m* ~** guetter qn

'**Auflauf** *m* **1** *von Personen* attroupement *m*; rassemblement *m*; **2** CUIS gratin *m*; *mit Eischnee zubereitet* soufflé *m*

'**auf·laufen** *v/i* ⟨*irr*, sn⟩ **1** *Beiträge* s'accumuler; **2** *Schiff* (s')échouer (***auf*** [+ *acc*] sur); **3** SPORT ***zu s-r Bestform* ~** atteindre sa pleine forme; ***j-n ~ lassen*** faire obstruction à qn; F *fig* ne pas réagir aux avances de qn; battre froid à qn

'**auf·leben** *v/i* ⟨sn⟩ (***wieder***) **~** renaître; retrouver de l'allant, de l'entrain; *Bräuche a* revivre; ***durch den Besuch lebte er förmlich auf*** cette visite lui redonna vie

'**auf·lecken** *v/t* lécher

'**auf·legen** *v/t* **1** *Tischdecke, Schallplatte, Holz, Rouge etc* mettre; TÉL (***den Hörer***) **~** raccrocher; **2** *Buch* éditer; **3** FIN *Wertpapiere* émettre

'**auf·lehnen** *v/r* ***sich gegen j-n, etw* ~** se révolter, se rebeller contre qn, qc

'**Auflehnung** *f* ⟨**~**; **~**en⟩ révolte *f*; rébellion *f*

'**auf·|lesen** *v/t* ⟨*irr*⟩ ramasser; *Tier* recueillir; **~leuchten** *v/i* ⟨-e-, sn *ou* h⟩ s'allumer; *Blitz* luire; *Sterne* apparaître

'**auf·liegen** *v/i* ⟨*irr*⟩ (***auf etw*** [*dat*]) **~** reposer sur, être posé sur qc

'**auf·listen** *v/t* ⟨-e-⟩ INFORM lister

'**auf·lockern** **I** *v/t* **1** *Boden* biner; ameublir; **2** *fig Häuserfront, Muster, Stil* aérer; dégager; *Atmosphäre* détendre; *Bericht* égayer; **II** *v/r* ***sich* ~** *Bewölkung* se dissiper; se disperser; ***aufgelockerte Bewölkung*** nuages épars, dispersés

'**Auflockerung** *f fig* ***zur ~ der Atmosphäre*** pour détendre l'ambiance

'**auf·lodern** *v/i* ⟨sn⟩ **1** flamber; *Flammen* monter; jaillir; **2** *fig Kämpfe, Hass* flamber; *Leidenschaft* s'enflammer

'**auflösbar** *adj* soluble

'**auf·lösen** ⟨*-ge-*⟩ **I** *v/t* **1** *Rätsel, Gleichung* résoudre; *Widerspruch* dissiper; **2** *in e-r Flüssigkeit* dissoudre; *Tabletten* ***in Wasser*** (*dat*) **~** faire fondre dans de l'eau; **3** *Parlament, Ehe*, dissoudre; *Vertrag* résilier; *Geschäft* liquider; **II** *v/r* ***sich* ~ 4** *in e-r Flüssigkeit* se dissoudre; *Tabletten* ***sich in Wasser*** (*dat*) **~** fondre dans de l'eau; **5** *Rätsel, Widersprüche* se résoudre; **6** *Parlament, Verein* se dissoudre; **7** *Menschenmenge* se disperser; *Nebel* se dissiper

'**Auflösung** *f* **1** *e-s Rätsels, e-r Rechenaufgabe* solution *f*; *e-r Gleichung* résolution *f*; **2** *e-s Parlaments* dissolution *f*; *e-s Vertrags* résiliation *f*; *e-s Geschäfts* liquidation *f*; **3** OPT, PHOT résolution *f*

'**auf·machen I** F *v/t* **1** (*öffnen*) ouvrir; *Knoten* défaire; **2** *Geschäft* ouvrir; **II** F *v/i* **3** ([*er*]*öffnen*) ouvrir; **4** (*die Tür öffnen*) ouvrir; **III** *v/r* ***sich* ~** se mettre en route, partir (***nach*** pour)

'**Aufmachung** *f* ⟨~; ~en⟩ **1** *e-r Ware* présentation *f*; **2** *Kleidung* tenue *f*; *péj* accoutrement *m*

'**Aufmarsch** *m von Demonstranten, Truppen etc* rassemblement *m*

'**auf·marschieren** *v/i* ⟨*sans ge*, sn⟩ se rassembler

'**auf·merken** *v/i* dresser l'oreille

'**aufmerksam** *adj* **1** attentif; ***auf j-n, etw* ~ *werden*** remarquer qn, qc; ***j-n auf etw*** (*acc*) **~ *machen*** faire remarquer, observer qc à qn; ***j-n auf j-n* ~ *machen*** attirer l'attention de qn sur qn; **2** (*zuvorkommend*) prévenant; attentionné

'**Aufmerksamkeit** *f* ⟨~; ~en⟩ **1** attention *f*; **2 *e-e kleine* ~** (*Geschenk*) un petit quelque chose

'**auf·|möbeln** F *v/t* ⟨*-ge-*⟩ (*aufmuntern*) remonter; F ravigoter; **~mucken** F *v/i* regimber; F se rebiffer (***gegen*** contre)

'**auf·munter|n** *v/t* **1** (*aufheitern*) remonter; regaillardir; **2** (*ermutigen*) encourager; **2ung** *f* ⟨~; ~en⟩ **1** réconfort *m*; **2** encouragement *m*

'**auf·nähen** *v/t* ***etw*** (***auf etw*** [*acc*]) **~** coudre, appliquer qc (sur qc)

Aufnahme ['aufna:mə] *f* ⟨~; ~n⟩ **1** (*Empfang*) accueil *m*; réception *f*; **2** *in e-e Organisation, Schule etc* admission *f*; **3** *von Nährstoffen, Feuchtigkeit* absorption *f*; **4** (*Beginn*) commencement *m*; **5** (*Aufzeichnung auf Tonband, Filmstreifen*) enregistrement *m*; PHOT, FILM, TV prise *f* de vue(s); (*Ton2*) prise *f* de son; **6** (*Foto*) photo(graphie) *f*

'**aufnahmefähig** *adj geistig* réceptif (***für*** à)

'**Aufnahme|gebühr** *f* droits *m/pl* d'admission; **~leiter(in)** *m(f)* FILM, TV régisseur *m* de plateau; **~prüfung** *f* examen *m* d'admission, d'entrée; concours *m*; **~studio** *n* FILM, TV studio *m*; salle *f* d'enregistrement

'**auf·nehmen** *v/t* ⟨*irr*⟩ **1** *vom Boden* ramasser; *Gegenstand, Last* soulever; *fig Fährte* relever; **2** *Gäste* recevoir; accueillir; **3** *in e-e Organisation, Schule, Partei etc* admettre (***in*** [+ *acc*] à, dans); **4 *etw in sein Programm* ~** prendre qc dans, (r)ajouter qc à son programme; **5** *Nahrung* prendre; absorber; **6** (*fassen*) *Ladungsmenge, Menschenmenge etc* contenir; recevoir; **7** *geistig* retenir; assimiler; **8** *Nachricht* accueillir; ***wie hat er die Nachricht aufgenommen?*** comment a-t-il pris la nouvelle?; **9** *Kredit, Hypothek* prendre; **10** (*beginnen*) commencer; **11** *Kontakte* prendre; établir; *Verhandlungen* amorcer; engager; *diplomatische Beziehungen* entrer en; établir; **12** (*fotografieren*) prendre, faire une photo de; photographier; (*filmen*) filmer; **13** *auf Tonband* enregistrer (***auf*** [+ *acc*] sur); **14** *fig* ***es mit j-m* ~** rivaliser avec qn; défier qn

'**auf·nötigen** *v/t* ***j-m etw* ~** forcer, presser qn d'accepter qc; obliger qn à prendre qc

'**auf·opfern** *v/r* ***sich* ~** se sacrifier (***für etw*** à qc, ***für j-n*** pour qn); se dévouer (***für j-n*** pour qn)

'**aufopfernd** *adjt* **~*e Pflege*** soins dévoués

'**Aufopferung** *f* ⟨~⟩ dévouement *m*; **2svoll** *adj* plein de dévouement

auf·päppeln ['aufpɛpəln] F *v/t* ⟨*-ge-*⟩ F remplumer; F requinquer

'**auf·passen** *v/i* ⟨*-ge-*⟩ ***auf etw, j-n* ~** faire attention à qc, à qn; prendre garde à qc, à qn; surveiller qc, qn; F ***aufgepasst!*** attention!; ***pass mal auf!*** fais attention!

'**Aufpasser(in)** *m* ⟨~s; ~⟩ (*f*) ⟨~; ~nen⟩ **1** *péj* surveillant(e) *m(f)*; **2** (*Wärter*[*in*]) garde *m*

'auf·peitschen *v/t* **1** *Meer* fouetter; **2** *fig Leidenschaften, Menschenmenge* exciter
'auf·pflanzen F *v/r* ⟨*¢ß*⟩ ***sich vor j-m ~*** se planter, se camper devant qn
'auf·|picken *v/t* **1** *Körner etc* picoter; picorer; **2** *öffnen* ouvrir à coups de bec; **~platzen** *v/i* ⟨*¢ß*, sn⟩ éclater; *Sack* crever; *Wunde* se rouvrir; **~plustern I** *v/t* gonfler; **II** *v/r* ***sich ~*** **1** *Vögel* gonfler ses plumes; se hérisser; **2** *fig péj* se rengorger; faire la roue; **~polieren** *v/t* ⟨*sans ge*⟩ **1** repolir; **2** F *fig Ansehen etc* redorer; *Kenntnisse* rafraîchir
'auf·prägen *v/t* ***etw*** (***auf etw*** [*acc*]) **~** graver qc sur qc
Aufprall ['aufpral] *m* ⟨**~***¢s*; **~**e⟩ choc *m*, 'heurt *m* (***auf*** [+ *acc ou dat*] contre)
'auf·prallen *v/i* ⟨sn⟩ (***auf etw*** [*acc ou dat*]) **~** 'heurter, tamponner qc
'Aufpreis *m* supplément *m*
'auf·|pumpen *v/t* gonfler; **~putschen** *v/t* exciter; stimuler; *p/fort* doper
'Aufputschmittel *n* stimulant *m*; excitant *m*; dopant *m*
'auf·quellen *v/i* ⟨*irr*, sn⟩ gonfler
'auf·raffen *v/r* **1** ***sich ~*** (*mit Mühe aufstehen*) se relever avec peine; **2** *fig* ***sich ~, etw zu tun*** prendre son courage à deux mains pour faire qc
'auf·ragen *v/i* se dresser; s'élever (très 'haut)
'auf·rauen *v/t* rendre rugueux; *zur weiteren Bearbeitung* gratter légèrement
'auf·räumen I *v/t* ranger; mettre de l'ordre dans; *nach Unfall* déblayer; **II** *v/i* **1** mettre, faire de l'ordre; ranger; **2** *fig* (*beseitigen*) ***mit etw ~*** faire table rase de qc
'Aufräumungsarbeiten *f/pl* (travaux *m/pl* de) déblaiement *m*
'auf·rechnen *v/t* ⟨-e-⟩ compenser (***gegen*** par; *a fig*)
'aufrecht *adj u adv* **1** (*aufgerichtet*) droit; debout; ***~ stehen*** être debout; ***~ sitzen*** être assis très droit; ***sich*** (***vor Müdigkeit*** [*dat*]) ***kaum noch ~ halten können*** pouvoir à peine se tenir debout de fatigue; *fig* ***diese Hoffnung hält mich noch ~*** cet espoir me fait vivre; **2** (*rechtschaffen*) droit; loyal
'aufrecht·erhalt|en *v/t* ⟨*irr, sans ge*⟩ maintenir; **2ung** *f* maintien *m*
'auf·regen I *v/t* énerver; agacer; **II** *v/r* ***sich*** (***über etw, j-n***) **~** s'énerver (à cause de qc, de qn); s'irriter (de qc, contre qn)
'aufregend *adjt* excitant; *Roman, Film* palpitant; passionnant
'Aufregung *f* agitation *f*; excitation *f*; énervement *m*; ***j-n in ~*** (*acc*) ***versetzen*** mettre qn dans un état d'énervement; énerver, exciter qn
'auf·reiben ⟨*irr*⟩ **I** *v/t* **1** (*vernichten*) anéantir; **2** (*zermürben*) user; épuiser; tuer; **II** *v/r* ***sich ~*** s'user; se tuer
'aufreibend *adjt* tuant; exténuant
'auf·reihen *v/t* **1** *Perlen* enfiler; **2** *Gegenstände* ranger l'un à côté de l'autre; aligner
'auf·reißen ⟨*irr*⟩ **I** *v/t* **1** *Tür* ouvrir (brusquement); ***die Augen ~*** ouvrir de grands yeux; écarquiller les yeux; ***den Mund ~*** ouvrir grand la bouche; **2** *Brief, Packung* ouvrir (rapidement); **3** *mit Gewalt* déchirer; *Boden, Straße* défoncer; **4** F *Mädchen* F draguer; **II** *v/i* ⟨sn⟩ *Wolkendecke, Naht* se déchirer
'auf·reiz|en *v/t* ⟨*¢ß*⟩ exciter; *sexuell a* provoquer; aguicher; **~end** *adjt* provocant (*Kleid, Dekolleté*)
'auf·richten ⟨-e-⟩ **I** *v/t* **1** redresser; relever; ***den Oberkörper ~*** redresser le buste; **2** *fig* (*trösten*) consoler; réconforter; donner courage à; **II** *v/r* ***sich ~*** **3** se relever; se remettre debout; **4** *fig* (*wieder Mut fassen*) reprendre courage
'aufrichtig *adjt* sincère; *Person a* franc; droit; **2keit** *f* sincérité *f*; franchise *f*
'auf·ritzen *v/t* ⟨*¢ß*⟩ érafler; égratigner
'auf·rollen *v/t* **1** (*zusammenrollen*) enrouler; rouler; **2** (*auseinander rollen*) dérouler; **3** *fig Frage* soulever; ***e-n Prozess wieder ~*** reprendre un procès
'auf·rücken *v/i* ⟨sn⟩ **1** (*vorrücken*) (s')avancer; (*aufschließen*) serrer les rangs; **2** *fig* (*befördert werden*) accéder (***in*** [+ *acc*] à); *im Dienstgrad* monter en grade
'Aufruf *m* appel *m* (***an*** [+ *acc*] à; *a fig*)
'auf·rufen *v/t* ⟨*irr*⟩ appeler (***zu etw*** à faire qc)
Aufruhr ['aufru:r] *m* ⟨**~**s; **~**e⟩ **1** (*Auflehnung*) émeute *f*; révolte *f*; **2** *fig* (*Erregung*) agitation *f*; tumulte *m*; ***j-n in ~*** (*acc*) ***versetzen*** bouleverser qn; ***die ganze Stadt war in ~*** (*dat*) toute la ville était en ébullition, en effervescence

ˈauf·rühren *v/t* **1** remuer; **2** *Vergangenheit etc* réveiller; raviver; ***alte Geschichten wieder ~*** remettre de vieilles histoires sur le tapis
ˈAufrührer *m* ⟨~s; ~⟩ émeutier *m*; séditieux *m*; **2isch** *adj* révolté; séditieux
ˈauf·runden *v/t* ⟨-e-⟩ arrondir (***auf*** [+ *acc*] à)
ˈauf·rüst|en ⟨-e-⟩ **I** *v/t* armer; (*wieder ~*) réarmer; **II** *v/i* s'armer; se réarmer; **2ung** *f* armements *m/pl*; réarmement *m*
ˈauf·rütteln *v/t* ⟨¢⟩ secouer; *fig* ***j-n aus s-r Gleichgültigkeit*** *etc* **~** arracher qn à, faire sortir qn de son indifférence, *etc*
aufs [aufs] = ***auf das***
ˈauf·|sagen *v/t* réciter; **~sammeln** *v/t* ⟨¢⟩ ramasser
aufsässig [ˈaufzɛsɪç] *adj* récalcitrant; rebelle; **2keit** *f* ⟨~⟩ caractère récalcitrant, rebelle
ˈAufsatz *m* **1** (*Schul2*) rédaction *f*; *in der Oberstufe* dissertation *f*; ***e-n ~ schreiben*** faire une rédaction *bzw* une dissertation; **2** (*aufgesetzter Teil*) élément supérieur
ˈauf·saugen *v/t* *Flüssigkeit* absorber (*a fig*); TECH aspirer (*a Gas, Staub*)
ˈauf·|schauen *v/i* → ***aufblicken*** *1, 2*; **~scheuchen** *v/t* **1** *Vögel, Wild* effrayer; effaroucher; **2** F *fig* (*beunruhigen*) effrayer
ˈauf·scheuern *v/r* ***sich*** (*dat*) ***die Haut ~*** s'écorcher la peau
ˈauf·|schichten *v/t* ⟨-e-⟩ empiler; disposer par *od* en couches; **~schieben** *v/t* ⟨*irr*⟩ **1** ouvrir; faire glisser; **2** (*zeitlich verschieben*) remettre; reporter; ajourner
ˈauf·schießen *v/i* ⟨*irr*, sn⟩ **1** *Flammen etc* jaillir; s'élever (brusquement); **2** *Unkraut, Pilz etc* pousser vite; *Kind* pousser, grandir vite; ***ein lang aufgeschossenes Mädchen*** une fille toute en longueur
ˈAufschlag *m* **1** (*Preis2*) majoration *f*; augmentation *f*; supplément *m*; **2** (*Aufprall*) 'heurt *m*; choc *m*; **3** TENNIS service *m*; ***~ haben*** servir; **4** *an Ärmeln, Hosen* revers *m*
ˈauf·schlagen ⟨*irr*⟩ **I** *v/t* **1** *Gerüst, Zelt* monter; dresser; *Lager* établir; **2** *Augen, Buch etc* ouvrir; ***Seite 21 ~*** ouvrir à la page 21; **3** *Ei, Nuss* casser; **4** *Mantelkragen* remonter; *Ärmel* retrousser; **5** COMM ***auf e-e Ware zwanzig Cent ~*** majorer une marchandise de vingt cents; **II** *v/i* **6** ⟨h *ou* sn⟩ *Preise etc* augmenter (***um*** de); **7** ⟨sn⟩ (*aufprallen*) (***auf etw*** [*dat ou acc*]) **~** 'heurter (qc); **8** TENNIS servir; **III** *v/r* ***sich*** (*dat*) ***das Knie ~*** se blesser au genou
ˈauf·schließen ⟨*irr*⟩ **I** *v/t* ouvrir (avec une clé); **II** *v/i* (*aufrücken*) se pousser (d'une place); *Truppen* serrer les rangs; SPORT ***zu j-m ~*** rejoindre qn
ˈauf·schlitzen *v/t* ⟨¢$⟩ *Briefumschlag* ouvrir (à l'aide d'un couteau); ***j-m den Bauch ~*** éventrer qn
ˈauf·schluchzen *v/i* ⟨¢$⟩ éclater en sanglots
ˈAufschluss *m* (*Aufklärung*) éclaircissement *m*; explication *f*; (*Auskunft*) renseignement *m*
ˈauf·schlüsseln *v/t* ⟨¢⟩ répartir (***nach Berufen*** suivant la profession)
ˈaufschlussreich *adj* révélateur (***für etw*** de qc); (*lehrreich*) instructif
ˈauf·schnappen *v/t* **1** (*auffangen*) attraper; 'happer; **2** F *fig* *Wort* entendre; F pêcher
ˈauf·schneiden ⟨*irr*⟩ **I** *v/t* **1** (*öffnen*) couper; ouvrir; **2** *Wurst* couper en tranches; *Fleisch* découper; **II** *v/i* (*prahlen*) se vanter; fanfaronner
ˈAufschneide|r *m* vantard *m*; frimeur *m*; **~ˈrei** *f* ⟨~; ~en⟩ vantardise *f*; frime *f*
ˈAufschnitt *m* (*Wurst2*) assortiment *m* de charcuterie; (*Käse2*) assortiment *m* de fromages
ˈauf·schnüren *v/t* *Paket* défaire; déficeler; *Schuhe* délacer
ˈauf·schrauben *v/t* **1** (*losschrauben*) dévisser; **2** (*befestigen*) ***etw auf etw*** (*acc*) **~** visser qc sur qc
ˈauf·schrecken **I** *v/t* effrayer; faire sursauter; ***j-n aus dem Schlaf ~*** réveiller qn en sursaut; **II** *v/i* ⟨schreckt *ou* schrickt auf, schreckte *ou* schrak auf, aufgeschreckt, sn⟩ sursauter; tressauter; ***aus s-n Gedanken ~*** être tiré brutalement de ses pensées; ***aus dem Schlaf ~*** se réveiller en sursaut
ˈAufschrei *m* (grand) cri; exclamation *f*; *bes e-r Menge* clameur *f*
ˈauf·schreiben *v/t* ⟨*irr*⟩ noter; mettre par écrit; prendre note de; (***sich*** [*dat*]) ***etw ~*** noter qc

'**auf·schreien** *v/i* ⟨*irr*⟩ pousser un *od* des cri(s)
'**Aufschrift** *f* inscription *f*
'**Aufschub** *m* délai *m*; retard *m*; *des Strafvollzugs* sursis *m*; (*Zahlungs*♀) (prolongation *f* du) délai *m*; ***keinen ~ dulden*** être urgent
'**auf·schürfen** *v/r* ***sich*** (*dat*) ***das Knie ~*** s'érafler le genou
'**auf·schütten** *v/t* ⟨-e-⟩ **1** mettre, verser (***auf*** [+ *acc*] sur); **2** *Straße, Damm* remblayer
'**auf·|schwatzen**, *regional* **~schwätzen** F *v/t* ⟨*¢$*⟩ ***j-m etw ~*** F refiler qc à qn
'**auf·schwemmen** *v/t* boursoufler; enfler; ***aufgeschwemmtes Gesicht*** visage bouffi
'**auf·schwingen** *v/r* ⟨*irr*⟩ **1** → ***aufraffen*** *2*; **2** (*e-e Rolle übernehmen*) ***sich zum Richter ~*** s'ériger en juge
'**Aufschwung** *m bes* ÉCON essor *m*
'**auf·sehen** *v/i* ⟨*irr*⟩ → ***aufblicken*** *1, 2*
'**Aufsehen** *n* ⟨~s⟩ sensation *f*; ***~ erregen*** faire sensation; ***~ erregend*** sensationnel
'**Aufseher(in)** *m(f)* gardien, -ienne *m,f* (***im Gefängnis*** de prison, ***im Museum*** de musée); surveillant(e) *m(f)*
'**aufsein** → ***auf*** *II 1*
auf'seiten *prép* ⟨*gén*⟩ du côté de
'**auf·setzen** ⟨*¢$*⟩ **I** *v/t* **1** *Hut, Brille* mettre; *fig Miene* prendre; **2** (*aufs Feuer setzen*) mettre sur le feu; **3** (*aufnähen*) mettre; poser; **4** (*verfassen*) rédiger; *Vertrag a* libeller; **5** *auf e-e Unterlage* ***etw*** (***auf etw*** [*acc*]) ***~*** poser qc sur qc; ***den Fuß ~*** poser le pied; **II** *v/i* (*landen*) toucher terre; atterrir (***auf*** [+ *dat*] sur) se poser (sur); **III** *v/r* ***sich ~*** se mettre, se dresser sur son séant
'**Aufsicht** *f* **1** (*Überwachung*) surveillance *f*; ***unter ärztlicher ~ stehen*** être placé sous surveillance médicale; (***die***) ***~ haben*** *od* ***führen*** être de surveillance, de garde; **2** (*Aufsichtsperson*) surveillant(e) *m(f)*
'**Aufsichtsrat** *m e-r AG* conseil *m* de surveillance
'**auf·sitzen** *v/i* ⟨*irr*⟩ **1** ⟨sn⟩ *auf ein Reittier* monter en selle; *auf ein Pferd a* monter à cheval; *auf ein Fahrzeug* monter derrière; **2** *fig* ***j-m, e-r Sache ~*** ⟨sn⟩ F se faire avoir par qn, par qc; ***j-n ~ lassen*** ⟨h⟩ faire faux bond à qn; F laisser qn en plan
'**auf·spalten** *v/t* (*u v/r*) ⟨*irr ou régulier*⟩ (***sich ~*** se) diviser (***in*** [+ *acc*] en; *a fig*)
'**auf·|spannen** *v/t Regenschirm* ouvrir; *Sprungtuch* tendre; **~sparen** *v/t* garder; réserver; **~sperren** *v/t* **1** F ouvrir tout grand; *Augen a* écarquiller; **2** (*aufschließen*) ouvrir (avec une clé)
'**auf·spielen I** *v/i* (*Musik machen*) jouer; ***zum Tanz ~*** jouer de la musique de danse; **II** F *péj v/r* ***sich*** (***vor j-m***) ***~*** faire l'important (devant qn); se la jouer; ***sich als Held ~*** jouer au héros
'**auf·spießen** *v/t* ⟨*¢$*⟩ piquer; *mit Gabel, Spieß, Hörnern* embrocher
'**auf·|splittern** *v/t* (*u v/r* ***sich ~***) *Land, Partei etc* (se) morceler; *fig* ([*sich*] *spalten*) (se) diviser; **~sprengen** *v/t* faire sauter
'**auf·springen** *v/i* ⟨*irr*, sn⟩ **1** (*hochspringen*) se lever d'un bond; bondir; **2** ***auf etw*** (*acc*) ***~*** sauter sur qc; ***auf e-e Straßenbahn ~*** sauter dans un tramway; **3** *Tür* s'ouvrir (brusquement); *Deckel* sauter; **4** *Haut, Lippen* (se) gercer; **5** *Ball* rebondir
'**auf·spritzen** *v/i* ⟨*¢$*, sn⟩ jaillir
'**auf·sprühen** *v/t* ***etw*** (***auf etw*** [*acc*]) ***~*** vaporiser qc sur qc
'**auf·|spulen** *v/t* (em)bobiner; **~spüren** *v/t* dépister (*a fig*)
'**auf·stacheln** *v/t* ⟨*¢*⟩ exciter; ***j-n zum Widerstand ~*** pousser, exciter qn à la résistance
'**auf·stampfen** *v/i* ***mit dem Fuß ~*** frapper le sol du pied
'**Aufstand** *m* soulèvement *m*; révolte *f*
aufständisch ['aufʃtɛndɪʃ] *adj* insurgé; révolté
'**Aufständische(r)** *m* ⟨→ A⟩ insurgé *m*
'**auf·|stapeln** *v/t* ⟨*¢*⟩ empiler; mettre en pile; **~stauen I** *v/t* retenir; **II** *v/r* ***sich ~*** s'accumuler (*a fig*); **~stechen** *v/t* ⟨*irr*⟩ percer; crever
'**auf·stecken I** *v/t* **1** *Haar* relever; **2** ***etw*** (***auf etw*** [*acc*]) ***~*** *Ring* mettre, passer qc (à qc); **3** F (*aufgeben*) renoncer à; F laisser tomber; **II** F *v/i* F laisser tomber; abandonner
'**auf·stehen** *v/i* ⟨*irr*⟩ **1** ⟨sn⟩ se lever; ***beim*** ♀ au lever; au saut du lit; **2** ⟨h⟩ (*offen stehen*) être ouvert
'**auf·steigen** *v/i* ⟨*irr*, sn⟩ **1** *Ballon, Rauch* monter; s'élever; *Flugzeug* dé-

coller; s'envoler; **2** *aufs Rad, Pferd, zum Gipfel* (**auf etw** [*acc*]) **~** monter (à, sur qc); **3** *st/s fig Erinnerungen, Zweifel* surgir; *Angst* monter; **4** *beruflich* avancer (en grade); s'élever (**zu** à); SPORT monter en division supérieure

'**Aufsteiger** *m* ⟨~s; ~⟩ **1** F *sozialer* personne arrivée, qui a réussi; **2** SPORT équipe montée en division supérieure

'**auf·stellen** **I** *v/t* **1** (*hinstellen*) mettre; placer; disposer (**in e-m Raum** dans une pièce); *Möbel* installer; **2** (*aufbauen*) *Gerüst* dresser; monter; *Denkmal* ériger; élever; *Maschine, Zelt* monter; **3** (*aufrecht hinstellen*) relever; redresser; **4** *Posten, Wache* mettre; placer; poster; *Kandidaten* présenter; *Mannschaft, Armee* former; mettre sur pied; **5** *Etat, Programm, Regel* établir; *Hypothese* faire; formuler; *Gleichung* poser; **e-e Behauptung ~** avancer une affirmation; **II** *v/r* **sich ~** se poster; se placer; **sich hintereinander ~** se ranger les uns derrière les autres

'**Aufstellung** *f* **1** *von Möbeln* installation *f*; *e-r Maschine, e-s Gerüsts* montage *m*; *e-s Denkmals* élévation *f*; **2** *e-r Wache* mise *f* en place; *e-s Kandidaten* présentation *f*; *e-r Mannschaft* formation *f*; mise *f* sur pied; **3** (*Erstellung*) établissement *m*; **4** (*Liste*) liste *f*; (*Tabelle*) tableau *m*

'**auf·stemmen** *v/t Kiste etc* ouvrir à l'aide d'une pince-monseigneur

Aufstieg ['aufʃti:k] *m* ⟨~(e)s; ~e⟩ **1** *zum Gipfel* **~** (**zu**) montée *f* (à); ascension *f* (à); **2** *fig beruflicher* promotion *f*; *in e-e höhere Gehaltsgruppe* avancement *m*; SPORT montée *f* en division supérieure

'**auf·|stöbern** *v/t* **1** débusquer; (faire) lever; **2** *fig* (*entdecken*) dénicher; **~stocken** *v/t* **1** *Haus* surélever; **2** *Kapital* augmenter (**um** de); **~stöhnen** *v/i* pousser un gémissement; gémir

'**auf·stoßen** ⟨*irr*⟩ **I** *v/t* **1** *Tür etc* ouvrir (d'un coup de pied, *etc*); **2 sich** (*dat*) **das Knie** *etc* **~** se cogner le genou, *etc*; **II** *v/i* éructer; avoir des renvois; *Säugling* faire son rot; **j-m stößt etw auf** ⟨sn⟩ qc donne des renvois à qn; F *fig* **etw stößt j-m auf** ⟨sn⟩ qc frappe qn

'**aufstrebend** *adj Person* (plein) d'avenir; **~e Industrie** industrie *f* en plein développement

'**Aufstrich** *m* beurre *m*, confiture *f*, pâté *m*, *etc* (à tartiner)

'**auf·stützen** ⟨-(e)s⟩ **I** *v/t* **etw** (**auf etw** [*acc ou dat*]) **~** appuyer qc sur qc; **II** *v/r* **sich mit den Ellbogen ~** s'accouder (**auf** [+ *acc*] à)

'**auf·suchen** *st/s v/t Person* aller voir; rendre visite à; *Arzt* (aller) consulter; *Ort* aller à

'**auf·takeln** F *péj v/r* ⟨-e⟩ **sich ~** se harnacher; s'accoutrer

'**Auftakt** *m* ouverture *f*; prélude *m* (**zu** à); **den ~ zu etw bilden** ouvrir qc; préluder à qc

'**auf·tanken** **I** *v/t Flugzeug* ravitailler; **das Auto ~** faire le plein (d'essence); **II** *v/i beim Auto* faire le plein; *beim Flugzeug* se ravitailler (en carburant)

'**auf·tauchen** *v/i* ⟨sn⟩ **1** émerger; apparaître (à la surface); faire surface; **2** *fig* (*sichtbar werden*) apparaître; surgir; **3** (*gefunden werden*) réapparaître; être retrouvé

'**auf·tauen** **I** *v/t Schnee, Eis* faire fondre; *Tiefkühlkost* décongeler; **II** *v/i* ⟨sn⟩ **1** *Eisdecke* fondre; *Tiefkühlkost, See* dégeler; *Erde* (se) dégeler; **2** *fig* se dégeler; sortir de sa réserve

'**auf·teilen** *v/t* **1** (*verteilen*) partager; **2** (*einteilen*) répartir, diviser (**in Gruppen** [*acc*] en groupes)

'**Aufteilung** *f* partage *m*; répartition *f*

'**auf·tischen** *v/t* (**j-m**) **etw ~** servir qc (à qn); F *fig Lügen etc* raconter, débiter qc (à qn)

Auftrag ['auftra:k] *m* ⟨~(e)s; -träge⟩ **1** (*Weisung*) mission *f*; ordre *m*; **j-m den ~ erteilen, etw zu tun** charger qn, donner l'ordre à qn de faire qc; **im ~ von** *od* (+ *gén*) par ordre de; sur (l')ordre de; (*im Namen*) au nom de; **2** COMM (*Bestellung*) commande *f*; ordre *m*; **etw in ~ geben** passer commande de qc; commander qc; **3** FIN ordre *m*; **im ~ von** *od* (+ *gén*) pour le compte de

'**auf·tragen** ⟨*irr*⟩ **I** *v/t* **1** *st/s Speise* servir; **2** *Farbe, Salbe* **etw** (**auf etw** [*acc*]) **~** mettre, étaler qc sur qc; **3** *Kleidungsstücke* finir d'user; user; **4 j-m etw ~** charger qn de faire qc; **II** *v/i* **5** *Kleid* grossir; **6** F **dick ~** (*übertreiben*) exagérer; en rajouter

'Auftraggeber(in) *m* ⟨~s; ~⟩ (*f*) ⟨~; ~nen⟩ COMM donneur *m* d'ordre; JUR mandant(e) *m(f)*; commettant(e) *m(f)*; (*Kunde*) client(e) *m(f)*
'Auftrags|bestätigung *f* confirmation *f* de commande; **⁀gemäß** **I** *adj* conforme à l'ordre (de); **II** *adv* suivant l'ordre (de); conformément à l'ordre (de)
'auf·|treiben F *v/t* ⟨*irr*⟩ (*ausfindig machen*) dénicher; F dégot(t)er; **~trennen** *v/t* découdre
'auf·treten *v/i* ⟨*irr*, sn⟩ **1** poser le pied (sur le sol); **2** (*die Bühne betreten*) entrer en scène; apparaître sur (la) scène; **3** *als Schauspieler, Künstler* jouer; se produire; **4** (*in Erscheinung treten*) ***als … ~*** se présenter comme …; **5** (*sich verhalten*) se montrer; **6** *Schwierigkeiten etc* apparaître; surgir; **7** *Krankheit* survenir; se manifester
'Auftreten *n* ⟨~s⟩ **1** (*Benehmen*) manières *f/pl*; présentation *f*; **2** *in der Öffentlichkeit* apparition *f*; entrée *f* en scène; **3** *von Schwierigkeiten* apparition *f*
'Auftrieb *m* **1** PHYS poussée (verticale); AVIAT force ascensionnelle; **2** *fig* élan *m*; encouragement *m*
'Auftritt *m* **1** THÉ *e-s Schauspielers* entrée *f* en scène; **2** THÉ *Akteinteilung* scène *f*; **3** *e-s Künstlers, Sängers* apparition *f* sur scène
'auf·trumpfen *v/i* étaler sa supériorité
'auf·tun ⟨*irr*⟩ **I** F *v/t* (*entdecken*) dénicher; **II** *st/s v/r* ***sich ~*** *Abgrund etc* s'ouvrir (*a fig*)
'auf·türmen **I** *v/t* ***~ (zu)*** empiler (en); entasser (en); **II** *v/r* ***sich (vor j-m) ~*** *Berge, Schwierigkeiten* se dresser, s'élever (devant qn)
'auf·|wachen *v/i* ⟨sn⟩ se réveiller (***aus*** de); **~wachsen** *v/i* ⟨*irr*, sn⟩ grandir
'auf·wallen *v/i* ⟨sn⟩ **1** *Wasser* bouillir; **2** *st/s fig Zorn, Hass* ***in j-m ~*** monter en qn
Aufwand ['aufvant] *m* ⟨~¢s⟩ **1** (*Ausgaben*) frais *m/pl*; dépenses *f/pl*; ***mit geringem ~*** à peu de frais; **2** (*Einsatz*) dépense *f*; ***~ an Zeit*** dépense de temps; **3** (*Verschwendung*) luxe *m*; ***großen ~ mit etw treiben*** dépenser beaucoup de temps et d'argent pour qc
'aufwändig *adj* → ***aufwendig***
'auf·wärmen **I** *v/t* réchauffer; **II** *v/r* ***sich ~*** se réchauffer; SPORT s'échauffer
'auf·warten *v/i* ⟨-e-⟩ ***mit etw ~*** présenter qc; ***mit e-r Neuigkeit ~*** raconter une nouvelle
'aufwärts *adv* vers le *od* en 'haut; en montant; *Weg* ***~ führen*** monter; conduire en 'haut; ***mit uns geht es ~*** *wirtschaftlich, gesundheitlich* nous allons mieux, de mieux en mieux; *fig* ***vom Hauptmann (an) ~*** à partir du capitaine
'Aufwärtstrend *m* tendance *f* à la hausse
'Aufwartung *st/s f* ***j-m s-e ~ machen*** *litt* aller rendre ses devoirs à qn
'auf·wecken *v/t* réveiller
'auf·weichen **I** *v/t* ramollir; *durch Regen* détremper; **II** *v/i* ⟨sn⟩ (se) ramollir
'auf·weisen *v/t* ⟨*irr*⟩ (*zeigen*) montrer; (*bieten*) présenter
'auf·wend|en *v/t* ⟨*irr ou régulier*⟩ *Einfluss, Mühe, Fleiß* mettre en œuvre; déployer; *Zeit, Geld* dépenser; consacrer; **~ig** *adj* (*kostspielig*) coûteux
'auf·werfen *v/t* ⟨*irr*⟩ **1** *Damm, Wall* élever; remblayer; **2** *fig Fragen, Probleme* soulever
'auf·wert|en *v/t* ⟨-e-⟩ FIN réévaluer; revaloriser (*a fig*); **⁀ung** *f* FIN réévaluation *f*; revalorisation *f* (*a fig*)
'auf·wickeln *v/t* ⟨¢⟩ enrouler; (*aufspulen*) embobiner; ***j-m, sich*** (*dat*) ***die Haare ~*** mettre à qn, se mettre des rouleaux *od* bigoudis
auf·wiegeln ['aufviːgəln] *v/t* ⟨¢⟩ inciter à la révolte, à la rébellion
'auf·wiegen *v/t* ⟨*irr*⟩ compenser; contrebalancer
'Aufwiegler *m* ⟨~s; ~⟩ agitateur *m*; fomentateur *m*; **⁀isch** *adj* agitateur; séditieux
'Aufwind *m* **1** MÉTÉO, AVIAT courant d'air ascendant, ascensionnel; **2** *fig* ***(durch etw) ~ bekommen*** être encouragé (par qc)
'auf·|wirbeln ⟨¢⟩ **I** *v/t* soulever (des tourbillons de); faire tourbillonner; **II** *v/i* ⟨sn⟩ s'élever en tourbillons; tourbillonner; **~wischen** *v/t* essuyer
'auf·wühlen *v/t* **1** *Erde* fouiller; *Meer* démonter; **2** *fig seelisch* bouleverser; retourner
'auf·zähl|en *v/t* énumérer; **⁀ung** *f* énumération *f*
'auf·zäumen *v/t Pferd* mettre la bride à

'auf·zehren *st/s* **I** *v/t* **1** *Vorräte* épuiser; *Ersparnisse, Vermögen* dépenser; **2** *fig Kraft, Energie* épuiser; **II** *v/r* ***sich ~*** *Mensch st/s* se consumer

'auf·zeichnen *v/t* ⟨-e-⟩ **1** (*zeichnen*) dessiner; tracer; **2** (*notieren*) noter; **3** RAD, TV enregistrer

'Aufzeichnung *f* **1** *auf Magnetband* enregistrement *m*; **2** RAD, TV émission *f* en différé; **3** *pl* ***~en*** (*Notizen*) notes *f/pl*; ***sich*** (*dat*) ***~en machen*** prendre des notes

'auf·zeigen *v/t* mettre en évidence; montrer

'auf·ziehen ⟨*irr*⟩ **I** *v/t* **1** *Vorhang, Schublade* ouvrir; **2** ***etw auf etw*** (*acc*) ***~*** *Saiten* monter qc sur qc; *Bilder auf Pappe etc* coller qc sur qc; **3** *Uhr* remonter; **4** (*großziehen*) élever; **5** F (*necken*) ***j-n*** (***mit*** *od* ***wegen etw***) ***~*** charrier qn, F se ficher de qn, mettre qn en boîte (à cause de qc); **II** *v/i* ⟨sn⟩ **6** *Posten, Wache* prendre la garde; **7** *Gewitter* se préparer

'Aufzucht *f* élevage *m*

'Aufzug *m* **1** (*Fahrstuhl*) ascenseur *m*; **2** THÉ acte *m*; **3** *péj* (*Kleidung*) accoutrement *m*

'auf·zwingen *v/i* ⟨*irr*⟩ ***j-m etw ~*** imposer qc à qn; *Speise* forcer qn à prendre qc

'Augapfel *m* globe *m* oculaire; ***etw wie s-n ~ hüten*** tenir à qc comme à la prunelle de ses yeux

Auge ['augə] *n* ⟨~s; ~n⟩ **1** œil *m*; **a)** *mit adj* ***blaue ~n haben*** avoir les yeux bleus; *fig* ***ein blaues ~ haben*** avoir un œil au beurre noir, un œil poché; F *fig* ***mit einem blauen ~ davonkommen*** l'échapper belle; ***große ~n machen*** ouvrir de grands yeux; écarquiller les yeux; ***gute, schlechte ~n haben*** avoir de bons, de mauvais yeux; F *fig* ***j-m schöne ~n machen*** faire les yeux doux à qn; F ***da blieb kein ~ trocken*** tous rirent aux larmes; *vor Rührung* tous les yeux se mouillèrent d'émotion; **b)** *mit Verben* ***endlich gingen ihm die ~n auf*** enfin ses yeux se dessillèrent; ***j-m ~ in ~ gegenüberstehen*** se trouver en face de qn; ***ein ~ auf j-n haben*** surveiller qn; jeter (de temps en temps) un coup d'œil sur qn; F *fig* ***hast du keine ~n im Kopf?*** tu es aveugle?; ouvre tes yeux!; F t'as donc pas les yeux en face des trous!; F ***da wird sie*** (***aber***) ***~n machen*** elle en fera des grands yeux; *fig* ***die ~n offen halten*** ouvrir l'œil; F ***ein ~ auf j-n, etw werfen*** jeter son dévolu sur qn, sur qc; avoir des vues sur qn, sur qc; F *fig* ***ein ~***, *pl/fort* ***beide ~n zudrücken*** fermer les yeux (***bei etw*** sur qc); **c)** *mit prép* ***man sieht es ihm an den ~n an*** on le voit à *bzw* dans ses yeux; ***j-n, etw nicht aus den ~n lassen*** ne pas quitter qn, qc des yeux; ***j-n aus den ~n verlieren*** perdre qn de vue; ***j-n, etw im ~ behalten*** ne pas perdre qn, qc de vue; *fig* ***in meinen ~n*** à mes yeux; *fig* ***ins ~ fallen, springen*** sauter aux yeux; crever les yeux; ***sich in die ~n sehen*** se regarder dans les yeux; ***der Gefahr ins ~ sehen*** regarder le danger en face; *fig* ***etw ins ~ fassen*** envisager qc; F *fig* ***ins ~ gehen*** (*misslingen*) rater; ***mit e-m lachenden und e-m weinenden ~*** pleurant d'un œil et riant de l'autre; ***mit eigenen ~n*** de mes, tes *etc* (propres) yeux; ***unter vier ~n*** en tête à tête; entre quatre yeux; ***vor aller ~n*** à la vue de tous; ***j-m etw vor ~n führen*** *od* ***halten*** montrer qc à qn; ***etw vor ~n haben*** avoir qc devant *od* sous les yeux; **2** *e-s Würfels* point *m*

'Augen|arzt *m*, **~ärztin** *f* oculiste *m,f*; ophtalmologiste *m,f*; ophtalmologue *m,f*

Augenblick ['augənblɪk *ou* augən'blɪk] *m* moment *m*; instant *m*; ***im ~*** (*gegenwärtig*) en ce moment; (*vorerst*) pour l'instant, le moment; ***in diesem ~*** à ce moment(-là); à cet instant; ***in dem ~, wo …*** au moment où …; ***e-n ~, bitte!*** un moment, s'il vous plaît!

augen'blicklich **I** *adj* **1** (*gegenwärtig*) actuel; présent; **2** (*vorübergehend*) momentané; **3** (*unverzüglich*) immédiat; instantané; **II** *adv* **1** (*sofort*) à l'instant; immédiatement; **2** (*zurzeit*) en ce moment; pour l'instant

'Augen|braue *f* sourcil *m*; **~farbe** *f* couleur *f* des yeux; **~heilkunde** *f* ophtalmologie *f*

'Augenhöhe *f* ***in ~*** à la hauteur des yeux

'Augen|klappe *f* bandeau *m* (sur l'œil); **~licht** *st/s n* vue *f*; **~lid** *n* paupière *f*

'Augenmaß *n* ***nach ~*** à vue d'œil; à vue de nez; ***ein gutes, schlechtes ~ haben***

avoir, ne pas avoir le coup d'œil *od* le compas dans l'œil

Augenmerk ['augənmɛrk] *n* ⟨~(e)s⟩ ***sein ~ auf etw*** (*acc*) ***richten*** fixer son attention, ses regards sur qc

'**Augenschein** *st/s m* (*Eindruck*) apparence(s) *f(pl)*; (*Betrachtung*) examen *m*; ***etw, j-n in ~ nehmen*** examiner, inspecter qc; ***dem ~ nach*** selon toute apparence

'**augenscheinlich** *st/s adj* visible; manifeste; évident

'**Augen|tropfen** *m/pl* gouttes *f/pl* pour les yeux; **~weide** *f* plaisir *m* des yeux; régal *m* pour les yeux

Augenwische'rei *f* ⟨~⟩ ***das ist*** (***reine***) **~** F c'est de la frime

'**Augen|zeuge** *m*, **~zeugin** *f* témoin *m* oculaire; **~zwinkern** *n* ⟨~s⟩ clignement *m* d'yeux; **2zwinkernd** *advt* en faisant, *fig* avec un clin d'œil

August [au'gust] *m* ⟨~(e)s *ou* ~; ~e⟩ (mois *m* d')août *m*; → ***Januar***

Auktio|n [auktsi'o:n] *f* ⟨~; ~en⟩ vente *f* aux enchères; **~'nator** *m* ⟨~s; -'toren⟩ commissaire-priseur *m*

Aula ['aula] *f* ⟨~; ~s *ou* -len⟩ salle *f* des fêtes

Au-pair-Mädchen [o'pɛ:r-] *n* jeune fille *f* au pair

aus [aus] **I** *prép* ⟨*dat*⟩ **1** *räumlich* de; ***~ e-m Glas, der Flasche trinken*** boire dans un verre, à la bouteille; **2** *Herkunft* de; *Ausgangspunkt* depuis; ***der Zug ~ Paris*** le train de Paris; ***das Spiel ~ dem Stadion übertragen*** retransmettre le match depuis le stade; **3** *Material* en; **4** *Ursache, Grund* par; ***~ Angst*** par peur; ***~ Wut*** de colère; **II** *adv* **1** F (*vorbei*) fini; terminé; ***~ und vorbei*** bien fini, terminé; ***das Kino ist um zehn Uhr ~*** le film finit à dix heures; ***jetzt ist alles ~*** maintenant tout est perdu; **2** *Licht, Radio etc* éteint; *Motor* arrêté; ***Licht ~!*** éteins *bzw* éteignez la lumière!; **3** *an Geräten* arrêt; **4** ***von ... ~*** de ...; depuis ...; F ***von mir ~ kannst du dableiben*** pour ce qui est de moi, tu peux rester; F ***von mir ~!*** si tu veux *bzw* vous voulez!; F j'ai rien contre!; **5** ***auf etw*** (*acc*) ***~ sein*** vouloir avoir, viser qc; ***auf Abenteuer ~ sein*** chercher, courir l'aventure

Aus *n* ⟨~⟩ **1** SPORT ***der Ball geht ins ~*** le ballon sort du terrain; TENNIS ***~!*** out!; **2** *fig* fin *f*; ***das ist das ~ für unsere Pläne*** c'est la fin de nos projets

'**aus·arbeit|en** *v/t* ⟨-e-⟩ élaborer; *Vortrag* rédiger; *Richtlinien* mettre au point; **2ung** *f* ⟨~; ~en⟩ élaboration *f*; rédaction *f*; mise *f* au point

'**aus·arten** *v/i* ⟨-e-, sn⟩ **1** (***in etw*** [*acc*]) **~** dégénérer (en qc); **2** (*sich danebenbenehmen*) devenir, être grossier

'**aus·atmen** *v/i* ⟨-e-⟩ expirer

'**aus·baden** F *v/t* ⟨-e-⟩ ***es ~ müssen*** F trinquer; payer les pots cassés

'**aus·baggern** *v/t* excaver

'**aus·balancieren** *v/t* ⟨*sans ge*⟩ équilibrer; contrebalancer (*beide a fig*)

'**Ausbau** *m* ⟨~(e)s⟩ **1** (*Entfernung*) démontage *m*; **2** CONSTR (travaux *m/pl* d')achèvement *m* et (d')équipement *m*; **3** *fig* (*Erweiterung*) développement *m*; extension *f*

'**aus·bauen** *v/t* **1** (*entfernen*) démonter; **2** (*erweitern*) développer; étendre; **3** *fig Wirtschaftsbeziehungen* consolider; étendre; *Vorsprung* consolider; augmenter; *Theorie, Kenntnisse* approfondir

'**ausbaufähig** *adj* **1** CONSTR aménageable; **2** *fig* susceptible d'être amélioré, consolidé, développé

'**aus·bedingen** *v/r* ⟨*irr, sans ge*⟩ ***sich*** (*dat*) ***etw ~*** poser qc comme condition; stipuler qc

'**aus·beißen** *v/r* ⟨*irr*⟩ ***sich*** (*dat*) ***e-n Zahn ~*** se casser une dent

'**aus·besser|n** *v/t* réparer; **2ung** *f* réparation *f*

'**aus·beulen** *v/t* **1** *Kotflügel* redresser; **2** *Hose etc* faire des poches à; déformer; ***e-e Hose mit ausgebeulten Knien*** un pantalon avec des poches aux genoux

'**Ausbeute** *f* rendement *m*; *fig* profit *m*; fruits *m/pl*

'**aus·beut|en** *v/t* ⟨-e-⟩ exploiter; **2er** *m* ⟨~s; ~⟩ *péj* exploiteur *m*; profiteur *m*; **2ung** *f* ⟨~; ~en⟩ exploitation *f*

'**aus·bezahlen** *v/t* ⟨*sans ge*⟩ payer

'**aus·bilden** ⟨-e-⟩ **I** *v/t* **1** former; instruire (*a* MIL); **2** *Fähigkeiten* former; *Muskeln* développer; **II** *v/r* ***sich zur, als Krankenschwester*** *etc* ***~ lassen*** suivre *od* prendre des cours, suivre une formation d'infirmière, *etc*

'**Ausbilder(in)** *m* ⟨~s; ~⟩ (*f*) ⟨~; ~nen⟩

formateur, -trice *m,f*; MIL instructeur *m*

'**Ausbildung** *f* **1** formation *f*; MIL instruction *f*; ***in der ~ sein*** *als Lehrling* être en apprentissage; **2** (*Entwicklung*) développement *m*; formation *f*

'**Ausbildungs|beruf** *m* métier *m*, profession *f* nécessitant une formation; **~platz** *m* place *f* d'apprenti

'**aus·bitten** *v/r* ⟨*irr*⟩ ***sich*** (*dat*) ***von j-m etw ~*** demander qc à qn; ***ich bitte mir Ruhe aus*** je vous demanderai d'être silencieux

'**aus·blasen** *v/t* ⟨*irr*⟩ souffler; éteindre

'**aus·bleiben** *v/i* ⟨*irr, sn*⟩ (*nicht kommen*) ne pas arriver; ne pas venir; *Ereignis, Wirkung* ne pas se produire; ***etw bleibt nicht aus*** qc ne manque pas d'arriver; qc est inévitable

'**aus·bleichen** **I** *v/t* décolorer; **II** *v/i* ⟨*irr*, sn⟩ se faner; se décolorer

'**aus·blenden** ⟨-e-⟩ **I** *v/t Filmszene, Ton* fermer en fondu; **II** *v/r* ***sich*** (***aus e-r Sendung***) ~ rendre l'antenne

'**Ausblick** *m* vue *f*; *Zimmer* ***mit ~ auf den See*** avec vue sur le lac; *fig* ***e-n ~ in die Zukunft gewähren*** permettre un regard vers l'avenir

'**aus·booten** F *v/t* ⟨-e-⟩ éliminer; F liquider; F débarquer

'**aus·borgen** *v/t u v/r* → ***ausleihen***

'**aus·brechen** ⟨*irr*⟩ **I** *v/t* enlever (***aus*** de); **II** *v/i* ⟨sn⟩ **1** *Häftling etc* s'évader; s'échapper (*a Tier*); **2** *Krieg* éclater; *Vulkan* entrer en éruption; *Brand, Epidemie* se déclarer; ***mir brach der*** (***kalte***) ***Schweiß aus*** j'en ai eu des sueurs froides; ***in Tränen ~*** fondre en larmes; **III** *v/r* ***sich*** (*dat*) ***e-n Zahn ~*** se casser une dent

'**aus·breiten** ⟨-e-⟩ **I** *v/t Waren, Karte, Zeitung, fig* étaler; *Teppich, Arme* étendre; *Flügel* déployer; ***mit ausgebreiteten Armen*** les bras ouverts; **II** *v/r* ***sich ~*** *Feuer, Epidemie, Licht, Schall* se propager; *Epidemie, Nebel* s'étendre; *Nachricht, Geruch, Hitze, Epidemie, Mode* se répandre

'**Ausbreitung** *f* ⟨~⟩ propagation *f*; extension *f*

'**aus·brennen** ⟨*irr*⟩ **I** *v/t Wunde* cautériser; **II** *v/i* ⟨sn⟩ **1** *Feuer* s'éteindre; **2** *Haus, Flugzeug* brûler (entièrement); *Panzer, Flugzeug* ***ausgebrannt*** calciné

'**aus·bringen** *v/t* ⟨*irr*⟩ ***e-n Trinkspruch auf j-n ~*** porter un toast à qn

'**Ausbruch** *m* **1** *e-s Kriegs etc* éclatement *m*; *e-r Epidemie* apparition *f*; *e-s Vulkans* éruption *f*; ***bei ~ des Krieges*** lorsque la guerre éclata; ***zum ~ kommen*** *Konflikt, Ärger* éclater; *Krankheit* se déclarer; **2** *e-s Häftlings* évasion *f*; **3** (*Gefühls2*) éclat *m*; (*Wut2*) accès *m*

'**aus·brüten** *v/t* ⟨-e-⟩ **1** couver; **2** F *péj Pläne* F trafiquer; manigancer

'**Ausbuchtung** *f* ⟨~; ~en⟩ renflement *m*

'**aus·|buddeln** F *v/t* ⟨¢⟩ déterrer; **~bügeln** F *v/t* ⟨¢⟩ *Fehler* réparer; **~buhen** F *v/t* 'huer

'**Ausbund** *m* ⟨~¢s⟩ ***er ist ein ~ an*** *od* ***von Neugier*** *etc* c'est la curiosité, *etc* personnifiée, en personne

'**aus·|bürgern** *v/t* déclarer déchu, priver de sa nationalité; **2bürgerung** *f* ⟨~; ~en⟩ déchéance *f* de la nationalité; **~bürsten** *v/t* ⟨-e-⟩ brosser; donner un coup de brosse à; **~checken** *v/i* **1** AVIAT régler les formalités d'arrivée, de débarquement; **2** *aus e-m Hotel* régler les formalités de départ

'**Ausdauer** *f* persévérance *f*; constance *f*; endurance *f* (*a* SPORT); **2nd** *adjt* persévérant; constant; endurant

'**aus·dehnen** **I** *v/t* **1** *räumlich, fig Unternehmen* agrandir; *Gebiet, Einfluss, Aufgabenbereich* étendre (***auf*** [+ *acc*] à); **2** *zeitlich* prolonger; allonger; **II** *v/r* ***sich ~*** **3** *Stadt etc* s'agrandir; PHYS se dilater; *Kleidungsstück, Gewebe, Ebene* s'étendre; **4** *zeitlich* se prolonger; s'allonger (***bis*** jusqu'à)

'**Ausdehnung** *f* **1** PHYS dilatation *f*; **2** *des Einflusses, der Macht etc* extension *f*; *e-s Unternehmens* expansion *f*; **3** *zeitlich* prolongation *f*; allongement *m*; **4** *e-s Gebiets* étendue *f*

'**aus·denken** ⟨*irr*⟩ **I** *v/t* **1** (*erfinden*) inventer; **2** (*sich vorstellen*) imaginer; ***die Folgen sind nicht auszudenken*** les suites seraient inimaginables, effrayantes; **II** *v/r* ***sich*** (*dat*) ***etw ~*** (*sich vorstellen*) imaginer qc; (*erfinden*) inventer qc

'**aus·|diskutieren** *v/t* ⟨*sans ge*⟩ discuter à fond; **~drehen** *v/t Radio, Fernseher, Heizung etc* éteindre

'**Ausdruck**[1] *m* ⟨~¢s; -drücke⟩ **1** *sprach-*

licher expression *f*; (*Fach*≈) terme *m*; ***sich im ~ vergreifen*** tenir des propos déplacés; employer un ton regrettable; → ***Ausdrucksweise***; **2** (*Gesichts*≈, *äußerliches Zeichen*) expression *f*; ***etw zum ~ bringen*** exprimer qc; ***er gab*** *od st/s* ***verlieh der Hoffnung ~, dass*** il exprima l'espoir que (+ *subj*); **3** (*Kennzeichen*) symbole *m*; caractéristique *f*

'**Ausdruck²** *m* ⟨~¢s; ~e⟩ INFORM saisie *f* papier; listing *m*

'**aus·drucken** *v/t* INFORM imprimer; lister

'**aus·drücken I** *v/t* **1** *Schwamm, Frucht* presser; **2** *Zigarette* éteindre; écraser; **3** *durch Worte* exprimer; ***anders ausgedrückt*** autrement dit; en d'autres termes; **II** *v/r* ***sich ~*** s'exprimer

'**ausdrücklich I** *adj Genehmigung, Verbot, Wille, Befehl* exprès; *Bestimmung* explicite; **II** *adv* expressément

'**Ausdrucks|kraft** *f* force *f* d'expression; ≈**los** *adj u adv* sans expression; ≈**voll I** *adj* expressif; parlant; **II** *adv* de manière expressive; **~weise** *f* façon *f*, manière *f* de s'exprimer; style *m*

'**aus·dünst|en** *v/t* ⟨-e-⟩ répandre; dégager; ≈**ung** *f* ⟨~; ~en⟩ émanation *f*

ausei'nander *adv* séparé, distant, écarté (l'un de l'autre); séparément; ***~ brechen*** se casser; se rompre; *fig Ehe, Freundschaft* se briser; ***etw ~ brechen*** casser, rompre qc; ***~ fallen*** tomber en morceaux, en miettes; ***~ falten*** déplier; ***~ gehen*** *Personen* se séparer; *Menschenmenge* se disperser; *Linien, Straßen* diverger; *fig Ansichten* diverger; différer; ***~ halten*** distinguer (l'un de l'autre); ***~ jagen*** disperser; ***sich ~ leben*** se détacher peu à peu l'un de l'autre; ***~ nehmen*** démonter; désassembler; ***~ reißen*** déchirer; ***~ schreiben*** écrire séparément; ***~ setzen*** (*darlegen*) exposer; (*erklären*) expliquer; ***sich mit e-m Problem ~ setzen*** se préoccuper d'un, réfléchir à un, étudier un problème; ***sich mit j-m ~ setzen*** avoir une discussion, *streitend* une explication avec qn; ***~ treiben*** disperser

Ausei'nandersetzung *f* ⟨~; ~en⟩ **1** *e-s Problems etc* exposé *m*; explication *f*; **2** (*Beschäftigung*) étude *f*, examen *m* (**mit** de); **3** (*Meinungsaustausch*) discussion *f*, débat *m* (**über** [+ *acc*] sur); **4** (*Streit*) explication *f*; altercation *f*; querelle *f*; **5** (*Kampfhandlung*) conflit *m*

auserkoren ['aus?ɛrkoːrən] *st/s adj* élu

'**auserlesen** *st/s adj* → ***erlesen***

'**aus·fahren** ⟨*irr*⟩ **I** *v/t* **1** ***j-n ~*** sortir, promener qn; **2** (*ausliefern*) livrer; apporter; **3** *Fahrwerk* sortir; **4** ***ausgefahrene Straße*** rue abîmée, *p/fort* défoncée; **II** *v/i* ⟨sn⟩ **5** (*spazieren fahren*) sortir en voiture, *etc*; **6** *Schiffe, Zug* sortir; partir

'**Ausfahrt** *f* **1** (*Spazierfahrt*) promenade *f*, sortie *f* en voiture, *etc*; **2** *e-s Zugs* départ *m*; **3** (*Ausfahrstelle, Autobahn*≈) sortie *f*

'**Ausfall** *m* **1** (*Verlust, Produktions*≈) perte *f*; **2** TECH panne *f*; défaillance *f*; **3** (*Abwesenheit*) absence *f*; **4** (*Haar*≈) chute *f*; (*Zahn*≈) perte *f*; **5** *fig* insulte *f*; remarque insultante

'**aus·fallen** *v/i* ⟨*irr*, sn⟩ **1** *Haare, Zähne etc* tomber; ***mir fallen die Haare aus*** je perds mes cheveux; **2** (*nicht stattfinden*) ne pas avoir lieu; ***die Schule, der Unterricht fällt heute aus*** il n'y a pas classe, cours aujourd'hui; **3** (*wegfallen*) ne pas être effectué; être perdu; *Zug* ne pas circuler; **4** TECH tomber en panne; s'arrêter; *Strom* être coupé; **5** *Person* (*fehlen*) être absent; manquer; (*nicht zur Verfügung stehen*) ne pas être disponible; **6** ***etw fällt gut, schlecht aus*** qc est bon, mauvais; ***wie ist die Prüfung ausgefallen?*** quel est le résultat de l'examen?

'**ausfallend** *adj*, '**ausfällig** *adj* (***gegen j-n***) ***~ werden*** devenir grossier (envers qn); faire une sortie contre qn

'**Ausfall(s)erscheinung** *f* déficience *f*

'**Ausfallstraße** *f* route *f* de sortie (d'une agglomération)

'**aus·fasern** *v/i* ⟨sn *ou* h⟩ s'effilocher; s'effiler

'**aus·fechten** *v/t* ⟨*irr*⟩ ***e-e Sache ~*** se battre (pour régler la question)

'**aus·|fegen** *v/t* balayer; **~feilen** *v/t* **1** TECH limer; **2** *fig* polir; *Technik etc* perfectionner; **~fertigen** *v/t Rechnung* établir; *Vertrag* rédiger; *Pass* délivrer

'**Ausfertigung** *f* **1** (*Ausfertigen*) rédaction *f*; établissement *m*; **2** (*Exemplar*) exemplaire *m*; ***in doppelter, dreifacher ~*** en double, triple exemplaire

'ausfindig *adv* ***etw, j-n ~ machen*** (finir par) trouver, découvrir qc, qn

'aus·fliegen ⟨*irr*⟩ **I** *v/t* évacuer en avion (***nach*** vers); **II** *v/i* ⟨sn⟩ **1** *Vogel* s'envoler; **2** F *fig* ***ausgeflogen sein*** être parti

'aus·|fließen *v/i* ⟨*irr*, sn⟩ couler; s'écouler; **~flippen** F *v/i* ⟨sn⟩ *vor Freude* être fou de joie; *vor Wut* être 'hors de soi; *vor Angst* F flipper

'Ausflucht *f* ⟨~; -flüchte⟩ échappatoire *f*; excuse *f*; (*Vorwand*) prétexte *m*; ***Ausflüchte machen*** donner des excuses; fournir des prétextes

'Ausflug *m* excursion *f*; sortie *f*; *längerer* randonnée *f*

Ausflügler(in) ['ausfly:klər(ın)] *m* ⟨~s; ~⟩ (*f*) ⟨~; ~nen⟩ excursionniste *m,f*

'Ausflugs|lokal *n* restaurant *m*, auberge *f* de campagne; **~ort** *m* ⟨~¢s; ~e⟩ lieu *m* d'excursion

'Ausfluss *m* **1** (*Ausfließen*) écoulement *m*; **2** MÉD flux *m*; **3** *e-s Teiches etc* orifice *m* d'écoulement; décharge *f*

'aus·forschen *v/t* **1** (*herausfinden*) découvrir; **2** (*ausfragen*) sonder, questionner (***über*** [+ *acc*] sur)

'aus·fragen *v/t* interroger, questionner (***nach*** *od* ***über*** [+ *acc*] sur)

'aus·fransen *v/i* ⟨¢s, sn⟩ s'effranger; s'effilocher

'aus·fressen *v/t* ⟨*irr*⟩ F *fig* ***etw ausgefressen haben*** avoir fait une bêtise

Ausfuhr ['ausfu:r] *f* ⟨~; ~en⟩ exportation *f*

'ausführbar *adj Plan etc* réalisable; faisable

'Ausfuhrbeschränkung *f* restriction *f* à l'exportation

'aus·führen *v/t* **1** *Person* sortir; **2** COMM exporter; **3** (*durchführen*) exécuter; *Plan* réaliser; *Tat* accomplir; *Strafstoß* exécuter; **4** (*ausarbeiten*) développer; élaborer; **5** (*darlegen*) exposer; développer

'Ausfuhr|genehmigung *f* permis *m* de sortie, d'exportation; **~land** *n* pays exportateur

'ausführlich I *adj* détaillé; **II** *adv* en détail

'Ausführlichkeit *f* ⟨~⟩ abondance *f* de détails; ***in aller ~*** dans les moindres détails

'Ausführung *f* **1** (*Durchführung*) exécution *f*; *e-s Plans* réalisation *f*; *e-r Tat* accomplissement *m*; **2** (*Herstellungsart*) fabrication *f*; qualité *f*; (*Modell*) modèle *m*; **3** *von Entwürfen, Themen etc* développement *m*; élaboration *f*; **4** (*Darlegung*) explication *f*; développement *m*

'Ausfuhrzoll *m* droit *m* à l'exportation

'aus·füllen *v/t* **1** *Raum, Formular* remplir; *fig Lücke* combler; **2** *Zeit* remplir; passer; **3** (*innerlich befriedigen*) satisfaire; (*beanspruchen*) absorber

'Ausgabe *f* **1** (*Geld*ℒ) dépense *f*; **2** (*Material*ℒ, *Essen*ℒ) distribution *f*; (*Gepäck*ℒ, *Waren*ℒ) remise *f*; (*Fahrkarten*ℒ) délivrance *f*; *von Wertpapieren* émission *f*; **3** (*~stelle*) centre *m* de distribution; *für amtliche Papiere* bureau *m* de délivrance; (*Schalter*) guichet *m*; **4** *e-s Buchs, e-r Zeitung, der Nachrichten* édition *f*; *e-r Zeitung a* numéro *m*; **5** INFORM sortie *f*; output *m*

'Ausgang *m* **1** *räumlich* sortie *f*; *zeitlich* fin *f*; **2** (*Ergebnis*) issue *f*; ***tödlicher ~*** issue fatale; **3** ***~ haben*** *Soldaten* avoir une permission; *Hausangestellte* avoir son jour de sortie; **4** → ***Ausgangspunkt***

'Ausgangs|basis *f* base *f* de départ; **~punkt** *m* point *m* de départ; **~sperre** *f* couvre-feu *m*; *für Soldaten* consigne *f*; **~stellung** *f* position *f* de départ

'aus·geben ⟨*irr*⟩ **I** *v/t* **1** *Geld* dépenser; **2** (*austeilen*) distribuer; *Waren, Gepäck* remettre; *Fahrkarten, amtliche Papiere* délivrer; *Wertpapiere* émettre; *fig Parole, Befehl* donner; **3** F (*spendieren*) ***j-m etw ~*** F payer qc à qn; ***einen ~*** F payer une tournée; **4** INFORM sortir; **5** ***j-n, etw für*** *od* ***als j-n, etw ~*** faire passer qn, qc pour qn, qc; **II** *v/r* ***sich für*** *od* ***als j-n, etw ~*** se faire passer pour qn, qc; prétendre être qn, qc

'aus|gebombt *adjt* sinistré (lors des bombardements); bombardé; **~gebrannt I** *p/p* → ***ausbrennen***; **II** *adjt fig* à bout de forces; épuisé

'ausgebucht *adjt* ***der Flug ist ~*** l'avion, le vol est complet; toutes les places sont réservées dans l'avion

'Ausgeburt *st/s péj f* **1** (*Produkt*) produit *m*; ***e-e ~ der Hölle*** un suppôt de Satan; **2** (*Inbegriff*) incarnation *f*

'ausgedehnt *adjt* **1** (*lang dauernd*) long; **2** (*sich weit erstreckend*) étendu

'**ausgedient** F *p/p* ~ ***haben*** avoir fait son temps
'**ausgefallen** *adjt* original; singulier; saugrenu
'**ausgeglichen** *adjt* équilibré; *Klima* tempéré; **&heit** *f* ⟨~⟩ équilibre *m*; *des Klimas* caractère tempéré
'**aus·gehen** *v/i* ⟨*irr*, sn⟩ **1** sortir; **2** ***auf Eroberungen, Entdeckungen*** ~ partir à la conquête, découverte; ***auf Abenteuer*** ~ courir l'aventure; partir pour l'aventure; **3** (*zum Ausgangspunkt nehmen*) ***von etw*** ~ partir de qc; ***ich gehe davon aus, dass …*** je présume, je suppose que …; **4** (*s-n Ausgang nehmen*) partir (***von*** de); *Duft, Wärme* émaner (***von*** de); **5** ***von j-m*** ~ (*herrühren*) venir de qn; (*ausgestrahlt werden*) émaner de qn; **6** (*enden*) se terminer; finir; **7** (*zur Neige gehen*) venir à manquer; s'épuiser; ***ihr geht die Luft aus*** elle est essoufflée, à bout de souffle; *fig* elle s'essouffle; **8** *Feuer, Lampe, Heizung* s'éteindre; *Motor* s'arrêter; **9** → ***ausfallen*** *1*
'**ausgehend** *adjt* ***im ~en Mittelalter*** vers la fin du Moyen Âge
'**ausgehungert** *adjt* affamé; *p/fort* famélique
'**ausgekocht** F *péj adjt* F roublard; roué
'**ausgelassen** *adj Personen* exubérant; turbulent; *Stimmung* gai; plein d'entrain; **&heit** *f* ⟨~⟩ exubérance *f*; turbulence *f*; gaieté *f*; entrain *m*
ausgeleiert ['ausgəlaɪərt] F *adjt Gummiband* détendu; *Gewinde* usé
'**ausgemacht** *adjt* **1** (*beschlossen*) convenu; entendu; ***es ist*** (***e-e***) ***~e Sache, dass …*** c'est convenu que …; **2** ***ein ~er Schwindel*** une parfaite, fameuse escroquerie
ausgemergelt ['ausgəmɛrgəlt] *adj* squelettique; décharné
'**ausgenommen** *conj* **1** → ***außer*** *I 2*; **2** (*außer wenn*) → ***außer*** *II*
'**aus|geprägt** *adjt* prononcé; marqué; accusé; **~gerechnet** F *advt* justement; précisément
'**ausgeschlossen** *adjt* impossible; exclu; ***es ist nicht ~, dass …*** il n'est pas impossible *od* exclu que … (+ *subj*)
'**ausgeschnitten** *adjt Kleid* décolleté
'**ausgesprochen** **I** *adjt* marqué; prononcé; accentué; **II** *advt* vraiment; carrément; réellement; tout à fait
'**aus·gestalten** *v/t* ⟨-e-, *p/p* ausgestaltet⟩ **1** *Fest* arranger; (*dekorieren*) décorer; **2** (*ausbauen*) ***etw zu etw*** ~ développer qc en qc
'**Ausgestaltung** *f* **1** arrangement *m*; **2** (*Umgestaltung*) développement *m* (***zu*** en)
'**aus|gesucht** *adjt* sélectionné; exquis; choisi; **~gewachsen** *adjt* **1** *Kind* grand; *Tier, Pflanze* adulte; **2** F *fig* (*richtig*) vrai; véritable; **~gewogen** *adjt* équilibré; **~gezeichnet** *adjt* excellent; exquis; **~!** excellent!; parfait!
ausgiebig ['ausgi:bɪç] **I** *adj* abondant; **II** *adv* abondamment
'**aus·gießen** *v/t* ⟨*irr*⟩ vider
Ausgleich ['ausglaɪç] *m* ⟨~(e)s; ~e⟩ compensation *f*; *verschiedener Interessen* arrangement *m*; accord *m*; ***als*** *od* ***zum*** ~ ***für*** en compensation de; pour compenser; SPORT ***den ~ erzielen*** égaliser (le score)
'**aus·gleichen** ⟨*irr*⟩ **I** *v/t* compenser; *Konto* balancer; *Gegensätze* concilier; **II** *v/i* SPORT égaliser; **III** *v/r* ***sich*** ~ se compenser
'**Ausgleichs|tor** *n*, **~treffer** *m* but égalisateur
'**aus·gleiten** *st/s v/i* ⟨*irr*, sn⟩ glisser
'**aus·graben** *v/t* ⟨*irr*⟩ déterrer; ARCHÄOLOGIE exhumer (*beide a fig*)
'**Ausgrabung** *f* exhumation *f*; *pl* ***~en*** fouilles *f/pl*
'**aus·grenz|en** *v/t* ⟨(e)s⟩ exclure; *Personen a* marginaliser; **&ung** *f* ⟨~; ~en⟩ exclusion *f*; marginalisation *f*
Ausguck ['ausguk] *m* ⟨~(e)s; ~e⟩ MAR vigie *f*
'**Ausguss** *m* **1** *Becken* évier *m*; **2** (*Tülle*) bec (verseur)
'**aus·haben** F ⟨*irr*⟩ **I** *v/t* **1** *Kleidungsstück* avoir enlevé, retiré; **2** *Buch etc* avoir fini; **II** *v/i* (*Unterrichtsschluss haben*) F avoir fini
'**aus·haken** **I** *v/t* (*u v/r*) *Seil etc* (***sich*** ~ se) décrocher; (se) détacher; **II** *v/imp* F ***bei ihr hakte es aus*** F elle a perdu les pédales
'**aus·halten** ⟨*irr*⟩ **I** *v/t* **1** (*ertragen*) supporter; endurer; *Druck* résister à; supporter; ***ich halte es hier nicht mehr aus*** je n'en peux plus ici; **2** (*standhalten*) soutenir; ***den Vergleich mit j-m,***

etw* ~** soutenir la comparaison avec qn, qc; **3** F *péj* entretenir; ***sich von j-m ~ lassen se faire entretenir par qn; **II** *v/i* (*durchhalten*) tenir

'aus·handeln *v/t* ⟨¢⟩ négocier; débattre

aus·händig|en ['aushɛndɪɡən] *v/t* remettre; **2ung** *f* ⟨~⟩ remise *f*

'Aushang *m* affiche *f*; écriteau *m*

'aus·hängen I *v/t* **1** *Bekanntmachung* afficher; **2** *Tür* déboîter; **II** *v/i* ⟨*irr*⟩ *Bekanntmachung* être affiché

'Aushängeschild *n* enseigne *f*; *fig* label *m*; bonne réclame

'aus·harren *st/s v/i* persévérer

'aus·heben *v/t* ⟨*irr*⟩ **1** *Erde* enlever; retirer; *Graben* creuser; **2** *Nest* vider; *Eier, Vögel* dénicher; **3** *Verbrechernest* F cueillir

aus·hecken ['aushɛkən] F *v/t* machiner; combiner; ***e-n Streich ~*** monter un coup

'aus·heilen *v/t u v/i* ⟨sn⟩ guérir (complètement)

'aus·helfen *v/i* ⟨*irr*⟩ ***j-m*** (***mit etw***) **~** aider qn (avec qc)

'Aushilfe *f* **1** ***zur ~*** *arbeiten* pour aider (temporairement); comme aide (temporaire); **2** *Person* aide *m,f* (temporaire)

'Aushilfskellner *m* extra *m*

'Aushilfskraft *f* aide *m,f* (temporaire); *pl* ***Aushilfskräfte*** personnel *m* temporaire, auxiliaire

'aushilfsweise *adv* comme aide temporaire; comme auxiliaire

'aus·höhlen *v/t* creuser; *bes Früchte* évider

'aus·holen *v/i* **1** *zum Schlag* lever la main (***zu*** pour); **2** *fig beim Erzählen* ***weit ~*** aller chercher, remonter loin

'aus·horchen *v/t* ***j-n*** (***über etw*** [*acc*]) **~** sonder qn (sur, à propos de qc)

'aus·|hungern *v/t* affamer; **~kehren** *v/t* balayer

'aus·kennen *v/r* ⟨*irr*⟩ ***sich*** (***mit od in etw*** [*dat*]) **~** s'y connaître (en qc); ***ich kenne mich hier nicht aus*** *in e-r Stadt* je ne connais pas du tout la ville

'aus·|kippen *v/t* vider; **~klammern** *v/t* **1** exclure; laisser de côté; **2** MATH sortir de la parenthèse

'Ausklang *st/s m* fin *f*; note finale

'aus·|kleiden ⟨-e-⟩ **I** *v/t* **1** *st/s* (*entkleiden*) dévêtir; déshabiller; **2** *Hohlraum* garnir, recouvrir (***mit*** de); **II** *st/s v/r* ***sich ~*** se dévêtir; se déshabiller; **~klingen** *v/i* ⟨*irr*, sn⟩ **1** *Ton* se perdre (insensiblement); mourir; **2** *fig Veranstaltung* se terminer, s'achever (***mit*** par); **~klinken I** *v/t* détacher; décliqueter; **II** *v/r* ***sich ~*** **1** se détacher; **2** F *fig* se retirer; **~klopfen** *v/t* **1** *Polstermöbel* battre; taper; **2** *Staub* faire sortir en tapant

aus·klügeln ['ausklyːɡəln] *v/t* ⟨¢⟩ concevoir; élaborer; ***ausgeklügelt*** finement pensé, conçu

'aus·|kneifen F *v/i* ⟨*irr*, sn⟩ F filer, se sauver en douce; **~knipsen** F *v/t* ⟨¢$⟩ *Licht* éteindre

'aus·knobeln F *v/t* ⟨¢⟩ **1** → ***auswürfeln***; **2** *Plan* combiner

'aus·kochen *v/t* faire bouillir

'aus·kommen *v/i* ⟨*irr*, sn⟩ **1** (*genügend haben*) ***mit etw ~*** (pouvoir) s'en tirer, s'en sortir avec qc; **2** ***ohne etw, j-n ~ können*** savoir, pouvoir se passer de qc, qn; **3** ***mit j-m*** (***gut, schlecht***) **~** (bien, mal) s'entendre, s'accorder avec qn

'Auskommen *n* ⟨~s⟩ **1** (*Lebensunterhalt*) moyens *m/pl* d'existence; ***sein ~ haben*** avoir de quoi vivre; **2** ***mit ihm ist kein ~*** on ne peut (pas) s'entendre, vivre avec lui

'aus·|kosten *st/s v/t* ⟨-e-⟩ *Triumph, Glück, Augenblick etc* savourer; jouir de; **~kramen** F *v/t* **1** ressortir; **2** *fig Erinnerungen, Kenntnisse* F déballer

'aus·kratzen *v/t* ⟨¢$⟩ gratter; MÉD cureter; *fig* ***j-m die Augen ~*** arracher les yeux à qn

'aus·kugeln *v/r* ⟨¢⟩ ***sich*** (*dat*) ***den Arm ~*** se démettre, se déboîter, se luxer le bras

'aus·kühlen I *v/t* refroidir; rafraîchir; **II** *v/i* ⟨sn⟩ se refroidir; se rafraîchir

'aus·kundschaften *v/t* ⟨-e-⟩ reconnaître

Auskunft ['auskʊnft] *f* ⟨~; -künfte⟩ **1** renseignement *m*; information *f*; ***j-m*** (***über etw*** [*acc*]) **~ *geben*** *od* ***erteilen*** renseigner, informer qn (sur qc); donner des renseignements à qn (sur qc); ***Auskünfte*** (***über j-n, etw***) ***einholen*** prendre des renseignements, se renseigner (sur qn, qc); **2** (*~sbüro, ~sstelle*) (service *m*, bureau *m* de) renseignements *m/pl*; **3** TÉL renseignements *m/pl*

Auskunf'tei *f* ⟨~; ~en⟩ agence *f*, bureau *m* de renseignements
'Auskunftsbüro *n* bureau *m* de renseignements
'aus·|kuppeln *v/i* ⟨¢⟩ *beim Auto* débrayer; **~kurieren** *v/t* ⟨*sans ge*⟩ guérir complètement, totalement, tout à fait
'aus·lachen *v/t* se moquer de; rire de; ***er wurde von allen ausgelacht*** tout le monde s'est moqué de lui; il a été la risée de tous
'aus·laden[1] *v/t* ⟨*irr*⟩ *Waren, Fahrzeug* décharger; *Schiff* débarquer
'aus·laden[2] *v/t* ⟨*irr*⟩ *Gäste* décommander
'ausladend *adjt* large
'Auslage *f* **1** (*Ware im Schaufenster*) étalage *m*; marchandises *f/pl* en vitrine, à l'étalage; **2** (*Schaufenster*) vitrine *f*; **3** *pl* **~n** (*Ausgaben*) dépenses *f/pl*; frais *m/pl*
'aus·lagern *v/t* transporter en lieu sûr
'Ausland *n* étranger *m*; **im~** à l'étranger
Ausländer|(in) ['auslɛndər(ɪn)] *m* ⟨~s; ~⟩ (*f*) ⟨~; ~nen⟩ étranger, -ère *m,f*; **≗feindlich** *adj* xénophobe; **~feindlichkeit** *f* ⟨~⟩ xénophobie *f*; **≗freundlich** *adj* xénophile
'ausländisch *adj* étranger
'Auslands|aufenthalt *m* séjour *m* à l'étranger; **~erfahrung** *f* expérience *f* de l'étranger; **~gespräch** *n* TÉL communication internationale; **~korrespondent(in)** *m(f)* correspondant(e) *m(f)* à l'étranger; **~markt** *m* marché extérieur; **~reise** *f* voyage *m* à l'étranger
'aus·lassen ⟨*irr*⟩ **I** *v/t* **1** (*weglassen*) omettre; ***e-e Gelegenheit~*** laisser passer une occasion; **2** *Zorn etc* ***an j-m ~*** passer, décharger sur qn; **3** *Fett* faire fondre; **4** F (*ausgeschaltet lassen*) laisser éteint; *Motor* laisser arrêté; **II** *v/r* ***sich über j-n, etw ~*** parler (longuement) de qn, qc; *péj* émettre des propos peu aimables sur qn, qc
'Auslassung *f* ⟨~; ~en⟩ **1** (*Weglassung*) omission *f*; **2** *pl* ***~en*** (*Äußerungen*) *oft péj* remarques *f/pl*
'Auslassungs|punkte *m/pl* points *m/pl* de suspension; **~zeichen** *n* apostrophe *f*
'aus·lasten *v/t* ⟨-e-⟩ **1** *Arbeitskräfte, Maschinen etc* exploiter, utiliser pleinement la capacité, le rendement de; **2** (*beanspruchen*) occuper pleinement
'Auslauf *m* espace *m* libre
'aus·laufen *v/i* ⟨sn⟩ **1** *Schiff* partir; sortir; **2** *Gefäß* se vider; *Flüssigkeit* couler; **3** *Vertrag etc* expirer; venir à expiration; **4** *Modell, Serie* être écoulé; ne plus se faire
'Ausläufer *m e-s Gebirges* contrefort(s) *m(pl)*; MÉTÉO ligne *f*
'aus·laugen *v/t* **1** lessiver; **2** *fig* épuiser; F lessiver
'aus·|leben *v/r* ***sich ~*** vivre sa vie; se donner du bon temps; **~lecken** *v/t* lécher; **~leeren** *v/t* vider
'aus·legen *v/t* **1** *Waren* exposer; étaler; *Köder* mettre; *Netze* tendre; **2** *Fußboden* recouvrir (**mit** de); **3** *Geld* avancer; **4** (*deuten*) interpréter (***als*** comme)
'Auslegung *f* ⟨~; ~en⟩ interprétation *f*
'Ausleihe *f* ⟨~; ~n⟩ **1** *Raum* salle *f* de prêt; **2** (*Ausleihen*) prêt *m*
'aus·leihen *v/t* ⟨*irr*⟩ **1** (*verleihen*) (***j-m***) ***etw ~*** prêter qc (à qn); **2** (*entleihen*) (*a v/r* ***sich*** [*dat*]) ***etw*** (***von j-m***) ***~*** emprunter qc (à qn)
'aus·lernen *v/i* finir son apprentissage; *prov* ***man lernt nie aus*** on n'a jamais fini d'apprendre
'Auslese *f* **1** (*Auswahl*) sélection *f*; choix *m*; **2** (*Elite*) élite *f*
'aus·lesen[1] *v/t* ⟨*irr*⟩ *Buch* finir de lire
'aus·lesen[2] *v/t* ⟨*irr*⟩ (*auswählen*) choisir; sélectionner
'aus·leuchten *v/t* ⟨-e-⟩ bien éclairer
'aus·liefer|n *v/t* **1** *Waren* fournir; livrer; **2** *Gefangene* livrer (***an*** [+ *acc*] à); *an ein anderes Land* extrader; **≗ung** *f* **1** livraison *f*; **2** extradition *f*
'aus·liegen *v/i* ⟨*irr*⟩ *Waren, Pläne* être exposé
'aus·löffeln *v/t* ⟨¢⟩ manger (à la cuillère)
aus·loggen ['auslɔgən] *v/i* (*u v/r* ***sich~***) INFORM se déconnecter
'aus·|löschen *v/t* **1** *Feuer* éteindre; **2** *Geschriebenes*, *fig* effacer; *st/s ein Menschenleben* anéantir; **~losen** *v/t* ⟨¢s⟩ tirer au sort
'aus·lösen *v/t* ⟨¢s⟩ **1** *Mechanismus* déclencher; **2** *fig* provoquer; *Krise, Krieg a* déclencher; **3** *Pfand* retirer
'Auslöser *m* ⟨~s; ~⟩ PHOT déclencheur *m*
'Auslosung *f* tirage *m* au sort

ˈaus·lüften *v/t* ⟨-e-⟩ aérer

ˈaus·machen *v/t* **1** F *Licht, Feuer* éteindre; *Motor* arrêter; **2** (*vereinbaren*) convenir de; **3** (*klären*) régler; **4** (*bilden, darstellen*) constituer; *Summe* faire; **5** (*erkennen*) discerner; (*orten*) repérer; **6** (*ins Gewicht fallen*) ***bei der Menge macht das nicht viel aus*** vu la quantité cela ne fait rien; **7** (*stören*) ***das macht mir nichts aus*** cela ne me fait rien

ˈaus·malen I *v/t* **1** colorier; **2** *fig Erlebnisse* décrire; peindre; **II** *v/r* ***sich*** (*dat*) ***etw ~*** se figurer, s'imaginer qc

ˈAusmaß *n* **1** *räumlich meist pl **~e*** dimensions *f/pl*; **2** *fig* dimensions *f/pl*; ***in großem ~ exportieren*** exporter sur une grande échelle, en grande(s) quantité(s)

aus·|merzen [ˈausmɛrtsən] *v/t* ⟨-*ge*-⟩ supprimer; éliminer; **~messen** *v/t* ⟨*irr*⟩ mesurer; **~misten** *v/t* ⟨-e-⟩ **1** *Stall* nettoyer; **2** F *fig Unbrauchbares* débarrasser; **~mustern** *v/t Unbrauchbares* mettre au rebut

Ausnahme [ˈausna:mə] *f* ⟨~; ~n⟩ exception *f*; ***mit ~ von*** (*od + gén*) à l'exception de; sauf; ***e-e ~*** (***bei j-m***) ***machen*** faire une exception (en faveur de, pour qn)

ˈAusnahmezustand *m* état *m* d'urgence

ˈausnahms|los *adj u adv* sans exception; **~weise** *adv* exceptionnellement

ˈaus·nehmen ⟨*irr*⟩ **I** *v/t* **1** *Geflügel, Wild etc* vider; **2** ***ein Nest ~*** dénicher des oiseaux, des œufs; **3** F *péj* (*schröpfen*) F plumer; **4** (*ausschließen*) exclure, excepter (***von*** de); **II** *st/s v/r* ***sich gut, sonderbar ~*** avoir l'air bien, bizarre; faire (un) bon effet, un effet bizarre

ˈausnehmend *st/s advt* extraordinairement; exceptionnellement; extrêmement; ***das gefällt mir ~ gut*** cela me plaît énormément

ˈaus·nutzen, *bes südd, österr* **ˈaus·nützen** *v/t* ⟨-*ge*-⟩ **1** *Gelegenheit, Zeit* profiter de; *Vorteil* tirer profit de; *Raum* utiliser; **2** *péj Person* profiter de; exploiter

ˈAusnutzung, *bes südd, österr* **ˈAusnützung** *f* ⟨~⟩ **1** mise *f* à profit; **2** exploitation *f*

ˈaus·|packen I *v/t Koffer* défaire; *Paket, Waren* déballer; dépaqueter; **II** F *v/i fig* (*sich aussprechen*) F (tout) déballer; F vider son sac; (*gestehen*) F cracher le morceau; **~peitschen** *v/t* fouetter; **~pfeifen** *v/t* ⟨*irr*⟩ siffler; *par ext* 'huer; **~plaudern** *v/t* ébruiter; divulguer; **~plündern** *v/t Person, Auto etc* dévaliser; *Stadt, Laden* piller; **~posaunen** F *péj v/t* ⟨*sans ge*⟩ crier sur les toits; carillonner; **~pressen** *v/t* ⟨-*ge*-⟩ *Frucht* presser; *Saft* exprimer; extraire; **~probieren** *v/t* ⟨*sans ge*⟩ essayer (***an j-m, etw*** sur qn, qc)

ˈAuspuff *m* ⟨~*e*s; ~e⟩ (tuyau *m*, pot *m* d')échappement *m*; **~rohr** *n* tuyau *m* d'échappement; **~topf** *m* pot *m* d'échappement

ˈaus·pumpen *v/t* **1** *Wasser* pomper; **2** *Keller* vider (à l'aide d'une pompe)

ˈaus·|pusten F *v/t* ⟨-e-⟩ → ***ausblasen***; **~quartieren** *v/t* ⟨*sans ge*⟩ déloger; loger ailleurs

ˈaus·quetschen *v/t* **1** (*auspressen*) presser; **2** F (*ausfragen*) ***j-n ~*** F cuisiner qn

ˈaus·|radieren *v/t* ⟨*sans ge*⟩ **1** gommer; effacer; **2** *fig péj Stadt etc* rayer de la carte; effacer; **~rangieren** *v/t* ⟨*sans ge*⟩ mettre au rancart, au rebut; **~rasieren** *v/t* ⟨*sans ge*⟩ raser; **~rasten** F *fig v/i* ⟨-e-, sn⟩ F perdre la boule; F disjoncter; **~rauben** *v/t* dévaliser; **~räuchern** *v/t* enfumer; **~räumen** *v/t* **1** *Wohnung* déménager les meubles de; vider de ses meubles; **2** *Möbel* sortir, enlever (***aus*** de); **3** *fig Missverständnisse* dissiper; *Bedenken* éliminer; *Schwierigkeiten* aplanir

ˈaus·rechnen ⟨-e-⟩ **I** *v/t* calculer; **II** *v/r fig **sich*** (*dat*) ***Chancen ~*** penser avoir de bonnes chances

ˈAusrede *f* excuse *f*; échappatoire *f*; (*Vorwand*) prétexte *m*

ˈaus·reden ⟨-e-⟩ **I** *v/t **j-m etw ~*** dissuader, détourner qn de qc; **II** *v/i* finir (de parler)

ˈaus·reichen *v/i* suffire

ˈausreichend *adjt* suffisant; *Schulnote* → ***Vier*** *2*

ˈaus·reifen *v/i* ⟨sn⟩ mûrir (*a fig*)

ˈAusreise *f* départ *m* (pour l'étranger); ***bei der ~ aus Frankreich*** en sortant de (la), en quittant la France

ˈAusreiseerlaubnis *f* permis *m*, autorisation *f* de sortie

ˈaus·reisen *v/i* ⟨-*ge*-, sn⟩ partir (pour

l'étranger); quitter (***aus e-m Land*** un pays)

'**aus·reißen** ⟨*irr*⟩ **I** *v/t* arracher; **II** *v/i* ⟨sn⟩ F (*weglaufen*) F prendre le large; F se tirer; F se casser; *bes Jugendliche* faire une fugue; F fuguer

'**Ausreißer(in)** F *m* ⟨~s; ~⟩ (*f*) ⟨~; ~nen⟩ fugueur, -euse *m,f*

'**aus·reiten** *v/i* ⟨*irr*, sn⟩ sortir, se promener à cheval

aus·renken ['aυsrɛŋkən] **I** *v/t* démettre; déboîter; **II** *v/r* ***sich*** (*dat*) ***den Arm*** ~ se démettre, se déboîter le bras

'**aus·richten** *v/t* ⟨-e-⟩ **1** *Gegenstände, Soldaten* aligner; ***nach Süden*** ~ orienter au sud; **2** *fig Programm, Produktion* ~ ***nach*** adapter à; **3** *Auftrag, Gruß* transmettre; ***richten Sie ihm bitte aus, dass…*** dites-lui s'il vous plaît que …; *als Antwort* ***ich werde es*** ~ je n'y manquerai pas; **4** (*veranstalten*) organiser; *Fest a* arranger; **5** (*erreichen*) ***etw*** ~ (réussir à) obtenir qc; ***gegen etw, j-n nichts*** ~ ***können*** ne pouvoir rien (faire) contre qc, qn

'**Ausrichtung** *f* **1** alignement *m*; orientation *f* (*beide a fig*); **2** *e-r Veranstaltung* organisation *f*; préparation *f*

'**Ausritt** *m* sortie *f*, promenade *f* à cheval

'**aus·rollen** *v/t Teppich* dérouler; *Teig* étendre (au rouleau)

aus·rott|en ['aυsrɔtən] *v/t* ⟨-e-⟩ *Lebewesen* exterminer; *Unsitte, Aberglaube* extirper; détruire; **≗ung** *f* ⟨~; ~en⟩ extermination *f*; destruction *f*

'**aus·rücken** *v/i* ⟨sn⟩ **1** MIL partir; *Feuerwehr* sortir; **2** F → ***ausreißen*** *II*

'**Ausruf** *m* exclamation *f*; cri *m*

'**aus·rufen** *v/t* ⟨*irr*⟩ **1** crier; ***j-n*** ~ ***lassen*** faire appeler qn; **2** (*bekannt geben*) annoncer (à 'haute voix); **3** (*proklamieren*) proclamer; ***j-n zum König*** ~ proclamer qn roi

'**Ausrufezeichen** *n* point *m* d'exclamation

'**aus·ruhen** *v/i* (*u v/r* ***sich*** ~) se reposer

'**aus·rüst|en** *v/t* ⟨-e-⟩ équiper (***mit*** de); *mit Werkzeugen* outiller; **≗ung** *f* équipement *m*; outillage *m*

'**aus·rutschen** *v/i* ⟨sn⟩ glisser

'**Aussaat** *f* semis *m*; semailles *f/pl*

'**aus·säen** *v/t* semer

'**Aussage** *f* **1** déclaration *f*; dire(s) *m*(*pl*); **2** JUR déposition *f*; **~kraft** *f* **1** *e-s Kunstwerks* force *f* d'expression; **2** *von Angaben* pertinence *f*; **≗kräftig** *adj* pertinent; substantiel

'**aus·sagen** *v/t* **1** (*ausdrücken*) exprimer; dire; **2** JUR déposer (***gegen j-n*** contre qn)

'**aus·sägen** *v/t* découper (à la scie)

'**Aussagesatz** *m* GR proposition énonciative

'**aus·|saugen** *v/t* ⟨*régulier ou st/s irr*⟩ sucer; **~schaben** *v/t* gratter; MÉD cureter

'**Ausschabung** *f* ⟨~; ~en⟩ MÉD curetage *m*

'**aus·|schachten** *v/t* ⟨-e-⟩ creuser; excaver; **~schalten** *v/t* ⟨-e-⟩ **1** *Licht, Heizung, Radio, Fernseher* éteindre; *Strom* couper; interrompre; *Maschine, Motor* arrêter; **2** *fig* éliminer; écarter

Ausschank ['aυsʃaŋk] *m* ⟨~es; -schänke⟩ **1** (*Ausschenken*) vente *f*; **2** (*Schankraum*) buvette *f*; débit *m* de boissons

'**Ausschau** *f* ⟨~⟩ ***nach j-m, etw*** ~ ***halten*** → ***ausschauen***

'**aus·schauen** *v/i* ***nach j-m, etw*** ~ chercher qn, qc des yeux, du regard; scruter l'horizon pour voir si qn, qc arrive

'**aus·scheiden** ⟨*irr*⟩ **I** *v/t Stoffwechselprodukte* excréter; *Fremdkörper* éliminer; CHIM dégager; **II** *v/i* ⟨sn⟩ **1** *aus e-r Gemeinschaft* quitter (***aus etw*** qc); se retirer (de qc); **2** *bei e-m Wettbewerb* être éliminé; **3** (*nicht in Betracht kommen*) être exclu, 'hors de question

'**Ausscheidung** *f* **1** *von Stoffwechselprodukten* excrétion *f*; *von Fremdkörpern* élimination *f*; **2** SPORT éliminatoire *f*

'**aus·|schenken** *v/t* **1** (*verkaufen*) débiter; **2** (*ausgießen*) verser; **3** (*servieren*) servir; **~scheren** *v/i* ⟨sn⟩ *Fahrzeug* se déporter; déboîter

'**aus·|schiffen** *v/t* (*u v/r* ***sich*** ~) débarquer; **~schildern** *v/t Straße* signaliser; *Umleitung* indiquer; signaler; **~schimpfen** *v/t* gronder; **~schlachten** F *v/t* ⟨-e-⟩ **1** (*ausnutzen*) exploiter; **2** *altes Auto* retirer tout ce qui est encore utilisable de

'**aus·schlafen** *v/i* (*u v/r*) ⟨*irr*⟩ (***sich*** ~) dormir assez, son compte; ***gut ausgeschlafen sein*** être bien reposé

'**Ausschlag** *m* **1** MÉD éruption *f* (de boutons); eczéma *m*; **2** *e-s Messinstru-*

ments déviation *f*; *fig* **den ~ geben** faire pencher la balance; être décisif (**für** pour)

'**aus·schlagen** ⟨*irr*⟩ **I** *v/t* **1** *Zahn* casser; **2** (*ablehnen*) refuser; **II** *v/i* **3** ⟨h *ou* sn⟩ *Baum* bourgeonner; **4** *Pferd* ruer; **5** ⟨h *ou* sn⟩ *Zeiger e-s Messinstruments, Pendel* dévier

'**ausschlaggebend** *adjt* décisif

'**aus·schließen** *v/t* ⟨*irr*⟩ **1** exclure (**von, aus** de); ***es ist nicht auszuschließen, dass …*** il est possible que … (+ *subj*); **2** → ***aussperren 1***

'**ausschließlich I** *adv* exclusivement; **II** *prép* ⟨*gén*⟩ à l'exclusion de

'**aus·schlüpfen** *v/i* ⟨sn⟩ éclore; sortir (de l'œuf)

'**Ausschluss** *m* exclusion *f*

'**aus·schmück|en** *v/t* **1** (*dekorieren*) décorer, orner (**mit** de); **2** *Erzählung* embellir; enjoliver; **&ung** *f* ⟨~; ~en⟩ **1** décoration *f*; **2** embellissement *m*; enjolivement *m*

'**aus·schneiden** *v/t* ⟨*irr*⟩ découper (***aus*** dans)

'**Ausschnitt** *m* **1** (*Zeitungs&*) coupure *f* (de presse); **2** (*Hals&*) décolleté *m*; **3** (*Auszug*) extrait *m*; (*Bild&*) détail *m*; (*Film&*) séquence *f*

'**aus·schöpfen** *v/t* **1** *Wasser* vider; **2** *fig Möglichkeiten etc* épuiser

'**aus·schreiben** *v/t* ⟨*irr*⟩ **1** *Wort etc* écrire en toutes lettres; **2** ***e-e Stelle ~*** mettre une annonce d'offre d'emploi; *Arbeiten* ***öffentlich ~*** mettre en adjudication

'**Ausschreibung** *f e-r Stelle* publication *f* d'une annonce; ***öffentliche ~*** appel *m* d'offres; adjudication (administrative)

'**Ausschreitungen** *f/pl* excès *m/pl*

'**Ausschuss** *m* **1** (*Kommission*) comité *m*; commission *f*; **2** (*fehlerhafte Ware*) rebut *m*

'**aus·schütteln** *v/t* ⟨¢⟩ secouer

'**aus·schütten** *v/t* ⟨-e-⟩ **1** *Inhalt* vider; **2** *Gewinn, Dividenden* répartir

'**ausschweifend** *adjt Fantasie etc* débridé; débordant; ***ein ~es Leben führen*** mener une vie dissolue, de débauche

'**Ausschweifung** *f* ⟨~; ~en⟩ *im Genuss* excès *m*; (*Sittenlosigkeit*) débauche *f*

'**aus·sehen** *v/i* ⟨*irr*⟩ avoir l'air; paraître; ***müde ~*** avoir l'air fatigué; ***jung ~*** faire jeune; ***~ wie*** ressembler à; ***wie siehst du denn aus!*** te voilà bien arrangé!; ***so siehst du aus!*** tu n'y penses pas!; F compte là-dessus!; ***es sieht nach Regen aus*** le temps est à la pluie

'**Aussehen** *n* ⟨~s⟩ **1** (*Gesichtsausdruck*) air *m*; mine *f*; **2** (*Äußeres*) apparences *f/pl*; extérieur *m*

'**aussein** → ***aus II***

außen ['ausən] *adv* dehors; à l'extérieur; **nach ~ (hin)** à *od* vers l'extérieur; au *od* en dehors; ***von ~*** du dehors; de l'extérieur; F ***j-n, etw ~ vor lassen*** ignorer qn, qc; F ***~ vor bleiben*** être ignoré

'**Außen…** *in Zssgn meist* extérieur; **~aufnahmen** *f/pl* FILM extérieurs *m/pl*; **~bezirk** *m e-r Stadt* quartier *m* périphérique; **~bordmotor** *m* moteur *m* 'hors-bord

'**aus·senden** *v/t* ⟨*irr ou régulier*⟩ **1** *Strahlen* émettre; **2** *Boten* envoyer

'**Außendienst** *m* ***im ~ (tätig) sein*** être en déplacement

'**Außen|handel** *m* commerce extérieur; **~minister(in)** *m(f)* ministre *m* des Affaires étrangères; **~ministerium** *n* ministère *m* des Affaires étrangères; **~politik** *f* politique extérieure, étrangère; **&politisch** *adj* de (la) politique extérieure; **~seite** *f* côté extérieur; **~seiter** *m* ⟨~s; ~⟩ outsider *m*; *gesellschaftlicher* marginal *m*; **~spiegel** *m* rétroviseur extérieur; **~stände** *m/pl* COMM créances *f/pl*; **~stehende(r)** *f(m)* ⟨→ A⟩ profane *m,f*; **~stelle** *f* succursale *f*; **~stürmer** *m* SPORT ailier *m*; **~welt** *f* monde extérieur

außer ['ausər] **I** *prép* ⟨*dat*⟩ **1** (*außerhalb von*) 'hors de; ***~ sich*** (*dat*) ***sein*** être 'hors de soi; **2** (*abgesehen von*) à part; excepté; à l'exception de; sauf; ***niemand ~ mir*** personne à part moi; **3** (*neben*) outre; en dehors de; **II** *conj* ***~ wenn*** sauf si; à moins que … ne (+ *subj*)

außerdem [ausər'deːm *ou* 'au-] *adv* en outre; de *od* en plus; par ailleurs

äußere ['ɔysərə] *adj* extérieur; externe

'**Äußere(s)** *n* ⟨→ A⟩ extérieur *m*; apparences *f/pl*

'**außer|ehelich** *adj* extraconjugal; *Kind* illégitime; naturel; **~europäisch** *adj* extra-européen; **~gerichtlich** *adj* extra-

judiciaire; **~gewöhnlich** *adj* extraordinaire; exceptionnel
ˈ**außerhalb** **I** *prép* ⟨*gén*⟩ en dehors, à l'extérieur de; **II** *adv* **~ *wohnen*** habiter en dehors de la ville; ***von ~*** de l'extérieur
ˈ**außerirdisch** *adj* extraterrestre
ˈ**äußerlich** *adj* **1** (*außen befindlich*) extérieur; externe (*a* PHARM); **2** *fig* (*scheinbar*) apparent
ˈ**Äußerlichkeit** *f* ⟨~; ~en⟩ **1** *pl* ***~en*** (*Äußerliches*) apparences *f/pl*; **2** (*Formalität*) formalité *f*
äußern [ˈɔysərn] **I** *v/t* (*aussprechen, kundtun*) exprimer; *Meinung a* dire; donner; **II** *v/r* ***sich ~*** **1** (*sich zeigen*) se montrer, se traduire, se manifester (***in*** [+ *dat*] par); **2** ***sich zu etw*** *od* ***über etw*** (*acc*) **~** dire, donner son opinion sur qc; se prononcer sur qc
ˈ**außerordentlich** **I** *adj* extraordinaire; exceptionnel; **II** *adv* (*sehr*) extrêmement; énormément; ***es tut uns ~ Leid*** nous regrettons infiniment, vivement
ˈ**außerplanmäßig** *adj* ˈhors(-)plan; (*zusätzlich*) supplémentaire
äußerst [ˈɔysərst] *adv* extrêmement
außerstande [ausərˈʃtandə] *adv* ***~ sein, etw zu tun*** être ˈhors d'état, incapable de faire qc
ˈ**äußerste** *adj* extrême (*a fig*); ***im ~n Fall*** à la rigueur
ˈ**Äußerung** *f* ⟨~; ~en⟩ **1** (*Bemerkung*) remarque *f*; *pl* ***~en*** *a* propos *m/pl*; paroles *f/pl*; **2** *e-s Gefühls etc* manifestation *f*
ˈ**aus·setzen** ⟨*¢$*⟩ **I** *v/t* **1** *Kind, Tier* abandonner; **2** *e-r Gefahr, Beanspruchung* exposer; **3** *Belohnung* offrir; **4** (*unterbrechen*) interrompre; *Verfahren* suspendre; **5** JUR *Strafe* surseoir à; **6** ***etw an j-m, etw auszusetzen haben*** trouver à redire à qn, qc; avoir à reprocher qc à qn, qc; **II** *v/i* **7** *Motor, Herz* s'arrêter; **8** ***mit der Arbeit*** (***für ein paar Wochen***) **~** arrêter de travailler (pour quelques semaines)
ˈ**Aussicht** *f* ⟨~; ~en⟩ **1** (*Ausblick*) vue *f* (***auf*** [+ *acc*] sur); **2** *fig* perspective *f*, chance *f*, espérance *f* (de); ***etw in ~ haben*** avoir qc en vue; ***j-m etw in ~ stellen*** laisser entrevoir qc à qn; ***ohne ~ auf Erfolg*** sans espoir de succès, de réussir
ˈ**aussichtslos** *adj* sans aucune chance de succès; sans espoir; **2igkeit** *f* ⟨~⟩ inutilité *f*
ˈ**Aussichts|punkt** *m* point *m* de vue; **2reich** *adj* prometteur; plein d'espoir; **~turm** *m* belvédère *m*
ˈ**aus·|sieben** *v/t* **1** cribler; **2** *fig Bewerber* trier (sur le volet); passer au crible; **~siedeln** *v/t* ⟨*¢*⟩ déplacer
ˈ**Aussiedler** *m* rapatrié *m*
aus·söhnen [ˈauszøːnən] **I** *v/t* ***j-n mit j-m ~*** réconcilier qn avec qn; **II** *v/r* ***sich mit j-m ~*** se réconcilier avec qn; faire la paix avec qn
ˈ**Aussöhnung** *f* ⟨~; ~en⟩ réconciliation *f*
ˈ**aus·|sortieren** *v/t* ⟨*sans ge*⟩ trier; mettre à part; **~spähen** *v/t* épier; espionner
ˈ**aus·spannen** **I** *v/t* **1** *Zugtiere* dételer; **2** F *fig* ***j-m j-n, etw ~*** F chiper qn, qc à qn; **II** *v/i* se détendre; se reposer; se relaxer
ˈ**aus·sparen** *v/t* **1** *Wort* laisser en blanc; **2** *fig Thema* éviter (de parler de)
ˈ**aus·sperren** *v/t* **1** (*ausschließen*) ***j-n ~*** fermer la porte derrière qn qui n'a pas de clé pour rentrer; **2** *im Streik* lock-outer
ˈ**Aussperrung** *f im Streik* lock-out *m*
ˈ**aus·spielen** **I** *v/t* **1** *Gegner im Sport* feinter; **2** *Spielkarte* jouer; *fig* ***s-e Überlegenheit ~*** jouer de sa supériorité; **3** ***j-n gegen j-n ~*** se servir de qn contre qn; **II** *v/i beim Kartenspiel* commencer à jouer; jouer le premier
ˈ**aus·spionieren** *v/t* ⟨*sans ge*⟩ espionner
ˈ**Aussprache** *f* **1** *e-s Wortes* prononciation *f*; **2** *klärende* explication *f*; (*Meinungsaustausch*) discussion *f*; débat *m*
ˈ**aus·sprechen** ⟨*irr*⟩ **I** *v/t* **1** *Wort* prononcer; **2** (*ausdrücken*) exprimer; **II** *v/r* ***sich ~*** **3** *Wort* se prononcer; **4** (*sein Herz ausschütten*) s'épancher; **5** ***sich mit j-m ~*** s'expliquer avec qn; **6** (*sich äußern*) se prononcer; ***sich für, gegen j-n, etw ~*** se prononcer en faveur de *od* pour, contre qn, qc; **III** *v/i* finir de parler
ˈ**Ausspruch** *m* parole(s) *f*(*pl*); sentence *f*
ˈ**aus·|spucken** *v/t u v/i* cracher; **~spülen** *v/t* rincer
aus·staffieren [ˈausʃtafiːrən] *v/t* ⟨*sans ge*⟩ *péj* (*herausputzen*) accoutrer; affubler; (*verkleiden*) déguiser (***als*** en)

'Ausstand *m* grève *f*; débrayage *m*; ***in den ~ treten*** se mettre en grève; débrayer

aus·statten ['ausʃtatən] *v/t* ⟨-e-⟩ doter, munir, pourvoir, équiper (***mit*** de); *Raum* installer; garnir, décorer (de)

'Ausstattung *f* ⟨~; ~en⟩ **1** (*Inneneinrichtung*) installation *f*; décoration *f*; **2** (*Ausrüstung*) équipement *m*; **3** THÉ décors *m/pl* et costumes *m/pl*

'aus·stechen *v/t* ⟨*irr*⟩ **1** *Auge* crever; *Torf* découper; **2** *fig* ***j-n ~*** supplanter, éclipser qn

'aus·stehen ⟨*irr*⟩ **I** *v/t* **1** ***Ängste ~*** trembler (***um*** pour); ***das ist ausgestanden*** c'est terminé, passé; **2** ***j-n, etw nicht ~ können*** ne pas pouvoir souffrir, supporter qn, qc; **II** *v/i* *Geld* être dû; *Entscheidung* être (encore) à prendre; ***die Antwort steht noch aus*** on attend encore la réponse

'aus·steigen *v/i* ⟨*irr*, sn⟩ **1** descendre (***aus*** de); **2** F *fig* *aus e-m Geschäft etc* se retirer (***aus*** de); *aus der Gesellschaft* se marginaliser (de)

'Aussteiger F *m* ⟨~s; ~⟩ marginal *m*

'aus·stellen *v/t* **1** *Gemälde, Waren* exposer; *Waren a* étaler; **2** *Pass etc* délivrer; *Scheck* faire; émettre; *Rechnung* faire; établir; dresser; **3** F → ***ausschalten*** *1*

'Ausstell|er *m* ⟨~s; ~⟩ *auf e-r Messe* exposant *m*; **~ung** *f* exposition *f*

'Ausstellungs|fläche *f* surface *f* d'exposition; **~gelände** *n* terrain *m* d'exposition; parc *m* des expositions; **~raum** *m* salle *f* d'exposition; **~stück** *n* **1** *im Schaufenster* article *m* d'étalage; **2** *im Museum* objet exposé

'aus·sterben *v/i* ⟨*irr*, sn⟩ *Familie, Rasse* s'éteindre; *Tierart, Dialekt* disparaître

'Aussteuer *f* dot *f*; trousseau *m*

Ausstieg ['ausʃtiːk] *m* ⟨~¢s; ~e⟩ **1** sortie *f*; **2** *fig* abandon *m*

'aus·stopfen *v/t* empailler; naturaliser

'Ausstoß *m* production *f*; débit *m*

'aus·stoßen *v/t* ⟨*irr*⟩ **1** *Rauch, Lava* rejeter; **2** *Schrei, Seufzer* pousser; *Drohungen* lancer; proférer; **3** *aus e-r Gemeinschaft* expulser, exclure (***aus*** de)

'aus·strahlen **I** *v/t* **1** *Licht* émettre; répandre; *Wärme* dégager; *fig Ruhe* respirer; dégager; **2** RAD, TV diffuser; **II** *v/i* **3** *Wärme* émaner; rayonner; *Schmerz* s'irradier; **4** (*wirken*) ***auf etw, j-n ~*** rayonner sur qc, qn

'Ausstrahlung *f* **1** *von Wärme* rayonnement *m* (*a fig*); *von Schmerzen* irradiation *f*; **2** RAD, TV diffusion *f*; **3** (*Wirkung*) rayonnement *m*; influence *f* (***auf*** [+ *acc*] sur)

'aus·strecken **I** *v/t* *Hand* tendre; *Arm, Bein, Fühler* étendre; **II** *v/r* ***sich ~*** s'allonger; s'étendre

'aus·|streichen *v/t* ⟨*irr*⟩ barrer; rayer; **~strömen** *v/i* ⟨sn⟩ *Gas* fuir, se dégager, s'échapper (***aus*** de)

'aus·suchen *v/t* choisir; (*a v/r* ***sich*** [*dat*]) ***etw ~*** choisir qc

'Austausch *m* échange *m*; ***im ~ für*** *od* ***gegen*** en échange de

'austauschbar *adj* échangeable; interchangeable; (*ersetzbar*) remplaçable

'aus·tauschen *v/t* échanger (***gegen*** contre) (*a fig*); (*auswechseln*) changer; (*ersetzen*) remplacer

'Austausch|motor *m* moteur *m* de remplacement; **~schüler(in)** *m(f)* élève *m,f* qui fait un échange

'aus·teilen *v/t* distribuer (***an*** [+ *acc*] à)

Auster ['austər] *f* ⟨~; ~n⟩ huître *f*

> **Austern**
>
> Austern (**les huîtres** *f/pl*) sind für viele Leute ein kulinarischer Hochgenuss. Besonders begehrt ist die Delikatesse in den Monaten, die ein *r* enthalten, also von September bis April.
>
> Es gibt verschiedene Arten, Austern zuzubereiten. Häufig werden sie roh serviert, mit Zitronensaft oder Essig beträufelt und aus der Schale geschlürft.
>
> Die wichtigsten Zentren der Austernzucht liegen in der Bretagne und im westlich von Bordeaux gelegenen Bassin d'Arcachon. Austern werden in Küstennähe in so genannten Austernparks gezüchtet.

'Austern|pilz *m* pleurote *m*; **~zucht** *f* ostréiculture *f*

'aus·testen *v/t* ⟨-e-⟩ tester

'aus·toben *v/r* ***sich ~*** se défouler; *Kinder* se dépenser; s'ébattre; *Unwetter* faire rage

'aus·tragen *v/t* ⟨*irr*⟩ **1** *Zeitungen, Post* distribuer; **2** *Kind* porter jusqu'à terme; **3** *Wettkampf* disputer; organiser; *Konflikt* terminer; régler

'Austragung *f* ⟨~; ~en⟩ **1** *von Wettkämpfen* déroulement *m*; organisation *f*; **2** *von Konflikten* règlement *m*

'Austragungsort *m* ⟨~(e)s; ~e⟩ lieu *m* de la rencontre sportive

Austral|ien [aus'tra:liən] *n* ⟨~s⟩ l'Australie *f*; **~ier(in)** *m* ⟨~s; ~⟩ (*f*) ⟨~; ~nen⟩ Australien, -ienne *m,f*; **≗isch** *adj* australien

'aus·treiben *v/t* ⟨*irr*⟩ **1** ***j-m etw ~*** faire passer à qn l'habitude, le goût de (faire) qc; **2** *Teufel* exorciser

'aus·treten ⟨*irr*⟩ **I** *v/t* **1** *Schuhe* avachir; **2** *Weg* tracer; *Treppe* user; **3** *Zigarette* écraser du pied; **II** *v/i* ⟨sn⟩ **4** (*ausscheiden*) quitter (***aus etw*** qc); partir, sortir (***aus*** de); **5** (*entweichen*) s'échapper (***aus*** de); **6** (*zur Toilette gehen*) aller aux toilettes

'aus·trinken ⟨*irr*⟩ **I** *v/t* finir; vider; **II** *v/i* vider son verre, sa tasse, *etc*

'Austritt *m* **1** *aus e-r Vereinigung* départ *m*; **2** (*Entweichen*) fuite *f*

'aus·trocknen ⟨-e-⟩ **I** *v/t* dessécher; **II** *v/i* ⟨sn⟩ se dessécher; *Gewässer* s'assécher

'aus·tüfteln F *v/t* ⟨-le⟩ combiner; inventer

'aus·üben *v/t* **1** *Beruf etc* exercer; pratiquer; **2** *Einfluss, Kontrolle* exercer (***auf, über*** [+ *acc*] sur); *Zwang* user de

'Ausübung *f* ⟨~⟩ exercice *m*; pratique *f*

'aus·ufern *v/i* ⟨sn⟩ prendre de trop grandes proportions; *Gespräch* s'étendre trop

'Ausverkauf *m* soldes *m/pl*; (*Total≗*) liquidation *f*

'ausverkauft *adjt* *Artikel* ***~ sein*** être épuisé; ***die Vorstellung ist ~*** c'est complet pour cette séance; ***vor ~em Haus spielen*** jouer à bureaux fermés, devant une salle comble

'aus·wachsen **I** *v/r* ⟨*irr*⟩ ***sich ~*** **1** (*sich normalisieren*) se normaliser; se corriger; **2** ***sich zu etw ~*** se transformer en qc; **II** F *v/i* ***es ist zum ≗ (mit dir)!*** F c'est à devenir dingue (avec toi)!

'Auswahl *f* choix *m* (***an*** [+ *dat*] de); sélection *f* (*a* SPORT); ***zur ~ stehen*** être au choix

'aus·wählen *v/t* choisir (***aus, unter*** [+ *dat*] parmi)

'Auswanderer *m*, **'Auswanderin** *f* émigrant(e) *m(f)*; émigré(e) *m(f)*

'aus·wandern *v/i* ⟨sn⟩ émigrer

'Auswanderung *f* émigration *f*

auswärtig ['ausvɛrtɪç] *adj* **1** extérieur, étranger à la ville, *etc*; **2** (*das Ausland betreffend*) étranger; ***das ≗e Amt*** le ministère des Affaires étrangères

'auswärts *adv* **1** (*nach außen*) vers l'extérieur; **2** (*nicht zu Hause*) à l'extérieur; ***~ essen*** ne pas manger chez soi; manger en ville; **3** (*nicht am Ort*) à l'extérieur; ***von ~*** de l'extérieur; ***~ wohnen*** habiter à l'extérieur de la ville

'Auswärtsspiel *n* match *m* à l'extérieur

'aus·waschen *v/t* ⟨*irr*⟩ **1** laver; **2** GÉOL éroder

'auswechselbar *adj* échangeable; (*ersetzbar*) remplaçable

'aus·wechseln *v/t* ⟨-le⟩ (é)changer (***gegen*** contre); (*ersetzen*) remplacer (par); SPORT remplacer

'Auswechselspieler(in) *m(f)* remplaçant(e) *m(f)*

'Auswechs(e)lung *f* ⟨~; ~en⟩ changement *m*; remplacement *m*

'Ausweg *m* issue *f* (***aus e-r Situation*** à une situation); moyen *m* de s'en sortir; échappatoire *f*

'ausweglos *adj* sans issue

'aus·weichen *v/i* ⟨*irr*, sn⟩ **1** *im Verkehr* éviter (***j-m, e-r Sache*** qn, qc); ***nach rechts ~*** se ranger sur la droite; **2** *fig* éviter (***e-r Sache*** [*dat*] qc); se dérober

'ausweichend *adjt* *Antwort* évasif

'Ausweichmanöver *n* manœuvre *f* pour éviter qn, qc; *fig* (*Ausflüchte*) dérobade *f*

'aus·weinen *v/r* ***sich ~*** pleurer tout son content, soûl; ***sich bei j-m ~*** pleurer sur l'épaule de qn

Ausweis ['ausvais] *m* ⟨~es; ~e⟩ carte *f*; (*Personal≗*) carte *f* d'identité

'aus·weisen ⟨*irr*⟩ **I** *v/t* expulser (***aus*** de); **II** *v/r* ***sich ~*** justifier (de) son identité; montrer sa carte, ses papiers

'Ausweis|kontrolle *f* contrôle *m* d'identité; **~papiere** *n/pl* papiers *m/pl* d'identité

'Ausweisung *f* expulsion *f* (***aus*** de)
'aus·weiten ⟨-e-⟩ **I** *v/t* élargir; agrandir (*a fig*); *fig* développer; **II** *v/r* ***sich ~*** **1** (*sich vergrößern*) s'élargir; s'agrandir; **2** ***sich zu etw ~*** se transformer, dégénérer en qc
'auswendig *adv* par cœur; ***etw ~ lernen*** apprendre qc par cœur
'aus·werfen *v/t* ⟨*irr*⟩ **1** *Netz, Anker* jeter; **2** TECH éjecter
'aus·wert|en *v/t* ⟨-e-⟩ *Statistik* exploiter; *Fragebogen* dépouiller; **⁀ung** *f* exploitation *f*; dépouillement *m*
'aus·wickeln *v/t* ⟨*¢*⟩ ***etw ~*** défaire, enlever le papier qui enveloppe qc
'aus·wiegen *v/t* ⟨*irr*⟩ peser (exactement)
'aus·wirken *v/r* ***sich ~*** avoir des conséquences, retentir, se répercuter (***auf*** [+ *acc*] sur); ***sich positiv ~*** avoir des conséquences positives
'Auswirkung *f* (*Folge*) conséquence *f* (***auf*** [+ *acc*] sur); (*Wirkung*) effet *m* (sur); (*Rückwirkung*) répercussion *f* (sur)
'aus·wischen *v/t* **1** *Geschriebenes* effacer; **2** *Gläser* essuyer; **3** F ***j-m eins ~*** F faire une vacherie à qn
'aus·wringen *v/t* ⟨*irr*⟩ essorer
'Auswuchs *m* **1** MÉD, BOT excroissance *f*; **2** *fig pl* ***Auswüchse*** excès *m/pl*
'aus·wuchten *v/t* ⟨-e-⟩ TECH équilibrer
'Auswurf *m* MÉD crachat *m*
'aus·würfeln *v/t* ⟨*¢*⟩ ***e-e Runde Bier ~*** jouer aux dés pour savoir qui paiera une tournée de bière
'aus·zahlen I *v/t* **1** *Gehalt* payer; *Rente, Zinsen* verser; **2** ***j-n ~*** payer, régler qn; *Geschäftspartner* désintéresser qn; **II** *v/r* ***sich ~*** en valoir la peine; être payant
'aus·zählen *v/t* **1** compter; dénombrer; *bei e-r Wahl* ***die Stimmen ~*** dépouiller le scrutin; **2** BOXEN compter out
'Auszahlung *f* **1** paiement *m*; versement *m*; **2** désintéressement *m*
'Auszählung *f* (dé)compte *m*; dénombrement *m*; dépouillement *m*
'aus·zeichnen ⟨-e-⟩ **I** *v/t* **1** (*ehren*) distinguer (***mit, durch etw*** par qc); *mit Orden* décorer; *Film* décerner un prix, une récompense à; **2** (*kennzeichnen*) ***etw zeichnet j-n, etw*** (***gegenüber j-m, etw***) ***aus*** qn, qc se distingue (de qn, qc) par qc; **3** *Waren* étiqueter; marquer les prix sur; **II** *v/r* ***sich ~*** se distinguer
'Auszeichnung *f* distinction *f*; *mit e-m Orden* décoration *f* (***mit*** de)
'aus·ziehen ⟨*irr*⟩ **I** *v/t* **1** *Kleidung* enlever; retirer; ôter; *Person* déshabiller; dévêtir; (*a v/r* ***sich*** [*dat*]) ***die Schuhe ~*** enlever ses chaussures; se déchausser; **2** *Sofa* déplier; *Tisch* rallonger; **II** *v/i* ⟨sn⟩ (***aus e-r Wohnung***) ***~*** déménager; **III** *v/r* ***sich ~*** se déshabiller; ***sich nackt ~*** se mettre nu
'Ausziehtisch *m* table *f* à rallonges
'Auszubildende(r) *f(m)* ⟨→ A⟩ apprenti(e) *m(f)*
'Auszug *m* **1** (*Text⁀*), CHIM extrait *m*; (*Konto⁀*) relevé *m*; **2** *aus e-r Wohnung* déménagement *m*
'auszugsweise *adv* par extraits; ***e-e Rede ~ drucken*** imprimer des extraits d'un discours
'aus·zupfen *v/t* arracher; *Haare mit e-r Pinzette* épiler
authent|isch [au'tɛntɪʃ] *adj* authentique; **⁀izi'tät** *st/s f* ⟨~⟩ authenticité *f*
Auto ['auto] *n* ⟨~s; ~s⟩ voiture *f*; auto *f*; ***~ fahren*** faire de la voiture; *Fahrer* conduire

Achtung: **Autos** sind im Französischen – im Gegensatz zum Deutschen – immer weiblich:

der Renault	**la Renault** [ʀəno]
der Citroen	**la Citroën** [sitʀɔɛn]
der VW	**la Volkswagen** [vɔlksvagɛn]
ein Mercedes	**une Mercedes** [mɛʀsedɛs]
mein Peugeot	**ma Peugeot** [pøʒo]

'Autoatlas *m* atlas routier
'Autobahn *f* autoroute *f*; **~auffahrt** *f* bretelle *f* d'accès; **~ausfahrt** *f* sortie *f* d'autoroute; **~dreieck** *n* échangeur *m* (d'autoroute); **~gebühr** *f* péage *m*; → *Info bei* ***péage***; **~kreuz** *n* échangeur *m* (d'autoroute); **~raststätte** *f* restoroute *m*; relais routier sur l'autoroute
Autobiogra'phie *f* autobiographie *f*

B

'Auto|bombe *f* voiture piégée; **~bus** *m* autobus *m*; (*Reisebus*) autocar *m*
Autodidakt [-di'dakt] *m* ⟨~en; ~en⟩ autodidacte *m*
'Auto|fähre *f* bac *m* (à voitures); (*Fährschiff*) car-ferry *m*; **~fahren** *n* conduite *f* (automobile); **~fahrer(in)** *m(f)* automobiliste *m,f*; **~fahrt** *f* voyage *m*, promenade *f* en voiture; **~gas** *n* G.P.L. *m* (gaz pétrole liquéfié)
autogen [-'ge:n] *adj* ***~es Training*** training *m* autogène
Auto'gramm *n* ⟨~s; ~e⟩ autographe *m*; **~stunde** *f* séance *f* d'autographes
'Auto|hof *m* gare routière; **~karte** *f* carte routière; **~kino** *n* drive-in *m*; **~knacker** F *m* F roulottier *m*; **~kolonne** *f* file *f* de voitures; **~marke** *f* marque *f* d'automobile
Automat [-'ma:t] *m* ⟨~en; ~en⟩ distributeur *m* (automatique); (*selbsttätiger Apparat*) automate *m*
Auto'matik *f* ⟨~; ~en⟩ dispositif *m* automatique; automatisme *m*; ***ein Auto mit ~*** une voiture automatique
Auto'matikgetriebe *n* boîte *f* (de vitesses) automatique
auto'ma|tisch *adj* automatique; **~ti'sieren** *v/t* ⟨*sans ge*⟩ automatiser; **2ti'sierung** *f* ⟨~; ~en⟩ automatisation *f*; **2'tismus** *m* ⟨~; -men⟩ automatisme *m*
'Automechaniker *m* mécanicien *m* auto(mobile)
Automo'bil *n* ⟨~s; ~e⟩ automobile *f*; **~ausstellung** *f* salon *m* de l'automobile; **~klub** *m* automobile-club *m*
auto|nom [-'no:m] *adj* autonome; **2nome(r)** *f(m)* ⟨→ A⟩ autonomiste *m,f*; **2no'mie** *f* ⟨~; ~n⟩ autonomie *f*
'Auto|nummer *f* numéro *m* d'immatriculation, minéralogique; **~papiere** *n/pl* papiers *m/pl* de (la) voiture
Autopsie [autɔp'si:] *f* ⟨~; ~n⟩ MÉD autopsie *f*
Autor ['autɔr] *m* ⟨~s; -'toren⟩ auteur *m*
'Auto|radio *n* autoradio *m*; **~reifen** *m* pneu *m* de voiture; **~reisezug** *m* train *m* auto-couchettes; **~rennen** *n* course *f* automobile
Au'torin *f* ⟨~; ~nen⟩ auteur *m*
autori'sieren *v/t* ⟨*sans ge*⟩ autoriser (***etw zu tun*** à faire qc)
autori|tär [autori'tɛ:r] *adj* autoritaire; **2'tät** *f* ⟨~; ~en⟩ autorité *f*
'Auto|schlange *f* file *f* de voitures; **~schlosser** *m* → ***Automechaniker***; **~schlüssel** *m* clé *f* de voiture; **~skooter** *m* auto tamponneuse
'Autostopp *m* auto-stop *m*; ***per ~ reisen*** faire de l'auto-stop
'Auto|stunde *f* heure *f* de *od* en voiture; **~telefon** *n* téléphone *m* de voiture; radiotéléphone *m*; **~tür** *f* portière *f*; **~unfall** *m* accident *m* de voiture; **~verkehr** *m* circulation *f*, trafic *m* automobile; **~verleih** *m*, **~vermietung** *f* location *f* de voitures; **~waschanlage** *f*, **~waschstraße** *f* lavage *m* automatique de voitures; **~werkstatt** *f* garage *m*; **~zubehör** *n* accessoires *m/pl* automobiles
autsch [autʃ] F *int* aïe!; ouille!
Avantgar|de [avã'gardə] *f* avant-garde *f*; **2'distisch** *adj* avant-gardiste; d'avant-garde
Avocado [avo'ka:do] *f* ⟨~; ~s⟩ avocat *m*
Axt [akst] *f* ⟨~; ~e⟩ 'hache *f*
Azalee [atsa'le:ə] *f* ⟨~; ~n⟩ azalée *f*
Azubi [a'tsu:bi] F *m* ⟨~s; ~s⟩ *u f* ⟨~; ~s⟩ apprenti(e) *m(f)*

B

B, b [be:] *n* ⟨~; ~⟩ **1** B, b *m*; **2** MUS si *m* bémol
B *f* ⟨~⟩ *abr* (*Bundesstraße*) *etwa* R.N. *f*
Baby ['be:bi] *n* ⟨~s; ~s⟩ bébé *m*; **~ausstattung** *f* layette *f*; **~nahrung** *f* aliments *m/pl* pour bébés; **~sitter** *m* ⟨~s; ~⟩ baby-sitter *m*; **~speck** F *plais* *m* rondeurs *f/pl* de bébé, d'adolescent(e); **~tragetasche** *f* porte-bébé *m*; **~zelle** *f* petite pile électrique
Bach [bax] *m* ⟨~es; ~e⟩ ruisseau *m*; F *fig* ***den ~ runtergehen*** tourner mal; *Geschäft* courir à la faillite
'Bachforelle *f* truite *f* de rivière

'Bachstelze *f* ⟨~; ~n⟩ bergeronnette *f*
'Backblech *n* plaque *f* à pâtisserie
Backbord ['bakbɔrt] *n* ⟨~¢s; ~e⟩ MAR bâbord *m*
Backe ['bakə] *f* ⟨~; ~n⟩ **1** (*Wange*) joue *f*; **2** F (*Gesäß*≈) fesse *f*
'backen ⟨backt *ou* bäckt, backte *ou* buk, gebacken⟩ **I** *v/t Brot, Kuchen* faire cuire; **II** *v/i im Backofen* cuire (au four)
'Backen|bart *m* favoris *m/pl*; **~knochen** *m* pommette *f*; **~zahn** *m* molaire *f*
Bäcker ['bɛkər] *m* ⟨~s; ~⟩ boulanger *m*; (*Fein*≈) pâtissier *m*
Bäcke'rei *f* ⟨~; ~en⟩ boulangerie *f*; (*Fein*≈) pâtissier *m*
'Back|form *f* moule *m* à pâtisserie; **~hähnchen** *n*, *österr* **~hendl** *n* poulet pané; **~obst** *n* fruits secs; **~ofen** *m* four *m*
'Backpfeife *f bes nordd* gifle *f*; claque *f*
'Back|pflaume *f* pruneau *m*; **~pulver** *n* levure *f* chimique; **~stein** *m* brique *f*; **~steinbau** *m* ⟨~¢s; ~ten⟩ construction *f* en briques; **~stube** *f* fournil *m*
bäckt [bɛkt] → ***backen***
'Backwaren *f/pl* produits *m/pl* de boulangerie
Bad [ba:t] *n* ⟨~¢s; ~̈er⟩ **1** bain *m* (*a* MÉD, CHIM, TECH); *fig* ***~ in der Menge*** bain de foule; **2** (*Badezimmer*) salle *f* de bains; **3** (*Schwimm*≈) piscine *f*; **4** (*Badeort*) ville *f* d'eaux; station thermale
'Bade|anzug *m* maillot *m* de bain; **~gast** *m e-s Schwimmbads* usager *m*; *am Strand* baigneur, -euse *m,f*; **~hose** *f* caleçon *m*, slip *m* de bain; **~kappe** *f* bonnet *m* de bain; **~mantel** *m* peignoir *m*; **~matte** *f* tapis *m* de bain; **~meister** *m* maître *m* nageur; **~mütze** *f* → ***Badekappe***
baden ['ba:dən] ⟨-e-⟩ **I** *v/t* baigner; *in e-r Wanne* faire prendre un bain à; **II** *v/i* (*u v/r* ***sich*** *~*) se baigner; *in e-r Wanne* prendre un bain; ***~ gehen*** aller se baigner; F *fig* F se planter
'Baden-'Württemberg *n* ⟨~s⟩ le Bade-Wurtemberg
'Bade|ofen *m* chauffe-bain *m*; **~ort** *m* station thermale, *an der See* balnéaire; **~sachen** *f/pl* affaires *f/pl* de bain *bzw* de piscine; **~salz** *n* sels *m/pl* de bain; **~strand** *m* plage *f*; **~tasche** *f* sac *m* de plage; **~tuch** *n* ⟨~¢s; -tücher⟩ serviette *f*, *großes* drap *m* de bain; **~wanne** *f* baignoire *f*; **~zeug** F *n* → ***Badesachen***; **~zimmer** *n* salle *f* de bains
Badminton ['bɛtmɪntən] *n* ⟨~⟩ badminton *m*
'Badreiniger *m* ⟨~s; ~⟩ produit *m* de nettoyage pour salle de bains
baff [baf] F *adj* ***~ sein*** F en être baba
Bagage [ba'ga:ʒə] F *f* ⟨~⟩ (*Gesindel*) racaille *f*
Bagatell|e [baga'tɛlə] *f* ⟨~; ~n⟩ bagatelle *f*; **≈i'sieren** *v/t* ⟨*sans ge*⟩ minimiser
Baga'tellschaden *m* dommage insignifiant
Bagger ['bagər] *m* ⟨~s; ~⟩ excavatrice *f*; *großer* excavateur *m*; (*Schwimm*≈) drague *f*
'baggern *v/t u v/i* excaver; creuser
'Baggersee *m* (lac artificiel formé dans une) gravière
Bahn [ba:n] *f* ⟨~; ~en⟩ **1** (*Eisen*≈) chemin *m* de fer; (*Zug*) train *m*; (*~linie*) ligne *f* (de chemin de fer); ***mit der ~ fahren*** prendre le train; **2** SPORT *einzelne* couloir *m*; (*Renn*≈) piste *f*; **3** *e-s Geschosses* trajectoire *f*; ASTR, NUCL orbite *f*; **4** (*Weg*) chemin *m*; voie *f*; ***freie ~ haben*** avoir la voie libre; *fig* avoir le champ libre; *fig* ***sich*** (*dat*) ***~ brechen*** se faire jour; (*sich durchsetzen*) s'imposer; *fig* ***auf die schiefe ~ geraten*** mal tourner; **5** (*Stoff*≈, *Tapeten*≈) lé *m*
'Bahn|beamte(r) *m* agent *m* des chemins de fer; cheminot *m*; **≈brechend** *adjt* révolutionnaire; **~card** [-kart] *f* ⟨~; ~s⟩ carte annuelle demi-tarif
'bahnen *v/t Weg* frayer; ouvrir
'Bahn|fahrt *f* voyage *m* (en train); **~gleis** *n* voie ferrée
'Bahnhof *m* gare *f*; station *f*; F *fig* ***ich verstehe nur ~*** F j'y comprends que dalle
'Bahnhofs|mission *f* centre *m* d'accueil (d'une gare); **~restaurant** *n* buffet *m* (de la gare)
'Bahn|linie *f* ligne *f* de chemin de fer; voie ferrée; **~polizei** *f* police *f* des chemins de fer; **~reise** *f* voyage *m* (en train); **~schranke** *f* barrière *f* (du passage à niveau); **~station** *f* station *f* (de chemin de fer); **~steig** *m* ⟨~¢s; ~e⟩ quai *m*; **~übergang** *m* passage *m* à niveau; **~verbindung** *f* liaison *f* ferroviaire; **~wärter** *m* garde-barrière *m*

B

Bahre ['baːrə] *f* ⟨~; ~n⟩ civière *f*
Baiser [bɛ'zeː] *n* ⟨~s; ~s⟩ meringue *f*
Bajonett [bajo'nɛt] *n* ⟨~ẹs; ~e⟩ baïonnette *f*
Bake ['baːkə] *f* ⟨~; ~n⟩ balise *f*
Bakterie [bak'teːriə] *f* ⟨~; ~n⟩ microbe *m*; *sc* bactérie *f*
Balan|ce [ba'lãːs(ə)] *f* ⟨~; ~n⟩ équilibre *m*; **2'cieren** ⟨*sans ge*⟩ **I** *v/t* tenir en équilibre; **II** *v/i* se (main)tenir en équilibre
bald [balt] *adv* **1** ⟨eher, am ehesten⟩ (*in kurzer Zeit*) bientôt; sous peu; ***~ darauf*** peu après; ***so ~ wie möglich*** le plus tôt possible; dès que possible; ***bis ~!*** à bientôt!; F ***wirds ~?*** F alors, ça vient?; **2** F (*fast*) presque; **3** *st/s* ***~ …, ~ …*** tantôt … tantôt …
Baldachin ['baldaxiːn] *m* ⟨~s; ~e⟩ baldaquin *m*; dais *m*
'baldig *adj* prochain; proche
'bald'möglichst *adv* le plus tôt possible; dès que possible
Baldrian ['baldriaːn] *m* ⟨~s; ~e⟩ valériane *f*
Balg[1] [balk] *m* ⟨~ẹs; ~̈e⟩ **1** *von Tieren*, *fig* peau *f*; **2** *e-r Orgel* soufflet *m*
Balg[2] F *meist péj n od m* ⟨~ẹs; ~̈er⟩ F gosse *m,f*; F môme *m,f*
balg|en ['balgən] *v/r* ***sich ~*** se bagarrer; **2e'rei** F *f* ⟨~; ~en⟩ bagarre *f*
Balkan ['balkaːn] ⟨~s⟩ ***der ~*** les Balkans *m/pl*
Balken ['balkən] *m* ⟨~s; ~⟩ poutre *f*; (*Decken2*) solive *f*
Balkon [bal'kɔŋ *ou* -'koːn] *m* ⟨~s; ~s *ou* ~e⟩ balcon *m*
Ball[1] [bal] *m* ⟨~ẹs; ~̈e⟩ (*Tanzfest*) bal *m*
Ball[2] *m* ⟨~ẹs; ~̈e⟩ (*[Tisch]Tennis2*, *Golf2*) balle *f*; *größerer* ballon *m*; ***~ spielen*** jouer à la balle, au ballon; F *fig* ***am ~ bleiben*** F s'accrocher
Ballade [ba'laːdə] *f* ⟨~; ~n⟩ ballade *f*
Ballast [ba'last] *m* ⟨~ẹs; ~e⟩ **1** lest *m*; **2** *fig* choses *f/pl* inutiles; fatras *m*; **~stoffe** *m/pl* fibres *f/pl*
'ballen *v/t* ***die Fäuste ~*** serrer les poings; *fig* ***geballte Energie*** *etc* énergie, *etc* concentrée
'Ballen *m* ⟨~s; ~⟩ **1** (*Packen*) balle *f*; ballot *m*; (*Stoff2*) pièce *f*; **2** (*Hand2*) éminence *f* sur la paume de la main; (*Fuß2*) plante antérieure du pied
'Ballermann F *m* F pétard *m*; F flingue *m*
ballern ['balərn] F *v/i* tirer des coups de feu
Ballett [ba'lɛt] *n* ⟨~ẹs; ~e⟩ ballet *m*; **~schule** *f* école *f* de danse classique; **~truppe** *f* (compagnie *f* de) ballet *m*
Ballistik [ba'lɪstɪk] *f* ⟨~⟩ balistique *f*
'Balljunge *m* ramasseur *m* de balles
'Ballkleid *n* robe *f* de bal
Ballon [ba'lɔŋ] *m* ⟨~s; ~s⟩ ballon *m*
'Ballsaal *m* salle *f* de bal, de danse
'Ballspiel *n* jeu *m* de balle, de ballon
'Ballungs|gebiet *n* agglomération urbaine; *sc* conurbation *f*; **~zentrum** *n* grand centre économique, industriel
Balsam ['balzaːm] *m* ⟨~s; ~e⟩ baume *m*
'Balt|e *m* ⟨~n; ~n⟩, **~in** *f* ⟨~; ~nen⟩ Balte *m,f*
Baltikum ['baltikum] ⟨~s⟩ ***das ~*** les pays *m/pl* baltes
'baltisch *adj* balte
Balz [balts] *f* ⟨~; ~en⟩ pariade *f*
Bambus ['bambus] *m* ⟨~ *ou* ~ses; ~se⟩, **~rohr** *n* bambou *m*; **~sprossen** *f/pl* pousses *f/pl* de bambou
Bammel ['baməl] F *m* ⟨~s⟩ F trouille *f*
banal [ba'naːl] *adj* banal; **2i'tät** *f* ⟨~; ~en⟩ banalité *f*; platitude *f*
Banane [ba'naːnə] *f* ⟨~; ~n⟩ *Frucht* banane *f*; *Pflanze* bananier *m*
Ba'nanen|republik *f péj* république bananière; **~schale** *f* peau *f* de banane
Banause [ba'nauzə] *m* ⟨~n; ~n⟩ *péj* béotien, -ienne *m,f*
band [bant] → ***binden***
Band[1] [bant] *n* ⟨~ẹs; ~̈er⟩ **1** ruban *m* (*a* TECH, RAD); *zum Zusammenbinden* lien *m*; **2** ANAT ligament *m*; **3** (*Ton2*) bande *f* (magnétique); **4** (*Förder2*) bande transporteuse; *fig* ***am laufenden ~*** sans arrêt
Band[2] *m* ⟨~ẹs; ~̈e⟩ volume *m*
Band[3] [bɛnt] *f* ⟨~; ~s⟩ orchestre *m*; (*Beat2*, *Rock2*) groupe *m*
Banda|ge [ban'daːʒə] *f* ⟨~; ~n⟩ bandage *m*; **2'gieren** *v/t* ⟨*sans ge*⟩ bander
'Bandbreite *f* **1** RAD (largeur *f* de) bande *f*; **2** *fig* gamme *f*
Bande[1] ['bandə] *f* ⟨~; ~n⟩ (*Verbrecher2* *etc*) bande *f* (*a fig*)
'Bande[2] *f* ⟨~; ~n⟩ BILLARD bande *f*; SPORT bord *m*; bordure *f*
Bänder|riss ['bɛndər-] *m* déchirure *f*

B

d'un ligament; **~zerrung** *f* élongation *f* d'un ligament
bändigen ['bɛndɪgən] *v/t Tiere* dompter; apprivoiser; *Kind* calmer; *fig* maîtriser
Bandit [ban'diːt] *m* ⟨~en; ~en⟩ bandit *m*; brigand *m*
'**Band|nudeln** *f/pl* nouilles (plates); **~scheibe** *f* disque intervertébral; **~wurm** *m* ténia *m*; ver *m* solitaire
bang(e) ['baŋ(ə)] *adj* ⟨banger *ou* bänger, bangste *ou* bängste⟩ inquiet; ***mir ist ~*** j'ai peur (***vor*** [+ *dat*] de); ***j-m od j-n Bange machen*** faire peur à qn
'**bangen** *st/s v/i* craindre, trembler (***um*** pour)
Bank[1] [baŋk] *f* ⟨~; ~̈e⟩ (*Sitz*~) banc *m*; F *fig* ***etw auf die lange ~ schieben*** remettre qc à plus tard; repousser qc
Bank[2] *f* ⟨~; ~en⟩ (*Geldinstitut*) banque *f*
Banker ['bɛŋkər] F *m* ⟨~s; ~⟩ banquier *m*
Bankett [baŋ'kɛt] *n* ⟨~(e)s; ~e⟩ (*Festmahl*) banquet *m*; dîner *m* de gala
Bankier [baŋki'eː] *m* ⟨~s; ~s⟩ banquier *m*
'**Bank|konto** *n* compte *m* en banque; **~leitzahl** *f* code *m* banque; **~note** *f* billet *m* de banque; **~raub** *m* 'hold-up *m* (d'une banque); **~räuber** *m* auteur *m* du 'hold-up (d'une banque); F braqueur *m*
bankrott [baŋ'krɔt] *adj* en faillite
Bank'rott *m* ⟨~(e)s; ~e⟩ faillite *f* (*a fig*); banqueroute *f*; ***~ gehen, machen*** faire faillite, banqueroute
'**Bank|überfall** *m* 'hold-up *m*, attaque *f* à main armée, F braquage *m* (d'une banque); **~verbindung** *f* coordonnées *f/pl* bancaires; RIB *m*
Bann [ban] *m* ⟨~(e)s⟩ **1** HIST ban *m*; *kirchlicher* anathème *m*; **2** *st/s fig* charme *m*; fascination *f*; envoûtement *m*; ***in j-s ~*** (*dat*) ***stehen*** être sous le charme de qn
'**bannen** *v/t* (*bezaubern*) envoûter; charmer; *Gefahr* conjurer; ***wie gebannt*** subjugué; fasciné
Banner ['banər] *n* ⟨~s; ~⟩ bannière *f*
bar [baːr] **I** *adj* **1** COMM comptant; **2** (*rein*) véritable; *Unsinn* pur; **II** *adv* (au) comptant; ***in ~*** (*nicht in Raten*) (au) comptant; (*mit Bargeld*) en espèces
Bar *f* ⟨~; ~s⟩ **1** (*Theke*) bar *m*; **2** (*Nachtlokal*) boîte *f* de nuit
Bär [bɛːr] *m* ⟨~en; ~en⟩ **1** ours *m*; F *fig* ***j-m e-n ~en aufbinden*** monter un bateau à qn; **2** ASTR ***der Große, Kleine ~*** la Grande, Petite Ourse
Baracke [ba'rakə] *f* ⟨~; ~n⟩ baraque *f*
Barbar [bar'baːr] *m* ⟨~en; ~en⟩ barbare *m*
Barba'rei *f* ⟨~; ~en⟩ barbarie *f*
bar'barisch *adj* barbare
'**barbusig** *adj* aux seins nus
'**Bardame** *f* barmaid *f*; serveuse *f*
'**Bärendienst** *m* ***j-m e-n ~ erweisen*** rendre un mauvais service à qn
'**Bären'hunger** F *m* faim *f* de loup
'**barfuß** *adv* nu-pieds; (les) pieds nus
barg [bark] → ***bergen***
'**Bargeld** *n* argent *m* liquide; **~los** *adj* par virement *bzw* chèque *bzw* carte
'**Barhocker** *m* tabouret *m* de bar
'**Bärin** *f* ⟨~; ~nen⟩ ourse *f*
Bariton ['baːritɔn] *m* ⟨~s; ~e⟩ baryton *m*
Barkeeper ['baːrkiːpər] *m* ⟨~s; ~⟩ barman *m*
barmherzig [barm'hɛrtsɪç] *st/s adj* charitable; REL miséricordieux; **~keit** *st/s f* ⟨~⟩ charité *f*; REL miséricorde *f*
'**Barmixer** *m* barman *m*
barock [ba'rɔk] *adj* baroque (*a fig*)
Ba'rock *n od m* ⟨~s⟩ baroque *m*
Barometer [baro'-] *n* ⟨~s; ~⟩ baromètre *m*
Baron(in) [ba'roːn(ɪn)] *m* ⟨~s; ~e⟩ (*f*) ⟨~; ~nen⟩ baron, -onne *m,f*
Barrel ['bɛrəl] *n* ⟨~s; ~s, *mais* 5 ~⟩ baril *m*
Barren ['barən] *m* ⟨~s; ~⟩ **1** *aus Edelmetall* lingot *m*; **2** SPORT barres *f/pl* parallèles
Barriere [bari'eːrə] *f* ⟨~; ~n⟩ barrière *f*
Barrikade [bari'kaːdə] *f* ⟨~; ~n⟩ barricade *f*; F *fig* ***auf die ~n gehen*** monter au créneau; se battre (***für*** pour)
barsch [barʃ] *adj* brusque; rude
Barsch *m* ⟨~(e)s; ~e⟩ ZO perche *f*
'**Barscheck** *m* chèque non barré, au porteur
barst [barst] → ***bersten***
Bart [baːrt] *m* ⟨~(e)s; ~̈e⟩ **1** barbe *f*; (*Oberlippen*~) moustache *f*; ***e-n ~ haben*** porter la barbe; ***mit ~*** barbu; F *fig* ***der ~ ist ab*** c'est fini; F *fig* ***das hat so einen ~*** F c'est archiconnu; **2** *e-r Katze etc* moustaches *f/pl*; *e-r Ziege*

B

barbe *f*; **3** *e-s Schlüssels* panneton *m*
bärtig ['bɛːrtɪç] *adj* barbu
'**Barzahlung** *f* paiement *m* au comptant, en espèces
Basalt [ba'zalt] *m* ⟨~es; ~e⟩ basalte *m*
Basar [ba'zaːr] *m* ⟨~s; ~e⟩ **1** *im Orient* bazar *m*; **2** *zu Wohltätigkeitszwecken* vente *f* de charité, de bienfaisance
Base[1] ['baːzə] *f* ⟨~; ~n⟩ *südd* (*Kusine*) cousine *f*
'**Base**[2] *f* ⟨~; ~n⟩ CHIM base *f*
Baseball ['beːsboːl] *m* ⟨~s⟩ baseball *m*
Basel ['baːzəl] *n* ⟨~s⟩ Bâle
ba'sieren *v/i* ⟨*sans ge*⟩ ***auf etw*** (*dat*) ~ reposer, s'appuyer sur qc
Basilika [ba'ziːlika] *f* ⟨~; -ken⟩ basilique *f*
Basilikum [ba'ziːlikum] *n* ⟨~s⟩ basilic *m*
Basis ['baːzɪs] *f* ⟨~; Basen⟩ base *f* (*a fig*)
Baske ['baskə] *m* ⟨~n; ~n⟩ Basque *m*
'**Baskenland** ***das*** ~ le Pays basque
'**Baskenmütze** *f* béret *m* basque
Basketball ['ba(ː)skət-] *m* **1** *Spiel* basket(-ball) *m*; **2** *Ball* ballon *m* de basket; **~spieler** *m* basketteur *m*
'**Baskin** *f* ⟨~; ~nen⟩ Basque *f*
'**baskisch** *adj* basque
Bass [bas] *m* ⟨~es; ~e⟩ **1** *Stimme, Person* basse *f*; **2** *Instrument* contrebasse *f*
Bassin [ba'sɛ̃ː] *n* ⟨~s; ~s⟩ bassin *m*
Bas'sist *m* ⟨~en; ~en⟩ **1** (*Basssänger*) basse *f*; **2** (*Bassspieler*) contrebassiste *m*; *Gitarrist* guitariste *m* basse
'**Bassstimme** *f* (voix *f* de) basse *f*
Bast [bast] *m* ⟨~es; ~e⟩ liber *m*; *zum Flechten* raphia *m*; *Gewebe* rabane *f*
basta ['basta] F *int* suffit!; assez!; ***und damit ~!*** un point, c'est tout!
Bastard ['bastart] *m* ⟨~s; ~e⟩ *péj*, *Hund* bâtard *m*; BIOL hybride *m*
Baste'lei *f* ⟨~; ~en⟩ bricolage *m*
basteln ['bastəln] *v/t u v/i* ⟨¢⟩ bricoler; ***an etw*** (*dat*) ~ bricoler qc
Bastion [basti'oːn] *f* ⟨~; ~en⟩ FORTIF, *fig* bastion *m*
'**Bastler** *m* ⟨~s; ~⟩ bricoleur *m*
bat [baːt] → ***bitten***
Bataillon [batal'joːn] *n* ⟨~s; ~e⟩ bataillon *m*
Batik ['baːtɪk] *m* ⟨~s; ~en⟩ *od f* ⟨~; ~en⟩ batik *m*
Batterie [batə'riː] *f* ⟨~; ~n⟩ **1** MIL, TECH, PHYS, AUTO batterie *f*; **2** ÉLECT pile *f*; **3** F *fig* (*Reihe*) batterie *f*; série *f*; rangée *f*
Bau [bau] *m* ⟨~es; ~ten⟩ **1** *e-s Hauses* construction *f*; **2** (*Gebäude*) construction *f*; bâtiment *m*; édifice *m*; **3** (*Auf*≈) structure *f*; **4** F (*~stelle*) chantier *m*; ***auf dem ~ arbeiten*** travailler dans le bâtiment; **5** ⟨*pl* ~e⟩ (*Tier*≈) terrier *m*; (*Fuchs*≈) tanière *f*
'**Bauarbeiten** *f/pl* travaux *m/pl*
Bauch [baux] *m* ⟨~es; ~e⟩ **1** ventre *m*; (*Unterleib*) abdomen *m*; ***e-n ~ bekommen, haben*** prendre, avoir du ventre; F ***sich*** (*dat*) ***den ~ voll schlagen*** F s'empiffrer; F s'en mettre plein la lampe, la panse; **2** *e-s Schiffes, e-r Flasche* ventre *m*
'**Bauchfell** *n* péritoine *m*; **~entzündung** *f* péritonite *f*
'**bauchig** *adj* ventru; bombé; renflé
'**Bauch|laden** *m* éventaire *m*; **~landung** F *f* AVIAT atterrissage *m* sur le ventre; crash *m*; **~muskel** *m* muscle abdominal; **~nabel** *m* nombril *m*; **~redner** *m* ventriloque *m*
'**Bauchschmerzen** *m/pl* mal *m* de ventre; ***ich habe ~*** j'ai mal au ventre
'**Bauch|speicheldrüse** *f* pancréas *m*; **~tanz** *m* danse *f* du ventre; **~tänzerin** *f* danseuse orientale; **~weh** F *n* ⟨~s⟩ → ***Bauchschmerzen***
'**bauen I** *v/t* **1** construire; bâtir; **2** F ***e-n Unfall ~*** F faire un accident; **3** *Person* ***kräftig gebaut*** de forte constitution; ***sie ist gut gebaut*** elle est bien faite, F bien balancée; **II** *v/i* (~ *lassen*) faire construire, bâtir; *selbst* construire, bâtir une maison; *fig* ***auf etw, j-n ~*** compter sur qc, qn
Bauer[1] ['bauər] *m* ⟨~n; ~n⟩ **1** (*Landwirt*) paysan *m*; fermier *m*; **2** F *péj* F plouc *m*; F péquenot *m*; **3** SCHACH pion *m*; KARTENSPIEL valet *m*
'**Bauer**[2] *n od m* ⟨~s; ~⟩ (*Vogelkäfig*) cage *f*
Bäuer|in ['bɔyərɪn] *f* ⟨~; ~nen⟩ paysanne *f*; fermière *f*; **≈lich** *adj* paysan
'**Bauern|brot** *n* pain *m* de campagne; **~fänger** F *péj m* ⟨~s; ~⟩ charlatan *m*; F arnaqueur *m*; **~fänge'rei** F *péj f* ⟨~; ~en⟩ attrape-nigaud(s) *m(pl)*; F arnaque *f*; **~frühstück** *n* omelette *f* aux pommes de terre et au lard; **~haus** *n* (corps *m* de) ferme *f*; **~hof** *m* ferme *f*; **≈schlau** *adj* finaud

'Bauers|frau *f* paysanne *f*; **~leute** *pl* paysans *m/pl*
'baufällig *adj* délabré; vétuste
'Bau|firma *f* entreprise *f* de bâtiment; **~herr** *m* maître *m* de l'ouvrage; *privater a* propriétaire *m* qui fait bâtir; **~ingenieur** *m* ingénieur *m* du génie civil
'Baujahr *n* année *f* de construction, de fabrication; ***dieses Auto ist ~ 1998*** cette voiture est un modèle 1998
'Bau|kasten *m* jeu *m* de construction; **~kosten** *pl* frais *m/pl* de construction; **~land** *n* terrain *m* à bâtir, constructible
'baulich *adj* architectural; ***~e Veränderungen*** *f/pl* transformations *f/pl*
Baum [baum] *m* ⟨~¢s; ~̈e⟩ arbre *m*

Bäume

1. Laubbäume:

der Ahorn	**l'érable** *m*
die Birke	**le bouleau**
die Buche	**le hêtre**
die Eiche	**le chêne**
die Linde	**le tilleul**
die Pappel	**le peuplier**
die Trauerweide	**le saule pleureur**
die Weide	**le saule**

2. Nadelbäume:

die Fichte	**l'épicéa** *m*
die Kiefer	**le pin**
die Lärche	**le mélèze**
die Pinie	**le pin parasol**
die Tanne	**le sapin**
der Tannenzapfen	**la pomme de pin**

'Bau|markt *m* grande surface de matériaux de construction; **~material** *n* matériaux *m/pl* de construction; **~meister** *m* **1** ingénieur *m* du bâtiment; **2** HIST maître *m* d'œuvre
baumeln ['bauməln] F *v/i* ⟨¢⟩ pendiller; F pendouiller; ***die Beine ~ lassen*** balancer ses jambes
'Baumkrone *f* cime *f*
'baumlang F *adj* ***ein ~er Kerl*** F une grande perche
'Baum|rinde *f* écorce *f* (d'arbre); **~schule** *f* pépinière *f*; **~stamm** *m* tronc *m* (d'arbre); **~stumpf** *m* souche *f*; **~wolle** *f* coton *m*
'Bau|plan *m* plan *m* de construction; *fig* structure *f*; **~platz** *m* terrain *m* à bâtir
bäurisch ['bɔyrɪʃ] *adj péj* (de) rustre; grossier
'Bausatz *m* kit *m*
Bausch [bauʃ] *m* ⟨~¢s; ~̈e⟩ (*Watte*2) tampon *m*; *fig* ***etw in ~ und Bogen verurteilen*** condamner qc en bloc
'bauschen **I** *v/t* (faire) gonfler; **II** *v/r* ***sich ~*** se gonfler; *Kleid* bouffer
'Bau|sparen *n* ⟨~s⟩ épargne-logement *f*; **~sparkasse** *f* caisse *f* d'épargne-logement; **~stein** *m* **1** pierre *f* de construction; **2** *Spielzeug* cube *m*; **3** *fig* élément (constitutif); composant *m*; **~stelle** *f* chantier *m*; **~stopp** *m* interdiction *f* de construire
'Bauten *pl* → ***Bau***
'Bau|träger *m* promoteur (immobilier, de construction); **~unternehmer** *m* entrepreneur *m* (de bâtiment, de construction); **~weise** *f* méthode *f*, mode *m*, (*Bauart*) type *m* de construction; **~werk** *n* bâtiment *m*; construction *f*; édifice *m*
Bauxit [bau'ksiːt] *m* ⟨~s; ~e⟩ bauxite *f*
Bayer(in) ['baɪər(ɪn)] *m* ⟨~n; ~n⟩ (*f*) ⟨~; ~nen⟩ Bavarois(e) *m*(*f*)
'bay(e)risch *adj* bavarois; de Bavière
'Bayern *n* ⟨~s⟩ la Bavière
Bazille [ba'tsɪlə] F *f* ⟨~; ~n⟩, **Ba'zillus** *m* ⟨~; -llen⟩ bacille *m*
'B-Dur *n* si *m* bémol majeur
be'absichtigen *v/t* ⟨*sans ge*⟩ ***~, etw zu tun*** avoir l'intention, se proposer, projeter, envisager de faire qc; ***beabsichtigt*** voulu; intentionnel
be'acht|en *v/t* ⟨-e-, *sans ge*⟩ faire attention à; tenir compte de; *Regel* observer; respecter; (*bedenken*) prendre en considération; **~enswert** *adj* remarquable; notable; **~lich** *adj* (*beträchtlich*) considérable; (*wichtig*) important; (*anerkennenswert*) appréciable
Be'achtung *f* ⟨~⟩ *von Vorschriften* observation *f*; respect *m*; (*Aufmerksamkeit*) intérêt *m*; ***e-r Sache*** (*dat*) ***~ schenken*** porter de l'intérêt à qc
Beachvolleyball ['biːtʃ-] *m* volley-ball *m* de plage; beach volley *m*
Beamte(r) [bə'ʔamtə(r)] *m* ⟨→ A⟩ fonc-

tionnaire *m*; agent *m*

Be'amtenbeleidigung *f* outrage *m* à magistrat

Be'amtenverhältnis *n* ***ins ~ übernehmen*** titulariser

Be'amtin *f* ⟨~; ~nen⟩ fonctionnaire *f*

be'ängstigend *adjt* inquiétant; effrayant

be'anspruch|en *v/t* ⟨*sans ge*⟩ **1** *Recht etc* revendiquer; *Aufmerksamkeit, Kraft* demander; exiger; *Platz, Zeit* prendre; **2** *Maschine* soumettre à des efforts; *Nerven* fatiguer; *Person* occuper; prendre; **⁓ung** *f* ⟨~; ~en⟩ PHYS, TECH effort *m*

be'anstand|en *v/t* ⟨-e-, *sans ge*⟩ critiquer; *Mängel* incriminer; **⁓ung** *f* ⟨~; ~en⟩ critique *f*; *e-r Ware* réclamation *f* (+ *gén* concernant, à propos de)

be'antragen *v/t* ⟨*sans ge*⟩ demander; *Strafe* requérir

be'antworten *v/t* ⟨-e-, *sans ge*⟩ répondre à

be'arbeiten *v/t* ⟨-e-, *sans ge*⟩ **1** *Material* travailler; façonner; *maschinell* usiner; **2** *Boden* cultiver; travailler; **3** *Antrag* étudier; **4** THÉ, KINO, TV adapter (***für das Fernsehen*** pour la télévision); MUS arranger; *Text* (***neu***) **~** refondre; remanier; **5** F *fig* ***j-n ~*** (*beeinflussen*) travailler qn; **6** ***j-n mit Fußtritten ~*** frapper qn à coups de pied

Be'arbeitung *f* ⟨~; ~en⟩ **1** *des Bodens* culture *f*; travail *m*; TECH travail *m*; façonnage *m*; *maschinelle* usinage *m*; *e-s Textes* remaniement *m*; refonte *f*; MUS arrangement *m*; THÉ, KINO, TV adaptation (***für den Film*** cinématographique); **2** (*bearbeitete Fassung*) version *f*

be'atmen *v/t* ⟨-e-, *sans ge*⟩ ***j-n*** (***künstlich***) **~** pratiquer la respiration artificielle sur qn

be'aufsichtigen *v/t* ⟨*sans ge*⟩ surveiller; (*kontrollieren*) inspecter; contrôler; (*bewachen*) garder

be'auftragen *v/t* ⟨*sans ge*⟩ ***j-n mit etw ~*** charger qn de qc; ***j-n ~, etw zu tun*** charger qn de faire qc

Be'auftragte(r) *f(m)* ⟨→ A⟩ mandataire *m,f*; délégué(e) *m(f)*

be'bauen *v/t* ⟨*sans ge*⟩ **1** *Grundstück* construire sur; *städtebaulich* urbaniser; ***bebaut*** *Grundstück* bâti; **2** AGR cultiver

Be'bauung *f* ⟨~; ~en⟩ **1** construction *f* (de bâtiments); urbanisation *f*; **2** AGR culture *f*

beben ['be:bən] *v/i* **1** *Erde* trembler; **2** *st/s vor Erregung* trembler (***vor*** [+ *dat*] de)

'Beben *n* ⟨~s; ~⟩ **1** séisme *m*; tremblement *m* (de terre); **2** *st/s* tremblement *m*

be'bildern *v/t* ⟨*sans ge*⟩ illustrer

Becher ['bɛçər] *m* ⟨~s; ~⟩ **1** gobelet *m*; (*Joghurt⁓*) pot *m*; **2** TECH godet *m*

'bechern F *v/i* F picoler

Becken ['bɛkən] *n* ⟨~s; ~⟩ **1** bassin *m* (*a* ANAT, GÉOL); **2** (*Wasch⁓*) lavabo *m*; (*Spül⁓*) évier *m*; **3** MUS cymbale *f*

bedacht [bə'daxt] **I** *p/p* → ***bedenken***; **II** *adjt* ***auf etw*** (*acc*) **~ *sein*** être soucieux de qc

Be'dacht *m* ***mit ~*** de façon réfléchie; avec circonspection

bedächtig [bə'dɛçtɪç] *adj* posé; réfléchi

be'danken *v/r* ⟨*sans ge*⟩ ***sich*** (***bei j-m***) **~** remercier qn (***für etw*** de, pour qc)

Bedarf [bə'darf] *m* ⟨~es⟩ besoin(s) *m(pl)* (***an*** [+ *dat*] en); ***bei ~*** en cas de besoin; (***je***) ***nach ~*** selon, suivant le(s) besoin(s)

be'dauerlich *adj* regrettable

be'dauerlicher'weise *adv* malheureusement

be'dauern ⟨*sans ge*⟩ **I** *v/t* **1** *Sache* regretter; déplorer; **2** *Person* plaindre; **II** *v/i* regretter; être désolé

Be'dauern *n* ⟨~s⟩ regret *m*; **⁓swert** *adj Vorfall* regrettable; *Person* pauvre (*vorangestellt*)

be'decken *v/t* ⟨*sans ge*⟩ (re)couvrir (***mit*** de); ***bedeckt*** *Himmel* couvert

be'denken *v/t* ⟨*irr, sans ge*⟩ **1** (*überlegen*) réfléchir à; penser à; (*beachten*) considérer; prendre en considération; **2** *st/s* ***j-n mit etw ~*** gratifier qn de qc

Be'denken *n* ⟨~s; ~ *souvent pl*⟩ **~** (***gegen***) doute *m* (quant à); réserve *f* (sur); *moralische* scrupules *m/pl* (quant à); ***ohne ~*** sans hésiter

be'denk|enlos *adj* sans scrupules; **~lich** *adj* **1** (*zweifelhaft*) douteux; louche; **2** (*Besorgnis erregend*) inquiétant; **⁓zeit** *f* temps *m*, délai *m* de réflexion

be'deuten *v/t* ⟨-e-, *sans ge*⟩ **1** (*heißen*) signifier; vouloir dire; **2** (*sein*) représenter; signifier; **3** (*mit sich bringen*) entraîner; avoir pour conséquence; **4** (*hindeuten auf*) vouloir dire; annoncer; présager; **5** (*wichtig sein*) importer (***j-m*** à qn); ***das hat nichts zu ~*** cela n'a pas d'importance; ***er bedeutet mir viel*** je tiens beaucoup à lui; **6** *st/s* (*zu verstehen geben*) ***j-m etw ~*** donner à entendre, laisser entendre qc à qn

be'deut|end *adjt* **1** (*wichtig*) important; **2** *mengenmäßig* considérable; **~sam** *adj* **1** (*wichtig*) important; **2** (*viel sagend*) significatif

Be'deutung *f* ⟨~; ~en⟩ **1** (*Sinn*) signification *f*; sens *m*; **2** (*Wichtigkeit*) importance *f*; ***von ~ sein für*** être important pour

be'deutungs|los *adj* insignifiant; négligeable; **~voll** *adj* **1** (*wichtig*) d'une grande importance; **2** (*viel sagend*) significatif

be'dienen ⟨*sans ge*⟩ **I** *v/t* **1** *Gäste, Kunden* servir (*a abs*); F *iron* ***ich bin bedient*** F j'en ai marre; **2** *Maschine* manier; manœuvrer; faire fonctionner; **II** *v/r* **3** ***sich ~*** se servir; **4** *st/s* ***sich e-r Sache, j-s ~*** se servir de qc, qn

Be'dienung *f* ⟨~; ~en⟩ **1** *e-s Gasts* service *m*; **2** *von Maschinen* maniement *m*; **3** (*Kellner*) garçon *m*; (*Kellnerin*) serveuse *f*; ***~, bitte!*** Monsieur *bzw* Madame(, s'il vous plaît)!

Be'dienungsanleitung *f* mode *m* d'emploi; notice explicative

be'dingen *v/t* ⟨*sans ge*⟩ (*verursachen*) avoir pour conséquence; causer; (*bestimmen*) déterminer; conditionner; ***bedingt sein durch*** être dû à

be'dingt *adjt* (*mit Einschränkungen*) conditionnel; sous réserve

Be'dingung *f* ⟨~; ~en⟩ condition *f*; ***unter diesen ~en*** dans ces circonstances; ***unter der ~, dass …*** à (la) condition que … (+ *subj*)

be'dingungslos *adj* sans condition(s); inconditionnel

be'drängen *v/t* ⟨*sans ge*⟩ 'harceler (***mit*** de); presser (de); (*bestürmen*) assaillir (de); (*verfolgen*) poursuivre; *Gegner* serrer de près; (*bedrücken*) tracasser; tourmenter

Be'drängnis *st/s f* ⟨~; ~se⟩ embarras *m*; gêne *f*; ***in äußerster ~ sein*** être en difficulté, *materiell* aux abois

be'droh|en *v/t* ⟨*sans ge*⟩ menacer (***mit*** de); **~lich** *adj* menaçant; **2ung** *f* menace *f*

be'drucken *v/t* ⟨*sans ge*⟩ imprimer

be'drück|en *v/t u v/imp* ⟨*sans ge*⟩ attrister; *Sorgen* accabler; *Einsamkeit* peser à; **~end** *adjt* pesant

Beduine [bedu'iːnə] *m* ⟨~n; ~n⟩ Bédouin *m*

be'dürfen *st/s* ⟨*irr, sans ge*⟩ **I** *v/i* ***e-r Sache*** (*gén*) ~ avoir besoin de qc; **II** *v/imp* ***es bedarf e-r Sache*** (*gén*) il faut qc; cela demande qc

Be'dürfnis *n* ⟨~ses; ~se⟩ besoin *m* (***nach*** de); ***das ~ haben, verspüren zu*** (+ *inf*) éprouver le besoin de (+ *inf*)

be'dürftig *adj* nécessiteux; indigent; ***~ sein*** *a* être dans le besoin; **2keit** *f* ⟨~⟩ indigence *f*; besoin *m*

Beefsteak ['biːf-] *n* bifteck *m*

be'ehren *st/s v/t* ⟨*sans ge*⟩ ***j-n mit etw ~*** honorer qn de qc

be'eiden *v/t* ⟨-e-, *sans ge*⟩ affirmer sous serment

be'eilen *v/r* ⟨*sans ge*⟩ ***sich ~*** se dépêcher (, ***etw zu tun*** de faire qc); se presser

be'eindrucken *v/t* ⟨*sans ge*⟩ impressionner

be'einflus|sen *v/t* ⟨~~ß~~t, *sans ge*⟩ influencer; avoir de l'influence sur; **2sung** *f* ⟨~; ~en⟩ influence *f*

beeinträchtig|en [bə'ˀaɪntrɛçtɪgən] *v/t* ⟨*sans ge*⟩ *Erfolg* compromettre; *Freiheit* porter atteinte à; (*behindern*) gêner; entraver; (*mindern*) diminuer; **2ung** *f* ⟨~; ~en⟩ (*Verletzung*) atteinte *f*, préjudice *m* (+ *gén à*); (*Behinderung*) entrave *f* (à); (*Minderung*) diminution *f* (de)

be'end|en *v/t* ⟨-e-, *sans ge*⟩ finir; terminer; achever; *Gespräch* clore; **2(ig)ung** *f* ⟨~⟩ achèvement *m*; *e-s Gesprächs* clôture *f*; (*Ende*) fin *f*

be'engen *v/t* ⟨*sans ge*⟩ serrer; gêner; ***beengt wohnen*** être logé à l'étroit

be'erben *v/t* ⟨*sans ge*⟩ hériter de

be'erdig|en *v/t* ⟨*sans ge*⟩ enterrer; inhumer; **2ung** *f* ⟨~; ~en⟩ enterrement *m*; inhumation *f*; **2ungsinstitut** *n* (entreprise *f* de) pompes *f/pl* funèbres

Beere ['beːrə] *f* ⟨~; ~n⟩ baie *f*; *e-r Traube* grain *m*

Beet [beːt] *n* ⟨~~e~~s; ~e⟩ plate-bande *f*; carré *m*; *für Blumen a* parterre *m*

'Beete → ***Bete***

B

be'fähigen *v/t* ⟨*sans ge*⟩ ***j-n ~, etw zu tun*** rendre qn capable de faire qc; *Ausbildung* qualifier qn pour faire qc
Be'fähigung *f* ⟨~⟩ (*Können*) capacités *f/pl*, aptitudes *f/pl* (***zu*** pour); (*Qualifikation*) qualification *f* (pour, à)
befahl [bə'fa:l] → ***befehlen***
be'fahrbar *adj* (*ohne Hindernisse*) praticable; (*für Autos ausgebaut*) carrossable; *Wasserwege* navigable
be'fahren *v/t* ⟨*irr, sans ge*⟩ *Straße* emprunter; *Gewässer* naviguer sur; ***stark ~e Straße*** route très fréquentée
be'fallen *v/t* ⟨*irr, sans ge*⟩ **1** *Schädlinge*: *Pflanze* envahir; attaquer; **2** *fig* saisir; gagner; *Krankheit*: *Person* atteindre; toucher
be'fangen *adj* **1** (*verlegen*) intimidé; embarrassé; gêné; **2** (*parteiisch*) partial; **²heit** *f* ⟨~⟩ **1** embarras *m*; timidité *f*; **2** partialité *f*
be'fassen *v/r* ⟨*¢$, sans ge*⟩ ***sich mit etw ~*** s'occuper de qc; *Buch* traiter de qc
Befehl [bə'fe:l] *m* ⟨~¢s; ~e⟩ **1** (*Auftrag*), MIL ordre *m*; ***auf ~*** (*acc*) ***von*** sur (l')ordre de; par ordre de; **2** (*~sgewalt*) commandement *m*; **3** INFORM instruction *f*; ordre *m*
be'fehlen ⟨befiehlt, befahl, befohlen⟩ **I** *v/t* ***j-m ~, etw zu tun*** ordonner, donner l'ordre à qn de faire qc; ***j-m etw ~*** ordonner, commander qc à qn; **II** *v/i* (***über etw, j-n***) **~** commander (qc, qn)
be'fehligen *v/t* ⟨*sans ge*⟩ MIL commander
Be'fehls|empfänger *m* exécutant *m*; **~form** *f* GR (mode *m*) impératif *m*; **~haber** *m* ⟨~s; ~⟩ commandant *m*; **~verweigerung** *f* refus *m* d'obéissance
be'festigen *v/t* ⟨*sans ge*⟩ **1** ***etw*** (***an etw*** [*dat*]) **~** attacher, fixer qc (à qc); **2** *Ufer, Straße* stabiliser; **3** MIL fortifier
be'feuchten *v/t* ⟨-e-, *sans ge*⟩ humidifier (*a* TECH); *Lippen, Wäsche* humecter; *p/fort* mouiller
befiehlt [bə'fi:lt] → ***befehlen***
be'finden ⟨*irr, sans ge*⟩ **I** *st/s v/t* (*beurteilen*) trouver; juger; ***für richtig ~*** reconnaître exact; **II** *v/r* ***sich ~*** **1** *räumlich* se trouver; être; **2** *in e-m Zustand* être; *st/s* ***sich im Irrtum ~*** être dans l'erreur; **III** *v/i* ADM ***über etw*** (*acc*) **~** décider de qc
Be'finden *n* ⟨~s⟩ **1** (*Gesundheitszustand*) état *m* de santé; **2** *st/s* (*Meinung*) jugement *m*; avis *m*; opinion *f*
be'flecken *v/t* ⟨*sans ge*⟩ **1** tacher; **2** *fig* flétrir
be'flügeln *st/s v/t* ⟨*¢, sans ge*⟩ stimuler
befohlen [bə'fo:lən] → ***befehlen***
be'folgen *v/t* ⟨*sans ge*⟩ *Rat* suivre; *Vorschrift* observer
be'fördern *v/t* ⟨*sans ge*⟩ **1** transporter; *Post* acheminer; **2** *im Rang* ***j-n ~*** donner de l'avancement à qn; promouvoir qn; MIL faire monter qn en grade
Be'förderung *f* **1** transport *m*; acheminement *m*; **2** avancement *m*; promotion *f*; **~smittel** *n* moyen *m* de transport
be'frag|en *v/t* ⟨*sans ge*⟩ questionner; interroger (*a Zeugen*); **²ung** *f* ⟨~; ~en⟩ **1** *e-s Zeugen* interrogation *f*; **2** (*Umfrage*) enquête *f*; sondage *m*
be'freien ⟨*sans ge*⟩ **I** *v/t* **1** délivrer, libérer (***aus, von*** de) (*a fig*); **2** (*erleichtern*) soulager; **3** (*entbinden*) dispenser (***von*** de); *von Steuern, vom Militärdienst* exempter (de); **II** *v/r* ***sich ~*** se délivrer, se libérer, se dégager (***aus, von*** de)
Be'freier *m* ⟨~s; ~⟩ libérateur *m*
Be'freiung *f* ⟨~⟩ **1** délivrance *f*; libération *f* (*a fig*, POL); **2** *vom Unterricht, Militärdienst* dispense *f*; *von Steuern, vom Militärdienst* exemption *f*
be'fremden *v/t* ⟨-e-, *sans ge*⟩ irriter
be'freunden *v/r* ⟨-e-, *sans ge*⟩ → ***anfreunden***
be'freundet *adjt* ami; ***eng*** (***miteinander***) **~ *sein*** être (amis) intimes
be'friedigen ⟨*sans ge*⟩ **I** *v/t* satisfaire (*a fig*); **II** *v/r* ***sich*** (***selbst***) **~** se masturber
be'friedig|end *adj* satisfaisant; *Schulnote* → ***Drei*** 2; **²ung** *f* ⟨~⟩ satisfaction *f* (*a fig*)
be'fristet *adjt* à durée limitée; temporaire; *Vertrag* à durée déterminée
be'fruchten *v/t* ⟨-e-, *sans ge*⟩ BIOL féconder; *künstlich* inséminer
Be'fruchtung *f* ⟨~; ~en⟩ BIOL fécondation *f*; ***künstliche ~*** insémination artificielle
Be'fugnis *f* ⟨~; ~se⟩ autorisation *f*; (*Berechtigung*) pouvoir *m*; droit *m*
be'fugt *adjt* **~** (***zu etw***) autorisé, habilité (à faire qc)
be'fühlen *v/t* ⟨*sans ge*⟩ toucher; (*betasten*) tâter; palper

Be'fund *m* ⟨~es; ~e⟩ résultat *m*; MÉD ***ohne ~*** résultat négatif

be'fürcht|en *v/t* ⟨-e-, *sans ge*⟩ craindre, redouter, appréhender (, ***dass ...*** que ... [ne] [+ *subj*]); **Ձung** *f* ⟨~; ~en⟩ crainte *f*; appréhension *f*

be'fürwort|en *v/t* ⟨-e-, *sans ge*⟩ (*gutheißen*) approuver; (*empfehlen*) préconiser; **Ձer(in)** *m* ⟨~s; ~⟩ (*f*) ⟨~; ~nen⟩ partisan *m*

be'gab|t *adj* doué (***für*** pour); **Ձung** *f* ⟨~; ~en⟩ disposition(s) *f(pl)*; don(s) *m(pl)*; talent(s) *m(pl)*

begann [bə'gan] → ***beginnen***

be'gatt|en *v/r* ⟨-e-, *sans ge*⟩ ***sich ~*** s'accoupler; copuler; **Ձung** *f* accouplement *m*; copulation *f*

be'geben *st/s v/r* ⟨*irr, sans ge*⟩ **1** ***sich zu, nach ... ~*** se rendre à ...; **2** (*sich ereignen*) arriver; se passer; se produire

Be'gebenheit *st/s f* ⟨~; ~en⟩ événement *m*; fait *m*

begegnen [bə'ge:gnən] *v/i* ⟨-e-, *sans ge*, sn⟩ **1** (*treffen*) ***j-m ~*** rencontrer qn; **2** *st/s* (*widerfahren*) arriver; **3** *st/s* ***j-m höflich ~*** traiter qn poliment; **4** *st/s e-m Übel, e-r Gefahr* (*entgegentreten*) affronter; faire face à; (*abwenden*) combattre

Be'gegnung *f* ⟨~; ~en⟩ rencontre *f* (*a* SPORT)

be'gehen *v/t* ⟨*irr, sans ge*⟩ **1** *st/s Fest* fêter; *feierlich* célébrer; **2** *Verbrechen, Fehler* commettre; *Dummheit* faire

be|gehren [bə'ge:rən] *v/t* ⟨*sans ge*⟩ désirer (*a sexuell*); *heftig* convoiter; **~'gehrenswert** *adj* désirable; **~'gehrlich** *st/s adj Blick* plein de convoitise; **~'gehrt** *adjt* recherché; COMM *a* demandé

be'geistern *v/t* (*u v/r*) ⟨*sans ge*⟩ (***sich ~*** s')enthousiasmer, *leidenschaftlich* (se) passionner (***für*** pour)

be'geistert **I** *adjt* enthousiaste; ***von j-m, etw ~ sein*** être enthousiasmé, passionné par qn, qc; **II** *advt* avec enthousiasme; avec passion

Be'geisterung *f* ⟨~⟩ enthousiasme *m*; (*Leidenschaft*) passion *f*

Begier|de [bə'gi:rdə] *f* ⟨~; ~n⟩ désir *m* (***nach*** de); avidité *f*; **Ձig** *adj* avide, (très) désireux (***auf*** [+ *acc*], ***nach*** de)

be'gießen *v/t* ⟨irr, sans ge⟩ arroser (***mit*** avec) (*a* F *fig Ereignis*)

Beginn [bə'gɪn] *m* ⟨~es⟩ commencement *m*; début *m*; ***am, zu, bei ~*** au début

be'ginnen ⟨begann, begonnen⟩ **I** *v/t* commencer; **II** *v/i* commencer (***zu*** [+ *inf*] à [+ *inf*]); ***mit etw ~*** *Dinge* commencer, débuter par qc; *Person* commencer qc

be'glaubigen *v/t* ⟨*sans ge*⟩ ADM certifier; authentifier; ***amtlich ~*** légaliser; ***beglaubigte Abschrift*** copie certifiée conforme

be'gleichen *v/t* ⟨*irr, sans ge*⟩ régler; payer

be'gleiten *v/t* ⟨-e-, *sans ge*⟩ accompagner (*a* MUS); *zum Schutz* escorter; ***j-n nach Hause ~*** raccompagner qn

Be'gleit|er(in) *m* ⟨~s; ~⟩ (*f*) ⟨~; ~nen⟩ compagnon *m*; compagne *f*; MUS accompagnateur, -trice *m,f*; **~erscheinung** *f* effet *m* secondaire; **~schein** *m* bordereau *m* d'expédition

Be'gleitung *f* ⟨~; ~en⟩ **1** MUS accompagnement *m*; **2** (*Gesellschaft*) compagnie *f*; ***in ~ ihres Mannes*** en compagnie de son mari; **3** *Person* compagnon *m*; compagne *f*

be'glücken *st/s v/t* ⟨*sans ge*⟩ rendre heureux

be'glückwünschen *v/t* ⟨*sans ge*⟩ féliciter (***zu etw*** de qc)

be'gnad|et *st/s adj* merveilleusement doué; 'hors pair; **~igen** *v/t* ⟨*sans ge*⟩ gracier; **Ձigung** *f* ⟨~; ~en⟩ grâce *f*

begnügen [bə'gny:gən] *v/r* ⟨*sans ge*⟩ ***sich mit etw ~*** se contenter de qc

Begonie [be'go:niə] *f* ⟨~; ~n⟩ bégonia *m*

begonnen [bə'gɔnən] → ***beginnen***

be'graben *v/t* ⟨*irr, sans ge*⟩ **1** (*beerdigen*) enterrer; inhumer; **2** (*verschütten*) ensevelir; **3** ***s-e Hoffnungen ~*** abandonner tout espoir; ***e-n Streit ~*** faire la paix

Begräbnis [bə'grɛ:pnɪs] *n* ⟨~ses; ~se⟩ enterrement *m*; inhumation *f*

be'greifen ⟨*irr, sans ge*⟩ **I** *v/t* **1** (*verstehen*) comprendre; saisir; **2** (*betrachten*) ***etw als etw ~*** considérer qc comme qc; **II** *v/i* comprendre

be'greiflich *adj* compréhensible

be'grenz|en *v/t* ⟨-t, *sans ge*⟩ **1** *als Grenze* délimiter; **2** (*beschränken*) limiter (***auf*** [+ *acc*] à); **Ձung** *f* ⟨~; ~en⟩ **1** limitation *f* (*a fig*); **2** (*Grenze*) limite *f*

Be'griff *m* ⟨~es; ~e⟩ **1** (*Vorstellung*) no-

B

tion *f*; idée *f*; concept *m*; **2** (*Ausdruck*) terme *m*; **3** F ***schwer von ~ sein*** F être (un peu) bouché; **4** ***im ~ sein, etw zu tun*** être sur le point de faire qc

be'griffsstutzig *adj* (qui a l'esprit) lent; obtus

be'gründen *v/t* 〈-e-, *sans ge*〉 **1** (*Grund angeben*) motiver (**mit** par); (*rechtfertigen*) justifier; ***begründet*** *Vorwurf, Kritik* justifié; fondé; **2** (*Grund sein*) être à l'origine de

Be'gründ|er *m* fondateur *m*; **~ung** *f* (exposé *m* des) motifs *m/pl*; raison(s) *f(pl)*; (*Rechtfertigung*) justification *f*

be'grüß|en *v/t* 〈-ẞt, *sans ge*〉 saluer (*a fig*); (*empfangen*) accueillir; **2ung** *f* 〈~; ~en〉 salutation(s) *f(pl)*; accueil *m*

Begrüßung auf Französisch

Guten Morgen!	**Bonjour!**
Guten Tag!	**Bonjour!**
Guten Abend!	**Bonsoir!**

Wenn man jemanden siezt, kann man auch sagen:

Bonjour, Monsieur! *bzw.*
Bonjour, Madame!

Freunde begrüßt man mit:

Bonjour, ça va? *oder* **Salut, ça va?**	Hallo, wie gehts?

Zu einem Arzt sagt man:

Bonjour, docteur!

be'günstigen *v/t* 〈*sans ge*〉 favoriser; (*bevorteilen*) privilégier

be'gutachten *v/t* 〈-e-, *sans ge*〉 *fachlich* expertiser; *par ext* donner son avis sur

begütert [bə'gy:tərt] *adj* aisé; fortuné

be'gütigend *adjt* apaisant; calmant

be'haart *adj* poilu; velu

behäbig [bə'hɛ:bɪç] *adj* flegmatique; (*schwerfällig*) lourd et lent; (*gemächlich*) qui prend son temps

be'haftet *st/s adj* ***mit etw ~ sein*** avoir qc; *mit e-m Übel* être atteint de qc; *mit e-m Gebrechen* être affligé de qc

behagen [bə'ha:gən] *v/i* 〈*sans ge*〉 ***j-m ~*** plaire, convenir à qn

Be'hagen *n* 〈~s〉 (*Vergnügen*) plaisir *m*; (*Zufriedenheit*) contentement *m*; (*Wohlbefinden*) bien-être *m*

be'haglich *adj Ort* où l'on se sent bien, à l'aise; agréable; *Stimmung* douillet; *Gefühl* de bien-être; **2keit** *f* 〈~〉 agrément *m*; confort *m*; bien-être *m*

be'halten *v/t* 〈*irr, sans ge*〉 garder; *im Gedächtnis* retenir

Behälter [bə'hɛltər] *m* 〈~s; ~〉 récipient *m*; *für Flüssigkeiten* réservoir *m*

behände [bə'hɛndə] *adj* vif; agile; preste; leste

be'handeln *v/t* 〈*ẞ*, *sans ge*〉 *Person, Thema* traiter (*a* MÉD, TECH); MÉD soigner

Be'handlung *f* traitement *m*; MÉD *a* soins *m/pl*

be'hängen *v/t* 〈*sans ge*〉 décorer, orner, couvrir (***mit etw*** de qc)

be'harren *v/i* 〈*sans ge*〉 ***auf etw*** (*dat*) **~** persister dans qc; ne pas démordre de qc; ***darauf ~, etw zu tun*** insister pour, s'obstiner à faire qc

be'harrlich I *adj* (*ausdauernd*) persévérant; (*hartnäckig*) obstiné; opiniâtre; **II** *adv* avec persévérance; obstinément; opiniâtrement; **2keit** *f* 〈~〉 persistance *f*; persévérance *f*; obstination *f*; opiniâtreté *f*

be'hauen *v/t* 〈*irr, sans ge*〉 tailler

be'haupt|en 〈-e-, *sans ge*〉 **I** *v/t* **1** (*beteuern*) soutenir; affirmer; (*vorgeben*) prétendre; **2** *Stellung* maintenir; (*verteidigen*) défendre; **II** *v/r* ***sich ~*** s'imposer; **2ung** *f* 〈~; ~en〉 affirmation *f*

Be'hausung *st/s f* 〈~; ~en〉 *litt* logis *m*

be'heben *v/t* 〈*irr, sans ge*〉 *Schäden* réparer; remédier à; *Missstände* supprimer

be'heimatet *adjt* **~ *in*** (+ *dat*) (*abstammend*) originaire de; (*ansässig*) domicilié à

be'heiz|bar *adj* chauffant; **~en** *v/t* 〈-ẞt, *sans ge*〉 chauffer

be'helfen *v/r* 〈*irr, sans ge*〉 ***sich mit etw ~*** se débrouiller avec qc

be'helfsmäßig *adj* provisoire

be'helligen *v/t* 〈*sans ge*〉 ***j-n*** (***mit etw***) **~** importuner qn (par, avec qc)

be'hende → ***behände***

be'herbergen *v/t* 〈*sans ge*〉 **1** héberger; **2** *fig* accueillir

be'herrschen 〈*sans ge*〉 **I** *v/t* **1** *Land* régner sur; asservir; *Welt* dominer; *Markt* être leader sur; **2** *Situation* contrôler; *Gefühle, Sprache* maîtriser; **3** (*vorherrschen*) dominer; **II** *v/r* ***sich ~*** se retenir; se contenir

be'herrscht *adjt* maître de soi; discipliné

Be'herrschung *f* ⟨~⟩ **1** *e-s Landes* domination *f*; **2** *e-r Situation, Sprache, seiner selbst* maîtrise *f*; ***s-e ~ verlieren*** perdre son sang-froid

be'herzigen *v/t* ⟨*sans ge*⟩ suivre; prendre à cœur

be'herzt *adj* (*mutig*) courageux; (*entschlossen*) résolu; (*unerschrocken*) intrépide

be'hilflich *adj* ***j-m (bei etw) ~ sein*** aider qn (à faire qc)

be'hindern *v/t* ⟨*sans ge*⟩ gêner

be'hindert *adjt* 'handicapé; **℥e(r)** *f(m)* ⟨→ A⟩ 'handicapé(e) *m(f)*; **~gerecht** *adj* (aménagé) pour les 'handicapés

Be'hinderung *f* ⟨~; ~en⟩ **1** MÉD infirmité *f*; 'handicap *m*; **2** (*Hindernis*) gêne *f*; entrave *f*

Behörd|e [bə'hø:rdə] *f* ⟨~; ~n⟩ autorité *f*; administration *f*; **℥lich** *adj* administratif

be'hüten *v/t* ⟨-e-, *sans ge*⟩ protéger (***vor*** [+ *dat*] de, contre); préserver (de)

be'hutsam **I** *adj* (*vorsichtig*) précautionneux; (*achtsam*) attentionné; (*rücksichtsvoll*) plein d'égards; **II** *adv* avec précaution; (*rücksichtsvoll*) avec ménagement; **℥keit** *f* ⟨~⟩ précaution *f*; égards *m/pl*

bei [baɪ] *prép* ⟨*dat*⟩ **1** *räumlich* près de; *bei Personen* auprès de; *in j-s Haus* chez; ***~ mir*** (***zu Hause***) chez moi; ***~m Arzt, Friseur*** chez le médecin, le coiffeur; ***~ der Post arbeiten*** travailler à la poste; ***das steht ~ Goethe*** cela se trouve, c'est dans Gœthe; ***etw ~ sich haben*** avoir qc sur soi; F ***nicht ganz ~ sich sein*** ne pas avoir toute sa tête (à soi); ***so war es auch ~ mir*** c'était aussi comme ça pour moi; **2** *zeitlich* à; pendant; au moment de; lors de; ***~ Sonnenaufgang*** au lever du soleil; ***~m Laufen*** en courant; ***~m Essen sein*** être en train de manger; **3** *modal* ***~ e-m Unfall*** dans un accident; (*im Falle e-s Unfalls*) en cas d'accident; ***~ e-m Glas Wein*** devant un verre de vin; **4** (*aufgrund von*) étant donné; ***~ ihrer Intelligenz*** avec son intelligence; **5** (*trotz*) malgré; avec; ***~ aller Anerkennung*** malgré toute mon, notre, *etc* estime; **6** *in Beteuerungsformeln* ***~ meiner Ehre!*** sur mon honneur!

'bei·behalten *v/t* ⟨*irr, sans ge*⟩ conserver; garder

'bei·bringen *v/t* ⟨*irr*⟩ **1** (*lehren*) apprendre; enseigner; **2** F (*mitteilen*) ***j-m etw schonend ~*** dire, apprendre, annoncer qc à qn avec ménagement; **3** *Niederlage* infliger; **4** *Bescheinigung, Zeugen* produire

Beichte ['baɪçtə] *f* ⟨~; ~n⟩ confession *f*; ***zur ~ gehen*** aller se confesser; aller à confesse

'beichten ⟨-e-⟩ **I** *v/t* (***j-m***) ***etw ~*** REL, *fig* confesser qc (à qn); *fig* avouer qc (à qn); **II** *v/i* se confesser (***bei*** à)

'Beicht|stuhl *m* confessionnal *m*; **~vater** *m* confesseur *m*

beide ['baɪdə] *pr* **I** *adjt* les deux; ***die, meine ~n Söhne*** les, mes deux fils; **II** *subst* les deux; ***eins von ~n*** de deux choses l'une; ***e-r von ~n*** (l')un des deux; TENNIS, TISCHTENNIS ***fünfzehn ~*** quinze partout

'beider'lei *adj* ⟨*inv*⟩ ***~ Geschlechts*** des deux sexes

'beiderseitig *adj* réciproque; mutuel

'beiderseits *adv* (*u prép* ⟨*gén*⟩) des deux côtés (de); de part et d'autre (de)

beiei'nander *adv* ensemble; ***dicht, nahe ~*** très près, proche l'un de l'autre

'Beifahrer|(in) *m(f)* *im Auto* passager, -ère *m,f* (avant); *im Lastwagen* aide-conducteur *m*; SPORT coéquipier, -ière *m,f*; **~sitz** *m* siège *m* avant droit

'Beifall *m* ⟨~(e)s⟩ **1** applaudissements *m/pl*; **2** (*Zustimmung*) approbation *f*; ***~ finden*** être bien accueilli

'beifällig **I** *adj* approbateur; approbatif; favorable; **II** *adv* ***etw ~ aufnehmen*** bien accueillir qc

'bei·fügen *v/t* **1** (*dazulegen*) joindre; **2** (*hinzufügen*) ajouter

beige [be:ʃ] *adj* ⟨*inv*, F *déclinable*⟩ beige

'bei·geben *v/t* ⟨*irr*⟩ **1** *st/s* (*hinzufügen*) ajouter; **2** F ***klein ~*** céder; baisser le ton; baisser pavillon

'Beigeschmack *m* petit goût; *fig* arrière-goût *m*; ***e-n bitteren ~ haben*** avoir un goût amer (*a fig*)

'**Beihilfe** *f* **1** *finanzielle* allocation *f*; aide *f*; **2** JUR complicité *f* (**zu** de)
'**bei·kommen** *v/i* ⟨*irr*, sn⟩ ***j-m, e-r Sache nicht ~ können*** ne pas pouvoir venir à bout de qn, qc
Beil [baɪl] *n* ⟨~ɇs; ~e⟩ 'hache *f*; cognée *f*; (*Hack~*) couperet *m*
'**Beilage** *f* **1** *e-r Zeitung* supplément *m*; **2** CUIS accompagnement *m*; garniture *f*
beiläufig ['baɪlɔʏfɪç] **I** *adj Bemerkung* fait en passant; **II** *adv* en passant
'**bei·legen** *v/t* **1** (*beifügen*) joindre; **2** *Streit* régler; arranger
'**Beileid** *n* condoléances *f/pl*; sympathie *f*; ***j-m sein ~ aussprechen*** exprimer, présenter ses condoléances à qn; (***mein***) ***herzliches*** *od* ***aufrichtiges ~*** mes sincères condoléances
'**Beileidskarte** *f* carte *f* de condoléances
'**bei·liegen** *v/i* ⟨*irr*⟩ *e-m Brief* être joint
'**beiliegend** *adjt u advt* ADM ci-joint; ci-inclus
beim [baɪm] = ***bei dem***
'**bei·messen** *v/t* ⟨*irr*⟩ attacher; attribuer
Bein [baɪn] *n* ⟨~ɇs; ~e⟩ ANAT, (*Hosen~*) jambe *f*; *von Tieren* patte *f*; (*Tisch~*) *etc* pied *m*; F ***sich*** (*dat*) ***kein ~ ausreißen*** F ne pas se casser (la tête *od* la nénette); F ***j-m ~e machen*** (*fortjagen*) faire déguerpir qn; (*antreiben*) F secouer qn; ***j-m ein ~ stellen*** faire un croche-pied, un croc-en-jambe à qn; F *fig* ***die ~e in die Hand nehmen*** prendre ses jambes à son cou; F ***den ganzen Tag auf den ~en sein*** être debout toute la journée; ***sich auf die ~e machen*** se mettre en route; *fig* ***auf eigenen ~en stehen*** être indépendant; F *fig* ***etw auf die ~e stellen*** mettre qc sur pied; F *fig* ***wieder auf die ~e kommen*** reprendre le dessus; (*wieder gesund werden*) *a* se remettre; *fig* ***mit beiden ~en im Leben stehen*** avoir les (deux) pieds sur terre
'**beinahe** *adv* presque; *vor Zahlen a* près de; ***er wäre ~ ertrunken*** *a* il a failli se noyer; il a manqué (de) se noyer
'**Beiname** *m* surnom *m*
'**Beinbruch** *m* fracture *f* de la jambe; F ***das ist*** (***doch***) ***kein ~!*** F ce n'est (quand même) pas tragique!
be'inhalten *v/t* ⟨-e-, *sans ge*⟩ contenir
'**Beipackzettel** *m* notice *f*
'**bei·pflichten** *v/i* ⟨-e-⟩ ***j-m ~*** approuver qn (***in etw*** [*dat*] sur qc)

Das Bein

die Ferse	**le talon**
der Fuß	**le pied**
das Knie	**le genou** (*pl*: **les genoux**)
der Oberschenkel	**la cuisse**
das Schienbein	**le tibia**
die Wade	**le mollet**
die Zehe	**le doigt de pied**

be'irren *v/t* ⟨*sans ge*⟩ déconcerter
beisammen [baɪ'zamən] → ***zusammen***
Bei'sammensein *n* ⟨~s⟩ réunion *f*; ***geselliges ~*** petite réunion, fête
'**Beischlaf** *st/s*, ADM *m* rapports (sexuels)
'**Beisein** *n* présence *f*; ***im ~ von …*** en présence de …
bei'seite *adv* de côté; à l'écart; ***~ lassen*** laisser de côté (*a fig*); ***~ legen*** mettre de côté; ***~ schaffen*** mettre à l'écart; *Gestohlenes* faire disparaître; *Bedenken* ***~ schieben*** écarter
Beisel ['baɪzəl] *n* ⟨~s; ~n⟩ *österr* café *m*; F bistro(t) *m*
'**bei·setzen** *st/s v/t* ⟨ɇ⟩ inhumer
'**Beisetzung** *st/s f* ⟨~; ~en⟩ inhumation *f*
'**Beispiel** *n* exemple *m* (**für** de); ***zum ~*** par exemple; ***j-m ein ~ geben*** donner l'exemple à qn; ***sich*** (*dat*) ***an j-m ein ~ nehmen*** prendre exemple sur qn
'**beispiel|haft** *adj* exemplaire; **~los** *adj* sans égal; *péj* sans pareil; **~sweise** *adv* par exemple
beißen ['baɪsən] ⟨ɇ, biss, gebissen⟩ **I** *v/t* **1** mordre; **2** (*kauen*) mâcher; F *fig* ***nichts zu ~ haben*** F n'avoir rien à se mettre sous la dent; **II** *v/i* **3** mordre; **4** *Rauch etc* piquer; **III** *v/r* ***sich ~*** *Farben* jurer; *p/fort* 'hurler
'**beißend** *adjt Kälte* mordant; *Geruch* âcre; *Kritik* mordant; incisif
'**Beißzange** *f* tenailles *f/pl* (de menuisier, de mécanicien)
'**Beistand** *st/s m* ⟨~ɇs⟩ assistance *f*; concours *m*; (*Hilfe*) secours *m*; aide *f*; ***j-m ~ leisten*** prêter assistance, son appui à qn
'**bei·stehen** ⟨*irr*⟩ *v/i* ***j-m ~*** seconder, soutenir qn
'**bei·steuern** *v/t* ***etw zu etw ~*** contribuer

à qc en apportant qc; *Geld* donner qc pour qc

Beitrag ['baɪtra:k] *m* ⟨~¢s; ~e⟩ **1** (*Mitwirkung*) contribution *f*; apport *m*; **2** *für e-e Zeitung* article *m*; **3** (*Mitglieds*≈) cotisation *f*

'bei·tragen *v/t u v/i* ⟨*irr*⟩ ***zu etw*** ~ contribuer, concourir à qc

'bei·treten *v/i* ⟨*irr*, sn⟩ *e-r Partei, e-m Verein* adhérer (+ *dat* à); entrer (dans)

'Beitritt *m* adhésion *f*, affiliation *f* (***zu*** à); entrée *f* (dans)

'Bei|wagen *m* side-car *m*; **~werk** *n* ⟨~¢s⟩ accessoire(s) *m(pl)*

'bei·wohnen *st/s v/i* ***e-r Sache*** (*dat*) ~ assister, être présent à qc

Beize ['baɪtsə] *f* ⟨~; ~n⟩ *für Holz* teinture *f*; CUIS marinade *f*

bei'zeiten *adv* **1** (*rechtzeitig*) à temps; **2** (*frühzeitig*) de bonne heure; tôt

'beizen *v/t* ⟨¢$⟩ *Holz* teinter; CUIS mariner

bejah|en [bə'ja:ən] *v/t* ⟨*sans ge*⟩ **1** *Frage* répondre affirmativement à; dire oui à; **2** *fig* (*befürworten*) approuver; **~end** *adjt* affirmatif; positif; **≈ung** *f* ⟨~; ~en⟩ **1** réponse affirmative; **2** *fig* approbation *f*

be'jubeln *v/t* ⟨¢, *sans ge*⟩ acclamer; saluer par des cris de joie

be'kämpf|en *v/t* ⟨*sans ge*⟩ combattre; lutter contre; faire la guerre à; **≈ung** *f* ⟨~⟩ lutte *f* (+ *gén* contre)

bekannt [bə'kant] *adj* **1** connu; (*berühmt*) célèbre; ***das ist mir*** ~ je (le) sais; ***davon ist mir nichts*** ~ je n'en sais rien; **2** ***mit j-m, etw*** ~ ***sein*** connaître qn, qc; ***j-n mit j-m*** ~ ***machen*** présenter qn à qn; **3** ~ ***geben, machen*** publier; ~ ***werden*** être divulgué, publié

Be'kannte(r) *f(m)* ⟨→ A⟩ connaissance *f*; ***ein Bekannter von mir*** une personne de ma connaissance

Be'kanntgabe *f* publication *f*

be'kanntlich *adv* comme chacun sait

Be'kanntmachung *f* ⟨~; ~en⟩ publication *f*; ADM avis *m*

Be'kanntschaft *f* ⟨~; ~en⟩ connaissance *f*; ***j-s*** ~ ***machen*** faire la connaissance de qn

be'kehr|en *v/t* (*u v/r*) ⟨*sans ge*⟩ (***sich*** ~ se) convertir (***zu*** à); **≈ung** *f* ⟨~; ~en⟩ conversion *f* (***zu*** à)

be'kennen ⟨*irr, sans ge*⟩ **I** *v/t* avouer; reconnaître; confesser (*a* REL); **II** *v/r* **1** ***sich zum Christentum*** ~ faire profession de foi chrétienne; ***sich zu j-m*** ~ prendre parti pour qn; **2** ***sich schuldig*** ~ s'avouer coupable; ***sich zu e-m Verbrechen*** ~ revendiquer un crime

Be'kennerbrief *m* lettre *f* de revendication (d'un crime)

Be'kenntnis *n* ⟨~ses; ~se⟩ **1** aveu *m*; confession *f* (*a* REL); **2** (*Eintreten für*) profession *f* de foi

be'klagen ⟨*sans ge*⟩ **I** *v/t* déplorer; **II** *v/r* ***sich*** (***bei j-m***) ***über etw, j-n*** ~ se plaindre (à qn) de qc, qn

Be'klagte(r) *f(m)* ⟨→ A⟩ JUR défendeur, -deresse *m,f*

be'kleben *v/t* ⟨*sans ge*⟩ ***etw*** (***mit etw***) ~ coller qc sur qc

be'kleckern F *v/t* (*u v/r*) ⟨*sans ge*⟩ (***sich*** ~ se) tacher; *p/fort* (se) salir

be'kleid|en *v/t* ⟨-e-, *sans ge*⟩ **1** (re)vêtir (***mit*** de); **2** *st/s Amt* occuper; **~et** *adjt* vêtu, habillé (***mit*** de); **≈ung** *f* vêtements *m/pl*; habillement *m*; tenue *f*

be'klemmend *adj Schweigen* oppressant; (*beängstigend*) angoissant

Be'klemmung *f* ⟨~; ~en⟩ oppression *f*

beklommen [bə'klɔmən] *adj* oppressé; angoissé

be'kloppt F *adj* F cinglé; F dingue

be'knackt F *adj Person* F cinglé; F dingue; *Situation* F pas marrant

be'knien F *v/t* ⟨*sans ge*⟩ supplier (à genoux)

be'kommen ⟨*irr, sans ge*⟩ **I** *v/t* **1** (*erhalten*) recevoir; avoir; *mit Mühe* obtenir; ***wo bekommt man …?*** où peut-on trouver, F avoir …?; *im Geschäft* ***was*** ~ ***Sie?*** vous désirez?; **2** *mit „zu“ + inf* ***etw zu essen*** ~ avoir qc à manger; ***vieles zu sehen*** ~ voir beaucoup de choses; **3** *mit p/p* ***etw geschenkt*** ~ recevoir qc en cadeau; ***ich bekam gesagt …*** on m'a dit …; **4** (*erleiden, entwickeln*) (commencer à) avoir; ***e-e Krankheit*** ~ attraper une maladie; ***e-e Erkältung*** ~ prendre froid; **5** (*e-n bestimmten Zustand hervorrufen*) réussir, arriver à (+ *inf*); **6** (*erreichen*) avoir; attraper; ***den Zug gerade noch*** ~ avoir son train de justesse; ***den Zug nicht mehr*** ~ manquer, rater son train; **II** *v/i* ⟨sn⟩ ***j-m*** (***gut***) ~ convenir, réussir

B

à qn; ***wohl bekomms!*** à ta *bzw* votre santé

bekömmlich [bə'kœmlıç] *adj* digeste

be'kräftig|en *v/t* ⟨*sans ge*⟩ renforcer; **2ung** *f* ⟨~; ~en⟩ renforcement *m*

be'kreuzigen *v/r* ⟨*sans ge*⟩ ***sich ~*** se signer; faire le signe de (la) croix

be'kriegen ⟨*sans ge*⟩ **I** *v/t* faire la guerre à; **II** *v/r* ***sich ~*** se faire la guerre

be'kümm|ern *v/t* ⟨*sans ge*⟩ **1** (*traurig machen*) peiner; attrister; **2** (*Sorgen machen*) donner du souci à; **~ert** *adjt* soucieux; peiné

be'kund|en *st/s v/t* ⟨-e-, *sans ge*⟩ témoigner; **2ung** *f* ⟨~; ~en⟩ témoignage *m*

be'lächeln *v/t* ⟨¢, *sans ge*⟩ sourire de

be'laden *v/t* ⟨*irr, sans ge*⟩ charger (***mit*** de)

Belag [bə'la:k] *m* ⟨~¢s; ~̈e⟩ (*Schicht*) couche *f*; (*Straßen2, Fußboden2*) revêtement *m*; (*Brems2*) garniture *f*; (*Zahn2*) plaque *f* dentaire; → ***Brotbelag***

be'lager|n *v/t* ⟨*sans ge*⟩ assiéger (*a fig*); **2ung** *f* ⟨~; ~en⟩ siège *m* (*a fig*)

Belang [bə'laŋ] *m* ⟨~¢s; ~e⟩ **1 *von ~*** important; ***ohne ~*** sans importance; **2** *pl* ***~e*** (*Interessen*) intérêts *m/pl*

be'lang|en *v/t* ⟨*sans ge*⟩ poursuivre en justice (***wegen*** pour); **~los** *adj* sans importance

be'lassen *v/t* ⟨*irr, sans ge*⟩ laisser; ***es bei etw ~*** en rester à qc

be'lastbar *adj* **1** qui peut porter une charge (de); **2** *fig* résistant; **2keit** *f* ⟨~⟩ **1** limite *f* de charge; **2** *fig* résistance *f*

be'lasten *v/t* ⟨-e-, *sans ge*⟩ **1** charger (***mit*** de); **2** *mit Schadstoffen* polluer; **3** *Konto* débiter (***mit*** de); **4** *Sorgen* ***j-n ~*** accabler qn; **5** JUR charger

be'lästigen *v/t* ⟨*sans ge*⟩ importuner (***mit*** par); ennuyer (avec); **2** *sexuell* 'harceler

Be'lästigung *f* ⟨~; ~en⟩ ennuis *m/pl*; ***sexuelle ~*** 'harcèlement sexuel

Be'lastung *f* ⟨~; ~en⟩ charge *f*; *fig a* fardeau *m*; TECH effort *m*

be'laufen *v/r* ⟨*irr, sans ge*⟩ ***sich ~ auf*** (+ *acc*) se monter à; s'élever à

be'lauschen *v/t* ⟨*sans ge*⟩ *Personen* épier; *Gespräch* écouter

be'leb|en ⟨*sans ge*⟩ **I** *v/t* animer; (*anregen*) stimuler; *Farben* aviver; **II** *v/r* ***sich ~*** s'animer; **~end** *adjt* vivifiant; (*anregend*) stimulant

be'lebt *adjt Straße* animé

Beleg [bə'le:k] *m* ⟨~¢s; ~e⟩ **1** (*Beweis*) pièce justificative; **2** (*Quittung*) quittance *f*; **3** (*~stelle*) référence *f*

be'legen *v/t* ⟨*sans ge*⟩ **1** *Fußboden* recouvrir (***mit*** de); TECH, CUIS garnir (de); **2** *Sitzplatz* (*reservieren*) réserver; (*besetzt halten*) occuper; **3** *Behauptung* prouver

Be'legschaft *f* ⟨~; ~en⟩ personnel *m*

be'legt *adjt* **1** *Krankenhaus* occupé; *Platz* retenu; réservé; *Hotel* (***voll***) ***~ sein*** afficher complet; **2** *Zunge* chargé; *Stimme* voilé

be'lehr|en *v/t* ⟨*sans ge*⟩ instruire, informer (***über*** [+ *acc*] de); **~end** *adjt* instructif; *péj* moralisateur; **2ung** *f* ⟨~; ~en⟩ instruction *f*; (*Zurechtweisung*) leçon *f*

beleibt [bə'laıpt] *st/s adj* corpulent

beleidigen [bə'laıdıgən] *v/t* ⟨*sans ge*⟩ offenser; insulter; (*beschimpfen*) injurier

be'leidig|t *adjt* offensé; (*gekränkt*) vexé; **2ung** *f* ⟨~; ~en⟩ offense *f*; insulte *f*; (*Beschimpfung*) injure *f*

be'leihen *v/t* ⟨*irr, sans ge*⟩ prêter sur; ***etw ~ lassen*** mettre qc en gage

be'lesen *adjt* ***~ sein*** avoir beaucoup lu; être érudit

be'leucht|en *v/t* ⟨-e-, *sans ge*⟩ **1** éclairer; *festlich* illuminer; **2** *fig* examiner (de près); **2ung** *f* ⟨~; ~en⟩ **1** éclairage *m*; *festliche* illumination *f*; **2** *fig* examen *m*

Belgien ['bɛlgiən] *n* ⟨~s⟩ la Belgique

'Belg|ier(in) *m* ⟨~s; ~⟩ (*f*) ⟨~; ~nen⟩ Belge *m,f*; **2isch** *adj* belge; de (la) Belgique

be'licht|en *v/t* ⟨-e-, *sans ge*⟩ PHOT exposer; **2ung** *f* ⟨~; ~en⟩ PHOT exposition *f*; pose *f*; **2ungsmesser** *m* ⟨~s; ~⟩ posemètre *m*

be'lieben *st/s v/imp* ⟨*sans ge*⟩ ***wie es Ihnen beliebt*** comme vous voudrez; *st/s* comme il vous plaira

Be'lieben *n* ⟨~s⟩ ***nach ~*** à volonté

be'liebig **I** *adj* quelconque; ***jeder 2e*** n'importe qui; **II** *adv* à volonté

be'liebt *adj* **1** aimé, estimé (***bei*** par, de); populaire; ***sich*** (***bei j-m***) ***~ machen*** se faire aimer (par, de qn); **2** (*häufig benutzt*) courant; en vogue

Be'liebtheit *f* ⟨∼⟩ popularité *f*; faveur *f*
be'liefern *v/t* ⟨*sans ge*⟩ fournir, approvisionner (***mit*** en)
bellen ['bɛlən] *v/i* aboyer
Belletristik [bɛle'trɪstɪk] *f* ⟨∼⟩ littérature générale; lettres *f/pl*
be'lohn|en *v/t* ⟨*sans ge*⟩ récompenser (***für*** pour, de); **Ձung** *f* ⟨∼; ∼en⟩ récompense *f*
be'lügen *v/t* ⟨*irr, sans ge*⟩ mentir à
be'lustig|en *v/t* ⟨*sans ge*⟩ amuser; **Ձung** *f* ⟨∼; ∼en⟩ amusement *m*; divertissement *m*
be'mächtigen *st/s v/r* ⟨*sans ge*⟩ ***sich j-s, e-r Sache*** ∼ s'emparer de qn, qc
be'malen *v/t* ⟨*sans ge*⟩ peindre
bemängeln [bə'mɛŋəln] *v/t* ⟨¢, *sans ge*⟩ critiquer
be'mannt *adj Raumschiff etc* habité
be'merkbar *adj* ***sich*** ∼ ***machen*** *Person* se faire remarquer; *Sache* se faire sentir
be'merk|en *v/t* ⟨*sans ge*⟩ **1** (*wahrnehmen*) remarquer; **2** (*äußern*) remarquer; **∼enswert** *adj* remarquable; **Ձung** *f* ⟨∼; ∼en⟩ remarque *f*
be'mitleiden *v/t* ⟨-e-, *sans ge*⟩ avoir pitié de; s'apitoyer sur; **∼swert** *adj* pitoyable
be'mühen *v/r* ⟨*sans ge*⟩ **1** (*sich anstrengen*) ***sich*** ∼ se donner de la peine, du mal; s'efforcer (***zu*** [+ *inf*] de [+ *inf*]); **2** (*sich kümmern*) ***sich um j-n*** ∼ s'occuper de qn; prendre soin de qn; **3** (*erlangen wollen*) ***sich um etw*** ∼ s'efforcer d'obtenir qc
Be'mühung *f* ⟨∼; ∼en⟩ effort(s) *m(pl)*
be'nachbart *adj* voisin; avoisinant
be'nachrichtig|en *v/t* ⟨*sans ge*⟩ informer, prévenir, avertir (***von*** de); **Ձung** *f* ⟨∼; ∼en⟩ information *f*; avertissement *m*; avis *m*
be'nachteiligen *v/t* ⟨*sans ge*⟩ désavantager; (*Unrecht tun*) porter préjudice, faire du tort à
be'nehmen *v/r* ⟨*irr, sans ge*⟩ ***sich*** ∼ se conduire; se comporter; ***sich zu*** ∼ ***wissen*** avoir des manières
Be'nehmen *n* ⟨∼s⟩ comportement *m*; conduite *f*; manières *f/pl*
be'neiden *v/t* ⟨-e-, *sans ge*⟩ ***j-n*** (***um etw***) ∼ envier (qc à) qn
be'neidenswert *adj* enviable
Beneluxstaaten [be:ne'lʊksʃta:tən] *m/pl* ***die*** ∼ le Benelux
be'nennen *v/t* ⟨*irr, sans ge*⟩ désigner; donner un nom à
Bengel ['bɛŋəl] F *m* ⟨∼s; ∼⟩ garnement *m*; gamin *m*; galopin *m*
benommen [bə'nɔmən] *adjt* étourdi; hébété; **Ձheit** *f* ⟨∼⟩ torpeur *f*; hébétude *f*
be'noten *v/t* ⟨-e-; *sans ge*⟩ mettre une note à
be'nötigen *v/t* ⟨*sans ge*⟩ avoir besoin de; ***benötigt*** (***werden***) (être) nécessaire
be'nutz|en *v/t* ⟨¢s, *sans ge*⟩ utiliser; se servir de; *Gelegenheit* profiter de; *Weg* prendre; **Ձer(in)** *m* ⟨∼s; ∼⟩ (*f*) ⟨∼; ∼nen⟩ utilisateur, -trice *m,f*; *e-s Verkehrsmittels* usager *m*; **∼erfreundlich** *adj* facile à utiliser; pratique; INFORM convivial; **Ձeroberfläche** *f* interface *f* utilisateur; **Ձung** *f* ⟨∼⟩ utilisation *f*; usage *m*; emploi *m*
Benzin [bɛn'tsi:n] *n* essence *f*; **∼feuerzeug** *n* briquet *m* à essence; **∼kanister** *m* bidon *m* d'essence; jerricane *od* jerrycan *m*; **∼motor** *m* moteur *m* à essence; **∼preis** *m* prix *m* de l'essence; **∼verbrauch** *m* consommation *f* d'essence
Benzol [bɛn'tso:l] *n* ⟨∼s; ∼e⟩ benzène *m*
beobacht|en [bə'ʔo:baxtən] *v/t* ⟨-e-, *sans ge*⟩ observer; (*überwachen*) surveiller; **Ձer(in)** *m* ⟨∼s; ∼⟩ (*f*) ⟨∼; ∼nen⟩ observateur, -trice *m,f*
Be'obachtung *f* ⟨∼; ∼en⟩ observation *f*; ***unter*** ∼ (*dat*) ***stehen*** être surveillé
be'ordern *v/t* ⟨*sans ge*⟩ ***j-n nach, zu ...*** ∼ ordonner à qn de venir *bzw* d'aller à, chez ...
be'packen *v/t* ⟨*sans ge*⟩ charger (***mit*** de)
be'pflanzen *v/t* ⟨¢s, *sans ge*⟩ garnir de plantes
be'pinseln F *v/t* ⟨¢, *sans ge*⟩ badigeonner, enduire (***mit*** de)
bequem [bə'kve:m] *adj* **1** (*behaglich*) confortable; (*praktisch*) commode; (*mühelos*) aisé; facile; **2** *Person* paresseux; indolent; ***es sich*** (*dat*) ∼ ***machen*** se mettre à l'aise
be'quemen *st/s v/r* ⟨*sans ge*⟩ ***sich zu etw*** ∼ se décider enfin, *widerwillig* se résoudre à faire qc
Be'quemlichkeit *f* ⟨∼; ∼en⟩ commodité *f*; confort *m*
berappen [bə'rapən] F *v/t* ⟨*sans ge*⟩ F cracher
be'raten ⟨*irr, sans ge*⟩ **I** *v/t* **1** ***j-n*** ∼

B

conseiller qn; ***gut, schlecht ~ sein*** être bien, mal avisé; **2** ***etw ~*** discuter (de) qc; **II** *v/i* (***über etw*** [*acc*]) ~ se consulter (sur qc); **III** *v/r* ***sich ~*** se consulter

be'rat|end *adjt* consultatif; **℘er(in)** *m* ⟨~s; ~⟩ (*f*) ⟨~; ~nen⟩ conseiller, -ère *m,f*

be'ratschlagen *v/i* ⟨*sans ge*⟩ (***über etw*** [*acc*]) ~ se consulter (sur qc)

Be'ratung *f* ⟨~; ~en⟩ **1** consultation *f*; **2** (*Besprechung*) délibération *f*; **~sstelle** *f* service *m* de consultation

be'rauben *v/t* ⟨*sans ge*⟩ **1** voler; dévaliser; **2** *st/s fig* ***j-n e-r Sache*** (*gén*) ~ priver qn de qc

be'rausch|en *st/s v/t* (*u v/r*) ⟨*sans ge*⟩ (***sich ~*** se) griser, (s')enivrer (***an*** [+ *dat*] de; *a fig*); **~end** *adjt* capiteux; grisant (*a fig*)

be'rechn|en *v/t* ⟨-e-, *sans ge*⟩ **1** calculer; **2** (*in Rechnung stellen*) facturer; **3** (*vorsehen*) prévoir; **~end** *adjt péj* calculateur; **℘ung** *f* calcul *m* (*a fig péj*)

be'rechtigen *v/t* ⟨*sans ge*⟩ ~ (***zu***) autoriser (à)

be'rechtigt *adjt* **1** *Person* ***~ sein, etw zu tun*** être autorisé à faire qc; **2** (*rechtmäßig*) légitime; **3** (*begründet*) fondé

Be'rechtigung *f* ⟨~; ~en⟩ **1** (*Befugnis*) autorisation *f*; **2** (*Rechtmäßigkeit*) légitimité *f*

be'reden ⟨-e-, *sans ge*⟩ **I** *v/t* **1** ***etw ~*** discuter de qc; **2** ***j-n ~, etw zu tun*** convaincre qn de faire qc; **II** *v/r* ***sich ~*** se consulter

be'redsam *adj* (*beredt*) éloquent; (*redefreudig*) loquace; **℘keit** *f* ⟨~⟩ éloquence *f*

beredt [bə'reːt] *adj* éloquent (*a fig*)

Bereich [bə'raɪç] *m* ⟨~(e)s; ~e⟩ **1** *räumlich* zone *f*; région *f*; **2** *fig* domaine *m*; (*Aufgaben℘*) ressort *m*

be'reicher|n *v/t* (*u v/r*) ⟨*sans ge*⟩ (***sich ~*** s')enrichir (*a fig*); **℘ung** *f* ⟨~; ~en⟩ enrichissement *m*

be'reif|en *v/t* ⟨*sans ge*⟩ équiper de pneus; **℘ung** *f* ⟨~; ~en⟩ pneus *m/pl*

be'reinigen *v/t* ⟨*sans ge*⟩ régler

bereit [bə'raɪt] *adj* prêt (***zu*** à); ***sich zu etw ~ erklären*** être prêt à qc

be'reiten *v/t* ⟨-e-, *sans ge*⟩ **1** *Essen* préparer; *Kaffee, Tee* faire; **2** *Sorge, Freude* causer; donner; *Empfang, Überraschung* réserver

be'reit·|halten *v/t* ⟨*irr*⟩ tenir prêt; **~legen** *v/t* préparer; **~liegen** *v/i* ⟨*irr*⟩ être prêt, préparé; **~machen** *v/t* (*u v/r* ***sich ~*** se) préparer

be'reits *adv* déjà

Be'reitschaft *f* ⟨~⟩ disposition *f*

Be'reitschaftsdienst *m* (service *m* de) permanence *f*; MÉD service *m* des urgences; ***~ haben*** être de permanence; MÉD être de garde

be'reit·stehen *v/i* ⟨*irr*⟩ être prêt

be'reit·stellen *v/t* préparer; ***etw für j-n ~*** mettre qc à la disposition de qn

be'reitwillig **I** *adj* obligeant; **II** *adv* de bonne grâce

be'reuen *v/t* ⟨*sans ge*⟩ se repentir de; regretter

Berg [bɛrk] *m* ⟨~(e)s; ~e⟩ **1** montagne *f*; *mit Eigennamen* mont *m*; ***über ~ und Tal*** par monts et par vaux; F *fig* ***über den ~ sein*** avoir passé le cap; F *fig* ***über alle ~e sein*** être (bien) loin; *fig* ***mit etw hinterm ~ halten*** faire mystère de qc; *fig* ***goldene ~e versprechen*** promettre monts et merveilles; **2** *fig* (*große Menge*) montagne *f*; tas *m*

berg'ab *adv* en descendant; à la descente; ***~ gehen, fahren*** descendre

'Bergarbeiter *m* mineur *m*

berg'auf *adv* en montant; à la montée; ***~ gehen, fahren*** monter

'Berg|bahn *f* (*Zahnradbahn*) chemin *m* de fer à crémaillère; (*Seilbahn*) téléférique *m*; **~bau** *m* ⟨~(e)s⟩ industrie, exploitation minière

bergen ['bɛrgən] *v/t* ⟨birgt, barg, geborgen⟩ **1** *Gegenstände* sauver; mettre en sûreté; *Personen* retirer; **2** *st/s* ***in sich*** (*dat*) ~ renfermer; *Gefahr* comporter

'Berg|führer(in) *m(f)* guide *m* de montagne; **~hütte** *f* refuge *m*

'bergig *adj* montagneux

'Berg|kette *f* chaîne *f* de montagnes; **~kristall** *m* cristal *m* de roche; **~land** *n* pays montagneux; **~mann** *m* ⟨~(e)s; -leute⟩ mineur *m*; **~predigt** *f* ⟨~⟩ Sermon *m* sur la montagne; **~steigen** *n* ⟨~s⟩ alpinisme *m*; **~steiger(in)** *m* ⟨~s; ~⟩ (*f*) ⟨~; ~nen⟩ alpiniste *m,f*

'Bergung *f* ⟨~; ~en⟩ sauvetage *m*

'Berg|wacht *f* ⟨~⟩ secours *m* en montagne; **~werk** *n* mine *f*

Bericht [bə'rɪçt] *m* ⟨~(e)s; ~e⟩ rapport *m*; compte *m* rendu; *erzählender* récit *m*;

(*Presse*↷) reportage *m*; ~ ***erstatten*** faire un rapport
be'richten ⟨-e-, *sans ge*⟩ **I** *v/t* ***j-m etw*** ~ informer, instruire qn de qc; **II** *v/i* ***über etw*** (*acc*) ~ faire un rapport sur qc
Be'richt|erstatter(in) *m* ⟨~s; ~⟩ (*f*) ⟨~; ~nen⟩ correspondant(e) *m*(*f*); reporter *m*; **~erstattung** *f der Presse* information(s) *f*(*pl*); reportage *m*
be'richtig|en *v/t* ⟨*sans ge*⟩ rectifier; *Druckfehler* corriger; **↷ung** *f* ⟨~; ~en⟩ rectification *f*; correction *f*
be'rieseln *v/t* ⟨¢, *sans ge*⟩ **1** JARD irriguer; arroser; **2** *fig* ***sich mit Musik ~ lassen*** avoir la radio, *etc* allumée en permanence
beritten [bəˈrɪtən] *adj* monté; à cheval
Berlin [bɛrˈliːn] *n* ⟨~s⟩ Berlin; **~er** *m* ⟨~s; ~⟩ CUIS *etwa* beignet *m*; **~er(in)** *m* ⟨~s; ~⟩ (*f*) ⟨~; ~nen⟩ Berlinois(e) *m*(*f*)
Bermudas [bɛrˈmuːdas], **Ber'mudashorts** *pl* bermuda *m*
Bernhardiner [bɛrnharˈdiːnər] *m* ⟨~s; ~⟩ *Hunderasse* saint-bernard *m*
Bernstein [ˈbɛrnʃtaɪn] *m* ⟨~¢s⟩ ambre *m* jaune; **↷farben** *adj* ambré
bersten [ˈbɛrstən] *st/s v/i* ⟨birst, barst, geborsten, sn⟩ éclater; se fendre
berüchtigt [bəˈrʏçtɪçt] *adj* de mauvaise réputation; *Ort a* mal famé
be'rücksichtigen *v/t* ⟨*sans ge*⟩ prendre en considération; tenir compte de
Be'rücksichtigung *f* ⟨~⟩ prise *f* en considération; ***unter ~*** (*dat*) ***von*** compte tenu de
Beruf [bəˈruːf] *m* ⟨~¢s; ~e⟩ profession *f*; métier *m*; ***was sind Sie von ~?*** quelle est votre profession?
be'rufen[1] ⟨*irr, sans ge*⟩ **I** *v/t* ***j-n zu etw ~*** nommer qn (au poste de) qc; **II** *v/r* ***sich auf j-n, etw ~*** se réclamer de qn, qc; se référer à qn, qc
be'rufen[2] *adjt* ***aus ~em Munde*** de source autorisée, bien informée; ***sich zu etw ~ fühlen*** se sentir une vocation de qc
be'ruflich **I** *adj* professionnel; **II** *adv* ~ ***erfolgreich sein*** réussir dans sa profession
Be'rufs|ausbildung *f* formation professionnelle; **~aussichten** *f/pl* débouchés *m/pl*; **~beratung** *f* orientation professionnelle; **~erfahrung** *f* expérience professionnelle; **~geheimnis** *n* secret professionnel; **~kleidung** *f* vêtement(s) *m*(*pl*) de travail; **~krankheit** *f* maladie professionnelle
Be'rufsleben *n* vie professionnelle; ***im ~ stehen*** travailler; ***ins ~ zurückkehren*** recommencer à travailler
Be'rufs|schule *f etwa* centre *m* de formation professionnelle; **~soldat** *m* militaire *m* de carrière; **~stand** *m* classe *f* socio-professionnelle; **↷tätig** *adj* qui exerce une activité professionnelle
Be'rufstätige(r) *f*(*m*) ⟨→ A⟩ personne *f* qui exerce une activité professionnelle; *pl* ***die Berufstätigen*** la population active; les actifs *m/pl*
Be'rufsverkehr *m* heures *f/pl* d'affluence, de pointe
Be'rufung *f* ⟨~; ~en⟩ **1** nomination *f* (***zu*** à; ***in, an*** [+ *acc*] à); **2** *innere* vocation *f*; **3** JUR appel *m*; pourvoi *m* en appel; ~ ***einlegen*** interjeter, faire appel; **4** ***unter ~*** (*dat*) ***auf etw, j-n*** en se référant à qc, qn
be'ruhen *v/i* ⟨*sans ge*⟩ ***auf etw*** (*dat*) ~ reposer, être basé, être fondé sur qc; ***e-e Sache auf sich ~ lassen*** ne pas donner suite à une affaire
be'ruhig|en ⟨*sans ge*⟩ **I** *v/t* calmer; apaiser; rassurer; **II** *v/r* ***sich ~*** se calmer; **↷ung** *f* ⟨~⟩ apaisement *m*; **↷ungsmittel** *n* calmant *m*
be'rühmt *adj* célèbre; fameux; **~-be'rüchtigt** *adj* tristement célèbre; *p/fort* de triste mémoire; **↷heit** *f* ⟨~; ~en⟩ **1** *Person* célébrité *f*; **2** (*Ruhm*) réputation *f*; renommée *f*
be'rühren *v/t* ⟨*sans ge*⟩ **1** *körperlich* toucher; **2** *fig Thema* aborder; **3** *fig* (*beeindrucken*) toucher
Be'rührung *f* ⟨~; ~en⟩ contact *m* (*a fig*)
Be'rührungsbildschirm *m* écran *m* tactile
be'sagen *v/t* ⟨*sans ge*⟩ vouloir dire; signifier
be'sagt *adjt* ledit *bzw* ladite *bzw* lesdit(e)s; déjà mentionné
besänftig|en [bəˈzɛnftɪgən] *v/t* ⟨*sans ge*⟩ calmer; apaiser; **↷ung** *f* ⟨~; ~en⟩ apaisement *m*
Besatz [bəˈzats] *m* ⟨~es; ~̈e⟩ COUT bordure *f*; **~ung** *f* ⟨~; ~en⟩ **1** MIL (troupes *f/pl* d')occupation *f*; **2** MAR, AVIAT équipage *m*
be'saufen P *v/r* ⟨*irr, sans ge*⟩ ***sich ~*** F se

B

soûler; F prendre une cuite
Besäufnis [bə'zɔʏfnɪs] F *n* ⟨~ses; ~se⟩ F soûlerie *f*; F cuite *f*
be'schädig|en *v/t* ⟨*sans ge*⟩ endommager; abîmer; **꞉ung** *f* ⟨~; ~en⟩ endommagement *m*
be'schaffen[1] *v/t* ⟨*sans ge*⟩ procurer; ***sich*** (*dat*) ***etw*** ~ se procurer qc
be'schaffen[2] *adj* fait; constitué; ***so ~, dass …*** de nature à …
Be'schaff|enheit *f* ⟨~⟩ qualité *f*; nature *f*; constitution *f*; **~ung** *f* (*Erwerb*) acquisition *f*; (*Versorgung*) approvisionnement *m* (+ *gén* en)
Be'schaffungskriminalität *f* délinquance *f* des toxicomanes (pour se procurer de la drogue)
beschäftigen [bə'ʃɛftɪgən] ⟨*sans ge*⟩ **I** *v/t* **1** (*in Anspruch nehmen*) occuper; **2** *beruflich* employer; **II** *v/r* ***sich mit j-m, etw ~*** s'occuper de qn, qc
Be'schäftig|te(r) *f(m)* ⟨→ A⟩ employé(e) *m(f)*; **~ung** *f* ⟨~; ~en⟩ **1** (*Tätigkeit*) occupation *f*; **2** *berufliche* emploi *m*; **3** *mit Problemen* étude *f* (***mit*** de); réflexion *f* (sur)
be|'schämen *v/t* ⟨*sans ge*⟩ faire 'honte à; **~'schämend** *adjt* 'honteux; **~'schämt I** *adjt* 'honteux; **II** *advt* avec 'honte; **꞉'schämung** *f* ⟨~; ~en⟩ 'honte *f*
be'schatten *v/t* ⟨-e-, *sans ge*⟩ **1** *st/s* ombrager; **2** *fig* prendre en filature
be'schaulich *adj* contemplatif; paisible
Bescheid [bə'ʃaɪt] *m* ⟨~es; ~e⟩ **1** information *f*; ***j-m ~ geben, sagen*** informer, prévenir qn; (***über etw*** [*acc*]) ***~ wissen*** être au courant (de qc); **2** ADM avis *m*
be'scheiden[1] ⟨*irr, sans ge*⟩ **I** *v/t* **1** ADM ***abschlägig ~*** refuser; rejeter; **2** *st/s* (*zuteil werden lassen*) donner; accorder; **II** *st/s v/r* ***sich ~*** se contenter (***mit*** de)
be'scheiden[2] *adj* modeste; **꞉heit** *f* ⟨~⟩ modestie *f*
be'scheinig|en *v/t* ⟨*sans ge*⟩ certifier; attester; **꞉ung** *f* ⟨~; ~en⟩ certificat *m*; attestation *f*
be'scheißen P *v/t* ⟨*irr, sans ge*⟩ P baiser; P entuber
be'schenken *v/t* ⟨*sans ge*⟩ faire un *bzw* des cadeau(x) à; ***j-n mit etw ~*** faire cadeau de qc à qn
bescheren [bə'ʃeːrən] *v/t* ⟨*sans ge*⟩ ***j-n mit etw ~*** offrir qc à qn (à Noël)
Be'scherung *f* ⟨~; ~en⟩ **1** *zu Weihnachten* distribution *f* de(s) cadeaux (de Noël); **2** F *iron* ***das ist ja e-e schöne ~!*** nous voilà dans de beaux draps!
be'scheuert F *adj* **1** *Person* F dingue; F taré; F malade; **2** *Sache* stupide
be'schieß|en *v/t* ⟨*irr, sans ge*⟩ tirer sur; *Artillerie* bombarder; **꞉ung** *f* ⟨~; ~en⟩ tir *m*; feu *m*
be'schimpf|en *v/t* ⟨*sans ge*⟩ insulter; injurier; invectiver; **꞉ung** *f* ⟨~; ~en⟩ insulte *f*; injure *f*; invective *f*
beschissen [bə'ʃɪsən] P *adjt* P emmerdant; P chiant
Be'schlag *m* **1** *an Türen* ferrures *fpl*; **2** ***etw, j-n in ~ nehmen*** accaparer qc, qn
be'schlagen[1] ⟨*irr, sans ge*⟩ **I** *v/t Tür etc* garnir de ferrures; *Pferd* ferrer; **II** *v/i* ⟨sn⟩ (*u v/r* ***sich ~***) *Fenster* s'embuer
be'schlagen[2] *adj* ***in etw*** (*dat*) ***~ sein*** être fort, calé en qc
Beschlag|nahme [bə'ʃlaːknaːmə] *f* ⟨~; ~n⟩ saisie *f*; confiscation *f*; **꞉nahmen** *v/t* ⟨*sans ge*⟩ saisir; confisquer
beschleunig|en [bə'ʃlɔʏnɪgən] *v/t u v/i* ⟨*sans ge*⟩ accélérer; **꞉ung** *f* ⟨~; ~en⟩ accélération *f*
be'schließen *v/t* ⟨*irr, sans ge*⟩ **1** décider; **2** (*beenden*) finir; terminer
Be'schluss *m* décision *f*; ***e-n ~ fassen*** prendre une décision
be'schlussfähig *adj* ***die Versammlung ist ~*** le quorum est atteint
Be'schlussfähigkeit *f* quorum *m*
be'schmieren *v/t* ⟨*sans ge*⟩ **1** (*beschmutzen*) barbouiller; **2** *péj* (*bekritzeln*) gribouiller sur
be'schmutzen *v/t* ⟨-t, *sans ge*⟩ salir (***mit*** de; *a fig*)
be'schneid|en *v/t* ⟨*irr, sans ge*⟩ **1** couper; *Hecke* tailler; **2** *fig Freiheit, Rechte* restreindre; réduire; **3** REL circoncire; **꞉ung** *f* ⟨~; ~en⟩ **1** MÉD, REL *bei Männern* circoncision *f*; *bei Frauen* excision *f*; **2** *fig* restriction *f*
be'schönig|en *v/t* ⟨*sans ge*⟩ embellir; idéaliser; **꞉ung** *f* ⟨~; ~en⟩ embellissement *m*
beschränken [bə'ʃrɛŋkən] ⟨*sans ge*⟩ **I** *v/t* limiter, restreindre, réduire (***auf*** [+ *acc*] à); **II** *v/r* ***sich ~*** se borner, se limiter, s'en tenir (à)
be'schrankt *adj Bahnübergang* gardé
be'schränkt *adjt* **1** (*begrenzt*) limité;

Raum étroit; **2** *geistig* étriqué; borné
Be'schränk|theit *f* ⟨~⟩ **1** *e-s Raumes* exiguïté *f*; *der Mittel* insuffisance *f*; **2** *geistige* étroitesse *f* d'esprit; **~ung** *f* ⟨~; ~en⟩ limitation *f*; restriction *f*
be'schreiben *v/t* ⟨*irr, sans ge*⟩ **1** *Papier* écrire sur; *Seiten* remplir; **2** (*schildern*) décrire; *Weg* indiquer
Be'schreibung *f* ⟨~; ~en⟩ description *f*; ***jeder ~ spotten*** défier toute description
be'schreiten *st/s v/t* ⟨*irr, sans ge*⟩ (*gehen*) emprunter; *fig Weg* prendre
be'schrift|en *v/t* ⟨-e-, *sans ge*⟩ mettre une inscription sur; **≈ung** *f* ⟨~; ~en⟩ inscription *f*
be'schuldigen *v/t* ⟨*sans ge*⟩ ***j-n*** (***e-r Sache*** [*gén*]) **~** accuser qn (de qc); *bes* JUR inculper qn (de qc)
Be'schuldig|te(r) *f(m)* ⟨→ A⟩ accusé(e) *m(f)*; *bes* JUR inculpé(e) *m(f)*; **~ung** *f* ⟨~; ~en⟩ accusation *f*; *bes* JUR inculpation *f*
be'schummeln F ⟨*¢, sans ge*⟩ **I** *v/t* F rouler; **II** *v/i* tricher
Be'schuss *m* ⟨~es⟩ tir *m*; feu *m*
be'schütz|en *v/t* ⟨*¢\$, sans ge*⟩ protéger (***vor*** [+ *dat*] de, contre); **≈er(in)** *m* ⟨~s; ~⟩ (*f*) ⟨~; ~nen⟩ protecteur, -trice *m,f*
be'schwatzen F *v/t* ⟨*¢\$, sans ge*⟩ ***j-n ~*** F embobiner qn
Beschwerde [bə'ʃveːrdə] *f* ⟨~; ~n⟩ **1** plainte *f*; réclamation *f*; JUR recours *m*; **2** MÉD *pl* **~n** maux *m/pl*; douleurs *f/pl*
be'schweren ⟨*sans ge*⟩ **I** *v/t* alourdir; charger; **II** *v/r* ***sich*** (***bei j-m über j-n, etw***) **~** se plaindre (de qn, qc à *od* auprès de qn)
be'schwerlich *adj* pénible; fatigant
beschwichtig|en [bə'ʃvɪçtɪgən] *v/t* ⟨*sans ge*⟩ apaiser; calmer; tranquilliser; **≈ung** *f* ⟨~; ~en⟩ apaisement *m*
be'schwingt *adj* gai; *Melodie* léger
beschwipst [bə'ʃvɪpst] F *adj* F éméché
be'schwören *v/t* ⟨*irr, sans ge*⟩ **1** JUR affirmer sous serment; *eidlich* jurer; **2** (*bitten*) conjurer; **3** *Schlange* charmer; *Geister* invoquer; *Vergangenheit* évoquer
be'seitig|en *v/t* ⟨*sans ge*⟩ supprimer; éliminer (*a Person*); *Flecken* enlever; *Schwierigkeiten* aplanir; *Zweifel* dissiper; **≈ung** *f* ⟨~⟩ suppression *f*; élimination *f*; aplanissement *m*; dissipation *f*
Besen ['beːzən] *m* ⟨~s; ~⟩ balai *m*; F ***ich fresse e-n ~, wenn …*** que le diable m'emporte si …; *prov* ***neue ~ kehren gut*** *prov* tout nouveau, tout beau
besessen [bə'zɛsən] *adjt* possédé; ***von e-r Idee ~ sein*** être obsédé par une idée
Be'sessenheit *f* ⟨~⟩ fanatisme *m*
be'setzen *v/t* ⟨*¢\$, sans ge*⟩ **1** COUT garnir (***mit*** de); *am Rand* border; **2** *Platz* réserver; **3** *Posten* pourvoir; THÉ *Rolle* distribuer; **4** MIL occuper; **5** *Haus* squatter
be'setz|t *adjt Platz*, TÉL occupé; *Platz a* pris; *Zug, Hotel* complet; **≈ung** *f* ⟨~; ~en⟩ **1** THÉ distribution *f*; **2** MIL occupation *f*; *e-s Postens* affectation *f*
be'sichtig|en *v/t* ⟨*sans ge*⟩ visiter; **≈ung** *f* ⟨~; ~en⟩ visite *f*
be'siedeln *v/t* ⟨*¢, sans ge*⟩ peupler; HIST POL coloniser
be'sieg|en *v/t* **1** MIL vaincre (*a fig*); **2** *bei Sport u Spiel* battre; **≈te(r)** *f(m)* ⟨→ A⟩ vaincu(e) *m(f)*
be'sinnen *v/r* ⟨*irr, sans ge*⟩ ***sich ~*** **1** (*sich erinnern*) se souvenir (***auf etw*** [*acc*] de qc); se rappeler (qc); **2** (*zur Vernunft kommen*) reprendre ses esprits; **3** (*überlegen*) réfléchir; ***sich anders ~*** changer d'avis, d'idée; se raviser
be'sinnlich *adj* méditatif
Be'sinnung *f* ⟨~⟩ ***die ~ verlieren*** perdre connaissance; (***wieder***) ***zur ~ kommen*** reprendre connaissance; *fig* reprendre ses esprits
be'sinnungslos *adj* **1** (*bewusstlos*) sans connaissance; évanoui; **2** (*außer sich*) hors de soi
Besitz [bə'zɪts] *m* ⟨~es⟩ **1** possession *f*; ***in j-s ~*** (*dat*) ***sein*** être en la possession de qn; **2** (*~tum*) propriété *f*; bien *m*
be'sitzanzeigend *adj* GR possessif
be'sitz|en *v/t* ⟨*irr, sans ge*⟩ posséder; avoir; **≈er(in)** *m* ⟨~s; ~⟩ (*f*) ⟨~; ~nen⟩ propriétaire *m,f*; JUR possesseur *m*; **≈tum** *n* ⟨~s; ≈er⟩ propriété *f*
besoffen [bə'zɔfən] F *adjt* soûl; F beurré
be'sohlen *v/t* ⟨*sans ge*⟩ ressemeler
Be'soldung *f* ⟨~; ~en⟩ *von Beamten* traitement *m*; *von Soldaten* solde *f*
besondere [bə'zɔndərə], **~r, ~s** *adj* particulier; spécial; ***im ≈n*** en particulier; ***nichts ≈s*** rien d'extraordinaire

B

Be'sonderheit *f* ⟨~; ~en⟩ particularité *f*; singularité *f*
be'sonders *adv* particulièrement; ***ganz ~*** par-dessus tout; ***mir geht es nicht ~*** je ne vais pas très bien
besonnen [bəˈzɔnən] *adj* réfléchi; pondéré; avisé; **2heit** *f* ⟨~⟩ réflexion *f*
be'sorgen *v/t* ⟨*sans ge*⟩ **1** *Haushalt* s'occuper de; *Arbeit, Einkäufe* faire; **2** (*beschaffen*) procurer
Be'sorgnis *f* ⟨~; ~se⟩ souci *m*; préoccupation *f*; inquiétude *f*; ***~ erregend*** inquiétant; préoccupant
be'sorgt *adjt* **1** (*sorgenvoll*) soucieux; ***um, über etw*** (*acc*) ***~ sein*** s'inquiéter de qc; **2** (*fürsorglich*) attentionné (***um*** pour)
Be'sorgung *f* ⟨~; ~en⟩ ***~en machen*** faire des courses, des achats
be'spannen *v/t* ⟨*sans ge*⟩ *Wand* tendre (***mit*** de); *Tennisschläger* corder
be'spielen *v/t* ⟨*sans ge*⟩ *Tonband* enregistrer
be'spitzeln *v/t* ⟨*¢, sans ge*⟩ espionner; surveiller
be'sprechen ⟨*irr, sans ge*⟩ *v/t* **1** discuter; débattre; **2** *Buch, Film* critiquer; faire une critique de
Be'sprechung *f* ⟨~; ~en⟩ **1** (*Gespräch*) entretien *m*; (*Beratung*) conférence *f*; **2** *e-s Buches* critique *f*; compte *m* rendu
be'spritzen *v/t* ⟨*¢t*, *sans ge*⟩ asperger; (*beschmutzen*) éclabousser
be'sprühen *v/t* ⟨*sans ge*⟩ asperger
be'spucken *v/t* ⟨*sans ge*⟩ cracher sur
besser [ˈbɛsər] **I** *adj* meilleur; ***sich für etwas 2es halten*** se croire supérieur; ***j-n e-s 2en belehren*** détromper qn; **II** *adv* **1** mieux; ***es ~ haben*** avoir une vie meilleure; ***es geht ihr schon ~*** elle va déjà (beaucoup) mieux; ***immer alles ~ wissen*** se croire plus malin que les autres; ***um so ~!*** tant mieux!; ***~ gesagt*** pour être plus précis, exact; **2** (*lieber*) plutôt
'bessern *v/t* (*u v/r* ***sich ~*** s')améliorer
'Besserung *f* ⟨~⟩ **1** ***gute ~!*** bon rétablissement!; **2** *e-r Situation* amélioration *f*; **3** ***~ geloben*** promettre de s'amender, de se corriger
'Besserwisser(in) *m* ⟨~s; ~⟩ (*f*) ⟨~; ~nen⟩ *péj* personne *f* qui sait tout (mieux que les autres)
Be'stand *m* ⟨~¢s; ⸗e⟩ **1** (*Bestehen*) existence *f*; (*Fort2*) survie *f*; ***~ haben*** être durable; ***keinen ~ haben*** être éphémère, passager; **2** *an Waren* stock *m*
be'standen **I** *p/p* → ***bestehen***; **II** *adjt* ***mit Bäumen ~*** planté d'arbres; arboré
be'ständig *adj* **1** (*von Dauer*) durable; (*konstant*) constant; **2** (*widerstandsfähig*) résistant (***gegen*** à); **2keit** *f* ⟨~⟩ constance *f*; *des Wetters* stabilité *f*; *gegen Hitze etc* résistance *f* (à)
'Bestandsaufnahme *f* **1** COMM inventaire *m*; **2** *fig* bilan *m*
Be'standteil *m* élément *m*; composante *f*; CHIM composant *m*
be'stärken *v/t* ⟨*sans ge*⟩ *Zweifel etc* renforcer; ***j-n darin ~, etw zu tun*** conforter qn dans l'idée de faire qc
bestätig|en [bəˈʃtɛːtɪgən] ⟨*sans ge*⟩ **I** *v/t* confirmer; vérifier, ADM certifier; **II** *v/r* ***sich ~*** se confirmer; se vérifier; **2ung** *f* ⟨~; ~en⟩ confirmation *f*
bestatt|en [bəˈʃtatən] *st/s v/t* ⟨-e-, *sans ge*⟩ inhumer; **2ung** *st/s f* ⟨~; ~en⟩ inhumation *f*; **2ungsinstitut** *n* pompes *f/pl* funèbres
bestäub|en [bəˈʃtɔʏbən] *v/t* ⟨*sans ge*⟩ **1** *mit Mehl etc* saupoudrer; **2** BOT transporter le pollen sur; **2ung** *f* ⟨~; ~en⟩ BOT pollinisation *f*
be'staunen *v/t* ⟨*sans ge*⟩ s'émerveiller de
beste [ˈbɛstə], **~r, ~s** *adj* meilleur; ***es ist das 2, er …*** le mieux (c')est qu'il … (+ *subj*); ***am ~n*** le mieux; ***aufs 2*** le mieux (du monde); au mieux; ***etw zum 2n geben*** raconter, réciter, chanter *etc* qc (en société); ***j-n zum 2n halten*** se moquer de qn; se payer la tête de qn
'Beste(s) *n* ⟨→ A⟩ ***das Beste*** le mieux; ***das Beste aus etw machen*** tirer le meilleur parti de qc; ***das Beste vom Besten*** le nec plus ultra; ***sein Bestes tun*** faire de son mieux; ***ich will nur dein Bestes*** c'est pour ton bien
be'stech|en *v/t* ⟨*irr, sans ge*⟩ **1** corrompre; **2** *fig* séduire; **~end** *adjt* séduisant; attirant; **~lich** *adj* vénal; corruptible; **2lichkeit** *f* ⟨~⟩ vénalité *f*; corruptibilité *f*; **2ung** *f* ⟨~; ~en⟩ corruption *f*; **2ungsgeld** *n* pot-de-vin *m*
Besteck [bəˈʃtɛk] *n* ⟨~¢s; ~e⟩ couvert *m*
be'stehen ⟨*irr, sans ge*⟩ **I** *v/t* *Examen* réussir (à); être reçu à; *Kampf* sortir vainqueur de; **II** *v/i* **1** (*existieren*) exis-

ter; ***es besteht* (*die*) *Aussicht, dass ...*** il y a des chances (pour) que ... (+ *subj*); **2** (*beharren*) ***auf s-m Recht ~*** faire valoir ses droits; ***darauf ~, dass ...*** insister pour que ... (+ *subj*); **3** ***aus etw ~*** être composé, se composer de qc; ***in etw*** (*dat*) **~** consister en qc; **4 ~ *bleiben*** subsister; rester; se maintenir

Be'stehen *n* ⟨~s⟩ **1** existence *f*; ***seit ~ der Welt*** depuis que le monde est monde, existe; **2** *e-s Examens* réussite *f* (+ *gén* à)

be'stehend *adjt* **1** existant; **2 ~ *aus*** composé de

be'stehlen *v/t* ⟨*irr, sans ge*⟩ ***j-n ~*** voler qn

be'steig|en *v/t* ⟨*irr, sans ge*⟩ monter sur; *Berg* faire l'ascension de; **2ung** *f* ⟨~; ~en⟩ ascension *f*

be'stellen *v/t* ⟨*sans ge*⟩ **1** *Waren, im Lokal* commander; *Taxi* appeler; **2 *j-n*** (***zu sich*** [*dat*]) **~** convoquer qn (chez soi); **3** (*ausrichten*) ***j-m etw ~*** faire savoir qc à qn; ***bestell deiner Mutter schöne Grüße*** (***von mir***) donne le bonjour (de ma part) à ta mère; **4** *Feld, Garten* cultiver

Be'stellung *f* ⟨~; ~en⟩ **1** COMM, *im Lokal* commande *f*; COMM *a* ordre *m*; ***e-e ~ aufgeben*** passer (une) commande; ***j-s ~ aufnehmen*** prendre la commande de qn; ***auf ~*** sur commande; **2** *von Feld, Garten* culture *f*

'best|en'falls *adv* au mieux; **~ens** *adv* au mieux; de mon, ton, *etc* mieux

be'steuern *v/t* ⟨*sans ge*⟩ *Person, Einkommen* imposer; *Genussmittel* taxer

bestialisch [bɛsti'aːlɪʃ] **I** *adj* bestial; *Verbrechen*, F *fig* atroce; **II** *adv* **1** d'une façon bestiale; **2** F *fig* ***es stinkt ~*** ça pue atrocement

Bestiali'tät *f* ⟨~; ~en⟩ **1** *Eigenschaft* bestialité *f*; **2** *Handlung* atrocité *f*

be'sticken *v/t* ⟨*sans ge*⟩ broder

Bestie ['bɛstiə] *f* ⟨~; ~n⟩ bête *f*, animal *m* féroce (*a fig*)

be'stimmen ⟨*sans ge*⟩ **I** *v/t* **1** (*festlegen*) fixer; déterminer; **2** (*vorsehen*) destiner (***für*** à); (*ernennen*) désigner (***zu*** comme); **3** (*ermitteln*) déterminer; *Begriff* définir; **4** (*prägen*) marquer; déterminer; **II** *v/i* commander; ***über etw*** (*acc*) **~** décider de qc

be'stimmend *adjt* déterminant

be'stimmt **I** *adjt* **1** (*speziell*) déterminé; (bien) défini; **2** (*entschieden*) *Ton* décidé; *Worte* énergique; **3** (*feststehend*) donné; déterminé; *Stunde* fixé; **4** (*gewiss*) certain; **5** (*genau*) ***niemand weiß etwas 2es*** personne ne sait rien de précis; **II** *advt* **1** (*sicher*) certainement; ***das weiß ich ganz ~*** j'en suis sûr, certain; **2** (*vermutlich*) certainement; sûrement; ***ich habe es ~ verloren*** j'ai dû le perdre; **3** (*entschieden*) fermement

Be'stimmtheit *f* ⟨~⟩ **1** (*Entschiedenheit*) détermination *f*; fermeté *f*; **2** (*Gewissheit*) certitude *f*

Be'stimmung *f* ⟨~; ~en⟩ **1** (*Anordnung*) disposition *f*; règlement *m*; **2** (*Zweck*) destination *f*; ***etw s-r ~*** (*dat*) ***übergeben*** *Gebäude* inaugurer qc; **3** (*Schicksal*) destin *m*; *zu e-m Beruf* vocation *f*; **4** (*Ermitteln*) détermination *f*; *e-s Begriffs* définition *f*; **5** GR ***adverbiale ~*** complément circonstanciel

'best'möglich **I** *adj* le meilleur ... possible; **II** *adv* le mieux possible

be'straf|en *v/t* ⟨*sans ge*⟩ punir (***mit*** de); **2ung** *f* ⟨~; ~en⟩ punition *f*

be'strahl|en *v/t* ⟨*sans ge*⟩ **1** éclairer; illuminer; **2** MÉD traiter par les rayons; **2ung** *f* ⟨~; ~en⟩ **1** (*Sonnen2*) exposition *f* au soleil; **2** MÉD traitement *m* par les rayons; radiothérapie *f*

Be'streben *n* ⟨~s⟩ ***im ~ zu*** (+ *inf*) soucieux de (+ *inf*)

be'strebt *adjt* ***~ sein, etw zu tun*** s'efforcer de faire qc

Be'strebung *f* ⟨~; ~en⟩ effort *m*

be'streichen *v/t* ⟨*irr, sans ge*⟩ enduire (***mit*** de); *Brot* tartiner; ***mit Butter ~*** beurrer

be'streiken *v/t* ⟨*sans ge*⟩ ***e-n Betrieb ~*** faire la grève dans une entreprise

be'streiten *v/t* ⟨*irr, sans ge*⟩ **1** (*leugnen*) contester; ***das lässt sich nicht ~*** c'est incontestable; **2** (*streitig machen*) ***j-m das Recht ~ zu*** (+ *inf*) contester à qn le droit de (+ *inf*); **3** *Kosten, Ausgaben* subvenir à

be'streuen *v/t* ⟨*sans ge*⟩ couvrir, parsemer (***mit*** de); *mit Zucker, Salz* saupoudrer (de); ***mit Sand ~*** sabler

Bestseller ['bɛstzɛlər] *m* ⟨~s; ~⟩ best-seller *m*

be'stürmen *v/t* ⟨*sans ge*⟩ assaillir (***mit*** de)

be'stürz|en *v/t* ⟨~t, *sans ge*⟩ consterner;

B

≈ung *f* ⟨~⟩ consternation *f*
Besuch [bə'zu:x] *m* ⟨~¢s; ~e⟩ **1** visite *f*; *der Schule* fréquentation *f*; ***bei j-m zu ~ sein*** être en visite chez qn; ***j-m e-n ~ machen*** rendre visite à qn; **2** (*Gast*) invité(e) *m(f)*; *offizieller* hôte *m,f*; ***er hat ~*** il a de la visite, des invités, du monde
be'suchen *v/t* ⟨*sans ge*⟩ aller *bzw* venir voir; rendre visite à; *Museum, Land* visiter; *Kino, Kirche* aller à; *häufig* fréquenter
Be'sucher(in) *m* ⟨~s; ~⟩ (*f*) ⟨~; ~nen⟩ visiteur, -euse *m,f*; (*Gast*) invité(e) *m(f)*; *offizielle(r)* hôte *m,f*; *e-s Theaters, Kinos* spectateur, -trice *m,f*
be'sucht *adjt* ***das Restaurant war gut, schlecht ~*** il y avait du monde, peu de monde dans le restaurant; ***schlecht ~*** *a* peu fréquenté
be'tagt *st/s adj* âgé; d'un âge avancé
be'tasten *v/t* ⟨-e-, *sans ge*⟩ tâter; MÉD palper
be'tätigen ⟨*sans ge*⟩ **I** *v/t* actionner; manœuvrer; **II** *v/r* ***sich ~*** s'occuper; ***sich politisch ~*** faire de la politique
Be'tätigung *f* ⟨~; ~en⟩ **1** (*Bedienen*) manœuvre *f*; **2** (*Tätigkeit*) activité *f*
betäub|en [bə'tɔʏbən] *v/t* ⟨*sans ge*⟩ **1** MÉD anesthésier; *örtlich* insensibiliser; **2** *durch e-n Schlag* étourdir; *durch Lärm* assourdir; *durch Geruch* enivrer; **3** *Schmerz* calmer; **~end** *adjt Lärm* assourdissant; *Duft* enivrant; **≈ung** *f* ⟨~; ~en⟩ anesthésie *f*; insensibilisation *f*; étourdissement *m*; assourdissement *m*; apaisement *m*; **≈ungsmittel** *n* anesthésique *m*; narcotique *m*
Bete ['be:tə] *f* ⟨~; ~n⟩ ***Rote ~*** betterave *f* rouge
beteiligen [bə'taılıgən] ⟨*sans ge*⟩ **I** *v/t* ***j-n an etw*** (*dat*) ***~*** faire participer qn à qc; **II** *v/r* ***sich an etw*** (*dat*) ***~*** participer, prendre part à qc
be'teiligt *adjt* ***an etw*** (*dat*) ***~ sein*** participer à qc; ***an e-m Unfall ~ sein*** être impliqué dans un accident
Be'teilig|te(r) *f(m)* ⟨→ A⟩ (*Teilnehmer[in]*) participant(e) *m(f)* (***an*** [+ *dat*] à, de); *an e-m Unfall, Prozess* personne impliquée (dans); **~ung** *f* ⟨~; ~en⟩ participation *f* (***an*** [+ *dat*] à)
beten ['be:tən] ⟨-e-⟩ **I** *v/t Gebet* dire; réciter; **II** *v/i* prier; faire sa prière; ***zu Gott ~*** prier Dieu
beteuer|n [bə'tɔʏərn] *v/t* ⟨*sans ge*⟩ protester de; affirmer (solennellement); **≈ung** *f* ⟨~; ~en⟩ protestation *f*
Beton [be'tɔŋ] *m* ⟨~s⟩ béton *m*
betonen [bə'to:nən] *v/t* ⟨*sans ge*⟩ **1** PHON, MUS accentuer; **2** *fig* mettre l'accent sur; souligner
betonieren [beto'ni:rən] *v/t* ⟨*sans ge*⟩ bétonner
be'tont **I** *adjt* **1** PHON, MUS accentué; **2** *fig* prononcé; marqué; **II** *advt fig* ***~ schlicht*** d'une simplicité étudiée
Be'tonung *f* ⟨~; ~en⟩ accentuation *f* (*a fig*); (*~sakzent*) accent *m* tonique
betör|en [bə'tø:rən] *v/t* ⟨*sans ge*⟩ envoûter; ensorceler; **~end** *adjt* envoûtant; ensorcelant
Betr. *abr* ADM (*Betreff, betrifft*) objet
Betracht [bə'traxt] *m* ***in ~ kommen*** entrer en considération, en ligne de compte; ***in ~ ziehen*** prendre en considération; tenir compte de; ***außer ~ lassen*** laisser de côté
be'trachten *v/t* ⟨-e-, *sans ge*⟩ **1** (*ansehen*) regarder; *Gemälde* contempler; **2** *fig* (*beurteilen*) considérer; ***so betrachtet*** vu sous cet angle; **3** ***j-n, etw als j-n, etw ~*** considérer qn, qc comme qn, qc
Be'trachter(in) *m* ⟨~s; ~⟩ (*f*) ⟨~; ~nen⟩ observateur, -trice *m,f*
beträchtlich [bə'trɛçtlıç] *adj* considérable; notable
Be'trachtung *f* ⟨~; ~en⟩ **1** *e-s Bildes* contemplation *f*; **2** *e-s Problems* examen *m*; ***~en*** (***über etw*** [*acc*]) ***anstellen*** se livrer à des considérations (sur qc)
Betrag [bə'tra:k] *m* ⟨~¢s; ~e⟩ somme *f*; montant *m*; COMM ***~*** (***dankend***) ***erhalten*** pour acquit
be'tragen ⟨*irr, sans ge*⟩ **I** *v/i* se monter à; s'élever à; **II** *v/r* ***sich ... ~*** se conduire ...; se comporter ...
Be'tragen *n* ⟨~s⟩ conduite *f*
be'trauen *v/t* ⟨*sans ge*⟩ ***j-n mit etw ~*** confier qc à qn; charger qn de qc
be'trauern *v/t* ⟨*sans ge*⟩ *Person* pleurer; *Verlust* déplorer
Betreff [bə'trɛf] *m* ⟨~¢s; ~e⟩ ADM *im Brief* objet *m*
be'treffen *v/t* ⟨*irr, sans ge*⟩ concerner; ***was ... betrifft*** en ce qui concerne ...
be'treffend *adjt* en question
be'treffs *prép* ⟨*gén*⟩ ADM concernant
be'treiben *v/t* ⟨*irr, sans ge*⟩ **1** *Gewerbe*

exercer; *Geschäft* exploiter; *Studien, Politik* faire; **2** (*vorantreiben*) activer; accélérer; **3** ***mit Strom betrieben werden*** marcher à l'électricité

Be'treiben *n* ⟨~s⟩ ***auf ~ von*** sous l'impulsion de; *péj* à l'instigation de

be'treten[1] *v/t* ⟨*irr, sans ge*⟩ *Raum* entrer dans; *Rasen* marcher sur; *Weg* s'engager dans; *Grundstück* pénétrer dans; **♀ *verboten!*** entrée interdite!; défense d'entrer!

be'treten[2] *adjt* embarrassé; gêné

be'treu|en *v/t* ⟨*sans ge*⟩ **1** *Kinder, Tiere* prendre soin de; **2** *Abteilung* être le responsable de; *Gruppe* animer; **♀er(in)** *m* ⟨~s; ~⟩ (*f*) ⟨~; ~nen⟩ responsable *m,f*; *e-r Gruppe* animateur, -trice *m,f*; moniteur, -trice *m,f*; **♀ung** *f* ⟨~⟩ **1** (prise *f* en) charge *f*; *e-r Gruppe* animation *f*; **2** *ärztliche* soins *m/pl*

Betrieb [bə'tri:p] *m* ⟨~(e)s; ~e⟩ **1** (*Unternehmen*) entreprise *f*; **2** (*Funktionieren*) marche *f*; fonctionnement *m*; ***in ~ nehmen*** mettre en service; ***in ~ setzen*** mettre en marche; ***in ~ sein*** être en service, en marche; ***außer ~ sein*** être 'hors service; **3** F (*Treiben*) animation *f*; ***es herrscht viel ~*** il y a beaucoup de monde

be'trieblich *adj* de l'entreprise

Be'triebsamkeit *f* ⟨~⟩ activité *f*

Be'triebs|anleitung *f* mode *m* d'emploi; notice explicative; **~ferien** *pl* fermeture annuelle (de l'entreprise); **~geheimnis** *n* secret *m* d'exploitation, de fabrication; **~klima** *n* ambiance *f* (dans une entreprise); **~rat** *m* ⟨~(e)s; ~e⟩ **1** *Ausschuss* comité *m* d'entreprise; **2** *Person* délégué *m* du personnel; **~rente** *f* retraite *f*, pension *f* d'entreprise; **~stilllegung** *f* fermeture *f* d'une entreprise; **~system** *n* INFORM système *m* d'exploitation; **~unfall** *m* accident *m* du travail; **~wirt(in)** *m(f)* diplômé(e) *m(f)* en gestion (d'entreprise); **~wirtschaft** *f* ⟨~⟩ économie *f* d'entreprise; gestion *f* (d'entreprise)

be'trinken *v/r* ⟨*irr, sans ge*⟩ ***sich ~*** s'enivrer

betroffen [bə'trɔfən] *adjt* affecté; touché; **♀heit** *f* ⟨~⟩ confusion *f*

be'trüb|en *v/t* ⟨*sans ge*⟩ affliger; attrister; **~lich** *adj* affligeant; attristant

be'trübt *adjt* affligé, attristé, peiné (***über*** [+ *acc*] de)

Betrug [bə'tru:k] *m* ⟨~(e)s⟩ tromperie *f*; duperie *f*; escroquerie *f* (*a* JUR); *meist* FIN fraude *f*; *beim Spiel* tricherie *f*

be'trügen ⟨*irr, sans ge*⟩ **I** *v/t* tromper (*a in der Liebe*); duper; escroquer (*a* JUR); ***j-n um etw ~*** escroquer qc à qn; **II** *v/i meist* FIN frauder; *beim Spiel* tricher

Be'trüg|er(in) *m* ⟨~s; ~⟩ (*f*) ⟨~; ~nen⟩ escroc *m* (*a* JUR); *meist* FIN fraudeur, -euse *m,f*; *beim Spiel* tricheur, -euse *m,f*; **~e'rei** *f* ⟨~; ~en⟩ → ***Betrug***; **♀erisch** *adj* frauduleux; *Person* perfide

betrunken [bə'truŋkən] *adjt* ivre; **♀e(r)** *f(m)* ⟨→ A⟩ homme *m*, femme *f* ivre

Bett [bɛt] *n* ⟨~(e)s; ~en⟩ **1** lit *m*; ***das ~ machen*** faire le *bzw* son lit; ***die ~en beziehen*** mettre les draps; *frisch* changer les draps; ***zu, ins ~ bringen*** mettre au lit; coucher; ***zu, ins ~ gehen*** aller se coucher, au lit; F ***mit j-m ins ~ gehen*** F coucher avec qn; **2** (*Fluss♀*) lit *m*

'Bett|bezug *m* 'housse *f* de couette; **~couch** *f* canapé-lit *m*; **~decke** *f* couverture *f*

'bettel'arm *adj* misérable

betteln ['bɛtəln] *v/i* ⟨h⟩ ***(um etw) ~*** mendier (qc) (*a fig*)

'betten *st/s v/t* ⟨-e-⟩ coucher

'Bett|federn *f/pl* duvet *m*; **~flasche** *f regional* bouillotte *f*; **♀lägerig** [-lɛ:gərɪç] *adj* alité; *als Dauerzustand* grabataire; **~laken** *n* drap *m* (de lit)

'Bettler(in) *m* ⟨~s; ~⟩ (*f*) ⟨~; ~nen⟩ mendiant(e) *m(f)*

Bett|nässer ['bɛtnɛsər] *m* ⟨~s; ~⟩ enfant *m,f* qui fait pipi au lit; *sc* énurétique *m,f*; **~ruhe** *f* alitement *m*; **~tuch** *n* ⟨~(e)s; ~er⟩ drap *m* (de lit); **~vorleger** *m* descente *f* de lit; carpette *f*; **~wäsche** *f* linge *m* de lit; **~zeug** F *n* ⟨~(e)s⟩ literie *f* (sans matelas)

betucht [bə'tu:xt] F *adj* cossu; riche

betulich [bə'tu:lɪç] *adj* (*gemächlich*) (trop) lent

be'tupfen *v/t* ⟨*sans ge*⟩ tamponner

Beuge ['bɔygə] *f* ⟨~; ~n⟩ **1** TURNEN flexion *f*; **2** ANAT pli *m* (du bras, *etc*)

'beugen I *v/t* **1** *Knie, Rumpf* plier; *Kopf* pencher; ***vom Kummer gebeugt*** écrasé, anéanti de chagrin; **2** *fig Stolz etc* briser; **3** *Recht, Gesetz* tourner; **4** GR *Substantiv, Adjektiv* décliner; *Verb* conjuguer; **II** *v/r* **5** ***sich aus dem Fens-***

B

ter ~ se pencher par la fenêtre; **6** *fig* ***sich ~*** *(nachgeben)* s'incliner (+ *dat* devant); céder (à)
'Beugung *f* ⟨~; ~en⟩ GR flexion *f*; *e-s Substantivs, Adjektivs* déclinaison *f*; *e-s Verbs* conjugaison *f*
Beule ['bɔʏlə] *f* ⟨~; ~n⟩ *am Kopf etc* bosse *f*; *Gegenstand* ***~n haben*** être cabossé, bosselé
'beulen *v/i* (*u v/r* ***sich ~***) faire des bosses
be'unruhig|en *v/t* (*u v/r*) ⟨*sans ge*⟩ (***sich ~*** s')inquiéter; **2ung** *f* ⟨~; ~en⟩ inquiétude *f*; souci *m*
be'urkunden *v/t* ⟨-e-, *sans ge*⟩ donner acte de; authentifier
be'urlauben *v/t* ⟨*sans ge*⟩ **1** accorder un congé à; **2** *vom Amt* suspendre (de ses fonctions)
be'urteil|en *v/t* ⟨*sans ge*⟩ juger (de); porter un jugement sur; **2ung** *f* ⟨~; ~en⟩ **1** jugement *m*; **2** *(Gutachten)* évaluation *f*
Beute ['bɔʏtə] *f* ⟨~⟩ **1** (*~gut, Diebes2*) butin *m*; *(Jagd2)* (tableau *m* de) chasse *f*; **2** *e-s Raubtiers* proie *f* (*a fig*)
Beutel ['bɔʏtəl] *m* ⟨~s; ~⟩ (petit) sac; *kleiner* sachet *m*
bevölkern [bə'fœlkərn] *v/t* ⟨*sans ge*⟩ peupler (***mit*** de; *a fig*)
Be'völkerung *f* ⟨~; ~en⟩ population *f*; **~sdichte** *f* densité *f* de (la) population
bevollmächt|igen [bə'fɔlmɛçtɪgən] *v/t* ⟨*sans ge*⟩ donner mandat à (***zu*** pour); **~igt** *adjt* autorisé (***zu*** à); **2igte(r)** *f(m)* ⟨→ A⟩ mandataire *m,f*; COMM fondé *m* de pouvoir
be'vor *conj* avant que (+ *subj*)
be'vormund|en *v/t* ⟨-e-, *sans ge*⟩ JUR tenir en tutelle; *fig* dicter sa conduite à; **2ung** *f* ⟨~; ~en⟩ tutelle *f* (*a fig*)
be'vor·stehen *v/i* ⟨*irr*⟩ être en vue; ***unmittelbar ~*** être imminent
be'vorstehend *adjt* en vue; proche
be'vorzugen *v/t* ⟨*sans ge*⟩ **1** *Dinge* préférer; **2** *Person* favoriser
be'vorzugt I *adjt* **1** préféré; **2** favorisé; **II** *advt* ***~ behandelt werden*** bénéficier d'un traitement de faveur
Be'vorzugung *f* ⟨~; ~en⟩ préférence *f*; *von Personen* traitement *m* de faveur
be'wach|en *v/t* ⟨*sans ge*⟩ garder; surveiller; **2er** *m* ⟨~s; ~⟩ gardien *m*
be'wachsen *adj* (re)couvert (***mit*** de)
Be'wachung *f* ⟨~; ~en⟩ garde *f*; surveillance *f*
be'waffn|en *v/t* (*u v/r*) ⟨-e-, *sans ge*⟩ (***sich ~*** s')armer (***mit*** de) (*a fig*); **2ung** *f* ⟨~; ~en⟩ armement *m*
be'wahren *v/t* ⟨*sans ge*⟩ **1** *(erhalten)* garder; conserver; **2** *(schützen)* préserver (***vor*** [+ *dat*] de); protéger (de, contre)
be'währen *v/r* ⟨*sans ge*⟩ ***sich ~*** faire ses preuves
be'wahrheiten *v/r* ⟨-e-, *sans ge*⟩ ***sich ~*** se vérifier; s'avérer juste
be'währt *adjt* éprouvé
Be'währung *f* ⟨~; ~en⟩ JUR sursis *m* (à l'exécution des peines); (*~sfrist*) probation *f*; *Strafe* ***mit ~*** avec sursis
Be'währungs|frist *f* JUR probation *f*; délai *m* probatoire; **~helfer(in)** *m(f)* JUR agent *m* de probation; **~probe** *f* épreuve *f*
be'waldet *adj* boisé; couvert de bois
bewältigen [bə'vɛltɪgən] *v/t* ⟨*sans ge*⟩ venir à bout de; *Vergangenheit* assumer
be'wandert *adj* ***in etw*** *(dat)* ***~ sein*** s'y connaître en qc
Bewandtnis [bə'vantnɪs] *f* ⟨~; ~se⟩ ***damit hat es s-e eigene ~*** c'est un cas particulier
be'wässer|n *v/t* ⟨*sans ge*⟩ arroser; **2ung** *f* ⟨~; ~en⟩ arrosage *m*
bewegen[1] [bə've:gən] ⟨*sans ge*⟩ **I** *v/t* **1** *räumlich* remuer; bouger; *(in Bewegung versetzen)* agiter; **2** *(rühren)* émouvoir; toucher; **3** *(geistig beschäftigen)* préoccuper; **II** *v/r* ***sich ~*** remuer; bouger
be'wegen[2] *v/t* ⟨bewog, bewogen⟩ ***j-n zu etw ~*** décider, pousser, inciter qn à qc
Be'weggrund *m* mobile *m*; motif *m*
be'weglich *adj* **1** mobile (*a Feiertag*); ***der ~e Besitz*** les biens *m/pl* meubles; **2** *geistig* vif; alerte
be'wegt *adjt* **1** *Leben etc* mouvementé; agité; **2** *(ergriffen)* ému; touché
Be'wegung *f* ⟨~; ~en⟩ **1** mouvement *m*; ***sich in ~ setzen*** se mettre en marche; *Zug a* s'ébranler; **2** *(Geste)* geste *m*; **3** *innere* agitation *f*; *(Rührung)* émotion *f*; **4** POL *etc* mouvement *m*
Be'wegungs|freiheit *f* liberté *f* de mouvement; **2los** *adj* immobile; figé; inerte; **~melder** *m* ⟨~s; ~⟩ détecteur *m* de mouvement
Beweis [bə'vaɪs] *m* ⟨~es; ~e⟩ preuve *f* (***für*** de)
be'weisen *v/t* ⟨*irr, sans ge*⟩ **1** prouver;

2 *Mut etc* faire preuve de

Be'weis|material *n* preuves *f/pl*; **~mittel** *n* preuve *f*

be'wenden ***es bei*** *od* ***mit etw ~ lassen*** en rester, s'en tenir à qc

be'werben *v/r* ⟨*irr, sans ge*⟩ ***sich* (*um e-e Stelle*) ~** poser sa candidature à un poste; *nur beruflich* ***sich ~ bei j-m, e-r Firma*** solliciter, postuler un emploi chez qn, dans une entreprise

Be'werb|er(in) *m* ⟨~s; ~⟩ (*f*) ⟨~; ~nen⟩ candidat(e) *m*(*f*); *nur beruflich* postulant(e) *m*(*f*); **~ung** *f* ⟨~; ~en⟩ **1** candidature *f* (***um*** à); **2** *Schriftstück* lettre *f* de candidature

Be'werbungs|schreiben *n* lettre *f* de candidature; **~unterlagen** *f/pl* dossier *m* de candidature

be'werfen *v/t* ⟨*irr, sans ge*⟩ ***etw, j-n mit etw ~*** jeter qc à qc, qn

bewerkstelligen [bəˈvɛrkʃtɛlɪgən] *v/t* ⟨*sans ge*⟩ effectuer; exécuter; (*zustande bringen*) accomplir; réaliser

be'wert|en *v/t* ⟨-e-, *sans ge*⟩ évaluer; estimer; SPORT, SCHULE noter; **2ung** *f* évaluation *f*; estimation *f*; SPORT, SCHULE note *f*; points *m/pl*

be'willig|en *v/t* ⟨*sans ge*⟩ accorder; autoriser; **2ung** *f* ⟨~; ~en⟩ autorisation *f*; octroi *m*

be'wirken *v/t* ⟨*sans ge*⟩ **1** (*verursachen*) causer; provoquer; avoir pour effet; **2** (*erreichen*) obtenir

be'wirten *v/t* ⟨-e-, *sans ge*⟩ offrir un repas à; ***j-n mit etw ~*** servir qc à qn

be'wirtschaften *v/t* ⟨-e-, *sans ge*⟩ exploiter

Be'wirtung *f* ⟨~; ~en⟩ repas (offert à qn); restauration *f*

bewog [bəˈvoːk], **bewogen** [bəˈvoːgən] → ***bewegen***[2]

be'wohnbar *adj* habitable

be'wohn|en *v/t* ⟨*sans ge*⟩ habiter; **2er(in)** *m* ⟨~s; ~⟩ (*f*) ⟨~; ~nen⟩ habitant(e) *m*(*f*)

bewölk|en [bəˈvœlkən] *v/r* ⟨*sans ge*⟩ ***sich ~*** se couvrir (de nuages); **2ung** *f* ⟨~; ~en⟩ nuages *m/pl*

Be'wund|erer *m* ⟨~s; ~⟩, **~erin** *f* ⟨~; ~nen⟩ admirateur, -trice *m,f*; **2ern** *v/t* ⟨*sans ge*⟩ admirer; **2ernswert** *adj* admirable; digne d'admiration; **~erung** *f* ⟨~⟩ admiration *f*

bewusst [bəˈvʊst] **I** *adj* **1** conscient; ***sich*** (*dat*) ***e-r Sache*** (*gén*) ***~ sein, werden*** avoir, prendre conscience de qc; ***sich*** (*dat*) ***etw ~ machen*** se rendre compte de qc; **2** (*absichtlich*) voulu; délibéré; **3** (*besagt*) en question; **II** *adv* **1** consciemment; **2** délibérément

be'wusstlos *adj* sans connaissance; évanoui; ***~ werden*** perdre connaissance; s'évanouir

Be'wusstlosigkeit *f* ⟨~⟩ évanouissement *m*; perte *f* de connaissance

Be'wusstsein *n* ⟨~s⟩ **1** PSYCH, PHILOS conscience *f*; **2** MÉD connaissance *f*; ***das ~ verlieren*** perdre connaissance; ***wieder zu ~ kommen*** reprendre connaissance

be'zahlen ⟨*sans ge*⟩ **I** *v/t* payer (***j-m etw*** qc à qn); ***für etw zehn Euro ~*** payer qc dix euros; ***sich bezahlt machen*** être payant; payer; **II** *v/i* payer; ***Herr Ober, bitte ~!*** garçon, l'addition s'il vous plaît!

Be'zahlung *f* ⟨~⟩ **1** paiement *m*; **2** (*Lohn*) rémunération *f*

be'zähmen *st/s v/t* (*u v/r*) ⟨*sans ge*⟩ (***sich ~*** se) dominer; (se) maîtriser

be'zaubern *v/t* ⟨*sans ge*⟩ charmer

be'zaubernd *adjt* charmant; ravissant

be'zeichnen ⟨-e-, *sans ge*⟩ **I** *v/t* **1** (*markieren*) marquer; indiquer; **2** (*benennen*) désigner; ***näher ~*** spécifier; **3** (*einschätzen*) qualifier (***als*** de); **II** *v/r* ***sich als Künstler ~*** se dire artiste

be'zeichnend *adjt* typique, caractéristique (***für*** de); (*aufschlussreich*) révélateur

Be'zeichnung *f* **1** (*Angabe*) indication *f*; **2** (*Zeichen*) marque *f*; **3** (*Benennung*) désignation *f*; dénomination *f*

be'zeugen *v/t* ⟨*sans ge*⟩ témoigner de

bezichtigen [bəˈtsɪçtɪgən] *v/t* ⟨*sans ge*⟩ accuser

be'ziehbar *adj Wohnung* habitable (immédiatement); (*frei*) libre

be'ziehen ⟨*irr, sans ge*⟩ **I** *v/t* **1** *Schirm, Möbel* recouvrir (***mit*** de); **2** *Wohnung* s'installer dans; **3** *Waren* se fournir en, acheter (***von j-m*** chez qn); *Gehalt* toucher; percevoir; *Zeitung* être abonné à; **4** ***etw auf etw*** (*acc*) ***~*** appliquer qc à qc; ***etw auf sich*** (*acc*) ***~*** prendre qc pour soi; ***bezogen auf*** (+ *acc*) par rapport à; **II** *v/r* ***sich ~ auf*** (+ *acc*) se référer à

B

Be'zieher *m* ⟨~s; ~⟩ *e-r Zeitung* abonné *m*; *e-s Gehalts* bénéficiaire *m*
Be'ziehung *f* **1** (*Verbindung*) relation *f*; rapport *m*; ***gute ~en zu j-m haben*** entretenir de bons rapports avec qn; avoir de bonnes relations avec qn; ***e-e feste ~ haben*** avoir une relation (amoureuse) suivie; **2** ***~en haben*** (*einflussreiche Personen kennen*) avoir des relations; **3** (*Verhältnis*) rapport *m*; lien *m*; ***in ~ zu etw stehen*** avoir rapport à qc; **4** (*Verständnis*) affinités *f/pl* (***zu*** avec); **5** (*Hinsicht*) ***in dieser ~*** de ce point de vue; sous ce rapport; à cet égard; ***in mancher ~*** à maints égards
be'ziehungsweise *adv* **1** (*im anderen Fall*) respectivement; (*oder*) ou; **2** (*genauer gesagt*) ou plutôt, plus exactement
be'ziffern *v/t* (*u v/r*) ⟨*sans ge*⟩ (***sich ~*** se) chiffrer (***auf*** [+ *acc*] à)
Bezirk [bə'tsɪrk] *m* ⟨~(e)s; ~e⟩ district *m*; circonscription *f*
Bezug [bə'tsu:k] *m* **1** (*Bett*♀, *Kissen*♀) enveloppe *f*; ʻhousse *f* (*a Möbel*♀); (*Kopfkissen*♀) taie *f*; **2** *von Waren* achat *m*; *von Zeitungen* abonnement *m* (+ *gén* à); **3** FIN *pl* ***Bezüge*** appointements *m/pl*; traitement *m*; **4** (*Beziehung*) rapport *m*; ***in ~ auf j-n, etw*** en ce qui concerne qn, qc; au sujet de qn, qc; ***~ nehmen auf*** (+ *acc*) se référer à
bezüglich [bə'tsy:klɪç] *prép* ⟨*gén*⟩ au sujet de; en ce qui concerne
Be'zugsperson *f* personne *f* de confiance
be'zwecken *v/t* ⟨*sans ge*⟩ viser à
be'zweifeln *v/t* ⟨*¢, sans ge*⟩ douter de; mettre en doute; ***~, dass …*** douter que … (+ *subj*)
be'zwing|en *v/t* ⟨*irr, sans ge*⟩ vaincre; *Leidenschaften* maîtriser; **♀er** *m* ⟨~s; ~⟩ vainqueur *m*; **♀ung** *f* ⟨~; ~en⟩ victoire *f* (+ *gén* sur)
BGB [be:ge:'be:] *n* ⟨~⟩ *abr* (*Bürgerliches Gesetzbuch*) *etwa* Code civil
BH [be:'ha:] F *m* ⟨~$; ~$⟩ *abr* (*Büstenhalter*) soutien-gorge *m*
Biathlon ['bi:atlɔn] *n* ⟨~s; ~s⟩ biathlon *m*
bibbern ['bɪbərn] F *v/i* trembler
Bibel ['bi:bəl] *f* ⟨~; ~n⟩ Bible *f*; *als Buch, fig* bible *f*; **~vers** *m* verset *m*
Biber ['bi:bər] *m* ⟨~s; ~⟩ castor *m*
Biblio|graphie [bibliogra'fi:] *f* ⟨~; ~n⟩ bibliographie *f*; **~thek** [-'te:k] *f* ⟨~; ~en⟩ bibliothèque *f*; **~the'kar(in)** *m* ⟨~s; ~e⟩ (*f*) ⟨~; ~nen⟩ bibliothécaire *m,f*
'biblisch *adj* biblique; de la Bible; *fig* ***~es Alter*** âge *m* canonique
Bidet [bi'de:] *n* ⟨~s; ~s⟩ bidet *m*
bieder ['bi:dər] *adj* bon; honnête; brave; (*langweilig*) fade
Biedermeier ['bi:dərmaɪər] *n* ⟨~s⟩ (époque *f* du) Biedermeier *m*; *etwa* style *m* Louis-Philippe
biegen ['bi:gən] ⟨bog, gebogen⟩ **I** *v/t* courber; plier; F *fig* ***auf ♀ oder Brechen*** coûte que coûte; à tout prix; **II** *v/i* ⟨sn⟩ tourner; ***um die Ecke ~*** tourner au coin (de la rue); **III** *v/r* ***sich ~*** se courber; *unter starker Last* s'infléchir
'biegsam *adj* flexible; souple
'Biegung *f* ⟨~; ~en⟩ courbe *f*; *e-s Weges, Flusses* tournant *m*; ***e-e ~ machen*** tourner
Biene [bi:nə] *f* ⟨~; ~n⟩ **1** abeille *f*; **2** F (*Mädchen*) F poupée *f*
'Bienen|fleiß *m* application *f*; acharnement *m*; **~honig** *m* miel *m* (d'abeilles); **~königin** *f* reine *f* des abeilles; **~stich** *m* **1** piqûre *f* d'abeille; **2** CUIS *gâteau fourré de crème et recouvert d'amandes effilées*; **~stock** *m* ruche *f*; **~wachs** *n* cire *f* d'abeille
Bier [bi:r] *n* ⟨~(e)s; ~e⟩ bière *f*; F *fig* ***das ist nicht mein ~*** F c'est pas mes oignons
'Bier|bauch F *m* F bedaine *f*; **~deckel** *m* dessous-de-verre *m*; **~dose** *f* boîte *f* de bière; **~fass** *n* tonneau *m* à bière; **~flasche** *f* bouteille *f* de bière; *kleine* canette *f* (de bière); **~garten** *m* brasserie *f* avec terrasse (en plein air); **~glas** *n* verre *m* à bière; **~kasten** *m* caisse *f* de bière; **~krug** *m* chope *f*; pot *m* à bière; **~schinken** *m grosse saucisse avec des morceaux de jambon*; **~wurst** *f grosse saucisse fumée*; **~zelt** *n chapiteau sous lequel on boit de la bière*
Biest [bi:st] F *péj n* ⟨~(e)s; ~er⟩ *Tier* sale bête *f*; *Frau* F chameau *m*; garce *f*
bieten ['bi:tən] ⟨bietet, bot, geboten⟩ **I** *v/t* **1** *Anblick, Bild* offrir; présenter; ***das lasse ich mir nicht ~!*** F je ne me laisserai pas marcher sur les pieds!; **2** *Geld* ***j-m etw*** (***für etw***) **~** offrir qc à qn

(pour qc); **3** *bei Auktionen* faire une enchère de; ***wer bietet mehr?*** qui dit mieux?; **II** *v/r* ***sich ~*** s'offrir

Bigamie [biga'mi:] *f* ⟨~; ~n⟩ bigamie *f*

bigott [bi'gɔt] *adj péj* (*frömmelnd*) bigot; (*scheinheilig*) hypocrite

Bikini [bi'ki:ni] *m* ⟨~s; ~s⟩ bikini *m*

Bilanz [bi'lants] *f* ⟨~; ~en⟩ bilan *m* (*a fig*); (*Handels*♀, *Zahlungs*♀) balance *f*; ***e-e ~ aufstellen*** dresser, établir un bilan; *fig* ***die ~ aus etw ziehen*** faire le bilan de qc

Bild [bɪlt] *n* ⟨~es; ~er⟩ **1** (*Abbildung*) image *f*; (*Fotografie*) photo *f*; *in Büchern* illustration *f*; (*Gemälde*) tableau *m*; **2** *sprachliches* image *f*; (*Metapher*) métaphore *f*; **3** (*Anblick*) spectacle *m*; ***ein ~ des Jammers*** un spectacle de désolation; **4** (*klare Vorstellung*) ***sich*** (*dat*) ***ein ~ von etw machen*** se faire une idée de qc; (***über etw, j-n***) ***im ~e sein*** être informé, au courant (de qc, au sujet de qn)

'**Bildband** *m* livre (abondamment) illustré; album *m*

bilden ['bɪldən] ⟨-e-⟩ **I** *v/t* **1** (*formen*) former (*a geistig*); *künstlerisch* façonner; *Satz* construire; **2** (*darstellen*) constituer; former; ***ein Ganzes ~*** former un ensemble, un tout; **3** (*gründen*) constituer; **II** *v/r* ***sich ~*** se former; **III** *v/i Reisen etc* ouvrir l'esprit

'**Bilder|buch** *n* livre *m* d'images; **~buch...** *in Zssgn fig* idéal; **~rätsel** *n* rébus *m*

'**Bildfläche** *f* F *fig* ***von der ~ verschwinden*** F disparaître de la circulation; F *fig* ***auf der ~ erscheinen*** F s'amener

'**Bild|hauer** *m* ⟨~s; ~⟩ sculpteur *m*; **~haue'rei** *f* ⟨~⟩ sculpture *f*; '**♀'hübsch** *adj* joli comme un cœur

'**bildlich** *adj* en images; *Ausdruck* figuré

'**Bildnis** *n* ⟨~ses; ~se⟩ portrait *m*

'**Bild|platte** *f* vidéodisque *m*; **~punkt** *m* pixel *m*; **~röhre** *f* tube *m* cathodique

'**Bildschirm** *m* **1** *des Computers* écran *m*; ***am ~ arbeiten*** travailler sur écran; **2** F (*Fernseher*) petit écran

'**Bildschirm|arbeit** *f* travail *m* sur écran; **~schoner** *m* ⟨~s; ~⟩ économiseur *m* d'écran; **~text** *m* minitel® *m*

'**bild'schön** *adj* superbe; *Person* beau comme le jour, comme un astre

'**Bild|störung** *f* interruption *f* de l'image; „**~**" incident *m* technique; **~telefon** *n* visiophone *m*; vidéophone *m*

'**Bildung** *f* ⟨~; ~en⟩ **1** *geistige* culture *f*; formation *f*; (*Erziehung*) éducation *f*; (*Schul*♀) instruction *f*; ***~ haben*** être cultivé; **2** (*Entstehung*) formation *f*

'**Bildungs|chancen** *f/pl* (chances *f/pl* d')accès *m* à la formation; **~lücke** *f* lacune *f* (dans la culture générale); **~politik** *f* politique *f* de l'éducation; **~urlaub** *m* congé *m* (de) formation

'**Bildungsweg** *m* formation *f*; ***zweiter ~*** enseignement dit de la deuxième chance

'**Bildungswesen** *n* enseignement *m*

'**Bildzuschrift** *f* réponse *f* avec photo

Billard ['bɪljart] *n* ⟨~s; ~e⟩ billard *m*; **~kugel** *f* boule *f* de billard; **~stock** *m* queue *f* (de billard); **~tisch** *m* (table *f* de) billard *m*

Billet [bɪl'jɛt] *n* ⟨~es; ~e *ou* ~s⟩ *schweiz, veraltet* billet *m*

Billiarde [bɪli'ardə] *f* ⟨~; ~n⟩ mille billions *m/pl*

billig ['bɪlɪç] **I** *adj* **1** *im Preis* bon marché; pas cher; ***~er*** meilleur marché; moins cher; **2** *péj*, *fig* de mauvaise qualité; *Ausrede* mauvais; *Trick* primitif; **II** *adv* bon marché

'**billigen** *v/t* approuver

'**Billig|flug** *m* vol *m* à bas prix; **~lohn** *m* bas salaire

'**Billigung** *f* ⟨~⟩ approbation *f*

'**Billigware** *f* marchandise *f* à bas prix

Billion [bɪli'o:n] *f* ⟨~; ~en⟩ billion *m*

bim [bɪm] *int* ding!; ***~, bam!*** ding, dong!

'**bimmeln** *v/i* ⟨*ç*⟩ tinter; sonner

Bimsstein ['bɪms-] *m* pierre *f* ponce

bin [bɪn] → ***sein***

binär [bi'nɛ:r] *adj* binaire

Binde ['bɪndə] *f* ⟨~; ~n⟩ **1** MÉD bande *f*; (*Verband*) bandage *m*; (*Arm*♀) écharpe *f*; (*Augen*♀) bandeau *m*; **2** (*Arm*♀ *der Blinden*) brassard *m*; **3** (*Damen*♀) serviette *f* hygiénique; **4** F ***sich*** (*dat*) ***e-n hinter die ~ gießen*** F s'en jeter un derrière la cravate

'**Binde|gewebe** *n* tissu conjonctif; **~glied** *n* lien *m*; **~haut** *f* conjonctive *f*; **~hautentzündung** *f* conjonctivite *f*

'**binden** ⟨bindet, band, gebunden⟩ **I** *v/t* **1** (*fest~*) attacher; (*zusammen~*) lier; *Besen, Kranz, Strauß* faire; *Krawatte, Schal* nouer; ***fester ~*** serrer (davantage); **2** *Buch* relier; CUIS, MUS lier; CHIM fixer; *Preise* imposer; contrôler; **3** *fig Person* lier; engager; **II** *v/i Zement etc* prendre; PHON faire la liaison; **III** *v/r* **sich ~** s'engager; se lier

'bindend *adjt* qui engage; obligatoire; **~e Zusage** engagement *m*

'Binder *m* ⟨~s; ~⟩ cravate *f*

'Binde|strich *m* trait *m* d'union; **~wort** *n* ⟨~es; ~er⟩ conjonction *f*

'Bindfaden *m* ficelle *f*; F **es regnet Bindfäden** il pleut des cordes

'Bindung *f* ⟨~; ~en⟩ **1** (*Verbundenheit*) lien(s) *m(pl)* (**an** [+ *acc*] avec); **2** (*Verpflichtung*) engagement *m* (**an j-n** envers qn); **e-e ~ eingehen** s'engager; se lier; **3** CUIS, MUS, CHIM, PHON liaison *f*; **4** (*Ski*≈) fixation *f*

binnen ['bɪnən] *prép* ⟨*dat ou st/s gén*⟩ **~ drei Tagen** dans, sous les trois jours; **~ kurzem** sous peu

'Binnen|hafen *m* port fluvial; **~land** *n* intérieur *m* (du pays); terres *f/pl*

'Binnenmarkt *m* marché intérieur; **der europäische ~** le Marché unique (européen)

'Binnenschifffahrt *f* navigation intérieure, fluviale

Binse ['bɪnzə] *f* ⟨~; ~n⟩ jonc *m*; F *fig* **in die ~n gegangen** F fichu; P foutu

'Binsenweisheit *f* vérité première, de la Palisse

Bio ['bi:o] F *f* ⟨~⟩ F sciences *f/pl* nat

Bio... *in Zssgn* bio...; biologique; naturel; **~che'mie** *f* biochimie *f*; **≈dy'namisch** *adj* biologique; **'~gas** *n* biogaz *m*; biométhane *m*; **'~gemüse** F *n* légumes *m/pl* biologiques; **~gra'fie, ~gra'phie** *f* ⟨~; ~n⟩ biographie *f*; **'~laden** F *m* magasin *m* de produits naturels, biologiques; **~'loge** *m* ⟨~n; ~n⟩, **~'login** *f* ⟨~; ~nen⟩ biologiste *m,f*; **~lo'gie** *f* ⟨~⟩ biologie *f*; SCHULE *a* sciences naturelles

bio'logisch **I** *adj* biologique; **II** *adv* **~ abbaubar** biodégradable

'Biomüll *m* déchets *m/pl* organiques

Biopsie [biɔ'psi:] *f* ⟨~; ~n⟩ MÉD biopsie *f*

'Bio|rhythmus *m* biorythme *m*; **~'sphäre** *f* biosphère *f*; **~tonne** *f* poubelle *f* pour déchets organiques

Biotop [bio'to:p] *n od m* ⟨~s; ~e⟩ biotope *m*

birgt [bɪrkt] → **bergen**

Birke ['bɪrkə] *f* ⟨~; ~n⟩ bouleau *m*

Birma ['bɪrma] *n* ⟨~s⟩ la Birmanie

'Birnbaum *m* poirier *m*

Birne ['bɪrnə] *f* ⟨~; ~n⟩ **1** *Frucht* poire *f*; *Baum* poirier *m*; **2** F (*Kopf*) F caboche *f*; **3** (*Glüh*≈) ampoule *f*

birst [bɪrst] → **bersten**

bis [bɪs] **I** *prép* ⟨*acc*⟩ *zeitlich u räumlich* jusqu'à; *vor einigen Adverbien* jusque; **von ... ~ ...** de ... à ...; **II** *adv* **~ an** (+ *acc*), **zu** jusqu'à; **~ auf** (+ *acc*) (*ausschließlich*) sauf; excepté; à part; (*einschließlich*) jusqu'à; **~ auf e-e Ausnahme** à une exception près; **~ in drei Monaten** d'ici trois mois; **~ zum Oktober** jusqu'en octobre; **III** *conj* **1** (*zwischen*) **zehn ~ zwölf Personen** (de) dix à douze personnes; **in zwei ~ drei Tagen** dans deux ou trois jours; **2** (*nicht länger als*) jusqu'à ce que ... (+ *subj*); (*bevor*) avant que ... (+ *subj*); avant de (+ *inf*); **warten, ~ ...** attendre que ... (+ *subj*), *intensiver* jusqu'à ce que ... (+ *subj*)

Bisamratte ['bi:zam-] *f* rat musqué

Bischof ['bɪʃɔf] *m* ⟨~s; ≈e⟩ évêque *m*

bischöflich ['bɪʃœflɪç] *adj* épiscopal

'Bischofs|mütze *f* mitre *f*; **~sitz** *m* évêché *m*; **~stab** *m* crosse *f*

bisexuell ['bi:-] *adj* bisexuel

bis'her *adv* jusqu'à présent; jusqu'ici; **wie ~** comme toujours; comme par le passé

bis'herig *adj* (*momentan*) présent; (*vorherig*) précédent; (*scheidend*) sortant

Biskaya [bɪs'ka:ja] *f* ⟨~⟩ **der Golf von ~** le golfe de Gascogne

Biskuit [bɪs'kvi:t] *n od m* ⟨~es; ~s *ou* ~e⟩ biscuit *m* (de Savoie)

bis'lang → **bisher**

Bismarckhering ['bɪsmark-] *m* (filet *m* de) hareng mariné

Bison ['bi:zɔn] *m* ⟨~s; ~s⟩ bison *m*

biss [bɪs] → **beißen**

Biss *m* ⟨~es; ~e⟩ morsure *f*; *von Menschen* coup *m* de dent

bisschen ['bɪsçən] *pr/ind* **ein ~** un peu; **ein ~** (+ *subst*) un peu de (+ *subst*); **ein kleines ~ Salz** F un (tout) petit peu de sel; **kein ~!** pas le moins du monde!; **ein ~ viel** un peu trop; F un peu beaucoup

Bissen ['bɪsən] *m* ⟨~s; ~⟩ bouchée *f*; morceau *m*; F *fig* **ein fetter ~** une aubaine; une bonne affaire; **mir blieb der ~ im Hals(e) stecken** j'ai failli,

manqué m'étrangler
'bissig *adj* **1** *Tier* qui mord; méchant; **2** *fig* mordant; acerbe; caustique
'Bisswunde *f* morsure *f*
bist [bɪst] → ***sein***
Bistum ['bɪstu:m] *n* 〈~s; ⸚er〉 évêché *m*
bis'weilen *st/s adv* parfois
Bit [bɪt] *n* 〈~$; ~$〉 INFORM bit *m*
bitte ['bɪtə] *int* **1** *Wunsch, Aufforderung* s'il vous *bzw* te plaît; ***~ schön!, ~ sehr!*** s'il vous plaît; **(*hier*) *~!*** voilà!; **2** *Antwort: auf e-e Entschuldigung* il n'y a pas de mal!; ce n'est rien!; *auf e-e Bitte* oui! *bzw* faites!; ***~ (sehr)!*** *auf e-n Dank* je vous en *bzw* je t'en prie!; il n'y a pas de quoi!; de rien!; **3** *Frage* **(*wie*) *~?*** comment?; pardon?; *am Telefon* ***ja, ~?*** allô!; *im Laden* ***~ (schön)?*** vous désirez?
'Bitte *f* 〈~; ~n〉 demande *f* (***um*** de); *inständige* prière *f* (de); ***mit der ~ um Rückgabe*** prière de retourner; ***ich habe e-e ~ an Sie*** j'ai un service à vous demander
'bitten *v/t u v/i* 〈bittet, bat, gebeten〉 ***(j-n) um etw ~*** demander qc (à qn); ***j-n ~, etw zu tun*** prier qn de faire qc; demander à qn de faire qc; ***j-n zu sich*** (*dat*) ***~*** faire venir qn; ***ich muss doch sehr ~!*** *entrüstet* je vous en prie!; ***aber ich bitte Sie!*** mais bien sûr!; ***wenn ich ~ darf*** si vous voulez bien; *zum Tanz* ***darf ich ~?*** voulez-vous danser avec moi?; vous dansez?; ***ich lasse ~!*** faites entrer!; ***~ und betteln*** demander et quémander
bitter ['bɪtər] **I** *adj* **1** *Geschmack* amer (*a fig*); **2** *Erfahrung* dur; *Armut, Not* extrême; *Kälte* rigoureux; ***das ist ~*** c'est dur; **II** *adv* **1** ***~ schmecken*** avoir un goût amer; **2** *fig* ***~ enttäuscht*** amèrement déçu; ***etw ~ nötig haben*** avoir bien, extrêmement besoin de qc
'bitter'böse *adj* très méchant; (*verärgert*) très fâché
'bitter'ernst *adj* très sérieux
'bitter'kalt *adj* excessivement, très froid
'Bitterkeit *f* 〈~〉 amertume *f* (*a fig*)
'bitterlich *adv weinen* à chaudes larmes
'bitter'süß *adj* doux-amer
'Bitt|schrift *f* pétition *f*; **~steller** *m* 〈~s; ~〉 solliciteur *m*; pétitionnaire *m*
Bitumen [bi'tu:mən] *n* 〈~s; ~ *ou* -mina〉 bitume *m*
Biwa|k ['bi:vak] *n* 〈~s; ~s〉 bivouac *m*; **⁀kieren** *v/i* 〈*sans ge*〉 bivouaquer
bizarr [bi'tsar] *adj* bizarre
Bizeps ['bi:tsɛps] *m* 〈~¢$; ~e〉 biceps *m*
Blabla [bla'bla:] F *n* 〈~$〉 F blabla(bla) *m*; baratin *m*
Black Box ['blɛk'bɔks] *f* 〈~; ~es [-ɪs]〉 AVIAT boîte noire
Blackout ['blɛkʔaut] *m* 〈~$; ~s〉 PSYCH absence *f*; blanc *m*; trou *m*
bläh|en ['blɛ:ən] **I** *v/t* (*u v/r* ***sich ~***) *Segel* (se) gonfler; (s')enfler; **II** *v/i* ballonner le ventre; **⁀ung** *f* 〈~; ~en〉 ballonnement *m*
blamabel [bla'ma:bəl] *adj* 〈-bl-〉 lamentable
Blamage [bla'ma:ʒə] *f* 〈~; ~n〉 (*Ungeschick*) maladresse *f*; (*Schande*) 'honte *f*
bla'mieren *v/t* (*u v/r*) 〈*sans ge*〉 (***sich ~*** se) ridiculiser (***vor j-m*** auprès de qn)
blanchieren [blɑ̃'ʃi:rən] *v/t* 〈*sans ge*〉 CUIS blanchir
blank [blaŋk] **I** *adj* **1** (*glänzend*) (re)luisant; brillant; **2** F (*abgewetzt*) lustré; **3** (*unbedeckt*) nu; dénudé; **4** (*rein, pur*) pur; **5** F (***völlig***) ***~ sein*** F être à sec, sans le sou, sans un rond; **II** *adv* ***~ putzen*** faire reluire, briller; astiquer
'Blanko|scheck *m* chèque *m* en blanc; **~unterschrift** *f* blanc-seing *m*
Bläschen ['blɛ:sçən] *n* 〈~s; ~〉 petite bulle; petite cloque; MÉD vésicule *f*
Blase ['bla:zə] *f* 〈~; ~n〉 **1** (*Luft⁀, Seifen⁀*) bulle *f*; *in Metall, Glas* soufflure *f*; *im Anstrich* cloque *f*; ***~n werfen, ziehen*** *Farbe* faire des cloques; **2** *in der Haut* ampoule *f*; **3** (*Harn⁀*) vessie *f*
'Blasebalg *m* 〈~¢s; -bälge〉 soufflet *m*
'blasen 〈¢$, bläst, blies, geblasen〉 **I** *v/t* **1** souffler (*a Glas*); **2** MUS jouer de; ***Horn ~*** sonner, jouer du cor; **II** *v/i* **3** *Wind* souffler; **4** MUS jouer
'Blasenentzündung *f* cystite *f*
Bläser ['blɛ:zər] *m* 〈~s; ~〉 joueur *m* (d'un instrument à vent)
blasiert [bla'zi:rt] *adj* blasé
'Blas|instrument *n* instrument *m* à vent; **~kapelle** *f* orchestre *m* d'instruments à vent; (*Blechmusikkapelle*) fanfare *f*; **~musik** *f* musique *f* d'instruments à vent
Blasphemie [blasfe'mi:] *f* 〈~; ~n〉 blasphème *m*

blass [blas] *adj* **1** pâle; *p/fort* blême; **~ werden** pâlir; **2** *fig (schwach)* faible; *(vage)* vague; *(nichtssagend)* fade; terne
Blässe ['blɛsə] *f* ⟨~⟩ pâleur *f*
bläst [blɛːst] → **blasen**
Blatt [blat] *n* ⟨~(e)s; ~̈er *mais* 5 ~ Papier⟩ **1** BOT feuille *f*; *fig* **kein ~ vor den Mund nehmen** ne pas mâcher ses mots; **2** *Papier* feuille *f*; *fig* **das steht auf e-m anderen ~** c'est une autre histoire; *fig* **das ~ hat sich gewendet** la chance, le vent a tourné; **3** *(Noten*2*)* page *f* (de musique); **vom ~ spielen** jouer à livre ouvert; **4** *(Zeitung)* journal *m*; feuille *f*; **5** *e-r Säge* lame *f*; **6** *e-s Ruders* pale *f*
blättern ['blɛtərn] *v/i* **in etw** *(dat)* **~** feuilleter qc
'**Blätterteig** *m* pâte feuilletée
'**Blatt|gold** *n* or *m* en feuille, battu; **~laus** *f* puceron *m*; **~salat** *m* salade verte
blau [blaʊ] *adj* bleu; F *fig* **~ sein** F être noir, rond
Blau *n* ⟨~s; ~⟩ bleu *m*; couleur bleue
blau|äugig ['blaʊʔɔʏgɪç] *adj* **1** aux yeux bleus; **2** *fig* naïf; **2beere** *f* myrtille *f*; **~blütig** *adj* de sang bleu
'**Blaue(s)** *n* ⟨→ A⟩ bleu *m*; F *fig* **ins Blaue hinein** à l'aveuglette; au hasard; F **das Blaue vom Himmel (herunter) lügen** mentir comme un arracheur de dents
'**Blau|helm** *m* *(UNO-Soldat)* casque bleu; **~kraut** *n* *südd, österr* chou *m* rouge
bläulich ['blɔʏlɪç] *adj* bleuâtre; bleuté
'**Blaulicht** *n der Polizei* gyrophare *m*
'**blau·machen** F *v/i* F ne pas aller bosser
'**Blau|meise** *f* mésange bleue; **~pause** *f* photocalque bleu; bleu *m*; **~säure** *f* acide *m* cyanhydrique; **~strumpf** *m* *péj* bas-bleu *m*; **~wal** *m* (grande) baleine bleue
Blazer ['bleːzər] *m* ⟨~s; ~⟩ blazer *m*
Blech [blɛç] *n* ⟨~(e)s; ~e⟩ **1** tôle *f*; *(Weiß*2*)* fer-blanc *m*; **2** F *fig (Unsinn)* F conneries *f/pl*
'**Blech|büchse** *f*, **~dose** *f* boîte *f* en fer-blanc
'**blechen** F *v/t u v/i (zahlen)* F casquer
'**blechern** *adj* **1** *(aus Blech)* de *od* en tôle, fer-blanc; **2** *Stimme* métallique
'**Blechinstrument** *n* MUS instrument *m* à vent en cuivre; *pl* **~e** cuivres *m/pl*
'**Blechschaden** *m* (légers) dégâts matériels; tôle froissée
blecken ['blɛkən] *v/t* **die Zähne ~** montrer les dents
Blei [blaɪ] *n* ⟨~(e)s; ~e⟩ plomb *m*
Bleibe ['blaɪbə] *f* ⟨~; ~n⟩ toit *m*; *st/s* demeure *f*; **keine ~ haben** être sans toit
'**bleiben** *v/i* ⟨blieb, geblieben, sn⟩ rester; TÉL **~ Sie am Apparat!** ne quittez pas!; **wo bleibst du denn (so lange)?** tu en mets *bzw* tu en a mis du temps (pour venir)!; **es bleibt dabei** (c'est) entendu; **ich bleibe dabei, dass ...** je maintiens que ...; **stehen, sitzen, liegen ~** rester debout, assis, couché; **~ lassen** laisser tomber; **lass das ~!** ne fais pas cela!
'**bleibend** *adjt* durable
bleich [blaɪç] *adj* pâle; livide; *Licht, Himmel* blafard
'**bleichen**[1] *v/t* blanchir; **sich** *(dat)* **die Haare ~ lassen** se faire décolorer
'**bleichen**[2] *v/i* ⟨sn⟩ *Farbe* pâlir; *Haare, Stoff* se décolorer
'**bleiern** *adj* **1** de *od* en plomb; **2** *fig Hitze* lourd; *Schlaf* de plomb
'**blei|frei** *adj Benzin* sans plomb; **~haltig** *adj* plombifère; **2kristall** *n* cristal *m* (à l'oxyde de plomb); **~schwer** *adj* lourd (comme du plomb)
'**Bleistift** *m* crayon (noir); **~spitzer** *m* taille-crayon *m*
Blende ['blɛndə] *f* ⟨~; ~n⟩ **1** OPT, PHOT diaphragme *m*; **bei ~ acht** avec une ouverture de huit; **2** FILM fondu *m*; **3** *im Auto* pare-soleil *m*
'**blenden** ⟨-e-⟩ **I** *v/t* aveugler; éblouir (*a fig péj*); **II** *v/i* éblouir; *fig péj* jeter de la poudre aux yeux
'**blendend I** *adjt* aveuglant; éblouissant (*a fig*); **II** *advt* **mir geht es ~** je vais très bien; F tout baigne
'**Blendung** *f* ⟨~; ~en⟩ éblouissement *m* (*a fig*)
Bleu [bløː] *n* ⟨~s; ~ *ou* F ~s⟩ bleu *m* pâle
Blick [blɪk] *m* ⟨~(e)s; ~e⟩ **1** regard *m*; **den ~ senken** baisser les yeux; **e-n ~ auf j-n, etw werfen** jeter un regard sur qn, qc; F **e-n ~ riskieren** F risquer un œil; **etw auf den ersten ~ sehen** voir, remarquer qc du *od* au premier coup d'œil; **2** *(Aussicht)* vue *f*; **mit ~ auf** (+ *acc*) avec vue sur; **j-n, etw im ~ haben**

avoir qn, qc à l'œil; **3** (*Augenausdruck*) yeux *m/pl*; ***der böse ~*** le mauvais œil; **4** (*Urteilsvermögen*) coup *m* d'œil; ***e-n ~ für etw haben*** avoir le coup d'œil pour qc

'**blicken** *v/i* ***auf j-n, etw ~*** regarder qn, qc; F ***das lässt tief ~*** c'est très révélateur; cela en dit long; ***sich ~ lassen*** se montrer; faire une apparition; ***lass dich mal wieder ~!*** passe un de ces jours!

'**Blickfang** *m* objet *m* qui attire, accroche le regard, l'attention; WERBUNG accroche *f*

'**Blickfeld** *n* champ visuel; *fig* ***j-n, etw ins ~ rücken*** attirer l'attention générale sur qn, qc

'**Blickpunkt** *m* ***im ~ des Interesses stehen*** occuper le devant de la scène; être au premier plan de l'actualité

'**Blickwinkel** *m* **1** OPT angle visuel; **2** *fig* point *m* de vue; perspective *f*; angle *m*

blieb [bli:p] → ***bleiben***

blies [bli:s] → ***blasen***

blind [blɪnt] *adj* **1** aveugle (*a fig*); ***auf e-m Auge ~ sein*** être borgne; *fig* ***für etw ~ sein*** ne pas voir qc; **2** (*trübe*) terne; **3** (*vorgetäuscht*) faux

'**Blinddarm** *m* cæcum *m*; (*Wurmfortsatz*) appendice *m*; **~entzündung** *f* appendicite *f*

'**Blinde(r)** *f(m)* ⟨→ A⟩ aveugle *m,f*; non-voyant(e) *m(f)*; F ***das sieht doch ein ~r*** cela crève les yeux

'**Blindekuh** *f* ***~ spielen*** jouer à colin-maillard

'**Blinden|hund** *m* chien *m* d'aveugle; **~schrift** *f* (écriture *f*, alphabet *m*) braille *m*; **~stock** *m* canne blanche

'**Blind|flug** *m* vol *m* sans visibilité; **~gänger** *m* ⟨~s; ~⟩ **1** obus *m*, *Bombe* bombe *f* non éclaté(e); **2** F *péj* (*Versager[in]*) F raté(e) *m(f)*

'**Blindheit** *f* ⟨~⟩ cécité *f*; *fig* aveuglement *m*; ***mit ~ geschlagen sein*** être aveugle (*a fig*)

'**blind|lings** *adv* aveuglément; **℞schleiche** *f* ⟨~; ~n⟩ orvet *m*; **~wütig** *adj* fou de rage; furibond

blinken ['blɪŋkən] *v/i* **1** (*glänzen*) briller; (*funkeln*) étinceler; (*glitzern*) scintiller; **2** *Warnlichter* clignoter

'**Blinker** *m* ⟨~s; ~⟩ clignotant *m*

'**Blink|licht** *n*, **~lichtanlage** *f* feu clignotant; **~zeichen** *n* signal lumineux

blinzeln ['blɪntsəln] *v/i* ⟨¢⟩ cligner des yeux; *als Zeichen* faire un clin d'œil

Blitz [blɪts] *m* ⟨~es; ~e⟩ **1** éclair *m*; (*~schlag*) foudre *f*; ***vom ~ erschlagen werden*** être foudroyé; ***wie ein ~ aus heiterem Himmel kommen*** F arriver comme un coup de tonnerre dans un ciel bleu; **2** F PHOT flash *m*

'**Blitz|ableiter** *m* paratonnerre *m*; **℞artig** **I** *adj* de l'éclair; **II** *adv* comme l'éclair; '**℞'blank** F *adj* F nickel; *Schuhe* bien astiqué

'**blitzen** ⟨¢s⟩ **I** F *v/t* PHOT photographier au flash; *in e-r Radarfalle* ***geblitzt werden*** se faire prendre par le radar; **II** *v/i u v/imp* **1** ***es blitzt*** il y a *od* il fait un éclair, des éclairs; **2** (*funkeln*) étinceler; (*glänzen*) briller

'**Blitz|gerät** *n* flash *m*; **~krieg** *m* guerre *f* éclair; **~licht** *n* flash *m*; '**℞'sauber** F *adj* impeccable; F nickel; **~schlag** *m* coup *m* de foudre; '**℞'schnell** F **I** *adj* rapide comme l'éclair; **II** *adv* en un rien de temps; F en moins de deux; **~würfel** *m* flash *m* cube

Block [blɔk] *m* ⟨~¢s; ~e⟩ **1** *aus Stein, Holz, Metall* bloc *m*; **2** ⟨*pl* ~s⟩ (*Häuser℞*) îlot *m*; bloc *m* d'immeubles; pâté *m* de maisons; **3** POL, ÉCON bloc *m*; **4** ⟨*pl* ~s *ou* ~e⟩ (*Schreib℞*) bloc(-notes) *m*

Blockade [blɔ'ka:də] *f* ⟨~; ~n⟩ blocus *m*

'**Blockflöte** *f* flûte *f* à bec

'**blockfrei** *adj* POL non-aligné

'**Blockhaus** *n* cabane *f* en rondins

blo'ckieren *v/t* ⟨*sans ge*⟩ bloquer; *Straße* obstruer

'**Block|schokolade** *f* chocolat *m* à cuire; **~schrift** *f* caractères *m/pl* d'imprimerie

blöd(e) [blø:t ('blø:də)] *adj* **1** (*schwachsinnig*) idiot; crétin; **2** F (*dumm*) bête; P con; ***stell dich nicht so ~ an!*** tu n'es vraiment pas dégourdi!; **3** F (*ärgerlich*) embêtant; F chiant

Blöde'lei *f* ⟨~; ~en⟩ idioties *f/pl*; P conneries *f/pl*

'**blödeln** *v/i* ⟨¢⟩ faire l'idiot

'**Blödheit** *f* ⟨~⟩ idiotie *f*

Blödian ['blø:dia:n] F *m* ⟨~s; ~e⟩, '**Blödmann** F *m* ⟨~¢s; ~er⟩ idiot *m*; P con *m*

'**Blödsinn** F *m* idiotie *f*; P connerie(s) *f(pl)*; ***~ machen*** P faire des conneries

'**blödsinnig** *adj* **1** (*schwachsinnig*) débile; idiot; **2** F (*unsinnig*) F débile; idiot

blöken ['blø:kən] *v/i* bêler

blon|d [blɔnt] *adj* blond; **~'dieren** *v/t* ⟨*sans ge*⟩ oxygéner; décolorer

Blondine [blɔn'di:nə] *f* ⟨~; ~n⟩ blonde *f*

bloß [blo:s] **I** *adj* **1** (*nackt*) nu; ***mit ~em Auge*** à l'œil nu; **2** (*einfach*) simple; seul; **II** F *adv* **1** (*nur*) seulement; ***wenn ich ~ daran denke*** rien que d'y penser; **2** *verstärkend* donc; ***tu das ~ nicht!*** ne fais surtout pas ça!

Blöße ['blø:sə] *f* ⟨~; ~n⟩ **1** *st/s* (*Nacktheit*) nudité *f*; **2** *fig* point *m* faible; ***sich*** (*dat*) ***e-e ~ geben*** prêter le flanc à la critique

'bloß·|legen *v/t* dégager; *Fehler* révéler; dévoiler; **~stellen** *v/t* compromettre

Blouson [blu'zõ:] *n od m* ⟨~s; ~s⟩ blouson *m*

blubbern ['blubərn] F *v/i* gargouiller

Bluejeans, Blue Jeans ['blu:dʒi:ns] *pl* ⟨~; ~⟩ blue-jean *m*

Bluff [blœf] *m* ⟨~s; ~s⟩ bluff *m*

'bluffen *v/t u v/i* F bluffer

blühen ['bly:ən] *v/i* **1** fleurir; être en fleur(s); **2** *Geschäft* prospérer; être florissant; **3** F (*bevorstehen*) arriver; ***das kann dir auch*** (***noch***) ~ F ça te pend au nez

'blühend *adjt* **1** fleuri; en fleur(s); **2** *fig Geschäft, Gesundheit* florissant; *Fantasie* débordant

Blume ['blu:mə] *f* ⟨~; ~n⟩ **1** fleur *f*; *fig* ***durch die ~*** à mots couverts, à demi-mot; **2** *des Biers* mousse *f*; *des Weins* bouquet *m*

'Blumen|beet *n* plate-bande *f*; parterre *m* de fleurs; **~erde** *f* terreau *m*; **~geschäft** *n* (boutique *f* de) fleuriste *m,f*; **♀geschmückt** *adjt* fleuri; **~händler(in)** *m(f)* fleuriste *m,f*; **~kasten** *m* jardinière *f*; **~kohl** *m* chou-fleur *m*; **~strauß** *m* bouquet *m* de fleurs; **~topf** *m* pot *m* de fleurs; **~vase** *f* vase *m*; **~zwiebel** *f* oignon *m*; bulbe *m*

Bluse ['blu:zə] *f* ⟨~; ~n⟩ chemisier *m*; (*Hemd♀*) chemise *f*

Blut [blu:t] *n* ⟨~es⟩ sang *m*; ***kein ~ sehen können*** avoir horreur du sang; ***blaues ~ haben*** avoir du sang bleu; ***ruhig ~ bewahren*** garder, conserver son sang-froid, tout son calme; ***das hat viel böses ~ gemacht*** cela a provoqué beaucoup de mécontentement; ***bis aufs ~*** à l'extrême; F ~ (***und Wasser***) ***schwitzen*** *vor Angst* avoir des sueurs froides; *vor Anstrengung* suer sang et eau; ***das liegt mir im ~*** j'ai ça dans le sang

'Blut|alkohol *m* taux *m* d'alcool dans le sang; alcoolémie *f*; **♀arm** *adj* anémique; **~armut** *f* anémie *f*; **~bad** *n* bain *m* de sang; carnage *m*; massacre *m*; **♀befleckt, ♀beschmiert** *adjt* couvert, taché de sang; **~bild** *n* analyse *f* de sang; hémogramme *m*

'Blutdruck *m* pression, tension artérielle; ***zu niedrigen, hohen ~ haben*** faire de l'hypotension, de l'hypertension

Blüte ['bly:tə] *f* ⟨~; ~n⟩ **1** fleur *f*; **2** (*Blühen*) floraison *f*; ***in ~*** (*dat*) ***stehen*** être en fleur(s); **3** *st/s* (*Höhepunkt*) apogée *m*; **4** F (*falsche Banknote*) faux billet

'Blutegel *m* ⟨~s; ~⟩ sangsue *f*

'bluten *v/i* ⟨-e-⟩ **1** saigner; **2** F *fig* (*viel zahlen*) casquer

'Blüten|blatt *n* pétale *m*; **~honig** *m* miel *m* de fleurs; **~knospe** *f* bouton *m* de fleur; **~staub** *m* pollen *m*; **'♀'weiß** *adj* d'un blanc éclatant

'Bluter *m* ⟨~s; ~⟩ hémophile *m*

'Bluterguss *m* hématome *m*

'Blütezeit *f* **1** floraison *f*; **2** *fig* apogée *m*

'Blut|fleck *m* tache *f* de sang; **~gefäß** *n* vaisseau sanguin; **~gerinnsel** *n* ⟨~s; ~⟩ caillot *m* de sang; **~gruppe** *f* groupe sanguin; **~hochdruck** *m* hypertension *f*; **~hund** *m* **1** limier (anglais); **2** *fig* boucher *m*

'blutig **I** *adj* **1** (*blutbefleckt*) taché de sang; *Schlacht* sanglant; **2** F *fig* ***ein ~er Anfänger*** un novice; un bleu; **II** *adv* ***j-n ~ schlagen*** frapper qn jusqu'au sang

'blut'jung *adj* tout jeune

'Blutkonserve *f* (flacon *m* de) sang conservé

'Blutkörperchen *n* ⟨~s; ~⟩ globule *m* (du sang); ***rotes, weißes ~*** globule rouge, blanc

'Blut|kreislauf *m* circulation du sang, sanguine; **~lache** *f* mare *f* de sang; **♀leer** *adj* exsangue; *fig* anémique; **~orange** *f* (orange *f*) sanguine *f*; **~plasma** *n* plasma sanguin; **~probe** *f* prise *f* de sang; **~rache** *f* vendetta *f*; **'♀'rot** *adj* rouge sang; **♀rünstig** [-rʏnstɪç] *adj* sanguinaire; **~sauger** *m* **1** *Insekt* suceur *m* de sang; **2** *fig péj* sangsue *f*; **~schande** *f* inceste *m*; **~senkung** *f* sédimentation sanguine; **~spende** *f* **1** don *m* de sang; **2** (*Blut*) dose *f* de sang; **~spender(in)** *m(f)* donneur, -euse *m,f* de sang; **2stillend** *adjt* hémostatique

'Bluts|tropfen *m* goutte *f* de sang; **2verwandt** *adj* consanguin

'Blut|tat *st/s f* crime *m* de sang; meurtre *m*; **2überströmt** *adj* tout en sang; **~übertragung** *f* transfusion *f* de sang

'Blutung *f* ⟨~; ~en⟩ saignement *m*; *p/fort* hémorragie *f*; (*Regel*2) règles *f/pl*

'blutunterlaufen *adj Auge* injecté (de sang)

'Blut|vergießen *n* ⟨~s⟩ effusion *f* de sang; **~vergiftung** *f* septicémie *f*; **~verlust** *m* perte *f* de sang; **~wurst** *f* boudin (noir); **~zucker** *m* sucre *m* dans le sang; glycémie *f*

BLZ *abr* (*Bankleitzahl*) code *m* banque

'b-Moll *n* si *m* bémol mineur

BMX-Rad [beːˀɛmˈˀɪks-] *n* bicross *m*

Bö [bøː] *f* ⟨~; ~en⟩ rafale *f* (de vent)

Boa ['boːa] *f* ⟨~; ~s⟩ boa *m*

Bob [bɔp] *m* ⟨~s; ~s⟩ bob(sleigh) *m*; **'~bahn** *f* piste *f* de bob(sleigh); **'~fahrer** *m* bobeur *m*

Bock [bɔk] *m* ⟨~¢s; ~̈e⟩ **1** (*männliches Tier*) mâle *m*; (*Ziegen*2) bouc *m*; (*Schaf*2) bélier *m*; (*Reh*2) chevreuil *m*; (*Gäms*2) chamois *m*; *fig* ***den ~ zum Gärtner machen*** enfermer le loup dans la bergerie; F *fig* ***e-n ~ schießen*** F faire une gaffe; **2** *fig* F ***sturer ~*** cabochard *m*; tête *f* de cochon; P ***geiler ~*** F chaud lapin; **3** (*Stütz*2) tréteau *m*; (*Gestell*) chevalet *m*; **4** SPORT cheval *m* de saut; **5** (*Kutsch*2) siège *m* (du cocher); **6** F *fig* ***~ haben*** avoir très envie (***auf*** [+ *acc*] de); F *fig* ***ich habe null ~*** F ça me fait suer, *p/fort* chier

'Bockbier *n* bock *m* (*bière*)

'bocken *v/i* **1** *Esel* être rétif; **2** F *fig Motor* F cafouiller; *Person* se buter

'bockig *adj* têtu

'Bockshorn *n* F ***j-n ins ~ jagen*** intimider qn

'Bock|springen *n* ⟨~s⟩ *Spiel* saute-mouton *m*; *Sportart* cheval *m* de saut; **~wurst** *f etwa* saucisse *f* de Francfort

Boden ['boːdən] *m* ⟨~s; ~̈⟩ **1** (*Erde*) sol *m*; terre *f*; (*Terrain*) terrain *m*; (***an***) ***~ gewinnen, verlieren*** gagner, perdre du terrain; *fig* ***etw aus dem ~ stampfen*** faire apparaître qc comme par magie; **2** (*Fuß*2) sol *m*; plancher *m*; ***zu ~ fallen*** tomber par *od* à terre; BOXEN ***zu ~ gehen*** aller au tapis; *fig* ***den ~ unter den Füßen verlieren*** perdre pied; F ***am ~ zerstört sein*** être anéanti; **3** *e-s Gefäßes* fond *m*; *e-r Flasche* cul *m*; ***doppelter ~*** double fond *m*; **4** (*Dach*2) grenier *m*

'Boden|belag *m* revêtement *m* de sol; **~frost** *m* gelée *f* au sol; **2los** *adj* **1** sans fond; **2** *fig* inouï; **~personal** *n* AVIAT personnel non navigant, au sol; **~satz** *m* dépôt *m*; fond *m*; **~schätze** *m/pl* ressources minières; richesses *f/pl* du sous-sol

'Bodensee ***der ~*** le lac de Constance

'boden|ständig *adj* natif; *Industrie* local; **2station** *f* RAUMFLUG station *f* terrestre; **2truppen** *f/pl* forces *f/pl* terrestres; **2turnen** *n* gymnastique *f* au sol

Body ['bɔdi] F *m* ⟨~s; ~s⟩ COUT body *m*; **~building** [-bɪldɪŋ] *n* ⟨~s⟩ culturisme *m*; **~suit** [-sjuːt] *m* ⟨~$; ~s⟩ body *m*

Böe ['bøːə] *f* ⟨~; ~n⟩ rafale *f* (de vent)

bog [boːk] → ***biegen***

Bogen ['boːgən] *m* ⟨~s; ~ *ou südd, österr* ~̈⟩ **1** (*Biegung*) courbe *f*; courbure *f*; *e-s Flusses* coude *m*; F *fig* ***im hohen ~ hinausfliegen*** F se faire virer; F *fig* ***um j-n e-n (großen) ~ machen*** (faire un détour pour) éviter qn; **2** CONSTR arc *m*; *e-r Brücke* arche *f*; **3** *e-s Streichinstruments* archet *m*; **4** *Schusswaffe* arc *m*; *fig* ***den ~ überspannen*** (dé)passer les bornes; aller trop loin; **5** (*Papier*2) feuille *f* (de papier)

'Bogenschießen *n* ⟨~s⟩ tir *m* à l'arc

Bohemien [boemiˈɛ̃ː] *m* ⟨~s; ~s⟩ bohème *m*

Bohle ['boːlə] *f* ⟨~; ~n⟩ planche épaisse; madrier *m*

Bohne ['boːnə] *f* ⟨~; ~n⟩ **1** 'haricot *m*; ***grüne, weiße ~n*** 'haricots verts, blancs; ***dicke ~n*** fèves *f/pl*; F *plais* ***blaue ~n*** F pruneaux *m/pl*; F ***nicht die ~!*** pas du tout!; **2** (*Kaffee*2) grain *m*

'Bohnen|kaffee *m* café *m* (en grains); **~kraut** *n* sarriette *f*; **~stange** *f* **1** rame *f* des 'haricots; **2** F *fig* F asperge *f*; F grande perche

'Bohnenstroh *n* F ***dumm wie ~*** bête

B

comme ses pieds; F bête à manger du foin
bohner|n ['boːnərn] *v/t* cirer; encaustiquer; **2wachs** *n* encaustique *f*; cire *f*
bohren ['boːrən] **I** *v/t Loch* percer; creuser; TECH forer; **II** *v/i Zahnarzt* passer la roulette; ***in der Nase ~*** se mettre les doigts dans le nez; F *fig* ***bei j-m ~*** *(drängen)* travailler, 'harceler qn; **III** *v/r* ***sich in etw*** *(acc)* **~** s'enfoncer dans qc
'**bohrend** *adjt Schmerz* violent; *Blick, Fragen* inquisiteur; *Zweifel* tenaillant
'**Bohrer** *m* ⟨~s; ~⟩ *(elektrischer Hand2)* perceuse *f*; *des Zahnarztes* fraise *f*; roulette *f*
'**Bohr|insel** *f* plate-forme *f* de forage; **~maschine** *f* perceuse *f*; **~turm** *m* tour *f* de forage; derrick *m*
'**Bohrung** *f* ⟨~; ~en⟩ **1** *(Bohren)* forage *m*; **2** *(Bohrloch)* trou *m*
'**böig** *adj* (soufflant) en rafales
Boiler ['bɔylər] *m* ⟨~s; ~⟩ chauffe-eau *m*
Boje ['boːjə] *f* ⟨~; ~n⟩ bouée *f*
Bolero [bo'leːro] *m* ⟨~s; ~s⟩ boléro *m*
Bolivien [bo'liːviən] *n* ⟨~s⟩ la Bolivie
Bollwerk ['bɔl-] *n* **1** bastion *m*; **2** *fig* rempart *m*
Bolzen ['bɔltsən] *m* ⟨~s; ~⟩ **1** *(Schrauben2)* boulon *m*; *(Zapfen)* cheville *f*; goujon *m*; **2** *(Geschoss)* carreau *m* (d'arbalète)
bombardieren [bɔmbar'diːrən] *v/t* ⟨*sans ge*⟩ bombarder (***mit*** de; *a fig*)
bom'bastisch *adj Stil, Sprache* ampoulé; pompeux; *Bau* pompier
Bombe ['bɔmbə] *f* ⟨~; ~n⟩ bombe *f*
'**Bomben|alarm** *m* alerte *f* à la bombe; **~anschlag** *m*, **~attentat** *n* attentat *m* à la bombe (***auf*** [+ *acc*] contre); **~drohung** *f* menace *f* d'attentat à la bombe
'**Bombener'folg** F *m* F succès fou, monstre
'**Bomben'form** F *f Sportler* ***in ~*** en pleine forme
'**Bomben|ge'schäft** F *n* F affaire juteuse; '**2'sicher** F *adj* F sûr et certain; *Alibi* F en béton; '**~'stimmung** F *f* F ambiance *f* formidable, d'enfer
'**Bomber** F *m* ⟨~s; ~⟩ bombardier *m*
'**bombig** F *adj* F du tonnerre
Bon [bɔŋ] *m* ⟨~s; ~s⟩ *(Gutschein)* bon *m*; *(Kassenquittung)* ticket *m* de caisse
Bonbon [bɔŋ'bɔŋ] *m od n* ⟨~s; ~s⟩ bonbon *m*
Bonus ['boːnus] *m* ⟨~ *ou* ~ses; ~ *ou* ~se⟩ *der Versicherung* bonus *m*
Bonze ['bɔntsə] *m* ⟨~n; ~n⟩ bonze *m* (*a fig péj*)
Bookmark ['bukmark] *f* ⟨~; ~s⟩ *ou n* ⟨~s; ~s⟩ INFORM signet *m*
Boom [buːm] *m* ⟨~s; ~s⟩ boom *m*
'**boomen** *v/i Wirtschaft* être en pleine expansion; être en plein boom (*a Geschäft*)
Boot [boːt] *n* ⟨~es; ~e⟩ bateau *m*; embarcation *f*; *(Ruder2)* barque *f*; *(Motor2)* canot *m*; F *fig* ***wir sitzen alle im selben ~*** nous sommes tous logés à la même enseigne
'**Boots|haus** *n* 'hangar *m* à bateaux; **~mann** *m* ⟨~es; -leute⟩ MAR MIL premier maître
Bord[1] [bɔrt] *n* ⟨~es; ~e⟩ *(Bücher2)* rayon *m*; étagère *f*
Bord[2] *m* ⟨~es; ~e⟩ MAR, AVIAT bord *m*; ***an ~ gehen*** s'embarquer; monter à bord; ***von ~ gehen*** descendre à quai *bzw* d'avion; ***über ~ werfen*** jeter par-dessus bord (*a fig*)
'**Bordcomputer** *m* MAR calculateur *m* de bord, AVIAT de vol
Bordell [bɔr'dɛl] *n* ⟨~s; ~e⟩ maison *f* de tolérance, de prostitution
'**Bord|karte** *f* AVIAT carte *f* d'embarquement; **~stein** *m* bordure *f* du trottoir
Bordüre [bɔr'dyːrə] *f* ⟨~; ~n⟩ COUT bordure *f*
borgen ['bɔrgən] *v/t* **1** *(entleihen)* ***etw bei*** *od* ***von j-m ~*** emprunter qc à qn; **2** *(verleihen)* ***j-m etw ~*** prêter qc à qn
Borke ['bɔrkə] *f* ⟨~; ~n⟩ écorce *f*
borniert [bɔr'niːrt] *adj* borné
Börse ['bœrzə] *f* ⟨~; ~n⟩ Bourse *f*
'**Börsen|bericht** *m in der Zeitung* rubrique boursière; **~krach** *m* krach *m*; débâcle financière; **~kurs** *m* cours *m* de la Bourse, des valeurs; **~makler** *m* agent *m* de change
Borste ['bɔrstə] *f* ⟨~; ~n⟩ soie *f* (de porc)
Borte ['bɔrtə] *f* ⟨~; ~n⟩ galon *m*; bordure *f*
bös [bøːs] → ***böse***
'**bösartig** *adj* **1** méchant; **2** *Krankheit* malin; **2keit** *f* ⟨~⟩ **1** méchanceté *f*; **2** malignité *f*
Böschung ['bœʃuŋ] *f* ⟨~; ~en⟩ talus *m*
böse ['bøːzə] **I** *adj* **1** *moralisch* méchant; ***ein ~r Mensch*** un méchant; **2** *Streich,*

Absicht mauvais; **3** F (*verärgert*) fâché; **~ werden** se mettre en colère; se fâcher; ***j-m** od **auf j-n ~ sein*** en vouloir à qn; **4** F (*ungezogen*) vilain; **II** *adv* ***es sieht ~ aus*** ça a l'air sérieux; ***ich habe es nicht ~ gemeint*** je n'ai pas pensé à mal
'Böse(r) *f(m)* ⟨→ A⟩ méchant(e) *m(f)*
'Böse(s) *n* ⟨→ A⟩ mal *m*
'Bösewicht *m* ⟨~ęs; ~er⟩ méchant *m*
bos|haft ['bo:shaft] *adj* méchant; **2haftigkeit, 2heit** *f* ⟨~; ~en⟩ méchanceté *f*
Bosnien(-Herzegowina) ['bɔsniən (hɛrtse'go:vina)] *n* la Bosnie(-Herzégovine)
'Bosnier(in) *m* ⟨~s; ~⟩ (*f*) ⟨~; ~nen⟩ Bosniaque *m,f*
'bosnisch *adj* bosniaque
Boss [bɔs] F *m* ⟨~es; ~e⟩ patron *m*; F boss *m*; *e-r Bande* chef *m*
'böswillig *adj* malveillant; **2keit** *f* ⟨~⟩ malveillance *f*
bot [bo:t] → ***bieten***
Botan|ik [bo'ta:nɪk] *f* ⟨~⟩ botanique *f*; **2isch** *adj* botanique
Bote ['bo:tə] *m* ⟨~n; ~n⟩ **1** (*Überbringer*) messager *m*; **2** *berufsmäßiger* garçon *m* de courses; **~ngang** *m* course *f*; commission *f*
'Botschaft *f* ⟨~; ~en⟩ **1** *st/s* (*Nachricht*) message *m*; nouvelle *f*; **2** POL ambassade *f*; **~er(in)** *m* ⟨~s; ~⟩ (*f*) ⟨~; ~nen⟩ ambassadeur, -drice *m,f*
Böttcher ['bœtçər] *m* ⟨~s; ~⟩ tonnelier *m*
Bottich ['bɔtɪç] *m* ⟨~s; ~e⟩ cuve *f*; (*Wasch2*) baquet *m*
Bouillon [bul'jɔŋ] *f* ⟨~; ~s⟩ bouillon (gras); *kräftige* consommé *m*
Boulevard|presse [bulə'va:r-] *f* *péj* presse *f* à sensation; **~stück** *n* pièce *f* de boulevard
Boutique [bu'ti:k] *f* ⟨~; ~n⟩ boutique *f* de mode
Bowle ['bo:lə] *f* ⟨~; ~n⟩ **1** *boisson à base de vin, de mousseux, de fruits et de sucre*; **2** *Gefäß* bol *m* à punch
Bowling ['bo:lɪŋ] *n* ⟨~s; ~s⟩ bowling *m*
Box [bɔks] *f* ⟨~; ~en⟩ **1** (*Pferde2, Auto2*) box *m*; *für Rennwagen* stand *m* de ravitaillement; **2** *Behälter* boîte *f*; **3** (*Lautsprecher2*) baffle *m*; enceinte *f* acoustique
'boxen *v/t u v/i* ⟨ęs⟩ boxer
'Boxer *m* ⟨~s; ~⟩ **1** SPORT boxeur *m*; **2** *Hund* boxer *m*; **~shorts** *pl* boxer *m*
'Box|handschuh *m* gant *m* de boxe; **~kampf** *m* match *m* de boxe; **~ring** *m* ring *m*; **~sport** *m* boxe *f*
Boy [bɔʏ] *m* ⟨~s; ~s⟩ groom *m*
Boykott [bɔʏ'kɔt] *m* ⟨~ęs; ~s *ou* ~e⟩ boycott *m*; boycottage *m*
boykot'tieren *v/t* ⟨*sans ge*⟩ boycotter
brach [bra:x] → ***brechen***
Brachialgewalt [braxi'a:l-] *st/s f* ***mit ~*** par la force
'Brachland *n* terre *f* inculte, en friche (*a fig*)
'brach·liegen *v/i* ⟨*irr*⟩ **1** être en friche; **2** *fig* être inemployé
brachte ['braxtə] → ***bringen***
Branche ['brã:ʃə] *f* ⟨~; ~n⟩ branche *f*; **~nverzeichnis** *n* TÉL pages *f/pl* jaunes
Brand [brant] *m* ⟨~ęs; ~̈e⟩ **1** incendie *m*; feu *m*; ***in ~ geraten*** prendre feu; ***etw in ~ stecken*** mettre le feu à qc; **2** F (*Durst*) (grande) soif
'brand|aktu'ell F *adj* d'une actualité brûlante; **2anschlag** *m* incendie criminel (***auf*** [+ *acc*] de); **2blase** *f* cloque causée par une brûlure; **2bombe** *f* bombe *f* incendiaire
branden ['brandən] *st/s v/i* ⟨-e-⟩ déferler
Brandenburg ['brandənburk] *n* ⟨~s⟩ *Bundesland* le Brandebourg
'Brand|herd *m* foyer *m* d'incendie; **2marken** *v/t* stigmatiser; **~mauer** *f* mur *m* coupe-feu; **'2'neu** F *adj* flambant neuf; **~schaden** *m* dommages, dégâts causés par l'incendie; **~stifter** *m* incendiaire *m*; **~stiftung** *f* incendie *m* volontaire; **~ung** *f* ⟨~; ~en⟩ déferlement *m* des vagues; ressac *m*; **~wunde** *f* brûlure *f*
brannte ['brantə] → ***brennen***
'Branntwein *m* eau-de-vie *f*
Brasilian|er(in) [brazili'a:nər(ɪn)] *m* ⟨~s; ~⟩ (*f*) ⟨~; ~nen⟩ Brésilien, -ienne *m,f*; **2isch** *adj* brésilien
Brasilien [bra'zi:liən] *n* ⟨~s⟩ le Brésil
brät [brɛ:t] → ***braten***
'Bratapfel *m* pomme cuite au four
braten ['bra:tən] ⟨brät, briet, gebraten⟩ **I** *v/t* faire cuire; *im Ofen a* faire rôtir; *am Grill* faire griller, rôtir; *Kartoffeln* faire sauter; **II** *v/i* cuire; rôtir; griller
'Braten *m* ⟨~s; ~⟩ rôti *m*; ***kalter ~*** viande

B

froide; F *fig* ***den ~ riechen*** éventer la mèche

'Braten|saft *m* jus *m* de rôti; **~soße** *f* sauce *f* (au jus de rôti)

'bratfertig *adj* prêt à rôtir

'Brat|fett *n* graisse *f* (à rôtir); **~fisch** *m gebratener* poisson frit; *zum Braten* poisson à frire; **~hähnchen** *n*, *südd*, *österr* **~hendl** *n gebratenes* poulet rôti; *zum Braten* poulet à rôtir; **~hering** *m* 'hareng frit et mariné; **~kartoffeln** *f/pl* pommes de terre sautées; **~pfanne** *f* poêle *f* à frire; **~röhre** *f* four *m*

Bratsche ['bra:tʃə] *f* ⟨~; ~n⟩ alto *m*

Brat'schist(in) *m* ⟨~en; ~en⟩ (*f*) ⟨~; ~nen⟩ altiste *m,f*

'Brat|spieß *m* brochette *f*; **~wurst** *f gebratene* saucisse grillée; *zum Braten* saucisse à griller

Brauch [braux] *m* ⟨~es; ⸚e⟩ coutume *f*; usage *m*; tradition *f*

'brauchbar *adj* qui peut servir (***für*** à); utile (à); utilisable; valable

brauchen ['brauxən] **I** *v/t* ⟨*p/p* gebraucht⟩ **1** (*benötigen*) avoir besoin de; ***ich brauche etwas*** *a* il me faut quelque chose; **2** *Zeit* mettre; ***das braucht Zeit*** cela demande du temps; **3** (*ge~*) se servir de; **II** *v/aux de mode* ⟨*p/p* brauchen⟩ ***Sie ~ nur zu*** (+ *inf*) vous n'avez qu'à (+ *inf*); ***er braucht nicht zu kommen*** ce n'est pas la peine qu'il vienne

'Brauchtum *n* ⟨~es; -tümer⟩ coutumes *f/pl*; tradition *f*

Braue ['brauə] *f* ⟨~; ~n⟩ sourcil *m*

brauen ['brauən] *v/t* **1** *Bier* brasser; **2** F *fig* concocter

'Braue|r *m* ⟨~s; ~⟩ brasseur *m*; **~'rei** *f* ⟨~; ~en⟩ brasserie *f*

braun [braun] *adj* marron; (*dunkel~*) brun; *von der Sonne* bronzé; ***~ gebrannt*** bronzé; 'hâlé

Braun *n* ⟨~s; ~⟩ (couleur *f*) marron *m*; (*Dunkel~*) brun *m*; **'~bär** *m* ours brun

Bräune ['brɔynə] *f* ⟨~⟩ 'hâle *m*

'bräunen *v/t* **1** *Sonne*: *Haut* bronzer; brunir; **2** CUIS faire revenir

'Braunkohle *f* lignite *m*

'bräunlich *adj* brunâtre

Braunschweig ['braunʃvaik] *n* ⟨~s⟩ Brunswick

'Bräunung *f* ⟨~; ~en⟩ bronzage *m*; **~sstudio** *n* solarium *m*

Brause ['brauzə] *f* ⟨~; ~n⟩ **1** (*Dusche*) douche *f*; **2** (*Limonade*) limonade gazeuse; **3** (*~pulver*) poudre effervescente

'brausen *v/i* ⟨h⟩ **1** *Sturm*, *Meer* mugir; *Orgel* retentir; **2** ⟨sn⟩ *Fahrzeuge* passer en trombe; **3** (*duschen*) se doucher

'Brause|pulver *n* poudre effervescente; **~tablette** *f* comprimé effervescent

Braut [braut] *f* ⟨~; ⸚e⟩ **1** (*Verlobte*) fiancée *f*; *am Hochzeitstag* mariée *f*; **2** F (*Mädchen*) F nana *f*

Bräutigam ['brɔytigam] *m* ⟨~s; ~e⟩ (*Verlobter*) fiancé *m*; *am Hochzeitstag* marié *m*

'Braut|jungfer *f* demoiselle *f* d'honneur; **~kleid** *n* robe *f* de mariée; **~paar** *n* (*Verlobte*) fiancés *m/pl*; *am Hochzeitstag* mariés *m/pl*

brav [bra:f] *adj* **1** *Kind* sage; gentil; **2** *Erwachsener* brave (*vorangestellt*); **3** *fig péj* fade; plat

bravo ['bra:vo] *int* bravo!

'Bravo *n* ⟨~s; ~s⟩, **~ruf** *m* bravo *m*

Brav(o)ur [bra'vu:r] *f* ⟨~⟩ ***mit ~*** avec éclat, brio

BRD [be:ʔɛr'de:] ⟨~⟩ *abr* (*Bundesrepublik Deutschland*) ***die ~*** la R.F.A.

'Brecheisen *n* pince-monseigneur *f*

brechen ['brɛçən] ⟨bricht, brach, gebrochen⟩ **I** *v/t* **1** (*zer~*, *durch~*) casser; rompre; *in mehrere Stücke* briser; *Brot* rompre; *Gliedmaßen* casser; **2** *Marmor etc* extraire; **3** *fig Bann*, *Vertrag* rompre; *Eid*, *Recht* violer; *Widerstand* briser; *Blockade* forcer; *Rekord* battre; **II** *v/i* **4** ⟨sn⟩ (*zer~*, *durch~*) (se) rompre; (se) casser; (se) briser; F ***~d voll sein*** être plein à craquer; **5** ***mit j-m, etw ~*** rompre avec qn, qc; **6** F (*sich er~*) vomir; **III** *v/r Licht* ***sich ~*** se réfracter

'Brecher *m* ⟨~s; ~⟩ paquet *m* de mer

'Brech|mittel *n* vomitif *m*; **~reiz** *m* envie *f* de vomir; nausée *f*; **~stange** *f* pince-monseigneur *f*

Brei [brai] *m* ⟨~es; ~e⟩ bouillie *f*; *von Kartoffeln*, *Erbsen* purée *f*; F ***um den*** (***heißen***) ***~ herumreden*** tourner autour du pot

'breiig *adj* en bouillie; pâteux

breit [brait] **I** *adj* large; *Hüfte* fort; *Schilderung* ample; ***zwei Meter ~ sein*** avoir deux mètres de large; être large de deux mètres; ***~er machen*** élargir; ***~er***

werden s'élargir; ***sich ~ machen*** *Stimmung etc* se propager; *Person* F s'étaler; **II** *adv* ***~ gefächert*** varié
'breitbeinig *adv* les jambes écartées
'Breite *f* ⟨~; ~n⟩ **1** *räumliche* largeur *f*; F ***in die ~ gehen*** grossir; **2** GÉOGR latitude *f*
'Breiten|grad *m* GÉOGR degré *f* de latitude; **~kreis** *m* GÉOGR parallèle *m*
'breit·schlagen F *v/t* ⟨*irr*⟩ finir par persuader; fléchir; ***sich ~ lassen*** finir par céder
'breitschult(e)rig *adj* de forte carrure
Bremen ['bre:mən] *n* ⟨~s⟩ Brême
'Bremsbelag *m* garniture *f* de frein
Bremse[1] ['brɛmzə] *f* ⟨~; ~n⟩ frein *m*; ***auf die ~ treten*** appuyer sur le frein
'Bremse[2] *f* ⟨~; ~n⟩ ZO taon *m*
'bremsen *v/t u v/i* ⟨*ge*⟩ freiner (*a fig*)
'Brems|leuchte *f*, **~licht** *n* feu *m* de stop; **~pedal** *n* pédale *f* de frein; **~spur** *f* trace *f* de freinage; **~weg** *m* distance *f* de freinage
'brennbar *adj* combustible; ***leicht ~*** inflammable
brennen ['brɛnən] ⟨brannte, gebrannt⟩ **I** *v/t Ton, Ziegel, Kalk* cuire; *Branntwein* distiller; **II** *v/i* **1** brûler; ***zu ~ beginnen*** prendre feu; ***es brennt*** il y a le feu; ***es brennt!*** au feu!; F *fig* ***wo brennts denn?*** qu'est-ce qui ne va pas?; **2** *Ofen* marcher; *Licht* être allumé; **3** *Wunde, Augen, Sonne* brûler; *Rauch in den Augen* piquer; **4** *fig* ***vor Verlangen*** (*dat*) ~ brûler de désir
'brennend I *adjt* **1** brûlant; *Gebäude, Wald* en feu; en flammes; *Lampe, Zigarette* allumé; **2** *fig Schmerz* cuisant; *Durst* ardent; *Interesse* vif; **3** *fig Aktualität, Frage* brûlant; **II** *advt* ***sich ~ für etw interessieren*** manifester un vif intérêt pour qc
'Brenner *m* ⟨~s; ~⟩ TECH brûleur *m*
Brenne'rei *f* ⟨~; ~en⟩ distillerie *f*
'Brenn|holz *n* bois *m* de chauffage; **~nessel** *f* ⟨~; ~n⟩ ortie *f*; **~punkt** *m* **1** foyer *m*; **2** *fig* centre *m*; **~spiritus** *m* alcool *m* à brûler; **~stab** *m* NUCL barre *f* de combustible; **~stoff** *m* combustible *m*
brenzlig ['brɛntslɪç] *adj* **1** qui sent le brûlé, le roussi; **2** F *fig* (*bedenklich*) délicat; ***die Sache wird ~*** ça sent le roussi
Bresche ['brɛʃə] *f* ⟨~; ~n⟩ brèche *f*; *fig* ***für j-n in die ~ springen*** remplacer qn au pied levé
Brett [brɛt] *n* ⟨~(e)s; ~er⟩ **1** planche *f*; ***schwarzes ~*** tableau *m*, panneau *m* d'affichage; F *fig* ***ein ~ vor dem Kopf haben*** être bouché (à l'émeri); **2** (*Dame*2) damier *m*; (*Schach*2) échiquier *m*; **3** *pl* ***die ~er*** (*Bühne*) la scène; les planches *f/pl*; **4** F *pl* ***~er*** (*Skier*) skis *m/pl*
Brezel ['bre:tsəl] *f* ⟨~; ~n⟩ bretzel *m*
bricht [brɪçt] → ***brechen***
Bridge [brɪtʃ] *n* ⟨~⟩ bridge *m*
Brief [bri:f] *m* ⟨~(e)s; ~e⟩ lettre *f*; F ***blauer ~*** SCHULE (lettre *f* d')avertissement *m*
'Brief|beschwerer *m* ⟨~s; ~⟩ presse-papiers *m*; **~bogen** *m* feuille *f* de papier à lettres; **~bombe** *f* lettre piégée; **~freund(in)** *m(f)* correspondant(e) *m(f)*; **~geheimnis** *n* secret *m* des correspondances; **~kasten** *m* boîte *f* aux lettres; **~kopf** *m* en-tête *m* (de lettre); **2lich** *adj u adv* par lettre(s); par écrit; **~marke** *f* timbre(-poste) *m*; **~markensammler(in)** *m(f)* philatéliste *m,f*; **~markensammlung** *f* collection *f* de timbres; **~öffner** *m* coupe-papier *m*; **~papier** *n* papier *m* à lettres; **~tasche** *f* portefeuille *m*; **~taube** *f* pigeon *m* voyageur; **~träger(in)** *m(f)* facteur, -trice *m,f*; **~umschlag** *m* enveloppe *f*; **~waage** *f* pèse-lettre *m*; **~wahl** *f* vote *m* par correspondance; **~wechsel** *m* correspondance *f*
Bries [bri:s] *n* ⟨~es; ~e⟩ CUIS ris *m* de veau
briet [bri:t] → ***braten***
Brigade [bri'ga:də] *f* ⟨~; ~n⟩ brigade *f*
Brikett [bri'kɛt] *n* ⟨~s; ~s⟩ briquette *f*
brillant [brɪl'jant] *adj* brillant
Bril'lant *m* ⟨~en; ~en⟩ brillant *m*
Brille ['brɪlə] *f* ⟨~; ~n⟩ **1** lunettes *f/pl*; ***e-e ~*** des lunettes; une paire de lunettes; **2** F (*Klosett*2) lunette *f*; → *Info-Fenster S. 790*
'Brillen|etui *n* étui *m* à lunettes; **~gestell** *n* monture *f*; **~glas** *n* verre *m* (de lunettes); **~schlange** *f* serpent *m* à lunettes; **~träger(in)** *m(f)* personne *f* qui porte des lunettes
bringen ['brɪŋən] *v/t* ⟨brachte, gebracht⟩ **1** (*mit*~) *Dinge* apporter; *Person* amener; (*hin*~) *Dinge* (em)porter; *Person* (em)mener; conduire; (*zu-*

B

rück~) *Dinge* rapporter; *Person* ramener; **2** (*begleiten*) accompagner; (*zurück~*) raccompagner; **3** (*veröffentlichen*) publier; (*darbieten*) réciter; dire; chanter; **4** *Profit*, *Zinsen* rapporter; **5** ***es zu etwas ~*** faire son chemin; ***es zu nichts ~*** ne parvenir à rien; ***es weit ~*** faire son chemin; (bien) réussir; **6** *Schwierigkeiten* créer; *Vorteile* apporter; **7** ***j-n dazu ~, etw zu tun*** amener qn à faire qc; **8** *mit prép* ***das brachte mich darauf zu*** (+ *inf*) cela m'a donné l'idée de (+ *inf*); ***etw mit sich ~*** entraîner qc; ***es mit sich ~, dass …*** avoir pour conséquence que …; ***es nicht über sich*** (*acc*) ***~, etw zu tun*** ne pas pouvoir se résoudre à faire qc; **9** ***etw zum Kochen ~*** faire bouillir qc

Brille oder Klobrille?

Brille heißt auf Französisch **les lunettes** (immer im Plural!).
Will man eine bestimmte Anzahl von Brillen angeben, so muss man die Umschreibung mit **paire** und **de** verwenden:

eine Brille	**une paire de lunettes**
zwei Brillen	**deux paires de lunettes**

Achtung: **la lunette** (also im Singular) bedeutet ‚Klobrille' oder auch ‚Fernrohr'!

brisant [bri'zant] *adj* brûlant; explosif
Brise ['bri:zə] *f* ⟨~; ~n⟩ brise *f*
Brit|e ['brɪtə] *m* ⟨~n; ~n⟩, **~in** *f* ⟨~; ~nen⟩ Britannique *m,f*; **2isch** *adj* britannique
bröckelig ['brœklɪç] *adj* friable
'**bröckeln** *v/i* ⟨¢, sn⟩ s'effriter
Brocken ['brɔkən] *m* ⟨~s; ~⟩ **1** morceau *m*; ***ein paar ~*** *e-r Unterhaltung*, *Sprache* quelques bribes *f/pl*; **2** F *fig Mensch* F balèze *m*; F malabar *m*
brodeln ['bro:dəln] *v/i* ⟨¢⟩ bouillonner
Brokat [bro'ka:t] *m* ⟨~¢s; ~e⟩ brocart *m*
Brokkoli ['brɔkoli] *pl* brocoli *m*
Brom [bro:m] *n* ⟨~s⟩ brome *m*
Brombeere ['brɔmbe:rə] *f* mûre *f*
Bronchie ['brɔnçiə] *f* ⟨~; ~n⟩ bronche *f*
Bronchitis [brɔn'çi:tɪs] *f* ⟨~; -i'tiden⟩ bronchite *f*
Bronze ['brõ:sə] *f* ⟨~; ~n⟩ bronze *m*; **~medaille** *f* médaille *f* de bronze; **~zeit** *f* âge *m* du bronze
Brosche ['brɔʃə] *f* ⟨~; ~n⟩ broche *f*
Broschüre [brɔ'ʃy:rə] *f* ⟨~; ~n⟩ brochure *f*
Brot [bro:t] *n* ⟨~¢s; ~e⟩ **1** pain *m*; ***e-e Scheibe ~*** une tranche de pain; **2** (*Butter2*) tartine *f*; *zugeklapptes* sandwich *m*; **3** *fig* ***das ist ein hartes ~*** c'est très dur
'**Brot|aufstrich** *m* beurre *m*, confiture *f*, pâté *m*, fromage *m*, *etc* (à tartiner); **~belag** *m* charcuterie *f*, fromage *m*, *etc* (sur les tranches de pain)
Brötchen ['brø:tçən] *n* ⟨~s; ~⟩ petit pain; ***belegtes ~*** sandwich *m*
'**Brot|erwerb** *m* gagne-pain *m*; **~kasten** *m* boîte *f* à pain
'**Brotkorb** *m* corbeille *f* à pain; *fig* ***j-m den ~ höher hängen*** serrer la vis à qn
'**Brot|laib** *m* miche *f*; **~messer** *n* couteau *m* à pain; **~zeit** *f* *südd Imbiss* casse-croûte *m*; *Pause* pause *f* casse-croûte
Browser ['brauzər] *m* ⟨~s; ~⟩ INFORM navigateur *m*
Bruch [brʊx] *m* ⟨~¢s; ~e⟩ **1** rupture *f* (*a fig*); *e-s Eides* violation *f*; ***zu ~ gehen*** se casser; se briser; ***in die Brüche gehen*** se briser; se casser; *fig Ehe* être un échec; **2** (*Knochen2*) fracture *f*; (*Eingeweide2*) 'hernie *f*; **3** MATH fraction *f*
'**Bruchbude** F *f* F baraque *f*
brüchig ['brʏçɪç] *adj* **1** *Material* cassant; fragile; **2** *fig Stimme* cassé; *Beziehung* fragile
'**Bruch|landung** *f* atterrissage *m* en catastrophe; **~rechnen** *n*, **~rechnung** *f* calcul *m* des fractions; **~strich** *m* barre *f* de fraction; **~stück** *n* fragment *m*; morceau *m*; *pl* **~e** *e-r Unterhaltung etc* bribes *f/pl*; **~teil** *m* fraction *f*; *fig* (petite) partie
Brücke ['brʏkə] *f* ⟨~; ~n⟩ **1** pont *m* (*a* TURNEN); *fig* ***alle ~n hinter sich*** (*dat*) ***abbrechen*** couper les ponts; **2** (*Schiffs2*) passerelle *f*; **3** *Teppich* carpette *f*; **4** (*Zahn2*) bridge *m*
'**Brücken|kopf** *m* tête *f* de pont; **~pfeiler** *m* pile *f* (de pont)
Bruder ['bru:dər] *m* ⟨~s; ~⟩ frère *m* (*a*

REL); F *plais* ***unter Brüdern*** F entre copains

brüderlich ['bry:dərlɪç] **I** *adj* fraternel; **II** *adv* en frère(s); **2keit** *f* ⟨~⟩ fraternité *f*

'**Brüderschaft** *f* ***mit j-m ~ trinken*** *trinquer avec qn pour fêter la décision mutuelle de se tutoyer*

Brügge ['brygə] *n* ⟨~s⟩ Bruges

Brüh|e ['bry:ə] *f* ⟨~; ~n⟩ **1** (*Fleisch2*) bouillon *m*; *kräftige* consommé *m*; **2** F *péj* (*Wasser*) eau *f* sale; (*Kaffee, Tee*) F lavasse *f*; **2en** *v/t Kaffee, Tee* faire; (*über~*) ébouillanter; échauder

'**brüh'warm** F *fig adv* ***e-e Neuigkeit ~ weitererzählen*** servir une nouvelle toute fraîche, toute chaude

'**Brühwürfel** *m* cube *m* de consommé

brüllen ['brylən] *v/i* **1** *Rind* mugir; beugler; meugler; *Löwe* rugir; *Tiger* feuler; **2** F (*schreien*) 'hurler; F gueuler

brummen ['brumən] **I** *v/t mürrisch* grommeler; marmonner; **II** *v/i* **1** *Bär* grogner; *Flugzeug* vrombir; *Fliege* bourdonner; *Motor* ronfler; F *fig* ***mir brummt der Kopf*** j'ai mal à la tête; **2** *mürrisch* F ronchonner

'**Brummer** F *m* ⟨~s; ~⟩ **1** (*Fliege*) grosse mouche; **2** (*Lastwagen*) F gros cul

'**Brummi** F *m* ⟨~s; ~s⟩ F gros cul

'**brummig** F *adj* grincheux

'**Brummschädel** F *m* ***e-n ~ haben*** avoir mal aux cheveux; F avoir la gueule de bois

brünett [bry'nɛt] *adj* brun

Brunnen ['brunən] *m* ⟨~s; ~⟩ fontaine *f*; (*Zieh2*) puits *m*

Brunst [brunst] *f* ⟨~; ≈e⟩ rut *m*; chaleur *f*

brünstig ['brynstɪç] *adj Tier* en rut; en chaleur

brüsk [brysk] *adj* brusque; rude

brüs'kieren *v/t* ⟨*sans ge*⟩ brusquer

Brüssel ['brysəl] *n* ⟨~s⟩ Bruxelles

Brust [brust] *f* ⟨~; ≈e⟩ **1** ANAT poitrine *f*; (*~korb*) thorax *m*; ***sich in die ~ werfen*** bomber le torse; ***aus voller ~*** à gorge déployée; à pleine gorge; **2** SCHWIMMEN ***100 m ~*** 100 m brasse; **3** *der Frau* sein *m*; *pl* ***Brüste*** *a* poitrine *f*; ***e-m Kind die ~ geben*** donner le sein, donner à téter à un enfant; **4** CUIS (*Geflügel2*) blanc *m*; (*Rinder2, Kalbs2*) poitrine *f*

'**Brust|beutel** *m* porte-monnaie *bzw* portefeuille porté autour du cou; **~bild** *n* buste *m*

brüsten ['brystən] *v/r* ⟨-e-⟩ *péj* **sich** (**mit** ***etw***) **~** se vanter (de qc)

'**Brust|kasten** F *m* F coffre *m*; **~korb** *m* cage *f* thoracique; thorax *m*; **~krebs** *m* cancer *m* du sein; **~schwimmen** *n* brasse *f*

'**Brustton** *m* ***im ~ der Überzeugung*** d'un ton convaincu

'**Brüstung** *f* ⟨~; ~en⟩ parapet *m*

'**Brustwarze** *f* mamelon *m*

Brut [bru:t] *f* ⟨~; ~en⟩ **1** *von Vögeln* couvée *f*; *von Insekten* couvain *m*; *von Fischen* alevins *m/pl*; **2** (*Brüten*) incubation *f*; **3** F *péj* F sale race *f*

brutal [bru'ta:l] *adj* brutal; rude; **2i'tät** *f* ⟨~; ~en⟩ brutalité *f*

brüten ['bry:tən] ⟨-e-⟩ *v/i* **1** *Vögel* couver; **2** ***~de Hitze*** chaleur suffocante, accablante; **3** *fig* (***über etw*** [*dat*]) **~** ruminer qc

'**Brüter** *m* ⟨~s; ~⟩ NUCL ***schneller ~*** surrégénérateur *m*

'**Brut|kasten** *m* MÉD couveuse *f*; incubateur *m*; **~stätte** *f* **1** lieu *m* de reproduction; **2** *fig* foyer *m* (***für*** *od* + *gén* de)

brutto ['bruto] *adv* brut

'**Brutto|einkommen** *n* revenu brut; **~re'gistertonne** *f* tonneau *m* de jauge brute; **~sozi'alprodukt** *n* produit national brut

brutzeln ['brutsəln] ⟨¢⟩ **I** *v/t* faire revenir, sauter; **II** *v/i* grésiller

BSE [be:ʔɛs'ʔe:] *f abr* (*bovine spongiforme Enzephalopathie*) E.S.B. *f*

Btx [be:te:'ʔɪks] *abr* (*Bildschirmtext*) minitel® *m*

Bub [bu:p] *m* ⟨~en; ~en⟩ *südd, österr, schweiz* garçon *m*

Bube ['bu:bə] *m* ⟨~n; ~n⟩ *Spielkarte* valet *m*

Buch [bu:x] *n* ⟨~¢s; ≈er⟩ **1** livre *m*; F ***reden wie ein ~*** F être un moulin à paroles; *fig* ***ein ~ mit sieben Siegeln*** de l'hébreu; du chinois; un grand mystère; **2** COMM ***Bücher*** livres *m/pl*; comptes *m/pl*; écritures *f/pl*; (***genau***) ***über etw*** (*acc*) **~** ***führen*** tenir un compte exact de qc; **3** (*Dreh2*) scénario *m*; script *m*

'**Buch|binder** *m* relieur *m*; **~druck** *m* imprimerie *f*; **~drucker** *m* imprimeur *m*

B

Buche ['bu:xə] *f* ⟨~; ~n⟩ 'hêtre *m*
'Buchecker *f* ⟨~; ~n⟩ faîne *od* faine *f*
'buchen *v/t* **1** COMM comptabiliser; **2** *Reise etc* réserver
Bücherbrett ['bY:çər-] *n* rayon *m*; étagère *f*
Büche'rei *f* ⟨~; ~en⟩ bibliothèque *f*
'Bücher|regal *n* étagère *f*; rayonnage *m*; **~schrank** *m* bibliothèque *f*; **~wurm** *m plais* rat *m* de bibliothèque
'Buchfink *m* pinson *m*
'Buch|führung *f* comptabilité *f*; tenue *f* des livres; **~halter** *m* comptable *m*; **~haltung** *f* comptabilité *f*; **~handel** *m herstellender* industrie *f* du livre; éditeurs *m/pl*; *verbreitender* commerce *m* de(s) livres; libraires *m/pl*; **~händler** *m* libraire *m*; **~handlung** *f* librairie *f*; **~macher** *m* bookmaker *m*; **~prüfer** *m* expert-comptable *m*; commissaire *m* aux comptes
Buchs [bʊks] *m* ⟨~es; ~e⟩, **'~baum** *m* buis *m*
'Buchse *f* ⟨~; ~n⟩ **1** TECH coussinet *m*; **2** ÉLECT prise femelle
Büchse ['bYksə] *f* ⟨~; ~n⟩ **1** boîte *f*; (*Konserven*2) boîte *f* de conserve; **2** *Schusswaffe* carabine *f*
'Büchsen|milch *f* lait concentré (en boîte); **~öffner** *m* ouvre-boîtes *m*
Buchstabe ['bu:xʃta:bə] *m* ⟨~ns; ~n⟩ lettre *f*; caractère *m* (*a* TYPO); ***großer** ~* majuscule *f*; capitale *f*; ***kleiner** ~* minuscule *f*
buchsta'bieren *v/t* ⟨*sans ge*⟩ épeler
buchstäblich ['bu:xʃtɛ:plɪç] *adv* littéralement
Bucht [bʊxt] *f* ⟨~; ~en⟩ baie *f*; *kleine* anse *f*; crique *f*
'Buchung *f* ⟨~; ~en⟩ **1** COMM comptabilisation *f*; **2** *e-r Reise etc* réservation *f*
'Buchweizen *m* sarrasin *m*; blé noir
Buckel ['bʊkəl] *m* ⟨~s; ~⟩ **1** MÉD bosse *f*; ***e-n ~ haben*** être bossu; **2** F (*Rücken*) dos *m*; ***e-n ~ machen*** *Katze* faire le gros dos; ***er kann mir den ~ runterrutschen!*** F qu'il me fiche la paix!; F il me les casse!; **3** F (*Wölbung*) bosse *f*; (*kleiner Hügel*) tertre *m*; butte *f*
'buckeln F *v/i* ⟨¢⟩ **1** *Katze* faire le gros dos; **2** *fig péj* ***vor j-m ~*** ramper, faire des courbettes devant qn
bücken ['bYkən] *v/r* ***sich*** (***nach etw***) ***~*** se baisser (pour ramasser qc)
'bucklig *adj* **1** MÉD bossu; **2** F *Weg, Fläche* bossué; défoncé
Bückling[1] ['bYklɪŋ] F *plais m* ⟨~s; ~e⟩ (*Verbeugung*) courbette *f*
'Bückling[2] *m* ⟨~s; ~e⟩ (*Räucherhering*) 'hareng saur, fumé
buddeln ['bʊdəln] F *v/t u v/i* ⟨¢⟩ creuser
Buddh|ismus [bu'dɪsmʊs] *m* ⟨~⟩ bouddhisme *m*; **~ist(in)** *m* ⟨~en; ~en⟩ (*f*) ⟨~; ~nen⟩ bouddhiste *m,f*
Bude ['bu:də] *f* ⟨~; ~n⟩ **1** (*Bretter*2, *Jahrmarkts*2) baraque *f* (*a* F *péj Haus*); **2** F (*Zimmer*) F piaule *f*; ***Leben in die ~ bringen*** mettre de l'ambiance
Budget [bY'dʒe:] *n* ⟨~s; ~s⟩ budget *m*
Büfett [bY'fɛt] *n* ⟨~ẹs; ~s *ou* ~e⟩ **1** (*Anrichte*) buffet *m*; **2** CUIS ***kaltes ~*** buffet (froid)
Büffel ['bYfəl] *m* ⟨~s; ~⟩ buffle *m*
'büffeln F *v/t u v/i* ⟨¢⟩ F bosser
Bug [bu:k] *m* ⟨~ẹs; ¨~e *ou* ~e⟩ **1** ⟨*pl* ~e⟩ MAR proue *f*; avant *m* (*a* AVIAT); nez *m*; **2** *beim Rind* épaule *f*
Bügel ['by:gəl] *m* ⟨~s; ~⟩ **1** (*Kleider*2) cintre *m*; **2** (*Steig*2) étrier *m*; **3** (*Brillen*2) branche *f*; **4** *e-r Handtasche* monture *f*
'Bügel|brett *n* planche *f* à repasser; **~eisen** *n* fer *m* à repasser; **~falte** *f* pli *m* (de pantalon); **2frei** *adj* qui ne se repasse pas; infroissable
bügeln ['by:gəln] *v/t* ⟨¢⟩ repasser
Buggy ['bagi] *m* ⟨~s; ~s⟩ **1** *Auto* buggy *m*; **2** *Kinderwagen* poussette pliante
bugsieren [bʊ'ksi:rən] *v/t* ⟨*sans ge*⟩ F *fig* pousser; *Person* piloter; guider
buh [bu:] *int* 'hou!; (*pfui*) berk!
'buhen F *v/i* 'huer (qn *bzw* qc)
'buhlen *st/s v/i péj* ***um etw ~*** briguer, rechercher qc avec ardeur
'Buhmann F *m* ⟨~ẹs; -männer⟩ bouc *m* émissaire; ***j-n zum ~ machen*** faire porter le chapeau à qn
Bühne ['by:nə] *f* ⟨~; ~n⟩ **1** THÉ (*Spielfläche*) scène *f*; plateau *m*; ***die ~ betreten*** entrer en scène; F ***etw über die ~ bringen*** (*durchführen*) mener qc à bien; (*beenden*) mener qc à bonne fin; **2** (*Theater*) théâtre *m*; scène *f*; ***zur ~ gehen*** faire du théâtre
'Bühnen|arbeiter *m* machiniste *m*; **~bild** *n* décors *m/pl*; **~bildner(in)** *m* ⟨~s; ~⟩ (*f*) ⟨~; ~nen⟩ décorateur, -trice *m,f* (de théâtre); **~fassung** *f* adaptation

f scénique; **≈reif** *adj* théâtral; transposable au théâtre; **~stück** *n* pièce *f* de théâtre

'Buhruf *m* 'huée *f*

buk [bu:k] → ***backen***

Bukett [bu'kɛt] *n* ⟨~s; ~s *ou* ~e⟩ bouquet *m*

Bulgar|e [bʊl'ga:rə] *m* ⟨~n; ~n⟩, **~in** *f* ⟨~; ~nen⟩ Bulgare *m,f*; **~ien** *n* ⟨~s⟩ la Bulgarie; **≈isch** *adj* bulgare

Bull|auge ['bʊlʔaugə] *n* 'hublot *m*; **~dogge** *f* bouledogue *m*; **~dozer** ['-do:zər] *m* ⟨~s; ~⟩ bulldozer *m*

Bulle ['bʊlə] *m* ⟨~n; ~n⟩ **1** taureau *m*; **2** F *fig* (*starker Mann*) F armoire *f* à glace; **3** F *péj* (*Polizist*) F flic *m*; F poulet *m*

'Bullen'hitze F *f* F chaleur *f* d'enfer, à crever

Bulletin [bʏl'tɛ̃:] *n* ⟨~s; ~s⟩ bulletin *m*

'bullig F *adj* **1** *Mensch* F costaud; F balèze; **2** *Hitze* F à crever

bum [bʊm] *int* boum!

Bumerang ['bu:məraŋ] *m* ⟨~s; ~e *ou* ~s⟩ boomerang *m*

Bummel ['bʊməl] F *m* ⟨~s; ~⟩ F balade *f*

Bumme'lant F *péj m* ⟨~en; ~en⟩ **1** (*Trödelfritze*) traînard *m*; **2** (*Nichtstuer*) feignant *m*; F flemmard *m*

Bumme'lei F *péj f* ⟨~; ~en⟩ **1** (*Trödelei*) lenteur *f*; **2** (*Pflichtvergessenheit*) fainéantise *f*; F flemme *f*

'bummeln F *v/i* ⟨¢⟩ **1** ⟨sn⟩ (*schlendern*) flâner (***durch die Stadt*** dans les rues); **2** *péj* (*trödeln*) F lambiner; traîner; (*faulenzen*) F flemmarder; F glander

'Bummel|streik *m* grève *f* du zèle; **~zug** F *m* tortillard *m*

bums [bʊms] *int* boum!; patatras!

Bums F *m* ⟨~es; ~e⟩ boum *m*; coup sourd

'bumsen ⟨¢$⟩ **I** P *v/t sexuell* P baiser; **II** F *v/i* ⟨+ *indication de direction* sn⟩ faire boum; *an e-e Tür* taper; frapper (***an*** [+ *acc*] contre); ***gegen etw ~*** se cogner à, contre qc

'Bumslokal F *péj n* bouge *m*

Bund[1] [bʊnt] *m* ⟨~¢s; ≈e⟩ **1** (*Vereinigung*) union *f*; ***der ~ der Ehe*** les liens *m/pl* du mariage; *st/s* ***mit j-m den ~ fürs Leben schließen*** s'unir à qn (pour la vie); **2** POL fédération *f*; **3** COUT ceinture *f*; **4** F (*Bundeswehr*) service *m* (militaire)

Bund[2] *n* ⟨~¢s; ~e, *mais* 4 ~⟩ *Gemüse* botte *f*; *Petersilie* bouquet *m*

Bündchen ['bʏntçən] *n* ⟨~s; ~⟩ *am Ärmel* poignet *m*; *am Hals* col *m*

Bündel ['bʏndəl] *n* ⟨~s; ~⟩ *Briefe*, *Wäsche*, *fig* paquet *m*; *Briefe*, *Banknoten a* liasse *f*; *Stroh* botte *f*

'bündel|n *v/t* ⟨¢⟩ lier ensemble; faire un paquet de; *Banknoten* faire des liasses de; *Garben*, *Gemüse* faire des bottes de; **~weise** *adv* par paquets, liasses, bottes, *etc*

'Bundes... *in Zssgn meist* fédéral; **~bürger** *m* citoyen *m* de la R.F.A.; **~gebiet** *n* territoire *m* de la R.F.A.; **~kabinett** *n* BRD cabinet fédéral; **~kanzler** *m* BRD, *österr* chancelier *m* de la République fédérale; **~land** *n* BRD, *österr* land *m*; → *Info-Fenster S. 794*; **~liga** *f* SPORT première division; **~minister(in)** *m(f)* ministre fédéral (***für*** de); **~präsident(in)** *m(f)* président *m* de la République fédérale, *schweiz* de la Confédération; **~rat** *m* **1** chambre *f* des länder; **2** *schweiz* Conseil fédéral; **~regierung** *f* gouvernement fédéral

'Bundesrepublik ***die ~ Deutschland*** la République fédérale d'Allemagne

'Bundes|straße *f etwa* route nationale; **~tag** *m* Parlement fédéral; Bundestag *m*; **~trainer** *m* sélectionneur *m*; entraîneur *m* de l'équipe nationale; **~ver'fassungsgericht** *n* Cour constitutionnelle fédérale; **~wehr** *f* Bundeswehr *f*; forces armées de la République fédérale; **≈weit** *adj* sur tout le territoire fédéral; à l'échelle fédérale

bündig ['bʏndɪç] *adj Antwort* clair; net; *Beweis* concluant

Bündnis ['bʏntnɪs] *n* ⟨~ses; ~se⟩ alliance *f*; pacte *m*; **~grüne(r)** *f(m)* membre *m* du parti d'union écologiste Alliance 90/les Verts; **~partner** *m* allié *m*

Bungalow ['bʊŋgalo] *m* ⟨~s; ~s⟩ bungalow *m*

Bungee|jumping ['bandʒidʒampɪŋ] *n* ⟨~s⟩, **~springen** *n* ⟨~s⟩ saut *m* à l'élastique

Bunker ['bʊŋkər] *m* ⟨~s; ~⟩ **1** MIL blockhaus *m*; (*Luftschutz≈*) abri antiaérien; **2** F (*Gefängnis*) F trou *m*

bunt [bʊnt] **I** *adj* **1** (*farbig*) en couleurs; **2** (*mehrfarbig*) multicolore; bigarré; **3** *fig* (*ungeordnet*) ***ein ~es Durcheinander*** une belle pagaille; un joyeux mé-

B

Die Bundesländer

Baden-Württemberg	**le Bade-Wurtemberg**
Bayern	**la Bavière**
Berlin	**Berlin**
Brandenburg	**le Brandebourg**
Bremen	**Brême**
Hamburg	**Hambourg**
Hessen	**la Hesse**
Mecklenburg-Vorpommern	**le Mecklembourg et la Poméranie occidentale**
Niedersachsen	**la Basse-Saxe**
Nordrhein-Westfalen	**la Rhénanie-du-Nord-Westphalie**
Rheinland-Pfalz	**la Rhénanie-Palatinat**
das Saarland	**la Sarre**
Sachsen	**la Saxe**
Sachsen-Anhalt	**la Saxe-Anhalt**
Schleswig-Holstein	**le Schleswig-Holstein**
Thüringen	**la Thuringe**

li-mélo; F ***jetzt wird es mir aber zu ~!*** F c'est trop fort!; **II** *adv* **1** ***etw ~ bemalen*** peindre qc de toutes les couleurs; **2** *fig* ***~ gemischt*** *Programm, Publikum* varié; **3** F *fig* ***er treibt es zu ~*** il va trop loin

'Bunt|specht *m* (pic *m*) épeiche *f*; **~stift** *m* crayon *m* de couleur; **~wäsche** *f* linge *m* de couleur

Bürde ['bʏrdə] *st/s f* ⟨~; ~n⟩ fardeau *m* (*a fig*)

Burg [burk] *f* ⟨~; ~en⟩ château fort

Bürge ['bʏrgə] *m* ⟨~n; ~n⟩ garant *m*; répondant *m*; JUR caution *f*

'bürgen *v/i* (***für j-n, etw***) **~** se porter garant (pour qn, de qc); répondre (de qn, qc); ***für etw ~*** garantir qc

'Bürger(in) *m* ⟨~s; ~⟩ (*f*) ⟨~; ~nen⟩ **1** (*Staats*2) citoyen, -enne *m,f*; **2** *e-r Stadt meist* habitant(e) *m(f)*

'Bürger|entscheid *m* référendum *m*; **~initiative** *f* comité *m* de défense; **~krieg** *m* guerre civile

'bürgerlich I *adj* **1** (*staats~*) civil; civique; **2** (*zum Bürgertum gehörend*) bourgeois (*a péj*); (*nichtadlig*) roturier; **II** *adv* ***~ denken*** avoir des valeurs conservatrices; ***gut ~ essen*** manger de la cuisine bourgeoise

'Bürgerliche(r) *f(m)* ⟨→ A⟩ bourgeois(e) *m(f)*; (*Nichtadlige*[*r*]) roturier, -ière *m,f*

'Bürger|meister(in) *m(f)* maire *m*; **2nah** *adj* à l'écoute des citoyens; **~pflicht** *f* devoir *m* civique, du citoyen; **~recht** *n* droit *m* civique, du citoyen; **~rechtler** *m* ⟨~s; ~⟩ défenseur *m* des droits civiques; **~schaft** *f* ⟨~; ~en⟩ citoyens *m/pl*; **~steig** *m* ⟨~(e)s; ~e⟩ trottoir *m*; **~tum** *n* ⟨~s⟩ bourgeoisie *f*

'Burgfriede(n) *m* POL trêve *f* politique

'Bürgschaft *f* ⟨~; ~en⟩ caution *f*; garantie *f*

Burgund [bur'gunt] *n* ⟨~s⟩ la Bourgogne; **~er** *m* ⟨~s; ~⟩ *Wein* vin *m* de Bourgogne; bourgogne *m*

Burkina Faso [bur'ki:na'fa:zo] *n* ⟨~s⟩ le Burkina Faso

burlesk [bur'lɛsk] *adj* burlesque

Büro [by'ro:] *n* ⟨~s; ~s⟩ bureau *m*; *e-s Anwalts, Notars* étude *f*; **~angestellte(r)** *f(m)* employé(e) *m(f)* de bureau; **~gebäude** *n* immeuble *m* de bureaux; **~kaufmann** *m*, **~kauffrau** *f* agent *m* de gestion; **~klammer** *f* trombone *m*; **~kommunikation** *f* bureautique® *f*

Büro|krat [byro'kra:t] *m* ⟨~en; ~en⟩ *péj* bureaucrate *m*; **~kra'tie** *f* ⟨~; ~n⟩ bureaucratie *f*; **2'kratisch** *adj* bureaucratique

Bursche ['burʃə] *m* ⟨~n; ~n⟩ garçon *m*; jeune *m*; F gars *m*; ***toller*** **~** F type épatant; F mec *m* super
burschikos [burʃi'ko:s] *adj* désinvolte; sans gêne; cavalier
Bürste ['bʏrstə] *f* ⟨~; ~n⟩ brosse *f*
'bürsten *v/t* ⟨-e-⟩ brosser; donner, passer un coup de brosse à
'Bürstenschnitt *m* (coupe *f* en) brosse *f*
Burundi [bu'rundi] *n* ⟨~s⟩ le Burundi
Bürzel ['bʏrtsəl] *m* ⟨~s; ~⟩ *der Vögel* croupion *m*
Bus [bus] *m* ⟨~ses; ~se⟩ (auto)bus *m*; (*Reise-, Schul*≗) (auto)car *m*
'Busbahnhof *m* gare routière
Busch [buʃ] *m* ⟨~(e)s; ~e⟩ **1** buisson *m*; F *fig* ***bei j-m auf den*** **~** ***klopfen*** tâter le terrain auprès de qn; F *fig* ***da ist etwas im*** **~** il y a anguille sous roche; **2** GÉOGR brousse *f*
Büschel ['bʏʃəl] *n* ⟨~s; ~⟩ touffe *f*; (*Feder*≗) aigrette *f*
'buschig *adj* (*dicht gewachsen*) touffu; *Augenbrauen* broussailleux
'Buschmesser *n* coupe-coupe *m*; machette *f*
Busen ['bu:zən] *m* ⟨~s; ~⟩ **1** seins *m/pl*; poitrine *f*; **2** *poét* (*Brust*) *litt* sein *m*; **~freund(in)** *m(f)* ami(e) *m(f)* intime
'Bus|fahrer *m* conducteur *m* de bus; (*Reise*≗) chauffeur *m* d'autocar; **~haltestelle** *f* arrêt *m* d'autobus
Business Class ['bɪznɪskla:s] *f* ⟨~⟩ AVIAT classe *f* affaires
'Buslinie *f* ligne *f* de bus
Bussard ['busart] *m* ⟨~s; ~e⟩ buse *f*
Buße ['bu:sə] *f* ⟨~; ~n⟩ **1** REL pénitence *f*; **~** ***tun*** faire pénitence; **2** JUR amende *f*
büßen ['by:sən] *v/t u v/i* (**für**) ***etw*** **~** expier qc (*a fig*); ***das sollst du mir ~!*** tu me le paieras!
'Büßer *m* ⟨~s; ~⟩ pénitent *m*
'Bußgeld *n* amende *f*; contravention *f*; **~bescheid** *m* contravention *f*
Büste ['bʏstə] *f* ⟨~; ~n⟩ buste *m*; **~nhalter** *m* soutien-gorge *m*
Butangas [bu'ta:n-] *n* gaz *m* butane
Bütte ['bʏtə] *f* ⟨~; ~n⟩ cuve *f*; **~npapier** *n* papier *m* à la cuve, à la main
Butter ['butər] *f* ⟨~⟩ beurre *m*; ***mit ~ bestreichen*** beurrer; F *fig* (***es ist***) ***alles in ~*** F ça baigne
'Butter|brot *n* tartine beurrée, de beurre; **~brotpapier** *n* papier sulfurisé; **~milch** *f* babeurre *m*
'buttern *v/t* **1** beurrer; **2** F *fig* ***Geld in etw*** (*acc*) **~** F claquer de l'argent dans qc
'butter'weich *adj* **1** de la consistance du beurre; *Birne* fondant; **2** F *Landung* en douceur
Button ['batən] *m* ⟨~s; ~s⟩ badge *m*
Butzenscheibe ['butsən-] *f* vitre *f* en culs-de-bouteille
Bypass ['baɪpas] *m* ⟨~es; ~e⟩ MÉD pontage *m*
Byte [baɪt] *n* ⟨~$; ~$⟩ INFORM octet *m*
bzw. *abr* → ***beziehungsweise***

C

C, c [tse:] *n* ⟨~; ~⟩ **1** C, c *m*; **2** MUS do *m*; ut *m*
ca. *abr* (*circa*) environ; à peu près
Cabrio ['ka:brio], **Cabriolet** [kabrio'le:] *n* ⟨~s; ~s⟩ cabriolet *m*; (voiture *f*) décapotable *f*
CAD [kɛt] *n* ⟨~⟩ *abr* (*Computer Aided Design*) C.A.O. *f*
Café [ka'fe:] *n* ⟨~s; ~s⟩ salon *m* de thé
Cafeteria [kafetə'ri:a] *f* ⟨~; ~s⟩ cafétéria *f*
Call|boy ['ko:lbɔʏ] *m* ⟨~s; ~s⟩ call-boy *m*; **~girl** [-gø:rl] *n* ⟨~s; ~s⟩ call-girl *f*
Camcorder ['kamkɔrdər] *m* ⟨~s; ~⟩ caméscope *m*

Café

Wer in Frankreich Appetit auf Kaffee und Kuchen hat, sollte nicht in ein **café** gehen, sondern in einen **salon de thé**.
Im französischen **café** bekommt man zwar Kaffee und Sandwiches, es gibt aber fast nie Kuchen.

C

Cam'pagne → ***Kampagne***
camp|en ['kɛmpən] *v/i* faire du camping; camper; **2er** *m* 〈~s; ~〉 campeur *m*
Camping ['kɛmpɪŋ] *n* 〈~s〉 camping *m*; **~bus** *m* camping-car *m*; **~platz** *m* (terrain *m* de) camping *m*
Cape [keːp] *n* 〈~s; ~s〉 cape *f*
Caravan ['ka(ː)ravan] *m* 〈~s; ~s〉 (*Wohnwagen*) caravane *f*
Carport ['kaːrpɔːrt] *m* 〈~s; ~s〉 auvent *m* pour voiture(s)
Cashewnuss ['kɛʃu-] *f* noix *f* de cajou
Catcher ['kɛtʃər] *m* 〈~s; ~〉 catcheur *m*
CD [tseː'deː] *f* 〈~; ~s〉 CD *m*; disque compact; F compact *m*; **~-Brenner** *m* graveur *m* de CD; **~-Player** [-pleːər] *m* 〈~s; ~〉 platine *f* laser; **~-ROM** [-'rɔm] *f* 〈~; ~s〉 CD-ROM *m*; **~-ROM-Laufwerk** *n* lecteur *m* de CD-ROM; **~-Spieler** *m* platine *f* laser
CDU [tseːdeː'ʔuː] *f* 〈~〉 *abr* (*Christlich-Demokratische Union*) Union chrétienne-démocrate
'C-Dur *n* do *m*, ut *m* majeur
Cellist(in) [tʃɛ'lɪst(ɪn)] *m* 〈~en; ~en〉 (*f*) 〈~; ~nen〉 violoncelliste *m,f*
Cello ['tʃɛlo] *n* 〈~s; ~s *ou* Celli〉 violoncelle *m*
Cellophan® [tsɛlo'faːn] *n* 〈~s〉 cellophane® *f*
Celsius ['tsɛlziʊs] ***20 Grad ~*** 20 degrés *m/pl* centigrades
Cembalo ['tʃɛmbalo] *n* 〈~s; ~s *ou* -li〉 clavecin *m*
Cent [tsɛnt] *m* 〈~s; ~s, *mais* 5 ~〉 *Währung der EU* cent *m*
Chamäleon [ka'mɛːleɔn] *n* 〈~s; ~s〉 caméléon *m*
Champagner [ʃam'panjər] *m* 〈~s; ~〉 champagne *m*
Champignon ['ʃampɪnjɔŋ] *m* 〈~s; ~s〉 champignon *m* de Paris, de couche
Chance ['ʃãːs(ə)] *f* 〈~; ~n〉 chance *f*; ***wie stehen unsere ~n?*** où en sont, quelles sont nos chances?
Chanson [ʃã'sõː] *n* 〈~s; ~s〉 chanson *f*
Chaos ['kaːɔs] *n* 〈~〉 chaos *m*
Chaot [ka'oːt] *m* 〈~en; ~en〉 **1** (*Randalierer*) casseur *m*; **2** (*unordentlicher Mensch*) personne mal organisée; **2isch** *adj* chaotique
Charakter [ka'raktər] *m* 〈~s; -'tere〉 caractère *m*; **~eigenschaft** *f* trait *m* de caractère; **2i'sieren** *v/t* 〈*sans ge*〉 caractériser
charakte'ristisch *adj* caractéristique; typique (***für j-n*** pour qn; ***für etw*** de qc)
cha'rakter|lich *adj* de caractère; **~los** *adj* (*schlecht*) mauvais; (*schwach*) faible; *fig* (*farblos*) sans caractère; **2zug** *m* train *m* de caractère
charmant [ʃar'mant] *adj* charmant
Charme [ʃarm] *m* 〈~s〉 charme *m*
Charter|flug ['tʃartər-] *m* vol *m* charter; **~maschine** *f* charter *m*
'chartern *v/t* affréter
Chassis [ʃa'siː] *n* 〈~; ~〉 AUTO châssis *m*
Chat [tʃɛt] *m* 〈~s; ~s〉 INFORM conversation *f* en ligne
Chatroom ['tʃɛtruːm] *m* 〈~s; ~s〉 INFORM salon *m* de conversation
chatten ['tʃɛtən] *v/i* 〈-ete, h〉 INFORM bavarder, dialoguer (en ligne)
Chauffeur [ʃɔ'føːr] *m* 〈~s; ~e〉 chauffeur *m*
Chauvi ['ʃoːvi] F *péj* *m* 〈~s; ~s〉 F macho *m*; **~'nismus** *m* 〈~〉 chauvinisme *m*; *männlicher* machisme *m*; phallocratie *f*; **~'nist** *m* 〈~en; ~en〉 chauvin *m*; (*Sexist*) macho *m*; phallocrate *m*; **2'nistisch** *adj* chauvin; (*sexistisch*) phallocrate; machiste
checken ['tʃɛkən] *v/t* **1** TECH contrôler; **2** F (*kapieren*) F piger
'Check|liste *f* liste *f* de contrôle; **~-up** [-ap] *m od n* 〈~s; ~s〉 bilan *m* de santé; check-up *m*
Chef [ʃɛf] *m* 〈~s; ~s〉 (*Leiter*) chef *m*; *in e-m Betrieb* patron *m*; **'~arzt** *m* médecin-chef *m*; **'~in** *f* 〈~; ~nen〉 (*Leiterin*) chef *m*; *in e-m Betrieb* patronne *f*; **'~redakteur** *m* rédacteur *m* en chef; **'~sekretärin** *f* secrétaire *f* de direction
Chemie [çe'miː] *f* 〈~〉 chimie *f*; **~faser** *f* fibre *f* chimique
Chemikalie [çemi'kaːliə] *f* 〈~; ~n〉 produit *m* chimique
Chem|iker(in) ['çeːmikər(ɪn)] *m* 〈~s; ~〉 (*f*) 〈~; ~nen〉 chimiste *m,f*; **2isch** *adj* chimique
Chemothera'pie [çemo-] *f* MÉD chimiothérapie *f*
Chicorée ['ʃikore] *m* 〈~s〉 *od f* 〈~〉 endive *f*
Chiffre ['ʃɪfrə] *f* 〈~; ~n〉 chiffre *m*; *in Anzeigen* référence *f*; numéro *m*
Chile ['çiːle *ou* 'tʃiːle] *n* 〈~s〉 le Chili

China ['çi:na] *n* ⟨~s⟩ la Chine; **~kohl** *m* chou chinois
Chines|e [çi'ne:zə] *m* ⟨~n; ~n⟩, **~in** *f* ⟨~; ~nen⟩ Chinois(e) *m(f)*; **⌒isch** *adj* chinois; POL *in Zssgn* sino-…
Chip [tʃɪp] *m* ⟨~s; ~s⟩ **1** (*Kartoffel⌒*) **~s** *pl* chips *f/pl*; **2** INFORM puce *f*; **3** (*Spielmarke*) jeton *m*; '**~karte** *f* INFORM carte *f* à puce
Chirur|g [çi'rʊrk] *m* ⟨~en; ~en⟩ chirurgien *m*; **~'gie** *f* ⟨~⟩ chirurgie *f*; **⌒gisch** *adj* chirurgical
Chlor [klo:r] *n* ⟨~s⟩ chlore *m*; '**⌒frei** *adj* sans chlore
Chlorophyll [kloro'fʏl] *n* ⟨~s⟩ chlorophylle *f*
Choke [tʃo:k] *m* ⟨~s; ~s⟩ AUTO starter *m*
Cholera ['ko:lera] *f* ⟨~⟩ choléra *m*
cholerisch [ko'le:rɪʃ] *adj* colérique
Cholesterin [kolɛste'ri:n] *n* ⟨~s⟩ cholestérol *m*
Chor [ko:r] *m* ⟨~¢s; ⌒e⟩ chœur *m* (*a* ARCH, *fig*); *Verein* chorale *f*
Choral [ko'ra:l] *m* ⟨~s; -äle⟩ PROT choral *m*; CATH plain-chant *m*
Choreographie [koreogra'fi:] *f* ⟨~; ~n⟩ chorégraphie *f*
Christ [krɪst] *m* ⟨~en; ~en⟩ chrétien *m*; '**~baum** *m* arbre *m* de Noël
'**Christen|heit** *f* ⟨~⟩ chrétienté *f*; **~tum** *n* ⟨~s⟩ christianisme *m*
'**Christin** *f* ⟨~; ~nen⟩ chrétienne *f*
'**Christ|kind** *n* enfant Jésus *m*; **⌒lich** *adj* chrétien; **~messe** *f*, **~mette** *f* messe *f* de minuit; **~rose** *f* rose *f* de Noël; ellébore noir; **~stollen** *m* gâteau *m* de Noël
Christus ['krɪstʊs] *m* ⟨~ *ou* Christi⟩ le Christ; ***vor ~, vor Christi Geburt*** avant Jésus-Christ
Chrom [kro:m] *n* ⟨~s⟩ chrome *m*
Chromosom [kromo'zo:m] *n* ⟨~s; ~en⟩ BIOL chromosome *m*
Chron|ik ['kro:nɪk] *f* ⟨~; ~en⟩ chronique *f*; **⌒isch** *adj* chronique
chronologisch [krono'-] *adj* chronologique
Chrysantheme [kryzan'te:mə] *f* ⟨~; ~n⟩ chrysanthème *m*
circa ['tsɪrka] *adv* environ; à peu près
City ['sɪti] *f* ⟨~; ~s⟩ centre-ville *m*
Clemen'tine → ***Klementine***
clever ['klɛvər] F **I** *adj* malin; habile; adroit; **II** *adv* avec habileté
Clinch [klɪn(t)ʃ] *m* ⟨~¢s⟩ F *fig* ***mit j-m im ~ liegen*** F être en bisbille avec qn
Clip [klɪp] *m* ⟨~s; ~s⟩ **1** (*Video⌒*) clip *m*; **2** (*Ohr⌒*) boucle *f* d'oreille
Clique ['klɪkə] *f* ⟨~; ~n⟩ **1** *péj* clique *f*; **2** *Freundeskreis* bande *f*
Clou [klu:] F *m* ⟨~s; ~s⟩ clou *m*
Clown [klaun] *m* ⟨~s; ~s⟩ clown *m*
Club → ***Klub***
cm *abr* (*Zentimeter*) cm
'**c-Moll** *n* do *m*, ut *m* mineur
Co. *abr* (*Kompanie, Compagnie*) Cie
Coca-Cola® [koka'ko:la] *n* ⟨~$⟩ *od f* ⟨~; 3 ~⟩ coca-cola® *m*
Cockpit ['kɔkpɪt] *n* ⟨~s; ~s⟩ cockpit *m*
Cocktail ['kɔkte:l] *m* ⟨~s; ~s⟩, **~party** *f* cocktail *m*
Code → ***Kode***
Colt® [kɔlt] *m* ⟨~s; ~s⟩ colt *m*
Comeback [kam'bɛk] *n* ⟨~s; ~s⟩ rentrée *f*; retour *m*; ***(s)ein ~ feiern*** faire sa rentrée
Comic ['kɔmɪk] *m* ⟨~s; ~s⟩ bande dessinée; F B.D. *f*
Compact Disc ['kɔmpɛktdɪsk] *f* ⟨~; ~s⟩ (disque) compact *m*; CD *m*
Computer [kɔm'pju:tər] *m* ⟨~s; ~⟩ ordinateur *m*; **~arbeitsplatz** *m* poste *m* de travail; **~ausdruck** *m* ⟨~¢s; ~e⟩ listing *m*; saisie *f* papier; **⌒gesteuert** *adjt* commandé par ordinateur; **⌒gestützt** *adjt* assisté par ordinateur; **~simulation** *f* simulation *f* sur ordinateur; **~spiel** *n* jeu *m* vidéo; **~tomographie** *f* scanographie *f*; **⌒unterstützt** *adjt* assisté par ordinateur; **~virus** *m* virus *m* informatique

Der Computer

abstürzen	**se planter**
anklicken	**cliquer sur**
Befehl	**l'instruction** *f*
Bildschirm	**l'écran** *m*
Bildschirmschoner	**l'économiseur** *m* **d'écran**
CD-ROM	**le CD-ROM** [sedeʀɔm]
CD-ROM-Laufwerk	**le lecteur de CD-ROM**
Computer	**l'ordinateur** *m*
Computerspiel	**le jeu vidéo**
Cursor	**le curseur**

Datei	**le fichier**
Daten	**les données** *f/pl*
Diskette	**la disquette**
Diskettenlaufwerk	**le lecteur de disquettes**
Dokument	**le document**
Drucker	**l'imprimante** *f*
Festplatte	**le disque dur**
Hardware	**le matériel**
installieren	**installer**
klicken	**cliquer**
Laufwerk	**le lecteur**
löschen	**effacer**
markieren	**marquer**
Maus	**la souris**
Mausklick	**le clic**
Mauspad	**le tapis de souris**
Modem	**le modem**
Passwort	**le mot de passe**
PC	**le P.C.** [pese]
Programm	**le programme**
Scanner	**le scanner**
Software	**le logiciel**
Tastatur	**le clavier**

Container [kɔn'te:nər] *m* ⟨~s; ~⟩ conteneur *m*; (*Müll*2) benne *f* à ordures

cool [ku:l] F *adj* **1** (*gelassen*) F cool; **2** (*super*) F super

Copy|right ['kɔpiraɪt] *n* ⟨~s; ~s⟩ copyright *m*; **~shop** [-ʃɔp] *m* ⟨~s; ~s⟩ centre *m* de photocopies, de reprographie

Cord [kɔrt] *m* ⟨~(e)s; ~e *ou* ~s⟩ velours côtelé

Costa Rica ['kɔsta'ri:ka] *n* ⟨~s⟩ le Costa Rica

Couch [kautʃ] *f* ⟨~; ~(e)s *ou* ~en⟩ canapé *m*; '**~garnitur** *f* salon *m* (*meuble*)

Countdown ['kaunt'daun] *m od n* ⟨~(s); ~s⟩ compte *m* à rebours

Coup [ku:] *m* ⟨~s; ~s⟩ coup *m*

Coupon [ku'põ:] *m* ⟨~s; ~s⟩ **1** (*Abschnitt*) talon *m*; **2** FIN coupon *m*

Courage [ku'ra:ʒə] F *f* ⟨~⟩ courage *m*

Cousin [ku'zɛ̃:] *m* ⟨~s; ~s⟩ cousin *m*

Cousine [ku'zi:nə] *f* ⟨~; ~n⟩ cousine *f*

Cover ['kavər] *n* ⟨~s; ~s⟩ couverture *f*

Cowboy ['kaubɔʏ] *m* ⟨~s; ~s⟩ cow-boy *m*

Creme ['kre:m(ə)] *f* ⟨~; ~s⟩ crème *f*; **2farben** *adj* crème; **~torte** *f* gâteau *m* à la crème

'cremig *adj* crémeux

Crew [kru:] *f* ⟨~; ~s⟩ équipage *m*

Cup [kap] *m* ⟨~s; ~s⟩ **1** SPORT coupe *f*; **2** *beim BH* bonnet *m*

Curry ['kœri] *n od m* ⟨~s; ~s⟩ curry *m*

Cursor ['kœrsər] *m* ⟨~s; ~s⟩ INFORM curseur *m*

Cutter(in) ['katər(ɪn)] *m* ⟨~s; ~⟩ (*f*) ⟨~; ~nen⟩ FILM, RAD, TV monteur, -euse *m,f*

Cyberspace ['saɪbərspe:s] *m* ⟨~; ~s⟩ cybermonde *m*

D

D, d [de:] *n* ⟨~; ~⟩ **1** D, d *m*; **2** MUS ré *m*

da [da:] **I** *adv* **1** *räumlich* là; ***~ entlang*** par là; ***~ ist …, sind …*** voilà …; *in größerer Nähe* voici; ***~ sein*** y être; être là; *Person a* être présent; ***~ bin ich!*** me voici!; me voilà!; ***er ist ~ gewesen*** il est venu; ***ich bin gleich wieder ~*** je ne fais qu'aller et venir; ***nicht ~ sein*** ne pas être là; *Person a* être absent; ***es ist noch Suppe ~*** il y a, il reste encore de la soupe; ***das Buch ~*** ce livre-là; **2** *zeitlich* alors; à ce moment-là; (*damals*) à cette époque; ***von ~ ab, an*** à partir de, dès ce moment-là; **3** (*in diesem Fall*) dans *od* en ce cas; dans ces circonstances; alors; ***~ kann man nichts machen*** là, il n'y a rien à faire; **II** *conj* (*weil*) comme; puisque; étant donné que; vu que

dabei [da'baɪ] *adv* **1** *räumlich* à côté; avec (cela); (***nahe***) ~ tout près; ***~ sein*** y être, assister, participer; ***bei etw ~ sein*** assister, participer à qc; **2** *zeitlich* en même temps; (***gerade***) ***~ sein, etw***

zu tun (*gerade tun*) être sur le point de faire qc; **3** (*überdies*) à la fois; **4** (*doch*) mais; pourtant; cependant; **5** ***es ist nichts ~*** (*es ist nicht schwierig*) ce n'est pas (bien) sorcier; (*es ist nicht schlimm*) ce n'est pas grave; ***was ist denn*** **(*schon*)** ***~?*** quel mal y a-t-il à cela?

da'bei·bleiben *v/i* ⟨*irr*, sn⟩ rester; continuer

da'bei·haben *v/t* ⟨*irr*⟩ ***etw ~*** avoir qc sur soi; ***j-n ~*** être accompagné de qn

da'bei·sein → ***dabei***

da'bei·|sitzen *v/i* ⟨*irr*⟩, **~stehen** *v/i* ⟨*irr*⟩ y être, assister

'da·bleiben *v/i* ⟨*irr*, sn⟩ rester

Dach [dax] *n* ⟨~¢s; ~̈er⟩ toit *m*; ***kein ~ über dem Kopf haben*** être à la rue; être sans abri; *fig* ***unter ~ und Fach sein*** être terminé

'Dach|boden *m* combles *m/pl*; grenier *m*; **~decker** *m* ⟨~s; ~⟩ couvreur *m*; **~fenster** *n* lucarne *f*; **~gepäckträger** *m* galerie *f*; **~geschoss** *n* étage mansardé; mansarde(s) *f*(*pl*); **~kammer** *f* mansarde *f*; **~luke** *f* lucarne *f*; tabatière *f*; **~rinne** *f* gouttière *f*; chéneau *m*

Dachs [daks] *m* ⟨~es; ~e⟩ blaireau *m*

'Dachschaden *m* F ***du hast wohl einen ~!*** F ça va pas la tête?

'Dachstuhl *m* charpente *f* du toit

dachte ['daxtə] → ***denken***

'Dach|wohnung *f* appartement *m* sous les toits; **~ziegel** *m* tuile *f*

Dackel ['dakəl] *m* ⟨~s; ~⟩ basset allemand; teckel *m*

dadurch [da'durç] *adv* **1** *räumlich* par là; **2** *Mittel*, *Grund*, *Umstand* de cette manière, façon; par ce moyen; ***~, dass*** comme; du fait que

dafür [da'fyːr] *adv* **1** pour cela; ***ich habe zehn Euro ~ bezahlt*** je l'ai payé dix euros; ***ich kann nichts ~*** je n'y peux rien; ce n'est pas ma faute; **2** *beim Tausch* en échange; à la place; **3** *zum Ausgleich* en retour; en compensation; **4** *mit Bezug auf Vorhergehendes* y; en; ***ich werde ~ sorgen*** je m'en occuperai; j'y veillerai; **5** (*zugunsten*) ***~ sein*** être pour; **(*nicht*)** ***~ sein, dass ...*** (ne pas) approuver que ...; **6** (*in Anbetracht dessen*) ***~, dass er erst zwei Jahre alt ist, ...*** pour (être âgé de) deux ans, ...

dagegen [da'geːgən] *adv* **1** contre (cela); ***~ sein*** être contre; ne pas être d'accord; ***ich bin ~, dass ...*** je m'oppose à ce que ... (+ *subj*); **2** *bei Vergleich* en comparaison; **3** (*zum Ausgleich*) en retour; en revanche; **4** (*jedoch*) par contre; au contraire

da'gegen·halten *v/t* ⟨*irr*⟩ **1** *erwidernd* objecter; **2** F *vergleichend* ***etw ~*** comparer qc à, avec cela

daheim [da'haɪm] *adv* chez moi *bzw* nous; à la maison

daher [da'heːr] **I** *adv* **1** *räumlich* de là; en; de ce côté-là; de cet endroit; **2** (*durch diesen Umstand*) de là; ***das kommt ~, dass ...*** cela vient de ce que ...; **II** *conj* **1** *Grund* c'est, voilà pourquoi; **2** *Folge par* conséquent

dahin [da'hɪn] *adv* **1** *räumlich* là; là-bas; à cet endroit-là; y; ***bis ~*** jusque-là; **2** *zeitlich* ***bis ~*** jusque-là; d'ici là; **3** (*vergangen*) passé; (*weg*) parti; **4** ***sich ~*** **(*gehend*)** ***äußern, dass ...*** s'exprimer en ce sens que ...; ***es ~ bringen, dass ...*** arriver, parvenir, réussir à (+ *inf*)

da'hin·gehen *st/s v/i* ⟨*irr*, sn⟩ s'en aller

da'hingestellt *adjt* ***~ sein lassen*** laisser en suspens

da'hin·siechen *st/s v/i* ⟨sn⟩ dépérir

dahinten [da'hɪntən] *adv* là-bas (derrière)

dahinter [da'hɪntər] *adv* (là-)derrière; ***~ kommen*** F éventer la mèche; F découvrir le pot aux roses; F ***sie steckt ~*** elle est derrière; ***da steckt etwas ~*** il y a qc là-dessous; il y a anguille sous roche

Dahlie ['daːliə] *f* ⟨~; ~n⟩ dahlia *m*

'da·|lassen F *v/t* ⟨*irr*⟩ laisser là; **~liegen** *v/i* ⟨*irr*⟩ être (étendu) là

dalli ['dali] F *adv* ***~, ~!*** F et plus vite que ça!; F et que ça saute!

'damalig *adj* d'alors; de cette époque

'damals *adv* alors; à cette époque; ***seit ~*** depuis lors

Damast [da'mast] *m* ⟨~¢s; ~e⟩ damas *m*

Dame ['daːmə] *f* ⟨~; ~n⟩ dame *f*; *Schachfigur* reine *f*; (*Tanzpartnerin*) cavalière *f*; ***~ spielen*** jouer aux dames; ***junge ~*** jeune fille; ***meine ~n und Herren!*** Mesdames, Messieurs!

'Damebrett *n* damier *m*

'Damen|binde *f* serviette *f* hygiénique; **~friseur** *m* coiffeur *m* pour dames; **≗haft** *adj* de (grande) dame; distingué; *übertrieben* guindé; **~rad** *n* vélo *m* (de)

femme; **~toilette** *f* toilettes *f/pl* pour dames
'**Damespiel** *n* jeu *m* de dames
Damhirsch ['dam-] *m* daim *m*
damit [da'mɪt] **I** *adv* **1** avec cela; **2** *mit Bezug auf Vorhergehendes* en; y; ***was willst du ~ sagen?*** que veux-tu dire par là?; ***was macht er ~?*** qu'en fait-il?; ***wie steht es ~?*** où en sont les choses?; **II** *conj* **~ …** (+ *ind*) afin de (+ *inf*); afin que … (+ *subj*)
dämlich ['dɛːmlɪç] F *adj* bête; stupide; *Person a* niais; F godiche
Damm [dam] *m* ⟨~(e)s; ~e⟩ **1** (*Bahn*2) remblai *m*; (*Stau*2) barrage *m*; (*Deich*) digue *f*; (*Hafen*2) jetée *f*; môle *m*; **2** (*aufgeschütteter Weg*) chaussée *f*; **3** ANAT périnée *m*; **4** F ***nicht auf dem ~ sein*** ne pas être dans son assiette; F être mal fichu
Dämmerlicht ['dɛmər-] *n* demi-jour *m*; pénombre *f*
'**dämmern** *v/imp* **1** ***es dämmert*** *morgens* il commence à faire jour, *abends* à faire nuit; **2** F *fig* ***es dämmert mir*** je commence à y voir (plus) clair
'**Dämmerung** *f* ⟨~; ~en⟩ *abends* crépuscule *m*; déclin *m* du jour; *morgens* aube *f*; point *m* du jour
Dämon ['dɛːmɔn] *m* ⟨~s; -'monen⟩ démon *m* (*a fig*); **2isch** [dɛ'moːnɪʃ] *adj* démoniaque; diabolique
Dampf [dampf] *m* ⟨~(e)s; ~e⟩ vapeur *f*; F *fig* ***~ ablassen*** laisser exploser sa colère; décharger sa bile; F ***~ hinter etw*** (*acc*) ***machen*** activer qc; F ***j-m ~ machen*** F secouer, bousculer qn
'**Dampfbügeleisen** *n* fer *m* à vapeur
'**dampfen** *v/i* dégager de la vapeur; *Speisen* fumer
dämpfen ['dɛmpfən] *v/t* **1** *Stoß, Geräusch* amortir; *Licht* tamiser; **2** *fig Begeisterung* tempérer; refroidir; **3** CUIS (faire) cuire à l'étuvée, à la vapeur
'**Dampfer** *m* ⟨~s; ~⟩ (bateau *m* à) vapeur *m*; (*Übersee*2) paquebot *m*; F ***auf dem falschen ~ sein*** F être à côté de la plaque
'**Dämpfer** *m* ⟨~s; ~⟩ **1** MUS sourdine *f*; *beim Klavier* étouffoir *m*; **2** *fig* douche *f*; F ***e-n ~ bekommen*** être F douché, refroidi
'**Dampf|kochtopf** *m* cocotte-minute *f*; autocuiseur *m*; **~maschine** *f* machine *f* à vapeur; **~nudeln** *f/pl südd*: (*sorte de*) *quenelles de pâte levée cuites à l'étuvée*; **~schiff** *n* → ***Dampfer***; **~walze** *f* rouleau compresseur
danach [da'naːx] *adv* **1** *zeitlich* après cela; (et) puis; (et) ensuite; ***zwei Tage ~*** deux jours après; **2** *räumlich* après; derrière; **3** (*entsprechend*) d'après, suivant cela; en conséquence; ***es sieht ganz ~ aus*** cela en a tout, bien l'air; **4** ***ich habe ihn ~ gefragt*** je le lui ai demandé
Däne ['dɛːnə] *m* ⟨~n; ~n⟩ Danois *m*
daneben [da'neːbən] *adv* **1** *räumlich* à côté; **2** (*außerdem*) outre cela; à côté de cela; en outre; **3** (*gleichzeitig*) en même temps
da'neben·|benehmen F *v/r* ⟨*irr, sans ge*⟩ ***sich ~*** se conduire mal; **~gehen** *v/i* ⟨*irr*, sn⟩ **1** *Schuss* passer à côté; manquer sa cible; *Schlag* porter à faux; **2** F *fig* rater; échouer; manquer son but
Dänemark ['dɛːnəmark] *n* ⟨~s⟩ le Danemark
'**Dänin** *f* ⟨~; ~nen⟩ Danoise *f*
'**dänisch** *adj* danois; du Danemark
dank [daŋk] *prép* ⟨*dat ou gén*⟩ grâce à
Dank *m* ⟨~(e)s⟩ remerciement *m*; ***(j-m) ~ sagen*** dire merci (à qn); remercier (qn); ***besten, vielen ~!*** merci beaucoup, bien!
'**dankbar I** *adj* **1** (*voller Dank*) reconnaissant (***j-m für etw*** à qn de qc); **2** *Publikum* bon; **3** *Aufgabe* qui vaut la peine; intéressant; **II** *adv* avec reconnaissance
'**Dankbarkeit** *f* ⟨~⟩ gratitude *f*; reconnaissance *f*
'**danke** *int* merci!; ***nein ~!*** non merci!; ***~ sehr, ~ schön!*** merci beaucoup, bien!
'**danken** *v/t u v/i* ***j-m für etw ~*** remercier qn de, pour qc; ***nichts zu ~!*** je vous en prie!; (il n'y a) pas de quoi!; de rien!
'**Dankeschön** *n* ⟨~s⟩ merci *m*
dann [dan] *adv* **1** *zeitlich* (et) alors; puis; ensuite; après; ***~ und wann*** de temps en temps; de temps à autre; ***und was ~?*** et puis?; et après?; et alors?; **2** (*unter diesen Umständen*) ***nur ~, wenn …*** seulement dans le cas où …; F ***na, ~ eben nicht!*** eh bien, tant pis!; ***wer ~?*** qui donc, alors?; mais alors, qui?; **3** (*außerdem*) et puis
daran [da'ran] *adv* **1** *räumlich, mit Bezug auf etw* à cela; y; en; ***nah ~*** tout

près; ~ ***arbeiten*** y travailler; **2** (*dadurch*) pour cette raison; en; ~ ***sterben*** en mourir
da'ran·gehen *v/i* ⟨*irr*, sn⟩ s'y mettre; ~ ***zu*** (+ *inf*) se mettre à (+ *inf*)
da'ran·machen F *v/r* ***sich*** ~ s'y mettre; ***sich*** ~, ***etw zu tun*** se mettre à faire qc
da'ran·setzen *v/t* ⟨~~ge~~⟩ ***alles*** ~ mettre tout en œuvre
darauf [da'rauf] *adv* **1** *räumlich* sur cela; (là-)dessus; **2** *zeitlich* après; puis; ~ ***folgend*** suivant; ***im Jahr*** ~ l'année suivante; **3** *mit Verben* en; y; ***man muss*** ~ ***achten*** il faut y veiller; ***ich gebe mein Wort*** ~ j'en donne ma parole
darauf'hin *adv* **1** *zeitlich* sur ce; là-dessus; après (cela); **2** (*unter diesem Gesichtspunkt*) de ce point de vue
daraus [da'raus] *adv* de cela; par là; en (*a fig*); ~ ***wird nichts*** cela ne se fera pas
darben ['darbən] *st/s v/i st/s* vivre dans l'indigence
dar·bieten ['da:r-] *st/s v/t* (*u v/r*) ⟨*irr*⟩ (***sich*** ~ s')offrir; (se) présenter
'Darbietung *f* ⟨~; ~en⟩ **1** *st/s* présentation *f*; **2** THÉ représentation *f*; *im Zirkus* numéro *m*
darf(st) [darf(st)] → ***dürfen***
darin [da'rɪn] *adv* (là-)dedans; en cela; y
dar·leg|en ['da:r-] *v/t* exposer; **2ung** *f* ⟨~; ~en⟩ exposé *m*
Darleh(e)n ['da:rle:(ə)n] *n* ⟨~s; ~⟩ prêt *m*; ***ein*** ~ ***aufnehmen*** contracter un prêt
Darm [darm] *m* ⟨~~e~~s; ~e⟩ intestin *m*; *bei Tieren*, (*Wurst*2) boyau *m*; **'~grippe** *f* grippe intestinale
dar·stellen ['da:r-] *v/t* représenter; *Tatsachen* présenter; exposer; *fig* ***etwas*** ~ avoir de l'allure; bien présenter
'Darstell|er(in) *m* ⟨~s; ~⟩ (*f*) ⟨~; ~nen⟩ acteur, -trice *m,f*; **~ung** *f* ⟨~; ~en⟩ représentation *f*; *von Tatsachen* présentation *f*; exposé *m*
darüber [da'ry:bər] *adv* **1** *räumlich* (au-)dessus; par-dessus; ~ ***hinaus*** au-delà; *fig* en outre; de plus; **2** *bei Angaben* plus; ***100 Jahre und*** ~ 100 ans et plus; **3** (*währenddessen*) pendant ce temps-là; sur ces entrefaites; **4** *mit Verben* ***denken Sie*** ~ ***nach!*** réfléchissez-y!; pensez-y!; ***sich*** ~ ***freuen*** s'en réjouir; ~ ***stehen*** être au-dessus (de cela)
darum [da'rum] *adv* **1** *räumlich* autour; **2** *kausal* pour cela, cette raison; ~ ***war sie so aufgeregt*** c'est pourquoi elle était si nerveuse; **3** *mit Verben* ***ich bitte dich*** ~***!*** je t'en prie!; ~ ***geht es nicht*** ce n'est pas de cela qu'il s'agit
darunter [da'runtər] *adv* **1** *räumlich* (là-)dessous; au-dessous; en dessous; **2** *bei Angaben* à moins; **5** ***Grad und*** ~ 5 degrés et moins; **3** (*inmitten*) ***ist er*** ~***?*** est-il parmi eux?; **4** *mit Verben* ~ ***leiden*** en souffrir; ***was verstehen Sie*** ~***?*** qu'entendez-vous par là?
das [das] *sg n* ⟨*dat* dem; *acc* das⟩ **I** *Artikel* ⟨*gén* des⟩ *Nominativ, acc* le *bzw* la *bzw* l'; *gén* du *bzw* de la *bzw* de l'; *dat* au *bzw* à la *bzw* à l'; **II** *pr/dém* **1** *adjt* ⟨*gén* des⟩ ce *bzw* cet *bzw* cette; **2** *subst* ⟨*gén* dessen⟩ ce; ceci; cela; F ça; ~ ***hier*** celui-ci *bzw* celle-ci; ~ ***da*** celui-là *bzw* celle-là; ~ ***ist es!*** c'est bien ça!; **III** *pr/rel* ⟨*gén* dessen⟩ *Nominativ* qui; *gén* dont; *dat* à qui; *acc* que; *nach prép a* lequel *bzw* laquelle
'da·sein → ***da***
'Dasein *n* ⟨~s⟩ existence *f*
dasjenige ['dasje:nɪgə] *pr/dém* ***der-, die-, dasjenige*** **1** *adjt* ce *bzw* cet *bzw* cette; *pl* ***diejenigen*** ces; **2** *subst* ce *bzw* celui *bzw* celle (qui); *pl* ceux *bzw* celles (qui)
dass [das] *conj* que
dasselbe [das'zɛlbe] *pr/dém* le *bzw* la même; ***das ist*** ~ c'est la même chose; c'est pareil; ~ ***tun*** en faire autant
'da·stehen *v/i* ⟨*irr*⟩ **1** être, se tenir là; *mit Betonung des Stehens* être debout; **2** *fig* ***gut, schlecht*** ~ être en bonne, mauvaise posture *od* position
Datei [da'taɪ] *f* ⟨~; ~en⟩ *bes* INFORM fichier *m* (de données); **~manager** *m* INFORM gestionnaire *m* de fichiers; **~pfad** *m* INFORM chemin *m* du fichier
Daten ['da:tən] *n/pl* **1** → ***Datum***; **2** INFORM données *f/pl*; **3** (*Angaben*) indications *f/pl*; (*Lebens*2) dates *f/pl*; ***technische*** ~ caractéristiques *f/pl* techniques
'Daten|autobahn *f* autoroute *f* de l'information; **~bank** *f* ⟨~; ~en⟩ banque *f* de données; **~bestand** *m* base *f* de données; **~'fernübertragung** *f* transmission *f* de données à distance; télématique *f*; **~'fernverarbeitung** *f* télétraitement *m*; **~netz** *n* réseau *m* informatique; **~schutz** *m* protection *f* contre

les abus de l'informatique, des personnes fichées; **~träger** *m* support *m* de données; **~übertragung** *f* transmission *f* de données; **~verarbeitung** *f* informatique *f*; traitement *m* de l'information, des données

D

da'tieren *v/t u v/i* ⟨*sans ge*⟩ dater (***von*** de)

Dativ ['da:ti:f] *m* ⟨~s; ~e⟩ datif *m*; **~objekt** *n* complément *m* d'objet indirect

Dattel ['datəl] *f* ⟨~; ~n⟩ datte *f*; **~palme** *f* dattier *m*

Datum ['da:tum] *n* ⟨~s; -ten⟩ date *f*; ***welches ~ haben wir heute?*** le combien sommes-nous?

Dauer ['dauər] *f* ⟨~⟩ **1** (*Zeitraum*) durée *f*; ***auf die ~*** à la longue; **2** (*Dauerhaftigkeit*) durabilité *f*; ***von ~ sein*** être durable

'Dauer|arbeitslose(r) *f(m)* chômeur, -euse *m,f* de longue durée; **~auftrag** *m* FIN ordre de virement permanent; **&haft** *adj* durable; *Material* résistant; solide; **~karte** *f* (carte *f* d')abonnement *m*

'Dauerlauf *m* course *f* d'endurance; ***im ~*** au pas de gymnastique

'dauern *v/i* durer; ***es wird lange ~*** ce sera long

'dauernd I *adjt* continuel; permanent; **II** *advt* (*immer wieder*) continuellement; (*fortwährend*) en permanence

'Dauer|parker *m* ⟨~s; ~⟩ F voiture *f* ventouse; **~stellung** *f* situation *f* stable; emploi permanent, fixe; **~welle** *f* permanente *f*; **~wurst** *f* saucisson sec; **~zustand** *m* état permanent

Daumen ['daumən] *m* ⟨~s; ~⟩ pouce *m*; *fig* ***j-m die ~ halten, drücken*** souhaiter bonne chance à qn; F ***über den ~ gepeilt*** à vue de nez; F au pif(omètre)

Daunen ['daunən] *pl* duvet *m*; **~bett** *n* édredon *m*; **~decke** *f* édredon *m*; duvet *m*

davon [da'fɔn] *adv* **1** *räumlich* ***20 Meter ~ (entfernt)*** à 20 mètres de là; **2** (*dadurch*) de cela; en; ***was habe ich ~?*** qu'est-ce que j'y gagne? **3** *Teil* en; ***ich hätte gern fünf ~*** j'en voudrais cinq; **4** ***~ ist nicht die Rede*** il n'en est pas question

da'von·fahren *v/i* ⟨*irr*, sn⟩ partir (en voiture, *etc*)

da'von·kommen *v/i* ⟨*irr*, sn⟩ en réchapper; s'en sortir; ***mit e-r Verwarnung ~*** s'en tirer avec un avertissement

da'von·laufen *v/i* ⟨*irr*, sn⟩ s'enfuir; se sauver; ***j-m ~*** fausser compagnie à qn

da'von·machen *v/r* ***sich ~*** s'esquiver; s'éclipser

da'von·tragen *v/t* ⟨*irr*⟩ **1** (*wegtragen*) emporter; **2** *st/s fig* ***schwere Verletzungen ~*** être grièvement blessé; **3** *st/s* *Preis, Sieg* remporter

davor [da'fo:r] *adv* **1** *räumlich* devant (cela); **2** *zeitlich* avant (cela); **3** *mit Bezug auf etw* de cela; en; ***er fürchtet sich ~*** il en a peur

dazu [da'tsu:] *adv* **1** *Zweck* à cela; pour cela; dans ce but; **2** (*zu diesem Ergebnis*) ***~ wird es nicht kommen*** on n'en viendra pas là; ***wie kommst du ~, das zu sagen?*** comment peux-tu dire cela?; **3** (*darüber*) ***was sagst du ~?*** qu'en dis-tu?; **4** *hinzufügend* (***noch***) **~** en outre; de plus

da'zu·gehören *v/i* ⟨*p/p* dazugehört⟩ **1** (*dabei sein*) en faire partie; **2** (*passen*) F aller avec; **3** (*nötig sein*) ***dazu gehört Mut*** il faut du courage pour cela

da'zu·kommen *v/i* ⟨*irr*, sn⟩ ***er kam gerade dazu, als …*** il arriva juste au moment où …; *fig* ***dazu kommt, dass …*** ajoutez à cela que …

da'zu·tun F *v/t* ⟨*irr*⟩ ajouter; ***ohne mein &*** sans mon aide, mon intervention

dazwischen [da'tsvɪʃən] *adv* **1** *räumlich* entre les deux; F entre; (*darunter*) parmi eux, elles; **2** *zeitlich* entre-temps

da'zwischen·kommen *v/i* ⟨*irr*, sn⟩ **1** se coincer; **2** *fig* intervenir; survenir; ***wenn nichts dazwischenkommt*** sauf imprévu

da'zwischen·reden *v/i* ⟨-e-⟩ se mêler de la conversation; ***j-m ~*** interrompre qn

DDR [de:de:'ɛr] ⟨~⟩ HIST *abr* (*Deutsche Demokratische Republik*) ***die ~*** la R.D.A.

'D-Dur *n* ré *m* majeur

Dealer ['di:lər] F *m* ⟨~s; ~⟩ revendeur *m* de drogue(s); dealer *m*

Debakel [de'ba:kəl] *st/s n* ⟨~s; ~⟩ débâcle *f*

Debat|te [de'batə] *f* ⟨~; ~n⟩ débat *m* (***über*** [+ *acc*] sur); discussion *f* (de); **&tieren** *v/t u v/i* ⟨*sans ge*⟩ débattre, discuter (***über etw*** [*acc*] qc)

Debüt [de'byː] *n* ⟨~s; ~s⟩ débuts *m/pl*
Deck [dɛk] *n* ⟨~(e)s; ~s⟩ MAR pont *m*; ***an, auf ~*** (*dat*) sur le pont
'**Deckbett** *n* édredon *m*; couette *f*
Decke ['dɛkə] *f* ⟨~; ~n⟩ **1** (*Bett*2) couverture *f*; (*Tisch*2) nappe *f*; F ***unter e-r ~ stecken*** être de connivence, F de mèche (***mit*** avec); **2** (*Zimmer*2) plafond *m*
Deckel ['dɛkəl] *m* ⟨~s; ~⟩ couvercle *m*
'**decken** **I** *v/t* **1** ***etw über etw*** (*acc*) ~ recouvrir qc de qc; **2** *Dach* couvrir; *Tisch* mettre; **3** *Kosten, Bedarf* couvrir; **4** SPORT marquer; **5** (*schützen*) (re)couvrir; protéger; **II** *v/i Farbe* couvrir; **III** *v/r* ***sich ~*** *Begriffe*, MATH coïncider (***mit*** avec); être identique
'**Decken|lampe** *f*, **~leuchte** *f* plafonnier *m*
'**Deckfarbe** *f* peinture couvrante
'**Deckmantel** *m fig* ***unter dem ~*** (+ *gén*) sous le couvert de
'**Deckname** *m* pseudonyme *m*
'**Deckung** *f* ⟨~; ~en⟩ **1** (*Schutz*) couverture *f*; protection *f*; ***in ~*** (*acc*) ***gehen*** se mettre à l'abri; **2** COMM couverture *f*; garantie *f* (*a Versicherung*); *e-s Schecks* provision *f*; *des Bedarfs* satisfaction *f*; **3** BOXEN garde *f*; *e-s Spielers* marquage *m*; (*Verteidigung*) défense *f*
Decoder [de'koːdər] *m* ⟨~s; ~⟩ décodeur *m*
defekt [de'fɛkt] *adj* (*mangelhaft*) défectueux; (*schadhaft*) endommagé; *Motor a* en panne; *Ware* avarié
De'fekt *m* ⟨~(e)s; ~e⟩ ~ (***an*** [+ *dat*]) défaut *m* (de); (*Schaden*) dommage *m* (à); *an Motoren a* panne *f* (de)
defensiv [defɛn'ziːf] *adj* défensif
Defen'sive *f* ⟨~; ~n⟩ défensive *f*; ***in der ~*** sur la défensive
defini|eren [defi'niːrən] *v/t* ⟨*sans ge*⟩ définir; **2ti'on** *f* ⟨~; ~en⟩ définition *f*; **~'tiv** *adj* définitif
Defizit ['deːfitsɪt] *n* ⟨~s; ~e⟩ déficit *m* (*a fig*)
defor'mieren *v/t* ⟨*sans ge*⟩ déformer
deftig ['dɛftɪç] *adj* **1** *Essen* nourrissant; **2** *fig Spaß, Preis* corsé
Degen ['deːgən] *m* ⟨~s; ~⟩ épée *f*
degenerieren [degene'riːrən] *v/i* ⟨*sans ge*, sn⟩ BIOL, *fig* dégénérer (***zu*** en)
degradieren [degra'diːrən] *v/t* ⟨*sans ge*⟩ dégrader
'**dehnbar** *adj durch Wärme* dilatable; *feste Körper*, ANAT extensible; *Metalle* ductile; *fig* élastique
dehn|en ['deːnən] *v/t* (*u v/r* ***sich ~***) s'étendre; PHYS (se) dilater; *in die Länge* (s')allonger; *in die Breite* (s')élargir; TECH (s')étirer; **2ung** *f* ⟨~; ~en⟩ extension *f*; dilatation *f*; allongement *m*; élargissement *m*
Deich [daɪç] *m* ⟨~(e)s; ~e⟩ digue *f*
Deichsel ['daɪksəl] *f* ⟨~; ~n⟩ timon *m*
'**deichseln** F *v/t* ⟨*ø*⟩ F goupiller
dein [daɪn] *pr/poss* **I** *adjt* ton *bzw* ta; ***~ und mein Freund*** ton ami et le mien; ***e-r ~er Freunde*** un de tes amis; *am Briefschluss* **2** ***Karl*** Charles; **II** *subst* ***der, die, das 2e*** le tien *bzw* la tienne; *st/s* ***die 2en*** les tiens; ta famille
'**deiner** *st/s pr/pers* ⟨*gén de* du⟩ de toi
'**deiner'seits** *adv* de ta part; de ton côté
'**deines'gleichen** *pr* ⟨*inv*⟩ ton *bzw* ta pareil(le), semblable *bzw* tes pareil(le)s, semblable(s)
'**deinet'wegen** *adv* **1** (*wegen dir*) à cause de toi; **2** (*dir zuliebe*) pour toi; **3** (*von dir aus*) quant à toi
'**deinige** *st/s pr/poss* → ***dein II***
Deka ['dɛka] *n* ⟨~s; ~⟩ *österr* décagramme *m*
Dekade [de'kaːdə] *f* ⟨~; ~n⟩ (*10 Tage*) décade *f*; (*Jahrzehnt*) décennie *f*
dekad|ent [deka'dɛnt] *adj* décadent; en décadence; **2enz** *f* ⟨~⟩ décadence *f*
Dekan [de'kaːn] *m* ⟨~s; ~e⟩ *e-r Fakultät*, CATH doyen *m*
deklamieren [dekla'miːrən] *v/t u v/i* ⟨*sans ge*⟩ déclamer (*a péj*)
deklassieren [dekla'siːrən] *v/t* ⟨*sans ge*⟩ SPORT, *fig* surclasser
Dekli|nation [deklinatsi'oːn] *f* ⟨~; ~en⟩ ASTR, GR, PHYS déclinaison *f*; **2'nieren** *v/t* ⟨*sans ge*⟩ GR décliner
dekodieren [deko'diːrən] *v/t* ⟨*sans ge*⟩ décoder
Dekolle|té [dekɔl'teː] *n* ⟨~s; ~s⟩ décolleté *m*; **2'tiert** *adjt* décolleté
Deko|r [de'koːr] *n* ⟨~s; ~s *ou* ~e⟩ décor *m*; **~ra'teur(in)** *m* ⟨~s; ~e⟩ (*f*) ⟨~; ~nen⟩ décorateur, -trice *m,f*; (*Schaufenster*2) étalagiste *m,f*; **~rati'on** *f* ⟨~; ~en⟩ décoration *f*; THÉ décors *m/pl*; **2ra'tiv** *adj* décoratif; **2'rieren** *v/t* ⟨*sans ge*⟩ décorer (***mit*** avec; *mit Orden* de)
Dekret [de'kreːt] *n* ⟨~(e)s; ~e⟩ décret *m*
Dele|gation [delegatsi'oːn] *f* ⟨~; ~en⟩

délégation *f*; ♀'**gieren** *v/t* ⟨*sans ge*⟩ déléguer (***in*** [+ *acc*], ***zu*** à); **~'gierte(r)** *f(m)* ⟨→ A⟩ délégué(e) *m/f*
Del'fin → ***Delphin***
delikat [deli'ka:t] *adj* **1** (*fein, heikel*) délicat; **2** (*wohlschmeckend*) délicieux

D

Delikatesse [delika'tɛsə] *f* ⟨~; ~n⟩ régal *m*; *pl* ***~n*** épicerie fine; **~ngeschäft** *n* épicerie fine
Delikt [de'lɪkt] *n* ⟨~(e)s; ~e⟩ délit *m*
Delinquent [delɪŋ'kvɛnt] *m* ⟨~en; ~en⟩ délinquant *m*
Delirium [de'li:rium] *n* ⟨~s; -ien⟩ délire *m*; ***im ~ sein*** délirer
Delle ['dɛlə] F *f* ⟨~; ~n⟩ creux *m*
Delphin[1] [dɛl'fi:n] *m* ⟨~s; ~e⟩ ZO dauphin *m*
Del'phin[2] *n* ⟨~s⟩, **~schwimmen** *n* brasse *f* papillon
Delta ['dɛlta] *n* ⟨~s; ~s *ou* -en⟩ delta *m*
dem [de:m] *dat sg m, n* → ***der***[1], ***das***
Dema|goge [dema'go:gə] *m* ⟨~n; ~n⟩ démagogue *m*; ♀'**gogisch** *adj* démagogique
demaskieren [demas'ki:rən] *v/t* (*u v/r*) ⟨*sans ge*⟩ (***sich ~*** se) démasquer (***als*** comme)
Demen|ti [de'mɛnti] *n* ⟨~s; ~s⟩ démenti *m*; ♀'**tieren** *v/t* ⟨*sans ge*⟩ démentir
'**dementsprechend I** *adj* conforme; approprié; ***der Rest ist ~*** le reste est à l'avenant; **II** *adv* en conséquence
'**dem|gegen'über** *adv* par contre; au contraire; '**~ge'mäß** *adv* en conséquence; '**~'nach** *adv* **1** (*so wie*) d'après cela; **2** (*folglich*) en conséquence; '**~'nächst** *adv* sous peu
Demo ['de:mo] F *f* ⟨~; ~s⟩ F manif *f*
Demo|krat [demo'kra:t] *m* ⟨~en; ~en⟩ démocrate *m*; **~kra'tie** *f* ⟨~; ~n⟩ démocratie *f*; ♀'**kratisch** *adj Person* démocrate; *Sache* démocratique; ♀**krati'sieren** *v/t* ⟨*sans ge*⟩ démocratiser
demolieren [demo'li:rən] *v/t* ⟨*sans ge*⟩ démolir
Demonstra|nt(in) [demɔns'trant(ɪn)] *m* ⟨~en; ~en⟩ (*f*) ⟨~; ~nen⟩ manifestant(e) *m(f)*; **~ti'on** *f* ⟨~; ~en⟩ **1** (*Vorführung*) démonstration *f*; **2** (*Kundgebung*) manifestation *f*
demonstra'tiv *adj* démonstratif; ♀**pronomen** *n adjektivisches* adjectif démonstratif; *substantivisches* pronom démonstratif
demons'trieren ⟨*sans ge*⟩ **I** *v/t* (*vorführen*) démontrer; **II** *v/i* POL manifester
Demoskopie [demosko'pi:] *f* ⟨~; ~n⟩ étude *f* de l'opinion publique
demo'skopisch *adj* obtenu par sondage; ***~e Umfrage*** sondage *m* d'opinion
Demut ['de:mu:t] *f* ⟨~⟩ humilité *f*; (*Unterwürfigkeit*) soumission *f*
demütig ['de:my:tɪç] *adj* humble; (*unterwürfig*) soumis; **~en** *v/t* humilier; ♀**ung** *f* ⟨~; ~en⟩ humiliation *f*
'**demzu'folge** *adv* en conséquence
den[1] [de:n] *acc sg m* → ***der***[1]
den[2] *dat pl m,f, n* → ***die***[2] *I*
denen ['de:nən] *dat pl m,f, n* → ***die***[2] *II, III*
Den Haag [de:n'ha:k] *n* ⟨~s⟩ La Haye
'**denkbar I** *adj* imaginable; **II** *adv* ***~ schlecht*** aussi mauvais que l'on peut (s')imaginer
denken ['dɛŋkən] ⟨dachte, gedacht⟩ **I** *v/t* penser; ***e-e gedachte Linie*** une ligne imaginaire; ***wer hätte das gedacht?*** qui aurait pu le penser?; ***ich dachte, er sei verreist*** je croyais qu'il était parti; je le croyais parti; **II** *v/i* penser (***an*** [+ *acc*] à); (*Überlegungen anstellen*) raisonner; (*nachdenken*) réfléchir; méditer; ***j-m zu ~ geben*** donner à réfléchir, à penser à qn; ***wie ~ Sie darüber?*** qu'en pensez-vous?; F ***wo ~ Sie hin!*** quelle idée!; F ***denkste!*** F tu parles(, Charles)!; ***daran ~ zu*** (+ *inf*) avoir l'intention de (+ *inf*); ***denk daran, dass …*** n'oublie pas que …; ***ich denke nicht daran, es zu tun*** je me garderai bien de le faire; **III** *v/r* ***ich kann es mir schon ~*** je vois, je m'imagine ce que c'est; ***das habe ich mir gleich gedacht*** je m'en doutais; ***Sie können sich*** (*dat*) ***~, dass …*** vous comprenez bien que …; ***er dachte sich*** (*dat*) ***nichts*** (***Böses***) ***dabei*** il ne pensait pas à mal
'**Denken** *n* ⟨~s⟩ pensée *f*
'**Denker** *m* ⟨~s; ~⟩ penseur *m*
'**denkfaul** *adj* qui n'aime pas réfléchir
'**Denk|fehler** *m* faute *f*, erreur *f* de raisonnement; **~mal** *n* ⟨~(e)s; ⸚er⟩ monument *m* (*a fig*); **~schrift** *f* mémoire *m*; mémorandum *m*; **~weise** *f* manière *f*, façon *f* de penser; tournure *f* d'esprit; ♀**würdig** *adj* mémorable
'**Denkzettel** *m* ***j-m e-n ~ verpassen***

donner une leçon à qn
denn [dɛn] **I** *conj* **1** *begründend* car; **2** *st/s* (*als*) ***mehr ~ je*** plus que jamais; **3** ***es sei ~, dass …*** à moins que … ne … (+ *subj*); **II** *Partikel* donc; ***warum ~ nicht?*** et pourquoi pas?
dennoch ['dɛnɔx] *conj u adv* cependant; pourtant; toutefois; néanmoins
Denun|ziant [denuntsi'ant] *m* ⟨~en; ~en⟩ dénonciateur *m*; délateur *m*; **~ziati'on** *f* ⟨~; ~en⟩ dénonciation *f*; délation *f*; **2'zieren** *v/t* ⟨*sans ge*⟩ dénoncer (***bei*** à)
Deo ['de:o] *n* ⟨~s; ~s⟩, **Deodorant** [deʔodo'rant] *n* ⟨~s; ~s *ou* ~e⟩ déodorant *m*
'Deo|roller *m* déodorant *m* bille; **~spray** *n* déodorant *m* aérosol, en bombe
deplatziert [depla'tsi:rt] *adjt* déplacé
Depo|nie [depo'ni:] *f* ⟨~; ~n⟩ décharge (publique); **2'nieren** *v/t* ⟨*sans ge*⟩ mettre en dépôt; déposer; *Müll* mettre à la décharge
Depor|tation [depɔrtatsi'o:n] *f* ⟨~; ~en⟩ déportation *f*; **2'tieren** *v/t* ⟨*sans ge*⟩ déporter (***nach*** en, à, dans); **~'tierte(r)** *f(m)* ⟨→ A⟩ déporté(e) *m(f)*
Depot [de'po:] *n* ⟨~s; ~s⟩ **1** COMM, FIN dépôt *m*; **2** (*Lager*) entrepôt *m*
Depp [dɛp] F *péj m* ⟨~s *ou* ~en; ~en⟩ idiot *m*; imbécile *m*; F ballot *m*
Depres|sion [depresi'o:n] *f* ⟨~; ~en⟩ dépression *f*; **2'siv** *adj* dépressif
deprimieren [depri'mi:rən] *v/t* ⟨*sans ge*⟩ déprimer; ***deprimiert sein*** *a* avoir le cafard
Deputierte(r) [depu'ti:rtə(r)] *f(m)* ⟨→ A⟩ député(e) *m(f)*
der[1] [de:r] *sg m* ⟨*dat* dem; *acc* den⟩ **I** *Artikel* ⟨*gén* des⟩ *Nominativ, acc* le *bzw* la *bzw* l'; **II** *pr/dém* ⟨*gén* dessen⟩ **1** *adjt* ce *bzw* cet *bzw* cette; **2** *subst* ***~ da*** celui-là *bzw* celle-là; **III** *pr/rel* ⟨*gén* dessen⟩ *Nominativ* qui; *gén* dont; *nach prép a* duquel *bzw* de laquelle; *dat* à qui; *nach prép a* auquel *bzw* à laquelle; *acc* que; *nach prép a* lequel *bzw* laquelle
der[2] *gén, dat sg f* → ***die***[1] *I, II 1*
der[3] *gén pl m,f, n* → ***die***[2] *I*
'der'art *adv* de telle manière, façon; tant; tellement; ***~, dass*** à tel point que
'derartig **I** *adj* tel; pareil; de ce genre; **II** *adv* → ***derart***
derb [dɛrp] *adj* **1** (*fest, kräftig*) ferme; solide; fort; (*widerstandsfähig*) résistant; **2** (*grob*) rude; grossier; *Worte, Witze* cru; corsé; **'2heit** *f* ⟨~; ~en⟩ rudesse *f*; grossièreté *f*; *von Worten a* crudité *f*
deren ['de:rən] **I** *pr/poss* **1** *sg f* son *bzw* sa *bzw* ses; **2** *pl m,f, n* leur *bzw* leurs; **II** *pr/dém* → ***die***[1] *II u* ***die***[2] *II*; **III** *pr/rel* → ***die***[1] *III u* ***die***[2] *III*
'dere(n)twegen **I** *adv* **1** (*wegen derjenigen*) à cause d'elle *bzw* de lui; (*wegen denjenigen*) à cause d'eux *bzw* d'elles; **2** (*derjenigen zuliebe*) pour elle *bzw* lui; (*denjenigen zuliebe*) pour eux *bzw* elles; **II** *pr/rel* à cause de laquelle *bzw* duquel *bzw* desquel(le)s
derer ['de:rər] *pr/dém gén pl m,f, n* de ceux-ci *bzw* celles-ci; de ceux-là *bzw* celles-là; *bei folgendem pr/rel* de ceux *bzw* de celles
der'gleichen *pr/dém* tel; pareil; ***und ~ mehr*** et autres choses de ce genre; ***er tat nichts ~*** il n'en fit rien
der|jenige ['de:rje:nɪgə] → ***dasjenige***; **'~'maßen** → ***derart***
der|selbe [de:r'zɛlbə] *pr/dém* le *bzw* la même; **'~'zeit** *adv* en ce moment; **'~zeitig** *adj* présent; actuel
des [dɛs] *gén sg m, n* → ***der***[1] *I*, ***das*** *I*
Desert|eur [dezɛr'tø:r] *m* ⟨~s; ~e⟩ déserteur *m*; **2ieren** *v/i* ⟨*sans ge*, sn⟩ déserter
'des'gleichen *adv* également; de même
'deshalb *adv* à cause de cela; pour cette raison; pour cela; ***~ lehne ich es ab*** c'est pourquoi je refuse
Design [di'zaɪn] *n* ⟨~s; ~s⟩ design *m*; (*Mode2 als Unterrichtsfach*) stylisme *m*; (*Muster*) dessin *m*
De'signer|(in) *m* ⟨~s; ~⟩ (*f*) ⟨~; ~nen⟩ designer *m*; (*Mode2*) styliste *m,f*; *bekannter* grand couturier; **~jeans** *f(pl)* jean *m od* jeans *m/pl* couture; **~möbel** *n/pl* meubles *m/pl* design; **~mode** *f* mode design, griffée
Desin|fektion [dɛsʔɪnfɛktsi'o:n] *f* désinfection *f*; **~fekti'onsmittel** *n* désinfectant *m*; **2fi'zieren** *v/t* ⟨*sans ge*⟩ désinfecter
Desinteresse ['dɛsʔ-] *n* manque *m* d'intérêt (***an*** [+ *dat*] pour)
Desktop-Publishing ['dɛsktɔp'pablɪʃɪŋ] *n* ⟨~$⟩ INFORM P.A.O. *f*
Despot [dɛs'po:t] *m* ⟨~en; ~en⟩ despote *m*; **2isch** *adj* despotique

dessen ['dɛsən] *gén sg m, n* → ***der¹** II, III,* ***das** II, III*; ~ ***ungeachtet*** malgré cela; néanmoins; toutefois
Dessert [dɛ'se:r] *n* ⟨~s; ~s⟩ dessert *m*
destillieren [dɛstɪ'li:rən] *v/t* ⟨*sans ge*⟩ distiller

D

desto ['dɛsto] *conj* d'autant plus; ***je eher, ~ besser*** le plus tôt sera le mieux
'**deswegen** → ***deshalb***
Detail [de'ta:j] *n* ⟨~s; ~s⟩ détail *m*; ***ins ~ gehen*** entrer dans les détails
detail'liert *adjt* détaillé
Detektiv [detɛk'ti:f] *m* ⟨~s; ~e⟩ détective *m*; **~roman** *m* roman policier
Deto|nation [detonatsi'o:n] *f* ⟨~; ~en⟩ détonation *f*; **2'nieren** *v/i* ⟨*sans ge, sn*⟩ détoner
Deut [dɔʏt] *m* ***keinen ~ wert sein*** ne pas valoir un sou, F un clou, tripette
'**deuten** ⟨-e-⟩ **I** *v/t* interpréter; **II** *v/i* ***auf etw*** (*acc*) ~ indiquer, montrer qc (du doigt)
'**deutlich** **I** *adj* (*klar*) clair; net; (*leicht zu unterscheiden*) distinct; (*ausgeprägt*) marqué; (*spürbar*) sensible; ***j-m etw ~ machen*** (dé)montrer qc à qn; ~ ***werden*** *Person* ne pas mâcher ses mots; **II** *adv* **1** distinctement; ~ ***schreiben*** écrire lisiblement; **2** *fig* (*unverblümt*) franchement
'**Deutlichkeit** *f* ⟨~⟩ clarté *f*; précision *f*
deutsch [dɔʏtʃ] **I** *adj* allemand; de l'Allemagne; POL *in Zssgn* germano-…; ***~-französisch*** franco-allemand; *Wörterbuch* allemand-français; **II** *adv* ~ ***sprechen*** parler allemand; F *fig* ~ ***mit j-m reden*** dire son fait, parler net à qn
Deutsch *n* ⟨~$⟩ *Sprache, Unterrichtsfach* allemand *m*; ***auf, in ~*** en allemand; F ***auf*** (***gut***) ~ en clair; *nach Verben des Sagens* carrément; ***fließend ~ sprechen*** parler couramment (l')allemand; ***sie ist gut in ~*** elle est bonne en allemand
'**Deutsche** *n* ⟨~n⟩ *Sprache* ***das ~*** l'allemand *m*; ***aus dem ~n*** de l'allemand; ***im ~n, ins ~*** en allemand
'**Deutsche(r)** *f(m)* ⟨→ A⟩ Allemand(e) *m(f)*
'**Deutsch|land** *n* ⟨~s⟩ l'Allemagne *f*; **~lehrer(in)** *m(f)* professeur *m* d'allemand; **2sprachig** *adj Mensch, Land* de langue allemande; germanophone; *Literatur* d'expression allemande; **~unterricht** *m* enseignement *m* de l'allemand; *Schulstunde* cours *m* d'allemand
'**Deutung** *f* ⟨~; ~en⟩ interprétation *f*
Devise [de'vi:zə] *f* ⟨~; ~n⟩ devise *f*
De'visen *f/pl* COMM devises *f/pl*; **~bestimmungen** *f/pl* réglementations *f/pl* des changes
Dezember [de'tsɛmbər] *m* ⟨~$; ~⟩ (mois *m* de) décembre *m*; → ***Januar***
dezent [de'tsɛnt] *adj* discret
dezentral ['de:tsɛntra:l] *adj* décentralisé; **~i'sieren** *v/t* ⟨*sans ge*⟩ décentraliser
Dezernat [detsɛr'na:t] *n* ⟨~es; ~e⟩ département *m*; service *m*
Dezibel [detsi'bɛl] *n* ⟨~s; ~⟩ décibel *m*
dezimal [detsi'ma:l] *adj* décimal; **2stelle** *f* décimale *f*; **2system** *n* numération décimale; **2zahl** *f* nombre décimal
Dezimeter ['de:tsi-] *m od n* décimètre *m*
dezimieren [detsi'mi:rən] *v/t* ⟨*sans ge*⟩ décimer
dgl. *abr* → ***dergleichen***
d. h. *abr* (*das heißt*) c.-à-d.
Dia ['di:a] *n* ⟨~s; ~s⟩ diapo *f*
Diabet|es [dia'be:tɛs] *m* ⟨~⟩ diabète *m*; **~iker(in)** *m* ⟨~s; ~⟩ (*f*) ⟨~; ~nen⟩ diabétique *m,f*
Diadem [dia'de:m] *n* ⟨~s; ~e⟩ diadème *m*
Diagnose [dia'gno:zə] *f* ⟨~; ~n⟩ diagnostic *m*; ***e-e ~ stellen*** établir, émettre un diagnostic
diagnostizieren [diagnɔsti'tsi:rən] *v/t* ⟨*sans ge*⟩ diagnostiquer
diagonal [diago'na:l] *adj* diagonal
Diago'nale *f* ⟨~; ~n⟩ diagonale *f*
Diagramm [dia'-] *n* ⟨~s; ~e⟩ diagramme *m*
Dia|kon [dia'ko:n] *m* ⟨~s *ou* ~en; ~en⟩ REL diacre *m*; **~ko'nisse** *f* ⟨~; ~n⟩ PROT diaconesse *f*
Dialekt [dia'lɛkt] *m* ⟨~es; ~e⟩ dialecte *m*; patois *m*
Dialog [dia'lo:k] *m* ⟨~es; ~e⟩ dialogue *m* (*a* INFORM)
Dialyse [dia'ly:zə] *f* ⟨~; ~n⟩ dialyse *f*
Diamant [dia'mant] *m* ⟨~en; ~en⟩ diamant *m*
diametral [diame'tra:l] *adv* ~ ***entgegengesetzt*** diamétralement opposé
Dia|positiv ['di:a-] *n* ⟨~s; ~e⟩ diapositive

f; **~projektor** *m* projecteur *m* (de diapositives)

Diät [di'ɛːt] *f* ⟨~; ~en⟩ régime *m* (alimentaire); **~ halten** suivre un régime; **~ leben (müssen)** être au régime

Di'ät... *in Zssgn* diététique; **~assistent(in)** *m(f)* diététicien, -ienne *m,f*

Di'äten *pl* indemnité *f* (parlementaire)

dich [dɪç] *pr/pers* ⟨*acc de* du⟩ te *bzw* t'; *unverbunden* toi

dicht [dɪçt] **I** *adj* **1** *Menschenmenge, Verkehr* dense (*a* PHYS); (*gedrängt*), *Gewebe* serré; *Nebel* dense; épais; *Regen, Haar* dru; *Wald* touffu; **2** *Gefäß* étanche; *Verschluss*, *fig* hermétique; F ***du bist wohl nicht ganz ~!*** F tu n'es pas un peu malade *od* fêlé(, par hasard)?; **II** *adv* **~ bei** tout près de; ***~ hinter, vor j-m*** juste derrière, devant qn; ***~ besiedelt, ~ bevölkert*** *adjt* très peuplé

'Dichte *f* ⟨~⟩ densité *f* (*a* PHYS)

'dichten[1] → ***abdichten***

'dichten[2] *v/t u v/i* ⟨-e-⟩ (*schreiben*) composer; écrire; *Verse* faire (des vers)

'Dichter(in) *m* ⟨~s; ~⟩ (*f*) ⟨~; ~nen⟩ poète *m*, (femme *f*) poète *m*; poétesse *f*; (*Schriftsteller*[*in*]) écrivain *m*; auteur *m*

'dichterisch *adj* poétique

'dicht·|halten F *v/i* ⟨*irr*⟩ garder bouche cousue; tenir sa langue; **~machen** F *v/t u v/i* fermer (définitivement)

'Dichtung[1] *f* ⟨~; ~en⟩ TECH joint *m*; garniture *f*

'Dichtung[2] *f* ⟨~; ~en⟩ *Kunst, Werk* poésie *f*; (*Literatur*) littérature *f*; *einzelnes Werk* poème *m*; œuvre *f* poétique

dick [dɪk] **I** *adj* épais; *Person, Tier* gros; (*angeschwollen*) enflé; ***~ machen*** *Essen* faire grossir; *Kleid* grossir; ***~ werden*** *Person* grossir; *p/fort* engraisser; ***e-n Meter ~ sein*** avoir un mètre d'épaisseur; *fig* ***mit j-m durch ~ und dünn gehen*** aller au bout du monde avec qn; **II** *adv* ***sich ~ anziehen*** s'habiller chaudement; ***etw ~ unterstreichen*** souligner qc d'un gros trait *od* en gras

'Dickdarm *m* gros intestin

'Dicke *f* ⟨~⟩ épaisseur *f*; grosseur *f*; *e-s Menschen a* embonpoint *m*; corpulence *f*

'Dicke(r) F *f(m)* ⟨→ A⟩ gros bonhomme, grosse bonne femme

'dick|fellig *adj Person* insensible; **~flüssig** *adj* épais; visqueux; **2häuter** [-hɔʏtər] *m* ⟨~s; ~⟩ pachyderme *m*

Dickicht ['dɪkɪçt] *n* ⟨~(e)s; ~e⟩ fourré *m*; taillis *m*; *fig* maquis *m*

'Dick|kopf F *m* F tête *f* de mule, de bois; **2köpfig** F *adj* têtu; buté; F cabochard; **2lich** *adj* rondelet; replet; **~milch** *f* lait caillé; **~schädel** *m* → ***Dickkopf***

Didakt|ik [di'daktɪk] *f* ⟨~; ~en⟩ didactique *f*; **2isch** *adj* didactique

die[1] [diː] *sg f* ⟨*dat* der; *acc* die⟩ **I** *Artikel* ⟨*gén* der⟩ *Nominativ, acc* la *bzw* le *bzw* l'; *dat* à la *bzw* au *bzw* à l'; **II** *pr/dém* ⟨*gén* deren⟩ **1** *adjt* cette *bzw* ce(t); **2** *subst* ***~ hier*** celle-ci *bzw* celui-ci; ***~ da*** celle-là *bzw* celui-là; **III** *pr/rel* ⟨*gén* deren⟩ *Nominativ* qui; *gén* dont; *nach prép a* de laquelle *bzw* duquel; *dat* à qui; *nach prép a* à laquelle *bzw* auquel; *acc* que

die[2] *pl m,f, n* **I** *Artikel* ⟨*gén* der; *dat* den; *acc* die⟩ *Nominativ, acc* les; *gén* des; *dat* aux; **II** *pr/dém* **1** *adjt* ⟨*gén* deren; *dat* denen; *acc* die⟩ *Nominativ, acc* ces; *gén* de ces; *dat* à ces; **2** *subst* ⟨*gén* deren *bzw* derer; *dat* denen; *acc* die⟩ ***~ hier*** ceux-ci *bzw* celles-ci; ***~ da*** ceux-là *bzw* celles-là; **III** *pr/rel* ⟨*gén* deren; *dat* denen; *acc* die⟩ *Nominativ* qui; *gén* dont; *nach prép* desquel(le)s; *dat* à qui; *nach prép a* auxquel(le)s; *acc* que; *nach prép a* lesquel(le)s

Dieb(in) [diːp ('diːbɪn)] *m* ⟨~(e)s; ~e⟩ (*f*) ⟨~; ~nen⟩ voleur, -euse *m,f*

'Diebesgut *n* butin *m*

'diebisch **I** *adj* voleur; **II** *adv* ***sich ~ freuen*** se réjouir malicieusement

Diebstahl ['diːpʃtaːl] *m* ⟨~(e)s; ~e⟩ vol *m*; **~sicherung** *f* antivol *m*

diejenige ['diːjeːnɪgə] → ***dasjenige***

Diele ['diːlə] *f* ⟨~; ~n⟩ **1** (*Fußbodenbrett*) planche *f*; **2** (*Flur*) vestibule *m*

dienen ['diːnən] *v/i* servir (***j-m*** qn; ***als*** de); *beim Militär* faire son service militaire; ***j-m zu etw ~*** servir à qn de qc; ***womit kann ich ~?*** qu'est-ce que je peux faire pour vous?; ***damit ist mir nicht gedient*** cela ne m'arrange pas

'Diener *m* ⟨~s; ~⟩ **1** domestique *m*; serviteur *m*; **2** F (*Verbeugung*) révérence *f*; ***e-n ~ machen*** s'incliner (devant qn)

'Dienerin *f* ⟨~; ~nen⟩ domestique *f*

'dienlich *adjt* utile; ***e-r Sache*** (*dat*) ***~ sein*** servir à qc

Dienst [di:nst] *m* ⟨~(e)s; ~e⟩ **1** service *m*; ***außer ~*** à la, en retraite; ***~ haben, im ~ sein*** être de service; ***~ habend, ~ tuend*** de service; *Arzt* de garde; **2** ***öffentlicher ~*** fonction *f* publique; **3** (*Gefälligkeit*) service *m*; ***j-m e-n ~ erweisen*** rendre (un) service à qn

D

Diens|tag ['di:nsta:k] *m* mardi *m*; → ***Montag***; **2tags** *adv* le mardi; tous les mardis

'dienst|bereit *adj* serviable; *Apotheke* de garde; **2bote** *m* domestique *m*; **~eifrig** *adj* zélé; empressé

'dienstfrei *adj* libre; ***~ haben*** ne pas être de service

'Dienst|geheimnis *n* secret professionnel; **~grad** *m* grade *m*; **~leistung** *f* (prestation *f* de) service *m*; **~leistungsbetrieb** *m*, **~leistungsunternehmen** *n* prestataire *m* de services; **2lich** *adj* de service; **~mädchen** *n* bonne *f*; **~reise** *f* déplacement professionnel; **~schluss** *m* fin *f* des heures de service; **~stelle** *f* service *m*; bureau *m*; **~wagen** *m* voiture *f* de fonction *od* de service; **~weg** *m* voie *f* hiérarchique; **~zeit** *f* **1** *tägliche* temps *m*, heures *f/pl* de service; **2** (*Dienstjahre*) années *f/pl* de service

dies [di:s] → ***diese***

'diesbezüglich *adj u adv* à cet effet; sous ce rapport; à ce sujet

diese ['di:zə], **~r, ~s** *pr/dém* ⟨*n a* dies⟩ **1** *adjt* ce *bzw* cet *bzw* cette; *bei Gegenüberstellung* ce(t) ...-ci *bzw* cette ...-ci; *pl* ces; ***~r Tage*** ces jours-ci; **2** *subst* celui-ci *bzw* celle-ci; ceci *od* cela *od* F ça; *pl* ceux-ci *bzw* celles-ci; ***dies und das*** ceci et cela

Diesel ['di:zəl] *m* ⟨~s; ~⟩ **1** *Fahrzeug, Motor* diesel *m*; **2** ⟨*sans article*⟩ *Kraftstoff* gasoil *od* gazole *m*

dieselbe [di'zɛlbə] *pr/dém* la *bzw* le même

'Diesel|kraftstoff *m* gasoil *od* gazole *m*; **~motor** *m* (moteur *m*) diesel *m*

'dieser, 'dieses → ***diese***

diesig ['di:zɪç] *adj* brumeux

'dies|jährig *adj* de cette année; **~mal** *adv* cette fois(-ci); **~seitig** *adj* qui est en deçà; **~seits I** *adv* de ce côté; **II** *prép* ⟨*gén*⟩ en deçà de

Dietrich ['di:trɪç] *m* ⟨~s; ~e⟩ crochet *m*; rossignol *m*

diffamier|en [dɪfa'mi:rən] *v/t* ⟨*sans ge*⟩ diffamer; **2ung** *f* ⟨~; ~en⟩ diffamation *f*

Differen|z [dɪfə'rɛnts] *f* ⟨~; ~en⟩ **1** (*Unterschied*) différence *f*; **2** (*Unstimmigkeit*) différend *m*; **~zial** [-tsi'a:l] *n* ⟨~s; ~e⟩ AUTO différentiel *m*; **~zi'alrechnung** *f* calcul différentiel; **2'zieren** *v/t u v/i* ⟨*sans ge*⟩ différencier (*a* MATH); **2'ziert I** *adjt* nuancé; **II** *advt* avec nuance

differieren [dɪfə'ri:rən] *st/s v/i* ⟨*sans ge*⟩ différer (***um*** de)

diffus [dɪ'fu:s] *adj* **1** OPT diffus; **2** *fig* confus

digital [digi'ta:l] *adj* digital; numérique; **2anzeige** *f* affichage digital, numérique; **2fernsehen** *n* télévision *f* numérique; **~i'sieren** *v/t* ⟨*sans ge*⟩ digitaliser; numériser; **2rechner** *m* calculateur *m* numérique; **2technik** *f* technique *f* numérique; **2uhr** *f* montre digitale, à affichage numérique

Diktat [dɪk'ta:t] *n* ⟨~(e)s; ~e⟩ dictée *f*

Dik'ta|tor *m* ⟨~s; -'toren⟩ dictateur *m*; **2'torisch** *adj* dictatorial; **~'tur** *f* ⟨~; ~en⟩ dictature *f*

diktier|en [dɪk'ti:rən] *v/t* ⟨*sans ge*⟩ dicter; **2gerät** *n* dictaphone® *m*

Dilemma [di'lɛma] *n* ⟨~s; ~s *ou* ~ta⟩ dilemme *m*

Dilettan|t(in) [dilɛ'tant(ɪn)] *m* ⟨~en; ~en⟩ (*f*) ⟨~; ~nen⟩ amateur *m*; dilettante *m,f* (*beide a péj*); **2tisch** *adj* en amateur; en dilettante (*beide a péj*)

Dill [dɪl] *m* ⟨~(e)s; ~e⟩ aneth *m*

Dimension [dimɛnzi'o:n] *f* ⟨~; ~en⟩ dimension *f*

Dimmer ['dɪmər] *m* ⟨~s; ~⟩ variateur *m* (de lumière)

DIN [di:n] *abr* (*Deutsche Industrie-Norm[en]*) norme(s) industrielle(s) allemande(s); **~-A'4-Blatt** *n* feuille *f* de 21 x 29,7 cm

Ding [dɪŋ] *n* ⟨~(e)s; ~e⟩ **1** (*Sache*) chose *f*; (*Gegenstand*) objet *m*; **2** (*Angelegenheit*) affaire *f*; histoire *f*; ***das geht nicht mit rechten ~en zu*** c'est une affaire louche; ***vor allen ~en*** avant toute chose; avant tout; **3** *st/s* ***guter ~e sein*** être de bonne humeur; **4** F ⟨*pl* ~er⟩ (*Mädchen*) ***das arme ~*** la pauvre enfant; ***dummes ~*** (petite) sotte; **5** F ⟨*pl* ~er⟩ (*Dingsda*) F machin *m*; F truc *m*; ***das ist ja ein ~!*** (ah ça,) par exemple!

'dingfest *adj* ***j-n ~ machen*** mettre qn en état d'arrestation
Dings [dɪŋs], **'~bums, '~da** F *m,f, n* ⟨~⟩ F truc *m*; F machin *m*; ***die*** (***Frau***) ~ F madame Machin *od* Chose
Dinkel ['dɪŋkəl] *m* ⟨~s; ~⟩ BOT épeautre *m*
Dinosaurier [dino'-] *m* dinosaure *m*
Dioxin [diɔ'ksiːn] *n* ⟨~s; ~e⟩ dioxine *f*
Diözese [diø'tseːzə] *f* ⟨~; ~n⟩ CATH diocèse *m*
Diphterie [dɪfte'riː] *f* ⟨~; ~n⟩ diphtérie *f*
Diphthong [dɪf'tɔŋ] *m* ⟨~s; ~e⟩ PHON diphtongue *f*
Dipl.-Ing. *abr* → ***Diplomingenieur***
Diplom [di'ploːm] *n* ⟨~s; ~e⟩ diplôme *m*; brevet *m*
Di'plom... *in Zssgn* diplômé; **~arbeit** *f* mémoire *m*
Diplomat(in) [diplo'maːt(ɪn)] *m* ⟨~en; ~en⟩ (*f*) ⟨~; ~nen⟩ diplomate *m,f*
Diplo'matenkoffer *m* attaché-case *m*
Diplo|matie [diploma'tiː] *f* ⟨~⟩ diplomatie *f* (*a fig*); **2'matisch** *adj* diplomatique (*a fig*); *Person* diplomate
Di'plomingenieur *m* ingénieur diplômé
dir [diːr] *pr/pers* ⟨*dat de* du⟩ te *bzw* t'; *nach prép* toi; *betont* à toi
direkt [di'rɛkt] **I** *adj* direct; **II** *adv* **1** directement; **2** (*live*) ***~ übertragen*** diffuser en direct; **3** (*unmittelbar*) juste (***vorm Haus*** devant la maison); **4** (*unverblümt*) carrément
Di'rekt|bank *f* ⟨~; ~en⟩ banque directe; **~flug** *m* vol direct, sans escale
Direkti'on *f* ⟨~; ~en⟩ direction *f*; ***die ~*** *a* les directeurs
Direktor(in) [di'rɛktɔr (-'toːrɪn)] *m* ⟨~s; -'toren⟩ (*f*) ⟨~; ~nen⟩ directeur, -trice *m,f*; *e-s Gymnasiums* proviseur *m*
Di'rektübertragung *f* retransmission *f* en direct
Diri'gent *m* ⟨~en; ~en⟩ chef *m* d'orchestre

⚠ **Dirigent**	≠	**dirigeant**
der Dirigent	=	le chef d'orchestre
le dirigeant	=	der Führer, der Chef

dirigieren [diri'giːrən] *v/t u v/i* ⟨*sans ge*⟩ diriger, conduire (un orchestre, une symphonie)
Dirne ['dɪrnə] *f* ⟨~; ~n⟩ prostituée *f*
'Disco → ***Disko***
Diskette [dɪs'kɛtə] *f* ⟨~; ~n⟩ disquette *f*; **~nlaufwerk** *n* lecteur *m* de disquettes
Diskjockey ['dɪskdʒɔke] *m* disc-jockey *m*
Disko ['dɪskoː] F *f* ⟨~; ~s⟩ discothèque *f*; F boîte *f*; **~musik** *f* musique *f* disco; disco *m*
Diskont [dɪs'kɔnt] *m* ⟨~s; ~e⟩ FIN escompte *m*; **~satz** *m* taux *m* d'escompte
Diskothek [dɪsko'teːk] *f* ⟨~; ~en⟩ discothèque *f*
Diskrepanz [dɪskre'pants] *f* ⟨~; ~en⟩ écart *m*; divergence *f*
diskret [dɪs'kreːt] *adj* discret; **2i'on** *f* ⟨~⟩ discrétion *f*
diskriminier|en [dɪskrimi'niːrən] *v/t* ⟨*sans ge*⟩ discriminer; **2ung** *f* ⟨~; ~en⟩ discrimination *f*
Diskus ['dɪskʊs] *m* ⟨~ *ou* ~ses; -ken *ou* ~se⟩ SPORT disque *m*
Diskussion [dɪskʊsi'oːn] *f* ⟨~; ~en⟩ discussion *f* (***über*** [+ *acc*] de); ***etw zur ~ stellen*** mettre qc en discussion; ***zur ~ stehen*** être à débattre; ***das steht nicht zur ~*** la discussion n'est pas là; (*das kommt nicht infrage*) il n'en est pas question
Diskussi'ons|leiter(in) *m*(*f*) animateur, -trice *m,f* d'un débat; **~teilnehmer(in)** *m*(*f*) intervenant(e) *m*(*f*)
'Diskuswerfen *n* ⟨~s⟩ lancer *m* du disque
diskutieren [dɪsku'tiːrən] *v/t u v/i* ⟨*sans ge*⟩ discuter (**[*über*]** ***etw*** [*acc*] sur, de qc)
Display [dɪs'pleː] *n* ⟨~s; ~s⟩ COMM présentoir *m*; INFORM (*Anzeige*) affichage *m*; (*Datensichtgerät*) visuel *m*
disponieren [dɪspo'niːrən] *v/i* ⟨*sans ge*⟩ disposer (***über*** [+ *acc*] de)
Dispositi'on *f* ⟨~; ~en⟩ disposition *f*; **~skredit** *m* découvert autorisé
Disqualifikati'on *f* disqualification *f*
disqualifi'zier|en *v/t* (*u fig v/r*) ⟨*sans ge*⟩ (***sich ~*** se) disqualifier; **2ung** *f* disqualification *f*
Dissertation [dɪsɛrtatsi'oːn] *f* ⟨~; ~en⟩ thèse *f* (de doctorat)
Dissonanz [dɪso'nants] *f* ⟨~; ~en⟩ MUS, *fig* dissonance *f*

D

Distanz [dɪs'tants] *f* ⟨~; ~en⟩ distance *f*
distan'zieren *v/r* ⟨*sans ge*⟩ ***sich von etw, j-m*** ~ se désolidariser de qc, qn; prendre ses distances
Distel ['dɪstəl] *f* ⟨~; ~n⟩ chardon *m*; **~fink** *m* chardonneret *m*
Distrikt [dɪs'trɪkt] *m* ⟨~¢s; ~e⟩ district *m*; circonscription *f*
Disziplin [dɪstsi'pliːn] *f* ⟨~; ~en⟩ discipline *f*
diszipli'nar|isch *adj* disciplinaire; **≈verfahren** *n* procédure *f* disciplinaire
diszipli'niert *adjt* discipliné
dito ['diːto] F *adv* idem
Diva ['diːva] *f* ⟨~; ~s *ou* Diven⟩ (*Sängerin*) diva *f*; (*Schauspielerin*) star *f*
diverse [di'vɛrzə] *adj* ⟨*pl*⟩ divers
diversifi'zier|en *v/t u v/i* ⟨*sans ge*⟩ ÉCON diversifier; **≈ung** *f* ⟨~; ~en⟩ diversification *f*
Divi|dende [divi'dɛndə] *f* ⟨~; ~n⟩ dividende *m*; **≈'dieren** *v/t* ⟨*sans ge*⟩ diviser; **~si'on** *f* ⟨~; ~en⟩ division *f*
DJ ['diːdʒe] *m* ⟨~$; ~s⟩ *abr* (*Diskjockey*) D.J. *m* (disc-jockey)
d.J. *abr* (*dieses Jahres*) de cette année; de l'année en cours
DM *abr* (*Deutsche Mark*) HIST DM *m*
'd-Moll *n* MUS ré *m* mineur
doch [dɔx] **I** *adv* **1** *unbetont* ***du kommst ~?*** mais tu viendras?; ***pass ~ auf!*** fais donc attention!; ***nicht ~!*** mais non!; que non!; *tadelnd* laisse ça!; ***ja ~!*** mais oui!; en effet!; ***du weißt ~, dass ...*** tu sais bien que ...; **2** *betont* ***also ~!*** quand même!; **3** *als Antwort* ***~!*** si!; **II** *conj* pourtant; cependant; mais
Docht [dɔxt] *m* ⟨~¢s; ~e⟩ mèche *f*
Dock [dɔk] *n* ⟨~s; ~s⟩ dock *m*
Dogge ['dɔgə] *f* ⟨~; ~n⟩ dogue *m*
Dog|ma ['dɔgma] *n* ⟨~s; -men⟩ dogme *m*; **≈'matisch** *adj* dogmatique
Dohle ['doːlə] *f* ⟨~; ~n⟩ ZO choucas *m*
Doktor ['dɔktɔr] *m* ⟨~s; -'toren⟩ **1** F (*Arzt*) docteur *m*; médecin *m*; ***Herr ~!*** docteur!; **2** ~ ***der Philosophie, der Rechte*** docteur *m* ès lettres, en droit
'Doktorarbeit *f* thèse *f* de doctorat
Dok'torin *f* ⟨~; ~nen⟩ **1** F (*Ärztin*) doctoresse *f*; (femme *f*) médecin *m*; **2** *Akademikerin* docteur *m*
'Doktorvater *m* patron *m* de thèse
Doktrin [dɔk'triːn] *f* ⟨~; ~en⟩ doctrine *f*
Dokument [doku'mɛnt] *n* ⟨~¢s; ~e⟩ document *m*
Dokumen|'tarfilm *m* (film *m*) documentaire *m*; **≈'tarisch** *adj* documentaire; **~tati'on** *f* ⟨~; ~en⟩ documentation *f*; **≈'tieren** *v/t* ⟨*sans ge*⟩ **1** documenter; prouver; **2** (*bekunden*) manifester
Dolch [dɔlç] *m* ⟨~¢s; ~e⟩ poignard *m*
Dolde ['dɔldə] *f* ⟨~; ~n⟩ BOT ombelle *f*
Dollar ['dɔlar] *m* ⟨~$; ~s, *mais* 5 ~⟩ dollar *m*
dolmetsch|en ['dɔlmɛtʃən] *v/i* ~ (***bei***) servir d'interprète (à); faire l'interprète (auprès de); **≈er(in)** *m* ⟨~s; ~⟩ (*f*) ⟨~; ~nen⟩ interprète *m,f*
Dolomiten [dolo'miːtən] *pl* ***die*** ~ les Dolomites *f/pl*
Dom [doːm] *m* ⟨~¢s; ~e⟩ cathédrale *f*
Domäne [do'mɛːnə] *f* ⟨~; ~n⟩ domaine *m*
domi|nant [domi'nant] *adj* dominant (*a* BIOL); **~'nieren** *v/i* ⟨*sans ge*⟩ (pré)dominer
dominikanisch [domini'kaːnɪʃ] *adj* dominicain; ***die ≈e Republik*** la République dominicaine
Domino ['doːmino] *n* ⟨~s; ~s⟩ *Spiel* dominos *m/pl*; **~stein** *m* **1** *Spielstein* domino *m*; **2** *bonbon au chocolat fourré à la pâte de fruit*
Domizil [domi'tsiːl] *st/s n* ⟨~s; ~e⟩ domicile *m*
Dompteur [dɔmp'tøːr] *m* ⟨~s; ~e⟩, **Dompteuse** [-'tøːzə] *f* ⟨~; ~n⟩ dompteur, -euse *m,f*
Donau ['doːnau] ⟨~⟩ ***die*** ~ le Danube
Döner ['døːnɛr] *m* ⟨~s; ~⟩ *abr cf* ***Dönerkebab***
Dönerkebab [dønɛrke'bap] *m* ⟨~$; ~s⟩ CUIS chiche-kebab *m*; döner *m*
Donner ['dɔnər] *m* ⟨~s; ~⟩ tonnerre *m*
'donnern I F *v/t* (*schleudern*) F flanquer; **II** *v/i* **1** *Kanonen* tonner; *Zug* ⟨sn⟩ passer avec un bruit de tonnerre; **2** F (*schlagen*) cogner (***an*** [+ *acc*] à; ***gegen*** contre); **3** F ⟨sn⟩ (*prallen*) ***gegen etw*** ~ *Fahrzeug etc* percuter contre qc; **III** *v/imp* ***es donnert*** il tonne
'Donnerschlag *m* coup *m* de tonnerre
'Donners|tag *m* jeudi *m*; → ***Montag***; **≈tags** *adv* le jeudi; tous les jeudis
'Donnerwetter F *n* **1** ***~!*** *zornig* F tonnerre de Dieu!; *bewundernd* F merde

alors!; (***zum***) **~!** F nom d'une pipe!; ***wo, zum ~, ist …?*** où diable peut être …?; **2** (*Krach*) F engueulade *f*

doof [do:f] *adj* bête; idiot; (*langweilig*) F rasant

dopen ['do:pən] *v/t* doper

'**Doping** *n* ⟨~s; ~s⟩ dopage *m*; **~kontrolle** *f* contrôle *m* antidopage; **~mittel** *n* dopant *m*

Doppel ['dɔpəl] *n* ⟨~s; ~⟩ double *m* (*a* TENNIS); **~bett** *n* lits jumeaux; **~-CD** *f* double CD *m*; **~decker** *m* ⟨~s; ~⟩ *Flugzeug* biplan *m*; *Bus* autobus *m* à impériale; **2deutig** *adj* ambigu; équivoque (*a péj*); **~fenster** *n* fenêtre *f* à double vitrage; **~gänger** [-gɛŋər] *m* ⟨~s; ~⟩ sosie *m*; **~kinn** *n* double menton *m*; **~klick** *m* ⟨~s; ~s⟩ INFORM double clic *m*; **2klicken** *v/i* ⟨*p/p* -ge-⟩ INFORM cliquer deux fois (***auf*** [+ *acc*] sur); **~leben** *n* double vie *f*; **~moral** *f* morale jésuite; **~name** *m* nom *m* double; **~punkt** *m* deux points *m/pl*; **2seitig** *adj Anzeige* sur deux pages; *Lungenentzündung* double; **~stecker** *m* fiche *f* bipolaire, double

'**doppelt I** *adj* double; **II** *adv* doublement; ***er ist ~ so alt wie ich*** il a le double de mon âge; ***~ so viel*** deux fois plus, autant

'**Doppelte(s)** *n* ⟨→ A⟩ double *m*

'**Doppel|verdiener** *pl Ehepaar* ménage *m* à double salaire; **~zentner** *m* quintal *m*; **~zimmer** *n* chambre *f* double

> Wer in einem französischen Hotel ein **Doppelzimmer**, **une chambre double**, bucht, wird dort in der Regel ein französisches Bett, **un grand lit** (ca. 140 cm breit), vorfinden. Möchte man das nicht, sollte man gleich bei der Bestellung nach einem Zimmer mit zwei Betten, **une chambre à deux lits**, fragen.

Dorf [dɔrf] *n* ⟨~es; ⸗er⟩ village *m*; '**~bewohner(in)** *m(f)* villageois(e) *m(f)*

dörflich ['dœrflɪç] *adj* villageois

Dorn [dɔrn] *m* ⟨~es; ~en⟩ épine *f*; *fig* ***er ist mir ein ~ im Auge*** il me hérisse; je ne le supporte pas

'**dornig** *adj* épineux

Dornröschen [dɔrn'rø:sçən] *n* ⟨~s⟩ la Belle au bois dormant

dörren ['dœrən] *v/t* sécher

'**Dörr|fleisch** *n südd* viande séchée; **~obst** *n* fruits séchés

Dorsch [dɔrʃ] *m* ⟨~es; ~e⟩ petite morue

dort [dɔrt] *adv* là; à cet endroit-là; ***von ~ aus*** de là(-bas); ***~ drüben*** là-bas

'**dort'her** *adv* (***von***) **~** de là; de ce côté-là

'**dort'hin** *adv* (de ce côté-)là; là-bas; y

'**dorthi'naus** *adv* (en sortant) par là; F ***frech bis ~*** F effronté comme pas un

'**dortig** *adj* de là-bas; de cet endroit

Dose ['do:zə] *f* ⟨~; ~n⟩ boîte *f*

dösen ['dø:zən] F *v/i* ⟨~~ge~~⟩ somnoler; sommeiller

'**Dosen|bier** *n* bière *f* en boîte(s); **~milch** *f* lait concentré (en boîte); **~öffner** *m* ouvre-boîtes *m*

dosier|en [do'zi:rən] *v/t* ⟨*sans ge*⟩ doser; **2ung** *f* ⟨~; ~en⟩ dosage *m*

Dosis ['do:zɪs] *f* ⟨~; Dosen⟩ dose *f*

dotieren [do'ti:rən] *v/t* ⟨*sans ge*⟩ doter (***mit*** de); ***gut dotiert sein*** être bien rémunéré

Dotter ['dɔtər] *m od n* ⟨~s; ~⟩ jaune *m* d'œuf

Double ['du:bəl] *n* ⟨~s; ~s⟩ FILM doublure *f*

Dover ['do:vər] *n* ⟨~s⟩ Douvres; ***die Straße von ~*** le pas de Calais

down [daʊn] F *adj* ***~ sein*** F déprimer

downloaden ['daʊnlo:dən] *v/t* ⟨-e-⟩ INFORM transférer; télécharger

Dozent(in) [do'tsɛnt(ɪn)] *m* ⟨~en; ~en⟩ (*f*) ⟨~; ~nen⟩ chargé(e) *m(f)* de cours; *par ext* professeur *m* d'université

do'zieren *v/i* ⟨*sans ge*⟩ *fig iron* pontifier

Dr. *abr* (*Doktor*) Dr (docteur)

Drache ['draxə] *m* ⟨~n; ~n⟩ MYTH dragon *m*

'**Drachen** *m* ⟨~s; ~⟩ **1** (*Papier2*) cerf-volant *m*; **2** F (*zanksüchtige Frau*) mégère *f*; **3** SPORT deltaplane® *m*

'**Drachen|fliegen** *n* deltaplane *m*; vol *m* libre; **~flieger(in)** *m(f)* libériste *m,f*

Dragée [dra'ʒe:] *n* ⟨~s; ~s⟩ dragée *f*

Draht [dra:t] *m* ⟨~es; ⸗e⟩ fil *m* (métallique); POL ***heißer ~*** téléphone *m* rouge; F ***auf ~ sein*** être dégourdi, malin

'**Draht|bürste** *f* brosse *f* métallique; **~esel** F *plais m* vélo *m*; F bécane *f*; **2ig** *adj Person* nerveux; **2los** *adj* sans

fil; **~schere** *f* cisailles *f/pl*; **~seil** *n* câble *m* d'acier; *e-s Seiltänzers* corde *f* raide; **~seilbahn** *f* téléphérique *m*; *auf Schienen* funiculaire *m*
'Drahtzieher *m* ⟨~s; ~⟩ *fig* ***der ~ sein*** tirer les ficelles
drakonisch [dra'ko:nɪʃ] *adj* draconien
drall [dral] *adj* plantureux
Drall *m* ⟨~ḙs; ~e⟩ (*Drehbewegung*) rotation *f*
Drama ['dra:ma] *n* ⟨~s; -men⟩ drame *m* (*a fig*)
Dra'ma|tik *f* ⟨~⟩ **1** (*Dichtkunst*) drame *m*; **2** *fig* intensité *f* dramatique; **~tiker** *m* ⟨~s; ~⟩ auteur *m* dramatique; dramaturge *m*; **²tisch** *adj* dramatique (*a fig*); **²ti'sieren** *v/t* ⟨*sans ge*⟩ donner la forme d'un drame à; *fig* dramatiser
Drama|turg(in) [drama'tʊrk (-'tʊrgɪn)] *m* ⟨~en; ~en⟩ (*f*) ⟨~; ~nen⟩ conseiller *m* dramatique; **~tur'gie** *f* ⟨~; ~n⟩ dramaturgie *f*
dran [dran] F *adv* → ***daran***; ***ich bin ~!*** c'est mon tour!; c'est à moi!; ***arm ~ sein*** être à plaindre; *an e-m Gerücht etc* ***da ist was ~*** il y a du vrai à cela, là-dedans
'dran·bleiben F *v/i* ⟨*irr*, sn⟩ *am Telefon* rester à l'écoute, en ligne; ***bleiben Sie bitte dran!*** ne quittez pas!
drang [draŋ] → ***dringen***
Drang *m* ⟨~ḙs⟩ **1** (*Druck*) pression *f*; **2** (*Antrieb*) élan *m* (***nach*** vers); désir *m* (de); (*Bedürfnis*) besoin *m* (de)
Drängelei [drɛŋə'laɪ] F *péj f* ⟨~; ~en⟩ bousculade *f*
'drängeln F *v/t u v/i* ⟨ḙ⟩ pousser; bousculer
'drängen I *v/t* pousser; ***j-n ~, etw zu tun*** presser qn de faire qc; **II** *v/i* ***die Zeit drängt*** le temps presse; ***auf etw*** (*acc*) ***~*** réclamer, exiger qc; **III** *v/r* ***sich ~*** se presser; se pousser
drangsalieren [draŋza'li:rən] *v/t* ⟨*sans ge*⟩ tourmenter
'dran·kommen F *v/i* ⟨*irr*, sn⟩ passer (***als erster*** en premier); *in der Schule* être interrogé; ***du kommst dran*** c'est à toi
'dran·|kriegen F *v/t* F avoir; **~nehmen** F *v/t* ⟨*irr*⟩ prendre; *in der Schule* interroger
drapieren [dra'pi:rən] *v/t* ⟨*sans ge*⟩ draper

drastisch ['drastɪʃ] **I** *adj* frappant; *Maßnahme* radical; *Ausdrucksweise* expressif; **II** *adv Preise* ***~ erhöhen*** augmenter excessivement
drauf [drauf] F *adv* → ***darauf***; ***~ und dran sein, etw zu tun*** être sur le point de faire qc; *Auto, Motorrad* ***achtzig*** (***Sachen***) ***~ haben*** faire du quatre-vingt; ***was ~ haben*** F être fort(iche); ***gut ~ sein*** F avoir le moral
Draufgänger ['-gɛŋər] *m* ⟨~s; ~⟩ F fonceur *m*; F casse-cou *m*
'drauf·gehen F *v/i* ⟨*irr*, sn⟩ **1** (*sterben*) F y rester; **2** ***dabei geht viel Geld drauf*** on y dépense beaucoup d'argent
'drauf·legen F *v/t* mettre dessus; *fig* payer en plus
drauf'los *adv* droit au but; carrément
drauf'los·reden F *v/i* ⟨-e-⟩ parler à tort et à travers
'drauf·machen *v/t* F ***einen ~*** F faire la bringue, la fête
'drauf·zahlen F **I** *v/t* (*zusätzlich zahlen*) payer en surplus; **II** *v/i* (*Verluste haben*) subir des pertes; être perdant (*a fig*)
draus [draus] F → ***daraus***
draußen ['drausən] *adv* dehors; (*im Freien*) en plein air
Dreck [drɛk] *m* ⟨~ḙs⟩ **1** F (*Schmutz*) boue *f*; saleté *f*; *von Tieren* crotte *f*; (*Abfälle*) ordures *f/pl*; P ***das geht dich e-n ~ an*** P qu'est-ce que ça peut bien te foutre!; F ***sich über jeden ~ ärgern*** se fâcher pour un rien; F ***sich um jeden ~ kümmern*** F fourrer son nez partout; P ***j-n wie den letzten ~ behandeln*** traiter qn comme le dernier des derniers, P comme une merde; **2** F (*Schund*) camelote *f*; saleté *f*
'dreckig F **I** *adj* sale (*a fig*); **II** *adv* ***es geht ihm ~*** F il est dans la mouise, P dans la merde
'Dreck|sau P *f*, **~schwein** P *n* F (espèce *f* de) salaud *m*, salope *f*; **~spatz** F *m* F petit(e) cochon, -onne
Dreh [dre:] F *m* ⟨~s; ~s⟩ F truc *m*; F combine *f*; ***den ~ raushaben*** F avoir trouvé le truc, la combine; ***um den ~*** à peu près
'Dreh|arbeiten *f/pl* tournage *m* (***zu*** de); **~bank** *f* ⟨~; ⁓e⟩ tour *m*; **²bar** *adj* pivotant; tournant; **~buch** *n* scénario *m*
'drehen I *v/t* tourner; (*winden*) tordre; *Film* tourner; *Zigarette* rouler; **II** *v/i* Re-

gisseur, *Wind* tourner; **III** *v/r* ***sich ~*** tourner; F ***worum dreht es sich?*** de quoi s'agit-il?; F ***es dreht sich darum, ob …*** la question est de savoir si …
'Dreh|orgel *f* orgue *m* de Barbarie; **~scheibe** *f* **1** EISENBAHN, *fig* plaque tournante; **2** TÖPFEREI tour *m*; **~strom** *m* courant triphasé; **~stuhl** *m* chaise pivotante; **~tür** *f* (porte *f* à) tambour *m*; porte tournante
'Drehung *f* ⟨~; ~en⟩ tour *m*; rotation *f*
'Drehzahl *f* TECH nombre *m* de tours; **~messer** *m* compte-tours *m*
drei [draɪ] *num/c* trois; ***~ Viertel*** trois quarts (de); F ***nicht bis ~ zählen können*** F être bête comme ses pieds; → ***acht***
Drei *f* ⟨~; ~en⟩ **1** *Zahl* trois *m*; → ***Acht***[1]; **2** *Schulnote* assez bien; *in Frankreich etwa* douze *m*, treize *m* (sur vingt)
drei…, Drei… → ***acht…, Acht…***
'Dreieck *n* triangle *m*; (*Zeichenwinkel*) équerre *f*; **≗ig** *adj* triangulaire
'Dreier *m* ⟨~s; ~⟩ trois *m*; → ***Drei*** *2*
'dreier'lei *adj* ⟨*inv*⟩ de trois sortes, espèces différentes
'drei|fach **I** *adj* triple; → ***achtfach***; **II** *adv* trois fois (plus); au triple; *falten etc* en trois; **≗fache(s)** *n* ⟨→ A⟩ triple *m*; **'~'hundert** *num/c* trois cent(s); **~jährig** *adj* (*drei Jahre alt*) (âgé) de trois ans; (*drei Jahre lang*) de trois ans; qui dure trois ans
'Drei|klang *m* triple accord *m*; **~'königsfest** *n* fête *f* des Rois
'dreimal *adv* trois fois
'drein·blicken ['draɪn-] *v/i* ***nachdenklich, traurig ~*** avoir l'air pensif, triste
'Drei|rad *n* tricycle *m*; **~satz** *m* règle *f* de trois; **~sprung** *m* triple saut *m*; **≗spurig** *adj Straße* à trois voies
dreißig ['draɪsɪç] *num/c* trente; ***etwa, rund ~*** (***Personen***) une trentaine (de personnes); ***etwa, rund ~ Jahre alt sein*** avoir la trentaine; → ***achtzig***
'Dreißig *f* ⟨~⟩ trente *m*
'dreißiger *adj* ⟨*inv*⟩ ***die ~ Jahre*** *n/pl* les années *f/pl* trente
'dreißigjährig *adj* (*dreißig Jahre alt*) (âgé) de trente ans; (*dreißig Jahre lang*) qui dure trente ans
dreist [draɪst] *adj* effronté; F culotté
'dreistellig *adj* de *od* à trois chiffres
'Dreistigkeit *f* ⟨~; ~en⟩ audace *f*
'drei|'tausend *num/c* trois mille; **'≗viertel'stunde** *f* trois quarts *m/pl* d'heure; **≗'vierteltakt** *m* mesure *f* à trois temps; trois-quatre *m*; **≗'wegekatalysator** *m* catalyseur *m* à trois voies
'dreizehn *num/c* treize; F ***jetzt schlägts ~!*** ça dépasse les bornes!; c'est en trop!; c'est trop; → ***acht***
Drei'zimmerwohnung *f* trois-pièces *m*
Dresche ['drɛʃə] F *f* ⟨~⟩ F raclée *f*
'dreschen *v/t u v/i* ⟨drischt, drosch, gedroschen⟩ **1** AGR battre; **2** F (*prügeln*) F tabasser; F cogner
Dresden ['dreːsdən] *n* ⟨~s⟩ Dresde
Dress [drɛs] *m* ⟨~ *ou* ~es; ~e⟩ tenue *f* (de sport)
dressieren [drɛ'siːrən] *v/t* ⟨*sans ge*⟩ dresser
Dressing ['drɛsɪŋ] *n* ⟨~s; ~s⟩ sauce *f* (de salade)
Dres'sur *f* ⟨~; ~en⟩ dressage *m*
Drift [drɪft] *f* ⟨~; ~en⟩ MAR, AVIAT dérive *f*
'driften *v/i* ⟨-e-, sn⟩ MAR aller à la dérive; POL ***nach rechts ~*** glisser à droite
Drill [drɪl] *m* ⟨~s⟩ MIL dressage *m*
'drillen *v/t* dresser
Drilling ['drɪlɪŋ] *m* ⟨~s; ~e⟩ un(e) *m(f)* des triplé(e)s; *pl* **~e** triplé(e)s *m(f)pl*
drin [drɪn] *adv* → ***darin***; ***das ist*** (***nicht***) ***~*** F ça (ne) marche (pas); ***es ist noch alles ~*** rien n'est encore joué
dringen ['drɪŋən] *v/i* ⟨drang, gedrungen⟩ **1** ⟨sn⟩ ***aus etw ~*** sortir de qc; ***in etw*** (*acc*) ***~*** entrer, pénétrer dans qc; **2** *st/s* ⟨sn⟩ ***in j-n ~*** insister auprès de qn; **3** ***auf etw*** (*acc*) ***~*** réclamer, exiger qc
'dringend **I** *adj* urgent; pressant; *Bitte* instant; *Verdacht* lourd; **II** *adv* d'urgence; ***etw ~ benötigen*** avoir un besoin pressant de qc
'dringlich *adj* pressant; urgent; **≗keit** *f* ⟨~⟩ urgence *f*
Drink [drɪŋk] *m* ⟨~s; ~s⟩ drink *m*
drinnen ['drɪnən] *adv* dedans; à l'intérieur
dritt [drɪt] *adv* ***zu ~*** à trois; → ***acht*** *II*
'dritte *num/o* troisième; ***zum ~n!*** *bei Versteigerungen* trois fois!; JUR ***e-m ≗n gegenüber*** devant un tiers; → ***achte***
Dritt|el ['drɪtəl] *n* ⟨~s; ~⟩ tiers *m*; **≗eln** *v/t* ⟨*⟩ partager en trois; **≗ens** *adv* troisièmement; en troisième lieu; **≗klassig** *adj péj* de troisième classe, catégorie

D

droben ['dro:bən] *st/s adv* là-haut; en 'haut

Droge ['dro:gə] *f* ⟨~; ~n⟩ drogue *f*; ***unter ~n** (dat)* ***stehen*** être drogué

'**drogenabhäng|ig** *adj* dépendant (de la drogue); toxicomane; **2ige(r)** *f(m)* ⟨→ A⟩ drogué(e) *m(f)*; toxicomane *m,f*

'**Drogen|handel** *m* trafic *m* de (la) drogue; **~sucht** *f* toxicomanie *f*; **2süchtig** → ***drogenabhängig***; **~szene** *f* milieu *m* de la drogue; **~tote(r)** *f(m)* victime *f* d'une overdose

Dro|gerie [drogə'ri:] *f* ⟨~; ~n⟩ droguerie *f*; **~'gist(in)** *m* ⟨~en; ~en⟩ *(f)* ⟨~; ~nen⟩ droguiste *m,f*

'**Drohbrief** *m* lettre *f* de menaces

drohen ['dro:ən] *v/i* ***j-m (mit etw) ~*** menacer qn (de qc); ***einzustürzen, zu ersticken ~*** menacer de s'écrouler, risquer de s'étouffer

'**drohend** *adjt* menaçant; *Gefahr* imminent

Drohne ['dro:nə] *f* ⟨~; ~n⟩ **1** ZO faux bourdon; **2** *fig péj* parasite *m*

dröhnen ['drø:nən] *v/i* résonner; retentir; *Motor* vrombir; ***mir dröhnt der Kopf*** j'ai la tête qui bourdonne

'**Drohung** *f* ⟨~; ~en⟩ menace *f*

drollig ['drɔlɪç] *adj* drôle; amusant

Dromedar [drome'da:r] *n* ⟨~s; ~e⟩ dromadaire *m*

Drops [drɔps] *m od n* ⟨~; ~⟩ bonbon acidulé

drosch [drɔʃ] → ***dreschen***

Drossel ['drɔsəl] *f* ⟨~; ~n⟩ grive *f*

'**drosseln** *v/t* ⟨¢⟩ *Einfuhr, Geschwindigkeit* limiter; réduire; *Motor* mettre au ralenti; *Gas, Heizung* baisser

drüben ['dry:bən] *adv* de l'autre côté

'**drüber** F → ***darüber***

Druck[1] [druk] *m* ⟨~¢s; ~e⟩ **1** *(Drücken)* pression *f* (*a* PHYS, MÉD); *e-r Last* poids *m*; pesée *f*; ***e-n ~ im Kopf haben*** avoir la tête lourde; **2** *fig* pression *f*; F ***im ~ sein*** être bousculé, pressé; ***unter ~*** *(acc)* ***setzen*** faire pression sur; presser; ***unter ~*** *(dat)* ***stehen*** être sous pression

Druck[2] *m* ⟨~¢s; ~e⟩ TYPO **1** *Verfahren* impression *f*; ***im ~ sein*** être sous presse; **2** *Erzeugnis* impression *f*; *(Ab2)* tirage *m*; *(Kunst2)* gravure *f*

'**Druckbuchstabe** *m* caractère *m* d'imprimerie

Drückeberger ['drʏkəbɛrgər] F *m* ⟨~s; ~⟩ F tire-au-flanc *m*; F planqué *m*

'**drucken** *v/t u v/i* imprimer; *(ab~)* tirer

drücken ['drʏkən] **I** *v/t* **1** presser; *(zu eng sein)* serrer; ***etw, j-n an sich*** *(acc)* **~** serrer qc, qn contre soi; ***etw breit, platt ~*** écraser, aplatir qc; **2** *st/s Sorgen etc* oppresser; accabler; **3** *Niveau* abaisser; **II** *v/i Last* peser; *(zu eng sein)* serrer; ***auf etw*** *(acc)* **~** appuyer sur qc; *Aufschrift* **~** poussez; **III** *v/r* F ***sich ~*** se défiler (***vor etw*** *[dat]* pour ne pas faire qc)

'**drückend** *adjt* lourd; ***es ist ~*** il fait lourd

'**Drucker** *m* ⟨~s; ~⟩ **1** *(Buch2)* imprimeur *m*; **2** INFORM imprimante *f*

'**Drücker** *m* ⟨~s; ~⟩ *(Türgriff)* poignée *f*; *(Türöffner)* bouton *m*; F ***am ~ sitzen*** être au poste, aux leviers de commande; F ***auf den letzten ~*** au dernier moment

Drucke'rei *f* ⟨~; ~en⟩ imprimerie *f*

'**Druck|fehler** *m* faute *f* d'impression; coquille *f*; **~knopf** *m* **1** TECH bouton-poussoir *m*; **2** COUT bouton-pression *m*; **~luft** *f* air comprimé; **~maschine** *f* machine *f* à imprimer; **~mittel** *n* moyen coercitif, de pression

'**druckreif** *adj* prêt à être imprimé; TYPO bon à tirer

'**Druck|sache** *f* imprimé *m*; **~schrift** *f* **1** *Schriftart* caractères *m/pl* typographiques, d'imprimerie; **2** *Schriftwerk* imprimé *m*; **~stelle** *f* empreinte *f*; marque *f*; *Obst a* talure *f*

drum [drum] F *adv* → ***darum***; ***um etw ~ herum*** autour de qc; ***das ganze 2 und Dran*** (et) tout ce qui s'y rapporte, rattache

drunter ['druntər] F *adv* → ***darunter***; ***es ging alles ~ und drüber*** tout était sens dessus dessous

Drüse ['dry:zə] *f* ⟨~; ~n⟩ glande *f*

Dschungel ['dʒuŋəl] *m* ⟨~s; ~⟩ jungle *f* (*a fig*)

dt. *abr* (*deutsch*) allemand

DTP [de:te:'pe:] *n* ⟨~⟩ *abr* INFORM (*Desktop-Publishing*) P.A.O. *f*

Dtzd. *abr* (*Dutzend*) douzaine

du [du:] *pr/pers beim Verb* tu; *alleinstehend od betont* toi; *vor voilà* te; ***mit j-m auf 2 und 2 stehen*** être à tu et à toi avec qn; ***j-n mit 2 anreden*** tutoyer qn

Dübel ['dy:bəl] *m* ⟨~s; ~⟩ cheville *f*

dübeln *v/t* ⟨ge⟩ cheviller
dubios [dubi'oːs] *adj* douteux
ducken ['dukən] *v/r* ***sich*** **~ 1** se baisser; *zum Schutz* se blottir; **2** *fig* courber l'échine, s'aplatir (***vor*** [+ *dat*] devant)
Duckmäuser ['dukmɔyzər] *m* ⟨~s; ~⟩ sournois *m*; (*Feigling*) couard *m*
dudel|n ['duːdəln] F ⟨ge⟩ **I** *v/t* ressasser; **II** *v/i* faire de la mauvaise musique; **℞sack** *m* cornemuse *f*
Duel|l [du'ɛl] *n* ⟨~s; ~e⟩ duel *m*; **℞'lieren** *v/r* ⟨*sans ge*⟩ ***sich*** **~** se battre en duel (***mit*** avec; ***um*** pour)
Duett [du'ɛt] *n* ⟨~ɇs; ~e⟩ MUS duo *m* (de chant); ***im*** **~** en duo
Duft [duft] *m* ⟨~ɇs; ~̈e⟩ odeur *f* agréable; parfum *m*; senteur *f*
'**dufte** F *adj* F super
'**duften** *v/i* ⟨-e-⟩ sentir bon; ***nach etw*** **~** sentir, fleurer qc
'**duftend** *adjt* odorant; qui sent bon
'**Duft|note** *f* (nuance *f* de) parfum *m*; **~stoff** *m* parfum *m*; CHIM matière odorante
dulden ['duldən] *v/t* ⟨-e-⟩ tolérer; souffrir; supporter
'**duldsam** *adj* tolérant; **℞keit** *f* ⟨~⟩ tolérance *f*
'**Duldung** *f* ⟨~⟩ tolérance *f*
dumm [dum] **I** *adj* ⟨~̈er, ~̈ste⟩ bête; (*töricht*) sot; *p/fort* stupide; idiot; (*unwissend*) ignorant; (*albern*) niais; F ***das wird mir zu*** **~** j'en ai assez; **II** *adv* F ***j-n für*** **~** ***verkaufen*** prendre qn pour un idiot; ***sich*** **~** ***stellen*** faire l'innocent, la bête
'**Dumme(r)** *f(m)* ⟨→ A⟩ ***der, die Dumme sein*** être le dindon de la farce; F être roulé(e)
'**dummer'weise** *adv* par bêtise; (*durch misslichen Zufall*) malheureusement
'**Dumm|heit** *f* ⟨~; ~en⟩ bêtise *f*; sottise *f*; **~kopf** *m* sot *m*, sotte *f*; imbécile *m,f*
dümmlich ['dymlıç] simplet; F bébête
dumpf [dumpf] *adj* **1** *Geräusch, Aufprall* sourd; *Laut* mat; **2** *fig* (*unklar*) confus; vague; '**℞backe** F *f* F débile *m,f*
Dumping ['dampıŋ] *n* ⟨~s⟩ dumping *m*
Düne ['dyːnə] *f* ⟨~; ~n⟩ dune *f*
Dung [duŋ] *m* ⟨~ɇs⟩ fumier *m*
Düng|emittel ['dyŋə-] *n* engrais *m*; **℞en** *v/t* fertiliser; engraisser; *mit Mist* fumer; **~er** *m* ⟨~s; ~⟩ engrais *m*
dunkel ['duŋkəl] **I** *adj* ⟨-kl-⟩ **1** sombre; obscur; ***es wird*** **~** il commence à faire nuit; ***im*** **℞n** dans l'obscurité; **2** *Farben, Haar* foncé; *Teint* basané; *Bier* brun; **3** *fig* (*unklar*) obscur; *Ahnung* vague; confus; ***im*** **℞n** ***tappen*** tâtonner; ***j-n über*** (+ *acc*) ***im*** **℞n** ***lassen*** laisser qn dans l'incertitude au sujet de; **II** *adv* ***sich*** **~** ***erinnern*** (***an*** [+ *acc*]) se souvenir vaguement, confusément (de)
'**Dunkel** *n* ⟨~s⟩ obscurité *f* (*a fig*)
Dünkel ['dyŋkəl] *st/s m* ⟨~s⟩ *st/s* outrecuidance *f*; suffisance *f*; présomption *f*
'**dunkel|blau** *adj* bleu foncé; **~blond** *adj* blond foncé; **~haarig** *adj* brun; **~häutig** [-hɔytıç] *adj* brun (de peau)
'**Dunkel|heit** *f* ⟨~⟩ obscurité *f* (*a fig*); **~kammer** *f* chambre noire; **℞rot** *adj* rouge foncé; **~ziffer** *f* nombre *m* des cas non recensés
dünn [dyn] **I** *adj* mince (*a fig*); *Papier* fin; *Stoff, Kaffee* léger; (*mager*) maigre; *Taille, Haar* fin; (*schütter*) rare; clairsemé; *Flüssigkeit* clair; *Luft* rare; *Faden* ténu; *Stimme* grêle; fluet; **II** *adv* ***etw*** **~** ***auftragen*** appliquer une couche mince de qc; **~** ***besiedelt*** peu peuplé
'**Dünn|darm** *m* intestin *m* grêle; **℞flüssig** *adj* très fluide, liquide
'**dünn·machen** F *v/r* ***sich*** **~** F filer (à l'anglaise, en douce)
Dunst [dunst] *m* ⟨~ɇs; ~̈e⟩ brume (légère); (*Ausdünstung*) exhalaison *f*; (*Dampf*) vapeur(s) *f(pl)*; F ***keinen*** (***blassen***) **~** ***von etw haben*** n'avoir pas la moindre idée de qc
'**Dunst'abzugshaube** *f* 'hotte aspirante
dünsten ['dynstən] *v/t* ⟨-e-⟩ cuire à l'étuvée, à la vapeur
'**Dunst|glocke** *f* couche *f* de fumée(s); smog *m*; **℞ig** *adj* brumeux
Duo ['duːo] *n* ⟨~s; ~s⟩ duo *m*
Duplikat [dupli'kaːt] *n* ⟨~ɇs; ~e⟩ duplicata *m*; double *m*
Dur [duːr] *n* ⟨~⟩ mode, ton majeur
durch [durç] **I** *prép* ⟨*acc*⟩ **1** *räumlich* par; (***quer***) **~** à travers; **2** (*mittels*) par; **3** *zeitlich* ***das ganze Jahr*** (***hin***)**~** (durant) toute l'année; **II** *adv* **1** F (*vorbei*) ***sechs Uhr*** **~** six heures passées; **~** ***sein*** *Zug, Briefträger* être passé; *Gesetz* être voté; ***mit etw*** **~** ***sein*** avoir fini qc; **2** F **~** ***und*** **~** complètement; pleinement; F **~** ***und*** **~** ***nass sein*** être trempé jusqu'aux

os; **3 ~ sein** (*löchrig sein*) être troué, percé; *Käse* être fait; *Fleisch* être bien cuit

'durch·arbeiten ⟨-e-⟩ **I** *v/t* **1** étudier à fond; **2 die Pause ~** travailler pendant la pause; **II** *v/i* travailler sans interruption; **III** *v/r* **sich** (**durch etw**) **~** se frayer un chemin (à travers qc); *fig* avancer péniblement (dans qc)

'durch·atmen *v/i* ⟨-e-⟩ (**tief**) **~** respirer à fond

durch'aus *adv* absolument; **~ nicht** absolument pas; nullement

'durch·beißen ⟨*irr*⟩ **I** *v/t* couper en mordant, avec les dents; **II** *v/r* F **sich ~** faire son chemin en luttant

'durch·blättern *v/t* feuilleter; parcourir

'Durchblick F *fig m* (**überhaupt**) **keinen ~ haben** n'y comprendre *od* n'y connaître rien (du tout); **den** (**absoluten**) **~ haben** s'y connaître (très bien)

'durch·blicken *v/i* regarder à travers; *fig* **~ lassen** laisser entendre; F **da blicke ich nicht durch** je n'y comprends rien

durch'blut|en *v/t* ⟨-e-, *sans ge*⟩ BIOL irriguer; **2ung** *f* irrigation sanguine

'durch·bohren *v/t Brett, Wand* percer

durch'bohren *v/t* ⟨*sans ge*⟩ perforer; (trans)percer; *fig* **mit Blicken ~** transpercer du regard

'durch·braten *v/t* ⟨*irr*⟩ bien cuire, rôtir; *Steak* **gut durchgebraten** bien cuit

'durch·brechen ⟨*irr*⟩ **I** *v/t* casser; briser; rompre; **II** *v/i* ⟨sn⟩ **1** (*zerbrechen*) se rompre; **2** (*einbrechen*) s'enfoncer; **3** (*hervorkommen*) sortir

durch'brechen *v/t* ⟨*irr, sans ge*⟩ *Hindernis* enfoncer; *Blockade* forcer; *fig Regeln* violer

'durch·|brennen *v/i* ⟨*irr*, sn⟩ **1** *Sicherung* sauter; *Glühbirne* griller; **2** F *fig* F filer; *Kind* faire une fugue; **~bringen** ⟨*irr*⟩ **I** *v/t* **1** *Gesetz* faire passer, adopter; **2** *Kranke* sauver; *Kandidaten* faire réussir; **3** *Vermögen* dissiper; **II** *v/r* **sich ~** gagner (péniblement) sa vie

'Durchbruch *m* TECH, MIL, SPORT, *fig* percée *f*; *fig* **e-r Sache** (*dat*) **zum ~ verhelfen** faire triompher qc

'durch·checken *v/t* contrôler (en détail); vérifier

durch|'dacht *adjt* bien conçu; *Plan* élaboré; préparé; *Antwort* (mûrement) réfléchi; **~'denken** *v/t* ⟨*irr, sans ge*⟩ examiner à fond

'durch·drehen **I** *v/t Fleisch* passer au hachoir; **II** *v/i* **1** *Räder* patiner; **2** F ⟨h *ou* sn⟩ F disjoncter; F péter les plombs

durch'dringen *v/t* ⟨*irr, sans ge*⟩ (trans)percer; *Flüssigkeit* imprégner

'durch·dringen *v/i* ⟨*irr*, sn⟩ pénétrer; *Nachricht* **~** ([**bis**] **zu**) parvenir (à)

'durchdringend *adjt* perçant

'durch·drücken *v/t* **1** *Knie* tendre; **2** F *fig* (réussir à) imposer

durchei'nander *adv* pêle-mêle; en désordre; *Person* **ganz ~ sein** F être sens dessus dessous; être tout retourné; **~ bringen** mettre en désordre; *Begriffe* confondre; mélanger; **j-n ~ bringen** troubler, déconcerter qn; **~ reden** parler tous à la fois

Durchei'nander *n* ⟨~s⟩ désordre *m*; pêle-mêle *m*; (*Wirrwarr*) confusion *f*; chaos *m*

'durch·fahren *v/i* ⟨*irr*, sn⟩ ne pas s'arrêter; **e-e Nacht ~** rouler toute une nuit; **durch e-e Stadt ~** traverser une ville

'Durchfahrt *f* passage *m*; **auf der ~ sein** être de passage; **~ verboten** passage interdit

'Durchfall *m* **1** MÉD diarrhée *f*; **2** F *fig* échec *m*

'durch·fallen *v/i* ⟨*irr*, sn⟩ **1** (*hin~*) tomber à travers; **2** F *fig* THÉ être un fiasco, F un bide; **in e-r Prüfung ~** F rater un, être collé à un examen

'durch·feiern *v/i* (**die ganze Nacht**) **~** faire la fête toute la nuit

'durch·|finden *v/r* ⟨*irr*⟩ **sich ~** s'y retrouver; **~fliegen** *v/i* ⟨*irr*, sn⟩ traverser (en volant); *ohne Unterbrechung* voler sans escale; **~fließen** *v/i* ⟨*irr*, sn⟩ couler à travers

durch'fluten *st/s v/t* ⟨-e-, *sans ge*⟩ *Fluss* couler à travers; *Licht, fig* inonder

'durch·fragen *v/r* **sich ~** parvenir au but en demandant son chemin

'durchführbar *adj* réalisable; faisable

'durch·führen **I** *v/t* **1** (*hin~*) guider; **2** *Plan* réaliser; *Beschluss* appliquer; *Arbeit* exécuter; *Veranstaltung* organiser; **II** *v/i* **~ durch** passer par

'Durchführung *f* réalisation *f*; exécution *f*; organisation *f*

'Durchgang *m* **1** passage *m*; **2** *bei Wahl, Wettkampf etc* tour *m*

'**Durchgangs|straße** *f* axe routier qui traverse une agglomération; **~verkehr** *m* traffic *m* de passage

'**durch·geben** *v/t* ⟨*irr*⟩ communiquer; transmettre

'**durchgefroren** *adjt* complètement gelé; transi (de froid)

'**durch·gehen** ⟨*irr*, sn⟩ **I** *v/t* *Schriftstück* examiner; **II** *v/i* **1** (*hin~*) traverser; F (*durchpassen*) passer (***durch*** par); (*weitergehen*) avancer; **2** *Weg* aller jusqu'au bout; **~ *bis*** aller jusqu'à; **3** (*andauern*) durer; **4** *Pferd* s'emballer; *fig* ***s-e Fantasie ging mit ihm durch*** il s'est laissé emporter par son imagination; **5** *Antrag etc* passer; ***etw ~ lassen*** laisser passer qc; **6** F (*durchdringen*) passer (***durch*** à travers)

'**durchgehend I** *adjt* *Linie* continu; *Zug* direct; **II** *adv* ***~ geöffnet*** ouvert sans interruption, en permanence

'**durchgeknallt** F *adjt* F givré; ***er ist völlig ~*** F il a complètement pété les plombs

'**durch·greifen** *v/i* ⟨*irr*⟩ *fig* intervenir énergiquement; *disziplinarisch* sévir

'**durchgreifend** *adjt* radical

'**durch·|halten** ⟨*irr*⟩ **I** *v/t* tenir jusqu'au bout de; **II** *v/i* tenir bon, jusqu'au bout, le coup; **~hängen** *v/i* ⟨*irr*⟩ **1** s'affaisser; fléchir; **2** F *fig* (*schlapp sein*) F être vidé, lessivé; **~kämmen** *v/t* **1** *Haar* démêler; **2** *Gelände* passer au peigne fin; ratisser; **~kauen** *v/t* bien mâcher; F *fig* F rabâcher

'**durch·kommen** *v/i* ⟨*irr*, sn⟩ **1** (*hin~*) passer à travers; (*durchpassen*) passer (***durch*** par); **2** (*durchdringen*) percer; **3** F TÉL passer; **4** (*erfolgreich sein*) parvenir, arriver à son but; *im Examen* réussir; être reçu; *bei Krankheit* s'en tirer; *wirtschaftlich* s'en sortir, tirer

durch'kreuzen *v/t* ⟨~~ge~~, *sans ge*⟩ *Pläne* contrarier; contrecarrer; se mettre en travers de

'**durch·lassen** *v/t* ⟨*irr*⟩ laisser passer

'**durchlässig** *adj* perméable

'**Durchlauf** *m* INFORM passage *m*

'**durch·laufen** ⟨*irr*⟩ **I** *v/t* *Sohlen* user; trouer; **II** *v/i* ⟨sn⟩ **1** (*hin~*) passer (***durch*** par, à travers); **2** *Flüssigkeiten* couler (par, à travers); *Kaffee* passer; **3** *ohne anzuhalten* marcher, courir sans s'arrêter, sans interruption

durch'laufen *v/t* ⟨*irr*, *sans ge*⟩ *Strecke* parcourir

'**durchlaufend** *adjt* continu (*a* CONSTR)

'**Durchlauferhitzer** *m* ⟨~s; ~⟩ chauffe-eau instantané

'**durch·lesen** *v/t* ⟨*irr*⟩ *ganz* lire en entier; *flüchtig* parcourir

durch'leucht|en *v/t* ⟨-e-, *sans ge*⟩ **1** (*röntgen*) passer à la radio(scopie); **2** *fig* tirer au clair; **2ung** *f* ⟨~; ~en⟩ radio(scopie) *f*

durch'löchern *v/t* ⟨*sans ge*⟩ perforer; trouer; *fig* saper

'**durch·machen** F *v/t* **1** *Lehre* suivre; **2** (*erleiden*) subir; ***viel ~*** en voir de toutes les couleurs; **3** ***die Nacht ~*** fêter toute la nuit

'**Durchmesser** *m* ⟨~s; ~⟩ MATH diamètre *m*; TECH calibre *m*

durch'nässen *v/t* ⟨~~ge~~, *sans ge*⟩ tremper

'**durch·nehmen** *v/t* ⟨*irr*⟩ étudier; traiter

durch'queren *v/t* ⟨*sans ge*⟩ traverser

'**durch·rechnen** *v/t* ⟨-e-⟩ calculer

'**Durchreiche** *f* ⟨~; ~n⟩ passe-plat *m*

'**Durchreise** *f* passage *m*; ***auf der ~ sein*** être de passage

'**durch·reisen** *v/i* ⟨~~ge~~, sn⟩ passer (***durch*** par)

'**Durchreisevisum** *n* visa *m* de transit

'**durch·reißen** ⟨*irr*⟩ **I** *v/t* déchirer; **II** *v/i* ⟨sn⟩ se rompre; se déchirer

'**durch·ringen** *v/r* ⟨*irr*⟩ ***sich zu etw ~*** se résoudre à qc

'**durch·rosten** *v/i* ⟨-e-, sn⟩ être rongé par la rouille

durchs [durçs] = ***durch das***

'**Durchsage** *f* message *m*

'**durch·sagen** *v/t* → ***durchgeben***

durch'schauen *v/t* ⟨*sans ge*⟩ *Pläne, Absichten* pénétrer; deviner; ***j-n ~*** deviner les intentions de qn

'**durch·schlafen** *v/i* ⟨*irr*⟩ dormir d'une traite

'**Durchschlag** *m* **1** (*Kopie*) double *m*; **2** CUIS passoire *f*

'**durch·schlagen** ⟨*irr*⟩ **I** *v/t* **1** (*entzweischlagen*) casser en deux; **2** (*hin~*) enfoncer; **II** *v/i* ⟨sn⟩ **3** *Flüssigkeit* passer à travers; **4** *fig* réussir; être efficace; **III** *v/r* ***sich ~*** se frayer (difficilement) un chemin; (*zurechtkommen*) se débrouiller

durch'schlagen *v/t* ⟨*irr*, *sans ge*⟩ *Geschoss*: *Mauer* percer

D

D

'durchschlagend *adjt* décisif; percutant; *Erfolg* éclatant

'Durchschlagskraft *f* force de pénétration; *fig* efficacité *f*

'durch·|schlängeln *v/r* ⟨¢⟩ ***sich ~*** se faufiler (***durch*** à travers); **~schlüpfen** *v/i* ⟨sn⟩ se glisser, se faufiler (à travers); **~schneiden** *v/t* ⟨*irr*⟩ couper en deux; trancher

'Durchschnitt *m* moyenne *f*; ***im ~*** en moyenne

'durchschnittlich I *adj* moyen; **II** *adv* en moyenne

'Durchschnitts... *in Zssgn* moyen

'Durchschrift *f* double *m*; copie *f*

'durch·|schwitzen *v/t* ⟨¢$⟩ tremper de sueur; **~sehen** ⟨*irr*⟩ **I** *v/t flüchtig* parcourir (du regard); *prüfend* examiner; vérifier; revoir; *Post* dépouiller; **II** *v/i* (*hin~*) regarder (à travers)

'durchsein → ***durch II***

'durch·setzen ⟨¢$⟩ **I** *v/t Meinung, Willen* faire adopter; ***es ~, dass ...*** obtenir que ... (+ *subj*); **II** *v/r* ***sich ~*** arriver à ses fins; *im Leben* se faire respecter; s'imposer

durch'setzt *adjt* ~ ***mit*** (entre)mêlé, chargé de

'Durchsetzungsvermögen *n* ⟨~s⟩ aptitude *f* à s'imposer; punch *m*

'Durchsicht *f* examen *m*; révision *f*; ***nach ~ der Akten*** sur le vu des pièces

'durchsichtig *adj* transparent (*a fig*)

'durch·|sickern *v/i* ⟨sn⟩ **1** *Wasser etc* suinter, s'infiltrer (à travers); **2** *fig Nachricht* transpirer; **~sieben** *v/t* tamiser; *Grobkörniges* cribler; passer au crible; **~spielen** *v/t* **1** jouer jusqu'au bout; **2** *fig Möglichkeiten* passer en revue; **~sprechen** *v/t* ⟨*irr*⟩ discuter à fond; **~stehen** *v/t* ⟨*irr*⟩ supporter; surmonter; **~stellen** *v/t* TÉL passer

durch|'stöbern F *v/t* ⟨*sans ge*⟩ F farfouiller dans (***nach*** à la recherche de); **~'stoßen** *v/t* ⟨*irr, sans ge*⟩ **1** (trans)percer; **2** MIL enfoncer

'durch·streichen *v/t* ⟨*irr*⟩ barrer; rayer; biffer

durch'suchen *v/t* fouiller (***nach*** à la recherche de)

Durch'suchung *f* ⟨~; ~en⟩ fouille *f*; **~sbefehl** *m* mandat *m* de perquisition

'durch·treten *v/t* ⟨*irr*⟩ *Gaspedal* appuyer à fond sur

durch|trieben [durç'tri:bən] *adjt* rusé; **~'wachsen** *adjt* **1** *Fleisch* persillé; entrelardé; **2** F (*mal gut, mal schlecht*) comme ci, comma ça

'durch·wählen *v/i* TÉL faire le numéro directement

'Durchwahl(nummer) *f* TÉL numéro *m* de sa, *etc* ligne directe

'durchweg *adv* sans exception; entièrement

durch'wühlen *v/t* ⟨*sans ge*⟩ fouiller dans (***nach*** à la recherche de)

'durch·zählen *v/t* compter un à un

durch'zecht *adjt Nacht* de beuverie

'durch·ziehen ⟨*irr*⟩ **I** *v/t* **1** *Faden* passer; **2** *Linie* tirer; tracer; **3** F (*durchführen*) aller jusqu'au bout de; **II** *v/i* ⟨sn⟩ **4** *durch Gebiet* passer; **5** CUIS macérer

'Durchzug *m* courant *m* d'air

'durch·zwängen *v/r* ***sich ~*** passer, se glisser avec peine à travers

dürfen ['dʏrfən] ⟨darf, durfte⟩ **I** *v/aux de mode* ⟨*p/p* dürfen⟩ **1** (*die Erlaubnis haben*) avoir la permission, le droit de; pouvoir; ***das hättest du nicht tun ~*** tu n'aurais pas dû faire cela; ***wenn ich fragen darf*** si je peux vous le demander; **2** (*Grund haben*) pouvoir; **3** (*wahrscheinlich sein*) ***das dürfte stimmen*** cela devrait, doit être juste; **4** ***was darf es sein?*** qu'est-ce que vous désirez?; **II** *v/t u v/i* ⟨*p/p* gedurft⟩ avoir la permission (de); ***darf ich?*** puis-je?; est-ce que je peux?; ***sie darf alles*** elle a le droit de tout faire; elle a tous les droits

dürftig ['dʏrftɪç] *adj* (*unzureichend*) insuffisant; médiocre; (*armselig*) pauvre; (*kümmerlich*) pitoyable

dürr [dʏr] *adj* sec (*a fig*)

'Dürre *f* ⟨~; ~n⟩ sécheresse *f* (*a fig*)

Durst [durst] *m* ⟨~es⟩ soif *f* (***auf*** [+ *acc*] de); ***~ haben*** avoir soif; ***auf etw*** (*acc*) ***~ haben*** avoir envie de boire qc; F (***einen***) ***über den ~ getrunken haben*** avoir bu un coup de trop

'durstig *adj* assoiffé; ***~ sein*** avoir soif

'durst|löschend, ~stillend *adjt* désaltérant; **2strecke** *f* période *f* de vaches maigres; traversée *f* du désert

Dusche ['duʃə] *f* ⟨~; ~n⟩ douche *f*; ***e-e kalte ~*** une douche froide (*a fig*)

'duschen I *v/t* doucher; **II** *v/i* (*u v/r* ***sich ~***) se doucher; prendre une douche

'Duschgel *n* gel moussant

Düse ['dy:zə] *f* ⟨~; ~n⟩ (*Schub*2), AVIAT tuyère *f*; *am Schlauch etc* buse *f*; *am Vergaser* gicleur *m*

Dusel ['du:zəl] F *m* ⟨~s⟩ F veine *f*; F pot *m*; **~ haben** F avoir de la veine, du pot

'Düsen|flugzeug *n* avion *m* à réaction; jet *m*; **~jäger** *m* chasseur *m* à réaction

Dussel ['dusəl] F *m* ⟨~s; ~⟩ idiot(e) *m(f)*

'duss(e)lig F *adj* idiot; stupide

düster ['dy:stər] *adj* sombre (*a fig*); (*bedrückend*) morne; *p/fort* lugubre

Duty-free-Shop ['dju:ti'fri:ʃɔp] *m* ⟨~$; ~s⟩ boutique franche, 'hors taxes

Dutzend ['dutsənt] *n* ⟨~s; ~e, *mais* 6 ~⟩ douzaine *f*; *pl* **~e (von) …** (*viele*) des dizaines de …

'dutzendweise *adv* par douzaines

duzen ['du:tsən] *v/t* (*u v/r*) ⟨¢$⟩ (**sich ~** se) tutoyer

DV [de:'fau] *f* ⟨~⟩ *abr* → **Datenverarbeitung**

DVD [de:fau'de:] *f* ⟨~; ~s⟩ *abr* (*digital versatile disk*) DVD *m*

Dynam|ik [dy'na:mɪk] *f* ⟨~⟩ PHYS, *fig* dynamique *f*; *fig a* dynamisme *m*; **2isch** *adj* dynamique (*a fig*)

Dynamit [dyna'mi:t] *n* ⟨~s⟩ dynamite *f*; **mit ~ sprengen** dynamiter

Dynamo [dy'na:mo] *m* ⟨~s; ~s⟩ dynamo *f*

Dynastie [dynas'ti:] *f* ⟨~; ~n⟩ dynastie *f*

'D-Zug *m* (train *m*) rapide *m*

E

E, e [e:] *n* ⟨~; ~⟩ **1** E, e *m*; **2** MUS mi *m*

Ebbe ['ɛbə] *f* ⟨~; ~n⟩ marée descendante; reflux *m*; *zurückgegangen* marée basse; **~ und Flut** marée *f*; **es ist ~** la mer est basse; c'est marée basse

eben ['e:bən] **I** *adj* **1** *Gelände, Weg* plat; **2** MATH plan; **3** (*glatt*) lisse; uni; **II** *adv* **1** (*gerade, genau*) justement; précisément; **nicht ~ freundlich** pas vraiment aimable; **das ist es ja ~** c'est cela même; **2** (*nun einmal*) **das ist ~ so** c'est comme ça; **3** (*soeben*) **~ etw angefangen haben** venir (justement) de commencer qc; **~ wollte ich es sagen** j'allais (justement) le dire

'Ebenbild *n* portrait *m*; image *f*

ebenbürtig ['e:bənbʏrtɪç] *adj* d'égale valeur; de même niveau; **einander ~ sein** se valoir

'eben|'da *adv bei Zitaten* ibidem; **'~das'selbe, '~der'selbe** *pr/dém* juste le *bzw* la même; **'~'deshalb, '~'deswegen** *adv* c'est justement pour ça; voilà justement pourquoi; **'~die'selbe** *pr/dém* juste la *bzw* le même

Ebene ['e:bənə] *f* ⟨~; ~n⟩ **1** plaine *f*; **2** MATH, TECH plan *m*; **3** *fig* plan *m*; niveau *m*; échelon *m*; **auf politischer ~** sur le plan politique

'ebenerdig *adj* au niveau du sol

'ebenfalls *adv* également; pareillement; **danke, ~!** merci, à vous aussi!

'Eben|holz *n* ébène *f*; **~maß** *n* régularité *f*; harmonie *f*; **2mäßig** *adj* régulier; bien proportionné

'ebenso *adv* pareillement; de même; aussi; **~ groß wie** (juste) aussi grand que; **es geht mir ~** il en va de même pour moi; **es ~ machen** en faire autant; **~ gut** tout aussi bien; **~ sehr, ~ viel** (tout) autant (**wie** que); juste autant (que); **~ wenig** (tout) aussi peu (**wie** que)

Eber ['e:bər] *m* ⟨~s; ~⟩ verrat *m*; **~esche** *f* sorbier *m*

ebnen ['e:bnən] *v/t* ⟨-e-⟩ aplanir

EC [e:'tse:] *m* ⟨~$; ~$⟩ *abr* (*Eurocity-Zug*) Eurocity *m*

Echo ['ɛço] *n* ⟨~s; ~s⟩ écho *m*; **~lot** *n* radar *m*; sonar *m*

Echse ['ɛksə] *f* ⟨~; ~n⟩ ZO saurien *m*

echt [ɛçt] **I** *adj* véritable; vrai; *Gemälde, Urkunde* authentique; *Haare* naturel; *Metall, Leder* véritable; *Perle* fin; **II** *adv* **1** F (*regelrecht*) vraiment; **2 ~ deutsch** bien, typiquement allemand

'Echtheit *f* ⟨~⟩ *e-r Urkunde etc* authenticité *f*; *e-r Nachricht* véracité *f*

Eck [ɛk] *n* ⟨~¢s; ~e⟩ *südd, österr* coin *m* (*a Tor*2); **über(s) ~** en diagonale

'Eck|ball *m* SPORT corner *m*; **~bank** *f* ⟨~; ~e⟩ banquette *f* d'angle

E

Ecke ['ɛkə] *f* ⟨~; ~n⟩ **1** coin *m*; (*Winkel*) angle *m*; ***gleich um die ~*** tout près; (juste) au coin de la rue; F ***an allen ~n und Enden*** de tous (les) côtés; F ***j-n um die ~ bringen*** F liquider qn; **2** SPORT corner *m*

'**Eck|haus** *n* maison *f* qui fait l'angle; **⁀ig** *adj* anguleux; **~zahn** *m* canine *f*

Economyklasse [ɪ'kɔnəmɪklasə] *f* classe *f* économique

Ecstasy ['ɛkstəzi] *f* ⟨~; ~s⟩ ecstasy *f*

Ecu [e'ky:] *m* ⟨~$; ~$⟩ *Währung* écu *m*

Ecuador [ekua'do:r] *n* ⟨~s⟩ l'Équateur *m*

Edamer ['e:damər] *m* ⟨~s; ~⟩ *ou adj* ⟨*inv*⟩ **~ (*Käse*)** édam *m*

edel ['e:dəl] *adj* ⟨-dl-⟩ noble; *Wein* fin; *Metall* précieux

'**Edel|holz** *n* bois précieux; **~metall** *n* métal précieux; **~stahl** *m* acier *m* inoxydable; **~stein** *m* pierre précieuse; gemme *f*; **~tanne** *f* sapin argenté; **~weiß** *n* ⟨~¢$; ~e⟩ edelweiss *m*

editieren [edi'ti:rən] *v/t* ⟨*sans ge*⟩ *Daten* éditer

Editor ['e:ditɔr] *m* ⟨~s; -'toren⟩ INFORM éditeur *m*

'**E-Dur** *n* mi *m* majeur

EDV [e:de:'faʊ] *f* ⟨~⟩ *abr* (*elektronische Datenverarbeitung*) informatique *f*; **~-Anlage** *f* ordinateur *m*

Efeu ['e:fɔʏ] *m* ⟨~s⟩ lierre *m*

Effeff ['ɛf'ˀɛf] *n* F ***etw aus dem ~ können*** savoir qc sur le bout du doigt

Effekt [ɛ'fɛkt] *m* ⟨~¢s; ~e⟩ effet *m*; **~en** *pl* COMM titres *m/pl*; valeurs *f/pl* (mobilières); effets *m/pl*; **⁀iv** [-'ti:f] **I** *adj* (*wirksam*) efficace; (*tatsächlich*) effectif; **II** *adv* avec efficacité; **⁀voll** *adj* qui fait de l'effet; théâtral

effizient [ɛfitsɪ'ɛnt] *st/s adj* efficace

EG [e:'ge:] *f* ⟨~⟩ *abr* (*Europäische Gemeinschaft*) C.E. *f* (Communauté européenne)

egal [e'ga:l] F *adj* égal; ***das ist ~*** c'est pareil, indifférent; ***das ist mir ~*** ça m'est égal

Egel ['e:gəl] *m* ⟨~s; ~⟩ sangsue *f*

Egge ['ɛgə] *f* ⟨~; ~n⟩ 'herse *f*

Ego|ismus [ego'ɪsmus] *m* ⟨~⟩ égoïsme *m*; **~'ist(in)** *m* ⟨~en; ~en⟩ (*f*) ⟨~; ~nen⟩ égoïste *m,f*; **⁀'istisch** *adj* égoïste; **⁀'zentrisch** *adj* égocentrique

eh [e:] **I** *int* eh!; hé!; **II** *adv* **1** *bes südd, österr* (*sowieso*) de toute façon; **2 *seit ~ und je*** depuis toujours

ehe ['e:ə] *conj* avant que … (+ *subj*); *bei gleichem Subjekt* avant de (+ *inf*)

'**Ehe** *f* ⟨~; ~n⟩ mariage *m*; *Kind* ***aus erster ~*** du premier lit, mariage; ***e-e glückliche ~ führen*** être heureux en ménage; ***die ~ brechen*** commettre un adultère

'**eheähnlich** *adj* ***in e-m ~en Verhältnis leben*** vivre en concubinage, en union libre (***mit*** avec)

'**Ehe|beratung** *f* consultation conjugale; **~bett** *n* lit conjugal; **~brecher(in)** *m* ⟨~s; ~⟩ (*f*) ⟨~; ~nen⟩ homme *m*, femme *f* adultère; **~bruch** *m* adultère *m*; **~frau** *f* épouse *f*; femme *f*; **~gatte** *st/s m*, **~gattin** *st/s f* époux *m*, épouse *f*; **~krach** F *m* scène *f* de ménage; **~krise** *f* crise conjugale; **~leute** *pl* époux *m/pl*; couple *m*

'**ehelich** *adj* conjugal; *Kind* légitime

'**ehe|malig** *adj* ancien; **~mals** *adv* autrefois; jadis

'**Ehe|mann** *m* mari *m*; **~paar** *n* couple *m*; époux *m/pl*; **~partner** *m* conjoint *m*

'**eher** *adv* **1** (*früher*) plus tôt; avant; ***je ~, je lieber*** le plus tôt sera le mieux; **2** (*mehr*) plutôt; **3** (*lieber*) plutôt; de préférence; ***~ würde ich …*** j'aimerais mieux…; ***das schon ~*** plutôt cela; **4** (*wahrscheinlicher*) ***das ist ~ möglich*** c'est plus vraisemblable

'**Ehe|ring** *m* alliance *f*; **~scheidung** *f* divorce *m*; **~schließung** *f* mariage *m*

'**eheste** **I** *adj* le plus tôt possible; **II** *adv* ***diese Kirschen sind am ~n reif*** ces cerises mûrissent les premières

'**Ehestreit** *m* querelle(s) *f*(*pl*) de ménage

'**ehrbar** *st/s adj* (*angesehen*) honorable; (*rechtschaffen*) honnête

Ehre ['e:rə] *f* ⟨~; ~n⟩ honneur *m*; ***in ~n halten*** *Erinnerung* respecter; *Geschenk* garder avec soin; ***j-m, e-r Sache zu ~n*** en l'honneur de qn, qc; ***j-m die letzte ~ erweisen*** rendre les derniers honneurs à qn

'**ehren** *v/t* honorer (***mit, durch*** de); (*achten*) respecter; *Briefanfang* ***Sehr geehrter Herr X, …*** (Cher) Monsieur, …

'**ehrenamtlich** **I** *adj* bénévole; *Tätigkeit* honorifique; **II** *adv* à titre honorifique

'**Ehren|bürger(in)** *m*(*f*) citoyen, -enne

m,f d'honneur; **~doktor** *m* docteur *m* honoris causa; **~gast** *m* invité *m* d'honneur; **Ƨhaft** *adj* honorable; respectable; **Ƨhalber** *adv* honoris causa; **~platz** *m* place *f* d'honneur

'Ehrenrechte *n/pl* ***bürgerliche ~*** droits *m/pl* civiques

'Ehren|rettung *f* réhabilitation *f*; **Ƨrührig** *adj* diffamant; **~runde** *f* tour *m* d'honneur

'Ehrensache *f* affaire *f* d'honneur; F (***das ist doch***) ***~!*** tu peux compter sur moi *bzw* nous!

'Ehren|tag *st/s m* journée commémorative; **~tor** *n* SPORT but *m* qui sauve l'honneur; **~urkunde** *f* diplôme *m* d'honneur

'ehren|voll *adj* honorable; **~wert** *adj* honorable; respectable

'Ehrenwort *n* ⟨~(e)s; ~e⟩ parole *f* d'honneur; ***~!*** parole (d'honneur)!

ehrerbiet|ig ['eːrˀɛrbiːtɪç] *st/s adj* déférent; respectueux; **Ƨung** *st/s f* ⟨~⟩ déférence *f*; respect *m*

'Ehrfurcht *f* (profond) respect; vénération *f*; ***~ gebieten*** imposer le respect

'ehrfürchtig *adj* respectueux; déférent

'Ehr|gefühl *n* sens *m* de l'honneur; **~geiz** *m* ambition *f*

'ehrgeizig *adj* ambitieux; ***~ sein*** avoir de l'ambition

'ehrlich I *adj* (*aufrichtig*) sincère; franc; (*rechtschaffen*) honnête; intègre; (*anständig*) honorable; ***wenn ich ~ bin*** pour être franc, sincère; **II** *adv* honnêtement; ***es ~ mit j-m meinen*** agir honnêtement envers qn; ***~ gesagt*** (à parler) franchement

'Ehr|lichkeit *f* ⟨~⟩ (*Aufrichtigkeit*) sincérité *f*; (*Rechtschaffenheit*) honnêteté *f*; **~ung** *f* ⟨~; ~en⟩ hommage *m*; **Ƨwürdig** *adj* respectable

ei [aɪ] *int* oh!; tiens!

Ei *n* ⟨~(e)s; ~er⟩ **1** œuf *m*; ***~er legen*** pondre (des œufs); F ***wie aus dem ~ gepellt*** tiré à quatre épingles; ***sich*** (*dat*) ***gleichen wie ein ~ dem anderen*** se ressembler comme deux gouttes d'eau; **2** BIOL ovule *m*; **3** P *pl* ***~er*** (*Hoden*) P couilles *f/pl*

Eibe ['aɪbə] *f* ⟨~; ~n⟩ BOT if *m*

Eiche ['aɪçə] *f* ⟨~; ~n⟩ chêne *m*

'Eichel *f* ⟨~; ~n⟩ gland *m*; **~häher** [-hɛːər] *m* ⟨~s; ~⟩ ZO geai *m*

'eichen *v/t* étalonner; *Hohlkörper* jauger

'Eichhörnchen *n* écureuil *m*

Eid [aɪt] *m* ⟨~(e)s; ~e⟩ serment *m*; ***e-n ~ leisten, ablegen*** prêter serment (***auf*** [+ *acc*] sur); ***unter ~ aussagen*** déposer sous (la foi du) serment

Eidechse ['aɪdɛksə] *f* ⟨~; ~n⟩ lézard *m*

'Eidesformel *f* formule *f* du serment

'eidesstattlich *adj* ***~e Erklärung*** déclaration *f* tenant lieu de serment

'Eid|genosse *m*, **~genossin** *f* citoyen, -enne *m,f* suisse; **Ƨgenössisch** *adj* fédéral (suisse)

'Eidotter *m od n* jaune *m* d'œuf

'Eier|becher *m* coquetier *m*; **~kocher** *m* coquetière *f*; **~kuchen** *m* omelette *f*; **~likör** *m* liqueur *f* aux œufs; **~löffel** *m* cuillère *f* à œuf; **~nudeln** *f/pl* pâtes *f/pl* aux œufs; **~pfannkuchen** *m* crêpe (épaisse); **~schale** *f* coquille *f* d'œuf; **Ƨschalenfarben** *adj* coquille d'œuf (*inv*); **~stock** *m* ANAT ovaire *m*; **~tomate** *f* olivette *f*; **~uhr** *f* sablier *m*

Eifer ['aɪfər] *m* ⟨~s⟩ zèle *m*; *p/fort* ardeur *f*; (*Überstürzung*) empressement *m*; ***im ~ des Gefecht(e)s*** dans le feu de l'action

'Eiferer *m* ⟨~s; ~⟩ fanatique *m*

'Eifer|sucht *f* jalousie *f* (***auf j-n*** contre qn); **Ƨsüchtig** *adj* jaloux (***auf j-n*** de qn)

'eiförmig *adj* ovoïde; ovale

eifrig ['aɪfrɪç] **I** *adj* zélé; (*fleißig*) appliqué; **II** *adv* avec zèle, empressement, application

'Eigelb *n* ⟨~s; ~e, *mais* 3 ~⟩ jaune *m* d'œuf

eigen ['aɪgən] *adj* **1** *besitzanzeigend* propre; à soi; ***sich*** (*dat*) ***etw zu Ƨ machen*** s'approprier qc; *fig* adopter qc; **2** (*~tümlich*) particulier; (*typisch*) caractéristique; **3** (*sonderbar*) étrange

'Eigen|art *f* particularité *f*; **Ƨartig** *adj* singulier; étrange; **~brötler** [-brøːtlər] *m* ⟨~s; ~⟩ original *m*; *péj* ours *m*

eigenhändig ['aɪgənhɛndɪç] *adj* de ma, *etc* (propre) main; *Testament* olographe; ***~e Unterschrift*** autographe *m*

'Eigen|heim *n* maison individuelle; **~heit** *f* ⟨~; ~en⟩ particularité *f*; singularité *f*

'Eigenlob *n* éloge *m* de soi; F ***~ stinkt*** l'éloge de soi est détestable

'eigen|mächtig I *adj* arbitraire; **II** *adv*

de sa propre autorité; de son propre chef; **⁓name** *m* nom *m* propre; **⁓nützig I** *adj* intéressé; *p/fort* égoïste; **II** *adv* par intérêt

'eigens *adv* exprès; spécialement

'Eigenschaft *f* ⟨⁓; ⁓en⟩ qualité *f*; (trait *m* de) caractère *m*; PHYS, CHIM propriété *f*; ***in s-r ⁓ als*** en qualité de

'Eigen|schaftswort *n* ⟨⁓(e)s; -wörter⟩ adjectif (qualificatif); **⁓sinn** *m* entêtement *m*; obstination *f*

'eigen|sinnig *adj* entêté; buté; obstiné; opiniâtre; **⁓ständig** *adj* autonome

'eigentlich I *adj* véritable; vrai; proprement dit; **II** *adv* à vrai dire; proprement (dit); au fait; ***⁓ hat sie Recht*** au fond, elle a raison; ***was willst du ⁓?*** que veux tu au juste?; ***weißt du ⁓, dass …?*** (*übrigens*) à propos, sais-tu que …?

'Eigentor *n* SPORT but *m* contre son propre camp

'Eigentum *n* ⟨⁓s⟩ propriété *f*; ***geistiges ⁓*** propriété intellectuelle; ***fremdes ⁓*** bien *m* d'autrui

Eigen|tümer(in) ['aɪgənty:mər(ɪn)] *m* ⟨⁓s; ⁓⟩ (*f*) ⟨⁓; ⁓nen⟩ propriétaire *m,f*; **⁓tümlich 1** (*eigen*) particulier; caractéristique; **2** (*seltsam*) singulier; **⁓tümlichkeit** *f* ⟨⁓; ⁓en⟩ **1** particularité *f*; caractéristique *f*; **2** singularité *f*; étrangeté *f*

'Eigentumswohnung *f* appartement *m* en copropriété

'eigenwillig *adj* **1** (*eigensinnig*) entêté; volontaire; **2** (*ungewöhnlich*) particulier; spécial; **⁓keit** *f* ⟨⁓⟩ **1** entêtement *m*; **2** particularité *f*

eignen ['aɪgnən] *v/t* ***sich ⁓*** convenir (***für*** à; ***als*** comme); *Person a* être apte (***für*** à)

'Eignung *f* ⟨⁓⟩ qualification *f*; aptitude *f*; **⁓stest** *m* test *m* d'aptitude

'Eilbote *m* ***durch ⁓n*** par exprès

'Eilbrief *m* lettre *f* exprès

Eile ['aɪlə] *f* ⟨⁓⟩ 'hâte *f*; ***in*** (***großer***) ***⁓ sein*** être (très) pressé; ***die Sache hat keine ⁓*** cela ne presse pas

'Eileiter *m* ANAT trompe utérine

'eilen I *v/i* ⟨sn⟩ se presser; se dépêcher; se 'hâter; ***er eilte nach Hause*** il courut à la maison; **II** *v/r* → ***sich beeilen***; **III** *v/imp* ***es eilt*** cela presse; c'est urgent

'eilends *adv* à la hâte; en 'hâte

'eilig I *adj* pressé; *Sachen a* urgent; ***es ⁓ haben*** être pressé; **II** *adv* en 'hâte; vite

'Eiltempo *n* F ***im ⁓*** F en quatrième vitesse

'Eilzug *m etwa* (train *m*) express *m*

Eimer ['aɪmər] *m* ⟨⁓s; ⁓⟩ seau *m*; F ***im ⁓ sein*** F être fichu, P foutu

'eimerweise *adv* par seaux

ein[1] [aɪn] **I** *unbestimmter Artikel* ⟨*f* eine⟩ un *bzw* une; ***er hat ⁓ spitzes Kinn*** il a le menton pointu; **II** *num/c* **1** *adjt* ⟨*f* eine⟩ un *bzw* une; **2** *subst* ⟨*m* einer, *f* eine, *n* ein(e)s⟩ un *bzw* une; ***⁓s von beiden*** de deux choses l'une; **3** ⟨*inv*⟩ ***⁓ bis zwei Tage*** un à deux jours; ***sein ⁓ und Alles*** tout ce qu'il a de plus cher; **III** *pr/ind* ⟨*m* einer, *f* eine, *n* ein(e)s⟩ ***der ⁓e oder*** (***der***) ***andere*** l'un ou l'autre; F ***was für ⁓e, ⁓er, ⁓s?*** lequel *bzw* laquelle?

ein[2] *adv* **1** ***nicht mehr ⁓ und aus wissen*** ne plus savoir où donner de la tête; ***bei j-m ⁓ und aus gehen*** avoir ses entrées chez qn; **2** *an Geräten* marche

ein… → ***acht…***

'Einakter *m* ⟨⁓s; ⁓⟩ pièce *f* en un acte

einander [aɪ'nandər] *pr* mutuellement; *acc* l'un(e) l'autre *bzw* les un(e)s les autres; *dat* l'un(e) à l'autre *bzw* les un(e)s aux autres

'ein·arbeiten ⟨-e⟩ **I** *v/t* **1** *in Arbeit* mettre au courant (d'un travail); **2 ⁓** (***in*** [+ *acc*]) *Text etc* insérer (dans); **II** *v/r* ***sich ⁓*** se mettre au courant (d'un travail)

'Einarbeitung *f* ⟨⁓⟩ mise *f* au courant; entraînement *m* (***in*** [+ *acc*] à)

'einarmig *adj* manchot

ein·äscher|n ['aɪnʔɛʃərn] *v/t* réduire en cendres; *Leichen* incinérer; **⁓ung** *f* ⟨⁓; ⁓en⟩ incinération *f*

'ein·atmen ⟨-e-⟩ **I** *v/t durch die Nase* inspirer; *durch den Mund* aspirer; *Gas, Rauch* respirer; **II** *v/i* inspirer

einäugig ['aɪnʔɔʏgɪç] *adj* borgne

'Ein|bahnstraße *f* (rue *f* à) sens *m* unique; **⁓band** *m* couverture *f*; reliure *f*; **⁓bau** *m* ⟨⁓(e)s⟩ encastrement *m*; *von Maschinen* montage *m*

'ein·bauen *v/t Möbel* encastrer; *Geräte* monter (***in*** [+ *acc*] dans)

'Einbauküche *f* cuisine intégrée

'ein·|behalten *v/t* ⟨*irr, sans ge*⟩ retenir; déduire; **⁓berufen** *v/t* ⟨*irr, sans ge*⟩ *Versammlung* convoquer; réunir; MIL appeler sous les drapeaux

'Einberufung *f* convocation *f*; MIL appel *m* (sous les drapeaux); **~sbefehl** *m* MIL (ordre *m* d')appel *m* sous les drapeaux

'Einbettzimmer *n* chambre *f* à un lit

'ein·beziehen *v/t* ⟨*irr, sans ge*⟩ **~** (**in** [+ *acc*]) intégrer (dans, à); comprendre (dans); inclure (dans)

'ein·biegen *v/i* ⟨*irr*, sn⟩ tourner (***links*** à gauche; ***in*** [+ *acc*] dans)

'ein·bilden *v/r* ⟨-e-⟩ **1** ***sich*** (*dat*) ***etw ~*** s'imaginer, se figurer qc; **2** F ***sich*** (*dat*) ***etw auf etw*** (*acc*) **~** être fier de qc; ***sich*** (*dat*) ***viel auf etw*** (*acc*) **~** tirer vanité de qc

'Einbildung *f* **1** (*Fantasie*) imagination *f*; **2** (*Überheblichkeit*) prétention *f*; vanité *f*; **~skraft** *f* imagination *f*

'ein·binden *v/t* ⟨*irr*⟩ **~** (**in** [+ *acc*]) **1** *Buch* relier (en); **2** *fig* (*einbeziehen*) intégrer (dans, à)

ein·bläuen ['aɪnblɔʏən] *v/t* F ***j-m etw ~*** F enfoncer qc dans la tête de qn

'ein·blenden ⟨-e-⟩ **I** *v/t* **~** (**in** [+ *acc*]) FILM, TV insérer (dans); RAD intercaler (dans); **II** *v/r* ***sich ~*** (**in** [+ *acc*]) se brancher (sur)

'Einblick *m* vue *f*; *fig* connaissance *f*; *flüchtiger* aperçu *m*; *fig* ***in etw*** (*acc*) **~** ***haben*** connaître qc

'ein·brechen ⟨*irr*⟩ **I** *v/t* enfoncer; **II** *v/i* ⟨sn⟩ **1** *auf dem Eis* s'enfoncer (dans l'eau); **2** ⟨h, *avec* **in** sn⟩ *in ein Haus etc* cambrioler (***in etw*** [+ *acc*] qc); **3** *Dunkelheit* tomber

'Einbrecher *m* cambrioleur *m*

'ein·bringen ⟨*irr*⟩ **I** *v/t* **1** *Ernte* rentrer; **2** *Antrag, Klage* déposer; **3** *Gewinn* rapporter; **4** *Lob, Kritik* valoir; **II** *v/r* ***sich ~*** (***bei, in*** [+ *acc*]) s'investir (dans)

'ein·brocken *v/t* *Brot* tremper; F ***j-m etw ~*** jouer un mauvais tour à qn

'Einbruch *m* **1** JUR effraction *f*, cambriolage *m* (**in** [+ *acc*] de); **2** *von Wasser etc* irruption *f*; ***bei ~ der Dunkelheit*** à la nuit tombante

'einbruchsicher *adj Schloss* incrochetable; *Haus etc* difficile à cambrioler

'ein·bürger|n **I** *v/t* JUR naturaliser; **II** *v/r* ***sich ~*** *Sitten* s'implanter; passer dans l'usage; **2ung** *f* ⟨~; ~en⟩ JUR naturalisation *f*; *von Sitten* implantation *f*

'Einbuße *f* perte *f* (**an** [+ *dat*] de)

'ein·|büßen *v/t u v/i* ⟨-t⟩ perdre (**an** [+ *dat*] de); **~checken** AVIAT **I** *v/t* enregistrer; **II** *v/i* se faire enregistrer; **~cremen** *v/t* (*u v/r* ***sich ~*** s')enduire de crème; **~dämmen** *v/t* *Fluss* endiguer (*a fig*); *Brand* circonscrire; maîtriser (*a fig*)

'ein·decken **I** *v/t* F ***j-n mit Arbeit ~*** submerger qn de travail; **II** *v/r* ***sich ~*** s'approvisionner (***mit*** en)

'eindeutig *adj* clair; net; sans ambiguïté; **2keit** *f* ⟨~⟩ clarté *f*; netteté *f*; précision *f*

'ein·deutschen *v/t* germaniser

'eindimensional *adj* à une dimension; *fig* simpliste

'ein·dringen *v/i* ⟨*irr*, sn⟩ pénétrer (***in etw*** [*acc*] dans qc); ***in ein Land ~*** envahir un pays; ***auf j-n ~*** assaillir qn (*a fig*)

'eindring|lich **I** *adj* pressant; insistant; **II** *adv* avec insistance; instamment; **2ling** *m* ⟨~s; ~e⟩ intrus *m*

'Eindruck *m* ⟨~(e)s; ~e⟩ impression *f*; ***~ machen*** faire de l'impression; ***auf j-n ~ machen*** impressionner qn; ***unter dem ~ von*** sous l'effet, sous le coup de; F ***~ schinden*** F faire de l'esbroufe, de l'épate

'ein·drücken *v/t* *Tür* enfoncer; *Glasscheibe* casser; *Weiches* presser

'eindrucksvoll *adj* impressionnant

'eine → ***ein***[1]

'ein·ebnen *v/t* ⟨-e-⟩ aplanir; niveler; égaliser (*alle a fig*)

'Einehe *f* monogamie *f*

eineiig ['aɪnʔaɪɪç] *adj* → ***Zwilling***

'einein'halb *num/c* un(e) et demi(e)

'ein·engen *v/t* réduire; *Freiheit a* restreindre; limiter

'einer → ***ein***[1] *II 2, III*

Einer ['aɪnər] *m* ⟨~s; ~⟩ **1** MATH unité *f*; **2** SPORT skif(f) *m*

'einer'lei *adj* ⟨*inv*⟩ (*gleichgültig*) indifférent; ***es ist mir ~*** cela m'est égal

'Einer'lei *n* ⟨~s⟩ monotonie *f*; ***das tägliche ~*** le train-train de la vie quotidienne

'einer'seits *adv* d'un côté

'eines → ***ein***[1] *II 2, III*

'einfach **I** *adj* simple; (*nicht schwierig*) facile; (*bescheiden*) modeste; **II** *adv* simplement; ***ganz ~*** purement et simplement; ***es ist ~ unglaublich*** c'est absolument incroyable

'Einfachheit *f* ⟨~⟩ simplicité *f*; ***der ~ halber*** pour plus de commodité

ein·fädeln ['aɪnfɛːdəln] ⟨-e⟩ **I** *v/t* **1** *Nadel*

enfiler; **2** F *fig* manigancer; *Verhandlungen* F emmancher; *Geschäft* lancer; **II** *v/r* ***sich ~*** *Fahrzeug*, *Fahrer* s'insérer dans une file

'ein·fahren ⟨*irr*⟩ **I** *v/t Getreide* rentrer; *Auto* roder; **II** *v/i* ⟨sn⟩ entrer; *Zug* entrer en gare; *Bergmann* descendre

'Einfahrt *f* entrée *f*; (*Tor*≈) porte cochère; *Aufschrift* ***~ freihalten*** sortie de voiture

E

'Einfall *m* **1** (*Gedanke*) idée *f*; **2** *von Licht* incidence *f*; **3** MIL invasion *f*

'ein·fallen *v/i* ⟨*irr*, sn⟩ **1** *Gedanken* venir à l'esprit, à l'idée; ***dabei fällt mir ein, dass ...*** à propos ...; cela me fait penser que ...; F ***was fällt dir ein!*** F qu'est-ce qui te prend!; **2** *Licht* entrer; *Strahlen* tomber; **3** MIL ***in etw*** (*acc*) ***~*** envahir qc; **4** (*einstürzen*) s'écrouler

'einfalls|los *adj* qui manque d'idées; **~reich** *adj* plein d'idées; imaginatif

'Ein|falt *f* ⟨~⟩ simplicité *f*; niaiserie *f*; naïveté *f*; **≈fältig** ['-fɛltɪç] *adj* simple; naïf; **~faltspinsel** F *péj m* nigaud *m*; F gogo *m*; **~familienhaus** *n* maison individuelle

'ein·fangen *v/t* ⟨*irr*⟩ **1** capturer; **2** *fig Stimmung* rendre

'einfarbig *adj* monochrome; *Stoff* uni

'ein·fass|en *v/t* ⟨-*t*⟩ *Edelstein* sertir; COUT border; *Brillengläser* monter; **≈ung** *f* bordure *f*; *des Edelsteins* sertissage *m*; monture *f*

'ein·fetten *v/t* graisser

'ein·finden *v/r* ⟨*irr*⟩ ***sich ~*** venir; se présenter

'ein·fließen *v/i* ⟨*irr*, sn⟩ couler (***in*** [+ *acc*] dans); *fig* ***etw*** (***in etw*** [*acc*]) ***~ lassen*** glisser qc (dans qc)

ein·flößen ['aɪnfløːsən] *v/t* ⟨-*t*⟩ *Arznei* faire prendre; → ***Furcht***

'Einflugschneise *f* AVIAT axe balisé (d'atterrissage)

'Einfluss *m* influence *f* (***auf*** [+ *acc*] sur); ascendant *m* (sur); ***großen ~ haben, ausüben auf*** (+ *acc*) avoir, exercer une grande influence sur

'Einfluss|bereich *m* zone *f* d'influence; **≈reich** *adj* (très) influent

'einförmig *adj* uniforme; *fig* monotone

'ein·frieren ⟨*irr*⟩ **I** *v/t Lebensmittel* congeler; *fig Kredit* geler; **II** *v/i* ⟨sn⟩ geler (*a fig*)

'ein·fügen **I** *v/t* ***~*** (***in*** [+ *acc*]) insérer (dans); **II** *v/r* ***sich ~*** (***in*** [+ *acc*]) s'intégrer (à, dans)

'Einfügetaste *f* touche *f* d'insertion

'ein·fühlen *v/r* ***sich in etw*** (*acc*) ***~*** sentir qc; ***sich in j-n ~*** se mettre à la place de qn

'einfühlsam *adj* compréhensif

'Einfühlungsvermögen *n* intuition *f*

Einfuhr ['-fuːr] *f* ⟨~; ~en⟩ importation *f*; **~beschränkungen** *f/pl* restrictions *f/pl* à l'importation

'ein·führen *v/t* **1** *j-n*, *Sitten*, MÉD introduire (***in*** [+ *acc*] dans); (*einweihen*) initier (à); *in ein Amt* installer (dans); ***~de Worte*** *n/pl* mots *m/pl* d'introduction; **2** COMM importer (en, à)

'Einfuhrland *n* pays importateur

'Einführung *f* introduction *f*; installation *f*; initiation *f*; *e-s Produktes* lancement *m*

'Einfuhrzoll *m* taxe *f* à l'importation; droit *m* d'entrée

'ein·füllen *v/t* verser (***in*** [+ *acc*] dans)

'Eingabe *f* **1** (*Gesuch*) pétition *f*; JUR requête *f*; **2** INFORM entrée *f*; **~taste** *f* touche *f* d'entrée

'Eingang *m* **1** (*Zugang*) entrée *f*; **2** *von Post* arrivée *f*; *e-r Summe* rentrée *f*; *von Waren* arrivage *m*

'eingängig *adj* (*verständlich*) clair; *Melodie* qui se retient facilement

'eingangs *adv* (*u prép* ⟨*gén*⟩) au début (de); au commencement (de)

'Eingangs|datum *n* date *f*, jour *m* d'entrée; **~tür** *f* porte *f* d'entrée

'ein·geben *v/t* ⟨*irr*⟩ **1** INFORM entrer; **2** *Gedanken* inspirer

'eingebildet *adjt* **1** (*überheblich*) prétentieux; **2** *Krankheit etc* imaginaire

'Ein|geborene(r) *f(m)* ⟨→ A⟩ indigène *m,f*; **~gebung** *f* ⟨~; ~en⟩ inspiration *f*

eingedenk ['aɪngədɛŋk] *adj st/s* ***~ der Tatsache*** (*gén*)***, dass ...*** compte tenu du fait que ...

'ein|gefallen *adjt* creux; **~gefleischt** *adjt Junggeselle* endurci; *Gewohnheit* invétéré

'ein·gehen ⟨*irr*, sn⟩ **I** *v/t Ehe* contracter; *Risiko* courir; **II** *v/i* **1** (*ankommen*) arriver; **2** *Geld* rentrer; **3** ***auf j-s Wunsch*** (*acc*) ***~*** répondre au désir de qn; ***auf j-n ~*** être à l'écoute de qn; **4** *Pflanze*, *Tier* mourir; dépérir; *fig Zeitung* disparaître; **5** *Stoff* (se) rétrécir

'eingehend I *adjt* détaillé; (*genau*) exact; II *advt* en détail
'Eingemachte(s) *n* ⟨→ A⟩ fruits *od* légumes stérilisés; F ***jetzt gehts ans Eingemachte*** c'est l'instant critique
'ein·gemeinden *v/t* ⟨-e-, *p/p* eingemeindet⟩ rattacher à une commune
'eingenommen *adjt* prévenu (***für, von*** en faveur de; ***gegen*** contre); ***von sich ~ sein*** être imbu de soi
'ein|geschnappt F *adjt* (*beleidigt*) vexé; **~geschrieben** *adjt* inscrit; *Brief* recommandé
'eingeschworen *adjt* ***auf etw*** (*acc*) ***~ sein*** ne jurer que par qc
'Eingeständnis *n* aveu *m*
'ein·gestehen *v/t* ⟨*irr, p/p* eingestanden⟩ avouer; admettre
'eingestellt *adjt* ***konservativ ~ sein*** avoir des opinions conservatrices
Eingeweide ['aɪngəvaɪdə] *n/pl* ANAT viscères *m/pl*; zo tripes *f/pl*
'ein·|gewöhnen *v/r* ⟨*p/p* eingewöhnt⟩ ***sich ~*** s'habituer (***in*** [+ *acc*] à); s'acclimater (à); **~gießen** *v/t* ⟨*irr*⟩ verser (***in*** [+ *acc*] dans); **~gliedern** *v/t* incorporer, intégrer (***in*** [+ *acc*] dans, à); **~graben** ⟨*irr*⟩ I *v/t* ~ (***in*** [+ *acc*]) enterrer (dans); II *v/r* ***sich ~*** (***in*** [+ *acc*]) se terrer (dans); **~gravieren** *v/t* ⟨*sans ge*⟩ graver (***in*** [+ *acc*] dans); **~greifen** *v/i* ⟨*irr*⟩ intervenir (***in*** [+ *acc*] dans)
'Eingriff *m* intervention *f* (*a* MÉD); JUR empiétement *od* empiètement *m*
'ein·haken I *v/t* (*u v/r*) **1** TECH (***sich***) ~ (***in*** [+ *acc*]) (s')accrocher (à); **2** ***sich bei j-m ~*** prendre le bras de qn; II F *v/i* (*sich einschalten*) intervenir
'Einhalt *st/s m* ***e-r Sache*** (*dat*) ***~ gebieten*** faire cesser qc; (*eindämmen*) juguler qc
'ein·halten *v/t* ⟨*irr*⟩ observer (strictement); *Versprechen, Verpflichtungen* tenir
'ein·handeln *v/r* ⟨¢⟩ ***sich*** (*dat*) ***etw ~*** *Krankheit* F attraper qc; *Strafe* F ramasser qc
'ein·hängen I *v/t* accrocher; *Tür* mettre sur ses gonds; *Telefonhörer* raccrocher (*a abs*); II *v/r* ***sich bei j-m ~*** prendre le bras de qn
'einheimisch *adj* du pays; indigène; (*inländisch*) national; (*örtlich*) local
'Einheimische(r) *f(m)* ⟨→ A⟩ quelqu'un du coin *bzw* du pays; *pl* ***die Einheimischen*** les gens *m/pl* du pays
'Einheit *f* ⟨~; ~en⟩ unité *f* (*a* MIL); ***e-e ~ bilden*** former un tout
'einheitlich I *adj* (*gleichartig*) uniforme; *Werk* homogène; II *adv* ***~ gestalten*** uniformiser
'einhellig I *adj* unanime; II *adv* à l'unanimité; d'un commun accord
ein'her·gehen *st/s v/i* ⟨*irr*, sn⟩ ***mit etw ~*** s'accompagner de qc
'ein·holen *v/t* **1** (*erreichen*) rejoindre; **2** *Ernte* rentrer; *Segel, Flagge* amener; **3** *Erlaubnis* demander; **4** → ***einkaufen***
'Einhorn *n* licorne *f*
'ein·hüllen *v/t* (*u v/r* ***sich ~*** s')envelopper (***in*** [+ *acc*] dans)
'ein'hundert → ***hundert***
'einig *adj* ***mit j-m über etw*** (*acc*) ***~ sein, werden*** être, tomber d'accord avec qn sur qc; ***sich ~ werden*** s'entendre
einige ['aɪnɪgə] *pr/ind* **1** ⟨*pl*⟩ **a)** *adjt* quelque(s); ***~ Leute sagen*** certaines personnes disent; **b)** *subst* quelques-un(e)s; **2** ⟨*sg*⟩ *subst n* **~s** quelque chose; *untertreibend* pas mal de choses
'einigen I *v/t* unifier; II *v/r* ***sich ~*** tomber, se mettre d'accord (***über*** [+ *acc*], ***auf*** [+ *acc*] sur)
'einiger'maßen *adv* dans une certaine mesure; (*leidlich*) passablement; tant bien que mal
'Einigkeit *f* ⟨~⟩ union *f*; accord *m*; entente *f*
'Einigung *f* ⟨~; ~en⟩ **1** *e-s Landes* unification *f*; **2** (*Verständigung*) entente *f*; accord *m*
'ein·jagen *v/t* ***j-m Furcht ~*** faire peur à qn
'einjährig *adj* (*ein Jahr alt*) (âgé) d'un an; (*ein Jahr lang*) d'un an; *Pflanze* annuel
'ein·kalkulieren *v/t* ⟨*sans ge*⟩ tenir compte de; prévoir
'Einkauf *m* achat *m*; ***Einkäufe machen*** faire des courses, des achats
'ein·kaufen I *v/t* acheter; II *v/i* ~ (***gehen***) (aller) faire des courses
'Einkäufer *m* COMM acheteur *m*
'Einkaufsbummel *m* shopping *m*; ***e-n ~ machen*** (aller) faire du shopping
'Einkaufs|korb *m* panier *m* à provisions; **~passage** *f* galerie marchande; **~preis** *m* prix *m* d'achat; **~tasche** *f*

sac *m* à provisions; **~wagen** *m* caddie® *m*; **~zentrum** *n* centre commercial; hypermarché *m*; **~zettel** *m* liste *f* des courses

Einkehr ['aɪnke:r] *st/s f* ⟨~⟩ *fig* recueillement *m*; retour *m* sur soi

'ein·|kehren *v/i* ⟨sn⟩ s'arrêter dans un restaurant, une auberge; **~klammern** *v/t* mettre entre parenthèses

E

'Einklang *m* accord *m*; *fig* ***im ~ stehen mit*** concorder avec; *fig* ***in ~*** *(acc)* ***bringen*** harmoniser

'ein·kleben *v/t* coller (***in*** [+ *acc*] dans)

'ein·kleiden *v/t (u v/r)* ⟨-e-⟩ (***sich***) (***neu***) ~ (s')habiller (de neuf)

'ein·|klemmen *v/t* coincer; pincer; **~kochen I** *v/t* faire des conserves de; **II** *v/i* ⟨sn⟩ se réduire; s'épaissir

'Einkommen *n* ⟨~s; ~⟩ revenu(s) *m(pl)*

'Einkommensteuer *f* impôt *m* sur le revenu; **~erklärung** *f* déclaration *f* d'impôt sur le revenu

'ein·kreisen *v/t* ⟨~~ge~~⟩ **1** entourer (d'un cercle); **2** *(umstellen), fig* cerner

Einkünfte ['aɪnkʏnftə] *pl* revenus *m/pl*

'ein·laden[1] *v/t* ⟨*irr*⟩ *Ladung* charger (***in*** [+ *acc*] dans)

'ein·laden[2] *v/t* ⟨*irr*⟩ *Gäste* inviter (***zum Abendessen*** à dîner)

'einladend *adjt Speisen* appétissant; alléchant; *Atmosphäre* accueillant

'Einladung *f* invitation *f*

'Einlage *f* **1** THÉ intermède *m*; **2** FIN dépôt *m*; **3** CUIS ***Suppe f mit ~*** soupe garnie; **4** *im Schuh* semelle *f* orthopédique

'ein·lagern *v/t* emmagasiner

'Einlass *m* ⟨~es⟩ admission *f*; entrée *f*; ***~ um 20 Uhr*** ouverture des portes à 20 heures

'ein·lassen ⟨*irr*⟩ **I** *v/t* **1** *(her~)* laisser entrer; **2** *Wasser* faire couler; **II** *v/r* ***sich auf etw*** *(acc)* **~** s'engager, s'embarquer dans qc; *péj* ***sich mit j-m ~*** s'acoquiner avec qn

'Einlauf *m* MÉD lavement *m*

'ein·|laufen *v/i* ⟨*irr*, sn⟩ **1** arriver; SPORT *aufs Spielfeld* faire son entrée; *in die Zielgerade* aborder (la dernière ligne droite); *Schiff* entrer au port; **2** *Stoff* (se) rétrécir; **~läuten** *v/t* ⟨-e-⟩ sonner (pour annoncer); *fig* inaugurer; **~leben** *v/r* ***sich ~*** s'acclimater, s'habituer (à un endroit)

'ein·legen *v/t* **1** mettre (*Film etc*); *zwischen etw* insérer; **2** CUIS mariner; **3** ***die Haare ~*** faire une mise en plis; **4** *Pause* faire

'Einlegesohle *f* semelle (intérieure)

'ein·leiten *v/t* ⟨-e-⟩ **1** introduire; *Fahndung* entreprendre; *Verhandlungen, Untersuchung* ouvrir; *Verfahren* engager; **2** *Abwässer* déverser (***in*** [+ *acc*] dans)

'einleitend *adjt* préliminaire

'Einleitung *f* **1** *(Beginn)* introduction *f*; **2** JUR ouverture *f*; **3** *von Abwässern* déversement *m*

'ein·|lenken *v/i* faire des concessions; **~lesen** *v/t* ⟨*irr*⟩ INFORM lire; **~leuchten** *v/i* ⟨-e-⟩ paraître, être évident, clair

'einleuchtend *adjt* évident; clair; *Argument* convaincant

'ein·liefern *v/t* livrer; remettre

'Einlieferung *f* livraison *f*; remise *f*; **~sschein** *m* POST récépissé *m*

ein·|loggen ['aɪnlɔgən] *v/i (u v/r* ***sich ~****)* INFORM se connecter; **~lösen** *v/t* ⟨~~ge~~⟩ *Scheck* encaisser; *Wechsel* honorer; *Pfand* retirer; *Versprechen* tenir; **~machen** *v/t* faire des conserves de

'Einmachglas *n* bocal *m* à conserves

'einmal *adv* une fois; ***~ hell, ~ dunkel*** tantôt clair, tantôt sombre; ***auf~*** *(plötzlich)* tout à coup; *(mit e-m Schlag)* d'un (seul) coup; *(gleichzeitig)* à la fois; ***es war ~*** il était une fois; ***noch ~*** encore une fois; ***noch ~ so groß wie …*** deux fois plus grand que …; ***nicht ~*** même pas; ***es ist nun ~ so*** c'est comme ça

Einmal'eins *n* ⟨~⟩ table *f* de multiplication; *fig* b a ba *m*; abc *m*

'einmalig *adj Zahlung etc, (einzigartig)* unique; *Gelegenheit a* exceptionnel; ***nach ~em Durchlesen*** après une seule lecture

'Einmarsch *m* entrée *f* (*a* MIL); MIL *(gewaltsame Besetzung)* invasion *f*

'ein·marschieren *v/i* ⟨*sans ge*, sn⟩ ***in etw*** *(acc)* **~** entrer dans, en, à qc (*a* MIL); *gewaltsam* envahir qc

'ein·misch|en *v/r* ***sich ~*** (***in*** [+ *acc*]) se mêler (de); intervenir (dans); **2ung** *f* intervention *f*

'ein·münd|en *v/i* ⟨-e-, sn⟩ ***~ in*** (+ *acc*) *Fluss* se jeter dans; *Straße, fig Gespräch* déboucher sur; **2ung** *f e-r Straße* débouché *m*

'einmütig *adj* unanime

Einnahme ['aınna:mə] *f* ⟨~; ~n⟩ **1** MIL prise *f*; **2** COMM recette *f*; **3** *von Arznei* absorption *f*; **~quelle** *f* source *f* de revenus

'**ein·nehmen** *v/t* ⟨*irr*⟩ **1** *Essen* prendre (*a* MIL, *fig*); **2** *Geld* encaisser; *Steuern*, *Miete* percevoir; **3** *Stellung*, *Posten*, *Platz* occuper; tenir; **4** *fig* ***j-n für sich* ~** conquérir qn

'**einnehmend** *adjt* avenant; prévenant

'**ein·nisten** *v/r* ⟨-e-⟩ ***sich* ~** se nicher; *fig* ***sich bei j-m* ~** s'incruster chez qn

'**Einöde** *f* contrée *f* désertique

'**ein·ordnen** ⟨-e-⟩ **I** *v/t* classer; ranger; **II** *v/r fig* ***sich* ~** s'adapter (***in*** [+ *acc*] à); *Verkehr* ***sich*** (***rechts***) **~** se ranger dans la file (de droite)

'**ein·packen** **I** *v/t* emballer; envelopper; *in Koffer* mettre (dans une valise); **II** F *v/i* ***da können wir* ~** F nous n'avons plus qu'à remballer

'**ein·|parken** **I** *v/t* garer; **II** *v/i* se garer; *rückwärts* faire un créneau; **~pflanzen** *v/t* ⟨*ȼ\$*⟩ planter; MÉD implanter; greffer; **~planen** *v/t* prévoir

'**ein·prägen** **I** *v/t* graver (***in*** [+ *acc*] sur, dans); **II** *v/r fig* ***sich* ~** être gravé dans la mémoire; ***sich*** (*dat*) ***etw* ~** mémoriser qc

'**einprägsam** *adj* facile à retenir

'**ein·|quartieren** *v/t* (*u v/r*) ⟨*sans ge*⟩ (***sich* ~** s')installer, (se) loger (***in*** [+ *dat*] dans); **~rahmen** *v/t* encadrer; **~rasten** *v/i* ⟨-e-, sn⟩ s'enclencher (***in*** [+ *acc*] dans); **~räumen** *v/t* **1** (*einordnen*) ranger; mettre en place; *Zimmer* installer; **2** (*zugestehen*) accorder; concéder; admettre; **3** *Frist*, *Kredit* accorder; *Recht* concéder

'**ein·reden** ⟨-e-⟩ **I** *v/t* ***j-m etw* ~** tenter de persuader qn de qc; faire croire qc à qn; **II** ***auf j-n* ~** tenter de persuader qn; **III** *v/r* ***sich*** (*dat*) ***etw* ~** se persuader de qc

'**ein·reiben** *v/t* (*u v/r*) ⟨*irr*⟩ (***sich***) ***mit etw* ~** (se) frictionner avec qc

'**ein·reichen** *v/t* présenter; remettre; déposer (*a Antrag*, *Klage*)

'**ein·reihen** **I** *v/t* **~ *in*** (+ *acc*) ranger parmi; **II** *v/r* ***sich* ~** se mettre dans une file

'**Ein|reiher** *m* costume *m* à veston droit; **~reise** *f* entrée *f* (***in*** [+ *acc*], ***nach*** en, dans, à); **~reiseerlaubnis** *f* autorisation *f* d'entrée

'**ein·reisen** *v/i* ⟨*ȼ\$*, sn⟩ entrer (***in*** [+ *acc*], ***nach*** en, dans, à)

'**Einreisevisum** *n* visa *m* d'entrée

'**ein·reißen** ⟨*irr*⟩ **I** *v/t* **1** *Papier etc* déchirer; **2** (*niederreißen*) démolir; **II** *v/i* ⟨sn⟩ **3** se déchirer; **4** *fig Unsitte*, *Gewohnheit* se propager; se répandre

ein·renken ['aınrɛŋkən] **I** *v/t* **1** MÉD remettre; remboîter; **2** F *fig* arranger; **II** F *v/r* ***das wird sich schon wieder* ~** cela s'arrangera

'**ein·rennen** *v/t* ⟨*irr*⟩ *Tür* enfoncer

'**ein·richten** ⟨-e-⟩ **I** *v/t* **1** (*arrangieren*) arranger; ***es so ~, dass …*** faire en sorte que … (+ *subj*); ***das lässt sich* ~** cela peut se faire; ***auf etw*** (*acc*) ***eingerichtet sein*** être préparé à qc; **2** (*möblieren*) aménager; meubler; **3** *Institution* ouvrir; établir; fonder; **II** *v/r* ***sich* ~** (*sich möblieren*) s'installer; se meubler

'**Einrichtung** *f* **1** (*Institution*) institution *f*; organisation *f*; ***öffentliche* ~** service public; **2** (*Gründung*) établissement *m*; fondation *f*; **3** (*Einrichten*) aménagement *m*; **4** (*Mobiliar*) ameublement *m*; meubles *m/pl*; **5** TECH installation *f*

'**Einrichtungsgegenstand** *m* objet *m* d'ameublement

'**ein·|ritzen** *v/t* ⟨*ȼ\$*⟩ graver; **~rosten** *v/i* ⟨-e-, sn⟩ (se) rouiller; **~rücken** **I** *v/t* *Zeile* rentrer; **II** *v/i* ⟨sn⟩ (*einmarschieren*) entrer (***in*** [+ *acc*] dans)

eins[1] [aıns] *num/c* un, une; SPORT **~ *zu* ~** un but partout; F **~ *a*** de première (qualité); F ***das ist mir*** (***alles***) **~** F je m'en fiche

eins[2] → ***ein***[1] *II 2*, *III*

Eins *f* ⟨~; ~en⟩ **1** *Zahl* un *m*; → ***Acht***[1]; **2** *Schulnote* très bien; *in Frankreich etwa* dix-sept *m*, dix-huit *m* (sur vingt)

'**einsam** *adj* solitaire; seul; isolé; *Insel* désert; ***sich* ~ *fühlen*** se sentir seul

'**Einsamkeit** *f* ⟨~⟩ solitude *f*; isolement *m*

'**ein·sammeln** *v/t* ⟨*ȼ*⟩ ramasser

'**Einsatz** *m* **1** (*Spiel*2, *Wett*2) mise *f*; enjeu *m*; **2** *e-s Geräts* élément *m* encastrable; **3** COUT empiècement *m*; **4** MUS attaque *f*; **5** *fig* (*Engagement*) engagement *m*; ***unter* ~ *des Lebens*** au péril de sa vie; **6** *fig* (*Gebrauch*) emploi *m*; *von Kräften* mise *f* en œuvre; mobilisation *f*; **7** *von Truppen* engagement *m*; (*Feuerwehr*≈, *Polizei*≈) intervention *f*

'**Einsatz|befehl** *m* ordre *m* d'intervention; ≈**bereit** *adj* disponible; TECH opérationnel; ~**leiter(in)** *m(f)* chef *m* de groupe (d'intervention); ~**wagen** *m der Polizei* véhicule *m* d'intervention

'**ein·|saugen** *v/t* ⟨*irr*⟩ *Luft* 'humer; *Nektar* sucer; ~**scannen** *v/t* scanner

'**ein·schalten** ⟨-e-⟩ **I** *v/t* **1** *Licht, Radio* allumer; *Strom* mettre en circuit; **2** *fig* (*beteiligen*) faire appel à; **II** *v/r* ***sich*** ~ (***in*** [+ *acc*]) *fig* intervenir (dans)

'**Einschaltquote** *f* audimat *m*

'**ein·schärfen** *v/t* ***j-m etw*** ~ inculquer qc à qn

'**ein·schätzen** *v/t* ⟨*ge*⟩ évaluer; estimer; ***falsch*** ~ mal juger, estimer

'**Einschätzung** *f* estimation *f* (*a steuerlich*); évaluation *f*; ***nach meiner*** ~ à mon avis

'**ein·schenken** *v/t* ***j-m etw*** ~ verser, servir qc à qn

'**ein·|schicken** *v/t* envoyer; ~**schieben** *v/t* ⟨*irr*⟩ **1** ~ (***in*** [+ *acc*]) glisser (dans); intercaler (entre); **2** *fig* intercaler; insérer; ~**schiffen** *v/r* ***sich*** ~ (s')embarquer (***nach*** pour); ~**schlafen** *v/i* ⟨*irr*, sn⟩ s'endormir; *Glieder* s'engourdir; F *fig* cesser peu à peu

ein·schläf|ern ['aɪnʃlɛːfərn] *v/t* **1** endormir (*a* MÉD); **2** *Tier* piquer; ~**ernd** *adjt* soporifique; endormant (*beide a fig*)

'**Einschlag** *m* **1** (*Geschoss*≈, *Blitz*≈) impact *m*; **2** AUTO braquage *m*; **3** *fig* ***mit italienischem*** ~ de type italien

'**ein·schlagen** ⟨*irr*⟩ **I** *v/t* **1** *Nägel etc* enfoncer; planter; *Fensterscheibe* enfoncer; casser; **2** (*einpacken*) envelopper, emballer (***in*** [+ *acc*] dans); **3** *Weg* prendre; *Laufbahn* embrasser; **4** AUTO (***die Lenkung***) ~ braquer; **II** *v/i* **5** *Geschoss, Blitz* tomber; **6** (*Erfolg haben*) réussir; **7** (*einwilligen*) toper; **8** ***auf j-n*** ~ taper sur qn

einschlägig ['aɪnʃlɛːgɪç] **I** *adj* correspondant; *Geschäft* spécialisé; **II** *adv* ~ ***vorbestraft sein*** avoir été condamné pour un délit analogue

'**ein·|schleichen** *v/r* ⟨*irr*⟩ ***sich*** ~ (***in*** [+ *acc*]) se glisser, se faufiler, s'introduire (dans); *fig Fehler* se glisser (dans); ~**schleppen** *v/t Krankheit* importer; introduire; ~**schleusen** *v/t* ⟨*ge*⟩ *fig* faire entrer clandestinement; ~**schließen** ⟨*irr*⟩ **I** *v/t* **1** enfermer à clé; (*verwahren*) mettre sous clé; **2** MIL cerner; **3** (*umfassen*) comprendre; **II** *v/r* ***sich*** ~ s'enfermer à clé

'**einschließlich** **I** *adv* (y) compris; inclus; **II** *prép* ⟨*gén*⟩ ~ ***Bedienung*** service compris

'**ein·schmeicheln** *v/r* ⟨*ge*⟩ ***sich bei j-m*** ~ s'insinuer auprès de qn

'**ein·schmuggeln** ⟨*ge*⟩ **I** *v/t* introduire en fraude; **II** *v/r fig* ***sich*** ~ s'introduire clandestinement

'**ein·schneiden** ⟨*irr*⟩ **I** *v/t* couper; inciser; *Inschrift, Zeichen* graver; **II** *v/i* ***in etw*** (*acc*) ~ couper qc

'**einschneidend** *adjt* radical

'**ein·schneien** *v/i* ⟨sn⟩ ***eingeschneit sein*** être enneigé, *Fahrzeug* bloqué par la neige

'**Einschnitt** *m* **1** (*Kerbe*) encoche *f*; MÉD incision *f*; **2** *fig* (*Wende*) événement décisif; coupure *f*; tournant *m*

ein·schränken ['aɪnʃrɛŋkən] **I** *v/t* réduire; restreindre; *Ausgaben, Produktion a* diminuer; **II** *v/r* ***sich*** ~ se restreindre

'**Einschränkung** *f* ⟨~; ~en⟩ réduction *f*; restriction *f*; limitation *f*; (*Vorbehalt*) réserve *f*; ***ohne*** ~ sans réserve

'**Einschreibebrief** *m* lettre recommandée

'**ein·schreiben** *v/t* ⟨*irr*⟩ inscrire; *Post* ~ ***lassen*** recommander

'**Einschreiben** *n* envoi recommandé; ***per*** ~ en recommandé; „~" «recommandé»

'**ein·schreiten** *v/i* ⟨*irr*, sn⟩ intervenir; ***gegen etw*** ~ prendre des mesures contre qc

'**ein·schüchtern** *v/t* intimider

'**ein·schulen** *v/t* scolariser

'**Einschuss** *m Stelle* point *m* d'impact; *Wunde* blessure *f* par balle

'**ein·schweißen** *v/t* ⟨*ge*⟩ *in Folie* emballer sous film plastique

'**ein·sehen** *v/t* ⟨*irr*⟩ **1** (*begreifen*) comprendre; (*erkennen*) voir; **2** *Bücher* examiner; *Akten* consulter; **3** (*überblicken*) voir

'**Einsehen** *n* ⟨~s⟩ ***ein*** ~ ***haben*** se rendre à la raison

'**ein·seifen** *v/t* **1** savonner; **2** F *fig* (*betrügen*) F baratiner

'einseitig I *adj* **1** d'un (seul) côté; JUR, POL unilatéral; **2** *fig Ausbildung* trop spécialisé; *Beurteilung* simpliste; *Ernährung* mal équilibré; *Darstellung* tendancieux; II *adv* **ein Blatt ~ beschreiben** n'écrire que sur un côté d'une feuille; **~ begabt** doué dans un seul domaine; **~ beurteilen** juger avec partialité

'ein·senden *v/t* ⟨*irr*⟩ envoyer, expédier (+ *dat od* **an** [+ *acc*] à)

'Ein|sender *m* expéditeur *m*; **~sendeschluss** *m* date *f* limite des envois; **~sendung** *f* envoi *m*

'Einser *m* ⟨~s; ~⟩ un *m*; → **Eins** *2*

'ein·setzen ⟨-t⟩ I *v/t* **1** (*hin~*) **~** (**in** [+ *acc*]) mettre, placer (dans); (*fest anbringen*) insérer (dans); *Fensterscheibe* poser; **2** *Arbeitskraft*, *Maschine* employer; *Polizei*, *Truppen* faire intervenir; **3** (*ernennen*) instituer; désigner; *in ein Amt* investir (**in** [+ *acc*] dans); installer (dans); II *v/i* (*anfangen*) commencer (**mit** par); MUS attaquer; III *v/r* **sich für j-n, etw ~** intervenir pour qn, qc

'Einsicht *f* **1** (*~nahme*) examen *m*; **in etw** (*acc*) **~ nehmen** consulter qc; **2** (*Verständnis*) discernement *m*; **zur ~ kommen** se rendre à la raison; **3** (*Einblick*) vue *f* (**in** [+ *acc*] dans)

'einsichtig *adj* **1** (*verständnisvoll*) compréhensif; raisonnable; **2** (*verständlich*) compréhensible

'Einsiedler *m* ermite *m*

'einsilbig *adj* **1** LING monosyllabique; **2** *fig Person* taciturne; peu loquace

'ein·sinken *v/i* ⟨*irr*, sn⟩ *im Schlamm* (s')enfoncer

'ein·spannen *v/t* **1** TECH serrer, mettre (**in** [+ *acc*] dans); *Pferde* atteler; **2** F *fig* **j-n für e-e Arbeit ~** atteler qn à un travail

'ein·sparen *v/t* économiser

'ein·speichern *v/t* **etw ~** (**in** [+ *acc*]) INFORM mettre qc en mémoire (dans)

'ein·|sperren *v/t* enfermer; *ins Gefängnis* mettre en prison; **~spielen** *v/r* **sich ~** SPORT s'entraîner (à jouer)

'einsprachig *adj* monolingue

'ein·springen *v/i* ⟨*irr*, sn⟩ **für j-n ~** remplacer qn (au pied levé)

'ein·spritz|en *v/t* ⟨-t⟩ injecter; **2er** F *m*, **2motor** *m* moteur *m* à injection

'Einspruch *m* protestation *f* (**gegen** contre); JUR opposition *f* (à); recours *m*; **gegen etw ~ erheben, einlegen** faire opposition à qc

'einspurig *adj Straße* à une seule voie

einst [aɪnst] *st/s adv* **1** (*früher*) autrefois; jadis; **2** (*künftig*) un jour

'ein·stampfen *v/t Bücher* mettre au pilon

'Einstand *m* **1** **s-n ~ geben** arroser son entrée en fonction; **2** TENNIS égalité *f*

'ein·stecken *v/t* **1** mettre (**in** [+ *acc*] dans); **2** *fig Schlag* F encaisser; *Gewinn* empocher; *Beleidigung*, *Vorwurf* avaler

'ein·stehen *v/i* ⟨*irr*, sn⟩ **für j-n, etw ~** se porter garant de qn, qc

'ein·steigen *v/i* ⟨*irr*, sn⟩ **~** (**in** [+ *acc*]) **1** *in ein Fahrzeug* monter (*Wagen* en; *Bus*, *Zug* dans); **2** *Dieb* entrer (dans) (en escaladant); **3** F *in e-n Beruf*, *ein Geschäft* entrer, s'engager dans

'ein·stellen I *v/t* **1** (*hin~*) mettre (**in** [+ *acc*] dans); **2** TECH, RAD, TV régler; *scharf* mettre au point; **3** *Arbeitskraft* engager; embaucher; **4** (*beenden*) cesser; *Zahlungen* suspendre; JUR arrêter; **5** *Rekord* égaler; II *v/r* **6** **sich ~** *Person* arriver; *Schmerzen* se faire sentir; **7** **sich auf j-n, etw ~** s'adapter à qn, qc

'einstellig *adj Zahl* d'un seul chiffre

'Einstellung *f* **1** TECH réglage *m*; *beim Film* plan *m*; **2** *e-r Arbeitskraft* embauche *f*; engagement *m*; **3** (*Beendigung*) cessation *f*; JUR *e-s Verfahrens* arrêt *m*; **4** (*innere Haltung*) attitude *f*; (*Auffassung*) point *m* de vue

'Einstellungsgespräch *n* entretien *m* (d'embauche)

'Ein|stich *m* piqûre *f*; **~stieg** *m* ⟨~(e)s; ~e⟩ **~** (**in** [+ *acc*]) entrée *f* (*Wagen* en; *Bus*, *Zug* dans); *fig* accès *m* (à); **~stiegsdroge** *f* drogue douce

'einstig *adj* ancien

'ein·stimmen I *v/t* **j-n auf etw** (*acc*) **~** préparer (psychologiquement) qn à qc; II *v/i* **~ in** (+ *acc*) joindre sa voix à

'einstimmig I *adj* MUS à une voix; *fig* unanime; II *adv* MUS à l'unisson; *fig* à l'unanimité

'Einstimmigkeit *f* ⟨~⟩ unanimité *f*

einstöckig ['aɪnʃtœkɪç] *adj* d'un étage; à un étage

'ein·|strömen *v/i* **~** (**in** [+ *acc*]) *Wasser*, *Luft etc* rentrer (dans); *Menschen-*

menge affluer (dans); **~studieren** *v/t* ⟨*sans ge*⟩ *Theaterstück* répéter; *Rolle a* apprendre; **~stufen** *v/t* classer

einstündig ['aɪnʃtʏndɪç] *adj* d'une heure

'ein·stürmen *v/i* ⟨sn⟩ ***auf j-n*** (***mit Fragen***) **~** assaillir qn (de questions)

'Einsturz *m* écroulement *m*; effondrement *m*

'ein·stürzen *v/i* ⟨~~ge~~, sn⟩ s'écrouler; s'effondrer

einst'weilen *adv* (*vorläufig*) pour le moment; (*inzwischen*) pendant ce temps-là

'einst'weilig *adj* provisoire; JUR provisionnel; ***~e Verfügung*** ordonnance *f* de référé

'Eintagsfliege *f* **1** ZO éphémère *m*; **2** F *fig* phénomène *m* éphémère

'ein·tauchen **I** *v/t* plonger; *Brot* tremper; **II** *v/i* plonger; *fig* s'enfoncer

'ein·tauschen *v/t* ***etw gegen etw ~*** échanger qc contre qc

'ein'tausend → ***tausend***

'ein·teilen *v/t in Gruppen* répartir, diviser, *in Klassen* classer, *Zeit, Arbeit, Geld* répartir (***in*** [+ *acc*] en; ***nach*** selon, d'après)

'Einteilung *f der Zeit, Arbeit* répartition *f*; division *f*; *in Klassen* classement *m*

eintönig ['aɪntøːnɪç] *adj* monotone; **Ձkeit** *f* ⟨~⟩ monotonie *f*

'Eintopf *m* plat *m* unique; *mit Fleisch* ragoût *m*

'Ein|tracht *f* ⟨~⟩ concorde *f*; harmonie *f*; **Ձträchtig** *adj* en accord; en harmonie

Eintrag ['aɪntraːk] *m* ⟨~es; ~e⟩ (*~ung*) inscription *f*; enregistrement *m*; (*Wörterbuch*Ձ) entrée *f*

'ein·tragen ⟨*irr*⟩ **I** *v/t* **~** (***in*** [+ *acc*]) *in Bücher* inscrire, enregistrer (dans); **II** *v/r* ***sich ~*** (***in*** [+ *acc*]) *in e-e Liste* s'inscrire (sur); *in ein Gästebuch* inscrire son nom (dans)

einträglich ['aɪntrɛːklɪç] *adj* rentable; lucratif

'Eintragung *f* ⟨~; ~en⟩ *in e-e Liste* inscription *f*; *in Bücher* enregistrement *m*; (*Vermerk*) mention *f*; (*Notiz*) notes *f/pl*

'ein·|treffen *v/i* ⟨*irr*, sn⟩ arriver; *Voraussage* se réaliser; **~treiben** *v/t* ⟨*irr*⟩ *Geld, Steuern* faire rentrer

'ein·treten ⟨*irr*⟩ **I** *v/t Tür* enfoncer d'un coup de pied; **II** *v/i* **1** **~** (***in*** [+ *acc*]) entrer (dans); ***treten Sie ein!*** entrez!; **2** (*sich ereignen*) arriver; se faire; *Stille* se faire; *Tod* survenir; *Umstände* se présenter; **3** ***für j-n, etw ~*** appuyer qn, qc

'ein·trichtern F *v/t* ***j-m etw ~*** faire ingurgiter qc à qn (*a fig*)

'Eintritt *m* **1** (*Eintreten, ~sgeld*) entrée *f*; ***~ frei, verboten*** entrée libre, interdite; **2** *fig* arrivée *f*

'Eintritts|geld *n* (prix *m* d')entrée *f*; **~karte** *f* billet *m* d'entrée

'ein·|trocknen *v/i* ⟨-e-, sn⟩ sécher; **~trüben** *v/r* ***sich ~*** se couvrir; **~trudeln** F *v/i* ⟨~~ge~~, sn⟩ F (se) radiner; **~üben** *v/t* étudier

'ein·verleiben ⟨*sans ge*⟩ **I** *v/t* incorporer (*a* MIL); **II** *v/r* ***sich*** (*dat*) ***etw ~*** s'approprier qc; *plais* (*essen*) ingurgiter qc

'Einvernehmen *n* ⟨~s⟩ accord *m*; entente *f*; intelligence *f*; ***in gegenseitigem ~*** d'un commun accord

'einverstanden *adjt* **~!** d'accord!; entendu!; ***mit etw ~ sein*** être d'accord avec qc; consentir à qc

'Einverständnis *n* accord *m*; entente *f*; *geheimes* intelligence *f*; ***im ~ mit*** en accord avec; ***in beiderseitigem ~*** d'un commun accord

'Einwand *m* ⟨~~e~~s; ~e⟩ objection *f* (***gegen*** à, contre)

'Einwander|er *m*, **~in** *f* immigrant(e) *m(f)*; (*Eingewanderte*[*r*]) immigré(e) *m(f)*

'ein·wandern *v/i* ⟨sn⟩ immigrer

'Einwanderung *f* immigration *f*; **~sland** *n* pays *m* d'immigration

'einwandfrei **I** *adj* **1** (*ohne Fehler*) sans défaut; impeccable; **2** *moralisch* irréprochable; **3** (*unbestreitbar*) incontestable; *Alibi* parfait; **II** *adv arbeiten* parfaitement

'ein·|wechseln *v/t* ⟨~~ge~~⟩ changer; **~wecken** *v/t* faire des conserves de

'Einwegflasche *f* bouteille *f* à verre perdu

'ein·weichen *v/t* faire tremper

'ein·weihen *v/t* **1** *Gebäude* inaugurer; **2** ***j-n ~*** mettre qn dans le secret; ***j-n in etw*** (*acc*) **~** (*einführen*) initier qn à qc

'Einweihung *f* ⟨~; ~en⟩ inauguration *f*

'ein·weisen *v/t* ⟨*irr*⟩ **1** *Fahrzeug* diriger; guider; **2** **~** (***in*** [+ *acc*]) *in e-e Arbeit* initier (à); **3** **~** (***in*** [+ *acc*]) *in ein Heim etc* envoyer (dans); ***in e-e Heilanstalt ~*** in-

Einwanderung

die Arbeitserlaubnis	**l'autorisation** *f* **de travail**
der Asylantrag	**la demande d'asile**
der Asylbewerber	**le demandeur d'asile**
die Asylbewerberin	**la demandeuse d'asile**
die Aufenthaltsgenehmigung	**la carte de séjour**
ausländerfeindlich	**xénophobe**
die Ausländerfeindlichkeit	**la xénophobie**
einbürgern	**naturaliser**
die Einbürgerung	**la naturalisation**
der Einwanderer	**l'immigré** *m*
die Einwanderin	**l'immigrée** *f*
einwandern	**immigrer**
die multikulturelle Gesellschaft	**la société multiculturelle**
die Integration	**l'intégration** *f*
integrieren	**intégrer**
die doppelte Staatsbürgerschaft	**la double nationalité**

terner; ***in ein Krankenhaus ~*** hospitaliser

'Einweisung *f in ein Heim etc* envoi *m* (***in*** [+ *acc*] dans); *in e-e Heilanstalt* internement *m* (dans); *in ein Krankenhaus* hospitalisation *f* (dans)

'ein·wenden *v/t* ⟨*irr*⟩ objecter (***gegen*** à)

'ein·werfen *v/t* ⟨*irr*⟩ **1** *Scheibe etc* casser; **2** *Ball* remettre en jeu; **3** *Brief* mettre à la boîte; *Münzen* introduire; **4** (*bemerken*) **~** (**, *dass* ...**) observer en passant (que ...)

'ein·wickeln *v/t* ⟨*¢*⟩ envelopper; emballer; F ***j-n ~*** F embobiner qn

'ein·willigen *v/i* ***in etw*** (*acc*) **~** consentir à qc

'Einwilligung *f* ⟨~; ~en⟩ consentement *m*, assentiment *m* (***in*** [+ *acc*], ***zu*** à)

'ein·wirken *v/i* ***auf j-n, etw ~*** agir, influer sur qn, qc

'Einwirkung *f* effet *m*; influence *f*

'Einwohner(in) *m* ⟨~s; ~⟩ (*f*) ⟨~; ~nen⟩ habitant(e) *m*(*f*)

'Einwurf *m* **1** SPORT remise *f* en jeu; FUSSBALL (rentrée *f* en) touche *f*; **2** (*Bemerkung*) brève remarque

'Einzahl *f* GR singulier *m*

'ein·zahl|en *v/t* verser; *Spargeld* déposer; **2ung** *f* versement *m*; dépôt *m*

ein·zäun|en ['aɪntsɔʏnən] *v/t* enclore; clôturer; **2ung** *f* ⟨~; ~en⟩ clôture *f*

'ein·zeichnen *v/t* ⟨-e-⟩ dessiner (***in*** [+ *dat ou acc*], ***auf*** [+ *dat*] dans)

Einzel ['aɪntsəl] *n* ⟨~s; ~⟩ TENNIS simple *m*; **~fall** *m* cas individuel; (*vereinzelter Fall*) cas spécial; **~gänger** [-gɛŋər] *m* ⟨~s; ~⟩ solitaire *m*; **~handel** *m* commerce *m* de détail; **~händler** *m* détaillant *m*; **~heit** *f* ⟨~; ~en⟩ détail *m*; **~kind** *n* enfant *m* unique

einzeln ['aɪntsəln] **I** *adj* (*allein*) seul; (*für sich bestehend*) individuel; (*gesondert*) séparé; isolé; *pl* **2e** quelques-un(e)s; ***ein 2er*** un individu; une seule personne; ***jeder 2e*** chacun en particulier; ***im 2en*** en détail; **II** *adv* (*nacheinander*) l'un après l'autre; (*gesondert*) séparément

'Einzel|teil *n* pièce détachée; élément *m*; **~zimmer** *n* chambre individuelle

'ein·ziehen ⟨*irr*⟩ **I** *v/t* **1** *Gummiband* enfiler; passer; **2** *Bauch, Fahrwerk* rentrer; **3** CONSTR ***e-e Decke ~*** (***in etw*** [*acc*]) plafonner (qc); **4** FIN encaisser; **5** (*beschlagnahmen*) confisquer; **6** *Soldaten* appeler (sous les drapeaux); **7** (*aus dem Verkehr ziehen*) retirer de la circulation; **II** *v/i* ⟨sn⟩ **~** (***in*** [+ *acc*]) **8** (*s-n Einzug halten*) entrer (dans); **9** *Flüssigkeit* pénétrer (dans); **10** *in e-e Wohnung* emménager (dans)

einzig ['aɪntsɪç] **I** *adj* unique (*a* **~artig**); exceptionnel (*a außergewöhnlich*);

seul; ***kein* 2*er*** personne; pas un seul; **II** *adv* **~ *und allein*** uniquement

'einzigartig **I** *adj* unique en son genre; sans pareil; **II** *adv* extraordinairement

Ein'zimmerwohnung *f* studio *m*

'Einzug *m* **1** entrée *f* (***in*** [+ *acc*] dans); **2** *in e-e Wohnung* emménagement *m*; **3** FIN encaissement *m*

'Einzugs|bereich *m* *e-r Großstadt* grande banlieue; COMM zone *f* de chalandise; **~ermächtigung** *f* FIN autorisation *f* de prélèvement

E

Eis ['aɪs] *n* ⟨~es⟩ glace *f* (*a Speise*2); (*~würfel*) glaçon *m*; ***~ am Stiel*** esquimau *m*; ***~ laufen*** faire du patin; patiner; ***auf ~ legen*** mettre à rafraîchir; *fig* mettre en veilleuse

'Eis|bahn *f* patinoire *f*; **~bär** *m* ours blanc; **~becher** *m* coupe glacée; **~bein** *n* CUIS jambonneau *m*; **~berg** *m* iceberg *m*; **~bergsalat** *m* salade *f* iceberg; **~blumen** *f/pl* cristaux *m/pl* de givre; **~bombe** *f* CUIS bombe glacée; **~brecher** *m* brise-glace *m*; **~café** *n* → ***Eisdiele***

'Eischnee *m* œufs (battus) en neige

'Eisdiele *f* glacier *m*; *par ext* café *m*; ***in der ~*** chez le glacier

Eisen ['aɪzən] *n* ⟨~s; ~⟩ fer *m*; ***altes ~*** ferraille *f*; F *fig* ***zum alten ~ gehören*** F être mûr pour la retraite; *fig* ***heißes ~*** sujet brûlant

'Eisenbahn *f* chemin(s) de fer *m(pl)*; (*Zug*) train *m*; F ***es ist* (*aller*)*höchste ~*** il n'y a pas une minute à perdre; F ça urge!

'Eisenbahner *m* ⟨~s; ~⟩ cheminot *m*

'Eisen|erz *n* minerai *m* de fer; **2haltig** *adj* ferrugineux; **~kraut** *n* BOT verveine *f*; **~mangel** *m* MÉD carence *f* en fer; **~waren** *f/pl* quincaillerie *f*; **~zeit** *f* âge *m* du fer

eisern ['aɪzərn] **I** *adj* de *od* en fer; *fig Wille etc* de fer; inébranlable; **II** *adv* ***~ an etw*** (*dat*) ***festhalten*** ne pas démordre de qc; ***~ sparen*** économiser dur

'Eis|fach *n* freezer *m*; compartiment *m* de congélation; **2frei** *adj* libéré des glaces; **2gekühlt** *adjt* glacé; *Sekt* frappé; **~glätte** *f* verglas *m*; **~heiligen** ***die ~*** *m/pl* les saints *m/pl* de glace; **~hockey** *n* 'hockey *m* sur glace

'eisig *adj* glacé; glacial (*beide a fig*)

'Eiskaffee *m* café liégeois

'eis'kalt **I** *adj* glacial (*a fig*); glacé (*a* CUIS); **II** *adv* froidement; (*kaltblütig*) de sang-froid

'Eis|kunstlauf(en) *m* (*n*) patinage *m* artistique; **~kunstläufer(in)** *m(f)* patineur, -euse *m,f* artistique; **~lauf** *m* patinage *m*; **~läufer(in)** *m(f)* patineur, -euse *m,f*; **~mann** *m* marchand de glace (ambulant); **~meer** *n* océan glacial

'Eisprung *m* BIOL ovulation *f*

'Eis|regen *m* pluie verglaçante; **~revue** *f* revue *f* sur glace; **~salat** *m* salade *f* iceberg; **~schnelllauf(en)** *m* (*n*) patinage *m* de vitesse; **~schnellläufer(in)** *m(f)* patineur, -euse *m,f* de vitesse; **~scholle** *f* plaque *f* de glace flottante; **~schrank** *m* glacière *f*; (*Kühlschrank*) réfrigérateur *m*; **~stadion** *n* patinoire *f*; stade *m* d'hiver; **~stockschießen** *n* ⟨~s⟩ curling *m*; **~tanz** *m* danse *f* sur glace; **~tee** *m* thé glacé; **~waffel** *f* gaufrette *f*; **~würfel** *m* glaçon *m*; **~zapfen** *m* glaçon *m*; stalactite *f* de glace; **~zeit** *f* période *f* glaciaire

eitel ['aɪtəl] *adj* ⟨-tl-⟩ (*gefallsüchtig*) coquet; (*selbstgefällig*) vaniteux; **2keit** *f* ⟨~⟩ coquetterie *f*; vanité *f*

Eiter ['aɪtər] *m* ⟨~s⟩ pus *m*; **~bläschen** *n* pustule *f*

'eit(e)rig *adj* purulent; suppurant

'eitern *v/i* suppurer

'Eiweiß *n* ⟨~es; ~e, *mais* CUIS 3 ~⟩ **1** CUIS blanc *m* d'œuf; **2** BIOL, CHIM protéine(s) *f(pl)*; protides *m/pl*; **~mangel** *m* carence *f* en protéines

'Eizelle *f* ovule *m*

Ejakulation [ejakulatsi'o:n] *f* ⟨~; ~en⟩ BIOL éjaculation *f*

Ekel[1] ['e:kəl] *m* ⟨~s⟩ (*Widerwille*) dégoût *m* (***vor*** [+ *dat*] pour); répugnance *f* (pour); nausée *f*; ***~ erregend*** → ***widerlich***

'Ekel[2] F *n* ⟨~s; ~⟩ (*widerlicher Mensch*) dégoûtant(e) *m(f)*

'ekelhaft **I** *adj* dégoûtant; répugnant; **II** *adv* **1** ***~ riechen*** avoir une odeur écœurante; ***~ schmecken*** avoir un goût écœurant; **2** F (*sehr*) affreusement

'ekeln ⟨*e*⟩ **I** *v/t* dégoûter; **II** *v/r* ***ich ekle mich vor etw*** (*dat*) qc me dégoûte; **III** *v/imp* ***es ekelt mich*** *od* ***mir*** (***davor***) cela me dégoûte

EKG [e:ka:'ge:] *n* ⟨~*s*; ~*s*⟩ *abr* (*Elektro-*

kardiogramm) électrocardiogramme *m*
Eklat [e'kla(:)] *st/s m* ⟨~s; ~s⟩ éclat *m*
eklatant [ekla'tant] *st/s adj* éclatant
eklig ['e:klıç] **I** *adj (ekelhaft)* dégoûtant; F *(gemein)* F infect; **II** *adv* **1** → ***ekelhaft II 1***; **2** F *(sehr)* affreusement
Ekstase [ɛk'sta:zə] *f* ⟨~; ~n⟩ extase *f*; ***in ~*** *(acc)* ***geraten*** tomber en extase
Ekzem [ɛk'tse:m] *n* ⟨~s; ~e⟩ eczéma *m*
Elan [e'la:n] *m* ⟨~s⟩ élan *m*; punch *m*
e'lastisch *adj* élastique; *fig a* souple
Elastizität [elastitsi'tɛ:t] *f* ⟨~⟩ élasticité *f*
Elch [ɛlç] *m* ⟨~ɇs; ~e⟩ ZO élan *m*; **'~test** *m* test *m* de la baïonnette
Elefant [ele'fant] *m* ⟨~en; ~en⟩ éléphant *m*; F ***wie ein ~ im Porzellanladen*** comme un éléphant dans un magasin de porcelaine
ele|gant [ele'gant] *adj* élégant; **ᘓ'ganz** *f* ⟨~⟩ élégance *f*
Elegie [ele'gi:] *f* ⟨~; ~n⟩ élégie *f*
elektrifizieren [elɛktrifi'tsi:rən] *v/t* ⟨*sans ge*⟩ électrifier
Elektriker [e'lɛktrikər] *m* ⟨~s; ~⟩ électricien *m*
e'lektrisch I *adj* électrique; **II** *adv* ***~ geladen*** chargé; électrisé
elektri'sieren *v/t* ⟨*sans ge*⟩ électriser (*a fig*)
Elektrizität [-tsi'tɛ:t] *f* ⟨~⟩ électricité *f*; **~swerk** *n* centrale *f* électrique
Elektroauto [e'lɛktro-] *n* voiture *f* électrique
Elek'trode *f* ⟨~; ~n⟩ électrode *f*
E'lektro|gerät *n* appareil *m* électrique; **~geschäft** *n* magasin *m* d'appareils électriques; **~grill** *m* gril *m* électrique; **~herd** *m* cuisinière *f* électrique
Elektrolyse [-'ly:zə] *f* ⟨~; ~n⟩ électrolyse *f*
E'lektromotor *m* moteur *m* électrique
Elektron [e'lɛktrɔn] *n* ⟨~s; -'tronen⟩ électron *m*
Elek'tronen|gehirn F *n* cerveau *m* électronique; **~mikroskop** *n* microscope *m* électronique; **~rechner** *m* calculatrice *f*, calculateur *m* électronique
Elektronik [elɛk'tro:nık] *f* ⟨~⟩ électronique *f*
elek'tronisch *adj* électronique; ***~e Datenverarbeitung*** informatique *f*
E'lektro|rasierer *m* rasoir *m* électrique; **~schock** *m* électrochoc *m*; **~smog** *m* pollution *f* électromagnétique; **~technik** *f* électrotechnique *f*; **~techniker** *m* électrotechnicien *m*; **ᘓtechnisch** *adj* électrotechnique
Element [ele'mɛnt] *n* ⟨~ɇs; ~e⟩ élément *m* (*a fig*, CHIM, ÉLECT)
elemen'tar *adj* élémentaire; **ᘓteilchen** *n* PHYS particule *f* élémentaire
elend ['e:lɛnt] **I** *adj* misérable; *(jämmerlich)* lamentable; *(unglücklich)* malheureux; *(krank)* malade; **II** *adv* misérablement; ***sich ~ fühlen*** se sentir très mal
'Elend *n* ⟨~s⟩ **1** *(Armut)* misère *f*; **2** *(Leid)* misère *f*; malheur *m*; ***es ist ein ~!*** c'est une pitié!
'Elendsviertel *n* quartier pouilleux; bidonville *m*
elf [ɛlf] *num/c* onze; → ***acht***
Elf *f* ⟨~; ~en⟩ onze *m* (*a* SPORT); → ***Acht***
'Elf(e) *m* ⟨~en; ~en⟩ *(f)* ⟨~; ~n⟩ elfe *m*
'Elfenbein *n* ivoire *m*; **~küste** ***die ~*** la Côte-d'Ivoire; **~turm** *m fig* tour *f* d'ivoire
Elf'meter *m* FUSSBALL penalty *m*; **~schießen** *n* ⟨~s⟩ tirs *m/pl* au but
eliminieren [elimi'ni:rən] *v/t* ⟨*sans ge*⟩ éliminer
elitär [eli'tɛ:r] *adj* élitaire; *péj* élitiste
Elite [e'li:tə] *f* ⟨~; ~n⟩ élite *f*
Elixier [elı'ksi:r] *n* ⟨~s; ~e⟩ élixir *m*
'Ellbogen *m* ⟨~s; ~⟩ coude *m*; *fig* ***s-e ~ gebrauchen*** jouer des coudes
Elle ['ɛlə] *f* ⟨~; ~n⟩ ANAT cubitus *m*
'Ellenbogen → ***Ellbogen***
'ellenlang F *adj* extrêmement long
Ellip|se [ɛ'lıpsə] *f* ⟨~; ~n⟩ ellipse *f*; **ᘓtisch** *adj* elliptique
El Salvador [ɛlzalva'do:r] *n* ⟨~s *ou* von ~⟩ le Salvador
Elsass ['ɛlzas] ⟨~ *ou* ~es⟩ ***das ~*** l'Alsace *f*
Elsäss|er(in) ['ɛlzɛsər(ın)] *m* ⟨~s; ~⟩ *(f)* ⟨~; ~nen⟩ Alsacien, -ienne *m,f*; **ᘓisch** *adj* alsacien
Elster ['ɛlstər] *f* ⟨~; ~n⟩ ZO pie *f*; *fig* ***diebische ~*** voleuse *f*
'elterlich *adj* des parents; parental
Eltern ['ɛltərn] *pl* parents *m/pl*; F ***nicht von schlechten ~*** F pas piqué des vers
'Eltern|abend *m* réunion *f* de parents d'élèves; **~haus** *n* maison paternelle; *fig* milieu familial; **ᘓlos** *adj* sans parents

'Elternteil *m* **ein ~** l'un *m* des parents
EM [eː'ˀɛm] *f* ⟨~⟩ *abr* (*Europameisterschaft*) championnat *m* d'Europe
Email [e'maɪ] *n* ⟨~s; ~s⟩ émail *m*
E-Mail ['iːmeːl] *f* ⟨~; ~s⟩ **1** *Einrichtung* courrier *m*, messagerie *f* électronique; **2** *Nachricht* e-mail *m*; message *m* électronique
'E-Mail-Adresse *f* adresse *f* e-mail; adresse *f* électronique
Emaille [e'maljə] *f* ⟨~; ~n⟩ émail *m*
emaillieren [emal'jiːrən] *v/t* ⟨*sans ge*⟩ émailler
Eman|ze [e'mantsə] F *péj f* ⟨~; ~n⟩ féministe *f* (pure et dure); **~zipati'on** *f* ⟨~; ~en⟩ émancipation *f*; **ᴥzi'pieren** *v/t* (*u v/r*) ⟨*sans ge*⟩ (**sich ~** s')émanciper; **ᴥzi'piert** *adjt* émancipé
Embargo [ɛm'bargo] *n* ⟨~s; ~s⟩ embargo *m*
Emblem [ɛm'bleːm] *n* ⟨~s; ~e⟩ emblème *m*
Embolie [ɛmbo'liː] *f* ⟨~; ~n⟩ embolie *f*
Embryo ['ɛmbryo] *m* ⟨~s; ~s *ou* -'onen⟩ embryon *m*
Emi|grant(in) [emi'grant(ɪn)] *m* ⟨~en; ~en⟩ (*f*) ⟨~; ~nen⟩ émigrant(e) *m(f)*; (*Ausgewanderte[r]*) émigré(e) *m(f)*; **~grati'on** *f* ⟨~; ~en⟩ émigration *f*; **ᴥ'grieren** *v/i* ⟨*sans ge*, sn⟩ émigrer
Emission [emɪsi'oːn] *f* ⟨~; ~en⟩ émission *f*; **~sschutz** *m* (mesures *f/pl* de) protection *f* contre les émissions polluantes; **~swert** *m der Luft* taux *m* de pollution
Emmentaler ['ɛmənta:lər] *m* ⟨~s; ~⟩ *Käse* emmenthal *m*; gruyère *m*
'e-Moll *n* mi *m* mineur
Emotio|n [emotsi'oːn] *f* ⟨~; ~en⟩ émotion *f*; **ᴥ'nal** *adj* émotionnel
empfahl [ɛm'pfaːl] → ***empfehlen***
empfand [ɛm'pfant] → ***empfinden***
Empfang [ɛm'pfaŋ] *m* ⟨~(e)s; ~e⟩ **1** *e-s Besuches* réception *f* (*a im Hotel*); accueil *m*; ***j-m e-n freundlichen ~ bereiten*** faire bon accueil à qn; **2** COMM réception *f*; ***den ~*** (***e-r Sache*** [*gén*]) ***bestätigen*** accuser réception (de qc); ***etw in ~*** (*acc*) ***nehmen*** prendre livraison de qc; **3** RAD, TV réception *f*
emp'fangen *v/t* ⟨empfängt, empfing, empfangen⟩ recevoir (*a* RAD, TV); *Geld a* toucher
Empfäng|er [ɛm'pfɛŋər] *m* ⟨~s; ~⟩ **1** *von Post* destinataire *m*; *e-r Zahlung* bénéficiaire *m*; **2** RAD récepteur *m*; **ᴥlich** *adj* réceptif, sensible (**für** à); *für Krankheiten* prédisposé (à)
Emp'fängnis *f* ⟨~; ~se⟩ conception *f*; **ᴥverhütend** *adjt* contraceptif; anticonceptionnel; **~verhütung** *f* contraception *f*; **~verhütungsmittel** *n* contraceptif *m*
Emp'fangs|bestätigung *f* reçu *m*; accusé *m* de réception; **~chef** *m* chef *m* de (la) réception; **~dame** *f* hôtesse *f* d'accueil; **~halle** *f* salle *f* de réception
empfehlen [ɛm'pfeːlən] ⟨empfiehlt, empfahl, empfohlen⟩ **I** *v/t* recommander; ***j-m ~, etw zu tun*** recommander à qn de faire qc; **II** *v/r st/s* (*weggehen*) ***sich ~*** se retirer; **III** *v/imp* ***es empfiehlt sich zu*** (+ *inf*) il convient de (+ *inf*)
emp'fehlenswert *adj* recommandé; recommandable
Emp'fehlung *f* ⟨~; ~en⟩ recommandation *f*; ***gute ~en haben*** avoir de bonnes références
empfiehlt [ɛm'pfiːlt] → ***empfehlen***
empfinden [ɛm'pfɪndən] *v/t* ⟨empfindet, empfand, empfunden⟩ ressentir; éprouver; sentir; ***ich empfinde es als lästig*** (***zu*** + *inf*) cela m'ennuie (de + *inf*)
Emp'finden *n* ⟨~s⟩ sensation *f*; sentiment *m*; ***für mein ~*** à mon avis
emp'findlich **I** *adj* sensible (***gegen*** à); *Möbel, Stoff, Magen* fragile; *Person* susceptible; *Schmerz, Kälte* vif; *Mangel* important; **II** *adv* sensiblement; beaucoup; ***~ kalt*** très froid; ***~ auf etw*** (*acc*) ***reagieren*** réagir vivement à qc
Emp'find|lichkeit *f* ⟨~⟩ sensibilité *f* (***gegen*** à); (*Verletzbarkeit*) susceptibilité *f*; (*Zartheit*) délicatesse *f*; **ᴥsam** *adj* (*feinfühlig*) sensible; (*gefühlsbetont*) sentimental; *p/fort* émotif; **~ung** *f* ⟨~; ~en⟩ (*Sinnes*ᴥ) sensation *f*; (*Gefühl*) sentiment *m*
empfing [ɛm'pfɪŋ] → ***empfangen***
empfohlen [ɛm'pfoːlən] → ***empfehlen***
empfunden [ɛm'pfʊndən] → ***empfinden***
empirisch [ɛm'piːrɪʃ] *adj* empirique
empor [ɛm'poːr] *st/s adv* en 'haut
Em'pore *f* ⟨~; ~n⟩ CONSTR galerie *f*; *e-r Kirche* tribune *f*
empör|en [ɛm'pøːrən] ⟨*sans ge*⟩ **I** *v/t* in-

digner; révolter; **II** *v/r* ***sich ~*** (***über*** [+ *acc*]) s'indigner (de); se révolter (contre); **~end** *adjt* révoltant

Emporkömmling [ɛm'poːrkœmlɪŋ] *m* ⟨~s; ~e⟩ *péj* parvenu *m*

em'pör|t *adjt* indigné (***über*** [+ *acc*] par); **2ung** *f* ⟨~; ~en⟩ indignation *f*

emsig ['ɛmzɪç] *adj* (*viel beschäftigt*) affairé; (*eifrig*) empressé

Emu ['eːmu] *m* ⟨~s; ~s⟩ ZO émeu *m*

Ende ['ɛndə] *n* ⟨~s; ~n⟩ **1** *räumlich* fin *f*; extrémité *f*; bout *m*; ***am äußersten ~*** à l'extrémité; tout au bout; ***am ~ der Welt*** au bout du monde; **2** *zeitlich* fin *f*; terme *m*; ***~ Februar*** fin février; ***am ~*** à la fin; (*schließlich*) en fin de compte; F ***am ~ sein*** *mit den Kräften, Nerven* F être au bout du rouleau; ***etw zu ~ führen, bringen*** finir qc; mener qc à terme, à bonne fin; ***zu ~ gehen*** toucher à sa fin; prendre fin; ***e-r Sache*** (*dat*) ***ein ~ bereiten, machen*** mettre fin, un terme à qc; ***zu ~ sein, ein ~ nehmen, haben*** finir; se terminer; prendre fin; ***ein böses*** *od* ***schlimmes ~ nehmen*** finir mal; *prov* ***~ gut, alles gut*** *prov* tout est bien qui finit bien

'Endeffekt *m* ***im ~*** en fin de compte

'enden *v/i* ⟨-e-⟩ finir; prendre fin; se terminer (***mit*** par)

'Endergebnis *n* résultat final

'endgültig **I** *adj* définitif; **II** *adv* définitivement; F ***jetzt ist ~ Schluss!*** maintenant c'est fini!

Endivie [ɛn'diːviə] *f* ⟨~; ~n⟩ chicorée *f*

'End|lager *n* NUCL site *m*, lieu *m* de stockage définitif; **2lagern** *v/t* ⟨*p/p* endgelagert⟩ stocker définitivement; **~lagerung** *f* stockage définitif

'endlich **I** *adj* PHILOS, MATH fini; **II** *adv* enfin; ***sei ~ still!*** tu vas te taire?; tu as fini?

'endlos **I** *adj* sans fin; infini; **II** *adv* à l'infini; ***~ lang*** interminable

'End|phase *f* phase terminale; **~produkt** *n* produit final; **~resultat** *n* résultat final; **~runde** *f* SPORT poule finale; **~silbe** *f* syllabe finale; **~spiel** *n* SPORT finale *f*; **~spurt** *m* SPORT sprint final; finish *m*; **~stadium** *n* stade terminal; **~station** *f* terminus *m*; **~summe** *f* total *m*

'Endung *f* ⟨~; ~en⟩ terminaison *f*

'End|verbraucher *m* consommateur final; **~ziel** *n* but *m*

Energie [enɛr'giː] *f* ⟨~; ~n⟩ énergie *f*; **~bedarf** *m* besoins *m/pl* énergétiques; **2geladen** *adjt* plein d'énergie; dynamique; **~krise** *f* crise *f* de l'énergie; **~politik** *f* politique *f* énergétique; **~quelle** *f* source *f* d'énergie; **2sparend** *adjt* qui consomme peu d'énergie; **~sparlampe** *f* lampe *f* à économie d'énergie; **~verbrauch** *m* consommation *f* d'énergie; **~versorgung** *f* alimentation *f* en énergie

E

e'nergisch *adj* énergique

eng [ɛŋ] **I** *adj* étroit (*a fig Beziehung*); *fig* (*begrenzt*) restreint; *Kleidungsstück* ***zu ~*** serré; étriqué; **II** *adv* étroitement; ***~ schreiben*** écrire serré; ***~ anliegend*** *Kleidung* moulant

Enga|gement [ãgaʒə'mãː] *n* ⟨~s; ~s⟩ engagement *m*; **2'gieren** *v/t* (*u v/r*) ⟨*sans ge*⟩ (***sich ~*** s')engager (***für*** pour)

Enge ['ɛŋə] *f* ⟨~; ~n⟩ étroitesse *f*; *fig* ***j-n in die ~ treiben*** acculer qn

Engel ['ɛŋəl] *m* ⟨~s; ~⟩ ange *m* (*a fig*)

'Engelsgeduld *f* patience *f* angélique

'engherzig *adj* mesquin

England ['ɛŋlant] *n* ⟨~s⟩ l'Angleterre *f*

Engländer ['ɛŋlɛndər] *m* ⟨~s; ~⟩ TECH clé anglaise

'Engländer(in) *m* ⟨~s; ~⟩ (*f*) ⟨~; ~nen⟩ Anglais(e) *m(f)*

'englisch **I** *adj* anglais; POL *in Zssgn* anglo-…; **II** *adv* CUIS ***~*** (***gebraten***) saignant; → *Info bei* ***steak***

'eng|maschig *adj* à mailles serrées, fines; **2pass** *m fig* goulot *m* d'étranglement; **~stirnig** *adj* borné; étroit (d'esprit)

Enkel|(in) ['ɛŋkəl(ɪn)] *m* ⟨~s; ~⟩ (*f*) ⟨~; ~nen⟩, **~kind** *n* petit-fils *m*, petite-fille *f*; *pl* ***die Enkel***(***kinder***) les petits-enfants *m/pl*

enorm [e'nɔrm] *adj* énorme

Ensemble [ã'sãːbl] *n* ⟨~s; ~s⟩ THÉ troupe *f*; MUS ensemble *m*

ent'arten *v/i* ⟨-e-, *sans ge*, sn⟩ dégénérer (***zu*** en); *sittlich* se dépraver

entbehren [ɛnt'beːrən] *v/t* ⟨*sans ge*⟩ être privé, manquer de; ***j-n, etw*** (***nicht***) ***~ können*** (ne pas) pouvoir se passer de qn, qc

ent'behr|lich *adj* superflu; inutile; **2ung** *f* ⟨~; ~en⟩ privation *f*; manque *m*

ent'binden *‹irr, sans ge›* **I** *v/t* **1** *von e-r Verpflichtung* délier (**von** de); **2** ***e-e Frau* ~** accoucher une femme; **II** *v/i* accoucher

Ent'bindung *f* MÉD accouchement *m*; **~sstation** *f* service *m* d'obstétrique; maternité *f*

ent'blößen *v/t* ‹*¢$, sans ge*› dénuder; découvrir

ent'brennen *st/s v/i* ‹*irr, sans ge*, sn› *Kampf, Streit* éclater; ***für j-n* ~** s'enflammer pour qn

entbunden [ɛnt'bʊndən] → ***entbinden***

ent'decken *v/t* ‹*sans ge*› découvrir; (*finden*) trouver; (*bemerken*) s'apercevoir de; (*enthüllen*) dévoiler

Ent'decker *m* ‹~s; ~› explorateur *m*

Ent'deckung *f* ‹~; ~en› découverte *f*; **~sreise** *f* voyage *m* d'exploration

Ente ['ɛntə] *f* ‹~; ~n› **1** ZO canard *m*; *weibliche* cane *f*; F ***lahme* ~** F mollasson, -onne *m,f*; **2** F (*Zeitungs*♀) F bobard *m* (de la presse); **3** F (*Citroën*) 2 CV *f*; F deux chevaux *f*

ent'ehren *v/t* ‹*sans ge*› déshonorer

ent'eign|en *v/t* ‹-e-, *sans ge*› exproprier; **♀ung** *f* ‹~; ~en› expropriation *f*

ent|'eisen *v/t* ‹*¢$, sans ge*› dégivrer; **~'erben** *v/t* ‹*sans ge*› déshériter

Enterich ['ɛntərɪç] *m* ‹~s; ~e› canard *m* (mâle)

entern ['ɛntərn] *v/t* MAR aborder

Entertainer ['ɛntərteːnər] *m* ‹~s; ~› animateur *m*

Enter-Taste ['ɛntər-] *f* touche *f* d'entrée

ent'fachen *st/s v/t* ‹*sans ge*› **1** *Feuer* allumer; **2** *fig* enflammer

ent'fallen *v/i* ‹*irr, sans ge*, sn› **1** *dem Gedächtnis* sortir (+ *dat* de); ***sein Name ist mir* ~** son nom m'échappe; ***das ist mir* ~** cela m'est sorti de la tête; **2** (*wegfallen*) être annulé, supprimé; **3** *als Anteil* revenir (***auf*** [+ *acc*] à)

ent'falt|en ‹-e-, *sans ge*› **I** *v/t* (*auseinander falten*) déplier; (*weit ausbreiten*) déployer (*a fig*); **II** *v/r* ***sich* ~** s'épanouir (*a fig*); **♀ung** *f* ‹~; ~en› dépliage *m*; déploiement *m* (*a fig von Prunk etc*); *von Blumen, fig* épanouissement *m*

ent'färb|en *v/t* ‹*sans ge*› décolorer; **♀er** *m* ‹~s; ~› décolorant *m*

ent'fernen ‹*sans ge*› **I** *v/t Fleck, Etikett* enlever; *Person* éloigner; *Hindernis* écarter; **II** *v/r* ***sich* ~** s'éloigner (*a fig*); (*weggehen*) s'absenter

ent'fernt **I** *adjt* éloigné (*a Verwandte*); *e-e bestimmte Strecke* distant; ***weit* ~** loin (**von** de); ***weit davon* ~, *es zu glauben*** (bien) loin de le croire; **II** *advt* ***nicht im ♀esten*** pas le moins du monde

Ent'fernung *f* ‹~; ~en› **1** distance *f*; ***in e-r* ~ *von*** à une distance de; ***aus der* ~** à distance; **2** (*Beseitigung*) enlèvement *m*; *aus dem Amt* révocation *f*

ent'fesseln *v/t* ‹*¢, sans ge*› *Leidenschaften* déchaîner; *Streit* déclencher

ent'fiel → ***entfallen***

ent'flammbar *adj* inflammable

ent'flammen ‹*sans ge*› *v/t* (*u v/i* ‹sn›) s')enflammer (**für** pour) (*a fig*)

ent'fliehen *v/i* ‹*irr, sans ge*, sn› s'enfuir; s'échapper

ent'floh(en) → ***entfliehen***

ent'fremden ‹-e-, *sans ge*› **I** *v/t* aliéner; ***s-m Zweck* ~** utiliser à d'autres fins, autrement que prévu; **II** *v/r* ***sich* ~** (+ *dat*) devenir étranger à

Ent'fremdung *f* ‹~; ~en› PHILOS aliénation *f*; *zwischen Menschen* détachement *m*

ent'frosten *v/t* ‹-e-, *sans ge*› dégivrer

ent'führen *v/t* ‹*sans ge*› enlever (*a fig plais*); kidnapper; *Flugzeug* détourner

Ent'führ|er *m* ravisseur *m*; (*Flugzeug*♀) pirate *m* de l'air; **~ung** *f* enlèvement *m*; (*Flugzeug*♀) détournement *m*

ent'gangen → ***entgehen***

ent'gegen *prép u adv* ‹*dat*› **1** *Gegensatz* contrairement à; **2** *Richtung* vers; à la rencontre de

ent'gegen·bringen *v/t* ‹*irr*› *fig* manifester; montrer

ent'gegen·gehen *v/i* ‹*irr*, sn› ***j-m* ~** aller à la rencontre de qn; *fig* ***dem Ende* ~** toucher à sa fin

ent'gegengesetzt *adjt* opposé (+ *dat* à); *p/fort* contraire (à); inverse

ent'gegen·halten *v/t* ‹*irr*› *fig* ***j-m etw* ~** opposer qc à qn

ent'gegen·kommen *v/i* ‹*irr*, sn› ***j-m* ~** venir à la rencontre de qn; *Fahrzeug* venir en sens inverse de qn; *fig* faire des concessions à qn

Ent'gegenkomm|en *n* ‹~s› complaisance *f*; obligeance *f*; **♀end** *adjt* complaisant; obligeant

ent'gegen·nehmen *v/t* ‹*irr*› recevoir;

accepter; *Ware* prendre livraison de; *Bestellung* prendre

ent'gegen·sehen *v/i* ⟨*irr*⟩ ***e-r Sache*** (*dat*) ~ attendre, envisager qc

ent'gegen·|setzen *v/t* ⟨-e-⟩ opposer (+ *dat* à); **~stehen** *v/i* ⟨*irr*⟩ ~ (+ *dat*) s'opposer à

ent'gegen·treten *v/i* ⟨*irr*, sn⟩ ***j-m, e-r Sache*** ~ s'opposer à qn, qc

ent'gegn|en *v/t* ⟨-e-, *sans ge*⟩ répondre; répliquer; *treffend* repartir; *scharf* riposter; **2ung** *f* ⟨~; ~en⟩ réplique *f*, repartie *f*, riposte *f* (**auf** [+ *acc*] à)

ent'gehen *v/i* ⟨*irr, sans ge*, sn⟩ *e-r Gefahr* ~ (+ *dat*) échapper à; ***dir entgeht etwas*** tu manques quelque chose; ***mir ist nicht entgangen, dass ...*** j'ai bien remarqué, noté que ...

ent'geistert *adjt* ébahi; stupéfait

Entgelt [ɛnt'gɛlt] *n* ⟨~(e)s; ~e⟩ rémunération *f*

ent'gift|en *v/t* ⟨-e-, *sans ge*⟩ MÉD désintoxiquer (*a fig*); ÉCOL dépolluer; NUCL décontaminer; **2ung** *f* ⟨~; ~en⟩ désintoxication *f*; dépollution *f*; décontamination *f*

ent'gleisen *v/i* ⟨-(e)s, *sans ge*, sn⟩ **1** dérailler; **2** *fig* déraper

ent|'gleiten *st/s* *v/i* ⟨*irr, sans ge*, sn⟩ échapper (+ *dat* de) (*a fig*); **~'gräten** *v/t* ⟨-e-, *sans ge*⟩ enlever les arêtes à; **~'haaren** *v/t* ⟨*sans ge*⟩ épiler

Ent'haarungsmittel *n* dépilatoire *m*

ent'halten ⟨*irr, sans ge*⟩ **I** *v/t* contenir; (*in sich schließen*) renfermer; (*umfassen*) comprendre; ***mit*** ~ ***sein*** être inclus, compris (***in*** [+ *dat*] dans); **II** *v/r* ***sich*** (***der Stimme*** [*gén*]) ~ s'abstenir (de voter)

ent'haltsam *adj* abstinent; *im Alkoholgenuss* sobre; *sexuell* continent; **2keit** *f* ⟨~⟩ abstinence *f*; sobriété *f*; continence *f*

Ent'haltung *f* (*Stimm2*) abstention *f*

ent|'härten *v/t* ⟨-e-, *sans ge*⟩ *Wasser* adoucir; **~'haupten** *st/s* *v/t* ⟨-e-, *sans ge*⟩ décapiter; **~'häuten** *v/t* *Tier* dépouiller; *Obst* éplucher

ent'heben *st/s* *v/t* ⟨*irr, sans ge*⟩ ***j-n e-r Sache*** (*gén*) ~ dégager qn de qc; ***j-n s-s Amtes*** ~ relever qn de ses fonctions

ent|'hemmt *adjt* décomplexé; sans complexe(s); **~'hoben** → ***entheben***; **~'hüllen** *v/t* ⟨*sans ge*⟩ découvrir; *Denkmal, Geheimnis* dévoiler; (*aufdecken*) révéler; **2'hüllung** *f* ⟨~; ~en⟩ découverte *f*; dévoilement *m*; révélation *f*

Enthusi|asmus [ɛntuzi'asmus] *m* ⟨~⟩ enthousiasme *m*; **2'astisch** **I** *adj* enthousiaste; **II** *adv* avec enthousiasme

ent|'jungfern *v/t* déflorer; **~'kalken** *v/t* ⟨*sans ge*⟩ détartrer; **~'kernen** *v/t* ⟨*sans ge*⟩ *Steinobst* dénoyauter; *Kernobst* épépiner; **~'kleiden** *st/s* *v/t* (*u v/r*) ⟨-e-, *sans ge*⟩ (***sich*** ~ se) déshabiller

ent'kommen *v/i* ⟨*irr, sans ge*, sn⟩ ~ (**aus**) s'échapper (de); ***j-m, e-r Sache*** (*dat*) ~ échapper à qn, qc

ent'korken *v/t* ⟨*sans ge*⟩ déboucher

ent'kräften *v/t* ⟨-e-, *sans ge*⟩ **1** *Krankheit* affaiblir; épuiser; *durch Überanstrengung* exténuer; **2** *fig* infirmer

ent'krampfen *v/t* (*u v/r*) ⟨*sans ge*⟩ (***sich*** ~ se) détendre (*a fig*); (se) décontracter

ent'laden ⟨*irr, sans ge*⟩ **I** *v/t* décharger; **II** *v/r* ***sich*** ~ se décharger (*a* ÉLECT); *Gewitter, Begeisterung* éclater

ent'lang **I** *prép* ⟨*acc, dat*⟩ le long de; **II** *adv* ***hier*** ~, ***bitte!*** par ici, s'il vous plaît!

ent'lang·fahren *v/t u v/i* ⟨*irr*, sn⟩ **1** ~ (+ *acc*) *od* ~ ***an*** (+ *dat*) aller le long de; longer; suivre; **2** (***mit dem Finger***) ~ passer (le doigt) sur, le long de

ent'lang·gehen *v/t u v/i* ⟨*irr*, sn⟩ ~ (+ *acc*) *od* ~ ***an*** (+ *dat*) aller le long de; longer; suivre

ent'larven *v/t* ⟨*sans ge*⟩ démasquer

ent'lass|en *v/t* ⟨*irr, sans ge*⟩ *Arbeitnehmer* licencier; congédier; MIL, *aus dem Gefängnis* libérer; **2ung** *f* ⟨~; ~en⟩ licenciement *m*; libération *f*; *aus dem Krankenhaus* sortie *f*

ent'last|en *v/t* ⟨-e-, *sans ge*⟩ *bei der Arbeit* aider; soulager (*a fig*, TECH); *Verkehr* décongestionner; **2ung** *f* ⟨~; ~en⟩ aide *f*; soulagement *m*; décongestion *f*; COMM, JUR décharge *f*

ent'laufen *v/i* ⟨*irr, sans ge*, sn⟩ s'échapper; s'enfuir; ***j-m*** ~ échapper à qn

ent'ledigen *st/s* *v/r* ⟨*sans ge*⟩ ***sich j-s, e-r Sache*** (*gén*) ~ se débarrasser de qn, qc; ***sich s-r Kleider*** ~ ôter, retirer ses vêtements; ***sich s-r Pflichten*** ~ s'acquitter de son devoir

ent|'leeren *v/t* (*u v/r*) ⟨*sans ge*⟩ (***sich*** ~ se) vider; TECH vidanger; **~'legen** *adj* **1** éloigné; (*abgelegen*) isolé; **2** *fig* (*unüblich*) insolite; **~'lehnen** *v/t* ⟨*sans*

E

ge⟩ emprunter, prendre (+ *dat*, **aus, von** à); **~'leihen** *v/t* ⟨*irr, sans ge*⟩ emprunter (**von** à)

ent'locken *v/t* ⟨*sans ge*⟩ *Geheimnis, Lächeln* arracher (+ *dat* à); *Töne* tirer

ent'lohn|en *v/t* ⟨*sans ge*⟩ rémunérer; payer (**für** pour); **2ung** *f* ⟨~; ~en⟩ rémunération *f*; rétribution *f*

ent'lüft|en *v/t* ⟨-e-, *sans ge*⟩ aérer; *Leitung* purger; **2ung** *f* aération *f*; *e-r Leitung* purge *f*

ent'machten *v/t* ⟨-e-, *sans ge*⟩ priver de son pouvoir

entmilitari'sier|en *v/t* ⟨*sans ge*⟩ démilitariser; **2ung** *f* ⟨~; ~en⟩ démilitarisation *f*

ent'mündig|en *v/t* **1** JUR interdire; **2** *fig* mettre sous tutelle; **2ung** *f* ⟨~; ~en⟩ **1** JUR interdiction *f* judiciaire; **2** *fig* mise *f* sous tutelle

ent'mutig|en *v/t* ⟨*sans ge*⟩ décourager; **~end** *adjt* décourageant

Entnahme [ɛnt'na:mə] *f* ⟨~; ~n⟩ prélèvement *m*

ent|'nehmen *v/t* ⟨*irr, sans ge*⟩ **~** (+ *dat*, **aus**) **1** prendre (de, dans); *Probe*, MÉD prélever (sur); **2** *fig* conclure (de); **~'nerven** *v/t* ⟨*sans ge*⟩ énerver

ent'puppen *v/r* ⟨*sans ge*⟩ *fig* **sich als j, etw ~** se révéler être qn, qc

ent|'rahmen *v/t* ⟨*sans ge*⟩ *Milch* écrémer; **~'rätseln** *v/t* ⟨¢, *sans ge*⟩ déchiffrer

ent'reißen *v/t* ⟨*irr, sans ge*⟩ **j-m etw ~** arracher qc à qn

ent'richten *v/t* ⟨-e-, *sans ge*⟩ payer; *Beitrag* verser; *Steuern* acquitter

ent'rinnen *v/i* ⟨*irr, sans ge*, sn⟩ *st/s* échapper (+ *dat* à); *poét Zeit* s'écouler; **es gibt kein 2** la situation est sans issue

ent|'rosten *v/t* ⟨-e-, *sans ge*⟩ dérouiller; **~'rückt** *st/s adjt* absent

entrümpel|n [ɛnt'rʏmpəln] *v/t* ⟨¢, *sans ge*⟩ déblayer; **2ung** *f* ⟨~; ~en⟩ déblaiement *m*

ent'rüsten *v/r* ⟨-e-, *sans ge*⟩ **sich ~** s'indigner, se scandaliser (**über** [+ *acc*] de)

ent'rüstet *adjt* **über j-n, etw ~ sein** être indigné contre qn, par qc

Ent'rüstung *f* indignation *f*

ent|'saften *v/t* ⟨-e-, *sans ge*⟩ extraire le jus de; **2'safter** *m* ⟨~s; ~⟩ centrifugeuse *f* (à jus de fruits); **~'sagen** *st/s v/i* ⟨*sans ge*⟩ renoncer (+ *dat* à); **2'sagung** *st/s f* ⟨~; ~en⟩ renoncement *m*

ent'schädig|en *v/t* ⟨*sans ge*⟩ dédommager (**für** de); *in Geld* indemniser (**für** de); **2ung** *f* ⟨~; ~en⟩ dédommagement *m*; indemnisation *f*; *Summe* indemnité *f*

ent'schärfen *v/t* ⟨*sans ge*⟩ désamorcer (*a fig*); *Diskussion* dépassionner; *Text* édulcorer

Entscheid [ɛnt'ʃaɪt] *m* ⟨~¢s; ~e⟩ JUR décision *f*

ent'scheiden ⟨*irr, sans ge*⟩ **I** *v/t* décider; **II** *v/i* **~** (**über** [+ *acc*]) décider (de); JUR statuer (sur); **III** *v/r* **sich** (**für, gegen j-n, etw**) **~** se décider, se prononcer (pour, contre qn, qc)

ent'scheidend *adjt* décisif

Ent'scheidung *f* décision *f* (*a* JUR); **e-e ~ treffen, fällen** prendre une décision

entschieden [ɛnt'ʃi:dən] **I** *adjt Ton, Haltung* résolu; *Ablehnung* catégorique; **II** *advt* résolument; catégoriquement; (*eindeutig*) décidément; **2heit** *f* ⟨~⟩ détermination *f*

ent'schlafen *st/s v/i* ⟨*irr, sans ge*, sn⟩ (*sterben*) s'éteindre; s'endormir

ent'schließ|en *v/r* ⟨*irr, sans ge*⟩ **sich ~** se décider, se résoudre (**zu** à); **2ung** *f* résolution *f*

entschlossen [ɛnt'ʃlɔsən] **I** *adjt* résolu; déterminé; **fest ~** fermement décidé; **II** *advt* **kurz ~** sans hésiter

Ent'schlossenheit *f* ⟨~⟩ résolution *f*; détermination *f*

Ent'schluss *m* décision *f*; (*Vorsatz*) résolution *f*; **den ~ fassen zu** (+ *inf*) décider de (+ *inf*)

ent'schlüsseln *v/t* ⟨¢, *sans ge*⟩ décoder; déchiffrer

Ent'schlusskraft *f* détermination *f*

ent'schuldbar *adj* excusable

ent'schuldigen ⟨*sans ge*⟩ **I** *v/t* excuser; pardonner; *abs* **~ Sie!** pardon!; *Frage, Bitte* **~ Sie bitte**, … excusez-moi, …; **II** *v/r* **sich ~** (**wegen, für**) s'excuser (de); **sich bei j-m ~** s'excuser auprès de qn

Ent'schuldigung *f* ⟨~; ~en⟩ excuse *f*; SCHULE mot *m* d'excuse; **~!** pardon!; excusez-moi!; **j-n** (**wegen, für etw**) **um ~ bitten** faire, présenter ses excuses à qn (pour qc)

ent|'schwinden *st/s v/i* ⟨*irr, sans ge*⟩ disparaître (peu à peu); **~'senden** *v/t*

⟨*irr*, *sans ge*⟩ envoyer; **~'setzen** ⟨¢$, *sans ge*⟩ **I** *v/t* épouvanter; horrifier; **II** *v/r* **sich ~** s'épouvanter, s'effrayer (**über** [+ *acc*] de)

Sich entschuldigen

Sie haben jemanden aus Versehen angestoßen?
So können Sie sich entschuldigen:

Pardon!
Excuse-moi!
(*wenn Sie die Person duzen*)
bzw.
Pardon, Monsieur!
Pardon, Madame!
Excusez-moi!
(*wenn Sie die Person siezen*)

Und so können Sie einen Fremden um eine Auskunft bitten:

Entschuldigen Sie bitte, können Sie mir sagen, wo der Bahnhof ist?
Pardon, Madame (*bzw.* **Monsieur**)**, pourriez-vous me dire où se trouve la gare?**

Tipp:
Es ist unhöflich zu sagen: **Je m'excuse!** (Ich entschuldige mich!), weil es nicht an Ihnen liegt, Ihr Verhalten zu entschuldigen, sondern an der Person, die Sie um Entschuldigung bitten.

Ent'setzen *n* ⟨~s⟩ horreur *f*; terreur *f*; épouvante *f*; ***starr vor ~*** glacé de terreur

ent'setzlich **I** *adj* épouvantable; effrayant; horrible (*a* F *fig*); **II** *adv* F **~ *dumm*** affreusement bête

ent|'seuchen *v/t* ⟨*sans ge*⟩ NUCL décontaminer; MÉD désinfecter; **~'sichern** *v/t* enlever la sûreté de

ent'sinnen *v/r* ⟨*irr*, *sans ge*⟩ ***sich*** (***e-r Sache, j-s***) **~** se souvenir (de qc, qn); se rappeler (qc, qn)

ent'sorg|en *v/t* ⟨*sans ge*⟩ *Abfall* enlever; collecter et traiter; *durch Verbrennung* éliminer; *par ext* se débarrasser de; **2ung** *f* ⟨~; ~en⟩ enlèvement *m*, collecte *f* et traitement *m* des ordures; élimination *f* des déchets

ent'spann|en ⟨*sans ge*⟩ **I** *v/t* détendre (*a fig*, POL); (*lockern*) relâcher; **II** *v/r* ***sich* ~** se détendre; se relâcher; (*sich erholen*) se relaxer; se décontracter; **2ung** *f* détente *f*; relâchement *m*

Ent'spannungs|politik *f* politique *f* de détente; **~übung** *f* exercice *m* de relaxation

ent'spinnen *v/r* ⟨*irr*, *sans ge*⟩ ***sich* ~** *Freundschaft* naître; *Unterhaltung* s'engager

ent'sprechen ⟨*irr*, *sans ge*⟩ **I** *v/i* **~** (+ *dat*) **1** *den Tatsachen* correspondre à; *e-m Zweck* répondre à; *den Umständen* être approprié à; **2** *e-r Bitte* satisfaire à; *e-m Antrag* donner suite à; **II** *v/r* ***sich* ~** se correspondre

ent'sprechend **I** *adjt* correspondant; *Mittel, Worte a* approprié; **II** *advt* (*dem~*) en conséquence; à l'avenant; **III** *prép* ⟨*dat*⟩ en fonction de; conformément à

Ent'sprechung *f* ⟨~; ~en⟩ *Eigenschaft* correspondance *f*; *Sache* équivalent *m*

ent|'springen *v/i* ⟨*irr*, *sans ge*, sn⟩ **1** *Fluss* prendre sa source; naître; **2** (*entstehen*) **~** (+ *dat*) sortir, provenir de; **~'stammen** *v/i* ⟨*sans ge*, sn⟩ **~** (+ *dat*) provenir de; (*abstammen*) être issu, descendre de

ent'stehen *v/i* ⟨*irr*, *sans ge*, sn⟩ naître (***aus*** de); (*sich entwickeln*) se produire; *Schwierigkeiten* surgir; ***aus etw* ~** résulter, provenir de qc

Ent'stehung *f* ⟨~⟩ naissance *f*; origine *f*; (*Bildung*) formation *f*; **~sgeschichte** *f* genèse *f*

ent|'steinen *v/t* ⟨*sans ge*⟩ dénoyauter; **~'stellen** *v/t* ⟨*sans ge*⟩ défigurer; déformer (*beide a fig*); **2'stellung** *f* défiguration *f*; déformation *f*; **~'stören** *v/t* ⟨*sans ge*⟩ ÉLECT antiparasiter; **~'tarnen** *v/t* ⟨*sans ge*⟩ démasquer (***als*** comme)

ent'täuschen *v/t* ⟨*sans ge*⟩ décevoir; désillusionner; ***von j-m enttäuscht sein*** être déçu par qn

ent'täuschend *adjt* décevant

Ent'täuschung *f* déception *f*

ent'thronen *v/t* ⟨*sans ge*⟩ détrôner (*a fig*)

ent'wachsen *adj* ***e-r Sache*** (*dat*) **~ *sein*** être sorti de qc

E

ent|waffnen [ɛnt'vafnən] *v/t* ⟨-e-, *sans ge*⟩ désarmer (*a fig*); **2'waffnung** *f* ⟨~; ~en⟩ désarmement *m*; **~'warnen** *v/i* ⟨*sans ge*⟩ donner le signal de fin d'alerte; **2'warnung** *f* fin *f* d(e l)'alerte

ent'wässer|n *v/t* ⟨*sans ge*⟩ drainer; assécher; **2ung** *f* ⟨~; ~en⟩ drainage *m*; assèchement *m*

'entweder *conj* **~ ... oder ...** ou (bien) ...; soit ... soit ...

E

ent|'weichen *v/i* ⟨*irr, sans ge*, sn⟩ s'échapper (**aus** de); CHIM se dégager; **~'weihen** *v/t* ⟨*sans ge*⟩ profaner (*a fig*); **~'wenden** *v/t* ⟨-e-, *sans ge*⟩ dérober; voler; **~'werfen** *v/t* ⟨*irr, sans ge*⟩ *Plan, Vertrag* ébaucher; *Muster* esquisser; *Programm* projeter; *Skizze* crayonner

ent'wert|en *v/t* ⟨-e-, *sans ge*⟩ **1** *Geld* dévaloriser; **2** *Briefmarke* oblitérer; *Fahrkarte* composter; **2er** *m* ⟨~s; ~⟩ *für Fahrkarten* composteur *m*; **2ung** *f* dévalorisation *f*; oblitération *f*; compostage *m*

ent'wickeln ⟨¢, *sans ge*⟩ **I** *v/t* développer (*a* PHOT); *Wärme, Gas* dégager; TECH mettre au point; *Aktivität* déployer; *Plan* exposer; ***etw zu etw* ~** faire de qc qc; **II** *v/r* ***sich* ~** se développer; *Wärme, Gas* se dégager; ***sich zu etw* ~** devenir qc

Ent'wicklung *f* ⟨~; ~en⟩ développement *m*; dégagement *m*; mise *f* au point; déploiement *m*; (*Weiter2*) évolution *f*; *Jugendlicher* ***in der* ~ *sein*** être en pleine croissance

Ent'wicklungs|geschichte *f* genèse *f*; **~helfer(in)** *m(f)* coopérant(e) *m(f)*; **~hilfe** *f* coopération *f*; aide *f* au développement; **~kosten** *pl* coûts *m/pl* de développement; **~land** *n* pays *m* en voie de développement; **~politik** *f* politique *f* de développement

ent'wirren *v/t* (*u v/r*) ⟨*sans ge*⟩ (***sich* ~** se) démêler; (se) débrouiller

ent'wischen *v/i* ⟨*sans ge*, sn⟩ s'échapper; ***j-m* ~** échapper à qn

ent'wöhn|en [ɛnt'vøːnən] *v/t* ⟨*sans ge*⟩ **1** *Säugling* sevrer; **2** MÉD désintoxiquer; **2ung** *f* ⟨~; ~en⟩ **1** sevrage *m*; **2** MÉD désintoxication *f*

ent'würdigend *adjt* avilissant; dégradant

Ent'wurf *m e-s Gesetzes, Vertrags* projet *m*; PEINT, *e-s Briefs* ébauche *f*; PEINT *a* esquisse *f*; (*Konzept*) brouillon *m*

ent|'wurzeln *v/t* ⟨¢, *sans ge*⟩ déraciner (*a fig*); **~'zerren** *v/t zeitlich, Verkehr* étaler

ent'ziehen ⟨*irr, sans ge*⟩ **I** *v/t* **1** retirer (***j-m etw*** qc à qn); **2** CHIM, TECH enlever; **II** *v/r* ***sich* ~** se soustraire, se dérober (+ *dat* à)

Ent'ziehungskur *f* cure *f* de désintoxication

ent|'ziffern *v/t* ⟨*sans ge*⟩ déchiffrer; *Kode a* décoder; **~'zücken** *v/t* ⟨*sans ge*⟩ ravir; charmer; enchanter; **2'zücken** *n* ⟨~s⟩ ravissement *m*; enchantement *m*; **~'zückend** *adjt* ravissant; charmant; **~'zückt** *adjt* ravi, enchanté (**über** [+ *acc*] de)

Ent'zug *m* **1** *des Führerscheins etc* retrait *m*; *e-s Rechts* privation *f*; **2** *von Drogen* sevrage *m*; (*Entziehungskur*) cure *f* de désintoxication

Ent'zugserscheinungen *f/pl* (état *m* de) manque *m*; **~ *haben*** être en manque

ent'zündbar *adjt* inflammable

ent'zünden ⟨-e-, *sans ge*⟩ **I** *v/t* allumer; enflammer (*a fig*); **II** *v/r* ***sich* ~** prendre feu; MÉD s'enflammer; *fig* ***sich an etw*** (*dat*) **~** éclater au sujet de qc

ent'zünd|et *adjt* MÉD enflammé; irrité; **~lich** *adj* inflammable; MÉD inflammatoire; **2ung** *f* MÉD inflammation *f*; **~ungshemmend** *adjt* anti-inflammatoire

ent'zwei *adj* cassé

ent'zweien *v/t* (*u v/r*) ⟨*sans ge*⟩ (***sich* ~** se) brouiller; (se) désunir

ent'zwei·gehen *v/i* ⟨*irr*, sn⟩ se casser

Enzian ['ɛntsiaːn] *m* ⟨~s; ~e⟩ BOT, *Likör* gentiane *f*

Enzyklo|pädie [ɛntsyklopɛ'diː] *f* ⟨~; ~n⟩ encyclopédie *f*; **2'pädisch** *adj* encyclopédique

Enzym [ɛn'tsyːm] *n* ⟨~s; ~e⟩ enzyme *m od f*

Epi|demie [epide'miː] *f* ⟨~; ~n⟩ épidémie *f*; **2'demisch** *adj* épidémique

Epik ['eːpɪk] *f* ⟨~⟩ poésie *f* épique; **~er** *m* ⟨~s; ~⟩ poète *m* épique

Epi|lepsie [epilɛ'psiː] *f* ⟨~; ~n⟩ épilepsie *f*; **~'leptiker(in)** *m* ⟨~s; ~⟩ (*f*) ⟨~; ~nen⟩ épileptique *m,f*; **2'leptisch** *adj* épileptique; *Anfall* d'épilepsie

Epilog [epi'loːk] *m* ⟨~s; ~e⟩ épilogue *m*

episch ['eːpɪʃ] *adj* épique
Episode [epi'zoːdə] *f* ⟨~; ~n⟩ épisode *m*
Epoche [e'pɔxə] *f* ⟨~; ~n⟩ époque *f*; ~ ***machen*** faire époque
Epos ['eːpɔs] *n* ⟨~; Epen⟩ épopée *f*
Equipe [e'kɪp] *f* ⟨~; ~n⟩ équipe *f*
er [eːr] *pr/pers* **1** *beim Verb* il; **2** *alleinstehend od betont* lui; **3** *vor voilà* le; ***da ist*** ~ le voilà
er'achten *st/s v/t* ⟨-e-, *sans ge*⟩ estimer; juger; ***etw für, als notwendig*** ~ estimer, juger qc nécessaire
Er'achten *n* ***meines*** **~*s*** à mon avis
er'arbeiten *v/t* (*u v/r*) ⟨-e-, *sans ge*⟩ (***sich*** [*dat*]) ~ **1** (*erwerben*) acquérir, gagner par le travail; **2** *Wissensstoff* assimiler; **3** (*ausarbeiten*) élaborer
'Erbanlagen *f/pl* hérédité *f*; caractères *m/pl* héréditaires
erbarmen [ɛr'barmən] *st/s* ⟨*sans ge*⟩ **I** *v/t* faire pitié à; **II** *v/r* ***sich j-s, e-r Sache*** ~ avoir pitié de qn, qc
Er'barmen *n* ⟨~s⟩ pitié *f*; *bes* REL miséricorde *f*; ***mit j-m ~ haben*** avoir pitié de qn
erbärmlich [ɛr'bɛrmlɪç] **I** *adj* **1** lamentable (*a fig*); (*kläglich*) déplorable; (*jämmerlich*) pitoyable; F minable; **2** F *fig Angst etc* terrible; horrible; **II** *adv* à faire pitié; ~ ***frieren*** avoir terriblement froid
Er'bärmlichkeit *f* ⟨~⟩ état *m* pitoyable
er'barmungslos **I** *adj* impitoyable; **II** *adv* sans pitié, merci; impitoyablement
er'bauen ⟨*sans ge*⟩ **I** *v/t* **1** construire; bâtir; *Stadt* fonder; **2** *fig* édifier; ***er war davon nicht gerade erbaut*** il n'était pas ravi; **II** *st/s v/r* ***sich an etw*** (*dat*) ~ être édifié par qc
Er'bau|er *m* ⟨~s; ~⟩ constructeur *m*; bâtisseur *m*; **2lich** *adj* édifiant; **~ung** *f* ⟨~; ~en⟩ construction *f*; édification *f* (*a fig*); *e-r Stadt* fondation *f*
'erbberechtigt *adj* successible
Erbe[1] ['ɛrbə] *m* ⟨~n; ~n⟩ héritier *m*; ***j-n zum ~n einsetzen*** instituer qn héritier
'Erbe[2] *n* ⟨~s⟩ héritage *m*; patrimoine *m* (*beide a fig*)
er'beben *st/s v/i* ⟨*sans ge*, sn⟩ tressaillir, (se mettre à) trembler (***vor etw*** [*dat*] de qc)
'erben *v/t abs* faire un héritage; ***etw*** ~ hériter de qc (*a fig*); ***etw von j-m*** ~ hériter qc de qn
er|'betteln *v/t* ⟨¢, *sans ge*⟩ mendier; quémander; **~'beuten** *v/t* ⟨-e-, *sans ge*⟩ capturer, prendre (***von*** à)
'Erb|feind *m* ennemi *m* héréditaire; **~folge** *f* ordre successoral; succession *f*; **~gut** *n* hérédité *f*; patrimoine *m* héréditaire, génétique
er'bieten *st/s v/r* ⟨*irr, sans ge*⟩ ***sich ~ zu*** (+ *inf*) s'offrir à (+ *inf*)
Erbin ['ɛrbɪn] *f* ⟨~; ~nen⟩ héritière *f*
er'bitten *st/s v/t* ⟨*irr, sans ge*⟩ ***etw von j-m*** ~ demander qc à qn
er'bitt|ern *v/t* ⟨*sans ge*⟩ remplir d'amertume; *p/fort* exaspérer; **~ert** **I** *adjt Kampf* acharné; âpre; *Widerstand* farouche; *Person* furieux; exaspéré; **II** *advt* avec acharnement; **2erung** *f* ⟨~⟩ (*Groll*) amertume *f*; rancœur *f*; (*Außersichsein*) exaspération *f*
'Erbkrankheit *f* maladie *f* héréditaire
erblassen [ɛr'blasən] *st/s v/i* ⟨¢$, *sans ge*, sn⟩ pâlir, blêmir (***vor*** [+ *dat*] de)
Erblasser(in) ['ɛrplasər(ɪn)] *m* ⟨~s; ~⟩ (*f*) ⟨~; ~nen⟩ JUR testateur, -trice *m,f*; de cujus *m*
er'bleichen *st/s v/i* ⟨*sans ge*, sn⟩ blêmir
'erblich **I** *adj* héréditaire; **II** *adv* ~ ***belastet sein*** souffrir d'un mal héréditaire
er'blicken *st/s v/t* ⟨*sans ge*⟩ apercevoir; voir; découvrir
er'blind|en *st/s v/i* ⟨-e-, *sans ge*, sn⟩ perdre la vue; devenir aveugle; **2ung** *f* ⟨~; ~en⟩ perte *f* de la vue; cécité *f*
er'blühen *st/s v/i* ⟨*sans ge*, sn⟩ s'épanouir
'Erb|masse *f* **1** JUR masse successorale; **2** BIOL hérédité *f*; **~onkel** *m plais* oncle *m* à héritage
erbosen [ɛr'boːzən] *st/s v/t* ⟨¢$, *sans ge*⟩ mettre en colère; exaspérer
er'brechen *v/t* ⟨*irr, sans ge*⟩ (*u v/r* ***sich*** ~) vomir
Er'brechen *n* ⟨~s⟩ MÉD vomissement *m*; F *fig* ***bis zum*** ~ F jusqu'au ras-le-bol
'Erbrecht *n* droit successoral
er'bringen *v/t* ⟨*irr, sans ge*⟩ *Beweis* apporter; fournir; *Summe* rapporter
'Erbschaft *f* ⟨~; ~en⟩ héritage *m*; succession *f*; ***e-e ~ machen*** faire un héritage
'Erbschaft(s)steuer *f* droits *m/pl* de succession
'Erbschleicher(in) *m* ⟨~s; ~⟩ (*f*) ⟨~;

~nen⟩ captateur, -trice *m,f*

Erbse ['ɛrpsə] *f* ⟨~; ~n⟩ pois *m*; ***grüne ~n*** petits pois

'Erbsensuppe *f* soupe *f* aux pois

'Erb|stück *n* objet hérité; **~sünde** *f* péché originel; **~teil** *n* part *f* d'héritage

'Erd|achse *f* axe *m* de la Terre; **~apfel** *m bes österr* pomme *f* de terre; **~atmosphäre** *f* atmosphère *f* terrestre; **~ball** *st/s m* globe *m* terrestre; **~beben** *n* tremblement *m* de terre; séisme *m*; **~beere** *f* fraise *f*; **~bevölkerung** *f* population *f* du globe

'Erdboden *m* sol *m*; terre *f*; ***dem ~ gleichmachen*** raser; ***wie vom ~ verschluckt*** disparu comme par enchantement

Erde ['eːrdə] *f* ⟨~⟩ **1** (*Welt*) terre *f*; monde *m*; *Planet* Terre *f*; ***auf der ~*** sur (la) terre; ***auf ~n*** ici-bas; sur terre; **2** (*Erdboden*) terre *f*; sol *m*; ***auf die ~ fallen, werfen*** tomber, jeter par *od* à terre; ***unter der ~*** sous terre; souterrain; **3** ÉLECT terre *f*; masse *f*

'erden *v/t* ⟨-e-⟩ ÉLECT mettre à la terre

er'denklich *adj* imaginable; concevable

'Erd|erwärmung *f* réchauffement *m* de la planète; **~gas** *n* gaz naturel; **~geschichte** *f* géologie *f*; **~geschoss** *n* rez-de-chaussée *m*; **~innere(s)** *n* ⟨→ A⟩ entrailles *f/pl* de la Terre; **~kruste** *f* écorce *f* terrestre; **~kugel** *f* globe *m* terrestre; **~kunde** *f* géographie *f*; **~massen** *f/pl* terres *f/pl*; masses *f/pl* de terre

Erdnuss *f Frucht* cacah(o)uète *f*; *Pflanze* arachide *f*; **~butter** *f* beurre *m* de cacahuète

'Erdoberfläche *f* surface *f* de la Terre

'Erdöl *n* pétrole *m*; ***~ exportierend*** exportateur de pétrole

er'dolchen *st/s v/t* ⟨*sans ge*⟩ poignarder

'Erdöl|feld *n* champ *m* pétrolifère; **~gewinnung** *f* production pétrolière; **~leitung** *f* pipeline *m*; oléoduc *m*; **~raffinerie** *f* raffinerie *f* de pétrole; **~vorkommen** *n* gisement *m* pétrolifère

'Erdreich *n* terre *f*; sol *m*

er'dreisten *st/s v/r* ⟨-e-, *sans ge*⟩ ***sich ~, etw zu tun*** avoir le front de faire qc

er'drosseln *v/t* ⟨-e-, *sans ge*⟩ étrangler

er'drück|en *v/t* ⟨*sans ge*⟩ écraser; *fig* accabler; **~end** *adjt Mehrheit* écrasant; *Beweise, Hitze* accablant

'Erd|rutsch *m* glissement *m* de terrain; éboulement *m*; *fig* raz *m* de marée; **~schicht** *f* couche *f* de terre; GÉOL assise *f*; **~teil** *m* continent *m*

er'dulden *v/t* ⟨-e-, *sans ge*⟩ *Leiden* endurer; souffrir; (*hinnehmen müssen*) subir; supporter

'Erd|umdrehung *f* rotation *f* de la Terre; **~umfang** *m* circonférence *f* de la Terre; **~umkreisung** *f* révolution *f* autour de la Terre; **~umlaufbahn** *f* orbite *f* (autour de la Terre)

'Erdung *f* ⟨~; ~en⟩ ÉLECT mise *f* à la terre; prise *f* de terre

er'eifern *v/r* ⟨*sans ge*⟩ ***sich ~*** (***über*** [+ *acc*]) s'échauffer (pour)

er'eignen *v/r* ⟨-e-, *sans ge*⟩ ***sich ~*** (*vor sich gehen*) se passer; (*stattfinden*) avoir lieu; *Unangenehmes* arriver; se produire

Er'eignis *n* ⟨~ses; ~se⟩ événement *m*; ***freudiges ~*** (*Geburt*) heureux événement

er'eignis|los *adj Leben, Tag* calme; (*gleichförmig*) monotone; **~reich** *adj* mouvementé; riche en événements

er'eilen *st/s v/t* ⟨*sans ge*⟩ ***j-n ~*** *Tod* surprendre qn; *Schicksal* frapper qn

Erektion [erɛktsi'oːn] *f* ⟨~; ~en⟩ érection *f*

Eremit [ere'miːt] *m* ⟨~en; ~en⟩ ermite *m*

er'erbt *adjt* hérité

er'fahren[1] *v/t* ⟨*irr, sans ge*⟩ **1** *durch Mitteilung* apprendre (***durch j-n, von j-m*** par qn); savoir; **2** (*die Erfahrung machen*) faire l'expérience de; **3** *Leid* subir; éprouver; *Veränderungen* subir

er'fahren[2] *adj* expérimenté; ***er ist in diesen Dingen sehr ~*** il a beaucoup d'expérience en la matière

Er'fahrung *f* ⟨~; ~en⟩ expérience *f*; (*Übung*) *a* pratique *f*; ***aus*** (***eigener***) ***~*** par expérience; ***mit etw gute ~en machen*** être content de qc; ***mit j-m, etw schlechte ~en machen*** avoir des déconvenues avec qn, qc; ***~en sammeln*** acquérir de l'expérience

er'fahrungsgemäß *adv* (je sais, *etc*) par expérience (que …)

er'fassen *v/t* ⟨~~t~~, *sans ge*⟩ **1** saisir (*a fig*, INFORM); *bei e-m Verkehrsunfall* accrocher; **2** (*einbeziehen*) englober; couvrir; ***statistisch, zahlenmäßig ~*** recenser

Er'fassung *f* enregistrement *m*; STATIS-

TIK recensement *m*; INFORM saisie *f*

er'find|en *v/t ⟨irr, sans ge⟩ Neues, Geschichte* inventer; **2er** *m* inventeur *m*; **~erisch** *adj* inventif; (*findig*) ingénieux; (*fantasievoll*) imaginatif; **2ung** *f⟨~; ~en⟩* invention *f*; (*Erdichtung*) fiction *f*; **2ungsgabe** *f* inventivité *f*; (*Fantasie*) imagination *f*

er'flehen *st/s v/t ⟨sans ge⟩* implorer

Erfolg [ɛr'fɔlk] *m ⟨~ę̸s; ~e⟩* succès *m*; réussite *f*; (*Ergebnis*) résultat *m*; ***viel ~!*** bonne chance!; ***~ haben*** avoir du succès; réussir (***bei j-m*** auprès de qn); ***~ versprechend*** prometteur

er'folgen *v/i ⟨sans ge, sn⟩* (*geschehen*) avoir lieu; se produire; (*durchgeführt werden*) s'effectuer

er'folglos I *adj* infructueux; vain; (*glücklos*) malchanceux; **II** *adv* sans succès; ***~ bleiben*** être un échec

Er'folglosigkeit *f ⟨~⟩* insuccès *m*; échec *m*

er'folgreich I *adj* couronné de succès; à succès; **II** *adv* avec succès

Er'folgs|aussichten *f/pl* chances *f/pl* de succès; **~erlebnis** *n* (sentiment *m* de) réussite *f*; succès *m*

Er'folgszwang *m **unter ~*** (*dat*) ***stehen*** être obligé de réussir

er'forderlich *adj* nécessaire; *Alter* requis

er'forder|n *v/t ⟨sans ge⟩* demander; *p/fort* exiger; nécessiter; **2nis** *n ⟨~ses; ~se⟩* exigence *f*; (*Notwendigkeit*) nécessité *f*

er'forsch|en *v/t ⟨sans ge⟩ wissenschaftlich, Land* explorer; étudier; TECH sonder; (*ermitteln*) rechercher; **2er(in)** *m(f)* explorateur, -trice *m,f*; **2ung** *f* exploration *f*; recherche *f*; TECH sondage *m*

er'fragen *v/t ⟨sans ge⟩* s'enquérir de; demander

er'freuen *⟨sans ge⟩* **I** *v/t* réjouir; faire plaisir à; ***erfreut sein über*** (+ *acc*) être content, enchanté de; ***sehr erfreut!*** enchanté!; **II** *v/r **sich e-r Sache*** (*gén*) ***~*** jouir de qc; ***sich ~ an*** (+ *dat*) prendre plaisir à

er'freulich *adj* réjouissant; *Fortschritte* satisfaisant; encourageant; ***es ist ~, zu sehen …*** c'est un plaisir de voir …

er'freulicher'weise *adv* heureusement

er'frier|en *v/i ⟨irr, sans ge, sn⟩ Person* mourir de froid; *Pflanzen, Glieder* geler; **2ung** *f ⟨~; ~en⟩* gelure *f*

er'frisch|en *v/t* (*u v/r*) *⟨sans ge⟩* (***sich ~*** se) rafraîchir; **~end** *adjt* rafraîchissant (*a fig*); **2ung** *f ⟨~; ~en⟩* rafraîchissement *m*

Er'frischungs|getränk *n* boisson rafraîchissante; **~raum** *m* buvette *f*; *im Warenhaus* cafétéria *f*; **~tuch** *n* pochette rafraîchissante

er'füllen *⟨sans ge⟩* **I** *v/t* **1** *mit Bewunderung* remplir (***mit*** de); **2** *Pflicht, Aufgabe* accomplir; *Verpflichtungen* faire face à; *Bedingung, Versprechen, Zweck* remplir; *Bitte* satisfaire à; *Wunsch, Hoffnungen* réaliser; combler; *Erwartungen* répondre à; **II** *v/r **sich ~*** s'accomplir; se réaliser

Er'füllung *f* accomplissement *m*; réalisation *f*; ***in ~ gehen*** se réaliser

ergänzen [ɛr'gɛntsən] *⟨ę̸s, sans ge⟩* **I** *v/t* compléter; *Bemerkung* ajouter; **II** *v/r **sich ~*** se compléter

er'gänzend I *adjt* complémentaire; (*zusätzlich*) supplémentaire; **II** *advt **~ bemerken*** ajouter

Er'gänzung *f ⟨~; ~en⟩ zur Vervollständigung*, GR complément *m*; *als Zusatz* supplément *m*

Er'gänzungsband *m* supplément *m*

er'gattern F *v/t ⟨sans ge⟩* F décrocher; F dégot(t)er

er'gaunern *v/t ⟨sans ge⟩* escroquer (***etw von j-m*** qc à qn)

er'geben[1] *⟨irr, sans ge⟩* **I** *v/t* donner (pour résultat); rendre; *Gewinn, Betrag* rapporter; **II** *v/r **sich ~*** **1** MIL, *fig* se rendre; capituler; **2** *in sein Schicksal* se résigner (***in*** [+ *acc*] à); **3** *e-m Laster* s'adonner à; **4** (*die Folge sein*) résulter (***aus*** de); ***es ergab sich so*** c'est arrivé comme ça

er'geben[2] *adjt Person* dévoué (+ *dat* à); (*unterwürfig*) soumis; (*resignierend*) résigné; **2heit** *f ⟨~⟩* dévouement *m*; soumission *f*; résignation *f*

Er'gebnis *n ⟨~ses; ~se⟩* résultat *m*; SPORT *a* score *m*; (*Folge*) conséquence *f*; ***zu keinem ~ führen*** ne pas aboutir

er'gebnislos I *adj* sans résultat; *Arbeit* infructueux; *Bemühungen* inutile; vain; **II** *adv* sans résultat

er'gehen *⟨irr, sans ge⟩* **I** *v/i* **1** *⟨sn⟩ st/s Einladung* être envoyé (***an*** [+ *acc*] à); *Aufruf, Verbot* être lancé (à); *Befehl* être donné (à); **2** ***etw über sich*** (*acc*) **~** ***lassen*** supporter, subir qc; **II** *v/r* ***sich*** **~** *in Vorwürfen, über ein Thema* se répandre (***in*** [+ *dat*] en); **III** *v/imp* ⟨sn⟩ ***wie ist es dir ergangen?*** qu'es-tu devenu?; ***es ist ihm schlecht ergangen*** ça s'est mal passé pour lui

ergiebig [ɛr'gi:bɪç] *adj* qui rend bien; *Thema* riche; *Ackerland* fertile; *Einnahmequelle* productif

E

er'gießen *v/r* ⟨*irr, sans ge*⟩ ***sich*** **~** se répandre (***über*** [+ *acc*] sur); *Fluss* se jeter (***in*** [+ *acc*] dans)

Ergo|nomie [ɛrgono'mi:] *f* ⟨~⟩ ergonomie *f*; **2'nomisch** *adj* ergonomique

er'götzen *st/s* ⟨*¢t*, *sans ge*⟩ **I** *v/t* amuser; divertir; **II** *v/r* ***sich*** **~** se délecter (***an*** [+ *dat*] à)

er'grauen *v/i* ⟨*sans ge*, sn⟩ grisonner

er'greifen *v/t* ⟨*irr, sans ge*⟩ **1** *Gegenstand* saisir; *Verbrecher* arrêter; **2** *fig die Flucht, Maßnahme* prendre; *Beruf* embrasser; *Gelegenheit* saisir; **3** ***j-n*** **~** *seelisch* émouvoir qn; *Furcht* saisir qn

er'greifend *adjt* émouvant; touchant

er'griffen **I** → ***ergreifen***; **II** *adjt* ému; touché; ***tief*** **~** bouleversé

Er'griffenheit *f* ⟨~⟩ émotion *f*; *plötzliche* saisissement *m*

er'gründen *v/t* ⟨-e-, *sans ge*⟩ *Erscheinung, Problem* étudier; *Geheimnis* pénétrer

Er'guss *m* MÉD, *fig* épanchement *m*; (*Samen*2) éjaculation *f*

er'haben *adj* **1** (*plastisch*) en relief; **2** *fig Gedanke, Tat* élevé; sublime; *Stil* noble; **3** ***über etw*** (*acc*) **~** au-dessus de qc

Er'habenheit *f* ⟨~⟩ élévation *f*

Er'halt *m* **1** ADM, COMM réception *f*; **2** → ***Erhaltung***

er'halten[1] *v/t* ⟨*irr, sans ge*⟩ **1** recevoir; avoir; *als Ergebnis* obtenir; *Geld* toucher; **2** *Kunstwerk* conserver; *Frieden* maintenir; *in e-m Zustand* entretenir

er'halten[2] *adjt* ***gut*** **~** bien conservé (*plais a Person*); **~** ***bleiben*** rester

erhältlich [ɛr'hɛltlɪç] *adj* en vente

Er'haltung *f* ⟨~⟩ conservation *f*; (*Instandhaltung*) entretien *m*; (*Aufrecht*2) maintien *m*

er'hängen *v/t* (*u v/r*) ⟨*sans ge*⟩ (***sich*** **~** se) pendre

er'härten *v/t* ⟨-e-, *sans ge*⟩ *Behauptung etc* corroborer; confirmer

er'haschen *v/t* ⟨*sans ge*⟩ saisir; attraper; *e-n Blick von etw* entrapercevoir

er'heben ⟨*irr, sans ge*⟩ **I** *v/t* **1** *Glas, Hand* lever; *Stimme* élever; **2** *fig zum Prinzip* ériger (***zu*** en); **3** *Steuern* percevoir; **4** *Einwände* soulever; *Protest* élever; *Anschuldigungen* porter; **5** *Daten* recueillir; **II** *v/r* ***sich*** **~** **6** *von s-m Sitz* se lever; *Flugzeug, Berg, Gebäude* s'élever; **7** (*rebellieren*) se soulever (***gegen*** contre); **8** *Streit, Stimme* s'élever; *Frage* se poser; *Wind* se lever

er'hebend *adjt* exaltant

er'heblich **I** *adj* considérable; **II** *adv* considérablement; **~** ***jünger*** beaucoup plus jeune

Er'hebung *f* ⟨~; ~en⟩ **1** *im Gelände, fig* élévation *f*; **2** (*Aufstand*) soulèvement *m*; **3** *von Steuern* perception *f*; **4** STATISTIK enquête *f*

er'heiter|n *v/t* ⟨*sans ge*⟩ égayer; (*belustigen*) divertir; amuser; **2ung** *f* ⟨~⟩ divertissement *m*; amusement *m*

er'hellen *v/t* ⟨*sans ge*⟩ éclairer; *Problem* éclaircir

er'hitzen ⟨*¢t*, *sans ge*⟩ **I** *v/t* (faire) chauffer; *fig* échauffer; **II** *v/r* ***sich*** **~** s'échauffer (*a fig*); *fig a* s'exalter

erhoben [ɛr'ho:bən] → ***erheben***

er'hoffen *v/t* ⟨*sans ge*⟩ espérer; escompter

er'höhen ⟨*sans ge*⟩ **I** *v/t* **1** CONSTR surélever (***um*** de); **2** *Löhne, Preise, Geschwindigkeit* augmenter (***um*** de); *Bildungsniveau, Lebensstandard* élever; MÉD ***erhöhte Temperatur*** un peu de température; **II** *v/r* ***sich*** **~** *Zahl* augmenter; s'accroître

Er'höhung *f* ⟨~; ~en⟩ **1** surélévation *f*; **2** augmentation *f*; élévation *f* (*a Anhöhe*)

er'holen *v/r* ⟨*sans ge*⟩ ***sich*** **~** se remettre; *nach der Arbeit* se reposer; *nach e-r Anstrengung* récupérer; *nach e-r Krankheit* se rétablir; *von s-m Schrecken* revenir (***von*** de); *fig* ÉCON reprendre

er'hol|sam *adj* reposant; **2ung** *f* ⟨~⟩ repos *m*; *nach e-r Krankheit* rétablissement *m*; *fig* ÉCON reprise *f*; **~ungsbedürftig** *adj* qui *a* besoin de repos

Er'holungs|gebiet *n* zone *f* d'excursion, de promenade; **~urlaub** *m* repos *m*; *nach Krankheit* (congé *m* de) convalescence *f*; **~zentrum** *n* centre *m* de repos; *zur Freizeitgestaltung* centre *m* de loisirs

er'hören *v/t* ⟨*sans ge*⟩ exaucer

erigieren [eri'giːrən] *v/i* ⟨*sans ge*, sn⟩ avoir une érection

Erika ['eːrika] *f* ⟨~; -ken⟩ BOT bruyère *f*

er'innern ⟨*sans ge*⟩ **I** *v/t* ***j-n an etw, j-n ~*** rappeler qc, qn à qn; ***j-n daran ~, etw zu tun*** rappeler à qn de faire qc; **II** *v/i* faire penser (***an*** [+ *acc*] à); rappeler, évoquer (***an etw, j-n*** qc, qn); **III** *v/r* ***sich an j-n, etw ~*** se souvenir de qn, qc; se rappeler qn, qc; ***wenn ich mich recht erinnere*** si je me souviens bien

Er'innerung *f* ⟨~; ~en⟩ souvenir *m*; (*Gedächtnis*) mémoire *f*; (*Mahnung*) rappel *m*; ***j-n, etw*** (***noch***) ***gut in ~*** (*dat*) ***haben*** se souvenir bien de qn, qc; ***zur ~ an*** (+ *acc*) en souvenir de

Er'innerungsvermögen *n* mémoire *f*

Eritrea [eri'treːa] *n* ⟨~s⟩ l'Érythrée *m*

er'kalten *v/i* ⟨-e-, *sans ge*, sn⟩ se refroidir (*a fig*)

er'kält|en *v/r* ⟨-e-, *sans ge*⟩ ***sich ~*** prendre froid; s'enrhumer; **2ung** *f* ⟨~; ~en⟩ refroidissement *m*; rhume *m*

er'kämpfen ⟨*sans ge*⟩ **I** *v/t Sieg* remporter; **II** *v/r* ***sich*** (*dat*) ***etw ~*** (***müssen***) (devoir) lutter pour obtenir qc

er'kaufen *v/t* ⟨*sans ge*⟩ payer (***mit*** de); *durch Bestechung* acheter; ***etw teuer ~ müssen*** devoir payer cher qc

er'kennbar *adj* reconnaissable; (*wahrnehmbar*) perceptible

er'kennen ⟨*irr, sans ge*⟩ **I** *v/t* reconnaître (***an*** [+ *dat*] à); *Absicht* discerner; (*wahrnehmen*) percevoir; ***~ lassen*** révéler; montrer; ***zu ~ geben*** donner à, laisser entendre; **II** *v/i* JUR ***auf Freispruch ~*** prononcer l'acquittement

er'kenntlich *adj* ***sich*** (***j-m gegenüber***) ***~ zeigen*** se montrer reconnaissant (envers qn)

Er'kenntnis *f Fähigkeit, Vorgang*, PHILOS connaissance *f*; PHILOS *a* cognition *f*; *Ergebnis, oft pl* résultat *m*; conclusion *f*

Er'kennungs|dienst *m* POLIZEI service *m* d'anthropométrie judiciaire; **~zeichen** *n* signe *m* de reconnaissance; signe distinctif

Erker ['ɛrkər] *m* ⟨~s; ~⟩ saillie *f*; encorbellement *m*; **~fenster** *n* oriel *m*

er'klärbar *adj* explicable

er'klären ⟨*sans ge*⟩ **I** *v/t* **1** (*erläutern*) expliquer; interpréter; **2** (*mitteilen*) déclarer; *Rücktritt, Zustimmung* donner; **II** *v/r* ***sich ~*** **3** *Person* se déclarer; ***sich mit etw einverstanden ~*** donner son accord à qc; **4** *Sache* s'expliquer

er'klärend *adjt* explicatif

er'klärlich *adj* explicable

er'klärt *adjt Gegner* déclaré; avoué

Er'klärung *f* **1** (*Begründung*) explication *f*; interprétation *f*; **2** (*Mitteilung*) déclaration *f*; ***e-e ~*** (***zu etw***) ***abgeben*** faire une déclaration (au sujet de qc)

er'klingen *v/i* ⟨*irr, sans ge*, sn⟩ retentir

er'kranken *v/i* ⟨*sans ge*, sn⟩ tomber malade; *Organ* être atteint; ***an etw*** (*dat*) ***erkrankt*** atteint de qc

Er'krankung *f* ⟨~; ~en⟩ maladie *f*; affection *f*

er'kunden *v/t* ⟨-e-, *sans ge*⟩ explorer; MIL reconnaître

er'kundigen *v/r* ⟨*sans ge*⟩ ***sich*** (***nach j-m, etw bei j-m***) ***~*** s'informer (sur qn, de qc auprès de qn); se renseigner (sur qn, qc auprès de qn)

Er'kundigung *f* ⟨~; ~en⟩ information *f* (***über*** [+ *acc*] sur); ***über j-n ~en einziehen*** prendre des renseignements sur qn

er'lahmen *v/i* ⟨*sans ge*, sn⟩ *Kräfte* s'affaiblir; diminuer

er'langen *v/t* ⟨*sans ge*⟩ obtenir; *Gewissheit* acquérir

Erlass [ɛr'las] *m* ⟨~es; ~e⟩ **1** *ministerieller* arrêté *m*; *der Regierung* décret *m*; **2** *e-r Strafe, Schuld* remise *f*; *von Gebühren* dispense *f*

er'lassen *v/t* ⟨*irr, sans ge*⟩ **1** *Gesetz* édicter; *Haftbefehl* lancer; **2** ***j-m etw ~*** *Strafe* remettre qc à qn; *Gebühren* dispenser qn de qc

er'lauben ⟨*sans ge*⟩ **I** *v/t* permettre; autoriser; ***j-m ~, etw zu tun*** autoriser qn à faire qc; permettre à qn de faire qc; **II** *v/r* ***sich*** (*dat*) ***etw ~*** se permettre qc; F ***~ Sie mal!*** permettez!; *empört* dites donc!

Er'laubnis *f* ⟨~; ~se⟩ permission *f*; autorisation *f* (*a offizielle*); ***j-n um ~ bitten*** demander la permission, l'autorisation à qn

er'laubt *adjt* permis; autorisé; *gesetzlich* licite

erlaucht [ɛr'lauxt] *st/s adj* illustre

E

er'läuter|n *v/t* ⟨*sans ge*⟩ expliquer; commenter; **2ung** *f* ⟨~; ~en⟩ explication *f*; *zu e-m Text* note explicative
Erle ['ɛrlə] *f* ⟨~; ~n⟩ BOT au(l)ne *m*
er'leben *v/t* ⟨*sans ge*⟩ **1** voir; *mit Zeitbestimmungen* vivre; (*erfahren*) faire l'expérience de; **2** *Überraschung, Freude* éprouver; F ***dann kannst du was ~!*** tu vas voir!
Er'lebnis *n* ⟨~ses; ~se⟩ événement *m*; expérience (vécue); **~park** *m* parc *m* d'attractions
er'ledigen ⟨*sans ge*⟩ **I** *v/t* **1** *Arbeit, Aufgabe* finir; terminer; *laufende Geschäfte* expédier; *Angelegenheit* régler; *Auftrag* exécuter; mettre à jour; *Formalitäten* accomplir; **2** F (*erschöpfen*) F crever; F démolir; **3** F (*töten*) F liquider; **II** *v/r* ***sich ~*** *Angelegenheit* se régler
er'ledigt *adjt* **1** *Sache* fini; réglé; F ***schon ~!*** F ça y est!; **2** F (*erschöpft*) F crevé; (*ruiniert*) F fichu; F ***er ist für mich ~*** il n'existe plus pour moi
Er'ledigung *f* ⟨~; ~en⟩ *e-r Angelegenheit* règlement *m*; *laufender Geschäfte* expédition *f*; *der Post* mise *f* à jour; *e-s Auftrags* exécution *f*; *von Formalitäten* accomplissement *m*
er'legen *v/t* ⟨*sans ge*⟩ abattre; tuer
er'leichtern *v/t* ⟨*sans ge*⟩ *gewichtsmäßig* alléger; *seelisch* soulager; *Arbeit, Dasein, Zahlung* faciliter
Er'leichterung *f* ⟨~; ~en⟩ **1** *seelische* soulagement *m*; **2** (*Verbesserung*) amélioration *f*
er'leiden *v/t* ⟨*irr, sans ge*⟩ **1** *Schmerzen* endurer; **2** *Verluste, Niederlage* subir
er'lernen *v/t* ⟨*sans ge*⟩ apprendre
er'lesen *st/s adjt* de choix; choisi
er'leucht|en *v/t* ⟨-e-, *sans ge*⟩ éclairer; illuminer (*a* REL, *fig*); *fig* inspirer; **2ung** *f* ⟨~; ~en⟩ REL, *fig* illumination *f*; *fig a* inspiration *f*
er'liegen *v/i* ⟨*irr, sans ge*, sn⟩ *e-r Krankheit, Versuchung* **~** (+ *dat*) succomber à; ***zum 2 kommen*** être paralysé
erlogen [ɛr'lo:gən] *adj* mensonger; faux
Erlös [ɛr'lø:s] *m* ⟨~es; ~e⟩ produit *m*; recette *f*
er'löschen *v/i* ⟨erlischt, erlosch, erloschen, sn⟩ s'éteindre (*a fig*); *Firma* cesser d'exister; *Frist* expirer
er'lös|en *v/t* ⟨*-e-*, *sans ge*⟩ **1** (*befreien*) délivrer (***von*** de); **2** REL racheter; sauver; **3** COMM tirer (***aus*** de); **2er** *m* ⟨~s; ~⟩ REL Rédempteur *m*; Sauveur *m*
Er'lösung *f* **1** (*Erleichterung*) délivrance *f*; F ***e-e wahre ~*** F un bon débarras; **2** REL Rédemption *f*
er'mächtig|en *v/t* ⟨*sans ge*⟩ autoriser (***zu etw*** à faire qc); **2ung** *f* ⟨~; ~en⟩ autorisation *f* (***zu*** à)
er'mahn|en *v/t* ⟨*sans ge*⟩ exhorter (***zu*** à); (*zurechtweisen*) admonester; **2ung** *f* exhortation *f*; admonestation *f*
Er'mangelung *st/s f* ⟨~⟩ ***in ~*** (+ *gén*) faute de; à défaut de; ***in ~ e-s Besseren*** faute de mieux
er'mäßig|en *v/t* ⟨*sans ge*⟩ réduire; diminuer; **2ung** *f* ⟨~; ~en⟩ (*Preisnachlass*) réduction *f*; (*Senkung*) diminution *f*
er'matten *st/s* ⟨-e-, *sans ge*⟩ **I** *v/t* fatiguer; *p/fort* exténuer; **II** *v/i* ⟨sn⟩ *Person* se fatiguer; *Kräfte* s'affaiblir
er'messen *v/t* ⟨*irr, sans ge*⟩ juger (de); apprécier
Er'messen *n* ⟨~s⟩ appréciation *f*; jugement *m*; ***nach menschlichem ~*** autant que l'on puisse en juger; ***nach eigenem ~*** à mon, ton, *etc* gré
Er'messensfrage *f* question *f* d'appréciation
er'mitteln ⟨*-e-*, *sans ge*⟩ **I** *v/t Sachverhalt* établir; *Täter* découvrir; MATH calculer; *durch Berechnung* déterminer; **II** *v/i* JUR ***gegen j-n ~*** (***wegen***) informer contre qn (de, sur); ***in e-r Sache ~*** enquêter sur qc
Er'mittlung *f* ⟨~; ~en⟩ **1** *durch Befragung* investigation *f*; *durch Berechnung* détermination *f*; calcul *m*; *von Sachverhalten* établissement *m*; **2** *e-s Täters* recherche *f*; **3** JUR *pl* ***~en*** enquête *f*
Er'mittlungs|richter *m* juge chargé de l'enquête; **~verfahren** *n* procédure *f* d'enquête
er'möglichen *v/t* ⟨*sans ge*⟩ rendre possible; permettre
er'mord|en *v/t* ⟨-e-, *sans ge*⟩ assassiner; **2ung** *f* ⟨~; ~en⟩ assassinat *m*; meurtre *m*
er'müd|en ⟨-e-, *sans ge*⟩ **I** *v/t* fatiguer; lasser; **II** *v/i* ⟨sn⟩ se fatiguer; TECH fatiguer; **~end** *adjt* fatigant; **2ung** *f* ⟨~; ~en⟩ fatigue *f*; lassitude *f* (*a* TECH)
er'muntern *v/t* ⟨*sans ge*⟩ ***zu etw ~*** encourager, inciter à faire qc

Er'munterung *f* ⟨~; ~en⟩ encouragement *m*

er'mutig|en *v/t* ⟨*sans ge*⟩ encourager (***zu*** à); **≗ung** *f* ⟨~; ~en⟩ encouragement *m*

er'nähren *v/t* (*u v/r*) ⟨*sans ge*⟩ (***sich ~*** se) nourrir, (s')alimenter (***von*** de)

Er'nähr|er *m* ⟨~s; ~⟩ *e-r Familie* soutien *m* de famille; **~ung** *f* ⟨~⟩ alimentation *f*; BIOL nutrition *f*; **~ungsweise** *f* mode *m* d'alimentation

er'nenn|en *v/t* ⟨*irr, sans ge*⟩ nommer (***j-n zu etw*** qn qc); **≗ung** *f* nomination *f*

er'neuerbar *adj* renouvelable (*a Energie*)

er'neuer|n *v/t* ⟨*sans ge*⟩ renouveler; TECH remplacer; (*neu instand setzen*) refaire; remettre à neuf; **≗ung** *f* ⟨~; ~en⟩ renouvellement *m*; remplacement *m*; remise *f* à neuf

er'neut **I** *adj* renouvelé; nouveau; **II** *adv* de nouveau

er'niedrig|en ⟨*sans ge*⟩ **I** *v/t* abaisser; avilir; humilier; **II** *v/r* ***sich ~*** s'abaisser; s'avilir; **~end** *adjt* humiliant; **≗ung** *f* ⟨~; ~en⟩ humiliation *f*

ernst [ɛrnst] **I** *adj* sérieux; grave; **II** *adv* sérieusement; ***j-n, etw ~ nehmen*** prendre qn, qc au sérieux; ***das ist nicht ~ gemeint*** c'est pour rire

Ernst *m* ⟨~es⟩ **1** (*~haftigkeit*) sérieux *m*; gravité *f*; **2** (*ernsthafte Meinung*) ***allen ~es*** pour de bon; ***im ~*** sérieusement; vraiment; ***das ist mein*** (***voller***) ***~*** je ne plaisante pas (du tout); ***ist das Ihr ~?*** parlez-vous sérieusement?; **3** ***der ~ der Lage*** la gravité de la situation; ***der ~ des Lebens*** les choses sérieuses (de la vie)

'Ernstfall *m* ***im ~*** en cas d'urgence; *bei Gefahr* en cas de danger (réel)

'ernst|gemeint *adjt*, **~haft** *adj*, **~lich** *adj* sérieux

Ernte ['ɛrntə] *f* ⟨~; ~n⟩ récolte *f* (*a fig*); (*Getreide≗*) moisson *f* (*a fig*); (*Heu≗*) fenaison *f*; (*Obst≗*) cueillette *f*; **~'dankfest** *n* fête *f* de la moisson; **≗frisch** *adj* tout frais

'ernten *v/t* ⟨-e-⟩ récolter (*a fig*); *Getreide* moissonner; *Obst* cueillir; *fig* recueillir

'Erntezeit *f* moisson *f*

er'nücht|ern *v/t* ⟨*sans ge*⟩ dégriser (*a fig*); *fig* désillusionner; **~ernd** *adjt* dégrisant (*a fig*); *fig* décevant; **≗erung** *f* ⟨~; ~en⟩ dégrisement *m* (*a fig*); *fig* désillusion *f*

Er'ob|erer *m* ⟨~s; ~⟩ conquérant *m*; **≗ern** *v/t* ⟨*sans ge*⟩ conquérir (*a* MIL, *fig*); *Stadt a* prendre; **~erung** *f* ⟨~; ~en⟩ conquête *f* (*a fig*); MIL prise *f*

er'öffnen ⟨-e-, *sans ge*⟩ **I** *v/t* **1** ouvrir; *Ausstellung* inaugurer; *Kampf* engager; **2** *fig* ***j-m etw ~*** faire savoir qc à qn; **II** *v/r* ***sich ~*** *Aussichten* s'ouvrir; *Möglichkeiten* se présenter

Er'öffnung *f* ouverture *f*; *e-r Ausstellung* inauguration *f*

erogen [ero'ge:n] *adj* érogène

erörter|n [ɛr'ʔœrtərn] *v/t* ⟨*sans ge*⟩ discuter; débattre; **≗ung** *f* ⟨~; ~en⟩ discussion *f*; débat *m*

Eros-Center ['e:rɔssɛntər] *n* ⟨~s; ~⟩ eros-center *m*

Erosion [erozi'o:n] *f* ⟨~; ~en⟩ érosion *f*

Erot|ik [e'ro:tɪk] *f* ⟨~⟩ érotisme *m*; **≗isch** *adj* érotique

Erpel ['ɛrpəl] *m* ⟨~s; ~⟩ canard *m* (mâle)

erpicht [ɛr'pɪçt] *adj* ***auf etw*** (*acc*) ***~ sein*** avoir très envie, être avide de qc

er'pressen *v/t* ⟨~~t~~, *sans ge*⟩ ***j-n*** (***mit etw***) ***~*** faire chanter qn (avec qc); ***von j-m etw ~*** extorquer qc à qn

Er'presser *m* ⟨~s; ~⟩ racketteur *m*; maître-chanteur *m*; **~brief** *m* lettre *f* de chantage

Er'pressung *f* ⟨~; ~en⟩ *e-r Person* chantage *m*; *e-s Lösegeldes* racket *m*; extorsion *f*

er'prob|en *v/t* ⟨*sans ge*⟩ expérimenter (***etw an j-m*** qc sur qn); tester; *Gerät* essayer; éprouver (*a fig*); **≗ung** *f* ⟨~; ~en⟩ expérimentation *f*; test *m*; essai *m*

erquick|en [ɛr'kvɪkən] *st/s* *v/t* ⟨*sans ge*⟩ délasser; (*erfrischen*) rafraîchir; **~end** *st/s* *adjt* bienfaisant; (*erfrischend*) rafraîchissant

er'raten *v/t* ⟨*irr, sans ge*⟩ deviner

er'rechnen *v/t* ⟨-e-, *sans ge*⟩ calculer

er'regbar *adj* irritable; excitable; **≗keit** *f* ⟨~⟩ irritabilité *f*; excitabilité *f*

er'regen ⟨*sans ge*⟩ **I** *v/t* **1** (*aufregen*), *sexuell* exciter; (*verärgern*) irriter; **2** *Argwohn* faire naître; *Verdacht* éveiller; *Aufmerksamkeit* attirer; *Anstoß, Verwunderung* provoquer; **II** *v/r* ***sich ~*** (***über*** [+ *acc*]) s'énerver (de); s'exciter (sur)

Er'reger *m* ⟨~s; ~⟩ MÉD agent *m* pathogène

er'reg|t *adjt* excité; énervé; (*verärgert*) irrité; **2ung** *f* excitation *f* (*a sexuell*); (*Aufregung*) énervement *m*; agitation *f*; (*Verärgerung*) irritation *f*

er'reichbar *adj Ort, Ziel* accessible; *Person* joignable; ***er ist im Augenblick nicht ~*** on ne peut pas le joindre pour le moment

er'reichen *v/t* ⟨*sans ge*⟩ **1** *Ort, Zweck, Alter* atteindre; *Zug* avoir; attraper; ***j-n telefonisch ~*** joindre qn par téléphone; **2** ***bei j-m etw ~*** (arriver à) obtenir qc de qn

er'richten *v/t* ⟨-e-, *sans ge*⟩ **1** *Gebäude* construire; *Barrikaden, Mauer, Denkmal* élever; *Fabrik, Anlage* établir; **2** (*gründen*) créer

er'ringen *v/t* ⟨*irr, sans ge*⟩ obtenir; *Preis, Sieg, Erfolg* remporter

er'röten *v/i* ⟨-e-, *sans ge*, sn⟩ rougir (***vor*** [+ *dat*] de)

errungen [ɛr'rʊŋən] → ***erringen***

Er'rungenschaft *f* ⟨~; ~en⟩ conquête *f*; (*Erwerbung*) acquisition *f*; *fig* réalisation *f*; ***soziale ~en*** acquis sociaux

Er'satz *m* **1** *stellvertretender* produit *m* de remplacement; *unzulänglicher* succédané *m*; ersatz *m*; (*Ersetzung*) remplacement *m*; ***als, zum ~ für etw*** pour remplacer qc; **2** (*Entschädigung*) compensation *f*; (*Erstattung*) restitution *f*; ***j-m ~ für etw leisten*** dédommager qn de qc

Er'satz|bank *f* ⟨~; -bänke⟩ SPORT banc *m* des remplaçants; **2los** *adj* sans contrepartie; **~mann** *m* ⟨~(e)s; -männer *ou* -leute⟩ remplaçant *m* (*a* SPORT); **~spieler(in)** *m(f)* remplaçant(e) *m(f)*; **~teil** *n* pièce *f* de rechange; **2weise** *adv* à titre de compensation, d'indemnité, de remplacement

er'saufen F *v/i* ⟨*irr, sans ge*, sn⟩ se noyer

ersäufen [ɛr'zɔʏfən] *v/t* ⟨*sans ge*⟩ noyer

er'schaff|en *v/t* ⟨*irr, sans ge*⟩ créer; **2ung** *f* création *f*

er'schallen *v/i* ⟨*sans ge, régulier ou* erscholl, erschollen, sn⟩ résonner; *Gelächter* éclater

er'schauern *st/s v/i* ⟨*sans ge*, sn⟩ frissonner (***vor*** [+ *dat*] de)

er'scheinen ⟨*irr, sans ge*, sn⟩ **I** *v/i* (*sichtbar werden*), *Buch* paraître; *Person, Geist* apparaître; **II** *v/imp* ***es erscheint mir merkwürdig, dass*** il me semble étonnant que (+ *subj*)

Er'scheinen *n* ⟨~s⟩ *e-s Buches* parution *f*; publication *f*; *e-r Person* apparition *f*

Er'scheinung *f* ⟨~; ~en⟩ (*Natur2, Phänomen*) phénomène *m*; *äußere* apparences *f/pl*; (*Vision*) vision *f*; apparition *f*; ***in ~ treten*** se montrer; se manifester

Er'scheinungs|bild *n* apparence *f*; *e-r Sache a* aspect *m*; **~form** *f* manifestation *f*; **~jahr** *n* année *f* de parution

er'schieß|en ⟨*irr, sans ge*⟩ **I** *v/t* tuer d'un coup de feu; abattre; MIL fusiller; **II** *v/r* ***sich ~*** se tuer d'un coup de feu; **2ung** *f* ⟨~; ~en⟩ MIL exécution *f*

er'schlaffen *v/i* ⟨*sans ge*, sn⟩ se relâcher (*a fig*)

er'schlagen[1] *v/t* ⟨*irr, sans ge*⟩ tuer (à coups de qc); assommer

er'schlagen[2] F *adjt* (*erschöpft*) F claqué; F crevé; (*verblüfft*) F sidéré

er'schleichen *v/r* ⟨*irr, sans ge*⟩ *péj* ***sich*** (*dat*) ***etw ~*** obtenir qc par ruse; *Vertrauen* capter qc

er'schließ|en ⟨*irr, sans ge*⟩ **I** *v/t* **1** *Gebiet* mettre en valeur; aménager (*a touristisch*); *Grundstück* viabiliser; *neue Märkte* créer; **2** *fig* ouvrir; **II** *st/s v/r* ***sich ~*** s'ouvrir; **2ung** *f* mise *f* en valeur; aménagement *m*; viabilisation *f*

erscholl(en) [ɛr'ʃɔl(ən)] → ***erschallen***

er'schöpfen ⟨*sans ge*⟩ **I** *v/t* épuiser (*a fig*); **II** *v/r* ***sich ~*** diminuer; ***sich in etw*** (*dat*) ***~*** se réduire à qc

er'schöpfend I *adjt körperlich* épuisant; *fig* exhaustif; **II** *advt* ***~ behandeln*** traiter à fond

er'schöpf|t *adjt* épuisé; **2ung** *f* épuisement *m*

erschossen [ɛr'ʃɔsən] **I** *p/p* → ***erschießen***; **II** F *adjt* (*erschöpft*) F crevé

er'schrecken ⟨*sans ge*⟩ **I** *v/t* effrayer; faire peur à; **II** *v/i* ⟨erschrickt, erschrak, erschrocken, sn⟩ *u v/r* ⟨*régulier ou* erschrickt, erschrak, erschrocken⟩ (***sich ~***) s'effrayer (***vor*** [+ *dat*] de)

er'schreckend *adjt* effrayant

er'schrocken [ɛr'ʃrɔkən] **I** *p/p* → ***erschrecken II***; **II** *adjt* effrayé

er'schütt|ern *v/t* ⟨*sans ge*⟩ **1** *Boden, fig Vertrauen etc* ébranler; **2** *seelisch* bouleverser; **~ernd** *adjt* bouleversant; **2erung** *f* ⟨~; ~en⟩ **1** ébranlement *m* (*a fig*); **2** (*Ergriffenheit*) bouleversement *m*; choc *m*

er'schweren *v/t* ⟨*sans ge*⟩ compliquer

er'schwerend **I** *adjt* JUR *Umstand* aggravant; **II** *adv* ***das kommt ~ hinzu*** cela complique la situation

er'schwinglich *adj* abordable; ***für jeden ~*** à la portée de toutes les bourses

er'sehen *v/t* ⟨*irr, sans ge*⟩ voir; ***daraus ist zu ~, dass …*** il en ressort que …

er'sehnen *st/s v/t* ⟨*sans ge*⟩ désirer (ardemment)

er'setzbar *adj* remplaçable; *Verlust, Schaden* réparable

er'setzen *v/t* ⟨~~e~~, *sans ge*⟩ **1** remplacer (***durch*** par); ***X durch Y ~*** substituer Y à X; **2** *Unkosten* rembourser; *Schaden* indemniser (***j-m etw*** qn de qc); *Verlust* compenser

er'sichtlich *adj* évident; *Grund* apparent; ***daraus wird ~, dass …*** il en ressort que …

er'sinnen *st/s v/t* ⟨*irr, sans ge*⟩ imaginer; *List etc* inventer

er'spähen *st/s v/t* ⟨*sans ge*⟩ repérer

er'sparen *v/t* ⟨*sans ge*⟩ épargner; économiser; *fig* ***j-m etw ~*** épargner qc à qn

Er'sparnis *f* ⟨~; ~se⟩ **1** *an Platz, Zeit etc* économie *f*; **2** *an Geld* ***~se*** *pl* économies *f/pl*; épargne *f*

er'sprießlich *st/s adj* fructueux

erst [e:rst] *adv* **1** (*zuerst*) d'abord; **2** (*nicht eher, mehr als*) ne … que; seulement; ***eben ~*** il y a un instant; ***~ gestern*** seulement hier; **3** *verstärkend* ***und ich ~!*** et moi donc!; ***~ recht*** à plus forte raison; ***nun ~ recht!*** plus que jamais!

er'starken *st/s v/i* ⟨*sans ge*, sn⟩ se renforcer; se fortifier

er'starr|en *v/i* ⟨*sans ge*, sn⟩ **1** *Glieder vor Kälte* s'engourdir; *Flüssigkeit* se solidifier; **2** *fig vor Schreck* être glacé (***vor*** [+ *dat*] de); **≈ung** *f* ⟨~⟩ engourdissement *m*; CHIM solidification *f*

er'statt|en *v/t* ⟨-e-, *sans ge*⟩ *Unkosten* rembourser (***j-m etw*** qc à qn); **≈ung** *f* ⟨~; ~en⟩ remboursement *m*

'Erstaufführung *f* première *f*

er'staunen ⟨*sans ge*⟩ **I** *v/t* étonner; **II** *v/i* ⟨sn⟩ s'étonner (***über*** [+ *acc*] de)

Er'staunen *n* étonnement *m*; ***in ~*** (*acc*) ***versetzen*** frapper d'étonnement; étonner; ***zu meinem ~*** à mon étonnement

er'staunlich *adj* étonnant

er'staunlicher'weise *adv* chose étonnante; bizarrement

er'staunt *adjt* étonné; surpris

'erst'beste *adj* ***der, die, das ~*** le (la) premier (-ière) venu(e)

'Erstbezug *m e-r Wohnung* première occupation

'erste *num/o* premier; ***Franz der ≈, Franz I.*** François Ier; ***der ~ Beste*** le premier venu; ***fürs ≈*** pour le moment; F ***im ≈n*** *Programm* F sur la Une; ***zum ≈n!*** *bei Versteigerungen* une fois!; → ***achte***

er'stechen *v/t* ⟨*irr, sans ge*⟩ tuer à coups de couteau; poignarder

er'stehen *st/s v/t* ⟨*irr, sans ge*⟩ acquérir; acheter

er'steigen *v/t* ⟨*irr, sans ge*⟩ escalader; gravir; faire l'ascension de

er'steigern *v/t* ⟨*sans ge*⟩ acheter aux enchères

Er'steigung *f* escalade *f*; ascension *f*

er'stellen *v/t* ⟨*sans ge*⟩ **1** *Gebäude* construire; **2** *Plan* élaborer; *Liste* dresser; établir

'erstemal *adv* → ***Mal***[2]

'erstens *adv* premièrement

'erstere *num/o* le (la) premier (-ière)

'Erst|geborene(r) *f(m)* ⟨→ A⟩ aîné(e) *m(f)*; **~genannte(r)** *f(m)* ⟨→ A⟩ le (la) premier (-ière) nommé(e)

er'sticken ⟨*sans ge*⟩ **I** *v/t* étouffer (*a fig*); asphyxier; **II** *v/i* ⟨sn⟩ étouffer (***an*** [+ *dat*] de)

Er'stickung *f* ⟨~⟩ étouffement *m*; asphyxie *f*

er'stiegen *p/p* → ***ersteigen***

'erst|klassig *adj* de première qualité; *Künstler etc* de premier ordre; **≈kommunion** *f* CATH première communion; **~malig** *adj* premier; **~mals** *adv* pour la première fois

er'strahlen *v/i* ⟨*sans ge*, sn⟩ briller; *st/s* resplendir

er'streben *v/t* ⟨*sans ge*⟩ aspirer à; **~swert** *adj* digne d'efforts; souhaitable

er'strecken *v/r* ⟨*sans ge*⟩ **1** *räumlich* ***sich ~*** s'étendre, s'étaler (***über*** [+ *acc*] sur); ***sich ~ von … bis …*** *a* aller de … à …; **2** *fig* ***sich ~ auf*** (+ *acc*) s'étendre à; porter sur; **3** *zeitlich* ***sich***

~ über (+ *acc*) s'étaler sur; durer

er'stürm|en *v/t* ⟨*sans ge*⟩ MIL prendre d'assaut; **2ung** *f* ⟨~; ~en⟩ prise *f* d'assaut

'Erstzulassung *f e-s Autos* première immatriculation

er'suchen *st/s v/t* ⟨*sans ge*⟩ ***j-n ~, etw zu tun*** demander à qn de faire qc; prier qn de faire qc

E

Er'suchen *n* ⟨~s; ~⟩ demande *f*; ADM requête *f*; ***auf ~ von*** à la requête de

er'tappen ⟨*sans ge*⟩ **I** *v/t* surprendre; **II** *v/r* ***sich bei etw ~*** se surprendre à faire qc

er'teilen *v/t* ⟨*sans ge*⟩ *Unterricht, Auskunft, Wort, Erlaubnis* donner; *Rüge* infliger; *Lob* prodiguer; *Patent, Lizenz* délivrer; COMM *Auftrag* passer

er'tönen *v/i* ⟨*sans ge*, sn⟩ retentir

Er'trag *m* ⟨~(e)s; ~e⟩ rendement *m*; (*Einnahme*) revenu *m*

er'tragen *v/t* ⟨*irr, sans ge*⟩ supporter; ***nicht zu ~*** insupportable

erträglich [ɛrˈtrɛːklɪç] *adj* supportable; tolérable; (*leidlich*) acceptable

er'trag|reich *adj* productif; fertile; **2slage** *f* niveau *m* de rendement

er'tränken *v/t* ⟨*sans ge*⟩ noyer (*a fig*)

er'träumen ⟨*sans ge*⟩ *v/t* (*u v/r* ***sich*** [*dat*] ~) rêver de; (s')imaginer

er'trinken *v/i* ⟨*irr sans ge*, sn⟩ se noyer; *fig* être submergé (***in*** [+ *dat*] de)

er'trug → ***ertragen***

er'trunken *p/p* → ***ertrinken***

Er'trunkene(r) *f(m)* ⟨→ A⟩ noyé(e) *m(f)*

Er'tüchtigung *f* ⟨~; ~en⟩ entraînement *m*; ***körperliche ~*** éducation *f* physique

er'übrigen ⟨*sans ge*⟩ **I** *v/t Zeit, Geld* avoir encore; (*einsparen*) économiser; **II** *v/r* ***sich ~*** être inutile, superflu

eruieren [eruˈiːrən] *st/s v/t* ⟨*sans ge*⟩ trouver; découvrir

Eruption [eruptsiˈoːn] *f* ⟨~; ~en⟩ éruption *f*

er'wachen *v/i* ⟨*sans ge*, sn⟩ se réveiller (*a fig*); *aus e-m Traum* sortir (d'un rêve)

Er'wachen *n* ⟨~s⟩ réveil *m* (*a fig*); *fig* éveil *m*; *geistig*, POL prise *f* de conscience; *fig* ***es gab ein böses ~*** le réveil fut pénible

er'wachsen[1] *v/i* ⟨*irr, sans ge*, sn⟩ sortir, naître, résulter (***aus*** de)

er'wachsen[2] *adj* adulte

Er'wachsen|e(r) *f(m)* ⟨→ A⟩ adulte *m,f*; **~enbildung** *f* formation *f* pour adultes

er'wägen *v/t* ⟨erwog, erwogen⟩ considérer; examiner; envisager

Er'wägung *f* ⟨~; ~en⟩ considération *f*; ***etw in ~*** (*acc*) ***ziehen*** prendre qc en considération; envisager qc

er'wähn|en *v/t* ⟨*sans ge*⟩ mentionner; faire mention de; **~enswert** *adj* digne d'être mentionné; important; **2ung** *f* ⟨~; ~en⟩ mention *f*

er'wärmen ⟨*sans ge*⟩ **I** *v/t* (faire) chauffer; échauffer; **II** *v/r* ***sich ~*** s'échauffer; *fig* ***sich für etw ~*** s'intéresser à qc

Er'wärmung *f* ⟨~⟩ (r)échauffement *m*; *der Temperatur* radoucissement *m*

er'warten *v/i* ⟨-e-, *sans ge*⟩ attendre; (*erhoffen*) espérer; ***ich erwarte, dass ...*** je m'attends à ce que ... (+ *subj*); ***ich kann es kaum ~, dass ...*** il me tarde de (+ *inf*) *bzw* que ... (+ *subj*)

Er'wartung *f* ⟨~; ~en⟩ attente *f*; (*Hoffnung*) espérance *f*

er'wartungs|gemäß *adv* comme prévu; **~voll** *adj* plein d'attente, d'espoir

er'wecken *v/t* ⟨*sans ge*⟩ *Hoffnung, Verdacht, Interesse* éveiller; *Vertrauen, Furcht* inspirer; *Eindruck* donner

er'wehren *st/s v/r* ⟨*sans ge*⟩ ***sich*** (+ *gén*) ~ se défendre de

er'weichen ⟨*sans ge*⟩ *v/t* TECH amollir; *fig* attendrir; fléchir; ***sich nicht ~ lassen*** être inexorable (***durch etw*** à qc)

er'weisen ⟨*irr, sans ge*⟩ **I** *v/t* **1** (*beweisen*) prouver; ***es ist erwiesen, dass ...*** il est établi que ...; **2** *Achtung, Dankbarkeit* témoigner; manifester; *Dienst, Ehre* rendre; *Gunst* faire; **II** *v/r* ***sich als notwendig ~*** se révéler nécessaire; ***sich als mutig, wirksam ~*** se montrer courageux, efficace

er'weiter|n ⟨*sans ge*⟩ **I** *v/t* élargir; étendre (*a Gebiet*); *Geschäft* agrandir; PHYS, MÉD dilater; **II** *v/r* ***sich ~*** s'élargir; **2ung** *f* ⟨~; ~en⟩ élargissement *m*; extension *f*; agrandissement *m*; dilatation *f*

Er'werb *m* ⟨~(e)s⟩ **1** (*Kauf*) acquisition *f*; **2** (*Verdienst*) gain *m*; (*Brot2*) gagne-pain *m*; **2en** *v/t* ⟨*irr, sans ge*⟩ acquérir; **~er** *m* ⟨~s; ~⟩ acquéreur *m*

er'werbs|fähig *adj* capable de travailler; **2leben** *n* activité professionnelle; **~los** → ***arbeitslos***; **~tätig** *adj* qui exerce une activité professionnelle; **≈tätige(r)** *f(m)* ⟨→ A⟩ personne active; **≈tätigkeit** *f* activité professionnelle; **~unfähig** *adj* inapte au travail; invalide; **≈unfähigkeit** *f* incapacité *f* de travail

Er'werbung *f* ⟨~; ~en⟩ acquisition *f*

er'wider|n *v/t* ⟨*sans ge*⟩ **1** répondre (**auf** [+ *acc*] à); *auf e-n Vorwurf* répliquer (à); **2** *Gruß, Besuch* rendre; **≈ung** *f* ⟨~; ~en⟩ réponse *f*; réplique *f*

erwiesen [ɛr'viːzən] **I** *p/p* → **erweisen**; **II** *adjt* prouvé; établi; avéré

er'wiesener'maßen *adv* comme il *a* été prouvé

er'wirken *v/t* ⟨*sans ge*⟩ obtenir

er'wirtschaften *v/t* ⟨-e-, *sans ge*⟩ *Gewinn* réaliser

er'wischen F *v/t* ⟨*sans ge*⟩ attraper; *Dieb a* F pincer; ***ihn hats erwischt*** (*er ist krank*) il *a* attrapé un bon rhume, une bonne grippe, *etc*; (*er ist tot*) il n'en a pas réchappé; *plais* (*er ist verliebt*) F il est mordu

er'wog(en) → ***erwägen***

er'wünscht *adjt* souhaité; désiré

er'würgen *v/t* ⟨*sans ge*⟩ étrangler

Erz [eːrts] *n* ⟨~es; ~e⟩ minerai *m*

er'zählen *v/t* ⟨*sans ge*⟩ raconter; conter; dire; ***j-m von etw ~*** parler de qc à qn

Er'zähl|er(in) *m* ⟨~s; ~⟩ (*f*) ⟨~; ~nen⟩ narrateur, -trice *m,f*; conteur, -euse *m,f*; **~ung** *f* ⟨~; ~en⟩ narration *f*; récit *m*; (*Märchen*) conte *m*; (*Geschichte*) histoire *f*

'Erz|bischof *m* archevêque *m*; **~bistum** *n*, **~diözese** *f* archevêché *m*; **~engel** *m* archange *m*

er'zeug|en *v/t* ⟨*sans ge*⟩ produire (*a fig Eindruck, Gefühl*); *Energie a* engendrer; (*herstellen*) fabriquer; **≈er** *m* ⟨~s; ~⟩ **1** (*Produzent*) producteur *m*; **2** (*Vater*) géniteur *m*; **≈nis** *n* ⟨~ses; ~se⟩ produit *m*; **≈ung** *f* production *f*; fabrication *f*; *von Energie* génération *f*

'Erzfeind *m* ennemi juré, mortel

'Erzgebirge *n* **das ~** les monts *m/pl* Métallifères

'Erzherzog(in) *m(f)* archiduc, -duchesse *m,f*

er'ziehbar *adj* éducable; ***ein schwer ~es Kind*** un enfant caractériel

er'ziehen *v/t* ⟨*irr, sans ge*⟩ élever; éduquer; ***ein Kind zu umweltbewusstem Verhalten ~*** élever un enfant dans le respect de l'environnement; ***schlecht erzogen sein*** être mal élevé

Er'zieh|er(in) *m* ⟨~s; ~⟩ (*f*) ⟨~; ~nen⟩ éducateur, -trice *m,f*; **≈erisch** *adj* éducatif; pédagogique; **~ung** *f* éducation *f*

Er'ziehungs|berechtigte(r) *f(m)* ⟨→ A⟩ personne chargée de l'éducation; **~geld** *n* allocation parentale d'éducation; **~jahr** *n* année *f* de congé parental; **~urlaub** *m* congé parental d'éducation; **~wissenschaft** *f* pédagogie *f*

er'zielen *v/t* ⟨*sans ge*⟩ *Preise, Ergebnis, Erfolg* obtenir; *Gewinn a* réaliser; *Treffer* marquer; *Einigung* arriver à

er'zittern *v/i* ⟨*sans ge*, sn⟩ (se mettre à) trembler; *Person a* frémir

'Erzri'vale *m* éternel rival

erzogen [ɛr'tsoːgən] *p/p* → ***erziehen***

er'zürnen *v/t* (*u v/r*) ⟨*sans ge*⟩ (**sich ~** se) mettre en colère

er'zwingen *v/t* ⟨*irr, sans ge*⟩ forcer; obtenir de *od* par force; ***ein Geständnis ~*** extorquer un aveu (**von** à); *Gefühle* ***sich nicht ~ lassen*** ne pas se commander

es [ɛs], ***...s*** *pr/pers* **I** *als Subjekt* **1** il *bzw* elle; *vor v/imp* il; on; ***~ regnet*** il pleut; ***~ klopft*** on frappe; **2** *einleitend* ***~ spielt das Orchester X*** (avec l')orchestre X; ***~ sprechen ...*** prendront la parole ...; **3** *mit „sein"*: ***~ ist*** + *adj* il est; *wenn etw vorhergeht* c'est; cela est; ***~ ist offensichtlich, dass ...*** il est évident que ...; **4** ***~ ist*** *vor subst der Zeit* il est; *vor subst mit Artikel* c'est; ***~ ist ein Junge!*** c'est un garçon!; **II** *als Objekt* **1** le *bzw* la; *bei Verbkonstruktion mit „de" bzw „à"* en *bzw* y; ***ich habe ~ satt*** j'en ai assez; ***ich bin ~ gewöhnt*** j'y suis habitué; **2** *mit „sein"*: ***ich bins, er ists, wir sinds*** c'est moi, lui, nous

Es, es *n* ⟨~; ~⟩ MUS mi *m* bémol

Escape-Taste [ɪs'keːp-] *f* touche *f* échappe

Esche ['ɛʃə] *f* ⟨~; ~n⟩ BOT frêne *m*

Esel ['eːzəl] *m* ⟨~s; ~⟩ âne *m*; F baudet *m*; F ***du ~!*** F espèce *f* d'âne!; F ***du alter ~!*** F bourrique!

'Eselin *f* ⟨~; ~nen⟩ ânesse *f*

'Esels|brücke F *f* (*Gedächtnisstütze*) moyen *m* mnémotechnique; (*Verstehenshilfe*) guide-âne *m*; **~ohr** F *n* corne *f* (*d'une page de livre*)

Eska|lation [ɛskalatsi'oːn] *f* ⟨~; ~en⟩ escalade *f*; 2'**lieren** *v/i* ⟨*sans ge*, sn⟩ dégénérer (***zu*** en)

Eskapade [ɛska'pa:də] *f* ⟨~; ~n⟩ frasque *f*

Eskimo ['ɛskimo] *m* ⟨~*s*; ~*s*⟩ Esquimau *m*; **~frau** *f* Esquimaude *f*

Eskor|te [ɛs'kɔrtə] *f* ⟨~; ~n⟩ escorte *f*; 2'**tieren** *v/t* escorter

E

Esoter|ik [ezo'te:rɪk] *f* ⟨~⟩ ésotérisme *m*; 2**isch** *adj* ésotérique

Espe ['ɛspə] *f* ⟨~; ~n⟩ BOT tremble *m*

'**Espenlaub** *n* ***wie ~ zittern*** trembler comme une feuille

Esperanto [ɛspe'ranto] *n* ⟨~*s*⟩ espéranto *m*

Espresso [ɛs'prɛso] *m* ⟨~*s*; ~s, *mais* 2 ~⟩ express *m*

Essay [ɛ'se:] *m od n* ⟨~s; ~s⟩ essai *m*

'**essbar** *adj* comestible; mangeable

Esse ['ɛsə] *f* ⟨~; ~n⟩ cheminée *f*

'**Essecke** *f* coin *m* repas

essen ['ɛsən] *v/t u v/i* ⟨du isst, er isst, aß, gegessen⟩ manger; prendre son repas; ***kalt, warm ~*** prendre un repas froid, chaud; ***etw gern ~*** aimer qc; ***~ gehen*** aller au restaurant; ***chinesisch*** *etc* ***~ gehen*** aller manger dans un restaurant chinois, *etc*

'**Essen** *n* ⟨~s; ~⟩ (*Mahlzeit*) repas *m*; (*Nahrung*) nourriture *f*; ***j-n zum ~ einladen*** inviter qn à manger

'**Essen(s)marke** *f* ticket *m* repas

'**Essenszeit** *f* heure *f* du déjeuner *bzw* du dîner

Essenz [ɛ'sɛnts] *f* ⟨~; ~en⟩ essence *f*

'**Esser** *m* ⟨~s; ~⟩ mangeur *m*; ***ein guter ~ sein*** être un gros mangeur

Essig ['ɛsɪç] *m* ⟨~s; ~e⟩ vinaigre *m*; F ***damit ist es ~!*** F c'est raté, fichu!

'**Essig|essenz** *f* vinaigre concentré; **~gurke** *f* cornichon *m*; **~säure** *f* acide *m* acétique

'**Ess|kastanie** *f* marron *m*; **~löffel** *m* cuillère *od* cuiller *f* à soupe; **~tisch** *m* table *f*; **~zimmer** *n* salle *f* à manger

Est|e ['e:stə] *m* ⟨~n; ~n⟩, **~in** *f* ⟨~; ~nen⟩ Estonien, -ienne *m,f*; **~land** *n* ⟨~s⟩ l'Estonie *f*; 2**nisch** *adj* estonien

Estragon ['ɛstragɔn] *m* ⟨~s⟩ estragon *m*

Estrich ['ɛstrɪç] *m* ⟨~s; ~e⟩ chape *f* de ciment

etabl|ieren [eta'bli:rən] *v/t* (*u v/r*) ⟨*sans ge*⟩ (***sich ~*** s')établir; **~iert** *adj* établi; en place

Etablissement [etablɪs(ə)'mã:] *n* ⟨~s; ~s⟩ **1** *st/s* (*Geschäft*) établissement *m*; **2** (*Bordell*) maison close

Etage [e'ta:ʒə] *f* ⟨~; ~n⟩ étage *m*

E'tagenbett *n* lits superposés

Etappe [e'tapə] *f* ⟨~; ~n⟩ étape *f* (*a* SPORT, *fig*); MIL arrière(s) *m(pl)*

Etat [e'ta:] *m* ⟨~s; ~s⟩ budget *m*

etc. *abr* (*et cetera*) etc.

et cetera [ɛt'tse:tera] et cetera

etepetete [e:təpe'te:tə] F *adj* maniéré; affecté; F chichiteux

Eth|ik ['e:tɪk] *f* ⟨~⟩ éthique *f*; 2**isch** *adj* éthique

ethnisch ['ɛtnɪʃ] *adj* ethnique

Ethnologie [ɛtnolo'gi:] *f* ⟨~⟩ ethnologie *f*

Ethos ['e:tɔs] *n* ⟨~⟩ principes moraux

Etikett [eti'kɛt] *n* ⟨~*e*s; ~en *ou* ~s⟩ étiquette *f* (*marque*)

Eti'kette *f* ⟨~⟩ étiquette *f* (*protocole*)

etiket'tieren *v/t* ⟨*sans ge*⟩ étiqueter

etliche ['ɛtlɪçə] *pr/ind* quelques; *st/s* maint(e)s; *subst* quelques-un(e)s; **~s** plusieurs choses

Etüde [e'ty:də] *f* ⟨~; ~n⟩ MUS étude *f*

Etui [ɛt'vi:] *n* ⟨~s; ~s⟩ étui *m*; *für Schmuck* écrin *m*

etwa ['ɛtva] *adv* **1** (*ungefähr*) environ; à peu près; dans les; ***in ~*** à peu près; ***~ zehn Pfund*** dans les dix livres; **2** (*vielleicht*) peut-être; ***bist du ~ krank?*** serais-tu malade par hasard?; **3** (*zum Beispiel*) par exemple

'**etwaig** *adj* éventuel

etwas ['ɛtvas] **I** *pr/ind* quelque chose; *verneint* rien; ***~ Merkwürdiges*** quelque chose de curieux; ***~ zum Lesen*** de quoi lire; ***ohne ~ zu sagen*** sans rien dire; **II** *adv* un peu; ***~ Geld*** un peu d'argent

'**Etwas** *n* ⟨~⟩ ***das gewisse ~*** le je-ne--sais-quoi

Etymo|logie [etymolo'gi:] *f* ⟨~; ~n⟩ étymologie *f*; 2'**logisch** *adj* étymologique

EU [e:'ʔu:] *f* ⟨~⟩ *abr* (*Europäische Union*) Union européenne

E'U-Bestimmung *f* POL disposition européenne

euch [ɔʏç] *pr/pers* ⟨*dat et acc de* ihr⟩ (à) vous

Eucharistie [ɔʏçarɪs'ti:] *f* ⟨~; ~n⟩ CATH eucharistie *f*

euer ['ɔʏər] **I** *pr/poss* **1** *adjt* ⟨*f et pl* eure⟩ votre, *pl* vos; *am Briefschluss* 2 ***Tho-***

mas Thomas; **2** *subst* ***der, die, das Eure*** le *bzw* la vôtre; **II** *st/s pr/pers* ⟨*gén de* ihr⟩ de vous
Eukalyptus [ɔʏka'lʏptus] *m* ⟨~; ~ *ou* -ten⟩ eucalyptus *m*
E'U-Kommissar(in) *m(f)* POL commissaire européen
Eule ['ɔʏlə] *f* ⟨~; ~n⟩ chouette *f*; ***~n nach Athen tragen*** porter de l'eau à la rivière
E'U-Mitgliedsstaat *m* POL État *m* membre de l'Union européenne
Eunuch [ɔʏ'nu:x] *m* ⟨~en; ~en⟩ eunuque *m*
Euphorie [ɔʏfo'ri:] *f* ⟨~; ~n⟩ euphorie *f*
eure(r) ['ɔʏrə(r)] → ***euer***
'eur|er'seits *adv* de votre côté; de votre part; **'~es'gleichen** *pr* vos pareil(le)s, semblables
'euret'wegen *adv* **1** (*wegen euch*) à cause de vous; **2** (*euch zuliebe*) pour vous; **3** (*von euch aus*) quant à vous
'eurige *st/s pr/poss* → ***euer*** *I 2*
Euro ['ɔʏro] *m* ⟨~$; ~$, *mais 5* ~⟩ *Währung* euro *m*
'Euro... *in Zssgn* euro...; Euro...; **~cheque** *m* ⟨~s; ~s⟩ eurochèque *m*; **~chequekarte** *f* carte *f* eurochèque; **~city** *m* Eurocity *m*; **~land** *n* ⟨~(e)s⟩ POL zone *f* euro; **~norm** *f* norme européenne
Europa [ɔʏ'ro:pa] *n* ⟨~s⟩ l'Europe *f*; **~cup** *m* coupe *f* d'Europe
Europäer(in) [ɔʏro'pɛ:ər(ɪn)] *m* ⟨~s; ~⟩ *(f)* ⟨~; ~nen⟩ Européen, -éenne *m,f*
euro'päisch *adj* européen; d(e l)'Europe
Eu'ropa|meister(in) *m(f)* champion, -ionne *m,f* d'Europe; **~meisterschaft** *f* championnat *m* d'Europe; **~parlament** *n* Parlement européen; **~pokal** *m* coupe *f* d'Europe; **~politik** *f* politique européenne; **~rat** *m* Conseil *m* de l'Europe; **~straße** *f* route européenne; **≈weit** *adj* pour, dans toute l'Europe
'Euro|scheck *m* eurochèque *m*; **~tunnel** *m* eurotunnel *m*; **~visi'on** *f* Eurovision *f*
Euter ['ɔʏtər] *n* ⟨~s; ~⟩ pis *m*
ev. *abr* (*evangelisch*) protestant
e. V. [e:'fau] *abr* (*eingetragener Verein*) association déclarée
evakuier|en [evaku'i:rən] *v/t* ⟨*sans ge*⟩ évacuer; **≈ung** *f* ⟨~; ~en⟩ évacuation *f*
evange|lisch [evaŋ'ge:lɪʃ] *adj* protestant; **≈'list** *m* ⟨~en; ~en⟩ évangéliste *m*
Evan'gelium *n* ⟨~s; -ien⟩ Évangile *m*; ***das ~ des Matthäus*** l'Évangile selon saint Matthieu
Evaskostüm ['e:fas-] *n plais* ***im ~*** dans le plus simple appareil
Eventu|alität [eventuali'tɛ:t] *f* ⟨~; ~en⟩ éventualité *f*; **≈'ell** *adj* éventuel
Evolution [evolutsi'o:n] *f* ⟨~; ~en⟩ évolution *f*
evtl. *abr* (*eventuell*) éventuel(lement)
'E-Werk *n* centrale *f* électrique
EWG [e:ve:'ge:] *f* ⟨~⟩ *abr* (*Europäische Wirtschaftsgemeinschaft*) C.E.E. *f*
ewig ['e:vɪç] **I** *adj* **1** éternel (*a* REL); **2** F *péj* perpétuel; sempiternel; ***seit ~en Zeiten*** depuis une éternité; **II** *adv* éternellement; F ***~ dauern, bleiben*** s'éterniser; F ***das dauert ja ~*** cela dure une éternité
'Ewigkeit *f* ⟨~; ~en⟩ éternité *f*; ***bis in alle ~*** à (tout) jamais; F ***ich habe ihn e-e ~ nicht gesehen*** il y a une éternité que je ne l'ai pas vu
EWS [e:ve:'ʔɛs] *n* ⟨~⟩ *abr* (*Europäisches Währungssystem*) S.M.E. *m*
EWU [e:ve:'ʔu:] *f* ⟨~⟩ *abr* (*Europäische [Wirtschafts- und] Währungsunion*) U.E.M. *f* (Union économique et monétaire)
ex [ɛks] F *adv* ***~ trinken*** F faire cul sec
Ex... *in Zssgn* ex-...
exakt [ɛ'ksakt] **I** *adj* exact; précis; **II** *adv* exactement; précisément; ***~ um 14 Uhr*** à 14 heures précises
Examen [ɛ'ksa:mən] *n* ⟨~s; ~ *ou* -mina⟩ examen *m*; ***ein ~ ablegen, machen*** passer, subir un examen
E'xamenskandidat(in) *m(f)* candidat(e) *m(f)* (à un examen)
exami'nieren *v/t* ⟨*sans ge*⟩ ***j-n über etw*** (*acc*) ~ examiner qn en, sur qc
exeku|tieren [ɛkseku'ti:rən] *v/t* ⟨*sans ge*⟩ exécuter; **≈ti'on** *f* ⟨~; ~en⟩ exécution *f*; **≈'tive** *f* ⟨~; ~n⟩ POL (pouvoir) exécutif *m*
Exempel [ɛ'ksɛmpəl] *n* ⟨~s; ~⟩ exemple *m*; ***ein ~ statuieren*** faire un exemple
Exemplar [ɛksɛm'pla:r] *n* ⟨~s; ~e⟩ exemplaire *m*; spécimen *m*
exem'plarisch *adj* exemplaire; ***~ für*** typique, caractéristique de

E

exerzieren [ɛksɛr'tsi:rən] ⟨*sans ge*⟩ **I** F *v/t* (*üben*) s'exercer à (+ *inf*); **II** *v/i* MIL faire l'exercice

Exhibitionist [ɛkshibitsio'nɪst] *m* ⟨~en; ~en⟩ exhibitionniste *m*

Exil [ɛ'ksi:l] *n* ⟨~s; ~e⟩ exil *m*; ***ins ~ gehen*** s'exiler; ***ins ~ schicken*** exiler

existent [ɛksɪs'tɛnt] *adj* existant

Exis'tenz *f* ⟨~; ~en⟩ **1** (*Dasein*) existence *f*; **2** (*Lebensgrundlage*) situation *f*; vie *f*; ***sich*** (*dat*) ***e-e ~ aufbauen*** bâtir son avenir; **3** *péj* (*Person*) individu *m*; F ***verkrachte ~en*** des ratés *m/pl*

Exis'tenz|gründer(in) *m(f)* créateur, -trice *m,f* d'entreprise; **~gründung** *f* création *f* d'entreprise

Existenzia'l|ismus *m* ⟨~⟩ existentialisme *m*; **2istisch** *adj* existentialiste

existenzi'ell *adj* existentiel

Exis'tenz|kampf *m* lutte *f* pour la vie, pour l'existence; **~minimum** *n* minimum vital

exis'tieren *v/i* ⟨*sans ge*⟩ (*vorhanden sein*) exister; (*leben*) vivre

Exitus ['ɛksitʊs] *m* ⟨~⟩ MÉD issue fatale

exklusiv [ɛksklu'zi:f] **I** *adj Klub, Kreis* fermé; (*vornehm*) sélect; (*ausschließlich*) exclusif; *Lokal* distingué; de luxe; **II** *adv* en exclusivité

Exklu'siv|bericht *m* reportage *m* en exclusivité; **~i'tät** *f* ⟨~⟩ exclusivité *f*; *fig* distinction *f*

exkommuni'zieren *v/t* ⟨*sans ge*⟩ CATH excommunier

Exkremente [ɛkskre'mɛntə] *n/pl* excréments *m/pl*

Exkursion [ɛkskʊrzi'o:n] *f* ⟨~; ~en⟩ excursion *f* (scientifique, pédagogique)

Exodus ['ɛksodʊs] *st/s m* ⟨~; ~se⟩ exode *m*

Exot [ɛ'kso:t] *m* ⟨~en; ~en⟩ **1** *Mensch* habitant *m* d'un pays exotique; *plais* original *m*; **2** *Pflanze, Tier* plante *f*, animal *m* exotique

e'xotisch *adj* exotique

Expan|der [ɛks'pandər] *m* ⟨~s; ~⟩ SPORT extenseur *m*; **2'dieren** *v/i* ⟨*sans ge*⟩ prendre de l'extension; **~si'on** *f* ⟨~; ~en⟩ expansion *f*

Expedition [ɛkspeditsi'o:n] *f* ⟨~; ~en⟩ expédition *f*

Experimen|t [ɛksperi'mɛnt] *n* ⟨~(e)s; ~e⟩ expérience *f*; **2'tell** *adj* expérimental; **2'tieren** *v/i* ⟨*sans ge*⟩ faire des expériences (***mit etw*** sur, avec qc)

Expert|e [ɛks'pɛrtə] *m* ⟨~n; ~n⟩, **~in** *f* ⟨~; ~nen⟩ expert *m* (***für*** en)

explodieren [ɛksplo'di:rən] *v/i* ⟨*sans ge*, sn⟩ exploser; éclater (*beide a fig*)

Explosi'on *f* ⟨~; ~en⟩ explosion *f* (*a fig*); **~sgefahr** *f* danger *m*, risque *m* d'explosion

explo'siv *adj* explosif (*a fig*); **2i'tät** *f* ⟨~⟩ explosibilité *f*; *fig* caractère explosif

Expo|nent [ɛkspo'nɛnt] *m* ⟨~en; ~en⟩ MATH exposant *m*; *fig* représentant *m*; **2niert** [-'ni:rt] *adjt* exposé

Export [ɛks'pɔrt] *m* ⟨~(e)s; ~e⟩ exportation *f*; **~abteilung** *f* service *m* (des) exportations; **~bier** *n bière blonde de 4% à 5% d'alcool*

Exporteur [-'tø:r] *m* ⟨~s; ~e⟩ exportateur *m*

Ex'port|firma *f* maison *f* d'exportation; **~handel** *m* commerce *m* d'exportation

expor'tieren *v/t* ⟨*sans ge*⟩ exporter (*a* INFORM)

Express [ɛks'prɛs] *m* ⟨~es⟩ *bes österr* (train *m*) express *m*; **~gut** *n* colis *m* (par) exprès

Expression|ismus [ɛksprɛsio'nɪsmʊs] *m* ⟨~⟩ expressionnisme *m*; **~ist** *m* ⟨~en; ~en⟩ expressionniste *m*; **2istisch** *adj* expressionniste

exquisit [ɛkskvi'zi:t] *adj* exquis; choisi

extern [ɛks'tɛrn] *adj* externe

extra ['ɛkstra] *adv* **1** (*gesondert*) à part; **2** (*eigens*) exprès; spécialement; **3** (*besonders*) très; particulièrement; **4** (*zusätzlich*) en plus; en sus; **5** F (*absichtlich*) exprès

'Extra *n* ⟨~s; ~s⟩ AUTO option *f*; **~blatt** *n* édition spéciale

Extrakt [ɛks'trakt] *m* ⟨~(e)s; ~e⟩ extrait *m*

extravagant [-va'gant] *adj* extravagant

'Extrawurst *f* ***er will immer e-e ~*** (***gebraten***) ***haben*** il ne peut jamais faire comme tout le monde

extrem [ɛks'tre:m] *adj* extrême

Ex'trem *n* ⟨~s; ~e⟩ extrême *m*; ***von e-m ~ ins andere fallen*** passer d'un extrême à l'autre

Extre'm|ismus *m* ⟨~; -men⟩ extrémisme *m*; **~ist** *m* ⟨~en; ~en⟩ extrémiste *m*; **2istisch** *adj* extrémiste; **~i'täten** *f/pl* extrémités *f/pl*

extrovertiert [ɛkstrovɛr'ti:rt] *adjt* extraverti

exzell|ent [ɛkstsɛ'lɛnt] *adj* excellent; **ˆenz** *f* ⟨~; ~en⟩ Excellence *f*

Exzentr|iker [ɛks'tsɛntrikər] *m* ⟨~s; ~⟩ excentrique *m*; **ˆisch** *adj* excentrique (*a fig*)

Exzess [ɛks'tsɛs] *m* ⟨~es; ~e⟩ excès *m*

F

F, f [ɛf] *n* ⟨~; ~⟩ **1** F, f *m*; **2** MUS fa *m*

Fa. *abr* (*Firma*) maison; Sté

Fabel ['fa:bəl] *f* ⟨~; ~n⟩ fable *f* (*a fig*); **ˆhaft** *adj* fabuleux; F formidable; **~tier** *n* animal fabuleux

> **Fabeln**
>
> Wer kennt sie nicht, die Fabel vom Fuchs (**le renard**) und vom Raben (**le corbeau**), in der der Fuchs mit List und Tücke dem Raben ein Stück Käse abnehmen will? Oder die Fabel von der Grille (**la cigale**), die den ganzen Sommer über gesungen und keine Vorräte für den Winter angesammelt hat, und der fleißigen Ameise (**la fourmi**), die der lebenslustigen Grille nun aus der Patsche helfen soll?
>
> Die französische Bearbeitung dieser bereits auf griechische Vorbilder zurückgehenden Fabeln stammt von *Jean de La Fontaine* (1621–1695).
>
> Die Hauptdarsteller in La Fontaines Fabeln sind Tiere, die menschliche Schwächen und Marotten verkörpern. Der Leser soll dadurch belehrt und geläutert werden.

Fabrik [fa'bri:k] *f* ⟨~; ~en⟩ usine *f*

Fabri'kant *m* ⟨~en; ~en⟩ fabricant *m*

Fa'brikarbeiter(in) *m(f)* ouvrier, -ière *m,f* d'usine

Fabri'kat *n* ⟨~¢s; ~e⟩ produit *m*; article *m*; (*Marke*) marque *f*

Fabrikati'on *f* ⟨~; ~en⟩ fabrication *f*

Fa'brik|besitzer *m* propriétaire *m* d'usine; **~gebäude** *n* bâtiment *m* d'usine; **~gelände** *n* terrain *m* (d'une usine); **ˆneu** *adj* qui sort de l'usine; neuf

fabrizieren [fabri'tsi:rən] *v/t* ⟨*sans ge*⟩ fabriquer (*a plais, péj*)

Facette [fa'sɛtə] *f* ⟨~; ~n⟩ facette *f* (*a fig*)

Fach [fax] *n* ⟨~¢s; ~̈er⟩ **1** *e-r Schublade, e-s Schranks* case *f*; (*Schrankˆ a, Regalˆ*) rayon *m*; *e-r Tasche* poche *f*; compartiment *m*; **2** (*Schulˆ, Studienˆ*) matière *f*; discipline *f*; (*Spezialˆ*) spécialité *f*; domaine *m*; ***vom ~ sein*** être du métier

'Fach|arbeiter *m* ouvrier qualifié; **~arzt** *m*, **~ärztin** *f* (médecin *m*) spécialiste *m,f*; **~ausdruck** *m* ⟨~¢s; -drücke⟩ terme *m* technique; **~buch** *n* livre, ouvrage spécialisé

Fächer ['fɛçər] *m* ⟨~s; ~⟩ éventail *m*; **ˆartig** *adj u adv* en éventail

'Fach|frau *f* spécialiste *f*; expert *m*; **~gebiet** *n* spécialité *f*; domaine *m*; **ˆgerecht I** *adj* approprié; **II** *adv* d'une façon appropriée; **~geschäft** *n* magasin spécialisé; **~handel** *m* commerce spécialisé; **~hochschule** *f* institut *m* universitaire de technologie; **~idiot** *m* spécialiste borné; **~kenntnis(se)** *f(pl)* connaissances spéciales; **ˆkundig** *adj* compétent; expert; **~leute** *pl von* ***Fachmann***; **ˆlich** *adj* professionnel; **~mann** *m* ⟨~¢s; -männer *ou* -leute⟩ spécialiste *m*; expert *m*; **ˆmännisch I** *adj* de spécialiste; d'expert; **II** *adv* avec compétence; **~schule** *f* école professionnelle; **ˆsimpeln** F *v/i* ⟨¢⟩ parler métier, boutique; **~sprache** *f* langage *m* technique; terminologie *f*

'Fachwerk *n* colombage *m*; **~haus** *n* maison *f* à colombage

'Fach|wissen *n* connaissances spécialisées, techniques; **~zeitschrift** *f* revue spécialisée

Fackel ['fakəl] *f* ⟨~; ~n⟩ torche *f*; flambeau *m*

'**fackeln** F *v/i* ⟨¢⟩ ***nicht lange ~*** F ne faire ni une ni deux; ne pas hésiter

'**Fackelzug** *m* retraite *f* aux flambeaux

fad(e) [fa:t ('fa:də)] *adj* **1** *Speise*, *fig* fade; insipide; **2** (*langweilig*) ennuyeux

Faden ['fa:dən] *m* ⟨~s; ⸚⟩ fil *m* (*a* MÉD); (*Näh*≈) aiguillée *f*; MÉD ***die Fäden ziehen*** retirer les fils; *fig* ***roter ~*** fil conducteur; ***den ~ verlieren*** perdre le fil; ***alle Fäden in der Hand halten*** tirer les ficelles; ***an e-m (seidenen) ~ hängen*** ne tenir qu'à un fil

'**Faden|kreuz** *n* OPT réticule *m*; **~nudeln** *f/pl* vermicelle *m*; **≈scheinig** *adj* **1** (*abgewetzt*) élimé; râpé; **2** *fig péj* cousu de fil blanc

Fagot|t [fa'gɔt] *n* ⟨~¢s; ~e⟩, **~'tist** *m* ⟨~en; ~en⟩ basson *m*

fähig ['fɛ:ɪç] *adj* **1** (*befähigt*) capable (***zu*** de); apte (à); **2** (*bereit*) ***zu etw ~ sein*** être capable de qc; *péj* ***zu allem ~*** capable de tout

'**Fähigkeit** *f* ⟨~; ~en⟩ *zu e-r Tätigkeit* capacité *f*; *natürliche* aptitude *f*; *geistige* faculté *f*

fahl [fa:l] *adj* blafard; blême

Fähnchen ['fɛ:nçən] *n* ⟨~s; ~⟩ petit drapeau; *dreieckig* fanion *m*

fahnden ['fa:ndən] *v/i* ⟨-e-⟩ ***nach j-m ~*** rechercher qn

'**Fahndung** *f* ⟨~; ~en⟩ recherches *f/pl*

Fahne ['fa:nə] *f* ⟨~; ~n⟩ **1** drapeau *m*; *fig* ***s-e ~ nach dem Wind(e) hängen*** retourner sa veste; **2** F (*Alkohol*≈) ***e-e ~ haben*** sentir l'alcool

'**Fahnenflucht** *f* désertion *f*

'**fahnenflüchtig** *adj* ***~ werden*** déserter

'**Fahr|ausweis** *m* titre *m* de transport; **~bahn** *f e-r Straße* chaussée *f*; (*Fahrspur*) voie *f*; **≈bar** *adj* roulant

Fähre ['fɛ:rə] *f* ⟨~; ~n⟩ bac *m*; *große* ferry-boat *m*

fahren ['fa:rən] ⟨fährt, fuhr, gefahren⟩ **I** *v/t Person*, *Auto* conduire; *Wagen*, *Lasten* transporter; *Strecke*, *Runde* faire; F ***e-n ~ lassen*** F faire un pet; **II** *v/i* ⟨sn⟩ **1** aller; rouler; *Person am Steuer* conduire; ***mit 80 km/h ~*** faire du 80 à l'heure; ***mit dem Auto, dem Fahrrad, der Bahn ~*** aller en voiture, à bicyclette, en train; prendre la voiture, la bicyclette, le train; ***rechts ~*** rouler à droite; ***gegen etw ~*** rentrer dans qc; **2** (*ab~*) partir; **3** (*verkehren*) circuler; ***der Bus fährt zweimal täglich*** le bus passe deux fois par jour; **4** *fig* ***mit der Hand über etw*** (*acc*) ***~*** passer la main sur qc; ***was ist bloß in dich gefahren?*** qu'est-ce qui t'a pris?; F ***gut mit j-m, e-r Sache ~*** être content de qn, qc

'**Fahrer** *m* ⟨~s; ~⟩ conducteur *m*; *Beruf* chauffeur *m*; **~flucht** *f* délit *m* de fuite; **~in** *f* ⟨~; ~nen⟩ conductrice *f*

'**Fahr|erlaubnis** *f* ADM permis *m* de conduire; **~gast** *m im Auto*, *Schiff* passager, -ère *m,f*; *in Zug*, *Bus*, *Straßenbahn* voyageur, -euse *m,f*; *im Taxi* client(e) *m(f)*; **~geld** *n* argent *m* pour le tramway, pour l'autobus, *etc*; **~gemeinschaft** *f* covoiturage *m*; **~gestell** *n e-s Autos* châssis *m*; *e-s Flugzeugs* train *m* d'atterrissage

'**fahrig** *adj* (*unruhig*) agité; (*nervös*) nerveux

'**Fahrkarte** *f* billet *m*; ***einfache ~*** aller *m* simple

'**Fahrkarten|automat** *m* distributeur *m* de billets; **~schalter** *m* guichet *m* des billets

'**fahrlässig I** *adj* négligent; ***~e Tötung*** homicide *m* par imprudence; **II** *adv* par négligence

'**Fahrlässigkeit** *f* ⟨~⟩ négligence *f*

'**Fahrlehrer(in)** *m(f)* moniteur, -trice *m,f* d'auto-école

'**Fährmann** *m* ⟨~¢s; -männer *ou* -leute⟩ passeur *m*

'**Fahr|plan** *m* **1** horaire *m*; **2** F (*Programm*) programme *m*; **≈planmäßig I** *adj Zug*, *Bus* régulier; *Ankunft*, *Abfahrt* prévu (selon l'horaire); **II** *adv* selon l'horaire; **~preis** *m* prix *m* du transport; **~preisanzeiger** *m* ⟨~s; ~⟩ *im Taxi* compteur *m*; **~prüfung** *f* examen *m* du permis de conduire; **~rad** *n* bicyclette *f*; vélo *m*; **~schein** *m* billet *m*; *für U-Bahn* ticket *m* (*oft a für Bus*, *Straßenbahn*); **~scheinautomat** *m* distributeur *m* de billets

'**Fährschiff** *n* ferry-boat *m*

'**Fahr|schule** *f* auto-école *f*; **~schüler(in)** *m(f)* élève *m,f* d'auto-école; **~spur** *f* voie *f*; file *f*; **~streifen** *m* voie *f*; file *f*; **~stuhl** *m* ascenseur *m*; **~stunde** *f* leçon *f* de conduite

Das Fahrrad

das Fahrradschloss	**l'antivol** *m*
die Gangschaltung	**le dérailleur**
der Gepäckträger	**le porte-bagages**
die Kette	**la chaîne**
die Klingel	**la sonnette**
die Lenkstange	**le guidon**
das Pedal	**la pédale**
der Radweg	**la piste cyclable**
der Reifen	**le pneu**
das Rücklicht	**le feu arrière**
der Schlauch	**la chambre à air**
die Speichen	**les rayons** *m/pl*
der Sattel	**la selle**
der Ständer	**la béquille**
das Vorderlicht	**le phare avant**
Rad fahren	**faire du vélo**
mit dem Fahrrad fahren	**aller en vélo/à bicyclette**

Fahrt [faːrt] *f* ⟨~; ~en⟩ **1** (*Reise*) voyage *m*; *kurze* trajet *m*; *im Taxi* course *f*; (*Spazier*2) promenade *f*; ***~ ins Blaue*** excursion *f* à l'aventure; ***auf der ~ nach …*** en allant à …; ***gute ~!*** bon voyage!; *bei e-r Auto*2 bonne route!; **2** (*Fahren*) marche *f*; (*Geschwindigkeit*) vitesse *f*; allure *f*; ***wir hatten freie ~*** nous avons bien roulé; **3** *fig* F ***in ~ kommen*** se dégeler; (*wütend werden*) s'énerver; F ***in ~ sein*** être lancé; (*aufgebracht sein*) F être fumace, furax

Fährte ['fɛːrtə] *f* ⟨~; ~n⟩ trace *f*; piste *f*; *fig* ***auf der falschen ~ sein*** être sur une fausse piste; faire fausse route

'Fahrt|kosten *pl* frais *m/pl* de transport, *geschäftliche* de déplacement; **~richtung** *f* sens *m* de la marche

'fahrtüchtig *adj Person* en état de conduire; *Fahrzeug* en état de marche

'Fahrtwind *m* vent *m*; air *m*

'Fahrverbot *n* interdiction *f* de conduire

'Fahrwasser *n fig* ***in ein politisches ~ kommen*** prendre une tournure politique

'Fahr|weise *f* façon *f* de conduire; conduite *f*; **~werk** *n* → ***Fahrgestell***; **~zeit** *f* durée *f* du trajet, du voyage

'Fahrzeug *n* ⟨~(e)s; ~e⟩ véhicule *m*; **~halter** *m* ADM détenteur *m* du véhicule; **~papiere** *n/pl* papiers *m/pl* du véhicule

Faible ['fɛːbəl] *n* ⟨~s; ~s⟩ faible *m*

fair [fɛːr] *adj* fair-play; loyal; ***~ sein*** (***gegenüber***) être fair-play (avec)

Fairness ['fɛːrnɛs] *f* ⟨~⟩ fair-play *m*

Fäkalien [fɛ'kaːliən] *pl* matières fécales

Fakir ['faːkiːr] *m* ⟨~s; ~e⟩ fakir *m*

Faksimile [fak'ziːmile] *n* ⟨~s; ~s⟩ facsimilé *m*

faktisch ['faktɪʃ] *adj* effectif

Faktor ['faktoːr] *m* ⟨~s; -'toren⟩ facteur *m*

'Faktum *n* ⟨~s; -ten⟩ fait *m*

Fakultät [fakʊl'tɛːt] *f* ⟨~; ~en⟩ faculté *f*; ***juristische ~*** la faculté de droit

fakulta'tiv *adj* facultatif

Falk|e ['falkə] *m* ⟨~n; ~n⟩ ZO, POL faucon *m*; **~ner** *m* ⟨~s; ~⟩ fauconnier *m*

Fall [fal] *m* ⟨~(e)s; ⸗e⟩ **1** (*Vorkommnis*) cas *m* (*a* JUR, MÉD); ***in diesem ~(e)*** dans ce cas; ***im schlimmsten ~(e)*** au pire; ***auf jeden ~, auf alle Fälle*** en tout cas; de toute façon; ***auf keinen ~*** en aucun cas; ***für alle Fälle*** à tout 'hasard; ***für den ~, dass …*** au cas où … (+ *Konditional*); ***von ~ zu ~*** (***entscheiden***) (décider) selon, suivant le cas; ***gesetzt den ~, dass …*** supposons que … (+ *subj*); (***nicht***) ***der ~ sein*** (ne pas) être le cas; **2** (*Sturz*) chute *f* (*a fig*); *st/s* ***zu ~ kommen*** tomber; *st/s fig* ***zu ~ bringen*** *Regierung* provoquer la chute de; *Antrag* faire échouer; **3** GR cas *m*

Falle ['falə] *f* ⟨~; ~n⟩ **1** piège *m* (*a fig*); *fig* ***j-m e-e ~ stellen*** tendre un piège à qn; ***in die ~ gehen*** tomber dans le piège, *fig* le panneau; **2** F (*Bett*) F pieu *m*

'fallen *v/i* ⟨fällt, fiel, gefallen, sn⟩ **1** *zu Boden* tomber; ***~ lassen*** laisser tomber; ***sich ~ lassen*** se détendre; **2** *im Krieg* mourir à la guerre; tomber; **3** *Preise, Kurse* baisser; *Thermometer* baisser; descendre; **4** *Festung* être pris; **5** (*weg~*) tomber; être supprimé; **6** *Schuss* partir; SPORT *Tor* être marqué; **7** *Wort* être lâché; **8** *Entscheidung* être pris; **9** JUR ***an j-n ~*** revenir à qn; **10** (*tref-*

F

fen) **auf j-n, etw ~** tomber sur qn, qc; *Wahl, Verdacht* se porter sur qn; **11** *zeitlich* **auf e-n Sonntag** *etc* **~** tomber un dimanche, *etc*; **12 in dieselbe Kategorie ~** rentrer dans la même catégorie

fällen ['fɛlən] *v/t* **1** *Baum* abattre; **2** *Entscheidung* prendre

'fallend *adjt* tombant; *Preise, Kurse, Barometer* en baisse; *Tendenz* à la baisse

fällig ['fɛlɪç] *adj Gebühr, Steuer* exigible; *Zinsen* payable; **(am …) ~ werden** échoir (le …)

F

'Fälligkeit *f* ⟨~; ~en⟩ échéance *f*

'Fallobst *n* fruits tombés

falls [fals] *conj* si (+ *ind*); au cas où … (+ *Konditional*); **~ nicht** sinon

'Fallschirm *m* parachute *m*; **mit dem ~ abspringen** sauter en parachute

'Fallschirm|jäger *m* parachutiste *m*; **~springen** *n* parachutisme *m*; **~springer** *m* parachutiste *m*

'Fall|strick *m* traquenard *m* (*a fig*); **~tür** *f* trappe *f*

falsch [falʃ] **I** *adj* faux (*a péj Person*); *Adresse, Mittel, Richtung, Tür* mauvais; **II** *adv singen* faux; *aussprechen, schreiben, verstehen* mal; *machen* mal; de travers; *Uhr* **~ gehen** ne pas être juste *od* à l'heure; **~ parken** être en stationnement interdit; TÉL **(ich bin) ~ verbunden** c'est une erreur

fälsch|en ['fɛlʃən] *v/t durch Nachahmung* contrefaire; *durch Änderung* falsifier; truquer; **2er** *m* ⟨~s; ~⟩ faussaire *m*

'Falsch|fahrer *m* automobiliste *m* roulant à contresens; **~geld** *n* fausse monnaie; **~heit** *f* ⟨~⟩ fausseté *f*

'fälschlich **I** *adj* faux; (*irrtümlich*) erroné; **II** *adv* faussement; (*irrtümlich*) par erreur; **'~er'weise** *adv* → **fälschlich** *II*

'Falsch|meldung *f* fausse nouvelle; **~münzer** *m* ⟨~s; ~⟩ faux-monnayeur *m*; **~parker** *m* ⟨~s; ~⟩ automobiliste *m* en stationnement interdit; **~spieler** *m* tricheur *m*

'Fälschung *f* ⟨~; ~en⟩ *durch Nachahmung* contrefaçon *f*; *durch Änderung* falsification *f*; *von Kunstwerken* faux *m*; **2ssicher** *adj* infalsifiable

'Falt|blatt *n* dépliant *m*; **~boot** *n* canot pliant

Falte ['faltə] *f* ⟨~; ~n⟩ **1** (*Kleider2*) pli *m*; *ungewollte* faux pli; (*Kräusel2*) fronce *f*; **~n werfen** faire des plis; **2** (*Haut2*) ride *f*

'falten *v/t* ⟨-e-⟩ plier; *Hände* joindre

'Faltenrock *m* jupe plissée

'Falter *m* ⟨~s; ~⟩ ZO papillon *m*

'faltig *adj* (*zerknittert*) froissé; *Haut* ridé

Falz [falts] *m* ⟨~es; ~e⟩ *e-s Papierbogens* pli *m*; *e-s Buchs* onglet *m*

'falzen *v/t* ⟨-t⟩ *Papier* plier

familiär [famili'ɛːr] *adj* **1** (*zwanglos*) familier; **2** (*Familien…*) familial; de famille

Familie [fa'miːliə] *f* ⟨~; ~n⟩ famille *f*; **e-e ~ gründen** fonder une famille

Fa'milien|angehörige(r) *f(m)* membre *m* de la famille; parent(e) *m(f)*; **~angelegenheit** *f* affaire *f* de famille; **~anschluss** *m* accueil *m* dans une famille; **~betrieb** *m* entreprise familiale; **~feier** *f* fête *f* de famille; **~grab** *n* caveau *m* de famille

Fa'milienkreis *m* **im engsten ~** dans la plus stricte intimité

Fa'milien|leben *n* vie *f* de famille, familiale; **~mitglied** *n* membre *m* de la famille; **~name** *m* nom *m* de famille; **~planung** *f* planning familial; **~stand** *m* ADM état civil; situation *f* de famille; **~vater** *m* père *m* de famille

famos [fa'moːs] F *adj* épatant; F chouette

Fan [fɛn] *m* ⟨~s; ~s⟩ fan *m,f*; *e-s Sportlers* supporter *m*

Fanal [fa'naːl] *st/s n* ⟨~s; ~e⟩ flambeau *m*

Fana|tiker [fa'naːtikər] *m* ⟨~s; ~⟩ fanatique *m*; **2tisch** *adj* fanatique; **~'tismus** *m* ⟨~⟩ fanatisme *m*

fand [fant] → **finden**

Fanfare [fan'faːrə] *f* ⟨~; ~n⟩ fanfare *f*

Fang [faŋ] *m* ⟨~(e)s; ~e⟩ **1** (*Fisch2*) prise *f* (*a fig*); pêche *f*; (*Beute*) capture *f*; **2** *pl* **Fänge** *e-s Raubvogels* serres *f/pl*

'fangen ⟨fängt, fing, gefangen⟩ **I** *v/t Person, Tier, Ball* attraper; *Tier a* capturer; *Fische* prendre; **2 spielen** jouer à chat; **II** *v/r* **sich (wieder) ~** se reprendre (*a fig*)

'Fangfrage *f* question *f* piège

Fangopackung ['faŋgo-] *f* enveloppement *m* (à base) de boues minérales

'Fanklub *m* club *m* de fans

Fantasie [fanta'ziː] *f* ⟨~; ~n⟩ **1** (*Einbildungskraft*) imagination *f*; (*Einfalls-*

reichtum) fantaisie *f*; **2** *meist pl* (*Vorstellung*) **~n** visions *f/pl*; rêveries *f/pl*; **2los** *adj* dépourvu d'imagination

fanta'sieren *v/i* ⟨*sans ge*⟩ **1** rêver (**von** de); *abs* fantasmer; s'abandonner à son imagination; **2** *im Fieber* divaguer; délirer; **3** (*Unsinn reden*) F débloquer; F délirer

fanta'sievoll *adj* plein d'imagination

fantastisch [fan'tastɪʃ] *adj* **1** fantastique; romanesque; fantaisiste; **2** (*unwirklich*) invraisemblable; incroyable; rocambolesque; **3** F (*großartig*) F formidable; fantastique

'Farb|band *n* ⟨~e̸s; -bänder⟩ ruban *m* encreur; **~bild** *n* photo *f* (en) couleur(s); **~drucker** *m* imprimante *f* couleur

Farbe ['farbə] *f* ⟨~; ~n⟩ **1** couleur *f* (*a fig*); *des Gesichts a* teint *m*; *fig* **~ bekennen** jouer cartes sur table; → *Info bei* **couleur**; **2** *zum Anstreichen* peinture *f*

'farbecht *adj* grand teint

färben ['fɛrbən] **I** *v/t* **1** colorer; *Gewebe, Haar* teindre; **blau ~** colorer, teindre en bleu; **2** *fig Bericht* déformer; **II** *v/r* **sich** (**rot**) **~** se colorer (de rouge)

'farben|blind *adj* daltonien; **~froh** *adj* coloré; 'haut en couleurs; **~prächtig** *adj* aux couleurs magnifiques

'Farb|fernsehen *n* télévision *f* en couleurs; **~fernseher** F *m* F télé *f* couleur; **~fernsehgerät** *n* téléviseur *m* couleur; **~film** *m* film *m* en couleurs; PHOT pellicule *f* (en) couleurs; **~foto** *n* photo *f* (en) couleur(s)

'farbig *adj* (*bunt*), *Hautfarbe* de couleur; *Glas, fig* coloré

'Farbige(r) *f(m)* ⟨→ A⟩ homme *m*, femme *f* de couleur

'Farb|kasten *m* boîte *f* de couleurs; **~kopie** *f* copie *f* en couleurs; **~kopierer** *m* (photo)copieur *m* couleur

'farblich **I** *adj* des couleurs; **II** *adv* **etw ~ abstimmen** accorder les couleurs de qc

'farb|los *adj* incolore; sans couleur (*a fig*); **2stift** *m* crayon *m* de couleur; **2stoff** *m* matière colorante; colorant *m*; **2ton** *m* ⟨~e̸s; -töne⟩ teinte *f*

'Färbung *f* ⟨~; ~en⟩ *Vorgang* teinture *f*; *Eigenschaft* coloration *f*; teinte *f* (*a fig*)

Farce ['farsə] *f* ⟨~; ~n⟩ farce *f* (*a fig*)

Farm [farm] *f* ⟨~; ~en⟩ ferme *f*; *in Amerika* ranch *m*; **'~er** *m* ⟨~s; ~⟩ fermier *m*

Farn [farn] *m* ⟨~e̸s; ~e⟩ fougère *f*; **'~kraut** *n* → **Farn**

Färse ['fɛrzə] *f* ⟨~; ~n⟩ AGR génisse *f*

Fasan [fa'za:n] *m* ⟨~e̸s; ~e̸n⟩ faisan *m*

Faschierte(s) [fa'ʃi:rtə(s)] *n* ⟨→ A⟩ *österr* 'hachis *m*

Fasching ['faʃɪŋ] *m* ⟨~s; ~e *ou* ~s⟩ carnaval *m*; **~sball** *m* bal *m* de carnaval

Faschis|mus [fa'ʃɪsmus] *m* ⟨~⟩ fascisme *m*; **~t(in)** *m* ⟨~en; ~en⟩ (*f*) ⟨~; ~nen⟩ fasciste *m,f*; **2tisch** *adj* fasciste

faseln ['fa:zəln] F *péj v/t u v/i* ⟨e̸⟩ radoter; F dérailler

Faser ['fa:zər] *f* ⟨~; ~n⟩ fibre *f*

'faserig *adj* fibreux; *Fleisch* filandreux

'fasern *v/i von Stoff* s'effilocher

Fass [fas] *n* ⟨~es; ~er⟩ **1** tonneau *m*; barrique *f* (*etwa 225 l*); *meist für Wein a* fût *m*; *für Heringe* baril *m*; **Bier** *n* **vom ~** (bière *f*) pression *f*; **2** *fig* **ein ~ ohne Boden** un gouffre; **das schlägt dem ~ den Boden aus** c'est le comble

Fassade [fa'sa:də] *f* ⟨~; ~n⟩ façade *f* (*a fig*)

'fassbar *adj* (*wahrnehmbar*) perceptible (*a fig*); (*begreifbar*) concevable

'Fassbier *n* (bière *f*) pression *f*

fassen ['fasən] ⟨e̸s⟩ **I** *v/t* **1** (*greifen*) prendre; saisir; *Verbrecher* arrêter; **2** → **einfassen**; **3** *Gefäß, Raum* (pouvoir) contenir; **4** *Entschluss, Vertrauen, Vorsatz* prendre; *Plan* concevoir; *Mut* reprendre; **5** (*glauben*) **etw nicht ~ können** ne pas pouvoir croire qc; **es ist nicht zu ~!** c'est incroyable!; **II** *v/i* **6** (*greifen*) *Schraube* mordre; **in etw** (*acc*) **~** mettre la main dans qc; **an etw** (*acc*) **~** toucher qc; **III** *v/r* **7** **sich** (**wieder**) **~** se ressaisir; (*sich beruhigen*) se calmer; **8** **sich kurz ~** être bref

Fasson [fa'sõ:] *f* ⟨~; ~s⟩ façon *f*; *fig* **nach s-r ~** à sa guise

'Fassung *f* ⟨~; ~en⟩ **1** *e-r Glühbirne* douille *f*; *e-r Brille, e-s Edelsteins* monture *f*; **2** *e-s Textes* version *f*; **3** (*Selbstbeherrschung*) contenance *f*; **die ~ bewahren** faire bonne contenance; **die ~ verlieren** perdre contenance; **j-n aus der ~ bringen** décontenancer qn

'fassungslos *adj* décontenancé; stupéfait

'Fassungsvermögen *n* contenance *f*; capacité *f*

fast [fast] *adv* presque; *vor Zahlen a*

F

près de; ~ ***nichts*** pratiquement rien; ***ich wäre ~ gefallen*** j'ai failli tomber
'fasten *v/i* ⟨-e-⟩ jeûner; ne rien manger
'Fasten *n* ⟨~s⟩ jeûne *m*; **~kur** *f* cure *f* d'amaigrissement par le jeûne; **~zeit** *f* carême *m*
Fastfood ['fa:st'fu:t] *n* ⟨~s⟩ **1** *Gastronomie* fast-food *m*; restauration *f* rapide; **2** *Mahlzeit* repas *m* rapide
'Fastnacht *f* (*Karneval*) carnaval *m*; (*~sdienstag*) mardi gras; **~sdienstag** *m* mardi gras

F

Faszi|nation [fastsinatsi'o:n] *f* ⟨~⟩ fascination *f*; **2'nieren** *v/t* ⟨*sans ge*⟩ fasciner
fatal [fa'ta:l] *adj* **1** (*misslich*) fâcheux; **2** (*verhängnisvoll*) fatal
Fata'lis|mus *m* ⟨~⟩ fatalisme *m*; **2tisch** *adj* fataliste
Fata Morgana ['fa:tamɔr'ga:na] *f* ⟨~; -nen *ou* ~s⟩ mirage *m*
fauchen ['fauxən] *v/i* **1** *Katze, Tiger* feuler; **2** *fig Person* grogner
faul [faul] *adj* **1** *Person* paresseux; **2** *Früchte, Ei* pourri; **3** F *péj Kompromiss* boiteux; ***~e Ausrede*** mauvaise excuse; ***da ist etwas ~*** c'est louche
Fäule ['fɔylə] *f* ⟨~⟩ pourriture *f*
'faulen *v/i* ⟨sn *ou* h⟩ pourrir; *Wasser* croupir
faulenz|en ['faulɛntsən] *v/i* ⟨*ge*⟩ paresser; *péj* F flemmarder; **2er(in)** *m* ⟨~s; ~⟩ (*f*) ⟨~; ~nen⟩ *péj* paresseux, -euse *m,f*; fainéant(e) *m(f)*; **2e'rei** *f* ⟨~⟩ *péj* fainéantise *f*
'Faulheit *f* ⟨~⟩ paresse *f*; *p/fort* fainéantise *f*
'faulig *adj Wasser* croupi; *Geruch* putride; *Obst* pourri
'Fäulnis *f* ⟨~⟩ pourriture *f*
'Faul|pelz F *m* → ***Faulenzer***; **~tier** *n* **1** zo paresseux *m*; **2** F → ***Faulenzer***
Fauna ['fauna] *f* ⟨~; -nen⟩ faune *f*
Faust [faust] *f* ⟨~; ⁼e⟩ **1** poing *m*; ***j-m mit der ~ drohen*** montrer le poing à qn; **2** *fig* ***mit der ~ auf den Tisch hauen*** taper du poing sur la table; F ***das passt wie die ~ aufs Auge*** (*passt nicht*) ça vient comme un cheveu sur la soupe; (*passt genau*) ça va parfaitement ensemble; ***etw auf eigene ~ tun*** faire qc de son propre chef
Fäustchen ['fɔystçən] *n* ⟨~s; ~⟩ *fig* ***sich*** (*dat*) ***ins ~ lachen*** rire sous cape

'faust'dick I *adj* gros comme le poing; F *Lüge* gros comme une maison; **II** F *adv* ***er hat es ~ hinter den Ohren*** c'est un malin, un rusé
'fausten *v/t* ⟨-e-⟩ *Torhüter* dégager du poing
'faust|groß *adj* gros comme le poing; **2handschuh** *m* moufle *f*
Fäustling ['fɔystlɪŋ] *m* ⟨~s; ~e⟩ moufle *f*
'Faust|recht *n* loi *f* du plus fort; **~regel** *f* règle générale; **~schlag** *m* coup *m* de poing
Fauteuil [fo'tø:j] *m* ⟨~s; ~s⟩ *österr* fauteuil *m*
Fauxpas [fo'pa] *m* ⟨~; ~⟩ impair *m*; faux pas
Favo'rit(in) [favo'ri:t(ɪn)] *m* ⟨~en; ~en⟩ (*f*) ⟨~; ~nen⟩ favori, -ite *m,f*
Fax [faks] *n* ⟨~; ~e⟩ fax *m*; télécopie *f*
'Faxanschluss *m* fax *m*
'faxen *v/t* ⟨*ge*⟩ faxer
Faxen ['faksən] F *f/pl* (*Albereien*) clowneries *f/pl*; (*Grimassen*) singeries *f/pl*
'Fax|gerät *n* télécopieur *m*; fax *m*; **~nummer** *f* numéro *m* de télécopieur, de fax
Fazit ['fa:tsɪt] *n* ⟨~s; ~e *ou* ~s⟩ résultat *m*; bilan *m*; ***das ~ (aus etw) ziehen*** faire le bilan (de qc)
FCKW [ɛftse:ka:'ve:] *abr* (*Fluorchlorkohlenwasserstoffe*) C.F.C. *m/pl* (chlorofluorocarbones)
FDP [ɛfde:'pe:] *f* ⟨~⟩ *abr* (*Freie Demokratische Partei*) F.D.P. *m* (*parti libéral allemand*)
'F-Dur *n* fa *m* majeur
Feber ['fe:bər] *m* ⟨~s; ~⟩ *österr* (mois *m* de) février *m*; → ***Januar***
Februar ['fe:brua:r] *m* ⟨~s; ~e⟩ (mois *m* de) février *m*; → ***Januar***
fechten ['fɛçtən] *v/i* ⟨ficht, focht, gefochten⟩ **1** faire de l'escrime (***mit dem Degen*** à l'épée); **2** *st/s fig* (*kämpfen*) se battre (***für, gegen*** pour, contre)
'Fechten *n* ⟨~s⟩ escrime *f*
'Fechter(in) *m* ⟨~s; ~⟩ (*f*) ⟨~; ~nen⟩ escrimeur, -euse *m,f*
Feder ['fe:dər] *f* ⟨~; ~n⟩ **1** (*Vogel2*) plume *f*; (*Hut2*) plumet *m*; *fig* ***sich mit fremden ~n schmücken*** se parer des plumes du paon; F *fig* ***dabei ~n lassen*** y laisser des plumes; F ***noch in den ~n liegen*** F être encore au lit; **2**

(*Schreib*2) plume *f*; ***zur ~ greifen*** prendre la plume; **3** TECH ressort *m*

'**Feder|ball** *m* *Ball u Spiel* volant *m*; badminton *m*; **~bett** *n* couette *f*; *kleines* édredon *m*; **2führend** *adjt* compétent; responsable; **~halter** *m* porte-plume *m*; **~kernmatratze** *f* matelas *m* à ressorts; '**2'leicht** *adj* léger comme une plume

'**Federlesen** *n* ***nicht viel ~s machen*** ne pas y aller par quatre chemins

'**federn** **I** *v/t Matratze* mettre des ressorts à; *Auto* ***gut gefedert*** avec une bonne suspension; **II** *v/i* faire ressort

'**federnd** *adjt* qui fait ressort; *Gang, Bewegung* élastique

'**Feder|schmuck** *m* parure *f* de plumes; **~ung** *f* ⟨~; ~en⟩ suspension *f*; **~vieh** F *n* volaille *f*; **~weiße(r)** *m* ⟨→ A⟩ vin bourru; **~zeichnung** *f* dessin *m* à la plume

Fee [fe:] *f* ⟨~; ~n⟩ fée *f*

Feedback ['fi:dbɛk] *n* ⟨~s; ~s⟩ feed-back *m*

'**Fegefeuer** *n* purgatoire *m*

fegen ['fe:gən] **I** *v/t* **1** *mit Besen* balayer; *Schornstein* ramoner; **2** ***etw vom Tisch ~*** envoyer valser qc; *fig* balayer qc d'un revers de main; **II** *v/i* ⟨sn⟩ *Schnellzug etc* passer en trombe; *Wind* ***über die Ebene ~*** balayer la plaine

Fehde ['fe:də] *f* ⟨~; ~n⟩ querelle *f* (*a fig*)

Fehl [fe:l] *st/s m* ***ohne ~ (und Tadel)*** irréprochable; sans défaut

'**Fehl|anzeige** *f* F (*nichts*) ***~!*** néant!; **~betrag** *m* déficit *m*; **~diagnose** *f* erreur *f* de diagnostic; **~einschätzung** *f* erreur *f* d'appréciation

fehlen ['fe:lən] *v/i u v/imp* **1** (*mangeln, nicht da sein*) manquer; *Person a* être absent; ***mir ~ fünfzig Euro*** il me manque cinquante euros; ***es fehlt ihm nicht an Talent*** (*dat*) il ne manque pas de talent; **2** (*nötig sein*) manquer; ***ihr ~ noch zwei Punkte*** *zum Gewinn* il lui manque encore deux points; ***es hätte nicht viel gefehlt, und ich wäre gefallen*** j'ai failli tomber; *iron* ***das fehlte gerade noch!*** il ne manquait plus que ça!; **3** ***du fehlst mir*** tu me manques; **4** *gesundheitlich* ***fehlt Ihnen etwas?*** ça ne va pas?; vous n'êtes pas bien?; **5** *st/s* ***weit gefehlt!*** il n'en est rien; pas du tout!

'**fehlend** *adjt* manquant; absent

'**Fehlentscheidung** *f* mauvaise décision

'**Fehler** *m* ⟨~s; ~⟩ **1** (*Verstoß*) faute *f* (*a moralischer*, SPORT); (*Irrtum*) erreur *f* (*a* MATH); ***e-n ~ machen*** faire une erreur; **2** (*Mangel*) défaut *m*; vice *m*

'**fehler|frei** *adj* **1** sans faute(s); correct; **2** (*ohne Mangel*) sans défaut(s); **~haft** *adj* **1** plein de fautes; **2** TECH défectueux; **~los** → ***fehlerfrei***

'**Fehler|meldung** *f* signalement *m* d'une erreur; **~quelle** *f* source *f* d'erreur(s); **~quote** *f* pourcentage *m* d'erreurs

'**Fehl|geburt** *f* fausse couche; **~griff** *m* mauvais choix; erreur *f*; **~investition** *f* mauvais investissement; **~konstruktion** *f* construction défectueuse; **~pass** *m* mauvaise passe; **~planung** *f* (exemple *f* de) mauvaise planification; **~schlag** *m* échec *m*

'**fehl·schlagen** *v/i* ⟨*irr*, sn⟩ échouer; rater

'**Fehl|start** *m* faux départ; **~tritt** *m* **1** (*Tritt daneben*) faux pas; **2** *moralischer* écart *m* de conduite; **~urteil** *n* erreur *f* de jugement; **~zündung** *f* AUTO raté *m*

Feier ['faɪər] *f* ⟨~; ~n⟩ **1** *private* fête *f*; **2** *e-s Gedenktages* célébration *f*; *oft plais* ***zur ~ des Tages*** en l'honneur de ce grand jour

'**Feierabend** *m* fin *f* de la journée de travail; ***~ machen*** finir de travailler; ***nach ~*** après le travail

'**feierlich** *adj* solennel; **2keit** *f* ⟨~; ~en⟩ **1** *e-r Veranstaltung* solennité *f*; **2** *Vorgang* cérémonie *f*

'**feiern** **I** *v/t* ***j-n, etw ~*** fêter qn, qc; *festlich* ***etw ~*** célébrer qc; **II** *v/i* faire une fête

'**Feierstunde** *f* cérémonie *f*

'**Feiertag** *m* jour férié, de fête; ***gesetzlicher, kirchlicher ~*** fête légale, religieuse; → *Info-Fenster S. 862*

feig(e) [faɪk ('faɪgə)] *adj* lâche

'**Feige** *f* ⟨~; ~n⟩ figue *f*

'**Feigen|baum** *m* figuier *m*; **~blatt** *n* feuille *f* de figuier; KUNST, *fig* feuille de vigne

'**Feigheit** *f* ⟨~⟩ lâcheté *f*

'**Feigling** *m* ⟨~s; ~e⟩ lâche *m,f*

Feile ['faɪlə] *f* ⟨~; ~n⟩ lime *f*

'**feilen** *v/t* **1** limer; **2** *fig* ***an e-m Text ~*** peaufiner un texte

Feiertage in Frankreich

le 1er janvier	**le jour de l'An**	Neujahrstag
mars/avril	**Pâques** (*immer ohne Artikel!*)	Ostern
le 1er mai	**la Fête du Travail**	Tag der Arbeit
le 8 mai	**le Jour de la Victoire** (der Siegestag)	Ende des 2. Weltkriegs
mai	**l'Ascension**	Christi Himmelfahrt
mai/juin	**la Pentecôte**	Pfingsten
le 14 juillet	**la fête nationale**	französischer Nationalfeiertag (1789: Eroberung der Bastille)
le 15 août	**l'Assomption**	Mariä Himmelfahrt
le 1er novembre	**la Toussaint**	Allerheiligen
le 11 novembre	**l'Armistice** (der Waffenstillstand)	Ende des 1. Weltkriegs
le 25 décembre	**Noël** (*immer ohne Artikel!*)	Weihnachten

feilschen ['faɪlʃən] *v/i péj* ***um etw ~*** marchander qc

fein [faɪn] **I** *adj* **1** fin (*a Sand, Sinne, Haar, Papier, Regen*); *Unterschied, Humor* subtil; **2** (*edel*) exquis; fin; ***alles nur vom ⁀sten*** tout ce qu'il y *a* de meilleur; **3** (*vornehm*) distingué; **4** F (*nett*) F sympa; **5** F (*schön*) ***~!*** parfait!; ***e-e ~e Sache*** F un truc formidable; **II** *adv* **1** finement; *mahlen* fin; **2** (*gut*) bien; F ***sie ist ~ heraus*** elle s'en est bien tirée

Feind [faɪnt] *m* ⟨~es; ~e⟩ ennemi *m*; ***sich*** (*dat*) ***j-n zum ~(e) machen*** se faire un ennemi de qn

'Feindin *f* ⟨~; ~nen⟩ ennemie *f*

'feindlich **I** *adj* (*des Feindes*) ennemi; (*feindselig*) hostile; **II** *adv* ***j-m ~ gesinnt sein*** être hostile à qn

'Feindschaft *f* ⟨~; ~en⟩ hostilité *f*; inimitié *f*

'feindselig *adj* hostile; **⁀keit** *f* ⟨~; ~en⟩ hostilité *f*

'feinfühlig *adj* sensible

'Fein|gebäck *n* pâtisseries *f/pl*; **~gefühl** *n* tact *m*; délicatesse *f*; **~gehalt** *m e-s Metalls* titre *m*; **~gold** *n* or fin

'Feinheit *f* ⟨~; ~en⟩ finesse *f* (*a fig*); *pl* ***die ~en*** les finesses *f/pl*; les subtilités *f/pl*

'feinkörnig *adj Sand* fin; PHOT à grain fin

'Feinkost *f* épicerie fine; **~geschäft** *n* épicerie fine; traiteur *m*

'Fein|mechaniker *m* mécanicien *m* de précision; **~schmecker** *m* ⟨~s; ~⟩ gourmet *m*; **~schmeckerlokal** *n* restaurant *m* gastronomique; **⁀sinnig** *adj* subtil; fin; **~strumpfhose** *f* collant fin; **~wäsche** *f* lingerie fine; **~waschmittel** *n* lessive *f* pour tissus délicats

feist [faɪst] *adj péj* gras; obèse

feixen ['faɪksən] F *v/i* ⟨-es⟩ ricaner

Feld [fɛlt] *n* ⟨~es; ~er⟩ **1** (*Land*) campagne *f*; ***auf freiem ~(e)*** en rase campagne; **2** (*Acker*) champ *m*; **3** (*umgrenztes Gebiet, Sport⁀*) terrain *m*; SPORT (*Mannschafts⁀*) peloton *m*; **4** (*Schlacht⁀*) champ *m*; **5** *fig* ***das ~ räumen*** battre en retraite; *st/s* ***gegen etw zu ~e ziehen*** lancer une campagne contre qc; **6** *e-s Formulars, Brettspiels* case *f*; **7** PHYS, INFORM champ *m*; **8** *fig* (*Bereich*) domaine *m*; ***das ist ein weites ~*** c'est un vaste sujet

'Feld|arbeit *f* travaux *m/pl* des champs; **~bett** *n* lit *m* de camp; **~flasche** *f* gourde *f*; **~hase** *m* lièvre commun; **~herr** *m* général *m*; **~jäger** *m/pl* police *f* militaire; **~marschall** *m* feld-maréchal *m*; **~maus** *f* campagnol *m*; **~salat** *m* mâche *f*; doucette *f*; **~spieler** *m* joueur *m*; **~stecher** *m* ⟨~s; ~⟩ OPT jumelles *f/pl*; **~webel** *m* ⟨~s; ~⟩ MIL sergent-chef *m*; F *fig péj* adjudant *m*; **~weg** *m* chemin (rural); **~zug** *m* campagne *f* (*a fig*)

Felge ['fɛlgə] *f* ⟨~; ~n⟩ **1** TECH jante *f*; **2** TURNEN tour *m* d'appui

Fell [fɛl] *n* ⟨~(e)s; ~e⟩ **1** *lebender Tiere* poil *m*; *toter Tiere* peau *f*; *e-s Pferds* robe *f*; *von Pelztieren* fourrure *f*; ***mit ~ gefüttert*** fourré; **2** F *fig* ***ein dickes ~ haben*** être insensible; ***j-m das ~ über die Ohren ziehen*** F plumer qn; F rouler qn

Fels [fɛls] *m* ⟨~en; ~en⟩ rocher *m*; *fig* ***fest wie ein ~*** solide comme un roc

'Fels|block *m* ⟨~s; ~̈e⟩, **~brocken** *m* bloc *m* de roche

'Felsen *m* ⟨~s; ~⟩ rocher *m*

'felsen'fest **I** *adj* inébranlable; **II** *adv* fermement; ***~ an etw*** (*acc*) ***glauben*** croire dur comme fer à qc

'felsig *adj* rocheux

'Fels|spalte *f* crevasse *f*; **~wand** *f* paroi rocheuse

feminin [femi'ni:n] *adj* **1** (*weiblich*) féminin (*a* GR); **2** *péj* (*unmännlich*) efféminé

'Femininum *n* ⟨~s; -na⟩ GR féminin *m*

Femi|'nismus *m* ⟨~⟩ féminisme *m*; **~'nistin** *f* ⟨~; ~nen⟩ féministe *f*; **2'nistisch** *adj* féministe

Fenchel ['fɛnçəl] *m* ⟨~s⟩ fenouil *m*

Fenster ['fɛnstər] *n* ⟨~s; ~⟩ fenêtre *f* (*a* INFORM, *e-s Briefumschlags*); *großes* baie vitrée; *e-r Kirche* vitrail *m*; AUTO glace *f*; F *fig* ***das Geld zum ~ hinauswerfen*** jeter l'argent par les fenêtres; F *fig* ***weg vom ~ sein*** F ne plus être dans le coup

'Fenster|bank *f* ⟨~; ~̈e⟩, **~brett** *n* rebord *m* de la fenêtre; **~briefumschlag** *m* enveloppe *f* à fenêtre; **~glas** *n* verre *m* à vitres; **~heber** *m* ⟨~s; ~⟩ AUTO lève-glace *m*; **~laden** *m* volet *m*; **~leder** *n* peau *f* de chamois; **~platz** *m* coin *m* fenêtre; **~putzer** *m* ⟨~s; ~⟩ laveur *m* de carreaux; **~rahmen** *m* châssis *m* de fenêtre; **~scheibe** *f* vitre *f*; carreau *m*; **~sims** *m* rebord *m* de la fenêtre

Ferien ['fe:riən] *pl* vacances *f/pl*; ***die großen ~*** les grandes vacances; ***~ haben*** être en vacances

'Ferien|dorf *n* village *m* de vacances; **~haus** *n* résidence *f* secondaire; *auf dem Land a* maison *f* de campagne; *gemietetes* location *f*; **~job** *m* job *m* de vacances; **~kurs** *m* cours *m* de vacances; **~lager** *n* colonie *f*, camp *m* de vacances; **~reise** *f* voyage *m* touristique; **~tag** *m* jour *m* de vacances; **~wohnung** *f* location *f*

Ferkel ['fɛrkəl] *n* ⟨~s; ~⟩ **1** ZO porcelet *m*; goret *m*; **2** F *péj* petit cochon

Ferment [fɛr'mɛnt] *n* ⟨~(e)s; ~e⟩ ferment *m*

fern [fɛrn] **I** *adj räumlich, zeitlich* lointain; éloigné; ***~e Länder*** *n/pl* pays lointains; **II** *adv* loin (**von** de); ***von ~*** de loin; *st/s* ***j-n von j-m, etw ~ halten*** tenir qn à l'écart de qn, qc; *st/s* ***sich von j-m, etw ~ halten*** se tenir à l'écart de qn, qc; ***~ liegen*** être loin; ***es liegt mir ~ zu*** (+ *inf*) je suis loin de (+ *inf*); **III** *st/s prép* ⟨*dat*⟩ loin de

fern'ab *st/s adv u prép* ⟨*dat*⟩ loin (de)

'Fern|abfrage *f* TÉL télédemande *f* téléphonique; **~bedienung** *f* télécommande *f*

'fern·bleiben *st/s v/i* ⟨*irr*, sn⟩ être absent (***dem Unterricht*** aux cours)

'ferne *st/s adv* ***von ~*** de loin

'Ferne *f* ⟨~; ~n⟩ lointain *m*; ***in der ~*** au loin; ***aus der ~*** de loin; ***in weiter ~*** tout au loin; ***das liegt noch in weiter ~*** nous en sommes encore loin

'ferner *adv* **1** (*außerdem*) de plus; en outre; **2** *st/s* (*künftig*) à l'avenir

'Fern|fahrer *m* routier *m*; **~flug** *m* vol *m* long-courrier; **2gelenkt** *adjt* téléguidé (*a fig*); **~gespräch** *n* TÉL communication interurbaine; **2gesteuert** *adjt* téléguidé (*a fig*); **~glas** *n* jumelles *f/pl*; **~heizung** *f* chauffage urbain; **~kopierer** *m* fax *m*; télécopieur *m*; **~kurs(us)** *m* cours *m* par correspondance; **~laster** F *m*, **~lastzug** *m* poids lourd; **~lenkung** *f* → ***Fernsteuerung***; **~licht** *n* AUTO feux *m/pl* de route; phares *m/pl*

'Fernmelde|amt *n* bureau *m* des télécommunications; **~satellit** *m* satellite *m* de télécommunications

'fernmündlich *adj u adv* par téléphone

'Fern'ost ⟨*sans article*⟩ l'Extrême-Orient *m*; ***in ~*** en Extrême-Orient

'fern'östlich *adj* d'Extrême-Orient

'Fern|reise *f* voyage *m* dans un pays lointain; **~rohr** *n* longue-vue *f*; ASTR télescope *m*; **~ruf** *m auf Briefköpfen* téléphone *m*; **~schreiben** *n* télex *m*; **~schreiber** *m* télex *m*; téléscripteur *m*

'Fernseh|ansager(in) *m(f)* présentateur, -trice *m,f* de la télévision; **~apparat** *m* téléviseur *m*; poste *m* de télévision; **~diskussion** *f* débat télévisé

F

'fern·sehen *v/i* ⟨*irr*⟩ regarder la télévision

'Fernsehen *n* ⟨~s⟩ télévision *f*; ***im ~ übertragen*** téléviser; retransmettre à la télévision

'Fernseher F *m* ⟨~s; ~⟩ F télé *f*

'Fernseh|film *m* téléfilm *m*; **~gebühren** *f/pl* redevance *f* pour la télévision; **~gerät** *n* → ***Fernsehapparat***; **~kamera** *f* caméra *f* de télévision; **~programm** *n* **1** *Sendungen, Heft* programme *m* de télévision; **2** *Kanal* chaîne *f*; **~rechte** *n/pl* droits *m/pl* d'antenne; **~sender** *m* émetteur *m* de télévision; **~sendung** *f* émission *f* de télévision; **~serie** *f* série télévisée; **~spiel** *n* téléfilm *m*; **~studio** *n* studio *m* de télévision; **~turm** *m* tour *f* de télévision; **~übertragung** *f* retransmission *f* par télévision; télédiffusion *f*; **~werbung** *f* publicité télévisée; **~zeitschrift** *f* programme *m* de télévision; **~zuschauer(in)** *m(f)* téléspectateur, -trice *m,f*

'Fernsicht *f* vue *f*

'Fernsprech|er ADM *m* téléphone *m*; **~netz** *n* réseau *m* téléphonique; **~teilnehmer** *m* abonné *m* du téléphone

'fern·steuern *v/t* téléguider (*a fig*)

'Fern|steuerung *f* télécommande *f*; téléguidage *m* (*a fig*); **~straße** *f* grand axe routier; **~studium** *n* cours *m/pl* par correspondance; **~überwachung** *f* télésurveillance *f*; **~unterricht** *m* cours *m/pl* par correspondance; téléenseignement *m*; **~verkehr** *m* trafic *m* à grande distance; **~wärme** *f* chauffage urbain; **~weh** *st/s n* nostalgie *f* des pays lointains, du voyage; **~zug** *m* train *m* de grande ligne

Ferse ['fɛrzə] *f* ⟨~; ~n⟩ talon *m*; *fig* ***j-m (dicht) auf den ~n sein*** être aux trousses de qn

'Fersengeld F *n* ***~ geben*** tourner les talons

fertig ['fɛrtɪç] *adj* **1** (*bereit*) prêt (***zu, für*** à); ***das Essen ist ~!*** à table!; **2** (*zu Ende*) fini; terminé; ***ich bin (mit meiner Arbeit) ~*** j'ai fini mon travail; ***schon ~!*** ça y est!; ***es ~ bringen zu*** (+ *inf*) arriver à (+ *inf*); être capable de (+ *inf*); ***~ bringen*** (*beenden*) arriver à finir; ***~ machen*** (*beenden*) finir; faire; (*bereitmachen*) faire; préparer; F (*zermürben*) user; (*deprimieren*) démoraliser; (*erledigen*) F démolir; (*zusammenschlagen*) F casser la figure à; F (*zurechtweisen*) F engueuler; ***sich ~ machen (für, zu)*** se préparer (pour); ***~ stellen*** achever; finir; *fig* ***mit j-m, etw ~ werden*** venir à bout de qn, qc; **3** F (*erschöpft*) F à plat; F crevé, F claqué

'Fertigbauweise *f* préfabrication *f*

'fertigen *v/t* fabriquer

'Fertig|gericht *n* plat cuisiné; **~haus** *n* maison préfabriquée; **~keit** *f* ⟨~; ~en⟩ **1** (*Geschicklichkeit*) adresse *f*; **2** (*Fähigkeit*) habileté *f*; capacité *f*; **~produkt** *n* produit fini; **~stellung** *f* achèvement *m*; **~teil** *n* élément préfabriqué

'Fertigung *f* ⟨~⟩ fabrication *f*; production *f*; *maschinelle* usinage *m*

fesch [fɛʃ *ou österr* feːʃ] *adj* **1** F *bes österr* (*hübsch*) coquet; **2** *österr* (*nett*) gentil

Fessel ['fɛsəl] *f* ⟨~; ~n⟩ **1** liens *m/pl*; (*Ketten*) chaînes *f/pl*; ***j-m ~n anlegen*** → ***fesseln***; **2** *fig* entrave *f*; **3** ANAT ***~n pl*** attaches *f/pl*

'fesseln *v/t* ⟨-e-⟩ **1** attacher, ligoter (***an*** [+ *acc*] à); *Tier* entraver; **2** *fig* ***j-n ~*** captiver qn; ***ans Bett gefesselt sein*** être cloué au lit

'fesselnd *adjt* captivant

fest [fɛst] **I** *adj* **1** (*nicht weich*) ferme; *Masse* compact; **2** (*nicht flüssig*) solide; ***~ werden*** se solidifier; **3** (*haltbar*) solide; *Faden* fort; *Stoff, Knoten* serré; **4** (*kräftig*) ferme; *Schlaf* profond; **5** (*unveränderlich*) fixe, permanent; stable; *Regel* établi; *Umrisse* net; **6** *Wohnsitz, Anstellung, Preise, Einkommen* fixe; **7** (*unumstößlich*) ferme; *Termin* fixe; **II** *adv* **1** fermement; solidement; *Schraube* ***~ anziehen*** serrer à fond; *Gegenstand* ***~ anbringen*** fixer; **2** *fig glauben* fermement; *vereinbaren* définitivement; *versprechen* formellement; ***(mit j-m) ~ befreundet sein*** être très ami(s) (avec qn)

Fest *n* ⟨~(e)s; ~e⟩ fête *f* (*a Feiertag, Party*); ***ein ~ feiern*** faire une fête; ***(ein) frohes ~!*** joyeuse fête!

'Festakt *m* cérémonie *f*

'fest·binden *v/t* ⟨*irr*⟩ attacher (***an*** [+ *dat*] à)

'Festessen *n* festin *m*; banquet *m*; *am Heiligabend, zu Silvester* réveillon *m*

'fest·fahren ⟨*irr*⟩ *v/i* ⟨sn⟩ *u v/r* ⟨h⟩ ***sich***

~ être bloqué; *fig* ***festgefahren sein*** *Sache* être au point mort; *Person* s'encroûter (***in*** [+ *dat*] dans)

'Fest|geld *n* FIN dépôt *m* à terme; **~halle** *f* salle *f* des fêtes

'fest·halten ⟨*irr*⟩ **I** *v/t* **1** retenir (***am Arm*** par le bras); **2** (*gefangen halten*) détenir; **3** (*fixieren*) fixer; (*konstatieren*) retenir, noter (***dass*** que); **II** *v/i* ***an etw*** (*dat*) ~ rester fidèle à qc; **III** *v/r* ***sich*** ~ s'accrocher (***an*** [+ *dat*] à)

'festig|en *v/t* (*u v/r* ***sich*** ~ s')affermir (*a fig*); *fig Freundschaft* renforcer; (se) consolider; (se) stabiliser; **2keit** *f* ⟨~⟩ fermeté *f* (*a fig*); TECH résistance *f*; **2ung** *f* ⟨~⟩ consolidation *f*

Festival ['fɛstivəl] *n* ⟨~s; ~s⟩ festival *m*

'fest·klammern *v/r* ***sich an j-m, etw*** ~ se cramponner à qn, qc

'fest·kleben *v/t* ⟨h⟩ *u v/i* ⟨sn⟩ coller (***an etw*** [*dat*] à qc)

'fest·klemmen *v/t* bloquer; coincer

'Fest|körper *m* PHYS (corps *m*) solide *m*; **~land** *n* **1** *Gegensatz*: *Insel* continent *m*; **2** *Gegensatz*: *Meer* terre *f* ferme

'fest·legen **I** *v/t* fixer; *Kapital* immobiliser; *vertraglich* stipuler; **II** *v/r* ***sich*** (***auf etw*** [*acc*]) ~ s'engager (à qc)

'festlich **I** *adj* de fête; (*feierlich*) solennel; **II** *adv* ~ ***begehen*** fêter; célébrer; ~ ***gekleidet*** endimanché

'Festlichkeit *f* ⟨~; ~en⟩ **1** (*Fest*) festivité *f*; **2** *e-r Veranstaltung* solennité *f*

'fest·liegen *v/i* ⟨*irr*⟩ *Datum* être fixé; *Schiff*, *Kapital* être immobilisé

'fest·machen **I** *v/t* **1** *Gegenstand* ~ (***an*** [+ *dat*]) fixer (à); attacher (à); MAR amarrer (à); **2** *fig Termin* fixer; **II** *v/i* MAR s'amarrer (***an*** [+ *dat*] à)

'Festmahl *st/s n* festin *m*; banquet *m*

'fest·nageln *v/t* ⟨¢⟩ clouer (***an*** [+ *dat*] à); F *fig* ***j-n*** (***auf etw*** [*acc*]) ~ coincer qn (sur qc)

Festnahme ['fɛstna:mə] *f* ⟨~; ~n⟩ arrestation *f*

'fest·nehmen *v/t* ⟨*irr*⟩ arrêter; appréhender

'Fest|platte *f* INFORM disque dur; **~preis** *m* prix *m* fixe

'Fest|rede *f* discours solennel; **~redner** *m* orateur *m* de la fête; **~saal** *m* salle *f* des fêtes

'fest·schrauben *v/t* visser

'Festschrift *f* (livre *m* en) hommage *m*

'fest·|setzen ⟨¢$⟩ **I** *v/t Preis*, *Frist etc* fixer; **II** *v/r* ***sich*** ~ *Schmutz* se déposer; **~sitzen** *v/i* ⟨*irr*⟩ **1** (*gut halten*) tenir bien; **2** (*klemmen*) être coincé; **3** *Fahrzeug*, *fig* être en panne; rester bloqué

'Festspeicher *m* INFORM mémoire morte

'Festspiele *n/pl* festival *m*

'fest·stehen *v/i* ⟨*irr*⟩ être certain; être (bien) établi

'fest·stellen *v/t* **1** TECH bloquer; caler; **2** *Tatsache*, *Tod*, *Irrtum*, *Echtheit* constater; établir; *Ursache* déterminer; (*nachsehen*) vérifier (***ob*** si)

'Feststellung *f* constatation *f*; (*Ermittlung*) établissement *m*

'Festtag *m* jour *m* de fête

'Festung *f* ⟨~; ~en⟩ MIL forteresse *f*; (*befestigter Ort*) place forte

'Festungs|anlage *f* fortification(s) *f*(*pl*); **~wall** *m* rempart *m*

'festverzinslich *adj* à revenu fixe

'Fest|zelt *n* tente *f*; **~zug** *m* cortège *m*

Fete ['fe:tə] F *f* ⟨~; ~n⟩ fête *f*; boum *f*

Feti|sch ['fe:tɪʃ] *m* ⟨~es; ~e⟩ fétiche *m* (*a fig*); **~'schismus** *m* ⟨~⟩ fétichisme *m* (*a fig*)

fett [fɛt] **I** *adj* **1** *Nahrung*, *Haut*, *Haar* gras; **2** *péj Person* gros; **3** (*üppig*) gros; ***~e Jahre*** *n/pl* années *f/pl* d'abondance; **II** *adv essen* gras; ~ ***gedruckt*** imprimé en caractères gras

Fett *n* ⟨~¢s; ~e⟩ graisse *f*; (*Speise*2) *a* matières grasses; *am Fleisch* gras *m*; BIOCHEMIE ***die ~e*** les lipides *m/pl*; F *fig* ***sein*** ~ (***ab***)***bekommen*** se faire moucher

'fettarm **I** *adj* peu gras; *Käse*, *Joghurt* allégé; maigre; *Milch* écrémé; **II** *adv* ~ ***essen*** ne pas manger gras

'Fettauge *n der Suppe* ***~n*** *pl* yeux *m/pl*

'fetten *v/t u v/i* ⟨-e-⟩ graisser

'Fett|fleck(en) *m* tache *f* de graisse; **~gehalt** *m* teneur *f* en matières grasses; **2haltig** *adj* gras

'fettig *adj* gras

'fettleibig *st/s adj* obèse; **2keit** *st/s f* ⟨~⟩ obésité *f*

Fettnäpfchen ['-nɛpfçən] *n* ⟨~s; ~⟩ F *plais* ***ins*** ~ ***treten*** mettre les pieds dans le plat

'Fettpolster *n* bourrelet *m* de graisse

'fettreich **I** *adj* gras; **II** *adv essen* très gras

'Fett|schicht *f* couche *f* de graisse; **~sucht** *f* adipose *f*; **~wanst** F *m* F gros lard

Fetus ['fe:tʊs] *m* ⟨~ *ou* ~ses; ~se *ou* Feten⟩ BIOL fœtus *m*

Fetzen ['fɛtsən] *m* ⟨~s; ~⟩ morceau *m*; bout *m*; lambeau *m* (*a fig*); *e-s Gesprächs* bribes *f/pl*; F (***arbeiten,***) ***dass die ~ fliegen*** (travailler) avec rage

'fetzig F *adj* F qui déménage

feucht [fɔʏçt] *adj* humide; *Hände, Hitze* moite; *Boden, Gras a* mouillé

'Feuchtbiotop *n od m* biotope *m* humide

'feucht'fröhlich *adj* F *plais* ***~er Abend*** soirée bien arrosée et gai~

'Feuchtigkeit *f* ⟨~⟩ humidité *f*; *der Haut* moiteur *f*; **~screme** *f* crème hydratante

'feucht|'kalt *adj* froid et humide; **'~'warm** *adj* chaud et humide

feudal [fɔʏ'da:l] *adj* **1** HIST féodal; **2** F (*luxuriös*) luxueux; F sélect

Feuda'lismus *m* ⟨~⟩ féodalisme *m*

Feuer ['fɔʏər] *n*⟨~s; ~⟩ **1** feu *m*; *kurz aufloderndes* flambée *f*; (*Brand*) incendie *m*; ***~!*** au feu!; ***~ (an)machen*** faire du feu; allumer le feu; ***~ fangen*** prendre feu; s'enflammer (*a fig*); ***j-m ~ geben*** donner du feu à qn; ***~ speien*** cracher du feu; ***~ speiender Berg*** volcan *m* (en éruption); **2** *fig* ***dafür lege ich meine Hand ins ~*** j'en mettrais ma main au feu; ***für j-n durchs ~ gehen*** se jeter au feu pour qn; ***mit dem ~ spielen*** jouer avec le feu; **3** MIL feu *m*; (*Schusslinie*) tir *m*; *Befehl* ***~!*** feu!; ***das ~ eröffnen, einstellen*** ouvrir, cesser le feu; **4** *fig* (*Schwung*) ardeur *f*; fougue *f*; F ***~ und Flamme für j-n, etw sein*** être tout feu tout flamme pour qn, qc

'Feuer|alarm *m* alerte *f* au feu; **2beständig** *adj* résistant au feu; ignifuge; **~bestattung** *f* incinération *f*; **~eifer** *m* zèle ardent; **2fest** *adj Glas, Porzellan* à feu; *Schüssel, Form* résistant *od* allant au feu; **2gefährlich** *adj* inflammable; **~gefecht** *n* combat *m*; coups *m/pl* de feu; **~land** *n* ⟨~s⟩ la Terre de Feu; **~leiter** *f am Haus* échelle *f* de secours; *der Feuerwehr* grande échelle; **~löscher** *m* ⟨~s; ~⟩ extincteur *m*; **~melder** *m* ⟨~s; ~⟩ avertisseur *m* d'incendie

'feuern **I** *v/t* **1** F (*werfen*) jeter; F balancer; **2** F (*entlassen*) F virer; F vider; ***gefeuert werden*** F se faire virer, vider; **II** *v/i* **3** *mit Holz, Kohle* chauffer; **4** MIL faire feu, tirer (***auf*** [+ *acc*] sur)

'Feuerprobe *f* épreuve *f* du feu; *fig* ***die ~ bestehen*** passer le test

'feuer'rot *adj* rouge feu; *Gesicht* écarlate

'Feuer|schlucker F *m* avaleur *m* de feu; **~stein** *m* pierre *f* à briquet; **~stelle** *f* foyer *m*; **~taufe** *f* baptême *m* du feu (*a fig*)

'Feuerung *f* ⟨~; ~en⟩ **1** (*Heizen*), *Anlage* chauffage *m*; **2** (*Heizmaterial*) combustible *m*

'Feuer|versicherung *f* assurance *f* incendie; **~wache** *f* caserne *f* de pompiers; **~waffe** *f* arme *f* à feu

'Feuerwehr *f* ⟨~; ~en⟩ (sapeurs-)pompiers *m/pl*; ***die ~ alarmieren*** appeler les pompiers

'Feuerwehr|auto *n* voiture *f* de pompiers; **~mann** *m* ⟨~(e)s; ~er *ou* -leute⟩ (sapeur-)pompier *m*

'Feuer|werk *n* feu *m* d'artifice (*a fig*); **~werkskörper** *m* pièce *f* d'artifice; **~zeug** *n* briquet *m*

Feuilleton [fœjə'tõ:] *n* ⟨~s; ~s⟩ rubrique *f* culture

feurig ['fɔʏrɪç] *adj Person, Temperament* ardent; *Rede, Blick* enflammé; *Liebhaber, Pferd* fougueux

ff. *abr* (*folgende* [*Seiten*]) (et pages) suivantes

FF *abr* (*französischer Franc bzw französische Francs*) HIST FF (franc[s] français)

Fiaker [fi'akər] *m* ⟨~s; ~⟩ *österr* fiacre *m*

Fiasko [fi'asko] *n* ⟨~s; ~s⟩ fiasco *m*

Fibel ['fi:bəl] *f* ⟨~; ~n⟩ abécédaire *m*

ficht [fɪçt] → ***fechten***

'Fichte *f* ⟨~; ~n⟩ épicéa *m*

ficken ['fɪkən] *vulgär v/t u v/i vulgär* baiser (***j-n*** *od* ***mit j-m*** qn)

fidel [fi'de:l] F *adj* gai; joyeux

Fidschi ['fɪdʒi] *n* ⟨~s⟩ les (îles *f/pl*) Fidji *f/pl*

Fieber ['fi:bər] *n* ⟨~s⟩ fièvre *f* (*a fig*); ***~ haben*** avoir de la fièvre, de la température; (***bei j-m***) ***~ messen*** prendre la température (de qn)

'fieberfrei *adj* sans fièvre; *Kranker* ~ ***sein*** ne plus avoir de fievre
'fieberhaft *adj* fiévreux; fébrile (*beide a fig*)
'fiebern *v/i* **1** avoir de la fièvre, de la température; **2** *fig* ***vor Aufregung*** (*dat*) ~ être dans un état d'excitation fébrile
'fieber|senkend *adjt* fébrifuge; **℞thermometer** *n* thermomètre médical
'fiebrig *adj* fébrile; fiévreux (*beide a fig*)
Fied|el ['fi:dəl] *f* ⟨~; ~n⟩ *plais* violon *m*; **℞eln** *v/i* ⟨¢⟩ *plais od péj* gratter du violon
fiel [fi:l] → ***fallen***
fies [fi:s] F *adj* F dégueulasse; F vache; *Trick, Typ* sale
Figur [fi'gu:r] *f* ⟨~; ~en⟩ **1** SPORT, KUNST, MATH figure *f*; **2** (*Schach℞*) pièce *f*; **3** (*Körperwuchs*) taille *f*; ***sie hat e-e gute*** ~ elle est bien faite; *fig* ***e-e gute, schlechte*** ~ ***machen*** faire bonne, piètre figure; **4** (*Person, Roman℞*) personnage *m*; **5** (*kleine Statue*) statuette *f*
figürlich [fi'gy:rlıç] *adj* figuré
Fik|tion [fıktsi'o:n] *f* ⟨~; ~en⟩ fiction *f*; **℞'tiv** *adj* fictif
Filet [fi'le:] *n* ⟨~s; ~s⟩ filet *m*; **~steak** *n* steak *m*, bifteck *m* dans le filet
Filial|e [fili'a:lə] *f* ⟨~; ~n⟩ succursale *f*; **~leiter(in)** *m(f)* directeur, -trice *m,f* de succursale
Filigranarbeit [fili'gra:n-] *f* filigrane *m*
Film [fılm] *m* ⟨~¢s; ~e⟩ **1** PHOT pellicule *f*; **2** (*Kino℞*), *TV* film *m*; **3** *Branche* cinéma *m*; F ***er ist beim*** ~ il est dans le cinéma; **4** (*dünne Schicht*) pellicule *f*; film *m*
'Film|atelier *n* studio *m* de cinéma; **~aufnahme** *f* prise *f* de vue
'Filmemacher(in) *m(f)* cinéaste *m,f*
'filmen **I** *v/t* filmer; **II** *v/i* tourner; faire du cinéma
'Film|festspiele *n/pl* festival *m* de cinéma; **~kamera** *f* caméra *f*; **~kritiker(in)** *m(f)* critique *m* de cinéma; **~musik** *f* musique *f* de film; **~preis** *m* prix *m* de cinéma; **~produzent(in)** *m(f)* producteur, -trice *m,f* (de cinéma); **~regisseur(in)** *m(f)* réalisateur, -trice *m,f*; **~rolle** *f* rôle *m* dans un film; **~schauspieler(in)** *m(f)* acteur, -trice *m,f* de cinéma; **~star** *m* vedette *f*, star *f* de cinéma; **~studio** *n* studio *m* de cinéma; **~theater** *n* cinéma *m*; **~verleih** *m* société *f* de distribution de films; **~vorführer** *m* projectionniste *m*
Filter ['fıltər] *m*, TECH *meist n* ⟨~s; ~⟩ filtre *m* (*a fig*)
'Filterkaffee *m* café *m* filtre
'filtern *v/t* filtrer (*a fig*)
'Filter|papier *n* papier-filtre *m*; **~tüte** *f* filtre *m* en papier; **~zigarette** *f* cigarette *f* à bout filtre
fil'trieren [fıl'tri:rən] *v/t* ⟨*sans ge*⟩ filtrer
Filz [fılts] *m* ⟨~es; ~e⟩ **1** feutre *m*; **2** F (*Kungelei*) F magouillage *m*
'filzen ⟨¢s⟩ **I** F *v/t* (*durchsuchen*) fouiller; **II** *v/i* (se) feutrer
'Filz|hut *m* (chapeau *m* de) feutre *m*; **~laus** *f* ZO morpion *m*; **~pantoffel** *m* pantoufle *f* de feutre; **~schreiber** *m*, **~stift** *m* crayon-feutre *m*; stylo-feutre *m*; feutre *m*
Fimmel ['fıməl] F *m* ⟨~s; ~⟩ manie *f*; ***e-n*** ~ ***haben*** F être toqué
Finale [fi'na:lə] *n* ⟨~s; ~⟩ **1** MUS final(e) *m*; **2** (*Endspiel*) finale *f*
Fina'list(in) *m* ⟨~en; ~en⟩ (*f*) ⟨~; ~nen⟩ finaliste *m,f*
Finanz... [fi'nants...] *in Zssgn meist* financier; des finances; **~amt** *n Gebäude* perception *f*; *Behörde* fisc *m*; **~beamte(r)** *m* percepteur *m*; receveur *m* des contributions
Fi'nanzen *f/pl* finances *f/pl*
finanzi'ell **I** *adj* financier; ***~e Sorgen haben*** avoir des problèmes d'argent; **II** *adv* financièrement; sur le plan financier
finan'zier|en *v/t* ⟨*sans ge*⟩ financer; **℞ung** *f* ⟨~; ~en⟩ financement *m*
fi'nanzkräftig *adj* économiquement fort
Fi'nanz|lage *f* état *m* des finances; **~minister** *m* ministre *m* des Finances; **~ministerium** *n* ministère *m* des Finances; **℞schwach** *adj* économiquement faible
Findelkind ['fındəl-] *n* enfant *m,f* trouvé(e)
finden ['fındən] ⟨findet, fand, gefunden⟩ **I** *v/t* **1** (*auf~, heraus~, vor~*) trouver; ***Arbeit*** ~ trouver du travail; **2** ***den Tod*** ~ trouver la mort; ***Freude daran*** ~ ***zu*** (+ *inf*) trouver du plaisir à (+ *inf*); **3** (*beurteilen*) trouver (***dass*** que); ***etw gut*** ~ trouver qc bien; ***wie*** ~ ***Sie das?*** comment trouvez-vous cela?; **II**

F

v/i ***nach Hause*** **~** trouver le chemin de la maison; *fig* ***zu sich selbst*** **~** trouver sa voie; **III** *v/r* ***sich*** **~** se trouver; ***das wird sich schon alles*** **~** tout finira par s'arranger

'Finder *m* ⟨~s; ~⟩ personne *f* qui a trouvé; **~lohn** *m* récompense *f* (pour un objet trouvé)

'findig *adj* ingénieux

Finesse [fi'nɛsə] *f* ⟨~; ~n⟩ **1** (*Trick*) ruse *f*; (*Raffinesse*) astuce *f*; F combine *f*; **2** *in der Ausstattung* raffinement *m*; ***mit allen ~n*** sophistiqué

fing [fɪŋ] → ***fangen***

Finger ['fɪŋər] *m* ⟨~s; ~⟩ **1** doigt *m*; ***der kleine*** **~** le petit doigt; l'auriculaire *m*; **~ *weg!*** bas les mains, F les pattes!; **2** *mit prép* F *fig* ***j-m auf die ~ klopfen*** taper sur les doigts à qn; ***j-m auf die ~ sehen*** avoir qn à l'œil (*a fig*); *fig* ***sich*** (*dat*) ***etw aus den ~n saugen*** inventer qc; ***sich*** (*dat*) ***in den ~ schneiden*** se couper le doigt; F *fig* F se mettre le doigt dans l'œil; ***mit ~n auf j-n zeigen*** montrer qn du doigt (*a fig*); F *fig* ***sich*** (*dat*) ***die ~ danach lecken*** F s'en lécher les doigts; F *fig* ***j-n um den*** (***kleinen***) **~** ***wickeln*** mener qn par le bout du nez; **3** *mit Verb* F *fig* ***keinen ~ krumm machen, rühren*** ne pas lever le petit doigt; *fig* ***sich*** (*dat*) ***die ~ nicht schmutzig machen*** ne pas se salir les mains; *fig* ***sich*** (*dat*) ***die ~ verbrennen*** être échaudé

Die Finger	
der Daumen	**le pouce**
der Zeigefinger	**l'index** *m*
der Mittelfinger	**le majeur**
der Ringfinger	**l'annulaire** *m*
der kleine Finger	**le petit doigt**

'Fingerabdruck *m* ⟨~(e)s; -drücke⟩ empreinte digitale; ***genetischer*** **~** empreinte génétique

'Finger|breit *m* ⟨~; ~⟩ *Abstand* doigt *m*; **≗fertig** *adj* habile de ses doigts; **~fertigkeit** *f* dextérité *f*; **~hut** *m* **1** COUT dé *m* (à coudre); **2** BOT digitale *f*; **~kuppe** *f* bout *m* du doigt

'fingern *v/i* tripoter (***an etw*** [*dat*] qc)

'Finger|nagel *m* ongle *m*; **~spitze** *f* bout *m* du doigt; **~spitzengefühl** *n* doigté *m*; tact *m*; **~zeig** *m* ⟨~(e)s; ~e⟩ indication *f*

fingieren [fɪŋ'giːrən] *v/t* ⟨*sans ge*⟩ simuler; ***fingiert*** *Rechnung* faux; fictif

Finish ['fɪnɪʃ] *n* ⟨~s; ~s⟩ SPORT finish *m*

Fink [fɪŋk] *m* ⟨~en; ~en⟩ pinson *m*

Finn|e ['fɪnə] *m* ⟨~n; ~n⟩, **~in** *f* ⟨~; ~nen⟩ Finlandais(e) *m(f)*; **≗isch** *adj* finlandais; *Sprache, Kultur* finnois; **~land** *n* ⟨~s⟩ la Finlande

finster ['fɪnstər] **I** *adj* sombre (*a fig*); obscur (*a Blick, Gedanken*); ***im ≗n*** dans l'obscurité; **II** *adv* **~ *dreinschauen*** regarder d'un air sombre

'Finsternis *f* ⟨~⟩ obscurité *f*

Finte ['fɪntə] *f* ⟨~; ~n⟩ feinte *f*

Firlefanz ['fɪrləfants] F *m* ⟨~es⟩ **1** (*Unsinn*) bêtises *f/pl*; sottises *f/pl*; **2** (*wertlose Gegenstände*) fanfreluches *f/pl*

firm [fɪrm] *adj* ***in etw*** (*dat*) **~ *sein*** être fort, F calé en qc

Firma ['fɪrma] *f* ⟨~; -men⟩ entreprise *f*; maison *f*; **~ *X*** établissements *m/pl* X

Firmament [fɪrma'mɛnt] *poét* *n* ⟨~(e)s; ~e⟩ *poét* firmament *m*

'firmen *v/t* CATH confirmer

'Firmen|inhaber(in) *m(f)* propriétaire *m,f* d'une entreprise; **~name** *m* raison sociale; **~schild** *n* enseigne *f*; **~sitz** *m* siège social; **~wagen** *m* voiture *f* de fonction; **~zeichen** *n* marque *f* (de fabrique); logo *m*

fir'mieren *v/i* ⟨*sans ge*⟩ COMM **~ *als …*** avoir comme raison sociale …

'Firm|ling *m* ⟨~s; ~e⟩ CATH confirmand(e) *m(f)*; **~ung** *f* ⟨~; ~en⟩ CATH confirmation *f*

Firn [fɪrn] *m* ⟨~(e)s; ~e⟩ névé *m*

Firnis ['fɪrnɪs] *m* ⟨~ses; ~se⟩ vernis *m*

First [fɪrst] *m* ⟨~(e)s; ~e⟩ faîte *m*

First Lady ['føːrst'leːdi] *f* ⟨~; -dies⟩ première dame

fis, Fis [fɪs] *n* ⟨~; ~⟩ MUS fa *m* dièse

Fisch [fɪʃ] *m* ⟨~es; ~e⟩ poisson *m*; ASTR ***~e*** Poissons *m/pl*; ***stumm wie ein ~ sein*** être muet comme une carpe; F ***weder ~ noch Fleisch sein*** n'être ni chair ni poisson; F ***das sind kleine ~e*** c'est *od* ce sont des broutilles

'fischen *v/t u v/i* **1** pêcher; **2** *fig* ***etw aus etw*** **~** enlever qc de qc; ***im Trüben*** **~** pêcher en eau trouble

'Fischer *m* ⟨~s; ~⟩ pêcheur *m*; **~boot** *n* barque *f* de pêche; **~dorf** *n* village *m* de pêcheurs

Fische'rei *f* ⟨~⟩ pêche *f*; **~hafen** *m* port *m* de pêche
'Fisch|fang *m* pêche *f*; **~filet** *n* filet *m* de poisson; **~gericht** *n* (plat *m* de) poisson *m*; **~geschäft** *n* poissonnerie *f*; **~gräte** *f* arête *f* de poisson; **~grätenmuster** *n* chevron *m*; **~gründe** *m/pl* pêcheries *f/pl*; **~händler(in)** *m(f)* poissonnier, -ière *m,f*; **~konserve** *f* conserve *f* de poisson; **~kutter** *m* chalutier *m*; **~markt** *m* marché *m* aux poissons; **~mehl** *n* farine *f* de poisson; **~messer** *n* couteau *m* à poisson; **~otter** *m* loutre *f*; **~reiher** *m* 'héron cendré; **~restaurant** *n* restaurant *m* de fruits de mer et de poisson; **~stäbchen** *n/pl* bâtonnet *m/pl* de poisson; **~sterben** *n* ⟨~s⟩ mort *f* des poissons; **~suppe** *f* soupe *f* de poisson; **~vergiftung** *f* intoxication *f* par le poisson; **~zucht** *f* pisciculture *f*
Fisimatenten [fizima'tɛntən] F *pl* ***~ machen*** faire des manières
Fiskus ['fɪskʊs] *m* ⟨~⟩ fisc *m*
Fisole [fi'zoːlə] *f* ⟨~; ~n⟩ *österr* 'haricot vert
Fistel ['fɪstəl] *f* ⟨~; ~n⟩ MÉD fistule *f*; **~stimme** *f* voix *f* de fausset
fit [fɪt] *adj* ⟨fitter, fitteste⟩ en forme; bien entraîné; ***sich ~ halten*** s'entraîner pour rester en forme; ***j-n ~ machen*** remettre qn en forme; *fig* ***ein Unternehmen für etw ~ machen*** préparer une entreprise à qc
Fitness ['fɪtnɛs] *f* ⟨~⟩ (pleine) forme; **~center** [-sɛntər] *n* ⟨~s; ~⟩ institut *m*, centre *m* de remise en forme; **~raum** *m* salle *f* de musculation; **~studio** *n* → ***Fitnesscenter***
Fittich ['fɪtɪç] *poét m* ⟨~⟨e⟩s; ~e⟩ aile *f*; F *fig* ***j-n unter s-e ~e nehmen*** prendre qn sous son aile
fix [fɪks] **I** *adj* **1** (*fest*) fixe (*a* COMM); **2** F (*schnell*) rapide; ***~ und fertig*** (*vorbereitet*) fin prêt; (*erschöpft*) F crevé; F claqué; **II** *adv* vite; F (***nun mal***) ***ein bisschen ~!*** dépêche-toi!; F et que ça saute!
'fixen *v/i* ⟨-ge-, h⟩ se piquer; *arg* se shooter
'Fixer(in) *m* ⟨~s; ~⟩ (*f*) ⟨~; ~nen⟩ *arg* camé(e) *m(f)*
fixieren [fɪ'ksiːrən] *v/t* ⟨*sans ge*⟩ **1** (*festlegen*) fixer (*a* PHOT); **2** (*anschauen*) fixer (son regard sur); **3** PSYCH ***fixiert sein auf*** (+ *acc*) faire une fixation sur
Fi'xierung *f* ⟨~; ~en⟩ fixation *f* (*a* PSYCH)
'Fixum *n* ⟨~s; Fixa⟩ COMM fixe *m*
Fjord [fjɔrt] *m* ⟨~⟨e⟩s; ~e⟩ fjord *od* fiord *m*
FKK [ɛfkaː'kaː] *abr* (*Freikörperkultur*) naturisme *m*; nudisme *m*; **~-Anhänger(in)** *m(f)* naturiste *m,f*; nudiste *m,f*; **~-Strand** *m* plage *f* de nudistes
flach [flax] **I** *adj* **1** *Gelände, Dach, Teller, Absatz* plat; *Küste, Gebäude, Stirn* bas; *Gewässer* peu profond; *Ball* au ras du sol; *Atmung* faible; ***die ~e Hand*** le plat de la main; **2** *fig Unterhaltung* plat; superficiel; **II** *adv* ***sich ~ hinlegen*** se mettre à plat; s'allonger
'Flachdach *n* toit plat, en terrasse
Fläche ['flɛçə] *f* ⟨~; ~n⟩ surface *f* (*a* MATH); *berechnete* superficie *f*; (*Seiten*2) face *f*
'Flächen|brand *m* nappe *f* de feu; **2deckend** *adjt* global; **~inhalt** *m* superficie *f*; surface *f*; **~maß** *n* mesure *f* de surface; **~stilllegung** *f* mise *f* en jachère
'flach·fallen F *v/i* ⟨*irr*, sn⟩ tomber à l'eau
'Flachland *n* pays plat
Flachs [flaks] *m* ⟨~es⟩ **1** BOT lin *m*; **2** F (*Scherz*) blague *f*
'flachsen F *v/i* ⟨-ge-, h⟩ F rigoler
flackern ['flakərn] *v/i* vaciller
Fladen ['flaːdən] *m* ⟨~s; ~⟩ **1** CUIS galette *f*; **2** (*Kuh*2) bouse *f* (de vache); **~brot** *n pain rond et plat* (*sans mie, à pâte non-levée*)
Flagge ['flagə] *f* ⟨~; ~n⟩ drapeau *m*; (*National*2) *a* couleurs *f/pl*; MAR pavillon *m*; ***unter französischer ~ fahren*** battre pavillon français; naviguer sous le pavillon français; ***die ~ streichen*** baisser pavillon; *fig* ***~ zeigen*** annoncer la couleur
'flaggen *v/i* pavoiser
'Flaggschiff *n* vaisseau *m* amiral; *fig* produit *m* phare
Flair [flɛːr] *n* ⟨~s⟩ (*besondere Note*) note *f*; touche *f*; (*Atmosphäre*) ambiance *f*
Flak [flak] *f* ⟨~; ~s⟩ MIL canon antiaérien; *par ext* D.C.A. *f*
Flakon [fla'kõː] *n od m* ⟨~s; ~s⟩ flacon *m*
flambieren [flam'biːrən] *v/t* ⟨*sans ge*⟩ CUIS flamber
Flam|e ['flaːmə] *m* ⟨~n; ~n⟩, **Flämin** ['flɛːmɪn] *f* ⟨~; ~nen⟩ Flamand(e) *m(f)*

Flamingo [fla'mɪŋgo] *m* ⟨~s; ~s⟩ flamant *m* (rose)
flämisch ['flɛːmɪʃ] *adj* flamand
Flamme ['flamə] *f* ⟨~; ~n⟩ **1** flamme *f*; ***in ~n aufgehen*** être la proie des flammes; ***in ~n stehen*** être en flammes; **2** (*Brennstelle*) feu *m*; ***auf kleiner ~ kochen*** faire mijoter; **3** F *iron* (*Geliebte*) F béguin *m*
'flammend *adjt* flamboyant; *fig Rede, Appell* enflammé; *Rot* ardent
'Flammen|meer *st/s n* mer *f* de flammes; **~werfer** *m* ⟨~s; ~⟩ lance-flammes *m*
Flandern ['flandərn] *n* ⟨~s⟩ la Flandre; les Flandres *f/pl*
Flanell [fla'nɛl] *m* ⟨~s; ~e⟩ flanelle *f*; **~hemd** *n* chemise *f* de flanelle
flanieren [fla'niːrən] *v/i* ⟨*sans ge*, h *ou* sn⟩ flâner; se balader
Flanke ['flaŋkə] *f* ⟨~; ~n⟩ **1** (*Seite*) flanc *m* (*a* MIL); **2** FUSSBALL centre *m*
'flanken *v/t u v/i* FUSSBALL centrer
flan'kieren *v/t* ⟨*sans ge*⟩ flanquer; *fig* ***~de Maßnahmen*** *f/pl* mesures *f/pl* complémentaires
Flansch [flanʃ] *m* ⟨~(e)s; ~e⟩ bride *f*
flapsig ['flapsɪç] F *adj* (*ungezwungen*) désinvolte; (*flegelhaft*) goujat; mufle
Fläschchen ['flɛʃçən] *n* ⟨~s; ~⟩ petite bouteille; PHARM flacon *m*; *für Säuglinge* biberon *m*
Flasche ['flaʃə] *f* ⟨~; ~n⟩ **1** bouteille *f*; *für Säuglinge* biberon *m*; ***e-e ~ Wein*** une bouteille de vin; ***in ~n*** (*acc*) ***füllen*** mettre en bouteilles; *fig* ***zur ~ greifen*** (se mettre à) boire, F picoler; **2** F *fig* (*Feigling*) F dégonflé *m*; trouillard *m*; (*Dussel*) F cloche *f*; gourde *f*; (*Versager*) F minable *m,f*
'Flaschen|bier *n* bière *f* en bouteille(s); **~bürste** *f* goupillon *m*; **~hals** *m* goulot *m*; *fig* goulot *m* d'étranglement; **~kind** *n* enfant élevé au biberon; **~milch** *f* lait *m* en bouteille(s); **~öffner** *m* ouvre-bouteilles *m*; décapsuleur *m*; **~pfand** *n* consigne *f*; **~post** *f* bouteille *f* à la mer; **~wein** *m* vin *m* en bouteille; **~zug** *m* TECH palan *m*
Flatter ['flatər] F ***die ~ machen*** F se tirer; F se barrer; F se casser
'flatterhaft *adj* inconstant
'flattern *v/i* **1** ⟨sn⟩ *Vogel* voleter; *fig* ***j-m auf den Tisch ~*** F atterrir sur le bureau de qn; **2** *Fahne, Kleider, Haare* flotter (***im Winde*** au vent); **3** *fig Herz* palpiter; ***j-s Nerven ~*** F qn a les nerfs en pelote
flau [flaʊ] *adj* **1** *Wind* faible; **2** (*übel*) mal à l'aise; ***mir ist*** (***ganz***) ***~*** j'ai mal au cœur; **3** COMM stagnant; *Börse* terne
Flaum [flaʊm] *m* ⟨~(e)s⟩ duvet *m*
'Flaum|feder *f* duvet *m*; **ℒig** *adj* duveteux
Flausch [flaʊʃ] *m* ⟨~(e)s; ~e⟩ TEXT frise *f*; **'ℒig** *adj* en *od* de frise; moelleux
Flausen ['flaʊzən] F *f/pl* ***~ im Kopf haben*** ne penser qu'à des bêtises
Flaute ['flaʊtə] *f* ⟨~; ~n⟩ **1** MAR calme plat (*a fig*); accalmie *f*; **2** COMM période creuse; marasme *m*
Flechte ['flɛçtə] *f* ⟨~; ~n⟩ **1** MÉD dartre *f*; **2** BOT lichen *m*
'flechten *v/t* ⟨flicht, flocht, geflochten⟩ *Haar, Korb, Kranz* tresser; ***Zöpfe ~*** faire des nattes
Fleck [flɛk] *m* ⟨~(e)s; ~e *ou* ~en⟩ **1** tache *f* (*a fig*); ***blauer ~*** bleu *m*; ***~e geben*** faire des taches; tacher; **2** (*Ort, Stelle*) endroit *m*; ***nicht vom ~ kommen*** ne pas avancer (d'un pouce); ***sich nicht vom ~ rühren*** ne pas bouger
'Fleckchen *n* ⟨~s; ~⟩ coin *m*; ***ein schönes ~ Erde*** un coin ravissant
'Flecken *m* ⟨~s; ~⟩ **1** → ***Fleck*** *1*; **2** (*Ortschaft*) village *m*
'Fleck|entferner *m* ⟨~s; ~⟩, **~enwasser** *n* ⟨~s; ~⟩ détachant *m*; **ℒig** *adj* taché; *Gesicht, Obst a* tavelé
Fledermaus ['fleːdər-] *f* chauve-souris *f*
Fleece [fliːs] *n* ⟨~⟩ TEXT laine *f* polaire; **'~jacke** *f* veste *f* en laine polaire
Flegel ['fleːgəl] *m* ⟨~s; ~⟩ mufle *m*; goujat *m*; **~'lei** *f* ⟨~; ~en⟩ muflerie *f*; goujaterie *f*
'flegel|haft *adj* de mufle; de goujat; **ℒjahre** *n/pl* âge ingrat
flehen ['fleːən] *v/i* supplier (***zu j-m*** qn); implorer (***zu j-m*** qn; ***bei j-m um etw*** qn de faire qc)
'flehentlich *st/s adv* instamment
Fleisch [flaɪʃ] *n* ⟨~(e)s⟩ **1** BIOL chair *f*; (*Fruchtℒ*) *a* pulpe *f*; CUIS viande *f*; ***~fressend*** carnivore; **2** *fig* ***j-m in ~ und Blut übergehen*** passer dans les habitudes de qn; *st/s* ***sein eigen***(***es***) ***~ und Blut*** la chair de sa chair; ***sich*** (*dat*) ***ins eigene ~ schneiden*** se faire du tort à soi-même

Fleisch

Beim Übersetzen des Wortes *Fleisch* ins Französische muss man Folgendes beachten: Das Fleisch, das der Mensch am Körper hat, heißt **la chair**. Das Fleisch von Tieren, das zum Verzehr gedacht ist, ist **la viande**.

das Rindfleisch	**le bœuf**
das Schweinefleisch	**le porc**
das Kalbfleisch	**le veau**
das Lammfleisch	**l'agneau** *m*
das Geflügel	**la volaille**
das Hähnchenfleisch	**le poulet**
das Putenfleisch	**la dinde**
der Braten	**le rôti**
der Schinken	**le jambon**
der Speck	**le lard**
das Schnitzel	**l'escalope** *f*
das Kotelett	**la côtelette**
das Hackfleisch	**la viande hachée**

'Fleischbrühe *f* bouillon *m* de viande; *kräftige* consommé *m*

'Fleische|r *m* ⟨~s; ~⟩ boucher *m*; *bes für Schweinefleisch u Wurstwaren* charcutier *m*; **~'rei** *f* ⟨~; ~en⟩ boucherie *f*; *für Schweinefleisch u Wurstwaren* charcuterie *f*

'Fleisch|gericht *n* plat *m* de viande; **~hauer** *m österr* → ***Metzger***; **2ig** *adj* charnu; **~käse** *m pâté à base de viande de porc hachée*; **~klößchen** *n* ⟨~s; ~⟩, **~küchle** *n* ⟨~s; ~⟩, *österr* **~la(i)beri** *n* ⟨~s; ~n⟩ boulette *f* de viande 'hachée; **2lich** *adj* charnel; **2los** *adj* sans viande; **~pflanzerl** *n* ⟨~s; ~⟩ boulette *f* de viande 'hachée; **~salat** *m* salade *f* de saucisse à la mayonnaise; **~tomate** *f* (grosse) tomate (charnue); **~vergiftung** *f* intoxication *f* par la viande; **~waren** *f/pl* viande *f* et charcuterie *f*; **~wolf** *m* 'hachoir *m* (à viande); **~wunde** *f* blessure *f*; plaie *f*; **~wurst** *f* cervelas *m*

Fleiß [flaɪs] *m* ⟨~es⟩ application *f*; *beharrlicher* assiduité *f*; (*Eifer*) zèle *m*; *prov* ***ohne ~ kein Preis*** on n'a rien sans peine

'fleißig **I** *adj* (*arbeitsam*) appliqué; travailleur; (*eifrig*) assidu; **II** *adv* avec application; assidûment

flektieren [flɛk'tiːrən] *v/t* ⟨*sans ge*⟩ *Substantiv, Adjektiv* décliner; *Verb* conjuguer

flennen ['flɛnən] F *v/i* F chialer

fletschen ['flɛtʃən] *v/t* ***die Zähne ~*** montrer les dents

flexibel [flɛ'ksiːbəl] *adj* ⟨-bl-⟩ flexible (*a fig*); *fig a* souple

Flexibili'tät *f* ⟨~⟩ flexibilité *f* (*a fig*); *fig a* souplesse *f*

Flexion [flɛksi'oːn] *f* GR flexion *f*

flicht [flɪçt] → ***flechten***

flicken ['flɪkən] *v/t Kleidung* raccommoder; rapiécer; *Schlauch* réparer

'Flick|en *m* ⟨~s; ~⟩ *für Kleidung* pièce *f*; *für Schläuche* rustine *f*; **~werk** *n péj* F rafistolage *m*; **~zeug** *n* nécessaire *m* pour réparer les pneus

Flieder ['fliːdər] *m* ⟨~s; ~⟩ lilas *m*

Fliege ['fliːgə] *f* ⟨~; ~n⟩ **1** ZO mouche *f*; *fig* ***zwei ~n mit e-r Klappe schlagen*** faire d'une pierre deux coups; *fig* ***keiner ~ etw zuleide tun*** ne pas faire de mal à une mouche; F ***mach die ~!*** F dégage!; F tire-toi!; **2** (*Querbinder*) nœud *m* papillon

'fliegen ⟨flog, geflogen⟩ **I** *v/t* **1** *Flugzeug* piloter; *Personen, Waren* transporter en avion; **2** ⟨h *ou* sn⟩ *Strecke* faire; **II** *v/i* ⟨sn⟩ **3** *Vogel, Insekt*, AVIAT voler; (***mit dem Flugzeug***) ~ prendre l'avion; aller en avion (***nach Paris*** à Paris); **4** *Ball, Pfeil* voler; F *Gegenstände* ***durch die Luft ~*** voler; ***durchs*** *od* ***aus dem Fenster ~*** passer par la fenêtre; ***die Bücher flogen in die Ecke*** F il, elle, *etc* a balancé les livres dans un coin; **5** F (*entlassen werden*) F se faire virer; ***von der Schule ~*** être renvoyé de l'école; **6** F (*fallen*) tomber; *fig* ***durch die Prüfung ~*** F être collé, recalé (à l'examen); **7** F ***auf j-n, etw ~*** F adorer qn, qc

'Fliegen *n* ⟨~s⟩ vol *m*

'fliegend *adjt* volant; ***~er Händler*** marchand ambulant

'Fliegen|fänger *m* ⟨~s; ~⟩ papier *m* tue-mouches; **~gewicht** *n*, **~gewichtler** *m* ⟨~s; ~⟩ SPORT poids *m* mouche; **~klat-**

sche *f* tapette *f*; **~pilz** *m* amanite *f* tue-mouches
'**Flieger** *m* ⟨~s; ~⟩ **1** (*Pilot*) pilote *m*; aviateur *m* (*a* MIL); **2** F (*Flugzeug*) avion *m*; **~alarm** *m* alerte aérienne
Fliege'rei *f* ⟨~⟩ aviation *f*
'**Flieger|horst** *m* base aérienne; **~jacke** *f* blouson *m* d'aviateur
fliehen ['fli:ən] ⟨floh, geflohen⟩ **I** *st/s v/t* fuir; **II** *v/i* ⟨sn⟩ s'enfuir, *Gefangener* s'évader (**aus** de); ***vor j-m, etw ~*** fuir devant qn, qc
'**fliehend** *adjt Stirn, Kinn* fuyant
'**Fliehkraft** *f* force *f* centrifuge
Fliese ['fli:zə] *f* ⟨~; ~n⟩ carreau *m*; *größere* dalle *f*; ***mit ~n auslegen*** carreler
'**fliesen** *v/t* ⟨ge⟩ carreler
'**Fliesenleger** *m* ⟨~s; ~⟩ carreleur *m*
'**Fließband** *n* ⟨~es; ~er⟩ chaîne *f* (de montage); ***am ~ arbeiten*** travailler à la chaîne
'**Fließbandarbeit** *f* travail *m* à la chaîne
fließen ['fli:sən] *v/i* ⟨ge, floss, geflossen, sn⟩ couler; ÉLECT circuler; passer; *Geld* affluer; *Verkehr* être fluide; ***~ in*** (+ *acc*) *Fluss* se jeter dans; ***~ durch*** traverser
'**fließend** **I** *adjt* courant; *fig Grenzen* pas fixe; **II** *advt sprechen* couramment
'**Fließheck** *n* AUTO arrière profilé
Flimmerkiste ['flımər-] *f* F *plais* F télé *f*
'**flimmern** *v/i Stern* scintiller; *Bild* trembler; *Luft* vibrer; ***es flimmert mir vor den Augen*** j'ai des éblouissements
flink [flıŋk] **I** *adj* (*behände*) leste; *Person a* agile; *Bewegung* alerte; *Person, Bewegung, Gang* rapide; vif; **II** *adv* avec agilité
Flinte ['flıntə] *f* ⟨~; ~n⟩ fusil *m*; *fig* ***die ~ ins Korn werfen*** jeter le manche après la cognée
Flipper ['flıpər] *m* ⟨~s; ~⟩, **~automat** *m* flipper *m*
'**flippern** F *v/i* jouer au flipper
'**flippig** F *adj* (*verrückt*) F jeté; (*ausgefallen*) excentrique
Flirt [flœrt] *m* ⟨~s; ~s⟩ flirt *m*
'**flirten** *v/i* ⟨-e-⟩ flirter
Flittchen ['flıtçən] F *péj n* ⟨~s; ~⟩ (petite) coureuse
Flitter ['flıtər] *m* ⟨~s; ~⟩ paillettes *f/pl*; clinquant *m* (*a fig*); **~kram** F *péj m* clinquant *m*; **~wochen** *f/pl* lune *f* de miel
flitzen ['flıtsən] F *v/i* ⟨ge, sn⟩ filer; F foncer
'**Flitzer** F *m* ⟨~s; ~⟩ *Auto* bolide *m*
flocht [flɔxt] → ***flechten***
Flocke ['flɔkə] *f* ⟨~; ~n⟩ **1** *von Schnee, Wolle* flocon *m*; **2** *von Staub pl* ***~n*** moutons *m/pl*
'**flockig** *adj* floconneux
flog [flo:k] → ***fliegen***
floh [flo:] → ***fliehen***
Floh *m* ⟨~es; ~e⟩ puce *f*; F *fig* ***j-m e-n ~ ins Ohr setzen*** mettre, fourrer une idée dans la tête de qn
'**Flohmarkt** *m* (marché *m* aux) puces *f/pl*

> Ein berühmter **Flohmarkt**, **un marché aux puces**, befindet sich im Norden von Paris, zwischen der Porte de Clignancourt und der Porte de Saint Ouen. Die 2000 Stände sind jeweils von Samstag bis Montag geöffnet.

Flop [flɔp] F *m* ⟨~s; ~s⟩ F bide *m*
Flor [flo:r] *m* ⟨~s; ~e⟩ **1** (*Blumen*2) profusion *f* de fleurs; **2** *bei Samt, Teppichen* poil *m*; **3** (*Trauer*2) crêpe *m* de deuil
Flora ['flo:ra] *f* ⟨~; -ren⟩ flore *f*
Florett [flo'rεt] *n* ⟨~es; ~e⟩ fleuret *m*; **~fechter(in)** *m(f)* fleurettiste *m,f*
florieren [flo'ri:rən] *v/i* ⟨*sans ge*⟩ être florissant, prospère; prospérer
Florist(in) [flo'rıst(ın)] *m* ⟨~en; ~en⟩ (*f*) ⟨~; ~nen⟩ fleuriste *m,f*
Floskel ['flɔskəl] *f* ⟨~; ~n⟩ formule toute faite; *abgedroschene* cliché *m*
floss [flɔs] → ***fließen***
Floß [flo:s] *n* ⟨~es; ~e⟩ radeau *m*
Flosse ['flɔsə] *f* ⟨~; ~n⟩ **1** ZO nageoire *f*; *beim Hai* aileron *m*; **2** (*Schwimm*2) palme *f*; **3** F (*Hand*) F paluche *f*; F patte *f*
flößen ['flø:sən] *v/t* ⟨ge⟩ flotter
'**Flößer** *m* ⟨~s; ~⟩ flotteur *m* de bois
Flöte ['flø:tə] *f* ⟨~; ~n⟩ flûte *f*
'**flöten** ⟨-e-⟩ **I** *v/t* **1** MUS jouer à la flûte; **2** *fig* susurrer; **II** *v/i* **3** MUS jouer de la flûte; **4** *Amsel* siffler; **5** *fig* susurrer
'**flöten·gehen** F *v/i* ⟨*irr*, sn⟩ F être fichu
'**Flötenspieler(in)** *m(f)*, **Flö'tist(in)** *m* ⟨~en; ~en⟩ (*f*) ⟨~; ~nen⟩ joueur, -euse *m,f* de flûte; flûtiste *m,f*
flott [flɔt] **I** *adj* **1** F (*rasch*) rapide; *Musik* entraînant; *Gang* allègre, **2** F (*schick*)

qui a de l'allure; (*attraktiv*) qui a de la classe; **3** (*lebenslustig*) fringant; **4** ***wieder~ sein*** *Schiff* être à flot; F *Fahrzeug* être à nouveau en état de marche; **II** F *adv* vite; ***~ gekleidet sein*** avoir de l'allure

Flotte ['flɔtə] *f* ⟨~; ~n⟩ flotte *f*

'flott·machen *v/t Schiff* mettre à flot; F *Auto* dépanner

Flöz [flø:ts] *n* ⟨~es; ~e⟩ BERGBAU couche *f*; filon *m*

Fluch [flu:x] *m* ⟨~e̸s; ~̈e⟩ **1** (*Verwünschung*) malédiction *f*; **2** *Kraftwort* juron *m*

'fluchen *v/i* jurer; ***auf j-n, etw ~*** pester contre qn, qc

Flucht[1] [fluxt] *f* ⟨~; ~en⟩ fuite *f* (***vor*** [+ *dat*] devant [*a fig*]; ***aus*** de); *aus e-m Gefängnis a* évasion *f*; ***auf der ~*** pendant la fuite; en fuyant; ***auf der ~ sein*** être en fuite; ***die ~ ergreifen*** prendre la fuite; s'enfuir; ***j-n in die ~ schlagen*** mettre qn en fuite; *fig* ***die ~ nach vorn*** la fuite en avant

Flucht[2] *f* ⟨~; ~en⟩ **1** (*~linie*) alignement *m*; **2** *st/s von Räumen* enfilade *f*

'fluchtartig *adv* précipitamment

flüchten ['flyçtən] ⟨-e-⟩ **I** *v/i* ⟨sn⟩ (***vor j-m, etw***) ~ s'enfuir (devant qn, qc); fuir (qn, qc *od* devant qn, qc); *Gefangene a* s'évader (de qn, qc); **II** *v/r* ***sich in etw*** (*acc*), ***zu j-m ~*** se réfugier dans qc, chez qn

'Flucht|gefahr *f* risque *m* de fuite, d'évasion; **~helfer** *m* passeur *m*

'flüchtig **I** *adj* **1** *Verbrecher* en fuite; fugitif; **2** *Gedanke, Eindruck, Berührung* fugitif; **3** (*oberflächlich*) superficiel; **4** CHIM volatil; **II** *adv* **1** (*hastig*) rapidement; à la va-vite; **2** (*beiläufig*) en passant; **3** (*oberflächlich*) superficiellement

'Flüchtigkeitsfehler *m* faute *f* d'inattention

'Flüchtling *m* ⟨~s; ~e⟩ réfugié(e) *m(f)*; **~slager** *n* camp *m* de réfugiés

'Flucht|linie *f* CONSTR alignement *m*; **~versuch** *m* tentative *f* d'évasion, de fuite

Flug [flu:k] *m* ⟨~e̸s; ~̈e⟩ vol *m*; ***auf dem ~ nach …*** en allant à … en avion; ***im ~e*** (***fangen***) (attraper) au vol; ***die Zeit vergeht*** (***wie***) ***im ~(e)*** le temps passe (si) vite

'Flugabwehr *f* défense antiaérienne; D.C.A. *f*; **~rakete** engin antiaérien

'Flug|angst *f* peur *f* de prendre l'avion; **~bahn** *f* trajectoire *f*; **~begleiter(in)** *m(f)* steward *m*; hôtesse *f* (de l'air); **~blatt** *n* tract *m*

Flügel ['fly:gəl] *m* ⟨~s; ~⟩ **1** aile *f* (*a* ZO, AVIAT, CONSTR, POL, MIL, SPORT, *fig*); *fig* ***j-m die ~ stutzen*** rogner les ailes à qn; F *fig* ***die ~ hängen lassen*** être découragé; **2** *e-s Fensters* battant *m*; *e-s Altars* volet *m*; **3** MUS piano *m* à queue

'flügellahm *adj* **1** *Vogel* blessé à l'aile; **2** *fig Person* découragé; *Unternehmen* qui bat de l'aile

'Flügel|mutter *f* ⟨~; ~n⟩ TECH papillon *m*; **~stürmer** *m* ailier *m*; **~tür** *f* porte *f* à deux battants

'Fluggast *m* passager, -ère *m,f*

flügge ['flʏgə] *adj* capable de voler; *fig* ***~ sein*** voler de ses propres ailes

'Flug|geschwindigkeit *f* vitesse *f* de vol; **~gesellschaft** *f* compagnie aérienne; **~hafen** *m* aéroport *m*; **~höhe** *f* altitude *f* de vol; **~kapitän** *m* commandant *m* de bord; **~körper** *m* missile *m*; **~lärm** *m* bruits *m/pl* de circulation aérienne; **~lehrer** *m* moniteur *m* d'aviation; **~linie** *f* ligne aérienne; **~lotse** *m* contrôleur *m* de la navigation aérienne; aiguilleur *m* du ciel

'Flugobjekt *n* ***unbekanntes ~*** objet volant non identifié

'Flug|personal *n* personnel volant, navigant; **~plan** *m* horaire *m*; **~platz** *m* aérodrome *m*; **~reise** *f* voyage *m* en avion

flugs [flʊks] *adv* vite; en vitesse

'Flug|schein *m* **1** (*Ticket*) billet *m* d'avion; **2** *für Piloten* brevet *m* de pilote; **~schreiber** *m* AVIAT enregistreur *m* de vol; **~sicherheit** *f* sécurité aérienne; **~sicherung** *f* contrôle *m* de la navigation aérienne; **~steig** *m* porte *f* (d'embarquement); **~strecke** *f* itinéraire *m*; route aérienne; **~ticket** *n* billet *m* d'avion; **~verkehr** *m* trafic aérien

'Flugzeug *n* ⟨~e̸s; ~e⟩ avion *m*; ***im ~*** en avion; → *Info bei* ***avion***

'Flugzeug|absturz *m* accident *m* d'avion; crash *m*; **~entführer** *m* pirate *m* de l'air; **~entführung** *f* détournement *m* d'avion; **~träger** *m* porte-

F

-avions *m*; **~unglück** *n* accident *m* d'avion
Fluidum ['flu:idum] *n* ⟨~s⟩ fluide *m*
Fluktuation [fluktuatsi'o:n] *f* ⟨~; ~en⟩ fluctuation *f*
Flunder ['flundər] *f* ⟨~; ~n⟩ flet *m*
flunkern ['fluŋkərn] F *v/i* raconter des histoires
Fluor ['flu:ɔr] *n* ⟨~s⟩ fluor *m*; **~chlorkohlen'wasserstoff** *m* chlorofluorocarbone *m*
fluoreszieren [fluorɛs'tsi:rən] *v/i* ⟨*sans ge*⟩ être fluorescent
Flur[1] [flu:r] *m* ⟨~(e)s; ~e⟩ *e-r Wohnung* entrée *f*; vestibule *m*; (*Gang*) couloir *m*
Flur[2] *st/s f* ⟨~; ~en⟩ champs *m/pl*; *fig* ***allein auf weiter ~*** tout seul
'Flurschaden *m* dégât(s) causé(s) aux champs
Fluss [flus] *m* ⟨~es; ~̈e⟩ **1** rivière *f*; (*Strom*) fleuve *m*; ***an e-m ~ liegen*** être au bord d'un fleuve; **2** *fig der Rede, des Verkehrs* flux *m*; ***etw in ~*** (*acc*) ***bringen*** amorcer qc; ***im ~ sein*** (*sich ändern*) changer sans cesse; (*im Gange sein*) être en cours
fluss|'abwärts *adv* en aval; **'2arm** *m* bras *m* de rivière; **~'aufwärts** *adv* en amont; **'2bett** *n* lit *m* de rivière, de fleuve
flüssig ['flʏsɪç] **I** *adj* **1** liquide; *Gas* liquéfié; ***~ machen*** fondre; **2** FIN liquide; disponible; ***~ machen*** *Kapital* réaliser; F ***ich bin im Augenblick nicht ~*** F je suis à sec; **3** *fig Stil* aisé; coulant; fluide (*a Verkehr*); **II** *adv schreiben, sprechen* avec aisance
'Flüssig|gas *n* gaz liquéfié; **~keit** *f* ⟨~; ~en⟩ **1** liquide *m*; **2** *fig* fluidité *f*; *des Stils a* aisance *f*; **~kristallanzeige** *f* affichage *m* à cristaux liquides; **~seife** *f* savon *m* liquide
'Fluss|krebs *m* écrevisse *f*; **~lauf** *m* cours *m* d'une rivière; **~mündung** *f* embouchure *f*; **~pferd** *n* hippopotame *m*; **~ufer** *n* rive *f*; bord *m* de la rivière; *steiles* berge *f*
flüstern ['flʏstərn] *v/t u v/i* chuchoter (***j-m ins Ohr*** à l'oreille de qn)
'Flüsterpropaganda *f* bouche à oreille *m*
Flut [flu:t] *f* ⟨~; ~en⟩ **1** (*Gezeit*) marée montante *bzw* 'haute; flux *m*; ***die ~ setzt ein*** la mer commence à monter; **2** *st/s* (*Wassermasse*) **~(en)** flots *m/pl*; **3** *fig von Worten etc* flot *m*; *von Tränen a* torrent *m*
'fluten *st/s v/i* ⟨-e-, sn⟩ (s'é)couler; *fig* ***in etw*** (*acc*) **~** *Menschenmenge* affluer dans qc; *Licht* inonder qc
'Flut|licht *n* lumière *f* des projecteurs; **~welle** *f* raz-de-marée *m*
'f-Moll *n* ⟨~⟩ fa *m* mineur
focht [fɔxt] → ***fechten***
Fock [fɔk] *f* ⟨~; ~en⟩ (voile *f* de) misaine *f*; *beim Segelboot* foc *m*
Födera|lismus [fødera'lɪsmus] *m* ⟨~⟩ fédéralisme *m*; **2'listisch** *adj* fédéraliste; **~ti'on** *f* ⟨~; ~en⟩ fédération *f*
Fohlen ['fo:lən] *n* ⟨~s; ~⟩ poulain *m*
Föhn [fø:n] *m* ⟨~(e)s; ~e⟩ **1** (*Haartrockner*) sèche-cheveux *m*; **2** *Wind* fœhn *m*
'föhnen *v/t* sécher au sèche-cheveux
Föhre ['fø:rə] *f* ⟨~; ~n⟩ BOT pin *m* sylvestre
Folge ['fɔlgə] *f* ⟨~; ~n⟩ **1** (*Aufeinander2*) suite *f*; série *f*; TV, RAD épisode *m*; ***in rascher ~*** coup sur coup; ***in der ~*** par la suite; **2** (*Resultat*) conséquence *f*; suite *f*; *e-r Krankheit* séquelle *f*; ***etw zur ~ haben*** entraîner qc; avoir qc pour conséquence; ***die ~ davon ist, dass ...*** il en résulte que ...; **3** ***e-r Sache*** (*dat*) ***~ leisten*** suivre qc; *e-r Aufforderung, Anordnung* obtempérer à qc; *e-r Vorladung* se rendre à qc; *e-r Einladung* répondre à qc
'folgen *v/i* ⟨sn⟩ **1** (*nach~*) ***j-m, e-r Sache ~*** suivre qn, qc; ***auf j-n, etw ~*** succéder à qn, qc; ***wie folgt*** comme suit; **2** (*resultieren*) ***~ aus*** résulter de; ***daraus folgt*** (***, dass...***) il en résulte (que ...); il s'ensuit (que ...); **3** (*sich richten nach*) suivre; **4** *geistig* suivre; ***können Sie ~?*** vous me suivez?; vous y êtes?; **5** ⟨h⟩ (*gehorchen*) obéir (***j-m*** à qn)
'folgend *adjt* suivant; ***im 2en*** ci-après; dans ce qui suit; ***das 2e*** ce qui suit
'folgendermaßen *adv* de la manière suivante
'folgenschwer *adj* lourd de conséquences; grave
'folgerichtig *adj* logique
folgern ['fɔlgərn] *v/t* conclure (***aus*** de)
'Folgerung *f* ⟨~; ~en⟩ conclusion *f*
'Folgeschaden *m* dommages indirects
'Folgezeit *f* suite *f*; ***in der ~*** par la suite; (*künftig*) à l'avenir

'folglich *conj u adv* par conséquent; en conséquence
'folgsam *adj* obéissant; docile
Folie ['fo:liə] *f* ⟨~; ~n⟩ **1** (*Metall*≗) feuille *f*; **2** (*Plastik*≗) (film *m*) plastique *m*; **3** (*Arbeits*≗) transparent *m*
Folklo|re [fɔlk'lo:rə] *f* ⟨~⟩ folklore *m*; **≗'ristisch** *adj* folklorique
Folter ['fɔltər] *f* ⟨~; ~n⟩ torture *f* (*a* HIST, *fig*); *fig* ***j-n auf die ~ spannen*** mettre qn à la torture
'Folterkammer *f* chambre *f* de torture
'foltern *v/t* torturer (*a st/s fig*)
'Folterung *f* ⟨~; ~en⟩ torture *f*
Fon *n* → ***Phon***
Fön® → ***Föhn*** *1*
Fond [fõ:] *m* ⟨~s; ~s⟩ (*Hintergrund*), *e-s Autos* arrière *m*
Fonds [fõ:] *m* ⟨~; ~⟩ FIN fonds *m*
Fondue [fõ'dy:] *f* ⟨~; ~s⟩ *od n* ⟨~s; ~s⟩ (*Käse*≗) fondue (savoyarde); (*Fleisch*≗) fondue bourguignonne
Fontäne [fɔn'tɛ:nə] *f* ⟨~; ~n⟩ jet *m* d'eau
foppen ['fɔpən] *v/t* mystifier; taquiner
forcieren [fɔr'si:rən] *v/t* ⟨*sans ge*⟩ *Arbeit* accélérer; pousser; *Anstrengungen, Entwicklung* forcer
Förderband ['fœrdər-] *n* ⟨~(e)s; ≈er⟩ tapis roulant
'Förder|er *m* ⟨~s; ~⟩, **~in** *f* ⟨~; ~nen⟩ protecteur, -trice *m,f*
'förderlich *adj* ***e-r Sache*** (*dat*) ***~ sein*** être utile, profitable à qc
fordern ['fɔrdərn] *v/t* **1** (*verlangen*) ***etw von j-m ~*** demander qc à qn; *p/fort* exiger qc de qn; *bes Recht* revendiquer qc auprès de qn; ***~, dass*** exiger que (+ *subj*); **2** (*Leistung abverlangen*) exiger le maximum de
fördern ['fœrdərn] *v/t* **1** *Bodenschätze* extraire; **2** *Beziehungen, Künstler* encourager; *Sportler* sponsoriser; *Kunst* protéger; *Wissenschaft, Entwicklung* promouvoir; *Schüler* pousser; *Verdauung* aider; favoriser
'Forderung *f* ⟨~; ~en⟩ **1** (*Verlangen*) exigence *f*; *rechtmäßige* revendication *f* (***nach*** de); **2** COMM, JUR créance *f*; ***e-e ~ an j-n haben*** avoir une créance sur qn
'Förderung *f* ⟨~; ~en⟩ **1** *von Bodenschätzen* extraction *f*; **2** *von Talenten, Beziehungen* encouragement *m*; *der Kunst* protection *f*; *der Wissenschaft a* promotion *f*; *durch e-n Sponsor* sponsoring *m*
Forelle [fɔ'rɛlə] *f* ⟨~; ~n⟩ truite *f*; CUIS ***~ blau*** truite au bleu
Form [fɔrm] *f* ⟨~; ~en⟩ **1** (*Gestalt, Darstellungsweise*) forme *f* (*a* GR, JUR); ***~en*** *pl e-r Frau* formes *f/pl*; ***in ~ von*** *od* + *gén* sous, en forme de; ***feste ~en annehmen*** prendre forme; se concrétiser; **2** (*Umgangs*≗) ***in aller ~*** en bonne et due forme; dans les formes; ***der ~ halber*** pour la forme; ***die ~ wahren*** (y) mettre les formes; **3** *bes* SPORT forme *f*; ***in ~*** (*dat*) ***sein*** être en forme; ***in guter, schlechter ~ sein*** avoir une bonne, mauvaise condition physique; **4** (*Guss*≗, *Kuchen*≗) moule *m*
for'mal **I** *adj* formel; **II** *adv* quant à la forme
Formaldehyd ['fɔrmˀaldehy:t] *m* formaldéhyde *m*
Formali'tät *f* ⟨~; ~en⟩ formalité *f*
Format [fɔr'ma:t] *n* ⟨~(e)s; ~e⟩ **1** *e-s Bilds etc* format *m* (*a* INFORM); **2** *fig* envergure *f*; classe *f*; ***~ haben*** avoir de l'envergure, de la classe
forma'tier|en *v/t* ⟨*sans ge*⟩ INFORM formater; **≗ung** *f* ⟨~; ~en⟩ INFORM formatage *m*
Formati'on *f* ⟨~; ~en⟩ formation *f*
'form|bar *adj* plastique; malléable (*a fig*); **≗blatt** *n* ADM formulaire *m*
Formel ['fɔrməl] *f* ⟨~; ~n⟩ formule *f*; MOTORSPORT ***~ 1*** formule 1
for'mell **I** *adj* formel; **II** *adv* selon les formes, les règles
'formen *v/t* former (*a fig*); façonner; modeler
'Formenlehre *f* morphologie *f*
'Form|fehler *m* JUR vice *m* de forme; **~gebung** *f* ⟨~; ~en⟩ façonnage *m*
for'mieren *v/t* (*u v/r*) ⟨*sans ge*⟩ (***sich ~*** se) former
...förmig [...fœrmɪç] *in Zssgn meist* en forme de ...
förmlich ['fœrmlɪç] **I** *adj* (*formgerecht*) dans les formes; *péj* formaliste; cérémonieux; **II** *adv* **1** (*formgerecht*) dans les formes; **2** (*buchstäblich*) littéralement; **≗keit** *f* ⟨~; ~en⟩ JUR formalité *f*; *péj* cérémonie *f*
'form|los *adj Gebilde, Körper* informe; *Antrag* informel; *Begrüßung* sans façons; **≗sache** *f* formalité *f*; **~schön**

adj qui a une belle forme; **♀tief** *n* méforme *f*

Formular [fɔrmuˈlaːr] *n* ⟨~s; ~e⟩ formulaire *m*

formuˈlier|en *v/t* ⟨*sans ge*⟩ formuler; exprimer; énoncer; **♀ung** *f* ⟨~; ~en⟩ manière *f* d'exprimer; énonciation *f*

ˈformvollendet *adjt* parfait

forsch [fɔrʃ] *adj* énergique; décidé

ˈforschen *v/i* ***nach etw, j-m ~*** rechercher qc, qn; **(*nach etw*)** ~ *wissenschaftlich* faire des recherches (sur qc)

ˈforschend *adjt Blick* scrutateur

ˈForsch|er(in) *m* ⟨~s; ~⟩ (*f*) ⟨~; ~nen⟩ chercheur, -euse *m,f*; (*Entdecker*) explorateur, -trice *m,f*; **~ung** *f* ⟨~; ~en⟩ recherche *f* (scientifique)

ˈForschungs|auftrag *m* mission *f* de recherche(s); **~reaktor** *m* réacteur expérimental; **~reise** *f* expédition *f* scientifique; **~satellit** *m* satellite *m* d'observation

Forst [fɔrst] *m* ⟨~(e)s; ~en⟩ forêt *f*

Förster [ˈfœrstər] *m* ⟨~s; ~⟩ garde forestier

ˈForst|haus *n* maison forestière; **~revier** *n* zone forestière; **~wirtschaft** *f* sylviculture *f*

Forsythie [fɔrˈzyːtsiə] *f* ⟨~; ~n⟩ forsythia *m*

fort [fɔrt] *adv* **1** (*weg*) parti; absent; pas là; ***~ mit dir!*** va-t'en!; **2** ***in e-m ~*** sans arrêt; sans cesse; ***und so ~*** et ainsi de suite

Fort [foːr] *n* ⟨~s; ~s⟩ MIL fort *m*

fortˈan *st/s adv* **1** (*von nun an*) désormais; dorénavant; **2** (*seitdem*) dès lors

ˈFortbestand *m* maintien *m*; BIOL continuité *f*

ˈfort·|bestehen *v/i* ⟨*irr, sans ge*⟩ se maintenir; se perpétuer; **~bewegen** ⟨*sans ge*⟩ **I** *v/t* éloigner; écarter; **II** *v/r* ***sich ~*** se déplacer

ˈFortbewegung *f* locomotion *f*; **~smittel** *n* moyen *m* de locomotion

ˈfort·bilden ⟨-e-⟩ **I** *v/t* assurer la formation continue de; **II** *v/r* ***sich ~*** se perfectionner

ˈFortbildung *f* formation continue; **~skurs** *m* cours *m(pl)* de formation continue

ˈfort·bleiben *v/i* ⟨*irr*, sn⟩ ne pas (re)venir

ˈfort·bringen *v/t* ⟨*irr*⟩ **1** ***j-n ~*** emmener qn; **2** ***etw ~*** emporter qc

ˈFortdauer *f* continuation *f*; *von Regen, Kälte, Fieber* persistance *f*

ˈfort·dauern *v/i* continuer; durer; *Kälte, Regen* persister

ˈfortdauernd *adjt* continuel; *Kälte, Regen, Fieber* persistant

ˈfort·|fahren *v/i* ⟨*irr*, sn⟩ **1** (*wegfahren*) partir (en voiture, *etc*); **2** (*weitermachen*) continuer (***mit etw*** qc); **~fliegen** *v/i* ⟨*irr*, sn⟩ **1** s'envoler (***nach*** pour); **2** (*fortgeblasen werden*) être emporté (par le vent); **~führen** *v/t* **1** (*wegführen*) emmener; **2** (*weiterführen*) continuer

ˈFort|führung *f* continuation *f*; **~gang** *m* **1** (*Weggang*) départ (définitif); **2** (*Fortsetzung*) continuation *f*; poursuite *f*

ˈfort·gehen *v/i* ⟨*irr*, sn⟩ **1** (*weggehen*) s'en aller, partir (***von*** de); **2** (*weitergehen*) continuer

fortgeschritten *adjt* avancé; **♀e(r)** *f(m)* ⟨→ A⟩ étudiant(e) *m(f)* avancé(e); non débutant(e) *m(f)*

ˈfortgesetzt *adjt* continu

ˈFortkommen *n im Beruf* avancement *m*

ˈfort·laufen *v/i* ⟨*irr*, sn⟩ se sauver; ***von zu Hause ~*** s'enfuir de chez soi

ˈfortlaufend **I** *adjt* continu; *Bemühungen* suivi; **II** *advt* d'une façon continue, suivie

ˈfort·pflanzen *v/r* ⟨-(e)s⟩ ***sich ~*** **1** BIOL se reproduire; **2** PHYS se propager

ˈFortpflanzung *f* **1** BIOL reproduction *f*; **2** PHYS propagation *f*

ˈfort·|schaffen *v/t* enlever; (*verschwinden lassen*) faire disparaître; **~schicken** *v/t Person* renvoyer; **~schleichen** *v/i* ⟨*irr*, sn⟩ (*u v/r* ⟨h⟩ ***sich ~***) s'esquiver; **~schreiben** *v/t* ⟨*irr*⟩ mettre à jour; **~schreiten** *v/i* ⟨*irr*, sn⟩ *Krankheit* progresser; *Zeit, Arbeit* avancer

ˈfortschreitend *adjt* progressif

ˈFortschritt *m* progrès *m*; ***~e machen*** faire des progrès; progresser; *Arbeit* avancer

ˈfortschrittlich *adj* progressiste; *Idee* avancé; *Lösung* moderne

ˈfort·setzen *v/t* (*u v/r*) ⟨-(e)s⟩ (***sich ~***) continuer; (se) poursuivre

ˈFortsetzung *f* ⟨~; ~en⟩ **1** continuation *f*; **2** *e-s Texts* suite *f*; ***~ folgt*** à suivre; la suite au prochain numéro

'Fortsetzungsroman *m* roman-feuilleton *m*
'fort·|stehlen *v/r* ⟨*irr*⟩ ***sich ~*** s'esquiver; **~tragen** *v/t* ⟨*irr*⟩ emporter
'fortwährend **I** *adjt* continuel; **II** *advt* continuellement; ***er klagt ~*** il n'arrête pas de se plaindre
'fort·wollen *v/i* vouloir s'en aller, partir
Forum ['fo:rum] *n* ⟨~s; Foren⟩ **1** HIST, (*öffentliche Aussprache*) forum *m*; **2** (*Kreis interessierter Personen*) cercle *m*; **3** (*Ort, Gelegenheit für Erörterungen*) tribune *f*
Fossil [fɔ'si:l] *n* ⟨~s; ~ien⟩ fossile *m* (*a fig*)
Foto ['fo:to] *n* ⟨~s; ~s⟩ photo *f*; ***auf dem ~*** en photo; ***ein ~ von j-m, etw machen*** prendre qn, qc en photo
'Foto|album *n* album *m* de photos; **~apparat** *m* appareil *m* photo(graphique); **~ausrüstung** *f* équipement *m* photographique
fotogen [foto'ge:n] *adj* photogénique
'Fotogeschäft *n* magasin *m* de photographie
Foto|'graf(in) *m* ⟨~en; ~en⟩ (*f*) ⟨~; ~nen⟩ photographe *m,f*; **~gra'fie** *f* ⟨~; ~n⟩ photo(graphie) *f* (*a Verfahren*)
fotogra'fieren ⟨*sans ge*⟩ **I** *v/t* photographier; prendre en photo; **II** *v/i* prendre une photo; *als Hobby* faire de la photo
foto'grafisch *adj* photographique
Foto|ko'pie *f* photocopie *f*; **2ko'pieren** *v/t* ⟨*sans ge*⟩ photocopier; **~ko'pierer** F *m*, **~ko'piergerät** *n* photocopieur *m*; photocopieuse *f*
'Foto|labor *n* laboratoire *m* photographique; **~modell** *n* modèle *m*; **~montage** *f* photomontage *m*; **~reporter(in)** *m(f)* reporter *m,f* photographe; **~safari** *f* safari-photo *m*; **~tasche** *f* sac *m* pour appareil photo
Fötus ['fø:tus] *m* → ***Fetus***
Fotze ['fɔtsə] *vulgär f* ⟨~; ~n⟩ (*Vulva*) *vulgär* con *m*; *Schimpfwort* P conasse *f*
Foul [faul] *n* ⟨~s; ~s⟩ faute *f* (***an*** [+ *dat*] contre)
'foulen *v/t* commettre une faute contre
Fox|terrier ['fɔks-] *m* ZO fox-terrier *m*; **~trott** *m* ⟨~(e)s; ~e *ou* ~s⟩ fox-trot *m*
Foyer [foa'je:] *n* ⟨~s; ~s⟩ foyer *m*
Fr. *abr* (*Frau*) Mme *od* Mme
Fracht [fraxt] *f* ⟨~; ~en⟩ **1** *Ladung* chargement *m*; *e-s Flugzeugs* fret *m*; *e-s Schiffs* cargaison *f*; **2** (*~kosten*) frais *m/pl* de transport; *für Schiffs- u Luft2* fret *m*
'Fracht|brief *m* lettre *f* de voiture; MAR connaissement *m*; **~er** *m* ⟨~s; ~⟩ cargo *m*; **~gut** *n* marchandises *f/pl* en régime ordinaire; **~kosten** *pl* frais *m/pl* de transport; **~raum** *m* soute *f*; **~schiff** *n* cargo *m*
Frack [frak] *m* ⟨~(e)s; ~e⟩ habit *m*; frac *m*; ***im ~*** en habit
Frage ['fra:gə] *f* ⟨~; ~n⟩ **1** question *f*; interrogation *f* (*a* GR); ***ohne ~*** sans aucun doute; **(*j-m od an j-n*) *e-e ~ stellen*** poser une question (à qn); **2** (*Angelegenheit*) problème *m*; ***in ~ kommen*** entrer en ligne de compte; ***es kommt nicht in ~, dass …*** il n'est pas question que …; **(*das*) *kommt nicht in ~!*** (il n'en est) pas question!; ***etw in ~ stellen*** remettre qc en question, en cause
'Fragebogen *m* questionnaire *m*
'fragen **I** *v/t u v/i* demander; ***j-n etw*** *od* ***nach etw ~*** demander qc à qn; ***j-n*** **(*nach j-m, etw*) *~*** (*aus~*) interroger, questionner qn (sur qn, qc); ***nach j-m ~*** (*j-n sprechen wollen*) demander qn (à qn); (*sich nach j-m erkundigen*) demander des nouvelles de qn; **II** *v/r* ***sich ~*** se demander; **III** *v/imp* ***es fragt sich, ob …*** on se demande si …; reste à savoir si …
'fragend **I** *adjt* interrogateur; **II** *advt* ***j-n ~ ansehen*** interroger qn du regard
'Frage|satz *m* proposition interrogative; **~stellung** *f* (façon *f* de formuler la) question *f*; problème *m*; **~wort** *n* ⟨~(e)s; -wörter⟩ interrogatif *m*; **~zeichen** *n* GR, *fig* point *m* d'interrogation
'fraglich *adj* **1** (*unsicher*) douteux; ***es ist ~, ob …*** on se demande si …; reste à savoir si …; **2** (*betreffend*) en question
'fraglos *adv* incontestablement
Fragmen|t [fra'gmɛnt] *n* ⟨~(e)s; ~e⟩ fragment *m*; **2'tarisch** *adj* fragmentaire
'fragwürdig *adj* **1** (*problematisch*) problématique; (*zweifelhaft*) douteux; **2** (*zwielichtig*) louche
Fraktion [fraktsi'o:n] *f* ⟨~; ~en⟩ **1** POL groupe *m* parlementaire; **2** (*Sondergruppe*) groupe *m*
Frakti'ons|sitzung *f* réunion *f* de groupe parlementaire; **~vorsitzende(r)** *f(m)* président(e) *m(f)* de groupe

In Frankreich wird nicht nur Französisch gesprochen ...

Neben der Landessprache Französisch haben sich in verschiedenen Gebieten Frankreichs bis zum heutigen Tag so genannte Regionalsprachen erhalten:

Bretonisch	**le breton**	*in der Bretagne*
Flämisch	**le flamand**	*im Nordosten Frankreichs*
Elsässisch	**l'alsacien**	*im Elsass*
Korsisch	**le corse**	*auf Korsika*
Okzitanisch	**l'occitan**	*im Süden Frankreichs*
Katalanisch	**le catalan**	*an der Grenze zu Spanien*
Baskisch	**le basque**	*im Baskenland*

F

parlementaire; **~zwang** *m* discipline *f* de vote

Fraktur [frak'tu:r] *f* ⟨~; ~en⟩ **1** MÉD fracture *f*; **2** TYPO gothique *f*; F ***mit j-m ~ reden*** dire à qn ses quatre vérités

Franc [frã:] *m* ⟨~; ~s, *mais* 5 ~⟩ HIST *Währung* franc *m*

frank [fraŋk] *adv* ***~ und frei*** franchement; sans ambages; carrément

'Franke *m* ⟨~n; ~n⟩ **1** (*Bewohner von Franken*) Franconien *m*; **2** HIST Franc *m*

'Franken[1] *n* ⟨~s⟩ GÉOGR la Franconie

'Franken[2] *m* ⟨~s; ~⟩ *Währung* franc *m* suisse

Frankfurt ['fraŋkfʊrt] *n* ⟨~s⟩ Francfort; **~er I** *adj* ⟨*inv*⟩ de Francfort; **II 1** *m* ⟨~s; ~⟩ Francfortois *m*; **2** *f* ⟨~; ~⟩ *Wurst* saucisse *f* de Francfort

frankier|en [fraŋ'ki:rən] *v/t* ⟨*sans ge*⟩ affranchir; **&ung** *f* ⟨~; ~en⟩ affranchissement *m*

fränkisch ['frɛŋkɪʃ] *adj* **1** (*des heutigen Frankens*) franconien; **2** *Sprache* francique; **3** HIST franc

franko ['fraŋko] *adv* COMM franco

'Frankreich *n* ⟨~s⟩ la France

Franse ['franzə] *f* ⟨~; ~n⟩ COUT frange *f*

Franz [frants] *m* ⟨von ~ *ou* des ~ *ou* ~ens⟩ François *m*

Franziskaner [frantsɪs'ka:nər] *m* ⟨~s; ~⟩ franciscain *m*

Franzose [fran'tso:zə] *m* ⟨~n; ~n⟩ Français *m*

Französin [fran'tsø:zɪn] *f* ⟨~; ~nen⟩ Française *f*

fran'zösisch I *adj* français; de France; POL *in Zssgn* franco-…; ***~es Bett*** grand lit; ***~-deutsch*** *Wörterbuch etc* français-allemand; *Beziehungen, Grenze etc* franco-allemand; ***auf &*** en français; **II** *adv* ***~ sprechen, verstehen*** parler français, comprendre le français; ***~ essen*** dîner à la française

Fran'zösisch *n* ⟨~$⟩ *Sprache, Unterrichtsfach* français *m*; ***fließend ~ sprechen*** parler couramment français; ***sie ist gut in ~*** elle est bonne en français

Fran'zösische *n* ⟨~n⟩ *Sprache* ***das ~*** le français; ***aus dem ~n*** du français; ***ins ~, im ~n*** en français

Fran'zösisch|lehrer(in) *m(f)* professeur *m* de français; **&sprachig** *adj Mensch, Land* de langue française; francophone; *Literatur* d'expression française; **~unterricht** *m* enseignement *m* du français; *Schulstunde* cours *m* de français

frapp|ant [fra'pant] *adj* frappant; **~ieren** *v/t* ⟨*sans ge*⟩ frapper

Fräse ['frɛ:zə] *f* ⟨~; ~n⟩ **1** *Werkzeug* fraise *f*; **2** *Maschine* fraiseuse *f*

'fräsen *v/t u v/i* ⟨¢$⟩ fraiser

fraß [fra:s] → ***fressen***

Fraß *m* ⟨~es⟩ **1** F *péj* (*Essen*) F tambouille *f*; **2** (*Tiernahrung*) nourriture *f*

Fratz [frats] F *m* ⟨~es; ~e⟩ F petit(e) môme *m,f*; ***süßer ~*** gamin(e) *m(f)* adorable

ˈ**Fratze** *f* ⟨~; ~n⟩ **1** (*hässliches Gesicht*) figure grimaçante, grotesque; **2** F (*Grimasse*) grimace *f*; ***j-m ~n schneiden*** faire des grimaces à qn

Frau [frau] *f* ⟨~; ~en⟩ **1** femme *f* (*a Ehe*≈); ***zur ~ nehmen*** épouser; **2** *vor Namen* Madame; *Anrede* ***~ X!*** Madame!; *in Briefen* ***Sehr geehrte ~ X, …*** Madame, …; ***Liebe ~ X, …*** Chère Madame, …

ˈ**Frauchen** F *n* ⟨~s; ~⟩ *e-s Hundes* maîtresse *f*

ˈ**Frauen|arzt** *m*, **~ärztin** *f* gynécologue *m,f*; **~beauftragte** *f* ⟨→ A⟩ déléguée *f* à la condition féminine; **~beruf** *m* métier féminin; **~bewegung** *f* mouvement *m* féministe; **~chor** *m* chorale *f*, ÉGL chœur *m* de femmes; **≈feindlich** *adj* misogyne; **~haus** *n* centre *m* d'accueil pour femmes battues; **~heilkunde** *f* gynécologie *f*; **~held** *m* F tombeur *m*; homme *m* à femmes; **~krankheit** *f*, **~leiden** *n* affection *f* gynécologique; **~quote** *f* pourcentage *m* de postes occupés par des femmes; **~rechtlerin** *f* ⟨~; ~nen⟩ féministe *f*; **~stimme** *f* voix *f* de femme; **~zeitschrift** *f* revue féminine

Fräulein [ˈfrɔylaın] *n* ⟨~s; ~⟩ **1** demoiselle *f*; **2** *vor Familiennamen* Mademoiselle *f*; *Anrede* ***~ X!*** Mademoiselle (X)!; F *für Kellnerinnen* ***~!*** Madame!; *in Briefen* ***Sehr geehrtes ~ X, …*** Mademoiselle, …; ***Liebes ~ X, …*** Chère Mademoiselle, …

ˈ**fraulich** *adj* féminin

Freak [friːk] F *m* ⟨~s; ~s⟩ F accro *m,f*; F mordu(e) *m(f)*

frech [frɛç] **I** *adj* **1** (*unverschämt*) insolent, impertinent, effronté (***zu j-m*** envers, avec qn); ***ganz schön ~ sein*** F avoir du culot; **2** *Kleidung, Frisur* coquin; **II** *adv* avec impertinence

ˈ**Frechdachs** F *oft plais m* petit(e) impertinent(e)

ˈ**Frechheit** *f* ⟨~; ~en⟩ insolence *f*; impertinence *f*; effronterie *f*; ***die ~ haben zu*** (+ *inf*) avoir l'audace de (+ *inf*)

Fregatte [freˈgatə] *f* ⟨~; ~n⟩ frégate *f*

frei [fraı] **I** *adj* **1** (*unabhängig*) libre; *Volk, Leben, Person a* indépendant; **2** (*nicht angestellt*) indépendant; free-lance; ***~er Beruf*** profession libérale; **3** *Verbrecher* en liberté; **4** (*tolerant*) libéral; ***~e Liebe*** amour *m* libre; **5** *Straße etc* libre; ***~es Gelände*** terrain *m* vague; **6** (*unbesetzt*) *Platz etc* libre; ***den Weg ~ machen*** dégager la voie; **7** (*ungehindert*) libre; ***~er Blick*** vue dégagée; **8** (*nicht beeinträchtigt*) ***~ von*** (***Fehlern*** *etc*) sans (fautes, *etc*); ***sich von etw ~ machen*** s'affranchir de qc; **9** (*verfügbar*) *Zeit, Telefonleitung* libre; (*arbeits~, schul~*) de congé; ***ein ~er Nachmittag*** un(e) après-midi (de) libre, de congé; ***sich*** (*dat*) ***e-n Tag ~ nehmen*** prendre un jour de congé; **10** (*unentgeltlich*) gratuit; libre; **11** (*ohne Hilfsmittel*) libre; *Rede* sans notes; **12** CHIM libre; *Gas, Wärme* ***~ werden*** se dégager; **13** SPORT démarqué; **14** *beim Arzt* ***machen Sie sich bitte ~!*** déshabillez-vous, s'il vous plaît!; **II** *adv* librement; ***~ herumlaufen*** *Tier, Verbrecher* être en liberté; ***~ sprechen*** *ohne Konzept* parler sans notes; ***~ erfunden*** inventé de toutes pièces; ***~ stehend*** (*allein stehend*) isolé; ***~ nach Goethe*** d'après Goethe

ˈ**Freibad** *n* piscine *f* en plein air

ˈ**frei·bekommen** ⟨*irr, sans ge*⟩ **I** *v/t* ***j-n ~*** obtenir la libération de qn; ***e-n Tag ~*** avoir un jour de congé; **II** F *v/i* avoir congé

ˈ**freiberuflich** *adj* qui travaille à son compte; *Journalist, Fotograf* free-lance

ˈ**Frei|betrag** *m* montant exonéré; **~bier** *n* bière gratuite; **~brief** *m* carte blanche (***für*** pour)

ˈ**Freie(s)** *n* ⟨→ A⟩ ***im Freien*** en plein air; ***ins Freie gehen*** aller dehors; sortir

ˈ**Freier** *m* ⟨~s; ~⟩ *e-r Dirne* F micheton *m*

ˈ**Freifrau** *f* baronne *f*

ˈ**frei·geben** *v/t* ⟨*irr*⟩ **1** *Gefangene, Vertragspartner, Preise, Weg* libérer; *Preise, Wechselkurse* débloquer; *Presseartikel* autoriser la publication de; *Film* ***freigegeben ab 18 Jahren*** interdit aux moins de 18 ans; ***für den Verkehr ~*** ouvrir à la circulation; **2** ***j-m*** (***e-n Tag***) ***~*** donner (un jour de) congé à qn

ˈ**freigebig** *adj* généreux (***gegenüber*** avec)

ˈ**Frei|gebigkeit** *f* ⟨~⟩ générosité *f*; **~gehege** *n* parc animalier; **~gepäck** *n* franchise *f* de bagages

ˈ**frei·haben** F *v/t u v/i* ⟨*irr*⟩ avoir congé; *in der Dienststelle* ne pas être de service; ***zwei Tage ~*** avoir deux jours de congé

'**frei·halten** *v/t* ⟨*irr*⟩ **1** ***j-n ~*** tout payer à qn; **2** *Platz* réserver

'**Freihandelszone** *f* zone *f* de libre-échange

freihändig ['fraɪhɛndɪç] *adj u adv* à main levée; *Rad fahren* sans tenir le guidon

'**Freiheit** *f* ⟨~; ~en⟩ liberté *f*; ***dichterische ~*** licence *f* poétique; ***wieder in ~*** (*dat*) ***sein*** *Gefangener* être relâché; *Tier* être remis en liberté; ***sich*** (*dat*) ***die ~ nehmen, etw zu tun*** prendre la liberté de faire qc

'**freiheitlich** **I** *adj* libéral; **II** *adv* ***~ gesinnt sein*** être libéral

'**Freiheits|beraubung** *f* séquestration *f*; **~kampf** *m* lutte *f* de libération; **~kämpfer** *m* combattant *m* pour la liberté; **~liebe** *f* amour *m* de la liberté

'**Freihheitsstrafe** *f* peine *f* de prison; ***j-n zu drei Jahren ~ verurteilen*** condamner qn à trois ans de prison

freihe'raus *adv* franchement

'**Freiherr** *m* baron *m*

'**Freikarte** *f* billet gratuit, de faveur

'**frei·kaufen** **I** *v/t* racheter; **II** *v/r* ***sich ~*** racheter sa liberté

'**frei·kommen** *v/i* ⟨*irr*, sn⟩ ***aus e-m Griff ~*** se libérer d'une prise; ***aus dem Gefängnis ~*** sortir de prison

'**Frei|körperkultur** *f* naturisme *m*; nudisme *m*; **~landgemüse** *n* légumes *m/pl* de plein champ

'**frei·lassen** *v/t* ⟨*irr*⟩ *Gefangenen* libérer; relâcher; JUR relaxer; *Tier* remettre en liberté; relâcher

'**Frei|lassung** *f* ⟨~; ~en⟩ libération *f*; mise *f* en liberté; JUR relaxation *f*; **~lauf** *m* TECH roue *f* libre

'**frei·legen** *v/t* mettre au jour; dégager

'**freilich** *adv* **1** (*allerdings*) à vrai dire; cependant; **2** *bes südd* (*selbstverständlich*) bien sûr

'**Freilicht|bühne** *f* théâtre *m* en plein air; **~museum** *n* écomusée *m*

'**Freilos** *n* billet de loterie gratuit

'**frei·machen** **I** *v/t Post* affranchir; **II** F *v/r* ***sich ~*** (*sich freie Zeit nehmen*) se libérer

'**Freimaurer** *m* franc-maçon *m*

'**frei|mütig** **I** *adj* franc; **II** *adv* franchement; **~schaffend** *adjt* indépendant

Freischärler ['fraɪʃɛrlər] *m* ⟨~s; ~⟩ franc-tireur *m*

'**frei·|schwimmen** *v/r* ⟨*irr*⟩ ***sich ~*** passer son brevet de natation; **~setzen** *v/t* ⟨-ge-⟩ **1** PHYS, CHIM dégager; libérer; **2** (*entlassen*) licencier

'**Freisprech|anlage** *f*, **~einrichtung** *f* téléphone *m*, installation *f* téléphonique mains libres

'**frei·sprechen** *v/t* ⟨*irr*⟩ JUR acquitter; *fig* ***j-n von e-m Verdacht ~*** laver qn d'un soupçon

'**Frei|spruch** *m* acquittement *m*; **~staat** *m* État *m* libre

'**frei·stehen** ⟨*irr*⟩ **I** *v/i* (*leer stehen*) être inoccupé; **II** *v/imp* ***es steht Ihnen frei zu*** (+ *inf*) vous êtes libre de (+ *inf*)

'**freistehend** *adjt* (*leer stehend*) libre

'**frei·stellen** *v/t* **1** ***j-m ~, etw zu tun*** laisser qn libre de faire qc; **2** ***~*** (***von***) exempter (de); **3** (*entlassen*) licencier

'**Frei|stil** *m* **1** SCHWIMMEN nage *f* libre; **2** RINGEN lutte *f* libre; **~stoß** *m* coup franc; **~stunde** *f* SCHULE heure *f* (de) libre; **~tag** *m* vendredi *m*; → ***Montag***; **≗tags** *adv* le vendredi; tous les vendredis; **~tod** *m* suicide *m*; **~übungen** *f/pl* gymnastique *f*; **~umschlag** *m* enveloppe timbrée; **~wild** *n fig* proie *f*

'**freiwillig** **I** *adj* volontaire; *Dienst, Hilfe* bénévole; (*freigestellt*) facultatif; **II** *adv* volontairement; ***sich ~ melden*** (***zu***) se proposer (pour)

'**Frei|willige(r)** *f*(*m*) ⟨→ A⟩ volontaire *m,f*; MIL engagé *m*; **~zeichen** *n* TÉL **1** (*Wählton*) tonalité *f*; **2** (*Freiton*) tonalité *f* signalisant que la ligne est libre

'**Freizeit** *f* **1** loisir(s) *m*(*pl*); temps *m* libre; ***in der ~*** pendant mes, *etc* loisirs; **2** (*Ferien≗*) camp *m* de vacances

'**Freizeit|angebot** *n* activités *f/pl* de loisir; **~beschäftigung** *f* activité *f* de loisir; distraction *f*; **~gestaltung** *f* organisation *f* des loisirs; **~hemd** *n* chemise *f* sport; **~industrie** *f* industrie *f* des loisirs; **~kleidung** *f* tenue sport, décontractée; **~park** *m* parc *m* de loisirs

'**Freizeitwert** *m* ***e-n hohen ~ haben*** offrir une large gamme de loisirs

'**freizügig** *adj* **1** (*großzügig*) généreux (*a finanziell*); *Auslegung* large; **2** (*gewagt*) osé; *Einstellung* libre; **≗keit** *f* **1** générosité *f*; **2** liberté *f*

fremd [frɛmt] **I** *adj* **1** (*ausländisch*)

étranger; **2** (*e-s anderen*) d'autrui; **~e Gelder** *n/pl* capitaux *m/pl* d'emprunt; **3** (*unbekannt*) étranger; ***j-m ~ sein*** être étranger à qn; ***in e-r Stadt ~ sein*** ne pas connaître une ville; ***ich bin hier ~*** je ne suis pas d'ici

'**fremdartig** *adj* étrange

'**Fremde** *st/s f* ⟨~⟩ ***die ~*** l'étranger *m*; ***in der, in die ~*** à l'étranger

'**Fremde(r)** *f(m)* ⟨→ A⟩ **1** (*Auswärtige[r]*) étranger, -ère *m,f*; (*Unbekannte[r]*) inconnu(e) *m(f)*; **2** (*Besucher[in]*) visiteur *m*; touriste *m,f*

'**fremdenfeindlich** *adj* xénophobe

'**Fremden|führer(in)** *m(f)* guide *m*; **~hass** *m* xénophobie *f*; **~legion** *f* Légion étrangère; **~verkehr** *m* tourisme *m*; **~verkehrsamt** *n* syndicat *m* d'initiative; office *m* de tourisme; **~zimmer** *n* chambre *f* (à louer)

'**fremd·gehen** F *v/i* ⟨*irr*⟩ être infidèle

'**Fremd|herrschaft** *f* domination étrangère; **~körper** *m* MÉD corps étranger; *fig* élément étranger; **≈ländisch** [-lɛndɪʃ] *adj* étranger; exotique; **~sprache** *f* langue étrangère; **~sprachenkorrespondent(in)** *m(f)* secrétaire *m,f* bilingue *bzw* trilingue; **≈sprachig** *adj Mensch, Land* de langue étrangère; *Text, Unterricht* en langue étrangère; **≈sprachlich** *adj Wort* d'une langue étrangère; *Unterricht* des langues étrangères; **~wort** *n* ⟨~(e)s; ⁓er⟩ mot étranger, d'origine étrangère

frenetisch [fre'neːtɪʃ] *adj* frénétique

Frequenz [fre'kvɛnts] *f* ⟨~; ~en⟩ fréquence *f* (*a* MÉD, PHYS)

Fresko ['frɛsko] *n* ⟨~s; -ken⟩ PEINT fresque *f*

Fressalien [frɛ'saːliən] F *f/pl* F bouffe *f*

Fresse ['frɛsə] P *f* ⟨~; ~n⟩ (*Mund, Gesicht*) F gueule *f*; ***j-m die ~ polieren*** F casser la gueule à qn; ***halt die ~!*** F (ferme) ta gueule!

'**fressen** ⟨frisst, fraß, gefressen⟩ **I** *v/t u v/i* **1** *von Tieren* manger; **2** P *von Menschen* F bouffer; F *fig* ***j-n gefressen haben*** F avoir qn dans le nez; F *plais* ***j-n zum ≈ gern haben*** adorer qn; **3** F *fig* (*verschlingen*) F bouffer; **4** *Rost, Säure* ronger (*a fig*) (***an etw*** [*dat*] qc); **II** *v/r* ***sich durch, in etw*** (*acc*) **~** pénétrer dans qc; *Rost* ronger qc

'**Fressen** *n* ⟨~s⟩ **1** *der Tiere* nourriture *f*; **2** P *péj* F bouffe *f*; F ***ein gefundenes ~*** une aubaine

Fresse'rei P *péj f* ⟨~⟩ F bouffe *f*; *Art des Essens* gloutonnerie *f*

'**Fress|napf** *m* écuelle *f*; **~sack** *m péj* goinfre *m*; glouton *m*; **~sucht** *f* boulimie *f*

Frettchen ['frɛtçən] *n* ⟨~s; ~⟩ ZO furet *m*

Freude ['frɔʏdə] *f* ⟨~; ~n⟩ joie *f*, plaisir *m* (**an** [+ *dat*] de); ***vor ~*** (*dat*) de joie; ***zu meiner großen ~*** à ma grande joie; ***an etw*** (*dat*) ***~ haben*** prendre plaisir à qc; aimer qc; ***j-m mit etw ~ machen*** *od* ***bereiten*** faire plaisir à qn avec qc

'**Freuden|fest** *n* fête *f*; **~haus** *n* maison close, de tolérance; **~mädchen** *n* fille *f* de joie; **~schrei** *m* cri *m* de joie; **~tag** *m* jour *m* de joie

'**Freudentanz** *m* ***e-n ~ aufführen*** danser de joie

'**Freuden|taumel** *m* joie délirante; allégresse *f*; **~tränen** *f/pl* larmes *f/pl* de joie

'**freudestrahlend** *adjt u advt* rayonnant de joie; épanoui

'**freudig** **I** *adj* joyeux; *Nachricht* heureux; bon; **II** *adv* avec joie

'**freudlos** *adj* sans joie; triste; *Leben a* morne

freuen ['frɔʏən] **I** *v/t* ***es freut mich zu*** (+ *inf*) je suis content, heureux de (+ *inf*); ***es freut mich, dass*** je suis content, heureux que (+ *subj*); ***das freut mich*** j'en suis content, heureux; cela me fait plaisir; **II** *v/r* ***sich*** (***über etw*** [*acc*], ***an etw*** [*dat*]) **~** être content, heureux, se réjouir (de qc); ***sich auf etw*** (*acc*) **~** se réjouir de qc; ***ich freue mich darauf*** je m'en réjouis à l'avance; ***sich*** (***darüber***) ***~, dass*** se réjouir que (+ *subj*); être content, heureux que (+ *subj*)

Freund [frɔʏnt] *m* ⟨~(e)s; ~e⟩ **1** ami *m*; F copain *m*; ***gute***, F ***dicke ~e sein*** être très amis; **2** (*Geliebter*) petit ami; F copain *m*; **3** (*Anhänger*) amateur *m*; ***kein ~ von etw sein*** ne pas aimer qc

'**Freund|eskreis** *m* (cercle *m* d')amis *m/pl*; **~in** *f* ⟨~; ~nen⟩ **1** amie *f*; F copine *f*; **2** (*Geliebte*) petite amie; F copine *f*

'**freundlich** *adj* **1** *Person* aimable, gentil (***zu j-m*** avec qn); ***so ~ sein zu*** (+ *inf*) avoir la gentillesse, l'amabilité de (+ *inf*); ***bitte recht ~!*** souriez, s'il vous plaît!; **2** *Dinge* agréable; *Empfang, Ton* aimable; *Atmosphäre* sympathique; *Wohnung, Miene* accueillant; *Wetter* beau

'freundlicher'weise *adv* aimablement

'Freundlichkeit *f* ⟨~; ~en⟩ amabilité *f*; gentillesse *f*; ***die ~ haben zu*** (+ *inf*) avoir la gentillesse, l'amabilité de (+ *inf*)

'Freundschaft *f* ⟨~; ~en⟩ amitié *f*; ***mit j-m ~ schließen*** se lier d'amitié avec qn

'freundschaftlich *adj* amical

'Freundschafts|dienst *m* service *m* d'ami; **~spiel** *n* match amical

Frevel ['fre:fəl] *st/s m* ⟨~s; ~⟩ (*Missetat*) méfait *m*; REL sacrilège *m*; **ᴤhaft** *st/s adj* criminel; *Handlung a* sacrilège

'Frevler *st/s m* ⟨~s; ~⟩ malfaiteur *m*; REL sacrilège *m*

Friede ['fri:də] *m* ⟨~ns; ~n⟩ → ***Frieden***

'Frieden *m* ⟨~s; ~⟩ paix *f*; ***~ schließen*** faire la paix (***mit j-m*** avec qn); ***um des lieben ~s willen*** pour avoir la paix; de guerre lasse; F ***lass mich in ~!*** laisse-moi tranquille!; F fiche-moi la paix!

'Friedens|bemühungen *f/pl* efforts *m/pl* en faveur de la paix; **~bewegung** *f* mouvement *m* pacifiste; **~forschung** *f* études *f/pl* sur la paix; **~initiative** *f* **1** *Bemühungen* initiative *f* pour la paix; **2** *Gruppe* mouvement *m* pacifiste; **~konferenz** *f* conférence *f* de paix; **~nobelpreis** *m* prix *m* Nobel de la paix; **~pfeife** *f* calumet *m* de la paix; **~politik** *f* politique *f* de paix; **~prozess** *m* processus *m* de paix; **~schluss** *m* conclusion *f* de la paix; **~taube** *f* colombe *f* de la paix; **~truppe** *f* forces *f/pl* de maintien de la paix; **~verhandlungen** *f/pl* négociations *f/pl* de paix; **~vertrag** *m* traité *m* de paix; **~zeit** *f* temps *m* de paix

'friedfertig *adj* pacifique; paisible; **ᴤkeit** *f* ⟨~⟩ caractère *m* pacifique, paisible

'Friedhof *m* cimetière *m*

'friedlich *adj* **1** (*ohne Krieg*) pacifique; ***auf ~em Wege*** pacifiquement; **2** *Charakter, Landschaft* paisible; calme; ***sei doch ~!*** garde ton calme!; ne t'énerve pas!

'friedliebend *adjt* pacifique

Friedrich ['fri:drıç] *m* ⟨~s⟩ Frédéric *m*; HIST ***~ der Große*** Frédéric le Grand

frieren ['fri:rən] ⟨fror, gefroren⟩ **I** *v/t* ***mich friert, es friert mich*** j'ai froid; **II** *v/i* **1** *Lebewesen* avoir froid; ***ich friere an den Händen*** j'ai froid aux mains; **2** ⟨sn⟩ (*ge~*) *Boden, Wasser* geler; **III** *v/imp* (*ge~*) ***es friert*** il gèle

Fries [fri:s] *m* ⟨~es; ~e⟩ frise *f*

Fries|e ['fri:zə] *m* ⟨~n; ~n⟩, **~in** *f* ⟨~; ~nen⟩ Frison, -onne *m,f*; **ᴤisch** *adj* frison; **~land** *n* ⟨~s⟩ la Frise

frigid|(e) [fri'gi:t (-də)] *adj* frigide; **ᴤi'tät** *f* ⟨~⟩ frigidité *f*

Frikadelle [frika'dɛlə] *f* ⟨~; ~n⟩ boulette *f* de viande 'hachée

Frikassee [frika'se:] *n* ⟨~s; ~s⟩ fricassée *f*

Frisbee® ['frızbi:] *n* ⟨~; ~s⟩ frisbee® *m*

frisch [frıʃ] **I** *adj* **1** frais (*a Lebensmittel, Wunde, Farbe, Teint, Eindruck*); *Wäsche* propre; *Blume* qu'on vient de cueillir; ***mit ~en Kräften*** avec une nouvelle énergie; ***sich ~ machen*** faire un brin de toilette; **2** (*kühl*) frais; ***es ist ~*** il fait frais; **II** *adv* fraîchement; ***~ gebügelt*** qu'on vient de repasser; ***~ gebacken*** *Brot* frais; qui sort du four; F *fig Ingenieur etc* frais émoulu; ***das ~ gebackene Ehepaar*** les jeunes mariés *m/pl*; ***~ gestrichen!*** peinture fraîche!

'Frische *f* ⟨~⟩ fraîcheur *f*; ***geistige ~*** jeunesse *f* d'esprit

'Frisch|fleisch *n* viande fraîche; **~gemüse** *n* légumes frais; **~haltebeutel** *m* sachet *m* fraîcheur; **~haltefolie** *f* film *m* plastique; **~haltepackung** *f* emballage *m* fraîcheur (pour aliments); **~käse** *m* fromage frais; **~ling** *m* ⟨~s; ~e⟩ marcassin *m*; **~luft** *f* air frais; **~milch** *f* lait frais

Friseur [fri'zø:r] *m* ⟨~s; ~e⟩ coiffeur *m*; **~salon** *m* salon *m* de coiffure

Friseuse [fri'zø:zə] *f* ⟨~; ~n⟩ coiffeuse *f*

fri'sieren **I** *v/t* **1** *Haare* coiffer; **2** F *fig Zahlen, Bilanz* maquiller; *Motor* gonfler; **II** *v/r* ***sich ~*** se coiffer

Fri'siersalon *m* salon *m* de coiffure

Fri'sör *m* → ***Friseur***

frisst [frıst] → ***fressen***

Frist [frıst] *f* ⟨~; ~en⟩ délai *m*; ***innerhalb e-r ~ von acht Tagen*** dans les 'huit jours; ***innerhalb der ~*** dans les délais; ***in kürzester ~*** dans les plus brefs délais; ***j-m e-e ~ setzen*** fixer un délai à qn

'fristen *v/t* ⟨-e-⟩ ***ein kümmerliches Dasein ~*** vivoter; mener une existence misérable

'frist|gemäß, ~gerecht *adj u adv* dans les délais fixés; **~los** *adj u adv* sans préavis
Fri'sur *f* ⟨~; ~en⟩ coiffure *f*
Fritteuse [fri'tøːzə] *f* ⟨~; ~n⟩ friteuse *f*
frit'tieren *v/t* ⟨*sans ge*⟩ frire
frivol [fri'voːl] *adj Geschichte, Blick* coquin; *Unterhaltung, Geschichte* léger; leste (*a Witz*); **2i'tät** *f* ⟨~; ~en⟩ caractère *m* leste; légèreté *f*
Frl. *abr* (*Fräulein*) Mlle *od* Mlle
froh [froː] *adj* **1** (*erfreut*) content, heureux (***über*** [+ *acc*] de); (*fröhlich*) joyeux; ***~ sein zu*** (+ *inf*) *bzw* ***dass …*** être content, heureux de (+ *inf*) *bzw* que … (+ *subj*); ***sie kann ~ sein, dass …*** elle peut s'estimer heureuse que … (+ *subj*); **2** (*Freude bringend*) joyeux; *Nachricht* bon
fröhlich ['frøːlıç] *adj* joyeux; (*lustig*) gai; *von Natur aus* jovial; **2keit** *f* ⟨~⟩ gaieté *f*; *Charakterzug* jovialité *f*
froh'locken *st/s v/i* ⟨*sans ge*⟩ jubiler (***über*** [+ *acc*] de); exulter (***vor Freude*** [*dat*] de joie)
'Froh|natur *f* heureuse nature; **~sinn** *m* bonne humeur; enjouement *m*
fromm [frɔm] *adj* ⟨~er *ou* ~̈er, ~ste *ou* ~̈ste⟩ pieux; *iron* ***~er Wunsch*** vœu pieux
Frömm|elei [frœmə'laı] *f* ⟨~⟩ bigoterie *f*; **'~igkeit** *f* ⟨~⟩ piété *f*; dévotion *f*
Fron [froːn] *f* ⟨~⟩ HIST, *st/s fig* corvée *f*
frönen ['frøːnən] *st/s v/i* ***e-r Sache*** (*dat*) **~** s'adonner, se livrer à qc
Fron'leichnam ⟨*sans article*⟩ Fête-Dieu *f*
Front [frɔnt] *f* ⟨~; ~en⟩ front *m* (*a* MÉTÉO, *fig*); CONSTR façade *f*; ***an der ~*** au front; *fig* ***gegen j-n, etw ~ machen*** faire front à qn, qc
fron'tal *adj u adv* de front
Fron'tal|angriff *m* MIL, *fig* attaque *f* de front; **~zusammenstoß** *m* collision frontale
'Front|antrieb *m* traction *f* avant; **~wechsel** *m fig* changement *m* d'opinion; volte-face *f*
fror [froːr] → ***frieren***
Frosch [frɔʃ] *m* ⟨~(e)s; ~̈e⟩ ZO grenouille *f*; F *fig* ***e-n ~ im Hals haben*** avoir un chat dans la gorge; F ***sei kein ~!*** allez, ne fais pas de manières!
'Frosch|mann *m* ⟨~(e)s; -männer⟩ homme-grenouille *m*; **~perspektive** *f* **1** PHOT contre-plongée *f*; **2** *fig* point *m* de vue de l'humble spectateur; **~schenkel** *m* cuisse *f* de grenouille
Frost [frɔst] *m* ⟨~(e)s; ~̈e⟩ gelée *f*; *andauernder* gel *m*; ***bei ~*** quand il gèle; ***es herrscht ~*** il a gelé
'frostbeständig *adj* résistant au gel
'Frostbeule *f* engelure *f*
frösteln ['frœstəln] *v/t u v/i* ⟨-e⟩ ***ich fröst(e)le, mich fröstelt, es fröstelt mich*** je frissonne; j'ai des frissons
'Frostgefahr *f* risque *m* de gelée
'frostig *adj* glacial; *fig Empfang* glacial; froid
'Frost|schaden *m* dégâts causés par le gel; **~schutzmittel** *n* antigel *m*
Frottee [frɔ'teː] *n od m* ⟨~(s); ~s⟩ tissu *m* éponge; **~(hand)tuch** *n* ⟨~(e)s; -tücher⟩ serviette *f* éponge
frot'tieren *v/t* (*u v/r*) ⟨*sans ge*⟩ (***sich ~*** se) frotter; (se) frictionner
Frotze'lei F *f* ⟨~; ~en⟩ taquinerie(s) *f*(*pl*)
frotzeln ['frɔtsəln] F *v/i* ⟨-e⟩ se moquer (***über j-n, etw*** de qn, qc)
Frucht [frυxt] *f* ⟨~; ~̈e⟩ fruit *m* (*a fig*); ***Früchte tragen*** porter des, *fig* ses fruits
'fruchtbar *adj* AGR fertile; BIOL fécond (*a fig Idee, Autor, Arbeit*); *Zusammenarbeit* fructueux; *fig Schriftsteller* (***sehr***) **~** prolifique; ***~ machen*** fertiliser; *fig* ***etw ~ machen für*** faire profiter de qc à
'Frucht|barkeit *f* ⟨~⟩ fécondité *f*; fertilité *f* (*beide a fig*); **~blase** *f* MÉD poche *f* des eaux; **2bringend** *adjt* fructueux
Früchtchen ['frYçtçən] F *péj n* ⟨~s; ~⟩ ***ein sauberes ~*** F un drôle de coco
'Fruchteis *n* glace *f* aux fruits
'fruchten *v/i* ⟨-e-⟩ porter ses fruits; ***etw ~*** servir à qc; (***bei j-m***) ***nichts ~*** ne servir à rien (avec qn)
'Fruchtfleisch *n* pulpe *f*; chair *f*
'frucht|ig *adj* fruité; **~los** *adj* (*vergeblich*) infructueux; (*unergiebig*) stérile; sans résultat
'Frucht|presse *f* presse-fruits *m*; **~saft** *m* jus *m* de fruits; **~wasser** *n* liquide *m* amniotique; **~zucker** *m* fructose *m*
früh [fryː] **I** *adj Obst, Jahreszeit, Altern* précoce; *Tod* prématuré; ***das ~e Mittelalter*** le haut Moyen Âge; **II** *adv* tôt; de bonne heure; ***von ~ bis spät*** du matin

au soir; ***zu ~ kommen*** arriver trop tôt

'**Frühaufsteher(in)** *m* ⟨~s; ~⟩ *(f)* ⟨~; ~nen⟩ lève-tôt *m*; ***~ sein*** être matinal, du matin

'**Frühe** *f* ***in der ~*** de bonne heure; de bon matin; ***in aller ~*** de grand matin

'**früher** **I** *adj* **1** *(vergangen)* passé; ***in ~en Zeiten*** autrefois; **2** *(ehemalig)* ancien; ex-; ***ihr ~er Mann*** son ex-mari; **II** *adv* **1** *(eher)* plus tôt; *fig* ***~ oder später*** tôt *ou* tard; **2** *(einst)* autrefois

'**Früherkennung** *f* MÉD dépistage *m* précoce

frühestens ['fry:əstəns] *adv* au plus tôt

'**Früh|geburt** *f Entbindung* accouchement prématuré; *Kind* prématuré(e) *m(f)*; **~geschichte** *f* protohistoire *f*

'**Frühjahr** *n* printemps *m*; ***im ~*** au printemps

'**Frühjahrs|müdigkeit** *f* fatigue *f* (survenant au printemps); **~putz** *m* nettoyage *m* de printemps

'**Frühkartoffel** *f* pomme *f* de terre nouvelle

'**Frühling** *m* ⟨~s; ~e⟩ printemps *m*; *fig* renouveau *m*; ***im ~*** au printemps

'**Frühlings|anfang** *m* début *m* du printemps; **2haft** *adj* printanier; **~rolle** *f* pâté impérial

'**Früh|messe** *f* première messe (du matin); **2'morgens** *adv* de bon, grand matin; **~nebel** *m* brume matinale; brouillard matinal; **2reif** *adj* précoce (*a fig*); **~rente** *f wegen Krankheit* retraite anticipée; *im Vorruhestand* préretraite *f*; **~rentner(in)** *m(f) durch Krankheit* invalide *m,f* du travail; *im Vorruhestand* préretraité(e) *m(f)*; **~schicht** *f Arbeit* poste *m* du matin; *Arbeiter* équipe *f* du matin; **~sport** *m* sport matinal; **~stadium** *n* débuts *m/pl*; premier stade

'**Frühstück** *n* petit-déjeuner *m*; **2en** *v/i* prendre son petit-déjeuner; **~sfernsehen** *n* programme matinal de télévision (d'informations); **~spause** *f* pause *f* du petit-déjeuner

> Das **Frühstück** fällt in Frankreich eher spärlich aus. Die meisten Franzosen beginnen den Tag mit einem Milchkaffee, **un café au lait**, und einem Butterbrot mit Marmelade, **une tartine**.
>
> In Cafés bekommt man zum Kaffee ein Blätterteighörnchen, **un croissant**, oder auch ein Schokoladenbrötchen, **un pain au chocolat**.
> Ein reichhaltiges Frühstücksbüfett gibt es nur in den Hotels der gehobenen Klasse.

'**frühzeitig** **I** *adj* **1** *(rechtzeitig)* à temps; **2** *(vorzeitig)* précoce; prématuré; **II** *adv* **1** *(rechtzeitig)* à temps; **2** *(vorzeitig)* tôt

Frust [frust] F *m* ⟨~ẹs⟩ frustration *f*

Frust|ration [frustratsi'o:n] *f* ⟨~; ~en⟩ frustration *f*; **2'rieren** *v/t* ⟨*sans ge*⟩ frustrer

frz. *abr (französisch)* français

Fuchs [fuks] *m* ⟨~es; ⸚e⟩ **1** ZO, *Pelz* renard *m*; F *fig* ***alter ~*** vieux renard; F *fig* ***schlauer ~*** fin renard; malin *m*; *Pferd* alezan *m*

'**Fuchsbau** *m* ⟨~ẹs; ~e⟩ tanière *f* du renard

'**fuchsen** F *v/t* ⟨ẹs⟩ F turlupiner; agacer

Fuchsie ['fuksiə] *f* ⟨~; ~n⟩ fuchsia *m*

Füchsin ['fʏksɪn] *f* ⟨~; ~nen⟩ renarde *f*

'**Fuchs|jagd** *f* chasse *f* au renard; **~pelz** *m* renard *m*; **2rot** *adj* roux; poil de carotte; **~schwanz** *m* **1** ZO queue *f* de renard; **2** *Säge* (scie *f*) égoïne *f*

'**fuchs'teufels'wild** F *adj* furieux; F furibard; ***~ werden*** *a* se fâcher tout rouge

Fuchtel ['fuxtəl] F *f* ***unter j-s ~*** *(dat)* ***stehen*** être sous la coupe de qn

'**fuchteln** F *v/i* ⟨ẹ⟩ gesticuler; ***mit etw ~*** agiter qc

Fug [fu:k] ***mit ~ und Recht*** à juste titre; à bon droit

Fuge ['fu:gə] *f* ⟨~; ~n⟩ **1** CONSTR joint *m*; *fig* ***aus den ~n geraten*** se disloquer; **2** MUS fugue *f*

fügen ['fy:gən] **I** *v/t* **1** *(setzen)* ***etw auf etw*** *(acc)* ***~*** poser qc sur qc; ***etw an etw*** *(acc)* ***~*** ajouter qc à qc; **2** *st/s (zusammen~)* assembler; joindre; *fig* ***fest gefügte Ordnung*** ordre établi; **3** *st/s* ***das Schicksal fügte es, dass*** le destin a voulu que (+ *subj*); **II** *v/r* ***sich ~*** **4** *(gehorchen)* obéir; se soumettre (***e-m Befehl*** à un ordre); **5** ***sich in sein Schicksal ~*** se résigner à son sort; **III** *st/s* *v/imp* ***es fügt sich gut, dass*** c'est un heureux hasard que (+ *subj*)

'**fügsam** *adj* docile

'**Fügung** *f* ⟨~; ~en⟩ *des Schicksals* arrêt *m* du destin; (*Zusammentreffen*) coïncidence *f*; ***durch Gottes ~*** par la volonté de Dieu

'**fühlbar** **I** *adj* **1** (*berührbar*) tangible (*a fig*); (*wahrnehmbar*) sensible; **2** *fig Unterschied, Verbesserung* notable; *Fortschritt, Preiserhöhung* sensible; **II** *adv* sensiblement

fühlen ['fy:lən] **I** *v/t* sentir; *lebhaft* ressentir; ***j-n etw ~ lassen*** faire sentir qc à qn; **II** *v/i* (*Gefühl haben*) réagir à des sensations; ***nach etw ~*** chercher qc à tâtons; ***mit j-m ~*** être de tout cœur avec qn; **III** *v/r* ***sich wohl, geschmeichelt*** *etc* **~** se sentir bien, flatté, *etc*; ***sich als Held ~*** se prendre pour un 'héros

'**Fühler** *m* ⟨~s; ~⟩ **1** *von Insekten* antenne *f*; F *fig* ***s-e ~ ausstrecken*** tâter le terrain; **2** (*Sensor*) capteur *m*

'**Fühlung** *f* ⟨~⟩ → ***Kontakt***

fuhr [fu:r] → ***fahren***

'**Fuhre** *f* ⟨~; ~n⟩ **1** (*Wagenladung*) charretée *f*; **2** (*Transport*) transport *m*

führen ['fy:rən] **I** *v/t* **1** (*begleiten*) mener (***bei*** *od* ***an der Hand*** par la main); conduire; *Blinden* guider; **2** (*bringen*) mener; amener; ***was führt Sie zu mir?*** qu'est-ce qui vous amène ici?; **3** (*leiten*) diriger; MIL *a* commander; *Unternehmen a* gérer; *Geschäft, Haushalt a* tenir; *Touristen* guider; ***die Geschäfte ~*** gérer les affaires; **4** *Gespräch* tenir; *Verhandlungen, Leben* mener; ***ein Telefongespräch ~*** téléphoner; **5** (*tragen*) avoir; ***s-e Papiere mit sich*** (*dat*) **~** avoir ses papiers sur soi; **6** *Namen, Titel* porter; **7** *Kasse* tenir; *Buch, Tagebuch, Liste* tenir (***über*** [+ *acc*] sur); **8** *Waffe, Pinsel, Feder, Kamera* manier; **9** COMM *Artikel* avoir; vendre; **II** *v/i* **10** *räumlich* mener (***nach, zu*** à); *Tür* ***auf die*** *od* ***zur Straße ~*** (s')ouvrir, donner sur la rue; ***durch etw ~*** traverser qc; ***zu etw ~*** *a* aboutir à qc (*a fig*); **11** SPORT (***mit 1:0***) **~** mener (par un à zéro); **12** *fig* ***das führt zu nichts*** cela ne mène à rien; **III** *v/r* ***sich gut, schlecht ~*** se conduire bien, mal

'**führend** *adjt Person* de premier plan; *im Sport* qui mène; *Unternehmen* **~ *sein in*** (+ *dat*) être le numéro un, le leader dans

'**Führer** *m* ⟨~s; ~⟩ **1** *e-r Gruppe* chef *m*; dirigeant *m*; **2** *für Touristen* guide *m* (*Person u Buch*)

'**Führer|haus** *n* cabine *f*; **~in** *f* ⟨~; ~nen⟩ **1** *e-r Gruppe* chef *m*; dirigeante *f*; **2** *für Touristen* guide *f*; **ᘝlos** *adj u adv Fahrzeug* sans conducteur; *Flugzeug* sans pilote; *Land, Gruppe* sans chef

'**Führerschein** *m* permis *m* de conduire; ***den ~ machen*** passer son permis (de conduire)

'**Führerscheinentzug** *m* retrait *m* du permis de conduire

'**Fuhrpark** *m* parc *m* (de véhicules)

'**Führung** *f* ⟨~; ~en⟩ **1** *für Touristen* visite guidée; **2** *e-r Gruppe, e-s Betriebs, Staats* direction *f*; MIL commandement *m*; ***unter der ~ von*** sous la direction de; **3** SPORT avantage *m*; avance *f*; ***in ~*** (*dat*) ***liegen*** *in e-m Rennen, in der Tabelle* être en tête; *im Spiel* mener (***mit 1:0*** [par] 1 à 0); ***in ~*** (*acc*) ***gehen*** prendre la tête; **4** *von Verhandlungen, Geschäften* conduite *f*; *von Geschäften, e-s Haushalts a* gestion *f*; *e-s Titels* port *m*; **5** (*Verhalten*) conduite *f*

'**Führungs|kraft** *f* cadre supérieur; manager *m*; **~spitze** *f* direction *f*; dirigeants *m/pl*; **~stil** *m* style *m* de direction; **~tor** *n* but *m* qui donne l'avantage; **~zeugnis** *n* certificat *m* de bonnes vie et mœurs

'**Fuhr|unternehmen** *n* entreprise *f* de transport; **~werk** *n* charrette *f*

Fülle ['fʏlə] *f* ⟨~⟩ abondance *f*; (*Haar*ᘝ) épaisseur *f*; (*Körper*ᘝ) embonpoint *m*; (*Klang*ᘝ) volume *m*

'**füllen** **I** *v/t* remplir (***mit*** de); CUIS farcir; ***in etw*** (*acc*) **~** verser dans qc; **II** *v/r* ***sich ~*** se remplir (***mit*** de)

'**Füll|er** *m* ⟨~s; ~⟩, **~federhalter** *m* ⟨~s; ~⟩ stylo *m* (à encre); **~gewicht** *n* poids net à l'emballage

'**füllig** *adj Figur* replet; *Haar* bouffant

'**Füllung** *f* ⟨~; ~en⟩ **1** *Aktion* remplissage *m*; **2** *von Polstern* rembourrage *m*; **3** *e-s Zahns* plombage *m*; **4** CUIS farce *f*; **5** (*Tür*ᘝ) panneau *m*

Fummel ['fʊməl] F *m* ⟨~s; ~⟩ F fringues *f/pl*

'**fummeln** F *v/i* ⟨¢⟩ **1** ***an, in etw*** (*dat*) **~**

tripoter qc; **2** *sexuell* F peloter qn
Fund [funt] *m* ⟨~es; ~e⟩ objet trouvé; *glücklicher* trouvaille *f*
Fundament [funda'mɛnt] *n* ⟨~es; ~e⟩ **1** CONSTR fondations *f/pl*; ***das ~ legen*** faire, jeter les fondations; **2** *fig* base *f*
fundamen'ta|l *adj* fondamental; **2'lismus** *m* ⟨~⟩ REL intégrisme *m*; POL extrémisme *m*; **2'list(in)** *m* ⟨~en; ~en⟩ (*f*) ⟨~; ~nen⟩ REL intégriste *m,f*; POL extrémiste *m,f*; **~'listisch** *adj* REL intégriste; POL extrémiste

F

'Fund|büro *n* bureau *m* des objets trouvés; **~grube** *f fig* mine *f*
fun'diert [fun'di:rt] *adjt Kritik* fondé; *Argument* solide; *Wissen* approfondi
fündig ['fʏndɪç] *adj* ***~ werden*** découvrir un gisement exploitable; *fig* trouver qc
'Fund|ort *m* endroit *m* où un objet a été trouvé; ARCHÄOLOGIE site *m* archéologique; **~sache** *f* objet trouvé
Fundus ['fundus] *m* ⟨~; ~⟩ (*Grundstock*) fonds *m*
fünf [fʏnf] *num/c* cinq; F *fig* ***~(e) gerade sein lassen*** passer sur qc; → ***acht***
Fünf *f* ⟨~; ~en⟩ **1** *Zahl* cinq *m*; **2** (*Schulnote*) *in Frankreich etwa* six *m*, sept *m*, 'huit *m* (sur vingt)
fünf... → ***acht...***
'Fünfeck *n* pentagone *m*; **2ig** *adj* pentagonal
'Fünfer *m* ⟨~s; ~⟩ **1** F pièce *f* de cinq cents; **2** (*Fünf*) cinq *m*; → ***Fünf*** *2*
'fünfer'lei *adj* ⟨*inv*⟩ de cinq sortes, espèces différentes
'fünf|fach I *adj* quintuple; → ***achtfach***; **II** *adv* cinq fois plus; au quintuple; **2fache(s)** *n* ⟨→ A⟩ quintuple *m*; **'~'hundert** *num/c* cinq cent(s); **~jährig** *adj* (*fünf Jahre alt*) (âgé) de cinq ans; (*fünf Jahre lang*) de cinq ans; qui dure cinq ans
'Fünfkampf *m* pentathlon *m*
'Fünfling *m* ⟨~s; ~e⟩ quintuplé(e) *m(f)*
'fünf|mal *adv* cinq fois; **~stellig** *adj* de *od* à cinq chiffres
fünft [fʏnft] *adv* ***zu ~*** à cinq; ***zu ~ sein*** être cinq
Fünf'tagewoche *f* semaine *f* de cinq jours
'fünf'tausend *num/c* cinq mille
'fünfte *num/o* cinquième; → ***achte***
'Fünftel *n* ⟨~s; ~⟩ cinquième *m*
'fünftens *adv* cinquièmement
'fünfzehn *num/c* quinze; ***etwa, rund ~*** (***Personen***) une quinzaine (de personnes); → ***acht***
fünfzig ['fʏnftsɪç] *num/c* cinquante; ***etwa, rund ~*** (***Personen***) une cinquantaine (de personnes); ***etwa, rund ~*** (***Jahre alt***) ***sein*** avoir la cinquantaine; → ***achtzig***
'Fünfzig *f* ⟨~⟩ cinquante *m*
'fünfziger *adj* ⟨*inv*⟩ ***die ~ Jahre*** *n/pl* les années *f/pl* cinquante
'Fünfziger F *m* ⟨~s; ~⟩ **1** *Geldschein* billet *m* de cinquante; **2** *Münze* pièce *f* de cinquante cents
'fünfzigjährig *adj* (*fünfzig Jahre alt*) (âgé) de cinquante ans; (*fünfzig Jahre lang*) de cinquante ans; qui dure cinquante ans
Fünf'zimmerwohnung *f* appartement *m* de cinq pièces
fungieren [fuŋ'gi:rən] *v/i* ⟨*sans ge*⟩ ***~ als*** faire fonction de
Funk [fuŋk] *m* ⟨~s⟩ radio *f*; ***über ~*** (*acc*) par radio
'Funkamateur *m* radioamateur *m*
Fünkchen ['fʏŋkçən] *n* ⟨~s; ~⟩ → (***ein, kein***) ***Funke***(***n***) ***...***
Funke ['fuŋkə] *m* ⟨~ns; ~n⟩ **1** étincelle *f* (*a fig*); ***~n sprühen*** jeter des étincelles; **2** *fig* ***kein ~ Ehrgeiz*** *etc* pas la moindre ambition, *etc*; ***ein ~n Hoffnung*** une lueur d'espoir
funkeln ['fuŋkəln] *v/i* ⟨*¢*⟩ étinceler; *Augen* ***vor Freude*** (*dat*) ***~*** pétiller de joie
'funkel'nagel'neu F *adj* flambant neuf
'funken I *v/t* transmettre, émettre par radio; **II** F *fig v/imp* ***es hat gefunkt*** (*es hat Krach gegeben*) F ça a bardé; (*sie haben sich verliebt*) ça a fait tilt; ***es hat bei ihr gefunkt*** F elle a pigé
'Funken *m* ⟨~s; ~⟩ → ***Funke***
'Funker *m* ⟨~s; ~⟩ (opérateur *m*) radio *m*
'Funk|gerät *n* (poste *m*) émetteur-récepteur *m*; **~haus** *n* maison *f* de la radio; **~sprechgerät** *n* talkie-walkie *m*; **~spruch** *m* message *m* radio; **~stille** *f* interruption *f* des émissions radio; **~streife** *f* (patrouille *f* de) policiers *m/pl* en voiture radio; **~taxi** *n* radio-taxi *m*; **~telefon** *n* radiotéléphone *m*
Funktion [fuŋktsi'o:n] *f* ⟨~; ~en⟩ fonction *f*; ***in s-r ~ als ...*** en sa fonction de ...

funktio'nal *adj* fonctionnel
Funktionär [fuŋktsio'nɛːr] *m* ⟨~s; ~e⟩ permanent *m*
funktio'nell *adj* fonctionnel
funktio'nieren *v/i* ⟨*sans ge*⟩ fonctionner
funkti'ons|fähig *adj* qui fonctionne; **Ωtaste** *f* touche *f* de fonction
'Funk|turm *m* tour émettrice de radio; **~uhr** *f* horloge radiopilotée; **~verbindung** *f* liaison *f* radio; **~verkehr** *m* radiocommunications *f/pl*
Funzel ['funtsəl] F *f* ⟨~; ~n⟩ F loupiote *f*
für [fyːr] *prép* ⟨*acc*⟩ **1** *Ziel, Bestimmung* pour; ***das ist ~ dich*** c'est pour toi; ***~ sich*** (*allein*) (tout) seul; ***das ist e-e Sache ~ sich*** c'est une chose à part; **2** F (*gegen*) ***~ den Husten*** pour la toux; **3** *Preis* pour; ***~ zehn Euro*** pour dix euros; **4** *Vergleich* pour; ***er ist groß ~ sein Alter*** il est grand pour son âge; **5** (*zugunsten*) en faveur de; pour; ***~ j-n, etw sein*** être pour qn, qc; ***das Ω und Wider*** le pour et le contre; **6** *Zeitpunkt, Zeitspanne* pour; ***~ ein Jahr*** pour un an; **7** (*an j-s Stelle*) pour
'Fürbitte *f* intercession *f*; ***bei j-m ~ einlegen*** intercéder auprès de qn
Furche ['furçə] *f* ⟨~; ~n⟩ AGR sillon *m*
Furcht [furçt] *f* ⟨~⟩ crainte *f*, peur *f* (***vor*** [+ *dat*] de); ***~ haben*** avoir peur (***vor j-m, etw*** de qn, qc); ***j-m ~ einflößen*** faire peur à qn; ***~ einflößend, ~ erregend*** effrayant; intimidant; ***aus ~ vor Strafe*** par crainte de la punition
'furchtbar **I** *adj* **1** (*schrecklich*) terrible; affreux; ***das ist ja ~!*** mais c'est terrible, affreux!; **2** F (*unangenehm*) épouvantable; atroce; (*groß, stark*) terrible; **II** *adv* terriblement; affreusement; F ***~ schwierig*** terriblement difficile; F ***~ dumm*** très bête
fürchten ['fʏrçtən] **I** *v/t* craindre; *p/fort* redouter; ***ich fürchte, es ist zu spät*** *od* ***dass es zu spät ist*** je crains qu'il (ne) soit trop tard; **II** *v/r* ***sich*** (***vor j-m, etw***) ***~*** avoir peur (de qn, qc)
'fürchterlich → ***furchtbar***
'furcht|los *adj* intrépide; **~sam** *adj* craintif
fürei'nander *adv* l'un(e) pour l'autre *bzw* les un(e)s pour les autres
Furie ['fuːriə] *f* ⟨~; ~n⟩ MYTH, *fig* furie *f*
Furnier [fur'niːr] *n* ⟨~s; ~e⟩ placage *m*
fur'nieren *v/t* ⟨*sans ge*⟩ plaquer; ***Eiche furniert*** en chêne plaqué
Furore [fu'roːrə] ***~ machen*** faire fureur
fürs [fyːrs] = ***für das***
'Fürsorge *f staatliche* assistance *f*; (*Sozialhilfe*) aide sociale; *liebevolle* sollicitude *f*
'fürsorglich **I** *adj* plein de sollicitude; **II** *adv* avec sollicitude
'Fürsprache *f* intercession *f*; ***bei j-m für j-n ~ einlegen*** intercéder auprès de qn en faveur de qn
'Fürsprecher(in) *m(f)* avocat(e) *m(f)*
Fürst [fʏrst] *m* ⟨~en; ~en⟩ prince *m*
'Fürstentum *n* ⟨~(e)s; ~er⟩ principauté *f*
'Fürstin *f* ⟨~; ~nen⟩ princesse *f*
'fürstlich **I** *adj* princier (*a fig*); *fig Pracht, Gehalt, Trinkgeld* royal; **II** *adv* princièrement; comme un prince; *bewirten* royalement
Furt [furt] *f* ⟨~; ~en⟩ gué *m*
Furunkel [fu'ruŋkəl] *m od n* ⟨~s; ~⟩ furoncle *m*
'Fürwort *n* ⟨~(e)s; ~er⟩ pronom *m*
Furz [furts] P *m* ⟨~es; ~e⟩ F pet *m*; ***e-n ~ lassen*** P lâcher un pet
'furzen F *v/i* ⟨*h*⟩ F péter
Fusel ['fuːzəl] F *m* ⟨~s; ~⟩ F tord-boyaux *m*
Fusion [fuzi'oːn] *f* ⟨~; ~en⟩ fusion *f*
fusio'nieren *v/i* ⟨*sans ge*⟩ fusionner
Fuß [fuːs] *m* ⟨~es; ~e⟩ **1** ANAT pied *m* (*a e-r Lampe, e-s Möbelstücks*); *von Tieren* patte *f*; ***bei ~!*** au pied!; ***mit bloßen Füßen*** nu-pieds; pieds nus; ***zu ~ gehen*** aller à pied; **2** *fig* ***stehenden ~es*** sur-le--champ; *st/s* ***j-m zu Füßen liegen*** être aux pieds de qn; ***auf eigenen Füßen stehen*** être indépendant; *Jugendlicher* voler de ses propres ailes; (***festen***) ***~ fassen*** arriver, réussir à s'imposer; *Unternehmen* prendre pied; ***j-n auf freien ~ setzen*** relâcher qn; JUR relaxer qn; ***auf großem ~ leben*** vivre sur un grand pied; mener grand train; **3** *e-s Bergs* pied *m*; ***am ~*** (+ *gén*) au pied de; **4** ⟨*pl* ~⟩ *Längenmaß* pied *m*
'Fuß|angel *f* piège *m* à mâchoires (pour hommes); *fig* chausse-trap(p)e *f*; **~bad** *n* bain *m* de pieds
'Fußball *m* **1** *Ball* ballon *m* de football; **2** *Spiel* football *m*; ***~ spielen*** jouer au football; → *Info bei* ***football***
'Fußballer(in) F *m* ⟨~s; ~⟩ (*f*) ⟨~; ~nen⟩

F

→ ***Fußballspieler(in)***
'**Fußball|mannschaft** *f* équipe *f* de football; **~platz** *m* terrain *m* de football; **~spiel** *n* match *m* de football; **~spieler(in)** *m(f)* joueur, -euse *m,f* de football; footballeur, -euse *m,f*; **~tor** *n* but *m* de football; **~toto** *n od m* loto sportif; **~verein** *m* club *m* de football
'**Fußboden** *m* plancher *m*; **~belag** *m* revêtement *m* de sol
Fussel ['fʊsəl] *f* ⟨~; ~n⟩ peluche *f*
'**fusselig** *adj* pelucheux; F *fig* ***sich*** (*dat*) ***den Mund ~ reden*** F perdre sa salive
'**fusseln** *v/i* ⟨¢⟩ pelucher
'**fußen** *v/i* ⟨¢$⟩ **~ *auf*** (+ *dat*) reposer sur
'**Fußende** *n* pied *m* (du lit)
Fußgänger|(in) ['fuːsgɛŋər(ɪn)] *m* ⟨~s; ~⟩ (*f*) ⟨~; ~nen⟩ piéton *m*; **~überweg** *m* passage *m* pour piétons; **~zone** *f* zone piétonne, piétonnière
'**Fuß|gelenk** *n* articulation *f* du pied; **~knöchel** *m* cheville *f*; **~leiste** *f* plinthe *f*; **~marsch** *m* marche *f* (à pied); **~matte** *f* paillasson *m*; **~nagel** *m* ongle *m* (d'un orteil); **~note** *f* note *f* au bas de la page; **~pfad** *m* sentier *m*; **~pflege** *f* soins *m/pl* des pieds; **~pfleger(in)** *m(f)* pédicure *m,f*; **~pilz** *m* mycose *f* du pied; **~sohle** *f* plante *f* du pied; **~spur** *f* trace *f* de pas
'**Fußstapfen** *m* ⟨~s; ~⟩ empreinte *f* de pas; *fig* ***in j-s ~*** (*acc*) ***treten*** marcher sur les traces de qn
'**Fuß|tritt** *m* coup *m* de pied; **~volk** *n péj* piétaille *f*; **~weg** *m* sentier *m*
futsch [fʊtʃ] F *adj* (*kaputt*) F fichu; P foutu; (*weg*) perdu
Futter[1] ['fʊtər] *n* ⟨~s⟩ *für Tiere* nourriture *f*; (*Vieh*♀) fourrage *m*; **~ *geben*** donner à manger
'**Futter**[2] *n* ⟨~s; ~⟩ COUT doublure *f*
Futte'ral *n* ⟨~s; ~e⟩ étui *m*; gaine *f*
'**Futterkrippe** *f* mangeoire *f*
'**futtern** F *v/t u v/i* F bouffer
füttern[1] ['fʏtərn] *v/t* **1** *Tier, Person* donner à manger à; **2** *fig Computer* ***mit Daten ~*** alimenter en données
'**füttern**[2] *v/t* COUT doubler (***mit*** de); *mit Pelz* fourrer
'**Futter|napf** *m* écuelle *f*; **~neid** *m* jalousie *f* (*a* F *fig*); **~trog** *m* auge *f*; mangeoire *f*
'**Fütterung** *f* ⟨~; ~en⟩ *des Viehs* alimentation *f*; ***die ~ der Raubtiere*** le repas des fauves
Futur [fu'tuːr] *n* ⟨~s; ~e⟩ GR futur *m*; ***zweites ~*** futur antérieur
futu'ristisch *adj* futuriste

G

G, g [geː] *n* ⟨~; ~⟩ **1** G, g *m*; **2** MUS sol *m*
g *abr* (*Gramm*) **g**
gab [gaːp] → ***geben***
Gabe ['gaːbə] *f* ⟨~; ~n⟩ **1** *st/s* (*Spende*) don *m*; ***milde ~*** aumône *f*; **2** *st/s* (*Geschenk*) présent *m*; **3** (*Begabung*) don *m*
Gabel ['gaːbəl] *f* ⟨~; ~n⟩ **1** (*Ess*♀) fourchette *f*; **2** (*Mist*♀, *Fahrrad*♀, *Ast*♀) fourche *f*; (*Telefon*♀) support *m*
'**gabeln** ⟨¢⟩ *v/r* ***sich ~*** bifurquer
'**Gabel|stapler** *m* ⟨~s; ~⟩ chariot élévateur; **~ung** *f* ⟨~; ~en⟩ bifurcation *f*
'**Gabentisch** *m* table *f* des cadeaux
Gabun [ga'buːn] *n* ⟨~s⟩ le Gabon
gackern ['gakərn] *v/i* **1** *Huhn* caqueter; **2** F *fig* (*kichern*) glousser
gaff|en ['gafən] *v/i péj* regarder bouche bée; **♀er** *m* ⟨~s; ~⟩ *péj* badaud *m*
Gag [gɛk] *m* ⟨~s; ~s⟩ gag *m*
Gage ['gaːʒə] *f* ⟨~; ~n⟩ cachet *m*
gähnen ['gɛːnən] *v/i* bâiller
Gala ['gaːla] *f* ⟨~; ~s⟩ **1** *Kleidung* tenue *f* de gala; **2** *Veranstaltung* gala *m*; **~abend** *m* soirée *f* de gala
galant [ga'lant] *adj* galant
'**Galavorstellung** *f* (soirée *f* de) gala *m*
Galaxie [gala'ksiː] *f* ⟨~; ~n⟩ galaxie *f*
Galeere [ga'leːrə] *f* ⟨~; ~n⟩ galère *f*
Galerie [galə'riː] *f* ⟨~; ~n⟩ ARCH, (*Kunst*♀) galerie *f*
Galgen ['galgən] *m* ⟨~s; ~⟩ potence *f*; gibet *m*; **~frist** *f* dernier sursis; **~humor** *m* humour *m* macabre

Gallien

Spätestens seit der Lektüre unseres ersten Asterix-Bandes wissen wir, dass Asterix, Obelix und Majestix keine Franzosen, sondern Gallier waren – und dass die Hauptstadt zur damaligen Zeit noch nicht *Paris*, sondern *Lutetia* (**Lutèce**) hieß.
Im Altertum war *Gallia* (frz. **la Gaule**) die Bezeichnung für die Regionen, die im Osten vom Rhein und den Alpen, im Süden vom Mittelmeer, im Westen von den Pyrenäen und im Norden von der Atlantik- und Kanalküste begrenzt wurden. Im Jahre 60 v. Chr., also zur Zeit Cäsars, setzte sich Gallien aus den drei Teilen **la Gaule Belgique**, **la Gaule Celtique** und **l'Aquitaine** zusammen. Der heutige **Midi de la France** von Toulouse über Nîmes bis nach Marseille war bereits römische Provinz mit der Hauptstadt Narbonne. Gallien war von den so genannten Festlandkelten bewohnt, deren Sprache mit dem heutigen Französisch nichts gemein hatte. Erst ab dem Jahr 52 v. Chr., nachdem der Gallierfürst Vercingetorix die berühmte Schlacht von Alesia gegen Cäsar verloren hatte, konnte sich das Vulgärlateinische (das Latein, so wie es das Volk sprach) in ganz Gallien ausbreiten. Von einer französischen Sprache kann man erst ab dem 9. Jahrhundert nach Christi Geburt sprechen. Das zu dieser Zeit gesprochene Französisch nennt man *Altfranzösisch* (**l'ancien français**).

G

Galionsfigur [gali'o:ns-] *f* figure *f* de proue (*a fig*)

Galle ['galə] *f* ⟨~; ~n⟩ **1** *Flüssigkeit* bile *f*; *fig* ***mir läuft die ~ über*** la moutarde me monte au nez; **2** (*~nblase*) vésicule *f* biliaire

'galle(n)'bitter *adj* très amer

'Gallen|blase *f* vésicule *f* biliaire; **~kolik** *f* colique *f* hépatique; **~stein** *m* calcul *m* biliaire

Gallert ['galərt] *n* ⟨~(e)s; ~e⟩ gelée *f*; **2artig** *adj* gélatineux

Gall|ien ['galiən] *n* ⟨~s⟩ HIST la Gaule; **~ier** *m* ⟨~s; ~⟩ Gaulois *m*; **2isch** *adj* gaulois

Galopp [ga'lɔp] *m* ⟨~s; ~s *ou* ~e⟩ galop *m*; ***im ~*** au galop (*a fig*)

galop'pieren *v/i* ⟨*sans ge*, *sn*⟩ galoper

galop'pierend *adj fig* galopant

galt [galt] → ***gelten***

Gamasche [ga'maʃə] *f* ⟨~; ~n⟩ guêtre *f*

Gambe ['gambə] *f* ⟨~; ~n⟩ MUS viole *f* de gambe

Gambia ['gambia] *n* ⟨~s⟩ la Gambie

gamm|elig ['gaməlɪç] F *adj* **1** *Person* débraillé; **2** *Nahrungsmittel* pourri; **~eln** F *v/i* ⟨¢⟩ **1** *Person* F glander; **2** *Nahrungsmittel* pourrir; **2ler** F *m* ⟨~s; ~⟩ beatnik *m*; F glandeur *m*

Gämse ['gɛmzə] *f* ⟨~; ~n⟩ chamois *m*

gang [gaŋ] ***das ist ~ und gäbe*** c'est tout à fait courant

Gang *m* ⟨~(e)s; ~e⟩ **1** (*Gehen*) marche *f*; ***in ~ bringen*** *Maschine* mettre en marche; actionner; *Gespräch* entamer; ***in ~ kommen*** *Maschine* se mettre en marche; *fig* démarrer; **2** (*Verlauf*) cours *m*; *von Geschäften* marche *f*; ***im ~(e) sein*** être en cours; ***in vollem ~e sein*** battre son plein; ***s-n*** (***gewohnten***) ***~ gehen*** suivre son cours; **3** (*Gehweise*) démarche *f*; allure *f*; **4** (*Besorgung*) démarche *f*; (*Rund2*) tour *m*; **5** (*Flur*) couloir *m* (*a im Zug, Bus, Flugzeug*); *im Kino, Theater* allée *f*; ***auf dem ~*** dans le couloir; **6** *unterirdischer* souterrain *m*; galerie *f*; BERGBAU filon *m*; veine *f*; **7** CUIS plat *m*; **8** AUTO vitesse *f*; ***den ersten ~ einlegen*** passer en première

'Gang|art *f* allure *f*; **2bar** *adj* praticable (*a fig*)

Gängelband ['gɛŋəl-] *n* ***j-n am ~ führen*** tenir qn en laisse

'gängeln F *péj v/t* ⟨¢⟩ commander; régenter

'gängig *adj* **1** (*üblich*) courant; **2** *Produkt, Artikel* qui se vend bien

'Gangschaltung *f im Auto* changement *m* de vitesse; *am Fahrrad* dérailleur *m*
Gangster ['gɛŋstər] *m* ⟨~s; ~⟩ gangster *m*; **~bande** *f* gang *m*
Gangway ['gɛŋveː] *f* ⟨~; ~s⟩ MAR, AVIAT passerelle *f*
Ganove [ga'noːvə] F *m* ⟨~n; ~n⟩ malfaiteur *m*; voyou *m*; F malfrat *m*
Gans [gans] *f* ⟨~; ~e⟩ oie *f*; *fig* ***dumme ~*** dinde *f*; F cruche *f*; F bécasse *f*
'Gänse|blümchen *n* pâquerette *f*; **~braten** *m* oie rôtie; **~füßchen** F *fig n/pl* guillemets *m/pl*
'Gänsehaut *f fig* chair *f* de poule; ***e-e ~ bekommen*** avoir la chair de poule
'Gänseleberpastete *f* foie gras
'Gänsemarsch *m* ***im ~*** en file indienne; à la queue leu leu
Gänserich ['gɛnzərɪç] *m* ⟨~s; ~e⟩ jars *m*
'Gänseschmalz *n* graisse *f* d'oie
ganz [gants] **I** *adj* **1** (*gesamt*) tout; entier; ***das ~e Brot*** tout le pain; ***die ~e Welt*** le monde entier; ***~ Paris*** tout Paris; ***in ~ Frankreich*** dans toute la France; **2** (*vollständig*) entier; ***ein ~es Brot*** un pain entier; **3** F (*unversehrt*) intact; entier; ***etw wieder ~ machen*** réparer, refaire qc; **4** F (*alle*) ***die ~en Leute*** tout le monde; **II** *adv* **1** (*vollkommen*) entièrement; complètement; ***ein Buch ~ lesen*** lire un livre en entier; ***er ist ~ der Vater*** c'est tout à fait son père; F c'est son père tout craché; **2** *verstärkend* tout; *p/fort* tout à fait; *meist bei Verben* entièrement; ***sie ist ~ gerührt*** elle est tout émue; ***~ wie du willst*** *od* ***meinst*** c'est comme tu veux; ***~ und gar*** tout à fait; absolument; ***~ und gar nicht*** pas du tout; **3** *einschränkend* assez; pas mal; ***die Bezahlung ist ~ gut*** on est pas mal payé
'Ganze(s) *n* ⟨→ A⟩ tout *m*; ensemble *m*; F ***aufs Ganze gehen*** aller droit au but; risquer le tout pour le tout; ***es geht ums Ganze*** tout est en jeu
'ganzheitlich *adj* global
'Ganzheitsmedizin *f approche globale du malade*
ganzjährig ['gantsjɛːrɪç] **I** *adj* qui dure (toute) une année; **II** *adv* (pendant) toute l'année
gänzlich ['gɛntslɪç] *adv* totalement; entièrement
ganztägig ['gantstɛːgɪç] **I** *adj* qui dure toute la journée; **II** *adv* ***~ geöffnet*** ouvert toute la journée
'ganztags *adv* (pendant) toute la journée; **℞beschäftigung** *f* poste *m*, emploi *m* à plein temps; **℞schule** *f école avec des cours le matin et l'après-midi*
gar[1] [gaːr] *adj* CUIS à point; (assez) cuit
gar[2] *adv* **1** (*überhaupt*) ***~ nicht*** pas du tout; ***~ niemand*** absolument personne; ***~ nichts*** rien du tout; **2** *verstärkend* ***~ zu bescheiden*** beaucoup trop modeste; ***~ zu gern würde ich*** (+ *inf*) j'aimerais tellement (+ *inf*); ***oder ~*** ou même
Garage [ga'raːʒə] *f* ⟨~; ~n⟩ garage *m*
Garant [ga'rant] *m* ⟨~en; ~en⟩ garant *m* (***für*** de)
Garan'tie *f* ⟨~; ~n⟩ *vom Hersteller, fig* garantie *f*; ***darauf habe ich noch ~*** c'est encore sous garantie; ***ein Jahr ~ haben*** être garanti un an; *fig* ***die ~ für etw übernehmen*** se porter garant de qc
garan'tieren ⟨*sans ge*⟩ **I** *v/t* (***j-m***) ***etw ~*** garantir qc (à qn); **II** *v/i* ***für j-n, etw ~*** se porter garant de qn, qc
garan'tiert *advt* F *fig* ***das ist ~ gelogen*** c'est sûrement des mensonges
Garan'tieschein *m* bon *m* de garantie
Garaus ['gaːrʔaus] *m* ***j-m den ~ machen*** donner le coup de grâce à qn
Garbe ['garbə] *f* ⟨~; ~n⟩ AGR, MIL gerbe *f*
Garde ['gardə] *f* ⟨~; ~n⟩ garde *f* (*a fig*)
Gardenie [gar'deːniə] *f* ⟨~; ~n⟩ gardénia *m*
Garderobe [gardə'roːbə] *f* ⟨~; ~n⟩ **1** (*Kleider*) garde-robe *f*; **2** (*Kleiderablage*) vestiaire *m*; (*Flur℞*) portemanteau *m*; **3** (*Umkleideraum e-s Künstlers*) loge *f*
Garde'roben|frau *f* dame *f* du vestiaire; **~marke** *f* numéro *m* de vestiaire; **~ständer** *m* portemanteau *m*
Gardine [gar'diːnə] *f* ⟨~; ~n⟩ rideau *m*; F *plais fig* ***hinter schwedischen ~n*** F à l'ombre
Gar'dinenpredigt F *f* F savon *m*; ***j-m e-e ~ halten*** F passer un savon à qn
Gar'dinenstange *f* tringle *f* à rideaux
'garen *v/t* cuire (à point)
gären ['gɛːrən] ⟨gärte *ou* gor, gegärt *ou* gegoren⟩ **I** *v/i* fermenter; **II** *v/imp fig* ***es***

gärt im Volk le peuple est en effervescence

Garn [garn] *n* ⟨~es; ~e⟩ fil *m*

Garnele [gar'ne:lə] *f* ⟨~; ~n⟩ crevette *f*

garnier|en [gar'ni:rən] *v/t* ⟨*sans ge*⟩ garnir (***mit*** de); **2ung** *f* ⟨~; ~en⟩ garniture *f*

Garnison [garni'zo:n] *f* ⟨~; ~en⟩ garnison *f*

Garnitur [garni'tu:r] *f* ⟨~; ~en⟩ **1** (*Satz zusammengehöriger Dinge*) assortiment *m*; (*Wäsche2*) parure *f*; (*Möbel2*) ensemble *m*; **2** F *fig* ***die erste ~*** l'élite *f*

garstig ['garstıç] *adj* (*böse*) méchant; (*abscheulich*) répugnant; affreux

Garten ['gartən] *m* ⟨~s; ~⟩ jardin *m*; ***im ~ arbeiten*** jardiner

'Garten|arbeit *f* jardinage *m*; **~bau** *m* horticulture *f*; **~center** [-sɛntər] *n* ⟨~s; ~⟩ jardinerie *f*; **~erde** *f* terreau *m*; **~fest** *n* (grande) fête dans un jardin; garden-party *f*; **~gerät** *n* outil *m* de jardinage; **~laube** *f* tonnelle *f*; **~lokal** *n* restaurant *m*, café *m* avec jardin; **~möbel** *n/pl* meubles *m/pl* de jardin; **~schere** *f* sécateur *m*; **~schlauch** *m* tuyau *m* d'arrosage; **~zaun** *m* clôture *f* de jardin; **~zwerg** *m* nain *m* de jardin

Gärtne|r(in) ['gɛrtnər(ın)] *m* ⟨~s; ~⟩ (*f*) ⟨~; ~nen⟩ jardinier, -ière *m,f*; (*Gartenbautreibende[r]*) horticulteur, -trice *m,f*; **~'rei** *f* ⟨~; ~en⟩ établissement *m* horticole

'Gärung *f* ⟨~; ~en⟩ fermentation *f*

Gas [ga:s] *n* ⟨~es; ~e⟩ **1** CHIM, *im Haushalt* gaz *m*; **2** AUTO ***~ geben*** accélérer (*a* F *fig*); F appuyer sur le champignon; ***das ~ wegnehmen*** lever le pied; **3** F (*~pedal*) accélérateur *m*

'Gas|explosion *f* explosion *f* de gaz; **~feuerzeug** *n* briquet *m* à gaz; **~flamme** *f* flamme *f* du gaz; **~flasche** *f* bouteille *f* de gaz; **2förmig** *adj* gazeux; **~hahn** *m* robinet *m* à gaz; **~heizung** *f* chauffage *m* au gaz; **~herd** *m* gazinière *f*; cuisinière *f* à gaz; **~kammer** *f* chambre *f* à gaz; **~kocher** *f* réchaud *m* à gaz; **~leitung** *f* canalisation *f* de gaz; (*Überland2*) gazoduc *m*; **~maske** *f* masque *m* à gaz; **~pedal** *n* accélérateur *m*; **~rohr** *n* tuyau *m* à gaz

Gässchen ['gɛsçən] *n* ⟨~s; ~⟩ ruelle *f*

Gasse ['gasə] *f* ⟨~; ~n⟩ **1** rue étroite; ruelle *f*; **2** (*Durchgang*) passage *m*

Gassi ['gasi] F (***mit dem Hund***) ***~ gehen*** sortir le chien

Gast [gast] *m* ⟨~es; ~e⟩ **1** *eingeladener* invité(e) *m(f)*; hôte *m*; *beim Essen a* convive *m,f*; (*Besucher*) visiteur, -euse *m,f*; ***ein ungebetener ~*** un(e) intrus(e); ***bei j-m zu ~ sein*** être l'invité(e) de qn; **2** *e-s Restaurants, e-s Hotels* client(e) *m(f)*

'Gastarbeiter *m* travailleur immigré

Gäste|buch ['gɛstə-] *n* livre *m* d'hôtes; **~zimmer** *n* chambre *f* d'ami(s)

'Gast|familie *f* famille *f* d'accueil; **2freundlich** *adj* hospitalier; **~freundschaft** *f* hospitalité *f*; **~geber(in)** *m* ⟨~s; ~⟩ (*f*) ⟨~; ~nen⟩ hôte, -esse *m,f*; **~haus** *n*, **~hof** *m* auberge *f*; **~hörer(in)** *m(f)* auditeur, -trice *m,f* libre

gas'tieren *v/i* ⟨*sans ge*⟩ se produire, jouer (en tournée)

'gastlich *adj* accueillant; hospitalier; **2keit** *f* ⟨~⟩ hospitalité *f*

'Gastrecht *n* (droit *m* d')hospitalité *f*

Gastritis [gas'tri:tıs] *f* ⟨~; -'tiden⟩ gastrite *f*

Gastro|nom [gastro'no:m] *m* ⟨~en; ~en⟩ restaurateur *m*; **~no'mie** *f* ⟨~⟩ **1** *Gewerbe* restauration *f*; **2** (*Kochkunst*) gastronomie *f*

'Gast|spiel *n* représentation *f* d'acteur(s), *etc* en tournée; **~stätte** *f* restaurant *m*; (*Land2*) auberge *f*; **~stube** *f* salle *f* de restaurant; **~wirt(in)** *m(f)* restaurateur, -trice *m,f*; (*~ u Hotelbesitzer*) hôtelier, -ière *m,f*; **~wirtschaft** *f* (petit) restaurant; *auf dem Land* auberge *f*

'Gas|uhr *f* compteur *m* à gaz; **~vergiftung** *f* intoxication *f* par le gaz; **~werk** *n* usine *f* à gaz; **~zähler** *m* compteur *m* à gaz

Gatte ['gatə] *st/s m* ⟨~n; ~n⟩ époux *m*

Gatter ['gatər] *n* ⟨~s; ~⟩ *e-r Einzäunung* barrière *f*, porte *f* à claire-voie

'Gattin *st/s f* ⟨~; ~nen⟩ épouse *f*

Gattung ['gatuŋ] *f* ⟨~; ~en⟩ BIOL, KUNST genre *m*; **~sname** *m* BOT, ZO nom *m* générique; GR nom commun

GAU [gau] *m* ⟨~s; ~s⟩ *abr* (*größter anzunehmender Unfall*) accident majeur

Gaudi ['gaudi] F *f* ⟨~⟩ *bes südd, österr* plaisir *m*; amusement *m*

Gaukler ['gauklər] *m* ⟨~s; ~⟩ saltimbanque *m*; bateleur *m*

G

Gaul [gaʊl] *m* ⟨~¢s; ~̈e⟩ *péj* F canasson *m*; *prov* ***e-m geschenkten ~ schaut man nicht ins Maul*** à cheval donné on ne regarde pas les dents
Gaumen ['gaʊmən] *m* ⟨~s; ~⟩ ANAT palais *m*; **~kitzel** *st/s m* régal *m*
Gauner ['gaʊnər] *m* ⟨~s; ~⟩ **1** *péj* escroc *m*; **2** F *fig* (*gerissener Mensch*) rusé *m*; **~ei** [-'raɪ] *f* ⟨~; ~en⟩ escroquerie *f*; **~sprache** *f* argot *m* du milieu
Gaze ['gaːzə] *f* ⟨~; ~n⟩ TEXT gaze *f*
Gazelle [ga'tsɛlə] *f* ⟨~; ~n⟩ gazelle *f*
'G-Dur *n* sol *m* majeur
Ge'ächtete(r) *f(m)* ⟨→ A⟩ proscrit(e) *m(f)*

G

ge'adert, ge'ädert *adjt* veiné; *Blatt* nervuré
ge'artet *adjt* ***anders ~*** différent de nature; ***so ~ sein, dass …*** être de nature à (+ *inf*)
Geäst [gə'ʔɛst] *n* ⟨~¢s⟩ branchage *m*
geb. *abr* (*geboren*[*e*]) né(e)
Gebäck [gə'bɛk] *n* ⟨~¢s; ~e⟩ petits gâteaux; *ohne Füllung* gâteaux secs
Gebälk [gə'bɛlk] *n* ⟨~¢s; ~e⟩ charpente *f*
ge'ballt *adjt* concentré (*a fig*)
gebar [gə'baːr] → ***gebären***
Gebärde [gə'bɛːrdə] *f* ⟨~; ~n⟩ geste *m*
ge'bärden *v/r* ⟨-e-⟩ ***sich ~*** se comporter (***wie toll*** comme un fou furieux)
Gebaren [gə'baːrən] *n* ⟨~s⟩ comportement *m*
gebären [gə'bɛːrən] *v/t* ⟨gebärt *ou st/s* gebiert, gebar, geboren⟩ donner naissance à (*a fig*); mettre au monde; ***geboren werden*** naître; ***er ist am … geboren*** il est né le …
Ge'bärmutter *f* ⟨~; ~̈er⟩ utérus *m*
Gebäude [gə'bɔʏdə] *n* ⟨~s; ~⟩ **1** bâtiment *m*; *großes* immeuble *m*; **2** *fig geistiges* échafaudage *m*
Ge'beine *st/s n/pl* ossements *m/pl*
Ge'bell *n* ⟨~¢s⟩ aboiement(s) *m(pl)*
geben ['geːbən] ⟨gibt, gab, gegeben⟩ **I** *v/t* **1** donner; (*reichen, weiter~*) *a* passer; TÉL ***~ Sie mir bitte Herrn X!*** vous pouvez me passer Monsieur X, s'il vous plaît?; F *fig* ***es j-m ~*** donner à qn ce qu'il mérite; *mit Worten* dire à qn ses quatre vérités; *prov* ***2 ist seliger denn Nehmen*** il y a plus de bonheur à donner qu'à recevoir; **2** *fig Antwort, Auskunft, Beispiel* donner; *Versprechen, Kredit, Rabatt, Fest* faire; **3** KARTENSPIEL donner (*a abs*); **4** (*er~*) faire; ***10 durch 2 gibt 5*** 10 divisé par 2 fait *od* égale 5; **5** THÉ jouer; **6** (*hervorbringen*) faire; **7** (*äußern*) ***etw von sich*** (*dat*) ***~*** dire, proférer qc; **8** ***viel auf etw*** (*acc*) ***~*** faire grand cas de qc; ***viel darum ~ zu*** (+ *inf*) donner cher pour (+ *inf*); **9** (*hinzu~*) ajouter; mettre; **II** *v/r* **10** ***sich ungezwungen ~*** se montrer naturel; **11** (*nachlassen*) se calmer; ***das wird sich schon ~*** ça va s'arranger; **III** *v/imp* ***es gibt …*** il y a …; ***es gibt Regen*** on aura de la pluie; il va pleuvoir; ***das gibt es nicht*** cela n'existe pas; F ***das gibts doch nicht!*** F pas possible!; ***was gibt es?*** qu'y a-t-il?; qu'est-ce qu'il y a?; ***was gibt es zu essen, im Fernsehen?*** qu'est-ce qu'il y a à manger, à la télé?; F ***was es nicht alles gibt!*** on en voit, des choses!
Gebet [gə'beːt] *n* ⟨~¢s; ~e⟩ prière *f*; *fig* ***j-n ins ~ nehmen*** mettre qn sur la sellette
Ge'betbuch *n* livre *m* de prières
ge'beten *p/p* → ***bitten***
gebiert [gə'biːrt] → ***gebären***
Gebiet [gə'biːt] *n* ⟨~¢s; ~e⟩ **1** GÉOGR région *f*; territoire *m*; **2** *fig* domaine *m*; ***auf diesem ~*** dans ce domaine
ge'bieten *st/s v/t u v/i* ⟨*irr, p/p* geboten⟩ commander; ***über etw, j-n ~*** régner sur qc, qn
Ge'bieter|(in) *st/s m* ⟨~s; ~⟩ (*f*) ⟨~; ~nen⟩ maître, -esse *m,f* (***über*** [+ *acc*] de); **2isch** *st/s adj* impérieux
Ge'bietsanspruch *m* revendication territoriale
Ge'bilde *n* ⟨~s; ~⟩ (*Gegenstand*) chose *f*; objet *m*; POL entité *f*
ge'bildet *adjt* cultivé; **2e(r)** *f(m)* ⟨→ A⟩ personne cultivée
Ge'binde *n* ⟨~s; ~⟩ (*Blumen2*) gerbe *f*; (*Bund*) botte *f*
Gebirge [gə'bɪrgə] *n* ⟨~s; ~⟩ (chaîne *f* de) montagnes *f/pl*
ge'birgig *adj* montagneux
Ge'birgs|bach *m* torrent *m*; **~kette** *f* chaîne *f* de montagnes; **~massiv** *n* massif montagneux; **~pass** *m* col *m*; **~zug** *m* chaîne *f* de montagnes
Ge'biss *n* ⟨~es; ~e⟩ dentition *f*; dents *f/pl*; (***künstliches***) ***~*** dentier *m*
ge'bissen *p/p* → ***beißen***
Gebläse [gə'blɛːzə] *n* ⟨~s; ~⟩ AUTO ven-

tilateur *m*; TECH soufflerie *f*
ge'blasen *p/p* → ***blasen***
geblieben [gə'bli:bən] *p/p* → ***bleiben***
geblümt [gə'bly:mt] *adjt* à fleurs
Geblüt [gə'bly:t] *st/s n* ⟨~¢s⟩ sang *m*; ***von edlem ~*** (de famille) noble
ge'bogen [gə'bo:gən] **I** *p/p* → ***biegen***; **II** *adjt Schnabel, Nase, Hörner* recourbé; *Linie, Gegenstand* courbe
geboren [gə'bo:rən] **I** *p/p* → ***gebären***; **II** *adjt* né; *Mädchenname* ***~e X*** née X; *fig* ***der ~e Redner*** un orateur-né
ge'borgen **I** *p/p* → ***bergen***; **II** *adjt* en sécurité; à l'abri; **&heit** *f* ⟨~⟩ sécurité *f*
ge'borsten *p/p* → ***bersten***
Gebot [gə'bo:t] *n* ⟨~¢s; ~e⟩ **1** REL commandement *m*; **2** *bei Versteigerung* offre *f*; *höheres* enchère *f*; **3** *fig* ***es ist ein ~ der Vernunft zu*** (+ *inf*) la raison nous impose de (+ *inf*)
ge'boten **I** *p/p* → ***bieten, gebieten***; **II** *adjt* qui s'impose; requis; ***Vorsicht ist ~*** la prudence s'impose
gebracht [gə'braxt] *p/p* → ***bringen***
gebrannt [gə'brant] *p/p* → ***brennen***
ge'braten *p/p* → ***braten***
Gebräu [gə'brɔʏ] *n* ⟨~¢s; ~e⟩ *péj* breuvage *m*; mixture *f*
Ge'brauch *m* ⟨~¢s; ~̈e⟩ **1** usage *m*; emploi *m* (*a e-s Wortes, e-r List*); ***von etw ~ machen*** se servir de, faire usage de qc; employer qc; *von e-m Recht* user de qc; ***etw in*** *od* ***im ~ haben*** se servir de qc; utiliser qc; ***vor ~ schütteln*** agiter avant usage; **2** (*Brauch*) coutume *f*
ge'brauchen *v/t* ⟨*p/p* gebraucht⟩ **1** (*benutzen*) employer; utiliser; ***das ist nicht zu ~*** c'est inutilisable; *Person, Sache* ***zu nichts zu ~ sein*** n'être bon à rien; **2** F ***das kann ich gut ~*** cela me sera très utile
gebräuchlich [gə'brɔʏçlɪç] *adj* courant; *Wort a* usité; ***nicht mehr ~ sein*** ne plus être employé
Ge'brauchs|anleitung *f*, **~anweisung** *f* mode *m* d'emploi; **&fertig** *adj* prêt à l'emploi; **~gegenstand** *m* objet *m* d'usage courant
ge'braucht *adjt* usagé; (*aus zweiter Hand*) d'occasion
Ge'brauchtwagen *m* voiture *f* d'occasion; **~händler** *m* marchand *m* de voitures d'occasion
Ge'brechen *st/s n* ⟨~s; ~⟩ infirmité *f*
ge'brechlich *adj* décrépit; **&keit** *f* ⟨~⟩ décrépitude *f*
gebrochen [gə'brɔxən] **I** *p/p* → ***brechen***; **II** *adjt* **1** *seelisch* brisé; **2** *Lichtstrahl* réfracté; *Linie, fig Stimme* brisé; **3** *Sprache* mauvais; **III** *advt* ***~ Englisch sprechen*** parler un mauvais anglais
Gebrüder [gə'bry:dər] *pl* frères *m/pl*; COMM ***~ Meyer*** Meyer frères
Ge'brüll *n* ⟨~¢s⟩ **1** *e-s Rindes* mugissement(s) *m(pl)*; *e-s Löwen* rugissement(s) *m(pl)*; **2** (*Geschrei*) 'hurlements *m/pl*; **3** (*Grölen*) braillements *m/pl*
Gebühr [gə'by:r] *f* ⟨~; ~en⟩ **1** *oft pl* ***~en*** taxe(s) *f(pl)*; (*Fernseh&, Rundfunk&*) redevance *f*; (*Straßenbenutzungs&*) péage *m*; (*Post&*) tarif *m*; **2** ***über ~*** excessivement; outre mesure
ge'bühren *st/s* ⟨*p/p* gebührt⟩ **I** *v/t* ***j-m ~*** être dû à qn; **II** *v/imp u v/r* ***es gebührt sich nicht*** (***für j-n***) ***zu*** (+ *inf*) ce n'est pas à moi, lui *etc* de (+ *inf*)
ge'bührend **I** *adjt* (*zukommend*) dû (***j-m*** à qn); (*angemessen*) convenable; **II** *advt* comme il convient; *st/s* dûment
Ge'bühren|einheit *f* TÉL unité *f*; **&frei** **I** *adj* exempt de taxe(s); **II** *adv* franco (de port); **~ordnung** *f* tarif *m*; **&pflichtig** *adj* payant; *Straße* à péage
gebunden [gə'bʊndən] **I** *p/p* → ***binden***; **II** *adjt* **1** CHIM fixé; TYPO relié; *Preise* imposé; **2** *fig* lié; ***an*** (+ *acc*) ***~*** *an Regeln* soumis à; *an s-e Familie* attaché à
Geburt [gə'bu:rt] *f* ⟨~; ~en⟩ **1** naissance *f*; ***bei s-r ~*** à sa naissance; ***von ~ an blind*** aveugle de naissance; ***er ist von ~ Franzose*** il est Français de naissance; **2** (*Entbindung*) accouchement *m*; F *fig* ***das war e-e schwere ~*** F c'était laborieux
Ge'burten|kontrolle *f* contrôle *m* des naissances; **~regelung** *f* régulation *f* des naissances; **~rückgang** *m* baisse *f* de la natalité; dénatalité *f*; **&schwach** *adj* à faible natalité; **&stark** *adj* à forte natalité; **~überschuss** *m* excédent *m* des naissances; **~ziffer** *f* (taux *m* de) natalité *f*
gebürtig [gə'bʏrtɪç] *adj* de naissance; natif (***aus*** de); (***ein***) ***~er Deutscher sein*** être Allemand de naissance
Ge'burts|datum *n* date *f* de naissance; **~fehler** *m* malformation congénitale;

G

~haus *n* maison natale; **~helfer(in)** *m(f)* accoucheur, -euse *m,f*; obstétricien, -ienne *m,f*
Ge'burts|jahr *n* année *f* de naissance; **~ort** *m* lieu *m* de naissance; **~stunde** *f* heure *f* de naissance
Ge'burtstag *m* anniversaire *m*; (*Geburtsdatum*) date *f* de naissance; ***sie hat heute ~*** aujourd'hui, c'est son anniversaire; ***herzlichen Glückwunsch zum ~!*** bon anniversaire!
Ge'burtstags|feier *f* fête *f* d'anniversaire; **~geschenk** *n* cadeau *m* d'anniversaire; **~karte** *f* carte *f* d'anniversaire
Ge'burtsurkunde *f* acte *m* de naissance
G
Gebüsch [gə'bʏʃ] *n* ⟨~¢s; ~e⟩ buissons *m/pl*
gedacht [gə'daxt] *p/p* → ***denken, gedenken***
Gedächtnis [gə'dɛçtnɪs] *n* ⟨~ses; ~se⟩ **1** mémoire *f*; ***aus dem ~*** de mémoire; ***j-m etw ins ~ (zurück)rufen*** rappeler qc à qn; **2** (*Andenken*) mémoire *f*; souvenir *m*; ***zum ~ an j-n, etw*** à la mémoire de qn, qc
Ge'dächtnis|lücke *f* trou *m* de mémoire; **~schwund** *m* perte *f* de (la) mémoire; amnésie *f*; **~stütze** *f* pense-bête *m*
ge'dämpft *adjt Geräusch* assourdi; étouffé; *Farbe* doux; *Licht* tamisé; *Stimmung* refroidi; ***mit ~er Stimme*** à mi-voix
Gedanke [gə'daŋkə] *m* ⟨~ns; ~n⟩ (*Überlegung*) pensée *f*; (*Einfall, Idee*) idée *f*; ***der bloße ~ daran*** rien que d'y penser; ***j-s ~n lesen*** lire dans les pensées de qn; ***j-n auf andere ~n bringen*** changer les idées à qn; F ***auf dumme ~n kommen*** faire des bêtises; ***in ~n*** (*im Geiste*) mentalement; par la, en pensée; ***in ~n versunken sein*** être plongé dans ses pensées; ***mit dem ~n spielen zu*** (+ *inf*) caresser l'idée de (+ *inf*); ***sich*** (*dat*) ***über etw*** (*acc*) ***~n machen*** réfléchir à, reconsidérer qc; ***sich*** (*dat*) ***um j-n, etw ~n machen*** (*sich sorgen*) se faire du souci pour qn, qc
Ge'danken|austausch *m* échange *m* d'idées, de vues; **~freiheit** *f* liberté *f* de pensée; **~gang** *m* raisonnement *m*; **~gut** *n* idées *f/pl*
ge'dankenlos *adj* irréfléchi; inconsidéré; **2igkeit** *f* ⟨~⟩ **1** (*Zerstreutheit*) distraction *f*; **2** (*Unüberlegtheit*) irréflexion *f*; inconscience *f*
Ge'danken|strich *m* tiret *m*; **~übertragung** *f* transmission *f* de pensée; **2verloren** *adjt u advt* perdu dans mes, *etc* pensées
ge'danklich *adj* mental
Gedärm [gə'dɛrm] *n* ⟨~¢s; ~e⟩ *meist pl* ***~e*** intestins *m/pl*; *e-s Tieres* boyaux *m/pl*
Gedeck [gə'dɛk] *n* ⟨~¢s; ~e⟩ **1** couvert *m*; **2** (*Menü*) menu *m*
Gedeih [gə'daɪ] *m* ***auf ~ und Verderb*** pour le meilleur et pour le pire
ge'deihen *v/i* ⟨gedieh, gediehen, sn⟩ **1** *Pflanze, Kind* pousser bien; se développer bien; *Wirtschaft* prospérer; **2** (*fortschreiten*) progresser
ge'denken *st/s v/i* ⟨*irr, p/p* gedacht⟩ **1** ***j-s, e-r Sache ~*** évoquer la mémoire de qn, le souvenir de qc; **2** ***etw zu tun ~*** compter faire qc; avoir l'intention de faire qc
Ge'denken *st/s n* ⟨~s⟩ mémoire *f* (***an j-n*** de qn); souvenir *m* (***an etw*** [*acc*] de qc); ***zum ~ an j-n, etw*** à la mémoire de qn, qc
Ge'denk|feier *f* commémoration *f*; **~minute** *f* minute *f* de silence; **~stätte** *f* lieu commémoratif; **~tag** *m* (jour *m*) anniversaire *m*
Gedicht [gə'dɪçt] *n* ⟨~¢s; ~e⟩ poème *m*; F *fig* ***das war ein ~!*** c'était divin!
gediegen [gə'di:gən] *adj* **1** *Metall* pur; **2** *Möbel, Kleidung* de bonne qualité; **3** *Kenntnisse* solide
gedieh [gə'di:] → ***gedeihen***
ge'diehen *p/p* → ***gedeihen***
Ge'dränge *n* ⟨~s⟩ cohue *f*; bousculade *f*; *fig zeitlich* ***ins ~ kommen*** être bousculé
ge'drängt **I** *adjt* (*bündig*) concis; *Stundenplan* serré; **II** *advt* ***dicht ~ stehen, sitzen*** être serrés
gedroschen [gə'drɔʃən] *p/p* → ***dreschen***
ge'drückt *adjt seelisch* abattu; *Stimmung* pesant
gedrungen [gə'druŋən] **I** *p/p* → ***dringen***; **II** *adjt Gestalt* trapu
Ge'dudel F *péj n* ⟨~s⟩ F scie *f*; rengaine *f*
Geduld [gə'dult] *f* ⟨~⟩ patience *f*; ***~ haben*** avoir de la patience; ***mit j-m ~ haben*** être patient avec qn; ***die ~ verlie-***

ren perdre patience; s'impatienter; **mit s-r ~ am Ende sein** être à bout de patience; **nur ~!** patience!

ge'duld|en *v/r* ⟨-e-, *p/p* geduldet⟩ **sich ~** patienter; **~ig** *adj* patient

Ge'duldsprobe *f* **j-n auf e-e ~ stellen** mettre la patience de qn à l'épreuve

Ge'duld(s)spiel *n* (jeu *m* de) patience *f*

gedurft [gə'durft] *p/p* → **dürfen** *II*

ge'eignet *adjt Augenblick, Maßnahme* approprié; convenable; *Person* apte (**für** à); *Bewerber* **~ sein** convenir (**für** pour)

Gefahr [gə'fa:r] *f* ⟨~; ~en⟩ danger *m*; (*Wagnis*) risque *m*; **in ~** (*dat*) **sein** être en danger; **außer ~ sein** être 'hors de danger; **auf eigene ~** à mes, *etc* risques et périls; **j-n, etw in ~** (*acc*) **bringen** mettre qn, qc en danger; **auf die ~ hin, alles zu verlieren** au risque de tout perdre; **~ laufen zu** (+ *inf*) courir le risque de (+ *inf*); risquer de (+ *inf*); **sich in ~** (*acc*) **begeben** s'exposer à un danger

gefährd|en [gə'fɛ:rdən] *v/t* ⟨-e-, *p/p* gefährdet⟩ *Person* mettre en danger; *Pläne, Frieden, Sicherheit* compromettre; **2ung** *f* ⟨~; ~en⟩ danger *m*; *der Sicherheit* atteinte *f* (+ *gén* à); (*Bedrohung*) menace *f* (+ *gén* pour)

ge'fahren *p/p* → **fahren**

Ge'fahren|herd *m* foyer *m* de troubles; **~quelle** *f* source *f* de danger, **~zone** *f* zone dangereuse; **~zulage** *f* indemnité *f* de risques

gefährlich [gə'fɛ:rlıç] *adj* dangereux; *p/fort* périlleux

ge'fahrlos *adj* sans danger; sans risque

Gefährt [gə'fɛ:rt] *st/s n* ⟨~¢s; ~e⟩ véhicule *m*

Ge'fährt|e *st/s m* ⟨~n; ~n⟩, **~in** *st/s f* ⟨~; ~nen⟩ compagnon *m*, compagne *f*

Gefälle [gə'fɛlə] *n* ⟨~s; ~⟩ **1** *e-s Geländes, Gewässers* pente *f*; **2** *fig* (*Unterschied*) écart *m*

ge'fallen[1] ⟨*irr*, *p/p* gefallen⟩ **I** *v/i* plaire (**j-m** à qn); **wie gefällt Ihnen ...?** comment trouvez-vous ...?; **mir gefällt es in Leipzig** j'aime beaucoup Leipzig; F **die Sache gefällt mir nicht** F il y a du louche là-dedans; **II** *v/r* F **sich** (*dat*) **alles ~ lassen** se laisser toujours faire; F **sich** (*dat*) **nichts ~ lassen** ne pas se laisser faire; *péj* **sich** (*dat*) **in e-r Rolle ~** se (com)plaire dans un rôle

ge'fallen[2] *p/p* → **fallen, gefallen**[1]

Ge'fallen[1] *m* ⟨~s; ~⟩ service *m*; faveur *f*; **j-m e-n ~ tun** rendre un service à qn

Ge'fallen[2] *n* ⟨~s⟩ **~ an etw** (*dat*) **finden** trouver (du) plaisir à (faire) qc; **aneinander ~ finden** se plaire

Ge'fallene(r) *m* ⟨→ A⟩ (soldat *m*) mort *m* pour la patrie

ge'fällig *adj* **1** *Person* serviable; obligeant; **2** *Anblick* agréable; plaisant; **3 sonst noch etwas ~?** et avec cela?

Ge'fälligkeit *f* ⟨~; ~en⟩ **1** (*Hilfsbereitschaft*) obligeance *f*; **2** (*Gefallen*) service *m*; faveur *f*

ge'fälligst F *adv* **machen Sie ~ die Tür zu!** vous ne pourriez pas fermer cette porte?; **halt ~ den Mund!** fais-moi le plaisir de te taire!; tais-toi, je t'en prie!

ge'fangen **I** *p/p* → **fangen**; **II** *adjt* prisonnier; (*in Haft*) détenu; **~ halten** *Häftling* détenir; *Geisel* séquestrer; *Tier* enfermer; *st/s fig* (*begeistern*) captiver; **~ nehmen** faire prisonnier, -ière; capturer; *st/s fig* (*begeistern*) captiver

Ge'fangen|e(r) *f(m)* prisonnier, -ière *m,f* (*a Kriegs2*); (*Inhaftierte[r]*) détenu(e) *m(f)*; **~enlager** *n* camp *m* de prisonniers

Gefangennahme [gə'faŋənna:mə] *f* ⟨~⟩ MIL capture *f*; *von Geiseln* prise *f*

Ge'fangenschaft *f* ⟨~⟩ captivité *f* (*a e-s Tiers*); **in ~ geraten** être fait prisonnier

Gefängnis [gə'fɛŋnıs] *n* ⟨~ses; ~se⟩ prison *f*; **ins ~ kommen** aller en prison; **im ~ sein** *od* **sitzen** être en prison; **j-n zu zwei Jahren ~ verurteilen** condamner qn à deux ans de prison; **darauf steht ~** c'est puni de prison

Ge'fängnis|strafe *f* peine *f* de prison; **~wärter** *m* gardien *m* de prison; **~zelle** *f* cellule *f* (de prison)

Ge'fasel F *péj n* ⟨~s⟩ radotage *m*

Gefäß [gə'fɛ:s] *n* ⟨~es; ~e⟩ **1** (*Behälter*) récipient *m*; **2** ANAT vaisseau *m*

gefasst [gə'fast] *adjt* **1** (*beherrscht*) impassible (**angesichts** [+ *gén*] devant); calme; **2 auf etw** (*acc*) **~ sein** s'attendre à qc

Gefecht [gə'fɛçt] *n* ⟨~¢s; ~e⟩ combat *m*; **außer ~ setzen** mettre 'hors de combat (*a fig*)

gefeit [gə'faıt] *adj* **gegen etw ~ sein**

être à l'abri de qc; être immunisé contre qc

ge'festigt *adjt Person, Charakter* stable

Gefied|er [gə'fiːdər] *n* ⟨~s; ~⟩ plumage *m*; **ꝏert** *adj* **1** ZO emplumé; **2** BOT penné

Gefilde [gə'fɪldə] *poét n* ⟨~s; ~⟩ campagne *f*; région *f*; sphères *f/pl*

Geflecht [gə'flɛçt] *n* ⟨~(e)s; ~e⟩ **1** *aus Draht, Holz* treillis *m*; *aus Bändern* enlacement *m*; **2** *fig aus Linien, Adern* réseau *m*

ge'fleckt *adj* tacheté; moucheté

geflissentlich [gə'flɪsəntlɪç] **I** *adj* intentionnel; **II** *adv* intentionnellement

geflochten [gə'flɔxtən] *p/p* → ***flechten***

geflogen [gə'floːgən] *p/p* → ***fliegen***

geflohen [gə'floːən] *p/p* → ***fliehen***

geflossen [gə'flɔsən] *p/p* → ***fließen***

Ge'flügel *n* ⟨~s⟩ volaille *f*; **~salat** *m* salade *f* de volaille

Ge'flüster *n* ⟨~s⟩ chuchotements *m/pl*

gefochten [gə'fɔxtən] *p/p* → ***fechten***

Ge'folge *n* ⟨~s; ~⟩ suite *f*

Ge'folgschaft *f* ⟨~; ~en⟩ partisans *m/pl*; ***j-m die ~ verweigern*** refuser de suivre qn

ge'fragt *adjt Ware, Person* demandé

gefräßig [gə'frɛːsɪç] *adj Tier* vorace; *Mensch* glouton; **ꝏkeit** *f* ⟨~⟩ voracité *f*; gloutonnerie *f*

Gefreite(r) [gə'fraɪtə(r)] *m* ⟨→ A⟩ caporal *m*

ge'fressen *p/p* → ***fressen***

ge'frieren *v/i* ⟨*irr, p/p* gefroren, sn⟩ geler

Ge'frier|fach *n* compartiment congélateur; freezer *m*; **ꝏgetrocknet** *adjt* lyophilisé

Ge'frierpunkt *m* PHYS point *m* de congélation; (*Nullpunkt*) zéro *m*; ***unter dem ~*** au-dessous de zéro

Ge'frier|schrank *m*, **~truhe** *f* congélateur *m*

gefroren [gə'froːrən] *p/p* → ***frieren, gefrieren***

Ge'frorene(s) *n* ⟨→ A⟩ *österr* glace *f*

Ge'füge *n* ⟨~s; ~⟩ structure *f*

ge'fügig *adj* docile

Gefühl [gə'fyːl] *n* ⟨~s; ~e⟩ **1** (*Sinneswahrnehmung*) sensation *f*; ***kein ~ mehr in den Füßen haben*** ne plus sentir ses pieds; **2** *seelisch* sentiment *m*; ***mit gemischten ~en*** avec des sentiments mitigés; **3** (*Gespür*) sens *m* (***für*** de); (*Intuition*) intuition *f*; ***sich auf sein ~ verlassen*** se fier à son intuition; **4** (*Ahnung*) sentiment *m*; ***ich habe das ~, dass …*** j'ai le sentiment, l'impression que …

ge'fühllos *adj* insensible (***gegenüber*** à); **ꝏigkeit** *f* ⟨~⟩ insensibilité *f*

Ge'fühls|ausbruch *m* explosion *f* de sentiments; **ꝏbetont** *adjt Mensch* sentimental; *Reaktion* affectif; **~duse'lei** F *péj f* ⟨~; ~en⟩ sensiblerie *f*; **~leben** *n* vie affective; sentiments *m/pl*; **ꝏmäßig** *adv* par intuition; intuitivement; **~regung** *f* émotion *f*

ge'fühlvoll **I** *adj* sensible; **II** *adv* avec âme

ge'füllt *adjt mit Fleisch* farci; *Bonbons, Gebäck* fourré

gefunden [gə'fʊndən] *p/p* → ***finden***

ge'fürchtet *adjt Feind etc* redouté

ge'füttert *adjt Kleidungsstück, Briefumschlag* doublé; *mit Pelz* fourré

gegangen [gə'gaŋən] *p/p* → ***gehen***

ge'geben **I** *p/p* → ***geben***; **II** *adjt* donné; ***unter den ~en Umständen*** dans ces conditions; ***etw als ~ voraussetzen*** supposer que qc est un fait établi

ge'gebenen'falls *adv* le cas échéant

Ge'gebenheit *f* ⟨~; ~en⟩ fait *m*; donnée *f*

gegen ['geːgən] **I** *prép* ⟨*acc*⟩ **1** *räumlich, fig* contre; ***~ j-n, etw sein*** être contre qn, qc; **2** (*im Austausch für*) contre; en échange de; ***~ Barzahlung*** au comptant; **3** (*im Vergleich zu*) comparé à; par rapport à; **4** *Richtungsangabe, zeitlich* vers; ***~ sieben Uhr*** vers (les) sept heures; **II** *adv vor Zahlen* près de; à peu près

'Gegen|angriff *m* MIL, SPORT, *fig* contre-attaque *f*; **~anzeige** *f* MÉD contre-indication *f*; **~argument** *n* parade *f*; objection *f*; **~beispiel** *n* exemple *m* (démontrant le) contraire

'Gegenbesuch *m* visite (faite en retour); ***j-m e-n ~ machen*** rendre sa visite à qn

'Gegenbeweis *m* preuve *f* du contraire; ***den ~ antreten*** fournir la preuve du contraire

Gegend ['geːgənt] *f* ⟨~; ~en⟩ région *f*; *schöne* site *m*; (*Stadtviertel*) quartier *m*; (*Fleckchen*) coin *m*; ***in der ~ von Paris*** dans la région parisienne

'Gegendarstellung *f* autre version *f* des faits

gegenei'nander *adv* l'un(e) contre l'autre *bzw* les un(e)s contre les autres; **~ halten** appuyer l'un contre l'autre; *fig* (*vergleichen*) comparer; **~ prallen** se heurter; entrer en collision

'Gegen|fahrbahn *f* voie opposée; **~frage** *f* question posée en retour

'Gegengewicht *n* contrepoids *m*; ***ein ~ zu etw bilden*** contrebalancer qc

'Gegen|gift *n* contrepoison *m*; antidote *m*; **~kandidat(in)** *m(f)* candidat(e) *m(f)* adverse

'Gegenleistung *f* contrepartie *f*; ***als ~*** en contrepartie

'Gegenlicht *n* contre-jour *m*; ***im ~*** à contre-jour

'Gegenlichtaufnahme *f* photo *f* à contre-jour

'Gegenliebe *f* ***wenig ~ finden, auf wenig ~ stoßen*** être mal reçu

'Gegen|mittel *n* antidote *m*; **~partei** *f* JUR partie *f* adverse; POL parti opposant; **~pol** *m fig* contraire *m*; **~probe** *f* contre-épreuve *f*; **~richtung** *f* sens *m* inverse

'Gegensatz *m* **1** (*Kontrast*) contraste *m*; (*Gegenteil*) contraire *m*; (*Widerspruch*) opposition *f*; ***im ~ zu*** contrairement à; **2** (*Meinungsverschiedenheit*) ***Gegensätze*** *pl* divergences *f/pl*

gegensätzlich ['ge:gənzɛtslɪç] *adj* contraire; opposé; *Meinungen* divergent

'Gegenschlag *m* MIL, *fig* riposte *f*; ***zum ~ ausholen*** passer à la contre-attaque (*a fig*)

'Gegenseite *f* côté opposé; JUR, *fig* partie *f* adverse

'gegenseitig *adj* **1** (*wechselseitig*) réciproque; mutuel; **2** (*beidseitig*) commun

'Gegenseitigkeit *f* ⟨~⟩ réciprocité *f*; ***auf ~ beruhen*** être réciproque

'Gegen|spieler(in) *m(f)* adversaire *m,f*; **~sprechanlage** *f* interphone® *m*

'Gegenstand *m* **1** (*Ding*) objet *m*; **2** *fig* (*Thema*) sujet *m*; *e-r Verhandlung, e-s Vertrags, der Kritik* objet *m*; ***zum ~ haben*** avoir pour objet, sujet

gegenständlich ['ge:gənʃtɛntlɪç] *adj* concret; KUNST figuratif

'gegenstandslos *adj* **1** *Frage, Reklamation* sans objet; injustifié; **2** KUNST non-figuratif

'gegen·steuern *v/i* **1** AUTO contrebraquer; **2** *fig* rectifier le cours

'Gegenstimme *f* **1** *bei e-r Wahl* voix *f* contre; ***ohne ~*** à l'unanimité; **2** (*gegenteilige Meinung*) avis *m* contraire

'Gegenstück *n* **1** (*Entsprechung*) pendant *m*; **2** (*Gegenteil*) contraire *m*

'Gegenteil *n* contraire *m*; **(*ganz*) *im ~*** (bien) au contraire; *Stimmung* ***ins ~ umschlagen*** changer brusquement du tout au tout; ***das ~ ist der Fall*** c'est le contraire

'gegenteilig *adj* contraire

'Gegen|tor *n*, **~treffer** *m* but marqué par l'adversaire

gegen'über I *prép* ⟨*dat*⟩ **1** *örtlich* en face de; vis-à-vis de; **2** (*in Bezug auf*) envers; à l'égard de; vis-à-vis de; ***mir ~*** envers moi; à mon égard; **3** (*im Vergleich zu*) par rapport à; **II** *adv* en face; vis-à-vis; ***das Haus ~*** la maison d'en face

Gegen'über *n* ⟨~s; ~⟩ vis-à-vis *m*

gegen'über·liegen *v/i* ⟨*irr*⟩ ***e-r Sache*** (*dat*) **~** être en face de qc; faire face à qc

gegen'überliegend *adjt* d'en face

gegen'über·sitzen *v/i u v/r* ⟨~~ge~~, *irr*⟩ ***j-m, sich ~*** être assis en face de qn, l'un en face de l'autre

gegen'über·stehen *v/i u v/r* ⟨*irr*⟩ **1** *räumlich* ***j-m ~*** être en face de qn; ***sich ~*** être en face l'un(e) de l'autre; **2** *fig* ***e-r Sache*** (*dat*) ***ablehnend, wohlwollend ~*** être défavorable, favorable à qc; ***großen Problemen ~*** être confronté à de graves problèmes

gegen'über·stellen *v/t* opposer (***j-m, e-r Sache*** à qn, qc); confronter (avec qn, qc; *a* JUR)

Gegen'überstellung *f* confrontation *f* (*a* JUR)

gegen'über·treten *v/i* ⟨*irr*, sn⟩ **~** (+ *dat*) faire face à (*a fig*)

'Gegen|verkehr *m* circulation *f* en sens inverse; **~vorschlag** *m* contre-proposition *f*

Gegenwart ['ge:gənvart] *f* ⟨~⟩ **1** (*jetzige Zeit*) présent *m* (*a* GR); **2** (*Anwesenheit*) présence *f*; ***in s-r ~*** en sa présence

gegenwärtig ['ge:gənvɛrtɪç] **I** *adj* **1** (*jetzig*) actuel; présent; **2** *st/s* (*erinnerlich*) ***das ist mir nicht ~*** je ne m'en souviens pas; **II** *adv* à l'heure actuelle

'Gegenwarts|literatur *f* littérature

G

contemporaine; **≈nah** *adj* actuel; moderne
'Gegenwehr *f* résistance *f*; **~ leisten** opposer une résistance; **keine ~ leisten** ne pas opposer de résistance
'Gegen|wert *m* équivalent *m* (**in** [+ *dat*] en); **~wind** *m* vent *m* contraire, MAR debout
'gegen·zeichnen *v/t* ⟨-e-⟩ contresigner
'Gegenzug *m* **1** SCHACH *etc*, *fig* riposte *f*; *fig* **im ~** en contrepartie; **2** BAHN train *m* (venant) en sens inverse
gegessen [gə'gɛsən] *p/p* → **essen**
geglichen [gə'glɪçən] *p/p* → **gleichen**
geglitten [gə'glɪtən] *p/p* → **gleiten**
geglommen [gə'glɔmən] *p/p* → **glimmen**
Gegner(in) ['geːgnər(ɪn)] *m* ⟨~s; ~⟩ (*f*) ⟨~; ~nen⟩ adversaire *m,f* (*a* SPORT); MIL ennemi(e) *m*(*f*); POL opposant(e) *m*(*f*)
'gegnerisch *adj* adverse (*a* SPORT); MIL *a* ennemi
'Gegnerschaft *f* ⟨~⟩ **1** *Haltung* antagonisme *m*; **2** (*die Gegner*) adversaires *m/pl*
gegolten [gə'gɔltən] *p/p* → **gelten**
gegoren [gə'goːrən] *p/p* → **gären**
gegossen [gə'gɔsən] *p/p* → **gießen**
gegriffen [gə'grɪfən] *p/p* → **greifen**
Ge'habe *n* ⟨~s⟩ *péj* manières *f/pl*
Ge'hackte(s) *n* ⟨→ A⟩ viande 'hachée
Ge'halt[1] *m* ⟨~(e)s; ~e⟩ **1** CHIM teneur *f* (**an** [+ *dat*] en); **2** *gedanklicher* substance *f*
Ge'halt[2] *n* ⟨~(e)s; ~er⟩ *von Angestellten* salaire *m*; *von Beamten* traitement *m*
ge'halten *p/p* → **halten**
ge'haltlos *adj* **1** *Nahrung* sans valeur nutritive; **2** *fig* superficiel
Ge'halts|abrechnung *f* bulletin *m* de salaire; **~empfänger(in)** *m*(*f*) salarié(e) *m*(*f*); **~erhöhung** *f* augmentation *f* de salaire *bzw* de traitement; **~kürzung** *f* diminution *f* de salaire *bzw* de traitement; **~vorstellung** *f*, **~wunsch** *m* prétentions *f/pl*; **~zahlung** *f* paiement *m* du salaire *bzw* du traitement; **~zulage** *f* prime *f*
ge'haltvoll *adj* substantiel (*a fig*)
ge'handikapt *adjt* 'handicapé
gehangen [gə'haŋən] *p/p* → **hängen** *II*
ge'harnischt *adj* *Protest* énergique; *Antwort, Brief* cinglant
gehässig [gə'hɛsɪç] *adj* méchant; 'haineux; **≈keit** *f* ⟨~; ~en⟩ méchanceté *f* (*a Äußerung*); 'hargne *f*
ge'hauen *p/p* → **hauen**
ge'häuft **I** *adjt* **ein ~er Löffel ...** une bonne cuillerée de ...; **II** *advt* en grande quantité; (*häufig*) souvent
Gehäuse [gə'hɔʏzə] *n* ⟨~s; ~⟩ **1** *e-r Uhr etc* boîtier *m*; TECH carter *m*; **2** (*Schnecken≈*) coquille *f*; **3** *von Obst* trognon *m*
'gehbehindert *adjt* à mobilité réduite
Gehege [gə'heːgə] *n* ⟨~s; ~⟩ enclos *m*; *im Tierpark* enceinte *f*; *fig* **j-m ins ~ kommen** marcher sur les brisées de qn
geheim [gə'haɪm] *adj* (*verborgen*) secret; (*vertraulich*) confidentiel; **streng ~** ultrasecret; top secret; **im ≈en** en secret; **~ halten** tenir secret; **etw vor j-m ~ halten** cacher qc à qn
Ge'heim|agent(in) *m*(*f*) agent secret; **~dienst** *m* services secrets
Ge'heimhaltung *f* secret *m*; **strikte ~** la plus grande discrétion
Ge'heimnis *n* ⟨~ses; ~se⟩ **1** secret *m*; **vor j-m keine ~se haben** ne pas avoir de secrets pour qn; **ein ~ aus etw machen** faire un mystère de qc; **ein offenes ~** un secret de Polichinelle; **darin liegt das ganze ~** c'est là tout le secret; **2** *unergründliches* mystère *m*; **die ~se des Meeres** les mystères de l'océan
Ge'heimnis|krämer(in) F *m*(*f*) cachottier, -ière *m,f*; **~krämeʼrei** F *f* ⟨~⟩ cachotteries *f/pl*; **≈umwittert** *adjt* entouré de mystères
ge'heimnisvoll **I** *adj* mystérieux; **II** *adv* **~ tun** faire des mystères
Ge'heim|nummer *f* numéro secret; *e-r Scheckkarte* code confidentiel; **~polizei** *f* police secrète; **~ratsecken** F *plais f/pl* tempes dégarnies; **~rezept** *n* secret *m*; **~tipp** *m* F tuyau *m*; **~waffe** *f* arme secrète; **~zahl** *f* code confidentiel
ge'hemmt *adjt* *Person* complexé
gehen ['geːən] ⟨ging, gegangen, sn⟩ **I** *v/t* *Weg* faire (à pied); **II** *v/i* **1** (*sich begeben*) aller (**zu j-m** chez qn); *zu Fuß a* marcher; (*nicht fahren etc*) aller à pied; **in ein Gebäude ~** entrer dans un bâtiment; **durch e-e Straße ~** passer par une rue; **auf die andere Seite ~** traverser; aller, passer de l'autre côté; **nach rechts, links ~** aller, prendre à droite, gauche; **2** (*weg~*) s'en aller; partir; (*ab-

fahren) Bus, Zug partir; *st/s* ***von j-m ~*** *(sterben)* quitter qn; **3** *fig* ***j-m bis an die Schulter ~*** arriver à l'épaule de qn; *Schaden* ***in die Tausende ~*** se chiffrer par milliers; ***in sich*** *(acc)* **~** faire un retour sur soi-même; F ***j-n ~ lassen*** *(in Ruhe lassen)* laisser qn tranquille; ***sich ~ lassen*** se laisser aller; F ***mit j-m ~*** *(ein Liebespaar sein)* sortir avec qn; *Fenster* ***nach Norden ~*** donner au nord; ***vor sich ~*** se passer; ***das geht nicht*** c'est impossible; F ***geh nicht an meine Sachen!*** ne touche pas à mes affaires!; **4** *(hineinpassen)* ***in etw*** *(acc)* **~** entrer, tenir dans qc; **5** *(funktionieren)* marcher; fonctionner; **6** *(läuten) Telefon, Klingel* sonner; **7** *Geschäft* marcher; aller; *Ware* se vendre; **8** *Teig* lever; **9** F *(so gerade an~)* F être potable; ***das Wetter geht ja noch, aber …*** le temps, passe encore, mais …; **III** *v/imp* **10** *(er~)* ***wie geht es Ihnen?*** comment allez-vous?; F ***wie gehts?*** ça va?; ***es geht*** ça va; *wie hast du geschlafen?* - ***es geht (so)*** moyennement; pas mal; **11** *(möglich sein)* ***es geht*** c'est possible; ça marche; ***es wird schon ~!*** ça va s'arranger!; **12** ***es geht nichts über*** (+ *acc*) rien ne vaut …; **13** *Maßstab* ***nach j-m ~*** dépendre de qn; ***wenn es nach mir ginge*** si ça dépendait de moi; **14** *(sich handeln)* ***~ um*** s'agir de; ***ihm geht es nur ums Geld*** il n'y a que l'argent qui l'intéresse

'Gehen *n* ⟨~s⟩ marche *f* (*a* SPORT)

'Geher(in) *m* ⟨~s; ~⟩ *(f)* ⟨~; ~nen⟩ SPORT marcheur, -euse *m,f*

geheuer [gə'hɔʏər] *adj* ***nicht (ganz) ~*** *(verdächtig)* suspect; *(unheimlich)* inquiétant; ***hier ist es nicht (ganz) ~*** ce n'est pas très rassurant ici; *(hier spukt es)* la maison, *etc* est 'hantée; ***ihm ist nicht (ganz) ~ zumute*** il a un sentiment de malaise

Ge'heul *n* ⟨~(e)s⟩ **1** 'hurlement(s) *m(pl)*; **2** F *péj* F pleurnicheries *f/pl*

Gehilfe [gə'hɪlfə] *m* ⟨~n; ~n⟩ aide *m*; *(Laden&, Schreib&)* commis *m*

Ge'hilfin *f* ⟨~; ~nen⟩ aide *f*

Gehirn [gə'hɪrn] *n* ⟨~(e)s; ~e⟩ *Organ* cerveau *m*; *Substanz, fig* cervelle *f*; **~blutung** *f* hémorragie cérébrale; **~erschütterung** *f* commotion cérébrale; **~hautentzündung** *f* méningite *f*; **~schlag** *m* (attaque *f* d')apoplexie *f*; **~tumor** *m* tumeur cérébrale; **~wäsche** *f* lavage *m* de cerveau

gehoben [gə'ho:bən] **I** *p/p* → ***heben***; **II** *adjt* **1** *Stil* soutenu; **2** *Stimmung* gai; *Stellung* élevé; *Güter* ***für den ~en Bedarf*** de luxe

Gehöft [gə'hø:ft] *n* ⟨~(e)s; ~e⟩ ferme *f*

geholfen [gə'hɔlfən] *p/p* → ***helfen***

Gehölz [gə'hœlts] *n* ⟨~es; ~e⟩ bosquet *m*

Gehör [gə'hø:r] *n* ⟨~(e)s⟩ **1** *Sinn* ouïe *f*; MUS oreille *f*; ***ein gutes ~ haben*** avoir l'ouïe fine; MUS avoir de l'oreille; **2** *st/s* ***j-m, e-r Sache ~ schenken*** prêter l'oreille à qn, qc; ***(kein) ~ finden*** (ne pas) réussir à se faire entendre (***bei j-m*** par qn)

ge'horchen *v/i* ⟨*p/p* gehorcht⟩ obéir (*a fig Beine*); ***aufs Wort ~*** obéir au doigt et à l'œil

ge'hören ⟨*p/p* gehört⟩ **I** *v/i* **1** *als Besitz* ***j-m ~*** appartenir, être à qn; **2** *als Teil* ***zu etw, j-m ~*** faire partie de qc, qn; ***das gehört nicht hierher*** cela n'a rien à voir (avec ça); **3** *(erforderlich sein)* ***dazu gehört Mut*** *etc* il faut du courage, *etc* pour cela; **4** *(am Platze sein)* être à sa place; être rangé; ***wo gehört das hin?*** où faut-il ranger cela?; ***du gehörst ins Bett*** tu devrais être au lit; **II** *v/imp u v/r* ***es gehört sich zu*** (+ *inf*) il faut (+ *inf*); ***das gehört sich (nicht)*** cela (ne) se fait (pas); ***wie es sich gehört*** comme il faut

ge'hörig **I** *adj* **1** *als Besitz* appartenant; **2** *als Teil* ***zu etw ~*** qui fait partie de qc; **3** *(gebührend)* convenable; dû; **4** F *(tüchtig, kräftig)* bon; grand; F sacré; **II** F *adv* *(gebührend, kräftig)* comme il faut; *(enorm)* F drôlement

ge'hörlos *adj* sourd; déficient auditif

gehörnt [gə'hœrnt] *adjt* **1** ZO à cornes; cornu; **2** *fig plais Ehemann* F cocu

gehorsam [gə'ho:rza:m] **I** *adj* obéissant; **II** *adv* avec obéissance; docilement

Ge'horsam *m* ⟨~s⟩ obéissance *f*

Ge'hörsinn *m* ouïe *f*

'Geh|steig *m* ⟨~(e)s; ~e⟩, **~weg** *m* trottoir *m*

Geier ['gaɪər] *m* ⟨~s; ~⟩ vautour *m*; F ***weiß der ~!*** aucune idée!

Geif|er ['gaɪfər] *m* ⟨~s⟩ *(Speichel)* bave *f*; *wutschäumender* écume *f*; **&ern** *v/i* baver; *fig vor Wut* écumer de rage

G

Geige ['gaɪgə] *f* ⟨~; ~n⟩ violon *m*; *fig* ***die erste ~ spielen*** tenir le premier rôle

'**geigen** **I** *v/t* jouer au violon; **II** *v/i* jouer du violon

'**Geigen|bauer** *m* ⟨~s; ~⟩ luthier *m*; **~kasten** *m* étui *m* à violon

'**Geiger(in)** *m* ⟨~s; ~⟩ (*f*) ⟨~; ~nen⟩ violoniste *m,f*

'**Geigerzähler** *m* compteur *m* Geiger

geil [gaɪl] *adj* **1** (*lüstern*) lubrique; ***er ist ~ auf sie*** elle l'excite; **2** *Jugendsprache* (*toll*) F cool; F génial

Geisel ['gaɪzəl] *f* ⟨~; ~n⟩ otage *m*; **~nahme** [-na:mə] *f* ⟨~; ~n⟩ prise *f* d'otages; **~nehmer** *m* ⟨~s; ~⟩ preneur *m* d'otages

Geiß [gaɪs] *f* ⟨~; ~en⟩ *südd, österr, schweiz* (*Ziege*) chèvre *f*; '**~blatt** *n* BOT chèvrefeuille *m*; '**~bock** *m südd, österr, schweiz* bouc *m*

Geiß|el ['gaɪsəl] *f* ⟨~; ~n⟩ *st/s fig* fléau *m*; **&eln** *v/t* ⟨¢⟩ **1** (*züchtigen*) flageller; **2** *st/s fig* (*anprangern*) fustiger

Geist [gaɪst] *m* ⟨~¢s; ~er⟩ **1** *e-s Menschen, Werkes, e-r Zeit* esprit *m*; (*Verstand*) intelligence *f*; *st/s* ***s-n ~ aufgeben*** rendre l'âme (*a* F *fig*); ***etw im ~(e) vor sich*** (*dat*) ***sehen*** se représenter, s'imaginer qc; F ***j-m auf den ~ gehen*** taper sur les nerfs à qn; **2** *Mensch* esprit *m*; *plais* ***ein unruhiger ~ sein*** ne pas tenir en place; ***hier scheiden sich die ~er*** sur cette question les avis diffèrent; **3** (*Haus&, Natur&*) esprit *m*; (*Gespenst*) revenant *m*; ***der Heilige ~*** le Saint-Esprit

'**Geister|bahn** *f* train *m* fantôme; **~fahrer(in)** *m(f)* automobiliste *m,f* roulant à contresens sur une autoroute; **&haft** *adj* fantomatique

'**Geisterhand** *f* ***wie von ~*** comme animé, poussé, *etc* par une main invisible

geistern ['gaɪstərn] *v/i* ⟨sn⟩ rôder, errer (***durch*** dans); *fig Idee* ***durch etw ~*** 'hanter qc

'**Geister|stadt** *f* ville morte; **~stunde** heure *f* des revenants

'**geistesabwesen|d** *adj* absent; distrait; **&heit** *f* absence *f*; distraction *f*

'**Geistes|blitz** F *m* trait *m* de génie; **~gegenwart** *f* présence *f* d'esprit; **&gegenwärtig** **I** *adj* qui a de la présence d'esprit; **II** *adv* avec (de la) présence d'esprit; **~geschichte** *f* histoire *f* des idées; **&gestört** *adjt* atteint de troubles mentaux; déséquilibré; **~gestörte(r)** *f(m)* ⟨→ A⟩ aliéné(e) *m(f)*; **~haltung** *f* mentalité *f*; **&krank** *adj* malade mental; aliéné; **~kranke(r)** *f(m)* malade *m,f* mental(e); aliéné(e) *m(f)*; **~krankheit** *f* maladie, aliénation mentale; **~wissenschaften** *f/pl* lettres *f/pl* et sciences humaines; **~wissenschaftler(in)** *m(f)* étudiant(e) *m(f)*, spécialiste *m,f* en lettres et sciences humaines; **~zustand** *m* état mental

'**geistig** **I** *adj* **1** (*verstandesmäßig*) intellectuel; PSYCH mental; (*spirituell*) spirituel; ***~e Arbeit*** travail intellectuel; **2** ***~e Getränke*** *n/pl* spiritueux *m/pl*; **II** *adv* ***~ behindert*** 'handicapé mental; ***~ unbeweglich*** borné

'**geistlich** *adj* spirituel; (*religiös*) religieux; (*kirchlich*) ecclésiastique; *Musik* sacré; ***der ~e Stand*** le clergé

'**Geist|liche(r)** *m* ⟨→ A⟩ ecclésiastique *m*; **~lichkeit** *f* ⟨~⟩ clergé *m*

'**geist|los** *adj* dénué d'esprit; **~reich** *adj* (*klug-witzig*) spirituel; fin; plein d'esprit; (*tiefgründig*) profond; **~tötend** *adjt* abrutissant

Geiz [gaɪts] *m* ⟨~es⟩ avarice *f*

'**geizen** *v/i* ⟨¢$⟩ ***mit etw ~*** lésiner sur qc; ***mit Komplimenten*** *etc* **~** être avare de compliments, *etc*

'**Geiz|hals** *m* avare *m*; **&ig** *adj* avare; **~kragen** F *m* grippe-sou *m*; F radin *m*

Ge'jammer F *n* ⟨~s⟩ lamentations *f/pl*; F jérémiades *f/pl*

Ge'johle F *n* ⟨~s⟩ beuglement *m*

gekannt [gə'kant] *p/p* → ***kennen***

Ge'kicher F *péj n* ⟨~s⟩ ricanement *m*

Ge'kläff F *n* ⟨~s⟩ glapissement *m*

Ge'klimper F *péj n* ⟨~s⟩ pianotage *m*

geklungen [gə'klʊŋən] *p/p* → ***klingen***

Ge'knatter F *péj n* ⟨~s⟩ *e-s Motorrads* pétarade *f*

ge'knickt F *fig adjt* démoralisé; déprimé

gekniffen [gə'knɪfən] *p/p* → ***kneifen***

Ge'knister *n* ⟨~s⟩ *des Feuers* crépitement *m*; *des Papiers* froissement *m*

ge'kommen *p/p* → ***kommen***

gekonnt [gə'kɔnt] **I** *p/p* → ***können*** *II*; **II** *adjt* parfait; (*geschickt*) habile

Ge'kreisch(e) *n* ⟨~s⟩ *von Menschen, Möwen* cris perçants; *bei Streit* criaillements *m/pl*; *e-r Säge* grincement *m*

Ge'kritzel F *péj n* ⟨~s⟩ griffonnage(s)

m(pl); gribouillage(s) *m(pl)*
gekrochen [gəˈkrɔxən] *p/p* → ***kriechen***
gekünstelt [gəˈkynstəlt] *adj* maniéré
Gel [geːl] *n* ⟨~s; ~e⟩ gel *m*
Geˈlaber F *péj n* ⟨~s⟩ bavardage *m*
Gelächter [gəˈlɛçtər] *n* ⟨~s; ~⟩ rires *m/pl*; ***schallendes ~*** éclats *m/pl* de rire; ***in ~ ausbrechen*** éclater de rire
geˈladen **I** *p/p* → ***laden***; **II** F *adjt* ***~ sein*** être furieux (***auf*** [+ *acc*] contre)
Gelage [gəˈlaːgə] *n* ⟨~s; ~⟩ orgie *f*; (*Trink*≗) beuverie *f*
geˈlähmt *adjt* paralysé
Gelände [gəˈlɛndə] *n* ⟨~s; ~⟩ terrain *m* (*a* MIL); **~fahrzeug** *n* (véhicule *m*) tout-terrain *m*; **≗gängig** *adj Fahrzeug* tout-terrain
Geˈländer *n* ⟨~s; ~⟩ balustrade *f*; *e-r Treppe* rampe *f*
Geˈländewagen *n* (véhicule *m*) tout--terrain *m*
gelang [gəˈlaŋ] → ***gelingen***
geˈlangen *v/i* ⟨*p/p* gelangt, sn⟩ parvenir, arriver, accéder (***zu, nach*** à); ***zu Reichtum ~*** faire fortune
geˈlassen **I** *p/p* → ***lassen*** *II, III*; **II** *adjt* (*ruhig*) calme; (*gleichmütig*) flegmatique; **III** *advt* avec calme; **≗heit** *f* ⟨~⟩ (*Ruhe*) calme *m*; (*Gleichmut*) flegme *m*
Gelatine [ʒelaˈtiːnə] *f* ⟨~⟩ gélatine *f*
geˈlaufen *p/p* → ***laufen***
geläufig [gəˈlɔyfɪç] *adj* courant; (*vertraut*) familier; ***das ist mir*** (***nicht***) ***~*** je (ne) connais (pas) bien
gelaunt [gəˈlaunt] *adj* ***gut, schlecht ~ sein*** être de bonne, mauvaise humeur
Geˈläut *n* ⟨~(e)s; ~e⟩ *von Glocken* carillon *m*; sonnerie *f*
gelb [gɛlp] *adj* jaune; *Verkehrsampel* orange; ***~ werden*** devenir jaune; jaunir; *Ampel* passer à l'orange
Gelb *n* ⟨~s; ~⟩ (couleur *f*) jaune *m*; ***die Ampel steht auf ~*** le feu est à l'orange
ˈGelbe(s) *n* ⟨→ A⟩ jaune *m*; F ***das ist nicht das Gelbe vom Ei*** F ce n'est pas génial
ˈGelb|fieber *n* fièvre *f* jaune; **≗lich** *adj* jaunâtre; **~sucht** *f* jaunisse *f*; **~wurst** *f etwa* cervelas *m*
Geld [gɛlt] *n* ⟨~(e)s; ~er⟩ **1** argent *m*; ***großes ~*** (gros) billet(s) *m(pl)*; ***kleines ~*** monnaie *f*; F *fig* ***j-m das ~ aus der Tasche ziehen*** voler, F plumer qn; F *fig* ***im ~ schwimmen***, F ***~ wie Heu haben*** F être plein aux as; F ***ins ~ gehen*** coûter cher; ***zu ~ kommen*** s'enrichir; ***etw zu ~ machen*** vendre qc; *Wertpapiere* réaliser qc; ***sein ~ wert sein*** valoir son prix; **2** *meist pl* **~er** (*Mittel*) fonds *m/pl*
ˈGeld|angelegenheit *f* affaire *f*, question *f* d'argent; **~anlage** *f* placement *m*; **~automat** *m* distributeur *m* de billets; guichet *m* automatique; **~betrag** *m* somme *f* (d'argent); montant *m*; **~beutel** *m*, **~börse** *f* porte-monnaie *m*; bourse *f*; **~buße** *f* amende *f*; **~geber** *m* ⟨~s; ~⟩ bailleur *m* de fonds; **~gier** *f* rapacité *f*; cupidité *f*; **≗gierig** *adj* rapace; cupide; **~institut** *n* établissement financier; **≗lich** *adj* financier; pécuniaire; **~mangel** *m* manque *m* d'argent; **~mittel** *n/pl* fonds *m/pl*; **~quelle** *f* ressources *f/pl*; (*Einkommensquelle*) source *f* de revenu; **~schein** *m* billet *m* de banque; **~schrank** *m* coffre-fort *m*; **~strafe** *f* amende *f*; **~stück** *n* pièce *f* de monnaie; **~summe** *f* somme *f* d'argent; **~transport** *m* transport *m* de fonds; **~umtausch** *m* change *m*; **~wäsche** F *fig f* blanchiment *m* de l'argent; **~wechsel** *m* change *m*; **~wechsler** *m* ⟨~s; ~⟩ *Automat* changeur *m* de monnaie
Gelee [ʒeˈleː] *n od m* ⟨~s; ~s⟩ gelée *f*; ***in ~*** en gelée; en aspic
geˈlegen **I** *p/p* → ***liegen***; **II** *adjt* **1** *örtlich* situé; ***am Wald ~*** situé au bord de la forêt; **2** (*passend*) convenable; *zeitlich a* opportun; ***das kommt*** (***mir***) ***gerade ~*** cela tombe bien; cela m'arrange; **3** → ***liegen*** *5*
Geˈlegenheit *f* ⟨~; ~en⟩ occasion *f*; ***bei ~*** à l'occasion; ***bei passender ~*** en temps et lieu; ***bei dieser ~*** à cette occasion; ***bei nächster ~*** à la première occasion; ***~ haben zu*** (+ *inf*) avoir l'occasion de (+ *inf*); ***j-m ~ geben zu*** (+ *inf*) fournir à qn l'occasion de (+ *inf*)
Geˈlegenheits|arbeit *f* travail occasionnel; petit boulot; **~job** *m* petit boulot; **~kauf** *m* occasion *f*
gelegentlich [gəˈleːgəntlɪç] **I** *adj* occasionnel; **II** *adv* (*ab und zu*) de temps en temps; (*bei Gelegenheit*) à l'occasion
gelehrig [gəˈleːrɪç] *adj* docile
Geˈlehrsamkeit *st/s f* ⟨~⟩ érudition *f*
geˈlehrt *adjt* savant; érudit; **≗e(r)** *f(m)*

G

⟨→ A⟩ érudit(e) *m(f)*; savant *m*

Geleit [gəˈlaɪt] *st/s n* ⟨~(e)s; ~e⟩ escorte *f*; JUR ***j-m freies ~ zusichern*** assurer la protection de qn (pour se rendre en un lieu); ***j-m das letzte ~ geben*** accompagner qn à sa dernière demeure

geˈleiten *st/s v/t* ⟨-e-, *p/p* geleitet⟩ accompagner; *offiziellen Gast*, MIL escorter

Geˈleitschutz *m* escorte *f*

Gelenk [gəˈlɛnk] *n* ⟨~(e)s; ~e⟩ ANAT, TECH articulation *f*; TECH *a* joint *m*

geˈlenkig *adj* souple; **⁀keit** *f* ⟨~⟩ souplesse *f*

geˈlernt *adjt* (*von Beruf*) de métier

geˈlesen *p/p* → ***lesen***

Geˈliebte(r) *f(m)* ⟨→ A⟩ **1** *außerehelich* amant *m*, maîtresse *f*; **2** *st/s* bien-aimé(e) *m(f)*; *Anrede* mon amour *m*

geˈliefert *adjt* F ***~ sein*** F être fichu

geliehen [gəˈliːən] *p/p* → ***leihen***

gelieren [ʒeˈliːrən] *v/i* ⟨*sans ge*⟩ se gélifier

geˈlinde I *st/s adj* (*mild*) léger; *Klima* doux; **II** *adv* ***~ gesagt*** pour ne pas dire plus

gelingen [gəˈlɪŋən] *v/i* ⟨gelang, gelungen, sn⟩ réussir; ***etw gelingt j-m*** (***gut***) qn réussit qc; ***es gelingt mir, etw zu tun*** je réussis, j'arrive à faire qc

Geˈlingen *n* ⟨~s⟩ réussite *f*; succès *m*; ***gutes ~!*** bonne chance!

gelitten [gəˈlɪtən] *p/p* → ***leiden***

gellen [ˈgɛlən] *v/i* retentir

ˈgellend *adjt* perçant; strident

geˈloben *st/s v/t* ⟨*p/p* gelobt⟩ promettre solennellement; ***ich habe mir gelobt zu*** (+ *inf*) j'ai fait le vœu de (+ *inf*)

Gelöbnis [gəˈløːpnɪs] *st/s n* ⟨~ses; ~se⟩ promesse solennelle; vœu *m*

geˈlockt *adjt Haar* bouclé

gelogen [gəˈloːgən] *p/p* → ***lügen***

geˈlöst *adjt fig* décontracté; détendu

gelt [gɛlt] *int südd, österr* 'hein?

gelten [ˈgɛltən] ⟨gilt, galt, gegolten⟩ **I** *v/t* (*wert* sein) valoir; ***s-e Ansicht gilt viel*** son avis compte pour beaucoup; **II** *v/i* **1** (*gültig sein*) être valable; *Gesetz*, *Recht*, *Regelung*, *Preise* être en vigueur; ***das gilt nicht*** (*ist gegen die Spielregel*) cela ne vaut pas; (*zählt nicht*) cela ne compte pas; ***etw ~ lassen*** admettre qc; **2** (*gehalten werden*) ***~ als, für*** être considéré comme; *Person a* passer pour; **3** ***~ für*** (*sich beziehen auf*) valoir pour; **4** ***j-m ~*** (*j-n betreffen*) s'adresser à qn; **III** *v/imp* (*darauf ankommen*) ***es gilt zu*** (+ *inf*) il s'agit de (+ *inf*)

ˈgeltend *adjt* **1** *Recht*, *Gesetz*, *Preise* en vigueur; **2** ***etw ~ machen*** faire valoir qc; *Einfluss* exercer qc; *Bedenken*, *Argument* invoquer qc

ˈGeltung *f* ⟨~⟩ **1** (*Gültigkeit*) validité *f*; (***keine***) ***~*** (***für etw, j-n***) ***haben*** (ne pas) être valable (pour qc, qn); **2** (*Wirkung*) valeur *f*; ***etw zur ~ bringen*** mettre qc en valeur; ***zur ~ kommen*** être mis en valeur; ***sich*** (*dat*) ***~ verschaffen*** s'imposer

ˈGeltungs|bedürfnis *n* besoin *m* de se faire remarquer; **~bereich** *m* champ *m* d'application; **~dauer** *f* durée *f* de validité; **~sucht** *f* manie *f* de se faire remarquer

Gelübde [gəˈlʏpdə] *st/s n* ⟨~s; ~⟩ vœu *m*; ***ein ~ ablegen*** faire un vœu

gelungen [gəˈlʊŋən] **I** *p/p* → ***gelingen***; **II** *adjt* (*ansprechend*) réussi

gelüsten [gəˈlʏstən] *st/s v/imp* ⟨-e-, *p/p* gelüstet⟩ ***es gelüstet mich nach*** j'ai envie de

gemach [gəˈmaːx] *st/s int* doucement!

Geˈmach *st/s n* ⟨~(e)s; ⸗er⟩ pièce *f*; *pl* ***die Gemächer*** les appartements *m/pl*

gemächlich [gəˈmɛːçlɪç] *adj* tranquille

Gemahl(in) [gəˈmaːl(ɪn)] *st/s m* ⟨~(e)s; ~e⟩ (*f*) ⟨~; ~nen⟩ époux *m*, épouse *f*

Gemälde [gəˈmɛːldə] *n* ⟨~s; ~⟩ tableau *m*; peinture *f*; *auf Leinwand a* toile *f*; **~galerie** *f* musée *m* de peinture

geˈmasert *adjt Holz etc* veiné

gemäß [gəˈmɛːs] **I** *adj* (*entsprechend*) conforme (+ *dat* à); **II** *prép* ⟨*dat*⟩ selon; *bes* ADM, JUR conformément à

geˈmäßigt *adjt* modéré; *Klima*(*zone*) tempéré

Gemäuer [gəˈmɔʏər] *st/s n* ⟨~s; ~⟩ murailles *f/pl*

Geˈmecker F *péj n* ⟨~s⟩ rouspétance *f*

gemein [gəˈmaɪn] *adj* **1** *Person*, *Bemerkung* méchant; *Gesinnung* ignoble; abject; *Trick* sale; ***~er Kerl*** sale type *m*; F ***das ist ~!*** F c'est vache!; **2** ZO, BOT commun; **3** *st/s* (*gewöhnlich*) commun; ordinaire; ***der ~e Mann*** l'homme *m* du peuple; **4** *st/s* ***etw mit j-m ~ haben*** avoir qc de, en commun avec qn

Gemeinde [gəˈmaɪndə] *f* ⟨~; ~n⟩ **1** ADM

commune *f*; **2** (*Kirchen*≗) paroisse *f*; *beim Gottesdienst* fidèles *m/pl*; **3** (*Gemeinschaft Gleichgesinnter*) communauté *f*

Ge'meinde|mitglied *n* ÉGL paroissien, -ienne *m,f*; **~rat** *m* ⟨~¢s; ∸e⟩ **1** *Gremium* conseil municipal; **2** *Person* conseiller municipal; **~saal** *m* ÉGL salle paroissiale; **~schwester** *f* infirmière rétribuée par une paroisse *bzw* une commune; **~verwaltung** *f* administration *f* de la commune; municipalité *f*; **~zentrum** *n* foyer municipal

ge'meingefährlich *adj Handlung* qui constitue un danger public; *Person* qui est un danger public

Ge'meingut *st/s n* bien commun; *fig* patrimoine commun; *Redensart* **(zum) ~ werden** se répandre

Ge'meinheit *f* ⟨~; ~en⟩ **1** méchanceté *f*; **2** (*Eigenschaft, Handlung*) F vacherie *f*

ge'mein|hin *adv* communément; **~nützig** [-nʏtsɪç] *adj* d'utilité publique; **≗platz** *m* lieu commun

ge'meinsam I *adj* **1** (*gemeinschaftlich*) commun; *Werk* collectif; *Konto* joint; **2** ***sie hat mit mir ~, dass sie gern kocht*** nous avons en commun d'aimer faire la cuisine; **II** *adv* en commun; ensemble

Ge'meinsamkeit *f* ⟨~; ~en⟩ **1** *Eigenschaft* point commun; **2** (*Verbundenheit*) communauté *f*

Ge'meinschaft *f* ⟨~; ~en⟩ **1** *Gruppe* communauté *f*; ***die Europäische ~*** la Communauté européenne; **2** (*Verbundensein*) solidarité *f*; ***eheliche ~*** union conjugale

ge'meinschaftlich I *adj* (en) commun; **II** *adv* en commun

Ge'meinschafts|antenne *f* antenne collective; **~arbeit** *f* **1** *Vorgang* travail *m* d'équipe; **2** *Ergebnis* projet commun; **~gefühl** *n* esprit *m* communautaire; **~kunde** *f* instruction *f* civique; **~produktion** *f* coproduction *f*; **~raum** *m* salle commune

Ge'mein|sinn *m* sens *m* civique; **≗verständlich** *adj u adv* à la portée de tous

Ge'mein|wesen *n* communauté *f*; (*Staat*) chose publique; **~wohl** *n* bien, intérêt public

Ge'menge *n* ⟨~s; ~⟩ **1** (*Gemisch*) mélange *m* (*a* CHIM); **2** (*Menschengewühl*) cohue *f*

ge'messen I *p/p* → ***messen***; **II** *adjt Haltung* grave; *st/s* ***~en Schrittes*** d'un pas mesuré; ***in ~em Abstand*** à (une) distance respectueuse

Ge'metzel *n* ⟨~s; ~⟩ massacre *m*

gemieden [gə'mi:dən] *p/p* → ***meiden***

Gemisch [gə'mɪʃ] *n* ⟨~¢s; ~e⟩ mélange *m* (*a* AUTO)

ge'mischt *adjt Klasse, Chor,* SPORT mixte; *Abendgesellschaft etc* mélangé; *Gesamtgesellschaft* mêlé; *Eis* panaché; *Salat* composé

gemocht [gə'mɔxt] *p/p* → ***mögen*** *II, III*

gemolken [gə'mɔlkən] *p/p* → ***melken***

'Gemse → ***Gämse***

Ge'murmel *n* ⟨~s⟩ murmures *m/pl*

Gemüse [gə'my:zə] *n* ⟨~s; ~⟩ légume(s) *m(pl)*; F *fig plais* ***junges ~*** F de la jeunesse

Gemüse

die Kartoffel	**la pomme de terre**
der Rotkohl	**le chou rouge**
der Weißkohl	**le chou blanc**
der Rosenkohl	**le chou de Bruxelles**
der Blumenkohl	**le chou-fleur**
der Kohlrabi	**le chou-rave**
die Karotte	**la carotte**
der Lauch	**le poireau**
der Knoblauch	**l'ail** *m*
die Knoblauchzehe	**la gousse d'ail**
das Radieschen	**le radis**
der Sellerie	**le céleri**
die Tomate	**la tomate**
die Gurke	**le concombre**
die Aubergine	**l'aubergine** *f*
die Zucchini *pl*	**les courgettes** *f/pl*
der Paprika	**le poivron**
der Fenchel	**le fenouil**
der Spargel	**l'asperge** *f*
die Bohne	**le haricot**

Ge'müse|beet *n* carré *m* de légumes; **~eintopf** *m* potée *f* de légumes; **~garten** *m* (jardin *m*) potager *m*; **~händler(in)** *m(f)* marchand(e) *m(f)* de légumes; **~suppe** *f* potage *m* aux légumes

gemusst [gəˈmʊst] *p/p* → ***müssen II***

geˈmustert *adjt* à dessins; (*mit eingewebtem Muster*) façonné

Gemüt [gəˈmyːt] *n* ⟨~(e)s; ~er⟩ nature *f*; tempérament *m*; ***ein kindliches ~*** une âme d'enfant; ***das ist etwas fürs ~*** c'est émouvant, touchant; ***sich*** (*dat*) ***etw zu ~e führen*** (*essen, trinken*) savourer qc; *Film* voir, *Buch* lire qc; (*beherzigen*) tenir compte de qc; ***die ~er haben sich erhitzt*** les esprits se sont échauffés

geˈmütlich **I** *adj* **1** *Wohnung* accueillant; *Lokal, Umgebung* intime; *Essen, Beisammensein* convivial; (*bequem*) confortable; *Stimmung, Abend* sympathique; **2** (*umgänglich*) facile à vivre; **3** *Tempo* tranquille; **II** *adv* **1** (*bequem*) confortablement; (*ruhig*) tranquillement; ***es sich*** (*dat*) ***~ machen*** s'installer confortablement; **2** (*gemächlich*) sans se presser

Geˈmütlichkeit *f* ⟨~⟩ **1** *e-r Wohnung* caractère accueillant; *e-s Lokals* intimité *f*; (*Bequemlichkeit*) confort *m*; (*Zwanglosigkeit*) convivialité *f*; **2** (*Umgänglichkeit*) bon caractère; **3** (*Gemächlichkeit*) ***in aller ~*** sans se presser

Geˈmüts|bewegung *f* émotion *f*; **2krank** *adj* atteint de troubles mentaux; **~mensch** F *m* nature *f* placide

Geˈmütsruhe *f* tranquillité *f* d'esprit; ***in aller ~*** en toute tranquillité

Geˈmüts|verfassung *f*, **~zustand** *m* état *m* d'âme

gen [gɛn] *poét prép* ⟨*acc*⟩ (*gegen*) vers

Gen [geːn] *n* ⟨~s; ~e⟩ BIOL gène *m*

genannt [gəˈnant] *p/p* → ***nennen***

genas [gəˈnaːs] → ***genesen***

genau [gəˈnaʊ] **I** *adj* **1** (*exakt*) exact; *Angaben* précis; *Übersetzung a* fidèle; ***die ~e Zeit*** l'heure exacte; **2** (*sorgfältig*) précis; (***peinlich***) **~** méticuleux; **3** (*streng*) strict; **4** (*ausführlich*) détaillé; **II** *adv* **1** (*exakt*) exactement; ***~ um fünf Uhr*** à cinq heures précises; ***~ gehen*** *Uhr* être à l'heure; **2** (*sorgfältig*) avec précision; ***~ hinsehen*** regarder de (très) près; ***etw ~ nehmen*** *wörtlich* prendre qc au pied de la lettre; **3** (*streng*) strictement; ***~ genommen*** strictement parlant; **4** (*ausführlich*) ***etw ~ berichten*** faire un rapport, récit détaillé de qc; **5** *verstärkend* exactement; *mit Verben* très bien; *als Ausruf* (***ja,***) ***~!*** c'est tout à fait ça!; ***ganz ~!*** absolument!; **6** (*eben, gerade*) (tout) juste

Geˈnauigkeit *f* ⟨~⟩ **1** (*Exaktheit*) précision *f*; exactitude *f*; **2** (*Sorgfalt*) minutie *f*; méticulosité *f*

geˈnauso *adv* → ***ebenso***

ˈGenbank *f* ⟨~; ~en⟩ banque *f* de génotypes

Gendarm [ʒanˈdarm] *m* ⟨~en; ~en⟩ gendarme *m*; **~eˈrie** *f* ⟨~; ~n⟩ gendarmerie *f*

Genealogie [genealoˈgiː] *f* ⟨~; ~n⟩ généalogie *f*

genehm [gəˈneːm] *st/s adj* ***j-m ~ sein*** convenir à qn

geˈnehmigen *v/t* ⟨*p/p* genehmigt⟩ **I** *v/t* *Einreise, Veranstaltung* autoriser; *bes* ADM *Antrag* approuver; **II** F *v/r* ***sich*** (*dat*) ***etw ~*** s'offrir, se payer qc; ***sich*** (*dat*) ***einen ~*** s'accorder un petit verre

Geˈnehmigung *f* ⟨~; ~en⟩ autorisation *f*; *bes* ADM approbation *f*; agrément *m*

geˈneigt *adjt* **1** *Gelände, Fläche* incliné; **2** ***~ sein, etw zu tun*** être disposé à faire qc

Genera [ˈgɛnera] *pl* → ***Genus***

General [genəˈraːl] *m* ⟨~s; ~e *ou* ~̈e⟩ général *m*

Geneˈral|bevollmächtigte(r) *f(m)* fondé *m* de pouvoir ayant procuration générale; **~direktor** *m* (président-)directeur général; P.D.G. *m*; **~konsulat** *n* consulat général; **~probe** *f* répétition générale; **~sekretär** *m* secrétaire général; **~stab** *m* MIL état-major *m*; **~streik** *m* grève générale; **2überholen** *v/t* ⟨*sans ge*⟩ faire une révision générale de; **~versammlung** *f* assemblée générale; **~vertreter** *m* agent général; **~vollmacht** *f* procuration générale

Generation [genəratsiˈoːn] *f* ⟨~; ~en⟩ génération *f*

Generatiˈons|konflikt *m* conflit *m* des générations; **~problem** *n* problème *m* de génération

Geneˈrator *m* ⟨~s; -ˈtoren⟩ ÉLECT génératrice *f*; générateur *m*

geneˈrell *adj* général

genesen [gəˈneːzən] *st/s v/i* ⟨-(e)s, genas, genesen, sn⟩ guérir, se rétablir (***von*** de); **2de(r)** *f(m)* ⟨→ A⟩ convalescent(e) *m(f)*

Ge'nesung *st/s f* ⟨~; ~en⟩ guérison *f*; convalescence *f*; rétablissement *m*; **~sprozess** *m* processus *m* de guérison
Genet|ik [ge'ne:tɪk] *f* ⟨~⟩ génétique *f*; **2isch** *adj* génétique
Genf [gɛnf] *n* ⟨~s⟩ Genève
'Genfer *adj* ⟨*inv*⟩ genevois; de Genève; ***der ~ See*** le lac Léman
'Genforschung *f* recherche *f* génétique
genial [geni'a:l] *adj* génial; *Künstler, Idee a* de génie; **2i'tät** *f* ⟨~⟩ génie *m*
Genick [gə'nɪk] *n* ⟨~¢s; ~e⟩ nuque *f*; ***sich*** (*dat*) ***das ~ brechen*** se rompre, se casser le cou (*a fig*)
Ge'nickschuss *m* balle *f* dans la nuque
Genie [ʒe'ni:] *n* ⟨~s; ~s⟩ génie *m*
genieren [ʒe'ni:rən] *v/r* ⟨*sans ge*⟩ ***sich ~*** se sentir gêné (***vor j-m*** devant qn); ***sich ~, etw zu tun*** être gêné de faire qc
ge'nießbar *adj* consommable; (*essbar*) mangeable; (*noch trinkbar*) buvable
genießen [gə'ni:sən] *v/t* ⟨¢s, genoss, genossen⟩ **1** *st/s* (*essen*) manger; (*trinken*) boire; F *fig* ***er ist heute nicht zu ~*** F il est imbuvable aujourd'hui; **2** *fig* jouir de (*a Vertrauen, Ruf*); *mit Behagen* savourer; prendre plaisir à; ***sein Leben ~*** profiter de la vie
Ge'nießer *m* ⟨~s; ~⟩ jouisseur *m*; (*Feinschmecker*) gourmet *m*; ***er ist ein richtiger ~*** c'est un bon vivant
ge'nießerisch I *adj* de jouisseur; **II** *adv* en jouisseur; avec délice, plaisir
Genitalien [geni'ta:liən] *pl* parties génitales
Genitiv ['ge:niti:f] *m* ⟨~s; ~e⟩ génitif *m*
Genius ['ge:niʊs] *m* ⟨~; -ien⟩ génie *m*
'Gen|mais *m* maïs *m* transgénique; **~manipulation** *f* manipulations *f/pl* génétiques
Genom [ge'no:m] *n* ⟨~s; ~e⟩ BIOL génome *m*
genommen [gə'nɔmən] *p/p* → ***nehmen***
genoss [gə'nɔs] → ***genießen***
Genoss|e [gə'nɔsə] *m* ⟨~n; ~n⟩, **~in** *f* ⟨~; ~nen⟩ camarade *m,f*
ge'nossen *p/p* → ***genießen***
Ge'nossenschaft *f* ⟨~; ~en⟩ coopérative *f*
Genre ['ʒã:rə] *n* ⟨~s; ~s⟩ genre *m*
'Gentechnik *f* génie *m*, ingénierie *f* génétique
'gentechnisch I *adj* génétique; **II** *adv* ***~ verändert*** génétiquement modifié; transgénique
'Gen|technologie *f* → ***Gentechnik***; **~therapie** *f* thérapie *f* génique
Genua ['ge:nua] *n* ⟨~s⟩ Gênes
genug [gə'nu:k] *adv* assez; (*ausreichend*) suffisant; suffisamment; ***~ Geld haben*** avoir assez d'argent; ***es ist ~*** c'est assez; cela suffit; ***mehr als ~ (sein)*** (suffire) largement; F *fig* ***von etw ~ haben*** en avoir assez de qc; F en avoir plein le dos de qc; ***~ (davon)!*** cela suffit!; *st/s* ***~ der Worte!*** *st/s* trêve de paroles!
Genüge [gə'ny:gə] *st/s f* ⟨~⟩ ***zur ~*** (*ausreichend*) suffisamment; (*reichlich*) abondamment; *st/s* ***j-m, e-r Sache ~ tun*** satisfaire aux exigences de qn, à qc
ge'nügen *v/i* ⟨*p/p* genügt⟩ **1** (*ausreichen*) suffire; ***das genügt mir*** ça me suffit; ***es genügt zu*** (+ *inf*) il suffit de (+ *inf*); **2** (*entsprechen*) ***e-r Sache*** (*dat*) ***(nicht) ~*** (ne pas) satisfaire à qc
ge'nügend I *adjt* suffisant; **II** *advt* suffisamment; assez; ***~ Geld*** suffisamment, assez d'argent
ge'nügsam I *adj* peu exigeant; content de peu; *im Trinken* sobre; *im Essen a* frugal; **II** *adv* ***~ leben*** se contenter de peu
Genugtuung [gə'nu:ktu:ʊŋ] *f* ⟨~; ~en⟩ satisfaction *f*; ***es ist mir e-e ~ zu*** (+ *inf*) je suis (très) satisfait de (+ *inf*)
Genus ['gɛnʊs] *n* ⟨~; Genera⟩ genre *m*
Genuss [gə'nʊs] *m* ⟨~es; ~̈e⟩ **1** *von Ess-, Trinkbarem* consommation *f*; **2** (*Wohlbehagen*) plaisir *m*; jouissance *f*; ***mit ~*** avec délectation; **3** *fig* ***in den ~ e-r Sache*** (*gén*) ***kommen*** bénéficier de qc
genüsslich [gə'nʏslɪç] **I** *adj* voluptueux; **II** *adv* voluptueusement; avec délectation
Ge'nuss|mittel *n* denrée *f* de luxe; **~sucht** *f* hédonisme *m*; **2süchtig** *adj* jouisseur; hédoniste
'genverändert *adjt* → ***gentechnisch II***
Geograf, Geograph [geo'gra:f] *m* ⟨~en; ~en⟩ géographe *m*; **~ie** [-a'fi:] *f* ⟨~⟩ géographie *f*; **2isch** *adj* géographique
Geo|'loge *m* ⟨~n; ~n⟩ géologue *m*; **~lo'gie** *f* ⟨~⟩ géologie *f*; **2'logisch** *adj* géologique; **~me'trie** *f* ⟨~⟩ géométrie *f*; **2'metrisch** *adj* géométrique
ge'ordnet *adjt fig* en ordre; réglé; ***in ~en***

Verhältnissen leben mener une vie réglée

Georgien [ge'ɔrgiən] *n* ⟨~s⟩ la Géorgie

Gepäck [gə'pɛk] *n* ⟨~ ̸es⟩ bagages *m/pl*; **~abfertigung** *f* **1** *Schalter* guichet *m* d'enregistrement des bagages; **2** *Vorgang* enregistrement *m* des bagages; **~ablage** *f* porte-bagages *m*; **~aufbewahrung** *f* consigne *f*; **~ausgabe** *f* **1** *Schalter* (guichet *m* de la) consigne *f*; **2** *Vorgang* remise *f* des bagages; **~kontrolle** *f* contrôle *m* des bagages; **~schein** *m* bulletin *m* d'enregistrement; **~schließfach** *n* (casier *m* de) consigne *f* automatique; **~stück** *n* bagage *m*; **~träger** *m* **1** *Person* porteur *m*; **2** *am Fahrrad etc* porte-bagages *m*; **~wagen** *m* fourgon *m* (à bagages)

Gepard ['ge:part] *m* ⟨~s; ~e⟩ guépard *m*

ge'pfeffert *adjt* F *fig Rechnung* salé; *Preise* excessif

gepfiffen [gə'pfɪfən] *p/p* → ***pfeifen***

ge'pflegt I *adjt* **1** *Person, Äußeres, Kleidung* soigné; *Park, Garten* bien entretenu; *Haus* bien tenu; **2** *Unterhaltung* cultivé; *Essen, Getränke* de choix; *Lokal, Hotel* de (grande) classe; **II** *advt* ***sich ~ ausdrücken*** s'exprimer en termes choisis; ***~ essen gehen*** aller dans un bon restaurant

Ge'pflogenheit *st/s f* ⟨~; ~en⟩ habitude *f*; coutume *f*

Geplänkel [gə'plɛŋkəl] *n* ⟨~s; ~⟩ MIL, *fig* escarmouche(s) *f(pl)*

Ge'plapper F *n* ⟨~s⟩ *e-s Kindes* babillage *m*; *péj* bavardage *m*

Ge'polter *n* ⟨~s⟩ (*Dröhnen*) fracas *m*; (*Radau*) vacarme *m*

Ge'präge *st/s n* ⟨~s; ~⟩ empreinte *f*; caractère *m*; ***e-r Sache*** (*dat*) ***ihr ~ geben*** marquer qc de son empreinte

gepriesen [gə'pri:zən] *p/p* → ***preisen***

ge'punktet *adj Stoff* à pois

ge'quält *adjt Lächeln* tendu; forcé

gequollen [gə'kvɔlən] *p/p* → ***quellen***

gerade [gə'ra:də] **I** *adj* **1** *Linie, Straße, Nase etc* droit; ***~ biegen*** redresser; (***sich***) ***~ halten*** (se) tenir droit; ***~ stehen*** se tenir droit; **2** *Zahl* pair; **II** *adv* **1** (*genau*) juste(ment); précisément; ***~ (in dem Augenblick), als …*** juste, précisément au moment où …; **2** (*im Moment*) justement; ***ich wollte ~ gehen*** j'étais sur le point de partir; ***er ist ~ angekommen*** il vient (juste[ment]) d'arriver; **3** (*knapp*) juste; ***~ so viel, dass …*** juste assez pour (+ *inf*); **4** (*ausgerechnet*) justement; ***warum ~ ich?*** et pourquoi justement moi?; **5** (*besonders*) précisément; ***nich ~ leicht*** *etc* pas précisément facile, *etc*; **6** F (*erst recht*) ***nun, jetzt ~!*** maintenant raison de plus!

Ge'rade *f* ⟨~n; ~n⟩ **1** MATH droite *f*; **2** SPORT ligne droite; **3** BOXEN direct *m*

gerade'aus *adv* tout droit

ge'rade·biegen *v/t* ⟨*irr*⟩ F *fig* arranger

geradehe'raus *adv* franchement

ge'radeso *adv* ***~ groß wie*** (juste) aussi grand que

ge'rade·stehen *v/i* ⟨*irr*⟩ *fig* ***für j-n, etw ~*** prendre la responsabilité pour qn, de qc

ge'rade|wegs *adv* directement; tout droit; **~zu** *adv* vraiment; tout simplement

ge'radlinig I *adj* **1** rectiligne; **2** *fig* (*aufrichtig*) droit; **II** *adv verlaufen* en ligne droite

ge'rammelt F *advt* ***~ voll*** bondé; plein à craquer

Gerangel [gə'raŋəl] F *n* ⟨~s⟩ bagarre *f* (***um*** pour; *a fig*)

Geranie [ge'ra:niə] *f* ⟨~; ~n⟩ géranium *m*

gerann [gə'ran] → ***gerinnen***

gerannt [gə'rant] *p/p* → ***rennen***

gerät [gə'rɛ:t] → ***geraten***[1]

Ge'rät *n* ⟨~ ̸es; ~e⟩ **1** (*Haushalts*≈) ustensile *m*; (*Werkzeug, Garten*≈) outil *m*; ***elektrische ~e*** appareils *m/pl* électriques; **2** *coll* outillage *m*; **3** (*Radio*≈, *Fernseh*≈) poste *m*; **4** *pl* ***~e*** (*Turn*≈) agrès *m/pl*

ge'raten[1] *v/i* ⟨gerät, geriet, geraten, sn⟩ **1** (*zufällig gelangen*) tomber, arriver (par 'hasard); ***an j-n ~*** tomber sur qn; ***außer sich*** (*acc od dat*) ***~*** *vor Zorn* sortir de ses gonds; *vor Ärger* se fâcher tout rouge; *vor Freude* ne pas se sentir de joie; ***unter ein Auto ~*** passer sous une voiture; **2** (***gut***) ***~*** réussir; ***schlecht ~*** rater; ***ihm gerät alles*** tout lui réussit; **3** ***nach dem Vater ~*** ressembler à son père

ge'raten[2] **I** *p/p* → ***raten, geraten***[1]; **II** *adjt* (*ratsam*) ***es für ~ halten zu*** (+ *inf*) juger bon, utile de (+ *inf*)

Ge'räte|schuppen *m* remise *f* (à outils); **~turnen** *n* exercices *m/pl* aux agrès
Gerate'wohl *n* ***aufs ~*** au hasard; au petit bonheur (la chance)
ge'raucht, ge'räuchert *adjt* fumé
geraum [gə'raʊm] *st/s adj* ***seit ~er Zeit*** depuis (assez) longtemps
geräumig [gə'rɔʏmɪç] *adj* spacieux
Geräusch [gə'rɔʏʃ] *n* ⟨~(e)s; ~e⟩ bruit *m*; **2arm** *adj* qui fait peu de bruit; **2empfindlich** *adj* sensible au bruit; **2los** *adj* silencieux; **~pegel** *m* niveau *m* sonore; **2voll** *adj* bruyant
gerben ['gɛrbən] *v/t* tanner
'Gerber *m* ⟨~s; ~⟩ tanneur *m*
Gerbera ['gɛrbəra] *f* ⟨~; ~(s)⟩ gerbera *m*
Gerbe'rei *f* ⟨~; ~en⟩ tannerie *f*
gerecht [gə'rɛçt] **I** *adj* **1** *Richter, Urteil, Strafe, Note etc* juste; **2** (*gerechtfertigt*) justifié; *Zorn* légitime; ***e-e ~e Sache*** une cause juste; **3** *Lohn, Entschädigung* juste; ***j-m, e-r Sache ~ werden*** apprécier qn, qc à sa juste valeur; *e-r Aufgabe* venir à bout de qc; *Wünschen* satisfaire à qc; **II** *adv* avec justice; équitablement
ge'rechter'weise *adv* pour être juste
ge'rechtfertigt *adjt* justifié
Ge'rechtigkeit *f* ⟨~⟩ justice *f*; *st/s* ***~ walten lassen*** être juste; *st/s* ***j-m, e-r Sache ~ widerfahren lassen*** rendre justice à qn, qc
Ge'rechtigkeitssinn *m* sens *m* de la justice
Ge'rede F *péj n* ⟨~s⟩ bavardage(s) *m(pl)*; *leeres* verbiage *m*; F blabla(bla) *m*; (*Klatsch*) cancans *m/pl*; ***ins ~ kommen*** faire jaser
ge'regelt *adjt* réglé
ge'reichen *st/s v/i* ⟨*p/p* gereicht⟩ ***j-m zur Ehre ~*** faire honneur à qn
ge'reizt *adjt* irrité; **2heit** *f* ⟨~⟩ irritation *f*
Geri|atrie [geria'triː] *f* ⟨~⟩ gériatrie *f*; **2'atrisch** *adj* gériatrique
Gericht[1] [gə'rɪçt] *n* ⟨~(e)s; ~e⟩ JUR tribunal *m*; (*~shof*) cour *f* de justice; REL ***das Jüngste ~*** le Jugement dernier; ***vor ~*** (*acc*) ***gehen*** aller en justice; ***vor ~*** (*dat*) ***stehen*** être jugé; ***vor ~*** (*dat*) ***erscheinen*** comparaître en justice; *st/s* ***über j-n ~ halten*** *od* ***zu ~ sitzen*** juger qn; *fig* ***mit j-m*** (***scharf*** *od* ***hart***) ***ins ~ gehen*** faire le procès de qn
Ge'richt[2] *n* ⟨~(e)s; ~e⟩ CUIS plat *m*; (*Spezialität*) spécialité *f*
ge'richtlich **I** *adj* judiciaire; *Medizin* légal; **II** *adv* par voie de justice; ***gegen j-n ~ vorgehen*** poursuivre qn en justice
Ge'richts|beschluss *m* décision *f* judiciaire; **~gebäude** *n* palais *m* de justice; **~hof** *m* cour *f* de justice; **~kosten** *pl* frais *m/pl* de justice; **~medizin** *f* médecine légale; **2medizinisch** *adj* médicolégal; **~saal** *m* salle *f* d'audience; prétoire *m*; **~stand** *m* tribunal compétent; **~termin** *m* jour *m* d'audience; **~urteil** *n* jugement *m* du tribunal; **~verfahren** *n* procédure *f* judiciaire; **~verhandlung** *f* audience *f*; **~vollzieher** *m* ⟨~s; ~⟩ huissier *m* de justice

G

gerieben [gə'riːbən] *p/p* → ***reiben***
gering [gə'rɪŋ] *adj* peu (de); *Anzahl, Menge, Einkommen* petit; *Kenntnisse* limité; *Unterschied, Abstand, Höhe* faible; *Summe, Preis* insignifiant; ***von ~em Wert*** de peu de valeur; ***~ achten, ~ schätzen*** mépriser; dédaigner
ge'ringer *adj* moindre; *Stellung* inférieur (***als*** à); *Summe* moins élevé; ***kein 2er als …*** … en personne
geringfügig [gə'rɪŋfyːgɪç] **I** *adj* peu important (*a Summe*); (*unerheblich*) insignifiant; *Summe, Unterschied* minime; *Fehler, Unterschied a* léger; **II** *adv* légèrement
ge'ring|schätzig **I** *adj* méprisant; dédaigneux; **II** *adv* avec mépris, dédain; **2schätzung** *f* mépris *m*; dédain *m*
ge'ringste *adj* (le, la) moindre; ***nicht das 2*** absolument rien; rien du tout; ***nicht im 2n*** pas le moins du monde
gerinnen [gə'rɪnən] *v/i* ⟨gerann, geronnen, sn⟩ *Blut* (se) coaguler; *Milch* cailler; tourner
Gerinn|sel [gə'rɪnzəl] *n* ⟨~s; ~⟩ MÉD caillot *m*; **~ung** *f* ⟨~⟩ MÉD coagulation *f*; *von Milch* caillage *m*
Gerippe [gə'rɪpə] *n* ⟨~s; ~⟩ **1** ANAT squelette *m*; **2** *fig* (*Gliederung*) structure *f*
ge'rippt *adj Stoff* côtelé
gerissen [gə'rɪsən] **I** *p/p* → ***reißen***; **II** F *adjt* (*schlau*) rusé; F roublard
geritten [gə'rɪtən] *p/p* → ***reiten***
ge'ritzt *adjt* F ***ist ~!*** F ça baigne!
Germ [gɛrm] *m* ⟨~(e)s⟩ *od f* ⟨~⟩ *südd, österr* levure *f*

German|e [gɛr'maːnə] *m* ⟨~n; ~n⟩, **~in** *f* ⟨~; ~nen⟩ Germain(e) *m(f)*; **2isch** *adj* germanique (*a* LING); germain

Germa'nist|(in) *m* ⟨~en; ~en⟩ (*f*) ⟨~; ~nen⟩ germaniste *m,f*; **~ik** *f* ⟨~⟩ (études *f/pl* de) langue, (de) littérature et (de) civilisation allemandes

'Germknödel *m südd, österr: grosse boule de pâte levée fourrée à la confiture de prune*

gern(e) ['gɛrn(ə)] *adv* ⟨lieber, am liebsten⟩ **1** (*mit Vergnügen*) volontiers; *Antwort* **~!** *a* avec plaisir!; **~ *geschehen!*** (il n'y a) pas de quoi!; ***etw ~ tun*** aimer faire qc; ***etw ~ haben, mögen, essen*** aimer qc; ***j-n ~ haben*** aimer (bien) qn; ***~ gesehen sein*** *Gast* être le bienvenu; **2** *Wunsch* ***ich hätte ~ …*** je voudrais …; ***ich möchte ~ ins Kino gehen*** j'aimerais bien aller au cinéma; **3** (*ohne weiteres*) ***das glaube ich ~*** je le crois volontiers; ***du kannst ~ dableiben!*** tu peux rester, si tu veux!

'Gernegroß F *m* ⟨~; ~e⟩ vantard *m*

gerochen [gə'rɔxən] *p/p* → ***riechen***

Geröll [gə'rœl] *n* ⟨~s; ~e⟩ éboulis *m*

geronnen [gə'rɔnən] *p/p* → ***gerinnen, rinnen***

Gerontologie [gerɔntolo'giː] *f* ⟨~⟩ gérontologie *f*

Gerste ['gɛrstə] *f* ⟨~⟩ orge *f*; **~nkorn** *n* MÉD orgelet *m*; **~nsaft** *m plais* bière *f*

Gerte ['gɛrtə] *f* ⟨~; ~n⟩ badine *f*

Geruch [gə'rux] *m* ⟨~⟨e⟩s; ~e⟩ **1** odeur *f*; **2** (*Geruchssinn*) odorat *m*; **2los** *adj* sans odeur; inodore

Ge'ruchs|organ *n* organe olfactif; **~sinn** *m* odorat *m*

Gerücht [gə'rʏçt] *n* ⟨~⟨e⟩s; ~e⟩ bruit *m*; rumeur(s) *f(pl)*; ***ein ~ verbreiten, in die Welt setzen*** faire courir, répandre un bruit; ***es geht das ~, dass …*** le bruit court que …

ge'rufen *p/p* → ***rufen***

ge'ruhen *st/s, iron v/i* ⟨*p/p* geruht⟩ **~, *etw zu tun*** daigner faire qc

ge'rührt *adjt seelisch* touché; ému

ge'ruhsam *adj* tranquille; calme

Gerümpel [gə'rʏmpəl] *n* ⟨~s⟩ *péj* bric-à-brac *m*; vieilleries *f/pl*

Gerundium [ge'rundium] *n* ⟨~s; -ien⟩ gérondif *m*

gerungen [gə'ruŋən] *p/p* → ***ringen***

Gerüst [gə'rʏst] *n* ⟨~⟨e⟩s; ~e⟩ **1** CONSTR échafaudage *m*; **2** *fig e-s Aufsatzes* structure *f*; *e-s Romans* cadre *m*

Ges, ges [gɛs] *n* ⟨~; ~⟩ MUS sol *m* bémol

ge'salzen **I** *p/p* → ***salzen***; **II** *adjt* → ***gepfeffert***

ge'sammelt *adjt innerlich* recueilli

Gesamt|auflage [gə'zamt-] *f* tirage (global); **~ausgabe** *f* (édition *f* des) œuvres complètes; **~betrag** *m* (montant *m*) total *m*

gesamte [gə'zamtə] *adj* total; global; ***der, die, das ~ …*** tout le, toute la …; l'ensemble de …

Ge'samt|eindruck *m* impression générale, d'ensemble; **~gewicht** *n* poids total

Ge'samtheit *f* ⟨~⟩ totalité *f*; ensemble *m*; ***… in ihrer ~*** … dans leur ensemble

Ge'samt|kosten *pl* totalité *f* des frais; **~note** *f* note globale; **~schule** *f établissement scolaire regroupant collège et lycée*; **~sieger** *m* vainqueur final; **~summe** *f* somme totale; **~werk** *n e-s Künstlers* œuvre *m*; **~wert** *m* valeur totale, globale; **~wertung** *f* classement général; **~zahl** *f* nombre total; total *m*

gesandt [gə'zant] *p/p* → ***senden*** *1*

Ge'sandte(r) *f(m)* ⟨→ A⟩ DIPL ministre *m* plénipotentiaire

Gesang [gə'zaŋ] *m* ⟨~⟨e⟩s; ~e⟩ chant *m*; **~buch** *n* livre *m* de cantiques; **~verein** *m* (société *f*) chorale *f*

Gesäß [gə'zɛːs] *n* ⟨~es; ~e⟩ derrière *m*; fesses *f/pl*; **~tasche** *f* poche *f* revolver

ge'schaffen *p/p* → ***schaffen*** *I 1*

ge'schafft *adjt* F **~ *sein*** F être crevé

Geschäft [gə'ʃɛft] *n* ⟨~⟨e⟩s; ~e⟩ **1** (*wirtschaftliche Tätigkeit*) affaire *f*; (*Handel*) marché *m*; ***dunkle ~e*** affaires *f/pl* louches; ***ein ~ abschließen*** conclure une affaire, un marché; ***mit j-m ein ~, ~e machen*** faire une, des affaire(s) avec qn; **2** (*Profit, Absatz*) bonnes affaires; *par ext* profit *m*; **(*mit etw*) *ein gutes ~ machen*** gagner beaucoup d'argent (avec qc); **3** (*Laden*) magasin *m*; **4** *fig* (*Aufgabe*) tâche *f*; travail *m*; ***sein ~ verstehen*** connaître son métier; **5** F, *enf* (*Notdurft*) ***kleines, großes ~*** petite, grosse commission; ***sein ~ verrichten*** faire ses besoins

Ge'schäfte|macher *m* affairiste *m*; **~mache'rei** *f* ⟨~; ~en⟩ affairisme *m*

ge'schäftig *adj* affairé; actif

ge'schäftlich **I** *adj* **1** d'affaires (*a Verabredung, Beziehungen*); *Erfolg etc* en affaires; **2** *fig* (*unpersönlich*) impersonnel; **II** *adv* pour affaires; ***~ unterwegs*** en voyage d'affaires

Ge'schäfts|abschluss *m* conclusion *f* d'une affaire; **~aufgabe** *f* cessation *f* de commerce; **~bericht** *m* rapport *m* de gestion; **~beziehungen** *f/pl* relations commerciales; **~brief** *f* lettre *f* d'affaires; **~frau** *f* femme *f* d'affaires; **~freund** *m* relation *f* d'affaires; **≈führend** *adjt* qui gère les affaires; *Direktor* général; **~führer(in)** *m(f)* gérant(e) *m(f)*; **~führung** *f* **1** gestion *f* (d'affaires); **2** *Personen* direction *f*; **~gebaren** *n* comportement *m* en affaires; **~inhaber(in)** *m(f)* propriétaire *m,f* d'un magasin, d'une entreprise; **~jahr** *n* exercice *m*

Ge'schäftskosten *pl* ***auf ~*** aux frais de la maison, de l'entreprise

Ge'schäfts|leitung *f* → ***Geschäftsführung***; **~mann** *m* ⟨~¢s; -leute⟩ homme *m* d'affaires; **~ordnung** *f* règlement intérieur; **~partner(in)** *m(f)* partenaire *m,f* en affaires; (*Teilhaber[in]*) associé(e) *m(f)*; **~räume** *m/pl* local *m* à usage commercial; **~reise** *f* voyage *m* d'affaires; **≈schädigend** *adjt* qui constitue un préjudice (commercial); **~schluss** *m* fermeture *f* des magasins, des bureaux; **~sinn** *m* sens *m* des affaires; **~stelle** *f* (*Büro*) agence *f*; *e-s Gerichts* greffe *m*; **~straße** *f* rue commerçante; **≈tüchtig** *adj* (bon) commerçant; habile, doué en affaires; **~verbindung** *f* relation commerciale; **~zeit** *f* heures *f/pl* d'ouverture; **~zweig** *m* secteur commercial

geschah [gə'ʃaː] → ***geschehen***

geschehen [gə'ʃeːən] *v/i* ⟨geschieht, geschah, geschehen, sn⟩ se passer; arriver; se produire; ***als wäre nichts ~*** comme si de rien n'était; ***was auch ~ mag*** quoi qu'il arrive; ***was soll damit ~?*** que faut-il en faire?; ***es muss etwas ~*** il faut faire quelque chose; ***es geschieht dir nichts*** on ne te fera pas de mal; ***das geschieht ihm (ganz) recht*** c'est bien fait pour lui; ***es ist um ihn ~*** c'en est fait de lui

Ge'schehen *st/s* *n* ⟨~s⟩ événements *m/pl*

gescheit [gə'ʃaɪt] *adj* (*klug*) intelligent; (*vernünftig*) raisonnable; sensé; ***ich kann daraus nicht ~ werden*** je n'y comprends rien

Geschenk [gə'ʃɛŋk] *n* ⟨~¢s; ~e⟩ cadeau *m*; ***j-m ein ~ machen*** faire un cadeau à qn

Ge'schenk|artikel *m/pl* cadeaux *m/pl*; **~gutschein** *m* chèque-cadeau *m*; **~packung** *f* paquet-cadeau *m*; **~papier** *n* papier-cadeau *m*

Geschichte [gə'ʃɪçtə] *f* ⟨~; ~n⟩ **1** (*Entwicklung*), *Fach* histoire *f*; ***~ machen, in die ~ eingehen*** entrer dans l'histoire; **2** (*Erzählung*) histoire *f*; (*Märchen*) conte *m*; **3** F *fig* (*Angelegenheit*) histoire *f*; affaire *f*; *iron* ***das ist ja e-e schöne ~!*** c'est une sale affaire!; nous voilà dans de beaux draps!; *iron* ***schöne ~n machen*** en faire de belles

ge'schichtlich **I** *adj* historique; **II** *adv* sur le plan historique; *erklären etc* historiquement

Ge'schichts|buch *n* livre *m* d'histoire; **~lehrer(in)** *m(f)* professeur *m* d'histoire

Geschick [gə'ʃɪk] *n* ⟨~¢s⟩ (*Geschicklichkeit*) habileté *f*

Ge'schicke *st/s* *n/pl* (*Entwicklung*) destin *m*

Ge'schicklichkeit *f* ⟨~⟩ habileté *f*; adresse *f*; (*Fingerfertigkeit*) dextérité *f*

ge'schickt *adj* (*gewandt*) habile, adroit (***im Nähen*** *etc* en couture, *etc*)

geschieden [gə'ʃiːdən] **I** *p/p* → ***scheiden***; **II** *adjt* *Eheleute* divorcé; ***ihr ~er Mann*** son ex-mari; ***s-e ~e Frau*** son ex-femme

Ge'schiedene(r) *f(m)* ⟨→ A⟩ divorcé(e) *m(f)*

geschieht [gə'ʃiːt] → ***geschehen***

geschienen *p/p* → ***scheinen***

Geschirr [gə'ʃɪr] *n* ⟨~¢s; ~e⟩ **1** (*Tafel≈*) vaisselle *f*; (***das***) ***~ spülen*** faire, laver la vaisselle; **2** *von Zugtieren* 'harnais *m*

Ge'schirr|spüler *m* ⟨~s; ~⟩, **~spülmaschine** *f* lave-vaisselle *m*; **~spülmittel** *n* produit *m* vaisselle; **~tuch** *n* ⟨~¢s; ~̈er⟩ torchon *m*

geschissen [gə'ʃɪsən] *p/p* → ***scheißen***

ge'schlafen *p/p* → ***schlafen***

ge'schlagen **I** *p/p* → ***schlagen***; **II** *adjt* ***e-e ~e Stunde*** une heure entière

ge'schlaucht *adjt* F ***~ sein*** F être crevé

G

Geschlecht [gəˈʃlɛçt] *n* ⟨~(e)s; ~er⟩ **1** BIOL sexe *m*; *plais* ***das schwache, starke*** ~ le sexe faible, fort; **2** GR genre *m*; **3** (*Familie*) famille *f*; (*Herrscher*2) dynastie *f*; **4** (*~steil*) sexe *m*

geˈschlechtlich I *adj* sexuel; **II** *adv* ***mit j-m ~ verkehren*** avoir des rapports sexuels avec qn

Geˈschlechts|akt *m* acte sexuel; **2krank** *adj* atteint d'une maladie sexuellement transmissible, d'une maladie vénérienne; **~krankheit** *f* maladie *f* sexuellement transmissible; M.S.T. *f*; maladie vénérienne; **~leben** *n* vie sexuelle; **2los** *adj* BIOL, *fig* asexué; **~organe** *n/pl bei der Frau* organes génitaux; *beim Mann* parties génitales; **2reif** *adj* ayant atteint la maturité sexuelle; **~teil** *n* sexe *m*; **~trieb** *m* instinct sexuel; **~umwandlung** *f* changement *m* de sexe; **~verkehr** *m* rapports sexuels; relations sexuelles; **~wort** *n* ⟨~(e)s; ~er⟩ article *m*

geschlichen [gəˈʃlɪçən] *p/p* → ***schleichen***

geschliffen [gəˈʃlɪfən] **I** *p/p* → ***schleifen***[1]; **II** *adjt Stil etc* poli; *Manieren, Sprache* raffiné

geschlossen [gəˈʃlɔsən] **I** *p/p* → ***schließen***; **II** *adjt* fermé (*a Abteilung, Vokal*); *Reihe, Front* serré; **III** *advt* (*alle[s] zusammen*) en bloc; (*einstimmig*) à l'unanimité; ***~ hinter j-m stehen*** faire bloc derrière qn

geschlungen [gəˈʃlʊŋən] *p/p* → ***schlingen***

Geschmack [gəˈʃmak] *m* ⟨~(e)s; ~e *ou* F *plais* ~er⟩ goût *m* (*a ~ssinn, fig*); ***nach meinem ~*** à *od* de mon goût; ***das ist nicht mein ~*** ça ne me plaît pas; ***(e-n guten) ~ haben*** *Person* avoir du goût; *Essen* avoir bon goût; ***an etw*** (*dat*) ***~ finden*** prendre goût à qc; ***auf den ~ kommen*** y prendre goût; ***über ~ lässt sich nicht streiten*** des goûts et des couleurs on ne discute pas

geˈschmacklich I *adj* de goût; **II** *adv* quant au goût

geˈschmacklos *adj* **1** CUIS sans goût; insipide; **2** *fig Person* qui manque de goût; *Dinge, Handlung* de mauvais goût; ***es wäre ~ zu*** (+ *inf*) ce serait un manque de goût de (+ *inf*)

Geˈschmacklosigkeit *f* ⟨~; ~en⟩ **1** (*Taktlosigkeit*) mauvais goût; **2** *Bemerkung* remarque *f* de mauvais goût

Geˈschmacks|frage *f* affaire *f* de goût; **~richtung** *f* **1** *von Eis etc* parfum *m*; **2** (*Vorliebe*) goût *m*

Geˈschmack(s)sache *f* ***das ist ~*** c'est une affaire, une question de goût

Geˈschmacks|sinn *m* (sens *m* du) goût *m*; **~verirrung** *f* faute *f* de goût; **~verstärker** *m* exhausteur *m* (de goût)

geˈschmackvoll I *adj* de bon goût; **II** *adv* avec goût

Geschmeide [gəˈʃmaɪdə] *st/s n* ⟨~s; ~⟩ bijoux *m/pl*; parure *f*

geˈschmeidig *adj* souple; **2keit** *f* ⟨~⟩ souplesse *f*

Geˈschmiere F *n* ⟨~s⟩ *geschriebenes* gribouillage *m*; *gemaltes* barbouillage *m*

geschmissen [gəˈʃmɪsən] *p/p* → ***schmeißen***

geschmolzen [gəˈʃmɔltsən] *p/p* → ***schmelzen***

Geˈschnetzelte(s) *n* ⟨→ A⟩ CUIS émincé *m*

geschnitten [gəˈʃnɪtən] *p/p* → ***schneiden***

geschoben [gəˈʃoːbən] *p/p* → ***schieben***

gescholten [gəˈʃɔltən] *p/p* → ***schelten***

Geschöpf [gəˈʃœpf] *n* ⟨~(e)s; ~e⟩ créature *f*

geschoren [gəˈʃoːrən] *p/p* → ***scheren***[1]

Geschoss[1] [gəˈʃɔs] *n* ⟨~es; ~e⟩ MIL, *fig* projectile *m*

Geˈschoss[2] *n* ⟨~es; ~e⟩ CONSTR étage *m*

geschossen [gəˈʃɔsən] *p/p* → ***schießen***

geˈschraubt *adjt Stil* maniéré; *Sprache* affecté

Geˈschrei *n* ⟨~s⟩ cris *m/pl*; *e-r Menge* clameurs *f/pl*; ***mit lautem ~*** à grands cris; ***ein großes ~ erheben*** pousser les ˈhauts cris

geschrieben [gəˈʃriːbən] *p/p* → ***schreiben***

geschrie(e)n [gəˈʃriː(ə)n] *p/p* → ***schreien***

geschritten [gəˈʃrɪtən] *p/p* → ***schreiten***

geschunden [gəˈʃʊndən] *p/p* → ***schinden***

Geschütz [gəˈʃʏts] *n* ⟨~es; ~e⟩ pièce *f* d'artillerie; *fig* ***schweres ~ auffahren*** employer les grands moyens

Ge'schützfeuer *n* feu *m* d'artillerie; canonnade *f*
Geschwader [gə'ʃvaːdər] *n* 〈~s; ~〉 MAR, AVIAT escadre *f*
Ge'schwafel F *n* 〈~s〉 radotage *m*
Ge'schwätz F *péj n* 〈~es〉 bavardage *m*; *leeres* verbiage *m*; *endloses* radotage *m*
ge'schwätzig *adj péj* bavard; **2keit** *f* 〈~〉 *péj* volubilité *f*
ge'schweige *conj* **~ (denn)** et encore moins
geschwiegen [gə'ʃviːgən] *p/p* → ***schweigen***
geschwind [gə'ʃvɪnt] *adv bes südd* rapidement; pour quelques instants
Ge'schwindigkeit *f* 〈~; ~en〉 vitesse *f*; allure *f*; ***mit großer*** *od* ***hoher ~*** à grande vitesse; à vive allure
Ge'schwindigkeits|begrenzung *f*, **~beschränkung** *f* limitation *f* de vitesse; **~kontrolle** *f* contrôle *m* de vitesse; **~rausch** *m* griserie *f* de la vitesse; **~überschreitung** *f* excès *m* de vitesse
Geschwister [gə'ʃvɪstər] *n/pl* frère(s) *m(pl)* et sœur(s) *f(pl)*; **2lich** *adj* fraternel; **~paar** *n* frère *m* et sœur *f*
geschwollen [gə'ʃvɔlən] **I** *p/p* → ***schwellen*** *II*; **II** *adjt* **1** MÉD enflé; **2** *fig péj* ampoulé; grandiloquent; **III** *advt fig péj* avec grandiloquence
geschwommen [gə'ʃvɔmən] *p/p* → ***schwimmen***
geschworen [gə'ʃvoːrən] *p/p* → ***schwören***; **2e(r)** *f(m)* 〈→ A〉 juré *m*
Geschwulst [gə'ʃvʊlst] *f* 〈~; ~e〉 tumeur *f*
geschwunden [gə'ʃvʊndən] *p/p* → ***schwinden***
geschwungen [gə'ʃvʊŋən] **I** *p/p* → ***schwingen***; **II** *adjt* courbe (*a Linie*)
Geschwür [gə'ʃvyːr] *n* 〈~s; ~e〉 ulcère *m*
ge'sehen *p/p* → ***sehen***
Ge'selchte(s) *n* 〈→ A〉 *südd, österr* viande fumée
Geselle [gə'zɛlə] *m* 〈~n; ~n〉 **1** (*Handwerks2*) ouvrier qualifié; **2** (*Kerl*) gaillard *m*
ge'sellen *v/r* 〈*p/p* gesellt〉 ***sich zu j-m ~*** se joindre à qn
Ge'sellenbrief *m* certificat *m* d'aptitude professionnelle; C.A.P. *m*
ge'sellig **I** *adj Person* sociable; *Beisammensein* convivial; **II** *adv* **~ *zusammensitzen*** passer une soirée conviviale
Ge'selligkeit *f* 〈~〉 sociabilité *f*; ***die ~ lieben*** aimer la compagnie
Gesellschaft [gə'zɛlʃaft] *f* 〈~; ~en〉 **1** POL, HIST société *f*; ***die vornehme ~*** la haute société; **2** (*Vereinigung*) association *f*; *bes* COMM société *f*; **3** (*geladener Kreis*) réunion *f*; (*Abend2*) soirée *f*; ***geschlossene ~*** réunion privée; **4** (*Beisammensein*) compagnie *f*; ***j-m ~ leisten*** tenir compagnie à qn
Ge'sellschafter *m* 〈~s; ~〉 **1** COMM associé *m*; ***stiller ~*** commanditaire *m*; **2 *ein glänzender ~ sein*** être brillant en société
ge'sellschaftlich *adj* social; *Leben, Beziehungen, Verpflichtungen* mondain
Ge'sellschafts|ordnung *f* ordre social; **~schicht** *f* couche sociale; **~spiel** *n* jeu *m* de société; **~system** *n* système social; **~tanz** *m* danse *f* de salon
gesessen [gə'zɛsən] *p/p* → ***sitzen***
Gesetz [gə'zɛts] *n* 〈~es; ~e〉 loi *f*; *fig* ***es ist ein ungeschriebenes ~, dass ...*** il est tacitement admis que ...; ***nach dem ~*** d'après la loi; ***ein ~ verabschieden*** voter une loi
Ge'setzbuch *n* Code *m*; ***Bürgerliches ~*** Code civil
Ge'setz|entwurf *m*, **~esvorlage** *f* projet *m* de loi; **2gebend** *adjt* législatif; **~geber** *m* 〈~s; ~〉 législateur *m*; **~gebung** *f* 〈~〉 législation *f*
ge'setzlich **I** *adj* légal; *Erbe* légitime; **II** *adv* légalement; par la loi; **~ *geschützt*** protégé par la loi
ge'setz|los *adj* sans loi; déréglé; **~mäßig** *adj* **1** JUR légal; (*rechtmäßig*) légitime; **2** (*regelmäßig*) régulier
ge'setzt *adjt* (*besonnen*) posé; *Alter* mûr
ge'setzwidrig *adj* illégal; **2keit** *f* 〈~; ~en〉 **1** illégalité *f*; **2** (*Rechtsbruch*) action illégale
Gesicht [gə'zɪçt] *n* 〈~(e)s; ~er〉 **1** ANAT figure *f*; visage *m*; ***mitten ins ~*** en pleine figure; ***ein trauriges ~ machen*** avoir l'air triste; ***er machte ein langes ~*** son visage s'allongea; ***~er schneiden*** faire des grimaces; F ***er strahlt übers ganze ~*** son visage rayonne; *fig* ***sein wahres ~ zeigen*** montrer son vrai visage; ***j-m etw (glatt) ins ~ sagen*** dire

qc à qn en face; ***etw zu ~ bekommen*** voir qc; *fig* ***das ~ verlieren, wahren*** perdre, sauver la face; **2** *e-r Stadt, e-s Landes* aspect *m*; physionomie *f*

Ge'sichts|ausdruck *m* ⟨~¢s; -drücke⟩ air *m*; mine *f*; **~creme** *f* crème *f* pour le visage; **~farbe** *f* teint *m* (du visage); **~kontrolle** F *plais f* sélection *f* à l'entrée; **~kreis** *m* horizon *m* (*a fig*); **~maske** *f* masque *m*; **~punkt** *m* point *m* de vue; angle *m*; aspect *m*; **~wasser** *n* lotion *f* pour le visage; **~züge** *m/pl* traits *m/pl* (du visage)

Gesindel [gəˈzɪndəl] *n* ⟨~s⟩ racaille *f*

ge'sinnt *adj* ***j-m gut ~ sein*** être bien disposé à l'égard de qn; ***feindlich ~*** hostile; ***demokratisch ~*** démocrate

Ge'sinnung *f* ⟨~; ~en⟩ convictions *f/pl*; opinions *f/pl*; ***niedrige ~*** bassesse *f*

Ge'sinnungs|genosse *m* personne *f* qui partage les mêmes idées (politiques); *péj* acolyte *m*; **2los** *adj* sans caractère; **~wandel** *m* volte-face *f*

ge'sittet *adj* bien élevé; civilisé

Gesöff [gəˈzœf] F *n* ⟨~¢s; ~e⟩ bibine *f*

gesoffen [gəˈzɔfən] *p/p* → ***saufen***

gesogen [gəˈzoːgən] *p/p* → ***saugen***

ge'sondert **I** *adjt* séparé; **II** *advt* à part; séparément

gesonnen [gəˈzɔnən] *p/p* → ***sinnen***

gesotten [gəˈzɔtən] *p/p* → ***sieden***

Gespann [gəˈʃpan] *n* ⟨~¢s; ~e⟩ **1** attelage *m*; **2** *fig* couple *m*; tandem *m*

ge'spannt **I** *adjt* **1** *Atmosphäre, Verhältnis, Beziehungen, Lage* tendu; **2** ***~ sein*** être curieux, impatient (***auf*** [+ *acc*] de savoir, connaître …); ***ich bin ~, ob …*** je suis curieux de savoir si …; **II** *advt zuhören* avec une attention soutenue; *verfolgen* avec grand intérêt

Gespenst [gəˈʃpɛnst] *n* ⟨~¢s; ~er⟩ **1** (*Geist*) fantôme *m*; *fig* ***~er sehen*** se faire des idées; **2** *st/s fig* spectre *m*

ge'spenstisch *adj* (*geisterhaft*) fantomatique; (*beunruhigend*) inquiétant; (*unheimlich*) sinistre

gespie(e)n [gəˈʃpiː(ə)n] *p/p* → ***speien***

gesponnen [gəˈʃpɔnən] *p/p* → ***spinnen***

Gespött [gəˈʃpœt] *n* ⟨~¢s⟩ risée *f*; ***j-n zum ~ machen*** tourner qn en dérision; ***sich zum ~ machen*** se rendre ridicule

Gespräch [gəˈʃprɛːç] *n* ⟨~¢s; ~e⟩ **1** (*Unterhaltung*) conversation *f*; entretien *m*; ***mit j-m ein ~*** (***über etw, j-n***) ***führen*** avoir une conversation, un entretien avec qn (à propos de qc, qn); ***mit j-m im ~ sein*** être en pourparlers avec qn; ***das ~ auf etw*** (*acc*) ***bringen*** amener la conversation sur qc; **2** TÉL communication *f* (téléphonique); ***ein ~ für Sie!*** un appel pour vous!

ge'sprächig *adj* bavard; loquace; **2keit** *f* ⟨~⟩ loquacité *f*

ge'sprächsbereit *adj* prêt à discuter

Ge'sprächs|partner(in) *m(f)* interlocuteur, -trice *m,f*; TÉL correspondant(e) *m(f)*; **~stoff** *m* sujet(s) *m(pl)* de conversation; **~teilnehmer(in)** *m(f)* participant(e) *m(f)*; **~thema** *n* sujet *m* de conversation

ge'spreizt *adjt fig péj* affecté

gesprochen [gəˈʃprɔxən] *p/p* → ***sprechen***

gesprossen [gəˈʃprɔsən] *p/p* → ***sprießen***

gesprungen [gəˈʃprʊŋən] *p/p* → ***springen***

Ge'spür *n* ⟨~s⟩ flair *m*; instinct *m* (**für** de)

Gestalt [gəˈʃtalt] *f* ⟨~; ~en⟩ **1** (*äußere Erscheinung*) forme *f*; ***in*** (***der***) ***~ von*** sous la forme de; (***feste***) ***~ annehmen*** prendre forme, corps; **2** (*Person*) personnage *m*; **3** (*Körperbau*) taille *f*; stature *f*

ge'stalten ⟨-e-, *p/p* gestaltet⟩ **I** *v/t Leben, Freizeit* organiser; (*anordnen*) arranger; (*e-e Form geben*) donner une forme à; *Produkt a* dessiner; *schöpferisch* créer; réaliser; (*formen*) former; **II** *v/r* ***sich ~*** (*sich darbieten*) se présenter

ge'stalterisch *adj* créateur

Ge'staltung *f* ⟨~; ~en⟩ *des Lebens, der Freizeit, e-s Abends* organisation *f*; *e-s Raumes* décoration *f*; (*Konzeption*) conception *f*; *schöpferische* réalisation *f*

Ge'stammel *n* ⟨~s⟩ balbutiement *m*

gestand [gəˈʃtant] → ***gestehen***

gestanden [gəˈʃtandən] **I** *p/p* → ***stehen, gestehen***; **II** *adjt* (*routiniert*) chevronné; ***ein ~er Mann*** un homme fait

geständig [gəˈʃtɛndɪç] *adj* ***~ sein*** avouer; faire des aveux

Geständnis [gəˈʃtɛntnɪs] *n* ⟨~ses; ~se⟩ aveu *m*; JUR aveux *m/pl*; ***ein ~ ablegen*** faire des aveux

Gestank [gəˈʃtaŋk] *m* ⟨~¢s⟩ puanteur *f*
gestatten [gəˈʃtatən] *v/t* ⟨-e-, *p/p* gestattet⟩ permettre (***dass*** que + *subj*)
Geste [ˈgeːstə] *f* ⟨~; ~n⟩ geste *m*
Gesteck [gəˈʃtɛk] *n* ⟨~¢s; ~e⟩ composition florale
geˈstehen *v/t u v/i* ⟨*irr*, *p/p* gestanden⟩ avouer; ***offen gestanden, …*** (à parler) franchement …
Geˈstein *n* ⟨~¢s; ~e⟩ roche *f*
Geˈsteins|brocken *m* rocher *m*; **~schicht** *f* couche rocheuse
Gestell [gəˈʃtɛl] *n* ⟨~¢s; ~e⟩ **1** TECH bâti *m*; carcasse *f*; **2** (*Brillen*Ձ) monture *f*; **3** (*Regal*) étagère *f*; (*Wäsche*Ձ) étendoir *m*; (*Bock*) chevalet *m*
geˈstelzt *adjt fig Stil* maniéré; *Sprache* affecté
gestern [ˈgɛstərn] *adv* hier; ***~ Abend*** hier soir; ***~ vor e-r Woche*** il y a eu huit jours hier; F *fig **ich bin nicht von ~*** F je ne suis pas né d'hier
geˈstiefelt *adj* botté; ***der* Ձ*e Kater*** le Chat botté
gestiegen [gəˈʃtiːgən] *p/p* → ***steigen***
Gestik [ˈgeːstɪk] *f* ⟨~⟩ gestes *m/pl*
gestikulieren [gɛstikuˈliːrən] *v/i* ⟨*sans ge*⟩ gesticuler
Gestirn [gəˈʃtɪrn] *n* ⟨~¢s; ~e⟩ astre *m*
gestoben [gəˈʃtoːbən] *p/p* → ***stieben***
gestochen [gəˈʃtɔxən] **I** *p/p* → ***stechen***; **II** *adjt Handschrift* très net; **III** *advt **~ scharf*** très net
gestohlen [gəˈʃtoːlən] *p/p* → ***stehlen***
gestorben [gəˈʃtɔrbən] *p/p* → ***sterben***
geˈstört *adjt fig **ein ~es Verhältnis zu etw haben*** être brouillé avec qc; ***geistig ~*** dérangé
gestoßen [gəˈʃtoːsən] *p/p* → ***stoßen***
Geˈstotter F *n* ⟨~s⟩ bégaiement *m*
Gesträuch [gəˈʃtrɔʏç] *n* ⟨~¢s; ~e⟩ buissons *m/pl*
geˈstreift *adj* rayé
gestrichen [gəˈʃtrɪçən] **I** *p/p* → ***streichen***; **II** *adjt Löffel* ras
gestrig [ˈgɛstrɪç] *adj* d'hier; ***am ~en Tage*** hier
gestritten [gəˈʃtrɪtən] *p/p* → ***streiten***
Gestrüpp [gəˈʃtrʏp] *n* ⟨~¢s; ~e⟩ **1** broussailles *f/pl*; **2** *fig* maquis *m*
gestunken [gəˈʃtuŋkən] *p/p* → ***stinken***
Gestüt [gəˈʃtyːt] *n* ⟨~¢s; ~e⟩ 'haras *m*
Gesuch [gəˈzuːx] *n* ⟨~¢s; ~e⟩ demande *f*; requête *f*
geˈsucht *adjt* (*geziert*, *gefragt*) recherché
Geˈsumm *n* ⟨~¢s⟩ *von Bienen* bourdonnement *m*; (*Singen*) fredonnement *m*
gesund [gəˈzunt] *adj* ⟨≈er, ≈este⟩ **1** *Person* en bonne santé; *Organ*, *Klima*, *Kost*, *fig Wirtschaft* sain; *Klima a* salubre; *Herz* solide; *Schlaf*, *Appetit* bon; ***wieder ~ werden*** guérir; se rétablir; ***bleib ~!*** fais bien attention à toi!; ***Salat ist sehr ~*** la salade, c'est bon pour la santé; **2** (*vernünftig*) sain
geˈsunden *v/i* ⟨-e-, *p/p* gesundet, sn⟩ guérir; *fig Wirtschaft* se redresser
Geˈsundheit *f* ⟨~⟩ santé *f*; *des Klimas* salubrité *f*; ***~!*** *beim Niesen* à vos *bzw* tes souhaits; ***bei bester ~ sein*** être en parfaite santé; ***auf j-s ~*** (*acc*) ***trinken*** boire à la santé de qn
geˈsundheitlich **I** *adj* de santé; **II** *adv **wie geht es ~?*** comment va la santé?
Geˈsundheits|amt *n* service *m* de l'hygiène publique; Ձ**bewusst** **I** *adj* soucieux de sa, *etc* santé; **II** *adv leben* sainement; **~pflege** *f* (soins *m/pl* d')hygiène *f*; **~schaden** *m* problèmes *m/pl* de santé; Ձ**schädlich** *adj* nuisible à la santé; *Klima* insalubre; **~wesen** *n* santé publique; **~zeugnis** *n* certificat *m* de santé; **~zustand** *m* état *m* de santé
geˈsund·schrumpfen F ⟨¢\$⟩ **I** *v/t* dégraisser les effectifs de; **II** *v/r **sich ~*** procéder à un dégraissage d'effectifs
Geˈsundung *st/s f* ⟨~⟩ guérison *f*; *fig* assainissement *m*
gesungen [gəˈzuŋən] *p/p* → ***singen***
gesunken [gəˈzuŋkən] *p/p* → ***sinken***
getan [gəˈtaːn] *p/p* → ***tun***
geˈtigert *adj* tigré
Getöse [gəˈtøːzə] *n* ⟨~s⟩ fracas *m*; vacarme *m*
geˈtragen **I** *p/p* → ***tragen***; **II** *adjt Musik* solennel
Geˈtrampel F *péj n* ⟨~s⟩ piétinement *m*; *vor Freude*, *Wut* trépignement *m*
Getränk [gəˈtrɛŋk] *n* ⟨~¢s; ~e⟩ boisson *f*
Geˈtränke|automat *m* distributeur *m* de boissons; **~karte** *f* carte *f* des boissons; **~markt** *m* débit *m* de boissons
geˈtrauen *v/r* ⟨*p/p* getraut⟩ ***sich ~, etw zu tun*** oser faire qc
Getreide [gəˈtraɪdə] *n* ⟨~s; ~⟩ céréales *f/pl*; **~anbau** *m* cultures céréalières;

G

~art *f* céréale *f*; **~ernte** *f* moisson *f*; **~feld** *n* champ *m* de céréales; **~silo** *m od n*, **~speicher** *m* silo *m* à céréales

ge'trennt I *adjt* séparé; **II** *advt* séparément; *schreiben* en deux mots; **~ *leben*** *Eheleute* être séparés

ge'treten *p/p* → ***treten***

ge'treu I *adj Bericht, st/s Person* fidèle; **II** *prép* ⟨*dat*⟩ fidèle à

Getriebe [gə'tri:bə] *n* ⟨~s; ~⟩ **1** AUTO boîte *f* de vitesses; **2** *fig der Großstadt etc* agitation *f*

getrieben [gə'tri:bən] *p/p* → ***treiben***

Ge'triebeschaden *m* boîte de vitesses défectueuse

getroffen [gə'trɔfən] *p/p* → ***treffen***

getrogen [gə'tro:gən] *p/p* → ***trügen***

ge'trost *adv* en toute tranquillité

getrunken [gə'truŋkən] *p/p* → ***trinken***

Getto ['gɛto] *n* ⟨~s; ~s⟩ ghetto *m*

Getue [gə'tu:ə] F *péj n* ⟨~s⟩ manières *f/pl*; chichis *m/pl*

Getümmel [gə'tʏməl] *n* ⟨~s; ~⟩ cohue *f*; *im Kampf* mêlée *f*

ge'tupft *adj* moucheté; *Stoff* à pois

Ge'tuschel F *péj n* ⟨~s⟩ chuchotements *m/pl*; F messes basses

ge'übt *adjt* expérimenté; *Auge, Ohr* exercé; ***in etw*** (*dat*) **~ *sein*** être entraîné à (faire) qc

Gewächs [gə'vɛks] *n* ⟨~es; ~e⟩ **1** (*Pflanze*) plante *f*; **2** (*Weinsorte*) cru *m*; **3** MÉD excroissance *f*

ge'wachsen I *p/p* → ***wachsen***[1]; **II** *adjt* ***j-m*** **~ *sein*** être de taille à se mesurer avec qn; ***e-r Sache*** (*dat*) **~ *sein*** être à la hauteur de qc

Ge'wächshaus *n* serre *f*

ge|'wagt *adjt* **1** (*kühn*) risqué; **2** (*freizügig*) osé; **~'wählt I** *adjt* recherché; **II** *advt sich ausdrücken* en termes choisis

gewahr [gə'va:r] *adj* ***j-n, etw*** *od st/s* ***j-s, e-r Sache*** **~ *werden*** apercevoir qn; s'apercevoir de qc

Gewähr [gə'vɛ:r] *f* ⟨~⟩ garantie *f*; ***für etw*** **~ *leisten*** garantir qc; ***ohne*** **~** sous toutes réserves

ge'währen ⟨*p/p* gewährt⟩ **I** *v/t* **1** (*zugestehen*) accorder; ***j-m Einlass*** **~** permettre à qn d'entrer; **2** (*bieten*) offrir; **II** *v/i* ***j-n*** **~ *lassen*** laisser faire qn

ge'währleist|en *v/t* ⟨-e-, *p/p* gewährleistet⟩ garantir; **2ung** *f* garantie *f*

Gewahrsam [gə'va:rza:m] *m* ⟨~s⟩ **1** (*Polizei2*) garde *f* à vue; **2** (*Obhut*) garde *f*; ***etw in*** **~** (*acc*) ***nehmen*** exercer la garde de qc

Ge'währsmann *m* ⟨~ᵉs; ~er *ou* -leute⟩ informateur *m* fiable

Gewalt [gə'valt] *f* ⟨~; ~en⟩ **1** (*Kraftanwendung, Zwang*) force *f*; *meist unrechtmäßige* violence *f*; *fig* ***mit aller*** **~** à tout prix; à toute force; ***mit*** **~ *öffnen*** *Tür etc* forcer; **~ *anwenden*** recourir à la force *bzw* à la violence; *st/s* ***j-m*** **~ *antun*** violenter qn; **2** (*Machtbefugnis*) pouvoir *m*; ***j-n, etw in s-e*** **~ *bringen*** s'emparer de qn, qc; ***sich in der*** **~ *haben*** se maîtriser; ***die*** **~ *über etw*** (*acc*) ***verlieren*** perdre le contrôle de qc; **3** *st/s* (*elementare Kraft*) violence *f*; JUR ***höhere*** **~** (cas *m* de) force majeure

Ge'walt|akt *m* acte *m* de violence; **~anwendung** *f* recours *m* à la violence; **2bereit** *adj* prêt à user de violence; **~enteilung** *f* séparation *f* des pouvoirs; **2frei** *adj* non-violent; POL pacifique; **~herrschaft** *f* tyrannie *f*; despotisme *m*

ge'waltig I *adj* **1** (*riesig*) énorme; *Bauwerk a* monumental; **2** (*eindrucksvoll*) impressionnant; **3** (*mächtig*) puissant; **II** F *adv* (*sehr*) énormément; extrêmement

ge'walt|los I *adj* non-violent; **II** *adv* sans violence; **2losigkeit** *f* ⟨~⟩ non-violence *f*; **2marsch** *m* marche forcée

ge'waltsam I *adj Tod* violent; *Trennung, Vertreibung* forcé; **II** *adv* par la force; de force; *Tür etc* **~ *öffnen*** forcer

Ge'walt|tat *f* (acte *m* de) violence *f*; JUR voie *f* de fait; **2tätig** *adj* violent; **~verbrechen** *n* crime *m*; (*Bluttat*) crime de sang; **~verbrecher** *m* criminel *m*; **~verzicht** *m* engagement *m* à ne pas recourir à la force

Gewand [gə'vant] *st/s n* ⟨~ᵉs; ~er⟩ robe *f*; habit *m*; *fig* ***im neuen*** **~** sous un nouvel aspect

gewandt [gə'vant] **I** *p/p* → ***wenden***; **II** *adj* (*geschickt*) habile; *körperlich* leste; agile; *Umgangsformen, Stil* aisé; **2heit** *f* ⟨~⟩ habileté *f*; *körperliche* agilité *f*; *der Umgangsformen* aisance *f*

gewann [gə'van] → ***gewinnen***

Gewäsch [gə'vɛʃ] F *péj n* ⟨~ᵉs⟩ bavardage *m*; radotage *m*

ge'waschen *p/p* → ***waschen***

Gewässer [gə'vɛsər] *n* ⟨~s; ~⟩ eaux *f/pl*

Gewebe [gə'veːbə] *n* ⟨~s; ~⟩ TEXT, BIOL, *fig* tissu *m*; **~probe** *f* prélèvement *m* de tissu

Gewehr [gə'veːr] *n* ⟨~(e)s; ~e⟩ fusil *m*; **~kolben** *m* crosse *f* (d'un fusil); **~kugel** *f* balle *f* (de fusil); **~lauf** *m* canon *m* (d'un fusil)

Geweih [gə'vaɪ] *n* ⟨~(e)s; ~e⟩ ZO bois *m/pl*

Gewerbe [gə'vɛrbə] *n* ⟨~s; ~⟩ **1** (*Tätigkeit*) métier *m*; ***ein ~ betreiben*** exercer un métier; **2** (*gewerbliche Wirtschaft*) activité artisanale, commerciale; industrie *f*

Ge'werbe|betrieb *m* établissement commercial; **~gebiet** *n* zone industrielle; **~schein** *m* licence *f*; **~steuer** *f* taxe professionnelle; **~treibende(r)** *f(m)* ⟨→ A⟩ commerçant(e) *m(f)*; **~zweig** *m* secteur *m* d'activité commerciale

ge'werblich I *adj* industriel; commercial; *Räume* professionnel; ***für ~e Zwecke*** pour usage professionnel; **II** *adv* ***~ tätig sein*** exercer une activité commerciale

ge'werbsmäßig *adj* professionnel

Ge'werkschaft *f* ⟨~; ~en⟩ syndicat *m*; **~(l)er** *m* ⟨~s; ~⟩ syndicaliste *m*

ge'werkschaftlich I *adj* syndical; **II** *adv* ***~ organisiert sein*** être syndiqué

Ge'werkschafts|bund *m* centrale syndicale; **~führer** *m* leader syndical; **~funktionär** *m* responsable syndical; **~mitglied** *n* syndiqué(e) *m(f)*

gewesen [gə'veːzən] *p/p* → ***sein***

gewichen [gə'vɪçən] *p/p* → ***weichen***[2]

Gewicht [gə'vɪçt] *n* ⟨~(e)s; ~e⟩ poids *m* (*a fig*); ***ein ~ von fünf Kilo haben*** peser cinq kilos; *fig* (***großes***) ***~ haben*** avoir du poids; *fig* ***e-r Sache*** (*dat*) ***~ beimessen*** accorder de l'importance à qc; *fig* ***ins ~ fallen*** être important; avoir de l'importance

ge'wichten *v/t* ⟨-e-, *p/p* gewichtet⟩ évaluer

Ge'wicht|heben *n* ⟨~s⟩ haltérophilie *f*; **~heber** *m* ⟨~s; ~⟩ haltérophile *m*

ge'wichtig *adj* **1** *plais* (*schwer*) pesant; **2** *Frage, Gründe* important; *Argument* de poids

Ge'wichts|klasse *f* SPORT, COMM catégorie *f* de poids; **~verlust** *m* perte *f* de poids

gewieft [gə'viːft] F *adj* F débrouillard

gewiesen [gə'viːzən] *p/p* → ***weisen***

gewillt [gə'vɪlt] *adj* ***~ sein, etw zu tun*** être disposé à faire qc

Ge'wimmel *n* ⟨~s⟩ grouillement *m*

Ge'wimmer *n* ⟨~s⟩ gémissement(s) *m(pl)*

Gewinde [gə'vɪndə] *n* ⟨~s; ~⟩ filetage *m*; **~bohrer** *m* taraud *m*

Gewinn [gə'vɪn] *m* ⟨~(e)s; ~e⟩ **1** COMM bénéfice *m*; profit *m*; ***~ bringen*** rapporter (un bénéfice); ***~ bringend*** COMM lucratif; rentable (*a fig*); *fig* avantageux; ***aus etw ~ ziehen*** tirer profit de qc; **2** (*Preis*) gain *m*; **3** *fig* (*Nutzen*) avantage *m*; profit *m*; ***ein Buch mit ~ lesen*** tirer profit de sa lecture

Ge'winn|beteiligung *f* participation *f* aux bénéfices; **~chance** *f* chance *f* de gagner

ge'winnen ⟨gewann, gewonnen⟩ **I** *v/t* **1** gagner (*a* SPORT, *fig*); *Preis a* remporter; ***j-n für e-e Sache ~*** gagner qn à une cause; **2** TECH extraire, tirer (***aus*** de); **II** *v/i* gagner (***bei, in*** [+ *dat*] à; ***an Präzision*** [*dat*] en précision); ***bei näherem Kennenlernen ~*** gagner à être connu

ge'winnend *adjt Lächeln* engageant; *Wesen* charmant; avenant

Ge'winner(in) *m* ⟨~s; ~⟩ (*f*) ⟨~; ~nen⟩ gagnant(e) *m(f)*

Ge'winn|spanne *f* marge *f* bénéficiaire;

Gewichtsangaben

100 Gramm Räucherlachs	**100 grammes de saumon fumé**
200 Gramm Schinken	**200 grammes de jambon**
ein halbes Pfund Butter	**250 grammes de beurre**
ein Pfund Erdbeeren	**une livre de fraises**
ein Kilo Tomaten	**un kilo de tomates**
eineinhalb Kilo Äpfel	**un kilo et demi de pommes**
ein Liter Milch	**un litre de lait**

G

~streben *n* recherche *f*, amour *m* du gain; **~sucht** *f* avidité *f*; âpreté *f* au gain; **~ung** *f* ⟨~⟩ TECH extraction *f*; (*Erzeugung*) production *f*; **~zahl** *f* numéro gagnant

Gewirr [gə'vɪr] *n* ⟨~es; ~e⟩ **1** *von Fäden, Gassen etc* enchevêtrement *m*; **2** *fig von Straßen, Vorschriften* dédale *m*; *von Stimmen* confusion *f*

gewiss [gə'vɪs] **I** *adj* **1** (*nicht näher bestimmt*) certain (*vorangestellt*); ***ein ~er Herr Bauer*** un certain monsieur Bauer; **2** (*sicher*) sûr; ***der Erfolg ist uns ~*** notre succès est assuré; **II** *adv* certainement; sûrement; (***aber***) ***~!*** (mais) bien sûr!

G

Gewissen [gə'vɪsən] *n* ⟨~s; ~⟩ conscience *f*; ***ein gutes, reines ~ haben*** avoir bonne conscience; ***ruhigen ~s, mit gutem ~*** la conscience tranquille; ***j-m ins ~ reden*** faire appel à la conscience de qn; ***etw auf dem ~ haben*** avoir qc sur la conscience; ***j-n auf dem ~ haben*** être responsable de la mort, de la ruine, *etc* de qn

ge'wissen|haft *adj* consciencieux; scrupuleux; **℘haftigkeit** *f* ⟨~⟩ assiduité *f*; **~los** *adj u adv* sans scrupules; **℘losigkeit** *f* ⟨~⟩ absence *f* de scrupules

Ge'wissensbisse *m/pl* remords *m/pl*; ***sich*** (*dat*) ***wegen etw ~ machen*** avoir mauvaise conscience d'avoir fait qc

Ge'wissens|frage *f* cas *m* de conscience; **~freiheit** *f* liberté *f* de conscience; **~gründe** *m/pl* raisons morales; **~konflikt** *m* cas *m* de conscience

ge'wisser'maßen *adv* en quelque sorte; pour ainsi dire

Ge'wissheit *f* ⟨~⟩ certitude *f*; ***sich*** (*dat*) ***über etw*** (*acc*) ***~ verschaffen*** s'assurer de qc

Gewitter [gə'vɪtər] *n* ⟨~s; ~⟩ orage *m* (*a fig*)

ge'wittern *v/imp* ⟨*p/p* gewittert⟩ ***es gewittert*** il fait de l'orage

Ge'witter|neigung *f* tendances orageuses; **~regen** *m* pluie *f* d'orage; **~wolke** *f* nuage orageux

gewittrig [gə'vɪtrɪç] *adj* orageux

gewitzt [gə'vɪtst] *adj* rusé; malin

gewoben [gə'vo:bən] *p/p* → ***weben***

gewogen [gə'vo:gən] **I** *p/p* → ***wiegen***[1]; **II** *adjt st/s* ***j-m ~ sein*** être bien disposé envers qn

gewöhnen [gə'vø:nən] ⟨*p/p* gewöhnt⟩ **I** *v/t* ***j-n an j-n, etw ~*** habituer qn à qn, qc; **II** *v/r* ***sich an j-n, etw ~*** s'habituer à qn, qc

Ge'wohnheit *f* ⟨~; ~en⟩ habitude *f*; ***aus ~*** par habitude; ***sich*** (*dat*) ***etw zur ~ machen*** prendre l'habitude de (faire) qc

ge'wohnheits|mäßig **I** *adj* habituel; **II** *adv* par habitude; **℘recht** *n* droit coutumier

Ge'wohnheitstier *n* ***ein ~ sein*** être esclave de ses habitudes

Ge'wohnheits|trinker *m* buveur invétéré; **~verbrecher** *m* récidiviste *m*

ge'wöhnlich **I** *adj* **1** (*normal*) ordinaire; (*gewohnt*) habituel; **2** *péj* (*ordinär*) vulgaire; commun; **II** *adv* **1** (*meist*) (***für***) ***~*** d'habitude; ***wie ~*** comme d'habitude; **2** *péj* (*ordinär*) d'une façon vulgaire, commune

gewohnt [gə'vo:nt] *adj* **1** habituel; **2** ***etw*** (*acc*) ***~ sein*** être habitué à qc; avoir l'habitude de qc; ***wie ~*** comme d'habitude

Ge'wöhnung *f* ⟨~⟩ accoutumance *f* (***an*** [+ *acc*] à)

Gewölbe [gə'vœlbə] *n* ⟨~s; ~⟩ **1** *Decke* voûte *f*; **2** *Raum* cave voûtée

ge'wölbt *adjt Stirn etc* bombé; *Decke* voûté

gewonnen [gə'vɔnən] *p/p* → ***gewinnen***

geworben [gə'vɔrbən] *p/p* → ***werben***

geworden [gə'vɔrdən] *p/p* → ***werden*** *I, II*

geworfen [gə'vɔrfən] *p/p* → ***werfen***

gewrungen [gə'vrʊŋən] *p/p* → ***wringen***

Gewühl [gə'vy:l] *n* ⟨~es⟩ *e-r Menschenmenge* cohue *f*

gewunden [gə'vʊndən] **I** *p/p* → ***winden***; **II** *adjt Fluss* sinueux; *Pfad* tortueux; *Stil* contourné

gewunken [gə'vʊŋkən] F *p/p* → ***winken***

Gewürz [gə'vʏrts] *n* ⟨~es; ~e⟩ épice *f*; condiment *m*; **~gurke** *f* cornichon *m*; **~nelke** *f* clou *m* de girofle

gewusst [gə'vʊst] *p/p* → ***wissen***

gez. *abr* (*gezeichnet*) signé

ge'zackt, ge'zahnt, ge'zähnt *adjt* denté; *ungleichmäßig* dentelé

Gezänk [gə'tsɛŋk] *n* ⟨~es⟩ *péj* disputes continuelles

Gezeiten [gə'tsaɪtən] *pl* marée *f*; **~kraftwerk** *n* usine marémotrice

Ge'zeter *n* ⟨~s⟩ *péj* vociférations *f/pl*
ge'zielt **I** *adjt* précis; **II** *advt* de manière précise; ***j-n ~ ansprechen*** cibler qn
geziemen [gə'tsi:mən] *st/s v/r* ⟨*p/p* geziemt⟩ ***sich ~*** convenir; être convenable; ***wie es sich geziemt*** comme il faut
ge'ziemend *st/s adjt* convenable
ge'ziert *adjt péj* affecté; maniéré
gezogen [gə'tso:gən] *p/p* → ***ziehen***
Ge'zwitscher *n* ⟨~s⟩ gazouillement *m*
gezwungen [gə'tsvʊŋən] **I** *p/p* → ***zwingen***; **II** *adjt Lächeln etc* forcé; contraint
ge'zwungener'maßen *adv* forcément; ***etw ~ tun*** être forcé de faire qc
ggf. *abr* (*gegebenenfalls*) le cas échéant
Ghana ['ga:na] *n* ⟨~s⟩ le Ghana
Ghetto ['gɛto] *n* ⟨~s; ~s⟩ ghetto *m*
gibt [gi:pt] → ***geben***
Gicht [gɪçt] *f* ⟨~⟩ MÉD goutte *f*
Giebel ['gi:bəl] *m* ⟨~s; ~⟩ ARCH pignon *m*; **~fenster** *n* fenêtre *f* de pignon
Gier [gi:r] *f* ⟨~⟩ désir ardent (***nach*** de); avidité *f*; (*Geld*♀) cupidité *f*; (*Fress*♀) gloutonnerie *f*
'gierig **I** *adj* avide (***nach*** de); (*geld*~) cupide; âpre au gain; *im Essen* glouton; **II** *adv* avec avidité; *essen* avec voracité
gießen ['gi:sən] ⟨¢$, goss, gegossen⟩ **I** *v/t* **1** *Flüssigkeit* verser; *Blumen* arroser; ***etw über etw*** (*acc*) **~** (*verschütten*) renverser qc sur qc; **2** TECH couler; **II** *v/imp* F ***es gießt*** il pleut à verse
'Gießer *m* ⟨~s; ~⟩ fondeur *m*
Gieße'rei *f* ⟨~; ~en⟩ fonderie *f*
'Gießkanne *f* arrosoir *m*
Gift [gɪft] *n* ⟨~¢s; ~e⟩ poison *m*; *tierisches* venin *m*; F *fig* ***du kannst ~ darauf nehmen, dass ...*** F je parie n'importe quoi que ...; *fig* ***das ist ~ für ihn*** c'est très mauvais pour lui
'Gift|gas *n* gaz *m* toxique; ♀**grün** *adj* vert criard
'giftig *adj* **1** toxique; *Tier* venimeux; *Pflanze* vénéneux; **2** F *fig* venimeux
'Gift|mischer(in) F *m(f)* empoisonneur, -euse *m,f*; **~mord** *m* empoisonnement *m*; **~müll** *m* déchets *m/pl* toxiques; **~pilz** *m* champignon vénéneux; **~schlange** *f* serpent venimeux; **~stoff** *m* substance *f* toxique; **~zahn** *m* crochet *m* à venin
Gigabyte ['gi:ga-] *n* giga-octet *m*
Gigant [gi'gant] *m* ⟨~en; ~en⟩ MYTH, *fig* géant *m*; ♀**isch** *adj* gigantesque; *Unternehmen* géant; *Erfolg* fabuleux
Gilde ['gɪldə] *f* ⟨~; ~n⟩ guilde *f*
gilt [gɪlt] → ***gelten***
Gin [dʒɪn] *m* ⟨~s; ~s⟩ gin *m*
ging [gɪŋ] → ***gehen***
Ginster ['gɪnstər] *m* ⟨~s; ~⟩ genêt *m*
Gipfel ['gɪpfəl] *m* ⟨~s; ~⟩ **1** (*Berg*♀) sommet *m*; **2** *fig* (*Höhepunkt*) sommet *m*; apogée *m*; **3** *fig péj* comble *m*; **4** POL sommet *m*
'Gipfelkonferenz *f* conférence *f* au sommet
'gipfeln *v/i* ⟨¢⟩ ***in etw*** (*dat*) **~** culminer dans qc
'Gipfel|punkt *m* **1** (*höchster Punkt*) point culminant; **2** *fig* (*Höhepunkt*) sommet *m*; apogée *m*; **~treffen** *n* rencontre *f* au sommet
Gips [gɪps] *m* ⟨~es; ~e⟩ MINÉR gypse *m*; TECH, MÉD plâtre *m*; ***den Arm in ~ haben*** avoir le, un bras dans le plâtre
'Gips|abdruck *m* ⟨~¢s; -drücke⟩ (moulage *m* en) plâtre *m*; **~bein** F *n* jambe plâtrée
'gipsen *v/t* ⟨¢$⟩ plâtrer (*a* MÉD)
'Gips|figur *f* plâtre *m*; **~verband** *m* plâtre *m*
Giraffe [gi'rafə] *f* ⟨~; ~n⟩ girafe *f*
Girlande [gɪr'landə] *f* ⟨~; ~n⟩ guirlande *f*
Giro ['ʒi:ro] *n* ⟨~s; ~s⟩ virement *m*; **~konto** *n* compte courant
Gis, gis [gɪs] *n* ⟨~; ~⟩ MUS sol *m* dièse
Gischt [gɪʃt] *m* ⟨~¢s; ~e⟩ *od f* ⟨~; ~en⟩ écume *f*; embruns *m/pl*
Gitarre [gi'tarə] *f* ⟨~; ~n⟩ guitare *f*
Gitar'rist(in) *m* ⟨~en; ~en⟩ (*f*) ⟨~; ~nen⟩ guitariste *m,f*
Gitter ['gɪtər] *n* ⟨~s; ~⟩ (*Fenster*♀, *Absperr*♀) grille *f*; (*Draht*♀) grillage *m*; (*Holz*♀) treillis *m*; F *fig* ***hinter ~n sitzen*** être sous les verroux
'Gitterfenster *n* fenêtre grillagée
Glacéhandschuh [gla'se:-] *m* gant *m* en chevreau glacé; *fig* ***j-n mit ~en anfassen*** prendre des gants avec qn
Gladiole [gladi'o:lə] *f* ⟨~; ~n⟩ glaïeul *m*
Glanz [glants] *m* ⟨~es⟩ **1** éclat *m* (*a von Perlen, Augen*); *vom Haar, von Metall* brillant *m*; *e-s Stoffes a* lustre *m*; **2** *st/s fig* splendeur *f*
glänzen ['glɛntsən] *v/t* ⟨¢$⟩ briller (*a fig*)
'glänzend **I** *adjt* **1** brillant; **2** *fig* brillant; *Zeugnis, Ergebnis a* excellent; *Idee* lu-

mineux; **II** *advt* (*glanzvoll*) brillamment; ***mir geht es ~*** je vais très bien

'Glanz|leistung *f* brillante performance (*a iron*); **&los** *adj* sans éclat; terne; **~papier** *f* papier glacé; **~punkt** *m* apogée *m*; **~stück** *n* **1** (*Glanzleistung*) brillante performance; **2** (*wertvolles Stück*) joyau *m*; **&voll** *adj* brillant; splendide; **~zeit** *f* temps *m* de splendeur

Glas [gla:s] *n* ⟨~es; ~er⟩ **1** *Material* verre *m*; *Aufschrift* ***Vorsicht, ~!*** fragile!; **2** ⟨*pl* ~er, *mais* 2 ~ Bier⟩ (*Trink&*) verre *m*; (*Marmeladen&*) pot *m*; (*Einmach&*) bocal *m*; *fig* ***zu tief ins ~ geguckt haben*** avoir bu un coup de trop; → *Info bei* ***verre***; **3** (*Brillen&*) verre *m*; **4** (*Fern&, Opern&*) jumelles *f/pl*

'Glasbläser *m* souffleur *m* de verre

Gläschen ['glɛ:sçən] *n* ⟨~s; ~⟩ petit verre

'Glaser *m* ⟨~s; ~⟩ vitrier *m*

Glase'rei *f* ⟨~; ~en⟩ vitrerie *f*

gläsern ['glɛ:zərn] *adj* **1** en, de verre; **2** *Blick* vitreux

'Glasfaser *f* fibre *f* optique; *zur Isolierung* fibre *f* de verre; **~kabel** *n* câble *m* optique

'Glashaus *n* serre *f*; *prov* ***wer im ~ sitzt, soll nicht mit Steinen werfen*** mieux vaut balayer devant sa porte (avant de critiquer)

glasieren [gla'zi:rən] *v/t* ⟨*sans ge*⟩ CUIS glacer; KERAMIK vernisser

'glasig *adj* vitreux (*a fig*)

'glasklar *adj* clair comme du cristal

'glas'klar *adj fig* (*deutlich*) clair comme de l'eau de roche

Glas|male'rei *f* peinture *f* sur verre; **'~scheibe** *f* vitre *f*; carreau *m*; **'~scherbe** *f* morceau *m*, débris *m* de verre; *e-r Flasche* tesson *m*; **'~schneider** *m Instrument* coupe-verre *m*; **'~splitter** *m* éclat *m* de verre; **'~tür** *f* porte vitrée

Glasur [gla'zu:r] *f* ⟨~; ~en⟩ **1** *von Keramik* vernis *m*; **2** CUIS glaçage *m*

glatt [glat] **I** *adj* **1** *Oberfläche, Haar, Haut etc* lisse; *Papier, Wasserfläche* uni; **2** *Rechnung, Betrag* rond; **3** *Straße, Pflaster* glissant; **4** *péj Person* mielleux; trop poli; **5** (*ohne Zwischenfall*) sans encombre; **6** F (*eindeutig*) vrai; pur (et simple); **II** *adv* **1** (*ohne Komplikationen*) sans problèmes; F ***~ gehen*** marcher, aller comme sur des roulettes; **2** F (*rückhaltlos*) carrément; **3** F ***das habe ich ~ vergessen*** je l'ai carrément oublié

Glätte ['glɛtə] *f* ⟨~⟩ caractère *m*, aspect *m* lisse; *der Fahrbahn* état glissant

'Glatteis *n* verglas *m*; *fig* ***j-n aufs ~ führen*** entraîner qn sur un terrain glissant

'glätten ⟨-e-⟩ **I** *v/t* **1** *Haar, Papier* lisser; *Zettel, Geldschein* défroisser; **2** *schweiz* (*bügeln*) repasser; **II** *v/r* ***sich ~*** *Meer, Wellen* se calmer

'glattweg F *adv* carrément

Glatze ['glatsə] *f* ⟨~; ~n⟩ calvitie *f*; ***e-e ~ haben, bekommen*** être, devenir chauve

'Glatz|kopf *m* **1** *Kopf* crâne *m*, tête *f* chauve; **2** F *Mensch* chauve *m*; **&köpfig** *adj* chauve

Glaube ['glaubə] *m* ⟨~ns⟩ **1** (*religiöse Überzeugung*) foi *f*, croyance *f* (**an** [+ *acc*] en); ***der ~ an Gott*** la croyance en Dieu; **2** (*innere Gewissheit*) foi *f* (**an** [+ *acc*] en); ***in gutem ~n handeln*** agir de bonne foi; ***j-m ~n schenken*** croire qn; ***j-n im ~n lassen, dass ...*** laisser croire à qn que ...

'glauben **I** *v/t* croire; ***ich glaube es Ihnen*** je vous crois; je le crois; ***ich kann es kaum ~!*** j'ai de la peine à le croire!; **II** *v/i* croire (***an j-n, etw*** en qn, à qc); ***ich glaube, ja*** je crois que oui; F *fig* ***dran ~ müssen*** *bei Unangenehmem* F y passer; (*sterben*) F y rester

'Glauben *m* ⟨~s⟩ → ***Glaube***

'Glaubens|bekenntnis *n* REL Credo *m*; *fig* credo *m*; **~freiheit** *f* liberté *f* du culte; **~gemeinschaft** *f* communauté religieuse

'glaubhaft **I** *adj* crédible; vraisemblable; (*überzeugend*) convaincant; **II** *adv* avec vraisemblance; (*überzeugend*) d'une façon convaincante

gläubig ['glɔybɪç] *adj* REL croyant; ***~ sein*** *a* avoir la foi

'Gläubige(r) *f(m)* ⟨→ A⟩ REL fidèle *m,f*; croyant(e) *m(f)*

'Gläubiger(in) *m* ⟨~s; ~⟩ (*f*) ⟨~; ~nen⟩ COMM créancier, -ière *m,f*

'glaubwürdig **I** *adj* digne de foi; **II** *adv* de façon crédible; **&keit** *f* ⟨~⟩ crédibilité *f*

gleich [glaiç] **I** *adj* **1** même; égal (*a* MATH); (*ähnlich*) pareil; (*identisch*) identique; (~*wertig*) équivalent; ***vier mal drei (ist) ~ zwölf*** quatre fois trois égalent douze; ***das ♀e gilt für …*** c'est pareil, la même chose pour …; ***♀es mit ♀em vergelten*** rendre la pareille; **2** F (~*gültig*) égal; **II** *adv* **1** *zeitlich* (*sofort*) tout de suite; ***bis ~!*** à tout à l'heure!; ***(ich komme) ~!*** (j'arrive) tout de suite!; ***~ darauf, danach*** aussitôt après; ***~ heute*** dès aujourd'hui; aujourd'hui même; **2** *räumlich* juste; ***~ daneben*** juste à côté; **3** (*genauso*) de la même façon, manière; *vergleichend* aussi; ***~ schnell*** aussi rapide, vite (***wie*** que); ***~ bleiben*** rester le *bzw* la même; *Temperatur, Preise* rester constant; F ***das bleibt sich ~*** cela revient au même; ***~ bleibend*** constant; ***~ gesinnt sein*** avoir les mêmes idées, intérêts, opinions; **III** *Partikel in Fragesätzen* déjà; ***wie heißt er doch ~?*** comment s'appelle-t-il déjà?

Anders als das deutsche Verb **glauben** kann das französische Verb **croire** immer nur ein Objekt haben. Man kann also entweder sagen:

Ich glaube diesem Mann.
Je crois cet homme.
oder
Ich glaube die Geschichte.
Je crois l'histoire.

Will man beide Objekte in einem Satz haben, kann man den Trick mit dem Relativsatz anwenden:

Ich glaube diesem Mann die Geschichte.
Je crois l'histoire que cet homme a racontée.

'**gleich|alt(e)rig** *adj* du même âge; **~artig** *adj* (*von gleicher Art*) de même nature, sorte; (*ähnlich*) similaire; *Fall* analogue; **~bedeutend** *adjt* équivalent; synonyme; **~berechtigt** *adjt* égal en droits; **♀berechtigung** *f* égalité *f* des droits; émancipation *f*

'**gleichen** ⟨glich, geglichen⟩ **I** *v/i* ***j-m, e-r Sache ~*** ressembler à qn, qc; **II** *v/r* ***sich*** (*dat*) **~** se ressembler

'**gleicher'maßen** *adv* de la même manière, façon

'**gleichfalls** *adv* également; ***danke ~!*** merci, (à) vous aussi!

'**gleich|förmig** *adj* (*einheitlich*) uniforme (*a* PHYS); (*monoton*) monotone; **~geschlechtlich** *adj* homosexuel

'**Gleichgewicht** *n* équilibre *m* (*a fig*); ***aus dem ~ kommen*** perdre l'équilibre; ***aus dem ~ bringen*** déséquilibrer; ***im ~*** en équilibre

'**Gleichgewichtsstörung** *f* trouble *m* de l'équilibre

'**gleichgültig I** *adj* **1** (*teilnahmslos*) indifférent (***gegenüber*** à); **2** (*mitleidslos*) insensible (à); **3** (*egal*) indifférent; égal; ***das ist mir ~*** cela m'est égal, indifférent; ***~, zu welcher Zeit*** à n'importe quelle heure; ***~, was du machst*** quoi que tu fasses; **II** *adv* avec indifférence; *zuschauen* d'un air indifférent

'**Gleichgültigkeit** *f* indifférence *f* (***gegenüber*** envers)

'**Gleichheit** *f* ⟨~⟩ égalité *f*; **~szeichen** *n* signe *m* égal

'**gleich·kommen** *v/i* ⟨*irr*, sn⟩ ***j-m, e-r Sache ~*** égaler qn, qc

'**gleich·machen** *v/t* rendre égal; niveler

'**gleich|mäßig** *adj Bewegung* uniforme; (*regelmäßig*) régulier; **♀mäßigkeit** *f* uniformité *f*; régularité *f*; **♀mut** *m* égalité *f* d'humeur; *meist péj* impassibilité *f*; **~mütig** [-myːtɪç] *adj* d'humeur égale; *meist péj* impassible; **~namig** *adj* du même nom; *Brüche* du même dénominateur; **♀nis** *n* ⟨~ses; ~se⟩ parabole *f*; **~rangig I** *adj* de la même importance; **II** *adv* sur le même niveau, plan; **♀richter** *m* ÉLECT redresseur *m*; **~sam** *st/s adv* pour ainsi dire; en quelque sorte

'**gleich·schalten** *v/t* ⟨-e-⟩ POL, *fig* mettre au pas

'**Gleichschritt** *m* pas cadencé

'**gleichseitig** *adj* équilatéral

'**gleich·setzen** *v/t* ⟨-ø-⟩ mettre sur le même plan; indentifier (***mit*** à)

'**Gleichstand** *m* égalité *f* (de points *bzw* de buts)

'**gleich·stellen** *v/t* ***j-n (mit) j-m ~*** mettre qn au même niveau que qn

'**Gleich|stellung** *f* mise *f* sur un pied d'égalité; *soziale* assimilation *f*; **~strom** *m* courant continu

G

'gleich·tun *v/t* ⟨*irr*⟩ ***es j-m ~*** faire comme qn

'Gleichung *f* ⟨~; ~en⟩ équation *f*

'gleichwertig *adj* équivalent; *Gegner* de force égale; de même niveau

gleich'wohl *st/s adv* néanmoins; pourtant

'gleichzeitig **I** *adj* simultané; **II** *adv* simultanément; en même temps; **⁓keit** *f* ⟨~⟩ simultanéité *f*

Gleis [glaɪs] *n* ⟨~es; ~e⟩ **1** voie (ferrée); rails *m/pl*; (*Bahnsteig*) quai *m*; *Zug* ***auf ~ acht einlaufen*** entrer en gare au quai 'huit; **2** *fig* ***j-n aus dem ~ werfen*** bouleverser l'existence de qn; ***sich in ausgefahrenen ~en bewegen*** suivre les sentiers battus

G

gleiten ['glaɪtən] *v/i* ⟨gleitet, glitt, geglitten⟩ **1** ⟨sn⟩ glisser; *fliegend* planer; ***über etw*** (*acc*) ~ *mit den Händen* passer les mains sur qc; ***j-m aus den Händen ~*** glisser des mains de qn; **2** F *Arbeitnehmer* prendre un jour, *etc* de libre (*dans le cadre d'un horaire à la carte*)

'gleitend *adjt Preise, Lohnskala* mobile; ***~e Arbeitszeit*** horaire *m* à la carte, mobile, variable

'Gleitflug *m* vol plané; ***im ~*** en vol plané

'Gleit|mittel *n* lubrifiant *m*; **~schirm** *m* parapente *m*; **~schirmfliegen** *n* parapente *m*; **~schirmflieger(in)** *m(f)* parapentiste *m,f*; **~tag** *m* jour *m* de libre; **~zeit** *f* **1** F *System* → ***gleitend(e Arbeitszeit)***; **2** (*~spanne*) plage *f* mobile

Gletscher ['glɛtʃər] *m* ⟨~s; ~⟩ glacier *m*; **~spalte** *f* crevasse *f*

glich [glɪç] → ***gleichen***

Glied [gliːt] *n* ⟨~(e)s; ~er⟩ **1** ANAT membre *m*; (*Finger⁓, Zehen⁓*) phalange *f*; **2** (*Penis*) membre (viril); **3** (*Mit⁓*) membre *m*; **4** MIL rang *m*; **5** *e-r Kette* maillon *m*; chaînon *m*

gliedern ['gliːdərn] **I** *v/t* (*unterteilen*) diviser (***in*** [+ *acc*] en); (*anordnen*) agencer; (*strukturieren*) structurer; **II** *v/r* ***sich ~*** se diviser (en)

'Gliederschmerz *m* douleurs rhumatismales

'Gliederung *f* ⟨~; ~en⟩ (*Unterteilung*) division *f*; (*Anordnung*) agencement *m*; (*Struktur*) structure *f*; *e-s Buches, Aufsatzes* plan *m*

'Gliedmaßen *f/pl* membres *m/pl*

glimmen ['glɪmən] *v/i* ⟨glomm *ou* glimmte, geglommen *ou* geglimmt⟩ rougeoyer

'Glimmer *m* ⟨~s; ~⟩ mica *m*

'Glimmstängel F *m* F clope *f*; F sèche *f*

glimpflich ['glɪmpflɪç] **I** *adj* **1** (*nicht schlimm*) sans conséquences graves; *Folgen* pas trop graves; **2** *Urteil* clément; **II** *adv* ***~ davonkommen*** s'en tirer à bon compte; ***~ ausgehen*** se terminer sans trop de dégâts

glitschig ['glɪtʃɪç] *adj* glissant

glitt [glɪt] → ***gleiten***

glitzern ['glɪtsərn] *v/i* scintiller

global [glo'baːl] *adj* **1** (*weltweit*) mondial; universel; **2** (*umfassend*) global; général; **⁓i'sierung** *f* ⟨~⟩ mondialisation *f*

Globetrotter ['gloːbətrɔtər] *m* ⟨~s; ~⟩ globe-trotter *m*

Globus ['gloːbus] *m* ⟨~ *ou* ~ses; ~se⟩ globe *m* (terrestre)

Glöckchen ['glœkçən] *n* ⟨~s; ~⟩ clochette *f*

Glocke ['glɔkə] *f* ⟨~; ~n⟩ **1** cloche *f*; (*Klingel*) sonnette *f*; F *fig* ***etw an die große ~ hängen*** crier qc sur les toits; claironner qc; **2** (*Käse⁓*) cloche *f*

'Glocken|blume *f* campanule *f*; **~geläut** *n* sonnerie *f* des cloches; *festliches a* carillon *m*; **~rock** *m* jupe *f* à godets

'Glockenschlag *m* F ***mit dem ~*** à l'heure tapante, précise

'Glocken|spiel *n* **1** *auf Rathaustürmen etc* carillon *m*; **2** *Musikinstrument* glockenspiel *m*; **~turm** *m* clocher *m*

glomm [glɔm] → ***glimmen***

glorreich ['gloːr-] *adj* glorieux

Glos'sar *n* ⟨~s; ~e⟩ glossaire *m*

Glosse ['glɔsə] *f* ⟨~; ~n⟩ **1** *in Presse, Rundfunk etc* commentaire *m*; **2** (*spöttische Bemerkung*) commentaire moqueur

Glotze ['glɔtsə] F *f* ⟨~; ~n⟩ F télé *f*; F téloche *f*

'glotzen F *péj v/i* ⟨-t⟩ faire des yeux ronds

Glück [glʏk] *n* ⟨~(e)s⟩ (*Glücklichsein*) bonheur *m*; (*Glücksfall*) chance *f*; (*Schicksal*) fortune *f*; ***viel ~!*** bonne chance!; ***auf gut ~*** au petit bonheur; ***zum ~*** heureusement; par bonheur; ***zu meinem ~*** heureusement pour moi; ***~ bringend*** qui porte bonheur; (***es ist***) ***ein ~, dass ...*** (c'est) une chance que … (+ *subj*); **~ haben** avoir de la chance; ***j-m viel ~ wünschen*** souhaiter bonne chance à qn

Glucke ['glukə] *f* ⟨~; ~n⟩ (*Bruthenne*) couveuse *f*; *fig* (*Mutter*) mère *f* poule

'glucken *v/i Henne* glousser

'glücken *v/i* ⟨sn⟩ réussir; ***etw ist mir geglückt*** j'ai réussi à faire qc

gluckern [glukərn] *v/i* glouglouter

'glücklich I *adj* heureux; *Lösung, Ende a* bon; **II** *adv* **1 *~ verheiratet*** heureux en ménage; **2** (*erfolgreich, gut*) bien; **3** (*schließlich*) finalement

'glücklicher'weise *adv* heureusement

'Glücksbringer *m* ⟨~s; ~⟩ porte-bonheur *m*

glück'selig *adj* rayonnant (de bonheur); **≈keit** *f* félicité *f*; béatitude *f*

'Glücks|fall *m* coup *m* de chance; **~göttin** *f* Fortune *f*; **~kind** *n* F veinard *m*; **~pfennig** *m* pfennig *m* porte-bonheur; **~pilz** F *m* F veinard *m*; **~sache** *f* question *f* de chance; **~spiel** *n* jeu *m* de hasard; **~spieler** *m* joueur *m*

'Glückssträhne *f* période *f* de chance; ***e-e ~ haben*** être dans une bonne passe

'Glückstag *m* jour *m* de chance

'glückstrahlend *adjt u advt* rayonnant de bonheur

'Glücks|treffer *m* coup *m* de chance; **~zahl** *f* chiffre *m* porte-bonheur

'Glückwunsch *m* félicitations *f/pl* (***zu*** pour); ***herzlichen ~ zum Geburtstag!*** bon anniversaire!

'Glückwunschkarte *f* carte *f* de félicitations

Glühbirne ['gly:-] *f* ampoule *f*

'glühen *v/i* **1** *Metall, Kohlen* être incandescent; (***rot***) **~** rougeoyer; **2** *fig Himmel etc* être embrasé; *Sonne* brûler; *Gesicht* être rouge, en feu; *Augen* briller; *st/s* ***vor Begeisterung ~*** brûler d'enthousiasme

'glühend I *adjt* **1** *Metall, Kohlen* incandescent; **2** *fig Sonne* ardent; *Gesicht* rouge; en feu; **3** *fig* (*begeistert*) fervent; *Liebe* passionné; *Hass* violent; **II** *advt* **1 *~ heiß*** brûlant; *Wetter* torride; **2** *fig* ***j-n ~ verehren*** adorer qn

'Glüh|lampe *f* lampe *f* à incandescence; ampoule *f*; **~wein** *m* vin chaud; **~würmchen** F *n* ver luisant

Glukose [glu'ko:zə] *f* ⟨~⟩ glucose *m*

Glut [glu:t] *f* ⟨~; ~en⟩ **1** (*Holz≈, Kohlen≈*) braise *f*; (*Hitze*) chaleur *f* torride; **2** *st/s fig* ardeur *f*; **'~hitze** *f* chaleur *f* torride; fournaise *f*; **'≈'rot** *adj* embrasé

Glyzerin [glytse'ri:n] *n* ⟨~s⟩ glycérine *f*

GmbH [ge:ʔɛmbe:'ha:] *f* ⟨~; ~s⟩ *abr* (*Gesellschaft mit beschränkter Haftung*) S.A.R.L. *f*

'g-Moll *n* MUS sol *m* mineur

Gnade ['gna:də] *f* ⟨~; ~n⟩ grâce *f*; ***um ~ bitten*** demander grâce; ***keine ~ kennen*** être impitoyable; ***~ vor Recht ergehen lassen*** user de clémence

'gnaden *v/i* (***dann***) ***gnade mir, dir*** *etc* ***Gott!*** malheur à moi, toi, *etc!*

'Gnaden|frist *f* délai *m* de grâce; **~gesuch** *n* recours *m* en grâce; **≈los** *adj* sans pitié; **~stoß** *m* coup *m* de grâce (*a fig*)

gnädig ['gnɛ:dɪç] **I** *adj* (*milde*) clément; indulgent; *péj* (*gönnerhaft*) protecteur; *Anrede st/s* ***~e Frau!*** Madame!; **II** *adv* avec clémence, indulgence

Gnom [gno:m] *m* ⟨~en; ~en⟩ gnome *m*

Gnu [gnu:] *n* ⟨~s; ~s⟩ gnou *m*

Gobelin [gobə'lɛ̃:] *m* ⟨~s; ~s⟩ *echter* gobelin *m*; (*Wandteppich*) tapisserie *f*

Gockel ['gɔkəl] *m* ⟨~s; ~⟩ *südd* coq *m*

Go-Kart ['go:kart] *m* ⟨~$; ~s⟩ kart *m*

Gold [gɔlt] *n* ⟨~¢s⟩ or *m*; *fig* ***~ wert sein*** valoir son pesant d'or

'Gold|ader *f* filon *m* d'or; **~barren** *m* lingot *m* d'or; **~barsch** *m* sébaste *m*

'golden *adj* **1** (*aus Gold*) en or; **2** (*goldfarben*) doré

Golden Goal ['go:ldən'go:l] *n* ⟨~s; ~s⟩ FUSSBALL but *m* en or

'Gold|fisch *m* poisson *m* rouge; **~füllung** *f* plombage *m* en or; **≈gelb** *adj* jaune d'or; **~gräber** *m* ⟨~s; ~⟩ chercheur *m* d'or; **~grube** *f* mine *f* d'or (*a fig*); **~hamster** *m* 'hamster (doré)

'goldig *adj Kind, Tier* adorable; *Kind a* mignon

'Gold|kette *f* chaîne *f* en or; **~krone** *f* couronne *f* en or (*a am Zahn*); **~lack** *m* BOT giroflée *f* jaune; **~medaille** *f* médaille *f* d'or; **~mine** *f* mine *f* d'or; **~münze** *f* pièce *f* d'or; **'≈'richtig** F **I** *adj* très juste; **II** *int* F impeccable!; **~schmied** *m* orfèvre *m*

'Goldstück *n* **1** (*Goldmünze*) pièce *f* d'or; **2** F *plais Person* perle *f*

'Goldwaage *f* trébuchet *m*; ***jedes Wort auf die ~ legen*** *e-s anderen* prendre

G

tout au pied de la lettre; *s-e eigenen Worte* peser ses mots

'Goldzahn *m* dent *f* en or

Golf[1] [gɔlf] *m* ⟨~(e)s; ~e⟩ GÉOGR golfe *m*

Golf[2] *n* ⟨~s⟩ SPORT golf *m*

'Golf|ball *m* balle *f* de golf; **~platz** *m* terrain *m* de golf; **~schläger** *m* club *m*; **~spieler(in)** *m(f)* joueur, -euse *m,f* de golf; golfeur, -euse *m,f*

'Golf|staat *m* pays *m* du golfe Persique; **~strom** *m* Gulf Stream *m*

Gondel ['gɔndəl] *f* ⟨~; ~n⟩ **1** MAR gondole *f*; **2** AVIAT nacelle *f*; *e-r Seilbahn* cabine *f*

Gong [gɔŋ] *m* ⟨~s; ~s⟩ gong *m*

'gongen *v/i Person* frapper un coup de gong; ***es gongt*** le gong retentit

'Gongschlag *m* coup *m* de gong

gönnen ['gœnən] **I** *v/t **j-m etw** ~* ne pas envier qc à qn; ***ich gönne ihm s-n Erfolg*** je suis content pour lui qu'il ait réussi; **II** *v/r **sich** (dat) **etw** ~* s'accorder qc

'Gönner|(in) *m* ⟨~s; ~⟩ *(f)* ⟨~; ~nen⟩ protecteur, -trice *m,f*; (*Wohltäter[in]*) bienfaiteur, -trice *m,f*; **≈haft** *adj péj* protecteur; **~miene** *f péj* air protecteur

gor [go:r] → ***gären***

Göre ['gø:rə] *f* ⟨~; ~n⟩ *nordd, meist péj* **1** *Mädchen* F gosse *f*; **2** *freche* (petite) chipie

Gorilla [go'rɪla] *m* ⟨~s; ~s⟩ gorille *m* (*a* F *fig*)

Gosche(n) ['gɔʃə(n)] F *südd, österr f* ⟨~; Goschen⟩ F gueule *f*

goss [gɔs] → ***gießen***

Gosse ['gɔsə] *f* ⟨~; ~n⟩ caniveau *m*; *fig péj **in der ~ landen** od **enden*** tomber dans le ruisseau

Gotik ['go:tɪk] *f* ⟨~⟩ **1** *Stil* gothique *m*; **2** *Epoche* époque *f* gothique

'gotisch *adj* gothique

Gott [gɔt] *m* ⟨~es; ≈er⟩ **1** REL Dieu *m*; ***der liebe ~*** le bon Dieu; F *fig **in ~es Namen!*** soit!; ***an ~ glauben*** croire en Dieu; ***ach (du lieber) ~!, mein ~!*** mon Dieu!; ***großer ~!*** grand Dieu!; ***um ~es willen!*** pour l'amour de Dieu!; ***~ behüte** od **bewahre!*** Dieu m'en garde!; ***~ weiß wie, wo** etc* Dieu sait comment, où, *etc*; **2** MYTH dieu *m*; ***er singt wie ein junger ~*** il chante divinement (bien); F ***das wissen die Götter*** Dieu seul le sait

'Gotterbarmen *n **zum ~*** à faire pitié

Götterspeise ['gœtər-] *f* CUIS *entremets à base de gélatine*

'Gottes|dienst *m* service (religieux); PROT culte *m*; CATH messe *f*; **≈fürchtig** *adj* (très) pieux; **~haus** *st/s n* maison *f* de Dieu; église *f*; **~lästerung** *f* blasphème *m*; **~mutter** *f* mère *f* de Dieu

'Gottheit *f* ⟨~; ~en⟩ divinité *f*

Göttin ['gœtɪn] *f* ⟨~; ~nen⟩ déesse *f*

'göttlich *adj* divin (*a fig*)

'gottlos *adj* impie; irréligieux; (*atheistisch*) athée

Gott'vater *m* Dieu *m* le Père

'gott|verdammt P *adjt* maudit; *p/fort* sacré; **~verlassen** *adjt Ort* perdu; **≈vertrauen** *n* confiance *f* en Dieu

Götze ['gœtsə] *m* ⟨~n; ~n⟩, **~nbild** *n* idole *f*

Gouverneur [guvɛr'nø:r] *m* ⟨~s; ~e⟩ gouverneur *m*

Grab [gra:p] *n* ⟨~(e)s; ≈er⟩ tombe *f*; *st/s **zu ~e tragen*** enterrer (*a fig*); *fig **(sich** [dat]**) sein eigenes ~ schaufeln*** causer sa propre ruine; F *fig **sich im ~(e) herumdrehen*** se retourner dans sa tombe; F ***schweigen wie ein ~*** être muet comme une tombe; F *fig **das bringt mich noch ins ~*** ça me tuera

'graben ⟨gräbt, grub, gegraben⟩ **I** *v/t u v/i* creuser; **II** *v/r **sich in etw** (acc) ~* s'enfoncer dans qc

'Graben *m* ⟨~s; ≈⟩ fossé *m* (*a* GÉOL, *fig*); *im Ozean* fosse *f*; MIL tranchée *f*

'Grabes|stille *f* silence *m* de mort; **~stimme** *f* voix sépulcrale

'Grab|inschrift *f* épitaphe *f*; **~kammer** *f* chambre *f* funéraire; **~mal** *n* ⟨~(e)s; -mäler *ou st/s* ~e⟩ tombeau *m*; **~platte** *f* pierre tombale; **~rede** *f* discours *m* funèbre; **~schändung** *f* profanation *f* de sépulture; **~stätte** *f* sépulture *f*; **~stein** *m* pierre tombale

gräbt [grɛ:pt] → ***graben***

'Grabung *f* ⟨~; ~en⟩ fouilles *f/pl*

Grad [gra:t] *m* ⟨~(e)s; ~e, *mais* 3 ~⟩ **1** *Maßeinheit*, GÉOGR, *fig* degré *m*; ***bei (plus) zehn ~*** à dix degrés; ***bei minus zwanzig ~*** à moins vingt degrés; *Verbrennungen, Gleichung **ersten, zweiten ~es*** du premier, second degré; ***im höchsten ~e*** au plus 'haut point; extrêmement; ***bis zu e-m gewissen ~e*** jusqu'à un certain point; **2** MIL grade *m*;

akademischer ~ grade universitaire
'Grad|einteilung *f* graduation *f*; **~messer** *m* indicateur *m*
gradu|ell [gradu'ɛl] *adj* graduel; **~'iert** *adjt* diplômé
Graf [graːf] *m* ⟨~en; ~en⟩ comte *m*
Graffiti [gra'fiːti] *pl* graffiti *m/pl*; *aufgesprühte a* tags *m/pl*
Grafik ['graːfɪk] *f* ⟨~; ~en⟩ **1** *Technik, Kunst* arts *m/pl* graphiques; **2** *Kunstwerk* gravure *f*; estampe *f*; **3** *Schaubild* graphique *m*; **~er(in)** *m* ⟨~s; ~⟩ (*f*) ⟨~; ~nen⟩ dessinateur, -trice *m,f*; **~karte** *f* carte *f* graphique; **~programm** *n* grapheur *m*
Gräfin ['grɛːfɪn] *f* ⟨~; ~nen⟩ comtesse *f*
'grafisch *adj* graphique
Gra'fit → ***Graphit***
'gräflich *adj* du comte
Grafo'loge *etc* → ***Graphologe*** *etc*
'Grafschaft *f* ⟨~; ~en⟩ comté *m*
gram [graːm] *st/s adj* ***j-m ~ sein*** garder rancune à qn
Gram *st/s m* ⟨~⸗s⟩ chagrin *m*
grämen ['grɛːmən] *st/s v/r* ***sich ~*** s'affliger (***über*** [+ *acc*] de)
Gramm [gram] *n* ⟨~s; ~e, *mais* 2 ~⟩ gramme *m*
Grammat|ik [gra'matɪk] *f* ⟨~; ~en⟩ grammaire *f*; **≈i'kalisch, ≈isch** *adj* grammatical
Grammofon, Grammophon® [gramo'foːn] *n* ⟨~s; ~e⟩ phonographe *m*
Granada [gra'naːda] *n* ⟨~s⟩ Grenade
Granat [gra'naːt] *m* ⟨~⸗s; ~e⟩ MINÉR grenat *m*; **~apfel** *m* grenade *f*
Granat|e [gra'naːtə] *f* ⟨~; ~n⟩ obus *m*; (*Hand≈*) grenade *f*; **~splitter** *m* éclat *m* d'obus; **~werfer** *m* ⟨~s; ~⟩ mortier *m*; lance-grenades *m*
grandios [grandi'oːs] *adj* grandiose
Granit [gra'niːt] *m* ⟨~s; ~e⟩ granit(e) *m*
Granne ['granə] *f* ⟨~; ~n⟩ BOT barbe *f*
grantig ['grantɪç] F *südd, österr adj* grincheux; bourru; 'hargneux
Granulat [granu'laːt] *n* ⟨~⸗s; ~e⟩ granulés *m/pl*
Grapefruit ['greːpfruːt] *f* ⟨~; ~s⟩ pamplemousse *m*
'Graphik *etc* → ***Grafik*** *etc*
Graphit [gra'fiːt] *m* ⟨~s; ~e⟩ graphite *m*
Grapho|loge [grafo'loːgə] *m* ⟨~n; ~n⟩, **~'login** *f* ⟨~; ~nen⟩ graphologue *m,f*; **~lo'gie** *f* ⟨~⟩ graphologie *f*; **≈'logisch** *adj* graphologique
Gras [graːs] *n* ⟨~es; ⸚er⟩ herbe *f*; *sc* graminée *f*; F *fig* ***das ~ wachsen hören*** se croire plus malin que les autres; F *fig* ***über etw*** (*acc*) ***~ wachsen lassen*** passer l'éponge sur qc; F *fig* ***ins ~ beißen*** F claquer; F passer l'arme à gauche
'grasen *v/i* ⟨⸗⸗⟩ paître
'Gras|halm *m* brin *m* d'herbe; **~hüpfer** F *m* sauterelle *f*
grassieren [gra'siːrən] *v/i* ⟨*sans ge*⟩ *Krankheit* sévir; *Mode* faire fureur; *Gerücht* courir; *Missstände* régner
grässlich ['grɛslɪç] *adj* atroce; horrible; affreux
Grat [graːt] *m* ⟨~⸗s; ~e⟩ **1** *e-s Bergs* arête *f*; **2** TECH bavure *f*
Gräte ['grɛːtə] *f* ⟨~; ~n⟩ arète *f*
Gratifikation [gratifikatsi'oːn] *f* ⟨~; ~en⟩ gratification *f*
gratis ['graːtɪs] *adv* gratuitement; gratis; **≈probe** *f* échantillon gratuit
Grätsche ['grɛːtʃə] *f* ⟨~; ~n⟩ saut *m* jambes écartées
'grätschen **I** *v/t Beine* écarter; **II** *v/i* ⟨sn⟩ sauter jambes écartées
Gratula|nt(in) [gratu'lant(ɪn)] *m* ⟨~en; ~en⟩ (*f*) ⟨~; ~nen⟩ personne *f* présentant ses félicitations à qn; **~ti'on** *f* ⟨~; ~en⟩ félicitations *f/pl*
gratu'lieren *v/i* ⟨*sans ge*⟩ ***j-m zu etw ~*** féliciter qn de qc; ***j-m zum Geburtstag ~*** souhaiter à qn un bon anniversaire; (***ich***) ***gratuliere!*** (mes) félicitations!
'Gratwanderung *f fig* difficile exercice *m* d'équilibre; ***sich auf e-r ~ befinden*** être sur la corde raide
grau [grau] *adj* gris (*a fig Markt*); ***~ werden*** *Haare, Mensch* grisonner; ***der Himmel ist ~ in ~*** il fait gris; le temps est gris
Grau *n* ⟨~s; ~⟩ gris *m*; *fig* (*Trostlosigkeit*) grisaille *f*; **'~brot** *n* pain bis
Graubünden [grau'bʏndən] *n* ⟨~s⟩ les Grisons *m/pl*
Gräuel ['grɔʏəl] *st/s m* ⟨~s; ~⟩ **1** (**~tat**) atrocité *f*; **2** (*etw Abstoßendes*) horreur *f*; ***er ist mir ein ~*** je ne peux pas le sentir; ***das ist mir ein ~*** j'ai horreur de cela
'Gräuel|märchen *n* atrocités inventées; **~tat** *f* atrocité *f*
grauen[1] ['grauən] *v/i* ***der Morgen graut*** le jour se lève
'grauen[2] *v/imp* ***es graut mir, mir graut***

vor (+ *dat*) j'ai horreur de; ***davor graut mir*** *a* cela me fait horreur
'Grauen *n* ⟨~s⟩ horreur *f* (***vor*** [+ *dat*] de); épouvante *f*; ***ein Bild des ~s*** un spectacle horrible
'grauen|haft, ~voll *adj* horrible; épouvantable (*beide a* F *fig*)
'grauhaarig *adj* aux cheveux gris; gris
gräulich ['grɔʏlɪç] *adj* **1** *Farbe* grisâtre; **2** (*grässlich*) atroce; horrible; affreux
'graumeliert *adjt* grisonnant
Graupe ['graʊpə] *f* ⟨~; ~n⟩ *meist pl* orge mondé
Graupel ['graʊpəl] *f* ⟨~; ~n⟩ *meist pl* grésil *m*; **~schauer** *m* giboulée *f*
Graus [graʊs] *m* ⟨~es⟩ ***es ist ein ~ mit ihr*** avec elle, c'est l'horreur; F *plais* ***o ~!*** horreur!
'grausam *adj* **1** (*brutal*) cruel; **2** (*schrecklich*), F *fig* terrible; horrible; atroce; **2keit** *f* ⟨~; ~en⟩ **1** *Wesensart* cruauté *f*; **2** *Tat* (acte *m* de) cruauté *f*
grausen ['graʊzən] → ***grauen²***
'Grausen *n* ⟨~s⟩ horreur *f*
'grausig → ***grauenhaft***
Gra'veur *m* ⟨~s; ~e⟩ graveur *m*
gravieren [gra'vi:rən] *v/t* ⟨*sans ge*⟩ graver (***in*** [+ *acc*] dans)
gra'vierend *adjt* *Irrtum*, *Fehler* grave; *Unterschiede* gros; *Probleme* sérieux
Gra'vierung *f* ⟨~; ~en⟩ **1** (*eingravierte Verzierung*) illustration, date, *etc* gravée; **2** *Tätigkeit* gravure *f*
Gravitation [gravitatsi'o:n] *f* ⟨~⟩ gravitation *f*
Gra'vur *f* ⟨~; ~en⟩ → ***Gravierung 1***
Grazie ['gra:tsiə] *f* ⟨~; ~n⟩ **1** grâce *f*; **2** ***die drei ~n*** les trois Grâces *f/pl*
grazil [gra'tsi:l] *adj* gracile
graziös [gratsi'ø:s] *adj* gracieux
'greifbar *adj* **1** *Ware* disponible; ***etw ~ haben*** avoir qc à portée de la main; ***in ~er Nähe*** à portée de la main; **2** *fig* (*konkret*) tangible; (*deutlich*) concret; *Vorteil* palpable
greifen ['graɪfən] ⟨griff, gegriffen⟩ **I** *v/t* **1** (*er~*) saisir; prendre; *fig* ***zum 2 nahe*** à portée de la main; **2** (*schätzen*) ***das ist mir zu hoch gegriffen*** c'est trop ('haut, élevé); **II** *v/i* **3** ***in die Tasche ~*** porter la main à la poche; ***nach etw ~*** (chercher à) prendre, saisir qc; *fig* ***um sich ~*** se propager; *st/s* ***zu etw ~*** prendre qc; avoir recours à qc; **4** *fig* *Maßnahme* *etc* être opérant; **5** TECH avoir prise
'Greif|er *m* ⟨~s; ~⟩ TECH grappin *m*; **~vogel** *m* rapace *m*; oiseau *m* de proie; **~zange** *f* pince *f*
greis [graɪs] *st/s adj* très âgé
Greis *m* ⟨~es; ~e⟩ vieillard *m*
'Greisen|alter *n* vieillesse *f*; grand âge; **2haft** *adj* *Aussehen* de vieillard; *Verhalten* sénile
'Greisin *f* ⟨~; ~nen⟩ vieille femme
grell [grɛl] *adj* **1** *Licht* cru; éblouissant; *Farbe* voyant; *péj* (*schrill*) criard; **2** *Ton*, *Stimme* perçant; **'~rot** *adj* d'un rouge très vif, *péj* criard
Gremium ['gre:miʊm] *n* ⟨~s; -ien⟩ comité *m*; commission *f*
Grenada [gre'na:da] *n* ⟨~s⟩ la Grenade
'Grenz|beamte(r) *m* agent *m* des douanes; **~bereich** *m* **1** (*Grenzgebiet*) zone frontalière; **2** *fig* limites *f/pl*; **~bewohner(in)** *m(f)* frontalier, -ière *m,f*; **~bezirk** *m* zone frontalière
Grenze ['grɛntsə] *f* ⟨~; ~n⟩ **1** *e-s Landes* frontière *f*; ***die ~ zu Frankreich*** la frontière avec la France; **2** *e-s Grundstücks*, *e-r Gemeinde* limite *f*; **3** *fig* limite(s) *f(pl)*; bornes *f(pl)*; ***sich in ~n*** (*dat*) ***halten*** être limité; *Leistungen a* être moyen; ***alles hat s-e ~n*** il y a des limites à tout
'grenzen *v/i* ⟨~~h~~⟩ ***an etw*** (*acc*) ***~*** confiner à qc; *fig* friser qc; confiner à qc
'grenzenlos **I** *adj* (*uneingeschränkt*) sans limites; illimité (*a Macht*, *Geduld*, *Vertrauen*); *Bewunderung* sans bornes; *péj* (*maßlos*) démesuré; **II** *adv* infiniment
'Grenz|fall *m* cas *m* limite; **~gänger** *m* ⟨~s; ~⟩ frontalier *m*; **~gebiet** *m* région frontalière; **~konflikt** *m* conflit frontalier, de frontière; **~kontrolle** *f* contrôle *m* à la frontière; **~linie** *f* ligne *f* de démarcation; **~posten** *m* **1** *Person* garde-frontière *m*; **2** *Stelle* poste *m* frontière; **~stein** *m* borne *f*; **~streitigkeit** *f* différend frontalier; **~übergang** *m* **1** *Stelle* poste *m* frontière; **2** *Aktion* passage *m* de la frontière; **2überschreitend** *adjt* au-delà des frontières; **~verkehr** *m* trafic frontalier; **~wert** *m* **1** (*äußerster Wert*) valeur *f* limite; **2** MATH limite *f*; **~zwischenfall** *m* incident *m* de frontière
Greuel *etc* → ***Gräuel*** *etc*

Grieben ['gri:bən] *f/pl* rillons *m/pl*; **~schmalz** *n saindoux contenant des rillons*
Griech|e ['gri:çə] *m* ⟨~n; ~n⟩, **~in** *f* ⟨~; ~nen⟩ Grec *m*, Grecque *f*
'Griechenland *n* ⟨~s⟩ la Grèce
'griechisch *adj* grec; **'~-ortho'dox** *adj* orthodoxe grec; **'~-'römisch** *adj* gréco-romain
Gries|gram ['gri:sgra:m] *m* ⟨~¢s; ~e⟩ grincheux *m*; grognon *m*; **Ձgrämig** [-grɛ:mɪç] *adj* grincheux; grognon
Grieß [gri:s] *m* ⟨~es; ~e⟩ semoule *f*; **'~brei** *m* (bouillie *f* de) semoule *f*
griff [grɪf] → ***greifen***
Griff *m* ⟨~¢s; ~e⟩ **1** *e-r Tür, e-s Degens, Hebels, Koffers etc* poignée *f*; *e-s Topfes* anse *f*; *e-s Werkzeugs, Messers* manche *m*; **2** (*Hand*Ձ) geste *m*; SPORT prise *f*; ***mit e-m ~ holte sie ein Glas Marmelade aus dem Regal*** (d'un geste,) elle attrapa un pot de confiture sur le rayon; **3** *fig* (***mit j-m, etw***) ***e-n guten ~ tun*** avoir la main heureuse (en choisissant qn, qc); ***etw im ~ haben*** (*gut können*) avoir l'habitude de (faire) qc; (*unter Kontrolle haben*) maîtriser qc; ***etw in den ~ bekommen*** apprendre à faire qc
'griffbereit *adj* à portée de la main
Griffel ['grɪfəl] *m* ⟨~s; ~⟩ **1** (*Schreib*Ձ) crayon *m* d'ardoise; **2** BOT style *m*
'griffig *adj* **1** (*handlich*) maniable; **2** *Reifen etc* antidérapant; **3** *Stoff* qui a de la tenue
Grill [grɪl] *m* ⟨~s; ~s⟩ *Gerät* gril *m*; (*~rost*) gril *m*; barbecue *m*
Grille ['grɪlə] *f* ⟨~; ~n⟩ **1** ZO grillon *m*; **2** *st/s* (*wunderlicher Einfall*) lubie *f*
'grillen **I** *v/t* faire griller; **II** *v/i* faire un barbecue
'Grillparty *f* barbecue *m*
Grimasse [gri'masə] *f* ⟨~; ~n⟩ grimace *f*; ***~n schneiden*** faire des grimaces
grimmig ['grɪmɪç] *adj* **1** (*zornig*) furibond; **2** *fig Kälte* terrible
Grind [grɪnt] *m* ⟨~¢s; ~e⟩ (*Wundschorf*) escarre *f*
grinsen ['grɪnzən] *v/i* ⟨¢$⟩ ricaner
'Grinsen *n* ⟨~s⟩ ricanement *m*
Grippe ['grɪpə] *f* ⟨~; ~n⟩ grippe *f*; **Ձkrank** *adj* grippé; **~welle** *f* épidémie *f* de grippe
Grips [grɪps] F *m* ⟨~es⟩ F jugeote *f*; ***s-n ~ anstrengen*** F se creuser les méninges
Grislibär, Grizzlybär ['grɪsli-] *m* grizzly *m*
grob [gro:p] **I** *adj* ⟨≈er; ≈ste⟩ **1** *Gewebe, Gesichtszüge* grossier; *Feile, Faser, Sand* gros; **2** *Fehler, Irrtum* grossier; grave; *Lüge* gros; **3** *Person* grossier; rude (***zu*** avec); **4** (*ungefähr*) *Skizze* grossier; *Schätzung* approximatif; ***in ~en Umrissen*** *od* ***Zügen*** en gros; grosso modo; **II** *adv* **1** *zerkleinern etc* grossièrement; **2** (*schwerwiegend*) gravement; **3** *mit Worten* grossièrement; *körperlich* avec rudesse; **4** (*ungefähr*) en gros
'Grobheit *f* ⟨~; ~en⟩ grossièreté *f*
Grobian ['gro:bia:n] *m* ⟨~¢s; ~e⟩ *péj* mufle *m*; goujat *m*; malotru *m*
'grob|körnig *adj* à gros grains; **~schlächtig** [-ʃlɛçtɪç] *adj* *Gestalt* lourd; maladroit; *Gesichtszüge* grossier
Grog [grɔk] *m* ⟨~s; ~s⟩ grog *m*
groggy ['grɔgi] *adj* groggy
grölen ['grø:lən] F *péj v/t u v/i* beugler; F brailler
Groll [grɔl] *st/s m* ⟨~¢s⟩ rancune *f*; *p/fort* rancœur *f*
'grollen *st/s v/i* **1** ***j-m ~*** garder rancune à qn (***wegen etw*** de qc); **2** *Donner* gronder
Grönland ['grø:nlant] *n* ⟨~s⟩ le Groenland
Gros [gro:] *n* ⟨~ [gro:(s)]; ~ [gro:s]⟩ gros *m*
Groschen ['grɔʃən] *m* ⟨~s; ~⟩ **1** HIST *österr* groschen *m*; **2** F HIST (*Zehnpfennigstück*) pièce *f* de dix pfennigs; **3** F *fig* ***der ~ ist gefallen*** F il, *etc* a pigé
'Groschenroman *m* roman *m* de quatre sous
groß [gro:s] **I** *adj* ⟨≈er, größte⟩ **1** *Ausmaße, Menge, Bedeutung* grand (*a fig*); *im Volumen oft* gros; ***wie ~ ist …?*** combien mesure …?; ***sie ist 1,70 m ~*** elle fait, mesure 1,70 m; ***im Ձen und Ganzen*** en gros; dans l'ensemble; **2** (*älter*) ***mein ~er Bruder*** mon grand frère; *von Kindern* ***das ist unser Ձer*** c'est notre aîné; **3** (*erwachsen*) grand; ***Ձ und Klein*** petits et grands; ***die Ձen*** les grands *m/pl*; les grandes personnes; ***~ werden*** grandir; **II** *adv* ***~ angelegt*** *Plan etc* de grande envergure; ***j-n ~ ansehen*** regarder qn avec de grands

G

yeux; F ~ ***ausgehen*** sortir sans regarder à la dépense; F faire la tournée des grands-ducs; F ***etw ~ feiern*** faire une grande fête pour qc

'**groß|artig** **I** *adj* grandiose; magnifique; **II** *adv* magnifiquement; à merveille; **≈aufnahme** *f* gros plan

Großbritannien [gro:sbri'taniən] *n* ⟨~s⟩ la Grande-Bretagne

'**Großbuchstabe** *m* majuscule *f*; TYPO capitale *f*

Größe ['grø:sə] *f* ⟨~; ~n⟩ **1** *Eigenschaft* grandeur *f* (*a fig*); *im Volumen oft* grosseur *f*; (*Ausmaße*) dimensions *f/pl*; taille *f* (*a Körper≈*); **2** *e-s Kleidungsstücks* taille *f*; (*Schuh≈*, *Handschuh≈*, *Hut≈*) pointure *f*; (*Format*) format *m*; ***ich habe ~ 42*** je fais du 42; *bei Schuhen a* je chausse du 42; **3** MATH, PHYS grandeur *f*; ***unbekannte ~*** inconnue *f* (*a fig*); **4** *fig Person* sommité *f*; *im Sport etc* as *m*

Größen

die Kleidergröße = **la taille**
die Schuhgröße = **la pointure**

Übrigens: Wer in Frankreich ein Kleidungsstück kauft, sollte bei der Größe Acht geben, denn die deutschen und die französischen Konfektionsgrößen stimmen nicht überein: So entspricht z.B. die deutsche Damengröße 38 der französischen 40, die deutsche 40 entspricht der französischen 42 usw.

'**Großeltern** *pl* grands-parents *m/pl*

'**Größenordnung** *f* ordre *m* de grandeur; ***in e-r ~ von 30%*** de l'ordre de 30%

'**großen'teils** *adv* en grande partie

'**Größen|verhältnis** *n* proportion *f*; **~wahn** *m* folie *f* des grandeurs; mégalomanie *f*; **≈wahnsinnig** *adj* mégalomane

größer ['grø:sər] *adj* **1** plus grand; ***~ machen*** *Schrift*, *Loch etc* agrandir; ***~ werden*** *Lebewesen*, *Unzufriedenheit* grandir; *Familie*, *Firma*, *Stadt* s'agrandir; *Arbeitslosigkeit*, *Schulden*, *Bevölkerung* augmenter; **2** (*ziemlich groß*) assez grand; *Summe* assez gros

'**Groß|fahndung** *f* vaste opération *f* de recherches policières; **~grundbesitzer** *m* grand propriétaire terrien; **~handel** *m* commerce *m* de *od* en gros; **~händler** *m* grossiste *m*; **~handlung** *f* magasin *m* de gros; **≈herzig** *st/s adj* magnanime; **~herzog(in)** *m(f)* grand-duc *m*, grande-duchesse *f*; **~hirn** *n* cerveau *m*; **~hirnrinde** *f* écorce cérébrale; **~industrielle(r)** *m* grand industriel

Grossist [grɔ'sɪst] *m* ⟨~en; ~en⟩ COMM grossiste *m*

'**Groß|kapitalist** *m* gros capitaliste; **≈kotzig** F *péj adj* F crâneur; **~macht** *f* grande puissance; **~mama** F *f* mamie *f*; bonne-maman *f*; **~markt** *m e-r Stadt* 'halles *f/pl*; (*Verbrauchermarkt*) hypermarché *m*; **~maul** F *n* F grande gueule; **~mut** *f* ⟨~⟩ magnanimité *f*; **≈mütig** *adj* magnanime; **~mutter** *f* ⟨~; -mütter⟩ grand-mère *f*; **~neffe** *m* petit-neveu *m*; **~nichte** *f* petite-nièce *f*; **~onkel** *m* grand-oncle *m*; **~papa** F *m* papi *od* papy *m*; grand-papa *m*; **~raum** *m* agglomération *f*; **~raumbüro** *n* grand bureau aménagé pour plusieurs postes de travail; **~raumflugzeug** *n* gros-porteur *m*

großräumig ['gro:srɔʏmɪç] **I** *adj* **1** (*viel Platz bietend*) spacieux; **2** (*große Gebiete betreffend*) vaste; **II** *adv* ***etw ~ umfahren*** faire un grand détour autour de qc

'**Groß|raumlimousine** *f* monospace *m od f*; **~rechner** *m* gros ordinateur; **~'reinemachen** *n* nettoyage *m* en grand

'**groß·schreiben** *v/t* ⟨*irr*⟩ *Wort* écrire avec une majuscule

'**Groß|schreibung** *f* emploi *m* des majuscules; **≈spurig** *adj* fanfaron; **~stadt** *f* grande ville; **≈städtisch** *adj* d'une grande ville; **~tante** *f* grand-tante *f*; **~tat** *f* exploit *m*; prouesse *f*

größte ['grø:stə] *adj* le plus grand

'**Großteil** *m* grande partie; ***zum ~*** en majeure partie

'**größt|en'teils** *adv* pour la plupart; en majeure partie; **'~'möglich** *adj* le plus grand possible

'**Groß|unternehmen** *n* grande entreprise; **~vater** *m* grand-père *m*; **~verdiener** *m* gros salaire

'groß·ziehen *v/t* ⟨*irr*⟩ élever
'großzügig *adj* **1** (*freigebig*) généreux; (*tolerant*) large d'esprit; **2** (*weiträumig*) vaste; spacieux; **⁀keit** *f* ⟨~⟩ **1** (*Freigebigkeit*) générosité *f*; largesse *f*; (*Toleranz*) largeur *f* d'esprit; **2** (*Weiträumigkeit*) caractère spacieux
grotesk [gro'tɛsk] *adj* grotesque
Grotte ['grɔtə] *f* ⟨~; ~n⟩ grotte *f*
grub [gru:p] → ***graben***
Grübchen ['gry:pçən] *n* ⟨~s; ~⟩ fossette *f*
Grube ['gru:bə] *f* ⟨~; ~n⟩ **1** fosse *f*; **2** BERGBAU mine *f*
Grübe'lei *f* ⟨~; ~en⟩ ruminations *f/pl*
grübeln ['gry:bəln] *v/i* ⟨¢⟩ ruminer (***über etw*** [*acc*] qc)
'Gruben|arbeiter *m* mineur *m*; **~unglück** *n* catastrophe minière
'Grübler(in) *m* ⟨~s; ~⟩ (*f*) ⟨~; ~nen⟩ méditatif, -ive *m,f*
grüezi ['gry:ɛtsi] *int schweiz* (*guten Morgen, Tag*) bonjour; (*guten Abend*) bonsoir
Gruft [grʊft] *f* ⟨~; ~e⟩ caveau *m*
Grufti ['grʊfti] *m* ⟨~s; ~s⟩ *Jugendsprache* F croulant(e) *m(f)*
grün [gry:n] *adj* **1** vert (*a Salat, Tee, Obst*); *fig* (*unerfahren*) inexpérimenté; novice; *fig* ***~es Licht für etw geben*** donner le feu vert à qc; ***~ werden*** devenir vert; *Natur* reverdir; F *fig* ***sich ~ und blau ärgern*** se fâcher tout rouge; F ***j-n ~ und blau schlagen*** F tabasser qn; F *fig* ***j-m nicht ~ sein*** ne pas porter qn dans son cœur; **2** ÉCOL, POL vert; F écolo; ***der ~e Punkt*** *label sur l'emballage qui en garantit la reprise et le recyclage*
Grün *n* ⟨~s; ~⟩ **1** *Farbe* vert *m*; ***die Ampel steht auf ~*** le feu est au vert; F ***das ist dasselbe in ~*** c'est du pareil au même; F c'est kif-kif; **2** *Pflanzen* verdure *f*
'Grünanlagen *f/pl* espaces verts
Grund [grʊnt] *m* ⟨~es; ~e⟩ **1** (*Unter⁀, Hinter⁀*) fond *m*; **2** *e-s Gewässers, Gefäßes* fond *m*; MAR ***auf ~ laufen*** (s')échouer; *fig* ***e-r Sache*** (*dat*) ***auf den ~ gehen*** aller au fond des choses; *fig* ***von ~ auf*** de fond en comble; à fond; *st/s* ***im ~e s-s Herzens*** au fond de son cœur; ***im ~e*** (***genommen***) au fond; **3** (*Erdboden*) sol *m*; ***~ und Boden*** terres *f/pl*; terrain *m*; *fig* ***sich in ~ und Boden schämen*** mourir de honte; **4** (*Vernunft⁀*) raison *f*; (*Beweg⁀*) motif *m*; (*Ursache*) cause *f*; ***~ haben zu*** (+ *inf*) avoir lieu, des raisons de (+ *inf*); ***das ist kein ~ zur Aufregung*** il n'y a pas de quoi s'affoler; ***und zwar aus gutem ~(e)*** et pour cause; ***ohne ~*** sans raison; sans cause; ***auf ~ von*** (*wegen*) en raison de; (*kraft*) en vertu de; ***aus welchem ~?*** pour quelle raison?
'Grund|ausbildung *f* MIL instruction *f* militaire (de base); **~ausstattung** *f* équipement *m* de base; **~begriff** *m* notion fondamentale; ***~e*** *pl* rudiments *m/pl*; éléments *m/pl*; **~besitz** *m* propriété foncière; **~besitzer** *m* propriétaire foncier, terrien; **~buch** *n etwa* registre *m* du bureau des hypothèques; **'⁀'ehrlich** *adj* foncièrement honnête
gründen ['grʏndən] ⟨-e-⟩ **I** *v/t* fonder; créer; ***etw auf etw*** (*acc*) ***~*** baser qc sur qc; **II** *v/r* ***sich auf etw*** (*acc*) ***~*** se baser, se fonder sur qc
'Gründer(in) *m* ⟨~s; ~⟩ (*f*) ⟨~; ~nen⟩ fondateur, -trice *m,f*
'grund'falsch *adj* absolument faux
Grundfesten ['grʊntfɛstən] *st/s pl* bases *f/pl*; ***etw in s-n ~ erschüttern*** ébranler qc jusque dans ses fondements
'Grund|fläche *f e-r Wohnung* surface *f*; MATH base *f*; **~gebühr** *f* taxe *f* de base; **~gedanke** *m* idée fondamentale; **~gesetz** *n* loi fondamentale; (*Verfassung*) constitution *f*
grun'dier|en *v/t* ⟨*sans ge*⟩ passer la première couche sur; **⁀ung** *f* ⟨~; ~en⟩ **1** *Tätigkeit* application *f* de la première couche; **2** *Ergebnis* première couche
'Grund|kapital *n* capital social; **~kenntnisse** *f/pl* connaissances *f/pl* de base; **~kurs** *m in der Oberstufe* cours *m* de base
'Grundlage *f* base *f*; *e-r Theorie etc* fondement *m*; ***auf der ~ von*** sur la base de; ***jeder ~*** (*gén*) ***entbehren*** être dénué de tout fondement
'grundlegend *adjt* fondamental
gründlich ['grʏntlɪç] **I** *adj Person, Arbeit* minutieux; *Kenntnisse* solide; *Untersuchung* approfondi; **II** *adv* **1** à fond; minutieusement; **2** F (*gehörig*) complètement; F à fond; **⁀keit** *f* ⟨~⟩ (*Sorgfalt*) minutie *f*; soin *m*; *e-r Arbeit* qualité *f*
'Grund|linie *f* **1** MATH base *f*; **2** SPORT ligne *f* de fond; **⁀los** **I** *adj* sans fonde-

ment; gratuit; **II** *adv* sans raison; **~mauer** *f* mur *m* de fondation; **~nahrungsmittel** *n* aliment *m* de base

Grün'donnerstag *m* jeudi saint

'Grund|pfeiler *m fig* pilier *m*; **~prinzip** *n* principe fondamental; **~recht** *n* droit fondamental; **~regel** *f* règle fondamentale; **~riss** *m* **1** plan *m*; **2** *Lehrbuch* précis *m* (+ *gén* de); **~satz** *m* principe *m*

grundsätzlich ['grʊntzɛtslɪç] **I** *adj* **1** (*grundlegend*) fondamental; **2** (*prinzipiell*) de principe; **II** *adv* **1** fondamentalement; **2** (*aus Prinzip*) par principe; **3** (*im Prinzip*) en principe

'Grund|schule *f* école *f* primaire; **~schüler(in)** *m(f)* écolier, -ière *m,f*; **~schullehrer(in)** *m(f)* instituteur, -trice *m,f*; **~stein** *m* première pierre; **~steinlegung** *f* ⟨~; ~en⟩ pose *f* de la première pierre; **~steuer** *f* impôt foncier; **~stock** *m* base *f*; **~stoff** *m* **1** CHIM corps *m* simple; **2** (*Rohstoff*) matière première; **~stück** *n* terrain *m*; **~studium** *n* premier cycle d'études universitaires; **~stufe** *f* SCHULE premier cycle de lycée (comprenant la 5e, 6e et 7e année de scolarité); **~ton** *m* ⟨~¢s; -töne⟩ **1** MUS son fondamental; **2** PEINT ton dominant; **3** *fig* ton général; **~übel** *n* source *f* de tous les maux

'Gründung *f* ⟨~; ~en⟩ fondation *f*

'grund|ver'kehrt *adj* absolument faux; **'~ver'schieden** *adj* radicalement différent; **2wasser** *n* nappe *f* phréatique; **2wasserspiegel** *m* niveau *m* de la nappe phréatique; **2zug** *m* caractéristique *f*

'Grüne(r) *f(m)* ⟨→ A⟩ POL membre *m* du parti écologiste allemand; ***die Grünen*** les Verts *m/pl*

'Grüne(s) *n* ⟨→ A⟩ **1** *Farbe* vert *m*; **2** (*Natur*) nature *f*; ***im Grünen*** dans la nature

'grünen *st/s v/i* verdir; verdoyer

'Grün|fink *m* verdier *m*; **~fläche** *f* espace vert; **~gürtel** *m* ceinture verte; **~kohl** *m* chou vert; **2lich** *adj* verdâtre; **~pflanze** *f* plante verte; **~schnabel** *m péj* blanc-bec *m*; **~span** *m* vert-de-gris *m*; **~specht** *m* pivert *m*; **~streifen** *m e-r Straße* terre-plein central

grunzen ['grʊntsən] *v/i* ⟨¢$⟩ grogner

'Grünzeug F *n* verdure *f*

Gruppe ['grʊpə] *f* ⟨~; ~n⟩ groupe *m*; (*Kategorie*) catégorie *f*

'Gruppen|arbeit *f* travail *m* en groupe; **~bild** *n* photo *f* de groupe; **~reise** *f* voyage organisé; **~sex** *m* échangisme *m*; **~therapie** *f* thérapie *f* de groupe

grup'pier|en *v/t* (*u v/r*) ⟨*sans ge*⟩ (***sich ~*** se) grouper; **2ung** *f* ⟨~; ~en⟩ groupement *m*; *in e-r Partei* fraction *f*

Gruselfilm ['gru:zəl-] *m* film *m* d'épouvante

'grus(e)lig *adj* qui donne le frisson

'gruseln *v/t u v/i* ⟨¢⟩ ***mir od mich gruselt*** cela me donne le frisson; je frissonne d'épouvante

'Gruseln *n* ⟨~s⟩ frisson *m*; épouvante *f*

Gruß [gru:s] *m* ⟨~es; ~̈e⟩ **1** *Wort, Geste* salut *m*; **2** *Briefschluss* ***mit freundlichen Grüßen*** sincères salutations; *förmlicher* veuillez agréer, chère Madame *bzw* cher Monsieur, l'expression de mes sentiments distingués; ***(mit) herzliche(n) Grüße(n)*** amitiés; je vous *bzw* je t'embrasse; ***viele Grüße*** meilleurs souvenirs (***aus Berlin*** de Berlin); **3** *aufgetragener* bonjour *m*; *unter Vertrauten* amitiés *f/pl*; ***j-m von j-m Grüße bestellen*** *od* ***ausrichten*** donner le bonjour à qn de la part de qn; ***e-n schönen ~ von mir!*** donne-lui le bonjour de ma part!

grüßen ['gry:sən] ⟨¢$⟩ **I** *v/t* dire bonjour à; saluer; *südd* ***grüß (dich) Gott!*** bonjour! *bzw* bonsoir!; F ***grüß dich!*** salut!; ***~ Sie ihn von mir!*** donnez-lui le bonjour de ma part! **II** *v/i* dire bonjour

Grütze ['grʏtsə] *f* ⟨~; ~n⟩ **1** gruau *m*; ***rote ~*** *gelée à base de fruits rouges*; **2** F *fig* (*Verstand*) cervelle *f*; F jugeote *f*

Guatemala [guate'ma:la] *n* ⟨~s⟩ le Guatemala

gucken ['gʊkən] F **I** *v/t Fernsehen, Film* regarder; **II** *v/i* **1** regarder, F zieuter (***auf etw*** [+ *acc*], ***nach etw, nach j-m*** qc, qn); ***guck mal!*** regarde!; **2** (*hervorsehen*) dépasser (***aus*** de); **3** ***böse, freundlich ~*** avoir l'air méchant, aimable

'Guckloch *n* trou *m* (pour regarder qc); *in e-r Tür etc* judas *m*

Guerillakrieg [ge'rɪlja-] *m* guérilla *f*

Gugelhupf ['gu:gəlhupf] *m* ⟨~¢s; ~e⟩ *südd, österr* kouglof *m*

Guillotine [gijo'ti:nə] *f* ⟨~; ~n⟩ guillotine *f*

Guinea [gi'neːa] *n* ⟨~s⟩ la Guinée
Guinea-Bissau [gi'neːabɪ'sau] *n* ⟨~s⟩ la Guinée-Bissau
Gulasch ['gʊlaʃ *ou* 'guːlaʃ] *n od m* ⟨~¢s; ~e *ou* ~s⟩ goulache *od* goulasch *f od m*; **~suppe** *f* soupe *f* de goulache
Gulden ['gʊldən] *m* ⟨~s; ~⟩ HIST florin *m*
Gülle ['gʏlə] *f* ⟨~⟩ *südd, schweiz* purin *m*
Gully ['gʊli] *m od n* ⟨~s; ~s⟩ bouche *f* d'égout
gültig ['gʏltɪç] *adj* valable; JUR *a* valide; *Geld* qui a cours
'**Gültigkeit** *f* ⟨~⟩ validité *f*; **~ haben** être valable
Gummi[1] ['gʊmi] *n od m* ⟨~s; ~$⟩ *Material* caoutchouc (vulcanisé)
'**Gummi**[2] *m* ⟨~s; ~s⟩ **1** (*Radier*♀) gomme *f*; **2** F (*Präservativ*) F capote anglaise
'**Gummi**[3] F *n* ⟨~s; ~s⟩ (*~band*) élastique *m*
'**Gummi|ball** *m* balle *f*, *großer* ballon *m* de caoutchouc; **~band** *n* élastique *m*; **~bärchen** *n* ⟨~s; ~⟩ ourson *m* en gomme gélifiée; **~baum** *m* caoutchouc *m*
gum'mieren *v/t* ⟨*sans ge*⟩ gommer
'**Gummi|handschuh** *m* gant *m* de caoutchouc; **~knüppel** *m* matraque *f* (en caoutchouc); **~ring** *m auf Einmachgläsern* caoutchouc *m*; *Büroartikel* élastique *m*; **~sohle** *f* semelle *f* de caoutchouc; **~stiefel** *m* botte *f* en caoutchouc
Gunst [gʊnst] *f* ⟨~⟩ faveur(s) *f(pl)*; ***die ~ der Stunde nutzen*** profiter de l'occasion propice; ***zu s-n ~en*** en sa faveur
günstig ['gʏnstɪç] **I** *adj* favorable (***für*** à); *Zeitpunkt, Wetter a* propice; *Angebot, Preis* avantageux; **II** *adv* favorablement; *kaufen* à un prix avantageux; ***sich ~ auswirken*** avoir des effets favorables
Günstling ['gʏnstlɪŋ] *m* ⟨~s; ~e⟩ *péj* protégé(e) *m(f)*
Gurgel ['gʊrgəl] *f* ⟨~; ~n⟩ gorge *f*
gurgeln *v/i* ⟨¢⟩ **1** ⟨*spülen*⟩ se gargariser; **2** (*blubbern*) gargouiller
Gürkchen ['gʏrkçən] *n* ⟨~s; ~⟩ cornichon *m*
Gurke ['gʊrkə] *f* ⟨~; ~n⟩ concombre *m*; *kleine* cornichon *m*; ***saure ~*** cornichon au vinaigre
'**Gurkensalat** *m* salade *f* de concombres
gurren ['gʊrən] *v/i* roucouler
Gurt [gʊrt] *m* ⟨~¢s; ~e⟩ (*Riemen*) sangle *f*; (*Sicherheits*♀) ceinture *f*
Gürtel ['gʏrtəl] *m* ⟨~s; ~⟩ ceinture *f*; F *fig* ***den ~ enger schnallen*** F se serrer la ceinture
'**Gürtellinie** *f* ceinture *f*; ***ein Schlag unter die ~*** un coup bas (*a* F *fig*)
'**Gürtel|reifen** *m* pneu *m* à carcasse radiale; **~rose** *f* MÉD zona *m*; **~schnalle** *f* boucle *f* de ceinture; **~tasche** *f* (sac *m*) banane *f*
'**Gurtstraffer** *m* ⟨~s; ~⟩ rétracteur *m* de ceinture de sécurité
Guru ['guːru] *m* ⟨~s; ~s⟩ gourou *m* (*a fig*)
GUS [geːʔuːˈʔɛs] *abr* (*Gemeinschaft Unabhängiger Staaten*) ***die ~*** la C.E.I.
Guss [gʊs] *m* ⟨~es; ~̈e⟩ **1** TECH fonte *f*; *fig* ***wie aus e-m ~*** sans défaut; impeccable; **2** F (*Regen*♀) ondée *f*; averse *f*; **3** CUIS glaçage *m*
'**Guss|eisen** *n* fonte *f*; **♀eisern** *adj* en fonte; **~form** *f* moule *m*
gut [guːt] **I** *adj* ⟨besser, beste⟩ **1** bon; *prädikativ* (*~ gemacht etc*) bien; *Wetter* beau; ***~e zehn Minuten*** dix bonnes minutes; ***die ~e alte Zeit*** le bon vieux temps; ***♀ und Böse*** le bien et le mal; ***zu j-m ~ sein*** être bon pour qn; ***seien Sie so ~ und …*** veuillez …; *Mittel* ***für*** *od* ***zu, gegen etw ~ sein*** être bon pour *od* à, contre qc; ***es wird noch alles ~ werden*** tout s'arrangera; ***mir ist nicht ~*** je ne me sens pas bien; ***es ist ~*** *od* ***wie ~, dass du gekommen bist*** heureusement que tu es venue; ***es wäre ~, wenn …*** ce serait bien de (+ *inf*); F ***~ (so)!*** bien!; (***also*** *od* ***nun***) ***~!*** bon!; bien!; soit!; F ***lassen wir es ~ sein!*** restons-en là!; **2** *Schulnote* → ***Zwei*** 2; ***sehr ~*** → ***Eins*** 2; **II** *adv* bien; **a)** *mit Verben* ***~ gehen*** *Geschäft* bien marcher; (*~ ausgehen*) se terminer bien; bien finir; (*~ verlaufen*) se passer bien; ***es geht ihm ~*** *gesundheitlich* il va bien; *geschäftlich* ses affaires vont bien; ***etw ~ können*** savoir bien faire qc; F ***machs ~!*** F salut!; ***~ tun*** faire du bien; **b)** *mit p/pr* ***~ aussehend*** beau; ***~ gehend*** *Geschäft* prospère; florissant; **c)** *mit p/p* ***~ bezahlt*** bien payé; ***~ erhalten*** en bon état; F *Person* ***~ gebaut*** bien bâti; ***~ gelaunt*** de bonne humeur; ***~ gemeint*** qui part d'une bonne intention; ***~ situiert***

/

fortuné; aisé; **d)** *bei Zeitangaben* ~ ***zehn Jahre*** dix bonnes années; ***vor ~ zehn Jahren*** il y a, cela fait bien dix ans; **e)** *mit adv* F ~ ***und gern*** au moins; ***so ~ wie alles, nichts*** presque tout, rien

Gut *n* ⟨~es; ~er⟩ **1** (*Besitz*) bien *m* (*a fig*); **2** (*Landgut*) domaine *m*; (*Gutshof*) ferme *f*; **3** (*Transport*≈) marchandise(s) *f*(*pl*)

'Gutacht|en *n* ⟨~s; ~⟩ expertise *f*; **~er** *m* ⟨~s; ~⟩ expert *m*

'gut|artig *adj* **1** *Tier* inoffensif; pas méchant (de nature); **2** MÉD bénin; **'~'bürgerlich** *adj* bourgeois

Gutdünken ['gu:tdʏŋkən] *n* ⟨~s⟩ ***nach*** (***meinem*** *etc*) ~ comme bon me, *etc* semble

H

'Gute(s) *n* ⟨→ A⟩ **1** bien *m*; (***j-m***) ***Gutes tun*** faire du bien (à qn); ***des Guten zu viel tun*** exagérer; ***das ist des Guten zu viel*** c'en est trop; ***sein Gutes haben*** avoir du bon; ***j-m etw im Guten sagen*** dire qc à qn en toute amitié, gentiment; **2** ***alles Gute!*** bonne chance!

Güte ['gy:tə] *f* ⟨~⟩ **1** *e-r Person* bonté *f*; F ***ach du meine ~!*** mon Dieu!; **2** *e-r Ware* qualité *f*

'Güteklasse *f* catégorie *f*

Gute'nacht|geschichte *f* histoire (*lue à un enfant au moment du coucher*); **~kuss** *m* baiser *m* pour dire bonne nuit

'Güter|bahnhof *m* gare *f* de marchandises; **~trennung** *f* séparation *f* de biens; **~verkehr** *m* trafic *m* de marchandises; **~wagen** *m* wagon *m* de marchandises; **~zug** *m* train *m* de marchandises

'Güte|siegel *n*, **~zeichen** *n* label *m* de qualité

'gutgläubig *adj u adv* de bonne foi

'Guthaben *n* ⟨~s; ~⟩ avoir *m*

'gut·heißen *v/t* ⟨*irr*⟩ approuver

gütig ['gy:tɪç] **I** *adj* bon; **II** *adv* avec bonté

'gütlich **I** *adj* (à l')amiable; **II** *adv* **1** à l'amiable; **2** ***sich an etw*** (*dat*) ~ ***tun*** se régaler de qc

'gut·machen *v/t* *Fehler* réparer; *Versäumtes, Verlust* rattraper

gutmütig ['gu:tmy:tɪç] *adj* bon enfant; bonhomme; **≈keit** *f* ⟨~⟩ bonhomie *f*

'Gutsbesitzer(in) *m*(*f*) propriétaire *m,f* d'un domaine

'Gutschein *m* bon *m* (***für, auf*** [+ *acc*] pour)

'gut·schreiben *v/t* ⟨*irr*⟩ ***j-m e-n Betrag*** ~ créditer (le compte de) qn d'une somme

'Gutschrift *f* **1** *Betrag* crédit *m*; **2** *Bescheinigung* avis *m* de crédit

'Gutsherr *m* propriétaire *m* d'un domaine

'gutwillig **I** *adj* (plein) de bonne volonté; **II** *adv* de bon gré

Guyana [gu'ja:na] *n* ⟨~s⟩ la Guyana

Gymnasiallehrer(in) [gʏmnazi'a:l-] *m*(*f*) professeur *m* de lycée

Gymnasi'ast(in) *m* ⟨~en; ~en⟩ (*f*) ⟨~; ~nen⟩ lycéen, -éenne *m,f*

Gymnasium [gʏm'na:zium] *n* ⟨~s; -ien⟩ lycée *m*

⚠ Gymnasium ≠ gymnase

das Gymnasium	=	le lycée
le gymnase	=	die Turnhalle

Gymnastik [gʏm'nastɪk] *f* ⟨~⟩ gymnastique *f*; **~anzug** *m* justaucorps *m*; body *m*

gym'nastisch *adj* de gymnastique

Gynäko|loge [gynɛko'lo:gə] *m* ⟨~n; ~n⟩, **~'login** *f* ⟨~; ~nen⟩ gynécologue *m,f*; **~lo'gie** *f* ⟨~⟩ gynécologie *f*; **≈'logisch** *adj* gynécologique

H

H, h [ha:] *n* ⟨~; ~⟩ **1** H, h *m*; **2** MUS si *m*

h *abr* (*hora; Stunde, Uhrzeit: Uhr*) h

ha[1] *abr* (*Hektar*) ha

ha[2] [ha] *int Überraschung, Triumph* ah!

Haar [ha:r] *n* ⟨~es; ~e⟩ (*Haupt*≈) cheveu *m*; (*Körper*≈), ZO, BOT, *e-s Pinsels* poil *m*; *coll* ***das ~*** les cheveux; ***blonde ~e*** *od* ***blondes ~ haben*** avoir les cheveux blonds; ***sich*** (*dat*) ***aufs ~ gleichen*** se ressembler comme deux gouttes

Rund ums Haar

dunkle Haare	**les cheveux foncés**
blonde Haare	**les cheveux blonds**
graue Haare	**les cheveux gris**
lockiges Haar	**les cheveux bouclés**
krauses Haar	**les cheveux frisés**
der Pony	**la frange**
die Strähne	**la mèche**
die Locke	**la boucle**
die Dauerwelle	**la permanente**
Sie hat lange Haare.	**Elle a les cheveux longs.**
Er hat kurzes Haar.	**Il a les cheveux courts.**
ein blondes Mädchen	**une jeune fille aux cheveux blonds**

d'eau; ***um ein ~ wäre er ums Leben gekommen*** il s'en est fallu d'un rien qu'il n'échappe à la mort; F *fig* ***ein ~ in der Suppe finden*** trouver à critiquer, à redire; ***j-m kein ~ krümmen*** ne pas toucher (à) un cheveu de qn; F ***kein gutes ~ an j-m, etw lassen*** ne dire que du mal de qn, qc; *plais* ***~e auf den Zähnen haben*** ne pas se laisser marcher sur les pieds; ***sich*** (*dat*) ***in die ~e geraten*** *od* F ***kriegen*** s'empoigner; F se voler dans les plumes; ***sich*** (*dat*) ***in den ~en liegen*** se battre; F ***an den ~en herbeigezogen*** tiré par les cheveux; ***sich*** (*dat*) (***vor Verzweiflung***) ***die ~e raufen*** s'arracher les cheveux (de désespoir); F ***dabei stehen einem die ~e zu Berge*** cela (vous) fait dresser les cheveux sur la tête

'**Haar|ausfall** *m* chute *f* des cheveux; **~bürste** *f* brosse *f* à cheveux

'**haaren** *v/i Tier* perdre ses poils

'**Haaresbreite** *f* ***um~*** de peu; de justesse

'**Haar|farbe** *f* couleur *f* des cheveux; **~färbemittel** *n* teinture *f* capillaire; **~festiger** *m* ⟨~s; ~⟩ fixateur *m*; '**≗ge'nau** F *adj* très exact, précis

'**haarig** *adj* **1** *Körperteil* poilu; **2** F (*heikel*) délicat

'**haar'klein** *adv* par le menu

'**Haar|klemme** *f* pince *f* à cheveux; **~nadel** *f* épingle *f* à cheveux; **~nadelkurve** *f* virage *m* en épingle à cheveux; **~netz** *n* résille *f*; filet *m*; **~riss** *m* TECH fissure très fine

'**haar'scharf** *adv* **1** (*klar*) très nettement; (*genau*) avec une extrême précision; **2** (*ganz dicht, nah*) de justesse; de peu

'**Haar|schleife** *f* nœud *m* (dans les cheveux); **~schnitt** *m* coupe *f* de cheveux

Haarspalte'rei *f* ⟨~; ~en⟩ *péj* chinoiseries *f/pl*; ***das ist doch ~!*** c'est couper les cheveux en quatre

'**Haar|spange** *f* barrette *f*; **~spray** *n od m* laque *f*; **~strähne** *f* mèche *f* (de cheveux); **≗sträubend** *adjt* **1** (*entsetzlich*) monstrueux; **2** (*unerhört*) inouï; (*unglaublich*) absurde; **~teil** *n* postiche *m*; **~trockner** *m* sèche-cheveux *m*; **~waschmittel** *n* shampooing *m*; **~wasser** *n* ⟨~s; -wässer⟩ lotion *f* capillaire; **~wuchs** *m* **1** *Vorgang* pousse *f* des cheveux; **2** (*Haare*) cheveux *m/pl*; *bei Tieren, am Körper* poils *m/pl*; **~wuchsmittel** *n* produit *m* capillaire; **~wurzel** *f* racine *f* d'un cheveux, *bei Tieren, am Körper* d'un poil

Hab [ha:p] *st/s* ***~ und Gut*** *n* biens *m/pl*

Habe ['ha:bə] *st/s f* ⟨~⟩ biens *m/pl*

'**haben** ⟨hast, hat; hatte; gehabt⟩ **I** *v/t* avoir; (*besitzen*) *a* posséder; ***e-e Stunde hat sechzig Minuten*** une heure fait soixante minutes; ***wir ~ heute Montag, den 1. April*** aujourd'hui nous sommes lundi, le 1er avril; ***wir ~ Sommer*** nous sommes en été; ***da hast du Geld*** tiens, voilà de l'argent; F ***was hast du (denn)?*** mais qu'est-ce que tu as?; ***das kann ich nicht ~*** je ne supporte pas ça; F ***da ~ wirs!*** (*das war zu erwarten*) ça y est!; (*so ist es also*) nous y voilà!; ***ich habs*** (*gefunden*) j'ai trouvé; je l'ai; ***es gut ~*** avoir la vie belle; F ***das werden wir gleich ~*** ça ne sera pas long; COMM ***zu ~ sein*** être en vente; ***sie, er ist noch zu ~*** elle, il est encore libre; F ***man hat jetzt wieder kurze Röcke*** la mode est de nouveau aux jupes courtes; ***ich habe zu*** (+ *inf*) j'ai à, je dois, il me faut (+ *inf*); ***ich habe zu tun*** j'ai à faire; F ***es am Magen ~*** avoir des problèmes d'estomac; *fig* ***es in sich*** (*dat*) ~ être très difficile; ***nichts von etw ~*** ne pas profiter de qc; ***etw vor sich*** (*dat*) ~ être à la veille de qc; *weiter entfernt* avoir qc en perspective; **II** *v/aux* avoir; *bei reflexiver Konstruktion* être; **III** F *v/r* ***hab dich nicht so!*** ne fais pas tant de façons, de manières!; ***damit hat sichs*** c'est tout; c'est fini

'Haben *n* 〈~s〉 COMM avoir *m*; crédit *m*

'Habenichts *m* 〈~¢s; ~e〉 F sans-le-sou *m*

'Habgier *f* cupidité *f*; **Ωig** *adj* cupide

'habhaft *adj* ***j-s, e-r Sache ~ werden*** se saisir de qn, qc

Habicht ['ha:bɪçt] *m* 〈~s; ~e〉 autour *m*

Habili|tation [habilitatsi'o:n] *f* 〈~; ~en〉 doctorat *m* d'État; **Ω'tieren** *v/i* (*u v/r*) 〈*sans ge*〉 (***sich ~***) passer un doctorat d'État

'Habseligkeiten *f/pl* affaires *f/pl*

Hachse ['haksə] *f* 〈~; ~n〉 **1** CUIS jarret *m*; **2** F *plais pl* ***~n*** F pattes *f/pl*

Hack|beil ['hak-] *n* couperet *m*; **~braten** *m* rôti *m* de viande 'hachée; **~brett** *n* **1** CUIS 'hachoir *m*; **2** MUS tympanon *m*

'Hacke[1] *f* 〈~; ~n〉 AGR 'houe *f*; (*Garten*Ω) binette *f*

'Hacke[2] *f* 〈~; ~n〉 *nordd* (*Absatz, Ferse*) talon *m*

'hacken I *v/t* CUIS 'hacher; JARD biner; ***Holz ~*** casser du bois; **II** *v/i* **1** JARD biner; **2** *Vogel* ***nach j-m, etw ~*** donner des coups de bec à qn, qc

'Hacker *m* 〈~s; ~〉 INFORM pirate *m*

'Hackfleisch *n* viande 'hachée

Häcksel ['hɛksəl] *n od m* 〈~s〉 AGR paille 'hachée; foin 'haché

'häckseln *v/t* 〈¢〉 *Heu, Stroh* 'hacher

'Hacksteak *n* steak 'haché

Hader ['ha:dər] *st/s m* 〈~s〉 (*Streit*) querelle *f*; (*Zwietracht*) dissension *f*

'hadern *v/i* ***mit j-m ~*** se quereller avec qn; ***mit s-m Schicksal ~*** s'en prendre au destin

Hafen ['ha:fən] *m* 〈~s; ¨~〉 port *m* (*a fig*); **~anlagen** *f/pl* installations *f/pl* portuaires; **~arbeiter** *m* docker *m*; **~rundfahrt** *f* tour *m* du port en bateau; **~stadt** *f* ville *f* portuaire; **~viertel** *n* quartier *m* du port

Hafer ['ha:fər] *m* 〈~s〉 avoine *f*; F *fig* ***ihn sticht der ~*** il ne se sent plus

'Hafer|brei *m* bouillie *f* d'avoine; **~flocken** *f/pl* flocons *m/pl* d'avoine; **~schleim** *m* crème *f* d'avoine

Haft [haft] *f* 〈~〉 détention *f*; emprisonnement *m*; ***in ~*** en détention

'Haftanstalt *f* maison *f* d'arrêt

'haftbar *adj* responsable; ***j-n für etw ~ machen*** rendre qn responsable de qc

'Haftbefehl *m* mandat *m* d'arrêt

'haften[1] *v/i* 〈-e-〉 (*fest*~) adhérer (**an** [+ *dat*] à); (*kleben*) coller (à); *Makel* ***an j-m ~*** (pour)suivre qn; ***im Gedächtnis ~*** être gravé dans la mémoire

'haften[2] *v/i* 〈-e-〉 JUR ***für j-n, etw ~*** être responsable de qn, qc

'Haftentlassung *f* mise *f* en liberté

Häftling ['hɛftlɪŋ] *m* 〈~s; ~e〉 détenu(e) *m*(*f*); prisonnier, -ière *m,f*

'Haftnotiz *f* post-it® *m*

'Haftpflicht *f* responsabilité civile; **~versicherung** *f* assurance *f* (de) responsabilité civile

'Haftrichter(in) *m*(*f*) juge *m* de l'application des peines

'Haftschale *f* OPT verre *m* de contact

'Haftstrafe *f* détention *f*

'Haftung[1] *f* 〈~〉 TECH adhérence *f*

'Haftung[2] *f* 〈~〉 JUR responsabilité *f* (**für** de)

Hagebutte ['ha:gəbutə] *f* 〈~; ~n〉 fruit *m* de l'églantier; gratte-cul *m*

Hagel ['ha:gəl] *m* 〈~s; ~〉 grêle *f* (*a fig*); **~korn** *n* grêlon *m*

'hageln *v/imp* 〈¢〉 ***es hagelt*** il grêle; *fig* ***es hagelte Schläge*** les coups pleuvaient

'Hagelschauer *m* averse *f* de grêle

hager ['ha:gər] *adj* maigre; *Gesicht* émacié; *Arme, Beine* grêle

haha [ha'ha(:)] *int* 'ha, 'ha!

Häher ['hɛ:ər] *m* 〈~s; ~〉 ZO geai *m*

Hahn [ha:n] *m* 〈~¢s; ¨~e〉 **1** ZO coq *m*; F ***danach kräht kein ~*** personne ne s'en soucie; F ***~ im Korb sein*** avoir (toute)

une cour (autour de soi); *péj* être le coq du village; **2** (*Wasser*&, *Gas*&) robinet *m*; **3** *e-r Schußwaffe* chien *m*
Hähnchen ['hɛːnçən] *n* ⟨~s; ~⟩ poulet *m*
'**Hahnen|fuß** *m* BOT renoncule *f*; **~kampf** *m* combat *m* de coqs
Hai [haɪ] *m* ⟨~¢s; ~e⟩, '**~fisch** *m* requin *m*
Hain [haɪn] *poét m* ⟨~¢s; ~e⟩ bosquet *m*; bois *m*; '**~buche** *f* charme *m*
Haiti [ha'iːti] *n* ⟨~s⟩ Haïti
Häkchen ['hɛːkçən] *n* ⟨~s; ~⟩ **1** (*kleiner Haken*) crochet *m*; **2** *auf e-r Liste* signe *m*
Häkel|arbeit ['hɛːkəl-] *f* ouvrage *m* au crochet; **~decke** *f* couverture *f* au crochet
'**häkeln** ⟨¢⟩ **I** *v/t* faire au crochet; **II** *v/i* faire du crochet '**Häkelnadel** *f* crochet *m*
haken ['haːkən] **I** *v/t* ***etw an etw*** (*acc*) **~** accrocher qc à qc; **II** *v/i* (*klemmen*) se coincer
'**Haken** *m* ⟨~s; ~⟩ **1** crochet *m* (*a zum Aufhängen, beim Schreiben*); (*Kleider*&) patère *f*; (*Angel*&) hameçon *m*; **2** BOXEN ***linker, rechter ~*** crochet *m* du gauche, du droit; **3** F *fig* (*Schwierigkeit*) 'hic *m*; F os *m*; ***die Sache hat e-n ~*** il y a un 'hic, F un os
'**Haken|kreuz** *n im Nationalsozialismus* croix gammée; **~nase** *f* nez crochu
halb [halp] **I** *adj* demi; la moitié de; ***ein ~es Brot*** la moitié d'un pain; un demi-pain; ***e-e ~e Stunde*** une demi-heure; ***es ist ~ vier*** il est trois heures et demie; ***das ist nichts &es und nichts Ganzes*** cela n'est ni fait ni à faire; **II** *adv* à moitié; à demi; ***~ fertig*** à moitié terminé; ***~ leer, voll*** à moitié vide, plein; ***~ nackt*** à moitié, à demi nu; ***~ offen*** entrouvert; ***~ verhungert*** à moitié mort de faim; ***~ so groß*** deux fois moins grand; ***~ so viel*** (***wie***) moitié moins (que); la moitié (de); ***es ist ~ so schlimm*** *od* F ***wild*** ce n'est pas si grave; ***~ und ~*** *Mischung* moitié, moitié; ***~ …, ~ …*** moitié …, moitié …
'**halb|amtlich** *adj* officieux; **&bildung** *f* vernis *m* de culture; **~bitter** *adj Schokolade* noir extra fin; **&blut** *n Pferd* demi-sang *m*; *Mensch* métis *m*; **&bruder** *m* demi-frère *m*; **&dunkel** *n* demi-obscurité *f*; pénombre *f*; **&edelstein** *m* pierre fine
'**halbe-'halbe** F *adv* ***mit j-m ~ machen*** F faire, partager moitié-moitié avec qn
'**halber** *prép* ⟨*gén*⟩ à *od* pour cause de
'**halb|fertig** *adj* à moitié terminé; **~fett** *adj Käse* allégé; *Druck* demi-gras; **&finale** *n* demi-finale *f*; **&gott** *m* demi-dieu *m*; **&heit** *f* ⟨~; ~en⟩ demi-mesure *f*; **~herzig** *adj u adv* sans conviction
halbieren [hal'biːrən] *v/t* ⟨*sans ge*⟩ partager en deux (parties égales)
'**Halb|insel** *f* presqu'île *f*; *große* péninsule *f*; **~jahr** *n* semestre *m*; **&jährig** *adj* de six mois; **&jährlich I** *adj* semestriel; **II** *adv* semestriellement; *bezahlen, erscheinen* tous les six mois; **~kreis** *m* demi-cercle *m*; **~kugel** *f* hémisphère *m*; **&lang** *adj* mi-long; **&laut** *adj u adv* à mi-voix; **~leiter** *m* semi-conducteur *m*; **&mast** *adv* en berne; **~messer** *m* ⟨~s; ~⟩ MATH rayon *m*; **~mond** *m* **1** ASTR premier *bzw* dernier quartier (de lune); **2** *fig Form* croissant *m*; **~pension** *f* demi-pension *f*; **~schatten** *m* pénombre *f*; **~schlaf** *m* demi-sommeil *m*; **~schuh** *m* chaussure basse; **~schwergewicht** *n* BOXEN poids mi-lourd; **~schwester** *f* demi-sœur *f*; **&seiden** *adj* **1** mi-soie; **2** *fig Methoden, Person* douteux; *Person, Milieu* louche; **&seitig I** *adj Anzeige* sur une demi-page; **II** *adv gesperrt* d'un côté; **~starke(r)** F *péj m* ⟨→ A⟩ F loubard *m*; **~stiefel** *m* bottillon *m*; bottine *f*; **&stündig** *adj* d'une demi-heure; **&tägig** *adj* d'une demi-journée; **&tags** *adv* à mi-temps
'**Halbtags|arbeit** *f* (travail *m* à) mi-temps *m*; **~kraft** *f* employé(e) *m*(*f*) à mi-temps
'**Halb|ton** *m* ⟨~¢s; -töne⟩ **1** MUS demi-ton *m*; **2** PEINT demi-teinte *f*; **&trocken** *adj Wein* demi-sec; **~vokal** *m* semi-voyelle *f*; **~wahrheit** *f* demi-vérité *f*; **~waise** *f* orphelin(e) *m*(*f*) de père *bzw* de mère; **&wegs** *adv* passablement; à peu près; **~welt** *f* demi-monde *m*; **~wertszeit** *f* NUCL demi-vie *f*; période *f*; **&wüchsig** [-vyːksɪç] *adj* adolescent; **~wüchsige(r)** *f*(*m*) ⟨→ A⟩ adolescent(e) *m*(*f*); **~zeit** *f* mi-temps *f*
Halde ['haldə] *f* ⟨~; ~n⟩ BERGBAU terril *m*; *fig* ***auf ~ liegen*** rester invendu; *fig* ***auf ~ produzieren*** produire trop
half [half] → ***helfen***
Hälfte ['hɛlftə] *f* ⟨~; ~n⟩ moitié *f*; ***zur ~***

H

fertig** etc* à moitié terminé, *etc*; ***um die ~ teurer (de) moitié plus cher; ***Kinder zahlen die ~*** les enfants payent demi-tarif; F *plais **meine bessere ~*** ma moitié; SPORT ***die gegnerische ~*** la moitié de terrain adverse

Halfter[1] ['halftər] *n od m* ⟨~s; ~⟩ *für Pferde* licou *m*

'Halfter[2] *f* ⟨~; ~n⟩ *od n* ⟨~s; ~⟩ *für Pistolen* gaine *f*

Hall [hal] *m* ⟨~(e)s; ~e⟩ bruit *m*; son *m*; (*Wider*≈) écho *m*

'Halle *f* ⟨~; ~n⟩ (*Saal*) (grande) salle; (*Empfangs*≈, *Bahnhofs*≈, *Schalter*≈; *Messe*≈) 'hall *m*; (*Sport*≈) salle *f* (omnisports); (*Werk*≈) atelier *m*

halleluja [hale'lu:ja] *int* REL alléluia!

'hallen *v/i* résonner; *p/fort* retentir

'Hallen|bad *n* piscine couverte; **~sport** *m* sport *m* en salle

hallo [ha'lo: *ou* 'halo] *int* **1** *Zuruf* 'hep!; 'hé!; *aus der Ferne* ohé!; **2** F *Gruß* F salut!; **3** TÉL allô!

Halloween [hɛlo'vi:n] *n* halloween *f*

Halluzination [halutsinatsi'o:n] *f* ⟨~; ~en⟩ hallucination *f*

Halm [halm] *m* ⟨~(e)s; ~e⟩ (*Getreide*≈) tige *f*; (*bes Gras*≈) brin *m*

Halogen [halo'ge:n] *n* ⟨~s; ~e⟩ halogène *m*; **~lampe** *f* lampe *f* halogène; **~scheinwerfer** *m* phare *m* halogène

Hals [hals] *m* ⟨~es; ~̈e⟩ **1** ANAT cou *m*; (*Kehle*) gorge *f*; *Fleisch* ***vom ~*** dans le collier; F ***etw in den falschen ~ kriegen*** (*sich verschlucken*) avaler qc de travers; *fig* (*falsch verstehen*) prendre qc de travers; ***j-m um den ~ fallen*** sauter au cou de qn; ***sich** (dat) **den ~ brechen*** se casser le cou; F ***j-n, etw auf dem** od **am ~ haben*** avoir qn, qc sur les bras; F ***sich** (dat) **j-n, etw vom ~(e) schaffen*** se débarrasser de qn, qc; F ***es hängt mir zum ~(e) heraus*** F j'en ai ras le bol, marre; ***aus vollem ~(e)*** à gorge déployée; F ***~ über Kopf*** précipitamment; F ***er hat sich ~ über Kopf in sie verliebt*** il a eu le coup de foudre pour elle; F ***mir steht das Wasser bis zum ~*** je suis à bout, F au fond du trou; *a finanziell* F je suis dans le pétrin; **2** (*Flaschen*≈) col *m*; goulot *m*; (*Knochen*≈) col *m*; *e-r Geige* manche *m*

'Hals|abschneider F *m* voleur *m*; bandit *m*; **~ausschnitt** *m* encolure *f*; **~band** *n* collier *m*; **≈brecherisch** *adj* périlleux; casse-cou; **~entzündung** *f* inflammation *f* de la gorge; **~kette** *f* collier *m*

'Hals-'Nasen-'Ohren-|Arzt *m*, **~Ärztin** *f* oto-rhino-laryngologiste *m,f*

'Halsschlagader *f* carotide *f*

'Halsschmerzen *m/pl* mal *m* de gorge; ***~ haben*** avoir mal à la gorge

'halsstarrig I *adj* entêté; **II** *adv* avec entêtement; **≈keit** *f* ⟨~⟩ entêtement *m*

'Halstuch *n* ⟨~(e)s; -tücher⟩ foulard *m*

'Hals- und 'Beinbruch *int* bonne chance!

'Hals|weh F *n* → ***Halsschmerzen***; **~wirbel** *m* vertèbre cervicale

halt[1] [halt] *int* stop!; MIL 'halte!

halt[2] *adv südd, österr, schweiz* enfin

Halt *m* ⟨~(e)s; ~e⟩ **1** (*Stütze*) appui *m*; *beim Bergsteigen* ***~ haben*** avoir prise; ***den ~ verlieren*** perdre l'équilibre; **2** *fig* appui *m*; soutien *m*; ***innerer ~*** soutien moral; **3** (*Anhalten*) arrêt *m*; ***~ machen*** s'arrêter; *um zu rasten* faire (une) 'halte; *fig* ***vor nichts ~ machen*** ne reculer devant rien

'haltbar *adj* **1** *Material, Kleidung* solide; résistant; **2** *Lebensmittel* qui se conserve (bien); ***mindestens ~ bis ...*** à consommer de préférence avant le ...; **3** *fig These* soutenable

'Haltbarkeit *f* ⟨~⟩ **1** *von Material* solidité *f*; résistance *f*; **2** *von Lebensmitteln* (durée *f* de) conservation *f*; **~sdatum** *n* date *f* limite de conservation

'Halte|griff *m* poignée *f*; **~linie** *f auf der Straße* ligne *f* d'arrêt, de stop

'halten ⟨hält, hielt, gehalten⟩ **I** *v/t* **1** (*fest~*) tenir; *in e-r bestimmten Lage* tenir; ***den Kopf unter Wasser ~*** tenir la tête sous l'eau; **2** *Schuss, Elfmeter* arrêter; **3** *Tier, Fahrzeug* avoir; **4** (*beibe~*) *Ton, Takt, Standard, Vorsprung, Gleichgewicht* garder; *Geschwindigkeit, Position* maintenir; **5** *These etc* ***sich nicht ~ lassen*** ne pas être soutenable; **6** (*zurück~*) ***j-n ~*** retenir qn; ***er war nicht mehr zu ~*** on ne pouvait plus le tenir; **7** *Wort, Versprechen* tenir; *Gebot* observer; **8** *in e-m bestimmten Zustand* tenir; *Essen* ***warm ~*** tenir au chaud; **9** (*verfahren*) ***ich halte es damit so*** moi, je fais comme ça; ***wie haltet ihr***

es mit …? comment faites-vous avec …?; **10** (*behandeln*) traiter; ***j-n streng ~*** traiter qn sévèrement; **11** (*ab~*) faire; *Rede, Ansprache, Predigt a* prononcer; *Gottesdienst* célébrer; ***Unterricht ~*** faire cours, la classe; **12** (*einschätzen*) ***etw, j-n für etw, j-n ~*** considérer qc, qn comme qc, qn; *fälschlicherweise* prendre qc, qn pour qc, qn; ***ich halte ihn für klug*** je le crois intelligent; F ***wofür ~ Sie mich eigentlich?*** pour qui me prenez-vous?; ***es für gut ~ zu*** (+ *inf*) *bzw* ***dass …*** trouver, juger, croire bon de (+ *inf*) *bzw* que … (+ *subj*); **13** (*urteilen*) ***viel von j-m ~*** estimer beaucoup qn; ***viel von etw ~*** penser beaucoup de bien de qc; ***nichts von etw ~*** ne penser aucun bien de qc; ***was ~ Sie davon?*** qu'en pensez-vous?; **II** *v/i* **14** (*Halt haben*) *Seil, Farbe, Brücke etc* tenir; **15** *Kleidung, Gerät, Freundschaft* durer; *Kleidung* ***lange ~*** *a* faire de l'usage; **16** (*an~*) s'arrêter; ***≗ verboten!*** défense de s'arrêter!; **17** ***an sich*** (*acc*) **~** se retenir; **18** ***zu j-m ~*** être du côté de qn; **III** *v/r* ***sich ~*** **19** (*sich behaupten, bleiben*) *Regierung* se maintenir au pouvoir; *Wetter, Preise, Kurse etc* se maintenir; **20** *Körperhaltung* ***sich aufrecht ~*** se tenir droit; *stehend* se tenir debout; **21** (*sich bewähren*) ***sich gut, tapfer ~*** se comporter bien, courageusement; **22** (*bleiben*) ***sich rechts, links ~*** tenir sa droite, sa gauche; **23** ***sich an j-n, etw ~*** s'en tenir à qn, qc; **24** *Lebensmittel* se conserver; se garder; F *fig* ***sie hat sich gut gehalten*** F elle est bien conservée

'Halter *m* ⟨~s; ~⟩ **1** (*Fahrzeug≗*) détenteur *m*; (*Tier≗*) propriétaire *m*; **2** TECH support *m*

'Halterung *f* ⟨~; ~en⟩ support *m*

'Halte|signal *n* signal *m* d'arrêt; **~stelle** *f* arrêt *m*

'Halteverbot *n* **1** *Verkehrszeichen* ***absolutes, eingeschränktes ~*** arrêt, stationnement interdit; **2** *Zone* (zone *f* d')arrêt interdit

'Halteverbotsschild *n* panneau *m* d'arrêt interdit

'haltlos *adj* **1** *Person* instable; **2** *Verdacht, Behauptung* sans fondement; injustifié; **≗igkeit** *f* ⟨~⟩ **1** instabilité *f*; **2** absence *f* de fondement

'haltmachen → ***Halt*** *3*

'Haltung *f* ⟨~; ~en⟩ **1** (*Körper≗*) tenue *f*; position *f* (*a von Körperteilen*); (*Positur*) posture *f*; ***e-e aufrechte ~ haben*** se tenir droit; **2** (*Einstellung*) attitude *f*; **3** (*Fassung*) contenance *f*; ***~ bewahren*** garder bonne contenance; **4** (*Tier≗*) élevage *m*

'Haltungsschaden *m* déformation *f* pathologique (du squelette)

Halunke [ha'luŋkə] *m* ⟨~n; ~n⟩ escroc *m*; *plais* canaille *f*; coquin *m*

Hamburg ['hamburk] *n* ⟨~s⟩ 'Hambourg

'Hamburger ['hɛmbœrgər] *m* ⟨~s; ~⟩ CUIS 'hamburger *m*

Häme ['hɛːmə] *st/s f* ⟨~⟩ fiel *m*; venin *m*

'hämisch *adj* méchant; *Ton, Worte* fielleux

Hammel ['haməl] *m* ⟨~s; ~⟩ mouton *m*; **~fleisch** *n* mouton *m*; **~keule** *f* gigot *m* de mouton

Hammer ['hamər] *m* ⟨~s; ⸚⟩ **1** marteau *m* (*a* ANAT, SPORT); *fig* ***unter den ~ kommen*** être vendu aux enchères; **2** F *fig* ***ein dicker ~*** (*Fehler*) une grosse bourde; ***das war vielleicht ein ~!*** *Überraschung* tu parles d'une surprise!; *Unverschämtheit* F quel sale coup!

hämmern ['hɛmərn] **I** *v/t* marteler; **II** *v/i* **1** *mit dem Hammer* donner des coups de marteau; **2** *fig* (*schlagen*) taper; *Herz* battre fort; *gegen die Tür* tambouriner

'Hammer|werfen *n* ⟨~s⟩ lancer *m* du marteau; **~werfer** *m* ⟨~s; ~⟩ lanceur *m* de marteau

Hämorr(ho)iden [hɛmɔ'riːdən] *f/pl* hémorroïdes *f/pl*

Hampelmann ['hampəl-] *m* ⟨~¢s; -männer⟩ pantin *m* (*a* F *fig péj*)

'hampeln F *v/i* ⟨¢⟩ F gigoter

Hamster ['hamstər] *m* ⟨~s; ~⟩ 'hamster *m*

'hamstern *v/t u v/i* faire des réserves (***etw*** de qc)

Hand [hant] *f* ⟨~; ⸚e⟩ main *f* (*a* FUSSBALL); **a)** *mit adj u num/o* ***aus erster ~*** de première main; F ***in festen Händen sein*** être casé; ***die flache, hohle ~*** le plat, creux de la main; ***freie ~ haben*** avoir carte blanche; ***j-m freie ~ lassen*** laisser le champ libre à qn; ***e-e glückliche ~ haben*** avoir la main heureuse; ***bei j-m in guten Händen sein***

être en bonnes mains chez qn; ***von langer ~ vorbereitet*** préparé de longue date; ***linker, rechter ~*** à gauche, à droite; F ***zwei linke Hände haben*** être la maladresse en personne; ***die öffentliche ~*** les pouvoirs publics; *fig* ***j-s rechte ~ sein*** être le bras droit de qn; ***mit vollen Händen ausgeben*** dépenser sans compter; ***mir sind die Hände gebunden*** j'ai les mains liées; ***eine ~ voll*** une poignée (de); ***alle Hände voll zu tun haben*** avoir du travail par-dessus la tête; **b)** *mit subst* ***~ und Fuß haben*** tenir debout; ***weder ~ noch Fuß haben*** n'avoir ni queue ni tête; F ***die Hände über dem Kopf zusammenschlagen*** lever les bras au ciel; ***die Hände in den Schoß legen*** rester les bras croisés; ***bei etw die Hände im Spiel haben*** être mêlé à qc; avoir trempé dans qc; **c)** *mit Verben* ***j-m die ~ geben*** *od* ***drücken*** *od* ***schütteln*** serrer la main à qn; *prov* ***e-e ~ wäscht die andere*** un (petit) service en vaut un autre; **d)** *mit prép* ***an ~ von*** à l'aide de; ***j-n an die*** *od st/s* ***bei der ~ nehmen*** prendre qn par la main; ***(klar) auf der ~ liegen*** être évident; tomber sous le sens; ***etw aus der ~ geben*** (*weggeben*) donner qc; (*aufgeben*) abandonner qc; ***etw aus der ~ legen*** poser qc; ***etw bei der*** *od* ***zur ~ haben*** *Gegenstand, Mittel* avoir qc sous la main; *Antwort* avoir qc tout prêt; ***j-m etw in die ~ drücken*** mettre qc dans la main de qn; ***~ in ~ gehen*** aller, marcher la main dans la main; *fig* aller de pair; ***j-n in der ~ haben*** tenir qn sous sa coupe; ***etw in der ~ halten*** tenir qc à la main; ***in die Hände klatschen*** frapper dans ses mains; *fig* ***etw in die ~ nehmen*** prendre qc en main; ***mit der ~ schreiben*** écrire à la main; ***(bei j-m) um j-s ~ anhalten*** demander la main de qn (à qn); ***unter der ~*** en sous-main; ***etw unter der ~ erfahren*** apprendre qc de manière non officielle; ***von ~ zu ~*** de main en main; ***etw von ~ bedienen*** commander, actionner qc à la main; ***von der ~ in den Mund leben*** vivre au jour le jour; ***das ist nicht von der ~ zu weisen*** ce n'est pas impossible; *auf Briefen* ***zu Händen von …*** à l'attention de …

'Handarbeit *f* **1** (*manuelle Arbeit*) travail manuel; ***das ist ~*** c'est fait (à la) main; **2** *fertiges Werk* ouvrage fait (à la) main; **3** (*Nadelarbeit*) travaux *m/pl* d'aiguille; F *Schulfach* couture *f*

'Handball *m* **1** *Sportart* 'handball *m*; **2** *Ball* ballon *m* de handball

'Handballen *m* → ***Ballen*** *2*

'Handball|er(in) *m* ⟨~s; ~⟩ (*f*) ⟨~; ~nen⟩, **~spieler(in)** *m*(*f*) 'handballeur *m*; joueur, -euse *m,f* de handball

'Hand|besen *m* balayette *f*; **~betrieb** *m* actionnement *m* à la main; **~bewegung** *f* geste *m* de la main; **~breit** *f* ⟨~; ~⟩ largeur *f* de la main; **~bremse** *f* frein *m* à main; **~buch** *n* manuel *m*

Händchen ['hɛntçən] *n* ⟨~s; ~⟩ petite main; F ***~ halten*** se tenir par la main

'Handcreme *f* crème *f* pour les mains

Hände|druck ['hɛndə-] *m* ⟨~es; -drücke⟩ poignée *f* de main; **~klatschen** *n* ⟨~s⟩ applaudissements *m/pl*

Handel ['handəl] *m* ⟨~s⟩ **1** ÉCON commerce *m*, négoce *m*, *illegaler* trafic *m* (***mit*** de); ***~ treiben*** faire du commerce; ***im ~ sein*** être dans le commerce; **2** (*Geschäft*) marché *m*; **3** (*Vereinbarung*) marché *m*

Händel ['hɛndəl] *st/s m/pl* querelle *f*; ***mit j-m ~ haben*** se quereller avec qn

'handeln ⟨*ge*⟩ **I** *v/t Aktie* ***zu 50 Euro gehandelt werden*** être coté à 50 euros; **II** *v/i* **1** (*sich verhalten, eingreifen*) agir; **2** (*Handel treiben*) faire du commerce; ***mit etw ~*** faire le commerce de qc; **3** (*feilschen*) marchander (***um etw*** qc); *fig* ***er lässt (nicht) mit sich*** (*dat*) ***~*** on (ne) peut (pas) discuter avec lui; **4** *Buch etc* ***von etw ~*** traiter de qc; **III** *v/imp* ***es handelt sich um …*** il s'agit de …; ***es handelt sich darum, dass …*** (*es ist wichtig*) l'important c'est que …; (*es geht um*) il s'agit de (+ *inf*)

'Handeln *n* ⟨~s⟩ (*Vorgehen*) action *f*; procédés *m/pl*; ***zum ~ entschlossen*** décidé à agir

'Handels|abkommen *n* accord commercial; **~bank** *f* ⟨~; ~en⟩ banque *f* de commerce; **~beziehungen** *f/pl* relations commerciales

'Handelsbilanz *f* **1** *e-s Landes* balance commerciale; ***passive, aktive ~*** balance commerciale déficitaire, excédentaire; **2** *e-r Firma* bilan commercial

'handelseinig *adj* (***mit j-m***) ***~ sein, wer-***

den être, tomber d'accord (avec qn)
'Handels|firma *f* maison *f* de commerce; **~flotte** *f* flotte *f* de commerce
'Handelsgesellschaft *f* société commerciale; ***offene ~*** société en nom collectif
'Handels|gesetzbuch *n* code *m* de commerce; **~hafen** *m* port *m* de commerce; **~kammer** *f* chambre *f* de commerce; **~kette** *f* chaîne *f* de distribution; **~klasse** *f* catégorie *f*; **~korrespondenz** *f* correspondance commerciale; **~marine** *f* marine marchande; **~marke** *f* marque *f* de commerce; **~name** *m* nom commercial; **~partner** *m* partenaire commercial; **~platz** *m* place commerciale et financière; **~register** *n* registre *m* du commerce; **~schiff** *n* navire *m* de commerce; **~schranken** *f/pl* barrières commerciales; **~schule** *f* école commerciale; **~spanne** *f* marge commerciale; **~sperre** *f* embargo *m*; **&üblich** *adj* en usage dans le commerce; *Format, Bezeichnung* commercial; **~vertreter(in)** *m(f)* représentant(e) *m(f)* de commerce; V.R.P. *m*; **~vertretung** *f* représentation commerciale; POL mission commerciale; **~ware** *f* article *m* de commerce; **~zentrum** *n* capitale commerciale
hände|ringend ['hɛndərɪŋənt] *advt fig* désespérément; **&schütteln** *n* ⟨~s⟩ poignées *f/pl* de main; **&trockner** *m* sèche-mains *m*
'Hand|feger *m* ⟨~s; ~⟩ balayette *f*; **&fest** *adj Beweis etc* solide; palpable; *Mahlzeit* consistant; *Streit, Skandal* gros; *Prügelei* sérieux; *Lüge* grossier; **~feuerwaffe** *f* arme portative; **~fläche** *f* paume *f*; **&gearbeitet** *adjt* fait (à la) main
'Handgelenk *n* poignet *m*; F *fig* ***etw aus dem ~ schütteln (können)*** faire qc sans peine, avec facilité
'handgemacht *adjt* fait (à la) main
'Hand|gemenge *n* mêlée *f*; **~gepäck** *n* bagages *m/pl* à main; **&geschrieben** *adjt* écrit à la main; manuscrit; **&gestrickt** *adjt* tricoté (à la) main; **&gewebt** *adjt* tissé (à la) main; **~granate** *f* grenade *f* à main
'handgreiflich *adj* **1** (*offensichtlich*) évident; palpable; **2** (*tätlich*) ***~ werden*** en venir aux mains
'Handgreiflichkeit *f* ⟨~; ~en⟩ ***es kam zu ~en*** on en vint aux mains
'Handgriff *m* **1** *Bewegung* geste *m*; ***mit wenigen ~en*** en deux temps (et) trois mouvements; **2** *an Geräten, Koffern* poignée *f*
'Handhabe *f* ⟨~; ~n⟩ ***e-e ~ gegen j-n haben*** avoir une arme contre qn
'hand|haben *v/t* **1** *Werkzeug, Gerät* manier; manipuler; **2** *Vorschrift etc* appliquer; **&habung** *f* ⟨~; ~en⟩ **1** maniement *m*; manipulation *f*; **2** application *f*
Handicap, Handikap ['hɛndikɛp] *n* ⟨~s; ~s⟩ SPORT, *fig* 'handicap *m*
'Hand|kante *f* tranchant *m* de la main; **~koffer** *m* valise *f*; **~kuss** *m* baisemain *m*; **~langer** *m* ⟨~s; ~⟩ **1** (*Helfer*) manœuvre *m*; **2** *fig péj* homme *m* de main (***für*** de)
Händler(in) ['hɛndlər(ɪn)] *m* ⟨~s; ~⟩ (*f*) ⟨~; ~nen⟩ marchand(e) *m(f)*; (*Kaufmann*) commerçant(e) *m(f)*
'handlich *adj Gegenstand, Format, Auto* maniable; *Buch* d'un format pratique; (*leicht zu handhaben*) facile à manier
Handlung ['handlʊŋ] *f* ⟨~; ~en⟩ **1** (*Tat*) acte *m*; ***strafbare ~*** délit *m*; **2** *e-s Romans etc* action *f*
'handlungs|fähig *adj* capable d'agir; JUR ayant la capacité d'exercice; **&freiheit** *f* liberté *f* d'action; **&spielraum** *m* marge *f* de manœuvre; **~unfähig** *adj* incapable (d'agir); JUR incapable; **&vollmacht** *f* procuration commerciale; **&weise** *f* manière *f* d'agir; (*Vorgehen*) procédés *m/pl*
'Hand|reichung *f* ⟨~; ~en⟩ service *m*; aide *f*; **~rücken** *m* dos *m* de la main
'Handschelle *f* menotte *f*; ***j-m ~n anlegen*** passer les menottes à qn
'Handschlag *m* poignée *f* de main; ***etw durch ~ bekräftigen*** confirmer qc en topant dans la main de qn; F *fig* ***keinen ~ tun*** F ne pas en fiche (une rame)
'Handschrift *f* **1** (*Schriftzüge*) écriture *f*; **2** *fig* griffe *f*; **3** *Schriftwerk* manuscrit *m*
'handschriftlich **I** *adj* écrit à la main; manuscrit; **II** *adv* ***etw ~ hinzufügen*** (r)ajouter qc à la main
'Handschuh *m* gant *m*; (*Faust&*) moufle *f*; **~fach** *n* boîte *f* à gants; vide-poches *m*
'Hand|spiel *n* FUSSBALL main *f*; **~stand**

H

m appui tendu; **~streich** *m bes* MIL coup *m* de main; **~tasche** *f* sac *m* à main; **~teller** *m* paume *f* (de la main)

'Handtuch *n* ⟨~(e)s; -tücher⟩ serviette *f* (de toilette); ***das ~ werfen*** jeter l'éponge (*a fig*)

'Handtuchhalter *m* porte-serviettes *m*

'Handumdrehen *n* ***im ~*** en un tour de main

'hand|verlesen *adjt* trié à la main; *fig* trié sur le volet; **2wagen** *m* voiture *f* à bras; **~warm** *adj u adv* à température moyenne; **2wäsche** *f* lessive *f* à la main

'Handwerk *n* métier *m* (*a fig*); *coll* artisanat *m*; ***sein ~ verstehen*** connaître son métier (*a fig*); ***j-m ins ~ pfuschen*** empiéter sur le domaine de qn; ***j-m das ~ legen*** mettre fin aux activités de qn

H

'Handwerk|er *m* ⟨~s; ~⟩ artisan *m*; **2lich** *adj* artisanal

'Handwerks|betrieb *m* entreprise artisanale; **~kammer** *f* chambre *f* des métiers; **~zeug** *n* **1** outils *m/pl*; **2** *fig* outils *m/pl* de travail

'Handwurzel *f* ANAT carpe *m*

Handy ['hɛndi] *n* ⟨~s; ~s⟩ (téléphone *m*) portable *m*

'Hand|zeichen *n* signe *m* de la main; **~zettel** *m* tract *m*

hanebüchen ['ha:nəby:çən] *st/s adj* inouï; incroyable

Hanf [hanf] *m* ⟨~(e)s⟩ chanvre *m*

Hang [haŋ] *m* ⟨~(e)s; ~̈e⟩ **1** (*Neigung*) penchant *m* (***zu*** à, pour); tendance *f* (à); **2** (*Ab2*) pente *f*

Hangar ['haŋga:r] *m* ⟨~s; ~s⟩ AVIAT 'hangar *m*

'Hänge|backe *f* joue pendante; bajoue *f*; **~bauch** *m* F (grosse) bedaine; **~brücke** *f* pont suspendu; **~lampe** *f* suspension *f*

hangeln ['haŋəln] *v/i* ⟨¢, h *ou* sn⟩ (*u v/r* ***sich ~***) avancer en suspension

'Hängematte *f* 'hamac *m*

hängen ['hɛŋən] **I** *v/t* **1** (*auf~*) suspendre (***an*** [+ *acc*] à); *Kleider* ***in den Schrank ~*** pendre dans l'armoire; **2** *mit Haken, Nagel* accrocher (***an*** [+ *acc*] à); **3** (*~ lassen*) laisser pendre (***ein Bein ins Wasser*** une jambe dans l'eau); **4** (*er~*) pendre; *fig* ***mit 2 und Würgen*** de justesse; F ric-rac; **II** *v/i* ⟨hing, gehangen, h *ou südd, österr, schweiz* sn⟩ **5** (*herunter~*) pendre; ***~ bleiben*** *an e-m Haken* rester accroché (***an*** [+ *dat*] à); (*haften bleiben*) rester collé, attaché (à); ***~ lassen*** (*vergessen*) laisser; *Arme, Flügel* laisser pendre; **6** (*befestigt sein*) être accroché, suspendu (***an*** [+ *dat*] à); ***das Bild hängt schief*** le tableau penche, est penché; **7** (*fest~*) être, rester accroché (***mit etw an etw*** [*dat*] par qc à qc); *fig* ***an j-m, etw ~*** être attaché, tenir à qn, qc; *fig Verdacht* ***an j-m ~ bleiben*** poursuivre qn; *fig* ***davon ist nicht viel ~ geblieben*** il n'en est pas resté grand-chose; **8** F *fig* (*sich aufhalten*) ***am Telefon ~*** être pendu au téléphone; ***vor dem Fernseher ~*** rester (collé) devant la télé; **9** (*erhängt sein*) être pendu; **10** (*ab~*) ***an j-m, etw ~*** dépendre de qn, qc; **11** F *bei e-r schwierigen Sache* être arrêté, bloqué; ***~ bleiben*** *beim Sprechen* avoir un trou; F *fig* ***j-n ~ lassen*** F laisser qn dans le pétrin; ***sich ~ lassen*** se laisser aller; **III** *v/r* ***sich an j-n, etw ~*** (*festhalten*) s'accrocher à qn, qc; *emotional* se raccrocher à qn, qc

'Hängeschrank *m* élément suspendu

Hannover [ha'no:fər] *n* ⟨~s⟩ 'Hanovre

Hans [hans] *m* Jean *m*; ***~ im Glück*** Jeannot *m* la Chance; F *fig* veinard *m*

Hansaplast® [hanza'plast] *n* ⟨~(e)s⟩ sparadrap *m*; tricostéril® *m*

Hans'dampf F *m* ⟨~(e)s; ~e⟩ ***(ein) ~ in allen Gassen sein*** être partout à la fois

hänseln ['hɛnzəln] *v/t* ⟨¢⟩ taquiner

Hansestadt ['hanzə-] *f* ville *f* 'hanséatique

Hans'wurst *m* ⟨~(e)s; ~e⟩ (*Dummkopf*) clown *m*; (*Kasper*) guignol *m*

Hantel ['hantəl] *f* ⟨~; ~n⟩ haltère *m*

hantieren [han'ti:rən] *v/i* ⟨*sans ge*⟩ ***mit etw ~*** manipuler qc

hapern ['ha:pərn] *v/imp* **1** (*nicht klappen*) ***es hapert mit etw*** il y a qc qui cloche, qui ne marche pas dans qc; **2** (*mangeln*) ***es hapert an etw*** (*dat*) il manque qc

Häppchen ['hɛpçən] *n* ⟨~s; ~⟩ (*Bissen*) petite bouchée; (*Kanapee*) canapé *m*; (*Appetit2*) amuse-gueule *m*

Happen ['hapən] *m* ⟨~s; ~⟩ bouchée *f*; ***e-n ~ essen*** manger un petit morceau

'happig F *adj* exagéré

happy ['hɛpi] F *adj* heureux

Happy-End ['hɛpi'ʔɛnt] *n* ⟨~s; ~s⟩ 'happy end *m od f*

Happy Hour ['hɛpiˈʔauər] *f* 〈~; ~s〉 'happy hour *f*
Härchen ['hɛːrçən] *n* 〈~s; ~〉 petit cheveu *bzw* poil
Hardware ['hartvɛːr] *f* 〈~; ~s〉 matériel *m*; 'hardware *m*
Harem ['haːrɛm] *m* 〈~s; ~s〉 'harem *m* (*a fig plais*)
Harfe ['harfə] *f* 〈~; ~n〉 'harpe *f*
Harke ['harkə] *f* 〈~; ~n〉 râteau *m*
'harken *v/t* râtisser
Harlekin ['harlekiːn] *m* 〈~s; ~e〉 arlequin *m*
harmlos ['harmloːs] **I** *adj Tier, Mensch, Medikament* inoffensif; *Vergnügen* innocent; *Mittel, Bemerkung, Kritik, Vorfall, Witz* anodin; *Verletzung, Unfall* sans gravité; *Krankheit* bénin; **II** *adv* ***~ aussehen*** *Lebewesen* avoir l'air inoffensif; *Sache* avoir l'air anodin
'Harmlosigkeit *f* 〈~〉 caractère inoffensif, anodin; *e-s Medikaments* innocuité *f*
Harmonie [harmoˈniː] *f* 〈~; ~n〉 MUS, *fig* harmonie *f*
harmoˈnieren *v/i* 〈*sans ge*〉 *Personen* s'entendre (***mit*** avec); *Farben etc* s'accorder (avec)
harˈmonisch *adj* MUS, *fig* harmonieux
harmoniˈsieren *v/t* 〈*sans ge*〉 MUS, *fig* harmoniser
Harn [harn] *m* 〈~(e)s; ~e〉 urine *f*
'Harnblase *f* vessie *f*
Harnisch ['harnɪʃ] *m* 〈~s; ~e〉 HIST armure *f*; *fig* ***j-n in ~ bringen*** faire sortir qn de ses gonds
'Harn|leiter *m* uretère *m*; ***~röhre*** *f* urètre *m*; ***2treibend*** *adjt* diurétique
Harpune [harˈpuːnə] *f* 〈~; ~n〉 'harpon *m*
harren ['harən] *st/s v/i* ***j-s, e-r Sache ~*** attendre qn, qc
Harsch [harʃ] *m* 〈~(e)s〉 neige tôlée
hart [hart] **I** *adj* 〈~er, ~este〉 *Material* dur (*a fig: Arbeit, Droge, Kampf, Wasser, Worte, Zeiten, Mensch*); *Winter* rigoureux; *Los, Schicksal* cruel; *Kritik, Maßnahmen, Strafe, Urteil* sévère; *Währung* fort; *Aufprall* violent; ***~ zu j-m sein*** être dur avec qn; ***~ werden*** *Material* durcir; *Person* se durcir; devenir dur; **II** *adv* **1** *schlagen, aufprallen* violemment; *fig* (*schwer, streng*) durement; ***~ gefroren*** gelé; ***~ gekocht*** *Ei* dur; ***~ arbeiten*** travailler dur; *fig* ***~ bleiben*** ne pas céder; ***~ durchgreifen*** prendre des mesures énergiques, sévères; *Unglück, Krankheit* ***j-n ~ treffen*** éprouver qn durement, cruellement; ***wenn es ~ auf ~ geht*** en cas de coup dur; **2** ***~ an*** (*dicht*) tout près de; ***~ an der Grenze des Erlaubten*** à la limite de ce qui est permis
Härte ['hɛrtə] *f* 〈~; ~n〉 **1** *des Materials* dureté *f* (*a fig*); *e-s Urteils, e-r Maßnahme* sévérité *f*; rigueur *f*; *e-s Aufpralls* violence *f*; **2** *e-r Person* dureté *f* (***gegenüber j-m*** envers qn); (*Zähigkeit, Ausdauer*) endurance *f*; **3** *unbillige, unsoziale* (grave) inégalité *f*; **4** *Jugendsprache* ***das ist die ~!*** *positiv* F (c'est) génial, super!; *negativ* F c'est une horreur!
'Härtefall *m* cas *m* (difficile) (*a* F *fig Person*); ***sozialer ~*** cas social
'Härtegrad *m des Wassers* degré *m* hydrotimétrique
'härten 〈-e-〉 **I** *v/t* durcir; *Metall* tremper; **II** *v/i* (se) durcir
'Härtetest *m* **1** TECH test *m* de dureté; **2** *fig* épreuve *f*
'Hart|geld *n* pièces *f/pl* de monnaie; ***2gesotten*** *adjt* (*unnachgiebig*) dur; (*abgebrüht*) insensible; F dur à cuire; ***~gummi*** *m od n* ébonite *f*
'hartherzig *adj Person* dur; insensible; *Verhalten* impitoyable; ***~ sein*** avoir le cœur dur
'Hart|käse *m* fromage *m* à pâte pressée; ***~metall*** *n* alliage dur
hartnäckig ['hartnɛkɪç] **I** *adj Person, Widerstand, Vorurteil, Schnupfen etc* tenace; *Person, Widerstand a* obstiné; *Kälte* persistant; **II** *adv* avec obstination; *Kälte, Gerücht* ***sich ~ halten*** persister
'Hartnäckigkeit *f* 〈~〉 (*Zähigkeit*) opiniâtreté *f*; (*Beharrlichkeit*) ténacité *f*; (*Eigensinn*) obstination *f*; *e-r Krankheit* persistance *f*
'Hartwurst *f* saucisson sec
Harz [haːrts] *n* 〈~es; ~e〉 résine *f*
'harzig *adj* résineux
Hasch [haʃ] F *n* 〈~s〉 F 'hasch *m*
Haschee [haˈʃeː] *n* 〈~s; ~s〉 'hachis *m*
haschen[1] ['haʃən] *st/s* **I** *v/t* attraper; **II** *v/i* ***nach etw, j-m ~*** chercher à attraper qc, qn

H

'haschen[2] F *v/i* (*Haschisch rauchen*) fumer du haschisch
Häscher ['hɛʃər] *litt m* ⟨~s; ~⟩ sbire *m*
Haschisch ['haʃɪʃ] *m od n* ⟨~$⟩ 'ha(s)chi(s)ch *m*
Hase ['ha:zə] *m* ⟨~n; ~n⟩ lièvre *m*; (*Stall*♀) lapin *m*; F *fig* ***ein alter ~*** un vieux routier; F ***da liegt der ~ im Pfeffer*** voilà le hic; F ***wissen, wie der ~ läuft*** F connaître la musique; F *plais* ***mein Name ist ~*** je n'en sais rien
Hasel|nuss ['ha:zəl-] *f* noisette *f*; **~(nuss)strauch** *m* noisetier *m*; coudrier *m*
'Hasen|braten *m* lièvre rôti; **~fuß** *m fig péj* poule mouillée; **~pfeffer** *m* CUIS civet *m* de lièvre
'hasenrein *adj* ***nicht*** (***ganz***) ~ louche
'Hasenscharte *f* bec-de-lièvre *m*
Hass [has] *m* ⟨~es⟩ 'haine *f* (***gegen, auf*** [+ *acc*] de)
'hassen *v/t* ⟨¢$⟩ détester; 'haïr
'hasserfüllt I *adjt* 'haineux; **II** *advt* ***j-n ~ anblicken*** regarder qn avec 'haine
hässlich ['hɛslɪç] *adj* **1** (*nicht schön*) laid; vilain; ***~ aussehen*** être laid; **2** *fig* (*gemein*) détestable; *Wort* vilain; **3** *fig* (*unangenehm*) affreux
'Hässlichkeit *f* ⟨~⟩ laideur *f*; *fig* atrocité *f*; horreur *f*
'Hassliebe *f* 'haine-passion *f*
hast [hast] → ***haben***
Hast *f* ⟨~⟩ (*Eile*) 'hâte *f*; (*Überstürzung*) précipitation *f*; ***ohne ~*** tranquillement
'hasten *v/i* ⟨-e-, sn⟩ se hâter; se presser
'hastig I *adj* précipité; *Bewegung* brusque; **II** *adv* à la hâte; précipitamment; ***nicht so ~!*** pas si vite!
hat [hat] → ***haben***
hätscheln ['hɛtʃəln] *v/t* ⟨¢⟩ (*liebkosen*) cajoler; (*verwöhnen*) gâter; choyer (*a fig Künstler*)
hatschi [ha'tʃi:] *int* atchoum!
hatte ['hatə] → ***haben***
Hatz [hats] *f* ⟨~; ~en⟩ *fig* (*Hetzjagd*) chasse *f* (***auf*** [+ *acc*] à)
Haube ['haubə] *f* ⟨~; ~n⟩ **1** bonnet *m*; coiffe *f* (*a Schwestern*♀); F *plais* ***j-n unter die ~ bringen*** marier, F caser qn; **2** ZO 'huppe *f*; **3** (*Motor*♀) capot *m*; **4** (*Trocken*♀) casque *m* de coiffeur
Hauch [haux] *m* ⟨~¢s; ~e⟩ (*Atem*♀, *Luft*♀) souffle *m* (*a fig*); (*dünne Schicht*) fine couche; *Zartes, Duftiges* ***ein ~ von ...*** un soupçon de ...
'hauch'dünn *adj Schicht, Scheibe etc* très fin; *Gewebe, Vorsprung* minime; *Mehrheit* très faible
'hauchen *v/t u v/i* souffler; *fig Worte* susurrer
'Haudegen *m* (***alter***) ~ (vieux) baroudeur
'Haue *f* ⟨~; ~n⟩ **1** F (*Prügel*) F raclée *f*; **2** *südd, österr* (*Hacke*) 'houe *f*
hauen ['hauən] ⟨haute *ou* hieb, gehauen *ou* F gehaut⟩ **I** *v/t* **1** SCULP ***in Stein*** (*acc*) ~ tailler dans la pierre; **2** F (*hinein~*) ***Löcher ins Eis ~*** faire des trous dans la glace; **3** F (*schlagen*) battre; frapper; F taper; **4** F (*schleudern*) ***etw irgendwohin ~*** F balancer qc quelque part; **II** F *v/i* **5** (*schlagen*) frapper; F cogner; **6** (*stoßen*) (***mit etw***) ***gegen etw ~*** se cogner (qc) contre qc; **III** *v/r* ***sich ~*** (*sich schlagen*) se battre
'Hauer *m* ⟨~s; ~⟩ **1** BERGBAU piqueur *m*; 'haveur *m*; **2** *des Keilers* défense *f*
Häufchen ['hɔʏfçən] *n* ⟨~s; ~⟩ petit tas; ***wie ein ~ Elend aussehen*** avoir l'air d'une pauvre petite chose
Haufen ['haufən] *m* ⟨~s; ~⟩ **1** (*Berg*) tas *m*; *meist wirrer* amas *m*; *sehr großer* monceau *m*; F ***j-n über den ~ rennen, fahren*** renverser qn; F ***j-n über den ~ schießen*** abattre qn; F ***über den ~ werfen*** *Pläne* bousculer; F chambarder; **2** F (*Kot*♀) crotte *f*; **3** F (*große Menge*) ***ein ~ ...*** un *od* des tas de ...; ***ein ~ Geld*** beaucoup d'argent; **4** (*Menschen*♀) tas *m* de gens; foule *f*
häufen ['hɔʏfən] **I** *v/t* entasser (***auf*** [+ *acc*] sur); **II** *v/r* ***sich ~*** **1** (*sich an~*) s'entasser; **2** *fig Fälle* se multiplier
'haufenweise F *adv* F en masse; ***~ Geld verdienen*** F gagner un argent fou
'Haufenwolke *f* cumulus *m*
häufig ['hɔʏfɪç] **I** *adj* fréquent; **II** *adv* souvent; fréquemment
'Häufigkeit *f* ⟨~; ~en⟩ fréquence *f*
'Häufung *f* ⟨~; ~en⟩ *von Fällen* multiplication *f*
Haupt [haupt] *st/s n* ⟨~¢s; ~er⟩ **1** (*Kopf*) tête *f*; ***erhobenen ~es*** (la) tête 'haute; **2** *fig* (*Führer*) chef *m*
'Haupt|akzent *m* **1** PHON accent principal; **2** *fig* accent *m*; **~altar** *m* maître-autel *m*; **♀amtlich I** *adj Tätigkeit* professionnel; **II** *adv* à titre professionnel;

~anschluss *m* TÉL ligne principale; **~arbeit** *f* gros *m* du travail; **~bahnhof** *m* gare centrale; **~beruf** *m* profession (régulière, principale); **Ƨberuflich I** *adj* professionnel; **II** *adv* à titre professionnel; **~darsteller(in)** *m(f)* FILM, THÉ acteur *m*, actrice *f* principal(e); **~eingang** *m* entrée principale

Häuptelsalat ['hɔyptəl-] *m südd, österr* laitue *f*

'Haupt|fach *n* STUDIUM, SCHULE matière principale; **~fehler** *m* principal défaut; (*Irrtum*) erreur principale; **~figur** *f* personnage principal (*a fig*); *fig a* protagoniste *m,f*; **~gang** *m* CUIS plat principal; **~gebäude** *n* bâtiment principal; **~gericht** *n* CUIS plat principal; **~geschäft** *n* **1** *Gebäude* maison *f* mère; **2** (*Hauptumsatz*) plus grosses ventes; **~gewinn** *m* gros lot; **~grund** *m* raison principale; **~last** *f* charge principale (*a fig*)

Häuptling ['hɔyptlɪŋ] *m* ⟨~s; ~e⟩ chef *m* de tribu

'Haupt|mahlzeit *f* repas principal; **~mann** *m* ⟨~¢s; -leute⟩ MIL capitaine *m*; **~motiv** *n* principal mobile; **~nenner** *m* MATH dénominateur commun; **~person** *f* personnage principal; **~post** *f*, **~postamt** *n* poste centrale; **~problem** *n* problème-clé *m*; **~quartier** *n* MIL grand quartier général; **~reisezeit** *f* pleine saison (des voyages, du tourisme)

'Hauptrolle *f* premier rôle; ***die ~ spielen*** *Person, fig* jouer le rôle principal

'Hauptsache *f* principal *m*; F ***~, du bist hier*** l'essentiel, c'est que tu sois là

'hauptsächlich I *adj* principal; **II** *adv* surtout

'Haupt|saison *f* pleine saison; **~satz** *m* (proposition) principale *f*; **~schalter** *m* ÉLECT commutateur principal; **~schlagader** *f* aorte *f*; **~schlüssel** *m* passe-partout *m*; **~schulabschluss** *m* certificat *m* de fin d'études primaires

'Hauptschuld *f* faute principale; ***die ~ an etw*** (*dat*) ***tragen*** être le principal fautif, responsable de qc

'Haupt|schule *f école de fin de scolarité* (*cycle d'enseignement primaire long*); **~schüler(in)** *m(f) élève de la 5e à la 9e ou 10e* (*österr 8e*) *année préparant le certificat de fin d'études primaires*; **~sitz** *m* siège *m*; **~stadt** *f* capitale *f*; **~straße** *f* rue principale; grand-rue *f*; **~strecke** *f* EISENBAHN grande ligne; **~teil** *m* (*wichtigster Teil*) partie principale; (*größter Teil*) majeure partie; **~treffer** *m* LOTTERIE gros lot; **~ursache** *f* cause principale; **~verhandlung** *f* JUR débats *m/pl*; **~verkehrsstraße** *f* rue *f bzw* route *f* à grande circulation; (grande) artère; **~verkehrszeit** *f* heures *f/pl* de pointe, d'affluence; **~versammlung** *f e-r AG* assemblée générale; **~verwaltung** *f* administration centrale; **~wort** *n* ⟨~¢s; -wörter⟩ nom *m*; substantif *m*

hau ruck ['hau'rʊk] *int* oh! 'hisse!

Haus [haus] *n* ⟨~es; ¨~er⟩ **1** *Gebäude* maison *f* (*a* ASTR, *Firma, Hotel*); ***aus dem ~ gehen*** sortir (de chez soi); COMM ***frei ~*** franco à domicile; ***ins ~ liefern*** livrer à domicile; ***nach ~e, zu ~e*** à la maison; chez soi; ***nach ~e gehen*** rentrer à la maison, chez soi; ***zu ~e bleiben*** rester à la maison, chez soi; **2** *fig* F ***j-m das ~ einrennen*** F assiéger qn; ***aus gutem ~e sein*** être de bonne famille; F ***j-m ins ~ stehen*** (bientôt) tomber sur qn; F pendre au nez de qn; ***von ~ aus Lehrer sein*** être professeur à l'origine; **3** (*Theater*) théâtre *m*; ***volles, leeres ~*** salle *f* comble, vide; ***vor vollem ~ spielen*** jouer à bureaux fermés; **4** (*Parlament*) Chambre *f*; **5** (*SchneckenƧ*) coquille *f*

'Haus|angestellte(r) *f(m)* employé(e) *m(f)* de maison; **~apotheke** *f* pharma-

zu Hause, nach Hause

Neben der Übersetzung **à la maison** wird oft auch **chez** und das jeweils passende Personalpronomen verwendet:

Ich gehe nach Hause.	**Je vais chez moi.**
Er ist zu Hause.	**Il est chez lui.**
Seid ihr zu Hause?	**Vous êtes chez vous?**

cie (familiale); **~arbeit** *f* **1** *im Haushalt* travaux ménagers; **2** *für die Schule* devoirs *m/pl*; **3** *im Studium* mémoire *m*; **~arrest** *m* **1** JUR résidence surveillée; **2** *für Kind* privation *f* de sortie; **~arzt** *m*, **~ärztin** *f* médecin *m* de famille; **~aufgabe** *f* devoir *m*; **2backen** *adj péj* terre-à-terre; *Frau a* F popote; **~bar** *f* bar *m* de salon; **~bau** *m* construction *f* d'une maison; **~besetzer(in)** *m* ⟨~s; ~⟩ (*f*) ⟨~; ~nen⟩ squatte(u)r *m*; **~besitzer(in)** *m(f)* propriétaire *m,f* (d'une maison); **~besuch** *m e-s Arztes* visite *f*; **~bewohner(in)** *m(f)* habitant(e) *m(f)* de la maison; (*Mieter[in]*) locataire *m,f*

Häuschen ['hɔʏsçən] *n* ⟨~s; ~⟩ **1** (*kleines Haus*) maisonnette *f*; F **(*ganz*) *aus dem ~ sein*** être dans tous ses états; *vor Freude* être fou de joie; **2** F (*Toilette*) F petit coin

'Hauseigentümer(in) *m(f)* propriétaire *m,f* (d'une maison)

'hausen F *v/i* ⟨*ge*⟩ **1** (*wohnen*) F crécher; **2** (*wüten*) ***übel, schlimm ~*** saccager tout

Häuserblock ['hɔʏzər-] *m* ⟨~es; ~s⟩ pâté *m* de maisons

'Haus|flur *m* vestibule *m*; entrée *f*; **~frau** *f* femme *f* au foyer; ménagère *f*; **~freund** *m* **1** ami *m* de la maison; **2** *plais* (*Liebhaber*) amant (attitré); **~friedensbruch** *m* violation *f* de domicile

'Hausgebrauch *m* ***für den ~*** à usage domestique; *fig* pour mon, ton, *etc* usage personnel

'Haus|gehilfin *f* aide-ménagère *f*; bonne *f*; *Beruf* employée *f* de maison; **2gemacht** *adjt Lebensmittel* (fait) maison; *fig* maison

'Haushalt *m* ⟨~es; ~e⟩ **1** *privater* foyer *m*; ménage *m*; ***ein ~ mit fünf Personen*** une famille de cinq personnes; ***(j-m) den ~ führen*** tenir le ménage (de qn); **2** *öffentlicher* budget *m*

'haus·halten *v/i* ⟨*irr*⟩ économiser (***mit etw*** qc) (*a fig*)

Haushälterin ['haʊshɛltərɪn] *f* ⟨~; ~nen⟩ gouvernante *f*

'Haushalts|geld *n* argent *m* du ménage; **~gerät** *n* appareil ménager; **~hilfe** *f* aide-ménagère *f*; **~jahr** *n* ADM exercice *m*; année *f* budgétaire; **~kasse** *f* **1** caisse *f* du ménage; **2** *Geld* argent *m* du ménage; **~plan** *m* budget *m*; **~waren** *f/pl* articles ménagers

'Haus|herr *m* **1** (*Familienoberhaupt*) maître *m* de maison; (*Gastgeber*) hôte *m*; **2** (*Besitzer*) propriétaire *m*; **~herrin** *f* (*Familienoberhaupt*) maîtresse *f* de maison; (*Gastgeberin*) hôtesse *f*

'haus'hoch **I** *adj* de la hauteur d'une maison; *fig Überlegenheit* écrasant; *Niederlage, Sieg* immense; **II** *adv fig gewinnen* 'haut la main; ***j-m ~ überlegen sein*** être supérieur à qn et de loin; écraser qn

hau'sieren *v/i* ⟨*sans ge*⟩ ***mit etw ~ gehen*** colporter qc (*a fig péj*)

Hau'sierer *m* ⟨~s; ~⟩ colporteur *m*

'Haus|katze *f* chat *m* domestique; **~kleid** *n* robe *f* d'intérieur; **~lehrer(in)** *m(f)* précepteur, -trice *m,f*

häuslich ['hɔʏslɪç] **I** *adj* **1** (*das Haus betreffend*) domestique; *Arbeiten a* à la maison; *Angelegenheit* privé; **2** *Person* casanier; **II** *adv* F ***sich ~ bei j-m niederlassen*** s'installer chez qn

'Hausmacherart *f* CUIS ***nach ~*** maison

'Haus|mann *m* homme *m* au foyer; **~mannskost** *f* cuisine *f* maison; **~marke** *f* F (*bevorzugtes Getränk*) boisson préférée; *in e-m Lokal* marque *f* maison; **~meister(in)** *m(f)* concierge *m,f*; **~mittel** *n* remède *m* de bonne femme; **~müll** *m* ordures ménagères; **~musik** *f* musique (jouée) en famille; **~nummer** *f* numéro *m* (de la maison); **~ordnung** *f* règlement intérieur; **~putz** *m* nettoyage *m* (de la maison); **~rat** *m* mobilier *m* et ustensiles *m/pl* de ménage; **~ratversicherung** *f* assurance mobilière; **~schlüssel** *m* clé *f* de la maison; **~schuh** *m* pantoufle *f*; **~stand** *m* foyer *m*; **~suchung** *f* ⟨~; ~en⟩ perquisition *f*; **~suchungsbefehl** *m* mandat *m* de perquisition; **~tier** *n* animal *m* domestique; **~tür** *f* porte *f* d'entrée

'Hausverbot *n* interdiction *f* d'entrer; ***j-m ~ erteilen*** interdire à qn l'entrée

'Haus|verwalter(in) *m(f)* gérant(e) *m(f)* (d'un immeuble); **~verwaltung** *f* gérance *f* d'un immeuble; **~wart** *m* ⟨~es; ~e⟩ concierge *m*; **~wirt(in)** *m(f)* propriétaire *m,f* (d'une maison); **~wirtschaft** *f* économie *f* domestique; *Lehrfach* enseignement ménager; **2wirt-**

schaftlich *adj* ménager

Haut [haʊt] *f* ⟨~; ⸗e⟩ peau *f* (*a von Obst, auf der Milch*); **a)** *mit subst* F *fig* ***mit ~ und Haar(en)*** tout entier; entièrement; F ***nur noch ~ und Knochen sein*** n'avoir plus que la peau et les os; **b)** *mit adj* F *fig* ***auf der faulen ~ liegen*** flemmarder; F tirer sa flemme; ***mit heiler ~ davonkommen*** s'en tirer (sans une égratignure); **c)** *mit prép* ***nass bis auf die ~*** trempé jusqu'aux os; F ***aus der ~ fahren*** sortir de ses gonds; F ***niemand kann aus s-r ~ heraus*** on ne se refait pas; F ***sich in s-r ~ wohl, nicht wohl fühlen*** être bien, mal dans sa peau; F ***ich möchte nicht in s-r ~ stecken*** je ne voudrais pas être à sa place; **d)** *mit Verb* ***sich s-r ~*** (*gén*) ***wehren*** défendre sa peau

'**Haut|abschürfung** *f* éraflure *f*; écorchure *f*; **~arzt** *m*, **~ärztin** *f* dermatologue *m,f*; **~ausschlag** *m* éruption cutanée; **~creme** *f* crème *f* pour la peau

häuten ['hɔʏtən] ⟨-e-⟩ **I** *v/t Tier* dépouiller; **II** *v/r* ***sich ~*** muer

'**hauteng** *adj* collant; moulant

'**Haut|farbe** *f* couleur *f* de (la) peau; **≗freundlich** *adj* doux pour la peau; **~krankheit** *f* maladie *f* de (la) peau; **≗nah I** *adj* **1** (*sehr nah*) immédiat; **2** F *fig* (*anschaulich, packend*) prenant; saisissant; **II** *adv* **1** (*sehr nah*) de tout, très près; **2** F *fig* de façon prenante, saisissante; **~pflege** *f* soins *m/pl* de la peau; **~reizung** *f* irritation *f* de la peau; **≗schonend** *adjt* qui protège la peau; **~transplantation** *f* greffe *f* de (la) peau; **~unreinheit** *f* impureté *f* de la peau

Havanna [ha'vana] *f* ⟨~; ~s⟩ *Zigarre* 'havane *m*

Havarie [hava'riː] *f* ⟨~; ~n⟩ **1** MAR, AVIAT avarie *f*; **2** *an Maschinen* dommage *m*

Hawaii [ha'vaɪ] *n* ⟨~s⟩ (les îles *f/pl*) Hawaï

'**Haxe** *f südd* → ***Hachse***

Hbf. *abr* (*Hauptbahnhof*) gare centrale

'**H-Dur** *n* si *m* majeur

he [heː] F *int* **1** *Zuruf* 'hé!; **2** *bei Empörung* 'hé!; *bei Verwunderung* 'holà!

Hebamme ['heːpʔamə] *f* sage-femme *f*

'**Hebebühne** *f* AUTO pont élévateur

Hebel ['heːbəl] *m* ⟨~s; ~⟩ levier *m*; F *fig* ***alle ~ in Bewegung setzen*** mettre tout en œuvre; F *fig* ***am längeren ~ sitzen*** être en position de force

heben ['heːbən] ⟨hob, gehoben⟩ **I** *v/t* **1** (*hoch~*) *Last, Person* soulever; (*nach oben bewegen*), *Arm, Hand, Kopf etc* lever; F ***einen ~*** boire un coup; **2** *gesunkenes Schiff* relever; *Schatz* déterrer; **3** *fig Niveau, Ansehen* améliorer; *Stimmung* faire monter; **II** *v/r* ***sich ~*** **4** *Vorhang etc* se lever; **5** *fig Niveau, Stimmung* s'améliorer

hebräisch [he'brɛːɪʃ] *adj* hébraïque; *m a* hébreu

'**Hebung** *f* ⟨~; ~en⟩ **1** *e-s Schiffes* relevage *m*; *e-s Schatzes* déterrement *m*; **2** GÉOL soulèvement *m*; **3** *fig des Niveaus* élévation *f*; *des Ansehens, der Stimmung* amélioration *f*

hecheln ['hɛçəln] *v/i* ⟨¢⟩ *Hund* 'haleter

Hecht [hɛçt] *m* ⟨~¢s; ~e⟩ brochet *m*; F *fig* ***ein toller ~*** F un type, mec super

'**hecht|en** *v/i* ⟨-e-, sn⟩ plonger; faire un plongeon; **≗sprung** *m* TURNEN saut *m* de carpe; SCHWIMMEN plongeon *m*

Heck [hɛk] *n* ⟨~¢s; ~e *ou* ~s⟩ arrière *m*; MAR *a* poupe *f*; '**~antrieb** *m* traction *f* arrière

Hecke ['hɛkə] *f* ⟨~; ~n⟩ 'haie *f*

'**Hecken|rose** *f Strauch* églantier *m*; *Blüte* églantine *f*; **~schere** *f* sécateur *m*; **~schütze** *m* tireur embusqué

'**Heck|fenster** *n* lunette *f* arrière; **~motor** *m* moteur *m* arrière; **~scheibe** *f* lunette *f*, vitre *f* arrière

Heer [heːr] *n* ⟨~¢s; ~e⟩ armée *f* (*a fig*)

'**Heeresleitung** *f* ('haut) commandement des armées; état-major *m*

'**Heerschar** *f* REL ***die himmlischen ~en*** l'armée *f* céleste; F *fig* ***ganze ~en von …*** une armée, une foule de …

Hefe ['heːfə] *f* ⟨~; ~n⟩ levure *f*; *zum Backen* levure *f* de boulanger

'**Hefe|kuchen** *m* gâteau fait avec une pâte levée; **~teig** *m* pâte levée; **~zopf** *m genre de brioche en forme de natte tressée*

Heft[1] [hɛft] *n* ⟨~¢s; ~e⟩ **1** (*Schreib≗*) cahier *m*; **2** *e-r Zeitschrift* numéro *m*

Heft[2] *st/s n* ⟨~¢s; ~e⟩ *e-s Messers* manche *m*; *fig* ***das ~ in der Hand haben*** tenir les commandes

'**Heftchen** *n* ⟨~s; ~⟩ **1** (*Block*) carnet *m*; **2** *oft péj* (*Comic≗, Roman≗ etc*) revue *f*

'**heften** ⟨-e-⟩ **I** *v/t* **1** *mit Reißzwecken*

fixer, *mit Heftklammern* agrafer (***an*** [+ *acc*] à); **2** COUT faufiler; **3** *Buch* ***geheftet*** broché; **4** *st/s fig* ***den Blick auf j-n, etw ~*** fixer, attacher son regard sur qn, qc; **II** *v/r* ***sich auf j-n, etw ~*** *Blick, Augen* s'arrêter, rester fixé sur qn, qc

'Heft|er *m* ⟨~s; ~⟩ **1** (*Heftmaschine*) agrafeuse *f*; **2** → ***Schnellhefter***; **~garn** *n* faufil *m*

heftig ['hɛftɪç] *adj Schmerzen, Gewitter, Kritik* violent; *Verlangen* ardent; *Regen* fort; *Schnupfen* gros; *Person* ***~ werden*** s'emporter

'Heftigkeit *f* ⟨~⟩ violence *f*

'Heft|klammer *f* agrafe *f*; **~maschine** *f* BÜRO agrafeuse *f*; **~pflaster** *n* pansement adhésif; sparadrap *m*

hegen ['heːgən] *v/t* **1** *Wild* protéger; *Pflanzen* soigner; *st/s Menschen* prendre soin de; ***etw ~ und pflegen*** prendre grand soin de qc; **2** *fig Zweifel, Verdacht, Hoffnung, Plan* nourrir

Hehl [heːl] *n od m* ***kein(en) ~ aus etw machen*** ne pas dissimuler, cacher qc

'Hehler *m* ⟨~s; ~⟩ receleur *m*

Hehle'rei *f* ⟨~; ~en⟩ recel *m*

hehr [heːr] *st/s adj* sublime

heia ['haɪa] *enf* ***~ machen*** faire dodo

Heide[1] ['haɪdə] *m* ⟨~n; ~n⟩ REL païen *m*

'Heide[2] *f* ⟨~; ~n⟩ **1** GÉOGR lande *f*; **2** BOT bruyère *f*

'Heidekraut *n* bruyère *f*

Heidelbeere ['haɪdəl-] *f* myrtille *f*

'Heiden|'angst F *f* peur bleue; F frousse *f* (***vor*** [+ *dat*] de); **'~'arbeit** F *f* travail *m* énorme; F boulot *m* monstre; **'~'geld** F *n* argent, F fric fou; **'~'lärm** F *m* F boucan *m* du diable; **'~'spaß** F *m* plaisir fou; **'~spek'takel** F *m* → ***Heidenlärm***

'Heidentum *n* ⟨~s⟩ paganisme *m*; *Personen* païens *m/pl*

Heidin ['haɪdɪn] *f* ⟨~; ~nen⟩ REL païenne *f*

'heidnisch *adj* païen

heikel ['haɪkəl] *adj* ⟨-kl-⟩ délicat

heil [haɪl] *adj Person* indemne; sain et sauf; *Sache* intact; *fig* ***die ~e Welt*** un monde intact; *verletzter Arm* ***wieder ~ sein*** être guéri; ***etw ~ überstehen*** sortir indemne de qc

Heil *n* ⟨~s⟩ REL, *fig* salut *m*; ***sein ~ in der Flucht suchen*** chercher son salut dans la fuite

Heiland ['haɪlant] *m* ⟨~¢s⟩ REL Sauveur *m*

'Heil|anstalt *f* maison *f* de santé; **~bad** *n* station thermale; **2bar** *adj* guérissable; curable

Heilbutt ['haɪlbut] *m* flétan *m*

'heilen *v/t* (*u v/i* ⟨sn⟩) guérir (***von*** de)

'heil'froh F *adj* très content, heureux; F vachement content

heilig ['haɪlɪç] **I** *adj* **1** saint; ***der ~e Paulus*** saint Paul; ***der 2e Abend*** la veille, le soir de Noël; ***die 2en Drei Könige*** *m/pl* les Rois *m/pl* mages; **2** (*geweiht, st/s fig unantastbar*) sacré; ***~es Feuer*** feu sacré; ***mein Schlaf ist mir ~*** le sommeil, pour moi c'est sacré; ***ihm ist nichts ~*** il ne respecte rien; **II** *adv j-s Andenken etc* ***~ halten*** tenir pour sacré; ***~ sprechen*** canoniser

Heilig'abend *m* veille *f*, soir *m* de Noël

'Heilige(r) *f(m)* ⟨→ A⟩ saint(e) *m(f)*; F *iron* ***ein komischer Heiliger*** un drôle de paroissien

'heiligen *v/t* sanctifier; (*weihen*) consacrer

'Heiligen|bild *n* image sainte; **~schein** *m* auréole *f* (*a fig*); nimbe *m*

'Heiligkeit *f* ⟨~⟩ sainteté *f*; ***Seine ~*** (*Papst*) Sa Sainteté

'Heiligtum *n* ⟨~s; ~er⟩ sanctuaire *m*

'Heil|kraft *f* vertu *f* thérapeutique; **~kräuter** *n/pl* herbes médicinales; simples *m/pl*; **~kunde** *f* médecine *f*

'heillos **I** *adj* terrible; incroyable; ***ein ~es Durcheinander*** un désordre incroyable; *fig* une terrible confusion; **II** *adv* terriblement

'Heil|mittel *n* remède *m*; (*Arznei*) médicament *m*; **~pflanze** *f* plante médicinale; **~praktiker(in)** *m(f)* praticien, -ienne *m,f* de médecines parallèles; **~quelle** *f* source *f* d'eau thermale

'heilsam *adj* salutaire

'Heils|armee *f* Armée *f* du Salut; **~lehre** *f* doctrine *f* de salut

'Heilung *f* ⟨~; ~en⟩ guérison *f*; **~prozess** *m* processus *m* de guérison

heim [haɪm] *adv* à la maison

Heim *n* ⟨~¢s; ~e⟩ **1** (*Zuhause*) chez-soi *bzw* chez-moi, *etc m*; foyer *m*; **2** (*Kinder2, Studenten2*) foyer *m*; (*Alters2*) maison *f* de retraite; (*Obdachlosen2*) asile *m* de nuit

'Heimarbeit *f* travail *m* à domicile; **~er(in)** *m(f)* travailleur, -euse *m,f* à domicile

Heimat ['haɪmaːt] *f* ⟨~⟩ patrie *f*; (*~land*) pays (natal); *e-r Spezialität* lieu *m* d'origine; ***in meiner ~*** dans mon pays
'**Heimat|dichter(in)** *m(f)* écrivain *m* du terroir; **~film** *m* film *m* régionaliste (sentimental); **~kunde** *f Schulfach* géographie *f* et culture *f* d'une région; **~land** *n* pays natal; **2lich** *adj* de mon, ton, *etc* pays; **2los** *adj* sans patrie; apatride; **~ort** *m* lieu *m* d'origine; **~stadt** *f* ville natale; **~vertriebene(r)** *f(m)* personne déplacée
'**heim·bringen** *v/t* ⟨*irr*⟩ **1** *Person* raccompagner; **2** *Sache* ramener
'**Heimchen** *n* ⟨~s; ~⟩ **1** ZO grillon *m* domestique; **2** F *péj* ~ (***am Herd***) brave (petite) ménagère
'**Heimcomputer** *m* micro-ordinateur *m*
'**heimelig** *adj* douillet; où l'on est bien
'**heim·fahren** ⟨*irr* ⟩ **I** *v/t* ***j-n ~*** ramener qn chez soi; **II** *v/i* ⟨sn⟩ rentrer chez soi
'**Heimfahrt** *f* (voyage *m* de) retour *m*; ***auf der ~*** au retour; en rentrant
'**heim·gehen** *v/i* ⟨*irr*, sn⟩ **1** rentrer chez soi; **2** *st/s fig* (*sterben*) décéder
'**heimisch** *adj* **1** *Bevölkerung, Industrie, Produkte etc* du pays; local; *Pflanze, Tier* indigène; **2** (*vertraut*) familier; ***sich ~ fühlen*** se sentir chez soi; ***~ werden*** s'acclimater
'**Heimkehr** *f* ⟨~⟩ retour *m* (chez soi, au pays); ***bei s-r ~*** en rentrant; à son retour
'**heim·kehren** *v/i* ⟨sn⟩ rentrer
'**Heimkehrer** *m* ⟨~s; ~⟩ **1** personne *f* qui revient; **2** (*Kriegs2*) rapatrié *m*
'**Heimkind** *n* enfant *m* vivant dans un foyer, (placé) en foyer
'**heim·|kommen** *v/i* ⟨*irr*, sn⟩ rentrer; revenir; **~laufen** *v/i* ⟨*irr*, sn⟩ rentrer chez soi à pied; *schnell* courir à la maison, chez soi
'**Heimleiter(in)** *m(f)* directeur, -trice *m,f* du foyer, de l'asile de nuit, *etc*
'**heimlich I** *adj* secret; (*~ u illegal*) clandestin; **II** *adv tun etc* en secret; secrètement; F ***~, still und leise*** F en douce
'**Heimlichkeit** *f* ⟨~; ~en⟩ secret *m*; ***in aller ~*** dans le plus grand secret
Heimlichtuerei [-tuːə'raɪ] *f* ⟨~; ~en⟩ cachotterie(s) *f(pl)*
'**heim·müssen** *v/i* ⟨*irr*⟩ ***ich muss heim*** il faut que je rentre (*subj*)
'**Heimreise** *f* voyage *m* de retour; ***auf der ~*** au retour; en rentrant
'**Heimspiel** *n* match *m* à domicile
'**heim·suchen** *v/t Krieg, Epidemie* éprouver; *Katastrophe, Seuche etc* frapper; affliger; *Geister* 'hanter
'**Heimsuchung** *f* ⟨~; ~en⟩ (*Schicksalsprüfung*) épreuve *f*; (*Geißel*) fléau *m*
'**Heim|trainer** *m* 'home-trainer *m*; vélo *m* d'appartement; **~tücke** *f e-r Person* sournoiserie *f*; *e-r Krankheit* caractère insidieux; *p/fort* traîtrise *f*; **2tückisch** *adj Person, Handlung* sournois; *Krankheit* insidieux; *p/fort* traître; **2wärts** *adv* (*nach Hause*) chez soi; (*in die Heimat*) vers son pays
'**Heimweg** *m* chemin *m* du retour; ***sich auf den ~ machen*** prendre le chemin du retour
'**Heimweh** *n* mal *m* du pays; *fig* nostalgie *f* (***nach*** de); ***~ haben*** avoir le mal du pays
'**Heimwerker** *m* ⟨~s; ~⟩ bricoleur *m*
'**heim·zahlen** *v/t* ***es j-m ~*** rendre la pareille à qn; ***das werde ich dir ~!*** tu me le paieras!
Heinrich ['haɪnrɪç] *m* ⟨~s⟩ Henri *m*
Heinzelmännchen ['haɪntsəl-] *n* lutin *m*
Heirat ['haɪraːt] *f* ⟨~; ~en⟩ mariage *m*
'**heiraten** ⟨-e-⟩ **I** *v/t* épouser; se marier avec; **II** *v/i* se marier
'**Heiratsantrag** *m* demande *f* en mariage; ***j-m e-n ~ machen*** demander qn en mariage
'**Heirats|anzeige** *f* **1** (*Heiratsannonce*) annonce matrimoniale; **2** (*Vermählungsanzeige*) faire-part *m* de mariage; **2fähig** *adj* en âge de se marier; ADM nubile; **~schwindler** *m* escroc *m* au mariage; **~urkunde** *f* acte *m* de mariage; *Abschrift* extrait *m* de mariage; **~vermittler(in)** *m(f)* agent matrimonial
heiser ['haɪzər] *adj* enroué; **2keit** *f* ⟨~⟩ enrouement *m*
heiß [haɪs] **I** *adj* **1** (très) chaud; (*kochend ~*) bouillant; (*glühend ~*) brûlant; *Klima* torride; ***mir ist ~*** j'ai chaud; ***~ machen*** (faire) chauffer; **2** *fig Wunsch, Liebe* ardent; *Kampf, Diskussion* acharné; passionné; **3** (*aufreizend*) excitant; *Musik, Rhythmus* chaud; F d'enfer; F ***ein ~er Typ*** F un mec cool; **4** F *fig heikel* chaud; délicat; *Thema* brûlant; **5** F *fig Tipp etc* sûr; ***auf e-r ~en Spur sein*** être sur une piste brûlante; **6** F *Person*

(ganz) ~ auf etw (*acc*) **sein** F être un mordu de qc; **II** *adv* **1** (très) chaud; **2** *fig* **j-n ~ und innig lieben** adorer qn; F **es ging ~ her** F ça chauffait, bardait; **~ ersehnt** ardemment désiré; **~ geliebt** ardemment aimé; **~ umstritten** ardemment disputé

'**heißblütig** *adj* **1** (*leicht aufbrausend*) qui a le sang chaud; **2** (*feurig*) ardent; *Liebhaber* fougueux

heißen ['haɪsən] ⟨¢s, hieß, geheißen⟩ **I** *st/s v/t* **1** (*nennen*) appeler; traiter de; **2 j-n etw tun ~** *st/s* enjoindre, dire à qn de faire qc; **II** *v/i* **3** (*den Namen haben*) s'appeler; **wie ~ Sie?** comment vous appelez-vous?; quel est votre nom?; **4** (*bedeuten*) signifier; vouloir dire; **was soll das (denn) ~?** qu'est-ce que cela veut dire?; **das will nichts ~** cela ne veut rien dire; **was** *od* **wie heißt „Haus" auf Französisch?** comment dit-on «Haus» en français?; *erklärend, berichtigend* **das heißt** c'est-à-dire; **III** *v/imp* **5 es heißt, (dass) …** on dit que …; il paraît que …; **6 da heißt es aufgepasst** c'est là qu'il s'agit de faire attention; **7** (*geschrieben stehen*) **es heißt an dieser Stelle …** il est dit à cet endroit …

'**Heißhunger** *m* F fringale *f* (**auf** [+ *acc*] de; *a fig*)

'**heiß·laufen** *v/i* ⟨irr, sn⟩ TECH chauffer

'**Heißluft** *f* air chaud; **~ballon** *m* ballon *m* à air chaud; montgolfière *f*; **~herd** *m* four *m* à chaleur tournante

'**Heiß|sporn** *st/s m* ⟨~¢s; ~e⟩ tête brûlée; **~'wasserbereiter** *m* ⟨~s; ~⟩ chauffe-eau *m*

heiter ['haɪtər] *adj* **1** *Wetter* beau; *Himmel* serein; **2** *Person, Wesen* gai; enjoué; **3** *Szene, Geschichte* amusant; F *iron* **das kann ja ~ werden!** F ça promet!

'**Heiterkeit** *f* ⟨~⟩ (*Fröhlichkeit*) gaieté *f*; (*Belustigung*) hilarité *f*

heiz|bar ['haɪtsbaːr] *adj* qui peut être chauffé; *Heckscheibe* chauffant; **2decke** *f* couverture chauffante

'**heizen** *v/t u v/i* ⟨¢s⟩ chauffer

'**Heizer** *m* ⟨~s; ~⟩ chauffeur *m*

'**Heiz|kessel** *m* chaudière *f*; **~kissen** *n* coussin électrique, chauffant; **~körper** *m* radiateur *m*; **~kosten** *pl* frais *m/pl* de chauffage; **~lüfter** *m* radiateur soufflant; **~material** *n* combustible(s) *m(pl)*; **~ofen** *m* radiateur *m*; **~öl** *n* fuel *m*; mazout *m*; **~periode** *f* période *f* de chauffage

'**Heizung** *f* ⟨~; ~en⟩ chauffage *m*

'**Heizungs|anlage** *f* installation *f* de chauffage; **~keller** *m* chaufferie *f*; **~monteur** *m* installateur *m* (de chauffage); chauffagiste *m*

Hektar ['hɛktaːr] *n od m* ⟨~s; ~e, *mais* 3 ~⟩ hectare *m*

Hektik ['hɛktɪk] *f* ⟨~⟩ agitation *f*

'**hektisch** *adj Person* énervé; nerveux; *Leben* trépidant; *Bewegung* nerveux; *Betriebsamkeit* fiévreux

Hektoliter [hɛkto'-] *m od n* hectolitre *m*

helau [he'lau] *int im Karneval* 'hourra!

Held [hɛlt] *m* ⟨~en; ~en⟩ 'héros *m* (*a Roman2, fig*)

'**Helden|epos** *n* épopée *f*; **2haft** *adj* héroïque; **~mut** *m* héroïsme *m*; **2mütig** *adj* héroïque; **~sage** *f* légende *f* héroïque; **~tat** *f* prouesse *f*; *iron* exploit *m*; **~tum** *n* ⟨~s⟩ héroïsme *m*

'**Heldin** *f* ⟨~; ~nen⟩ héroïne *f*

helfen ['hɛlfən] *v/i* ⟨hilft, half, geholfen⟩ **1** (*behilflich sein*) **j-m ~** aider qn (**bei der Arbeit** dans son travail); **j-m in den, aus dem Mantel ~** aider qn à mettre, ôter son manteau; **sich** (*dat*) **zu ~ wissen** savoir se débrouiller; **sich** (*dat*) **nicht mehr zu ~ wissen** ne plus savoir quoi *od* que faire; **ich kann mir nicht ~, (aber) ich muss lachen** je ne peux pas m'empêcher de rire; **dem Kranken ist nicht mehr zu ~** on ne peut plus rien faire pour le malade; F *fig* **ihm ist nicht zu ~** c'est un cas désespéré; *drohend* F **dir werde ich ~!** attends un peu que je t'aide!; **2** (*nützen*) *Mittel, Maßnahme* servir; *Medikament* **gegen** *od* **bei Zahnschmerzen ~** être bon pour, contre le mal de dents; **das hilft nichts** cela ne sert à rien; **es hilft alles nichts**, *wir müssen gehen* il n'y a rien à faire

'**Helfer(in)** *m* ⟨~s; ~⟩ (*f*) ⟨~; ~nen⟩ aide *m,f*; **ein freiwilliger ~** un aide bénévole

'**Helfershelfer** *m péj* acolyte *m*

Helikopter [heli'kɔptər] *m* ⟨~s; ~⟩ hélicoptère *m*

Helium ['heːlium] *n* ⟨~s⟩ hélium *m*

hell [hɛl] **I** *adj* **1** (*nicht dunkel*) clair; (*a Farbe, Stimme, Klang*); *Bier, Tabak* blond; (*leuchtend*) lumineux; *Stern* brillant; ***es wird ~*** il commence à faire jour; **2** *fig Person* intelligent; ***ein ~er Kopf*** un esprit lucide; **3** F *fig Begeisterung, Freude* (le plus) complet; *Freude a* parfait; ***s-e ~e Freude an etw*** (*dat*) ***haben*** être très content de voir qc; ***in ~er Verzweiflung*** complètement désespéré; **II** *adv* ***~ leuchten*** *Lampe* éclairer bien; ***~ klingen*** rendre un son clair

'hell'auf *adv* ***~ begeistert sein*** être très, complètement enthousiaste

'hell|blau *adj* bleu clair; **~blond** *adj* blond clair

'Helle(s) F *n* ⟨→ A⟩ bière blonde

Heller ['hɛlər] *m* ⟨~s; ~⟩ *fig* ***auf ~ und Pfennig*** au centime près

'hell|grün *adj* vert clair; **~häutig** [-hɔʏtɪç] *adj* à, qui a la peau claire; **~hörig** *adj* **1** *Wohnung* sonore; **2** *Person* attentif

'Helligkeit *f* ⟨~; ~en⟩ clarté *f*; *e-r Lichtquelle*, TV luminosité *f*

helllicht ['hɛlɪçt] *adj* ***am ~ Tag(e)*** en plein jour

'hellrot *adj* rouge clair

'hellsehen *v/i* ⟨*seulement inf*⟩ ***~ können*** avoir le don de double vue

'Hell|seher(in) *m(f)* voyant(e) *m(f)*; **2sichtig** *adj* (*scharf blickend*) lucide; (*weit blickend*) clairvoyant; **'2'wach** *adj* **1** tout à fait éveillé; **2** F *fig* (*aufgeweckt*) éveillé; malin

Helm [hɛlm] *m* ⟨~¢s; ~e⟩ MIL, (*Schutz2*) casque *m*; HIST 'heaume *m*

Hemd [hɛmt] *n* ⟨~¢s; ~en⟩ (*Ober2*) chemise *f*; (*Unter2*) maillot *m* de corps

'Hemd|bluse *f* chemisier *m*; **~blusenkleid** *n* robe *f* chemisier

'Hemdsärmel *m* manche *f* de chemise; ***in ~n*** en bras de chemise

'hemdsärmelig *adj* **1** en bras de chemise; **2** F *fig* (*leger*) décontracté

Hemisphäre [hɛmi'sfɛːrə] *f* ⟨~; ~n⟩ hémisphère *m*

hemmen ['hɛmən] *v/t* **1** *Bewegung, fig* freiner; TECH, *Entwicklung, Prozess* arrêter; *fig* (*behindern*) entraver; **2** PSYCH inhiber

'Hemm|nis *n* ⟨~ses; ~se⟩ obstacle *m*, entrave *f* (***für*** à, pour); **~schuh** *m fig* frein *m* (***für*** pour)

'Hemmung *f* ⟨~; ~en⟩ **1** (*Verlangsamung*) ralentissement *m*; freinage *m*; **2** PSYCH inhibition *f*; **3** *pl* ***~en*** (*Gehemmtheit*) complexes *m/pl*; ***~en haben*** avoir des complexes; (*Bedenken haben*) avoir des scrupules

'hemmungslos **I** *adj* déchaîné; (*skrupellos*) sans scrupules; **II** *adv* sans retenue; (*skrupellos*) sans scrupules

Hengst [hɛŋst] *m* ⟨~es; ~e⟩ étalon *m*

Henkel ['hɛŋkəl] *m* ⟨~s; ~⟩ anse *f*; **~korb** *m* panier *m* à anse(s)

henken ['hɛŋkən] *st/s v/t* pendre

'Henker *m* ⟨~s; ~⟩ bourreau *m*; P ***weiß der ~!*** F j'en sais rien!

Henna ['hɛna] *f* ⟨~⟩ *od n* ⟨~$⟩ 'henné *m*

Henne ['hɛnə] *f* ⟨~; ~n⟩ poule *f*

Hepatitis [hepa'tiːtɪs] *f* ⟨~; -i'tiden⟩ hépatite *f*; ***~ A, B*** hépatite (virale) A, B

her [heːr] *adv* **1** (*hier~*) par ici; ***~ zu mir!*** (viens *bzw* venez) ici!; ***~ damit!*** donne(z)-le(-moi)!; ***von … ~*** (du côté) de …; ***von weit ~*** de loin; ***wo ist er ~?*** d'où est-il, vient-il?; ***hinter j-m ~ sein*** être aux trousses de qn; *verliebt* courir après qn; ***hinter e-r Sache ~ sein*** être à la poursuite, recherche de qc; **2** *Zeit* ***von früher ~*** d'autrefois; ***es ist (schon) lange ~(, dass …)*** il y a, cela fait (déjà) longtemps (que …); ***das ist ein Jahr ~*** cela fait un an; il y a un an; **3** *fig* ***von der Form*** *etc* ***~*** du point de vue de la forme, *etc*; *fig* ***damit ist es nicht weit ~*** ce n'est pas extraordinaire

herab [hɛ'rap] *st/s adv* ***von oben ~*** d'en 'haut; *fig* ***sie sah ihn von oben ~ an*** elle le regarda de haut, avec dédain

he'rab·blicken *st/s v/i* regarder vers le bas; ***von etw ~*** regarder du haut de qc; ***auf die Stadt ~*** regarder la ville en bas; *fig* ***auf j-n ~*** regarder qn de haut

he'rab·hängen *v/i* ⟨*irr*⟩ pendre

he'rab·lassen ⟨*irr*⟩ **I** *st/s v/t* faire descendre; *Jalousien* baisser; **II** *v/r fig* ***sich ~, etw zu tun*** s'abaisser à faire qc; *auf e-e Bitte hin* condescendre à faire qc

he'rablassend **I** *adjt* condescendant; **II** *advt* avec condescendance

he'rab·|mindern *v/t* (*herabsetzen*) déprécier; *Gefahr* minimiser; **~sehen** *v/i* ⟨*irr*⟩ → ***herabblicken***

he'rab·setzen *v/t* ⟨¢$⟩ **1** *Preis, Ware* baisser; *Geschwindigkeit* réduire; ***zu herabgesetztem Preis*** à prix réduit; **2** *fig Leistung, Person* déprécier

H

He'rabsetzung *f* ⟨~; ~en⟩ **1** *der Preise etc* réduction *f*; **2** *fig* dépréciation *f*

he'rab·|steigen *st/s* → **hinuntersteigen**; **~stürzen** *st/s* → **hinunterstürzen**; **~würdigen** *v/t* déprécier

Heraldik [he'raldɪk] *f* ⟨~⟩ héraldique *f*

heran [hɛ'ran] *adv* **nur ~!** approche(z) donc!; **(dicht) an etw** (*acc*) **~** tout près de qc

he'ran·bilden *v/t* (*u v/r*) ⟨-e-⟩ (**sich ~** se) former

he'ran·fahren *v/i* ⟨*irr*, sn⟩ **an etw, j-n ~** s'approcher de qc, qn; **rechts ~** serrer à droite

he'ran·führen *v/t* **j-n an etw** (*acc*) **~** amener qn à qc; *fig* initier qn à qc

he'ran·gehen *v/i* ⟨*irr*, sn⟩ **1 an etw, j-n ~** s'approcher de qc, qn; **2** *fig* **an ein Problem** *etc* **~** aborder un problème, *etc*

he'ran·kommen *v/i* ⟨*irr*, sn⟩ **1 an etw, j-n ~** s'approcher de qc, qn; **die Dinge an sich** (*acc*) **~ lassen** laisser venir; **2 an etw** (*acc*) **~** (*heranreichen*) atteindre qc; *fig* (*bekommen*) avoir accès à qc; **3** *fig* **an j-n ~** (*Kontakt aufnehmen*) approcher qn; (*j-m gleichkommen*) égaler qn

he'ran·machen F *v/r* **sich an etw** (*acc*) **~** (*in Angriff nehmen*) s'attaquer à qc; **sich an j-n ~** accoster qn

he'ran·nahen *st/s v/i* ⟨sn⟩ s'approcher

he'ran·reichen *v/i* **1 an etw** (*acc*) **~** atteindre qc; **2** *fig* **an j-n, etw ~** égaler qn, qc

he'ran·reifen *v/i* ⟨sn⟩ mûrir (*a Plan etc*); **zur Künstlerin ~** devenir une véritable artiste

he'ran·rücken I *v/t* **etw an etw, j-n ~** approcher qc de qc, qn; **II** *v/i* ⟨sn⟩ **an etw, j-n ~** s'approcher de qc, qn; **er rückte näher an sie heran** il se rapprocha d'elle

he'ran·tasten *v/r* ⟨-e-⟩ **sich an** (+ *acc*) **~** s'approcher à tâtons de; *fig an ein Problem* aborder prudemment

he'ran·treten *v/i* ⟨*irr*, sn⟩ **1** (**an j-n, etw**) **~** s'approcher (de qn, qc); **2** *fig* **an j-n** (**mit e-r Bitte**) **~** s'adresser à qn (pour demander qc)

he'ran·wachsen *v/i* ⟨*irr*, sn⟩ grandir; **2de(r)** *f(m)* ⟨→ A⟩ adolescent(e) *m(f)*; JUR personne *f* entre 18 et 21 ans

he'ran·wagen *v/r* **sich an j-n, etw ~** oser s'approcher de qn, qc; **sich an e-e Aufgabe ~** se risquer à entreprendre une tâche

he'ran·ziehen ⟨*irr*⟩ **I** *v/t* **1** *Gegenstand* rapprocher; **2** *zu Zahlungen* mettre à contribution; *zu e-r Arbeit* faire appel à; *Fachmann* consulter; **3** *Tier, Kind* élever; *Pflanze* faire pousser; **4** *Beleg, Material* se servir de; **II** *v/i* ⟨sn⟩ s'approcher

herauf [hɛ'rauf] *adv* **hier, da ~!** par ici!; par là!; **von unten ~** d'en bas

he'rauf·|beschwören *v/t* ⟨*irr, sans ge*⟩ *Erinnerungen* évoquer; *Gefahr* provoquer; **~kommen** *v/i* ⟨*irr*, sn⟩ monter; **~setzen** *v/t* ⟨*-t*⟩ *Preis etc* augmenter; majorer; **~ziehen** ⟨*irr*⟩ **I** *v/t* monter; **II** *v/i* ⟨sn⟩ *Gewitter, Unheil* approcher

heraus [hɛ'raus] *adv* dehors; **von innen ~** de l'intérieur; **aus e-m Gefühl des Mitleids ~** par pitié; F **~ damit!** donne(z)-le!; montre(z)-le!; **~sein** (*draußen sein*) être sorti; (*entfernt sein*) être enlevé; *Blüten* être sorti; *Buch* être paru, sorti; (*ausgesprochen sein*) être dit

he'raus·arbeiten *v/t* ⟨-e-⟩ **1** *aus Stein, Holz* sculpter; **2** *fig Gedanken, Unterschiede* faire ressortir; mettre en relief

he'raus·bekommen *v/t* ⟨*irr, sans ge*⟩ **1** *Nagel, Fleck* arriver à enlever; **2** *Geheimnis* découvrir; **etw aus j-m ~** arracher qc à qn; **3** *Lösung* (parvenir à) trouver; **4 Sie bekommen zehn Euro heraus** je vous rends dix euros; **5** *Wort* F (pouvoir) sortir

he'raus·bringen *v/t* ⟨*irr*⟩ **1** (*nach außen bringen*) apporter; **2** (*veröffentlichen*) sortir; *fig* **etw, j-n groß ~** mettre qc, qn en vedette; **3** *Wort* F (pouvoir) sortir; **4** F → **herausbekommen** *1, 2*

he'raus·fahren ⟨*irr*⟩ **I** *v/t* **1** *Fahrzeug, Person* sortir; **2** SPORT *Sieg, Platz, Zeit* obtenir; **II** *v/i* ⟨sn⟩ **3** sortir (**aus** de); **4** F *fig Wort* échapper

he'raus·|fallen *v/i* ⟨*irr*, sn⟩ tomber (**aus** de); **~filtern** *v/t* filtrer (*a fig*); **~finden** ⟨*irr*⟩ **I** *v/t* découvrir; **II** *v/i* trouver la sortie (**aus** de)

He'rausforderer *m* ⟨~s; ~⟩ SPORT, *fig* challenger *m*

he'raus·fordern I *v/t* **1 j-n ~** (*provozieren*) provoquer qn; SPORT défier qn; **2** *Kritik, Widerspruch* provoquer; **II** *v/i* **zu etw ~** *zum Protest* provoquer qc

he'rausforder|nd *adjt* provocant; **Ձung** *f* défi *m* (*a* SPORT); (*Provokation*) provocation *f*

He'rausgabe *f* **1** *e-s Besitzes* restitution *f*; remise *f*; *e-r Geisel* libération *f*; **2** *e-r Zeitschrift* publication *f*; *e-s Buches a* édition *f*

he'raus·geben ⟨*irr*⟩ **I** *v/t* **1** (*herausreichen*) passer (au dehors); **2** *Besitz* restituer; remettre; *Gefangenen* livrer; *Geisel* libérer; **3** *Zeitschrift* publier; *Buch, Text a* éditer; **4** *Wechselgeld* rendre; **II** *v/i als Wechselgeld* rendre la monnaie

He'rausgeber(in) *m* ⟨~s; ~⟩ (*f*) ⟨~; ~nen⟩ *e-s Buches* éditeur *m*; *e-r Zeitschrift* directeur, -trice *m,f* de la publication

he'raus·gehen *v/i* ⟨*irr*, sn⟩ **1** *nach außen* sortir; *fig* ***aus sich*** (*dat*) **~** sortir de sa réserve; **2** *Nagel, Korken* sortir; *Fleck* partir

he'raus·greifen *v/t* ⟨*irr*⟩ prendre (au hasard) (***aus*** parmi)

he'raus·haben F *v/t* ⟨*irr*⟩ **1** *Nagel etc* être arrivé à faire sortir; **2** (*herausgefunden haben*) savoir; avoir trouvé (*a Lösung*); **3** (*beherrschen*) ***etw*** **~** savoir s'y prendre

he'raus·halten ⟨*irr*⟩ **I** *v/t* **1** (*nach außen halten*) tendre au dehors; **2** F *fig* (*nicht verwickeln*) tenir à l'écart (***aus*** de); ne pas mêler (à); **II** *v/r* F ***sich aus etw*** **~** ne pas se mêler de qc

he'raus·hängen **I** *v/t Schild etc* suspendre; accrocher; **II** *v/i* ⟨*irr*⟩ *aus e-m Fenster* pendre (***aus*** par); *aus der Tasche* sortir (de)

he'raus·heben ⟨*irr*⟩ **I** *v/t* **1** (faire) sortir; **2** *fig* faire ressortir; **II** *v/r* ***sich*** **~** se détacher; *Gegenstände a* ressortir

he'raus·helfen *v/i* ⟨*irr*⟩ ***j-m aus etw*** **~** aider qn à sortir de qc; *fig* ***j-m aus e-r Verlegenheit*** **~** tirer qn d'embarras

he'raus·holen *v/t* **1** *aus e-r Tasche etc* sortir; **2** F *fig Antwort* ***aus j-m*** **~** tirer de qn; arracher à qn; *Gewinn* ***aus etw*** **~** tirer de qc; ***das Letzte aus sich*** (*dat*) **~** tirer le maximum de soi-même

he'raus·hören *v/t* percevoir

he'raus·kehren *v/t Eigenschaft* montrer; faire voir; ***den Vorgesetzten*** **~** jouer ostensiblement son rôle de chef

he'raus·kommen *v/i* ⟨*irr*, sn⟩ **1** *aus e-m Raum, Land etc* sortir (***aus*** de); *fig* ***aus dem Lachen nicht*** **~** ne plus, pas pouvoir s'arrêter de rire; **2** F *Resultat* ***bei etw*** **~** résulter de qc; ***was kommt (bei der Aufgabe) heraus?*** quel est ton, *etc* résultat?; *fig* ***auf dasselbe*** **~** revenir au même; ***dabei kommt nichts heraus*** cela ne mène, ne sert à rien; **3** F *Verborgenes* se savoir; **4** *Neuerscheinung etc* sortir; ***mit e-m neuen Produkt*** **~** sortir, lancer un nouveau produit; F *fig Künstler, Produkt etc* ***groß*** **~** être lancé

he'raus·|kriegen F *v/t* → ***herausbekommen***; **~kristallisieren** *v/r* ⟨*sans ge*⟩ ***sich*** **~** *fig* se cristalliser; se préciser; **~laufen** *v/i* ⟨*irr*, sn⟩ **1** sortir (en courant); **2** (*herausfließen*) couler (***aus*** de)

he'raus·lesen *v/t* ⟨*irr*⟩ ***etw aus etw*** **~** *aus e-m Text* deviner qc à la lecture de qc; *aus e-m Blick* lire qc dans, sur qc

he'raus·|locken *v/t* **1** attirer; *Person* faire sortir; **2** *Geheimnis* arracher; *Geld* soutirer; **~machen** F **I** *v/t* enlever (*a Fleck*); **II** *v/r* ***sich*** **~** (bien) se développer

he'raus·müssen F *v/i* ⟨*irr*⟩ **1** ***er muss heraus*** il faut qu'il sorte; (*aufstehen müssen*) ***sie muss früh heraus*** elle doit se lever tôt; **2** ***der Zahn muss heraus*** il faut arracher la dent

he'raus·nehmen ⟨*irr*⟩ **I** *v/t* ***etw (aus etw)*** **~** retirer qc (de qc); F ***j-m den Blinddarm*** **~** enlever l'appendice à qn; **II** F *v/r* ***sich*** (*dat*) ***etw*** **~** se permettre de faire qc

he'raus·platzen F *v/i* ⟨-t, sn⟩ *vor Lachen* éclater de rire; ***mit e-r Neuigkeit*** **~** crier une nouvelle

he'raus·putzen ⟨-t⟩ *v/t* (*u v/r* ***sich*** **~**) bien (s')habiller; *Frau* (s')habiller coquettement; (se) pomponner

he'raus·ragen *v/i* **1** ***aus etw*** **~** dépasser (de) qc; *Gebäude a* dominer qc; **2** *fig* ***über etw, j-n*** **~** être supérieur à qc, qn

he'rausragend *adjt fig* excellent; éminent

he'raus·reden *v/r* ⟨-e-⟩ ***sich*** **~** s'en tirer par de belles paroles

he'raus·reißen *v/t* ⟨*irr*⟩ *Haare, Pflanze* arracher; *Fliesen etc* enlever; ***j-n aus s-r Arbeit, dem Schlaf*** **~** tirer qn de son travail, de son sommeil

he'raus·rücken F **I** *v/t* (*hergeben*) donner; ***wieder*** **~** rendre; **II** *v/i* ***mit etw*** **~**

donner qc; sortir qc; ***mit der Sprache ~*** s'expliquer; (*gestehen*) lâcher le morceau

he'raus·|rutschen *v/i* **1** glisser, sortir (***aus*** de); **2** F *fig Wort etc* échapper; **~schinden** F *v/t* ⟨*irr*⟩ *Vorteil, Gewinn* tirer; *Geld, Zeit* gagner

he'raus·schlagen ⟨*irr*⟩ **I** *v/t* **1** *Nagel etc* faire sortir; **2** F *fig Geld, Zeit* gagner; *Vorteil* ***aus, bei etw ~*** tirer de qc; **II** *v/i* ⟨sn⟩ *Flammen* jaillir, sortir (***aus*** de)

he'raus·springen *v/i* ⟨*irr*, sn⟩ **1** (***aus etw, aus dem Fenster***) **~** sauter (de qc, par la fenêtre); **2** (*sich lösen*) sortir; *Sicherung* sauter; **3** F *fig als Gewinn etc* rapporter

he'raus·stellen **I** *v/t* **1** *nach draußen* sortir; mettre dehors; **2** *fig* (*hervorheben*) mettre en évidence, relief; **II** *v/r* ***sich ~*** s'avérer (***als wahr, falsch*** vrai, faux)

he'raus·strecken *v/t* tendre (***aus, zu*** par); ***j-m die Zunge ~*** tirer la langue à qn

he'raus·streichen *v/t* ⟨*irr*⟩ **1** (*wegstreichen*) barrer; **2** (*hervorheben*) faire valoir; souligner

he'raus·stürzen *v/i* ⟨¢s, sn⟩ (*herauseilen*) sortir précipitamment (***aus*** de)

he'raus·suchen *v/t* chercher (***aus*** dans, parmi, au milieu de)

he'raus·wachsen *v/i* ⟨*irr*, sn⟩ sortir (***aus*** de); ***er ist aus s-n Kleidern herausgewachsen*** ses vêtements ne lui vont plus

he'rauswerfen → ***hinauswerfen***

he'raus·ziehen ⟨*irr*⟩ **I** *v/t aus dem Wasser etc* retirer, sortir (***aus*** de); *Schublade* tirer; *Nagel, Zahn* arracher; **II** *v/i* ⟨sn⟩ ***aus der Stadt ~*** quitter la ville

herb [hɛrp] *adj* **1** *im Geschmack* âpre; *Wein* sec; **2** *fig Enttäuschung* amer; *Schönheit, Wesen* austère; *Kritik* sévère

herbei [hɛ'rbaɪ] *adv* ***~!*** venez!; approchez!

her'bei·|eilen *v/i* ⟨sn⟩ accourir; **~führen** *v/t Ereignis, Niederlage, Tod* causer; provoquer; *Entscheidung* entraîner; **~kommen** *v/i* ⟨*irr*, sn⟩ (s')approcher; venir; **~laufen** *v/i* ⟨*irr*, sn⟩ accourir; **~schaffen** *v/t Gegenstände* apporter; *Beweismaterial* procurer; fournir; **~sehnen** *v/t* → ***herbeiwünschen***; **~strömen** *v/i* ⟨sn⟩ affluer; **~wünschen** *v/t* souhaiter la venue de

'her·bemühen *st/s* ⟨*sans ge*⟩ **I** *v/t* ***j-n ~*** prier qn de venir; **II** *v/r* ***sich ~*** se donner la peine de venir

Herberge ['hɛrbɛrgə] *f* ⟨~; ~n⟩ **1** (*Unterkunft*) gîte *m*; **2** (*Jugend*♀) auberge *f* de (la) jeunesse

'her·|bestellen *v/t* ⟨*sans ge*⟩ faire venir; **~bitten** *v/t* ⟨*irr*⟩ prier de venir; **~bringen** *v/t* ⟨*irr*⟩ *Sache* apporter; *Person, Sache* amener

Herbst [hɛrpst] *m* ⟨~es; ~e⟩ automne *m*; ***im ~*** en automne

'Herbst|anfang *m* début *m* de l'automne; **~ferien** *pl* vacances *f/pl* d'automne; **♀lich** *adj* de l'automne; *bes Wetter* d'automne; **~tag** *m* jour *m* d'automne; **~zeitlose** *f* ⟨~; ~n⟩ colchique *m*

Herd [he:rt] *m* ⟨~¢s; ~e⟩ **1** (*Küchen*♀) cuisinière *f*; fourneau *m*; **2** *fig e-r Krankheit, e-s Erdbebens* foyer *m*

Herde ['he:rdə] *f* ⟨~; ~n⟩ troupeau *m*

'Herden|tier *n* **1** animal *m* grégaire; **2** *fig péj* mouton *m* (de Panurge); **~trieb** *m* instinct *m* grégaire

'Herdplatte *f* plaque (chauffante)

herein [hɛ'raɪn] *adv* ***~!*** entrez!; ***hier ~!*** entrez (par) ici!; ***von draußen ~*** du dehors; ***zum Fenster ~*** par la fenêtre

he'rein·bekommen F *v/t* ⟨*irr, sans ge*⟩ *Ware, Sender* recevoir

he'rein·bitten *v/t* ⟨*irr*⟩ ***j-n ~*** prier qn d'entrer

he'rein·brechen *v/i* ⟨*irr*, sn⟩ *Wassermassen* faire irruption; *Nacht* tomber; *Unwetter, Unheil* s'abattre (***über etw, j-n*** sur qc, qn)

he'rein·bringen *v/t* ⟨*irr*⟩ apporter; *Person, Tier* ***mit ~*** amener

he'rein·|fallen *v/i* ⟨*irr*, sn⟩ **1** *Licht* entrer; **2** F *fig* → ***reinfallen***; **~führen** *v/t* introduire; **~holen** *v/t* **1** *Person* faire entrer; *Sache* rentrer; **2** *fig Aufträge* aller prendre; **~kommen** *v/i* ⟨*irr*, sn⟩ **1** entrer; **2** F *fig Waren* arriver; *Geld* rentrer; **~kriegen** F *v/t* → ***hereinbekommen***; **~lassen** *v/t* ⟨*irr*⟩ faire *bzw* laisser entrer

he'rein·legen *v/t* F *fig* ***j-n ~*** F rouler qn

he'rein·platzen F *v/i* ⟨sn⟩ entrer à l'improviste

he'rein·rufen *v/t* ⟨*irr*⟩ ***j-n ~*** appeler qn

he'rein·schneien *v/i* ⟨sn⟩ F *fig* ***bei j-m ~*** F débarquer chez qn

he'rein·sehen *v/i* ⟨*irr*⟩ **1** ***zum Fenster ~*** regarder par la fenêtre; **2** F *fig* ***bei j-m ~*** passer voir qn

he'rein·spazieren F *v/i* ⟨*sans ge*, sn⟩ entrer; ***hereinspaziert!*** entrez donc

he'rein·|strömen *v/i* ⟨sn⟩ *Luft, Gas* entrer; pénétrer; *Wasser* entrer à flots; *Menschen* affluer; **~stürzen** *v/i* ⟨*ȼȿ*, sn⟩ *Person in e-n Raum* entrer précipitamment; faire irruption (*a Wasser*); **~tragen** *v/t* ⟨*irr*⟩ rentrer, apporter (***in*** [+ *acc*] dans)

'her·fahren ⟨*irr*⟩ **I** *v/t Sache* apporter (en voiture, *etc*); *Sache, Person* amener (en voiture, *etc*); **II** *v/i* ⟨sn⟩ **1** *nach hier* venir (en voiture, *etc*); **2** ***vor j-m ~*** précéder qn; rouler devant qn; ***hinter j-m ~*** suivre qn

'Herfahrt *f* ***auf der ~*** en venant (ici)

'her·fallen *v/i* ⟨*irr*, sn⟩ ***über j-n ~*** se jeter sur qn; assaillir qn; ***über etw*** (*acc*) **~** se jeter sur qc; *fig péj* critiquer (férocement), déchirer qc

'her·finden *v/i* ⟨*irr*⟩ trouver (qn, qc, le chemin de qc)

'her·führen I *v/t* amener; ***was führt dich her?*** qu'est-ce qui t'amène?; **II** *v/i Weg, Spur* mener, conduire ici

'Hergang *m* déroulement *m*

'her·geben *v/t* ⟨*irr*⟩ **1** (*reichen*) donner; **2** (***wieder***) **~** redonner; rendre; **3** (*weggeben*) donner; *fig* ***sich für etw ~*** se prêter à qc

'hergebracht *adjt* traditionnel

'her·gehen ⟨*irr*, sn⟩ **I** *v/i* ***vor j-m ~*** marcher devant qn; (***dicht***) ***hinter j-m ~*** suivre qn (de près); **II** F *v/imp* ***gestern ging es hoch her*** *bei e-m Fest* F ça donnait hier soir; ***es geht heiß her*** F ça chauffe; F ça barde; F ça pète

'hergelaufen *adjt* venu on ne sait d'où

'her·haben F *v/t* ⟨*irr*⟩ ***wo hat sie das her?*** où a-t-elle pris, F pêché cela?; *Idee, Ausdruck* où a-t-elle entendu cela?

'her·halten ⟨*irr*⟩ **I** *v/t* tendre; **II** *v/i* ***als etw ~ müssen*** *Person, Gegenstand* servir de qc

'her·holen *v/t* aller chercher; *fig* ***weit hergeholt*** tiré par les cheveux

'her·hören *v/i* écouter

Hering ['heːrɪŋ] *m* ⟨~s; ~e⟩ **1** *zo* 'hareng *m*; F *plais* ***wie die ~e*** serrés comme des sardines, F comme des 'harengs; **2** (*Zeltpflock*) piquet *m* (de tente)

'her·kommen *v/i* ⟨*irr*, sn⟩ **1** (*herbeikommen*) venir (ici); **2** (*abstammen*) **~ *von*** venir de

herkömmlich ['heːrkœmlɪç] *adj* traditionnel

Herkunft ['heːrkunft] *f* ⟨~⟩ origine *f*; *e-r Ware a* provenance *f*; **~sland** *n* pays *m* d'origine

'her·laufen *v/i* ⟨*irr*, sn⟩ **1** (*herbeilaufen*) venir; accourir; **2** ***vor j-m ~*** courir devant qn; ***hinter j-m ~*** courir derrière, *a fig* après qn

'her·leiten ⟨-e-⟩ **I** *v/t logisch* déduire (***aus, von*** de); *Recht* tirer, faire découler (de); *Wort* dériver (de); **II** *v/r* ***sich aus, von etw ~*** *Wort* dériver, *Recht* découler, provenir de qc

'her·machen F *v/r* ***sich über etw*** (*acc*) **~** se jeter, se précipiter sur qc; *über e-e Arbeit* s'attaquer à qc; ***sich über j-n ~*** se jeter sur qn

Hermelin[1] [hɛrmə'liːn] *n* ⟨~s; ~e⟩ *Tier* hermine *f*

Herme'lin[2] *m* ⟨~s; ~e⟩ *Pelz* hermine *f*

hermetisch [hɛr'meːtɪʃ] *adj* hermétique

her'nach *adv* après; ensuite

'her·nehmen *v/t* ⟨*irr*⟩ (*beschaffen*) prendre

Heroin [hero'iːn] *n* ⟨~s⟩ héroïne *f*; **~süchtig** *adj* héroïnomane

he'roisch *adj* héroïque

Herpes ['hɛrpɛs] *m* ⟨~⟩ MÉD herpès *m*

Herr [hɛr] *m* ⟨~ȼn; ~en⟩ **1** monsieur *m* (*a vor Familiennamen, Titeln*); SPORT ***die Abfahrt der Herren*** la descente hommes; **~ *X*** monsieur X; ***der ~ Direktor*** monsieur le directeur; *Anrede* **~ *X!*** Monsieur (X)!; **~ *Doktor!*** MÉD docteur!; ***meine ~en*** Messieurs; **2** (*Gebieter*), *e-s Tiers* maître *m*; ***der ~ des Hauses*** le maître de maison; **~ *im Hause sein*** être maître chez soi; ***sein eigener ~ sein*** être son propre maître; *st/s* ***aus aller ~en Länder*** des quatre coins du monde; **~ *über etw, j-n sein*** être maître de qc, qn; **~ *der Lage sein*** être maître de la situation; ***e-r Sache, j-s ~ werden*** se rendre maître de qc, qn; **3** (*Gott*) ***der ~*** le Seigneur; **4** (*Tanzpartner*) cavalier *m*

'Herrchen F *n* ⟨~s; ~⟩ *e-s Hundes* maître *m*

H

'Herren|abend *m* soirée *f* entre hommes; **~ausstatter** *m* ⟨~s; ~⟩ magasin *m* de prêt-à-porter masculin; **~bekleidung** *f* prêt-à-porter masculin; **~friseur** *m* coiffeur *m* pour hommes; **Ωlos** *adj* abandonné; *Tier a* sans maître; **~mode** *f* mode masculine; **~rad** *n* vélo *m* (d')homme; **~toilette** *f* toilettes *f/pl* pour hommes

'Herrgott F *m* ***der ~*** le Seigneur; P ~ (***noch mal***)! P bon Dieu!

'Herrgottsfrühe *f* ***in aller ~*** de grand matin

'her·richten *v/t* ⟨-e-⟩ **1** (*bereitstellen*) préparer; **2** ***wieder ~*** remettre en état

'Herrin *f* ⟨~; ~nen⟩ maîtresse *f*

'herrisch **I** *adj* autoritaire; **II** *adv* ***~ auftreten*** être (très) autoritaire

'herrlich *adj* magnifique

Herrlichkeit *f* ⟨~; ~en⟩ **1** (*Herrlichsein*) splendeur *f*; magnificence *f*; ***die ~ Gottes*** la gloire de Dieu; **2** (*herrliche Sache*) merveille *f*

Herrschaft *f* ⟨~; ~en⟩ **1** domination *f* (***über*** [+ *acc*] sur); *im Staat* pouvoir *m*; ***unter j-s ~*** (*dat*) ***stehen*** être sous la domination de qn; ***die ~ über sein Fahrzeug verlieren*** perdre le contrôle de son véhicule; **2** *pl* ***meine ~en!*** Mesdames et Messieurs!; F Messieurs Dames!; ***die ~en sind nicht zu Hause*** monsieur et madame sont sortis

'herrschaftlich *adj* **1** *Schloss etc* seigneurial; **2** *fig Wohnung* somptueux

herrschen ['hɛrʃən] *v/i* **1** *Herrscher, Person* régner (***über*** [+ *acc*] sur); **2** *fig* régner; ***es herrscht ...*** *oft* il y a ...; ***es herrscht starker Verkehr*** il y a beaucoup de circulation; ***es herrscht Frieden*** la paix règne

'herrschend *adjt* **1** POL au pouvoir; dirigeant; **2** *fig Meinung* dominant; *Ordnung* établi; ***die augenblicklich ~e Stimmung*** l'atmosphère qui règne en ce moment

'Herrscher(in) *m* ⟨~s; ~⟩ (*f*) ⟨~; ~nen⟩ **1** POL souverain(e) *m(f)*; (*Monarch*) monarque *m*; **2** *fig* maître *m*

'Herrsch|sucht *f* besoin *m* de domination; **Ωsüchtig** *adj* dominateur

'her·rufen *v/t* ⟨*irr*⟩ **1** ***j-n ~*** appeler qn; **2** ***etw hinter j-m ~*** crier qc à qn

'her·rühren *v/i* ***von j-m, etw ~*** (pro)venir de qn, qc

'her·sagen *v/t* réciter; *gedankenlos* débiter

'her·sehen *v/i* ⟨*irr*⟩ **1** regarder; **2** ***hinter j-m ~*** suivre qn des yeux

'her·stammen *v/i* ***wo stammt er her?*** d'où est-il originaire?; ***wo stammt dieses Zitat her?*** d'où vient cette citation?

'her·stellen *v/t* **1** (*platzieren*) mettre; **2** (*produzieren*) fabriquer; **3** *Verbindung, Gleichgewicht* établir; ***wieder ~*** *Frieden, Gesundheit* rétablir

'Hersteller *m* ⟨~s; ~⟩ fabricant *m*

'Herstellung *f* **1** fabrication *f*; **2** *fig von Beziehungen etc* établissement *m*; **~sverfahren** *n* procédé *m* de fabrication

Hertz [hɛrts] *n* ⟨~; ~⟩ PHYS 'hertz *m*

herüber [hɛ'ry:bər] *adv* de ce côté-ci; *Richtung* vers ici

he'rüber·kommen *v/i* ⟨*irr*, sn⟩ **1** *hierher* venir; **2** ***über etw*** (*acc*) ***~*** passer (par-dessus) qc

he'rüber·reichen **I** *v/t* ***j-m etw ~*** passer qc à qn; **II** *v/i* (*sich erstrecken*) s'étendre jusqu'ici

herum [hɛ'rum] *adv* ***um ... ~*** autour de (*a bei Zahlenangaben*); ***richtig, verkehrt ~*** (tourné) du bon, du mauvais côté; *Richtung* dans le bon, mauvais sens; ***im Kreis ~*** en rond; en cercle; ***~ sein*** F (*vorbei sein*) être fini, passé, terminé; (***immer***) ***um j-n ~ sein*** s'occuper sans arrêt de qn

he'rum·ärgern F *v/r* ***sich mit etw, j-m ~*** avoir du fil à retordre avec qc, qn

he'rum·blättern *v/i* ***in etw*** (*dat*) ***~*** feuilleter qc

he'rum·brüllen F *v/i* F gueuler

he'rum·drehen **I** *v/t* tourner; *Verkehrtliegendes* retourner; **II** ***sich ~*** se retourner (***zu j-m*** vers qn)

he'rum·drücken F *v/r* **1** ***sich um etw ~*** *um e-e Aufgabe etc* se dérober à qc; **2** ***sich in Lokalen, auf der Straße ~*** traîner (dans) les cafés, dans la rue

he'rum·fahren ⟨*irr*⟩ **I** *v/t* promener en voiture, *etc*; **II** *v/i* ⟨sn⟩ **1** ***um etw ~*** contourner qc; *ganz herum* faire le tour de qc; ***um die Straßenecke ~*** tourner le coin de la rue; **2** *ziellos* circuler; **3** *Person vor Schreck etc* se retourner brusquement

he'rum·fuchteln F *v/i* ⟨¢⟩ ***mit etw*** (***vor***

j-s Nase [*dat*]) ~ agiter qc (sous le nez de qn)

he'rum·führen **I** *v/t* **1** ***j-n um etw*** ~ *um ein Hindernis* faire contourner qc à qn; *ganz herum* faire faire le tour de qc à qn; **2** ***j-n in e-r Stadt*** ~ guider qn dans une ville; **II** *v/i Weg etc* ***um etw*** ~ contourner qc; *ganz herum* faire le tour de qc

he'rum·fummeln F *v/i* ⟨¢⟩ ***an etw, j-m*** ~ tripoter qc, qn

he'rum·gehen *v/i* ⟨*irr*, sn⟩ **1** ***um etw*** ~ *um ein Hindernis* contourner qc; *um e-e Statue etc* faire le tour de qc; **2** *ziellos* marcher; se promener; **3** (*die Runde machen*) faire le tour; **4** (*herumgereicht werden*) circuler; faire le tour; **5** F *Zeit* passer

he'rum·hacken F *v/i fig* ***auf j-m*** ~ attaquer, critiquer qn constamment

he'rum·hängen F *v/i* ⟨*irr*⟩ *fig* (*herumlungern*) traîner; F glander

he'rum·horchen F *v/i* (***überall***) ~ écouter (partout)

he'rum·irren *v/i* ⟨sn⟩ errer

he'rum·kommandieren F *v/t* ⟨*sans ge*⟩ ***j-n*** ~ mener qn à la baguette

he'rum·kommen *v/i* ⟨*irr*, sn⟩ **1** *um e-e Ecke* tourner (le coin de la rue); **2** F *in e-m Land* circuler; *in der Welt* voyager; **3** F *fig* ***um etw*** ~ *um e-e Strafe, Aufgabe* F passer au travers de qc; ***wir werden nicht darum ~ zu*** (+ *inf*) on ne peut pas faire autrement que de (+ *inf*)

he'rum·kriegen F *v/t* **1** *Zeit* passer; tuer; **2** (*überreden*) faire céder; F emberlificoter; *sexuell* F avoir

he'rum·laufen *v/i* ⟨*irr*, sn⟩ **1** *ziellos* courir; (*gehen*) se promener; **2** ***um etw*** ~ faire le tour de qc; **3** F *fig* ***barfuß, im Bademantel*** ~ se promener nu-pieds, en peignoir

he'rum·liegen *v/i* ⟨*irr*⟩ F *Gegenstände* traîner; *Papier a* être éparpillé

he'rum·lungern F *v/i* traîner; F glander

he'rum·|plagen *v/r*, **~quälen** *v/r* F ***sich mit etw*** ~ se donner beaucoup de mal avec qc; F ***sich mit j-m*** ~ avoir du mal avec qn

he'rum·reden F *v/i* ⟨-e-⟩ ***um etw*** ~ tourner autour du pot

he'rum·reichen *v/t* faire passer, circuler

he'rum·reiten *v/i* ⟨*irr*, sn⟩ F *fig* (***immer***) ***auf etw*** (*dat*) ~ insister sur qc; *auf Prinzipien* être à cheval sur qc

he'rum·schlagen F *v/r* ⟨*irr*⟩ ***sich mit j-m*** ~ se battre avec qn; ***sich mit Problemen*** ~ se débattre avec des problèmes

he'rum·schnüffeln *v/i* ⟨¢⟩ F *fig* F fouiner (***in*** [+ *dat*] dans); F fourrer son nez (dans)

he'rum·sitzen *v/i* ⟨*irr*⟩ **1** ***um etw, j-n*** ~ être assis autour de qc, qn; **2** F (***untätig***) ~ rester assis sans rien faire

he'rum·sprechen *v/r* ⟨*irr*⟩ ***sich*** ~ se savoir; s'ébruiter

he'rum·stehen *v/i* ⟨*irr*⟩ **1** ***um etw, j-n*** ~ faire cercle autour de qc, qn; **2** F (***untätig***) ~ rester là sans rien faire

he'rum·stöbern F *v/i* ***in etw*** (*dat*) ~ (far)fouiller dans qc

he'rum·stochern F *v/i mit e-m Stock* fouiller (***in*** [+ *dat*] dans); ***im Essen*** ~ jouer avec sa fourchette; *fig* picorer; ***in den Zähnen*** ~ se curer les dents

he'rum·streiten F *v/r* ⟨*irr*⟩ ***sich mit j-m*** ~ se disputer avec qn

he'rum·tollen *v/i* ⟨sn⟩ faire le fou

he'rum·trampeln *v/i* ⟨¢, h *ou* sn⟩ **1** ***auf etw*** (*dat*) ~ piétiner qc; **2** F *fig* ***auf j-s Gefühlen*** ~ mettre la sensibilité de qn à rude épreuve

he'rum·treiben F *v/r* ⟨*irr*⟩ ***sich*** ~ traîner

He'rumtreiber F *m* ⟨~s; ~⟩ **1** vagabond *m*; **2** *fig* traîneur *m*

he'rum·wühlen *v/i* ***in etw*** (*dat*) ~ fouiller dans qc

herunter [hɛ'runtər] *adv* en bas; vers le bas; ~ (***da***)***!*** descends *bzw* descendez (de là)!; ~ ***sein*** F *fig wirtschaftlich* être ruiné; *gesundheitlich* être dans un sale état

he'runter·bekommen *v/t* ⟨*irr, sans ge*⟩ **1** *Essen* arriver à avaler; **2** *Gegenstand* arriver à descendre

he'runter·brennen *v/i* ⟨*irr*, sn⟩ **1** *Feuer* ~ ***lassen*** laisser presque s'éteindre; **2** *Haus* brûler entièrement; *Kerze* brûler jusqu'au bout; **3** ⟨h⟩ *Sonne* brûler

he'runter·|bringen *v/t* ⟨*irr*⟩ descendre; **~drücken** *v/t* **1** *Taste* appuyer sur; *Türklinke* baisser; **2** *Preise, Fieber* faire baisser

he'runter·fallen *v/i* ⟨*irr*, sn⟩ tomber (***von*** de); ***mir ist die Gabel heruntergefallen*** j'ai laissé tomber ma fourchette

H

he'runter·gehen *v/i* ⟨*irr*, sn⟩ **1** (*nach unten gehen*) descendre; **2** *Preise, Temperatur, Fieber* baisser

he'runtergekommen *adjt moralisch, beruflich* tombé bien bas; *im Aussehen* négligé; *Gebäude* délabré

he'runter·handeln *v/t* ⟨¢⟩ ***den Preis*** **~** faire baisser le prix (***um*** de)

he'runter·|hängen *v/i* ⟨*irr*⟩ pendre; **~hauen** → ***runterhauen***; **~holen** *v/t* descendre (***von*** de); **~klappen** *v/t* rabattre

he'runter·kommen *v/t* ⟨*irr*, sn⟩ **1** (*nach unten kommen*) descendre; **2** *fig* (*verkommen*) se clochardiser; *moralisch, beruflich* tomber bien bas; *Gebäude* se dégrader; *Unternehmen* baisser; décliner; **3** F *fig* ***vom Alkohol*** **~** F décrocher

he'runter·|laden *v/t* ⟨*irr*⟩ INFORM télécharger; transférer; **~lassen** *v/t* ⟨*irr*⟩ faire *bzw* laisser descendre; *Autofenster, Jalousien, Hose* baisser; **~leiern** F *péj v/t Gedicht* débiter; **~putzen** F *v/t* ⟨¢$⟩ F sonner les cloches à; **~rutschen** *v/i* ⟨sn⟩ glisser (jusqu'en bas); *Hose* glisser; descendre; **~schalten** *v/i* ⟨-e⟩ *beim Fahrzeug* rétrograder

he'runter·schrauben *v/t fig* ***s-e Ansprüche*** **~** en rabattre

he'runter·|sehen *v/i* ⟨*irr*, sn⟩ → ***herabblicken***; **~spielen** F *v/t* **1** *Musikstück* jouer d'une traite; **2** *fig Angelegenheit* dédramatiser; *Risiken etc* minimiser; **~wirtschaften** F *v/t* ⟨-e-⟩ couler; ruiner; **~würgen** *v/t* avaler avec peine

hervor [hɛr'foːr] *st/s adv* **~** ***mit euch!*** sortez de là!

her'vor·bringen *v/t* ⟨*irr*⟩ produire (*a Laut*); *Land e-n Künstler etc* engendrer

her'vor·gehen *v/i* ⟨*irr*, sn⟩ **~** ***aus*** (*stammen von*) sortir de; *als Folge* résulter, s'ensuivre de; *Kinder aus e-r Ehe* être issu, né de; ***aus etw als Sieger*** **~** sortir vainqueur de qc; ***daraus geht hervor, dass …*** il en résulte que …

her'vor·|heben *v/t* ⟨*irr*⟩ (*herausstellen*) faire ressortir; (*betonen*) souligner; TYPO mettre en relief; **~holen** *v/t* sortir (***aus*** de); **~kehren** *v/t Eigenschaft etc* montrer; faire voir; **~kommen** *v/i* ⟨*irr*, sn⟩ sortir (***aus*** de); **~locken** *v/t* inciter à sortir

her'vor·ragen *v/i* **1** *aus dem Wasser etc* sortir (***aus*** de); *aus e-r Menge* dépasser (***aus etw*** qc); CONSTR faire saillie; **2** *fig Leistung* ***aus etw*** **~** être supérieur à qc

her'vorragend I *adjt* excellent; remarquable; *bes Qualität* supérieur; **II** *advt* à la perfection

her'vor·|rufen *v/t* ⟨*irr*⟩ *fig Gefühl* faire naître; *bes Gelächter, Ärger* provoquer; *bes Bewunderung, Interesse, Ärger, Unruhe* susciter; *Eindruck* donner; **~stechen** *v/i* ⟨*irr*⟩ se faire remarquer; sauter aux yeux

her'vor·treten *v/i* ⟨*irr*, sn⟩ **1** ***hinter etw*** (*dat*) **~** sortir de (derrière) qc; **2** *Muskeln* saillir; *Augen* être globuleux; **3** (*zum Vorschein kommen*) apparaître

her'vor·tun *v/r* ⟨*irr*⟩ ***sich mit, als etw*** **~** se distinguer par, comme qc

her'vor·wagen *v/r* ***sich*** **~** oser sortir (***aus*** de)

'Herweg *m* ***auf dem*** **~** en venant (ici)

Herz [hɛrts] *n* ⟨~ens; ~en⟩ cœur *m* (*a fig, Spielkarte*); **a)** *mit adj* ***von ganzem ~en*** de tout mon, *etc* cœur; ***mit ganzem ~en bei der Sache sein*** mettre tout son cœur à l'ouvrage; ***schweren ~ens*** le cœur gros; **b)** *mit subst* ***das ~ auf dem rechten Fleck haben*** avoir bon cœur; ***j-n, etw auf ~ und Nieren prüfen*** (vouloir) voir ce que vaut qn, qc; ***ein ~ und e-e Seele sein*** être comme les deux doigts de la main; ***s-m ~en e-n Stoß geben*** faire un effort (sur soi-même); **c)** *mit Verben* ***j-m sein ~ ausschütten*** s'épancher auprès de qn; confier sa peine à qn; ***alles, was das ~ begehrt*** tout ce que l'on désire; *st/s* ***j-m das ~ brechen*** briser le cœur à qn; ***sich*** (*dat*) ***ein ~ fassen*** prendre son courage à deux mains; ***ein ~ für Tiere haben*** aimer les animaux; ***mein ~ hängt an*** (+ *dat*) je suis très attaché à; ***j-s ~ höher schlagen lassen*** enthousiasmer qn; **d)** *mit prép* ***das liegt mir am ~en*** cela me tient à cœur; ***etw, j ist mir ans ~ gewachsen*** je suis très attaché à qc, qn; ***j-m etw ans ~ legen*** confier qc à qn; ***etw auf dem ~en haben*** avoir qc sur le cœur; ***Hand aufs ~!*** dis-moi franchement; ***j-n in sein ~ geschlossen haben*** aimer qn de tout cœur; ***etw nicht übers ~ bringen*** ne pas avoir le cœur de faire qc; ***das kommt von ~en*** c'est de bon cœur;

sich (*dat*) ***etw zu ~en nehmen*** prendre qc à cœur

'**Herz|anfall** *m* crise *f* cardiaque; **~ass** *n* as *m* de cœur; **~beschwerden** *f/pl* troubles *m/pl* cardiaques; **~bube** *m* valet *m* de cœur; **~dame** *f* dame *f* de cœur

'**her·zeigen** F *v/t* montrer

'**herzen** *st/s v/t* ⟨ge⟩ cajoler

'**Herzens|brecher** *m* bourreau *m* des cœurs; '**2'gut** *adj* qui a un cœur d'or

'**Herzenslust** *f* ***nach ~*** à cœur joie

'**Herzenswunsch** *m* plus cher désir

'**herz|erfrischend** *adjt* frais; *Art, Lachen* spontané; **2fehler** *m angeborener* malformation *f* cardiaque; *erworbener* lésion *f* cardiaque; **~förmig** *adj* en forme de cœur

'**herzhaft I** *adj* **1** (*kräftig*) vigoureux; *Lachen, Gähnen* grand; **2** (*nahrhaft*) consistant; *im Geschmack* bien épicé; **II** *adv* ***~ gähnen*** bâiller comme une carpe; ***~ schmecken*** avoir un goût relevé

'**her·ziehen** ⟨*irr*⟩ **I** *v/t* ***etw hinter sich*** (*dat*) ***~*** traîner qc derrière soi; **II** *v/i* **1** ⟨sn⟩ (*umziehen*) (venir) s'installer (ici); **2** F *fig* ⟨h *ou* sn⟩ ***über j-n ~*** casser du sucre sur le dos de qn

'**herzig** *adj* mignon; gentil

'**Herz|infarkt** *m* infarctus *m* du myocarde; **~kammer** *f* ventricule *m*; **~klappe** *f* valvule *f* (du cœur)

'**Herzklopfen** *n* palpitations *f/pl*; ***mit ~*** le cœur battant; ***ich habe ~*** j'ai le cœur qui bat

'**Herz|könig** *m* roi *m* de cœur; **2krank** *adj* cardiaque; **~kranke(r)** *f(m)* cardiaque *m,f*; **~kranzgefäße** *n/pl* vaisseaux *m/pl* coronaires

'**herzlich I** *adj* (*freundschaftlich*) cordial; (*warm*) chaleureux (*a Empfang, Worte, Ton, Beifall*); ***~en Dank!*** un grand merci (***für*** pour)!; **II** *adv* **1** cordialement; chaleureusement; ***~ willkommen!*** soyez le *bzw* la bienvenu(e)!; ***j-m ~ danken*** remercier qn beaucoup, de tout cœur; **2** F (*sehr*) ***~ gern*** très, bien volontiers; ***~ wenig*** très, bien peu

'**Herz|lichkeit** *f* ⟨~⟩ cordialité *f*; **2los** *adj* sans cœur; **~losigkeit** *f* ⟨~⟩ manque *m* de cœur; **~massage** *f* massage *m* cardiaque; **~muskel** *m* myocarde *m*

Herzog(in) ['hɛrtsoːk (-oːgɪn)] *m* ⟨~s; ~e⟩ (*f*) ⟨~; ~nen⟩ duc *m*, duchesse *f*

'**Herzogtum** *n* ⟨~s; -tümer⟩ duché *m*

'**Herz|operation** *f* opération *f* cardiaque, du cœur; **~rhythmusstörungen** *f/pl* arythmie *f* cardiaque; **~schlag** *m* **1** (*Puls*) pulsation *f*; (*Herzklopfen*) battement(s) *m(pl)* de cœur; **2** (*Herzversagen*) crise *f* cardiaque; **~schrittmacher** *m* stimulateur *m* cardiaque; pacemaker *m*; **~schwäche** *f* insuffisance *f* cardiaque; **~spezialist(in)** *m(f)* cardiologue *m,f*; **~stillstand** *m* arrêt *m* cardiaque; **~stück** *n* cœur *m*; **~transplantation** *f*, **~verpflanzung** *f* greffe *f* du cœur; transplantation *f* cardiaque; **~versagen** *n* crise *f* cardiaque; **2zerreißend I** *adjt* déchirant; **II** *advt* à vous déchirer le cœur

'**Hesse** *m* ⟨~n; ~n⟩ 'Hessois *m*

Hessen ['hɛsən] *n* la Hesse

'**Hessin** *f* ⟨~; ~nen⟩ 'Hessoise *f*

'**hessisch** *adj* de (la) Hesse; 'hessois

hetero|gen [hetero'geːn] *adj* hétérogène; **~sexu'ell** *adj* hétérosexuel

Hetze ['hɛtsə] *f* ⟨~; ~n⟩ **1** (*Eile*) course (continuelle); bousculade *f*; **2** (*Hetzreden*) propos incendiaires, 'haineux (***gegen*** contre)

'**hetzen** ⟨ge⟩ **I** *v/t* **1** ***die Hunde auf j-n ~*** lâcher les chiens sur qn; ***die Polizei auf j-n ~*** lancer la police à la recherche de qn; **2** (*antreiben*) bousculer; **II** *v/i* **3** *péj* ***gegen j-n ~*** tenir des propos incendiaires contre qn; **4** ⟨sn⟩ (*eilen*) courir; **III** *v/r* ***sich ~*** (*sich beeilen*) se depêcher

'**Hetz|jagd** *f* **1** *auf Wild* chasse *f* à courre; **2** *fig* (*Hast*) course *f*; bousculade *f*; **~kampagne** *f* campagne *f* de diffamation

Heu [hɔY] *n* ⟨~es⟩ foin *m*

'**Heuboden** *m* grenier *m* à foin; fenil *m*

Heuche'lei *f* ⟨~; ~en⟩ hypocrisie *f*

heucheln ['hɔYçəln] ⟨ge⟩ **I** *v/t* feindre; simuler; **II** *v/i* faire l'hypocrite

'**Heuchler|(in)** *m* ⟨~s; ~⟩ (*f*) ⟨~; ~nen⟩ hypocrite *m,f*; **2isch** *adj* hypocrite

heuer ['hɔYər] *adv südd, österr, schweiz* cette année

'**Heuer** *f* ⟨~; ~n⟩ MAR paie *f* de marin

'**Heu|ernte** *f* fenaison *f*; récolte *f* des foins; **~haufen** *m* meule *f*, tas *m* de foin

heulen ['hɔYlən] *v/i* **1** *Sirene, Tier, Wind, Motor* 'hurler; **2** F (*weinen*) pleurer; *p/fort* 'hurler; F ***es ist zum 2*** c'est à pleurer

H

'Heulsuse F *f* ⟨~; ~n⟩ pleurnicheuse *f*
Heurige(r) ['hɔʏrɪgə(r)] *m* ⟨→ A⟩ *österr* vin nouveau
'Heu|schnupfen *m* rhume *m* des foins; **~schrecke** *f* ⟨~; ~n⟩ sauterelle *f*
heute ['hɔʏtə] *adv* aujourd'hui; ***~ in acht Tagen*** aujourd'hui en 'huit; ***~ vor vierzehn Tagen*** il y a aujourd'hui quinze jours; ***bis ~*** jusqu'à aujourd'hui; *par ext* jusqu'à présent; ***von ~ auf morgen*** du jour au lendemain
'heutig *adj* d'aujourd'hui; (*gegenwärtig*) actuel; ***der ~e Tag*** cette journée
'heutzutage *adv* de nos jours
Hexe ['hɛksə] *f* ⟨~; ~n⟩ sorcière *f* (*a fig péj*)
'hexen *v/i* ⟨*ge*⟩ être sorcier; F ***ich kann doch nicht ~!*** mais je ne peux pas faire plus vite!
'Hexen|jagd *f* chasse *f* aux sorcières (*a fig* ***auf*** [+ *acc*] contre); **~kessel** *m fig* enfer *m*; **~schuss** *m* lumbago *m*
Hexe'rei *f* ⟨~; ~en⟩ sorcellerie *f*; ***das ist doch keine ~*** cela n'est pas sorcier
Hickhack ['hɪkhak] F *n od m* ⟨~s; ~s⟩ tiraillements *m/pl* (***um*** à propos de)
hie [hiː] *adv* ***~ und da → hier***
hieb [hiːp] → ***hauen***
Hieb *m* ⟨~*e*s; ~e⟩ coup *m*; F *pl* **~e** (*Schläge*) coups *m/pl*
'hieb- und 'stichfest *adj Alibi, Beweis* solide; à toute épreuve; en béton
hielt [hiːlt] → ***halten***
hier [hiːr] *adv* ici; *fig* (*in diesem Punkt*) là; ***~ (nimm)!*** tiens!; prends!; ***~ oben*** *etc* ici; ***von ~ aus*** d'ici; ***von ~ an*** *räumlich* à partir d'ici; *zeitlich* à partir de là; ***~ und da*** par-ici, par-là (*a zeitlich*); ***dies Buch ~*** ce livre-ci; F ***der, die, das ~*** celui-ci, celle-ci, ceci; ***~ ist, sind …*** voici, voilà …; ***~ bin ich!*** me voici!; me voilà!; TÉL ***~ ist Müller*** c'est Monsieur Müller à l'appareil; ***~ behalten*** garder (ici); ***~ bleiben*** rester ici; ***~ lassen*** laisser ici; ***~ sein*** être ici, là
'hie'ran *adv* à cela; ***im Anschluss ~*** après cela
Hierarch|ie [hierar'çiː] *f* ⟨~; ~n⟩ 'hiérarchie *f*; **2isch** [-'rarçɪʃ] *adj* 'hiérarchique
'hie'rauf *adv* **1** *räumlich* là-dessus; *zeitlich a* après cela; (*infolgedessen*) après quoi; **2** *fig* à cela
'hie'raus *adv* de cela; de là; ***~ folgt, dass …*** il en résulte que …
'hier'bei *adv* **1** (*was das angeht*) à ce sujet; **2** *zeitlich* en même temps; (*bei dieser Gelegenheit*) à cette occasion
'hier'durch *adv* **1** *räumlich* par ici; **2** *ursächlich* par ce moyen
'hier'für *adv* pour cela
'hier'her *adv* ici; par ici; ***bis ~ und nicht weiter*** jusque-là et pas plus; ***~ gehören*** *Gegenstand* être à sa place (ici); *fig* ***das gehört nicht ~*** cela n'a rien à faire ici
'hier'hin *adv* ici; ***bis ~*** jusque-là; jusqu'ici
'hie'rin *adv* **1** *räumlich* là-dedans; **2** *fig* en cela
'hier'mit *adv* **1** avec cela (*a fig einverstanden sein*); **2** ADM ***~ teile ich Ihnen mit, dass …*** par la présente je vous fais savoir que …
'hier'nach *adv* **1** *zeitlich* après cela; **2** (*demgemäß*) d'après cela, (*demzufolge*) par conséquent
Hieroglyphe [hiero'glyːfə] *f* ⟨~; ~n⟩ hiéroglyphe *m*
'hie'rüber *adv* là-dessus (*a fig u st/s zeitlich*); ***~ ist nichts bekannt*** à ce sujet, on ne sait rien
'hie'rum *adv* **1** *räumlich* autour de cela; (*hierherum*) par ici; **2** *fig* (*um diese Sache*) de cela
'hie'runter *adv* **1** *räumlich* là-dessous; **2** *unter e-r Menge* parmi eux; **3** *fig* ***was verstehen Sie ~?*** qu'entendez-vous par là?
'hier'von *adv* de cela; *unbetont* en
'hier'vor *adv* **1** *räumlich* devant cela; là-devant; **2** *fig* de cela; en
'hier'zu *adv* **1** (*zu diesem Zweck*) pour cela; **2** (*hinzu*) ***~ kommt noch …*** ajoutez à cela …; **3** (*diesbezüglich*) à ce sujet
'hierzulande *adv* ici; dans ce pays
hiesig ['hiːzɪç] *adj* d'ici; ***die ~e Gegend*** cette région
hieß [hiːs] → ***heißen***
hieven ['hiːfən] *v/t* MAR, *fig* 'hisser
Hi-Fi-Anlage ['haɪfi-] *f* chaîne *f* 'hi-fi
high [haɪ] F *adj* F défoncé
Highlife ['haɪlaɪf] F *n* ⟨~s⟩ grande vie; ***~ machen*** faire la fête
Highlight ['haɪlaɪt] *n* ⟨~s; ~s⟩ moment, temps fort
Highsociety ['haɪsə'saɪətɪ] *f* ⟨~⟩ 'haute société

Hightech-... ['haɪ'tɛk...] *in Zssgn* 'high--tech

Hilfe ['hɪlfə] *f* ⟨~; ~n⟩ **1** (*~leistung*) aide *f*; ***erste ~*** *Kenntnis, Technik* secourisme *m*; *am Unfallort* premiers soins; ***j-m ~ leisten*** prêter assistance, porter secours à qn; ***mit ~ von*** *Sache* à l'aide de; *Person* avec l'aide de; ***j-n um ~ bitten*** demander de l'aide à qn; ***um ~ rufen*** appeler au secours; **(*zu*) *~!*** au secours!; ***sich ~ suchend an j-n wenden*** demander de l'aide à qn; ***j-m zu ~ kommen, eilen*** venir, voler au secours de qn; ***etw zu ~ nehmen*** s'aider de qc; **2** FIN aide (financière); **3** (*Hilfskraft*) aide *m,f*

'**Hilfeleistung** *f* aide *f*; assistance *f*; ***unterlassene ~*** non-assistance *f* à personne en danger

Hilferuf *m* appel *m* au secours

Hilfestellung *f beim Turnen* aide *f*; ***j-m ~ geben*** aider qn

'**hilflos** *adj* (*schutzlos*) désarmé; (*ratlos*) désemparé; (*verwirrt*) en désarroi; (*in Not*) en détresse; **2igkeit** *f* ⟨~⟩ (*Not*) détresse *f*; (*Ratlosigkeit*) perplexité *f*

'**hilfreich** *st/s adj* **1** (*hilfsbereit*) serviable; secourable; **2** (*nützlich*) utile

'**Hilfs|aktion** *f* secours *m/pl* (**für** pour, à); **~arbeiter(in)** *m(f)* manœuvre *m*; **2bedürftig** *adj* qui a besoin d'aide; **2bereit** *adj* serviable; **~bereitschaft** *f* serviabilité *f*; **~kraft** *f* aide *m,f*; auxiliaire *m,f*; **~maßnahme** *f* mesure *f* d'aide; secours *m*; **~mittel** *n* FIN aide (financière); *zur Arbeit* outil *m* de travail; **~motor** *m* moteur *m* auxiliaire; **~organisation** *f* organisation *f* d'aide humanitaire; **~verb** *n* (verbe *m*) auxiliaire *m*

hilft [hɪlft] → ***helfen***

Himbeere ['hɪm-] *f* ⟨~; ~n⟩ framboise *f*

'**Himbeer|geist** *m* framboise *f*; **~strauch** *m* framboisier *m*

Himmel ['hɪməl] *m* ⟨~s; ~⟩ ciel *m* (*a* REL, *fig*); ***am ~*** dans le ciel; REL ***im ~*** au ciel; F ***aus heiterem ~*** sans prévenir; ***unter freiem ~*** en plein air; ***in den ~ kommen*** aller au ciel; ***um ~s willen!*** au nom du ciel!; F **(*ach*,) *du lieber ~!*** mon Dieu!; F **(*das*) *weiß der ~!*** Dieu seul le sait; F ***im siebten ~ sein*** être au septième ciel; être aux anges; ***~ und Hölle in Bewegung setzen*** remuer ciel et terre; ***das schreit zum ~*** c'est révoltant; F ***das stinkt zum ~*** c'est un véritable scandale

'**himmel'angst** F *adv* ***mir ist ~*** j'ai une peur terrible, F une de ces frousses

'**Himmel|bett** *n* lit *m* à baldaquin; **2blau** *adj* bleu ciel

'**Himmelfahrt** *f* (***Christi***) ~ l'Ascension *f*; ***Mariä ~*** l'Assomption *f*

'**Himmel|reich** *n* royaume *m* des cieux; **~schlüssel** *m* BOT primevère *f*; **2schreiend** *adj Ungerechtigkeit* criant; *Dummheit, Unsinn* sans nom

'**Himmels|körper** *m* corps *m* céleste; **~kunde** *f* astronomie *f*

'**Himmelsrichtung** *f* point cardinal; *fig* ***aus allen ~en*** de toutes les directions

Himmelsrichtungen

Norden	**nord**
Süden	**sud**
Westen	**ouest**
Osten	**est**

Achtung: die Abkürzung **O** steht im Französischen nicht für Osten, sondern für **ouest** (Westen); für Osten (**est**) steht **E**.

himmelweit *adj Unterschied* énorme

'**himmlisch** *adj* **1** REL céleste; **2** F *fig* (*großartig*) divin; sublime

hin [hɪn] *adv* **1** *räumlich* ***nach Süden ~*** vers le sud; ***~ und zurück*** aller et retour; ***~ und her gehen*** aller et venir; F ***wo ist sie ~?*** où est-elle allée?; ***dieses ewige 2 und Her*** cet éternel va-et-vient; **2** *zeitlich* ***gegen Abend ~*** vers le soir; ***~ und wieder*** de temps en temps; F ***nach langem 2 und Her*** après bien des discussions; ***es ist noch einige Zeit ~, bis ...*** on a encore un peu de temps avant que ... (+ *subj*); **3** *fig* ***~ sein*** F (*unbrauchbar sein*) F être fichu; P (*tot sein*) être F clamsé, P crevé; ***~ und her überlegen*** peser le pour et le contre; ***~ und her gerissen werden*** être ballotté, tiraillé (***zwischen*** [+ *dat*] entre); F ***von j-m, etw ganz ~ sein*** (*hingerissen sein*) F être emballé par qn, qc; F ***dann ist unsere Ruhe ~*** après c'en est fini de notre tranquillité

hinab [hɪ'nap] → ***hinunter***

H

hinauf [hɪˈnaʊf] *adv* en ʻhaut; ***dort ~!*** par là!; monte(z) là!; ***~ haben wir drei Stunden gebraucht*** pour monter nous avons mis trois heures; ***bis zum Gipfel ~*** jusqu'au sommet

hiˈnauf·|fahren ⟨*irr*⟩ *v/t* ⟨h⟩ *u v/i* ⟨sn⟩ monter; **~gehen** *v/i* ⟨*irr*, sn⟩ monter (*a fig*)

hiˈnauf·klettern *v/t u v/i* ⟨sn⟩ ***etw*** (*acc*) *od* ***auf etw*** (*acc*) ~ grimper sur qc

hiˈnauf·steigen *v/i* ⟨*irr*, sn⟩ (***auf etw*** [*acc*]) ~ monter (sur qc)

hinaus [hɪˈnaʊs] *adv* **1** *räumlich* dehors; ***~!*** sors *bzw* sortez (d'ici)!; dehors!; ***hier ~*** par ici; par là; ***zum Fenster ~*** par la fenêtre; **2** *zeitlich* ***auf Monate ~*** pour des mois; ***über den ersten April ~*** au-delà du premier avril

hiˈnaus·|begleiten *v/t* ⟨-e-, *sans ge*⟩ raccompagner; **~bringen** *v/t* ⟨*irr*⟩ *Sache* sortir; mettre dehors; *zu j-m* apporter (dehors); *Person* raccompagner

hiˈnaus·ekeln F *v/t* ⟨¢⟩ ***j-n ~*** dégoûter, écœurer qn (jusqu'à ce qu'il parte)

hiˈnaus·|fahren ⟨*irr*⟩ **I** *v/t* sortir (en voiture); **II** *v/i* ⟨sn⟩ **1** (*nach draußen fahren*) sortir (***aus*** de); **2** (*wegfahren*) partir (***nach*** à); **~fliegen** *v/i* ⟨*irr*, sn⟩ **1** *Vogel etc* s'envoler; sortir; **2** F *fig bes am Arbeitsplatz* être mis, F flanqué à la porte; *bes aus e-m Lokal* se faire jeter, F vider

hiˈnaus·gehen *v/i* ⟨*irr*, sn⟩ **1** *Person* sortir (***aus*** de); aller dehors; **2** *Fenster, Tür* ***auf den Hof ~*** donner sur la cour; **3** *fig* ***über etw*** (*acc*) ~ dépasser qc

hiˈnaus·jagen *v/t* chasser

hiˈnaus·laufen *v/i* ⟨*irr*, sn⟩ **1** *Person* sortir (en courant); **2** *fig* ***auf etw*** (*acc*) ~ aboutir à qc; ***das läuft auf dasselbe hinaus*** cela revient au même

hiˈnaus·lehnen *v/r* ***sich ~*** se pencher au dehors

hiˈnaus·ragen *v/i* ***über j-n, etw ~*** dépasser qn, (de) qc; dominer qn, qc (*a fig*)

hiˈnaus·|schieben *v/t* ⟨*irr*⟩ **1** *aus e-m Raum* sortir (***aus*** de); pousser dehors; **2** *zeitlich* reporter; remettre (à plus tard); **~schmeißen** F *v/t* ⟨*irr*⟩ → ***hinauswerfen***; **~stehlen** *v/r* ⟨*irr*⟩ ***sich ~*** s'éclipser

hiˈnaus·wachsen *v/i* ⟨*irr*, sn⟩ ***über etw*** (*acc*) ~ dépasser qc; *fig* ***über j-n ~*** surpasser qn; ***über sich*** (*acc*) ***selbst ~*** se surpasser

hiˈnaus·werfen *v/t* ⟨*irr*⟩ **1** *Gegenstand* jeter (dehors); **2** F *fig* ***j-n ~*** *bes am Arbeitsplatz* mettre, F flanquer qn à la porte; *bes Mieter, Gast* jeter, F vider qn

hiˈnaus·wollen *v/i* ⟨*irr*⟩ **1** F vouloir sortir; **2** *fig* ***auf etw*** (*acc*) ~ vouloir en venir à qc; ***hoch ~*** avoir de grandes ambitions

hiˈnaus·ziehen ⟨*irr*⟩ **I** *v/t* **1** (*nach draußen ziehen*) sortir; tirer; **2** ***es zieht ihn in die Natur hinaus*** il est attiré par la nature; **3** (*verzögern*) retarder; **II** *v/i* ⟨sn⟩ **4** sortir (***aus*** de); **5** ***aufs Land ~*** s'installer à la campagne; **III** *v/r* ***sich ~*** (*sich verzögern*) être retardé

hiˈnaus·zögern **I** *v/t* retarder; **II** *v/r* ***sich ~*** être retardé

ˈhin·bekommen F *v/t* ⟨*irr*⟩ **1** (*schaffen*) ***es ~*** y arriver; **2** ***etw wieder ~*** réussir à réparer qc

ˈhin·biegen F *v/t* ⟨*irr*⟩ arranger

ˈHinblick *m* ***im*** *od* ***in ~ auf*** (+ *acc*) (*in Anbetracht*) compte tenu de; (*in Bezug auf*) en ce qui concerne

ˈhin·bringen *v/t* ⟨*irr*⟩ *Person* (y) emmener; *Sache* apporter

ˈhin·denken *v/i* ⟨*irr*⟩ ***wo denkst du hin!*** tu n'y penses pas!

hinderlich [ˈhɪndərlɪç] *adj* gênant; ***j-m, e-r Sache ~ sein*** gêner qn, qc

ˈhindern *v/t* **1** ***j-n*** (***daran***) ***~, etw zu tun*** empêcher qn de faire qc; **2** (*be~*) gêner (***j-n bei der Arbeit*** qn dans son travail)

ˈHindernis *n* ⟨~ses; ~se⟩ obstacle *m*; **~lauf** *m* LEICHTATHLETIK steeple *m*; **~rennen** *n* PFERDESPORT course *f* d'obstacles; steeple-chase *m*

ˈhin·deuten *v/i* ⟨-e-⟩ ***auf etw*** (*acc*) ~ montrer qc du doigt; *fig* indiquer qc

Hindu [ˈhɪndu] *m* ⟨~s; ~s⟩ Hindou *m*

Hinduˈismus *m* ⟨~⟩ hindouisme *m*

hinduˈistisch *adj* hindou

hinˈdurch *adv* **1** *räumlich* ***durch etw ~*** à travers qc; ***hier ~*** par ici; par là; **2** *zeitlich* durant; pendant; ***das ganze Jahr ~*** (pendant) toute l'année

hinˈdurch·gehen *v/i* ⟨*irr*, sn⟩ ***durch etw ~*** *Schuss, Person, Weg* traverser qc; F (*passen*) passer par qc

hinein [hɪˈnaɪn] *adv* **1** *räumlich* dedans; ***nur ~!*** entre(z) donc!; ***hier ~!*** entre(z) (par) ici, là!; ***in etw*** (*acc*) ~ dans qc; **2**

zeitlich **bis in den Mai ~** jusqu'en mai
hi'nein·beißen *v/i* ⟨*irr*⟩ mordre dedans; **in etw** (*acc*) **~** mordre dans qc
hi'nein·denken *v/r* ⟨*irr*⟩ **sich in j-n, in j-s Lage ~** se mettre à la place de qn
hi'nein·fahren ⟨*irr*⟩ **I** *v/t Fahrzeug, Dinge* rentrer (**in** [+ *acc*] dans); **j-n in die Stadt ~** conduire qn en ville; **II** *v/i* ⟨sn⟩ **in etw** (*acc*) **~** entrer dans qc; *in e-e Straße* s'engager dans qc
hi'nein·finden *v/r* ⟨*irr*⟩ *fig* **sich in etw** (*acc*) **~** se familiariser avec qc
hi'nein·gehen *v/i* ⟨*irr*, sn⟩ **1** (*eintreten*) entrer (**in** [+ *acc*] dans); **2** *fig* (*Platz finden*) tenir (*dans*)
hi'nein·geraten *v/i* ⟨*irr*, *p/p* hineingeraten, sn⟩ **in etw** (*acc*) **~** tomber dans qc
hi'nein·interpretieren *v/t* ⟨*sans ge*⟩ **etw in e-n Text ~** voir dans un texte des choses qui n'y sont pas
hi'nein·knien *v/r fig* **sich in e-e Arbeit ~** s'atteler à un travail
hi'nein·kommen *v/i* ⟨*irr*, sn⟩ **1** (*hineingelangen*) entrer (**in** [+ *acc*] dans); **2** F (*hineinsollen*) entrer; se mettre; *bes* CUIS venir s'ajouter; être mis
hi'nein·laufen *v/i* ⟨*irr*, sn⟩ **1** *Person* entrer (en courant) (**in** [+ *acc*] dans); **in ein Auto ~** se faire accrocher par une voiture; **2** *Flüssigkeit* **in etw** (*acc*) **~** couler dans qc
hi'nein·legen *v/t* **etw in etw** (*acc*) **~** mettre qc dans qc (*a fig Gefühl*)
hi'nein·passen *v/i* ⟨¢$⟩ (r)entrer (**in** [+ *acc*] dans)
hi'nein·reden *v/i* ⟨-e-⟩ *fig* **j-m in s-e Angelegenheiten ~** se mêler des affaires de qn
hi'nein·stecken *v/t* **1 etw in etw** (*acc*) **~** mettre qc dans qc; **2** F **Geld in etw** (*acc*) **~** placer de l'argent dans qc
hi'nein·steigern *v/r* **sich in s-n Zorn ~** s'abandonner à la colère
hi'nein·versetzen *v/r* ⟨¢$, *sans ge*⟩ **sich in j-n, in j-s Lage ~** se mettre à la place de qn
hi'nein·wachsen *v/i* ⟨*irr*, sn⟩ *fig* **in e-e Aufgabe ~** se faire à une tâche
hi'nein·werfen *v/t* ⟨*irr*⟩ **etw in etw** (*acc*) **~** jeter qc dans qc; **e-n Blick in etw** (*acc*) **~** jeter un coup d'œil dans qc
hi'nein·wollen F *v/i* ⟨*irr*⟩ vouloir entrer
hi'nein·ziehen ⟨*irr*⟩ **I** *v/t fig* **j-n in etw** (*acc*) **~** entraîner qn dans qc; **II** *v/i* ⟨sn⟩ entrer (**in** [+ *acc*] dans)
'hin·fahren ⟨*irr*⟩ **I** *v/t Person* y conduire; *Lasten* transporter à un endroit, chez qn, *etc*; **II** *v/i* ⟨sn⟩ y aller (en voiture, *etc*)
'Hinfahrt *f* aller *m*; **auf der ~** à l'aller
'hin·fallen *v/i* ⟨*irr*, sn⟩ tomber (*Gegenstand* par terre)
'hinfällig *adj* **1** (*ungültig*) annulé; **2** (*gebrechlich*) affaibli; *Greis* décrépit
'hin·|finden *v/i* ⟨*irr*⟩ trouver son chemin; **~fliegen** *v/i* ⟨*irr*, sn⟩ **1** *mit dem Flugzeug* y aller en avion; **2** F *fig* (*hinfallen*) s'étaler
'Hinflug *m* (vol *m*) aller *m*; **auf dem ~** à l'aller
'hin·führen I *v/t* y conduire; **II** *v/i Weg* **~ zu** mener, conduire à; *fig* **wo soll das ~?** où cela va-t-il nous mener?
hing [hɪŋ] → **hängen**
'Hingabe *f* **1** (*Aufopferung*) dévouement *m*; **2** (*Leidenschaft*) passion *f*
'hin·geben ⟨*irr*⟩ **I** *st/s v/t* donner; **II** *v/r* **1 sich e-r Sache** (*dat*) **~** s'adonner à qc; **sich der Hoffnung ~, dass …** nourrir l'espoir que …; **2** *sexuell* **sich j-m ~** se donner à qn
'Hingebung *f* ⟨~⟩ dévouement *m*
'hingebungsvoll I *adj* **1** (*aufopfernd*) dévoué; **2** (*leidenschaftlich*) passionné; **II** *adv* **1** avec dévouement; **2** avec passion
hin'gegen *conj* par contre; au contraire
'hin·gehen *v/i* ⟨*irr*, sn⟩ **1** *an e-n Ort* y aller; **~ zu** aller à, vers, *in j-s Haus* chez; **wo gehst du hin?** où vas-tu?; **2** *zeitlich* passer; s'écouler; **3** (*durchgehen*) **das mag diesmal noch ~** (cela) passe encore pour cette fois
'hin·gehören *v/i* ⟨*p/p* hingehört⟩ être à sa place; **wo gehört das hin?** où faut-il mettre cela?
'hin·geraten *v/i* ⟨*irr*, *p/p* hingeraten, sn⟩ F passer; **wo sind wir denn hier ~?** F mais où est-ce que l'on a atterri?
'hingerissen *adjt* → **hinreißen**
'hin·halten *v/t* ⟨*irr*⟩ **1 j-m etw ~** tendre qc à qn; **2** *fig* **j-n ~** (*warten lassen*) faire attendre qn; (*ablenken*) amuser qn
'hin·hauen F ⟨*irr*⟩ **I** *v/t* **1** *Arbeit* bâcler; **2** (*hinschmeißen*) F balancer; **II** *v/i fig* (*klappen, richtig sein*) marcher; F coller; **III** *v/r* **sich ~** s'allonger; (*schlafen gehen*) F aller au pieu

H

'hin·hören *v/i* écouter

hinken ['hɪŋkən] *v/i* **1** boiter; *fig Vergleich* être boiteux; ***leicht ~*** boitiller; **2** ⟨sn⟩ ***über die Straße ~*** traverser la rue en boitant

'hin·knien *v/i* ⟨sn⟩ (*u v/r* ***sich ~***) se mettre à genoux; s'agenouiller

'hin·kommen *v/i* ⟨*irr*, sn⟩ **1** (*kommen*) venir (***zu etw*** à qc; ***zu j-m*** chez qn); ***wie kommt man hin?*** comment peut-on y aller?; *fig* ***wo kämen wir hin, wenn …?*** où irions-nous si …?; **2** ***wo ist meine Tasche hingekommen?*** F où est passé mon sac?; **3** F (*hingehören*) être à sa place; ***wo kommt das hin?*** où faut-il mettre cela?; **4** F (*auskommen*) ***mit etw ~*** avoir assez de qc; **5** F (*stimmen*) être juste; correspondre

'hin·kriegen → ***hinbekommen***

'hinlänglich **I** *adj* suffisant; **II** *adv* suffisamment; ***~ bekannt*** assez connu

'hin·legen **I** *v/t* **1** poser; mettre; ***j-m etw ~*** mettre qc à qn; **2** F (*bezahlen*) allonger; **3** F (*mustergültig ausführen*) exécuter; **II** *v/r* ***sich ~*** s'allonger; *ins Bett* se coucher

'hin·lenken *v/t* **1** diriger (***zu*** vers, sur); **2** *fig* ***das Gespräch auf etw*** (*acc*) ***~*** amener la conversation sur qc

'hin·nehmen *v/t* ⟨*irr*⟩ (*dulden*) supporter; (*akzeptieren*) accepter

'hin·passen F *v/i* ⟨*-t*⟩ être à sa place (*a Personen, Worte*); ***das Bild passt hier nicht hin*** ce tableau ne fait, va pas bien ici

'hinreichend **I** *adjt* suffisant; **II** *advt* suffisamment

'Hinreise *f* aller *m*; ***auf der ~*** à l'aller

'hin·reißen *v/t* ⟨*irr*⟩ **1** (*begeistern*) enthousiasmer; ***von etw, j-m hingerissen sein*** être enthousiasmé, ravi par qc, qn; **2** ***sich zu e-r Bemerkung ~ lassen*** se laisser aller, entraîner à faire une remarque

'hinreißend *adjt* superbe; ravissant

'hin·richten *v/t* ⟨-e-⟩ ***j-n ~*** exécuter qn

'Hinrichtung *f* exécution (capitale)

'hin·|schauen *bes südd* → ***hinsehen***; **~schicken** *v/t* envoyer (***zu*** à, chez); **~schlagen** *v/i* ⟨*irr*⟩ **1** (*schlagen*) frapper; **2** F ⟨sn⟩ (*hinfallen*) F s'étaler; **~schleppen** **I** *v/t* traîner (***zu*** vers, à); **II** *v/r* ***sich ~*** se traîner (***zu*** vers, à) (*a fig sich hinziehen*); **~schmeißen** F ⟨*irr*⟩ → ***hinwerfen***; **~schreiben** ⟨*irr*⟩ *v/t* écrire

'hin·sehen *v/i* ⟨*irr*⟩ regarder; ***ich kann*** (***gar***) ***nicht ~*** je ne peux pas voir ça; ***bei genauerem*** ♀ en (y) regardant de plus près

'hinsein → ***hin***

'hin·setzen ⟨*-t*⟩ **I** *v/t Sache* mettre; poser; *Person* asseoir; **II** *v/r* ***sich ~*** s'asseoir

'Hinsicht *f* ***in dieser ~*** à cet égard; ***in jeder ~*** à tous égards; ***in politischer ~*** du point de vue politique

'hinsichtlich *prép* ⟨*gén*⟩ en ce qui concerne; quant à

'Hinspiel *n* SPORT match *m* aller

'hin·stellen **I** *v/t* **1** *an e-e Stelle* mettre; (*abstellen*) déposer; **2** *fig* ***etw, j-n als etw ~*** présenter qc, qn comme qc; **II** *v/r* ***sich ~*** *an e-e Stelle* se mettre; ***sich hinten ~*** se mettre derrière

hintanstellen [hɪnt'ʔan-] *st/s v/t* (*zurückstellen*) faire passer au second plan

hinten ['hɪntən] *adv* à l'arrière; derrière; *in e-r Reihe* en arrière; (*im Hintergrund*) au fond; (*am Ende*) à la fin; ***~ im Saal*** au fond de la salle; ***weiter ~*** plus loin (*a in e-m Buch*); ***von ~*** par, de derrière; F ***j-n am liebsten von ~ sehen*** se passer volontiers de (la présence de) qn; ***~ stehen*** *in e-m Raum* se trouver, être au fond; *in e-r Reihe* se trouver, être à la fin

hinten'drauf F *adv* à l'arrière; derrière; ***j-m ein paar ~ geben*** donner une fessée à qn

'hintenherum *adv* **1** *räumlich* par derrière; **2** F *fig bekommen* en sous-main; *erfahren* d'une façon détournée

hinten'über *adv* en arrière; à la renverse

hinter ['hɪntər] *prép Lage* ⟨*dat*⟩, *Richtung* ⟨*acc*⟩ derrière; *Reihenfolge* après; ***gleich ~ Köln*** tout de suite après Cologne; ***~ j-m, etw stehen*** être derrière qn, qc (*a fig*); ***etw ~ sich*** (*acc*) ***bringen*** venir à bout de qc; ***etw ~ sich*** (*dat*) ***haben*** *Arbeit etc* en avoir fini, terminé avec qc; *Operation etc* avoir subi qc; F ***~ etw*** (*acc*) ***kommen*** (*entdecken*) découvrir qc; (*verstehen*) comprendre, saisir qc

'Hinter|achse *f im Auto* pont *m* arrière; **~ausgang** *m* sortie *f* de derrière; **~bänkler** [-bɛŋklər] *m* ⟨~s; ~⟩ député

m des derniers rangs
'**Hinterbein** *n* patte *f* de derrière; F *fig* ***sich auf die ~e stellen*** ruer dans les brancards
Hinterbliebene(r) [-'bli:bənə(r)] *f(m)* ⟨→ A⟩ survivant(e) *m(f)*; ***die trauernden Hinterbliebenen*** la famille (du défunt)
'**hintere** *adj* de derrière; *bes Körperteile* postérieur; dernier; ***die ~n Reihen*** *f/pl* les derniers rangs
hinterei'nander *adv* **1** *räumlich* l'un(e) derrière l'autre; **2** *zeitlich* l'un(e) après l'autre; ***viermal ~*** quatre fois de suite
'**Hinter|eingang** *m* entrée *f* de derrière; **&'fragen** *v/t* ⟨*sans ge*⟩ remettre en question; **~gedanke** *m* arrière-pensée *f*; **&'gehen** *v/t* ⟨*irr, sans ge*⟩ tromper; duper
'**Hintergrund** *m* fond *m* (*a* PEINT, THÉ); *Perspektive* arrière-plan *m*; ***im ~*** à l'arrière-plan; *fig* ***sich im ~ halten, im ~ bleiben*** rester dans l'ombre; *pl* ***Hintergründe*** *fig* arrière-plan *m*
hintergründig ['hıntərgrʏndıç] *adj Lächeln* énigmatique; *Humor* subtil
'**Hintergrundinformation** *f* information *f* sur les dessous (***über*** [+ *acc*] de)
'**Hinterhalt** *m* ⟨~(e)s; ~e⟩ embuscade *f*; guet-apens *m*; ***in e-n ~ locken*** attirer dans une embuscade
hinterhältig ['hıntərhɛltıç] *adj* sournois
'**Hinterhand** *f* **1** ZO arrière-main *f*; **2** *fig* ***etw in der ~ haben*** avoir qc en réserve
hinter'her *adv* **1** *zeitlich* après (coup); *fig* ***mit, in etw*** (*dat*) ***~ sein*** être en retard dans qc; **2** *räumlich* derrière (*a Rangfolge*); **3** *fig* (***sehr***) ***~ sein, dass ...*** être très attentif à ce que … (+ *subj*)
hinter'her·hinken *v/i* ⟨sn⟩ être à la traîne (*a fig*)
hinter'her·laufen *v/i* ⟨*irr*, sn⟩ ***j-m, e-r Sache ~*** courir après qn, qc (*a* F *fig*)
'**Hinterhof** *m* arrière-cour *f*
'**Hinterkopf** *m* occiput *m*; F ***etw im ~ haben*** avoir qc en tête
'**Hinterland** *n* arrière-pays *m*
hinter'lassen *v/t* ⟨*irr, sans ge*⟩ laisser; *testamentarisch* léguer; **&schaft** *f* ⟨~; ~en⟩ héritage *m*
hinter'legen *v/t* ⟨*sans ge*⟩ déposer
Hinter'legung *f* ⟨~; ~en⟩ dépôt *m*; ***gegen ~ von*** moyennant le dépôt de
'**Hinterlist** *f* perfidie *f*; **&ig** perfide

hinterm ['hıntərm] F = ***hinter dem***
'**Hintermann** *m* ⟨~(e)s; ~er⟩ **1** ***mein ~*** la personne derrière moi; **2** *fig* (*Drahtzieher*) personne *f* qui tire les ficelles
'**Hintermannschaft** *f* SPORT défense *f*
hintern ['hıntərn] F = ***hinter den***
'**Hintern** F *m* ⟨~s; ~⟩ derrière *m*; F postérieur *m*; fesses *f/pl*; ***j-m den ~ versohlen*** donner une fessée à qn; ***j-n*** *od* ***j-m in den ~ treten*** botter le derrière, les fesses de qn; *fig* ***j-m in den ~ kriechen*** lécher les bottes de qn; F faire de la lèche à qn
'**Hinterrad** *n* roue *f* arrière; **~antrieb** *m* traction *f* arrière
hinterrücks ['hıntərrʏks] *adv* par derrière
hinters ['hıntərs] F = ***hinter das***
'**Hinter|schinken** *m* jambon *m*; **~sinn** *m* double sens *m*; *bei Äußerungen* sous-entendu *m*; **&sinnig** *adj* à double sens; ambigu
'**hinterste** *adj* dernier; ***in der ~n Reihe*** au dernier rang
'**Hinterteil** F *n* (*Gesäß*) derrière *m*
'**Hintertreffen** *n* ***ins ~ geraten*** perdre du terrain
hinter'treiben *v/t* ⟨*irr, sans ge*⟩ *Reform, Gesetz* empêcher; *Pläne* contrecarrer
'**Hinter|treppe** *f* escalier(s) *m(pl)* de service; **~tür** *f* porte *f* de derrière
Hintertürchen ['-ty:rçən] *n* ⟨~s; ~⟩ *fig* ***sich*** (*dat*) ***ein ~ offen halten*** se ménager une porte de sortie
Hinterwäldler ['-vɛltlər] *m* ⟨~s; ~⟩ F plouc *m*
hinter'ziehen *v/t* ⟨*irr, sans ge*⟩ détourner; soustraire; ***Steuern ~*** frauder le fisc
'**hin·tun** F *v/t* ⟨*irr*⟩ (y) mettre
hinüber [hı'ny:bər] *adv* de l'autre côté; ***über*** (+ *acc*) ***~*** par-dessus; F ***~ sein*** (*kaputt, verdorben*) F être fichu; (*tot*) F avoir passé l'arme à gauche; (*bewusstlos*) F être dans les vapes
hi'nüber·fahren ⟨*irr*⟩ **I** *v/t* ***j-n, etw über den Fluss ~*** faire passer le fleuve à qn, qc; **II** *v/i* ⟨sn⟩ (***über e-n Fluss, e-e Brücke***) ***~*** traverser (un fleuve, un pont); ***~ zu, nach ...*** aller à …
hi'nüber·gehen *v/i* ⟨*irr*, sn⟩ *über e-e Straße, Brücke etc* traverser (***über etw*** [*acc*] qc); ***auf die andere Seite ~*** aller de l'autre côté

H

hi'nüber·kommen *v/i* ⟨*irr*, sn⟩ **1** *auf die andere Seite* passer de l'autre côté; **2** *über ein Hindernis* passer par-dessus; **3** F (*besuchen*) ***zu j-m ~*** venir voir qn
hi'nüber·reichen I *v/t* ***j-m etw ~*** passer qc à qn; **II** *v/i* (*sich erstrecken*) s'étendre (***bis*** jusqu'à)
hi'nüber·steigen *v/i* ⟨*irr*, sn⟩ ***über etw*** (*acc*) **~** passer par-dessus qc
hi'nüber·wechseln *v/i* ⟨¢, h *ou* sn⟩ passer (***zu*** à); ***zu e-r anderen Partei ~*** changer de parti
'hin- und 'her·gehen *v/i* ⟨*irr*, sn⟩ *im Zimmer* marcher de long en large; *nervös* faire les cent pas
'Hin- und 'Rück|fahrt *f* aller (et) retour *m*; **~flug** *m* vol *m* aller (et) retour; **~weg** *m* aller (et) retour *m*
hinunter [hɪ'nʊntər] *adv* en bas; vers le bas; ***dort ~!*** (descends *bzw* descendez) par là!; ***~ ging die Fahrt sehr schnell*** pour descendre le voyage a été très rapide; ***bis ins Tal ~*** jusque dans la vallée
hi'nunter·|fahren ⟨*irr*⟩ *v/t* ⟨h⟩ *u v/i* ⟨sn⟩ descendre; **~fallen** → ***herunterfallen***; **~gehen** *v/i* ⟨*irr*, sn⟩ descendre; **~schlucken** *v/t* **1** avaler; **2** F *fig Ärger* ravaler; *Enttäuschung, Kritik* encaisser
hi'nunter·springen *v/i* ⟨*irr*, sn⟩ sauter en bas; ***von etw ~*** sauter du haut de qc
hi'nunter·spülen *v/t* **1** *im Ausguss, WC* faire partir; **2** F *Bissen etc* faire descendre; *fig Kummer, Ärger* noyer
hi'nunter·steigen *v/t u v/i* ⟨*irr*, sn⟩ descendre; ***den Berg ~*** descendre de la montagne
hi'nunter·stürzen ⟨¢$⟩ **I** *v/t* **1** *Person* précipiter (***von*** du haut de); **2** F *fig Getränk* F descendre; F siffler; **II** *v/i* ⟨sn⟩ (*hinunterfallen*) tomber (***von*** du haut de); **III** *v/r* ***sich ~*** se jeter en bas; ***sich von e-m Turm ~*** se jeter du haut d'une tour
hi'nunter·|werfen *v/t* ⟨*irr*⟩ jeter (en bas); *unabsichtlich* faire tomber; **~würgen** *v/t* avaler avec peine
hinweg [hɪn'vɛk] *adv* **1** *st/s* **~** (***mit dir***)***!*** va-t'en!; **2** *räumlich* ***über etw*** (*acc*) **~** par-dessus qc; *fig* ***über unsere Köpfe*** *od* ***uns ~*** sans s'occuper de nous; **3** *zeitlich* ***über Jahre ~*** des années durant
Hinweg ['hɪnveːk] *m* aller *m*; ***auf dem ~*** à l'aller
hin'weg·gehen *v/i* ⟨*irr*, sn⟩ (*nicht beachten*) ***über etw*** (*acc*) **~** passer outre à, sur qc
hin'weg·helfen *v/i* ⟨*irr*⟩ ***j-m über etw*** (*acc*) **~** aider qn à surmonter qc
hin'weg·kommen *v/i* ⟨*irr*, sn⟩ ***über etw*** (*acc*) **~** surmonter qc; ***ich komme darüber nicht hinweg*** je ne m'en remets pas
hin'weg·sehen *v/i* ⟨*irr*⟩ (*unbeachtet lassen*) ***über etw*** (*acc*) **~** fermer les yeux, passer sur qc
hin'weg·setzen *v/r* ⟨-t⟩ ***sich über etw*** (*acc*) **~** ne pas tenir compte de qc
hin'weg·täuschen *v/t* ***j-n über etw*** (*acc*) **~** empêcher qn de voir qc; ***das täuscht darüber hinweg, dass …*** cela masque le fait que …
Hinweis ['hɪnvaɪs] *m* ⟨~es; ~e⟩ **1** (*Mitteilung*) indication *f*; précision *f*; **2** ADM ***unter ~ auf*** (+ *acc*) en se référant à; **3** (*Anzeichen*) indication *f* (sur)
'hin·weisen ⟨*irr*⟩ **I** *v/t* ***j-n auf etw*** (*acc*) **~** faire remarquer qc à qn; **II** *v/i* ***auf etw*** (*acc*) **~** indiquer, signaler qc; ***ich weise darauf hin, dass …*** je fais remarquer que …
'hinweisend *adjt* GR démonstratif
'Hinweis|schild *n* panneau indicateur; **~tafel** *f* tableau indicateur
'hin·wenden *v/r* ⟨*irr*⟩ ***sich zu j-m ~*** se tourner vers qn (*a fig*); *fig* ***nicht wissen, wo man sich ~ soll*** ne pas savoir à qui s'adresser
'hin·werfen ⟨*irr*⟩ **I** *v/t* **1** jeter (par terre); **2** F *Arbeit etc* F envoyer promener; **II** *v/r* ***sich ~*** se jeter par terre
'hin·wirken *v/i* ***auf etw*** (*acc*) **~** tendre, viser à qc
'hin·wollen F *v/i* ⟨*irr*⟩ vouloir y aller; ***wo willst du hin?*** où vas-tu?
'hin·ziehen ⟨*irr*⟩ **I** *v/t* **1** ***etw zu sich*** (*dat*) **~** tirer qc vers soi; *fig* ***ich fühle mich zu ihm hingezogen*** je me sens attiré par lui; **2** (*in die Länge ziehen*) faire traîner en longueur; **II** *v/i* ⟨sn⟩ (*umziehen*) s'y installer; **III** *v/r* ***sich ~*** **3** (*sich in die Länge ziehen*) traîner en longueur; **4** *räumlich* s'étendre (***bis nach*** jusqu'à)
'hin·zielen *v/i* ***auf etw*** (*acc*) **~** viser, tendre à qc
hinzu [hɪn'tsuː] *adv* en plus
hin'zu·fügen *v/t* ajouter (***zu*** à)
hin'zu·kommen *v/i* ⟨*irr*, sn⟩ **1** (*sich an-*

schließen) s'y joindre; **2** *überraschend* survenir; **3** *Dinge* (venir) s'y ajouter; ***es kommt noch hinzu, dass …*** ajoutez à cela que …

hin'zu·|setzen *v/t* ⟨*¢$*⟩ ajouter; **~zählen** *v/t* ajouter; **~ziehen** *v/t* ⟨*irr*⟩ *Arzt etc* avoir recours à

Hiobsbotschaft ['hi:ɔps-] *f* nouvelle désastreuse; très mauvaise nouvelle

Hip-Hop ['hɪphɔp] *m* ⟨~s⟩ MUS 'hip-hop *m*

Hippie ['hɪpi] *m* ⟨~s; ~s⟩ 'hippie *m,f*

Hirn [hɪrn] *n* ⟨~¢s; ~e⟩ **1** *Organ* cerveau *m*; **2** *Substanz*, CUIS, *fig* cervelle *f*

'Hirn|gespinst *n* chimère *f*; **~hautentzündung** *f* méningite *f*; **²rissig** F *adj* F cinglé; F fêlé; *Idee* de fou; **~tod** *m* mort cérébrale; **²verbrannt** F *adjt* → ***hirnrissig***

Hirsch [hɪrʃ] *m* ⟨~¢s; ~e⟩ cerf *m*; **'~geweih** *n* bois *m/pl* de cerf; **'~käfer** *m* cerf-volant *m*; **'~kalb** *n* faon *m*; **'~kuh** *f* biche *f*

Hirse ['hɪrzə] *f* ⟨~; ~n⟩ mil *m*; millet *m*

Hirt [hɪrt] *m* ⟨~en; ~en⟩ berger *m*

'Hirte *m* ⟨~n; ~n⟩ **1** *st/s* → ***Hirt***; **2** REL pasteur *m*; ***der Gute ~*** le Bon Pasteur

'Hirten|brief *m* lettre pastorale; **~hund** *m* chien *m* de berger

His, his [hɪs] *n* ⟨~; ~⟩ MUS si *m* dièse

hissen ['hɪsən] *v/t* ⟨*¢$*⟩ 'hisser

Histor|iker(in) [hɪs'to:rɪkər(ɪn)] *m* ⟨~s; ~⟩ (*f*) ⟨~; ~nen⟩ historien, -ienne *m,f*; **²isch** *adj* historique

Hit [hɪt] F *m* ⟨~$; ~s⟩ **1** MUS F tube *m*; **2** *fig* succès *m*; (*Mode*) mode *f*

'Hit|liste *f*, **~parade** *f* 'hit-parade *m*

Hitze ['hɪtsə] *f* ⟨~⟩ chaleur *f* (*a fig*); MÉD ***fliegende ~*** bouffée *f* de chaleur; ***bei dieser ~*** par cette chaleur; ***etw bei schwacher ~ kochen*** cuire qc à feu doux; (faire) mijoter qc; ***in der ~ des Gefechts*** dans le feu de l'action

'hitzebeständig *adj* réfractaire

'hitzefrei *adj* SCHULE ***~ haben*** avoir congé à cause de la chaleur

'Hitze|periode *f* période *f* de (grande) chaleur; *bes im Sommer* canicule *f*; **~welle** *f* vague *f* de chaleur

'hitzig *adj Temperament* chaud; ardent; (*erregt*) excité; *Debatte* passionné; âpre

'Hitz|kopf *m* tête brûlée; excité *m*; **~schlag** *m* coup *m* de chaleur

HIV [ha:ʔi:'faʊ] *n* ⟨~$; ~$⟩ *abr* (*human immunodeficiency virus*) H.I.V. *m*; **~-'negativ** *adj* séronégatif; **~-'positiv** *adj* séropositif; **~-Virus** *m od n* virus *m* H.I.V.

Hl. *abr* (*Heilige*[*r*]) S[t] *bzw* S[te]

H-Milch ['ha:-] *f* lait *m* U.H.T.

'h-Moll *n* MUS si *m* mineur

HNO|-Arzt [ha:ʔɛn'ʔo:ʔartst] *m*, **~-Ärztin** *f* F oto-rhino *m,f*; O.R.L. *m,f*

hob [ho:p] → ***heben***

Hobby ['hɔbi] *n* ⟨~s; ~s⟩ 'hobby *m*; violon *m* d'Ingres; **~koch** *m*, **~köchin** *f* cuisinier, -ière *m,f* amateur; **~raum** *m* atelier *m* (de bricolage)

Hobel ['ho:bəl] *m* ⟨~s; ~⟩ rabot *m*; **~bank** *f* ⟨~; -bänke⟩ établi *m* de menuisier

'hobeln *v/t u v/i* ⟨*¢*⟩ raboter

hoch [ho:x] **I** *adj* ⟨hohe, höher, höchste⟩ **1** (*von großer Höhe*) 'haut; ***zwei Meter ~ sein*** avoir deux mètres de haut; ***wie ~ ist der Montblanc?*** quelle est la hauteur, l'altitude du mont Blanc?; F *fig* ***das ist mir zu ~*** F c'est trop calé pour moi; ça me dépasse; **2** (*in großer Höhe*) 'haut; élevé; *fig* ***im hohen Norden*** dans le Grand Nord; **3** *wert- u mengenmäßig Alter, Geschwindigkeit, Kunst* grand; *Preis, Kosten, Verlust, Zahl, Gehalt, Zinsen, Miete, Gewicht* élevé; *Preis, Lohn, Niveau, Ansehen, Temperatur, Präzision* 'haut; *Gehalt, Konzentration* 'haut; fort; *Gehalt, Niederlage, Gewinn, Betrag, Zinsen* gros; *Fieber, Summe* fort; *Strafe* sévère; ***hohe Ansprüche stellen*** être très exigeant (***an j-n*** avec qn); ***wie ~ ist die Summe?*** à combien se monte, s'élève la somme?; **4** *Rangfolge*: *Beamter, Würdenträger etc* 'haut; *Posten, Rang* élevé; *Offizier* de haut rang; **5** MUS *Ton* aigu; *Stimme* 'haut; *Note* ***das hohe C*** le do six; **6** MATH ***vier ~ fünf*** quatre puissance cinq; ***vier ~ zwei*** *meist* quatre au carré; ***vier ~ drei*** *meist* quatre au cube; **II** *adv* **1** (*in großer Höhe*) en 'haut; ***~ oben*** (***auf*** [+ *dat*]) tout en 'haut (de); ***~ gewachsen*** de haute taille; ***~ erhobenen Hauptes*** la tête 'haute; **2** (*nach oben*) ***Hände ~!*** 'haut les mains!; ***etw ~ in die Luft werfen*** lancer qc 'haut dans l'air, très 'haut; **3** *wert- u mengenmäßig* très; **a)** *mit adj u p/p* ***~ angesehen*** très estimé; ***~ begabt*** surdoué; ***~ dotiert*** bien rémunéré;

H

*~ **empfindlich** Messinstrument* très sensible; *Film* ultrasensible; ***~ entwickelt*** *Völker, Land* très développé; *Technik* sophistiqué; ***~ geachtet*** très estimé; ***~ gestellt*** *fig* 'haut placé; ***~ qualifiziert*** 'hautement qualifié; ***~ stehend*** *fig* d'un 'haut niveau; ***~ zivilisiert*** 'hautement civilisé; **b)** *mit Verben* ***~ gewinnen*** SPORT gagner 'haut la main; remporter une grande victoire; ***~ verlieren*** SPORT essuyer une lourde défaite; ***etw ~ und heilig versprechen*** promettre qc solennellement; ***etw ~ und heilig versichern*** jurer ses grands dieux que …; F ***wenn es ~ kommt*** tout au plus; **4** *singen* 'haut

Hoch *n* ⟨~s; ~s⟩ **1** MÉTÉO anticyclone *m*; **2** (*~ruf*) vivat *m*; ***ein ~ der** od **auf die Köchin!*** vive la cuisinière!

'Hochachtung *f* grande estime (***vor*** [+ *dat*] pour); *Briefschluss* ***mit vorzüglicher ~*** veuillez agréer, Monsieur *bzw* Madame, l'assurance de ma considération distinguée

'hoch|achtungsvoll *adv Briefschluss* veuillez agréer, Monsieur *bzw* Madame, l'expression de mes salutations distinguées; **⁀adel** *m* 'haute noblesse; **~aktuell** *adj* très actuel; **⁀altar** *m* maître-autel *m*; **⁀amt** *n* grand-messe *f*

'hoch·arbeiten *v/r* ⟨-e-⟩ ***sich ~*** réussir, parvenir à force de travail (***zu*** à devenir)

'hochauflösend *adjt* TV 'haute définition

'Hochbau *m Sektor* bâtiment *m*; ***Hoch- und Tiefbau*** bâtiment et travaux publics; génie civil

'hochbetagt *adj* très âgé; *poét* chargé d'ans

'Hochbetrieb *m* activité *f* intense; ***es herrscht ~*** (*es sind viele Leute da*) il y a un monde fou

'Hoch|burg *f fig* fief *m*; **⁀deutsch** *adj* allemand standard; 'haut allemand

'Hochdruck *m* **1** MÉTÉO 'hautes pressions; **2** F *fig* ***mit** od **unter ~ arbeiten*** travailler d'arrache-pied; **3** MÉD hypertension *f*

'Hoch|druckgebiet *n* → ***Hoch*** *1*; **~ebene** *f* 'haut plateau

'hocherfreut *adjt* ravi, enchanté (***über*** [+ *acc*] de)

'hochexplosiv *adj* très explosif (*a fig*)

'hoch·fahren *v/i* ⟨*irr*, sn⟩ **1** monter (*a fig* ***nach Hamburg*** à Hambourg); **2** *fig erschrocken* se dresser en sursaut; *aufbrausend* s'emporter

'Hochform *f* grande forme; ***in ~ sein*** être en pleine forme

'Hoch|format *n* format vertical; format *m* à la française; **~frequenz** *f* 'haute fréquence; **~frisur** *f* cheveux relevés; **~gebirge** *n* 'haute montagne; **~gefühl** *n* euphorie *f*; ivresse *f*; délice *m*

'hoch·gehen *v/i* ⟨*irr*, sn⟩ **1** *Person, Ballon* monter; *Vorhang* se lever; **2** F (*explodieren*) sauter; ***etw ~ lassen*** faire sauter qc; **3** *fig Preise* monter; **4** F (*wütend werden*) F s'emballer; monter sur ses grands chevaux; **5** *Spionagenetz etc* être démantelé

'Hoch|genuss *m* délice *m*; **⁀geschlossen** *adjt Kleid* montant; **~geschwindigkeitszug** *m* train *m* à grande vitesse; T.G.V. *m*; **⁀gestochen** F *péj adjt* prétentieux; *Ausdrucksweise* ampoulé

'Hochglanz *m* poli *m*; ***etw auf ~ bringen*** *Auto etc* polir, faire briller, astiquer qc

'hochgradig **I** *adj* fort; intense; **II** *adv* à un 'haut degré

'hochhackig *adj* à talons 'hauts

'hoch·halten *v/t* ⟨*irr*⟩ **1** lever; *im Augenblick* tenir levé; **2** *fig* ***j-s Andenken ~*** tenir qn en grande estime

'Hochhaus *n* tour *f*; immeuble *m*

'hoch·heben *v/t* ⟨*irr*⟩ *Last* soulever; *Hand, Arm* lever

'hoch|intelligent *adj* très intelligent; **~interessant** *adj* très intéressant

'hoch·jubeln F *v/t* ⟨*¢*⟩ chanter les louanges de

'hochkant *adv* debout; F ***j-n ~ hinauswerfen*** F flanquer qn carrément à la porte

hochkarätig ['hoːxkarɛːtɪç] *adj* **1** *Diamant etc* de fort carat; très pur; **2** *fig Person* extrêmement compétent; *Politiker, Manager a* d'envergure

'hoch·kommen F *v/i* ⟨*irr*, sn⟩ **1** (*heraufkommen*) monter; **2** *aus dem Magen* revenir; *fig* ***es kommt mir hoch, wenn ich das sehe*** je suis écœuré quand je vois ça; **3** *fig wirtschaftlich etc* prospérer; ***wieder ~*** *Land* se redresser; *Kranker* se remettre; se rétablir; **4** *fig be-*

ruflich réussir; faire son chemin

'**Hochkonjunktur** *f* conjoncture *f* très favorable; boom *m*

'**hoch·krempeln** *v/t* ⟨¢⟩ *Ärmel* retrousser

'**Hochland** *n* 'hauts plateaux

'**hoch·leben** *v/i* ***j-n, etw ~ lassen*** porter un toast à (la santé de) qn, à qc; ***er lebe hoch!, hoch soll er leben!*** vive X!

'**Hoch|leistungssport** *m* sport *m* de compétition, de haut niveau; **2modern** *adj* ultramoderne; **~mut** *m* orgueil *m*; 'hauteur *f*; **2mütig** ['-myːtɪç] *adj* orgueilleux; 'hautain; **2näsig** ['-nɛːzɪç] *adj* arrogant; **~näsigkeit** *f* ⟨~⟩ arrogance *f*

'**hoch·nehmen** *v/t* ⟨*irr*⟩ **1** (*anheben*) soulever; *Kind* prendre sur le bras; **2** F *fig* (*verspotten*) F faire marcher

'**Hochofen** *m* 'haut fourneau

'**hochprozentig** *adj Getränk* fortement alcoolisé; très fort

'**hoch·|ragen** *v/i* s'élever; se dresser; **~rechnen** *v/t* ⟨-e-⟩ estimer

'**Hochrechnung** *f* estimation *f*

'**hoch·reißen** *v/t* ⟨*irr*⟩ *Arme, Gewicht* lever brusquement

'**hoch'rot** *adj Gesicht* cramoisi; écarlate

'**Hochruf** *m* vivat *m*; *pl* **~e** *e-r Menge a* acclamations *f/pl*

'**Hochsaison** *f* pleine saison

'**hoch·schaukeln** F ⟨¢⟩ **I** *v/t* monter en épingle; **II** *v/r* ***sich*** (***gegenseitig***) **~** s'exciter mutuellement

'**hoch·|schlagen** ⟨*irr*⟩ **I** *v/t Kragen* relever; **II** *v/i* ⟨sn⟩ *Flammen* s'élever; *Wasser, Wellen* se soulever; **~schnellen** *v/i* ⟨sn⟩ faire un bond; **~schrauben** *v/t* faire monter (*a fig*)

'**Hoch|schulabschluss** *m* diplôme *m* universitaire; **~schule** *f* établissement *m* d'enseignement supérieur; (*Universität*) université *f*; **~schüler(in)** *m(f)* étudiant(e) *m(f)*; **~schullehrer(in)** *m(f)* professeur *m* d'université; **~schulreife** *f* baccalauréat *m*; **~schulstudium** *n* études *f/pl* universitaires

'**hochschwanger** *adj* en état de grossesse avancée

'**Hochsee** *f* 'haute mer; large *m*; **~fischerei** *f* pêche 'hauturière; grande pêche; **~jacht** *f* yacht *m* de croisière

'**Hochseil** *n* corde *f* (raide); **~akt** *m* numéro *m* de funambule

'**Hoch|sitz** *m* JAGD affût perché; **~sommer** *m* plein été; **2sommerlich** *adj* de plein été

'**Hochspannung** *f* **1** ÉLECT 'haute tension; **2** *fig* grande tension; **~sleitung** *f* ligne *f* à 'haute tension; **~smast** *m* pylône *m*

'**hoch·spielen** *v/t* monter en épingle

'**Hochsprache** *f* langue cultivée, standard

'**hoch·springen** *v/i* ⟨*irr*, sn⟩ sauter, bondir (***vor Freude*** de joie); ***an j-m ~*** sauter sur qn

'**Hoch|springer(in)** *m* ⟨~s; ~⟩ (*f*) ⟨~; ~nen⟩ sauteur, -euse *m,f* en 'hauteur; **~sprung** *m* saut *m* en 'hauteur

höchst [høːçst] *adv* extrêmement; très

'**Höchstalter** *n* âge *m* maximum, limite

'**Hochstand** *m* JAGD affût perché

Hochstape'lei *f* ⟨~; ~en⟩ imposture *f*

'**hoch·stapeln** *v/i* ⟨¢⟩ commettre une imposture

'**Hochstapler(in)** *m* ⟨~s; ~⟩ (*f*) ⟨~; ~nen⟩ imposteur *m*

'**Höchstbetrag** *m* (somme *f*) maximum *m*

'**höchste** *adj* le plus 'haut (*a Ausmaß, Rang*); le plus élevé; TECH, PHYS, COMM, ADM maximum; ***das ~ Gut*** le bien le plus précieux; ***auf ~r Ebene*** au plus 'haut niveau

'**höchstenfalls** *adv* tout au plus

'**höchstens** *adv* **1** tout au plus; au maximum; **2** (*bestenfalls*) au mieux; **3** (*außer*) sauf; excepté

'**Höchstfall** *m* ***im ~*** tout au plus; au maximum

'**Höchstgeschwindigkeit** *f* (***zulässige***) **~** vitesse *f* limite

'**Hochstimmung** *f* bonne humeur; euphorie *f*; ***in ~ sein*** *Personen* être de très bonne humeur

'**Höchst|leistung** *f* SPORT meilleure performance (*a fig*); record *m*; *e-s Motors* puissance *f* maximum; **~maß** *n* maximum *m* (***an*** [+ *dat*] de); '**2möglich** *adj* maximum; '**2per'sönlich** *adv* en personne; **~preis** *m* prix *m* maximum, plafond; **~satz** *m* taux *m* maximum; **~stand** *m* niveau *m* maximum; **~strafe** *f* peine maximale; '**2wahr'scheinlich** *adv* très probablement; **~wert** *m* valeur *f* maximum; **2zulässig** *adj* maximum autorisé

H

'**Hochtechnologie** *f* technologie *f* de pointe
'**Hochtour** *f* ***auf ~en laufen*** TECH tourner à plein régime; *fig* battre son plein
'**hoch|tourig** *adj* à grande vitesse de régime; **~trabend** *adjt* grandiloquent; **~verdient** *adjt Person* de grand mérite; *Erfolg* bien mérité; **~verehrt** *adjt* très honoré; **⁀verrat** *m* 'haute trahison; **~verschuldet** *adjt* surendetté
'**Hochwasser** *n* ⟨~s; ~⟩ **1** *e-s Flusses* crue *f*; (*Überschwemmung*) inondation *f*; ***~ führen*** être en crue; **2** (*höchster Flutstand*) marée 'haute
'**hoch·werfen** *v/t* ⟨*irr*⟩ jeter en 'haut, en l'air; *Arme* lever brusquement
'**hoch|wertig** *adj* de qualité supérieure; *Nahrungsmittel* riche; **⁀wild** *n* gros gibier; **~wirksam** *adj* très efficace
'**Hochwürden** *Anrede* (***Euer*** *od* ***Eure***) **~** mon Père; monsieur le Curé, l'Abbé
'**Hochzahl** *f* exposant *m*
Hochzeit ['hɔx-] *f* mariage *m*; ***silberne, goldene, diamantene ~*** noces *f/pl* d'argent, d'or, de diamant
'**Hochzeits|feier** *f* célébration *f* du mariage; noce *f*; **~kleid** *n* robe *f* de mariée; **~nacht** *f* nuit *f* de noces; **~paar** *n* mariés *m/pl*; **~reise** *f* voyage *m* de noces; **~tag** *m* **1** (*Tag der Hochzeit*) jour *m* du mariage, de la noce; **2** *Jahrestag* anniversaire *m* de mariage
'**hoch·ziehen** ⟨*irr*⟩ **I** *v/t* **1** *Last* monter; *Fahne etc* 'hisser; *Jalousie, Hose* remonter; relever; *Vorhang* lever; *Schultern, Augenbrauen* 'hausser; **2** *Flugzeug* redresser; **II** *v/r* ***sich an etw*** (*dat*) **~** se hisser à qc
Hocke ['hɔkə] *f* ⟨~; ~n⟩ position accroupie; (*Hocksprung*) saut groupé; ***in die ~ gehen*** s'accroupir
'**hocken I** *v/i* ⟨h *ou südd* sn⟩ **1** (*kauern*) être accroupi; **2** F (*sitzen*) être assis; **II** *v/r* ***sich ~*** *südd* (*sich setzen*) s'asseoir
'**Hocker** *m* ⟨~s; ~⟩ tabouret *m*
Höcker ['hœkər] *m* ⟨~s; ~⟩ bosse *f*
Hockey ['hɔki] *n* ⟨~s⟩ 'hockey *m*; **~schläger** *m* crosse *f* de hockey; **~spieler(in)** *m(f)* 'hockeyeur, -euse *m,f*
Hoden ['ho:dən] *m* ⟨~s; ~⟩ testicule *m*; **~sack** *m* scrotum *m*; bourses *f/pl*
Hof [ho:f] *m* ⟨~(e)s; ~e⟩ **1** *e-s Hauses etc* cour *f*; ***auf dem ~*** dans la cour; **2** (*Bauern⁀*) ferme *f*; **3** (*Fürsten⁀*) cour *f*; ***bei*** *od* ***am ~e*** à la cour; **4** ***e-r Frau den ~ machen*** faire la cour à une femme; **5** ASTR 'halo *m*
'**Hofdame** *f* dame *f* d'honneur
hoffen ['hɔfən] *v/t u v/i* espérer (***dass*** que; ***zu gewinnen*** gagner); ***auf etw*** (*acc*) **~** espérer qc; ***~ wir das Beste!*** espérons!; ***das will ich ~*** j'espère bien
'**hoffentlich** *adv* j'espère *bzw* espérons que …; *Antwort* **~!** espérons-le! *bzw* je l'espère!; ***~ nicht!*** espérons *bzw* j'espère que non!
'**Hoffnung** *f* ⟨~; ~en⟩ espoir *m* (***auf*** [+ *acc*] de, en); espérance *f*; ***die ~ haben zu*** (+ *inf*) avoir l'espoir de (+ *inf*); ***sich*** (*dat*) ***~(en) machen*** espérer; ***mach dir keine ~en!*** ne te fais pas d'illusions!; ***j-m ~en machen, dass …*** donner à qn l'espoir que …; ***es besteht ~, dass er überlebt*** il a des chances de survivre, de s'en sortir
'**hoffnungslos I** *adj* sans espoir; désespéré; *fig* ***ein ~er Fall*** un cas désespéré; **II** *adv* sans espoir; ***~ verliebt*** éperdument amoureux
'**Hoffnungs|losigkeit** *f* ⟨~⟩ désespoir *m*; **~schimmer** *m* lueur *f* d'espoir; **~träger(in)** *m(f)* espoir *m*; **⁀voll** *adj* **1** (*zuversichtlich*) confiant; optimiste; **2** (*viel versprechend*) qui promet (beaucoup)
ho'fieren *st/s v/t* ⟨*sans ge*⟩ courtiser; faire la cour à
höfisch ['hø:fɪʃ] *adj* courtois
'**Hofknicks** *m* (profonde) révérence
höflich ['hø:flɪç] **I** *adj* poli; courtois; **II** *adv* poliment
'**Höflichkeit** *f* ⟨~; ~en⟩ politesse *f*; ***aus ~*** par politesse
'**Höflichkeitsbesuch** *m* visite *f* de courtoisie
'**Höfling** *m* ⟨~s; ~e⟩ courtisan *m* (*a fig péj*)
'**Hof|narr** *m* fou *m* du roi; **~rat** *m österr* conseiller *m* de la cour; **~staat** *m* cour *f*
hohe ['ho:ə] → ***hoch***
Höhe ['hø:ə] *f* ⟨~; ~n⟩ **1** *Ausdehnung, Lage* 'hauteur *f*; *über dem Meeresspiegel*, AVIAT altitude *f*; ***auf gleicher ~ (mit)*** à la même 'hauteur (que); ***auf halber ~*** à mi-hauteur; *e-r Straße etc* à mi-côte; MAR ***auf der ~ von*** à la hauteur de; ***in die ~ ragen*** s'élever (vers le ciel); ***in die ~ werfen*** jeter en l'air, en 'haut; **2** (*An⁀*) 'hauteur *f*; *fig* ***die ~n***

und Tiefen des Lebens les ʼhauts *m/pl* et les bas *m/pl* de la vie; **3** MATH, ASTR, MUS ʼhauteur *f*; AKUSTIK ***~n und Bässe*** aigu *m* et grave *m*; **4** *e-r Summe etc* montant *m*; *Betrag* ***in ~ von*** d'un montant de; se montant à; **5** *fig* (*Gipfel*) sommet *m*; faîte *m*; ***auf der ~ s-s Ruhms*** au faîte, au sommet de sa gloire; F ***ich bin heute nicht ganz auf der ~*** aujourd'hui, je ne me sens pas tout à fait bien; F ***das ist (doch) die ~!*** c'est le comble!

Hoheit ['ho:haɪt] *f* ⟨~; ~en⟩ **1** (*Souveränität*) souveraineté *f* (***über*** [+ *acc*] sur); **2** *Titel* altesse *f*; (***Eure***) ~ Votre Altesse

ˈ**hoheitlich** *adj* de souveraineté

ˈ**Hoheits|gebiet** *n* territoire national; **~gewässer** *n/pl* eaux territoriales

ˈ**Höhen|angst** *f* peur *f* de l'altitude; acrophobie *f*; **~flug** *m fig* envolée *f*; **~lage** *f* altitude *f*; **~luft** *f* air *m* des montagnes; **~messer** *m* altimètre *m*; **~ruder** *n* AVIAT gouvernail *m* de profondeur; **~sonne**® *f* lampe *f* à bronzer, à rayons ultraviolets; **≈verstellbar** *adj* à hauteur variable; **~zug** *m* chaîne *f* de montagnes

Hoheˈpriester *m* ⟨~s; ~⟩ BIBL grand prêtre

ˈ**Höhepunkt** *m e-s Festes, Dramas, e-r Karriere, der Macht, des Ruhms* point culminant; *e-r Epoche, Karriere, der Macht, des Ruhms a* apogée *m*; *e-r Krankheit, Krise* paroxysme *m*; (*Orgasmus*) orgasme *m*; ***auf dem ~ der Diskussion*** au plus fort de la discussion

ˈ**höher I** *adj* plus ʼhaut, plus élevé (***als*** que); *Stockwerk, Temperatur, Geschwindigkeit* supérieur (***als*** à); ***fünf Meter ~ sein als*** avoir cinq mètres de plus que; **II** *adv* plus ʼhaut; ***~ bewerten*** mieux noter; ***~ gestellt*** (plus) ʼhaut placé

hohl [ho:l] **I** *adj* creux (*a fig*); **II** *adv* ***~ klingen*** sonner creux

Höhle ['hø:lə] *f* ⟨~; ~n⟩ **1** GÉOL caverne *f*; grotte *f*; **2** *wilder Tiere* tanière *f*; *fig* ***sich in die ~ des Löwen wagen*** se jeter dans la gueule du loup; **3** *péj* (*Wohnung*) bouge *m*; trou *m*; **4** (*Augen≈*) orbite *f*

ˈ**Höhlen|forscher(in)** *m(f)* spéléologue *m,f*; **~forschung** *f* spéléologie *f*; **~malerei** *f* peinture *f* rupestre; **~mensch** *m* homme *m* des cavernes

ˈ**Hohl|kopf** F *m* imbécile *m,f*; **~körper** *m* corps creux; **~kreuz** *n* MÉD lordose *f*; **~maß** *n* mesure *f* de capacité (*a Gefäß*); **~raum** *m* cavité *f*; vide *m*; **~spiegel** *m* miroir *m* concave; **~weg** *m* chemin creux

Hohn [ho:n] *m* ⟨~ꞓs⟩ dérision *f*; sarcasme *m*; ***e-r Sache*** (*dat*) ***zum ~*** au mépris de qc; *fig* ***das ist der reinste ~*** c'est une pure dérision

höhnen ['hø:nən] *st/s v/i* … ***höhnte er*** dit-il d'un ton sarcastique; ironisa-t-il

ˈ**Hohngelächter** *n* rire *m* sarcastique; ricanement *m*

ˈ**höhnisch I** *adj* sarcastique; **II** *adv* ***~ lachen, grinsen*** ricaner

Hokuspokus [ho:kusˈpo:kus] *m* ⟨~⟩ **1** (*Zauberei*) tour *m* de passe-passe; **2** (*Zauberformel*) abracadabra *m*; **3** *péj* (*Drum und Dran*) fourbi *m*

hold [hɔlt] *adj* **1** *st/s* ***j-m ~ sein*** être favorable à qn; **2** *poét* (*lieblich*) gracieux

Holding ['ho:ldɪŋ] *f* ⟨~; ~s⟩, **~gesellschaft** *f* ʼholding *m*

holen ['ho:lən] **I** *v/t* **1** (*hingehen u herbringen*) aller chercher; (*ab~*) venir chercher; ***etw aus der Tasche*** *etc* ~ sortir qc de son sac, *etc*; **2** F *fig Preis, Medaille etc* F décrocher; *Punkte* remporter; marquer; F *fig* ***bei ihm ist nichts zu ~*** il n'y a rien à en tirer; **II** F *v/r* ***sich*** (*dat*) ***etw ~*** prendre qc; *Krankheit* attraper qc

Holland ['hɔlant] *n* ⟨~s⟩ la Hollande

Holländer(in) ['hɔlɛndər(ɪn)] *m* ⟨~s; ~⟩ (*f*) ⟨~; ~nen⟩ ʼHollandais(e) *m(f)*

ˈ**holländisch** *adj* ʼhollandais

Hölle ['hœlə] *f* ⟨~; ~n⟩ enfer *m*; ***in die ~ kommen*** aller en enfer; ***zur ~ damit!*** au diable tout cela!; F ***j-m die ~ heiß machen*** rendre la vie dure à qn; ***j-m das Leben zur ~ machen*** rendre la vie impossible à qn; F ***da war die ~ los*** c'était l'enfer, F infernal

ˈ**Höllenˈlärm** F *m* F boucan *m* du diable

ˈ**Höllenˈqual** F *f* supplice infernal; ***~en ausstehen*** souffrir mille morts

ˈ**Höllenˈtempo** F *n* ***in*** *od* ***mit e-m ~ fahren*** aller, rouler à un train d'enfer

ˈ**höllisch I** *adj* **1** (*der Hölle*) de l'enfer; **2** *fig Schmerzen etc* atroce; **3** F *fig* (*groß*) *Angst* affreux; *Lärm, Tempo* F infernal;

H

d'enfer; **II** F *adv* atrocement; F diablement; ***man muss dabei ~ aufpassen*** il faut (y) faire extrêmement attention

Holm [hɔlm] *m* ⟨~¢s; ~e⟩ **1** *e-r Leiter* montant *m*; **2** *am Barren* barre *f*

Holocaust ['hoːlokaust] *m* ⟨~$; ~s⟩ holocauste *m*

Holo|gramm [holo'gram] *n* ⟨~s; ~e⟩ hologramme *m*; **~gra'phie** *f* ⟨~; ~n⟩ holographie *f*

holp(e)rig ['hɔlp(ə)rɪç] *adj* **1** *Weg* cahoteux; *Straßenpflaster* inégal; **2** *Verse* raboteux; *Stil* rocailleux; *Fremdsprache* hésitant

'holpern *v/i Wagen* cahoter

holterdiepolter [hɔltərdi'pɔltər] F *adv* précipitamment (et à grand bruit)

Holunder [ho'lʊndər] *m* ⟨~s; ~⟩ sureau *m*; **~beere** *f* baie *f* de sureau

Holz [hɔlts] *n* ⟨~es; ~er⟩ bois *m*; ***aus ~*** de, en bois; ***~ verarbeitend*** de transformation du bois; *fig* ***aus dem gleichen, aus anderem ~ geschnitzt sein*** être, ne pas être de la même trempe

'Holz|bein *n* jambe *f* de bois; **~bläser** *m* joueur *m* d'un instrument à vent en bois; **~bock** *m* **1** zo tique *f*; **2** *Gerät* chevalet *m*

hölzern ['hœltsərn] *adj* **1** de, en bois; **2** *fig* (*steif*) raide; contraint

'Holz|fäller *m* ⟨~s; ~⟩ bûcheron *m*; **♀frei** *adj Papier* sans fibres de bois; **~hacker** *m bes österr* bûcheron *m*; **~hammer** *m* maillet *m*; **~hammermethode** F *f* manière forte; **~haus** *n* maison *f* de, en bois

'holzig *adj Gemüse, Obst* filandreux

'Holz|klotz *m* **1** bloc *m* de bois; (*Hackklotz*) billot *m*; **2** *Spielzeug* cube *m* en bois; **~kohle** *f* charbon *m* de bois; **~kopf** F *péj m* F taré(e) *m(f)*; F demeuré(e) *m(f)*; **~leim** *m* colle *f* à bois; **~leiste** *f* baguette *f* de bois; **~scheit** *m* bûche *f*; **~schnitt** *m* gravure *f* sur bois; **♀schnittartig** *adj fig* sans nuance; *p/fort* simpliste; **~schnitzer** *m* sculpteur *m* sur bois; **~schnitzerei** *f* sculpture *f* sur bois; **~schuh** *m* sabot *m*; **~schutzmittel** *n* produit *m* de traitement du bois; **~splitter** *m* éclat *m* de bois; *in der Haut* écharde *f*; **~stoß** *m* pile *f* de bois

'Holzweg *m fig* ***auf dem ~ sein*** faire fausse route

'Holz|wolle *f* fibre *f* de bois; **~wurm** *m* ver *m* du bois

Home|banking ['hoːmbɛŋkɪŋ] *n* ⟨~s⟩ banque *f* à domicile; **~page** [-peːtʃ] *f* ⟨~; ~s⟩ page *f* d'accueil; **~trainer** *m* 'home-trainer *m*; vélo *m* d'appartement

Homo ['hoːmo] F *m* ⟨~s; ~s⟩ F homo *m*

homogen [homo'geːn] *adj* homogène

Homöo|path(in) [homøo'paːt(ɪn)] *m* ⟨~en; ~en⟩ (*f*) ⟨~; ~nen⟩ homéopathe *m,f*; **~pa'thie** *f* ⟨~⟩ homéopathie *f*; **♀'pathisch** *adj Mittel* homéopathique; *Arzt* homéopathe

Homo|sexuali'tät *f* homosexualité *f*; **♀sexu'ell** *adj* homosexuel; **~sexu'elle(r)** *f(m)* ⟨→ A⟩ homosexuel, -elle *m,f*

Honduras [hɔn'duːras] *n* le Honduras

Honig ['hoːnɪç] *m* ⟨~s; ~e⟩ miel *m*; F ***j-m ~ ums Maul schmieren*** passer de la pommade à qn

'Honigkuchen *m* pain *m* d'épice

'Moniglecken F *n* ***das ist kein ~*** F ce n'est pas de la tarte, du gâteau

'Honig|melone *f variété de melon très sucrée*; **♀süß** *adj* **1** sucré comme le miel; **2** *fig péj* mielleux

Honorar [hono'raːr] *n* ⟨~s; ~e⟩ honoraires *m/pl*

Honoratioren [honoratsi'oːrən] *pl* notables *m/pl*

hono'rieren *v/t* ⟨*sans ge*⟩ **1** (*bezahlen*) ***etw ~*** verser des honoraires pour qc; rétribuer qc; **2** *fig* (*würdigen*) apprécier

Hooligan ['huːligən] *m* ⟨~s; ~s⟩ 'houligan *m*

Hopfen ['hɔpfən] *m* ⟨~s; ~⟩ 'houblon *m*; F ***bei ihm ist ~ und Malz verloren*** on ne peut rien en tirer

hopp [hɔp] *int* 'hop!; ***~, ~!*** allez, 'hop!

'hoppeln *v/i* ⟨¢, sn⟩ *Kaninchen* sauter

hoppla ['hɔpla] *int* 'hop là!

hops [hɔps] **I** *int* 'hop!; **II** F *adj* ***~ sein*** (*verloren sein*) être perdu; (*kaputt sein*) F être fichu

hopsa(sa) ['hɔpsa(sa)] *enf int* 'hop!

'hopsen F *v/i* ⟨¢$, sn⟩ sautiller (*a péj beim Tanzen*); sauter; gambader

'Hopser F *m* ⟨~s; ~⟩ saut *m*; gambade *f*

'hops·gehen F *v/i* ⟨*irr*, sn⟩ (*verloren gehen*) se perdre; (*sterben*) P clamser; (*kaputtgehen*) se casser

'hör|bar *adj* audible; perceptible; **~be-**

hindert *adjt* malentendant; **~buch** *n* livre-cassette *m*

horchen ['hɔrçən] *v/i* écouter (***an der Tür*** à la porte)

Horde[1] ['hɔrdə] *f* ⟨~; ~n⟩ (*Schar*) 'horde *f*; *von Kindern a* bande *f*

'Horde[2] *f* ⟨~; ~n⟩ (*Lattengestell*) claie *f*

hören ['hø:rən] **I** *v/t* **1** (*vernehmen*) entendre; ***j-n kommen ~*** entendre qn venir; ***ich habe ihn sagen ~, dass …*** je l'ai entendu dire que …; **2** (*an~*) écouter; ***die Zeugen ~*** entendre les témoins; ***das lässt sich ~*** voilà qui s'appelle parler; **3** (*erfahren*) ***ich habe gehört, dass …*** j'ai entendu dire que …; ***etwas von j-m ~*** avoir des nouvelles de qn; ***lass mal etwas von dir ~!*** donne-nous de tes nouvelles à l'occasion; **II** *v/i* **4** (*verstehen*) entendre; ***schlecht, schwer ~*** entendre mal; être dur d'oreille; F ***dabei vergeht einem ~ und Sehen*** c'est à vous couper le souffle; **5** (*zu~*) écouter; ***ich höre*** je vous écoute; *vorwurfsvoll* F ***(na) hör mal!*** dis donc!; **6** (*gehorchen*) ***auf j-n ~*** écouter qn; *p/fort* obéir à qn; F ***nicht ~ wollen*** ne pas vouloir écouter, obéir; **7** (*heißen*) ***auf den Namen Felix ~*** s'appeler Félix; **8** (*erfahren*) ***von j-m ~*** avoir des nouvelles de qn; ***Sie werden (noch) von mir ~!*** vous aurez de mes nouvelles!

hören:
écouter oder entendre?

Hier muss man zwischen bewusstem Hinhören (Zuhören) und zufälligem Hören (Wahrnehmen) unterscheiden:

Radio hören	**écouter la radio**
ein komisches Geräusch hören	**entendre un bruit étrange**

'Hörensagen *n* ***vom ~*** par ouï-dire; de réputation

'Hörer *m* ⟨~s; ~⟩ **1** *Person* auditeur *m*; **2** (*Telefon~*) combiné *m*

'Hör|fehler *m* **1** erreur *f* de compréhension; **2** MÉD défaut *m* de l'ouïe; **~funk** *m* radio *f*; **~gerät** *n* prothèse auditive; **~geschädigt** *adjt* malentendant

'hörig *adj fig* esclave; *bes sexuell* dépendant; ***er ist ihr ~*** il lui est entièrement soumis (*a sexuell*)

'Hörigkeit *f* ⟨~⟩ *fig* esclavage *m*; *sexuelle* dépendance *f*; soumission *f*

Horizont [hori'tsɔnt] *m* ⟨~(e)s; ~e⟩ horizon *m* (*a fig*); ***am ~*** à l'horizon; ***s-n ~ erweitern*** élargir son horizon; ***das geht über s-n ~*** cela le dépasse

horizon'tal *adj* horizontal

Horizon'tale *f* ⟨~; ~n⟩ horizontale *f*

Hormon [hɔr'mo:n] *n* ⟨~s; ~e⟩ hormone *f*; **~behandlung** *f* traitement hormonal

'Hörmuschel *f am Telefon* écouteur *m*

Horn [hɔrn] *n* ⟨~(e)s; ~er⟩ **1** ZO corne *f*; F *fig* ***sich*** (*dat*) ***die Hörner abstoßen*** jeter sa gourme; F *fig* ***s-m Ehemann Hörner aufsetzen*** F faire son mari cocu; **2** ⟨*pl* ~e⟩ *Material* corne *f*; **3** MUS cor *m*; F *fig* ***in das gleiche ~ stoßen*** être du même avis

'Hornberger *adj* ⟨*inv*⟩ ***ausgehen wie das ~ Schießen*** finir en queue de poisson

'Hornbrille *f* lunettes *f/pl* d'écaille

Hörnchen ['hœrnçən] *n* ⟨~s; ~⟩ *Gebäck* croissant *m*

'Hornhaut *f* **1** (*verhärtete Haut*) callosité *f*; **2** *am Auge* cornée *f*

Hornisse [hɔr'nɪsə] *f* ⟨~; ~n⟩ frelon *m*

Hor'nist(in) *m* ⟨~en; ~en⟩ (*f*) ⟨~; ~nen⟩ MUS corniste *m,f*

'Hornochse F *m* imbécile *m,f*; F andouille *f*

Horoskop [horo'sko:p] *n* ⟨~s; ~e⟩ horoscope *m*

horrend [hɔ'rɛnt] *adj* exorbitant

'Hörrohr *n* **1** *Hörgerät* cornet *m* acoustique; **2** (*Stethoskop*) stéthoscope *m*

Horror ['hɔrɔr] *m* ⟨~s⟩ horreur *f*; ***e-n ~ vor etw*** (*dat*) ***haben*** avoir horreur de qc

'Horrorfilm *m* film *m* d'épouvante

'Hör|saal *m* amphithéâtre *m*; **~spiel** *n* pièce *f* radiophonique

Horst [hɔrst] *m* ⟨~(e)s; ~e⟩ **1** (*Vogel~*) aire *f*; **2** (*Flieger~*) base aérienne

'Hörsturz *m* MÉD perte *f* passagère de l'audition

Hort [hɔrt] *m* ⟨~(e)s; ~e⟩ **1** *st/s* (*sicherer Ort*) refuge *m*; asile *m*; **2** (*Kinder~*) garderie *f*

'horten *v/t* ⟨-e-⟩ *Waren* stocker; *Geld* thésauriser

Hortensie [hɔr'tɛnziə] *f* ⟨~; ~n⟩ hortensia *m*
'**Hör|test** *m* test auditif; **~vermögen** *n* capacité auditive
'**Hörweite** *f* portée *f* de la voix; ***in, außer* ~** à, 'hors de portée de la voix
Höschen ['hø:sçən] *n* ⟨~s; ~⟩ **1** (*kurze Hose*) culotte *f*; **2** *Damenslip* slip *m*
Hose ['ho:zə] *f* ⟨~; ~n⟩ **1** *lange* pantalon *m*; *kurze* culotte *f*; (*kurze Sommer*♀) short *m*; ***in die* ~ *machen*** faire dans sa culotte; **2** F *fig* (***sich*** [*dat*]) (***vor Angst***) ***in die* ~(*n*) *machen*** F faire dans sa culotte; ***die* ~*n anhaben*** *Frau* porter la culotte; ***die* ~*n runterlassen*** jouer cartes sur tables; ***in die* ~(*n*) *gehen*** F foirer; ***hier ist tote* ~** F c'est mort ici
'**Hosen|anzug** *m* tailleur-pantalon *m*; **~bein** *n* jambe *f* de pantalon
'**Hosenboden** *m* fond *m* de culotte; F *fig* ***sich auf den* ~ *setzen*** s'accrocher; F bosser
'**Hosen|bügel** *m* cintre *m* pour pantalon; **~bund** *m* ceinture *f* de pantalon; **~rock** *m* jupe-culotte *f*; **~schlitz** *m* braguette *f*; **~tasche** *f* poche *f* de pantalon; **~träger** *m/pl* bretelles *f/pl*
Hospital [hɔspi'ta:l] *n* ⟨~s; ~e *ou* -täler⟩ hôpital *m*
hospi'tieren *v/i* ⟨*sans ge*⟩ (***bei j-m***) ~ assister au cours (de qn)
Hospiz [hɔs'pi:ts] *n* ⟨~es; ~e⟩ hospice *m*
Hostess [hɔs'tɛs] *f* ⟨~; ~en⟩ hôtesse *f*
Hostie ['hɔstiə] *f* ⟨~; ~n⟩ hostie *f*
Hotdog ['hɔt'dɔk] *m od n* ⟨~s; ~s⟩ 'hot-dog *m*
Hotel [ho'tɛl] *n* ⟨~s; ~s⟩ hôtel *m*; **~boy** *m* groom *m*; **~führer** *m* guide *m* des hôtels; **~gast** *m* client(e) *m(f)* d'un hôtel; **~halle** *f* 'hall *m* de l'hôtel
Hotelier [hotɛli'e:] *m* ⟨~s; ~s⟩ hôtelier *m*
Ho'tel|page *m* groom *m*; **~portier** *m* portier *m* de l'hôtel; **~zimmer** *n* chambre *f* d'hôtel
Hotline ['hɔtlaɪn] *f* ⟨~; ~s⟩ ligne directe; assistance *f* téléphonique
hu [hu:] *int zum Erschrecken* 'hou!; *bei Angst* brrr!
hü [hy:] *int* (*vorwärts*) 'hue!
Hub [hu:p] *m* ⟨~(e)s; ~e⟩ *e-s Kolbens* course *f*
hüben ['hy:bən] *adv* de ce côté-ci; ~ ***und drüben*** des deux côtés
'**Hubraum** *m* cylindrée *f*
hübsch [hʏpʃ] **I** *adj* **1** *Frau etc* joli; ***sich* ~ *machen*** se faire belle; **2** F (*ziemlich groß*) F joli; **II** *adv* F ***sei* ~ *artig!*** sois bien sage!; ***das werde ich* ~ *bleiben lassen*** je m'en garderai bien
'**Hubschrauber** *m* ⟨~s; ~⟩ hélicoptère *m*; **~landeplatz** *m* héliport *m*
huch [hʊx] *int Schrecken* 'hou!
Hucke ['hʊkə] *f* F ***j-m die* ~ *voll hauen*** F flanquer une volée, une raclée à qn
'**huckepack** F *adv* ~ ***tragen, nehmen*** porter, prendre sur son dos
hudeln ['hu:dəln] F *bes südd, österr v/i* ⟨*¢*⟩ bâcler (***bei etw*** qc); ***nur nicht* ~!** doucement!
Huf [hu:f] *m* ⟨~(e)s; ~e⟩ sabot *m*
'**Huf|eisen** *n* fer *m* (à cheval); **~lattich** *m* tussilage *m*; **~schmied** *m* maréchal-ferrant *m*
Hüfte ['hʏftə] *f* ⟨~; ~n⟩ 'hanche *f*
'**Hüft|gelenk** *n* articulation *f* de la hanche; **~gürtel** *m*, **~halter** *m* gaine *f*
'**Huftier** *n* ongulé *m*
'**Hüftweite** *f* tour *m* de hanches
Hügel ['hy:gəl] *m* ⟨~s; ~⟩ colline *f*; monticule *m*; coteau *m*; *kleiner* butte *f*
'**hüg(e)lig** *adj* vallonné
Hugenott|e [hugə'nɔtə] *m* ⟨~n; ~n⟩, **~in** *f* ⟨~; ~nen⟩ 'huguenot(e) *m(f)*
Huhn [hu:n] *n* ⟨~(e)s; ~er⟩ **1** zo poule *f*; *junges*, CUIS poulet *m*; ***gebratenes* ~** poulet rôti; F ***da lachen ja die Hühner*** c'est tout simplement ridicule; **2** F *fig* ***ein dummes* ~** une dinde; une oie
Hühnchen ['hy:nçən] *n* ⟨~s; ~⟩ poulet *m*; *fig* ***mit j-m ein* ~ *zu rupfen haben*** avoir un compte à régler avec qn
Hühner|auge ['hy:nər-] *n* MÉD cor *m*; œil-de-perdrix *m*; **~brühe** *f* bouillon *m* de poule; **~ei** *n* œuf *m* de poule; **~farm** *f* élevage *m* de poulets; **~frikassee** *n* fricassée *f* de poulet; **~hof** *m* basse-cour *f*; **~klein** *n* ⟨~s⟩ abattis *m/pl* de poulet; **~leiter** *f* échelle *f* de poulailler; **~stall** *m* poulailler *m*; **~suppe** *f* potage *m* à base de bouillon de poule
huldigen ['hʊldɪgən] *st/s v/i* **1** ***j-m* ~** rendre hommage à qn; **2** ***e-r Sache*** (*dat*) ~ être partisan de qc; *dem Sport, dem Alkohol etc* s'adonner à qc
'**Huldigung** *f* ⟨~; ~en⟩ hommage *m*
Hülle ['hʏlə] *f* ⟨~; ~n⟩ **1** (*Umhüllung*) enveloppe *f*; *über Kleidung* 'housse *f*;

(*Platten*2) pochette *f*; (*Ausweis*2) étui *m*; *st/s* **die sterbliche ~** *st/s* la dépouille mortelle; **2** *fig* **in ~ und Fülle** en abondance

'hüllen *v/t* **j-n, etw in etw** (*acc*) **~** envelopper qn, qc dans qc; *fig* **sich in Schweigen ~** garder le silence

'hüllenlos *adj plais* (*nackt*) en costume d'Ève *bzw* d'Adam

Hülse ['hʏlzə] *f* ⟨~; ~n⟩ **1** BOT cosse *f*; **2** *e-r Patrone* douille *f*; **3** (*Film*2) boîte *f*

Hülsenfrüchte ['-frʏçtə] *f/pl* légumes secs

human [hu'ma:n] *adj* humain

Huma'nismus *m* ⟨~⟩ humanisme *m*

Huma'nist *m* ⟨~en; ~en⟩ humaniste *m* (*a fig*)

huma'nistisch I *adj* humaniste; *Gymnasium, Studium* classique; II *adv* **~ gebildet** qui a fait des études classiques

humani|tär [humani'tɛ:r] *adj* humanitaire; 2**'tät** *f* ⟨~⟩ humanité *f*

Hu'manmedizin *f* médecine *f*

Humbug ['hʊmbʊk] F *péj m* ⟨~⟩ F fumisterie *f*; bluff *m*

Hummel ['hʊməl] *f* ⟨~; ~n⟩ bourdon *m*

Hummer ['hʊmər] *m* ⟨~s; ~⟩ 'homard *m*; **~krabbe** *f* bouquet *m*; crevette *f* rose

Humor [hu'mo:r] *m* ⟨~s⟩ humour *m*; (**Sinn für**) **~ haben** avoir (le sens) de l'humour; **etw mit ~ nehmen** *od* **tragen** prendre qc avec humour

Humo'rist *m* ⟨~en; ~en⟩ humoriste *m*

humo'ristisch *adj* humoristique

hu'mor|los *adj* sans humour; **~voll** *adj* plein d'humour

humpeln ['hʊmpəln] *v/i* ⟨¢, + *indication de direction* sn⟩ boiter; *mit Richtungsangabe* aller en boitant

Humpen ['hʊmpən] *m* ⟨~s; ~⟩ 'hanap *m*

Humus ['hu:mʊs] *m* ⟨~⟩ humus *m*; **~boden** *m*, **~erde** *f* terreau *m*

Hund [hʊnt] *m* ⟨~¢s; ~e⟩ **1** ZO chien *m*; **Vorsicht, bissiger ~!** chien méchant!; **wie ~ und Katze leben** vivre comme chien et chat; F **bekannt sein wie ein bunter ~** être connu comme le loup blanc; F *fig* **da liegt der ~ begraben** F voilà le hic; F **vor die ~e gehen** F crever; P être foutu; F **auf den ~ gekommen sein** *moralisch* être tombé bien bas; F **das ist ein dicker ~!** (*grober Fehler*) F c'est une grosse boulette!; (*Unverschämtheit*) quel culot, F toupet!; F **damit kann man keinen ~ hinter dem Ofen hervorlocken** cela n'attire personne; *prov* **~e, die bellen, beißen nicht** *prov* chien qui aboie ne mord pas; **2** F *péj Person* **ein blöder ~** un imbécile; P un enfoiré; **ein feiger ~** F un dégonflé; **ein gemeiner ~** F une vache; P un salaud

'hunde'elend F *adj u adv* **mir ist ~, ich fühle mich ~** je suis malade comme un chien

'Hunde|futter *n* nourriture *f* pour chiens; **~gebell** *n* aboiement(s) *m*(*pl*); **~hütte** *f* niche *f*

'hunde'kalt F *adj* **es ist ~** il fait un froid de canard, de chien

'Hunde|kot *m* crotte *f* de chien; **~kuchen** *m* biscuit(s) *m*(*pl*) pour chiens; **~leben** F *fig n* vie *f* de chien; **~leine** *f* laisse *f*; **~marke** *f* plaque *f* d'identité; **'2müde** F *adj* F crevé; **~rasse** *f* race *f* de chiens

hundert ['hʊndərt] *num/c* cent; **etwa, rund ~** (**Personen**) une centaine (de personnes); **~e** *pl* (*mehrere hundert*) des centaines *f/pl*; **zu ~en** par centaines; **es geht in die ~e** cela se chiffre par centaines

'Hundert[1] *n* ⟨~s; ~e⟩ **1** *Menge* cent *m*; **2** *Einheit* cent *m*; centaine *f*; **vier** *etc* **vom ~** quatre, *etc* pour cent

'Hundert[2] *f* ⟨~; ~en⟩ cent *m*

hundert'eins *num/c* cent un

'Hunderter *m* ⟨~s; ~⟩ **1** MATH centaine *f*; **2** F *Geldschein* billet *m* de cent

'hundert|jährig *adj Person* centenaire; *Dinge* séculaire; (*hundert Jahre lang*) de cent ans; qui dure cent ans; *Jubiläum* centenaire; **~mal** *adv* cent fois; 2**'markschein** *m* HIST billet *m* de cent marks; 2**'meterlauf** *m* course *f* de cent mètres; **~prozentig** *adj u adv* à cent pour cent (*a* F *fig*); 2**schaft** *f* ⟨~; ~en⟩ unité *f* de cent …

'hundertste *num/o* centième; **vom** 2**n ins Tausendste kommen** s'éloigner du sujet

'hundertstel *adj* ⟨*inv*⟩ centième

'Hundertstel *n* ⟨~s; ~⟩ centième *m*

'hundert'tausend *num/c* cent mille

'Hunde|salon *m* boutique *f* de toilettage; **~schlitten** *m* traîneau tiré par des chiens; **~steuer** *f* taxe *f* sur les

chiens; **~wetter** F *n* temps *m* de chien; **~zwinger** *m* chenil *m*
Hündin ['hʏndɪn] *f* ⟨~; ~nen⟩ chienne *f*
'hunds|gemein F *adj* F vache; **'~mise'rabel** F *adj* ⟨-bl-⟩ **1** (*sehr schlecht*) F minable; nul; **2** (*hundeelend*) malade comme un chien; **Ձtage** *m/pl* canicule *f*
Hüne ['hy:nə] *m* ⟨~n; ~n⟩ géant *m*
'hünenhaft *adj* gigantesque
Hunger ['hʊŋər] *m* ⟨~s⟩ faim *f* (**auf** [+ *acc*], *fig* **nach** de); **(keinen) ~ haben** (ne pas) avoir faim; **großen ~ haben** F avoir très faim; **~ haben wie ein Bär** *od* **Wolf** avoir une faim de loup; F avoir la dent; **~ bekommen** (commencer à) avoir faim; **~ leiden** souffrir de la faim; **vor ~ sterben** mourir de faim
'Hunger|kur *f* diète absolue; **~leider** F *péj m* ⟨~s; ~⟩ F crève-la-faim *m*; **~lohn** *m* salaire *m* de misère
'hungern *v/i* **1** (*Hunger leiden*) ne pas manger à sa faim; souffrir de la faim; *freiwillig* jeûner; **2** *fig* **nach etw ~** avoir faim, soif de qc
'Hungersnot *f* famine *f*; disette *f*
'Hunger|streik *m* grève *f* de la faim; **~tod** *m* mort *f* par inanition
'Hungertuch *n* **am ~ nagen** ne pas manger à sa faim; souffrir de la faim
'hungrig *adj* **1** qui a faim; *p/fort* affamé; **~ machen** donner faim; **~ sein** avoir faim (**auf** [+ *acc*] de); **2** *st/s fig* avide (**nach** de)
Hupe ['hu:pə] *f* ⟨~; ~n⟩ klaxon® *m*; avertisseur *m*
'hupen *v/i* klaxonner
hupfen ['hʊpfən] *südd, österr* → **hüpfen**; F **das ist gehupft wie gesprungen** c'est bonnet blanc et blanc bonnet
hüpfen ['hʏpfən] *v/i* ⟨sn⟩ sauter; *fig Herz* bondir, sauter (de joie)
'Hupkonzert F *plais n* concert *m* de klaxons
Hürde ['hʏrdə] *f* ⟨~; ~n⟩ **1** SPORT 'haie *f*; **2** *fig* obstacle *m*; **e-e ~ nehmen** franchir un obstacle
'Hürden|lauf *m* course *f* de haies; **~läufer(in)** *m(f)* coureur, -euse *m,f* de haies
Hure ['hu:rə] *f* ⟨~; ~n⟩ *péj* P putain *f*; **~nsohn** *m Schimpfwort* P fils *m* de pute
hurra [hʊ'ra:] *int* 'hourra!
Hur'raruf *m* 'hourra *m*
Hurrikan ['harikən] *m* ⟨~s; ~s⟩ 'hurricane *m*
hurtig ['hʊrtɪç] *adj* (*schnell*) rapide; prompt; (*flink u gewandt*) leste; alerte
husch [hʊʃ] *int* **und ~ war sie weg** et 'hop! la voilà partie; **~, ~ (, ins Bett)!** vite! vite! (au lit!)
'huschen *v/i* ⟨sn⟩ **1** se glisser rapidement; **über etw** (*acc*) **~** passer rapidement qc; **2** *fig Schatten, Licht* passer
hüsteln ['hy:stəln] *v/i* ⟨¢⟩ toussoter
husten ['hu:stən] ⟨-e-⟩ **I** *v/t Blut etc* cracher; F *fig* **ich werde dir was ~** F tu peux toujours courir; **II** *v/i* **1** tousser; **2** F *fig* **auf etw** (*acc*) **~** F se moquer de qc comme de l'an quarante
'Husten *m* ⟨~s; ~⟩ toux *f*; **~ haben** tousser
'Husten|anfall *m* quinte *f*, accès *m* de toux; **~bonbon** *n* bonbon *m* contre, pour la toux; **~reiz** *m* envie *f* de tousser; **~saft** *m* sirop *m* contre la toux
Hut[1] [hu:t] *m* ⟨~¢s; ~̈e⟩ chapeau *m*; **(vor j-m) den ~ ziehen** saluer (qn) d'un coup de chapeau; F *fig* tirer son chapeau à qn; F *fig* **s-n ~ nehmen (müssen)** (devoir) rendre son tablier; F *fig* **~ ab!** F chapeau!; F *fig* **zwei Dinge unter e-n ~ bringen** concilier deux choses; F *fig* **das ist (doch) ein alter ~** F c'est de l'histoire ancienne; F *fig* **damit habe ich nichts am ~** F ce n'est pas ma tasse de thé, mon truc; F *fig* **das kannst du dir an den ~ stecken!** F tu peux te le mettre (là) où je pense!; F *fig* **da geht einem (ja) der ~ hoch!** c'est trop fort!
Hut[2] *st/s f* **auf der ~ sein** être sur ses gardes; prendre garde (**vor** [+ *dat*] à)
'Hutablage *f* porte-chapeaux *m*
hüten ['hy:tən] ⟨-e-⟩ **I** *v/t* garder (*a fig Bett, Geheimnis*); **II** *v/r* **sich vor j-m, etw ~** se garder de qn, qc; **sich ~, etw zu tun** se garder de faire qc; F **ich werde mich ~!** je m'en garderai bien!
'Hüter(in) *m* ⟨~s; ~⟩ (*f*) ⟨~; ~nen⟩ gardien, -ienne *m,f*; *plais* **die Hüter des Gesetzes** les représentants *m/pl* de l'ordre
'Hut|geschäft *n* chapellerie *f*; **~krempe** *f* bord *m* de chapeau; **~macher(in)** *m* ⟨~s; ~⟩ (*f*) ⟨~; ~nen⟩ chapelier, -ière *m,f*
'Hutschnur F *fig f* **das geht (mir) über die ~!** c'est trop fort!

Hütte ['hʏtə] *f* ⟨~; ~n⟩ **1** (*einfache Behausung*) cabane *f*; 'hutte *f*; *kleine, elende* cahute *f*; (*Eingeborenen*≈) case *f*; (*Berg*≈) refuge *m*; **2** *fig péj* (*Haus*) F bicoque *f*; **3** TECH usine *f* métallurgique
'Hüttenkäse *m fromage blanc à gros caillots*; cottage® *m*
Hyäne [hy'ɛːnə] *f* ⟨~; ~n⟩ hyène *f*; *fig* requin *m*; vautour *m*
Hyazinthe [hya'tsɪntə] *f* ⟨~; ~n⟩ jacinthe *f*
hybrid [hy'briːt] *adj* BIOL, *fig* hybride
Hydrant [hy'drant] *m* ⟨~en; ~en⟩ bouche *f* d'incendie
Hydraul|ik [hy'draulɪk] *f* ⟨~⟩ hydraulique *f*; **≈isch** *adj* hydraulique
Hydrokultur ['hyːdro-] *f* culture *f* hydroponique
Hydrolyse [hydro'lyːzə] *f* ⟨~; ~n⟩ CHIM hydrolyse *f*
Hygien|e [hygi'eːnə] *f* ⟨~⟩ hygiène *f*; **≈isch** *adj* hygiénique
Hygrometer [hygro'-] *n* ⟨~s; ~⟩ hygromètre *m*
Hymne ['hʏmnə] *f* ⟨~; ~n⟩ hymne *m*
Hyperbel [hy'pɛrbəl] *f* ⟨~; ~n⟩ hyperbole *f*
hyper|korrekt [hypərko'rɛkt] *adj* hypercorrect; **~mo'dern** *adj* ultramoderne; **~sen'sibel** *adj* ⟨-bl-⟩ hypersensible
Hypertonie [hypərto'niː] *f* ⟨~; ~n⟩ (*Bluthochdruck*) hypertension *f*
Hypnose [hʏp'noːzə] *f* ⟨~; ~n⟩ hypnose *f*; ***unter ~ stehen*** être sous hypnose; ***j-n in ~*** (*acc*) ***versetzen*** hypnotiser qn
hypnotisieren [hʏpnoti'ziːrən] *v/t* ⟨*sans ge*⟩ hypnotiser
Hypochonder [hypo'xɔndər] *m* ⟨~s; ~⟩ hypocondriaque *m*
Hypotenuse [hypote'nuːzə] *f* ⟨~; ~n⟩ hypoténuse *f*
Hypothek [hypo'teːk] *f* ⟨~; ~en⟩ hypothèque *f* (*a fig*); ***e-e ~ aufnehmen*** prendre une hypothèque; ***mit e-r ~ belasten*** hypothéquer (*a fig*)
Hypo'thekenzinsen *m/pl* intérêts *m/pl* hypothécaires
Hypo|these [hypo'teːzə] *f* hypothèse *f*; **≈'thetisch** *adj* hypothétique
Hypotonie [hypoto'niː] *f* ⟨~; ~n⟩ (*niedriger Blutdruck*) hypotension *f*
Hysterie [hʏste'riː] *f* ⟨~; ~n⟩ hystérie *f*
hysterisch *adj* hystérique; ***~er Anfall*** crise *f* d'hystérie
Hz *abr* (*Hertz*) Hz (hertz)

I

I, i [iː] *n* ⟨~; ~⟩ I, i *m*
i [iː] *int Abscheu* pouah!; ah!; F ***~ bewahre!***, F ***~ wo!*** F pensez-vous!
i. A. *abr* (*im Auftrag*) p.o. (par ordre)
iberisch [i'beːrɪʃ] *adj* ibérique
IC [iː'tseː] *m* ⟨~$; ~$⟩ *abr* (*Intercity*) train *m* rapide intervilles
ICE [iːtseː'ʔeː] *m* ⟨~$; ~$⟩ *abr* (*Intercity Express*) *etwa* T.G.V. *m*
ich [ɪç] *pr/pers* je *bzw* j'; *betont* moi; ***~ bin es!*** c'est moi!; ***hier bin ~!*** me voici!; me voilà!
Ich *n* ⟨~$; ~$⟩ moi *m*
'ichbezogen *adj* égocentrique
'Ichform *f* ***in der ~*** à la première personne
ideal [ide'aːl] **I** *adj* idéal; **II** *adv* ***~ gelegen*** situé à un endroit idéal
Ide'al *n* ⟨~s; ~e⟩ idéal *m*
ideali'sieren *v/t* ⟨*sans ge*⟩ idéaliser
Idea'l|ismus *m* ⟨~⟩ idéalisme *m*; **~ist(in)** *m* ⟨~en; ~en⟩ (*f*) ⟨~; ~nen⟩ idéaliste *m,f*; **≈istisch** *adj* idéaliste
Idee [i'deː] *f* ⟨~; ~n⟩ **1** idée *f*; ***e-e fixe ~*** une idée fixe; ***e-e ~ haben*** avoir une idée; ***er kam auf die ~ zu*** (+ *inf*) il lui vint (à) l'idée de (+ *inf*); il eut l'idée de (+ *inf*); **2** (*Kleinigkeit*) rien *m*; soupçon *m*; ***e-e ~ Zucker*** un soupçon de sucre
ideell [ide'ɛl] *adj* idéal
i'deenreich *adj Werk* riche en idées; *Person* plein d'idées; inventif
Identifikation [idɛntifikatsi'oːn] *f* ⟨~; ~en⟩ identification *f*
identifizieren [idɛntifi'tsiːrən] ⟨*sans ge*⟩ **I** *v/t* identifier; **II** *v/r* ***sich mit etw, j-m ~*** s'identifier à qc, qn

Identifi'zierung *f* ⟨~; ~en⟩ identification *f*
i'dentisch *adj* identique (***mit*** à)
Identi'tät *f* ⟨~⟩ identité *f*
Ideo|logie [ideolo'giː] *f* ⟨~; ~n⟩ idéologie *f*; **2'logisch** *adj* idéologique
idiomatisch [idio'maːtɪʃ] *adj* idiomatique
Idio|t [idi'oːt] *m* ⟨~en; ~en⟩ F *péj*, MÉD idiot *m*; **2tensicher** F *plais adj* (d'utilisation) simple, facile; **~'tie** *f* ⟨~; ~n⟩ F *péj*, MÉD idiotie *f*; **2tisch** *adj* F *péj* idiot
Idol [i'doːl] *n* ⟨~s; ~e⟩ idole *f*
Idyll [i'dʏl] *n* ⟨~s; ~e⟩ tableau *m* idyllique
I'dylle *f* ⟨~; ~n⟩ **1** *Gedicht* idylle *f*; **2** *fig* tableau *m* idyllique
i'dyllisch **I** *adj* idyllique; **II** *adv* ***~ gelegen*** situé dans un paysage idyllique
Igel ['iːgəl] *m* ⟨~s; ~⟩ 'hérisson *m*
igitt(igitt) [i'gɪt(igɪt)] *int* F pouah!; F be(u)rk!
Iglu ['iːglu] *m od n* ⟨~s; ~s⟩ igloo *od* iglou *m*
Ignor|ant [ɪgno'rant] *m* ⟨~en; ~en⟩ ignorant *m*; **~anz** *f* ⟨~⟩ ignorance *f*
igno'rieren *v/t* ⟨*sans ge*⟩ ***j-n ~*** ignorer qn; ***etw ~*** ne pas tenir compte de qc
ihm [iːm] *pr/pers* (*dat de* er, es) lui; *unverbunden* à lui
ihn [iːn] *pr/pers* (*acc de* er) le *bzw* l'; *nach prép, unverbunden* lui
ihnen ['iːnən] *pr/pers* (*dat pl de* er, sie, es) leur; *nach prép* eux *bzw* elles; *unverbunden* à eux *bzw* à elles
'Ihnen *pr/pers* (*dat de* Sie) vous; *unverbunden* à vous
ihr[1] [iːr] *pr/pers* (*dat de* sie) lui; *nach prép* elle; *unverbunden* à elle
ihr[2] *pr/pers* (*nominatif pl de* du) vous; *in der Anrede mit folgendem subst* vous autres
ihr[3] *pr/poss* **I** *adjt* **1** son *bzw* sa; *bei mehreren Besitzern* leur; ***~e Tante*** sa *bzw* leur tante; ***~e Kinder*** ses *bzw* leurs enfants; **2** *in der Anrede* 2 votre; *pl* ***2e*** vos; **3** ***2e Majestät*** Sa Majesté; *Briefschluss* 2 ***Peter Kunz*** bien à vous, Peter Kunz; **II** *subst* ***der, die, das ~e*** le sien, la sienne; *bei mehreren Besitzern* le, la leur; *in der Anrede* ***der, die, das 2e*** le, la vôtre
'ihrer *st/s pr/pers* (*gén de* sie) d'elle; *pl* d'eux *bzw* d'elles; ***ich gedenke ~*** je pense à elle *bzw* à eux *bzw* à elles
'Ihrer *st/s pr/pers* (*gén de* Sie) de *bzw* à vous
'ihrer'seits *adv* de sa, *pl* de leur part; de son, *pl* de leur côté; *in der Anrede* 2 de votre part, côté
'ihres'gleichen *pr* ⟨*inv*⟩ son *bzw* sa semblable *bzw* ses semblables; son pareil *bzw* sa pareille *bzw* ses pareil(le)s; *pl* leur(s) pareil(s) *bzw* leur(s) pareille(s); *in der Anrede* 2 votre pareil(le) *bzw* vos pareil(le)s
'ihret'wegen *adv* **1** (*wegen ihr*) à cause d'elle; (*wegen ihnen*) à cause d'eux *bzw* d'elles; *in der Anrede* 2 à cause de vous; **2** (*ihr zuliebe*) pour elle; (*ihnen zuliebe*) pour eux *bzw* elles; *in der Anrede* 2 pour vous; **3** (*von ihr aus*) quant à elle; (*von ihnen aus*) quant à eux *bzw* elles; *in der Anrede* 2 quant à vous
ihrige ['iːrɪgə] *st/s pr/poss* → ***ihr***[3] *II*
Ikone [i'koːnə] *f* ⟨~; ~n⟩ icône *f*
illegal ['ɪlegaːl] *adj* illégal
illegitim ['ɪlegitiːm] *adj* illégitime
Illusion [ɪluzi'oːn] *f* ⟨~; ~en⟩ illusion *f*
illusorisch [ɪlu'zoːrɪʃ] *adj* illusoire
Illustration [ɪlustratsi'oːn] *f* ⟨~; ~en⟩ illustration *f*; ***zur ~*** pour illustrer
illust'rier|en *v/t* ⟨*sans ge*⟩ illustrer (*a fig*); **2te** *f* ⟨→ A⟩ revue *f*; illustré *m*; magazine *m*
Iltis ['ɪltɪs] *m* ⟨~ses; ~se⟩ putois *m*
im [ɪm] = ***in dem***
Image ['ɪmɪtʃ] *n* ⟨~s; ~s⟩ image *f* (de marque)
imaginär [imagi'nɛːr] *adj* imaginaire
Imbiss ['ɪmbɪs] *m* ⟨~es; ~e⟩ casse-croûte *m*; *vornehmer* lunch *m*; collation *f*; **~bude** F *f*, **~stand** *m* buvette *f*; **~stube** *f* snack(-bar) *m*
Imi|tation [imitatsi'oːn] *f* ⟨~; ~en⟩ imitation *f*; **2'tieren** *v/t* ⟨*sans ge*⟩ imiter
Imker ['ɪmkər] *m* ⟨~s; ~⟩ apiculteur *m*
immanent [ɪma'nɛnt] *adj* immanent
Immatriku|lation [ɪmatrikulatsi'oːn] *f* ⟨~; ~en⟩ inscription *f* (à la faculté); **2'lieren** *v/r* ⟨*sans ge*⟩ ***sich ~*** s'inscrire (à la fac, l'université)
Imme ['ɪmə] *poét f* ⟨~; ~n⟩ abeille *f*
immens [ɪ'mɛns] *adj* immense; *Summe, Leistung* énorme
immer ['ɪmər] *adv* toujours; *vor comp meist* de plus en plus; ***~ noch*** toujours; encore; ***noch ~ nicht*** toujours pas; ***~***

wenn … toutes les fois que …; (à) chaque fois que …; **~ *wieder*** tout le temps; **~ *besser*** de mieux en mieux; **~ *mehr*** de plus en plus; **~ *weniger*** de moins en moins; **~ *schlimmer*** de pire en pire; ***wer, was, wo es auch ~ sein mag*** qui, quoi, où que ce soit

'immer'fort *adv* continuellement; toujours

'immer'hin *adv* après tout; ***das ist ~ etwas*** c'est toujours ça de gagné, de pris; *einräumend* **~!** tout de même!

'immer'zu *adv* toujours; constamment

Immigr|ant(in) [ɪmiˈgrant(ɪn)] *m* ⟨~en; ~en⟩ (*f*) ⟨~; ~nen⟩ immigré(e) *m(f)*; immigrant(e) *m(f)*; **~ati'on** *f* ⟨~; ~en⟩ immigration *f*; **2ieren** *v/i* ⟨*sans ge*, sn⟩ immigrer

Immission [ɪmɪsiˈoːn] *f* ⟨~; ~en⟩ ÉCOL nuisance *f*

Immobilie [ɪmoˈbiːliə] *f* ⟨~; ~n⟩ bien immeuble, immobilier

Immo'bilien|fonds *m* fonds immobilier; **~makler(in)** *m(f)* agent immobilier

immun [ɪˈmuːn] *adj* **1** POL qui jouit de l'immunité parlementaire; **2** MÉD, *fig* ***gegen etw ~ sein*** être immunisé contre qc

Immuni'tät *f* ⟨~⟩ MÉD immunité *f* (***gegen*** contre); POL immunité parlementaire; DIPL immunité diplomatique

Im'mun|schwäche *f* MÉD déficience *f* immunitaire; **~system** *n* MÉD système *m* immunitaire

Imperativ [ˈɪmperatiːf] *m* ⟨~s; ~e⟩ GR (mode *m*) impératif *m*

Imperfekt [ˈɪmpɛrfɛkt] *n* ⟨~s; ~e⟩ GR imparfait *m*

Imperia'l|ismus *m* ⟨~⟩ impérialisme *m*; **2istisch** *adj* impérialiste

Imperium [ɪmˈpeːrium] *n* ⟨~s; -ien⟩ HIST, *fig* empire *m*

impfen [ˈɪmpfən] *v/t* vacciner (***gegen*** contre)

'Impf|pass *m* carnet *m* de vaccinations; **~schein** *m* certificat *m* de vaccination; **~stoff** *m* vaccin *m*

'Impfung *f* ⟨~; ~en⟩ vaccination *f*

Implan|tat [ɪmplanˈtaːt] *n* ⟨~(e)s; ~e⟩ MÉD implant *m*; **~tati'on** *f* ⟨~; ~en⟩ MÉD implantation *f*; **2'tieren** *v/t* ⟨*sans ge*⟩ MÉD implanter

imponieren [ɪmpoˈniːrən] *v/i* ⟨*sans ge*⟩ ***j-m*** (***mit etw***) **~** impressionner qn (par qc)

impo'nierend *adj* imposant

Impor|t [ɪmˈpɔrt] *m* ⟨~(e)s; ~e⟩ importation *f*; **~teur** [-ˈtøːr] *m* ⟨~s; ~e⟩ importateur *m*; **2'tieren** *v/t* ⟨*sans ge*⟩ importer (*a* INFORM)

imposant [ɪmpoˈzant] *adj* imposant

impot|ent [ˈɪmpotɛnt] *adj* impuissant (*a fig*); **2enz** *f* ⟨~⟩ impuissance *f* (*a fig*)

⚠ impotent	≠	impotent
impotent	=	impuissant
impotent	=	gebrechlich

imprägnieren [ɪmprɛˈgniːrən] *v/t* ⟨*sans ge*⟩ *Stoff* imperméabiliser; *Holz* imprégner (***mit*** de)

Impression|ismus [ɪmprɛsioˈnɪsmʊs] *m* ⟨~⟩ impressionnisme *m*; **2istisch** *adj* impressionniste

Impressum [ɪmˈprɛsʊm] *n* ⟨~s; -ssen⟩ TYPO mention *f* des responsables de l'édition et du contenu; PRESSE ours *m*

improvisieren [ɪmproviˈziːrən] *v/t u v/i* ⟨*sans ge*⟩ improviser

Impuls [ɪmˈpʊls] *m* ⟨~es; ~e⟩ PHYS, PSYCH, *fig* impulsion *f*

impul'siv *adj* impulsif

imstande [ɪmˈʃtandə] *adj* **~ *sein, etw zu tun*** être capable de faire qc; F ***er ist ~ und …*** il est bien capable de (+ *inf*)

in[1] [ɪn] *prép* **1** *Lage* ⟨*dat*⟩ à; (*innerhalb*) dans; en (*a bei weiblichen Ländernamen, Erdteilen*); *bei Straßennamen unübersetzt*; **~ *Rom*** à Rome; **~ *Dänemark*** au Danemark; **~ *Deutschland*** en Allemagne; **~ *ganz Europa*** dans toute l'Europe; **~ *der Stadt*** en ville; ***der Beste ~ der Klasse*** le meilleur de la classe; **~ *meinem Zimmer*** dans ma chambre; ***im Französischen*** en français; ***er ist gut ~ Mathematik*** il est bon, fort en maths; **2** *Richtung* ⟨*acc*⟩ à; en; **~*s Ausland*** à l'étranger; **~ *die Stadt fahren*** aller en ville; **3** *auf die Frage wann?* ⟨*dat*⟩, *auf die Frage bis wann?* ⟨*acc*⟩ en; dans; à; pendant; **~ *drei Tagen*** dans trois jours; **~ *den Ferien*** pendant les vacances; **~ *meinem ganzen Leben*** de toute ma vie; **4** *Art u Weise* ⟨*dat*⟩ *od* ⟨*acc*⟩ en; à; de; **~ *strengem Ton*** d'un ton sévère;

I

in (bei Ortsangaben): à, à la, au, aux oder en?

à:		
Städte	**à Paris, à Berlin**	in Paris, in Berlin
	aber: **en ville**	in der Stadt
à la, au, aux:		
männliche Ländernamen	**au Danemark**	in Dänemark
	au Canada	in Kanada
Ländernamen im Plural	**aux Pays-Bas**	in den Niederlanden
	aux États-Unis	in den USA
Gebäude	**à la banque**	in der Bank
	au musée	im Museum
en:		
weibliche Ländernamen	**en Belgique**	in Belgien
	en France	in Frankreich
männliche Ländernamen, die mit Vokal beginnen	**en Afghanistan**	in Afghanistan
	en Iran	im Iran

I

~ dieser Farbe de, dans cette teinte
in² F *adj* ***~ sein*** F être branché, «in»
in... *in Zssgn zur Bezeichnung des Gegenteils* in...; **'~aktiv** *adj* inactif
Inanspruchnahme [ɪnˈʔanʃpruxnaːmə] *f* ⟨~; ~n⟩ (*Nutzung*) utilisation *f*; (*Belastung*) exigence *f*
'Inbegriff *m* incarnation *f*
'inbegriffen *adj u adv* (y) compris; ***Bedienung ~*** service compris
Inbetriebnahme [ɪnbəˈtriːpnaːmə] *f* ⟨~; ~n⟩ ADM mise *f* en service
In|brunst [ˈɪnbrʊnst] *st/s f* ⟨~⟩ ferveur *f*; ardeur *f*; **2brünstig** *st/s* **I** *adj* fervent; ardent; **II** *adv* avec ferveur, ardeur
in'dem *conj* **1** (*während*) pendant que; tandis que; *bei gleichem Subjekt* en (+ *p/pr*); **2** (*dadurch, dass*) en (+ *p/pr*)
'Inder(in) *m* ⟨~s; ~⟩ (*f*) ⟨~; ~nen⟩ Indien, -ienne *m,f*
in'des(sen) **I** *adv* **1** *zeitlich* pendant ce temps; sur ces entrefaites; **2** *einschränkend* pourtant; néanmoins; cependant; **II** *st/s conj* tandis que
Index [ˈɪndɛks] *m* ⟨~es; ~e *ou* -dizes⟩ **1** ÉCON, MATH indice *m*; **2** (*Verzeichnis*) index *m*
Indianer|(in) [ɪndiˈaːnər(ɪn)] *m* ⟨~s; ~⟩ (*f*) ⟨~; ~nen⟩ Indien, -ienne *m,f* (d'Amérique); **~häuptling** *m* chef indien
indi'anisch *adj* indien
Indien [ˈɪndiən] *n* ⟨~s⟩ l'Inde *f*
Indigo [ˈɪndigo] *m od n* ⟨~s; ~s⟩ indigo *m*
Indikation [ɪndikatsiˈoːn] *f* ⟨~; ~en⟩ MÉD indication *f*
Indikativ [ˈɪndikatiːf] *m* ⟨~s; ~e⟩ GR (mode *m*) indicatif *m*
'indirekt *adj* indirect
'indisch *adjt* indien
'indiskret *adj* indiscret; **2i'on** *f* ⟨~; ~en⟩ indiscrétion *f*
'indiskutabel *adj* ⟨-bl-⟩ inadmissible
Indi|vidualist(in) [ɪndividuaˈlɪst(ɪn)] *m* ⟨~en; ~en⟩ (*f*) ⟨~; ~nen⟩ individualiste *m,f*; **~vidualität** [-liˈtɛːt] *f* ⟨~; ~en⟩ individualité *f*; **2vidu'ell** *adj* individuel; **~viduum** [-ˈviːduʊm] *n* ⟨~s; -duen⟩ individu *m*
Indiz [ɪnˈdiːts] *n* ⟨~es; ~ien⟩ indice *m* (***für*** de) (*a* JUR)
Indo|china [ɪndoˈçiːna] *n* l'Indochine *f*; **2ger'manisch** *adj* indo-européen
Indo|nesien [ɪndoˈneːziən] *n* ⟨~s⟩ l'Indonésie *f*; **2'nesisch** *adj* indonésien
Induktion [ɪndʊktsiˈoːn] *f* ⟨~; ~en⟩ ÉLECT, BIOL, LOGIK induction *f*
industriali'sier|en *v/t* ⟨*sans ge*⟩ industrialiser; **2ung** *f* ⟨~⟩ industrialisation *f*
Industrie [ɪndusˈtriː] *f* ⟨~; ~n⟩ industrie

f; ***verarbeitende ~*** industrie de transformation

Indust'rie... *in Zssgn* industriel; **~anlage** *f* installation industrielle; usine *f*; **~betrieb** *m* entreprise industrielle; **~gebiet** *n e-s Lands* région industrielle; *e-r Stadt* zone industrielle; **~kauffrau** *f*, **~kaufmann** *m* agent technico-commercial; **~land** *n* pays industriel

industri'ell *adj* industriel

Industri'elle(r) *m* ⟨→ A⟩ industriel *m*

Indust'rie|müll *m* déchets industriels; **~norm** *f* norme industrielle; **~roboter** *m* robot industriel; **~spionage** *f* espionnage industriel; **~stadt** *f* ville industrielle; **~zweig** *m* secteur industriel

'ineffektiv *adj* inefficace

inei'nander *adv* l'un(e) dans l'autre; *pl* les un(e)s dans les autres; ***~ fließen*** se confondre; *Flüssigkeiten, Farben* se mélanger; ***~ fügen*** emboîter; assembler; ***~ greifen*** *Zahnräder* s'engrener; *fig* s'enchaîner; ***~ schieben*** faire entrer l'un dans l'autre; emboîter; *mit Gewalt* télescoper; ***sich ~ schieben*** s'emboîter

infam [ɪn'fa:m] *adj* infâme

Infante|rie [infantə'ri:] *f* ⟨~; ~n⟩ MIL infanterie *f*; **~'rist** *m* ⟨~en; ~en⟩ MIL fantassin *m*

infantil [ɪnfan'ti:l] *adj* infantile (*a fig*)

Infarkt [ɪn'farkt] *m* ⟨~(e)s; ~e⟩ infarctus *m*

Infekt [ɪn'fɛkt] *m* ⟨~(e)s; ~e⟩ infection *f*; ***grippaler ~*** infection grippale

Infekti'on *f* ⟨~; ~en⟩ **1** (*Ansteckung*) contagion *f*; **2** F (*Entzündung*) infection *f*

Infekti'ons|herd *m* foyer *m* d'infection; **~krankheit** *f* maladie infectieuse

Inferno [ɪn'fɛrno] *st/s n* ⟨~s⟩ enfer *m* (*a fig*)

Infil|tration [ɪnfɪltratsi'o:n] *f* ⟨~; ~en⟩ infiltration *f* (*a fig*); **~'trieren** *v/t* ⟨*sans ge*⟩ POL s'infiltrer dans

Infinitiv ['ɪnfiniti:f] *m* ⟨~s; ~e⟩ GR (mode *m*) infinitif *m*

infizieren [ɪnfi'tsi:rən] ⟨*sans ge*⟩ **I** *v/t* infecter; contaminer; **II** *v/r* ***sich*** (***mit etw***) ~ attraper qc

in flagranti [ɪnfla'granti] *st/s adv* en flagrant délit

Inflatio|n [ɪnflatsi'o:n] *f* ⟨~; ~en⟩ inflation *f*; **~när** [-'nɛ:r] *adj* inflationniste; **~nsrate** *f* taux *m* d'inflation

Info ['ɪnfo] F *n* ⟨~s; ~s⟩ feuille *f* d'information

in'folge *prép* ⟨*gén*⟩ par suite de; **~'dessen** *adv* par conséquent

Infor'mant(in) *m* ⟨~en; ~en⟩ (*f*) ⟨~; ~nen⟩ informateur, -trice *m,f*

Informatik [ɪnfɔr'ma:tɪk] *f* ⟨~⟩ informatique *f*; **~er(in)** *m* ⟨~s; ~⟩ (*f*) ⟨~; ~nen⟩ informaticien, -ienne *m,f*

Informati'on *f* ⟨~; ~en⟩ **1** information *f*, renseignement *m* (***über*** [+ *acc*] sur); ***zu Ihrer ~*** pour votre information; **2** *Stand* stand *m* d'information

Informati'ons|austausch *m* échange *m* d'informations; **~fluss** *m* circulation *f* de l'information; **~material** *n* documentation *f*; **~stand** *m* **1** *Stelle* stand *m* d'information; **2** (*Kenntnisstand*) niveau *m* d'information

informativ [ɪnfɔrma'ti:f] *adj* instructif

informieren [ɪnfɔr'mi:rən] ⟨*sans ge*⟩ **I** *v/t* ~ (***über*** [+ *acc*]) informer (de, sur); renseigner (sur); **II** *v/r* ***sich ~*** s'informer (de, sur); se renseigner (sur)

'Infostand F *m* → ***Information*** *2*

in'frage *adv* ***~ kommen*** entrer en ligne de compte; (***das***) ***kommt nicht ~!*** (il n'en est) pas question!; ***etw ~ stellen*** remettre qc en question, en cause

infrarot ['ɪnfra-] *adj* infrarouge; **~strahler** *m* radiateur *m* à infrarouge

'Infrastruktur *f* infrastructure *f*

Infusion [ɪnfuzi'o:n] *f* ⟨~; ~en⟩ perfusion *f*

⚠ **Infusion**	≠	**infusion**
die Infusion	=	la perfusion
l'infusion *f*	=	der Kräutertee

Ing. *abr* → ***Ingenieur***

Ingenieur [ɪnʒeni'ø:r] *m* ⟨~s; ~e⟩ ingénieur *m*; **~büro** *n* bureau *m* d'ingénieurs

Ingwer ['ɪŋvər] *m* ⟨~s⟩ gingembre *m*

Inhaber(in) ['ɪnha:bər(ɪn)] *m* ⟨~s; ~⟩ (*f*) ⟨~; ~nen⟩ *e-s Geschäfts* propriétaire *m,f*; *e-r Wohnung* occupant(e) *m(f)*; *e-s Amts, Titels, Passes, Kontos* titulaire *m,f*; COMM *e-s Wechsels, Schecks* porteur *m*; détenteur, -trice *m,f* (*a e-s Rekords*)

inhaftier|en [ɪnhaf'ti:rən] *v/t* ⟨*sans ge*⟩

emprisonner; **≈te(r)** *f(m)* ⟨→ A⟩ détenu(e) *m(f)*; **≈ung** *f* ⟨~; ~en⟩ emprisonnement *m*

inhalieren [ɪnha'liːrən] ⟨*sans ge*⟩ **I** *v/t* inhaler; **II** *v/i* faire des inhalations

Inhalt ['ɪnhalt] *m* ⟨~(e)s; ~e⟩ **1** *e-s Gefäßes* contenu *m*; **2** (*Gehalt*) contenu *m*; (*Wortlaut*) *a* teneur *f*; **3** (*Flächen≈*) superficie *f*; aire *f*; (*Raum≈*) volume *m*; capacité *f*; **4** (*~sverzeichnis*) table *f* des matières

'inhaltlich **I** *adj* du contenu; **II** *adv* quant au contenu

'Inhalts|angabe *f* *e-r Erzählung* résumé *m*; sommaire *m*; **≈los** *adj* sans fond; creux; **~verzeichnis** *n* table *f* des matières

'inhuman *adj* inhumain

Initiale [initsi'aːlə] *f* ⟨~; ~n⟩ initiale *f*

Initiative [initsia'tiːvə] *f* ⟨~; ~n⟩ **1** initiative *f*; ***die ~ ergreifen*** prendre l'initiative; **2** → ***Bürgerinitiative***

Initiator [initsi'aːtɔr] *m* ⟨~s; -'toren⟩ promoteur *m*

Injektion [ɪnjɛktsi'oːn] *f* ⟨~; ~en⟩ MÉD injection *f*

Injekti'ons|nadel *f* aiguille *f* hypodermique; **~spritze** *f* seringue *f* hypodermique, à injections

injizieren [ɪnji'tsiːrən] *v/t* ⟨*sans ge*⟩ injecter

Inka ['ɪŋka] *m* ⟨~$; ~$⟩ Inca *m*

Inkasso [ɪn'kaso] *n* ⟨~s; ~s *ou* -kassi⟩ FIN encaissement *m*

inkl. *abr* → ***inklusive***

inklusive [ɪnklu'ziːvə] *adv u prép* ⟨*gén*⟩ (y) compris

inkognito [ɪn'kɔgnito] *adv* incognito

'inkompatibel *adj* ⟨-bl-⟩ incompatible (*a* INFORM)

'inkompetent *adj* incompétent

'inkonsequ|ent *adj* inconséquent; **≈enz** *f* inconséquence *f*

'inkorrekt *adj* *Auskunft* inexact; *Satz, Kleidung, Verhalten* incorrect

In-'Kraft-Treten *n* ⟨~s⟩ entrée *f* en vigueur

Inkubationszeit [ɪnkubatsi'oːns-] *f* période *f* d'incubation

'Inland *n* intérieur *m* du pays; ***im ~*** à l'intérieur du pays

'Inlandflug *m* vol intérieur

inländisch ['ɪnlɛndɪʃ] *adj* du pays; indigène

'Inlandsmarkt *m* marché intérieur, national

Inlett ['ɪnlɛt] *n* ⟨~(e)s; ~s *ou* ~e⟩ 'housse *f* d'édredon *bzw* de couette

Inliner ['ɪnlaɪnər] *m* ⟨~s; ~⟩, **Inline-Skate** ['ɪnlaɪnskeːt] *m* ⟨~s; ~s⟩ roller *m*

in'mitten *st/s prép* ⟨*gén*⟩ au milieu de

inne·|haben ['ɪnə-] *v/t* ⟨*irr*⟩ *Amt* occuper; *Rekord* détenir; **~halten** *v/i* ⟨*irr*⟩ s'arrêter

innen ['ɪnən] *adv* à l'intérieur; ***nach ~*** à l'intérieur; *aufgehen* vers l'intérieur; ***von ~*** de l'intérieur

'Innen… *in Zssgn meist* intérieur; **~architekt(in)** *m(f)* architecte *m,f* d'intérieur; **~aufnahme** *f* PHOT, FILM intérieur *m*; **~dienst** *m* service intérieur, interne; **~einrichtung** *f* aménagement (intérieur); **~leben** *n* vie intérieure; **~minister(in)** *m(f)* ministre *m* de l'Intérieur; **~ministerium** *n* ministère *m* de l'Intérieur; **~politik** *f* politique intérieure; **≈politisch** *adj* de (la) politique intérieure; **~raum** *m* intérieur *m*; *im Auto* habitacle *m*; **~seite** *f* côté intérieur; *e-s Stoffs* envers *m*; **~spiegel** *m* rétroviseur intérieur; **~stadt** *f* centre *m* (de la) ville

'inner|betrieblich *adj* interne (à l'entreprise); **~deutsch** *adj* interallemand

innere ['ɪnərə] *adj* intérieur; interne (*a* MÉD)

'Innere(s) *n* ⟨→ A⟩ intérieur *m*; centre *m*; *fig e-s Menschen* for intérieur; dedans *m*

Inne'reien *f/pl* abats *m/pl*

innerhalb ['ɪnərhalp] *prép* ⟨*gén*⟩ *u adv* **1** *örtlich* à l'intérieur (de); (au-de)dans (de); **2** *zeitlich* en; ***~ kurzer Zeit*** en peu de temps

'inner|lich **I** *adj* (*innen befindlich*) intérieur; interne (*a* MÉD); **II** *adv* *fig* dans mon, ton, *etc* for intérieur; **~städtisch** *adj* local

'innerste *adj* le plus profond; intime

'Innerste(s) *n* ⟨→ A⟩ partie la plus interne, profonde; âme *f*; cœur; *m*; ***im Innersten des Landes*** au cœur du pays; ***in s-m Innersten*** dans son for intérieur

'inne·wohnen *st/s v/i* ***e-r Sache*** (*dat*) **~** être inhérent, immanent à qc

innig ['ɪnɪç] **I** *adj* **1** (*tief empfunden*) cordial; *Freundschaft* sincère; *Wunsch* ardent; **2** (*sehr eng*) intime; ***ein ~es Ver-***

hältnis zu j-m haben être très lié avec qn; **II** *adv* ***sich ~ lieben*** s'aimer tendrement

'inniglich *st/s* → ***innig***

Innova|tion [ɪnovatsi'oːn] *f* ⟨~; ~en⟩ innovation *f*; **≈'tiv** *adj* innovateur

Innung ['ɪnʊŋ] *f* ⟨~; ~en⟩ corporation *f*; corps *m* de métier

'inoffiziell **I** *adj* non officiel; (*halbamtlich*) officieux; **II** *adv* de manière non officielle; (*halbamtlich*) officieusement

in petto [ɪn'pɛto] F ***etw ~ haben*** avoir qc en réserve

in puncto [ɪn'pʊŋkto] *prép* ***~ Kleidung*** en ce qui concerne l'habillement

Input ['ɪnput] *m od n* ⟨~s; ~s⟩ INFORM entrée *f*

Inquisition [ɪnkvizitsi'oːn] *f* ⟨~⟩ HIST Inquisition *f*

ins [ɪns] = ***in das***

Insass|e ['ɪnzasə] *m* ⟨~n; ~n⟩, **~in** *f* ⟨~; ~nen⟩ *e-s Autos* occupant(e) *m(f)*; *e-s Zuges* voyageur, -euse *m,f*; *e-s Flugzeuges* passager, -ère *m,f*; *e-s Heims* pensionnaire *m,f*; *e-s Gefängnisses* détenu(e) *m(f)*

insbe'sond(e)re *adv* en particulier; spécialement

'Inschrift *f* inscription *f*

Insekt [ɪn'zɛkt] *n* ⟨~s; ~en⟩ insecte *m*

In'sekten|gift *n* insecticide *m*; **~kunde** *f* entomologie *f*; **~spray** *n od m* bombe *f* insecticide; **~stich** *m* piqûre *f* d'insecte

Insektizid [ɪnzɛkti'tsiːt] *n* ⟨~s; ~e⟩ insecticide *m*

Insel ['ɪnzəl] *f* ⟨~; ~n⟩ île *f*; *kleine* îlot *m* (*a fig Sprach≈*); (*Verkehrs≈*) îlot directionnel; refuge *m*; **~bewohner(in)** *m(f)* insulaire *m,f*; **~gruppe** *f* archipel *m*; groupe *m* d'îles

Inse|rat [ɪnze'raːt] *n* ⟨~(e)s; ~e⟩ annonce *f*; **~'rent(in)** *m* ⟨~en; ~en⟩ (*f*) ⟨~; ~nen⟩ annonceur, -euse *m,f*; **≈'rieren** *v/i* ⟨*sans ge*⟩ mettre, faire passer une annonce

insge'heim *adv* en secret; secrètement

insge'samt *adv* en tout; au total

Insider ['ɪnsaɪdər] *m* ⟨~s; ~⟩ initié *m*

in'sofern **I** *adv* sur ce point; **II** *conj* ***~, als ...*** dans la mesure où ...

'insolvent *adj* insolvable

in'soweit → ***insofern***

in spe [ɪn'speː] *adj* ⟨*inv*⟩ futur (*vorangestellt*)

Inspekteur [ɪnspɛk'tøːr] *m* ⟨~s; ~e⟩ MIL inspecteur *m*

Inspekti'on *f* ⟨~; ~en⟩ inspection *f* (*a Behörde*); TECH révision *f*; ***das Auto muss zur ~*** il faut faire réviser la voiture

Inspektor(in) [ɪn'spɛktɔr (-'toːrɪn)] *m* ⟨~s; -'toren⟩ (*f*) ⟨~; ~nen⟩ **1** *Beamter* fonctionnaire *m,f* des cadres moyens; **2** *Prüfer(in)* inspecteur, -trice *m,f*

Inspiration [ɪnspiratsi'oːn] *f* ⟨~; ~en⟩ inspiration *f*

inspi'rieren *v/t* ⟨*sans ge*⟩ ***j-n ~*** inspirer qn; ***sich von etw, j-m ~ lassen*** s'inspirer de qc, qn

Inspi|zient [ɪnspitsi'ɛnt] *m* ⟨~en; ~en⟩ THÉ régisseur *m*; **≈'zieren** *v/t* ⟨*sans ge*⟩ inspecter

'instabil *adj* instable

Instal|lateur [ɪnstala'tøːr] *m* ⟨~s; ~e⟩ (*Heizungs≈*) installateur *m* de chauffage; **~lati'on** *f* ⟨~; ~en⟩ installation *f* (*a* INFORM); **≈'lieren** *v/t* ⟨*sans ge*⟩ installer (*a* INFORM)

instand [ɪn'ʃtant] *adv* ***~ halten*** maintenir en bon état; entretenir; ***~ setzen*** remettre en bon état; réparer

In'standhaltung *f* entretien *m*; maintien *m* en bon état

inständig ['ɪnʃtɛndɪç] *adj* instant; ***~e Bitte*** demande pressante, instante

In'standsetzung *f* ⟨~; ~en⟩ remise *f* en (bon) état; réparation *f*

Instanz [ɪn'stants] *f* ⟨~; ~en⟩ **1** (*Stelle für Entscheidungen*) autorité *f*; **2** JUR instance *f*; ***in erster ~*** en première instance

Instink|t [ɪn'stɪŋkt] *m* ⟨~(e)s; ~e⟩ instinct *m*; **≈'tiv** *adj* instinctif

in'stinktlos **I** *adj Verhalten* qui manque de tact; *Äußerung* grossier; **II** *adv sich verhalten* sans tact; *sich äußern* grossièrement

Institut [ɪnsti'tuːt] *n* ⟨~(e)s; ~e⟩ (*Forschungs≈*) institut *m* (***für*** de); (*Lehranstalt*) *a* école *f*; institution *f*; **~i'on** *f* ⟨~; ~en⟩ institution *f* (*a fig*)

instruieren [ɪnstru'iːrən] *v/t* (*u v/r*) ⟨*sans ge*⟩ (***sich ~*** s')instruire, (s')informer (***über*** [+ *acc*] de)

Instruktion [ɪnstrʊktsi'oːn] *f* ⟨~; ~en⟩ instruction *f*; MIL consigne *f*

Instrument [ɪnstru'mɛnt] *n* ⟨~(e)s; ~e⟩ instrument *m* (*a fig*); ***ein ~ spielen*** jouer d'un instrument

Instrumen'talmusik *f* musique instrumentale
Instru'menten|brett *n* tableau *m* de bord; **~flug** *m* AVIAT vol *m* aux instruments
Insulin [ınzu'li:n] *n* ⟨~s⟩ insuline *f*
inszenier|en [ınstse'ni:rən] *v/t* ⟨*sans ge*⟩ **1** THÉ, FILM, *fig* mettre en scène; **2** *péj* manigancer; **2ung** *f* ⟨~; ~en⟩ **1** THÉ, FILM, *fig* mise *f* en scène; **2** *péj* manigances *f/pl*
intakt [ın'takt] *adj* intact; *Landschaft* resté intact; *Wirtschaft* sain
integer [ın'te:gər] *adj* ⟨-gr-⟩ intègre
Integral [ınte'gra:l] *n* ⟨~s; ~e⟩ MATH intégrale *f*; **~helm** *m* casque intégral; **~rechnung** *f* calcul intégral
Inte|gration [ıntegratsi'o:n] *f* ⟨~; ~en⟩ intégration *f*; **2'grieren** *v/t* ⟨*sans ge*⟩ intégrer; **~gri'tät** *f* ⟨~⟩ intégrité *f*
Intellekt [ıntɛ'lɛkt] *m* ⟨~(e)s⟩ intellect *m*; **2u'ell** *adj* intellectuel; **~u'elle(r)** *f(m)* ⟨→ A⟩ intellectuel, -elle *m,f*
intelligent [ıntɛli'gɛnt] *adj* intelligent
Intelli'genz *f* ⟨~⟩ **1** intelligence *f*; ***künstliche ~*** intelligence artificielle; **2** (*geistig führende Schicht*) intellectuels *m/pl*; intelligentsia *f*
Intelli'genz|quotient *m* quotient intellectuel; **~test** *m* test *m* d'intelligence
Intendant(in) [ıntɛn'dant(ın)] *m* ⟨~en; ~en⟩ *(f)* ⟨~; ~nen⟩ THÉ directeur, -trice *m,f*; RAD, TV directeur, -trice *m,f* général(e)
Intensität [ıntɛnzi'tɛ:t] *f* ⟨~⟩ intensité *f*
intensiv [ıntɛn'zi:f] **I** *adj* intensif; *Schmerz, Farbe, Geruch a* intense; **II** *adv* intensivement; intensément; ***~ nachdenken*** réfléchir intensément
inten|si'vieren *v/t* ⟨*sans ge*⟩ intensifier; **2'sivstation** *f* service *m* de réanimation
inter... [ıntər...] *in Zssgn* inter...; **~ak'tiv** *adj* interactif; **2'city** *m* ⟨~s; ~s⟩ train *m* rapide intervilles; **2cityex'presszug** *m* T.G.V. *m*
interessant [ıntərɛ'sant] **I** *adj* intéressant; **II** *adv* d'une manière, façon intéressante
Inte'resse *n* ⟨~s; ~n⟩ intérêt *m*; ***aus ~*** par intérêt; ***für*** *od* ***an etw*** (*dat*) ***~ haben*** s'intéresser à qc; ***es liegt in deinem ~ zu*** (+ *inf*) il est de ton intérêt de (+ *inf*)
Inte'ressen|gemeinschaft *f* **1** *von Personen* communauté *f* d'intérêts; **2** ÉCON groupement *m* d'intérêt économique; **~konflikt** *m* conflit *m* d'intérêts
Interes'sent(in) *m* ⟨~en; ~en⟩ *(f)* ⟨~; ~nen⟩ personne *f* qui s'intéresse à qc; amateur *m*; ***e-n Interessenten für etw finden*** trouver qn qui s'intéresse à qc
interes'sieren ⟨*sans ge*⟩ **I** *v/t* intéresser; ***es interessiert mich, ob ...*** je voudrais bien savoir si ...; **II** *v/r* ***sich für etw, j-n ~*** s'intéresser à qc, qn
interes'siert **I** *adjt* ***an etw*** (*dat*) ***~ sein*** s'intéresser à qc; **II** *advt* ***~ zuschauen*** regarder avec intérêt
Interface ['ıntərfe:s] *n* ⟨~; ~s⟩ INFORM interface *f*
Interferenz [ıntərfe'rɛnts] *f* ⟨~; ~en⟩ PHYS, OPT, LING interférence *f*
Interimsregierung ['ıntərıms-] *f* gouvernement *m* provisoire, intérimaire
Interjektion [ıntərjɛktsi'o:n] *f* ⟨~; ~en⟩ GR interjection *f*
interkontinen'tal *adj* intercontinental; **2rakete** *f* missile intercontinental
Intermezzo [ıntər'mɛtso] *n* ⟨~s; ~s *ou* -zzi⟩ THÉ, MUS, *fig* intermède *m*; MUS *a* intermezzo *m*
intern [ın'tɛrn] *adj* interne
Inter'nat *n* ⟨~(e)s; ~e⟩ internat *m*
internatio'nal *adj* international
Internatio'nale *f* ⟨~; ~n⟩ POL, *Lied* Internationale *f*
Internet ['ıntərnɛt] *n* ⟨~s⟩ Internet *m*; **~adresse** *f* adresse *f* Internet; **~anschluss** *m* connexion *f* Internet; **~-Café** *n* cybercafé *m*; **~zugang** *m* accès *m* à Internet

Internet-Begriffe

Browser	**le navigateur**
chatten	**dialoguer**
Cyberspace	**le cybermonde**
E-Mail	(*Nachricht*) **l'e-mail** *m* [imɛl]
	(*Einrichtung*) **le courrier électronique**
E-Mail-Adresse	**l'adresse** *f* **e-mail**
herunterladen	**télécharger**
Homepage	**la page d'accueil**
Internet	**Internet** *m*

im Internet surfen	**naviguer sur Internet**
Internet-Provider	**le fournisseur d'accès**
Internet-Surfer(in)	**l'internaute** *m,f*
Modem	**le modem**
Netz	**le Net**
offline	**hors ligne**
online	**en ligne**
Onlinedienst	**le service en ligne**
Passwort	**le mot de passe**
Server	**le serveur**
Suchmaschine	**le moteur de recherche**
surfen	**naviguer**
Web	**le Web, la Toile**
Website	**le site Web**

inter'nier|en *v/t* ⟨*sans ge*⟩ MIL interner; **2te(r)** *f(m)* ⟨→ A⟩ interné(e) *m(f)* (politique); **2ung** *f* ⟨~; ~en⟩ internement *m*; **2ungslager** *n* camp *m* d'internement

Inter'nist(in) *m* ⟨~en; ~en⟩ (*f*) ⟨~; ~nen⟩ (médecin *m*) spécialiste *m,f* des maladies internes

Interpol ['ɪntərpoːl] *f* ⟨~⟩ *abr* (*Internationale kriminalpolizeiliche Organisation*) Interpol *m*

Interpre|t(in) [ɪntər'preːt(ɪn)] *m* ⟨~en; ~en⟩ (*f*) ⟨~; ~nen⟩ interprète *m,f*; **~tati'on** *f* ⟨~; ~en⟩ interprétation *f*; (*Text2*) explication *f* (de texte); **2'tieren** *v/t* ⟨*sans ge*⟩ THÉ, MUS interpréter; SCHULE expliquer

Interpunktion [ɪntərpuŋktsi'oːn] *f* ⟨~⟩ ponctuation *f*

Interrailkarte ['ɪntərreːl-] *f* EISENBAHN carte *f* Inter-Rail

Interregio [ɪntər'reːgio] *m* ⟨~s; ~s⟩ *in Deutschland* train interrégional

Interrogativpronomen [ɪntəroga'tiːf-] *n* pronom, *adjektivisches* adjectif interrogatif

Intervall [ɪntər'val] *n* ⟨~s; ~e⟩ intervalle *m*

inter|venieren [ɪntərve'niːrən] *st/s v/i* ⟨*sans ge*⟩ intervenir; **2venti'on** *f* ⟨~; ~en⟩ intervention *f*

Interview [ɪntər'vjuː] *n* ⟨~s; ~s⟩ interview *f*; **2en** *v/t* ⟨*sans ge*⟩ interviewer

intim [ɪn'tiːm] *adj* intime

Intimität [ɪntimi'tɛːt] *f* ⟨~; ~en⟩ **1** (*Innigkeit*) intimité *f*; **2** (*Vertraulichkeit*) ***~en austauschen*** échanger des confidences; **3** *pl* ***~en*** (*sexuelle Handlungen*) rapports *m/pl* (intimes)

In'tim|sphäre *f* intimité *f*; **~spray** *m od n* déodorant *m* intime

'intoler|ant *adj* intolérant (***gegenüber*** envers); **2anz** *f* intolérance *f* (envers)

Intranet ['ɪntranɛt] *n* ⟨~s; ~s⟩ Intranet *m*

'intransitiv *adj* GR intransitif

Intri'gant(in) *m* ⟨~en; ~en⟩ (*f*) ⟨~; ~nen⟩ intrigant(e) *m(f)*

Intrige [ɪn'triːgə] *f* ⟨~; ~n⟩ intrigue *f*

intri'gieren *v/i* ⟨*sans ge*⟩ intriguer (***gegen*** contre)

introvertiert [ɪntrovɛr'tiːrt] *adj* introverti; **2heit** *f* ⟨~⟩ introversion *f*

Intui|tion [ɪntuitsi'oːn] *f* ⟨~; ~en⟩ intuition *f*; **2'tiv** *adj* intuitif

intus ['ɪntʊs] F *adv* ***etw ~ haben*** (*begriffen*) F avoir pigé qc; (*im Gedächtnis*) retenir qc; (*verzehrt*) avoir avalé qc; ***e-n ~ haben*** F être éméché

Inva|lide [ɪnva'liːdə] *m* ⟨~n; ~n⟩ invalide *m*; **~lidi'tät** *f* ⟨~⟩ invalidité *f*

Invasion [ɪnvazi'oːn] *f* ⟨~; ~en⟩ invasion *f* (*a fig*)

Inventar [ɪnvɛn'taːr] *n* ⟨~s; ~e⟩ **1** (*Einrichtungsgegenstände*) mobilier *m*; **2** *Verzeichnis* inventaire *m*

Inventur [ɪnvɛn'tuːr] *f* ⟨~; ~en⟩ COMM inventaire *m*; ***~ machen*** faire son inventaire

investieren [ɪnvɛs'tiːrən] *v/t* ⟨*sans ge*⟩ investir, *Geld a* placer (***in*** [+ *acc*] dans)

Investiti'on *f* ⟨~; ~en⟩ investissement *m*

Investment|fonds [ɪn'vɛstmənt-] *m* fonds commun de placement; **~papier** *n*, **~zertifikat** *n* certificat *m* d'investissement

In'vestor *m* ⟨~s; -'toren⟩ investisseur *m*

In-'vitro-Fertilisation [ɪn'viːtro-] *f* ⟨~; ~en⟩ MÉD fécondation *f* in vitro

inwendig ['ɪnvɛndɪç] **I** *adj* intérieur; **II** *adv* à l'intérieur; au-dedans; *fig* intérieurement; F ***etw in- und auswendig kennen*** connaître qc comme sa poche

inwie|'fern, ~'weit **I** *adv fragend* dans quelle mesure; **II** *conj* jusqu'à quel point; dans quelle mesure

Inzest [ɪnˈtsɛst] *m* ⟨~es; ~e⟩ inceste *m*
ˈInzucht *f* consanguinité *f*; ZO croisement *m* entre individus apparentés
inˈzwischen *adv* **1** (*seitdem*) entre-temps; depuis; **2** (*währenddessen*) pendant ce temps-là; (*bis dahin*) d'ici-là
IOK [iːʔoːˈkaː] *n* ⟨~$⟩ *abr* (*Internationales Olympisches Komitee*) C.I.O. *m*
Ion [iˈoːn] *n* ⟨~s; ~en⟩ PHYS, CHIM ion *m*
ˈI-Punkt *m* point *m* sur le i
IQ [iːˈkuː] *m* ⟨~$; ~$⟩ *abr* (*Intelligenzquotient*) Q.I. *m*
Irak [iˈraːk] *n* ⟨~s⟩ *od* ***der ~*** l'Irak *od* l'Iraq *m*; ***im ~*** en Irak *od* Iraq
Iˈraker(in) *m* ⟨~s; ~⟩ (*f*) ⟨~; ~nen⟩ Irakien, -ienne *od* Iraquien, -ienne *m,f*
iˈrakisch *adj* irakien *od* iraquien
Iran [iˈraːn] *n* ⟨~s⟩ *od* ***der ~*** l'Iran *m*; ***im ~*** en Iran
Iˈran|er(in) *m* ⟨~s; ~⟩ (*f*) ⟨~; ~nen⟩ Iranien, -ienne *m,f*; **2isch** *adj* iranien
irden [ˈɪrdən] *adj* en terre cuite; en grès
irdisch [ˈɪrdɪʃ] *adj* terrestre; REL de ce monde; (*diesseitig*) d'ici-bas
Ire [ˈiːrə] *m* ⟨~n; ~n⟩ Irlandais *m*
irgend [ˈɪrgənt] *adv* **1** F ***~ so ein Dummkopf*** un imbécile quelconque; **2** (*irgendwie*) ***wenn du ~ kannst …*** si tu as la moindre possibilité …
ˈirgendˈein *pr/ind* **I** *adjt* ***~ Buch*** n'importe quel livre; un livre quelconque; ***ohne ~ Hilfsmittel*** sans aucune aide; **II** *subst* quelqu'un; (*gleichgültig wer*) n'importe qui
ˈirgend|ˈetwas *pr/ind* quelque chose; (*gleichgültig was*) n'importe quoi; **ˈ~ˈjemand** *pr/ind* quelqu'un; (*gleichgültig wer*) n'importe qui; **ˈ~ˈwann** *adv* un jour; (*gleichgültig wann*) n'importe quand; **ˈ~ˈwas** F → ***irgendetwas***
ˈirgendˈwelche *pr/ind pl* quelconques; *bei verneintem Sinn* aucun(e)s; ***ohne ~ Kosten*** sans aucun frais
ˈirgend|ˈwer → ***irgendjemand***; **ˈ~ˈwie** *adv* n'importe comment; **ˈ~ˈwo** *adv* quelque part; (*gleichgültig wo*) n'importe où; **ˈ~woˈher** *adv* (de) quelque part; **ˈ~woˈhin** *adv* quelque part; (*gleichgültig wohin*) n'importe où
ˈIrin *f* ⟨~; ~nen⟩ Irlandaise *f*
Iris [ˈiːrɪs] *f* ⟨~; ~⟩ ANAT, BOT iris *m*
ˈirisch *adj* irlandais
Irland [ˈɪrlant] *n* ⟨~s⟩ l'Irlande *f*
Ironie [iroˈniː] *f* ⟨~; ~n⟩ ironie *f*
ironisch [iˈroːnɪʃ] *adj* ironique; ***~ werden*** faire de l'ironie
irr → ***irre I***
irre [ˈɪrə] **I** *adj* **1** fou; MÉD *a* aliéné; dément; (*verwirrt*) dérangé; **2** F (*groß, toll*) F dément; F dingue; F super; **II** F *adv* F vachement; ***~ komisch*** F vachement drôle
ˈIrre *f* ⟨~⟩ ***j-n in die ~ führen*** égarer qn
ˈIrre(r) *f(m)* ⟨→ A⟩ fou *m*, folle *f*; MÉD *a* aliéné(e) *m(f)*; dément(e) *m(f)*; F ***ein armer Irrer*** un pauvre fou
irreal [ˈɪreaːl] *adj* irréel
ˈirre·führen *v/t* induire en erreur; tromper; ***sich durch etw ~ lassen*** se laisser prendre à qc
ˈirreführend *adjt* trompeur
irregulär [ˈɪregulɛːr] *adj* irrégulier
irrelevant [ˈɪrelevant] *adj* insignifiant (***für*** pour); sans importance (pour)
ˈirre·machen *v/t* déconcerter
irren [ˈɪrən] **I** *v/i* **1** ⟨sn⟩ (*umher~*) errer; **2** *geistig* se tromper; *prov* ***2 ist menschlich*** *prov* l'erreur est humaine; **II** *v/r* ***sich ~*** se tromper (***im Datum*** de date, ***in j-m*** sur le compte de qn); ***wenn ich mich nicht irre*** si je ne me trompe; sauf erreur de ma part
ˈIrren|anstalt *f péj*, **~haus** *n péj* maison *f* de fous
irreparabel [ˈɪreparaːbəl] *adj* ⟨-bl-⟩ irréparable; MÉD *Schäden* irréversible
ˈirre·werden *v/i* ⟨*irr*, sn⟩ ***an j-m, etw ~*** ne plus comprendre qn, qc
ˈIrr|fahrt *f* odyssée *f*; **~garten** *m* labyrinthe *m*; dédale *m*; **~glaube(n)** *m* idée fausse; REL hétérodoxie *f*; hérésie *f*
ˈirrig *adj Ansicht* erroné
irritieren [ɪriˈtiːrən] *v/t* ⟨*sans ge*⟩ **1** (*verwirren*) déconcerter; troubler; **2** (*ärgern*) irriter
ˈIrr|läufer *m* POST envoi égaré; **~lehre** *f* doctrine erronée, hétérodoxe; hérésie *f*; **~licht** *n* feu follet; **~sinn** *m* folie *f*
ˈirrsinnig **I** *adj* **1** (de) fou; ***ein ~er Gedanke*** une idée insensée, de fou; **2** F *fig* terrible; **II** F *adv* terriblement; F vachement
ˈIrrsinnige(r) *f(m)* ⟨→ A⟩ fou *m*, folle *f*
ˈIrrtum *m* ⟨~s; -tümer⟩ erreur *f*; (*Versehen*) méprise *f*; ***im ~ sein*** être dans l'erreur; se tromper; ***e-n ~ begehen*** faire, commettre une erreur; COMM ***~ vorbehalten*** sauf erreur

irrtümlich ['ɪrty:mlɪç] **I** *adj* erroné; **II** *adv* par erreur
Ischias ['ɪʃias] *n od m* ⟨~⟩ sciatique *f*
ISDN [i:ˀɛsde:'ˀɛn] *n* ⟨~⟩ *abr* (*Integrated Services Digital Network*) R.N.I.S. *m*
Islam [ɪs'la:m] *m* ⟨~$⟩ islam *m*
is'lamisch *adj* islamique
Island ['i:slant] *n* ⟨~s⟩ l'Islande *f*
Isländer(in) ['i:slɛndər(ɪn)] *m* ⟨~s; ~⟩ (*f*) ⟨~; ~nen⟩ Islandais(e) *m*(*f*)
'isländisch *adj* islandais
Isolati'on *f* ⟨~; ~en⟩ isolement *m* (*a* ÉLECT, POL); (*Wärme*2, *Schall*2) isolation *f*; (*Isoliermaterial*) isolant *m*
Isolier|band [izo'li:r-] *n* ruban isolant; chatterton *m*; **2en** *v/t* ⟨*sans ge*⟩ isoler; **~kanne** *f* thermos® *m*; **~station** *f* MÉD service *m* des contagieux; **~ung** *f* ⟨~; ~en⟩ → ***Isolation***
Isomatte ['i:zomatə] *f* natte isolante (aluminisée)
Isotop [izo'to:p] *n* ⟨~s; ~e⟩ isotope *m*
Israel ['ɪsrae:l] *n* ⟨~s⟩ Israël *m*
Israeli [ɪsra'e:li] *m* ⟨~$; ~$⟩, *f* ⟨~; ~$⟩ Israélien, -ienne *m,f*
Israelit(in) [ɪsrae'li:t(ɪn)] *m* ⟨~en; ~en⟩ (*f*) ⟨~; ~nen⟩ Israélite *m,f*
isst [ɪst] → ***essen***
ist [ɪst] → ***sein***
'Istbestand *m* quantité réelle
Isthmus ['ɪstmʊs] *m* ⟨~; -men⟩ isthme *m*
Italien [i'ta:liən] *n* ⟨~s⟩ l'Italie *f*
Itali'en|er(in) *m* ⟨~s; ~⟩ (*f*) ⟨~; ~nen⟩ Italien, -ienne *m,f*; **2isch** *adj* italien
'i-Tüpfel(chen) *n* point *m* sur le i; ***bis aufs ~ (genau)*** jusque dans les moindres détails
i. V. *abr* (*in Vertretung*) par intérim
IWF [i:ve:'ˀɛf] *m* ⟨~⟩ *abr* (*Internationaler Währungsfonds*) F.M.I. *m*

J

J

J, j [jɔt] *n* ⟨~; ~⟩ J, j *m*
ja [ja:] *adv u conj* **1** *als Antwort* oui; ***~ gewiss!*** bien sûr!; ***~ doch!, aber ~!*** mais oui!, *widersprechend a* mais si!; **2** *feststellend* ***das ist ~ furchtbar*** mais c'est terrible; ***du weißt ~*** tu sais bien; **3** *verstärkend* ***~ sogar*** et même; voire (même); ***tu das ~ nicht!*** ne fais surtout pas cela!; **4** *einleitend* ***~, wer kommt denn da!*** tiens, qui est-ce qui arrive là!; **5** *int* F ***~ zum Donnerwetter!*** mais sapristi!
Ja *n* ⟨~$; ~$⟩ oui *m*; ***das ~*** le oui; ***mit ~ antworten*** répondre affirmativement; ***zu etw ~ sagen*** consentir à qc; ***mit ~ stimmen*** voter pour
Jacht [jaxt] *f* ⟨~; ~en⟩ yacht *m*
Jacke ['jakə] *f* ⟨~; ~n⟩ veste *f*; (*Herren*2) *a* veston *m*; *sportliche* blouson *m*; F *fig* ***das ist ~ wie Hose*** F c'est kif-kif
Jackett [ʒa'kɛt] *n* ⟨~s; ~s⟩ veston *m*; veste *f*
Jagd [ja:kt] *f* ⟨~; ~en⟩ chasse *f* (***auf*** [+ *acc*] de, à); ***auf die ~ gehen*** aller à la chasse; ***~ machen auf*** (+ *acc*) faire la chasse à (*a fig*); *fig* pourchasser; *fig* ***die ~ nach dem Glück*** la course au bonheur
'Jagd|bomber *m* MIL chasseur *m* bombardier; **~fieber** *n* excitation *f* fébrile (du chasseur); **~flugzeug** *n* avion *m* de chasse; chasseur *m*; **~gewehr** *n* fusil *m* de chasse; **~horn** *n* cor *m* de chasse; **~hund** *m* chien *m* de chasse; **~hütte** *f* pavillon *m* de chasse; **~revier** *n* (terrain *m* de) chasse *f*; chasse gardée; **~schein** *m* permis *m* de chasse; **~wurst** *f saucisse fumée à l'ail*; **~zeit** *f* saison *f* de la chasse
jagen ['ja:gən] **I** *v/t* **1** chasser; ***Hasen ~*** chasser le lièvre; **2** (*weg~*) chasser (***aus*** de); **3** (*verfolgen*) poursuivre; pourchasser; **II** *v/i* **4** chasser; aller à la chasse; **5** ⟨sn⟩ *fig* aller, courir à toute vitesse; ***nach Glück ~*** ⟨h⟩ courir après le bonheur; **III** *v/r fig* ***sich ~*** *Ereignisse* se bousculer; *Nachrichten* se suivre rapidement
Jäger ['jɛ:gər] *m* ⟨~s; ~⟩ chasseur *m* (*a* MIL, AVIAT); **~hut** *m* chapeau tyrolien; **~latein** *n* gasconnades *f/pl*; **~schnitzel** *n* CUIS escalope *f* chasseur

Jaguar [ˈjaːguaːr] *m* ⟨~s; ~e⟩ jaguar *m*
jäh [jɛː] *st/s adj* **1** (*plötzlich*) subit; soudain; brusque; **2** (*steil*) abrupt; raide; à pic
ˈjählings *st/s adv* soudain(ement)
Jahr [jaːr] *n* ⟨~(e)s; ~e⟩ **1** *als Einheit* an *m*; *Dauer* année *f*; ***ein halbes ~*** six mois; ***im ~, pro ~*** par an; ***~ für ~*** tous les ans; chaque année; ***seit ~en*** depuis des années; **2** *kalendarisch* ***das ~ 1945*** l'année 1945; ***das neue ~*** la nouvelle année; ***im ~(e) 1948*** en 1948; ***in diesem ~, dieses ~*** cette année; **3** *Alter* ***mit fünfzig ~en*** à cinquante ans; ***zwanzig ~e alt sein*** avoir vingt ans; être âgé de vingt ans; ***in den besten ~en sein*** être dans la force de l'âge
jahrˈaus *adv* ***~, jahrein*** tous les ans
ˈJahrbuch *n* annuaire *m*
ˈjahrelang I *adj* (qui dure) des années; ***~e Erfahrung*** des années d'expérience; **II** *adv* pendant des années; (*seit Jahren*) depuis des années
jähren [ˈjɛːrən] *v/r* ***heute jährt sich der Tag, an dem …*** voilà aujourd'hui un an que …
ˈJahres|abonnement *n* abonnement annuel, d'un an; **~abschluss** *m* COMM bilan *m* de fin d'année; **~einkommen** *n* revenu(s) annuel(s); **~ende** *n* fin *f* d(e l)'année
ˈJahresfrist *f* ***binnen ~*** avant, d'ici un an; ***nach ~*** au bout d'un an
ˈJahres|hälfte *f* moitié *f* de l'année; **~karte** *f* carte annuelle; **~ring** *m* *im Holz* cerne *m*; **~tag** *m* (jour *m*) anniversaire *m*; **~urlaub** *m* congé annuel
ˈJahreswechsel *m* ***mit den besten Wünschen zum ~!*** avec mes *bzw* nos meilleurs vœux pour le nouvel an, pour la nouvelle année!
ˈJahreswende *f* ***die ~*** la fin de l'année; ***zur ~*** en fin d'année
ˈJahres|zahl *f* année *f*; **~zeit** *f* saison *f*; **2zeitlich** *adj* saisonnier
ˈJahrgang *m* **1** *von Personen* année *f*; MIL classe *f*; ***er ist ~ 1950*** il est né en 1950; **2** *von Wein* année *f*; millésime *m*; **3** *e-r Zeitschrift* année *f*
Jahrˈhundert *n* siècle *m*; ***im 17. ~*** au XVIIᵉ siècle
Jahrˈhundertwende *f* ***die ~*** la fin du siècle; ***zur ~*** en fin de siècle
jährlich [ˈjɛːrlɪç] **I** *adj* annuel; **II** *adv* par an; tous les ans
ˈJahr|markt *m* foire *f*; kermesse *f*; **~marktsbude** *f* stand *m* de foire; **~ˈtausend** *n* millénaire *m*; **~ˈtausendwende** *f* tournant *m* du millénaire; **~ˈzehnt** *n* ⟨~(e)s; ~e⟩ période *f* de dix ans; décennie *f*
ˈJähzorn *m* **1** *Anfall* accès *m* de colère; **2** *als Eigenschaft* irascibilité *f*; **2ig** *adj* colérique; irascible
Jakob [ˈjaːkɔp] *m* ⟨~s⟩ Jacques *m*; BIBL Jacob *m*
Jakobiner [jakoˈbiːnər] *m* ⟨~s; ~⟩ HIST Jacobin *m*
Jalousie [ʒaluˈziː] *f* ⟨~; ~n⟩ store vénitien
Jamaika [jaˈmaɪka] *n* ⟨~s⟩ la Jamaïque
Jammer [ˈjamər] *m* ⟨~s⟩ **1** (*Elend*) misère *f*; détresse *f*; ***es ist ein ~*** c'est lamentable; F ça fait pitié; **2** (*Wehklagen*) plaintes *f/pl*
jämmerlich [ˈjɛmərlɪç] **I** *adj* **1** (*ärmlich, bedauernswert*) lamentable; pitoyable; **2** *péj* (*schlecht*) lamentable; **II** *adv* **1** (*erbärmlich*) lamentablement; **2** (*übermäßig*) ***~ frieren*** avoir terriblement froid; **3** (*schlecht*) ***~ abschneiden*** avoir des résultats lamentables
jammern [ˈjamərn] *v/i* **1** (*laut klagen*) gémir; **2** ***~ (über*** [+ *acc*]) (*sich beklagen*) se lamenter (sur); se plaindre (de)
ˈjammerˈschade *adj* F ***es ist ~*** c'est vraiment, très dommage (***um*** pour)
Jänner [ˈjɛnər] *m* ⟨~s; ~⟩ *österr* → ***Januar***
Januar [ˈjanuaːr] *m* ⟨~(s); ~e⟩ (mois *m* de) janvier *m*; ***im (Monat) ~*** en janvier; au mois de janvier; ***der 1. ~*** le premier janvier; le Jour de l'An; ***heute ist der 5. ~*** aujourd'hui, c'est le cinq janvier; nous sommes le cinq janvier; ***am 14. ~*** le quatorze janvier; ***Berlin, den 11. ~ 1998*** Berlin, le onze janvier 1998
Japan [ˈjaːpan] *n* ⟨~s⟩ le Japon
Jaˈpan|er(in) *m* ⟨~s; ~⟩ (*f*) ⟨~; ~nen⟩ Japonais(e) *m(f)*; **2isch** *adj* japonais; du Japon
Jargon [ʒarˈgõː] *m* ⟨~s; ~s⟩ jargon *m*; *péj a* argot *m*
Jasmin [jasˈmiːn] *m* ⟨~s; ~e⟩ jasmin *m*
ˈJastimme *f* POL voix *f* pour; oui *m*
jäten [ˈjɛːtən] *v/t u v/i* ⟨-e-⟩ sarcler
Jauche [ˈjauxə] *f* ⟨~; ~n⟩ purin *m*; **~grube** *f* fosse *f* à purin

jauchzen ['jauxtsən] *v/i* ⟨¢\$⟩ pousser des cris de joie; exulter
jaulen [jaulən] *v/i* glapir (*a fig*)
Jause ['jauzə] *f* ⟨~; ~n⟩ *österr* casse-croûte *m*
jawohl [ja'vo:l] *adv* oui!; certainement!
'**Jawort** *n* ⟨~¢s; ~e⟩ consentement *m* au mariage; ***j-m sein ~ geben*** consentir à épouser qn
Jazz [dʒɛs *ou* jats] *m* ⟨~⟩ MUS jazz *m*; '**~band** *f* orchestre *m* de jazz; '**~musik** *f* musique *f* de jazz
je [je:] **I** *adv* **1** *zeitlich* jamais; ***haben Sie ~ so etwas gehört?*** avez-vous jamais entendu une chose pareille?; **2** *vor Mengenangaben* ***~ zwei und zwei*** deux par deux; ***die kosten ~ e-n Euro*** c'est un euro la pièce; ***in Schachteln zu ~ zwanzig Stück*** par paquets de vingt; **3** (*pro*) ***~ Einwohner*** par habitant; **4** ***~ nach*** *Größe, Alter etc* selon; suivant; **II** *conj mit comp* ***~ …, desto*** *od* ***um so …*** plus …, plus …; ***~ mehr, desto besser*** plus il y en a, mieux ça vaut; **II** *int* ***ach ~!, o~!*** mon Dieu!
Jeans [dʒi:ns] *f(pl)* ⟨~; ~⟩ jean *m od* jeans *m/pl*
jede ['je:də], **~r, ~s** *pr/ind* **I** *adjt* **1** *aus e-r Menge* chaque; **2** (*alle*) tout; **3** *mit Zeitangaben* (*immer*) tout; (*häufig, immer wieder*) chaque; (*bald, sofort*) *a* d'un … à l'autre; ***~n Augenblick*** à tout moment; ***~n Tag, mit ~m Tag*** chaque jour; tous les jours; **4** *mit Zahlenangaben* ***~s dritte Haus*** une maison sur trois; **5** *nach „ohne"* aucun; nul; ***ohne ~n Zweifel*** sans aucun doute; **II** *subst* **1** (*der einzelne*) chacun(e); ***~r von uns*** chacun de nous; **2** *generalisierend* ***~r, der*** quiconque; ***~r spricht davon*** tout le monde en parle
'**jedenfalls** *adv* de toute façon
'**jedermann** *pr/ind* tout le monde
'**jeder'zeit** *adv* à tout moment
'**jedes'mal** → ***Mal²***
je'doch *conj* pourtant; cependant
Jeep® [dʒi:p] *m* ⟨~s; ~s⟩ jeep® *f*
jegliche ['je:klıçə], **~r, ~s** → ***jede*** *I 1 u II 1*
jeher ['je:he:r] *adv* ***von ~*** de tout temps
jemals ['je:ma:ls] *adv* jamais
jemand ['je:mant] *pr/ind* ⟨*gén* ~¢s, *dat* ~¢m, *acc* ~¢n⟩ **1** *affirmativ u in Fragen* quelqu'un; ***~ anders*** quelqu'un d'autre; **2** *bei verneintem Sinn* personne
Jemen ['je:mən] *n* ⟨~s⟩ *od* ***der ~*** le Yemen
jene ['je:nə], **~r, ~s** *pr/dém* **I** *adjt* ce …-la (cet …-là), cette …-là, *pl* ces …-là; ***~ Leute*** *pl* ces gens-là; **II** *subst* celui-là *m*, celle-là *f*; *m/pl* ceux-là; *f/pl* celles-là; ***~s*** cela
jenseitig ['je:nzaıtıç] *st/s adj* de l'autre côté
jenseits ['je:nzaıts] **I** *adv* de l'autre côté; **II** *prép* ⟨*gén*⟩ au-delà de; ***~ des Rheins*** outre-Rhin
'**Jenseits** *n* ⟨~⟩ REL ***das ~*** l'au-delà *m*; l'autre monde *m*; ***im ~*** dans l'au-delà
Jerusalem [je'ru:zalɛm] *n* ⟨~s⟩ Jérusalem
Jesuit [jezu'i:t] *m* ⟨~en; ~en⟩ jésuite *m*; **~enorden** *m* ordre *m* des jésuites
Jesus ['je:zus] *m* ⟨Jesu⟩ Jésus *m*; ***~ Christus*** Jésus-Christ *m*
'**Jesuskind** *n* enfant *m* Jésus
Jet [dʒɛt] *m* ⟨~s; ~s⟩ *Flugzeug* jet *m*
Jet|lag ['dʒɛtlɛk] *m* ⟨~s; ~s⟩ effets *m/pl* du décalage horaire; **~set** *m* ⟨~s; ~s⟩ jet-set *m od f*
jetten ['dʒɛtən] F *v/i* ⟨-e-, sn⟩ voyager en jet
jetzig ['jɛtsıç] *adj* actuel
jetzt [jɛtst] *adv* maintenant; ***eben ~*** à l'instant (même); ***bis ~*** jusqu'à présent; ***von ~ an, ab*** à partir de maintenant; désormais
jeweilig ['je:vaılıç] *adj* **1** *zeitlich* du moment; de l'époque; **2** (*zugehörig, zugewiesen*) respectif
jeweils ['je:vaıls] *adv* (à) chaque fois
Jh. *abr* (*Jahrhundert*) s. (siècle)
JH *abr* (*Jugendherberge*) A.J. (auberge de jeunesse)
jiddisch ['jıdıʃ] *adj* yiddish
Job [dʒɔp] *m* ⟨~s; ~s⟩ **1** F job *m*; F boulot *m*; **2** INFORM tâche *f*; travail *m*
jobben ['dzɔbən] F *v/i vorübergehend* F faire des petits boulots; *länger* F bosser
Jobsharing ['dʒɔpʃɛ:rıŋ] *n* ⟨~s⟩ partage *m* d'un travail, d'un emploi
Joch [jɔx] *n* ⟨~¢s; ~e⟩ AGR, *fig* joug *m*; '**~bein** *n* ANAT os *m* malaire
Jockei, Jockey ['dʒɔke] *m* ⟨~s; ~s⟩ jockey *m*
Jod [jo:t] *n* ⟨~¢s⟩ iode *m*
jodeln ['jo:dəln] *v/t u v/i* ⟨¢⟩ jodler *od* iodler

Jodler ['jo:dlər] *m* ⟨~s; ~⟩ **1** *Gesang* tyrolienne *f*; **2** *Person* chanteur *m* de tyrolienne
'**Jodtinktur** *f* teinture *f* d'iode
jogg|en ['dʒɔgən] *v/i* faire du jogging; jogger; **⁀er(in)** *m* ⟨~s; ~⟩ *(f)* ⟨~; ~nen⟩ joggeur, -euse *m,f*
'**Jogging** *n* ⟨~s⟩ jogging *m*; **~anzug** *m* jogging *m*
Jog(h)urt ['jo:gʊrt] *m od n* ⟨~$; ~$⟩ yaourt *od* yog(h)ourt *m*; **~becher** *m* pot *m* de yaourt *od* yog(h)ourt
Johanna [jo'hana] *f* ⟨~s⟩ HIST ***die heilige ~*** Jeanne d'Arc
Jo'hannes *m* ⟨~⟩ BIBL ***~ der Täufer*** saint Jean-Baptiste
Jo'hannisbeere *f* ***Rote ~*** groseille *f* rouge; ***Schwarze ~*** cassis *m*
johlen ['jo:lən] *v/i* 'hurler
Joint [dʒɔʏnt] F *m* ⟨~s; ~s⟩ F joint *m*
Jointventure ['dʒɔʏnt'vɛntʃə] *n* ⟨~$; ~s⟩ ÉCON joint venture *f*
Joker ['jo:kər *ou* 'dʒo:kər] *m* ⟨~s; ~⟩ joker *m*
Jolle ['jɔlə] *f* ⟨~; ~n⟩ *Segelboot* bateau *m* à voile; *Beiboot* canot *m*
Jongl|eur [ʒõ:'glø:r] *m* ⟨~s; ~e⟩ jongleur *m*; **⁀ieren** *v/t u v/i* ⟨*sans ge*⟩ jongler
Joppe ['jɔpə] *f* ⟨~; ~n⟩ veste *f*
Jordan ['jɔrdan] *m* ⟨~s⟩ ***der ~*** le Jourdain
Jordanien [jɔr'da:niən] *n* ⟨~s⟩ la Jordanie
Jot [jɔt] *n* ⟨~; ~⟩ j *m*; lettre *f* j
Joule [dʒu:l] *n* ⟨~$; ~⟩ PHYS joule *m*
Journa|l [ʒur'na:l] *n* ⟨~s; ~e⟩ journal *m*; **~'list(in)** *m* ⟨~en; ~en⟩ *(f)* ⟨~; ~nen⟩ journaliste *m,f*
jovial [jovi'a:l] *adj* (*leutselig*) aimable; affable; (*wohlwollend*) bienveillant
Joystick ['dʒɔʏstɪk] *m* ⟨~s; ~s⟩ INFORM manette *f*; manche *m* à balai
jr. *abr* (*junior*) fils
Jubel ['ju:bəl] *m* ⟨~s⟩ allégresse *f*; ***in ~ (acc) ausbrechen*** exulter
'**Jubeljahr** *n* jubilé *m*; *fig* ***alle ~e einmal*** très rarement
'**jubeln** *v/i* ⟨¢⟩ exulter
Jubi'lar(in) *m* ⟨~s; ~e⟩ *(f)* ⟨~; ~nen⟩ celui, celle qui fête un anniversaire important, un jubilé, *etc*
Jubiläum [jubi'lɛ:ʊm] *n* ⟨~s; -äen⟩ anniversaire *m*; ***fünfzigjähriges ~*** cinquantenaire *m*; jubilé *m*
jubilieren [jubi'li:rən] *st/s v/i* ⟨*sans ge*⟩ pousser des cris de joie
juchzen ['jʊxtsən] F → ***jauchzen***
jucken ['jʊkən] **I** *v/t, v/i u v/imp* **1** *physisch* démanger; ***es juckt (mich)*** cela me démange; ***ihm juckt der Kopf*** il a la tête qui le démange; **2** ***der Stoff juckt sie*** le tissu la gratte; **3** F *fig* (*verlocken*) ***es juckt mich, das zu probieren*** cela me tente d'essayer; (*interessieren*) ***denkst du, das juckt mich?*** F si tu crois que ça m'intéresse!; **II** F *v/r* ***sich ~*** (*sich kratzen*) se gratter
'**Juckreiz** *m* démangeaison *f*
Jude ['ju:də] *m* ⟨~n; ~n⟩ juif *m*
'**Juden|stern** *m* étoile juive; **~tum** *n* ⟨~s⟩ REL judaïsme *m*; *coll* juifs *m/pl*; **~verfolgung** *f* persécution *f* des juifs
Jüd|in ['jy:dɪn] *f* ⟨~; ~nen⟩ juive *f*; **⁀isch** *adj* juif; HIST, REL judaïque
Judo ['ju:do] *n* ⟨~$⟩ judo *m*
Jugend ['ju:gənt] *f* ⟨~⟩ **1** *Lebensalter* jeunesse *f*; ***von ~ an, auf*** dès ma, ta, *etc* jeunesse; **2** *coll* jeunesse *f*; adolescents *m/pl*
'**Jugend|amt** *n* service *m* d'aide sociale à l'enfance; **~buch** *n* livre *m* pour la jeunesse; **~erinnerungen** *f/pl* souvenirs *m/pl* de jeunesse; **⁀frei** *adj Film* autorisé aux mineurs; **~freund(in)** *m(f)* ami(e) *m(f)* d'enfance; **⁀gefährdend** *adjt* qui représente un danger moral pour la jeunesse; **~gruppe** *f* groupe *m* de jeunes; **~herberge** *f* auberge *f* de (la) jeunesse; **~kriminalität** *f* délinquance *f* juvénile
'**jugendlich I** *adj* jeune; juvénile; **II** *adv* ***~ aussehen*** avoir l'air jeune; faire jeune
'**Jugendliche(r)** *f(m)* ⟨→ A⟩ adolescent(e) *m(f)*; *coll* ***die Jugendlichen*** *meist* les jeunes *m/pl*; ***Jugendlichen ist der Zutritt verboten*** interdit aux moins de dix-huit ans
'**Jugend|liebe** *f* amour *m* de jeunesse; **~schutz** *m* protection *f* des mineurs; **~schutzgesetz** *n* loi *f* sur la protection des mineurs; **~stil** *m* KUNST, ARCH art nouveau; **~streich** *m* fredaine *f* de jeunesse; **~sünde** *f* péché *m* de jeunesse; **~zeit** *f* (années *f/pl* de) jeunesse *f*; **~zentrum** *n* maison *f* des jeunes
Jugoslaw|e [jugo'sla:və] *m* ⟨~n; ~n⟩

Yougoslave *m*; **~ien** *n* ⟨~s⟩ la Yougoslavie; **ℒisch** *adj* yougoslave

Juli ['ju:li] *m* ⟨~$; ~s⟩ (mois *m* de) juillet *m*; → ***Januar***

Jumbojet ['jumbodʒɛt] *m* ⟨~$; ~s⟩ jumbo-jet *m*; gros porteur

jun. *abr* (*junior*) junior

jung [juŋ] **I** *adj* ⟨≈er, ≈ste⟩ **1** *Lebensalter* jeune; ***die ~en Leute*** les jeunes *m/pl*; ***ℒ und Alt*** jeunes et vieux; **2** (*seit kurzem, neu*) ***die ~en Eheleute*** les jeunes mariés; **3** CUIS ***~e Erbsen*** petits pois extra-fins; **II** *adv* ***~ heiraten*** se marier jeune; ***~ aussehen*** avoir l'air jeune; faire jeune; ***sich ~ fühlen*** se sentir jeune

'**Junge** *m* ⟨~n; ~n, F *a* Jungs⟩ garçon *m*; ***dummer ~*** nigaud *m*; F ***schwerer ~*** mauvais garçon

'**Junge(s)** *n* ⟨→ A⟩ *e-s Tieres* petit *m*; ***Junge pl werfen*** mettre bas; faire des petits

'**jungenhaft** *adj* gamin

jünger ['yʏŋər] *adj* **1** plus jeune; *bei Verwandtschaftsbezeichnungen* cadet; ***mein ~er Bruder*** mon (frère) cadet; ***sie ist ein Jahr ~ als ich*** elle a un an de moins que moi; **2** (*relativ jung*) assez jeune; **3** *zeitlich* ***~en Datums*** de date récente

'**Jünger(in)** *m* ⟨~s; ~⟩ (*f*) ⟨~; ~nen⟩ REL, *fig* disciple *m,f*

Jungfer ['juŋfər] *f* ⟨~; ~n⟩ *péj* ***alte ~*** vieille fille

'**Jungfern|fahrt** *f* voyage inaugural; **~häutchen** *n* ⟨~s; ~⟩ hymen *m*

'**Jungfrau** *f* **1** vierge *f*; REL ***die Heilige ~*** la (Sainte) Vierge; HIST ***die ~ von Orléans*** Jeanne d'Arc; la pucelle d'Orléans; **2** ASTR Vierge *f*

'**jung|fräulich** *adj* virginal; *fig* vierge; **ℒgeselle** *m* célibataire *m*

'**Jüngling** *st/s* *m* ⟨~s; ~e⟩ adolescent *m*

jüngst [jʏŋst] *st/s adv* (*neulich*) tout dernièrement, récemment

'**jüngste** *adj* **1** le plus jeune; ***unser ℒr*** notre petit dernier; **2** (*letzte*) dernier; le plus récent

'**Jung|unternehmer(in)** *m(f)* jeune chef *m* d'entreprise; **~verheiratete** *pl* ⟨→ A⟩ jeunes mariés *m/pl*

Juni ['ju:ni] *m* ⟨~$; ~s⟩ (mois *m* de) juin *m*; → ***Januar***

junior ['ju:niɔr] *adj im Verhältnis zum Vater* junior; COMM fils

'**Junior** *m* ⟨~s; -'oren⟩ (*Sohn*) junior *m*; COMM fils *m* du patron; **~chef** *m* COMM fils *m* du patron

Junkie ['dʒaŋki] *arg m* ⟨~s; ~s⟩ junkie *m,f*

Junta ['xunta] *f* ⟨~; -ten⟩ junte *f*

Jura[1] ['ju:ra] ⟨*sans article ni pl*⟩ (le) droit *m*; ***~ studieren*** faire des études de droit

'**Jura**[2] *m* ⟨~s⟩ **1** GÉOL jurassique *m*; **2** GÉOGR Jura *m*

Jurist(in) [ju'rɪst(ɪn)] *m* ⟨~en; ~en⟩ (*f*) ⟨~; ~nen⟩ juriste *m,f*; *Student* étudiant(e) *m(f)* en droit

ju'ristisch *adj* juridique; de droit; ***~e Fakultät*** faculté *f* de droit

Jury [ʒy'ri:] *f* ⟨~; ~s⟩ jury *m*

Jus [ju:s] *n* ⟨~⟩ *bes österr, schweiz* → ***Jura***[1]

just [just] *litt, plais adv* juste(ment)

justieren [jus'ti:rən] *v/t* ⟨*sans ge*⟩ **1** *Werkstück* ajuster; **2** *Messgerät* régler

Justiz [jus'ti:ts] *f* ⟨~⟩ justice *f*; **~beamte(r)** *m* fonctionnaire *m*, officier *m* de justice; ***höherer*** *a* magistrat *m* (judiciaire); **~irrtum** *m* erreur *f* judiciaire; **~minister** *m* ministre *m* de la Justice; *in Frankreich a* Garde *m* des Sceaux; **~ministerium** *n* ministère *m* de la Justice

Jute ['ju:tə] *f* ⟨~⟩ jute *m*

Juwel [ju've:l] *n* ⟨~s; ~en, *fig* ~e⟩ joyau *m*; bijou *m* (*beide a fig*); (*Edelstein*) pierre précieuse; *von e-r Person* perle *f*

Juwelier [juve'li:r] *m* ⟨~s; ~e⟩ bijoutier *m*; joaillier *m*; **~geschäft** *n* bijouterie *f*

Jux [juks] F *m* ⟨~es; ~e⟩ F blague *f*

J

K

K, k [kaː] *n* ⟨~; ~⟩ K, k *m*
Kabar|ett [kaba'rɛt] *n* ⟨~s; ~s *ou* ~e⟩ *Ensemble* chansonniers *m/pl*; *Bühne* théâtre *m* de chansonniers; *Show* spectacle *m* de chansonniers; **~et'tist(in)** *m* ⟨~en; ~en⟩ (*f*) ⟨~; ~nen⟩ chansonnier, -ière *m,f*; **2et'tistisch** *adj* de chansonniers
kabbeln ['kabəln] F *v/r* ⟨¢⟩ ***sich ~*** F se chamailler
Kabel ['kaːbəl] *n* ⟨~s; ~⟩ câble *m*; **~anschluss** *m* réseau câblé; **~fernsehen** *n* télévision *f* par câble
Kabeljau ['kaːbəljau] *m* ⟨~s; ~e *ou* ~s⟩ cabillaud *m*
Kabine [ka'biːnə] *f* ⟨~; ~n⟩ cabine *f*; AVIAT *a* carlingue *f*; (*Wahl2*) isoloir *m*
Kabinett [kabi'nɛt] *n* ⟨~s; ~e⟩ **1** *Raum* cabinet *m*; POL ministère *m*; **2** *Wein* vin *m* de vendange sélectionnée
Kabi'netts|beschluss *m* décision ministérielle; **~sitzung** *f* conseil *m* des ministres
Kabrio(lett) → ***Cabrio(let)***
Kachel ['kaxəl] *f* ⟨~; ~n⟩ carreau *m* (de faïence)
'kacheln *v/t* ⟨¢⟩ carreler
'Kachelofen *m* poêle *m* de faïence
Kacke ['kakə] P *f* ⟨~⟩ P merde *f*
'kacken P *v/i* P chier
Kadaver [ka'daːvər] *m* ⟨~s; ~⟩ cadavre *m*
Kader ['kaːdər] *m* ⟨~s; ~⟩ cadre *m*; SPORT sélection *f*
Kadi ['kaːdi] *m* ⟨~s; ~s⟩ F *fig* (*Richter*) juge *m*; ***zum ~ laufen*** faire un procès
Kadmium ['katmiʊm] *n* ⟨~s⟩ cadmium *m*
Käfer ['kɛːfər] *m* ⟨~s; ~⟩ **1** ZO insecte *m*; coléoptère *m*; **2** F (*VW*) F coccinelle *f*
Kaff [kaf] F *péj n* ⟨~s; ~e *ou* ~s⟩ F trou *m*; F bled *m*
Kaffee ['kafe *ou* ka'feː] *m* ⟨~s; ~s⟩ café *m*; ***~ mit Milch*** café au lait; *im Lokal* (café) crème *m*; F *fig* ***das ist kalter ~*** F c'est du réchauffé; ***~ trinken*** prendre du café; *am Nachmittag* prendre le café
'Kaffee|bohne *f* grain *m* de café; **~filter** *m* filtre *m* à café
Kaf'feehaus *n bes österr* café *m* (typiquement viennois) (*établissement*)
'Kaffee|kanne *f* cafetière *f*; **~löffel** *m* cuillère *f* à café; **~maschine** *f* cafetière *f* électrique; **~mühle** *f* moulin *m* à café; **~satz** *m* marc *m* de café; **~tasse** *f* tasse *f* à café
Käfig ['kɛːfɪç] *m* ⟨~s; ~e⟩ cage *f*
kahl [kaːl] *adj Kopf* chauve; *Baum, Landschaft, Wand* nu; dénudé
'Kahl|kopf *m* **1** *Kopf* tête *f* chauve; **2** F *Person* chauve *m*; **2köpfig** [-kœpfɪç] *adj* chauve; **~schlag** *m* blanc-étoc *m*; *fig* coupe *f* sombre
Kahn [kaːn] *m* ⟨~(e)s; ¨~e⟩ **1** (*Boot*) barque *f*; (*Last2*) péniche *f*; **2** F *péj* (*Schiff*) rafiot *m*
'Kahnfahrt *f* promenade *f* en barque
Kai [kaɪ] *m* ⟨~s; ~s⟩ quai *m*
'Kaimauer *f* mur *m* du quai
Kairo ['kaɪro] *n* ⟨~s⟩ Le Caire
Kaiser ['kaɪzər] *m* ⟨~s; ~⟩ empereur *m*
'Kaiserin *f* ⟨~; ~nen⟩ impératrice *f*
'Kaiser|krone *f* couronne impériale; **2lich** *adj* impérial; **~reich** *n* empire *m*; **~schmarren** *m österr, südd: plat sucré composé d'une crêpe épaisse coupée en morceaux mélangés à des raisins secs*; **~schnitt** *m* césarienne *f*
Kajak ['kaːjak] *m* ⟨~s; ~s⟩ kayak *m*
Kajal [ka'jaːl] *n* ⟨~s⟩ khôl *m*
Kajüte [ka'jyːtə] *f* ⟨~; ~n⟩ MAR cabine *f*
Kakadu ['kakadu] *m* ⟨~s; ~s⟩ cacatoès *m*
Kakao [ka'kaʊ] *m* ⟨~s; ~s⟩ cacao *m*; *Getränk a* chocolat *m*; F *fig* ***j-n durch den ~ ziehen*** F se payer la tête de qn
Ka'kaopulver *n* cacao *m* en poudre
Kakerlake [kakər'laːkə] *f* ⟨~; ~n⟩ cafard *m*; blatte *f*
Kaktee [kak'teːə] *f* ⟨~; ~n⟩ cactus *m*
Kaktus ['kaktʊs] *m* ⟨~; -'teen⟩ cactus *m*
Kalauer ['kaːlaʊər] *m* ⟨~s; ~⟩ calembour *m*
Kalb [kalp] *n* ⟨~(e)s; ¨~er⟩ veau *m*
'kalben *v/i* vêler
'Kalbfleisch *n* veau *m*
'Kalbs|braten *m* rôti *m* de veau; **~frikassee** *n* fricassée *f* de veau; **~hachse** *f*, *südd* **~haxe** *f* jarret *m* de veau; **~leder** *n* veau *m*; **~schnitzel** *n* escalope *f* de veau
Kaleidoskop [kalaɪdo'skoːp] *n* ⟨~s; ~e⟩

kaléidoscope *m*
Kalender [ka'lɛndər] *m* ⟨~s; ~⟩ calendrier *m*; (*Taschen*≈) agenda *m*; *fig* ***im ~ rot anstreichen*** marquer d'une pierre blanche
Ka'lenderjahr *n* année civile
Kali ['ka:li] *n* ⟨~s; ~s⟩ potasse *f*
Kaliber [ka'li:bər] *n* ⟨~s; ~⟩ calibre *m* (*a* F *fig*)
Kalif [ka'li:f] *m* ⟨~en; ~en⟩ calife *m*
Kalifornien [kali'fɔrniən] *n* ⟨~s⟩ la Californie
Kalium ['ka:liʊm] *n* ⟨~s⟩ potassium *m*
Kalk [kalk] *m* ⟨~(e)s; ~e⟩ chaux *f*; (*~stein*) calcaire *m*
'kalk|en *v/t Wand* blanchir à la chaux; **~haltig** *adj* calcaire; **≈mangel** *m* MÉD manque *m* de calcium; **≈stein** *m* calcaire *m*
Kalkül [kal'ky:l] *st/s n od m* ⟨~s; ~e⟩ calcul *m*
Kalku|lation [kalkulatsi'o:n] *f* ⟨~; ~en⟩ COMM, *fig* calcul(s) *m(pl)*; **≈'lieren** *v/t u v/i* ⟨*sans ge*⟩ calculer
Kalorie [kalo'ri:] *f* ⟨~; ~n⟩ calorie *f*
kalo'rien|arm *adj* pauvre en calories; **≈gehalt** *m* valeur *f* calorique; **~reich** *adj* riche en calories
kalt [kalt] **I** *adj* ⟨⸚er, ⸚este⟩ froid (*a fig*); *Speisen etc* ***~ werden*** se refroidir; ***es ist ~*** il fait froid; ***mir ist ~*** j'ai froid; ***~e Füße haben*** avoir froid aux pieds; **II** *adv* ***~ duschen*** se doucher à l'eau froide; *Getränk* ***~ stellen*** mettre au frais; ***~ lächelnd*** cyniquement; ***das lässt mich ~*** cela me laisse froid
'Kalt|blüter *m* ⟨~s; ~⟩ animal *m* à sang froid; **≈blütig I** *adj* (*ruhig*) qui garde son sang-froid; *péj* qui est sans scrupules; **II** *adv* (*ruhig*) avec sang-froid; *péj* froidement; **~blütigkeit** *f* ⟨~⟩ sang-froid *m* (*a péj*)
Kälte ['kɛltə] *f* ⟨~⟩ froid *m*; (*Gefühls*≈) froideur *f*; **≈beständig** *adj* résistant au froid; **~einbruch** *m* arrivée subite du froid; **~welle** *f* vague *f* de froid
'Kalt|front *f* front froid; **≈herzig** *adj* insensible; froid
'Kaltluft *f* air froid
'kalt·machen F *v/t **j-n ~*** F refroidir qn; F descendre qn
'Kalt|miete *f* loyer *m* sans charges; **~schale** *f soupe de fruits servie froide*; **≈schnäuzig** F *adj* insensible; froid; **~schnäuzigkeit** F *f* ⟨~⟩ insensibilité *f*; froideur *f*
'kalt·stellen F *v/t **j-n ~*** F mettre qn sur une voie de garage
Kalzium ['kaltsiʊm] *n* ⟨~s⟩ calcium *m*
kam [ka:m] → ***kommen***
Kambod|scha [kam'bɔdʒa] *n* ⟨~s⟩ le Cambodge; **~'schaner(in)** *m* ⟨~s; ~⟩ (*f*) ⟨~; ~nen⟩ Cambodgien, -ienne *m,f*; **≈'schanisch** *adj* cambodgien
Kamel [ka'me:l] *n* ⟨~s; ~e⟩ **1** ZO chameau *m*; **2** F *péj* (*Dummkopf*) F ballot *m*; **~haar** *n* poil *m* de chameau
Kamelie [ka'me:liə] *f* ⟨~; ~n⟩ camélia *m*
Kamera ['kamera] *f* ⟨~; ~s⟩ FILM, TV caméra *f*; (*Fotoapparat*) appareil *m* photo
Kamerad|(in) [kamə'ra:t (-'ra:dɪn)] *m* ⟨~en; ~en⟩ (*f*) ⟨~; ~nen⟩ camarade *m,f*; **~schaft** *f* ⟨~⟩ camaraderie *f*; **≈schaftlich I** *adj* de camarade; **II** *adv* en camarade
'Kameramann *m* ⟨~(e)s; -männer *ou* -leute⟩ cadreur *m*; cameraman *m*
Kamerun ['kaməru:n] *n* ⟨~s⟩ le Cameroun
Kamille [ka'mɪlə] *f* ⟨~; ~n⟩ camomille *f*; **~ntee** *m* (infusion *f* de) camomille *f*
Kamin [ka'mi:n] *m* ⟨~s; ~e⟩ ***(offener) ~*** cheminée *f*
Ka'minfeger *m* ⟨~s; ~⟩ *bes südd* ramoneur *m*
Kamm [kam] *m* ⟨~(e)s; ⸚e⟩ **1** (*Haar*≈) peigne *m*; ***alles über e-n ~ scheren*** mettre tout dans le même sac; **2** *des Hahns etc* crête *f*; **3** (*Gebirgs*≈, *Wellen*≈) crête *f*
kämmen ['kɛmən] *v/t* (*u v/r **sich ~*** se) peigner
Kammer ['kamər] *f* ⟨~; ~n⟩ **1** *Raum* petite pièce; **2** JUR, POL, TECH, (*Verband*) chambre *f*; **3** ANAT ventricule *m*; **~diener** *m* valet *m* de chambre; **~jäger** *m* spécialiste chargé des opérations de déparasitage; **~musik** *f* musique *f* de chambre; **~orchester** *n* orchestre *m* de chambre; **~ton** *m* MUS la *m* normal; diapason *m*; **~zofe** *f* femme *f* de chambre
'Kammgarn *n Garn* laine peignée; *Gewebe* peigné *m*
Kampagne [kam'panjə] *f* ⟨~; ~n⟩ campagne *f*
Kampf [kampf] *m* ⟨~(e)s; ⸚e⟩ MIL, SPORT combat *m*; *fig meist* lutte *f* (***ums Dasein*** pour la vie, l'existence); ***j-m, e-r***

K

Sache den ~ ansagen déclarer la guerre à qn, qc
'Kampf|ansage *f fig* déclaration *f* de guerre; **2bereit** *adj* prêt au combat
kämpfen ['kɛmpfən] *v/i* combattre (***gegen j-n*** qn, contre qn); se battre (***gegen*** contre); *fig* lutter (***gegen*** contre; ***für, um*** pour; ***mit sich*** avec soi-même); ***für e-e Idee ~*** se battre pour une idée; ***mit dem Schlaf ~*** lutter contre le sommeil; ***mit den Tränen ~*** être au bord des larmes
Kampfer ['kampfər] *m* ⟨~s⟩ camphre *m*
'Kämpfer|(in) *m* ⟨~s; ~⟩ (*f*) ⟨~; ~nen⟩ (*Kämpfende[r]*), MIL combattant(e) *m(f)*; *fig* (~*natur*) battant(e) *m(f)*; **2isch** *adj* combatif (*a fig*)
'kampferprobt *adjt* aguerri
'Kampf|flugzeug *n* avion *m* de combat; **~geist** *m* esprit combatif; **~hahn** *m* **1** coq *m* de combat; **2** F *fig* F bagarreur, -euse *m,f*; **~handlung** *f* action *f* militaire; **~hund** chien *m* de combat; **~kraft** *f* combativité *f*; **2los** *adj u adv* sans résistance; **2lustig** *adj* combatif; **~maßnahme** *f* mesure *f* de lutte; action *f*; **~richter** *m* arbitre *m*; juge *m*; **~sport** *m* sport *m* de combat; **~stoffe** *m/pl Gase* gaz *m/pl* de combat; **~truppen** *f/pl* troupes combattantes, de combat; **2unfähig** *adj* 'hors de combat
kampieren [kam'pi:rən] *v/i* ⟨*sans ge*⟩ camper
Kanada ['kanada] *n* ⟨~s⟩ le Canada
Kanadier(in) [ka'na:diər(ɪn)] *m* ⟨~s; ~⟩ (*f*) ⟨~; ~nen⟩ Canadien, -ienne *m,f*
ka'nadisch *adj* canadien; du Canada
Kanal [ka'na:l] *m* ⟨~s; Kanäle⟩ **1** canal *m* (*a* ANAT, TV, *fig*); F *fig* ***den ~ voll haben*** (*e-r Sache überdrüssig sein*) F en avoir marre; (*betrunken sein*) F être bourré; **2** (*Abwasser2*) égout *m*; **3** GÉOGR ***der ~*** la Manche
Ka'nal|arbeiter *m* égoutier *m*; **~deckel** *m* plaque *f* d'égout
Ka'nalinseln *f/pl* ***die ~*** les îles *f/pl* Anglo-Normandes
Kanalisation [kanalizatsi'o:n] *f* ⟨~; ~en⟩ (*Stadtentwässerung*) égouts *m/pl*; *mit Hausanschlüssen* tout-à-l'égout *m*
kanali'sieren *v/t* ⟨*sans ge*⟩ *Fluss, fig* canaliser; *Stadt* établir les égouts de, dans
Ka'naltunnel *m* tunnel *m* sous la Manche
Kanaren [ka'na:rən] *pl* ⟨~⟩ ***die ~*** les Canaries *f/pl*
Ka'narienvogel *m* canari *m*; serin *m*
ka'narisch *adj* canarien; ***die 2en Inseln*** *f/pl* les (îles *f/pl*) Canaries *f/pl*
Kandare [kan'da:rə] *f* ⟨~; ~n⟩ mors *m*; *fig* ***j-n an die ~ nehmen*** serrer la bride à qn
Kandidat(in) [kandi'da:t(ɪn)] *m* ⟨~en; ~en⟩ (*f*) ⟨~; ~nen⟩ candidat(e) *m(f)*
Kandi|datur [kandida'tu:r] *f* ⟨~; ~en⟩ candidature *f* (***auf*** [+ *acc*] à); **2'dieren** *v/i* ⟨*sans ge*⟩ se porter candidat (***für*** à)
kan'diert *adjt* confit
Kandis ['kandɪs] ⟨~⟩, **~zucker** *m* sucre *m* candi
Känguru ['kɛŋguru] *n* ⟨~s; ~s⟩ kangourou *m*
Kaninchen [ka'ni:nçən] *n* ⟨~s; ~⟩ lapin *m*; **~bau** *m* ⟨~(e)s; ~e⟩ terrier *m* de lapin; **~fell** *n* peau *f* de lapin; **~stall** *m* clapier *m*
Kanister [ka'nɪstər] *m* ⟨~s; ~⟩ bidon *m*
kann [kan] → ***können***
Kännchen ['kɛnçən] *n* ⟨~s; ~⟩ petit pot; *im Café* ***ein ~ Kaffee*** *une cafetière de deux tasses*
Kanne ['kanə] *f* ⟨~; ~n⟩ pot *m*; (*Gieß2*) arrosoir *m*
Kanniba|le [kani'ba:lə] *m* ⟨~n; ~n⟩ cannibale *m*; **~'lismus** *m* ⟨~⟩ cannibalisme *m*
kannte ['kantə] → ***kennen***
Kanon ['ka:nɔn] *m* ⟨~s; ~s⟩ canon *m*
Kanone [ka'no:nə] *f* ⟨~; ~n⟩ **1** MIL canon *m*; **2** *fig* SPORT *etc* as *m*; crack *m*; **3** F (*Revolver*) F pétard *m*; **4** F ***unter aller ~*** au-dessous de tout
Ka'nonen|boot *n* canonnière *f*; **~futter** F *n* F chair *f* à canon; **~kugel** *f* boulet *m* de canon
Kantate [kan'ta:tə] *f* ⟨~; ~n⟩ cantate *f*
Kante ['kantə] *f* ⟨~; ~n⟩ *e-s Gegenstands* bord *m*; *e-s Steins, Balkens*, MATH arête *f*; F *fig* ***etwas auf die hohe ~ legen*** mettre de l'argent de côté
'kantig *adj* à arête vive; *Gesicht* anguleux
Kantine [kan'ti:nə] *f* ⟨~; ~n⟩ cantine *f*
Kanton [kan'to:n] *m* ⟨~s; ~e⟩ canton *m*
Kanu ['ka:nu] *n* ⟨~s; ~s⟩ canoë *m*
Kanüle [ka'ny:lə] *f* ⟨~; ~n⟩ canule *f*
Kanute [ka'nu:tə] *m* ⟨~n; ~n⟩ canoéiste *m*

K

Kanzel ['kantsəl] *f* ⟨~; ~n⟩ **1** ÉGL chaire *f*; **2** (*Piloten*≈) cockpit *m*
Kanzlei [kants'laɪ] *f* ⟨~; ~en⟩ POL chancellerie *f*; *e-s Anwalts* cabinet *m*; *e-s Notars* étude *f*
Kanzler ['kantslər] *m* ⟨~s; ~⟩ POL chancelier *m*; *e-r Hochschule etwa* directeur administratif; **~amt** *n* **1** *Posten* fonctions *f/pl* de chancelier; **2** *Dienststelle* chancellerie *f*; **~kandidat** *m* candidat *m* chancelier
Kap [kap] *n* ⟨~s; ~s⟩ GÉOGR cap *m*
Kapazität [kapatsi'tɛːt] *f* ⟨~; ~en⟩ **1** (*Fassungs-, Leistungsvermögen*) capacité *f*; **2** (*Könner*) sommité *f*
Kapelle [ka'pɛlə] *f* ⟨~; ~n⟩ **1** ÉGL chapelle *f*; **2** MUS orchestre *m*
Ka'pellmeister *m* chef *m* d'orchestre
Kaper ['kaːpər] *f* ⟨~; ~n⟩ câpre *f*
'kapern *v/t Schiff* capturer
kapieren [ka'piːrən] F *v/t u v/i* ⟨*sans ge*⟩ F piger
Kapital [kapi'taːl] *n* ⟨~s; ~ien *ou* ~e⟩ *bestimmtes* capital *m*; (*unbestimmte Summen*) capitaux *m/pl*; fonds *m/pl*; *fig* ***aus etw ~ schlagen*** tirer profit de qc
Kapi'tal|anlage *f* placement *m*; **~ertrag(s)steuer** *f* impôt *m* sur le revenu du capital; **~flucht** *f* fuite *f* de capitaux
Kapitalis|mus [kapita'lɪsmus] *m* ⟨~⟩ capitalisme *m*; **~t(in)** *m* ⟨~en; ~en⟩ (*f*) ⟨~; ~nen⟩ capitaliste *m,f*; **≈tisch** *adj* capitaliste
Kapi'talmarkt *m* marché financier
Kapi'talverbrechen *n* crime capital
Kapitän [kapi'tɛːn] *m* ⟨~s; ~e⟩ MAR, SPORT capitaine *m*; (*Flug*≈) commandant *m* de bord
Kapitel [ka'pɪtəl] *n* ⟨~s; ~⟩ chapitre *m*; *fig* ***das ist ein ~ für sich*** c'est toute une affaire
Kapitell [kapi'tɛl] *n* ⟨~s; ~e⟩ ARCH chapiteau *m*
Kapitu|lation [kapitulatsi'oːn] *f* ⟨~; ~en⟩ capitulation *f* (*a fig*); **≈'lieren** *v/i* ⟨*sans ge*⟩ capituler (***vor*** [+ *dat*] devant; *a fig*)
Kaplan [ka'plaːn] *m* ⟨~s; Kapläne⟩ vicaire *m*; (*Haus*≈) chapelain *m*
Kappe ['kapə] *f* ⟨~; ~n⟩ **1** (*Mütze*) bonnet *m* (*a Narren*≈); F ***etw auf s-e ~ nehmen*** prendre qc sous son bonnet; **2** (*Verschluss*≈) capuchon *m* (*a e-s Füllers*); **3** TECH chape *f*
'kappen *v/t* (*abschneiden*) couper; *fig Ausgaben* réduire
Käppi ['kɛpi] *n* ⟨~s; ~s⟩ casquette *f*; MIL calot *m*
Kapriole [kapri'oːlə] *f* ⟨~; ~n⟩ cabriole *f*
kapriziös [kapritsi'øːs] *adj* capricieux
Kapsel ['kapsəl] *f* ⟨~; ~n⟩ capsule *f*
kaputt [ka'put] F *adj* **1** (*entzwei*) F cassé; F foutu; *Ehe* brisé; **2** (*erschöpft*) F crevé
ka'putt·|gehen F *v/i* ⟨*irr*⟩ **1** *Sachen* s'abîmer; *feste Gegenstände* se casser; **2** *Tier, Pflanze* crever; **3** *Beziehungen* se défaire; **4** *Menschen* se détruire; **~lachen** F *v/r* ***sich ~*** F se fendre la gueule
ka'putt·machen F *v/t* **1** *Sachen* casser; **2** *fig* ***das macht einen*** (***ganz***) ***kaputt*** cela me, te, *etc* tue
Kapuze [ka'puːtsə] *f* ⟨~; ~n⟩ capuchon *m*
Kapuziner [kapu'tsiːnər] *m* ⟨~s; ~⟩ REL capucin *m*; **~kresse** *f* capucine *f*
Karabiner [kara'biːnər] *m* ⟨~s; ~⟩ carabine *f*; **~haken** *m* mousqueton *m*
Karacho [ka'raxo] F *n* ⟨~s⟩ ***mit ~*** à toute vitesse; AUTO F à fond la caisse; F à pleins tubes
Karaffe [ka'rafə] *f* ⟨~; ~n⟩ carafe *f*
Karambolage [karambo'laːʒə] F *f* ⟨~; ~n⟩ (*Zusammenstoß*) collision *f*; (*Massen*≈) carambolage *m*
Karamell [kara'mɛl] *m* ⟨~s⟩ caramel *m*; **~bonbon** *m od n* caramel *m*
Karaoke [kara'oːkə] *n* ⟨~$\not{s}$⟩ karaoké *m*
Karat [ka'raːt] *n* ⟨~$\not{e}$s; ~e, *mais* 24 ~⟩ carat *m*
Karate [ka'raːtə] *n* ⟨~$\not{s}$⟩ karaté *m*; **~schlag** *m* coup *m* de karaté
...karätig [...ka'rɛːtɪç] *adj in Zssgn* à ... carats
Karawane [kara'vaːnə] *f* ⟨~; ~n⟩ caravane *f*; **~nstraße** *f* route *f* de caravanes
Kardan|antrieb [kar'daːnʔ-] *m* transmission *f* par cardan; **~gelenk** *n* joint *m* de cardan; **~welle** *f* arbre *m* de transmission
Kardinal [kardi'naːl] *m* ⟨~s; -näle⟩ cardinal *m*
Kardi'nal|fehler *m* erreur fondamentale; **~zahl** *f* nombre cardinal
Kardiogramm [kardio'-] *n* ⟨~s; ~e⟩ cardiogramme *m*
Karenzzeit [ka'rɛnts-] *f* délai *m* de carence

K

Karfiol [karfi'o:l] *m* ⟨~s⟩ *österr* chou-fleur *m*

Karfreitag [ka:r'-] *m* Vendredi saint

karg [kark] **I** *adj Lohn* maigre; *Boden* pauvre; *Mahl* frugal; **II** *adv* ***~ bemessen*** compté avec parcimonie

kärglich ['kɛrklɪç] *adj* → ***karg I***

Karibik [ka'ri:bɪk] ⟨~⟩ ***die ~*** *Meer* la mer des Caraïbes; *Inseln* les Antilles *f/pl*

ka'ribisch *adj* caraïbe

kariert [ka'ri:rt] *adjt Papier* quadrillé; *Stoff* à carreaux; ***blau-weiß ~*** à carreaux bleu(s) et blanc(s)

Karies ['ka:riɛs] *f* ⟨~⟩ carie *f*

Kari|katur [karika'tu:r] *f* ⟨~; ~en⟩ caricature *f*; **~katu'rist(in)** *m* ⟨~en; ~en⟩ (*f*) ⟨~; ~nen⟩ caricaturiste *m,f*; **2'kieren** *v/t* ⟨*sans ge*⟩ caricaturer

kariös [kari'ø:s] *adj* carié

karitativ [karita'ti:f] *adj* charitable

Karl [karl] *m* ⟨~s⟩ Charles *m*; ***~ der Große*** Charlemagne *m*; ***~ V.*** Charles Quint

Karmeliter(in) [karme'li:tər(ɪn)] *m* ⟨~s; ~⟩ (*f*) ⟨~; ~nen⟩ carme *m*, carmélite *f*

Karneval ['karnəval] *m* ⟨~s; ~e *ou* ~s⟩ carnaval *m*; ***~ feiern*** fêter le carnaval

Karnickel [kar'nɪkəl] *n* ⟨~s; ~⟩ *regional* → ***Kaninchen***

Kärnten ['kɛrntən] *n* ⟨~s⟩ la Carinthie

Karo ['ka:ro] *n* ⟨~s; ~s⟩ carreau *m*; **~ass** *n Spielkarte* as *m* de carreau

Karosse [ka'rɔsə] *f* ⟨~; ~n⟩ carrosse *m*; **~rie** [-'ri:] *f* ⟨~; ~n⟩ carrosserie *f*

Karotte [ka'rɔtə] *f* ⟨~; ~n⟩ carotte *f*

Karpfen ['karpfən] *m* ⟨~s; ~⟩ carpe *f*

Karre ['karə] *f* ⟨~; ~n⟩ **1** (*Gefährt*) charrette *f*; *kleine* carriole *f*; (*Gepäck2*) chariot *m*; (*Schub2*) brouette *f*; F *fig* ***die ~, den Karren aus dem Dreck ziehen*** remettre les choses en ordre; F *fig* ***j-m an die ~, den Karren fahren*** attaquer qn rudement; rentrer dans le lard à qn; **2** F (*Auto*) F bagnole *f*

'Karren *m* ⟨~s; ~⟩ ***j-n vor s-n ~ spannen*** se servir de qn pour arriver à ses fins; → ***Karre 1***

Karriere [kari'e:rə] *f* ⟨~; ~n⟩ carrière *f*; ***~ machen*** faire carrière

Karri'ere|frau *f* femme *f* qui fait carrière; *péj* carriériste *f*; **~macher** *m péj* carriériste *m*

Karst [karst] *m* ⟨~es; ~e⟩ GÉOL karst *m*

Karte ['kartə] *f* ⟨~; ~n⟩ carte *f*; (*Speise2*) *a* menu *m*; *für Zug, Flugzeug, Kino, Theater* billet *m*; *für Bus, U-Bahn* ticket *m*; FUSSBALL ***die gelbe, rote ~*** le carton jaune, rouge; ***nach der ~ essen*** manger à la carte; ***~n spielen*** jouer aux cartes; ***gute, schlechte ~n haben*** avoir du jeu, ne pas avoir de jeu; *fig* ***sich*** (*dat*) ***nicht in die ~n sehen lassen*** cacher son jeu; *fig* ***mit offenen ~n spielen*** jouer cartes sur table; *fig* ***die ~n auf den Tisch legen*** découvrir son jeu; ***alles auf e-e ~ setzen*** mettre tous ses œufs dans le même panier; ***j-m die ~n legen*** tirer les cartes à qn

Kartei [kar'taɪ] *f* ⟨~; ~en⟩ fichier *m*; **~karte** *f* fiche *f*; **~kasten** *m* fichier *m*

Kartell [kar'tɛl] *n* ⟨~s; ~e⟩ cartel *m*; **~amt** *n* office *m* des cartels

'Kartenhaus *n* château *m* de cartes; ***einstürzen wie ein ~*** s'écrouler comme un château de cartes

'Karten|legen *n* ⟨~s⟩ cartomancie *f*; **~leger(in)** *m* ⟨~s; ~⟩ (*f*) ⟨~; ~nen⟩ tireur, -euse *m,f* de cartes; **~spiel** *n* jeu *m* de cartes; *Einzelspiel* partie *f* de cartes; **~spieler(in)** *m,f* joueur, -euse *m,f* de cartes; **~telefon** *n* téléphone *m* à cartes; **~vorverkauf** *m* location *f*

Kartoffel [kar'tɔfəl] *f* ⟨~; ~n⟩ pomme *f* de terre; **~brei** *m* purée *f* de pommes de terre; **~chips** *m/pl* chips *f/pl*; **~käfer** *m* doryphore *m*; **~klöße** *m/pl*, *südd* **~knödel** *m/pl* quenelles *f/pl* de pommes de terre; **~puffer** *m genre de galette de pommes de terre râpées*; **~püree** *n* → ***Kartoffelbrei***; **~salat** *m* salade *f* de pommes de terre; **~suppe** *f* soupe *f* de pommes de terre

Kartograph(in) [karto'gra:f(ɪn)] *m* ⟨~en; ~en⟩ (*f*) ⟨~; ~nen⟩ cartographe *m,f*

Karton [kar'tɔŋ] *m* ⟨~s; ~s⟩ carton *m*

karto'niert *adjt Buch* cartonné

Karussell [karu'sɛl] *n* ⟨~s; ~e *ou* ~s⟩ manège *m*; ***~ fahren*** faire un tour de manège

Karwoche ['ka:r-] *f* semaine sainte

Karzinom [kartsi'no:m] *n* ⟨~s; ~e⟩ MÉD carcinome *m*

Kasachstan ['kazaxsta:n] *n* ⟨~s⟩ le Kazakhstan

kaschieren [ka'ʃi:rən] *v/t* ⟨*sans ge*⟩ cacher; dissimuler

'Kaschmir *m* ⟨~s; ~e⟩ TEXT cachemire *m*; **~schal** *m* châle *m* de cachemire

Käse ['kɛːzə] *m* ⟨~s; ~⟩ **1** fromage *m*; → *Info bei* ***fromage***; **2** F *péj* (*Unsinn*) âneries *f/pl*; **~blatt** F *péj n* F feuille *f* de chou; **~brot** *n* tartine *f* de fromage; **~gebäck** *n* biscuit *m* au fromage; **~glocke** *f* cloche *f* à fromage; **~kuchen** *m* gâteau *m* au fromage blanc

Kaserne [ka'zɛrnə] *f* ⟨~; ~n⟩ caserne *f*

kaser'nieren *v/t* ⟨*sans ge*⟩ caserner

'Käsestange *f* allumette *f* au fromage

'käse'weiß, 'käsig F *adj* (*blass*) blanc comme un linge; (*nicht braun*) F blanc comme un cachet d'aspirine

Kasino [ka'ziːno] *n* ⟨~s; ~s⟩ **1** (*Offiziers*♀) mess *m*; **2** (*Spiel*♀) casino *m*

Kaskoversicherung ['kasko-] *f* (*Voll*♀) assurance *f* tous risques

Kasper ['kaspər] *m* ⟨~s; ~⟩ **1** (*Puppe*) guignol *m*; **2** F *fig* guignol *m*

'Kasper(le)theater *n* guignol *m*

Kaspisch ['kaspɪʃ] *adj* ***das ~e Meer*** la mer Caspienne

Kassa ['kasa] *f* ⟨~; -en⟩ *österr* → ***Kasse***

Kasse ['kasə] *f* ⟨~; ~n⟩ caisse *f* (*a Kranken*♀); ***~ machen*** faire sa caisse; ***gemeinsame, getrennte ~ machen*** faire bourse commune, à part; (***gut***) ***bei ~ sein*** être en fonds; ***knapp bei ~ sein*** ne pas être en fonds; F ***j-n zur ~ bitten*** présenter la facture à qn

'Kassen|arzt *m* médecin conventionné; **~bon** *m* ticket *m* de caisse; **~buch** *n* livre *m* de caisse; **~erfolg** *m* film *m*, pièce *f* à succès; **~patient(in)** *m(f)* patient(e) *m(f)* affilié(e) obligatoirement à une caisse (d'assurance); **~stunden** *f/pl* heures *f/pl* d'ouverture (de la caisse)

'Kassensturz F *m* ***~ machen*** faire l'état de sa caisse

'Kassenzettel *m* ticket *m* de caisse

Kasserolle [kasə'rɔlə] *f* ⟨~; ~n⟩ casserole *f*

Kassette [ka'sɛtə] *f* ⟨~; ~n⟩ **1** *Behälter* coffret *m* (*a für Bücher, Schallplatten*); **2** (*Tonband*♀, *Video*♀) cassette *f*

Kas'setten|deck *n* platine *f* à cassettes; **~rekorder** *m* lecteur *m* de cassettes

kassieren [ka'siːrən] ⟨*sans ge*⟩ **I** *v/t* **1** *Geld* encaisser; **2** F *fig* (*einstecken müssen*) encaisser; F *fig* (*wegnehmen*) retirer; **II** *v/i* (*ab*~) encaisser

Kas'sierer(in) *m* ⟨~s; ~⟩ (*f*) ⟨~; ~nen⟩ caissier, -ière *m,f*

Kastanie [kas'taːniə] *f* ⟨~; ~n⟩ **1** (*Ross*♀) marron *m* (d'Inde); *Baum* marronnier *m*; **2** (*Edel*♀) châtaigne *f*; CUIS marron *m*; *Baum* châtaignier *m*; F ***für j-n die ~n aus dem Feuer holen*** tirer les marrons du feu pour qn

Ka'stanien|baum *m* → ***Kastanie*** *1, 2*; **♀braun** *adj* marron; *Haare* châtain

Kästchen ['kɛstçən] *n* ⟨~s; ~⟩ coffret *m*; *auf Formularen etc* case *f*

Kaste ['kastə] *f* ⟨~; ~n⟩ caste *f*

kasteien [kas'taɪən] *v/r* ⟨*sans ge*⟩ ***sich ~*** se mortifier

Kasten ['kastən] *m* ⟨~s; ⸚⟩ **1** *Behälter* boîte *f*; *größerer* caisse *f* (*a Bier*♀); F (*Brief*♀) boîte *f* aux lettres; **2** *österr, schweiz* (*Schrank*) armoire *f*; **3** F *péj* (*Auto*) F caisse *f*; (*Haus*) bloc *m* (de béton); (*Radio, Fernseher*) F engin *m*; F ***etwas auf dem ~ haben*** F être calé

'Kasten|brot *n pain cuit dans un moule rectangulaire*; **~wagen** *m* fourgonnette *f*

Kastrat [kas'traːt] *m* ⟨~en; ~en⟩ castrat *m*; **~i'on** *f* ⟨~; ~en⟩ castration *f*

kast'rieren *v/t* ⟨*sans ge*⟩ castrer

Kasus ['kaːzʊs] *m* ⟨~; ~⟩ GR cas *m*

Kat [kat] F *m* ⟨~s; ~s⟩ *abr* (*Katalysator*) catalyseur *m*; pot *m* catalytique

Katakombe [kata'kɔmbə] *f* ⟨~; ~n⟩ catacombe *f*

Katalog [kata'loːk] *m* ⟨~es; ~e⟩ catalogue *m*; **♀i'sieren** *v/t* ⟨*sans ge*⟩ cataloguer

Katalysator [kataly'zaːtɔr] *m* ⟨~s; -'toren⟩ catalyseur *m* (*a* CHIM, *fig*); AUTO *a* pot *m* catalytique; ***geregelter ~*** catalyseur réglé

Kataly'satorwagen *m* voiture *f* à pot catalytique, à catalyseur

katapultieren [katapʊl'tiːrən] *v/t* ⟨*sans ge*⟩ catapulter

Katarr(h) [ka'tar] *m* ⟨~s; ~e⟩ catarrhe *m*

Kataster [ka'tastər] *m od n* ⟨~s; ~⟩ cadastre *m*; **~amt** *n* cadastre *m*

kata|strophal [katastro'faːl] *adj* catastrophique; **♀'strophe** *f* ⟨~; ~n⟩ catastrophe *f*

Kata'strophen|alarm *m* alerte *f* à la catastrophe; **~gebiet** *n* région sinistrée

Katechismus [katɛ'çɪsmʊs] *m* ⟨~; -men⟩ (livre *m* de) catéchisme *m*

Kate|gorie [katego'riː] *f* ⟨~; ~n⟩ catégorie *f*; **♀'gorisch** *adj* catégorique

Kater ['ka:tər] *m* ⟨~s; ~⟩ **1** ZO chat *m*; matou *m*; **2** F *fig* ***e-n ~ haben*** F avoir la gueule de bois
Katheder [ka'te:dər] *n od m* ⟨~s; ~⟩ chaire *f*
Kathedrale [kate'dra:lə] *f* ⟨~; ~n⟩ cathédrale *f*
Kathete [ka'te:tə] *f* ⟨~; ~n⟩ MATH côté *m* de l'angle droit
Katheter [ka'te:tər] *m* ⟨~s; ~⟩ MÉD sonde *f*
Kathode [ka'to:də] *f* ⟨~; ~n⟩ cathode *f*
Katholik(in) [kato'li:k(ɪn)] *m* ⟨~en; ~en⟩ (*f*) ⟨~; ~nen⟩ catholique *m,f*
ka'tholisch *adj* catholique
Katz [kats] *f* F ***~ und Maus mit j-m spielen*** jouer au chat et à la souris avec qn; F ***für die ~*** F pour des prunes
'katzbuckeln *v/i* ⟨*¢*⟩ *péj* faire des courbettes (***vor*** [+ *dat*] devant)
Kätzchen ['kɛtsçən] *n* ⟨~s; ~⟩ chaton *m* (*a* BOT)
Katze ['katsə] *f* ⟨~; ~n⟩ chat *m*; *weibliche* chatte *f*; F ***die ~ im Sack kaufen*** acheter les yeux fermés; F ***die ~ aus dem Sack lassen*** F abattre son jeu; F ***wie die ~ um den heißen Brei herumgehen*** F tourner autour du pot
'Katzen|auge *n* F (*Rückstrahler*) catadioptre *m*; **~jammer** F *m* F (coup *m* de) déprime *f*
'Katzensprung F *m* ***es ist nur ein ~*** (***von hier***) c'est à deux pas d'ici
'Katzenwäsche F *f* toilette *f* de chat; ***~ machen*** faire une toilette de chat
Kauderwelsch ['kaudərvɛlʃ] *n* ⟨~*$*⟩ charabia *m*; (*Mischsprache*) sabir *m*
kauen ['kauən] *v/t u v/i* mâcher; ***an den Nägeln ~*** se ronger les ongles
kauern ['kauərn] **I** *v/i* être accroupi; **II** *v/r* ***sich ~*** s'accroupir
Kauf [kauf] *m* ⟨~*¢*s; ~̈e⟩ achat *m*; ***zum ~ anbieten*** mettre en vente; *fig* ***etw in ~ nehmen*** être prêt à accepter qc
'kaufen *v/t* **1** acheter (***von j-m*** à qn; ***für j-n*** à, pour qn; ***bei j-m*** chez qn); **2** F ***j-n ~*** (*bestechen*) acheter qn
Käufer(in) ['kɔʏfər(ɪn)] *m* ⟨~s; ~⟩ (*f*) ⟨~; ~nen⟩ acheteur, -euse *m,f*; *bei Grundstücken etc* acquéreur *m*
'Kauf|frau *f* **1** (*Geschäftsfrau*) commerçante *f*; **2** (*kaufmännische Angestellte*) employée *f* de commerce; **~haus** *n* grand magasin; **~kraft** *f* pouvoir *m* d'achat; **~leute** *pl* commerçants *m/pl*
käuflich ['kɔʏflɪç] **I** *adj* **1** à vendre; ***~e Liebe*** prostitution *f*; **2** *péj* vénal; **II** *adv* ***etw ~ erwerben*** acheter qc
'Kaufmann *m* ⟨~*¢*s; -leute⟩ **1** (*Geschäftsmann*) commerçant *m*; (*Großhändler*) négociant *m*; **2** (*kaufmännischer Angestellter*) employé *m* de commerce
kaufmännisch ['kaufmɛnɪʃ] *adj* commercial; ***~er Angestellter*** employé *m* de commerce
'Kauf|preis *m* prix *m* d'achat; **~vertrag** *m* contrat *m* de vente
'Kaufzwang *m* obligation *f* d'achat; *Schild* ***kein ~*** entrée libre
'Kaugummi *m od n* ⟨~s; ~s⟩ chewing-gum *m*
Kaulquappe ['kaulkvapə] *f* ⟨~; ~n⟩ têtard *m*
kaum [kaum] *adv* à peine; ne … guère; ***es ist ~ zu glauben*** c'est à peine croyable; ***es besteht ~ Hoffnung*** il n'y a guère d'espoir; *Antwort* ***wohl ~, ich glaube ~*** je ne le pense guère; ***~ hatte er es gesagt, als …*** il avait à peine dit cela que …
kausal [kau'za:l] *adj st/s*, GR causal
Kau'salzusammenhang *m* lien causal
'Kautabak *m* tabac *m* à chiquer
Kaution [kautsi'o:n] *f* ⟨~; ~en⟩ caution *f*; ***e-e ~ stellen*** verser une caution
Kautschuk ['kautʃuk] *m* ⟨~s; ~e⟩ caoutchouc *m*
Kauz [kauts] *m* ⟨~es; ~̈e⟩ **1** ZO chouette *f*; **2** F *fig* ***ein komischer ~*** F un drôle de zèbre
'kauzig *adj* bizarre
Kavalier [kava'li:r] *m* ⟨~s; ~e⟩ homme galant; gentleman *m*; ***~ sein*** être galant
Kava'liersdelikt *n* peccadille *f*
Kavallerie [kavalə'ri:] *f* ⟨~; ~n⟩ cavalerie *f*
Kaviar ['ka:viar] *m* ⟨~s; ~e⟩ caviar *m*
KB *abr* (*Kilobyte*) Ko (kilo-octet)
keck [kɛk] *adj* **1** (*frech*) 'hardi; effronté; **2** (*flott*) *Hut etc* coquet
Kefir ['ke:fɪr] *m* ⟨~s⟩ kéfir *od* képhir *m*
Kegel ['ke:gəl] *m* ⟨~s; ~⟩ **1** KEGELSPIEL quille *f*; **2** MATH, (*Berg*2) cône *m*; **3** (*Licht*2) faisceau *m*; **4** F ***mit Kind und ~*** F avec toute la smala
'Kegel|bahn *f* piste *f* de quilles; **2förmig**

adj conique; **~klub** *m* club *m* de joueurs de quilles
'**kegeln** *v/i* ⟨¢⟩ jouer aux quilles
'**Kegeln** *n* ⟨~s⟩ jeu *m* de quilles
'**Kegel|schnitt** *m* (section *f*) conique *f*; **~stumpf** *m* tronc *m* de cône
Kegler(in) ['ke:glər(ɪn)] *m* ⟨~s; ~⟩ (*f*) ⟨~; ~nen⟩ joueur, -euse *m,f* de quilles
Kehle ['ke:lə] *f* ⟨~; ~n⟩ gorge *f*; *fig* ***es schnürt mir die ~ zu*** j'en ai la gorge serrée; F *fig* ***etw in die falsche ~ bekommen*** prendre qc de travers; ***aus voller ~*** à pleine gorge
'**Kehlkopf** *m* larynx *m*; **~entzündung** *f* laryngite *f*
Kehraus ['ke:rˀaus] *m* ⟨~⟩ fin *f* (d'une fête); *Tanz* dernière danse
'**Kehre** *f* ⟨~; ~n⟩ **1** (*Kurve*) virage *m*; **2** TURNEN saut latéral dorsal
'**kehren**[1] *v/t u v/i* (*fegen*) balayer
'**kehren**[2] **I** *v/t* (*wenden*) tourner; ***das Oberste zuunterst ~*** mettre tout sens dessus dessous; **II** *v/r* ***sich nicht an etw*** (*acc*) ***~*** ne faire aucun cas de qc; *fig* ***in sich*** (*acc*) ***gekehrt*** pensif; songeur
Kehricht ['ke:rɪçt] *m od n* ⟨~s⟩ **1** *st/s* (*Zusammengekehrtes*) balayures *f/pl*; **2** *schweiz* (*Müll*) ordures *f/pl*
'**Kehrmaschine** *f* balayeuse *f*
'**Kehrreim** *m* refrain *m*
'**Kehrschaufel** *f* pelle *f* à ordures
'**Kehrseite** *f* **1** (*Rückseite*) revers *m*; *e-s Stoffes* envers *m* (*a fig Schattenseite*); *fig* ***die ~ der Medaille*** le revers de la médaille; **2** *plais* (*Gesäß*) F postérieur *m*
'**kehrt·machen** *v/i* faire demi-tour; *rasch* faire volte-face
'**Kehrtwendung** *f* MIL, *fig* volte-face *f*
keifen ['kaɪfən] *v/i* criailler; F glapir
Keil [kaɪl] *m* ⟨~¢s; ~e⟩ *zum Spalten* coin *m*; *zum Unterlegen* cale *f*
'**Keile** F *f* ⟨~⟩ F raclée *f*; volée *f*
'**keilen** F *v/r* ***sich ~*** se battre
'**Keiler** *m* ⟨~s; ~⟩ sanglier *m* (mâle)
Keile'rei F *f* ⟨~; ~en⟩ bagarre *f*; rixe *f*
'**keilförmig** *adj* en (forme de) coin
'**Keil|riemen** *m* courroie *f*; **~schrift** *f* écriture *f* cunéiforme
Keim [kaɪm] *m* ⟨~¢s; ~e⟩ BIOL, MÉD, *fig* germe *m*; ***etw im ~ ersticken*** étouffer qc dans l'œuf
'**Keimdrüse** *f* glande sexuelle; gonade *f*
'**keimen** *v/i* germer; *fig a* naître
'**keim|frei** *adj* aseptique; *Nahrungsmittel* stérilisé; **&ling** *m* ⟨~s; ~e⟩ embryon *m*; **&zelle** *f* **1** BIOL gamète *m*; **2** *fig* foyer *m*; source *f*
kein [kaɪn] *pr/ind* **1** *adjt* ⟨*f* ~e, *pl* ~e⟩ ne … pas de; *ohne Verb* pas de; *bei „sein"* pas un(e) *od* des; ***ich habe ~e Zeit*** je n'ai pas le temps; ***~ anderer als X*** nul autre que X; **2** *subst* ⟨*m* ~er, *f* ~e, *n* ~¢s, *pl* ~e⟩ aucun(e) … ne; *p/fort* nul, nulle …ne; personne … ne; ***~e*** *auf Fragebogen* néant; ***ich habe ~en*** *als Antwort* je n'en ai pas; ***~er weiß es*** personne ne le sait
'**keinerlei** *adj* ⟨*inv*⟩ ne … aucun
'**keines'falls** *adv* (ne + *Verb*) en aucun cas
'**keines'wegs** *adv* (ne + *Verb*) pas du tout, absolument pas
'**keinmal** *adv* pas une (seule) fois
Keks [ke:ks] *m* ⟨~¢s; ~e⟩ biscuit *m*; gâteau sec; F ***das, der geht mir auf den ~!*** F cela, il me casse les pieds
Kelch [kɛlç] *m* ⟨~¢s; ~e⟩ BOT, (*Meß&*) calice *m*; *st/s* ***den ~ bis zur Neige leeren*** boire le calice jusqu'à la lie; *fig* ***der ~ ist an uns vorübergegangen*** nous l'avons échappé belle
'**Kelchblatt** *n* BOT sépale *m*
Kelle ['kɛlə] *f* ⟨~; ~n⟩ **1** (*Schöpf&*) louche *f*; **2** (*Maurer&*) truelle *f*; **3** *des Verkehrspolizisten etwa* bâton blanc
Keller ['kɛlər] *m* ⟨~s; ~⟩ cave *f*
'**Kellerassel** *f* ZO cloporte *m*
Kelle'rei *f* ⟨~; ~en⟩ caves *f/pl*
'**Keller|fenster** *n* soupirail *m*; **~geschoss** *n* sous-sol *m*; **~wohnung** *f* appartement *m* en sous-sol
Kellner ['kɛlnər] *m* ⟨~s; ~⟩ garçon *m*
'**Kellnerin** *f* ⟨~; ~nen⟩ serveuse *f*
Kelte ['kɛltə] *m* ⟨~n; ~n⟩ Celte *m*
Kelter ['kɛltər] *f* ⟨~; ~n⟩ pressoir *m*
'**keltern** *v/t* presser
'**keltisch** *adj* celtique *od* celte
Kenia ['ke:nia] *n* ⟨~s⟩ le Kenya
Kenia|ner(in) [keni'a:nər(ɪn)] *m* ⟨~s; ~⟩ (*f*) ⟨~; ~nen⟩ Kenyan(e) *m*(*f*); **&nisch** *adj* kenyan
kennen ['kɛnən] ⟨kannte, gekannt⟩ *v/t* (*u v/r* ***sich ~*** se) connaître; ***j-n, etw ~ lernen*** faire la connaissance de qn, qc; *drohend* ***du wirst mich noch ~ lernen!*** tu vas voir de quel bois je me

K

chauffe!; ***sich ~ lernen*** faire connaissance
'**Kenner(in)** *m* ⟨~s; ~⟩ *(f)* ⟨~; ~nen⟩ connaisseur, -euse *m,f* (***von*** en)
'**Kennerblick** *m* coup d'œil *m* connaisseur; ***mit ~*** en connaisseur
kenntlich ['kɛntlɪç] *adj* reconnaissable (***an*** [+ *dat*] à); ***~ machen*** marquer
Kenntnis ['kɛntnɪs] *f* ⟨~; ~se⟩ **1** connaissance *f* (***in*** [+ *dat*] en); ***einige ~se im Italienischen haben*** avoir quelques notions d'italien; **2** ***~ von etw haben*** avoir connaissance de qc; ***etw zur ~ nehmen*** prendre acte de qc; ***j-n von etw in ~ setzen*** informer qn de qc; *st/s* ***das entzieht sich meiner ~*** je n'en ai pas connaissance
'**Kenntnisnahme** *f* ⟨~⟩ ADM ***mit der Bitte um ~*** pour information
'**Kenn|wort** *n* ⟨~(e)s; ~er⟩ *für Eingeweihte* mot *m* de passe; *bei Zeitungseinsendungen* (mot *m*) code *m*; **~zahl** *f* indice *m*
'**Kennzeichen** *n* **1** (*Merkmal*) caractéristique *f*; (*Erkennungsmerkmal*) signe *m* de reconnaissance; *Pass* ***besondere ~*** signes particuliers; **2** AUTO numéro *m* d'immatriculation
'**kenn|zeichnen** *v/t* ⟨-e-⟩ marquer; *beschreibend* caractériser; **~zeichnend** *adjt* typique (***für*** de); **≗ziffer** *f* indice *m*
kentern ['kɛntərn] *v/i* ⟨sn⟩ chavirer
Keram|ik [ke'ra:mɪk] *f* ⟨~; ~en⟩ céramique *f*; **≗isch** *adj* céramique
Kerbe ['kɛrbə] *f* ⟨~; ~n⟩ entaille *f*; encoche *f*; F *fig* ***in dieselbe ~ hauen*** F enfoncer le clou
Kerbel ['kɛrbəl] *m* ⟨~s⟩ cerfeuil *m*
'**kerben** *v/t* encocher
'**Kerbholz** F *fig n* ***etw auf dem ~ haben*** avoir commis un méfait
Kerker ['kɛrkər] *m* ⟨~s; ~⟩ cachot *m*
Kerl [kɛrl] F *m* ⟨~s; ~e, *nordd* ~s⟩ F type *m*; F gars *m*; ***blöder ~*** idiot *m*; ***kleiner ~*** F petit bonhomme
Kern [kɛrn] *m* ⟨~(e)s; ~e⟩ **1** *von Steinobst* noyau *m*; *von Kernobst* pépin *m*; *von Nüssen* amande *f*; **2** *fig* cœur *m*; ***der harte ~*** le noyau (dur); ***zum ~ der Sache kommen*** entrer dans le vif du sujet; ***in ihm steckt ein guter ~*** il a un bon fond; **3** (*Atom≗*) noyau *m*; (*Reaktor≗*) cœur *m*
'**Kern|brennstoff** *m* combustible *m* nucléaire; **~energie** *f* énergie *f* nucléaire; **~explosion** *f* explosion *f* nucléaire; **~forschung** *f* recherche *f* nucléaire; **~frage** *f* question principale, cruciale; **~fusion** *f* fusion *f* nucléaire; **~gehäuse** *n* BOT trognon *m*
'**kerngesund** *adj* en parfaite santé
'**kernig** *adj* **1** *Obst* à pépins; **2** *fig Person* vigoureux; robuste; F *Spruch* cru
'**Kernkraft** *f* énergie *f* nucléaire; **~gegner(in)** *m(f)* antinucléaire *m,f*; **~werk** *n* centrale *f* nucléaire
'**kernlos** *adj* sans pépins
'**Kern|obst** *n* fruits *m/pl* à pépins; **~physik** *f* physique *f* nucléaire; **~physiker(in)** *m,f* atomiste *m,f*; **~punkt** *m* point essentiel; **~reaktion** *f* réaction *f* nucléaire; **~reaktor** *m* réacteur *m* nucléaire; **~seife** *f* savon *m* de Marseille; **~spaltung** *f* fission *f* nucléaire; **~stück** *n* partie essentielle; cœur *m*; **~technik** *f* technique *f* nucléaire; **~waffe** *f* arme *f* nucléaire; **~waffenversuch** *m* essai *m* nucléaire; **~zeit** *f* ARBEITSRECHT plage *f* fixe
Kerosin [kero'zi:n] *n* ⟨~s⟩ kérosène *m*
Kerze ['kɛrtsə] *f* ⟨~; ~n⟩ bougie *f* (*a Zünd≗*); chandelle *f* (*a* SPORT); *in der Kirche* cierge *m*
'**kerzenge'rade** *adj u adv* tout droit
'**Kerzenhalter** *m* bougeoir *m*
'**Kerzenlicht** *n* lumière *f* de bougie(s); ***bei ~ essen*** dîner aux chandelles
'**Kerzen|schein** *m* lueur *f* de bougie(s); **~ständer** *m* chandelier *m*
kess [kɛs] *adj* **1** (*frech*) déluré; (*unverfroren*) 'hardi; **2** (*flott*) ***ein ~es Mädchen*** une fille qui a du chien
Kessel ['kɛsəl] *m* ⟨~s; ~⟩ **1** (*Wasser≗*) bouilloire *f*; **2** (*Dampf≗, Heiz≗*) chaudière *f*; **3** GÉOGR cuvette *f*
'**Kessel|stein** *m* tartre *m*; **~treiben** *n* ⟨~s; ~⟩ *fig* poursuite acharnée (***gegen*** contre)
Ket(s)chup ['kɛtʃap] *m od n* ⟨~(s); ~s⟩ ketchup *m*
Kette ['kɛtə] *f* ⟨~; ~n⟩ **1** chaîne *f* (*a* TECH, GÉOGR, *fig*); (*Fessel*) **~n** *pl* fers *m/pl*; ***e-e ~ bilden*** faire la chaîne; ***e-e ~ von Ereignissen*** une suite d'événements; **2** *Schmuck: aus Metall* chaîne *f*; *aus Perlen, Edelsteinen* collier *m*; **3** (*Laden≗, Hotel≗*) chaîne *f*
'**ketten** *v/t* ⟨-e-⟩ attacher (***an*** [+ *acc*] à);

fig ***j-n an sich* ~** s'attacher qn
'Ketten|glied *n* chaînon *m*; **~hund** *m* chien *m* de garde (attaché); **~raucher(in)** *m(f)* grand(e) fumeur, -euse *m,f*; **~reaktion** *f* réaction *f* en chaîne (*a fig*)
Ketzer(in) ['kɛtsər(ɪn)] *m* ⟨~s; ~⟩ (*f*) ⟨~; ~nen⟩ hérétique *m,f* (*a fig*)
Ketze'rei *f* ⟨~; ~en⟩ hérésie *f* (*a fig*)
'ketzerisch *adj* hérétique (*a fig*)
keuchen ['kɔʏçən] *v/i* 'haleter (*a fig*)
'Keuchhusten *m* coqueluche *f*
Keule ['kɔʏlə] *f* ⟨~; ~n⟩ **1** *Waffe* massue *f*; **2** *vom Hasen, Huhn* cuisse *f*; *vom Hammel* gigot *m*; *vom Wild* cuissot *m*
keusch [kɔʏʃ] *adj* chaste
'Keuschheit *f* ⟨~⟩ chasteté *f*
Keyboard ['ki:bɔrt] *n* ⟨~s; ~s⟩ MUS orgue *m* électronique; INFORM clavier *m*
Kfz [ka:ʔɛf'tsɛt] *n* ⟨~$; ~$⟩ *abr* (*Kraftfahrzeug*) véhicule *m* automobile
Kf'z... *in Zssgn* → ***Kraftfahrzeug...***; **~-Werkstatt** *f* garage *m* auto
kg *abr* (*Kilogramm*) kg
KG [ka:'ge:] *f* ⟨~; ~s⟩ *abr* → ***Kommanditgesellschaft***
khakifarben ['ka:ki-] *adj* kaki
Kibbuz [kɪ'bu:ts] *m* ⟨~; -'zim *ou* ~e⟩ kibboutz *m*
Kichererbse ['kɪçər-] *f* pois *m* chiche
'kichern *v/i* ricaner; *verstohlen* rire sous cape
kicken ['kɪkən] F **I** *v/t* ***den Ball ins Tor* ~** envoyer le ballon dans le but; **II** *v/i* jouer au foot(ball)
'Kicker F *m* ⟨~s; ~$⟩ footballeur *m*
kidnapp|en ['kɪtnɛpən] *v/t* kidnapper; **≈er(in)** *m* ⟨~s; ~⟩ (*f*) ⟨~; ~nen⟩ kidnappeur, -euse *m,f*
Kiebitz ['ki:bɪts] *m* ⟨~es; ~e⟩ **1** ZO vanneau *m*; **2** F (*Zuschauer*) spectateur *m*
Kiefer[1] ['ki:fər] *m* ⟨~s; ~⟩ ANAT mâchoire *f*
'Kiefer[2] *f* ⟨~; ~n⟩ BOT pin *m*
'Kieferhöhle *f* sinus *m* maxillaire
'Kiefernzapfen *m* pomme *f* de pin
'Kieferorthopädie *f* orthodontie *f*
Kiel[1] [ki:l] *m* ⟨~ɇs; ~e⟩ MAR quille *f*
Kiel[2] *m* ⟨~ɇs; ~e⟩ (*Feder≈*) tuyau *m* de plume
'Kielwasser *n* sillage *m*; *fig* ***in j-s* ~** (*dat*) ***schwimmen, segeln*** marcher dans le sillage de qn
Kiemen ['ki:mən] *f/pl* branchies *f/pl*
Kiepe ['ki:pə] *f* ⟨~; ~n⟩ 'hotte *f*
Kies [ki:s] *m* ⟨~es; ~e⟩ **1** gravier(s) *m(pl)*; *grober* cailloux *m/pl*; **2** F *fig* (*Geld*) F fric *m*
Kiesel ['ki:zəl] *m* ⟨~s; ~⟩ galet *m*; caillou *m*; **~erde** *f* silice *f*; **~säure** *f* acide *m* silicique; **~stein** *m* galet *m*; caillou *m*
'Kiesgrube *f* gravière *f*
kiffen ['kɪfən] *Jargon v/i* F fumer de l'herbe
kikeriki [kikəri'ki:] *enf int* cocorico!
killen ['kɪlən] F *v/t* F descendre
'Killer F *m* ⟨~s; ~⟩ tueur *m* à gages
Kilo ['ki:lo] *n* ⟨~s; ~s, *mais 5* ~⟩ kilo *m*; **~'byte** *n* kilo-octet *m*; **~'gramm** *n* kilogramme *m*; **~'hertz** *n* kilohertz *m*
Kilometer [kilo'-] *m* kilomètre *m*; **~geld** *n*, **~pauschale** *f* indemnité *f* kilométrique; **~stand** *m* kilométrage *m*
kilo'meterweit *adv* à des kilomètres; ~ ***fahren*** faire des kilomètres
Kilo|'meterzähler *m* compteur *m* kilométrique; **~'watt** *n* kilowatt *m*; **~'wattstunde** *f* kilowattheure *f*
Kimme ['kɪmə] *f* ⟨~; ~n⟩ cran *m* de mire
Kimono ['ki:mono] *m* ⟨~s; ~s⟩ kimono *m*
Kind [kɪnt] *n* ⟨~ɇs; ~er⟩ enfant *m,f*; ***kleines* ~** petit(e) enfant; ***j-n an ~es statt annehmen*** adopter qn; F ***kein ~ von Traurigkeit sein*** F ne pas engendrer la mélancolie; ***von ~ auf, an*** depuis *od* dès l'enfance; F ***sich bei j-m lieb ~ machen*** s'attirer les grâces de qn; F ***~er, ~er!*** allons les, mes enfants!; ***das ~ beim Namen nennen*** appeler un chat un chat; ***das ~ mit dem Bade ausschütten*** jeter le bébé avec l'eau du bain; *prov* ***gebranntes ~ scheut das Feuer*** *prov* chat échaudé craint l'eau froide
'Kindchen *n* ⟨~s; ~⟩ petit enfant; *Anrede* mon petit, ma petite
'Kinder|arbeit *f* travail *m* des enfants; **~arzt** *m* pédiatre *m*; **~ärztin** *f* pédiatre *f*; **~bett** *n* lit *m* d'enfant; **~buch** *n* livre *m* pour enfants; **~dorf** *n* village *m* d'enfants
Kinde'rei *f* ⟨~; ~en⟩ enfantillage *m*
'Kinder|erziehung *f* éducation *f* des enfants; **≈feindlich** *adj* hostile aux enfants; **~fest** *n* fête *f* d'enfants; **~film** *m* film *m* pour enfants; **≈freundlich** *adj* *Mensch* qui aime les enfants; *Möbel*,

K

Hotel adapté aux enfants; **~garten** *m* jardin *m* d'enfants; *in Frankreich* école maternelle; **~gärtnerin** *f* jardinière *f* d'enfants; institutrice *f* d'école maternelle; **~geld** *n* allocations familiales; **~heim** *n* maison *f*, foyer *m* d'enfants; **~hort** *m* garderie *f*

'**Kinderkrankheit** *f* maladie infantile; *fig pl* **~en** défauts *m/pl* de jeunesse

'**Kinder|krippe** *f* crèche *f*; **~lähmung** *f* poliomyélite *f*; '**2'leicht** F *adj* enfantin; simple comme bonjour; **2lieb** *adj* qui aime les enfants; **~lied** *n* chanson enfantine; **2los** *adj* sans enfants; **~mädchen** *n* bonne *f* d'enfants; **2reich** *adj* qui a beaucoup d'enfants; *Familie* nombreux; **~schar** *f* bande *f* d'enfants

'**Kinderschuh** *m* chaussure *f* d'enfant; *fig* ***noch in den ~en stecken*** n'en être qu'à ses débuts

'**Kinder|sendung** *f* émission *f* pour enfants; **2sicher** *adj* conforme aux normes de sécurité pour enfants; **~sitz** *m* siège *m* pour enfant; **~spiel** *n* jeu *m* d'enfant (*a fig*); **~spielplatz** *m* terrain *m* de jeux; **~spielzeug** *n* jouet *m* d'enfant

K

'**Kinderstube** *f fig* ***e-e gute, schlechte ~ haben*** être bien, mal élevé

'**Kinder|tagesstätte** *f* garderie *f*; **~teller** *m* **1** *Teller* assiette *f* d'enfant; **2** *Portion im Restaurant* portion *f*, menu *m* enfant; **~wagen** *m* poussette *f*; landau *m*; **~zimmer** *n* chambre *f* d'enfant(s)

'**Kindesalter** *n* enfance *f*

'**Kindesbeine** *n/pl* ***von ~n an*** dès ma, ta, *etc* plus tendre enfance

'**Kindes|missbrauch** *m* violences sexuelles sur enfant; **~misshandlung** *f* sévices, mauvais traitements infligés à un enfant; **~tötung** *f* infanticide *m*

'**kindgemäß** *adj* adapté à l'enfant

'**Kindheit** *f* ⟨~⟩ enfance *f*; ***von ~ an*** dès l'enfance

'**kindisch I** *adj* puéril; *im Alter* gâteux; ***sei nicht ~!*** ne fais pas l'enfant!; **II** *adv* ***sich ~ benehmen*** faire l'enfant; *péj* être puéril

'**kindlich** *adj* enfantin; d'enfant; *im Verhältnis zu den Eltern* filial

'**Kindskopf** F *fig m* niais *m*; nigaud *m*

'**Kind(s)taufe** *f* baptême *m*

kinetisch [ki'ne:tɪʃ] *adj* cinétique

Kinkerlitzchen ['kɪŋkərlɪtsçən] F *pl* (*Nichtigkeiten*) futilités *f/pl*; (*Albernheiten*) niaiseries *f/pl*

Kinn [kɪn] *n* ⟨~(e)s; ~e⟩ menton *m*; '**~haken** *m* crochet *m* à la mâchoire; uppercut *m*; '**~lade** *f* mâchoire inférieure

Kino ['ki:no] *n* ⟨~s; ~s⟩ cinéma *m*; **~karte** *f* billet *m* de cinéma; **~kasse** *f* caisse *f* de cinéma

Kiosk ['ki:ɔsk] *m* ⟨~(e)s; ~e⟩ kiosque *m*

Kipferl ['kɪpfərl] *n* ⟨~s; ~n⟩ *österr* croissant *m*

Kippe ['kɪpə] *f* ⟨~; ~n⟩ **1** (*Müll2*) décharge *f*; **2** F ***auf der ~ stehen*** *Unternehmen* être sur le point de faire faillite, sur la corde raide; (*ungewiss sein*) être incertain; **3** F (*Zigaretten2*) F mégot *m*

'**kippen I** *v/t* **1** (*neigen, stürzen*) faire basculer; **2** (*schütten*) verser; F ***einen ~*** F s'en jeter un; **3** F (*zurückziehen*) supprimer; (*absetzen*) renverser; **II** *v/i* ⟨sn⟩ basculer; ÉCOL ***der See ist gekippt*** l'équilibre biologique du lac est rompu

'**Kipp|fenster** *n* fenêtre basculante; **~schalter** *m* interrupteur *m* à bascule

Kirche ['kɪrçə] *f* ⟨~; ~n⟩ **1** *Gebäude* CATH église *f*; PROT temple *m*; ***die ~ im Dorf lassen*** garder tout son bon sens; **2** *Institution* Église *f*; **3** (*Gottesdienst*) service (religieux); ***in die ~ gehen*** aller à l'église

'**Kirchen|chor** *m* chœur (paroissiale); **~fenster** *n* vitrail *m*; **~gemeinde** *f* paroisse *f*; **~glocke** *f* cloche *f*; **~jahr** *n* année *f* liturgique; **~lied** *n* cantique *m*; **~musik** *f* musique sacrée, religieuse; **~schiff** *n* nef *f*; **~steuer** *f* impôt destiné à l'Église; **~tür** *f* portail *m* d'église

Kirch|gänger(in) ['kɪrçgɛŋər(ɪn)] *m* ⟨~s; ~⟩ (*f*) ⟨~; ~nen⟩ personne *f* qui va à l'église; *regelmäßiger* pratiquant(e) *m(f)*; **~hof** *m* cimetière *m*

'**kirchlich I** *adj* de l'Église; ***~e Trauung*** mariage religieux; **II** *adv* ***sich ~ trauen lassen*** se marier à l'église

'**Kirch|turm** *m* clocher *m*; **~weih** *f* ⟨~; ~en⟩ kermesse *f*

Kirmes ['kɪrməs] *f* ⟨~; ~sen⟩ kermesse *f*

'**Kirsch|baum** *m* cerisier *m*; **~blüte** *f* fleur *f* de cerisier; *Zeit* floraison *f* de cerisiers

'**Kirsche** *f* ⟨~; ~n⟩ cerise *f*; *Baum* cerisier *m*; ***mit ihm ist nicht gut ~n essen***

c'est un mauvais coucheur
'Kirsch|kern *m* noyau *m* de cerise; **~saft** *m* jus *m* de cerises; **~torte** *f* tarte *f* aux cerises; **~wasser** *n* kirsch *m*
Kissen ['kɪsən] *n* ⟨~s; ~⟩ coussin *m*; (*Kopf*≈) oreiller *m*; **~bezug** *m* 'housse *f* de coussin; (*Kopf*≈) taie *f* d'oreiller
Kiste ['kɪstə] *f* ⟨~; ~n⟩ **1** *größere* caisse *f*; *kleinere* boîte *f*; **2** F (*Auto*) F bagnole *f*; F caisse *f*; (*Flugzeug*) coucou *m*; (*Fernseher*) F télé *f*
Kitsch [kɪtʃ] *m* ⟨~¢s⟩ kitsch *m*
'kitschig *adj* kitsch
Kitt [kɪt] *m* ⟨~¢s; ~e⟩ mastic *m*
Kittchen ['kɪtçən] F *n* ⟨~s; ~⟩ *arg* taule *f*; ***ins ~ kommen*** *arg* aller en taule
Kittel ['kɪtəl] *m* ⟨~s; ~⟩ **1** (*Arbeits*≈) blouse *f*; **2** (*Bluse*) chemisier *m*
'kitten *v/t* ⟨-e-⟩ mastiquer; *fig* cimenter
Kitz ['kɪts] *n* ⟨~es; ~e⟩ (*Reh*≈) faon *m*; (*Ziegen*≈) chevreau *m*; chevrette *f*
Kitzel ['kɪtsəl] *m* ⟨~s⟩ **1** (*Reiz*) attrait *m*; **2** (*Kitzeln*) chatouillement *m*
'kitz(e)lig *adj* chatouilleux; *fig Frage, Angelegenheit* délicat
'kitzeln *v/t u v/i* ⟨¢⟩ chatouiller
'Kitzler *m* ⟨~s; ~⟩ ANAT clitoris *m*
Kiwi ['kiːvi] *f* ⟨~; ~s⟩ BOT kiwi *m*
KKW [kaːkaː'veː] *n* ⟨~$; ~s⟩ *abr* (*Kernkraftwerk*) centrale *f* nucléaire
Klacks [klaks] F *m* ⟨~es; ~e⟩ **1** (*Klecks*) giclée *f*; ***ein ~ Sahne*** un peu de chantilly; **2** *fig* broutille *f*; rien *m*; ***das ist nur ein ~*** c'est une babiole
Kladde ['kladə] *f* ⟨~; ~n⟩ cahier *m* de brouillon
klaffen ['klafən] *v/i* être béant; ***in der Wand klafft ein Riss*** il y a une fente béante dans le mur
kläffen ['klɛfən] *v/i* glapir
'Kläffer *m* ⟨~s; ~⟩ *péj* roquet *m*
Klage ['klaːgə] *f* ⟨~; ~n⟩ plainte *f*; JUR *a* action *f*; JUR ***~ erheben*** intenter une action (***gegen j-n*** contre qn); ***~ führen über*** (+ *acc*) se plaindre de; ***keinen Grund zur ~ haben*** ne pas avoir à se plaindre
'Klagelied *n* complainte *f*; *fig* ***ein ~ anstimmen*** se répandre en lamentations
'klagen *v/i* **1** se plaindre (***über*** [+ *acc*] de); **2** STRAFRECHT porter plainte; ZIVILRECHT intenter une action (***auf*** [+ *acc*] en; ***gegen*** contre; ***wegen*** pour)
Kläger(in) ['klɛːgər(ɪn)] *m* ⟨~s; ~⟩ (*f*) ⟨~; ~nen⟩ JUR plaignant(e) *m(f)*; *im Zivilprozess* demandeur, -eresse *m,f*
'Klageschrift *f* JUR mémoire *m*
kläglich ['klɛːklɪç] *adj* (*beklagenswert*) lamentable; (*bemitleidenswert*) pitoyable
'klaglos *adv* sans se plaindre
Klamauk [kla'mauk] F *m* ⟨~s⟩ (*Lärm*) F boucan *m*; *péj* THÉ comédie bouffonne
klamm [klam] *adj Wäsche* froid et humide; *Finger* engourdi; gourd
Klammer ['klamər] *f* ⟨~; ~n⟩ **1** (*Wäsche*≈) pince *f* à linge; (*Haar*≈) pince *f* (à cheveux); (*Zahn*≈) appareil *m* dentaire; (*Heft*≈) agrafe *f*; (*Büro*≈) trombone *m*; **2** TYPO *runde* parenthèse *f*; ***eckige ~*** crochet *m*; **(*etw*) *in ~n* (*setzen*)** (mettre qc) entre parenthèses; **3** MATH parenthèse *f*
'klammern I *v/t mit Heftmaschine* agrafer; *mit Büroklammer* attacher; *Wunde* fermer au moyen d'agrafes; **II** *v/r* ***sich an j-n, etw ~*** s'accrocher à qn, qc (*a fig*)
'klamm'heimlich F *adj* secret
Klamotte [kla'mɔtə] F *f* ⟨~; ~n⟩ **1** *pl* ***~n*** (*Kleider*) F fringues *f/pl*; **2** *péj* THÉ farce *f*
klang [klaŋ] → ***klingen***
Klang *m* ⟨~¢s; ~̈e⟩ son *m*; *e-s Radios etc* sonorité *f*
'Klang|farbe *f* timbre *m*; **~fülle** *f* sonorité *f*; **≈voll** *adj* sonore; *Titel, Name* qui sonne bien
'Klappbett *n* lit pliant
Klappe ['klapə] *f* ⟨~; ~n⟩ **1** TECH clapet *m*; ANAT, BIOL valvule *f*; *e-r Trompete etc* clé *f*; *e-s Briefumschlages*, (*Taschen*≈) rabat *m*; **2** FILM claquette *f*; **3** P (*Mund*) P gueule *f*; ***halt die ~!*** F ferme-la!; F ***e-e große ~ haben*** P avoir une grande gueule
'klappen I *v/t* ***nach oben ~*** relever; ***nach unten ~*** rabattre; **II** F *v/i* (*gelingen*) bien marcher; F coller; ***es wird schon ~*** ça ira; ça va marcher
'Klappentext *m* texte *m* de présentation
Klapper ['klapər] *f* ⟨~; ~n⟩ crécelle *f*; *für Kinder* 'hochet *m*
'klapp(e)rig *adj* branlant (*a fig*)
'Klapperkiste F *f* (*altes Fahrzeug*) vieux clou
'klappern *v/i Geschirr, Schreibmaschine* cliqueter; *Storch* craqueter; *Fensterla-*

K

den, Absätze claquer

'Klapper|schlange *f* serpent *m* à sonnettes; **~storch** F *enf m* cigogne *f*

'Klapp|fenster *n* vasistas *m*; **~messer** *n* couteau pliant; **~rad** *n* bicyclette pliante

'klapprig → ***klapperig***

'Klapp|sitz *m* siège *m* rabattable; (*Notsitz*) strapontin *m*; **~stuhl** *m* chaise pliante; **~tisch** *m* table pliante

Klaps [klaps] F *m* ⟨~es; ~e⟩ **1** (*leichter Schlag*) tape *f*; **2** ***e-n ~ haben*** F être un peu fêlé

'Klapsmühle F *péj f* maison *f* de fous

klar [kla:r] **I** *adj* **1** clair (*a Flüssigkeit, Himmel, Stimme, Blick*); *Glas a* transparent; *Wasser, Luft* pur; **2** (*deutlich*) net; (*offenbar*) évident; ***das ist mir ~*** je le comprends bien; ***sich*** (*dat*) ***über etw*** (*acc*) ***im ~en sein*** se rendre (bien) compte de qc; F (***na***) ***~!*** bien sûr!; F ***alles ~?*** tout est clair?; **II** *adv* nettement; ***~ und deutlich*** nettement; ***~ sehen*** voir clair; ***sich*** (*dat*) ***über etw*** (*acc*) ***~ werden*** commencer à comprendre qc

'Kläranlage *f* station *f* d'épuration

'Klare(r) *m* ⟨→ A⟩ (verre *m* d')eau-de-vie *f*

klären ['klɛ:rən] **I** *v/t* **1** *Unklarheiten* éclaircir; *Problem* élucider; *Situation* clarifier; *Frage* tirer au clair; **2** *Flüssigkeiten* épurer; **II** *v/r* ***sich ~*** s'éclaircir

'klar·gehen F *v/i* ⟨*irr*, sn⟩ se passer bien; F ***das geht klar*** ça ne fait pas de problème

'Klarheit *f* ⟨~⟩ clarté *f*; *fig a* netteté *f*; ***sich*** (*dat*) ***über etw*** (*acc*) ***~ verschaffen*** s'informer au sujet de qc

Klari|nette [klari'nɛtə] *f* ⟨~; ~n⟩ clarinette *f*; **~net'tist(in)** *m* ⟨~en; ~en⟩ (*f*) ⟨~; ~nen⟩ clarinettiste *m,f*

'klar·kommen *v/i* ⟨*irr*, sn⟩ F ***mit j-m nicht ~*** ne pas (bien) s'entendre avec qn; F ***kommst du klar?*** F tu t'en sors?

'klar·machen *v/t* **1** F ***j-m etw ~*** expliquer qc à qn; F ***sich*** (*dat*) ***etw ~*** se rendre compte de qc; **2** MAR appareiller

'Klar|sichtfolie *f* film transparent; **~sichtpackung** *f* emballage transparent; **~spüler** *m*, **~spülmittel** *n* produit *m* de rinçage

'klar·stellen *v/t* ***etw ~*** tirer qc au clair

'Klartext *m* texte déchiffré *bzw* non chiffré; *fig* ***im ~*** en clair

'Klärung *f* ⟨~; ~en⟩ **1** *von Unklarheiten* éclaircissement *m*; *e-s Problems* élucidation *f*; **2** *von Flüssigkeiten* épuration *f*

'Klärwerk *n* station *f* d'épuration

klasse ['klasə] F **I** *adj* ⟨*inv*⟩ F super; F chouette; **II** *adv* F super bien

'Klasse *f* ⟨~; ~n⟩ classe *f* (*a* SCHULE, BIOL, SOZIOLOGIE, BAHN, AVIAT); (*Güte*≈) qualité *f*; SPORT catégorie *f*; ***Fahrkarte f erster, zweiter ~*** billet *m* de première, de seconde (classe); SCHULE ***in der ersten ~ sein*** être au cours élémentaire première année; F ***das ist*** (***ganz große***) ***~!*** F c'est super!

'Klassen|arbeit *f* contrôle *m*; **~beste(r)** *f(m)* premier, -ière *m,f* de la classe; **~bewusstsein** *n* conscience *f* de classe; **~buch** *n* cahier *m* de classe; **~fahrt** *f* voyage *m* scolaire; **~gesellschaft** *f* société *f* de classes; **~kamerad(in)** *m(f)* camarade *m,f* de classe; **~kampf** *m* lutte *f* des classes; **~lehrer(in)** *m(f)* professeur principal; **≈los** *adj* sans classes; **~sprecher(in)** *m(f)* délégué(e) *m(f)* de classe; **~treffen** *n* réunion *f* d'anciens élèves

'Klassenziel *n* ***er hat das ~ nicht erreicht*** il n'a pas réussi à passer (dans la classe supérieure)

'Klassenzimmer *n* (salle *f* de) classe *f*

klassifizier|en [klasifi'tsi:rən] *v/t* ⟨*sans ge*⟩ classer; **≈ung** *f* ⟨~; ~en⟩ classification *f*

Klassik ['klasık] *f* ⟨~⟩ classicisme *m*; **~er** *m* ⟨~s; ~⟩ (auteur *m*) classique *m*

'klassisch *adj* classique

Klassiz|ismus [klasi'tsısmus] *m* ⟨~⟩ classicisme *m*; **≈istisch** *adj* classique

Klatsch [klatʃ] F *m* ⟨~es⟩ F ragot(s) *m(pl)*; **'~base** F *f* commère *f*

'Klatsche *f* ⟨~; ~n⟩ (*Fliegen*≈) tapette *f*

'klatschen **I** *v/t* *Takt* battre; ***etw an die Wand ~*** faire claquer qc contre le mur; **II** *v/i* **1** *Geräusch* battre (***gegen etw*** contre qc); fouetter (***gegen etw*** qc); *Segel im Wind* claquer; **2** (*applaudieren*) applaudir; **3** F (*reden*) F faire des ragots (***über j-n*** sur qn)

'Klatsch|mohn *m* coquelicot *m*; **'≈'nass** F *adj* trempé jusqu'aux os; **~spalte** F *f* rubrique *f* des ragots mondains

Klaue ['klauə] *f* ⟨~; ~n⟩ **1** (*Kralle*) griffe

f; *der Raubvögel* serre *f*; *fig* ***in j-s ~n*** (*acc*) ***geraten*** tomber sous la griffe de qn; **2** F *péj* (*Handschrift*) F écriture *f* de cochon

'klauen F *v/t u v/i* F faucher

Klausel ['klauzəl] *f* ⟨~; ~n⟩ clause *f*

Klausur [klau'zuːr] *f* ⟨~; ~en⟩ **1** REL, *fig* clôture *f*; **2** (*Prüfungsarbeit*) épreuve écrite (d'examen universitaire)

Klaviatur [klavia'tuːr] *f* ⟨~; ~en⟩ clavier *m*

Klavier [kla'viːr] *n* ⟨~s; ~e⟩ piano *m*; **~hocker** *m* tabouret *m* de piano; **~konzert** *n* *Komposition* concerto *m* pour piano; *Veranstaltung* récital *m* de piano; **~lehrer(in)** *m(f)* professeur *m* de piano; **~spieler(in)** *m(f)* pianiste *m,f*; **~stunde** *f* leçon *f* de piano

⚠ Klavier	**≠**	**clavier**
das Klavier	=	le piano
le clavier	=	1. die Tastatur 2. die Klaviatur

Klebe|band ['kleːbə-] *n* ruban adhésif; **~folie** *f* film adhésif

'kleben I *v/t* coller (***an*** [+ *acc*] sur; ***auf*** [+ *acc*] sur); F ***j-m eine ~*** F en coller une à qn; **II** *v/i* (*fest~*) coller (***an*** [+ *dat*] à)

'Kleber F *m* ⟨~s; ~⟩ colle *f*

'Kleb(e)streifen *m* ruban adhésif

'klebrig *adj* collant

'Klebstoff *m* colle *f*

kleckern ['klɛkərn] F *v/i* faire des taches (***auf*** [+ *acc*] sur)

Klecks [klɛks] *m* ⟨~es; ~e⟩ tache *f*; (*Tinten*♀) pâté *m*; (*Senf*♀) giclée *f*

'klecksen *v/i* ⟨ge⟩ faire des taches; *Schreibfeder* cracher

Klee [kleː] *m* ⟨~s⟩ trèfle *m*; **'~blatt** *n* **1** BOT feuille *f* de trèfle; **2** *fig* trio *m*

Kleid [klaɪt] *n* ⟨~es; ~er⟩ **1** (*Damen*♀) robe *f*; **2** *meist pl* ***~er*** vêtements *m/pl*

kleiden ['klaɪdən] ⟨-e-⟩ **I** *v/t* **1** (*stehen*) habiller; ***dieser Anzug kleidet ihn gut*** ce costume lui va bien; **2** ***etw in Worte ~*** trouver les mots pour exprimer qc; **II** *v/r* ***sich ~*** s'habiller

'Kleider|bügel *m* cintre *m*; **~haken** *m* patère *f*; portemanteau *m*; **~schrank** *m* armoire *f*; (armoire-)penderie *f*; **~ständer** *m* portemanteau *m*

'kleidsam *adj* seyant; qui va bien

'Kleidung *f* ⟨~; ~en⟩ vêtements *m/pl*

Kleidung	
der Anorak	**l'anorak** *m*
der BH	**le soutien-gorge**
die Bluse	**le chemisier**
das Hemd	**la chemise**
die Hose	**le pantalon**
die Jeans	**le jean** *oder* **les jeans**
das Kleid	**la robe**
der Mantel	**le manteau**
der Minirock	**la minijupe**
der Pullover	**le pull-over**
der Rock	**la jupe**
der Slip	**le slip**
die Socken	**les chaussettes** *f/pl*
die Strumpfhose	**le collant**
das T-Shirt	**le tee-shirt** (*pl*: **les tee-shirts**)
die Weste	**le gilet**
sich anziehen	**s'habiller**
sich ausziehen	**se déshabiller**
einen Pullover anziehen	**mettre un pull-over**
das Hemd ausziehen	**enlever la chemise**

'Kleidungsstück *n* vêtement *m*

Kleie ['klaɪə] *f* ⟨~; ~n⟩ AGR son *m*

klein [klaɪn] **I** *adj* **1** *Ausmaße*, *Menge*, *Bedeutung* petit; (*~ u zierlich*) menu; *Buchstabe* minuscule; ***verschwindend ~*** minime; *fig* ***der ~e Mann*** les petites gens; F *beim Bezahlen* ***haben Sie es ~?*** vous avez de la monnaie?; ***~, aber fein*** petit, mais raffiné; **2** *Alter* petit; ***mein ~er Bruder*** mon petit frère; ***von ~ auf*** dès l'enfance; **II** *adv* ***ein ~ wenig*** un petit peu; *Muster* ***~ kariert*** à petits carreaux; ***~ schneiden*** couper en petits morceaux; CUIS 'hacher; F ***~ anfangen*** débuter modestement

'Klein|anzeige *f* petite annonce; **~arbeit** *f* travail méticuleux; **~'asien** *n* l'Asie Mineure; **~betrieb** *m* petite entreprise; **~bildkamera** *f* appareil *m*

photo format 24x36; **~buchstabe** *m* minuscule *f*; **2bürgerlich** *adj* de la petite bourgeoisie; **~bus** *m* minibus *m*

'kleiner *adj* **1** plus petit; (*geringer*) moindre; **~ werden** diminuer; **2** (*ziemlich klein*) assez petit

'Kleingedruckte(s) *n* ⟨→ A⟩ *fig* **das Kleingedruckte** les petits caractères

'Kleingeld *n* monnaie *f*; F *iron* **das nötige ~ haben** avoir l'argent nécessaire

'Kleinholz *n* petit bois; F **aus etw ~ machen** réduire qc en miettes; F **aus j-m ~ machen** 'hacher qn menu comme chair à pâté

'Kleinigkeit *f* ⟨~; ~en⟩ **1** (*Bagatelle*) rien *m*; bagatelle *f*; **2** (*ein wenig*) **e-e ~** un petit quelque chose

'kleinkariert *adjt* F (*engstirnig*) borné

'Klein|kind *n* petit enfant; **~kram** F *m* babioles *f/pl*; **~krieg** *m fig* petite guerre

'klein·kriegen F *v/t* **j-n, etw ~** venir à bout de qn, qc

'kleinlaut *adj* penaud; **~ werden** baisser le ton

'kleinlich *adj* (*übergenau*) pointilleux; (*engstirnig*) borné; (*nicht großzügig*) mesquin

Kleinod ['klaɪnˀoːt] *st/s n* ⟨~es; ~e *ou* -'odien⟩ joyau *m* (*a fig*)

'klein·schreiben *v/t* ⟨*irr*⟩ *Wort* écrire avec une minuscule

'Klein|schreibung *f* emploi *m* des minuscules; **~staat** *m* petit État; **~stadt** *f* petite ville

'kleinste *adj* le plus petit; (*geringste*) le moindre; **bis ins 2** jusque dans les moindres détails

'Kleinvieh *n* petit bétail; F **~ macht auch Mist** tout est bon à prendre

'Kleinwagen *m* petite voiture, cylindrée

Kleister ['klaɪstər] *m* ⟨~s; ~⟩ colle *f* d'amidon

Klementine [klemɛn'tiːnə] *f* ⟨~; ~n⟩ clémentine *f*

Klemme ['klɛmə] *f* ⟨~; ~n⟩ **1** TECH pince *f*; **2** ÉLECT borne *f*; **3** F *fig* **in der ~ sein** F être dans le pétrin; **j-m aus der ~ helfen** tirer qn d'embarras

'klemmen I *v/t* coincer; **II** *v/i* se coincer; **die Schublade klemmt** le tiroir coince; **III** *v/r* **sich** (*dat*) **die Finger in der Tür ~** se coincer les doigts dans la porte; F *fig* **sich hinter etw** (*acc*) **~** s'atteler à qc

Klempner ['klɛmpnər] *m* ⟨~s; ~⟩ (*Installateur*) plombier *m*

Kleptomanie [klɛptoma'niː] *f* ⟨~⟩ kleptomanie *od* cleptomanie *f*

Klerus ['kleːrus] *m* ⟨~⟩ clergé *m*

Klette ['klɛtə] *f* ⟨~; ~n⟩ **1** BOT bardane *f*; **2** F *fig Person* F crampon *m*; F **wie e-e ~ an j-m hängen** ne pas lâcher, quitter qn d'une semelle

Klettergerüst ['klɛtər-] *n* portique *m*

'klettern *v/i* ⟨sn⟩ grimper (**auf** [+ *acc*] sur)

'Kletterpflanze *f* plante grimpante

'Klettverschluss *m* (bande *f*) velcro® *m*

klicken ['klɪkən] *v/i* faire clic; INFORM cliquer (**auf** [+ *acc*] sur)

Klient [kli'ɛnt] *m* ⟨~en; ~en⟩ client *m*

Kli'entin *f* ⟨~; ~nen⟩ cliente *f*

Klima ['kliːma] *n* ⟨~s; ~s *ou* -'mate⟩ climat *m* (*a fig*)

'Klimaanlage *f* climatisation *f*; **mit ~** climatisé

kli'ma|tisch I *adj* climatique; **II** *adv* du point de vue du climat; **~ti'sieren** *v/t* ⟨*sans ge*⟩ climatiser

'Klimawechsel *m* changement *m* de climat

Klimbim [klɪm'bɪm] F *m* ⟨~s⟩ F tralala *m*

Klimmzug ['klɪm-] *m* traction *f* (à la barre fixe)

klimpern ['klɪmpərn] *v/i* **1 mit etw ~** faire tinter qc; **2** F *péj auf dem Klavier* pianoter

Klinge ['klɪŋə] *f* ⟨~; ~n⟩ lame *f*

Klingel ['klɪŋəl] *f* ⟨~; ~n⟩ sonnette *f*; **~beutel** *m* ÉGL corbeille *f* pour faire la quête; **~knopf** *m* bouton *m* de sonnette

'klingeln ⟨e⟩ **I** *v/i* sonner; **II** *v/imp* **es klingelt** on sonne

'Klingeln *n* ⟨~s⟩ sonnerie *f*

klingen ['klɪŋən] *v/i* ⟨klang, geklungen⟩ *Glocke, Metall, Glas* tinter; *Stimme* résonner; **das klingt schon besser** c'est déjà mieux; **das klingt, als ob …** on dirait que …

Klinik ['kliːnɪk] *f* ⟨~; ~en⟩ *private* clinique *f*; *öffentliche* hôpital *m*

'klinisch I *adj* clinique; **II** *adv* **~ tot** cliniquement mort

Klinke ['klɪŋkə] *f* ⟨~; ~n⟩ poignée *f* de porte

Klinker ['klɪŋkər] *m* ⟨~s; ~⟩ clinker *m*

klipp [klɪp] *adv* F ~ ***und klar*** très clairement
Klippe ['klɪpə] *f* ⟨~; ~n⟩ écueil *m* (*a fig*)
klirren ['klɪrən] *v/i Ketten, Waffen* cliqueter; *Fensterscheiben* vibrer; *Gläser* s'entrechoquer; ~***de Kälte*** froid *m* de canard
Klischee [kli'ʃeː] *n* ⟨~s; ~s⟩ cliché *m* (*a fig*); **2haft** *adj* stéréotypé
Klitoris ['kliːtorɪs] *f* ⟨~; ~ *ou* -'torides⟩ clitoris *m*
'**klitsch'nass** F *adj* trempé jusqu'aux os
klitzeklein ['klɪtsə'-] F *adj* tout petit
Klo [kloː] F *n* ⟨~s; ~s⟩ toilettes *f/pl*; waters *m/pl*; F petit coin
Kloake [klo'aːkə] *f* ⟨~; ~n⟩ cloaque *m*
klobig ['kloːbɪç] *adj Gegenstand* massif; *fig Person* lourdaud
Klon [kloːn] *m* ⟨~s; ~e⟩ clone *m*
'**klonen** *v/t* cloner
'**Klopapier** F *n* papier *m* hygiénique
klopfen ['klɔpfən] **I** *v/t Teppich* battre; *Fleisch* attendrir; **II** *v/i an die Tür etc* frapper (***an*** [+ *acc*] à); *Herz* battre; *Motor* cogner; **III** *v/imp* ***es klopft*** on frappe
Klöppel ['klœpəl] *m* ⟨~s; ~⟩ **1** *e-r Glocke* battant *m*; **2** TEXT fuseau *m*
'**klöppeln** *v/i* ⟨¢⟩ faire de la dentelle aux fuseaux
Klops [klɔps] *m* ⟨~es; ~e⟩ boulette *f*
Klosett [klo'zɛt] *n* ⟨~s; ~e *ou* ~s⟩ cabinets *m/pl*
Kloß [kloːs] *m* ⟨~es; ~̈e⟩ (grosse) quenelle; (*bes Fleisch*2) boulette *f*
Kloster ['kloːstər] *n* ⟨~s; ~̈⟩ monastère *m*; couvent *m*
klösterlich ['kløːstərlɪç] *adj* du monastère; du couvent; monastique (*a fig*)
'**Klosterschule** *f* école conventuelle
Klotz [klɔts] *m* ⟨~es; ~̈e⟩ **1** (*Holz*2) bloc *m* de bois; bille *f*; (*Hack*2) billot *m*; F ***j-m ein ~ am Bein sein*** être un fardeau, un boulet pour qn; **2** *fig Person* lourdaud *m*
'**klotzig** *adj* massif
Klub [klup] *m* ⟨~s; ~s⟩ club *m*
Kluft[1] [kluft] *f* ⟨~; ~̈e⟩ (*Spalte*) crevasse *f* (***zwischen*** [+ *dat*] entre); *fig* fossé *m* (entre)
Kluft[2] *f* ⟨~; ~en⟩ **1** *uniformähnliche* uniforme *m*; **2** F (*Kleidung*) F fringues *f/pl*
klug [kluːk] ⟨~̈er, ~̈ste⟩ *adj* (*intelligent*) intelligent; (*weise*) sage; ***aus ihm werde ich nicht ~*** je ne le comprends pas; ***ich kann daraus nicht ~ werden*** je n'y comprends rien; *prov* ***der Klügere gibt nach*** c'est le plus sage qui cède
klumpen ['klumpən] *v/i Soße* faire des grumeaux
'**Klumpen** *m* ⟨~s; ~⟩ morceau *m*; (*Erd*2) motte *f*; in *Soßen* grumeau *m*
'**Klumpfuß** *m* pied bot
'**klumpig** *adj* grumeleux
Klüngel ['klʏŋəl] *m* ⟨~s; ~⟩ *péj* clique *f*
Klunker ['kluŋkər] F *f* ⟨~; ~n⟩ *od m* ⟨~s; ~⟩ F caillou *m*
km *abr* (*Kilometer*) km
km/h ['kaːˀɛm'haː] *abr* (*Kilometer pro Stunde*) km/h
knabbern ['knabərn] *v/t u v/i* grignoter (***an etw*** [*dat*] qc)
Knabe ['knaːbə] *st/s m* ⟨~n; ~n⟩ (jeune) garçon *m*; F ***alter ~!*** mon vieux!
'**knabenhaft** *adj* d'adolescent
Knäckebrot ['knɛkə-] *n* pain suédois
knacken ['knakən] **I** *v/t* **1** *Nuss* casser; **2** F *Geldschrank* forcer; *Auto* cambrioler; *Kode* découvrir; **II** *v/i* craquer
'**Knacker** *m* ⟨~s; ~⟩ F ***alter ~*** F vieux schnock *od* schnoque
'**knackig** F *adj* **1** *Apfel etc* croquant; **2** *fig* (*attraktiv*) à croquer
'**Knack|laut** *m* PHON coup *m* de glotte; ~**punkt** F *m* point crucial
Knacks [knaks] F *m* ⟨~es; ~e⟩ (*Knacken*) craquement *m*; (*Riss*) fêlure *f*; ***e-n ~ haben*** *Geschirr etc* être fêlé; *gesundheitlich* avoir un problème de santé; *Ehe, Freundschaft* être ébranlé
Knall [knal] *m* ⟨~¢s; ~e⟩ **1** *e-s Sprengkörpers* explosion *f*; *e-s Schusses* détonation *f*; *e-r Peitsche, Tür* claquement *m*; *bei e-m Zusammenstoß* choc *m*; **2** F ***~ und Fall*** *od* ***~ auf Fall*** brusquement; F ***e-n ~ haben*** F être cinglé, marteau
'**Knalleffekt** F *m* effet *m* de surprise
'**knallen** **I** *v/t Tür* claquer; F ***j-m eine ~*** F en flanquer une à qn; **II** *v/i Schuss, Knallkörper* péter; *detonieren* détoner; *Tür, Peitsche* claquer; *Korken* sauter; F ***gegen etw*** (*acc*) ~ se heurter violemment contre qc; ***es knallte zweimal*** il y a eu deux détonations; F ***setz dich, oder es knallt!*** F assieds-toi ou ça va barder!
'**Knall|er** F *m* ⟨~s; ~⟩ (*Knallkörper*) pétard *m*; ~**erbse** *f* bombe algérienne;

K

par ext pétard *m*; **~frosch** *m* pétard *m*; **~gas** *n* gaz détonant; **2'hart** F *adj Bursche, Film* brutal; *Geschäft* très dur; **~kopf** F *m* idiot *m*; F dingue *m*; **~körper** *m* pétard *m*; **'2'rot** F *adj* d'un rouge éclatant, F pétant

knapp [knap] *adj u adv* **1** *Lebensmittel, Geld* rare; *Zeit* limité; *Vorräte* **~ *werden*** se raréfier; **2** (*wenig*) juste; *Stil* concis; **~ *hinter der Linie*** juste derrière la ligne; **3** (*eng*) étroit; serré; **4** (*gerade noch*) tout juste; de justesse; **~ *bemessen sein*** être calculé très juste; *Zeit* être limité, compté; F ***..., und nicht zu ~!*** F ... et comment!

'Knappheit *f* ⟨~⟩ *der Vorräte, des Geldes, der Zeit* manque *m* (***an*** [+ *dat*] de); *von Lebensmitteln a* pénurie *f* (de); *des Stils* concision *f*

Knarre ['knarə] F *f* ⟨~; ~n⟩ F flingue *m*

knarren *v/i Tür, Bett, Äste* grincer; *Diele* craquer

Knast [knast] F *m* ⟨~¢s; ~e ou ~e⟩ *arg* taule *f*; **'~bruder** F *m arg* taulard *m*

Knatsch [kna:tʃ] F *m* ⟨~¢s⟩ F grabuge *m*

knattern ['knatərn] *v/i Motorrad* pétarader; *Gewehr* crépiter

Knäuel ['knɔʏəl] *m od n* ⟨~s; ~⟩ **1** *Garn, Wolle* pelote *f*; **2** *von Menschen* mêlée *f*

Knauf [knaʊf] *m* ⟨~¢s; ~e⟩ *e-s Schwerts, e-s Stocks* pommeau *m*; *e-r Tür* bouton *m*

knauserig ['knaʊzərɪç] F *adj* F radin

'knausern F *v/i* F être radin; ***mit etw ~*** être avare de qc

knautsch|en ['knaʊtʃən] **I** *v/t* froisser; **II** *v/i* se froisser; **2zone** *f* zone *f* déformable

Knebel ['kne:bəl] *m* ⟨~s; ~⟩ bâillon *m*

'knebeln *v/t* ⟨¢⟩ bâillonner (*a fig*)

Knecht [knɛçt] *m* ⟨~¢s; ~e⟩ valet *m*

'knechten *st/s v/t* ⟨-e-⟩ asservir

'Knechtschaft *st/s f* ⟨~⟩ servitude *f*

kneifen ['knaɪfən] ⟨kniff, gekniffen⟩ **I** *v/t* pincer; ***j-n**, a v/i **j-m in den Arm ~*** pincer le bras de qn; **II** F *v/i* (*sich drücken*) F se dégonfler (***vor*** [+ *dat*] devant)

'Kneifzange *f* tenailles *f/pl*

Kneipe ['knaɪpə] F *f* ⟨~; ~n⟩ F bistro(t) *m*; café *m*

Kneippkur ['knaɪp-] *f* cure *f* hydrothérapique Kneipp

Knete ['kne:tə] F *f* ⟨~⟩ **1** (*Knetmasse*) pâte *f* à modeler; **2** F (*Geld*) F fric *m*

'kneten *v/t* ⟨-e-⟩ *Teig etc* pétrir

'Knetmasse *f* pâte *f* à modeler

Knick [knɪk] *m* ⟨~¢s; ~e⟩ *Papier, Stoff* pli *m*; *Straße, Metall* coude *m*

'knicken I *v/t Papier* plier; *Zweige* briser; **II** *v/i* ⟨sn⟩ plier; *Zweige* se casser

'knick(e)rig F *adj* F radin

Knicks [knɪks] *m* ⟨~es; ~e⟩ révérence *f*

'knicksen *v/i* ⟨¢s⟩ faire une révérence

Knie [kni:] *n* ⟨~s; ~ ['kni:(ə)]⟩ **1** genou *m*; ***auf die ~ fallen*** se mettre à genoux (*a fig*); ***j-n auf ~n bitten*** supplier qn à genoux; F ***er bekam weiche ~*** ses genoux se dérobaient sous lui; F *fig* ***etw übers ~ brechen*** expédier qc; F ***j-n übers ~ legen*** donner une fessée à qn; *st/s* ***j-n in die ~ zwingen*** briser la résistance de qn; **2** *e-s Flusses, Rohres* coude *m*

'Knie|beuge *f* flexion *f* de genoux; **~bundhose** *f* knickers *m/pl*

'Kniefall *m* ***e-n ~ vor j-m machen*** tomber aux genoux de qn

'Knie|gelenk *n* articulation *f* du genou; **~kehle** *f* jarret *m*; creux *m* du genou; **2lang** *adj* descendant jusqu'aux genoux

knien [kni:(ə)n] ⟨kniet, kniete, gekniet⟩ **I** *v/i* être à genoux; **II** *v/r* ***sich ~*** s'agenouiller; F ***sich in die Arbeit ~*** se plonger dans son travail

'Knie|scheibe *f* rotule *f*; **~schützer** *m* ⟨~s; ~⟩ genouillère *f*; **~strumpf** *m* chaussette (montante); **2tief** *adj u adv* jusqu'aux genoux

kniff [knɪf] → ***kneifen***

Kniff *m* ⟨~¢s; ~e⟩ **1** (*Kneifen*) pincement *m*; **2** (*Trick*) truc *m*; **3** *im Stoff* pli *m*

'kniff(e)lig *adj* délicat; épineux

knipsen ['knɪpsən] F ⟨¢s⟩ **I** *v/t* **1** *Fahrkarte* poinçonner; **2** PHOT photographier; **II** *v/i* PHOT prendre une photo

Knirps [knɪrps] *m* ⟨~es; ~e⟩ F (*kleiner Junge*) F marmot *m*; F môme *m*

knirschen ['knɪrʃən] *v/i Schnee, Sand* crisser

knistern ['knɪstərn] *v/i Feuer* pétiller; *Seide* froufrouter; *Papier* produire un froissement

Knitterfalte ['knɪtər-] *f* (faux) pli *m*

'knittern I *v/t* froisser; **II** *v/i* se froisser

knobeln ['kno:bəln] *v/i* **1** *mit Würfeln* jouer aux dés; **2** F (*überlegen*) cogiter (***an*** [+ *dat*] sur)

Knoblauch ['kno:plaux] *m* ⟨~(e)s⟩ ail *m*; **~presse** *f* ⟨~; ~n⟩ presse-ail *m*
Knöchel ['knœçəl] *m* ⟨~s; ~⟩ *am Fuß* cheville *f*; *am Finger* jointure *f* du doigt
Knochen ['knɔxən] *m* ⟨~s; ~⟩ os *m*; F ***sich bis auf die ~ blamieren*** se rendre parfaitement ridicule
'**Knochen|arbeit** F *f* F travail *m* d'Hercule; **~bau** *m* ⟨~(e)s⟩ ossature *f*; **~bruch** *m* fracture *f*; **~gerüst** *n* squelette *m*; '**2'hart** F *adj* F dur comme du bois; **~mark** *n* moelle osseuse; **~splitter** *m* éclat *m* d'os; '**2'trocken** F *adj* très sec
'**knochig** *adj* osseux
Knock(-)out [nɔk'ʔaut] *m* ⟨~s; ~s⟩ knock-out *m*
Knödel ['knø:dəl] *m* ⟨~s; ~⟩ *bes südd, österr* → Kloß
Knolle [knɔlə] *f* ⟨~; ~n⟩ BOT tubercule *m*
'**Knollen|blätterpilz** *m* amanite *f*; **~nase** *f* nez *m* en patate
Knopf [knɔpf] *m* ⟨~(e)s; ~e⟩ bouton *m*
'**Knopfdruck** *m* ***auf ~*** en appuyant sur un bouton
knöpfen ['knœpfən] *v/t* boutonner
'**Knopf|loch** *n* boutonnière *f*; **~zelle** *f* pile *f* bouton
Knorpel ['knɔrpəl] *m* ⟨~s; ~⟩ cartilage *m*
'**knorp(e)lig** *adj* cartilagineux
'**knorrig** *adj* noueux; *fig* bourru
Knospe ['knɔspə] *f* ⟨~; ~n⟩ (*Baum2*) bourgeon *m*; (*Blüten2*) bouton *m*
'**knospen** *v/i* *Baum* bourgeonner; *Blume* boutonner
knoten ['kno:tən] *v/t* ⟨-e-⟩ (*zusammen~*) nouer; *abs* faire un nœud
'**Knoten** *m* ⟨~s; ~⟩ **1** nœud *m* (*a* BOT, MAR, *fig*); **2** *Frisur* chignon *m*; **3** MÉD nodosité *f*; (*Lymph2*) ganglion *m*
'**Knotenpunkt** *m* (*Verkehrs2*) carrefour *m*; (*Eisenbahn2*) nœud *m* ferroviaire
Know-how [no:'hau] *n* ⟨~s⟩ savoir-faire *m*
knuffen ['knufən] *v/t* ***j-n ~*** donner un petit coup, une bourrade à qn
knüllen ['knylən] *v/t* *Papier* froisser; chiffonner
'**Knüller** F *m* ⟨~s; ~⟩ article *m*, film *m*, *etc* à succès
knüpfen ['knypfən] *v/t* nouer (*a fig*); ***Bedingungen an etw*** (*acc*) ***~*** mettre des conditions à qc
Knüppel ['knypəl] *m* ⟨~s; ~⟩ **1** gourdin *m*; (*Polizei2*) matraque *f*; F ***j-m ~ zwischen die Beine werfen*** mettre des bâtons dans les roues à, de qn; **2** AVIAT manche *m* (à balai); AUTO levier *m* de vitesse
'**knüppel'dick** F *adv* ***es kam ~*** F on a (sacrément) morflé, dégusté
knurren ['knurən] *v/i* **1** *Hund*, *fig* gronder; **2** *Magen* gargouiller
knusprig ['knusprıç] *adj* croustillant
Knute ['knu:tə] *f* ⟨~; ~n⟩ knout *m* (*fouet constitué de plusieurs lanières de cuir*); ***unter j-s ~*** sous la domination de qn
knutschen ['knu:tʃən] F *v/i* F se bécoter
'**Knutschfleck** F *m* suçon *m*
k. o. [ka'ʔo:] *abr* (*knock-out*) *adj u adv* K.-O.; ***j-n ~ schlagen*** mettre qn K.-O.; F *fig* ***~ sein*** F être sur les rotules
K. o. *abr* (*Knock-out*) *m* ⟨~; ~⟩ K.-O. *m*
Koala [ko'a:la] *m* ⟨~s; ~s⟩ koala *m*
Koalition [koʔalitsi'o:n] *f* ⟨~; ~en⟩ coalition *f*
Kobalt ['ko:balt] *n* ⟨~s⟩ cobalt *m*
Kobold ['ko:bɔlt] *m* ⟨~(e)s; ~e⟩ lutin *m*
Kobra ['ko:bra] *f* ⟨~; ~s⟩ cobra *m*
Koch [kɔx] *m* ⟨~(e)s; ~e⟩ cuisinier *m*; *prov* ***viele Köche verderben den Brei*** *prov* trop de cuisiniers gâtent la sauce
'**Kochbuch** *n* livre *m* de cuisine
'**kochen** **I** *v/t* *Speisen* faire cuire; (*garen*) cuire; *Wäsche* faire bouillir; ***Tee, Kaffee, Essen ~*** faire du thé, du café, le repas; ***was kochst du heute?*** qu'est-ce que tu fais à manger aujourd'hui?; **II** *v/i* **1** *Flüssigkeit*, *fig* bouillir; *Speisen* cuire; ***~d heiß*** bouillant; ***er kochte vor Wut*** il bouillait de rage; **2** *Person* faire la cuisine; cuisiner
'**Kocher** *m* ⟨~s; ~⟩ réchaud *m*
Köcher ['kœçər] *m* ⟨~s; ~⟩ *für Pfeile* carquois *m*; *für Fernglas etc* étui *m*
'**koch|fertig** *adj* prêt à cuire; **~fest** *adj* *Textilien* qui peut bouillir; **2geschirr** *n* gamelle *f*
Köchin ['kœçın] *f* ⟨~; ~nen⟩ cuisinière *f*
'**Koch|kunst** *f* art *m* culinaire; cuisine *f*; **~kurs(us)** *m* cours *m* de cuisine; **~löffel** *m* cuillère *f* en bois; **~nische** *f* coin *m* cuisine; cuisinette *f*; **~platte** *f* *e-s Herdes* plaque *f* électrique; (*Kocher*) réchaud *m*; **~salz** *n* sel *m*; **~topf** *m* faitout *m*; *aus Gusseisen* cocotte *f*; *größer* marmite *f*; **~wäsche** *f* lessive *f* à 95°
Kode [ko:t] *m* ⟨~s; ~s⟩ code *m*
Köd|er ['kø:dər] *m* ⟨~s; ~⟩ appât *m* (*a*

fig); ≈**ern** *v/t* appâter (***mit*** avec; *a fig*)
kodier|en [ko'di:rən] *v/t* ⟨*sans ge*⟩ coder; ≈**ung** *f* ⟨~; ~en⟩ codage *m*
Koeffizient [koˀɛfitsi'ɛnt] *m* ⟨~en; ~en⟩ coefficient *m*
'**Koexistenz** *f* coexistence *f*
Koffein [kɔfe'i:n] *n* ⟨~s⟩ caféine *f*
koffe'infrei *adj* décaféiné
Koffer ['kɔfər] *m* ⟨~s; ~⟩ (*Hand*≈) valise *f*; (*großer Reise*≈) malle *f*; ***s-e ~ packen*** faire ses valises; *fig* plier bagage

⚠ Koffer	≠	coffre
der Koffer	=	la valise
le coffre	=	1. die Truhe 2. der Kofferraum

'**Koffer|kuli** *m* caddie® *m*; **~radio** *n* radio portative; **~raum** *m* AUTO coffre *m*
Kognak ['kɔnjak] *m* ⟨~s; ~s⟩ cognac *m*
Kohl [ko:l] *m* ⟨~¢s; ~e⟩ **1** BOT chou *m*; **2** F *péj* bêtises *f/pl*
'**Kohldampf** F *m* ***~ haben*** F avoir la dent
Kohle ['ko:lə] *f* ⟨~; ~n⟩ **1** charbon *m*; (*Stein*≈) 'houille *f*; (***wie***) ***auf glühenden ~n sitzen*** être sur des charbons ardents; **2** F (*Geld*) F fric *m*
Kohlen|dioxid *n sc*, **~dioxyd** [-'di:ˀɔksy:t] *n* gaz *m* carbonique; **~hydrat** ['-hydra:t] *n* hydrate *m* de carbone; **~monoxid** *n sc*, **~monoxyd** [-'mɔnɔksy:t] *n* oxyde *m* de carbone
'**Kohlensäure** *f* CHIM acide *m* carbonique; *in Getränken* gaz *m* carbonique; *Mineralwasser* ***ohne ~*** non gazeuse
'**Kohlen|stoff** *m* carbone *m*; **~'wasserstoff** *m* hydrocarbure *m*
'**Kohle|papier** *n* papier *m* carbone; **~tablette** *f* pastille *f* de charbon; **~zeichnung** *f* dessin *m* au fusain
'**Kohl|kopf** *m* chou *m*; **~meise** *f* mésange charbonnière; '≈'**raben'schwarz** F *adj* noir comme (du) jais; **~rabi** [-'ra:bi] *m* ⟨~$; ~$⟩ chou-rave *m*; **~roulade** *f* chou farci; **~rübe** *f* rutabaga *m*; '≈'**schwarz** *adj* noir comme (du) jais; **~sprossen** *f/pl österr* chou *m* de Bruxelles; **~weißling** *m* ⟨~s; ~e⟩ ZO piéride *f* du chou
Koitus ['ko:itus] *m* ⟨~; ~⟩ coït *m*
Koje ['ko:jə] *f* ⟨~; ~n⟩ **1** MAR couchette *f*; **2** F *plais* (*Bett*) F pieu *m*
Kokain [koka'i:n] *n* ⟨~s⟩ cocaïne *f*
kokett [ko'kɛt] *adj* coquet
koket'tieren *v/i* ⟨*sans ge*⟩ **1** ***mit j-m ~*** faire du charme à qn; **2** *fig* ***mit etw ~*** jouer avec qc; ***mit s-m Alter ~*** jouer de son âge
Kokos|fett ['ko:kɔs-] *n* graisse *f* de coco; **~flocken** *f/pl* flocons *m/pl* de coco; **~milch** *f* lait *m* de coco; **~nuss** *f* noix *f* de coco; **~palme** *f* cocotier *m*
Koks [ko:ks] *m* ⟨~es; ~e⟩ **1** (*Kohlen*≈) coke *m*; **2** *Jargon* (*Kokain*) F coke *f*
Kolben ['kɔlbən] *m* ⟨~s; ~⟩ **1** TECH piston *m*; **2** (*Destillier*≈) alambic *m*; **3** *am Gewehr* crosse *f*; **4** (*Mais*≈) épi *m*; **5** F (*dicke Nase*) F pif *m*
Kolibri ['ko:libri] *m* ⟨~s; ~s⟩ colibri *m*
Kolik ['ko:lɪk] *f* ⟨~; ~en⟩ colique *f*
Kollaborateur [kɔlabora'tø:r] *m* ⟨~s; ~e⟩ *bes* POL collaborateur *m*
kollabo'rieren *v/i* ⟨*sans ge*⟩ *bes* POL collaborer (*mit* avec)
Kollaps ['kɔlaps] *m* ⟨~es; ~e⟩ MÉD collapsus *m*
Kolleg [kɔ'le:k] *n* ⟨~s; ~s⟩ cours *m* (à l'université)
Kollege [kɔ'le:gə] *m* ⟨~n; ~n⟩ (*Arbeits*≈) collègue *m*; (*Fach*≈) confrère *m*; (*Amts*≈) homologue *m*
kollegial [kɔlegi'a:l] **I** *adj* de collègue; de confrère; ***~es Verhältnis*** bons rapports entre collègues; **II** *adv* en collègue; en confrère
Kol'legin *f* ⟨~; ~nen⟩ (*Arbeits*≈) collègue *f*; (*Fach*≈) consœur *f*; (*Amts*≈) homologue *f*
Kollegium [kɔ'le:gium] *n* ⟨~s; -ien⟩ (*Lehrer*≈) professeurs *m/pl*
Kol'legmappe *f* porte-documents *m*
Kollek|te [kɔ'lɛktə] *f* ⟨~; ~n⟩ ÉGL quête *f*; **~ti'on** *f* ⟨~; ~en⟩ collection *f*
kollektiv [kɔlɛk'ti:f] *adj* collectif
Kollek'tiv *n* ⟨~s; ~e *ou* ~s⟩ (*Gemeinschaft*) collectivité *f*; (*Team*) équipe *f*
Koller ['kɔlər] F *m* ⟨~s; ~⟩ crise *f* de rage; ***e-n ~ kriegen*** F piquer une crise
kollidieren [kɔli'di:rən] *st/s v/i* ⟨*sans ge*, h *ou* sn⟩ entrer en collision (***mit*** avec); *zeitlich* tomber en même temps (que); *fig* être incompatible (avec)
Kollier [kɔli'e:] *n* ⟨~s; ~s⟩ collier *m*
Kollision [kɔlizi'o:n] *f* ⟨~; ~en⟩ collision *f* (*a fig*); *fig a* conflit *m*
Kolloquium [kɔ'lo:kvium] *n* ⟨~s; -ien⟩ colloque *m*

Köln [kœln] *n* ⟨∼s⟩ Cologne

'Kölner *adj* ⟨*inv*⟩ de Cologne

'kölnisch *adj* de Cologne; **∼ *Wasser*** *n* eau *f* de Cologne

kolonial [koloni'a:l] *adj* colonial

Kolonia'lismus *m* ⟨∼⟩ colonialisme *m*

Koloni'al|macht *f* puissance coloniale; **∼zeit** *f* époque coloniale

Kolon|ie [kolo'ni:] *f* ⟨∼; ∼n⟩ colonie *f*; **2i'sieren** *v/t* ⟨*sans ge*⟩ coloniser

Kolonne [ko'lɔnə] *f* ⟨∼; ∼n⟩ colonne *f* (*a* MIL); (*Wagen*2) file *f*; (*Arbeits*2) équipe *f*; **∼ *fahren*** rouler les uns derrière les autres

kolorieren [kolo'ri:rən] *v/t* ⟨*sans ge*⟩ colorier

Kolorit [kolo'ri:t] *n* ⟨∼¢s; ∼e *ou* ∼s⟩ PEINT, *fig* coloris *m*

Koloss [ko'lɔs] *m* ⟨∼es; ∼e⟩ colosse *m* (*a fig*)

kolossal [kolɔ'sa:l] *adj* **1** colossal; **2** F *fig* F monstre; F bœuf (*inv*)

kolportieren [kɔlpɔr'ti:rən] *st/s v/t* ⟨*sans ge*⟩ colporter

Kolumbien [ko'lumbiən] *n* ⟨∼s⟩ la Colombie

Kolumne [ko'lumnə] *f* ⟨∼; ∼n⟩ TYPO colonne *f*; *e-r Zeitung* chronique *f*

Koma ['ko:ma] *n* ⟨∼s; ∼s *ou* ∼ta⟩ MÉD coma *m*; ***im* ∼ *liegen*** être dans le coma

Kombi ['kɔmbi] *m* ⟨∼$; ∼s⟩ commerciale *f*; break *m*

Kombinati'on *f* ⟨∼; ∼en⟩ combinaison *f*; *Herrenanzug* ensemble *m*; (*gedankliche Verknüpfung*) déduction *f*

kombi'nieren *v/t* ⟨*sans ge*⟩ combiner (***mit*** avec); *fig gedanklich* déduire

'Kombiwagen *m* → ***Kombi***

Komet [ko'me:t] *m* ⟨∼en; ∼en⟩ comète *f*

ko'metenhaft *adj fig* fulgurant

Komfort [kɔm'fo:r] *m* ⟨∼s⟩ confort *m*; ***mit allem* ∼** avec tout le confort

komfortabel [kɔmfɔr'ta:bəl] *adj* ⟨-bl-⟩ confortable

Komik ['ko:mɪk] *f* ⟨∼⟩ comique *m*

'Komiker(in) *m* ⟨∼s; ∼⟩ (*f*) ⟨∼; ∼nen⟩ **1** *Schauspieler(in)* comique *m,f*; **2** (*Unterhalter*[*in*]) amuseur, -euse *m,f*

'komisch *adj* **1** (*lustig*) comique; **2** (*seltsam*) drôle; bizarre; ***ein* ∼*er Einfall*** une drôle d'idée

Komitee [komi'te:] *n* ⟨∼s; ∼s⟩ comité *m*

Komma ['kɔma] *n* ⟨∼s; ∼s *ou* ∼ta⟩ virgule *f*; ***drei* ∼ *fünf*** trois virgule cinq

Kommand|ant [kɔman'dant] *m* ⟨∼en; ∼en⟩ commandant *m*; **∼eur** *m* ⟨∼s; ∼e⟩ commandant *m*; chef *m*; **2ieren** *v/t u v/i* ⟨*sans ge*⟩ commander

Kommanditgesellschaft [kɔman'di:t-] *f* société *f* en commandite

Kommando [kɔ'mando] *n* ⟨∼s; ∼s⟩ **1** (*Befehl, Befehlsgewalt*) commandement *m*; **2** *Abteilung* commando *m*; **∼brücke** *f* passerelle *f* de commandement; **∼zentrale** *f* poste central de commandement

kommen ['kɔmən] ⟨kam, gekommen, sn⟩ **I** *v/i* **1** venir; (*an*∼) arriver; ***in e-n Laden* ∼** entrer dans un magasin; ***aus e-m Haus* ∼** sortir d'une maison; ***ich komme ja schon!*** j'arrive!; ***da kommt er ja!*** le voilà!; **2** (*gelangen*) ***durch e-e Stadt* ∼** passer par une ville; ***wie komme ich zum Bahnhof?*** quel est le chemin de la gare?; **3** *mit p/p*: ***gelaufen* ∼** venir, arriver en courant; **4** *fig* (*erreichen*) ***wie weit bist du mit deiner Arbeit gekommen?*** où en es-tu de ton travail?; **5** (*e-n Platz be*∼) ***die Vase kommt auf den Tisch*** le vase se met sur la table; **6** (*eintreten*) ***ich habe es* ∼ *sehen*** je l'ai vu venir; ***was auch* ∼ *mag*** quoi qu'il arrive; F ***das musste ja so* ∼** F ça n'a pas raté; **7** ***auf etw*** (*acc*) **∼** (*den Einfall haben*) trouver qc; avoir l'idée de qc; ***ich komme nicht auf s-n Namen*** son nom m'échappe; ***wie* ∼ *Sie darauf?*** qu'est-ce qui vous a donné cette idée?; **8** ***j-n* ∼ *lassen*** faire venir qn; ***sich*** (*dat*) ***etw* ∼ *lassen*** faire venir qc; *fig* ***auf j-n nichts* ∼ *lassen*** ne pas tolérer que l'on dise du mal de qn; **9** ***auf j-n* ∼** (*j-m zufallen*) revenir à qn; **10** (*stammen*) ***aus Berlin* ∼** être (originaire) de Berlin; **11** ***von etw* ∼** (*herrühren*) venir de qc; provenir de qc; ***das kommt davon*** voilà ce que c'est!; **12** (***wieder***) ***zu sich*** (*dat*) **∼** revenir à soi; **13** *Unheil etc* ***über j-n* ∼** frapper qn; **14** ***um etw* ∼** (*etw verlieren*) perdre qc; **15** ***zu etw* ∼** (*Zeit finden*) trouver le temps de faire qc; **16** F ***komm, gib her!*** allez, donne!; **17** F (*kosten*) revenir à; coûter; **II** *v/imp* (*sich ergeben*) ***daher kommt es, dass …*** de là vient que …; ***wie kommt es, dass …?*** comment se fait-il que … (+ *subj*)?; ***es kam zu e-r Schießerei*** il y a eu des coups de feu

'Kommen *n* ⟨~s⟩ venue *f*; arrivée *f*; ***das ~ und Gehen*** les allées et venues *f/pl*; le va-et-vient

'kommend *adjt* (*nächste*) prochain; (*künftig*) à venir; futur

Kommen|tar [kɔmɛn'taːr] *m* ⟨~s; ~e⟩ commentaire *m*; **2'tieren** *v/t* ⟨*sans ge*⟩ commenter

kommerziell [kɔmɛrtsi'ɛl] *adj* commercial

Kommiliton|e [kɔmili'toːnə] *m* ⟨~n; ~n⟩, **~in** *f* ⟨~; ~nen⟩ camarade *m,f* d'études

Kommiss [kɔ'mɪs] F *m* ⟨~es⟩ F régiment *m*

Kommissar [kɔmɪ'saːr] *m* ⟨~s; ~e⟩ (*Polizei*) inspecteur *m* de police; ADM, POL commissaire *m*; **2isch** *adj* intérimaire

Kommission [kɔmɪsi'oːn] *f* ⟨~; ~en⟩ commission *f*

Kommode [kɔ'moːdə] *f* ⟨~; ~n⟩ commode *f*

kommunal [kɔmu'naːl] *adj* communal; **2politik** *f* politique communale; **2wahl** *f* élection municipale

Kommune [kɔ'muːnə] *f* ⟨~; ~n⟩ commune *f*

Kommunikati'on *f* ⟨~⟩ communication *f*

Kommunion [kɔmuni'oːn] *f* ⟨~; ~en⟩ CATH communion *f*; ***zur ~ gehen*** (aller) communier

Kommuniqué [kɔmyni'keː] *n* ⟨~s; ~s⟩ communiqué *m*

Kommu'n|ismus *m* ⟨~⟩ communisme *m*; **~ist(in)** *m* ⟨~en; ~en⟩ (*f*) ⟨~; ~nen⟩ communiste *m,f*; **2istisch** *adj* communiste

kommuni'zieren *v/t* ⟨*sans ge*⟩ **1** *st/s*, PHYS communiquer; **2** CATH communier

Komödiant(in) [komødi'ant(ɪn)] *m* ⟨~en; ~en⟩ (*f*) ⟨~; ~nen⟩ comédien, -ienne *m,f* (*a fig*); *péj* cabotin(e) *m(f)*

Komödie [ko'møːdiə] *f* ⟨~; ~n⟩ comédie *f* (*a fig*); *fig* ***~ spielen*** jouer la comédie

Komödie

Der wohl berühmteste und einflussreichste Komödiendichter Frankreichs ist Jean-Baptiste Poquelin, besser bekannt unter dem Namen *Molière*. In seinen Komödien nimmt Molière vor allem menschliche Schwächen und Unarten aufs Korn. So kritisiert er in **Les Précieuses ridicules** den Hochmut sowie die Ignoranz der aristokratischen Damen, in **Le Bourgeois gentilhomme** den kläglichen Versuch eines ungebildeten Bürgers, sich für einen weltmännischen eleganten Herrn auszugeben. Die Auswüchse des Geizes werden in **L'Avare** auf anschauliche Weise verdeutlicht, desgleichen die Folgen von Heuchelei und Arglist in **Tartuffe**. Die Ironie des Schicksals wollte, dass Molière kurz nach der vierten Aufführung seines Stücks **Le Malade imaginaire**, in dem er selbst den eingebildeten Kranken mimte, im Jahre 1673 verstarb.

Kompagnon ['kɔmpanjõː] *m* ⟨~s; ~s⟩ COMM associé *m*

kompakt [kɔm'pakt] *adj* compact

Kompanie [kɔmpa'niː] *f* ⟨~; ~n⟩ MIL compagnie *f*

Komparativ ['kɔmparatiːf] *m* ⟨~s; ~e⟩ comparatif *m*

Komparse [kɔm'parzə] *m* ⟨~n; ~n⟩ figurant *m*

Kompass ['kɔmpas] *m* ⟨~es; ~e⟩ boussole *f*; **~nadel** *f* aiguille aimantée

kompatibel [kɔmpa'tiːbəl] *adj* ⟨-bl-⟩ compatible (***mit*** avec; *a* INFORM)

Kompen|sation [kɔmpɛnzatsi'oːn] *f* ⟨~; ~en⟩ compensation *f*; **2'sieren** *v/t* ⟨*sans ge*⟩ compenser (***durch, mit*** par)

kompetent [kɔmpe'tɛnt] *adj* compétent

Kompe'tenz *f* ⟨~; ~en⟩ compétence *f*

Komplementärfarbe [kɔmplemɛn'tɛːr-] *f* couleur *f* complémentaire

komplett [kɔm'plɛt] *adj* **1** complet; **2** F ***das ist ~er Wahnsinn*** F c'est absolument dingue

komplex [kɔm'plɛks] *adj* complexe

Kom'plex *m* ⟨~es; ~e⟩ **1** (*Gebäude2*, *Fragen2*) ensemble *m*; (*Industrie2*, *Gebäude2 a*) complexe *m*; **2** PSYCH complexe *m*

Komplikati'on [kɔmplikatsi'oːn] *f* ⟨~;

~en⟩ complication *f*
Kompliment [kɔmpli'mɛnt] *n* ⟨~¢s; ~e⟩ compliment *m*
Komplize [kɔm'pliːtsə] *m* ⟨~n; ~n⟩ complice *m*
kompli'zieren *v/t* ⟨*sans ge*⟩ compliquer
kompli'ziert *adjt* compliqué
Kom'plizin *f* ⟨~; ~nen⟩ complice *f*
Komplott [kɔm'plɔt] *n* ⟨~¢s; ~e⟩ complot *m*; ***ein ~ schmieden*** tramer un complot
Kompo|nente [kɔmpo'nɛntə] *f* ⟨~; ~n⟩ (*Bestandteil*) composant *m*; *fig* (*Aspekt*) composante *f*; **2'nieren** *v/t u v/i* ⟨*sans ge*⟩ composer; **~'nist(in)** *m* ⟨~en; ~en⟩ (*f*) ⟨~; ~nen⟩ compositeur, -trice *m,f*; **~siti'on** *f* ⟨~; ~en⟩ composition *f*
Kompost [kɔm'pɔst] *m* ⟨~¢s; ~e⟩ compost *m*; **~haufen** *m* compost *m*
kompos'tieren *v/t* ⟨*sans ge*⟩ mettre en compost
Kompott [kɔm'pɔt] *n* ⟨~¢s; ~e⟩ compote *f*
Kompress|e [kɔm'prɛsə] *f* ⟨~; ~n⟩ compresse *f*; **~or** *m* ⟨~s; -s'soren⟩ compresseur *m*
komprimieren [kɔmpri'miːrən] *v/t* ⟨*sans ge*⟩ comprimer; INFORM compacter
Kompromiss [kɔmpro'mɪs] *m* ⟨~es; ~e⟩ compromis *m* (***zwischen*** [+ *dat*] entre); ***e-n ~ schließen*** faire un compromis
kompro'miss|bereit *adj* prêt à (faire) un compromis; **~los** *adj* intransigeant; **2vorschlag** *m* proposition *f* de compromis
kompromittieren [kɔmpromɪ'tiːrən] *v/t* (*u v/r*) ⟨*sans ge*⟩ (***sich ~*** se) compromettre
Kondensation [kɔndɛnzati'oːn] *f* ⟨~; ~en⟩ condensation *f*
Konden's|ator *m* ⟨~s; -'toren⟩ condensateur *m*; **2ieren** ⟨*sans ge*⟩ **I** *v/t* condenser; **II** *v/i* se condenser
Kon'dens|milch *f* lait concentré; **~streifen** *m* traînée *f* de condensation; **~wasser** *n* eau *f* de condensation
Kondition [kɔnditsi'oːn] *f* ⟨~; ~en⟩ **1** SPORT condition *f*; ***keine ~ haben*** manquer d'entraînement; **2** COMM *meist pl* ***~en*** conditions *f/pl*
Konditional [kɔnditsio'naːl] *m* ⟨~s; ~e⟩ GR (mode *m*) conditionnel *m*
Konditi'onstraining *n* entraînement *m* pour se mettre en forme
Kondi|tor [kɔn'diːtɔr] *m* ⟨~s; -'toren⟩ pâtissier *m*; **~to'rei** *f* ⟨~; ~en⟩ pâtisserie *f*
kondolieren [kɔndo'liːrən] *v/i* ⟨*sans ge*⟩ ***j-m ~*** présenter ses condoléances à qn (***zu*** pour)
Kondom [kɔn'doːm] *n* ⟨~s; ~e⟩ préservatif *m*
Konfekt [kɔn'fɛkt] *n* ⟨~¢s; ~e⟩ confiserie *f*; (*Pralinen*) chocolats *m/pl*
Konfektion [kɔnfɛktsi'oːn] *f* ⟨~; ~en⟩ (vêtements *m/pl* de) confection *f*; prêt-à-porter *m*; **~sgröße** *f* taille *f*
Konferenz [kɔnfe'rɛnts] *f* ⟨~; ~en⟩ conférence *f*; (*Lehrer2*) conseil *m* de classe; **~schaltung** *f* multiplex *m*
konferieren [kɔnfe'riːrən] *v/i* ⟨*sans ge*⟩ conférer (***über*** [+ *acc*] de qc)
Konfession [kɔnfɛsi'oːn] *f* ⟨~; ~en⟩ religion *f*; confession *f*
konfessio'nell *adj* confessionnel
konfessi'onslos *adj* sans religion
Konfetti [kɔn'fɛti] *n* ⟨~$⟩ confettis *m/pl*
Konfiguration [kɔnfiguratsi'oːn] *f* ⟨~; ~en⟩ configuration *f* (*a* INFORM)
Konfir|mand(in) [kɔnfɪr'mant (-dɪn)] *m* ⟨~en; ~en⟩ (*f*) ⟨~; ~nen⟩ PROT confirmand(e) *m(f)*; **~mati'on** *f* ⟨~; ~en⟩ confimation *f*; **2'mieren** *v/t* ⟨*sans ge*⟩ confirmer
konfiszieren [kɔnfɪs'tsiːrən] *v/t* ⟨*sans ge*⟩ confisquer
Konfitüre [kɔnfi'tyːrə] *f* ⟨~; ~n⟩ confiture *f*
Konflikt [kɔn'flɪkt] *m* ⟨~¢s; ~e⟩ conflit *m*; ***mit dem Gesetz in ~ geraten sein*** avoir des problèmes avec la justice
konform [kɔn'fɔrm] **I** *adj* conforme (***mit*** à); **II** *adv* ***mit j-m, etw ~ gehen*** être d'accord avec qn, qc
Konfor'mismus *m* ⟨~⟩ conformisme *m*
Konfron|tation [kɔnfrɔntatsi'oːn] *f* ⟨~; ~en⟩ confrontation *f*; POL affrontement *m*; **2'tieren** *v/t* ⟨*sans ge*⟩ confronter (***mit j-m*** avec qn; ***mit etw*** à qc)
konfus [kɔn'fuːs] *adj* (*verworren*) confus; *Person* dérouté
Konglomerat [kɔnglome'raːt] *n* ⟨~¢s; ~e⟩ GÉOL conglomérat *m*; *fig* mélange confus
Kongo ['kɔŋgo] ⟨~s⟩ ***der ~*** le Congo

Kongoles|e [kɔŋgo'leːzə] *m* ⟨~n; ~n⟩, **~in** *f* ⟨~; ~nen⟩ Congolais(e) *m(f)*; **♀isch** *adj* congolais
Kongress [kɔn'grɛs] *m* ⟨~es; ~e⟩ congrès *m*; **~halle** *f* palais *m* des congrès
kongru|ent [kɔngru'ɛnt] *adj* MATH coïncident; **♀'enz** *f* ⟨~⟩ MATH, *fig* coïncidence *f*; GR accord *m*
Konifere [koni'feːrə] *f* conifère *m*
König ['køːnɪç] *m* ⟨~s; ~e⟩ roi *m* (*a Spielkarte, Schachfigur, fig*)
'Königin *f* ⟨~; ~nen⟩ reine *f* (*a* ZO); **~pastete** *f* bouchée *f* à la reine
'königlich **I** *adj* royal; de *bzw* du roi; **II** *adv* F ***sich ~ amüsieren*** s'amuser comme un fou
'Königreich *n* royaume *m*
'Königshaus *n* maison royale
konisch ['koːnɪʃ] *adj* conique
Konjugation [kɔnjugatsi'oːn] *f* ⟨~; ~en⟩ conjugaison *f*
konju'gieren *v/t* ⟨*sans ge*⟩ conjuguer
Konjunktion [kɔnjuŋktsi'oːn] *f* ⟨~; ~en⟩ conjonction *f* (*a* ASTR)
Konjunktiv ['kɔnjuŋktiːf] *m* ⟨~s; ~e⟩ GR (mode *m*) subjonctif *m*
Konjunktur [kɔnjuŋk'tuːr] *f* ⟨~; ~en⟩ conjoncture *f*; **~aufschwung** *m* essor *m* économique
konjunktu'rell *adj* conjoncturel
Konjunk'turrückgang *m* récession *f*
konkav [kɔn'kaːf] *adj* concave
konkret [kɔn'kreːt] *adj* concret
konkreti'sieren *v/t* ⟨*sans ge*⟩ concrétiser; (*näher ausführen*) préciser
Konkurrent(in) [kɔnku'rɛnt(ɪn)] *m* ⟨~en; ~en⟩ (*f*) ⟨~; ~nen⟩ concurrent(e) *m(f)*; compétiteur, -trice *m,f*
Konkur'renz *f* ⟨~; ~en⟩ concurrence *f*; ***außer ~*** 'hors concours; ***j-m ~ machen*** faire concurrence à qn; ***das ist unsere ~*** c'est notre concurrent
konkur'renz|fähig *adj* compétitif; **♀kampf** *m* concurrence *f*; **~los** *adj* défiant toute concurrence
konkur'rieren *v/i* ⟨*sans ge*⟩ ***mit j-m*** (***um etw***) ~ être en concurrence, rivaliser avec qn (pour obtenir qc)
Konkurs [kɔn'kurs] *m* ⟨~es; ~e⟩ faillite *f*; ***in ~ gehen, ~ machen*** faire faillite
Kon'kurs|masse *f* actif *m* de la faillite; **~verwalter** *m* syndic *m*
können ['kœnən] ⟨kann, konnte⟩ **I** *v/aux de mode* ⟨*p/p* können⟩ **1** (*vermögen*) pouvoir; ***man kann nie wissen*** on ne sait jamais; **2** (*beherrschen*) savoir; ***schwimmen ~*** savoir nager; **3** (*dürfen*) pouvoir; P ***du kannst mich mal!*** F tu peux (toujours) courir!; **4** (*möglich sein*) ***es kann sein, dass …*** il se peut que … (+ *subj*); ***das kann nicht sein*** c'est impossible; **5** (*Grund haben*) ***das kann man wohl sagen!*** ça, on peut le dire; F ***ich kann dir sagen!*** je t'assure!; **II** *v/t u v/i* ⟨*p/p* gekonnt⟩ **6** (*vermögen*) pouvoir; ***ich kann nicht mehr!*** je n'en peux plus!; ***ich kann nicht anders*** je ne peux pas faire autrement; ***so gut ich kann*** de mon mieux; **7** (*beherrschen*) savoir; ***er kann etwas*** il est capable; ***er kann Englisch*** il sait l'anglais; (*sprechen*) il parle anglais; **8** ***ich kann nichts dafür*** je n'y peux rien

können:
pouvoir oder savoir?

savoir wird verwendet, wenn es sich um etwas Erlerntes handelt, **pouvoir**, wenn die äußeren Umstände es zulassen:

savoir lire	lesen können (*weil man es gelernt hat*)
pouvoir lire	lesen können (*weil z.B. die Schrift groß genug ist*)

'Können *n* ⟨~s⟩ savoir(-faire) *m*
'Könner(in) *m* ⟨~s; ~⟩ (*f*) ⟨~; ~nen⟩ personne *f* très capable; as *m*
konnte ['kɔntə] → ***können***
Konsens [kɔn'zɛns] *st/s* *m* ⟨~es; ~e⟩ consensus *m*
konsequent [kɔnze'kvɛnt] *adj* **1** (*folgerichtig*) logique; conséquent; **2** (*beharrlich*) résolu
Konse'quenz *f* ⟨~; ~en⟩ **1** (*Folgerichtigkeit*) logique *f*; **2** (*Folge*) conséquence *f*; ***die ~en aus etw ziehen*** tirer les conséquences de qc
konserva|tiv [kɔnzɛrva'tiːf] *adj* conservateur; **♀'tive(r)** *f(m)* ⟨→ A⟩ conservateur, -trice *m,f*; **♀'torium** *n* ⟨~s; -ien⟩ Conservatoire *m*

Konserve [kɔn'zɛrvə] *f* ⟨~; ~n⟩ conserve *f*; **~ndose** *f* boîte *f* de conserve

konser'v|ieren *v/t* ⟨*sans ge*⟩ conserver; **♀ierung** *f* ⟨~⟩ conservation *f*; **♀ierungsmittel** *n* conservateur *m*

Konsistenz [kɔnzɪs'tɛnts] *f* ⟨~⟩ consistance *f*

Konsole [kɔn'zoːlə] *f* ⟨~; ~n⟩ console *f*

konsolidieren [kɔnzoli'diːrən] *v/t* ⟨*sans ge*⟩ consolider

Konsonant [kɔnzo'nant] *m* ⟨~en; ~en⟩ consonne *f*; **♀isch** *adj* consonantique

Konsortium [kɔn'zɔrtsium] *n* ⟨~s; -ien⟩ consortium *m*

Konspi|ration [kɔnspiratsi'oːn] *f* ⟨~; ~en⟩ conspiration *f*; **♀ra'tiv** *adj* conspirateur; **♀'rieren** *v/i* ⟨*sans ge*⟩ conspirer (***gegen*** contre)

konstant [kɔn'stant] *adj* constant

Kon'stante *f* ⟨~n; ~n⟩ constante *f* (*a fig*)

konstatieren [kɔnsta'tiːrən] *st/s v/t* ⟨*sans ge*⟩ constater

Konstellation [kɔnstɛlatsi'oːn] *f* ⟨~; ~en⟩ ASTR position *f*; *fig* situation *f*

konsterniert [kɔnstɛr'niːrt] *adjt* consterné (***über*** [+ *acc*] par)

konstitu|ieren [kɔnstitu'iːrən] *v/t* (*u v/r*) ⟨*sans ge*⟩ (***sich ~*** se) constituer; **♀ti'on** *f* ⟨~; ~en⟩ constitution *f*; **~tio'nell** *adj* constitutionnel

konstruieren [kɔnstru'iːrən] *v/t* ⟨*sans ge*⟩ construire; *fig* inventer

Konstrukti'on *f* ⟨~; ~en⟩ construction *f*; **~sfehler** *m* défaut *m* de construction

konstruk'tiv *adj* constructif

Konsul ['kɔnzul] *m* ⟨~s; ~n⟩ consul *m*

Konsu'lat *n* ⟨~ɇs; ~e⟩ consulat *m*

Konsul|tation [kɔnzultatsi'oːn] *st/s f* ⟨~; ~en⟩ consultation *f*; **♀'tieren** *st/s v/t* ⟨*sans ge*⟩ consulter

Konsu|m [kɔn'zuːm] *m* ⟨~s⟩ consommation *f*; **~'ment(in)** *m* ⟨~en; ~en⟩ (*f*) ⟨~; ~nen⟩ consommateur, -trice *m,f*

Kon'sumgüter *n/pl* biens *m/pl* de consommation

konsu'mieren *v/t* ⟨*sans ge*⟩ consommer

Kontakt [kɔn'takt] *m* ⟨~ɇs; ~e⟩ **1** contact *m* (***mit*** avec); ***mit j-m ~ aufnehmen*** prendre contact avec qn; **2** ÉLECT plot *m*

Kon'takt|anzeige *f* annonce *f* pour recherche de contacts; **~aufnahme** *f* prise *f* de contact; **♀freudig** *adj* liant; **~linse** *f* lentille *f* de contact; **~mann** *m* ⟨~ɇs; -männer *ou* -leute⟩ agent *m* de liaison

Kontami|nation [kɔntaminatsi'oːn] *f* ⟨~; ~en⟩ contamination *f*; **♀'nieren** *v/t* ⟨*sans ge*⟩ contaminer

Konter ['kɔntər] *m* ⟨~s; ~⟩ SPORT contre *m*

Konterfei ['kɔntərfaɪ] *n* ⟨~s; ~s *ou* ~e⟩ *st/s, plais* portrait *m*

'kontern *v/t u v/i* riposter (à; *a fig*)

'Konterrevolution *f* contre-révolution *f*

Kontext ['kɔntɛkst] *m* ⟨~ɇs; ~e⟩ contexte *m*

Kontinen|t ['kɔntinɛnt] *m* ⟨~ɇs; ~e⟩ continent *m*; **♀'tal** *adj* continental

Kontingent [kɔntɪŋ'gɛnt] *n* ⟨~ɇs; ~e⟩ contingent *m* (***an*** [+ *dat*] en, de)

kontinu|ierlich [kɔntinu'iːrlɪç] *st/s adj* continu; **♀ität** [-i'tɛːt] *st/s f* ⟨~⟩ continuité *f*

Konto ['kɔnto] *n* ⟨~s; -ten⟩ compte *m*; **~auszug** *m* relevé *m* de compte; **~nummer** *f* numéro *m* de compte; **~stand** *m* état *m* de compte

kontra ['kɔntra] *prép* ⟨*acc*⟩, *adv* contre

'Kontra *n* ⟨~s; ~s⟩ contre *m*; ***j-m ~ geben*** KARTENSPIEL contrer qn; F *fig* riposter vertement à qn

'Kontrabass *m* contrebasse *f*

Kontrahent(in) [kɔntra'hɛnt(ɪn)] *m* ⟨~en; ~en⟩ (*f*) ⟨~; ~nen⟩ adversaire *m,f*

Kontrakt [kɔn'trakt] *m* ⟨~ɇs; ~e⟩ contrat *m*

'Kontrapunkt *m* MUS contrepoint *m*

konträr [kɔn'trɛːr] *st/s adj* contraire

Kontras|t [kɔn'trast] *m* ⟨~ɇs; ~e⟩ contraste *m*; **♀'tieren** *st/s v/i* ⟨*sans ge*⟩ contraster (***mit*** avec)

Kon'trastmittel *n* MÉD produit *m* de contraste

Kon'trollabschnitt *m* coupon *m* de contrôle

Kontrolle [kɔn'trɔlə] *f* ⟨~; ~n⟩ contrôle *m*; ***etw unter ~*** (*dat*) ***haben*** être maître de qc; contrôler qc; ***außer ~ geraten*** échapper au contrôle

Kontrolleur [kɔntrɔ'løːr] *m* ⟨~s; ~e⟩ contrôleur *m*

Kon'trollgang *m* ronde *f*

kontrol'lieren *v/t* ⟨*sans ge*⟩ contrôler

Kon'troll|lampe *f* lampe *f* témoin; **~turm** *m* tour *f* de contrôle; **~zentrum** *n* centre *m* de contrôle

Kontroverse [kɔntro'vɛrzə] *st/s f* ⟨~; ~n⟩ controverse *f*
Kontur [kɔn'tuːr] *f* ⟨~; ~en⟩ contour *m*
Konvention [kɔnvɛntsi'oːn] *f* ⟨~; ~en⟩ convention *f*
Konventio'nalstrafe *f* JUR dédit *m*
konventio'nell *adj* conventionnel
Konversation [kɔnvɛrzatsi'oːn] *f* ⟨~; ~en⟩ conversation *f*; **~slexikon** *n* encyclopédie *f*
konvertier|bar [kɔnvɛr'tiːr-] *adj* convertible; **~en** ⟨*sans ge*⟩ **I** *v/t* FIN, INFORM convertir; **II** *v/i* ⟨h *ou* sn⟩ REL se convertir (***zu*** à)
konvex [kɔn'vɛks] *adj* convexe
Konvoi [kɔn'vɔʏ] *m* ⟨~s; ~s⟩ convoi *m*; ***im ~ fahren*** rouler en convoi
Konzentrat [kɔntsɛn'traːt] *n* ⟨~¢s; ~e⟩ (produit *m*) concentré *m*
Konzentrati'on *f* ⟨~; ~en⟩ concentration *f*; **~slager** *n* camp *m* de concentration
konzen'tr|ieren *v/t* (*u v/r*) ⟨*sans ge*⟩ (***sich ~*** se) concentrer (***auf*** [+ *acc*] sur); **~iert I** *adjt* concentré; **II** *advt* avec concentration
Konzept [kɔn'tsɛpt] *n* ⟨~¢s; ~e⟩ **1** (*Rohfassung*) brouillon *m*; **2** (*Plan*) plan *m*; idée *f*; ***aus dem ~ kommen*** perdre le fil; ***j-n aus dem ~ bringen*** faire perdre le fil à qn
Konzepti'on *f* ⟨~; ~en⟩ conception *f*
Kon'zeptpapier *n* papier *m* brouillon
Konzern [kɔn'tsɛrn] *m* ⟨~¢s; ~e⟩ groupe *m*; trust *m*
Konzert [kɔn'tsɛrt] *n* ⟨~¢s; ~e⟩ *Veranstaltung* concert *m*; *e-s Solisten* récital *m*; *Musikstück* concerto *m*; **~flügel** *m* piano *m* de concert; **~meister** *m* premier violon; **~reise** *f* tournée *f*; **~saal** *m* salle *f* de concert
Konzession [kɔntsɛsi'oːn] *f* ⟨~; ~en⟩ (*Zugeständnis*) concession *f*; COMM licence *f*
konzes'siv *adj* GR concessif
Konzil [kɔn'tsiːl] *n* ⟨~s; ~e *ou* ~ien⟩ concile *m*; **2i'ant** *st/s adj* conciliant
konzipieren [kɔntsi'piːrən] *st/s v/t* ⟨*sans ge*⟩ concevoir
Koope|ration [koˀoperatsi'oːn] *f* ⟨~; ~en⟩ coopération *f*; **2ra'tiv** *adj* coopératif; **2'rieren** *v/i* ⟨*sans ge*⟩ coopérer
Koordi|nate [koˀɔrdi'naːtə] *f* ⟨~; ~n⟩ coordonnée *f*; **~nati'on** *f* ⟨~; ~en⟩ coordination *f*; **2'nieren** *v/t* ⟨*sans ge*⟩ coordonner
Kopf [kɔpf] *m* ⟨~¢s; ≈e⟩ **1** ANAT, *fig* tête *f*; **a)** *mit adj u adv* (**um**) ***e-n ~ größer sein als j*** avoir une tête de plus que qn; ***~ hoch!*** courage!; **b)** *mit subst* ***~ an ~*** coude à coude; ***von ~ bis Fuß*** de la tête aux pieds; ***~ und Kragen riskieren*** risquer sa vie; ***mit dem ~ durch die Wand wollen*** vouloir l'impossible; **c)** *mit prép* ***nicht auf den ~ gefallen sein*** avoir du plomb dans la cervelle; F ***sein ganzes Geld auf den ~ hauen*** F claquer tout son fric; ***auf dem ~ stehen*** *Bild etc* être à l'envers; ***alles auf den ~ stellen*** mettre tout sens dessus dessous; ***das geht mir nicht aus dem ~*** cela ne me sort pas de la tête; ***sich*** (*dat*) ***etw aus dem ~ schlagen*** s'ôter qc de la tête, de l'esprit; ***sich*** (*dat*) ***etw durch den ~ gehen lassen*** réfléchir à *od* sur qc; ***im ~ rechnen*** calculer de tête; F ***nicht*** (***ganz***) ***richtig im ~ sein*** F avoir un grain; ***sich*** (*dat*) ***etw in den ~ setzen*** se mettre qc dans la tête; ***das will mir nicht in den ~*** (***gehen***) F je n'arrive pas à me mettre ça dans la tête; ***die Arbeit wächst mir über den ~*** je suis débordé de travail; ***j-n vor den ~ stoßen*** choquer, brusquer qn; ***den ~ hängen lassen*** être découragé, déprimé; F ***den ~ hinhalten müssen*** F porter le chapeau; F trinquer (***für*** pour); ***den ~ kosten*** coûter la vie; ***den ~ schütteln*** secouer la tête; ***~ stehen*** avoir la tête en bas; F *fig* être sens dessus dessous; ***ich weiß nicht, wo mir der ~ steht*** je ne sais pas où donner de la tête; ***j-m den ~ verdrehen*** tourner la tête à qn; ***den ~ verlieren*** perdre la tête; ***j-m den ~ waschen*** laver la tête à qn; F *fig* passer un savon à qn; ***sich*** (*dat*) ***den ~*** (***über etw*** [*acc*]) ***zerbrechen*** se casser la tête (sur qc); **2** *fig* (*Person*) esprit *m*; personne *f*; ***ein kluger ~*** une personne intelligente; ***pro ~*** par personne; par tête; **3** *e-s Briefs* en-tête *m*; *e-s Nagels etc* tête *f*; *e-s Tisches* 'haut *m*; *e-r Münze* face *f*; **4** (*Kohl2*) chou *m*; (*Salat2*) salade *f*
'Kopf|arbeit *f* travail intellectuel; **~ball** *m* FUSSBALL tête *f*; **~bedeckung** *f* coiffure *f*; *plais* couvre-chef *m*
Köpfchen ['kœpfçən] *n* ⟨~s; ~⟩ F ***~ ha-***

Der Kopf

das Auge	**l'œil** *m* (*pl*: **les yeux** *m/pl*)
die Augenbraue	**le sourcil**
das Augenlid	**la paupière**
das Gesicht	**la figure**
das Grübchen	**la fossette**
der Hals	**le cou**
das Kinn	**le menton**
der Mund	**la bouche**
der Nacken	**la nuque**
die Nase	**le nez**
das Nasenloch	**la narine**
das Ohr	**l'oreille** *f*
das Ohrläppchen	**le lobe**
der Schädel	**le crâne**
die Stirn	**le front**
die Schläfe	**la tempe**
die Wange	**la joue**
die Wimper	**le cil**

ben être intelligent

köpfen ['kœpfən] *v/t* **1** *j-n* décapiter; **2** (***den Ball***) **~** faire une tête

'Kopf|ende *n* tête *f*; *des Bettes* chevet *m*; **~geld** *n* prime *f*; **~haar** *n* chevelure *f*; **~haut** *f* cuir chevelu; **~hörer** *m* casque *m*

...köpfig [...kœpfıç] *adj in Zssgn* à ... têtes; ***e-e vierköpfige Familie*** une famille de quatre personnes

'Kopf|kissen *n* oreiller *m*; **2lastig** *adj Fahrzeug* trop chargé à l'avant; *fig péj* (trop) intellectuel

'kopflos I *adj fig* (*unüberlegt*) irréfléchi; (*gedankenlos*) écervelé; (*in Panik*) affolé; **II** *adv* de manière irréfléchie

'Kopf|nicken *n* ⟨~s⟩ 'hochement *m* de tête (*zustimmend* en signe d'approbation); **~rechnen** *n* calcul mental; **~salat** *m* laitue *f*

'Kopfschmerzen *m/pl* maux *m/pl* de tête; **~ *haben*** avoir mal à la tête

'Kopf|schütteln *n* ⟨~s⟩ 'hochement *m* de tête (*verneinend* en signe de refus); **~sprung** *m* plongeon *m*; **~stand** *m* poirier *m*; **~steinpflaster** *n* pavé *m*; **~stütze** *f* repose-tête *m*; **~tuch** *n* ⟨~¢s; -tücher⟩ foulard *m*; **2'über** *adv* la tête la première; **~weh** F *n* → ***Kopfschmerzen***

'Kopfzerbrechen *n* ⟨~s⟩ ***j-m*** (***großes***) **~ *machen*** donner (bien) du souci à qn

Kopie [ko'piː] *f* ⟨~; ~n⟩ **1** copie *f* (*a Abschrift, Nachbildung, Foto2*); **2** *fig* imitation *f*

ko'pieren *v/t* ⟨*sans ge*⟩ copier (*a fig*)

Ko'pier|er F *m* ⟨~s; ~⟩, **~gerät** *n* photocopieur *m*; photocopieuse *f*

Kopilot(in) ['koːpiloːt(ın)] *m(f)* copilote *m,f*

Koppel[1] ['kɔpəl] *f* ⟨~; ~n⟩ (*Weide*) pâturage *m*

'Koppel[2] *n* ⟨~s; ~⟩ MIL ceinturon *m*

'koppeln *v/t* ⟨¢⟩ **1** TECH, ÉLECT coupler (***an*** [+ *acc*] à); RAUMFAHRT amarrer (à); **2** *fig* associer (à)

'Kopp(e)lung *f* ⟨~; ~en⟩ **1** TECH, ÉLECT couplage *m*; RAUMFAHRT amarrage *m*; **2** *fig* association *f* (***an*** [+ *acc*] à)

'Koproduktion *f* coproduction *f*

kopulieren [kopu'liːrən] *v/i* ⟨*sans ge*⟩ copuler

Koralle [ko'ralə] *f* ⟨~; ~n⟩ corail *m*; **~nriff** *n* récif *m* de corail

Koran [ko'raːn] *m* ⟨~s; ~e⟩ Coran *m*

Korb [kɔrp] *m* ⟨~¢s; ~̈e⟩ **1** *ohne Henkel* corbeille *f*; (*Henkel2, Einkaufs2, Basketball2*) panier *m*; (*Trag2*) 'hotte *f*; **2** *fig* refus *m*; ***j-m e-n ~ geben*** éconduire qn; ***e-n ~ bekommen*** essuyer un refus

'Korbball *m sport proche du basket-ball*

Körbchen ['kœrpçən] *n* ⟨~s; ~⟩ *beim BH* bonnet *m*

'Korb|flasche *f* bouteille clissée; *große* bonbonne *f*; **~möbel** *n/pl* meubles *m/pl* en rotin, *aus Weide* en osier

Kord → ***Cord***

Kordel ['kɔrdəl] *f* ⟨~; ~n⟩ cordon *m*

Korea [ko'reːa] *n* ⟨~s⟩ la Corée

Kore'an|er(in) *m* ⟨~s; ~⟩ (*f*) ⟨~; ~nen⟩ Coréen, -éenne *m,f*; **2isch** *adj* coréen

Korfu ['kɔrfu] *n* ⟨~s⟩ Corfou

Koriander [kori'andər] *m* ⟨~s; ~⟩ coriandre *f*

Korinthe [ko'rıntə] *f* ⟨~; ~n⟩ raisin *m* de Corinthe

Kork [kɔrk] *m* ⟨~¢s; ~e⟩ liège *m*; **'~eiche** *f* chêne-liège *m*

'Korken *m* ⟨~s; ~⟩ bouchon *m*; **~zieher** *m* ⟨~s; ~⟩ tire-bouchon *m*

Korn[1] [kɔrn] *n* ⟨~¢s; ~̈er⟩ **1** (*Getreide*) céréales *f/pl*; *gedroschenes* grain(s) *m(pl)*; **2** (*einzelnes Getreide2, Sand2, Salz2 etc*) grain *m*; **3** (*Samen2*) graine

K

f; **4** *an Handfeuerwaffen* guidon *m*; ***j-n aufs ~ nehmen*** avoir qn dans le collimateur; ***etw aufs ~ nehmen*** attaquer qc

Korn[2] F *m* ⟨~(e)s; ~⟩ eau-de-vie *f* de grain

'**Kornblume** *f* bleuet *m*

Körnchen ['kœrnçən] *n* ⟨~s; ~⟩ petit grain; *fig* ***ein ~ Wahrheit*** un brin de vérité

'**Kornfeld** *n* champ *m* de blé

'**körnig** *adj* granuleux

'**Kornkammer** *f fig* grenier *m* à blé

Koronargefäß [koro'naːr-] *n* ANAT vaisseau *m* coronaire

Körper ['kœrpər] *m* ⟨~s; ~⟩ corps *m* (*a fig, vom Wein*); GEOMETRIE solide *m*; ***am ganzen ~ zittern*** trembler de tout son corps

'**Körper|bau** *m* constitution *f*; stature *f*; **2behindert** *adjt* 'handicapé (physique); **~behinderte(r)** *f(m)* 'handicapé(e) *m(f)* (physique); **~geruch** *m* odeur corporelle; **~gewicht** *n* poids *m*; **~größe** *f* taille *f*; **~haltung** *f* maintien *m*; tenue *f*; **~kontakt** *m* contact physique; **2lich** *adj* physique; **~pflege** *f* soins corporels; **~schaft** *f* ⟨~; ~en⟩ corps *m*; **~sprache** *f* langage *m* du corps; **~teil** *m* partie *f* du corps; **~verletzung** *f* JUR coups et blessures *m/pl*

Korps [koːr] *n* ⟨~; ~⟩ MIL, DIPL corps *m*

korpulent [kɔrpu'lɛnt] *adj* corpulent

korrekt [kɔ'rɛkt] *adj Auskunft etc* exact; *Satz, Verhalten, Kleidung* correct; **2heit** *f* ⟨~⟩ (*Genauigkeit*) exactitude *f*; (*korrektes Verhalten*) correction *f*

Korrektor(in) [kɔ'rɛktɔr (-rɛk'toːrɪn)] *m* ⟨~s; -'toren⟩ (*f*) ⟨~; ~nen⟩ correcteur, -trice *m,f*

Korrektur [kɔrɛk'tuːr] *f* ⟨~; ~en⟩ correction *f*; ***~ lesen*** corriger les épreuves

Korrek'tur|band *n* ruban correcteur; **~fahne** *f* TYPO épreuve *f*; **~taste** *f* touche *f* de correction; **~zeichen** *n* signe *m* de correction

Korrespon|dent(in) [kɔrɛspɔn'dɛnt, -tɪn] *m* ⟨~en; ~en⟩ (*f*) ⟨~; ~nen⟩ **1** *e-r Zeitung* correspondant(e) *m(f)*; **2** *e-r Firma* correspondancier, -ière *m,f*; **~'denz** *f* ⟨~; ~en⟩ correspondance *f*; **2'dieren** *v/i* ⟨*sans ge*⟩ **1** correspondre (**mit** avec); **2** *st/s* (*entsprechen*) correspondre (à)

Korridor ['kɔridoːr] *m* ⟨~s; ~e⟩ couloir *m* (*a fig*); corridor *m*

korrigieren [kɔri'giːrən] *v/t* ⟨*sans ge*⟩ corriger

Korrosion [kɔrosi'oːn] *f* ⟨~; ~en⟩ corrosion *f*; **~sschutz** *m* anticorrosif *m*

korrumpieren [kɔrum'piːrən] *v/t* ⟨*sans ge*⟩ corrompre

korrupt [kɔ'rupt] *adj* corrompu

Korrupti'on *f* ⟨~; ~en⟩ corruption *f*

Korse ['kɔrzə] *m* ⟨~n; ~n⟩ Corse *m*

Korsett [kɔr'zɛt] *n* ⟨~s; ~s *ou* ~e⟩ corset *m*

Kors|ika ['kɔrzika] *n* ⟨~s⟩ la Corse; **~in** *f* ⟨~; ~nen⟩ Corse *f*; **2isch** *adj* corse

Kortison [kɔrti'zoːn] *n* ⟨~s⟩ cortisone *f*

Koryphäe [kory'fɛːə] *f* ⟨~; ~n⟩ génie *m*

koscher ['koːʃər] *adj* CUIS kascher *od* casher; F *fig* ***nicht ~*** louche

Kose|form ['koːzə-] *f* diminutif *m*; **~name** *m* petit nom; diminutif *m*

Kosinus ['koːzinus] *m* ⟨~; ~ *ou* ~se⟩ cosinus *m*

Kosmetik [kɔs'meːtɪk] *f* ⟨~⟩ soins *m/pl* de beauté; **~erin** *f* ⟨~; ~nen⟩ esthéticienne *f*; **~koffer** *m* vanity-case *m*; **~salon** *m* institut *m* de beauté

Kos'met|ikum *n* ⟨~s; -ka⟩ produit *m* de beauté; **2isch** *adj* cosmétique

kosmisch ['kɔsmɪʃ] *adj* cosmique

Kosmonaut(in) [kɔsmo'naut(ɪn)] *m* ⟨~en; ~en⟩ (*f*) ⟨~; ~nen⟩ cosmonaute *m,f*

Kosmopolit [kɔsmopo'liːt] *m* ⟨~en; ~en⟩ cosmopolite *m*; **2isch** *adj* cosmopolite

Kosmos ['kɔsmɔs] *m* ⟨~⟩ cosmos *m*

Kosovo ['kɔzɔvo] ***der*** *od* ***das ~*** le Kosovo

Kost [kɔst] *f* ⟨~⟩ nourriture *f*; ***(freie) ~ und Logis haben*** être logé et nourri

'**kostbar** *adj* précieux (*a fig*); **2keit** *f* ⟨~; ~en⟩ objet précieux

kosten[1] ['kɔstən] ⟨-e-⟩ **I** *v/t* (*probieren*) goûter; *bes Wein* déguster; **II** *v/i* ***von etw ~*** goûter à, de qc

'**kosten**[2] *v/t* ⟨-e-⟩ coûter (*a fig*); ***viel (Geld) ~*** coûter cher; ***wieviel, was kostet das?*** combien ça coûte?; ***das lasse ich mir etwas ~*** je suis prêt à y mettre le prix; ***koste es, was es wolle*** à tout prix; coûte que coûte

'**Kosten** *pl* coût *m*; (*~aufwand*) frais *m/pl*; ***auf ~ von*** aux frais de; *fig* aux dépens de; ***auf s-e ~ kommen*** trouver son compte (***bei etw*** à qc)

'kosten|deckend *adjt* couvrant les frais; rentable; **≈ersparnis** *f* économie *f* (de frais); **≈frage** *f* question *f* de prix; **~günstig** *adj* avantageux; **~intensiv** *adj* coûteux; **~los** *adj* gratuit

'kostenpflichtig **I** *adj* payant; **II** *adv Fahrzeug* **~ *abschleppen*** mettre en fourrière

'Kostenvoranschlag *m* devis *m*

köstlich ['kœstlıç] **I** *adj Speise* délicieux; *Anekdote, Witz* savoureux; **II** *adv sich amüsieren* merveilleusement bien; ***das schmeckt*** **~** c'est délicieux

'Köstlichkeit *f* ⟨~; ~en⟩ *Sache* délice *m*

'Kost|probe *f* **1** morceau *m*, petit bout (pour y goûter); **2** *fig* échantillon *m*; **≈spielig** *adj* coûteux

Kostüm [kɔs'tyːm] *n* ⟨~s; ~e⟩ COUT tailleur *m*; THÉ, *Verkleidung* costume *m*; **~ball** *m*, **~fest** *n* bal costumé

kostü'mieren *v/t* (*u v/r*) ⟨*sans ge*⟩ (***sich*** **~** se) costumer (***als*** en)

Ko'stüm|probe *f* répétition *f* en costume; **~verleih** *m* location *f* de costumes

Kot [koːt] *m* ⟨~(e)s; ~e⟩ excréments *m/pl*; *von Tieren a* crotte *f*

Kotelett [kot'lɛt] *n* ⟨~s; ~s⟩ CUIS côtelette *f*; *größeres a* côte *f*; **~en** *pl* (*Backenbart*) favoris *m/pl*

Köter ['køːtər] F *péj m* ⟨~s; ~⟩ F cabot *m*

'Kotflügel *m* AUTO aile *f*

kotzen ['kɔtsən] P *v/i* ⟨-(e)s⟩ F dégobiller; P dégueuler; ***es ist zum ≈!*** F merde alors!

Krabbe ['krabə] *f* ⟨~; ~n⟩ (*Krebs*) crabe *m*; (*Garnele*) crevette *f*

krabbeln ['krabəln] *v/i* ⟨-(e), sn⟩ *Kind* marcher à quatre pattes; *Insekt* courir

Krach [krax] *m* ⟨~(e)s; ≈e⟩ **1** (*Lärm*) bruit *m*; *Personen a* vacarme *m*; F boucan *m*; *plötzlicher, starker* fracas *m*; **~ *machen*** faire du bruit; **2** F (*Streit*) dispute *f*; querelle *f*; ***mit j-m*** **~ *haben*** être brouillé avec qn; ***mit j-m*** **~ *anfangen*** se brouiller avec qn; **~ *schlagen*** faire un esclandre

'krachen *v/i* **1** (*a v/imp*) faire du bruit; *Eis, Balken, Zwieback* craquer; *Holz etc im Feuer, Schuss* éclater; *Knallkörper* péter; F ***auf der Autobahn hat es wieder gekracht*** F ça a encore cartonné sur l'autoroute; F ***…, sonst krachts!*** F … sinon, ça va barder!; **2** ⟨sn⟩ (*zusammenstürzen*) *Eis, Balken* s'effondrer (avec fracas); **3** ⟨sn⟩ F *Fahrzeug* ***gegen etw*** **~** s'écraser contre qc

'Kracher F *m* ⟨~s; ~⟩ pétard *m*

'Kracherl *n* ⟨~s; ~n⟩ *österr* limonade *f*

krächzen ['krɛçtsən] *v/i* ⟨-(e)s⟩ *Rabe, Krähe* croasser; *Papagei* crier; *Person* parler d'une voix rauque

kraft [kraft] *prép* ⟨*gén*⟩ en vertu de

Kraft *f* ⟨~; ≈e⟩ **1** force *f* (*a* PHYS); (*Lebens≈*) vigueur *f*; *fig* puissance *f*; *fig* ***treibende*** **~** moteur *m*; ***aus eigener*** **~** tout seul; ***mit letzter*** **~** avec mes, tes, *etc* dernières forces; ***mit vereinten Kräften*** tous ensemble; ***wieder zu Kräften kommen*** reprendre des forces; ***das geht über meine Kräfte*** c'est au-dessus de mes forces; ***was in meinen Kräften steht*** ce qui est en mon pouvoir; **2** JUR, POL ***in*** **~ *treten, sein*** entrer, être en vigueur; ***außer*** **~ *setzen*** déclarer sans effet; *Gesetz* abroger; **3** (*Arbeits≈*) collaborateur, -trice *m,f*

'Kraft|akt *m* grand effort physique; *fig* tour *m* de force; **~aufwand** *m* efforts *m/pl*; **~ausdruck** *m* ⟨~(e)s; -drücke⟩ gros mot; **~brühe** *f* consommé *m*; **~fahrer(in)** *m(f)* ADM conducteur, -trice *m,f*; (*Autofahrer*) automobiliste *m,f*

'Kraftfahrzeug *n* véhicule *m* automobile; **~brief** *m document établi lors de la mise en circulation d'un véhicule et qui suit ses propriétaires successifs*; **~kennzeichen** *n* numéro *m* d'immatriculation; **~schein** *m* carte grise; **~steuer** *f* impôt *m* sur les véhicules automobiles; vignette *f* (automobile); **~versicherung** *f* assurance *f* automobile

'Kraftfeld *n* champ *m* de force

kräftig ['krɛftıç] **I** *adj Person* fort; vigoureux; *Nahrung* substantiel; *Mahlzeit* F solide; *Schluck* grand; *Farbton* vif; **II** *adv* (*stark*) vigoureusement; (*sehr*) fortement; *Körper* **~ *gebaut sein*** être robuste; *beim Essen* **~ *zulangen*** se servir largement

'kräftigen *v/t* fortifier

'kraftlos *adj* sans force; faible

'Kraft|probe *f* épreuve *f* de force; **~protz** F *m* ⟨~es; ~e⟩ gros bras; **~rad** *n* ADM motocyclette *f*; **~stoff** *m* carburant *m*; **≈strotzend** *adjt* plein de vigueur; **≈voll** *adj* vigoureux; **~wagen** *m* ADM

K

(voiture *f*) automobile *f*; **~werk** *n* centrale *f* (électrique)

Kragen ['kra:gən] *m* ⟨~s; ~⟩ col *m*; ***j-n beim ~ packen*** saisir qn au collet; ***es geht ihm an den ~*** ça va aller mal pour lui; F ***mir platzt gleich der ~*** F je vais piquer une crise; F je vais exploser

'Kragenweite *f* encolure *f*; F *fig* ***das ist meine ~*** c'est mon genre

Krähe ['krɛ:ə] *f* ⟨~; ~n⟩ corneille *f*; *prov* ***e-e ~ hackt der anderen kein Auge aus*** *prov* les loups ne se mangent pas entre eux

'krähen *v/i Hahn* chanter

'Krähenfüße F *m/pl an den Augen* pattes-d'oie *f/pl*

Krake ['kra:kə] *m* ⟨~n; ~n⟩ pieuvre *f*

krakeelen [kra'ke:lən] F *péj v/i* ⟨*sans ge*⟩ F faire du boucan; F gueuler

krak(e)lig ['kra:k(ə)lɪç] F *péj adj* griffonné; *Schrift* tremblé

'krakeln F *péj v/i* ⟨*¢*⟩ griffonner

Kralle ['kralə] *f* ⟨~; ~n⟩ griffe *f* (*a fig péj*); *der Raubvögel* serre *f*

'krallen I *v/t* **1** (*mit den Krallen packen*) saisir avec les griffes; **2** ***s-e Finger um etw ~*** serrer qc entre ses doigts; **II** *v/r* ***sich an j-n, etw ~*** s'agripper à qn, qc; ***ihre Nägel krallten sich ins Kissen*** elle enfonça ses ongles dans l'oreiller

Kram [kra:m] F *m* ⟨~¢s⟩ **1** (*Zeug*) F fourbi *m*; F bataclan *m*; **2** (*Angelegenheit*) affaires *f/pl*; ***das passt mir nicht in den ~*** cela ne m'arrange pas; ***mach doch deinen ~ alleine!*** débrouille-toi tout seul!

'kramen F *v/i* ***in etw*** (*dat*) ***~*** fouiller dans qc

'Kramladen F *péj m* bazar *m*

Krampe ['krampə] *f* ⟨~; ~n⟩ crampon *m*

Krampf [krampf] *m* ⟨~¢s; ~̈e⟩ **1** MÉD crampe *f*; **2** F (*Unsinn*) F foutaise *f*

'Krampfader *f* varice *f*

'krampfartig *adj* spasmodique

'krampfen *v/t* (*u v/r* ***sich ~*** se) crisper; ***sich um, in etw*** (*acc*) ***~*** s'agripper à qc

'krampfhaft I *adj* **1** MÉD convulsif; **2** *fig Bemühungen etc* laborieux; **II** *adv fig* laborieusement; ***sich ~ bemühen*** se donner un mal fou (***zu*** [+ *inf*] pour [+ *inf*])

Kran [kra:n] *m* ⟨~¢s; ~̈e⟩ TECH grue *f*; **'~führer** *m* grutier *m*

Kranich ['kra:nɪç] *m* ⟨~s; ~e⟩ ZO grue *f*

krank [kraŋk] *adj u adv* ⟨~̈er, ~̈ste⟩ malade (***vor Eifersucht*** de jalousie); ***~ werden*** tomber malade

'Kranke(r) *f(m)* ⟨→ *A*⟩ malade *m,f*

kränkeln ['krɛŋkəln] *v/i* ⟨*¢*⟩ être maladif

'kranken *v/i* ***an etw*** (*dat*) ***~*** souffrir de qc

kränken ['krɛŋkən] *v/t* blesser; vexer

'Kranken|besuch *m* visite *f* à un malade; **~geld** *n* indemnité journalière; **~gymnast(in)** *m* ⟨~en; ~en⟩ (*f*) ⟨~; ~nen⟩ kinésithérapeute *m,f*; **~gymnastik** *f* kinésithérapie *f*

'Krankenhaus *n* hôpital *m*; ***j-n in ein ~ einliefern*** hospitaliser qn; ***im ~ liegen*** être à l'hôpital; être hospitalisé

'Kranken|kasse *f* caisse *f* (de) maladie; **~pflege** *f* soins infirmiers; **~pfleger** *m* infirmier *m*; **~pflegerin** *f* aide soignante; **~schein** *m* feuille *f* de maladie; **~schwester** *f* infirmière *f*; **~versicherung** *f* assurance *f* maladie; **~wagen** *m* ambulance *f*

'krank·feiern F *v/i* pratiquer l'absentéisme

'krankhaft *adj* maladif (*a fig*)

'Krankheit *f* ⟨~; ~en⟩ maladie *f*

'Krankheitserreger *m* agent *m* pathogène

'krank·lachen F *v/r* ***sich ~*** mourir de rire (***über*** [+ *acc*] à propos de)

kränklich ['krɛŋklɪç] *adj* maladif

'krank·melden *v/r* ⟨-e-⟩ ***sich ~*** se faire porter malade

'Krankmeldung *f* avis *m* d'arrêt maladie

'krank·schreiben *v/t* ⟨*irr*⟩ ***j-n ~*** mettre qn en arrêt de travail

'Kränkung *f* ⟨~; ~en⟩ vexation *f*

Kranz [krants] *m* ⟨~es; ~̈e⟩ couronne *f*

Kränzchen ['krɛntsçən] *n* ⟨~s; ~⟩ *fig* petit cercle (de dames)

Krapfen ['krapfən] *m* ⟨~s; ~⟩ beignet *m*

krass [kras] **I** *adj Unterschied* gros; *Gegensatz* vif; *Fehler* grossier; *Irrtum, Widerspruch* flagrant; **II** *adv sich ausdrücken* crûment

Krater ['kra:tər] *m* ⟨~s; ~⟩ cratère *m*

Kratzbürste ['krats-] F *f* personne *f* revêche

Krätze ['krɛtsə] *f* ⟨~⟩ MÉD gale *f*

'kratzen ⟨*¢s*⟩ **I** *v/t* **1** gratter; (*schaben*) racler; *mit Krallen, Fingernägeln* griffer; **2** (*hinein~*) graver; **3** (*weg~*) gratter; *stärker* racler; **4** F (*stören*) déranger;

das kratzt mich nicht ça me laisse froid; **II** *v/i* (*jucken, brennen*) gratter; **III** *v/r* ***sich ~*** se gratter (***am Kopf*** la tête)

'Kratzer *m* ⟨~s; ~⟩ *auf der Haut* égratignure *f*; *an Möbeln* rayure *f*

'kratzig *adj Stoff* rêche; *Stimme* rauque

'Kratzwunde *f* égratignure *f*

Kraul [kraul] *n* ⟨~s⟩ (*Freistil*) crawl *m*

'kraulen[1] *v/t* gratter doucement

'kraulen[2] *v/i* ⟨h *ou* sn⟩ SCHWIMMSPORT nager le crawl

kraus [kraus] *adj Haar* crépu; frisé (*a* BOT); *péj* (*wirr*) embrouillé; ***die Stirn ~ ziehen*** froncer les sourcils

'Krause *f* ⟨~; ~n⟩ **1** (*Hals*≗) collerette *f*; fraise *f*; **2** *im Haar* chevelure crépue

kräuseln ['krɔʏzəln] *v/t* (*u v/r*) ⟨*¢*⟩ (***sich ~***) *Haar, Faser* friser; *Stoff* (se) froncer; *Wasserfläche* (se) rider

'Kraushaar *n* cheveux crépus

Kraut [kraut] *n* ⟨~*¢*s; ~̈er⟩ **1** BOT herbe *f*; F ***dagegen ist kein ~ gewachsen*** il n'y a pas de remède à cela; **2** *von Kartoffeln etc* fanes *f/pl*; ***ins ~ schießen*** monter en graine; *fig* se propager rapidement; *fig* ***hier sieht es aus wie ~ und Rüben*** c'est un vrai bazar; **3** *bes südd, österr* chou *m*

Kräuter|butter ['krɔʏtər-] *f* beurre *m* aux fines herbes; **~essig** *m* vinaigre *m* aux fines herbes; **~tee** *m* tisane *f*

'Krautsalat *m* salade *f* de chou

Krawall [kra'val] *m* ⟨~s; ~e⟩ **1** (*Aufruhr*) bagarre *f*; *stärker* émeute *f*; **2** F (*Lärm*) tapage *m*; chahut *m*

Krawatte [kra'vatə] *f* ⟨~; ~n⟩ cravate *f*; **~nnadel** *f* épingle *f* de cravate

kraxeln ['kraksəln] F *bes südd, österr v/i* ⟨*¢*, sn⟩ grimper

Krea|tion [kreatsi'o:n] *f* ⟨~; ~en⟩ MODE création *f*; ≗**'tiv** *adj* créatif; **~tivi'tät** *f* ⟨~⟩ créativité *f*; **~'tur** *f* ⟨~; ~en⟩ créature *f*

Krebs [kre:ps] *m* ⟨~es; ~e⟩ **1** (*Krebstier*) crustacé *m*; (*Fluss*≗) écrevisse *f*; (*Krabbe*) crabe *m*; **2** MÉD cancer *m*; ***~ erregend, ~ erzeugend*** cancérigène; **3** ASTR Cancer *m*

'Krebs|forschung *f* cancérologie *f*; **~früherkennung** *f* dépistage *m* précoce du cancer; **~geschwulst** *f* tumeur cancéreuse; **~geschwür** *n* ulcère cancéreux; *fig* chancre *m*; ≗**krank** *adj* cancéreux; **~kranke(r)** *f(m)* cancéreux, -euse *m,f*; ≗**rot** *adj* rouge comme une écrevisse; **~vorsorge** *f* dépistage *m* du cancer

Kredit [kre'di:t] *m* ⟨~*¢*s; ~e⟩ crédit *m* (*a fig*); ***auf ~*** à crédit; ***j-m e-n ~ gewähren*** accorder un crédit à qn; ***e-n ~ aufnehmen*** recourir, avoir recours à un crédit

Kre'dit|geber *m* ⟨~s; ~⟩ prêteur *m*; **~hai** F *péj m* requin *m* de la finance; **~institut** *n* établissement *m* de crédit; **~karte** *f* carte *f* de crédit; **~nehmer** *m* ⟨~s; ~⟩ emprunteur *m*; ≗**würdig** *adj* solvable

Kredo ['kre:do] *n* ⟨~s; ~s⟩ CATH Credo *m*; *st/s fig* credo *m*

Kreide ['kraɪdə] *f* ⟨~; ~n⟩ **1** craie *f* (*a* GÉOL); ***bei j-m in der ~ stehen*** avoir une ardoise chez qn; **2** (*~zeit*) crétacé *m*

'kreide|'bleich *adj* blanc comme un linge; ≗**felsen** *m* falaise *f* de craie; **'~'weiß** *adj* blanc comme un linge; ≗**zeit** *f* crétacé *m*

kreieren [kre'i:rən] *v/i* ⟨*sans ge*⟩ créer

Kreis [kraɪs] *m* ⟨~es; ~e⟩ **1** MATH, *fig* cercle *m*; ***im kleinen ~(e)*** dans l'intimité; ***im engsten ~e*** dans la plus stricte intimité; ***in politischen ~en*** dans les milieux politiques; ***weite ~e der Bevölkerung*** une grande partie de la population; ***die Affäre zieht immer weitere ~e*** l'affaire prend des proportions; ***sich im ~(e) drehen*** tourner en rond (*a fig*); **2** ADM canton *m*

'Kreisbahn *f* orbite *f*

kreischen ['kraɪʃən] *v/i Mensch* pousser des cris perçants; *Möwe, Papagei* crier; *Säge* grincer; *Reifen* crisser

Kreisel ['kraɪzəl] *m* ⟨~s; ~⟩ **1** *Kinderspielzeug* toupie *f*; **2** F (*Kreisverkehr*) sens *m* giratoire; rond-point *m*

'kreisen *v/i* tourner (***um*** autour de); *Raubvogel, Flugzeug* décrire des cercles; *Flasche* circuler à la ronde; *Blut* circuler; *fig* ***um etw ~*** *Diskussion, Gedanken* tourner autour de qc

'kreisförmig *adj* circulaire

'Kreislauf *m* **1** (*Blut*≗) circulation *f*; **2** *der Natur, des Wassers* cycle *m*; **3** *der Wirtschaft* circuit *m*; **~kollaps** *m* collapsus *m*; **~störungen** *f/pl* troubles *m/pl* circulatoires

'kreis|rund *adj* rond; ≗**säge** *f* scie *f* circulaire

K

Kreißsaal ['kraɪs-] *m* salle *f* d'accouchement

'**Kreis|stadt** *f* chef-lieu *m* de canton; **~verkehr** *m* sens *m* giratoire

Krematorium [krema'to:rium] *n* ⟨~s; -ien⟩ crématorium *m*

Kreml ['krɛməl] *m* ⟨~⟩ ***der ~*** le Kremlin

Krempe ['krɛmpə] *f* ⟨~; ~n⟩ bord *m*

Krempel ['krɛmpəl] F *péj m* ⟨~s⟩ F fourbi *m*; F bataclan *m*

Kren [kre:n] *m* ⟨~¢s⟩ *österr* raifort *m*

krepieren [kre'pi:rən] ⟨*sans ge*, sn⟩ *v/i* **1** *Geschoss* éclater; **2** F *Tier* crever; P *Mensch* crever (**an** [+ *dat*] de)

Krepp [krɛp] *m* ⟨~s; ~s *ou* ~e⟩ crêpe *m*

'**Krepp|papier** *n* papier *m* crépon; **~sohle** *f* semelle *f* (de) crêpe

Kresse ['krɛsə] *f* ⟨~; ~n⟩ cresson *m*

Kreta ['kre:ta] *n* ⟨~s⟩ la Crète

kreuz [krɔʏts] *adv* ***~ und quer*** dans tous les sens

Kreuz *n* ⟨~es; ~e⟩ **1** croix *f*; ***das Rote ~*** la Croix-Rouge; ***ans ~ schlagen*** mettre en croix; crucifier; ***zu ~e kriechen*** courber l'échine; F ***es ist ein ~ mit ihm*** c'est la croix et la bannière avec lui; **2** ANAT reins *m/pl*; F *fig* ***j-n aufs ~ legen*** F avoir qn; *Frau* P se taper qn; **3** *Spielkartenfarbe* trèfle *m*; **4** MUS dièse *m*

'**kreuzen** ⟨¢t⟩ **I** *v/t* croiser (*a Straße*, *Beine*, BIOL ***mit*** avec); **II** *v/i* ⟨h *ou* sn⟩ MAR croiser; (***gegen den Wind***) ***~*** louvoyer; **III** *v/r* ***sich ~*** se croiser

'**Kreuzer** *m* ⟨~s; ~⟩ MAR yacht *m* (de croisière); MIL croiseur *m*

'**Kreuz|fahrer** *m* HIST croisé *m*; **~fahrt** *f* MAR croisière *f*

'**Kreuzfeuer** *n fig* ***ins ~*** (***der Kritik***) ***geraten*** être pris sous les feux de la critique; ***im ~ der Kritik stehen*** être la cible des critiques

'**Kreuzgang** *m* cloître *m*

'**kreuzig|en** *v/t* crucifier; **2ung** *f* ⟨~; ~en⟩ crucifixion *f*

'**Kreuz|otter** *f* vipère (commune); **~schlitzschraube** *f* vis *f* cruciforme; **~schlitzschraubenzieher** *m* tournevis *m* cruciforme; **~schlüssel** *m* clé *f* en croix; **~spinne** *f* épeire *f* diadème

'**Kreuzung** *f* ⟨~; ~en⟩ **1** *von Linien*, *Straßen* croisement *m*; *von Straßen a* carrefour *m*; intersection *f*; **2** BIOL croisement *m*; *Ergebnis* hybride *m*

'**Kreuzverhör** *n* contre-interrogatoire *m*; ***j-n ins ~ nehmen*** soumettre qn à un interrogatoire serré

'**Kreuzweg** *m* REL chemin *m* de croix

'**kreuzweise** *adv* en croix; P ***er kann mich*** (***mal***) ***~!*** P je lui dis merde!

'**Kreuz|worträtsel** *n* mots croisés; **~zug** *m* croisade *f* (*a fig*)

kribb(e)lig ['krɪb(ə)lɪç] F *adj* nerveux

'**kribbeln** *v/i u v/imp* ⟨¢⟩ picoter; ***es kribbelt mir in der Nase*** j'ai des picotements dans le nez; *fig* ***es kribbelt mir in den Fingern*** (***zu*** + *inf*) cela me démange (de + *inf*)

kriechen ['kri:çən] *v/i* ⟨kroch, gekrochen, sn⟩ ramper (*a fig* ***vor j-m*** devant qn); F (*langsam fahren*) avancer comme une tortue

'**Kriecher** F *péj m* ⟨~s; ~⟩ F lèche-bottes *m*; **2isch** *adj péj* rampant; servile

'**Kriech|spur** *f* voie réservée aux véhicules lents; **~tier** *n* reptile *m*

Krieg [kri:k] *m* ⟨~¢s; ~e⟩ guerre *f* (***gegen*** contre); ***der kalte ~*** la guerre froide; ***im ~*** pendant la guerre; ***~ führen*** faire la guerre (***gegen*** à); ***~ führend*** belligérant; ***den ~ erklären*** déclarer la guerre (*a fig*); ***in den ~ ziehen*** partir à la guerre

kriegen ['kri:gən] F *v/t* (*bekommen*) avoir; recevoir; *Geld a* toucher; *Flüchtende*, *Krankheit* attraper; ***Hunger ~*** commencer à avoir faim; ***er kriegt es mit mir zu tun*** il aura affaire à moi; ***du kriegst gleich eine!*** tu veux une claque?; → ***bekommen*** *I*; **II** *v/r* ***sich ~*** *Liebespaar* être réunis

'**Krieger** *m* ⟨~s; ~⟩ guerrier *m*; **2isch** *adj* belliqueux

'**Kriegsbeil** *n plais* ***das ~ begraben*** enterrer la hache de guerre

'**Kriegs|beschädigte(r)** *m* ⟨→ A⟩ mutilé *m* de guerre; **~dienst** *m* service *m* militaire; **~dienstverweigerer** *m* ⟨~s; ~⟩ objecteur *m* de conscience; **~erklärung** *f* déclaration *f* de guerre (**an** [+ *acc*] à)

'**Kriegsfuß** *m plais* ***mit j-m auf*** (***dem***) ***~ stehen*** être sur le pied de guerre avec qn; *plais* ***mit etw auf*** (***dem***) ***~ stehen*** être brouillé avec qc

'**Kriegs|gefangene(r)** *m* prisonnier *m* de guerre; **~gefangenschaft** *f* captivité *f*; **~gegner** *m* **1** (*Feind*) adversaire *m*;

2 (*Pazifist*) pacifiste *m*; **~gericht** *n* conseil *m* de guerre; **~opfer** *n* victime *f* de guerre

'Kriegspfad *m plais* ***auf dem ~ sein*** être sur le sentier de la guerre

'Kriegs|schauplatz *m* théâtre *m* des opérations; **~schiff** *n* navire *m* de guerre; **~verbrechen** *n* crime *m* de guerre; **~verbrecher** *m* criminel *m* de guerre

'Kriegszustand *m* état *m* de guerre; ***im ~*** en guerre

Krim [krɪm] ⟨~⟩ ***die ~*** la Crimée

Krimi ['kri:mi] F *m* ⟨~$; ~$⟩ F polar *m*

Kriminal|beamte(r) [krimi'na:l-] *m* fonctionnaire *m* de la police judiciaire; **~film** *m* film policier

krimina'li|stisch *adj* criminalistique; **2'tät** *f* ⟨~⟩ criminalité *f*; *bes in sozialer Hinsicht* délinquance *f*

Krimi'nal|kommissar *m* inspecteur *m* de police; **~polizei** *f* police *f* judiciaire; **~roman** *m* roman policier

krimi'nell [krimi'nɛl] *adj* criminel; **2e(r)** *f(m)* ⟨→ A⟩ criminel, -elle *m,f*

Krimskrams ['krɪmskrams] F *m* ⟨~es⟩ babioles *f/pl*; bricoles *f/pl*

Kringel ['krɪŋəl] *m* ⟨~s; ~⟩ **1** (*Kreis*) petit rond; **2** *Gebäck*: *pâtisserie de forme ronde*

'kringeln *v/r* ⟨¢⟩ ***sich ~*** *Haare* frisotter; F ***sich ~ vor Lachen*** se tordre de rire

Kripo ['kri:po] *f* ⟨~⟩ *abr* (*Kriminalpolizei*) P.J. *f*

Krippe ['krɪpə] *f* ⟨~; ~n⟩ **1** (*Futter2*) mangeoire *f*; **2** (*Weihnachts2, Kinder2*) crèche *f*; **~nspiel** *n* crèche vivante

Krise ['kri:zə] *f* ⟨~; ~n⟩ crise *f*

'kriseln *v/imp* ⟨¢⟩ ***es kriselt*** il y a des problèmes

'Krisen|gebiet *n* région *f* en crise; **~herd** *m* foyer *m* de crise; **~stab** *m* état-major *m* de crise

Kristall[1] [krɪs'tal] *m* ⟨~s; ~e⟩ MINÉR cristal *m*

Kris'tall[2] *n* ⟨~s⟩ *Glas* cristal *m*; *Gegenstände* cristaux *m/pl*

kristalli'sieren *v/i* ⟨*sans ge*⟩ cristalliser

kri'stall|klar *adj Wasser, Stimme, Ton* cristallin; **2zucker** *m* sucre cristallisé

Kriterium [kri'te:rium] *n* ⟨~s; -ien⟩ critère *m* (***für*** de)

Kritik [kri'ti:k] *f* ⟨~; ~en⟩ critique *f* (***an*** [+ *dat*] de); F ***unter aller ~*** au-dessous de tout; ***an etw, j-m ~ üben*** critiquer qc, qn

Kritiker(in) ['kri:tikər(ɪn)] *m* ⟨~s; ~⟩ (*f*) ⟨~; ~nen⟩ critique *m,f*

kri'tiklos I *adj* qui manque d'esprit critique; **II** *adv* sans critiquer

'kritisch I *adj* critique; **II** *adv* ***etw ~ betrachten*** considérer qc d'un œil critique

kriti'sieren *v/t* ⟨*sans ge*⟩ critiquer

kritteln ['krɪtəln] *v/i* ⟨¢⟩ *péj* ergoter

Kritzelei [krɪtsə'laɪ] F *f* ⟨~; ~en⟩ griffonnage *m*

'kritzeln F *v/t u v/i* ⟨¢⟩ griffonner

Kro|ate [kro'a:tə] *m* ⟨~n; ~n⟩ Croate *m*; **~atien** [-'a:tsiən] *n* ⟨~s⟩ la Croatie; **~'atin** *f* ⟨~; ~nen⟩ Croate *f*; **2'atisch** *adj* croate

kroch [krɔx] → ***kriechen***

Krokant [kro'kant] *m* ⟨~s⟩ nougatine *f*

Krokette [kro'kɛtə] *f* ⟨~; ~n⟩ croquette *f*

Krokodil [kroko'di:l] *n* ⟨~s; ~e⟩ crocodile *m*; **~tränen** F *f/pl* larmes *f/pl* de crocodile

Krokus ['kro:kus] *m* ⟨~; ~ *ou* ~se⟩ crocus *m*

Krone ['kro:nə] *f* ⟨~; ~n⟩ **1** couronne *f* (*a Zahn2, Währung, fig*); ***die ~ der Schöpfung*** le couronnement de la création; ***das setzt allem die ~ auf*** c'est le comble; F ***einen in der ~ haben*** F avoir un petit verre dans le nez; **2** (*Wellen2*) crête *f*; (*Baum2*) cime *f*

krönen ['krø:nən] *v/t* couronner (*a fig*); ***j-n zum Kaiser ~*** couronner qn empereur

'Kron|juwelen *n/pl* joyaux *m/pl* de la couronne; **~korken** *m* capsule *f*; **~leuchter** *m* lustre *m*; **~prinz** *m* prince héritier, royal; **~prinzessin** *f* princesse royale

'Krönung *f* ⟨~; ~en⟩ couronnement *m* (*a fig*)

'Kron|zeuge *m*, **~zeugin** *f* témoin principal (à charge)

Kropf [krɔpf] *m* ⟨~¢s; ~̈e⟩ **1** MÉD goitre *m*; **2** *bei Vögeln* jabot *m*

kross [krɔs] *adj nordd* croustillant

Krösus ['krø:zus] *m* ⟨~ *ou* ~ses; ~se⟩ *plais* ***ein ~ sein*** être riche comme Crésus

Kröte ['krø:tə] *f* ⟨~; ~n⟩ **1** ZO crapaud *m*; **2** F *fig pl* **~n** F fric *m*

Krücke ['krʏkə] *f* ⟨~; ~n⟩ **1** *Gehhilfe* bé-

K

quille *f*; ***an ~n*** (*dat*) ***gehen*** marcher avec des béquilles; **2** F *péj* (*Versager*) F minable *m*; F nul *m*

'**Krückstock** *m* canne *f*

Krug [kru:k] *m* ⟨~¢s; ≃e⟩ **1** (*bes Ton*≗) cruche *f*; (*Bier*≗) chope *f*

Krume ['kru:mə] *f* ⟨~; ~n⟩ (*Brot*≗) mie *f*

Krümel ['kry:məl] *m* ⟨~s; ~⟩ miette *f*

'**krümeln** *v/i* ⟨¢⟩ *Brot* s'émietter; *Person* faire des miettes

krumm [krum] **I** *adj* **1** (*gebogen*) courbe; (*verbogen*) tordu (*a Nase, Stange, Baumstamm*); (*alters~*) courbé; *Rücken* voûté; *Wirbelsäule* dévié; ***~e Beine*** *n/pl* jambes torses; **2** F *fig* ***~e Touren*** *f/pl* tripotages *m/pl*; F ***ein ~es Ding drehen*** faire qc de louche; **II** *adv wachsen* de travers; ***~ biegen*** tordre; F ***sich ~ legen*** F se décarcasser; F ***etw ~ nehmen*** prendre qc de travers

krümmen ['krymən] **I** *v/t* courber; **II** *v/r* ***sich ~*** se tordre

'**Krümmung** *f* ⟨~; ~en⟩ courbure *f* (*a der Wirbelsäule*); *e-s Flusses* coude *m*

Krüppel ['krypəl] *m* ⟨~s; ~⟩ estropié(e) *m*(*f*); ***j-n zum ~ schlagen*** estropier qn

Kruste ['krustə] *f* ⟨~; ~n⟩ croûte *f*

'**Krustentiere** *n/pl* crustacés *m/pl*

Kruzifix ['kru:tsifɪks] *n* ⟨~es; ~e⟩ crucifix *m*

Krypta ['krypta] *f* ⟨~; -ten⟩ crypte *f*

Kuba ['ku:ba] *n* ⟨~s⟩ Cuba

Kübel ['ky:bəl] *m* ⟨~s; ~⟩ (*Eimer*) seau *m*; (*Kasten*) bac *m* (*a für Pflanzen*); (*Holz*≗) baquet *m*; F ***es gießt wie aus ~n*** il pleut à seaux

Kubik... [ku'bi:k...] *in Zssgn* ... cube; **~meter** *m od n* mètre *m* cube

kubisch ['ku:bɪʃ] *adj* cubique

Ku'bismus *m* ⟨~⟩ cubisme *m*

Küche ['kyçə] *f* ⟨~; ~n⟩ cuisine *f* (*a Kochkunst*); ***kalte ~*** repas froids

Kuchen ['ku:xən] *m* ⟨~s; ~⟩ gâteau *m*; (*Obst*≗) tarte *f*

'**Küchenchef** *m* chef *m* (cuisinier)

'**Kuchen|form** *f* moule *m* à gâteau; **~gabel** *f* fourchette *f* à gâteau

'**Küchen|hilfe** *f* aide-cuisinière *f*; **~maschine** *f* robot (ménager); **~messer** *n* couteau *m* de cuisine; **~schabe** *f* blatte *f*; cafard *m*; **~schrank** *m* placard *m* de cuisine

'**Kuchen|teig** *m* pâte *f* (à gâteau); **~teller** *m* assiette *f* à dessert

'**Küchen|tisch** *m* table *f* de cuisine; **~waage** *f* balance *f* de cuisine

kuckuck ['kukuk] *int* coucou!

'**Kuckuck** *m* ⟨~s; ~e⟩ **1** ZO coucou *m*; F ***zum ~ (noch mal)!*** F nom d'une pipe!; (***das***) ***weiß der ~!*** va savoir!; **2** F *fig* (*Pfandsiegel*) scellés *m/pl*

'**Kuckucks|ei** *n fig* cadeau empoisonné; **~uhr** *f* coucou *m*

Kufe ['ku:fə] *f* ⟨~; ~n⟩ (*Schlitten*≗, *Flugzeug*≗) patin *m*; (*Schlittschuh*≗) lame *f*

Kugel ['ku:gəl] *f* ⟨~; ~n⟩ **1** (*runder Körper*) boule *f*; F ***e-e ruhige ~ schieben*** F se la couler douce; **2** MATH sphère *f*; **3** (*Gewehr*≗, *Pistolen*≗) balle *f*; (*Kanonen*≗) boulet *m*; **4** *beim ~stoßen* poids *m*

'**kugel|förmig** *adj* sphérique; **≗hagel** *m* grêle *f* de balles; **≗lager** *n* roulement *m* à billes

'**kugeln** ⟨¢⟩ **I** *v/i* ⟨sn⟩ rouler comme une boule; **II** *v/r* ***sich ~*** se rouler

'**kugel|'rund** *adj* (tout) rond; **≗schreiber** *m* stylo *m* (à) bille; **~sicher** *adj* à l'épreuve des balles; *Weste* pare-balles; **≗stoßen** *n* ⟨~⟩ lancer *m* du poids; **≗stoßer(in)** *m* ⟨~s; ~⟩ (*f*) ⟨~; ~nen⟩ lanceur, -euse *m,f* de poids

Kuh [ku:] *f* ⟨~; ≃e⟩ ZO vache *f*; REL, F *fig* ***heilige ~*** vache sacrée; F *péj* ***dumme ~*** F crétine *f*

'**Kuhhandel** F *péj m* marchandage *m*

'**Kuhhaut** *f* F ***das geht auf keine ~!*** c'est inouï, incroyable!

kühl [ky:l] **I** *adj* frais; *fig* froid; ***~ werden*** se rafraîchir; **II** *adv* (*abweisend*) froidement; ***~ lagern*** conserver au frais

'**Kühlbox** *f* glacière *f*

'**Kühle** *f* ⟨~⟩ fraîcheur *f*; *fig* froideur *f*

'**kühlen** *v/t Lebensmittel* réfrigérer; *Getränk* rafraîchir; *Sekt* frapper

'**Kühler** *m* ⟨~s; ~⟩ **1** AUTO radiateur *m*; **2** (*Sekt*≗) seau *m* à glace; **~haube** *f* capot *m*

'**Kühl|haus** *n* entrepôt *m* frigorifique; **~mittel** *n* AUTO liquide *m* de refroidissement; **~schrank** *m* réfrigérateur *m*; frigidaire *m*; **~tasche** *f* sac *m* isotherme; **~truhe** *f* congélateur *m*; **~ung** *f* ⟨~; ~en⟩ TECH refroidissement *m*; *von Lebensmitteln* réfrigération *f*; **~wasser** *n* eau *f* de refroidissement

'**Kuhmilch** *f* lait *m* de vache

kühn [ky:n] *adj* 'hardi; *p/fort* audacieux;

(*verwegen*) téméraire

'**Kühnheit** *f* ⟨~; ~en⟩ 'hardiesse *f*; *p/fort* audace *f*; (*Verwegenheit*) témérité *f*

'**Kuhstall** *m* étable *f* (à vaches)

Küken ['ky:kən] *n* ⟨~s; ~⟩ **1** ZO poussin *m*; **2** F *fig* (*kleines Kind*) F mioche *m,f*

Kukuruz ['kukuruts] *m* ⟨~es⟩ *österr* maïs *m*

ku|lant [ku'lant] *adj Kaufmann* arrangeant; *Haltung* accommodant; ≈'**lanz** *f* ⟨~⟩ bonne volonté

Kuli[1] ['ku:li] *m* ⟨~s; ~s⟩ (*Arbeiter*) coolie *m* (*a fig*)

'**Kuli**[2] F *m* ⟨~s; ~s⟩ (*Kugelschreiber*) stylo *m* (à bille)

kulinarisch [kuli'na:rɪʃ] *adj* culinaire

Kulisse [ku'lɪsə] *f* ⟨~; ~n⟩ THÉ décors *m/pl*; *fig* décor *m*; *fig* ***hinter den ~n*** dans les coulisses

kullern ['kulərn] F *v/i* ⟨sn⟩ rouler

Kult [kult] *m* ⟨~(e)s; ~e⟩ culte *m*; ***mit etw, j-m e-n ~ treiben*** rendre un culte à qc, à qn

'**Kult|figur** *f* idole *f*; **~film** *m* film *m* culte

kultivieren [kulti'vi:rən] *v/t* ⟨*sans ge*⟩ cultiver (*a fig*)

kulti'viert I *adjt Person* évolué; *Benehmen* élégant; (*gepflegt*) soigné; **II** *advt* ***~ speisen*** faire un repas gastronomique; ***sich ~ benehmen*** avoir de bonnes manières

Kultur [kul'tu:r] *f* ⟨~; ~en⟩ **1** *e-r Gesellschaft* civilisation *f*; (*persönliche Bildung*) culture *f*; (*Lebensart*) savoir-vivre *m*; **2** AGR, BIOL culture *f*

Kul'tur|austausch *m* échange(s) culturel(s); **~beutel** *m* trousse *f* de toilette

kultu'rell *adj* culturel

Kul'tur|geschichte *f* histoire *f* de la civilisation; **~gut** *n* patrimoine culturel; **~kreis** *m* sphère culturelle; culture *f*; **~politik** *f* politique culturelle; **~revolution** *f* révolution culturelle; **~tasche** *f* trousse *f* de toilette; **~zentrum** *n* centre culturel

Kultusminister ['kultus-] *m* ministre *m* des Affaires culturelles; *in Frankreich* ministre *m* de l'Éducation nationale

Kümmel ['kyməl] *m* ⟨~s; ~⟩ **1** *Pflanze, Gewürz* cumin *m*; **2** *Branntwein* kummel *m*

Kummer ['kumər] *m* ⟨~s⟩ chagrin *m*; souci(s) *m(pl)*; ***j-m ~ machen*** donner du souci à qn

kümmerlich ['kymərlɪç] *adj* **1** (*schwächlich*) chétif; **2** (*arm*) pauvre; **3** *péj* (*nicht ausreichend*) maigre

'**kümmern I** *v/t* ***das kümmert mich nicht*** je ne m'en soucie pas; ***was kümmert dich das?*** qu'est-ce que cela peut te faire?; **II** *v/r* ***sich um j-n, etw ~*** s'occuper de qn, qc; ***sich darum ~, dass ...*** veiller à ce que ... (+ *subj*)

'**kummervoll** *adj* plein de chagrin

Kumpan [kum'pa:n] F *péj m* ⟨~s; ~e⟩ acolyte *m*

Kumpel ['kumpəl] *m* ⟨~s; ~ *ou* F ~s⟩ **1** BERGWERK mineur *m*; **2** F (*Kamerad*) F copain *m*; ≈**haft** *adj* familier

'**kündbar** *adj Vertrag* résiliable; *Stellung* dont le contrat peut être résilié; *Wohnung* dont le bail peut être résilié; *Arbeitnehmer, Mieter* congédiable

Kunde ['kundə] *m* ⟨~n; ~n⟩ client *m*

'**Kunden|dienst** *m* service *m* après-vente; **~karte** *f e-s Geschäfts* carte *f* de fidélité; *e-r Bank* carte *f* badge; **~kreis** *m* clientèle *f*

'**Kundgebung** *f* ⟨~; ~en⟩ manifestation *f*

'**kundig** *adj* connaisseur; expert; *st/s* ***e-r Sache*** (*gén*) ***~ sein*** être connaisseur en qc

kündigen ['kyndɪgən] **I** *v/t Vertrag* résilier; ***s-e Stellung ~*** donner sa démission; ***s-e Wohnung ~*** donner son congé à son propriétaire; **II** *v/i* ***j-m ~*** *e-m Arbeitnehmer* licencier qn; *e-m Mieter* donner congé à qn

'**Kündigung** *f* ⟨~; ~en⟩ *e-s Vertrags* résiliation *f*; *durch den Arbeitgeber* licenciement *m*; *durch den Arbeitnehmer* démission *f*; MIETRECHT congé *m*

'**Kündigungs|frist** *f* ARBEITSRECHT délai *m* de préavis; MIETRECHT préavis *m*; **~grund** *m* motif *m* de licenciement; **~schreiben** *n* lettre *f* de licenciement; **~schutz** *m* protection *f* contre les licenciements abusifs

'**Kundin** *f* ⟨~; ~nen⟩ cliente *f*

'**Kundschaft** *f* ⟨~⟩ clientèle *f*

'**kund·tun** *st/s v/t* ⟨*irr*⟩ faire connaître, *Meinung* manifester; professer

künftig ['kynftɪç] **I** *adj* futur; **II** *adv* à l'avenir

Kunst [kunst] *f* ⟨~; ⸚e⟩ art *m*; ***die bildende ~*** les arts plastiques; ***die schönen Künste*** les beaux-arts; ***brotlose ~***

sein ne pas nourrir son homme; F *fig* **das ist keine ~** F ce n'est pas sorcier; **mit s-r ~ am Ende sein** être au bout de son latin

'Kunst|akademie *f* école *f* des beaux-arts; **~ausstellung** *f* exposition *f* d'œuvres d'art; **~band** *m* livre *m* d'art; **~druck** *m* ⟨~¢s; ~e⟩ gravure *f*; reproduction *f*; **~dünger** *m* engrais *m* chimique; **~erziehung** *f Schulfach* dessin *m*; **~faser** *f* fibre *f* synthétique; **~fehler** *m* MÉD faute médicale; **≈fertig** *adj* habile; adroit; **~fertigkeit** *f* habileté *f*; adresse *f*; **~flug** *m* acrobatie aérienne; **~gegenstand** *m* objet *m* d'art; **≈gerecht** *adv* dans les règles de l'art; **~geschichte** *f* histoire *f* de l'art; **~gewerbe** *n* arts décoratifs; **~griff** *m* artifice *m*; truc *m*; **~handel** *m* commerce *m* d'art; **~händler(in)** *m(f)* marchand(e) *m(f)* d'art; **~handwerk** *n* artisanat *m* d'art; **~historiker(in)** *m(f)* historien, -ienne *m,f* d'art; **~leder** *n* similicuir *m*; skaï® *m*

K

Künstler(in) ['kʏnstlər(ɪn)] *m* ⟨~s; ~⟩ *(f)* ⟨~; ~nen⟩ artiste *m,f*

'künstlerisch I *adj* artistique; **II** *adv* artistiquement; **~ wertvoll sein** avoir une valeur artistique

'künstlich *adj* artificiel

'Kunst|liebhaber(in) *m(f)* amateur *m* d'art; **~maler(in)** *m(f)* artiste *m,f* peintre; **~pause** *f* silence éloquent; **~richtung** *f* tendance *f* de l'art; **~sammlung** *f* collection *f* d'objets d'art; **~schätze** *m/pl* trésors *m/pl* artistiques; **~seide** *f* rayonne *f*; soie artificielle; **~stoff** *m* (matière *f*) plastique *m*

'Kunststück *n* (*Glanzleistung*) tour *m* de force; (*Geschicklichkeits≈*) tour *m* d'adresse; (*Zauber≈*) tour *m* de prestidigitation; F **das ist kein ~** F ce n'est pas sorcier

'Kunst|turnen *n* gymnastique *f* artistique; **≈voll I** *adj* fait avec art; **II** *adv* avec art; **~werk** *n* œuvre *f* d'art

kunterbunt ['kʊntər-] **I** *adj* **1** (*bunt*) bariolé; **2** (*abwechslungsreich*) varié; **II** *adv* (*durcheinander*) pêle-mêle

Kupfer ['kʊpfər] *n* ⟨~s⟩ cuivre *m*; **~kessel** *m* chaudron *m* en cuivre; **~münze** *f* pièce *f* de cuivre; **≈rot** *adj* cuivré; **~stich** *m* gravure *f* sur cuivre

Kuppe ['kʊpə] *f* ⟨~; ~n⟩ **1** (*Finger≈*) bout *m*; **2** (*Berg≈*) sommet (arrondi)

Kuppel ['kʊpəl] *f* ⟨~; ~n⟩ *innere* coupole *f*; *äußere* dôme *m*

Kuppe'lei *f* ⟨~; ~en⟩ proxénétisme *m*

'kuppeln ⟨¢⟩ **I** *v/t* **etw an etw** (*acc*) **~** *Anhänger etc* atteler qc à qc; **II** *v/i* AUTO (*ein~*) embrayer; (*aus~*) débrayer

'Kuppler(in) *m* ⟨~s; ~⟩ *(f)* ⟨~; ~nen⟩ *péj* entremetteur, -euse *m,f*

'Kupplung *f* ⟨~; ~en⟩ **1** (*Anhänger≈*) coupleur *m*; **2** AUTO embrayage *m*; **die ~ treten** débrayer; **die ~ kommen lassen** embrayer

'Kupplungspedal *n* pédale *f* d'embrayage

Kur [kuːr] *f* ⟨~; ~en⟩ cure *f*; **e-e ~ machen** faire une cure

Kür [kyːr] *f* ⟨~; ~en⟩ TURNEN exercices *m/pl* libres; EISKUNSTLAUF figures *f/pl* libres

Kuratorium [kura'toːrium] *n* ⟨~s; -ien⟩ conseil *m* d'administration

Kurbel ['kʊrbəl] *f* ⟨~; ~n⟩ manivelle *f*

'kurbeln *v/i* ⟨¢⟩ tourner la manivelle

'Kurbelwelle *f* vilebrequin *m*

Kürbis ['kʏrbɪs] *m* ⟨~ses; ~se⟩ **1** BOT courge *f*; *großer* potiron *m*; **2** F *fig* (*Kopf*) F citron *m*

Kurd|e ['kʊrdə] *m* ⟨~n; ~n⟩, **~in** *f* ⟨~; ~nen⟩ Kurde *m,f*; **≈isch** *adj* kurde

'Kurfürst *m* HIST Électeur *m*

'Kur|gast *m* curiste *m,f*; **~haus** *n* établissement thermal

Kurie ['kuːriə] *f* ⟨~; ~n⟩ CATH curie *f*

Kurier [ku'riːr] *m* ⟨~s; ~e⟩ coursier *m*; **~dienst** *m* messagerie *f* (rapide)

ku'rieren *v/t* ⟨*sans ge*⟩ guérir (**von** de; *a fig*)

kurios [kuri'oːs] *adj* curieux; bizarre; **≈i'tät** *f* ⟨~; ~en⟩ **1** *Eigenschaft* singularité *f*; **2** *Gegenstand* curiosité *f*; **≈um** *st/s n* ⟨~s; -sa⟩ *Gegenstand* curiosité *f*; *Sachverhalt* fait curieux

'Kur|konzert *n* concert *m* pour les curistes; **~ort** *m mit Heilquellen* station thermale; (*Luft≈*) station *f* climatique; **~park** *m* parc *m* d'une station thermale; **~pfuscher** *m péj* charlatan *m*

Kurs [kʊrs] *m* ⟨~es; ~e⟩ **1** MAR route *f*; AVIAT cap *m* (*a fig*); *e-r Rennstrecke* parcours *m*; POL orientation *f*; **~ nehmen auf** (+ *acc*) mettre le cap sur; **den ~ halten** maintenir sa route, *fig* son cap; **den ~ ändern** changer de route, *fig* de cap;

2 (*Lehrgang*) cours *m*; ***an e-m ~ teilnehmen*** suivre un cours; **3** BÖRSE cours *m*; ***zum ~ von*** au cours de; ***hoch im ~ stehen*** être bien coté; *fig* avoir la cote (***bei*** chez)

'Kurs|änderung *f* MAR changement *m* de route, AVIAT, *fig* de cap; **~anstieg** *m* 'hausse *f* des cours; **~buch** *n* indicateur *m* des chemins de fer

Kürschner ['kʏrʃnər] *m* ⟨~s; ~⟩ fourreur *m*

kur'sieren *v/i* ⟨*sans ge*, h *ou* sn⟩ *Geld* circuler; *Gerücht* courir

kur'siv TYPO **I** *adj* italique; **II** *adv* en italique; **2schrift** *f* TYPO italique *m*

'Kurs|korrektur *f* changement *m* d'orientation (*a fig*); **~leiter(in)** *m(f)* professeur *m*; **~rückgang** *m* baisse *f* des cours; **~schwankung** *f* fluctuation *f* des cours; **~teilnehmer(in)** *m(f)* participant(e) *m(f)* au cours; **~wagen** *m* EISENBAHN voiture directe

'Kurtaxe *f* taxe *f* de séjour

Kurve ['kurvə] *f* ⟨~; ~n⟩ **1** *e-r Straße* virage *m*; ***hier macht die Straße e-e scharfe ~*** ici il y a un virage serré; ***in der ~*** dans le virage; ***in die ~ gehen*** prendre le virage; F *fig* ***die ~ nicht kriegen*** F ne pas y arriver; **2** MATH, STATISTIK courbe *f*; **3** F *pl* **~n** rondeurs *f/pl*

'kurven *v/i* ⟨sn⟩ **1** *Fahrzeug* virer; ***um die Ecke ~*** prendre le prochain tournant; **2** F ***durch etw ~*** sillonner qc

'Kurvenlage *f* AUTO tenue *f* en virage

'kurvenreich *adj* **1** *Straße* sinueux; **2** F *Frau* aux formes rondes

'Kurverwaltung *f* service administratif d'une station thermale

kurz [kurts] **I** *adj* ⟨~er, ~este⟩ **1** *räumlich* court; **2** *zeitlich* court; *Begegnung, Aussprache* bref; ***in ~er Zeit*** en peu de temps; ***vor ~em*** il y a peu de temps; récemment; ***bis vor ~em*** il y a encore peu de temps; **II** *adv* brièvement; ***~ vorher*** peu de temps avant; ***~ darauf, danach*** peu après; ***es ist ~ vor drei*** (***Uhr***) il est près de trois heures; ***es ist ~ nach fünf*** (***Uhr***) il est cinq heures passées; ***~ hinter Paris*** un peu après Paris; ***~ und bündig*** sans détour; ***~*** (***und gut***) bref; F ***~ und schmerzlos*** sans histoires; *fig* ***~ angebunden sein*** se montrer brusque, sec; ***j-n ~ halten*** serrer la vis à qn; donner peu d'argent à qn; ***bei etw zu ~ kommen*** ne pas avoir son compte de qc; F ***machs ~!*** sois bref!; ***~ treten*** (*sparen*) réduire ses dépenses; (*sich schonen*) se ménager

'Kurzarbeit *f* chômage partiel

'kurz·arbeiten *v/i* ⟨-e-⟩ être en chômage partiel

'Kurz|arbeiter *m* chômeur partiel; **2ärm(e)lig** *adj* à manches courtes; **2atmig** *adj* qui a le souffle court; MÉD dyspnéique

Kürze ['kʏrtsə] *f* ⟨~⟩ **1** *zeitlich* brièveté *f*; ***in ~*** sous peu; ***in aller ~*** en peu de mots; **2** *räumlich* peu *m* de longueur

'Kürzel *n* ⟨~s; ~⟩ STENOGRAFIE signe *m*; (*Abkürzung*) abréviation *f*

'kürzen *v/t* ⟨-t⟩ **1** *Kleid, Text* raccourcir (***um*** de); *Text a* abréger; *Ausgaben, Löhne* réduire, diminuer (de); **2** MATH simplifier

'kürzer *adj u adv* plus court; ***~ machen*** raccourcir; ***~ treten*** (*sparen*) réduire ses dépenses; (*sich schonen*) se ménager; ***den 2en ziehen*** tirer le mauvais numéro

'kurzer'hand *adv* sans hésiter

'kürzeste *adj* le plus court; ***in ~r Zeit*** dans les plus brefs délais

'Kurz|fassung *f* version abrégée; **~film** *m* court métrage

'kurzfristig *adj u adv* à court terme; ***etw ~ absagen*** décommander qc peu de temps avant

'Kurzgeschichte *f* nouvelle *f*

'kurzlebig *adj* éphémère (*a fig*)

'kürzlich *adv* récemment; ***erst ~*** tout récemment

'Kurz|meldung *f*, **~nachrichten** *f/pl* flash *m* (d'information)

'kurz·schließen *v/t* ⟨*irr*⟩ ÉLECT court-circuiter

'Kurzschluss *m* ÉLECT court-circuit *m*; **~handlung** *f* action irréfléchie

'Kurzschrift *f* sténographie *f*

'kurzsichtig *adj* MÉD myope; *fig Person, Politik* imprévoyant; *Politik* à courte vue; **2keit** *f* ⟨~⟩ MÉD myopie *f*; *fig* imprévoyance *f*

'Kurzstrecken|flug *m* vol *m* court-courrier; **~lauf** *m* course *f* de vitesse; **~rakete** *f* missile *m* à courte portée

'kurz'um *adv* bref

'Kürzung *f* ⟨~; ~en⟩ **1** *e-s Kleids, Texts* raccourcissement *m*; *der Ausgaben* réduction *f*; diminution *f*; **2** MATH simplification *f*

'**Kurz|urlaub** *m* petites vacances; **~waren** *f/pl* mercerie *f*; **2weilig** *adj* divertissant; **~welle** *f* onde courte; **~zeitgedächtnis** *n* mémoire *f* à court terme

kusch(e)lig ['kuʃ(ə)lɪç] *adj Stoff* douillet; *Kissen, Wolle* moelleux

'**kuscheln** ⟨¢⟩ **I** *v/i* se blottir l'un contre l'autre; **II** *v/r* ***sich ~*** se blottir (***an*** [+ *acc*] contre; ***in*** [+ *acc*] dans)

'**kuschen** *v/i Hund* se coucher; F *fig* (***vor j-m***) **~** F s'écraser (devant qn)

Ku'sine → ***Cousine***

Kuss [kus] *m* ⟨~es; ~̈e⟩ baiser *m*; ***j-m e-n ~ geben*** donner un baiser à qn; embrasser qn

'**kussecht** *adj Lippenstift* qui tient

küssen ['kysən] **I** *v/t* embrasser; ***j-m die Hand ~*** baiser la main de qn; **II** *v/r* ***sich ~*** s'embrasser

'**Kusshand** *f* ***j-m e-e ~ zuwerfen*** envoyer un baiser à qn; F *fig* ***mit ~*** avec le plus grand plaisir

Küste ['kystə] *f* ⟨~; ~n⟩ *Ufer* côte *f*; *Gebiet* littoral *m*

'**Küsten|fischerei** *f* pêche côtière; **~gewässer** *n/pl* eaux territoriales; **~schifffahrt** *f* cabotage *m*; **~wacht** *f* service *m* de surveillance des côtes

Küster ['kystər] *m* ⟨~s; ~⟩ sacristain *m*

Kutsche ['kutʃə] *f* ⟨~; ~n⟩ **1** *offene* calèche *f*; *prächtige* carrosse *m*; HIST diligence *f*; **2** F (*altes Auto*) F bagnole *f*

'**Kutscher** *m* ⟨~s; ~⟩ cocher *m*

kut'schieren ⟨*sans ge*⟩ **I** *v/t* ***j-n ~*** conduire qn (en calèche, *etc*); **II** *v/i* ⟨sn⟩ **1** *mit e-r Kutsche* rouler en calèche, en carrosse; **2** F ***durch Frankreich ~*** parcourir la France

Kutte ['kutə] *f* ⟨~; ~n⟩ froc *m*

Kutteln ['kutəln] *f/pl* CUIS tripes *f/pl*

Kutter ['kutər] *m* ⟨~s; ~⟩ MAR cotre *m*; (*Fisch2*) chalutier *m*

Kuvert [ku've:r] *n* ⟨~s; ~s⟩ enveloppe *f*

⚠ Kuvert ≠ couvert

das Kuvert	=	l'enveloppe *f*
le couvert	=	1. das Tafelgedeck 2. das Besteck

Kuwait [ku'vaɪt] *n* ⟨~s⟩ le Koweït

kW *abr* (*Kilowatt*) kW

kWh *abr* (*Kilowattstunde*) kWh

Kyberne|tik [kyber'ne:tɪk] *f* ⟨~⟩ cybernétique *f*; **2tisch** *adj* cybernétique

kyrillisch [ky'rɪlɪʃ] *adj* cyrillique

KZ [ka:'tsɛt] *n* ⟨~$; ~$⟩ *abr* (*Konzentrationslager*) camp *m* de concentration

L

L, l [ɛl] *n* ⟨~; ~⟩ L, l *m*

l *abr* (*Liter*) l

laben ['la:bən] *st/s* **I** *v/t* rafraîchir; **II** *v/r* ***sich an etw*** (*dat*) **~** se rafraîchir (en buvant qc); *fig* se délecter à *od* de qc

labern ['la:bərn] F *péj* **I** *v/t* ***dummes Zeug ~*** débiter des âneries; **II** *v/i* F jacter; causer

labil [la'bi:l] *adj Person, Charakter, Gleichgewicht* instable; *Gesundheitszustand* précaire; **2i'tät** *f* ⟨~⟩ instabilité *f*

Labor [la'bo:r] *n* ⟨~s; ~s *ou* ~e⟩ laboratoire *m*; **~ant(in)** [-bo'rant(ɪn)] *m* ⟨~en; ~en⟩ (*f*) ⟨~; ~nen⟩ laborantin(e) *m(f)*; **~a'torium** *n* ⟨~s; -ien⟩ laboratoire *m*

labo'rieren *v/i* ⟨*sans ge*⟩ F ***an etw*** (*dat*) **~** travailler à qc; F ***an e-r Krankheit ~*** être travaillé par une maladie

Labrador [labra'do:r] *m* ⟨~s; ~e⟩ ZO labrador *m*

Labyrinth [laby'rɪnt] *n* ⟨~¢s; ~e⟩ labyrinthe *m*; dédale *m* (*beide a fig*)

'**Lachanfall** *m* (crise *f* de) fou rire; ***er bekam e-n ~*** il a été pris de fou rire

Lache[1] ['laxə] F *f* ⟨~; ~n⟩ (*Gelächter*) (façon *f* de) rire *m*

Lache[2] ['la(:)xə] *f* ⟨~; ~n⟩ (*Pfütze*) flaque *f* (d'eau)

lächeln ['lɛçəln] *v/i* ⟨¢⟩ sourire (***über*** [+ *acc*] de)

'**Lächeln** *n* ⟨~s⟩ sourire *m*

lachen ['laxən] **I** *v/t* ***Tränen ~*** rire aux larmes; ***da gibt es nichts zu ~*** il n'y a pas de quoi rire; ***er hat nichts zu ~*** pour lui la vie est dure; F ***das wäre doch gelacht, wenn …*** F ce serait la meilleure, si …; **II** *v/i* rire (***über*** [+ *acc*] de); ***schallend ~*** éclater de rire; F ***dass ich nicht lache!*** laissez-moi rire!; ***du hast gut ~*** tu peux rire; ***der ~de Dritte*** un troisième larron; **III** *v/r* F ***sich krank, kaputt, (krumm und) schief ~*** mourir de rire

'Lachen *n* ⟨~s⟩ rire *m*; ***in lautes ~ ausbrechen*** éclater de rire; ***sich vor ~ nicht halten können*** être écroulé (de rire); ***sich vor ~ biegen*** se tordre de rire

'Lacher *m* ⟨~s; ~⟩ rieur *m*; ***die ~ auf s-r Seite haben*** avoir les rieurs de son côté

lächerlich ['lɛçərlɪç] *adj* ridicule; ***sich ~ machen*** se rendre ridicule; ***j-n ~ machen*** tourner qn en ridicule; ***etw ins ℒe ziehen*** tourner qc en ridicule

'Lächerlichkeit *f* ⟨~; ~en⟩ ridicule *m*; (*Kleinigkeit*) bagatelle *f*; ***der ~ preisgeben*** tourner en ridicule

'Lach|gas *n* gaz hilarant; **ℒhaft** *adj* ridicule; **~krampf** *m* fou rire

Lachs [laks] *m* ⟨~es; ~e⟩ saumon *m*

'lachs|farben *adj* saumon; **ℒschinken** *m* filet *m* de porc fumé

Lack [lak] *m* ⟨~(e)s; ~e⟩ *farbloser* vernis *m*; *farbiger* laque *f*; (*Autoℒ*) peinture *f*

la'ckieren *v/t* ⟨*sans ge*⟩ laquer; *Holz* vernir; *Auto* peindre; (***sich*** [*dat*]) ***die Nägel ~*** se vernir les ongles

La'ckier|er *m* ⟨~s; ~⟩ peintre *m* au pistolet; **~e'rei** *f* ⟨~; ~en⟩ atelier *m* de peinture; **~ung** *f* ⟨~; ~en⟩ (*Lack*) laque *f*; (*Lackieren*) laquage *m*

Lackmuspapier ['lakmʊs-] *n* papier *m* de tournesol

'Lackschuhe *m/pl* chaussures vernies

Lade|fläche ['la:də-] *f* surface *f* de chargement; **~gerät** *n* ÉLECT chargeur *m*

'Ladehemmung *f* enrayage *m*; *fig plais* ***~ haben*** être dur à la détente

'laden[1] *v/t* ⟨lädt, lud, geladen⟩ **1** MIL, ÉLECT, INFORM charger; **2** (*be~*) charger; *Waren* charger (***auf*** [+ *acc*] sur); *auf Schiff* embarquer; **3** *fig* ***e-e Schuld auf sich*** (*acc*) ***~*** se rendre coupable d'une faute

'laden[2] *v/t* ⟨lädt, lud, geladen⟩ **1** (*ein~*) inviter; ***geladene Gäste*** *m/pl* invités *m/pl*; **2** ***vor Gericht ~*** citer en justice

Laden ['la:dən] *m* ⟨~s; ⸚⟩ **1** boutique *f*; *größerer* magasin *m*; **2** *fig* F ***den ~ dichtmachen*** F fermer boutique; F ***den ~ schmeißen*** F faire marcher l'affaire; **3** (*Fensterℒ*) volet *m*

'Laden|dieb(in) *m(f)* voleur, -euse *m,f* à l'étalage; **~diebstahl** *m* vol *m* à l'étalage; **~hüter** F *m* F rossignol *m*; **~preis** *m* prix *m* de vente; **~schild** *n* enseigne *f*; **~schluss** *m* fermeture *f* des magasins; **~tisch** *m* comptoir *m*

'Lade|rampe *f* rampe *f* de chargement; **~raum** *m* MAR, AVIAT soute *f*; MAR *a* cale *f*

lädieren [lɛ'di:rən] *v/t* ⟨*sans ge*⟩ endommager (*a fig*); abîmer; *Haut* blesser légèrement

Ladung ['la:dʊŋ] *f* ⟨~; ~en⟩ **1** (*Fracht*) charge *f*; (*Wagenℒ*) chargement *m*; *e-s Schiffes* cargaison *f*; **2** *e-r Feuerwaffe*, ÉLECT charge *f*; **3** JUR citation *f*; **4** F (*Menge*) tas *m*; ***e-e ~ Touristen*** une cargaison, fournée de touristes

lag [la:k] → ***liegen***

Lage ['la:gə] *f* ⟨~; ~n⟩ **1** *räumlich*, *fig* situation *f*; position *f*; *e-s Gebäudes* exposition *f*; *e-r Stadt* site *m*; F ***die ~ peilen*** tâter le terrain; ***versetzen Sie sich in meine ~*** mettez-vous à ma place; ***in der ~ sein, zu*** (+ *inf*) être en mesure de (+ *inf*); ***nach ~ der Dinge*** en l'état actuel des choses; **2** SCHWIMMSPORT ***4x100 m ~n*** 4x100 m quatre nages; **3** MUS registre *m*; **4** (*Schicht*) couche *f*; GÉOL strate *f*; **5** F ~ (*Runde*) ***Bier*** tournée *f* de bière

'Lageplan *m* plan *m* topographique

Lager ['la:gər] *n* ⟨~s; ~⟩ **1** *litt* (*Bett*) couche *f*; **2** MIL, POL, *fig* camp *m*; **3** ⟨*pl a* ⸚⟩ (*Warenℒ*) magasin *m*; dépôt *m*; ***auf ~ haben*** avoir en stock; F *fig* ***etw auf ~ haben*** avoir qc en réserve; **4** GÉOL gisement *m*; **5** TECH coussinet *m*; palier *m*

'Lagerbestand *m* stock *m*; ***den ~ aufnehmen*** faire l'inventaire

'Lager|feuer *n* feu *m* de camp; **~halle** *f* entrepôt *m*

'lagern **I** *v/t* **1** (*hinlegen*) coucher; étendre (par terre); **2** *Waren* emmagasiner; stocker; **II** *v/i* **3** (*ruhen*) être couché, étendu; **4** *Waren* être en magasin; *Wein* être en cave; **5** (*kampieren*) camper; **6**

fig ***dieser Fall ist anders gelagert*** c'est un cas différent

'**Lager|raum** *m* → ***Lagerhalle***; **~stätte** *f* GÉOL gisement *m*; **~ung** *f* ⟨~⟩ **1** (*Einlagern*) stockage *m*; **2** *e-s Körperteils* position *f*; **~verwalter** *m* magasinier *m*

Lagune [la'gu:nə] *f* ⟨~; ~n⟩ lagune *f*

lahm [la:m] *adj* **1** (*gelähmt*) paralysé; **2** F (*energielos*) mou; F gnangnan; (*schleppend*) languissant; (*langweilig*) barbant; ~ ***legen*** paralyser

'**lahmen** *v/i* boiter; traîner la jambe

lähmen ['lɛ:mən] *v/t* **1** MÉD paralyser; ***halbseitig gelähmt*** hémiplégique; **2** *fig* paralyser; ***vor Schreck wie gelähmt*** comme paralysé de terreur

Lähmung ['lɛ:mʊŋ] *f* ⟨~; ~en⟩ MÉD, *fig* paralysie *f*; ***halbseitige*** ~ hémiplégie *f*

Laib [laɪp] *m* ⟨~⟨e⟩s; ~e⟩ ~ ***Brot*** miche *f* de pain; ~ ***Käse*** meule *f* de fromage

Laich [laɪç] *m* ⟨~⟨e⟩s; ~e⟩ frai *m*

'**laichen** *v/i* frayer

Laie ['laɪə] *m* ⟨~n; ~n⟩ **1** REL laïque *od* laïc *m*; **2** (*Uneingeweihter*) profane *m*; *péj* amateur *m*; ***blutiger*** ~ parfait profane

'**laienhaft** *adj* de profane; *péj* d'amateur

'**Laien|prediger** *m* prédicateur *m* laïque; **~schauspieler** *m* comédien *m* amateur

Lakai [la'kaɪ] *m* ⟨~en; ~en⟩ laquais *m* (*a fig*)

Lake ['la:kə] *f* ⟨~; ~n⟩ saumure *f*

Laken ['la:kən] *n* ⟨~s; ~⟩ drap *m* de lit

lakonisch [la'ko:nɪʃ] *adj* laconique

Lakritze [la'krɪtsə] *f* ⟨~; ~n⟩ réglisse *f*

lallen ['lalən] *v/t u v/i* balbutier

Lama[1] ['la:ma] *n* ⟨~s; ~s⟩ ZO lama *m*

'**Lama**[2] *m* ⟨~$; ~s⟩ REL lama *m*

Lamelle [la'mɛlə] *f* ⟨~; ~n⟩ ÉLECT, TECH lame *f*; lamelle *f* (*a* BOT)

lamentieren [lamɛn'ti:rən] F *péj v/i* ⟨*sans ge*⟩ se lamenter; gémir

Lametta [la'mɛta] *n* ⟨~s⟩ lamelles *f/pl* d'argent *bzw* d'or

Lamm [lam] *n* ⟨~⟨e⟩s; ~̈er⟩ agneau *m*; '**~braten** *m* rôti *m* d'agneau; '**~fell** *n* peau *f* d'agneau; '**~keule** *f* gigot *m* d'agneau; '**~kotelett** *n* côte(lette) *f* d'agneau

Lampe ['lampə] *f* ⟨~; ~n⟩ lampe *f*

'**Lampenfieber** *n* F trac *m*; ~ ***haben*** F avoir le trac

'**Lampenschirm** *m* abat-jour *m*

Lampion [lampi'ɔŋ] *m* ⟨~s; ~s⟩ lampion *m*

lancieren [lã:'si:rən] *st/s v/t* ⟨*sans ge*⟩ lancer (*a* COMM)

Land [lant] *n* ⟨~⟨e⟩s⟩ **1** (*Fest~*) terre *f*; ~ ***in Sicht!*** terre!; ***an*** ~ ***gehen*** débarquer; F *fig* (***sich*** [*dat*]) ***etw an*** ~ ***ziehen*** F décrocher qc; (***wieder***) ~ ***sehen*** arriver au bout du tunnel; **2** (*Boden*) terre *f*; sol *m*; ***unbebautes*** ~ terre inculte; **3** (*Grundstück*) terre *f*; terrain *m*; ***ein Stück*** ~ un bout de terrain; un lopin de terre; **4** ***flaches*** ~ pays plat; **5** *Gegensatz zur Stadt* campagne *f*; ***auf dem*** ~ ***wohnen*** habiter (à) la campagne; ***aufs*** ~ ***ziehen*** aller vivre à la campagne; **6** ⟨*pl* ~̈er⟩ POL pays *m*; (*Bundes~*) land *m*; *fig Zeit* ***ins*** ~ ***gehen*** s'écouler; **7** BIBL ***das Heilige*** ~ la Terre sainte; ***das Gelobte*** ~ la Terre promise

'**Land|ammann** *m schweiz* président *m* du Conseil d'État; **~arbeiter(in)** *m(f)* ouvrier, -ière *m,f* agricole; **~besitz** *m* propriété foncière; **~bevölkerung** *f* population rurale

'**Lande|anflug** *m* phase *f* d'approche; **~bahn** *f* piste *f* d'atterrissage

land'einwärts *adv* vers l'intérieur du pays

'**Landeklappe** *f* AVIAT volet *m*

landen ['landən] **I** *v/t* **1** MIL mettre à terre; AVIAT poser; **2** F ***e-n Treffer*** ~ réussir un coup; **II** *v/i* ⟨sn⟩ **3** MAR accoster; **4** AVIAT atterrir (***auf*** [+ *dat*] sur); **5** F *fig Person, Brief* F atterrir; ***im Gefängnis*** ~ F échouer en prison

'**Landenge** *f* isthme *m*

'**Landeplatz** *m* AVIAT terrain *m* d'atterrissage; MAR débarcadère *m*

Länder ['lɛndər] → ***Land*** *6*

Ländereien [lɛndə'raɪən] *pl* terres *f/pl*

'**Länder|kampf** *m* **1** SPORT compétition internationale; **2** → ***Länderspiel***; **~spiel** *n* FUSSBALL match international

'**Landes|grenze** *f* frontière nationale; *innerhalb der BRD* limite *f* du land; **~hauptmann** *m* ⟨*pl* -männer *ou* -leute⟩ *österr* chef *m* de l'administration d'une province; **~hauptstadt** *f* capitale *f*; **~innere(s)** *n* ⟨→ A⟩ intérieur *m* du pays; **~kunde** *f* géographie *f* et civilisation *f* d'un pays; **~regierung** *f* gouvernement *m* (du pays), BRD du land; **~sprache** *f* langue nationale; **~tracht** *f* costume national; **Ձüblich** *adj* d'usage dans le pays; **~verrat** *m* trahison *f*

'Landeswährung *f* unité *f* monétaire du pays; ***in ~*** en monnaie nationale

'landesweit *adj* à l'échelon du land *bzw* du pays, national

'Land|flucht *f* exode rural; **~friedensbruch** *m* troubles apportés à l'ordre public; **~gericht** *n* tribunal *m* de grande instance; **Ձgestützt** *adj* MIL basé à terre; **~gut** *n* domaine rural; **~haus** *n* maison *f* de campagne; **~karte** *f* carte *f* (géographique); **~kreis** *m* ADM *etwa* district *m*; **Ձläufig** *adj* courant

ländlich ['lɛntlɪç] *adj* rural; de la campagne; (*bäurisch*) campagnard

'Land|luft *f* air *m* de la campagne; **~plage** *f* calamité publique; fléau *m*; **~rat** *m* **1** BRD *etwa* sous-préfet *m*; **2** *schweiz* Grand Conseil; **~ratte** F *f Person* F terrien *m*; **~regen** *m* pluie persistante

'Landschaft *f* ⟨~; ~en⟩ paysage *m* (*a fig*)

'landschaftlich *adv* ***~ schön*** pittoresque

'Landschaftsschutzgebiet *n* site protégé

'Landsitz *m* propriété *f* à la campagne; (*Herrensitz*) manoir *m*

'Lands|mann *m* ⟨~es; -leute⟩, **~männin** *f* ⟨~; ~nen⟩ compatriote *m,f*; ***was ist er für ein ~?*** de quel pays est-il?

'Land|straße *f* route départementale; **~streicher** *m* vagabond *m*; **~strich** *m* contrée *f*; **~tag** *m* BRD *u österr* parlement *m* d'un land

Landung ['landʊŋ] *f* ⟨~; ~en⟩ **1** AVIAT atterrissage *m*; **2** MAR accostage *m*; **~sbrücke** *f* MAR débarcadère *m*

'Landweg *m* voie *f* de terre; ***auf dem ~(e)*** par voie de terre

'Land|wein *m* vin *m* de pays; **~wirt** *m* agriculteur *m*; exploitant *m* (agricole); **~wirtschaft** *f* agriculture *f*; **Ձwirtschaftlich** *adj* agricole

'Landzunge *f* langue *f* de terre

lang [laŋ] **I** *adj* ⟨≈er, ≈ste⟩ **1** *räumlich* long; ***20 Meter ~*** long de 20 mètres; ***gleich ~ sein*** avoir la même longueur; *fig* ***~ und breit*** longuement; en détail; **2** *zeitlich* ***~e Zeit*** longtemps; **II** *adv* longtemps; ***ein Jahr ~*** pendant une année, un an; → ***lange***

'lang|ärm(e)lig *adj* à manches longues; **~atmig** *adj* qui a des longueurs; *Buch, Vortrag* assommant; *Bericht, Rede* verbeux

'lange *adv* ⟨länger, am längsten⟩ **1** *zeitlich* longtemps; ***wie ~ (noch)?*** combien de temps?; ***wie ~ sind Sie schon hier?*** depuis quand êtes-vous ici?; ***er braucht ~ um zu*** (+ *inf*) il est long, lent à (+ *inf*); ***schon ~*** depuis longtemps; ***so ~, wie …*** tant que …; ***er ist noch ~ nicht fertig*** il est loin d'avoir terminé, *zum Ausgehen* d'être prêt; **2** (*bei weitem*) ***das ist (noch) ~ nicht alles*** (et) ce n'est pas tout; ***er ist ~ nicht so klug wie sie*** il est loin d'être aussi intelligent qu'elle

Länge ['lɛŋə] *f* ⟨~; ~n⟩ **1** *räumlich* longueur *f*; long *m*; ***e-e ~ von drei Metern haben*** avoir trois mètres de long; ***der ~ nach*** en longueur; dans le sens de la longueur; **2** (*Körper*Ձ) taille *f*; **3** *zeitlich* durée *f*; ***sich in die ~ ziehen*** traîner en longueur; **4** GÉOGR longitude *f*; **5** SPORT longueur *f*

langen ['laŋən] F **I** *v/t* (*darreichen*) passer; ***j-m e-e ~*** F flanquer une gifle à qn; **II** *v/i* **1** (*ausreichen*) suffire (***für*** pour); ***das langt bis morgen*** *Vorrat* avec ça on ira, tiendra jusqu'à demain; ***jetzt langt es mir aber!*** j'en ai assez maintenant!; **2** ([*er*]*reichen*) atteindre

'Längen|grad *m* degré *m* de longitude; **~kreis** *m* méridien *m*; **~maß** *n* mesure *f* de longueur

'länger *adj u adv* **1** *räumlich* plus long; ***~ machen*** allonger; COUT rallonger; ***~ werden*** s'allonger; **2** *zeitlich* plus longtemps; (*ziemlich lang*) assez longtemps; ***~e Zeit*** quelque temps; ***ein Tag ~*** un jour de plus

'Lang(e)weile *f* ⟨~⟩ ennui *m*; ***~ haben*** s'ennuyer

'Lang|finger *m plais* F chapardeur *m*; **Ձfristig** *adj u adv* à long terme

'lang·gehen F → ***entlanggehen***; ***wissen, wos langgeht*** s'y connaître; ***ich werd ihm (schon) zeigen, wos langgeht*** je vais lui apprendre à vivre

'lang|jährig *adj* qui existe depuis des années; *Freundschaft* de longue date; *Erfahrung* long; *Freund* vieux; **Ձlauf** *m* ski *m* de fond; **Ձläufer(in)** *m(f)* skieur, skieuse *m,f* de fond; **Ձlaufski** *m* ski *m* de fond; **~lebig** *adj* BIOL qui vit longtemps; COMM durable; **Ձlebig-**

keit *f* ⟨~⟩ BIOL longévité *f*; COMM solidité *f*

'**länglich** *adj* allongé; oblong

'**Lang|mut** *st/s f* ⟨~⟩ patience *f*; *st/s* longanimité *f*; **2mütig** *st/s adj* patient

längs [lɛŋs] **I** *prép* ⟨*gén ou dat*⟩ le long de; **II** *adv* dans le sens de la longueur

'**Längsachse** *f* axe longitudinal

'**langsam I** *adj* **1** lent; ***~er werden*** ralentir; (*sich verlangsamen*) se ralentir; **2** (*allmählich*) graduel; **II** *adv* **1** lentement; doucement; ***~ aber sicher*** lentement mais sûrement; ***immer ~!*** doucement!; ***~er fahren*** ralentir; **2** (*allmählich*) petit à petit

'**Langsamkeit** *f* ⟨~⟩ lenteur *f*

'**Langschläfer(in)** *m(f)* lève-tard *m,f*

'**Langspielplatte** *f* trente-trois tours *m*

'**Längsschnitt** *m* coupe longitudinale

längst [lɛŋst] *adv* **1** (*schon lange*) depuis longtemps; **2** (*bei weitem*) ***er ist ~ nicht so klug wie …*** il est loin d'être aussi intelligent que …; ***das ist (noch) ~ nicht alles*** (et) ce n'est pas tout(, loin de là)

'**längste** *adj* le plus long

'**längstens** *adv* au plus tard

'**Langstrecken|flug** *m* vol *m* long-courrier; **~lauf** *m* course *f* de fond; **~rakete** *f* fusée *f* à longue portée

Languste [laŋ'gustə] *f* ⟨~; ~n⟩ langouste *f*

'**langweilen** *v/t* (*u v/r* ***sich ~*** s')ennuyer

'**langweilig** *adj* ennuyeux; ***mir ist es ~*** je m'ennuie

'**Lang|welle** *f* grandes ondes; **2wierig** *adj* de longue haleine (*a Arbeit*); *Verhandlungen* laborieux

'**Langzeit|arbeitslose(r)** *f(m)* chômeur, -euse *m,f* de longue durée; **~arbeitslosigkeit** *f* chômage *m* de longue durée; **~gedächtnis** *n* mémoire *f* à long terme; **~wirkung** *f* effet *m* à long terme

Lanze ['lantsə] *f* ⟨~; ~n⟩ lance *f*; *fig* ***e-e ~ für j-n brechen*** prendre la défense de qn

Laos ['la:ɔs] *n* ⟨von ~⟩ le Laos

lapidar [lapi'da:r] *st/s adj st/s* lapidaire

Lappalie [la'pa:liə] *f* ⟨~; ~n⟩ bagatelle *f*; *p/fort* (un) rien

Lappen ['lapən] *m* ⟨~s; ~⟩ **1** (*Wisch2*) chiffon *m*; F *fig* ***das ist mir durch die ~ gegangen*** F cela m'est passé sous le nez; **2** F (*Geldschein*) billet *m*

läppern ['lɛpərn] *v/r* F ***das läppert sich*** F cela finit par faire

läppisch ['lɛpɪʃ] F *adj* ridicule; *Person a* niais

'**Lappland** *n* ⟨~s⟩ la Laponie

Laptop ['lɛptɔp] *m* ⟨~s; ~s⟩ (ordinateur *m*) portable *m*

Lärche ['lɛrçə] *f* ⟨~; ~n⟩ BOT mélèze *m*

Lärm [lɛrm] *m* ⟨~s⟩ bruit *m*; (*Gepolter*) vacarme *m*; (*Krach*) tapage *m*; *fig* ***viel ~ um nichts*** beaucoup de bruit pour rien

'**Lärm|bekämpfung** *f* lutte *f* contre le bruit; **~belästigung** *f* pollution *f* sonore; **2empfindlich** *adj* sensible au(x) bruit(s)

'**lärm|en** *v/i* faire du bruit, du vacarme; **~end** *adjt* bruyant

'**Lärm|pegel** *m* niveau *m* sonore; **~schutz** *m* protection *f* contre le bruit; **~schutzwand** *f* mur *m* antibruit

Larve ['larfə] *f* ⟨~; ~n⟩ **1** ZO larve *f*; **2** (*Maske*) masque *m*

las [la:s] → ***lesen***

Lasagne [la'zanjə] *pl* CUIS lasagnes *f/pl*

lasch [laʃ] **I** *adj* **1** (*kraftlos*) mou; **2** (*wirkungslos*) inefficace; **3** (*nicht streng*) laxiste; **II** *adv handhaben etc* avec laxisme

'**Lasche** *f* ⟨~; ~n⟩ *an Schuhen* languette *f*; COUT patte *f*; languette *f*

Laser ['le:zər] *m* ⟨~s; ~⟩ laser *m*; **~drucker** *m* INFORM imprimante *f* laser; **~medizin** *f* médecine *f* au laser; **~show** *f* spectacle *m* laser; **~strahl** *m* rayon *m* laser; **~technik** *f* technique *f* laser

lassen ['lasən] ⟨lässt, ließ, lasse *ou* lass!⟩ **I** *v/aux de mode* ⟨*p/p* lassen⟩ **1** (*zu~*) laisser; ***j-n etw tun ~*** laisser faire qc à qn; **2** (*veran~*) faire; ***j-n etw tun ~*** faire faire qc à qn; ***den Arzt holen ~*** envoyer chercher le médecin; ***ich lasse ihn grüßen*** saluez-le de ma part; **3** ***lass, lasst uns gehen!*** partons!; **II** *v/t* ⟨*p/p* gelassen⟩ **4** (*über~*) ***j-m etw ~*** laisser, céder qc à qn; **5** (*zubilligen*) *sie ist bescheiden* ***das muss man ihr ~*** il faut le reconnaître; **6** (*unter~*) ne pas faire; renoncer à; ***lass das!*** arrête!; **7** (*zurück~*) laisser; abandonner; *fig* ***j-n weit hinter sich*** (*dat*) ***~*** distancer qn; **8** *an e-n Ort* laisser aller; ***j-n ins Haus ~*** laisser entrer qn; **III** *v/i* ⟨*p/p* gelassen⟩ (*ab~*) ***von etw ~*** renoncer à qc; **IV** *v/r*

⟨p/p lassen⟩ *Stoff* ***sich gut waschen ~*** se laver bien; être facile à laver; ***das lässt sich nicht beschreiben*** c'est indescriptible

lässig ['lɛsɪç] **I** *adj* F cool; (*unbekümmert*) *a* nonchalant; *Kleidung a* décontracté; *Haltung a* désinvolte; **II** *adv* **1** avec nonchalance, désinvolture; ***~ gekleidet*** habillé de manière décontractée; **2** F (*mühelos*) facilement

'Lässigkeit *f* ⟨~⟩ (*Unbekümmertheit*) nonchalance *f*; décontraction *f*; *der Haltung* désinvolture *f*

Lasso ['laso] *m od n* ⟨~s; ~s⟩ lasso *m*

Last [last] *f* ⟨~; ~en⟩ **1** (*Trag*≗) charge *f*; *fig* poids *m*; ***j-m zur ~ fallen*** être à charge à qn; ***j-m etw zur ~ legen*** accuser qn de qc; imputer qc à qn; ***zu j-s ~en gehen*** être à la charge de qn; COMM ***zu j-s ~en*** au débit de qn; **2** *e-s Schiffes* cargaison *f*; fret *m*; **3 *~en*** (*Abgaben*) charges publiques

'Lastauto *n* camion *m*; poids lourd

'lasten *v/i* ⟨-e-⟩ peser; ***auf etw*** (*dat*) ***schwer ~*** peser d'un grand poids sur qc; ***auf dem Unternehmen ~ schwere Schulden*** la firme est grevée de lourdes dettes; *fig Verantwortung* ***auf j-s Schultern*** (*dat*) **~** peser sur les épaules de qn

'Lastenaufzug *m* monte-charge *m*

Laster[1] ['lastər] *n* ⟨~s; ~⟩ (*schlechte Neigung*) vice *m*

'Laster[2] F *m* ⟨~s; ~⟩ → ***Lastwagen***

'lasterhaft *adj Leben* dissolu; *Person* immoral

Lästermaul ['lɛstər-] F *n* F mauvaise langue

'lästern *v/i* ***über j-n ~*** médire de qn; dénigrer qn

lästig ['lɛstɪç] *adj* (*aufdringlich*) importun; (*unangenehm*) ennuyeux; (*unbequem*) gênant; (*störend*) fatigant; ***j-m ~ werden, fallen*** importuner qn

'Last|kahn *m* péniche *f*; chaland *m*; **~kraftwagen** *m* ADM → ***Lastwagen***

Last-Minute… [laːst'mɪnɪt…] *in Zssgn* de dernière minute; **~-Flug** *m* vol *m* de dernière minute; **~-Urlaub** *m* vacances *f/pl* de dernière minute

'Last|schrift *f* FIN note *f* de débit; **~tier** *n* bête *f* de somme; **~wagen** *m* camion *m*; poids lourd; **~wagenfahrer** *m* conducteur *m* de camion; camionneur *m*; routier *m*; **~zug** *m* camion *m* à remorque

Lasur [la'zuːr] *f* ⟨~; ~en⟩ vernis *m*

Latein [la'taɪn] *n* ⟨~s⟩ le latin; *fig* ***mit s-m ~ am Ende sein*** ne plus savoir quoi faire; y perdre son latin

La'tein|amerika *n* l'Amérique latine; **≗amerikanisch** *adj* latino-américain

la'teinisch *adj* latin; ***~e Schrift*** caractères romains

latent [la'tɛnt] *adj* latent

Laterne [la'tɛrnə] *f* ⟨~; ~n⟩ (*Straßen*≗) réverbère *m*; (*Hand*≗) lanterne *f*; **~npfahl** *m* (poteau *m* de) réverbère *m*

Latex ['laːtɛks] *m* ⟨~; Latizes⟩ latex *m*

Latinum [la'tiːnum] *n* ⟨~s⟩ *niveau de connaissances du latin correspondant à plusieurs années d'études*

Latrine [la'triːnə] *f* ⟨~; ~n⟩ latrines *f/pl*

latschen ['laːtʃən] F *v/i* ⟨sn⟩ marcher; (*schlendern*) F se balader; déambuler

'Latschen F *m* ⟨~s; ~⟩ (*Schuh*) F pompe *f*; F godasse *f*; (*Hausschuh*) F savate *f*

Latte ['latə] *f* ⟨~; ~n⟩ (*Holzstange*) latte *f*; SPORT barre *f*; F *fig* ***lange ~*** F asperge *f*

'Lattenzaun *m* palissade *f*

Latz [lats] *m* ⟨~es; ~e⟩ **1** *e-r Schürze, für Kinder* bavette *f*; P ***j-m e-e vor den ~ knallen*** F flanquer un coup à qn; **2** (*Hosen*≗) pont *m* (de pantalon)

Lätzchen ['lɛtsçən] *n* ⟨~s; ~⟩ bavette *f*

'Latzhose *f modische*, (*Kinder*≗) salopette *f*; (*Arbeits*≗) bleu *m* de travail

lau [lau] *adj* tiède (*a fig*); attiédi; *Luft, Wetter* doux

Laub [laup] *n* ⟨~(e)s⟩ feuillage *m*; feuilles *f/pl*; **'~baum** *m* (arbre *m*) feuillu *m*

Laube ['laubə] *f* ⟨~; ~n⟩ (*Garten*≗) tonnelle *f*

'Laub|frosch *m* rainette *f*; **~säge** *f* scie *f* à découper; **~wald** *m* forêt *f* de feuillus

Lauch [laux] *m* ⟨~(e)s; ~e⟩ poireau *m*

Lauer ['lauər] *f* ⟨~⟩ F ***auf der ~ sein, liegen*** être aux aguets

'lauern F *v/i* ***auf etw, j-n ~*** guetter qc, qn

Lauf [lauf] *m* ⟨~(e)s; ~e⟩ **1** (*Laufen*) course *f* (*a* SPORT); **2** *fig* (*Fortgang*) cours *m*; ***im ~e der Zeit*** avec le temps; ***den Dingen ihren ~ lassen*** laisser les choses suivre leur cours; ***s-n Tränen freien ~ lassen*** donner libre cours à ses larmes; ***im ~e des Monats*** dans le courant du mois; **3** (*Fluss*≗) cours

L

laufen bzw. **rennen** mit Richtungsangabe wird oft nicht mit **courir**, sondern mit anderen Verben und dem Zusatz **en courant** übersetzt:

Sie lief über die Brücke.	**Elle a traversé le pont (en courant).**
Wir laufen durch den Wald.	**Nous traversons la forêt (en courant).**
Er ist nach Hause gerannt.	**Il est rentré en courant.**
Sie mussten zum Bahnhof rennen.	**Ils ont dû aller à la gare en courant.**

m; **4** *e-s Gewehrs* canon *m*; **5** *der Jagdtiere, Hunde* jambe *f*

'**Laufbahn** *f* carrière *f*

'**Laufbursche** *m* garçon *m* de courses

'**laufen** ⟨läuft, lief, gelaufen, lauf(e)!⟩ **I** *v/t* ⟨sn⟩ *Strecke* faire, parcourir (***in e-r Stunde*** en une heure); SPORT courir; **II** *v/i* ⟨sn⟩ **1** (*rennen*) courir; (*gehen*) aller (à pied); ***in ein Auto ~*** 'heurter une voiture; ***j-m in die Arme ~*** tomber sur qn; ***das Kind lernt ~*** l'enfant apprend à marcher; ***~ lassen*** *Täter absichtlich* relâcher, *unabsichtlich* F laisser filer; **2** F ***die Sache ist ge~*** l'affaire est décidée; **3** (*gültig sein*) être valable, valide; **4** *Rad* tourner; *Maschine, Motor* fonctionner; marcher; F ***das Geschäft läuft gut, schlecht*** les affaires vont bien, mal; **5** *Film* passer; *Verhandlungen* être en cours; **6** (*fließen*) couler; **7** (*ver~*) ***durch, über etw*** (*acc*) ***~*** passer par qc; **III** *v/imp* ***es läuft sich hier gut*** on marche sans peine ici

'**laufend I** *adjt Jahr, Monat, Geschäfte, Ausgaben* courant; *Arbeiten, Untersuchung* en cours; ***~e Nummer*** numéro *m* de série; ***auf dem 2en sein*** être au courant; ***j-n*** (***über etw*** [*acc*]) ***auf dem 2en halten*** tenir qn au courant (de qc); **II** *advt* régulièrement; constamment

Läufer ['lɔʏfər] *m* ⟨~s; ~⟩ **1** SPORT coureur *m*; FUSSBALL demi *m*; **2** SCHACH fou *m*; **3** (*schmaler Teppich*) tapis *m*; (*Tisch2*) chemin *m* de table

Lauferei [laufə'raɪ] F *f* ⟨~; ~en⟩ ***viel ~ mit etw haben*** F devoir courir beaucoup *od* partout pour qc

'**Läuferin** *f* ⟨~; ~nen⟩ SPORT coureuse *f*

'**Lauffeuer** *n fig* ***wie ein ~*** comme une traînée de poudre

läufig ['lɔʏfɪç] *adj Hündin* en chaleur

'**Laufkundschaft** *f* clientèle *f* de passage

'**Laufmasche** *f* maille filée, qui file; ***ihr Strumpf hat e-e ~*** son bas a filé

'**Laufpass** *m* F ***j-m den ~ geben*** F larguer qn

'**Laufschritt** *m* ***im ~*** au pas de course

'**Lauf|stall** *m* parc *m* (à bébé); **~steg** *m* podium *m*; **~werk** *n* TECH, *der Uhr* mécanisme *m*; INFORM lecteur *m*

'**Laufzeit** *f* FIN, JUR durée *f* (de validité); ***ein Kredit mit dreimonatiger ~*** un crédit de 3 mois

Lauge ['laugə] *f* ⟨~; ~n⟩ **1** CHIM solution alcaline; **2** *für die Wäsche* lessive *f*

'**Laugenbrezel** *f* bretzel *m*

Laune ['launə] *f* ⟨~; ~n⟩ (*Stimmung*) humeur *f*; (*Einfall*) caprice *m*; (***bei***) ***guter, schlechter ~ sein, gute, schlechte ~ haben*** être de bonne, mauvaise humeur; ***bei ~*** de bonne humeur; ***~n haben*** faire des caprices; être lunatique

'**laun|enhaft, ~isch** *adj* capricieux; *Mensch a* lunatique; *Wetter* instable

Laus [laus] *f* ⟨~; ⸚e⟩ pou *m*; F *fig* ***ihm ist e-e ~ über die Leber gelaufen*** F il est de mauvais poil

'**Lausbube** F *m* espiègle *m*; galopin *m*

'**Lauschangriff** *m* opération *f* de mise sur écoute

lauschen ['lauʃən] *v/i* **1** (*zuhören*) écouter; **2** (*horchen*) être aux écoutes; ***an der Tür ~*** écouter aux portes

'**lauschig** *adj Ort* retiré; tranquille

lausen ['lauzən] *v/t* (*u v/r*) ⟨-t⟩ (***sich ~***) s')épouiller; F *fig* ***ich denk, mich laust der Affe*** F j'en suis baba, sur le cul

'**lausig** F **I** *adj* (*schäbig*) F minable; (*widerwärtig*) F sale; **II** *adv* F bougrement

laut[1] [laut] **I** *adj Stimme*, MUS fort; *Geräusch, Kind* bruyant; ***~ werden*** *Stim-*

men s'élever; *fig Nachricht* se répandre; **II** *adv* fort; 'haut; (*geräuschvoll*) bruyamment; *~ **lesen*** lire à voix 'haute

laut[2] *prép* ⟨*gén ou dat*⟩ d'après

Laut *m* ⟨~(e)s; ~e⟩ son *m*; ***keinen ~ von sich geben*** ne pas émettre le moindre son

Laute ['lautə] *f* ⟨~; ~n⟩ MUS luth *m*

'lauten *v/i* ⟨-e-⟩ être; s'énoncer; ***wie lautet die Antwort?*** quelle est la réponse?

läuten ['lɔytən] *v/t, v/i, v/imp* ⟨-e-⟩ sonner; ***es, j läutet*** *an der Tür* on sonne; ***es läutet Mittag*** midi sonne; *fig* ***ich habe ~ hören, dass ...*** j'ai entendu dire que ...

lauter[1] ['lautər] *st/s adj Metalle, fig* pur

'lauter[2] *adv* (*nichts als, nur*) ne ... que; rien que; ***das sind ~ Lügen*** il n'y a que des mensonges

läutern ['lɔytərn] *st/s v/t* (*u v/r* ***sich ~***) s')épurer

'lauthals *adv* à gorge déployée; *protestieren* bruyamment

'Lautlehre *f* phonétique *f*

'lautlos *adj* silencieux

'Laut|schrift *f* transcription *f* phonétique; **~sprecher** *m* 'haut-parleur *m*; **~sprecheranlage** *f* enceinte *f* acoustique; **~sprecherbox** *f* baffle *m*

'lautstark *adj* bruyant

'Lautstärke *f* volume *m* (sonore); *der Stimme* puissance vocale; ***mit voller ~*** *Radio* à plein volume

'lauwarm *adj* → ***lau***

Lava ['la:va] *f* ⟨~; Laven⟩ lave *f*

Lavendel [la'vɛndəl] *m* ⟨~s; ~⟩ lavande *f*

lavieren [la'vi:rən] *v/i* ⟨*sans ge*⟩ MAR louvoyer (*a fig*); *fig* biaiser

Lawine [la'vi:nə] *f* ⟨~; ~n⟩ avalanche *f*

La'winengefahr *f* risque *m* d'avalanche

lax [laks] *adj* relâché; laxiste

Layout ['le:ʔaut] *n* ⟨~s; ~s⟩ maquette *f*

Lazarett [latsa'rɛt] *n* ⟨~(e)s; ~e⟩ hôpital *m* militaire

leasen ['li:zən] *v/t* ⟨(ge)⟩ acheter en crédit-bail, en leasing

Leasing ['li:zɪŋ] *n* ⟨~s; ~s⟩ leasing *m*; crédit-bail *m*

Lebe|dame ['le:bə-] *f* cocotte *f*; **~mann** *m* ⟨~(e)s; ~̈er⟩ viveur *m*

'leben I *v/t* vivre; ***sein eigenes Leben ~*** vivre sa vie; **II** *v/i* **1** vivre; (*am Leben sein*) être en vie; ***von s-r Hände Arbeit ~*** vivre de son travail; ***leb(e) wohl!*** adieu!; ***es lebe die Freiheit!*** vive la liberté!; **2** (*wohnen*) vivre; ***er lebt in Paris*** (*dat*) il vit à Paris; **3** ***nur für j-n, etw ~*** ne vivre que pour qn, qc; **III** *v/r* ***hier lebt es sich gut*** il fait bon vivre ici

'Leben *n* ⟨~s; ~⟩ **1** vie *f*; ***sich*** (*dat*) ***das ~ nehmen*** mettre fin à ses jours; ***j-n das ~ kosten*** coûter la vie à qn; ***j-m das ~ retten*** sauver la vie à qn; ***am ~ sein*** être en vie; vivre; ***keiner blieb am ~*** aucun n'a survécu; ***aus dem ~ gegriffen*** pris sur le vif; ***etw für sein ~ gern tun*** adorer faire qc; ***etw ins ~ rufen*** donner naissance à qc; ***mit dem ~ davonkommen*** en réchapper; avoir la vie sauve; ***j-m nach dem ~ trachten*** en vouloir à la vie de qn; ***ums ~ kommen*** trouver la mort (***bei e-m Unfall*** dans un accident); F ***nie im ~!*** jamais de la vie!; ***mein ganzes ~ lang*** toute ma vie; ***Kampf*** *m* ***auf ~ und Tod*** combat *m* à mort; ***es geht um ~ und Tod*** c'est une question de vie ou de mort; **2** (*Lebhaftigkeit*) vie *f*; vivacité *f*; entrain *m*; ***~ in etw*** (*acc*) ***bringen*** animer qc

'lebend *adjt* vivant

'Lebende(r) *f(m)* ⟨→ A⟩ vivant(e) *m(f)*

lebendig [le'bɛndɪç] *adj u adv* vivant; vif; ***bei ~em Leibe begraben werden*** être enterré vivant; ***bei ~em Leibe verbrannt werden*** être brûlé vif; ***in j-m ~ werden*** *Gefühle* naître chez qn; *Erinnerungen* remonter en qn

Le'bendigkeit *f* ⟨~⟩ vivacité *f*

'Lebens|abend *m* vieux jours; **~abschnitt** *m* période *f* de la vie; **~alter** *n* âge *m*; **~art** *f* **1** (*Lebensweise*) manière *f* de vivre; **2** (*Benehmen*) savoir-vivre *m*; **~bedingungen** *f/pl* conditions *f/pl* de vie; **2bedrohend** *adjt* qui menace la vie; **2bejahend** *adjt* optimiste; **~bereich** *m* sphère *f*; **~dauer** *f* durée *f* de la vie; longévité *f*; *e-s Geräts* durée *f* de vie

'Lebensende *n* fin *f*; ***bis an mein ~*** jusqu'à ma mort

'Lebens|erfahrung *f* expérience *f* de la vie, du monde; **~erinnerungen** *f/pl* mémoires *f/pl*; **~erwartung** *f* espérance *f* de vie; **2fähig** *adj* viable; **~freude** *f* joie *f* de vivre; **2froh** *adj* heureux de vivre

'Lebensgefahr *f* danger *m* de mort; ***unter ~*** au péril de ma (sa, *etc*) vie; ***für j-n besteht ~*** qn est en danger de mort

'lebensgefährlich *adj* très dangereux

'Lebens|gefährte *m* compagnon *m*; **~gefährtin** *f* compagne *f*; **~gemeinschaft** *f* communauté *f* de vie; **~geschichte** *f* biographie *f*; **2groß** *adj* grandeur nature

'Lebensgröße *f* grandeur *f* nature; ***in voller ~*** grandeur nature; *plais* en chair et en os

'Lebens|haltungskosten *pl* coût *m* de la vie; **~inhalt** *m* raison *f* de vivre; **~jahr** *n* année *f*; **~kraft** *f* vitalité *f*; vigueur *f*; **~künstler** *m* bon vivant; **~lage** *f* situation *f* (de la vie); **2lang I** *adj* qui dure toute une vie; **II** *adv* la vie durant; **2länglich** *adj* JUR à perpétuité; **~lauf** *m* vie *f*; *schriftlicher* curriculum vitae *m*; C.V. *m*; **2lustig** *adj* qui aime la vie, vivre

'Lebensmittel *n/pl* aliments *m/pl*; denrées *f/pl* alimentaires; vivres *m/pl*; **~abteilung** *f* rayon *m* (d')alimentation; **~geschäft** *n* épicerie *f*; (magasin *m* d')alimentation *f*; **~vergiftung** *f* intoxication *f* alimentaire

'lebens|müde *adj* dégoûté de la vie; *st/s* las de vivre; **~notwendig** *adj* vital; **2qualität** *f* qualité *f* de la vie; **2raum** *m* espace vital; **2retter(in)** *m(f)* sauveteur *m*; **2standard** *m* niveau *m* de vie; **2stil** *m* style *m*, genre *m* de vie

'Lebensunterhalt *m* subsistance *f*; ***s-n ~ verdienen*** gagner sa vie

'Lebens|versicherung *f* assurance *f* vie; **~wandel** *m* vie *f*; conduite *f*; mœurs *f/pl*; **~weise** *f* **1** mode *m* de vie; **2** (*Gewohnheiten*) mœurs *f/pl*; **~werk** *n* œuvre *f* (de toute une vie); **2wert** *adj* digne d'être vécu; **2wichtig** *adj* vital

'Lebenszeichen *n* signe *m* de vie; ***kein ~ von sich geben*** ne pas donner signe de vie (*a fig*)

'Lebenszeit *f* durée *f* de la vie; ***auf ~*** *Haft* à perpétuité; *Amt* à vie

Leber ['le:bər] *f* ⟨~; ~n⟩ foie *m* (*a* CUIS); F *fig* ***frei, frisch von der ~ weg reden*** parler à cœur ouvert, franchement

'Leber|fleck *m* grain *m* de beauté; MÉD nævus *m*; **~käse** *m pâté à base de foie et de viande hachés*; **~knödel** *m* boulette *f*, quenelle *f* de foie; **~pastete** *f* pâté *m* de foie; **~tran** *m* huile *f* de foie de morue; **~wurst** *f* pâté *m* de foie (*sous forme de saucisson*)

'Lebewesen *n* être vivant; BIOL organisme *m*

Lebe'wohl *st/s n* ⟨~~es~~; ~e *ou* ~s⟩ adieu *m*; ***j-m ~ sagen*** dire adieu à qn

'lebhaft I *adj* vif (*a Diskussion, Fantasie, Beifall, Erinnerung, Interesse, Farbe*); *Kind* vivant; *Unterhaltung, Streit* animé; *Verkehr* intense; *Handel* actif; **II** *adv* vivement; ***sich ~ an j-n erinnern*** garder un souvenir très vivant de qn

'Lebhaftigkeit *f* ⟨~⟩ vivacité *f*

'Lebkuchen *m* pain *m* d'épice

'leblos *adj* sans vie; inanimé

'Lebzeiten *f/pl* ***zu s-n ~*** de son vivant

lechzen ['lɛçtsən] *st/s v/i* ⟨~~s~~⟩ ***nach Wasser ~*** mourir de soif; *fig* ***nach etw ~*** être assoiffé de qc

leck [lɛk] *adj* ***~ sein*** *Behälter* fuir; *Schiff* faire eau

Leck *n* ⟨~~es~~; ~e⟩ *e-s Behälters* fuite *f*; *e-s Schiffs* voie *f* d'eau

lecken[1] ['lɛkən] *v/i* → ***leck (sein)***

'lecken[2] *v/t u v/i* lécher; ***an etw*** (*dat*) ***~*** lécher qc; P ***leck mich!*** P va te faire foutre!

lecker ['lɛkər] *adj* délicieux; appétissant (*a Person*); **2bissen** *m* régal *m* (*a fig*)

Lecke'rei *f* ⟨~; ~en⟩ **1** → ***Leckerbissen***; **2** (*Süßigkeit*) sucrerie *f*; friandise *f*

Leder ['le:dər] *n* ⟨~s; ~⟩ **1** cuir *m*; *weiches* peau *f*; **2** F (*Fußball*) ballon *m*; **3** F ***gegen j-n, etw vom ~ ziehen*** déblatérer contre qn, qc

'Leder|hose *f* culotte *f* de peau; *lange* pantalon *m* de cuir; **~jacke** *f* blouson *m*, veste *f* de cuir

'ledern *adj* de cuir; *Haut* tanné; *Fleisch* coriace

'Leder|schuh *m* chaussure *f* de cuir; **~sohle** *f* semelle *f* de cuir; **~waren** *f/pl* articles *m/pl* de maroquinerie

ledig ['le:dɪç] *adj* **1** (*unverheiratet*) célibataire; **2** *st/s* ***e-r Aufgabe*** (*gén*) ***~ sein*** être libéré d'une tâche

'Ledige(r) *f(m)* ⟨→ A⟩ célibataire *m,f*

'lediglich *adv* seulement; purement

Lee [le:] *f* ⟨~⟩ MAR côté *m* sous le vent

leer [le:r] **I** *adj* **1** vide; *Blatt, Seite* blanc; F ***~ machen*** vider; **2** *fig Worte* creux; *Versprechungen* vain; *Blick* vide; **II** *adv* ***~ ausgehen*** rester les mains vides; ***~ stehen*** être vide; ***~ stehend*** *adjt Zimmer, Haus* inoccupé

'Leere *f* ⟨~⟩ vide *m* (*a fig*)
'leeren I *v/t* vider; ***den Briefkasten ~*** faire la levée; **II** *v/r* ***sich ~*** se vider
'Leer|gewicht *n* poids *m* à vide; **~gut** *n* bouteilles consignées
'Leerlauf *m* **1** *Auto* point mort; **2** *fig* passage *m* à vide; phase improductive
'Leer|taste *f* barre *f* d'espacement; **~ung** *f* ⟨~; ~en⟩ vidage *m*; *des Briefkastens* levée *f*
Lefze ['lɛftsə] *f* ⟨~; ~n⟩ babine *f*
legal [le'ga:l] *adj* légal; **~i'sieren** *v/t* ⟨*sans ge*⟩ légaliser; **2i'tät** *f* ⟨~⟩ légalité *f*
Leg|asthenie [legaste'ni:] *f* ⟨~; ~n⟩ dyslexie *f*; **~as'theniker(in)** *m* ⟨~s; ~⟩ (*f*) ⟨~; ~nen⟩ dyslexique *m,f*
'Lege|batterie *f* batterie *f* d'élevage; **~henne** *f* poule pondeuse
legen ['le:gən] **I** *v/t* mettre; poser; placer; *Leitung, Rohre, Fußboden* poser; *Eier* pondre; ***etw an s-n Platz ~*** remettre qc à sa place; **II** *v/r* ***sich ~*** *Person* se coucher; s'étendre; *Wind* tomber; *Zorn* se calmer; ***sich ins Bett, sich schlafen ~*** (aller) se coucher; ***das legt sich mir schwer auf die Seele*** ça me pèse
legendär [legɛn'dɛ:r] *adj* légendaire
Legende [le'gɛndə] *f* ⟨~; ~n⟩ légende *f*
leger [le'ʒɛ:r] *adj* décontracté
Leggings ['lɛgɪŋs] *pl* caleçon *m*
legier|en [le'gi:rən] *v/t* ⟨*sans ge*⟩ TECH allier; **2ung** *f* ⟨~; ~en⟩ alliage *m*
Legio|n [legi'o:n] *f* ⟨~; ~en⟩ légion *f* (*a fig*); **~'när** *m* ⟨~s; ~e⟩ légionnaire *m*
Legisla|tive [legɪsla'ti:və] *f* ⟨~; ~n⟩ pouvoir législatif; **~'turperiode** *f* législature *f*
legiti|m [legi'ti:m] *adj* légitime; **2mati'on** *f* ⟨~; ~en⟩ légitimation *f*; **~'mieren** ⟨*sans ge*⟩ **I** *v/t* légitimer; **II** *v/r* ***sich ~*** justifier de son identité
Leguan [legu'a:n] *m* ⟨~s; ~e⟩ iguane *m*
Lehm [le:m] *m* ⟨~¢s; ~e⟩ (terre *f*) glaise *f*; **'~boden** *m* sol glaiseux; **'2ig** *adj* glaiseux
Lehne ['le:nə] *f* ⟨~; ~n⟩ (*Rücken2*) dossier *m*; (*Seiten2*) bras *m*; accoudoir *m*
'lehnen I *v/t* appuyer (***an etw*** [*acc*] *od* ***gegen etw*** contre qc); **II** *v/i u v/r* ***an etw*** (*dat*) **~**, ***sich an etw*** (*acc*) **~** s'appuyer contre qc; ***sich aus dem Fenster ~*** se pencher par la fenêtre
'Lehnstuhl *m* fauteuil *m*
'Lehnwort *n* ⟨~¢s; ~er⟩ LING emprunt *m*
Lehramt ['le:r-] *n* poste *m* d'enseignant; ***höheres ~*** professorat *m*
'Lehr|beauftragte(r) *m*(*f*) chargé *m* de cours; **~buch** *n* manuel *m*; cours *m*; méthode *f*
Lehre ['le:rə] *f* ⟨~; ~n⟩ **1** (*Lehrmeinung*) doctrine *f*; théorie *f*; **2** (*Belehrung*) leçon *f*; ***lassen Sie sich das e-e ~ sein!*** que cela vous serve de leçon!; **3** (*Lehrzeit*) apprentissage *m*; ***in die ~ gehen*** faire un, son apprentissage
'lehren *v/t* enseigner; ***j-n etw ~*** apprendre qc à qn
'Lehrer|(in) *m* ⟨~s; ~⟩ (*f*) ⟨~; ~nen⟩ enseignant(e) *m*(*f*); (*Gymnasial2*) professeur *m*; (*Grundschul2*) instituteur, -trice *m,f*; **~kollegium** *n* personnel enseignant; **~mangel** *m* pénurie *f* d'enseignants; **~zimmer** *n* salle *f* des professeurs
'Lehrgang *m* cours *m*; *kurzer* stage *m*
'Lehrgeld *n* ***~ zahlen*** apprendre qc à ses dépens
'Lehr|jahr *n* année *f* d'apprentissage; **~kraft** *f* → ***Lehrer(in)***; **~ling** *m* ⟨~s; ~e⟩ apprenti(e) *m*(*f*); **~mädchen** *n* apprentie *f*; **~meister** *m* **1** maître *m* d'apprentissage; **2** *fig* maître *m*; **~mittel** *n/pl* matériel *m* pédagogique; **~plan** *m* programme *m* scolaire; **2reich** *adj* instructif; **~stelle** *f* place *f* d'apprenti; **~stoff** *m* programme *m*; **~stuhl** *m* chaire *f* (**für** de)
Leib [laɪp] *m* ⟨~¢s; ~er⟩ *st/s* (*Körper*) corps *m*; *st/s* (*Bauch*) ventre *m*; ***etw am eigenen ~ erfahren, spüren*** apprendre qc à ses dépens; ***am ganzen ~e zittern*** trembler de tous ses membres; F ***j-m zu ~e rücken*** 'harceler qn; ***mit ~ und Seele*** corps et âme; F ***sich*** (*dat*) ***j-n vom ~e halten*** tenir qn à distance; F ***bleib mir damit vom ~e!*** laisse-moi tranquille, en paix avec ça!
'Leibeigen|e(r) *f*(*m*) ⟨→ A⟩ serf, serve *m,f*; **~schaft** *f* ⟨~⟩ servage *m*
'leiben *v/i* ***das ist er, wie er leibt und lebt*** c'est lui tout craché
'Leibeserziehung *f* éducation *f* physique
'Leibeskräfte *f/pl* ***aus ~n*** de toutes mes, *etc* forces
'Leibgericht *n* plat préféré

leib'haftig *adj* (*zu Fleisch geworden*) incarné; (*selbst*) en personne; en chair et en os; ***der* ℒ*e*** le diable

'leiblich *adj* **1** (*körperlich*) corporel; physique; ***~e Genüsse*** *m/pl* jouissances matérielles; **2** (*blutsverwandt*) ***~e Eltern*** parents *m/pl* biologiques; vrais parents; ***sein ~er Sohn*** son vrai fils

'Leibrente *f* rente viagère

'Leib|wache *f* gardes *m/pl* du corps; **~wächter** *m* garde *m* du corps; **~wäsche** *f* sous-vêtements *m/pl*

Leiche ['laɪçə] *f* ⟨~; ~n⟩ cadavre *m*; corps *m*; *fig* ***über j-s ~ gehen*** passer sur le corps de qn; F ***nur über meine ~!*** F tant que je serai vivant, il n'en est pas question!

'Leichen|bestatter *m* ⟨~s; ~⟩ ordonnateur *m* des pompes funèbres; **ℒblass** *adj* blême; **~halle** *f* funérarium *m*; **~schauhaus** *n* morgue *f*; **~starre** *f* rigidité *f* cadavérique; **~wagen** *m* corbillard *m*; **~zug** *st/s m* cortège *m* funèbre

Leichnam ['laɪçnaːm] *st/s m* ⟨~¢s; ~e⟩ corps *m*; cadavre *m*

leicht [laɪçt] **I** *adj* **1** *im Gewicht* léger (*a fig: Speise, Schlag, Strafe, Fehler, Kleidung*, MÉD, MÉTÉO); ***~es Mädchen*** fille légère; **2** (*einfach*) facile; *st/s* aisé; ***~ zu*** (+ *inf*) facile à (+ *inf*); ***es ist ganz ~*** c'est tout simple; **II** *adv* légèrement; (*einfach*) facilement; aisément; (*schnell*) facilement; ***~ entzündlich*** (facilement) inflammable; ***~ gekleidet*** vêtu légèrement; ***~ verdaulich*** digeste; ***~ verderblich*** périssable; ***~ verletzt*** légèrement blessé; ***~ verständlich*** facile à comprendre; ***~er machen*** alléger; *fig* faciliter; ***es ~ haben*** avoir la belle vie; ***das ist ~er gesagt als getan*** c'est plus facile à dire qu'à faire; ***er wird ~ böse*** il se fâche facilement; ***es könnte ~ sein, dass …*** il se pourrait bien que … (+ *subj*); ***es fällt mir ~ zu*** (+ *inf*) il m'est facile de (+ *inf*); ***das fällt ihm ~*** cela n'est pas difficile pour lui; ***j-m etw ~ machen*** faciliter qc à qn; ***sich*** (*dat*) ***die Arbeit ~ machen*** se faciliter la tâche; ***sich*** (*dat*) ***e-e Entscheidung nicht ~ machen*** ne pas prendre une décision à la légère; ***es sich*** (*dat*) ***~ machen*** ne pas se compliquer la vie; ***~ nehmen*** prendre à la légère; ***nehmen Sie es ~!*** F ne vous en faites pas!

'Leicht|athlet(in) *m(f)* athlète *m,f*; **~athletik** *f* athlétisme *m*

'leicht|fertig **I** *adj* (*unüberlegt*) irréfléchi; (*leichtsinnig*) léger; (*oberflächlich*) frivole; **II** *adv* à la légère; **ℒfertigkeit** *f* légèreté *f*; frivolité *f*; **~füßig** *adj* leste; agile; **ℒgewicht** *n*, **ℒgewichtler** *m* ⟨~s; ~⟩ SPORT poids léger; **~gläubig** *adj* crédule; **ℒgläubigkeit** *f* crédulité *f*; **'~'hin** *adv* à la légère

'Leichtigkeit *f* ⟨~⟩ **1** facilité *f*; ***mit ~*** facilement; aisément; 'haut la main; **2** *e-r Bewegung* légèreté *f*

'leicht|lebig *adj* insouciant; **ℒlohngruppe** *f* (catégorie *f* des) bas salaires; **ℒmetall** *n* métal léger

'Leichtsinn *m* **1** → ***Leichtfertigkeit***; **2** (*Unvorsichtigkeit*) inconscience *f*; **ℒig** *adj* **1** (*leichtfertig*) léger; **2** (*unvorsichtig*) inconscient

leid [laɪt] *adj* ⟨*inv*⟩ ***etw ~ werden*** se lasser de qc; ***ich bin es ~ zu*** (+ *inf*) je suis las de (+ *inf*)

Leid *n* ⟨~¢s⟩ (*Kummer*) chagrin *m*; (*Schmerz*) souffrance *f*; douleur *f*; ***j-m ein ~ zufügen*** faire du mal à qn; ***j-m sein ~ klagen*** confier ses peines à qn; ***es tut mir ~, dass …*** *od* ***zu*** (+ *inf*) je suis désolé que … (+ *subj*) *od* de (+ *inf*); je regrette que … (+ *subj*) *od* de (+ *inf*); ***das tut mir*** (***sehr***) ***~*** j'en suis (très) navré; ***er tut mir ~*** il me fait pitié; je le plains

leiden ['laɪdən] ⟨litt, gelitten⟩ **I** *v/t* **1** (*ertragen*) souffrir; **2** (*gern haben*) ***j-n, etw ~ können*** aimer (bien) qn, qc; ***j-n, etw nicht ~ können*** ne pas pouvoir souffrir qn, qc; **II** *v/i* souffrir (***an, unter*** [+ *dat*] de)

'Leiden *n* ⟨~s; ~⟩ (*Qual*) souffrance *f*; MÉD mal *m*; affection *f*

'leidend *adjt* souffrant

'Leidenschaft *f* ⟨~; ~en⟩ passion *f*; ***Spielen ist s-e ~*** il a la passion du jeu

'leidenschaftlich **I** *adj* passionné; **II** *adv* ***etw ~ gern tun*** adorer faire qc

'Leidens|genosse *m*, **~genossin** *f* compagnon *m*, compagne *f* d'infortune

'Leidensgeschichte *f* REL Passion *f*; *fig* ***j-s ~*** le calvaire, toutes les misères de qn

'Leidensweg *m fig* calvaire *m*

leider ['laɪdər] *adv* malheureusement;

'hélas; **~ muss ich Sie verlassen** il faut malheureusement que je vous quitte

'leid|geprüft *adjt* éprouvé; **~ig** *adj* fâcheux; (*verwünscht*) maudit; **~lich I** *adj* passable; **II** *adv* passablement; F pas trop mal

'Leidtragende(r) *f(m)* ⟨→ A⟩ victime *f*; ***der Leidtragende bei etw sein*** faire les frais de qc

'Leidwesen *n* ***zu meinem (großen) ~*** à mon grand regret

Leier ['laɪər] *f* ⟨~; ~n⟩ MUS lyre *f*; F *péj* ***es ist immer die alte ~*** c'est toujours la même chanson, rengaine

'Leierkasten *m* orgue *m* de Barbarie

leiern ['laɪərn] F *v/t u v/i* **1** ***nach oben, unten ~*** lever, baisser (au moyen d'une manivelle); **2** (*aufsagen*) psalmodier

Leih|arbeit ['laɪˀarbaɪt] *f* travail *m* intérimaire; **~bibliothek** *f*, **~bücherei** *f* bibliothèque *f* de prêt

leihen ['laɪən] *v/t* ⟨lieh, geliehen⟩ **1** (*ver~*) prêter; **2** (*ent~*) emprunter; (***sich*** [*dat*]) ***etw von j-m ~*** emprunter qc à qn

leihen:
emprunter oder prêter?

leihen kann im Deutschen sowohl *ausleihen* als auch *verleihen* bedeuten.
Im Französischen muss man sehr genau unterscheiden, ob man etwas ausleiht (**emprunter**), oder ob man etwas verleiht (**prêter**):

Ich habe mir Geld von Marie geliehen.
J'ai emprunté de l'argent à Marie.

Ich habe Jean mein Auto geliehen.
J'ai prêté ma voiture à Jean.

'Leih|gebühr *f* frais *m/pl* de location; **~haus** *n* mont-de-piété *m*; **~mutter** *f* ⟨~; ~̈⟩ mère porteuse; **~wagen** *m* voiture *f* de location; **≈weise** *adv* à titre de prêt

Leim [laɪm] *m* ⟨~(e)s; ~e⟩ colle (forte); glu *f*; F ***aus dem ~ gehen*** se disloquer (*a fig*); F *fig* ***j-m auf den ~ gehen*** F se faire avoir par qn

'leimen *v/t* coller; F *fig* ***j-n ~*** F avoir qn

Leine ['laɪnə] *f* ⟨~; ~n⟩ corde *f*; *für Hunde* laisse *f*; *Hund* ***an der ~ führen*** tenir en laisse

Leinen ['laɪnən] *n* ⟨~s; ~⟩ lin *m*; *Gewebe* toile *f*; *Buch* ***in ~*** relié (en) toile

'Lein|samen *m* graine *f* de lin; **~wand** *f* **1** *Gewebe* toile *f* (*a* PEINT); **2** (*Kino*≈) écran *m*

leise ['laɪzə] **I** *adj* (*kaum hörbar*) bas; *Musik* doux; *Geräusch*, *fig Zweifel* léger; ***mit ~r Stimme*** à voix basse; **II** *adv* bas; *sagen a* à voix basse; *sprechen a* doucement

Leiste ['laɪstə] *f* ⟨~; ~n⟩ **1** (*Sockel*≈) plinthe *f*; (*Zier*≈) baguette *f*; **2** ANAT aine *f*

'leisten ⟨-e-⟩ **I** *v/t* **1** (*vollbringen*) faire; **2** (*liefern*) produire; rendre; **II** F *v/r* ***sich*** (*dat*) ***etw ~*** (*gönnen*) se payer. s'offrir qc; (*erlauben*) se permettre qc

'Leisten *m* ⟨~s; ~⟩ forme *f*; F ***alles über e-n ~ schlagen*** mettre tout dans le même sac

'Leistenbruch *m* 'hernie inguinale

'Leistung *f* ⟨~; ~en⟩ **1** (*Geleistetes*) performance *f* (*a* SPORT); travail *m*; (*Ergebnis*) résultat *m* (*a* SCHULE); **2** *e-s Unternehmens*, *Arbeiters*, *e-r Maschine* rendement *m*; TECH puissance *f*; **3** (*Zahlung*) prestation *f*

'Leistungs|druck *m bei der Arbeit* obligation *f* de rendement; SPORT, SCHULE obligation *f* de réussir; pression *f*; **≈fähig** *adj* performant; *Person a* efficace; *Motor* puissant; **~fähigkeit** *f e-s Arbeiters* productivité *f*; *e-r Person*, *e-s Unternehmens* efficacité *f*; *e-s Autos* performance *f*; **≈gerecht** *adj* proportionnel au rendement, SCHULE aux résultats obtenus; *Bezahlung* adéquat; **~gesellschaft** *f* société basée sur la compétition, la réussite; **~kurs** *m* matière optionelle à programme renforcé; **≈orientiert** *adj* fondé sur le principe de la réussite; **~prinzip** *n* principe *m* de compétitivité; **≈schwach** *adj* peu performant; *Schüler* faible; **~sport** *m* sport *m* de compétition; **≈stark** *adj* (très) performant; *Schüler* fort; **~träger** *m* moteur *m*, pilier *m* d'une équipe; **~vermögen** *n* → ***Leistungsfähigkeit***

L

'Leit|artikel *m* éditorial *m*; **~bild** *n* modèle *m*

leiten ['laɪtən] *v/t* ⟨-e-⟩ **1** (*[hin]führen*) conduire; ***sich von etw ~ lassen*** se laisser guider par qc; **2** *Amt, Unternehmen, Schule, Orchester* diriger; *Verhandlung* présider; **3** PHYS conduire

'leitend *adjt* **1** (*führend*) directeur (*a fig*); *bei Berufen* en chef; ***~e Stellung*** position dirigeante, de cadre; ***~er Angestellter*** cadre supérieur; **2** PHYS (***nicht***) ~ (non-)conducteur

Leiter[1] ['laɪtər] *m* ⟨~s; ~⟩ PHYS conducteur *m*

'Leiter[2] *f* ⟨~; ~n⟩ échelle *f* (*a fig*)

Leiter(in) *m* ⟨~s; ~⟩ (*f*) ⟨~; ~nen⟩ *e-s Unternehmens, e-r Schule* directeur, -trice *m,f*; *e-r Abteilung* chef *m*; *e-r Filiale* gérant(e) *m(f)*; *e-s Orchesters* chef *m* d'orchestre; *e-r Versammlung* président(e) *m(f)*

'Leit|faden *m* guide *m*; précis *m*; **~hammel** *m fig péj* meneur *m*; **~linie** *f auf Straßen* ligne blanche; *fig* ligne directrice; **~motiv** *n* leitmotiv *m* (*a fig*); **~planke** *f* glissière *f* de sécurité

Leitung ['laɪtʊŋ] *f* ⟨~; ~en⟩ **1** *e-s Betriebs* direction *f*; *e-r Filiale* gestion *f*; *e-r Versammlung* présidence *f*; *Orchester* ***unter der ~ von*** sous la direction de; ***die ~ von etw haben*** être à la tête de qc; **2** PHYS conduction *f*; **3** *für Wasser, Gas*, ÉLECT conduite *f*; (*Kabel*) câble *m*; *unterirdisch* canalisation *f*; **4** TÉL ligne *f*; F *fig* ***e-e lange ~ haben*** F être dur à la détente

'Leitungs|mast *m* pylône *m*; **~netz** *n für Gas, Wasser* canalisation *f*; ÉLECT réseau *m*; TÉL réseau *m* téléphonique; **~wasser** *n* eau *f* du robinet

Lektion [lɛktsi'oːn] *f* ⟨~; ~en⟩ leçon *f*; *fig* ***j-m e-e ~ erteilen*** faire la leçon à qn

Lektor(in) ['lɛktɔr (-'toːrɪn)] *m* ⟨~s; -'toren⟩ (*f*) ⟨~; ~nen⟩ lecteur, -trice *m,f*

Lektüre [lɛk'tyːrə] *f* ⟨~; ~n⟩ lecture *f*

Lemming ['lɛmɪŋ] *m* ⟨~s; ~e⟩ lemming *m*

Lende ['lɛndə] *f* ⟨~; ~n⟩ **1** ANAT ***~n*** *pl* reins *m/pl*; **2** → ***Lendenstück***

'Lenden|schurz *m* pagne *m*; **~stück** *n* CUIS filet *m*; *vom Rind* aloyau *m*; *vom Kalb* longe *f*; **~wirbel** *m* vertèbre *f* lombaire

lenkbar ['lɛŋk-] *adj* TECH manœuvrable; *Person* maniable

'lenken *v/t Auto* conduire; *Flugzeug* piloter; *Rakete* téléguider; *Menschen, Staat* diriger; ***die Blicke auf sich*** (*acc*) ~ être le point de mire

'Lenk|er *m* ⟨~s; ~⟩ **1** (*Fahrer*) conducteur *m*; chauffeur *m*; **2** *am Fahrrad* guidon *m*; **~rad** *n* volant *m*; **~radschloss** *n* antivol *m*; **~stange** *f* guidon *m*; **~ung** *f* ⟨~; ~en⟩ *e-s Autos* direction *f*; *fig* (*Ausrichtung*) orientation *f*

Lenz [lɛnts] *poét m* ⟨~es; ~e⟩ printemps *m*

Leopard [leo'part] *m* ⟨~en; ~en⟩ léopard *m*

Lepra ['leːpra] *f* ⟨~⟩ lèpre *f*; **~kranke(r)** *f(m)* lépreux, -euse *m,f*

Lerche ['lɛrçə] *f* ⟨~; ~n⟩ alouette *f*

lern|begierig ['lɛrn-] *adj* avide d'apprendre; studieux; **~behindert** *adj* inadapté (mental); **ℒeifer** *m* désir *m* d'apprendre

'lernen *v/t u v/i* apprendre; *abs a* travailler; ***lesen, Französisch, e-n Beruf ~*** apprendre à lire, le français, un métier; *fig* ***aus etw ~*** tirer la leçon de qc

'lern|fähig *adj* capable d'apprendre; **ℒmittel** *n/pl* fournitures *f/pl* scolaires; **ℒprozess** *m* apprentissage *m*; **ℒsoftware** *f* didacticiel *m*; **ℒstoff** *m* programme *m* (d'étude)

'Les|art *f* version *f*; **ℒbar** *adj* lisible

Les|be ['lɛsbə] F *f* ⟨~; ~n⟩, **~bierin** [-biərɪn] *f* ⟨~; ~nen⟩ lesbienne *f*; **ℒbisch** *adj* lesbien

Lese ['leːzə] *f* ⟨~; ~n⟩ (*Weinℒ*) vendanges *f/pl*; **~brille** *f* lunettes *f/pl* pour lire; **~buch** *n* livre *m* de lecture; **~gerät** *n* INFORM lecteur *m*

'lesen[1] ⟨liest, las, gelesen⟩ **I** *v/t* lire (*a* INFORM); REL ***die Messe ~*** dire la messe; **II** *v/r* ***sich leicht ~ lassen*** être facile à lire

'lesen[2] *v/t* ⟨liest, las, gelesen⟩ **1** ***Trauben ~*** vendanger; ***Ähren ~*** glaner; (*ver~*) trier

'lesenswert *adj* qui mérite d'être lu

'Leser(in) *m* ⟨~s; ~⟩ (*f*) ⟨~; ~nen⟩ lecteur, -trice *m,f*

'Leseratte F *f* grand(e) lecteur (lectrice); F fana *m,f* de lecture

'Leserbrief *m* **1** lettre *f* de lecteur; **2** *pl* ***~e*** *Rubrik* courrier *m* des lecteurs

'leser|lich *adj* lisible; **²schaft** *f* ⟨~⟩ lecteurs *m/pl*

'Lese|saal *m* salle *f* de lecture; **~stoff** *m* lecture *f*; **~zeichen** *n* marque-page *m*; signet *m*

'Lesung *f* ⟨~; ~en⟩ lecture *f* (*a* POL)

Lethargie [letar'giː] *f* ⟨~⟩ léthargie *f*

Lett|e ['lɛtə] *m* ⟨~n; ~n⟩, **~in** *f* ⟨~; ~nen⟩ Letton, -onne *m,f*; **²isch** *adj* letton; **~land** *n* ⟨~s⟩ la Lettonie

Letzt [lɛtst] ***zu guter ~*** en fin de compte

letzte ['lɛtstə] **I** *adj* dernier; (*vorig*) passé; ***~n Endes*** au bout du compte; finalement; ***in ~r Zeit*** ces derniers temps; **II** *subst* ***der, die ²*** le dernier, la dernière; ***das ²*** la dernière chose; la fin; ***der ² des Monats*** le dernier du mois; ***bis aufs ²*** totalement; ***bis zum ²n*** jusqu'au bout; F *péj* ***das ist doch das ²!*** c'est au-dessous de tout!

'letztens *adv* dernièrement; l'autre jour

'letztere *adj* (*subst* ***der ²***) dernier

'letztgenannt *adjt* cité en dernier; ***der ²e*** ce dernier

'letztlich *adv* en fin de compte

'Leuchtdiode *f* diode électroluminiscente

Leuchte ['lɔʏçtə] *f* ⟨~; ~n⟩ lampe *f*; F *fig* ***er ist keine große ~*** F ce n'est pas une lumière

'leuchten *v/i* ⟨-e-⟩ *Sonne* luire; *Licht, Augen, Gesicht* briller (***vor Freude*** [*dat*] de joie); ***j-m ~*** éclairer qn

'leuchtend *adjt* lumineux; *Farben, fig Beispiel* éclatant

'Leuchter *m* ⟨~s; ~⟩ (*Kerzen²*) chandelier *m*; *mehrarmiger* candélabre *m*; (*Kron²*) lustre *m*

'Leucht|farbe *f* couleur phosphorescente, fluo(rescente); **~feuer** *n* MAR balise *f* (*a* AVIAT); **~käfer** *m* ver luisant; **~kraft** *f* pouvoir éclairant; ASTR luminosité *f*; **~pistole** *f* pistolet *m* lance-fusées; **~rakete** *f* fusée éclairante; **~reklame** *f* enseigne lumineuse; **~röhre** *f* tube fluorescent; **~schrift** *f* inscription lumineuse; **~stift** *m* surligneur *m*; **~turm** *m* phare *m*; **~turmwärter** *m* gardien *m* de phare; **~zifferblatt** *n* cadran lumineux

leugnen ['lɔʏgnən] *v/t* ⟨-e-⟩ nier; ***es lässt sich nicht ~, dass …*** on ne peut nier que … (+ *ind*)

Leukämie [lɔʏkɛ'miː] *f* ⟨~; ~n⟩ leucémie *f*

Leukoplast® [lɔʏko'plast] *n* ⟨~(e)s⟩ sparadrap *m*

'Leumund *st/s* *m* réputation *f*

Leute ['lɔʏtə] *pl* gens *m/pl bzw f/pl*; monde *m*; personnes *f/pl*; ***alle ~*** tout le monde; tous les gens; ***es waren viele ~ da*** il y avait beaucoup de monde; ***20 ~*** 20 personnes; ***die kleinen ~*** les petites gens; ***die feinen ~*** les gens bien; *iron* le beau monde; F ***unter die ~ bringen*** divulguer

Leutnant ['lɔʏtnant] *m* ⟨~s; ~s *ou* ~e⟩ sous-lieutenant *m*

leutselig *adj* affable; bienveillant

Leviten [le'viːtən] *pl* F ***j-m die ~ lesen*** faire la morale à qn

Levkoje [lɛf'koːjə] *f* ⟨~; ~n⟩ giroflée *f*

Lexikon ['lɛksikɔn] *n* ⟨~s; -ka⟩ dictionnaire *m* encyclopédique; (*Konversations²*) encyclopédie *f*

lfd. *abr* (*laufend*) courant

Liane [li'aːnə] *f* ⟨~; ~n⟩ liane *f*

Libanes|e [liba'neːzə] *m* ⟨~n; ~n⟩, **~in** *f* ⟨~; ~nen⟩ Libanais(e) *m(f)*; **²isch** *adj* libanais

Libanon ['liːbanon] ⟨~s⟩ ***der ~*** le Liban

Libelle [li'bɛlə] *f* ⟨~; ~n⟩ ZO libellule *f*

libera|l [libə'raːl] *adj* libéral; **~li'sieren** *v/t* ⟨*sans ge*⟩ libéraliser; **²li'tät** *f* ⟨~⟩ libéralisme *m*

Liberia [li'beːria] *n* ⟨~s⟩ le Libéria

Libero ['liːbəro] *m* ⟨~s; ~s⟩ libéro *m*

Libido ['liːbido] *f* ⟨~⟩ libido *f*

Libretto [li'brɛto] *n* ⟨~s; ~s *ou* -tti⟩ MUS livret *m*

Liby|en ['liːbyən] *n* ⟨~s⟩ la Libye; **~er(in)** *m* ⟨~s; ~⟩ (*f*) ⟨~; ~nen⟩ Libyen, -enne *m,f*; **²sch** *adj* libyen

licht [lɪçt] *adj* **1** *st/s* (*hell*) lumineux; **2** *Haar* clairsemé; **3** ***~e Höhe*** 'hauteur *f* de l'ouverture; ***~e Weite*** *e-r Tür, e-s Fensters* écartement *m*

Licht *n* ⟨~(e)s; ~er⟩ **1** lumière *f*; (*Helle*) clarté *f*; (*Tages²*) jour *m*; ***~ machen, das ~ anmachen*** faire de, allumer la lumière; ***das ~ ausmachen*** éteindre la lumière; ***etw gegen das ~ halten*** tenir qc à contre-jour; *st/s* ***das ~ der Welt erblicken*** *st/s* voir le jour; **2** *fig* lumière *f*; F ***da ging mir ein ~ auf*** tout à coup, j'ai vu clair; ça a fait tilt; ***etw ans ~ bringen*** mettre qc au (grand) jour; dévoiler qc; ***ans ~ kommen*** éclater au grand jour; ***j-n hinters ~ führen*** tromper qn; **3** (*Kerze*) bougie *f*; (*Kirchen*≗) cierge *m*; F *fig* ***er ist kein großes ~*** → ***Leuchte***

'**Licht|bild** *n* photo *f* (d'identité); **~blick** *m* éclaircie *f*; rayon *m* de soleil; **≗durchlässig** *adj* translucide; **≗empfindlich** *adj* sensible

'**lichten**[1] ⟨-e-⟩ **I** *v/t Wald* éclaircir; **II** *v/r* ***sich ~*** s'éclaircir (*a fig*)

'**lichten**[2] *v/t* ⟨-e-⟩ ***den Anker ~*** lever l'ancre

lichterloh ['liçtər'lo:] *adv* ***~ brennen*** flamber; être en flammes

'**Lichtgeschwindigkeit** *f* vitesse *f* de la lumière

'**Lichthupe** *f* appel *m* de phare; ***die ~ betätigen*** faire un appel de phare

'**Licht|jahr** *n* année-lumière *f*; **~maschine** *f* dynamo *f*; **~quelle** *f* source lumineuse; **~schacht** *m* puits *m* de lumière; **~schalter** *m* interrupteur *m*; **≗scheu** *adj* qui craint le jour; **~schranke** *f* barrage *m* photo-électrique; **~schutzfaktor** *m* indice *m* de protection (solaire); **~stärke** *f* intensité lumineuse; **~strahl** *m* rayon lumineux; **≗undurchlässig** *adj* opaque

L

'**Lichtung** *f* ⟨~; ~en⟩ clairière *f*

Lid [li:t] *n* ⟨~(e)s; ~er⟩ paupière *f*; '**~schatten** *m* ombre *f*, fard *m* à paupières

lieb [li:p] *adj* (*teuer*) cher; (*geliebt*) chéri; (*freundlich, artig*) gentil; *Brief* ***≗er Herr X, ...*** Cher Monsieur, ...; ***das ist ~ von dir!*** c'est gentil de ta part; ***es wäre mir ~, wenn ...*** j'aimerais que ... (+ *subj*); ***j-n, etw ~ gewinnen*** s'attacher à qn, qc; ***~ haben*** (bien) aimer

liebäugeln ['li:pʔɔʏgəln] *v/i* ⟨*pas de ge*⟩ ***mit etw ~*** convoiter, lorgner qc; ***mit e-r Reise ~*** caresser l'idée de faire un voyage

Liebe ['li:bə] *f* ⟨~⟩ **1** amour *m* (***zu j-m, etw*** pour qn, de qc); (*Zuneigung*) affection *f*; ***aus ~ zu s-r Mutter*** par amour pour sa mère; ***in ~*** affectueusement; ***~ auf den ersten Blick*** coup *m* de foudre; **2** (*geliebte Person*) amour *m*; ***meine große ~*** l'amour de ma vie

Liebe'lei *f* ⟨~; ~en⟩ amourette *f*

'**lieben** **I** *v/t* aimer; (*mögen*) bien aimer; ***j-n ~*** *sexuell* faire l'amour avec qn; ***es ~, etw zu tun*** aimer faire qc; **II** *v/r* ***sich ~*** *sich selbst od einander* s'aimer; *sexuell* faire l'amour

'**liebend** **I** *adjt* aimant; ***die ≗en*** les amants *m/pl*; **II** *advt* ***ich möchte ~ gern ...*** j'aimerais beaucoup ...

'**liebenswert** *adj* charmant; agréable

'**liebenswürdig** *adj* aimable; gentil; ***das ist sehr ~ von Ihnen*** c'est très aimable *od* gentil à vous

lieber ['li:bər] *adv* plus volontiers; (*eher*) plutôt; ***ich trinke ~ Wein als Bier*** j'aime mieux le vin que la bière; je préfère le vin à la bière; ***das ist mir ~*** j'aime mieux cela; ***bleiben wir ~ hier!*** restons plutôt ici

'**Liebe(r)** *f(m)* ⟨→ A⟩ ***mein Lieber!*** mon cher!; ***meine Liebe!*** ma chère!

'**Liebes|brief** *m* lettre *f* d'amour; **~dienst** *m* faveur *f*; service *m* d'ami; **~erklärung** *f* déclaration *f* (d'amour); **~geschichte** *f* histoire *f* d'amour; **~heirat** *f* mariage *m* d'amour; **~kummer** *m* chagrin *m* d'amour; **~lied** *n* chanson *f* d'amour

'**Liebesmüh(e)** *f* ***verlorene ~*** peine perdue

'**Liebes|paar** *n* couple *m* d'amoureux; **~roman** *m* roman *m* d'amour

'**liebevoll** *adj* aimant; tendre

'**Lieb|haber** *m* ⟨~s; ~⟩ **1** (*Geliebter*) amant *m*; **2** *e-r Sache* amateur *m*; **~habe'rei** *f* ⟨~; ~en⟩ violon *m* d'Ingres; **~haberin** *f* ⟨~; ~nen⟩ *e-r Sache* amateur *m*

lieb'kos|en *st/s v/t* ⟨*pas de ge*⟩ caresser; **≗ung** *st/s f* ⟨~; ~en⟩ caresse *f*

'**lieblich** *adj Duft* suave; *Wein, Geschmack* moelleux; *Gegend* charmant

'**Liebling** *m* ⟨~s; ~e⟩ **1** préféré(e) *m(f)*; *e-s Publikums* F coqueluche *f*; **2** *Kosename* chéri(e) *m(f)*

'**Lieblings...** *in Zssgn* favori

'**lieblos** **I** *adj* sans amour; (*hartherzig*) dur; (*gefühllos*) sans cœur; **II** *adv* sans amour; sans cœur; ***etw ~ behandeln*** traiter qc sans soin

'**Liebreiz** *st/s m* grâce *f*

'**Liebschaft** *f* ⟨~; ~en⟩ liaison *f*

'**liebste** **I** *adj* favori; **II** *adv* ***am ~n würde ich*** (+ *inf*) je préférerais (+ *inf*)

'**Liebste(r)** *f(m)* ⟨→ A⟩ → ***Geliebte(r)***

Liechtenstein ['lıçtənʃtaın] *n* ⟨~s⟩ le Liechtenstein

Lied [li:t] *n* ⟨~(e)s; ~er⟩ chanson *f*; (*Kunst*≗) lied *m*; (*Kirchen*≗) chant *m*; F ***es ist immer dasselbe*** *od* ***das alte***

~ c'est toujours la même chanson; ***davon kann ich ein ~ singen*** je suis payé pour le savoir
'Lieder|abend *m* récital *m* de chant; **~buch** *n* recueil *m* de chansons
'liederlich *adj* **1** (*unordentlich*) désordonné; (*nachlässig*) négligent; *Arbeit* mal fait; bâclé; **2** *Leben(swandel)* dissolu
'Liedermacher *m* auteur-compositeur *m*
lief [li:f] → ***laufen***
Lieferant [lifə'rant] *m* ⟨~en; ~en⟩ fournisseur *m*
lieferbar ['li:fər-] *adj* disponible; livrable
'Lieferfrist *f* délai *m* de livraison
'liefern *v/t* **1** fournir; livrer; **2** ***j-m e-e Schlacht ~*** livrer bataille à qn
'Liefer|schein *m* bon *m* de livraison; **~termin** *m* date *f* de livraison
'Lieferung *f* ⟨~; ~en⟩ livraison *f*
'Liefer|wagen *m* camionnette *f*; voiture *f* de livraison; **~zeit** *f* → ***Lieferfrist***
Liege ['li:gə] *f* ⟨~; ~n⟩ (*Sofa*) divan *m*; (*Garten*♀) chaise longue
liegen ⟨lag, gelegen, h *ou südd* sn⟩ *v/i* **1** (*in der Horizontalen sein*) être couché; **2** (*sich befinden*) se trouver; être; ***es ~ viele Bücher auf dem Tisch*** il y a beaucoup de livres sur la table; *Fahrzeug* ***gut auf der Straße ~*** avoir une bonne tenue de route; *fig* ***die Entscheidung liegt bei ihm*** c'est à lui de décider; ***~ bleiben*** *am Boden, im Bett* rester couché; *Arbeit* rester en suspens; *Schnee* tenir; (*nicht verkauft werden*) ne pas se vendre; (*nicht abgeholt werden*) rester en souffrance; ***unterwegs ~ bleiben*** *Auto* tomber en panne; ***~ lassen*** laisser; (*vergessen*) oublier; *Arbeit* laisser qc de côté, F en plan; **3** (*gelegen sein*) être situé; *Stadt* ***am Fluss ~*** être sur le fleuve; ***nach Süden ~*** être exposé au sud; ***das Zimmer liegt zur Straße*** la chambre donne sur la rue; **4** (*vorhanden sein*) ***es liegt Schnee*** il y a de la neige; **5** (*wichtig sein*) ***mir liegt daran, dass …*** *od* ***zu*** (+ *inf*) **…** je tiens à ce que … (+ *subj*) *od* à (+ *inf*); ***es ist ihr viel daran gelegen*** elle y tient beaucoup; **6** (*zurückzuführen sein*) ***an j-m, etw ~*** tenir à qn, qc; ***daran soll es nicht ~!*** qu'à cela ne tienne!
'liegend *adjt* couché
'Liegenschaften *f/pl* biens immobiliers
'Liege|platz *m* MAR mouillage *m*; **~sitz** *m im Auto* siège *m* couchette; **~stuhl** *m* chaise longue; **~stütz** *m* ⟨~es; ~e⟩ traction *f*; F pompe *f*; **~wagen** *m* wagon-couchettes *m*
lieh [li:] → ***leihen***
lies! [li:s] → ***lesen***
ließ [li:s] → ***lassen***
Lift [lɪft] *m* ⟨~~e~~s; ~e *ou* ~s⟩ **1** (*Fahrstuhl*) ascenseur *m*; **2** (*Sessel*♀) télésiège *m*; (*Schlepp*♀) téléski *m*; **'~boy** *m* liftier *m*; garçon *m* d'ascenseur
'liften *v/t* ⟨-e-⟩ faire un lifting de
Liga ['li:ga] *f* ⟨~; -gen⟩ ligue *f*; SPORT division *f*
light [laɪt] *adj* ⟨*postposé*⟩ allégé
liieren [li'i:rən] *v/r* ⟨*sans ge*⟩ ***er ist mit ihr liiert*** il a une liaison avec elle
Likör [li'kø:r] *m* ⟨~s; ~e⟩ liqueur *f*
lila ['li:la] *adj* ⟨*inv*⟩ lilas; (*dunkel*~) violet; (*hell*~) mauve
'Lila *n* ⟨~s; ~⟩ (couleur *f*) lilas *m*; (*Dunkel*♀) violet *m*; (*Hell*♀) mauve *m*
Lilie ['li:liə] *f* ⟨~; ~n⟩ lys *od* lis *m*
Liliputaner(in) [lilipu'ta:nər(ɪn)] *m* ⟨~s; ~⟩ (*f*) ⟨~; ~nen⟩ lilliputien, -ienne *m,f*
Limette [li'mɛtə] *f* citron vert
Limit ['lɪmɪt] *n* ⟨~s; ~s⟩ limite *f*; **♀ieren** [limi'ti:rən] *v/t* ⟨*sans ge*⟩ limiter (***auf*** [+ *acc*] à)
Limo ['lɪmo] F *f* ⟨~; ~s⟩ *abr*, **~nade** [limo'na:də] *f* ⟨~; ~n⟩ limonade *f*
Limousine [limu'zi:nə] *f* ⟨~; ~n⟩ berline *f*; conduite intérieure
Linde ['lɪndə] *f* ⟨~; ~n⟩ tilleul *m*
'Lindenblütentee *m* infusion *f* de tilleul
lindern ['lɪndərn] *v/t* soulager
'Linderung *f* ⟨~⟩ soulagement *m*
Lineal [line'a:l] *n* ⟨~s; ~e⟩ règle *f*
linear [line'a:r] *adj* linéaire
Lingu|ist(in) [lɪŋgu'ɪst(ɪn)] *m* ⟨~en; ~en⟩ (*f*) ⟨~; ~nen⟩ linguiste *m,f*; **~'istik** *f* ⟨~⟩ linguistique *f*; **♀'istisch** *adj* linguistique
Linie ['li:niə] *f* ⟨~; ~n⟩ ligne *f* (*a Bus*♀ *etc*, MIL, *fig*); (*Familienzweig*) *a* branche *f*; F ***auf die*** (***schlanke***) ***~ achten*** surveiller sa ligne; *fig* ***auf der ganzen ~*** sur toute la ligne; *fig* ***in erster, zweiter ~***

L

en premier, second lieu
'Linien|flug *m* vol régulier; **~richter** *m* FUSSBALL juge *m* de touche; TENNIS juge *m* de ligne; **2treu** *adj péj* fidèle à la ligne (du parti)
lin(i)ieren [li'niːrən, -ni'iː-] *v/t* ⟨*sans ge*⟩ régler; ligner
link [lɪŋk] F *adj* louche; douteux
Link *m od n* ⟨~s; ~s⟩ INFORM lien *m*
'linke *adj* gauche (*a fig*, POL); **~ *Seite*** côté *m* gauche; gauche *f*; *e-s Stoffes* envers *m*
'Linke *f* ⟨→ A⟩ **1** (*linke Seite, Hand*) gauche *f*; ***zur ~n*** à gauche; **2** BOXEN gauche *f*; **3** POL ***die ~*** la gauche
'Linke(r) *f(m)* ⟨→ A⟩ POL homme *m*, femme *f* de gauche; *p/fort* gauchiste *m,f*
'linken F *v/t* F rouler; gruger
'linkisch *adj* gauche; maladroit
links [lɪŋks] *adv* à gauche (**von** de); *von Stoffen* à l'envers; POL ***~ stehen*** être de gauche; F ***j-n ~ liegen lassen*** ignorer qn
'Links|abbieger *m* ⟨~s; ~⟩ personne *f bzw* véhicule *m* tournant à gauche; **~'außen** *m* ⟨~; ~⟩ SPORT ailier *m* gauche; **~extremismus** *m* extrémisme *m* de gauche; **~extremist** *m* extrémiste *m* de gauche; **2extremistisch** *adj* d'extrême gauche; **~händer(in)** *m* ⟨~s; ~⟩ (*f*) ⟨~; ~nen⟩ gaucher, -ère *m,f*; **2händig I** *adj* gaucher; **II** *adv* de la main gauche; **2herum** *adv* à gauche; **~kurve** *f* virage *m* à gauche; **2radikal** *adj* d'extrême gauche; **~ruck** *m* POL glissement *m* à gauche
Linoleum [li'noːleum] *n* ⟨~s⟩ linoléum *m*
Linse ['lɪnzə] *f* ⟨~; ~n⟩ BOT, OPT lentille *f*; *des Auges* cristallin *m*
'Linsensuppe *f* soupe *f* aux lentilles
Lippe ['lɪpə] *f* ⟨~; ~n⟩ lèvre *f*; F *fig* ***e-e ~ riskieren*** F ouvrir sa grande gueule; ***sie konnte kein Wort über die ~n bringen*** elle n'a pas pu prononcer un seul mot
'Lippenstift *m* rouge *m* à lèvres
liqui|d [li'kviːt] *adj* FIN liquide; (*solvent*) solvable; **2dation** [-datsi'oːn] *f* ⟨~; ~en⟩ FIN, JUR liquidation *f*; (*Arztrechnung*) note *f* d'honoraires; **~'dieren** *v/t* ⟨*sans ge*⟩ COMM liquider (*a fig töten*); **2di'tät** *f* ⟨~⟩ liquidité(s) *f(pl)*
Lira ['liːra] *f* ⟨~; Lire⟩ HIST lire *f*
lispeln ['lɪspəln] *v/i* ⟨*¢*⟩ zézayer
Lissabon ['lɪsabɔn] *n* ⟨~s⟩ Lisbonne
List [lɪst] *f* ⟨~; ~en⟩ ruse *f*; astuce *f*
Liste ['lɪstə] *f* ⟨~; ~n⟩ liste *f*; ***auf die schwarze ~ setzen*** mettre sur la liste noire
'Listenpreis *m* prix *m* de catalogue
listig ['lɪstɪç] *adj* rusé; astucieux
Litanei [lita'naɪ] *f* ⟨~; ~en⟩ litanie *f* (*a fig*)
Litau|en ['liːtauən] *n* ⟨~s⟩ la Lituanie; **~er(in)** *m* ⟨~s; ~⟩ (*f*) ⟨~; ~nen⟩ Lituanien, -ienne *m,f*; **2isch** *adj* lituanien
Liter ['liːtər] *m od n* ⟨~s; ~⟩ litre *m*; ***ein ~ Wein*** un litre de vin
literarisch [lɪtə'raːrɪʃ] *adj* littéraire
Lite'rat *m* ⟨~en; ~en⟩ homme *m* de lettres
Litera'tur *f* ⟨~; ~en⟩ littérature *f*; ***schöne ~*** belles-lettres *f/pl*
Litera'tur|geschichte *f* histoire *f* de la littérature; **~kritik** *f* critique *f* littéraire; **~kritiker** *m* critique *m* littéraire; **~verzeichnis** *n* bibliographie *f*; **~wissenschaft** *f* lettres *f/pl*
Litfaßsäule ['lɪtfas-] *f* colonne *f* Morris
Lithographie [litogra'fiː] *f* ⟨~; ~n⟩ lithographie *f*
Litschi ['lɪtʃi] *f* ⟨~; ~s⟩ BOT litchi *m*
litt [lɪt] → ***leiden***
Liturgie [litur'giː] *f* ⟨~; ~n⟩ liturgie *f*
Litze ['lɪtsə] *f* ⟨~; ~n⟩ (*Tresse*) galon *m*; (*Drahtseil*) toron *m*
live [laɪf] *adv*, *adj* TV, RAD en direct
'Livesendung *f* émission *f* en direct
Livree [li'vreː] *f* ⟨~; ~n⟩ livrée *f*
Lizenz [li'tsɛnts] *f* ⟨~; ~en⟩ licence *f* (*a* JUR); ***in ~*** sous licence
Lkw, LKW [ɛlkaː'veː] *m* ⟨~$; ~s⟩ *abr* → ***Lastwagen***
Lob [loːp] *n* ⟨~¢s⟩ louange *f*; éloge *m*; ***j-m ~ spenden*** faire l'éloge de qn; ***für etw ~ ernten*** recevoir des éloges pour qc
Lobby ['lɔbi] *f* ⟨~; ~s⟩ lobby *m*
loben ['loːbən] *v/t* faire des compliments à (***für etw*** sur qc); faire l'éloge de
'lobend I *adjt* élogieux; **II** *advt erwähnen* en termes élogieux
'lobenswert *adj* louable; méritoire
Lobhude'lei *f* ⟨~; ~en⟩ adulation *f* (***auf*** [+ *acc*] de)
löblich ['løːplɪç] → ***lobenswert***

'Loblied *n* panégyrique *m*; *fig* ***ein ~ auf j-n, etw singen*** chanter les louanges de qn, qc

'Lobrede *f* éloge *m*

Loch [lɔx] *n* ⟨~(e)s; ~er⟩ **1** trou *m*; F ***auf dem letzten ~ pfeifen*** être au bout du rouleau; **2** F (*Behausung*) taudis *m*; **3** F (*Gefängnis*) F trou *m*; *arg* taule *f*

'lochen *v/t Fahrkarte, Schriftstück* perforer; poinçonner

'Locher *m* ⟨~s; ~⟩ perforatrice *f*

löch(e)rig ['lœç(ə)rɪç] *adj* troué

'löchern F *v/t* ***j-n ~*** F tanner qn

'Loch|karte *f* carte perforée; **~streifen** *m* bande perforée

Locke ['lɔkə] *f* ⟨~; ~n⟩ boucle *f*

'locken *v/t* **1** (*ködern*) appâter; **2** *fig* (*an~*) attirer; (*ver~*) séduire; tenter

'Locken|kopf *m* tête bouclée; **~wickler** *m* rouleau *m*; bigoudi *m*

locker ['lɔkər] **I** *adj* **1** *Seil, Gewebe, Knoten* lâche; *Schraube* desserré; *Zahn* branlant; *Boden* meuble; ***~ machen*** → ***lockern*** *I*; *Seil* ***~ lassen*** relâcher; **2** *Person* décontracté; **3** *fig Sitten* léger; *Moral, Disziplin* relâché; **II** *adv Schraube* ***~ sitzen*** être desserré; ***etw ~ handhaben*** manier qc de façon libérale

'locker·lassen F *v/i* ⟨*irr*⟩ ***nicht ~*** insister

'locker·machen F *v/t Geld* F lâcher

'lockern **I** *v/t Zügel, Seil* relâcher; *Schraube, Knoten* desserrer; *Boden* ameublir; *Muskeln, fig Bestimmungen* assouplir; **II** *v/r* ***sich ~*** *Griff, Seil* se relâcher (*a Disziplin*); *Schraube* se desserrer

lockig ['lɔkɪç] *adj* bouclé

'Lock|mittel *n* appât *m* (*a fig*); **~ruf** *m* appel *m*; **~vogel** *m* **1** JAGD appeau *m*; **2** *fig* personne *f* qui attire qn dans un piège

Loden ['lo:dən] *m* ⟨~s; ~⟩ loden *m*; **~mantel** *m* manteau *m* en loden

lodern ['lo:dərn] *v/i Flammen* monter; *Feuer* brûler; flamboyer (*a fig*)

Löffel ['lœfəl] *m* ⟨~s; ~⟩ **1** cuiller *f*; cuillère *f*; *Maßangabe* cuillerée *f*; **2** *des Hasen*, F *des Menschen* oreille *f*; **~biskuit** *n od m* boudoir *m*

'löffeln *v/t* ⟨*ge*⟩ manger à la cuiller

'löffelweise *adv* par cuillerées

log [lo:k] → ***lügen***

Logarith|mentafel [loga'rɪtmən-] *f* table *f* de logarithmes; **~mus** *m* ⟨~; -men⟩ logarithme *m*

'Logbuch *n* journal *m* de bord

Loge ['lo:ʒə] *f* ⟨~; ~n⟩ loge *f*

Loggia ['lɔdʒia] *f* ⟨~; -ien⟩ loggia *f*

Logik ['lo:gɪk] *f* ⟨~⟩ logique *f*

'logisch **I** *adj* logique; **II** *adv* logiquement

Lo'gist|ik *f* ⟨~⟩ logistique *f*; **2isch** *adj* logistique

logo ['lo:go] F *adj* **~!** évidemment!

'Logo *m od n* ⟨~s; ~s⟩ logo *m*

Logo|päde [logo'pɛ:də] *m* ⟨~n; ~n⟩, **~'pädin** *f* ⟨~; ~nen⟩ orthophoniste *m,f*; **~pä'die** *f* ⟨~⟩ orthophonie *f*

Lohn [lo:n] *m* ⟨~(e)s; ~e⟩ **1** (*Arbeits2*) salaire *m*; **2** (*Belohnung*) récompense *f*; ***zum ~ für*** en récompense de

'Lohnausgleich *m* ***bei vollem ~*** sans diminution de salaire

'Lohn|buchhaltung *f* comptabilité *f* des salaires; **~büro** *n* bureau *m* de paie; **~empfänger(in)** *m(f)* salarié(e) *m(f)*

'lohnen **I** *v/t* **1** ***j-m etw ~*** récompenser qn de qc (***mit etw*** par qc); **2** ***es lohnt die Mühe*** cela vaut la peine; **II** *v/r* ***sich ~*** (*einträglich sein*) être payant; (*der Mühe wert sein*) valoir la peine; F valoir le coup

'lohnend *adjt* profitable; (*einträglich*) rentable; payant

'Lohnerhöhung *f* augmentation *f* de salaire

'Lohnfortzahlung *f* ***~ im Krankheitsfall*** maintien *m* du paiement du salaire en cas de maladie

'Lohn|nebenkosten *pl* charges sociales; **~steuer** *f* impôt *m* sur le(s) salaire(s); **~steuerjahresausgleich** *m* remboursement annuel du trop-perçu (fiscal); **~steuerkarte** *f carte avec la catégorie d'imposition du contribuable salarié*; **~streifen** *m*, **~zettel** *m* bulletin *m* de salaire, paie

Loipe ['lɔypə] *f* ⟨~; ~n⟩ piste *f* de ski de fond

Lok [lɔk] *f* ⟨~; ~s⟩ → ***Lokomotive***

lokal [lo'ka:l] *adj* local

Lo'kal *n* ⟨~(e)s; ~e⟩ restaurant *m*; café *m*

Lo'kal|blatt *n* journal local; **~fernsehen** *n* télévision (privée) locale

lokali'sieren *v/t* ⟨*sans ge*⟩ localiser

Lo'kal|kolorit *n* couleur locale; **~patrio-**

L

tismus *m* esprit *m* de clocher; **~radio** *n* radio locale; **~sender** *m* RAD radio locale; TV télévision (privée) locale; **~teil** *m* chronique locale; **~termin** *m* JUR descente *f* sur les lieux
'Lokführer *m* mécanicien *m*
Lokomotiv|e [lokomo'ti:və] *f* ⟨~; ~n⟩ locomotive *f*; **~führer** *m* mécanicien *m*
Lokus ['lo:kus] F *m* ⟨~; ~ *ou* ~se⟩ F petit coin
London ['lɔndɔn] *n* Londres; **~er(in)** *m* ⟨~s; ~⟩ (*f*) ⟨~; ~nen⟩ Londonien, -ienne *m,f*
Lorbeer ['lɔrbe:r] *m* ⟨~s; ~en⟩ laurier *m*; *fig* ***~en ernten*** cueillir des lauriers; F *fig* ***sich auf s-n ~en ausruhen*** se reposer sur ses lauriers
'Lorbeerblatt *n* feuille *f* de laurier
los [lo:s] **I** *adj u adv* **1** (*ab*) détaché; **2** ***etw, j-n ~ sein*** être débarrassé de qc, qn; **3** ***was ist ~?*** qu'est-ce qu'il y a?; qu'est-ce qui se passe?; ***was ist denn mit dir ~?*** F qu'est-ce qui t'arrive?; **II** *int* ***~!*** (*ab*) allons!; allez!; ***~, ~!*** (*schnell, schnell*) allez, 'hop!
Los *n* ⟨~es; ~e⟩ **1** (*Losen*) sort *m*; ***etw durchs ~ entscheiden*** tirer qc au sort; **2** (*Lotterie*2) billet *m* de loterie; *fig* ***das große ~ ziehen*** gagner le gros lot; **3** *st/s* (*Schicksal*) sort *m*; ***ein schweres ~ haben*** avoir une vie difficile
lösbar ['lø:sba:r] *adj* soluble
'los·|binden *v/t* ⟨*irr*⟩ détacher; **~brechen** ⟨*irr*⟩ **I** *v/t* détacher; **II** *v/i* ⟨sn⟩ se détacher; *Gewitter* éclater; *Sturm, Jubel* se déchaîner
Löschblatt ['lœʃ-] *n* (papier) buvard *m*
'löschen[1] *v/t* **1** *Licht, Feuer* éteindre; ***den Durst ~*** désaltérer; ***s-n Durst ~*** se désaltérer; **2** *Text, Eintrag, Tonband*, INFORM effacer
'löschen[2] *v/t* MAR décharger
'Lösch|fahrzeug *n* autopompe *f*; **~papier** *n* (papier) buvard *m*; **~taste** *f* touche *f* d'effacement
lose ['lo:zə] **I** *adj* **1** → ***locker*** *I 1*; **2** *Blätter* volant; *Ware* en vrac; **3** F *Sitten* léger; ***~ Reden*** *f/pl* propos *m/pl* (très) libres; **II** *adv* lâchement; ***~ binden*** nouer sans serrer
Lösegeld ['lø:zə-] *n* rançon *f*
'los·eisen F ⟨¢$⟩ **I** *v/t* **1** ***j-n von j-m ~*** détacher qn de qn; ***j-n von etw ~*** arracher qn à qc; **2** ***etw bei j-m ~*** soutirer qc à qn; **II** *v/r* ***sich ~*** se libérer
losen ['lo:zən] *v/i* ⟨¢$⟩ (***um etw***) tirer (qc) au sort
lösen ['lø:zən] ⟨¢$⟩ **I** *v/t* **1** (*los~*) détacher; enlever; **2** *Geschnürtes* défaire; *Bremse, Schraube* desserrer; **3** *Aufgabe, Rätsel* résoudre; **4** *Vertrag* résilier; *Verlobung* annuler; **5** CHIM dissoudre (***in*** [+ *dat*] dans); **6** *Husten, Krampf* faire disparaître; **7** *Fahrkarte* prendre; **II** *v/r* ***sich ~*** **8** (*sich los~*) se détacher (*a fig* ***von j-m*** de qn); **9** (*sich lockern*) se desserrer (*a Bremse*); **10** CHIM se dissoudre (***in*** [+ *dat*] dans); **11** *Husten, Krampf* disparaître
'los·fahren *v/i* ⟨*irr*, sn⟩ (*abfahren*) partir; ***auf*** (+ *acc*) ***~*** (*zufahren*) foncer sur
'los·gehen *v/i* ⟨*irr*, sn⟩ **1** F → ***lösen*** *II, 8, 9*; **2** *Gewehr, Schuss* partir; **3** ***auf j-n ~*** foncer sur qn; (*angreifen*) prendre qn à partie; **4** F (*anfangen*) commencer; **5** (*weggehen*) partir; s'en aller
'los·kommen *v/i* ⟨*irr*, sn⟩ **1** F (*wegkommen*) partir; **2** ***von etw ~*** (*loswerden*) se défaire de qc; ***von j-m ~*** se détacher de qn
'los·lassen *v/t* ⟨*irr*⟩ **1** *Gegenstand, Tier* lâcher; **2** *Häftling* relâcher; **3** F *péj* (*ansetzen*) ***j-n auf j-n, etw ~*** lâcher qn sur qn, qc
'los·legen F *v/i* s'y mettre; F démarrer
löslich ['lø:slıç] *adj* soluble (***in*** [+ *dat*] dans)
'los·lösen ⟨¢$⟩ **I** *v/t* → ***lösen*** *I, 1*; **II** *v/r* ***sich ~*** → ***lösen*** *II, 8, 9*
'los·machen *v/t* (*u v/r* ***sich ~*** se) détacher; *fig* ***sich ~ von*** se dégager de
'los·reißen ⟨*irr*⟩ **I** *v/t* arracher; **II** *v/r* ***sich ~*** s'arracher (***von etw*** à qc, ***von j-m*** des bras de qn); *Tier* se détacher (de)
los·sagen *v/r* ***sich ~ von*** renoncer à; se désolidariser de
'los·schießen F *v/i* ⟨*irr*⟩ **1** ⟨sn⟩ ***auf j-n ~*** (*losstürzen*) se précipiter sur qn; **2** *fig* ***na, schieß mal los!*** (*erzähle*) F vas-y!
'los·schlagen *v/i* ⟨*irr*⟩ MIL attaquer; ***auf j-n ~*** taper sur qn
Losung ['lo:zuŋ] *f* ⟨~; ~en⟩ MIL mot *m* de passe; (*Parole*) mot *m* d'ordre
Lösung ['lø:zuŋ] *f* ⟨~; ~en⟩ **1** CHIM solution *f*; **2** MATH, *fig*, *e-s Rätsels* solution *f* (***für*** de); **3** *e-s Vertrags* annulation *f*; *e-r Verlobung* rupture *f*

'Lösungsmittel *n* solvant *m*
'los·werden *v/t* ⟨*irr*, sn⟩ se débarrasser de
'los·ziehen F *v/i* ⟨*irr*, sn⟩ partir
Lot [lo:t] *n* ⟨~(e)s; ~e⟩ CONSTR fil *m* à plomb; MAR sonde *f*; MATH perpendiculaire *f*; ***das ~ fällen*** abaisser la perpendiculaire; *fig* ***wieder ins ~ bringen*** remettre en ordre; ***nicht im ~*** pas d'aplomb (*a fig*)
löten ['lø:tən] *v/t* ⟨-e-⟩ souder; braser
Lothring|en ['lo:trɪŋən] *n* ⟨~s⟩ la Lorraine; **~er(in)** *m* ⟨~s; ~⟩ (*f*) ⟨~; ~nen⟩ Lorrain(e) *m*(*f*); **2isch** *adj* lorrain
Lotion [lotsi'o:n] *f* ⟨~; ~en⟩ lotion *f*
'Löt|kolben *m* fer *m* à souder; **~lampe** *f* lampe *f* à souder
'lotrecht *adj* vertical; perpendiculaire
Lots|e ['lo:tsə] *m* ⟨~n; ~n⟩ MAR pilote *m* (*a fig*); **2en** *v/t* ⟨-(e)t⟩ MAR piloter (*a fig*)
Lotterie [lɔtə'ri:] *f* ⟨~; ~n⟩ loterie *f*; **~gewinn** *m* lot *m*; gain *m* à la loterie; **~los** *n* billet *m* de loterie; numéro *m*
Lotto ['lɔto] *n* ⟨~s; ~s⟩ loto *m*; ***~ spielen*** jouer au loto
'Lottozahlen *f/pl* numéros gagnants
Löwe ['lø:və] *m* ⟨~n; ~n⟩ lion *m*; ASTR Lion *m*
'Löwen|anteil *m* part *f* du lion; **~mähne** *f* crinière *f* (*a fig*); **~maul** *n* BOT gueule-de-loup *f*; **~zahn** *m* BOT pissenlit *m*; dent-de-lion *f*
Löwin ['lø:vɪn] *f* ⟨~; ~nen⟩ lionne *f*
loyal [loa'ja:l] *adj* loyal; **2i'tät** *f* ⟨~⟩ loyauté *f*
LP [ɛl'pe:] *f* ⟨~; ~s⟩ *abr* (*Langspielplatte*) trente-trois tours *m*
LSD [ɛl'ʔɛs'de:] *n* ⟨~(s)⟩ L.S.D. *m*
lt. *abr* (*laut*) d'après
Luchs [lʊks] *m* ⟨~es; ~e⟩ lynx *m*; ***er passt auf wie ein ~*** rien ne lui échappe
Lücke ['lʏkə] *f* ⟨~; ~n⟩ lacune *f*; vide *m* (*beide a fig*); *in e-r Mauer* brèche *f*; (*Park2*) place *f* (de parking, pour se garer)
'Lücken|büßer F *m* F bouche-trou *m*; **2haft** *adj* incomplet; *Gedächtnis* défaillant; **2los** *adj* sans lacunes; complet
lud [lu:t] → ***laden***
Luder ['lu:dər] *n* ⟨~s; ~⟩ F *Schimpfwort* F garce *f*; ***sie ist ein kleines ~*** c'est une coquine
Ludwig ['lu:tvɪç] *m* ⟨~s⟩ Louis *m*
Luft [lʊft] *f* ⟨~; ~e⟩ **1** air *m*; ***in die ~ fliegen*** sauter; **2** (*Atem*) souffle *m*; (***tief***) ***~ holen*** respirer (profondément); ***keine ~ bekommen*** étouffer; F (***frische***) ***~ schnappen*** prendre l'air, le frais; **3** *fig* ***aus der ~ gegriffen*** fantaisiste; ***es liegt etw in der ~*** il y a qc qui se prépare; F ***s-m Ärger*** *etc* ***~ machen*** laisser libre cours à sa colère, *etc*; F ***die ~ ist rein*** il n'y a pas de danger; F ***es ist dicke ~*** il y a de l'orage dans l'air; F ***er ist ~ für mich*** il n'existe pas pour moi; F ***j-n an die*** (***frische***) ***~ setzen*** mettre, F flanquer qn à la porte
'Luft|angriff *m* raid aérien; **~aufnahme** *f* vue aérienne; **~ballon** *m* ballon *m*; **~bild** *n* vue aérienne; **~blase** *f* bulle *f* d'air; **~brücke** *f* pont aérien
Lüftchen ['lʏftçən] *n* ⟨~s; ~⟩ souffle *m*
'luft|dicht *adj* hermétique; étanche; **2druck** *m* PHYS pression *f* atmosphérique; *e-s Reifens* pression de gonflage; **~durchlässig** *adj* perméable à l'air
lüften ['lʏftən] *v/t* ⟨-e-⟩ **1** *Zimmer, Kleider* aérer; *Hut, Schleier* soulever; *fig Geheimnis* dévoiler
'Lüfter *m* ⟨~s; ~⟩ ventilateur *m*
'Luftfahrt *f* navigation aérienne; (*~technik*) aéronautique *f*; **~gesellschaft** *f* compagnie aérienne
'Luft|feuchtigkeit *f* humidité *f* de l'air; **~filter** *m od n* filtre *m* à air; **~fracht** *f* fret aérien; **2gekühlt** *adjt* refroidi par air; **2getrocknet** *adjt* séché à l'air; **~gewehr** *n* carabine *f* à air comprimé; **~hoheit** *f* souveraineté aérienne
luftig ['lʊftɪç] *adj Raum* bien aéré; *Kleidung* léger
'Luft|kissenfahrzeug *n* aéroglisseur *m*; **~kurort** *m* station *f* climatique
'luftleer *adj* vide d'air; ***~er Raum*** vide *m*
'Luftlinie ***500 km ~*** 500 km à vol d'oiseau
'Luft|loch *n* AVIAT trou *m* d'air; **~massen** *f/pl* masses *f/pl* d'air; **~matratze** *f* matelas *m* pneumatique; **~pirat** *m* pirate *m* de l'air
'Luftpost *f* poste aérienne; ***mit, per ~*** par avion
'Luft|postbrief *m* lettre *f* par avion; **~pumpe** *f* pompe *f* à air; *für Fahrrad* à bicyclette; **~raum** *m* espace aérien; **~reinhaltung** *f* protection *f* (de la pureté) de l'air; **~röhre** *f* trachée(-artère) *f*; **~schacht** *m* gaine *f* d'aération;

~schicht *f* couche *f* d'air; **~schiff** *n* dirigeable *m*; **~schlange** *f* serpentin *m*

'Luftschlösser *n/pl* **~ *bauen*** bâtir des châteaux en Espagne

'Luft|schutzkeller *m* abri antiaérien; **~spieg(e)lung** *f* mirage *m*; **~sprung** *m* saut *m*; cabriole *f*; **~streitkräfte** *f/pl* forces aériennes; **~strom** *m*, **~strömung** *f* courant *m* (d'air)

Lüftung ['lʏftʊŋ] *f* ⟨~; ~en⟩ *von Kleidern, Zimmern* aération *f*; TECH aérage *m*

'Luft|veränderung *f* changement *m* d'air; **~verschmutzung** *f* pollution *f* atmosphérique, de l'air; **~waffe** *f* armée *f* de l'air

'Luftweg *m* ***auf dem ~*** par avion

'Luft|wege *m/pl* ANAT voies *f/pl* respiratoires; **~widerstand** *m* résistance *f* de l'air; **~zug** *m* courant *m* d'air

Lug [lu:k] ***~ und Trug*** purs mensonges

Lüge ['ly:gə] *f* ⟨~; ~n⟩ mensonge *m*; ***j-n ~n strafen*** convaincre qn de mensonge

lugen ['lu:gən] *v/i* guetter; ***aus etw ~*** dépasser de qc

'lügen *v/i* ⟨log, gelogen⟩ mentir; F ***er lügt wie gedruckt*** il ment comme il respire

'Lügner(in) *m* ⟨~s; ~⟩ (*f*) ⟨~; ~nen⟩ menteur, -euse *m,f*

Luke ['lu:kə] *f* (*Dach*2) lucarne *f*; MAR écoutille *f*

lukrativ [lukra'ti:f] *adj* lucratif

lukullisch [lu'kʊlɪʃ] *st/s adj* somptueux

Lulatsch ['lu:latʃ] *m* ⟨~¢s; ~e⟩ F ***langer ~*** F (grande) perche

Lümmel ['lʏməl] *m* ⟨~s; ~⟩ **1** *péj* (*Flegel*) mufle *m*; goujat *m*; **2** F (*Bengel*) garnement *m*

'lümmeln F *v/r* ⟨¢⟩ ***sich in e-n Sessel ~*** F s'étaler dans un fauteuil

Lump [lʊmp] *m* ⟨~en; ~en⟩ canaille *f*

'lumpen F *v/r* ***sich nicht ~ lassen*** bien faire les choses

'Lumpen *m* ⟨~s; ~⟩ **1** (*Lappen*) chiffon *m*; **2** *pl péj* (*zerlumpte Kleider*) guenilles *f/pl*; **~gesindel** *n*, **~pack** *n* racaille *f*; **~sammler** *m* chiffonnier *m*

'lumpig *adj péj* (*kümmerlich*) misérable; minable; (*niederträchtig*) sordide

Lunch [lanʃ] *m* ⟨~¢s; ~¢s⟩ lunch *m*; **'~paket** *n* panier-repas *m*

Lunge ['lʊŋə] *f* ⟨~; ~n⟩ poumon *m* (*oft pl*); FLEISCHEREI mou *m*; ***eiserne ~*** poumon d'acier; F *fig* ***sich*** (*dat*) ***die ~ aus dem Hals schreien*** s'époumoner

'Lungen... *in Zssgn oft* pulmonaire; **~entzündung** *f* pneumonie *f*; **~flügel** *m* poumon *m*; **2krank** *adj* malade des poumons

'Lungenzug *m* ***e-n ~ machen*** avaler la fumée

Lunte ['lʊntə] *f* ⟨~; ~n⟩ mèche *f*; F *fig* ***~ riechen*** éventer la mèche

Lupe ['lu:pə] *f* ⟨~; ~n⟩ loupe *f*; F *fig* ***unter die ~ nehmen*** examiner sous toutes les coutures

'lupenrein *adj Edelstein* de la plus belle eau; *fig* irréprochable

lupfen ['lʊpfən] *südd, schweiz, österr*, **lüpfen** ['lʏpfən] *v/t* soulever

Lurch [lʊrç] *m* ⟨~¢s; ~e⟩ amphibien *m*

Lust [lʊst] *f* ⟨~; ~e⟩ **1** (*Neigung*) envie *f*; ***~ haben zu*** (+ *inf*) avoir envie de (+ *inf*); ***er hat zu nichts ~*** rien ne le tente; ***~ auf etw*** (*acc*) ***haben*** avoir envie de qc; **2** (*Freude*) plaisir *m*; ***mit ~ und Liebe arbeiten*** avoir du cœur à l'ouvrage; **3** (*sinnliche Begierde*) désir *m*

Lüster ['lʏstər] *m* ⟨~s; ~⟩ lustre *m*; **~klemme** *f* ÉLECT domino *m*

lüstern ['lʏstərn] *adj* lubrique

'lustig I *adj* **1** (*fröhlich*) gai; joyeux; **2** (*komisch*) amusant; drôle; **3 *sich über j-n, etw ~ machen*** se moquer de qn, qc; **II** *adv* gaiement; joyeusement

Lüstling ['lʏstlɪŋ] *m* ⟨~s; ~e⟩ satyre *m*; F chaud lapin

'lust|los *adj* sans entrain; *Börse, fig* terne; **2spiel** *n* comédie *f*; **~voll** *adj* voluptueux

Lutheraner(in) [lutə'ra:nər(ɪn)] *m* ⟨~s; ~⟩ (*f*) ⟨~; ~nen⟩ luthérien, -ienne *m,f*

'lutherisch *adj* luthérien

lutsch|en ['lʊtʃən] *v/t u v/i* sucer (***an etw*** [*dat*] qc); **2er** *m* ⟨~s; ~⟩ sucette *f*

Lüttich ['lʏtɪç] *n* ⟨~s⟩ Liège

Luv [lu:f] *f* ⟨~⟩ MAR côté *m* du vent

Luxemburg ['lʊksəmbʊrk] *n* ⟨~s⟩ *Staat* le Luxembourg; *Stadt* Luxembourg; **~er(in)** *m* ⟨~s; ~⟩ (*f*) ⟨~; ~nen⟩ Luxembourgeois(e) *m(f)*; **2isch** *adj* luxembourgeois

luxuriös [lʊksuri'ø:s] *adj* luxueux

Luxus ['lʊksʊs] *m* ⟨~⟩ luxe *m*; **~artikel** *m* article *m* de luxe; **~ausführung** *f* modèle *m* de luxe; **~dampfer** *m* paque-

bot *m* de luxe; **~hotel** *n* hôtel *m* de luxe; palace *m*
Luzern [lu'tsɛrn] *n* ⟨~s⟩ Lucerne
Lymphdrüse ['lʏmf-] *f* → ***Lymphknoten***
'**Lymph|e** *f* ⟨~; ~n⟩ lymphe *f*; **~knoten** *m* ganglion *m* lymphatique
lynch|en ['lʏnçən] *v/t* lyncher; **Ձjustiz** *f* lynchage *m*
Lyr|ik ['ly:rɪk] *f* ⟨~⟩ poésie *f* (lyrique); **~iker(in)** *m* ⟨~s; ~⟩ (*f*) ⟨~; ~nen⟩ poète *m*; **Ձisch** *adj* lyrique

M

M, m [ɛm] *n* ⟨~; ~⟩ M, m *m*
m *abr* (*Meter*) m
Maas [ma:s] ⟨~⟩ ***die ~*** la Meuse
Maat [ma:t] *m* ⟨~(e)s; ~e(n)⟩ MAR (second) maître
'**Mach|art** *f* COUT façon *f*; coupe *f*; **Ձbar** *adj* réalisable; faisable
'**Mache** F *f* ⟨~⟩ F frime *f*; ***etw in der ~ haben*** être occupé à faire qc
machen ['maxən] **I** *v/t* **1** (*herstellen, erledigen, ausführen*) faire; *Komma, Punkt etc* mettre; ***noch einmal ~*** refaire; **(*sich*** [*dat*]**) *etw ~ lassen*** (se) faire faire qc; ***was macht er?*** *beruflich* que fait-il dans la vie?; (*wie geht es ihm*) comment va-t-il?; ***sie macht es nicht unter 90 Euro*** (*dat*) elle prend au moins 90 euros; F ***~ wir!*** entendu!; d'accord!; F **(*da ist*) *nichts zu ~*** (il n'y a) rien à faire; ***es so ~, dass …*** faire en sorte que … (+ *subj*); ***er lässt alles mit sich ~*** on fait de lui ce qu'on veut; **2** *mit adj* rendre; ***j-n glücklich ~*** rendre qn heureux; **3** (*ergeben*) ***was*** *od* ***wie viel macht das?*** combien cela fait-il?; F ça fait combien?; ***2 mal 2 macht 4*** 2 fois 2 font 4; **4** (*verursachen*) donner; ***Durst ~*** donner soif; **5** F (*in Ordnung bringen*) ***das Zimmer ~*** faire la chambre; **6** (*schaden*) ***das macht nichts!*** cela ne fait rien!; **7** *mit prép* ***etw aus*** *bzw* ***mit etw ~*** faire qc de *bzw* avec qc; ***das ist wie für Sie gemacht*** on dirait que c'est fait (exprès) pour vous; **II** *v/i* **8** faire; F ***lass mich nur ~*** laisse-moi (donc) faire; **9** F (*sich beeilen*) ***ich muss ~, dass ich nach Hause komme*** je dois me dépêcher de rentrer à la maison; (***nun***) ***mach schon!*** dépêche-toi!; **10** F (*s-e Notdurft verrichten*) ***ins Bett ~*** F faire au lit; **11** F ***auf vornehm ~*** faire l'élégant; **III** *v/r* **12** *Person* ***sich ~*** F (*sich entwickeln*) progresser; ***sich hübsch ~*** se faire beau *bzw* belle; **13** *Sache* ***sich gut ~*** faire un bon effet; faire bien; ***wenn es sich ~ lässt*** si c'est possible; **14** *mit prép* ***ich mache mir nichts daraus*** (*mag nicht gern*) je n'y tiens pas; (*nehme es leicht*) ça m'est égal; F ***mach dir nichts draus!*** ne t'en fais pas!; **15** ***sich*** (*dat*) ***ein paar schöne Stunden ~*** passer un bon moment
'**Machenschaften** *f/pl* machinations *f/pl*
'**Macher** *m* ⟨~s; ~⟩ battant *m*
Machete [ma'xe:tə] *f* ⟨~; ~n⟩ machette *f*
Macho ['matʃo] F *m* ⟨~s; ~s⟩ macho *m*
Macht [maxt] *f* ⟨~; ~e⟩ pouvoir *m*; *bes* POL, *fig* puissance *f*; *gesetzmäßige* autorité *f*; (*Kraft*) force *f*; ***die ~ der Gewohnheit*** la force de l'habitude; ***die ~ ergreifen*** prendre le pouvoir; ***an der ~ sein*** être au pouvoir; ***mit aller ~*** de toute ma, ta, sa, *etc* force; ***sie tut alles, was in ihrer ~ steht*** elle fait tout son possible
'**Macht|befugnis** *f* pouvoir *m*; autorité *f*; **~ergreifung** *f* prise *f* du pouvoir; **~haber** *m* ⟨~s; ~⟩ dirigeant *m*
mächtig ['mɛçtɪç] **I** *adj* **1** *bes* POL puissant; **2** (*sehr groß*) immense; énorme; F ***~en Hunger haben*** F crever de faim; **3** ***e-r Sprache*** (*gén*) ***~ sein*** maîtriser une langue; **II** *adv* F (*sehr*) F vachement; ***~ schreien*** crier très fort
'**Machtkampf** *m* lutte *f* pour le pouvoir
'**machtlos** *adj* impuissant; ***dagegen ist man ~*** on ne peut rien y faire
'**Macht|missbrauch** *m* abus *m* de pouvoir; **~politik** *f* politique *f* de force; **~probe** *f* épreuve *f* de force; **~übernahme** *f* prise *f* de pouvoir; **Ձvoll** *adj* puis-

M

sant; **~wechsel** *m* changement *m* de pouvoir
'**Machtwort** *n* ⟨~¢s; ~e⟩ acte *m* d'autorité; ***ein ~ sprechen*** faire acte d'autorité
'**Machwerk** *n péj* ouvrage minable
Macke ['makə] F *f* ⟨~; ~n⟩ **1** (*Tick*) tic *m*; manie *f*; **2** (*Fehler*) défaut *m*
Macker ['makər] *m* ⟨~s; ~⟩ *péj* F mec *m*
Madagaskar [mada'gaskar] *n* ⟨~s⟩ Madagascar
Mädchen ['mɛːtçən] *n* ⟨~s; ~⟩ **1** fille *f*; **2** (*Dienst*&) bonne *f*; *fig* ***~ für alles*** bonne *f* à tout faire
'**mädchen|haft** *adj* de jeune fille; **&name** *m* **1** *Vorname* nom *m* de fille; **2** *von verheirateten Frauen* nom *m* de jeune fille
Made ['maːdə] *f* ⟨~; ~n⟩ asticot *m*; ver *m*; F ***wie die ~ im Speck leben*** vivre comme un coq en pâte
Mädel ['mɛːdəl] F *n* ⟨~s; ~, F ~s⟩ fille *f*
'**madig** *adj* plein de vers; *Obst* véreux; F ***etw, j-n ~ machen*** F dénigrer qc, qn
Madonna [ma'dɔna] *f* ⟨~; -nnen⟩ Vierge *f*; *Bild, Statue a* madone *f*
Mafia ['mafia] *f* ⟨~; ~s⟩ maf(f)ia *f*
M
Mafioso [mafi'oːzo] *m* ⟨~$; -si⟩ membre *m* de la maf(f)ia; maf(f)ieux *m*
mag [maːk] → ***mögen***
Magazin [maga'tsiːn] *n* ⟨~s; ~e⟩ **1** (*Lager*) dépôt *m*; **2** *Zeitschrift*, TV, RAD magazine *m*; **3** *e-r Waffe, für Filme* magasin *m*
Magd [maːkt] *f* ⟨~; ~̈e⟩ servante *f*
Magen ['maːgən] *m* ⟨~s; ~̈ *ou* ~⟩ estomac *m*; ***den ~ auspumpen*** faire un lavage d'estomac (***j-m*** à qn); ***auf nüchternen ~*** à jeun; ***schwer im ~ liegen*** peser sur l'estomac; rester sur l'estomac (*a fig*); F ***diese Geschichte liegt mir im ~*** je n'ai toujours pas digéré cette histoire; F ***mir knurrt der ~*** F j'ai des gargouillis dans l'estomac
'**Magen|beschwerden** *f/pl* troubles *m/pl* gastriques; **~bitter** *m* ⟨~s; ~⟩ liqueur amère; amer *m*; **~geschwür** *n* ulcère *m* d'estomac; **~grube** *f* creux *m* de l'estomac; **~krebs** *m* cancer *m* de l'estomac; **~saft** *m* suc *m* gastrique; **~säure** *f* acidité *f* gastrique; **~schleimhaut** *f* muqueuse *f* de l'estomac; **~schleimhautentzündung** *f* gastrite *f*
'**Magenschmerzen** *m/pl* maux *m/pl* d'estomac; ***~ haben*** avoir mal à l'estomac
'**Magenverstimmung** *f* indigestion *f*
mager ['maːgər] *adj* maigre (*a Kost*, TYPO); *fig Ergebnis* maigre (*vorangestellt*); ***~(er) werden*** maigrir; ***~es Fleisch*** maigre *m*
'**Mager|milch** *f* lait écrémé; **~quark** *m* fromage blanc maigre; **~sucht** *f* anorexie *f*
Magie [ma'giː] *f* ⟨~⟩ magie *f*
Magier ['maːgiər] *m* ⟨~s; ~⟩ magicien *m*
'**magisch** *adj* magique
Magister [ma'gɪstəs] *m* ⟨~s; ~⟩ **1** *Titel* maîtrise *f*; **2** *Titelinhaber* titulaire *m,f* d'une maîtrise
Magistrat [magɪs'traːt] *m* ⟨~¢s; ~e⟩ municipalité *f*; autorités municipales
Magma ['magma] *n* ⟨~s; -men⟩ magma *m*
Magnat [ma'gnaːt] *m* ⟨~en; ~en⟩ magnat *m*
Magnesium [ma'gneːzium] *n* ⟨~s⟩ magnésium *m*
Magnet [ma'gneːt] *m* ⟨~¢s *ou* ~en; ~e⟩ aimant *m* (*a fig*); **~band** *n* bande *f* magnétique; **~feld** *n* champ *m* magnétique
ma'gnetisch *adj* magnétique (*a fig*)
Magne'tismus *m* ⟨~⟩ magnétisme *m*
Ma'gnet|karte *f* carte *f* magnétique; **~nadel** *f* aiguille aimantée; **~schwebebahn** *f* train *m* à sustentation magnétique; **~streifen** *m* piste *f* magnétique
Magnolie [ma'gnoːliə] *f* ⟨~; ~n⟩ magnolia *m*
Mahagoni [maha'goːni] *n* ⟨~s⟩ acajou *m*
'**Mähdrescher** *m* moissonneuse-batteuse *f*
mähen ['mɛːən] *v/t Gras* faucher; *Rasen* tondre; *Getreide* moissonner
Mahl [maːl] *st/s n* ⟨~¢s; ~̈er *ou* ~e⟩ repas *m*; *feierliches* festin *m*; banquet *m*
'**mahlen** *v/t* ⟨*p/p* gemahlen⟩ moudre
'**Mahlzeit** *f* repas *m*; F ***~!*** F salut!
'**Mähmaschine** *f für Gras* faucheuse *f*; *für Getreide* moissonneuse *f*
Mahnbescheid ['maːn-] *m* sommation *f* de paiement; rappel *m*
Mähne ['mɛːnə] *f* ⟨~; ~n⟩ crinière *f* (*a fig plais*)
'**mahnen** *v/t* **1** ***j-n zu etw ~, j-n ~, etw zu tun*** exhorter qn à qc, à faire qc; ***j-n an etw*** (*acc*), ***wegen etw ~*** rappeler qc à qn; ***j-n wegen e-r Schuld ~*** réclamer

le paiement d'une dette à qn; **2** COMM ***j-n ~*** adresser un rappel à qn
'Mahn|gebühr *f* frais *m/pl* de sommation; **~mal** *n* ⟨~¢s; ~e⟩ monument *m*; **~schreiben** *n* → ***Mahnung*** *2*
'Mahnung *f* ⟨~; ~en⟩ **1** (*Er*≈) exhortation *f*; (*Warnung*) avertissement *m*; **2** (*Erinnerung*) rappel *m*; COMM *a* sommation *f*
'Mahnwache *f* protestation silencieuse
Mai [maɪ] *m* ⟨~¢s *ou* ~; ~e⟩ (mois *m* de) mai *m*; ***der Erste ~*** le Premier mai; → ***Januar***
'Mai|baum *m* arbre *m* de mai; **~glöckchen** *n* BOT muguet *m*; **~käfer** *m* 'hanneton *m*
Mail [meːl] *f* ⟨~; ~s⟩ INFORM mail *m*
Mailand ['maɪlant] *n* ⟨~s⟩ Milan
Mailbox ['meːlbɔks] *f* INFORM boîte *f* aux lettres
'mailen INFORM **I** *v/t* ***j-m etw ~*** envoyer qc à qn par e-mail; **II** *v/i* ***j-m ~*** envoyer un e-mail à qn
Mailing ['meːlɪŋ] *n* ⟨~s; ~s⟩ mailing *m*
Mainz [maɪnts] *n* ⟨~⟩ Mayence
Mais [maɪs] *m* ⟨~es; ~e⟩ maïs *m*; **'~kolben** *m* épi *m* de maïs; **'~mehl** *n* farine *f* de maïs
Maison(n)ette [mɛzɔ'nɛt] *f* ⟨~; ~s⟩, **~wohnung** *f* duplex *m*
Majestät [majɛs'tɛːt] *f* ⟨~; ~en⟩ majesté *f*; *Anrede* (**Eure**) **~** Sire *bzw* Madame
majes'tät|isch *adj* majestueux; **≈sbeleidigung** *f* crime *m* de lèse-majesté
Majo'näse → ***Mayonnaise***
Major [ma'joːr] *m* ⟨~s; ~e⟩ *der Infanterie, Luftwaffe* commandant *m*; *der Kavallerie, Artillerie* chef *m* d'escadron
Majoran ['maːjoran] *m* ⟨~s; ~e⟩ marjolaine *f*
makaber [ma'kaːbər] *adj* ⟨-br-⟩ macabre
Makel ['maːkəl] *st/s* *m* ⟨~s; ~⟩ tache *f*; **≈los** *adj* sans tache, défaut; (*tadellos*) impeccable
mäkeln ['mɛːkəln] *v/i* ⟨¢⟩ *péj* ***an etw*** (*dat*) **~** ergoter sur qc
Make-up [meːk'ˀap] *n* ⟨~s; ~s⟩ maquillage *m*
Makkaroni [maka'roːni] *pl* macaronis *m/pl*
'Makler|(in) *m* ⟨~s; ~⟩ (*f*) ⟨~; ~nen⟩ courtier, -ière *m,f*; (*Immobilien*≈) agent immobilier; **~gebühr** *f*, **~provision** *f* courtage *m*
Makrele [ma'kreːlə] *f* ⟨~; ~n⟩ ZO maquereau *m*
Makro ['maːkro] *n* ⟨~s; ~s⟩ INFORM macro *f*
makro..., Makro... [makro...] *in Zssgn* macro...
Makrone [ma'kroːnə] *f* ⟨~; ~n⟩ CUIS macaron *m*
mal [maːl] *adv* **1** MATH fois; ***zwei ~ fünf ist zehn*** deux fois cinq (font) dix; *Fläche, Format* ***fünf ~ neun*** cinq sur neuf; **2** F (*einmal*) ***denken Sie ~ ...*** figurez-vous que ...; ***nicht ~*** même pas; **3** ***guck ~!*** regarde!; ***zeig ~!*** fais voir!
Mal[1] *n* ⟨~¢s; ~e *ou* ~er⟩ *auf der Haut* marque *f*; (*Mutter*≈) envie *f*
Mal[2] *n* ⟨~¢s; ~e⟩ fois *f*; ***jedes ~*** (**, *wenn***) chaque fois (que); ***zum ersten, letzten ~*** pour la première, dernière fois; ***mit e-m ~*** tout à *od* d'un coup; ***von ~ zu ~*** de plus en plus
Malaria [ma'laːria] *f* ⟨~⟩ malaria *f*; paludisme *m*
Malaysia [ma'laɪzia] *n* ⟨~s⟩ la Malaysia
'Malbuch *n* album *m* à colorier
Malediven [male'diːvən] *pl* ***die ~*** les îles *f/pl* Maldives
malen ['maːlən] *v/t u v/i* peindre (***auf*** [+ *acc*] sur)
'Maler *m* ⟨~s; ~⟩ (*Anstreicher*) peintre *m*; *Künstler* (artiste *m*) peintre *m*
Male'rei *f* ⟨~; ~en⟩ peinture *f* (*a Gemälde*)
'Maler|in *f* ⟨~; ~nen⟩ peintre *m*; **≈isch** *adj* pittoresque
Mali ['maːli] *n* ⟨~s⟩ le Mali
'Malkasten *m* boîte *f* de couleurs
Mallorca [ma'jɔrka] *n* ⟨~s⟩ (l'île *f* de) Majorque
'mal·nehmen *v/t u v/i* ⟨*irr*⟩ multiplier (***mit*** avec)
Malta ['malta] *n* ⟨~s⟩ (l'île *f* de) Malte
Malve ['malvə] *f* ⟨~; ~n⟩ mauve *f*
Malz [malts] *n* ⟨~es⟩ malt *m*; **'~bier** *n* bière *f* de malt; **'~kaffee** *m* café *m* de malt
Mama F ['mama] *f* ⟨~; ~s⟩ maman *f*
Mami ['mami] F *f* ⟨~; ~s⟩ maman *f*
Mammographie [mamogra'fiː] *f* ⟨~; ~n⟩ mammographie *f*
Mammut ['mamut] *n* ⟨~s; ~e *ou* ~s⟩ mammouth *m*; **~unternehmen** *n* entreprise *f* gigantesque; géant *m*

M

mampfen ['mampfən] F *v/t u v/i* F bouffer

man [man] *pr/ind* on; **~ kann nie wissen** on ne sait jamais; **so etwas tut ~ nicht** ça ne se fait pas; CUIS **~ nehme ...** prendre ...

Management ['mɛnɪdʒmənt] *n* ⟨~s; ~s⟩ management *m*

'**managen** *v/t* **1** *Sportler* être manager de; *Künstler* être (l')impresario de; **2** F (*zustande bringen*) arranger; organiser; (*bewältigen*) gérer

'**Manager(in)** *m* ⟨~s; ~⟩ (*f*) ⟨~; ~nen⟩ manager *m*; *e-s Künstlers* imprésario *od* impresario *m*; agent *m* (artistique)

manch [manç] *pr/ind* **I** *adjt* ⟨*a* ~er, ~e, ~es⟩ plus d'un(e); **~e** *pl* nombre de; bien des; **~ einer** certaines personnes; **~es Mal** bien des fois; **~er reiche Mann** plus d'un riche; **II** *subst* ⟨~er, ~e, ~es⟩ il en est qui; bien des choses; **~e** (**Leute**) certains; quelques personnes

'**mancher'lei** *pr/ind* ⟨*inv*⟩ **I** *adjt* divers; **II** *subst* toutes sortes de choses

'**manchmal** *adv* quelquefois; parfois

Mandant(in) [man'dant(ɪn)] *m* ⟨~en; ~en⟩ (*f*) ⟨~; ~nen⟩ client(e) *m(f)*

M

Mandarine [manda'riːnə] *f* ⟨~; ~n⟩ mandarine *f*

Mandat [man'daːt] *n* ⟨~(e)s; ~e⟩ mandat *m*

Mandel ['mandəl] *f* ⟨~; ~n⟩ **1** BOT amande *f*; **2** ANAT amygdale *f*; **~entzündung** *f* amygdalite *f*

Mandoline [mando'liːnə] *f* ⟨~; ~n⟩ mandoline *f*

Manege [ma'neːʒə] *f* ⟨~; ~n⟩ piste *f*

Mangan [maŋ'gaːn] *n* ⟨~s⟩ manganèse *m*

Mangel[1] ['maŋəl] *f* ⟨~; ~n⟩ (*Wäsche*≗) repasseuse *f*; F *fig* **j-n in die ~ nehmen** F cuisiner qn

'**Mangel**[2] *m* ⟨~s; ~̈⟩ **1** (*Fehlen*) manque *m* (**an** [+ *dat*] de); *an Lebensmitteln a* pénurie *f* (de); **aus ~ an** faute de; **2** (*Fehler*) défaut *m*; vice *m*

'**Mangel|beruf** *m* profession *f* où on manque de personnel qualifié; **~erscheinung** *f* MÉD (symptôme *m* de) carence *f*; **≗haft** *adj* **1** (*fehlerhaft*) défectueux; (*unzureichend*) insuffisant; **2** *Schulnote* → **Fünf** 2

'**mangeln**[1] *v/t* ⟨*ge*⟩ *Wäsche* repasser (avec une machine)

'**mangeln**[2] *v/imp* ⟨*ge*⟩ manquer; faire défaut; **es mangelt an Geld** (*dat*) on manque d'argent; **es mangelt mir an nichts** je ne manque de rien; j'ai tout ce qu'il (me) faut; **~de Sorgfalt** négligence *f*

'**mangels** *prép* ⟨*gén*⟩ faute de

'**Mangelware** *f* marchandise *f* rare; *fig* **... ist, sind ~** on manque de ...

Mango ['maŋgo] *f* ⟨~; ~s⟩ mangue *f*

Manie [ma'niː] *f* ⟨~; ~n⟩ manie *f*

Manier [ma'niːr] *f* ⟨~; ~en⟩ **1** (*Art u Weise*) manière *f*; **2** (*Benehmen*) **~en** *pl* manières *f/pl*; façons *f/pl*; **keine ~en haben** manquer de manières

ma'nierlich *adj* **1** qui se tient bien; poli; **2** F *fig* convenable

Manifest [mani'fɛst] *n* ⟨~(e)s; ~e⟩ manifeste *m*; **≗ieren** [-'tiːrən] *v/r* ⟨*sans ge*⟩ **sich ~** se manifester

Maniküre [mani'kyːrə] *f* ⟨~; ~n⟩ manucure *f* (*Pflege u Person*)

mani'küren *v/t* ⟨*sans ge*⟩ faire la manucure à

Manipu|lation [manipulatsi'oːn] *f* ⟨~; ~en⟩ manipulation *f*; **≗'lieren** *v/t* ⟨*sans ge*⟩ manipuler

manisch ['maːnɪʃ] *adj* maniaque; '**~depres'siv** *adj* maniacodépressif

Manko ['maŋko] *n* ⟨~s; ~s⟩ **1** (*Mangel*) manque *m*; **2** (*Nachteil*) inconvénient *m*

Mann [man] *m* ⟨~(e)s; ~̈er⟩ **1** (*Person männlichen Geschlechts*) homme *m*; **alter ~** vieillard *m*; vieux *m*; **ein gemachter ~** un homme arrivé; **schwarzer ~** (*Kinderschreck*) croque-mitaine *m*; **s-n ~ stehen** faire ses preuves; **~ gegen ~ kämpfen** combattre corps à corps; **von ~ zu ~** d'homme à homme; *prov* **ein ~, ein Wort** *etwa prov* chose promise, chose due; F (**mein lieber**) **~!** F eh bien, mon vieux!; **2** (*Ehe*≗) mari *m*; **3** (*Mensch*) homme *m*; **der ~ auf der Straße** l'homme de la rue; F **an den ~ bringen** *Ware* placer; *Frau* F caser; **4** ⟨*pl* ~⟩ *Zählgröße*, MAR tête *f*; personne *f*; **pro ~** par tête; **alle ~ an Deck!** tout le monde sur le pont!; **~ über Bord!** un homme à la mer!

Männchen ['mɛnçən] *n* ⟨~s; ~⟩ **1** (*kleiner Mann*) petit homme; *gezeichnetes* bonhomme *m*; **2** ZO mâle *m*; **3** *Hund* **~ machen** faire le beau

Mannequin ['manəkɛ̃] *n* ⟨~s; ~s⟩ mannequin *m*
Männer|beruf ['mɛnər-] *m* métier *m* d'homme; **~chor** *m* chœur *m* d'hommes; **~stimme** *f* voix *f* d'homme
'**Mannesalter** *st/s n* âge viril; ***im besten ~ stehen*** être dans la force de l'âge
'**mannhaft** *adj* (*mutig*) brave; (*unerschrocken*) viril
'**mannig|fach, ~faltig** *adj* varié; divers; **2faltigkeit** *f* ⟨~⟩ diversité *f*
Männlein ['mɛnlaɪn] *n* ⟨~s; ~⟩ petit homme
männlich ['mɛnlɪç] *adj* **1** BOT, ZO mâle; **2** GR, *Vorname, Wesen etc* masculin; **3** (*zum Mann geworden*) viril; **2keit** *f* ⟨~⟩ virilité *f* (*a fig*)
'**Mannsbild** F *n* F gaillard *m*
'**Mannschaft** *f* ⟨~; ~en⟩ **1** SPORT équipe *f*; **2** AVIAT, MAR équipage *m*; **3** MIL hommes *m/pl* (de troupe); soldats *m/pl*; **4** F (*Arbeits2*) équipe *f*
'**Mannschafts|geist** *m* esprit *m* d'équipe; **~kapitän** *m* SPORT capitaine *m*; **~sport** *m* sport *m* d'équipe; **~wertung** *f* SPORT classement *m* par équipe
'**manns|hoch** *adj* à hauteur d'homme; **~toll** F *adj* nymphomane
'**Mannweib** *n* virago *f*
Manöver [ma'nø:vər] *n* ⟨~s; ~⟩ manœuvre *f* (*a fig*); **~kritik** *f fig* bilan *m* critique
manö'vrier|en *v/t u v/i* ⟨*sans ge*⟩ manœuvrer; **~unfähig** *adj* désemparé
Mansarde [man'zardə] *f* ⟨~; ~n⟩ mansarde *f*
Manschette [man'ʃɛtə] *f* ⟨~; ~n⟩ *am Hemd* manchette *f*; F *fig* ***~n haben*** F avoir la trouille
Man'schettenknopf *m* bouton *m* de manchette
Mantel ['mantəl] *m* ⟨~s; ~̈⟩ **1** *Kleidung* manteau *m*; *fig* voile *m*; **2** *e-s Kabels* gaine *f*; *e-s Reifens* enveloppe *f*; *e-s Geschosses* chemise *f*
Mäntelchen ['mɛntəlçən] *n* ⟨~s; ~⟩ petit manteau; *fig* ***sein ~ nach dem Wind hängen*** retourner sa veste
manu|ell [manu'ɛl] *adj* manuel; **2faktur** [-fak'tu:r] *f* ⟨~; ~en⟩ manufacture *f*; **2skript** [-'skrɪpt] *n* ⟨~(e)s; ~e⟩ manuscrit *m*; *e-r Rede etc* texte *m*
Mäppchen ['mɛpçən] *n* ⟨~s; ~⟩ (*Schreib2*) trousse *f* (d'écolier)
Mappe ['mapə] *f* ⟨~; ~n⟩ **1** (*Akten2*) serviette *f*; (*Schul2*) cartable *m*; sac *m* (d'écolier); **2** (*Sammel2*) chemise *f*; (*Zeichen2*) carton *m*
Maracuja [mara'ku:ja] *f* ⟨~; ~s⟩ *Frucht* maracuja *m*
Marathon|lauf ['ma(:)ratɔn-] *m* marathon *m*; **~läufer(in)** *m(f)* coureur, -euse *m,f* de marathon; **~sitzung** *f* séance *f* marathon
Märchen ['mɛ:rçən] *n* ⟨~s; ~⟩ **1** conte *m* (de fées); **2** *fig* (*Lüge*) histoire(s) *f(pl)*; **~buch** *n* livre *m* de contes; **2haft** *adj* **1** que l'on dirait tiré d'un conte de fées; (*zauberhaft*) féerique; **2** (*sagenhaft*) fabuleux; fantastique; **~prinz** *m* prince charmant (*a fig*); **~welt** *f* monde *m* féerique; *fig* monde irréel
Marder ['mardər] *m* ⟨~s; ~⟩ martre *f*
Margarine [marga'ri:nə] *f* ⟨~⟩ margarine *f*
Margerite [margə'ri:tə] *f* ⟨~; ~n⟩ BOT marguerite *f*
Maria [ma'ri:a] *f* ⟨~s *ou* REL Mariä⟩ Marie *f* (*a* REL); REL (***die Jungfrau***) ~ la (Sainte) Vierge; la Vierge Marie
Ma'rien|bild *n* madone *f*; Vierge *f*; **~käfer** *m* coccinelle *f*
Marihuana [marihu'a:na] *n* ⟨~s⟩ marijuana *f*
Marille [ma'rɪlə] *f* ⟨~; ~n⟩ *österr* abricot *m*
Marinade [mari'na:də] *f* ⟨~; ~n⟩ marinade *f*
Marine [ma'ri:nə] *f* ⟨~; ~n⟩ marine *f*; **2blau** *adj* (bleu) marine
mari'nieren *v/t* ⟨*sans ge*⟩ (faire) mariner
Marionette [mario'nɛtə] *f* ⟨~; ~n⟩ marionnette *f* (*a fig*); *fig* fantoche *m*
Mario'netten|regierung *f* gouvernement *m* fantoche; **~theater** *n* théâtre *m* de marionnettes
Mark[1] [mark] *f* ⟨~; ~⟩ HIST *Währung* mark *m*; ***Deutsche ~*** mark allemand; deutsche mark *m*; F *fig* ***keine müde ~*** pas un centime
Mark[2] *n* ⟨~(e)s⟩ **1** ANAT, BOT moelle *f*; (*Frucht2*) pulpe *f*; *fig* ***bis ins ~*** jusqu'à la moelle; *Geräusch* ***j-m durch ~ und Bein gehen*** faire frissonner qn; **2** CUIS coulis *m*; (*Tomaten2*) concentré *m* de tomates
markant [mar'kant] *adj* marquant; *Ge-*

sicht(szug) marqué

Marke ['markə] *f* ⟨~; ~n⟩ **1** (*Markierung*) marque *f*; repère *m*; **2** (*Brief2*) timbre(-poste) *m*; (*Spiel2*) jeton *m*; (*Essens2*) ticket *m*; (*Gebühren2*) timbre *m*; **3** COMM marque *f*; **4** F ***das ist vielleicht e-e ~!*** F c'est un drôle de numéro!

'**Marken|artikel** *m* produit *m* de marque; **~butter** *f* beurre *m* de qualité; **~name** *m* nom *m* de marque; **~zeichen** *n* **1** COMM marque *f* (de fabrique); griffe *f*; **2** *fig* trait *m* caractéristique

'**markerschütternd** *adjt* *Schrei* déchirant; perçant

Marketing ['markətɪŋ] *n* ⟨~s⟩ marketing *m*

mar'kieren *v/t* ⟨*sans ge*⟩ **1** (*kennzeichnen*) marquer; **2** F (*vortäuschen*) simuler; faire; ***den starken Mann ~*** F jouer les gros durs

Mar'kierung *f* ⟨~; ~en⟩ **1** (*Markieren*) marquage *m*; repérage *m*; **2** (*Kennzeichen*) marque *f*; repère *m*

'**markig** *adj* *fig* énergique; vigoureux

Markise [mar'ki:zə] *f* ⟨~; ~n⟩ store *m*

'**Markknochen** *m* os *m* à moelle

'**Markstück** *n* ⟨~(e)s; ~e⟩ HIST pièce *f* d'un mark

Markt [markt] *m* ⟨~(e)s; ≈e⟩ marché *m*; (*Jahr2, Vieh2*) foire *f*; (*Absatz2*) débouché *m*; ***der Gemeinsame ~*** le Marché commun; ***auf den ~ bringen*** commercialiser; lancer

'**Markt|anteil** *m* part *f* de marché; **2beherrschend** *adjt* qui est numéro un sur, domine le marché; **~forschung** *f* étude *f* de marché; **~frau** *f* marchande *f*; **~führer** *m* leader *m* sur le marché; **~halle** *f* marché couvert; 'halle *f*; **~lücke** *f* créneau *m*; **~platz** *m* place *f* du marché; **2schreierisch** *adj* tapageur; **~stand** *m* étal *m*; **~tag** *m* jour *m* de marché; **~wert** *m* valeur marchande

'**Marktwirtschaft** *f* économie *f* de marché; ***freie ~*** économie libérale; ***soziale ~*** économie sociale de marché

Marmelade [marmə'la:də] *f* ⟨~; ~n⟩ confiture *f*; **~nglas** *n* pot *m* de confiture

Marmor ['marmɔr] *m* ⟨~s; ~e⟩ marbre *m*; **~kuchen** *m* gâteau marbré

marode [ma'ro:də] *adj* pourri

⚠ **Marmelade ≠ marmelade**	
die Marmelade	= la confiture
la marmelade	= das Mus, das Kompott

Marokkaner(in) [marɔ'ka:nər(ɪn)] *m* ⟨~s; ~⟩ (*f*) ⟨~; ~nen⟩ Marocain(e) *m(f)*

marok'kanisch *adj* marocain

Marokko [ma'rɔko] *n* ⟨~s⟩ le Maroc

Marone [ma'ro:nə] *f* ⟨~; ~n⟩ marron *m*

Marotte [ma'rɔtə] *f* ⟨~; ~n⟩ marotte *f*

Mars [mars] *m* ⟨~⟩ ASTR ***(der) ~*** Mars

marsch [marʃ] *int* ***~!*** allons! en route!; F ***~ ins Bett!*** allez, allez! au lit!

Marsch [marʃ] *m* ⟨~(e)s; ≈e⟩ MUS, MIL, *fig* marche *f*

Marschall ['marʃal] *m* ⟨~s; -schälle⟩ maréchal *m*

'**Marsch|flugkörper** *m* missile *m* de croisière; **~gepäck** *n* bagages *m/pl* de route

mar'schieren *v/i* ⟨*sans ge*, sn⟩ marcher

'**Marsch|musik** *f* musique *f* militaire; **~route** *f* itinéraire *m*; *fig* ligne *f* de conduite; **~verpflegung** *f* vivres *m/pl* de route

'**Marsmensch** *m* Martien *m*

Marter ['martər] *st/s* *f* ⟨~; ~n⟩ torture *f*

'**marter|n** *st/s* *v/t* torturer; *seelisch* tourmenter; **2pfahl** *m* poteau *m* de torture

martialisch [martsi'a:lɪʃ] *st/s* *adj* martial

Martinshorn ['marti:ns-] *n* avertisseur *m* à deux tons (*de la police, etc*)

Märtyrer(in) ['mɛrtyrər(ɪn)] *m* ⟨~s; ~⟩ (*f*) ⟨~; ~nen⟩ martyr(e) *m(f)*

Martyrium [mar'ty:rium] *n* ⟨~s; -ien⟩ martyre *m*

Marx|ismus [mar'ksɪsmus] *m* ⟨~⟩ marxisme *m*; **~ist(in)** *m* ⟨~en; ~en⟩ (*f*) ⟨~; ~nen⟩ marxiste *m,f*; **2istisch** *adj* marxiste

März [mɛrts] *m* ⟨~(e)s; ~e⟩ (mois *m* de) mars *m*; → ***Januar***

Marzipan [martsi'pa:n] *n* ⟨~s; ~e⟩ pâte *f* d'amandes

Masche ['maʃə] *f* ⟨~; ~n⟩ **1** (*Schlinge*) maille *f* (*a fig*); **2** F (*Trick*) F combine *f*; **3** ***die neueste ~*** la dernière mode

'**Maschendraht** *m* grillage *m*

Maschine [ma'ʃi:nə] *f* ⟨~; ~n⟩ **1** machine *f*; **2** (*Schreib2*) machine *f* (à écrire); ***etw mit der ~ schreiben*** taper qc à la machine; dactylographier qc; **3** F (*Motorrad*) F machine *f*; (*Motor*) F moulin *m*; (*Auto*) F grosse bagnole; (*Flugzeug*) appareil *m*

maschi'nell **I** *adj* mécanique; **II** *adv* ***~ hergestellt*** fait à la machine

Ma'schinen|bau *m* construction *f* mécanique; *Lehrfach* mécanique *f*; **&geschrieben** *adjt* tapé à la machine; dactylographié; **~gewehr** *n* mitrailleuse *f*; **~laufzeit** *f* durée *f* d'utilisation des équipements; **&lesbar** *adj* lisible, exploitable par (un) ordinateur; **~park** *m* parc *m* de machines; **~pistole** *f* mitraillette *f*; **~schaden** *m* avarie *f* de machine; **~schlosser** *m* ajusteur *m* mécanicien; **~schreiben** *n*, **~schrift** *f* dactylographie *f*

Maschinerie [maʃinə'ri:] *f* ⟨~; ~n⟩ machinerie *f*; *fig* machine *f*

ma'schine·schreiben → ***Maschine*** *2*

Masern ['ma:zərn] *pl* rougeole *f*

'Maserung *f* ⟨~; ~en⟩ veines *f/pl*

Maske ['maskə] *f* ⟨~; ~n⟩ **1** masque *m* (*a fig*, MÉD); ***die ~ fallen lassen*** se démasquer (*a fig*); **2** THÉ maquillage *m*; **3** INFORM grille *f* d'écran

'Masken|ball *m* bal masqué; **~bildner(in)** *m* ⟨~s; ~⟩ (*f*) ⟨~; ~nen⟩ maquilleur, -euse *m,f*

Maskerade [maskə'ra:də] *f* ⟨~; ~n⟩ mascarade *f*

mas'kieren *v/t* (*u v/r*) ⟨*sans ge*⟩ (***sich ~*** se) masquer (*a fig*); (*verkleiden*) (se) déguiser (***als*** en)

Mas'kierung *f* ⟨~; ~en⟩ déguisement *m*

Maskottchen [mas'kɔtçən] *n* ⟨~s; ~⟩ mascotte *f*; porte-bonheur *m*

maskulin [masku'li:n] *adj* masculin

'Maskulinum *n* ⟨~s; -na⟩ GR masculin *m*

Masoch|ismus [mazɔ'xɪsmus] *m* ⟨~⟩ masochisme *m*; **~ist(in)** *m* ⟨~en; ~en⟩ (*f*) ⟨~; ~nen⟩ masochiste *m,f*; **&istisch** *adj* masochiste

maß [ma:s] → ***messen***

Maß[1] *n* ⟨~es; ~e⟩ **1** (*~einheit, Größe*) mesure *f*; ***~ nehmen*** prendre les mesures (***bei*** de); ***nach ~*** sur mesure; *fig* ***mit zweierlei ~ messen*** avoir deux poids, deux mesures; ***das ~ ist voll!*** la coupe est pleine!; **2** (*Verhältnis*) proportions *f/pl*; **3** (*Aus&*) dimension *f*; ***in hohem ~(e)*** grandement; dans une large mesure; ***in höchstem ~(e)*** au plus 'haut degré; ***in dem ~(e) wie ...*** dans la mesure où ...; **4** *fig* (*Grenzen*) bornes *f/pl*; (*Mäßigung*) modération *f*; ***~ halten*** garder la mesure; ***im Essen ~ halten*** manger avec modération; ***alles mit, in ~en*** avec mesure; *st/s* ***über alle, die ~en*** extrêmement

Maß[2] *f* ⟨~; ~¢, *mais 2 ~*⟩ *südd, österr* litre *m* (de bière)

Massage [ma'sa:ʒə] *f* ⟨~; ~n⟩ massage *m*; **~gerät** *n* masseur *m*; **~salon** *m* établissement *m* de massage thaïlandais

Massai [ma'saɪ] *m,f* ⟨~; ~⟩ Mas(s)aï *m,f*

Massa|ker [ma'sa:kər] *n* ⟨~s; ~⟩ massacre *m*; **&'krieren** *v/t* ⟨*sans ge*⟩ massacrer

'Maßanzug *m* costume *m* sur mesure

'Maßarbeit *f* travail *m* sur mesure; F *fig* ***das war ~*** F c'était du sur mesure

Masse ['masə] *f* ⟨~; ~n⟩ **1** (*formloser Stoff*) masse *f*; ***undefinierbare ~*** substance *f* indéfinissable; **2** (*Menge*) masse *f*, quantité *f* (***an*** [+ *dat*], ***von*** de); F ***e-e (ganze) ~ Bücher*** F un tas de livres; **3** (*Menschen&*) foule *f*; ***die breite ~*** la masse; **4** PHYS, ÉLECT, JUR masse *f*

'Maßeinheit *f* unité *f* de mesure

'Massen|andrang *m* affluence *f*; **~arbeitslosigkeit** *f* chômage généralisé; **~entlassung** *f* licenciement collectif; **~fabrikation** *f* fabrication *f* en grande série; **~flucht** *f* exode *m*; **~grab** *n* fosse commune; **&haft** *adj u* F *adv* en masse; **~karambolage** *f* collision *f* en chaîne; **~kundgebung** *f* manifestation *f*; **~medien** *n/pl* mass media *m/pl*; **~mord** *m* massacre *m*; **~produktion** *f* fabrication *f* en grande série; **~sport** *m* sport *m* populaire; **~tierhaltung** *f* élevage industriel; **~tourismus** *m* tourisme *m* de masse; **~vernichtungswaffen** *f/pl* armes *f/pl* de destruction massive; **&weise** *adv* massivement; en masse

Mass|eur(in) [ma'sø:r(ɪn)] *m* ⟨~s; ~e⟩ (*f*) ⟨~; ~nen⟩ masseur, -euse *m,f*; **~euse** [-'sø:zə] *f* ⟨~; ~n⟩ **1** masseuse *f*; **2** *verhüllend* femme *f* qui pratique le massage thaïlandais

'Maßgabe *f* *st/s* ***nach ~*** (+ *gén*) conformément à

'maßgebend *adj* *Faktor* déterminant; (*entscheidend*) décisif; *Person, Buch* qui fait autorité; *Kreise* autorisé

M

'maßgeblich I *adj* décisif; autorisé; II *adv* de manière décisive; **~ an etw** *(dat)* **beteiligt sein** jouer un rôle de premier plan dans qc
'maßgeschneidert *adjt* sur mesure; *fig* adapté
'maß·halten → **Maß**[1] *4*
mas'sieren *v/t* ⟨*sans ge*⟩ masser (*a* MIL)
'massig I *adj* massif; II F *adv* (*viel*) en masse; ***er hat ~ Geld*** F il a plein de fric
mäßig ['mɛːsɪç] *adj* **1** *Wind, Geschwindigkeit* modéré; *im Essen a* frugal; *Einkommen* modeste; **2** (*mittel~*) médiocre
'mäßigen *st/s v/t* (*u v/r* ***sich ~*** se) modérer
'Mäßigung *f* ⟨~⟩ modération *f*
massiv [ma'siːf] I *adj* **1** *Metalle, Holz* massif; **2** *Kritik, Drohung* violent; *Forderung* extrême; *Druck* énorme; II *adv* ***~ gebaut*** construit en dur
Mas'siv *n* ⟨~s; ~e⟩ massif *m*; **~bauweise** *f* construction *f* en dur
'Maßkrug *m* chope *f* à bière (d'un litre)
'maßlos I *adj* extrême; *Übertreibung, Ansprüche* démesuré; *Ehrgeiz* sans bornes; II *adv* excessivement; ***sie übertreibt ~*** elle exagère terriblement
'Maßlosigkeit *f* ⟨~⟩ démesure *f*; excès *m*
Maßnahme ['-naːmə] *f* ⟨~; ~n⟩ mesure *f*; ***~n treffen, ergreifen*** prendre des mesures
'maßregeln *v/t* ⟨¢⟩ ***j-n ~*** chapitrer qn
'Maßstab *m* **1** (*Norm*) norme *f*; critère *m*; ***e-n anderen ~ anlegen*** appliquer un autre critère; ***j-n, etw zum ~ nehmen*** prendre qn, qc pour modèle; **2** *auf Landkarten, fig* échelle *f*; ***im ~ 1:100*** à l'échelle de 1/100
'maßstab(s)|gerecht, ~getreu *adj u adv* à l'échelle
'maßvoll *adj Mensch, Forderung* modéré; *Urteil* mesuré
Mast[1] [mast] *m* ⟨~¢s; ~en⟩ mât *m*; (*Telegrafen*♀) poteau *m*; (*Hochspannungs*♀) pylône *m*
Mast[2] *f* ⟨~; ~en⟩ AGR engraissement *m*
'Mastdarm *m* rectum *m*
mästen ['mɛstən] *v/t* ⟨-e-⟩ engraisser
masturbieren [masturˈbiːrən] *v/i* ⟨*sans ge*⟩ se masturber
Match [mɛtʃ] *n* ⟨~¢s; ~s *ou* ~e⟩ match *m*; **'~ball** *m* balle *f* de match
Material [materi'aːl] *n* ⟨~s; ~ien⟩ **1** (*Stoff*) matière *f*; (*Bau-, Werkstoff*) matériau(x) *m(pl)*; **2** (*Ausrüstung*) matériel *m*; **3** (*Unterlagen*) matériel *m*; matériaux *m/pl*; **~fehler** *m* défaut *m* technique
Materia'lis|mus *m* ⟨~⟩ matérialisme *m*; **~t(in)** *m* ⟨~en; ~en⟩ (*f*) ⟨~; ~nen⟩ matérialiste *m,f*; **♀tisch** *adj* matérialiste
Materie [ma'teːriə] *f* ⟨~; ~n⟩ matière *f*
materi'ell I *adj* **1** *Hilfe, Vorteil* matériel; **2** *péj Person* matérialiste; II *adv* ***~ eingestellt sein*** être matérialiste
Matetee ['maːtəteː] *m* maté *m*
Mathe ['matə] F *f* ⟨~⟩ F maths *f/pl*; **~ma'tik** *f* ⟨~⟩ mathématiques *f/pl*; **~'matiker(in)** *m* ⟨~s; ~⟩ (*f*) ⟨~; ~nen⟩ mathématicien, -ienne *m,f*; **♀'matisch** *adj* mathématique
Matjes ['matjəs] *m* ⟨~; ~⟩, **~hering** *m* jeune 'hareng mariné dans du sel
Matratze [ma'tratsə] *f* ⟨~; ~n⟩ matelas *m*
Matriarchat [matriar'çaːt] *n* ⟨~¢s; ~e⟩ matriarcat *m*
Matrix ['maːtrɪks] *f* ⟨~; -izes⟩ matrice *f*; **~drucker** *m* imprimante matricielle
Matrize [ma'triːtsə] *f* ⟨~; ~n⟩ *für die Schreibmaschine* stencil *m*
Matrone [ma'troːnə] *f* ⟨~; ~n⟩ matrone *f*
Matrose [ma'troːzə] *m* ⟨~n; ~n⟩ matelot *m* (*a* MIL); marin *m*
Matsch [matʃ] F *m* ⟨~¢s⟩ **1** (*breiige Masse*) bouillie *f*; **2** (*Schlamm*) boue *f*; gadoue *f*; **3** (*Schnee*♀) neige fondue, fondante
'matschig F *adj* **1** (*breiig*) F en marmelade; *Frucht* blet; **2** (*schlammig*) boueux; *Weg a* détrempé; couvert de gadoue; **3** *durch Schnee* couvert de neige fondante
matt [mat] *adj* **1** (*erschöpft*) épuisé; (*schwach*) faible (*a fig Lächeln etc*); **2** (*glanzlos*) mat; (*trübe*) terne; *Farben a* pâle; mat; *Glas* dépoli; **3** SCHACH mat; ***j-n ~ setzen*** faire qn mat
Matte ['matə] *f* ⟨~; ~n⟩ (*Flechtwerk*) natte *f*; (*Fuß*♀, *Stroh*♀) paillasson *m*; SPORT tapis *m*; F *fig* ***auf der ~ stehen*** être à pied d'œuvre
Matterhorn ['matərhɔrn] ⟨~¢s⟩ ***das ~*** le mont Cervin
'Mattigkeit *f* ⟨~⟩ fatigue *f*; lassitude *f*
'Mattscheibe *f* TV petit écran; F *fig* ***~ ha-***

ben F avoir un passage à vide

Matura [ma'tuːra] *f* ⟨~⟩ *österr, schweiz* baccalauréat *m*

Mätzchen ['mɛtsçən] F *n* ⟨~s; ~⟩ **1** (*Unsinn*) bêtise *f*; **2** (*Tricks*) blague *f*; ***keine ~!*** pas de blague!

Mauer ['mauər] *f* ⟨~; ~n⟩ mur *m* (*a st/s fig*); *coll* muraille *f*; ***die Chinesische ~*** la Muraille de Chine

'**Mauerblümchen** *n* jeune fille *f*, femme *f* qui fait tapisserie

'**mauern I** *v/t* maçonner; **II** *v/i* SPORT bétonner

'**Mauer|segler** *m* zo martinet *m*; **~werk** *n* maçonnerie *f*; murs *m/pl*

Maul [maul] *n* ⟨~¢s; ~̈er⟩ **1** *bei Tieren* gueule *f*; *der Pferde* bouche *f*; **2** P (*Mund*) F gueule *f*; F bec *m*; ***das ~ aufreißen, ein großes ~ haben*** F être fort en gueule; ***halts ~!*** F (ferme) ta gueule!; F ferme-la!; ***j-m das ~ stopfen*** F clouer le bec à qn

'**maulen** F *péj v/i* grogner; (*schmollen*) F faire la gueule; (*schimpfen*) F râler

'**Maul|esel** *m* (petit) mulet; **2faul** F *adj* peu loquace; **~held** F *m* F grande gueule; F fort *m* en gueule

'**Maulkorb** *m* muselière *f*; *fig* ***j-m e-n ~ anlegen*** museler qn

'**Maul|tier** *n* mulet *m*; mule *f*; '**~- und** '**Klauenseuche** *f* fièvre aphteuse; **~wurf** *m* zo, *fig* taupe *f*; **~wurfshügel** *m* taupinière *f*

'**Maurer** *m* ⟨~s; ~⟩ maçon *m*; **~kelle** *f* truelle *f*

Mauretanien [maure'taːniən] *n* ⟨~s⟩ la Mauritanie

Mauritius [mau'riːtsius] *n* ⟨von ~⟩ l'île *f* Maurice

Maus [maus] *f* ⟨~; ~̈e⟩ **1** zo souris *f* (*a* INFORM); F *fig* ***weiße Mäuse sehen*** avoir des hallucinations; F ***e-e graue ~*** un personnage falot; **2** F *pl* ***Mäuse*** (*Geld*) F fric *m*

mauscheln ['mauʃəln] F *v/i* ⟨¢⟩ F magouiller

Mäuschen ['mɔysçən] *n* ⟨~s; ~⟩ **1** souriceau *m*; **2** F *fig Kosewort* F petit chou

'**mäuschen'still** F *adj* ***es ist ~*** on entendrait voler une mouche

'**Mause|falle** *f* souricière *f*; **~loch** *n* trou *m* de souris

Mauser ['mauzər] *f* ⟨~⟩ zo mue *f*

'**mausern** *v/r* ***sich ~*** **1** zo muer; **2** F *fig* faire peau neuve; ***sich zum Schriftsteller ~*** se transformer en écrivain

'**mause'tot** F *adj* raide mort

'**Mausklick** *m* ⟨~s; ~s⟩ INFORM clic *m* (de la souris)

Mausoleum [mauzo'leːum] *n* ⟨~s; -een⟩ mausolée *m*

Maus|pad ['mauspɛt] *n* ⟨~s; ~s⟩ tapis *m* (de souris); **~taste** *f* bouton *m* (de souris)

Maut [maut] *f* ⟨~; ~en⟩, '**~gebühr** *f bes österr* péage *m*; '**~straße** *f* route *f* à péage

Max [maks] ***strammer ~*** *œuf sur le plat sur du jambon et du pain*

Maxi-CD ['maksitseːdeː] *f* maxi CD *m*

maximal [maksi'maːl] **I** *adj* maximum; maximal; **II** *adv* au maximum

Maxime [ma'ksiːmə] *f* ⟨~; ~n⟩ maxime *f*

Maximum ['maksimum] *n* ⟨~s; -ma⟩ maximum *m* (***an*** [+ *dat*] de)

Mayonnaise [majɔ'nɛːzə] *f* ⟨~; ~n⟩ mayonnaise *f*

Mazedonien [matse'doːniən] *n* ⟨~s⟩ la Macédoine

Mäzen [mɛ'tseːn] *m* ⟨~s; ~e⟩ mécène *m*

MB *abr* (*Megabyte*) Mo *m*

MdB *abr* (*Mitglied des Bundestags*) membre *m* du Bundestag

m. E. *abr* (*meines Erachtens*) à mon avis

Mechan|ik [me'çaːnɪk] *f* ⟨~; ~en⟩ mécanique *f*; **~iker** *m* ⟨~s; ~⟩ mécanicien *m*; **2isch** *adj* mécanique; *fig* machinal; **~ismus** [-'nɪsmus] *m* ⟨~; -men⟩ mécanisme *m*

meckern ['mɛkərn] *v/i* **1** *Ziege* bêler; **2** F *fig* (*nörgeln*) F râler

Mecklenburg-Vorpommern ['mɛklənburk'fɔːrpɔmərn] *n* ⟨~s⟩ le Mecklembourg-Poméranie occidentale

Medaill|e [me'daljə] *f* ⟨~; ~n⟩ médaille *f*; **~on** [-'jõː] *n* ⟨~s; ~s⟩ médaillon *m* (*a* CUIS)

Medien ['meːdiən] *pl* → ***Medium***; **~konzern** *m* groupe *m* de communication; **~landschaft** *f* paysage *m* médiatique; **2wirksam** *adj* médiatique

Medikament [medika'mɛnt] *n* ⟨~¢s; ~e⟩ médicament *m* (***gegen*** contre)

Meditati'on *f* ⟨~; ~en⟩ méditation *f*

meditieren [medi'tiːrən] *v/i* ⟨*sans ge*⟩ méditer (***über*** [+ *acc*] sur)

medium ['meːdium] *adj* ⟨*inv*⟩ CUIS à point; → *Info bei* ***steak***

ˈ**Medium** *n* ⟨~s; -ien⟩ **1** média *m*; ***elektronische Medien*** médias électroniques; **2** ESOTERIK médium *m*; **3** (*Träger*) véhicule *m*

Medizin [mediˈtsiːn] *f* ⟨~; ~en⟩ **1** (*Heilkunde*) médecine *f*; **2** (*Arznei*) médicament *m* (***gegen*** contre); **~er(in)** *m* ⟨~s; ~⟩ (*f*) ⟨~; ~nen⟩ **1** (*Arzt*) médecin *m*; (*Ärztin*) femme *f* médecin; **2** (*Medizinstudent[in]*) étudiant(e) *m*(*f*) en médecine; **≈isch** *adj* de médecine; (*ärztlich*) médical; **~mann** *m* ⟨~(e)s; ¨~er⟩ guérisseur *m*

Meer [meːr] *n* ⟨~(e)s; ~e⟩ mer *f*; *fig a* océan *m*; ***am ~*** au bord de la mer

ˈ**Meerblick** *m* ***mit ~*** avec vue sur la mer

ˈ**Meer|busen** *m* golfe *m*; **~enge** *f* détroit *m*

ˈ**Meeres|boden** *m* fond *m* de la mer; **~früchte** *f/pl* fruits *m/pl* de mer; **~grund** *m* fond *m* de la mer; **~höhe** *f*, **~spiegel** *m* niveau *m* de la mer

ˈ**Meer|rettich** *m* raifort *m*; **~salz** *n* sel marin; **~schweinchen** *n* ⟨~s; ~⟩ cochon *m* d'Inde; *Versuchstier* cobaye *m*; **~wasser** *n* eau *f* de mer

Mega... [ˈmeːga...] *in Zssgn* méga...; **~byte** *n* méga-octet *m*; **~fon** [megaˈfoːn] *n* ⟨~s; ~e⟩ mégaphone *m*; **~star** *m* ⟨~s; ~s⟩ mégastar *f*

Mehl [meːl] *n* ⟨~(e)s; ~e⟩ **1** farine *f*; **2** (*pulverförmiger Stoff*) poudre *f*

ˈ**mehlig** *adj* farineux (*a Frucht*)

ˈ**Mehl|schwitze** *f* ⟨~; ~n⟩ CUIS roux *m*; **~speise** *f* entremets *m* (à base de farine, *österr* sucré)

mehr [meːr] **I** *pr/ind* **1** plus; *vor subst* plus de; ***etwas ~*** un peu plus; ***noch ~*** (...) encore plus (de ...); ***~ oder weniger*** plus ou moins; **2** *in Vergleichen* plus; *vor subst* plus de; ***~ als zwanzig Euro*** plus de vingt euros; ***~ als nötig*** plus qu'il ne faut; ***um so ~, als*** d'autant plus que; **3** *nachgestellt* de plus; ***fünf Euro ~*** cinq euros de plus; **II** *adv* **1** (*in größerem Maß, eher*) plus; davantage; ***wenn Sie ~ darüber wissen wollen*** si vous voulez en savoir davantage; **2** ***nicht ~*** ne ... plus; ***nichts ~*** (ne ...) plus rien

Mehr *n* ⟨~(s)⟩ plus *m* (***an*** [+ *dat*] de); augmentation *f* (de)

ˈ**Mehr|arbeit** *f* surcroît *m* de travail; **~ausgaben** *f/pl* dépenses *f/pl* supplémentaires; **≈bändig** *adj* en plusieurs volumes; **~bereichsöl** *n* huile *f* multigrade; **≈deutig** *adj* ambigu; **~einnahme** *f* excédent *m* de recettes

ˈ**mehren** *st/s v/t* (*u v/r* ***sich ~*** se) multiplier; augmenter

ˈ**mehrere** *pr/ind* plusieurs (***von ihnen*** d'entre eux); (*verschiedene*) divers

ˈ**mehrfach** **I** *adj* multiple; **II** *adv* à différentes reprises; **≈steckdose** *f* prise *f* multiple

ˈ**Mehr|familienhaus** *n* maison *f* où habitent plusieurs familles; **≈farbig** *adj* à plusieurs couleurs; polychrome; **≈geschossig** *adj* à plusieurs étages

ˈ**Mehrheit** *f* ⟨~; ~en⟩ majorité *f*; ***mit großer, knapper ~*** avec une large, courte majorité; ***in der ~ sein*** être en majorité

ˈ**mehrheitlich** *adv* en majorité

ˈ**Mehrheits|beschluss** *m* décision *f* majoritaire; **~wahlrecht** *n* scrutin *m* majoritaire

ˈ**mehr|jährig** *adj* de plusieurs années; **≈kosten** *pl* frais *m/pl* supplémentaires; surcoût *m*; **~malig** *adj* répété; (*häufig*) fréquent; **~mals** *adv* plusieurs fois; **≈parteiensystem** *n* pluripartisme *m*; **≈platzrechner** *m* système *m* multiposte; **~seitig** *adj* de plusieurs pages; **~silbig** *adj* de plusieurs syllabes; **~sprachig** *adj Text* plurilingue; *Person* polyglotte; **~stellig** *adj Zahl* à plusieurs chiffres; **~stimmig** *adj* MUS à plusieurs voix; polyphonique; **~stöckig** *adj* à plusieurs étages; **~stündig** *adj* de plusieurs heures; **~tägig** *adj* de plusieurs jours; **~teilig** *adj* en plusieurs parties; **≈wegflasche** *f* bouteille consignée; **≈wegverpackung** *f* emballage consigné; **≈wertsteuer** *f* taxe *f* à la valeur ajoutée; T.V.A. *f*; **≈zahl** *f* **1** (*Mehrheit*) la plupart; **2** GR pluriel *m*

ˈ**Mehrzweck...** *in Zssgn* polyvalent

meiden [ˈmaɪdən] *v/t* ⟨meidet, mied, gemieden⟩ éviter; fuir

Meile [ˈmaɪlə] *f* ⟨~; ~n⟩ mille *m*; HIST *in Frankreich* lieue *f*; **~nstein** *m fig* étape importante

ˈ**meilenweit** *adv gehen* pendant des kilomètres; F *fig* ***~ davon entfernt sein zu*** (+ *inf*) être à cent lieues de (+ *inf*)

Meiler [ˈmaɪlər] *m* ⟨~s; ~⟩ (*Kohlen≈*) meule *f*; (*Atom≈*) pile *f* atomique

mein [maɪn] *pr/poss* **I** *adjt* mon *bzw* ma;

e-r ~er Freunde (l')un de mes amis; **II** *subst* ***der, die, das* ~e** le mien *bzw* la mienne; *st/s* ***die* ~en** les miens; ma famille

'Meineid *m* parjure *m*; ***e-n ~ leisten*** faire un faux serment

meinen ['maɪnən] **I** *v/t* **1** (*denken*) penser; ***~, dass ...*** être d'avis que ... (+ *ind*); penser que ... (+ *ind*); ***was meinst du dazu?*** qu'en penses-tu?; **2** (*sagen wollen*) entendre, vouloir dire (***mit*** par); ***damit sind Sie gemeint*** c'est à vous que cela s'adresse; ***wie ~ Sie das?*** que voulez-vous dire par là? **3** (*gesinnt sein*) ***es gut mit j-m ~*** vouloir du bien à qn; ***ich habe es gut gemeint*** je croyais bien faire; **4** (*sagen*) dire; **II** *v/i* penser; ***~ Sie?*** croyez-vous?; ***wie du meinst*** comme tu veux

'meiner *st/s pr/pers* ⟨*gén de* ich⟩ de moi; ***gedenke ~*** souviens-toi de moi

'meiner'seits *adv* de ma part; de mon côté; ***ganz ~*** tout le plaisir est pour moi

'meines'gleichen *pr* ⟨*inv*⟩ mon *bzw* ma pareil(le), semblable *bzw* mes semblables *bzw* pareil(le)s

'meinet'wegen *adv* **1** (*wegen mir*) à cause de moi; **2** (*mir zuliebe*) pour moi; **3** (*von mir aus*) quant à moi; ***~!*** soit!

'meinige *litt pr/poss* → ***mein*** *II*

'Meinung *f* ⟨~; ~en⟩ opinion *f*; avis *m*; ***meiner ~ nach*** à mon avis; selon moi; ***ich bin der ~, dass ...*** je suis d'avis que ...; ***s-e ~ sagen*** exprimer, manifester son opinion; ***j-m s-e*** *od* ***die ~ sagen*** dire à qn ses quatre vérités; ***s-e ~ ändern*** changer d'avis; ***geteilter ~ sein*** avoir des avis différents; ***j-s ~ sein*** être de l'avis de qn; ***mit j-m einer ~ sein*** être du même avis que qn

'Meinungs|äußerung *f* manifestation *f* d'une opinion; **~austausch** *m* échange *m* de vues; **~bildung** *f* prise *f* de position; *von außen* formation *f* de l'opinion *f*; **~forscher(in)** *m(f)* sondeur, -euse *m,f*; **~forschung** *f* sondage *m* d'opinion; **~freiheit** *f* liberté *f* d'opinion; **~umfrage** *f* sondage *m* d'opinion; **~verschiedenheit** *f* différend *m*; désaccord *m*

Meise ['maɪzə] *f* ⟨~; ~n⟩ mésange *f*; F *fig* ***e-e ~ haben*** F être dingue

Meißel ['maɪsəl] *m* ⟨~s; ~⟩ ciseau *m*

'meißeln *v/t* ⟨¢⟩ tailler au ciseau; *Statue* sculpter

meist [maɪst] *adv* la plupart du temps; le plus souvent; (*gewöhnlich*) d'ordinaire

'meistbietend *advt* ***~ verkaufen*** vendre au plus offrant

'meiste *adj u pr/ind* la plupart de(s); *bei Abstrakta a* le plus de; ***die ~n*** la plupart; ***das ~*** le plus; ***am ~n*** le plus

'meistens *adv* → ***meist***

Meister ['maɪstər] *m* ⟨~s; ~⟩ **1** *im Handwerk* maître *m*; (*Werk*~) contremaître *m*; F ***s-n ~ machen*** passer son brevet de maîtrise; **2** SPORT champion *m*; **3** *fig* (*Könner*) F as *m*; F champion *m*; **4** *Künstler* ***die alten ~*** les maîtres anciens; **5** F *Anrede* F patron *m*; F chef *m*

'Meister|brief *m* brevet *m* de maîtrise; **~haft I** *adj* magistral; **II** *adv* à la perfection

'Meisterin *f* ⟨~; ~nen⟩ **1** *im Handwerk* patronne *f*; **2** SPORT championne *f*; **3** *fig* (*Könnerin*) F championne *f*

'meistern *v/t* venir à bout de; maîtriser

'Meister|prüfung *f im Handwerk* examen *m* de maîtrise; **~schaft** *f* ⟨~; ~en⟩ **1** (*Können*) maîtrise *f*; **2** SPORT championnat *m*; **~stück** *n* chef-d'œuvre *m* (*a fig*); **~werk** *n* chef-d'œuvre *m* (*a fig*)

Mekka ['mɛka] *n* ⟨~s⟩ **1** *Stadt* La Mecque; **2** *fig* la Mecque (***für*** de)

Melanchol|ie [melaŋko'li:] *f* ⟨~; ~n⟩ mélancolie *f*; **~isch** [-'ko:lɪʃ] *adj* mélancolique

Melange [me'lã:ʒ(ə)] *f* ⟨~; ~n, *mais 2* ~⟩ *österr* café *m* au lait

Melanzani [melan'tsa:ni] *pl österr* aubergines *f/pl*

melden ['mɛldən] ⟨-e-⟩ **I** *v/t* ***j-m etw ~*** annoncer qc à qn; rapporter qc à qn; F ***du hast hier nichts zu ~*** tu n'as rien à dire dans cette affaire; **II** *v/r* ***sich ~*** se présenter (***bei*** chez); TÉL répondre; SCHULE lever le doigt; (*von sich hören lassen*) se manifester; ***sich auf ein Inserat ~*** répondre à une annonce; ***meldet euch mal wieder!*** faites-nous *bzw* faites-moi signe!

'meldepflichtig *adj* soumis à déclaration

'Meldung *f* ⟨~; ~en⟩ **1** (*Zeitungs*~, *Radio*~) information *f*; (*Nachricht*) nouvelle *f*; message *m* (*a* INFORM); **2**

M

(*An*ᘔ) inscription *f*; **3** (*Wort*ᘔ) (demande *f* d')intervention *f*

meliert [me'li:rt] *adjt Stoff, Wolle* chiné; *Haar* (**grau**) ~ grisonnant

Melisse [me'lɪsə] *f* ⟨~; ~n⟩ mélisse *f*

melken ['mɛlkən] *v/t* ⟨*régulier ou* molk, gemolken⟩ traire

Melodie [melo'di:] *f* ⟨~; ~n⟩ air *m*; mélodie *f*

melodiös [melodi'ø:s], **me'lodisch** *adj* (*klangvoll*) mélodieux; (*e-e Melodie enthaltend*) mélodique

Melo|dram(a) [melo'dra:m(a)] *n* ⟨~s; -men⟩ mélodrame *m*; ᘔ**dra'matisch** *adj* mélodramatique

Melone [me'lo:nə] *f* ⟨~; ~n⟩ **1** BOT melon *m*; **2** F *Hut* (chapeau *m*) melon *m*

> Nur die **Melone** mit gelbem Fruchtfleisch heißt **le melon**; die Wassermelone (mit rotem Fruchtfleisch) heißt **la pastèque**.

Membran [mɛm'bra:n] *f* ⟨~; ~en⟩ membrane *f*

Memoiren [memo'a:rən] *pl* mémoires *m/pl*

M

Memorandum [memo'randʊm] *n* ⟨~s; -den *ou* -da⟩ mémoire *m*; mémorandum *m*

Menge ['mɛŋə] *f* ⟨~; ~n⟩ **1** (*Anzahl*) quantité *f*; **2** (*Vielzahl*) masse *f*; F tas *m*; ***e-e ganze ~ …*** beaucoup de …; F ***jede ~ …*** F des masses de …; **3** (*Menschen*ᘔ) foule *f*; **4** MATH ensemble *m*

'mengen *v/t Zutaten* mélanger

'Mengen|lehre *f* théorie *f* des ensembles; ᘔ**mäßig I** *adj* quantitatif; **II** *adv* quantitativement; **~rabatt** *m* rabais *m* de quantité

Meniskus [me'nɪskʊs] *m* ⟨~; -ken⟩ ménisque *m*

Menorca [me'nɔrka] *n* ⟨~s⟩ Minorque

Mensa ['mɛnza] *f* ⟨~; ~s *ou* -sen⟩ restaurant *m* universitaire; F resto U *m*

Mensch [mɛnʃ] *m* ⟨~en; ~en⟩ *Gattung* homme *m*; être humain; *einzelner a* individu *m*; personne *f*; *pl* **~en** *a* gens *m/pl*; ***jeder ~*** chacun; tout le monde; ***kein ~*** personne; F ***~, das gibts doch nicht!*** F c'est pas vrai!

'Menschen|affe *m* singe *m* anthropoïde; **~auflauf** *m* attroupement *m*; **~fresser** *m* cannibale *m*; *im Märchen* ogre *m*; **~freundlichkeit** *f* philanthropie *f*

'Menschenge'denken *n* ***seit ~*** de mémoire d'homme

'Menschen|handel *m* trafic *m* des hommes; **~kenntnis** *f* connaissance *f* des hommes; psychologie *f*; **~kette** *f* chaîne humaine

'Menschenleben *n* vie humaine; ***viele ~ kosten*** faire de nombreuses victimes

'menschen|leer *adj* désert; ᘔ**menge** *f* foule *f*

'menschen'möglich *adj* ***ich werde alles ᘔe tun*** je ferai tout mon possible

'Menschen|rechte *n/pl* droits *m/pl* de l'homme; ᘔ**scheu** *adj* peu sociable; sauvage; **~schlag** *m* (sorte *f* de) gens *m/pl*; race *f*

'Menschen'seele *f* âme *f*; ***es war keine ~ da*** il n'y avait pas âme qui vive; F il n'y avait pas un chat

'Menschens'kind F *int* **~(er)!** F ça alors!; F nom d'un chien, d'une pipe!

'menschen|'unwürdig *adj* indigne; **~verachtend** *adjt* inhumain

'Menschenverstand *m* ***der gesunde ~*** le bon sens

'Menschen|würde *f* dignité humaine; ᘔ**würdig** *adj* humain

'Menschheit *f* ⟨~⟩ humanité *f*

'menschlich *adj* **1** humain; (*human*) *a* tolérant; **2** F *fig* (*annehmbar*) acceptable; ᘔ**keit** *f* ⟨~⟩ humanité *f*

Menstru|ation [mɛnstruatsi'o:n] *f* ⟨~; ~en⟩ MÉD règles *f/pl*; ᘔ**'ieren** *v/i* ⟨*sans ge*⟩ MÉD avoir ses règles

Mentalität [mɛntali'tɛ:t] *f* ⟨~; ~en⟩ mentalité *f*

Menthol [mɛn'to:l] *n* ⟨~s⟩ menthol *m*

Menü [me'ny:] *n* ⟨~s; ~s⟩ CUIS, INFORM menu *m*

Meridian [meridi'a:n] *m* ⟨~s; ~e⟩ méridien *m*

Merino [me'ri:no] *m* ⟨~s; ~s⟩, **~schaf** *n* mérinos *m*; **~wolle** *f* laine *f* mérinos

Merkblatt ['mɛrk-] *n* notice *f*

'merken I *v/t* ***etw ~*** s'apercevoir de qc; remarquer qc; ***der Fehler ist kaum zu ~*** le défaut est à peine perceptible; ***er ließ mich ~, dass …*** il m'a fait sentir que …; F *iron* ***du merkst aber auch alles!*** F tu as enfin pigé!; **II** *v/r* ***sich*** (*dat*) ***etw ~*** retenir qc; ***das werde ich mir ~ um es heimzuzahlen*** je m'en souviendrai; ~ ***Sie sich*** (*dat*), ***dass …*** sachez que …

'merklich **I** *adj* sensible; perceptible; (*sichtbar*) visible; (*deutlich*) notable; **II** *adv* sensiblement

'Merkmal *n* ⟨~s; ~e⟩ (*Kennzeichen*) caractéristique *f*; signe distinctif, caractéristique; (*Anzeichen*) indice *m*; ***besondere ~e*** signes particuliers

Merkur [mɛr'kuːr] *m* ⟨~s⟩ ASTR ***(der) ~*** Mercure

'merkwürdig *adj* curieux; étrange

meschugge [me'ʃʊgə] F *adj* F cinglé

messbar ['mɛs-] *adj* mesurable

'Messbecher *m* verre, gobelet gradué

'Messdiener *m* CATH enfant *m* de chœur

Messe[1] ['mɛsə] *f* ⟨~; ~n⟩ CATH, MUS messe *f*

'Messe[2] *f* ⟨~; ~n⟩ COMM foire *f*; salon *m*

'Messe|gelände *n* parc *m* des expositions; **~halle** *f* pavillon *m* (d'une exposition)

'messen ⟨du misst, er misst, maß, gemessen⟩ **I** *v/t* mesurer; TECH jauger; *st/s* ***j-n mit Blicken ~*** toiser qn; ***ge~ an*** (+ *dat*) comparé à; **II** *v/i* (*groß sein*) avoir; *Person a* mesurer; faire; ***er misst 1,80 m*** il mesure 1,80 *m*; **III** *v/r* ***sich mit j-m ~*** se mesurer à *od* avec qn

'Messer[1] *n* ⟨~s; ~⟩ couteau *m*; ***ein Kampf bis aufs ~*** un combat à outrance, à mort; *fig* ***j-n ans ~ liefern*** livrer qn au bourreau; *fig* ***auf des ~s Schneide stehen*** ne tenir qu'à un fil

'Messer[2] *m* ⟨~s; ~⟩ → ***Messgerät***

'messer'scharf *adj* tranchant; *fig Verstand* pénétrant; *Kritik* incisif

'Messerspitze *f* pointe *f* de couteau; ***e-e ~ Zimt*** une pincée de cannelle

'Messerstich *m* coup *m* de couteau

'Messestand *m* stand *m*

'Messgerät *n* instrument *m* de mesure

Messias [mɛ'siːas] ⟨~⟩ REL ***der ~*** le Messie

Messing ['mɛsɪŋ] *n* ⟨~s⟩ laiton *m*; cuivre *m* jaune; **~draht** *m* fil *m* de laiton

'Mess|instrument *n* → ***Messgerät***; **~latte** *f* mire *f*; *fig* critère *m*; **~ung** *f* ⟨~; ~en⟩ mesurage *m*; TECH jaugeage *m*; **~wert** *m* valeur mesurée

Metall [me'tal] *n* ⟨~s; ~e⟩ métal *m*; ***~ verarbeitend*** métallurgique

Me'tallarbeiter *m* métallurgiste *m*

me'tallen *adj* de métal; (*metallisch*) métallique

metallic [me'talɪk] *adj* ⟨*inv*⟩ métallisé

Me'tallindustrie *f* industrie *f* métallurgique; métallurgie *f*

me'tallisch *adj* métallique

Metallurgie [metalur'giː] *f* ⟨~⟩ métallurgie *f*

Metamorphose [metamɔr'foːzə] *f* ⟨~; ~n⟩ métamorphose *f*

Meta|pher [me'tafər] *f* ⟨~; ~n⟩ métaphore *f*; **2'phorisch** *adj* métaphorique

Meta|physik [metafy'ziːk] *f* métaphysique *f*; **2'physisch** *adj* métaphysique

Metastase [meta'staːzə] *f* ⟨~; ~n⟩ métastase *f*

Meteor [mete'oːr] *m* ⟨~s; ~e⟩ météore *m*; **~it** [-'riːt] *m* ⟨~en *ou* ~s; ~en⟩ météorite *m od f*

Meteoro|loge [meteoro'loːgə] *m* ⟨~n; ~n⟩ météorologue *m*; météorologiste *m*; **~lo'gie** *f* ⟨~⟩ météorologie *f*; **2'logisch** *adj* météorologique

Meter ['meːtər] *m od n* ⟨~s; ~⟩ mètre *m*; ***vier ~ breit*** quatre mètres de large

'meter|lang *adj* (de plus) d'un mètre de longueur; **2maß** *n* mètre *m*

Methadon [meta'doːn] *n* ⟨~s⟩ méthadone *f*

Method|e [me'toːdə] *f* ⟨~; ~n⟩ méthode *f*; **~ik** *f* ⟨~; ~en⟩ méthodologie *f*; **2isch** *adj* méthodique

Metier [meti'eː] *n* ⟨~s; ~s⟩ métier *m*

Metr|ik ['meːtrɪk] *f* ⟨~; ~en⟩ métrique *f*; **2isch** *adj* métrique

Metropole [metro'poːlə] *f* ⟨~; ~n⟩ métropole *f*

Mettwurst ['mɛt-] *f saucisse (fumée) de porc ou de bœuf*

Metzger ['mɛtsgər] *m* ⟨~s; ~⟩ boucher *m*; (*Schweine2*) charcutier *m*

Metzge'rei *f* ⟨~; ~en⟩ boucherie *f*; (*Schweine2*) charcuterie *f*

Meut|e ['mɔʏtə] *f* ⟨~; ~n⟩ meute *f* (*a fig*); **~e'rei** *f* ⟨~; ~en⟩ mutinerie *f*; **2ern** *v/i* **1** se mutiner (***gegen*** contre); **2** F *fig* F râler (contre)

Mexikan|er(in) [mɛksi'kaːnər(ɪn)] *m* ⟨~s; ~⟩ (*f*) ⟨~; ~nen⟩ Mexicain(e) *m(f)*; **2isch** *adj* mexicain

Mexiko ['mɛksiko] *n* ⟨~s⟩ **1** *Land* le Mexique; **2 ~** (***Stadt***) Mexico

MEZ [ɛmˀeːˈtsɛt] *abr* (*mitteleuropäische Zeit*) heure *f* de l'Europe centrale

M

MG [ɛm'geː] *n* ⟨~$; ~$⟩ *abr* (*Maschinengewehr*) mitrailleuse *f*

miau [mi'aʊ] *int* miaou!

mi'auen *v/i* ⟨*sans ge*⟩ miauler

mich [mɪç] *pr/pers* (*acc de* ich) me *bzw* m'; *unverbunden* moi

mick(e)rig ['mɪk(ə)rɪç] F *adj* F riquiqui

mied [miːt] → ***meiden***

Mieder ['miːdər] *n* ⟨~s; ~⟩ *Unterbekleidung* corset *m*; gaine *f*; *Oberbekleidung* corselet *m*; **~waren** *f/pl* gaines *f/pl* et corsets *m/pl*

Mief [miːf] F *m* ⟨~¢s⟩ air vicié; odeur *f* de renfermé

Miene ['miːnə] *f* ⟨~; ~n⟩ mine *f*; (*Ausdruck*) air *m*; ***ohne e-e ~ zu verziehen*** sans broncher; ***gute ~ zum bösen Spiel machen*** faire contre mauvaise fortune bon cœur

mies [miːs] F *adj* F minable; *Mensch* F moche; ***sich ~ fühlen*** se sentir mal; ***~ machen*** F (*schlecht machen*) F descendre; F esquinter; ***j-m etw ~ machen*** dégoûter qn de qc

'Miesmacher F *m* rabat-joie *m*

Miete ['miːtə] *f* ⟨~; ~n⟩ (*Wohnungs*²) loyer *m*; ***zur ~ wohnen*** être locataire (***bei j-m*** de qn)

'mieten *v/t* ⟨-e-⟩ louer; → *Info bei* ***louer***[2]

'Miet|er(in) *m* ⟨~s; ~⟩ (*f*) ⟨~; ~nen⟩ locataire *m,f*; **~kauf** *m* location-vente *f*

'Mietshaus *n* immeuble locatif

'Miet|vertrag *m* bail *m*; contrat *m* de location; **~wagen** *m* voiture *f* de location; **~wohnung** *f* appartement loué *bzw* à louer

Migräne [mi'grɛːnə] *f* ⟨~; ~n⟩ migraine *f*

Mikro ['miːkro] F *n* ⟨~s; ~s⟩ micro *m*

mikro…, Mikro… [mikro… *ou* 'miːkro…] *in Zssgn* micro(-)…

Mikrobe [mi'kroːbə] *f* ⟨~; ~n⟩ microbe *m*

Mikro|chip ['miːkro-] *m* INFORM puce *f*; **~elektronik** *f* micro-électronique *f*; **~film** *m* microfilm *m*

Mikro|fon, ~phon [mikro'foːn] *n* ⟨~s; ~e⟩ microphone *m*; **~pro'zessor** *m* microprocesseur *m*

Mikroskop [mikro'skoːp] *n* ⟨~s; ~e⟩ microscope *m*; **²isch** *adj* microscopique

'Mikrowelle(nherd) *f*(*m*) (four *m* à) micro-ondes *m*

Milbe ['mɪlbə] *f* ⟨~; ~n⟩ acarien *m*

Milch [mɪlç] *f* ⟨~⟩ lait *m*; **'~drüse** *f* glande *f* mammaire; **'~flasche** *f* bouteille *f* à lait; *für den Säugling* biberon *m*

'milchig *adj* laiteux

'Milch|kaffee *m* café *m* au lait; *im Lokal a* café *m* crème; F crème *m*; **~kännchen** *n* petit pot à lait; **~kanne** *f* bidon *m* à lait; **~kuh** *f* vache *f* à lait; **~mädchenrechnung** F *f* mauvais calcul; **~mixgetränk** *n* milk-shake *m*; **~pulver** *n* lait *m* en poudre; **~reis** *m* riz *m* au lait; **~schokolade** *f* chocolat *m* au lait; **~straße** *f* ASTR Voie lactée; **~tüte** *f* brique *f* de lait; **~zahn** *m* dent *f* de lait

mild [mɪlt] **I** *adj* **1** *Licht, Luft, Seife, Klima* doux; *Kaffee, Tabak* léger; *Klima a* clément; *Essen* peu épicé; **2** *Worte, Kritik* peu sévère; *Richter, Urteil* clément; *Strafe* léger; **II** *adv* ***~ gewürzt*** peu épicé

milde ['mɪldə] → ***mild***

'Milde *f* ⟨~⟩ douceur *f*; clémence *f*

'mildern *v/t Schmerz* adoucir; *Worte, Kritik* modérer; *Strafe* atténuer; JUR ***~de Umstände*** *m/pl* circonstances atténuantes

'mildtätig *adj* charitable; bienfaisant; **²keit** *f* charité *f*; bienfaisance *f*

Milieu [mili'øː] *n* ⟨~s; ~s⟩ milieu *m* (*a* BIOL, *fig*)

militant [mili'tant] *adj* militant

Militär[1] [mili'tɛːr] *n* ⟨~s⟩ armée *f*; ***zum ~ gehen*** entrer dans l'armée

Mili'tär[2] *m* ⟨~s; ~s⟩ militaire *m*

Mili'tär|dienst *m* service *m* (militaire); **~diktatur** *f* dictature *f* militaire

mili'tärisch *adj* militaire

Milita'ris|mus *m* ⟨~⟩ militarisme *m*; **²tisch** *adj* militariste

Mili'tärpolizei *f* police *f* militaire

Military ['mɪlɪtərɪ] *f* ⟨~; ~s⟩ REITSPORT concours complet

Miliz [mi'liːts] *f* ⟨~; ~en⟩ milice *f*

Millennium [mɪ'lɛnium] *n* ⟨~s; -ien⟩ millénaire *m*

Milliardär(in) [mɪliar'dɛːr(ɪn)] *m* ⟨~s; ~e⟩ (*f*) ⟨~; ~nen⟩ milliardaire *m,f*

Milliarde [mɪli'ardə] *f* ⟨~; ~n⟩ milliard *m*

Milli'gramm *n* milligramme *m*

Milli'meter *m od n* millimètre *m*; **~arbeit** F *f* travail *m* de précision; **~papier** *n* papier millimétré

Million [mɪli'oːn] *f* ⟨~; ~en⟩ million *m*

Millionär(in) [mɪlio'nɛːr(ɪn)] *m* ⟨~s; ~e⟩ (*f*) ⟨~; ~nen⟩ millionnaire *m,f*

Milli'onenstadt *f* ville *f* d'un million *bzw* de plusieurs millions d'habitants
milli'onste *adj* millionième
Milli'onstel *n* ⟨~s; ~⟩ millionième *m*
Milz [mɪlts] *f* ⟨~; ~en⟩ ANAT rate *f*
mimen ['mi:mən] *v/t Gefühl etc* feindre
'Mimik *f* ⟨~⟩ mimique *f*
Mimose [mi'mo:zə] *f* ⟨~; ~n⟩ **1** BOT mimosa *m*; **2** *fig* sensitif, -ive *m,f*
mi'mosenhaft *adj* hypersensible
Min. *abr* (*Minute*[*n*]) mn
Minarett [mina'rɛt] *n* ⟨~s; ~s *ou* ~e⟩ minaret *m*
minder ['mɪndər] *st/s adv* moins; ***nicht ~*** ne pas moins
'minderbemittelt *adj* peu fortuné; F *péj* ***er ist geistig ~*** F il est limité, débile
'mindere *adj* moindre; *Wert* inférieur
'Minderheit *f* ⟨~; ~en⟩ minorité *f*
'minderjährig *adj* mineur; **2e(r)** *f(m)* ⟨→ A⟩ mineur(e) *m(f)*; **2keit** *f* ⟨~⟩ minorité *f*
'minder|n *v/t* (*u v/r* ***sich ~***) diminuer; (se) réduire; *Preis* rabaisser; *Wert* (se) déprécier; **2ung** *f* ⟨~; ~en⟩ diminution *f*; *der Preise* réduction *f*; *des Wertes* dépréciation *f*
'minderwertig *adj* inférieur; COMM de mauvaise qualité; **2keit** *f* infériorité *f*; COMM mauvaise qualité; **2keitskomplex** *m* complexe *m* d'infériorité
'Minderzahl *f* minorité *f*
Mindest|alter ['mɪndəst-] *n* âge *m* minimum; **~betrag** *m* (somme *f*) minimum *m*
'mindeste *adj* le moindre; *subst* ***das*** **2** le moins; ***nicht im 2n*** nullement
'mindestens *adv* au moins; au minimum
'Mindest|haltbarkeitsdatum *n* date *f* limite de conservation; **~maß** *n* (strict) minimum *m* (***an*** [+ *dat*] de)
Mine ['mi:nə] *f* ⟨~; ~n⟩ (*Bergwerk*, MIL, *Bleistift2*, *Kugelschreiber2*) mine *f*
Minera|l [mine'ra:l] *n* ⟨~s; ~e *ou* ~ien⟩ minéral *m*; **~logie** [-ralo'gi:] *f* ⟨~⟩ minéralogie *f*
Mine'ral|öl *n* huile minérale; **~quelle** *f* source *f* d'eau minérale; **~wasser** *n* eau minérale
'Mini F *m* ⟨~s; ~s⟩ minijupe *f*
'mini..., 'Mini... *in Zssgn* mini...
Miniatur [minia'tu:r] *f* ⟨~; ~en⟩ miniature *f*

'Mini|bar *f* minibar *m*; **~bus** *m* minibus *m*; **~golf** *n* golf *m* miniature
mini'mal I *adj* minime; minimal; **II** *adv* très légèrement; à peine
Minimum ['mi:nimʊm] *n* ⟨~s; -ma⟩ minimum *m* (***an*** [+ *dat*] de)
'Mini|rock *m* minijupe *f*; **~slip** *m* cache-sexe *m*
Minister(in) [mi'nɪstər(ɪn)] *m* ⟨~s; ~⟩ (*f*) ⟨~; ~nen⟩ ministre *m* (***für*** de)
ministeri'ell *adj* ministériel
Minis'terium *n* ⟨~s; -ien⟩ ministère *m*
Mi'nisterpräsident(in) *m(f)* **1** Premier ministre; **2** *e-s deutschen Bundeslandes* président(e) *m(f)* du Conseil (des ministres)
Ministrant [minɪs'trant] *m* ⟨~en; ~en⟩ CATH enfant *m* de chœur
Minna ['mɪna] *f* ⟨~; ~s⟩ F ***die grüne ~*** F le panier à salade; F ***j-n zur ~ machen*** mettre qn plus bas que terre
Minorität [minori'tɛ:t] *f* ⟨~; ~en⟩ minorité *f*
minus ['mi:nʊs] *adv* moins
'Minus *n* ⟨~; ~⟩ **1** COMM déficit *m*; **2** *fig* (*Nachteil*) 'handicap *m*
'Minus|pol *m* pôle négatif; **~punkt** *m* mauvais point; **~zeichen** *n* signe *m* moins
Minute [mi'nu:tə] *f* ⟨~; ~n⟩ minute *f*; ***auf die ~*** à la minute; ***in letzter ~*** à la dernière minute
mi'nutenlang I *adj* de plusieurs minutes; **II** *adv* pendant plusieurs minutes
Mi'nutenzeiger *m* aiguille *f* des minutes; grande aiguille
minuziös [minutsi'ø:s] *adj* minutieux
Minze ['mɪntsə] *f* ⟨~; ~n⟩ menthe *f*
Mio. *abr* (*Million*[*en*]) million(s)
mir [mi:r] *pr/pers* (*dat de* ich) me *bzw* m'; *nach prép* moi; *betont* à moi; F ***~ nichts, dir nichts*** tout de go
Mirabelle [mira'bɛlə] *f* ⟨~; ~n⟩ mirabelle *f*
Misch|brot ['mɪʃ-] *n* pain bis; **~ehe** *f* mariage *m* mixte
'mischen I *v/t* **1** (*ver~*) mêler, mélanger (***mit*** à, avec); **2** RAD, TV mixer; **3** *Karten* battre; **II** *v/r* **4** (*sich ver~*) ***sich ~*** se mélanger; se mêler; **5** (*sich ein~*) ***sich in etw*** (*acc*) ***~*** se mêler de qc; **6** ***sich unters Volk ~*** se mêler à la foule
'Misch|gemüse *n* jardinière *f*; macédoine *f* de légumes; **~ling** *m* ⟨~s; ~e⟩

métis *m*; BIOL hybride *m*
Mischmasch ['mɪʃmaʃ] F *m* ⟨~(e)s; ~e⟩ F salade *f*; F méli-mélo *m*
'**Mischpult** *n* pupitre *m* de mixage
'**Mischung** *f* ⟨~; ~en⟩ mélange *m* (*a fig*); **~sverhältnis** *n* dosage *m*
'**Mischwald** *m* forêt *f* mixte
miserabel [mizə'ra:bəl] *adj* ⟨-bl-⟩ (*jämmerlich*) F minable; (*armselig*) piètre; *Wetter* pourri; affreux; ***ich fühle mich ~*** je me sens très mal; F je suis mal fichu
Misere [mi'ze:rə] *f* ⟨~; ~n⟩ situation *f* déplorable; *finanzielle* détresse *f*
Mispel ['mɪspəl] *f* ⟨~; ~n⟩ nèfle *f*
missachten [mɪs'ʔ-] *v/t* ⟨-e-, *sans ge*⟩ **1** (*gering schätzen*) dédaigner; **2** (*nicht beachten*) ne pas respecter
'**Missachtung** *f* **1** (*Geringschätzung*) dédain *m*; **2** (*Nichtbeachtung*) non-respect *m*; ***unter ~*** (+ *gén*) au mépris de
'**Missbehagen** *n* malaise *m*; déplaisir *m*
'**Missbildung** *f* malformation *f*
miss'billigen *v/t* ⟨*sans ge*⟩ désapprouver; réprouver
'**Miss|billigung** *f* désapprobation *f*; réprobation *f*; **~brauch** *m* abus *m*; *e-s Medikaments a* usage abusif
miss'brauchen *v/t* ⟨*sans ge*⟩ **1** (*übermäßig gebrauchen*) abuser de; **2** *j-n für eigene Zwecke* profiter de; **3** *st/s* (*vergewaltigen*) abuser de
miss'deuten *v/t* ⟨-e-, *sans ge*⟩ mal interpréter
missen ['mɪsən] *st/s v/t* ⟨*ohne ge*⟩ se passer de
'**Misserfolg** *m* échec *m*
'**Missernte** *f* mauvaise récolte
Misse|tat ['mɪsə-] *st/s f* méfait *m*; **~täter(in)** *st/s m(f)* malfaiteur *m*
miss'fallen *st/s v/i* ⟨*irr*, *sans ge*⟩ ***j-m ~*** déplaire à qn
'**Missfallen** *n* ⟨~s⟩ mécontentement *m* (***über*** [+ *acc*] au sujet de); ***j-s ~ erregen*** provoquer le mécontentement de qn
'**miss|gebildet** *adjt* mal formé; **≈geburt** *f* enfant mal formé(e); **≈geschick** *n* **1** (*Unglück*) malchance *f*; **2** (*ärgerlicher Vorfall*) mésaventure *f*
miss'glücken *v/i* ⟨*sans ge*, sn⟩ *Versuch* ne pas réussir; *Plan* échouer; *Kuchen* rater; ***es ist ihm missglückt*** il n'a pas réussi
miss'gönnen *v/t* ⟨*sans ge*⟩ ***j-m etw ~*** envier qc à qn
'**Miss|griff** *m* erreur *f*; faute *f*; **~gunst** *f* envie *f*; **≈günstig** *adj* envieux
miss'hand|eln *v/t* ⟨*ohne ge*, *sans ge*⟩ maltraiter; **≈lung** *f* mauvais traitements; sévices *m/pl*
Mission [mɪsi'o:n] *f* ⟨~; ~en⟩ mission *f*
Missio|'nar(in) *m* ⟨~s; ~e⟩ (*f*) ⟨~; ~nen⟩ missionnaire *m,f*; **≈'nieren** *v/t* ⟨*sans ge*⟩ évangéliser
'**Missklang** *m* **1** MUS dissonance *f*; **2** *fig* désaccord *m*
'**Misskredit** *m* ***j-n in ~ bringen*** discréditer qn; jeter le discrédit sur qn
miss'lang → ***misslingen***
'**misslich** *adj* fâcheux
misslingen [mɪs'lɪŋən] *v/i* ⟨misslang, misslungen, sn⟩ → ***missglücken***
'**Missmanagement** *n* mauvais management; mauvaise gestion
'**missmutig** *adj* de mauvaise humeur; morose
miss'raten *v/i* ⟨*irr*, *sans ge*, sn⟩ → ***missglücken***
'**Missstand** *m* abus *m*
misst [mɪst] → ***messen***
miss'trauen *v/i* ⟨*sans ge*⟩ ***j-m, e-r Sache ~*** se méfier de qn, qc
'**Misstrauen** *n* ⟨~s⟩ méfiance *f* (***gegen*** à l'égard de)
'**Misstrauens|antrag** *m* motion *f* de censure; **~votum** *n* vote *m* de défiance
'**misstrauisch** *adj* méfiant (***gegenüber*** à l'égard de)
'**Missverhältnis** *n* disproportion *f*
'**miss|verständlich** *adj* qui prête à (des) malentendus; équivoque; **≈verständnis** *n* ⟨~ses; ~se⟩ **1** malentendu *m*; **2** (*Streitigkeit*) désaccord *m*; **~verstehen** *v/t* ⟨*irr*, *sans ge*⟩ mal comprendre
'**Misswirtschaft** *f* mauvaise gestion
Mist [mɪst] *m* ⟨~(e)s⟩ **1** AGR fumier *m*; **2** F (*Unsinn*) F conneries *f/pl*; F ***~ bauen*** F faire des conneries; **3** F (*Schund*) F saloperie *f*; *fig* ***so ein ~!*** F zut alors!
Mistel ['mɪstəl] *f* ⟨~; ~n⟩ gui *m*
'**Mist|gabel** *f* fourche *f* à fumier; **~haufen** *m* (tas *m* de) fumier *m*; **~käfer** *m* bousier *m*; **~kerl** P *m* F salaud *m*; **~stück** P *n* F ordure *f*; *Frau* F salope *f*
mit [mɪt] **I** *prép* ⟨*dat*⟩ **1** (*zusammen ~, in Begleitung von*) avec; ***komm ~ mir*** viens avec moi; ***~ j-m gehen*** accompagner qn; **2** *Inhalt* de; ***ein Teller ~ Obst*** une assiette de fruits; **3** *Mittel* avec; de;

par; à; en; ~ **Bleistift schreiben** écrire au crayon; ~ **e-m Tritt** d'un coup de pied; ~ **der Post** par la poste; **4** *begleitender Umstand* à; *Art und Weise* avec; en; à, par; ~ **Tränen in den Augen** les larmes aux yeux; ~ **lauter Stimme** à 'haute voix; **5** *zeitlich, Alter* à; ~ **jedem Tag** de jour en jour; **II** *adv* (*neben anderen*) en; y; ~ **dabei sein** en être; y assister; ~ **dazugehören** en faire partie; F ~ **zu den besten Schülern zählen** figurer parmi les meilleurs élèves

'**Mitangeklagte(r)** *f(m)* coaccusé(e) *m(f)*

'**Mitarbeit** *f* collaboration *f*; **unter** ~ (*dat*) **von ...** en collaboration avec ...

'**mit·arbeiten** *v/i* ‹-e-› **1** **an etw** (*dat*) ~ collaborer à qc; **2** *im Unterricht* participer

'**Mitarbeiter(in)** *m(f)* collaborateur, -trice *m,f*

'**mit·|bekommen** *v/t* ‹*irr, sans ge*› **1** (*erhalten*) recevoir; (*mitnehmen*) emporter; **2** F (*verstehen*) F piger; **~benutzen** *v/t* ‹*¢$, sans ge*› utiliser en commun

'**mit·bestimmen** ‹*sans ge*› **I** *v/t* influencer; **II** *v/i bei e-r Entscheidung* participer; *im Betrieb* prendre part à la gestion

'**Mit|bestimmung** *f* participation *f*; *im Betrieb* cogestion *f*; **~bewerber(in)** *m(f)* concurrent(e) *m(f)*; **~bewohner(in)** *m(f)* colocataire *m,f*

'**mit·bringen** *v/t* ‹*irr*› **1** *Person, Sache* (r)amener; *Dinge* (r)apporter; **2** *fig Fähigkeiten* être doué de; *Voraussetzungen, Zeit* avoir

Mit|bringsel ['mɪtbrɪŋzəl] *n* ‹~s; ~› petit cadeau; *e-r Reise* souvenir *m*; **~bürger(in)** *m(f)* concitoyen, -enne *m,f*

'**mit·denken** *v/i* ‹*irr*› (**bei etw**) ~ *beim Zuhören* suivre qc attentivement; *bei der Arbeit* participer activement (à qc)

mitei'nander *adv* l'un(e) avec l'autre *bzw* les un(e)s avec les autres; (*gemeinsam*) ensemble

'**Miteinander** *n* ‹~$› vie commune

'**Miterb|e** *m*, **~in** *f* cohéritier, -ière *m,f*

'**mit·erleben** *v/t* ‹*sans ge*› **1** (*mitmachen*) participer à; vivre; **2** (*sehen*) assister à; voir

'**Mitesser** *m* MÉD comédon *m*; point noir

'**mit·fahren** *v/i* ‹*irr*, sn› **mit j-m** ~ accompagner qn

'**Mitfahr|gelegenheit** *f* place *f* dans une voiture (*pour un certain trajet*); **~zentrale** *f* organisme *m* d'auto-stop

'**mit·fühlen** **I** *v/t* compatir à; **II** *v/i* **mit j-m** ~ prendre part à la tristesse, la peine, *etc* de qn

'**mitfühlend** *adjt* compatissant

'**mit·führen** *v/t Gepäck, Güter* porter; transporter; *von Flüssen* charrier

'**mit·geben** *v/t* ‹*irr*› **j-m etw** ~ donner qc à qn

'**Mit|gefangene(r)** *f(m)* codétenu(e) *m(f)*; **~gefühl** *n* sympathie *f*; compassion *f*

'**mit·gehen** *v/i* ‹*irr*, sn› **1** (**mit j-m**) ~ aller avec qn; accompagner qn; F **etw ~ lassen** F faucher qc; **2** *Zuhörer* **begeistert** ~ être enthousiasmé

'**mitgenommen** F *adjt Möbel* F esquinté; *Buch, Kleid* F bousillé; (*erschöpft*) F vanné; F crevé

'**Mitgift** *f* ‹~; ~en› dot *f*

'**Mitglied** *n* membre *m*; adhérent(e) *m(f)*

'**Mitglieds|ausweis** *m* carte *f* (de membre); **~beitrag** *m* cotisation *f*

'**Mitgliedschaft** *f* ‹~› affiliation *f*

'**Mitgliedsstaat** *m* État *m* membre

'**mit·halten** *v/i* ‹*irr*› *im Tempo* suivre le rythme (**mit** de); *bei e-m Wettbewerb* ~ **können** tenir le coup

'**mit·helfen** *v/i* ‹*irr*› coopérer (**bei** à); prêter son concours, son assistance (à)

'**Mithilfe** *f* concours *m*; assistance *f*

'**mit·hören** *v/t* **1** *zufällig* entendre par 'hasard; **2** (*auch anhören*) écouter; **3** (*abhören*) intercepter

'**Mitinhaber(in)** *m(f)* associé(e) *m(f)*; codétenteur, -trice *m,f*

'**mit·|kommen** *v/i* ‹*irr*, sn› **1** (**mit j-m**) ~ venir avec qn; **2** *fig geistig* suivre; *in der Schule* pouvoir suivre; **~kriegen** F *v/t* → **mitbekommen**

'**Mit|läufer(in)** *m(f)* *péj* suiveur, -euse *m,f*; mouton *m*; **~laut** *m* consonne *f*

'**Mitleid** *n* pitié *f*; **mit j-m ~ haben** avoir pitié de qn; **aus ~ mit** par pitié pour; ~ **erregend** pitoyable

'**Mitleidenschaft** *f* **etw in ~ ziehen** (*beschädigen*) endommager qc; *Medikament* affecter qc; **j-n in ~ ziehen** affecter qn

M

'mitleidig **I** *adj* compatissant; **II** *adv* avec pitié

'mit·machen **I** *v/t* **1** (*teilnehmen*) prendre part (***bei*** à); *Mode, Lehrgang* suivre; **2** F (*miterledigen*) F se taper aussi; **3** F (*erleiden*) subir; F se taper; F ***das mache ich nicht mit*** F je ne marche pas; **II** *v/i* **4** y être; ***bei etw ~*** prendre part à qc; **5** F (*funktionieren*) ***nicht mehr ~*** F flancher; ***meine Beine machen nicht mehr mit*** F mes jambes n'en peuvent plus

'Mitmensch *m* prochain *m*

'mit·mischen F *v/i* ***bei etw ~*** participer à qc; *péj* se mêler de qc

'mit·nehmen *v/t* ⟨*irr*⟩ **1** *Sache* prendre; emporter; *Person* emmener; *Pizza etc* ***zum*** ♀ à emporter; **2** *Krankheit* éprouver; (*entkräften*) épuiser

'mit·rechnen *v/i* ⟨-e-⟩ (*hinzurechnen*) ajouter; ***mitgerechnet*** y compris; ***nicht mitgerechnet*** non compris

'mit·reden ⟨-e-⟩ **I** *v/t fig* ***ein Wort mitzureden haben*** avoir voix au chapitre; **II** *v/i* prendre part à la conversation

'Mitreisende(r) *f(m)* compagnon *m*, compagne *f* de voyage

'mit·reißen *v/t* ⟨*irr*⟩ emporter; *fig* (*begeistern*) entraîner

'mitreißend *adjt Redner* captivant; *Spiel* passionnant; *Musik* entraînant

mit'samt *prép* ⟨*dat*⟩ avec

'mit·schicken *v/t* ***etw*** (***mit etw***) ~ envoyer qc avec (qc); *im Brief* joindre qc (à qc)

'mit·|schleppen F *v/t Schweres* F trimbal(l)er; (*mitnehmen*) F traîner; **~schneiden** *v/t* ⟨*irr*⟩ enregistrer

'mit·schreiben ⟨*irr*⟩ **I** *v/t* ***etw ~*** prendre qc en note; **II** *v/i* prendre des notes

'Mit|schuld *f* complicité *f* (***an*** [+ *dat*] dans); **♀schuldig** *adj* complice (***an*** [+ *dat*] de); **~schüler(in)** *m(f)* camarade *m,f* d'école, de classe

'mit·spielen *v/i* **1** participer au jeu; jouer (*a* SPORT, THÉ); **2** *Gründe* entrer en jeu; **3** *fig* ***j-m übel ~*** jouer un mauvais, sale tour à qn

'Mit|spieler(in) *m(f)* partenaire *m,f*; *e-r Mannschaft* membre *m* de l'équipe; **~spracherecht** *n* participation *f*

'Mittag *m* midi *m*; ***am, über ~*** à midi; ***morgen ~*** demain (à) midi; (***zu***) ***~ essen*** déjeuner

'Mittagessen *n* déjeuner *m*

'mittags *adv* à midi; ***es ist 12 Uhr ~*** il est midi

'Mittags|pause *f* pause *f* de midi; heure *f* du déjeuner; **~ruhe** *f*, **~schlaf** *m* sieste *f*

'Mittagszeit *f* (heure *f* de) midi *m*; ***um die ~*** à midi

'Mittäter(in) *m(f)* complice *m,f*

Mitte ['mɪtə] *f* ⟨~; ~n⟩ milieu *m*; (*Mittelpunkt*) centre *m* (*a* POL); ***in der ~*** au milieu; ***~ Januar*** (à la) mi-janvier; ***sie ist ~ dreißig*** elle a dans les 35 ans; ***in unserer ~*** parmi nous; F *fig* ***ab durch die ~!*** F débarrasse-moi *bzw* débarassez-moi le plancher!

'mit·teilen *v/t* ***j-m etw ~*** communiquer qc à qn

'Mitteilung *f* communication *f*; *amtliche* avis *m*

Mittel ['mɪtəl] *n* ⟨~s; ~⟩ **1** (*Hilfs*♀) moyen *m*; ***mit allen ~n*** par tous les moyens; ***~ pl und Wege finden zu*** (+ *inf*) trouver le moyen de (+ *inf*); (***nur***) ***~ zum Zweck sein*** (n')être (qu')un moyen pour atteindre le but; **2** *pl* (*Geld*♀) moyens *m/pl*; ***öffentliche ~*** fonds publics; **3** *zur Reinigung, Pflege* produit *m*; (*Heil*♀) remède *m* (***gegen*** à); **4** MATH, MÉTÉO moyenne *f*; ***im ~*** en moyenne

'Mittelalter *n* Moyen Âge *m*; **♀lich** *adj* médiéval; moyenâgeux

'Mittela'merika *n* l'Amérique centrale

'mittelbar *adj* indirect

'Mittelding F *n* chose *f* intermédiaire, compromis *m* (***zwischen*** [+ *dat*] entre)

'Mitteleu'ropa *n* l'Europe centrale

'mitteleuro'päisch *adj* d(e l')Europe centrale; ***~e Zeit*** → ***MEZ***

'Mittel|feld *n* FUSSBALL milieu *m* du terrain; **~finger** *m* majeur *m*; **♀fristig** *adj* à moyen terme; **~gebirge** *n* moyenne montagne; **♀groß** *adj* de taille moyenne; **~klasse** *f* classe moyenne; **~linie** *f* ligne médiane; *auf der Straße* ligne blanche; FUSSBALL ligne *f* de milieu; **♀los** *adj* sans moyens, ressources; **~maß** *n* moyenne *f*; *péj* médiocrité *f*; **♀mäßig** *adj* médiocre; **~mäßigkeit** *f* médiocrité *f*

'Mittelmeer ***das ~*** la (mer) Méditerranée

'Mittelohrentzündung *f* otite *f*

'Mittelpunkt *m* centre *m* (*a fig*); ***im ~***

stehen être au centre de l'intérêt
'mittels *prép ⟨gén⟩* à l'aide de
'Mittel|scheitel *m* raie *f* au milieu; **~schule** *f schweiz* lycée *m*
'Mittelsmann *m* ⟨~¢s; -leute *ou* -männer⟩ intermédiaire *m*
'Mittelstand *m* classe moyenne
'Mittelstrecken|lauf *m* course *f* de demi-fond; **~rakete** *f* fusée *f* de portée moyenne
'Mittel|streifen *m der Autobahn* bande médiane; **~stufe** *f* SCHULE premier cycle (*comprenant la 8e, 9e, 10e année scolaire*); **~stürmer** *m* avant-centre *m*
'Mittelweg *m fig* moyen terme; compromis *m*; ***der goldene ~*** le juste milieu
'Mittel|welle *f* onde moyenne; **~wert** *m* (valeur) moyenne *f*; **~wort** *n* ⟨~¢s; -wörter⟩ GR participe *m*
'mitten *adv* **1** *räumlich* **~ *in, auf, unter*** (+ *dat, mouvement* + *acc*) au (beau) milieu de; **~ *durch*** à travers; **~ *unter ihnen*** parmi eux; **2** *zeitlich* **~ *in der Nacht, im Winter*** en pleine nuit, en plein hiver
mitten'drin *adv* au (beau) milieu
mitten'durch *adv* tout au travers
'Mitternacht *f* minuit *m*
Mittler ['mɪtlər] *m* ⟨~s; ~⟩ médiateur *m*
'mittlere *adj* **1** (*in der Mitte befindlich*) du milieu; TECH, GÉOGR médian; **2** (*dazwischenliegend*) du milieu; *fig* intermédiaire; **3** (*durchschnittlich*) moyen; **~*n Alters*** entre deux âges; d'un certain âge
'mittler'weile *adv* en attendant
Mitt|woch ['mɪtvɔx] *m* ⟨~¢s; ~e⟩ mercredi *m*; → ***Montag***; **ᘔwochs** *adv* le mercredi; tous les mercredis
mit'unter *adv* de temps en temps
'mitverantwort|lich *adj* coresponsable (***für*** de); **ᘔung** *f* coresponsabilité *f*
'mit·wirken *v/i* **1** ***bei, an etw ~*** collaborer, participer à qc; **2** THÉ jouer
'Mit|wirkende(r) *f(m)* ⟨→ A⟩ participant(e) *m(f)*; **~wirkung** *f* concours *m*; **~wisser(in)** *m* ⟨~s; ~⟩ *(f)* ⟨~; ~nen⟩ complice *m,f*; *e-s Geheimnisses* dépositaire *m,f*
'mit·zählen *v/t u v/i* compter
Mix [mɪks] F *m* ⟨~; ~e⟩ mélange *m*
'Mixbecher *m* shaker *m*
'mixen *v/t* ⟨¢$⟩ *Getränk* mélanger; TV, RAD mixer
'Mixer *m* ⟨~s; ~⟩ **1** *Person* barman *m*; **2** *Gerät* mixe(u)r *m*
Mix'tur *f* ⟨~; ~en⟩ mixture *f*
mm *abr* (*Millimeter*) mm
Mob [mɔp] *m* ⟨~s⟩ *péj* populace *f*
mobben ['mɔbən] *v/t* 'harceler sur le lieu de travail
Mobbing ['mɔbɪŋ] *n* ⟨~s⟩ 'harcèlement *m* sur le lieu de travail
Möbel ['mø:bəl] *n* ⟨~s; ~⟩ meuble *m*; **~geschäft** *n* magasin *m* d'ameublement; **~packer** *m* déménageur *m*; **~stück** *n* meuble *m*; **~wagen** *m* camion *m* de déménagement
mobil [mo'bi:l] *adj* **1** (*beweglich*) mobile; MIL **~ *machen*** mobiliser; **2** F (*rüstig*) alerte
Mobile ['mo:bilə] *n* ⟨~s; ~s⟩ mobile *m*
Mo'bilfunk *m* radiotéléphonie *f*
Mobil|iar [mobili'a:r] *n* ⟨~s⟩ mobilier *m*; **ᘔi'sieren** *v/t* ⟨*sans ge*⟩ mobiliser (*a fig*, MIL)
Mo'bil|machung *f* ⟨~; ~en⟩ mobilisation *f*; **~telefon** *n* téléphone *m* mobile
möblieren [mø'bli:rən] *v/t* ⟨*sans ge*⟩ meubler
mochte, möchte ['mɔxtə, 'mœçtə] → ***mögen***
modal [mo'da:l] *adj* modal; **ᘔi'tät** *f* ⟨~; ~en⟩ modalité *f*
Mode ['mo:də] *f* ⟨~; ~n⟩ mode *f*; ***(in) ~ sein*** être à la mode; ***aus der ~ kommen*** passer de mode; ***mit der ~ gehen*** suivre la mode
'mode|bewusst *adj* qui suit la mode; F branché; **ᘔfarbe** *f* couleur *f*, coloris *m* à la mode
'Modehaus *n* atelier *m* de couture; ***die großen Modehäuser*** la haute couture
Model ['mɔdəl] *n* ⟨~s; ~s⟩ modèle *m*
Modell [mo'dɛl] *n* ⟨~s; ~e⟩ COMM, TECH, PEINT, *fig* modèle *m*; (*Bauart*) type *m*; (*verkleinerte Nachbildung*) maquette *f*; ***(j-m) ~ stehen*** poser (pour qn)
Mo'dell|eisenbahn *f* chemin *m* de fer miniature; **~flugzeug** *n* maquette *f* d'avion
model'lieren *v/t* ⟨*sans ge*⟩ modeler
Modem ['mo:dɛm] *n* ⟨~s; ~s⟩ modem *m*
'Modenschau *f* défilé *m* de mode
Moder ['mo:dər] *m* ⟨~s⟩ pourri *m*
Mode|rator(in) [mode'ra:tɔr (-'to:rɪn)] *m* ⟨~s; -'toren⟩ *(f)* ⟨~; ~nen⟩ présentateur, -trice *m,f*; animateur, -trice *m,f*;

~~'rieren~~ *v/t* ⟨*sans ge*⟩ présenter
'**mod(e)rig** *adj* pourri; moisi
modern[1] ['mo:dərn] *v/i* ⟨h *ou* sn⟩ pourrir
modern[2] [mo'dɛrn] *adj* moderne; (*modisch*) à la mode
Mo'der|ne *f* ⟨~⟩ *Epoche* temps *m/pl* modernes; *Kunstrichtung* moderne *m*; **~ni'sieren** *v/t* ⟨*sans ge*⟩ moderniser
'**Mode|schmuck** *m* bijoux *m/pl* (de) fantaisie; **~schöpfer(in)** *m(f)* grand couturier; créateur, -trice *m,f* de mode; **~tanz** *m* danse *f* à la mode; **~zeichner(in)** *m(f)* modéliste *m,f*; **~zeitschrift** *f* journal *m* de mode
modifizieren [modifi'tsi:rən] *v/t* ⟨*sans ge*⟩ modifier
'**modisch** *adj* à la mode
'**modrig** → ***moderig***
Modul [mo'du:l] *n* ⟨~s; ~e⟩ INFORM, TECH module *m*
Modus ['mo:dus] *m* ⟨~; -di⟩ GR, *fig* mode *m*
Mofa ['mo:fa] *n* ⟨~s; ~s⟩ cyclomoteur *m*; mobylette® *f*
Mogelei [mo:gə'laɪ] F *f* ⟨~; ~en⟩ tricherie *f*
'**mogeln** F *v/i* ⟨¢⟩ tricher
'**Mogelpackung** *f* emballage trompeur
mögen ['mø:gən] ⟨mag *ou* möchte; mochte⟩ **I** *v/aux de mode* ⟨*p/p* mögen⟩ **1** *Möglichkeit* (se) pouvoir; ***das mag sein*** cela se peut; peut-être; ***sie mochte zwölf sein*** elle pouvait avoir douze ans; ***mag sein, dass …*** il se peut que … (+ *subj*); ***wo er wohl sein mag?*** où peut-il bien être?; ***… und wie sie alle heißen ~*** … ou autres; **2** *einräumend, verallgemeinernd* ***was man auch immer sagen mag*** quoi que l'on dise; ***wie sie auch sein ~ …*** quels qu'ils soient …; ***mag er auch noch so reich sein …*** si riche qu'il soit …; **3** *st/s Wunsch* ***möge dieser Tag …*** puisse ce jour …; **4** (*gern ~*) aimer; (*wünschen*) vouloir; désirer; ***lieber ~*** aimer mieux; préférer; ***ich möchte gern etwas essen*** je voudrais bien manger qc; ***ich möchte so gern*** (+ *inf*) j'aimerais tant (+ *inf*); **II** *v/t* ⟨*p/p* gemocht⟩ ***j-n, etw ~*** aimer qn, qc; ***was möchten Sie?*** que désirez-vous?; **III** *v/i* ⟨*p/p* gemocht⟩ vouloir (bien); ***ich mag nicht*** je n'ai pas envie; ***ich möchte nach Hause*** je voudrais rentrer à la maison
möglich ['mø:klɪç] *adj* possible; (*etwaig*) éventuel; ***er verkauft alles ~e*** il vend de tout; ***alles ~e tun, um zu*** (+ *inf*) employer toutes sortes de moyens pour (+ *inf*); ***so schnell, gut*** *etc* ***wie ~*** le plus vite, le mieux, *etc* possible
'**möglicher'weise** *adv* peut-être
'**Möglichkeit** *f* ⟨~; ~en⟩ possibilité *f*; (*möglicher Fall*) éventualité *f*; (*Gelegenheit*) occasion *f*; ***nach ~*** si possible; ***es besteht die ~, dass …*** il est possible que … (+ *subj*)
'**möglichst I** *adv* **1** (*so viel wie möglich*) autant que possible; **2** (*wenn möglich*) si possible; **3** (*so … wie möglich*) le plus *bzw* moins … possible; **II** *subst* ***ich werde mein ~es tun*** je ferai de mon mieux
Mohammedan|er(in) [mohame'da:nər(ɪn)] *m* ⟨~s; ~⟩ (*f*) ⟨~; ~nen⟩ musulman(e) *m(f)*; **~isch** *adj* musulman
Mohn [mo:n] *m* ⟨~es; ~e⟩ **1** BOT pavot *m*; (*Klatsch~*) coquelicot *m*; **2** *auf Gebäck* graines *f/pl* de pavot; '**~blume** *f* → ***Mohn 1***
Möhre ['mø:rə] *f* ⟨~; ~n⟩ carotte *f*
'**Mohrenkopf** *m* CUIS tête *f* de nègre
'**Mohrrübe** *f nordd* carotte *f*
mokieren [mo'ki:rən] *v/r* ⟨*sans ge*⟩ ***sich über j-n, etw ~*** se moquer de qn, qc
Mokka ['mɔka] *m* ⟨~s; ~s⟩ moka *m*
Molch [mɔlç] *m* ⟨~es; ~e⟩ ZO triton *m*
Moldawien [mɔl'da:viən] *n* ⟨~s⟩ la Moldavie
Mole ['mo:lə] *f* ⟨~; ~n⟩ môle *m*; jetée *f*
Mole|kül [mole'ky:l] *n* ⟨~s; ~e⟩ molécule *f*; **~kular** [-ku'la:r] *adj* moléculaire
Molke ['mɔlkə] *f* ⟨~; ~n⟩ petit-lait *m*
Molke'rei *f* ⟨~; ~en⟩ laiterie *f*; **~produkt** *n* produit laitier
Moll [mɔl] *n* ⟨~⟩ mode, ton mineur
mollig ['mɔlɪç] F **I** *adj* **1** (~ *weich*) douillet; (*angenehm warm*) bien chaud; agréable; **2** (*rundlich*) rondelet; **II** *adv* ***~ warm*** bien chaud
Moment[1] [mo'mɛnt] *m* ⟨~es; ~e⟩ (*Augenblick*) moment *m*; instant *m*; ***im ~*** pour l'instant; F ***~ mal!*** attends *bzw* attendez un peu!
Mo'ment[2] *n* ⟨~es; ~e⟩ **1** (*Umstand*) facteur *m*; **2** PHYS moment *m*
momentan [momɛn'ta:n] *adj* (*vorüber-*

gehend) momentané; (*gegenwärtig*) actuel

Monaco [mo'nako] *n* ⟨~s⟩ Monaco

Monar|ch(in) [mo'narç(ɪn)] *m* ⟨~en; ~en⟩ (*f*) ⟨~; ~nen⟩ monarque *m*; **~chie** [-'çiː] *f* ⟨~; ~n⟩ monarchie *f*

Monat ['moːnat] *m* ⟨~s; ~e⟩ mois *m*; ***im ~ Mai*** au mois de mai; ***pro ~, im ~*** par mois; ***sie ist im fünften ~*** elle est enceinte de quatre mois

'monatelang *adj u adv* des mois durant

'monatlich **I** *adj* mensuel; ***~e Zahlung*** mensualité *f*; **II** *adv* (*jeden Monat*) tous les mois; (*im Monat*) par mois; *zahlen* par mensualités

'Monats|anfang *m* début *m* de mois; **~ende** *n* fin *f* de mois; **~gehalt** *n* salaire mensuel; **~karte** *f* carte (d'abonnement) mensuelle; **~rate** *f* mensualité *f*

Mönch [mœnç] *m* ⟨~ ̸es; ~e⟩ moine *m*

'Mönchs|kutte *f* froc *m*; **~orden** *m* ordre *m* monastique

Mond [moːnt] *m* ⟨~ ̸es; ~e⟩ lune *f*; ASTR Lune *f*; F *fig* ***hinter dem ~ leben*** retarder (sur son temps)

mondän [mɔn'dɛːn] *adj* mondain

'Mond|aufgang *m* lever *m* de la lune; **~finsternis** *f* éclipse *f* de Lune; **~landefähre** *f* module *m* lunaire; **~landung** *f* alunissage *m*; **~licht** *n*, **~schein** *m* clair *m* de lune; **~sichel** *f* croissant *m* (de lune)

Monegass|e [mone'gasə] *m* ⟨~n; ~n⟩, **~in** *f* ⟨~; ~nen⟩ Monégasque *m,f*; **~isch** *adj* monégasque

Moneten [mo'neːtən] F *pl* F fric *m*

Mongol|e [mɔŋ'goːlə] *m* ⟨~n; ~n⟩, **~in** *f* ⟨~; ~nen⟩ Mongol(e) *m(f)*

Mongo'lei ⟨~⟩ ***die ~*** la Mongolie

mon'golisch *adj* mongol

Mongo'l|ismus *m* ⟨~⟩ MÉD mongolisme *m*; **~o'id** *adj* mongolien

monieren [mo'niːrən] *v/t* ⟨*sans ge*⟩ critiquer

Monitor ['moːnitɔr] *m* ⟨~s; ~e *ou* -'toren⟩ INFORM écran *m*; PHYS, MÉD moniteur *m*

mono ['moːno] *adv* en mono

mono..., Mono... *in Zssgn* mono...

mono|gam [mono'gaːm] *adj* monogame; **~ga'mie** *f* ⟨~⟩ monogamie *f*

Mono|'gramm *n* ⟨~s; ~e⟩ monogramme *m*; **~gra'phie** *f* ⟨~; ~n⟩ monographie *f*

Monokel [mo'nɔkəl] *n* ⟨~s; ~⟩ monocle *m*

Monolog [mono'loːk] *m* ⟨~ ̸es; ~e⟩ monologue *m*

Monopol [mono'poːl] *n* ⟨~s; ~e⟩ monopole *m* (***auf*** [+ *acc*] de)

mono|'ton *adj* monotone; **~to'nie** *f* ⟨~; ~n⟩ monotonie *f*

Monster ['mɔnstər] *n* ⟨~s; ~⟩ monstre *m*

Monstranz [mɔn'strants] *f* ⟨~; ~en⟩ ostensoir *m*

monströs [mɔn'strøːs] *adj* monstrueux

'Monstrum *n* ⟨~s; -ren⟩ monstre *m*

Monsun [mɔn'zuːn] *m* ⟨~s; ~e⟩ mousson *f*

Montag ['moːntaːk] *m* lundi *m*; ***am ~*** le lundi; ***jeden ~*** tous les lundis; ***letzten ~*** lundi dernier; ***heute ist ~, der 5. Oktober*** nous sommes le lundi 5 octobre; F ***(e-n) blauen ~ machen*** F se faire porter pâle le lundi

Montage [mɔn'taːʒə] *f* ⟨~; ~n⟩ montage *m* (*a* TECH, PHOT, FILM)

Montag'mittag *m* lundi *m* (à) midi

'montags *adv* le lundi; tous les lundis

Montanindustrie [mɔn'taːn-] *f* industrie *f* du charbon et de l'acier

Mont|eur [mɔn'tœːr] *m* ⟨~s; ~e⟩ monteur *m*; installateur *m*; **~ieren** *v/t* ⟨*sans ge*⟩ (*zusammenbauen*) monter; (*anschließen*) installer

Montur [mɔn'tuːr] F *f* ⟨~; ~en⟩ F attirail *m*; ***in voller ~*** 'harnaché de pied en cap

Monumen|t [monu'mɛnt] *n* ⟨~ ̸es; ~e⟩ monument *m*; **~'tal** *adj* monumental

Moor [moːr] *n* ⟨~ ̸es; ~e⟩ (*Sumpf*) marais *m*; (*Torf~*) tourbière *f*

Moos [moːs] *n* ⟨~es; ~e⟩ **1** BOT mousse *f*; **2** F (*Geld*) F fric *m*

'moosgrün *adj* vert mousse

Mop [mɔp] *m* ⟨~s; ~s⟩ balai *m* à franges

Moped ['moːpɛt] *n* ⟨~s; ~s⟩ vélomoteur *m*

Mops [mɔps] *m* ⟨~es; ~̈e⟩ **1** *Hund* carlin *m*; **2** F *fig* F petit(e) gros, grosse

'mopsen F *v/t* ⟨ ̸ge⟩ F faucher; F piquer

Moral [mo'raːl] *f* ⟨~⟩ **1** (*Sittenlehre*) morale *f*; (*Sittlichkeit*) morale *f*; moralité *f*; ***doppelte ~*** morale hypocrite; **2** *e-r Geschichte* morale *f*; **3** (*seelische Verfassung*) moral *m*

Mo'ralapostel *m péj* moralisateur *m*

mo'ra|lisch *adj* moral; **~'list** *m* ⟨~en; ~en⟩ moraliste *m*

Mo'ralpredigt *f* sermon *m*; ***j-m e-e ~ halten*** faire un sermon à qn
Morast [mo'rast] *m* ⟨~¢s; ~e *ou* Moräste⟩ bourbe *f*; **≗ig** *adj* bourbeux
Morchel ['mɔrçəl] *f* ⟨~; ~n⟩ morille *f*
Mord [mɔrt] *m* ⟨~¢s; ~e⟩ meurtre *m* (***an*** [+ *dat*] de); ***e-n ~ begehen*** commettre un meurtre
'Mordanschlag *m* attentat *m* (***auf*** [+ *acc*] contre)
'morden *v/t u v/i* ⟨-e-⟩ assassiner
Mörder|(in) ['mœrdər(ɪn)] *m* ⟨~s; ~⟩ (*f*) ⟨~; ~nen⟩ meurtrier, -ière *m,f*; **≗isch** F *adj* terrible; F d'enfer; *Hitze, Kälte* mortel; *Kälte a* F de chien; F de canard; *Geschwindigkeit* infernal
'Mord|fall *m* affaire *f* de meurtre; **~kommission** *f etwa* brigade criminelle
'Mords... F *in Zssgn* F extraordinaire; *péj* F monstre; **'~'angst** F *f* F trouille *f* monstre; **'~'arbeit** F *f* travail fou; **'≗ge'fährlich** F *adj* F vachement dangereux; **'~'hunger** F *m* F faim *f* de loup; **≗mäßig** F *adj* F dingue
'Mordverdacht *m* ***unter ~*** (*dat*) ***stehen*** être soupçonné de meurtre
'Mord|versuch *m* tentative *f* d'assassinat, de meurtre; **~waffe** *f* arme *f* du crime
morgen ['mɔrgən] *adv* (*am nächsten Tag*) demain; ***~ früh*** demain matin; ***~ in acht Tagen*** demain en huit; ***bis ~!*** à demain!
'Morgen *m* ⟨~s; ~⟩ matin *m*; (*Vormittag*) matinée *f*; ***am ~*** le matin; ***am frühen ~*** de bon matin; ***e-s (schönen) ~s*** un (beau) matin; ***am nächsten ~*** le lendemain matin; ***heute ~*** ce matin; ***guten ~!*** bonjour!
'Morgendämmerung *f* aube *f*; petit jour
'morgendlich *adj* du matin; matinal
'Morgengrauen *n* aube *f*; ***im ~*** à l'aube
'Morgenluft *f* air *m* du matin; *fig* ***~ wittern*** flairer la bonne occasion
'Morgen|mantel *m* peignoir *m*; **~muffel** F *m* personne *f* qui est de mauvaise humeur le matin; **~rock** *m* peignoir *m*; **~rot** *n* aurore *f*
'morgens *adv* le matin; ***um acht Uhr ~*** à huit heures du matin; ***von ~ bis abends*** du matin au soir
'Morgenstunde *f* heure matinale; *prov* ***Morgenstund hat Gold im Mund*** le monde appartient à ceux qui se lèvent tôt
'morgig *adj* de demain
Morphium ['mɔrfium] *n* ⟨~s⟩ morphine *f*; **≗süchtig** *adj* morphinomane
morsch [mɔrʃ] *adj* pourri (*a fig*)
Morsealphabet ['mɔrzəˀ-] *n* alphabet *m* morse
'morsen *v/t* ⟨¢s⟩ télégraphier en morse
Mörser ['mœrzər] *m* ⟨~s; ~⟩ mortier *m*
'Morsezeichen *n* signal *m* en morse
Mörtel ['mœrtəl] *m* ⟨~s; ~⟩ mortier *m*
Mosaik [moza'iːk] *n* ⟨~s; ~en⟩ mosaïque *f* (*a fig*); **~stein** *m* pièce *f* de mosaïque (*a fig*)
Mosambik [mozam'biːk] *n* ⟨~s⟩ le Mozambique
Moschee [mɔ'ʃeː] *f* ⟨~; ~n⟩ mosquée *f*
Moschus ['mɔʃus] *m* ⟨~⟩ musc *m*
Mosel ['moːzəl] ⟨~⟩ ***die ~*** la Moselle
mosern ['moːzərn] F *v/i* F râler
Moskau ['mɔskau] *n* ⟨~s⟩ Moscou
Moskito [mɔs'kiːto] *m* ⟨~s; ~s⟩ moustique *m*; **~netz** *n* moustiquaire *f*
Mos|lem ['mɔslɛm] *m* ⟨~s; ~s⟩ musulman *m*; **≗'lemisch** *adj* musulman
Most [mɔst] *m* ⟨~¢s; ~e⟩ **1** (*Obstsaft*) moût *m*; **2** *südd* (*Apfel≗*) cidre *m*
Mostrich ['mɔstrɪç] *m* ⟨~s⟩ *bes nordostdeutsch* moutarde *f*
Motel [mo'tɛl] *n* ⟨~s; ~s⟩ motel *m*
Motiv [mo'tiːf] *n* ⟨~s; ~e⟩ **1** (*Beweggrund*) motif *m*; *für Verbrechen* mobile *m*; **2** MUS, PEINT motif *m*
Motivati'on *f* ⟨~; ~en⟩ motivation *f*
moti'vieren *v/t* ⟨*sans ge*⟩ motiver
Motocross, Moto-Cross [moto'krɔs] *n* ⟨~; ~e⟩ motocross *m*
Motor ['moːtɔr] *m* ⟨~s; -'toren⟩ moteur *m* (*a fig*); **~boot** *n* bateau *m*, canot *m* à moteur; **~haube** *f* capot *m*
mo'torisch *adj* MÉD moteur
motori'sieren *v/t* ⟨*sans ge*⟩ motoriser
'Motoröl *n* huile *f* moteur
'Motorrad *n* moto *f*; motocyclette *f*; **~fahrer(in)** *m*(*f*) motocycliste *m,f*
'Motor|roller *m* scooter *m*; **~schaden** *m* panne *f* de moteur; **~sport** *m* sport automobile, motocycliste, *etc*
Motte ['mɔtə] *f* ⟨~; ~n⟩ mite *f*
'Mottenkugel *f* boule *f* de naphtaline
Motto ['mɔto] *n* ⟨~s; ~s⟩ devise *f*
motzen ['mɔtsən] F *v/i* ⟨¢s⟩ F râler
Mountain|bike ['mauntənbaɪk] *n* ⟨~s;

M

~s⟩ vélo *m* tout-terrain; V.T.T. *m*; **~biker(in)** *m* ⟨~s; ~⟩ (*f*) ⟨~; ~nen⟩ vététiste *m,f*

Möwe ['møːvə] *f* ⟨~; ~n⟩ mouette *f*; *große* goéland *m*

Mozam'bique → ***Mosambik***

Mozzarella [mɔtsa'rɛla] *m* ⟨~s; ~s⟩ CUIS mozzarella *f*

MP [ɛm'piː] *f* ⟨~; ~s⟩ *abr* (*Maschinenpistole*) mitraillette *f*

Mrd. *abr* (*Milliarde*[*n*]) milliard(s)

mtl. *abr* → ***monatlich***

Mücke ['mʏkə] *f* ⟨~; ~n⟩ moustique *m*; cousin *m*; F ***aus e-r ~ e-n Elefanten machen*** se faire une montagne de qc

'Mückenstich *m* piqûre *f* de moustique

Mucks [mʊks] *m* ⟨~es; ~e⟩ F ***keinen ~ sagen*** F ne pas ouvrir le bec; ne (pas) piper mot

'mucksen F *v/r* ⟨*ge*⟩ ***sich nicht ~*** ne (pas) piper mot

'mucks'mäuschen'still → ***mäuschenstill***

müde ['myːdə] *adj* **1** (*erschöpft*) fatigué; ***~ sein*** être fatigué; (*schläfrig sein*) avoir sommeil; ***~ werden*** se fatiguer; **2** (*überdrüssig*) ***e-r Sache*** (*gén*) ***~ sein*** être las de qc; ***er wird nicht ~ zu*** (+ *inf*) il ne se lasse pas de (+ *inf*)

'Müdigkeit *f* ⟨~⟩ fatigue *f*

Muff [mʊf] *m* ⟨~es; ~e⟩ manchon *m*

'Muffe *f* ⟨~; ~n⟩ TECH manchon *m*

'Muffel F *m* ⟨~s; ~⟩ grincheux *m*

'muff(e)lig F *adj* grincheux

'muffig I *adj* **1** *Geruch* de renfermé; **2** F → ***muffelig***; **II** *adv* ***~ riechen*** sentir le renfermé

muh [muː] *int* meuh!

Mühe ['myːə] *f* ⟨~; ~n⟩ peine *f*; mal *m*; effort *m*; ***mit Müh und Not*** à grand-peine; ***sich*** (*dat*) ***~ geben zu*** (+ *inf*) s'efforcer de (+ *inf*); ***sich*** (*dat*) (***mit etw***) ***~ geben*** se donner de la peine (pour qc); ***sich*** (*dat*) ***die ~ machen zu*** (+ *inf*) se donner la peine de (+ *inf*); ***keine ~ scheuen*** ne pas ménager sa peine; ***die Sache ist der ~*** (*gén*) ***wert*** la chose en vaut la peine

'mühelos *adv* sans peine; facilement

'mühen *v/r* ***sich ~*** (***, etw zu tun***) se donner du mal (pour faire qc); s'efforcer (de faire qc)

'mühevoll *adj* pénible

Mühle ['myːlə] *f* ⟨~; ~n⟩ **1** moulin *m*; *Fabrik* minoterie *f*; **2** *Brettspiel* marelle *f*; **3** F *fig Auto* F bagnole *f*; *Flugzeug* F coucou *m*

Mühlhausen [myːl'haʊzən] *n* ⟨~s⟩ Mulhouse

'Mühlrad *n* roue *f* de moulin

'Müh|sal *st/s f* ⟨~; ~e⟩ peines *f/pl*; **⁀sam** *adj*, **⁀selig** *st/s adj* pénible; (*ermüdend*) fatigant

Mulatt|e [mu'latə] *m* ⟨~n; ~n⟩, **~in** *f* ⟨~; ~nen⟩ mulâtre, -esse *m,f*

Mulde ['mʊldə] *f* ⟨~; ~n⟩ creux *m*

Mull [mʊl] *m* ⟨~es⟩ gaze *f*

Müll [mʏl] *m* ⟨~s⟩ déchets *m/pl*; (*Haus⁀*) ordures (ménagères); ***etw in den ~ werfen*** jeter qc à la poubelle

'Müll|abfuhr *f* enlèvement *m* des ordures; *städtische* service *m* de voirie; **~beutel** *m* sac *m* poubelle

'Mullbinde *f* bande *f* de gaze

'Müll|container *m* conteneur *m* pour ordures ménagères; **~deponie** *f* décharge (publique); **~eimer** *m* poubelle *f*; **~entsorgung** *f* (collecte *f* et) traitement *m* des ordures *bzw* des déchets

Müller ['mʏlər] *m* ⟨~s; ~⟩ meunier *m*

'Müll|kippe *f* décharge (municipale); **~mann** *m* ⟨~es; -männer⟩ éboueur *m*; F boueux *m*; **~sack** *m* sac *m* poubelle; **~schlucker** *m* vide-ordures *m*; **~tonne** *f* poubelle *f*; **~trennung** *f* tri sélectif des ordures *bzw* des déchets; **~verbrennungsanlage** *f* usine *f* d'incinération des ordures ménagères; **~wagen** *m* benne *f* à ordures

mulmig ['mʊlmɪç] F *adj Situation* qui sent le roussi; ***mir ist ~*** je me sens mal

Multi ['mʊlti] F *m* ⟨~s; ~s⟩ multinationale *f*

multi…, Multi… [mʊlti…] *in Zssgn* multi…

multi|funktio'nal *adj* polyvalent; **~kultu'rell** *adj* multiculturel; **~late'ral** *adj* multilatéral

Multimedia… [mʊlti'meːdia…] *in Zssgn* multimédia; **~produkt** *n* produit *m* multimédia; **~show** *f* spectacle *m* multimédia

'Multi|millionär(in) *m*(*f*) multimillionnaire *m,f*; **⁀natio'nal** *adj* multinational

Multipli|kation [mʊltiplikatsi'oːn] *f* ⟨~; ~en⟩ multiplication *f*; **~'kator** *m* ⟨~s; -'toren⟩ multiplicateur *m*; **⁀'zieren** *v/t* ⟨*sans ge*⟩ multiplier (***mit*** par)

M

Multivita'minsaft *m* jus (de fruits) multivitaminé
Mumie ['mu:miə] *f* ⟨~; ~n⟩ momie *f*
Mumm [mʊm] F *m* ⟨~s⟩ (*Mut*) F cran *m*; (*Kraft*) punch *m*
Mumpitz ['mʊmpɪts] F *m* ⟨~es⟩ F foutaise *f*
Mumps [mʊmps] *m* ⟨~⟩ oreillons *m/pl*
München ['mʏnçən] *n* ⟨~s⟩ Munich
Mund [mʊnt] *m* ⟨~(e)s; ~̈er⟩ bouche *f*; F ***halt den ~!*** F ferme-la!; F boucle-la!; F ***den ~ voll nehmen*** faire l'important; F se faire mousser; F ***nicht auf den ~ gefallen sein*** F ne pas avoir la langue dans sa poche; ***in aller ~e sein*** être dans toutes les bouches; F *fig Worte etc* ***in den ~ nehmen*** F utiliser qc; ***j-m etw in den ~ legen*** faire dire qc à qn; ***j-m nach dem ~(e) reden*** passer de la pommade à qn; ***von ~ zu ~*** de bouche à oreille
'Mundart *f* dialecte *m*; patois *m*
'Munddusche *f* hydropulseur *m*
Mündel ['mʏndəl] *n od m* ⟨~s; ~⟩ pupille *m,f*
'munden *st/s v/i* ⟨-e-⟩ ***j-m ~*** être au goût de qn; plaire à qn
münden ['mʏndən] *v/i* ⟨-e-, sn⟩ ***in etw*** (*acc*) ~ *Fluss* se jeter dans qc; *Weg, Gespräch* déboucher sur qc
'mund|faul F *adj* F pas très bavard; peu loquace; **2geruch** *m* mauvaise haleine; **2harmonika** *f* harmonica *m*
'mündig *adj* **1** majeur; ***~ werden*** devenir majeur; **2** *fig* responsable
mündlich ['mʏntlɪç] **I** *adj* verbal; oral (*a Examen*); **II** *adv* de vive voix
'Mund|propaganda *f* bouche *m* à oreille; **~schutz** *m* MÉD masque *m*; *Boxen* protège-dents *m*; **~stück** *n e-r Zigarette* bout *m*; *e-s Blasinstruments* embouchure *f*; *e-r Oboe* bec *m*
'mundtot *adj* ***j-n ~ machen*** museler qn
'Mündung *f* ⟨~; ~en⟩ **1** *e-s Flusses* embouchure *f*; **2** *e-s* (*Geschütz*) *Rohres* bouche *f*; *e-r Feuerwaffe* gueule *f*
'Mundwasser *n* ⟨~s; -wässer⟩ eau *f* dentifrice
'Mundwerk F *n* ***ein loses ~ haben*** F avoir la langue bien pendue
'Mund|winkel *m* commissure *f* des lèvres; **'~-zu-'Mund-Beatmung** *f* bouche-à-bouche *m*
Munition [munitsi'o:n] *f* ⟨~⟩ munitions *f/pl*; **~slager** *n* dépôt *m* de munitions
munkeln ['mʊŋkəln] F *v/t u v/i* ⟨-(e)le⟩ ***man munkelt, dass …*** on chuchote que …
Münster ['mʏnstər] *n* ⟨~s; ~⟩ cathédrale *f*
munter ['mʊntər] *adj* **1** (*fröhlich*) allègre; (*lebhaft*) vif; plein d'entrain; (*mobil*) alerte; **2** (*wach*) éveillé; **2macher** F *m* excitant *m*
'Münzautomat *m* distributeur *m* (automatique)
Münze ['mʏntsə] *f* ⟨~; ~n⟩ **1** pièce *f* (de monnaie); *pl* ***~n*** *a* monnaie *f*; ***bare ~*** argent comptant (*a fig*); *fig* ***j-m etw mit gleicher ~ heimzahlen*** rendre la monnaie de sa pièce à qn; **2** (*Gedenk2*) médaille *f*
'münzen *v/t* ⟨-(e)s⟩ *fig* ***das ist auf mich gemünzt*** c'est moi qui suis visé
'Münz|fernsprecher *m* téléphone *m* à pièces; **~sammlung** *f* collection *f* de médailles; **~tankstelle** *f* distributeur *m* automatique d'essence
Muräne [mu'rɛ:nə] *f* ⟨~; ~n⟩ ZO murène *f*
mürbe ['mʏrbə] *adj* **1** *Fleisch* tendre; *Teig* friable; *Apfel* farineux; **2** *Gewebe* mûr; **3** *fig* (*zermürbt*) épuisé; ***j-n ~ machen*** F avoir qn à l'usure
'Mürb(e)teig *m* pâte brisée
Mure ['mu:rə] *f* ⟨~; ~n⟩ coulée *f* de boue
Murks [mʊrks] F *m* ⟨~es⟩ travail bâclé; ***~ machen*** *a* bâcler son travail
Murmel ['mʊrməl] *f* ⟨~; ~n⟩ bille *f*
'murmeln *v/t u v/i* ⟨-(e)le⟩ murmurer
'Murmeltier *n* marmotte *f*; F ***schlafen wie ein ~*** F dormir comme un loir
murren ['mʊrən] *v/i* grogner
mürrisch ['mʏrɪʃ] *adj* grincheux; (*brummig*) grognon; (*unfreundlich*) renfrogné
Mus [mu:s] *n* ⟨~es; ~e⟩ *aus Obst* compote *f*; marmelade *f*; (*Püree*) purée *f*
Muschel ['mʊʃəl] *f* ⟨~; ~n⟩ **1** ZO coquillage *m*; (*Mies2*) moule *f*; *Schale* coquille *f*; **2** TÉL (*Hör2*) écouteur *m*; (*Sprech2*) microphone *m*
Muschi ['mʊʃi] F *f* ⟨~; ~s⟩ (*Vulva*) F chatte *f*
Muse ['mu:zə] *f* ⟨~; ~n⟩ muse *f*; ***die leichte ~*** la musique légère
Museum [mu'ze:ʊm] *n* ⟨~s; -een⟩ mu-

sée *m*; ≈**sreif** F *iron adj* qui a valeur d'antiquité
Musical ['mju:zɪkəl] *n* ⟨~s; ~s⟩ comédie musicale
Musik [mu'zi:k] *f* ⟨~; ~en⟩ musique *f*; ~ ***machen*** faire de la musique
musi'kalisch *adj* **1** (*Musik betreffend*) musical; **2** (*begabt für Musik*) musicien
Musikali'tät *f* ⟨~⟩ **1** *e-r Person* sens *m* de la musique; **2** *e-r Sache* musicalité *f*
Musi'kant(in) *m* ⟨~en; ~en⟩ (*f*) ⟨~; ~nen⟩ musicien, -ienne (ambulant[e])
Mu'sikbox *f* juke-box *m*
'Musiker(in) *m* ⟨~s; ~⟩ (*f*) ⟨~; ~nen⟩ musicien, -ienne *m,f*
Mu'sik|hochschule *f* conservatoire *m* (de musique); **~instrument** *n* instrument *m* de musique; **~kassette** *f* cassette *f* audio; **~stück** *n* morceau *m* de musique; **~unterricht** *m* leçons *f/pl* de musique
'musisch *adj Person* artiste; *Veranlagung* d'artiste; ***die ~en Fächer*** la musique et les beaux-arts
musizieren [muzi'tsi:rən] *v/i* ⟨*sans ge*⟩ faire de la musique
Muskat [mus'ka:t] *m* ⟨~¢s; ~e⟩, **~nuss** *f* (noix *f* de) muscade *f*
Muskel ['muskəl] *m* ⟨~s; ~n⟩ muscle *m*; **~faser** *f* fibre *f* musculaire; **~kater** F *m* courbature(s) *f(pl)*; **~krampf** *m* crampe *f*; **~protz** F *m* F balèze *m*; **~riss** *m* déchirure *f* musculaire; **~schwund** *m* atrophie *f* musculaire; **~zerrung** *f* claquage *m* d'un muscle
Musku|latur [muskula'tu:r] *f* ⟨~; ~en⟩ musculature *f*; ≈**'lös** *adj* musclé
Müsli ['my:sli] *n* ⟨~s; ~s⟩ mu(e)sli *m*
Muslim ['muslɪm] → ***Moslem***
muss [mus] → ***müssen***
Muss *n* ⟨~⟩ impératif *m*; must *m*
Muße ['mu:sə] *st/s f* ⟨~⟩ loisir *m*; ***mit ~*** tranquillement; sans se presser
müssen ['mʏsən] ⟨muss, musste⟩ **I** *v/aux de mode* ⟨*p/p* müssen⟩ **1** *Person* devoir; (*gezwungen sein*) être obligé de (+ *inf*); ***man muss*** (+ *inf*) il faut (+ *inf*); il est nécessaire de (+ *inf*); ***sie muss schlafen*** il faut qu'elle dorme; ***ich weiß schon, was ich tun muss*** je sais ce que j'ai à faire; ***er muss es nicht wissen*** il n'a pas besoin de le savoir; ***wir ~ Ihnen leider mitteilen, dass …*** nous avons le regret de vous faire savoir que …; ***er muss bald kommen*** il ne va pas tarder à venir; ***sie müsste es ihm sagen*** elle devrait (le) lui dire; ***Urlaub müsste man haben!*** ce qu'il nous faut, ce sont des vacances!; **2** *Sache* ***sein ~*** falloir; être nécessaire; ***es muss sein*** c'est nécessaire; il le faut; ***wenn es sein muss*** s'il le faut; **II** *v/i* ⟨*p/p* gemusst⟩ **3** (*gehen* ~) devoir aller; ***ich muss nach Hause*** je dois rentrer, il faut que je rentre (à la maison); **4** F *zur Toilette* ***ich muss mal*** il faut que j'aille aux toilettes, F au petit coin
'Mußestunde *f* moment *m* de loisir
müßig ['my:sɪç] *adj* **1** (*tatenlos*) oisif; **2** (*zwecklos*) vain
'Müßig|gang *st/s m* oisiveté *f*; **~gänger(in)** [-gɛŋər(ɪn)] *m* ⟨~s; ~⟩ (*f*) ⟨~; ~nen⟩ oisif, -ive *m,f*
musste ['mustə] → ***müssen***
Muster ['mustər] *n* ⟨~s; ~⟩ **1** (*Vorlage*) modèle *m* (**für** de); (*Schnitt*≈) patron *m*; **2** *e-s Stoffs etc* motif *m*; **3** (*Waren*≈) échantillon *m*; **4** *fig* (*Vorbild*) modèle *m* (**an** [+ *dat*] de)
'Musterbeispiel *n* exemple *m* type (**für** de)
'Musterexemplar *n* modèle *m*; ***ein ~ von Ehemann*** un mari modèle
'muster|gültig, ~haft *adj* exemplaire; ≈**knabe** *m* enfant *m* modèle; ≈**koffer** *m* boîte *f* à échantillons
'mustern *v/t* **1** (*betrachten*) examiner; toiser; **2** *Rekrut* ***gemustert werden*** passer le conseil de révision
'Muster|schüler(in) *m(f)* élève *m,f* modèle; **~ung** *f* ⟨~; ~en⟩ **1** (*Prüfung*) examen *m*; **2** *von Rekruten* révision *f*; **~wohnung** *f* appartement *m* témoin
Mut [mu:t] *m* ⟨~¢s⟩ courage *m*; ***j-m ~ machen, zusprechen*** encourager qn; ***den ~ verlieren, sinken lassen*** perdre courage; ***s-n ganzen ~ zusammennehmen*** prendre son courage à deux mains; ***nur ~!*** courage!
Mutation [mutatsi'o:n] *f* ⟨~; ~en⟩ BIOL mutation *f*
'mutig *adj* courageux
'mutlos *adj* découragé; ≈**igkeit** *f* ⟨~⟩ découragement *m*
mutmaß|en ['mu:tma:sən] *v/t* ⟨¢s⟩ présumer; supposer; conjecturer; **~lich** *adj* présumé (*a Täter*); supposé; ≈**ung** *f* ⟨~; ~en⟩ présomption *f*, supposition *f*,

M

conjecture *f* (***über*** [+ *acc*] sur)
'Mutprobe *f* épreuve *f* de courage
Mutter[1] ['mutər] *f* ⟨~; ⸚⟩ mère *f*; ***sie wird ~*** elle attend un bébé; ***e-e werdende ~*** une future mère
'Mutter[2] *f* ⟨~; ~n⟩ TECH écrou *m*
'Mutterboden *m* terreau *m*
Mütterchen ['mʏtərçən] *n* ⟨~s; ~⟩ ***ein altes ~*** une petite vieille
'Mutter|erde *f* terre végétale; **~'gottes** *f* (Sainte) Vierge; **~kuchen** *m* placenta *m*
'Mutterland *n* **1** (*Kolonialstaat*) métropole *f*; ***das französische ~*** la France métropolitaine; **2** (*Heimat*) patrie *f*
'Mutterleib *m* ventre *m* de la mère
mütterlich ['mʏtərlɪç] *adj* maternel
'mütterlicher'seits *adv Verwandte* du côté maternel; *Großeltern* maternel
'Mutter|liebe *f* amour maternel; **~mal** *n* envie *f*; **~milch** *f* lait maternel; **~schaft** *f* ⟨~⟩ maternité *f*
'Mutterschafts|geld *n* allocations *f/pl* (de) maternité; **~urlaub** *m* congé *m* de maternité
'Mutterschutz *m* protection maternelle et infantile
'mutter'seelenal'lein *adj* tout seul
'Mutter|söhnchen *n péj* fils *m* à sa maman; **~sprache** *f* langue maternelle; **~tag** *m* fête *f* des mères; **~tier** *n* mère *f*; **~witz** *m* bon sens; esprit *m*
Mutti ['muti] *enf f* ⟨~; ~s⟩ maman *f*
'mutwillig I *adj* volontaire; **II** *adv* de propos délibéré
Mütze ['mʏtsə] *f* ⟨~; ~n⟩ *mit Schirm* casquette *f*; *ohne Schirm* bonnet *m*
MwSt. *abr* (*Mehrwertsteuer*) T.V.A. *f*
Myanmar ['mijanma:r] *n* ⟨~s⟩ le Myanmar
Myrrhe ['mʏrə] *f* ⟨~; ~n⟩ myrrhe *f*
Myrte ['mʏrtə] *f* ⟨~; ~n⟩ myrte *m*
mysteriös [mʏsteri'ø:s] *adj* mystérieux
Myst|ik ['mʏstɪk] *f* ⟨~⟩ mystique *f*; **~iker(in)** *m* ⟨~s; ~⟩ (*f*) ⟨~; ~nen⟩ mystique *m,f*; **⁀isch** *adj* mystique
mythisch ['my:tɪʃ] *adj* mythique
Mytho|logie [mʏtolo'gi:] *f* ⟨~; ~n⟩ mythologie *f*; **⁀'logisch** *adj* mythologique
Mythos ['my:tɔs] *m* ⟨~; -then⟩ mythe *m*

N

N, n [ɛn] *n* ⟨~; ~⟩ N, n *m*
N *abr* (*Nord*[*en*]) N. (nord)
na [na] F *int auffordernd, beschwichtigend* allons!; *neugierig* eh bien!; *nachgebend* ***~ gut, ~ schön*** bon, si tu veux *od* si vous voulez; *erstaunt* ***~ so was!*** ça alors (, par exemple)!; *herausfordernd* ***~ und?*** et alors?; *resignierend* ***~, dann nicht!*** tant pis!; ***~, wie gehts?*** alors, ça va?; ***~ warte!*** attends un peu!; ***~ und ob!*** et comment!; ***~ endlich!*** ah, enfin!; ce n'est pas trop tôt!
Nabe ['na:bə] *f* ⟨~; ~n⟩ moyeu *m*
Nabel ['na:bəl] *m* ⟨~s; ~⟩ nombril *m*; **~schnur** *f* cordon ombilical
nach [na:x] **I** *prép* ⟨*dat*⟩ **1** *Richtung* à; vers; pour; *vor Ländernamen* en, *bei näherer Bestimmung* dans; *vor maskulinen Ländernamen* au; ***~ Frankreich*** en France; ***~ Kanada*** au Canada; ***~ Berlin*** *Post* à (destination de) Berlin; *Zug, Flugzeug* à destination de Berlin; pour Berlin; ***~ dieser Seite*** de ce côté; ***~ Osten*** (***zu***) vers l'est; ***~ links, rechts*** à gauche, à droite; ***~ oben, unten*** vers le haut, le bas; ***~ oben gehen*** monter; ***~ unten gehen*** descendre; ***~ vorn, hinten*** vers le devant, l'arrière; **2** *zeitlich* après; au bout de; ***~ e-r halben Stunde*** au bout d'une demi-heure; ***es ist zwanzig*** (***Minuten***) ***~ zehn*** il est dix heures vingt; **3** *Reihenfolge, Ordnung* après; ***der Größe ~*** par rang de taille; ***bitte, ~ Ihnen!*** après vous, je vous prie!; **4** (*gemäß*) à; d'après; selon; suivant; conformément à (*a* JUR); ***ihrem Aussehen ~*** à en juger par sa mine; ***s-r Form ~*** suivant *od* par *od* étant donné sa forme; **II** *adv* ***~ und ~*** peu à peu; petit à petit; ***~ wie vor*** toujours; ***mir ~!*** suivez-moi!
nach·|äffen ['-ˀɛfən] *v/t* singer; **~ahmen** ['-ˀa:mən] *v/t* imiter; copier (*a* KUNST)
'Nachahmung *f* ⟨~; ~en⟩ imitation *f*;

Produkt contrefaçon *f*
Nachbar ['naxba:r] *m* ⟨~n; ~n⟩ voisin *m*
'**Nachbar...** *in Zssgn meist* voisin; **~in** *f* ⟨~; ~nen⟩ voisine *f*; **ଥlich** *adj* **1** (*benachbart*) voisin; **2** (*dem Nachbarn gehörend*) du voisin
'**Nachbarschaft** *f* ⟨~⟩ **1** (*Nähe*) voisinage *m*; ***in der ~*** près d'ici; **2** (*Nachbarn*) voisinage *m*; voisins *m/pl*; **3** (*nachbarliche Beziehungen*) relations *f/pl* de voisinage, entre voisins
'**Nachbehandlung** *f* traitement consécutif; MÉD *a* suivi (médical)
'**nach·|bereiten** *v/t* ⟨-e-, *sans ge*⟩ *Lernstoff* revoir; approfondir; **~bessern** *v/t* retoucher; **ଥbesserung** *f* ⟨~; ~en⟩ retouche *f*; **~bestellen** *v/t u v/i* ⟨*sans ge*⟩ faire, passer une nouvelle commande (de); **~beten** F *v/t* ⟨-e-⟩ répéter machinalement
'**Nachbildung** *f* réplique *f*; reproduction *f*
'**nach·blicken** *v/i* ***j-m ~*** suivre qn des yeux
nach'dem *conj* **1** *zeitlich* après que … (+ *ind*); *bei gleichem Subjekt* après (+ *inf passé*); **2** ***je ~*** (***wie***) selon que … (+ *ind*); suivant que … (+ *ind*); ***je ~!*** F c'est selon!; ça dépend!
'**nach·denken** *v/i* ⟨*irr*⟩ réfléchir (***über etw*** [*acc*] à, sur qc)
'**nachdenklich** *adj* pensif; songeur; ***das machte mich sehr ~*** cela m'a donné à, m'a fait réfléchir
'**Nachdruck**[1] *m* (*Bestimmtheit*) insistance *f*; ***auf etw*** (*acc*) ***~ legen*** insister, mettre l'accent sur qc
'**Nachdruck**[2] *m* ⟨~(e)s; ~e⟩ TYPO réimpression *f*; (*Abdruck*) reproduction *f*
'**nach·drucken** *v/t* réimprimer; (*abdrucken*) reproduire
'**nachdrücklich I** *adj* énergique; insistant; **II** *adv verlangen etc* expressément; avec énergie; avec force
'**nach·eifern** *v/i* ***j-m ~*** imiter qn; être l'émule de qn
nachei'nander *adv* **1** (*hintereinander*) l'un après l'autre; ***zweimal ~*** deux fois de suite; **2** *reflexiv* ***sich ~ sehnen*** avoir la nostalgie l'un de l'autre
'**nach·|empfinden** *v/t* ⟨*irr*, *sans ge*⟩ **1** →***nachfühlen***; **2** KUNST *etc* s'inspirer de; **~erzählen** *v/t* ⟨*sans ge*⟩ répéter (en d'autres termes); SCHULE raconter
'**Nacherzählung** *f* récit *m*; SCHULE compte rendu
Nachfahr(e) ['na:xfa:r(ə)] *m* ⟨~en (~n); ~en (~n)⟩ descendant *m*
'**nach·feiern** *v/t* célébrer plus tard, après coup
'**Nachfolge** *f* succession *f*
'**nachfolgend** *adjt* suivant; ***das ଥe*** la suite
'**Nach|folger(in)** *m* ⟨~s; ~⟩ (*f*) ⟨~; ~nen⟩ successeur *m*; **~forderung** *f* demande *f*, exigeance *f* supplémentaire
'**nach·forschen** *v/i* (***e-r Sache*** [*dat*]) ~ faire des recherches (sur qc)
'**Nachforschung** *f* recherche *f*; ***~en über j-n, etw anstellen*** faire des recherches sur qn, qc
'**Nachfrage** *f* COMM demande *f* (***nach*** de); ***nach diesem Artikel herrscht e-e große ~*** cet article est très demandé
'**nach·fragen** *v/i* **1** (*sich erkundigen*) s'informer (***nach*** de); **2** (*wiederholt fragen*) insister (pour savoir)
'**nach·fühlen** *v/t* ***j-m etw ~ können*** comprendre (par sympathie) les sentiments de qn
'**nach·füllen** *v/t Behälter* remplir; *Wasser etc* remettre
'**Nachfüllpackung** *f* recharge *f*
'**nach·geben** *v/i* ⟨*irr*⟩ **1** *Ast, Damm etc* céder; **2** *fig* céder (+ *dat* à); **3** BÖRSE fléchir
'**Nachgebühr** *f* surtaxe *f*
'**nach·gehen** *v/i* ⟨*irr*, sn⟩ **1** ***j-m ~*** suivre qn; **2** *e-r Tätigkeit* vaquer à; *e-m Vorfall, Problem* s'occuper de; *e-m Beruf* exercer; **3** *Uhr* retarder (***5 Minuten*** de 5 minutes)
'**nachgemacht** *adjt* imité; (*unecht*) faux; (*künstlich*) factice; (*gefälscht*) contrefait
'**Nachgeschmack** *m* arrière-goût *m*; *fig* ***e-n bitteren ~ hinterlassen*** laisser un goût amer
nachgiebig ['-gi:bɪç] *adj* **1** *Material* flexible; **2** *Person* conciliant; arrangeant; **ଥkeit** *f* ⟨~⟩ **1** flexibilité *f*; **2** caractère conciliant
'**nach·gießen** ⟨*irr*⟩ **I** *v/t Getränk* resservir; reverser; **II** *v/i* ***j-m ~*** resservir à boire à qn
'**nach·grübeln** *v/i* ⟨¢⟩ (***über etw*** [*acc*]) ~ se creuser la tête (au sujet de qc)

N

'nach·|gucken F *v/i* → ***nachsehen***; **~haken** F *v/i* (re)demander des précisions; insister pour savoir

'nachhaltig *adj* durable (*a Entwicklung*)

Nach'hauseweg *m* ***auf dem ~*** sur le chemin du retour

'nach·helfen *v/i* ⟨*irr*⟩ ***e-r Sache*** (*dat*) **~** (faire) avancer qc; ***j-m ~*** aider qn

nach'her *adv* plus tard; après (cela); ***bis ~!*** à tout à l'heure!

'Nachhilfe *f* cours particuliers; **~lehrer(in)** *m(f)* professeur particulier; **~stunden** *f/pl*, **~unterricht** *m* cours particuliers

'Nachhinein ***im ~*** après coup

'Nachholbedarf *m* retard *m*, manque *m* à combler; ***den ~ decken*** combler le retard, le manque

'nach·holen *v/t Versäumtes* rattraper; *Zeit* récupérer

'Nachhut *f* ⟨~; ~en⟩ arrière-garde *f* (*a fig*)

'nach·jagen *v/i* ⟨sn⟩ *fig* ***e-r Sache*** (*dat*) **~** rechercher qc; F courir après qc

'Nachkomme *m* ⟨~n; ~n⟩ descendant *m*

'nach·kommen *v/i* ⟨*irr*, sn⟩ **1** (*später kommen*) rejoindre qn; **2** (*folgen können*) suivre (*a fig*); **3** *st/s e-m Befehl* se conformer, obéir à; *e-r Forderung* céder, donner suite à; *e-m Wunsch* accéder à; *s-n Verpflichtungen* s'acquitter de

'Nach|kommenschaft *f* ⟨~⟩ descendants *m/pl*; **~kömmling** ['kœmlɪŋ] *m* ⟨~s; ~e⟩ petit dernier; **~kriegs...** *in Zssgn* d'après-guerre

Nachlass ['na:xlas] *m* ⟨~es; ~e *ou* -lässe⟩ **1** (*Hinterlassenschaft*) succession *f*; *literarischer* œuvres *f/pl* posthumes; **2** (*Ermäßigung*) réduction *f*; rabais *m*

'nach·lassen ⟨*irr*⟩ **I** *v/t* (***vom Preis***) ***etw ~*** faire une remise de qc (sur le prix); **II** *v/i Hitze, Regen, Kräfte, Begeisterung* diminuer; *Lärm, Zorn, Sturm* s'apaiser; *Fieber, Schmerz* se calmer; *Nachfrage, Gedächtnis* faiblir; *Leistung, Kräfte, Sehvermögen* baisser; *Eifer, Aufmerksamkeit* se relâcher

'nachlässig *adj* négligent; **2keit** *f* ⟨~; ~en⟩ négligence *f*

'nach·laufen *v/i* ⟨*irr*, sn⟩ ***j-m, e-r Sache ~*** courir après qn, qc

'Nachlese *f* **1** (*Wein2*) grappillage *m*; **2** *fig* sélection *f*

'nach·|lesen *v/t* ⟨*irr*⟩ lire; **~liefern** *v/t* livrer, fournir plus tard; **~lösen** *v/t u v/i* ⟨*¢$*⟩ se faire délivrer (un supplément)

'nach·machen *v/t* **1** (*nachahmen*) imiter (***j-m etw*** qc de qn); copier; F ***das soll mir*** (***erst mal***) ***einer ~!*** fais-en, faites-en donc autant!; **2** (*fälschen*) contrefaire; **3** (*später machen*) faire plus tard

'Nachmittag *m* après-midi *m od f*; ***am ~*** (dans) l'après-midi; ***heute ~*** cet après--midi; ***morgen, gestern ~*** demain, hier après-midi

'nachmittags *adv* (dans) l'après-midi; *mit Uhrzeit* de l'après-midi; **2vorstellung** *f* matinée *f*

Nachnahme ['-na:mə] *f* ⟨~; ~n⟩ ***per ~*** contre remboursement

'Nachname *m* nom *m* de famille

'nach·plappern *v/t* ***etw ~*** répéter qc comme un perroquet

'Nachporto *n* surtaxe *f*

'nachprüfbar *adj* vérifiable

'nach·|prüfen *v/t* contrôler; vérifier; **~rechnen** *v/t* ⟨-e-⟩ recompter; *abs* vérifier un calcul

'Nachrede *f* ***üble ~*** diffamation *f*

'nach·reichen *v/t* fournir plus tard

'Nachricht *f* ⟨~; ~en⟩ **1** nouvelle *f*; (*Mitteilung*) information *f*; (*Botschaft*) message *m*; ***~ von etw erhalten*** avoir des nouvelles de qc; ***j-m von etw ~ geben*** informer, aviser qn de qc; **2** RAD, TV *pl* ***~en*** journal *m*; informations *f/pl*; actualités *f/pl*

'Nachrichten|agentur *f* agence *f* de presse; **~dienst** *m* **1** *Agentur* agence *f* d'informations; **2** (*Geheimdienst*) service *m* de renseignements; **~sendung** *f* informations *f/pl*; **~sprecher(in)** *m(f)* speaker *m*, speakerine *f*; **~technik** *f* technique *f* de télécommunication; télécommunications *f/pl*

'nach·rücken *v/i* ⟨sn⟩ avancer (*a fig*); MIL suivre

'Nachruf *m* nécrologie *f*

'nach·rüsten ⟨-e-⟩ **I** *v/t* TECH équiper ultérieurement (***mit*** de); **II** *v/i* MIL augmenter le potentiel militaire

'Nachrüstung *f* **1** MIL augmentation *f* du potentiel militaire; **2** TECH équipement *m* supplémentaire (***mit*** en, avec)

N

ˈnach·sagen *v/t* **1** (*wiederholen*) répéter; **2** ***j-m etw ~*** dire qc de qn
ˈNachsaison *f* arrière-saison *f*; TOURISMUS ***in der ~*** 'hors saison
ˈnach·|schauen *v/i* → ***nachsehen*** *I 1, 2 u II*; **~schenken** *v/t* resservir; **~schicken** *v/t Brief* faire suivre
ˈNachschlag *m* deuxième portion *f*; supplément *m*
ˈnach·schlagen ⟨*irr*⟩ **I** *v/t u v/i Wort* chercher; ***in e-m Buch ~*** consulter un livre; **II** *v/i* ⟨sn⟩ ***j-m ~*** tenir de qn
ˈNach|schlagewerk *n* ouvrage *m* de référence; **~schlüssel** *m* fausse clé; **~schub** *m* MIL ravitaillement *m*
ˈnach·sehen ⟨*irr*⟩ **I** *v/t* **1** (*prüfen*) vérifier; **2** *a v/i* ***in e-m Buch ~*** chercher, vérifier dans un livre (***etw*** qc); **3** ***j-m etw ~*** passer qc à qn; **II** *v/i* **4** ***j-m ~*** (*hinterhersehen*) suivre qn des yeux; **5** ***~, ob …*** (aller) voir si …
ˈNachsehen *n* ***das ~ haben*** en être pour ses frais
ˈnach·senden *v/t* ⟨*irr ou régulier*⟩ *Post* faire suivre
ˈNachsicht *f* indulgence *f*; ***~ haben, üben*** montrer de l'indulgence (***mit j-m*** pour qn)
ˈnachsichtig *adj* indulgent (***mit*** pour)
ˈNachsilbe *f* suffixe *m*
ˈnach·sinnen *st/s v/i* ⟨*irr*⟩ (***über etw*** [*acc*]) ~ réfléchir (à qc)
ˈnach·sitzen *v/i* ⟨*irr*⟩ être en retenue; F être collé
ˈNach|sorge *f* suivi médical; **~speise** *f* dessert *m*; **~spiel** *n* THÉ, *fig* épilogue *m*; (*Konsequenzen*) conséquences *f/pl*
ˈnach·spielen **I** *v/t* MUS rejouer; **II** *v/i* SPORT jouer les arrêts de jeu
ˈnach·spionieren *v/i* ⟨*sans ge*⟩ ***j-m ~*** épier, espionner qn
ˈnach·sprechen *v/t u v/i* ⟨*irr*⟩ ***j-m*** (***etw***) ~ répéter (qc) après qn
ˈnächstˈbeste *adj* ***der ~*** *in der Qualität* le meilleur … après; (*beliebig*) le premier … venu
nächste [ˈnɛːçstə] **I** *adj Entfernung, Beziehung* plus proche; *Weg* plus court; *Zeit, Reihenfolge* prochain; ***aus ~r Nähe*** de tout près; ***das ~ Mal, ~s Mal*** la prochaine fois; ***in ~r Zeit*** prochainement; ***die ~ Straße rechts*** la première rue à droite; ***am ~n Tag*** le lendemain; le jour suivant; ***der 2, bitte!*** le suivant, s.v.p!; **II** *adv* ***am ~n*** le plus près, proche; ***j-m, e-r Sache am ~n kommen*** s'approcher le plus de qn, qc
ˈNächste(r) *st/s m* ⟨→ A⟩ prochain *m*
ˈnach·stehen *v/i* ⟨*irr*⟩ ***j-m in nichts ~*** ne le céder en rien à qn
ˈnachstehend *adjt* suivant; ***im 2en*** ci-dessous; ***das 2e*** ce qui suit
ˈnach·stellen **I** *v/t* **1** GR placer après; postposer; **2** *Uhr* retarder; **3** (*regulieren*) régler; **II** *v/i* ***j-m ~*** poursuivre qn
ˈNächstenliebe *f* amour *m* du prochain
ˈnächstens *adv* (*demnächst*) prochainement; (*beim nächsten Mal*) la prochaine fois
ˈnächstliegend *adjt* **1** le plus proche; **2** *fig* le plus simple, évident
ˈnächstˈmöglich *adj* ***der ~e Termin*** la première date possible
ˈnach·suchen *v/i st/s* ***um etw ~*** solliciter, demander qc
Nacht [naxt] *f* ⟨~; ≈e⟩ nuit *f*; ***bei ~, in der ~***, *st/s* ***des ~s*** (pendant) la nuit; de nuit; *st/s* nuitamment; ***bei ~ und Nebel*** (*heimlich*) secrètement; ***über ~*** pendant la nuit; *fig* du jour au lendemain; ***über ~ bleiben*** passer la nuit; ***gute ~!*** bonne nuit!; ***es ist ~*** il fait nuit; ***es wird ~*** la nuit tombe; ***heute ~*** cette nuit; ***morgen, gestern ~*** dans la nuit de demain, d'hier
ˈNacht|arbeit *f* travail *m* de nuit; **2blind** *adj sc* héméralope
ˈNachtdienst *m* service *m* de nuit; ***~ haben*** être de nuit
ˈNachteil *m* désavantage *m*; inconvénient *m*; (*Schaden*) préjudice *m*; ***er ist im ~*** il est désavantagé; ***die Sache hat e-n ~*** cette affaire a, présente un inconvénient; ***zum ~ von*** au détriment de
ˈnachteilig **I** *adj* désavantageux; **II** *adv* ***sich ~ auswirken für*** être préjudiciable à
nächtelang [ˈnɛçtə-] *adj u adv* (pendant) des nuits entières
ˈNacht|essen *n südd, schweiz* → ***Abendessen***; **~falter** *m* papillon *m* de nuit; **~frost** *m* gelée *f* nocturne; **~hemd** *n* chemise *f* de nuit
Nachtigall [ˈnaxtɪgal] *f* ⟨~; ~en⟩ rossignol *m*
ˈNachtisch *m* dessert *m*
ˈNacht|klub *m* boîte *f* de nuit; **~leben** *n* vie *f* nocturne

nächtlich ['nɛçtlıç] *adj* nocturne
'**Nacht|lokal** *n* boîte *f* de nuit; **~mahl** *n österr* → ***Abendessen***; **~portier** *m* veilleur *m* (de nuit)
Nachtrag ['-tra:k] *m* ⟨~¢s; -träge⟩ *zu e-m Buch* supplément *m*; *zum Staatshaushalt* additif *m*
'**nach·tragen** *v/t* ⟨*irr*⟩ **1** (*hinterhertragen*) ***j-m etw ~*** porter qc derrière qn; **2** (*später eintragen*) ajouter; **3** *fig* ***j-m etw ~*** garder rancune, en vouloir à qn de qc
'**nachtragend** *adjt* rancunier
nachträglich ['-trɛ:klıç] **I** *adj* (*später folgend*) ultérieur; (*ergänzend*) supplémentaire; **II** *adv* plus tard; après coup
'**nach·trauern** *v/i* ***j-m, e-r Sache ~*** déplorer la perte de qn, qc
'**Nachtruhe** *f* repos *m* nocturne, de nuit
nachts [naxts] *adv* (dans) la nuit; *mit Uhrzeit* du soir *bzw* du matin
'**Nachtschicht** *f Arbeit* poste *m* de nuit; *Arbeiter* équipe *f* de nuit; ***~ haben*** être de nuit
'**Nacht|schwärmer(in)** *m(f)* noctambule *m,f*; **~schwester** *f* infirmière *f* de nuit; **~tisch** *m* table *f* de nuit, de chevet; **~tischlampe** *f* lampe *f* de chevet; **~topf** *m* pot *m* de chambre
'**Nachtwache** *f* **1** *Dienst* veille *f*, garde *f* de nuit; ***bei j-m ~ halten*** veiller qn; **2** *Person* garde *m,f*
'**Nacht|wächter** *m* veilleur *m* de nuit; **~zug** *m* train *m* de nuit
'**Nachuntersuchung** *f* examen (médical) de contrôle
'**nachvollziehbar** *adj* compréhensible
'**nach·vollziehen** *v/t* ⟨*irr, sans ge*⟩ *Gedanken etc* suivre; comprendre
'**nach·wachsen** *v/i* ⟨*irr*, sn⟩ (***wieder***) ~ repousser; se reproduire
'**nachwachsend** *adjt Rohstoff* renouvelable
'**Nachwehen** *f/pl* MÉD tranchées utérines; *fig* séquelles *f/pl*
Nachweis ['na:xvaıs] *m* ⟨~es; ~e⟩ (*Beweis*) preuve *f*, justification *f* (***über*** [+ *acc*] de); (*Beleg*) certificat *m*; **≈bar I** *adj* démontrable; CHIM décelable; **II** *adv* comme on peut le démontrer
'**nach·weisen** *v/t* ⟨*irr*⟩ **1** (*beweisen*) prouver; *Fehler* montrer; **2** CHIM déceler
'**nachweislich I** *adj* prouvé; **II** *adv* comme on peut le prouver
'**Nachwelt** *f* postérité *f*
'**nach·wirken** *v/i* (***lange***) ~ avoir un effet durable; *fig* avoir des répercussions
'**Nach|wirkung** *f* répercussions *f/pl*; contrecoup *m*; **~wort** *n* ⟨~¢s; ~e⟩ épilogue *m*; **~wuchs** *m* **1** (*junge Generation*) jeunes *m/pl*; *in e-m Beruf* relève *f*; **2** F (*Kinder*) progéniture *f*; enfant(s) *m(pl)*
'**nach·|zahlen** *v/t* **1** (*später zahlen*) payer plus tard; **2** *a abs* (*zuzahlen*) payer un supplément (de); **~zählen** *v/t* (re)compter
'**Nachzahlung** *f* paiement ultérieur
'**nach·ziehen** ⟨*irr*⟩ **I** *v/t* **1** (*hinterherziehen*) traîner après soi; *Fuß* traîner; **2** (*nachzeichnen*) retracer; *Augenbrauen* refaire au crayon; **3** *Schraube* resserrer; **II** *v/i* **4** ⟨sn⟩ (*hinterherziehen*) ***j-m ~*** suivre qn; **5** F (*mithalten*) suivre; en faire autant
Nachzügler(in) ['-tsy:klər(ın)] *m* ⟨~s; ~⟩ (*f*) ⟨~; ~nen⟩ retardataire *m,f*; traînard(e) *m(f)*
Nackedei ['nakədaı] F *plais m* ⟨~s; ~s⟩ *Kind* enfant nu
Nacken ['nakən] *m* ⟨~s; ~⟩ nuque *f*; **~rolle** *f* traversin *m*
nackt [nakt] *adj* nu; ***sich ~ ausziehen*** se mettre nu; ***~ baden*** se baigner nu
'**Nackt|badestrand** *m* plage *f* de nudistes; **~foto** *n* photo *f* de nu
Nadel ['na:dəl] *f* ⟨~; ~n⟩ (*Näh≈, Kompass≈*), BOT, MÉD aiguille *f*; (*Steck≈, Haar≈, Schmuck≈*) épingle *f*; (*Tonabnehmer≈*) saphir *m*
'**Nadel|baum** *m* conifère *m*; **~drucker** *m* INFORM imprimante matricielle; **~kissen** *n* pelote *f* (d'épingles, d'aiguilles); **~öhr** *n* trou *m* d'aiguille; chas *m*; **~stich** *m* piqûre *f* (d'épingle, d'aiguille); *e-r Näharbeit* point *m*; *fig* coup *m* d'épingle; **~streifenanzug** *m* costume *m* à rayures; **~wald** *m* forêt *f* de conifères
Nagel ['na:gəl] *m* ⟨~s; ⁓⟩ **1** (*Finger≈, Zehen≈*) ongle *m*; F ***sich*** (*dat*) ***etw unter den ~ reißen*** faire main basse sur qc; **2** (*Metall≈*) clou *m*; pointe *f*; F ***etw an den ~ hängen*** renoncer à qc; *Studium, Beruf* abandonner qc; F *fig* ***den ~ auf den Kopf treffen*** mettre le doigt dessus; *fig* ***Nägel mit Köpfen machen*** ne pas faire les choses à moitié

'Nagel|bürste *f* brosse *f* à ongles; **~feile** *f* lime *f* à ongles; **~lack** *m* vernis *m* à ongles; **~lackentferner** *m* ⟨~s; ~⟩ dissolvant *m*
'nageln *v/t* ⟨¢⟩ clouer
'nagel'neu F *adj* flambant neuf
'Nagelschere *f* ciseaux *m/pl* à ongles
nagen ['na:gən] *v/i* ronger (***an etw*** [*dat*] qc; *a fig*)
'Nagetier *n* (animal) rongeur *m*
nah → ***nahe***
'Nahaufnahme *f* plan rapproché
nah(e) ['na:(ə)] **I** *adj* ⟨näher, nächste⟩ proche (*a Verwandte*); ***~ am*** *od* ***beim Bahnhof*** près de la gare; **II** *adv* ⟨näher, am nächsten⟩ près; ***von nahem*** de près; ***von nah und fern*** de près et de loin; ***nah verwandt sein mit*** être proche parent de; ***ich war ~ daran zu*** (+ *inf*) j'ai failli (+ *inf*); ***j-m etw nahe bringen*** faire comprendre qc à qn; ***j-m nahe gehen*** toucher qn; ***der Wahrheit*** (*dat*) *etc* ***nahe kommen*** approcher de la vérité, *etc*; ***sich nahe kommen*** se rapprocher (l'un de l'autre); ***j-m etw nahe legen*** suggérer qc à qn; ***das liegt nahe*** c'est facile à comprendre, à concevoir; ***nahe liegend*** *Gedanke* concevable; ***aus nahe liegenden Gründen*** pour des raisons faciles à comprendre, à concevoir; ***j-m nahe stehen*** être lié avec qn; ***nahe stehend*** proche; intime; ***j-m zu nahe treten*** froisser qn
Nähe ['nɛ:ə] *f* ⟨~⟩ proximité *f* (*a von Zeit, Verwandtschaft*); ***ganz in der ~*** tout près d'ici; ***in s-r ~*** près de lui; ***aus der ~*** de près
'nahe'bei *adv* tout près
'nahen *st/s v/i* ⟨sn⟩ (s')approcher
nähen ['nɛ:ən] *v/t* coudre (***an*** [+ *acc*] à); MÉD recoudre
näher ['nɛ:ər] **I** *adj* plus proche; *Weg* plus court; ***~e Einzelheiten*** plus amples détails *m/pl*; **II** *adv* plus près; ***etw ~ ausführen*** expliquer qc en détail; *fig Personen* ***einander ~ bringen*** rapprocher; ***j-m etw ~ bringen*** faire mieux comprendre qc à qn; ***~ kommen*** s'approcher; ***jetzt kommen wir der Sache*** (*dat*) ***schon ~*** ça se précise; ***durch dieses Ereignis sind sie sich ~ gekommen*** cet événement les a rapprochés
'Nähere(s) *n* ⟨→ A⟩ précisions *f/pl*; plus amples détails *m/pl*
'Naherholungsgebiet *n* zone *f* d'excursion, de promenade (à proximité d'une grande ville)
'Näherin *f* ⟨~; ~nen⟩ couturière *f*
'nähern *v/r* ***sich*** (***j-m, e-r Sache***) ***~*** (s')approcher (de qn, qc)
'nahe'zu *adv* à peu près; presque
'Näh|faden *m*, **~garn** *n* fil *m* à coudre
'Nahkampf *m* corps-à-corps *m*
'Nähkasten *m* boîte *f* à ouvrage
nahm [na:m] → ***nehmen***
'Näh|maschine *f* machine *f* à coudre; **~nadel** *f* aiguille *f*
Nah'ost ⟨*sans article*⟩ le Proche-Orient; *par ext* le Moyen-Orient
'Nährboden *m* milieu *m*, *fig* bouillon *m* de culture
nähren ['nɛ:rən] **I** *v/t* nourrir (*a fig*); **II** *v/i* être nourrissant
'nahrhaft *adj* nourrissant
'Nährstoff *m* substance nutritive
Nahrung ['na:rʊŋ] *f* ⟨~⟩ **1** nourriture *f*; ***flüssige ~*** aliments *m/pl* liquides; **2** *fig* ***e-r Sache*** (*dat*) ***neue ~ geben*** alimenter qc
'Nahrungs|aufnahme *f* alimentation *f*; **~kette** *f* chaîne *f* alimentaire; **~mittel** *n* produit *m* alimentaire
'Nährwert *m* valeur nutritive
'Nähseide *f* soie *f* à coudre; soie torse
Naht [na:t] *f* ⟨~; ⸚e⟩ (*Kleider*2) couture *f*; (*Schweiß*2) soudure *f*; MÉD suture *f*; F *fig* ***aus den*** *od* ***allen Nähten platzen*** *Person* être énorme; *Raum* être plein à craquer; *Institution* craquer; exploser
'nahtlos *adj u adv* sans couture; TECH sans soudure; *fig* sans problème; *zeitlich* sans interruption
'Nahtstelle *f* **1** → ***Naht***; **2** *fig* charnière *f*
'Nahverkehr *m* trafic local, de banlieue; **~szug** *m* train *m* de banlieue
'Nähzeug *n* nécessaire *m* de couture
naiv [na'i:f] *adj* naïf; ingénu
Naivi'tät *f* ⟨~⟩ naïveté *f*; ingénuité *f*
Name ['na:mə] *m* ⟨~ns; ~n⟩ nom *m*; (*Ruf*) *a* renom *m*; ***wie ist Ihr ~?*** quel est votre nom?; ***j-n bei*** *od* ***mit ~n nennen*** nommer qn; appeler qn par son nom; ***dem ~n nach kennen*** connaître de nom; ***im ~n*** (+ *gén*) au nom de; ***unter falschem ~n*** sous un nom d'emprunt
'Namen *m* ⟨~s; ~⟩ → ***Name***; **~liste** *f* liste

nominale, des noms; **♀los** *adj* **1** sans nom; anonyme; **2** (*unsagbar*) indicible

namens ['na:məns] **I** *adv* du nom de; nommé; **II** *prép* ⟨*gén*⟩ ADM au nom de

'Namens|schild *n* **1** *an Türen* plaque *f*; **2** *an Kleidung* badge *m*; *auf Tischen* écriteau *m*; **~tag** *m* fête *f*; **~vetter** *m* homonyme *m*

'namentlich **I** *adj* nominal; **II** *adv* (*mit Namen*) nommément; *fig* (*besonders*) spécialement

'namhaft *adj* (*bedeutend*) notable; considérable; (*berühmt*) renommé

Namibia [na'mi:bia] *n* ⟨~s⟩ la Namibie

nämlich ['nɛ:mlıç] *adv* **1** (*und zwar*) soit; à savoir; **2** *begründend* en effet; ***er war ~ krank*** il faut dire qu'il était malade

nannte ['nantə] → ***nennen***

nanu [na'nu:] *int* ça alors(, par exemple)!

Napalm ['na:palm] *n* ⟨~s⟩ napalm *m*; **~bombe** *f* bombe *f* au napalm

Napf [napf] *m* ⟨~(e)s; ~̈e⟩ jatte *f*; écuelle *f*; **'~kuchen** *m* kouglof *m*

Nappa ['napa] *n* ⟨~(s); ~s⟩, **~leder** *n* cuir *m* souple; nappa *m*

Narbe ['narbə] *f* ⟨~; ~n⟩ cicatrice *f* (*a fig*)

'narbig *adj* marqué de cicatrices

Narkose [nar'ko:zə] *f* ⟨~; ~n⟩ narcose *f*; anesthésie *f*; ***in ~*** (*dat*) sous anesthésie

Nar'kose|arzt *m*, **~ärztin** *f* anesthésiste *m,f*; **~mittel** *n* narcotique *m*

Narkoti|kum [nar'ko:tikum] *n* ⟨~s; -ka⟩ narcotique *m*; **♀'sieren** *v/t* ⟨*sans ge*⟩ anesthésier

Narr [nar] *m* ⟨~en; ~en⟩ (*Tor*) sot *m*; (*Hof♀*) fou *m*; ***j-n zum ~en halten*** se jouer, se moquer de qn

'narren *st/s v/t* ***j-n ~*** berner qn; (*täuschen*) abuser qn

'Narrenfreiheit *f* ***sie hat bei ihm ~*** avec lui, elle peut faire ce qu'elle veut

'narrensicher F *adj Handhabung* simple; facile; *Gerät* d'utilisation simple, facile

Närrin ['nɛrın] *f* ⟨~; ~nen⟩ sotte *f*

'närrisch *adj* **1** (*verrückt*) fou (***nach*** de); **2** (*karnevalistisch*) carnavalesque; du carnaval

Narzisse [nar'tsısə] *f* ⟨~; ~n⟩ narcisse *m*; *gelbe* jonquille *f*

Nar|'zissmus *m* ⟨~⟩ narcissisme *m*; **~'zisst** *m* ⟨~en; ~en⟩ narcissique *m*

nasal [na'za:l] *adj* PHON nasal

Na'sal *m* ⟨~s; ~e⟩ PHON nasale *f*

naschen ['naʃən] *v/t u v/i* (***von***) ***etw ~*** manger qc par gourmandise; *heimlich* goûter secrètement de qc; *abs* ***gern ~*** aimer les friandises; être gourmand

Nasche'rei *f* ⟨~; ~en⟩ **1** (*Naschen*) grignotage *m*; **2** (*Süßigkeit*) *meist pl* **~en** friandises *f/pl*; sucreries *f/pl*

'naschhaft *adj* friand; gourmand

'Naschkatze *f* gourmand(e) *m(f)*

Nase ['na:zə] *f* ⟨~; ~n⟩ **1** ANAT, *fig* (*Flugzeug♀ etc*) nez *m*; ***in die ~ steigen*** monter au nez; ***aus der ~ bluten*** saigner du nez; ***mir läuft die ~*** j'ai le nez qui coule; **2** (*Geruchssinn*) nez *m*; odorat *m*; *vom Hund*, *fig* flair *m*; ***e-e feine ~ haben*** avoir le nez fin, creux; **3** *fig* F ***immer der ~ nach*** tout droit devant soi; F ***auf die ~ fallen*** F se casser la gueule; F ***j-m etw auf die ~ binden*** (*glauben machen*) faire croire qc à qn; (*erzählen*) mettre qn au courant de qc; ***j-n an der ~ herumführen*** duper qn; faire marcher qn; F ***j-m auf der ~ herumtanzen*** se moquer, se jouer de qn; F ***j-m etw unter die ~ reiben*** jeter qc à la figure de qn; F *Bus* ***j-m vor der ~ wegfahren*** passer sous le nez de qn; F ***die ~ voll haben*** F en avoir plein le dos, ras le bol; F ***s-e ~ in alles stecken*** F fourrer son nez partout; F (*Person*) ***pro ~*** par tête de pipe

näseln ['nɛ:zəln] *v/i* ⟨-(e)le⟩ nasiller

'Nasenbein *n* os nasal

'Nasenbluten *n* ⟨~s⟩ saignement *m* de nez; ***~ haben*** saigner du nez

'Nasenflügel *m* aile *f* du nez

'Nasenlänge *f* PFERDERENNEN ***um e-e ~ gewinnen*** gagner d'une tête; *fig* ***sie ist mir immer um e-e ~ voraus*** elle a toujours une longueur d'avance sur moi

'Nasen|loch *n* narine *f*; **~rücken** *m* arête *f* du nez; **~spitze** *f* bout *m* du nez; **~tropfen** *m/pl* gouttes nasales

'naseweis *adj* (trop) curieux

'Nashorn *n* rhinocéros *m*

'naslang *adv* F ***alle ~*** à tout bout de champ

nass [nas] *adj* ⟨~̈er *ou* ~er, ~̈este *ou* ~este⟩ mouillé; (*feucht*) humide; (*ganz durchnässt*) trempé; (*regenreich*) plu-

vieux; *~ **machen*** mouiller; *~ **werden*** se mouiller
Nässe ['nɛsə] *f* ⟨~⟩ humidité *f*
'nässen *v/i* ⟨g̶e̶⟩ *Wunde* suinter
'nasskalt *adj* froid et humide
'Nasszelle *f* salle *f* d'eau
Nation [natsi'oːn] *f* ⟨~; ~en⟩ nation *f*
natio'nal *adj* national; **≈elf** *f* équipe nationale de football; **≈feiertag** *m* fête nationale; **≈flagge** *f* drapeau national; **≈hymne** *f* hymne national
Nationa'l|ismus *m* ⟨~⟩ nationalisme *m*; **≈istisch** *adj* nationaliste
Nationali'tät *f* ⟨~; ~en⟩ nationalité *f*
Natio'nal|mannschaft *f* équipe nationale; **~park** *m* parc national; **~rat** *m* *schweiz, österr* **1** *Gremium* Conseil national; **2** *Mitglied* Membre *m* du Conseil national; **~sozialismus** *m* national-socialisme *m*; **~sozialist(in)** *m(f)* national-socialiste *m,f*; **≈sozialistisch** *adj* national-socialiste; **~spieler(in)** *m(f)* international(e) *m(f)*; **~versammlung** *f* assemblée nationale
NATO, Nato ['naːto] *f* ⟨~⟩ *abr* (*North Atlantic Treaty Organization*) OTAN *f*
Natrium ['naːtrium] *n* ⟨~s⟩ sodium *m*
Natron ['naːtrɔn] *n* ⟨~s⟩ bicarbonate *m* de soude
Natter ['natər] *f* ⟨~; ~n⟩ couleuvre *f*
Natur [na'tuːr] *f* ⟨~; ~en⟩ nature *f*; (*Wesen*) *a* naturel *m*; (*Charakter*) caractère *m*; ***in der freien ~*** en pleine nature; ***von ~ (aus)*** de *od* par nature; naturellement; ***es liegt in der ~ der Sache*** c'est dans la nature des choses
Naturalien [natu'raːliən] *pl* denrées *f/pl*; ***in ~*** (*dat*) **(be)zahlen** payer en nature
Natura'l|ismus *m* ⟨~⟩ naturalisme *m*; **≈istisch** *adj* naturaliste
na'tur|belassen *adjt* naturel; non traité; **≈bursche** *m* homme *m* plein de naturel; **≈denkmal** *n* site classé
Natu'rell *n* ⟨~s; ~e⟩ naturel *m*
Na'tur|ereignis *n*, **~erscheinung** *f* phénomène naturel; **~faser** *f* fibre naturelle; **~forscher(in)** *m(f)* naturaliste *m,f*; **~freund(in)** *m(f)* ami(e) *m(f)* de la nature; **≈gemäß** *adj* naturel; **~gesetz** *n* loi *f* de la nature; loi naturelle; **≈getreu I** *adj* d'après nature; **II** *adv* fidèlement; **~gewalt** *f* force naturelle; **~heilkunde** *f* médecines naturelles; **~heilmittel** *n* remède naturel; **~katastrophe** *f* catastrophe naturelle; **~kost** *f* alimentation naturelle; **~kostladen** *m* magasin *m* de produits naturels
natürlich [na'tyːrlɪç] **I** *adj* naturel; **II** *adv* naturellement; **~!** bien sûr!
Na'türlichkeit *f* ⟨~⟩ naturel *m*
Na'tur|park *m* parc régional; **~produkt** *n* produit naturel; **≈rein** *adj* (purement) naturel; *Saft, Honig etc* pur
Na'turschutz *m* protection *f* de la nature; ***unter ~*** (*dat*) ***stehen*** être protégé
Na'tur|schützer *m* ⟨~s; ~⟩ écologiste *m*; **~schutzgebiet** *n* réserve naturelle
Na'turtalent *n* don, talent inné; ***sie ist ein ~*** elle est très douée
na'tur|trüb *adj* non filtré; **~verbunden** *adjt* près, proche de la nature
Na'turwissenschaft|en *f/pl* sciences naturelles; **~ler(in)** *m(f)* scientifique *m,f*; **≈lich** *adj* des sciences naturelles
Na'turwunder *n* merveille *f* de la nature
nautisch ['nautɪʃ] *adj* nautique
Navigation [navigatsi'oːn] *f* ⟨~⟩ navigation *f*; **~ssystem** *n* système *m* de navigation
Nazi ['naːtsi] *m* ⟨~s; ~s⟩ nazi *m*
na'zistisch *adj* nazi
n. Chr. *abr* (*nach Christus*) apr. J.-C.
Neandertaler [ne'andərtaːlər] *m* ⟨~s; ~⟩ Néandert(h)alien *m*
Neapel [ne'aːpəl] *n* ⟨~s⟩ Naples
Nebel ['neːbəl] *m* ⟨~s; ~⟩ brouillard *m*; *bes* MAR brume *f*; ***bei ~*** par temps de brouillard
'Nebel|bank *f* ⟨~; ¨~e⟩ nappe *f* de brouillard; **~horn** *n* corne *f* de brume
'neb(e)lig → ***neblig***
'Nebel|scheinwerfer *m* (phare *m*) antibrouillard *m*; **~schlussleuchte** *f* (feu *m* arrière) antibrouillard *m*
neben ['neːbən] *prép* **1** *Lage* ⟨*dat*⟩, *Richtung* ⟨*acc*⟩ à côté de; près de; **2** ⟨*dat*⟩ (*verglichen mit*) à côté de; **3** ⟨*dat*⟩ (*außer*) à part; sans compter
neben'an *adv* à côté; ***das Haus ~*** la maison d'à côté
'Neben|anschluss *m* TÉL poste *m* (secondaire); **~arbeit** *f* travail *m*, activité *f* annexe
neben'bei *adv* **1** (*beiläufig*) en passant; (*zusätzlich*) accessoirement; ***~ gesagt*** soit dit en passant; **2** (*außerdem*) en outre; de plus

'Neben|beruf *m* activité *f*, profession *f* annexe; **2beruflich I** *adj* extra-professionnel; **II** *adv* en dehors de la profession (régulière); **~beschäftigung** *f* activité *f* annexe; **~buhler(in)** [-bu:lər(ɪn)] *m* ⟨~s; ~⟩ *(f)* ⟨~; ~nen⟩ rival(e) *m(f)*
nebenei'nander *adv* **1** *örtlich* l'un à côté de l'autre; côte à côte; *gehen, fahren* de front; **~ bestehen** coexister; **~ legen, setzen, stellen** placer, mettre l'un à côté de l'autre; juxtaposer; **2** *zeitlich* simultanément
'Neben|einkünfte *pl*, **~einnahmen** *f/pl* revenus *m/pl* annexes; à-côtés *m/pl*; **~fach** *n* matière *f* secondaire; **~fluss** *m* affluent *m*; **~gebäude** *n* annexe *f*; bâtiment attenant; **~geräusch** *n* RAD bruit *m* parasite; friture *f* (*a* TÉL); **2'her** *adv* à côté; (*außerdem*) en outre; de plus; **~kosten** *pl* (*zusätzliche Kosten*) faux frais; *bei Mieten* charges *f/pl*; **~produkt** *n* sous-produit *m*; **~raum** *m* pièce voisine, d'à côté; **~rolle** *f* rôle *m* secondaire
'Nebensache *f* accessoire *m*; à-côté *m*; **das ist völlig ~** c'est tout à fait accessoire
'nebensächlich *adj* accessoire
'Neben|saison *f* basse saison; **~satz** *m* (proposition) subordonnée *f*; **~stelle** *f* **1** (*Filiale*) succursale *f*; **2** TÉL poste *m* supplémentaire; **~straße** *f* rue *f* secondaire; (*Seitenstraße*) rue latérale; **~tisch** *m* table voisine, d'à côté; **~verdienst** *m* revenu *m* supplémentaire; **~wirkung** *f* effet *m* accessoire; PHARM effet *m* secondaire; **~zimmer** *n* pièce voisine, d'à côté
'neblig *adj* brumeux
nebst [ne:pst] *litt prép* ⟨*dat*⟩ avec; plus
Necessaire [nesɛ'sɛ:r] *n* ⟨~s; ~s⟩ nécessaire *m*; trousse *f*
neck|en ['nɛkən] *v/t* (*u v/r* **sich ~** se) taquiner; (s')agacer; **~isch** *adj* taquin; (*drollig*) drôle; (*schelmisch*) espiègle
nee [ne:] F → ***nein***
Neffe ['nɛfə] *m* ⟨~n; ~n⟩ neveu *m*
Nega|tion [negatsi'o:n] *f* ⟨~; ~en⟩ négation *f*; **2tiv** ['ne:gati:f] *adj* négatif
'Negativ *n* ⟨~s; ~e⟩ PHOT négatif *m*
Neger(in) ['ne:gər(ɪn)] *m* ⟨~s; ~⟩ *(f)* ⟨~; ~nen⟩ Noir(e) *m(f)*; *péj* nègre *m*, négresse *f*
negieren [ne'gi:rən] *v/t* ⟨*sans ge*⟩ nier
Negligé [negli'ʒe:] *n* ⟨~s; ~s⟩ déshabillé *m*
nehmen ['ne:mən] ⟨nimmt, nahm, genommen⟩ **I** *v/t* prendre (*a fig*; **von etw** de qc; **aus etw** dans qc); (*an~*) recevoir; accepter; (*weg~*) prendre; ôter; *Hindernis* sauter; **j-m die Hoffnung ~** enlever à qn ses espoirs; **da, ~ Sie!** tenez!; *Rezept* **man nehme ...** prendre ...; F **wie mans nimmt** c'est selon; **streng genommen** à vrai dire; **etw an sich** (*acc*) **~** prendre, garder qc (jusqu'à nouvel ordre); *Gefundenes* empocher qc; **etw auf sich** (*acc*) **~** assumer qc; se charger de qc; **etw zu sich** (*dat*) **~** *Essen, Trinken* prendre, manger *bzw* boire qc; **er ist hart im 2** BOXEN il encaisse bien (les coups); *fig* il encaisse bien; **II** *v/r* **sich** (*dat*) **etw ~** prendre qc; **das lasse ich mir nicht ~** je n'en démords pas; **er ließ es sich nicht ~ zu** (+ *inf*) il a insisté pour (+ *inf*)
Neid [naɪt] *m* ⟨~es⟩ envie *f*; jalousie *f*; F **vor ~ platzen** crever d'envie, de jalousie; F **das muss ihm der ~ lassen** on ne peut pas lui contester, enlever, ôter cela
'neiden *st/s v/t* ⟨-e-⟩ **j-m etw ~** envier qc à qn
'Neider *m* ⟨~s; ~⟩ envieux *m*; jaloux *m*; **viele ~ haben** faire bien des envieux
'Neidhammel F *m* envieux, -ieuse *m,f*; jaloux, -ouse *m,f*
'neidisch *adj* jaloux; envieux
'neidlos *adv* sans envie
Neige ['naɪgə] *st/s f* ⟨~; ~n⟩ reste *m*; (*letzte Tropfen*) fond *m* (de bouteille); **zur ~ gehen** tirer, toucher à sa fin; *Tag* décliner
'neigen I *v/t* pencher; incliner; *Kopf a* baisser; **II** *v/i* **zu etw ~** (*tendieren*) pencher pour qc; *zu Übergewicht, Übertreibungen* avoir tendance à qc; **dazu ~ zu** (+ *inf*) être enclin à (+ *inf*); incliner à (+ *inf*); **er neigt zu Erkältungen** il est sujet aux rhumes; **III** *v/r* **sich ~** *Zweige* s'incliner; *Mauer, Baum* pencher; *Ebene* aller en pente; *st/s Tag* décliner; *Person* **sich** (**nach vorn**) **~** se pencher (en avant)
'Neigung *f* ⟨~; ~en⟩ **1** *Lage* inclinaison *f*; pente *f*; **2** *fig* (*Vorliebe*) penchant *m* (**zu** pour, à); (*Tendenz*) tendance *f* (à); **die ~ haben zu** (+ *inf*) avoir tendance à

(+ *inf*); **3** (*Zuneigung*) inclination *f* (***für*** pour)
nein [naɪn] *adv* non
Nein *n* ⟨~$; ~$⟩ non *m*; ~ ***sagen*** dire non (*a fig*); ***mit ~ stimmen*** voter non
ˈ**Neinstimme** *f* non *m*
Nektar [ˈnɛktar] *m* ⟨~s; ~e⟩ **1** MYTH, BOT, *fig* nectar *m*; **2** *Fruchtgetränk* boisson *f* aux fruits
Nektarine [nɛktaˈriːnə] *f* ⟨~; ~n⟩ nectarine *f*; brugnon *m*
Nelke [ˈnɛlkə] *f* ⟨~; ~n⟩ **1** BOT œillet *m*; **2** (*Gewürz≈*) (clou *m* de) girofle *m*
nennen [ˈnɛnən] ⟨nannte, genannt⟩ **I** *v/t* **1** nommer; appeler; (*be~*) dénommer; (*bezeichnen als*) qualifier de; *spottend* traiter de; ***nach j-m genannt werden*** porter le nom de qn; ***das nenne ich e-n Helden!*** voilà ce qui s'appelle 'un 'héros!; **2** *Namen, Grund* donner; *Grund, Preis* indiquer; (*anführen*) citer; mentionner; **II** *v/r* ***sich ~*** se nommer; s'appeler; F ***und so was nennt sich mein Freund!*** et ça se dit mon ami!
ˈ**nennenswert** *adj* notable
ˈ**Nenner** *m* ⟨~s; ~⟩ dénominateur *m*; ***gemeinsamer ~*** dénominateur commun (*a fig*)
ˈ**Nennung** *f* ⟨~; ~en⟩ mention *f*
ˈ**Nennwert** *m* valeur nominale
neo…, Neo… [neo…] *in Zssgn oft* néo…
Neologismus [neoloˈgɪsmʊs] *m* ⟨~; -men⟩ LING néologisme *m*
Neon [ˈneːɔn] *n* ⟨~s⟩ néon *m*
Neoˈnazi *m* néonazi *m*
ˈ**Neon|licht** *n* lumière *f* au néon; **~reklame** *f* publicité *f* au néon; **~röhre** *f* tube *m* au néon
Nepal [ˈneːpal] *n* ⟨~s⟩ le Népal
Nepp [nɛp] F *m* ⟨~s⟩ F arnaque *f*
ˈ**neppen** F *v/t* F arnaquer
Nerv [nɛrf] *m* ⟨~s; ~en⟩ nerf *m*; ***schwache, starke ~en haben*** avoir les nerfs fragiles, solides; ***die ~en verlieren*** perdre la maîtrise de soi; ***mit den ~en am Ende***, F ***fertig sein*** être à bout de nerfs; ***die ~en behalten*** garder son calme, son sang-froid; F ***sie geht mir auf die ~en, sie tötet mir den ~*** elle me tape sur les nerfs, F sur le système; F ***der hat (vielleicht) ~en!*** F il ne manque pas d'air!
ˈ**nerven** F *v/t* ***j-n ~*** taper sur les nerfs à qn; *abs* ***das nervt!*** F ça m'énerve!
ˈ**Nerven|arzt** *m*, **~ärztin** *f* neurologue *m,f*; **≈aufreibend** *adjt* énervant; **~bündel** F *n* paquet *m* de nerfs; **~entzündung** *f* névrite *f*; **~heilanstalt** *f* hôpital *m* psychiatrique; **~kitzel** F *m* sensations fortes; **≈krank** *adj* malade des nerfs; **~krieg** F *m* guerre *f* des nerfs; **~säge** F *f* F casse-pieds *m*
ˈ**Nervensystem** *n* système nerveux; ***vegetatives ~*** système neuro-végétatif
ˈ**Nervenzusammenbruch** *m* dépression nerveuse
ˈ**nervig** *adj Hand, Arm* nerveux; F (*aufreibend*) tuant
nervlich [ˈnɛrflɪç] **I** *adj* nerveux; **II** *adv* nerveusement
nervös [nɛrˈvøːs] *adj* nerveux; ***~ machen*** rendre nerveux; *p/fort* énerver
Nervosität [nɛrvoziˈtɛːt] *f* ⟨~⟩ nervosité *f*
ˈ**nervtötend** *adjt* énervant; tuant
Nerz [nɛrts] *m* ⟨~es; ~e⟩ ZO, *Pelz* vison *m*; ˈ**~mantel** *m* manteau *m* de vison
Nessel [ˈnɛsəl] *f* ⟨~; ~n⟩ ortie *f*; F *fig* ***sich in die ~n setzen*** se mettre, F se fourrer dans un guêpier
ˈ**Nesselsucht** *f* urticaire *f*
Nest [nɛst] *n* ⟨~¢s; ~er⟩ **1** (*Vogel≈, Diebes≈*) nid *m*; F ***sich ins gemachte ~ setzen*** faire un riche mariage; **2** F *péj* (*Dorf*) F trou *m*; F bled *m*
ˈ**Nestbeschmutzer** *m* ⟨~s; ~⟩ *péj* personne *f* qui crache dans la soupe
nesteln [ˈnɛstəln] *v/i* ⟨¢⟩ ***an etw*** (*dat*) ***~*** tripoter qc
ˈ**Nest|häkchen** *n* benjamin(e) *m(f)*; petit(e) dernier, -ière; **~wärme** *f* chaleur *f* du foyer familial
nett [nɛt] *adj* **1** (*freundlich*) gentil (***zu j-m*** avec qn); ***sei so ~ und mach die Tür zu!*** sois gentil, ferme la porte; **2** (*reizend*) charmant; mignon; (*angenehm*) sympathique; agréable; **3** (*hübsch*) joli; **4** F (*beträchtlich*) joli; F *iron a* beau
netto [ˈnɛto] *adv* net
ˈ**Netto|einkommen** *n* revenu net; **~gewicht** *n* poids net; **~lohn** *m* salaire net
Netz [nɛts] *n* ⟨~es; ~e⟩ **1** (*Fischer≈, Einkaufs≈, Haar≈, Tennis≈, Tor≈*) filet *m*; (*Spinnen≈*) toile *f* (d'araignée); ***j-m ins ~ gehen*** donner, tomber dans le piège de qn (*a fig*); **2** (*Straßen≈, Eisen-*

bahn≈, *Telefon*≈, INFORM *etc*) réseau *m*; ÉLECT *a* secteur *m*; *fig* **soziales ~** protection sociale

'**Netz|anschluss** *m* ÉLECT raccordement *m*; **~gerät** *n* ÉLECT adaptateur *m*; **~haut** *f* rétine *f*; **~strumpf** *m* bas *m* résille; **~werk** *n* réseau *m*

neu [nɔʏ] **I** *adj* nouveau; (~ *gemacht*) neuf; (*kürzlich geschehen*) récent; **~este Mode** dernière mode; **~este Nachrichten** dernières nouvelles; **~eren Datums** de fraîche date; **das ist mir ~** c'est nouveau pour moi; **aufs ≈e, von ~em** à *od* de nouveau; F **der, die ≈e** le nouveau, la nouvelle; **was gibt es ≈es?** qu'y a-t-il od quoi de nouveau, de neuf?; **weißt du schon das ≈este?** tu connais la nouvelle?; **II** *adv* nouvellement; récemment; **etw ~ einrichten** refaire qc à neuf; **ein Restaurant ~ eröffnen** ouvrir un nouveau restaurant; **~ ordnen** réorganiser

'**Neu|ankömmling** *m* ⟨~s; ~e⟩ nouveau venu, nouvelle venue; **~anschaffung** *f* nouvelle acquisition; **≈artig** *adj* nouveau; d'un nouveau genre; **~auflage** *f* nouvelle édition; réédition *f* (*a fig*)

'**Neubau** *m* ⟨~es; ~ten⟩ nouvelle construction; *im Bau befindlicher* maison *f*, immeuble *m* en construction; *eben fertig gestellter* maison neuve; immeuble neuf; **~gebiet** *n* nouveaux quartiers; **~wohnung** *f* appartement neuf

'**Neu|bearbeitung** *f* nouvelle édition revue et mise à jour; **~beginn** *m* nouveau départ; recommencement *m*; **~bildung** *f* **1** formation (nouvelle); BIOL régénération *f*; **2** LING néologisme *m*; **~einstellung** *f* embauche *f*; nouvel engagement; **~entwicklung** *f* innovation *f*; nouveauté *f*

neuer'dings *adv* depuis peu

'**Neuerer** *m* ⟨~s; ~⟩ novateur *m*

'**Neu|eröffnung** *f* ouverture *f*; **~erscheinung** *f* nouveauté *f*

'**Neuerung** *f* ⟨~; ~en⟩ innovation *f*

'**Neufassung** *f* nouvelle version

'**neugeboren** *adjt* nouveau-né; **sich wie ~ fühlen** se sentir tout ragaillardi

'**Neugeborene(s)** *n* ⟨→ A⟩ nouveau-né *m*

'**Neu|gier** *f*, **~gierde** *f* ⟨~⟩ curiosité *f*

'**neugierig** *adj* curieux (**auf** [+ *acc*] de); **ich bin ~, ob ...** je suis curieux de voir si ...

Neugui'nea *n* ⟨~s⟩ la Nouvelle-Guinée

'**Neuheit** *f* ⟨~; ~en⟩ nouveauté *f*

'**Neuigkeit** *f* ⟨~; ~en⟩ nouvelle *f*

'**Neujahr** *n* jour *m* de l'An; nouvel an

'**Neujahrs|nacht** *f* nuit *f* de la Saint-Sylvestre; **~tag** *m* jour *m* de l'An

'**Neuland** *n fig* nouveau domaine; **~ betreten** s'aventurer en terrain vierge

'**neulich** *adv* récemment; l'autre jour

'**Neuling** *m* ⟨~s; ~e⟩ novice *m,f*

'**neumodisch** *adj* à la (dernière) mode

'**Neumond** *m* nouvelle lune

neun [nɔʏn] *num/c* neuf; *beim Kegeln* **alle ~e!** strike!; → **acht**

Neun *f* ⟨~; ~en⟩ neuf *m*; F **ach, du grüne ~e!** F il ne manquait plus que ça!

neun..., Neun... → **acht..., Acht...**

'**Neuner** *m* ⟨~s; ~⟩ neuf *m*

'**neuner'lei** *adj* ⟨*inv*⟩ de neuf sortes, espèces différentes

'**neun|fach** **I** *adj* neuf fois; → **achtfach**; **II** *adv* neuf fois (plus); **≈fache(s)** *n* ⟨→ A⟩ neuf fois la quantité, la somme, *etc*; '**~'hundert** *num/c* neuf cent(s); **~jährig** *adj* (*neun Jahre alt*) (âgé) de neuf ans; (*neun Jahre lang*) de neuf ans; qui dure neuf ans; **~mal** *adv* neuf fois; **~malklug** *adj iron* qui se croit toujours très malin

neunt [nɔʏnt] *adv* **zu ~** à neuf; **zu ~ sein** être neuf

'**neun'tausend** *num/c* neuf mille

'**neunte** *num/o* neuvième; → **achte**

'**Neuntel** *n* ⟨~s; ~⟩ neuvième *m*

'**neuntens** *adv* neuvièmement

'**neunzehn** *num/c* dix-neuf; → **acht**

neunzig ['nɔʏntsɪç] *num/c* quatre-vingt-dix; *Belgien, schweiz* nonante; → **achtzig**

'**Neunzig** *f* ⟨~⟩ quatre-vingt-dix *m*

'**neunziger** *adj* ⟨*inv*⟩ **die ~ Jahre** *n/pl* les années *f/pl* quatre-vingt-dix

'**neunzigjährig** *adj* (*neunzig Jahre alt*) (âgé) de quatre-vingt-dix ans; (*neunzig Jahre lang*) de quatre-vingt-dix ans; qui dure quatre-vingt-dix ans

'**Neuordnung** *f* réorganisation *f*

Neuralg|ie [nɔʏral'giː] *f* ⟨~; ~n⟩ névralgie *f*; **≈isch** [-'ralgɪʃ] *adj* névralgique (*a st/s fig Punkt*)

'**Neu|reg(e)lung** *f* nouvelle réglementation; **≈reich** *adj* parvenu; **~reiche(r)** *f(m)* nouveau riche *m*, nouvelle riche

f; parvenu(e) *m(f)*
Neurodermitis [nɔʏrodɛr'mi:tɪs] *f* ⟨~; -'tiden⟩ névrodermite *f*
Neuro|loge [nɔʏro'lo:gə] *m* ⟨~n; ~n⟩, **~'login** *f* ⟨~; ~nen⟩ neurologue *m,f*
Neuro|se [nɔʏ'ro:zə] *f* ⟨~; ~n⟩ névrose *f*; **~tiker(in)** *m* ⟨~s; ~⟩ *(f)* ⟨~; ~nen⟩ névrosé(e) *m(f)*; **²tisch** *adj* névrosé; névrotique
'Neuschnee *m* neige fraîche
Neu'see|land *n* ⟨~s⟩ la Nouvelle-Zélande; **~länder(in)** [-lɛndər(ɪn)] *m* ⟨~s; ~⟩ *(f)* ⟨~; ~nen⟩ Néo-Zélandais(e) *m(f)*; **²ländisch** *adj* néo-zélandais
'neusprachlich *adj* de(s) langues vivantes
neutral [nɔʏ'tra:l] *adj* neutre (*a* CHIM); **~i'sieren** *v/t* ⟨*sans ge*⟩ neutraliser (*a* CHIM); **²i'tät** *f* ⟨~⟩ neutralité *f*
Neutron ['nɔʏtrɔn] *n* ⟨~s; -'tronen⟩ neutron *m*
Neutrum ['nɔʏtrum] *n* ⟨~s; -tra *ou* -tren⟩ GR neutre *m*
'Neu|wahl *f* nouvelle élection; **²wertig** *adj* à l'état neuf; comme neuf; **~zeit** *f* temps *m/pl* modernes; époque contemporaine, actuelle; **²zeitlich** *adj* moderne; **~zugang** *m* **1** *im Krankenhaus* arrivée *f*; **2** *von Waren* nouvel arrivage; *e-r Bibliothek* nouvelle acquisition
Nicaragua [nika'ra:gua] *n* ⟨~s⟩ le Nicaragua
nicht [nɪçt] *adv* ne … pas; F pas; *vor Infinitiv* ne pas; *ohne Verb* pas; ***~ ein einziger*** pas un seul; ***~, dass …*** ce n'est pas que … (+ *subj*); ***~?, ~ wahr?*** n'est-ce pas?; ***~ so schön wie …*** moins beau que …; ***… auch ~ …*** non plus; ***~ rostend*** inoxydable
'Nicht… *in Zssgn oft* non *od* non-…; **~achtung** *f* manque *m* d'égard; **~'angriffspakt** *m* pacte *m* de non-agression; **~beachtung** *f* non-respect *m*
Nichte ['nɪçtə] *f* ⟨~; ~n⟩ nièce *f*
'nicht|ehelich *adj* né hors mariage; **²einhaltung** *f e-s Vertrages* violation *f*; **²einmischung** *f* non-intervention *f*
'nichtig *adj* **1** JUR nul; de nulle valeur; **2** *fig* (*nichts sagend*) futile; **²keit** *f* ⟨~; ~en⟩ **1** JUR nullité *f*; **2** *fig* (*Belanglosigkeit*) futilité *f*; **3** (*Bagatelle*) rien *m*
'Nichtmitglied *n* non-membre *m*
'nichtöffentlich *adj* non public; *Sitzung* à 'huis clos
'Nichtraucher *m* non-fumeur *m*; *Schild a* défense de fumer; ***ich bin ~*** je ne fume pas
'Nichtraucher|abteil *n* compartiment *m* non-fumeurs; **~zone** *f* zone *f*, espace *m* non-fumeurs
nichts [nɪçts] *pr/ind* ⟨*inv*⟩ rien; *mit Verb* ne … rien; ***~ and(e)res*** rien d'autre; ***~ ahnend*** qui ne se doute de rien; ***~ sagend*** insignifiant; *Worte* vide de sens; futile; F ***~ da!*** F pas de ça!; F ***~ wie hin!*** vite, allons-y!; F ***~ wie weg!*** F tirons-nous!; F filons!; F ***für ~ und wieder ~*** pour rien; ***ich hatte ~ als Scherereien*** je n'ai eu que des ennuis
Nichts *n* ⟨~⟩ **1** néant *m*; **(*wie*) *aus dem ~ auftauchen*** surgir du néant; ***er steht vor dem ~*** il se retrouve sans rien; **2** *péj* (*Mensch*) minable *m,f*
'Nichtschwimmer(in) *m(f)* non-nageur, -euse *m,f*
nichtsdesto|'trotz F *plais adv*, **~'weniger** *adv* néanmoins
'Nichtsesshafte(r) *f(m)* ⟨→ A⟩ personne *f* sans domicile fixe; S.D.F. *m,f*; nomade *m,f*
'Nichts|nutz *m* ⟨~es; ~e⟩ bon *m*, propre *m* à rien; vaurien *m*; **²nutzig** *adj* qui ne vaut rien; **~tuer(in)** [-tu:ər(ɪn)] *m* ⟨~s; ~⟩ *(f)* ⟨~; ~nen⟩ fainéant(e) *m(f)*; **~tun** *n* inaction *f*; oisiveté *f*
'Nicht|vorhandensein *n* absence *f*; **~wähler** *m* abstentionniste *m*; **~wissen** *n* ignorance *f*
'Nichtzutreffende(s) *n* ⟨→ A⟩ ***Nichtzutreffendes streichen*** rayer les mentions inutiles
Nickel ['nɪkəl] *n* ⟨~s⟩ nickel *m*; **~brille** *f* lunettes *f/pl* à monture de métal
nicken ['nɪkən] *v/i* faire un signe de (la) tête; *zustimmend* faire un signe de tête affirmatif
'Nickerchen F *n* ⟨~s; ~⟩ somme *m*; F roupillon *m*; ***ein ~ machen*** faire un petit somme; F piquer un roupillon
Nicki ['nɪki] *m* ⟨~$; ~s⟩ pull *m* en velours
nie [ni:] *adv* jamais; *mit Verb* ne … jamais; ***~ und nimmer!*** jamais de la vie!; ***~ wieder, ~ mehr*** plus jamais; ***noch ~ da gewesen*** sans précédent
nieder ['ni:dər] *adv* à bas (***mit den Verrätern!*** les traîtres!)
'nieder-|brennen ⟨*irr*⟩ **I** *v/t* réduire en cendres; **II** *v/i* ⟨sn⟩ être détruit par

N

un incendie; **~brüllen** *v/t* conspuer; 'huer; **~drücken** *v/t* **1** *Taste, Knopf* appuyer sur; *Hebel* abaisser; **2** *fig* accabler; déprimer

'niedere *adj* **1** *im Rang, Wert* bas; petit; inférieur; *Gesinnung* ignoble; bas; **2** BIOL inférieur

'Nieder|gang *st/s m* déclin *m*; décadence *f*; **2gedrückt** *adjt* abattu; accablé

'nieder·gehen *v/i* ⟨*irr*, sn⟩ *Gewitter, Regenguss* s'abattre; *Flugzeug* descendre

'niedergeschlagen *adjt* abattu; déprimé; (*entmutigt*) découragé; **2heit** *f* ⟨~⟩ abattement *m*; découragement *m*

'nieder·knien *v/i* ⟨sn⟩ s'agenouiller; ***vor j-m*** ~ tomber à genoux devant qn

'nieder·kommen *st/s v/i* ⟨*irr*, sn⟩ accoucher (***mit*** de)

Nieder|kunft ['-kʊnft] *st/s f* ⟨~; ~̈e⟩ accouchement *m*; **~lage** *f* défaite *f*

'Nieder|lande *n/pl* ⟨~⟩ ***die*** ~ les Pays-Bas *m/pl*; **~länder(in)** ['-lɛndər(ɪn)] *m* ⟨~s; ~⟩ (*f*) ⟨~; ~nen⟩ Néerlandais(e) *m(f)*; **2ländisch** *adj* néerlandais

'nieder·lassen *v/r* ⟨*irr*⟩ ***sich*** ~ **1** *st/s* (*sich setzen*) s'asseoir; *Vögel* se poser; **2** (*ansässig werden*) s'installer

'Niederlassung *f* ⟨~; ~en⟩ **1** (*Sichniederlassen*) installation *f*; **2** COMM succursale *f*; *e-r Bank* agence *f*

'nieder·legen *v/t* **1** déposer; **2** *fig Waffen* mettre bas; ***sein Amt ~, die Arbeit ~*** se démettre; **3** ***etw schriftlich ~*** mettre qc par écrit

'Niederlegung *f* ⟨~; ~en⟩ *e-s Kranzes* dépôt *m*; *e-s Amts* démission *f*

'nieder·|machen *v/t* massacrer; **~metzeln** *v/t* ⟨¢⟩ massacrer

'nieder·prasseln *v/i* ⟨¢, sn⟩ *Regen* crépiter; *fig Kritik etc* ***auf j-n ~*** pleuvoir sur qn

'nieder·reißen *v/t* ⟨*irr*⟩ *Gebäude* démolir

'Niedersachsen *n* la Basse-Saxe

'nieder·schießen *v/t* ⟨*irr*⟩ abattre

'Niederschlag *m* **1** MÉTÉO *meist pl* ***Niederschläge*** précipitations *f/pl*; ***radioaktiver ~*** retombées radioactives; **2** *fig* ***s-n ~ finden in*** (+ *dat*) se manifester dans; **3** CHIM précipité *m*

'nieder·schlagen ⟨*irr*⟩ **I** *v/t* **1** (*zu Boden schlagen*) assommer; **2** *Aufstand* réprimer; **3** *Augen* baisser; **II** *v/r* ***sich ~*** **4** CHIM se déposer; (se) précipiter; **5** *fig* (*sichtbar werden*) se manifester (***in*** [+ *dat*] dans)

'niederschlags|arm *adj* peu pluvieux; **~frei** *adj* sans pluie, précipitations; **~reich** *adj* pluvieux

'nieder·schmettern *v/t* terrasser (*a fig*)

'niederschmetternd *adjt* bouleversant

'nieder·schreiben *v/t* ⟨*irr*⟩ mettre par écrit

'Niederschrift *f Vorgang* rédaction *f*; (*Geschriebenes*) compte rendu; JUR procès-verbal *m*

'nieder·|stechen *v/t* ⟨*irr*⟩ blesser, (*erstechen*) tuer d'un coup de couteau; **~strecken** *st/s v/t* assommer; terrasser

'Nieder|tracht *f* bassesse *f*; infamie *f*; **2trächtig** *adj* bas; ignoble; infâme

'Niederung *f* ⟨~; ~en⟩ terrain bas; *fig pl* ***~en*** bas-fonds *m/pl*

'nieder·werfen *st/s* ⟨*irr*⟩ *v/t* **I** *Gegner* terrasser; *fig* (*besiegen*) vaincre; *Aufstand* réprimer; **II** *v/r* ***sich ~*** se jeter à terre; ***sich vor j-m ~*** se jeter aux pieds de qn

niedlich ['niːtlɪç] *adj* mignon

niedrig ['niːdrɪç] **I** *adj* bas (*a rang-, wert-, zahlungsmäßig, fig*); ***~er als etw*** inférieur à qc; **II** *adv räumlich, fig* bas

'niemals → ***nie***

niemand ['niːmant] *pr/ind Subjekt* personne; *beim Verb* personne … ne; *Objekt* ne … personne; ***es war ~ da*** il n'y avait personne; ~ ***ander(e)s*** personne d'autre; nul autre; ~ ***mehr*** plus personne

'Niemandsland *n* no man's land *m*

Niere ['niːrə] *f* ⟨~; ~n⟩ **1** ANAT rein *m*; F *fig* ***das geht mir an die ~n*** ça me bouleverse; **2** CUIS rognon *m*

'Nieren|kolik *f* colique *f* néphrétique; **~leiden** *n* maladie *f* des reins, rénale; **~stein** *m* calcul rénal

nieseln ['niːzəln] *v/imp* ⟨¢⟩ bruiner

'Nieselregen *m* bruine *f*; crachin *m*

niesen ['niːzən] *v/i* ⟨¢s⟩ éternuer

'Niespulver *n* poudre *f* à éternuer

Niete[1] ['niːtə] *f* ⟨~; ~n⟩ **1** LOTTERIE billet, numéro perdant; **2** F *fig* (*Versager*) F minable *m*; nullité *f*

'Niete[2] *f* ⟨~; ~n⟩ TECH rivet *m*

'nieten *v/t* ⟨-e-⟩ river; riveter

Niger ['niːgər] *n* ⟨~s⟩ le Niger

Nigeria [ni'geːria] *n* ⟨~s⟩ le Nigeria

Nihil|ismus [nihi'lɪsmus] *m* ⟨~⟩ nihilisme *m*; **~ist** *m* ⟨~en; ~en⟩ nihiliste *m*; **ﾠistisch** *adj* nihiliste

Nikolaus ['nɪkolaus] *m* ⟨~; ~e⟩ *Gestalt* Saint-Nicolas *m*; **~tag** *m* Saint-Nicolas *f*

Nikotin [niko'ti:n] *n* ⟨~s⟩ nicotine *f*; **ﾠarm** *adj* dénicotinisé; **~gehalt** *m* teneur *f* en nicotine

Nilpferd ['ni:l-] *n* hippopotame *m*

Nimbus ['nɪmbus] *m* ⟨~; ~se⟩ auréole *f* (*a fig*)

Nimmerwiedersehen [nɪmər'-] F *n* ***auf ~ verschwinden*** F disparaître de la circulation

nimmt [nɪmt] → ***nehmen***

Nippel ['nɪpəl] *m* ⟨~s; ~⟩ TECH raccord *m*

nippen ['nɪpən] *v/i* (***an etw*** [*dat*]) ~ boire (qc) à petits coups; F siroter (qc)

Nippes ['nɪpəs] *pl* bibelots *m/pl*

nirgend|s ['nɪrgənts], **~wo** *adv mit Verb* ne… nulle part; *ohne Verb* nulle part

Nische ['ni:ʃə] *f* ⟨~; ~n⟩ niche *f*

nist|en ['nɪstən] *v/i* ⟨-e-⟩ nicher; faire son nid; **ﾠkasten** *m* nichoir *m*

Nitrat [ni'tra:t] *n* ⟨~(e)s; ~e⟩ nitrate *m*

Nitroglyzerin [nitroglytse'ri:n] *n* nitroglycérine *f*

Niveau [ni'vo:] *n* ⟨~s; ~s⟩ niveau *m*; ***~ haben*** avoir un certain niveau; ***kein ~ haben*** *Artikel, Film* être d'un niveau médiocre; *Person* être nul; ***das ist unter meinem ~*** ce n'est pas de mon niveau

ni'veaulos *adj* sans valeur intellectuelle

nivellieren [nivɛ'li:rən] *v/t* ⟨*sans ge*⟩ niveler

nix [nɪks] F → ***nichts***

Nixe ['nɪksə] *f* ⟨~; ~n⟩ ondine *f*

Nizza ['nɪtsa] *n* ⟨~s⟩ Nice

nobel ['no:bəl] *adj* ⟨-bl-⟩ **1** *st/s* (*edel*) noble; **2** F (*freigebig*) généreux; **3** F (*luxuriös*) de luxe; *Haus, Einrichtung etc* élégant; chic

'Nobel|herberge *f* hôtel *m* de luxe; **~karosse** F *f* F super voiture *f*

Nobelpreis [no'bɛl-] *m* prix *m* Nobel; **~träger(in)** *m(f)* lauréat(e) *m(f)* du prix Nobel

noch [nɔx] **I** *adv* **1** (*bisher*) encore; ***~ nicht*** (ne…) pas encore; ***~ nie*** (ne…) jamais encore; ***kaum ~*** à peine; **2** (*nicht später als*) encore; ***~ heute*** aujourd'hui même, encore; **3** (*später*) ***er kommt ~*** il va venir; **4** (*zusätzlich*) encore; ***es sind nur ~ fünf Minuten*** il n'y a, il ne reste plus que cinq minutes; F ***~ und ~*** tant et plus; **5** *Vergleich* ***zwölf oder ~ mehr*** douze ou même plus; ***man kann ~ so vorsichtig sein*** on a beau être prudent; ***wenn er auch ~ so reich wäre*** quelque *od* si riche qu'il soit; **II** *conj* → ***weder***

'nochmalig *adj* nouveau

'nochmals *adv* encore une fois

Nockenwelle ['nɔkən-] *f* arbre *m* à cames

Nockerl ['nɔkərl] *n* ⟨~s; ~n⟩ *bes österr* quenelle *f*; ***Salzburger ~n*** soufflé *m* à la vanille

Nomade [no'ma:də] *m* ⟨~n; ~n⟩ nomade *m*; **~nvolk** *n* peuple *m* nomade

nominal [nomi'na:l] *adj* ÉCON, GR nominal

Nominativ ['no:minati:f] *m* ⟨~s; ~e⟩ GR nominatif *m*

nomi'nell *adj* nominal

nomi'nieren *v/t* ⟨*sans ge*⟩ désigner; SPORT sélectionner

Nonne ['nɔnə] *f* ⟨~; ~n⟩ religieuse *f*; sœur *f*; **~nkloster** *n* couvent *m* de femmes

Nonsens ['nɔnzɛns] *m* ⟨~(e)s⟩ non-sens *m*

nonstop [nɔn'stɔp] *adv* en non-stop; **ﾠflug** *m* vol *m* sans escale

Nord [nɔrt] *m* ⟨*sans article ni pl*⟩ nord *m*; **'~afrika** *n* l'Afrique *f* du Nord; **'~afri'kaner(in)** *m(f)* Nord-Africain(e) *m(f)*; **'ﾠafri'kanisch** *adj* nord-africain; **'~a'merika** *n* l'Amérique *f* du Nord; **'~ameri'kaner(in)** *m(f)* Américain(e) *m(f)* du Nord; **'ﾠameri'kanisch** *adj* d(e l)'Amérique du Nord; **ﾠdeutsch** *adj* d(e l)'Allemagne du Nord; **~deutschland** *n* l'Allemagne *f* du Nord

Norden ['nɔrdən] *m* ⟨~s⟩ nord *m*; *e-s Lands, e-r Stadt* Nord *m*; ***im ~*** (***von***) au nord (de)

'Nord|eu'ropa *n* l'Europe septentrionale, du Nord; **'~irland** *n* l'Irlande *f* du Nord

'nordisch *adj* nordique

'Nord|kap *n* cap *m* Nord; **'~ko'rea** *n* la Corée du Nord; **~küste** *f* côte nord, septentrionale

nördlich ['nœrtlɪç] **I** *adj* du nord; septentrional; *Breite* boréal; **II** *adv* au nord (***von*** de)

N

'Nord|licht *n* aurore boréale; **~'ost(en)** *m* nord-est *m*

'nord'östlich **I** *adj* du nord-est; **II** *adv* au nord-est (***von*** de)

'Nordpol *m* pôle *m* Nord

Nordrhein-Westfalen ['nɔrtraɪnvɛst'faːlən] *n* 〈~s〉 la Rhénanie-du-Nord-Westphalie

'Nord|see *f* mer *f* du Nord; **~seite** *f* (côté *m*) nord *m*; **2wärts** *adv* vers le nord; au nord; **~'west(en)** *m* nord-ouest *m*

nord'westlich **I** *adj* du nord-ouest; **II** *adv* au nord-ouest (***von*** de)

'Nordwind *m* vent *m* du nord

Nörgelei [nœrgə'laɪ] *f* 〈~; ~en〉 ronchonnement *m*; critiques *f/pl*

'nörgeln *v/i* 〈¢〉 F râler; ronchonner

'Nörgler(in) *m* 〈~s; ~〉 (*f*) 〈~; ~nen〉 F râleur, -euse *m,f*

Norm [nɔrm] *f* 〈~; ~en〉 norme *f* (*a* TECH)

nor'mal *adj* normal; F ***er ist nicht (ganz)*** **~** F il est piqué, cinglé

Nor'malbenzin *n* essence *f* ordinaire

nor'maler'weise *adv* normalement

Nor'malfall *m* cas normal; ***im*** **~** normalement

Nor'malgewicht *n* poids normal

normali'sieren 〈*sans ge*〉 *v/t* (*u v/r* ***sich*** **~** se) normaliser

Normali'tät *f* 〈~〉 normalité *f*

Nor'mal|verbraucher *m* consommateur moyen; **~zustand** *m* état normal

Normandie [nɔrman'diː] 〈~〉 ***die*** **~** la Normandie

'nor|men *v/t*, **~'mieren** *v/t* 〈*sans ge*〉 normaliser; standardiser

Norweg|en ['nɔrveːgən] *n* 〈~s〉 la Norvège; **~er(in)** *m* 〈~s; ~〉 (*f*) 〈~; ~nen〉 Norvégien, -ienne *m,f*; **2isch** *adj* norvégien

Nostalgie [nɔstal'giː] *f* nostalgie *f*

nos'talgisch *adj* nostalgique; *Mode, Musik* rétro

Not [noːt] *f* 〈~; ~e〉 **1** (*Notwendigkeit*) nécessité *f*; besoin *m*; ***wenn*** **~** ***am Mann ist*** en cas de nécessité; ***aus der*** **~** ***e-e Tugend machen*** faire de nécessité vertu; ***zur*** **~** à la rigueur; *st/s* **~** ***tun*** être nécessaire; ***es tut*** **~**, ***dass …*** il faut que … (+ *subj*); **2** (*Notlage*) détresse *f*; ***in*** **~** (*dat*) ***sein*** être dans la détresse; **3** (*Mühe*) peine *f*; ***mit knapper*** **~** de justesse; ***s-e liebe*** **~** ***mit etw, j-m haben*** avoir bien du mal avec qc, qn; **4** (*Mangel*) pénurie *f*; (*Elend*) misère *f*; ***in*** **~** (*acc*) ***geraten*** tomber dans la misère; **~** ***leiden, in*** **~** (*dat*) ***sein*** être, se trouver dans la misère, le besoin; **~** ***leidend*** nécessiteux; *p/fort* miséreux

Notar|(in) [no'taːr(ɪn)] *m* 〈~s; ~e〉 (*f*) 〈~; ~nen〉 notaire *m*; **~i'at** *n* 〈~¢s; ~e〉 **1** *Amt* notariat *m*; **2** *Büro* étude *f* de notaire

notari'ell **I** *adj* notarié; **II** *adv* **~** ***beglaubigt*** notarié

'Not|arzt *m*, **~ärztin** *f* médecin *m* d'urgence; → *Info bei* **Notrufnummer**; **~arztwagen** *m* unité mobile hospitalière; **~aufnahme** *f im Krankenhaus* service *m* des urgences; **~ausgang** *m* sortie *f* de secours; **~behelf** *m* pis-aller *m*; expédient *m*; **~bremse** *f* signal *m* d'alarme

'Notdienst *m* (service *m* de) garde *f*; **~** ***haben*** être de garde

Notdurft ['noːtdurft] *st/s f* 〈~〉 ***s-e*** **~** ***verrichten*** faire ses besoins

'notdürftig **I** *adj* (*knapp*) à peine suffisant; (*behelfsmäßig*) provisoire; **II** *adv* provisoirement; sommairement; **~** ***bekleidet*** à peine vêtu

Note ['noːtə] *f* 〈~; ~n〉 **1** DIPL, MUS note *f*; ***ganze*** **~** ronde *f*; ***halbe*** **~** blanche *f*; ***nach*** **~*n*** ***singen*** chanter sur partition; **2** SCHULE, SPORT note *f*; point *m*; **3** *fig* (*Eigenart*) cachet *m*; (*Gepräge*) note *f*

Notebook ['noːtbuk] *n* 〈~s; ~s〉 (petit ordinateur) portable *m*

'Noten|blatt *n* partition *f*; **~heft** *n* cahier *m* de musique; **~schlüssel** *m* MUS clé *f*; **~ständer** *m* pupitre *m* (à musique)

'Notfall *m* urgence *f*; cas *m* de besoin; ***im*** **~** en cas de besoin; (*wenn es nicht anders geht*) à la rigueur; ***für den*** **~** en cas de besoin

'not|falls *adv* → (***im***) ***Notfall***; (*schlimmstenfalls*) au pire; **~gedrungen** *adv* contraint et forcé; **2groschen** *m* réserve *f*; (petites) économies

no'tieren 〈*sans ge*〉 **I** *v/t* **1** (***sich*** [*dat*]) ***etw*** **~** noter qc; **2** BÖRSE coter; **II** *v/i* BÖRSE être coté

No'tierung *f* 〈~; ~en〉 BÖRSE cotation *f*; cours *m*

nötig ['nøːtɪç] *adj* nécessaire; ***es ist*** **~** ***zu*** (+ *inf*) il faut (+ *inf*); ***es ist*** **~**, ***dass …*** il faut que … (+ *subj*); ***wenn*** **~** si besoin est; ***etw*** **~** ***haben*** avoir besoin de qc; *fig*

das habe ich (doch) nicht ~ je n'ai pas besoin de ça; F ***du hast es gerade ~*** F tu ne manques pas d'air!; ***das wäre doch nicht ~ gewesen!*** *Geschenke etc* vous n'auriez pas dû!

'nötigen *v/t* **1** *(zwingen)* ***j-n ~, etw zu tun*** obliger, contraindre qn à faire qc; **2** *st/s (dringend bitten)* inviter; prier; ***sich ~ lassen*** se faire prier

'Nötigung *f* ⟨~; ~en⟩ coercition *f*; contrainte *f* (*a* JUR)

Notiz [no'ti:ts] *f* ⟨~; ~en⟩ **1** *(schriftlicher Vermerk)* note *f*; ***sich*** *(dat)* ***~en machen*** prendre des notes; **2** *(Zeitungs*⁀*)* entrefilet *m*; **3** ***von etw ~ nehmen*** prendre note de qc; ***keine ~ von etw nehmen*** ne tenir nul compte de qc

No'tiz|block *m* ⟨~(e)s; ~s *ou* -blöcke⟩ bloc-notes *m*; **~buch** *n* carnet *m*; **~zettel** *m* fiche *f*

'Not|lage *f* situation *f* difficile; détresse *f*; embarras *m*; **⁀landen** *v/i* ⟨-e-, -ge-, sn⟩ faire un atterrissage forcé; **~landung** *f* atterrissage forcé; **~lösung** *f* expédient *m*; pis-aller *m*; **~lüge** *f* pieux mensonge

notorisch [no'to:rɪʃ] *adj* notoire

'Not|ruf *m* appel *m* d'urgence; **~rufnummer** *f* numéro *m* d'urgence; **~rufsäule** *f* poste *m* d'appel d'urgence; **~rutsche** *f* AVIAT toboggan *m*; **⁀schlachten** *v/t* ⟨-e-, -ge-⟩ abattre; **~schlachtung** *f* abattage forcé, d'urgence; **~sitz** *m* strapontin *m*; **~stand** *m* état *m* d'urgence; **~standsgebiet** *n* région sinistrée; **~unterkunft** *f* logement *m* provisoire

Die folgenden **Notrufnummern** gelten in ganz Frankreich und sind gebührenfrei. Sie können von allen Telefonzellen aus ohne Telefonkarte angewählt werden:

15	Notarzt	**le SAMU** [samy]
17	Polizei	**la police**
18	Feuerwehr	**les pompiers**

'Notwehr *f* légitime défense *f*; ***aus ~*** en état de légitime défense

'notwendig *adj* nécessaire; **⁀keit** *f* ⟨~; ~en⟩ nécessité *f*

'Notzeit *f* ***in ~en*** *(dat)* en temps de crise

'Notzucht *f* viol *m*

Nougat ['nu:gat] *m od n* ⟨~s; ~s⟩ praliné *m*

Novelle [no'vɛlə] *f* ⟨~; ~n⟩ **1** *(Erzählung)* nouvelle *f*; **2** POL, JUR loi *f* dérogatoire; amendement *m*

November [no'vɛmbər] *m* ⟨~(s); ~⟩ (mois *m* de) novembre *m*; → ***Januar***

Novität [novi'tɛ:t] *f* ⟨~; ~en⟩ nouveauté *f*

Noviz|e [no'vi:tsə] *m* ⟨~n; ~n⟩, **~in** *f* ⟨~; ~nen⟩ CATH *u fig* novice *m,f*

Nr. *abr (Nummer)* No

Nu [nu:] *m* ⟨~⟩ ***im ~*** en un rien de temps; en un clin d'œil

Nuance [ny'ã:sə] *f* ⟨~; ~n⟩ nuance *f* (*a fig*)

nüchtern ['nʏçtərn] *adj* **1** *(mit leerem Magen)* à jeun; **2** *(nicht betrunken)* à jeun; ***~ werden*** se dégriser; **3** *fig Mensch, Kritik* objectif; *Stil* sobre

nuckeln ['nʊkəln] F *v/i* ⟨ɇ⟩ ***an etw*** *(dat)* ***~*** sucer qc

Nudel ['nu:dəl] *f* ⟨~; ~n⟩ **1** CUIS nouille *f*; *(Faden*⁀*)* vermicelle *m*; ***~n*** *pl a* pâtes *f/pl*; **2** F *fig* ***ulkige ~*** F fille marrante

'Nudel|salat *m* salade *f* de pâtes, de nouilles; **~suppe** *f* potage *m* au vermicelle

Nudist(in) [nu'dɪst(ɪn)] *m* ⟨~en; ~en⟩ *(f)* ⟨~; ~nen⟩ nudiste *m,f*

'Nugat → ***Nougat***

nuklear [nukle'a:r] *adj* nucléaire; **⁀krieg** *m* → ***Atomkrieg***

null [nʊl] **I** *num/c* zéro; ***~ Komma zwei*** zéro virgule deux; ***für ~ und nichtig erklären*** déclarer nul et non avenu; ***~ Grad*** zéro degré; ***~ Fehler*** zéro faute; **II** F *adj* ⟨*inv*⟩ ***~ Ahnung (von)*** aucune idée (de)

Null *f* ⟨~; ~en⟩ zéro *m*; F *fig* ***Ergebnis gleich ~*** (au) résultat: zéro; F ***in ~ Komma nichts*** F en moins de deux; F ***er ist e-e ~*** F c'est un zéro

Nullacht'fünfzehn-... F *péj in Zssgn* quelconque; ordinaire; commun

'Nullpunkt *m* zéro *m*; F *fig* ***auf dem ~ sein*** avoir le moral à zéro

'Nullrunde *f* gel *m* des salaires

'Nulltarif *m* gratuité *f*; ***zum ~*** à titre gratuit; F gratis

numerisch [nu'me:rɪʃ] *adj* numérique

Numerus clausus ['nʊmərʊs'klaʊzʊs] *m* ⟨~⟩ numerus clausus *m*

Nummer ['nʊmər] *f* ⟨~; ~n⟩ numéro *m*

(*a Zeitungs*☊ *etc*); (*Rücken*☊) dossard *m*; (*Größe*) pointure *f*; (*Vorführung*) numéro *m*; F (*Musikstück*) morceau *m*; F ***er ist e-e komische ~*** F c'est un (drôle de) numéro

nummerieren [nume'ri:rən] *v/t* ⟨*sans ge*⟩ numéroter

'**Nummernschild** *n* plaque *f* minéralogique, d'immatriculation

nun [nu:n] *adv* **1** (*jetzt*) maintenant; ***von ~ an*** dorénavant; désormais; **2** *unbetont* **~** (***ja***) enfin; ***~, was sagen Sie dazu?*** eh bien! qu'en dites-vous?; *bei Folgerungen* **~** (***aber***) or; ***was ~?*** alors?; ***~ denn!, ~ gut!*** eh bien!; soit!

'**nun'mehr** *st/s adv* à présent; maintenant; (*von jetzt an*) désormais

nur [nu:r] *adv* **1** *ausschließend* ne … que; *ohne Verb meist* seul; seulement; ***~ aus Eitelkeit*** par pure vanité; ***nicht ~ …, sondern auch*** non seulement …, mais aussi; ***~ gut, dass …*** (+ *ind*) heureusement que … (+ *ind*); ***alle, ~ er nicht*** tous excepté *od* sauf lui; ***… ~, dass …*** sauf que…; **2** *in Wunschsätzen* ***alles, ~ das nicht!*** tout sauf ça, mais pas ça!; ***dass er ~ nicht kommt!*** mais qu'il ne vienne pas!; **3** *ermunternd* ***~ zu*** vas-y!; allez-y!; ***~ keine Angst!*** n'aie *bzw* n'ayez pas peur!; ***geh ~!*** va donc!; **4** *warnend* ***er soll ~ kommen!*** qu'il (y) vienne!; ***warte ~, …!*** attends un peu, …!; **5** *fragend, zweifelnd* donc; ***was soll ich ~ sagen?*** qu'est-ce que vous voulez que je vous dise?; **6** *verallgemeinernd* ***so viel ich ~ kann*** (au)tant que je peux; **7** *mit* „zu", *steigernd* ***ich weiß es ~ zu gut*** je ne le sais que trop (bien); ***~ zu sehr*** que trop

Nürnberg ['nʏrnbɛrk] *n* ⟨~s⟩ Nuremberg

nuscheln ['nuʃəln] F *v/i* ⟨¢⟩ bredouiller; manger ses mots

Nuss [nus] *f* ⟨~; ~e⟩ (*Wal*☊) noix *f*; (*Hasel*☊) noisette *f*; *fig* ***e-e harte ~*** un casse-tête

'**Nuss|baum** *m* noyer *m* (*a Holz*); **~knacker** *m* casse-noix *m*; *für Haselnüsse* casse-noisettes *m*; **~schale** *f* coquille *f* de noix (*a fig*); **~schokolade** *f* chocolat *m* aux noisettes

Nüster ['nʏstər] *f* ⟨~; ~n⟩ naseau *m*

Nut [nu:t] *f* ⟨~; ~en⟩ rainure *f*

Nutte ['nutə] P *f* ⟨~; ~n⟩ P putain *f*

nutzbar ['nuts-] *adj* (*brauchbar*) utilisable; *Boden, Wald, Ölvorkommen* exploitable; ***etw ~ machen*** exploiter qc

'**nutzbringend** *adjt* profitable; FIN productif

nütze ['nʏtsə] *adj* ***zu etw ~ sein*** servir à qc; ***zu nichts ~ sein*** ne servir à rien

'**nutzen** → ***nützen***

'**Nutzen** *m* ⟨~s⟩ **1** (*Nützlichkeit*) utilité *f*; ***von ~ sein*** être utile; **2** (*Gewinn*) profit *m*; ***~ aus etw ziehen*** tirer profit, parti de qc; **3** (*Vorteil*) avantage *m*; ***zum ~ von*** dans l'intérêt de

'**nützen** ⟨¢s⟩ **I** *v/t* **1** AGR, TECH utiliser; exploiter; **2** *Gelegenheit etc* profiter de; **II** *v/i* (***j-m*** [***zu etw***]) **~** servir, être utile (à qn [pour qc]); ***was nützt es, dass …?*** à quoi bon (+ *inf*)?; ***nichts ~*** ne servir à rien

'**Nutzer** *m* ⟨~s; ~⟩ ADM usager *m*; INFORM utilisateur *m*

'**Nutzfahrzeug** *n* véhicule *m* utilitaire

'**Nutzfläche** *f* surface *f* utile; ***landwirtschaftliche ~*** surface cultivable

'**Nutzlast** *f* charge *f* utile

'**nützlich** *adj* utile; ***sich ~ machen*** se rendre utile

'**Nützlichkeit** *f* ⟨~⟩ utilité *f*

'**nutz|los** *adj* inutile; vain; **☊losigkeit** *f* ⟨~⟩ inutilité *f*; **☊nießer(in)** [-ni:sər(ɪn)] *m* ⟨~s; ~⟩ (*f*) ⟨~; ~nen⟩ bénéficiaire *m,f*; JUR usufruitier, -ière *m,f*; **☊pflanze** *f* plante *f* utile

'**Nutzung** *f* ⟨~; ~en⟩ (*Benutzung*) utilisation *f*; *des Bodens* exploitation *f*

Nylon® ['naɪlɔn] *n* ⟨~s⟩ nylon® *m*; **~strumpf** *m* bas *m* nylon

Nymphe ['nʏmfə] *f* ⟨~; ~n⟩ MYTH, *fig* nymphe *f*

Nymphomanin [nʏmfo'ma:nɪn] *f* ⟨~; ~nen⟩ nymphomane *f*

N

O

O, o [oː] *n* ⟨~; ~⟩ O, o *m*

o [oː] *int* oh!; ~ ***ja, nein!*** oh oui, non!; ~ ***doch!*** mais si!; ~ ***Gott!*** mon Dieu!

O *abr* (*Ost*[*en*]) E.

o. a. *abr* (*oben angeführt*) (mentionné) ci-dessus

o. Ä. *abr* (*oder Ähnliche*[*s*]) *etwa* etc.

Oase [oˈaːzə] *f* ⟨~; ~n⟩ oasis *f* (*a fig*)

ob [ɔp] *conj* si; ~ ***er noch da ist?*** je me demande s'il est encore là; ~ ***... oder ...*** que ... (+ *subj*) ou que ... (+ *subj*); ***und ~!*** et comment!

OB [oːˈbeː] *m* ⟨~$; ~s⟩ *abr* (*Oberbürgermeister*) maire *m*

Obacht [ˈoːbaxt] *f* ⟨~⟩ ~! attention!; ~ ***geben*** faire attention (***auf*** [+ *acc*] à)

Obdach [ˈɔpdax] *st/s n* abri *m*; **≈los** *adj* sans abri; (*nicht sesshaft*) sans domicile fixe; **~lose(r)** *f(m)* ⟨→ A⟩ sans-abri *m,f*; (*Nichtsesshafte*[*r*]) sans domicile fixe *m,f*; S.D.F. *m,f*; **~losenasyl** *n* foyer *m* d'accueil et d'hébergement pour sans-abri

Obduktion [ɔpduktsiˈoːn] *f* ⟨~; ~en⟩ autopsie *f*

obduzieren [ɔpduˈtsiːrən] *v/t* ⟨*sans ge*⟩ faire l'autopsie de; autopsier

O-Beine F *n/pl* jambes arquées

oben [ˈoːbən] *adv* (*hoch* ~) en ʼhaut (***auf*** [+ *acc ou dat*] de); (*auf der Oberfläche*) à la surface; *auf e-r Liste* en tête; *auf Kisten* ~! ʼhaut; ~ ***auf dem Berg*** au sommet de la montagne; ~ ***erwähnt*** susmentionné; ~ ***genannt*** susnommé; ***links, rechts*** ~ en ʼhaut à gauche, à droite; ***auf Seite 10*** ~ en ʼhaut de la page 10; F ~ ***ohne*** seins nus

ˈobenˈan *adv* en première position; *auf e-r Liste* en tête

ˈobenˈauf *adv* **1** dessus; (*an der Oberfläche*) à la surface; **2** *fig* ~ ***sein*** F être en pleine forme

ˈobenˈdrein *adv* de plus

Ober [ˈoːbər] *m* ⟨~s; ~⟩ garçon *m*; ***Herr ~!*** garçon!; Monsieur!

ˈOber... *in Zssgn räumlich* supérieur; GÉOGR ʼhaut; *Rang* (en) chef; **~arm** *m* bras *m*; **~arzt** *m*, **~ärztin** *f* médecin-chef *m*; **~befehlshaber** *m* commandant *m* en chef; **~begriff** *m* terme *m* générique; **~bekleidung** *f* vêtements *m/pl*; **~bürgermeister** *m* maire *m*; **~deck** *n* MAR pont supérieur

ˈobere *adj* supérieur (*a Schul-, Gesellschaftsklasse, Stockwerk*); *örtlich* d'en ʼhaut; (*darüber liegend*) de dessus

ˈOberfeldwebel *m* sergent-chef *m*

ˈOberfläche *f* (*Außenseite*) surface *f*; (*Flächenausdehnung*) superficie *f*; *fig* ***an der ~ bleiben*** rester à la surface des choses

ˈoberflächlich **I** *adj* superficiel (*a fig*); *Person a* léger; **II** *adv behandeln* superficiellement; *kennen* vaguement

ˈOber|flächlichkeit *f* ⟨~⟩ **1** caractère superficiel; **2** (*Leichtfertigkeit*) légèreté *f*; **~förster** *m* garde forestier d'un district; **~gefreite(r)** *m* caporal-chef *m*; **~geschoss** *n* étage (supérieur); **~grenze** *f* plafond *m*

ˈoberhalb *prép* ⟨*gén*⟩ au-dessus de

ˈOberhand *f* ***die ~ haben*** avoir le dessus; ***die ~ (über j-n) gewinnen*** prendre le dessus (sur qn); l'emporter (sur qn)

ˈOber|haupt *n* chef *m*; **~haut** *f* épiderme *m*; **~hemd** *n* chemise *f*; **~herrschaft** *f* (*bestimmende Gewalt*) souveraineté *f*; (*Überlegenheit*) suprématie *f*; **~hoheit** *f* souveraineté *f*

ˈOberin *f* ⟨~; ~nen⟩ **1** → ***Oberschwester***; **2** CATH (Mère *f*) supérieure *f*

ˈoberirdisch *adj* à la surface du sol; en surface; ÉLECT aérien

ˈOber|kellner *m* maître *m* d'hôtel; **~kiefer** *m* mâchoire supérieure; **~kommando** *n* ʼhaut commandement (***über*** [+ *acc*] de)

ˈOberkörper *m* buste *m*; torse *m*; ***den ~ frei machen*** se mettre torse nu

ˈOber|leder *n* empeigne *f*; **~leitung** *f* caténaire *f*; **~leutnant** *m* lieutenant *m*; **~liga** *f* FUSSBALL quatrième division *f*; **~lippe** *f* lèvre supérieure

ˈObers *n* ⟨~⟩ *österr* crème *f* Chantilly

ˈOber|schenkel *m* cuisse *f*; **~schicht** *f* classes supérieures (de la société); **~schule** F *f* lycée *m*; **~schwester** *f* infirmière *f* (en) chef; **~seite** *f* dessus *m*; côté supérieur

ˈOberst *m* ⟨~en *ou* ~s; ~en⟩ colonel *m*

Ober'staatsanwalt *m* procureur *m* de la République
'oberste *adj* le plus 'haut; *Schublade etc* du haut; *Stockwerk* dernier; *Rang* le plus élevé; *Ziel* premier; *Gewalt* suprême
'Oberstleutnant *m* lieutenant-colonel *m*
'Ober|stufe *f* SCHULE second cycle; **~teil** *n od m* partie supérieure; dessus *m*; *von Kleidungsstücken* 'haut *m*
'Oberwasser *n fig* **~ *bekommen*** prendre le dessus
'Oberweite *f* tour *m* de poitrine
ob'gleich *st/s* → ***obwohl***
'Obhut *st/s f* garde *f*; protection *f*; ***j-n in s-e ~ nehmen*** prendre qn sous sa protection, sa garde
obig ['oːbɪç] *adj* mentionné ci-dessus
Objekt [ɔp'jɛkt] *n* ⟨~(e)s; ~e⟩ **1** objet *m*; **2** (*Immobilie*) bien immobilier; **3** GR complément *m* (d'objet)
objektiv [ɔpjɛk'tiːf] *adj* objectif
Objek'tiv *n* ⟨~s; ~e⟩ OPT objectif *m*
Objektivi'tät *f* ⟨~⟩ objectivité *f*
Oblate [o'blaːtə] *f* ⟨~; ~n⟩ **1** ÉGL hostie *f*; **2** CUIS *etwa* gaufrette *f*
ob'liegen *st/s v/i* ⟨*irr, sans ge*⟩ ***j-m ~*** être du devoir de qn; incomber à qn
Obliga|tion [obligatsi'oːn] *f* ⟨~; ~en⟩ COMM obligation *f*; **2'torisch** *adj* obligatoire
'Obmann *m* ⟨~(e)s; ~er *ou* -leute⟩ **1** *e-s Vereins, Kampfgerichts* président *m*; **2** (*Schiedsmann*) tiers(-)arbitre *m*; **3** *in e-m Betrieb* délégué *m* du personnel
Oboe [o'boːə] *f* ⟨~; ~n⟩ 'hautbois *m*
Obrigkeit ['oːbrɪçkaɪt] *f* ⟨~; ~en⟩ autorité(s) *f(pl)*
ob'schon *st/s* → ***obwohl***
Obser|vatorium [ɔpzɛrva'toːrium] *n* ⟨~s; -ien⟩ observatoire *m*; **2'vieren** *v/t* ⟨*sans ge*⟩ surveiller
obskur [ɔps'kuːr] *adj* obscur
Obst [oːpst] *n* ⟨~(e)s⟩ fruits *m/pl*; **'~baum** *m* arbre fruitier; **'~garten** *m* verger *m*; **'~händler(in)** *m(f)* marchand(e) *m(f)* de fruits; fruitier, -ière *m,f*; **'~kuchen** *m* tarte *f* (aux fruits)
Obstler ['oːpstlər] *m* ⟨~s; ~⟩ eau-de-vie *f* (de fruits)
Obstruktion [ɔpstruktsi'oːn] *f* ⟨~; ~en⟩ obstruction *f*
'Obst|saft *m* jus *m* de fruits; **~salat** *m* salade *f* de fruits; **~torte** *f* → ***Obstkuchen***

Obst

der Apfel	**la pomme**
die Birne	**la poire**
die Kirsche	**la cerise**
der Pfirsich	**la pêche**
die Nektarine	**la nectarine**
die Aprikose	**l'abricot** *m*
die Pflaume	**la prune**
die Feige	**la figue**
die Weintraube	**le raisin**
die Johannisbeere	**la groseille**
die Brombeere	**la mûre**
die Himbeere	**la framboise**
die Erdbeere	**la fraise**
die Zitrone	**le citron**
die Orange	**l'orange** *f*
die Mandarine	**la mandarine**
die Grapefruit	**le pamplemousse**
die Ananas	**l'ananas** *m*
die Banane	**la banane**
die Dattel	**la datte**
die Kokosnuss	**la noix de coco**

obszön [ɔps'tsøːn] *adj* obscène; **2i'tät** *f* ⟨~; ~en⟩ obscénité *f*
Obus ['oːbus] *m* ⟨~ses; ~se⟩ trolleybus *m*
ob'wohl *conj* quoique, bien que (+ *subj*)
Ochse ['ɔksə] *m* ⟨~n; ~n⟩ bœuf *m* (*a* F *Person*)
'ochsen F *v/i* ⟨*ge*⟩ F potasser; F bûcher
'Ochsen|maulsalat *m* museau *m* de bœuf à la vinaigrette; **~schwanzsuppe** *f* oxtail *m*; **~zunge** *f* langue *f* de bœuf
Ocker ['ɔkər] *m od n* ⟨~s; ~⟩ *Farbe* ocre *m*; **2farben, 2gelb** *adj* ocre
öde ['øːdə] *adj* **1** (*menschenleer*) désert; **2** (*unbebaut*) inculte; **3** *fig* (*langweilig*) ennuyeux
'Öde *f* ⟨~; ~n⟩ **1** désert *m*; solitude *f*; **2** *fig* (*Eintönigkeit*) grisaille *f*; monotonie *f*
Ödem [ø'deːm] *n* ⟨~s; ~e⟩ œdème *m*
oder ['oːdər] *conj* **1** ou; (*sonst*) sinon; ***~ aber*** ou bien; **2** *in Fragen* n'est-ce pas?

Odyssee [ody'se:] *st/s f* ⟨~; ~n⟩ odyssée *f*
OECD [o:ʔe:tse:'de:] *f* ⟨~⟩ *abr* (*Organisation für wirtschaftliche Zusammenarbeit und Entwicklung*) O.C.D.E. *f*
Ofen ['o:fən] *m* ⟨~s; ⸚⟩ (*Heiz*2) poêle *m*; (*Back*2) four *m*; (*Herd, Fabrik*2, *Schmelz*2) fourneau *m*; F ***jetzt ist der ~ aus*** F c'est foutu
'**Ofen|heizung** *f* chauffage *m* par poêle; **~rohr** *n* tuyau *m* de poêle
offen ['ɔfən] **I** *adj* **1** (*geöffnet*) ouvert (*a Hemd, Kragen, Wunde*); *Schuhe, Gelände* découvert; ***halb ~*** *Tür* entrouvert; ***~e See*** 'haute mer; large *m*; ***~er Wein*** vin *m* en carafe; ***auf ~er Straße*** en pleine rue; ***mit ~em Mund*** (*erstaunt*) bouche bée; ***das Geschäft hat, ist ~*** le magasin est ouvert; **2** *fig* (*freimütig*) ouvert; franc; ***~es Wesen*** ouverture *f* d'esprit; **3** *Stelle* vacant; **4** (*unentschieden*) ouvert; en suspens; **5** *Rechnung etc* non réglé; **II** *adv* **1** ***~ bleiben, ~ lassen*** *Tür etc* rester, laisser ouvert; *fig Frage* rester, laisser en suspens; ***~ bleiben*** *Wunsch* ne pas être réalisé; ***~ stehen*** *Tür etc* être ouvert; *Stelle* être vacant; *Rechnung* ne pas être payé, réglé; *fig* ***j-m ~ stehen*** être ouvert à qn; (*zugänglich sein*) être accessible à qn; ***es steht ihr ~ zu*** (+ *inf*) elle est libre de (+ *inf*); **2** (*sichtbar*) ouvertement; **3** (*freimütig*) franchement; ***~ gesagt, gestanden*** à vrai dire; franchement
'**offenbar** **I** *adj* manifeste; évident; ***~ werden*** se manifester (***in*** [+ *dat*], ***durch*** par); **II** *adv* **1** (*anscheinend*) apparemment; **2** (*offensichtlich*) visiblement
offen'baren *st/s v/t* (*u v/r*) ⟨*sans ge*⟩ (***sich ~*** se) manifester; (se) révéler (*a* REL); *Geheimnis* (se) découvrir; ***sich j-m ~*** ouvrir son cœur à qn
Offen'barung *f* ⟨~; ~en⟩ REL, *fig* révélation *f*
Offen'barungseid *m* serment *m* déclaratoire d'insolvabilité
'**Offenheit** *f* ⟨~⟩ franchise *f*; sincérité *f*
'**offen|herzig** *adj* **1** franc; ouvert; (*aufrichtig*) sincère; (*mitteilsam*) expansif; **2** F *fig* très décolleté; **~kundig** *adj* manifeste; évident; *Tatsache* notoire; *Irrtum* flagrant
'**offensichtlich** **I** *adj* manifeste; évident; **II** *adv* de toute évidence; visiblement
offensiv [ɔfɛn'zi:f] *adj* offensif
Offen'sive *f* ⟨~; ~n⟩ offensive *f*; ***in die ~ gehen*** passer à l'offensive (*a fig*)
öffentlich ['œfəntlɪç] **I** *adj* public; ***~e Bekanntmachung*** avis *m* au public; **II** *adv* en public; publiquement; ***~ bekannt machen*** rendre public
'**Öffentlichkeit** *f* ⟨~⟩ (*Publikum*) public *m*; (*Öffentlichsein*) publicité *f*; ***an die ~ bringen*** divulguer; ***mit etw an die ~ gehen, treten*** publier qc; ***unter Ausschluss der ~*** à huis clos
'**Öffentlichkeitsarbeit** *f* relations publiques
'**öffentlich-'rechtlich** *adj* de droit public
offerieren [ɔfə'ri:rən] *v/t* ⟨*sans ge*⟩ offrir
Offerte [ɔ'fɛrtə] *f* ⟨~; ~n⟩ COMM offre *f*
offiziell [ɔfitsi'ɛl] *adj* officiel
Offizier [ɔfi'tsi:r] *m* ⟨~s; ~e⟩ officier *m*; **~skasino** *n* mess *m* des officiers
offline ['ɔflaɪn] INFORM 'hors ligne; déconnecté
öffnen ['œfnən] ⟨-e-⟩ **I** *v/t u v/i* ouvrir; *Flasche mit Kronenverschluss* décapsuler; *Zugekorktes* déboucher; ***ein wenig ~*** entrouvrir; **II** *v/r* ***sich ~*** s'ouvrir (***j-m, e-r Sache*** à qn, qc)
'**Öffner** *m* ⟨~s; ~⟩ (*Büchsen*2) ouvre-boîte *m*; (*Flaschen*2) ouvre-bouteille *m*; décapsuleur *m*
'**Öffnung** *f* ⟨~; ~en⟩ **1** (*Öffnen*) ouverture *f*; *e-r Flasche mit Korken* débouchage *m*; **2** (*offene Stelle*) ouverture *f*; orifice *m*; **3** POL ouverture *f*
'**Öffnungszeiten** *f/pl* heures *f/pl* d'ouverture
Off|roadfahrzeug ['ɔfrout-] *n* véhicule *m* tout-terrain; **~setdruck** ['ɔfsɛt-] *m* ⟨~(e)s; ~e⟩ TYPO offset *m*
oft [ɔft] *adv* ⟨⸚er⟩ souvent; ***wie ~?*** combien de fois?
öfter ['œftər] *adv comp* **1** *abs* ***~*** *od st/s* ***des ~en*** assez souvent; **2** ***~ als*** plus souvent que
'**öfters** *adv* assez souvent
'**oftmals** *adv* souvent; maintes fois
OG *abr* (*Obergeschoss*) étage (supérieur)
oh [o:] *int* oh!; ah!
OHG [o:ha:'ge:] *f* ⟨~; ~s⟩ *abr* (*offene*

O

Handelsgesellschaft) société *f* en nom collectif
Ohm [oːm] *n* ⟨~$; ~⟩ ÉLECT ohm *m*
ohne ['oːnə] **I** *prép* ⟨*acc*⟩ sans; F ***das ist nicht (ganz) ~*** (*nicht schlecht*) cela n'est pas mal; (*das hat es in sich*) F c'est pas de la tarte; **II** *conj* ***~ dass ...*** sans que ... (+ *subj*); ***~ etw zu nehmen*** sans rien prendre
'**ohne**|'**gleichen** *adj* sans pareil; '**~'hin** *adv* de toute façon
'**Ohnmacht** *f* ⟨~; ~en⟩ **1** MÉD évanouissement *m*; ***in ~*** (*acc*) ***fallen*** s'évanouir; **2** (*Machtlosigkeit*) impuissance *f*
'**ohnmächtig** **I** *adj* **1** MÉD évanoui; ***~ werden*** s'évanouir; **2** (*machtlos*) impuissant; **II** *adv* ***sie musste ~ zusehen, wie ...*** impuissante, elle vit ...
oho [o'hoː] *int* 'ho! 'ho!; F ***klein, aber ~!*** F petit, mais super!
Ohr [oːr] *n* ⟨~¢s; ~en⟩ **1** oreille *f*; ***gute, schlechte ~en haben*** bien, mal entendre; ***j-m etw ins ~ flüstern*** dire qc à l'oreille de qn; ***es ist mir zu ~en gekommen, dass ...*** j'ai appris que ...; **2** *fig* ***die ~en spitzen*** *Tier* dresser les oreilles; F *Person* dresser l'oreille; F ***sich aufs ~ legen*** (aller) se coucher; F piquer un somme; F ***j-m ein paar hinter die ~en geben*** F frotter les oreilles à qn; F ***schreib dir das hinter die ~en!*** tiens-le-toi pour dit!; ***j-m (mit etw) in den ~en liegen*** casser les oreilles à qn (avec qc); F ***j-n übers ~ hauen*** F rouler qn; F ***bis über beide ~en (in j-n) verliebt sein*** être amoureux fou (de qn); F ***viel um die ~en haben*** F être débordé; F ***j-m etw um die ~en hauen*** jeter qc à la figure de qn; ***ich bin ganz ~*** je suis tout ouïe; F ***halt die ~en steif!*** F courage!
Öhr [øːr] *n* ⟨~¢s; ~e⟩ chas *m*
'**Ohren**|**arzt** *m*, **~ärztin** *f* oto-rhino-laryngologiste *m,f*; F oto-rhino *m,f*; **♀betäubend** *adjt* assourdissant; **~entzündung** *f* otite *f*; **~sausen** *n* ⟨~s⟩ bourdonnement *m* d'oreilles; **~schmalz** *n* cérumen *m*; **~schmaus** *m* régal *m* pour les oreilles
'**Ohrenschmerzen** *m/pl* maux *m/pl* d'oreille(s); ***ich habe ~*** j'ai mal aux oreilles
'**Ohren**|**schützer** *m/pl starre* protège-oreilles *m*; *flexible* serre-tête *m*; **~zeuge** *m* témoin *m* auriculaire
'**Ohrfeige** *f* gifle *f* (*a fig*)
'**ohrfeigen** *v/t* gifler
'**Ohr**|**läppchen** *n* ⟨~s; ~⟩ lobe *m* de l'oreille; **~muschel** *f* pavillon *m* de l'oreille; **~ring** *m* boucle *f* d'oreille; **~wurm** *m* **1** ZO perce-oreille *m*; **2** F *fig* scie *f*; rengaine *f*
oje(mine) [o'jeː(mine)] *int* oh! là là!
o.k., O.K. [o'keː] F *abr* → ***okay***
okay [o'keː] F *int* d'accord!; O.K.!
okkult [ɔ'kult] *adj* occulte
Okkul'tismus *m* ⟨~⟩ occultisme *m*
okkupieren [ɔku'piːrən] *v/t* ⟨*sans ge*⟩ occuper
Öko... [øko...] *in Zssgn* écologique; *Nahrungsmittel* biologique; F bio; '**~bauer** *m* ⟨~n; ~n⟩ agriculteur *m* biologique; '**~laden** *m* magasin *m* de produits biologiques, F de produits bio; **~'loge** *m* ⟨~n; ~n⟩, **~'login** *f* ⟨~; ~nen⟩ écologiste *m,f*; **~lo'gie** *f* ⟨~⟩ écologie *f*; **♀'logisch** *adj* écologique
Ökonom|**ie** [økono'miː] *f* ⟨~⟩ économie *f*; **♀isch** [-'noːmɪʃ] *adj* économique
'**Öko**|**steuer** *f* écotaxe *f*; **~system** *n* écosystème *m*
Oktave [ɔk'taːvə] *f* ⟨~; ~n⟩ MUS octave *f*
Oktober [ɔk'toːbər] *m* ⟨~$; ~⟩ (mois *m* d')octobre *m*; → ***Januar***
ökumenisch [øku'meːnɪʃ] *adj* œcuménique
Öl [øːl] *n* ⟨~¢s; ~e⟩ (*Speise♀, Motoren♀*) huile *f*; (*Heiz♀*) mazout *m*; fuel *m*; (*Erd♀*) pétrole *m*; AUTO ***das ~ wechseln*** faire la vidange; *fig* ***~ ins Feuer gießen*** jeter de l'huile sur le feu
'**Öl**|**baum** *m* olivier *m*; **~bild** *n* → ***Ölgemälde***; **~druck** *m* ⟨~¢s⟩ AUTO pression *f* d'huile
Oldtimer ['ouldtaɪmər] *m* ⟨~s; ~⟩ voiture ancienne
Oleander [ole'andər] *m* ⟨~s; ~⟩ laurier-rose *m*
'**ölen** *v/t* huiler
'**Öl**|**farbe** *f* peinture *f* à l'huile; **~feld** *n* champ *m* pétrolifère; **~filter** *m od n* filtre *m* à huile; **~gemälde** *n* (peinture *f* à l')huile *f*
'**Ölgötze** F *péj m* (***dastehen***) ***wie ein ~*** (rester planté là) comme une souche
'**Ölheizung** *f* chauffage *m* au mazout
'**ölig** *adj* **1** huileux; **2** *fig péj* mielleux
oliv [o'liːf] *adj* ⟨*inv*⟩ olive

O

Olive [o'li:və] *f* ⟨~; ~n⟩ olive *f*
O'liven|baum *m* olivier *m*; **~hain** *m* oliveraie *f*; **~öl** *n* huile *f* d'olive
o'livgrün *adj* vert olive
'Öl|jacke *f* ciré *m*; **~kännchen** *n*, **~kanne** *f* burette *f*; **~lampe** *f* lampe *f* à huile; **~leitung** *f* pipe-line *m*; oléoduc *m*; **~malerei** *f* peinture *f* à l'huile; **~messstab** *m* jauge *f* d'huile; **~ofen** *m* poêle *m* à mazout; **~pest** *f* marée noire; **~quelle** *f* puits *m* de pétrole; **~sardine** *f* sardine *f* à l'huile; **~scheich** F *m* magnat *m* du pétrole; F émir *m*; **~stand** *m* niveau *m* d'huile; **~tank** *m* cuve *f* à mazout; **~tanker** *m* pétrolier *m*; **~teppich** *m* nappe *f* de pétrole
'Ölung *f* ⟨~; ~en⟩ huilage *m*; graissage *m*; CATH ***Letzte ~*** extrême-onction *f*
'Ölwanne *f* AUTO carter *m* inférieur
'Ölwechsel *m* vidange *f*; ***e-n ~ machen (lassen)*** faire (faire) une vidange
Olympiade [olʏmpi'a:də] *f* ⟨~; ~n⟩ Jeux *m/pl* olympiques
Olympia|mannschaft [o'lʏmpia-] *f* équipe *f* olympique; **~sieg** *m* victoire *f* olympique; **~sieger(in)** *m(f)* champion, -ionne *m,f* olympique
o'lympisch *adj* olympique; ***℞e Spiele*** *n/pl* Jeux *m/pl* olympiques
Oma ['o:ma] F *f* ⟨~; ~s⟩ F mamie *f*; F mémé *f* (*a alte Frau*)
Omelett [ɔm(ə)'lɛt] *n* ⟨~¢s; ~e *ou* ~s⟩ omelette *f*
Omen ['o:mən] *n* ⟨~s; ~ *ou* Omina⟩ présage *m*; augure *m*
ominös [omi'nø:s] *adj* de mauvais augure; (*bedenklich*) suspect
Omnibus ['ɔmni-] *m* ⟨~ses; ~se⟩ autobus *m*; (*Reisebus*) autocar *m*

⚠ Omnibus ≠ omnibus

Der Omnibus heißt **l'autobus** *m*, wenn es sich um das öffentliche Verkehrsmittel im Stadtbereich handelt, bzw. **l'autocar** *m*, wenn ein Reise- bzw. Schulbus gemeint ist.
L'omnibus *m* ist *der Nahverkehrszug*.

'Omnibus... *in Zssgn* → ***Bus...***
Ona|nie [ona'ni:] *f* ⟨~⟩ masturbation *f*; **℞'nieren** *v/i* ⟨*sans ge*⟩ se masturber
One-Night-Stand ['van'naɪtstɛnt] *m* ⟨~s; ~s⟩ aventure *f* d'une nuit
Onkel ['ɔŋkəl] *m* ⟨~s; ~ *ou* F ~s⟩ oncle *m*; *enf* ***der ~ Doktor*** le docteur
Onkologie [ɔŋkolo'gi:] *f* ⟨~⟩ cancérologie *f*
online ['ɔnlaɪn] INFORM en ligne; **℞-Banking** [-bɛŋkɪŋ] *n* ⟨~s⟩ banque *f* en ligne; **℞betrieb** *m* mode connecté; opération *f* en ligne; **℞dienst** *m* service *m* en ligne
OP [o'pe:] *m* ⟨~$; ~$⟩ *abr* → ***Operationssaal***
Opa ['o:pa] F *m* ⟨~s; ~s⟩ F papi *m*; F pépé *m* (*a alter Mann*)
Opal [o'pa:l] *m* ⟨~s; ~e⟩ opale *f*
OPEC ['o:pɛk] *f* ⟨~⟩ *abr* (*Organisation der Erdöl exportierenden Länder*) OPEP *f*
Open-Air-Festival ['o:pən'ˀɛ:r-] *n* festival *m* en plein air
Oper ['o:pər] *f* ⟨~; ~n⟩ opéra *m*; (*Opernhaus*) Opéra *m*
Operation [opəratsi'o:n] *f* ⟨~; ~en⟩ opération *f* (*a* MIL, MATH)
Operati'ons|saal *m* salle *f* d'opération; **~tisch** *m* table *f* d'opération
operativ [opəra'ti:f] **I** *adj* **1** MÉD opératoire; *Eingriff* chirurgical; **2** MIL opérationnel; **II** *adv* MÉD ***~ entfernen*** pratiquer l'ablation de; enlever
Operator(in) [opə'ra:tɔr (-'to:rɪn)] *m* ⟨~s; -'toren⟩ (*f*) ⟨~; ~nen⟩ INFORM opérateur, -trice *m,f*
Operette [opə'rɛtə] *f* ⟨~; ~n⟩ opérette *f*
operieren [opə'ri:rən] ⟨*sans ge*⟩ **I** *v/t* MÉD opérer (***an*** [+ *dat*] de); ***sich ~ lassen*** se faire opérer; **II** *v/i* MÉD, *fig* opérer; MIL manœuvrer
'Opern|arie *f* air *m* d'opéra; **~glas** *n* jumelles *f/pl* de théâtre; **~haus** *n* Opéra *m*; **~sänger(in)** *m(f)* chanteur, -euse *m,f* d'opéra
Opfer ['ɔpfər] *n* ⟨~s; ~⟩ **1** REL sacrifice *m* (*a fig*); (*~gabe*) offrande *f*; ***große ~ für etw bringen*** faire de grands sacrifices pour qc; **2** (*Geschädigter*) victime *f*; ***j-m, e-r Sache zum ~ fallen*** être la victime de qn, de qc
'opferbereit *adj* prêt à se sacrifier, à se dévouer; **℞schaft** *f* esprit *m* de sacrifice; abnégation *f*; dévouement *m*
'Opfergabe *f* offrande *f*
'opfern **I** *v/t* REL sacrifier (*a fig*); **II** *v/r*

O

sich (*für j-n, etw*) ~ se sacrifier (pour qn, à qc; *a fig*)
'Opferstock *m* tronc *m*
'Opferung *f* ⟨~; ~en⟩ sacrifice *m*
Opiat [opi'a:t] *n* ⟨~¢s; ~e⟩ opiacé *m*
Opium ['o:pium] *n* ⟨~s⟩ opium *m* (*a fig*); **꞉süchtig** *adj* opiomane
opponieren [ɔpo'ni:rən] *v/i* ⟨*sans ge*⟩ s'opposer (*gegen* à)
opportun [ɔpɔr'tu:n] *st/s adj* opportun
Opportu'nist|(in) *m* ⟨~en; ~en⟩ (*f*) ⟨~; ~nen⟩ opportuniste *m,f*; **꞉isch** *adj* opportuniste
Opposition [ɔpozitsi'o:n] *f* ⟨~; ~en⟩ opposition *f*; **~sführer** *m* chef *m* de l'opposition; **~spartei** *f* parti *m* d'opposition
Optik ['ɔptɪk] *f* ⟨~⟩ **1** *Lehre* optique *f*; **2** *e-s Geräts* système *m* optique; **3** (*Eindruck*) aspect *m*; **~er(in)** *m* ⟨~s; ~⟩ (*f*) ⟨~; ~nen⟩ opticien, -ienne *m,f*
opti'mal I *adj* optimal; optimum; **II** *adv* de manière optimale
Optimis|mus [ɔpti'mɪsmus] *m* ⟨~⟩ optimisme *m*; **~t(in)** *m* ⟨~en; ~en⟩ (*f*) ⟨~; ~nen⟩ optimiste *m,f*; **꞉tisch I** *adj* optimiste; **II** *adv* avec optimisme
Optimum ['ɔptimum] *n* ⟨~s; -ma⟩ optimum *m*
Opti'on *f* ⟨~; ~en⟩ JUR, COMM option *f* (*für* pour; *auf* [+ *acc*] sur)
'optisch *adj* optique; **~e Täuschung** illusion *f* d'optique
Orakel [o'ra:kəl] *n* ⟨~s; ~⟩ oracle *m* (*a fig*)
oral [o'ra:l] *adj* oral
orange [o'rã:ʒ(ə)] *adj* ⟨*inv*⟩ orange
O'range *f* ⟨~; ~n⟩ orange *f*
O'rangen|baum *m* oranger *m*; **~saft** *m* jus *m* d'orange
Orang-Utan ['o:raŋ'ʔu:tan] *m* ⟨~s; ~s⟩ orang-outan(g) *m*
Oratorium [ora'to:rium] *n* ⟨~s; -ien⟩ MUS oratorio *m*
Orbitalstation [ɔrbi'ta:l-] *f* station orbitale
Orchester [ɔr'kɛstər] *n* ⟨~s; ~⟩ orchestre *m*; **~musik** *f* musique orchestrale
Orchidee [ɔrçi'de:(ə)] *f* ⟨~; ~n⟩ orchidée *f*
Orden ['ɔrdən] *m* ⟨~s; ~⟩ **1** (*Mönchs꞉ etc*) ordre *m*; **in e-n ~ eintreten** entrer en religion; **2** (*Auszeichnung*) décoration *f*; **j-m e-n ~ verleihen** décorer qn
'Ordens|band *n* ⟨~¢s; ~̈er⟩ ruban *m* (d'une décoration); **~bruder** *m* religieux *m*; **~schwester** *f* religieuse *f*
ordentlich ['ɔrdəntlɪç] **I** *adj* **1** (*ordnungsliebend*) ordonné; **2** (*anständig*) convenable; **~e Leute** *pl* F des gens *m/pl* bien; **3** *Mitglied, Professor* titulaire; **4** F (*ganz gut*) convenable; **e-e ~e Leistung** un bon travail; **5** F (*reichlich*) abondant; **e-e ~e Tracht Prügel** F une bonne raclée; **II** *adv* **1** (*geordnet*) de manière ordonnée; (*sorgfältig*) soigneusement; **2** (*anständig*) convenablement; **3** F (*ganz gut*) bien; **4** F (*reichlich*) copieusement
Order ['ɔrdər] *f* ⟨~; ~n, COMM ~s⟩ COMM, MIL ordre *m*
'ordern *v/t u v/i* COMM commander
Ordinalzahl [ɔrdi'na:l-] *f* nombre ordinal
ordinär [ɔrdi'nɛ:r] *adj péj* vulgaire

⚠ **ordinär**	≠	**ordinaire**
ordinär	=	vulgaire
ordinaire	=	gewöhnlich, alltäglich

Ordinarius [ɔrdi'na:rius] *m* ⟨~; -ien⟩ professeur *m* titulaire d'une chaire (*für* de)
ordnen ['ɔrdnən] *v/t* ⟨-e-⟩ **1** mettre de l'ordre dans; ranger; *nach Größe etc* classer (*nach* par); **2** (*regeln*) régler
'Ordner *m* ⟨~s; ~⟩ **1** *Person* membre *m* du service d'ordre; **2** (*Akten꞉*) classeur *m*
'Ordnung *f* ⟨~; ~en⟩ **1** ordre *m*; *vorgeschriebene* règle *f*; règlement *m*; **in ~ halten** tenir en ordre; **in ~ bringen** (*aufräumen*) ranger; *fig* (*regeln*) régler; *Papiere etc* **in ~ sein** être en règle; **es ist alles wieder in ~** tout s'est arrangé; F (**das geht**) **in ~!** parfait!; d'accord!; F ça marche!; F **er ist in ~** F il est bien; **der ~ halber** pour que tout soit en règle; pour que les formes soient respectées; **2** (*Reihenfolge*) suite *f*; (*Grad*) rang *m*
'ordnungs|gemäß I *adj* réglementaire; **II** *adv* en bonne et due forme; **~liebend** *adjt* ordonné; **꞉ruf** *m* rappel *m* à l'ordre; **꞉strafe** *f* amende *f*; **~widrig** *adj* irrégulier; **꞉widrigkeit** *f* infraction *f*;

O

contravention *f*; **≈zahl** *f* nombre ordinal

Organ [ɔr'ga:n] *n* ⟨~s; ~e⟩ **1** ANAT, (*Nachrichten≈*), *fig* organe *m*; **2** F (*Stimme*) voix *f*; ***sie hat ein lautes ~*** elle parle fort

Organi|sation [ɔrganizatsi'o:n] *f* ⟨~; ~en⟩ organisation *f*; **~sator** [-'za:tɔr] *m* ⟨~s; -'toren⟩ organisateur *m*; **≈sa'torisch I** *adj* d'organisation; **II** *adv* sur le plan de l'organisation

or'ganisch *adj* organique

organi'sieren ⟨*sans ge*⟩ **I** *v/t* **1** organiser; **2** F (*beschaffen*) ***etw ~*** se procurer qc; **II** *v/r* ***sich ~*** s'organiser; ***gewerkschaftlich organisiert*** syndiqué

Organismus [ɔrga'nɪsmʊs] *m* ⟨~; -men⟩ BIOL, *fig* organisme *m*

Organist(in) [ɔrga'nɪst(ɪn)] *m* ⟨~en; ~en⟩ (*f*) ⟨~; ~nen⟩ organiste *m,f*

Or'gan|spende *f* don *m* (d'organe); **~spender(in)** *m(f)* donneur, -euse *m,f* (d'organe); **~transplantation** *f* transplantation *f* d'un organe

Orgasmus [ɔr'gasmʊs] *m* ⟨~; -men⟩ orgasme *m*

Orgel ['ɔrgəl] *f* ⟨~; ~n⟩ orgue *m*

'Orgelpfeife *f* tuyau *m* d'orgue; *plais* ***wie die ~n*** par rang de taille

Orgie ['ɔrgiə] *f* ⟨~; ~n⟩ orgie *f*; ***e-e ~ feiern*** faire une orgie

Orient ['o:riɛnt] ⟨~s⟩ ***der ~*** l'Orient *m*; ***der Vordere ~*** le Proche-Orient

Orien|'tale *m* ⟨~n; ~n⟩, **~'talin** *f* ⟨~; ~nen⟩ Oriental(e) *m(f)*; **≈'talisch** *adj* oriental

orientieren [oriɛn'ti:rən] ⟨*sans ge*⟩ **I** *v/t* **1** (*ausrichten*) orienter (***nach Süden*** au sud); **2** (*in Kenntnis setzen*) renseigner (***über*** [+ *acc*] sur); **II** *v/r* ***sich ~*** **1** *räumlich* s'orienter; **2** (*sich informieren*) se renseigner (sur); **3** ***sich an etw, j-m ~*** prendre qc, qn comme modèle

Orien'tierung *f* ⟨~⟩ **1** orientation *f*; ***die ~ verlieren*** perdre l'orientation; **2** (*Information*) ***zur ~*** à titre d'information

Orien'tierungs|hilfe *f* point *m* de repère; **≈los** *adj* désorienté; **~sinn** *m* sens *m* de l'orientation

Origami [ori'ga:mi] *n* ⟨~(s)⟩ (*Papierfaltkunst*) origami *m*

original [origi'na:l] **I** *adj* original; (*ursprünglich*) d'origine; **II** *adv* **~ *französische Spitze*** véritable dentelle française; ***etw ~ übertragen*** diffuser qc en direct

Origi'nal *n* ⟨~s; ~e⟩ original *m* (*a Person*); (*~urkunde*) minute *f*; **~fassung** *f* version originale; **≈getreu** *adj* fidèle à l'original

Originali'tät *f* ⟨~⟩ originalité *f*

Origi'nalton *m* ⟨~¢s⟩ ***die Reden f/pl von X im ~*** l'enregistrement original des discours de X; **~ *Christine*** dixit Christine

Origi'nalübertragung *f* émission *f* en direct

origi'nell *adj* original

Orkan [ɔr'ka:n] *m* ⟨~¢s; ~e⟩ ouragan *m*

or'kanartig *adj* tempétueux; *Sturm* violent; ***~er Beifall*** tonnerre *m*, tempête *f* d'applaudissements

Ornamen|t [ɔrna'mɛnt] *n* ⟨~¢s; ~e⟩ ornement *m*; **≈'tal** *adj* ornemental

Ornithologie [ɔrnitolo'gi:] *f* ⟨~⟩ ornithologie *f*

Ort [ɔrt] *m* ⟨~¢s; ~e⟩ lieu *m*; endroit *m*; (*Ortschaft*) localité *f*; ***an ~ und Stelle*** sur place; ***an ~ und Stelle sein*** être à l'endroit convenu; *fig* ***vor ~*** (*an ~ und Stelle*) sur place

Örtchen ['œrtçən] F *n* ⟨~s; ~⟩ (***stilles***) **~** (*WC*) F petit coin

'orten *v/t* ⟨-e-⟩ localiser; repérer

orthodox [ɔrto'dɔks] *adj* orthodoxe

Orthogra|fie, ~phie [ɔrtogra'fi:] *f* ⟨~; ~n⟩ orthographe *f*

ortho'gra|fisch, ~phisch *adj* orthographique; ***~er Fehler*** faute *f* d'orthographe

Orthopäd|e [ɔrto'pɛ:də] *m* ⟨~n; ~n⟩ orthopédiste *m*; **≈isch** *adj* orthopédique

örtlich ['œrtlɪç] **I** *adj* local (*a Betäubung, Niederschläge*); **II** *adv* **~ *begrenzen*** localiser; circonscrire; MÉD **~ *betäuben*** pratiquer une anesthésie locale

'Örtlichkeit *f* ⟨~; ~en⟩ *meist pl* ***~en*** lieux *m/pl*

'Orts|angabe *f* indication *f* du lieu; **≈ansässig** *adj* local; **~ansässige(r)** *f(m)* ⟨→ A⟩ résident(e) *m(f)*

'Ortschaft *f* ⟨~; ~en⟩ endroit *m*; localité *f*; ***geschlossene ~*** agglomération *f*

'orts|fremd *adj* étranger; **≈gespräch** *n* TÉL communication urbaine; **≈kenntnis** *f* connaissance *f* des lieux; **~kundig** *adj* connaissant les lieux; **≈name** *m* nom *m* de lieu; **≈netz** *n* TÉL réseau ur-

O

bain; **≈schild** *n* panneau *m* (d'entrée *bzw* de sortie) d'agglomération; **~üblich** *adj* selon l'usage local; **≈verkehr** *m* trafic local; **≈zeit** *f* heure locale

Öse ['øːzə] *f* ⟨~; ~n⟩ COUT œillet *m*

Ossi ['ɔsi] F *m* ⟨~s; ~s⟩ *surnom des Allemands de l'Est*

Ost [ɔst] *m* ⟨*sans article ni pl*⟩ est *m*; **'~'asien** *n* l'Asie orientale; **'~block** *m* HIST bloc *m* de l'Est; **'≈deutsch** *adj* d(e l)'Allemagne de l'Est; **'~deutschland** *n* l'Allemagne *f* de l'Est

'Osten *m* ⟨~s⟩ est *m*; POL ***der ~*** l'Est; ***der Ferne ~*** l'Extrême-Orient; ***der Mittlere ~*** le Moyen-Orient; ***der Nahe ~*** le Proche-Orient; ***im ~*** (***von***) à l'est (de); ***von ~*** de l'est

ostentativ [ɔstɛnta'tiːf] *st/s adj* ostensible

Osteoporose [ɔsteopo'roːzə] *f* ⟨~; ~n⟩ ostéoporose *f*

'Oster|ei *n* œuf *m* de Pâques; **~fest** *n* Pâques *m od f/pl*; **~glocke** *f* BOT jonquille *f*; **~hase** *m* lapin *m* de Pâques

österlich ['øːstərlɪç] *adj* pascal

'Oster'montag *m* lundi *m* de Pâques

Ostern ['oːstərn] *n* ⟨~; ~⟩ Pâques *m od f/pl*; ***an ~*** *od* ***zu ~*** à Pâques; ***frohe*** *od* ***fröhliche ~!*** joyeuses Pâques!

Österreich ['øːstəraɪç] *n* ⟨~s⟩ l'Autriche *f*; **~er(in)** *m* ⟨~s; ~⟩ (*f*) ⟨~; ~nen⟩ Autrichien, -ienne *m,f*; **≈isch** *adj* autrichien; POL *in Zssgn* austro-…

'Oster'sonntag *m* dimanche *m* de Pâques

'Ost|eu'ropa *n* l'Europe de l'Est; **'≈euro'päisch** *adj* de l'Europe de l'Est; **~küste** *f* côte est, orientale

östlich ['œstlɪç] **I** *adj* d(e l)'est; oriental; **II** *adv* à l'est; ***~ von*** à l'est de

Östrogen [œstro'geːn] *n* ⟨~s; ~e⟩ œstrogène *m*

'Ost|see *f* (mer *f*) Baltique *f*; **~seite** *f* (côté *m*) est *m*; **≈wärts** *adv* vers l'est; **~wind** *m* vent *m* d'est

OSZE [oːˀɛstsɛt'ˀeː] *f* ⟨~⟩ *abr* (*Organisation für Sicherheit und Zusammenarbeit in Europa*) O.S.C.E. *f*

Otter[1] ['ɔtər] *f* ⟨~; ~n⟩ (*Viper*) vipère *f*

'Otter[2] *m* ⟨~s; ~⟩ (*Fisch≈*) loutre *f*

out [aut] F *adj* ***~ sein*** être passé de mode

'outen *v/t* ⟨-e-⟩ révéler l'homosexualité de

Out|fit ['autfɪt] *n* ⟨~s; ~s⟩ (*Kleidung*) tenue *f*; F fringues *f/pl*; (*Ausrüstung*) équipement *m*; **~put** [-put] *m od n* ⟨~s; ~s⟩ **1** ÉCON production totale d'une entreprise; **2** INFORM sortie *f*; **~sider** [-saɪdər] *m* ⟨~s; ~⟩ *bes* SPORT outsider *m*

Ouvertüre [uvɛr'tyːrə] *f* ⟨~; ~n⟩ MUS ouverture *f*

oval [o'vaːl] *adj* ovale

O'val *n* ⟨~s; ~e⟩ ovale *m*

Ovation [ovatsi'oːn] *st/s f* ⟨~; ~en⟩ ovation *f*

Overall ['oːvərɔːl] *m* ⟨~s; ~s⟩ *ohne Ärmel* salopette *f*; *mit Ärmeln* combinaison *f*; (*Arbeits≈*) bleu *m* (de travail)

overdressed ['oːvərdrɛst] *adj* trop bien habillé

Overhead|folie ['oːvərhɛt-] *f* transparent *m*; **~projektor** *m* rétroprojecteur *m*

Ovulation [ovulatsi'oːn] *f* ⟨~; ~en⟩ ovulation *f*

Oxi|d [ɔ'ksiːt] *n sc*, **Oxy|d** [ɔ'ksyːt] *n* ⟨~es; ~e⟩ oxyde *m*; **~dati'on** *f* ⟨~; ~en⟩ oxydation *f*; **≈'dieren** *v/i* ⟨*sans ge*, h *ou* sn⟩ s'oxyder

Ozean ['oːtseaːn] *m* ⟨~s; ~e⟩ océan *m*; **~dampfer** *m* transatlantique *m*

Ozeanien [otse'aːniən] *n* ⟨~s⟩ l'Océanie *f*

Ozelot ['oːtselɔt] *m* ⟨~s; ~e⟩ ZO, *Pelz* ocelot *m*

Ozon [o'tsoːn] *n* ⟨~s⟩ ozone *m*; **~alarm** *m* alerte *f* à l'ozone; **~loch** *n* trou *m* dans la couche d'ozone; **~schicht** *f* couche *f* d'ozone; **~wert** *m* taux *m* d'ozone

O

P

P, p [peː] *n* ⟨∼; ∼⟩ P, p *m*
paar [paːr] *pr/ind* ⟨*inv*⟩ ***ein ∼*** (*einige*) quelques; ***ein ∼ verließen den Saal*** quelques-uns ont quitté la salle; ***ein ∼ Mal*** quelques fois
Paar *n* ⟨∼¢s; ∼e⟩ **1** *bei Sachen* paire *f*; ***ein ∼ Schuhe*** une paire de chaussures; **2** *Personen, Tiere* couple *m*
'**paaren** *v/r* ***sich ∼*** s'accoupler, s'apparier (***mit*** avec); *fig* s'allier, s'associer (à, avec)
'**Paarlauf** *m* patinage *m* par couple(s)
'**Paarung** *f* ⟨∼; ∼en⟩ accouplement *m* (*a fig*)
'**paarweise** *adj u adv* par paires; par couples; par deux
Pacht [paxt] *f* ⟨∼; ∼en⟩ bail *m*; *e-s Geschäfts* gérance *f*
'**pachten** *v/t* ⟨-e-⟩ prendre à bail; *Geschäft* prendre en gérance libre
Pächter(in) ['pɛçtər(ɪn)] *m* ⟨∼s; ∼⟩ (*f*) ⟨∼; ∼nen⟩ gérant *m*; locataire *m,f*
'**Pachtvertrag** *m* (contrat *m* de) bail *m*
Pack[1] [pak] *m* ⟨∼¢s; ∼e *ou* ∼̈e⟩ paquet *m*; (*Bündel*) liasse *f*
Pack[2] F *péj n* ⟨∼¢s⟩ racaille *f*
Päckchen ['pɛkçən] *n* ⟨∼s; ∼⟩ petit paquet; ***ein ∼ Zigaretten*** un paquet de cigarettes
'**Packeis** *n* banquise *f*
'**packen I** *v/t* **1** *Koffer, Paket* faire; *Waren* emballer; (*hinein∼*) faire entrer (***in*** [+ *acc*] dans); **2** (*ergreifen*) saisir (*a fig*); **3** *fig* (*fesseln*) captiver; **4** F *Examen* F décrocher; **II** *v/i* (*Koffer ∼*) faire ses valises, bagages
'**Packen** *m* ⟨∼s; ∼⟩ gros paquet
'**packend** *adjt* captivant; prenant
'**Packer(in)** *m* ⟨∼s; ∼⟩ (*f*) ⟨∼; ∼nen⟩ emballeur, -euse *m,f*
'**Packpapier** *n* papier *m* d'emballage; (papier *m*) kraft *m*
'**Packung** *f* ⟨∼; ∼en⟩ **1** COMM paquet *m*; **2** MÉD enveloppement *m*
Pädagog|e [pɛda'goːgə] *m* ⟨∼n; ∼n⟩, **∼in** *f* ⟨∼; ∼nen⟩ pédagogue *m,f*; **∼ik** *f* ⟨∼⟩ pédagogie *f*; **ℒisch** *adj* pédagogique
Paddel ['padəl] *n* ⟨∼s; ∼⟩ pagaie *f*; **∼boot** *n* (*Kanu*) canoë *m*; (*Kajak*) kayak *m*
'**paddeln** *v/i* ⟨¢, h *ou* sn⟩ pagayer
Paella [pa'ɛlja] *f* ⟨∼; ∼s⟩ CUIS paella *f*
paffen ['pafən] F **I** *v/t* fumer; **II** *v/i* fumer; F cloper
Page ['paːʒə] *m* ⟨∼n; ∼n⟩ page *m*; *im Hotel* chasseur *m*; groom *m*
Paket [pa'keːt] *n* ⟨∼¢s; ∼e⟩ paquet *m*; (*Post*ℒ) colis postal; **∼annahme** *f* réception *f* (des colis postaux); **∼ausgabe** *f* délivrance *f*, remise *f* (des colis postaux); **∼karte** *f* bulletin *m* d'expédition
Pakistan ['paːkɪstaːn] *n* ⟨∼s⟩ le Pakistan
Pakis'ta|ner(in) *m* ⟨∼s; ∼⟩ (*f*) ⟨∼; ∼nen⟩, **∼ni** *m* ⟨∼$; ∼$⟩, *f* ⟨∼; ∼$⟩ Pakistanais(e) *m(f)*; **ℒnisch** *adj* pakistanais
Pakt [pakt] *m* ⟨∼¢s; ∼e⟩ pacte *m*; accord *m*; convention *f*
pak'tieren *v/i* ⟨*sans ge*⟩ pactiser (***mit*** avec)
Paläontologie [palɛɔntolo'giː] *f* ⟨∼⟩ paléontologie *f*
Palast [pa'last] *m* ⟨∼¢s; Paläste⟩ palais *m*; *fig* hôtel *m*; palace *m*
Palästina [palɛs'tiːna] *n* ⟨∼s⟩ la Palestine
Palästinens|er(in) [palɛsti'nɛnzər(ɪn)] *m* ⟨∼s; ∼⟩ (*f*) ⟨∼; ∼nen⟩ Palestinien, -ienne *m,f*; **ℒisch** *adj* palestinien
Palatschinke [pala'tʃɪŋkə] *f* ⟨∼; ∼n⟩ *österr* crêpe *f*
Pala|ver [pa'laːvər] F *n* ⟨∼s; ∼⟩ palabres *f/pl*; **ℒvern** F *v/i* ⟨*sans ge*⟩ palabrer; tenir des palabres
Palette [pa'lɛtə] *f* ⟨∼; ∼n⟩ palette *f* (*a* TECH); *fig* (*Vielfalt*) gamme *f*, éventail *m*
Palisade [pali'zaːdə] *f* ⟨∼; ∼n⟩ palissade *f*
Palisander [pali'zandər] *m* ⟨∼s; ∼⟩, **∼holz** *n* palissandre *m*
Palme ['palmə] *f* ⟨∼; ∼n⟩ palmier *m*; F *fig* ***j-n auf die ∼ bringen*** mettre qn en rage; pousser qn à bout
Palm|'sonntag *m* dimanche *m* des Rameaux; '**∼wedel** *m*, '**∼zweig** *m* palme *f*
Pampelmuse [pampəl'muːzə] *f* ⟨∼; ∼n⟩ pamplemousse *m*; grape-fruit *m*
Pamphlet [pam'fleːt] *n* ⟨∼¢s; ∼e⟩ pamphlet *m*
pampig ['pampɪç] F *adj* (*dreist*) F gonflé; (*unfreundlich*) désagréable

Panama ['panama] *n* ⟨~s⟩ le Panama
Panda ['panda] *m* ⟨~s; ~s⟩ ZO panda *m*
Paneel [pa'ne:l] *n* ⟨~s; ~e⟩ lambris *m*; panneau *m*
panier|en [pa'ni:rən] *v/t* ⟨*sans ge*⟩ paner; **2mehl** *n* panure *f*; chapelure *f*
Panik ['pa:nɪk] *f* ⟨~; ~en⟩ panique *f*; ***in ~*** (*acc*) ***geraten*** F paniquer; ***es brach e-e ~ aus*** il y a eu panique
'panisch *adj* panique
Panne ['panə] *f* ⟨~; ~n⟩ panne *f* (*a fig*); ***e-e ~ haben*** avoir une, tomber en panne
'Pannendienst *m* (service *m* de) dépannage *m*
Panorama [pano'ra:ma] *n* ⟨~s; -men⟩ panorama *m*
panschen ['panʃən] F *péj v/t Wein* frelater; F trafiquer
Pant(h)er ['pantər] *m* ⟨~s; ~⟩ panthère *f*
Pantoffel [pan'tɔfəl] *m* ⟨~s; ~n⟩ pantoufle *f*; mule *f*; F *fig* ***er steht unter dem ~*** c'est sa femme qui porte la culotte
Pan'toffelheld F *péj m* mari gouverné, mené par sa femme
Pantomime [panto'mi:mə] *f* ⟨~; ~n⟩ pantomime *f*
Panzer ['pantsər] *m* ⟨~s; ~⟩ **1** (*Rüstung*) cuirasse *f*; **2** ZO cuirasse *f*; carapace *f*; **3** MIL char *m* d'assaut; blindé *m*; **~faust** *f* lance-roquettes *m* antichar; bazooka *m*; **~glas** *n* verre *m* pare-balles
'panzern *v/t* armer d'une cuirasse; cuirasser; blinder
'Panzer|schrank *m* coffre-fort *m*; **~ung** *f* ⟨~; ~en⟩ blindage *m*; **~wagen** *m* véhicule, engin blindé

P

Papa ['papa] F *enf m* ⟨~s; ~s⟩ papa *m*
Papagei [papa'gaɪ] *m* ⟨~s *ou* ~en; ~e(n)⟩ perroquet *m*
Paparazzo [papa'ratso] *m* ⟨~s; -zzi⟩ paparazzi *m*
Papaya [pa'pa:ja] *f* ⟨~; ~s⟩ papaye *f*
Papi ['papi] F *enf m* ⟨~s; ~s⟩ papa *m*
Papier [pa'pi:r] *n* ⟨~s; ~e⟩ **1** papier *m*; ***zu ~ bringen*** mettre, jeter sur le papier; écrire; **2** *pl* ***~e*** (*Ausweise*) papiers *m/pl*; **3** (*Wert2*) titre *m*; valeur *f*; effet *m*
Pa'pier|fabrik *f* papeterie *f*; **~geld** *n* papier-monnaie *m*; billets *m/pl* de banque; **~korb** *m* corbeille *f* à papier; **~krieg** F *m* paperasserie *f*; **~schlange** *f* serpentin *m*; **~taschentuch** *n* mouchoir *m* en papier
Papp|becher ['pap-] *m* gobelet *m* en carton; **~deckel** *m* carton *m*
'Pappe *f* ⟨~; ~n⟩ carton *m*; *dünne* carte *f*; F ***das ist nicht von ~*** F ce n'est pas de la petite bière, pas piqué des vers
Pappel ['papəl] *f* ⟨~; ~n⟩ peuplier *m*
'pappen F *v/t u v/i* coller (***an, auf*** [*v/t*: + *acc bzw v/i*: + *dat*] à, sur)
'Pappenstiel *m* F ***das ist kein ~*** ce n'est pas rien, une bagatelle
'pappig *adj* (*breiig*) pâteux; (*klebrig*) poisseux; collant
'Papp|karton *m* carton *m*; boîte *f* en carton; **~schachtel** *f* carton *m*; boîte *f* en carton; **~teller** *m* assiette *f* en carton
Paprika ['paprika] *m* ⟨~s; ~s⟩ *Schote* poivron *m*; *Gewürz* piment *m*; paprika *m*; **~schnitzel** *n* escalope *f* au paprika; **~schote** *f* poivron *m*
Papst [pa:pst] *m* ⟨~es; ~e⟩ pape *m* (*a fig*)
päpstlich ['pɛ:pstlɪç] *adj* du pape; pontifical
Parabel [pa'ra:bəl] *f* ⟨~; ~n⟩ parabole *f*
Parabolantenne [para'bo:lˀantɛnə] *f* antenne *f* parabolique
Parade [pa'ra:də] *f* ⟨~; ~n⟩ **1** MIL défilé *m*, parade *f* (militaire); revue *f*; **2** SPORT parade *f*; **~beispiel** *n* exemple éclatant
Paradeiser [para'daɪzər] *m* ⟨~s; ~⟩ *österr* tomate *f*
para'dieren *v/i* ⟨*sans ge*⟩ parader
Paradies [para'di:s] *n* ⟨~es; ~e⟩ paradis *m* (*a fig*); **2isch** *adj* du paradis; paradisiaque (*a fig*)
paradox [para'dɔks] *adj* paradoxal
Para'dox *n* ⟨~es; ~e⟩ paradoxe *m*
Paragraph [para'gra:f] *m* ⟨~en; ~en⟩ paragraphe *m*; JUR article *m*; titre *m*
Paraguay [paragu'a:i] *n* ⟨~s⟩ le Paraguay
parallel [para'le:l] **I** *adj* parallèle (***mit, zu*** à); **II** *adv* ***~ laufen*** être parallèle
Paral'lele *f* ⟨~; ~n⟩ parallèle *f*; *fig* parallèle *m*
Parallelogramm [paralelo'gram] *n* ⟨~s; ~e⟩ parallélogramme *m*
paramilitärisch ['pa:ra-] *adj* paramilitaire
Para|noia [para'nɔya] *f* ⟨~⟩ MÉD paranoïa *f*; **2no'id** *adj* paranoïde
Paranuss ['pa:ranus] *f* noix *f*, châtaigne *f* du Brésil

para|phieren [para'fiːrən] *v/t* ⟨*sans ge*⟩ POL, JUR parapher *od* parafer; **ℒpsycholo'gie** *f* parapsychologie *f*

Parasit [para'ziːt] *m* ⟨∼en; ∼en⟩ parasite *m* (*a fig péj*)

parat [pa'raːt] *adj* prêt; ***etw ∼ haben*** avoir qc tout prêt

Pärchen ['pɛːrçən] *n* ⟨∼s; ∼⟩ (jeune) couple *m*; F *péj* petit couple

Parfum [par'fœ̃ː], **Parfüm** [par'fyːm] *n* ⟨∼s; ∼s⟩ parfum *m*

Parfümerie [parfymə'riː] *f* ⟨∼; ∼n⟩ parfumerie *f*

parfü'mieren *v/t* (*u v/r*) ⟨*sans ge*⟩ (***sich ∼*** se) parfumer

parieren [pa'riːrən] ⟨*sans ge*⟩ **I** *v/t* SPORT parer; **II** F *v/i* (*gehorchen*) obéir; s'exécuter

Paris [pa'riːs] *n* Paris; **∼er** F *m* ⟨∼s; ∼⟩ (*Kondom*) F capote (anglaise); **∼er(in)** *m* ⟨∼s; ∼⟩ (*f*) ⟨∼; ∼nen⟩ Parisien, -ienne *m,f*

Parität [pari'tɛt] *f* ⟨∼; ∼en⟩ *bes* ÉCON parité *f*; (*Gleichheit*) égalité *f*; **ℒisch** *adj* paritaire; à égalité

Park [park] *m* ⟨∼s; ∼s⟩ parc *m*

Parka ['parka] *m* ⟨∼s; ∼s⟩ parka *f od m*

'Park|anlagen *f/pl* parc *m*; espace vert; **∼bank** *f* ⟨∼; -bänke⟩ banc public

'parken I *v/t* garer; **II** *v/i* se garer; ***ℒ verboten!*** stationnement interdit!

'parkend *adjt* en stationnement

Parkett [par'kɛt] *n* ⟨∼(e)s; ∼e⟩ parquet *m*; THÉ orchestre *m*; parterre *m*

'Park|gebühr *f* taxe *f* de stationnement; **∼haus** *n* parking couvert; **∼kralle** *f* sabot *m* de Denver; **∼lücke** *f* créneau *m*; **∼platz** *m* **1** *für viele Autos* parking *m*; parc *m* de stationnement; **2** (*Parkmöglichkeit*) place *f* (pour se garer); **∼scheibe** *f* disque *m* (de stationnement); **∼schein** *m* ticket *m* de stationnement; **∼scheinautomat** *m* horodateur *m*; **∼uhr** *f* parcmètre *m*

'Parkverbot *n* interdiction *f*, défense *f* de stationner; ***im ∼ stehen*** être en stationnement interdit

Parlament [parla'mɛnt] *n* ⟨∼(e)s; ∼e⟩ parlement *m*

Parlamentar|ier(in) [parlamɛn'taːriər(ɪn)] *m* ⟨∼s; ∼⟩ (*f*) ⟨∼; ∼nen⟩ parlementaire *m,f*; **ℒisch** *adj* parlementaire

Parla'mentswahlen *f/pl* élections (législatives)

Parmesan [parme'zaːn] *m* ⟨∼s⟩, **∼käse** *m* parmesan *m*

Parodie [paro'diː] *f* ⟨∼; ∼n⟩ parodie *f* (***auf*** [+ *acc*] de); **ℒren** *v/t* ⟨*sans ge*⟩ parodier; faire une parodie de

Parodontose [parodɔn'toːzə] *f* ⟨∼; ∼n⟩ MÉD maladie parodontale

Parole [pa'roːlə] *f* ⟨∼; ∼n⟩ **1** slogan *m*; mot *m* d'ordre; **2** MIL mot *m* de passe

⚠ **Parole**	≠	**parole**
die Parole	=	le mot d'ordre
la parole	=	das Wort

Partei [par'taɪ] *f* ⟨∼; ∼en⟩ **1** POL, (*Gruppe*) parti *m*; ***für, gegen j-n ∼ ergreifen*** prendre parti pour, contre qn; **2** JUR partie *f*; ***die vertragschließenden ∼en*** les parties contractantes

Par'tei|chef(in) *m*(*f*) chef *m*, leader *m* de parti; **ℒisch** *adj* partial; **∼lichkeit** *f* ⟨∼⟩ partialité *f*; **ℒlos** *adj* sans parti; indépendant; sans étiquette; **∼mitglied** *n* membre *m*, adhérent *m* (du, d'un parti); **∼nahme** *f* ⟨∼; ∼n⟩ prise *f* de parti; **∼tag** *m* congrès *m* du parti

Parterre [par'tɛr(ə)] *n* ⟨∼s; ∼s⟩ rez-de-chaussée *m*

Partie [par'tiː] *f* ⟨∼; ∼n⟩ **1** *beim Spiel* partie *f*; **2** (*Heiratsmöglichkeit*) parti *m*; ***e-e gute ∼*** un beau parti; ***mit von der ∼ sein*** être de la partie

Partikel [par'tiːkəl] *n* ⟨∼s; ∼⟩ *od f* ⟨∼; ∼n⟩ particule *f*

Partisan(in) [parti'zaːn(ɪn)] *m* ⟨∼s *ou* ∼en; ∼en⟩ (*f*) ⟨∼; ∼nen⟩ partisan *m*

Partitur [parti'tuːr] *f* ⟨∼; ∼en⟩ MUS partition *f*

Partizip [parti'tsiːp] *n* ⟨∼s; ∼ien⟩ GR participe *m*; ***∼ Präsens, Perfekt*** participe présent, passé

Partner(in) ['partnər(ɪn)] *m* ⟨∼s; ∼⟩ (*f*) ⟨∼; ∼nen⟩ partenaire *m,f*; (*Lebensgefährte*) compagnon *m*, compagne *f*; COMM partenaire *m,f*; associé(e) *m*(*f*)

'Partnerschaft *f* ⟨∼; ∼en⟩ association *f*; partenariat *m*; **ℒlich** *adj* *Beziehung* d'égal à égal; *Zusammenarbeit* de bonnes relations de partenaire à partenaire *bzw* de collègue à collègue

'Partnerstadt *f* ville jumelée (***von*** *od* [+ *gén*] à)

Party ['paːrti] *f* ⟨∼; ∼s⟩ fête *f*; F boum

P

f; **~service** *m* traiteur *m* (livrant à domicile)

Parzelle [par'tsɛlə] *f* ⟨~; ~n⟩ parcelle *f*, lot *m* de terrain

Pascha ['paʃa] *m* ⟨~s; ~s⟩ pacha *m* (*a fig péj*)

Pass [pas] *m* ⟨~es; ≈e⟩ **1** (*Berg*≈) col *m*; **2** (*Reise*≈) passeport *m*; **3** SPORT passe *f*

passabel [pa'sa:bəl] *adj* ⟨-bl-⟩ acceptable; passable

Passage [pa'sa:ʒə] *f* ⟨~; ~n⟩ **1** (*Durchgang*, *-fahrt*) passage *m*; *überdachte* galerie *f*; passage couvert; **2** (*Abschnitt*) passage *m*

Passagier [pasa'ʒi:r] *m* ⟨~s; ~e⟩ passager *m*; ***blinder ~*** passager clandestin

Passa'gier|flugzeug *n* avion *m* (de ligne) commercial(e); **~liste** *f* liste *f* des passagers

Passant(in) [pa'sant(ɪn)] *m* ⟨~en; ~en⟩ (*f*) ⟨~; ~nen⟩ passant(e) *m*(*f*); piéton, -onne *m,f*

Passat [pa'sa:t] *m* ⟨~(e)s; ~e⟩ alizé *m*

'**Passbild** *n* photo *f* d'identité

passen ['pasən] ⟨-(e)s⟩ **I** *v/t Ball* ***zu j-m ~*** passer à qn; **II** *v/i* **1** *Ersatzteil*, *Schlüssel* ***auf etw*** (*acc*), ***zu etw ~*** aller sur, avec qc; ***in etw*** (*acc*) ***~*** aller dans qc; **2** *Kleidung* aller bien (***j-m*** à qn); **3** (*harmonieren*) ***~ zu*** convenir à; s'accorder avec; être assorti à; **4** (*genehm sein*) convenir; arranger; aller; ***dieser Termin passt mir nicht*** cette date ne me convient, ne m'arrange, ne me va pas; F ***das könnte dir so ~!*** F c'est ça, et quoi encore?!; F et ta sœur!; **5** KARTENSPIEL passer (*a fig*); FUSSBALL ***zu j-m ~*** faire une passe à qn

'**passend** *adjt Ersatzteil*, *Schlüssel* bon, bonne; *Kleidung* qui va bien; juste; seyant; (*harmonierend*) assorti; propre; convenable; *Zeitpunkt* opportun; F ***haben Sie es ~?*** vous avez la monnaie?; pouvez-vous faire l'appoint?

'**Passfoto** *n* photo *f* d'identité

passierbar [pa'si:rba:r] *adj Straße* praticable

pas'sieren ⟨*sans ge*⟩ **I** *v/t Fluss*, *Grenze* passer; *Ort* passer par; **II** *v/i* ⟨sn⟩ (*geschehen*) se passer; arriver; ***bei dem Unfall ist mir nichts passiert*** je suis sorti indemne de, je n'ai rien eu dans cet accident

Pas'sierschein *m* laissez-passer *m*; permis *m*

Passio|n [pasi'o:n] *f* ⟨~; ~en⟩ passion *f*; REL Passion *f*; ≈'**niert** *adj* passionné

passiv ['pasi:f] *adj* passif

'**Passiv** *n* ⟨~s; ~e⟩ GR passif *m*; voix, forme passive

Passiva [pa'si:va] *pl* COMM passif *m*

Passivi'tät *f* ⟨~⟩ passivité *f*

'**Pass|kontrolle** *f* contrôle *m* des passeports; **~straße** *f* col *m*; **~wort** *n* ⟨~(e)s; -wörter⟩ INFORM mot *m* de passe

Paste ['pastə] *f* ⟨~; ~n⟩ pâte *f*

Pastell [pas'tɛl] *n* ⟨~(e)s; ~e⟩ PEINT pastel *m*; **~farbe** *f* (couleur *f* à) pastel *m*; **~ton** *m* ton (de) pastel

Pastete [pas'te:tə] *f* ⟨~; ~n⟩ (*Blätterteig*≈) vol-au-vent *m*; bouchée *f* à la reine; (*Leber*≈) pâté *m*

pasteurisieren [pastøri'zi:rən] *v/t* ⟨*sans ge*⟩ pasteuriser

Pastille [pas'tɪlə] *f* ⟨~; ~n⟩ pastille *f*

Pastor ['pastɔr] *m* ⟨~s; -'toren⟩ PROT pasteur *m*; CATH curé *m*

Pas'torin *f* ⟨~; ~nen⟩ femme *f* pasteur

Pate ['pa:tə] *m* ⟨~n; ~n⟩ parrain *m*

'**Paten|kind** *n* filleul(e) *m*(*f*); **~onkel** *m* parrain *m*; **~schaft** *f* ⟨~; ~en⟩ parrainage *m*

patent [pa'tɛnt] F *adj* F formidable; *Person a* F épatant

Pa'tent *n* ⟨~(e)s; ~e⟩ brevet *m* (d'invention); ***ein ~ anmelden*** déposer un brevet (***auf*** [+ *acc*] pour)

'**Patentante** *f* marraine *f*

paten'tieren *v/t* ⟨*sans ge*⟩ breveter

Pa'tentlösung *f* solution *f* passe-partout; panacée (universelle)

Pater ['pa:tər] *m* ⟨~s; ~ *ou* Patres⟩ (révérend) père *m*

pathetisch [pa'te:tɪʃ] *adj* emphatique; pompeux

Patho|logie [patolo'gi:] *f* ⟨~⟩ pathologie *f*; ≈'**logisch** *adj* pathologique

Pathos ['pa:tɔs] *n* ⟨~⟩ pathos *m*; emphase *f*

Patient(in) [patsi'ɛnt(ɪn)] *m* ⟨~en; ~en⟩ (*f*) ⟨~; ~nen⟩ malade *m,f*; patient(e) *m*(*f*); client(e) *m*(*f*)

Patin ['pa:tɪn] *f* ⟨~; ~nen⟩ marraine *f*

Patina ['pa:tina] *f* ⟨~⟩ patine *f*

Patriar|ch [patri'arç] *m* ⟨~en; ~en⟩ patriarche *m*; ≈'**chalisch** *adj* patriarcal

Patrio|t(in) [patri'o:t(ɪn)] *m* ⟨~en; ~en⟩

(*f*) ⟨~; ~nen⟩ patriote *m,f*; **2tisch** *adj* patriotique; **~'tismus** *m* ⟨~⟩ patriotisme *m*

Patron [pa'tro:n] *m* ⟨~s; ~e⟩ **1** patron *m*; **2** F *fig* ***ein übler ~*** une canaille, F fripouille

Patrone [pa'tro:nə] *f* ⟨~; ~n⟩ cartouche *f*

Pa'tronin *f* ⟨~; ~nen⟩ patronne *f*

Patrouille [pa'truljə] *f* ⟨~; ~n⟩ patrouille *f*

patrouil'lieren *v/i* ⟨*sans ge*, h *ou* sn⟩ patrouiller

Patsche ['patʃə] F *f* ⟨~; ~n⟩ **1** (*Hand*) F patte *f*; F paluche *f*; **2** ***in der ~ sitzen*** F être dans le pétrin; ***j-m aus der ~ helfen*** tirer qn d'affaire

'patsch(e)'nass F *adj* F trempé comme une soupe

Patt [pat] *n* ⟨~s; ~s⟩ SCHACH pat *m*; *fig* situation bloquée

patz|en ['patsən] F *v/i* ⟨*h*⟩ F faire une gaffe; F gaffer; **2er** F *m* ⟨~s; ~⟩ F gaffe *f*; **~ig** F *adj* impoli; F mal embouché; insolent

Pauke ['paukə] *f* ⟨~; ~n⟩ grosse caisse; timbale *f*; F ***mit ~n und Trompeten durchfallen*** F (se) ramasser une veste; F *fig* ***auf die ~ hauen*** (*angeben*) frimer; se la jouer; (*feiern*) F faire la bringue

'pauken F *v/t u v/i* F bosser; F bûcher; *v/i* bachoter

'Pauker F *m* ⟨~s; ~⟩ (*Lehrer*) F prof *m*

Paus|backen ['pausbakən] *f/pl* joues rebondies; **2bäckig** *adj* joufflu

pauschal [pau'ʃa:l] **I** *adj* forfaitaire; global (*a fig*); **II** *adv* à forfait; globalement (*a fig*); *fig* en bloc

Pau'schalbetrag *m* montant global, forfaitaire; *Zahlung* paiement *m* unique

Pau'schale *f* ⟨~; ~n⟩ somme globale, forfaitaire; forfait *m*

Pau'schal|preis *m* prix global, à forfait; **~reise** *f* voyage organisé

Pause ['pauzə] *f* ⟨~; ~n⟩ **1** pause *f*; ***e-e ~ machen*** faire une pause; ***~ haben, machen*** faire la pause; **2** SCHULE récréation *f*; *kurze* interclasse *m*; **3** THÉ entracte *m*

'pausenlos **I** *adj* continuel; **II** *adv* sans arrêt, interruption, cesse; continuellement

pau'sieren *v/i* ⟨*sans ge*⟩ faire une pause

Pavian ['pa:via:n] *m* ⟨~s; ~e⟩ babouin *m*

Pavillon ['pavɪljɔn] *m* ⟨~s; ~s⟩ pavillon *m*

Pay-TV ['pe:ti:vi:] *n* ⟨~⟩ chaîne cryptée, à péage

Pazifik [pa'tsi:fɪk] ***der ~*** le Pacifique

pa'zifisch *adj* du Pacifique; ***der 2e Ozean*** l'océan *m* Pacifique

Pazifis|mus [patsi'fɪsmus] *m* ⟨~⟩ pacifisme *m*; **~t(in)** *m* ⟨~en; ~en⟩ (*f*) ⟨~; ~nen⟩ pacifiste *m,f*; **2tisch** *adj* pacifiste

PC [pe:'tse:] *m* ⟨~s; ~s⟩ *abr* (*Personalcomputer*) micro *m*; P.C. *m*

PDS [pe:de:'ʔɛs] *f* ⟨~⟩ *abr* (*Partei des Demokratischen Sozialismus*) P.D.S. *m* (Parti du socialisme démocratique)

Pech [pɛç] *n* ⟨~es; ~e⟩ **1** poix *f*; **2** (*Unglück*) malchance *f*; F guigne *f*; déveine *f*; **'2'schwarz** F *adj* noir comme (du) jais, F du cirage; **'~strähne** *f* série noire; **~vogel** *m* malchanceux *m*

Pedal [pe'da:l] *n* ⟨~s; ~e⟩ pédale *f*

Pedant|(in) [pe'dant(ɪn)] *m* ⟨~en; ~en⟩ (*f*) ⟨~; ~nen⟩ (esprit *m*) mesquin *m*, tatillon *m*; **2isch** *adj* tatillon; mesquin; pointilleux

Pediküre [pedi'ky:rə] *f* ⟨~; ~n⟩ **1** (*Fußpflege*) soins *m/pl* des pieds; **2** (*Fußpflegerin*) pédicure *f*

Pegel ['pe:gəl] *m* ⟨~s; ~⟩ **1** *Gerät* échelle *f* d'étiage; **2** (*~stand*) niveau *m* des eaux

peilen ['paɪlən] *v/t* *Wassertiefe* sonder; mesurer; *Richtung* relever

'Peilgerät *n* radiogoniomètre *m*

Pein [paɪn] *st/s* *f* ⟨~⟩ douleur *f*; tourment *m*; supplice *m*

peinigen ['paɪnɪgən] *st/s* *v/t* mettre au supplice; tourmenter

'peinlich **I** *adj* embarrassant; gênant; fâcheux; désagréable; ***dieses Versehen war ihm ~*** il était confus de sa méprise; **II** *adv* ***~ genau*** méticuleux

'Peinlichkeit *f* ⟨~; ~en⟩ **1** *Eigenschaft* caractère *m* pénible, désagréable; **2** *Sache* chose, situation gênante

Peitsche ['paɪtʃə] *f* ⟨~; ~n⟩ fouet *m*

'peitschen **I** *v/t* fouetter; *bes als Strafe* donner des coups de fouet (***j-n*** à qn); **II** *v/i* ⟨sn⟩ *Schüsse* claquer; éclater; *Regen* ***gegen die Fensterscheiben ~*** fouetter les vitres

'Peitschenhieb *m* coup *m* de fouet

Peking ['pe:kɪŋ] *n* ⟨~s⟩ Pékin

Pelikan ['pe:lika:n] *m* ⟨~s; ~e⟩ pélican *m*
Pelle ['pɛlə] *f* ⟨~; ~n⟩ *regional* **1** *von Kartoffeln, Obst* pelure *f*; F ***j-m auf die ~ rücken*** F se coller contre qn; F ***j-m nicht von der ~ gehen*** F coller aux fesses, aux baskets, P au cul de qn; **2** (*Wurst*2) peau *f*
'**pellen** *v/t regional* peler; *Kartoffeln* éplucher; *Eier* écaler
'**Pellkartoffel** *f* pomme *f* de terre en robe des champs, de chambre
Pelz [pɛlts] *m* ⟨~es; ~e⟩ **1** *der Tiere* peau *f*; pelage *m*; poil *m*; **2** F ***sich*** (*dat*) ***die Sonne auf den ~ scheinen lassen*** F se rôtir au soleil; **3** *Bekleidungsstück* fourrure *f*
'**pelzig** *adj Zunge* pâteux
'**Pelz|jacke** *f* veste *f* de fourrure; **~mantel** *m* manteau *m* de fourrure
Pendel ['pɛndəl] *n* ⟨~s; ~⟩ pendule *m*; *e-r Uhr* balancier *m*
'**pendeln** *v/i* ⟨¢⟩ **1** *Gegenstand* se balancer; **2** ⟨sn⟩ *Zug, Person* faire la navette
'**Pendel|uhr** *f* pendule *f*; **~verkehr** *m* trafic *m* de va-et-vient; *mit dem Zug* (service *m* de) navette *f*
'**Pendler** *m* ⟨~s; ~⟩ *aus e-m Vorort* banlieusard *m*; ***~ sein*** faire la navette
penetrant [pene'trant] *adj Geruch* pénétrant; fort; *péj Person* gênant
peng [pɛŋ] *int* pif!; paf!; vlan!
penibel [pe'ni:bəl] *adj* ⟨-bl-⟩ méticuleux (à l'excès)
Penis ['pe:nɪs] *m* ⟨~; ~se⟩ pénis *m*
Penizillin [penitsɪ'li:n] *n* ⟨~s; ~e⟩ pénicilline *f*
Pennäler [pɛ'nɛ:lər] F *m* ⟨~s; ~⟩ F potache *m*
Pennbruder ['pɛn-] F *m* clochard *m*; F clodo *m*; F cloche *f*
Penne ['pɛnə] F *f* ⟨~; ~n⟩ F bahut *m*; F boîte *f*
'**pennen** F *v/i* F roupiller; F pioncer
'**Penner(in)** F *péj m* ⟨~s; ~⟩ (*f*) ⟨~; ~nen⟩ (*Stadtstreicher*) clochard(e) *m(f)*; F clodo *m*
Pension [pãzi'o:n] *f* ⟨~; ~en⟩ **1** (*Ruhegehalt*) pension *f*; retraite *f*; **2** (*Ruhestand*) retraite *f*; ***in ~ gehen*** prendre sa retraite; **3** (*Unterkunft u Verpflegung, Gästehaus*) pension *f*
Pensionär(in) [pãzio'nɛ:r(ɪn)] *m* ⟨~s; ~e⟩ (*f*) ⟨~; ~nen⟩ pensionné(e) *m(f)*; retraité(e) *m(f)*
pensio'nieren *v/t* ⟨*sans ge*⟩ mettre à la retraite; ***pensioniert*** à la, en retraite; retraité
Pensio'nierung *f* ⟨~; ~en⟩ (mise *f* à la) retraite *f*
pensi'ons|berechtigt *adjt* ayant droit à la retraite; **2gast** *m* pensionnaire *m*
Pensum ['pɛnzʊm] *n* ⟨~s; -sen *ou* -sa⟩ **1** tâche *f*; devoir *m*; **2** (*Lehrstoff*) programme *m* (scolaire)
Peperoni [pepe'ro:ni] *f* ⟨~; ~⟩ piment *m*
per [pɛr] *prép* ⟨*acc sans article*⟩ par; ***~ Schiff*** par bateau; ***mit j-m ~ du sein*** tutoyer qn; COMM ***~ Stück*** la pièce
perfekt [pɛr'fɛkt] *adj* **1** parfait; accompli; **2** (*abgemacht*) conclu; réglé
Perfekt ['pɛrfɛkt] *n* ⟨~¢s; ~e⟩ GR passé composé
Perfekti'on *f* ⟨~⟩ perfection *f*
perforieren [pɛrfo'ri:rən] *v/t* ⟨*sans ge*⟩ perforer
Pergament [pɛrga'mɛnt] *n* ⟨~¢s; ~e⟩ parchemin *m*; **~papier** *n* papier-parchemin *m*; papier sulfurisé
Periode [peri'o:də] *f* ⟨~; ~n⟩ **1** période *f*; **2** BIOL règles *fpl*; menstruation *f*
peri'odisch *adj* périodique
Peripherie [perife'ri:] *f* ⟨~; ~n⟩ *e-r Stadt* périphérie *f*; INFORM matériel *m* périphérique; **~gerät** *n* INFORM périphérique *m*
Perle ['pɛrlə] *f* ⟨~; ~n⟩ **1** perle *f*; **2** (*Sekt*2) bulle *f*; (*Schweiß*2) goutte (lette) *f*
'**perlen** *v/i* **1** *Sekt etc* pétiller; **2** ⟨h *ou* sn⟩ *Tränen, Schweiß* perler
'**Perlenkette** *f* collier *m* de perles
'**Perl|huhn** *n* pintade *f*; **~mutt** [-'mʊt] *n* ⟨~s⟩, **~mutter** *f* ⟨~⟩ *od n* ⟨~s⟩ nacre *f*
permanent [pɛrma'nɛnt] **I** *adj* permanent; **II** *adv* en permanence
perplex [pɛr'plɛks] F *adj* (*verwirrt*) confus; perplexe; (*verblüfft*) F soufflé
Perser ['pɛrzər] *m* ⟨~s; ~⟩ **1** *Bewohner* Persan *m*; **2** → ***Perserteppich***; **~in** *f* ⟨~; ~nen⟩ Persane *f*; **~teppich** *m* tapis persan
Persianer [pɛrzi'a:nər] *m* ⟨~s; ~⟩, **~mantel** *m* (manteau *m* d')astrakan *m*
Persien ['pɛrziən] *n* ⟨~s⟩ la Perse
Persiflage [pɛrzi'fla:ʒə] *f* ⟨~; ~n⟩ persiflage *m* (***auf*** [+ *acc*] de)
'**persisch** *adj* persan; (*alt*~) perse; ***der***

\~e Golf le golfe Persique
Person [pɛr'zoːn] *f* ⟨\~; \~en⟩ **1** personne *f* (*a* GR); ***ich für meine \~*** quant à moi; pour ma part; ***in \~*** en personne; ***er ist Gärtner und Chauffeur in e-r \~*** il fait fonction de jardinier et chauffeur à la fois; **2** THÉ, *in Romanen* personnage *m*; **3** *péj* (*Frau*) ***e-e freche \~*** une insolente
Perso'nal *n* ⟨\~s⟩ personnel *m*; (*Angestellte*) employés *m/pl*; **\~abbau** *m* réduction *f*, compression *f* de personnel; **\~abteilung** *f* service *m* du personnel; **\~ausweis** *m* carte *f* d'identité; **\~chef(in)** *m(f)* chef *m* du personnel; **\~computer** *m* ordinateur personnel
Personalien [pɛrzo'naːliən] *pl* identité *f*; ***j-s \~*** (*acc*) ***aufnehmen, feststellen*** relever, prendre, établir l'identité de qn
Perso'nal|kosten *pl* coûts salariaux; frais *m/pl* de personnel; **\~pronomen** *n* GR pronom personnel
perso'nell *adj* de *bzw* du personnel
Per'sonen|beschreibung *f* signalement *m*; **\~kraftwagen** *m* ADM voiture *f* de tourisme; **\~kreis** *m* ADM catégorie *f* (de personnes); (un) certain public; **\~kult** *m* culte *m* de la personnalité; **\~schaden** *m* dommage corporel; **\~wagen** *m* voiture *f* de tourisme; **\~zug** *m* train *m* de voyageurs
persönlich [pɛr'zøːnlɪç] **I** *adj* personnel (*a* GR); *Anspielung, Frage* désobligeant; individuel; ***(j-m gegenüber) \~ werden*** faire des remarques désobligeantes à qn; **II** *adv* en personne; ***etw \~ nehmen*** prendre qc pour soi
Per'sönlichkeit *f* ⟨\~; \~en⟩ personnalité *f*; *bedeutende* personnage *m*
Perspektiv|e [pɛrspɛk'tiːvə] *f* ⟨\~; \~n⟩ perspective *f* (*a fig*); **\~isch I** *adj Zeichnung* en perspective; *Wirkung* de perspective; **II** *adv* en perspective
Peru [pe'ruː] *n* ⟨\~s⟩ le Pérou; **\~'aner(in)** *m* ⟨\~s; \~⟩ (*f*) ⟨\~; \~nen⟩ Péruvien, -ienne *m,f*; **\~'anisch** *adj* péruvien
Perücke [pe'rʏkə] *f* ⟨\~; \~n⟩ perruque *f*
pervers [pɛr'vɛrs] *adj* pervers
Pessim|ismus [pɛsi'mɪsmʊs] *m* ⟨\~⟩ pessimisme *m*; **\~ist(in)** *m* ⟨\~en; \~en⟩ (*f*) ⟨\~; \~nen⟩ pessimiste *m,f*; **\~istisch I** *adj* pessimiste; **II** *adv* avec pessimisme

Pest [pɛst] *f* ⟨\~⟩ peste *f* (*a fig*); F ***j-n, etw wie die \~ hassen*** 'haïr qn, qc comme la peste; F ***wie die \~ stinken*** empester
Pestizid [pɛsti'tsiːt] *n* ⟨\~s; \~e⟩ pesticide *m*
Peter ['peːtər] *m* ⟨\~s⟩ Pierre *m*; ***schwarzer \~*** *Kartenspiel* pouilleux *m*; *fig* ***j-m den schwarzen \~ zuschieben*** faire porter la responsabilité, F le chapeau à qn
Petersilie [-'ziːliə] *f* ⟨\~; \~n⟩ persil *m*
Petition [petitsi'oːn] *f* ⟨\~; \~en⟩ pétition *f*; requête *f*
Petroleum [pe'troːleum] *n* ⟨\~s⟩ pétrole *m*; **\~lampe** *f* lampe *f* à pétrole
Petrus ['peːtrʊs] *m* ⟨\~ *ou* Petri⟩ saint Pierre
'petzen F *péj v/i* ⟨~~t~~⟩ rapporter; cafarder; F cafter
Pf *abr* (*Pfennig*) HIST pfennig *m*
Pfad [pfaːt] *m* ⟨\~~e~~s; \~e⟩ sentier *m*
'Pfadfinder(in) *m* ⟨\~s; \~⟩ (*f*) ⟨\~; \~nen⟩ scout *m*; guide *f*; éclaireur, -euse *m,f*
Pfaffe ['pfafə] F *péj m* ⟨\~n; \~n⟩ F curaillon *m*; F cureton *m*
Pfahl [pfaːl] *m* ⟨\~~e~~s; \~e⟩ pieu *m*; (*Pfosten*) poteau *m*; (*Ramm-, Grund\~*) pilotis *m*; **'\~bau** *m* ⟨\~~e~~s; \~ten⟩ construction *f* sur pilotis
Pfalz [pfalts] ⟨\~⟩ ***die \~*** le Palatinat
Pfand [pfant] *n* ⟨\~~e~~s; \~er⟩ gage *m*; (*Flaschen\~*) consigne *f*; ***als \~ geben*** donner, mettre en gage; ***als \~ nehmen*** prendre en gage; ***diese Flasche kostet*** (***kein***) ***\~*** cette bouteille (n')est (pas) consignée
'Pfandbrief *m* obligation *f* hypothécaire
pfänden ['pfɛndən] ⟨-e-⟩ *v/t* saisir
'Pfand|flasche *f* bouteille consignée; **\~leiher** *m* ⟨\~s; \~⟩ prêteur *m* sur gage
'Pfändung *f* ⟨\~; \~en⟩ saisie *f*
Pfanne ['pfanə] *f* ⟨\~; \~n⟩ poêle *f*; F *fig* ***j-n in die \~ hauen*** F éreinter, F démolir, F esquinter qn
'Pfannkuchen *m* (*Eierkuchen*) crêpe *f*; (*Krapfen*) beignet *m*
Pfarrei [pfa'raɪ] *f* ⟨\~; \~en⟩ paroisse *f*
'Pfarrer *m* ⟨\~s; \~⟩ CATH curé *m*; PROT pasteur *m*; ministre *m*; **\~in** *f* ⟨\~; \~nen⟩ pasteur *m*
'Pfarrhaus *n* CATH cure *f*; presbytère *m*; PROT maison *f* du pasteur
Pfau [pfaʊ] *m* ⟨\~~e~~s; \~en⟩ paon *m*
'Pfauenauge *n Schmetterling* paon *m*

Pfd. *abr* (*Pfund*) livre(s) *f(pl)*
Pfeffer ['pfɛfər] *m* ⟨~s; ~⟩ poivre *m*; ***schwarzer, weißer*** **~** poivre gris, blanc; F ***er soll hingehen*** *od* ***bleiben, wo der ~ wächst!*** qu'il aille au diable!
'**Pfefferkuchen** *m* pain *m* d'épice
Pfefferminz ['pfɛfərmɪnts] ⟨*sans article, inv*⟩ menthe *f*; **~bonbon** *m od n* bonbon *m* à la menthe
'**Pfefferminz|e** *f* ⟨~⟩ menthe *f*; **~tee** *m* (infusion *f* de) menthe *f*
'**Pfeffermühle** *f* moulin *m* à poivre
'**pfeffern** *v/t* **1** CUIS, *fig* poivrer; **2** F (*werfen*) F balancer; F flanquer
'**Pfeffer|steak** *n* steak *m* au poivre; **~streuer** *m* poivrier *m*; poivrière *f*
Pfeife ['pfaɪfə] *f* ⟨~; ~n⟩ **1** (*Triller*≗) sifflet *m*; MUS fifre *m*; (*Orgel*≗) tuyau *m* (d'orgue); *fig* ***nach j-s ~ tanzen*** faire les quatre volontés de qn; **2** (*Tabaks*≗) pipe *f*; ***~ rauchen*** fumer la pipe; **3** F *péj* zéro *m*; F nullard(e) *m(f)*
'**pfeifen** ⟨pfiff, gepfiffen⟩ **I** *v/t Lied, Foul* siffler; *leise* siffloter; **II** *v/i Wind, Geschosse, Tiere* siffler; *Schiedsrichter* donner le coup de sifflet; F ***auf etw*** (*acc*) **~** F se ficher de qc
'**Pfeifton** *m* sifflement *m*
Pfeil [pfaɪl] *m* ⟨~(e)s; ~e⟩ flèche *f*
'**Pfeiler** *m* ⟨~s; ~⟩ pilier *m* (*a fig*); (*Brücken*≗) pile *f*; (*Wand*≗) pilastre *m*
'**pfeil'schnell** *adj* rapide comme une flèche, l'éclair
Pfennig ['pfɛnɪç] *m* ⟨~s; ~e, *mais souvent* 5 ~⟩ HIST pfennig *m*; F *fig* ***keinen ~*** (***Geld***) ***haben*** n'avoir pas, être sans le sou; F *fig* ***auf den ~ sehen*** F être près de ses sous
'**Pfennigfuchser** F *m* ⟨~s; ~⟩ grippe-sou *m*; F pingre *m*; F radin *m*
pferchen ['pfɛrçən] *v/t* parquer (***in*** [+ *acc*] dans)
Pferd [pfeːrt] *n* ⟨~(e)s; ~e⟩ **1** cheval *m*; ***zu ~e*** à cheval; F *fig* ***mit ihm kann man ~e stehlen*** avec lui j'irais *bzw* on irait jusqu'au bout du monde; F *fig* ***das beste ~ im Stall*** le meilleur élément; **2** *Turngerät* cheval *m* d'arçons
'**Pferdeapfel** *m* crottin *m* de cheval
'**Pferdefuß** *m fig* ***die Sache hat e-n ~*** l'affaire présente un inconvénient; F il y a un os
'**Pferde|gebiss** F *n* dents *f/pl* de cheval; **~rasse** *f* race chevaline; **~rennbahn** *f* hippodrome *m*; turf *m*; **~rennen** *n* course *f* de chevaux; **~schwanz** *m* queue *f* de cheval (*a Frisur*); **~sport** *m* sports *m/pl* équestres; **~stall** *m* écurie *f*; **~stärke** *f* TECH cheval-vapeur *m*
pfiff [pfɪf] → ***pfeifen***
Pfiff *m* ⟨~(e)s; ~e⟩ **1** (*Pfeifen*) sifflement *m*; *auf e-r Pfeife* coup *m* de sifflet; **2** F (*Reiz*) chic *m*; pep *m*; ***mit ~*** avec un petit je-ne-sais-quoi
Pfifferling ['pfɪfərlɪŋ] *m* ⟨~s; ~e⟩ chanterelle *f*; girolle *f*; F ***das ist keinen ~ wert*** F cela ne vaut pas un clou
'**pfiffig** *adj* astucieux; futé; malin
Pfingsten ['pfɪŋstən] *n* ⟨~; ~⟩ *od pl* la Pentecôte; ***an*** *od* ***zu ~*** à la Pentecôte
'**Pfingst|'montag** *m* lundi *m* de Pentecôte; **~rose** *f* pivoine *f*; '**~'sonntag** *m* dimanche *m* de Pentecôte; la Pentecôte
Pfirsich ['pfɪrzɪç] *m* ⟨~s; ~e⟩ pêche *f*; **~baum** *m* pêcher *m*
Pflanze ['pflantsə] *f* ⟨~; ~n⟩ plante *f*
'**pflanzen** *v/t* ⟨-(e)s⟩ planter (***in*** [+ *acc*] dans)
'**Pflanzen|fett** *n* graisse végétale; **~fresser** *m sc* herbivore *m*; **~kunde** *f* botanique *f*; **~öl** *n* huile végétale; **~schutzmittel** *n* insecticide *m*; pesticide *m*; produit *m* phytosanitaire
'**pflanzlich** *adj* végétal
'**Pflanzung** *f* ⟨~; ~en⟩ plantation *f*
Pflaster ['pflastər] *n* ⟨~s; ~⟩ **1** → ***Heftpflaster***; **2** (*Straßen*≗) pavé *m*; F *fig* ***Paris ist ein teures ~*** la vie est chère à Paris
'**pflastern** *v/t* paver
'**Pflasterstein** *m* pavé *m*
Pflaume ['pflaumə] *f* ⟨~; ~n⟩ **1** prune *f*; ***getrocknete ~*** pruneau *m*; **2** (*Versager*) F *péj* F nouille *f*
'**Pflaumen|baum** *m* prunier *m*; **~kuchen** *m* tarte *f* aux prunes; **~mus** *n* marmelade *f* de prunes
Pflege ['pfleːgə] *f* ⟨~; ~n⟩ *e-r Person, des Körpers* soins *m/pl*; (*Unterhaltung*) entretien *m*; maintenance *f*; ***in ~ nehmen*** se charger de; *Kind a* prendre en nourrice
'**pflege|bedürftig** *adj* qui exige, réclame des soins; *Person a* dépendant; **≗eltern** *pl* parents nourriciers; **≗fall** *m* personne dépendante *bzw* grabataire; **≗geld** *n* prestation *f* dépendance;

2heim *n* (*Alten2*) maison de retraite médicalisée; hospice *m*; **2kind** *n* enfant *m* en nourrice, en garde; **~leicht** *adj* d'entretien facile

'pflegen I *v/t* **1** soigner; donner des soins à; (*unterhalten*) entretenir; **2** *Künste, Freundschaft* cultiver; **3** ***etw zu tun ~*** avoir l'habitude, avoir coutume de faire qc; **II** *v/r* ***sich ~*** se soigner

'Pflegepersonal *n* personnel soignant

'Pfleger(in) *m* ⟨~s; ~⟩ (*f*) ⟨~; ~nen⟩ garde-malade *m,f*; infirmier, -ière *m,f*

'Pflegeversicherung *f* assurance-dépendance *f*

'pfleglich *adj* soigneux

Pflicht [pflɪçt] *f* ⟨~; ~en⟩ **1** devoir *m*; obligation *f*; ***es ist meine ~, zu*** (+ *inf*) il est de mon devoir de (+ *inf*); **2** SPORT exercices imposés; *beim Eiskunstlauf* figures imposées

'pflicht|bewusst *adj* conscient de son devoir; **2bewusstsein** *n* sens *m*, conscience *f* du devoir; **2erfüllung** *f* accomplissement *m* de son devoir; **2fach** *n* matière *f* obligatoire; **2gefühl** *n* sens *m* du devoir; **~gemäß** *adj* conforme au devoir; comme le devoir l'exige; **2übung** *f* **1** SPORT exercice imposé; **2** *fig* obligation *f*; **2versicherung** *f* assurance *f* obligatoire

Pflock [pflɔk] *m* ⟨~(e)s; ~e⟩ piquet *m*

pflücken ['pflʏkən] *v/t* cueillir

Pflug [pfluːk] *m* ⟨~(e)s; ~e⟩ charrue *f*

pflügen ['pflyːgən] *v/t* labourer (*a abs*)

Pforte ['pfɔrtə] *f* ⟨~; ~n⟩ porte *f* (*a fig*)

Pförtner ['pfœrtnər] *m* ⟨~s; ~⟩ concierge *m*; portier *m*; **~haus** *n*, **~loge** *f* loge *f* de concierge

Pfosten ['pfɔstən] *m* ⟨~s; ~⟩ poteau *m* (*a* SPORT); (*Tür2*) jambage *m*

Pfote ['pfoːtə] *f* ⟨~; ~n⟩ patte *f* (*a* F *fig*)

Pfropf [pfrɔpf] *m* ⟨~(e)s; ~e⟩ bouchon *m*; (*Blut2*) caillot *m*

'pfropfen *v/t* **1** F (*hineinstopfen*) fourrer, bourrer (***in*** [+ *acc*] dans); ***gepfropft voll*** bondé; **2** *Baum* greffer

'Pfropfen *m* ⟨~s; ~⟩ bouchon *m*

Pfründe ['pfrʏndə] *f* ⟨~; ~n⟩ prébende *f*; *fig* sinécure *f*

pfui [pfui] *int* **~** (F ***Teufel*** *od* ***Spinne***)! pouah!; be(u)rk!; ***~ rufen*** 'huer

Pfund [pfʊnt] *n* ⟨~(e)s; ~e, *mais* 3 ~⟩ **1** *Gewicht* livre *f*; demi-kilo *m*; **2** *Währung* livre *f*

'pfundweise *adv* à la livre; par livres

Pfusch [pfʊʃ] F *m* ⟨~(e)s⟩ **1** bâclage *m*; F bousillage *m*; travail bâclé; **2** *österr* (*Schwarzarbeit*) travail *m* (au) noir

'pfuschen F *v/i* F bâcler; F bousiller

'Pfusche|r F *m* ⟨~s; ~⟩ F bousilleur *m*; **~'rei** F *f* ⟨~; ~en⟩ bâclage *m*; F bousillage *m*

Pfütze ['pfʏtsə] *f* ⟨~; ~n⟩ flaque *f* (d'eau); *größere* mare *f*

Phäno|men [fɛno'meːn] *n* ⟨~s; ~e⟩ phénomène *m*; **2me'nal** *adj* phénoménal

Phantasie [fanta'ziː] *usw* → ***Fantasie*** *usw*

Phantom [fan'toːm] *n* ⟨~s; ~e⟩ (*Trugbild*) chimère *f*; vision *f*; (*Gespenst*) fantôme *m*; **~bild** *n* portrait *m* robot

Pharisäer [fari'zɛːər] *m* ⟨~s; ~⟩ BIBL, *fig* pharisien *m*

Pharma|industrie ['farmaˀ-] *f* industrie *f* pharmaceutique; **~kologie** [-kolo'giː] *f* ⟨~⟩ pharmacologie *f*; **2zeutisch** [-'tsɔʏtɪʃ] *adj* pharmaceutique; **~zie** [-'tsiː] *f* ⟨~⟩ pharmacie *f*

Phase ['faːzə] *f* ⟨~; ~n⟩ phase *f*; *fig a* stade *m*; degré *m*

Philate|lie [filate'liː] *f* ⟨~⟩ philatélie *f*; **~'list** *m* ⟨~en; ~en⟩ philatéliste *m*

Philharmonie [filharmo'niː] *f* philharmonie *f*; *Gebäude* salle *f* de concert (de l'orchestre philharmonique)

Philhar'moniker *m* ⟨~s; ~⟩ membre *m* d'un orchestre philharmonique

Philippinen [filɪ'piːnən] *pl* ***die ~*** les Philippines *f/pl*

Philolo|ge [filo'loːgə] *m* ⟨~n; ~n⟩, **~gin** *f* ⟨~; ~nen⟩ philologue *m,f*; **~'gie** *f* ⟨~⟩ philologie *f*; **2gisch** *adj* philologique

Philoso|ph(in) [filo'zoːf(ɪn)] *m* ⟨~en; ~en⟩ (*f*) ⟨~; ~nen⟩ philosophe *m,f*; **~'phie** *f* ⟨~; ~n⟩ philosophie *f*

philoso'phieren *v/i* ⟨*sans ge*⟩ philosopher (***über*** [+ *acc*] sur)

philo'sophisch *adj* philosophique

phlegmatisch [flɛg'maːtɪʃ] *adj* flegmatique

Phon [foːn] *n* ⟨~s; ~s, *mais* 50 ~⟩ PHYS phone *m*

Phone|tik [fo'neːtɪk] *f* ⟨~⟩ phonétique *f*; **2tisch** *adj* phonétique

Phosphat [fɔs'faːt] *n* ⟨~(e)s; ~e⟩ phosphate *m*; **2frei** *adj* sans phosphate; **2haltig** *adj* phosphaté

Phosphor ['fɔsfɔr] *m* ⟨~s⟩ phosphore *m*

P

Photo ['fo:to] → ***Foto***; **~zelle** *f* cellule *f* photo-électrique
Phrase ['fra:zə] *f* ⟨~; ~n⟩ phrase *f*; F ***~n dreschen*** faire des phrases
pH-Wert [pe:'ha:ve:rt] *m* CHIM pH *m*
Physik [fy'zi:k] *f* ⟨~⟩ physique *f*
physi'kalisch *adj* physique
'Physiker(in) *m* ⟨~s; ~⟩ (*f*) ⟨~; ~nen⟩ physicien, -ienne *m,f*
Physio|logie [fyziolo'gi:] *f* ⟨~⟩ physiologie *f*; **2'logisch** *adj* physiologique
physisch ['fy:zɪʃ] *adj* physique
Pia'nist(in) *m* ⟨~en; ~en⟩ (*f*) ⟨~; ~nen⟩ pianiste *m,f*
piano [pi'a:no] *adv* MUS piano
Pi'ano *n* ⟨~s; ~s *ou* -ni⟩ MUS piano *m*
picheln ['pɪçəln] F *v/i* ⟨¢⟩ F picoler
Pickel ['pɪkəl] *m* ⟨~s; ~⟩ **1** (*Spitzhacke*) pioche *f*; pic *m*; (*Eis*2) piolet *m*; **2** MÉD (petit) bouton; pustule *f*
'pick(e)lig *adj* boutonneux
'picken *v/t u v/i* **1** donner des coups de bec(à); picorer; picoter; **2** F *österr* coller
Picknick ['pɪknɪk] *n* ⟨~s; ~s *ou* ~e⟩ pique-nique *m*; **2en** *v/i* pique-niquer
piek|en ['pi:kən] F *v/t u v/i* piquer; **'~'fein** F *adj* F chic; tiré à quatre épingles; F bien sapé
piep [pi:p] *int* **~, ~!** cui-cui!
Piep *m* F ***keinen ~ sagen*** F ne pas ouvrir le bec; F ne pas moufter
piepe ['pi:pə], **'piepe'gal** *adj* F ***das ist mir ~*** F je m'en balance; F je m'en fiche
'piepen *v/i Küken* piauler; piailler; *kleine Vögel* pépier; F ***bei dir piepts wohl?*** F ça ne va pas la tête!; t'es pas un peu malade!
piepsen ['pi:psən] *v/i* ⟨¢$⟩ **1** *Maus* chicoter; *Person* parler d'une petite voix grêle; **2** → ***piepen***
'Piepser F *m* ⟨~s; ~⟩ (*Kleinempfänger*) F bip-bip *m*
'piepsig F *adj* ***~e Stimme*** petite voix grêle, aiguë
Pier [pi:r] *m* ⟨~s; ~e *ou* ~s⟩ *od f* ⟨~; ~s⟩ MAR môle *m*; appontement *m*
Piercing ['pi:rsɪŋ] *n* ⟨~s; ~s⟩ piercing *m*
piesacken ['pi:zakən] F *v/t* F asticoter
Pietät [pie'tɛ:t] *f* ⟨~⟩ respect *m*; piété *f*; **2los** *adj* sans respect
Pigment [pɪ'gmɛnt] *n* ⟨~¢s; ~e⟩ pigment *m*
Pik[1] [pi:k] *n* ⟨~$; ~$⟩ *Spielkartenfarbe* pique *m*
Pik[2] *m* ⟨~$; ~$⟩ F ***e-n ~ auf j-n haben*** avoir une dent contre qn
pikant [pi'kant] *adj* épicé; piquant (*a fig*); (*frivol*) salé
Pike ['pi:kə] *f* ⟨~; ~n⟩ pique *f*; ***von der ~ auf lernen*** commencer en bas de l'échelle
'piken F *v/t u v/i* piquer
pi'kiert *adjt* offusqué, vexé (***über etw*** [*acc*] par qc)
Pikkolo ['pɪkolo] F *m* ⟨~s; ~s⟩ *Sekt* mini-bouteille *f* de mousseux; **~flöte** *f* piccolo *m*
Piktogramm [pɪkto'gram] *n* ⟨~s; ~e⟩ pictogramme *m*
Pilger|(in) ['pɪlgər(ɪn)] *m* ⟨~s; ~⟩ (*f*) ⟨~; ~nen⟩ pèlerin *m*, femme *f* pèlerin; **~fahrt** *f* pèlerinage *m*
'pilgern *v/i* ⟨sn⟩ **1** aller en, faire un pèlerinage; ***nach ... ~*** faire le pèlerinage de ...; **2** F *fig* marcher
Pille ['pɪlə] *f* ⟨~; ~n⟩ pilule *f*; *fig* ***das war e-e bittere ~ für ihn*** il a dû avaler la pilule
Pilot(in) [pi'lo:t(ɪn)] *m* ⟨~en; ~en⟩ (*f*) ⟨~; ~nen⟩ pilote *m*, femme *f* pilote; aviateur, -trice *m,f*
Pi'lotprojekt *n* projet-pilote *m*
Pils [pɪls] *n* ⟨~; ~⟩ pils *f*
Pilz [pɪlts] *m* ⟨~es; ~e⟩ **1** champignon *m*; ***wie ~e aus der Erde schießen*** pousser comme des champignons; **2** F (*~infektion*) mycose *f*
'Pilzvergiftung *f* empoisonnement *m*, intoxication *f* par les champignons
Pimmel ['pɪməl] P *m* ⟨~s; ~⟩ P bit(t)e *f*; P queue *f*
pingelig ['pɪŋəlɪç] F *adj* F pinailleur
Pingpong ['pɪŋpɔŋ] *n* ⟨~s⟩ ping-pong *m*
Pinguin ['pɪŋgui:n] *m* ⟨~s; ~e⟩ pingouin *m*
Pinie ['pi:niə] *f* ⟨~; ~n⟩ pin *m* pignon, parasol
'pinkeln F *v/i* ⟨¢⟩ F faire pipi
'Pinnwand *f* panneau *m* d'affichage (en liège, *etc*)
Pinscher ['pɪnʃər] *m* ⟨~s; ~⟩ pinscher *m*
Pinsel ['pɪnzəl] *m* ⟨~s; ~⟩ pinceau *m*; (*Anstreicher*2) brosse *f*
'pinseln *v/t* ⟨¢⟩ peindre
Pinzette [pɪn'tsɛtə] *f* ⟨~; ~n⟩ pince *f*
Pionier [pio'ni:r] *m* ⟨~s; ~e⟩ MIL soldat *m* du génie; sapeur *m*; *fig* pionnier *m*

Pipeline ['paɪplaɪn] *f* ⟨~; ~s⟩ pipe-line *od* pipeline *m*
Pipi [pi'piː] *enf n* ⟨~s⟩ pipi *m*; ***~ machen*** faire pipi
Pirat [pi'raːt] *m* ⟨~en; ~en⟩ pirate *m*
Pi'ratensender *m* radio-pirate *f*
Pirate'rie *f* ⟨~; ~n⟩ piraterie *f* (*a* COMM)
Pirsch [pɪrʃ] *f* ⟨~⟩ chasse *f* (à l'approche); ***auf die ~ gehen*** aller chasser
Pisse ['pɪsə] P *f* ⟨~⟩ P pisse *f*
'pissen P *v/i* ⟨¢s⟩ P pisser
Pissoir [pɪs'vaːr] *n* ⟨~s; ~e *ou* ~s⟩ urinoir *m*
Pistazie [pɪs'taːtsiə] *f* ⟨~; ~n⟩ pistache *f*
Piste ['pɪstə] *f* ⟨~; ~n⟩ piste *f*
Pistole [pɪs'toːlə] *f* ⟨~; ~n⟩ pistolet *m*; *fig* ***j-m die ~ auf die Brust setzen*** mettre le couteau sur, sous la gorge à qn; ***wie aus der ~ geschossen*** sans hésitation
Pitbull ['pɪtbul] *m* ⟨~s; ~s⟩ ZO pitbull *m*
pitschnass ['pɪtʃ'nas] F *adj* F trempé (comme une soupe)
Pizza ['pɪtsa] *f* ⟨~; ~s *ou* Pizzen⟩ pizza *f*
Pizzeria [pɪtse'riːa] *f* ⟨~; ~s *ou* -ien⟩ pizzeria *f*
Pkw, PKW ['peːkaːveː] *m* ⟨~$; ~$⟩ *abr* (*Personenkraftwagen*) voiture *f* de tourisme
plä'dieren *v/i* ⟨*sans ge*⟩ JUR plaider (une cause) (*a fig*; ***für*** pour; ***gegen*** contre)
Plädoyer [plɛdva'jeː] *n* ⟨~s; ~s⟩ JUR plaidoirie *f*; plaidoyer *m* (*a fig*); *des Staatsanwalts* réquisitoire *m*
Plage ['plaːgə] *f* ⟨~; ~n⟩ **1** tourment *m*; peine *f*; **2** (*Land*♀) fléau *m*
'plagen I *v/t* tourmenter; tracasser; **II** *v/r* ***sich*** (***mit etw***) **~** peiner (sur qc); F s'esquinter (à faire qc)
Plagiat [plagi'aːt] *n* ⟨~¢s; ~e⟩ plagiat *m*
Plakat [pla'kaːt] *n* ⟨~¢s; ~e⟩ affiche *f*; ***~e*** (***an***)***kleben*** coller, poser des affiches
plaka'tiv *adj* (*wie ein Plakat wirkend*) comme (sur) une affiche; (*einprägsam*) voyant
Plakette [pla'kɛtə] *f* ⟨~; ~n⟩ plaquette *f*; (*Abzeichen*) badge *m*; insigne *m*
Plan [plaːn] *m* ⟨~¢s; ~̈e⟩ plan *m*; (*Absicht*) dessein *m*; (*Vorhaben*) *a* projet *m*; (*Fahr*♀) horaire *m*; ***alles läuft nach ~*** tout se déroule comme prévu; ***j-n auf den ~ rufen*** provoquer l'intervention de qn

Plane ['plaːnə] *f* ⟨~; ~n⟩ bâche *f*
'planen *v/t abs* faire des projets; *Reise, Arbeit* projeter; ÉCON planifier; (*vorsehen*) prévoir; ***wie geplant*** comme prévu
Plane|t [pla'neːt] *m* ⟨~en; ~en⟩ planète *f*; **~'tarium** *n* ⟨~s; -ien⟩ planétarium *m*
pla'nier|en *v/t* ⟨*sans ge*⟩ aplanir; égaliser; niveler; **♀raupe** *f* bulldozer *m*
Planke ['plankə] *f* ⟨~; ~n⟩ planche *f*
Plänkelei [plɛŋkə'laɪ] *f* ⟨~; ~en⟩ escarmouche *f* (*a fig*)
Plankton ['plaŋktɔn] *n* ⟨~s⟩ plancton *m*
'plan|los *adj u adv* sans méthode; (*aufs Geratewohl*) au hasard; **~mäßig** *adj u adv* comme prévu; méthodique(ment); *Abfahrt, Ankunft* prévu; *Zug* régulier; **♀quadrat** *n* carré *m* du plan directeur
Planschbecken ['planʃ-] *n* pataugeoire *f*
'planschen F *v/i* barboter
Plantage [plan'taːʒə] *f* ⟨~; ~n⟩ plantation *f*
'Planung *f* ⟨~; ~en⟩ planification *f*; programmation *f*; plan *m*
'Planwirtschaft *f* économie dirigée, planifiée
plappern ['plapərn] F *v/t u v/i* babiller; *péj* jacasser
plärren ['plɛrən] F *v/i* F brailler; *Kind* F piailler
Plasma ['plasma] *n* ⟨~s; -men⟩ plasma *m*
Plastik[1] ['plastɪk] *f* ⟨~; ~en⟩ **1** *Kunst* plastique *f*; **2** *Werk* sculpture *f*
'Plastik[2] *n* ⟨~s⟩ (matière *f*) plastique *m*; **~beutel** *m* → ***Plastiktüte***; **~bombe** *f* (bombe *f* au) plastic *m*; **~flasche** *f* bouteille *f* en plastique; **~geld** *n* monnaie *f* électronique; **~tasche** *f*, **~tüte** *f* sac *m*, sachet *m* de, en plastique
'plastisch *adj* **1** plastique; *Film* en relief; **2** *fig* qui a du relief
Platane [pla'taːnə] *f* ⟨~; ~n⟩ platane *m*
Platin ['plaːtiːn] *n* ⟨~s⟩ platine *m*
platonisch [pla'toːnɪʃ] *adj* **1** de Platon; **2** *fig Liebe* platonique
platsch [platʃ] *int* plouf!
'platschen *v/i* **1** faire plouf; claquer; **2** ⟨+ *indication de direction* sn⟩ battre, fouetter (***an, auf, gegen etw*** [*acc*] qc)
plätschern ['plɛtʃərn] *v/i* gargouiller; *kleine Wellen* clapoter; (*planschen*) barboter

P

platt [plat] *adj* **1** (*flach*) plat; *Reifen* à plat; F ***e-n* ≈*en haben*** avoir un pneu à plat, crevé; F avoir crevé; **2** (*geistlos*) plat; banal; **3** F *vor Staunen* ébahi; F épaté; F sidéré

Platt *n* ⟨~*s*⟩ bas allemand; **≈deutsch** *adj* bas allemand

'Platte *f* ⟨~; ~n⟩ **1** *aus Metall, Glas* plaque *f*; *aus Stein* dalle *f*; carreau *m*; *aus Blech* lame *f*; **2** *zum Servieren* plat *m*; ***kalte*** **~** plat de viande froide, de charcuterie; assiette anglaise; **3** (*Schall*≈) disque *m*; **4** (*Druck*≈) planche *f* (d'imprimerie); **5** (*Tisch*≈) dessus *m* (de table); **6** (*Koch*≈) plaque *f* (électrique); **7** F (*Glatze*) calvitie *f*; **~nspieler** *m* tourne-disque *m*; platine *f* (tourne-disque)

'Platt|form *f* plate-forme *f* (*a fig*); **~fuß** *m* **1** pied plat; **2** F *fig am Reifen* crevaison *f*; pneu à plat, crevé

Platz [plats] *m* ⟨~es; ~e⟩ **1** (*Sitz*≈) place *f*; **~ *nehmen*** prendre place; s'asseoir; **2** (*Sport*≈) terrain *m* (de sport); (*Tennis*≈) court *m*; ***vom* ~ *stellen*** expulser; **3** *in e-r Stadt* place *f*; *runder* rond-point *m*; **4** (*Ort*) endroit *m*; lieu *m*; (*Stelle*) emplacement *m*; **(*nicht*) *an s-m* ~ *sein*** (ne pas) être à sa place; *fig* ***fehl am ~e sein*** être déplacé; **5** (*Stellung*) place *f*; poste *m*; ***den zweiten* ~ *belegen*** prendre, obtenir la deuxième place; **6** (*Raum*) place *f*; espace *m*; ***j-m* ~ *machen*** faire place à qn; **~ *raubend*** encombrant; **~ *sparend*** peu encombrant

'Platz|angst *f* **1** F claustrophobie *f*; **2** PSYCH agoraphobie *f*; **~anweiser(in)** *m* ⟨~s; ~⟩ (*f*) ⟨~; ~nen⟩ placeur *m*; ouvreuse *f*

Plätzchen ['plɛtsçən] *n* ⟨~s; ~⟩ *Gebäck* gâteau sec; biscuit *m*

platzen ['platsən] *v/i* ⟨*¢$*, sn⟩ **1** crever; *mit Getöse* éclater (*a Reifen*); exploser; **2** F *fig Vorhaben* tomber à l'eau; F avorter; **3** ***vor Neugier*** **~** F mourir de curiosité; ***vor Wut*** **~** exploser (de colère)

platzieren [pla'tsi:rən] ⟨*sans ge*⟩ **I** *v/t* placer; **II** *v/r* SPORT ***sich* ~ *als …*** se classer …

Plat'zierung *f* ⟨~; ~en⟩ classement *m*

'Platz|karte *f* billet *m* de réservation, de location; **~konzert** *n* concert *m* en plein air; **~mangel** *m* manque *m* de place, d'espace; **~patrone** *f* cartouche *f* à blanc; **~regen** *m* averse *f*; ondée *f*; **~verweis** *m* SPORT expulsion *f*; **~wunde** *f* plaie (ouverte); déchirure *f*

Plauderei [plaudə'raɪ] *f* ⟨~; ~en⟩ causerie *f*

'plaudern *v/i* causer; bavarder

plausibel [plauzi:bəl] *adj* ⟨-bl-⟩ plausible; vraisemblable; ***j-m etw* ~ *machen*** faire comprendre qc à qn

Play-back ['ple:bɛk] *n* ⟨~s; ~s⟩ play-back *m*

Playboy ['ple:bɔɪ] *m* play-boy *m*

pleite ['plaɪtə] F *adj* en faillite; **~ *sein*** être en faillite; *fig* ***ich bin*** **~** (*habe kein Geld mehr*) F je suis fauché, à sec

'Pleite F *f* ⟨~; ~n⟩ **1** FIN faillite *f*; banqueroute *f*; F déconfiture *f*; **~ *gehen, machen*** faire faillite, banqueroute; **2** *fig* échec *m*; F bide *m*

plemplem [plɛm'plɛm] F *adj* F zinzin; F cinglé

Plenarsaal [ple'na:r-] *m* (grande) salle de réunion

Plenum ['ple:num] *n* ⟨~s⟩ assemblée plénière; plénum *m*

Pleuelstange ['plɔʏəl-] *f* bielle *f*

Plissee [plɪ'se:] *n* ⟨~s; ~s⟩ plissé *m*; **~rock** *m* jupe plissée

PLO [pe:ˀəlˈˀo:] *f* ⟨~⟩ *abr* (*Palestine Liberation Organization*) O.L.P. *f*

Plom|be ['plɔmbə] *f* ⟨~; ~n⟩ **1** (*Bleisiegel*) plomb *m*; **2** (*Zahnfüllung*) plombage *m*; obturation *f*; **≈'bieren** *v/t* ⟨*sans ge*⟩ plomber; *Zahn a* obturer

plötzlich ['plœtslɪç] **I** *adj* subit; soudain; (*unerwartet*) imprévu; inattendu; **II** *adv* subitement; soudain; tout à coup

plump [plump] *adj* **1** (*dick*), *Lüge, Fälschung* grossier; **2** (*schwerfällig*) lourd; balourd; pesant; **3** (*ungeschickt*) maladroit; **'≈heit** *f* ⟨~; ~en⟩ grossièreté *f*; lourdeur *f*; balourdise *f*; maladresse *f*

plumps [plumps] *int auf den Boden* pouf!; *ins Wasser* plouf!; ploc!; floc!

'plumpsen F *v/i* ⟨*¢$*, sn⟩ *auf den Boden* faire pouf; *ins Wasser* faire plouf

Plunder ['plundər] F *m* ⟨~s⟩ F vieilleries *f/pl*; bazar *m*

Plünd(e)rer ['plʏnd(ə)rər] *m* ⟨~s; ~⟩ pillard *m*; pilleur *m*; *bes* MIL maraudeur *m*

'Plundergebäck *n variété de pâtisserie feuilletée*

'plünder|n *v/t* piller; dépouiller; *Stadt* saccager; mettre à sac; **≈ung** *f* ⟨~;

P

~en⟩ pillage *m*; (mise *f* à) sac *m*; saccage *m*
Plural ['plu:ra:l] *m* ⟨~s; ~e⟩ pluriel *m*
plus [plʊs] *adv* plus
Plus *n* ⟨~⟩ **1** (*Überschuss*) surplus *m*; excédent *m*; **2** MATH plus *m*; **3** *fig* (*Vorteil*) avantage *m*; plus *m*
Plüsch [ply:ʃ *ou* plʏʃ] *m* ⟨~¢s; ~e⟩ peluche *f*; '**~tier** *n* animal *m* en peluche
'**Plus|pol** *m* pôle positif; **~punkt** *m* bon point
Plusquamperfekt ['pluskvampɛrfɛkt] *n* GR plus-que-parfait *m*
'**Pluszeichen** *n* signe *m* plus
Pluto ['plu:to] ⟨~⟩ ASTR (***der***) ~ Pluton
Plutonium [plu'to:niʊm] *n* ⟨~s⟩ plutonium *m*
PLZ *abr* (*Postleitzahl*) code postal
Pneu [pnɔʏ] *m* ⟨~s; ~s⟩ *bes schweiz* pneu *m*
Po [po:] F *m* ⟨~s; ~s⟩ derrière *m*; F postérieur *m*
Pöbel ['pø:bəl] *m* ⟨~s⟩ *péj* populace *f*
pochen ['pɔxən] *st/s v/i* **1** (*klopfen*) frapper (***an*** [+ *acc*], ***gegen*** à, contre); *Herz* battre; palpiter; **2** *fig* ***auf etw*** (*acc*) ~ faire valoir qc
'**Pocken** *pl* variole *f*; **~schutzimpfung** *f* vaccination *f* antivariolique
Podest [po'dɛst] *m od n* ⟨~¢s; ~e⟩ **1** (*Podium*) estrade *f*; **2** (*Treppenabsatz*) palier *m*
Podium ['po:diʊm] *n* ⟨~s; -ien⟩ estrade *f*; (*Redner*♀) tribune *f*; **~sdiskussion** *f* débat *m* en public
Poesie [poe'zi:] *f* ⟨~; ~n⟩ poésie *f*; **~album** *n* album *m* de poésies
Poet [po'e:t] *st/s, plais m* ⟨~en; ~en⟩ poète *m*; ♀**isch** *adj* poétique
Pointe [po'ɛ̃:tə] *f* ⟨~; ~n⟩ bon mot, trait *m* de la fin
Pokal [po'ka:l] *m* ⟨~s; ~e⟩ coupe *f*; **~finale** *n* finale *f* de la coupe; **~spiel** *n* match *m* de coupe
Pökelfleisch ['pø:kəl-] *n* viande salée
'**pökeln** *v/t* ⟨¢⟩ saler
Poker ['po:kər] *n od m* ⟨~s⟩ poker *m* (*a fig*)
'**pokern** *v/i* jouer au poker
Pol [po:l] *m* ⟨~s; ~e⟩ pôle *m*; *fig* ***der ruhende*** ~ la source d'équilibre
po'lar *adj* polaire
Po'larkreis *m* cercle *m* polaire; ***nördlicher, südlicher*** ~ cercle polaire arctique, antarctique
Po'lar|licht *n* aurore *f* polaire; **~meer** *n* océan glacial; **~stern** *m* Étoile *f* polaire
Pole ['po:lə] *m* ⟨~n; ~n⟩ Polonais *m*
Polem|ik [po'le:mɪk] *f* ⟨~; ~en⟩ polémique *f*; ♀**isch** *adj* polémique
polemi'sieren *v/i* ⟨*sans ge*⟩ polémiquer (***gegen j-n*** contre qn)
'**Polen** *n* ⟨~s⟩ la Pologne
Police [po'li:sə] *f* ⟨~; ~n⟩ police *f* (d'assurance)
Polier [po'li:r] *m* ⟨~s; ~e⟩ contremaître *m*
po'lieren *v/t* ⟨*sans ge*⟩ *Möbel* faire briller, reluire; *Metalle* fourbir
Poliklinik ['po:likli:nɪk] *f* policlinique *f*
'**Polin** *f* ⟨~; ~nen⟩ Polonaise *f*
Politesse [poli'tɛsə] *f* ⟨~; ~n⟩ contractuelle *f*
Politik [poli'ti:k] *f* ⟨~; ~en⟩ politique *f*
Po'litiker(in) *m* ⟨~s; ~⟩ (*f*) ⟨~; ~nen⟩ homme *m*, femme *f* politique
po'litisch I *adj* politique; **II** *adv* ~ ***korrekt*** politiquement correct
politi'sieren ⟨*sans ge*⟩ **I** *v/t* politiser; **II** *v/i* parler politique
Politur [poli'tu:r] *f* ⟨~; ~en⟩ **1** (*Glanz*) poli *m*; (*Schutzschicht*) vernis *m*; **2** *Mittel* vernis *m*; enduit *m*
Polizei [poli'tsaɪ] *f* ⟨~; ~en⟩ police *f*; → *Info bei* ***Notrufnummer***; **~auto** *n* voiture *f* de police; **~beamte(r)** *m* fonctionnaire *m* de (la) police; policier *m*; **~gewahrsam** *m* garde *f* à vue; **~hund** *m* chien policier; **~kontrolle** *f* contrôle *m* de (la) police
poli'zeilich I *adj* de (la) police; policier; **II** *adv* par la police
Poli'zei|präsident *m* préfet *m* de police; **~präsidium** *n* préfecture *f* de police; **~revier** *n* commissariat *m* de police, de quartier; **~schutz** *m* protection policière; **~streife** *f* patrouille *f* de police; **~stunde** *f* heure *f* de fermeture (des cafés, des restaurants, *etc*); **~wache** *f* poste *m* de police
Polizist(in) [poli'tsɪst(ɪn)] *m* ⟨~en; ~en⟩ (*f*) ⟨~; ~nen⟩ agent *m* de police; gardien *m* de la paix
Pollen ['pɔlən] *m* ⟨~s; ~⟩ BOT pollen *m*
polnisch ['pɔlnɪʃ] *adj* polonais
Polo ['po:lo] *n* ⟨~s⟩ SPORT polo *m*; **~hemd** *n* polo *m*
Polster ['pɔlstər] *n* ⟨~s; ~⟩ **1** (*~ung*)

P

rembourrage *m*; capitonnage *m*; **2** (*~auflage*) garniture *f*; (*Kissen*) coussin *m*; **3** *fig* réserves *f/pl*; **~möbel** *n/pl* meubles capitonnés
'polstern *v/t* rembourrer; capitonner
'Polstersessel *m* siège rembourré, capitonné
'Polsterung *f* ⟨~; ~en⟩ **1** rembourrage *m*; capitonnage *m*; **2** *Auflage* coussin *m*
Polterabend ['pɔltər-] *m joyeuse fête où l'on casse de la vaisselle à la veille des noces*
'poltern *v/i Sache* faire du bruit (en tombant, en roulant); *Person* faire du tapage
Polyester [poly'ˀɛstər] *m* ⟨~s; ~⟩ polyester *m*
Polygamie [polyga'mi:] *f* ⟨~⟩ polygamie *f*
Polynes|ien [poly'ne:ziən] *n* ⟨~s⟩ la Polynésie; **~ier(in)** *m* ⟨~s; ~⟩ (*f*) ⟨~; ~nen⟩ Polynésien, -ienne *m,f*; **♀isch** *adj* polynésien
Polyp [po'ly:p] *m* ⟨~en; ~en⟩ **1** ZO, MÉD polype *m*; **2** F (*Polizist*) F flic *m*
Poma|de [po'ma:də] *f* ⟨~; ~n⟩ pommade *f*; **♀dig** *adj* **1** *Haar* pommadé; brillantiné; **2** F *fig* (*träge*) flegmatique
Pommes frites [pɔm'frɪt] *pl* (pommes) frites *f/pl*
Pomp [pɔmp] *m* ⟨~(e)s⟩ pompe *f*; faste *m*
pompös [pɔm'pø:s] *adj* pompeux
Pony[1] ['pɔni] *n* ⟨~s; ~s⟩ ZO poney *m*
'Pony[2] *m* ⟨~s; ~s⟩ (coiffure *f* à) frange *f*
Pop [pɔp] *m* ⟨~(s)⟩ → ***Popmusik***
Popanz ['po:pants] *m* ⟨~es; ~e⟩ *péj* épouvantail *m*
Popcorn ['pɔpkɔrn] *n* ⟨~s⟩ pop-corn *m*
Popelinemantel [popə'li:n(ə)-] *m* manteau *m* en popeline
popeln ['po:pəln] F *v/i* ⟨-(e)-⟩ (***in der Nase***) ~ se fourrer les doigts dans le nez
'Pop|gruppe *f* groupe *m* pop; **~konzert** *n* concert *m* pop; **~musik** *f* musique *f* pop
Popo [po'po:] F *m* ⟨~s; ~s⟩ derrière *m*; F postérieur *m*
'Popstar *m* star *f* de la pop
populär [popu'lɛ:r] *adj* populaire
Populari'tät *f* ⟨~⟩ popularité *f*
Pore ['po:rə] *f* ⟨~; ~n⟩ pore *m*
Porno|film ['pɔrno-] *m* film *m* porno; **~gra'phie** *f* ⟨~⟩ pornographie *f*; **♀'graphisch** *adj* pornographique
porös [po'rø:s] *adj* poreux
Porree ['pɔre] *m* ⟨~s; ~s⟩ poireau *m*
Portal [pɔr'ta:l] *n* ⟨~s; ~e⟩ portail *m*
Portemonnaie [pɔrtmɔ'ne:] *n* ⟨~s; ~s⟩ porte-monnaie *m*
Portier [pɔrti'e:] *m* ⟨~s; ~s⟩ concierge *m*; portier *m*
Portion [pɔrtsi'o:n] *f* ⟨~; ~en⟩ portion *f*
Porto ['pɔrto] *n* ⟨~s; ~s *ou* -ti⟩ port *m*

⚠ **Porto**	≠	**porto**
das Porto	=	le port
le porto	=	der Portwein

'portofrei **I** *adj* franc de port; **II** *adv* franco (de port); port payé
Porträt [pɔ'trɛ:] *n* ⟨~s; ~s⟩ portrait *m*
porträ'tieren *v/t* ⟨*sans ge*⟩ faire le portrait de
Portugal ['pɔrtugal] *n* ⟨~s⟩ le Portugal
Portugies|e [pɔrtu'gi:zə] *m* ⟨~n; ~n⟩, **~in** *f* ⟨~; ~nen⟩ Portugais(e) *m(f)*; **♀isch** *adj* portugais
Portwein ['pɔrtvaɪn] *m* porto *m*
Porzellan [pɔrtsɛ'la:n] *n* ⟨~s; ~e⟩ porcelaine *f*
Posaun|e [po'zaʊnə] *f* ⟨~; ~n⟩ trombone *m*; **♀en** *v/i* ⟨*sans ge*⟩ jouer du trombone
Posau'nist *m* ⟨~en; ~en⟩ (joueur *m* de) trombone *m*
Pose ['po:zə] *f* ⟨~; ~n⟩ pose *f*
posieren *v/i* ⟨*sans ge*⟩ poser; prendre une pose
Position [pozitsi'o:n] *f* ⟨~; ~en⟩ **1** position *f*; *berufliche a* poste *m*; situation *f*; **2** COMM poste *m*
positio'nieren *v/t* ⟨*sans ge*⟩ positionner (*a* ÉCON)
positiv ['po:ziti:f] *adj* positif; (*bejahend*) *a* affirmatif
Positur [pozi'tu:r] *f* ⟨~; ~en⟩ posture *f*; pose *f*; ***sich in ~ setzen***, F ***werfen*** prendre la, une pose
Posse ['pɔsə] *f* ⟨~; ~n⟩ THÉ farce *f*; ***~n reißen*** faire de grosses farces
Possesivpronomen [pɔsɛ'si:f-] *n* GR (adjectif *m bzw* pronom *m*) possesif *m*
possierlich [pɔ'si:rlɪç] *adj* drôle
Post [pɔst] *f* ⟨~⟩ **1** poste *f*; (*~amt*) (bureau *m* de) poste *f*; **2** (*Postsendung*)

P

courrier *m*; ***elektronische ~*** courrier électronique

Auf der Post

der Briefkasten	**la boîte aux lettres**
die Briefmarke	**le timbre**
einen Brief aufgeben	**expédier une lettre**
einen Brief freimachen	**affranchir une lettre**
das Einschreiben	**la lettre recommandée**
das Fax	**le fax**
eine Nachricht faxen	**faxer un message**
mit Luftpost	**par avion**
das Päckchen	**le petit paquet**
das Paket	**le colis**
auf der Post	**à la poste**
die Postkarte	**la carte postale**
der Schalter	**le guichet**
der Stempel	**le cachet**
das Telefon	**le téléphone**
die Telefonkarte	**la télécarte**
die Telefonzelle	**la cabine téléphonique**

'Post|amt *n* (bureau *m* de) poste *f*; **~anweisung** *f* mandat postal; **~bank** *f* ⟨~⟩ service *m* bancaire de la poste; **~beamte(r)** *m*, **~beamtin** *f* employé(e) *m(f)* des postes; postier, -ière *m,f*; **~bote** *m*, **~botin** *f* facteur, -trice *m,f*; ADM préposé(e) *m(f)*; **~dienst** *m* service postal, des postes

'Posten *m* ⟨~s; ~⟩ **1** (*Stellung*) poste *m*; emploi *m*; **2** (*Waren*♀) lot *m*; (*Rechnungs*♀) poste *m*; **3** (*Wacht*♀) sentinelle *f*; ***~ stehen*** être en sentinelle, en faction; *fig* ***auf verlorenem ~ kämpfen, stehen*** défendre une position, cause perdue

Poster ['po:stər] *n od m* ⟨~s; ~$⟩ poster *m*

'Post|fach *n* boîte postale; **~giroamt** *n* service *m* de virement postal; **~girokonto** *n* compte courant postal

pos'tieren *v/t* (*u v/r*) ⟨*sans ge*⟩ (***sich ~*** se) poster

'Post|karte *f* carte postale; **~kutsche** *f* diligence *f*; **♀lagernd** *adjt u advt* poste restante; **~leitzahl** *f* code postal

'postmodern *adj* postmoderne

'Post|sendung *f* envoi postal; **~sparbuch** *n* livret *m* de caisse d'épargne postale; **~stempel** *m* cachet *m* de la poste

'postwendend *advt* **1** par retour du courrier; **2** *fig* tout de suite; immédiatement

'Post|wertzeichen *n* ADM timbre-poste *m*; **~wurfsendung** *f* envoi *m* en nombre; **~zustellung** *f* distribution *f* du courrier

potent [po'tɛnt] *adj* **1** *Liebhaber* viril; **2** (*finanzstark*) qui a de gros moyens

Poten|z [po'tɛnts] *f* ⟨~; ~en⟩ **1** MATH puissance *f*; **2** (*Manneskraft*) virilité *f*; puissance sexuelle; **~zi'al** *n* ⟨~s; ~e⟩ potentiel *m* (***an*** [+ *dat*] de); **♀zi'ell** *adj* PHYS potentiel; *fig* virtuel; **♀'zieren** *v/t* ⟨*sans ge*⟩ MATH élever à la nième puissance

Pracht [praxt] *f* ⟨~⟩ magnificence *f*; somptuosité *f*; splendeur *f*; **'~exemplar** F *n* superbe exemplaire *m*

prächtig ['prɛçtɪç] *adj* magnifique; somptueux; splendide; *Wetter* superbe; (*großartig*) F formidable

'Pracht|kerl F *m* F type épatant, formidable; **♀voll** → ***prächtig***

Prädikat [prɛdi'ka:t] *n* ⟨~¢s; ~e⟩ **1** GR verbe *m*; **2** (*Zensur*) mention *f*

prädika'tiv *adj* GR ***~es Adjektiv*** adjectif *m* attribut

Präfix [prɛ'fɪks] *n* ⟨~es; ~⟩ LING préfixe *m*

Prag [pra:k] *n* ⟨~s⟩ Prague

prägen ['prɛ:gən] *v/t* TECH estamper; TEXT, *Papier* gaufrer; *fig* donner son empreinte à; *Wort* créer; ***Münzen ~*** battre monnaie

prägn|ant [prɛ'gnant] *adj* (*treffend*) frappant; (*knapp*) concis; dense; **♀anz** *f* ⟨~⟩ concision *f*; densité *f*

'Prägung *f* ⟨~; ~en⟩ TECH estampage *m*; TEXT gaufrage *m*; *fig* empreinte *f*; *e-s Worts* création *f*

prähistorisch [prɛhɪs'to:rɪʃ] *adj* préhistorique

prahl|en ['pra:lən] *v/i* se vanter (***mit*** de); **♀erei** *f* ⟨~; ~en⟩ vantardise *f*; fanfaronnade *f*; **♀hans** F *m* ⟨~es; -hänse⟩ fri-

P

meur *m*; fanfaron *m*; F crâneur *m*
prakti|kabel [prakti'ka:bəl] *adj* ⟨-bl-⟩ praticable; **≈'kant(in)** *m* ⟨~en; ~en⟩ (*f*) ⟨~; ~nen⟩ stagiaire *m,f*
'Prakti|ken *f/pl* pratiques *f/pl*; **~kum** *n* ⟨~s; -ka⟩ stage *m*
'praktisch I *adj* pratique; ***~er Arzt*** généraliste *m*; omnipraticien *m*; **II** *adv* **1** pratiquement; dans la *od* en pratique; **2** *fig* (*quasi*) pratiquement; pour ainsi dire
prakti'zieren *v/t* ⟨*sans ge*⟩ pratiquer
Prälat [prɛ'la:t] *m* ⟨~en; ~en⟩ CATH prélat *m*
Praline [pra'li:nə] *f* ⟨~; ~n⟩ chocolat *m*; crotte *f* de, en chocolat
prall [pral] *adj* ferme et élastique; *Körperteile* rebondi; dodu; ***in der ~en Sonne*** en plein soleil
'prallen *v/i* ⟨sn⟩ cogner, 'heurter (***gegen, auf, an etw*** [*acc*] qc)
Prämie ['prɛ:miə] *f* ⟨~; ~n⟩ prix *m*; prime *f*
prä'mieren, prämi'ieren *v/t* ⟨*sans ge*⟩ accorder un prix, une prime à; *Aussteller* primer
prangen ['praŋən] *v/i* **1** (*auffallen*) attirer, *p/fort* accrocher le(s) regard(s); **2** *st/s* (*glänzen*) resplendir; briller d'un vif éclat
'Pranger *m* ⟨~s; ~⟩ pilori *m*; ***j-n an den ~ stellen*** mettre, clouer qn au pilori (*a fig*)
Pranke ['praŋkə] *f* ⟨~; ~n⟩ **1** ZO patte *f*; **2** F (*große Hand*) F grosse patte; F battoir *m*
P
Präpar|at [prɛpa'ra:t] *n* ⟨~(e)s; ~e⟩ préparation *f* (pharmaceutique); **≈ieren** *v/t* ⟨*sans ge*⟩ préparer
Präposition [prɛpozitsi'o:n] *f* ⟨~; ~en⟩ GR préposition *f*
Prärie [prɛ'ri:] *f* ⟨~; ~n⟩ prairie *f*
Präsens ['prɛ:zəns] *n* ⟨~; -'sentia *ou* -'senzien⟩ GR présent *m*
Prä'sen|t *n* ⟨~(e)s; ~e⟩ présent *m*; cadeau *m*; **≈'tieren** *v/t* (*u v/r*) ⟨*sans ge*⟩ (***sich ~*** se) présenter
Prä'senz *f* ⟨~⟩ présence *f*; **~dienst** *m österr* service *m* militaire
Präservativ [prɛzɛrva'ti:f] *n* ⟨~s; ~e⟩ préservatif *m*
Präsident|(in) [prɛzi'dɛnt(ɪn)] *m* ⟨~en; ~en⟩ (*f*) ⟨~; ~nen⟩ président(e) *m*(*f*); **~schaft** *f* ⟨~; ~en⟩ présidence *f*

Die Präsidenten der V. Republik (seit 1958)

Charles de Gaulle	1958 – 1969
Georges Pompidou	1969 – 1974
Valéry Giscard d'Estaing	1974 – 1981
François Mitterrand	1981 – 1995
Jacques Chirac	seit 1995

präsi'dieren *v/i* ⟨*sans ge*⟩ présider
Prä'sidium *n* ⟨~s; -ien⟩ **1** (*Vorsitz*) présidence *f*; **2** (*Vorstand*) comité directeur; **3** (*Polizei≈*) préfecture *f* (de police)
prasseln ['prasəln] *v/i* ⟨*h*, + *indication de direction* sn⟩ *Regen* tomber dru; tambouriner; *Feuer* crépiter; pétiller
prassen ['prasən] *v/i* ⟨*h*⟩ bambocher; mener joyeuse vie; (*schlemmen*) F faire la bombe; F faire ripaille
Präteritum [prɛ'te:ritum] *n* ⟨~s; -ta⟩ GR prétérit *m*
Praxis ['praksɪs] *f* ⟨~; -xen⟩ **1** (*nicht Theorie*) pratique *f*; (*Erfahrung*) expérience *f*; ***in die ~ umsetzen*** mettre en pratique; **2** (*Arzt≈, Anwalts≈*) cabinet *m*
'praxis|bezogen, ~nah *adj* fondé sur la pratique; **~orientiert** *adj* axé sur la pratique
Präzedenzfall [prɛtse'dɛntsfal] *m* précédent *m*
präzis(e) [prɛ'tsi:s (-'tsi:zə)] *adj* précis; exact
präzi'sieren *v/t* ⟨*sans ge*⟩ préciser
Präzisi'on *f* ⟨~⟩ précision *f*
predig|en ['pre:dɪgən] *v/t u v/i* prêcher; **≈er** *m* ⟨~s; ~⟩ prédicateur *m*
Predigt ['pre:dɪçt] *f* ⟨~; ~en⟩ sermon *m* (*a fig*); PROT *a* prêche *m*
Preis [praɪs] *m* ⟨~es; ~e⟩ **1** COMM prix *m*; ***um jeden ~*** à tout prix; coûte que coûte; ***zum halben ~*** à moitié prix; **2** *Auszeichnung* prix *m*; prime *f*; (*Belohnung*) récompense *f*; ***der Große ~ von ...*** le Grand Prix de ...
'Preis|anstieg *m* 'hausse *f*, montée *f* des prix; **~ausschreiben** *n* concours *m*; **≈bewusst** *adj* qui a conscience des prix; **~bindung** *f* fixation *f*, imposition *f* des prix
Preiselbeere ['praɪzəl-] *f* airelle *f* rouge

'preisen *st/s v/t* ⟨¢t, pries, gepriesen⟩ vanter; louer; ***sich glücklich ~ (können)*** (pouvoir) s'estimer heureux
'Preis|erhöhung *f* augmentation *f* des prix; **~frage** *f* **1** (*Preisaufgabe*) question *f* de concours; **2** (*Geldfrage*) question *f* de prix
'Preisgabe *st/s f* abandon *m*; *von Geheimnissen* révélation *f*; divulgation *f*
'preis·geben *st/s v/t* ⟨*irr*⟩ **1** (*aufgeben*) abandonner; **2** (*verraten*) trahir; **3** (*ausliefern*) livrer (+ *dat* à)
'preis|gekrönt *adjt* couronné; primé; **~günstig** *adj* → ***preiswert***; **≈lage** *f* catégorie *f* de prix; **'≈-'Leistungs-Verhältnis** *n* rapport *m* qualité-prix; **~lich** *adv* en ce qui concerne le(s) prix; **≈liste** *f* prix courants; liste *f* des prix; tarif *m*; **≈nachlass** *m* remise *f*; rabais *m*; réduction *f*; **≈rätsel** *n* jeu-concours *m*; **≈rückgang** *m* recul *m*, baisse *f* des prix; **≈schild** *n* étiquette *f*; **≈senkung** *f* réduction *f*, baisse *f* des prix; **≈steigerung** *f* augmentation *f* des prix; **≈träger(in)** *m(f)* lauréat(e) *m(f)*; **≈treibe'rei** *f* ⟨~; ~en⟩ 'hausse illicite, abusive des prix; **≈unterschied** *m* différence *f*, écart *m* de prix; **≈vergleich** *m* comparaison *f* des prix; **≈verleihung** *f* remise *f* d'un prix; **~wert** *adj* (à) bon marché; avantageux
prekär [pre'kɛːr] *st/s adj* précaire
Prellbock ['prɛl-] *m* EISENBAHN butoir *m*; 'heurtoir *m*; *fig* tampon *m*
'prellen *v/t* **1** *Ball* faire rebondir; **2** MÉD meurtrir; contusionner; **3** *fig* (*betrügen*) tromper; duper; ***j-n um etw ~*** frustrer qn de qc
'Prellung *f* ⟨~; ~en⟩ MÉD meurtrissure *f*; contusion *f*
Premiere [prəmi'eːrə] *f* ⟨~; ~n⟩ première *f*
Premierminister(in) [prəmi'eː-] *m(f)* Premier ministre
preschen ['prɛʃən] *v/i* ⟨sn⟩ F foncer; ***nach vorne ~*** se précipiter en avant
Presse ['prɛsə] *f* ⟨~; ~n⟩ **1** (*Zeitungswesen*) presse *f*; **2** TECH presse *f*; (*Frucht≈*) pressoir *m*
'Presse|bericht *m* reportage *m*; **~erklärung** *f* déclaration *f* à la presse; **~fotograf** *m* reporter *m* photographe; **~freiheit** *f* liberté *f* de la presse; **~konferenz** *f* conférence *f* de presse; **~meldung** *f* information *f* par la presse
'pressen *v/t* ⟨¢t⟩ **1** (*drücken*) presser; serrer; **2** (*zusammen~*) comprimer; **3** *Frucht* presser; pressurer; *Saft* extraire
'Pressesprecher *m* attaché *m* de presse; porte-parole *m*
pressieren [prɛ'siːrən] *v/t* ⟨*sans ge*⟩ *bes südd* presser; être urgent, pressant
'Pressluft *f* air comprimé; **~bohrer** *m* perforatrice *f* à air comprimé; **~hammer** *m* marteau *m* pneumatique, piqueur
Prestige [prɛs'tiːʒə] *n* ⟨~s⟩ prestige *m*
Preuß|e ['prɔʏsə] *m* ⟨~n; ~n⟩, **~in** *f* ⟨~; ~nen⟩ Prussien, -ienne *m,f*; **~en** *n* ⟨~s⟩ HIST la Prusse; **≈isch** *adj* prussien
prickeln ['prɪkəln] *v/i* ⟨¢⟩ (*kribbeln*) picoter; *Getränk* pétiller
'prickelnd *adjt* picotant; pétillant; *fig* excitant
Priem [priːm] *m* ⟨~¢s; ~e⟩ chique *f*
'priemen *v/i* chiquer
pries [priːs] → ***preisen***
Priester|(in) ['priːstər(ɪn)] *m* ⟨~s; ~⟩ (*f*) ⟨~; ~nen⟩ prêtre, -esse *m,f*; **≈lich** *adj* sacerdotal; **~weihe** *f* ordination *f*; prêtrise *f*
prima ['priːma] F **I** *adj* ⟨*inv*⟩ F formidable; F épatant; chouette; ***ein ~ Kerl*** F un chic type; ***das ist ~!*** c'est génial, F super; **II** F *adv* parfaitement; superbement; F super (bien)
primär [pri'mɛːr] **I** *adj* primaire; **II** *adv* en priorité; en premier lieu
Primar|arzt [pri'maːrʔ-] *m*, **~ärztin** *f österr* médecin-chef *m*
Primel ['priːməl] *f* ⟨~; ~n⟩ primevère *f*
primitiv [primi'tiːf] *adj* primitif (*a péj*); **≈i'tät** *f* ⟨~⟩ caractère primitif
Primzahl ['priːm-] *f* nombre premier
Prinz [prɪnts] *m* ⟨~en; ~en⟩ prince *m*
Prinzessin [prɪn'tsɛsɪn] *f* ⟨~; ~nen⟩ princesse *f*
Prinzip [prɪn'tsiːp] *n* ⟨~s; ~ien⟩ principe *m*; ***im ~*** en principe
prinzipi'ell **I** *adj* de principe; **II** *adv* par, en principe
Prin'zipienreiter *m* doctrinaire *m*
Priorität [priori'tɛːt] *f* ⟨~; ~en⟩ priorité *f*; ***~en setzen*** fixer des priorités
Prise ['priːzə] *f* ⟨~; ~n⟩ ***e-e ~ Salz*** une pincée de sel
Prisma ['prɪsma] *n* ⟨~s; -men⟩ prisme *m*
Pritsche ['prɪtʃə] *f* ⟨~; ~n⟩ lit *m* de

P

camp; *im Gefängnis* bat-flanc *m*

privat [pri'vaːt] **I** *adj* privé; particulier; (*persönlich*) personnel; **II** *adv* à titre privé, personnel; ***j-n ~ sprechen*** parler à qn en privé; avoir un entretien personnel avec qn

Pri'vat|adresse *f* adresse privée, personnelle; **~angelegenheit** *f* affaire personnelle, particulière, privée; **~besitz** *m* propriété privée; **~detektiv** *m* détective (privé); **~eigentum** *n* propriété privée; **~fernsehen** *n* chaîne (de télévision) privée; **~gespräch** *n* conversation, TÉL communication privée

privati'sier|en *v/t* ⟨*sans ge*⟩ privatiser; transférer au secteur privé; dénationaliser; **2ung** *f* ⟨~; ~en⟩ privatisation *f*

Pri'vat|klinik *f* clinique (privée); **~leben** *n* vie privée; **~mann** *m* ⟨~(e)s; ⸚er *ou* -leute⟩ particulier *m*; **~patient(in)** *m(f)* MÉD client(e) privé(e); **~person** *f* personne privée; **~sache** *f* affaire personnelle; **~schule** *f* école privée, *konfessionelle* libre; **~sender** *m* **1** chaîne (de télévision) privée; **2** (station *f* de) radio privée, libre; **~sphäre** *f* vie privée; intimité *f*; **~unterricht** *m* leçons particulières; cours particuliers; **~wirtschaft** *f* économie privée; secteur privé; **~wohnung** *f* domicile personnel

Privile|g [privi'leːk] *n* ⟨~(e)s; ~ien⟩ privilège *m*; **2'giert** *adjt* privilégié

pro [proː] *prép* ⟨*acc sans article*⟩ par; ***1000 Stück ~ Stunde*** 1000 unités à l'heure

Pro **(*das*) *~ und* (*das*) *Kontra*** le pour et le contre

pro... *in Zssgn* pro...

Probe ['proːbə] *f* ⟨~; ~n⟩ **1** (*Prüfung*) test *m*; essai *m*; *fig a* épreuve *f*; (*Beweis*), MATH preuve *f*; ***zur*** *od* ***auf ~*** à l'essai; ***j-n auf die ~ stellen*** mettre qn à l'épreuve; ***die ~ aufs Exempel machen*** faire la preuve par l'exemple; **2** THÉ répétition *f*; **3** (*kleine Menge*) échantillon *m*; spécimen *m*

'Probe|alarm *m* exercice *m* d'alerte; **~fahrt** *f* essai *m*

'proben *v/t u v/i* THÉ répéter

'probe|weise *adj u adv* à l'essai; à titre d'essai; **2zeit** *f* période *f* d'essai

pro'bieren *v/t u v/i* ⟨*sans ge*⟩ **1** (*versuchen*) essayer; **2** *Speisen* goûter; *Wein* déguster

Proble|m [pro'bleːm] *n* ⟨~s; ~e⟩ problème *m*; **~'matik** *f* ⟨~⟩ caractère *m* problématique; problèmes *m/pl*; **2'matisch** *adj* problématique

pro'blemlos **I** *adj* qui ne pose pas de problème(s); *Kind* facile; **II** *adv verlaufen etc* sans accroc

Produkt [pro'dʊkt] *n* ⟨~(e)s; ~e⟩ produit *m* (*a* MATH); (*Ergebnis*) résultat *m*

Produkti'on *f* ⟨~; ~en⟩ production *f*; fabrication *f*

Produkti'ons|ausfall *m* perte *f* de production; **~kosten** *pl* coût *m* de la production; **~mittel** *n/pl* moyens *m/pl* de production; **~rückgang** *m* recul *m*, baisse *f* de la production; **~steigerung** *f* augmentation *f* de la production

produk'tiv *adj* productif; **2i'tät** *f* ⟨~⟩ productivité *f*

Pro'duktpalette *f* gamme *f* de produits

Produz|ent(in) [produ'tsɛnt(ɪn)] *m* ⟨~en; ~en⟩ (*f*) ⟨~; ~nen⟩ producteur, -trice *m,f*; **2ieren** *v/t* ⟨*sans ge*⟩ produire

Prof. *abr* (*Professor*) professeur (d'université)

profan [pro'faːn] *adj* profane

professionell [profɛsio'nɛl] *adj* professionnel

Professor(in) [prɔ'fɛsɔr (-fɛ'soːrɪn)] *m* ⟨~s; -s'soren⟩ (*f*) ⟨~; ~nen⟩ (femme *f*) professeur *m* (d'université)

Profes'sur *f* ⟨~; ~en⟩ chaire *f* (de professeur) (***für*** de)

Profi ['proːfi] F *m* ⟨~s; ~s⟩ F pro *m*

'Profi... *in Zssgn* professionnel; **~fußball** *m* football professionnel

Profil [pro'fiːl] *n* ⟨~s; ~e⟩ **1** profil *m*; (*Reifen2*) sculptures *f/pl*; ***im ~*** de profil; **2** *fig* caractère *m*; (forte) personnalité

profi'l|ieren *v/r* ⟨*sans ge*⟩ ***sich ~*** s'imposer; **~iert** *adjt* marquant

Profit [pro'fiːt] *m* ⟨~(e)s; ~e⟩ profit *m*; gain *m*; bénéfice *m*; **~gier** *f* avidité *f*; âpreté *f* au gain

profi'tieren *v/i* ⟨*sans ge*⟩ ***~ bei, von*** profiter de

Prognose [prog'noːzə] *f* ⟨~; ~n⟩ pronostic *m* (*a* MÉD); prévision *f*

Programm [pro'gram] *n* ⟨~s; ~e⟩ programme *m*; TV, RAD chaîne *f*; **2gemäß** *adj u adv* suivant le programme; comme prévu; **~heft** *n* programme *m*; **~hinweis** *m* annonce *f* du, concernant le programme

program'mier|en *v/t* ⟨*sans ge*⟩ programmer; **2er(in)** *m* ⟨~s; ~⟩ (*f*) ⟨~; ~nen⟩ programmeur, -euse *m,f*; **2ung** *f* ⟨~; ~en⟩ programmation *f*
Pro'gramm|vorschau *f* KINO prochains films; RAD, TV prochaines émissions; **~zeitschrift** *f* magazine *m* de radiotélévision
progressiv [progrɛ'siːf] *adj* progressif
Projekt [pro'jɛkt] *n* ⟨~(e)s; ~e⟩ projet *m*
Projekti'on *f* ⟨~; ~en⟩ projection *f*
Pro'jektor *m* ⟨~s; -'toren⟩ projecteur *m*
projizieren [proji'tsiːrən] *v/t* projeter (***auf*** [+ *acc*] sur)
Prokla|mation [proklamatsi'oːn] *f* ⟨~; ~en⟩ proclamation *f*; **2'mieren** *v/t* ⟨*sans ge*⟩ proclamer
Prokura [pro'kuːra] *f* ⟨~; -ren⟩ procuration *f*
Proku'rist(in) *m* ⟨~en; ~en⟩ (*f*) ⟨~; ~nen⟩ fondé(e) *m*(*f*) de pouvoir
Prole|t [pro'leːt] *m* ⟨~en; ~en⟩ *péj* rustre *m*; **~tari'at** *n* ⟨~(e)s; ~e⟩ prolétariat *m*; **~'tarier** *m* ⟨~s; ~⟩ prolétaire *m*; **2'tarisch** *adj* prolétarien; prolétaire
Promenade [promə'naːdə] *f* ⟨~; ~n⟩ promenade *f*
Prome'naden|deck *n* pont-promenade *m*; **~mischung** *f plais* bâtard *m*
Promille [pro'mɪlə] *n* ⟨~(s); ~⟩ **1** (*Tausendstel*) pour mille; **2** F *pl* alcoolémie *f*; ***2,5*** **~** 2 grammes 5 d'alcoolémie, d'alcool dans le sang
Pro'millegrenze *f* taux légal d'alcoolémie
prominent [promi'nɛnt] *adj* éminent; de premier plan
Promi'n|ente(r) *f*(*m*) ⟨→ A⟩ personnalité *f* de premier plan; célébrité *f*; **~enz** *f* ⟨~⟩ *coll* personnalités marquantes; célébrités *f/pl*
Promotion [promotsi'oːn] *f* ⟨~; ~en⟩ promotion *f* (au grade de docteur)
promovieren [promo'viːrən] *v/i* ⟨*sans ge*⟩ passer son doctorat (***über*** [+ *acc*] sur)
prompt [prɔmpt] **I** *adj* prompt; immédiat; **II** *adv* promptement; immédiatement; F (*erwartungsgemäß*) (comme de) bien entendu
Pronomen [pro'noːmən] *n* ⟨~s; ~ *ou* -mina⟩ GR pronom *m*
Propaganda [propa'ganda] *f* ⟨~⟩ propagande *f*
propa'gieren *v/t* ⟨*sans ge*⟩ faire de la propagande pour; (*verbreiten*) propager
Propangas [pro'paːn-] *n* propane *m*
Propeller [pro'pɛlər] *m* ⟨~s; ~⟩ hélice *f*
Prophet|(in) [pro'feːt(ɪn)] *m* ⟨~en; ~en⟩ (*f*) ⟨~; ~nen⟩ prophète *m*, prophétesse *f* (*a fig*); **2isch** *adj* prophétique
prophezei|en [profe'tsaɪən] *v/t* ⟨*sans ge*⟩ prophétiser; (*voraussagen*) prédire; **2ung** *f* ⟨~; ~en⟩ prophétie *f*; prédiction *f*
Proportio|n [propɔrtsi'oːn] *f* ⟨~; ~en⟩ proportion *f*; **2'nal** *adj* proportionnel (***zu*** à)
Proporz [pro'pɔrts] *m* ⟨~es; ~e⟩ représentation proportionnelle
proppenvoll ['prɔpən'fɔl] F *adj* F plein à craquer
Prosa ['proːza] *f* ⟨~⟩ prose *f*
pro'saisch *adj st/s fig* prosaïque; terre à terre
prosit ['proːzɪt] *int* à votre santé!; **~ *Neujahr!*** bonne année!
Prospekt [pro'spɛkt] *m* ⟨~(e)s; ~e⟩ prospectus *m*; *gefalteter* dépliant *m*
prost [proːst] F → ***prosit***
Prostata ['prɔstata] *f* ⟨~; -tae⟩ prostate *f*
Prostitu|'ierte [prostitu'iːrtə] *f* ⟨→ A⟩ prostituée *f*; **~ti'on** *f* ⟨~⟩ prostitution *f*
Protektion [protɛktsi'oːn] *f* ⟨~; ~en⟩ protection *f*; patronage *m*
Protest [pro'tɛst] *m* ⟨~(e)s; ~e⟩ protestation *f*; ***aus ~*** (***gegen***) en signe de protestation (contre); (***gegen etw***) **~ *einlegen*** protester (contre qc)
Protes'tan|t(in) *m* ⟨~en; ~en⟩ (*f*) ⟨~; ~nen⟩ protestant(e) *m*(*f*); **2tisch** *adj* protestant
protes'tieren *v/i* ⟨*sans ge*⟩ protester (***gegen*** contre)
Pro'test|kundgebung *f* meeting *m*, manifestation *f* de protestation; **~marsch** *m* marche *f* de protestation
Prothese [pro'teːzə] *f* ⟨~; ~n⟩ prothèse *f*; (*Zahn2*) prothèse *f* dentaire; dentier *m*
Protokoll [proto'kɔl] *n* ⟨~s; ~e⟩ **1** procès-verbal *m*; ***ein ~ aufnehmen*** dresser un procès-verbal; (***das***) **~ *führen*** rédiger le procès-verbal; ***etw zu ~ geben*** faire inscrire qc au procès-verbal; **2** DIPL protocole *m*

P

Proto'kollführer(in) *m(f)* rédacteur, -trice *m,f* du procès-verbal
protokol'lieren *v/t* ⟨*sans ge*⟩ dresser, rédiger le procès-verbal
Prototyp ['pro:toty:p] *m* ⟨~s; ~en⟩ prototype *m*
protzen ['prɔtsən] F *v/i* ⟨¢$⟩ faire étalage (***mit etw*** de qc); F frimer
'protzig F *adj* prétentieux; (*luxuriös*) d'un luxe provocant
Proviant [provi'ant] *m* ⟨~s; ~e⟩ provisions *f/pl* (de voyage)
Provider [pro'vaɪdər] *m* ⟨~s; ~⟩ INFORM serveur *m*
Provinz [pro'vɪnts] *f* ⟨~; ~en⟩ province *f*; **2i'ell** *adj* provincial
Pro'vinz|ler F *péj m* ⟨~s; ~⟩ provincial *m*; **~nest** F *péj n* F bled *m*; F trou *m*
Provision [provizi'o:n] *f* ⟨~; ~en⟩ commission *f*
provisorisch [provi'zo:rɪʃ] *adj* provisoire
Provi'sorium *n* ⟨~s; -ien⟩ provisoire *m*; solution *f* provisoire
Provoka|tion [provokatsi'o:n] *f* ⟨~; ~en⟩ provocation *f*; **2'tiv** *adj* provocant; provocateur, -trice
provozieren [provo'tsi:rən] ⟨*sans ge*⟩ **I** *v/t* provoquer; **II** *v/i* faire de la provocation
Prozedur [protse'du:r] *f* ⟨~; ~en⟩ opération *f* (de longue haleine)
Prozent [pro'tsɛnt] *n* ⟨~¢s; ~e, *mais* 5 ~⟩ **1** (*Hundertstel*) pour cent; **2** F *pl* **~e** (*Gewinnanteil*) pourcentage *m*; tant *m* pour cent; (*Rabatt*) réduction *f*; remise *f*
Pro'zent|punkt *m* point *m*; **~rechnung** *f* ⟨~⟩ calcul *m* des pourcentages; **~satz** *m* pourcentage *m*; taux *m*
prozentu'al I *adj* (exprimé) en pourcentage; proportionnel; **II** *adv* selon un pourcentage; proportionnellement
Prozess [pro'tsɛs] *m* ⟨~es; ~e⟩ **1** JUR procès *m*; ***e-n ~ gegen j-n anstrengen*** intenter un procès à qn; ***e-n ~ führen*** être en procès (***gegen j-n*** avec qn); ***j-m den ~ machen*** traduire qn en justice; F ***mit j-m, etw kurzen ~ machen*** en finir rapidement, vivement avec qn, qc; **2** (*Verfahren*) procédé *m*
prozes'sieren *v/i* ⟨*sans ge*⟩ intenter, faire un procès (***mit, gegen*** à)
Prozessi'on *f* ⟨~; ~en⟩ procession *f*
Pro'zesskosten *pl* frais *m/pl* de procès; dépens *m/pl*
Pro'zessor *m* ⟨~s; -s'soren⟩ INFORM processeur *m*
prüde ['pry:də] *adj* prude; **2'rie** *f* ⟨~; ~n⟩ pruderie *f*
prüfen ['pry:fən] *v/t* examiner; TECH essayer; contrôler; (*nach~*) vérifier; ***j-n ~*** (***in*** [+ *dat*]) faire passer à qn un examen (en, de); ***etw auf s-e Genauigkeit ~*** vérifier, contrôler l'exactitude de qc
'Prüf|er(in) *m* ⟨~s; ~⟩ (*f*) ⟨~; ~nen⟩ examinateur, -trice *m,f*; TECH, COMM contrôleur, -euse *m,f*; inspecteur, -trice *m,f*; **~ling** *m* ⟨~s; ~e⟩ candidat(e) *m(f)* (à un examen)
'Prüfstand *m* banc *m* d'essai; *fig* ***auf dem ~ stehen*** être au banc d'essai
'Prüfstein *m fig* pierre *f* de touche (***für*** de)
'Prüfung *f* ⟨~; ~en⟩ examen *m*; TECH contrôle *m*; essai *m*; test *m*; (*Nach2*) vérification *f*; ***mündliche ~*** (examen) oral *m*; épreuve orale; ***schriftliche ~*** (examen) écrit *m*; épreuve écrite
'Prüfungs|angst *f* peur *f* (d'un examen); **~kommission** *f* jury *m*; commission *f* d'examen; **~termin** *m* jour *m*, date *f* de l'examen
Prügel ['pry:gəl] *m* ⟨~s; ~⟩ **1** (*Knüppel*) (gros) bâton *m*; gourdin *m*; **2** *pl* ***~ bekommen, beziehen*** recevoir une volée, F raclée
Prüge'lei *f* ⟨~; ~en⟩ bagarre *f*; rixe *f*
'Prügelknabe *m* bouc *m* émissaire; tête *f* de Turc
'prügeln ⟨¢⟩ **I** *v/t* ***j-n ~*** donner des coups (de bâton) à qn; battre qn; F donner une raclée à qn; **II** *v/r* ***sich ~*** se battre
Prunk [prʊŋk] *m* ⟨~¢s⟩ pompe *f*; apparat *m*; faste *m*
'prunken *v/i* étaler un grand faste; briller; ***mit etw ~*** faire étalage, montre de qc
'Prunk|stück *n* (le plus) bel objet; (la plus) belle pièce; le plus beau fleuron; *fig* joyau *m*; **2voll** *adj* fastueux; pompeux
prusten ['pru:stən] F *v/i* ⟨¢⟩ s'ébrouer; ***vor Lachen ~*** pouffer (de rire)
PS [pe:'ʔɛs] *n* ⟨~; ~⟩ **1** *abr* (*Pferdestärke*) ch; **2** *abr* (*Postskript*[*um*]) P.-S.
Psalm [psalm] *m* ⟨~s; ~en⟩ psaume *m*
Psalter ['psaltər] *m* ⟨~s; ~⟩ psautier *m*

P

Pseudo... ['psɔʏdo...] *in Zssgn* pseudo...
Pseudonym [psɔʏdo'nyːm] *n* ⟨~s; ~e⟩ pseudonyme *m*; nom *m* d'emprunt; *e-s Schriftstellers a* nom *m* de plume
pst [pst] *int* **1** (*Ruhe!*) chut!; **2** (*he!*) psitt!; pst!
Psyche ['psyːçə] *f* ⟨~; ~n⟩ psychisme *m*; psyché *f*
Psychia|ter(in) [psyçi'aːtər(ɪn)] *m* ⟨~s; ~⟩ (*f*) ⟨~; ~nen⟩ psychiatre *m,f*; **~'trie** *f* ⟨~⟩ psychiatrie *f*; **2trisch** *adj* psychiatrique
'**psychisch** *adj* psychique
Psycho|analyse [psyço'ana'lyːzə] *f* psychanalyse *f*; **~ana'lytiker** *m* psychanalyste *m*; **2ana'lytisch** *adj* psychanalytique; **~'loge** *m* ⟨~n; ~n⟩, **~'login** *f* ⟨~; ~nen⟩ psychologue *m,f*; **~lo'gie** *f* ⟨~⟩ psychologie *f*; **2'logisch** *adj* psychologique; **~'path** *m* ⟨~en; ~en⟩ psychopathe *m*; '**2pathisch** *adj* psychopathique; '**~pharmakon** *n* ⟨~s; -ka⟩ psychotrope *m*
Psychose [psy'çoːzə] *f* ⟨~; ~n⟩ psychose *f*
psychoso'matisch *adj* psychosomatique
'**Psycho|thera'peut** *m* psychothérapeute *m*; **~thera'pie** *f* psychothérapie *f*
puber|tär [pubɛr'tɛːr] *adj* pubertaire; **2'tät** *f* ⟨~⟩ puberté *f*
Public Relations ['pablɪkrɪ'leːʃəns] *pl* relations publiques
publik [pu'bliːk] *adj* public; **~ *machen*** rendre public; publier
Publikati'on *f* ⟨~; ~en⟩ publication *f*
'**Publikum** *n* ⟨~s⟩ public *m*
'**Publikumsliebling** *m* personne aimée du public; coqueluche *f*
publizieren [publi'tsiːrən] *v/t* ⟨*sans ge*⟩ publier
Publi'zistik *f* ⟨~⟩ journalisme *m*
Puck [puk] *m* ⟨~s; ~s⟩ palet *m*
Pudding ['pudɪŋ] *m* ⟨~s; ~e *ou* ~s⟩ flan *m*; **~pulver** *n* préparation *f* pour flan
Pudel ['puːdəl] *m* ⟨~s; ~⟩ caniche *m*; **~mütze** *f* bonnet *m* de laine; '**2'nackt** F *adj* nu comme un ver; '**2'nass** F *adj* trempé comme une soupe, jusqu'aux os
'**pudel'wohl** *adj* F ***sich ~ fühlen*** se sentir bien dans sa peau
Puder ['puːdər] *m* ⟨~s; ~⟩ poudre *f*; **~dose** *f* boîte *f* de *od* à poudre; poudrier *m*
'**pudern** *v/t* poudrer
'**Puderzucker** *m* sucre *m* glace
Puff[1] [puf] F *m* ⟨~¢s; ~̈e⟩ (*Stoß*) coup *m*; tape *f*; bourrade *f*
Puff[2] P *m od n* ⟨~s; ~s⟩ (*Bordell*) P bordel *m*
'**puffen** F *v/t* donner une tape, une bourrade à
'**Puffer** *m* ⟨~s; ~⟩ TECH amortisseur *m*; EISENBAHN tampon *m*; **~zone** *f* zone *f* tampon
puh [puː] *int* pouah!; be(u)rk!
Pulle ['pulə] F *f* ⟨~; ~n⟩ bouteille *f*; *fig* ***volle ~*** F à pleins tubes
Pulli ['puli] F *m* ⟨~s; ~s⟩ F pull *m*
Pullover [pu'loːvər] *m* ⟨~s; ~⟩ pull-over *m*; *dicker* chandail *m*
Pullunder [pu'lundər] *m* ⟨~s; ~⟩ débardeur *m*
Puls [puls] *m* ⟨~es; ~e⟩ pouls *m*; ***j-m den ~ fühlen*** tâter, prendre le pouls à qn
'**Pulsader** *f* artère *f*; ***sich*** (*dat*) ***die ~n aufschneiden*** s'ouvrir les veines
pul'sieren *v/i* ⟨*sans ge*⟩ (*schlagen*) battre; *Blut* circuler; ***~des Leben*** vie *f*, animation *f* intense
'**Pulsschlag** *m* pouls *m*; pulsation *f*
Pult [pult] *n* ⟨~¢s; ~e⟩ pupitre *m*
Pulver ['pulfər] *n* ⟨~s; ~⟩ poudre *f*
'**Pulverfass** *n* baril *m* de poudre; *fig* ***auf e-m ~ sitzen*** être assis sur un volcan
'**pulv(e)rig** *adj* pulvérulent; poudreux
pulveri'sieren *v/t* ⟨*sans ge*⟩ pulvériser
'**Pulver|kaffee** *m* café soluble (instantané); **~schnee** *m* (neige *f*) poudreuse *f*
Puma ['puːma] *m* ⟨~s; ~s⟩ puma *m*
pumm(e)lig ['pum(ə)lɪç] F *adj* potelé; grassouillet
Pump [pump] F *m* ⟨~s⟩ ***auf ~*** à crédit
Pumpe ['pumpə] *f* ⟨~; ~n⟩ pompe *f*
'**pumpen** *v/t* **1** pomper; **2** F (*borgen*) ***j-m etw ~*** prêter qc à qn; ***etw von j-m ~*** emprunter qc à qn; *Geld a* F taper qn de qc
Pumpernickel ['pumpərnɪkəl] *m* ⟨~s; ~⟩ pumpernickel *m*
Pumps [pœmps] *m* ⟨~; ~⟩ escarpin *m*
Punk [paŋk] *m* ⟨~$; ~s⟩ punk *m*; '**~er** *m* ⟨~s; ~⟩ punk *m*; '**~rock** *m* ⟨~¢s⟩ punk *m*
Punkt [puŋkt] *m* ⟨~¢s; ~e⟩ point *m* (*a fig*); *e-s Vertrags* article *m*; ***~ für ~*** point par point; ***der springende ~*** le point décisif; ***schwacher, wunder ~*** point

P

faible, sensible; ***toter ~*** point mort; impasse *f*; ***etw auf den ~ bringen*** formuler, dégager l'essentiel de qc; ***~ ein Uhr, ~ zwölf*** (à) une heure juste, (à) midi juste

punk'tieren *v/t* ⟨*sans ge*⟩ **1** pointiller; ***punktierte Linie*** pointillé *m*; **2** MÉD ponctionner

Punkti'on *f* ⟨~; ~en⟩ MÉD ponction *f*

pünktlich ['pʏŋktlɪç] **I** *adj* ponctuel; exact; ***~ sein*** être à l'heure; **II** *adv* ***~ kommen*** venir à l'heure

'Pünktlichkeit *f* ⟨~⟩ ponctualité *f*; exactitude *f*

'Punkt|richter(in) *m(f)* SPORT pointeur, -euse *m,f*; **~sieg** *m* SPORT victoire *f* aux points; **~spiel** *n* SPORT match *m* aux points

punktuell [pʊŋktu'ɛl] *adj* ponctuel

Punsch [pʊnʃ] *m* ⟨~¢s; ~e *ou* ~̈e⟩ punch *m*

Pupille [pu'pɪlə] *f* ⟨~; ~n⟩ pupille *f*

Puppe ['pʊpə] *f* ⟨~; ~n⟩ **1** *Spielzeug* poupée *f*; **2** (*Marionette*) marionnette *f*; pantin *m*; **3** (*Schaufenster*♀, *Schneider*♀) mannequin *m*; **4** ZO chrysalide *f*; nymphe *f*; **5** F (*Mädchen*) F nénette *f*; F nana *f*

'Puppen|spiel *n* (jeu *m* de) marionnettes *f/pl*; **~spieler** *m* montreur *m* de marionnettes; **~stube** *f* maison *f* de poupée; **~theater** *n* théâtre *m* de marionnettes; **~wagen** *m* voiture *f* de poupée(s)

pur [pu:r] *adj* pur (*a fig*)

Püree [py're:] *n* ⟨~s; ~s⟩ purée *f*

pü'rieren *v/t* ⟨*sans ge*⟩ réduire en purée

puritanisch [puri'ta:nɪʃ] *adj* puritain

Purpur ['pʊrpʊr] *m* ⟨~s⟩ *Farbstoff* pourpre *f*; *Farbton* pourpre *m*; **♀rot** *adj* pourpre

'Purzelbaum *m* culbute *f*; F galipette *f*; ***e-n ~ schlagen*** faire une culbute, *etc*

purzeln ['pʊrtsəln] F *v/i* ⟨¢, sn⟩ tomber; F dégringoler

Puste ['pu:stə] F *f* ⟨~⟩ souffle *m*; haleine *f*; ***außer ~ sein*** être 'hors d'haleine

Pustel ['pʊstəl] *f* ⟨~; ~n⟩ MÉD pustule *f*

'pusten F ⟨-e-⟩ *v/t u v/i* souffler

Pute ['pu:tə] *f* ⟨~; ~n⟩ **1** ZO dinde *f*; **2** F *péj* ***dumme ~*** dinde *f*

'Puten|brust *f* blanc *m* de dinde; **~schinken** *m* jambon *m* de dindonneau; **~schnitzel** *n* escalope *f* de dinde

'Puter *m* ⟨~s; ~⟩ dindon *m*; **'♀'rot** *adj* cramoisi

Putsch [pʊtʃ] *m* ⟨~¢s; ~e⟩ putsch *m*

'putschen *v/i* faire un putsch

Put'schist *m* ⟨~en; ~en⟩ putschiste *m*

Putte ['pʊtə] *f* ⟨~; ~n⟩ putto *m*; angelot *m*

Putz [pʊts] *m* ⟨~es⟩ enduit *m*; crépi *m*; F *fig* ***auf den ~ hauen*** (*feiern*) faire la fête, F la nouba; (*angeben*) F crâner; frimer

'putzen *v/t* ⟨¢s⟩ nettoyer; *Brille* essuyer; *Gemüse, Salat* éplucher; ***sich*** (*dat*) ***die Nase ~*** se moucher; ***~ gehen*** faire des ménages

'Putzfrau *f* femme *f* de ménage

'putzig F *adj* mignon

'Putz|lappen *m* chiffon *m*, torchon *m* (à nettoyer); **~mittel** *n* produit *m* de nettoyage, d'entretien; **'♀'munter** F *adj* plein d'entrain; F en pleine forme

Puzzle ['pazəl] *n* ⟨~s; ~s⟩ puzzle *m* (*a fig*)

PVC [pe:fau'tse:] *n* ⟨~$⟩ *abr* (*Polyvinylchlorid*) P.V.C. *m*

Pygmäe [pʏ'gmɛ:ə] *m* ⟨~n; ~n⟩ pygmée *m*

Pyjama [py'dʒa:ma] *m* ⟨~s; ~s⟩ pyjama *m*

Pyramide [pyra'mi:də] *f* ⟨~; ~n⟩ pyramide *f*

Pyrenäen [pyre'nɛ:ən] *pl* ***die ~*** les Pyrénées *f/pl*

Pyromane [pyro'ma:nə] *m* ⟨~n; ~n⟩ pyromane *m*

Pythonschlange ['py:tɔn-] *f* python *m*

Q

Q, q [kuː] *n* ⟨~; ~⟩ Q, q *m*
Quacksalber [ˈkvakzalbər] *m* ⟨~s; ~⟩ *péj* charlatan *m*
Quaddel [ˈkvadəl] *f* ⟨~; ~n⟩ enflure *f*
Quader [ˈkvaːdər] *m* ⟨~s; ~⟩ **1** MATH parallélépipède *m* rectangle; **2** CONSTR pierre *f* de taille
Quadrat [kvaˈdraːt] *n* ⟨~(e)s; ~e⟩ carré *m* (*a* MATH); ***drei im ~*** 3 au carré
quaˈdratisch *adj* carré; ***~e Gleichung*** équation *f* du second degré
Quaˈdratmeter *m od n* mètre carré
Quadraˈtur *f* ⟨~; ~en⟩ quadrature *f*; *st/s fig* ***die ~ des Kreises*** la quadrature du cercle
Quaˈdrat|wurzel *f* racine carrée (***aus*** de); **~zahl** *f* (nombre) carré *m*
quaˈdrieren *v/t* ⟨*sans ge*⟩ élever au carré
quadro|phon [kvadroˈfoːn] *adj* tétraphonique; **2phoˈnie** *f* ⟨~⟩ tétraphonie *f*
quaken [ˈkvaːkən] *v/i Frosch* coasser; *Ente* cancaner; faire couin, couin
quäken [ˈkvɛːkən] *v/i Stimme, Radio* glapir; *Kleinkind* F piailler
Quäker(in) [ˈkvɛːkər(ɪn)] *m* ⟨~s; ~⟩ (*f*) ⟨~; ~nen⟩ quaker, -keresse *m,f*
Qual [kvaːl] *f* ⟨~; ~en⟩ tourment *m*; torture *f*; supplice *m*; ***für j-n e-e ~ sein*** être un supplice pour qn
quälen [ˈkvɛːlən] **I** *v/t* tourmenter; (*foltern*) torturer; (*belästigen*) ʼharceler; **II** *v/r* ***sich ~*** souffrir le martyre; être au supplice; (*sich abmühen*) se donner bien du mal, de la peine
ˈquälend *adj* qui tourmente; *Sorgen* obsédant; lancinant; *Schmerz* atroce
Quäleˈrei *f* ⟨~; ~en⟩ supplice *m*; torture *f*
ˈQuälgeist F *m* F casse-pieds *m*
Qualifikation [kvalifikatsiˈoːn] *f* ⟨~; ~en⟩ qualification *f*; (*Befähigung*) aptitude *f*; compétence *f*
qualifizieren [kvalifiˈtsiːrən] *v/t* (*u v/r*) ⟨*sans ge*⟩ (***sich [für etw] ~*** se) qualifier (pour qc)
Qualität [kvaliˈtɛːt] *f* ⟨~; ~en⟩ qualité *f*
qualitaˈtiv *adj* qualitatif
Qualiˈtäts|arbeit *f* travail *m* de qualité; **~erzeugnis** *n* produit *m* de choix
Qualle [ˈkvalə] *f* ⟨~; ~n⟩ méduse *f*
Qualm [kvalm] *m* ⟨~(e)s⟩ fumée épaisse; nuage *m*, bouffées *f/pl* de fumée
ˈqualmen I F *v/t* (*rauchen*) F griller; **II** *v/i* **1** répandre une fumée épaisse; **2** F (*rauchen*) F fumer comme un pompier, une locomotive
ˈqualvoll *adj* très douloureux; cruel
Quant [kvant] *n* ⟨~s; ~en⟩ PHYS quantum *m*
Quäntchen [ˈkvɛntçən] *st/s n* ⟨~s; ~⟩ soupçon *m*; ***ein ~ Hoffnung*** une lueur d'espoir
ˈQuanten F *pl* F (grands) panards *m/pl*
Quantiˈtät *f* ⟨~; ~en⟩ quantité *f*
quantitaˈtiv *adj* quantitatif
ˈQuantum *n* ⟨~s; -ten⟩ portion *f*, part *f* (***an*** [+ *dat*] de)
Quarantäne [karanˈtɛːnə] *f* ⟨~; ~n⟩ quarantaine *f*
Quark [kvark] *m* ⟨~s⟩ **1** fromage blanc; **2** F *fig* → ***Quatsch***; **~speise** *f* dessert *m* à base de fromage blanc
Quartal [kvarˈtaːl] *n* ⟨~s; ~e⟩ trimestre *m*
ˈQuarte *f* ⟨~; ~n⟩ MUS quarte *f*
Quartett [kvarˈtɛt] *n* ⟨~(e)s; ~e⟩ **1** MUS quatuor *m*; **2** *fig* bande *f* des quatre; **3** *jeu de cartes qui consiste à réunir des carrés*
Quartier [kvarˈtiːr] *n* ⟨~s; ~e⟩ logement *m*; MIL *a* quartiers *m/pl*; ***~ beziehen*** loger (***bei j-m*** chez qn)
Quarz [kvaːrts] *m* ⟨~es; ~e⟩ quartz *m*; **ˈ~uhr** *f* montre *f* à quartz
quasi [ˈkvaːzi] *adv* pour ainsi dire; F quasiment
quasseln [ˈkvasəln] F *v/i u v/t* jacasser
Quaste [ˈkvastə] *f* ⟨~; ~n⟩ **1** (*Puder2*) ʼhouppe(tte) *f*; **2** (*Troddel*) gland *m*; pompon *m*
Quatsch [kvatʃ] F *m* ⟨~(e)s⟩ bêtise(s) *f/pl*; F connerie(s) *f(pl)*; ***das ist ~!*** F c'est de la foutaise!
ˈquatschen F **I** *v/t* F sortir; **II** *v/i* **1** (*klatschen*) papoter; cancaner; **2** (*dumm reden*) dire des sottises, âneries; F déconner
ˈQuatschkopf F *m* (*Schwätzer*) F mou-

lin *m* à paroles; (*Dummkopf*) crétin *m*

Quecksilber ['kvɛkzɪlbər] *n* mercure *m*

Quell *poét m* ⟨~¢s; ~e⟩ source *f* (*a fig*)

Quelle ['kvɛlə] *f* ⟨~; ~n⟩ source *f* (*a fig*); fontaine *f*; (*Ursprung*) origine *f*; F *fig* ***an der ~ sitzen*** être bien placé (pour obtenir, savoir, *etc* qc)

'**quellen**[1] *v/i* ⟨quillt, quoll, gequollen, sn⟩ *Wasser etc* jaillir; couler

'**quellen**[2] **I** *v/t* ⟨quellt, quellte, gequellt⟩ *Erbsen* faire gonfler; **II** *v/i* ⟨quillt, quoll, gequollen, sn⟩ *Erbsen, Holz* gonfler; *Karton* (se) gondoler

'**Quellenangabe** *f* indication *f* des sources; référence *f*

'**Quellwasser** *n* ⟨~s; ~⟩ eau *f* de source

quengeln ['kvɛŋəln] F *v/i* ⟨¢⟩ F pleurnicher; (*nörgeln*) F ronchonner

quer [kveːr] *adv* (*schräg*) de travers; (*von e-r Längsachse abweichend*) en travers (de); ***~ durch, ~ über*** (+ *acc*) à travers; F ***sich ~ legen*** se buter; se braquer

'**Quer|achse** *f* axe transversal; **~balken** *m* traverse *f*; **~denker** *m* non-conformiste *m*

'**Quere** *f* ⟨~⟩ ***j-m in die ~ kommen*** contrecarrer, contrarier les projets, desseins de qn

querfeld'ein *adv* à travers champs; **≈rennen** *n* cyclo-cross *m*

'**Quer|flöte** *f* flûte traversière; **~format** *n* format *m* oblong; **~kopf** F *m* F cabochard(e) *m(f)*

'**Quer|pass** *m* SPORT transversale *f*; **~schiff** *n* ARCH transept *m*; **~schläger** *m* MIL ricochet *m*; **~schnitt** *m* **1** section, coupe (transversale); **2** *Ansicht* vue *f* en coupe; profil *m*; **3** *fig* (*Überblick*) aperçu *m*

Q

'**querschnitt(s)|gelähmt** *adjt* paraplégique; **≈lähmung** *f* paraplégie *f*

'**Quer|straße** *f* rue transversale; **~summe** *f* somme *f* des chiffres d'un nombre; **~treiber** F *m* intrigant *m*; empêcheur *m* de danser en rond

Querulant(in) [kveru'lant(ɪn)] *m* ⟨~en; ~en⟩ (*f*) ⟨~; ~nen⟩ *péj* F râleur, -euse *m,f*

'**Querverbindung** *f* liaison transversale; *fig* lien *m*

'**quetschen** ['kvɛtʃən] *v/t* **1** (*pressen*) presser; pressurer; *zu Brei* écraser; **2** MÉD meurtrir; contusionner; **3** ***sich*** (*dat*) ***die Finger ~*** se coincer les doigts

'**Quetschung** *f* ⟨~; ~en⟩ contusion *f*; meurtrissure *f*

quicklebendig ['kvɪkle'bɛndɪç] F *adj* vif; alerte

'**quieken** *v/i* pousser des petits cris (aigus); F couiner

quietsch|en ['kviːtʃən] *v/i Tür, Bremse* grincer; **'~ver'gnügt** F *adj* gai comme un pinson; tout joyeux

quillt [kvɪlt] → ***quellen***[1]

Quinte ['kvɪntə] *f* ⟨~; ~n⟩ MUS quinte *f*

'**Quintessenz** *st/s f* quintessence *f*

Quintett [kvɪn'tɛt] *n* ⟨~¢s; ~e⟩ MUS quintette *m*

Quirl [kvɪrl] *m* ⟨~¢s; ~e⟩ **1** CUIS batteur *m*; **2** F *fig* tourbillon *m*

'**quirlen** *v/t* battre

'**quirlig** *adj* remuant

quitt [kvɪt] F *adj* quitte; ***nun sind wir ~*** nous voilà quittes

Quitte ['kvɪtə] *f* ⟨~; ~n⟩ coing *m*

quit'tieren *v/t* ⟨*sans ge*⟩ *Rechnung* acquitter; ***den Dienst ~*** quitter ses fonctions

'**Quittung** *f* ⟨~; ~en⟩ **1** quittance *f*, reçu *m* (***über*** [+ *acc*] pour); **2** *fig* réponse *f*

'**Quittungsblock** *m* ⟨~s; ~s *ou* -blöcke⟩ carnet *m* de quittances

Quiz [kvɪs] *n* ⟨~; ~⟩ quiz *m*; jeu *m* de questions-réponses; **~master** ['-maːstər] *m* ⟨~s; ~⟩ animateur, -trice *m,f* (de jeux télévisés *etc*)

quoll [kvɔl] → ***quellen***[1]

Quote ['kvoːtə] *f* ⟨~; ~n⟩ quota *m*; contingent *m*

Quotient [kvotsi'ɛnt] *m* ⟨~en; ~en⟩ quotient *m*

R

R, r [ɛr] *n* ⟨~; ~⟩ R, r *m*
Rabatt [ra'bat] *m* ⟨~(e)s; ~e⟩ remise *f*; réduction *f*; rabais *m*
Rabatte [ra'batə] *f* ⟨~; ~n⟩ plate-bande *f*; bordure *f*
Rabauke [ra'baʊkə] F *m* ⟨~n; ~n⟩ vandale *m*; mufle *m*
Rabbiner [ra'biːnər] *m* ⟨~s; ~⟩ rabbin *m*
Rabe ['raːbə] *m* ⟨~n; ~n⟩ corbeau *m*
'Raben|mutter *f* ⟨~; -mütter⟩ mère dénaturée; marâtre *f*; '**2'schwarz** *adj* noir comme un corbeau, comme (du) jais
rabiat [rabi'aːt] *adj* **1** (*gewalttätig*) violent; (*roh*) brutal; **2** (*wütend*) furieux
Rache ['raxə] *f* ⟨~⟩ vengeance *f*; ***aus ~ für etw*** pour se venger de qc; (***an j-m, für etw***) **~ *nehmen*** se venger (de qn, de qc)
Rachen ['raxən] *m* ⟨~s; ~⟩ **1** ANAT gorge *f*; gosier *m*; *sc* pharynx *m*; **2** ZO gueule *f* (*a fig*)
rächen ['rɛçən] **I** *v/t* venger; **II** *v/r* **1 *sich ~*** se venger (***an j-m, für etw*** de qn, de qc); ***sich für etw an j-m ~*** se venger de qc sur qn; **2** *fig* ***das wird sich ~*** cela se paiera
'Rächer *m* ⟨~s; ~⟩ vengeur *m*
Rachit|is [ra'xiːtɪs] *f* ⟨~; -'tiden⟩ rachitisme *m*; **2isch** *adj* rachitique
'Rach|sucht *f* soif *f* de vengeance; **2süchtig** *adj* vindicatif
rackern ['rakərn] F *v/i* F trimer
Rad [raːt] *n* ⟨~(e)s; ~er⟩ **1** roue *f*; ***unter die Räder kommen*** *e-s Autos* se faire écraser; F *fig* aller à sa perte; sombrer; **2** (*Fahrrad*) bicyclette *f*; vélo *m*; (***mit dem***) **~ *fahren*** faire du vélo; *in e-e bestimmte Richtung* aller à bicyclette, en vélo; F *fig péj* **~ *fahren*** F faire de la lèche; **3** SPORT, *Pfau* ***ein ~ schlagen*** faire la roue
Radar [ra'daːr] *n od m* ⟨~s⟩ radar *m*; **~falle** F *f* contrôle-radar (non signalé); **~gerät** *n* (appareil *m*) radar *m*; **~kontrolle** *f* contrôle-radar *m*; **~schirm** *m* écran *m* radar
Radau [ra'dau] F *m* ⟨~s⟩ F boucan *m*; F raffut *m*; chahut *m*; potin *m*
'Raddampfer *m* bateau *m* (à vapeur) à aubes
radebrechen ['raːdəbrɛçən] *v/i* (*u v/t*) ⟨radebrecht, radebrechte, geradebrecht⟩ (***e-e Sprache***) **~** ânonner, baragouiner une langue; parler petit nègre
'radeln F *v/i* ⟨¢, sn⟩ → ***Rad*** *2*
Rädelsführer ['rɛːdəls-] *m* instigateur *m*; meneur *m*
rädern ['rɛːdərn] *v/t* **1** HIST rouer; **2** *fig* ***wie gerädert sein*** être rompu (de fatigue), F vanné, F crevé
'radfahren → ***Rad*** *2*
'Radfahrer(in) *m(f)* **1** cycliste *m,f*; **2** F *péj* F lèche-bottes *m*
Radicchio [ra'dɪkio] *m* ⟨~s⟩ salade *f* de Trévise
radier|en [ra'diːrən] *v/t* ⟨*sans ge*⟩ effacer (à la gomme); gommer; **2gummi** *m* gomme *f*; **2ung** *f* ⟨~; ~en⟩ (gravure *f* à l')eau-forte *f*
Radieschen [ra'diːsçən] *n* ⟨~s; ~⟩ (petit) radis
radikal [radi'kaːl] *adj* radical; POL extrémiste
Radi'kale(r) *f(m)* ⟨→ A⟩ POL extrémiste *m,f*
radika|li'sieren *v/t* ⟨*sans ge*⟩ radicaliser; **2'lismus** *m* ⟨~; -men⟩ extrémisme *m*
Radio ['raːdio] *n* ⟨~s; ~s⟩ radio *f*; ***im ~*** à la radio; **~ *hören*** écouter la radio
radioaktiv [radioˀak'tiːf] *adj* radioactif; **2i'tät** *f* ⟨~⟩ radioactivité *f*
'Radio|apparat *m*, **~gerät** *n* récepteur *m* radio; (poste *m* de) radio *f*
Radiolo'gie *f* ⟨~⟩ radiologie *f*
'Radio|sender *m* station *f* de radio; **~sendung** *f* émission *f* radiophonique; **~wecker** *m* radioréveil *m*
Radium ['raːdium] *n* ⟨~s⟩ radium *m*
Radius ['raːdiʊs] *m* ⟨~; -ien⟩ MATH rayon *m*
'Radkappe *f* enjoliveur *m*; chapeau *m* de roue
'Radler F *m* ⟨~s; ~⟩ **1** cycliste *m*; **2** →***Radlermaß***; **~hose** *f* COUT cycliste *m*; **~maß** *f* *Getränk* panaché *m*
'Rad|rennbahn *f* vélodrome *m*; **~rennen** *n* course *f* cycliste; **~sport** *m* cyclisme *m*; **~tour** *f* tour *m* en vélo; **~wanderung** *f* randonnée *f* à bicy-

clette; cyclotourisme *m*; **~weg** *m* piste *f* cyclable

raffen ['rafən] *v/t* **1** (**an sich** [*acc*]) **~** emporter; enlever; **2** *Kleid* relever; retrousser

'Raffgier *f* cupidité *f*; *p/fort* rapacité *f*

Raffinade [rafi'na:də] *f* ⟨~; ~n⟩ sucre raffiné

Raffinerie [rafinə'ri:] *f* ⟨~; ~n⟩ raffinerie *f*

Raffinesse [rafi'nɛsə] *f* ⟨~; ~n⟩ **1** ruse *f*; astuce *f*; **2** *in der Ausstattung* raffinement *m*; subtilités *f/pl*

raffi'nieren *v/t* ⟨*sans ge*⟩ raffiner

raffi'niert *adjt* **1** *Plan* ingénieux; astucieux; *Mensch* rusé; fin; **2** (*verfeinert*) raffiné

Rafting ['ra:ftɪŋ] *n* ⟨~s⟩ rafting *m*

Rage ['ra:ʒə] F *f* ⟨~⟩ colère *f*; rage *f*; ***j-n in ~ bringen*** mettre qn en rage

ragen ['ra:gən] *v/i* ***aus etw ~*** surgir de qc; se dresser au-dessus de qc; ***in etw*** (*acc*) **~** *vertikal* se dresser, s'élever dans qc

Ragout [ra'gu:] *n* ⟨~s; ~s⟩ ragoût *m*

Rahm [ra:m] *m* ⟨~e̸s⟩ crème *f* (du lait)

rahmen ['ra:mən] *v/t* encadrer

Rahmen ['ra:mən] *m* ⟨~s; ~⟩ **1** (*Bilder♀*) cadre *m*; encadrement *m*; (*Fenster♀*) châssis *m*; **2** (*Fahrrad♀*) cadre *m*; (*Auto♀*) châssis *m*; **3** *fig* cadre *m*; ***im ~ bleiben*** ne pas sortir du cadre; ***aus dem ~ fallen*** sortir de l'ordinaire

'Rahmen|abkommen *n* accord-cadre *m*; contrat-cadre *m*; **~bedingungen** *f/pl* conditions générales; **~programm** *n* programme-cadre *m*

Rain [raɪn] *m* ⟨~e̸s; ~e⟩ lisière *f* d'un champ

räkeln ['rɛ:kəln] → ***rekeln***

Rakete [ra'ke:tə] *f* ⟨~; ~n⟩ fusée *f*; MIL missile *m*; roquette *f*

> **⚠ Rakete ≠ raquette**
>
> die Rakete = la fusée
> la raquette = 1. der Tennis-, Tischtennis-, Federballschläger
> 2. der Schneeschuh

Ra'ketenabwehrsystem *n* système *m* antimissile

Rallye ['rali *ou* 'rɛli] *f* ⟨~; ~s⟩ rallye *m*

RAM [ram] *n* ⟨~s̸; ~s̸⟩ INFORM *abr* (*random access memory*) mémoire vive

rammen *v/t* ['ramən] **1** ***etw in etw*** (*acc*) **~** enfoncer qc dans qc; **2** *Fahrzeug* rentrer dans; tamponner; *von hinten* emboutir; (***seitlich***) **~** prendre en écharpe

Rampe ['rampə] *f* ⟨~; ~n⟩ rampe *f*

'Rampenlicht *n* ***im ~*** (***der Öffentlichkeit***) ***stehen*** être en vedette, au premier plan, sur le devant de la scène

ramponieren [rampo'ni:rən] F *v/t* ⟨*sans ge*⟩ abîmer; F esquinter

Ramsch [ramʃ] *m* ⟨~e̸s; ~e⟩ **1** *péj* (*Plunder*) F camelote *f*; F saloperie *f*; **2** COMM (marchandise *f* de) rebut *m*; **'~laden** F *péj m* bazar *m*

ran [ran] F *adv* (***jetzt aber***) **~!** on y va!; allez!; vas-y!; ***~ an die Arbeit!*** au boulot!; → ***heran***

Rand [rant] *m* ⟨~e̸s; ≈er⟩ **1** (*Grenze*) bord *m*; (*Wald♀*) lisière *f*; (*Stadt♀*) périphérie *f*; abords *m/pl*; banlieue *f*; (*Wund♀*) bords *m/pl*; lèvres *f/pl*; ***bis an den*** *od* ***zum ~*** à ras bord(s); ***am ~e erwähnen*** faire remarquer en passant; ***am ~e der Verzweiflung sein*** être au (bord du) désespoir; **2** (*Einfassung*) bordure *f*; (*Brillen♀*) bord *m*; (*Buch♀, Heft♀*) marge *f*; (*Augen♀*) cerne *m*; F ***außer ~ und Band sein*** être déchaîné; **3** *fig* ***mit etw zu ~e kommen*** → ***zurande***

Randa|le [ran'da:lə] F *f* ⟨~⟩ bagarre *f*; *mit Sachbeschädigung* F casse *f*; **♀'lieren** *v/i* ⟨*sans ge*⟩ provoquer une bagarre; F faire de la casse; **~'lierer** *m* ⟨~s; ~⟩ F bagarreur *m*; casseur *m*

'Rand|bemerkung *f* note marginale; annotation *f* (en marge); *fig* remarque *f*; **~gebiet** *n* **1** *e-r Stadt* banlieue *f*; périphérie *f*; abords *m/pl*; **2** *e-r Wissenschaft* domaine *m* annexe

'Randgruppe *f* groupe marginal; frange *f*; (***soziale***) **~n** marginaux *m/pl*

'rand|los *adj Brille* non cerclé; **♀streifen** *m* accotement *m*; **~voll** *adj* plein à ras bord(s)

rang [raŋ] → ***ringen***

Rang [raŋ] *m* ⟨~e̸s; ≈e⟩ **1** (*Stellung*) rang *m*; (*Stand*) classe *f*; condition *f*; MIL grade *m*; ***ersten ~es*** de premier ordre; ***alles, was ~ und Namen hat*** tous les gens très connus; ***j-m den ~ ablaufen*** supplanter, évincer, éclipser qn; **2**

THÉ balcon *m*; galeries *f/pl*; **3** *pl* ***Ränge e-s Stadions*** gradins *m/pl*
Range ['raŋə] *f* ⟨~; ~n⟩ polisson *m*
'ran·gehen F *v/i* ⟨*irr*, sn⟩ F ne pas avoir froid aux yeux; *bei der Arbeit* F abattre du boulot
Rangelei [raŋə'laɪ] F *f* ⟨~; ~en⟩ F bagarre *f*
'rangeln F *v/i* se bagarrer
'Rangfolge *f* 'hiérarchie *f*
Rangierbahnhof [raŋ'ʒiːr-] *m* gare *f* de triage
ran'gieren ⟨*sans ge*⟩ **I** *v/t Fahrzeug* manœuvrer; BAHN trier; **II** *v/i fig* se placer (***vor*** [+ *dat*] devant; ***hinter*** [+ *dat*] derrière)
Ran'giergleis *n* voie *f* de triage
'Rang|liste *f* classement *m* (*a* SPORT); **~ordnung** *f* 'hiérarchie *f*; ordre *m* hiérarchique
'ran·halten *v/r* ⟨*irr*⟩ F ***sich ~*** se dépêcher; F se grouiller; (*sich anstrengen*) F s'accrocher
rank [raŋk] *adj* ***~ und schlank*** svelte
Ranke ['raŋkə] *f* ⟨~; ~n⟩ BOT vrille *f*; *der Weinrebe* sarment *m*
Ränke ['rɛŋkə] *st/s pl* intrigues *f/pl*; machinations *f/pl*; ***~ schmieden*** intriguer
'ranken I *v/i* ⟨h *ou* sn⟩ donner des vrilles, *Reben* des sarments; **II** *v/r* ***sich um etw ~*** s'entortiller, s'enrouler autour de qc; *fig* être tissé autour de qc
'ran·machen F *v/r* ***sich an j-n ~*** F draguer qn
rann [ran] → ***rinnen***
rannte ['rantə] → ***rennen***
Ranzen ['rantsən] *m* ⟨~s; ~⟩ cartable *m*; sac *m* d'écolier, d'école
ranzig ['rantsɪç] *adj* rance; ranci; ***~ werden*** rancir
Rap [rɛp] *m* ⟨~$; ~s⟩ MUS rap *m*
rapid(e) [ra'piːt (ra'piːdə)] *adj* rapide
Rappe ['rapə] *m* ⟨~n; ~n⟩ cheval noir
Rappel ['rapəl] F *m* ⟨~s; ~⟩ lubie *f*; F toquade *f*; ***den ~ kriegen*** F flipper
'rappeln F *v/i u v/imp* ⟨¢⟩ (*klappern*) claquer; *Wecker* sonner
Rappen ['rapən] *m* ⟨~s; ~⟩ *schweiz* centime *m*
Rapport [ra'pɔrt] *m* ⟨~s; ~e⟩ rapport *m*
Raps [raps] *m* ⟨~es⟩ colza *m*; **'~öl** *n* huile *f* de colza
rar [raːr] *adj* rare; **2i'tät** *f* ⟨~; ~en⟩ rareté *f*; (objet *m* de) curiosité *f*
rasant [ra'zant] F **I** *adj Tempo* vertigineux; F dingue; *Wagen, Frau* qui a de la classe; **II** *adv* à une vitesse folle, vertigineuse; ***~ fahren*** F rouler à fond la caisse
rasch [raʃ] **I** *adj* prompt; rapide; *Bewegung* preste; **II** *adv* vite; rapidement
rascheln ['raʃəln] *v/i* ⟨¢⟩ *Papier, Stoff* faire un (léger) bruit; *Seide* froufrouter
rasen ['raːzən] *v/i* ⟨¢$⟩ **1** ⟨sn⟩ (*eilen*) aller à toute vitesse, à une vitesse folle; *Auto a* F foncer; ***das Auto raste gegen e-n Baum*** la voiture s'est écrasée contre un arbre; **2** ***vor Wut ~*** tempêter; être 'hors de soi; se déchaîner
Rasen ['raːzən] *m* ⟨~s; ~⟩ gazon *m*; (*~platz*) pelouse *f* (*a* SPORT)
'rasend I *adjt* **1** *Geschwindigkeit* fou; vertigineux; **2** (*wütend*) fou; furieux; fou furieux; (*wahnsinnig*) forcené; frénétique; ***~ werden*** enrager; ***j-n ~ machen*** rendre qn fou, F dingue; **3** *Schmerz* violent; *Beifall* frénétique; ***~e Zahnschmerzen*** *m/pl* rage *f* de dents; **II** F *advt* follement; ***etw ~ gern tun*** adorer faire qc
'Rasen|mäher *m* ⟨~s; ~⟩ tondeuse *f* à gazon; **~sprenger** *m* ⟨~s; ~⟩ arroseur *m*
'Raser F *m* ⟨~s; ~⟩ F mordu *m* de la vitesse; *Autofahrer a* fou *m* du volant
Rase'rei *f* ⟨~; ~en⟩ **1** (*Wüten*) rage *f*; colère folle; fureur *f*; **2** F (*schnelles Fahren*) vitesse folle
Rasierapparat [ra'ziːr-] *m* rasoir *m* mécanique; ***elektrischer ~*** rasoir électrique
Ra'siercreme *f* crème *f* à raser
ra'sieren *v/t* (*u v/r*) ⟨*sans ge*⟩ (***sich ~*** se) raser
Ra'sier|er F *m* ⟨~s; ~⟩ rasoir *m* (électrique); **~klinge** *f* lame *f* de rasoir; **~messer** *n* rasoir *m* à main; **~pinsel** *m* blaireau *m*; **~seife** *f* savon *m* à barbe; **~wasser** *n* (lotion *f*) après-rasage *m*; after-shave *m*; **~zeug** *n* nécessaire *m* à raser
Räson [rɛ'zɔŋ] *f* ⟨~⟩ ***j-n zur ~ bringen*** mettre qn à la raison; raisonner qn
Raspel ['raspəl] *f* ⟨~; ~n⟩ râpe *f*
'raspeln *v/t* ⟨¢⟩ râper
Rasse ['rasə] *f* ⟨~; ~n⟩ race *f*
Rassel ['rasəl] *f* ⟨~; ~n⟩ (*Klapper*) crécelle *f*; *für Kinder* 'hochet *m*
'rasseln *v/i* ⟨¢⟩ **1** faire un bruit de fer-

R

raille; (*klirren*) cliqueter; **2** ⟨sn⟩ *Fahrzeug* rouler avec un grand bruit; **3** F ⟨sn⟩ ***durchs Examen ~*** échouer; F se faire étendre (à un examen)

'Rassen... *in Zssgn* racial; **~diskriminierung** *f* discrimination raciale; **~hass** *m* 'haine raciale; racisme *m*

'Rassepferd *n* cheval *m* de race

'rass|ig *adj Pferd* fringant; fougueux; *Frau* qui a de la classe; **~isch** *adj* racial

Ras's|ismus *m* ⟨~⟩ racisme *m*; **~ist** *m* ⟨~en; ~en⟩ raciste *m*; **2istisch** *adj* raciste

Rast [rast] *f* ⟨~; ~en⟩ repos *m*; pause *f*; *bes* MIL 'halte *f*

Rasta ['rasta] *m* ⟨~s; ~s⟩ rasta *m*; **~locken** *f/pl* dreadlocks *f/pl*

'rasten *v/i* ⟨-e-⟩ se reposer; faire une 'halte

'Raster *n* ⟨~s; ~⟩ **1** TV mire *f*; grille *f*; réseau *m*; **2** *fig* schéma *m*; trame *f*

'Rast|haus *n* → ***Raststätte***; **2los** *adj* sans relâche; sans répit; sans trêve ni repos; infatigable; **~platz** *m* étape *f*; 'halte *f*; *an Autobahnen* aire *m* de repos; **~stätte** *f* restaurant *m* (d'autoroute); relais routier; restoroute® *m*

Ra'sur *f* ⟨~; ~en⟩ rasage *m*

Rat [ra:t] *m* ⟨~¢s⟩ **1** (*Ratschlag*) conseil *m*; avis *m*; ***auf j-s ~*** (*acc*) (***hin***) sur le(s) conseil(s) de qn; ***j-m e-n ~ geben*** donner (un) conseil à qn; conseiller qn; ***j-n um ~ fragen*** demander conseil à qn; consulter qn; (***sich*** [*dat*]) ***keinen ~ mehr wissen*** ne plus savoir que faire, quoi faire; ***j-n zu ~e ziehen*** consulter qn; prendre l'avis de qn; **2** ⟨*pl* ~̈e⟩ *Gremium* conseil *m*; *Mitglied* conseiller *m*

Rate ['ra:tə] *f* ⟨~; ~n⟩ **1** (*Prozentsatz*) taux *m*; (*Verhältnisanteil*) quote-part *f*; **2** (*Teilzahlung*) versement *m*; (*Monats2*) mensualité *f*; ***in ~n*** (*dat*) ***zahlen*** payer par versements échelonnés

'raten *v/t u v/i* ⟨rät, riet, geraten⟩ **1** (*empfehlen*) conseiller; donner un (bon) conseil (à); ***j-m etw*** *od* ***zu e-r Sache ~*** conseiller, recommander qc à qn; ***j-m ~, etw zu tun*** conseiller à qn de faire qc; **2** (*erraten*) deviner

'Ratenzahlung *f* paiement *m* par acomptes, à tempérament

'Ratespiel *n* devinette *f*; énigme *f*

'Ratgeber *m* ⟨~s; ~⟩ **1** *Person* conseiller *m*; **2** *Buchtitel* guide *m* pratique

'Rathaus *n* hôtel *m* de ville; *in kleineren Orten* mairie *f*

ratifizier|en [ratifi'tsi:rən] *v/t* ⟨*sans ge*⟩ ratifier; **2ung** *f* ⟨~; ~en⟩ ratification *f*

Ration [ratsi'o:n] *f* ⟨~; ~en⟩ ration *f*; ***eiserne ~*** réserve *f* de vivres

ratio'nal *adj* rationnel (*a* MATH)

rationali'sier|en *v/t* ⟨*sans ge*⟩ rationaliser; **2ung** *f* ⟨~; ~en⟩ rationalisation *f*

Rationa'lismus *m* ⟨~⟩ rationalisme *m*

ratio'nell *adj* rationnel

ratio'nier|en *v/t* ⟨*sans ge*⟩ rationner; **2ung** *f* ⟨~; ~en⟩ rationnement *m*

'ratlos *adj* embarrassé; perplexe; **2igkeit** *f* ⟨~⟩ embarras *m*; perplexité *f*

rätoromanisch [rɛtoro'ma:nɪʃ] *adj* ***die ~e Sprache*** le rhéto-roman; *schweiz* le romanche

'ratsam *adj* opportun; indiqué; conseillé; recommandé

'Ratschlag *m* conseil *m*

Rätsel ['rɛ:tsəl] *n* ⟨~s; ~⟩ énigme *f* (*a fig*); (*~spiel*) devinette *f*; **2haft** *adj* énigmatique; mystérieux

'rätseln *v/i* ⟨¢⟩ (***über etw*** [*acc*]) **~** se creuser la tête (sur qc)

Ratte ['ratə] *f* ⟨~; ~n⟩ rat *m*

'Ratten|fänger *m* ⟨~s; ~⟩ *fig* enjôleur *m*; **~gift** *n* mort-aux-rats *f*; **~schwanz** *m* F *fig* (*endlose Folge*) série *f*, cascade *f* (***von*** de)

rattern ['ratərn] *v/i* **1** *Maschinengewehr* crépiter; *Motor* pétarader; **2** *Wagen* ⟨sn⟩ rouler avec fracas

rau [raʊ] *adj* **1** (*uneben*) rude; *Wolle, Stoff* rêche; bourru; *Fläche* rugueux; raboteux; âpre; *Haut* très sec; rêche; *Hände* (*aufgesprungen*) gercé; **2** *Klima* rude; âpre; **3** *Stimme* rauque; enroué; *Kehle* sec; enflammé; **4** *Gegend* sauvage; **5** *fig Ton, Mensch* bourru; revêche; *Sitten* rude; **6** F ***in ~en Mengen*** F en masse; en (grande) quantité

Raub [raʊp] *m* ⟨~¢s⟩ (*Rauben*) vol *m*; (*Straßen2*) brigandage *m*; pillage *m*; (*Menschen2*) enlèvement *m*; *st/s* ***ein ~ der Flammen werden*** être la proie des flammes

'Raubbau *m* ⟨¢s⟩ ÉCOL déprédation *f*; *st/s* ***mit*** *od* ***an s-n Kräften ~ treiben*** abuser de ses forces

'Raubdruck *m* ⟨~¢s; ~e⟩ édition *f* pirate

'raubeinig F *adj* bourru; dur; rude

'rauben *v/t* voler; faire main basse sur;

fig ***j-m etw ~*** *Schlaf, Hoffnung* priver qn de qc
Räuber ['rɔʏbər] *m* ⟨~s; ~⟩ voleur *m*; (*Straßen*♀) brigand *m*; *p/fort* bandit *m*; pillard *m*; **~bande** *f* bande *f* de brigands, de voleurs; ♀**isch** *adj* de brigand
'**Raub|fisch** *m* poisson carnassier, vorace; **~katze** *f* félidé *m*; **~kopie** *f* copie *f* pirate; **~mord** *m* vol *m* et meurtre *m*; crime crapuleux; **~mörder** *m* auteur *m* d'un vol et meurtre; **~tier** *n* carnassier *m*; fauve *m*; **~überfall** *m* attaque *f*, agression *f* à main armée; 'hold-up *m*; **~vogel** *m* oiseau *m* de proie; rapace *m*; **~zug** *m* expédition *f* de pillage; razzia *f*
Rauch [raux] *m* ⟨~¢s⟩ fumée *f*; *fig* ***sich in ~ auflösen*** se dissiper, s'évanouir en fumée
'**Rauchbombe** *f* bombe *f* fumigène
'**rauchen** *v/t, v/i, v/imp* fumer; ♀ ***verboten!*** défense de fumer!
'**Raucher(in)** *m* ⟨~s; ~⟩ (*f*) ⟨~; ~nen⟩ fumeur, -euse *m,f*
Räucheraal ['rɔʏçər-] *m* anguille fumée
'**Raucher|abteil** *n* compartiment *m* fumeurs; **~husten** *m* toux *f*, bronchite *f* (chronique) du fumeur
'**Räucherlachs** *m* saumon fumé
'**räucher|n** *v/t* *Fisch, Fleisch* fumer; ♀**stäbchen** *n* bâtonnet *m* d'encens
'**rauchig** *adj* (*voller Rauch*) enfumé; *Stimme* rauque
'**Rauch|verbot** *n* défense *f*, interdiction *f* de fumer; **~vergiftung** *f* intoxication *f* par la fumée; **~wolke** *f* nuage *m* de fumée
räudig ['rɔʏdɪç] *adj* galeux
rauf [rauf] F → ***herauf, hinauf***
'**Raufasertapete** *f* papier *m* ingrain
Raufbold ['raufbɔlt] *m* ⟨~¢s; ~e⟩ bagarreur *m*; batailleur *m*
'**raufen** *v/i* (*u v/r* ***sich ~***) se bagarrer; se battre
Raufe'rei *f* ⟨~; ~en⟩ rixe *f*; bagarre *f*
'**rauflustig** *adj* bagarreur; batailleur
rauh [rau] → ***rau***
'**Rauheit** *f* ⟨~⟩ rudesse *f*; âpreté *f*
Raum [raum] *m* ⟨~¢s; ~̈e⟩ **1** espace *m*; (*Ausdehnung*) étendue *f*; *fig* ***etw im ~ stehen lassen*** laisser qc en suspens; **2** (*Räumlichkeit*) local *m*; *e-r Wohnung* pièce *f*; **3** (*Gebiet*) région *f*
räumen ['rɔʏmən] *v/t* **1** (*wegschaffen*) enlever; déblayer; COMM *Lager* liquider; ***etw beiseite ~*** mettre qc de côté; **2** (*an e-n Ort schaffen*) ranger; mettre; **3** (*frei machen*) vider; débarrasser; *Wohnung* quitter; *Polizei* (*leer machen*) évacuer
'**Raum|fähre** *f* navette spatiale; **~fahrer** *m* astronaute *m*; cosmonaute *m*; **~fahrt** *f* astronautique *f*; navigation spatiale; **~flug** *m* vol spatial; mission spatiale; **~inhalt** *m* volume *m*; cubage *m*; capacité *f*; **~kapsel** *f* capsule spatiale
räumlich ['rɔʏmlɪç] *adj* de *od* dans l'espace; OPT stéréoscopique; (*dreidimensional*) à trois dimensions
'**Räumlichkeit** *f* ⟨~; ~en⟩ local *m*; ***~en*** *pl* (*Räume*) locaux *m/pl*
'**Raum|maß** *n* mesure *f* de volume; **~meter** *m od n* stère *m*; **~ordnung** *f* aménagement *m* du territoire; **~pflegerin** *f* femme *f* de ménage; **~schiff** *n* vaisseau, véhicule spatial; **~sonde** *f* sonde spatiale; **~station** *f* station spatiale, orbitale; **~transporter** *m* navette spatiale
'**Räumung** *f* ⟨~; ~en⟩ **1** (*Wegschaffen*) enlèvement *m*; **2** COMM *e-s Lagers* liquidation *f*; **3** *der Polizei* évacuation *f*; (*Zwangs*♀) expulsion *f*
Räumungs|klage *f* JUR demande *f* d'expulsion; **~verkauf** *m* liquidation totale des stocks
raunen ['raunən] *v/t* murmurer; chuchoter; ***ein ♀ ging durch die Menge*** un murmure parcourut la foule
Raupe ['raupə] *f* ⟨~; ~n⟩ ZO, TECH chenille *f*; **~nfahrzeug** *n* véhicule *m* à chenilles
'**Raureif** *m* ⟨~¢s⟩ givre *m*
raus [raus] F → ***heraus, hinaus***; ***~ (mit dir)!*** dehors!; F tire-toi!; F casse-toi!
Rausch [rauʃ] *m* ⟨~¢s; ~̈e⟩ (*Betrunkenheit*) ivresse *f* (*a fig*); ***e-n ~ haben*** être ivre, soûl; ***sich*** (*dat*) ***e-n ~ antrinken*** se soûler; ***s-n ~ ausschlafen*** cuver son vin
'**rauschen** *v/i* **1** *Blätter* frémir; *st/s* bruire; *Wind st/s* bruire; *Brandung* mugir; *Bach* murmurer; TECH faire un bruit de fond; **2** ⟨sn⟩ (*sich schnell bewegen*) passer en trombe
'**Rauschen** *n* ⟨~s⟩ frémissement *m*; *st/s* bruissement *m*; mugissement *m*; murmure *m*; bruit *m* de fond

R

'rauschend *adjt Beifall* retentissant; *Fest* magnifique
'Rauschgift *n* stupéfiant *m*; drogue *f*; ***~ nehmen*** se droguer
'Rauschgift|handel *m* trafic *m* de stupéfiants, de (la) drogue; **~händler** *m* trafiquant *m* de drogue; **2süchtig** *adj* toxicomane; **~süchtige(r)** *f(m)* toxicomane *m,f*; drogué(e) *m(f)*
'raus·|fliegen F *v/i* ⟨*irr*, sn⟩ F se faire virer; **~kriegen** F *v/t* **1** (*erfahren*) apprendre; **2** *Rätsel* trouver
räuspern ['rɔʏspərn] *v/r* ***sich ~*** se racler la gorge
'raus·schmeißen F *v/t* ⟨*irr*⟩ F virer; F flanquer à la porte, dehors
'Raus|schmeißer F *m* ⟨~s; ~⟩ F videur *m*; **~schmiss** F *m* ⟨~es; ~e⟩ F vidage *m*
Raute ['rautə] *f* ⟨~; ~n⟩ losange *m*
Rave [re:v] *m* ⟨~$; ~s⟩ *Party* rave *f*
Ravioli [ravi'o:li] *pl* CUIS ravioli *m/pl*
Razzia ['ratsia] *f* ⟨~; -ien⟩ rafle *f*; descente *f* de police
Reagenzglas [rea'gɛnts-] *n* éprouvette *f*
reagieren [rea'gi:rən] *v/i* ⟨*sans ge*⟩ réagir, répondre (***auf*** [+ *acc*] à)
Reaktion [reaktsi'o:n] *f* ⟨~; ~en⟩ réaction *f* (*a* CHIM, POL); réflexe *m*; *fig* réponse *f* (***auf*** [+ *acc*] à)
reaktio|när [reaktsio'nɛ:r] *adj* réactionnaire; **2'När(in)** *m* ⟨~s; ~e⟩ (*f*) ⟨~; ~nen⟩ réactionnaire *m,f*
reakti'ons|fähig *adj* en mesure de réagir; **2fähigkeit** *f* ⟨~⟩ réactivité *f*; *par ext* réflexes *m/pl*; **~schnell** *adj* qui réagit rapidement; **2vermögen** *n* réactivité *f*
Reaktor [re'aktɔr] *m* ⟨~s; -'toren⟩ réacteur *m*; pile *f* atomique
real [re'a:l] *adj* effectif; réel
Real|isati'on *f* ⟨~; ~en⟩ réalisation *f*; **2i'sierbar** *adj* réalisable; **2i'sieren** *v/t* ⟨*sans ge*⟩ réaliser
Rea'l|ismus *m* ⟨~⟩ réalisme *m*; **~ist** *m* ⟨~en; ~en⟩ réaliste *m*; **2istisch** *adj* réaliste; **~i'tät** *f* ⟨~; ~en⟩ réalité *f*
Re'alschule *f etwa* collège *m*
Rebe ['re:bə] *f* ⟨~; ~n⟩ vigne *f*
Rebell(in) [re'bɛl(ɪn)] *m* ⟨~en; ~en⟩ (*f*) ⟨~; ~nen⟩ rebelle *m,f*
rebel'lieren *v/i* ⟨*sans ge*⟩ se rebeller (***gegen*** contre)
Rebelli'on *f* ⟨~; ~en⟩ rébellion *f*
re'bellisch *adj* rebelle (***gegen*** à)
Rebhuhn ['re:phu:n] *n* perdrix *f*
'Reb|sorte *f* cépage *m*; **~stock** *m* cep *m*, pied *m* de vigne
rechen ['rɛçən] *v/t* ratisser
'Rechen *m* ⟨~s; ~⟩ râteau *m*
Rechen|aufgabe ['rɛçənʔ-] *f* problème *m* d'arithmétique; **~fehler** *m* erreur *f*, faute *f* de calcul; **~maschine** *f* machine *f* à calculer
Rechenschaft ['rɛçənʃaft] *f* ⟨~⟩ ***j-m*** (***über etw*** [*acc*]) ***~ schuldig sein*** être obligé de rendre (des) compte(s), raison à qn (de qc); (***j-m***) ***~ über etw*** (*acc*) ***ablegen*** rendre compte, raison de qc (à qn); ***j-n*** (***für etw***) ***zur ~ ziehen*** demander des comptes, raison à qn (de qc)
'Rechenschaftsbericht *m* compte rendu
'Rechen|schieber *m* règle *f* à calcul(er); **~zentrum** *n* centre *m* de calcul
recherchieren [reʃɛr'ʃi:rən] *v/t* ⟨*sans ge*⟩ faire des recherches sur
rechnen ['rɛçnən] ⟨-e-⟩ **I** *v/t u v/i* **1** MATH calculer; faire un calcul; (*zählen*) compter; ***von heute an gerechnet*** à compter d'aujourd'hui; **2** (*veranschlagen*) ***er rechnet 50 Euro die Stunde*** il compte 50 euros de l'heure; ***alles in allem gerechnet*** tout compte fait; **3** (*einbeziehen*) compter; ***er rechnet mich zu seinen Freunden*** il me compte parmi ses amis; **4** (*erwarten*) ***mit etw ~*** s'attendre à qc; tabler sur qc; **5** (*sich verlassen*) ***auf j-n ~*** compter, tabler sur qn; **II** *v/r* ***sich ~*** être rentable
'Rechnen *n* ⟨~s⟩ calcul *m* (*a* SCHULE)
'Rechner *m* ⟨~s; ~⟩ calculateur *m*; (*Computer*) ordinateur *m*; **2isch** *adj u adv* par voie de calcul
'Rechnung *f* ⟨~; ~en⟩ **1** (*Rechnen*) calcul *m*; **2** (*Abrechnung*) compte *m*; *an Firmen* facture *f*; *an Privatleute* note *f*; *im Restaurant* addition *f*; ***das geht auf meine ~*** c'est moi qui règle la note, qui paie; (laissez!) c'est pour moi; ***etw in ~ stellen*** facturer qc; **3** *fig* ***Ihre ~ geht nicht auf*** votre calcul est faux; ***e-r Sache*** (*dat*) ***~ tragen*** tenir compte de qc
'Rechnungs|betrag *m* montant *m* de la facture *bzw* note; **~hof** *m* Cour *f* des comptes; **~prüfer(in)** *m(f)* commissaire *m,f* aux comptes; **~wesen** *n* comptabilité *f*

R

recht [rɛçt] **I** *adj* (*richtig*) juste; (*wirklich*) vrai; (*geeignet*) propre; (*gelegen*) opportun; ***alles, was ~ ist, aber ...*** tout ce que vous voulez, mais ...; ***~ so!*** très bien!; bravo!; à la bonne heure!; ***das ist mir ~*** c'est bon, d'accord; cela m'arrange; **II** *adv* (*richtig*) bien; (*angebracht*) comme il faut; (*gelegen*) à point; à propos; (*sehr*) *vor adj u adv* très; fort; bien; *vor Verben* beaucoup; bien; ***~ herzliche Grüße*** (***an*** [+ *acc*] ...)! (mes) amitiés (à ...)!; ***es j-m ~ machen*** contenter qn; ***Sie kommen gerade ~*** vous venez, arrivez à point; vous tombez bien; ***ganz ~!*** c'est bien cela!; très bien!; parfaitement!

Recht *n* ⟨~(e)s; ~e⟩ **1** (*Anspruch*) droit *m* (***auf*** [+ *acc*] à); (*Befugnis*) faculté *f*; ***mit welchem ~?*** de quel droit?; à quel titre?; ***mit, zu ~*** à bon droit; à juste titre; avec raison; ***im ~ sein*** être dans son droit; ***~ haben*** avoir raison; ***~ behalten*** avoir finalement raison; ***j-m ~ geben*** donner raison à qn; **2** (*Gerechtigkeit*) justice *f*; ***sein ~ bekommen*** obtenir justice; **3** (*Gesamtheit der Gesetze*) droit *m*; ***~ sprechen*** rendre la justice; ***von ~s wegen*** de par la loi

ˈ**rechte** *adj* droit; POL de droite; ***~ Seite*** côté droit; droite *f*; *e-s Stoffes* endroit *m*

ˈ**Rechte** *f* ⟨→ A⟩ **1** (*rechte Hand, Seite*) droite *f*; ***zur ~n*** à droite; **2** BOXEN droit *m*; **3** POL ***die ~*** la droite

ˈ**Rechte(r)** *f*(*m*) ⟨→ A⟩ **1** → ***Richtige(r)***; **2** POL homme *m*, femme *f* de droite

ˈ**Rechte(s)** *n* ⟨→ A⟩ ***nach dem Rechten sehen*** veiller à ce que tout soit en ordre *bzw* tout se passe bien

ˈ**Rechteck** *n* rectangle *m*; **2ig** *adj* rectangulaire

ˈ**rechtfertigen** *v/t* (*u v/r* ***sich ~*** se) justifier (***wegen*** de)

ˈ**Rechtfertigung** *f* justification *f*

ˈ**recht|gläubig** *adj* orthodoxe; **~haberisch** *adj* qui veut toujours avoir raison; ergoteur; **~lich** *adj* légal; juridique; **~los** *adj* sans droits

ˈ**rechtmäßig** *adj* légal; légitime; **2keit** *f* ⟨~⟩ légalité *f*; légitimité *f*

rechts [rɛçts] *adv* à droite (***von*** de); *von Stoffen* à l'endroit; POL ***~ stehen*** être de droite

ˈ**Rechtsabbieger** *m* ⟨~s; ~⟩ personne *f* *bzw* véhicule *m* tournant à droite

ˈ**Rechts|anspruch** *m* (prétention fondée en) droit *m* (***auf*** [+ *acc*] à); droit *m* légitime; **~anwalt** *m*, **~anwältin** *f* avocat(e) *m*(*f*); *Anrede* Maître *m*

Rechtsˈaußen *m* ⟨~; ~⟩ SPORT ailier droit

ˈ**Rechts|beistand** *m* avocat-conseil *m*; conseil *m* juridique; **~beugung** *f* contournement *m* de la loi, de la législation; **~bruch** *m* violation *f* du droit

ˈ**rechtschaffen** *adj* honnête; loyal; probe; **2heit** *f* ⟨~⟩ honnêteté *f*; loyauté *f*; probité *f*

ˈ**Rechtschreib|fehler** *m* faute *f* d'orthographe; **~programm** *n* INFORM correcteur *m* orthographique; **~reform** *f* réforme *f* de l'orthographe; **~ung** *f* orthographe *f*

ˈ**Rechts|extremismus** *m* extrémisme *m* de droite; **~extremist** *m* extrémiste *m* de droite; **2extremistisch** *adj* d'extrême droite

ˈ**Rechts|frage** *f* question *f* de droit; **~gelehrte(r)** *f*(*m*) jurisconsulte *m*; juriste *m,f*; **~grundlage** *f* base *f*, fondement *m* juridique; **2gültig** *adj* valide

Rechts|händer(in) [ˈrɛçtshɛndər(ɪn)] *m* ⟨~s; ~⟩ (*f*) ⟨~; ~nen⟩ droitier, -ière *m,f*; **2händig I** *adj* droitier; **II** *adv* de la main droite

ˈ**rechtsherum** *adv* à droite

ˈ**rechts|kräftig** *adj* qui a force de chose jugée; *Urteil* exécutoire; **~kundig** *adj* qui connaît le droit

ˈ**Rechtskurve** *f* virage *m* à droite

ˈ**Rechtsmittel** *n* JUR recours *m*; ***ein ~ einlegen*** former un recours

ˈ**Rechtsprechung** *f* ⟨~; ~en⟩ jurisprudence *f*

ˈ**rechts|radikal** *adj* d'extrême droite; **2ruck** *m* POL glissement *m* à droite

ˈ**Rechtsschutz** *m* protection *f* juridique; **~versicherung** *f* assurance *f* protection juridique

ˈ**Rechts|staat** *m* État *m* de droit; **~streit** *m* litige *m*; *par ext* procès *m*; **~vertreter** *m* représentant légal; mandataire *m*

ˈ**Rechtsweg** *m* voie *f* de droit, judiciaire; ***den ~ beschreiten*** avoir recours à la justice, aux tribunaux

ˈ**rechts|widrig** *adj* illégal; **2widrigkeit** *f* illégalité *f*; **2wissenschaft** *f* (science *f* du) droit *m*

R

'rechtwink(e)lig *adj* rectangle
'rechtzeitig **I** *adj* opportun; **II** *adv* à temps; en temps voulu
Reck [rɛk] *n* ⟨~¢s; ~e *ou* ~s⟩ TURNEN barre *f* fixe
recken ['rɛkən] **I** *v/t Glieder* étirer; *Hals* allonger; **II** *v/r* ***sich ~*** s'étirer
Recorder [re'kɔrdər] *m* ⟨~s; ~⟩ (*Kassetten*2) magnétophone *m*; (*Video*2) magnétoscope *m*
recy|celbar [ri'saɪkəlba:r] *adj* ÉCOL recyclable; **~celn** *v/t* ⟨¢, *sans ge*⟩ ÉCOL recycler; **2cling** *n* ⟨~s⟩ ÉCOL recyclage *m*; **2clingpapier** *n* papier recyclé
Redakteur(in) [redak'tø:r(ɪn)] *m* ⟨~s; ~e⟩ (*f*) ⟨~; ~nen⟩ rédacteur, -trice *m,f*; *e-r Zeitung a* journaliste *m,f*
Redakti'o|n *f* ⟨~; ~en⟩ rédaction *f*; **2'nell** *adj* rédactionnel
Rede ['re:də] *f* ⟨~; ~n⟩ **1** (*Reden*) parole *f*; propos *m*; GR ***(in)direkte ~*** discours (in)direct; ***danach kam die ~ auf*** (+ *acc*) on aborda ensuite; on en vint ensuite à parler de; ***das ist nicht der ~ wert*** cela ne vaut pas la peine d'en parler; ***es ist die ~ davon, dass …*** il est question que … (+ *subj*) *od* de (+ *inf*); ***davon kann keine ~ sein*** il ne peut en être question; ***j-m (für etw) ~ und Antwort stehen*** répondre (de qc), donner des explications (sur qc) à qn; ***j-n (wegen etw) zur ~ stellen*** demander une explication à qn (de qc); ***langer*** *od* ***der langen ~ kurzer Sinn*** (enfin) bref; pour résumer; en un mot; **2** (*Ansprache*) discours *m*; *kürzere* allocution *f*; ***e-e ~ halten*** prononcer, faire un discours
'Rede|freiheit *f* liberté *f* de parole; **2gewandt** *adj* éloquent; **~gewandtheit** *f* éloquence *f*; élocution aisée
'reden ⟨-e-⟩ **I** *v/t u v/i* (*sprechen*) parler (***über*** [+ *acc*], ***von*** de; ***mit*** à, avec); (*sagen*) dire; (*e-e Rede halten*) faire, prononcer un discours; ***mit sich*** (*dat*) ***~ lassen*** ne pas être intransigeant; ***viel von sich*** (*dat*) ***~ machen*** faire parler beaucoup de soi; ***du hast gut ~*** tu en parles à ton aise; ***sie ~ nicht mehr miteinander*** ils ne se parlent plus; **II** *v/r* ***sich heiser ~*** s'enrouer (à force de parler)
'Redensart *f* tournure *f*; façon *f* de parler; ***sprichwörtliche ~*** dicton *m*
'Rede|schwall *m* déluge *m*, flot *m* de paroles; **~weise** *f* (*Ausdrucksweise*) manière *f*, façon *f* de parler; (*Sprechweise*) élocution *f*; **~wendung** *f* expression *f*; tournure *f*; LING locution *f*
redigieren [redi'gi:rən] *v/t* ⟨*sans ge*⟩ rédiger
redlich ['re:tlɪç] **I** *adj* honnête; intègre; **II** *adv* ***sich ~ bemühen*** faire des efforts sincères
'Redlichkeit *f* ⟨~⟩ honnêteté *f*; intégrité *f*
'Redner|(in) *m* ⟨~s; ~⟩ (*f*) ⟨~; ~nen⟩ orateur *m*; (*Vortrags*2) conférencier, -ière *m,f*; **~pult** *n* pupitre *m*
'redselig *adj* loquace; causeur; disert; **2keit** *f* loquacité *f*
reduzieren [redu'tsi:rən] *v/t* (*u v/r*) ⟨*sans ge*⟩ (***sich ~*** se) réduire (***auf*** [+ *acc*] à)
Reede ['re:də] *f* ⟨~; ~n⟩ MAR rade *f*
'Reeder *m* ⟨~s; ~⟩ armateur *m*
Reede'rei *f* ⟨~; ~en⟩ compagnie *f* maritime
reell [re'ɛl] *adj* **1** *Preis* honnête; convenable; correct; *Firma* de confiance; **2** (*wirklich*) réel
Referat [refe'ra:t] *n* ⟨~¢s; ~e⟩ **1** (*Vortrag*) conférence *f*; exposé *m*; ***ein ~ halten*** → ***referieren***; **2** (*Abteilung*) section *f*; service *m*
Referendar(in) [referɛn'da:r(ɪn)] *m* ⟨~s; ~e⟩ (*f*) ⟨~; ~nen⟩ (*Lehramts*2) professeur *m* stagiaire; JUR juriste *m,f* stagiaire
Referendum [refe'rɛndum] *n* ⟨~s; ~den *ou* -da⟩ référendum *m*
Refe'rent(in) *m* ⟨~en; ~en⟩ (*f*) ⟨~; ~nen⟩ **1** (*Vortragende[r]*) conférencier, -ière *m,f*; **2** *e-r Abteilung* responsable *m,f* d'un service, d'une section
Refe'renz *f* ⟨~; ~en⟩ référence *f*; recommandation *f*
refe'rieren *v/t u v/i* ⟨*sans ge*⟩ faire une conférence, un exposé (***über*** [+ *acc*] sur)
reflektieren [reflɛk'ti:rən] *v/t* ⟨*sans ge*⟩ *Licht* réfléchir
Re'flektor *m* ⟨~s; -'toren⟩ réflecteur *m*
Reflex [re'flɛks] *m* ⟨~es; ~e⟩ PHYS reflet *m*; *fig*, MÉD réflexe *m*; **~bewegung** *f* (mouvement *m*) réflexe *m*
refle'xiv *adj* GR réfléchi; pronominal; **2pronomen** *n* GR pronom réfléchi

R

Achtung: **Reflexive Verben**, **les verbes pronominaux**, bilden im Französischen – im Gegensatz zum Deutschen – das **passé composé** immer mit **être**.

Je me suis trompé(e).	Ich habe mich geirrt.
Elles se sont dépêchées.	Sie haben sich beeilt.

Reform [re'fɔrm] *f* ⟨~; ~en⟩ réforme *f*
Reformati'on *f* ⟨~⟩ HIST REL ***die ~*** la Réforme; la Réformation
re'form|bedürftig *adj* qui nécessite une réforme; **2er** *m* ⟨~s; ~⟩ réformateur *m*; **2haus** *n* magasin *m* de produits diététiques
refor'mieren *v/t* ⟨*sans ge*⟩ réformer
Re'formkost *f* aliments *m/pl*, produits *m/pl* diététiques
Refrain [rə'frɛ̃ː] *m* ⟨~s; ~s⟩ refrain *m*
Regal [re'gaːl] *n* ⟨~s; ~e⟩ étagère *f*; rayon *m*; rayonnage *m*; **~wand** *f* (grande) étagère
Regatta [re'gata] *f* ⟨~; -tten⟩ régates *f/pl*
rege ['reːgə] *adj* (*rüstig*) actif; (*lebhaft*), *Phantasie* vif; *geistig* agile; *Verkehr* intense; *Nachfrage* fort; grand
Regel ['reːgəl] *f* ⟨~; ~n⟩ **1** (*Vorschrift*) règle *f*; règlement *m*; (*Norm*) norme *f*; ***in der ~*** normalement; habituellement; en règle générale; ***es ist die ~, dass …*** il est de règle que … (+ *subj*); F ***nach allen ~n der Kunst*** dans, selon (toutes) les règles de l'art; **2** MÉD règles *f/pl*
'regel|bar *adj* réglable; **2fall** *m* cas normal; **~los** *adj* sans règle; (*unordentlich*) déréglé; désordonné
'regelmäßig *adj* régulier; *Briefwechsel* suivi; **2keit** *f* régularité *f*
'regeln *v/t* ⟨¢⟩ régler; *durch Verordnungen* réglementer
'regelrecht I *adj* **1** conforme aux règles; dans les règles; correct; **2** *fig* (*wirklich*) véritable; vrai; **II** *adv* vraiment
'Regelung *f* ⟨~; ~en⟩ règlement *m*; *gesetzliche* réglementation *f*; TECH, ÉCON régulation *f*
'regelwidrig *adj* contraire à la règle; irrégulier; **2keit** *f* irrégularité *f*
regen ['reːgən] *st/s v/r* ***sich ~*** **1** (*sich bewegen*) remuer; bouger; se mouvoir; **2** *Gefühle* s'éveiller; naître; *Gewissen* se faire sentir
Regen ['reːgən] *m* ⟨~s; ~⟩ pluie *f*; ***bei ~*** par temps de pluie; ***im ~*** sous la pluie
'regenarm *adj* avec peu de pluie
'Regenbogen *m* arc-en-ciel *m*; **~presse** *f* presse *f* du cœur
Regene|ration [regeneratsi'oːn] *f* ⟨~⟩ régénération *f*; **2ra'tiv** *adj Energie* renouvelable; **2'rieren** *v/t* (*u v/r*) ⟨*sans ge*⟩ (***sich ~*** se) régénérer
'Regen|fälle *m/pl* chutes *f/pl* de pluie; **~guss** *m* ondée *f*; averse *f*; **~mantel** *m* imperméable *m*; **2reich** *adj* pluvieux; **~rinne** *f* gouttière *f*
Regensburg ['reːgənsburk] *n* ⟨~s⟩ Ratisbonne
'Regen|schauer *m* averse *f*; ondée *f*;

Schon wieder Regen?

der Regenschauer	**l'averse** *f*
es regnet in Strömen	**il pleut à torrents**
es schüttet	**il pleut à verse**
es schüttet wie aus Eimern	**il pleut à seaux**
es nieselt	**il bruine**
es ist neblig	**il y a du brouillard**
es schneit	**il neige**
es hagelt	**il grêle**
es donnert	**il tonne**
es blitzt	**il y a des éclairs**
es ist windig	**il y a du vent**
es ist schwül	**il fait lourd**

~schirm *m* parapluie *m*
Re'gent(in) *m* ⟨~en; ~en⟩ (*f*) ⟨~; ~nen⟩ (*Herrscher*[*in*]) souverain(e) *m*(*f*); (*Stellvertreter*[*in*]) régent(e) *m*(*f*)
'Regentropfen *m* goutte *f* de pluie
Re'gentschaft *f* ⟨~; ~en⟩ régence *f*
'Regenumhang *m* cape *f* de pluie
'Regenwald *m* (***tropischer***) ~ forêt tropicale
'Regen|wasser *n* eau *f* de pluie; **~wetter** *n* temps pluvieux, de pluie; **~wolke** *f* nuage *m* de pluie; **~wurm** *m* ver *m* de terre; lombric *m*; **~zeit** *f* saison *f* des pluies
Reggae ['rɛge:] *m* ⟨~$⟩ MUS reggae *m*
Regie [re'ʒi:] *f* ⟨~⟩ **1** THÉ, FILM mise *f* en scène; FILM, TV *a* réalisation *f*; (***bei etw***) ***~ führen*** faire la mise en scène (de qc); ***unter der ~ von …*** sous la direction (artistique et technique) de …; **2** (*Verwaltung*) régie *f*; ***in eigener ~*** à son propre compte
Re'gie|anweisung *f* indication *f* scénique; **~assistent(in)** *m*(*f*) assistant(e) *m*(*f*) (du réalisateur, du metteur en scène)
regieren [re'gi:rən] ⟨*sans ge*⟩ **I** *v/t* **1** gouverner; diriger; **2** GR régir; **II** *v/i Minister* gouverner; *Regierung, Partei* être au pouvoir; *König* régner; ***über j-n, etw ~*** régner sur qn, qc; gouverner qn, qc
Re'gierung *f* ⟨~; ~en⟩ gouvernement *m*; (*~szeit e-s Monarchen*) règne *m*; ***an die ~ kommen*** arriver, parvenir au pouvoir
Re'gierungs|bezirk *m division administrative la plus importante d'un land*; **~bildung** *f* formation *f* du gouvernement; **~chef** *m* chef *m* du gouvernement; **~erklärung** *f* déclaration gouvernementale, ministérielle; **~krise** *f* crise gouvernementale, ministérielle; **~sitz** *m* siège *m* du gouvernement; **~sprecher(in)** *m*(*f*) porte-parole *m* du gouvernement; **≗treu** *adj* loyal (envers le gouvernement); **~umbildung** *f* remaniement ministériel; **~wechsel** *m* changement *m* de gouvernement
Regime [re'ʒi:m] *n* ⟨~s; ~ [-mə]⟩ régime *m*; système *m* politique; **~kritiker(in)** *m*(*f*) dissident(e) *m*(*f*)
Regiment [regi'mɛnt] *n* ⟨~¢s; ~e, MIL ~er⟩ **1** (*Herrschaft*) gouvernement *m*; **2** MIL régiment *m*

Region [regi'o:n] *f* ⟨~; ~en⟩ région *f*
regio'nal *adj* régional
Regisseur(in) [reʒɪ'sø:r(ɪn)] *m* ⟨~s; ~e⟩ (*f*) ⟨~; ~nen⟩ THÉ, FILM metteur *m* en scène; FILM, TV *a* réalisateur, -trice *m,f*
Register [re'gɪstər] *n* ⟨~s; ~⟩ **1** (*Verzeichnis*) registre *m*; ADM rôle *m*; **2** *e-s Buches* index *m*; répertoire *m*; **3** MUS registre *m*; *fig* ***alle ~ ziehen*** mettre tout en œuvre; employer tous les moyens
registrieren [regɪs'tri:rən] *v/t* ⟨*sans ge*⟩ **1** (*eintragen*) enregistrer; **2** *fig* saisir; retenir; constater
Regis'trier|kasse *f* caisse enregistreuse; **~ung** *f* ⟨~; ~en⟩ enregistrement *m*
reglementieren [reglemɛn'ti:rən] *v/t* ⟨*sans ge*⟩ réglementer
'Regler *m* ⟨~s; ~⟩ TECH régulateur *m*
'reglos *adj* immobile; inerte
'regnen *v/imp* ⟨-e-⟩ pleuvoir; ***es regnet*** il pleut
'regnerisch *adj* pluvieux
Regress [re'grɛs] *m* ⟨~es; ~e⟩ JUR recours *m*; **~anspruch** *m* droit *m* de recours; **≗pflichtig** *adj* civilement responsable
'regsam *st/s adj* actif; *geistig* vif
regulär [regu'lɛ:r] *adj* (*vorschriftsmäßig*) régulier; (*normal*) habituel
regulierbar [regu'li:rba:r] *adj* réglable; ajustable
regu'lier|en *v/t* ⟨*sans ge*⟩ TECH régler; *Verkehr, Fluss* régulariser; (*einstellen*) ajuster; **≗ung** *f* ⟨~; ~en⟩ réglage *m*; régulation *f*; régularisation *f*; ajustage *m*
'Regung *f* ⟨~; ~en⟩ (*Bewegung*) mouvement *m*; (*Gefühls≗*) sentiment (naissant); (*Gemüts≗*) émotion *f*
'regungslos *adj* immobile; inerte
Reh [re:] *n* ⟨~¢s; ~e⟩ chevreuil *m*
Rehabilitation [rehabilitatsi'o:n] *f* ⟨~; ~en⟩ **1** MÉD rééducation *f*; **2** JUR, *fig* réhabilitation *f*; **~szentrum** *n* centre *m* de rééducation
rehabili'tieren *v/t* ⟨*sans ge*⟩ JUR, *fig* réhabiliter
'Reh|bock *m* chevreuil *m*; **~kitz** *n* faon *m*
Reibach ['raɪbax] F *m* ⟨~s⟩ ***bei etw*** (**e-n**) ***~ machen*** F se sucrer dans qc
Reibe ['raɪbə] *f* ⟨~; ~n⟩, **'Reibeisen** *n* râpe *f*

'Reibekuchen *m* → ***Kartoffelpuffer***
'reiben ⟨rieb, gerieben⟩ **I** *v/t* frotter; frictionner; CUIS râper; **II** *v/r* ***sich ~*** se frotter; ***sich*** (*dat*) ***die Hände ~*** se frotter les mains (*a fig*); *fig* se réjouir; *fig* ***sich an j-m ~*** se frotter à qn; chercher querelle à qn
Reibe'reien *f/pl* frictions *f/pl* (***mit*** avec)
'Reibung *f* ⟨~; ~en⟩ **1** (*Reiben*) frottement *m*; friction *f* (*a* PHYS); **2** *fig pl* ***~en*** frictions *f/pl*
'reibungslos *adj u adv* sans difficultés, accrocs, anicroches
reich [raıç] **I** *adj* riche (***an*** [+ *dat*] en); fortuné; *Ernte* abondant; *fig Wissen* étendu; ***~ machen*** enrichir; ***~ werden*** s'enrichir; faire fortune; **II** *adv* (*sehr*) très; ***~ geschmückt*** richement décoré; très orné
Reich [raıç] *n* ⟨~¢s; ~e⟩ **1** POL, HIST empire *m*; ***das Dritte ~*** le IIIe Reich; **2** *fig* REL, *der Träume* royaume *m*; *der Tiere, Pflanzen* règne *m*; ***das ~ Gottes*** le royaume de Dieu
'Reiche(r) *f(m)* ⟨→ A⟩ (homme *m*) riche *m*; femme *f* riche
reichen ['raıçən] **I** *v/t* **1** (*geben*) donner; tendre; (*herüber~*) passer; ***j-m die Hand ~*** tendre la main à qn; **2** *st/s* (*servieren*) servir; présenter; **II** *v/i* **3** (*sich erstrecken*) ***~*** (***bis***) aller (jusqu'à); *in der Fläche* s'étendre (jusqu'à); ***er reicht mir nicht bis ans Kinn*** il ne m'arrive pas au menton; **4** (*langen*) être suffisant; suffire; ***das reicht*** cela suffit; c'est assez; ***jetzt reichts*** (***mir***) ***aber!*** j'en ai assez!; F j'en ai marre
'reichhaltig *adj* riche; abondant; *Mahlzeit* riche; *Angebot etc* varié
'reichlich **I** *adj* copieux; abondant; **II** *adv* **1** copieusement; largement; **2** F (*ziemlich*) très
'Reichsstadt *f* HIST ville impériale
'Reichtum *m* ⟨~s; ~er⟩ richesse *f* (***an*** [+ *dat*] en); (*Vermögen*) fortune *f*; (*Fülle*) abondance *f*; (*Vielfalt*) (grande) variété
'Reichweite *f* portée *f* (*a fig*); ***etw in ~ haben*** avoir qc à portée de main
reif [raıf] mûr (*a fig*); (*voll entwickelt*), *Käse* fait; ***~ werden*** mûrir; F ***e-e ~e Leistung*** une belle performance; F ***er ist ~ für die Klapsmühle*** il est bon pour l'asile; ***die Zeit ist ~ für Investitionen*** c'est le moment d'investir

Reif[1] [raıf] *poét m* ⟨~¢s; ~e⟩ (*Finger*ꝏ) anneau *m*; (*Arm*ꝏ) bracelet *m*; (*Haar*ꝏ) serre-tête *m*
Reif[2] *m* ⟨~¢s⟩ (*gefrorener Tau*) gelée blanche; (*Rau*ꝏ) givre *m*
'Reife *f* ⟨~⟩ maturité *f* (*a fig*); ***mittlere ~*** *etwa* brevet *m* d'études du premier cycle
'reifen *v/i* ⟨sn⟩ mûrir (*a fig*); *st/s* ***zum Manne ~*** atteindre l'âge mûr
'Reifen *m* ⟨~s; ~⟩ **1** *Spielzeug, Sportgerät* cerceau *m*; **2** → ***Reif***[1]; **3** (*Auto*ꝏ, *Fahrrad*ꝏ) pneu *m*; ***~druck*** *m* ⟨~¢s⟩ pression *f* des pneus; ***~panne*** *f* crevaison *f*; ***~profil*** *n* sculptures *f/pl*; ***~wechsel*** *m* changement *m* de pneu
'Reife|prüfung *f* baccalauréat *m*; ***~zeugnis*** *n* diplôme *m* du baccalauréat
'Reifglätte *f* (léger) verglas
'reiflich *adj* mûr; approfondi; ***nach ~er Überlegung*** après mûre réflexion; tout bien considéré
Reigen ['raıgən] *m* ⟨~s; ~⟩ ronde *f*; ***den ~ der Redner eröffnen*** prendre la parole en premier
Reihe ['raıə] *f* ⟨~; ~n⟩ **1** *hintereinander* file *f*; *nebeneinander* rangée *f*; rang *m*; (*Folge, Anzahl*) suite *f*; série *f* (*a* MATH); succession *f*; ***e-e ~ von Jahren*** plusieurs années *f/pl*; ***e-e ~ von Unfällen*** une série d'accidents; ***sich in e-r ~ aufstellen*** s'aligner; *fig* ***aus der ~ tanzen*** ne pas faire comme les autres; faire bande à part; ***in Reih und Glied*** en rangs; **2** (*Reihenfolge*) tour *m*; ***wer ist an der ~?*** à qui le tour?; ***außer der ~*** avant son tour; ***der ~ nach*** l'un après l'autre; à tour de rôle; ***der ~ nach erzählen*** raconter dans l'ordre
'reihen **I** *v/t* **1** *Perlen* enfiler; **2** COUT froncer; **II** *v/r* ***sich an etw*** (*acc*) ***~*** suivre qc (immédiatement)
'Reihen|folge *f* suite *f*; (*Ordnung*) ordre *m*; ***~haus*** *n* maison mitoyenne; ***ꝏweise*** *adv* par rangs, files, séries
Reiher ['raıər] *m* ⟨~s; ~⟩ 'héron *m*
reih'um *adv* en faisant le tour; ***etw ~ gehen lassen*** faire passer qc
Reim [raım] *m* ⟨~¢s; ~e⟩ rime *f*; ***darauf kann ich mir keinen ~ machen*** je n'y comprends rien
'reimen *v/t* (*u v/r* ***sich ~***) rimer (***auf*** [+ *acc*] en)
rein[1] [raın] **I** *adj* **1** (*unvermischt*) pur;

R

Wein, Saft naturel; ***~e Seide, Wolle*** pure soie, laine; **2** (*sauber*) propre; net; *Luft, Wasser, Klang* pur; ***~(e) machen*** nettoyer; ***etw ins ℒe schreiben*** mettre qc au propre; **3** *fig* ***e-e Sache ins ℒe bringen*** tirer qc au clair; régler qc; ***mit j-m ins ℒe kommen*** régler ses problèmes avec qn; **4** F ***das ist der ~ste Wahnsinn*** c'est de la folie pure; **II** *adv* **1** (*ausschließlich*) purement; uniquement; **2** F (*ganz, völlig*) absolument; tout à fait; ***~ gar nichts*** absolument rien; rien de rien

rein[2] F → ***herein, hinein***

'Reine|machefrau *f* femme *f* de ménage; **~machen** *n* ⟨~s⟩ nettoyage *m*

'Rein|erlös *m*, **~ertrag** *m* produit net

'Reinfall F *m* échec *m*; fiasco *m*; *Film, Reise etc* F bide *m*; ***glatter ~*** fiasco complet

'rein·fallen F *fig v/i* ⟨*irr*, sn⟩ F tomber dans le panneau; F se faire avoir (***mit etw*** avec qc; ***auf j-n*** par qn); F se faire rouler (***auf j-n*** par qn)

'Rein|gewinn *m* bénéfice net; **~haltung** *f* ⟨~⟩ *der Umwelt* protection *f*

'rein·hauen F ⟨*irr*⟩ **I** *v/t* ***j-m e-e ~*** F casser la gueule à qn; **II** *v/i beim Essen* dévorer

'Reinheit *f* ⟨~⟩ pureté *f*; (*Sauberkeit*) netteté *f*; propreté *f*; (*Klarheit*) clarté *f*

'reinigen *v/t* nettoyer; *Wasser, Luft*, REL purifier; TECH, *fig* épurer; *von Schmutz* décrasser; *Schuhe* décrotter; *von Flecken* détacher; ***chemisch ~*** nettoyer à sec

'Reinigung *f* ⟨~; ~en⟩ **1** nettoyage *m*; épuration *f* (*a fig*); purification *f*; **2** *Betrieb* pressing *m*; ***chemische ~*** nettoyage *m* à sec

'Reinigungs|milch *f* lait démaquillant; **~mittel** *n* nettoyant *m*

'rein·legen F *v/t* F rouler; F avoir

'reinlich *adj* propre; **ℒkeit** *f* ⟨~⟩ propreté *f*

'reinrassig *adj* de race pure

'rein·|reißen, ~reiten F *v/t* ⟨*irr*⟩ ***j-n ~*** entraîner qn dans sa ruine; mettre qn sur la paille

'Reinschrift *f* copie *f* au net, au propre

'rein·waschen *v/t* (*u v/r*) ⟨*irr*⟩ (***sich ~*** se) blanchir

'rein·würgen F *fig v/t* ***j-m e-e*** *od* ***eins ~*** tracasser qn; mettre à qn des bâtons dans les roues

Reis [raɪs] *m* ⟨~es⟩ riz *m*

Reise ['raɪzə] *f* ⟨~; ~n⟩ voyage *m*; (*Geschäfts*ℒ) déplacement *m*; ***e-e ~ machen*** faire un voyage; ***auf ~n gehen, e-e ~ antreten*** partir en voyage; ***auf ~n sein*** être en voyage

'Reise|andenken *n* souvenir *m* (de voyage); **~begleiter(in)** *m(f)* compagnon *m*, compagne *f* de voyage; **~bekanntschaft** *f* personne rencontrée en voyage; **~büro** *n* agence *f* de voyages; **~bus** *m* car *m* de tourisme; **ℒfertig** *adj* prêt à partir (en voyage); **~fieber** *n* fièvre *f* du départ; **~führer** *m Buch, Mensch* guide *m*; **~gepäck** *n* bagages *m/pl*; **~gepäckversicherung** *f* assurance-bagages *f* (disparus); **~gesellschaft** *f*, **~gruppe** *f* groupe *m* d'un voyage (organisé); **~kosten** *pl* frais *m/pl* de voyage, COMM de déplacement; **~land** *n* pays *m* touristique; **~leiter(in)** *m(f)* guide *m,f*; accompagnateur, -trice *m,f*; **~leitung** *f* **1** *Tätigkeit* organisation *f* du voyage; **2** → ***Reiseleiter(in)***; **ℒlustig** *adj* qui aime beaucoup les voyages

'reisen *v/i* ⟨-ẞt, sn⟩ *ohne Zielangabe* voyager; *mit Zielangabe* aller, faire un voyage, se rendre (***nach*** à *bzw* en); (*ab*~) partir (***nach*** pour); ***durch ein Land ~*** traverser un pays

'Reisende(r) *f(m)* ⟨→ A⟩ voyageur, -euse *m,f*; (*Fahrgast*) passager, -ère *m,f*; (*Urlaubs*ℒ) touriste *m,f*; (*Handlungs*ℒ) voyageur, -euse *m,f* de commerce

'Reise|pass *m* passeport *m*; **~route** *f* itinéraire *m*; **~rücktrittsversicherung** *f* assurance *f* annulation; **~ruf** *m Rundfunk* message personnel; **~scheck** *m* chèque *m* de voyage; traveller's chèque *m*; **~tasche** *f* sac *m* de voyage; **~veranstalter** *m* tour-opérateur *m*; voyagiste *m*; **~verkehr** *m* trafic *m* (de) voyageurs; *durch Urlaubsreisen* circulation *f* de départs en vacances; **~wecker** *m* réveil *m* de voyage; **~welle** *f* grands départs (en vacances)

'Reisewetter *n* (beau) temps *m* pour voyager; **~bericht** *m* bulletin *m* météo pour les vacanciers

'Reise|zeit *f* période *f* pour voyager;

(*Urlaubszeit*) période *f* de vacances; **~ziel** *n* destination *f*

'Reisfeld *n* rizière *f*

'Reisig *n* ⟨~s⟩ brindilles *f/pl*

'Reiskorn *n* grain *m* de riz

Reiß'aus *m* ***~ nehmen*** s'enfuir; prendre ses jambes à son cou; F détaler

'Reißbrett *n* planche *f* à dessin; **~stift** *m* punaise *f*

reißen ['raɪsən] ⟨¢$, riss, gerissen⟩ **I** *v/t* **1** (*weg~*) tirer (fortement); entraîner; arracher; ***etw an sich*** (*acc*) ***~*** tirer qc à soi; *fig* s'emparer de qc; ***j-n zu Boden ~*** renverser (violemment) qn; ***sich*** (*dat*) ***die Kleider vom Leibe ~*** arracher ses vêtements; ***sie riss den Wagen, das Lenkrad nach rechts*** elle donna un brusque coup de volant à droite; **2** *Raubtiere* (chasser et) tuer; **II** *v/i* **3** ***an etw*** (*dat*) ***~*** tirer violemment sur qc; **4** ⟨sn⟩ *Schnur* (se) rompre; *Stoff, Papier* se déchirer; (*Löcher bekommen*) se trouer; **III** *v/r fig* ***sich um etw, j-n ~*** s'arracher qc, qn; se disputer qc, qn; ***sich nicht um etw ~*** *Auftrag* ne pas se battre pour qc

'reißend *adjt Tiere* féroce; *Fluss* impétueux; rapide; *Schmerz* qui donne des élancements; *Ware* ***~en Absatz finden*** se vendre comme des petits pains

'Reißer F *m* ⟨~s; ~⟩ livre *m*, film *m* à suspense; **≈isch** *adj* qui fait sensation

'reiß|fest *adj* indéchirable; **≈leine** *f* corde *f* de décrochage; **≈nagel** *m* punaise *f*; **≈verschluss** *m* fermeture *f* éclair®, à glissière; zip® *m*; **≈wolf** *m* déchiqueteur *m*; **≈zwecke** *f* ⟨~; ~n⟩ punaise *f*

Reitbahn ['raɪt-] *f* manège *m*

'reiten ⟨reitet, ritt, geritten⟩ **I** *v/t* monter; **II** *v/i* ⟨sn⟩ monter à cheval; *als Sport* faire du cheval, de l'équitation; *irgendwohin* aller à cheval; ***auf e-m Pferd ~*** être à cheval; aller à cheval

'Reiten *n* ⟨~s⟩ équitation *f*

'Reiter *m* ⟨~s; ~⟩ cavalier *m*

Reite'rei *f* ⟨~; ~en⟩ MIL cavalerie *f*

'Reiterin *f* ⟨~; ~nen⟩ cavalière *f*; amazone *f*

'Reit|hose *f* culotte *f* de cheval; **~lehrer** *m* professeur *m* d'équitation; **~peitsche** *f* cravache *f*; **~pferd** *n* cheval *m* de selle; monture *f*; **~sport** *m* sport *m* hippique; hippisme *m*; **~stall** *m* écurie *f*; **~stiefel** *m* botte *f* d'équitation; **~turnier** *n* concours *m* hippique; **~unterricht** *m* cours *m/pl* d'équitation

Reiz [raɪts] *m* ⟨~es; ~e⟩ **1** BIOL excitation *f*; stimulus *m*; **2** (*Anziehungskraft*) attrait *m*; *e-r Sache a* intérêt *m*; charme *m*; ***weibliche ~e*** charmes féminins; ***e-n*** (***großen***) ***~ auf j-n ausüben*** attirer, intéresser (beaucoup) qn

'reizbar *adj* irritable; excitable; **≈keit** *f* ⟨~⟩ irritabilité *f*; excitabilité *f*

'reizen *v/t* ⟨¢$⟩ **1** (*erregen*), MÉD exciter; *p/fort* irriter; (*ärgern*) agacer; (*anregen*) stimuler; (*herausfordern*) provoquer; ***in gereiztem Ton*** d'un ton irrité; **2** (*anziehen*) attirer; (*locken*) tenter; ***das kann mich nicht ~*** cela ne me tente, ne m'attire pas; **3** *beim Skat* demander

'reizend *adjt* (*anziehend*) ravissant; séduisant; charmant; (*goldig*) mignon

'reiz|los *adj* sans attrait, charme; fade; **≈schwelle** *f* seuil *m* d'excitation

'Reizung *f* ⟨~; ~en⟩ MÉD excitation *f*; *bes* (*Haut≈*) irritation *f*

'reiz|voll *adj* **1** plein de charme, d'attrait; **2** (*interessant*) intéressant; attrayant; **≈wäsche** *f* ⟨~⟩ dessous affriolants, sexy; **≈wort** *n* expression *f*, mot *m* déclenchant de vives réactions

rekeln ['reːkəln] *v/r* ⟨¢⟩ ***sich ~*** s'étirer; *behaglich* se prélasser

Reklamation [reklamatsi'oːn] *f* ⟨~; ~en⟩ réclamation *f*

Reklame [re'klaːmə] *f* ⟨~; ~n⟩ publicité *f*; réclame *f*

rekla'mieren *v/t u v/i* ⟨*sans ge*⟩ réclamer (*a* SPORT)

rekonstruieren [rekɔnstru'iːrən] *v/t* ⟨*sans ge*⟩ reconstituer (*a fig*)

Rekonstruktion [rekɔnstrʊktsi'oːn] *f* ⟨~; ~en⟩ reconstitution *f* (*a fig*)

Rekonvaleszent(in) [rekɔnvalɛs'tsɛnt(ɪn)] *m* ⟨~en; ~en⟩ (*f*) ⟨~; ~nen⟩ convalescent(e) *m(f)*

Rekord [re'kɔrt] *m* ⟨~¢s; ~e⟩ record *m* (***in*** [+ *dat*] de) (*a fig*); ***e-n ~ aufstellen, halten*** établir, détenir un record

Re'kord|besuch *m* chiffre *m* record de visiteurs; **~ernte** *f* récolte *f* record; **~halter(in)** *m(f)* détenteur, -trice *m,f* du record; recordman *m*, recordwoman *f*; **~zeit** *f* temps *m* record

Rekrut [re'kruːt] *m* ⟨~en; ~en⟩ MIL conscrit *m*; recrue *f*

R

rekru'tieren *v/t (u v/r)* ⟨*sans ge*⟩ (***sich*** ~) MIL, *fig* (se) recruter (***aus*** dans, parmi)
Rektor(in) ['rɛktɔr (-'to:rɪn)] *m* ⟨~s; -'toren⟩ (*f*) ⟨~; ~nen⟩ *e-r Hochschule* recteur *m*; *e-r Schule* directeur, -trice *m,f*
Relais [rə'lɛ:] *n* ⟨~; ~ [rə'lɛ:s]⟩ ÉLECT relais *m*
Relation [relatsi'o:n] *f* ⟨~; ~en⟩ rapport *m*
rela'ti|v *adj* relatif; **~'vieren** *v/t* ⟨*sans ge*⟩ donner une valeur relative à; relativiser
Relativi'tät *f* ⟨~; ~en⟩ relativité *f* (*a* PHYS); **~stheorie** *f* théorie *f* de la relativité
Rela'tivpronomen *n* pronom relatif
relevant [rele'vant] *adj* important; *Bemerkung* pertinent (***für*** pour); *Information* utile
Relief [reli'ɛf] *n* ⟨~s; ~s *ou* ~e⟩ relief *m*
Religion [religi'o:n] *f* ⟨~; ~en⟩ religion *f*; (*Konfession*) confession *f*; *Schulfach* instruction religieuse
Religi'ons|freiheit *f* liberté religieuse, du culte; **~gemeinschaft** *f* communauté religieuse; **~unterricht** *m* instruction religieuse; **~zugehörigkeit** *f* (appartenance *f* à une) confession *f*
religiös [religi'ø:s] *adj* religieux; (*fromm*) pieux; (*gläubig*) croyant
Religiosität [religiozi'tɛ:t] *f* ⟨~⟩ religiosité *f*; piété *f*
Relikt [re'lɪkt] *n* ⟨~(e)s; ~e⟩ vestige *m*
Reling ['re:lɪŋ] *f* ⟨~; ~s *ou* ~e⟩ bastingage *m*; rambarde *f*
Reliquie [re'li:kviə] *f* ⟨~; ~n⟩ relique *f*; **~nschrein** *m* reliquaire *m*; châsse *f*
Remake [ri'me:k] *n* ⟨~s; ~s⟩ FILM remake *m*
remis [rə'mi:] *adv* ~ ***spielen*** faire match nul
Re'mis *n* ⟨~; ~ [rə'mi:s] *ou* ~en⟩ match nul
Remoulade [remu'la:də] *f* ⟨~; ~n⟩, **~nsoße** *f* rémoulade *f*
rempeln ['rɛmpəln] F *v/t* ⟨¢⟩ bousculer; FUSSBALL *etc* charger
Ren [rɛn] *n* ⟨~s; ~s⟩ renne *m*
Renaissance [rənɛ'sã:s] *f* ⟨~; ~n⟩ *Stil, Epoche* Renaissance *f*; *fig* renaissance *f*; renouveau *m*
Rendezvous [rãde'vu:] *n* ⟨~; ~ [-'vu:s]⟩ rendez-vous (amoureux)
Rendite [rɛn'di:tə] *f* ⟨~; ~n⟩ (taux *m* de) rendement *m*
Reneklode [re:nə'klo:də] *f* ⟨~; ~n⟩ BOT reine-claude *f*
renitent [reni'tɛnt] *adj* réfractaire; récalcitrant
Renn|bahn ['rɛn-] *f* (*Pferde*2) champ *m* de course; hippodrome *m*; (*Rad*2) vélodrome *m*; piste *f*; (*Auto*2) autodrome *m*; circuit *m* automobile; **~boot** *n* 'hors-bord *m*
'rennen *v/i* ⟨rannte, gerannt, sn⟩ courir; (*vorwärts stürzen*) se précipiter; s'élancer; ***gegen etw*** ~ se heurter, se cogner contre qc; 'heurter, cogner qc
'Rennen *n* ⟨~s; ~⟩ course *f*; ***das ~ machen*** (*a fig*) gagner (la course)
'Renner F *m* ⟨~s; ~⟩ article *m* qui se vend beaucoup, marche bien
'Renn|fahrer *m* coureur *m* (automobile, motocycliste, cycliste); pilote *m* de course; **~pferd** *n* cheval *m* de course; **~platz** *m* champ *m* de course; hippodrome *m*; **~rad** *n* vélo *m* de course; **~sport** *m* course *f*; (*Pferde*2) sport *m* hippique; turf *m*; **~strecke** *f* parcours *m*; (*Rundstrecke*) circuit *m*; **~wagen** *m* voiture *f* de course; bolide *m*
Renommee [renɔ'me:] *n* ⟨~s; ~s⟩ réputation *f*; renom *m*; renommée *f*
renom'miert *adjt* renommé, fameux (***wegen*** pour)
renovier|en [reno'vi:rən] *v/t* ⟨*sans ge*⟩ rénover; remettre à neuf; **2ung** *f* ⟨~; ~en⟩ rénovation *f*; remise *f* à neuf
rentabel [rɛn'ta:bəl] *adj* ⟨-bl-⟩ rentable; lucratif; de bon rapport
Rentabili'tät *f* ⟨~⟩ rentabilité *f*; bon rendement, rapport
Rente ['rɛntə] *f* ⟨~; ~n⟩ (*gesetzliche Alters*2) assurance *f*, pension *f* vieillesse; *Geldbetrag, Zustand* retraite *f*; (*Kapital*2) rente *f*; F ***in ~ gehen, sein*** prendre sa retraite, être à la retraite
'Renten|alter *n* âge *m* de la retraite; **~fonds** fonds *m* d'obligations; **~versicherung** *f* assurance *f* vieillesse
Rentier ['rɛnti:r] *n* zo renne *m*
rentieren [rɛn'ti:rən] *v/r* ⟨*sans ge*⟩ ***sich*** ~ rapporter; être rentable; *fig* (*sich lohnen*) valoir la peine
'Rentner(in) *m* ⟨~s; ~⟩ (*f*) ⟨~; ~nen⟩ retraité(e) *m(f)*
reparabel [repa'ra:bəl] *adj* ⟨-bl-⟩ réparable
Repara'tur *f* ⟨~; ~en⟩ réparation *f* (***an***

[+ *dat*] de); *für Autos a* dépannage *m*; **Ձanfällig** *adj* peu fiable; fragile; **~arbeiten** *f/pl* travaux *m/pl* de réparation; **Ձbedürftig** *adj* qui a besoin d'être réparé; **~werkstatt** *f* atelier *m* de réparations; *für Autos a* service *m* de dépannage; garage *m*
repa'rieren *v/t* ⟨*sans ge*⟩ réparer; *Auto a* dépanner
Repertoire [repɛrto'aːr] *n* ⟨~s; ~s⟩ répertoire *m* (*a fig*)
Reportage [repɔr'taːʒə] *f* ⟨~; ~n⟩ reportage *m*
Re'porter(in) *m* ⟨~s; ~⟩ (*f*) ⟨~; ~nen⟩ reporter *m*; (femme *f*) reporter *m*
Repräsen|tant(in) [reprezɛn'tant(ɪn)] *m* ⟨~en; ~en⟩ (*f*) ⟨~; ~nen⟩ représentant(e) *m(f)*; **~tati'on** *f* ⟨~⟩ représentation *f*; **Ձta'tiv** *adj* représentatif (***für*** de); **Ձ'tieren** ⟨*sans ge*⟩ **I** *v/t* représenter; **II** *v/i* remplir ses obligations officielles
Repressalie [reprɛ'saːliə] *f* ⟨~; ~n⟩ représailles *f/pl*
Repro|duktion [reproduktsi'oːn] *f* reproduction *f*; **Ձdu'zieren** *v/t* ⟨*sans ge*⟩ reproduire
Reptil [rɛp'tiːl] *n* ⟨~s; ~ien⟩ reptile *m*
Republik [repu'bliːk] *f* ⟨~; ~en⟩ république *f*
Republi'kaner(in) *m* ⟨~s; ~⟩ (*f*) ⟨~; ~nen⟩ **1** (*Republikanhänger*) républicain(e) *m(f)*; **2** BRD membre *m* du parti républicain
republi'kanisch *adj* républicain
Requiem ['reːkviɛm] *n* ⟨~s; ~s⟩ requiem *m*
Requisit [rekvi'ziːt] *n* ⟨~(e)s; ~en⟩ **1** THÉ accessoire *m*; **2** *fig* chose *f* nécessaire
resch [rɛʃ] *adj österr* **1** (*knusprig*) croustillant; **2** F (*lebhaft*) fringant
Reser'vat *n* ⟨~(e)s; ~e⟩ réserve *f*
Reserve [re'zɛrvə] *f* ⟨~; ~n⟩ **1** (*Zurückhaltung*) réserve *f*; retenue *f*; F ***j-n aus der ~ locken*** F faire sortir qn de sa réserve, de sa coquille; **2** (*Vorrat*) réserve *f* (*a* MIL, SPORT); ***stille ~n*** réserves cachées, occultes
Re'serve|kanister *m für Benzin* jerrycan *m*; **~offizier** *m* officier *m* de réserve; **~rad** *n* roue *f* de rechange, de secours; **~tank** *m* réservoir *m* de secours
reser'vieren *v/t* ⟨*sans ge*⟩ réserver; retenir; ***e-n Platz, ein Zimmer ~*** *a* faire une réservation
reser'viert *adjt* réservé (*a fig*)
Reser'vierung *f* ⟨~; ~en⟩ réservation *f*
Reser'vist *m* ⟨~en; ~en⟩ réserviste *m*
Reservoir [rezɛrvo'aːr] *n* ⟨~s; ~e⟩ réservoir *m* (*a fig*)
Residenz [rezi'dɛnts] *f* ⟨~; ~en⟩ résidence *f*
resi'dieren *v/i* ⟨*sans ge*⟩ résider
Resignati'on *f* ⟨~; ~en⟩ résignation *f*
resignieren [rezɪ'gniːrən] *v/i* ⟨*sans ge*⟩ se résigner
resistent [rezɪs'tɛnt] *adj* résistant (***gegen*** contre)
resolut [rezo'luːt] *adj* résolu; déterminé
Resoluti'on *f* ⟨~; ~en⟩ résolution *f*
Resonanz [rezo'nants] *f* ⟨~; ~en⟩ **1** PHYS, MUS résonance *f*; **2** *fig* écho *m* (***auf*** [+ *acc*] à); **~boden** *m* MUS table *f* d'harmonie
resoziali'sier|en *v/t* ⟨*sans ge*⟩ réinsérer; **Ձung** *f* ⟨~; ~en⟩ réinsertion sociale
Respekt [re'spɛkt] *m* ⟨~(e)s⟩ respect *m*; ***vor j-m, etw ~ haben*** avoir du respect pour qn, qc; ***sich*** (*dat*) ***~ verschaffen*** se faire respecter
respektabel [respɛk'taːbəl] *adj* ⟨-bl-⟩ respectable
respek'tieren *v/t* ⟨*sans ge*⟩ respecter
res'pektlos *adj* sans respect; irrespectueux; **Ձigkeit** *f* ⟨~⟩ manque *m* de respect; irrespect *m*
Res'pektsperson *f* personnage *m* respectable
res'pektvoll *adj* respectueux
Ressort [rɛ'soːr] *n* ⟨~s; ~s⟩ ressort *m*; département *m*
Ressource [rɛ'sursə] *f* ⟨~; ~n⟩ ÉCON, FIN ressources *f/pl*
Rest [rɛst] *m* ⟨~(e)s; ~e⟩ **1** reste *m* (*a* MATH); restant *m*; *fig* (*Spur*) vestige *m*; F *fig* ***j-m den ~ geben*** donner le coup de grâce à qn; **2** *pl* ***~e*** (*Speise*Ձ) restes *m/pl*
Restaurant [rɛsto'rãː] *n* ⟨~s; ~s⟩ restaurant *m*
Restau|rator [restau'raːtɔr] *m* ⟨~s; -'toren⟩ restaurateur *m*; **Ձ'rieren** *v/t* ⟨*sans ge*⟩ restaurer; **~'rierung** *f* ⟨~; ~en⟩ restauration *f*
'Rest|bestand *m an Waren* reste *m* du stock; **~betrag** *m* restant *m*; reliquat *m*
'restlich *adj* restant; qui reste
'restlos *adv* totalement; F ***~ glücklich*** comblé

'Rest|posten *m* fin *f* de série; **~risiko** *n* risque *m* non évaluable
Resultat [rezʊl'taːt] *n* ⟨~(e)s; ~e⟩ résultat *m*
resul'tieren *v/i* ⟨*sans ge*⟩ ***aus etw ~*** résulter de qc; ***daraus resultiert, dass ...*** il en résulte que
Resü|mee [rezy'meː] *n* ⟨~s; ~s⟩ résumé *m*; **2'mieren** *v/t* ⟨*sans ge*⟩ résumer
Retorte [re'tɔrtə] *f* ⟨~; ~n⟩ cornue *f*; alambic *m*; F *fig* ***aus der ~*** factice
Re'tortenbaby F *n* bébé-éprouvette *m*
Retrospektive [retrospɛk'tiːvə] *f* ⟨~; ~n⟩ rétrospective *f*
retten ['rɛtən] ⟨-e-⟩ **I** *v/t* sauver (***aus, vor*** [+ *dat*] de); (*befreien*) délivrer; F ***bist du noch zu ~?*** F ça va pas la tête?; **II** *v/r* ***sich ~*** échapper (***aus, vor*** [+ *dat*] à)
'Retter(in) *m* ⟨~s; ~⟩ (*f*) ⟨~; ~nen⟩ (*Lebens2*) sauveteur *m*; *fig* sauveur *m*
Rettich ['rɛtɪç] *m* ⟨~s; ~e⟩ radis (noir)
'Rettung *f* ⟨~; ~en⟩ sauvetage *m* (*a fig*); *fig* ***letzte ~*** (*Heil*) salut *m*; planche *f* de salut
'Rettungs|aktion *f* opération *f* de sauvetage; **~boot** *n* canot *m* de sauvetage; **~dienst** *m* service *m* de sauvetage; **~hubschrauber** *m* hélicoptère *m* de sauvetage; **~mannschaft** *f* équipe *f* de secours; sauveteurs *m/pl*; **~ring** *m* bouée *f* de sauvetage; **~schwimmer(in)** *m(f)* sauveteur *m*; **~wagen** *m* ambulance *f*
retuschieren [retu'ʃiːrən] *v/t* ⟨*sans ge*⟩ retoucher
Reue ['rɔʏə] *f* ⟨~⟩ repentir *m* (***über*** [+ *acc*] de); *bes* REL contrition *f*; pénitence *f*
'reuen *st/s v/t, v/imp* ***es reut mich, das getan zu haben*** je regrette d'avoir fait cela
'reuevoll *st/s*, **'reuig** *st/s*, **reumütig** ['rɔʏmyːtɪç] **I** *adj* repentant; **II** *adv* le cœur contrit
Reuse ['rɔʏzə] *f* ⟨~; ~n⟩ nasse *f*
Revanche [re'vãːʃ(ə)] *f* ⟨~; ~n⟩ revanche *f*
revan'chieren *v/r* ⟨*sans ge*⟩ ***sich*** (***bei j-m***) ***~*** *positiv u negativ* rendre la pareille (à qn); *negativ* prendre sa revanche (sur qn); ***sich bei j-m für etw ~*** *positiv u negativ* revaloir qc à qn

Revers [rə'vɛːr] *n* ⟨~; ~ [-'vɛːrs]⟩ COUT revers *m*
revidieren [revi'diːrən] *v/t* ⟨*sans ge*⟩ réviser
Revier [re'viːr] *n* ⟨~s; ~e⟩ **1** (*Jagd2*) chasse *f*; **2** (*Polizei2*) commissariat *m* (de police, de quartier); **3** ZO territoire *m*; **4** *fig* (*Bereich*) domaine *m*
Revision [revizi'oːn] *f* révision *f*; JUR pourvoi *m* en cassation; ***~ einlegen, in die ~ gehen*** se pourvoir, aller en cassation
Revolte [re'vɔltə] *f* ⟨~; ~n⟩ révolte *f*
revol'tieren *v/i* ⟨*sans ge*⟩ (***gegen j-n, etw***) ***~*** se révolter (contre qn, qc)
Revolution [revolutsi'oːn] *f* ⟨~; ~en⟩ révolution *f*
revolutionär [revolutsio'nɛːr] *adj* révolutionnaire
Revolutio'när(in) *m* ⟨~s; ~e⟩ (*f*) ⟨~; ~nen⟩ révolutionnaire *m,f*
revolutio'nieren *v/t* ⟨*sans ge*⟩ révolutionner
Revolver [re'vɔlvər] *m* ⟨~s; ~⟩ revolver *m*
Revue [re'vyː] *f* ⟨~; ~n⟩ revue *f*; *fig* ***~ passieren lassen*** passer en revue
Rezens|ent(in) [retsɛn'zɛnt(ɪn)] *m* ⟨~en; ~en⟩ (*f*) ⟨~; ~nen⟩ critique *m*; auteur *m* d'une critique littéraire, *etc*; **2ieren** *v/t* ⟨*sans ge*⟩ faire la critique de; **~i'on** *f* ⟨~; ~en⟩ critique *f*; compte rendu
Rezept [re'tsɛpt] *n* ⟨~(e)s; ~e⟩ **1** CUIS recette *f*; **2** MÉD ordonnance *f*; **3** F *fig* remède *m* (***gegen*** pour)
re'zeptfrei *adj u adv* sans ordonnance; en vente libre
Rezeption [retsɛptsi'oːn] *f* ⟨~; ~en⟩ réception *f*
re'zeptpflichtig *adj* délivré seulement sur ordonnance
Rezession [retsɛsi'oːn] *f* ⟨~; ~en⟩ récession *f*
reziprok [retsi'proːk] *adj* réciproque
Rezi|tativ [retsita'tiːf] *n* ⟨~s; ~e⟩ MUS récitatif *m*; **2'tieren** *v/t* ⟨*sans ge*⟩ réciter
'R-Gespräch *n* TÉL P.C.V. *m*
Rhabarber [ra'barbər] *m* ⟨~s⟩ rhubarbe *f*
Rhapsodie [rapso'diː] *f* ⟨~; ~n⟩ MUS rhapsodie *f*
Rhein [raɪn] ⟨~s⟩ ***der ~*** le Rhin
'rheinisch *adj* rhénan; du Rhin

'Rheinland ***das*** **~** la Rhénanie
Rheinländer(in) ['raɪnlɛndər(ɪn)] *m* ⟨~s; ~⟩ *(f)* ⟨~; ~nen⟩ Rhénan(e) *m(f)*
'Rheinland-'Pfalz *n* ⟨von ~⟩ la Rhénanie-Palatinat
Rhesusfaktor ['reːzʊs-] *m* MÉD facteur *m* rhésus
Rhetor|ik [re'toːrɪk] *f* ⟨~; ~en⟩ rhétorique *f*; **2isch** *adj* de rhétorique; rhétorique
Rheuma ['rɔyma] *n* ⟨~s⟩ rhumatisme(s) *m(pl)*; ***zu ~ neigen*** être sujet aux rhumatismes
Rheu'ma|tiker(in) *m* ⟨~s; ~⟩ *(f)* ⟨~; ~nen⟩ rhumatisant(e) *m(f)*; **2tisch** *adj* rhumatismal; **~'tismus** *m* ⟨~; -men⟩ rhumatisme *m*
Rhinozeros [ri'noːtserɔs] *n* ⟨~ses; ~se⟩ rhinocéros *m*
Rhododendron [rodo'dɛndrɔn] *m od n* ⟨~s; -dren⟩ rhododendron *m*
Rhodos ['rɔdɔs] *n* Rhodes
Rhombus ['rɔmbʊs] *m* ⟨~; -ben⟩ losange *m*
Rhone ['roːnə] ⟨~⟩ ***die ~*** le Rhône
rhythmisch ['rʏtmɪʃ] *adj* rythmique
'Rhythmus *m* ⟨~; -men⟩ rythme *m*
Ribisel ['riːbiːzəl] *f* ⟨~; ~n⟩ *österr* groseille *f*
richten ['rɪçtən] ⟨-e-⟩ **I** *v/t* **1** *(in die richtige Stellung bringen)* disposer; (ar)ranger; *(gerade ~)* redresser; TECH dresser; **2** *(lenken)* diriger, orienter (***auf*** [+ *acc*], ***gegen*** sur, vers); *Blick* porter (***auf*** [+ *acc*] sur); tourner (vers); *Fernrohr, Gewehr* braquer (***auf*** [+ *acc*] sur); *Bitte, Brief, Frage* adresser (***an*** [+ *acc*] à); *Aufmerksamkeit, Bemühungen* porter, concentrer (***auf*** [+ *acc*] sur); *Wut, Anklage* diriger (***gegen*** contre); *Gedanken* tourner, diriger (***auf*** [+ *acc*] vers); **3** *(in Ordnung bringen)* mettre en ordre; ranger; *(ausbessern)* réparer; **4** *Mahlzeit* préparer; **5** JUR ***j-n ~*** juger qn; **II** *v/r* **6** ***sich nach etw ~*** se conformer à qc; suivre qc; *(abhängen von)* dépendre de qc; ***ich werde mich danach ~*** j'agirai en conséquence; ***sich nach j-m ~*** se régler sur qn; suivre qn; **7** ***sich auf etw*** *(acc)* **~** *Blicke, Aufmerksamkeit* se fixer, se concentrer sur qc; ***sich gegen j-n ~*** *Wut etc* se porter contre qn; *Worte, Kritik* viser qn; **III** *v/i* JUR ***über j-n ~*** juger qn
'Richter(in) *m* ⟨~s; ~⟩ *(f)* ⟨~; ~nen⟩ juge *m*; femme *f* juge; magistrat *m* du siège
'richterlich *adj* judiciaire
'Richt|fest *n fête célébrant la fin du gros œuvre*; **~geschwindigkeit** *f* vitesse maximale conseillée
richtig ['rɪçtɪç] **I** *adj (nicht falsch)* juste; correct; bon; *(genau)* exact; *(geeignet)* propre; opportun; *(echt, wirklich)* vrai; véritable; ***~!*** c'est ça!; c'est juste!; ***der ~e Weg*** le bon chemin; ***er ist ein ~er Idiot*** c'est un parfait imbécile, F un con fini; **II** *adv* ***~ stellen*** rectifier; mettre au point; ***~ rechnen*** calculer juste; *Uhr* ***~ gehen*** être à l'heure; donner l'heure exacte; *Uhr* ***~ gehend*** juste; ***(es) für ~ halten zu*** (+ *inf*) juger bon, à propos de (+ *inf*)
'Richtige(r) *f(m)* ⟨→ A⟩ homme *m*, femme *f* qu'il faut, idéal(e); *iron* ***an den Richtigen geraten*** bien tomber
'Richtige(s) *n* ⟨→ A⟩ ***das Richtige für uns*** ce qu'il nous faut; ***nichts Richtiges gelernt haben*** ne pas avoir appris grand-chose
'richtiggehend **I** *adjt* vrai; véritable; **II** *advt* vraiment
'Richtigkeit *f* ⟨~⟩ justesse *f*; *(Genauigkeit)* exactitude *f*; ***damit hat es s-e ~*** c'est exact, vrai
'Richtigstellung *f* rectification *f*; mise *f* au point
'Richt|linie *f* directive *f*; **~preis** *m* prix indicatif, conseillé; **~schnur** *f* ⟨~; ~en⟩ *fig* ligne directrice
'Richtung *f* ⟨~; ~en⟩ **1** direction *f*; sens *m*; ***in ~ …*** en direction, dans la direction de …; ***nach allen ~en*** en tous sens; dans toutes les directions; ***in entgegengesetzter ~*** en sens inverse; ***die Züge aus ~ …*** les trains en provenance de …, venant de …; ***ein erster Schritt in ~ (auf den) Frieden*** un premier pas vers la paix; F *fig* ***die ~ stimmt*** on est, ils sont, *etc* sur la bonne voie; **2** *fig (Tendenz)* tendance *f*; courant *m*
'Richtungsänderung *f* changement *m* de direction; *fig*, POL coup *m* de barre
'richtungweisend *adjt* qui ouvre, montre la voie; pilote
'Richtwert *m* valeur indicative, de base
Ricke ['rɪkə] *f* ⟨~; ~n⟩ ZO chevrette *f*
rieb [riːp] → ***reiben***
riechen ['riːçən] ⟨roch, gerochen⟩ **I** *v/t*

R

sentir; F *fig* ***etw nicht ~ können*** ne pas pouvoir deviner qc; F *fig* ***j-n nicht ~ können*** ne pas pouvoir sentir, supporter qn; F avoir qn dans le nez; **II** *v/i* sentir (***nach, an etw*** [*dat*] qc); ***gut, schlecht ~*** sentir bon, mauvais; ***aus dem Mund ~*** avoir mauvaise haleine

'Riecher F *m* ⟨~s; ~⟩ ***e-n guten ~*** (***für etw***) ***haben*** avoir du flair (pour qc)

Ried [riːt] *n* ⟨~(e)s; ~e⟩ marécage (couvert de roseaux)

rief [riːf] → ***rufen***

riefeln ['riːfəln] *v/t* ⟨-ge-⟩ canneler

Riege ['riːgə] *f* ⟨~; ~n⟩ SPORT section *f*

Riegel ['riːgəl] *m* ⟨~s; ~⟩ **1** verrou *m*; *fig* ***e-r Sache*** (*dat*) ***e-n ~ vorschieben*** mettre un terme, le holà à qc; **2** (*Schokoladen*2) barre *f*

Riemen ['riːmən] *m* ⟨~s; ~⟩ **1** courroie *f*; *langer, schmaler* lanière *f*; (*Trag*2, *Gewehr*2) bretelle *f*; F *fig* ***sich am ~ reißen*** F se prendre par la main; **2** (*Ruder*) rame *f*; aviron *m*

Riese ['riːzə] *m* ⟨~n; ~n⟩ géant *m*

rieseln ['riːzəln] *v/i* ⟨-ge-, sn⟩ *Sand, Tropfen* couler; *Wasser* ruisseler

'Riesen... *in Zssgn* gigantesque; géant; **'**2**'groß** → ***riesig***; **'~'hunger** F *m* faim *f* de loup; **~rad** *n* grande roue; **~schlange** *f* boa *m*; python *m*

'Riesen'schritt *m* ***mit ~en*** à pas de géant

'Riesenslalom *m* slalom géant

'riesig **I** *adj* **1** géant; colossal; gigantesque; énorme; **2** F (*hervorragend*) F super; F génial; **II** F *adv* terriblement; énormément; ***ich habe mich ~ gefreut*** ça m'a fait terriblement plaisir

riet [riːt] → ***raten***

Riff [rɪf] *n* ⟨~(e)s; ~e⟩ récif *m*

rigoros [rigo'roːs] *adj* rigoureux; (*streng*) sévère

Rikscha ['rɪkʃa] *f* ⟨~; ~s⟩ pousse-pousse *m*

Rille ['rɪlə] *f* ⟨~; ~n⟩ rainure *f*; cannelure *f*; *der Schallplatte* sillon *m*

Rind [rɪnt] *n* ⟨~(e)s; ~er⟩ **1** ZO bovin *m*; **2** (*~fleisch*) bœuf *m*

Rinde ['rɪndə] *f* ⟨~; ~n⟩ (*Baum*2) écorce *f*; (*Brot*2, *Käse*2) croûte *f*

'Rinder|braten *m* rôti *m* de bœuf; **~filet** *m* filet *m* de bœuf; **~leber** *f* foie *m* de génisse; **~lende** *f* aloyau *m*; **~schmorbraten** *m* bœuf braisé, en daube; **~wahn(sinn)** *m* maladie *f* de la vache folle; **~zucht** *f* élevage bovin; **~zunge** *f* langue *f* de bœuf

Rinderwahnsinn

Die Krankheit, die wir im Deutschen *Rinderwahnsinn* nennen, heißt auf Französisch **la maladie de la vache folle** (wörtlich ‚die Krankheit der verrückten Kuh'). Die französische Entsprechung für die deutsche Kurzform *BSE* lautet **E.S.B.** [əɛsbe] (abgeleitet aus **encéphalopathie spongiforme bovine**).

'Rindfleisch *n* bœuf *m*

'Rindsleder *n* cuir *m* de bœuf

'Rindvieh *n* **1** bovin *m*; **2** F *fig* (*Dummkopf*) imbécile *m,f*; F andouille *f*

Ring [rɪŋ] *m* ⟨~(e)s; ~e⟩ **1** anneau *m*; *Schmuck*, TECH bague *f*; (*Trau*2) alliance *f*; **2** *um die Augen* cerne *m*; **3** BOXEN ring *m*; TURNEN **~e** *pl* anneaux *m/pl*; **4** (*Straße*) périphérique *m*

'Ringbuch *n* classeur *m* (à anneaux)

ringeln ['rɪŋəln] *v/r* ⟨-ge-⟩ ***sich ~*** s'enrouler (***um etw*** autour de qc); *Haare* boucler

'Ringel|natter *f* couleuvre *f* à collier; **~reihen** *m* ⟨~s; ~⟩ ronde (enfantine); **~spiel** *n österr* → ***Karussel***; **~taube** *f* (pigeon *m*) ramier *m*; palombe *f*

'ringen ⟨rang, gerungen⟩ **I** *v/t* ***die Hände ~*** se tordre les mains; **II** *v/i* **1** (*kämpfen*) SPORT, *fig* lutter (***mit*** contre); **2** *fig* se débattre (***mit*** contre); ***nach Atem ~*** respirer avec peine; *p/fort* suffoquer

'Ringen *n* ⟨~s⟩ SPORT, *fig* lutte *f* (***um*** pour)

'Ringer *m* ⟨~s; ~⟩ lutteur *m*

'Ring|finger *m* annulaire *m*; **2förmig** *adj* annulaire; **~kampf** *m* lutte *f*; **~kämpfer** *m* lutteur *m*; **~richter** *m* arbitre *m*

rings [rɪŋs] *adv* (tout) autour (***um*** de); **'~he'rum** *adv* tout autour; (*auf allen Seiten*) de tous côtés

'Ringstraße *f* boulevard extérieur

'rings'um, 'ringsum'her → ***ringsherum***

Rinne ['rɪnə] *f* ⟨~; ~n⟩ (*Abfluss*2) rigole

R

f; *in der Straße* caniveau *m*; (*Dach*2) gouttière *f*
'**rinnen** *v/i* ⟨rann, geronnen⟩ **1** ⟨sn⟩ (*langsam fließen*) couler (lentement); *Regen, Tränen, Blut a* ruisseler; **2** ⟨h⟩ *südd* (*undicht sein*) fuir
'**Rinn|sal** *n* ⟨~¢s; ~e⟩ ruisselet *m*; filet *m* d'eau; **~stein** *m* caniveau *m*
'**Rippchen** *n* ⟨~s; ~⟩ CUIS côtelette *f*
Rippe ['rɪpə] *f* ⟨~; ~n⟩ **1** ANAT côte *f*; **2** CONSTR, BOT nervure *f*; (*Schokoladen*2) barre *f*
'**Rippenfell** *n* ANAT plèvre *f*; **~entzündung** *f* MÉD pleurésie *f*
Risiko ['ri:ziko] *n* ⟨~s; -ken⟩ risque *m*; ***auf eigenes ~*** à mes, tes, *etc* risques et périls
'**Risiko|bereitschaft** *f* goût *m* du risque; **~gruppe** *f* groupe *m* à risque(s); 2**reich** *adj* risqué; plein de risques
riskant [rɪs'kant] *adj* risqué; osé
ris'kieren *v/t* ⟨*sans ge*⟩ risquer (, ***dass*** que [+ *subj*], de [+ *inf*])
riss [rɪs] → ***reißen***
Riss *m* ⟨~es; ~e⟩ *im Gewebe, Papier* déchirure *f* (*a Haut*2, *Muskel*2); *durch Hängenbleiben* accroc *m*; *tiefer* crevasse *f*; fissure *f* (*a fig*); *durch Kälteeinwirkung* gerçure *f*; *in Holz* fente *f*; *in Porzellan, Ton* fêlure *f*; *in Lack* craquelure *f*; (*Mauer*2) lézarde *f*; ***~e bekommen*** se déchirer; se fendre; se fissurer; se fêler; se lézarder; *fig Freundschaft* en prendre un coup
'**rissig** *adj* crevassé; *Haut a* gercé; fêlé; fissuré; craquelé; lézardé
Rist [rɪst] *m* ⟨~es; ~e⟩ (*Fußrücken*) cou-de-pied *m*; (*Handrücken*) dos *m* de la main
ritt [rɪt] → ***reiten***
Ritt *m* ⟨~¢s; ~e⟩ tour *m*, promenade *f* à cheval; chevauchée *f*
Ritter ['rɪtər] *m* ⟨~s; ~⟩ chevalier *m* (*a e-s Ordens*); ***j-n zum ~ schlagen*** armer qn chevalier
'**ritterlich** *adj* chevaleresque; *fig* galant; courtois; 2**keit** *f* ⟨~⟩ *fig* courtoisie *f*; galanterie *f*
'**Ritter|orden** *m* ordre *m* de chevalerie; **~rüstung** *f* armure *f*; **~schlag** *m* accolade *f*; **~sporn** *m* ⟨~¢s; ~e⟩ BOT pied-d'alouette *m*; **~tum** *n* ⟨~s⟩ chevalerie *f*
'**rittlings** *adv* ***~ sitzen*** être à califourchon, à cheval
Ritu|al [ritu'a:l] *n* ⟨~s; ~e⟩ rituel *m*; 2'**ell** *adj* rituel
Ritus ['ri:tus] *m* ⟨~; -ten⟩ rite *m*
Ritz [rɪts] *m* ⟨~es; ~e⟩ **1** (*Schramme*) rayure *f*; *in der Haut* égratignure *f*; éraflure *f*; **2** → ***Ritze***
'**Ritze** *f* ⟨~; ~n⟩ (petite) fente; fissure *f*
Ritzel ['rɪtsəl] *n* ⟨~s; ~⟩ TECH pignon *m*
'**ritzen** ⟨¢$⟩ **I** *v/t* **1** rayer; *Haut* égratigner; érafler; **2** (*ein~*) graver (***in*** [+ *acc*] dans); **II** *v/r* ***sich ~*** s'égratigner; s'érafler
Rival|e [ri'va:lə] *m* ⟨~n; ~n⟩, **~in** *f* ⟨~; ~nen⟩ rival(e) *m*(*f*)
rivali'sieren *v/i* ⟨*sans ge*⟩ (***mit j-m***) **~** rivaliser (avec qn)
Rivali'tät *f* ⟨~; ~en⟩ rivalité *f*
Riviera [rivi'e:ra] ⟨~⟩ ***die ~*** *französische* la Côte d'Azur; *italienische* la Riviera
Rizinusöl ['ri:tsinusˀø:l] *n* huile *f* de ricin
Roastbeef ['ro:stbi:f] *n* ⟨~s; ~s⟩ rosbif *m*
Robbe ['rɔbə] *f* ⟨~; ~n⟩ phoque *m*
'**robben** *v/i* ⟨sn⟩ ramper
'**Robbenfang** *m* chasse *f* aux phoques
Robe ['ro:bə] *f* ⟨~; ~n⟩ (*festliches Kleid*) robe *f* de soirée; (*Richter*2) robe *f*
Roboter ['rɔbɔtər] *m* ⟨~s; ~⟩ robot *m*; **~technik** *f* robotique *f*
robust [ro'bust] *adj* robuste; 2**heit** *f* ⟨~⟩ robustesse *f*
roch [rɔx] → ***riechen***
Rochade [rɔ'xa:də] *f* ⟨~; ~n⟩ SCHACH roque *m*
röcheln ['rœçəln] *v/i* ⟨¢⟩ râler
'**Röcheln** *n* ⟨~s⟩ râle *m*
Rochen ['rɔxən] *m* ⟨~s; ~⟩ ZO raie *f*
Rock[1] [rɔk] *m* ⟨~¢s; ¨~e⟩ **1** jupe *f*; **2** (*Jackett*) veston *m*; veste *f*
Rock[2] *m* ⟨~$⟩ MUS rock *m*
'**Rockband** *f* groupe *m* rock
'**Rocker** *m* ⟨~s; ~⟩ F loubard *m*; **~bande** *f* F bande *f* de loubards
'**Rock|musik** *f* musique *f* rock; **~sänger(in)** *m*(*f*) chanteur, -euse *m,f* rock; rocker, -euse *m,f*
Rodelbahn ['ro:dəl-] *f* piste *f* de luge
'**rodeln** *v/i* ⟨¢, sn *ou* h⟩ faire de la luge
'**Rodelschlitten** *m* luge *f*
roden ['ro:dən] *v/t* ⟨-e-⟩ défricher
'**Rodler(in)** *m* ⟨~s; ~⟩ (*f*) ⟨~; ~nen⟩ lugeur, -euse *m,f*

R

'Rodung *f* ⟨~; ~en⟩ défrichement *m*; défrichage *m*
Rogen ['ro:gən] *m* ⟨~s; ~⟩ œufs *m/pl* de poissons
Roggen ['rɔgən] *m* ⟨~s⟩ seigle *m*; **~brot** *n* pain *m* de seigle
roh [ro:] *adj* **1** (*ungekocht*) cru; **2** (*nicht bearbeitet*) brut; **3** *fig Person* brutal; barbare; rude; *Verhalten* barbare; rude; *Gewalt* brutal
'Rohbau *m* ⟨~ǿs; ~ten⟩ gros œuvre
'Rohheit *f* ⟨~; ~en⟩ **1** *Benehmen* rudesse *f*; **2** (*Rücksichtslosigkeit*), *Handlung* brutalité *f*; barbarie *f*
'Rohkost *f* crudités *f/pl*
'Rohling *m* ⟨~s; ~e⟩ *Person* brute *f*
'Roh|material *n* matière première; **~öl** *n* pétrole brut
Rohr [ro:r] *n* ⟨~ǿs; ~e⟩ **1** TECH tuyau *m*; *kleineres* tube *m*; (*Leitungs*2) conduite *f*; conduit *m*; (*Geschütz*2) canon *m*; **2** (*Schilf*2) roseau *m*; **3** *südd*, *österr* (*Back*2) four *m*; **'~bruch** *m* rupture *f* de tuyau
'Röhrchen *n* ⟨~s; ~⟩ *für Medikamente* tube *m*; *beim Alkoholtest* ***ins ~ blasen*** F souffler dans le ballon
Rohrdommel ['ro:rdɔməl] *f* ⟨~; ~n⟩ ZO butor *m*
Röhre ['rø:rə] *f* ⟨~; ~n⟩ **1** TECH (*Leitungs*2) conduite *f*; conduit *m*; tuyau *m*; ÉLECT tube *m*; **2** (*Back*2) four *m*; F *fig* ***in die ~ gucken*** F faire tintin; **3** RAD lampe *f*; **4** F (*Fernseher*) F télé *f*; F téloche *f*
röhren ['rø:rən] *v/i* **1** *Hirsch* bramer; **2** *Motor* 'hurler
'röhren|förmig *adj* tubulaire; **2pilz** *m* bolet *m*
'Rohr|leitung *f* tuyau *m*; conduit *m*; conduite *f*; **~post** *f* (système *m* de courrier acheminé par) pneumatique *m*; **~schelle** *f* TECH collier *m* (de serrage)
'Rohrspatz *m* F ***schimpfen wie ein ~*** pester; fulminer; tempêter
'Rohr|stock *m* canne *f* de jonc; **~zange** *f* pince *f* multiprise; **~zucker** *m* sucre *m* de canne
'Rohstoff *m* matière première
Rokoko ['rɔkoko] *n* ⟨~$⟩ rococo *m*
'Roll|bahn *f* AVIAT piste *f*; **~braten** *m* épaule roulée
Rolle ['rɔlə] *f* ⟨~; ~n⟩ **1** TECH (*Walze*) rouleau *m*; *beim Flaschenzug* poulie *f*; *unter Möbeln* roulette *f*; **2** (*Zusammengerolltes*, *Schrift*2) rouleau *m*; (*Spule*, *Garn*2) bobine *f*; *an der Angel* moulinet *m*; **3** THÉ, *fig* rôle *m*; ***e-e ~ spielen*** jouer un rôle (*a fig*); *fig* ***aus der ~ fallen*** avoir une réaction déplacée; F gaffer; **4** TURNEN roulé-boulé *m*; roulade *f*
'rollen **I** *v/t* rouler; (*wickeln*) enrouler; **II** *v/i* ⟨sn⟩ rouler; *Räder* tourner; ***etw ins 2 bringen*** faire rouler, *fig* démarrer qc
'Rollen|spiel *n* jeu *m* de rôles; **~tausch** *m* échange *m* de rôles; **~verteilung** *f* **1** THÉ distribution *f* des rôles; **2** SOZIOLOGIE attribution *f* de rôles spécifiques
'Roller *m* ⟨~s; ~⟩ *für Kinder* trottinette *f*; patinette *f*; (*Motor*2) scooter *m*
'Roll|feld *n* AVIAT aire *f* d'atterrissage et de décollage; **~kragen** *m* col roulé; **~kragenpullover** *m* pull-over *m* à col roulé; **~laden** *m* volet roulant; **~mops** *m* CUIS rollmops *m*
'Rollo *n* ⟨~s; ~s⟩ store *m* (enrouleur)
'Roll|schinken *m* jambon fumé roulé; **~schrank** *m* classeur *m* à rideau
'Rollschuh *m* patin *m* à roulettes; ***~ laufen*** faire du patin à roulettes
'Rollschuhläufer *m* patineur *m* à roulettes
'Roll|splitt *m* gravillons *m/pl*; gravier *m*; **~steig** *m* ⟨~ǿs; ~e⟩ tapis roulant; **~stuhl** *m* fauteuil roulant; **~stuhlfahrer(in)** *m(f)* handicapé(e) *m(f)* (dans un fauteuil roulant); **~treppe** *f* escalier roulant, mécanique; escalator *m*
Rom [ro:m] *n* ⟨~s⟩ Rome
ROM [rɔm] *n* ⟨~$; ~$⟩ INFORM *abr* (*read-only memory*) mémoire morte
Roma ['ro:ma] *m/pl* Tsiganes *m/pl*; Rom *m/pl*
Roman [ro'ma:n] *m* ⟨~s; ~e⟩ roman *m*; **~figur** *f* personnage *m* de roman
Ro'manik *f* ⟨~⟩ ARCH roman *m*
ro'manisch *adj* ARCH, *Sprache* roman; *Land*, *Volk*, *Kultur* latin
Roma'nist|(in) *m* ⟨~en; ~en⟩ (*f*) ⟨~; ~nen⟩ *Student(in)* étudiant(e) *m(f)* en langues romanes; *Wissenschaftler(in)* romaniste *m,f*; **~ik** *f* ⟨~⟩ (études *f/pl* des) langues, (des) littératures et (des) civilisations romanes
Ro'manschriftsteller(in) *m(f)* romancier, -ière *m,f*
Romant|ik [ro'mantɪk] *f* ⟨~⟩ roman-

tisme *m*; **~iker** *m* ⟨~s; ~⟩ romantique *m* (*a fig*); **2isch** *adj* romantique (*a fig*)
Romanze [ro'mantsə] *f* ⟨~; ~n⟩ idylle *f*; aventure amoureuse
Römer ['røːmər] *m* ⟨~s; ~⟩ **1** *Bewohner* Romain *m*; **2** *Weinglas* verre *m* à pied (*réservé au vin blanc*); **~in** *f* ⟨~; ~nen⟩ Romaine *f*
'**römisch** *adj* romain; '**~-ka'tholisch** *adj* catholique; romain
röm.-kath. → ***römisch-katholisch***
Rommé ['rɔme] *n* ⟨~s; ~s⟩ *Kartenspiel* rami *m*
röntgen [rœntgən] *v/t* radiographier; faire une radio de
'**Röntgen|aufnahme** *f*, **~bild** *n* radio(graphie) *f*; **~gerät** *n* appareil *m* de radiographie; **~olo'gie** *f* ⟨~⟩ radiologie *f*; **~strahlen** *m/pl* rayons *m/pl* X; **~untersuchung** *f* examen *m* radiographique; radioscopie *f*; F radio *f*
rosa ['roːza] *adj* ⟨*inv*⟩ rose
'**Rosa** *n* ⟨~s; ~⟩ (couleur *f*) rose *m*
'**rosa|farben, ~farbig, ~rot** *adj* rose
rösch [røːʃ *ou* rœʃ] *adj südd* croustillant
Rose ['roːzə] *f* ⟨~; ~n⟩ **1** BOT rose *f*; **2** MÉD érysipèle *m*
rosé [ro'zeː] *adj* ⟨*inv*⟩ rose
Ro'sé *m* ⟨~s; ~s⟩ *Wein* rosé *m*
'**Rosen|garten** *m* roseraie *f*; **~kohl** *m* chou *m* de Bruxelles; **~kranz** *m* REL chapelet *m*; **~'montag** *m* lundi gras; **~'montagszug** *m* *défilé de chars lors du carnaval le lundi gras*; **~stock** *m* rosier *m*
Rosette [ro'zɛtə] *f* ⟨~; ~n⟩ (*Bandschleife*), BOT rosette *f*; ARCH rosace *f*
'**rosig I** *adj* **1** (*rosa*) (de) rose; **2** *fig* rose; *Zukunft, Lage* brillant; **II** *adv* ***uns geht es nicht gerade ~*** ça n'est pas vraiment tout rose
Rosine [ro'ziːnə] *f* ⟨~; ~n⟩ raisin sec; F (***große***) ***~n im Kopf haben*** voir trop grand
Rosmarin ['roːsmariːn] *m* ⟨~s⟩ romarin *m*
Ross [rɔs] *st/s n* ⟨~es; ~e *ou* ~̈er⟩ cheval *m*; ***hoch zu ~*** à cheval; *fig* ***auf dem hohen ~ sitzen*** faire l'important
'**Ross|haar** *n* crin *m*; **~kastanie** *f Baum* marronnier *m* d'Inde; *Frucht* marron *m* d'Inde; **~kur** F *f* remède *m* de cheval
Rost[1] [rɔst] *m* ⟨~(e)s⟩ *auf Eisen* rouille *f*
Rost[2] *m* ⟨~(e)s; ~e⟩ **1** (*Brat2*) gril *m*; **2** (*Gitter*) grille *f*; claie *f*
'**rostbeständig** *adj* inoxydable
'**Rost|braten** *m* grillade *f*; **~bratwurst** *f* saucisse grillée
'**rostbraun** *adj* rouille
'**rosten** *v/i* ⟨-e-⟩ (se) rouiller
rösten ['røːstən] *v/t* ⟨-e-⟩ *Kaffee* torréfier; *Brot, Kastanien* griller; *Kartoffeln* rissoler; faire sauter
'**Rost|fleck** *m* tache *f* de rouille; **2frei** *adj* sans rouille; (*nicht rostend*) inoxydable
Rösti ['røːsti] *pl* CUIS röstis *m/pl*; pommes de terre sautées
'**rostig** *adj* rouillé
'**Röstkartoffeln** *f/pl* pommes de terre rissolées, sautées
'**Rost|laube** F *f* F bagnole toute rouillée; **~schutzmittel** *n* (agent *m*) antirouille *m*
rot [roːt] *adj* ⟨~̈er *ou* ~er, ~̈este *ou* ~este⟩ rouge (*a* POL); *Bart, Haar* roux; *Lippen* vermeil; (*hoch~*) rubicond; ***das 2e Meer*** la mer Rouge; ***~ werden*** rougir; ***~ glühend*** porté, chauffé au rouge
Rot *n* ⟨~s; ~⟩ rouge *m*; ***die Ampel steht auf, zeigt ~*** le feu est au rouge; *Auto* ***bei ~ durchfahren*** passer au rouge; brûler, F griller un feu rouge
Rotation [rotatsi'oːn] *f* ⟨~; ~en⟩ rotation *f*
'**rot|bäckig** *adj* aux joues rouges; **2barsch** *m* sébaste *m*; **~blond** *adj* blond roux; **~braun** *adj* rouge brun; **2buche** *f* 'hêtre *m* pourpre
Röte ['røːtə] *f* ⟨~⟩ rouge *m*
Röteln ['røːtəln] *pl* rubéole *f*
'**röten** *v/r* ⟨-e-⟩ ***sich ~*** rougir
'**Rot|fuchs** *m* **1** *Fuchs* renard (commun); **2** *Pferd* (cheval) alezan *m*; **2haarig** *adj* (aux cheveux) roux; rousse; **~haut** F *f* Peau-Rouge *m*; **~hirsch** *m* cerf (commun)
rotieren [ro'tiːrən] *v/i* ⟨*sans ge*⟩ **1** tourner, pivoter (sur son axe); **2** F *fig* (*hektisch sein*) F paniquer
Rot|käppchen ['roːtkɛpçən] *n* ⟨~s⟩ le Petit Chaperon rouge; **~kehlchen** *n* ⟨~s; ~⟩ ZO rouge-gorge *m*; **~kohl** *m*, *südd, österr* **~kraut** *n* chou *m* rouge
'**rötlich** *adj* rougeâtre; *Haar* roussâtre
'**Rotlicht** *n* lumière *f* rouge; *der Ampel* feu *m* rouge
'**rot·sehen** F *v/i* ⟨*irr*⟩ voir rouge

'Rotstift *m* crayon *m* rouge; *fig* ***den ~ ansetzen*** faire des coupes (dans un budget, *etc*)

Rotte ['rɔtə] *f* ⟨~; ~n⟩ *péj* bande *f*; clique *f*

Rottweiler ['rɔtvaɪlər] *m* ⟨~s; ~⟩ ZO rottweiler *m*

'Rötung *f* ⟨~; ~en⟩ rougeur *f*

'rotwangig *st/s adj* aux joues rouges

'Rot|wein *m* vin *m* rouge; **~wild** *n* cerfs *m/pl* et chevreuils *m/pl*

Rotz [rɔts] *m* ⟨~es⟩ morve *f*

'rotz'frech, 'rotzig F *adj* F gonflé; culotté

'Rotznase *f* **1** P nez morveux; **2** F *fig* F morveux, -euse *m,f*

Rouge [ru:ʒ] *n* ⟨~s; ~s⟩ rouge *m* à joues

Roulade [ru'la:də] *f* ⟨~; ~n⟩ CUIS roulade *f*; *vom Kalb* paupiette *f*

Roulett *n* ⟨~¢s; ~e⟩, **Roulette** [ru'lɛt] *n* ⟨~s; ~s⟩ roulette *f*; ***russisches ~*** roulette *f* russe

Route ['ru:tə] *f* ⟨~; ~n⟩ itinéraire *m*; route *f*

Routine [ru'ti:nə] *f* ⟨~⟩ **1** (*Erfahrung*) expérience *f*, habitude *f* (***in etw*** [*dat*] de qc); **2** (*Gewohnheit*) routine *f*; **♀mäßig** *adj* habituel; de routine

routi'niert *adjt* expérimenté; habile

Rowdy ['raudi] *m* ⟨~s; ~s⟩ vandale *m*; casseur *m*

Ruanda [ru'anda] *n* ⟨~s⟩ le Ruanda

rubbeln ['rubəln] *v/i u v/t* ⟨¢⟩ frotter; *beim Glücksspiel* gratter

Rübe ['ry:bə] *f* ⟨~; ~n⟩ **1** BOT betterave *f*; ***Rote ~*** betterave *f* rouge; *südd* ***Gelbe ~*** carotte *f*; **2** F *fig* (*Kopf*) F caboche *f*; F cafetière *f*

Rubel ['ru:bəl] *m* ⟨~s; ~⟩ rouble *m*

rüber ['ry:bər] F *adv* → ***herüber, hinüber***

'rüber·|bringen F *v/t* ⟨*irr*⟩ (*vermitteln können*) faire passer; **~kommen** F *v/i* ⟨*irr*⟩ (*verstanden werden*) passer

Rubin [ru'bi:n] *m* ⟨~s; ~e⟩ rubis *m*

Rubrik [ru'bri:k] *f* ⟨~; ~en⟩ (*Zeitungs♀*) rubrique *f*; (*Klasse*) catégorie *f*

ruchbar ['ru:xba:r] *st/s adj* ***~ werden*** devenir public

Ruck [ruk] *m* ⟨~¢s; ~e⟩ saccade *f*; (*Stoß*) secousse *f*; (à-)coup *m*; F *fig* ***sich*** (*dat*) ***e-n ~ geben*** faire un effort

'ruckartig I *adj* saccadé; **II** *adv* par saccades, secousses

Rückbesinnung ['ryk-] *f* retour *m* (***auf*** [+ *acc*] à)

'rückbezüglich *adj* GR réfléchi

'Rück|blende *f* FILM retour *m* en arrière; flashback *m*; **~blick** *m* rétrospective *f* (***auf*** [+ *acc*] sur, de); **♀blickend** *advt* rétrospectivement; **♀datieren** *v/t* ⟨*sans ge*⟩ antidater

'rucken *v/i* avancer par à-coups

rücken ['rykən] **I** *v/t* (*ver~*) déplacer; (*bewegen*) remuer; bouger; ***den Tisch ans Fenster ~*** approcher la table de la fenêtre; **II** *v/i* ⟨sn⟩ *vorwärts* (s')avancer; *näher* (s')approcher; *zur Seite* se pousser; *fig* ***an j-s Stelle*** (*acc*) ~ prendre la place de qn

Rücken ['rykən] *m* ⟨~s; ~⟩ **1** *e-s Menschen, Tieres* dos *m*; CUIS selle *f*; *von Wild* râble *m*; ***es lief mir eiskalt über den ~*** *od* ***den ~ hinunter*** cela me donna froid dans le dos; *fig* ***j-m den ~ stärken*** encourager, épauler, appuyer, soutenir qn; *fig* ***j-m, e-r Sache den ~ kehren*** tourner le dos à qn, qc; *fig* ***hinter j-s ~*** (*dat*) derrière le dos, à l'insu de qn; *fig* ***j-m in den ~ fallen*** tirer dans le dos de qn; **2** (*Hand♀, Messer♀, Buch♀ etc*) dos *m*; (*Gebirgs♀*) crête *f*

'Rückendeckung *f* ⟨~⟩ **1** MIL couverture *f* de l'arrière; **2** *fig* appui *m*; soutien *m*; ***j-m ~ geben*** aider, soutenir qn

'Rücken|lehne *f* dossier *m*; dos *m*; **~mark** *n* moelle épinière; **~schmerzen** *m/pl* mal *m* au dos; **~schwimmen** *n* nage *f* sur le dos; **~stärkung** *f* soutien (moral); encouragement *m*; **~wind** *m* vent *m* dans le dos; vent *m* arrière; **~wirbel** *m* vertèbre dorsale

'rückerstatt|en *v/t* ⟨-e-, *sans ge*⟩ restituer; rembourser; **♀ung** *f* restitution *f*; remboursement *m*

'Rück|fahrkarte *f*, **~fahrschein** *m* billet *m* de retour; *Hin- u Rückfahrt* (billet *m* d')aller et retour *m*; **~fahrt** *f* retour *m*; **~fall** *m* **1** MÉD rechute *f*; **2** (*Zurückfallen*) retour *m* (***in*** [+ *acc*] à); **3** JUR récidive *f*

'rückfällig *adj Straftäter* récidiviste; *Suchtkranker* qui rechute; ***~ werden*** récidiver; rechuter

'Rück|flug *m* vol *m* (de) retour; **~fluss** *m* reflux *m*; **~frage** *f* demande *f* de précisions; **♀fragen** *v/i* demander des précisions; **~führung** *f von Flüchtlingen* rapatriement *m*; **~gabe** *f* restitution *f*; remise *f*; *von Leergut* retour *m*; *beim Fußball* passe *f* en arrière; **~gang** *m* recul *m*; baisse *f*; *der Geschäfte* récession *f*; régression *f*; (*Abnahme*) diminution *f*

'**rückgängig** *adj* ***~ machen*** *Entscheidung* revenir sur; COMM annuler

'**Rückgewinnung** *f* TECH récupération *f*

'**Rückgrat** *n* ⟨~~e~~s; ~e⟩ épine dorsale; colonne vertébrale; échine *f*; *fig* ***~ haben*** être ferme; avoir le courage de ses opinions

'**Rückhalt** *m* soutien *m*; appui *m*; **2los** *adv* sans réserve

'**Rück|hand** *f* SPORT revers *m*; **~kehr** *f* ⟨~⟩ retour *m*; *ins Haus* rentrée *f*; **~kopp(e)lung** *f* ÉLECT rétroaction *f*; feed-back *m*; **~lage** *f* ÉCON (fonds *m* de) réserve *f*; (*Ersparnisse*) économies *f/pl*; **~lauf** *m* retour *m*; *von Flüssigkeiten* reflux *m*; *beim Tonband* retour *m* rapide (arrière)

'**rückläufig** *adj* (*sinkend*) en baisse; ***~e Entwicklung*** régression *f*

'**Rücklicht** *n e-s Autos, Fahrrads* feu *m* arrière

'**rücklings** *adv* en arrière; (*von hinten*) par derrière; *fallen* à la renverse

'**Rück|meldung** *f* **1** *an der Universität* réinscription *f*; **2** (*Feedback*) feed-back *m*; **~nahme** *f* ⟨~⟩ **1** reprise *f*; retrait *m*; **2** *fig e-s Verbots* levée *f*; *e-r Behauptung* rétractation *f*; *e-r Beleidigung* retrait *m*; **~porto** *n* port *m* de retour; **~reise** *f* (voyage *m* de) retour *m*; **~ruf** *m* **1** TÉL rappel *m*; **2** COMM mise *f* 'hors circuit de produits

Rucksack ['rukzak] *m* sac *m* à dos; **~tourist(in)** *m(f)* F routard(e) *m(f)*

'**Rück|schau** *f* rétrospective *f*; **~schlag** *m fig* revers *m*; échec *m*; **~schluss** *m* conclusion *f* (a posteriori); déduction *f*; **~schritt** *m* pas *m* en arrière; régression *f*; **2schrittlich** *adj* réactionnaire; rétrograde; **~seite** *f e-r Seite, Münze* revers *m*; (*hintere Seite*) derrière *m*; face *f* arrière; dos *m*; *e-s Blattes* verso *m*; **~sendung** *f* renvoi *m*; retour *m*

'**Rücksicht** *f* ⟨~⟩ égards *m/pl*; considération *f*; (***keine***) ***~ auf j-n, etw nehmen*** (*beachten*) (ne pas) tenir compte de qn, qc; (*schonen*) (ne pas) ménager qn, qc; ***mit ~ auf*** (+ *acc*) eu égard à; ***mit ~ darauf, dass ...*** vu que ...; ***ohne ~ auf*** (+ *acc*) **...** sans égard, considération pour ...

'**Rücksichtnahme** *f* ⟨~⟩ égards *m/pl*; considération *f*

'**rücksichts|los I** *adj* **1** (*verantwortungslos*) sans égards, ménagements; *Verhalten* brutal; **2** (*schonungslos*) impitoyable; **II** *adv* brutalement; sans égards, ménagements; **2losigkeit** *f* ⟨~; ~en⟩ manque *m* d'égards; **~voll** *adj* plein d'égards; délicat

'**Rück|sitz** *m beim Auto, Motorrad* siège *m* arrière; **~spiegel** *m* rétroviseur *m*; **~spiel** *n* SPORT match *m* retour

'**Rücksprache** *f* entretien *m*; ***mit j-m ~ halten, nehmen*** conférer avec qn

'**Rückstand** *m* **1** arriéré *m*; reste *m*; **2** (*Rest*), CHIM résidu *m*; **3** (*Zurückbleiben*) retard *m*; (***mit etw***) ***im ~ sein*** être en retard (dans qc); ***er ist mit seiner Miete zwei Monate im ~*** il doit deux mois de loyer

'**rückständig** *adj* **1** (*rückschrittlich*) rétrograde; arriéré; **2** (*unterentwickelt*) sous-développé; *wirtschaftlich* en retard; **3** *Gelder* arriéré

'**Rück|stau** *m* **1** TECH retenue *f*; **2** *im Verkehr* bouchon *m*; **~stoß** *m* TECH réaction *f*; *von Waffen* (choc *m* de) recul *m*; **~strahler** *m* réflecteur *m*; catadioptre *m*; **~taste** *f* touche *f* de retour arrière

'**Rücktritt** *m* **1** *vom e-m Amt* démission *f*; départ *m*; retraite *f*; *von e-m Vertrag* résiliation *f*; dénonciation *f*; ***s-n ~ erklären*** donner sa démission; démissionner; **2** *beim Fahrrad* rétropédalage *m*

'**Rück|trittbremse** *f* frein *m* à rétropédalage; **2vergüten** *v/t* ⟨-e-, *sans ge*⟩ rembourser; ristourner; **~vergütung** *f* remboursement *m*; ristourne *f*; **2versichern** *v/r* ⟨*sans ge*⟩ ***sich ~*** (*sich vergewissern*) vérifier; **~versicherung** *f* **1** *fig* vérification *f*; **2** JUR réassurance *f*; **~wand** *f* paroi *f*, partie *f* arrière; **2wärtig** *adj* arrière; de *od* à l'arrière

rückwärts ['rʏkvɛrts] *adv* en arrière; *mit Verben* à reculons; ***~ fahren*** faire marche arrière

'**Rückwärtsgang** *m* AUTO marche *f* arrière

R

'**Rückweg** *m* (chemin *m* du) retour *m*; ***auf dem ~*** au retour
'**ruckweise** *adv* par saccades; par secousses; par à-coups
'**rückwirkend I** *adjt* rétroactif; **II** *advt* ***~ vom ...*** à dater du ...
'**Rückwirkung** *f* **1** (*Auswirkung*) répercussion *f* (***auf*** [+ *acc*] sur); **2** (*Gültigkeit*) effet rétroactif
'**Rückzahlung** *f* remboursement *m*
'**Rückzieher** *m* ⟨~s; ~⟩ **1** FUSSBALL retourné *m*; **2** F *fig* ***e-n ~ machen*** revenir sur sa décision; faire machine arrière
ruck, zuck [rʊk'tsʊk] F *adv* F en cinq sec
'**Rückzug** *m* retraite *f*; ***den ~ antreten*** battre en retraite (*a fig*)
Rucola ['ru:kola] *Pflanze f* ⟨~⟩, *Salat m* ⟨~⟩ roquette *f*
rüde ['ry:də] *adj* grossier
Rüde ['ry:də] *m* ⟨~n; ~n⟩ (chien *m*, *etc*) mâle *m*
Rudel ['ru:dəl] *n* ⟨~s; ~⟩ *von Wölfen, Kindern* bande *f*; *von Hirschen, Rehen* 'harde *f*
Ruder ['ru:dər] *n* ⟨~s; ~⟩ MAR rame *f*; aviron *m*; (*Steuer*) gouvernail *m*; *bei Ruderbooten* barre *f*; *fig* ***am ~ sein*** être à, tenir la barre; *fig* ***ans ~ kommen*** prendre la barre, le pouvoir; *fig* ***aus dem ~ laufen*** ne plus être contrôlable
'**Ruder|boot** *n* canot *m*; barque *f*; **~er** *m* ⟨~s; ~⟩, **~in** *f* ⟨~; ~nen⟩ rameur, -euse *m,f*
'**rudern** *v/t u v/i* ⟨h *ou* sn⟩ ramer; SPORT faire de l'aviron; *fig* ***mit den Armen ~*** agiter, *beim Gehen* balancer les bras
'**Rudern** *n* ⟨~s⟩ canotage *m*; SPORT aviron *m*
'**Ruder|regatta** *f* régate *f* (à l'aviron); **~sport** *m* aviron *m*
Ruf [ru:f] *m* ⟨~(e)s; ~e⟩ **1** (*Schrei*) cri *m* (*a e-s Tiers*); **2** (*Forderung*) demande *f* (***nach*** de); ***der ~ nach Freiheit*** l'appel *m* à la liberté; **3** (*Ernennung*) nomination *f*; ***e-n ~ an die Universität ... erhalten*** recevoir une offre de nomination à l'université de ...; **4** (*Leumund*) réputation *f*; renom *m*; renommée *f*; ***e-n guten, hervorragenden ~ genießen*** jouir d'une bonne, excellente réputation; ***e-n schlechten ~ haben*** avoir mauvaise réputation; ***j-n, etw in schlechten ~ bringen*** décrier, dénigrer qn, qc
'**rufen** ⟨rief, gerufen⟩ **I** *v/t* **1** (*aus~*) crier; **2** (*herbei~*) appeler; ***j-n ~ lassen*** faire venir qn; ***wie gerufen kommen*** arriver à point (nommé); tomber bien; **II** *v/i* crier (*a Tiere*); ***nach j-m ~*** appeler qn
Rüffel ['rʏfəl] F *m* ⟨~s; ~⟩ réprimande *f*; F savon *m*
'**Ruf|mord** *m* atteinte calomnieuse à la réputation de qn; **~name** *m* prénom usuel; **~nummer** *f* numéro *m* de téléphone; **~säule** *f* borne *f* d'appel
'**Rufweite** *f* ***in, außer ~*** à, 'hors de portée de la voix
Rugby ['rakbi] *n* ⟨~s⟩ rugby *m*; **~spieler** *m* rugbyman *m*
Rüge ['ry:gə] *f* ⟨~; ~n⟩ réprimande *f*; blâme *m*; ***j-m e-e ~ erteilen*** réprimander qn
'**rügen** *v/t* ***j-n ~*** réprimander qn
Ruhe ['ru:ə] *f* ⟨~⟩ **1** *innere* tranquillité *f*; (*Stille, Gelassenheit*) calme *m*; (*Friede*) paix *f*; (*Erholung*) repos *m*; ***wohlverdiente ~*** repos bien gagné; *fig* ***die ewige ~*** le repos éternel; ***lass mich in ~!*** laisse-moi tranquille!; ***er lässt sich nicht aus der ~ bringen*** il ne perd jamais son sang-froid; F ***die ~ weghaben*** F être cool; ***(die) ~ bewahren*** garder son calme, son sang-froid; F ***immer mit der ~!*** du calme!; doucement!; **2** (*Schweigen*) silence *m*; ***~!*** silence!; du calme!; **3** (*Ruhestand*) ***sich zur ~ setzen*** se retirer
'**ruhe|bedürftig** *adj* qui a besoin de repos; **~los** *adj* sans repos; toujours en mouvement; agité; (*unruhig*) inquiet; **2losigkeit** *f* ⟨~⟩ agitation continuelle; inquiétude *f*
'**ruhen** *v/i* **1** (*aus~*) se reposer; prendre du repos; **2** *st/s* (*schlafen*) dormir; faire un somme; **3** *st/s von Toten* ***hier ruht ...*** ici repose ...; ci-gît ...; ***ruhe in Frieden!*** repose en paix; **4** *fig Verhandlung, Arbeit* être suspendu, arrêté; **5** (*liegen*) ***~ auf*** (+ *dat*) reposer, être posé sur; *fig* reposer sur; *Blicke* s'arrêter, se fixer sur
'**Ruhepause** *f* pause *f*; moment *m* de repos
'**Ruhestand** *m* retraite *f*; ***im ~*** à la, en retraite; retraité; ***in den ~ versetzen*** mettre à la retraite; ***in den ~ treten, ge-***

R

hen prendre sa retraite; se retirer
'Ruhestätte *st/s f fig* ***letzte ~*** dernière demeure
'Ruhestörer *m* personne *f* faisant du tapage
'Ruhestörung *f* atteinte *f* à la tranquillité publique; ***nächtliche ~*** tapage *m* nocturne
'Ruhetag *m* jour *m* de repos
'ruhig I *adj* **1** tranquille; calme (*a See, Börse*); (*friedlich*) paisible; *Atmung* régulier; *Hand* sûr; **2** (*still*) silencieux; **II** *adv* **1** tranquillement; calmement; (*ohne Zwischenfälle*) sans incidents; (*gelassen*) avec calme; ***sich ~ verhalten*** se tenir tranquille; ***~ stellen*** *Arm, Bein* immobiliser; **2** F (*getrost*) sans problèmes; ***du könntest ~ (ein)mal*** (+ *inf*) tu ferais bien de (+ *inf*)
Ruhm [ruːm] *m* ⟨~¢s⟩ gloire *f*; célébrité *f*
rühmen ['ryːmən] **I** *v/t* célébrer; glorifier; vanter; ***j-n wegen etw ~*** faire l'éloge de qn pour qc; **II** *v/r* ***sich e-r Sache*** (*gén*) ~ se vanter, se glorifier de qc
'Ruhmesblatt *n fig* ***es war kein ~ für ihn*** cela n'était pas à son honneur
'rühmlich *adj* glorieux; louable
'ruhm|reich, ~voll *adj* glorieux
Ruhr [ruːr] *f* ⟨~⟩ MÉD dysenterie *f*
Rührei ['ryːrˀaɪ] *n* œufs brouillés
'rühren I *v/t* **1** (*bewegen*) mouvoir; remuer; bouger; **2** (*um~*) remuer; **3** (*in Rührung versetzen*) toucher; attendrir; émouvoir; **II** *v/i* **4** (*um~*) remuer; **5** ***das rührt daher, dass ...*** cela vient de ce que ...; **III** *v/r* ***sich ~*** se remuer; bouger
'rührend *adjt* touchant (*a iron*); émouvant
'Ruhrgebiet ***das ~*** la Ruhr
'rühr|ig *adj* actif; dynamique; **~selig** *adj* sentimental; *péj* larmoyant
'Rührung *f* ⟨~⟩ émotion *f*; attendrissement *m*
Ruin [ru'iːn] *m* ⟨~s⟩ ruine *f*; perte *f*
Ru'ine *f* ⟨~; ~n⟩ ruine *f*
rui'nieren *v/t* (*u v/r*) ⟨*sans ge*⟩ (***sich ~*** se) ruiner
ruinös [rui'nøːs] *adj* ruineux
rülps|en ['rʏlpsən] F *v/i* ⟨¢$⟩ F roter; **≈er** F *m* ⟨~s; ~⟩ F rot *m*
rum [rʊm] F → ***herum***
Rum [rʊm] *m* ⟨~s; ~s⟩ rhum *m*
Rumän|e [ru'mɛːnə] *m* ⟨~n; ~n⟩, **~in** *f* ⟨~; ~nen⟩ Roumain(e) *m(f)*; **~ien** *n* ⟨~s⟩ la Roumanie; **≈isch** *adj* roumain
'rum·kriegen F → ***herumkriegen***
'rum·machen F *v/i* ***an etw ~*** F tripoter qc; ***an j-m ~*** F peloter qn
Rummel ['rʊməl] F *m* ⟨~s⟩ **1** (*Betrieb*) F foire *f*; (*Lärm*) F boucan *m*; (*Reklame≈*) bruit *m*; battage *m*; ***e-n großen ~ um etw machen*** F faire tout un plat de qc; **2** (*Jahrmarkt*) foire *f*; fête foraine
'Rummelplatz *m* champ *m* de foire
rumoren [ru'moːrən] *v/i* ⟨*sans ge*⟩ faire du tapage, du bruit
Rumpelkammer ['rʊmpəl-] F *f* débarras *m*; F cagibi *m*
'rumpeln F *v/i* ⟨¢⟩ **1** (*poltern*) faire du tapage; **2** ⟨sn⟩ *Fahrzeug* cahoter
Rumpf [rʊmpf] *m* ⟨~¢s; ~̈e⟩ ANAT tronc *m*; (*Schiffs≈*) coque *f*; carcasse *f*; (*Flugzeug≈*) fuselage *m*
rümpfen ['rʏmpfən] *v/t* ***die Nase ~*** faire la moue; (***über etw*** [*acc*]) ***die Nase ~*** faire le *bzw* la dégoûté(e) (à propos de qc)
Rumpsteak ['rʊmpsteːk] *n* romsteck *m*
rund [rʊnt] **I** *adj* rond (*a Zahl*); (*abgerundet*) arrondi; (*kreisförmig*) circulaire; (*kugelförmig*) sphérique; (*dicklich*) rondelet; *Gesicht* plein; joufflu; *Backen* rebondi; plein; **II** *adv* **1** ***~ um etw*** tout autour de qc; **2** *fig* ***alles ~ ums Haus, Kochen*** tout ce qui concerne la maison, la cuisine; **3** F (*etwa*) environ; en chiffres ronds
'Rund|blick *m* panorama *m*; **~bogen** *m* ARCH (arc *m* en plein) cintre *m*; **~brief** *m* circulaire *f*
'Runde *f* ⟨~; ~n⟩ **1** (*Rundgang*) ronde *f*; ***die ~ machen*** *Gerücht* faire le tour; **2** (*Gesellschaft*) compagnie *f*; cercle *m*; (*Tisch≈*) tablée *f*; ***in die ~ blicken*** jeter un coup d'œil circulaire; **3** *bei Getränken* tournée *f*; **4** *beim Laufen, Rennen* tour *m*; *beim Spielen* partie *f*; manche *f*; BOXEN round *m*; reprise *f*; F *fig* (***mit etw***) ***über die ~n kommen*** F s'en tirer (avec qc)
'runden *v/t* (*u v/r*) ⟨-e-⟩ (***sich ~*** s')arrondir
'rund|erneuern *v/t* ⟨*sans ge*⟩ *Reifen* rechaper; **≈fahrt** *f* circuit *m* (touristique); tour *m*; **≈flug** *m* circuit aérien; **≈frage** *f* (petite) enquête

R

'Rundfunk *m* **1** (*Hörfunk*) radio(diffusion) *f*; ***im ~*** à la radio; **2** *Einrichtung, Gebäude* station *f* de radiodiffusion; radio *f*
'Rundfunk|anstalt *f* station *f* de radiodiffusion; **~gebühr** *f* redevance *f* radio; **~gerät** *n* poste *m*, appareil *m* de radio; **~programm** *n Sendung* programme *m* des émissions radio(phoniques); **~reporter(in)** *m(f)* radioreporter *m,f*; **~sender** *m* (poste *m*) émetteur *m* de radio; **~sendung** *f* émission *f* radiophonique, de radio; **~sprecher(in)** *m(f)* speaker *m*, speakerine *f* à la radio; **~station** *f* station *f* radiophonique; station émettrice de radiodiffusion; **~übertragung** *f* retransmission *f* radiophonique
'Rundgang *m* tour *m*; *e-s Wächters* ronde *f*
'rund·gehen F *v/imp* ⟨*irr*, sn⟩ ***es geht rund*** (*es ist viel los*) c'est le coup de feu; (*es geht hoch her*) il y a de l'ambiance; ça y va; ça donne
'rundhe'raus *adv* franchement; tout net
'rundhe'rum *adv* **1** (*ringsum*) tout autour (***um*** de); à la ronde; **2** (*völlig*) parfaitement; ***~ glücklich*** parfaitement heureux
'rund|lich *adj* arrondi; *Person* rondelet; *bes Kind* potelé; **2reise** *f* tour *m*; circuit *m*; périple *m*; **2schreiben** *n* circulaire *f*
'rund'um → ***rundherum***
'Rundung *f* ⟨~; ~en⟩ rondeur *f*; rond *m*
'rund'weg F *adv* tout net; F carrément
'Rundweg *m* circuit *m* pédestre
Rune ['ru:nə] *f* ⟨~; ~n⟩ rune *f*
Runkelrübe ['ruŋkəl-] *f* betterave fourragère
runter ['runtər] F → ***herunter, hinunter***
'runter·hauen *v/t* ⟨*irr*⟩ F ***j-m e-e ~*** F flanquer une gifle à qn
Runzel ['runtsəl] *f* ⟨~; ~n⟩ ride *f*
'runz(e)lig *adj* ridé; ***~ werden*** se rider
'runzeln *v/t* (*u v/r*) ⟨*ȼ*⟩ (***sich ~*** se) rider; froncer; ***die Stirn ~*** froncer les sourcils
Rüpel ['ry:pəl] *m* ⟨~s; ~⟩ mufle *m*; malotru *m*
Rüpe'lei *f* ⟨~; ~en⟩ grossièreté *f*; muflerie *f*
'rüpelhaft *adj* grossier; mufle
rupfen ['rupfən] *v/t Unkraut* arracher; *Geflügel* plumer; F *fig* ***j-n ~*** F plumer, tondre qn
Rupie ['ru:piə] *f* ⟨~; ~n⟩ roupie *f*
ruppig ['rupıç] *adj Person, Benehmen* grossier; *Ton* brusque; **2keit** *f* ⟨~⟩ grossièreté *f*
Rüsche ['ry:ʃə] *f* ⟨~; ~n⟩ COUT ruche *f*
Ruß [ru:s] *m* ⟨~es⟩ suie *f*
Russe ['rusə] *m* ⟨~n; ~n⟩ Russe *m*
Rüssel ['rysəl] *m* ⟨~s; ~⟩ **1** (*Elefanten2, Insekten2*) trompe *f*; *des Schweins* groin *m*; **2** F *fig* (*Nase*) F pif *m*
'ruß|en *v/i* fumer; **~ig** *adj* couvert de suie
'Russin *f* ⟨~; ~nen⟩ Russe *f*
'russisch *adj* russe; CUIS ***~e Eier*** *n/pl* œufs *m/pl* à la russe
Russland ['rus-] *n* ⟨~s⟩ la Russie
rüsten ['rystən] ⟨-e-⟩ **I** *v/i* MIL armer; ***zum Krieg ~*** faire des préparatifs de guerre; **II** *v/r st/s* ***sich ~*** (***zu***) se préparer (à, pour)
Rüster ['rystər] *f* ⟨~; ~n⟩ BOT orme *m*
'rüstig *adj* robuste; (*noch ~*) vert; gaillard
rustikal [rusti'ka:l] *adj Möbel* de style rustique; *Essen* campagnard
'Rüstung *f* ⟨~; ~en⟩ **1** (*Auf2*) armements *m/pl*; **2** (*Ritter2*) armure *f*
'Rüstungs|industrie *f* industrie *f* d'armement; **~kontrolle** *f* contrôle *m* des armements; **~wettlauf** *m* course *f* aux armements
Rute ['ru:tə] *f* ⟨~; ~n⟩ **1** (*Gerte*) verge *f*; baguette *f*; **2** (*Schwanz*) queue *f*; **3** (*Angel2*) canne *f* à pêche
Rutsch [rutʃ] *m* ⟨~es; ~e⟩ **1** (*Erd2*) glissement *m*; éboulement *m*; F *fig* ***in e-m ~*** d'un (seul) coup; **2** F ***guten ~ (ins neue Jahr)!*** bonne année!
'Rutschbahn *f* glissoire *f*; toboggan *m*
'Rutsche *f* ⟨~; ~n⟩ toboggan *m*
'rutschen *v/i* ⟨sn⟩ glisser; *Auto* déraper; *Erdreich* s'ébouler; (*herunter~*) *Person* se laisser glisser; F ***rutsch mal ein Stück!*** pousse-toi!
'rutsch|fest *adj* antidérapant; **~ig** *adj* glissant; **2partie** F *f* glissades *f/pl*
rütteln ['rytəln] ⟨*ȼ*⟩ **I** *v/t* secouer; **II** *v/i* ***an etw*** (*dat*) ***~*** secouer qc; *fig* ***daran ist nicht zu ~*** c'est définitif

R

S

S, s [ɛs] *n* ⟨∼; ∼⟩ S, s *m*
s *abr* (*Sekunde*) s
S *abr* **1** (*Süd[en]*) S. (sud); **2** (*Schilling*) schilling
s. *abr* (*siehe*) v. (voir, voyez)
S. *abr* (*Seite*) p.
Saal [zaːl] *m* ⟨∼¢s; Säle⟩ salle *f*
Saar [zaːr] ***die* ∼** la Sarre
Saar'brücken *n* ⟨∼s⟩ Sarrebruck
'Saar|land ***das* ∼** la Sarre; **∼länder(in)** *m* ⟨∼s; ∼⟩ *(f)* ⟨∼; ∼nen⟩ Sarrois(e) *m(f)*; **2ländisch** *adj* sarrois
Saat [zaːt] *f* ⟨∼; ∼en⟩ **1** (*Säen*) semailles *f/pl*; **2** (*∼gut*) semence(s) *f(pl)*
'Saat|gut *n* semences *f/pl*; **∼kartoffel** *f* pomme *f* de terre de semence; **∼krähe** *f* freux *m*
Sabbat ['zabat] *m* ⟨∼s; ∼e⟩ sabbat *m*
sabbern ['zabərn] F *v/i* baver
Säbel ['zɛːbəl] *m* ⟨∼s; ∼⟩ sabre *m*
'säbeln F *péj v/i* ⟨¢⟩ (mal) couper
Sabotage [zabo'taːʒə] *f* ⟨∼; ∼n⟩ sabotage *m*; **∼akt** *m* acte *m* de sabotage
Sabo|teur [-'tøːr] *m* ⟨∼s; ∼e⟩ saboteur *m*; **2'tieren** *v/t* ⟨*sans ge*⟩ saboter
Saccharin [zaxa'riːn] *n* ⟨∼s⟩ saccharine *f*
Sach|bearbeiter ['zax-] *m* responsable *m* (d'un dossier); personne compétente; **∼beschädigung** *f* détérioration *f* volontaire; **2bezogen I** *adj* approprié; pertinent; **II** *adv* à propos; **∼buch** *n* livre spécialisé; **2dienlich** *adj* ADM pertinent; *Hinweis* utile
Sache ['zaxə] *f* ⟨∼; ∼n⟩ **1** (*Ding*) chose *f*; *fig* **∼n** *pl* (*Habseligkeiten*) affaires *f/pl*; F ***mach keine* ∼n!** ne fais pas d'histoires!; **2** (*Angelegenheit*) affaire *f*; question *f*; ***es ist beschlossene* ∼, *dass* ...** il est convenu, il a été décidé que ... (+ *ind*); ***das ist so e-e* ∼** c'est délicat; c'est difficile à dire; ***ganz bei der* ∼ *sein*** être très concentré; ***nicht bei der* ∼ *sein*** être distrait; ***zur* ∼ *kommen*** (en) venir au fait; ***das tut nichts zur* ∼** cela ne change rien à l'affaire, à la question; ***mit j-m gemeinsame* ∼ *machen*** faire cause commune avec qn; **3** (*Anliegen*) cause *f*; ***in eigener* ∼** pro domo; en son propre nom; **4** JUR affaire *f*; cause *f*; *fig* ***in* ∼*n* ...** en matière de ...; **5** F (*Stundenkilometer*) ***mit hundert* ∼*n*** à cent à l'heure
'Sach|gebiet *n* domaine *m*; matière *f*; **2gemäß, 2gerecht** *adj Verpackung, Behandlung* adéquat; convenable; *Darstellung, Bericht* objectif; conforme aux faits; **∼kenntnis** *f* connaissance *f* de la matière, des faits; compétence *f*; **2kundig** *adj* expert; compétent; **∼lage** *f* état *m* de choses, de fait; situation *f*
'sachlich *adj* objectif; **∼ *sein*** s'en tenir aux faits
sächlich ['zɛçlɪç] *adj* GR neutre
'Sachlichkeit *f* ⟨∼⟩ objectivité *f*
'Sach|register *n* index *m*; répertoire *m*; **∼schaden** *m* dégâts matériels
Sachse ['zaksə] *m* ⟨∼n; ∼n⟩ Saxon *m*
'Sachsen *n* ⟨∼s⟩ la Saxe; **∼-Anhalt** ['--'ˀanhalt] *n* ⟨∼s⟩ la Saxe-Anhalt
Sächsin ['zɛksɪn] *f* ⟨∼; ∼nen⟩ Saxonne *f*
'sächsisch *adj* saxon
sacht(e) ['zaxt(ə)] *adv* doucement; (*allmählich*) pas à pas; peu à peu
'Sach|verhalt *m* ⟨∼¢s; ∼e⟩ → ***Sachlage***; **∼verstand** *m* compétence(s) *f(pl)*; **2verständig** *adj* compétent; expert; **∼verständige(r)** *f(m)* ⟨→ A⟩ expert *m*
'Sachwert *m* valeur réelle; **∼*e*** *pl* biens réels
'Sach|wissen *n* connaissances *f/pl*; savoir *m*; **∼zwang** *m* force *f* des choses; contrainte *f* (due aux circonstances)
Sack [zak] *m* ⟨∼¢s; ∼̈e⟩ **1** sac *m*; ***der gelbe* ∼** le sac jaune pour les emballages recyclables; F ***mit* ∼ *und Pack*** avec armes et bagages; F avec ses cliques et ses claques; **2** P (*Hoden*2) P couilles *f/pl*
'sacken *v/i* ⟨sn⟩ s'affaisser
'Sack|gasse *f* voie *f* sans issue; cul-de-sac *m*; impasse *f* (*a fig*); **∼hüpfen** *n* ⟨∼s⟩ course *f* en sac; **∼karre** *f* diable *m*
Sad|ismus [za'dɪsmus] *m* ⟨∼⟩ sadisme *m*; **∼ist** *m* ⟨∼en; ∼en⟩ sadique *m*; **2istisch** *adj* sadique
säen ['zɛːən] *v/t* semer; *fig* ***dünn gesät*** rare
Safari [za'faːri] *f* ⟨∼; ∼s⟩ safari *m*
Safe [seːf] *m od n* ⟨∼s; ∼s⟩ coffre-fort *m*; *e-r Bank a* coffre *m*

Safran ['zafra(ː)n] *m* ⟨~s; ~e⟩ safran *m*; **≗gelb** *adj* safran

Saft [zaft] *m* ⟨~ɇs; ≈e⟩ **1** *Getränk, von Früchten* jus *m*; **2** BOT sève *f*; *fig* ***ohne ~ und Kraft sein*** manquer de force, de vigueur; **3** (*Fleisch≗*) jus *m*; ***im eigenen ~*** (***schmoren***) (cuire, mijoter) dans son jus; **4** PHARM sirop *m*; **5** F (*Strom*) F jus *m*

'**saftig** *adj* **1** juteux; *Wiese* gras; **2** F *fig Preis, Rechnung* F salé

'**Saftladen** F *péj m* F sale boîte *f*

'**saftlos** *adj fig* ***saft- und kraftlos*** sans force

'**Saftpresse** *f* presse-fruits *m*

Sage ['zaːgə] *f* ⟨~; ~n⟩ légende *f*

Säge ['zɛːgə] *f* ⟨~; ~n⟩ scie *f*; **~blatt** *n* lame *f* de scie; **~mehl** *n* sciure *f* (de bois)

sagen ['zaːgən] **I** *v/t* **1** (*mitteilen*) dire (***zu*** à; ***über*** [+ *acc*] de); ***so etwas sagt man nicht*** cela ne se dit pas; ***was ich (noch) ~ wollte*** à propos; pour en revenir à notre question; ***was Sie nicht ~!*** pas possible!; F vous m'en direz tant!; ***wie gesagt*** comme je l'ai dit; je le répète; F ***na, wer sagts denn!*** alors, tu vois!; **2** (*befehlen*) commander; ***er hat hier nichts zu ~*** il n'a pas d'ordre à donner ici; ***sie hat das ≗*** c'est elle qui commande; ***lassen Sie sich*** (*dat*) ***das gesagt sein!*** tenez-le-vous pour dit!; **3** (*bedeuten*) signifier; ***das hat nichts zu ~*** ça ne veut rien dire; **4** (*meinen*) dire; ***was sagst du dazu?*** qu'est-ce que tu en dis?; ***was wollen Sie damit ~?*** que voulez-vous dire par là?; **II** *v/i* dire; ***wenn ich so ~ darf*** si j'ose dire; si j'ose m'exprimer ainsi; ***unter uns gesagt*** soit dit entre nous; de vous à moi; ***sag mal, …*** dis-moi (F un peu), …; F ***sag bloß!*** F ne me dis pas!; ce n'est pas vrai!

'**sägen** **I** *v/t* scier; **II** *v/i* F (*schnarchen*) ronfler

'**sagenhaft** **I** *adj* légendaire (*a fig*); F *fig* (*toll*) fabuleux; formidable; **II** F *adv* (*sehr*) terriblement

'**Säge|späne** *m/pl* copeaux *m/pl*; **~werk** *n* scierie *f*

sah [zaː] → ***sehen***

Sahara [za'haːra] ⟨~⟩ ***die ~*** le Sahara

Sahne ['zaːnə] *f* ⟨~⟩ crème *f*; **~bonbon** *m od n* caramel *m*; **~quark** *m* fromage blanc avec 40% de matières grasses; **~torte** *f* gâteau *m* à la crème

'**sahnig** *adj* crémeux

Saison [zɛ'zõː] *f* ⟨~; ~s⟩ saison *f*; **~arbeiter** *m* (travailleur) saisonnier *m*; **≗bedingt** *adjt* saisonnier

Saite ['zaɪtə] *f* ⟨~; ~n⟩ MUS corde *f*; *fig* ***andere ~n aufziehen*** changer de ton

'**Saiteninstrument** *n* instrument *m* à cordes

Sakko ['zako] *m od n* ⟨~s; ~s⟩ veston *m*

sakral [za'kraːl] *adj* sacré

Sakrament [zakra'mɛnt] *n* ⟨~ɇs; ~e⟩ sacrement *m*

Sakristei [zakrɪs'taɪ] *f* ⟨~; ~en⟩ sacristie *f*

Salamander [zala'mandər] *m* ⟨~s; ~⟩ salamandre *f*

Salami [za'laːmi] *f* ⟨~; ~$⟩ salami *m*

Salat [za'laːt] *m* ⟨~ɇs; ~e⟩ CUIS salade *f*; (*Kopf≗*) laitue *f*; ***ein Kopf ~*** une (tête de) salade; F *fig* ***da haben wir den ~!*** nous voilà dans de beaux draps!

Sa'lat|gurke *f* concombre *m*; **~kopf** *m* (tête *f* de) salade *f*; **~schüssel** *f* saladier *m*; **~soße** *f* sauce *f* de salade; vinaigrette *f*

Salbe ['zalbə] *f* ⟨~; ~n⟩ pommade *f*; onguent *m*

Salbei ['zalbaɪ] *m* ⟨~s⟩ sauge *f*

'**salb|en** *v/t* oindre; **~ungsvoll** *adj péj* onctueux; mielleux

Saldo ['zaldo] *m* ⟨~s; ~s *ou* -di⟩ solde *m* (de compte); ***per ~*** pour solde

Säle ['zɛːlə] → ***Saal***

Saline [za'liːnə] *f* ⟨~; ~n⟩ saline *f*

Salm [zalm] *m* ⟨~ɇs; ~e⟩ ZO saumon *m*

Salmiak [zalmi'ak] *m od n* ⟨~s⟩ sel ammoniac; **~geist** *m* ammoniaque *f*

Salmonelle [zalmo'nɛlə] *f* ⟨~; ~n⟩ salmonelle *f*

Salon [za'lõː] *m* ⟨~s; ~s⟩ salon *m*; *für Schönheitspflege a* institut *m*

sa'lonfähig *adj* présentable; sortable; *Witz* ***nicht ~*** inconvenant; indécent

salopp [za'lɔp] *adj* **1** décontracté; *péj* négligé; (*lässig*) libre; désinvolte; **2** *Ausdruck* familier

Salpeter [zal'peːtər] *m* ⟨~s⟩ salpêtre *m*; **~säure** *f* acide *m* nitrique

Salto ['zalto] *m* ⟨~s; ~s *ou* -ti⟩ saut périlleux; ***~ mortale*** saut *m* de la mort

Salut [za'luːt] *m* ⟨~ɇs; ~e⟩ salut *m*; ~

schießen saluer par des coups de canon
salu'tieren *v/i* ⟨*sans ge*⟩ saluer
Salve ['zalvə] *f* ⟨~; ~n⟩ salve *f* (*a fig*)
Salz [zalts] *n* ⟨~es; ~e⟩ sel *m* (*a* CHIM)
'salz|arm I *adj* pauvre en sel; **II** *adv* avec peu de sel; peu salé; **2bergwerk** *n* mine *f* de sel (gemme); saline *f*; **2brezel** *f* bretzel *m*
'Salzburg *n* ⟨~s⟩ Salzbourg
'salzen *v/t* ⟨~~~~, *p/p* gesalzen⟩ saler
'Salz|gebäck *n* petits gâteaux salés; **~gurke** *f* cornichon *m* au sel; **2haltig** *adj* salin; **~hering** *m* hareng salé
'salzig *adj* **1** (*gesalzen*) salé; **2** (*Salz enthaltend*) salin
'Salz|kartoffel *f* pomme *f* de terre à l'anglaise; **2los** *adj u adv* sans sel; **~säure** *f* acide *m* chlorhydrique; **~stange** *f* baguette salée; stick *m*; **~streuer** *m* ⟨~s; ~⟩ salière *f*; **~wasser** *n* eau salée
Samariter [zama'ri:tər] *m* ⟨~s; ~⟩ ***der Barmherzige ~*** le bon Samaritain
Samba ['zamba] *m* ⟨~s; ~s⟩ *od f* ⟨~; ~s⟩ samba *f*
Sambia ['zambia] *n* ⟨~⟩ la Zambie
Samen ['za:mən] *m* ⟨~s; ~⟩ **1** BOT semence *f*; AGR graine *f*; **2** (*Sperma*) sperme *m*; **3** *fig* (*Keim*) germe *m*
'Samen|bank *f* ⟨~; ~en⟩ banque *f* du sperme; **~erguss** *m* éjaculation *f*; **~korn** *n* grain *m*; graine *f*; **~zelle** *f* spermatozoïde *m*
Sämereien [zɛ:mə'raɪən] *f/pl* semences *f/pl*; graines *f/pl*
sämig ['zɛ:mɪç] *adj* velouté; épais
Sammel|band ['zaməl-] *m* ⟨~~s; -bände⟩ recueil *m*; **~becken** *n* réservoir *m*; *fig* réceptacle *m*; **~begriff** *m* (nom *m*) collectif *m*; **~bestellung** *f* commande groupée; **~büchse** *f* boîte *f* à collecte(s)
sammeln ['zaməln] ⟨~⟩ **I** *v/t* **1** *Pilze, Holz* ramasser; **2** (*anhäufen*) amasser; accumuler; rassembler (*a Kräfte*); **3** (*e-e Sammlung anlegen*) collectionner; **4** *Geld, Spenden* collecter; **II** *v/i* **5** faire une collecte (***für*** pour); **III** *v/r* ***sich ~*** **6** (*zusammenkommen*) s'assembler; (*sich anhäufen*) s'amasser; **7** *fig* (*sich konzentrieren*) se concentrer
'Sammelplatz *m* lieu *m* de rassemblement; rendez-vous *m*
Sammelsurium [zaməl'zu:rium] F *péj n* ⟨~s; -ien⟩ ramassis *m*
'Sammler(in) *m* ⟨~s; ~⟩ (*f*) ⟨~; ~nen⟩ collectionneur, -euse *m,f*
'Sammlung *f* ⟨~; ~en⟩ **1** *wohltätige* collecte *f*; quête *f*; **2** *von Kunstwerken, Briefmarken* collection *f*; **3** (*Zusammenstellung*) rassemblement *m*; (*Aufsatz2*) recueil *m*; **4** *fig* (*Konzentration*) recueillement *m*; concentration *f*
Samstag ['zamsta:k] *m* samedi *m*; → ***Montag***
'samstags *adv* le samedi; tous les samedis
samt [zamt] **I** *adv* ***~ und sonders*** tous sans exception; **II** *prép* ⟨*dat*⟩ avec; accompagné de
Samt *m* ⟨~~s; ~e⟩ velours *m*
'samten *adj* **1** (*aus Samt*) de velours; **2** (*wie Samt*) velouté
'Samthandschuh *m fig* ***j-n mit ~en anfassen*** prendre des gants avec qn
sämtlich ['zɛmtlɪç] *pr/ind* tout; ***~e*** *pl* tous ensemble; ***~e Werke*** *n/pl* ***von X*** les œuvres complètes de X
'samtweich *adj* velouté
Sanatorium [zana'to:rium] *n* ⟨~s; -ien⟩ maison *f* de repos, de santé
Sand [zant] *m* ⟨~~s⟩ sable *m*; *fig* ***j-m ~ in die Augen streuen*** jeter de la poudre aux yeux de qn; *fig* ***im ~e verlaufen*** finir en queue de poisson; F *fig* ***etw in den ~ setzen*** rater, F louper qc; F ***… gibt es wie ~ am Meer*** ce ne sont pas les … qui manquent
Sandale [zan'da:lə] *f* ⟨~; ~n⟩ sandale *f*
Sandalette [zanda'lɛtə] *f* ⟨~; ~n⟩ sandalette *f*
'Sand|bank *f* ⟨~; -bänke⟩ banc *m* de sable; *in e-m Fluss* ensablement *m*; **~burg** *f* château *m* de sable
'sandig *adj* sableux; sablonneux
'Sand|kasten *m* bac *m* à sable; **~korn** *n* grain *m* de sable; **~mann** *m*, **~männchen** *n* marchand *m* de sable; **~papier** *n* papier *m* de verre; papier émeri; **~sack** *m* sac *m* de sable; **~stein** *m* grès *m*; **~strand** *m* plage *f* de sable; **~sturm** *m* tempête *f* de sable
sandte ['zantə] → ***senden***
'Sanduhr *f* sablier *m*
Sandwich ['zɛntvɪtʃ] *m od n* ⟨~s; ~~s⟩ sandwich *m*
'Sandwüste *f* désert *m* de sable

sanft [zanft] *adj* **1** doux (*a fig*); **~e Geburt** accouchement *m* sans violence; **2** (*leicht*) léger; **3** *Person* tendre; (*ruhig*) tranquille
Sänfte ['zɛnftə] *f* ⟨~; ~n⟩ chaise *f* à porteurs; litière *f*
'Sanft|heit *f* ⟨~⟩ douceur *f*; **~mut** *f* ⟨~⟩ douceur *f*; **2mütig** *adj* doux
sang [zaŋ] → ***singen***
Sänger(in) ['zɛŋər(ɪn)] *m* ⟨~s; ~⟩ (*f*) ⟨~; ~nen⟩ chanteur, -euse *m,f*
'sanglos *adv* F ***sang- und klanglos*** sans tambour ni trompette
sanier|en [za'ni:rən] *v/t* ⟨*sans ge*⟩ *Stadtviertel, Wirtschaft, Unternehmen* assainir; *Altbau* réhabiliter; *Finanzen* redresser; **2ung** *f* ⟨~; ~en⟩ assainissement *m*; réhabilitation *f*; redressement *m*
sanitär [zani'tɛ:r] *adj* sanitaire
Sani'täter *m* ⟨~s; ~⟩ secouriste *m*; MIL infirmier *m*
Sani'tätsdienst *m* service *m* de santé
sank [zaŋk] → ***sinken***
Sankt [zaŋkt] *adj* ⟨*inv*⟩ saint
Sanktion [zaŋktsi'o:n] *f* ⟨~; ~en⟩ sanction *f*
sanktio'nieren *v/t* ⟨*sans ge*⟩ sanctionner
San Marino [zanma'ri:no] *n* ⟨~s⟩ (république *f* de) Saint-Marin
sann [zan] → ***sinnen***
Saphir ['za:fɪr] *m* ⟨~s; ~e⟩ saphir *m*
Sarde ['zardə] *m* ⟨~n; ~n⟩ Sarde *m*
Sardelle [zar'dɛlə] *f* ⟨~; ~n⟩ anchois *m*
'Sardin *f* ⟨~; ~nen⟩ Sarde *f*
Sardine [zar'di:nə] *f* ⟨~; ~n⟩ sardine *f*
Sardinien [zar'di:niən] *n* ⟨~s⟩ la Sardaigne
Sar'din|ier(in) *m* ⟨~s; ~⟩ (*f*) ⟨~; ~nen⟩ Sarde *m,f*; **2isch, 'sardisch** *adj* sarde
Sarg [zark] *m* ⟨~(e)s; ~̈e⟩ cercueil *m*; bière *f*
Sarkas|mus [zar'kasmus] *m* ⟨~; -men⟩ sarcasme *m*; **2tisch** *adj* sarcastique
Sarkophag [zarko'fa:k] *m* ⟨~s; ~e⟩ sarcophage *m*
saß [za:s] → ***sitzen***
Satan ['za:tan] *m* ⟨~s; ~e⟩ **1** BIBL Satan *m*; **2** F *péj fig* diable *m*
sa'tanisch *adj* de Satan; satanique
Satellit [zatɛ'li:t] *m* ⟨~en; ~en⟩ satellite *m*
Satel'liten|fernsehen *n* télévision *f* par satellite; **~foto** *n* photo *f* satellite; **~schüssel** F *f* antenne *f* parabolique; **~staat** *m* État *m* satellite
Satin [za'tɛ̃:] *m* ⟨~s; ~s⟩ satin *m*
Satir|e [za'ti:rə] *f* ⟨~; ~n⟩ satire *f*; **~iker(in)** *m* ⟨~s; ~⟩ (*f*) ⟨~; ~nen⟩ auteur *m* satirique; **2isch** *adj* satirique
satt [zat] **I** *adj* **1** rassasié; *fig* ***ich bin es ~ zu*** (+ *inf*) j'en ai assez de (+ *inf*); ***danke, ich bin ~*** non merci, je n'ai plus faim; **2** *fig Farben* intense; soutenu; *Klang* plein; **II** *adv* **1** ***sich ~ essen*** se rassasier; manger à sa faim; ***~ machen*** rassasier; F *fig* ***etw, j-n ~ bekommen, haben*** en avoir assez de qc, qn; **2** F ***Kaviar, Sonne ~*** F du caviar à gogo, du soleil à volonté
Sattel ['zatəl] *m* ⟨~s; ~̈⟩ selle *f*; *fig* ***fest im ~ sitzen*** être bien en selle
'sattelfest *adj* ***~ sein*** être imbattable, F incollable, F calé (***in*** [+ *dat*] en)
'satteln *v/t* ⟨-*e*-⟩ seller
'Sattel|schlepper *m* semi-remorque *m*; **~tasche** *f* sacoche *f*
sättigen ['zɛtɪgən] **I 1** *st/s* rassasier (***mit*** de) (*a fig*); **2** CHIM, PHYS saturer (***mit*** de); **II** *v/i Nahrungsmittel* être nourrissant, substantiel
'sättig|end *adjt* nourrissant; substantiel; **2ung** *f* ⟨~; ~en⟩ *fig* saturation *f* (***mit*** de)
'Sattler *m* ⟨~s; ~⟩ sellier *m*
'sattsam *st/s adv* amplement; à satiété
Saturn [za'turn] *m* ⟨~s⟩ ASTR (***der***) **~** Saturne
Satz [zats] *m* ⟨~es; ~̈e⟩ **1** GR phrase *f*; proposition *f*; **2** *Teil e-s Musikstücks* mouvement *m*; **3** TYPO composition *f*; **4** (*zusammengehörige Gegenstände*) jeu *m*; série *f*; **5** SPORT set *m*; **6** (*Sprung*) saut *m*; bond *m*; **7** (*Boden2*) dépôt *m*; lie *f*; (*Kaffee2*) marc *m*; **8** (*Tarif*) taux *m*
'Satz|aussage *f* GR verbe *m* (d'une proposition); **~ball** *m* balle *f* de set; **~ergänzung** *f* GR complément *m*; **~gefüge** *n* GR phrase *f* complexe; **~gegenstand** *m* GR sujet *m*; **~glied** *n* GR membre *m* de phrase; **~lehre** *f* GR syntaxe *f*; **~teil** *m* → ***Satzglied***
'Satzung *f* ⟨~; ~en⟩ statuts *m/pl*
'Satzzeichen *n* signe *m* de ponctuation
Sau [zau] *f* ⟨~; ~̈e⟩ **1** ZO truie *f*; *bes südd* (*Schwein*) cochon *m*; P ***j-n zur ~ machen*** F engueuler qn comme du poisson pourri; **2** P *fig* (*schmutziger*

Mensch) F cochon, -onne *m,f*; (*gemeiner Mensch*) F salaud *m*; F salope *f*
sauber ['zaubər] **I** *adj* **1** propre (*a Wäsche*); net; *Umwelt* non pollué; **2** *fig* (*anständig*) honnête; **3** *Schrift*, *Arbeit* soigné; *iron* ***~e Arbeit*** du beau travail; F du propre; **II** *adv* ***~ machen*** nettoyer
'Sauberkeit *f* ⟨~⟩ propreté *f* (*a fig*); netteté *f*
säuberlich ['zɔʏbərlɪç] *adv* (**fein**) ~ soigneusement; avec soin
'säuber|n *v/t* **1** nettoyer; **2** *fig* épurer; purger; **2ung** *f* ⟨~; ~en⟩ nettoyage *m*; *fig* épuration *f*; purge *f*
'sau'blöd(e) P *adj* P très con
'Saubohne *f* fève *f*
Saudi ['zaudi] *m* ⟨~s; ~s⟩, **~'araber(in)** *m(f)* Saoudien, -ienne *m,f*; **~-A'rabien** *n* ⟨~s⟩ l'Arabie *f* Saoudite; **2a'rabisch** *adj* saoudien
'sau'dumm P *adj* P très con
sauer ['zauər] **I** *adj* ⟨saurer, sauerste⟩ **1** acide (*a Frucht*, CHIM); *unangenehm* aigre; *Milch* tourné; ***saurer Regen*** pluies *f/pl* acides; **2** F (*verärgert*) fâché (***auf j-n*** contre qn); **II** *adv* **1** CUIS ***~ einlegen*** mariner dans du vinaigre; **2** F ***~ reagieren*** F se mettre en rogne (***auf*** [+ *acc*] à cause de)
Sauer|ampfer ['zauərˀampfər] *m* ⟨~s; ~⟩ oseille *f*; **~braten** *m* rôti *m* de bœuf mariné
Saue'rei P *péj f* ⟨~; ~en⟩ P saloperie *f*; F cochonnerie *f*
'Sauer|kirsche *f* griotte *f*; **~kraut** *n* choucroute *f*
säuerlich ['zɔʏərlɪç] *adj* **1** acidulé; *Wein* aigrelet; *Obst* acide; aigrelet; **2** (*missmutig*) renfrogné
'Sauermilch *f* lait caillé
'Sauerrahm *m etwa* crème *f* aigre
'Sauerstoff *m* oxygène *m*; **~maske** *f* masque *m* à oxygène; **~zelt** *n* tente *f* à oxygène
'Sauerteig *m* levain *m*
saufen ['zaufən] ⟨säuft, soff, gesoffen⟩ *v/t u v/i* **1** *Tier* boire; **2** P *Mensch* F picoler; ***~ wie ein Loch*** P boire comme un trou
Säufer ['zɔʏfər] P *péj m* ⟨~s; ~⟩ P soûlard *m*; F poivrot *m*; F soiffard *m*
Saufe'rei P *f* ⟨~; ~en⟩ beuverie *f*; F soûlerie *f*
'Säuferin P *péj f* ⟨~; ~nen⟩ P soûlarde *f*
'Saufgelage P *n* beuverie *f*; F soûlerie *f*
säuft [zɔʏft] → ***saufen***
saugen ['zaugən] ⟨sog *ou régulier*, gesogen *ou régulier*⟩ **I** *v/t u v/i* **1** ***an etw*** (*dat*) ~ sucer qc; ***den Saft aus e-r Orange ~*** sucer une orange; **2** ⟨*régulier*⟩ *Säuglinge*, *Tierjunge* téter; **3** ⟨*régulier*⟩ → ***staubsaugen***; **4** ⟨*régulier*⟩ TECH aspirer; **II** *v/r* ***sich voll Wasser ~*** s'imbiber, s'imprégner d'eau
säugen ['zɔʏgən] *v/t* allaiter
'Säugetier *n* mammifère *m*
'saugfähig *adj* absorbant
'Säugling *m* ⟨~s; ~e⟩ nourrisson *m*; poupon *m*; **~spflege** *f* puériculture *f*; **~ssterblichkeit** *f* mortalité *f* infantile
'Saug|napf *m* ventouse *f* (*a* ZO); **~rüssel** *m* suçoir *m*; trompe *f*
'Sauhaufen P *m* P bande *f* de cons
säuisch ['zɔʏɪʃ] P *péj adj* ordurier
'sau'kalt F *adj* glacial; polaire; ***es ist ~*** il fait un froid de canard, de chien
'Sauklaue P *f* F écriture *f* de cochon
Säule ['zɔʏlə] *f* ⟨~; ~n⟩ **1** CONSTR colonne *f*; **2** *fig* pilier *m*
'Säulen|gang *m* colonnade *f*; péristyle *m*; **~halle** *f* salle *f* hypostyle
Saum [zaum] *m* ⟨~¢s; ⸚e⟩ **1** COUT ourlet *m*; **2** *st/s* (*Wald2*) lisière *f*; orée *f*
säumen ['zɔʏmən] *v/t* COUT ourler; border (*a st/s fig*)
'säumig *st/s adj* retardataire; *Zahler* mauvais
Sauna ['zauna] *f* ⟨~; ~s *ou* -en⟩ sauna *m*
Säure ['zɔʏrə] *f* ⟨~; ~n⟩ **1** *Geschmack* acidité *f*; *unangenehme* aigreur *f*; **2** CHIM acide *m*
'säure|beständig *adj* résistant aux acides; **2gehalt** *m* teneur *f* en acide; acidité *f*
Saure-'Gurken-Zeit F *f* morte-saison *f*
Saurier ['zauriər] *m* ⟨~s; ~⟩ saurien *m* fossile
Saus [zaus] *m* ***in ~ und Braus leben*** mener la grande vie
säuseln ['zɔʏzəln] ⟨¢⟩ **I** *v/t fig* susurrer; **II** *v/i Blätter* bruire; frémir; *Wind* murmurer; chuchoter
sausen ['zauzən] *v/i* ⟨¢$, sn⟩ **1** *Geschoss* siffler; **2** *Mensch* filer; foncer; *Auto*, *Zug* passer en trombe; foncer
'Sau|stall *m* porcherie *f* (*a* F *péj fig*); **~wetter** P *n* temps *m* de chien
Savanne [za'vanə] *f* ⟨~; ~n⟩ savane *f*

S

Saxo|fon, ~phon [zakso'fo:n] *n* ⟨~s; ~e⟩ saxophone *m*
SB-... [ɛs'be:...] *in Zssgn abr* (*Selbstbedienung*) libre-service; self-service
S-Bahn ['ɛsba:n] *f* R.E.R. *m*
S'B-Laden *m* self-service *m*; libre-service *m*
scannen ['skɛnən] *v/i u v/t* scanner
'Scanner *m* ⟨~s; ~⟩ scanner *m*
Schabe ['ʃa:bə] *f* ⟨~; ~n⟩ blatte *f*; cafard *m*
'schaben *v/t* racler; gratter
'Schaber *m* ⟨~s; ~⟩ grattoir *m*; racloir *m*
Schabernack ['ʃa:bərnak] *m* ⟨~¢s; ~e⟩ tour *m*; niche *f*; farce *f*; ***j-m e-n ~ spielen*** jouer un bon tour à qn
schäbig ['ʃɛ:bɪç] *adj* **1** (*abgenutzt*) usé; râpé; élimé; (*ärmlich*) minable; miteux; **2** (*gemein, kleinlich*) mesquin; sordide
Schablone [ʃa'blo:nə] *f* ⟨~; ~n⟩ **1** modèle *m*; (*Mal*♀) pochoir *m*; **2** *fig* cliché *m*; stéréotype *m*
scha'blonenhaft **I** *adj* stéréotypé; **II** *adv* de façon stéréotypée; sur le même schéma
Schach [ʃax] *m* ⟨~s; ~s⟩ échecs m/*pl*; ***~!*** échec au roi!; ***~ spielen*** jouer aux échecs; ***~ bieten*** faire échec; F *fig* ***in ~ halten*** tenir en échec
'Schachbrett *n* échiquier *m*
schachern ['ʃaxərn] *v/i péj* marchander (***um etw*** qc)
'Schachfigur *f* pièce *f* (d'un jeu d'échecs)
'schach'matt *adj* échec et mat
'Schachspiel *n* **1** (jeu *m* d')échecs *m/pl*; **2** (*Schachpartie*) partie *f* d'échecs
Schacht [ʃaxt] *m* ⟨~¢s; ~̈e⟩ **1** BERGBAU puits *m*; **2** (*Aufzugs*♀) cage *f*; (*Luft*♀) canal *m* d'aération
Schachtel ['ʃaxtəl] *f* ⟨~; ~n⟩ **1** boîte *f*; carton *m*; ***e-e ~ Zigaretten*** un paquet de cigarettes; **2** F *péj* ***alte ~*** F vieille toupie
'Schachzug *m* coup *m*; *fig* ***ein geschickter ~*** une manœuvre, un coup habile
schade ['ʃa:də] *adj* (***das ist*** [***sehr***]) ***~!*** c'est (bien) dommage!; ***wie ~ (, dass ...)!*** quel dommage (que ... + *subj*); ***~ drum!*** tant pis!; ***es ist ~ um ihn*** dommage pour lui; *Dinge* ***zu ~ für etw sein*** être trop beau pour qc
Schädel ['ʃɛ:dəl] *m* ⟨~s; ~⟩ **1** ANAT crâne *m*; **2** F (*Kopf*) cigare *m*; **~bruch** *m* fracture *f* du crâne
schaden ['ʃa:dən] *v/i* ⟨-e-⟩ ***j-m, e-r Sache ~*** nuire à qn, qc; F ***das schadet (gar) nichts*** ça ne fait rien (du tout)
'Schaden *m* ⟨~s; ~̈⟩ **1** *an Sachen* dommage *m*; *durch Unwetter, Feuer* dégâts *m/pl*; VERSICHERUNG sinistre *m*; **2** *für Personen, fig* (*Nachteil*) préjudice *m*; ***zu ~ kommen*** se faire du mal; se blesser
'Schadenersatz *m* dommages-intérêts *m/pl*; réparation *f*; (***j-m für etw***) ***~ leisten*** indemniser (qn de qc)
'Schaden|freude *f* joie maligne; malin plaisir; **♀froh** *adj* qui se réjouit du malheur des autres
'Schadensfall *m* sinistre *m*
'schadhaft *adj* défectueux
schädigen ['ʃɛ:dɪgən] *v/t* nuire à; faire du tort à
'Schädigung *f* ⟨~; ~en⟩ (*Schädigen*) atteinte *f* (+ *gén* à); (*Schaden*) dommage *m*; MÉD lésion *f*
'schädlich *adj* nuisible; *für die Gesundheit* malsain; nocif; **♀keit** *f* ⟨~⟩ nocivité *f*
'Schädling *m* ⟨~s; ~e⟩ plante *f*, insecte *m* nuisible; parasite *m*; **~sbekämpfungsmittel** *n* pesticide *m*
'schadlos *adj* ***sich an j-m, etw ~ halten*** se rattraper, se rabattre sur qn, qc
'Schadstoff *m* polluant *m*; (*Giftstoff*) (substance *f*) toxique *m*; **♀arm** *adj* peu polluant; **~ausstoß** *m* émissions polluantes; **~belastung** *f* taux *m*, degré *m* de pollution; **♀frei** *adj* non polluant
Schaf [ʃa:f] *n* ⟨~¢s; ~e⟩ **1** mouton *m*; (*Mutter*♀), *fig*, BIBL brebis *f*; ***~e*** *coll* ovins *m/pl*; *fig* ***das schwarze ~ sein*** être la brebis galeuse; **2** F *fig* (*Dummkopf*) F andouille *f*
'Schafbock *m* bélier *m*
Schäfchen ['ʃɛ:fçən] *n* ⟨~s; ~⟩ **1** (*kleines Schaf*) petit mouton; F ***sein(e) ~ ins Trockene bringen*** F faire son beurre; **2** ⟨*pl*⟩ F (*Schutzbefohlene*) ouailles *f/pl*
Schäfer ['ʃɛ:fər] *m* ⟨~s; ~⟩ berger *m*
'Schäferhund *m* (***Deutscher***) ***~*** berger (allemand)
'Schäferstündchen *n* ⟨~s; ~⟩ rendez-vous amoureux, galant
'Schaffell *n* peau *f* de mouton
schaffen ['ʃafən] **I** *v/t* ⟨schuf, geschaf-

fen *ou régulier*⟩ **1** *Werk*, *Arbeitsplatz*, *Bedürfnis*, REL créer; *Werk a* produire; ***Ordnung*** **~** mettre de l'ordre (***in*** [*dat*] dans); **2** ⟨*régulier*⟩ ***es*** **~**, ***etw zu tun*** réussir, arriver à faire qc; ***er hat es geschafft*** (*beendet*) il a terminé; (*erreicht*) il y est arrivé; **3** ***damit habe ich nichts zu*** **~** je n'ai rien à voir avec cela; **4** ⟨*régulier*⟩ F (*erschöpfen*) F crever; F claquer; **II** *v/i* ⟨*régulier*⟩ **5** ***j-m zu*** **~** ***machen*** donner bien du mal à qn; ***sich*** (*dat*) (***unbefugt***) ***an etw*** (*dat*) ***zu*** **~** ***machen*** toucher à qc; **6** *südd* (*arbeiten*) F bosser

'Schaffen *n* ⟨~s⟩ création *f*; ***das geistige*** **~** le travail intellectuel

'Schaffenskraft *f* puissance, énergie créatrice

Schaffner ['ʃafnər] *m* ⟨~s; ~⟩ (*Bahn*♀) contrôleur *m*; (*Straßenbahn*♀) receveur *m*

'Schaffung *f* ⟨~⟩ création *f*

'Schaf|garbe *f* BOT millefeuille *f*; **~herde** *f* troupeau *m* de moutons; **~hirt** *m* berger *m*

Schafott [ʃa'fɔt] *n* ⟨~⟨e⟩s; ~e⟩ échafaud *m*

'Schafpelz *m* peau *f* de mouton

'Schafskäse *m* fromage *m* de brebis

'Schafstall *m* bergerie *f*

Schaft [ʃaft] *m* ⟨~⟨e⟩s; ~̈e⟩ *e-r Lanze*, *Fahne* 'hampe *f*; (*Stiefel*♀) tige *f*; (*Gewehr*♀) fût *m*; **'~stiefel** *m* botte *f* à tige 'haute

'Schafwolle *f* laine *f* de mouton

Schakal [ʃa'ka:l] *m* ⟨~s; ~e⟩ chacal *m*

schäkern ['ʃɛ:kərn] *v/i* **1** (*scherzen*) taquiner (***mit j-m*** qn); **2** (*flirten*) *plais* batifoler; flirter

schal [ʃa:l] *adj* fade (*a fig*); insipide; (*abgestanden*) éventé

Schal *m* ⟨~s; ~s *ou* ~e⟩ écharpe *f*; (*Seiden*♀) foulard *m*

Schale ['ʃa:lə] *f* ⟨~; ~n⟩ **1** *von Früchten*, *Gemüse* peau *f*; *von Orangen*, *Zitronen* écorce *f*; *abgeschält* épluchure *f*; pelure *f*; *von Nüssen* coque *f*; coquille *f*; (*Eier*♀) coquille *f*; **2** *der Krebse* carapace *f*; *der Muscheln* coquille *f*; **3** (*Gefäß*) coupe *f*; bol *m*; (*Waag*♀) plateau *m*; **4** F ***sich in*** **~** ***werfen*** se mettre sur son trente et un

schälen ['ʃɛ:lən] **I** *v/t Obst*, *Kartoffeln* peler; éplucher; *Hülsenfrüchte*, *Eier* écaler; **II** *v/r* ***sich*** **~** *Haut* peler

'Schalensitz *m im Auto* baquet *m*

Schalk [ʃalk] *m* ⟨~⟨e⟩s; ~e *ou* ~̈e⟩ espiègle *m*; **'♀haft** *st/s adj* espiègle

Schall [ʃal] *m* ⟨~⟨e⟩s; ~e *ou* ~̈e⟩ son *m*; **'♀dämmend** *adjt* insonorisant; **'~dämpfer** *m* silencieux *m*; **'♀dicht** *adj* insonore; insonorisé

'schall|en *v/i* ⟨scholl *ou régulier*, geschallt⟩ retentir; **~end** *adjt Ohrfeige* retentissant; *Stimme*, *Lachen* éclatant

'Schallgeschwindigkeit *f* vitesse *f* du son

'Schallmauer *f* mur *m* du son; ***die*** **~** ***durchbrechen*** franchir le mur du son

'Schallplatte *f* disque *m*

'Schallwelle *f* onde *f* sonore

Schalmei [ʃal'maɪ] *f* ⟨~; ~en⟩ chalumeau *m*

Schalotte [ʃa'lɔtə] *f* ⟨~; ~n⟩ échalote *f*

schalt [ʃalt] → ***schelten***

schalten ['ʃaltən] ⟨-e-⟩ **I** *v/t* ÉLECT mettre en circuit; monter; **II** *v/i* **1** ***auf „aus"*** **~** mettre sur «arrêt»; **2** AUTO changer de vitesse; ***in den ersten Gang*** **~** passer en première; **3** *st/s* ***frei*** **~** ***und walten*** (***können***) disposer librement; **4** F *fig* (*begreifen*) F piger

'Schalter *m* ⟨~s; ~⟩ **1** ÉLECT commutateur *m*; interrupteur *m*; **2** (*Post*♀, *Fahrkarten*♀) guichet *m*; **~beamte(r)** *m* guichetier *m*; **~halle** *f* 'hall *m* des guichets

'Schalt|getriebe *n* boîte *f* de vitesses mécanique; **~jahr** *n* année *f* bissextile; **~knüppel** *m* levier *m* de changement de vitesse; **~kreis** *m* ÉLECT circuit *m*; **~pult** *n* pupitre *m* de commande; **~tafel** *f* tableau *m* de commande; **~tag** *m* jour *m* intercalaire

'Schaltung *f* ⟨~; ~en⟩ **1** ÉLECT montage *m*; ***integrierte*** **~** circuit intégré; **2** (*Gang*♀) changement *m* de vitesse

Scham [ʃa:m] *f* ⟨~⟩ **1** *Gefühl* 'honte *f*; pudeur *f*; **2** ANAT région pubienne

schämen ['ʃɛ:mən] *v/r* ***sich*** (***für*** *od* ***wegen etw***) **~** avoir 'honte, être 'honteux (de qc); ***schäm dich!*** tu n'as pas 'honte!

'Scham|gefühl *n* 'honte *f*; pudeur *f*; **~haar(e)** *n*(*pl*) poils *m/pl* du pubis; **♀haft** *adj* pudique; **♀los** *adj* **1** sans pudeur; **2** (*unverschämt*) impudent; éhonté; **~losigkeit** *f* ⟨~; ~en⟩ **1** impudeur *f*; **2** (*Unverschämtheit*) impudence *f*

schamponieren [ʃampo'niːrən] *v/t* ⟨*sans ge*⟩ shampouiner
'schamrot *adj* rouge de honte; **~ werden** rougir de honte
Schande ['ʃandə] *f* ⟨~⟩ 'honte *f*; *st/s* ignominie *f*; ***j-m (keine) ~ machen*** (ne pas) faire 'honte à qn; ***es ist e-e (wahre) ~*** c'est une (véritable) 'honte
schänden ['ʃɛndən] *v/t* ⟨-e-⟩ *Ruf* déshonorer; *Grab, sexuell* violer; (*entweihen*) profaner
'Schandfleck *m* souillure *f*; tare *f*
'schändlich *adj* (*verwerflich*) 'honteux; déshonorant; *Verbrechen* odieux; (*empörend*) scandaleux; **≈keit** *f* ⟨~; ~en⟩ ignominie *f*
'Schandtat *f* ignominie *f*; infamie *f*
'Schändung *f* ⟨~; ~en⟩ violation *f*; profanation *f*; *sexuelle* viol *m*
Schanktisch ['ʃaŋk-] *m* comptoir *m*
Schanze ['ʃantsə] *f* ⟨~; ~n⟩ (*Sprung≈*) tremplin *m*
Schar [ʃaːr] *f* ⟨~; ~en⟩ bande *f*; foule *f*; *von Vögeln* volée *f*; ***in ~en*** (*dat*) en masse; en foule
'scharen **I** *v/t* ***um sich ~*** rassembler autour de soi; rallier; **II** *v/r* ***sich um j-n ~*** se rallier autour de qn
'scharenweise *adv* en foule; en masse
scharf [ʃarf] **I** *adj* ⟨¨~er, ¨~ste⟩ **1** (*schneidend*) tranchant; coupant; *Zähne, Nägel, Krallen* acéré; *Kante* vif; *Kurve* serré; **2** *Gegensätze* (bien) tranché; *Umrisse, Foto* net; **3** *Brille, Fernglas* fort; **4** *Speisen* épicé; *Senf* fort; **5** *Kontrolle* sévère; rigoureux; *Protest* vif; *Kritik* caustique; *Worte* cinglant; **6** *Gehör* fin; *Verstand* pénétrant; subtil; *Auge* perçant; *Blick* pénétrant; **7** *Wind* cinglant; **8** *Munition* pour tir réel; *Sprengkörper* amorcé; **9** ***das ~e S*** le «ß» (en allemand); **10** F (*geil*) F allumé; ***auf etw*** (*acc*) ***~ sein*** avoir très envie de qc; ***auf j-n ~ sein*** F avoir envie de qn; **11** *Hund* méchant; **II** *adv* **1** (*genau*) ***~ (ein)stellen*** mettre au point; ***~ bewachen*** surveiller de près; ***~ nachdenken*** se concentrer; **2** (*stark*) ***~ bremsen*** freiner brutalement; ***~ würzen*** épicer fortement
'Scharfblick *m* clairvoyance *f*; *p/fort* perspicacité *f*
Schärfe ['ʃɛrfə] *f* ⟨~; ~n⟩ **1** *e-s Messers* acuité *f*; **2** *von Speisen* goût relevé, épicé; **3** (*Deutlichkeit*) netteté *f*; précision *f*; **4** PHOT netteté *f*; **5** *des Verstandes* pénétration *f*; *des Gehörs, der Augen* acuité (auditive, visuelle); **6** (*Strenge*) sévérité *f*; rigueur *f*; *e-r Diskussion* âpreté *f*; **7** (*Bissigkeit*) causticité *f*; acrimonie *f*
'schärfen *v/t* aiguiser (*a fig*); affûter; affiler
'Scharf|macher F *m* agitateur *m*; provocateur *m*; **~richter** *m* bourreau *m*; **~schütze** *m* tireur *m* d'élite; **≈sichtig** *adj* clairvoyant; *p/fort* perspicace; **~sinn** *m* finesse *f* d'esprit; subtilité *f*; sagacité *f*; **≈sinnig** *adj* fin; subtil; **≈züngig** *adj* caustique
Scharlach ['ʃarlax] *m* ⟨~s⟩ scarlatine *f*
Scharlatan ['ʃarlatan] *m* ⟨~s; ~e⟩ charlatan *m*
Scharnier [ʃar'niːr] *n* ⟨~s; ~e⟩ charnière *f*
Schärpe ['ʃɛrpə] *f* ⟨~; ~n⟩ écharpe *f*
scharren ['ʃarən] **I** *v/t* creuser en grattant; **II** *v/i* gratter (***in der Erde*** le sol)
Scharte ['ʃartə] *f* ⟨~; ~n⟩ brèche *f*; *fig* ***e-e ~ auswetzen*** réparer une faute
Schaschlik ['ʃaʃlɪk] *m od n* ⟨~s; ~s⟩ CUIS brochette *f*
schassen ['ʃasən] F *v/t* F virer
Schatten ['ʃatən] *m* ⟨~s; ~⟩ ombre *f* (*a fig*); ***im ~*** à l'ombre; ***e-n ~ werfen*** faire de l'ombre; *fig* ***j-n, etw in den ~ stellen*** éclipser qn, qc
'Schattendasein *n* ***ein ~ führen*** vivre dans l'ombre
'Schatten|kabinett *n* cabinet *m* fantôme; **~morelle** [-morɛlə] *f* ⟨~; ~n⟩ griotte *f*; **~seite** *f* côté *m* de l'ombre; *fig* envers *m*; revers *m* de la médaille; **~spiel** *n* ombres chinoises; **~wirtschaft** *f* économie souterraine
schat'tieren *v/t* ⟨*sans ge*⟩ PEINT ombrer; nuancer; dégrader
Schat'tierung *f* ⟨~; ~en⟩ **1** PEINT répartition *f* des ombres; dégradé *m*; **2** *fig* nuance *f*; ton *m*; POL tendance *f*
'schattig *adj* ombragé
Schatulle [ʃa'tʊlə] *f* ⟨~; ~n⟩ coffret *m*
Schatz [ʃats] *m* ⟨~es; ¨~e⟩ **1** trésor *m* (*a fig*); **2** F *Kosewort* (mon) trésor; **3** (*hilfsbereiter Mensch*) ange *m*
schätzen ['ʃɛtsən] *v/t* ⟨-t⟩ **1** (*ab~*) estimer; apprécier; évaluer; **2** (*achten*) estimer; apprécier; F (*annehmen*) penser

S

Schatz|gräber ['-grɛːbər] *m* ⟨~s; ~⟩ chercheur *m* de trésors; **~kammer** *f* trésor *m*
'**Schätzung** *f* ⟨~; ~en⟩ estimation *f*; appréciation *f*; évaluation *f*; **2sweise** *adv* approximativement; à peu près
Schau [ʃau] *f* ⟨~; ~en⟩ **1** (*Ausstellung*) exposition *f*; *fig* ***etw zur ~ stellen*** faire étalage de qc; **2** (*Vorführung*) (grand) spectacle; revue *f*; ***j-m die ~ stehlen*** voler la vedette à qn
'**Schaubild** *n* graphique *m*
Schauder ['ʃaudər] *st/s m* ⟨~s; ~⟩ frisson *m*; *fig* (*Entsetzen*) horreur *f*; **2haft** F *adj* horrible; affreux
'**schaudern** *v/i* frissonner (***vor*** [+ *dat*] de); (*beben*) frémir; ***mir*** *od* ***mich schaudert*** *od* ***es schaudert mich*** je frémis, frissonne
'**schauen** *v/i* **1** regarder; ***schau, schau!*** tiens, tiens!; **2** *fig* ***nach j-m, etw ~*** s'occuper de qn, qc; ***auf etw*** (*acc*) **~** veiller à qc
Schauer ['ʃauər] *m* ⟨~s; ~⟩ **1** (*Schauder*) frisson *m*; **2** (*Regen2*) averse *f*; ondée *f*
'**Schauergeschichte** *f* histoire *f* à faire frémir
'**schauerlich** *adj* **1** épouvantable; effroyable; terrifiant; **2** F *fig* (*fürchterlich*) abominable; affreux
'**schauern** → ***schaudern***
Schaufel ['ʃaufəl] *f* ⟨~; ~n⟩ pelle *f*; **~lader** *m* ⟨~s; ~⟩ TECH pelleteuse *f*
'**schaufeln** ⟨¢⟩ *v/t* pelleter; *Grab* creuser; *Schnee* enlever (à la pelle)
'**Schaufenster** *n* vitrine *f*; **~auslage** *f* étalage *m*; **~bummel** *m* lèche-vitrines *m*; **~puppe** *f* mannequin *m*
'**Schau|kampf** *m* BOXEN démonstration *f*; **~kasten** *m* vitrine *f*
Schaukel ['ʃaukəl] *f* ⟨~; ~n⟩ balançoire *f*
'**schaukeln** ⟨¢⟩ **I** *v/t* (*schwingen*) balancer; (*wiegen*) bercer; **II** *v/i* **1** se balancer; **2** *Schiff* rouler
'**Schaukel|pferd** *n* cheval *m* à bascule; **~stuhl** *m* fauteuil *m* à bascule
'**Schaulust** *f* curiosité *f*; **2ig** *adj* curieux; **~ige(r)** *m* ⟨→ A⟩ badaud *m*
Schaum [ʃaum] *m* ⟨~¢s; ~e⟩ écume *f*; (*Bier2*, *Seifen2*) mousse *f*; *Eiweiß* ***zu ~ schlagen*** battre en neige
'**Schaumbad** *n* bain *m* (de) mousse
schäumen ['ʃɔʏmən] *v/i* écumer (*a fig*); *Bier, Sekt, Seife* mousser
'**Schaum|festiger** *m* ⟨~s; ~⟩ mousse coiffante, de coiffage; **~gummi** *m* caoutchouc *m* mousse
'**schaumig** *adj* écumeux; *Getränk, Speise* mousseux
'**Schaum|schläger** *m* F frimeur *m*; **~stoff** *m* mousse *f*; **~wein** *m* (vin) mousseux *m*
'**Schauplatz** *m* scène *f*; théâtre *m*
schaurig ['ʃaurɪç] *adj* **1** (*unheimlich*) à faire frémir; épouvantable; macabre; **2** F (*grässlich*) abominable; affreux
'**Schauspiel** *n* **1** (*Bühnenstück*) pièce *f* de théâtre; *Gattung* drame *m*; **2** *st/s fig* spectacle *m*; **~er(in)** *m(f)* acteur, -trice *m,f*; comédien, -ienne *m,f* (*a fig*); **~e'rei** *f* **1** *Beruf* métier *m* d'acteur; **2** F *péj* comédie *f*; **2ern** *v/i fig péj* jouer la comédie
'**Schauspielhaus** *n* théâtre *m*
'**Schau|steller** *m* ⟨~s; ~⟩ forain *m*; **~tafel** *f* tableau, panneau explicatif
Scheck [ʃɛk] *m* ⟨~s; ~s⟩ chèque *m* (***über*** [+ *acc*] de)
'**Scheckheft** *n* chéquier *m*; carnet *m* de chèques
'**scheckig** *adj* tacheté; *Pferd* pie
'**Scheckkarte** *f* carte *f* bancaire
scheel [ʃeːl] F *adj* envieux; ***j-n ~ ansehen*** regarder qn de travers
scheffeln ['ʃɛfəln] F *péj v/t* ⟨¢⟩ ***Geld ~*** ramasser beaucoup d'argent
Scheibe ['ʃaibə] *f* ⟨~; ~n⟩ **1** *runde* disque *m*; *kleine* rondelle *f*; (*Schieß2*) cible *f*; **2** *von Brot, Wurst, Obst etc* tranche *f*; (*Obst2*, *Wurst2*) *a* rondelle *f*; **3** (*Fenster2*) vitre *f*; carreau *m*; *vom Auto, Schaufenster* glace *f*
'**Scheiben|bremse** *f* frein *m* à disque; **~kleister** F *m* **~!** F mince!; F miel!; **~waschanlage** *f* lave-glace *m*; **~wischer** *m* essuie-glace *m*
Scheich [ʃaiç] *m* ⟨~¢s; ~s *ou* ~e⟩ cheik(h) *m*
Scheide ['ʃaidə] *f* ⟨~; ~n⟩ **1** *e-s Schwerts* fourreau *m*; **2** ANAT vagin *m*
'**scheiden** ⟨scheidet, schied, geschieden⟩ **I** *v/t* ***e-e Ehe ~*** prononcer un divorce; ***geschieden werden*** être divorcé; ***sich*** (***von j-m***) ***~ lassen*** divorcer (de, d'avec qn); **II** *v/i* ⟨sn⟩ *st/s* s'en aller; partir; ***aus dem Dienst, Amt ~*** quitter le service, son poste

'Scheidung *f* ⟨~; ~en⟩ divorce *m*; ***die ~ einreichen*** demander le divorce

Schein¹ [ʃaɪn] *m* ⟨~¢s; ~e⟩ **1** (*Bescheinigung*) certificat *m*; **2** (*Geld*2) billet *m*; **3** HOCHSCHULE unité *f* de valeur

Schein² *m* ⟨~¢s⟩ **1** (*Licht*2) lumière *f*; (*Schimmer*) lueur *f*; **2** (*An*2) apparence *f*; ***den*** **(*äußeren*)** ***~ wahren*** sauver les apparences; **(*nur*)** ***zum ~*** pour la forme; ***der ~ trügt*** les apparences sont trompeuses

'scheinbar **I** *adj* apparent; **II** *adv* en apparence

'scheinen *v/i* ⟨schien, geschienen⟩ **1** *Sonne* briller; luire; ***die Sonne scheint a*** il fait (du) soleil; il y a du soleil; ***der Mond scheint*** il y a clair de lune; **2** (*den Anschein haben*) sembler; avoir l'air de; paraître; ***mir scheint,*** **(*dass*)** **…** il me semble que … (+ *ind od subj*); ***wie es scheint*** à ce qu'il semble, paraît

'Schein|firma *f* société fictive; **2heilig** *adj* hypocrite; **~heiligkeit** *f* hypocrisie *f*; **2tot** *adj* en état de mort apparente; **~werfer** *m* projecteur *m*; AUTO phare *m*; **~werferlicht** *n* lumière *f* des projecteurs, AUTO des phares

Scheiß… [ʃaɪs…] P *in Zssgn* P de merde; P putain de …; **'~dreck** P *m* P merde *f*

Scheiße ['ʃaɪsə] P *f* ⟨~⟩ P merde *f*; ***~ bauen*** P faire des conneries

'scheiße'gal P *adj* ***das ist mir ~*** F je m'en fous complètement

'scheißen P *v/i* ⟨¢s, schiss, geschissen⟩ P chier; *fig* ***auf etw*** (*acc*) **~** F se foutre complètement de qc

'Scheiß|haus P *n* P chiottes *f/pl*; **~kerl** P *m* P salaud *m*

Scheit [ʃaɪt] *n* ⟨~¢s; ~er⟩ bûche *f*

Scheitel ['ʃaɪtəl] *m* ⟨~s; ~⟩ **1** *der Frisur* raie *f*; **2** ***vom ~ bis zur Sohle*** de pied en cap

'scheiteln *v/t* ⟨¢⟩ ***das Haar ~*** faire la raie

'Scheitelpunkt *m* sommet *m*; ASTR zénith *m*

'Scheiterhaufen *m* bûcher *m*

scheitern ['ʃaɪtərn] *v/i* ⟨sn⟩ échouer; *Person* subir un échec

'Scheitern *n* ⟨~s⟩ échec *m*; insuccès *m*

Schelle ['ʃɛlə] *f* ⟨~; ~n⟩ **1** (*Glöckchen*) grelot *m*; clochette *f*; **2** (*Klingel*) sonnette *f*; **3** TECH collier *m*

'schellen *v/i u v/imp* sonner; ***es schellt*** on sonne

'Schellenbaum *m* chapeau chinois

'Schellfisch *m* aiglefin *od* églefin *m*

Schelm [ʃɛlm] *m* ⟨~¢s; ~e⟩ farceur, -euse *m,f*; espiègle *m,f*; ***kleiner ~*** petit(e) coquin(e)

'schelmisch *adj* farceur; espiègle

Schelte ['ʃɛltə] *st/s f* ⟨~; ~n⟩ réprimande *f*; ***~ bekommen*** être réprimandé

'schelten ⟨schilt, schalt, gescholten⟩ *v/t u v/i*; **1** *st/s od südd* ***j-n, mit j-m ~*** réprimander qn; gronder qn; **2** *st/s* ***j-n e-n Dummkopf ~*** traiter qn d'imbécile

Schema ['ʃeːma] *n* ⟨~s; ~s *ou* ~ta *ou* -men⟩ **1** (*Muster*) modèle *m*; F *péj* ***nach ~ F*** sur le même moule, modèle; **2** (*grafische Darstellung*) schéma *m*

sche'matisch *adj* schématique

Schemel ['ʃeːməl] *m* ⟨~s; ~⟩ tabouret *m*

Schemen ['ʃeːmən] *m* ⟨~s; ~⟩ fantôme *m*; **2haft** *adj* vague; fantomatique

Schenke ['ʃɛŋkə] *f* ⟨~; ~n⟩ débit *m* de boissons

Schenkel ['ʃɛŋkəl] *m* ⟨~s; ~⟩ **1** (*Ober*2) cuisse *f*; **2** *e-s Winkels* côté *m*

schenken ['ʃɛŋkən] *v/t* **1** ***j-m etw ~*** offrir qc à qn; faire cadeau de qc à qn; ***etw zu Weihnachten geschenkt bekommen*** recevoir qc pour Noël; *fig* ***mir ist im Leben nichts geschenkt worden*** la vie ne m'a pas fait de cadeaux; *billige Ware* F ***das ist ja geschenkt!*** c'est donné!; **2** *st/s* ***j-m, e-r Sache Aufmerksamkeit ~*** prêter (son) attention à qn, qc

'Schenkung *f* ⟨~; ~en⟩ donation *f*

scheppern ['ʃɛpərn] F *v/i* cliqueter; faire un bruit de ferraille

Scherbe ['ʃɛrbə] *f* ⟨~; ~n⟩ morceau *m* (d'un verre, pot cassé); *von Glas, Ton a* tesson *m*; **~n** *pl a* débris *m/pl* (*a fig*)

Schere ['ʃeːrə] *f* ⟨~; ~n⟩ **1** ciseaux *m/pl*; (*Blech*2) cisailles *f/pl*; ***e-e ~*** une paire de ciseaux; **2** *der Krebse* pince *f*

'scheren¹ *v/t* ⟨schor, geschoren⟩ *Schafe, Haare* tondre

'scheren² ⟨*régulier*⟩ *v/r* **1** ***sich*** **(*nicht*)** ***um etw, j-n ~*** (ne pas) s'occuper, se soucier de qc, de qn; **2** F ***sich ~*** (*weg~*) F filer

'Scherenschnitt *m* silhouette *f*

Scherereien [ʃeːrə'raɪən] F *f/pl* ennuis *m/pl*; contrariétés *f/pl*; tracasseries *f/pl*

Scherflein ['ʃɛrflaɪn] *st/s n* ⟨~s; ~⟩ ***sein ~ (zu etw) beitragen*** *od* ***beisteuern*** apporter son obole (à qc)
Scherge ['ʃɛrgə] *st/s m* ⟨~n; ~n⟩ sbire *m*
Scherz [ʃɛrts] *m* ⟨~es; ~e⟩ plaisanterie *f*; farce *f*; blague *f*; ***~ beiseite!*** trêve de plaisanterie!; ***aus, im, zum ~*** pour rire; pour plaisanter; ***s-n ~, s-e ~e mit j-m treiben*** se jouer de qn
'**Scherzartikel** *m* attrape *f*; *pl* farces et attrapes *f/pl*
'**scherzen** *v/i* ⟨ge⟩ plaisanter; badiner; ***damit ist nicht zu ~*** on ne plaisante pas avec ça
'**Scherz|frage** *f* devinette *f*; **2haft** *adj* plaisant
scheu [ʃɔʏ] *adj* timide; (*menschen~*) farouche; *Pferd* ombrageux; *Pferd* ***~ machen*** effaroucher
Scheu *f* ⟨~⟩ **1** (*scheues Wesen*) timidité *f*; **2** (*Ehrfurcht*) crainte *f*, appréhension *f* (**vor** [+ *dat*] de)
'**scheuchen** *v/t* chasser; F ***j-n aus dem Haus ~*** chasser qn de la maison
'**scheuen I** *v/t* reculer devant; **II** *v/i Pferd* s'effaroucher; **III** *v/r* ***sich ~, etw zu tun*** hésiter à faire qc; craindre de faire qc
Scheuer|bürste ['ʃɔʏər-] *f* brosse *f* (à récurer); **~lappen** *m* serpillière *f*
'**scheuern I** *v/t* **1** *Töpfe* récurer; *Fußboden* frotter; **2** F ***j-m eine ~*** donner une claque, une gifle à qn; **II** *v/i* frotter; gratter; **III** *v/r* ***sich wund ~*** s'écorcher
'**Scheuer|pulver** *n* poudre *f* à récurer; **~tuch** *n* ⟨~es; ~er⟩ serpillière *f*
'**Scheuklappe** *f* œillère *f* (*a fig*)
Scheune ['ʃɔʏnə] *f* ⟨~; ~n⟩ grange *f*
Scheusal ['ʃɔʏza:l] *n* ⟨~s; ~e⟩ monstre *m*
scheußlich ['ʃɔʏslɪç] *adj* **1** (*hässlich*) 'hideux; horrible; affreux; **2** (*schrecklich*) horrible; *Verbrechen a* atroce; *Wetter a* épouvantable
Schi [ʃi:] → ***Ski***
Schicht [ʃɪçt] *f* ⟨~; ~en⟩ **1** couche *f*; *dünne* film *m*; **2** GÉOL strate *f*; **3** (*Gesellschafts2*) couche sociale; **4** (*Arbeitszeit*) poste *m*; équipe *f*; ***~ arbeiten*** faire les trois-'huit; travailler par roulement
'**Schichtarbeit** *f* travail posté, par roulement; **~er** *m* travailleur posté
'**schichten** *v/t* ⟨-e-⟩ empiler
'**Schichtwechsel** *m* relève *f* (des équipes)
schick [ʃɪk] **I** *adj* chic; élégant; **II** *adv* avec chic
Schick *m* ⟨~es⟩ chic *m*
'**schicken I** *v/t* envoyer; (*ver~*) expédier; ***etw an j-n*** *od* ***j-m etw ~*** *a* adresser qc à qn; **II** *v/r* **1** *a v/imp* (*geziemen*) ***sich ~*** (**für**) convenir (à); ***das schickt sich nicht*** cela ne se fait pas; *st/s* c'est inconvenant; **2** ***sich in etw*** (*acc*) **~** se résigner à qc
Schickeria [ʃɪkə'ri:a] F *f* ⟨~⟩ F gratin *m*; F crème *f*
Schickimicki ['ʃɪki'mɪki] F *péj m* ⟨~s; ~s⟩ minet *m*
'**schicklich** *st/s adj* convenable; décent; bienséant
Schicksal ['ʃɪkza:l] *n* ⟨~s; ~e⟩ sort *m*; (*höhere Macht*) *a* destin *m*; *e-s einzelnen* destinée *f*; ***j-n s-m ~ überlassen*** abandonner qn à son sort; F (***das ist***) **~** c'est le destin
'**schicksalhaft** *adj* fatal; fatidique
'**Schicksalsschlag** *m* revers *m* de fortune
Schiebedach ['ʃi:bə-] *n* toit ouvrant
schieben ['ʃi:bən] ⟨schob, geschoben⟩ **I** *v/t* pousser; *in den Mund, in die Tasche* mettre; glisser; **II** *v/i* F *mit Waren* trafiquer; F fricoter; **III** *v/r* ***sich vorwärts ~*** *Menschenmenge* avancer (lentement); ***sich zwischen etw*** (*acc*) (***und etw*** [*acc*]) **~** se glisser entre qc (et qc)
'**Schieber** F *péj m* ⟨~s; ~⟩ trafiquant *m*; F fricoteur *m*
'**Schiebetür** *f* porte coulissante
'**Schiebung** F *f* ⟨~; ~en⟩ **1** *mit Waren* trafic *m* illicite (**mit** de); **2** (*Mogelei*) F triche *f*; (***das ist***) ***~!*** F c'est de la triche!
schied [ʃi:t] → ***scheiden***
'**Schieds|gericht** *n* JUR tribunal arbitral; SPORT comité *m* d'arbitrage; **~richter** *m* arbitre *m*; **~richterassistent** *m* arbitre *m* assistant; **~richterball** *m* SPORT entre-deux *m*; **~spruch** *m* sentence arbitrale
schief [ʃi:f] **I** *adj* **1** (*schräg*) oblique; (*geneigt*) incliné; penché; **2** *fig Bild* faux; *Vergleich, Argumentation* boiteux; **II** *adv* **1** de travers; ***~ hängen*** pencher d'un côté; ***~ stehen*** pencher; être incliné, penché; **2** *fig* F ***j-n ~ ansehen*** re-

garder qn de travers; F **~ gehen, laufen** aller de travers; tourner mal; F **~ liegen** F être à côté de la plaque; F **~ gewickelt sein** se mettre, se fourrer le doigt dans l'œil

Schiefer ['ʃiːfər] *m* ⟨~s; ~⟩ MINÉR schiste *m*; *zum Dachdecken* ardoise *f*; **~dach** *n* toit *m* d'ardoise; **~tafel** *f* SCHULE ardoise *f*

'**schief·lachen** F *v/r* **sich ~** F se fendre la pêche, la pipe; F s'en payer une tranche

schielen ['ʃiːlən] *v/i* loucher; F *fig* **nach etw ~** lorgner, guigner qc; loucher sur qc

schien [ʃiːn] → **scheinen**

'**Schienbein** *n* tibia *m*

Schiene ['ʃiːnə] *f* ⟨~; ~n⟩ **1** BAHN rail *m*; **2** (*Lauf*~) glissière *f*; **3** MÉD éclisse *f*; attelle *f*

'**schienen** *v/t* MÉD éclisser

'**Schienen|bus** *m* automotrice *f*; autorail *m*; **~fahrzeug** *n* véhicule *m* sur rails; **~netz** *n* réseau *m* ferroviaire

schier [ʃiːr] **I** *adj* pur; **II** *adv* (*fast*) presque; **~ unmöglich** pratiquement impossible

Schierling ['ʃiːrlɪŋ] *m* ⟨~s; ~e⟩ ciguë *f*

Schieß|befehl ['ʃiːs-] *m* ordre *m* de tirer; **~bude** *f* (stand *m* de) tir *m*

schießen ['ʃiːsən] ⟨~~es~~, schoss, geschossen⟩ **I** *v/t* **1** *Kugel, Pfeil* tirer; **2** FUSSBALL tirer; **das 1:0 ~** marquer le premier but; **3** F **ein paar Fotos ~** faire quelques photos; **II** *v/i* **4** *mit e-r Schusswaffe* tirer (**auf j-n, etw** sur qn, qc); faire feu; **scharf ~** tirer à balles; F **das ist zum** ~ F c'est tordant; **5** FUSSBALL tirer; shooter; **6** ⟨sn⟩ *fig* (*sich schnell bewegen*) se précipiter; **aus etw ~** *Blut, Wasser* jaillir de qc; *Preise* **in die Höhe ~** monter en flèche; **das Blut schoss ihm ins Gesicht** le sang lui monta au visage; **7** ⟨sn⟩ *Pflanzen, Kinder* pousser rapidement

Schieße'rei *f* ⟨~; ~en⟩ échange *m* de coups de feu; fusillade *f*

'**Schießhund** *m* F **aufpassen wie ein ~** être aux aguets

'**Schieß|pulver** *n* poudre *f* (à canon); **~scharte** *f* meurtrière *f*; **~scheibe** *f* cible *f*; **~sport** *m* tir (sportif); **~stand** *m* (stand *m* de) tir *m*

Schiff [ʃɪf] *n* ⟨~~e~~s; ~e⟩ bateau *m*; *großes* navire *m*; bâtiment *m*

'**schiffbar** *adj* navigable

'**Schiffbau** *m* construction navale

'**Schiffbruch** *m* naufrage *m*; **~ erleiden** faire naufrage (*a fig*)

'**schiff|brüchig** *adj* naufragé; **~brüchige(r)** *f(m)* ⟨→ A⟩ naufragé(e) *m(f)*

'**Schiffchen** *n* ⟨~s; ~⟩ **1** (*kleines Schiff*) petit bateau; **2** *e-r Nähmaschine* navette *f*

'**schiffen** P **I** *v/i* P pisser; **II** *v/imp* **es schifft** F il flotte

'**Schiffer** *m* ⟨~s; ~⟩ capitaine *m* d'un navire; (*Binnen*~) batelier *m*; marinier *m*; **~klavier** *n* accordéon *m*

'**Schifffahrt** *f* navigation *f*

'**Schifffahrts|gesellschaft** *f* compagnie *f* maritime, de navigation; **~linie** *f* route *f*, ligne *f* maritime; **~weg** *m* voie *f* navigable; (*Route*) route *f* maritime

'**Schiffs|arzt** *m* médecin *m* de bord; **~bauch** F *m* cale *f*; **~besatzung** *f* équipage *m* (d'un navire)

'**Schiffschaukel** *f* balançoire *f* (en forme de nacelle)

'**Schiffs|eigner** *m* armateur *m*; **~fahrt** *f* traversée *f*; *Ausflug* tour *m* en bateau; **~junge** *m* mousse *m*; **~koch** *m* cuisinier *m* de bord; coq *m*; **~ladung** *f* cargaison *f*; **~reise** *f* voyage *m* en bateau; (*Kreuzfahrt*) croisière *f*; **~rumpf** *m* coque *f*; **~schraube** *f* hélice *f*; **~verkehr** *m auf Flüssen* trafic fluvial; *auf See* trafic *m* maritime

Schiit [ʃi'iːt] *m* ⟨~en; ~en⟩ chiite *m*; **~isch** *adj* chiite

Schikane [ʃiː'kaːnə] *f* ⟨~; ~n⟩ **1** (*Quälerei*) tracasserie *f*; brimade *f*; **2** F *fig* (*Raffinesse*) **mit allen ~n** avec tous les extras

schika'nieren *v/t* ⟨*sans ge*⟩ faire des tracasseries à; brimer

schikanös [ʃika'nøːs] *adj* vexatoire

Schild[1] [ʃɪlt] *m* ⟨~~e~~s; ~e⟩ **1** (*Schutz*~) bouclier *m*; *fig* **etw im ~e führen** méditer un coup; F mijoter qc; **2** (*Wappen*~) écusson *m*

Schild[2] *n* ⟨~~e~~s; ~er⟩ panneau *m* (*a Verkehrs*~); écriteau *m*; pancarte *f*; enseigne *f*; (*Namens*~, *Tür*~) plaque *f*; (*Preis*~) étiquette *f*

'**Schild|bürgerstreich** *m* acte saugrenu; **~drüse** *f* glande *f* thyroïde

schilder|n ['ʃɪldərn] *v/t* décrire; (dé-)

peindre; **2ung** *f* ⟨~; ~en⟩ description *f*
'**Schildkröte** *f* tortue *f*
Schilf [ʃɪlf] *n* ⟨~¢s; ~e⟩, '**~rohr** *n* roseau *m*
schillern ['ʃɪlərn] *v/i* chatoyer; miroiter
'**schillernd** *adjt Farbe* changeant; *Begriff, Person* ambigu
Schilling ['ʃɪlɪŋ] *m* ⟨~s; ~e⟩ HIST schilling *m*
schilt [ʃɪlt] → ***schelten***
Schimmel[1] ['ʃɪməl] *m* ⟨~s⟩ *Belag* moisi *m*; moisissure *f*
'**Schimmel**[2] *m* ⟨~s; ~⟩ ZO cheval blanc
'**schimmelig** *adj* moisi
'**schimmeln** *v/i* ⟨¢, h *ou* sn⟩ moisir
'**Schimmelpilz** *m* (champignon *m* de) moisissure *f*
Schimmer ['ʃɪmər] *m* ⟨~s; ~⟩ (*Schein*) lueur *f*; (faible) lumière *f*; (*Glanz*) reflets *m/pl*; F *fig* ***keinen blassen ~ von etw haben*** ne pas avoir la moindre idée de qc
'**schimmern** *v/i* (re)luire; *Gold* briller
'**schimmlig** → ***schimmelig***
Schimpanse [ʃɪm'panzə] *m* ⟨~n; ~n⟩ chimpanzé *m*
Schimpf [ʃɪmpf] *st/s m* ***mit ~ und Schande*** 'honteusement; *st/s* ignominieusement
'**schimpfen I** *v/t* ***j-n e-n Dummkopf ~*** traiter qn d'imbécile; **II** *v/i* pester (***auf*** *od* ***über etw, j-n*** contre qc, qn); ***mit j-m ~*** gronder qn
'**schimpf|lich** *st/s adj* 'honteux; *st/s* ignominieux; **2wort** *n* ⟨~¢s; ~̈er⟩ injure *f*
Schindel ['ʃɪndəl] *f* ⟨~; ~n⟩ bardeau *m*; **~dach** *n* toit *m* de bardeaux
schinden ['ʃɪndən] ⟨schindet, schindete, geschunden⟩ **I** *v/t* **1** (*quälen*) éreinter; **2** F ***Zeit ~*** tirer des heures; **II** *v/r* F ***sich ~*** s'éreinter; F se crever
Schinde'rei *f* ⟨~; ~en⟩ travail *m* de chien; corvée *f*
'**Schindluder** *n* F ***mit s-r Gesundheit ~ treiben*** mettre en jeu sa santé
Schinken ['ʃɪŋkən] *m* ⟨~s; ~⟩ **1** jambon *m*; **2** F *fig Buch* F pavé *m*; *Gemälde* F croûte *f*; **~speck** *m* lard *m* maigre
Schippe ['ʃɪpə] *f* ⟨~; ~n⟩ **1** (*Schaufel*) pelle *f*; **2 ~n** *n Spielkartenfarbe* pique *m*
'**schippen** *v/t* pelleter; ***Schnee ~*** enlever la neige (à la pelle)
Schirm [ʃɪrm] *m* ⟨~¢s; ~e⟩ (*Regen2*) parapluie *m*; (*Sonnen2*) parasol *m*
'**Schirm|herr(in)** *m(f)* protecteur, -trice *m,f*; **~herrschaft** *f* patronage *m*; parrainage *m*; **~mütze** *f* casquette *f*; **~ständer** *m* porte-parapluies *m*
schiss [ʃɪs] → ***scheißen***
Schiss *m* ⟨~es⟩ P ***~ haben*** F avoir la trouille, la frousse, les jetons
schizo|phren [ʃɪtso'fre:n] *adj* schizophrène; **2phre'nie** *f* ⟨~; ~n⟩ schizophrénie *f*
schlabbern ['ʃlabərn] F **I** *v/t Tier* laper; **II** *v/i* **1** *beim Essen* baver; **2** *Kleider* F pendouiller
Schlacht [ʃlaxt] *f* ⟨~; ~en⟩ bataille *f*; ***die ~ bei, von …*** la bataille de …; ***sich*** (*dat*) ***e-e ~ liefern*** se livrer bataille
'**schlachten** *v/t* ⟨-e-⟩ tuer; abattre
'**Schlachtenbummler** *m* ⟨~s; ~⟩ SPORT supporter *m*
'**Schlachter** *m* ⟨~s; ~⟩ *nordd* boucher *m*
Schlächter ['ʃlɛçtər] *m* ⟨~s; ~⟩ *fig* bourreau *m*
Schlachte'rei *f* ⟨~; ~en⟩ *nordd* boucherie *f*
'**Schlacht|feld** *n* champ *m* de bataille; **~haus** *n*, **~hof** *m* abattoir(s) *m(pl)*; **~plan** *m* MIL, *fig* plan *m* de bataille; **~platte** *f plat à base de boudins et de poitrine de porc* (*souvent garni de choucroute*)
'**Schlachtung** *f* ⟨~; ~en⟩ abattage *m*
'**Schlachtvieh** *n* animaux *m/pl* de boucherie
Schlacke ['ʃlakə] *f* ⟨~; ~n⟩ scories *f/pl*; (*Hochofen2*) laitier *m*
schlackern ['ʃlakərn] *v/i Kleider* flotter; ***mit den Armen, Beinen ~*** balancer les bras, les jambes
Schlaf [ʃla:f] *m* ⟨~¢s⟩ sommeil *m*; ***aus dem ~ auffahren, hochfahren*** se réveiller en sursaut; ***j-n aus dem ~ reißen*** tirer qn de son sommeil; ***im ~*** en dormant; *fig* ***etw im ~ können*** pouvoir faire qc les yeux fermés
'**Schlafanzug** *m* pyjama *m*
Schläfchen ['ʃlɛ:fçən] *n* ⟨~s; ~⟩ petit somme; (*Mittags2*) sieste *f*
'**Schlafcouch** *f* canapé-lit *m*
Schläfe ['ʃlɛfə] *f* ⟨~; ~n⟩ tempe *f*
'**schlafen** *v/i* ⟨schläft, schlief, geschlafen⟩ **1** dormir; ***tief und fest ~*** dormir profondément, à poings fermés; ***mit j-m ~*** F coucher avec qn; ***~ gehen*** (aller)

S

se coucher; **2** F *fig* (*nicht aufpassen*) dormir

'Schlafenszeit *f* ***es ist~*** il est l'heure de (*od* d'aller) se coucher

Schläfer(in) ['ʃlɛːfər(ɪn)] *m* ⟨~s; ~⟩ (*f*) ⟨~; ~nen⟩ dormeur, -euse *m,f*

schlaff [ʃlaf] **I** *adj* **1** *Seil* lâche; *Haut* flasque; (*weich*) mou; ***~ werden*** se relâcher; **2** *fig Person* mou; sans énergie, vigueur; **II** *adv fig* sans force, vigueur

'Schlaf|gelegenheit *f* endroit *m* où dormir; lit *m*; **~lied** *n* berceuse *f*

'schlaflos *adj* éveillé; MÉD insomniaque; ***~e Nacht*** nuit blanche; ***~e Nächte haben*** avoir des insomnies

'Schlaf|losigkeit *f* ⟨~⟩ insomnie *f*; **~mittel** *n* somnifère *m*; **~mütze** F *f* **1** (*Langschläfer*) lève-tard *m*; **2** (*Tranfunzel*) endormi(e) *m(f)*

schläfrig ['ʃlɛːfrɪç] *adj* somnolent; ***~ sein*** avoir sommeil; ***~ werden*** avoir envie de dormir

'Schlaf|saal *m* dortoir *m*; **~sack** *m* sac *m* de couchage; **~störungen** *f/pl* troubles *m/pl* du sommeil

schläft [ʃlɛːft] → ***schlafen***

'Schlaf|tablette *f* comprimé *m* pour dormir; somnifère *m*; **≈trunken** *st/s adj* (encore) tout endormi; ensommeillé; **~wagen** *m* wagon-lit *m*; **≈wandeln** *v/i* ⟨¢, h *ou* sn⟩ être somnambule; **~wandler(in)** *m* ⟨~s; ~⟩ (*f*) ⟨~; ~nen⟩ somnambule *m,f*; **~zimmer** *n* chambre *f* à coucher

Schlag [ʃlaːk] *m* ⟨~¢s; ~̈e⟩ **1** (*Hieb*) coup *m* (*a* BOXEN, TENNIS, *fig*); (*Klaps*) tape *f*; ***Schläge bekommen*** recevoir des coups; *fig* ***~ auf ~*** coup sur coup; *fig* ***ein ~ ins Gesicht*** une gifle; *fig* ***ein ~ ins Wasser*** un coup d'épée dans l'eau; F *fig* ***auf e-n ~*** d'un (seul) coup; tout d'un coup; **2** (*Schicksals≈*) coup *m*; **3** *Geräusch* coup *m*; bruit *m*; ***~ zehn Uhr*** sur le coup de dix heures; **4** (*Strom≈*) décharge *f*; ***e-n ~ bekommen*** recevoir une décharge (électrique); **5** F (*~anfall*) attaque *f* (d'apoplexie); ***wie vom ~ gerührt*** *od* ***getroffen sein*** F être sidéré; **6** (*Herz≈*) battement *m*; (*Puls≈*) pulsation *f*; **7** (*Menschen≈*) espèce *f*; **8** F (*Portion*) portion *f*; **9** *österr* (*~sahne*) crème fouettée

'Schlag|ader *f* artère *f*; **~anfall** *m* attaque *f* d'apoplexie; **≈artig I** *adj* subit; soudain; *Bewegung* brusque; **II** *adv* tout à coup; subitement; **~baum** *m* barrière *f*; **~bohrer** *m*, **~bohrmaschine** *f* perceuse *f* à percussion

Schlägel ['ʃlɛːgəl] *m* ⟨~s; ~⟩ (*Trommel≈*) baguette *f*

'schlagen ⟨schlägt, schlug, geschlagen⟩ **I** *v/t* **1** *einmal* frapper (***j-n ins Gesicht*** qn au visage); *mehrmals* battre; frapper; taper sur; (*e-n Klaps geben*) taper; ***j-m etw aus der Hand ~*** faire tomber qc des mains de qn; ***e-n Nagel in die Wand ~*** planter, enfoncer un clou dans le mur; ***die Hände vors Gesicht ~*** enfoncer sa tête dans ses mains; ***zu Boden ~*** assommer; terrasser; **2** *Holz* couper; abattre; **3** *Sahne, Eier* fouetter; battre; **4** *Falten, Rad* faire; **5** ***etw in Papier*** (*acc*) ***~*** envelopper qc dans du papier; **6** ***ein Bein übers andere ~*** croiser les jambes; **7** (*besiegen*) battre; SCHACHSPIEL prendre; **8** *Uhr* sonner; ***es hat*** (***gerade***) ***zwölf Uhr geschlagen*** midivient de sonner; **II** *v/i* **9** (*hauen*) frapper; ***nach j-m ~*** porter un coup à qn; ***um sich ~*** se débattre; **10** *Herz, Puls* battre; **11** *Uhr, Glocke* sonner; **12** ⟨sn⟩ (*aufprallen*) ***gegen*** *od* ***an etw*** (*acc*) ***~*** cogner contre qc; 'heurter qc; *Regen* fouetter (contre) qc; *Wellen* battre qc; **13** ⟨sn⟩ *Flammen* ***aus etw ~*** jaillir de qc; *Blitz* ⟨*a* h⟩ ***in etw*** (*acc*) ***~*** tomber sur qc; **14** ⟨sn⟩ ***nach j-m ~*** (*ähneln*) ressembler à qn; **15** ⟨sn⟩ ***j-m auf den Magen ~*** se porter sur l'estomac de qn; **III** *v/r* ***sich mit j-m*** (***um etw***) ***~*** se battre avec qn (pour [avoir] qc); ***sich tapfer ~*** se battre vaillamment

'schlagend *adjt Beweis* concluant; *Argument* pertinent; massue; percutant

'Schlager *m* ⟨~s; ~⟩ **1** MUS chanson *f* à succès; F tube *m*; **2** (*Verkaufs≈*) succès *m* de vente

Schläger ['ʃlɛːgər] *m* ⟨~s; ~⟩ **1** *péj* brute *f*; (*Raufbold*) bagarreur *m*; **2** (*Federball≈*, [*Tisch*]*Tennis≈*) raquette *f*; ([*Eis*]*Hockey≈*) crosse *f*; (*Golf≈*) club *m*

Schläge'rei *f* ⟨~; ~en⟩ rixe *f*; bagarre *f*

'Schlager|musik *f* musique *f* de variété; **~sänger(in)** *m(f)* chanteur, -euse *m,f* à succès

'schlagfertig I *adj* prompt à la riposte;

S

II *adv* **~ *antworten*** riposter; répondre du tac au tac

'Schlag|fertigkeit *f* ⟨~⟩ esprit *m* d'à-propos, de repartie; **~instrument** *n* instrument *m* à percussion; **~kraft** *f* MIL combativité *f*; *fig* efficacité *f*; **2kräftig** *adj* MIL puissant; *Argument* massue; **~loch** *n* trou *m*; nid-de-poule *m*; **~obers** *n* ⟨~⟩ *österr*, **~rahm** *m südd* → ***Schlagsahne***; **~ring** *m* coup-de-poing (américain); **~sahne** *f* crème fouettée, Chantilly; Chantilly *f*

'Schlagseite *f* MAR gîte *f*; **~ *haben*** donner de la bande, de la gîte

'Schlag|stock *m* matraque *f*; **~wort** *n* ⟨~(e)s; -wörter *ou* ~e⟩ **1** (*Parole*) slogan *m*; (*Gemeinplatz*) cliché *m*; **2** ⟨*pl* -wörter⟩ *e-s Verzeichnisses* mot-clé *m*; **~zeile** *f* manchette *f*; gros titre; **~zeug** *n* batterie *f*; **~zeuger** *m* ⟨~s; ~⟩ batteur *m*

schlaksig ['ʃla:ksɪç] F *adj* F dégingandé

Schlamassel [ʃla'masəl] F *m od n* ⟨~s⟩ embarras *m*; F pétrin *m*

Schlamm [ʃlam] *m* ⟨~(e)s; ~e *ou* ~̈e⟩ *in Gewässern* vase *f*; (*aufgeweichte Erde*) boue *f*

'schlammig *adj* (*Schlamm enthaltend*) limoneux; (*morastig*) boueux; bourbeux

'Schlammlawine *f* coulée *f* de boue

Schlampe ['ʃlampə] F *f* ⟨~; ~n⟩ (*ungepflegte Frau*) F cochonne *f*; (*Flittchen*) F traînée *f*

'schlamp|en F *v/i* bâcler; **2e'rei** F *f* ⟨~; ~en⟩ (*Nachlässigkeit*) négligence *f*; bâclage *m*; bousillage *m*; (*Unordentlichkeit*) désordre *m*; **~ig** F *adj* (*ungepflegt*) négligé; débraillé; *Arbeit* bâclé; bousillé

schlang [ʃlaŋ] → ***schlingen***

Schlange ['ʃlaŋə] *f* ⟨~; ~n⟩ **1** ZO serpent *m*; (*Gift2*) vipère *f* (*a fig péj*); **2** *von Menschen* queue *f*; *von Autos* file *f*; **~ *stehen*** faire la queue

schlängeln ['ʃlɛŋəln] *v/r* ⟨*ge*⟩ ***sich* ~** *Weg, Fluss* serpenter; *Weg a* faire des lacets; *Fluss a* décrire des méandres; *Tier* ramper; *fig* se glisser

'Schlangen|biss *m* morsure *f* de serpent; **~gift** *n* venin *m* de serpent

'Schlangenlinie *f* ligne serpentine; ***in ~n fahren, gehen*** zigzaguer

schlank [ʃlaŋk] *adj Person, Taille* mince; *Taille a* fin; *Person, Gestalt* svelte; *Gestalt, Wuchs* élancé; *fig* ÉCON dégraissé; *Kleidung* **~ *machen*** amincir

'Schlankheit *f* ⟨~⟩ minceur *f*; sveltesse *f*

schlapp [ʃlap] *adj* **1** (*abgespannt*) fatigué; fourbu; **2** F (*ohne Energie*) mou; avachi; amorphe

'Schlappe *f* ⟨~; ~n⟩ échec *m*; revers *m*; défaite *f*

'Schlappen F *m* ⟨~s; ~⟩ pantoufle *f*; babouche *f*

'schlapp·machen F *v/i* F flancher

'Schlappschwanz *m* F dégonflé *m*; F lavette *f*

Schlaraffenland [ʃla'rafən-] *n* Pays *m* de cocagne

schlau [ʃlau] *adj* **1** (*gewitzt*) astucieux; (*listig*) rusé; malin; futé; **2** F ***aus etw, j-m nicht ~ werden*** ne pas comprendre qc, qn, saisir qc

Schlauberger ['ʃlaubɛrgər] F *m* ⟨~s; ~⟩ finaud *m*; fine mouche; futé *m*

Schlauch [ʃlaux] *m* ⟨~(e)s; Schläuche⟩ **1** tuyau *m*; (*Fahrrad2, Auto2*) chambre *f* à air; **2** F ***auf dem ~ stehen*** F ne rien piger

'Schlauchboot *n* canot *m* pneumatique

'schlauch|en F *v/t* F crever; **~los** *adj Reifen* sans chambre à air

Schläue ['ʃlɔʏə] *f* ⟨~⟩ (*Klugheit*) astuce *f*; (*Gerissenheit*) ruse *f*

Schlaufe ['ʃlaufə] *f* ⟨~; ~n⟩ *am Gürtel* passant *m*; *am Skistock, Schirm* dragonne *f*

'Schlaumeier F *m* ⟨~s; ~⟩ → ***Schlauberger***

schlecht [ʃlɛçt] **I** *adj* **1** mauvais; *Arbeit* mal fait; *Luft* pollué; (***das ist***) ***nicht ~!*** ce n'est pas mal!; **2** *Ware* de mauvaise qualité; **3** *Zeiten* dur; *Spaß* de mauvais goût; **4** (*ungenießbar*) **~ *werden*** se gâter; **5** (*böse*) méchant; **6** ***mir ist ~*** je me sens mal; j'ai mal au cœur; **II** *adv* **1** mal; **~ *bezahlt*** mal payé; **~ *gelaunt*** de mauvaise humeur; **~ *verstehen*** comprendre mal; ***j-n, etw ~ machen*** médire de, dire du mal de qn, qc; **2** (*schlimm*) ***es sieht ~ aus*** c'est inquiétant; ***es geht ihm ~*** *geschäftlich* ses affaires vont mal; ***~er werden*** se détériorer; empirer; ***immer ~er*** de mal en pis; **3** (*kaum*) ***das kann ich ~ sagen*** je suis incapable de le dire *od* de l'affirmer; ***morgen geht es ~*** demain ça ne

S

me convient pas *od* ne m'arrange pas; **4** (*krank*) ~ ***aussehen*** avoir mauvaise mine; ***es geht ihm*** ~ il ne va pas bien; **5** ***mehr*** ~ ***als recht*** tant bien que mal

'**schlecht'hin** *adv* **1** + *adj* absolument; **2** + *subst* par excellence

'**Schlechtigkeit** *f* ⟨~; ~en⟩ méchanceté *f*; bassesse *f*

schlecken ['ʃlɛkən] *südd, österr* **I** *v/t* *Eis* lécher; sucer; *Milch* laper; **II** *v/i* **1** ***an etw*** (*dat*) ~ lécher qc; **2** (*naschen*) manger des sucreries

Schlegel ['ʃle:gəl] *m* ⟨~s; ~⟩ (*Hühner*≗) cuisse *f* (de poulet)

Schlehe ['ʃle:ə] *f* ⟨~; ~n⟩ prunelle *f*

schleichen ['ʃlaɪçən] ⟨sn, schlich, geschlichen⟩ **I** *v/i* ⟨sn⟩ **1** *heimlich* se glisser, se couler (***in*** [+ *acc*] dans); *leise* aller, marcher à pas de loup; ***heimlich aus etw*** ~ sortir furtivement de qc; **2** (*langsam fahren*) se traîner; **II** *v/r* ***sich*** ~ se glisser; ***sich heimlich aus etw*** ~ sortir furtivement de qc

'**schleich|end** *adjt* *Gift* lent; *Krankheit* insidieux; *Inflation* rampant; ≗**weg** *m* petit chemin; (*Abkürzung*) raccourci *m*; ≗**werbung** *f* publicité clandestine

Schleie ['ʃlaɪə] *f* ⟨~; ~n⟩ ZO tanche *f*

Schleier ['ʃlaɪər] *m* ⟨~s; ~⟩ voile *m* (*a fig*); ~**eule** *f* effraie *f*

'**schleierhaft** F *adj* mystérieux; ***das ist mir*** ~ c'est un mystère pour moi

Schleife ['ʃlaɪfə] *f* ⟨~; ~n⟩ **1** (*Band*≗, *Haar*≗) nœud *m*; **2** *e-s Flusses* boucle *f*; méandre *m*; AVIAT boucle *f*; **3** INFORM boucle *f*

'**schleifen**[1] *v/t* ⟨schliff, geschliffen⟩ **1** (*schärfen*) aiguiser; affûter; affiler; **2** (*glätten*) poncer; polir; *Edelsteine* tailler; **3** MIL (*drillen*) ***j-n*** ~ dresser qn

'**schleifen**[2] ⟨*régulier*⟩ **I** *v/t* **1** (*nachziehen*) traîner (*a* F *fig*); **2** MIL, *Festung etc* démanteler; raser; **II** *v/i* traîner; F *fig* ***etw*** ~ ***lassen*** négliger qc

'**Schleif|maschine** *f* ponceuse *f*; ~**papier** *n* papier *m* émeri; ~**stein** *m* pierre *f* à aiguiser; *drehbarer* meule *f*

Schleim [ʃlaɪm] *m* ⟨~¢s; ~e⟩ **1** MÉD mucosité(s) *f*(*pl*); glaire *f*; *der Nase a* morve *f*; ~ ***aushusten, auswerfen*** expectorer; **2** CUIS crème *f* (d'avoine)

'**Schleimhaut** *f* muqueuse *f*

'**schleimig** *adj* **1** glaireux; muqueux; *Fisch etc* visqueux; **2** *fig péj* doucereux

'**schleimlösend** *adjt* MÉD expectorant

schlemmen ['ʃlɛmən] *v/i* festoyer; faire bombance

'**Schlemmer|(in)** *m* ⟨~s; ~⟩ (*f*) ⟨~; ~nen⟩ gourmand(e) *m*(*f*); ~**lokal** *n* restaurant *m* gastronomique

schlendern ['ʃlɛndərn] *v/i* ⟨sn⟩ flâner

Schlendrian ['ʃlɛndria:n] F *péj m* ⟨~¢s⟩ laisser-aller *m*; train-train *m*

schlenkern ['ʃlɛŋkərn] *v/i* ***mit etw*** ~ balancer qc; ***mit den Armen*** ~ balancer les bras

Schleppe ['ʃlɛpə] *f* ⟨~; ~n⟩ traîne *f*

'**schleppen I** *v/t* **1** (*hinterherziehen*) traîner (*a fig*); MAR, AUTO remorquer; **2** (*mühsam tragen*) porter avec peine; **II** *v/r* ***sich*** ~ (*mühsam gehen*) se traîner; *fig* (*sich hinziehen*) (se) traîner

'**schleppend** *adjt* lent; *Tonfall* traînant; *Unterhaltung*, COMM languissant

'**Schlepp|er** *m* ⟨~s; ~⟩ **1** AGR tracteur *m*; MAR remorqueur *m*; **2** F *péj* (*Kundenwerber*) rabatteur *m*; (*Fluchthelfer*) passeur *m*; ~**lift** *m* téléski *m*; remonte-pente *m*; ~**netz** *n* chalut *m*

'**Schlepptau** *n* remorque *f*; ***ins*** ~ ***nehmen*** prendre en remorque

Schlesien ['ʃle:ziən] *n* ⟨~s⟩ la Silésie

Schleswig-Holstein ['ʃle:svɪç'hɔlʃtaɪn] *n* ⟨~s⟩ le Schleswig-Holstein

Schleuder ['ʃlɔʏdər] *f* ⟨~; ~n⟩ **1** *Wurfgerät* fronde *f*; lance-pierres *m*; **2** (*Wäsche*≗) essoreuse *f*; ~**gefahr** *f* *Verkehrszeichen* chaussée glissante

'**schleudern I** *v/t* **1** *mit der Hand* jeter; lancer; projeter; *mit der Schleuder* tirer (au lance-pierres); *Auto* ***aus e-r Kurve geschleudert werden*** sortir d'un virage; **2** *Wäsche* essorer; **II** *v/i* ⟨sn⟩ *Auto* déraper; ***ins*** ≗ ***kommen*** *Auto* déraper; F *fig Person* perdre le contrôle de la situation

'**Schleuder|preis** F *m* prix sacrifié; ~**sitz** *m* siège *m* éjectable

schleunigst ['ʃlɔʏnɪçst] *adv* **1** (*schnell*) au plus vite; **2** (*sofort*) sur-le-champ; immédiatement

Schleuse ['ʃlɔʏzə] *f* ⟨~; ~n⟩ **1** *e-s Flusses* écluse *f*; **2** (*Luft*≗) sas *m*

'**schleusen** *v/t* ⟨¢s⟩ **1** *Schiff* écluser; **2** *fig* ***j-n durch die Stadt*** ~ piloter, guider qn à travers la ville; ***etw ins Ausland*** ~ faire passer qc clandestinement à l'étranger

schlich [ʃlɪç] → ***schleichen***
ˈ**Schliche** *m/pl* manœuvres *f/pl*; ruses *f/pl*; ***hinter j-s ~*** *(acc)*, ***j-m auf die ~ kommen*** déjouer les manœuvres de qn
schlicht [ʃlɪçt] **I** *adj* simple; *Wesen, Kleidung a* modeste; **II** *adv* simplement
ˈ**schlicht|en** *v/t* ‹-e-› *Streit* régler; *durch Schiedsspruch* arbitrer; **2er** *m* ‹~s; ~› médiateur *m*; *durch Schiedsspruch* arbitre *m*; **2heit** *f* ‹~› simplicité *f*; **2ung** *f* ‹~; ~en› règlement *m*; médiation *f*; conciliation *f*; *durch Schiedsspruch* arbitrage *m*
ˈ**schlichtˈweg** *adv* tout simplement
Schlick [ʃlɪk] *m* ‹~¢s; ~e› vase *f*
schlief [ʃliːf] → ***schlafen***
schließen [ˈʃliːsən] ‹¢$, schloss, geschlossen› **I** *v/t* **1** *(zumachen)* fermer; ***mit geschlossenen Füßen*** à pieds joints; **2** ***j-n in die Arme ~*** prendre, serrer qn dans ses bras; **3** *(beenden)* terminer; *Versammlung* clore; *Sitzung* lever; **4** *(ab~) Vertrag* conclure; *Bündnis, Ehe, Freundschaft* contracter; *Frieden* faire; **5** *(folgern)* conclure (***aus*** de); **II** *v/i* **6** *Tür, Fenster, Dose* (***leicht, nicht richtig***) ~ fermer (facilement, mal); **7** *Geschäft, Unternehmen* fermer; **8** *(enden)* se terminer; **9** *(folgern)* conclure; ***auf etw*** *(acc)* ***~ lassen*** dénoter qc; ***von sich*** *(dat)* ***auf andere ~*** juger autrui d'après soi-même; **III** *v/r* ***sich ~*** se fermer
ˈ**Schließfach** *n der Post* boîte postale; *der Bank* coffre *m*; *am Bahnhof* consigne *f* automatique
ˈ**schließlich** *adv* **1** *(endlich)* finalement; en fin de compte; enfin; **2** *(immerhin)* après tout
ˈ**Schließmuskel** *m* sphincter *m*
ˈ**Schließung** *f* ‹~; ~en› fermeture *f*; *e-r Versammlung* clôture *f*
schliff [ʃlɪf] → ***schleifen***[1]
Schliff *m* ‹~¢s; ~e› **1** *e-s Edelsteins* taille *f*; **2** *(Politur)* poli *m*; *(Schärfe)* fil *m*; **3** *fig (Manieren)* politesse raffinée; savoir-vivre *m*; ***e-r Sache*** *(dat)* ***den letzten ~ geben*** fignoler, peaufiner qc
schlimm [ʃlɪm] **I** *adj* **1 a)** *(schlecht) Lage, Nachricht, Gedanken* mauvais; **b)** *(böse) Mensch, Charakter* méchant; *Kind, Wort* vilain; **c)** *(schwer) Lage, Fehler, Krankheit* grave; *Zeit* difficile; ***das ist nicht so ~*** ce n'est pas si grave que ça; **d)** F *Wunde* vilain; mauvais; **2** *comp* pire; ***und was*** (***noch***) ***~er ist*** et qui pis est; ***~er werden*** empirer; **3** *sup* ***das ~ste ist, dass …*** le pire est que …; **II** *adv* **1** mal; ***~ dran sein*** être en mauvaise posture; **2** ***~er*** pire; ***um so ~er!*** c'est encore pire
ˈ**schlimmstenˈfalls** *adv* à la rigueur; en mettant les choses au pire
Schlinge [ˈʃlɪŋə] *f* ‹~; ~n› **1** *(Schlaufe)* boucle *f*; *sich zusammenziehende* nœud coulant; **2** *zum Tierfang* collet *m*; lacet *m*; **3** MÉD écharpe *f*
Schlingel [ˈʃlɪŋəl] *m* ‹~s; ~› galopin *m*; garnement *m*
ˈ**schlingen** ‹schlang, geschlungen› **I** *v/t* ***etw um etw ~*** enrouler qc autour de qc; ***zu e-m Knoten ~*** nouer; **II** *v/i* dévorer; engloutir; **III** *v/r* ***sich um etw ~*** s'entortiller, s'enrouler, s'enlacer autour de qc
schlingern [ˈʃlɪŋərn] *v/i* rouler
ˈ**Schlingpflanze** *f* plante grimpante
Schlips [ʃlɪps] F *m* ‹~es; ~e› cravate *f*; F *fig* ***j-m auf den ~ treten*** F marcher sur les pieds de qn
Schlitten [ˈʃlɪtən] *m* ‹~s; ~› **1** traîneau *m*; *(Rodel2)* luge *f*; ***~ fahren*** aller en traîneau; *(rodeln)* faire de la luge; F *fig* ***mit j-m ~ fahren*** F en faire baver à qn; **2** F *(Auto)* F caisse *f*
ˈ**Schlitten|fahrt** *f* promenade *f* en traîneau; **~hund** *m* chien *m* de traîneau
schlittern [ˈʃlɪtərn] *v/i* ‹sn› *([aus]gleiten)* glisser; *mit Anlauf* faire des glissades
ˈ**Schlittschuh** *m* patin *m* (à glace); ***~ laufen*** patiner
ˈ**Schlittschuh|laufen** *n* patinage *m*; **~läufer(in)** *m(f)* patineur, -euse *m,f*
Schlitz [ʃlɪts] *m* ‹~es; ~e› fente *f* *(a e-s Kleids, Rocks)*; *(Hosen2)* braguette *f*; ˈ**~auge** *n* œil bridé; ˈ**~ohr** F *n* F roublard *m*
schloss [ʃlɔs] → ***schließen***
Schloss *n* ‹~es; ~̈er› **1** *(Tür2)* serrure *f*; *(Vorhänge2)* cadenas *m*; F ***hinter ~ und Riegel*** sous les verrous; **2** *Gebäude* château *m*
ˈ**Schloss|er** *m* ‹~s; ~› serrurier *m*; **~eˈrei** *f* ‹~; ~en› serrurerie *f*
ˈ**Schlossherr(in)** *m(f)* châtelain(e) *m(f)*
Schlot [ʃloːt] *m* ‹~¢s; ~e› cheminée *f*; F

S

rauchen wie ein ~ fumer comme un pompier
schlottern [ˈʃlɔtərn] *v/i Knie* flageoler; *vor Angst, Kälte* trembler (***vor*** [+ *dat*] de); *Kleider* flotter
Schlucht [ʃluxt] *f* ⟨~; ~en⟩ gorge(s) *f(pl)*; ravin *m*
schluchzen [ˈʃluxtsən] *v/i* ⟨¢$⟩ sangloter
Schluck [ʃluk] *m* ⟨~¢s; ~e⟩ gorgée *f*; ***ein ~ Wasser*** une gorgée d'eau; ***ein ~ Kaffee*** une goutte de café
ˈ**Schluckauf** *m* ⟨~s⟩ ʻhoquet *m*
Schlückchen [ˈʃlʏkçən] *n* ⟨~s; ~⟩ goutte *f*
ˈ**schlucken** **I** *v/t* **1** avaler; déglutir; **2** F (*verbrauchen*) engloutir; *Öl, Benzin* F bouffer; **3** F (*glauben*) avaler; F gober; **4** (*einstecken*) avaler; **5** F *Schall, Licht, Firma* absorber; **II** *v/i* avaler; déglutir
ˈ**Schlucker** *m* ⟨~s; ~⟩ F ***armer ~*** pauvre diable *m*
ˈ**Schluckimpfung** *f* vaccination *f* par voie orale
ˈ**schlud(e)rig** F **I** *adj Arbeit* bâclé; bousillé; *Kleidung* débraillé; **II** *adv* ***~ arbeiten*** bâcler son travail
schludern [ˈʃluːdərn] F *v/i* bâcler (***bei etw*** qc)
schlug [ʃluːk] → ***schlagen***
Schlummer [ˈʃlumər] *st/s m* ⟨~s⟩ (petit) somme
ˈ**schlummern** *st/s v/i* sommeiller (*a fig*)
Schlund [ʃlunt] *m* ⟨~¢s; ~̈e⟩ **1** ANAT gosier *m*; **2** ZO gueule *f*; **3** *st/s fig* gouffre *m*
schlüpfen [ˈʃlʏpfən] *v/i* ⟨sn⟩ se glisser, se couler (***in*** [+ *acc*] dans); ***aus dem Ei ~*** sortir de l'œuf; éclore; ***in den, aus dem Mantel ~*** enfiler, enlever son manteau
ˈ**Schlüpfer** *m* ⟨~s; ~⟩ culotte *f*
Schlupfloch [ˈʃlupflɔx] *n* **1** *von Tieren* trou *m*; *von Räubern* repaire *m*; **2** *fig* lacune *f*
schlüpfrig [ˈʃlʏpfrɪç] *adj* **1** (*glatt*) glissant; **2** *fig péj* scabreux; grivois
ˈ**Schlupfwinkel** *m* repaire *m*
schlurfen [ˈʃlurfən] *v/i* ⟨sn⟩ traîner les pieds
schlürfen [ˈʃlʏrfən] *v/t geräuschvoll* boire bruyamment; *genussvoll* boire à petits coups; F siroter
Schluss [ʃlus] *m* ⟨~es; ~̈e⟩ **1** (*Ende*) fin *f*; *e-r Debatte* clôture *f*; ***zum ~*** à la fin; pour terminer; ***~ damit!*** (en voilà) assez!; ça suffit!; (***mit etw***) ***~ machen*** (en) finir (avec qc); F ***mit j-m ~ machen*** rompre avec qn; **2** (*Folgerung*) conclusion *f*; ***Schlüsse aus etw ziehen*** tirer des conclusions de qc; ***daraus ziehe ich den ~, dass …*** j'en conclus que …
ˈ**Schlussakkord** *m* accord final
Schlüssel [ˈʃlʏsəl] *m* ⟨~s; ~⟩ **1** (*Tür*2) clé *od* clef *f* (*a fig*, MUS, TECH) (***zu*** de); **2** (*Verteiler*2) barème *m*
ˈ**Schlüssel|anhänger** *m* porte-clés *m*; **~bein** *n* clavicule *f*; **~blume** *f* primevère *f*; coucou *m*; **~bund** *m od n* ⟨~¢s; ~e⟩ trousseau *m* de clés; **~dienst** *m* clé-minute *m*; **2fertig** *adj Gebäude* clés en main; **~figur** *f* personnage *m* clé; **~loch** *n* trou *m* de la serrure; **~stellung** *f* position *f*, poste *m* clé
ˈ**schlussfolger|n** *v/t* déduire, conclure (***aus*** de); **2ung** *f* conclusion *f*, déduction *f* (***aus*** de)
schlüssig [ˈʃlʏsɪç] *adj* **1** *Argument* concluant; *Beweis* probant; **2** ***sich*** (*dat*) ***~ sein*** être décidé; ***sich*** (*dat*) ***~ werden*** se résoudre (***etw zu tun*** à faire qc)
ˈ**Schluss|leuchte** *f* feu *m* arrière; **~licht** *n* **1** AUTO feu *m* arrière; **2** F *fig* lanterne *f* rouge; **~pfiff** *m* coup *m* de sifflet final; **~punkt** *m* point final (*a fig*)
ˈ**Schlussstrich** *m fig* ***e-n ~ unter etw*** (*acc*) ***ziehen*** mettre un point final à qc
ˈ**Schlussverkauf** *m* soldes *m/pl*
Schmach [ʃmaːx] *st/s f* ⟨~⟩ ʻhonte *f*; *st/s* ignominie *f*; *st/s* opprobre *m*
schmachten [ˈʃmaxtən] *st/s v/i* ⟨-e-⟩ languir (***nach etw*** après qc)
ˈ**schmachtend** *adjt Blicke* langoureux
schmächtig [ˈʃmɛçtɪç] *adj* chétif; fluet
ˈ**schmachvoll** *adj* ʻhonteux; *st/s* ignominieux
schmackhaft [ˈʃmakhaft] *adj* savoureux; F *fig* ***j-m etw ~ machen*** essayer de persuader qn de faire qc
schmäh|en [ˈʃmɛːən] *st/s v/t* diffamer; **~lich** *st/s adj st/s* ignominieux; **2ung** *f* ⟨~; ~en⟩ diffamation *f*
schmal [ʃmaːl] *adj* ⟨~er *ou* ~̈er, ~ste *ou* ~̈ste⟩ **1** (*eng*) étroit; **2** (*dünn*) *Glieder, Gestalt* fluet; frêle; *Hände* effilé; *Hüften, Lippen* mince; *Gesicht* fin
schmälern [ˈʃmɛːlərn] *v/t* diminuer;

S

réduire; *Ansehen* rabaisser

'Schmalfilm *m* film *m* super-huit; **~kamera** *f* caméra *f* super-huit

Schmalz[1] [ʃmalts] *n* ⟨~es; ~e⟩ CUIS graisse fondue; (*Schweine*2) saindoux *m*

Schmalz[2] F *péj m* ⟨~es⟩ sentimentalité *f*

'Schmalzbrot *n* tartine *f* au saindoux

'schmalzig F *péj adj* (très) sentimental; à l'eau de rose

schmarotzen [ʃma'rɔtsən] *v/i* ⟨*ȼ*$, *sans ge*⟩ BOT, ZO, *Person* vivre en parasite; *Person a* laisser toujours payer les autres

Schma'rotzer *m* ⟨~s; ~⟩ BOT, ZO parasite *m* (*a fig péj*); *fig péj a* pique-assiette *m*

Schmarren ['ʃmarən] *m* ⟨~s; ~⟩ **1** CUIS omelette sucrée; **2** F (*Unsinn*) F ânerie *f*; connerie *f*

schmatzen ['ʃmatsən] *v/i* ⟨*ȼ*$⟩ faire du bruit en mangeant

Schmaus [ʃmaus] *m* ⟨~es; ~̈e⟩ régal *m*; festin *m*

'schmausen *v/i* ⟨*ȼ*$⟩ se régaler; F se taper la cloche

schmecken ['ʃmɛkən] **I** *v/t* (*wahrnehmen*) sentir le goût de; (*probieren*) goûter; **II** *v/i* (***gut***) ~ avoir bon goût; être bon; ***nach etw*** ~ avoir un goût de qc; ***mir schmeckt es*** je trouve que c'est bon; ***lasst es euch ~!*** bon appétit!

Schmeichelei [ʃmaɪçə'laɪ] *f* ⟨~; ~en⟩ flatterie *f*

'schmeichelhaft *adj* flatteur

'schmeicheln *v/i* ⟨*ȼ*⟩ ***j-m*** ~ flatter qn

'Schmeichler(in) *m* ⟨~s; ~⟩ (*f*) ⟨~; ~nen⟩ flatteur, -euse *m,f*

'schmeichlerisch *adj* flatteur

schmeißen ['ʃmaɪsən] F ⟨*ȼ*$, schmiss, geschmissen⟩ **I** *v/t* **1** (*werfen*) jeter; lancer; F flanquer; **2** (*abbrechen*) F laisser en plan; F lâcher; **3** ***e-e Runde*** ~ payer une tournée; **II** *v/i* ***mit Geld um sich*** ~ F faire valser l'argent

'Schmeißfliege *f* mouche bleue

Schmelze ['ʃmɛltsə] *f* ⟨~; ~n⟩ fonte *f*

'schmelzen ⟨*ȼ*$, schmilzt, schmolz, geschmolzen⟩ **I** *v/t* (faire) fondre; **II** *v/i* ⟨sn⟩ **1** *Eis etc* fondre; **2** *fig Vermögen etc* se dissiper

'Schmelz|käse *m* fromage fondu; **~ofen** *m* four(neau) *m* de fusion; **~punkt** *m* point *m* de fusion; **~tiegel** *m* creuset *m* (*a fig*)

Schmerbauch ['ʃmeːr-] F *m* F panse *f*; F bedaine *f*

Schmerz [ʃmɛrts] *m* ⟨~es; ~en⟩ **1** douleur *f*; ***~en im Kreuz haben*** avoir des douleurs dans les reins; avoir mal aux reins; **2** (*Kummer*) chagrin *m*; peine *f*

'schmerzempfindlich *adj* sensible à la douleur

'schmerzen *v/i u v/t* ⟨*ȼ*$⟩ **1** *körperlich* faire mal (à); ***mir schmerzt der Kopf*** j'ai mal à la tête; **2** (*bekümmern*) faire de la peine (à); chagriner

'Schmerzens|geld *n* pretium doloris *m*; **~schrei** *m* cri *m* de douleur

'schmerzfrei *adj* sans douleur; *Person* ~ ***sein*** ne plus avoir de douleurs

'Schmerzgrenze *f fig* ***die ~ ist erreicht*** c'est la limite absolue

'schmerzhaft *adj* douloureux

'schmerzlich *adj Ereignis, Verzicht* douloureux; affligeant; *Pflicht, Aufgabe* pénible; *Verlust* sensible

'schmerz|lindernd *adjt* calmant; **~los** *adj Operation* indolore; *Geburt* sans douleurs; **2mittel** *n* analgésique *m*; **~stillend** *adjt* analgésique; **2tablette** *f* analgésique *m*; **~verzerrt** *adjt* contracté par la douleur

'Schmetterball *m* smash *m*

Schmetterling ['ʃmɛtərlɪŋ] *m* ⟨~s; ~e⟩ papillon *m*; **~sstil** *m* brasse *f* papillon

schmettern ['ʃmɛtərn] **I** *v/t* **1** (*schleudern*) jeter, lancer avec violence; **2** *Lied* chanter à pleine voix; **II** *v/i* **3** ⟨sn⟩ ***gegen etw*** ~ 'heurter violemment qc; **4** TENNIS *etc* smasher; **5** MUS retentir

Schmied [ʃmiːt] *m* ⟨~*ȼ*s; ~e⟩ forgeron *m*

'Schmiede *f* ⟨~; ~n⟩ forge *f*; **2eisern** *adj* en fer forgé

'schmieden *v/t* ⟨-e-⟩ **1** forger; **2** *fig* ***Pläne*** ~ faire des projets

schmiegen ['ʃmiːgən] *v/r* ***sich an j-n*** ~ se blottir contre qn; *Kleid* ***sich an j-s Körper*** (*acc*) ~ être moulant

'schmiegsam *adj* flexible; souple

Schmiere ['ʃmiːrə] *f* ⟨~; ~n⟩ **1** (*Fett*) graisse *f*; (*fettiger Schmutz*) crasse poisseuse; **2** F *péj* THÉ troupe *f* médiocre, de cabotins; **3** F (***bei etw***) ~ ***stehen*** faire le guet, F le pet (pendant qc)

'schmieren *v/t* **1** (*verstreichen*) étaler (***auf etw*** [*acc*] sur qc); ***Butter aufs Brot***

S

~ beurrer du pain; **2** TECH lubrifier; *mit Fett* graisser; F ***das läuft od geht wie geschmiert*** F ça va, marche comme sur des roulettes; F ça baigne; **3** F *fig (bestechen)* F graisser la patte à; F arroser; **4** F *(unsauber schreiben)* gribouiller; **5** F ***j-m e-e ~*** F flanquer une gifle à qn

Schmiere'rei F *f* ⟨~; ~en⟩ gribouillage *m*

'Schmier|fett *n* graisse *f*; **~fink** F *m* **1** *(Schmutzfink)* F cochon *m*; **2** *beim Schreiben* gribouilleur *m*; **~geld** F *péj n* pot-de-vin *m*; dessous-de-table *m*

'schmierig *adj* **1** *(fettig)* graisseux; **2** *(klebrig)* poisseux; **3** *fig péj Person* visqueux

'Schmier|mittel *n* lubrifiant *m*; **~papier** *n* papier *m* (pour) brouillon; **~seife** *f* savon noir

schmilzt [ʃmɪltst] → ***schmelzen***

Schminke ['ʃmɪŋkə] *f* ⟨~; ~n⟩ fard *m*

'schminken *v/t (u v/r* ***sich*** *~* se) maquiller; (se) farder

schmirgeln ['ʃmɪrgəln] *v/t* ⟨¢⟩ poncer

'Schmirgelpapier *n* papier *m* émeri

schmiss [ʃmɪs] → ***schmeißen***

'schmissig F *adj* entraînant; enlevé

Schmöker ['ʃmøːkər] F *m* ⟨~s; ~⟩ (gros) bouquin; F pavé *m*

'schmökern F *v/i* bouquiner

schmollen ['ʃmɔlən] *v/i* bouder

'Schmollmund *m* moue boudeuse; ***e-n ~ machen*** faire la moue

schmolz [ʃmɔlts] → ***schmelzen***

Schmorbraten ['ʃmoːr-] *m* daube *f*; *(Rinder*≗*)* bœuf *m* en daube

'schmoren *v/t u v/i* **1** CUIS cuire à l'étouffée; **2** F *fig* ***in der Sonne ~*** rôtir au soleil

Schmu [ʃmuː] F *m* ⟨~s⟩ ***~ machen*** F truander; *beim Spiel* tricher

schmuck [ʃmʊk] *adj (hübsch)* joli; pimpant; *(sauber)* propret

Schmuck *m* ⟨~¢s⟩ **1** *(~stücke)* bijoux *m/pl*; joyaux *m/pl*; **2** *(Zierde)* ornement *m*

schmücken ['ʃmʏkən] *v/t* **1** *(u v/r* ***sich****)* ***~ (mit)*** (s')orner (de); (se) parer (de); **2** *(verzieren)* garnir; décorer (***mit*** de)

'Schmuck|geschäft *n* bijouterie *f*; **~kästchen** *n* écrin *m*; **≗los** *adj* sans ornements; *(schlicht)* sobre; **~stück** *n* bijou *m (a fig)*; joyau *m*

schmudd(e)lig ['ʃmʊd(ə)lɪç] F *péj adj* négligé; sale

Schmuggel ['ʃmʊgəl] *m* ⟨~s⟩ contrebande *f*

'schmuggeln ⟨¢⟩ **I** *v/t* ***etw ~*** faire la contrebande de qc; **II** *v/i* faire de la contrebande

'Schmuggler(in) *m* ⟨~s; ~⟩ *(f)* ⟨~; ~nen⟩ contrebandier, -ière *m,f*

schmunzeln ['ʃmʊntsəln] *v/i* ⟨¢⟩ sourire (***über*** [+ *acc*] de)

Schmus [ʃmuːs] F *m* ⟨~es⟩ baratin *m*

'schmusen F *v/i* ⟨¢\$⟩ faire (un) câlin; ***mit j-m ~*** faire (un) câlin, F des mamours à qn; câliner qn

Schmutz [ʃmʊts] *m* ⟨~es⟩ saleté *f (a fig)*; *(Straßen*≗*)* boue *f*; *auf der Haut, auf Gegenständen* crasse *f*; *fig* ***j-n, etw in den ~ ziehen*** traîner qn dans la boue; dénigrer qc

'schmutzen *v/i* ⟨¢\$⟩ se salir; être salissant

'Schmutz|fink F *m (Dreckfink, obszöner Mensch)* F cochon *m*; **~fleck** *m* salissure *f*

'schmutzig *adj* **1** *(unsauber)* sale; malpropre; *(voller Schmutz)* crasseux; boueux; *p/fort* crotté; ***~ werden*** se salir; **2** *fig Worte, Witze* ordurier; *(unflätig)* obscène; **3** *fig Geschäft* malhonnête

'Schmutzschicht *f* couche *f* de crasse

Schnabel ['ʃnaːbəl] *m* ⟨~s; ~̈⟩ bec *m (a fig e-r Kanne*, F *fig Mund)*

Schnake ['ʃnaːkə] *f* ⟨~; ~n⟩ moustique *m*; cousin *m*

Schnalle ['ʃnalə] *f* ⟨~; ~n⟩ boucle *f*

'schnallen *v/t* **1** boucler; ***etw enger, weiter ~*** serrer, relâcher qc; **2** F *fig (begreifen)* F piger

schnalzen ['ʃnaltsən] *v/i* ⟨¢\$⟩ ***mit der Zunge ~*** faire claquer sa langue

Schnäppchen ['ʃnɛpçən] *n* ⟨~s; ~⟩ (belle) occasion

schnappen ['ʃnapən] **I** *v/t* **1** *Tier* ***etw ~*** 'happer, attraper qc; **2** F *Diebe* F pincer; F épingler; **II** *v/i* **3** ⟨sn⟩ ***die Tür schnappt ins Schloss*** la porte se ferme (en faisant entendre un déclic); **4** *Tier* ***nach etw ~*** chercher à 'happer, à attraper qc; ***nach j-m ~*** chercher à mordre qn

'Schnapp|schloss *n* serrure *f* à ressort; **~schuss** *m* instantané *m*

Schnaps [ʃnaps] *m* ⟨~es; ~̈e⟩ eau-de-

-vie *f*; schnaps *m*; **~brenne'rei** *f* distillerie *f*; '**~idee** F *f* idée saugrenue
schnarchen ['ʃnarçən] *v/i* ronfler
schnarren ['ʃnarən] *v/i* faire un bruit de crécelle
schnattern ['ʃnatərn] *v/i* **1** *Gans* criailler; *Ente* nasiller; **2** F *fig* (*schwatzen*) bavarder; jacasser
schnauben ['ʃnaubən] *v/i* respirer, souffler bruyamment; *Pferd* s'ébrouer
schnaufen ['ʃnaufən] *v/i* souffler bruyamment
Schnauzbart ['ʃnauts-] *m* moustache *f*
Schnauze ['ʃnautsə] *f* ⟨~; ~n⟩ **1** *von Tieren* museau *m*; gueule *f*; **2** F *e-s Autos* avant *m*; *e-s Flugzeugs* nez *m*; **3** P (*Mund*) F gueule *f*; (***halt die***) **~!** F (ferme) ta gueule!; ***die* ~ (*von etw*) *voll haben*** F en avoir marre, plein le dos (de qc)
schnäuzen ['ʃnɔʏtsən] *v/r* ⟨-t⟩ ***sich* ~**, ***sich*** (*dat*) ***die Nase* ~** se moucher
'**Schnauzer** *m* ⟨~s; ~⟩ **1** *Hund* schnauzer *m*; **2** F (*Schnurrbart*) moustache *f*
Schnecke ['ʃnɛkə] *f* ⟨~; ~n⟩ **1** *mit Haus* escargot *m* (*a* CUIS); (*Nackt*2) limace *f*; F ***j-n zur* ~ *machen*** F secouer les puces à qn; **2** *Gebäck* petit pain aux raisins
'**Schnecken|haus** *n* coquille *f* d'escargot; **~tempo** *n* F ***im* ~** comme un escargot; d'un pas de tortue
Schnee [ʃneː] *m* ⟨~s⟩ **1** neige *f*; F *fig* **~ *von gestern*** de l'histoire ancienne; **2** CUIS (*Ei*2) blancs d'œufs battus en neige; ***zu* ~ *schlagen*** battre en neige; **3** *Jargon* (*Kokain*) *arg* neige *f*
'**Schnee|ball** *m* boule *f* de neige; **2bedeckt** *adjt* couvert de neige; enneigé; **~besen** *m* CUIS fouet *m*; **2blind** *adj* atteint, frappé d'ophtalmie des neiges; **~brille** *f* lunettes *f/pl* de ski; **~fall** *m* chute *f* de neige; **~flocke** *f* flocon *m* de neige; **~gestöber** *n* rafale *f*, tourmente *f* de neige; **~glätte** *f* neige verglacée; **~glöckchen** *n* perce-neige *m*; **~grenze** *f* **1** GÉOGR limite *f* des neiges éternelles; **2** MÉTÉO limite *f* des chutes de neige; **~ketten** *f/pl* chaînes *f/pl*; **~mann** *m* ⟨-(e)s; ¨er⟩ bonhomme *m* de neige; **~matsch** *m* neige fondante; **~pflug** *m* chasse-neige *m*; **~regen** *m* neige fondue; **~schmelze** *f* fonte *f* des neiges; **2sicher** *adj Gebiet* skiable; **~sturm** *m* tempête *f* de neige; **~treiben** *n* rafales *f/pl* de neige; **~verhältnisse** *n/pl* (conditions *f/pl* d')enneigement *m*; **~verwehung** *f* congère *f*; **~wehe** *f* congère *f*; '**2'weiß** *adj* blanc comme (la) neige
Schneewittchen [ʃneː'vɪtçən] *n* ⟨~s⟩ Blanche-Neige *f*
Schneid [ʃnaɪt] F *m* ⟨-(e)s⟩ F cran *m*
'**Schneidbrenner** *m* TECH chalumeau *m*
Schneide ['ʃnaɪdə] *f* ⟨~; ~n⟩ tranchant *m*; fil *m*
'**schneiden** ⟨schneidet, schnitt, geschnitten⟩ **I** *v/t u v/i* **1** couper; (*ab*~) trancher; *Bäume, Hecken* tailler; ***in Scheiben* ~** couper en tranches; *Kleid* ***eng, weit geschnitten*** serré; ample; **2** *Film* découper; **3** *Kurve* couper; *ein anderes Fahrzeug* faire une queue de poisson à; **4** F *fig* ***j-n* ~** ignorer qn; éviter qn; **II** *v/r* ***sich* ~ 5** (*sich verletzen*) se couper; **6** *Linien* se couper; **7** F *fig* ***sich*** (***gewaltig***) **~** se mettre le doigt dans l'œil
'**schneidend** *adjt Kälte* mordant; *Stimme* tranchant; *Wind* cinglant
'**Schneider** *m* ⟨~s; ~⟩ tailleur *m*; F *fig* ***wir sind aus dem* ~** le plus dur est passé
Schneide'rei *f* ⟨~; ~en⟩ atelier *m* de couture
'**Schneiderin** *f* ⟨~; ~nen⟩ couturière *f*
'**schneidern** **I** *v/t* confectionner; coudre; **II** *v/i* faire de la couture
'**Schneidezahn** *m* (dent *f*) incisive *f*
'**schneidig** *adj* F plein de cran; fringant
schneien ['ʃnaɪən] *v/imp* neiger; ***es schneit*** il neige
Schneise ['ʃnaɪzə] *f* ⟨~; ~n⟩ percée *f*
schnell [ʃnɛl] **I** *adj* rapide; *Erwiderung, Bewegung* prompt; **II** *adv* rapidement; vite; promptement; **~ *fahren*** rouler vite; F **~ *machen*** se dépêcher; ***nicht so* ~!** pas si vite!; doucement!
'**Schnellbahn** *f* R.E.R. *m*
'**Schnelle** *f* ⟨~⟩ **1** → ***Schnelligkeit***; **2** F ***auf die* ~** à la va-vite
'**schnellen** *v/i* ⟨sn⟩ ***aus dem Wasser* ~** *Fisch* faire un bond hors de l'eau; ***in die Höhe* ~** *Person* bondir; faire un bond (*a fig Preise*)
'**Schnell|feuergewehr** *n* fusil *m* à tir rapide; **~hefter** *m* chemise *f* (avec relieur)

S

'Schnelligkeit *f* ⟨~⟩ vitesse *f*; rapidité *f*
'Schnell|imbiss *m* fast-food *m*; snack (-bar) *m*; **~kochtopf** *m* autocuiseur *m*
'schnelllebig *adj Zeit* trépidant
'Schnellreinigung *f* nettoyage *m* express
'schnellstens *adv* au plus vite
'Schnell|straße *f* voie *f* express; **~zug** *m* (train *m*) rapide *m*
Schnepfe ['ʃnɛpfə] *f* ⟨~; ~n⟩ bécasse *f*
schneuzen ['ʃnɔʏtsən] → ***schnäuzen***
Schnickschnack ['ʃnɪkʃnak] F *m* ⟨~¢s⟩ **1** *wertloser* babioles *f/pl*; **2** (*Geschwätz*) F blabla(bla) *m*
schniefen ['ʃniːfən] *v/i* renifler
Schnippchen ['ʃnɪpçən] *n* ⟨~s; ~⟩ F ***j-m ein ~ schlagen*** faire la nique à qn
schnippeln ['ʃnɪpəln] F ⟨¢⟩ *v/t* (dé)couper en petits morceaux
'schnippen I *v/t* envoyer d'une chiquenaude; **II** *v/i* ***mit den Fingern ~*** faire claquer ses doigts
'schnippisch *adj* impertinent
Schnipsel ['ʃnɪpsəl] *m od n* ⟨~s; ~⟩ petit morceau
schnitt [ʃnɪt] → ***schneiden***
Schnitt *m* ⟨~¢s; ~e⟩ **1** (*Haar*2) coupe *f*; taille *f* (*a für Bäume*); F *fig* ***e-n** od **s-n ~ bei etw machen*** faire de gros bénéfices, F bénefs sur qc; **2** (*~wunde*) coupure *f*; *tiefer* entaille *f*; **3** (*Ein*2) incision *f*; **4** COUT (*Machart*) coupe *f*; (*~muster*) patron *m*; **5** FILM découpage *m*; montage *m*; **6** F (*Durch*2) moyenne *f*
'Schnitt|blume *f* fleur coupée; **~bohne** *f* 'haricot vert (coupé)
Schnitte ['ʃnɪtə] *f* ⟨~; ~n⟩ **1** (*Scheibe*) tranche *f*; **2** (*bestrichene Brot*2) tartine *f*
'Schnittfläche *f* coupe *f*
'schnittig *adj* élégant; *Auto* racé
'Schnitt|käse *m* fromage *m* en tranches; **~lauch** *m* ciboulette *f*; civette *f*; **~muster** *n* COUT patron *m*; **~punkt** *m* (point *m* d')intersection *f*; **~stelle** *f* interface *f*; **~wunde** *f* coupure *f*; *tiefe* entaille *f*
Schnitzel ['ʃnɪtsəl] *n* ⟨~s; ~⟩ **1** CUIS escalope *f*; **2** (*Schnipsel*) petit morceau; bout *m*; **~jagd** *f* jeu *m* de piste
schnitzen ['ʃnɪtsən] *v/t u v/i* ⟨¢t⟩ sculpter (***aus Holz*** sur bois)
'Schnitz|er *m* ⟨~s; ~⟩ **1** (*Holz*2) sculpteur *m* sur bois; **2** F (*Fehler*) bévue *f*; F gaffe *f*; **~e'rei** *f* ⟨~; ~en⟩ sculpture *f* sur bois
schnodd(e)rig ['ʃnɔd(ə)rɪç] F *adj* (*lässig*) désinvolte; (*respektlos*) insolent; impertinent
schnöde ['ʃnøːdə] *st/s* **I** *adj* (*verachtenswert*) sordide; *Eifersucht* bas; **II** *adv st/s* ignominieusement
Schnorchel ['ʃnɔrçəl] *m* ⟨~s; ~⟩ **1** *bei U-Booten* schnorchel *m*; **2** SPORT tuba *m*
'schnorcheln *v/i* ⟨¢⟩ faire de la plongée avec tuba
Schnörkel ['ʃnœrkəl] *m* ⟨~s; ~⟩ **1** *beim Schreiben* fioriture *f*; enjolivure *f*; **2** CONSTR ornement *m* (baroque)
schnorren ['ʃnɔrən] F *v/t u v/i* mendier; ***etw bei** od **von j-m ~*** F taper qn de qc
Schnösel ['ʃnøːzəl] F *m* ⟨~s; ~⟩ jeune arrogant, impertinent; bêcheur *m*
schnuck(e)lig ['ʃnʊk(ə)lɪç] F *adj* mignon; F craquant; joli (*a Sache*)
schnüffeln ['ʃnʏfəln] ⟨¢⟩ **I** *v/t Drogenjargon* sniffer; **II** *v/i* **1** renifler, *Tier a* flairer (***an etw*** [*dat*] qc); **2** F *fig* (*spionieren*) fureter; F fouiner
'Schnüffler F *m* ⟨~s; ~⟩ **1** fureteur *m*; fouineur *m*; **2** *von Drogen* sniffeur *m*
Schnuller ['ʃnʊlər] *m* ⟨~s; ~⟩ sucette *f*
Schnulze ['ʃnʊltsə] F *péj f* ⟨~; ~n⟩ chanson *f*, film *m* très sentimental(e)
schnupfen ['ʃnʊpfən] *v/t Tabak* priser
'Schnupfen *m* ⟨~s; ~⟩ rhume *m*; ***e-n ~ haben*** être enrhumé; ***e-n ~ bekommen*** s'enrhumer; attraper un rhume
schnuppe ['ʃnʊpə] *adj* F ***das ist mir (total) ~*** je m'en moque (complètement); F je m'en balance
schnuppern ['ʃnʊpərn] *v/t u v/i* ***etw ~** od **an etw*** (*dat*) ***~*** renifler qc
Schnur [ʃnuːr] *f* ⟨~; ~e⟩ (*Bindfaden*) ficelle *f*; (*Kordel*) cordon *m*; (*Kabel*) fil *m*
Schnürchen ['ʃnyːrçən] *n* ⟨~s; ~⟩ F ***wie am ~ gehen*** aller, marcher comme sur des roulettes
schnüren ['ʃnyːrən] *v/t* (*zusammenbinden*) lier, serrer avec un cordon; *mit Bindfaden* ficeler; *Schuhe* lacer
'schnurge'rade *adj u adv* tout droit
'schnurlos *adj* ***~es Telefon*** téléphone *m* sans fil
'Schnurrbart *m* moustache *f*

S

schnurren ['ʃnʊrən] *v/i* ronronner
'**Schnür|schuh** *m* chaussure *f*, soulier *m* à lacets; **~senkel** [-zɛŋkəl] *m* lacet *m*
'**schnur'stracks** F *adv* **1** (*geradeaus*) tout droit; **2** (*sofort*) sur-le-champ
schnurz [ʃnʊrts] → ***schnuppe***
Schnute ['ʃnu:tə] F *f* ⟨~; ~n⟩ **1** (*Mund*) F (petit) museau; **2** ***e-e ~ ziehen*** faire la moue
Schoah ['ʃo:a] *f* ⟨~⟩ HIST Shoah *f*
schob [ʃo:p] → ***schieben***
Schock [ʃɔk] *m* ⟨~(e)s; ~s⟩ choc *m*; ***e-n ~ erleiden*** recevoir un choc; ***unter ~ stehen*** être en état de choc
'**schocken** F *v/t* choquer
scho'ckieren *v/t* ⟨*sans ge*⟩ choquer
schofel ['ʃo:fəl] ⟨-fl-⟩, '**schof(e)lig** F *adj* mesquin; chiche
Schöffe ['ʃœfə] *m* ⟨~n; ~n⟩ juré *m*; **~ngericht** *n tribunal formé d'un magistrat et de deux jurés*
Schokolade [ʃoko'la:də] *f* ⟨~; ~n⟩ chocolat *m* (*a Trink*≈)
schoko'lade(n)|braun *adj* chocolat; **≈eis** *n* glace *f* au chocolat
Schoko'ladenseite F *f* bon(s) côté(s)
'**Schokoriegel** *m* barre *f* de chocolat
scholl [ʃɔl] → ***schallen***
Scholle[1] ['ʃɔlə] *f* ⟨~; ~n⟩ **1** (*Erd*≈) motte *f* (de terre); glèbe *f* (*a fig*); **2** (*Eis*≈) glaçon *m*
'**Scholle**[2] *f* ⟨~; ~n⟩ ZO plie *f*; carrelet *m*
schon [ʃo:n] **I** *adv* **1** (*bereits*) déjà; ***~ morgen*** dès demain; ***~ heute*** aujourd'hui même; ***~ wieder*** encore; **2** (*allein, nur*) (***allein***) ***~ der Gedanke daran*** rien que d'y penser; **3** (*sogar*) même; ***~ für drei Euro*** à partir de trois euros; **4** (*inzwischen*) ***~*** (***mal***) toujours; **II** *Partikel* **1** *verstärkend* ***du wirst ~ sehen!*** tu verras bien!; **2** (*ohnehin*) ***das ist ~ teuer genug*** c'est déjà assez cher comme ça; **3** *einräumend* ***das ist ~ wahr, aber …*** c'est bien vrai, mais …; ***~ gut!*** allons, allons!; **4** *beruhigend* ***er wird ~ kommen*** il va bien finir par arriver; F ***es wird ~ wieder*** (***werden***) ça s'arrangera; **5** F (*endlich*) ***nun komm ~!*** allez, viens!; mais viens!; **6** *abwertend* ***was weißt du ~*** (***davon***)***!*** mais qu'est-ce que tu en sais, toi?
schön [ʃø:n] **I** *adj* beau; *Leben, Zeiten a* agréable; bon; *Wetter* ***wieder ~ werden*** se remettre au beau; ***das ≈e daran ist, dass …*** ce qu'il y a de bien (F avec ça), c'est que …; ***in ~ster Ordnung*** en bon ordre; *iron* ***das wäre ja noch ~er!*** ce serait le comble, le pompon, le bouquet!; F (***alles***) ***gut und ~, aber …*** tout cela est bien beau, mais …; ***das ist ~ von Ihnen*** c'est bien de votre part; **II** *adv* bien; ***~ warm, weich*** tout chaud, moelleux; F ***er ist*** (***ganz***) ***~ dumm, dass er …*** il est vraiment bête de (+ *inf*); F ***er hat uns ganz ~ angelogen*** il nous a joliment menti; **III** F *Partikel verstärkend* ***sei ~ artig!*** sois bien sage!; ***bleib ~ sitzen!*** reste assis!
'**Schonbezug** *m* 'housse *f*
'**Schöne** *f* ⟨→ A⟩ belle *f*; beauté *f*
schonen ['ʃo:nən] **I** *v/t* ménager; (*ver~*) épargner; **II** *v/r* ***sich ~*** se ménager
'**schonend** **I** *adjt* plein d'égards; **II** *advt* avec ménagement; ***etw ~ behandeln*** ménager qc
'**Schoner** *m* ⟨~s; ~⟩ MAR goélette *f*
Schönfärbe'rei *f* présentation flatteuse
'**Schonfrist** *f* délai *m* de grâce
'**Schöngeist** *m* bel esprit
'**schöngeistig** *adj* esthétique; ***~e Literatur*** belles-lettres *f/pl*
'**Schönheit** *f* ⟨~; ~en⟩ beauté *f* (*a schöne Person, Sache*)
'**Schönheits|chirurgie** *f* chirurgie *f* esthétique; **~fehler** *m* petit défaut; imperfection *f*; *fig* inconvénient *m*; **~königin** *f* reine *f* de beauté; **~operation** *f* opération *f* de chirurgie esthétique; **~pflege** *f* soins *m/pl* esthétiques, de beauté; **~wettbewerb** *m* concours *m* de beauté
'**Schonkost** *f* régime *m*
'**schön·machen** F **I** *v/t* embellir; **II** *v/r* ***sich ~*** se faire beau *bzw* belle
'**schön·reden** *v/i* ⟨-e-⟩ *péj* ***j-m ~*** flatter, *st/s* flagorner qn
'**Schonung** *f* ⟨~; ~en⟩ **1** (*schonende Behandlung*) ménagement *m*; (*Rücksichtnahme*) égards *m/pl*; **2** *im Wald* plant *m* d'arbres
'**schonungslos** **I** *adj* (*rücksichtslos*) sans ménagement; (*erbarmungslos*) impitoyable; **II** *adv* sans ménagement; (*erbarmungslos*) sans pitié
'**Schonzeit** *f* (durée *f* de la) fermeture *f*; ***es ist ~*** la chasse est fermée
Schopf [ʃɔpf] *m* ⟨~(e)s; ≈e⟩ (*Haar*≈) cheveux *m/pl*; *wirrer* tignasse *f*; *der Vögel* 'huppe *f*; *fig* ***die Gelegenheit beim ~(e)***

packen saisir la balle au bond; sauter sur l'occasion

schöpfen ['ʃœpfən] *v/t* **1** puiser (***aus*** à, dans, *fig* dans); **2** *st/s* (***frische***) ***Luft ~*** prendre l'air; *fig* ***neue Hoffnung ~*** reprendre espoir

'Schöpfer *m* ⟨~s; ~⟩ (*Erschaffer*) créateur *m*; auteur *m*; (*Gott*) Créateur *m*; **~in** *f* ⟨~; ~nen⟩ créatrice *f*; auteur *m*; **≈isch** *adj* créateur; créatif

'Schöpf|kelle *f*, **~löffel** *m* louche *f*

'Schöpfung *f* ⟨~; ~en⟩ **1** BIBL Création *f*; **2** *st/s* (*Werk*) création *f*; œuvre *f*; **~sgeschichte** *f* Genèse *f*

Schoppen ['ʃɔpən] *m* ⟨~s; ~⟩ chopine *f*; ***ein ~ Wein*** un quart *bzw* un demi-litre de vin

schor [ʃoːr] → ***scheren***[1]

Schorf [ʃɔrf] *m* ⟨~(e)s; ~e⟩ *e-r Wunde* croûte *f*

Schorle ['ʃɔrlə] *f* ⟨~; ~n⟩ *mélange soit de vin soit de jus de pommes et d'eau minérale gazeuse*

Schornstein ['ʃɔrnʃtaɪn] *m* cheminée *f*; **~feger** *m* ⟨~s; ~⟩ ramoneur *m*

schoss [ʃɔs] → ***schießen***

Schoß [ʃoːs] *m* ⟨~es; ¨~e⟩ **1** giron *m*; *Kind* ***auf den ~ nehmen*** prendre sur ses genoux; *fig* ***im ~e der Familie*** au sein de la famille; *fig* ***j-m in den ~ fallen*** tomber du ciel à qn; **2** *st/s* (*Mutterleib*) sein *m*

'Schoß|hund *m*, **~hündchen** *n* bichon, -onne *m,f*

Schössling ['ʃœslɪŋ] *m* ⟨~s; ~e⟩ BOT pousse *f*

Schote ['ʃoːtə] *f* ⟨~; ~n⟩ cosse *f*; gousse *f*

Schott [ʃɔt] *n* ⟨~(e)s; ~en⟩ MAR cloison *f* étanche

Schotte ['ʃɔtə] *m* ⟨~n; ~n⟩ Écossais *m*

Schotter ['ʃɔtər] *m* ⟨~s; ~⟩ **1** (*Geröll*) pierraille *f*; **2** STRASSENBAU empierrement *m*; EISENBAHN ballast *m*

'Schott|in *f* ⟨~; ~nen⟩ Écossaise *f*; **≈isch** *adj* écossais; d'Écosse; **~land** *n* ⟨~s⟩ l'Écosse *f*

schraffier|en [ʃra'fiːrən] *v/t* ⟨*sans ge*⟩ 'hachurer; **≈ung** *f* ⟨~; ~en⟩ 'hachures *f/pl*

schräg [ʃrɛːk] **I** *adj* **1** *Linie, Wand* oblique; (*geneigt*) penché; incliné; **2** F *fig Musik, Vorstellungen* insolite; *p/fort* excentrique; F ***ein ~er Vogel*** F un drôle d'oiseau; **II** *adv* de *od* en biais; ***~ über die Straße gehen*** *a* traverser la rue en diagonale; ***den Kopf ~ halten*** avoir la tête penchée *od* inclinée (de côté); ***~ gegenüber*** (***von***) presque en face (de)

'Schräge *f* ⟨~; ~n⟩ *Fläche* plan incliné; *e-r Wand* inclinaison *f*

'Schrägstrich *m* barre *f* oblique

schrak [ʃraːk] → ***schrecken*** *II*

Schramme ['ʃramə] *f* ⟨~; ~n⟩ éraflure *f*; égratignure *f*; *auf Möbeln* rayure *f*

'schrammen **I** *v/t* érafler; égratigner; **II** *v/r* ***sich*** (*dat*) ***die Hand ~*** s'égratigner, s'érafler la main (***an etw*** [*dat*] avec qc)

Schrank [ʃraŋk] *m* ⟨~(e)s; ¨~e⟩ armoire *f*; (*Wand*≈) placard *m*; (*Geschirr*≈) buffet *m*

Schranke ['ʃraŋkə] *f* ⟨~; ~n⟩ **1** (*Eisenbahn*≈, *Zoll*≈) barrière *f* (*a fig*); **2** *fig* (*Grenze*) borne *f*; limite *f*; ***j-n in s-e ~n (ver)weisen*** remettre qn à sa place

'schranken|los *adj* (*unbeschränkt*) sans bornes, limites; (*zügellos*) effréné; **≈wärter** *m* garde-barrière *m*

'Schrankwand *f* éléments muraux

Schraubdeckel ['ʃraub-] *m* couvercle *m* à visser

'Schraube *f* ⟨~; ~n⟩ **1** TECH vis *f*; F *fig* ***bei ihm ist e-e ~ locker*** F il est fêlé; il a un grain; **2** (*Schiffs*≈) hélice *f*; **3** SPORT tire-bouchon *m*

'schrauben **I** *v/t* **1** (*an~, fest~*) visser (***an etw*** [*acc*] à, sur qc); **2** (*ab~*) dévisser (***von*** de); **3** *fig* ***in die Höhe ~*** (faire) monter; augmenter; **II** *v/r* ***sich in die Höhe ~*** *Flugzeug* prendre de la hauteur

'Schrauben|dreher *m* tournevis *m*; **~schlüssel** *m* clé *f* (à écrous); **~zieher** *m* ⟨~s; ~⟩ tournevis *m*

'Schraub|stock *m* étau *m*; **~verschluss** *m* fermeture *f* à vis; **~zwinge** *f* serre-joint(s) *m*

Schrebergarten ['ʃreːbərgartən] *m* jardin ouvrier

Schreck [ʃrɛk] *m* ⟨~(e)s; ~e⟩ peur *f*; frayeur *f*; ***e-n ~ bekommen*** s'effrayer; avoir peur; ***j-m e-n ~ einjagen*** faire peur à qn; effrayer qn; F ***ach du*** (***mein***) ***~!*** bonté divine!; grand Dieu!

'schrecken **I** *st/s v/t* effrayer; **II** *v/i* ⟨*régulier ou* schrickt, schrak, geschrocken, sn⟩ (*auf~*) sursauter (de peur)

'Schrecken *m* ⟨~s; ~⟩ **1** (*Schreck*) frayeur *f*; (*Entsetzen*) épouvante *f*; terreur *f*; (*Angst*) peur *f*; ***mit dem ~ da-***

vonkommen s'en tirer avec, en être quitte pour la peur; **2** *st/s* (*Schrecklichkeit*) horreur *f*; ***ein Bild des ~s*** une vision de cauchemar; **3** *fig* (*gefürchtete Person*) terreur *f*

'Schreckensherrschaft *f* régime *m*, règne *m* de la terreur

'Schreckgespenst *n* spectre *m*

'schreckhaft *adj* craintif; émotif

'schrecklich I *adj* **1** terrible; (*erschreckend*) effrayant; (*entsetzlich*) terrifiant; épouvantable; *Anblick, Unfall* affreux; ***wie ~!*** quelle horreur!; **2** F ***ein ~er Mensch*** un type désagréable, antipathique; **3** F *fig* (*sehr groß*) terrible; **II** *adv* F *fig* (*sehr*) terriblement; ***~ viel Geld*** énormément d'argent

'Schreck|schraube F *f* chipie *f*; 'harpie *f*; mégère *f*; **~schuss** *m* coup tiré en l'air (pour faire peur); **~schusspistole** *f* pistolet *m* d'alarme; **~sekunde** *f* temps *m* de réaction

Schrei [ʃraɪ] *m* ⟨~(e)s; ~e⟩ cri *m*; F *fig* ***der letzte ~*** le dernier cri

'Schreibblock *m* ⟨~(e)s; ~s *ou* ~̈e⟩ bloc-notes *m*

schreiben ['ʃraɪbən] *v/t u v/i* ⟨schrieb, geschrieben⟩ **1** écrire (***j-m*** *od* ***an j-n*** à qn, ***über etw*** [*acc*] sur qc); *Rechnung* dresser; établir; *Wort* ***mit ss ~*** écrire avec deux s; ***richtig, falsch ~*** orthographier correctement, mal; ***die Zeitung schreibt …*** on lit dans le journal …; **2** *st/s* ***man schrieb das Jahr 1918*** on était en 1918

'Schreiben *n* ⟨~s; ~⟩ (*Brief*) lettre *f*; (*Schriftstück*) écrit *m*

'Schreiber(in) *m* ⟨~s; ~⟩ (*f*) ⟨~; ~nen⟩ auteur *m*

'schreibfaul *adj* qui n'aime pas trop écrire

'Schreib|fehler *m* faute *f* d'orthographe; **2geschützt** *adjt* protégé contre l'écriture; **~heft** *n* cahier *m*; **~kraft** *f* dactylo(graphe) *f*; **~mappe** *f* nécessaire *m* à correspondance

'Schreibmaschine *f* machine *f* à écrire; ***mit der ~ schreiben*** écrire, taper à la machine

'Schreib|maschinenpapier *n* papier *m* (pour) machine (à écrire); **~schutz** *m* INFORM protection *f* contre l'écriture; **~tisch** *m* bureau *m*; **~tischtäter** *m* cerveau *m* (d'une bande, *etc*); organisateur *m* (d'un crime de guerre, *etc*)

'Schreibung *f* ⟨~; ~en⟩ graphie *f*; (*Recht2*) orthographe *f*

'Schreib|unterlage *f* sous-main *m*; **~waren** *f/pl* articles *m/pl* de papeterie; **~warengeschäft** *n* papeterie *f*; **~weise** *f* → ***Schreibung***; **~zeug** *n* crayons *m/pl*, stylos *m/pl*, *etc*

'schreien *v/t u v/i* ⟨schrie, geschrie(e)n⟩ crier (*a Tier*); pousser des cris; (*ausrufen*) s'écrier; *Esel* braire; *Eule* 'hululer; ***nach etw ~*** réclamer qc à grands cris; F ***das ist zum 2!*** F c'est crevant!

'schrei|end *adjt Farbe* criard; *Ungerechtigkeit* criant; **2hals** F *m* F braillard(e) *m(f)*

Schrein [ʃraɪn] *st/s m* ⟨~(e)s; ~e⟩ *für Reliquien* reliquaire *m*; châsse *f*

Schrein|er ['ʃraɪnər] *m* ⟨~s; ~⟩ menuisier *m*; **~e'rei** *f* ⟨~; ~en⟩ menuiserie *f*

schreiten ['ʃraɪtən] *st/s v/i* ⟨schreitet, schritt, geschritten⟩ **1** marcher; ***im Zimmer auf und ab ~*** arpenter la pièce; **2** *fig* ***zu etw ~*** passer, procéder à qc

schrickt [ʃrɪkt] → ***schrecken***

schrie [ʃriː] → ***schreien***

schrieb [ʃriːp] → ***schreiben***

Schrift [ʃrɪft] *f* ⟨~; ~en⟩ **1** (*Hand2*) écriture *f*; **2** (*Buchstabensystem*) alphabet *m*; ***in arabischer ~*** en caractères arabes; **3** TYPO caractères *m/pl*; lettres *f/pl*; **4** (*~stück*) écrit *m*; (*Werk*) ouvrage *m*; ***die Heilige ~*** l'Écriture (sainte)

'Schrift|art *f* caractère *m*; **~bild** *n individuelles* graphisme *m*; TYPO typographie *f*; **~deutsch** *n* allemand écrit; **~führer(in)** *m(f)* secrétaire *m,f*

'schriftlich I *adj* écrit; **II** *adv* par écrit

'Schrift|satz *m* **1** TYPO composition *f*; **2** JUR mémoire *m*; **~setzer** *m* typographe *m*; **~sprache** *f* langue écrite; **~steller(in)** *m* ⟨~s; ~⟩ (*f*) ⟨~; ~nen⟩ écrivain *m*; homme *m*, femme *f* de lettres; **~stelle'rei** *f* ⟨~⟩ métier *m*, profession *f* d'écrivain, d'homme de lettres; **2stellerisch I** *adj* littéraire; **II** *adv* comme écrivain; **~stück** *n* pièce *f*; document *m*; **~tum** *n* ⟨~s⟩ littérature *f*; **~verkehr** *m*, **~wechsel** *m* correspondance *f*; **~zeichen** *n* caractère *m*

schrill [ʃrɪl] *adj Stimme, Ton, Schrei* aigu; perçant; strident (*a Lachen*)

'schrillen *v/i* rendre un son aigu, strident, perçant

S

schritt [ʃrɪt] → ***schreiten***

Schritt *m* ⟨~ɇs; ~e⟩ **1** pas *m* (*a Tanz*2); *fig* ***den ersten ~ machen*** faire le premier pas; ***auf ~ und Tritt*** à chaque pas; ***~ für ~*** pas à pas; *Auto* (***im***) ***~ fahren*** rouler au pas; ***mit schnellen ~en*** d'un pas pressé; *fig* ***mit etw ~ halten*** suivre le rythme de qc; *fig* ***mit der Entwicklung ~ halten*** rester dans la course; **2** ⟨*pl a* ~⟩ *Entfernung* pas *m*; ***nur ein paar ~(e) von hier entfernt*** à deux pas d'ici; **3** *fig* (*Maßnahme*) démarche *f*; mesure *f*; **4** *e-r Hose* entrejambes *m*

'**Schrittmacher** *m* **1** → ***Herzschrittmacher***, **2** RADSPORT entraîneur *m*; **3** *fig* pionnier *m*

'**Schritttempo** *n* (***im***) ***~ fahren*** rouler au pas

'**schrittweise I** *adj* progressif; lent; **II** *adv* pas à pas; progressivement

schroff [ʃrɔf] *adj* **1** *Felsen* escarpé; abrupt; **2** *Wesen* brusque; rude; *Ton* cassant; sec; **3** (*unvermittelt*) brusque

schröpfen ['ʃrœpfən] F *v/t* saigner

Schrot [ʃroːt] *m od n* ⟨~ɇs; ~e⟩ **1** (*Blei*2) (grenaille *f* de) plomb *m*; **2** (*Getreide*2) blé, grain concassé; **3** *fig* ***ein Mann von echtem ~ und Korn*** un homme (de) bien

'**schroten** *v/t* ⟨-e-⟩ concasser

'**Schrot|flinte** *f* fusil *m* de chasse; **~kugel** *f* plomb *m* (de chasse)

Schrott [ʃrɔt] *m* ⟨~ɇs; ~e⟩ **1** ferraille *f*; *von Maschinen, Autos* casse *f*; ***e-n Wagen zu ~ fahren*** F casser une voiture; **2** F (*wertloses Zeug*) F camelote *f*

'**Schrott|händler** *m* ferrailleur *m*; **~haufen** *m* tas *m* de ferraille (*a fig Auto*); **~platz** *m* casse *f*; parc *m* à ferraille; **2reif** *adj* bon pour la ferraille, la casse; **~wert** *m* prix *m* de la casse

schrubben ['ʃrubən] *v/t* frotter (avec un balai-brosse); lessiver

'**Schrubber** *m* ⟨~s; ~⟩ balai-brosse *m*

Schrulle ['ʃrulə] *f* ⟨~; ~n⟩ lubie *f*; marotte *f*

'**schrullig** *adj* bizarre; maniaque

'**schrump(e)lig** ['ʃrump(ə)lɪç] F *adj* ridé; ratatiné

'**schrumpeln** F *v/i* ⟨ɇ, sn⟩ se rider; se ratatiner

schrumpfen ['ʃrumpfən] *v/i* ⟨sn⟩ **1** se rétrécir (*a* TECH); *Früchte* se rider; se ratatiner; **2** *fig* (*abnehmen*) diminuer; *Einnahmen* s'amenuiser; *Kapital* s'amoindrir

Schub [ʃuːp] *m* ⟨~ɇs; ~̈e⟩ **1** (*~kraft*) poussée *f*; **2** *fig Personen etc* groupe *m*; F fournée *f*; **3** (*Krankheits*2) poussée *f*

'**Schub|fach** *n* tiroir *m*; **~karre(n)** *f(m)* brouette *f*; **~kraft** *f* poussée *f*; **~lade** *f* tiroir *m*

Schubs [ʃups] F *m* ⟨~es; ~e⟩ poussée *f*

'**schubsen** F *v/t* ⟨ɇs⟩ pousser; bousculer

schüchtern ['ʃʏçtərn] *adj* timide; **2heit** *f* ⟨~⟩ timidité *f*

schuf [ʃuːf] → ***schaffen***

Schuft [ʃuft] *m* ⟨~ɇs; ~e⟩ canaille *f*; F fripouille *f*

'**schuft|en** F *v/i* ⟨-e-⟩ F trimer; F turbiner; **2e'rei** F *f* ⟨~; ~en⟩ travail fou, F dingue

Schuh [ʃuː] *m* ⟨~ɇs; ~e⟩ chaussure *f*; soulier *m*; ***hohe ~e*** chaussures montantes; ***sich*** (*dat*) ***die ~e anziehen*** (***ausziehen***) se (dé)chausser; mettre (enlever) ses chaussures; F *fig* ***j-m etw in die ~e schieben*** mettre qc sur le dos de qn; F *fig* ***sie weiß, wo ihn der ~ drückt*** elle sait où le bât blesse, chez lui

'**Schuh|bürste** *f* brosse *f* à chaussures; **~creme** *f* cirage *m*; **~geschäft** *n* magasin *m* de chaussures

'**Schuhgröße** *f* pointure *f*; ***~ 39 haben*** chausser, faire du 39; ***welche ~ haben Sie?*** quelle pointure faites-vous?

'**Schuh|löffel** *m* chausse-pied *m*; **~macher** *m* cordonnier *m*; **~mache'rei** *f* ⟨~; ~en⟩ cordonnerie *f*; **~putzer** *m* ⟨~s; ~⟩ cireur *m*; **~schrank** *m* placard *m*; **~sohle** *f* semelle *f*; **~werk** *n* chaussures *f/pl*

Schul|abgänger(in) ['ʃuːlʔapgɛŋər, -rɪn] *m* ⟨~s; ~⟩ (*f*) ⟨~; ~nen⟩ élève *m,f* ayant terminé sa scolarité; **~abschluss** *m* diplôme *m* de fin d'études; **~anfang** *m nach den Ferien* rentrée *f* (scolaire, des classes); *am Morgen* début *m* des (heures de) cours; **~anfänger(in)** *m(f)* enfant *m,f* nouvellement scolarisé(e); **~arbeiten** *f/pl* devoirs *m/pl*; **~ausflug** *m* excursion *f* scolaire

'**Schulbank** *f* ⟨~; -bänke⟩ banc *m* d'école; F ***die ~ drücken*** user ses fonds de culotte sur les bancs de l'école

'**Schul|beginn** *m* → **Schulanfang**; **~beispiel** *n* exemple *m* classique, typique (**für** de); **~besuch** *m* fréquentation *f* scolaire; scolarité *f*; **~bildung** *f* formation *f* scolaire; **~buch** *n* livre *m*, manuel *m* scolaire; livre *m* de classe; **~bus** *m* car *m* de ramassage scolaire

Schuld [ʃʊlt] *f* ⟨~; ~en⟩ **1** (*Geld*2) dette *f*; ***~en machen*** faire, contracter des dettes; ***bei j-m 1000 Euro ~en haben*** devoir 1000 euros à qn; *st/s* ***ich stehe*** *od* ***bin tief in Ihrer ~*** je vous suis infiniment obligé; **2** (*Verantwortlichkeit*) faute *f*; responsabilité *f*; (*Unrecht*) tort *m*; culpabilité *f* (*a* JUR); ***wer hat ~?, wessen ~ ist es?*** à qui la faute?; ***an etw*** (*dat*) ***~ haben*** *od* ***2 sein*** être responsable de qc; ***es ist meine ~, ich habe ~*** c'est (de) ma faute; ***ich bin 2 daran, dass ...*** c'est par ma faute que ...; ***j-m die ~ für etw geben*** rendre qn responsable de qc; ***die ~ auf j-n schieben, j-m die ~ zuschieben*** rejeter la faute sur qn

'**Schuld|bekenntnis** *n* aveu *m*; **2bewusst** *adj* qui se sent coupable; *Miene* contrit

'**schulden** *v/t* ⟨-e-⟩ ***j-m etw ~*** devoir qc à qn (*a fig*)

'**Schulden|berg** F *m* montagne *f* de dettes; **2frei** *adj* sans dettes; *Haus* non hypothéqué; **~last** *f* (poids *m* des) dettes *f/pl*

'**Schuld|gefühl** *n* sentiment *m* de culpabilité; **2haft** *adj* coupable; fautif

'**Schuldienst** *m* enseignement *m*

'**schuldig** *adj* **1** coupable; fautif; (*verantwortlich*) responsable; ***für ~ erklären, ~ sprechen*** déclarer coupable; ***sich e-s Verbrechens ~ machen*** se rendre coupable d'un crime; ***j-m etw ~ sein*** devoir qc à qn (*a fig*); ***j-m etw ~ bleiben*** avoir encore une dette auprès de qn; être encore redevable à qn de qc; **2** *st/s* (*gebührend*) dû

'**Schuldige(r)** *f(m)* ⟨→ A⟩ coupable *m,f*

'**Schuldigkeit** *f* ⟨~; ~en⟩ devoir *m*; ***nur s-e*** (***Pflicht und***) ***~ tun*** ne faire que son devoir

'**schuldlos** *adj* ***an etw*** (*dat*) ***~ sein*** ne pas être coupable de qc

'**Schuldner(in)** *m* ⟨~s; ~⟩ (*f*) ⟨~; ~nen⟩ débiteur, -trice *m,f*

'**Schuld|schein** *m* titre *m* de créance; *privatrechtlicher* reconnaissance *f* de dette; **~spruch** *m* verdict *m* de culpabilité; **~verschreibung** *f* FIN obligation *f*; **~zuweisung** *f* accusation *f*

Schule ['ʃuːlə] *f* ⟨~; ~n⟩ **1** école *f*; (*Unterricht*) cours *m/pl*; classe *f*; ***höhere ~*** collège *m*; lycée *m*; ***in die*** *od* ***zur ~ gehen*** aller à l'école, en cours *bzw* en classe; ***in die ~ kommen*** (*eingeschult werden*) être scolarisé; **2** *fig* école *f*; ***aus der ~ plaudern*** bavarder; ***~ machen*** faire école

'**schulen** *v/t* *Person* former; *Fähigkeit, Auge, Ohr* exercer

Schüler ['ʃyːlər] *m* ⟨~s; ~⟩ **1** élève *m*; **2** *fig* élève *m*; (*Anhänger*) disciple *m*; **~austausch** *m* échange *m* scolaire; **~ausweis** *m* carte *f* d'identité scolaire

'**Schülerin** *f* ⟨~; ~nen⟩ **1** élève *f*; **2** *fig* élève *f*; (*Anhängerin*) disciple *f*

'**Schülerlotse** *m* élève chargé de faire traverser les autres élèves devant une école

'**Schul|fach** *n* discipline *f*; matière *f*; **~ferien** *pl* vacances *f/pl* scolaires; **~französisch** *n* français *m* scolaire

'**schulfrei** *adj* *Tag* de congé; ***heute ist ~*** il n'y a pas cours *bzw* classe aujourd'hui

'**Schul|freund(in)** *m(f)* camarade *m,f* d'école; **~funk** *m* radio *f* scolaire; **~geld** *n* frais *m/pl* de scolarité; **~heft** *n* cahier *m* d'écolier; **~hof** *m* cour *f* de l'école

'**schulisch** *adj* scolaire

'**Schul|jahr** *n* **1** *Zeitraum* année *f* scolaire; **2** *Klasse* classe *f*; **~junge** *m* écolier *m*; **~kamerad(in)** *m(f)* camarade *m,f* d'école; **~kind** *n* écolier, -ière *m,f*; **~klasse** *f* classe *f*; **~leiter(in)** *m(f)* directeur, -trice *m,f* (d'école); *e-s Gymnasiums* proviseur *m*; **~mädchen** *n* écolière *f*; **~mappe** *f* cartable *m*; sac *m* d'école; **~medizin** *f* médecine officielle; **~meister** *m* **1** F *plais* maître *m* d'école; **2** *péj* pédant *m*; **2pflichtig** *adj* soumis à l'enseignement obligatoire; *Kind* en âge d'aller à l'école; **~ranzen** *m* cartable *m*; **~schiff** *n* navire-école *m*; **~schluss** *m* sortie *f* des classes; **~sprecher(in)** *m(f)* délégué(e) *m(f)* des élèves; **~stunde** *f* heure *f* de cours *bzw* de classe; **~tag** *m* jour *m* de classe, d'école; **~tasche** *f* → ***Schulranzen***

Schulter ['ʃʊltər] *f* ⟨~; ~n⟩ épaule *f*; ***breite ~n haben*** être large d'épaules; ***~ an ~*** coude à coude (*a fig*); ***mit den ~n zucken*** 'hausser les épaules; ***j-m die kalte ~ zeigen*** battre froid à qn; ***etw auf die leichte ~ nehmen*** prendre qc à la légère

'Schulter|blatt *n* omoplate *f*; **2frei** *adj Kleid* qui dégage les épaules; **~gurt** *m* bretelle *f*; **2lang** *adj Haar* qui tombe sur les épaules

'schultern *v/t* mettre sur l'épaule

'Schulterschluss *m* coude à coude *m*, cohésion *f* (***zwischen*** [+ *dat*] entre)

'Schulung *f* ⟨~; ~en⟩ **1** *e-r Person* formation *f*; **2** → ***Lehrgang***

'Schul|unterricht *m* enseignement *m* scolaire; **~weg** *m* chemin *m* de l'école; **~wesen** *n* enseignement *m*; **~zeit** *f* scolarité *f*; **~zeugnis** *n* bulletin *m* scolaire

schummeln ['ʃʊməln] F *v/i* ⟨¢⟩ tricher

schumm(e)rig ['ʃʊm(ə)rɪç] F *adj Licht* faible; pâle; *Raum* sombre

Schund [ʃʊnt] *m* ⟨~¢s⟩ *péj* F camelote *f*; *p/fort* F saleté *f*; *Roman, Film* œuvre *f* minable; mauvais roman, film

schunkeln ['ʃʊŋkəln] *v/i* ⟨¢⟩ se balancer (*bras dessus, bras dessous au rythme d'une musique*)

Schuppe ['ʃʊpə] *f* ⟨~; ~n⟩ ZO, BOT écaille *f*; *auf dem Kopf* pellicule *f*

'schuppen **I** *v/t Fisch* écailler; **II** *v/r* ***sich ~*** *Haut* se desquamer

Schuppen ['ʃʊpən] *m* ⟨~s; ~⟩ **1** *für Wagen, Geräte* remise *f*; **2** F (*Lokal*) boîte *f*

'Schuppenflechte *f* psoriasis *m*

Schur [ʃuːr] *f* ⟨~; ~en⟩ tonte *f*

schüren ['ʃyːrən] *v/t* attiser (*a fig*)

schürfen ['ʃʏrfən] **I** *v/t Gold etc* extraire; **II** *v/i* BERGBAU fouiller; **III** *v/r* ***sich ~, sich*** (*dat*) ***die Haut ~*** s'écorcher; s'érafler

'Schürfwunde *f* écorchure *f*

'Schürhaken *m* tisonnier *m*

Schurke ['ʃʊrkə] *m* ⟨~n; ~n⟩ canaille *f*; crapule *f*

'Schurwolle *f* laine *f* vierge

Schurz [ʃʊrts] *m* ⟨~es; ~e⟩ tablier *m* (de cuir); (*Lenden2*) pagne *m*

Schürze ['ʃʏrtsə] *f* ⟨~; ~n⟩ tablier *m*

'schürzen *v/t* ⟨¢$⟩ *Rock* trousser

'Schürzenjäger F *m* coureur *m* de jupons

Schuss [ʃʊs] *m* ⟨~es; ≈e, *mais* 2 ~ Munition⟩ **1** coup *m* (de feu, de canon, *etc*) (***auf*** [+ *acc*] sur); ***e-n ~ abgeben*** tirer un coup (de feu); ***fünf ~ Munition*** cinq balles *f/pl*; F *fig* ***ein ~ in den Ofen*** F un bide; F *fig* ***der ~ ging nach hinten los*** cela a produit l'effet contraire; F *fig* ***er ist keinen ~ Pulver wert*** il ne vaut pas la corde pour le pendre; F *fig* ***weit(ab) vom ~ sein*** être loin du danger; **2** *Menge* goutte *f*; doigt *m*; ***ein ~*** *Rum, Whisky etc* une rasade de; *Essig* un filet de; ***ein(e) Cola mit ~*** un coca avec un peu de cognac, de rhum, *etc*; **3** *Drogenjargon* shoot *m*; **4** SKISPORT ***~ fahren*** descendre (en) schuss; **5** FUSSBALL tir *m* (***aufs Tor*** au but); shoot *m*; **6** F ***gut in ~*** en bon état; F ***in ~ bringen*** mettre en train, sur pied

Schussel ['ʃʊsəl] F *m* ⟨~s; ~⟩ étourneau *m*; tête *f* de linotte

Schüssel ['ʃʏsəl] *f* ⟨~; ~n⟩ *flache* plat *m*; (*Salat2*) saladier *m*; (*Suppen2*) soupière *f*

'schusselig F *adj* écervelé; étourdi; **2keit** F *f* ⟨~⟩ étourderie *f*

'Schussfahrt *f* SKISPORT schuss *m*

'Schusslinie *f* ligne *f* de tir; *fig* ***in die ~ geraten*** devenir la cible de la critique

'Schuss|verletzung *f* blessure *f* par balle; **~waffe** *f* arme *f* à feu; **~wechsel** *m* échange *m* de coups de feu

Schuster ['ʃuːstər] *m* ⟨~s; ~⟩ cordonnier *m*; *plais* ***auf ~s Rappen reisen*** F aller à pied

Schutt [ʃʊt] *m* ⟨~¢s⟩ décombres *m/pl*; (*Bau2*) gravats *m/pl*; ***~ abladen verboten!*** défense de déposer des ordures!; *st/s* ***in ~ und Asche liegen*** être complètement détruit

'Schuttabladeplatz *m* décharge *f*

Schüttelfrost ['ʃʏtəl-] *m* frissons *m/pl*

'schütteln ⟨¢⟩ **I** *v/t* secouer; *Gefäß* agiter; ***der Ekel schüttelte mich*** je tremblais de dégoût; **II** *v/imp* ***es schüttelt mich vor Kälte*** je tremble, frissonne de froid; **III** *v/r* ***sich ~*** se secouer; ***sich vor Lachen ~*** se tordre de rire

schütten ['ʃʏtən] ⟨-e-⟩ **I** *v/t Flüssigkeit* verser (***in*** [+ *acc*] dans); *Sand* jeter; mettre; **II** *v/r* ***sich*** (*dat*) ***Saft über die Hose ~*** renverser du jus sur son pantalon; **III** *v/imp* F ***es schüttet*** il tombe des cordes

S

schütter ['ʃʏtər] *adj* clairsemé
'**Schuttplatz** *m* décharge *f*
Schutz [ʃuts] *m* ⟨~es⟩ protection *f* (**vor** [+ *dat*] contre); (*Obhut*) sauvegarde *f*; (*Zuflucht*) abri *m*; refuge *m*; **zum ~e** (+ *gén*) pour protéger le *bzw* la *bzw* les ...; **j-n (vor j-m, etw) in ~ nehmen** défendre qn (contre qn, qc); **vor j-m, etw ~ suchen** chercher (un) refuge contre qn, qc; chercher (un) abri contre qc; **im ~(e) der Nacht** à la faveur de la nuit
'**schutz|bedürftig** *adj* qui a besoin de protection; **≈blech** *n* garde-boue *m*; **≈brief** *m* AUTO assurance *f* multirisque; **≈brille** *f* lunettes *f/pl* de protection
Schütze ['ʃʏtsə] *m* ⟨~n; ~n⟩ **1** tireur *m*; (*Tor≈*) marqueur *m*; *im Schützenverein* membre *m* d'un club de tir; **2** ASTR Sagittaire *m*
'**schützen I** *v/t* ⟨*ge*⟩ protéger (**vor etw, j-m** contre *od* de qc, qn); (*bewahren*) garantir (de qc, qn); *durch Vorsicht* préserver (de qc); *Bürger, Leben* sauvegarder; **vor Nässe, Licht ~!** tenir à l'abri de l'humidité, de la lumière; **II** *v/i* **das schützt vor Kälte** cela protège du *od* contre le froid; **III** *v/r* **sich (vor etw, j-m) ~** se protéger (contre *od* de qc, qn)
'**Schutzengel** *m* ange gardien
'**Schützengraben** *m* tranchée *f*
'**Schützenhilfe** F *f* soutien *m*; **j-m ~ geben** épauler qn
'**Schützen|panzer** *m* char *m* d'assaut et de transport de troupes; **~verein** *m* club *m* de tir
'**Schutz|geld** *n* argent *m* du racket; **~gelderpressung** *f* racket *m*; **~heilige(r)** *f(m)* patron, -onne *m,f*; **~helm** *m* casque (protecteur); **~hülle** *f* housse *f*; **~hütte** *f* refuge *m*; abri *m*; **~impfung** *f* vaccination préventive; **~kleidung** *f* vêtements *m/pl* de protection
Schützling ['ʃʏtslɪŋ] *m* ⟨~s; ~e⟩ protégé(e) *m(f)*
'**schutzlos** *adj* sans protection, défense
'**Schutz|mann** F *m* ⟨~*e*s; -leute *ou* -männer⟩ agent *m* (de police); **~maßnahme** *f* mesure *f* de protection; **~patron(in)** *m(f)* patron, -onne *m,f*; **~schicht** *f* couche protectrice; **~schild** *m* bouclier *m*; **~umschlag** *m* couvre-livre *m*

schwabb(e)lig ['ʃvab(ə)lɪç] F *adj Körperteil* flasque; *Pudding* gélatineux
'**schwabbeln** F *v/i* ⟨*ge*⟩ ballotter
Schwabe ['ʃvaːbə] *m* ⟨~n; ~n⟩ Souabe *m*
'**Schwaben** *n* ⟨~s⟩ la Souabe
Schwäb|in ['ʃvɛːbɪn] *f* ⟨~; ~nen⟩ Souabe *f*; **≈isch** *adj* souabe
schwach [ʃvax] **I** *adj* ⟨⸚er, ⸚ste⟩ **1** faible; (*kraftlos*) frêle; défaillant; **~ werden** s'affaiblir; *fig* (*schwanken*) F flancher; (*nachgeben*) craquer; **2** (*schlecht*) faible; *Gedächtnis, Augen* mauvais; *Herz* faible; *Motor* peu puissant; *Brille* pas fort; *fig Film, Buch, Ergebnis* médiocre; *Schüler* faible; F *fig* **das ist aber ein ~es Bild!** c'est bien décevant; **3** (*gering*) faible (*a Puls, Atem*); **schwächer werden** *Stimme, Ton* s'affaiblir; faiblir; *Atem, Puls* ralentir; **4** *Getränk* pas fort; *Kaffee, Tee* léger; *Gift* faible; **5** GR régulier; **II** *adv* **1** faiblement; **sich nur ~ wehren** ne se défendre qu'à moitié; **2** (*schlecht*) assez mal; **3** (*gering*) peu; **~ besucht sein** avoir attiré peu de visiteurs; *Ausstellung etc* être peu fréquenté
Schwäche ['ʃvɛçə] *f* ⟨~; ~n⟩ **1** faiblesse *f* (*a fig*); (*Kraftlosigkeit*) défaillance *f*; **2** (*schwache Seite*) point *m* faible; **3** (*Vorliebe*) faible *m* (**für** pour)
'**Schwächeanfall** *m* malaise *m*; défaillance *f*; faiblesse *f*
'**schwächen** *v/t* affaiblir (*a fig*)
'**Schwachheit** *f* ⟨~; ~en⟩ faiblesse *f*
'**Schwachkopf** F *m* F abruti *m*
'**schwäch|lich** *adj* faible; *gesundheitlich* fragile; (*kränklich*) chétif; **≈ling** *m* ⟨~s; ~e⟩ *péj* mauviette *f*
'**Schwach|sinn** *m* **1** MÉD débilité mentale; **2** F (*Unsinn*) âneries *f/pl*; **≈sinnig** *adj* MÉD, F (*unsinnig*) débile; **~stelle** *f* point *m* faible; **~strom** *m* courant *m* (à) basse tension
'**Schwächung** *f* ⟨~⟩ affaiblissement *m*
Schwaden ['ʃvaːdən] *m* ⟨~s; ~⟩ nuage *m*
Schwadron [ʃva'droːn] *f* ⟨~; ~en⟩ MIL escadron *m*
schwadro'nieren *v/i* ⟨*sans ge*⟩ *péj* pérorer
schwafeln ['ʃvaːfəln] F *v/t u v/i* ⟨*ge*⟩ radoter

Schwager ['ʃvaːgər] *m* ⟨~s; ~̈⟩ beau-frère *m*
Schwägerin ['ʃvɛːgərɪn] *f* ⟨~; ~nen⟩ belle-sœur *f*
Schwalbe ['ʃvalbə] *f* ⟨~; ~n⟩ hirondelle *f*
Schwall [ʃval] *m* ⟨~(e)s; ~e⟩ flot *m* (*a fig*)
schwamm [ʃvam] → ***schwimmen***
Schwamm *m* ⟨~(e)s; ~̈e⟩ **1** zo, (*Putz*2) éponge *f*; F *fig* ***~ drüber!*** passons l'éponge!; **2** *südd, österr* (*Pilz*) champignon *m*
'**schwammig** *adj* **1** spongieux; **2** *fig* (*aufgedunsen*) bouffi; **3** *fig péj* (*unklar*) flou; vague
Schwan [ʃvaːn] *m* ⟨~(e)s; ~̈e⟩ cygne *m*
schwand [ʃvant] → ***schwinden***
schwanen ['ʃvaːnən] F *v/i* ***mir schwant etwas*** j'ai le pressentiment de qc
schwang [ʃvaŋ] → ***schwingen***
schwanger ['ʃvaŋər] *adj* enceinte (***von j-m*** de qn); ***sie ist im sechsten Monat ~*** elle est enceinte de cinq mois
'**Schwangere** *f* ⟨→ A⟩ femme enceinte
schwängern ['ʃvɛŋərn] *v/t* mettre, rendre enceinte
'**Schwangerschaft** *f* ⟨~; ~en⟩ grossesse *f*
'**Schwangerschafts|abbruch** *m* interruption *f* volontaire de grossesse; I.V.G. *f*; **~test** *m* test *m* de grossesse
Schwank [ʃvaŋk] *m* ⟨~(e)s; ~̈e⟩ **1** THÉ farce *f*; **2** (*lustige Geschichte*) histoire *f* drôle
schwanken ['ʃvaŋkən] *v/i* **1** ⟨+ *indication de direction* sn⟩ (*wanken*) vaciller; tituber; chanceler; *Boot, Zweig* se balancer; **2** *Preise, Temperatur* varier; **3** *fig* (*zögern*) hésiter
'**schwankend** *adjt* **1** vacillant; chancelant (*beide a fig*); **2** (*unentschlossen*) indécis; hésitant
'**Schwankung** *f* ⟨~; ~en⟩ **1** vacillement *m* (*a fig*); **2** (*Veränderung*) variation *f*; oscillation *f*; *der Preise a* fluctuation *f*
Schwanz [ʃvants] *m* ⟨~es; ~̈e⟩ queue *f* (*a* P *fig Penis*); F *fig* ***den ~ einziehen*** en rabattre; F *fig* ***j-m auf den ~ treten*** marcher sur les pieds de qn; F *fig* ***kein ~*** pas un chat
schwänzen ['ʃvɛntsən] F *v/t* ⟨-ge-⟩ F sécher
'**Schwanzflosse** *f* nageoire caudale
schwappen ['ʃvapən] *v/i* (***hin und her***) ~ clapoter; ***aus etw ~*** ⟨sn⟩ déborder de qc
Schwarm [ʃvarm] *m* ⟨~(e)s; ~̈e⟩ **1** *von Bienen, Kindern* essaim *m*; *von Insekten, Personen* nuée *f*; *von Vögeln* volée *f*; vol *m*; *von Fischen* banc *m*; **2** F *fig* (*Angebetete[r]*) F béguin *m*; coqueluche *f*
schwärmen ['ʃvɛrmən] *v/i* **1** *Bienen* essaimer; **2** ⟨+ *indication de direction* sn⟩ *Insekten, Vögel* voler; ***für j-n, etw ~*** s'enthousiasmer pour qn, qc; ***von etw ~*** s'extasier sur qc
Schwärme'rei *f* ⟨~; ~en⟩ enthousiasme *m* (***für*** pour)
'**schwärmerisch** *adj* **1** (*überschwänglich*) exalté; (*zu gefühlsbetont*) romanesque; **2** (*begeistert*) enthousiaste
Schwarte ['ʃvartə] *f* ⟨~; ~n⟩ **1** (*Speck*2) couenne *f*; F *fig* (*Haut*) peau *f*; **2** F *Buch* F gros bouquin; pavé *m*
schwarz [ʃvarts] *adj* ⟨~̈er, ~̈este⟩ **1** noir (*a Hautfarbe, fig*); ***das 2e Meer*** la mer Noire; F ***sich ~ ärgern*** F être furax, furibard; ***~ werden*** se noircir; ***mir wurde ~ vor den Augen*** j'ai eu un éblouissement; F *da kann er warten*, ***bis er ~ wird*** F jusqu'à la saint-glinglin; ***~ auf weiß*** noir sur blanc; **2** (*illegal*) illégal; *Kasse, Markt* noir; **3** F *fig* (*konservativ*) conservateur; **4** (*pessimistisch*) ***~ malen, ~ sehen*** voir tout en noir; être pessimiste
Schwarz *n* ⟨~(es); ~⟩ noir *m*; couleur noire; '**~afrika** *n* l'Afrique noire; '**~arbeit** *f* travail *m* au noir
'**schwarz·arbeiten** *v/i* ⟨-e-⟩ travailler au noir
'**Schwarz|arbeiter** *m* travailleur *m* au noir; **~brot** *n* pain noir
'**Schwarze(r)** *f(m)* ⟨→ A⟩ (*Schwarzhäutige[r]*) Noir(e) *m(f)*
'**Schwarze(s)** *n* ⟨→ A⟩ **1** *Farbe* noir *m*; ***ins Schwarze treffen*** mettre dans le mille; faire mouche (*a fig*); **2** ***das kleine Schwarze*** la petite robe noire
Schwärze ['ʃvɛrtsə] *f* ⟨~⟩ noir *m*
'**schwärzen** *v/t* ⟨-ge-⟩ noircir
'**schwarz·fahren** *v/i* ⟨*irr*, sn⟩ voyager sans billet; resquiller
'**Schwarz|fahrer** *m* voyageur *m* sans billet; resquilleur *m*; **~geld** *n* argent *m* sale; **2haarig** *adj* aux cheveux noirs; **~handel** *m* marché noir; trafic *m* (***mit***

S

de); **~händler** *m* trafiquant *m*; **~hörer** *m* auditeur *m* qui n'a pas payé sa redevance

'**schwärzlich** *adj* noirâtre

'**Schwarzmarkt** *m* marché noir

'**schwarz·sehen** *v/i* ⟨*irr*⟩ TV resquiller; regarder la télévision sans payer sa redevance

'**Schwarzseher** *m* **1** pessimiste *m*; **2** TV téléspectateur *m* qui n'a pas payé sa redevance; resquilleur *m*

'**Schwarzwald** ***der ~*** la Forêt-Noire

Schwarzwälder ['ʃvartsvɛldər] *adj* ***~ Kirschtorte*** gâteau *m* forêt-noire

'**schwarz'weiß** *adj* noir et blanc

Schwarz'weiß|fernsehgerät *n* téléviseur noir et blanc; **~foto(grafie)** *n(f)* photo(graphie) *f* en noir et blanc

'**Schwarzwurzel** *f* salsifis *m*

Schwatz [ʃvats] F *m* ⟨~es; ~e⟩ F causette *f*

'**schwatzen, schwätzen** ['ʃvɛtsən] *v/t u v/i* ⟨*ge*⟩ bavarder (*a péj*); papoter; *péj* jaser (***über*** [+ *acc*] de, sur)

'**Schwätzer(in)** *m* ⟨~s; ~⟩ (*f*) ⟨~; ~nen⟩ *péj* bavard(e) *m(f)*

'**schwatzhaft** *adj péj* bavard

Schwebe ['ʃveːbə] *f* ⟨~⟩ ***in der ~ sein*** être en suspens

'**Schwebe|bahn** *f* (*Hängebahn*) monorail suspendu; (*Seil*~) téléférique *m*; **~balken** *m* poutre horizontale

'**schweben** *v/i* **1** ⟨+ *indication de direction* sn⟩ *in der Luft* planer; *im Wasser* flotter; *im Raum* être suspendu; **2** *fig* ***in Gefahr*** (+ *dat*) **~** être en danger; JUR ***~des Verfahren*** procès pendant, en suspens

Schwed|e ['ʃveːdə] *m* ⟨~n; ~n⟩, **~in** *f* ⟨~; ~nen⟩ Suédois(e) *m(f)*; **~en** *n* ⟨~s⟩ la Suède; **~isch** *adj* suédois

Schwefel ['ʃveːfəl] *m* ⟨~s⟩ soufre *m*; **~haltig** *adj* sulfureux

'**schwef(e)lig** *adj* sulfureux

'**schwefeln** *v/t* ⟨*ge*⟩ soufrer

'**Schwefelsäure** *f* acide *m* sulfurique

Schweif [ʃvaɪf] *m* ⟨~es; ~e⟩ *st/s* (*Schwanz*) queue *f* (*a fig e-s Kometen*)

'**schweifen** *st/s v/i* ⟨sn⟩ *Blick* errer; ***s-e Gedanken ~ lassen*** laisser vagabonder sa pensée

Schweige|geld ['ʃvaɪgə-] *n* pot-de-vin *m* (pour acheter le silence de qn); **~marsch** *m* marche silencieuse; **~minute** *f* minute *f* de silence

'**schweigen** *v/i* ⟨schwieg, geschwiegen⟩ se taire (***über etw*** [*acc*] sur qc); *fig* (*verstummen*) se taire; cesser; ***die ~de Mehrheit*** la majorité silencieuse; ***ganz zu ~ von ...*** sans parler de ...

'**Schweigen** *n* ⟨~s⟩ silence *m*; (*Nichtredenwollen*) mutisme *m*; ***zum ~ bringen*** faire taire; réduire au silence; ***sein ~ brechen*** rompre le silence

'**Schweigepflicht** *f* secret professionnel

'**schweigsam** *adj* silencieux; taciturne

Schwein [ʃvaɪn] *n* ⟨~es; ~e⟩ **1** cochon *m*; porc *m* (*a* CUIS); **2** F *fig* (*schmutziger, unanständiger Mensch*) F cochon, -onne *m,f*; (*gemeiner Mensch*) P salaud *m*; **3** F (*Mensch*) ***kein ~*** personne; pas un chat; ***armes ~*** F pauvre type; **4** F (*Glück*) F veine *f*; ***~ haben*** F avoir du pot, de la veine

'**Schweine|bauch** *m* poitrine *f* de porc; **~braten** *m* rôti *m* de porc; **~fleisch** *n* porc *m*

'**Schweinehund** P *m* P salaud *m*; F *plais* ***ich kann meinen inneren ~ nicht überwinden*** je n'arrive pas à me dominer

'**Schweinepest** *f* peste porcine

Schweine'rei F *f* ⟨~; ~en⟩ **1** (*Schmutz*) F cochonnerie *f*; **2** *fig* (*Gemeinheit*) F saloperie *f*; F vacherie *f*; **3** (*Zote, unanständige Handlung*) F cochonnerie *f*

'**Schweine|schmalz** *n* saindoux *m*; **~schnitzel** *n* escalope *f* de porc; **~stall** *m* porcherie *f* (*a fig*)

'**schweinisch** F *adj* F cochon

'**Schweins|hachse**, *südd* **~haxe** *f* jambonneau *m*; **~leder** *n* peau *f* de porc

Schweiß [ʃvaɪs] *m* ⟨~es⟩ sueur *f* (*a fig*); ***in ~ gebadet sein*** être en nage; ***ihm steht der ~ auf der Stirn*** la sueur perle, coule sur son front

'**Schweiß|ausbruch** *m* transpiration abondante; **~brenner** *m* chalumeau *m*

'**schweißen** *v/t* ⟨*ge*⟩ souder

'**Schweißer** *m* ⟨~s; ~⟩ soudeur *m*

'**Schweißfuß** *m* ***Schweißfüße haben*** transpirer des pieds

'**schweiß|gebadet** *adjt* baigné de sueur; en nage; **~perle** *f* goutte *f* de sueur; **~treibend** *adjt* qui fait transpirer

Schweiz [ʃvaɪts] ⟨~⟩ ***die*** (***deutsche, französische***) **~** la Suisse (allemande, romande)

'Schweizer[1] *m* ⟨~s; ~⟩ Suisse *m*
'Schweizer[2] *adj* suisse; **~ *Käse*** gruyère *m*
'schweizerdeutsch *adj* suisse-allemand
'Schweizer|in *f* ⟨~; ~nen⟩ Suisse *od* Suissesse *f*; **²isch** *adj* suisse
Schwelbrand ['ʃveːl-] *m* feu couvant (sous la cendre)
'schwelen *v/i* couver (*a fig*)
schwelgen ['ʃvɛlgən] *v/i* **1** *im Essen, Trinken* se régaler (***in*** [+ *dat*] de); **2** *fig* ***in etw*** (*dat*) **~** se complaire dans qc
Schwelle ['ʃvɛlə] *f* ⟨~; ~n⟩ seuil *m* (*a fig*); (*Bahn²*) traverse *f*
schwellen ['ʃvɛlən] **I** *st/s v/t Segel etc* gonfler; **II** *v/i* ⟨schwillt, schwoll, geschwollen, sn⟩ → ***anschwellen*** *1, 2*
'Schwellen|angst *f* appréhension *f*; **~land** *n* ⟨~¢s; ⸚er⟩ pays nouvellement industrialisé
'Schwellung *f* ⟨~; ~en⟩ enflure *f*
Schwemme ['ʃvɛmə] *f* ⟨~; ~n⟩ surplus *m*, excès *m* (***an*** [+ *dat*] de)
'schwemmen *v/t* (*an~*) déposer; (*fort~*) emporter
Schwengel ['ʃvɛŋəl] *m* ⟨~s; ~⟩ (*Pumpen²*) bras *m*; (*Glocken²*) battant *m*
Schwenk [ʃvɛŋk] *m* ⟨~s; ~s⟩ **1** (*Umschwung*) virage *m*; **2** FILM, TV panoramique *m*; **'²bar** *adj* orientable; tournant
'schwenken I *v/t* **1** *Hut, Fahne* agiter; TECH faire pivoter; *Kamera* tourner; orienter; **2** (*spülen*) rincer; **II** *v/i* ⟨sn⟩ ***nach links* ~** tourner vers la gauche
schwer [ʃveːr] **I** *adj* **1** *im Gewicht* lourd (*a fig*); *Motorrad, Gepäck* gros; ***zwei Kilo* ~ *sein*** peser deux kilos; **2** (*schwierig*) difficile; (*anstrengend*) fatigant; (*hart*) dur; rude; *Arbeit* pénible; **3** (*schlimm*) grave; *Verbrechen* capital; *Schicksal* cruel; *Strafe* sévère; lourd; *Zeiten* dur; difficile; *Enttäuschung, Gewitter, Schnupfen* gros; *Schock* dur; *fig Speise* lourd; **II** *adv* **1** lourdement; **~ *beladen*** lourdement chargé; **~ *tragen, heben*** porter, soulever qc de lourd; **2** (*schwierig*) difficilement; ***j-m* ~ *fallen*** être difficile à qn; ***es fällt mir* ~ *zu*** (+ *inf*) j'ai du mal à (+ *inf*); il m'est difficile de (+ *inf*); il m'en coûte de (+ *inf*); ***es* ~ (*mit j-m, etw*) *haben*** avoir du mal (avec qn, qc); ***es j-m* ~ *machen*** rendre la tâche *od* la situation difficile à qn; ***es sich*** (*dat*) **~ *machen*** se compliquer la vie; **~ *nehmen*** prendre au tragique, trop au sérieux; **~ *verdaulich*** indigeste (*a fig*); **3** (*mühsam*) difficilement; avec peine; **~ *arbeiten*** travailler dur; F ***sich*** (***mit etw***) **~ *tun*** avoir des difficultés (avec qc); **4** (*ernstlich*) gravement; **~ *krank*** gravement, sérieusement malade; **~ *beschädigt*** très endommagé; **~ *verletzt, verwundet*** grièvement blessé; **~ *behindert sein*** être un invalide (du travail), un infirme civil; **5** (*sehr*) beaucoup; énormément; **~ *bewaffnet*** armé jusqu'aux dents; **~ *bestrafen*** punir sévèrement; F **~ *aufpassen*** F faire très attention; F ***sie ist* ~ *in Ordnung*** F elle est vachement bien
'Schwer|arbeit *f* travail *m* de force; **~arbeiter** *m* travailleur *m* de force; **~athletik** *f* (*Gewichtheben*) haltérophilie *f*; (*Ringen*) lutte *f*; (*Boxen*) boxe *f*; **~behinderte(r)** *f(m)* grand(e) invalide *m,f* (du travail); infirme civil
'Schwere *f* ⟨~⟩ **1** PHYS pesanteur *f*; gravité *f*; **2** *fig der Verantwortung* poids *m*; *e-r Krankheit, e-s Verbrechens* gravité *f*; **²los** *adj* en état d'apesanteur; **~losigkeit** *f* ⟨~⟩ apesanteur *f*
Schwerenöter ['ʃveːrənøːtər] F *plais m* ⟨~s; ~⟩ bourreau *m* des cœurs
'schwerfällig *adj* lourd; lourdaud; pesant; **²keit** *f* lourdeur *f*; pesanteur *f*
'Schwer|gewicht *n* **1** SPORT, *Person* poids lourd; **2** *fig* accent *m*; **²gewichtig** *adj* massif; **~gewichtler** *m* ⟨~s; ~⟩ poids lourd; **²hörig** *adj* malentendant; dur d'oreille; **~hörigkeit** *f* surdité partielle; **~industrie** *f* industrie lourde; **~kraft** *f* pesanteur *f*
'schwerlich *st/s adv* avec peine; difficilement; ne … guère
'Schwer|metall *n* métal lourd; **~mut** *f* ⟨~⟩ mélancolie *f*; **²mütig** *adj* mélancolique; **~punkt** *m* **1** PHYS centre *m* de gravité; **2** *fig* accent *m*; point principal
Schwert [ʃveːrt] *n* ⟨~¢s; ~er⟩ épée *f*; **'~fisch** *m* espadon *m*; **'~lilie** *f* BOT iris *m*
'Schwer|verbrecher(in) *m(f)* grand(e) criminel, -elle *m,f*; **~verletzte(r)** *f(m)* grand(e) blessé(e) *m(f)*; **~verwundete(r)** *f(m)* grand(e) blessé(e) *m(f)*; **²wiegend** *adjt* grave; (très) sérieux

S

Schwester [ˈʃvɛstər] *f* ⟨~; ~n⟩ **1** sœur *f*; **2** (*Kranken*♀) infirmière *f*; **3** (*Ordens*♀) religieuse *f*; sœur *f*
ˈ**schwesterlich** *adj* de *od* d'une sœur
schwieg [ʃviːk] → ***schweigen***
Schwieger|eltern [ˈʃviːgər-] *pl* beaux-parents *m/pl*; **~mutter** *f* belle-mère *f*; **~sohn** *m* gendre *m*; **~tochter** *f* belle-fille *f*; **~vater** *m* beau-père *m*
Schwiel|e [ˈʃviːlə] *f* ⟨~; ~n⟩ callosité *f*; durillon *m*; ♀**ig** *adj* calleux
schwierig [ˈʃviːrɪç] *adj* difficile; *Problem* ardu; épineux; (*heikel*) délicat; (*verwickelt*) compliqué
ˈ**Schwierigkeit** *f* ⟨~; ~en⟩ difficulté *f*; ***~en bekommen, in ~en*** (*acc*) ***geraten*** avoir des difficultés
ˈ**Schwierigkeitsgrad** *m* degré *m* de difficulté
Schwimm|bad [ˈʃvɪm-] *n* piscine *f*; **~becken** *n* bassin *m*; piscine *f*
ˈ**schwimmen** ⟨schwamm, geschwommen, sn; *sans indication de direction* h *ou* sn⟩ **I** *v/t* nager; **II** *v/i* **1** *Lebewesen* nager; ***~ gehen*** aller nager; **2** *Dinge* flotter; **3** ⟨h⟩ F *fig* (*unsicher sein*) nager
ˈ**Schwimmen** *n* ⟨~s⟩ natation *f*
ˈ**Schwimmer** *m* ⟨~s; ~⟩ **1** *Mensch* nageur *m*; **2** *der Angel*, TECH flotteur *m*; **~in** *f* ⟨~; ~nen⟩ nageuse *f*
ˈ**Schwimm|flosse** *f* SPORT palme *f*; **~lehrer(in)** *m(f)* professeur *m* de natation; **~sport** *m* natation *f*; **~weste** *f* gilet *m* de sauvetage
Schwindel [ˈʃvɪndəl] *m* ⟨~s⟩ **1** MÉD vertige *m*; (*~anfall*) étourdissement *m*; ***~erregend*** vertigineux (*a fig*); **2** F (*Betrug*) escroquerie *f*
ˈ**Schwindelanfall** *m* étourdissement *m*
Schwindeˈlei *f* ⟨~; ~en⟩ **1** (*Unwahrheiten*) histoires *f/pl*; F bobards *m/pl*; **2** (*Betrug*) escroquerie *f*
ˈ**schwindelfrei** *adj* qui n'est pas sujet au vertige
ˈ**schwindelig** *adj* ***leicht ~ werden*** être sujet à des vertiges; ***mir ist*** *od* ***wird*** (***es***) ~ j'ai le vertige; j'ai un étourdissement; je suis pris de vertige
ˈ**schwindeln** ⟨¢⟩ **I** F *v/t u v/i* raconter des histoires, F des bobards; **II** *v/imp* ***mir*** *od* ***mich schwindelt*** j'ai le vertige; ***~de Höhe*** ʻhauteur vertigineuse
schwinden [ˈʃvɪndən] *st/s v/i* ⟨schwindet, schwand, geschwunden, sn⟩ diminuer; décroître; *Interesse* baisser; *Einnahmen* s'amenuiser; *Macht* s'affaiblir; *Kräfte* décliner
ˈ**Schwindler(in)** *m* ⟨~s; ~⟩ (*f*) ⟨~; ~nen⟩ **1** (*Lügner*[*in*]) menteur, -euse *m,f*; **2** (*Betrüger*[*in*]) escroc *m*
ˈ**schwindlig** → ***schwindelig***
ˈ**Schwindsucht** *f* phtisie *f*
Schwinge [ˈʃvɪŋə] *st/s f* ⟨~; ~n⟩ aile *f* (*a fig*)
ˈ**schwingen** ⟨schwang, geschwungen⟩ **I** *v/t hin u her* balancer; *Fahne* agiter; *Keule* brandir; **II** *v/i* ⟨h *ou* sn⟩ *hin u her*, *Pendel* osciller; se balancer; *Saite* vibrer; **III** *v/r* ***sich über die Mauer ~*** sauter par-dessus le mur; ***sich auf sein Fahrrad ~*** enfourcher sa bicyclette; *Vogel* ***sich in die Luft ~*** prendre son essor; s'envoler
ˈ**Schwinger** *m* ⟨~s; ~⟩ BOXEN swing *m*
ˈ**Schwingtür** *f* porte battante
ˈ**Schwingung** *f* ⟨~; ~en⟩ PHYS vibration *f*; oscillation *f* (*a* ÉLECT)
Schwips [ʃvɪps] F *m* ⟨~es; ~e⟩ ***e-n ~ haben*** F être éméché, pompette
schwirren [ˈʃvɪrən] *v/i* ⟨sn⟩ *Pfeil*, *Kugel* siffler; *Insekt* bourdonner; ***mir schwirrte alles Mögliche durch den Kopf*** mille choses me passaient par la tête
schwitzen [ˈʃvɪtsən] *v/i* ⟨¢s⟩ **1** *Mensch* transpirer; *p/fort* suer; **2** *Wand* suinter; *Fenster* être couvert de buée
schwoll [ʃvɔl] → ***schwellen*** *II*
schwören [ˈʃvøːrən] *v/t u v/i* ⟨schwor, geschworen⟩ **1** JUR jurer (*a fig*); *abs* prêter serment; **2** *fig* ***auf etw, j-n ~*** ne jurer que par qc, qn
schwul [ʃvuːl] F *adj* F pédé; gay
schwül [ʃvyːl] *adj* lourd; étouffant; ***es ist ~*** il fait lourd
ˈ**Schwule(r)** F *m* ⟨→ A⟩ gay *m*; F *péj* pédé *m*
ˈ**Schwüle** *f* ⟨~⟩ chaleur étouffante; temps lourd
schwülstig [ˈʃvʏlstɪç] *adj Stil* pompeux; emphatique; *Architektur* surchargé (d'ornements)
Schwund [ʃvʊnt] *m* ⟨~¢s⟩ diminution *f*; MÉD atrophie *f*; COMM perte *f* de poids
Schwung [ʃvʊŋ] *m* ⟨~¢s; ~̈e⟩ **1** *Bewegung* élan *m*; lancée *f*; ***~ holen*** prendre son élan; **2** *fig* (*Elan*) entrain *m*; élan *m*; allant *m*; F ***etw in ~ bringen*** donner

une impulsion à qc; lancer qc; F **in ~ kommen** *Unternehmen* prendre son essor; *Person* se mettre en train; **3** F (*Menge*) *Papier, Bücher* pile *f*; tas *m*; *Leute* groupe *m*; bande *f*

'schwung|haft *adj* florissant; **~los** *adj* *Person* qui manque d'entrain, d'élan; *Rede* terne; **~voll** *adj* plein d'entrain; *Musik a* entraînant; *Rede* plein de verve

Schwur [ʃvu:r] *m* ⟨~¢s; ~̈e⟩ serment *m*; **'~gericht** *n* cour *f* d'assises

sechs [zɛks] *num/c* six; → **acht**

Sechs *f* ⟨~; ~en⟩ **1** *Zahl* six *m*; **2** *Schulnote* insuffisant; *in Frankreich etwa* zéro *m*, un *m*, deux *m*, trois *m*, quatre *m* (sur vingt)

sechs..., Sechs... → **acht..., Acht...**

'Sechseck *n* hexagone *m*; **⁓ig** *adj* hexagonal

'Sechser *m* ⟨~s; ~⟩ six *m*; → **Sechs** 2

'sechser'lei *adj* ⟨*inv*⟩ de six sortes, espèces différentes

'sechs|fach I *adj* sextuple; → **achtfach**; **II** *adj* six fois (plus); **⁓fache(s)** *n* ⟨→ A⟩ sextuple *m*; **'~'hundert** *num/c* six cent(s); **~jährig** *adj* (*sechs Jahre alt*) (âgé) de six ans; (*sechs Jahre lang*) de six ans; qui dure six ans; **~mal** *adv* six fois; **~stellig** *adj* de *od* à six chiffres

sechst [zɛkst] *adv* **zu ~** à six; **zu ~ sein** être six

Sechs'tagerennen *n* six-jours *m/pl*

'sechs'tausend *num/c* six mille

'sechste *num/o* sixième; → **achte**

'Sechstel *n* ⟨~s; ~⟩ sixième *m*

'sechstens *adv* sixièmement

sechzehn ['zɛçtse:n] *num/c* seize; → **acht**

sechzig ['zɛçtsɪç] *num/c* soixante; **etwa, rund ~ (Personen)** une soixantaine (de personnes); **etwa, rund ~ (Jahre alt) sein** avoir la soixantaine; → **achtzig**

'Sechzig *f* ⟨~⟩ soixante *m*

'sechziger *adj* ⟨*inv*⟩ **die ~ Jahre** *n/pl* les années *f/pl* soixante

'sechzigjährig *adj* (*sechzig Jahre alt*) (âgé) de soixante ans; (*sechzig Jahre lang*) de soixante ans; qui dure soixante ans

Secondhand|kleidung ['sɛkənt'hɛntklaɪdʊŋ] *f* vêtements *m/pl* d'occasion, de seconde main; **~laden** *m* magasin *m* (de vêtements) d'occasion

Sediment [zedi'mɛnt] *n* ⟨~¢s; ~e⟩ sédiment *m*

See[1] [ze:] *m* ⟨~s; ~n⟩ (*Binnen⁓*) lac *m*

See[2] *f* ⟨~⟩ **1** (*Meer*) mer *f*; **in ~ stechen** appareiller; prendre la mer; **an die ~ fahren** aller au bord de la mer *od* à la mer; **an der ~** au bord de la mer; **auf (hoher) ~** en (pleine, 'haute) mer; **2** (*Seegang*) mer *f*; **schwere** *od* **raue ~** grosse mer

'See|bad *n* station *f* balnéaire; **~bär** *m* F *fig* loup *m* de mer; **~beben** *n* séisme sous-marin; **~fahrt** *f* **1** navigation *f* maritime; **2** (*Schiffsreise*) voyage *m* en bateau; **~fisch** *m* poisson *m* de mer

'Seegang *m* 'houle *f*; **schwerer** *od* **hoher ~** grosse mer

'See|hafen *m* port *m* maritime; **~hecht** *m* colin *m*; merlu *m*; **~hund** *m* phoque *m*; **~igel** *m* oursin *m*; **~karte** *f* carte marine; **~klima** *n* climat *m* maritime; **⁓krank** *adj* qui a le mal de mer; **~krankheit** *f* mal *m* de mer; **~lachs** *m* lieu (noir)

Seele ['ze:lə] *f* ⟨~; ~n⟩ âme *f* (*a fig*); **e-e treue ~** un(e) fidèle; **er ist e-e ~ von Mensch** c'est un brave type; **aus tiefster ~** du fond du cœur; **Sie sprechen mir aus der ~** c'est exactement ce que je pense; **das tut mir in der ~ weh** cela me fait mal au cœur

'Seelen|friede(n) *m* paix *f* de l'âme; **~heil** *n* salut *m* (de l'âme)

'Seelenruhe *f* **in aller ~** en toute tranquillité

'seelen|'ruhig *adv* imperturbablement; en toute tranquillité; **⁓wanderung** *f* réincarnation *f*

'Seeleute *pl* marins *m/pl*; gens *m/pl* de mer

'seelisch I *adj* moral; (*psychisch*) psychique; **II** *adv* **~ bedingt** qui a des causes psychologiques

'Seelöwe *m* lion *m* de mer; otarie *f*

'Seel|sorge *f* aide, assistance spirituelle; **~sorger** *m* ⟨~s; ~⟩ prêtre *m*; PROT pasteur *m*; SCHULE, MIL aumônier *m*

'See|luft *f* air marin, de la mer; **~macht** *f* puissance *f* maritime; **~mann** *m* ⟨~¢s; -leute⟩ marin *m*; **⁓männisch** *adj* de marin

'Seemannsgarn *n* histoires *f/pl* de marin; ~ ***spinnen*** raconter des histoires

'See|meile *f* mille marin; **~möwe** *f* mouette *f*; **~not** *f* détresse *f*; **~pferd** *n*, **~pferdchen** *n* ⟨~s; ~⟩ hippocampe *m*; **~räuber** *m* pirate *m*; **~recht** *n* droit *m* maritime; **~reise** *f* voyage *m* en mer; **~rose** *f* nénuphar *m*; **~sack** *m* sac *m* de marin; **~schifffahrt** *f* navigation *f* maritime; **~schlacht** *f* bataille navale; **~stern** *m* étoile *f* de mer; **~streitkräfte** *f/pl* forces navales; marine *f*; **~tang** *m* goémon *m*; varech *m*; **2tüchtig** *adj* en état de naviguer; **~ufer** *n* bord *m* du lac; **~vogel** *m* oiseau *m* de mer; **~weg** *m* route *f*, voie *f* maritime; **~wind** *m* vent *m* du large; **~zeichen** *n* signal *m* maritime; **~zunge** *f* sole *f*

Segel ['ze:gəl] *n* ⟨~s; ~⟩ voile *f*; ***die ~ streichen*** amener les voiles; *st/s fig* baisser pavillon (***vor*** [+ *dat*] devant)

'Segel|boot *n* bateau *m* à voiles; **~fliegen** *n* vol *m* à voile; **~flieger(in)** *m(f)* pilote *m* de planeur; vélivole *m,f*; **~flug(sport)** *m* vol *m* à voile; **~flugzeug** *n* planeur *m*; **~jacht** *f* voilier *m*; yacht *m* à voiles

'segeln *v/i* ⟨¢, + *indication de direction* sn⟩ *Segelschiff* naviguer; SPORT faire de la voile; ~ ***nach*** faire voile sur

'Segel|regatta *f* régate *f* de voiliers; **~schiff** *n* bateau *m* à voiles; voilier *m*; **~sport** *m* voile *f*; **~tuch** *n* ⟨~¢s; ~e⟩ toile *f* (à voiles)

Segen ['ze:gən] *m* ⟨~s; ~⟩ **1** REL bénédiction *f*; ***den ~ über j-n, etw sprechen*** donner sa bénédiction à qn, qc; **2** *st/s fig* richesses *f/pl*; *des Himmels* don *m*; **3** (*Glück*) bonheur *m*; chance *f*; (***j-m***) ***~ bringen*** porter bonheur (à qn)

'segens|reich *adj* heureux; prospère; *Erfindung* utile; profitable; **2wünsche** *m/pl* bénédictions *f/pl*

'Segler *m* ⟨~s; ~⟩ **1** *Person* navigateur *m* sur voilier; **2** *Schiff* voilier *m*; **~in** *f* ⟨~; ~nen⟩ navigatrice *f* sur voilier

Segment [zɛ'gmɛnt] *n* ⟨~¢s; ~e⟩ segment *m*

segnen ['ze:gnən] *v/t* ⟨-e-⟩ **1** REL bénir; **2** *fig* ***mit etw gesegnet sein*** être doté de qc; avoir le bonheur d'avoir qc; *st/s* ***im gesegneten Alter von 90 Jahren*** à l'âge vénérable de 90 ans

'Segnung *f* ⟨~; ~en⟩ **1** REL bénédiction *f*; **2** *fig* ***~en*** *pl* bienfaits *m/pl*

sehen ['ze:ən] ⟨sieht, sah, gesehen⟩ **I** *v/t* **1** voir; (*an~*) regarder; (*treffen*) voir; ***zu ~ sein*** se voir; être visible; (*ausgestellt sein*) être exposé, montré; ***er sieht es gern, wenn man ihn bedient*** il aime être servi; ***ich habe sie kommen (ge)sehen*** je l'ai vue venir; F *fig* ***ich kann ihn nicht mehr ~*** F je ne peux plus le sentir; F ***da sieht man (es) mal wieder!*** (*ich habe es doch gleich gesagt*) c'est bien ce que je vous *bzw* t'avais dit; **2** *mit lassen* ***sich ~ lassen*** se montrer; se faire voir; ***sich ~ lassen können*** être présentable; F ***lass mal ~!*** mais fais voir!; montre (donc)!; **3** *mit p/p* ***gern bei j-m gesehen sein*** être bien vu, être le *bzw* la bienvenu(e) chez qn; ***menschlich gesehen*** du point de vue humain; **II** *v/i* **4** voir; ***gut, schlecht ~*** voir bien, mal; avoir une bonne, mauvaise vue; ***sieh doch!*** mais, regarde!; F ***sieh mal einer an!*** F voyez-moi ça!; ***na, siehst du*** tu vois!; (***und***) ***siehe da, ...*** et voilà que ...; *Verweis* ***siehe ...*** voir ...; **5** *mit prép* ***auf etw*** (*acc*) ~ regarder qc; ***aus dem Fenster ~*** regarder par la fenêtre; ***in den Spiegel ~*** se regarder dans la glace; ***nach etw, j-m ~*** *sorgend* s'occuper de qc, qn; **III** *v/r* ***sich ~*** se voir; ***sie sah sich schon als Filmstar*** elle se voyait déjà vedette de cinéma

'Sehen *n* ⟨~s⟩ vue *f*; vision *f*; ***j-n vom ~ kennen*** connaître qn de vue

'sehens|wert *adj* qui vaut la peine d'être vu; qui est à voir; **2würdigkeit** *f* ⟨~; ~en⟩ curiosité *f*; attraction *f* touristique

'Seh|fehler *m* défaut *m* de la vue; trouble visuel; **~kraft** *f* vue *f*

Sehne ['ze:nə] *f* ⟨~; ~n⟩ **1** ANAT tendon *m*; **2** MATH, *e-s Bogens* corde *f*

sehnen ['ze:nən] *v/r* ***sich nach etw ~*** désirer ardemment qc; aspirer à qc; ***sich nach j-m ~*** s'ennuyer de qn

'Sehnerv *m* nerf *m* optique

'sehnig *adj Fleisch* filandreux; *Arm, Gestalt* nerveux

'sehn|lich *adj Wunsch* ardent; *Erwartung* impatient; **2sucht** *f* désir ardent, intense (***nach*** de); **~süchtig** *adj* plein de désir; (*ungeduldig*) impatient

sehr [ze:r] *adv vor Adjektiv, Adverb* très; bien; fort; *vor Verb* beaucoup; bien; ***~ viel*** beaucoup; bien; ***so ~, dass ...*** à ce point que …; ***wie ~*** à quel point; combien

'Seh|schwäche *f* insuffisance visuelle; **~störung** *f* trouble visuel; **~test** *m* test visuel; **~vermögen** *n* vue *f*; acuité visuelle

sei [zaɪ] → ***sein***

seicht [zaɪçt] *adj* **1** *Wasser* bas; peu profond; **2** *fig* creux; superficiel; *Unterhaltung* banal

Seide ['zaɪdə] *f* ⟨~; ~n⟩ soie *f*

Seidel ['zaɪdəl] *n* ⟨~s; ~⟩ chope *f*

'seiden *adj* **1** (*aus Seide*) de *od* en soie; **2** (*seidig*) soyeux

'Seiden|bluse *f* chemisier *m* en soie; **~papier** *n* papier *m* de soie; **~raupe** *f* ver *m* à soie; **~strumpf** *m* bas *m* de soie

'seidig *adj* soyeux

Seife ['zaɪfə] *f* ⟨~; ~n⟩ savon *m*

'Seifen|blase *f* bulle *f* de savon (*a fig*); **~lauge** *f* lessive *f*; **~oper** *f péj* série (télévisée) mélo; **~pulver** *n* savon *m* en poudre; **~schale** *f* porte-savon *m*; **~schaum** *m* mousse *f* de savon

seihen ['zaɪən] *v/t* passer; filtrer

Seil [zaɪl] *n* ⟨~ɇs; ~e⟩ corde *f*; *starkes* câble *m*

'Seil|bahn *f* (*Stand~*) funiculaire *m*; (*Draht~*) téléphérique *m*; **~schaft** *f* ⟨~; ~en⟩ **1** cordée *f*; **2** *fig péj* clique *f*; **~springen** *n* ⟨~s⟩ saut *m* à la corde; **~tänzer(in)** *m(f)* funambule *m,f*; danseur, -euse *m,f* de corde; **~winde** *f* treuil *m* à câble

sein[1] [zaɪn] ⟨bin, bist, ist, sind, seid, sind; sei, seist, sei; war; wäre; gewesen; sei!, seid!; sn⟩ **I** *v/i* **1** être; ***ich bins!*** c'est moi!; ***sie ist Französin*** elle est Française; **2** (*bestehen*) être; exister; ***wenn sie nicht gewesen wäre …*** si elle n'avait pas été là …; sans elle …; F ***ist was?*** il y a quelque chose qui ne va pas?; **3** (*sich befinden*) se trouver; **4** (*stattfinden*) se faire; avoir lieu; ***es war an e-m Freitag*** c'est arrivé, c'était un vendredi; ***muss das ~?*** est-ce vraiment nécessaire?; **5** (*bedeuten*) signifier; ***was soll das ~?*** qu'est-ce que cela signifie?; **6** (*ergeben*) faire; ***fünf und zwei sind sieben*** cinq et deux font sept; **7** (*stammen*) ***von, aus … ~*** venir de …; être originaire de …; **II** *v/imp* **8** *bei Witterungsangaben* faire; ***es ist schön*** il fait beau; **9** *Zeitangabe* être; ***morgen ist Mittwoch*** demain c'est mercredi; **10** ***wie dem auch sei*** quoi qu'il en soit; ***das wärs!*** voilà!; *beim Einkaufen* c'est tout!; ***was darf es ~?*** *im Geschäft* que désirez-vous?; ***~ lassen*** F ne pas faire; laisser (tomber); ***lass das ~!*** arrête!; ***wie wäre es, wenn Sie die Arbeit machten?*** et si vous faisiez le travail (qu'en dites-vous)?; F ***mir ist nicht nach Feiern*** je n'ai pas la tête à m'amuser; **III** *v/aux* **11** *zur Bildung zusammengesetzter Zeiten* être; avoir; ***wir sind gegangen*** nous sommes partis; ***sie ist gelaufen*** elle a couru; **12** *mit zu + inf* ***das Haus ist zu verkaufen*** la maison est à vendre; ***er ist nicht zu sprechen*** on ne peut pas lui parler

sein[2] *pr/poss* **I** *adjt* son *bzw* sa; ***einer ~er Freunde*** (l')un de ses amis; ***mein und ~ Bruder*** mon frère et le sien; **II** *subst* ***der, die, das ~e*** le sien *bzw* la sienne; *st/s* ***die ~en*** les siens; sa famille; ***das ~e dazu beitragen*** y apporter sa contribution

Sein *n* ⟨~s⟩ être *m*; (*Dasein*) existence *f*

'seiner *st/s pr/pers* (*gén de* er, es) de lui

'seiner|'seits *adv* de sa part; de son côté; **~zeit** *adv* à cette époque(-là)

'seines'gleichen *pr* ⟨*inv*⟩ son pareil *bzw* sa pareille *bzw* ses pareil(le)s; son *bzw* sa *bzw* ses semblable(s); ***das sucht ~*** c'est sans égal; ça reste inégalé

'seinet'wegen *adv* **1** (*wegen ihm*) à cause de lui; **2** (*ihm zuliebe*) pour lui; **3** (*von ihm aus*) quant à lui

'seinige *pr/poss* → ***sein***[2] *II*

Seismograph [zaɪsmo'gra:f] *m* ⟨~en; ~en⟩ sismographe *m*

seit [zaɪt] **I** *prép* ⟨*dat*⟩ depuis; (*von … an*) à partir de; ***~ langem, kurzem*** depuis longtemps, peu; ***~ zehn Tagen ist er verreist*** il y a dix jours qu'il est parti; **II** *conj* depuis que

seit'dem **I** *adv* depuis (ce temps-là); **II** *conj* depuis que

Seite ['zaɪtə] *f* ⟨~; ~n⟩ **1** *Körperteil* côté *m*; flanc *m* (*a e-s Tieres*); ***~ an ~*** côte à côte; ***j-m zur ~ stehen*** soutenir qn; être aux côtés de qn; **2** *e-s Gegenstandes* côté *m*; ***zur ~ gehen*** *od* ***treten*** s'écarter; faire place; ***auf*** *od* ***von beiden ~n*** de part et d'autre; des deux côtés; ***etw zur ~ legen*** mettre qc de côté; F ***etw auf die ~ legen*** (*sparen*) mettre qc de côté; **3** (*Aspekt*) côté *m*; aspect *m*; *Angelegenheit* ***von allen ~n betrachten*** examiner sous toutes ses faces, sous tous ses aspects; ***auf der einen ~ …, auf der anderen*** (~) … d'une part …, d'autre part …; **4** (*Richtung*) sens *m*; ***nach allen ~n*** de tous côtés; dans tous les sens; ***von allen ~n*** de toutes parts; de tous côtés; **5** (*Eigenschaft*) côté *m*; F ***schwache, starke ~*** faible *m*; fort *m*; ***sich von s-r besten ~ zeigen*** se montrer sous son meilleur jour; **6** (*Partei*) côté *m*; parti *m*; ***auf j-s ~*** (*dat*) ***sein*** *od* ***stehen*** être du côté, du parti de qn; ***auf ~n*** (+ *gén*) du côté de; ***von ~n*** (+ *gén*) du côté de; de la part de; **7** (*Buch*2, *Zeitungs*2) page *f*; ***auf ~ 102*** à la page 102; TÉL ***die gelben ~n*** les pages jaunes

'Seiten|airbag *m* airbag latéral; **~ansicht** *f* vue latérale, de côté; profil *m*; **~ausgang** *m* sortie latérale; **~blick** *m* regard *m* de côté, en coin; **~flügel** *m* *e-s Gebäudes* aile *f*; annexe *f*; *e-s Altars* volet *m*; **~hieb** *m* *fig* coup *m* de griffe; flèche *f* (***auf*** [+ *acc*] à); **~linie** *f* **1** FUSSBALL touche *f*; TENNIS ligne *f* de côté; **2** GENEALOGIE ligne collatérale

'seitens *prép* ⟨*gén*⟩ ADM de la part de; du côté de

'Seiten|schiff *n* *e-r Kirche* nef latérale; **~sprung** *m* *fig* infidélité *f*; escapade *f*; **~stechen** *n* point *m* de côté; **~straße** *f* rue latérale, transversale; **~streifen** *m* accotement *m*; **2verkehrt** *adj* à l'envers; **~wechsel** *m* SPORT changement *m* de camp, côté; **~wind** *m* vent *m* de côté; **~zahl** *f* **1** *Anzahl* nombre *m* de pages; **2** *einzelne* numéro *m* de la page

seit'her *adv* depuis (lors)

'seitlich **I** *adj* latéral; de côté; **II** *adv* sur le côté; ***~ von etw gelegen*** situé à côté de qc

'seitwärts *adv* **1** (*zur Seite*) de côté; **2** (*auf der Seite*) à côté; sur le côté

sek., Sek. *abr* (*Sekunde*) s (seconde)

Sekret [ze'kre:t] *n* ⟨~(e)s; ~e⟩ sécrétion *f*

Sekretär [zekre'tɛ:r] *m* ⟨~s; ~e⟩ *Möbel* secrétaire *m*

Sekre'tär(in) *m* ⟨~s; ~e⟩ (*f*) ⟨~; ~nen⟩ secrétaire *m,f*

Sekretariat [zekretari'a:t] *n* ⟨~(e)s; ~e⟩ secrétariat *m*

Sekt [zɛkt] *m* ⟨~(e)s; ~e⟩ vin mousseux

Sekte ['zɛktə] *f* ⟨~; ~n⟩ secte *f*

'Sektglas *n* verre *m* à champagne

Sektion [zɛktsi'o:n] *f* ⟨~; ~en⟩ **1** (*Abteilung*) section *f*; **2** MÉD autopsie *f*

Sektor ['zɛktɔr] *m* ⟨~s; -'toren⟩ **1** ÉCON, MATH, MIL secteur *m*; **2** *fig* domaine *m*

sekundär [zekʊn'dɛ:r] *adj* secondaire

Sekun'darstufe *f* **~ I** collège *m*; **~ II** lycée *m*

Sekunde [ze'kʊndə] *f* ⟨~; ~n⟩ seconde *f* (*a* MATH, MUS); *Uhr* ***auf die ~ genau gehen*** marcher à la seconde près

Se'kundenkleber *m* colle *f* à prise rapide

Se'kundenschnelle *f* ***in ~*** en une fraction de seconde

Se'kundenzeiger *m* trotteuse *f*; aiguille *f* des secondes

selbe ['zɛlbə] *pr/dém* même; ***zur ~n Zeit*** en même temps

'selber F *pr/dém* ⟨*inv*⟩ → ***selbst*** *I*

selbst [zɛlpst] **I** *pr/dém* ⟨*inv*⟩ (*persönlich*) même; (*in eigener Person*) en personne; (*ohne fremde Hilfe*) tout seul; ***ich ~*** moi-même; ***sie ist die Güte ~*** elle est la bonté même; ***von ~*** de soi-même; tout seul; ***~ gebacken*** *Kuchen* (fait à la) maison; *Brot* de ménage; ***~ gemacht*** qu'on a fait soi-même; *Wurst, Marmelade* (fait à la) maison; **II** *adv* (*sogar*) même; ***~ wenn …*** même si …

'Selbstachtung *f* respect *m*, estime *f* de soi-même

selbständig ['zɛlpʃtɛndɪç] → ***selbstständig***

'Selbst|auslöser *m* déclencheur *m* automatique; **~bedienung** *f* libre-service *m*; **~bedienungsladen** *m* self-service *m*; libre-service *m*; **~befriedigung** *f* masturbation *f*; **~beherrschung** *f* maîtrise *f* de soi; **~bestätigung** *f* valorisation *f* de soi(-même); **~bestimmung** *f* libre disposition *f* de soi(-même); POL autodétermination *f*; **~beteiligung** *f* *bei Versicherung* franchise *f*; *bei Krankenversicherung* ticket *m* modérateur; **2bewusst** *adj* sûr de soi; conscient de sa propre valeur; **~bewusstsein** *n* confiance *f* en soi; sentiment *m* de sa propre valeur; **~bildnis** *n* autoportrait *m*; **~disziplin** *f* autodiscipline *f*; **~erhaltungstrieb** *m* instinct *m* de conservation; **~erkenntnis** *f* connaissance *f* de soi(-même); **2gefällig** **I** *adj* content

S

de soi; suffisant; fat; **II** *adv* avec suffisance; **~gefälligkeit** *f* fatuité *f*; suffisance *f*; **2gerecht** *adjt st/s* infatué de soi(-même), de ses mérites
'Selbstgespräch *n* monologue *m*; ***~e führen*** parler tout seul; monologuer
'selbstherrlich *adj* autoritaire; impérieux
'Selbsthilfe *f* ⟨~⟩ effort personnel; **~gruppe** *f* groupe *m* d'entraide
'Selbstjustiz *f* justice *f* que l'on se fait à soi-même; ***~ üben*** se faire justice
'selbst|klebend *adjt* autocollant; **2kostenpreis** *m* prix coûtant, de revient; **2kritik** *f* autocritique *f*; **~kritisch** *adj* critique vis-à-vis de soi-même; **2laut** *m* voyelle *f*; **~los** *adj* désintéressé; altruiste; **2mitleid** *n péj* apitoiement *m* sur son propre sort
'Selbstmord *m* suicide *m*; ***~ begehen*** se suicider; se tuer
'Selbst|mörder(in) *m(f)* suicidé(e) *m(f)*; **2mörderisch** *adj* suicidaire; **2mordgefährdet** *adjt* suicidaire; **~mordversuch** *m* tentative *f* de suicide; **~porträt** *n* autoportrait *m*
'selbst|redend *advt* bien sûr; **~sicher I** *adj* sûr de soi; *Haltung* plein d'assurance; **II** *adv* avec assurance; **2sicherheit** *f* assurance *f*
selbstständig ['zɛlpstʃtɛndɪç] **I** *adj* (*eigenständig*) autonome; (*unabhängig*), *beruflich* indépendant; *beruflich* ***~ sein*** être, travailler à son compte; ***sich ~ machen*** se mettre à son compte; **II** *adv* ***~ handeln*** agir en toute indépendance, de sa propre initiative
'Selbst|ständige(r) *f(m)* ⟨→ A⟩ travailleur, -euse *m,f* indépendant(e); **~ständigkeit** *f* ⟨~⟩ indépendance *f*; **~sucht** *f* égoïsme *m*; **2süchtig** *adj* égoïste; **2tätig** *adj* automatique; **~täuschung** *f* illusion *f*; aveuglement *m*; **~überwindung** *f* effort *m* sur soi-même
'Selbstverpflegung *f im Urlaub* ***mit ~*** sans pension
'selbst|verschuldet *adjt* dû à sa propre faute; **2versorger** *m* personne *f* qui pourvoit elle-même à ses besoins
'selbstverständlich I *adj* naturel; ***das ist ~*** cela va de soi; **II** *adv* naturellement; évidemment; bien entendu
'Selbstverständlichkeit *f* ⟨~; ~en⟩ évidence *f*; ***das ist e-e ~*** cela va de soi; c'est bien naturel
'Selbst|verteidigung *f* autodéfense *f*; **~vertrauen** *n* confiance *f* en soi; **~verwaltung** *f* autogestion *f*; **2zufrieden** *adj* content de soi; **~zweck** *m* fin *f* en soi
Selen [ze'le:n] *n* ⟨~s⟩ sélénium *m*
selig ['ze:lɪç] *adj* **1** (*glücklich*) très heureux; ravi; **2** REL bienheureux; ***~ sprechen*** béatifier; **3** (*gestorben*) défunt
'Seligkeit *f* ⟨~; ~en⟩ grand bonheur; béatitude *f* (*a* REL)
Sellerie ['zɛləri] *m* ⟨~s; ~s⟩ *od f* ⟨~; ~⟩ céleri *m*
selten ['zɛltən] **I** *adj* rare; **II** *adv* **1** rarement; ***höchst ~*** presque jamais; ***es kommt ~ vor, dass ...*** il est rare que ... (+ *subj*) *bzw* de (+ *inf*); **2** (*sehr, besonders*) exceptionnellement; ***~ schön** Mädchen* d'une rare beauté
'Seltenheit *f* ⟨~; ~en⟩ rareté *f*
Selterswasser ['zɛltərs-] *n* eau *f* de Seltz
seltsam ['zɛltza:m] *adj* étrange; curieux; (*wunderlich*) bizarre
'seltsamer'weise *adv* curieusement
Semantik [ze'mantɪk] *f* ⟨~⟩ sémantique *f*
Semester [ze'mɛstər] *n* ⟨~s; ~⟩ semestre *m*; **~ferien** *pl* vacances *f/pl* universitaires
Semikolon [zemi'ko:lɔn] *n* ⟨~s; ~s *ou* -la⟩ point-virgule *m*
Seminar [zemi'na:r] *n* ⟨~s; ~e⟩ *Institut* institut *m*; *Lehrveranstaltung* séminaire *m*
Semit|(in) [ze'mi:t(ɪn)] *m* ⟨~en; ~en⟩ *(f)* ⟨~; ~nen⟩ Sémite *m,f*; **2isch** *adj* sémite; *Sprache* sémitique
Semmel ['zɛməl] *f* ⟨~; ~n⟩ petit pain; F ***weggehen wie warme ~n*** se vendre comme des petits pains
'Semmelknödel *m* quenelle *f* (à base de pain)
sen. *abr* (*senior*) père
Senat [ze'na:t] *m* ⟨~(e)s; ~e⟩ Sénat *m*
Senator [ze'na:tɔr] *m* ⟨~s; -'toren⟩ sénateur *m*
'Sende|bereich *m*, **~gebiet** *n* zone *f* d'émission
senden ['zɛndən] *v/t* **1** *st/s* ⟨sendet, sandte *ou* sendete, gesandt *ou* gesendet⟩ (*schicken*) envoyer; **2** ⟨*régulier*⟩

RAD, TV diffuser; TÉLÉCOMM émettre
'Sender *m* ⟨~s; ~⟩ émetteur *m*
'Sende|reihe *f* série *f* d'émissions; **~schluss** *m* fin *f* des émissions; **~zeit** *f* heures *f/pl* d'antenne; *e-r Sendung* tranche *f* horaire
'Sendung *f* ⟨~; ~en⟩ **1** (*Gesandtes*) envoi *m*; **2** *st/s* (*Auftrag*) mission *f*; **3** RAD, TV émission *f*
Senegal ['ze:negal] *n* ⟨~s⟩ *od* ***der ~*** le Sénégal
Senegales|e [zenega'le:zə] *m* ⟨~n; ~n⟩, **~in** *f* ⟨~; ~nen⟩ Sénégalais(e) *m(f)*; **&isch** *adj* sénégalais
Senf [zɛnf] *m* ⟨~¢s; ~e⟩ moutarde *f*; F *fig* ***s-n ~ dazugeben*** F y mettre son grain de sel
'Senfgurke *f* gros cornichon aux graines de moutarde
sengen ['zɛŋən] **I** *v/t* roussir; brûler; **II** *v/i* brûler; ***~d*** *Hitze* torride
senil [ze'ni:l] *adj* sénile; **&i'tät** *f* ⟨~⟩ sénilité *f*
senior ['ze:nio:r] *adj* ***Herr L. ~*** monsieur L. père
'Senior *m* ⟨~s; -'oren⟩ **1** COMM père *m*; **2** SPORT senior *m*; **3** (*Ältester*) doyen *m*; **4** (*älterer Mensch*) personne âgée; *pl* ***die ~en*** *a* le troisième âge
Seni'oren|heim *n* maison *f* de retraite; **~pass** *m* carte *f* vermeil
Seni'orin *f* ⟨~; ~nen⟩ **1** COMM mère *f*; **2** SPORT senior *f*; **3** (*Älteste*) doyenne *f*; **4** (*ältere Frau*) femme âgée
Senkblei ['zɛŋk-] *n* fil *m* à plomb
'Senke *f* ⟨~; ~n⟩ dépression *f* (de terrain); affaissement *m*
'senken **I** *v/t* **1** *Kopf* baisser; incliner; *Augen, Stimme* baisser; **2** *fig Preis* baisser; *Kosten* diminuer; *Steuern* réduire; *Niveau* abaisser; *Fieber* faire baisser; **II** *v/r* ***sich ~*** s'abaisser (*a Boden*); *Gebäude* s'affaisser
'Senkfuß *m* pied *m* à voûte plantaire affaissée
'senkrecht *adj* vertical; MATH perpendiculaire (***zu*** à, sur)
'Senkrechte *f* (*senkrechte Linie*) verticale *f*; MATH perpendiculaire *f*
'Senkrechtstarter *m* **1** AVIAT avion *m* à décollage vertical; **2** F *Person* personne *f* qui (a) fait une carrière fulgurante
'Senkung *f* ⟨~; ~en⟩ **1** (*Senken*) abaissement *m*; *des Bodens* affaissement *m*; **2** *der Preise, Steuern* baisse *f*; réduction *f*
Sennhütte ['zɛn-] *f* chalet *m* d'alpage
Sensation [zɛnzatsi'o:n] *f* ⟨~; ~en⟩ sensation *f*
sensatio'nell *adj* sensationnel; à sensation
Sense ['zɛnzə] *f* ⟨~; ~n⟩ faux *f*; F ***jetzt ist ~!*** terminé!; maintenant, ça suffit!
sensi|bel [zɛn'zi:bəl] *adj* ⟨-bl-⟩ sensible; **~bili'sieren** *v/t* ⟨*sans ge*⟩ sensibiliser (***für*** à); **&bili'tät** *f* ⟨~⟩ sensibilité *f*
Sensor ['zɛnzɔr] *m* ⟨~s; -'soren⟩ capteur *m*; détecteur *m*
sentimental [zɛntimɛn'ta:l] *adj* sentimental; **&i'tät** *f* ⟨~; ~en⟩ sentimentalité *f*
separat [zepa'ra:t] **I** *adj* séparé; particulier; **II** *adv* à part
Separa'tist *m* ⟨~en; ~en⟩ séparatiste *m*; **&isch** *adj* séparatiste
September [zɛp'tɛmbər] *m* ⟨~$; ~⟩ (mois *m* de) septembre *m*; → ***Januar***
Serb|e ['zɛrbə] *m* ⟨~n; ~n⟩, **~in** *f* ⟨~; ~nen⟩ Serbe *m,f*; **~ien** *n* ⟨~s⟩ la Serbie; **&isch** *adj* serbe
Serenade [zere'na:də] *f* ⟨~; ~n⟩ sérénade *f*
Serie ['ze:riə] *f* ⟨~; ~n⟩ **1** série *f* (*a fig*); ***in ~ gehen*** être fabriqué en série; **2** TV feuilleton *m*; série *f*
seri'ell *adj* INFORM séquentiel
'serien|mäßig *adj u adv* en série; **&produktion** *f* production *f* en série; **~reif** *adj* prêt pour la fabrication en série
seriös [zeri'ø:s] *adj* sérieux
Seriosität [seriozi'tɛ:t] *f* ⟨~⟩ sérieux *m*
Serpentine [zɛrpɛn'ti:nə] *f* ⟨~; ~n⟩ **1** (*Windung*) lacet *m*; **2** (*~nstraße*) route *f* en lacets
Serum ['ze:rum] *n* ⟨~s; -ren *ou* -ra⟩ sérum *m*
Server ['zø:rvər] *m* ⟨~s; ~⟩ INFORM serveur *m*
Service[1] [zɛr'vi:s] *n* ⟨~; ~⟩ (*Geschirr*) service *m*
Service[2] ['zø:rvɪs] *m od n* ⟨~; ~s [-vɪsɪs]⟩ **1** (*Bedienung, Kundendienst*) service *m*; **2** TENNIS service *m*
servieren [zɛr'vi:rən] *v/t* ⟨*sans ge*⟩ **1** (*auftragen*) servir (***j-m etw*** qc à qn); **2** TENNIS servir
Ser'viererin *f* ⟨~; ~nen⟩ serveuse *f*
Ser'vierwagen *m* table roulante

Serviette [zɛrvi'ɛtə] *f* ⟨~; ~n⟩ serviette *f* (de table)
Servolenkung ['zɛrvo-] *f* direction assistée
servus ['zɛrvʊs] *int südd, österr* salut!
Sesam ['ze:zam] *m* ⟨~s; ~s⟩ sésame *m*
Sessel ['zɛsəl] *m* ⟨~s; ~⟩ fauteuil *m*; **~lift** *m* télésiège *m*
sesshaft ['zɛshaft] *adj* sédentaire; **~ werden** s'établir
Set [sɛt] *n od m* ⟨~$; ~s⟩ **1** (*Satz*) assortiment *m*; **2** (*Platzdeckchen*) set *m*
setzen ['zɛtsən] ⟨¢$⟩ **I** *v/t* **1** *Gegenstand* mettre; poser (**auf den Boden** par terre); *Kind, Kranken* asseoir; *bei Tisch* **j-n neben j-n ~** placer qn à côté de qn; **2** *Pflanze* planter; **3** *Segel* 'hisser; *Denkmal* ériger; **4** TYPO composer; **5** (*schreiben*) *Punkt, Komma* mettre; **6** *bei Wetten* miser (**auf** [+ *acc*] sur); **II** *v/i* **7** *beim Wetten* miser (**auf** [+ *acc*] sur); **8** ⟨h *ou* sn⟩ **über e-n Graben ~** sauter, franchir un fossé; **über e-n Fluss ~** traverser, passer une rivière; **III** *v/r* **sich ~ 9** (*Platz nehmen*) s'asseoir (**auf e-n Stuhl** sur une chaise; **zu j-m** à côté de qn); se mettre (**in e-n Sessel** dans un fauteuil); **sich ins Auto ~** monter en voiture; **10** *feste Bestandteile* se déposer
'**Setzer(in)** *m* ⟨~s; ~⟩ (*f*) ⟨~; ~nen⟩ TYPO compositeur, -trice *m,f*; typographe *m,f*
'**Setzling** *m* ⟨~s; ~e⟩ *Pflanze* plant *m*
Seuche ['zɔʏçə] *f* ⟨~; ~n⟩ épidémie *f*; **~nbekämpfung** *f* lutte *f* contre les épidémies
seufzen ['zɔʏftsən] *v/i u v/t* ⟨¢$⟩ soupirer
'**Seufzer** *m* ⟨~s; ~⟩ soupir *m*
Sex [zɛks] F *m* ⟨~¢$⟩ **1** (*dargestellte Sexualität*) sexe *m*; **2** (*Geschlechtsverkehr*) rapports sexuels
'**Sex|bombe** F *f* F femme *f* très sexy; **~film** *m* film *m* érotique, *p/fort* porno(graphique)
Sex|ismus [zɛ'ksɪsmʊs] *m* ⟨~⟩ sexisme *m*; **~ist(in)** *m* ⟨~en; ~en⟩ (*f*) ⟨~; ~nen⟩ sexiste *m,f*; **≗istisch** *adj* sexiste
Sextant [zɛks'tant] *m* ⟨~en; ~en⟩ sextant *m*
Sextett [zɛks'tɛt] *n* ⟨~¢s; ~e⟩ sextuor *m*
Sexualerziehung [zɛksu'a:l-] *f* éducation sexuelle
Sexuali'tät *f* ⟨~⟩ sexualité *f*
Sexu'al|kunde *f* éducation sexuelle; **~verbrechen** *n* délit sexuel; **~verbrecher** *m* délinquant sexuel
sexuell [zɛksu'ɛl] *adj* sexuel
sexy ['zɛksi] F *adj* ⟨*inv*⟩ F sexy
Seychellen [ze'ʃɛlən] *pl* **die ~** les Seychelles *f/pl*
sezieren [ze'tsi:rən] *v/t* ⟨*sans ge*⟩ disséquer
sfr., *schweiz* **sFr.** *abr* (*Schweizer Franken*) FS (franc suisse)
Shampoo [ʃam'pu:], **Shampoon** [ʃam'po:n] *n* ⟨~s; ~s⟩ shampo(o)ing *m*
Sheriff ['ʃɛrɪf] *m* ⟨~s; ~s⟩ shérif *m*
Sherry ['ʃɛrɪ] *m* ⟨~s; ~s, *mais* 5 ~⟩ sherry *m*; xérès *m*
Shorts [ʃɔrts] *pl* short *m*
Show [ʃo:] *f* ⟨~; ~s⟩ show *m*; '**~geschäft** *n* show-business *m*; '**~master** [-ma:stər] *m* ⟨~s; ~⟩ animateur m
Shrimps [ʃrɪmps] *m/pl* crevettes *f/pl*
Shuttle ['ʃatəl] *m* ⟨~s; ~s⟩, **~bus** *m* navette *f*
siamesisch [zia'me:zɪʃ] *adj* **~e Zwillinge** *m/pl* frères siamois *bzw* sœurs siamoises
'**Siamkatze** *f* (chat) siamois *m*
Sibir|ien [zi'bi:riən] *n* ⟨~s⟩ la Sibérie; **≗isch** *adj* sibérien
sich [zɪç] *pr/pers* **I** *3. Person sg, dat u acc* se; *mit prép* lui *bzw* elle; *unpersönlich* soi; **an (und für) ~** en fait; au fond; **etw von ~** (*dat*) **aus tun** faire qc par soi-même; *passivisch* **in diesem Bett schläft es ~ gut** on dort bien dans ce lit; **II** *3. Person pl, dat u acc* **1** *reflexiv* se; *mit prép* eux *bzw* elles; **sie bleiben für ~** ils restent entre eux; **2** *reziprok* se
Sichel ['zɪçəl] *f* ⟨~; ~n⟩ **1** *Werkzeug* faucille *f*; **2** (*Mond≗*) croissant *m*
sicher ['zɪçər] **I** *adj* **1** (*gewiss*) sûr; certain; **sich** (*dat*) **s-r Sache** (*gén*) **~ sein** être sûr de son fait; **der Erfolg ist uns ~** notre succès est assuré; **2** (*nicht gefährdet*) *Erfolg, Zukunft, Stellung* assuré; *Person* **vor j-m, etw ~ sein** être à l'abri de qn, qc; **3** (*zuverlässig*) sûr; infaillible; **aus ~er Quelle** de bonne source; **4** (*nicht gefährlich*) sûr; pas dangereux; **5** (*selbstbewusst*) sûr de soi; **ein ~es Auftreten haben** avoir de l'assurance; **II** *adv* **1** (*gewiss*) sûrement; certainement; (**aber**) **~!** bien sûr!; **er wird ~ kommen** il viendra sûrement, à coup

sûr; **2** (*gefahrlos*) en (toute) sécurité; **3** **~** ***Auto fahren*** bien conduire; **4** **~** ***auftreten*** avoir de l'assurance
'**sicher·gehen** *v/i* ⟨*irr*, sn⟩ s'(en) assurer; ***um sicherzugehen*** pour être sûr de son fait
'**Sicherheit** *f* ⟨~; ~en⟩ **1** (*Gewissheit*) certitude *f*; ***mit*** (***einiger***) **~** avec (quelque) certitude; **2** (*Schutz*) sûreté *f*; sécurité *f*; ***in*** **~** (*acc*) ***bringen*** mettre à l'abri, en lieu sûr; **3** (*Selbst*≈) assurance *f*; **4** COMM garantie *f*; (*Bürgschaft*) caution *f*
'**Sicherheits|abstand** *m* distance *f* de sécurité; **~bindung** *f am Ski* fixation *f* de sécurité
'**Sicherheitsdienst** *m* ***privater*** **~** police privée
'**Sicherheits|glas** *n* verre *m* de sécurité; **~gurt** *m im Auto, Flugzeug* ceinture *f* de sécurité; **≈halber** *adv* pour plus de sûreté; **~kopie** *f* sauvegarde *f*; **~maßnahme** *f* mesure *f* de sécurité, de sûreté; **~nadel** *f* épingle *f* de sûreté, de nourrice; **~rat** *m der UNO* Conseil *m* de sécurité; **~schloss** *n* serrure *f* de sûreté; **~vorschriften** *f/pl* consignes *f/pl* de sécurité
'**sicherlich** *adv* sûrement; certainement
'**sichern** **I** *v/t* **1** (*sicherstellen*) assurer; (*gewährleisten*) garantir; *Frieden, Position* consolider; **2** *Schusswaffe* mettre le cran de sûreté à; **3** (*schützen*) protéger, garantir (***vor*** [+ *dat*], ***gegen*** de, contre); **4** INFORM sauvegarder; **II** *v/r* ***sich*** (*dat*) ***etw*** **~** s'assurer qc
'**sicher·stellen** *v/t* **1** (*gewährleisten*) assurer; garantir; **2** (*beschlagnahmen*) confisquer; saisir
'**Sicherung** *f* ⟨~; ~en⟩ **1** (*Schutz*) préservation *f*, sauvegarde *f* (***vor*** [+ *dat*], ***gegen*** contre); **2** TECH (arrêt *m* de) sûreté *f*; *an Schusswaffen* cran *m* de sûreté; **3** ÉLECT fusible *m*; plomb *m*; **4** INFORM sauvegarde *f*
'**Sicherungs|diskette** *f* disquette *f* de sauvegarde; **~kasten** *m* boîte *f* à fusibles; **~kopie** *f* sauvegarde *f*
Sicht [zɪçt] *f* ⟨~⟩ **1** vue *f*; (*~verhältnisse*) visibilité *f*; ***in*** **~** en vue; ***in*** **~** ***kommen*** apparaître; ***heute ist gute, klare*** **~** aujourd'hui on a une bonne visibilité; **2** (*Betrachtungsweise*) vue *f*; façon *f* de voir; ***auf kurze, lange*** **~** à court, long terme; ***aus meiner*** **~** à mon avis
'**sichtbar** *adj* **1** visible; **2** (*offenkundig*) apparent; évident
'**sichten** *v/t* ⟨-e-⟩ **1** *Papiere, Beweismaterial* examiner; parcourir (des yeux); **2** (*erblicken*) apercevoir; repérer
'**sichtlich** **I** *adj* visible; **II** *adv* visiblement; **~** ***erfreut*** visiblement content
'**Sicht|verhältnisse** *n/pl* (conditions *f/pl* de) visibilité *f*; **~vermerk** *m* visa *m*
'**Sichtweite** *f* visibilité *f*; ***außer, in*** **~** 'hors de, en vue
sickern ['zɪkərn] *v/i* ⟨sn⟩ suinter
sie [ziː] *pr/pers 3. Person* **I** *sg f* **1** *Nominativ* elle (*a unverbunden*); **2** *acc* la; **II** *pl* **3** *Nominativ* ils *bzw* elles; *unverbunden* eux *bzw* elles; **4** *acc* les
Sie *pr/pers Anrede* vous; ***j-n mit*** **~** ***anreden*** dire vous à qn; vouvoyer qn
Sieb [ziːp] *n* ⟨~es; ~e⟩ CUIS passoire *f*; *grobes* crible *m*; *feineres* tamis *m*
sieben[1] ['ziːbən] *v/t* **1** *Mehl, Sand etc* tamiser; **2** *fig Personen* trier
'**sieben**[2] *num/c* sept; → ***acht***
'**Sieben** *f* ⟨~; ~en⟩ sept *m*
'**sieben...**, '**Sieben...** → ***acht..., Acht...***
'**Siebener** *m* ⟨~s; ~⟩ sept *m*
'**siebener'lei** *adj* ⟨*inv*⟩ de sept sortes, espèces différentes
'**sieben|fach** **I** *adj* septuple; → ***achtfach***; **II** *adv* sept fois (plus); **≈fache(s)** *n* ⟨→ A⟩ septuple *m*; '**~'hundert** *num/c* sept cent(s); **~jährig** *adj* (*sieben Jahre alt*) (âgé) de sept ans; (*sieben Jahre lang*) de sept ans; qui dure sept ans
'**Sieben|kampf** *m* heptathlon *m*; **≈mal** *adv* sept fois; **~'meilenstiefel** *m/pl* bottes *f/pl* de sept lieues; '**~'sachen** F *f/pl* F barda *m*; affaires *f/pl*; **~schläfer** *m* **1** ZO loir *m*; **2** *Tag* 27 juin; **≈stellig** *adj* de *od* à sept chiffres
'**sieben'tausend** *num/c* sept mille
'**siebente** → ***siebte***
siebt [ziːpt] *adv* ***zu*** **~** à sept; ***zu*** **~** ***sein*** être sept
'**siebte** *num/o* septième; → ***achte***
'**Siebtel** *n* ⟨~s; ~⟩ septième *m*
'**siebtens** *adv* septièmement
siebzehn ['ziːptseːn] *num/c* dix-sept; → ***acht***
siebzig ['ziːptsɪç] *num/c* soixante-dix; *Belgien, schweiz* septante; → ***achtzig***
'**Siebzig** *f* ⟨~⟩ soixante-dix *m*; *Belgien,*

S

schweiz septante *m*
'**siebziger** *adj* ⟨*inv*⟩ ***die ~ Jahre*** *n/pl* les années *f/pl* soixante-dix
'**siebzigjährig** *adj* (*siebzig Jahre alt*) (âgé) de soixante-dix ans; (*siebzig Jahre lang*) de soixante-dix ans; qui dure soixante-dix ans
Siechtum ['ziːçtuːm] *st/s n* ⟨~s⟩ infirmité *f*
siedeln ['ziːdəln] *v/i* ⟨¢⟩ s'établir
sieden ['ziːdən] *v/i* ⟨siedet, sott *ou* siedete, gesotten *ou* gesiedet⟩ bouillir
'**Siedepunkt** *m* point *m* d'ébullition
'**Siedler** *m* ⟨~s; ~⟩ colon *m*
'**Siedlung** *f* ⟨~; ~en⟩ **1** (*An*♀) colonie *f*; **2** (*Wohngebiet*) lotissement *m*; cité *f*
Sieg [ziːk] *m* ⟨~¢s; ~e⟩ victoire *f* (***über*** [+ *acc*] sur)
Siegel ['ziːgəl] *n* ⟨~s; ~⟩ cachet *m*; *amtliches* sceau *m*; JUR scellé *m*; **~ring** *m* chevalière *f*
'**siegen** *v/i* gagner; triompher; ***über j-n ~*** remporter la victoire sur qn; l'emporter sur qn
'**Sieger(in)** *m* ⟨~s; ~⟩ (*f*) ⟨~; ~nen⟩ vainqueur *m*; SPORT *a* gagnant(e) *m(f)*
'**Siegerehrung** *f* remise *f* des prix *bzw* des médailles
'**sieges|sicher** *adj* sûr de la victoire, de triompher; ♀**treffer** *m* but décisif
'**siegreich** *adj* victorieux; vainqueur; SPORT *a* gagnant
sieht [ziːt] → ***sehen***
siezen ['ziːtsən] *v/t* ⟨¢$⟩ vouvoyer; dire vous (***j-n*** à qn)
Signal [zi'gnaːl] *n* ⟨~s; ~e⟩ signal *m*
signali'sieren *v/t* ⟨*sans ge*⟩ **1** signaler; **2** (*zu verstehen geben*) ***j-m etw ~*** faire comprendre qc à qn
Signatur [zɪgna'tuːr] *f* ⟨~; ~en⟩ **1** *e-s Künstlers* signature *f*; **2** (*Bibliotheks*♀) cote *f*
signieren [zɪ'gniːrən] *v/t* ⟨*sans ge*⟩ signer; *Autor* dédicacer
Silbe ['zɪlbə] *f* ⟨~; ~n⟩ syllabe *f*; *fig* ***etw mit keiner ~ erwähnen*** ne pas faire la moindre allusion à qc
'**Silben|rätsel** *n* charade *f*; **~trennung** *f* division *f* (des mots) en syllabes
Silber ['zɪlbər] *n* ⟨~s⟩ **1** *Farbe, Metall* argent *m*; **2** (*Tafel*♀) argenterie *f*
'**Silber|besteck** *n* couvert *m* en, d'argent; **~blick** F *m* F coquetterie *f* dans l'œil; ♀**grau** *adj* gris argenté; **~hochzeit** *f* noces *f/pl* d'argent; **~medaille** *f* médaille *f* d'argent
'**silbern** *adj* **1** (*aus Silber*) d'argent; **2** (*silberfarben*) argenté
'**Silberstreif(en)** *m fig* ***ein ~ am Horizont*** une lueur d'espoir
'**silbrig** *adj* argenté
Silhouette [zilu'ɛtə] *f* ⟨~; ~n⟩ silhouette *f*
Silicium [zi'liːtsium] *n* ⟨~s⟩ silicium *m*
Silikon [zili'koːn] *n* ⟨~s; ~e⟩ silicone *f*
Silo ['ziːlo] *m od n* ⟨~s; ~s⟩ silo *m*
Silvester [zɪl'vɛstər] *m od n* ⟨~s; ~⟩ la Saint-Sylvestre; **~nacht** *f* nuit *f* de la Saint-Sylvestre
Simbabwe [zɪm'bapvə] *n* ⟨~s⟩ le Zimbabwe
simpel ['zɪmpəl] *adj* ⟨-pl-⟩ **1** (*einfach*) simple; **2** *oft péj* (*schlicht*) banal; **3** *péj* (*einfältig*) simplet
Sims [zɪms] *m od n* ⟨~es; ~e⟩ (*Fenster*♀, *Kamin*♀) rebord *m*; CONSTR corniche *f*
Simul|ant(in) [zimu'lant(ɪn)] *m* ⟨~en; ~en⟩ (*f*) ⟨~; ~nen⟩ simulateur, -trice *m,f*; **~ati'on** *f* ⟨~; ~en⟩ simulation *f*; **~ator** *m* ⟨~s; -'toren⟩ simulateur *m*
simu'lieren ⟨*sans ge*⟩ **I** *v/t* simuler (*a* TECH); feindre; **II** *v/i* feindre d'être malade; simuler une maladie
simultan [zimul'taːn] *adj* simultané; ♀**dolmetscher** *m* interprète simultané
Sinfonie [zɪnfo'niː] *f* ⟨~; ~n⟩ symphonie *f*; **~orchester** *n* orchestre *m* symphonique
sin'fonisch *adj* symphonique
Singapur ['zɪŋgapuːr] *n* ⟨~s⟩ Singapour
singen ['zɪŋən] *v/t u v/i* ⟨sang, gesungen⟩ **1** chanter; ***j-n in den Schlaf ~*** endormir qn en chantant; **2** F *vor der Polizei* parler; F se mettre à table
Single[1] ['zɪŋ(g)əl] *f* ⟨~; ~s⟩ *CD, Schallplatte* quarante-cinq tours *m*; single *m*
'**Single**[2] *m* ⟨~$; ~s⟩ (*Alleinstehende*[*r*]) personne seule
'**Singsang** *m* ⟨~¢s⟩ chant *m* monotone
Singular ['zɪŋgulaːr] *m* ⟨~s; ~e⟩ singulier *m*
'**Singvogel** *m* oiseau chanteur
sinken ['zɪŋkən] *v/i* ⟨sank, gesunken, sn⟩ **1** *Sonne* baisser; décliner; *Schiff* couler; sombrer; ***auf den*** *od* ***zu Boden ~*** s'affaisser; **2** *Thermometer* descendre; *Temperatur* baisser; tomber; *Preise* baisser; diminuer; **3** *fig Hoffnung*,

S

Laune s'évanouir; *moralisch* ***tief gesunken sein*** être tombé bien bas

Sinn [zɪn] *m* ⟨~¢s; ~e⟩ **1** (*Wahrnehmungsfähigkeit*) sens *m*; ***der sechste ~*** le sixième sens; ***die fünf ~e*** les cinq sens; F ***s-e fünf ~e beisammenhaben*** avoir toute sa tête; **2** *st/s pl* (*Bewusstsein*) ***nicht bei ~en sein, von ~en sein*** ne pas avoir toute sa tête; **3** (*Verständnis*) sens *m*; ***~ für etw haben*** avoir le sens de qc; **4** (*Geist, Gesinnung*) esprit *m*; ***in j-s ~e*** (*dat*) ***handeln*** agir dans le sens de qn; ***sich*** (*dat*) ***etw aus dem ~ schlagen*** s'ôter qc de l'esprit; ***etw im ~(e) haben*** avoir qc en tête; ***es kam mir in den ~, dass …*** il me vint à l'idée, à l'esprit que …; **5** (*Bedeutung*) sens *m*; *e-s Wortes, Satzes etc* signification *f*; acception *f*; ***im eigentlichen, engeren, übertragenen ~(e)*** au sens propre, strict, figuré; ***im weiteren ~(e)*** par extension; au sens large; F ***~ machen*** être logique; **6** (*Zweck*) sens *m*; ***der ~ des Lebens*** le sens de la vie; ***ohne ~ und Verstand*** sans rime ni raison; ***keinen ~ haben***, F ***machen*** ne pas avoir de sens

'Sinnbild *n* symbole *m*; **2lich** *adj* symbolique

'sinnen *st/s v/i* ⟨sann, gesonnen⟩ songer; réfléchir; ***auf etw*** (*acc*) ***~*** songer, rêver à qc; méditer qc

'sinnentstellend *adjt* déformant le sens

'Sinnes|eindruck *m* sensation *f*; **~organ** *n* organe *m* des sens; **~täuschung** *f* illusion *f* des sens; *krankhafte* hallucination *f*; **~wahrnehmung** *f* perception sensorielle; **~wandel** *m* changement *m* d'attitude

'sinngemäß **I** *adj* conforme au sens; **II** *adv* ***etw ~ wiedergeben*** redonner le sens général de qc

sin'nieren *v/i* ⟨*sans ge*⟩ (***über etw*** [*acc*]) ~ méditer (sur qc)

'sinnig *adj meist iron* fin; intelligent

'sinnlich *adj* **1** *Mund, Liebe, Mensch* sensuel; **2** (*wahrnehmbar*) sensoriel; **2keit** *f* ⟨~⟩ sensualité *f*

'sinnlos **I** *adj* **1** (*unsinnig*) absurde; *p/fort* insensé; **2** (*zwecklos*) inutile; **3** (*maßlos*) insensé; démesuré; **II** *adv* ***~ betrunken*** ivre mort

'Sinnlosigkeit *f* ⟨~; ~en⟩ **1** absurdité *f*; **2** inutilité *f*

'sinn|verwandt *adj* synonyme; **~voll** *adj* **1** (*vernünftig*) raisonnable; sage; **2** (*e-n Sinn ergebend*) judicieux; (*zweckmäßig*) utile; **3** (*mit Sinn erfüllt*) *Arbeit* qui a un sens

Sintflut ['zɪntflu:t] *f* BIBL Déluge *m*; **2artig** *adj Regenfälle* diluvien

Sinus ['zi:nʊs] *m* ⟨~; ~ *ou* ~se⟩ MATH sinus *m*

Siphon ['zi:fõ *ou* zi'fo:n] *m* ⟨~s; ~s⟩ siphon *m*

Sippe ['zɪpə] *f* ⟨~; ~n⟩ parenté *f*; tribu *f*; clan *m* (*a péj*)

'Sippschaft *f* ⟨~; ~en⟩ *péj* **1** (*Verwandte*) clan *m*; **2** (*Gesindel*) clique *f*

Sirene [zi're:nə] *f* ⟨~; ~n⟩ sirène *f*

Sirup ['zi:rʊp] *m* ⟨~s; ~e⟩ (*Frucht2*) sirop *m*; (*Zuckerrüben2*) mélasse *f*

Sitte ['zɪtə] *f* ⟨~; ~n⟩ **1** (*Brauch*) coutume *f*; usage *m*; ***~n*** *pl* mœurs *f/pl*; ***~n und Gebräuche*** us *m/pl* et coutumes; **2** (*Moral*) (***gute***) ***~n*** *pl* (bonnes) mœurs; **3** (*Benehmen*) *pl* ***~n*** manières *f/pl*

'Sitten|lehre *f* morale *f*; éthique *f*; **~polizei** *f* brigade mondaine; **~richter** *m* moralisateur *m*; **2streng** *adj* de mœurs austères; puritain; **~strolch** F *m* satyre *m*; **2widrig** *adj* **1** (*ungesetzlich*) illicite; **2** (*unmoralisch*) immoral

Sittich ['zɪtɪç] *m* ⟨~s; ~e⟩ perruche *f*

'sittlich *adj* moral; **2keit** *f* ⟨~⟩ moralité *f*; (bonnes) mœurs

'Sittlichkeits|verbrechen *n* crime *m* contre les mœurs; **~verbrecher** *m* auteur *m* d'un crime contre les mœurs

Situation [zituatsi'o:n] *f* ⟨~; ~en⟩ situation *f*

Sitz [zɪts] *m* ⟨~es; ~e⟩ **1** (*Stelle, ~platz, Regierungs2*) siège *m*; *e-r Firma* siège social; *im Kino, Theater* place *f*; **2** *Kleidung* ***e-n guten ~ haben*** aller bien; **3** (*~haltung*) position assise

'Sitz|bank *f* ⟨~; ~̈e⟩ banquette *f*; banc *m*; **~blockade** *f* sit-in *m*; **~ecke** *f* banc *m* d'angle (et fauteuils assortis)

'sitzen *v/i* ⟨¢$, saß, gesessen, *südd, österr, schweiz* sn⟩ **1** être assis (***auf e-m Stuhl, in e-m Sessel*** sur une chaise, dans un fauteuil); *Vögel* être perché; **2** *fig* ***~ bleiben*** F *Schüler* redoubler une classe; F ***auf e-r Ware ~ bleiben*** ne pas réussir à vendre sa marchandise; F ***~ lassen*** (*im Stich lassen*) planter là;

S

(*nicht heiraten*) F plaquer; ***etw nicht auf sich*** (*dat*) **~ *lassen*** ne pas encaisser qc; F ***er hat e-n*** **~** F il a bu un coup de trop; **3** *Firma* avoir son siège; *Regierung, Behörden* siéger; **4** *Kleidung* aller bien; **5** F *Hieb* toucher (juste) (*a fig*); *Bemerkung* porter juste; *Geübtes* ***das muss*** **~** ça doit être parfait; **6** *Nagel, Brett* ***fest, locker*** **~** bien, mal tenir; **7** F (*eingesperrt sein*) être en prison

'Sitzfleisch *n* F *plais* ***kein*** **~ *haben*** F avoir la bougeotte

'Sitzgelegenheit *f* siège *m*; place *f*

'Sitz|gruppe *f* ensemble *m* fauteuils et canapé; salon *m*; **~kissen** *n* coussin *m*; **~ordnung** *f* disposition *f* des places; **~platz** *m* place assise; **~streik** *m* grève *f* sur le tas

'Sitzung *f* ⟨~; ~en⟩ séance *f* (*a fig*)

'Sitzungs|periode *f* session *f*; **~saal** *m* salle *f* des séances

Sizilianer(in) [zitsili'aːnər(ɪn)] *m* ⟨~s; ~⟩ (*f*) ⟨~; ~nen⟩ Sicilien, -ienne *m,f*

sizili'anisch *adj* sicilien

Sizilien [zi'tsiːliən] *n* ⟨~s⟩ la Sicile

Skala ['skaːla] *f* ⟨~; -len *ou* ~s⟩ graduation *f*; *fig*, MUS, (*Farb*2) gamme *f*

Skalp [skalp] *m* ⟨~s; ~e⟩ scalp *m*

Skalpell [skal'pɛl] *n* ⟨~s; ~e⟩ scalpel *m*

skal'pieren *v/t* ⟨*sans ge*⟩ scalper

Skandal [skan'daːl] *m* ⟨~s; ~e⟩ scandale *m*; esclandre *m*

skandalös [skanda'løːs] *adj* scandaleux

skandieren [skan'diːrən] *v/t* ⟨*sans ge*⟩ scander

Skandinav|ien [skandi'naːviən] *n* ⟨~s⟩ la Scandinavie; **~ier(in)** *m* ⟨~s; ~⟩ (*f*) ⟨~; ~nen⟩ Scandinave *m,f*; **2isch** *adj* scandinave

Skat [skaːt] *m* ⟨~ẹs; ~e *ou* ~s⟩ *jeu de cartes allemand*

Skateboard ['skeːtbɔrt] *n* ⟨~s; ~s⟩ skate(-board) *m*; planche *f* à roulettes

Skelett [ske'lɛt] *n* ⟨~ẹs; ~e⟩ squelette *m* (*a fig*)

Skep|sis ['skɛpsɪs] *f* ⟨~⟩ scepticisme *m*; **~tiker** *m* ⟨~s; ~⟩ sceptique *m*; **2tisch** *adj* sceptique

Sketch [skɛtʃ] *m* ⟨~ *ou* ~es; ~ẹs *ou* ~s⟩ sketch *m*

Ski [ʃiː] *m* ⟨~s; ~ *ou* ~er⟩ ski *m*; **~ *laufen*** *od* ***fahren*** faire du ski; skier; ***auf*** **~*ern*** à *od* en skis

'Ski|anzug *m* combinaison *f* de ski; **~bindung** *f* fixation *f* de ski; **~fahrer(in)** *m*(*f*) skieur, skieuse *m,f*; **~gebiet** *n* domaine *m* skiable; **~gymnastik** *f* gymnastique *f* pour le ski; **~hütte** *f* chalet *m* de ski; **~kurs** *m* cours *m* de ski; **~langlauf** *m* ski *m* de fond; **~lauf(en)** *m*(*n*) ski *m*; **~läufer(in)** *m*(*f*) skieur, skieuse *m,f*; **~lehrer(in)** *m*(*f*) moniteur, -trice *m,f* de ski; **~lift** *m* remontée *f* mécanique

Skinhead ['skɪnhɛt] *m* ⟨~s; ~s⟩ skinhead *m*

'Ski|sport *m* ski *m*; **~springen** *n* ⟨~s⟩ saut *m* à skis; **~stiefel** *m* chaussure *f* de ski; **~stock** *m* bâton *m* de ski; **~wachs** *n* fart *m*

Skizze ['skɪtsə] *f* ⟨~; ~n⟩ esquisse *f*; *Zeichnung a* croquis *m*; (*Entwurf*) ébauche *f*

skiz'zieren *v/t* ⟨*sans ge*⟩ esquisser (*a fig*); ébaucher

Sklave ['sklaːvə] *m* ⟨~n; ~n⟩ esclave *m* (*a fig*)

'Sklaven|handel *m* commerce *m*, trafic *m* des esclaves; **~händler** *m* marchand *m* d'esclaves

Sklave'rei *f* ⟨~⟩ esclavage *m*

'Sklav|in *f* ⟨~; ~nen⟩ esclave *f* (*a fig*); **2isch** *adj* d'esclave; servile

Sklerose [skle'roːzə] *f* ⟨~; ~n⟩ ***multiple*** **~** sklérose *f* en plaques

Skonto ['skɔnto] *m od n* ⟨~s; ~s⟩ COMM escompte *m*

Skorbut [skɔr'buːt] *m* ⟨~ẹs⟩ scorbut *m*

Skorpion [skɔrpi'oːn] *m* ⟨~s; ~e⟩ **1** ZO scorpion *m*; **2** ASTR Scorpion *m*

Skrupel ['skruːpəl] *m* ⟨~s; ~⟩ scrupule *m*; **2los** *adj u adv* sans scrupules; **~losigkeit** *f* ⟨~⟩ absence *f* de scrupules

Skulptur [skulp'tuːr] *f* ⟨~; ~en⟩ sculpture *f*

skurril [sku'riːl] *adj* grotesque; bizarre

Slalom ['slaːlɔm] *m* ⟨~s; ~s⟩ slalom *m*

Slaw|e ['slaːvə] *m* ⟨~n; ~n⟩, **~in** *f* ⟨~; ~nen⟩ Slave *m,f*; **2isch** *adv* slave

Slip [slɪp] *m* ⟨~s; ~s⟩ slip *m*; **'~einlage** *f* protège-slip *m*

Slowak|e [slo'vaːkə] *m* ⟨~n; ~n⟩, **~in** *f* ⟨~; ~nen⟩ Slovaque *m,f*

Slowakei [slova'kaɪ] ⟨~⟩ ***die*** **~** la Slovaquie

slo'wakisch *adj* slovaque

Slowen|e [slo'veːnə] *m* ⟨~n; ~n⟩, **~in** *f* ⟨~; ~nen⟩ Slovène *m,f*; **~ien** *n* ⟨~s⟩

la Slovénie; 𝔖**isch** *adj* slovène
Slum [slam] *m* ⟨~s; ~s⟩ bidonville *m*
Smaragd [sma'rakt] *m* ⟨~¢s; ~e⟩ émeraude *f*
Smiley ['smaıli] *n* ⟨~s; ~s⟩ INFORM smiley *m*
Smog [smɔk] *m* ⟨~$; ~s⟩ smog *m*; '**~alarm** *m* alerte *f* au smog
Smoking ['smo:kıŋ] *m* ⟨~s; ~s⟩ smoking *m*
Snob [snɔp] *m* ⟨~s; ~s⟩ snob *m*
Sno'bismus *m* ⟨~⟩ snobisme *m*
Snowboard ['sno:bɔrt] *n* ⟨~s; ~s⟩ *Brett* surf *m*; *Sport* snowboard *m*; surf *m* des neiges
so [zo:] **I** *adv* **1** (*in dieser Weise*) ainsi; comme cela, F ça; ***~ ist es!*** F c'est (bien comme) ça!; ***~ oder ~*** d'une manière ou d'une autre; ***~ genannt*** soi-disant; prétendu; ***das kam ~: …*** voici comment la chose s'est passée: …; **2** (*derartig*) tel; pareil; F ***~ e-r, e-e, eins*** *Gegenstand* F un, une comme ça; ***~ ein Dummkopf!*** quel imbécile!; **3** *mit adj*, *adv* si; tellement; tant; ***~ groß*** grand comme ça; ***~ sehr*** tant; tellement; ***~ viel*** autant; ***doppelt ~ viel*** deux fois plus; ***~ wenig*** (tout) aussi peu; ***ich kann es ~ wenig wie du*** j'en suis aussi incapable que toi; F ***~ weit sein*** être prêt; ***es geht ihm ~ weit ganz gut*** il va assez bien; ***ich bin nicht ~ dumm, das zu glauben*** je ne suis pas assez bête pour le croire; **4** F (*ungefähr*) à peu près; **5** (*unverändert, in demselben Zustand*) tel(s) quel(s); ***die Dinge ~ lassen, wie sie sind*** laisser les choses telles quelles; **6** F ***das schaffe ich auch ~*** F je vais y arriver comme ça; F (*umsonst*) ***das bekommen Sie ~*** c'est gratuit; **7** *bei Zitaten* ***…, ~ der Minister …*** … d'après le ministre, …; ***~ lauteten s-e Worte*** telles furent ses paroles; **8** *heißt sie nicht Margret* ***oder ~ ähnlich?*** ou quelque chose comme ça?; **9** *erstaunt* ***~?*** vraiment?; *meist iron* ***~, ~!*** ah! ah! tu vois! *bzw* vous voyez!; **10** *Vergleich* ***~ wie …, ~ …*** de même que …, de même …; ainsi que …, ainsi …; ***~ weit wie möglich*** dans la mesure de mon, *etc* possible; → ***möglich***; **II** *conj* **1** *st/s* (*wenn*) si; **2** → ***sodass***; **III** *Partikel* **1** ***~ ziemlich*** assez bien; à peu près; pas trop mal; ***ich habe das nur ~ gesagt*** j'ai dit cela sans trop y réfléchir; **2** *Aufforderung* ***~ hör doch!*** (mais) écoute donc!
s. o. *abr* (*siehe oben*) v. ci-dessus, plus 'haut
so'bald *conj* dès que; aussitôt que
Söckchen ['zœkçən] *n* ⟨~s; ~⟩ socquette *f*
Socke ['zɔkə] *f* ⟨~; ~n⟩ chaussette *f*; F ***sich auf die ~n machen*** F filer; F ***von den ~n sein*** F être épaté
Sockel ['zɔkəl] *m* ⟨~s; ~⟩ *e-r Säule* socle *m*; *e-r Statue* piédestal *m*; *e-s Gebäudes* base *f*
Soda[1] ['zo:da] *f* ⟨~⟩ *od n* ⟨~s⟩ CHIM soude *f*
'**Soda**[2] *n* ⟨~s⟩ (*~wasser*) soda *m*; eau (minérale) gazeuse
so'dann *st/s adv* ensuite; puis
so'dass *conj* ***…, ~ …*** de *od* en sorte, de manière, de façon que … (*konsekutiv*: *ind*; *final*: *subj*)
'**Sodawasser** *n* ⟨~s; -wässer⟩ → ***Soda***[2]
Sodbrennen ['zo:tbrɛnən] *n* ⟨~s⟩ brûlures *f/pl* d'estomac
so'eben *adv* à l'instant; tout à l'heure; ***~ etw getan haben*** venir de faire qc
Sofa ['zo:fa] *n* ⟨~s; ~s⟩ canapé *m*
so'fern *conj* (*falls*) si; pourvu que (+ *subj*); (*insoweit*) dans la mesure où
soff [zɔf] → ***saufen***
so'fort *adv* tout de suite; immédiatement; ***ich bin ~ fertig*** je suis prêt dans un instant
So'fort|bildkamera *f* polaroïd® *m*; **~hilfe** *f* aide immédiate; 𝔖**ig** *adj* immédiat; prompt; **~maßnahme** *f* mesure *f* d'urgence
Soft-Eis ['zɔftʔaıs] *n* glace *f* à l'italienne
Softie ['zɔfti] F *m* ⟨~s; ~s⟩ tendre *m*
Software ['sɔftvɛ:r] *f* ⟨~; ~s⟩ logiciel *m*; software *m*; **~paket** *n* progiciel *m*
sog [zo:k] → ***saugen***
Sog *m* ⟨~¢s; ~e⟩ **1** *e-s Flusses, Schiffs* remous *m/pl*; TECH aspiration *f*; **2** *fig* attrait *m*
so'gar *adv* même
'**sogenannt** → ***so*** *I 1*
so'gleich *st/s* → ***sofort***
Sohle ['zo:lə] *f* ⟨~; ~n⟩ **1** (*Fuß*𝔖) plante *f* (du pied); *fig* ***auf leisen ~n*** à pas feutrés; à pas de loup; **2** (*Schuh*𝔖) semelle *f*; (*Einlege*𝔖) semelle intérieure; **3** (*Tal*𝔖) fond *m*
Sohn [zo:n] *m* ⟨~¢s; ¨~e⟩ fils *m*

S

Soja ['zo:ja] *f* ⟨~; Sojen⟩ *Pflanze* soja *m*; **~bohne** *f* (graine *f* de) soja *m*; **~soße** *f* sauce *f* au soja

so'lange *conj* aussi longtemps que; tant que

solar [zo'la:r] *adj* solaire; **2batterie** *f* pile *f* solaire; **2energie** *f* énergie *f* solaire

Solarium [zo'la:rium] *n* ⟨~s; -ien⟩ solarium *m*

So'lar|technik *f* solaire *m*; **~zelle** *f* pile *f* solaire

solch [zɔlç] *pr/dém* **1** *adjt* tel; pareil; ***ein ~er*** *od* ***~ ein Mensch*** un tel homme; un homme pareil; ***ich hätte ~e Lust, ihn zu sehen*** j'aimerais tellement le voir; ***die Philosophie als ~e*** la philosophie en tant que telle; **2** *subst* ***er hat schon ~e*** *Briefmarken etc* il en a déjà

Sold [zɔlt] *m* ⟨~(e)s; ~e⟩ MIL solde *f*

Soldat [zɔl'da:t] *m* ⟨~en; ~en⟩ soldat *m*; militaire *m*; *auf Zeit* engagé *m*; **~enfriedhof** *m* cimetière *m* militaire

Söldner ['zœldnər] *m* ⟨~s; ~⟩ mercenaire *m*

Sole ['zo:lə] *f* ⟨~; ~n⟩ saumure *f*

'Solei *n œuf cuit et conservé dans de l'eau salée*

solid [zo'li:t] → ***solide***

soli'darisch *adj* solidaire; ***sich mit j-m ~ erklären*** se déclarer solidaire de qn; se solidariser avec qn

solidari'sieren *v/r* ⟨*sans ge*⟩ ***sich*** (***mit j-m***) ***~*** se solidariser (avec qn)

Solidari'tät *f* ⟨~⟩ solidarité *f*; **~szuschlag** *m* contribution *f* de solidarité

solide [zo'li:də] *adj* **1** (*haltbar*) solide (*a fig*); **2** *Unternehmen* sérieux; **3** *Lebenswandel* réglé; *Mensch* rangé; sérieux

Solidi'tät *f* ⟨~⟩ solidité *f*

Solist(in) [zo'lɪst(ɪn)] *m* ⟨~en; ~en⟩ (*f*) ⟨~; ~nen⟩ soliste *m,f*

Soll [zɔl] *n* ⟨~(s)⟩ **1** COMM doit *m*; ***~ und Haben*** le débit et le crédit; **2** (*Plan2*) objectif *m* de production; ***sein ~ erfüllen*** atteindre son objectif de production

sollen ['zɔlən] ⟨soll, sollte⟩ **I** *v/aux de mode* ⟨*p/p* sollen⟩ **1** *Auftrag, Aufforderung* devoir; ***du sollst arbeiten*** tu dois travailler; ***er soll kommen*** il faut, je veux qu'il vienne; **2** *Pflicht* devoir; *Notwendigkeit* il faut que … (+ *subj*); il faut (+ *inf*); **3** *Rat, Erwartung* ***das hätte er nicht tun ~*** il n'aurait pas dû faire cela; ***er soll lieber mehr lernen*** il vaudrait mieux qu'il travaille plus; ***man sollte ihn bestrafen*** il faudrait le punir; **4** *Ratlosigkeit* ***was soll ich nur tun?*** que (dois-je) faire?; que veux-tu *bzw* voulez-vous que je fasse?; ***wie soll das*** (***nur*** *od* ***bloß***) ***weitergehen?*** que va-t-on devenir?; **5** *Absicht* ***soll das für mich sein?*** c'est pour moi?; ***was soll das heißen?*** qu'est-ce cela veut dire?; **6** *Vermutung* ***man sollte doch meinen, dass …*** il me semble pourtant que …; ***sollte es möglich sein?*** serait-ce possible?; **7** *Fall* ***wenn es regnen sollte …*** s'il venait à pleuvoir …; ***sollte dies der Fall sein …*** s'il en était ainsi …; si c'était le cas …; **8** *Gerücht* ***sie soll sehr krank sein*** on dit, prétend qu'elle est très malade; ***er soll abgereist sein*** il serait parti; il est parti, dit-on; **9** *Schicksal* ***es sollte ganz anders kommen, als er dachte*** ça s'est passé bien autrement qu'il ne l'avait pensé; *litt* ***es hat nicht ~ sein*** c'était perdu d'avance; c'était écrit; **II** *v/i u v/t* ⟨*p/p* gesollt⟩ ***der Brief soll auf die Post*** il faut porter cette lettre à la poste; ***was soll das?*** qu'est-ce que cela signifie?; pourquoi tout ça?; ***soll ich?*** d'accord?; je peux?; F ***was solls?*** tant pis!; F bof!

'Sollzinsen *m/pl* intérêts débiteurs

solo ['zo:lo] *adj u adv* **1** MUS en soliste; **2** F (tout) seul

'Solo *n* ⟨~s; ~s *ou* -li⟩ MUS solo *m*

Solothurn ['zo:lotʊrn] *n* ⟨~s⟩ Soleure

solvent [zɔl'vɛnt] *adj* solvable

Somalia [zo'ma:lia] *n* ⟨~s⟩ la Somalie

so'mit *adv* donc; par conséquent; ainsi

Sommer ['zɔmər] *m* ⟨~s; ~⟩ été *m*; ***im ~*** en été

'Sommer|anfang *m* début *m* de l'été; **~ferien** *pl* grandes vacances; **~frische** *f* villégiature *f*; **2lich** *adj* d'été; de l'été; estival; **~loch** F *n* période creuse (en été); F calme plat; **~reifen** *m* pneu *m* standard; **~schlussverkauf** *m* soldes *m/pl*, *abus f/pl* d'été

'Sommerspiele *n/pl* ***die Olympischen ~*** les Jeux *m/pl* olympiques d'été

'Sommer|sprossen *f/pl* taches *f/pl* de rousseur; **~zeit** *f* **1** *Jahreszeit* été *m*; **2** *Uhrzeit* heure *f* d'été

Sonate [zo'na:tə] *f* ⟨~; ~n⟩ sonate *f*

Sonde ['zɔndə] *f* ⟨~; ~n⟩ sonde *f*
Sonder... ['zɔndər...] *in Zssgn meist* spécial; extraordinaire
'**Sonderangebot** *n* offre spéciale; ***im ~*** en promotion
'**sonderbar** *adj* (*ungewöhnlich*) singulier; (*befremdend*) étrange; (*wunderlich*) bizarre
'**Sonder|fall** *m* cas particulier, spécial; **~genehmigung** *f* autorisation spéciale
'**sonder'gleichen** *adv* sans pareil
'**Sonderkommando** *n* unité spéciale
'**sonderlich I** *adj* **1** (*sonderbar*) étrange; bizarre; **2** *Verneinung* ***kein ~er Unterschied*** pas de différence notable, considérable; **II** *adv* ***nicht ~*** pas particulièrement
'**Sonder|ling** *m* ⟨~s; ~e⟩ original *m*; **~marke** *f* timbre *m* de collection; **~müll** *m* déchets *m/pl* dangereux
sondern ['zɔndərn] *conj* mais
'**Sonder|nummer** *f* numéro spécial; **~recht** *n* privilège *m*; **~schule** *f* établissement *m* scolaire pour enfants handicapés ou inadaptés; **~wunsch** *m* souhait particulier; **~zug** *m* train spécial
sondieren [zɔn'di:rən] *v/t* ⟨*sans ge*⟩ sonder
Sonett [zo'nɛt] *n* ⟨~~e~~s; ~e⟩ sonnet *m*
Song [zɔŋ] *m* ⟨~s; ~s⟩ chanson *f*
Sonnabend ['zɔnˀa:bɛnt] *m bes nordd* samedi *m*; → ***Montag***
'**sonnabends** *adv bes nordd* le samedi; tous les samedis
Sonne ['zɔnə] *f* ⟨~; ~n⟩ soleil *m*; ASTR Soleil *m*
'**sonnen** *v/r* ***sich ~*** prendre un bain de soleil
'**Sonnen|aufgang** *m* lever *m* du soleil; **~bad** *n* bain *m* de soleil; **2baden** *v/i* ⟨*p/p* sonnengebadet⟩ prendre un bain de soleil; **~bank** *f* ⟨~; -bänke⟩ solarium *m*; **~blende** *f* **1** PHOT visière *f*; **2** *im Auto* pare-soleil *m*; **~blume** *f* tournesol *m*; **~brand** *m* coup *m* de soleil; **~brille** *f* lunettes *f/pl* de soleil; **~creme** *f* crème *f* solaire; **~dach** *n* store *m*; **~energie** *f* énergie *f* solaire; **~finsternis** *f* éclipse *f* de Soleil; **~fleck** *m* tache *f* solaire; **2gebräunt** *adjt* bronzé
'**sonnen'klar** *adj* F *fig* clair comme le jour
'**Sonnen|kollektor** *m* capteur *m* solaire; **~licht** *n* lumière *f* du soleil; **~öl** *n* huile *f* solaire; **~schein** *m* soleil *m*; **~schirm** *m zum Tragen* ombrelle *f*; *für Garten* parasol *m*; **~seite** *f* côté exposé au soleil; *fig* bon côté; **~stich** *m* insolation *f*; **~strahl** *m* rayon *m* de soleil; **~system** *n* système *m* solaire; **~uhr** *f* cadran *m* solaire; **~untergang** *m* coucher *m* du soleil
'**sonnig** *adj* **1** *Wetter, Tag* ensoleillé; **2** *fig* (*heiter*) enjoué; (*unbeschwert*) heureux; insouciant
Sonntag ['zɔnta:k] *m* dimanche *m*; ***Weißer ~*** jour *m* de la première communion; → ***Montag***
'**sonntags** *adv* le dimanche; tous les dimanches; **2fahrer** *m péj* conducteur *m* du dimanche
'**Sonntagskind** *n* enfant né le dimanche; *fig* ***er ist ein ~*** il est né coiffé
sonst [zɔnst] *adv* **1** (*außerdem*) par ailleurs; ***~ nichts*** rien d'autre; rien de plus; F ***~ was*** quelque chose d'autre; F ***~ wie*** d'une autre manière; F ***~ wo*** ailleurs; ***haben Sie ~ noch Fragen?*** à part ça, avez vous d'autres questions?; **2** (*gewöhnlich*) d'habitude; (*bei anderen Gelegenheiten*) en d'autres cas; ***wie ~*** comme d'habitude; **3** (*andernfalls*) sinon; **4** ***wer*** (***denn***) ***~?*** qui d'autre?
'**sonstig** *adj* autre; **„*Sonstiges*“** «Divers»
so'oft *conj* **1** (*jedesmal, wenn*) ***~ du kommst*** toutes les fois que tu viendras; **2** (*wie oft auch immer*) ***~ Sie wollen*** autant de fois, tant que vous voudrez
Sopra|n [zo'pra:n] *m* ⟨~s; ~e⟩ soprano *m*; **~'nistin** *f* ⟨~; ~nen⟩ soprano *m*
Sorge ['zɔrgə] *f* ⟨~; ~n⟩ **1** souci *m*; ***j-m ~n machen*** donner des soucis à qn; ***sich*** (*dat*) ***~n machen*** se faire du souci (***wegen*** *od* ***um*** pour); **2** (*Unruhe*) inquiétude *f*; (***um etw, j-n***) ***in ~*** (*dat*) ***sein*** se faire du souci (pour qc, qn); **3** ***dafür ~ tragen, dass ...*** veiller à ce que ... (+ *subj*)
'**sorgen I** *v/i* **1** ***für j-n ~*** prendre soin de qn; ***für etw ~*** veiller à qc; (*sich kümmern um*) s'occuper de qc; avoir, prendre soin de qc; (*vor~*) pourvoir à qc; ***dafür ~, dass ...*** veiller à ce que ... (+ *subj*); **2** (*bewirken*) causer; **II** *v/r* ***sich ~*** se faire du souci (***um*** pour)

'sorgen|frei *adj u adv* sans souci; **≗kind** *n* enfant *m* qui donne des soucis; **~voll** *adj* soucieux

'Sorgerecht *n* droit *m* de garde

Sorgfalt ['zɔrkfalt] *f* ⟨~⟩ soin *m*; ***~ auf etw*** (*acc*) ***verwenden*** apporter du soin à qc

sorgfältig ['zɔrkfɛltɪç] *adj* soigneux

'sorglos *adj* **1** (*unbekümmert*) sans souci; insouciant; **2** (*nicht sorgfältig*) négligent; **≗igkeit** *f* ⟨~; ~en⟩ **1** insouciance *f*; **2** négligence *f*

'sorgsam *adj* soigneux

Sorte ['zɔrtə] *f* ⟨~; ~n⟩ **1** (*Art*) sorte *f*; espèce *f* (*a péj von Personen*); (*Marke*) marque *f*; **2** FIN ***~n*** *pl* devises *f/pl*

sortieren [zɔr'tiːrən] *v/t* ⟨*sans ge*⟩ trier; classer

Sortiment [zɔrti'mɛnt] *n* ⟨~(e)s; ~e⟩ assortiment *m*

SOS [ɛsʔoːˈʔɛs] *n* ⟨~⟩ S.O.S. *m*

so'sehr *conj* **~ ... (*auch*)** bien que ... (+ *subj*)

SO'S-Ruf *m* S.O.S. *m*

Soße ['zoːsə] *f* ⟨~; ~n⟩ sauce *f*

'Soßenschüssel *f* saucière *f*

sott [zɔt] → ***sieden***

Soufflé [zu'fleː] *n* ⟨~s; ~s⟩ CUIS soufflé *m*

Souf|fleur [zu'fløːr] *m* ⟨~s; ~e⟩, **~fleuse** [-'fløːzə] *f* ⟨~; ~n⟩ souffleur, -euse *m,f*; **≗'flieren** *v/t u v/i* ⟨*sans ge*⟩ souffler

Sound [zaunt] *m* ⟨~s; ~s⟩ son *m*; sonorité *f*

'Soundkarte *f* INFORM carte *f* son

'sound'so F **I** *adv* ***~ oft*** tant de fois; ***~ viel*** tant; **II** *adj* ⟨*inv*⟩ ***Herr, Frau ≗*** Monsieur Un tel, Madame Une telle

Soundtrack ['zaunttrɛk] *m* ⟨~s; ~s⟩ bande *f* sonore

Souterrain ['zutɛrɛ̃] *n* ⟨~s; ~s⟩ sous-sol *m*

Souvenir [zuvə'niːr] *n* ⟨~s; ~s⟩ souvenir *m*

souverän [zuvə'rɛːn] **I** *adj* **1** POL souverain; **2** *fig* supérieur; **II** *adv* *siegen* de main de maître

Souve'rän *m* ⟨~s; ~e⟩ souverain *m*; **~i'tät** *f* ⟨~⟩ souveraineté *f*

so'viel *conj* autant que (+ *subj*); → ***so*** *I 3*

so'weit *conj* autant que (+ *subj*); → ***so*** *I 3*

so'wenig *conj* si peu que ... (+ *subj*); → ***so*** *I 3*

so'wie *conj* **1** (*als auch*) ainsi que; aussi bien que; **2** (*sobald*) dès que

sowie'so *adv* en tout cas; de toute façon; F ***das ~!*** ça, c'est certain!

sowjetisch [zɔ'vjɛtɪʃ] *adj* HIST soviétique

So'wjetunion ⟨~⟩ HIST ***die ~*** l'Union *f* Soviétique

so'wohl *conj* ***~ ... als auch ...*** non seulement ... mais aussi *od* encore ...

sozial [zotsi'aːl] **I** *adj* social; **II** *adv* ***~ denken*** avoir l'esprit civique

Sozi'al|abbau *m* démontage social; **~abgaben** *f/pl* charges sociales; **~amt** *n* bureau *m* d'aide sociale; **~arbeiter** *m* assistant social; **~hilfe** *f* aide sociale

soziali'sier|en *v/t* ⟨*sans ge*⟩ socialiser; **≗ung** *f* ⟨~; ~en⟩ socialisation *f*

Sozia'l|ismus *m* ⟨~⟩ socialisme *m*; **~ist(in)** *m* ⟨~en; ~en⟩ (*f*) ⟨~; ~nen⟩ socialiste *m,f*; **≗istisch** *adj* socialiste

sozi'al|kritisch *adj* critique envers la société; **≗kunde** *f* ⟨~⟩ instruction *f* civique; **≗leistungen** *f/pl* prestations sociales; *e-s Betriebs* avantages sociaux; **≗plan** *m* plan social; **≗politik** *f* politique sociale; **≗produkt** *n* produit national; **≗staat** *m* État social; **≗versicherung** *f* Sécurité sociale; **≗wohnung** *f* H.L.M. *m od f*

Sozio|loge [zotsio'loːgə] *m* ⟨~n; ~n⟩, **~'login** *f* ⟨~; ~nen⟩ sociologue *m,f*; **~lo'gie** *f* ⟨~⟩ sociologie *f*; **≗'logisch** *adj* sociologique

Sozius ['zoːtsius] *m* ⟨~; ~se⟩ **1** ⟨*pl a* -zii⟩ COMM associé *m*; **2** (*~sitz*) tan-sad *m*

sozu'sagen *adv* pour ainsi dire

Spachtel ['ʃpaxtəl] *m* ⟨~s; ~⟩ *od f* ⟨~; ~n⟩ spatule *f*

'spachteln *v/t* ⟨-(e)⟩ **1** *Gips, Farbe* colmater, boucher à la spatule; **2** F *a v/i* (*essen*) s'empiffrer (***etw*** de qc)

Spagat [ʃpa'gaːt] *m od n* ⟨~(e)s; ~e⟩ SPORT grand écart

Spag(h)etti [ʃpa'gɛti] *pl* spaghetti *m/pl*

spähen ['ʃpɛːən] *v/i* guetter (***aus dem Fenster*** par la fenêtre; ***nach j-m, etw*** qn, qc)

Spalier [ʃpa'liːr] *n* ⟨~s; ~e⟩ **1** AGR espalier *m*; VIT treille *f*; **2** *fig von Menschen* 'haie *f*; ***~ stehen*** faire, former la haie

Spalt [ʃpalt] *m* ⟨~(e)s; ~e⟩ fente *f*; *kleiner* fissure *f*; (*Tür≗*) entrebâillement *m*

'spaltbar *adj* NUCL fissile

'Spaltbreit *m* ⟨~⟩ ***die Tür e-n ~ öffnen*** entrouvrir, entrebâiller la porte
'Spalte *f* ⟨~; ~n⟩ **1** → ***Spalt***; **2** TYPO colonne *f*
'spalten ⟨-e-, *p/p* gespaltet *ou* gespalten⟩ **I** *v/t* **1** *Holz* fendre; **2** NUCL désintégrer; **3** *fig* diviser; *Partei a* scinder; **II** *v/r* ***sich ~*** **4** se fendre; **5** *Partei* se diviser; se scinder
'Spaltung *f* ⟨~; ~en⟩ **1** CHIM scission *f*; NUCL fission *f*; **2** *fig* division *f*; *e-r Partei* scission *f*
Span [ʃpaːn] *m* ⟨~(e)s; ≈e⟩ copeau *m*; *(Feil*≈*)* limaille *f*
'Spanferkel *n* cochon *m* de lait
Spange ['ʃpaŋə] *f* ⟨~; ~n⟩ *(Haar*≈*)* barrette *f*; *(Zahn*≈*)* appareil *m*; *(Arm*≈*)* bracelet *m*
Spaniel ['ʃpaːniəl] *m* ⟨~s; ~s⟩ épagneul *m*
Span|ien ['ʃpaːniən] *n* ⟨~s⟩ l'Espagne *f*; **~ier(in)** *m* ⟨~s; ~⟩ *(f)* ⟨~; ~nen⟩ Espagnol(e) *m(f)*
'spanisch *adj* espagnol; F ***das kommt mir ~ vor*** ça me semble bizarre
spann [ʃpan] → ***spinnen***
Spann *m* ⟨~(e)s; ~e⟩ cou-de-pied *m*
'Spannbetttuch *n* drap-housse *m*
Spanne ['ʃpanə] *f* ⟨~; ~n⟩ **1** *(Unterschied)* écart *m*; **2** *(Zeit*≈*)* espace *m* de temps; **3** COMM marge *f*
'spannen I *v/t* **1** *(dehnen)* tendre; *Waffe* armer; **2** *(befestigen)* tendre; **3** TECH fixer (***in den Schraubstock*** dans l'étau); *e-n Bogen Papier* ***in die Schreibmaschine ~*** mettre, glisser dans la machine à écrire; **4** F *(merken)* F piger; **II** *v/i Kleidung* serrer; être trop juste; **III** *v/r* ***sich ~*** *Seil, Muskeln* se tendre
'spannend *adjt* captivant; passionnant; palpitant
'Spanner *m* ⟨~s; ~⟩ **1** TECH, *(Hosen*≈*)* tendeur *m*; *(Schuh*≈*)* embauchoir *m*; **2** F *fig (Voyeur)* voyeur *m*
'Spannkraft *f* élasticité *f* (*a fig*)
'Spannung *f* ⟨~; ~en⟩ **1** TECH, ÉLECT tension *f*; ÉLECT *a* voltage *m*; ***unter ~*** *(dat)* ***stehen*** être sous tension; **2** *fig (gespannte Aufmerksamkeit)* attention soutenue; ***mit ~ erwarten*** attendre avec impatience; **3** *in e-m Film etc* suspense *m*; **4** PSYCH, *fig (gespanntes Verhältnis)* tension *f*
'Spannungs|gebiet *n* zone *f* de tension; point chaud; **≈geladen** *adjt* tendu; **~messer** *m* ⟨~s; ~⟩ voltmètre *m*
'Spannweite *f* **1** *e-s Vogels, Flugzeugs* envergure *f*; **2** CONSTR portée *f*
'Spanplatte *f* panneau *m* d'aggloméré
'Spar|buch *n* livret *m* de caisse d'épargne; **~büchse** *f* tirelire *f*; **~einlage** *f* dépôt *m* (bancaire)
sparen ['ʃpaːrən] **I** *v/t* **1** *(zurücklegen)* épargner; **2** *(ein~)* économiser; **3** *fig Zeit* épargner; *Kräfte* économiser; **II** *v/i* **4** *(zurücklegen)* épargner; **5** *(ein~)* faire des économies; économiser; ***an allem ~*** économiser sur tout
'Sparer(in) *m* ⟨~s; ~⟩ *(f)* ⟨~; ~nen⟩ épargnant(e) *m(f)*
Spargel ['ʃpargəl] *m* ⟨~s; ~⟩ asperge *f*; **~cremesuppe** *f* velouté *m* d'asperges
'Spar|groschen F *m* pécule *m*; petit magot; **~guthaben** *n* (dépôt *m* sur un) compte *m* d'épargne; **~kasse** *f* caisse *f* d'épargne; **~kassenbuch** *n* →***Sparbuch***; **~konto** *n* compte *m* d'épargne
spärlich ['ʃpɛːrlɪç] **I** *adj Vegetation, Mittel* peu abondant; *Ergebnis, Ernte* maigre; *Haar* clairsemé; *Lohn* modeste; **II** *adv* peu
'Sparmaßnahme *f* mesure *f* d'économie
Sparren ['ʃparən] *m* ⟨~s; ~⟩ CONSTR chevron *m*
'sparsam I *adj* **1** *Person* économe; **2** *(wirtschaftlich)* économique; **3** *fig Einrichtung* modeste; *Dekoration* simple; *Beleuchtung* restreint; *Bewegung* limité; **II** *adv* avec économie; ***~ leben*** vivre simplement; ***~ mit etw umgehen*** économiser qc (*a fig*)
'Sparsamkeit *f* ⟨~⟩ (sens *m* de l')économie *f*; ***aus ~*** par économie
'Spar|schwein *n* tirelire *f*; **~strumpf** *m plais* bas *m* de laine
spar'tanisch *adj* spartiate (*a fig*)
Sparte ['ʃpartə] *f* ⟨~; ~n⟩ **1** *(Abteilung)* section *f*; *(Gebiet)* domaine *m*; **2** *(Rubrik)* rubrique *f*
Spaß [ʃpaːs] *m* ⟨~es; ≈e⟩ **1** *(Vergnügen)* plaisir *m*; amusement *m*; ***viel ~!*** amuse-toi *bzw* amusez-vous bien!; ***ein teurer ~*** une fantaisie qui coûte cher; ***~ an etw (dat) haben*** apprécier, aimer qc; ***~ machen*** faire plaisir; **2** *(Scherz)* plaisanterie *f*; blague *f*; ***~ machen*** plaisanter;

aus, zum ~ pour plaisanter, rire; (***keinen***) ***~ verstehen*** (ne pas) comprendre la plaisanterie

'spaßen *v/i* ⟨ge⟩ plaisanter; badiner; blaguer; ***damit ist nicht zu ~*** il ne faut pas plaisanter, badiner avec ces choses-là; ***nicht mit sich*** (*dat*) ***~ lassen*** ne pas plaisanter

'spaßig *adj* amusant; (*drollig*) drôle

'Spaß|macher *m*, **~vogel** *m* farceur *m*; blagueur *m*

Spastiker ['ʃpastikər] *m* ⟨~s; ~⟩ 'handicapé *m* moteur

'spastisch I *adj* 'handicapé moteur; *sc* spastique; **II** *adv* ***~ gelähmt*** paralysé spastique

spät [ʃpɛːt] **I** *adj* (*~ eintretend*) tardif; (*zeitlich fortgeschritten*) avancé; ***das ~e Mittelalter*** la fin du Moyen Âge; ***es ist, wird ~*** il est, se fait tard; ***wie ~ ist es?*** quelle heure est-il?; **II** *adv* tard; ***zu ~ kommen*** être en retard

Spatel ['ʃpaːtəl] *m* ⟨~s; ~⟩ spatule *f*

Spaten ['ʃpaːtən] *m* ⟨~s; ~⟩ bêche *f*

'später I *adj* **1** (*danach kommend*) postérieur; **2** (*zukünftig*) futur; **II** *adv* plus tard; ***bis ~!*** à tout à l'heure

spätestens ['ʃpɛːtəstəns] *adv* au plus tard

'Spät|folgen *f/pl* séquelles *f/pl*; **~herbst** *m* arrière-saison *f*; fin *f* de l'automne; **~lese** *f* **1** *Lese* vendanges tardives; **2** *Wein* vin *m* de vendanges tardives; **~schicht** *f Arbeit* poste *m* de l'après-midi; *Arbeiter* équipe *f* de l'après-midi; **~sommer** *m* fin *f* de l'été; **~vorstellung** *f* dernière séance

Spatz [ʃpats] *m* ⟨~en *ou* ~es; ~en⟩ moineau *m*; F ***das pfeifen die ~en von den Dächern*** cela court les rues; c'est un secret de Polichinelle

Spätzle ['ʃpɛtslə] *pl* CUIS *pâtes fraîches typiques de la Souabe*

spazieren [ʃpa'tsiːrən] *v/i* ⟨*sans ge*, sn⟩ **1** (*herumgehen*) aller et venir; **2** ***~ fahren*** se promener; ***j-n ~ fahren*** promener qn; ***~ gehen*** (aller) se promener; faire une promenade

S

Spa'zier|fahrt *f* promenade *f*; **~gang** *m* promenade *f*; **~gänger(in)** [-gɛŋər(ɪn)] *m* ⟨~s; ~⟩ (*f*) ⟨~; ~nen⟩ promeneur, -euse *m,f*; **~stock** *m* canne *f*

SPD [ɛspeː'deː] *f* ⟨~⟩ *abr* (*Sozialdemokratische Partei Deutschlands*) S.P.D. *m* (Parti social-démocrate allemand)

Specht [ʃpɛçt] *m* ⟨~es; ~e⟩ ZO pic *m*

Speck [ʃpɛk] *m* ⟨~es; ~e⟩ lard *m* (*a* F *beim Menschen*); F ***~ ansetzen*** grossir

'speckig *adj* crasseux

'Speck|schwarte *f* couenne *f* de lard; **~streifen** *m*, **~würfel** *m* lardon *m*

Spedi|teur [ʃpedi'tøːr] *m* ⟨~s; ~e⟩ transporteur *m*; (*Möbel*2) déménageur *m*; **~ti'on** *f* ⟨~; ~en⟩ entreprise *f* de transport; (*Möbel*2) entreprise *f* de déménagement

Speer [ʃpeːr] *m* ⟨~es; ~e⟩ javelot *m*; **'~werfen** *n* ⟨~s⟩ (lancement *m* du) javelot *m*

Speiche ['ʃpaɪçə] *f* ⟨~; ~n⟩ **1** TECH rayon *m*; **2** ANAT radius *m*

Speichel ['ʃpaɪçəl] *m* ⟨~s⟩ salive *f*; **~lecker** *m* ⟨~s; ~⟩ *péj* lèche-bottes *m*

Speicher ['ʃpaɪçər] *m* ⟨~s; ~⟩ **1** (*Lagerhaus*) entrepôt *m*; **2** (*Dachboden*) grenier *m*; **3** INFORM mémoire *f*; **~kapazität** *f* capacité *f* de stockage, INFORM *a* de mémoire

'speicher|n *v/t* **1** *Waren* emmagasiner; *Vorräte* entreposer; stocker; **2** *Wärme* emmagasiner; *Strom* accumuler; **3** *Informationen* enregistrer; INFORM *Daten* mémoriser; *Text* sauvegarder; **2platz** *m* INFORM espace *m* de mémoire; **2ung** *f* ⟨~; ~en⟩ **1** *von Waren* emmagasinage *m*; stockage *m*; **2** *von Wärme* emmagasinage *m*; *von Strom* accumulation *f*; **3** *von Informationen* enregistrement *m*; INFORM *von Daten* mémorisation *f*; *von Texten* sauvegarde *f*

speien ['ʃpaɪən] *st/s v/t u v/i* ⟨spie, gespie(e)n⟩ **1** (*spucken*) cracher; **2** (*sich übergeben*) vomir

Speise ['ʃpaɪzə] *f* ⟨~; ~n⟩ **1** *st/s* (*Nahrung*) nourriture *f*; **2** (*Gericht*) mets *m*; plat *m*; **~eis** *n* glace *f*; **~kammer** *f* cellier *m*; **~karte** *f* carte *f*; menu *m*

'speisen ⟨ge⟩ **I** *v/t* **1** *st/s* (*essen*) manger; **2** TECH alimenter; **II** *st/s v/i* manger; prendre son repas

'Speise|öl *n* huile *f* de table; **~röhre** *f* ANAT œsophage *m*; **~saal** *m* salle *f* à manger; *in Internaten, Klöstern* réfectoire *m*; **~wagen** *m im Zug* wagon-restaurant *m*; **~zimmer** *n* salle *f* à manger

Spektakel[1] [ʃpɛk'taːkəl] F *m* ⟨~s; ~⟩ **1** (*Lärm*) F raffut *m*; F boucan *m*; **2** (*Streit*) bagarre *f*

Spek'takel² *n* ⟨~s; ~⟩ (*Schauspiel*) spectacle *m*
spektakulär [ʃpɛktaku'lɛːr] *adj* spectaculaire
Spektrum ['ʃpɛktrum] *n* ⟨~s; -tren⟩ **1** PHYS spectre *m*; **2** *fig* (*Vielfalt*) éventail *m*; diversité *f*
Spekul|ant [ʃpeku'lant] *m* ⟨~en; ~en⟩ spéculateur *m*; **~ati'on** *f* ⟨~; ~en⟩ spéculation *f*
Spekulatius [ʃpeku'laːtsius] *m* ⟨~; ~⟩ *biscuit sablé épicé, de formes diverses*
spekula'tiv *adj* spéculatif
speku'lieren *v/i* ⟨*sans ge*⟩ **1** F *fig* ***auf etw*** (*acc*) **~** compter sur qc; **2** COMM spéculer (***mit*** sur); ***an der Börse ~*** jouer à la Bourse; **3** (*mutmaßen*) spéculer (***über*** [+ *acc*] sur)
Spelunke [ʃpe'luŋkə] *f* ⟨~; ~n⟩ *péj* bouge *m*
spendabel [ʃpɛn'daːbəl] F *adj* ⟨-bl-⟩ généreux; large
Spende ['ʃpɛndə] *f* ⟨~; ~n⟩ don *m*
'spenden *v/t* ⟨-e-⟩ **1** *als Spende* donner; faire don de (*a Organ*); **2** *Sakramente* administrer; *st/s fig Schatten* donner; *Wärme* dispenser; ***Beifall ~*** applaudir; ***(j-m) Trost ~*** consoler (qn)
'Spendenaktion *f* collecte *f*
'Spender(in) *m* ⟨~s; ~⟩ (*f*) ⟨~; ~nen⟩ donateur, -trice *m,f*; (*Organ*♀, *Blut*♀) donneur, -euse *m,f*
spen'dieren F *v/t* ⟨*sans ge*⟩ ***j-m etw ~*** offrir, payer qc à qn
Spengler ['ʃpɛŋlər] *m* ⟨~s; ~⟩ *südd, österr, schweiz* → ***Klempner***
Sperber ['ʃpɛrbər] *m* ⟨~s; ~⟩ ZO épervier *m*
Sperling ['ʃpɛrlɪŋ] *m* ⟨~s; ~e⟩ moineau *m*
Sperma ['ʃpɛrma] *n* ⟨~s; -men *ou* ~ta⟩ sperme *m*
sperrangelweit ['ʃpɛr'ˀaŋəl'vaɪt] F *adv* ***die Tür stand ~ offen*** la porte était grande ouverte
'Sperrbezirk *m* zone interdite
'Sperre *f* ⟨~; ~n⟩ **1** *auf e-r Straße* barrage *m*; barrière *f*; barricade *f*; **2** (*Bahnsteig*♀) portillon *m*; (*Kontrolle*) contrôle *m*; **3** TECH arrêt *m*; blocage *m*; **4** (*Sperrfrist*), SPORT suspension *f*; **5** COMM embargo *m*
'sperren **I** *v/t* **1** *Zugang* barrer; *Straße* interdire à la circulation; **2** TECH arrêter; **3** *Gas, Strom* couper; *Urlaub* annuler; supprimer; *Konto* bloquer; *Sportler, Zahlungen* suspendre; ***e-n Scheck ~*** faire opposition à un chèque; **4** ***in den Keller ~*** enfermer dans la cave; **II** *v/r* ***sich ~*** (*sich sträuben*) résister (***gegen*** à)
'Sperrholz *n* contreplaqué *m*
'sperrig *adj* encombrant
'Sperr|müll *m* encombrants *m/pl*; **~stunde** *f* → ***Polizeistunde***
'Sperrung *f* ⟨~; ~en⟩ **1** *e-r Straße* barrage *m*; **2** *von Gas, Strom* coupure *f*; **3** *fig* FIN blocage *m*; *e-s Schecks* opposition *f*; *von Zahlungen* suspension *f*
Spesen ['ʃpeːzən] *pl* frais *m/pl* (de représentation *bzw* de déplacement)
Spezi ['ʃpeːtsi] F *n* ⟨~s; ~s⟩ *boisson à base de coca-cola et de limonade*
Spezial... [ʃpetsi'aːl...] *in Zssgn meist* spécial; **~fall** *m* cas spécial, particulier; **~gebiet** *n* spécialité *f*; **~geschäft** *n* magasin spécialisé
speziali'sieren *v/r* ⟨*sans ge*⟩ ***sich*** (***auf etw*** [*acc*]) **~** se spécialiser (dans qc)
Spezia'l|ist(in) *m* ⟨~en; ~en⟩ (*f*) ⟨~; ~nen⟩ spécialiste *m,f* (***für*** de); **~i'tät** *f* ⟨~; ~en⟩ spécialité *f*
Spezi'alslalom *m* slalom spécial
speziell [ʃpetsi'ɛl] *adj* spécial; particulier
spezifi|sch [ʃpe'tsiːfɪʃ] *adj* spécifique; **~'zieren** *v/t* ⟨*sans ge*⟩ spécifier; détailler
Sphäre ['sfɛːrə] *f* ⟨~; ~n⟩ sphère *f*
'sphärisch *adj* sphérique
Sphinx [sfɪŋks] *f* ⟨~; ~e *ou* -gen⟩ MYTH Sphinx *m*; KUNST, *fig* sphinx *m*
spicken ['ʃpɪkən] **I** *v/t* **1** CUIS (entre)larder; **2** F *fig Rede* ***gespickt mit ...*** farci, truffé de ...; **II** F *v/i* (*abschreiben*) copier, F pomper (***bei j-m*** sur qn)
'Spickzettel F *m arg* pompe *f*; antisèche *f*
spie [ʃpiː] → ***speien***
Spiegel ['ʃpiːgəl] *m* ⟨~s; ~⟩ **1** miroir *m* (*a fig*); glace *f*; *fig* ***im ~ der Presse*** aux yeux de la presse; **2** (*Wasser*♀) surface *f*; (*Wasserstand*) niveau *m*; **3** (*Alkohol*♀, *Blutzucker*♀) taux *m*
'Spiegel|bild *n* reflet *m* (*a fig*); **♀bildlich** *adj* inversé; **~ei** *n* œuf *m* sur le plat; **'♀glatt** *adj Wasseroberfläche* lisse; *Straße* verglacé

'spiegeln ⟨*¢*⟩ **I** *v/t* refléter; **II** *v/i* **1** (*glänzen*) briller; miroiter; **2** (*wie ein Spiegel wirken*) réfléchir; **III** *v/r* ***sich ~*** se refléter (*a fig*)

'Spiegel|reflexkamera *f* (appareil *m*) reflex *m*; **~schrank** *m* armoire *f* à glace; **~schrift** *f* ⟨~⟩ écriture *f* spéculaire, en miroir

'Spiegelung *f* ⟨~; ~en⟩ **1** *von Licht* réverbération *f*; PHYS réflexion *f*; **2** (*Spiegelbild*) reflet *m*

'spiegelverkehrt *adj* inversé

Spiel [ʃpiːl] *n* ⟨~¢s; ~e⟩ **1** jeu *m* (*a fig der Farben, Muskeln*); ***sein ~ mit j-m treiben*** jouer un (petit) jeu avec qn; **2** THÉ, MUS jeu *m*; **3** (*Wett*♀) partie *f*; (*Glücks*♀, *Gesellschafts*♀) jeu *m*; *fig* ***mit j-m leichtes ~ haben*** avoir beau jeu avec qn; **4** SPORT match *m*; partie *f*; (*~weise*) jeu *m*; **5** *fig*, *mit prép* ***aufs ~ setzen*** mettre en jeu; risquer; ***auf dem ~ stehen*** être en jeu; ***j-n aus dem ~ lassen*** tenir qn à l'écart; ***etw aus dem ~ lassen*** laisser qc de côté; ***mit im ~ sein*** être en jeu; **6** TECH jeu *m*

'Spiel|art *f* **1** BOT, ZO variété *f*; **2** *fig* forme *f*; aspect *m*; **~automat** *m* machine *f* à sous; **~ball** *m* **1** SPORT balle *f*; TENNIS balle *f* de jeu; BILLARD bille *f* (rouge); **2** *fig* jouet *m*; **~bank** *f* ⟨~; ~en⟩ casino *m*

'spielen I *v/t* **1** jouer (*a* SPORT, MUS, THÉ); *Film*, *Schallplatte* passer; ***Karten, Tennis, Cowboy ~*** jouer aux cartes, au tennis, au cow-boy; ***Geige, Klavier ~*** jouer du violon, du piano; ***den Hamlet ~*** jouer le rôle d'Hamlet; F *fig* ***was wird hier gespielt?*** qu'est-ce qu'il se passe?; **2** (*vorgeben*) ***den Kranken ~*** jouer au malade; faire le malade; ***mit gespieltem Ernst*** avec un sérieux feint; **II** *v/i* **3** jouer (*a* SPORT, MUS, THÉ); ***mit Puppen, auf der Gitarre, dem Klavier ~*** jouer à la poupée, de la guitare, du piano; ***um etw ~*** jouer qc; ***um Geld ~*** jouer pour de l'argent; **4** *Handlung* se passer; se dérouler; **5** *fig* ***s-e Muskeln, Beziehungen ~ lassen*** faire jouer ses muscles, ses relations

'spielend *advt* avec aisance; sans peine

'Spieler(in) *m* ⟨~s; ~⟩ (*f*) ⟨~; ~nen⟩ joueur, -euse *m,f*

Spiele'rei *f* ⟨~; ~en⟩ **1** (*Leichtigkeit*) jeu *m* (d'enfant); **2** (*Zeitvertreib*) passe-temps *m*; ***e-e ~ mit Zahlen*** un jeu de chiffres; **3** (*Herumspielen*) enfantillage *m*; **4** (*Schnickschnack*) bricole *f*

'spielerisch *adj* **1** (*leicht*) enjoué; insouciant; ***mit ~er Leichtigkeit*** avec aisance; **2** SPORT (*spieltechnisch*) concernant le jeu

'Spiel|feld *n* SPORT terrain *m*; TENNIS court *m*; **~film** *m* film *m*; long métrage; **~hälfte** *f* **1** *des Spielfelds* camp *m*; **2** (*Halbzeit*) mi-temps *f*; **~halle** *f* maison *f* de jeux; **~hölle** F *péj f* tripot *m*; **~kamerad** *m* camarade *m* de jeu; **~karte** *f* carte *f* à jouer; **~kasino** *n* casino *m*; **~leiter** *m* **1** THÉ, FILM metteur *m* en scène; **2** TV présentateur *m*; **~marke** *f* jeton *m*; **~plan** *m* THÉ répertoire *m*; (programme *m* des) spectacles *m/pl*; **~platz** *m* terrain *m* de jeux; **~raum** *m* **1** TECH jeu *m*; tolérance *f*; **2** *fig* liberté *f* (d'action); marge *f* (*a* FIN); **~regel** *f* rè-

spielen: jouer de oder jouer à?

Bei Musikinstrumenten heißt es **jouer de**:

Sie spielt Gitarre.	**Elle joue de la guitare.**
Er spielt Klavier.	**Il joue du piano.**

Bei Sportarten oder Spielen heißt es **jouer à**:

Er spielt Basketball.	**Il joue au basket-ball.**
Sie spielt Schach.	**Elle joue aux échecs.**

Bei Sportarten wird oft auch **faire de** verwendet:

Sie spielt Tennis.	**Elle fait du tennis.**
Spielst du Golf?	**Tu fais du golf?**

gle *f* du jeu; **~sachen** *f/pl* jouets *m/pl*; **~stand** *m* score *m*; **~tisch** *m* table *f* de jeu; *im Kasino* tapis vert; **~uhr** *f* boîte *f* à musique; **~verderber(in)** *m* ⟨~s; ~⟩ (*f*) ⟨~; ~nen⟩ trouble-fête *m,f*; rabat-joie *m,f*; **~waren** *f/pl* jouets *m/pl*; **~zeit** *f* **1** THÉ saison *f*; **2** SPORT durée *f* du match; **~zeug** *n* jouet(s) *m(pl)*

Spieß [ʃpiːs] *m* ⟨~es; ~e⟩ **1** *Waffe* pique *f*; F *fig* ***den ~ umdrehen*** renvoyer la balle; **2** (*Brat*2) broche *f*; *kleinerer* brochette *f*; ***am ~*** à la broche; **3** F MIL F juteux *m*

'**Spießbürger** *m péj* petit-bourgeois *m*; **2lich** *adj péj* (de) petit-bourgeois

'**spießen** *v/t* ⟨¢$⟩ ***etw auf etw ~*** piquer qc dans qc; ***etw in etw*** (*acc*) ***~*** enfoncer qc dans qc

'**Spießer** F *péj m* ⟨~s; ~⟩ petit-bourgeois *m*; F beauf *m*

'**spießig** *adj péj* petit-bourgeois

'**Spießrute** *f* ***~n laufen*** HIST passer par les verges; *fig* passer sous les regards curieux et hostiles

Spikes [ʃpaɪks] *pl* **1** SPORT (chaussures *f/pl* à) pointes *f/pl*; **2** *Autoreifen* pneus *m/pl* à clous; '**~reifen** *m* pneu *m* à clous

Spinat [ʃpi'naːt] *m* ⟨~¢s; ~e⟩ BOT épinard *m*; CUIS épinards *m/pl*

Spind [ʃpɪnt] *m od n* ⟨~¢s; ~e⟩ casier *m*; placard *m*

Spindel ['ʃpɪndəl] *f* ⟨~; ~n⟩ fuseau *m*

Spinne ['ʃpɪnə] *f* ⟨~; ~n⟩ araignée *f*

spinnen ['ʃpɪnən] ⟨spann, gesponnen⟩ **I** *v/t* **1** filer; **2** *fig Intrigen* tramer; **II** *v/i* **3** filer; **4** F *fig* (*verrückt sein*) être fou, F cinglé; ***du spinnst wohl!*** F ça va pas la tête!

'**Spinnennetz** *n* toile *f* d'araignée

'**Spinner** *m* ⟨~s; ~⟩ **1** *Beruf* fileur *m*; **2** F *péj* F cinglé *m*

Spinne'rei *f* ⟨~; ~en⟩ **1** (*Spinnen*), *Betrieb* filature *f*; **2** F *péj* folies *f/pl*

'**Spinn|rad** *n* rouet *m*; **~webe** *f* ⟨~; ~n⟩ fil *m* d'araignée

Spion [ʃpi'oːn] *m* ⟨~s; ~e⟩ **1** (*Agent*) espion *m*; **2** *in der Tür* judas *m*

Spionage [ʃpio'naːʒə] *f* ⟨~⟩ espionnage *m*; **~abwehr** *f* **1** *Tätigkeit* contre-espionnage *m*; **2** (*~dienst*) service *m* de contre-espionnage

spio'nieren *v/i* ⟨*sans ge*⟩ faire de l'espionnage; *fig* mettre son nez partout

Spi'onin *f* ⟨~; ~nen⟩ espionne *f*

Spirale [ʃpi'raːlə] *f* ⟨~; ~n⟩ **1** spirale *f* (*a fig*); **2** (*Pessar*) stérilet *m*

Spi'ral|feder *f* ressort *m* en spirale; **2förmig** *adj* en spirale

Spirit|ismus *m* [ʃpiri'tɪsmʊs] *m* ⟨~⟩ spiritisme *m*; **~ist** *m* ⟨~en; ~en⟩ spirite *m*; **2istisch** *adj* spirite

Spirituosen [ʃpiritu'oːzən] *f/pl* spiritueux *m/pl*

Spiritus ['ʃpiːritʊs] *m* ⟨~; ~se⟩ alcool *m* à brûler; **~kocher** *m* réchaud *m* à alcool

Spital [ʃpi'taːl] *n* ⟨~s; ~er⟩ *bes österr, schweiz* hôpital *m*

spitz [ʃpɪts] **I** *adj* **1** pointu; *Winkel* aigu; *Gesicht* effilé; **2** *fig Bemerkung* cinglant; mordant; *Schrei* perçant; **II** *adv* en pointe

Spitz *m* ⟨~es; ~e⟩ *Hund* loulou *m*

'**Spitz|bart** *m* bouc *m*; **~bube** *m plais Mann* filou *m*; *Junge* petit filou; **2bübisch** [-byːbɪʃ] *adj* coquin

spitze ['ʃpɪtsə] F → ***klasse***

'**Spitze** *f* ⟨~; ~n⟩ **1** pointe *f* (*a Haar*2); *e-s Turms a* flèche *f*; sommet *m*; (*Schuh*2, *Finger*2, *Nasen*2) bout *m*; *e-s Baums* cime *f*; *e-s Bergs, Dreiecks* sommet *m*; *fig* ***die Dinge auf die ~ treiben*** pousser les choses à l'extrême; **2** *fig e-s Zugs, e-r Firma* tête *f*; SPORT ***an der ~ liegen*** *od* ***stehen*** être en tête; **3** *fig* (*Bosheit*) pointe *f*; **4** *Gewebe* dentelle *f*; **5** (*Spitzengruppe*) groupe *m* de tête; **6** F (***einsame***) ***~ sein*** F être super

Spitzel ['ʃpɪtsəl] *m* ⟨~s; ~⟩ indicateur *m*

'**spitzen** *v/t* ⟨¢$⟩ *Bleistift* tailler

'**Spitzenbluse** *f* blouse *f* de dentelle

'**Spitzen|erzeugnis** *n* produit *m* de qualité supérieure, de première qualité, de grande classe; **~geschwindigkeit** *f* vitesse *f* de pointe; **~gruppe** *f* SPORT peloton *m*, *e-r Tabelle* groupe *m* de tête; **~kandidat** *m* tête *f* de liste

'**Spitzenklasse** *f* classe supérieure; élite *f*; ***ein Hotel der ~*** un hôtel de grande classe; F ***~ sein*** F être super

'**Spitzen|kraft** *f* personne 'hautement qualifiée; **~leistung** *f e-s Arbeiters* rendement *m* maximum; SPORT performance *f*; **~position** *f* position *f* de leader; **~produkt** *n* → ***Spitzenerzeugnis***; **~qualität** *f* qualité exceptionnelle, supérieure; **~reiter** *m* SPORT leader *m*;

S

Egal ob Sommer oder Winter: **Sport** macht Spaß und hält fit!

Fußball spielen	**jouer au football**
Tennis spielen	**jouer au tennis**
inlineskaten	**faire du roller, du patin en ligne**
schwimmen gehen	**aller nager**
segeln	**faire de la voile**
Fallschirm springen	**faire du parachutisme**
Rad fahren	**faire du vélo**
wandern	**faire des randonnées**
reiten	**faire du cheval**
Ski fahren	**faire du ski**
Schlittschuh laufen	**patiner**

FUSSBALL équipe *f* de tête; *fig, in der Hitparade* numéro un *m*; leader *m*; **~sportler** *m* champion *m*; **~technologie** *f* technologie *f* de pointe; **~verdiener(in)** *m(f)* gros salaire; **~wert** *m* valeur *f* maximum

'Spitzer *m* ⟨~s; ~⟩ taille-crayon *m*

'spitzfindig *adj* tatillon; chicanier; **&keit** *f* ⟨~; ~en⟩ ergotage *m*; chicanerie *f*

'Spitzhacke *f* pic *m*; pioche *f*

'spitz·kriegen F *v/t* découvrir

'Spitz|name *m* sobriquet *m*; surnom *m*; **&wink(e)lig** *adj* à angle aigu

Spleen [ʃpliːn] *m* ⟨~s; ~e *ou* ~s⟩ lubie *f*; ***e-n ~ haben*** être dérangé

Splint [ʃplɪnt] *m* ⟨~(e)s; ~e⟩ goupille fendue

Splitt [ʃplɪt] *m* ⟨~(e)s; ~e⟩ gravillon *m*

splitten ['ʃplɪtən] *v/t* ⟨-e-⟩ **1** ÉCON diviser; **2** POL panacher

Splitter ['ʃplɪtər] *m* ⟨~s; ~⟩ (*Holz&, Glas&, Granat&*) éclat *m*; *in der Haut* écharde *f*; **~gruppe** *f* petit groupe; groupuscule *m*

'splittern *v/i* **1** ⟨sn⟩ (*zerbrechen*) voler en éclats; *Holz* se fendre; **2** (*Splitter bilden*) se fendiller

'splitter'nackt F *adj* tout nu; nu comme un ver

Spoiler ['ʃpɔʏlər] *m* ⟨~s; ~⟩ spoiler *m*

sponsern ['ʃpɔnzərn] *v/t* sponsoriser

Sponsor ['ʃpɔnzɔr] *m* ⟨~s; -'soren⟩ sponsor *m*

spontan [ʃpɔn'taːn] *adj* spontané; **&i'tät** *f* ⟨~⟩ spontanéité *f*

sporadisch [ʃpo'raːdɪʃ] *adj* sporadique

Spore ['spoːrə] *f* ⟨~; ~n⟩ BOT spore *f*

Sporn [ʃpɔrn] *m* ⟨~(e)s; Sporen⟩ éperon *m*; ***e-m Pferd die Sporen geben*** éperonner un cheval

Sport [ʃpɔrt] *m* ⟨~(e)s⟩ sport *m*; ***~ treiben*** faire du sport

'Sport|abzeichen *n* brevet sportif; **~art** *f* sport *m*; **~artikel** *m* article *m* de sport; **~fest** *n* fête *f* du Sport; **~flugzeug** *n* avion *m* de tourisme; **~freund** *m* **1** (*Sportliebhaber*) sportif *m*; amateur *m* de sport; **2** (*Sportkamerad*) camarade *m* de sport; **~geist** *m* esprit sportif; **~gerät** *n* appareil *m* de gymnastique; **~halle** *f* salle *f* omnisports; **~hochschule** *f* institut *m* universitaire de formation des professeurs d'éducation physique; **~lehrer** *m* professeur *m* d'éducation physique

'Sportler(in) *m* ⟨~s; ~⟩ (*f*) ⟨~; ~nen⟩ sportif, -ive *m,f*

'sportlich *adj* sportif; *Kleidung* sport

'Sport|medizin *f* médecine *f* du sport, sportive; **~platz** *m* terrain *m* de sport; **~reportage** *f* reportage sportif; **~reporter(in)** *m(f)* reporter sportif; **~schuh** *m* **1** (*Turnschuh*) chaussure *f* de sport; **2** (*sportlicher Schuh*) chaussure *f* sport; **~sendung** *f* (émission *f* des) sports *m/pl*; émission sportive

'Sports|geist *m* esprit sportif; **~mann** *m* ⟨~(e)s; -männer *ou* -leute⟩ sportif *m*

'Sport|taucher *m* plongeur *m* sous-marin; **~unterricht** *m* éducation *f* physique; **~veranstaltung** *f* rencontre, manifestation sportive; **~verein** *m* club sportif; **~wagen** *m* **1** *Auto* voiture *f* de sport; **2** *Kinderwagen* poussette *f*

Spott [ʃpɔt] *m* ⟨~(e)s⟩ moquerie *f*; ***s-n ~ mit etw, j-m treiben*** se moquer de qc, qn

S

'spott'billig F **I** *adj* très bon marché; **II** *adv* pour une bouchée de pain

spötteln ['ʃpœtəln] *v/i* ⟨¢⟩ se moquer (***über*** [+ *acc*] de)

'spotten *v/i* ⟨-e-⟩ se moquer (***über*** [+ *acc*] de)

'Spötter(in) *m* ⟨~s; ~⟩ (*f*) ⟨~; ~nen⟩ moqueur, -euse *m,f*; railleur, -euse *m,f*

'spöttisch *adj* moqueur; railleur

'Spottpreis *m* prix *m* dérisoire; ***für e-n ~*** pour une bouchée de pain

sprach [ʃpraːx] → ***sprechen***

'Sprachbegabung *f* don *m* des langues

Sprache ['ʃpraːxə] *f* ⟨~; ~n⟩ langue *f*; (*Ausdrucksweise*) langage *m*; (*Rede*) parole *f*; (*Sprachstil*) style *m*; (*Redeweise*) parler *m*; ***in französischer ~*** en français; ***die ~ auf etw, j-n bringen*** mettre, amener la conversation sur qc, qn; ***etw zur ~ bringen*** mettre qc en discussion; F ***heraus mit der ~!*** F accouche!

'Sprach|fehler *m* défaut *m* de prononciation; **~führer** *m* guide *m* de conversation

'Sprachgebiet *n* ***das französische, deutsche ~*** les pays *m/pl* de langue française, allemande

'Sprachgebrauch *m* usage *m*

'Sprachkenntnisse *f/pl* connaissances *f/pl* de la langue *bzw* des langues; ***ihre französischen ~*** ses connaissances en *od* de français; *par ext* son français

'Sprach|kurs *m* cours *m* de langue; **~labor** *n* laboratoire *m* de langues; **~lehre** *f* grammaire *f*

'sprach|lich *adj* qui concerne la langue; linguistique; **~los** *adj* (*wortlos*) muet; (*verblüfft*) stupéfait; sans voix; **2rohr** *n fig* porte-parole *m*

'Sprachunterricht *m* enseignement *m* des langues; ***französischer ~*** cours *m/pl* de français

'Sprachwissenschaft *f* linguistique *f*; **~ler** *m* linguiste *m*; **2lich** *adj* linguistique

sprang [ʃpraŋ] → ***springen***

Spray [ʃpreː] *m od n* ⟨~s; ~s⟩ aérosol *m*; spray *m*; **'~dose** *f* bombe *f*; **'2en** *v/t* vaporiser; *Graffiti* F bomber; taguer; **'~er** *m* ⟨~s; ~⟩ tagueur *m*

Sprech|anlage ['ʃprɛç-] *f* interphone *m*; **~blase** *f* bulle *f*; **~chor** *m* THÉ chœur parlé; *fig* chœur *m*

'sprechen ⟨spricht, sprach, gesprochen⟩ **I** *v/t u v/i* **1** parler (***zu j-m*** à qn; ***mit j-m*** avec qn; ***von*** *od* ***über*** [+ *acc*] de); *Urteil* prononcer; rendre; *Wahrheit*, *Gebet*, *Gedicht* dire; ***über Politik, Kunst ~*** *a* parler politique, art; ***auf etw, j-n zu ~ kommen*** en venir à parler de qc, qn; ***gut, schlecht von j-m ~*** dire du bien, du mal de qn; ***sie ist schlecht*** *od* ***nicht gut auf mich zu ~*** il ne faut pas lui parler de moi; **2** ***j-n ~*** parler à qn; **(*für j-n*) *zu ~ sein*** recevoir (qn); ***kann ich bitte Frau Funke ~?*** je voudrais parler à Mme Funke; **3** *fig* ***das spricht für, gegen ihn*** cela joue en sa faveur, contre lui; ***was spricht (denn) dafür, dagegen?*** quel en est (donc) l'avantage, l'inconvénient?; **II** *v/r* ***sich ~*** se parler; ***wir ~ uns noch!*** nous nous reverrons *od* retrouverons!

'Sprecher(in) *m* ⟨~s; ~⟩ (*f*) ⟨~; ~nen⟩ personne *f* qui parle; (*Wortführer*[*in*]) porte-parole *m*; RAD, TV speaker, speakerine *m,f*; (*Erzähler*[*in*]) narrateur, -trice *m,f*

'Sprechfunk *m* radiotéléphonie *f*; **~gerät** *n* radiotéléphone *m*; *tragbares* talkie-walkie *m*

'Sprechstunde *f* heures *f/pl* de consultation; ***~ haben*** consulter; donner des consultations

'Sprech|stundenhilfe *f* secrétaire médicale; **~weise** *f* manière *f* de parler; élocution *f*; **~zimmer** *n* cabinet *m* de consultation

spreizen ['ʃpraɪtsən] ⟨¢t⟩ *v/t Beine, Finger* écarter; *Flügel* déployer

'Spreizfuß *m* pied tourné en dehors

sprengen ['ʃprɛŋən] *v/t* **1** (***in die Luft***) **~** faire sauter; *mit Dynamit* dynamiter; **2** *Tür, Schloss* faire sauter; **3** *Ketten* rompre; *fig Versammlung* disperser; *Bank* faire sauter; **4** *Garten*, *Straße* arroser; *Wäsche* humecter

'Spreng|kopf *m* ogive *f*; **~kraft** *f* force explosive; **~ladung** *f* charge explosive; **~satz** *m* charge explosive; **~stoff** *m* explosif *m*; **~ung** *f* ⟨~; ~en⟩ destruction *f* par explosif; *mit Dynamit* dynamitage *m*

sprenkeln ['ʃprɛŋkəln] *v/t* ⟨¢⟩ moucheter; tacheter

Spreu [ʃprɔʏ] *f* ⟨~⟩ balle *f*; *fig* ***die ~ vom***

Weizen trennen séparer le bon grain de l'ivraie
spricht [ʃrɪçt] → ***sprechen***
Sprich|wort ['ʃprɪçvɔrt] *n* ⟨~e̸s; ~̈er⟩ proverbe *m*; **Ձwörtlich** *adj* proverbial (*a fig*)
sprießen ['ʃpri:sən] *v/i* ⟨spross, gesprossen, sn⟩ *Pflanze* pousser; sortir de terre; *Bart* pousser
Springbrunnen ['ʃprɪŋ-] *m* fontaine *f*; jet *m* d'eau
'**springen** ⟨sprang, gesprungen⟩ **I** *v/t* ⟨h *ou* sn⟩ *Sprung* exécuter; *Entfernung, Höhe, Rekord* sauter; **II** *v/i* ⟨sn⟩ **1** sauter (***über etw*** qc) (*a fig*, SPORT); bondir; *Ampel* ***auf Rot ~*** passer au rouge; F *fig* ***100 Euro ~ lassen*** F se fendre de 100 euros; **2** *Porzellan, Glas* se fêler; se fissurer; ***gesprungene Lippen*** *f/pl* lèvres gercées
'**Springer** *m* ⟨~s; ~⟩ **1** SPORT sauteur *m*; SCHWIMMSPORT plongeur *m*; **2** *Schachfigur* cavalier *m*
'**Spring|flut** *f* grande marée; **~messer** *n* couteau *m* à cran d'arrêt; **~pferd** *n* sauteur *m*; **~reiten** *n* jumping *m*; **~seil** *n* corde *f* à sauter
Sprinkleranlage ['ʃprɪŋklər-] *f* installation *f* d'arrosage
Sprint [ʃprɪnt] *m* ⟨~s; ~s⟩ sprint *m*; '**Ձen** *v/i* ⟨-e-, sn⟩ sprinter; '**~er** *m* ⟨~s; ~⟩ sprinter *m*
Sprit [ʃprɪt] F *m* ⟨~e̸s⟩ **1** (*Benzin*) essence *f*; F jus *m*; **2** (*Schnaps*) F gnôle *f*
Spritze ['ʃprɪtsə] *f* ⟨~; ~n⟩ **1** (*InjektionsՁ*) seringue *f*; **2** (*Injektion*) piqûre *f*; ***j-m e-e ~ geben*** faire une piqûre à qn
'**spritzen** ⟨e̸s⟩ **I** *v/t* **1** *Garten* arroser (***mit*** de); *Obst* traiter; ***j-n nass ~*** arroser qn; ***j-m Soße auf die Kleider ~*** éclabousser de sauce les vêtements de qn; **2** MÉD injecter; **3** (*lackieren*) peindre au pistolet; **II** *v/i* **4** ***mit Wasser ~*** lancer de l'eau; **5** ⟨h, + *indication de direction* sn⟩ *Blut, Wasser, Fett* gicler; **6** F (*Rauschgift ~*) F se shooter
'**Spritzer** *m* ⟨~s; ~⟩ **1** (*FarbՁ*) éclaboussure *f*; **2** (*kleine Menge*) quelques gouttes *f/pl* (de …)
'**spritzig** *adj* *Person* pétillant; (*geistreich*) spirituel; *Vorstellung* vivant; animé; *Auto* nerveux; *Wein* pétillant
'**Spritz|lackierung** *f* peinture *f* au pistolet; **~pistole** *f* pistolet *m*; **~tour** F *f* F virée *f*
spröde ['ʃprø:də] *adj* **1** *Material* cassant; *Haut, Haar, Lippen* sec; **2** *fig Person* revêche; *Thema* rébarbatif
spross [ʃprɔs] → ***sprießen***
Spross *m* ⟨~es; ~e⟩ **1** BOT pousse *f*; **2** *st/s* (*Nachkomme*) descendant *m*
Sprosse ['ʃprɔsə] *f* ⟨~; ~n⟩ **1** *e-r Leiter* échelon *m*; barreau *m*; **2** *e-s Fensters* croisillon *m*
'**Sprossenwand** *f* SPORT espaliers *m/pl*
Sprössling ['ʃprœslɪŋ] F *plais m* ⟨~s; ~e⟩ F rejeton *m*
Sprotte ['ʃprɔtə] *f* ⟨~; ~n⟩ ZO sprat *m*
Spruch [ʃprux] *m* ⟨~e̸s; ~̈e⟩ **1** (*WahlՁ*) devise *f*; (*SinnՁ*) adage *m*; (*BibelՁ*) verset *m*; **2** (*SchiedsՁ*) décision *f*; **3** F *péj* ***Sprüche klopfen*** *od* ***machen*** F être fort en gueule; ***das sind doch nur Sprüche!*** c'est du vent!
'**Spruchband** *n* ⟨~e̸s; -bänder⟩ banderole *f*; calicot *m*
'**spruchreif** *adj* (***noch nicht***) ***~ sein*** (ne pas encore) être au point
Sprudel ['ʃpru:dəl] *m* ⟨~s; ~⟩ eau gazeuse
'**sprudeln** *v/i* ⟨e̸⟩ **1** ⟨+ *indication de direction* sn⟩ (*heraus~*) jaillir (***aus*** de); **2** (*aufwallen*) bouillonner; **3** *Getränk* pétiller
Sprühdose ['ʃpry:-] *f* bombe *f*
sprühen ['ʃpry:ən] **I** *v/t* *Funken* faire; jeter; *Flüssigkeit* pulvériser; **II** *v/i* ⟨+ *indication de direction* sn⟩ *Funken* jaillir; *Wasser, Regen* gicler; ***von*** *od* ***vor Geist, Witz*** (*dat*) ***~*** pétiller d'esprit, de malice
'**Sprühregen** *m* bruine *f*; pluie fine
Sprung [ʃprʊŋ] *m* ⟨~e̸s; ~̈e⟩ **1** saut *m*; bond *m*; SCHWIMMSPORT plongeon *m*; ***zum ~ ansetzen*** prendre son élan; F *fig* ***keine großen Sprünge machen können*** ne pas pouvoir faire des folies; F ***auf dem ~ sein*** être sur le point de partir; F ***nur auf e-n ~ bei j-m vorbeikommen*** ne faire qu'un saut chez qn; F ***j-m auf die Sprünge helfen*** mettre qn sur la voie; **2** *in Glas, Porzellan* fêlure *f*; fissure *f*
'**Sprung|brett** *n* tremplin *m* (*a fig*); **~feder** *f* ressort *m*
'**sprunghaft** **I** *adj* **1** *Person* versatile; **2** (*schnell*) très rapide; *Preisanstieg* verti-

gineux; **II** *adv* ~ ***ansteigen*** faire un bond

'Sprung|schanze *f* SKISPORT tremplin *m*; **~tuch** *n* ⟨~(e)s; -tücher⟩ toile *f* de sauvetage; **~turm** *m* SCHWIMMSPORT plongeoir *m*

Spucke ['ʃpʊkə] *f* F ⟨~⟩ salive *f*; ***ihm blieb die ~ weg*** F il en est resté baba

'spucken *v/t u v/i* cracher

Spuk [ʃpu:k] *m* ⟨~(e)s; ~e⟩ apparition *f* de fantômes; *fig* horreur *f*; monstruosité *f*

'spuken I *v/imp* ***es spukt*** (***in diesem Haus***) il y a des revenants (dans cette maison); cette maison est 'hantée; **II** *v/i Gedanke* ***in j-s Kopf*** (*dat*) ~ 'hanter qn

'Spül|becken *n* évier *m*; **~bürste** *f* brosse *f* (pour la vaisselle)

Spule ['ʃpu:lə] *f* ⟨~; ~n⟩ bobine *f*; *e-r Nähmaschine* canette *f*

'Spüle *f* ⟨~; ~n⟩ évier *m*

'spulen *v/t Film, Garn* embobiner; *Film a, Tonband* enrouler

spülen ['ʃpy:lən] **I** *v/t* **1** *Wäsche, Mund* rincer; **2** *Geschirr* laver; faire; **3** ***etw ans Ufer ~*** jeter qc sur le rivage; **II** *v/i* **4** *Geschirr* laver, faire la vaisselle; **5** *am WC* tirer la chasse d'eau

'Spül|maschine *f* lave-vaisselle *m*; **~mittel** *n* produit *m* (pour la) vaisselle; **~tuch** *n* ⟨~(e)s; ~̈er⟩ lavette *f*; **~ung** *f* ⟨~; ~en⟩ **1** (*Scheiden2, Magen2*) lavage *m*; **2** *beim WC* chasse *f* d'eau; **~wasser** *n* eau *f* de vaisselle

Spund [ʃpʊnt] *m* **1** ⟨~(e)s; ~̈e⟩ *e-s Fasses* bonde *f*; **2** ⟨~(e)s; ~e⟩ F ***junger ~*** F petit jeune, jeunot

'Spund|loch *n* bonde *f*; **~wand** *f* palplanches *f/pl*

Spur [ʃpu:r] *f* ⟨~; ~en⟩ **1** (*Fuß2, Blut2, Brems2*, JAGD, *fig*) trace *f*; (*Fährte*, SKISPORT, *fig*) piste *f*; (*Reifen2*) ornière *f*; ***j-m, e-r Sache auf die ~ kommen*** dépister qn, qc; **2** *e-r Verletzung* marque *f*; *e-r alten Kultur* traces *f/pl*; **3** (*kleine Menge*) ***e-e ~ Salz*** un soupçon, une pincée de sel; F ***keine*** *od* ***nicht die ~!*** pas du tout!; **4** AUTO parallélisme *m*; **5** TECH → ***Spurweite***; **6** (*Fahr2*) voie *f*; file *f*; ***die ~ wechseln*** déboîter; **7** *e-s Tonbands etc* piste *f*

spürbar ['ʃpy:r-] *adj* sensible; perceptible; (*beträchtlich*) considérable

'spuren I *v/t Loipe* tracer; **II** F *fig v/i* marcher droit

'spüren *v/t* (*fühlen*) sentir; (*wahrnehmen*) s'apercevoir de; ***etw zu ~ bekommen*** ressentir qc; ***von Mitleid war nichts zu ~*** il n'y avait pas la moindre pitié

'Spurenelemente *n/pl* oligo-éléments *m/pl*

'Spürhund *m* limier *m* (*a fig*); (*Polizei2*) chien policier

'spurlos *adv* sans laisser de traces

'Spürsinn *m e-s Hundes* flair *m*; *fig e-r Person* intuition *f*

Spurt [ʃpʊrt] *m* ⟨~s; ~e *ou* ~s⟩ sprint *m*

'spurten *v/i* ⟨-e-, + *indication de direction* sn⟩ sprinter

'Spurweite *f* écartement *m*

sputen ['ʃpu:tən] *v/r* ⟨-e-⟩ ***sich ~*** se dépêcher

Squash [skvɔʃ] *n* ⟨~⟩ squash *m*

Sri Lanka ['sri:'laŋka] *n* ⟨~s⟩ le Sri Lanka

St. *abr* **1** (*Sankt*) S[t]; **2** (*Stück*) pièce *f*

Staat [ʃta:t] *m* ⟨~(e)s; ~en⟩ **1** POL État *m*; ***die ~en*** (*USA*) les États-Unis *m/pl*; ***von ~s wegen*** pour raison d'État; **2** ***damit kannst du keinen ~ machen*** avec ça tu ne peux pas épater la galerie; ***in vollem ~*** en grande toilette, tenue

'Staaten|bund *m* confédération *f*; **2los** *adj* apatride

'staatlich I *adj* de l'État; *Schule, Einrichtung, Behörde* public; **II** *adv* par l'État; ~ ***geprüft*** diplômé; breveté

'Staats|akt *m* cérémonie officielle; **~angehörige(r)** *f(m)* ressortissant(e) *m(f)*

'Staatsangehörigkeit *f* ⟨~⟩ nationalité *f*; ***doppelte ~*** double nationalité

'Staats|anwalt *m* procureur *m*; **~anwaltschaft** *f* ministère public; parquet *m*; **~begräbnis** *n* obsèques nationales; **~besuch** *m* visite officielle

'Staatsbürger *m* citoyen *m*; ***er ist deutscher ~*** il est de nationalité allemande

'staats|bürgerlich *adj* civique; **2bürgerschaft** *f* nationalité *f*; **2chef** *m* chef *m* d'État; **2dienst** *m* service public

'Staatsexamen *n* licence *f*; ***zweites ~*** *für das höhere Lehramt* C.A.P.E.S. *m*

'Staats|form *f* régime *m*; système gouvernemental; **~gebiet** *n* territoire national; **~geheimnis** *n* secret *m* d'État (*a* F *fig*); **~gewalt** *f* autorité publique; **~grenze** *f* frontière *f*; **~haushalt** *m*

budget *m* de l'État; **~kasse** *f* Trésor public

'**Staatskosten** *pl* ***auf ~*** aux frais de l'État

'**Staats|mann** *m* ⟨~¢s; -männer⟩ homme *m* d'État; **♀männisch** *adj* d'homme d'État; **~oberhaupt** *n* chef *m* d'État; **~präsident** *m* président *m* de la République; **~schuld(en)** *f(pl)* dette publique; **~sekretär** *m* secrétaire *m* d'État; **~streich** *m* coup *m* d'État; **~trauer** *f* deuil national; **~verschuldung** *f* endettement *m* de l'État

Stab [ʃta:p] *m* ⟨~¢s; ⁓e⟩ **1** (*Stock*) bâton *m*; *dünner* baguette *f*; (*Eisen*♀) barre *f*; (*Gitter*♀) barreau *m*; STABHOCHSPRUNG perche *f*; (*Staffel*♀) témoin *m*; *st/s* ***den ~ über j-n brechen*** jeter la pierre à qn; **2** MIL état-major *m*; **3** (*Mitarbeiter*♀) équipe *f*

Stäbchen ['ʃtɛ:pçən] *n* ⟨~s; ~⟩ bâtonnet *m*; baguette *f* (*a Ess*♀)

'**Stabhoch|springer** *m* sauteur *m* à la perche; **~sprung** *m* saut *m* à la perche

stabil [ʃta'bi:l] *adj Gleichgewicht, Wirtschaft* stable; (*haltbar*), *Gesundheit* robuste; (*nicht wacklig*) solide

stabili|'sieren *v/t* (*u v/r*) ⟨*sans ge*⟩ (***sich ~*** se) stabiliser; **♀'sierung** *f* ⟨~⟩ stabilisation *f*; **♀'tät** *f* ⟨~⟩ stabilité *f*

'**Stab|lampe** *f* torche *f* électrique; **~reim** *m* allitération *f*

'**Stabs|arzt** *m* médecin-capitaine *m*; **~offizier** *m* officier supérieur

stach [ʃta:x] → ***stechen***

Stachel ['ʃtaxəl] *m* ⟨~s; ~n⟩ **1** BOT épine *f*; **2** *von Insekten* aiguillon *m*; dard *m*; *vom Igel* piquant *m*; **~beere** *f* groseille *f* à maquereau; **~draht** *m* (fil *m* de fer) barbelé *m*

'**stach(e)lig** *adj* BOT, ZO épineux; *Igel a* hérissé; *Bart* piquant (*a* ZO)

'**Stachelschwein** *n* porc-épic *m*

Stadion ['ʃta:diɔn] *n* ⟨~s; -ien⟩ stade *m*

Stadium ['ʃta:dium] *n* ⟨~s; -ien⟩ phase *f*; stade *m*

Stadt [ʃtat] *f* ⟨~; ⁓e⟩ **1** ville *f*; ***die ~ Berlin*** la ville de Berlin; **2** (*~verwaltung*) municipalité *f*

'**Stadt...** *in Zssgn* → ***städtisch***; **♀'auswärts** *adv* en sortant de la ville; **~autobahn** *f* autoroute urbaine; **~bahn** *f* R.E.R. *m*; **~bezirk** *m* arrondissement *m*

Städtchen ['ʃtɛ(:)tçən] *n* ⟨~s; ~⟩ petite ville

'**Städtebau** *m* urbanisme *m*

stadt'einwärts *adv* direction centre ville

'**Städtepartnerschaft** *f* jumelage *m*

'**Städter(in)** *m* ⟨~s; ~⟩ (*f*) ⟨~; ~nen⟩ citadin(e) *m(f)*

'**Stadtgebiet** *n* territoire *m* de la ville

'**Stadtgespräch** *n* **1** TÉL communication urbaine; **2** *fig* ***das ist ~*** toute la ville en parle

'**Stadthalle** *f* salle municipale; *oft a* salle polyvalente

'**städtisch** *adj* de (la) ville; *bes* ADM municipal; (*urban*) citadin; urbain; des villes

'**Stadt|kämmerer** [-kɛmərər] *m* ⟨~s; ~⟩ administrateur *m* des finances municipales; **~kasse** *f* **1** *Finanzen* budget *m* de la ville; **2** *Behörde* service *m* des finances municipales; **~kern** *m* centre *m* (de la ville); **~mauer** *f* rempart(s) *m(pl)*; **~mitte** *f* centre *m* (de la) ville; **~plan** *m* plan *m* d'une ville; **~rand** *m* périphérie *f*; **~rat** *m* **1** *Gremium* conseil municipal; **2** *Person* conseiller municipal; **~rundfahrt** *f* visite guidée (en bus); tour *m* de ville; **~staat** *m* ville-État *f*; **~streicher(in)** *m(f)* clochard(e) *m(f)*; **~teil** *m* quartier *m*; **~tor** *n* porte *f* de la ville; **~verkehr** *m* circulation urbaine; **~verordnete(r)** *f(m)* ⟨→ A⟩ conseiller, -ère municipal(e); **~verwaltung** *f* municipalité *f*; **~viertel** *n* quartier *m*; **~werke** *n/pl* services municipaux d'électricité, de gaz et d'eau; **~zentrum** *n* centre *m* (de la) ville

Staffel ['ʃtafəl] *f* ⟨~; ~n⟩ **1** AVIAT escadrille *f*; **2** (*~lauf*) (course *f* de) relais *m*

Staffe'lei *f* ⟨~; ~en⟩ chevalet *m*

'**Staffel|lauf** *m* (course *f* de) relais *m*; **~läufer(in)** *m(f)* relayeur, -euse *m,f*

'**staffel|n** *v/t* (*u v/r*) ⟨¢⟩ (***sich ~*** s')échelonner; **♀ung** *f* ⟨~; ~en⟩ échelonnement *m*

Stag|nation [ʃtagnatsi'o:n] *f* ⟨~; ~en⟩ stagnation *f*; **♀'nieren** *v/i* ⟨*sans ge*⟩ stagner; être stagnant

stahl [ʃta:l] → ***stehlen***

Stahl *m* ⟨~¢s; ⁓e *ou* ~e⟩ acier *m*; ***aus ~*** en acier; ***Nerven aus ~ haben*** avoir des nerfs à toute épreuve

'**Stahl|arbeiter** *m* ouvrier *m* métallurgiste; **~bau** *m* ⟨~¢s; ~ten⟩ *Technik, Gebäude* construction *f* métallique; **~beton** *m* béton armé; **°blau** *adj* bleu acier; **~blech** *n* tôle *f* d'acier

stähl|en ['ʃtɛːlən] *st/s v/t* aguerrir; *Körper* endurcir; **~ern** *adj* d'acier (*a fig*)

'stahl|grau *adj* gris acier; **'~'hart** *adj* d'acier (*a fig*); **°helm** *m* casque *m* d'acier; **°industrie** *f* industrie *f* sidérurgique; **°rohr** *n* tube *m* d'acier; **°werk** *n* aciérie *f*; **°wolle** *f* paille *f* de fer

stak [ʃtaːk] → ***stecken II***

staks|en ['ʃtaːksən] F *v/i* ⟨sn⟩ marcher les jambes raides; **~ig** F *adj* raide

Stalagmit [ʃtala'gmiːt] *m* ⟨~s *ou* ~en; ~en⟩ stalagmite *f*

Stalaktit [ʃtalak'tiːt] *m* ⟨~s *ou* ~en; ~en⟩ stalactite *f*

Stall [ʃtal] *m* ⟨~¢s; ~e⟩ **1** (*Kuh°*) étable *f*; (*Pferde°*) écurie *f*; (*Schweine°*) porcherie *f*; (*Hühner°*) poulailler *m*; (*Kaninchen°*) clapier *m*; (*Schaf°*) bergerie *f*; **2** (*Renn°*) écurie *f*

'Stall|bursche *m* garçon *m* d'écurie; palefrenier *m*; **~meister** *m* écuyer *m*; **~ungen** *f/pl für Pferde* écuries *f/pl*; *für Kühe* étables *f/pl*

Stamm [ʃtam] *m* ⟨~¢s; ~e⟩ **1** (*Baum°*) tronc *m*; **2** (*Personal°*) personnel permanent; **3** (*Volks°*) tribu *f*; **4** (*Geschlecht*) famille *f*; lignée *f*; race *f*; **5** LING radical *m*

'Stamm|aktie *f* action *f* de capital; **~baum** *m* arbre *m* généalogique; *von Tieren* pedigree *m*; **~buch** *n* livret *m* de famille

stammeln ['ʃtaməln] *v/t u v/i* ⟨¢⟩ bégayer; balbutier

'stammen *v/i* **~** (**aus, von**) (*kommen, hervorgehen*) sortir (de); (*beheimatet sein*) être originaire (de); (*herkommen*) provenir (de) (*a Dinge*); (*datieren*) dater (de); remonter (à); ***dieser Vorschlag stammt von Felix*** c'est Félix qui a eu cette idée; c'est une idée de Félix

'Stamm|formen *f/pl* GR temps premiers, primitifs; **~gast** *m* habitué(e) *m(f)*; **~halter** *m plais* héritier *m*

stämmig ['ʃtɛmɪç] *adj* trapu

'Stamm|kneipe F *f* café, bistrot habituel; **~kunde** *m* habitué *m*; client *m* fidèle; **~lokal** *n* bistrot, restaurant habituel; **~platz** *m* place habituelle; **~tisch** *m Tisch* table *f* des habitués; (*~runde*) groupe *m* des habitués; *Treffen* réunion *f* des habitués; **~wähler** *m* électeur *m* fidèle

stampfen ['ʃtampfən] **I** *v/t* **1** *Erde* tasser; *mit Ramme* damer; **2** *Kartoffeln, Kraut* écraser; **3** *Rhythmus* battre; **4** *fig* ***etw aus dem Boden ~*** créer qc de toutes pièces; **II** *v/i* **5** *mit den Füßen* piétiner; trépigner; *Pferd* piaffer; ***mit dem Fuß auf die Erde ~*** frapper le sol du pied; **6** ⟨sn⟩ (*sich ~d fortbewegen*) marcher à pas lourds

'Stampfer *m* ⟨~s; ~⟩ CUIS pilon *m*

stand [ʃtant] → ***stehen***

Stand *m* ⟨~¢s; ~e⟩ **1** (*Stehen*) station *f* debout; ***Sprung*** *m* ***aus dem ~*** saut *m* sans élan; F *fig* ***aus dem ~*** (***heraus***) au pied levé; spontanément; *fig* ***e-n schweren ~ haben*** être dans une situation difficile, délicate; **2** (*~ort*) place *f*; emplacement *m*; **3** (*Markt°*) étal *m*; (*Ausstellungs°, Informations°*) stand *m*; **4** (*Wasser°*) niveau *m*; (*Barometer°*) 'hauteur *f*; *der Papiere, Aktien* cours *m*; cote *f*; **5** SPORT (*Spiel°*) score *m*; **6** *fig* (*Zu°*) état *m*; niveau *m*; ***der ~ der Dinge*** l'état *m* des choses; ***etw auf den neuesten ~ bringen*** mettre qc à jour; **7** *gesellschaftlich* classe *f*; condition *f*; (*Beruf*) profession *f*; HIST ***der dritte ~*** le tiers état; **8** (*Familien°*) situation *f* de famille; **9** ***außer ~e → außerstande***; ***im ~e → imstande***; ***in ~ → instand***; ***zu ~e → zustande***

Standard ['ʃtandart] *m* ⟨~s; ~s⟩ standard *m*; **~ausführung** *f* type *m*, modèle *m* standard; **°i'sieren** *v/t* ⟨*sans ge*⟩ standardiser; **~isierung** *f* ⟨~; ~en⟩ standardisation *f*

Standarte [ʃtan'dartə] *f* ⟨~; ~n⟩ fanion *m*; MIL étendard *m*

'Standbild *n* statue *f*; *kleines* statuette *f*

Ständchen ['ʃtɛntçən] *n* ⟨~s; ~⟩ (*Abend°*) sérénade *f*; ***j-m ein ~ bringen*** donner une sérénade à qn

Ständer ['ʃtɛndər] *m* ⟨~s; ~⟩ **1** (*Gestell*) support *m*; (*Kleider°*) portemanteau *m*; (*Kerzen°*) chandelier *m*; *am Fahrrad* béquille *f*; **2** P ***e-n ~ haben, kriegen*** P bander

'Standes|amt *n* bureau *m* de l'état civil; **°amtlich** *adj* d'état civil; *Trauung* civil; **~beamte(r)** *m* officier *m* de l'état civil; **~dünkel** *m péj* orgueil *m* de caste; **°ge-**

mäß *adj* conforme au rang; selon son rang, état; **~unterschied** *m* différence *f* de classe (sociale), de rang (social)
'**standfest** *adj* **1** stable; fixe; **2** *fig* ferme; résolu; **2igkeit** *f* stabilité *f*; *fig* fermeté *f*
'**Standgericht** *n* cour martiale
'**standhaft** **I** *adj* ferme; inébranlable; **II** *adv* **~ bleiben** rester ferme
'**Standhaftigkeit** *f* ⟨~⟩ fermeté *f*
'**stand·halten** *v/i* ⟨*irr*⟩ tenir bon; ne pas céder; ***j-m, e-r Sache*** **~** résister à qn, qc
ständig ['ʃtɛndɪç] **I** *adj* constant; continuel; *Lärm* ininterrompu; *Mitglied, Ausschuss* permanent; *Wohnsitz* fixe; **II** *adv* constamment; (*immer*) toujours; sans cesse
'**Stand|licht** *n* feux *m/pl* de position; **~ort** *m* ⟨~(e)s; ~e⟩ **1** position *f* (*a* MAR, *fig*); place *f*; *e-s Betriebs* emplacement *m*; site *m*; **2** MIL garnison *f*
'**Standpauke** F *f* sermon *m*; ***j-m e-e ~ halten*** F passer un savon à qn
'**Standpunkt** *m* point *m* de vue; avis *m*; ***den ~ vertreten*** *od* ***auf dem ~ stehen, dass …*** être d'avis que … (+ *subj*)
'**Standrecht** *n* loi martiale
'**standrechtlich** **I** *adj* d'après la loi martiale; **II** *adv* **~ erschießen** passer par les armes
'**Stand|spur** *f* bande *f* d'arrêt d'urgence; **~uhr** *f* horloge *f*; pendule *f*
Stange ['ʃtaŋə] *f* ⟨~; ~n⟩ **1** (*Holz2*) perche *f*; (*Eisen2*) tige *f*; barre *f*; (*Metall2, Gardinen2*) tringle *f*; (*Fahnen2*) 'hampe *f*; (*Vogel2*) perchoir *m*; F ***Kleider*** *n/pl* ***von der ~*** vêtements *m/pl* de confection; prêt-à-porter *m*; F ***e-e (schöne) ~ Geld*** beaucoup d'argent; F pas mal de fric; F *fig* ***j-m die ~ halten*** prendre parti pour qn; F *fig* ***bei der ~ bleiben*** persévérer; tenir bon; **2** *von Lakritze, Zimt* bâton *m*; (*~ Zigaretten*) cartouche *f*
Stängel ['ʃtɛŋəl] *m* ⟨~s; ~⟩ BOT tige *f*
'**Stangen|brot** *n* baguette *f*; **~spargel** *m* (tiges *f/pl* d')asperges *f/pl*
stank [ʃtaŋk] → ***stinken***
stänkern ['ʃtɛŋkərn] F *v/i* F râler; F rouspéter
Stanniol [ʃtani'o:l] *n* ⟨~s; ~e⟩ feuille *f* d'aluminium, d'argent
stanzen ['ʃtantsən] *v/t* ⟨-(e)s⟩ *Blech* poinçonner; (*prägen*) estamper
Stapel ['ʃta:pəl] *m* ⟨~s; ~⟩ **1** pile *f*; **2** MAR ***vom ~ laufen*** être lancé; être mis à l'eau
'**Stapellauf** *m* lancement *m*; mise *f* à l'eau
'**stapeln** *v/t* (*u v/r*) ⟨-e⟩ (***sich ~*** s')empiler
stapfen ['ʃtapfən] *v/i* ⟨sn⟩ marcher à pas lourds, lourdement
Star[1] [ʃta:r] *m* ⟨~(e)s; ~e⟩ ZO étourneau *m*; sansonnet *m*
Star[2] *m* ⟨~(e)s; ~e⟩ MÉD (***grauer***) **~** cataracte *f*; ***grüner ~*** glaucome *m*
Star[3] [ʃta:r *ou* sta:r] *m* ⟨~s; ~s⟩ FILM, THÉ *etc* star *f*; vedette *f*; étoile *f*; '**~allüren** *f/pl* airs *m/pl* de star; '**~anwalt** *m* avocat *m* célèbre, très connu, en vue
starb [ʃtarp] → ***sterben***
stark [ʃtark] **I** *adj* ⟨⸗er, ⸗ste⟩ **1** (*kraftvoll, fest*) fort (*a fig*); *körperlich* robuste; vigoureux; solide (*a Nerven, Herz*); puissant (*a Motor*, TECH); F ***sich für j-n, etw ~ machen*** soutenir qn, qc à fond; **2** *Kaffee, Tee, Tabak* fort; **3** (*dick*) épais; gros; (*beleibt*) corpulent; **4** (*intensiv*) fort; *Verkehr* grand; intense; *Kälte* intense; *Hitze, Erkältung, Esser* gros; *Interesse, Hunger, Durst, Trinker, Raucher* grand; **5** *Verb* fort; **6** (*zahlenmäßig groß*) ***1000 Mann ~*** fort de mille hommes; **7** *Jugendsprache* (***echt***) **~** F super; F génial; **II** *adv* fort(ement); (*viel*) beaucoup; très; **~ *rauchen*** fumer beaucoup; **~ *regnen*** pleuvoir très fort
Stärke ['ʃtɛrkə] *f* ⟨~; ~n⟩ **1** (*Kraft*) force *f* (*a Willens2, Licht2*); vigueur *f*; solidité *f* (*a von Nerven, Herz*); *e-s Motors, e-r Armee, der Gefühle* puissance *f*; **2** (*Dicke*) épaisseur *f*; grosseur *f*; **3** (*Intensität*) force *f*; *des Windes, Regens* violence *f*; *des Verkehrs etc* intensité *f*; **4** *zahlenmäßige* nombre *m*; **5** *fig* (*starke Seite*) (point) fort *m*; **6** (*Wäsche2*) amidon *m*; CUIS fécule *f*
'**stärken** **I** *v/t* **1** *Gesundheit etc* fortifier; **2** *fig* renforcer; fortifier; **3** *Wäsche* amidonner; empeser; **II** *v/r* ***sich ~*** se restaurer
'**stärk|er, ~ste** → ***stark***
'**Starkstrom** *m* courant *m* (à) haute tension
'**Stärkung** *f* ⟨~; ~en⟩ **1** *der Gesundheit* affermissement *m*; *der Position, Macht* renforcement *m*; affermissement *m*; **2** (*Imbiss*) collation *f*

Starlet(t) ['ʃtaːrlɛt *ou* 'staːrlɛt] *n* ⟨~s; ~s⟩ starlette *f*

starr [ʃtar] *adj* (*unbeweglich, steif*) raide; rigide (*a fig Gesetz*); *Blick* fixe; *Gesichtsausdruck* figé; ***~ vor Schreck*** (*dat*) glacé d'épouvante

'Starre *f* ⟨~⟩ rigidité *f*; raideur *f*

'starren *v/i* **1** ***auf, in etw*** (*acc*) **~** regarder fixement qc; **2** ***vor Schmutz*** (*dat*) **~** disparaître sous la saleté

'Starr|heit *f* ⟨~⟩ raideur *f*; rigidité *f* (*a fig von Gesetzen*); *des Blicks* fixité *f*; **2köpfig** *adj* entêté; obstiné; **~sinn** *m* entêtement *m*; obstination *f*; **2sinnig** *adj* entêté; obstiné

Start [ʃtart] *m* ⟨~(e)s; ~s⟩ départ *m* (*a* SPORT, *fig*); AVIAT décollage *m*; *e-s Motors, fig* démarrage *m*; *fig* ***an den ~ gehen*** prendre le départ

'Start|bahn *f* piste *f* de décollage, d'envol; **2bereit** *adj* prêt au départ; *Flugzeug* prêt à décoller; **~block** *m* ⟨~(e)s; -blöcke⟩ LEICHTATHLETIK starting-block *m*

'starten ⟨-e-⟩ **I** *v/t Rakete, Offensive* lancer; *Motor, Computer* mettre en marche; *Auto* faire démarrer; *Reise* commencer; **II** *v/i* ⟨sn⟩ partir; SPORT prendre le départ; *Rakete* être lancé; *Flugzeug* décoller; *Motor* démarrer; partir

'Start|er *m* ⟨~s; ~⟩ AUTO démarreur *m*; **~erlaubnis** *f* **1** AVIAT autorisation *f* de décoller; **2** SPORT autorisation *f* de participer

'Starthilfe *f* **1** (*Unterstützung*) aide financière; **2** *beim Auto* ***j-m ~ geben*** aider qn à démarrer sa voiture

'Start|hilfekabel *n* câble *m* de démarrage; **~kapital** *n* capital *m* de départ; **2klar** → ***startbereit***; **~nummer** *f* SPORT dossard *m*; **~rampe** *f* rampe *f* de lancement

'Startschuss *m* SPORT signal *m* de départ; *fig* ***den ~ zu*** *od* ***für etw geben*** donner le feu vert à qc

'Start|verbot *n* **1** AVIAT interdiction *f* de décoller; **2** SPORT suspension *f*; **~zeichen** *n* signal *m* de départ

Statik ['ʃtaːtɪk] *f* ⟨~⟩ statique *f*

Station [ʃtatsi'oːn] *f* ⟨~; ~en⟩ **1** (*Haltestelle*) station *f*; **2** (*Funk2, Sende2, Forschungs2*) station *f*; **3** *im Krankenhaus* service *m*; **4** (*Zwischen2*) étape *f*; 'halte *f*; ***in Paris ~ machen*** faire 'halte, s'arrêter à Paris

stationär [ʃtatsio'nɛːr] **I** *adj* **1** (*ortsfest*) fixe; **2** *Behandlung* hospitalier; **II** *adv* ***j-n ~ behandeln*** garder qn en hospitalisation

statio'nier|en *v/t* ⟨*sans ge*⟩ *Raketen* déployer; *Truppen* baser; **2ung** *f* ⟨~; ~en⟩ déploiement *m*

Stati'ons|arzt *m* médecin *m* responsable d'un service hospitalier; **~schwester** *f* surveillante *f*; **~vorsteher** *m* chef *m* de gare

'statisch *adj* statique

Statist(in) [ʃta'tɪst(ɪn)] *m* ⟨~en; ~en⟩ (*f*) ⟨~; ~nen⟩ figurant(e) *m(f)* (*a fig*)

Statist|ik [ʃta'tɪstɪk] *f* ⟨~; ~en⟩ statistique *f*; **~iker(in)** *m* ⟨~s; ~⟩ (*f*) ⟨~; ~nen⟩ statisticien, -ienne *m,f*; **2isch** *adj* statistique

Stativ [ʃta'tiːf] *n* ⟨~s; ~e⟩ PHOT pied *m*

statt [ʃtat] **I** *prép* ⟨*gén*⟩ à la place de; au lieu de; *st/s* ***an Kindes ~ annehmen*** adopter; **II** *conj* → ***anstatt I***

statt'dessen *adv* au lieu de cela

Stätte ['ʃtɛtə] *st/s f* ⟨~; ~n⟩ lieu *m*

'statt·finden *v/i* ⟨*irr*⟩ avoir lieu; se passer

'statt·geben *v/i* ⟨*irr*⟩ ADM ***e-m Antrag ~*** donner suite à une requête

'statthaft *st/s adj* admissible; permis

'Statthalter *m* HIST gouverneur *m*

'stattlich *adj Person* d'un aspect imposant; *Gebäude etc* imposant; majestueux; *Summe, Vermögen* important; considérable

Statue ['ʃtaːtuə] *f* ⟨~; ~n⟩ statue *f*

Statur [ʃta'tuːr] *f* ⟨~; ~en⟩ stature *f*; taille *f*; ***von kleiner ~*** de petite taille

Status ['ʃtaːtʊs] *m* ⟨~; ~ [-tuːs]⟩ état *m*; *rechtlicher* statut *m*; situation *f*

Statut [ʃta'tuːt] *n* ⟨~(e)s; ~en⟩ statut *m*

Stau [ʃtau] *m* ⟨~(e)s; ~s *ou* ~e⟩ **1** (*Verkehrs2*) bouchon *m*; embouteillage *m*; **2** *von Flüssigkeiten* engorgement *m*

Staub [ʃtaup] *m* ⟨~(e)s; ~e⟩ poussière *f*; ***~ saugen*** passer l'aspirateur; ***~ wischen*** épousseter les meubles, *etc*; F ***sich aus dem ~(e) machen*** F filer; F se sauver; s'éclipser

'stauben *v/i* faire de la poussière

'Staub|flocke *f* flocon *m* de poussière; **~gefäß** *n* BOT étamine *f*

'staubig *adj* couvert de poussière; poussiéreux
'Staub|lappen *m* chiffon *m* à poussière; **≗saugen** *v/i* (*u v/t*) passer l'aspirateur (sur); **~sauger** *m* aspirateur *m*; **~tuch** *n* ⟨~¢s; -tücher⟩ chiffon *m* à poussière; **~wedel** *m* plumeau *m*; **~wolke** *f* nuage *m* de poussière
'Staudamm *m* barrage *m*
Staude ['ʃtaʊdə] *f* ⟨~; ~n⟩ plante herbacée vivace
'stauen I *v/t Wasser* retenir; *Fluss* endiguer; *Blut* empêcher de circuler; **II** *v/r* ***sich ~*** *Wasser* s'amasser; *Menschenmenge* s'entasser; *Hitze* s'accumuler; *Verkehr* former un bouchon; *Blut* ne pas circuler
staunen ['ʃtaʊnən] *v/i* (***über etw, j-n***) ***~*** s'étonner (de qc, qn); être étonné (de qc, qn); *advt* ***~d*** avec étonnement; F ***da staunst du, was?*** F ça te sidère, hein?
'Staunen *n* ⟨~s⟩ étonnement *m*; ***j-n in ~*** (*acc*) ***versetzen*** étonner qn; ***ich komme aus dem ~ nicht*** (***mehr***) ***heraus*** je n'en reviens pas
'Stausee *m* lac *m* de retenue
'Stauung *f* ⟨~; ~en⟩ **1** *von Wasser* accumulation *f*; *e-s Flusses* endiguement *m*; (*Blut≗*) congestion passive; **2** → ***Stau*** *1*
Std. *abr* (*Stunde*) h
Steak [ste:k] *n* ⟨~s; ~s⟩ steak *m*; bifteck *m*; → *Info bei* ***steak***
stechen ['ʃtɛçən] ⟨sticht, stach, gestochen⟩ **I** *v/t* **1** *Insekt, Dorn, mit Nadel* piquer (*a abs*); ***j-n mit e-m Messer ~*** donner un coup de couteau à qn; **2** *Spargel* couper; *Torf* extraire; **3** KARTENSPIEL prendre; **II** *v/i* **4** *Sonne* être brûlant; taper; **5** ***mit etw in etw*** (*acc*) ***~*** enfoncer, planter qc dans qc; **6** SPORT se départager; **7** (*die Stechuhr betätigen*) pointer; **8** KARTENSPIEL couper; **III** *v/r* ***sich*** (*dat od acc*) ***in den Finger ~*** se piquer le doigt
'Stechen *n* ⟨~s; ~⟩ SPORT épreuve finale
'stechend *adjt Blick* perçant; *Schmerz* lancinant; *Geruch* âcre
'Stech|karte *f* carte *f* de pointage; **~mücke** *f* moustique *m*; **~uhr** *f* pointeuse *f*
Steck|brief ['ʃtɛk-] *m* avis *m* de recherche; **≗brieflich** *adv* par avis de recherche; **~dose** *f* prise *f* de courant
'stecken I *v/t* **1** ***etw durch etw ~*** glisser, passer qc à travers *od* par qc; ***etw in etw*** (*acc*) ***~*** mettre, faire entrer qc dans qc; (*hineinstopfen*) fourrer qc dans qc; F ***j-n ins Gefängnis ~*** F flanquer qn en prison; **2** (*befestigen*) ***etw an etw*** (*acc*) ***~*** fixer, attacher, *mit e-r Nadel* épingler qc à qc; **II** *v/i* ⟨*régulier ou st/s* stak, gesteckt⟩ être; se trouver; ***an etw*** (*dat*) ***~*** être fixé, attaché à qc; ***in etw*** (*dat*) ***~*** *Pfahl, Stange* être enfoncé dans qc; ***~ bleiben*** rester bloqué, enfoncé (***in etw*** [*dat*] dans qc); *Fahrzeug a* ne plus pouvoir avancer; (*verbleiben*) rester; F *fig beim Reden* ne plus trouver ses mots; ***den Schlüssel ~ lassen*** laisser la clé sur la porte; ***der Schlüssel steckt*** (***im Schloss***) la clé est dans la serrure; F ***wo hast du nur gesteckt?*** F où étais-tu passé?; F *fig* ***wer steckt dahinter?*** qui est derrière?
'Stecken *m* ⟨~s; ~⟩ *bes südd* bâton *m*
'Steckenpferd *n* dada *m* (*a fig*)
'Stecker *m* ⟨~s; ~⟩ ÉLECT fiche *f*
'Steckling *m* ⟨~s; ~e⟩ bouture *f*
'Stecknadel *f* épingle *f*; F *fig* ***e-e ~ im Heuhaufen suchen*** chercher une aiguille dans une botte de foin
Steg [ʃte:k] *m* ⟨~¢s; ~e⟩ **1** (*kleine Brücke, Boots≗*) passerelle *f*; **2** *an Saiteninstrumenten* chevalet *m*
Stegreif ['ʃte:kraɪf] *m* ***aus dem ~*** au pied levé; *Rede* ***aus dem ~ halten*** improviser
'Stehaufmännchen *n Spielzeug* poussah *m*; F *fig* personne *f* qui retombe toujours sur ses pieds
stehen ['ʃte:ən] ⟨stand, gestanden, *südd, österr, schweiz* sn⟩ **I** *v/i* **1** (*aufrecht ~*) être, se tenir debout; ***~ bleiben*** rester debout; *fig* ***das Geschäft steht und fällt mit ihm*** toute l'affaire repose sur lui; **2** (*sich befinden*) être (***am Fenster*** à la fenêtre); se trouver; ***~ bleiben*** (*zurückgelassen werden*) être oublié; (*unverändert bleiben*) rester; (*keine Fortschritte machen*) ne pas progresser; ***wo sind wir ~ geblieben?*** où en sommes-nous (restés)?; ***~ lassen*** laisser; *Speise* ne pas toucher à; (*vergessen*) laisser; oublier; F ***sich*** (*dat*) ***e-n Bart ~ lassen*** se laisser pousser la barbe; ***alles ~ und liegen lassen*** quitter tout;

tout laisser tomber; **3** (*sein*) être; ***so wie die Dinge ~*** dans ces circonstances, conditions; au point où nous en sommes; ***wie steht das Spiel?*** où en est le match, la partie?; ***das Spiel steht 2 zu 3*** le score est de 2 à 3; **4** GR ***das Adverb steht hinter dem Verb*** l'adverbe se met après le verbe; ***der Konjunktiv steht nach folgenden Verben*** les verbes suivants régissent le subjonctif; **5** FIN ***wie steht der Dollar?*** quel est le cours du dollar?; ***die Aktien ~ auf ...*** (*dat*) les actions sont à ...; **6** *Kleider, Farben etc* ***j-m gut, schlecht ~*** aller bien, mal à qn; **7** (*geschrieben ~*) être écrit; ***~ lassen*** *Fehler* laisser passer; ***was steht auf dem Plakat?*** qu'est-ce qu'il y a d'écrit sur l'affiche?; **8** *Signal etc* ***auf „Halt" ~*** être à l'arrêt; *Ampel* ***auf Rot ~*** être au rouge; *Zeiger* ***auf 3 Uhr ~*** marquer 3 heures; **9** ***darauf steht Gefängnis*** c'est puni de prison; **10** (*still~*) *Maschine, Uhr* être arrêté; ***~ bleiben*** s'arrêter (*a Uhr*); **11** *fig* ***zu j-m ~*** soutenir qn; être du côté de qn; ***wie stehst du dazu?*** qu'en penses-tu?; **12** ***für etw ~*** (*gewährleisten*) garantir qc; (*stellvertretend sein*) représenter qc; **13** F ***auf etw*** (*acc*) ***~*** F être fana de qc; ***auf j-n ~*** F en pincer pour qn; **II** *v/imp* **14** ***wie stehts um ihn?*** comment va-t-il?; ***wie stehts mit Ihrer Gesundheit?*** comment va la santé?; **15** ***es steht zu befürchten, dass ...*** il est à craindre que ... (+ *subj*); **III** *v/r* ***sich gut, schlecht mit j-m ~*** être bien, mal avec qn; être en bons, mauvais termes avec qn

'Steh|kneipe *f* bar *m*; **~lampe** *f* lampadaire *m*; **~leiter** *f* échelle *f* double

stehlen ['ʃteːlən] ⟨stiehlt, stahl, gestohlen⟩ **I** *v/t u v/i* (***j-m etw***) **~** voler (qc à qn); F ***er kann mir gestohlen bleiben*** F je me fiche pas mal de lui; **II** *v/r* ***sich aus dem Haus ~*** sortir furtivement de la maison

'Steh|platz *m* place *f* debout; **~vermögen** *n* endurance *f*

Steiermark ['ʃtaɪərmark] ⟨~⟩ ***die ~*** la Styrie

steif [ʃtaɪf] **I** *adj* **1** raide; rigide; *vor Kälte* engourdi; *Gelenk* ankylosé; *Kragen* empesé; F *Penis* raide; en érection; ***~ werden*** se raidir; *Glieder* s'engourdir; ***Sahne ~ schlagen*** battre la crème; **2** *fig im Benehmen* guindé; (*gezwungen*) contraint; (*förmlich*) cérémonieux; **3** *Brise* fort; **II** *adv* F ***~ und fest behaupten, dass ...*** F soutenir mordicus que ... (+ *ind*)

Steigbügel ['ʃtaɪk-] *m* étrier *m*

'Steige *f* ⟨~; ~n⟩ *südd für Obst* cageot *m*

steigen ['ʃtaɪgən] *v/i* ⟨stieg, gestiegen, sn⟩ **1** (*hinauf~*) monter (***auf*** [+ *acc*] sur); *Flugzeug* prendre de la hauteur; monter; *Nebel, Ballon* s'élever; (*klettern*) grimper; ***auf e-n Berg ~*** escalader une montagne; ***ins Auto, in den Zug, ins Flugzeug, aufs Fahrrad, Pferd ~*** monter en voiture, dans le train, dans l'avion, à vélo, à cheval; ***aus dem Auto, Zug, Flugzeug, vom Fahrrad, Pferd ~*** descendre de (la) voiture, de train, de l'avion, de vélo, de cheval; ***über die Mauer ~*** passer par-dessus le mur; **2** (*an~*) monter (***auf*** [+ *acc*] à; ***um*** de); *Temperatur* s'élever (***auf*** [+ *acc*] à; ***um*** de); **3** F ***eine Party steigt*** il y a une soirée

steigern ['ʃtaɪgərn] **I** *v/t* **1** *Preise* augmenter; faire monter; *Ansprüche, Chancen, Tempo* augmenter; *Leistung, Produktion* élever; augmenter; *Furcht, Spannung* intensifier; **2** GR mettre au comparatif *bzw* superlatif; **II** *v/r* ***sich ~*** *Preise* s'élever; monter; *Tempo, Ansprüche, Chancen* s'accroître; augmenter; *Furcht, Spannung* s'intensifier; *Leistung, Produktion* s'élever

'Steigerung *f* ⟨~; ~en⟩ **1** augmentation *f*; *der Furcht, Spannung* intensification *f*; (*Leistungs*☉) amélioration *f*; **2** GR degrés *m/pl* de comparaison

'Steigung *f* ⟨~; ~en⟩ montée *f*; inclinaison *f*

steil [ʃtaɪl] **I** *adj* escarpé; abrupt; raide; *Karriere* en flèche; fulgurant; **II** *adv* ***~ ansteigen*** *Kurve* monter en flèche; *Weg* monter à pic

'Steil|hang *m* pente raide, escarpée; **~küste** *f* falaise *f*; **~pass** *m* FUSSBALL passe *f* en chandelle; **~wand** *f im Gebirge* paroi *f*, versant *m* à pic

Stein [ʃtaɪn] *m* ⟨~(e)s; ~e⟩ pierre *f*; (*Kiesel*☉) galet *m*; *kleinerer* caillou *m*; *im Steinobst* noyau *m*; (*Spiel*☉) pion *m*; MÉD calcul *m*; *st/s* ***der ~ der Weisen*** la pierre philosophale; ***mir fällt ein ~***

S

vom Herzen me voilà soulagé d'un grand poids; *fig* ***j-m ~e in den Weg legen*** mettre des bâtons dans les roues à qn; *fig* ***den ~ ins Rollen bringen*** mettre l'affaire en train, en branle; F *fig* ***bei j-m e-n ~ im Brett haben*** être dans les petits papiers de qn

'stein'alt F *adj* F vieux comme le monde

'Stein|bock *m* **1** ZO bouquetin *m*; **2** ASTR Capricorne *m*; **~bruch** *m* carrière *f*; **~butt** [-but] *m* turbot *m*

'steinern *adj* **1** de, en pierre; **2** *fig Gesicht* de marbre

'Steingut *n* ⟨~(e)s; ~e⟩ faïence *f*; grès *m*

'stein'hart *adj* dur comme (la) pierre

'steinig *adj* pierreux; caillouteux

'steinigen *v/t* lapider

'Stein|kohle *f* 'houille *f*; **~kohlenbergwerk** *n* 'houillère *f*; **~krug** *m* cruche *f* de grès; **~marder** *m* fouine *f*; **~metz** [-mɛts] *m* ⟨~en; ~en⟩ tailleur *m* de pierre(s); **~obst** *n* fruits *m/pl* à noyau; **~pilz** *m* cèpe *m*; **'2'reich** F *adj* richissime; **~schlag** *m* chute *f* de pierres; **~zeit** *f* âge *m* de pierre

Steiß [ʃtaɪs] *m* ⟨~es; ~e⟩ **1** (*~bein*) coccyx *m*; **2** (*Gesäß*) fesses *f/pl*

'Steißbein *n* coccyx *m*

'Stelldichein *n* ⟨~(s); ~(s)⟩ rendez-vous *m*

Stelle ['ʃtɛlə] *f* ⟨~; ~n⟩ **1** (*Ort*) place *f*; lieu *m*; (*bestimmter Bereich*) endroit *m*; *fig* ***e-e schwache ~*** un point faible; ***A an die ~ von B setzen*** substituer A à B; ***an j-s ~*** (*acc*) ***treten*** prendre la place de qn; ***auf der ~*** sur-le-champ; tout de suite; *fig* ***auf der ~ treten, nicht von der ~ kommen*** piétiner; ne pas avancer; ***zur ~ sein*** être présent; **2** (*Arbeits2*) place *f*; emploi *m*; poste *m*; ***e-e freie ~*** un poste vacant; **3** (*Behörde, Dienst2*) service(s) *m(pl)* administratif(s); **4** *in e-m Schrift-, Musikstück* passage *m*; **5** *in e-r Reihenfolge* lieu *m*; rang *m*; ***an erster ~ stehen*** venir en premier lieu; SPORT ***an vierter ~ liegen*** être en quatrième place, position; **6** (*Dezimal2*) décimale *f*; ***diese Zahl hat drei ~n*** ce nombre a trois chiffres

'stellen I *v/t* **1** (*setzen, legen*) mettre; poser; placer; (*aufrecht ~*) mettre debout; *in e-r bestimmten Ordnung* ranger; disposer; **2** *Verbrecher, Wild* arrêter; **3** *Aufgabe* imposer; donner; *Bedingungen* mettre; poser; **4** *Ersatzmann, Bürgen* fournir; ***j-m etw ~*** mettre qc à la disposition de qn; **5** *Radio* ***leiser, lauter ~*** baisser, monter; F mettre moins, plus fort; ***den Wecker auf sieben Uhr ~*** mettre le réveil à sept heures; **6** ***gut, schlecht gestellt sein*** vivre à l'aise, modestement; ***ganz auf sich*** (*acc*) ***gestellt*** sans (l')aide, (l')appui de personne; **II** *v/r* **7** ***sich ~*** (*nicht setzen*) se mettre debout; (*sich hin~*) se mettre; ***sich auf die Zehenspitzen ~*** se dresser sur la pointe des pieds; *fig* ***sich vor j-n ~*** prendre la défense de qn; *fig* ***sich hinter j-n ~*** se mettre du côté de qn; *fig* ***sich gegen j-n ~*** s'opposer à qn; **8** ***sich dumm, tot, taub ~*** faire l'idiot, le mort, la sourde oreille *od* le sourd; **9** ***sich*** (***der Polizei***) ***~*** se livrer (à la police); ***sich zum Kampf, der Kritik ~*** faire face à l'ennemi, à la critique; **10** ***sich mit j-m gut ~*** se mettre bien avec qn

'Stellen|angebot *n* offre *f* d'emploi; **~anzeige** *f* annonce *f* d'offre d'emploi; **~gesuch** *n* demande *f* d'emploi; **~suche** *f* recherche *f* d'un emploi, d'un travail; **2weise** *adv* par endroits; MÉTÉO localement; **~wert** *m* **1** MATH valeur *f*; **2** *fig* importance *f*

'Stell|platz *m* place *f* de parking; **~schraube** *f* vis *f* de réglage

'Stellung *f* ⟨~; ~en⟩ **1** (*Haltung, Position*) position *f* (*a* MIL, *fig*); (*Körperhaltung*) *a* pose *f*; posture *f*; ***die ~ der Frau in der Gesellschaft*** la place de la femme dans la société; **2** (*Ein2*) position *f*; ***~ nehmen*** prendre position (***zu*** sur); **3** (*An2*)place *f*; poste *m*; emploi *m*

Stellungnahme ['ʃtɛlʊŋnaːmə] *f* ⟨~; ~n⟩ **1** (*Meinung*) prise *f* de position; **2** *Äußerung* avis *m*; commentaire *m*

'stellvertretend *adjt* remplaçant; adjoint; ***~er Vorsitzender*** vice-président *m*

'Stell|vertreter(in) *m(f)* adjoint(e) *m(f)*; remplaçant(e) *m(f)*; suppléant(e) *m(f)*; **~vertretung** *f* remplacement *m*; **~werk** *n* EISENBAHN poste *m* d'aiguillage

Stelze ['ʃtɛltsə] *f* ⟨~; ~n⟩ échasse *f*

Stemmeisen ['ʃtɛm-] *n* ciseau *m* de menuisier

'stemmen I *v/t* **1** *Gewicht, Last* soule-

S

ver; **2** (*drücken*) appuyer (***gegen*** contre); **II** *v/r* ***sich gegen etw ~*** s'appuyer contre qc; *fig* résister, s'opposer à qc

Stempel ['ʃtɛmpəl] *m* ⟨~s; ~⟩ **1** *Instrument, Abdruck*, (*Post*2) cachet *m*; *bei Edelmetallen* poinçon *m*; **2** *fig* empreinte *f*; ***e-r Sache, j-m s-n ~ aufdrücken*** marquer qc, qn de son empreinte; **3** BOT pistil *m*

'**Stempelkissen** *n* tampon (encreur)

'**stempeln** *v/t* (*u v/i*) ⟨¢⟩ timbrer; *Briefmarke* oblitérer; *Edelmetall* poinçonner

Stengel → ***Stängel***

Steno ['ʃteːno] F *f* ⟨~⟩ (*~grafie*) sténo *f*; **~gra'fie** *f* ⟨~; ~n⟩ sténographie *f*; **2gra'fieren** ⟨*sans ge*⟩ **I** *v/t* prendre en sténo; **II** *v/i* sténographier; **~'gramm** *n* ⟨~s; ~e⟩ sténogramme *m*; **~ty'pistin** *f* ⟨~; ~nen⟩ sténodactylo *f*

'**Steppdecke** *f* couette *f*

Steppe ['ʃtɛpə] *f* ⟨~; ~n⟩ steppe *f*

steppen[1] ['ʃtɛpən] *v/t* COUT piquer

'**steppen**[2] *v/i tanzen* faire des claquettes

'**Steppjacke** *f* blouson *m*, veste *f* matelassé(e)

'**Stepp|tanz** *m* claquettes *f/pl*; **~tänzer(in)** *m(f)* danseur, -euse *m,f* à claquettes

'**Sterbe|bett** *n* lit *m* de mort; **~fall** *m* décès *m*; **~hilfe** *f* euthanasie *f*

sterben ['ʃtɛrbən] *v/i* ⟨stirbt, starb, gestorben, sn⟩ mourir (***an***, F *fig* ***vor*** [+ *dat*] de); F *fig* ***sie ist für mich gestorben*** je ne veux plus entendre parler d'elle; ***im 2 liegen*** être mourant; agoniser

'**Sterbens|'angst** *f* peur bleue; '**2'krank** *adj* **1** malade à en mourir; **2** *fig* F malade à crever

'**Sterbens|'wort** *n*, '**~'wörtchen** *n* ***kein ~ sagen*** ne pas dire un traître mot

'**Sterbe|sakramente** *n/pl* derniers sacrements; **~urkunde** *f* acte *m* de décès

'**sterblich** *adj* mortel

'**Sterbliche(r)** *f(m)* ⟨→ A⟩ mortel, -elle *m,f*; ***ein gewöhnlicher Sterblicher*** un simple mortel

'**Sterblichkeit** *f* ⟨~⟩ mortalité *f*

stereo ['ʃteːreo] *adv* en stéréo

'**Stereo|anlage** *f* chaîne *f* stéréo, 'hi-fi; **~aufnahme** *f* enregistrement *m* stéréo; **~pho'nie** *f* ⟨~⟩ stéréophonie *f*; **~ton** *m* ⟨~¢s; ~e⟩ son *m* stéréophonique; **2'typ** *adj fig* stéréotypé

steril [ʃte'riːl] *adj* stérile (*a fig*); **2isati'on** *f* ⟨~; ~en⟩ stérilisation *f*; **~i'sieren** *v/t* ⟨*sans ge*⟩ stériliser; **2i'sierung** *f* ⟨~; ~en⟩ stérilisation *f*; **2i'tät** *f* ⟨~⟩ stérilité *f* (*a fig*)

Stern [ʃtɛrn] *m* ⟨~¢s; ~e⟩ étoile *f* (*a fig*); ASTR *a* astre *m*; *Restaurant* ***mit drei ~en*** trois étoiles; ***das steht noch in den ~en*** ce n'est pas pour demain; F *fig* ***~e sehen*** en voir trente-six chandelles; *Unternehmen* ***unter keinem guten ~ stehen*** ne pas être placé sous une bonne étoile

'**Stern|bild** *n* constellation *f*; **~chen** *n* ⟨~s; ~⟩ **1** TYPO astérisque *m*; **2** (*Film*2) starlette *f*; **~deuter(in)** *m* ⟨~s; ~⟩ (*f*) ⟨~; ~nen⟩ astrologue *m,f*; **~enbanner** *n* bannière étoilée; **2enklar** *adj* étoilé; **~fahrt** *f* rallye *m*; '**2'hagel'voll** F *adj* F bourré; **2klar** *adj* étoilé; **~kunde** *f* astronomie *f*; **~schnuppe** *f* ⟨~; ~n⟩ étoile

sterben

er ist gestorben	**il est mort** *oder* **il est décédé**

Neben diesen neutralen Formulierungen gibt es verschiedene umgangssprachliche und derbe Ausdrücke für *sterben*, z. B.:

er hat ins Gras gebissen	**il a passé l'arme à gauche** (*bedeutet beim Fechten eigentlich* ‚er ist besiegt worden') *oder* **il a cassé sa pipe** (*wörtlich* ‚er hat seine Pfeife zerbrochen')
er wäre beinahe abgekratzt	**il a failli crever**

filante; **~stunde** *st/s f* heure *f* de gloire; **~warte** *f* observatoire *m*; **~zeichen** *n* signe *m* (du zodiaque)

Sternzeichen

Widder	**le Bélier**
Stier	**le Taureau**
Zwillinge	**les Gémeaux** *m/pl*
Krebs	**le Cancer**
Löwe	**le Lion**
Jungfrau	**la Vierge**
Waage	**la Balance**
Skorpion	**le Scorpion**
Schütze	**le Sagittaire**
Steinbock	**le Capricorne**
Wassermann	**le Verseau**
Fische	**les Poissons** *m/pl*

Sternzeichen werden im Französischen immer großgeschrieben.

Welches Sternzeichen bist du?	**Tu es de quel signe?**
Ich bin (ein) Löwe.	**Je suis Lion.**
Ich bin (ein) Fisch.	**Je suis Poissons.**

stet [ʃteːt] *st/s adj* (*andauernd*) incessant; continuel; permanent; (*gleich bleibend*) constant

Stethoskop [ʃteto'skoːp] *n* ⟨~s; ~e⟩ stéthoscope *m*

'**stetig** *adj* (*kontinuierlich*) continu (*a* MATH); (*beständig*) incessant

stets [ʃteːts] *st/s adv* toujours

Steuer[1] ['ʃtɔʏər] *n* ⟨~s; ~⟩ MAR barre *f*; AUTO volant *m*; AUTO ***sich ans*** *od* ***hinters ~ setzen*** prendre le volant; *fig* ***das ~ fest in der Hand haben*** avoir les choses bien en main

'**Steuer**[2] *f* ⟨~; ~n⟩ FIN impôt *m*; ADM, JUR contribution *f*; *auf Waren* taxe *f*; ***~n zahlen*** payer des impôts; ***etw von der ~ absetzen*** déduire qc de l'impôt

'**Steuer|berater** *m* conseiller fiscal; **~bescheid** *m* avis *m* d'imposition

'**Steuerbord** *n* tribord *m*

'**Steuer|erhöhung** *f* augmentation *f* des impôts; **~erklärung** *f* déclaration *f* d'impôt(s); **~ermäßigung** *f* réduction *f* d'impôt(s); **~flucht** *f* évasion fiscale; **&frei** *adj* exempt, exonéré d'impôt; **~freibetrag** *m* montant exempt d'impôts; abattement *m* à la base; **~gelder** *n/pl* impôts *m/pl*; **~hinterziehung** *f* fraude fiscale; **~klasse** *f* catégorie *f*, tranche *f* d'imposition

'**Steuerknüppel** *m* AVIAT manche *m* à balai

'**steuerlich** **I** *adj* fiscal; **II** *adv* ***~ absetzbar*** déductible du revenu

'**Steuermann** *m* ⟨~(e)s; -leute *ou* ~er⟩ timonier *m*; *e-s Ruderboots* barreur *m*

'**steuern** **I** *v/t* AUTO conduire; AVIAT piloter; MAR gouverner; piloter; TECH commander; *fig Prozess, Meinung* manœuvrer; *Gespräch* conduire; **II** *v/i* ⟨sn⟩ MAR piloter; (*fahren*) faire route (***nach*** vers)

'**Steuer|oase** F *f* paradis fiscal; **&pflichtig** *adj* imposable; soumis à l'impôt; **~pflichtige(r)** *f(m)* ⟨→ A⟩ contribuable *m,f*

'**Steuerrad** *n* AUTO volant *m*; MAR roue *f* du gouvernail

'**Steuer|recht** *n* droit fiscal; **~schuld** *f* dette fiscale; **~senkung** *f* réduction *f* d'impôts

'**Steuerung** *f* ⟨~; ~en⟩ **1** *Handlung* AUTO, AVIAT pilotage *m*; TECH commande *f*; **2** *Mechanismus* TECH commande *f*; AUTO direction *f*

'**Steuerungstaste** *f* INFORM touche *f* de contrôle

'**Steuerzahler(in)** *m(f)* contribuable *m,f*

Steward ['stjuːərt] *m* ⟨~s; ~s⟩ steward *m*

Stewardess ['stjuːərdɛs] *f* ⟨~; ~en⟩ hôtesse *f* de l'air

StGB [ɛsteːgeː'beː] *n* ⟨~⟩ *abr* (*Strafgesetzbuch*) code pénal

stibitzen [ʃti'bɪtsən] F *v/t* ⟨(e)s, *sans ge*⟩ F chiper; F faucher

Stich [ʃtɪç] *m* ⟨~(e)s; ~e⟩ **1** (*Nadel&, Insekten&*) piqûre *f*; **2** (*Messer&*) coup *m* (de couteau); **3** ***j-n im ~ lassen*** (*ohne Hilfe lassen*) délaisser qn; (*fallen lassen*) laisser tomber qn; (*verlassen*) abandonner qn; ***sein Gedächtnis ließ ihn im ~*** sa mémoire l'a trahi; **4** COUT point *m*; **5** *Schmerz* point *m*; élancement *m*; *fig* ***es gab ihr einen ~*** (***ins Herz***) cela lui a donné, fait un coup au cœur; **6** *fig* (*boshafte Bemerkung*) pique *f*; pointe *f*; **7** (*Kupfer&, Stahl&*) gravure *f*; **8** KARTENSPIEL pli *m*; levée *f*; **9** F ***e-n ~ haben*** *Wein* être piqué; *Milch* être aigre;

Person avoir un grain; *Farbe* ***e-n ~ ins Blaue haben*** tirer sur le bleu
Stiche'lei F *péj f* ⟨~; ~en⟩ coup *m* d'épingle; piques *f/pl*
'sticheln F *péj v/i* ⟨¢⟩ lancer, envoyer des piques (***gegen*** à)
'Stichflamme *f* jet *m* de flamme
'stichhaltig *adj* solide; concluant; valable; **~keit** *f* ⟨~⟩ bien-fondé *m*
'Stichling *m* ⟨~s; ~e⟩ ZO épinoche *f*
'Stich|probe *f* contrôle ponctuel; STATISTIK échantillon *m*; **~säge** *f* scie sauteuse
sticht [ʃtɪçt] → ***stechen***
'Stich|tag *m* jour fixé; **~wahl** *f* (scrutin *m* de) ballottage *m*
'Stichwort *n* ⟨~¢s; ~er *ou* ~e⟩ **1** ⟨*pl* ~er⟩ *im Wörterbuch* entrée *f*; **2** ⟨*pl* ~e⟩ THÉ réplique *f*; **3** ⟨*pl* ~e⟩ *zusammenfassendes* note *f*; **~verzeichnis** *n* index *m*
'Stichwunde *f* blessure (faite avec une arme pointue)
sticken ['ʃtɪkən] *v/t u v/i* broder
Sticker ['stɪkər] *m* ⟨~s; ~⟩ autocollant *m*
Sticke'rei *f* ⟨~; ~en⟩ broderie *f*
'stickig *adj* étouffant; suffocant
'Stick|oxid, ~oxyd *n* oxyde *m* d'azote; **~stoff** *m* azote *m*
stieben ['ʃti:bən] *st/s v/i* ⟨*régulier ou* stob, gestoben, sn *ou* h⟩ jaillir
Stiefbruder ['ʃti:f-] *m* demi-frère *m*
Stiefel ['ʃti:fəl] *m* ⟨~s; ~⟩ botte *f*; **~ette** [-'lɛtə] *f* ⟨~; ~n⟩ bottillon *m*; bottine *f*
'stiefeln F *v/i* ⟨¢, sn⟩ marcher (à grandes enjambées, à grands pas)
'Stief|kind *n* **1** beau-fils *m bzw* belle-fille *f*; **2** *fig* laissé(e) *m(f)* pour compte; **~mutter** *f* belle-mère *f*; **~mütterchen** *n* ⟨~s; ~⟩ BOT pensée *f*
'stiefmütterlich *adj fig péj* ***j-n, etw ~ behandeln*** négliger qn, qc
'Stief|schwester *f* demi-sœur *f*; **~sohn** *m* beau-fils *m*; **~tochter** *f* belle-fille *f*; **~vater** *m* beau-père *m*
stieg [ʃti:k] → ***steigen***
Stiege ['ʃti:gə] *f* ⟨~; ~n⟩ escalier (étroit)
Stieglitz ['ʃti:glɪts] *m* ⟨~es; ~e⟩ chardonneret *m*
stiehlt [ʃti:lt] → ***stehlen***
Stiel [ʃti:l] *m* ⟨~¢s; ~e⟩ **1** *an e-m Werkzeug* manche *m*; *e-r Pfanne* queue *f*; **2** (*Stängel*) tige *f*; *e-r Frucht, e-s Blattes* queue *f*
'Stielauge *n* F *fig* ***~n machen*** lorgner
stier [ʃti:r] *adj Blick* fixe
Stier *m* ⟨~¢s; ~e⟩ **1** ZO taureau *m*; **2** ASTR Taureau *m*
'stieren *v/i* ***auf etw*** (*acc*) **~** regarder fixement qc
'Stier|kampf *m* corrida *f*; course *f* de taureaux; **~kämpfer** *m* torero *m*
stieß [ʃti:s] → ***stoßen***
Stift[1] [ʃtɪft] *m* ⟨~¢s; ~e⟩ **1** (*Schreib~*) crayon *m*; **2** TECH (*Bolzen*) goujon *m*; (*Draht~*) pointe *f*; **3** F *fig* (*Lehrling*) F arpète *m,f*
Stift[2] *n* ⟨~¢s; ~e⟩ **1** REL maison religieuse; (*Privatschule*) institution religieuse; **2** *österr* (*Kloster*) couvent *m*
'stiften *v/t* ⟨-e-⟩ **1** *Kloster, Schule* fonder; établir; *Orden, Sekte* créer; **2** *Geld* faire une donation, un don de; *Preis* fonder; **3** (*schaffen*) susciter; *Frieden* rétablir; *Zwietracht* semer
'Stifter(in) *m* ⟨~s; ~⟩ (*f*) ⟨~; ~nen⟩ fondateur, -trice *m,f*; (*Spender*) donateur, -trice *m,f*
'Stiftskirche *f* (église) collégiale *f*
'Stiftung *f* ⟨~; ~en⟩ *Handlung* donation *f*; *Institution* fondation *f*
Stigma ['ʃtɪgma *ou* 'stɪgma] *n* ⟨~s; -men *ou* ~ta⟩ stigmate *m*
Stil [ʃti:l] *m* ⟨~¢s; ~e⟩ style *m*; (*Art*) *a* manière *f*; **'~blüte** *f* perle *f*
Stilett [ʃti'lɛt] *n* ⟨~s; ~e⟩ stylet *m*
stili'sieren *v/t* ⟨*sans ge*⟩ styliser
sti'listisch **I** *adj* stylistique; **II** *adv* au point de vue (du) style
still [ʃtɪl] *adj* (*ruhig*) tranquille; calme; (*friedlich*) paisible; (*schweigsam*) silencieux; *Hoffnung* secret; ***der ~e Ozean*** l'océan *m* Pacifique; ***~es Wasser*** eau minérale non gazeuse; eau plate; ***im ~en*** secrètement; ***seid ~!*** silence!; taisez-vous!; ***es wurde ~*** il se fit un silence
'Stille *f* ⟨~⟩ (*Schweigen*) silence *m*; (*Ruhe*) tranquillité *f*; calme *m*; (*Friede*) paix *f*; repos *m*; ***in der ~ der Nacht*** dans le silence de la nuit; ***in aller ~*** *Hochzeit, Beisetzung* dans la plus stricte intimité
'stillen **I** *v/t* **1** *Säugling* allaiter; *im Moment* donner le sein à; **2** *Blutung* arrêter; **3** *Schmerz* apaiser; calmer; *Durst* étancher; *Hunger, Neugier* assouvir; *Verlangen* satisfaire; **II** *v/i* allaiter; *im Moment* donner le sein au bébé
'still·halten *v/i* ⟨*irr*⟩ ne pas bouger; se

tenir tranquille
'Stillleben nature morte
'still·legen *v/t Betrieb* fermer; *Eisenbahnstrecke* supprimer
'Stilllegung *f* ⟨∼; ∼en⟩ *e-s Betriebs* fermeture *f*; *e-r Eisenbahnstrecke* suppression *f*
'Stillschweigen *n* silence *m*; **(*über etw, j-n*) ∼ *bewahren*** garder le silence (sur qc, qn)
'stillschweigend I *adjt* **1** (*wortlos*) muet; **2** *Abmachung* tacite; **II** *advt* **1** (*stumm*) sans mot dire; en silence; **2** ***etw* ∼ *übergehen*** passer qc sous silence
'still·sitzen *v/i* ⟨*irr*⟩ rester tranquille; ne pas bouger
'Stillstand *m* arrêt *m*; ***zum* ∼ *bringen*** *Maschine, Blutung* arrêter; *Verkehr* paralyser
'still·stehen *v/i* ⟨*irr*⟩ **1** (*anhalten*) s'arrêter; *Maschine* être arrêté; *Verkehr* être paralysé; **2** (*sich nicht rühren*) ne pas bouger; MIL ***stillgestanden!*** garde-à-vous!
'Stil|möbel *n/pl* meubles *m/pl* de style; **2voll I** *adj* de bon goût; **II** *adv* avec goût
Stimmband ['ʃtɪm-] *n* ⟨∼es; ∼er⟩ ⟨*surtout pl*⟩ corde vocale
'Stimmbruch *m* mue *f*; ***im* ∼ *sein*** muer
'Stimme *f* ⟨∼; ∼n⟩ **1** voix *f* (*a* MUS, *fig*); ***mit lauter, leiser* ∼** à voix 'haute, basse; **2** (*Wahl2*) voix *f*; suffrage *m*; vote *m*; ***s-e* ∼ *abgeben*** voter (***für*** pour); **3** (*Meinung*) avis *m*; opinion *f*; ***die kritischen* ∼*n in der Öffentlichkeit*** l'opinion critique du public
'stimmen I *v/t* **1** *Instrument* accorder; ***höher, tiefer* ∼** 'hausser, baisser le ton de; **2** *fig* ***j-n traurig* ∼** attrister qn; ***das stimmte mich nachdenklich*** cela m'a donné à réfléchir; ***j-n froh, heiter* ∼** égayer, dérider qn; **II** *v/i* **3** (*richtig sein*) être juste, exact; ***da stimmt etwas nicht*** il y a qc qui ne va pas, qui cloche; F ***bei ihm stimmt etwas nicht*** il est bizarre; *beim Bezahlen* F ***stimmt so!*** gardez la monnaie!; **4** (*wahr sein*) être vrai; **5** POL ***für, gegen j-n* ∼** voter pour, contre qn
'Stimmengewirr *n* brouhaha *m*
'Stimmengleichheit *f* partage *m* des voix; ***bei* ∼** s'il y a partage
'Stimm|enmehrheit *f* majorité *f* des voix; **∼enthaltung** *f* abstention *f*
'Stimmgabel *f* diapason *m*
'stimmhaft *adj* sonore
'stimmig *adj* harmonieux; *Argumentation* logique; juste
'Stimm|lage *f* MUS registre *m*; **2los** *adj* sourd; **∼recht** *n* droit *m* de vote
'Stimmung *f* ⟨∼; ∼en⟩ **1** (*Gemütsverfassung, Laune*) humeur *f*; (*seelische Verfassung*) moral *m*; **(*in*) *guter, schlechter* ∼ *sein*** être de bonne, mauvaise humeur; ***in* ∼ *kommen*** s'animer; se mettre en train; **2** (*Atmosphäre*) *e-s Bildes* atmosphère *f*; *e-r Gruppe, e-s Fests* ambiance *f*
'Stimmungs|kanone F *f* boute-en-train *m*; **∼umschwung** *m* saute *f* d'humeur; *in der Bevölkerung* revirement *m* d'opinion (publique); **2voll** *adj* plein d'ambiance; PEINT, *Gedicht* évocateur
'Stimmzettel *m* bulletin *m* (de vote)
Stimu|lans ['ʃtiːmulans *ou* 'stiː-] *st/s n* ⟨∼; -'lanzien *ou* -'lantia⟩ MÉD, *fig* stimulant *m*; **2'lieren** *v/t* ⟨*sans ge*⟩ stimuler
'Stinkbombe *f* boule puante
'Stinkefinger F *m etwa* bras *m* d'honneur
stinken ['ʃtɪŋkən] *v/i* ⟨stank, gestunken⟩ **1** *péj* puer, empester (***nach etw*** qc); ***es stinkt*** ça pue; ça sent très mauvais; **2** F *fig* ***diese Arbeit stinkt mir*** F j'en ai marre, ras le bol de ce travail; F ***mir stinkts!*** F j'en ai ras le bol!
'stink|'faul F *adj* F très flemmard; F très cossard; **'∼'langweilig** F *adj* F rasoir; F assommant; P chiant; **'∼nor'mal** F *adj* F hypernormal; **'∼'reich** F *adj* F plein aux as
'Stinktier *n* mouffette *f*
'Stink'wut F *f* ***e-e* ∼ *haben*** F être furax, en rogne (***auf j-n*** contre qn)
Sti|pendiat(in) [ʃtipɛndi'aːt(ɪn)] *m* ⟨∼en; ∼en⟩ (*f*) ⟨∼; ∼nen⟩ boursier, -ière *m,f*; **∼'pendium** *n* ⟨∼s; -ien⟩ bourse *f*
Stippvisite ['ʃtɪp-] F *f* visite *f* éclair
stirbt [ʃtɪrpt] → ***sterben***
Stirn [ʃtɪrn] *f* ⟨∼; ∼en⟩ front *m*; ***die* ∼ *runzeln*** froncer les sourcils; *fig* ***j-m, e-r Sache die* ∼ *bieten*** faire face, faire front, tenir tête à qn, qc
'Stirn|band *n* ⟨∼es; ∼er⟩ bandeau *m*; serre-tête *m*; **∼höhle** *f* sinus frontal; **∼höhlenentzündung** *f* sinusite *f*; **∼runzeln** *n* ⟨∼s⟩ froncement *m* de(s) sourcils

S

stob [ʃto:p] → ***stieben***
stöbern ['ʃtø:bərn] F *v/i* ***in etw*** (*dat*) **~** F (far)fouiller, F fouiner dans qc
stochern ['ʃtɔxərn] *v/i* ***in etw*** (*dat*) **~** piquer dans qc; ***im Feuer ~*** tisonner le feu; ***in den Zähnen ~*** se curer les dents
Stock[1] [ʃtɔk] *m* ⟨~(e)s; ≈e⟩ **1** bâton *m*; (*Zeige*≈, *Takt*≈) baguette *f*; (*Spazier*≈) canne *f*; (*Ski*≈) bâton *m* de ski; ([*Eis-*] *Hockeyschläger*) crosse *f*; ***am ~ gehen*** marcher avec une canne; F *fig* (*erschöpft sein*) F être complètement crevé; **2** (*Rosen*≈) pied *m*; (*Reb*≈) cep *m* (de vigne); **3** *fig* ***über ~ und Stein*** par monts et par vaux
Stock[2] *m* ⟨~(e)s; ~⟩ (~*werk*) étage *m*
'**stockbe'soffen** F *adjt* F complètement bourré
'**stock'dunkel** F *adj* ***es ist ~*** il fait noir comme dans un four
Stöckelschuh ['ʃtœkəl-] *m* chaussure *f* à talon aiguille; **~*e*** des talons *m/pl* aiguilles
stocken ['ʃtɔkən] *v/i* (*stillstehen*) s'arrêter (*a Herz*, *Atem*); *Verkehr* se ralentir; *Gespräch*, *Verhandlungen* s'interrompre; *beim Sprechen* hésiter; ***ihm stockte der Atem*** il en eut la respiration, le souffle coupé(e)
Stock|ente *f* colvert *m*; '≈'**finster** → ***stockdunkel***; **~fisch** *m* morue séchée; stockfisch *m*; '≈'**konservativ** F *adj* très conservateur; *p/fort* F réac; '≈'**nüchtern** F *adj* très sobre; '≈'**sauer** F *adj* F fou furieux (*nur m*), F furax (***auf j-n*** contre qn); '≈'**steif** F *adj* raide comme un piquet
'**Stockung** *f* ⟨~; ~en⟩ arrêt *m*; *des Verkehrs*, *der Produktion* ralentissement *m*; paralysie *f*; *der Verhandlungen* interruption *f*
'**Stockwerk** *n* étage *m*
Stoff [ʃtɔf] *m* ⟨~(e)s; ~e⟩ **1** (*Gewebe*) étoffe *f*; tissu *m*; **2** CHIM, PHYS substance *f*; **3** (*Werk*≈)matériau *m*; **4** (*Thema*) matière *f*; sujet *m* (*a Gesprächs*≈); (*Lehr*≈) programme *m*; **5** F (*Rauschgift*) *arg* dope *f*; (*Alkohol*) alcool *m*
'**Stofftier** *n* (animal *m* en) peluche *f*
'**Stoffwechsel** *m* métabolisme *m*; **~krankheit** *f* troubles *m/pl* du métabolisme
stöhnen ['ʃtø:nən] *v/i* gémir (***vor Schmerz*** de douleur); (*sich beklagen*) se plaindre (***über*** [+ *acc*] de)
'**Stöhnen** *n* ⟨~⟩ gémissement *m*
stoisch ['ʃto:ɪʃ *ou* 'sto:ɪʃ] *adj* **1** PHILOS stoïcien; **2** *fig* stoïque
Stola ['ʃto:la] *f* ⟨~; -len⟩ châle *m*; *aus Pelz*, *e-s Priesters* étole *f*
Stollen ['ʃtɔlən] *m* ⟨~s; ~⟩ **1** BERGBAU galerie *f*; **2** (*unterirdischer Gang*) galerie souterraine; **3** *an Sportschuhen* crampon *m*; **4** CUIS gâteau *m* de Noël
stolpern ['ʃtɔlpərn] *v/i* ⟨sn⟩ faire un faux pas; trébucher (***über etw*** [*acc*] sur qc); *fig* ***über ein Wort ~*** buter sur un mot; ***er ist über diese Affäre gestolpert*** F il s'est cassé la figure dans cette affaire
stolz [ʃtɔlts] *adj* **1** fier (***auf*** [+ *acc*] de); **2** *fig* (*stattlich*) imposant; majestueux; **3** F *fig Summe* F coquet; *Preis* F joli
Stolz *m* ⟨~es⟩ fierté *f*; ***er ist der ~ s-s Vaters*** il est, fait la fierté de son père
stol'zieren *v/i* ⟨*sans ge*, sn⟩ parader; se pavaner
stopfen ['ʃtɔpfən] **I** *v/t* **1** COUT repriser; raccommoder; **2** (*hinein*~) ***etw in etw*** (*acc*) **~** fourrer qc dans qc; **3** *Loch* boucher; **4** (*füllen*) *Pfeife* bourrer; F ***gestopft voll*** plein à craquer; **II** *v/i* **5** MÉD constiper; **6** F (*sättigen*) F bourrer
'**Stopf|garn** *n* coton *m* à repriser; **~nadel** *f* aiguille *f* à repriser
stopp [ʃtɔp] *int* stop!
Stopp *m* ⟨~s; ~s⟩ **1** (*Anhalten*) stop *m*; **2** (*Unterbrechung*) blocage *m*
Stoppel ['ʃtɔpəl] *f* ⟨~; ~n⟩ (*Feld*≈) chaume *m*; (*Bart*≈) poil *m* raide; **~bart** F *m* barbe *f* de plusieurs jours; **~feld** *n* chaume *m*
'**stopp(e)lig** *adj Feld* couvert de chaumes; *Kinn* mal rasé
'**stoppen** **I** *v/t* **1** (*anhalten*) stopper; arrêter; **2** *mit der Stoppuhr* chronométrer; **II** *v/i* stopper; s'arrêter
'**Stopp|schild** *n* panneau *m* stop; **~uhr** *f* chronomètre *m*
Stöpsel ['ʃtœpsəl] *m* ⟨~s; ~⟩ **1** (*Verschluss*) bouchon *m*; tampon *m*; *e-r Badewanne* bonde *f*; **2** ÉLECT fiche *f*
Stör [ʃtø:r] *m* ⟨~(e)s; ~e⟩ ZO esturgeon *m*
störanfällig ['ʃtø:r-] *adj* fragile; peu résistant
Storch [ʃtɔrç] *m* ⟨~(e)s; ≈e⟩ cigogne *f*
Store [ʃto:r] *m* ⟨~s; ~s⟩ voilage *m*

S

'stören I *v/t* 1 *Person, Veranstaltung* déranger; (*belästigen*) gêner; ***lassen Sie sich nicht ~!*** ne vous dérangez pas (pour moi)!; 2 *Ruhe, Frieden, Beziehung* troubler; *Unterricht* perturber; 3 RAD, TÉL brouiller; 4 (*missfallen*) déplaire; II *v/i* déranger; ***störe ich?*** je vous *bzw* te dérange?; ***bitte nicht ~!*** prière de ne pas déranger; III *v/r* F ***sich an etw, j-m ~*** désapprouver qc, qn

'störend *adjt u advt* gênant; ***~ wirken*** déranger; gêner

Störenfried ['ʃtøːrənfriːt] *m* ⟨~¢s; ~e⟩ gêneur *m*; importun *m*

'Störfall *m* NUCL incident *m*

stornier|en [ʃtɔr'niːrən] *v/t* ⟨*sans ge*⟩ *Auftrag, Reise* annuler; FIN contre-passer; **²ung** *f* ⟨~; ~en⟩ annulation *f*; contre-passation *f*

Storno ['ʃtɔrno] *m od n* ⟨~s; -ni⟩ annulation *f*

störrisch ['ʃtœrɪʃ] *adj Person* entêté; têtu (*a Esel*); *fig Haar* rebelle

'Störung *f* ⟨~; ~en⟩ 1 dérangement *m*; ***verzeihen Sie die ~*** excusez-moi de vous déranger; 2 TECH perturbation *f*; dérangement *m*; (*Betriebs²*) incident *m* technique; MÉTÉO perturbation *f*; RAD parasites *m/pl*; 3 MÉD *pl* ***~en*** troubles *m/pl*

Stoß [ʃtoːs] *m* ⟨~es; ⸚e⟩ 1 coup *m*; ***j-m e-n ~ versetzen*** porter un coup à qn; 2 (*Erschütterung*) choc *m*; secousse *f* (*a Erd²*); (*Ruck*) cahot *m*; 3 (*Haufen*) pile *f*; tas *m*; *von Papieren, Briefen* liasse *f*

'Stoßdämpfer *m* amortisseur *m*

Stößel ['ʃtøːsəl] *m* ⟨~s; ~⟩ pilon *m*

'stoßen ⟨stößt, stieß, gestoßen⟩ I *v/t* 1 (*an~*) pousser; *heftig* 'heurter; choquer; cogner; (*anrempeln*) bousculer; ***j-n in die Rippen ~*** donner une bourrade à qn; 2 SPORT *Kugel* lancer; 3 ***j-m das Messer in die Brust ~*** donner à qn un coup de couteau dans la poitrine; 4 (*zer~*) piler; broyer; concasser; II *v/i* 5 (*grenzen*) ***an etw*** (*acc*) ~ être attenant, contigu à qc; 6 ⟨sn⟩ ***gegen*** *od* ***an etw*** (*acc*) ~ se cogner, se heurter, buter contre qc; ***mit dem Fuß gegen etw ~*** 'heurter, buter du pied contre qc; 7 ***auf j-n, etw ~*** tomber sur qn, qc; rencontrer (par 'hasard) qn, qc; ***auf Schwierigkeiten*** (*acc*) ~ rencontrer des, se heurter à des difficultés; 8 ⟨sn⟩ ***zu j-m ~*** (re)joindre qn; III *v/r* ***sich ~*** se heurter; se cogner; ***sich an etw*** (*dat*) ~ se heurter, se cogner contre qc; *fig* désapprouver qc

'stoßfest *adj* antichoc

'Stoß|gebet *n* prière instante; **~seufzer** *m* profond soupir; **~stange** *f* pare-chocs *m*

stößt [ʃtøːst] → ***stoßen***

'Stoß|trupp *m* unité *f* de choc; **~verkehr** *m* (circulation *f* aux) heures *f/pl* de pointe; **²weise** *adv* 1 (*in Stapeln*) par piles, tas; 2 (*ruckweise*) par saccades; par à-coups; **~zahn** *m* ZO défense *f*; **~zeit** *f* heures *f/pl* de pointe

stottern ['ʃtɔtərn] *v/t u v/i* bégayer

Stövchen ['ʃtøːfçən] *n* ⟨~s; ~⟩ réchaud *m*

Str. *abr* (*Straße*) rue

Straf|anstalt ['ʃtraːf-] *f* ADM établissement *m* pénitentiaire; prison *f*; **~antrag** *m* 1 *des Staatsanwalts* réquisitoire *m*; 2 *des Klägers* plainte *f*; **~anzeige** *f* plainte *f*; **~arbeit** *f* punition *f*; **~bank** *f* ⟨~; -bänke⟩ SPORT banc *m* de pénalisation

'strafbar *adj* punissable; répréhensible; *p/fort* criminel; ***sich ~ machen*** encourir une peine

'Strafbefehl *m* procès-verbal *m* de contravention

'Strafe *f* ⟨~; ~n⟩ punition *f*; *bes* JUR peine *f*; sanction (pénale); (*Geld²*) amende *f*; (*Züchtigung*) châtiment *m*; ***zur ~*** (***für …***) en punition (de …); ***etw unter ~*** (*acc*) ***stellen*** frapper qc d'une peine

'strafen *v/t* punir; (*züchtigen*) châtier; ***ein ~der Blick*** un regard réprobateur, plein de reproches

'Straferlass *m* remise *f* de peine

straff [ʃtraf] I *adj* 1 *Seil* (fortement) tendu; raide; *Haut* ferme; 2 *fig Organisation, Führungsstil* rigoureux; rigide; II *adv* ***~ spannen*** tendre fortement

'straffällig *adj* ADM passible de sanction; ***~ werden*** encourir une peine

'straffen I *v/t* 1 tendre; raidir; *Haut* raffermir; 2 *Text* condenser; II *v/r* ***sich ~*** *Seil* se tendre; *Körper* se raidir

'straffrei I *adj* impuni; II *adv* ***~ ausgehen*** rester impuni

'Straf|freiheit *f* impunité *f*; **~gefangene(r)** *m* détenu *m*; prisonnier *m*; **~ge-**

setz *n* loi pénale; **~gesetzbuch** *n* code pénal

sträflich ['ʃtrɛːflɪç] **I** *adj* impardonnable; **II** *adv* d'une façon impardonnable

Sträfling ['ʃtrɛːflɪŋ] *m* ⟨~s; ~e⟩ bagnard *m*; forçat *m*; (*Gefangener*) prisonnier *m*

'Straf|mandat *n* contravention *f*; **~maß** *n* peine *f*; **~porto** *n* surtaxe *f*; **~predigt** F *f* sermon *m*; **~prozess** *m* procès pénal; **~raum** *m* surface *f* de réparation; **~recht** *n* droit pénal

'strafrechtlich **I** *adj* pénal; **II** *adv* ***j-n ~ verfolgen*** engager des poursuites pénales contre qn

'Straf|register *n* casier *m* judiciaire; **~richter** *m* juge pénal; **~sache** *f* affaire, cause pénale; **~stoß** *m* penalty *m*; **~tat** *f* délit *m*; **~täter** *m* délinquant *m*; **~verfahren** *n* procédure pénale; **᠑versetzen** *v/t* ⟨*p/p* strafversetzt⟩ déplacer, muter par mesure disciplinaire; **~vollzug** *m* régime *m* pénitentiaire; **~zettel** F *m* contravention *f*

Strahl [ʃtraːl] *m* ⟨~ęs; ~en⟩ **1** (*Licht᠑*, OPT) rayon *m*; PHYS faisceau *m*; **2** *e-r Flüssigkeit* jet *m*

'strahlen *v/i* **1** *Gestirn* rayonner (*a fig*); (*glänzen*) resplendir (*a fig*); ***~d weiß*** d'un blanc étincelant; ***~der Sonnenschein*** soleil radieux; **2** *fig* (*lächeln*) être rayonnant; ***vor Glück, Freude ~*** rayonner de bonheur, de joie; **3** PHYS rayonner; NUCL irradier

'Strahlen|behandlung *f* radiothérapie *f*; **~belastung** *f* exposition *f* aux radiations, NUCL à l'irradiation; **᠑förmig** **I** *adj* rayonné; **II** *adv angeordnet* en rayons; **~schutz** *m* radioprotection *f*; **~therapie** *f* radiothérapie *f*; **᠑verseucht** *adjt* irradié

'Strahl|er *m* ⟨~s; ~⟩ **1** (*Herz᠑*) radiateur *m*; **2** (*Licht᠑*) spot *m*; **~triebwerk** *n* réacteur *m*; **~ung** *f* ⟨~; ~en⟩ **1** PHYS rayonnement *m*; émission *f* (de rayons); **2** NUCL irradiation *f*

Strähne ['ʃtrɛːnə] *f* ⟨~; ~n⟩ mèche *f* (de cheveux)

'strähnig *adj Haar* raide et gras

stramm [ʃtram] **I** *adj* **1** (*straff*) (fortement) tendu; *Kleider* serré; **2** (*kräftig*) robuste; solide; **3** *Haltung* rigide; **II** *adv* **1** ***~ sitzen*** *Kleidung* être serré; serrer; **2** F ***~ marschieren*** marcher d'un bon pas

'stramm·stehen *v/i* ⟨*irr*⟩ être au garde-à-vous

Strampelhöschen ['ʃtrampəl-] *n* grenouillère *f*

'strampeln *v/i* ⟨¢⟩ **1** *Baby* se trémousser; F gigoter; **2** F ⟨sn⟩ *beim Radfahren* pédaler; **3** F *fig* (*sich anstrengen*) F se décarcasser; F ramer

Strand [ʃtrant] *m* ⟨~ęs; ~̈e⟩ (*Bade᠑*) plage *f*; (*Sand᠑*) grève *f*; **am ~** sur, à la plage

'Strandbad *n* plage *f*

'stranden *v/i* ⟨-e-, sn⟩ MAR (s')échouer; *fig* échouer

'Strand|gut *n* épaves *f/pl*; **~korb** *m* grand fauteuil de plage (en osier); **~promenade** *f* promenade *f*

Strang [ʃtraŋ] *m* ⟨~ęs; ~̈e⟩ **1** (*Seil*) corde *f*; F ***über die Stränge schlagen*** dépasser les bornes; *fig* ***am selben ~ ziehen*** avoir, suivre le même objectif; **2** *von Garn* écheveau *m*

strangulieren [ʃtraŋgu'liːrən] *v/t* ⟨*sans ge*⟩ étrangler

Strapaze [ʃtra'paːtsə] *f* ⟨~; ~n⟩ fatigue *f*

strapa'zier|en *v/t* ⟨*sans ge*⟩ *Haut, Kleidung* abîmer; *Geduld, Nerven* mettre à l'épreuve; **~fähig** *adj* robuste; solide

strapaziös [ʃtrapatsi'øːs] *adj* fatigant; épuisant

Straßburg ['ʃtraːsburk] *n* ⟨~s⟩ Strasbourg

Straße ['ʃtraːsə] *f* ⟨~; ~n⟩ **1** rue *f*; (*Land᠑, Fahr᠑*) route *f*; ***auf der ~*** dans la rue; ***über die ~ gehen*** traverser la rue; F ***j-n auf die ~ setzen*** *Arbeiter* F flanquer qn à la porte; mettre qn sur le pavé; *Mieter* jeter, mettre qn à la rue; F ***auf der ~ liegen*** *od* ***sitzen*** (*arbeitslos sein*) chômer; être sur le pavé (*a keine Wohnung haben*); F ***auf die ~ gehen*** (*demonstrieren*) descendre dans la rue; **2** (*Meerenge*) détroit *m*; ***~ von Dover*** pas *m* de Calais

'Straßenbahn *f* tram(way) *m*; **~haltestelle** *f* arrêt *m* du tram(way); **~linie** *f* ligne *f* de tram(way)

'Straßen|bau *m* ⟨~ęs⟩ construction *f* des routes; **~benutzungsgebühr** *f* péage *m*; **~café** *n* café *m* (avec terrasse); **~ecke** *f* coin *m* de (la) rue; **~glätte** *f* route glissante; **~graben** *m* fossé *m*; **~händler** *m* marchand ambulant; camelot *m*; **~kampf** *m* combat *m* de rue; **~karte** *f* carte routière; **~kehrer** *m* ⟨~s; ~⟩ balayeur *m*; **~kreuzer** F *m* F grosse bagnole; **~kreuzung** *f* carrefour *m*; croisement *m*; **~laterne** *f* réverbère *m*; **~musikant** *m* musicien ambulant; **~rand** *m* bord *m* de la route; **~reinigung** *f* nettoyage *m* des rues; **~schild** *n* plaque *f* de rue; **~schlacht** *f* combat *m* de rue; **~seite** *f e-r Straße* côté *m* de la rue; *e-s Hauses* côté *m* rue; **~sperre** *f* barrage routier; **~überführung** *f* passerelle *f*; **~unterführung** *f* passage souterrain; **~verhältnisse** *n/pl* état *m* des routes; **~verkauf** *m* vente *f* (de plats) à emporter; **~verkehr** *m* circulation routière; trafic routier; **~zustand** *m* état *m* des routes

Stra|tege [ʃtra'teːgə] *m* ⟨~n; ~n⟩ stratège *m*; **~te'gie** *f* ⟨~; ~n⟩ stratégie *f*; **2'tegisch** *adj* stratégique

Stratosphäre [ʃtrato'sfɛːrə] *f* stratosphère *f*

sträuben ['ʃtrɔybən] **I** *v/t Haare, Federn, Fell* dresser; 'hérisser; **II** *v/r* **sich ~ 1** *Haare, Federn, Fell* se dresser; se hérisser; **2** *fig* regimber; résister (**gegen** à)

Strauch [ʃtraux] *m* ⟨~(e)s; ~er⟩ arbuste *m*; *großer* arbrisseau *m*

straucheln ['ʃtrauxəln] *st/s v/i* ⟨-, sn⟩ **1** (*stolpern*) trébucher; **2** *fig* (*auf die schiefe Bahn geraten*) se perdre

Strauß[1] [ʃtraus] *m* ⟨~es; ~e⟩ ZO autruche *f*

Strauß[2] *m* ⟨~es; ~e⟩ (*Blumen2*) bouquet *m*

Strebe ['ʃtreːbə] *f* ⟨~; ~n⟩ contre-fiche *f*

streben ['ʃtreːbən] *v/i* **1** (*trachten*) **nach etw ~** s'efforcer d'atteindre qc; aspirer à qc; **2** ⟨sn⟩ *räumlich* **zu** *od* **nach etw ~** s'orienter vers qc

'Streben *n* ⟨~s⟩ tendance *f* (**nach** à); aspiration *f* (vers); quête *f* (de)

'Strebepfeiler *m* culée *f*; contrefort *m*

'Streber(in) *m* ⟨~s; ~⟩ (*f*) ⟨~; ~nen⟩ *péj* arriviste *m,f*; *in der Schule* F bûcheur, -euse *m,f*; F bosseur, -euse *m,f*; *arg* polar *m*

'strebsam *adj* ambitieux; (*eifrig*) zélé; (*fleißig*) appliqué; **2keit** *f* ⟨~⟩ ambition *f*; zèle *m*; application *f*

Strecke ['ʃtrɛkə] *f* ⟨~; ~n⟩ **1** (*Entfernung*) distance *f*; *zurückzulegende* trajet *m*; parcours *m*; F *fig* **auf der ~ bleiben** *Person* rester sur le carreau; *Plan* F louper; rater; **2** (*Eisenbahnlinie*) ligne *f*; **auf freier ~** en rase campagne; **3** SPORT parcours *m*; **4 zur ~ bringen** *Wild* abattre; *fig Person* vaincre; abattre

'strecken I *v/t* **1** (*gerade machen*) étendre; (*dehnen*) tendre; allonger; **2 die Hände durch das Gitter ~** tendre les mains à travers la grille; **3** *Vorräte* faire durer; *Sauce* allonger; **II** *v/r* **sich ~** s'étirer; s'étendre; s'allonger

'Strecken|netz *n* EISENBAHN réseau *m* de lignes; **2weise** *adv* **1** *räumlich* par-ci, par-là; par endroits; **2** *zeitlich* par moments

Streich [ʃtraiç] *m* ⟨~(e)s; ~e⟩ **1** *st/s* (*Schlag*) coup *m*; *litt* **auf e-n ~** d'un seul coup; **2** (*Schabernack*) tour *m*; **ein dummer, lustiger ~** un sale, bon tour; **j-m e-n ~ spielen** jouer un tour à qn

streicheln ['ʃtraiçəln] *v/t u v/i* ⟨-⟩ caresser

'streichen ⟨strich, gestrichen⟩ **I** *v/t* **1** (*an~*) peindre; **frisch gestrichen!** attention, peinture fraîche!; **2** (*be~*) enduire (**mit** de); **3** *Butter, Creme* mettre (**auf** [+ *acc*] sur); **4** (*aus~*) radier, rayer (**von der Liste** de la liste); (*durch~*) barrer; (*tilgen*) supprimer; *Auftrag* annuler; **II** *v/i* **5** (**mit der Hand**) **über etw** (*acc*) **~** passer la main sur qc; **6** (*an~*) peindre; **7** (*umher~*) errer; rôder (**um etw herum** autour de qc)

'Streicher *m* ⟨~s; ~⟩ musicien *m* jouant d'un instrument à cordes

'Streichholz *n* allumette *f*; **~schachtel** *f* boîte *f* d'allumettes

'Streich|instrument *n* instrument *m* à cordes; **~käse** *m* fromage *m* à tartiner; **~quartett** *n* quatuor *m* à cordes

'Streichung *f* ⟨~; ~en⟩ **1** *im Text* rature *f*; **2** (*Wegfall*) suppression *f*

Streife ['ʃtraifə] *f* ⟨~; ~n⟩ ronde *f*; patrouille *f*

streifen ['ʃtraifən] **I** *v/t* **1** (*berühren*) effleurer; frôler; **sein Blick streifte mich** son regard m'effleura, me frôla; **2** *fig Thema* effleurer; **3** *Ärmel* **in die Höhe ~** retrousser; **4** → **abstreifen** *1*; **II** *v/i* ⟨sn⟩ (*umher~*) vagabonder; flâner

'Streifen *m* ⟨~s; ~⟩ **1** (*Stoff2, Papier2*) bande *f*; (*Metall2*) lamelle *f*; languette *f*; ruban *m*; (*Speck2*) tranche *f*; **2** *Mus-*

S

ter bande *f*; *im Stoff* raie *f*; rayure *f*; **3** F (*Film*≈) bande *f*

'Streifen|dienst *m* patrouille *f*; **~wagen** *m* voiture *f* de police

'Streif|schuss *m* éraflure *f*; **~zug** *m* randonnée *f*; excursion *f*; *fig* incursion *f*

Streik [ʃtraɪk] *m* ⟨~(e)s; ~s⟩ grève *f*; ***in den ~ treten*** se mettre en grève

'Streikbrecher *m* briseur *m* de grève

'streiken *v/i* **1** faire grève; être en grève; **2** F *fig Gerät* F être en panne; ***ich streike*** F je ne marche plus

'Streik|ende(r) *f(m)* ⟨→ A⟩ gréviste *m,f*; **~posten** *m* piquet *m* de grève

Streit [ʃtraɪt] *m* ⟨~(e)s; ~e⟩ querelle *f* (***über*** [+ *acc*] au sujet de); (*Zank*) altercation *f*; démêlé *m*; (*Meinungs*≈) différend *m*; controverse *f*; (*Wort*≈) dispute *f*; (*Konflikt*) conflit *m*; JUR litige *m*; procès *m*; ***mit j-m ~ anfangen*** s'attaquer à qn; ***mit j-m in ~ geraten*** se fâcher avec qn

'streitbar *st/s adj* combatif; (*kampflustig*) querelleur

'streiten ⟨streitet, stritt, gestritten⟩ **I** *v/i* **1** (*zanken*) (***mit j-m über etw*** [*acc*]) **~** se batailler, se disputer (avec qn au sujet de qc); **2** *poét* (*kämpfen*) lutter; combattre; **II** *v/r* ***sich mit j-m*** (***über etw*** [*acc*]) **~** se quereller avec qn (au sujet de qc); ***sich um etw ~*** se disputer qc

Streite'rei *f* ⟨~; ~en⟩ querelles *f/pl*; F chamailleries *f/pl*

'Streit|fall *m* litige *m*; **~frage** *f* différend *m*; point litigieux; **~gespräch** *n* débat *m*; discussion *f*

'streitig *adj* ***j-m etw ~ machen*** disputer, contester qc à qn

'Streit|igkeiten *f/pl* querelles *f/pl*; conflits *m/pl*; **~kräfte** *f/pl*, **~macht** *f* forces (armées); armée *f*; **≈süchtig** *adj* querelleur

streng [ʃtrɛŋ] **I** *adj* **1** *Lehrer, Eltern, Erziehung* sévère; *Untersuchung, Person a* rigoureux; *Sitten* austère; *Blick* dur; sévère; **2** *Regeln, Prinzipien* strict; *Diät* sévère; **3** *Kälte, Winter* rigoureux; **4** *Geruch* âcre; *Geschmack* âpre; **5** *Stil* austère; *Kleid* strict; sobre; *Frisur* sévère; **II** *adv* ***~ genommen*** à proprement parler; ***~ verboten*** strictement, rigoureusement interdit; ***j-n ~ bestrafen*** punir sévèrement qn; ***j-n ~ bewachen*** surveiller étroitement qn; ***~ riechen*** sentir fort

'Strenge *f* ⟨~⟩ **1** sévérité *f*; rigueur *f*; *der Sitten* austérité *f*; *des Blicks* dureté *f*; sévérité *f*; **2** *der Kälte* rigueur *f*; **3** *des Geruchs* âcreté *f*; *des Geschmacks* âpreté *f*; **4** *des Stils* austérité *f*

'stranggläubig *adj* orthodoxe

Stress [ʃtrɛs] *m* ⟨~es; ~e⟩ stress *m*; ***unter ~*** (*dat*) ***stehen*** F être stressé

'stressen F *v/t* ⟨*ø*⟩ F stresser

'stressig F *adj* F stressant

streuen ['ʃtrɔʏən] *v/t Kies, Sand etc* répandre (***auf*** [+ *acc*] sur); ***Zucker auf den Kuchen ~*** saupoudrer le gâteau de sucre; ***Blumen auf den Weg ~*** parsemer, joncher le chemin de fleurs; *bei Glatteis* (***die Straße***) **~** sabler la route

'Streuer *m* ⟨~s; ~⟩ (*Salz*≈) salière *f*; (*Pfeffer*≈) poivrière *f*; (*Streudose*) saupoudreuse *f*

streunen ['ʃtrɔʏnən] *v/i* ⟨*souvent* sn⟩ *Person* vagabonder; *Tier* errer; *Hund* **~d** errant

'Streusalz *n* sel *m*

Streuselkuchen ['ʃtrɔʏzəl-] *m gâteau recouvert de petits grains de pâte sablée*

strich [ʃtrɪç] → ***streichen***

Strich *m* ⟨~(e)s; ~e⟩ **1** (*Linie*) trait *m*; (*Quer*≈) barre *f*; *auf e-r Skala* degré *m*; F *fig* ***j-m e-n ~ durch die Rechnung machen*** F gâcher, saboter, bousiller les projets de qn; *fig* ***unter dem ~*** tout compte fait; **2** (*Bürsten*≈, *Pinsel*≈) coup *m*; **3** *e-s Fells, Gewebes* sens *m*; ***gegen den ~*** *Fell* à contre-poil; à rebrousse-poil; *fig* à rebours; F ***das geht mir gegen den ~*** *passt mir nicht* F ça ne me va, convient pas; *ist mir lästig* F ça me casse les pieds; *stört mich* F ça me chiffonne; F ***nach ~ und Faden*** à tour de bras; **4** ***der ~*** (*Prostitution*) F le trottoir; F le tapin; *Gegend* le quartier chaud; ***auf den ~ gehen*** F faire le trottoir, le tapin; F tapiner

stricheln ['ʃtrɪçəln] *v/t* ⟨*ø*⟩ 'hachurer; ***gestrichelt*** *Linie* discontinu

'Strich|junge F *m* jeune prostitué (homosexuel); **~kode** *m* code-barres *m*; **~mädchen** F *n* fille (publique); **~punkt** *m* point-virgule *m*; **≈weise** *adv* par endroits (*bes* MÉTÉO)

Strick [ʃtrɪk] *m* ⟨~(e)s; ~e⟩ corde *f*; *fig* ***j-m e-n ~ aus etw drehen*** retourner l'ac-

S

tion, les paroles de qn contre lui; F *fig* ***wenn alle ~e reißen*** au pire
'stricken *v/t u v/i* tricoter
'Strick|jacke *f* veste tricotée; cardigan *m*; **~leiter** *f* échelle *f* de corde; **~muster** *n* (*Vorlage*) patron *m*; *fig plais* formule *f*; **~nadel** *f* aiguille *f* à tricoter; **~waren** *f/pl* articles tricotés, en tricot
striegeln ['ʃtri:gəln] *v/t* ⟨¢⟩ étriller; panser
Strieme ['ʃtri:mə] *f* ⟨~; ~n⟩, **'Striemen** *m* ⟨~s; ~⟩ zébrure *f*
strikt [ʃtrɪkt] **I** *adj* rigoureux; strict; **II** *adv* **~ *gegen etw sein*** être absolument contre qc
Strippe ['ʃtrɪpə] F *f* ⟨~; ~n⟩ fil *m* (téléphonique); ***j-n an der ~ haben*** F avoir qn au bout du fil
strippen ['ʃtrɪpən] F *v/i* faire du strip-tease
Striptease ['ʃtrɪpti:s] *m od n* ⟨~⟩ strip-tease *m*; **~tänzer(in)** *m(f)* strip-teaseur, -euse *m,f*
stritt [ʃtrɪt] → ***streiten***
'strittig *adj* (*umstritten*) litigeux; (*bestreitbar*) discutable; contestable
Stroh [ʃtro:] *n* ⟨~¢s⟩ paille *f*; (*Dach*☊) *a* chaume *m*; **'~dach** *n* toit *m* de chaume; **'☊'dumm** F *adj* F con comme un balai; **'~feuer** *n fig* feu *m* de paille
'Strohhalm *m* brin *m* de paille; fétu *m*; *zum Trinken* paille *f*; *fig* ***sich an e-n ~ klammern*** se cramponner à une bouée de sauvetage
'Stroh|hut *m* chapeau *m* de paille; **~mann** *m* ⟨~¢s; -männer⟩ homme *m* de paille; prête-nom *m*; **~witwe** *f*, **~witwer** *m* F *plais* célibataire *m,f*; F veuf, veuve *m,f*
Strolch [ʃtrɔlç] *m* ⟨~¢s; ~e⟩ **1** *péj* (*Lump*) voyou *m*; **2** F *plais* (*Schlingel*) F canaille *f*
Strom [ʃtro:m] *m* ⟨~¢s; ~̈e⟩ **1** (*Fluss*) fleuve *m*; *fig* flot *m*; *von Tränen* torrent *m*; ***es regnet in Strömen*** il pleut à verse, à torrents; ***der Wein, das Blut floss in Strömen*** le vin, le sang coulait à flots; **2** (*Strömung*) courant *m*; *fig* ***mit dem ~ schwimmen*** suivre le courant; *fig* ***gegen den ~ schwimmen*** nager à contre-courant; **3** ÉLECT courant *m*; ***unter ~*** (*dat*) ***stehen*** être sous tension (*a fig*)
strom|'abwärts *adv* en aval; **~'aufwärts** *adv* en amont
'Stromausfall *m* panne *f* de courant
strömen ['ʃtrø:mən] *v/i* ⟨sn⟩ **1** *Regen, Wasser* couler (à flots); ***~der Regen*** pluie battante; **2** *Menschenmenge* affluer (***in*** [+ *acc*] dans, ***nach*** vers)
'Strom|kreis *m* circuit *m*; **~leitung** *f* câble *m*, fil *m* (électrique)
'stromlinienförmig *adj* aérodynamique; caréné
'Strom|netz *n* réseau *m* électrique; **~schlag** *m* décharge *f* électrique; **~schnelle** *f* ⟨~; ~n⟩ rapide *m* (d'un fleuve); **~stärke** *f* intensité *f* du courant; **~stoß** *m* impulsion *f*
'Strömung *f* ⟨~; ~en⟩ courant *m* (*a* MÉTÉO, *fig*)
'Strom|verbrauch *m* consommation *f* d'électricité; **~zähler** *m* compteur *m* électrique
Strophe ['ʃtro:fə] *f* ⟨~; ~n⟩ strophe *f*
strotzen ['ʃtrɔtsən] *v/i* ***von*** *od* ***vor etw*** (*dat*) ~ regorger de qc; être plein de qc; ***vor*** *od* ***von Kraft, Gesundheit ~*** déborder de force, de santé
strubb(e)lig ['ʃtrub(ə)lɪç] *adj* ébouriffé
Strudel ['ʃtru:dəl] *m* ⟨~s; ~⟩ **1** (*Wasser*☊) tourbillon *m* (*a fig*); **2** CUIS strudel *m*
Struktu|r [ʃtrʊk'tu:r] *f* ⟨~; ~en⟩ structure *f*; **☊'rell** *adj* structurel; **☊'rieren** *v/t* ⟨*sans ge*⟩ structurer
Strumpf [ʃtrʊmpf] *m* ⟨~¢s; ~̈e⟩ (*Damen*☊) bas *m*; (*Socke*) chaussette *f*; **'~band** *n* ⟨~¢s; -bänder⟩ jarretière *f*; **'~halter** *m* jarretelle *f*; **'~hose** *f* collant *m*
Strunk [ʃtrʊŋk] *m* ⟨~¢s; ~̈e⟩ (*Gemüse*☊) trognon *m*; (*Baum*☊) souche *f*
struppig ['ʃtrʊpɪç] *adj* 'hérissé
Strychnin [ʃtrʏç'ni:n] *n* ⟨~s⟩ strychnine *f*
Stube ['ʃtu:bə] *f* ⟨~; ~n⟩ **1** pièce *f*; ***die gute ~*** le salon; **2** MIL chambrée *f*
'Stubenarrest *m* privation *f* de sortie; ***~ haben*** être privé de sortie
'Stuben|hocker F *péj m* ⟨~s; ~⟩ F pantouflard *m*; casanier *m*; **☊rein** *adj* **1** *Tier* propre; **2** *fig plais Witz* convenable
Stuck [ʃtʊk] *m* ⟨~¢s⟩ stuc *m*
Stück [ʃtʏk] *n* ⟨~¢s; ~e, *mais 5* ~⟩ **1** pièce *f*; *abgetrenntes* morceau *m*; *abgesprungenes* éclat *m*; *e-r Sammlung* pièce *f*; *von Land, Papier, Schnur, e-s Wegs* bout *m*; ***ein ~ Fleisch, Kuchen, Seife***

S

un morceau de viande, gâteau, savon; ***in ~e gehen*** se briser; ***in ~e reißen, schneiden, schlagen*** déchirer, couper, mettre en morceaux; ***am*** *od* ***im ~*** en un seul morceau; F *fig* ***in e-m ~*** (*ununterbrochen*) sans arrêt; ***ein hartes ~ Arbeit*** un dur travail; ***zwei Euro das ~*** deux euros (la) pièce; *fig* ***aus freien ~en*** de son plein gré; F *fig* ***große ~e auf j-n halten*** faire grand cas de qn; **2** F ***das ist*** (***ja***) ***ein starkes ~!*** F (ça,) c'est gonflé!; F c'est un peu fort (de café)!; **3** THÉ pièce *f*; **4** MUS morceau *m*; **5** *Vieh* tête *f*; **6** F (*Person*) ***ein freches ~*** F un(e) sacré(e) culotté(e)

'Stückchen *n* ⟨~s; ~⟩ petit morceau; *von Schokolade* carré *m*

'Stück|gut *n* colis *m*; **~lohn** *m* salaire *m* aux pièces; **~preis** *m* prix *m* à l'unité; **2weise** *adv* (*einzeln*) morceau par morceau; à la pièce; COMM au détail; **~werk** *n* bricolage *m* (*a fig*); **~zahl** *f* nombre *m* de pièces

Student [ʃtu'dɛnt] *m* ⟨~en; ~en⟩ étudiant *m* (***der Medizin*** en médecine)

Stu'denten|ausweis *m* carte *f* d'étudiant; **~futter** *n* quatre mendiants *m/pl*; **~verbindung** *f* corporation étudiante; **~wohnheim** *n* cité *f* universitaire

Stu'den|tin *f* ⟨~; ~nen⟩ étudiante *f*; **2tisch** *adj* estudiantin; d'étudiant(s)

Studie ['ʃtu:diə] *f* ⟨~; ~n⟩ étude *f*

'Studien|aufenthalt *m* séjour *m* d'études; **~direktor** *m* professeur *m* de lycée titularisé; **~fach** *n* matière *f*; spécialité *f*; **~gang** *m* filière *f*; **~gebühren** *f/pl* droits *m/pl* universitaires; **~platz** *m* place *f* à l'université; **~rat** *m*, **~rätin** *f* professeur *m* de lycée titularisé; **~referendar** *m* professeur *m* stagiaire; **~reise** *f* voyage *m* d'études; **~zeit** *f* (années *f/pl* d')études *f/pl*

studieren [ʃtu'di:rən] ⟨*sans ge*⟩ **I** *v/t an der Hochschule* faire des études de; (*untersuchen*) étudier; **II** *v/i* faire des, ses études; être étudiant

Stu'dierende(r) *f*(*m*) ⟨→ A⟩ étudiant(e) *m*(*f*)

Studio ['ʃtu:dio] *n* ⟨~s; ~s⟩ **1** studio *m*; *e-s Künstlers a* atelier *m*; **2** (*Fernseh2*, *Film2*) studio *m*

Studium ['ʃtu:dium] *n* ⟨~s; -ien⟩ **1** (*Hochschul2*) études *f/pl*; **2** (*Forschung*) étude(s) *f*(*pl*); ***Studien*** (***über etw*** [*acc*]) ***betreiben*** se livrer à l'étude (de qc)

Stufe ['ʃtu:fə] *f* ⟨~; ~n⟩ **1** *e-r Treppe* marche *f*; degré *m*; **2** *fig* (*Rang*) degré *m*; échelon *m*; rang *m*; (*Niveau*) niveau *m*; ***j-n mit j-m auf e-e*** *od* ***auf die gleiche ~ stellen*** mettre qn au niveau de qn; **3** *bei Pumpen, Turbinen, Raketen* étage *m*; **4** GÉOL, *im Gelände* terrasse *f*

'stufenlos *adv* TECH sans paliers; ***~ verstellbar*** réglable par degrés

'stufenweise **I** *adj* graduel; progressif; **II** *adv* graduellement; progressivement

Stuhl [ʃtu:l] *m* ⟨~(e)s; ¨~e⟩ **1** chaise *f*; ***der Heilige ~*** le Saint-Siège; ***der elektrische ~*** la chaise électrique; *fig* ***zwischen zwei Stühlen sitzen*** se trouver, être assis entre deux chaises; *fig* ***j-m den ~ vor die Tür setzen*** mettre qn à la porte; F ***das hat mich fast vom ~ gehauen*** ça m'a renversé; **2** (*~gang*) selles *f/pl*

'Stuhlbein *n* pied *m* de chaise

'Stuhlgang *m* selles *f/pl*; ***~ haben*** aller à la selle

'Stuhllehne *f* dos(sier) *m* de chaise

Stulle ['ʃtʊlə] *f* ⟨~; ~n⟩ *nordd* tartine *f*

stülpen ['ʃtʏlpən] *v/t* ***etw auf etw*** (*acc*) ***~*** mettre qc sur qc; ***nach außen ~*** retourner vers l'extérieur

stumm [ʃtʊm] *adj* muet (*a fig*, LING); (*schweigsam*) silencieux

Stummel ['ʃtʊməl] *m* ⟨~s; ~⟩ (*Bleistift2*, *Kerzen2*) bout *m*; (*Zigarren2*, *Zigaretten2*) F mégot *m*

'Stummfilm *m* film muet

Stümper ['ʃtʏmpər] *m* ⟨~s; ~⟩ F bousilleur *m*

Stümpe'rei *f* ⟨~; ~en⟩ bousillage *m*

'stümperhaft **I** *adj* bousillé; **II** *adv* ***~ ausgeführt*** mal fait

'stümpern *v/i* bousiller

stumpf [ʃtʊmpf] *adj* **1** *Messer, Schere* émoussé; **2** *Nadel, Degen* sans pointe; *Winkel* obtus; *Kegel* tronqué; *Nase* épaté; **3** *Haar, Metall, Farbe* terne; **4** *fig Sinne* émoussé; *Mensch* abruti; insensible; *Blick* terne; atone

Stumpf *m* ⟨~(e)s; ¨~e⟩ (*Baum2*) souche *f*; (*Kerzen2*) bout *m*; (*Arm2*, *Bein2*) moignon *m*; (*Zahn2*) chicot *m*; ***mit ~ und Stiel ausrotten*** exterminer

'Stumpf|sinn *m* **1** *e-s Menschen* abrutissement *m*; *st/s* hébétude *f*; **2** *e-r Arbeit etc* stupidité *f*; **&sinnig** *adj* **1** *Mensch, Blick* hébété; **2** *Arbeit* abrutissant; stupide; **&wink(e)lig** *adj* obtusangle

Stunde ['ʃtʊndə] *f* ⟨~; ~n⟩ **1** heure *f*; ***e-e halbe ~*** une demi-heure; ***e-e ~ lang*** une heure durant; ***zur ~*** à l'heure qu'il est; ***in e-r schwachen, stillen ~*** dans un moment de faiblesse, tranquillité; ***ihre letzte ~ ist gekommen, hat geschlagen*** sa dernière heure est arrivée, a sonné; **2** (*Unterrichts&*) cours *m*; leçon *f*

'**stunden** *v/t* ⟨-e-⟩ ***j-m e-e Summe ~*** accorder à qn un délai de paiement

'**Stundengeschwindigkeit** *f* vitesse *f* horaire

'**Stundenkilometer** *m* kilomètre-heure *m*; ***zehn ~*** dix kilomètres à l'heure

'**stunden|lang** **I** *adj* qui dure des heures (entières); **II** *adv* pendant des heures; **&lohn** *m* salaire *m* horaire; **&plan** *m* emploi *m* du temps; horaire *m*; **~weise** *adv* à l'heure; par heure; **&zeiger** *m* aiguille *f* des heures

stündlich ['ʃtʏntlɪç] *adv* **1** (*jede Stunde*) toutes les heures; **2** (*in der Stunde*) ***dreimal ~*** trois fois par heure; **3** (*jeden Augenblick*) à chaque instant; d'un instant à l'autre

'**Stundung** *f* ⟨~; ~en⟩ délai *m* de paiement

Stunk [ʃtʊŋk] F *m* ⟨~s⟩ bagarre *f*; ***~ machen*** chercher la bagarre

Stuntman ['stantmɛn] *m* ⟨~s; -men⟩ cascadeur *m*

stupide [ʃtu'piːdə] *adj* stupide; *Person a* borné

Stups [ʃtʊps] F *m* ⟨~es; ~e⟩ légère bourrade

'**stupsen** F *v/t* ⟨-t⟩ pousser légèrement; donner une légère bourrade à

'**Stupsnase** *f* nez retroussé

stur [ʃtuːr] **I** *adj* (*eigensinnig*) entêté; têtu; (*unbeirrbar*) obstiné; **II** *adv* obstinément

'**Sturheit** *f* ⟨~⟩ entêtement *m*

Sturm [ʃtʊrm] *m* ⟨~es; ~e⟩ **1** tempête *f* (*a fig*); **2** *fig der Gefühle* tumulte *m*; ***ein ~ der Entrüstung*** une explosion d'indignation; **3** SPORT attaque *f*; **4** MIL assaut *m* (***auf*** [+ *acc*] de); ***~ läuten*** *od* ***klingeln*** sonner le tocsin; ***etw im ~ nehmen*** prendre qc d'assaut; ***gegen etw ~ laufen*** se rebeller contre qc

'**Sturm|angriff** *m* assaut *m*; **~bö** *f* rafale *f*

stürmen ['ʃtʏrmən] **I** *v/t* **1** (*im Sturm nehmen*) prendre … d'assaut; **2** *fig Geschäfte* se précipiter sur *bzw* dans; **II** *v/i* **3** SPORT attaquer; **4** ⟨sn⟩ *fig* (*rennen*) courir; s'élancer; **III** *v/imp* ***es stürmt*** il y a de la tempête

'**Stürmer(in)** *m* ⟨~s; ~⟩ (*f*) ⟨~; ~nen⟩ avant *m*

'**Sturmflut** *f* raz *m* de marée

stürmisch ['ʃtʏrmɪʃ] **I** *adj* **1** *Wetter* orageux; **2** *fig* (*ungestüm*) impétueux; *Auseinandersetzung* tumultueux; *Protest* violent; *Beifall* frénétique; **3** *fig* (*rasant*) extrêmement, très rapide; **II** *adv begrüßen* avec enthousiasme

'**Sturm|lauf** *m* assaut *m*; **~spitze** *f* SPORT avant-centre *m*; **~tief** *n* zone *f* de basse pression avec tempête

Sturz [ʃtʊrts] *m* ⟨~es; ~e⟩ **1** (*Fall*) chute *f* (*a fig*); **2** *e-r Regierung* renversement *m*; **3** (*Preis&, Temperatur&*) chute *f*; **4** ⟨*pl* ~e *ou* ~e⟩ CONSTR linteau *m*

'**Sturzbach** *m* torrent *m*

stürzen ['ʃtʏrtsən] ⟨-t⟩ **I** *v/t* **1** faire tomber; précipiter (***j-n in e-n Abgrund*** qn dans un abîme); **2** *Regierung, Minister* renverser; **3** *Gefäß etc* renverser; **II** *v/i* ⟨sn⟩ **4** (*fallen*) tomber, faire une chute (***vom Fahrrad*** de bicyclette); ***schwer, unglücklich ~*** faire une mauvaise chute, une chute malencontreuse; **5** (*rennen*) se précipiter, se jeter, s'élancer (***auf die Straße, nach draußen*** dans la rue, dehors); **III** *v/r* ***sich auf etw, j-n ~*** se précipiter, s'élancer, se jeter sur qc, qn; ***sich aus dem Fenster ~*** se jeter par la fenêtre

'**Sturz|flug** *m* (vol *m* en) piqué *m*; **~helm** *m* casque *m*

Stuss [ʃtʊs] F *m* ⟨~es⟩ P connerie(s) *f(pl)*

Stute ['ʃtuːtə] *f* ⟨~; ~n⟩ jument *f*

Stütze ['ʃtʏtsə] *f* ⟨~; ~n⟩ (*Halt*), *fig* appui *m*; soutien *m*; (*Ständer*), *fig* support *m*

stutzen[1] ['ʃtʊtsən] *v/t* ⟨-t⟩ *Hecke, Bart* tailler; *Flügel* rogner; *Schwanz* écourter

'**stutzen**[2] *v/i* ⟨-t⟩ (*innehalten*) s'arrêter court; rester interdit

'**Stutzen** *m* ⟨~s; ~⟩ (*Rohransatz*) tubu-

S

lure *f*; (*Einfüll*≈) raccord *m* (de pompe)
'stützen ⟨-t⟩ **I** *v/t* (*ab~*, *unter~*) soutenir (*a fig*); *mit Balken* étayer (*a fig*); **II *sich auf etw*** (*acc*) **~** s'appuyer sur qc (*a fig*)
'stutzig *adj* **~ *werden*** être intrigué; **~ *machen*** intriguer
'Stütz|pfeiler *m* pilier *m* de soutien; **~punkt** *m* base *f* (*a fig*)
Styling ['staılıŋ] *n* ⟨~s; ~s⟩ (création *f* d'un) style, *e-r Person a* (d'un) look
Styropor® [ʃtyro'poːr] *n* ⟨~s⟩ polystyrène *m*
s. u. *abr* (*siehe unten*) v. ci-dessous, plus bas
subaltern [zupˀal'tɛrn] *adj* subalterne
Subjekt [zup'jɛkt] *n* ⟨~(e)s; ~e⟩ **1** GR sujet *m*; **2** *péj* individu *m*
subjek|'tiv *adj* subjectif; **≈tivi'tät** *f* ⟨~⟩ subjectivité *f*
Sub|kontinent ['zup-] *m* sous-continent *m*; **~kultur** *f* contre-culture *f*
sublimieren [zubli'miːrən] *v/t* ⟨*sans ge*⟩ CHIM, PSYCH sublimer
Subskription [zupskrıptsi'oːn] *f* ⟨~; ~en⟩ souscription *f* (+ *gén* à)
Substantiv ['zupstantiːf] *n* ⟨~s; ~e⟩ nom *m*; substantif *m*; **≈isch** *adj* substantif
Substanz [zup'stants] *f* ⟨~; ~en⟩ substance *f*; F *fig* ***j-m an die ~ gehen*** F vider qn
substanziell [zupstantsi'ɛl] *adj* substantiel
subtil [zup'tiːl] *adj* subtil
sub|trahieren [zuptra'hiːrən] *v/t* ⟨*sans ge*⟩ soustraire (***von*** de); **≈trakti'on** *f* ⟨~; ~en⟩ soustraction *f*
Subtrop|en ['zup-] *pl* régions subtropicales; **≈isch** *adj* subtropical
Subven|tion [zupvɛntsi'oːn] *f* ⟨~; ~en⟩ subvention *f*; **≈tio'nieren** *v/t* ⟨*sans ge*⟩ subventionner
subversiv [zupvɛr'ziːf] *adj* subversif
Suche ['zuːxə] *f* ⟨~; ~n⟩ recherche *f*; quête *f*; ***auf der ~ nach*** à la recherche de; ***auf die ~ nach j-m, etw gehen, sich auf die ~ nach j-m, etw machen*** aller à la recherche de qn, qc; se mettre en quête de qn, qc
'suchen I *v/t* **1** chercher; *intensiv* rechercher; (*sammeln*) ramasser; F *fig* ***du hast da nichts zu ~*** tu n'as rien à faire ici; **2** (*sich bemühen um*) chercher (*a Hilfe, Schutz*); *j-s Freundschaft, Gesellschaft* rechercher; ***Rat bei j-m ~*** demander conseil à qn; consulter qn; **3** *st/s* (*ver~*) **~ *zu*** (+ *inf*) chercher à (+ *inf*); tenter de (+ *inf*); **II** *v/i* ***nach etw, j-m ~*** rechercher qc, qn; être à la recherche de qc, qn
'Sucher *m* ⟨~s; ~⟩ PHOT viseur *m*
'Such|hund *m* → ***Spürhund***; **~maschine** *f* INFORM moteur *m* de recherche
Sucht [zuxt] *f* ⟨~; ⁼e⟩ manie *f* (***nach*** de); (*exzessives Verlangen*) passion *f* (de); (*Arzneimittel*≈, *Drogen*≈) toxicomanie *f*
süchtig ['zʏçtıç] *adj* **1** (*arzneimittel~*, *drogen~*) toxicomane; **~ *machen*** rendre dépendant; **2** *fig* (*versessen*) avide (***nach*** de)
'Süchtige(r) *f*(*m*) ⟨→ A⟩ toxicomane *m,f*
'sucht|krank *adj* toxicomane; **≈kranke(r)** *f*(*m*) toxicomane *m,f*; **≈mittel** *n* drogue *f*; stupéfiant *m*
'Suchtrupp *m* équipe *f* de sauvetage
Sud [zuːt] *m* ⟨~(e)s; ~e⟩ **1** CUIS bouillon *m*; **2** (*Extrakt*) décoction *f*
Süd [zyːt] *m* ⟨*sans article ni pl*⟩ sud *m*; **'~afrika** *n* l'Afrique *f* du Sud; **'~afri'kaner(in)** *m*(*f*) Sud-Africain(e) *m*(*f*); **'≈afri'kanisch** *adj* sud-africain; **'~a'merika** *n* l'Amérique *f* du Sud; **'~ameri'kaner(in)** *m*(*f*) Sud-Américain(e) *m*(*f*); **'≈ameri'kanisch** *adj* sud-américain
Sudan [zu'daːn] ⟨~s⟩ ***der ~*** le Soudan
'süddeutsch *adj* de l'Allemagne du Sud; **≈land** *n* l'Allemagne *f* du Sud
sudeln ['zuːdəln] F *v/i* ⟨-e⟩ gribouiller
Süden ['zyːdən] *m* ⟨~s⟩ sud *m*; *e-s Lands, e-r Stadt* Sud *m*; ***im ~*** (***von***) au sud (de)
'Süd|eu'ropa *n* l'Europe du Sud, méridionale; **'~'frankreich** *n* le Midi; **~franzose** *m*, **~französin** *f* Méridional(e) *m*(*f*); **≈französisch** *adj* du Midi; méridional; **~früchte** *f/pl* fruits tropicaux; **'~ko'rea** *n* la Corée du Sud; **~küste** *f* côte méridionale; **~länder(in)** *m* ⟨~s; ~⟩ (*f*) ⟨~; ~nen⟩ méridional(e) *m*(*f*); **≈ländisch** *adj* méridional
'südlich I *adj* du sud; méridional; *Breite* austral; **II** *adv* au sud (***von*** de)
Süd'ost(en) *m* sud-est *m*
süd'östlich I *adj* du sud-est; **II** *adv* au sud-est (***von*** de)

S

'Süd|pol *m* pôle *m* Sud; **~see** *f* Pacifique *m* sud; mers *f/pl* du Sud; **~seite** *f* (côté *m*) sud *m*; **~tirol** *n* le Haut-Adige; **2wärts** *adv* vers le sud; au sud; **~'west(en)** *m* sud-ouest *m*
süd'westlich **I** *adj* du sud-ouest; **II** *adv* au sud-ouest (***von*** de)
'Südwind *m* vent *m* du sud
Suff [zuf] P *m* ⟨~(e)s⟩ F soûlographie *f*
süffig ['zʏfɪç] F *adj* gouleyant
süffisant [zʏfi'zant] *adj péj* suffisant
Suffix [zu'fɪks] *n* ⟨~es; ~e⟩ LING suffixe *m*
sugge|rieren [zuge'riːrən] *v/t* ⟨*sans ge*⟩ suggérer; **2sti'on** *f* ⟨~; ~en⟩ suggestion *f*
suggestiv [zugɛs'tiːf] *adj* suggestif; **2frage** *f* question *f* à la réponse implicite
suhlen ['zuːlən] *v/r* ***sich ~*** se vautrer
Sühne ['zyːnə] *st/s* *f* ⟨~; ~n⟩ expiation *f*
'sühnen *st/s* **I** *v/t* **1** (*büßen*) expier; **2** (*bestrafen*) punir; **II** *v/i* ***für etw ~*** expier qc
Suite ['sviːt(ə)] *f* ⟨~; ~n⟩ suite *f*
sukzessiv [zuktsɛ'siːf] *adj* successif
Sulfat [zul'faːt] *n* ⟨~(e)s; ~e⟩ sulfate *m*
Sulfid [zul'fiːt] *n* ⟨~(e)s; ~e⟩ sulfure *m*
Sulfonamid [zulfona'miːt] *n* ⟨~(e)s; ~e⟩ sulfamide *m*
Sulta|n ['zultan] *m* ⟨~s; ~e⟩ sultan *m*; **~'nat** *n* ⟨~(e)s; ~e⟩ sultanat *m*
Sultanine [zulta'niːnə] *f* ⟨~; ~n⟩ raisin *m* de Smyrne
Sülze ['zʏltsə] *f* ⟨~; ~n⟩ CUIS **1** *Speise* viande *f* *bzw* poisson *m* en aspic; (*Schweinskopf2*) fromage *m* de tête; **2** (*Aspik*) aspic *m*
summarisch [zu'maːrɪʃ] *adj* sommaire
Summe ['zumə] *f* ⟨~; ~n⟩ somme *f*
summen ['zumən] **I** *v/t Melodie* fredonner; **II** *v/i Biene* bourdonner; *Motor* ronronner
'Summer *m* ⟨~s; ~⟩ sonnerie *f*
sum'mieren *v/r* ⟨*sans ge*⟩ ***sich ~*** s'accumuler
Sumpf [zumpf] *m* ⟨~(e)s; ~̈e⟩ marais *m*; marécage *m*; *fig* bas-fonds *m/pl*
'sumpfig *adj* marécageux
Sund [zunt] *m* ⟨~(e)s; ~e⟩ détroit *m*
Sünde ['zʏndə] *f* ⟨~; ~n⟩ péché *m*
'Sünden|bekenntnis *n* confession *f*; **~bock** F *m* bouc *m* émissaire; **~fall** *m* REL chute *f*
'Sünder(in) *m* ⟨~s; ~⟩ (*f*) ⟨~; ~nen⟩ pécheur *m*, pécheresse *f*
'sündhaft **I** *adj* **1** *st/s* coupable; REL pécheur; **2** F *fig Preis* F faramineux; **II** F *adv* ~ ***teuer*** F horriblement cher; 'hors de prix
'sündig *adj* **1** REL pécheur; **2** (*lasterhaft*) immoral
'sündigen *v/i* pécher
Sunnit [zu'niːt] *m* ⟨~en; ~en⟩ sunnite *m*; **2isch** *adj* sunnite
super ['zuːpər] F *adj* ⟨*inv*⟩ F super; F giga
'Super F *n* ⟨~s⟩ *Benzin* F super *m*
'super... F *in Zssgn* ultra(-)…
'Superbenzin *n* supercarburant *m*
'superklug *adj iron* ~ ***sein*** se croire malin
Superlativ ['zuːpərlatiːf] *m* ⟨~s; ~e⟩ superlatif *m*
'Super|macht *f* superpuissance *f*; **~mann** F *m* ⟨~(e)s; -männer⟩ F superman *m*; **~markt** *m* supermarché *m*; **2modern** F *adj* ultramoderne; **~star** F *m* F superstar *f*
Suppe ['zupə] *f* ⟨~; ~n⟩ **1** CUIS soupe *f*; *feinere* potage *m*; F *fig* ***die ~ auslöffeln müssen*** payer les pots cassés; **2** F *fig* (*starker Nebel*) purée *f* de pois
'Suppen|fleisch *n* pot-au-feu *m*; **~grün** *n* légumes verts pour la soupe; **~huhn** *n* poule *f*; *Gericht* poule *f* au pot; **~kelle** *f* louche *f*; **~löffel** *m* cuiller *od* cuillère *f* à soupe; **~schüssel** *f* soupière *f*; **~tasse** *f* tasse *f* à consommé; **~teller** *m* assiette creuse; **~terrine** *f* soupière *f*; **~topf** *m* marmite *f*; **~würfel** *m* cube *m* de bouillon
Surfbrett ['zœrf-] *n fürs Windsurfen* planche *f* à voile; *fürs Wellenreiten* (planche *f* de) surf *m*
surfen ['zœrfən] *v/i* ⟨h *ou* sn, + *indication de direction* sn⟩ (*wind~*) faire de la planche à voile; (*wellenreiten*) faire du surf; surfer; ***im Internet ~*** surfer, naviguer sur Internet
'Surfer(in) *m* ⟨~s; ~⟩ (*f*) ⟨~; ~nen⟩ (*Wind2*) véliplanchiste *m,f*; (*Wellenreiter[in]*) surfeur, -euse *m,f*
Surinam [zuri'nam] *n* ⟨~s⟩ le Surinam
Surreal|ismus [zurea'lɪsmus] *m* ⟨~⟩ surréalisme *m*; **2istisch** *adj* surréaliste
surren ['zurən] *v/i* **1** (*summen*) *Insekt* bourdonner; *Motor* ronronner; **2** ⟨sn⟩

S

(*schwirren*) fendre l'air en sifflant
Surrogat [zuro'ga:t] *st/s n* ⟨~¢s; ~e⟩ succédané *m*
Sushi ['zu:ʃi] *n* ⟨~s; ~s⟩ CUIS sushi *m*
suspekt [zʊs'pɛkt] *adj* suspect
suspendier|en [zʊspɛn'di:rən] *v/t* ⟨*sans ge*⟩ suspendre (***vom Dienst*** de ses fonctions); **≗ung** *f* ⟨~; ~en⟩ suspension *f*
süß [zy:s] **I** *adj* **1** doux; (*gezuckert*), *Duft, Geschmack* sucré; **2** *fig Lächeln, Worte* doux; *Kind* mignon; gentil; (*lieblich*) suave; **II** *adv* **1** ***~ schmecken, riechen*** avoir un goût sucré, une odeur sucrée; **2** *fig* joliment
'Süße *f* ⟨~⟩ douceur *f*; *im Duft* odeur sucrée; *im Geschmack* goût sucré
'süßen *v/t* ⟨¢$⟩ sucrer
'Süßholz *n* réglisse *m*; F *fig* ***~ raspeln*** F faire du plat; conter fleurette
'Süßigkeit *f* ⟨~; ~en⟩ *meist pl* sucrerie *f*
'süßlich *adj* douceâtre (*a fig péj*); *fig péj* doucereux
'süß-'sauer I *adj* **1** aigre-doux; **2** F *fig Gesicht* mi-figue, mi-raisin; **II** *adv* ***~ lächeln*** sourire jaune
'Süß|speise *f* entremets *m*; **~stoff** *m* édulcorant *m*; sucrette® *f*; **~waren** *f/pl* sucreries *f/pl*; **~warengeschäft** *n* confiserie *f*; **~wasser** *n* ⟨~s; ~⟩ eau douce
Sweatshirt ['svɛtʃœrt] *n* ⟨~s; ~s⟩ sweat-shirt *m*
Swimmingpool ['svɪmɪŋpu:l] *m* ⟨~s; ~s⟩ piscine *f*
Symbiose [zymbi'o:zə] *f* ⟨~; ~n⟩ symbiose *f*
Symbol [zym'bo:l] *n* ⟨~s; ~e⟩ symbole *m*; INFORM icône *f*; **≗haft** *adj* symbolique (***für*** de); **~ik** *f* ⟨~⟩ symbolique *f*; **≗isch** *adj* symbolique; **≗i'sieren** *v/t* ⟨*sans ge*⟩ symboliser
Symmetrie [zyme'tri:] *f* ⟨~; ~n⟩ symétrie *f*
sym'metrisch *adj* symétrique
Sympathie [zympa'ti:] *f* ⟨~; ~n⟩ sympathie *f*; ***für j-n ~ empfinden*** éprouver de la sympathie pour qn
Sympathi'sant(in) *m* ⟨~en; ~en⟩ (*f*) ⟨~; ~nen⟩ sympathisant(e) *m(f)*
sym'pathisch *adj* sympathique; ***sie ist mir ~*** elle m'est sympathique
sympathi'sieren *v/i* ⟨*sans ge*⟩ sympathiser (***mit*** avec)
Symphonie [zymfo'ni:] *f* → ***Sinfonie***
Symposion [zym'po:ziɔn] *n* ⟨~s; -ien⟩, **Symposium** [zym'po:zium] *n* ⟨~s; -ien⟩ symposium *m*; congrès *m*
Sympto|m [zymp'to:m] *n* ⟨~s; ~e⟩ MÉD, *fig* symptôme *m*; **≗'matisch** *adj* symptomatique (***für*** de)
Synagoge [zyna'go:gə] *f* ⟨~; ~n⟩ synagogue *f*
synchron [zyn'kro:n] *adj* synchrone; **≗isati'on** *f* ⟨~; ~en⟩ TECH synchronisation *f*; *e-s Films* doublage *m*; **~i'sieren** *v/t* ⟨*sans ge*⟩ TECH synchroniser; *Film* doubler
Syndrom [zyn'dro:m] *n* ⟨~s; ~e⟩ syndrome *m*
Synergie [zynɛr'gi:] *f* ⟨~⟩ synergie *f* (*a* ÉCON)
Synkope [zyn'ko:pə] *f* ⟨~; ~n⟩ MUS syncope *f*
Synode [zy'no:də] *f* ⟨~; ~n⟩ synode *m*
synonym [zyno'ny:m] *adj* synonyme
Syno'nym *n* ⟨~s; ~e⟩ synonyme *m*
syntaktisch [zyn'taktɪʃ] *adj* syntaxique
Syntax ['zyntaks] *f* ⟨~; ~en⟩ syntaxe *f*
Synthese [zyn'te:zə] *f* ⟨~; ~n⟩ synthèse *f* (***aus, von, zwischen*** [+ *dat*] de)
synthetisch [zyn'te:tɪʃ] *adj* synthétique
Syphilis ['zy:filɪs] *f* ⟨~⟩ syphilis *f*
Syr|er(in) ['zy:rər(ɪn)] *m* ⟨~s; ~⟩ (*f*) ⟨~; ~nen⟩ Syrien, -ienne *m,f*; **~ien** *n* ⟨~s⟩ la Syrie; **≗isch** *adj* syrien
System [zys'te:m] *n* ⟨~s; ~e⟩ système *m* (*a* POL, PHYS, BIOL, INFORM); POL *a* régime *m*; ***~ haben*** être méthodique, systématique
Syste'mat|ik *f* ⟨~; ~en⟩ systématique *f*; **≗isch** *adj* systématique; **≗i'sieren** *v/t* ⟨*sans ge*⟩ systématiser
Sys'tem|kritiker(in) *m(f)* critique *m* du système; **~zwang** *m* contraintes *f/pl* du système
Szenario [stse'na:rio] *n* ⟨~s; ~s⟩ THÉ, FILM, *fig* POL scénario *m*
Szene ['stse:nə] *f* ⟨~; ~n⟩ **1** THÉ scène *f*; *fig* ***sich in ~ setzen*** se pavaner; **2** *fig* (*Auseinandersetzung*) scène *f*; ***j-m e-e ~ machen*** faire une scène à qn; **3** F *fig* ***die ~*** les milieux branchés; ***die politische ~*** les milieux politiques
'Szene|lokal *n* café, restaurant branché; **~nwechsel** *m* changement *m* de décor
Szene'rie *f* ⟨~; ~n⟩ **1** THÉ décors *m/pl*; **2** *fig* cadre *m*

S

T

T, t [teː] ⟨~; ~⟩ T, t *m*
Tabak ['ta(ː)bak] *m* ⟨~s; ~e⟩ tabac *m*; **2braun** *adj* tabac; **~laden** *m* (bureau *m* de) tabac *m*
'**Tabaks|beutel** *m* blague *f* à tabac; **~dose** *f* tabatière *f*; **~pfeife** *f* pipe *f*
'**Tabakwaren** *f/pl* tabacs *m/pl*
tabel'larisch *adj u adv* sous forme de tableau
Tabelle [ta'bɛlə] *f* ⟨~; ~n⟩ **1** (*Übersicht*) barème *m*; tableau *m*; table *f*; **2** SPORT classement *m*
Ta'bellen|führer *m* leader *m* du classement; **~kalkulation** *f* tableur *m*
tabel'lieren *v/t* ⟨*sans ge*⟩ présenter sous forme de tableau
Tabernakel [tabɛr'naːkəl] *n od m* ⟨~s; ~⟩ tabernacle *m*
Tablett [ta'blɛt] *n* ⟨~(e)s; ~e *ou* ~s⟩ plateau *m*
Tablette [ta'blɛtə] *f* ⟨~; ~n⟩ comprimé *m*; cachet *m*

⚠ Tablette ≠ tablette

die Tablette	= le comprimé
la tablette	= 1. die Ablage 2. a) die Schokoladentafel b) der Kaugummistreifen

tabu [ta'buː] *adj* tabou
Ta'bu *n* ⟨~s; ~s⟩ tabou *m*
Tabulator [tabu'laːtɔr] *m* ⟨~s; -'toren⟩ tabulateur *m*; **~taste** *f* touche *f* de tabulation
Tacho ['taxo] F *m* ⟨~s; ~s⟩, **~'meter** *m od n* compteur *m* de vitesse
Tadel ['taːdəl] *m* ⟨~s; ~⟩ **1** blâme *m* (*a* SCHULE); (*Rüge*) réprimande *f*; **2** *st/s* ***ohne ~*** irréprochable
'**tadellos I** *adj* **1** (*ohne Fehler*) impeccable; irréprochable; parfait; **2** F (*großartig*) merveilleux; **II** *adv* **1** *Kleidung* ***~ sitzen*** aller parfaitement; **2** F (*großartig*) à merveille
'**tadeln** *v/t* ⟨*¢*⟩ **1** (*missbilligen*) réprouver; désapprouver; **2** (*rügen*) réprimander; ***j-n wegen etw ~*** reprocher qc à qn; blâmer qn de qc
'**tadelnswert** *adj* blâmable; critiquable
Tafel ['taːfəl] *f* ⟨~; ~n⟩ **1** (*Informations2*) panneau *m*; tableau *m*; (*Gedenk2*) plaque commémorative; **2** SCHULE tableau (noir); **3** ***e-e ~ Schokolade*** une tablette, une plaque de chocolat; **4** *st/s* (*Tisch*) table *f*
'**tafel|fertig** *adj* prêt à servir; **2geschirr** *n* service *m* de table; vaisselle *f*
'**tafeln** *st/s v/i* ⟨*¢*⟩ festoyer; faire bonne chère, un festin
täfeln ['tɛːfəln] *v/t* ⟨*¢*⟩ lambrisser
'**Tafel|obst** *n* fruits *m/pl* (servis à table); **~silber** *n* argenterie *f*
'**Täfelung** *f* ⟨~; ~en⟩ lambris *m*
'**Tafelwasser** *n* eau minérale
Taft [taft] *m* ⟨~(e)s; ~e⟩ taffetas *m*
Tag [taːk] *m* ⟨~(e)s; ~e⟩ **1** *punktuelle Zeitangabe* jour *m*; ***~ für ~*** jour après jour; ***am folgenden ~, am ~ darauf*** le lendemain; le jour d'après, suivant; ***am ~ davor*** *od* ***zuvor*** la veille; le jour précédent; ***e-s (schönen) ~es*** un (beau) jour; ***was ist heute für ein ~?*** quel jour sommes-nous aujourd'hui?; *fig* ***in den ~ hinein leben*** vivre au jour le jour; **2** *in s-m Verlauf* journée *f*; ***den ganzen ~ (über)*** toute la journée; ***den lieben langen ~*** toute la sainte journée; *fig* ***schwarzer ~*** jour sombre; ***e-n schlechten ~ haben*** être dans un, son mauvais jour; ***guten ~!*** bonjour!; **3** *Gegensatz: Nacht* ***am, bei ~(e*** *st/s*) de jour; (pendant) le jour; pendant la journée; ***es ist ~*** il fait jour; ***es wird ~*** le jour se lève; ***~ und Nacht*** nuit et jour; **4** *fig* ***an den ~ bringen*** mettre au jour; révéler; ***an den ~ kommen*** se révéler; éclater au grand jour; **5** ***~ der offenen Tür*** journée *f* portes ouvertes; ***der Jüngste ~*** le jour du Jugement dernier; **6** BERGBAU ***über ~e*** à ciel ouvert; ***unter ~e*** au fond; **7** → ***Tage***
tag'aus *adv* ***~, tagein*** jour après jour
'**Tage** *pl* **1** (*Lebenszeit*) ***auf s-e alten ~*** sur ses vieux jours; ***in unseren ~n*** de nos jours; **2** F (*Menstruation*) ***sie hat ihre ~*** elle a ses règles

'Tage|bau *m* ⟨~(e)s; ~e⟩ exploitation *f* à ciel ouvert; **~buch** *n* journal *m* (intime)
'tagelang I *adj* qui dure des jours entiers, des journées entières; **II** *adv* des jours entiers; des journées entières
'Tagelöhner *m* ⟨~s; ~⟩ journalier *m*
'tagen I *v/i Versammlung* siéger; **II** *st/s v/imp (dämmern)* ***es tagt*** le jour se lève; *st/s* le jour point
'Tagesanbruch *m* pointe *f* du jour; aube *f*; ***bei ~*** à la pointe du jour
'Tages|decke *f* couvre-lit *m*; dessus-de-lit *m*; **~fahrt** *f* voyage *m*, excursion *f* d'une journée; **~gericht** *n* plat *m* du jour; **~geschehen** *n* actualité quotidienne; **~gespräch** *n* nouvelle *f* du jour; **~karte** *f* carte *f*, billet *m* valable pour la journée; *im Restaurant* menu *m* du jour; **~kasse** *f* bureau *m* de location
'Tageslicht *n* (lumière *f* du) jour *m*; ***bei ~*** en plein jour; *fig* ***ans ~ bringen, kommen*** → ***(an den) Tag (bringen, kommen)***
'Tagesmutter *f* ⟨~; -mütter⟩ nourrice *f*; assistante maternelle
'Tagesordnung *f* ordre *m* du jour; *fig* ***an der ~ sein*** être à l'ordre du jour
'Tagesrückfahrkarte *f* aller (et) retour *m* valable une journée
'Tageszeit *f* moment *m* de la journée; ***zu jeder ~*** à toute heure
'Tageszeitung *f* (journal) quotidien *m*
'tageweise *adv* à la journée
'tag'hell *adj* clair comme en plein jour; ***es ist ~*** il fait grand jour
täglich ['tɛːklɪç] **I** *adj* quotidien; journalier; de tous les jours; de chaque jour; **II** *adv* **1** *(jeden Tag)* tous les jours; chaque jour; **2** *(pro Tag)* par jour
tags [taːks] *adv* **1** ***~ zuvor*** la veille; le jour précédent; ***~ darauf*** le lendemain; le jour d'après, suivant; **2** → ***(am) Tag***
'Tagschicht *f* équipe *f* de jour; ***~ haben*** être de jour
'tagsüber *adv* pendant la journée
'tag'täglich I *adj* quotidien; journalier; **II** *adv* tous les jours
'Tagung *f* ⟨~; ~en⟩ congrès *m*
Taifun [taɪ'fuːn] *m* ⟨~s; ~e⟩ typhon *m*
Taille ['taljə] *f* ⟨~; ~n⟩ taille *f*
tailliert [ta'jiːrt] *adjt* cintré
Taiwan ['taɪvan] *n* ⟨~s⟩ Taïwan
Takelage [takə'laːʒə] *f* ⟨~; ~n⟩ gréement *m*
Takt [takt] *m* ⟨~(e)s; ~e⟩ **1** MUS mesure *f*; ***den ~ schlagen*** battre la mesure; ***aus dem ~ kommen*** perdre la mesure; **2** *(rhythmischer Bewegungsablauf)* rythme *m*; cadence *f*; ***im ~*** en cadence; **3** → ***Taktgefühl***
'Taktgefühl *n* tact *m*; délicatesse *f*
tak'tieren *v/i* ⟨*sans ge*⟩ recourir à une tactique (habile); manœuvrer (habilement)
'Takt|ik *f* ⟨~; ~en⟩ tactique *f*; **~iker** *m* ⟨~s; ~⟩ tacticien *m*; **≈isch** *adj* tactique
'taktlos I *adj* qui manque de tact; **II** *adv* sans tact; **≈igkeit** *f* ⟨~; ~en⟩ **1** *(taktlose Art)* manque *m* de tact; **2** *Handlung* indélicatesse *f*
'Taktstock *m* baguette *f* (de chef d'orchestre)
'taktvoll I *adj* plein de tact; **II** *adv* avec tact
Tal [taːl] *n* ⟨~(e)s; ~̈er⟩ vallée *f*; *poét u in Namen* val *m*; ***kleines ~*** vallon *m*
Talar [ta'laːr] *m* ⟨~s; ~e⟩ robe *f*; *bes der Professoren* toge *f*
'Talbrücke *f* viaduc *m*
Talent [ta'lɛnt] *n* ⟨~(e)s; ~e⟩ **1** *Eigenschaft* don *m*, talent *m* (***zu*** de); **2** *Person* talent *m*
talen'tiert *adj* talentueux
'Talfahrt *f* **1** descente *f*; **2** ÉCON (période *f* de) récession *f*
Talg [talk] *m* ⟨~(e)s; ~e⟩ **1** *tierischer* suif *m*; **2** *(Haar≈)* sébum *m*; **'~drüse** *f* glande sébacée
Talisman ['taːlɪsman] *m* ⟨~s; ~e⟩ talisman *m*; porte-bonheur *m*
'Talkessel *m* cuvette *f*; cirque *m*
Talk|master ['tɔːkmaːstər] *m* ⟨~s; ~⟩ animateur *m* d'un débat télévisé; **~-Show** ['-ʃoː] *f* débat télévisé
Talmi ['talmi] *n* ⟨~s⟩ clinquant *m*; toc *m*
'Tal|sohle *f* **1** GÉOGR fond *m* de vallée; **2** *fig* ÉCON creux *m* (de la vague); **~sperre** *f* barrage *m*
Tamagotchi [tama'gɔtʃi] *n od m* ⟨~(s); ~s⟩ tamagotchi *m*
Tamburin [tambu'riːn] *n* ⟨~s; ~e⟩ tambourin *m*
Tampon ['tampɔn] *m* ⟨~s; ~s⟩ tampon *m*
Tamtam [tam'tam] F *péj n* ⟨~s⟩ ***~ machen*** faire du tamtam (***um*** à propos de)
Tand [tant] *m* ⟨~(e)s⟩ colifichets *m/pl*

Tandem ['tandɛm] *n* ⟨~s; ~s⟩ tandem *m*
Tang [taŋ] *m* ⟨~¢s; ~e⟩ goémon *m*; varech *m*
Tanga ['taŋga] *m* ⟨~s; ~s⟩ tanga *m*
Tan|gente [taŋ'gɛntə] *f* ⟨~; ~n⟩ tangente *f*; **2'gieren** *v/t* ⟨*sans ge*⟩ **1** être tangent à; **2** *st/s fig* affecter
Tango ['taŋgo] *m* ⟨~s; ~s⟩ tango *m*
Tank [taŋk] *m* ⟨~¢s; ~s⟩ réservoir *m* (*a* AUTO); citerne *f*
'tanken *v/t u v/i* (***Benzin***) ~ prendre de l'essence; *fig* ***neue Kräfte*** ~ reprendre des forces
'Tank|er *m* ⟨~s; ~⟩ pétrolier *m*; **~stelle** *f* station-service *f*; **~wagen** *m* camion-citerne *m*; **~wart** *m* ⟨~¢s; ~e⟩ pompiste *m*
Tanne ['tanə] *f* ⟨~; ~n⟩ sapin *m*
'Tannen|baum *m* sapin *m*; (*Weihnachtsbaum*) arbre *m* de Noël; **~nadel** *f* aiguille *f* de sapin; **~zapfen** *m* pomme *f* de pin
Tansania [tanza'ni:a] *n* ⟨~s⟩ la Tanzanie
Tante ['tantə] *f* ⟨~; ~n⟩ tante *f*
Tantieme [tãti'e:mə] *f* ⟨~; ~n⟩ tantième *m*; **~n** *e-s Autors* droits *m/pl* d'auteur
Tanz [tants] *m* ⟨~es; ~̈e⟩ **1** danse *f* (*a Musikstück*); **2** *Veranstaltung* bal *m*
'Tanzabend *m* soirée dansante
'Tanzbein F *n* ***das*** ~ ***schwingen*** danser
tänzeln ['tɛntsəln] *v/i* ⟨¢⟩ *Person* sautiller; *Pferd* piaffer
'tanzen *v/t u v/i* ⟨+ *indication de direction* sn⟩ danser
'Tänzer(in) *m* ⟨~s; ~⟩ (*f*) ⟨~; ~nen⟩ **1** danseur, -euse *m,f*; **2** (*Tanzpartner[in]*) cavalier, -ière *m,f*
'Tanz|fläche *f* piste *f* de danse; **~kapelle** *f* orchestre *m* de danse; **~lehrer** *m* professeur *m* de danse; **~lokal** *n* dancing *m*; **~musik** *f* musique *f* de danse; **~orchester** *n* orchestre *m* de danse; **~partner(in)** *m(f)* cavalier, -ière *m,f*; **~saal** *m* salle *f* de danse; **~schule** *f* école *f* de danse; **~stunde** *f* *Kurs* cours *f* de danse; **~tee** *m* thé dansant
Tapet [ta'pe:t] F *n* ***etw aufs*** ~ ***bringen*** F mettre qc sur le tapis
Tapete [ta'pe:tə] *f* ⟨~; ~n⟩ papier peint
Ta'petenwechsel F *m* changement *m* de décor
tapezier|en [tape'tsi:rən] tapisser; **2er** *m* ⟨~s; ~⟩ tapissier *m* (décorateur)
tapfer ['tapfər] *adj* (*unerschrocken*) brave; vaillant; (*mutig*) courageux; **2keit** *f* ⟨~⟩ bravoure *f*; vaillance *f*; courage *m*
tappen ['tapən] *v/i* **1** ⟨+ *indication de direction* sn⟩ (*stapfen*) marcher d'un pas maladroit; ***durchs Zimmer*** ~ traverser la pièce en marchant à tâtons; **2** (*tastend greifen*) tâtonner; ***nach dem Schalter*** ~ chercher l'interrupteur à tâtons
tapsig ['tapsɪç] F *adj* maladroit; pataud
Tara ['ta:ra] *f* ⟨~; Taren⟩ tare *f*
Tarantel [ta'rantəl] *f* ⟨~; ~n⟩ tarentule *f*; *fig* ***wie von der*** ~ ***gestochen*** comme mordu, piqué de la tarentule
Tarif [ta'ri:f] *m* ⟨~s; ~e⟩ **1** (*Gebühr*) tarif *m*; **2** (*Lohn2, Gehalts2*) grille *f* (des salaires); **~gruppe** *f* catégorie *f* d'une grille de salaires
ta'riflich *adj* **1** (*die Gebühren betreffend*) tarifaire; **2** (*den Lohn- u Gehaltstarif betreffend*) relatif à la convention collective
Ta'rif|lohn *m* salaire conventionnel; **~verhandlungen** *f/pl* négociations *f/pl* sur la convention collective; **~vertrag** *m* convention collective
tarnen ['tarnən] *v/t* (*u v/r* ***sich*** ~ se) camoufler (***als*** en)
'Tarn|farbe *f* couleur *f*, peinture *f* de camouflage; **~ung** *f* ⟨~; ~en⟩ camouflage *m*
Tasche ['taʃə] *f* ⟨~; ~n⟩ **1** *zum Tragen* sac *m*; **2** *an Kleidungsstücken* poche *f*; ***etw aus eigener*** ~ ***bezahlen*** payer qc de sa poche; F *fig* ***j-n in die*** ~ ***stecken*** mettre qn dans sa poche; *fig* ***j-m auf der*** ~ ***liegen*** vivre aux crochets de qn; F *fig* ***sich*** (*dat*) ***in die eigene*** ~ ***lügen*** se faire des illusions; F se raconter des histoires (à soi-même)
'Taschen|buch *n* livre *m* de poche; **~dieb** *m* pickpocket *m*; voleur *m* à la tire; **~geld** *n* argent *m* de poche; **~lampe** *f* lampe *f* de poche; **~messer** *n* couteau *m* de poche; canif *m*; **~rechner** *m* calculette *f*; calculatrice *f* (de poche); **~tuch** *n* mouchoir *m*; **~uhr** *f* montre *f* de poche
Tasse ['tasə] *f* ⟨~; ~n⟩ tasse *f*; ***e-e*** ~ ***Kaffee*** une tasse de café; F *fig* ***nicht alle*** **~n** ***im Schrank haben*** F avoir une case en moins, vide; → *Info bei* ***tasse***
Tastatur [tasta'tu:r] *f* ⟨~; ~en⟩ clavier *m*
Taste ['tastə] *f* ⟨~; ~n⟩ touche *f*

T

'tasten ⟨-e-⟩ **I** *v/i* tâtonner; ***nach etw ~*** chercher qc à tâtons; **II** *v/r* ***sich vorwärts ~*** marcher, avancer à tâtons
'Tasten|instrument *n* instrument *m* à clavier; **~telefon** *n* téléphone *m* à touches
'Tastsinn *m* toucher *m*
tat [ta:t] → ***tun***
Tat [ta:t] *f* ⟨~; ~en⟩ **1** action *f*; acte *m*; ***gute ~*** bonne action; *st/s* ***zur ~ schreiten*** passer à l'action, aux actes; **2** (*Straf*♀) délit *m*; acte criminel; ***auf frischer ~ ertappen*** prendre sur le fait, en flagrant délit; **3** ***in der ~*** en effet; effectivement
Tatar [ta'ta:r] *n* ⟨~s; ~$⟩ CUIS (steak *m*) tartare *m*
'Tatbestand *m* faits *m/pl* (*a* JUR); état *m* de faits
'Taten|drang *m* besoin *m* d'activité, d'agir; ♀**los** *adv* sans rien faire
Täter(in) ['tɛ:tər(ɪn)] *m* ⟨~s; ~⟩ (*f*) ⟨~; ~nen⟩ auteur *m*; coupable *m,f*
tätig ['tɛ:tɪç] *adj* **1** (*berufs~*) actif; ***~ sein als, in*** (+ *dat*) travailler comme, dans; ***~ werden*** entrer en action; **2** *Vulkan* en activité
'tätigen *v/t Geschäft* réaliser; effectuer; *Einkäufe* faire
'Tätigkeit *f* ⟨~; ~en⟩ **1** (*Aktivität*) activité *f*; **2** (*Beruf*) activité *f*; fonction *f*; **3** (*In-Betrieb-Sein*) fonctionnement *m*
'Tat|kraft *f* énergie *f*; allant *m*; ♀**kräftig** *adj* actif; (*schwungvoll*) dynamique; énergique
'tätlich *adj* ***~ werden*** se livrer à des voies de fait (***gegen j-n*** sur qn)
'Tätlichkeiten *f/pl* voies *f/pl* de fait
'Tatort *m* lieux *m/pl* du crime
tätowier|en [tɛto'vi:rən] *v/t* ⟨*sans ge*⟩ tatouer; ♀**ung** *f* ⟨~; ~en⟩ tatouage *m*
'Tatsache *f* fait *m*; ***~ ist, dass ...*** le fait est que...; F ***~?*** c'est vrai?; ***j-n vor vollendete ~n stellen*** mettre qn devant le fait accompli
'tatsächlich **I** *adj* (*wirklich*) réel; effectif; (*wahr*) vrai; véritable; **II** *adv* (*in Wirklichkeit*) en réalité; (*wirklich*) réellement; ***~?*** vraiment?
tätscheln ['tɛtʃəln] *v/t* ⟨¢⟩ tapoter
tatt(e)rig ['tat(ə)rɪç] *adj* tremblotant
Tatze ['tatsə] *f* ⟨~; ~n⟩ patte (*a* F *Hand*)
Tau[1] [tau] *m* ⟨~¢s⟩ rosée *f*
Tau[2] *n* ⟨~¢s; ~e⟩ MAR cordage *m*; câble *m*
taub [taup] *adj* **1** (*ohne Gehör*) sourd; ***auf e-m Ohr ~ sein*** être sourd d'une oreille; **2** *Gliedmaßen* engourdi; **3** *Blüte*, *Gestein* stérile; *Ähre*, *Nuss* vide
Taube ['taubə] *f* ⟨~; ~n⟩ **1** ZO pigeon *m*; **2** *poét*, BIBL, POL colombe *f*
'Taube(r) *f(m)* ⟨→ A⟩ sourd(e) *m(f)*
'Taubenschlag *m* pigeonnier *m*; colombier *m*
'Taub|heit *f* ⟨~⟩ **1** (*Gehörlosigkeit*) surdité *f*; **2** *der Gliedmaßen* engourdissement *m*; ♀**stumm** *adj* sourd-muet; **~stumme(r)** *f(m)* ⟨→ A⟩ sourd-muet *m*, sourde-muette *f*
tauchen ['tauxən] **I** *v/t* plonger, tremper (***in*** [+ *acc*] dans); **II** *v/i* ⟨sn *ou* h⟩ plonger; ***nach Perlen ~*** pêcher des perles
'Tauchen *n* ⟨~s⟩ plongée *f*
'Taucher *m* ⟨~s; ~⟩ plongeur *m*; *mit Taucheranzug* scaphandrier *m*; **~anzug** *m* scaphandre *m*; **~brille** *f* lunettes *f/pl* de plongée
'Tauch|sieder *m* ⟨~s; ~⟩ thermoplongeur *m*; **~sport** *m* plongée sous-marine
tauen ['tauən] **I** *v/t* (*zum* ♀ *bringen*) faire fondre; **II** *v/i* ⟨sn⟩ fondre; **III** *v/imp* ***es taut*** c'est le dégel
Taufbecken ['tauf-] *n* fonts baptismaux
'Taufe *f* ⟨~; ~n⟩ baptême *m*; *fig* ***aus der ~ heben*** fonder; créer
'taufen *v/t* baptiser; ***katholisch getauft sein*** être baptisé catholique; ***er ist auf den Namen ... getauft*** son nom de baptême est ...
Täufling ['tɔyflɪŋ] *m* ⟨~s; ~e⟩ enfant *m* *bzw* personne *f* qui reçoit le baptême
'Tauf|pate *m* parrain *m*; **~patin** *f* marraine *f*
'tau'frisch *adj* **1** humide, frais de rosée; **2** *fig* frais comme une rose
'Taufschein *m* extrait *m* de baptême
taugen ['taugən] *v/i* **1** (*geeignet sein*) être bon (***zu*** à); être apte (à); convenir (à); **2** (*wert sein*) valoir
'Taugenichts *m* ⟨~¢s; ~e⟩ vaurien *m*; propre *m,f* à rien
'tauglich *adj* **1** (*brauchbar*) bon (***zu*** à); apte (à); **2** MIL bon pour le service; apte au service
Taumel ['tauməl] *m* ⟨~s⟩ **1** (*Schwindel*) vertige *m*; **2** (*Überschwang*) ivresse *f*; enivrement *m*
'taumeln *v/i* **1** chanceler; tituber; **2** ⟨+ *indication de direction* sn⟩ tituber

T

(***zum Bett*** jusqu'à son, *etc* lit)

Tausch [tauʃ] *m* ⟨~(e)s; ~e⟩ échange *m*; troc *m* (*a* COMM); ***im ~ gegen …*** en échange de …

'tauschen **I** *v/t* ~ (***gegen***) échanger (contre); changer (contre); COMM troquer (contre); **II** *v/i* ***mit j-m ~*** faire un échange avec qn

täuschen ['tɔʏʃən] **I** *v/i* **1** (*hintergehen*) tromper; *st/s* abuser; (*irreführen*) mystifier; ***wenn mich nicht alles täuscht …*** si je ne me trompe …; sauf erreur de ma part …; **2** SPORT, *Gegner* feinter; **II** *v/i* **3** (*trügerisch sein*) être trompeur; tromper; **4** SPORT feinter; **III** *v/r* ***sich ~*** se tromper (***in*** [+ *dat*] sur); faire erreur

'täuschend **I** *adjt* trompeur; **II** *advt* ***j-m ~ ähnlich sehen*** ressembler à qn à s'y méprendre

'Tausch|geschäft *n*, **~handel** *m* troc *m*

'Täuschung *f* ⟨~; ~en⟩ **1** (*Irreführung*) tromperie *f*; mystification *f*; *des Gegners* feinte *f*; **2** (*falscher Eindruck*) illusion *f*; **3** (*Selbst*♀) erreur *f*; illusion *f*

tausend ['tauzənt] *num/c* mille; ***~ Dank*** mille mercis; ***~ und aber ~*** des mille et des cents

'Tausend[1] *n* **1** ⟨~s; ~⟩ *Einheit* mille *m*; (***fünf***) ***vom ~*** (cinq) pour mille; **2** ***~e*** *pl* (*Unmengen*) des milliers *m/pl*; ***zu ~en*** par milliers; → ***Hundert***[1]

'Tausend[2] *f* ⟨~; ~en⟩ mille *m*

'Tausender *m* ⟨~s; ~⟩ **1** MATH mille *m*; **2** F *Geldschein* billet *m* de mille

'Tausend|füß(l)er *m* ⟨~s; ~⟩ mille-pattes *m*; **♀jährig** *adj* millénaire; **♀mal** *adv* mille fois; **~'markschein** *m* HIST billet *m* de mille marks; **~sas(s)a** [-sasa] *m* ⟨~s; ~(s)⟩ F diable *m* d'homme; **♀ste** *num/o* millième; **♀stel** *adj* ⟨*inv*⟩ millième; **~stel** *n* ⟨~s; ~⟩ millième *m*

'Tauwetter *n* dégel *m* (*a fig*, POL)

'Tauziehen *n* ⟨~s⟩ **1** SPORT lutte *f* à la corde; **2** *fig* tiraillements *m/pl*

Taxe ['taksə] *f* ⟨~; ~n⟩ **1** (*Gebühr*) taxe *f*; **2** (*geschätzter Preis*) valeur estimée; **3** → ***Taxi***

Taxi ['taksi] *n* ⟨~s; ~s⟩ taxi *m*

ta'xieren *v/t* ⟨*sans ge*⟩ **1** *Wert* estimer; évaluer; **2** F (*kritisch prüfen*) jauger

'Taxi|fahrer *m* chauffeur *m* de taxi; **~stand** *m* station *f* de taxis

Tb(c) [te:'be: (te:be:'tse:)] *f* ⟨~⟩ *abr* (*Tuberkulose*) tuberculose *f*

> Französische **Taxis** haben keine einheitliche Farbe. Man erkennt sie nur an dem Taxi-Schild auf dem Dach. Die Tarife sind festgelegt, man handelt also nicht um den Preis.

Teakholz ['ti:k-] *n* (bois *m* de) teck *m*

Team [ti:m] *n* ⟨~s; ~s⟩ équipe *f*; **'~arbeit** *f*, **~work** ['-vœrk] *n* ⟨~s⟩ travail *m* en équipe *od* d'équipe

Technik ['tɛçnɪk] *f* ⟨~; ~en⟩ **1** technique *f*; ***auf dem neuesten Stand der ~*** conforme, conformément aux techniques les plus modernes; **2** (*Ausrüstung*) équipements *m/pl*; **3** (*Funktionsweise*) fonctionnement *m*

'Techniker(in) *m* ⟨~s; ~⟩ (*f*) ⟨~; ~nen⟩ technicien, -ienne *m,f*

'technisch **I** *adj* technique; **II** *adv* ***~ begabt*** doué pour la technique; ***~ unmöglich*** matériellement impossible

Techno ['tɛkno] *n od m* ⟨~(s)⟩ (musique *f*) techno *f*

Techno|krat [tɛçno'kra:t] *m* ⟨~en; ~en⟩ technocrate *m*; **~lo'gie** *f* ⟨~; ~n⟩ technologie *f*; **~lo'giepark** *m* parc *m* scientifique; **♀'logisch** *adj* technologique

Teddy ['tɛdi] *m* ⟨~s; ~s⟩, **~bär** *m* ours *m* en peluche; *enf* nounours *m*

Tee [te:] *m* ⟨~s; ~s⟩ (*schwarzer ~*) thé *m*; (*Kräuter*♀) infusion *f*; tisane *f*; ***~ trinken*** boire *bzw* prendre du thé

'Tee|beutel *m* sachet *m* de thé; **~gebäck** *n* petits gâteaux secs; **~glas** *n* verre *m* à thé; **~kanne** *f* théière *f*; **~kessel** *m* bouilloire *f*; **~löffel** *m* petite cuillère

Teenager ['ti:ne:dʒər] *m* ⟨~s; ~⟩ teenager *m,f*; adolescent(e) *m(f)*

Teer [te:r] *m* ⟨~(e)s; ~e⟩ goudron *m*

'teeren *v/t* goudronner

'Tee|sieb *n* passe-thé *m*; passoire *f* à thé; **~strauch** *m* théier *m*; **~stube** *f* salon *m* de thé; **~tasse** *f* tasse *f* à thé; **~wagen** *m* table roulante

Teflon® ['tɛflo:n] *n* ⟨~s⟩ téflon® *m*

Teich [taiç] *m* ⟨~(e)s; ~e⟩ étang *m*

Teig [taik] *m* ⟨~(e)s; ~e⟩ pâte *f*

'teigig *adj* pâteux; *fig Gesicht* empâté

'Teigwaren *f/pl* pâtes *f/pl* alimentaires

Teil [tail] ⟨~(e)s; ~e⟩ **1** *m e-s Ganzen* partie *f*; *aus e-r Teilung hervorgehend* portion *f*; ***der größte ~ der Menschen*** la plupart des hommes; ***zum*** ~ en partie; partiellement; ***zum großen*** ~ en grande partie; ***zum größten*** ~ pour une bonne part; pour la plupart; **2** *m od n* (*An*≈) part *f*; ***zu gleichen*** ~***en*** à parts égales; ***ich für mein(en)*** ~ quant à moi; pour ma part; **3** *n* (*Einzel*≈, *Stück*) partie *f*; pièce *f*; COMM ***jedes*** ~ ***5 Euro*** 5 euros (la) pièce; **4** *m od n* (*Beitrag*) part *f*; contribution *f*

'teil|bar *adj* divisible (*a* MATH); partageable; ≈**betrag** *m* montant partiel

'Teilchen *n* ⟨~s; ~⟩ **1** (*kleines Stück*) petite partie; **2** NUCL particule *f*; **3** *Gebäck* petit gâteau

'teilen I *v/t* **1** (*zer*~) partager; diviser; MATH ***durch 2*** ~ diviser par 2; **2** (*auf*~) partager; ***etw unter sich*** (*dat*) ~ se partager qc; **3** *fig j-s Ansicht, Schicksal* partager; *j-s Leid, Freude* prendre part à; **II** *v/r* **4** ***sich*** (*dat*) ***etw mit j-m*** ~ se partager qc avec qn; **5** (*auseinander gehen*) ***sich*** ~ se diviser; *Weg* bifurquer

'Teiler *m* ⟨~s; ~⟩ MATH diviseur *m*

'Teilerfolg *m* succès partiel

'teil·haben *v/i* ⟨*irr*⟩ avoir, prendre part (***an*** [+ *dat*] à)

'Teil|haber(in) *m* ⟨~s; ~⟩ (*f*) ⟨~; ~nen⟩ associé(e) *m(f)*; ~**kaskoversicherung** *f assurance automobile couvrant plusieurs dégâts*

Teilnahme ['taɪlnaːmə] *f* ⟨~⟩ **1** *aktive, passive* participation *f* (***an etw*** [*dat*] à qc); **2** (*Anwesenheit*) assistance *f*; présence *f*; **3** *fig* (*An*≈) intérêt *m*; sympathie *f*

'teilnahms|los *adj* indifférent; *p/fort* apathique; ~**voll** *adj* compatissant

'teil·nehmen *v/i* ⟨*irr*⟩ **1** (*beiwohnen*) en être; y participer; ***an etw*** (*dat*) ~ assister, être présent, prendre part à; **2** *fig* ***an j-s Freude, Leid*** ~ prendre part à la joie, à la douleur de qn

'Teilnehmer(in) *m* ⟨~s; ~⟩ (*f*) ⟨~; ~nen⟩ **1** participant(e) *m(f)*; *an e-m Wettkampf* concurrent(e) *m(f)*; **2** → ***Fernsprechteilnehmer***

teils [taɪls] *adv* en partie; *wie fühlst du dich?* F ~, ~ F comme ci, comme ça

'Teil|strecke *f* tronçon *m*; section *f*; ~**stück** *n* section *f*

'Teilung *f* ⟨~; ~en⟩ **1** division *f* (*a* MATH, BIOL); **2** (*Auf*≈) partage *m*

'Teilungsartikel *m* GR article partitif

'teilweise I *adj* partiel; **II** *adv* partiellement; en partie

'Teilzahlung *f* paiement échelonné

'Teilzeit|arbeit *f* travail *m* à temps partiel; ≈**beschäftigt** *adjt* employé à temps partiel; ~**beschäftigte(r)** *f(m)* employé(e) *m(f)* à temps partiel; ~**beschäftigung** *f* travail *m*, activité *f* à temps partiel

Teint [tɛ̃ː] *m* ⟨~s; ~s⟩ teint *m*

Tel. *abr* (*Telefon*) tél. (téléphone)

Telearbeit ['teːləʔarbaɪt] *f* télétravail *m*; ~**er(in)** *m(f)* télétravailleur, -euse *m,f*

'Telefax *n Kopie* télécopie *f*; fax *m*; *Gerät* télécopieur *m*; ~**gerät** *n* télécopieur *m*

Telefon [tele'foːn *ou* 'teːlefoːn] *n* ⟨~s; ~e⟩ téléphone *m*; appareil *m* téléphonique; ***schnurloses*** ~ téléphone sans fil; ~ ***haben*** avoir le téléphone

Tele'fon|anruf *m* appel *m* téléphonique; coup *m* de téléphone; ~**anschluss** *m* branchement *m*, raccordement *m* téléphonique; ~**apparat** *m* → ***Telefon***

Telefo'nat *n* ⟨~~~s~~; ~e⟩ → ***Telefongespräch***

Telefon|banking [--'-bɛŋkɪŋ] *n* ⟨~s⟩ transactions *f/pl* bancaires télématiques; ~**buch** *n* annuaire *m* (du téléphone); ~**gebühr(en)** *f(pl)* taxe *f* téléphonique; ~**gespräch** *n* conversation *f*, communication *f* téléphonique; ~**hörer** *m* récepteur *m*; combiné *m*

telefo'nieren *v/i* ⟨*sans ge*⟩ téléphoner (***mit j-m*** à qn); donner un coup de téléphone (à qn); ***nach Paris*** ~ téléphoner à Paris

tele'fonisch I *adj* téléphonique; **II** *adv* par téléphone

Telefo'nist(in) *m* ⟨~en; ~en⟩ (*f*) ⟨~; ~nen⟩ téléphoniste *m,f*; standardiste *m,f*

Tele'fon|karte *f* télécarte *f*; → *Info bei **télécarte***; ~**leitung** *f* ligne *f* téléphonique; ~**nummer** *f* numéro *m* de téléphone; → *Info-Fenster S. 1230*; ~**rechnung** *f* note *f* de téléphone; ~**verbindung** *f* communication *f* téléphonique; ~**zelle** *f* cabine *f* téléphonique; ~**zentrale** *f* standard *m*

Telegraf [tele'graːf] *m* ⟨~en; ~en⟩ télégraphe *m*

Telegra'fie *f* ⟨~⟩ télégraphie *f*; ≈**ren** *v/t u*

T

v/i ⟨*sans ge*⟩ télégraphier (***j-m*** à qn; ***nach*** à)

Französische **Telefonnummern** sind zehnstellig und beginnen immer mit einer Null; die ersten beiden Ziffern stehen für die Region:

01	**Paris/Ile de France**
02	**région Nord-Ouest**
03	**région Nord-Est**
04	**région Sud-Est et Corse**
05	**région Sud-Ouest**

Innerhalb des Landes wird bei Stadt- und Ferngesprächen immer die komplette zehnstellige Nummer gewählt.
Bei Gesprächen aus dem Ausland wird nach der Landesvorwahl (0033 für Frankreich) die Null weggelassen.

tele'grafisch I *adj* télégraphique; **II** *adv* par télégramme; *Geld* ***~ anweisen*** envoyer par mandat télégraphique

Tele'gramm *n* ⟨~s; ~e⟩ télégramme *m*; **~stil** *m* style *m* télégraphique

Telekom ['telekɔm] *f* ⟨~⟩ service *m* des télécommunications; **~munikation** *f* télécommunications *f/pl*

'Teleobjektiv *n* téléobjectif *m*

Telepathie [telepa'tiː] *f* ⟨~⟩ télépathie *f*

Teleshopping ['teləʃɔpɪŋ] *n* ⟨~s⟩ téléachat *m*

Teleskop [tele'skoːp] *n* ⟨~s; ~e⟩ télescope *m*

Telex ['teːlɛks] *n* ⟨~; ~e⟩ télex *m*

Teller ['tɛlər] *m* ⟨~s; ~⟩ assiette *f*; ***flacher, tiefer ~*** assiette plate, creuse

'Teller|gericht *n* plat (*servi sur une assiette*); **~wäscher** *m* ⟨~s; ~⟩ plongeur *m*

Tempel ['tɛmpəl] *m* ⟨~s; ~⟩ temple *m*

Temperament [tɛmpera'mɛnt] *n* ⟨~(e)s; ~e⟩ **1** (*Wesensart*) tempérament *m*; **2** (*Schwung*) entrain *m*; ***~ haben*** être plein de vie, d'entrain; F ***sein ~ ist mit ihm durchgegangen*** il s'est laissé emporter

tempera'ment|los *adj* sans ressort; sans entrain; **~voll** *adj* plein d'entrain

Temperatur [tɛmpera'tuːr] *f* ⟨~; ~en⟩ température *f*; *Person* (***erhöhte***) ***~ haben*** avoir, faire de la température

Tempera'tur|anstieg *m* 'hausse *f* de température; **~rückgang** *m* baisse *f* de température; **~sturz** *m* chute *f* de température

tempe'rieren *v/t* ⟨*sans ge*⟩ rendre agréable la température de; *Wein* chambrer

Tempo ['tɛmpo] *n* ⟨~s; ~s, MUS -pi⟩ **1** (*Geschwindigkeit*) vitesse *f*; allure *f*; train *m*; (*Rhythmus*) rythme *m*; cadence *f* (*alle a* SPORT); ***mit hohem ~*** *fahren* à toute allure; F (***nun aber***) ***~!*** allez, vite!; en vitesse!; **2** MUS tempo *m*; mouvement *m*

'Tempolimit *n* limitation *f* de vitesse

temporär [tɛmpo'rɛːr] *adj* temporaire

'Tempotaschentuch® F *n* mouchoir *m* en papier

Tendenz [tɛn'dɛnts] *f* ⟨~; ~en⟩ tendance *f* (***zu etw*** à qc); BÖRSE ***steigende, fallende*** *od* ***rückläufige ~*** tendance à la hausse, baisse

tendenzi'ös *adj péj* tendancieux

ten'dieren *v/i* ⟨*sans ge*⟩ avoir une tendance, tendre (***zu*** à)

Tennis ['tɛnɪs] *n* ⟨~⟩ tennis *m*; **~ball** *m* balle *f* de tennis; **~platz** *m* court *m* de tennis; **~schläger** *m* raquette *f* (de tennis); **~spieler** *m* joueur *m* de tennis

Tenor[1] [te'noːr] *m* ⟨~s; -'nöre⟩ MUS ténor *m*

Tenor[2] ['teːnɔr] *m* ⟨~s⟩ (*Inhalt*) teneur *f*; idée générale

Tensid [tɛn'siːt] *n* ⟨~(e)s; ~e⟩ détersif *m*

Teppich ['tɛpɪç] *m* ⟨~s; ~e⟩ tapis *m* (*a fig*); F *fig* ***auf dem ~ bleiben*** rester les pieds sur terre; F *fig* ***etw unter den ~ kehren*** occulter qc

'Teppich|boden *m* moquette *f*; **~klopfer** *m* ⟨~s; ~⟩ tapette *f*

Termin [tɛr'miːn] *m* ⟨~s; ~e⟩ **1** (*vereinbarter Tag*) date *f*; (*vereinbarte Zeit*) rendez-vous *m*; ***sich*** (*dat*) ***e-n ~ geben lassen*** prendre (un) rendez-vous; **2** JUR audience *f*

Terminal ['tœrmɪnəl] *n od m* ⟨~s; ~s⟩ **1** ⟨*seulement n*⟩ INFORM terminal *m*; **2** AVIAT terminal *m*; aérogare *f*

ter'min|gemäß *adv* dans les délais; **2geschäft** *n* opération *f* à terme; **2kalender** *m* agenda *m*

Terminolo'gie *f* ⟨~; ~n⟩ terminologie *f*

Termite [tɛr'miːtə] *f* ⟨~; ~n⟩ termite *m*;

~hügel *m* termitière *f*
Terpentin [tɛrpɛn'ti:n] *n* ⟨~s; ~e⟩ térébenthine *f*
Terrain [tɛ'rɛ̃:] *n* ⟨~s; ~s⟩ terrain *m* (*a fig*)
Terrakotta [tɛra'kɔta] *f* ⟨~; -tten⟩ terre cuite
Terrarium [tɛ'ra:rium] *n* ⟨~s; -ien⟩ terrarium *m*
Terrasse [tɛ'rasə] *f* ⟨~; ~n⟩ terrasse *f*; **2nförmig** *adj u adv* en terrasse(s)
Terrier ['tɛriər] *m* ⟨~s; ~⟩ ZO terrier *m*
Terrine [tɛ'ri:nə] *f* ⟨~; ~n⟩ soupière *f*
territorial [tɛritori'a:l] *adj* territorial
Terri'torium *n* ⟨~s; -ien⟩ territoire *m*
Terror ['tɛrɔr] *m* ⟨~s⟩ **1** (*Entsetzen, Schreckensherrschaft*) terreur *f*; (*Ausübung von* ~) terrorisme *m*; **2** F *fig* drame *m*; ~ ***machen*** F faire tout un cirque
'Terroranschlag *m* attentat *m* terroriste
terrori'sieren *v/t* ⟨*sans ge*⟩ terroriser
Terro'ris|mus *m* ⟨~⟩ terrorisme *m*; **~t(in)** *m* ⟨~en; ~en⟩ (*f*) ⟨~; ~nen⟩ terroriste *m,f*; **2tisch** *adj* terroriste
tertiär [tɛrtsi'ɛ:r] *adj* tertiaire
Terti'är *n* ⟨~s⟩ GÉOL tertiaire *m*
Terz [tɛrts] *f* ⟨~; ~en⟩ MUS tierce *f*
Terzett [tɛr'tsɛt] *n* ⟨~ɇs; ~e⟩ trio *m* (de chant)
Tesafilm® ['te:za-] *m* ruban adhésif; scotch® *m*
Tessin [tɛ'si:n] ⟨~s⟩ ***das*** ~ le Tessin
Test [tɛst] *m* ⟨~ɇs; ~s⟩ test *m*
Testament [tɛsta'mɛnt] *n* ⟨~ɇs; ~e⟩ **1** JUR testament *m*; **2** REL ***Altes, Neues*** ~ Ancien, Nouveau Testament
testamen'tarisch **I** *adj* testamentaire; **II** *adv* par testament
Testa'mentsvollstrecker *m* exécuteur *m* testamentaire
'Testbild *n* mire *f* (de réglage)
'testen *v/t* ⟨-e-⟩ tester
'Test|flug *m* vol *m* d'essai; **~person** *f* sujet *m* d'expérience; cobaye *m*; **~pilot** *m* pilote *m* d'essai
Tetanus ['te(:)tanus] *m* ⟨~⟩ tétanos *m*; **~schutzimpfung** *f* vaccination *f* antitétanique
teuer ['tɔyər] **I** *adj* ⟨teurer, teuerste⟩ **1** (*kostspielig*) cher; coûteux; ***furchtbar*** ~ 'hors de prix; ***wie*** ~ ***(ist das)?*** combien cela coûte-t-il, vaut-il?; ***teurer werden*** *a* renchérir; **2** *st/s* (*geschätzt*) cher; ***teure Freunde!*** chers amis!; *plais* ***meine 2ste!*** ma très chère!; **II** *adv* cher; *fig a* chèrement; ~ ***bezahlen*** payer cher; *fig* ***das wird ihn*** ~ ***zu stehen kommen*** il le payera cher; *fig* ~ ***erkauft*** *Sieg* chèrement acquis
'Teuerung *f* ⟨~; ~en⟩ 'hausse *f* des prix; renchérissement *m*; **~srate** *f* taux *m* de renchérissement
Teufel ['tɔyfəl] *m* ⟨~s; ~⟩ diable *m*; F ***armer*** ~ *bedauernswerter* pauvre diable, bougre; *mittelloser* pauvre 'hère; miséreux *m*; F ***wie der*** ~ comme un diable; ***der*** ~ ***ist los*** F c'est la panique; F ***bist du des ~s?*** as-tu perdu la tête?; F ***hol dich der ~, der ~ soll dich holen!*** que le diable t'emporte!; F ***weiß der*** ~ Dieu seul le sait!; F ***auf ~ komm raus*** à tout prix; F ***in ~s Küche kommen*** F se fourrer dans un guêpier; F ***j-n zum ~ jagen*** envoyer qn au diable; F ***scher dich zum ~!*** va te faire foutre!; ***wo zum ~ …?*** où diable …?
'Teufels|kerl F *m* diable *m* d'homme; **~kreis** *m* cercle vicieux
'teuflisch **I** *adj* **1** (*bösartig*) diabolique; **2** (*groß*) terrible; épouvantable; infernal; **II** F *adv* diablement; terriblement
Text [tɛkst] *m* ⟨~ɇs; ~e⟩ **1** (*Geschriebenes*) texte *m*; F *fig* ***weiter im ~!*** continuez!; **2** (*Lied2*) paroles *f/pl*
'Text|baustein *m* INFORM module *m*; **~buch** *n* THÉ livret *m*
'texten *v/i* (*u v/t*) ⟨-e-⟩ **1** MUS composer les paroles (de); **2** WERBUNG rédiger le texte (de)
'Texter *m* ⟨~s; ~⟩ **1** MUS parolier *m*; **2** → ***Werbetexter***
Textil|ien [tɛks'ti:liən] *pl* textiles *m/pl*; **~industrie** *f* (industrie *f*) textile *m*
'Text|marker *m* ⟨~s; ~⟩ surligneur *m*; **~stelle** *f* passage *m*; **~verarbeitung** *f* traitement *m* de texte
Thai|land ['taɪlant] *n* ⟨~s⟩ la Thaïlande; **~länder(in)** *m* ⟨~s; ~⟩ (*f*) ⟨~; ~nen⟩ Thaïlandais(e) *m(f)*; **2ländisch** *adj* thaïlandais
Theater [te'a:tər] *n* ⟨~s; ~⟩ **1** *Gebäude* théâtre *m*; **2** (*Vorstellung*) spectacle *m*; ***ins*** ~ ***gehen*** aller au théâtre, au spectacle; **3** F *fig* ***so ein ~!*** quel cinéma!; quelle comédie!
The'ater|besuch *m* sortie *f* au théâtre;

~besucher(in) *m(f)* spectateur, -trice *m,f*; **~karte** *f* billet *m* de théâtre; **~stück** *n* pièce *f* (de théâtre)

thea'tralisch *adj* théâtral

Theke ['te:kə] *f* ⟨~; ~n⟩ comptoir *m*; bar *m*

Thema ['te:ma] *n* ⟨~s; -men⟩ **1** *e-s Artikels, Vortrags etc* sujet *m*; (*Gesprächs*≈, *Aufsatz*≈) thème *m*; **2** MUS thème *m*; motif *m*

The'matik *f* ⟨~; ~en⟩ thématique *f*

the'matisch *adj* thématique

Themse ['tɛmzə] ⟨~⟩ ***die ~*** la Tamise

Theolo|ge [teo'lo:gə] *m* ⟨~n; ~n⟩, **~gin** *f* ⟨~; ~nen⟩ théologien, -ienne *m,f*; **~'gie** *f* ⟨~; ~n⟩ théologie *f*; ≈**gisch** *adj* théologique

Theo|retiker [teo're:tikər] *m* ⟨~s; ~⟩ théoricien *m*; ≈**'retisch** *adj* théorique; **~'rie** *f* ⟨~; ~n⟩ théorie *f*

Thera|peut(in) [tera'pɔʏt(ɪn)] *m* ⟨~en; ~en⟩ (*f*) ⟨~; ~nen⟩ thérapeute *m,f*; ≈**'peutisch** *adj* thérapeutique; **~'pie** *f* ⟨~; ~n⟩ thérapie *f*

Thermal|bad [tɛr'ma:lba:t] *n Ort* station thermale; (*Kuranstalt*) établissement thermal; **~quelle** *f* source thermale

'Therm|ik *f* ⟨~⟩ ascendance *f* thermique; ≈**isch** *adj* thermique

Thermo'meter *n* thermomètre *m*

Thermos|flasche® ['tɛrmɔsflaʃə] *f* (bouteille *f*) thermos® *m od f*; **~kanne®** *f* cafetière *f bzw* verseuse *f* isotherme

Thermostat [tɛrmo'sta:t] *m* ⟨~(e)s *ou* ~en; ~e(n)⟩ thermostat *m*

These ['te:zə] *f* ⟨~; ~n⟩ thèse *f*

Thriller ['θrɪlər] *m* ⟨~s; ~⟩ film *m bzw* roman *m* à suspense

Thrombose [trɔm'bo:zə] *f* ⟨~; ~n⟩ thrombose *f*

Thron [tro:n] *m* ⟨~(e)s; ~e⟩ trône *m*

'thronen *v/i* trôner (*a iron*)

'Thronfolger(in) *m* ⟨~s; ~⟩ (*f*) ⟨~; ~nen⟩ héritier, -ière *m,f* du trône

Thunfisch ['tu:nfɪʃ] *m* thon *m*

Thurgau ['tu:rgaʊ] *m* ⟨~s⟩ ***der ~*** la Thurgovie

Thüring|en ['ty:rɪŋən] *n* ⟨~s⟩ la Thuringe; **~er(in)** *m* ⟨~s; ~⟩ (*f*) ⟨~; ~nen⟩ Thuringien, -ienne *m,f*; ≈**isch** *adj* thuringien

Thymian ['ty:mia:n] *m* ⟨~s; ~e⟩ thym *m*

Tibet ['ti:bɛt] *n* ⟨~s⟩ le Tibet

Tic(k) [tɪk] *m* ⟨~(e)s; ~s⟩ MÉD tic *m*

Tick [tɪk] F *m* ⟨~(e)s; ~s⟩ **1** (*wunderliche Eigenart*) tic *m*; manie *f*; ***e-n ~ haben*** avoir un grain; **2** ***e-n ~ höher*** un tout petit peu plus ʼhaut

'ticken *v/i* **1** *Uhr* faire tic tac; **2** F *fig* ***du tickst wohl nicht richtig*** F tu n'es pas un peu fêlé, cinglé, givré?

Ticket ['tɪkət] *n* ⟨~s; ~s⟩ ticket *m*

ticktack ['tɪk'tak] *int* tic tac!

Tie-Break ['taɪbre:k] *m od n* ⟨~s; ~s⟩ tie-break *m*

tief **I** *adj* **1** *Ausdehnung* profond; ***der Teich ist 6 m ~*** l'étang a 6 m de profondeur; **2** *Wölbung* profond; ***~es Tal*** vallée profonde; **3** *auf e-r Skala, Temperatur, Ton, Niveau* bas; ***~e Stimme*** voix *f* grave; **4** (*weit im Innern*) profond; ***im ~sten Winter, Afrika*** au cœur de l'hiver, de l'Afrique; **5** (*intensiv*) profond; *fig* ***~er Schlaf*** profond sommeil; **II** *adv* **1** *nach unten* ***~ graben*** creuser profondément; ***sich ~ verbeugen*** faire une profonde révérence; ***~ hinunterreichen*** descendre (très) bas; *nach innen* ***~ eindringen*** pénétrer profondément; *Augen* ***~ liegend*** enfoncé; **2** (*weit unten*) ***~ unten*** tout en bas; (*weit innen*) ***~ im Wald*** au fond des bois; ***bis ~ in den Winter*** jusqu'au cœur de l'hiver; **3** (*nicht hoch*) *Ort* ***~ liegen*** être situé à basse altitude; ***~ liegend*** bas; ***sehr ~ fliegen*** voler très bas; **4** *Glocke* ***~ klingen*** rendre un son grave; ***etwas ~er singen*** chanter un peu plus bas; **5** (*sehr*) ***~ atmen*** respirer profondément; ***~ beeindrucken*** faire une profonde impression sur; ***~ betrübt*** profondément affligé; ***~ greifend, ~ schürfend*** profond; ***~ verschneit*** enseveli sous la neige

Tief *n* ⟨~s; ~s⟩ MÉTÉO dépression *f* (*a fig*); zone *f* de basse pression

'Tief|bau *m* travaux publics; **~druck** *m* ⟨~(e)s; ~e⟩ **1** MÉTÉO basses pressions; **2** TYPO héliogravure *f*; **~druckgebiet** *n* → ***Tief***

'Tiefe *f* ⟨~; ~n⟩ **1** *nach unten, innen* profondeur *f* (*a fig*); **2** (*Innerstes*) fond *m*; cœur *m*; **3** (*Hintergrund*) fond *m*; **4** *e-s Tons* gravité *f*

'Tiefebene *f* plaine basse

'Tiefen|psychologie *f* psychologie *f* de

l'inconscient; **~schärfe** *f* PHOT profondeur *f* de champ

'**Tief|flug** *m* (vol *m* en) rase-mottes *m*; **~gang** *m* MAR tirant *m* d'eau; *fig* bon niveau intellectuel; **~garage** *f* parking souterrain; **&gekühlt** *adjt* surgelé; congelé; **&gründig** *adj* profond; **~kühlfach** *n* → ***Gefrierfach***; **~kühlkost** *f* produits surgelés; **~kühltruhe** *f* congélateur *m*; **~land** *n* plaine *f*; **~punkt** *m* *fig* creux *m* (de la vague); dépression *f*; **~schlag** *m* BOXEN coup bas; **~see** *f* grands fonds; **&sinnig** *adj* profond; **~stand** *m* niveau le plus bas, très bas

'**tief·stapeln** *v/i* être trop modeste

'**Tiefstwert** *m* valeur minimale; minimum *m*; MÉTÉO température minimale

Tiegel ['ti:gəl] *m* ⟨~s; ~⟩ **1** CUIS poêlon *m*; **2** (*Schmelz&*) creuset *m*

Tier [ti:r] *n* ⟨~(e)s; ~e⟩ **1** animal *m*; *Gegensatz*: *Mensch* bête *f*; **2** F *fig* ***hohes ~*** F gros bonnet; F grosse légume; F huile *f*

Tiere auf dem Bauernhof

das Ferkel	**le porcelet**
die Gans	**l'oie** *f*
der Hahn	**le coq**
die Henne	**la poule**
das Kalb	**le veau**
die Kuh	**la vache**
das Küken	**le poussin**
das Pferd	**le cheval** (*pl*: **les chevaux**)
das Schaf	**le mouton**
das Schwein	**le cochon**
die Ziege	**la chèvre**

'**Tier|art** *f* espèce animale; **~arzt** *m*, **~ärztin** *f* vétérinaire *m,f*; **~freund** *m* ami *m* des animaux; **~handlung** *f* animalerie *f*; **~heim** *n* fourrière *f*

'**tierisch** **I** *adj* **1** (*vom Tier*) animal; **2** *fig* (*tierhaft*) bestial; brutal; **3** F (*sehr groß*) monstrueux; abominable; **II** F *adv* (*sehr*) F vachement

'**Tier|kreiszeichen** *n* signe *m* du zodiaque; **&lieb** *adj* qui aime les animaux; **~medizin** *f* médecine *f* vétérinaire; **~mehl** *n* farine(s) *f(pl)* animale(s); **~park** *m* jardin *m* zoologique; zoo *m*; **~pfleger** *m* gardien *m* d'animaux; **~quäle'rei** *f* cruauté *f* envers les animaux; **~reich** *n* règne animal; **~schutz** *m* protection *f* des animaux; **~schutzverein** *m* société protectrice des animaux; S.P.A. *f*; **~versuch** *m* expérimentation animale; **~wärter** *m* → ***Tierpfleger***; **~welt** *f* monde, règne animal

Tiger(in) ['ti:gər(ɪn)] *m* ⟨~s; ~⟩ (*f*) ⟨~; ~nen⟩ tigre *m*, tigresse *f*

Tilde ['tɪldə] *f* ⟨~; ~n⟩ tilde *m*

tilg|en ['tɪlgən] *v/t* **1** *st/s* (*auslöschen*) effacer; supprimer; (*streichen*) rayer; radier; **2** *Schuld* amortir; *Hypothek* purger; *Kredit* rembourser; **&ung** *f* ⟨~; ~en⟩ **1** effaçage *od* effacement *m*; radiation *f*; **2** amortissement *m*; purge *f*; remboursement *m*

timen ['taɪmən] *v/t* calculer; minuter

Timing ['taɪmɪŋ] *n* ⟨~s; ~s⟩ minutage *m*

Tinktur [tɪŋk'tu:r] *f* ⟨~; ~en⟩ teinture *f*

Tinnef ['tɪnɛf] F *m* ⟨~s⟩ pacotille *f*; F camelote *f*

Tinte ['tɪntə] *f* ⟨~; ~n⟩ encre *f*; F *fig* ***in der ~ sitzen*** F être dans le pétrin, dans de beaux draps

'**Tinten|fass** *n* encrier *m*; **~fisch** *m* seiche *f*; **~klecks** *m* tache *f* d'encre; **~strahldrucker** *m* imprimante *f* à jet d'encre

Tipp [tɪp] *m* ⟨~s; ~s⟩ **1** F (*Hinweis*) F tuyau *m*; ***j-m e-n ~ geben*** F tuyauter qn; **2** *beim Wetten* pari *m*

tippen ['tɪpən] **I** *v/t* **1** F (*Maschine schreiben*) F taper à la machine; **2** *Zahl* jouer; **II** *v/i* **3** (*leicht berühren*) ***an etw*** (*acc*), ***gegen etw ~*** toucher qc du bout du doigt; **4** LOTTO *etc* jouer; (*setzen auf*) **~** (***auf*** [+ *acc*]) parier (sur); miser (sur); **5** (*vermuten*) parier (***auf*** [+ *acc*] sur)

'**Tipp|fehler** F *m* faute *f* de frappe; **~schein** *m* bulletin *m*

tipptopp ['tɪp'tɔp] F **I** *adj* (*sauber*) F impec; *fig* épatant; **II** *adv* de façon épatante

Tirol [ti'ro:l] *n* ⟨~s⟩ le Tyrol; **~er** *adj* ⟨*inv*⟩ tyrolien; **~er(in)** *m* ⟨~s; ~⟩ (*f*) ⟨~; ~nen⟩ Tyrolien, -ienne *m,f*

Tisch [tɪʃ] *m* ⟨~(e)s; ~e⟩ **1** table *f*; *fig* POL ***runder ~*** table ronde; ***den ~ decken*** mettre la table, le couvert; ***den ~ abdecken*** desservir, débarrasser (la table); *fig* ***reinen ~ machen*** faire table rase; F *fig* ***etw unter den ~ fallen las-***

sen passer qc sous silence; escamoter qc; F *fig Problem* ***vom ~ sein*** être réglé; F ***j-n über den ~ ziehen*** F avoir qn; *fig* ***am grünen ~, vom grünen ~ aus*** d'un point de vue, de façon bureaucratique, technocratique; **2** *st/s* (*Mahlzeit*) ***bei ~ sitzen*** être à table; ***vor*** (***nach***) **~** avant (après) le repas; ***bitte zu ~!*** à table!; ***zu ~ gehen*** passer à table

'Tisch|dame *f* voisine *f* de table; **~decke** *f* nappe *f*; **~fußball** *m* baby-foot *m*; **~gebet** *n* bénédicité *m*; **~herr** *m* voisin *m* de table; **~lampe** *f* lampe *f* (de table)

'Tischler *m* ⟨~s; ~⟩ menuisier *m*

Tischle'rei *f* ⟨~; ~en⟩ menuiserie *f*

'tischlern **I** *v/t* travailler; menuiser; **II** *v/i* faire de la menuiserie

'Tisch|nachbar *m* voisin *m* de table; **~rede** *f* discours *m* de banquet

'Tischtennis *n* tennis *m* de table; ping-pong *m*; **~platte** *f* table *f* de ping-pong

'Tisch|tuch *n* ⟨~es; -tücher⟩ nappe *f*; **~wein** *m* vin *m* de table

Titan[1] [ti'ta:n] *n* ⟨~s⟩ CHIM titane *m*

Ti'tan[2] *m* ⟨~en; ~en⟩ MYTH titan *m*

Titel ['ti:təl] *m* ⟨~s; ~⟩ **1** *e-r Person* titre *m* (*a* SPORT); ***akademischer ~*** titre universitaire; **2** (*Überschrift, Buch~; Musik~*) titre *m*

'Titel|bild *n e-s Buchs* frontispice *m*; *e-r Zeitschrift* couverture *f*; **~blatt** *n* (page *f* de) titre *m*; **~kampf** *m* match *m* qui met un titre en jeu; **~rolle** *f* rôle *m* (du personnage) principal; **~seite** *f e-r Zeitschrift* couverture *f*; *e-r Zeitung* première page; **~verteidiger** *m* défenseur *m* du titre

Titte ['tɪtə] P *f* ⟨~; ~n⟩ F nichon *m*

titu'lieren *v/t* ⟨*sans ge*⟩ *meist iron* donner le titre de … (***j-n*** à qn); (*bezeichnen*) qualifier (***als*** de)

tja [tja] *int* eh bien!

Toast [to:st] *m* ⟨~es; ~e *ou* ~s⟩ **1** CUIS toast *m*; **2** (*Trinkspruch*) toast *m*

'Toastbrot *n* pain *m* de mie

'toasten *v/t* ⟨-e-⟩ CUIS griller

'Toaster *m* ⟨~s; ~⟩ grille-pain *m*

toben ['to:bən] *v/i* **1** *vor Wut* être en rage; tempêter; **2** (*lärmen*) être déchaîné; **3** ⟨+ *indication de direction* sn⟩ ***die Kinder sind durch den Garten getobt*** les enfants ont fait les fous, folâtré dans le jardin; **4** *Wind* se déchaîner; être déchaîné (*a Meer*); faire rage (*a Schlacht*)

'Tob|sucht *f* folie furieuse; **~süchtig** *adj* fou furieux

Tochter ['tɔxtər] *f* ⟨~; ~⟩ **1** fille *f*; **2** ÉCON filiale *f*; **~gesellschaft** *f* filiale *f*

Tod [to:t] *m* ⟨~es; ~e⟩ **1** (*Lebensende*) mort *f*; (*~esfall*) décès *m*; ***e-s gewaltsamen, natürlichen ~es sterben*** mourir de mort violente, naturelle; ***mit dem ~(e) ringen*** lutter avec la mort; être à l'agonie; **2** *verstärkend* F ***auf den ~ nicht leiden können*** 'haïr à mort; ***zu ~e betrübt*** profondément affligé; F ***sich zu ~e langweilen, schämen*** mourir d'ennui, de honte

'tod'ernst F *adj* F sérieux comme un pape

'Todesangst *f* **1** angoisse *f* de la mort; **2** *fig* (*große Angst*) frayeur mortelle; ***Todesängste ausstehen*** être dans des transes mortelles

'Todes|anzeige *f* avis *m* de décès; *in der Zeitung* annonce *f* nécrologique; **~fall** *m* décès *m*; **~gefahr** *f* danger *m* de mort; **~kampf** *m* agonie *f*; **~mutig** *adj* bravant la mort; **~opfer** *n* mort *m*; victime *f*; **~stoß** *m* coup mortel; **~strafe** *f* peine capitale, de mort; **~tag** *m* **1** jour *m* de la mort; **2** *Jahrestag* anniversaire *m* de la mort (de qn); **~ursache** *f* cause *f* de (la) mort; **~urteil** *n* arrêt *m* de mort; sentence capitale; **~verachtung** *f* mépris *m* de la mort

'Tod|feind(in) *m(f)* ennemi(e) *m(f)* mortel, -elle; **'~'krank** *adj* à l'article de la mort; à l'agonie

tödlich ['tø:tlɪç] *adj Krankheit, Gefahr* mortel; *Ausgang, Irrtum st/s* fatal

'tod|'müde *adj* mort de fatigue; **'~'schick** F *adj* très chic; **'~'sicher** F **I** *adj* absolument sûr; **II** *adv* sans aucun doute; **~sünde** *f* péché mortel; **'~'unglücklich** F *adj* malheureux comme les pierres

Tofu ['to:fu] *m* ⟨~s⟩ CUIS tofu *m*

Togo ['to:go] *n* ⟨~s⟩ le Togo

Tohuwabohu [tohuva'bo:hu] *n* ⟨~s; ~s⟩ chaos *m*; F tohu-bohu *m*

Toilette [toa'lɛtə] *f* ⟨~; ~n⟩ **1** (*WC*) W.-C. *m/pl*; toilettes *f/pl*; ***auf die ~ gehen*** aller aux toilettes, cabinets; **2** (*Körperpflege*) toilette *f*

Toi'letten|artikel *m/pl* articles *m/pl* de

toilette; **~frau** *f* préposée *f* aux toilettes; dame *f* pipi; **~papier** *n* papier *m* hygiénique

toi, toi, toi ['tɔʏ'tɔʏ'tɔʏ] *int* **1** (*unberufen*) **~!** touchons *bzw* je touche du bois!; **2** (*alles Gute*) bonne chance!

tole|rant [tole'rant] *adj* tolérant; **2'ranz** *f* ⟨~; ~en⟩ tolérance *f*; **~'rieren** *v/t* ⟨*sans ge*⟩ tolérer

toll [tɔl] **I** *adj* **1** F (*großartig*) F super; F formidable; F épatant; F génial; **2** F (*stark*) F infernal; terrible; dément; ***es herrschte ein ~es Gedränge*** il y avait un monde fou; **3** F (*unerhört*) fou; F dingue; ***e-e ~e Geschichte*** une histoire dingue; **II** *adv* **1** F (*großartig*) formidablement; ***das hat er ~ gemacht*** il s'est débrouillé comme un chef; **2** F (*heftig*) follement; terriblement; ***es zu ~ treiben*** aller trop loin

tollen ['tɔlən] *v/i* **1** s'amuser follement; folâtrer; faire le(s) fou(s); **2** ⟨+ *indication de direction* sn⟩ ***die Kinder sind durch den Garten getollt*** les enfants ont folâtré dans le jardin

'tollkühn *adj* téméraire

Tollpatsch ['tɔlpatʃ] *m* ⟨~ɇs; ~e⟩ lourdaud *m*; pataud *m*; F empoté *m*; **2ig** *adj* lourdaud; pataud; F empoté

'Toll|wut *f* MÉD rage *f*; **2wütig** *adj* MÉD enragé

Tölpel ['tœlpəl] *m* ⟨~s; ~⟩ balourd *m*; rustre *m*; malotru *m*; **2haft** → ***tollpatschig***

Tomate [to'ma:tə] *f* ⟨~; ~n⟩ tomate *f*

To'maten|cremesuppe *f* velouté *m* de tomates; **~mark** *n* concentré *m* de tomates; **~saft** *m* jus *m* de tomates; **~salat** *m* salade *f* de tomates; **~soße** *f* sauce *f* tomate

Tombola ['tɔmbola] *f* ⟨~; ~s⟩ tombola *f*

Tomo|gramm [tomo'gram] *n* ⟨~s; ~e⟩ tomogramme *m*; **~'graph** *m* ⟨~en; ~en⟩ tomographe *m*; **~gra'phie** *f* ⟨~⟩ tomographie *f*

Ton[1] [to:n] *m* ⟨~ɇs; ~e⟩ **1** GÉOL argile *f*; **2** TÖPFEREI (terre *f*) glaise *f*

Ton[2] *m* ⟨~ɇs; ~̈e⟩ **1** (**~höhe**) ton *m*; MUS, *fig* ***den ~ angeben*** donner le ton; **2** FILM, TV, TECH son *m*; **3** (*Benehmen, Umgangs2*) ton *m*; ***es gehört zum guten ~*** (+ *inf*) il est de bon ton de (+ *inf*); ***ich verbitte mir diesen ~!*** je ne vous permets pas de me parler sur ce ton!; **4** F (*Äußerung*) mot *m*; F ***große Töne spucken*** se donner de grands airs; ***keinen ~ herausbringen*** être incapable de sortir un mot; ***hast du Töne?*** c'est incroyable!; **5** (*Farb2*) ton *m*; teinte *f*; **6** (*Betonung*) accent *m* (tonique)

'Ton|abnehmer *m* tête *f* de lecture; lecteur *m*; **2angebend** *adjt* qui donne le ton; **~arm** *m* bras *m* (de lecture); **~art** *f* tonalité *f*; *fig* ton *m*; **~band** *n* ⟨~ɇs; -bänder⟩ **1** *Band* bande *f* magnétique; **2** F *Gerät* magnétophone *m*; **~bandgerät** *n* magnétophone *m*

tönen ['tø:nən] **I** *v/t* teinter; ***das Haar ~*** faire un rinçage; **II** *v/i* **1** (*klingen*) sonner; résonner; retentir; **2** F (*prahlen*) se vanter; faire le fanfaron

Toner ['to:nər] *m* ⟨~s; ~⟩ toner *m*; *für Kopierer* encre *f*

'Tonerde *f* ***essigsaure ~*** acétate *m* d'aluminium

tönern ['tø:nərn] *adj* de (terre) glaise; d'argile

'Ton|fall *m* intonation *f*; (*Akzent*) accent *m*; **~gefäß** *n* vase *m* de terre; **~höhe** *f* 'hauteur tonale; **~ingenieur** *m* ingénieur *m* du son; **~kopf** *m* tête *f* de lecture; lecteur *m*; **~lage** *f* registre *m*; **~leiter** *f* MUS gamme *f*; **2los** *adj* atone

Tonnage [tɔ'na:ʒə] *f* ⟨~; ~n⟩ tonnage *m*

Tonne ['tɔnə] *f* ⟨~; ~n⟩ **1** *Maß, Gefäß* tonne *f*; **2** (*Register2*) tonneau *m*; **3** F *fig* (*dicke Person*) F grosse dondon

'Tonstörung *f* brouillage *m* sonore

Tonsur [tɔn'zu:r] *f* ⟨~; ~en⟩ tonsure *f*

'Ton|taubenschießen *n* ball-trap *m*; **~techniker** *m* preneur *m* de son

'Tönung *f* ⟨~; ~en⟩ coloration *f*; *der Haare* rinçage *m*

Top [tɔp] *n* ⟨~s; ~s⟩ COUT 'haut *m*

Topas [to'pa:s] *m* ⟨~es; ~e⟩ topaze *f*

Topf [tɔpf] *m* ⟨~ɇs; ~̈e⟩ **1** (*tiefes Gefäß*) pot *m*; **2** (*Koch2*) casserole *f*; (*Henkel2*) fait-tout *od* faitout *m*; marmite *f*; *fig* ***alles in e-n ~ werfen*** mettre tout dans le même sac; **3** (*Nacht2*) pot *m* de chambre; F *plais* (*Toilette*) F petit coin

Topfen ['tɔpfən] *m* ⟨~s⟩ *österr* fromage blanc

'Töpfer(in) *m* ⟨~s; ~⟩ (*f*) ⟨~; ~nen⟩ potier, -ière *m,f*

Töpfe'rei *f* ⟨~; ~en⟩ **1** *Handwerk* poterie *f*; **2** *Werkstatt* (atelier *m* de) poterie *f*

'töpfern **I** *v/t* fabriquer; **II** *v/i* faire de la poterie
'Töpfer|scheibe *f* tour *m* de potier; **~ware** *f* poterie *f*
'top'fit *adj* en pleine forme
'Topflappen *m* manique *f*
'Topform *f* pleine forme
'Topfpflanze *f* plante *f*, fleur *f* en pot
Topographie [topogra'fi:] *f* ⟨~; ~n⟩ topographie *f*
Tor[1] [to:r] *n* ⟨~es; ~e⟩ **1** porte *f* (*a Stadt*≗); portail *m*; **2** SPORT but *m*; **3** SLALOM porte *f*
Tor[2] *st/s m* ⟨~en; ~en⟩ sot *m*; fou *m*
'Tor|bogen *m* porche *m*; arceau *m*; **~einfahrt** *f* porte cochère
Torf [tɔrf] *m* ⟨~es⟩ tourbe *f*; **'~moor** *n* tourbière *f*
Torheit *st/s f* ⟨~; ~en⟩ sottise *f*; folie *f*; bêtise *f*
'Torhüter *m* → ***Torwart***
töricht ['tø:rɪçt] *st/s adj* sot; insensé
'Torjäger *m* buteur *m*
torkeln ['tɔrkəln] F *v/i* ⟨¢; + *indication de direction* sn⟩ tituber; zigzaguer
'Tor|linie *f* ligne *f* de but; **≗los** *adj* sans but; **~mann** *m* → ***Torwart***
Tornado [tɔr'na:do] *m* ⟨~s; ~s⟩ tornade *f*
torpedieren [tɔrpe'di:rən] *v/t* ⟨*sans ge*⟩ MIL, *fig* torpiller
Torpedo [tɔr'pe:do] *m* ⟨~s; ~s⟩ MIL torpille *f*; **~boot** *n* torpilleur *m*
'Tor|pfosten *m* poteau *m*; **~schütze** *m* marqueur *m* de but
Torso ['tɔrzo] *m* ⟨~s; ~s *ou* -si⟩ SCULP torse *m*; *st/s fig* fragment *m*
Törtchen ['tœrtçən] *n* ⟨~s; ~⟩ tartelette *f*
Torte ['tɔrtə] *f* ⟨~; ~n⟩ gâteau *m*; (*Obst*≗) tarte *f*
'Torten|boden *m* fond *m* de tarte; **~heber** *m* ⟨~s; ~⟩ pelle *f* à gâteau
Tortur [tɔr'tu:r] *f* ⟨~; ~en⟩ torture *f*
'Torwart *m* ⟨~es; ~e⟩ gardien *m* de but
tosen ['to:zən] *v/i* ⟨¢s; + *indication de direction* sn⟩ *Meer* mugir; *Wildbach* gronder; ***das ≗ der Brandung*** le mugissement de la mer; ***~der Beifall*** applaudissements *m/pl* frénétiques
tot [to:t] *adj* **1** *Lebewesen* mort (*a fig*); ***das ≗e Meer*** la mer Morte; ***~ geboren*** mort-né; ***sich ~ stellen*** faire le mort; **2** *poét* (*menschenleer*) mort; désert; **3** ÉCOL mort; **4** *Kapital* improductif; *Sprache* mort
total [to'ta:l] **I** *adj* total; **II** F *adv* complètement
totalitär [totali'tɛ:r] *adj* totalitaire
To'tal|operation *f* ablation totale; *der Gebärmutter* (hystérectomie) totale *f*; **~schaden** *m* dommage intégral; perte totale
'tot·arbeiten F *v/r* ⟨-e-⟩ ***sich ~*** se tuer au travail
'tot·ärgern F *v/r* ***sich ~*** étouffer, suffoquer de rage
'Tote(r) *f(m)* ⟨→ A⟩ mort(e) *m(f)*
töten ['tø:tən] *v/t* ⟨-e-⟩ tuer (*a fig Gefühl*); ***getötet werden*** être tué; se faire tuer
'toten|'blass, '~'bleich *adj* pâle comme la mort; **≗glocke** *f* glas *m*; **≗gräber** *m* fossoyeur *m*; **≗hemd** *n* suaire *m*; linceul *m*; **≗kopf** *m* tête *f* de mort; **≗messe** *f* messe *f* des morts; **≗schein** *m* certificat *m* de décès; **≗sonntag** *m* PROT jour *m*, fête *f* des morts
'toten'still *adj* ***es war ~*** il régnait un silence de mort
'Toten|stille *f* silence *m* de mort; **~wache** *f* veillée *f* funèbre
'tot·fahren *v/t* ⟨*irr*⟩ écraser
'Tot|geburt *f* (enfant) mort-né *m*; **~geglaubte(r)** *f(m)* ⟨→ A⟩ présumé(e) mort(e) *m(f)*; **~gesagte(r)** *f(m)* ⟨→ A⟩ prétendu(e) mort(e) *m(f)*
'tot·lachen F *v/r* ***sich ~*** mourir de rire; F se fendre la gueule
Toto ['to:to] *n od m* ⟨~s; ~s⟩ loto sportif
'tot·schießen *v/t* ⟨*irr*⟩ abattre, tuer d'un coup de feu
'Totschlag *m* homicide *m* involontaire
'tot·schlagen *v/t* ⟨*irr*⟩ assommer; tuer
'Totschläger *m* **1** *Person* meurtrier *m*; **2** *Waffe* matraque *f*; casse-tête *m*
'tot·|schweigen *v/t* ⟨*irr*⟩ passer sous silence; **~treten** *v/t* ⟨*irr*⟩ écraser du pied
'Tötung *f* ⟨~⟩ homicide *m*; *e-s Tiers* abattage *m*
Toupet [tu'pe:] *n* ⟨~s; ~s⟩ postiche *m*
tou'pieren *v/t* ⟨*sans ge*⟩ *Haar* crêper
Tour [tu:r] *f* ⟨~; ~en⟩ **1** (*Ausflug*) excursion *f*; randonnée *f*; **2** TECH tour *m*; ***auf ~en kommen*** prendre de la vitesse; atteindre son régime; *fig* (*angeregt werden*) se mettre en train; *fig* ***auf vollen ~en laufen*** marcher à plein régime (*a fig*); F *fig* ***j-n auf ~en bringen*** animer qn; mettre qn en train; F ***in e-r ~*** sans

cesse; sans répit; **3** F *fig* ***auf die feine, vornehme ~*** d'une façon distinguée; ***er hat mir die ~ vermasselt*** F il m'a cassé la baraque

'Tourenwagen *m* voiture *f* grand tourisme (pour rallyes)

Tou'ris|mus *m* ⟨~⟩ tourisme *m*; **~t(in)** *m* ⟨~en; ~en⟩ (*f*) ⟨~; ~nen⟩ touriste *m,f*; **~tenklasse** *f* classe *f* touriste; **~tik** *f* ⟨~⟩ tourisme *m*; **2tisch** *adj* touristique

Tournee [tur'ne:] *f* ⟨~; ~n *ou* ~s⟩ tournée *f*; ***auf ~ gehen*** partir en tournée

Trab [tra:p] *m* ⟨~s⟩ trot *m*; ***im ~ (reiten)*** (aller) au trot, au grand trot; F ***j-n auf ~ bringen*** secouer, aiguillonner qn

Trabant [tra'bant] *m* ⟨~en; ~en⟩ satellite *m*; **~enstadt** *f* ville *f* satellite

'traben *v/i* ⟨sn⟩ trotter (*a* F *von Menschen*); aller au trot

'Trabrennen *n* course *f* de trot

Tracht [traxt] *f* ⟨~; ~en⟩ **1** (*Volks2*) costume folklorique (régional); **2** F ***~ Prügel*** correction *f*; volée *f* (de coups)

'trachten *st/s v/i* ⟨-e-⟩ ***nach etw ~*** aspirer, viser, tendre à qc

trächtig ['trɛçtɪç] *adj* ZO pleine

Tradition [traditsi'o:n] *f* ⟨~; ~en⟩ tradition *f*

traditio'nell *adj* traditionnel

traf [tra:f] → ***treffen***

Trafik [tra'fɪk] *f* ⟨~; ~en⟩ *österr* bureau *m* de tabac

Trafo ['tra:fo] *m* ⟨~s; ~s⟩ (*Transformator*) transformateur *m*; F transfo *m*

'Tragbahre *f* civière *f*; brancard *m*

'tragbar *adj* **1** (*transportabel*) portable; portatif; **2** *Kleidung* mettable; **3** *fig* (*erträglich*) supportable; tolérable

'Trage *f* ⟨~; ~n⟩ → ***Tragbahre***

träge ['trɛ:gə] *adj* (*lustlos*) indolent; inerte (*a* PHYS); mou; (*langsam*) lent; (*faul*) paresseux

tragen ['tra:gən] ⟨trägt, trug, getragen⟩ **I** *v/t* **1** (*transportieren*) porter; ***bei sich*** (*dat*) **~** avoir sur soi; **2** (*stützen, belastbar sein*) supporter; soutenir; CONSTR ***~de Wand*** mur porteur; *fig* ***~de Rolle*** rôle principal, capital; **3** (*ertragen*) supporter; subir; **4** *Kosten, Folgen, Risiko* supporter; prendre à sa charge; **5** *Kleidung, Schmuck, Frisur* porter; ***getragene Kleidung*** vêtements usagés; **6** *Titel, Namen, Datum, Unterschrift* porter; **7** (*Frucht bringen*) porter, donner (des fruits); produire; **8** *mit Abstrakta* ***die Schuld an etw*** (*dat*) **~** être la cause de qc; ***(voll) zum 2 kommen*** jouer (à plein); **II** *v/i* **9** *Eis* porter; **10** *Stimme* ***weit ~*** porter loin; **11** (*trächtig sein*) porter; **12** *fig* ***schwer an etw*** (*dat*) **~** *od* ***zu ~ haben*** être accablé par qc; **III** *v/r* **13** *Kleidung* ***sich gut ~*** être agréable à porter; **14** ***sich mit der Absicht ~, zu*** (+ *inf*) avoir l'intention de (+ *inf*)

Träger ['trɛ:gər] *m* ⟨~s; ~⟩ **1** *an Kleidung* bretelle *f*; **2** CONSTR support *m*; poutre *f*

'Träger(in) *m* ⟨~s; ~⟩ (*f*) ⟨~; ~nen⟩ **1** (*Lasten2*) porteur, -euse *m,f* (*a e-s Titels*); *e-s Amts* titulaire *m,f*; **2** ADM organisme *m* ([+ *gén*] responsable de)

'Träger|kleid *n* robe *f* à bretelles; **~rakete** *f* fusée porteuse

'Tragetasche *f* sac *m* (en plastique)

'trag|fähig *adj* capable de porter; solide (*a fig Mehrheit*); **2fläche** *f* AVIAT aile *f*; voilure *f*; **2flügelboot** *n* hydrofoil *m*

'Trägheit *f* ⟨~; ~en⟩ (*Lustlosigkeit*) indolence *f*; inertie *f* (*a* PHYS); (*Faulheit*) paresse *f*

Tragik ['tra:gɪk] *f* ⟨~⟩ tragique *m*

tragi'komisch *adj* tragi-comique

Tragiko'mödie *f* tragi-comédie *f*

'tragisch I *adj* tragique; F ***das ist (doch) nicht so ~*** ce n'est (quand même) pas si grave; **II** *adv* F ***etw ~ nehmen*** prendre qc au tragique

'Traglast *f* charge *f*; fardeau *m*

Tragödie [tra'gø:diə] *f* ⟨~; ~n⟩ tragédie *f*

'Tragweite *f* portée *f* (*a fig*)

Trainer(in) ['trɛ:nər(ɪn)] *m* ⟨~s; ~⟩ (*f*) ⟨~; ~nen⟩ SPORT entraîneur, -euse *m,f*

trai'nieren ⟨*sans ge*⟩ **I** *v/t* ***j-n ~*** entraîner qn; ***Fußball ~*** s'entraîner au football; **II** *v/i* s'entraîner

'Training *n* ⟨~s; ~s⟩ entraînement *m*; **~sanzug** *m* survêtement *m*

Trakt [trakt] *m* ⟨~(e)s; ~e⟩ ARCH aile *f*

trak'tieren *v/t* ⟨*sans ge*⟩ maltraiter; ***j-n mit Fußtritten ~*** donner des coups de pied à qn

Traktor ['traktɔr] *m* ⟨~s; -'toren⟩ tracteur *m*

trällern ['trɛlərn] *v/t u v/i* fredonner

Tram [tram] *f* ⟨~; ~s⟩ *südd* tram *m*

Trampel ['trampəl] F *m* ⟨~s; ~⟩ lourdaud(e) *m(f)*; pataud(e) *m(f)*

'trampeln F ⟨e⟩ **I** *v/t* ***j-n zu Tode ~*** piétiner qn à mort; **II** *v/i* ⟨+ *indication de*

T

direction sn⟩ (*mit den Füßen treten*) trépigner

'Trampel|pfad *m* sentier battu; **~tier** *n* **1** ZO chameau *m*; **2** F *fig* → ***Trampel***

trampen ['trɛmpən] *v/i* ⟨sn⟩ faire de l'auto-stop; F faire du stop

'Tramper(in) *m* ⟨~s; ~⟩ (*f*) ⟨~; ~nen⟩ auto-stoppeur, -euse *m,f*

Trampolin ['trampoli:n] *n* ⟨~s; ~e⟩ trampoline *m*

Tran [tra:n] *m* ⟨~¢s; ~e⟩ **1** huile *f* (de baleine, *etc*); **2** F *fig* ***im ~ sein*** F être dans les vapes, le cirage

Trance [trã:s] *f* ⟨~; ~n⟩ transe *f*

tranchier|en [trã'ʃi:rən] *v/t* ⟨*sans ge*⟩ découper; **𝟐messer** *n* couteau *m* à découper

Träne ['trɛ:nə] *f* ⟨~; ~n⟩ larme *f*; ***ihr kommen die ~n*** elle se met à pleurer; ***j-m keine ~ nachweinen*** ne pas regretter, déplorer le départ de qn; ***zu ~n gerührt*** ému, touché aux larmes

'tränen *v/i* ***meine Augen ~, mir ~ die Augen*** j'ai les yeux qui larmoient

'Tränen|drüse *f* glande lacrymale; **~gas** *n* gaz *m* lacrymogène

'Tranfunzel F *f* **1** (*trübes Licht*) lumignon *m*; **2** *fig Mensch* F lambin(e) *m(f)*; F veau *m*

'tranig *adj* **1** *Geschmack* qui a un goût d'huile de poisson; **2** F *fig* (*träge*) F lambin

trank [traŋk] → ***trinken***

Trank *st/s m* ⟨~¢s; ⍨e⟩ *st/s* breuvage *m*

Tränke ['trɛŋkə] *f* ⟨~; ~n⟩ abreuvoir *m*

'tränken *v/t* **1** *Tier* abreuver; donner à boire à; faire boire; **2** (*sich voll saugen lassen*) imbiber, imprégner (***mit*** de)

trans..., Trans... [trans...] *in Zssgn* trans...

Trans|akti'on *f* transaction *f*; **𝟐at'lantisch** *adj* transatlantique

Trans|fer [trans'fɛr] *m* ⟨~s; ~s⟩ transfert *m*; **𝟐fe'rieren** *v/t* ⟨*sans ge*⟩ transférer

Trans|for'mator *m* ⟨~s; -'toren⟩ transformateur *m*; **𝟐for'mieren** *v/t* ⟨*sans ge*⟩ transformer; **~fusi'on** *f* ⟨~; ~en⟩ transfusion (sanguine)

Transistor [tran'zɪstɔr] *m* ⟨~s; -'toren⟩ transistor *m*; **~radio** *n* transistor *m*

Transit [tran'zɪt *ou* 'tran-] *m* ⟨~s; ~e⟩ transit *m*

'transitiv *adj* transitif

Tran'sitverkehr *m* trafic *m* de transit

transparent [transpa'rɛnt] *adj* transparent

Transpa'rent *n* ⟨~¢s; ~e⟩ banderole *f*; pancarte *f*

Transpa'renz *f* ⟨~⟩ transparence *f* (*a fig*)

transpirieren [transpi'ri:rən] *v/i* ⟨*sans ge*⟩ transpirer

Trans|plantat [-plan'ta:t] *n* ⟨~¢s; ~e⟩ greffon *m*; transplant *m*; **~plantati'on** *f* ⟨~; ~en⟩ transplantation *f*; greffe *f*; **𝟐plan'tieren** *v/t* ⟨*sans ge*⟩ transplanter

Transport [trans'pɔrt] *m* ⟨~¢s; ~e⟩ transport *m*

transpor'tabel *adj* ⟨-bl-⟩ transportable

Trans'porter *m* ⟨~s; ~⟩ AUTO camionnette *f*; fourgon *m*; AVIAT avion *m* de transport

Transporteur [--'tø:r] *m* ⟨~s; ~e⟩ transporteur *m*

trans'portfähig *adj* transportable

transpor'tieren *v/t* ⟨*sans ge*⟩ transporter

Trans'port|kosten *pl* frais *m/pl* de transport; **~mittel** *n* moyen *m* de transport; **~unternehmer** *m* entrepreneur *m* de transport; transporteur *m*

Transvestit [transvɛs'ti:t] *m* ⟨~en; ~en⟩ travesti *m*; F travelo *m*

Trapez [tra'pe:ts] *n* ⟨~es; ~e⟩ SPORT, MATH trapèze *m*; **~künstler(in)** *m(f)* trapéziste *m,f*

trappeln ['trapəln] *v/i* ⟨¢, sn⟩ trottiner

Trara [tra'ra:] F *n* ⟨~s⟩ ***viel ~ (um etw) machen*** faire beaucoup d'histoires (pour qc)

Trasse ['trasə] *f* ⟨~; ~n⟩ *geplante* tracé *m*; *bestehende* ligne *f*

trat [tra:t] → ***treten***

Tratsch [tra:tʃ] F *m* ⟨~es⟩ F ragots *m/pl*; F commérages *m/pl*

'tratschen F *v/i* cancaner

Traube ['traubə] *f* ⟨~; ~n⟩ **1** (*Wein𝟐*) raisin *m*; grappe *f* (de raisin); **2** *fig* (*große Menge*) grappe *f*; (*Menschen𝟐*) grappe humaine

'Trauben|saft *m* jus *m* de raisin; **~zucker** *m* glucose *m*

trauen[1] ['trauən] *v/t Brautpaar* marier; ***sich ~ lassen*** se marier

'trauen[2] **I** *v/i* ***j-m, e-r Sache ~*** faire confiance à qn; avoir confiance en qn, en *od* dans qc; ***s-n Augen, Ohren nicht ~*** ne pas en croire ses yeux, ses oreilles; **II** *v/r* ***sich*** (*acc*) ***~ zu*** (+ *inf*) oser (+ *inf*)

Trauer ['trauər] *f* ⟨~⟩ **1** *Gefühl* tristesse (profonde); affliction *f*; *um Tote* deuil *m*; *in Todesanzeigen* ***in tiefer, stiller ~*** (profonds) regrets; **2** (*~kleidung*) deuil *m*; ***~ tragen*** porter le deuil

'Trauer|fall *m* deuil *m*; **~feier** *f* funérailles *f/pl*; **~flor** *m* crêpe *m* (de deuil); **~gottesdienst** *m* service *m* funèbre; **~kleidung** *f* (vêtements *m/pl* de) deuil *m*; **~marsch** *m* marche *f* funèbre

'trauern *v/i* être affligé; ***um j-n ~*** pleurer (la mort, la perte de) qn; ***um*** *od* ***über etw ~*** s'affliger de qc

'trauernd *adjt* endeuillé; en deuil

'Trauerrand *m* ***mit ~*** encadré de noir

'Trauerspiel *n* tragédie *f*; F *fig* ***das ist ja ein ~!*** c'est lamentable!

'Trauer|weide *f* saule pleureur; **~zug** *m* cortège *m* funèbre

Traufe ['traufə] *f* ⟨~; ~n⟩ gouttière *f*; F *fig* ***vom Regen in die ~ kommen*** tomber de mal en pis

träufeln ['trɔyfəln] *v/t* ⟨¢⟩ verser goutte à goutte

Traum [traum] *m* ⟨~¢s; ~̈e⟩ rêve *m* (*a fig*); *st/s* songe *m*; ***e-n ~ haben*** faire un rêve; F ***das fällt mir nicht im ~(e) ein*** loin de moi cette idée; ***ein ~ von e-m Haus*** une maison de rêve

Trauma ['trauma] *n* ⟨~s; -men *ou* ~ta⟩ traumatisme *m*

'Traumberuf F *m* ***mein, sein*** *etc* **~** le métier de mes, ses, *etc* rêves

träumen ['trɔymən] **I** *v/t* rêver (***dass*** que); ***etw Schönes ~*** faire un beau rêve; **II** *v/i* **1** *im Schlaf, fig* (*Wünsche haben*) rêver (***von*** de); **2** (*vor sich hin ~*) rêver; rêvasser; ***mit offenen Augen ~*** rêver les yeux ouverts; **III** *v/r* ***das hätte ich mir nie ~ lassen!*** j'étais loin d'y penser!

'Träumer(in) *m* ⟨~s; ~⟩ (*f*) ⟨~; ~nen⟩ rêveur, -euse *m,f*; *fig* utopiste *m,f*

Träume'rei *f* ⟨~; ~en⟩ rêverie *f*

'träumerisch *adj* rêveur

'Traumfrau F *f* femme idéale; ***meine, seine ~*** la femme de ma, sa vie

'traumhaft *adj* **1** (*wie im Traum*) comme un rêve; de rêve; **2** F (*sehr schön*) fantastique; merveilleux; de rêve

'Traummann F *m* homme idéal; ***mein, ihr ~*** l'homme de ma, sa vie

'Traumtänzer *péj m* songe-creux *m*

'Traumwelt *f* monde *m* imaginaire

traurig ['traurıç] **I** *adj* **1** (*betrübt*) triste (***über*** [+ *acc*] de); *p/fort* affligé; ***~ werden*** s'attrister; ***~ machen*** attrister; **2** (*betrüblich*) attristant; *p/fort* affligeant; **3** (*kläglich*) pitoyable; piteux

'Traurigkeit *f* ⟨~⟩ tristesse *f*

'Trau|ring *m* alliance *f*; **~schein** *m* acte *m* de mariage; **~ung** *f* ⟨~; ~en⟩ (cérémonie *f* du) mariage *m*; **~zeuge** *m* témoin *m* (de mariage)

Travellerscheck ['trɛvələrʃɛk] *m* traveller's chèque *m*; chèque *m* de voyage

Travestie [travɛs'tiː] *f* ⟨~; ~n⟩ parodie *f*

Treck [trɛk] *m* ⟨~s; ~s⟩ convoi *m*

'Trecker *m* ⟨~s; ~⟩ tracteur *m*

Treff F *m* ⟨~s; ~s⟩ **1** (*Begegnung*) rencontre *f*; (*Verabredung*) rendez-vous *m*; **2** → ***Treffpunkt***

treffen ['trɛfən] ⟨trifft, traf, getroffen⟩ **I** *v/t* **1** *Ziel* toucher; frapper; atteindre; ***nicht ~*** manquer; ***j-n am Bein ~*** toucher qn à la jambe; **2** (*begegnen*) rencontrer; **3** (*herausfinden*) ***den richtigen Ton ~*** trouver le ton juste; ***es gut ~, getroffen haben*** avoir de la chance; ***er ist gut getroffen*** *auf e-m Foto* son portrait est bien réussi; **4** (*erschüttern*) ***das hat mich tief getroffen*** cela m'a touché, affecté profondément; **5** (*ereilen*) ***j-n ~*** *Fluch, Schicksal, Unglück* frapper qn; ***dich trifft keine Schuld*** tu n'y es pour rien; ce n'est pas (de) ta faute; **II** *v/i* **6** *Schuss* toucher la cible; *Schütze* ***er hat getroffen!*** il a touché juste!; **7** ⟨sn⟩ ***auf j-n, etw*** (*acc*) **~** rencontrer qn, qc; tomber sur qn, qc; **III** *v/r* **8** (*begegnen*) ***sich ~*** se rencontrer; ***sich mit j-m ~*** rencontrer qn; **9** ***das trifft sich gut*** cela tombe bien

'Treffen *n* ⟨~s; ~⟩ (*Begegnung*) rencontre *f* (*a* POL; SPORT); (*Verabredung*) rendez-vous *m*; (*Zusammenkunft*) réunion *f*

'treffend *adjt* *Antwort, Ausdruck etc* juste; approprié; pertinent

'Treffer *m* ⟨~s; ~⟩ **1** *beim Schießen, fig* coup réussi; **2** BALLSPIELE but *m*; **3** *Los* billet gagnant

'trefflich *st/s adj* excellent; parfait

'Treffpunkt *m* (lieu *m* de) rendez-vous *m*; lieu *m* de rencontre

'treffsicher *adj* **1** *im Schießen* qui a la main sûre, l'œil juste; **2** *fig Bemerkung* bien senti

'Treibeis *n* glaces flottantes

treiben ['traɪbən] ⟨trieb, getrieben⟩ **I** *v/t* **1** *in e-e Richtung* pousser; chasser; **2** (*drängen*) ***j-n zu etw ~*** pousser qn à (faire) qc; ***j-n in den Tod ~*** pousser qn à la mort; ***j-n zum Äußersten ~*** pousser qn à bout; **3** *Pfahl* ***in die Erde ~*** enfoncer (dans le sol); *Tunnel* ***in den Berg ~*** creuser, percer dans la montagne; **4** BOT donner; ***Blüten ~*** produire, donner des fleurs; fleurir; **5** *Gewerbe* exercer; *Sport, Musik, Hobby* pratiquer; ***was treibst du?*** qu'est-ce que tu fais?; **6** *mit ‚es'* ***treib es nicht zu weit!*** n'exagère pas; F ***es mit j-m ~*** F coucher avec qn; **II** *v/i* ⟨sn⟩ **7** ***im Wind ~*** dériver au gré du vent; ***auf dem Wasser ~*** flotter à la dérive; *fig* ***die Dinge ~ lassen*** laisser faire, aller les choses; **8** *Pflanze* pousser

'Treiben *n* ⟨~s⟩ **1** (*Geschäftigkeit*) agitation *f*; animation *f*; **2** *péj* agissements *m/pl*

'Treiber *m* ⟨~s; ~⟩ **1** JAGD rabatteur *m*; **2** INFORM drive(u)r *m*

'Treib|gas *n in Spraydosen* (gaz *m*) propulseur *m*; **~haus** *n* serre *f*; **~hauseffekt** *m* effet *m* de serre; **~jagd** *f* battue *f*; **~sand** *m* sables mouvants; **~stoff** *m* carburant *m*

Trema ['tre:ma] *n* ⟨~s; ~s *ou* ~ta⟩ tréma *m*

Trend [trɛnt] *m* ⟨~s; ~s⟩ (*Tendenz*) tendance *f* (***zu*** à); (*Mode*) mode *f*

trennbar ['trɛn-] *adj* séparable

'trennen I *v/t* **1** (*ab~*) séparer; (*loslösen*) détacher; ***Müll ~*** trier les ordures; **2** *Naht* défaire; *Angenähtes* découdre; **3** *Personen, Sachen* séparer (***von*** de); **4** (*unterscheiden*) séparer; distinguer; **5** (*dazwischenliegen*) séparer; *fig* ***uns ~ Welten*** des mondes nous séparent; **6** TÉL couper; **7** *Wort in Silben* couper; **II** *v/r* ***sich ~*** se séparer (***von j-m, etw*** de qn, de qc); ***sie ~ sich als Freunde*** ils se quittent, se séparent bons amis; SPORT ***sich unentschieden ~*** se séparer sur un match nul

'Trennung *f* ⟨~; ~en⟩ **1** (*Trennen, Getrenntsein*) séparation *f*; **2** (*Unterscheidung*) distinction *f*; **3** *von Silben, e-s Wortes* division *f*

'Trennungs|linie *f* ligne *f* de séparation; **~strich** *m* TYPO tiret *m*

'Trennwand *f* cloison *f*

trepp|'ab *adv* en descendant l'escalier; **~'auf** *adv* en montant l'escalier

Treppe ['trɛpə] *f* ⟨~; ~n⟩ escalier *m*; (*Frei*2) perron *m*; ***auf der ~*** dans l'escalier

'Treppen|absatz *m* palier *m*; **~geländer** *n* rampe *f*; **~haus** *n* cage *f* d'escalier

Tresen ['tre:zən] *m* ⟨~s; ~⟩ comptoir *m*

Tresor [tre'zo:r] *m* ⟨~s; ~e⟩ coffre-fort *m*

⚠ **Tresor**	≠	**trésor**
der Tresor	=	le coffre-fort
le trésor	=	der Schatz

Tresse ['trɛsə] *f* ⟨~; ~n⟩ galon *m*

'Tretboot *n* pédalo *m*

treten ['tre:tən] ⟨tritt, trat, getreten⟩ **I** *v/t* **1** (*e-n Tritt geben*) donner un coup de pied à; *Ball* botter; ***j-n auf den Fuß ~*** marcher sur le pied de qn; **2** (*betätigen*) actionner, faire marcher avec le(s) pied(s); **II** *v/i* **3** (*sich begeben*) se mettre; se placer; ***~ Sie näher!*** approchez!; *zu e-m Besucher* entrez!; ***~ an*** (+ *acc*) *Fenster etc* s'approcher de; s'avancer vers; ***ins Zimmer ~*** entrer dans la pièce; **4** ***auf etw*** (*acc*) ***~*** marcher sur qc; ***j-m auf den Fuß ~*** ⟨h⟩ marcher sur le pied de qn; ***in e-e Pfütze ~*** marcher dans une flaque (d'eau); **5** *Tränen* ***in die Augen ~*** venir aux yeux; ***mit j-m in Briefwechsel ~*** entrer en correspondance avec qn

'Tret|mine *f* mine *f* antipersonnel; **~mühle** F *péj f* (morne) routine *f*; train-train *m*

treu [trɔʏ] *adj* fidèle; ***sich, e-r Sache*** (*dat*) ***~ bleiben*** rester fidèle à soi-même, à qc; ***zu ~en Händen übergeben*** remettre en mains sûres

'Treue *f* ⟨~⟩ **1** (*Verlässlichkeit*) fidélité *f*; (*Pflicht*2) loyauté *f*; ***eheliche ~*** fidélité conjugale; ***j-m die ~ halten*** rester fidèle à qn; **2** (*Genauigkeit*) conformité *f*; fidélité *f*

Treuhänder ['trɔʏhɛndər] *m* ⟨~s; ~⟩ (administrateur *m*) fiduciaire *m*; **2isch** à titre fiduciaire

T

'treuherzig **I** *adj* candide; ingénu; **II** *adv* avec candeur
'treulos *adj* infidèle; déloyal
Triangel ['tri:aŋəl] *m* ⟨~s; ~⟩ MUS triangle *m*
Triathlon ['tri:atlɔn] *n* ⟨~s; ~s⟩ triathlon *m*
Tribu'nal *n* ⟨~s; ~e⟩ tribunal *m*
Tribüne [tri'by:nə] *f* ⟨~; ~n⟩ tribune *f*
Tribut [tri'bu:t] *m* ⟨~(e)s; ~e⟩ HIST, *fig* tribut *m*; *fig* ***e-r Sache*** (*dat*) ***~ zollen*** payer tribut à qc
Trichine [trɪ'çi:nə] *f* ⟨~; ~n⟩ trichine *f*
Trichter ['trɪçtər] *m* ⟨~s; ~⟩ entonnoir *m* (*a Bomben*~, GÉOGR)
Trick [trɪk] *m* ⟨~s; ~s⟩ truc *m*; F combine *f*; **'~film** *m* dessins animés
'tricksen F *v/t* F goupiller
trieb [tri:p] → ***treiben***
Trieb *m* ⟨~(e)s; ~e⟩ **1** *innerer* impulsion *f*; PSYCH pulsion *f*; *angeborener* instinct *m*; **2** BOT pousse *f*
'Trieb|feder *f fig* mobile *m*; **~haft** *adj* pulsionnel (*a* PSYCH); instinctif; **~täter** *m*, **~verbrecher** *m* maniaque sexuel; **~wagen** *m* autorail *m*; **~werk** *n* AVIAT réacteur *m*
triefen ['tri:fən] *v/i* ruisseler (**von** de); F *fig péj* **von** *od* **vor etw** (*dat*) **~** déborder de qc; ***~d nass*** trempé; dégoulinant
Trier ['tri:ər] *n* ⟨~s⟩ Trèves
triftig ['trɪftɪç] *adj* valable; pertinent
Trigonometrie [trigonome'tri:] *f* ⟨~⟩ trigonométrie *f*
Trikolore [triko'lo:rə] *f* ⟨~; ~n⟩ drapeau *m* tricolore
Trikot[1] [tri'ko:] *m od n* ⟨~s; ~s⟩ *Gewebe* tricot *m*
Tri'kot[2] *n* ⟨~s; ~s⟩ *Kleidungsstück* maillot *m*
Triller ['trɪlər] *m* ⟨~s; ~⟩ trille *m*
'trillern *v/i* faire des trilles; *Lerche* grisoller
'Trillerpfeife *f* sifflet *m* à roulette
Trillion [trɪli'o:n] *f* ⟨~; ~en⟩ trillion *m*
Trilogie [trilo'gi:] *f* ⟨~; ~n⟩ trilogie *f*
Trimester [tri'mɛstər] *n* ⟨~s; ~⟩ trimestre *m*
Trimm-dich-Pfad ['trɪm--] *m* parcours *m* de santé
'trimmen **I** *v/t* **1** SPORT entraîner; **2** F ***etw auf alt ~*** donner à qc l'aspect du vieux *od* de l'ancien; **3** *Hund* toiletter; **II** *v/r* ***sich ~*** s'entraîner
trinkbar ['trɪŋk-] *adj* buvable
'trinken ⟨trank, getrunken⟩ **I** *v/t* boire; *Kaffee, Tee a* prendre; ***was möchten Sie ~?*** qu'est-ce que vous prenez?; ***e-n ~*** boire un coup; **II** *v/i* **1** ***aus der Flasche ~*** boire à (même) la bouteille; ***aus e-m Glas ~*** boire dans un verre; **2** (*alkoholsüchtig sein*) boire

trinken

Das Wort *trinken* heißt auf Französisch **boire**. Das ist nicht weiter schwierig. Aufpassen muss man allerdings, wenn man die zugehörige Präposition übersetzen will:

Jeanne trinkt ihren Whisky *aus* einem Glas.
Jeanne boit son whisky dans un verre.

Bernard trinkt seinen Tee *aus* einer Tasse.
Bernard boit son thé dans une tasse.

Thierry trinkt immer *aus* der Flasche.
Thierry a l'habitude de boire à la bouteille.

'Trinken *n* ⟨~s⟩ boire *m*; (*Trunksucht*) ivrognerie *f*
'Trinker(in) *m* ⟨~s; ~⟩ (*f*) ⟨~; ~nen⟩ buveur, -euse *m,f*; alcoolique *m,f*
'trink|fest *adj* qui supporte (bien) l'alcool; **~gelage** *n* beuverie *f*; **~geld** *n* pourboire *m*; → *Info-Fenster S. 1242*; **~halle** *f* buvette *f*; **~halm** *m* paille *f*; **~spruch** *m* toast *m*; **~wasser** *n* eau *f* potable
Trio ['tri:o] *n* ⟨~s; ~s⟩ MUS, *fig* trio *m*
Trip [trɪp] *m* ⟨~s; ~s⟩ **1** F (*Reise*) voyage *m*; **2** *Jargon* (*Drogenrausch*) F trip *m*; *arg* défonce *f*; **3** F trip *m*; F ***auf dem religiösen*** *etc* ***~ sein*** faire sa crise religieuse, *etc*
trippeln ['trɪpəln] *v/i* ⟨¢, sn⟩ trottiner
Tripper ['trɪpər] *m* ⟨~s; ~⟩ blennorragie *f*
trist [trɪst] *adj* triste; morne
tritt [trɪt] → ***treten***
Tritt *m* ⟨~(e)s; ~e⟩ **1** (*Aufsetzen des Fußes*)

T

In französischen Lokalen bekommt man die Rechnung meistens auf einem Tellerchen serviert. In dieses legt man das Geld, das die Bedienung dann abholt. Nachdem sie das Wechselgeld gebracht hat, kann man ein **Trinkgeld** in dem Tellerchen liegen lassen – falls man mit Essen und Service zufrieden war!

pas *m*; **2** (*Gleichschritt*) pas *m*; **~ *fassen*** se mettre au pas; ***aus dem ~ kommen*** perdre la cadence; **3** (*Fuß*ℤ) coup *m* de pied; ***j-m e-n ~ versetzen*** donner un coup de pied à qn; **4** → ***Trittleiter***

'Tritt|brett *n* marchepied *m*; **~leiter** *f* escabeau *m*

Triumph [tri'ʊmf] *m* ⟨~(e)s; ~e⟩ triomphe *m* (***über*** [+ *acc*] sur)

trium'phal *adj* triomphal

Tri'umphbogen *m* arc *m* de triomphe

trium'phieren *v/i* ⟨*sans ge*⟩ triompher (***über*** [+ *acc*] de)

Tri'umphzug *m* marche, entrée triomphale (*a fig*)

trivial [trivi'a:l] *adj* banal; plat; **~i'tät** *f* ⟨~; ~en⟩ banalité *f*; platitude *f*

trocken ['trɔkən] **I** *adj* **1** (*nicht nass*) sec (*a Haut, Haar*); ***im ~en*** à l'abri; au sec; F *fig* ***auf dem ~en sitzen*** F être à sec; **2** *Wetter, Klima* sec; *Boden* aride; **3 *~es Brot*** (*ohne Beilage*) (du) pain sec; **4** *Wein* sec; *Sekt, Champagner* brut; **5** *fig Stil* sec; *Thema* aride; ***er hat e-n ~en Humor*** c'est un pince-sans-rire; **II** *adv* ***~ aufbewahren*** tenir, conserver au sec; ***sich ~ rasieren*** se raser au rasoir électrique

'Trocken|dock *n* cale sèche; bassin *m* de radoub; **~haube** *f* casque *m*; **~heit** *f* ⟨~⟩ (*Dürreperiode*) sécheresse *f*; *e-r Landschaft* aridité *f* (*beide a fig*)

'trocken·legen *v/t* **1** *Sumpf* assécher; mettre à sec; **2** *Baby* changer

'Trocken|milch *f* lait *m* en poudre; **~raum** *m* séchoir *m*; **~zeit** *f* saison sèche

trocknen ['trɔknən] *v/t* (*u v/i* ⟨sn⟩) sécher

'Trockner *m* ⟨~s; ~⟩ → ***Händetrockner, Wäschetrockner*** *1, 2*

Troddel ['trɔdəl] *f* ⟨~; ~n⟩ 'houppe *f*

Trödel ['trø:dəl] F *m* ⟨~s⟩ bric-à-brac *m*

Tröde'lei F *f* ⟨~; ~en⟩ lenteur *f*; F lambinerie *f*

'Trödelmarkt *m* foire *f* à la brocante

'trödeln F *v/i* ⟨h⟩ traîner (***bei der Arbeit*** dans son travail); F lambiner; F traînailler

'Trödler(in) F *m* ⟨~s; ~⟩ (*f*) ⟨~; ~nen⟩ **1** (*Händler*) brocanteur, -euse *m,f*; **2** *péj* (*Bummler*) F lambin(e) *m(f)*

trog [tro:k] → ***trügen***

Trog *m* ⟨~(e)s; ~e⟩ auge *f*; (*Futter*~) *a* mangeoire *f*

trollen ['trɔlən] *v/r* F ***sich ~*** F filer

Trommel ['trɔməl] *f* ⟨~; ~n⟩ MUS tambour *m*; (*Waschmaschinen*~) tambour *m*; (*Wickel*~) enrouleur *m*; (*Revolver*~) barillet *m*; **~bremse** *f* frein *m* à tambour; **~fell** *n* tympan *m*; **~feuer** *n* feu roulant (*a fig*)

'trommeln ⟨h⟩ **I** *v/t* battre; **II** *v/i* battre le tambour; tambouriner (*a fig*)

'Trommel|schlägel *m*, **~stock** *m* baguette *f* de tambour; **~wirbel** *m* roulement *m* de tambour

'Trommler(in) *m* ⟨~s; ~⟩ (*f*) ⟨~; ~nen⟩ tambour *m*

Trompete [trɔm'pe:tə] *f* ⟨~; ~n⟩ trompette *f*

trom'peten ⟨-e-, *sans ge*⟩ **I** *v/t* jouer à la trompette; **II** *v/i* jouer de la trompette; *Elefant* barrir

Trom'peter(in) *m* ⟨~s; ~⟩ (*f*) ⟨~; ~nen⟩ trompettiste *m,f*

Tropen ['tro:pən] *pl* tropiques *m/pl*; ***in den ~*** sous les tropiques

'Tropen|helm *m* casque colonial; **~klima** *n* climat tropical; **~tauglich** *adj* apte à supporter le climat tropical

Tropf[1] [trɔpf] F *m* ⟨~(e)s; ~e⟩ *Person* nigaud *m*; ***armer ~*** pauvre bougre *m*

Tropf[2] *m* ⟨~(e)s; ~e⟩ MÉD goutte-à-goutte *m*; ***am ~ hängen*** être sous perfusion

Tröpfchen ['trœpfçən] *n* ⟨~s; ~⟩ gouttelette *f*; **~weise** *adv* goutte à goutte

tröpfeln ['trœpfəln] ⟨h⟩ **I** *v/t* → ***tropfen*** *I*; **II** *v/i* → ***tropfen*** *II 1 u 2*; **III** F *v/imp* ***es tröpfelt*** il tombe des gouttes (de pluie)

tropfen ['trɔpfən] **I** *v/t* verser goutte à goutte; **II** *v/i* **1** ⟨ + *indication de direction* sn⟩ couler goutte à goutte (***in*** [+ *acc*] dans; ***aus, von*** de); **2** *Flüssigkeit,*

Hahn, Wäsche goutter

'Tropfen *m* ⟨~s; ~⟩ **1** goutte *f*; ***es regnet dicke ~*** il pleut à grosses gouttes; ***das ist ein ~ auf den heißen Stein*** c'est une goutte d'eau dans la mer; **2** PHARM **~** *pl* gouttes *f/pl*; **3** F (*Alkohol*) ***ein guter, edler ~*** une bonne bouteille

'tropfenweise *adv* goutte à goutte

'tropf'nass *adj* trempé

'Tropfsteinhöhle *f* grotte *f* (de stalactites *bzw* de stalagmites)

Trophäe [tro'fɛːə] *f* ⟨~; ~n⟩ trophée *m*

'tropisch *adj* tropical

Trosse ['trɔsə] *f* ⟨~; ~n⟩ ('h)aussière *f*

Trost [troːst] *m* ⟨~es⟩ consolation *f*; réconfort *m*; ***j-m ~ zusprechen*** consoler qn; F ***du bist wohl nicht (ganz, recht) bei ~!*** F tu déraillеs!

trösten ['trøːstən] ⟨-e-⟩ **I** *v/t* consoler; réconforter (***mit etw*** par qc); ***~de Worte*** *n/pl* paroles *f/pl* de consolation; **II** *v/r* ***sich ~*** se consoler (***mit dem Gedanken, dass ...*** à la pensée que ... *od* de [+ *inf*])

'tröstlich *adj* consolant; réconfortant

'trost|los *adj Anblick, Zustand, Wetter* désolant; (*öde*) triste; morne; désolé; *Kindheit* malheureux; **²losigkeit** *f* ⟨~⟩ *e-r Gegend* tristesse *f*; *e-s Zustandes* caractère désolant; **²pflaster** *n plais* petite consolation; **²preis** *m* prix *m* de consolation; **~reich** *adj* réconfortant

Trott [trɔt] *m* ⟨~(e)s; ~e⟩ **1** *Gangart* petit trot; **2** F *péj* (*Routine*) train-train *m*; ***in den alten ~ verfallen*** retrouver son petit train-train

'Trottel F *m* ⟨~s; ~⟩ F gourde *f*; idiot(e) *m(f)*; **²ig** F *adj* F gâteux

'trotten F *v/i* ⟨-e-, sn⟩ marcher d'un pas lourd

trotz [trɔts] *prép* ⟨*gén, rarement dat*⟩ malgré; en dépit de; ***~ alle(de)m*** malgré tout (cela)

Trotz *m* ⟨~es⟩ esprit contrariant; obstination *f*; ***j-m, e-r Sache zum ~*** en dépit de qn, de qc

'trotzdem *adv* quand même; tout de même

'trotzen *v/i* ⟨(e)s⟩ **1** *st/s* (*widerstehen*) ***j-m, e-r Sache ~*** braver, affronter, défier qn, qc; **2** (*schmollen*) faire la mauvaise tête; bouder

'trotzig *adj* entêté; obstiné

'Trotzkopf *m* esprit obstiné; *Kind* petit(e) obstiné(e)

trüb(e) [tryːp ('tryːbə)] *adj* **1** *Flüssigkeit* trouble; **2** *Glas, Spiegel* terni; *Licht* sans éclat; *Augen* terne; **3** *Wetter* sombre; gris; ***es ist ~*** il fait gris; **4** *fig Stimmung, Aussichten, Zeiten* sombre; *Gedanken* noir

Trubel ['truːbəl] *m* ⟨~s⟩ agitation *f*; tumulte *m*; tohu-bohu *m*

trüben ['tryːbən] **I** *v/t* **1** (*trübe machen*) troubler; (*glanzlos machen*) ternir; **2** (*beeinträchtigen*) troubler; gâter; **II** *v/r* ***sich ~*** *Flüssigkeit* se troubler; *Glas, Silber, Spiegel* se ternir; *Blick* se brouiller

'Trübsal *st/s f* ⟨~⟩ affliction *f*; F ***~ blasen*** broyer du noir

'trüb|selig *adj Stimmung* triste; mélancolique; morose; *Gegend* morne; *Wetter* gris; **²sinn** *m* tristesse *f*; *p/fort* mélancolie *f*; **~sinnig** *adj* triste; mélancolique; morne

trudeln ['truːdəln] *v/i* ⟨¢, sn⟩ AVIAT faire la vrille; ***ins ² kommen*** tomber en vrille

Trüffel ['trʏfəl] *f* ⟨~; ~n⟩ truffe *f*

trug [truːk] → ***tragen***

'Trugbild *n* mirage *m*; illusion *f*

trügen ['tryːgən] ⟨trog, getrogen⟩ **I** *v/t* tromper; abuser; ***wenn mich nicht alles trügt*** si je ne m'abuse; **II** *v/i* être trompeur

'trügerisch *adj* trompeur; illusoire

'Trugschluss *m* conclusion fausse

Truhe ['truːə] *f* ⟨~; ~n⟩ coffre *m*

Trümmer ['trʏmər] *pl* débris *m/pl*; *von Bauwerken* ruines *f/pl*; décombres *m/pl*; ***in ~n liegen*** être en ruines

'Trümmerhaufen *m* amas *m* de décombres (*a fig*)

Trumpf [trumpf] *m* ⟨~(e)s; ~e⟩ atout *m* (*a fig*); ***~ (aus)spielen*** jouer atout; *fig* ***alle Trümpfe in der Hand haben*** avoir tous les atouts en main; *fig* ***~ sein*** (*gefragt sein*) être demandé *od* en faveur; (*Mode sein*) être en vogue, dans le vent

'Trumpfkarte *f* atout *m* (*a fig*)

Trunk [truŋk] *st/s m* ⟨~(e)s; ~e⟩ boisson *f*; ***dem ~ ergeben sein*** s'adonner à la boisson

Trunkenbold ['--bɔlt] *m* ⟨~(e)s; ~e⟩ ivrogne *m*

'Trunkenheit *f* ⟨~⟩ ivresse *f*; ADM ébriété *f*; ***~ am Steuer*** conduite *f* en

T

état d'ivresse, ADM d'ébriété

'**Trunk|sucht** *f* ivrognerie *f*; alcoolisme *m*; **2süchtig** *adj* alcoolique

Trupp [trup] *m* ⟨~s; ~s⟩ troupe *f*; bande *f*; (*Arbeits2*) brigade *f*; MIL détachement *m*

'**Truppe** *f* ⟨~; ~n⟩ **1** (*militärischer Verband*) troupe *f*; **2** MIL (*Streitkräfte*) troupes *f/pl*; **3** THÉ, ZIRKUS troupe *f*; compagnie *f*

'**Truppen|gattung** *f* arme *f*; **~übungsplatz** *m* champ *m* de manœuvres

Trut|hahn ['tru:t-] *m* dindon *m*; *junger* dindonneau *m*; CUIS dinde *f*; **~henne** *f* dinde *f*

Tschad [tʃat] ⟨~s⟩ ***der ~*** le Tchad

Tschech|e ['tʃɛçə] *m* ⟨~n; ~n⟩, **~in** *f* ⟨~; ~nen⟩ Tchèque *m,f*; **~ien** *n* ⟨~s⟩ la République tchèque; **2isch** *adj* tchèque

Tschetschenien [tʃe'tʃe:niən] *n* ⟨~s⟩ la Tchétchénie

tschüs [tʃys] F *int* F salut! (*formule d'adieu*)

T-Shirt ['ti:ʃœrt] *n* ⟨~s; ~s⟩ tee-shirt *m*

Tuba ['tu:ba] *f* ⟨~; -ben⟩ MUS tuba *m*

Tube ['tu:bə] *f* ⟨~; ~n⟩ tube *m*; F *fig* ***auf die ~ drücken*** F appuyer sur le champignon

Tuberkulose [tubɛrku'lo:zə] *f* ⟨~; ~n⟩ tuberculose *f*

Tuch [tu:x] *n* ⟨~es; ~er⟩ **1** ⟨*pl* ~e⟩ TEXT drap *m*; **2** (*Kopf2*, *Hals2*) foulard *m*; (*Umschlag2*) châle *m*; (*Schulter2*) fichu *m*; **3** (*Staub2*) chiffon *m*; **4** F *fig* ***das ist ein rotes ~ für mich*** quand je vois ça, je vois rouge

'**Tuchfühlung** *f* ⟨~⟩ ***auf ~*** coude à coude; ***auf ~ bleiben*** rester en contact (étroit) (***mit j-m*** avec qn)

tüchtig ['tʏçtɪç] **I** *adj* **1** (*gut, leistungsfähig*) bon; efficace; (*fähig*) capable; (*fleißig*) travailleur; **2** F (*gehörig*) *Portion, Tracht Prügel* bon; **II** F *adv* (*viel*) beaucoup; bien; ***~ essen*** manger copieusement

'**Tüchtigkeit** *f* ⟨~⟩ efficacité *f*; capacité(s) *f*(*pl*); valeur *f*

Tücke ['tʏkə] *f* ⟨~; ~n⟩ **1** (*Hinterhältigkeit*) perfidie *f*; malignité *f*; ***die ~ des Objekts*** la malignité des choses; **2** ⟨*souvent pl*⟩ (*verborgene Gefahr*) vice, défaut caché

tuckern ['tukərn] *v/i* *Motor* faire teuf-teuf

'**tückisch** *adj* *Person* perfide; sournois; *Sache* traître

Tuffstein ['tuf-] *m* tuf *m*

tüfteln ['tʏftəln] F *v/i* ⟨¢⟩ bricoler (***an etw*** [*dat*] qc); ***an e-m Problem ~*** essayer de résoudre un problème

'**Tüftler** F *m* ⟨~s; ~⟩ (*Denker*) fignoleur *m*; (*Bastler*) bricoleur (minutieux)

Tugend ['tu:gənt] *f* ⟨~; ~en⟩ vertu *f*

'**tugendhaft** *adj* vertueux

Tüll [tʏl] *m* ⟨~s; ~e⟩ tulle *m*

Tülle ['tʏlə] *f* ⟨~; ~n⟩ *e-r Kanne* bec *m*

Tulpe ['tulpə] *f* ⟨~; ~n⟩ tulipe *f* (*a Glas*)

'**Tulpenzwiebel** *f* oignon *m* de tulipe

tummeln ['tuməln] *v/r* ⟨¢⟩ ***sich ~*** **1** (*herumtollen*) s'ébattre; **2** (*sich beeilen*) se dépêcher

'**Tummelplatz** *m* **1** (*beliebter Aufenthaltsort*) lieu *m* de prédilection; *für Kinder* terrain *m* de jeu; **2** *fig* terrain *m* d'action

Tümmler ['tʏmlər] *m* ⟨~s; ~⟩ marsouin *m*

Tumor ['tu:mɔr] *m* ⟨~s; -'moren⟩ tumeur *f*

Tümpel ['tʏmpəl] *m* ⟨~s; ~⟩ mare *f*

Tumult [tu'mult] *m* ⟨~es; ~e⟩ **1** (*Lärm*) tumulte *m*; **2** (*Aufruhr*) agitation *f*; *p/fort* émeute *f*

tu'multartig *adj* tumultueux

tun [tu:n] ⟨tue, tust, tut; tat (du tat[e]st, ihr tatet); getan; tu(e)!⟩ **I** *v/t* **1** (*machen*) faire; ***das tut man nicht*** cela ne se fait pas; ***was*** (***ist zu***) ***~?*** que faire?; ***damit ist es nicht getan*** cela ne suffit pas; ***du tust*** *bzw* ***tätest gut daran, zu*** (+ *inf*) tu ferais bien de (+ *inf*); F ***es ~*** (*koitieren*) faire la chose; **2** (*arbeiten*) faire; (***etw***) ***zu ~ haben*** avoir (qc) à faire; **3** (*an~*) faire; ***der Hund tut*** (***dir***) ***nichts*** le chien ne (te) fera rien; **4** ***zu ~ haben*** (*zu schaffen haben*) avoir affaire (***mit j-m, etw*** à, avec qn, qc); ***etw zu ~ haben*** (*Bezug haben*) avoir qc à faire, à voir (***mit j-m, etw*** avec qn, qc); ***damit habe ich nichts zu ~*** cela ne me concerne pas; **5** F (*bringen*) mettre; **6** F (*ausreichen*) suffire; ***das tut es auch*** cela fera aussi l'affaire; **7** F ***es*** (***nicht mehr***) ***~*** (*funktionieren*) (ne plus) marcher; **8** ***er bekommt es mit mir zu ~!*** il aura affaire à moi!; ***es mit der Angst zu ~ bekommen*** prendre peur; **II** *v/i* ***so ~, als ob …*** (+ *subj*) faire semblant de (+ *inf*);

er tut nur so il fait semblant; ***~ Sie doch nicht so!*** ne prenez pas ces airs-là!; **III** F *v/r* ***es tut sich etw*** il se passe qc
Tun *n* ⟨~s⟩ action *f*
Tünche ['tʏnçə] *f* ⟨~; ~n⟩ **1** *Farbe* badigeon *m*; **2** *fig péj Oberfläche* vernis *m*
'tünchen *v/t* badigeonner
Tundra ['tʊndra] *f* ⟨~; -dren⟩ toundra *f*
tunen ['tju:nən] *v/t* AUTO régler; bricoler
Tuner ['tju:nər] *m* ⟨~s; ~⟩ tuner *m*; syntoniseur *m*
Tunes|ien [tu'ne:ziən] *n* ⟨~s⟩ la Tunisie; **~ier(in)** *m* ⟨~s; ~⟩ *(f)* ⟨~; ~nen⟩ Tunisien, -ienne *m,f*; **≈isch** *adj* tunisien
Tunfisch ['tu:nfɪʃ] *m* thon *m*
Tunichtgut ['tu:nɪçtgu:t] *m* ⟨~ *ou* ~¢s; ~e⟩ vaurien *m*
Tunke ['tʊŋkə] *f* ⟨~; ~n⟩ sauce *f*
'tunken *v/t* tremper (***in*** [+ acc] dans)
tunlichst ['tu:nlɪçst] *adv* **1** *(möglichst)* autant que possible; **2** *(unbedingt)* absolument
Tunnel ['tʊnəl] *m* ⟨~s; ~$⟩ tunnel *m*
Tunte ['tʊntə] F *f* ⟨~; ~n⟩ F tante *f*
Tüpfelchen ['tʏpfəlçən] *n* ⟨~s; ~⟩ point *m*; *fig* ***das ~ auf dem i*** la dernière touche
'tüpfeln *v/t* ⟨¢⟩ moucheter
tupfen ['tʊpfən] *v/t* **1** *(be~)* tamponner; **2** *(tüpfeln)* moucheter
'Tupfen *m* ⟨~s; ~⟩ pois *m*; point *m*
Tupfer ['tʊpfər] *m* ⟨~s; ~⟩ **1** MÉD tampon *m*; **2** F → ***Tupfen***
Tür [ty:r] *f* ⟨~; ~en⟩ **1** porte *f*; *(Auto≈, Zug≈)* portière *f*; ***~ an ~ wohnen*** habiter l'un à côté de l'autre; ***von ~ zu ~ gehen*** faire du porte-à-porte; **2** *fig* ***e-r Sache*** *(dat)* ***~ und Tor öffnen*** ouvrir (toute grande) la porte à qc; F ***offene ~en einrennen*** enfoncer des portes ouvertes; F ***mit der ~ ins Haus fallen*** mettre les pieds dans le plat; F ***j-n vor die ~ setzen*** mettre, F flanquer qn à la porte; ***Weihnachten steht vor der ~*** Noël approche; F ***zwischen ~ und Angel*** entre deux portes
'Türangel *f* gond *m*
Turban ['tʊrba:n] *m* ⟨~s; ~e⟩ turban *m*
Turbine [tʊr'bi:nə] *f* ⟨~; ~n⟩ turbine *f*; **≈ngetrieben** *adjt* mû par turbine
Turbo ['tʊrbo] *m* ⟨~s; ~s⟩ *(~lader)* turbo *m*; AUTO turbo *f*; **~lader** *m* ⟨~s; ~⟩ turbocompresseur *m*; **~motor** *m* moteur *m* turbo; turbomoteur *m*
turbulent [tʊrbu'lɛnt] *adj* tumultueux; *Versammlung a* 'houleux; *Leben a* agité
Turbu'lenz *f* ⟨~; ~en⟩ PHYS turbulence *f*
'Türgriff *m* poignée *f* (de porte)
Türke ['tʏrkə] *m* ⟨~n; ~n⟩ Turc *m*
Tür'kei ⟨~⟩ ***die ~*** la Turquie
'türken F *v/t* falsifier; truquer
'Türkin *f* ⟨~; ~nen⟩ Turque *f*
türkis [tʏr'ki:s] *adj* turquoise
Tür'kis *m* ⟨~es; ~e⟩ turquoise *f*
türkisch ['tʏrkɪʃ] *adj* turc
'Tür|klinke *f* poignée *f* de porte; bec-de-cane *m*; **~knauf** *m* bouton *m* de porte
Turm [tʊrm] *m* ⟨~¢s; ≈e⟩ **1** ARCH tour *f* (*a* SCHACH); *(Kirch≈)* clocher *m*; **2** *(Sprung≈)* plongeoir *m*
Türmchen ['tʏrmçən] *n* ⟨~s; ~⟩ tourelle *f*
'türmen[1] *v/t* (*u v/r*) *(stapeln)* (***sich ~*** s')entasser; (s')amonceler; (s')empiler
'türmen[2] F *v/i* ⟨sn⟩ *(weglaufen)* F se barrer; F se tailler
'Turm|falke *m* crécerelle *f*; **≈hoch** *adj* très 'haut; gigantesque; **~springen** *n* plongeons *m/pl* de haut vol; **~uhr** *f* horloge *f*
turnen ['tʊrnən] **I** *v/t Übung* faire; exécuter; **II** *v/i* **1** faire de la gymnastique; ***am Barren ~*** faire des barres parallèles; **2** F *(klettern)* grimper (***über*** [+ *acc*] sur)
'Turnen *n* ⟨~s⟩ gymnastique *f*; *(Turnunterricht)* éducation *f* physique
'Turner(in) *m* ⟨~s; ~⟩ *(f)* ⟨~; ~nen⟩ gymnaste *m,f*
'Turn|geräte *n/pl* agrès *m/pl*; **~halle** *f* gymnase *m*; **~hose** *f* short *m*
Turnier [tʊr'ni:r] *n* ⟨~s; ~e⟩ tournoi *m*; *(Reit≈)* concours *m*
'Turn|lehrer(in) *m(f)* professeur *m* d'éducation physique, de gymnastique; **~schuh** *m* tennis *m*; *knöchelhoher* basket *f*; **~übung** *f* exercice *m* de gymnastique; **~unterricht** *m* éducation *f* physique
Turnus ['tʊrnʊs] *m* ⟨~; ~se⟩ roulement *m*; **≈mäßig** *adj u adv* par roulement; à tour de rôle
'Turn|verein *m* club *m* de gymnastique; **~zeug** *n* affaires *f/pl* de gymnastique
'Tür|öffner *m* système *m* d'ouverture automatique d'une porte; **~rahmen** *m* encadrement *m* de porte; **~schild** *n* plaque *f* de porte; **~schloss** *n* serrure

f; **~schwelle** *f* seuil *m*
turteln ['tʊrtəln] *v/i* ⟨¢⟩ *Verliebte* roucouler
'Turteltaube *f* tourterelle *f*
Tusch [tʊʃ] *m* ⟨~¢s; ~e⟩ fanfare *f*
Tusche ['tʊʃə] *f* ⟨~; ~n⟩ encre *f* de Chine
'tuscheln *v/i u v/t* ⟨¢⟩ chuchoter
'tuschen I *v/i* PEINT teinter avec de l'encre de Chine; **II** *v/r* ***sich*** (*dat*) ***die Wimpern ~*** se farder les cils
'Tuschzeichnung *f* lavis *m*
Tussi ['tʊsi] F *f* ⟨~; ~s⟩ F nana *f*
Tüte ['ty:tə] *f* ⟨~; ~n⟩ sac *m*; *kleine* sachet *m*; *spitze* cornet *m*
tuten ['tu:tən] *v/i* ⟨-e-⟩ corner; *Signalhorn* retentir
TÜV [tʏf] *m* ⟨~⟩ *abr* (*Technischer Überwachungsverein*) contrôle *m* technique
Tweed [tvi:t] *m* ⟨~s; ~s *ou* ~e⟩ tweed *m*
Twen [tvɛn] *m* ⟨~s; ~s⟩ personne *f* qui a entre vingt et trente ans
Typ [ty:p] *m* ⟨~s; ~en⟩ **1** (*Menschen*&) type *m*; F ***sie ist nicht mein ~*** ce n'est pas mon genre; **2** F ⟨*gén a* ~en⟩ (*Mann*) F mec *m*; **3** TECH type *m*; modèle *m*
'Type *f* ⟨~; ~n⟩ **1** TYPO lettre *f*, caractère *m* (d'imprimerie); type *m*; **2** F *fig* F type *m*
Typhus ['ty:fʊs] *m* ⟨~⟩ (fièvre *f*) typhoïde *f*; (*Fleck*&) typhus *m* exanthématique
'typisch I *adj* typique (***für*** de); **II** *adv* ***~ deutsch, Mann*** typiquement allemand, masculin
Typographie [typogra'fi:] *f* ⟨~; ~n⟩ typographie *f*
Tyrann [ty'ran] *m* ⟨~en; ~en⟩ tyran *m*
Tyran'nei *f* ⟨~⟩ tyrannie *f*
ty'rann|isch *adj* tyrannique; **~i'sieren** *v/t* ⟨*sans ge*⟩ tyranniser

U

U, u [u:] *n* ⟨~; ~⟩ U, u *m*
u. *abr* (*und*) et
u. a. *abr* (*unter anderem*) entre autres
'U-Bahn *f* métro *m*; **~hof** *m*, **~-Station** *f* station *f* de métro
übel ['y:bəl] **I** *adj* ⟨übler, übelste⟩ **1** (*schlecht*) mauvais; **2** (*verwerflich*) ***e-e üble Geschichte*** F une sale histoire; ***ein übler Bursche*** F un sale type; **3** ***mir ist, wird ~*** j'ai mal au cœur *od* envie de vomir; **II** *adv* **1** (*schlecht*) mal; ***~ riechen*** sentir mauvais; ***~ riechend*** malodorant; F ***nicht ~!*** pas mal!; **2** ***j-n ~ zurichten*** F massacrer qn; ***etw ~ nehmen*** prendre qc de travers; ***j-m etw ~ nehmen*** en vouloir à qn de qc
'Übel *n* ⟨~s; ~⟩ mal *m*; ***zu allem ~*** pour comble de malheur; ***das kleinere ~*** le moindre mal; ***von ~ sein*** être nuisible
'Übelkeit *f* ⟨~⟩ mal *m* au cœur; nausée(s) *f(pl)*
'Übeltäter(in) *m(f)* coupable *m,f*
üben ['y:bən] **I** *v/t* **1** (s')exercer, s'entraîner à; *Musikstück, Szene* étudier; ***mit geübter Hand*** d'une main experte; **2** *st/s* ***Geduld ~*** faire preuve de patience; **II** *v/i* faire des exercices
über ['y:bər] **I** *prép* **1** *räumlich Lage* ⟨*dat*⟩ (*oberhalb*) au-dessus de; (*auf*) sur; par-dessus; ***Nebel liegt ~ dem Tal*** le brouillard s'étend sur la vallée; **2** *räumlich Richtung* ⟨*acc*⟩ (*oberhalb von*) au-dessus de; (*auf*) sur; ***~ etw*** (***hinweg***) par-dessus qc; **3** (*via*) ⟨*acc*⟩ par; via; **4** *Rangfolge* ⟨*dat*⟩ supérieur à; au-dessus de; ***~ j-m stehen*** être supérieur à *od* le supérieur de qn; **5** *Ausdehnung* ⟨*acc*⟩ au-dessus de; au-delà de; plus de; plus que; **6** *mit Abstrakta* ⟨*acc*⟩ ***~ alles*** par-dessus tout; ***es geht nichts ~ …*** il n'y a rien de tel que …; **7** *zeitlich* ⟨*acc*⟩ pendant; durant; ***den ganzen Tag ~*** (pendant) toute la journée; **8** (*bei, während*) ⟨*dat*⟩ ***~ der Arbeit einschlafen*** s'endormir sur son travail; **9** (*betreffs*) ⟨*acc*⟩ ***ein Buch ~ …*** un livre sur …; ***ein Scheck ~ …*** un chèque de …; **10** (*mittels*) ⟨*acc*⟩ par; ***~ e-n Bekannten*** *von etw erfahren* par (l'intermédiaire d')un ami; **11** *Häufung* ⟨*acc*⟩ ***Fehler ~ Fehler*** faute sur

faute; **II** *adv* **1** (*mehr als*) plus de; au-dessus de; **~ dreißig Jahre alt sein** avoir plus de trente ans; **2** (*völlig*) **~ und ~** tout (à fait); entièrement; complètement

'überall *adv* (*an allen Orten*) partout; (*bei jeder Gelegenheit*) toujours; (*auf allen Gebieten*) dans tous les domaines

überall|'her *adv* de partout; **~'hin** *adv* partout

Über'alterung *f* ⟨~⟩ vieillissement *m*

'Überangebot *n* offre *f* excédentaire; excédent *m* (**an** [+ *dat*] de)

'überängstlich *adj* très anxieux

über'anstreng|en *v/t* (*u v/r*) ⟨*sans ge*⟩ (**sich ~** se) surmener; **2ung** *f* surmenage *m*

über'arbeit|en ⟨-e-, *sans ge*⟩ **I** *v/t Text* remanier; **II** *v/r* **sich ~** se surmener; **2ung** *f* ⟨~; ~en⟩ *e-s Textes* remaniement *m*

'überaus *st/s adv* extrêmement

über'backen *v/t* ⟨*irr, sans ge*⟩ (faire) gratiner

'überbeanspruch|en *v/t* ⟨*sans ge*⟩ **1** *Mensch* surmener; **2** TECH *Material* soumettre à une contrainte excessive; **2ung** *f* **1** surmenage *m*; **2** contrainte excessive

'über|belegt *adjt Raum, Haus* surpeuplé; **~belichten** *v/t* ⟨-e-, *sans ge*⟩ surexposer; **~betonen** *v/t* ⟨*sans ge*⟩ trop insister sur; **~bewerten** *v/t* ⟨-e-, *sans ge*⟩ surestimer; surévaluer

über'bieten *v/t* ⟨*irr, sans ge*⟩ **1** *bei e-r Auktion* **j-n, etw ~** enchérir sur qn, qc; **j-n um hundert Euro ~** offrir cent euros de plus que qn; **2** *fig* surpasser; dépasser; *Rekord* battre; **diese Frechheit ist nicht zu ~** c'est une effronterie sans pareille

Überbleibsel ['y:bərblaɪpsəl] F *n* ⟨~s; ~⟩ **1** reste(s) *m(pl)*; **2** *e-r Kultur* vestiges *m/pl*

'Überblick *m* **1** (*Aussicht*) vue *f* d'ensemble (**über** [+ *acc*] de); **2** (*Kurzdarstellung*) aperçu *m*, exposé *m* (sommaire) (de); **3** *fig* vue *f* d'ensemble (de *od* sur); **sich** (*dat*) **e-n ~ verschaffen** se faire une idée d'ensemble (de); **den ~ verlieren** ne plus s'y retrouver

über'blicken *v/t* ⟨*sans ge*⟩ *Gegend* embrasser du regard; *fig* saisir la portée de

über'bringen *v/t* ⟨*irr, sans ge*⟩ **j-m etw ~** remettre qc à qn

Über'bringer *m* ⟨~s; ~⟩ porteur *m*

über'brück|en *v/t* ⟨*sans ge*⟩ *Gegensätze* concilier; *Zeit* passer; **2ung** *f* ⟨~⟩ *von Gegensätzen* conciliation *f*; *e-s Zeitraums* transition *f*; soudure *f*

über'buch|en *v/t* ⟨*sans ge*⟩ *Hotel, Flug* surbooker; **2ung** *f* surbooking *m*

über'dachen *v/t* ⟨*sans ge*⟩ couvrir d'un toit; **überdacht** couvert

über'dauern *v/t* ⟨*sans ge*⟩ **etw ~** survivre à qc

über|'decken *v/t* ⟨*sans ge*⟩ (re)couvrir; *fig* masquer; **~'dehnen** *v/t* ⟨*sans ge*⟩ distendre

über'denken *v/t* ⟨*irr, sans ge*⟩ réfléchir à *od* sur; *Probleme* (**nochmals**) **~** repenser; reconsidérer

über'dies *adv* en outre; de plus

'überdimensional *adj* démesuré; surdimensionné

'Überdosis *f* dose excessive; surdose *f*; *an Drogen* overdose *f*

über|'drehen *v/t* ⟨*sans ge*⟩ *Gewinde* faire foirer; **~'dreht** F *fig adjt* exalté; excentrique

'Überdruck *m* ⟨~(e)s; -drücke⟩ surpression *f*; **~ventil** *n* soupape *f* de sûreté *od* sécurité

Überdruss ['y:bərdrus] *m* ⟨~es⟩ dégoût *m*; satiété *f*; **bis zum ~** à satiété

überdrüssig ['y:bərdrʏsɪç] *adj* **e-r Sache** (*gén*) **~ sein** être las, dégoûté de qc

'überdurchschnittlich **I** *adj* au-dessus de la moyenne; **II** *adv* plus … que la moyenne

'Über|eifer *m* excès *m* de zèle; **2eifrig** *adj* trop zélé

über'eignen *v/t* ⟨-e-, *sans ge*⟩ **j-m etw ~** transmettre, transférer qc à qn

über'eilen *v/t* ⟨*sans ge*⟩ **etw ~** précipiter qc

über'eilt **I** *adjt* précipité; 'hâtif; (*unbedacht*) inconsidéré; **II** *advt* **~ handeln** agir avec précipitation, sans réfléchir

überei'nander *adv* l'un sur l'autre; **~ legen** mettre l'un sur l'autre; superposer; **~ schlagen** *Beine* croiser

über'ein·kommen *v/i* ⟨*irr*, sn⟩ se mettre d'accord (**mit j-m** avec qn); **wir sind darin übereingekommen, dass …** nous avons convenu que …

Über'ein|kommen *n* ⟨~s; ~⟩, **~kunft**

U

[-kunft] *f* ⟨~; -künfte⟩ accord *m* (***über*** [+ *acc*] de); convention *f* (sur); arrangement *m*

über'ein·stimmen *v/i* **1** (*sich gleichen*) concorder; être en harmonie (***mit etw*** avec qc); **2** (*e-r Meinung sein*) ***mit j-m*** (***in etw*** [*dat*]) ~ être d'accord avec qn (sur qc)

über'einstimmend **I** *adjt* concordant; conforme; ***nach ~er Meinung*** de l'avis unanime; **II** *advt* à l'unanimité

Über'einstimmung *f* concordance *f* (***mit*** avec); accord *m* (avec); ***etw in ~*** (*acc*) ***mit etw bringen*** faire concorder, accorder qc avec qc; ***in ~ mit*** conformément à

'überempfindlich *adj* hypersensible (***gegen*** à); **≗keit** *f* hypersensibilité *f*

über'fahren *v/t* ⟨*irr, sans ge*⟩ **1** *Mensch, Tier* écraser; **2** *Signal* brûler; griller

'Überfahrt *f* traversée *f* (***über*** [+ *acc*] de); *über e-n Fluss* passage *m* (de)

'Überfall *m* **1** MIL, (*Raub*≗) attaque *f*; agression *f*; ***bewaffneter ~*** attaque *f* à main armée; **2** F *fig plais* visite-surprise *f*

über'fallen *v/t* ⟨*irr, sans ge*⟩ **1** attaquer par surprise; assaillir (*a auf der Straße*); *Bank* attaquer; **2** *fig* ***j-n mit*** (***s-n***) ***Fragen ~*** assaillir qn de questions

'überfällig *adj* en retard (sur l'horaire)

'Überfallkommando F *n* police *f* secours

über'fliegen *v/t* ⟨*irr, sans ge*⟩ survoler (*a Text*)

'über·fließen *v/i* ⟨*irr*, sn⟩ déborder

über'flügeln *v/t* ⟨¢, *sans ge*⟩ ***j-n ~*** surpasser, devancer qn

'Überfluss *m* (sur)abondance *f*, (*Fülle*) profusion *f* (***an*** [+ *dat*] de); ***im ~*** en abondance, à profusion; ***im ~ vorhanden sein*** (sur)abonder

'überflüssig *adj* superflu; inutile; ***ich komme mir hier ~ vor*** j'ai l'impression d'être de trop ici

über'fluten *v/t* ⟨-e-, *sans ge*⟩ inonder; submerger

über'fordern *v/t* ⟨*sans ge*⟩ ***j-n, etw ~*** trop exiger de qn, qc; trop demander à qn, qc; ***er ist überfordert*** il est dépassé

über'fragt *adjt* ***da bin ich ~*** je suis incapable de répondre

Über'fremdung *f* ⟨~⟩ envahissement *m* par les étrangers

über'frieren *v/i* ⟨*irr, sans ge*, sn⟩ se (re)couvrir (d'une mince couche) de glace; ***~de Nässe*** brouillard verglaçant

über'führen *v/t* ⟨*sans ge*⟩ **1** *Leiche* transférer; **2** ***j-n e-s Verbrechens ~*** convaincre qn d'un crime

Über'führung *f* **1** (*Transport*) transfert *m*; **2** *e-s Verbrechers* preuve *f* de culpabilité; **3** (*Brücke*) passage (à niveau) supérieur; (*Fußgänger*≗) passerelle *f*

über'füllt *adj Saal, Bus* comble; bondé; *Straße* encombré; *Klasse* surchargé

über'füttern *v/t* ⟨*sans ge*⟩ suralimenter

'Übergabe *f* **1** remise *f*, transmission *f* (***an*** [+ *acc*] à); (*Amts*≗) passation *f*; **2** MIL reddition *f*

'Übergang *m* **1** passage *m* (***über*** [+ *acc*] de); **2** (*Wechsel*) passage *m* (***von ... zu ...*** de ... à ...); transition *f* (***von ... zu ...*** entre ... et ...)

'Übergangs|bestimmungen *f/pl* dispositions *f/pl* transitoires; **≗los** *adj* sans transition; **~lösung** *f* solution *f* transitoire, provisoire; **~stadium** *n* stade *m* transitoire, de transition; **~zeit** *f* **1** période *f* de transition; **2** (*Herbst bzw Frühling*) demi-saison *f*

über'geben ⟨*irr, sans ge*⟩ **I** *v/t* **1** *Gegenstand* remettre; transmettre (*a Amt, Angelegenheit*); **2** MIL rendre; livrer; **II** *v/r* ***sich ~*** vomir; rendre

'über·gehen *v/i* ⟨*irr*, sn⟩ **1** ***~ zu*** passer à; ***dazu ~, etw zu tun*** se mettre à faire qc; **2** *Besitz* ***auf j-n ~*** passer, se transmettre à qn; ***in Privatbesitz ~*** devenir propriété privée; **3** (*sich verwandeln*) ***~ in*** (+ *acc*) se changer, se transformer en; ***in Fäulnis, Verwesung ~*** entrer en putréfaction; ***die Augen gingen ihm über*** il a été très étonné

über'gehen *v/t* ⟨*irr, sans ge*⟩ **1** *Dinge* passer sur; ***etw mit Stillschweigen ~*** passer qc sous silence; **2** *Person* omettre; oublier

'über|geordnet *adjt* supérieur; GR *Satz* principal; **≗gepäck** *n* excédent *m* de bagages; **~geschnappt** F *adjt* timbré; F siphonné; F cinglé

'Übergewicht *n* **1** *bei Dingen* excédent *m* de poids; *bei Personen* excès *m* de poids; embonpoint *m*; **2** *fig* prépondérance *f*; prédominance *f*; **3** F ***~ bekommen, kriegen*** perdre l'équilibre

über'gießen *v/t* ⟨*irr, sans ge*⟩ arroser (***mit*** de)
'überglücklich *adj* extrêmement heureux
'über•greifen *v/i* ⟨*irr*⟩ *Feuer* **~ *auf etw*** (*acc*) envahir, gagner qc; se communiquer à qc
'Übergriff *m* empiètement *m* (***auf*** [+ *acc*] sur)
'über|groß *adj* très grand; (*gewaltig*) énorme; **2größe** *f* grande taille
'über•haben F *v/t* ⟨*irr*⟩ ***etw* ~** avoir assez de qc; F en avoir plein le dos de qc
über'hand *adv* **~ *nehmen*** augmenter, s'accroître excessivement; *Unkraut, Ungeziefer* proliférer
'Überhang *m* **1** *von Felsen* surplomb *m*; **2** (*Waren2*) excédent *m*; surplus *m*
'über•hängen[1] *v/t* (***j-m***) ***etw* ~** mettre qc sur les épaules (de qn)
'über•hängen[2] *v/i* ⟨*irr*⟩ *Felsen* surplomber
über'häufen *v/t* ⟨*sans ge*⟩ **~** (***mit***) couvrir (de); *mit Geschenken* combler (de); *mit Vorwürfen, Fragen, Arbeit* accabler (de)
über'haupt *adv* **1** (*im Allgemeinen*) généralement; en général; **2** (*schließlich*) somme toute; après tout; **3** (*außerdem*) d'ailleurs; du reste; **4 ~ *nicht*** pas du tout; nullement; (*beide mit* ne *beim Verb*); **5** (*eigentlich*) à vrai dire; ***was willst du ~?*** qu'est-ce que tu veux, au juste?
über'heblich *adj* présomptueux; arrogant; **2keit** *f* ⟨~⟩ présomption *f*; arrogance *f*
über'hitzen *v/t* ⟨*-t, sans ge*⟩ trop chauffer; surchauffer (*a fig*)
über'höht *adjt Preis, Geschwindigkeit* excessif
über'holen *v/t* ⟨*sans ge*⟩ **1** *im Straßenverkehr* doubler; dépasser; **2** *fig* surpasser; devancer; **3** TECH réviser
Über'hol|manöver *n* (manœuvre *f* de) dépassement *m*; **~spur** *f* file *f* de dépassement
über'holt *adjt* dépassé; démodé
Über'holverbot *n* interdiction *f* de dépasser, de doubler
über'hören *v/t* ⟨*sans ge*⟩ ne pas entendre (par inattention); *absichtlich* ne pas vouloir entendre
'überirdisch *adj* supraterrestre
über'kleben *v/t* ⟨*sans ge*⟩ ***etw mit etw* ~** coller qc sur qc
'über•kochen *v/i* ⟨sn⟩ déborder (en bouillant); F *fig* s'échauffer; F bouillir
über'kommen *v/t* ⟨*sans ge*⟩ *Gefühl* ***j-n* ~** s'emparer de qn; saisir, prendre qn
über'laden *v/t* ⟨*irr, sans ge*⟩ surcharger (*a fig*)
über'lagern ⟨*sans ge*⟩ **I** *v/t* recouvrir; PHYS interférer avec; **II** *v/r* ***sich* ~** se superposer; interférer (*a fig*)
'Überlänge *f Film* ***mit* ~** d'une durée exceptionnelle
über'lappen *v/t* (*u v/r*) ⟨*sans ge*⟩ (***sich* ~** se) recouvrir partiellement
über'lassen *v/t* ⟨*irr, sans ge*⟩ **1** (*geben, verkaufen*) laisser; céder; **2 *ich überlasse es Ihnen zu*** (+ *inf*) je vous laisse le soin de (+ *inf*); ***das überlasse ich Ihnen*** je m'en remets à vous; ***sich*** (*dat*) ***selbst* ~ *sein*** être livré à soi-même
über'last|en *v/t* ⟨-e-, *sans ge*⟩ surcharger (*a fig* ***mit*** de); **2ung** *f* ⟨~; ~en⟩ surcharge *f*; TÉL *a* encombrement *m*
'Überlauf *m* TECH trop-plein *m*; déversoir *m*
'über•laufen *v/i* ⟨*irr*, sn⟩ **1** *Gefäß, Flüssigkeit* déborder; **2** MIL ***zum Feind* ~** passer à l'ennemi
über'laufen[1] *v/imp* ⟨*irr, sans ge*⟩ ***es überlief mich*** (***heiß und***) ***kalt*** cela m'a donné le frisson, des sueurs froides
über'laufen[2] *adjt* assiégé (***von j-m*** par qn); *Gegend* envahi; très *od* trop fréquenté; *Arztpraxis, Beruf* encombré
'Überläufer *m* transfuge *m* (*a fig*)
über'leben ⟨*sans ge*⟩ **I** *v/t* ***j-n, etw* ~** survivre à qn, qc; ***sie überlebt uns noch alle*** elle nous enterrera tous; *fig* ***du wirst es* ~** tu n'en mourras pas; **II** *v/r* ***sich überlebt haben*** être dépassé
Über|'leben *n* survie *f*; **~'lebende(r)** *f(m)* ⟨→ A⟩ survivant(e) *m(f)*; *e-r Katastrophe* rescapé(e) *m(f)*
'überlebensgroß *adj* plus grand que nature
über'legen[1] ⟨*sans ge*⟩ **I** *v/t* ***etw* ~** réfléchir à *od* sur qc; ***es sich*** (*dat*) ***anders* ~** changer d'avis; ***ich werde es mir* ~** j'y réfléchirai; **II** *v/i* réfléchir
über'legen[2] *adj* supérieur; (*souverän*) souverain; ***j-m* ~ *sein*** être supérieur à qn

U

Über'legenheit *f* ⟨∼⟩ supériorité *f*
über'legt **I** *adjt* bien réfléchi, pesé; **II** *advt* avec réflexion
Über'legung *f* ⟨∼; ∼en⟩ **1** réflexion *f*; considération *f*; ***ohne* ∼** sans réfléchir; **2** *meist pl* (*Gedankengang*) raisonnement *m*
'über·leiten *v/i* ⟨-e-⟩ passer (***zu*** à)
'Überleitung *f* ⟨∼; ∼en⟩ passage *m*
über'lesen *v/t* ⟨*irr, sans ge*⟩ **1** (*flüchtig durchlesen*) parcourir; **2** (*übersehen*) sauter; passer
über'liefer|n *v/t* ⟨*sans ge*⟩ transmettre; **2ung** *f* tradition *f*
über'listen *v/t* ⟨-e-, *sans ge*⟩ duper; tromper
überm ['y:bərm] F = ***über dem***
'Über|macht *f* ⟨∼⟩ supériorité *f*; **2mächtig** *adj* **1** *Gegner* trop puissant; **2** *Gefühl* très fort; violent
über'malen *v/t* ⟨*sans ge*⟩ recouvrir; repeindre
über'mannen *v/t* ⟨*sans ge*⟩ *Gefühle* s'emparer de; saisir; *Schlaf* prendre
'Übermaß *n* ⟨∼es⟩ excès *m* (***an*** [+ *dat*] de); ***im* ∼** à l'excès
'übermäßig **I** *adj* démesuré; excessif; **II** *adv* trop
'Über|mensch *m* surhomme *m*; **2menschlich** *adj* surhumain
über|'mitteln *v/t* ⟨¢, *sans ge*⟩ transmettre; *Meldung* communiquer; **2'mittlung** *f* ⟨∼⟩ transmission *f*; communication *f*
'übermorgen *adv* après-demain
über|'müdet *adj* épuisé; surmené; **2'müdung** *f* ⟨∼⟩ épuisement *m*; surmenage *m*
'Über|mut *m* pétulance *f*; **2mütig** [-my:tɪç] *adj* pétulant
übern ['y:bərn] F = ***über den***
'übernächste *adj* ***an der* ∼*n Haltestelle*** à deux arrêts d'ici; **∼*s Jahr*** d'ici *od* dans deux ans; ***am* ∼*n Tag*** le surlendemain
über'nachten *v/i* ⟨-e-; *sans ge*⟩ passer la nuit; coucher
übernächtigt [y:bər'nɛçtɪçt] *adj* **∼ *sein*** être fatigué (d'avoir veillé)
Über'nachtung *f* ⟨∼; ∼en⟩ nuit *f* (à l'hôtel, chez qn); TOURISTIK nuitée *f*; **∼ *und Frühstück*** chambre *f* et petit déjeuner
Übernahme ['y:bərna:mə] *f* ⟨∼; ∼n⟩ *von Kosten, Verantwortung, e-s Falls* prise *f* en charge; *e-r Idee* adoption *f*; (*Amts*2) entrée *f* en fonction; (*Geschäfts*2) reprise *f* (d'un commerce)
'übernatürlich *adj* surnaturel
über'nehmen ⟨*irr, sans ge*⟩ **I** *v/t* **1** *Lieferung* prendre en charge; **2** FIN *Kosten* prendre en charge; assumer; *Hypothek* reprendre; **3** *als Nachfolger*: *Arbeit, Aufgabe* prendre en charge; *Erbe*, JUR *Fall, Geschäft, Belegschaft* reprendre; **4** *Verpflichtung* assumer; *Verantwortung a* prendre (sur soi); **5** (*in die Hand nehmen*) *Amt, Aufgabe* assumer; *Leitung, Vorsitz* prendre; *Fall, Arbeit* se charger de; **6** *Macht, Kommando* prendre; **7** *Standpunkt* adopter; **II** *v/r* ***sich* ∼** se surmener (***bei*** à)
'über·ordnen *v/t* ⟨-e-⟩ donner la priorité à
'über|parteilich *adj* indépendant (de tout parti politique); neutre; **2produktion** *f* surproduction *f*
über|'prüfen *v/t* ⟨*sans ge*⟩ réviser; contrôler; (*nachprüfen*) vérifier; **2'prüfung** *f* révision *f*; contrôle *m*; vérification *f*
'über·quellen *v/i* ⟨*irr*, sn⟩ déborder (***von*** de; *a fig*)
über'queren *v/t* ⟨*sans ge*⟩ *Fläche* traverser; *Linie* franchir
über'ragen *v/t* ⟨*sans ge*⟩ *an Größe* dépasser; (*sich erheben über*) surmonter; *fig* surpasser (***an*** [+ *dat*] en)
über'ragend *adjt* éminent
überraschen [y:bər'raʃən] *v/t* ⟨*sans ge*⟩ surprendre (***bei etw*** en train de faire qc); (*unvorbereitet treffen*) prendre à l'improviste; ***vom Regen überrascht werden*** être surpris par la pluie
über|'raschend **I** *adjt* surprenant; **II** *advt* par surprise; à l'improviste; **2'raschung** *f* ⟨∼; ∼en⟩ surprise *f*
über'reden *v/t* ⟨-e-, *sans ge*⟩ ***j-n zu etw* ∼** persuader qn de faire qc
Über'redung *f* ⟨∼⟩ persuasion *f*; **∼skunst** *f* don *m* de persuasion
'überregional *adj Zentrum* interrégional; ***die* ∼*e Presse*** la presse nationale
'überreich *adj* extrêmement riche
über'reichen *v/t* ⟨*sans ge*⟩ ***j-m etw* ∼** remettre, *feierlich* présenter qc à qn
'überreichlich *adj* surabondant
Über'reichung *f* ⟨∼; ∼en⟩ remise *f*; présentation *f*

U

'**überreif** *adj* trop mûr; *bes Birne* blet
über|'reizen *v/t* ⟨*-t, sans ge*⟩ surexciter; **~'rennen** *v/t* ⟨*irr, sans ge*⟩ *Feind* culbuter
'**Überrest** *m meist pl* reste(s) *m(pl)*; *st/s* ***die sterblichen ~e*** les cendres *f/pl*
über'rollen *v/t* ⟨*sans ge*⟩ **1** *Mensch, Tier* écraser (*a fig*); **2** ***etw ~*** passer sur qc
über'rumpeln *v/t* ⟨*-e, sans ge*⟩ surprendre; prendre à l'improviste
über'runden *v/t* ⟨*-e-, sans ge*⟩ **1** SPORT prendre un tour d'avance sur; doubler; **2** *fig* surpasser
übers ['y:bərs] F = ***über das***
übersät [y:bər'zɛ:t] *adj* parsemé (***mit*** de)
über'sättig|en *v/t* ⟨*sans ge*⟩ *fig Person* saturer (***mit*** de); CHIM sursaturer; **2ung** *f* satiété *f*; dégoût *m*; CHIM sursaturation *f* (*a fig*)
'**Überschall|flugzeug** *n* avion *m* supersonique; **~geschwindigkeit** *f* vitesse *f* supersonique
über'schatten *v/t* ⟨-e-, *sans ge*⟩ ombrager; *fig* assombrir
über|'schätzen *v/t* (*u v/r*) ⟨*-t, sans ge*⟩ (***sich ~*** se) surestimer; **2'schätzung** *f* surestimation *f*
über|'schaubar *adj* → ***übersehbar***; **~'schauen** *v/t* ⟨*sans ge*⟩ → ***übersehen*** *1, 2*
'**über·schäumen** *v/i* ⟨sn⟩ déborder (***vor*** [+ *dat*] de; *a fig*)
über'schlafen *v/t* ⟨*irr, sans ge*⟩ ***etw ~*** laisser passer la nuit sur qc
'**Überschlag** *m* **1** estimation approximative; **2** TURNEN culbute *f*
über'schlagen ⟨*irr, sans ge*⟩ **I** *v/t* **1** (*grob abschätzen*) estimer, évaluer approximativement; **2** *Seiten* sauter; **II** *v/r* ***sich ~*** **3** *Fahrzeug* se retourner; capoter; *Auto a* faire un tonneau; **4** *Ereignisse* se précipiter; **5** *Stimme* dérailler; se fausser
'**über·schnappen** F *v/i* ⟨sn⟩ F dérailler
über'schneid|en *v/r* ⟨*irr, sans ge*⟩ ***sich ~*** **1** *räumlich* se croiser; **2** *zeitlich* coïncider; **3** *inhaltlich* (se) chevaucher; **2ung** *f* ⟨~; ~en⟩ **1** intersection *f*; croisement *m*; **2** coïncidence *f*; **3** chevauchement *m*
über'schreiben *v/t* ⟨*irr, sans ge*⟩ **1** COMM reporter; JUR transcrire; **2** *Text* intituler
über'schreiten *v/t* ⟨*irr, sans ge*⟩ **1** *Grenze* franchir; *Frist, Geschwindigkeit* dépasser; *Anzahl* excéder; *Maß* passer; **2** *Befugnisse* outrepasser
'**Überschrift** *f* titre *m*
über'schuldet *adj* surendetté
'**Über|schuss** *m* excédent *m*; surplus *m*; **2schüssig** [-ʃʏsɪç] *adj* excédentaire
über'schütten *v/t* ⟨*-e-, sans ge*⟩ *mit Geschenken* combler (de); *mit Vorwürfen* accabler (de)
'**Überschwang** *m* ⟨*~s*⟩ exubérance *f*
überschwänglich ['y:bərʃvɛŋlɪç] *adj* excessif; débordant
über'schwemm|en *v/t* ⟨*sans ge*⟩ inonder; noyer; *völlig* submerger (*alle a fig*); **2ung** *f* ⟨~; ~en⟩ inondation *f* (*a fig*); submersion *f*
überschwenglich → ***überschwänglich***
'**Übersee** ⟨*sans article*⟩ ***in, nach ~*** outre-mer; ***aus, von ~*** d'outre-mer
'**Übersee|hafen** *m* grand port maritime; **~handel** *m* commerce *m* d'outre-mer; **2isch** *adj* d'outre-mer
über'sehbar *adj Zeitraum* (dé)limité; (*abschätzbar*) calculable; *Lage* clair
über'sehen *v/t* ⟨*irr, sans ge*⟩ **1** *Gelände* embrasser d'un coup d'œil; **2** *Sachlage* avoir une vue d'ensemble de; *Ausmaß* mesurer l'ampleur de; **3** (*nicht bemerken*) ne pas voir; *mit Absicht* ignorer; ***das habe ich ~*** cela m'a échappé
über'send|en *v/t* ⟨*irr, sans ge*⟩ envoyer; expédier; **2ung** *f* envoi *m*; expédition *f*
'**über·setzen** ⟨*-t*⟩ **I** *v/t* faire passer sur l'autre rive; **II** *v/i* ⟨h *ou* sn⟩ passer (en bateau) sur l'autre rive; traverser
über'setzen *v/t* ⟨*-t, sans ge*⟩ traduire (***aus*** de; ***in*** [+ *acc*] en)
Über|'setzer(in) *m* ⟨~s; ~⟩ (*f*) ⟨~; ~nen⟩ traducteur, -trice *m,f*; **~'setzung** *f* ⟨~; ~en⟩ **1** traduction *f* (***aus*** de; ***in*** [+ *acc*] en); SCHULE *in die Muttersprache* version *f*; *in e-e fremde Sprache* thème *m*; **2** TECH multiplication *f*; *beim Fahrrad* développement *m*
'**Übersicht** *f* ⟨~; ~en⟩ **1** ⟨*sans pl*⟩ coup *m* d'œil (***über*** [+ *acc*] sur); vue *f* d'ensemble (de) (*a fig*); ***die ~ verlieren*** ne plus s'y retrouver; **2** (*Darstellung*) aperçu *m*, précis *m* (de); (*Zusammenfassung*) résumé *m*; sommaire *m*
'**übersichtlich** *adj* **1** *Darstellung etc* clair; net; **2** *Gelände* dégagé

'über·siedeln ⟨¢, sn⟩, **über'siedeln** ⟨¢, *sans ge*, sn⟩ *v/i* aller s'établir (***nach*** *e-m Land* en *od* à, *e-r Stadt* à)
'übersinnlich *adj* surnaturel
über'spannt *adjt* **1** *Person* exalté; excentrique; **2** *Idee* exagéré
über'spielen *v/t* ⟨*sans ge*⟩ **1** *Schwächen* masquer; dissimuler; **2** *Kassette* repiquer
über'spitzen *v/t* ⟨¢$, *sans ge*⟩ outrer; exagérer; ***überspitzt dargestellt*** représenté de manière outrée
'über·springen *v/i* ⟨*irr*, sn⟩ **1** *Funke* jaillir; sauter; **2** *fig* ~ ***auf*** (+ *acc*) se communiquer à
über'springen *v/t* ⟨*irr*, *sans ge*⟩ sauter (*a fig*)
'überstaatlich *adj* supranational
'über·stehen *v/i* ⟨*irr*⟩ faire saillie; dépasser
über|'stehen *v/t* ⟨*irr*, *sans ge*⟩ *Operation* supporter; *Gefahr* échapper à; *Krise* surmonter; *Krankheit* réchapper de; (*überleben*) survivre à; **~'steigen** *v/t* ⟨*irr*, *sans ge*⟩ **1** *Mauer* escalader; *Hindernis* franchir; **2** *fig Erwartungen*, *Kräfte* dépasser; **~'steuern** ⟨*sans ge*⟩ **I** *v/t* ÉLECT surmoduler; **II** *v/i* AUTO survirer; **~'stimmen** *v/t* ⟨*sans ge*⟩ mettre en minorité; **~'strahlen** *v/t* ⟨*sans ge*⟩ éclipser; **~'streichen** *v/t* ⟨*irr*, *sans ge*⟩ peindre par-dessus (***mit*** avec)
'über·|streifen *v/t* passer; enfiler; **~strömen** *v/i* ⟨sn⟩ déborder (***vor*** [+ *dat*] de); **~stülpen** *v/t* mettre
'Überstunde *f* heure *f* supplémentaire
über'stürzen ⟨¢$, *sans ge*⟩ **I** *v/t* précipiter; *Entscheidung a* brusquer; ***überstürzt abreisen*** partir précipitamment; **II** *v/r* ***sich*** ~ *Ereignisse* se précipiter
'übertariflich *adj* dépassant le niveau fixé par la convention collective
über|'teuert *adj* excessivement cher; **~'tönen** *v/t* ⟨*sans ge*⟩ *Lärm etc* couvrir; dominer
'Übertopf *m* cache-pot *m*
Übertrag ['y:bərtra:k] *m* ⟨~¢s; ⸚e⟩ BUCHFÜHRUNG report *m*
über'tragbar *adj* **1** *Besitz*, *Recht* transmissible, transférable, JUR *a* cessible (***auf*** [+ *acc*] à); ***nicht*** ~ incessible; **2** MÉD transmissible; contagieux; **3** (*anwendbar*) applicable
über'tragen[1] ⟨*irr*, *sans ge*⟩ **I** *v/t* **1** *Besitz*, *Recht* transmettre, transférer, JUR *a* céder (***j-m, auf j-n*** à qn); *Befugnisse*, *Vollmacht* déléguer; **2** (*übersetzen*) traduire (***in*** [+ *acc*] en); **3** (*eintragen*) reporter; **4** MÉD *Krankheit* transmettre (***auf*** [+ *acc*] à); *Blut* transfuser; **5** RAD, TV retransmettre; diffuser; **II** *v/r* ***sich*** ~ *Krankheit* se transmettre, *fig Erregung* se communiquer (***auf*** [+ *acc*] à)
über'tragen[2] *adjt Wort* ***in ~er Bedeutung*** au (sens) figuré
Über'tragung *f* ⟨~; ~en⟩ **1** *e-s Besitzes*, *Rechtes* transmission *f*; transfert *m*; JUR *a* cession *f*; *von Befugnissen*, *der Vollmacht* délégation *f*; **2** (*Übersetzung*) traduction *f*; **3** MÉD, *e-r Krankheit* transmission *f*; *von Blut* transfusion; **4** RAD, TV retransmission *f*; diffusion *f*
über'treffen *v/t* ⟨*irr*, *sans ge*⟩ **1** *Personen* surpasser (***in*** *od* ***an*** [+ *dat*] en); être supérieur à; **2** *Hoffnungen* dépasser
über'treib|en *v/t* ⟨*irr*, *sans ge*⟩ exagérer; *in e-m Bericht* grossir; **2ung** *f* ⟨~; ~en⟩ exagération *f*
'über·treten *v/i* ⟨*irr*, sn⟩ **1** SPORT mordre sur la ligne; **2** (*wechseln*) ***zu j-m*** ~ se ranger du côté de qn; ***zum Islam*** ~ se convertir à l'islam
über'tret|en *v/t* ⟨*irr*, *sans ge*⟩ *Gesetz*, *Vorschrift* enfreindre; transgresser; **2ung** *f* ⟨~; ~en⟩ infraction *f*; transgression *f*
über'trieben *adjt* exagéré; excessif
'Übertritt *m* passage *m* (***zu*** à); REL conversion *f* (à)
über|'trumpfen *v/t* ⟨*sans ge*⟩ surcouper; *fig* surpasser; **~'tünchen** *v/t* ⟨*sans ge*⟩ badigeonner; *fig* masquer; **~'völkern** *v/t* ⟨*sans ge*⟩ surpeupler; **2'völkerung** *f* ⟨~⟩ surpeuplement *m*; surpopulation *f*
über|'vorteilen *v/t* ⟨*sans ge*⟩ tromper; duper; **~'wachen** *v/t* ⟨*sans ge*⟩ surveiller; contrôler; **2'wachung** *f* ⟨~⟩ surveillance *f*; contrôle *m*
überwältigen [y:bər'vɛltɪgən] *v/t* ⟨*sans ge*⟩ **1** *Gegner* vaincre; maîtriser; **2** *fig* (*beeindrucken*) vivement impressionner; subjuguer; **3** → ***überkommen***
über'wältigend *adjt* **1** *Anblick* grandiose; *Erfolg* foudroyant; *iron* ***nicht*** (***gerade***) ~ F pas terrible, fameux; **2** *Mehrheit* écrasant

U

'über·wechseln *v/i* ⟨sn⟩ passer (**von ... zu ...** de ... à ...)
über'weisen *v/t* ⟨*irr, sans ge*⟩ **1** *Geld* virer; transférer; **2** MÉD ***j-n zu e-m Facharzt ~*** adresser qn à un spécialiste
Über'weisung *f* **1** *von Geld* virement *m* (***auf ein Konto*** sur un compte); transfert *m*; **2** MÉD *e-s Patienten* recommandation *f* (***zu*** à)
'über·werfen *v/t* ⟨*irr, sans ge*⟩ (***j-m***) ***etw ~*** jeter qc sur les épaules (de qn)
über'werfen *v/r* ⟨*irr, sans ge*⟩ ***sich mit j-m ~*** se brouiller avec qn
über'wiegen ⟨*irr, sans ge*⟩ *v/i* prédominer; être prépondérant
'überwiegend I *adjt* prépondérant; ***~e Mehrheit*** forte majorité; **II** *advt* principalement; essentiellement; surtout
über'winden ⟨*irr, sans ge*⟩ **I** *v/t Bedenken, Misstrauen* vaincre; *Hindernis, Schwierigkeit* surmonter; *Angst, Ekel* dominer; **II** *v/r* ***sich ~*** faire un effort sur soi-même (***etw zu tun*** pour faire qc)
Über'windung *f* ***nach ~*** *vieler Schwierigkeiten* après avoir surmonté; ***das hat mich viel ~ gekostet*** cela m'a coûté
über|'wintern *v/i* ⟨*sans ge*⟩ (*Winterschlaf halten*) hiberner; *Vieh, Truppen* hiverner; **~'wuchern** *v/t* ⟨*sans ge*⟩ envahir
'Überzahl *f* majorité *f*; ***in der ~ sein*** être en majorité, plus nombreux
'überzählig *adj* en excédent; en trop; en surnombre; *Personal a* surnuméraire
über'zeichnen *v/t* ⟨-e-, *sans ge*⟩ *Porträt* charger
über'zeugen ⟨*sans ge*⟩ **I** *v/t* ***j-n von etw ~*** convaincre, persuader qn de qc; **II** *v/i* être convaincant; **III** *v/r* ***sich von etw ~*** se convaincre de qc
über'zeugend *adjt* convaincant; persuasif
über'zeugt *adjt* convaincu; (***sehr***) ***von sich ~ sein*** être (très) imbu de soi-même
Über'zeugung *f* (*Überzeugtsein*) conviction *f*; (*Ansicht*) convictions *f/pl*; ***der ~ sein, dass ...*** être convaincu que ...
Über'zeugungskraft *f* pouvoir *m* de persuasion
'über·ziehen *v/t* ⟨*irr*⟩ **1** *Mantel* mettre; (***rasch***) ~ enfiler; **2** F ***j-m eins ~*** F flanquer une raclée à qn
über'ziehen ⟨*irr, sans ge*⟩ **I** *v/t* **1** (re)couvrir (***mit*** de); *Bett* ***frisch ~*** changer les draps; **2** FIN *Konto* mettre à découvert; ***sein Konto um 80 Euro ~*** avoir un découvert de 80 euros; **3** *zeitlich* dépasser le temps, la durée de; **II** *v/i* (***um 5 Minuten***) **~** dépasser (de 5 minutes) le temps de parole, la durée d'une émission; **III** *v/r* ***sich ~*** *Himmel* se couvrir (***mit*** de)
Über'ziehung *f e-s Kontos* découvert *m*; **~skredit** *m* crédit *m* à découvert
über'züchtet *adjt* **1** BIOL dégénéré; **2** *fig Motor* supersophistiqué
'Überzug *m* couverture *f*; TECH revêtement *m*; couche *f*
üblich ['y:plɪç] *adj* courant; usuel; (*gewöhnlich*) habituel; normal; ***das ist so ~*** c'est l'usage; cela se fait; ***wie ~*** comme d'habitude
'U-Boot *n* sous-marin *m*; submersible *m*
übrig ['y:brɪç] *adj* de reste; restant; ***das, alles*** **2e** le reste; ***die, alle*** **2en** les autres; ***~ sein*** rester; être de reste; ***ich habe Geld ~*** il me reste de l'argent; *fig* ***etw ~ haben für*** avoir de la sympathie pour; *fig* ***nichts ~ haben für*** n'avoir aucune sympathie pour; ***im*** **2en** du reste; ***~ bleiben*** rester; être de reste; *fig* ***es blieb mir nichts anderes übrig, als zu*** (+ *inf*) il ne me restait plus qu'à (+ *inf*); ***~ lassen*** laisser
übrigens ['y:brɪgəns] *adv* du reste; d'ailleurs
'Übung *f* ⟨~; ~en⟩ **1** entraînement *m*; pratique *f*; ***aus der ~ kommen*** perdre l'habitude; **2** MIL, SCHULE, SPORT exercice *m*
'Übungs|buch *n* livre *m* d'exercices; **~hang** *m für Skifahrer* pente *f* d'entraînement
Ufer ['u:fər] *n* ⟨~s; ~⟩ bord *m*; *e-s Flusses, Sees a* rive *f*; ***über die ~ treten*** déborder; sortir de son lit
'Ufer|böschung *f* berge *f*; **~straße** *f* quai *m*
Ufo ['u:fo] *n* ⟨~s; ~s⟩ *abr* (*unbekanntes Flugobjekt*) ovni *m*
Ugand|a [u'ganda] *n* ⟨~s⟩ l'Ouganda *m*; **~er(in)** *m* ⟨~s; ~⟩ (*f*) ⟨~; ~nen⟩ Ougandais(e) *m(f)*; **2isch** *adj* ougandais

'U-Haft *f* détention préventive, provisoire

Uhr [u:r] *f* **1** ⟨~; ~en⟩ (*Armband*ᘕ, *Taschen*ᘕ) montre *f*; (*Stand*ᘕ, *Turm*ᘕ) horloge *f*; (*Wand*ᘕ) pendule *f*; ***meine ~ geht richtig*** ma montre est à l'heure; F ***rund um die ~*** vingt-quatre heures sur vingt-quatre; **2** ⟨*inv*⟩ *bei Zeitangaben* heure *f*; ***wie viel ~ ist es?*** quelle heure est-il?; ***um wie viel ~?*** à quelle heure?; ***es ist ein, vier ~*** il est une heure, quatre heures; ***acht ~ dreißig*** 'huit heures trente

'Uhr|armband *n* bracelet *m* (de montre); **~macher** *m* ⟨~s; ~⟩ horloger *m*; **~werk** *n* mouvement *m*, rouages *m/pl* d'une montre, *etc*; **~zeiger** *m* aiguille *f* de montre

'Uhrzeigersinn *m* ***im, entgegen dem ~*** dans le sens, en sens inverse des aiguilles d'une montre

'Uhrzeit *f* heure *f*

Uhu ['u:hu] *m* ⟨~s; ~s⟩ ZO grand-duc *m*

Ukraine [ukra'i:nə *ou* u'kraɪnə] ⟨~⟩ ***die ~*** l'Ukraine *f*

U'krain|er(in) *m* ⟨~s; ~⟩ (*f*) ⟨~; ~nen⟩ Ukrainien, -ienne *m,f*; ᘕ**isch** *adj* ukrainien

UKW [u:ka:'ve:] ⟨*sans article*⟩ *abr* (*Ultrakurzwelle*) F.M. *f*

Ulk [ʊlk] *m* ⟨~(e)s; ~e⟩ plaisanterie *f*; farce *f*; blague *f*; 'ᘕ**ig** F *adj* drôle

Ulme ['ʊlmə] *f* ⟨~; ~n⟩ BOT orme *m*

Ulti'matum *n* ⟨~s; -ten⟩ ultimatum *m*; ***ein ~ stellen*** adresser un ultimatum (***j-m*** à qn)

Ultra'kurzwelle *f* **1** PHYS, RAD *Welle* onde ultracourte; **2** RAD *Bereich* modulation *f* de fréquence; → ***UKW***

'Ultraschall *m* ultrason *m*; **~untersuchung** *f* MÉD échographie *f*

'ultraviolett *adj* ultraviolet

um [ʊm] **I** *prép* ⟨*acc*⟩ **1** *örtlich* ***~ ... (herum)*** autour de ...; ***ein Graben läuft ~ die Stadt*** un fossé entoure la ville; ***~ sich schauen*** regarder autour de soi; **2** *zeitlich ungefähr* vers; *bestimmt* à; ***~ elf (Uhr)*** à onze heures; ***~ die Mittagszeit (herum)*** vers midi; **3** (*für*) *Preis* pour; de; ***nicht ~ alles in der Welt*** pour rien au monde (*mit* ne *beim Verb*); **4** *Unterschied, Abstand* de; ***~ die Hälfte größer*** plus grand de moitié; ***~ sechs Euro billiger*** de six euros de moins; **II** *conj* **1** *Zweck* ***~ zu*** (+ *inf*) pour (+ *inf*); afin de (+ *inf*); **2** *Folge* pour; ***es ist zu spät, ~ zu*** (+ *inf*) il est trop tard pour (+ *inf*); **3** → ***umso***; **III** *adv* **1** (*etwa*) autour de; dans les; **2** (*vorüber*) ***~ sein*** *Zeit* être passé, révolu

'um·|ändern *v/t* changer; transformer; modifier; **~arbeiten** *v/t* ⟨-e-⟩ *Garderobe* transformer (***zu*** en); *Buch* remanier; *gänzlich* refondre

um|'armen *v/t* ⟨*sans ge*⟩ prendre dans ses bras; enlacer; *p/fort* étreindre; ***~ und küssen*** embrasser; ᘕ**'armung** *f* ⟨~; ~en⟩ étreinte *f*; *bes zur Begrüßung* embrassade *f*

'Umbau *m* ⟨~(e)s; ~ten⟩ transformation *f* (*a fig*)

'um·bauen **I** *v/t* transformer (***zu*** en); **II** *v/i* faire des transformations

um'bauen *v/t* ⟨*sans ge*⟩ entourer (de bâtiments)

'um·benennen *v/t* ⟨*irr, sans ge*⟩ débaptiser; rebaptiser

'um·|betten *v/t* ⟨-e-⟩ *Kranken* changer de lit; **~biegen** *v/t* ⟨*irr*⟩ replier; (*krümmen*) recourber; **~bilden** *v/t* ⟨-e-⟩ réorganiser; *Regierung* remanier

'Umbildung *f* réorganisation *f*; remaniement *m*

'um·|binden *v/t* ⟨*irr*⟩ *Krawatte, Schürze* mettre; **~blättern** *v/i* (*u v/t*) tourner; **~blicken** *v/r* → ***umsehen***

um'brechen *v/t* ⟨*irr, sans ge*⟩ TYPO mettre en pages

'um·bringen ⟨*irr*⟩ **I** *v/t* tuer; (*ermorden*) assassiner; **II** *v/r* ***sich ~*** se suicider

'Umbruch *m* **1** (*Umwälzung*) bouleversement *m*; **2** TYPO mise *f* en pages

'um·buchen *v/t* **1** *Reise, Flug* modifier la réservation de; **2** FIN passer, transférer d'un compte à un autre

'um·|denken *v/i* ⟨*irr*⟩ modifier sa façon de penser; **~disponieren** *v/i* ⟨*sans ge*⟩ modifier ses projets

'um·drehen **I** *v/t* retourner; *Schlüssel* tourner; **II** *v/i* ⟨h *ou* sn⟩ → ***umkehren*** *II*; **III** *v/r* ***sich ~*** se (re)tourner

Um'drehung *f um e-e Achse* rotation *f*; *e-s Motors* tour *m*

umei'nander *adv* (*gegenseitig*) l'un pour l'autre

'um·fahren *v/t* ⟨*irr*⟩ renverser

um'fahren *v/t* ⟨*irr, sans ge*⟩ faire le tour de; contourner; MAR *Kap* doubler

'um·fallen *v/i* ⟨*irr*, sn⟩ **1** tomber; se renverser; ***tot ~*** tomber mort; **2** F *péj* (*s-e Meinung ändern*) F retourner sa veste; tourner casaque

'Umfang *m* **1** (*äußerer Kreis*&) circonférence *f*; tour *m*; MATH *a* périmètre *m*; **2** (*Ausdehnung, Größe*) étendue *f* (*a Stimm*&); *e-s Buches* volume *m*; **3** *fig* (*Ausmaß*) étendue *f*; envergure *f*; ampleur *f*; ***in großem ~*** dans une large mesure; ***in vollem ~*** dans toute son étendue, ampleur

'umfangreich *adj* volumineux; *Wissen, Studien* étendu; vaste; ample

um|'fassen *v/t* ⟨*¢ẞ*, *sans ge*⟩ *fig* englober; comprendre; comporter; **~'fassend** *adjt Kenntnisse* étendu; vaste

'Umfeld *n* environnement *m*

'um·formen *v/t* **1** transformer (***in*** [+ *acc*], ***zu*** en); remodeler; **2** ÉLECT convertir (***in*** [+ *acc*] en)

'Umformer *m* ÉLECT convertisseur *m*

'Umfrage *f* enquête *f*; sondage *m*

'um·|füllen *v/t* transvaser (***in*** [+ *acc*] dans); **~funktionieren** *v/t* ⟨*sans ge*⟩ transformer (***in*** [+ *acc*], ***zu*** en)

'Umgang *m* **1** fréquentations *f/pl*; rapports *m/pl*; relations *f/pl*; ***mit j-m ~ haben, pflegen*** avoir, entretenir des relations avec qn; fréquenter qn; **2** *mit Werkzeug, Geld, Menschen* maniement *m* (***mit*** de)

umgänglich ['umgɛŋlıç] *adj* sociable; agréable; liant

'Umgangsformen *f/pl* ***gute ~ haben*** avoir du savoir-vivre, de bonnes manières

'Umgangs|sprache *f* langage familier; **&sprachlich** *adj* familier

um'garnen *v/t* ⟨*sans ge*⟩ ***j-n ~*** attirer, prendre qn dans ses filets

um'geben *v/t* (*u v/r*) ⟨*irr, sans ge*⟩ (***sich ~*** s')entourer (***mit*** de)

Um'gebung *f* ⟨~; ~en⟩ **1** alentours *m/pl*; environs *m/pl*; ***unmittelbare ~*** voisinage *m*; **2** (*Milieu*) entourage *m*; milieu *m*

'um·gehen *v/i* ⟨*irr*, sn⟩ **1** *Gerücht* courir; circuler; *Krankheit, Angst* se répandre; **2** *Gespenst* ***in e-m Haus ~*** 'hanter une maison; **3** ***mit etw ~*** *Gegenstand* manipuler qc; *Werkzeug* se servir de qc; *Geld* manier qc; ***er kann nicht mit Geld ~*** il ne sait pas gérer son budget; **4** (*behandeln*) ***mit j-m umzugehen verstehen*** savoir s'y prendre avec qn

um'gehen *v/t* ⟨*irr, sans ge*⟩ contourner (*a fig Gesetz*); faire le tour de; *Schwierigkeit* éluder; esquiver

'umgehend I *adj* immédiat; **II** *adv* immédiatement

Um'gehung *f* ⟨~; ~en⟩ contournement *m*; **~sstraße** *f* route *f*, voie *f* de contournement; rocade *f*

'umgekehrt I *adjt* renversé; (*entgegengesetzt*) inverse; contraire; ***im ~en Fall(e)*** à l'inverse; **II** *advt* inversement

'um·gestalten *v/t* ⟨-e-, *p/p* umgestaltet⟩ **1** *Raum, Park* transformer; **2** *fig* refondre; réorganiser

'Umgestaltung *f* **1** transformation *f*; **2** *fig* refonte *f*; réorganisation *f*

'um·|graben *v/t* ⟨*irr*⟩ retourner; bêcher; **~gruppieren** *v/t* ⟨*sans ge*⟩ regrouper; grouper autrement; **~haben** F *v/t* ⟨*irr*⟩ *Tuch, Uhr* porter

'Umhang *m* pèlerine *f*; cape *f*

'um·hängen *v/t* **1** *Mantel* mettre sur les épaules; **2** *Bild* suspendre, accrocher ailleurs

'Umhängetasche *f* sac *m* à bandoulière

'um·hauen *v/t* ⟨*irr*⟩ **1** abattre à coups de hache; **2** F *fig* (*verblüffen*) renverser; (*fertig machen*) *Hitze* F tuer

um'her *adv* çà et là; par-ci, par-là

um'her... *in Zssgn* → ***herum...***

um'her·|gehen *v/i* ⟨*irr*, sn⟩ aller çà et là; déambuler; **~irren** *v/i* ⟨sn⟩ errer; vagabonder; **~streifen** *v/i* ⟨sn⟩, **~ziehen** *v/i* ⟨*irr*, sn⟩ rôder; vagabonder

um'hin·können *v/i* ⟨*irr*⟩ ***ich kann nicht umhin zu*** (+ *inf*) je ne peux m'empêcher de (+ *inf*)

'um·hören *v/r* ***sich ~*** se renseigner à droite et à gauche (***nach etw*** sur qc)

um'hüllen *v/t* ⟨*sans ge*⟩ envelopper, recouvrir (***mit etw*** de qc)

'Umkehr *f* ⟨~⟩ retour *m* (*a fig*)

'umkehrbar *adj* réversible

'um·kehren I *v/t* **1** (*umstülpen, wenden*) retourner; **2** (*ins Gegenteil verkehren*) renverser; **II** *v/i* ⟨sn⟩ retourner en arrière; rebrousser chemin

'um·kippen I *v/t* renverser; **II** *v/i* ⟨sn⟩ **1** se renverser; culbuter; basculer; **2** F *fig Stimmung* basculer; **3** F *fig* (*ohnmächtig werden*) F tomber dans les pommes;

4 ÉCOL **der See ist umgekippt** l'équilibre biologique du lac est rompu
um'klammer|n v/t ⟨sans ge⟩ étreindre; *fest* se cramponner à; **2ung** *f* ⟨~; ~en⟩ étreinte *f*
'um·klappen v/t rabattre
'Umkleidekabine *f* cabine *f* (*im Kaufhaus* d'essayage, *zum Baden* de bain)
'um·kleiden st/s v/r ⟨-e-⟩ **sich ~** se changer; changer de vêtements
'Umkleideraum *m* vestiaire *m*
'um·knicken v/i ⟨sn⟩ (**mit dem Fuß**) **~** se fouler le pied
'um·kommen v/i ⟨irr, sn⟩ **1** (**bei etw**) **~** périr, mourir (dans qc); **2** F *fig* **vor Hitze** (*dat*) **~** F crever de chaud
'Umkreis *m* environs *m/pl*; alentours *m/pl*; **im ~ von zehn Metern** dans un rayon de dix mètres
um'kreisen v/t ⟨-t, sans ge⟩ tourner autour de (*a fig*)
'um·krempeln v/t ⟨-le⟩ *Ärmel* retrousser; F *fig* changer complètement
'um·laden v/t ⟨irr⟩ transborder
'Umlage *f* contribution *f*
um'lagern v/t ⟨sans ge⟩ assiéger (*a fig*)
'Umland *n* environs *m/pl*
'Umlauf *m* **1** ASTR révolution *f*; **2** ADM (*Rundschreiben*) circulaire *f*; **3** (*Kreislauf, Zirkulation*) circulation *f*; **im ~ sein** être en circulation; circuler; *nur Geld* avoir cours; **in ~ bringen** mettre en circulation; *nur Geld* émettre; *Falschgeld* écouler; *Gerücht* faire courir
'Umlaufbahn *f* ASTR orbite *f*
'Umlaut *m* LING voyelle infléchie; inflexion *f* (vocalique)
'um·legen v/t **1** *Kette* mettre (autour de son cou); **2** *Kragen* rabattre; plier; *Hebel* manœuvrer; **3** (*zum Liegen bringen*) coucher; (*fällen*) abattre; **4** F *fig* (*ermorden*) abattre; F descendre; **5** *Termin* remettre (**auf** [+ *acc*] à); **6** *Kosten* répartir (**auf** [+ *acc*] entre)
'um·leiten v/t ⟨-e-⟩ *Fluss, Verkehr* détourner; *Verkehr a* dévier
'Umleitung *f* détournement *m*; déviation *f*
U
'um·lernen v/i **1** (*sich umstellen*) changer de méthode; (*umdenken*) changer sa façon de penser; **2** (*umschulen*) se recycler
'umliegend *adj* environnant

um'mauern v/t ⟨sans ge⟩ entourer d'un mur, de murs
Um'nachtung st/s *f* ⟨~; ~en⟩ **geistige ~** aliénation mentale; folie *f*
'um·|organisieren v/t ⟨sans ge⟩ réorganiser; **~packen** v/t *Koffer* refaire; **~pflanzen** v/t ⟨-t⟩ transplanter; **~pflügen** v/t labourer; **~polen** v/t ÉLECT inverser les pôles de; **~quartieren** v/t ⟨sans ge⟩ loger ailleurs
um'rahmen v/t ⟨sans ge⟩ encadrer; *fig* **e-e Feier musikalisch ~** donner un cadre musical à une cérémonie
um'rand|en v/t ⟨-e-, sans ge⟩ border; encadrer; **2ung** *f* ⟨~; ~en⟩ bordure *f*; encadrement *m*
'um·räumen v/t ranger, disposer autrement; *Zimmer* changer la disposition de
'um·rechnen v/t ⟨-e-⟩ *Währung, Maße* convertir (**in** [+ *acc*] en)
'Umrechnungs|kurs *m* taux *m* de change; **~tabelle** *f* table *f* de conversion
'um·reißen v/t ⟨irr⟩ renverser
um'reißen v/t ⟨irr, sans ge⟩ esquisser
'um·rennen v/t ⟨irr⟩ renverser (en courant)
um'ringen v/t ⟨sans ge⟩ entourer
'Umriss *m* contour(s) *m*(*pl*); silhouette *f*; (*Skizze*) ébauche *f*; esquisse *f* (*beide a fig*); **etw in groben ~en schildern** esquisser qc
'um·rühren v/t remuer; brasser
'um·rüsten v/t ⟨-e-⟩ TECH **~** (**auf** [+ *acc*]) adapter (à)
ums [ums] = **um das**
'um·satteln F *fig* v/i ⟨-le⟩ se reconvertir (**auf** [+ *acc*] dans)
'Umsatz *m* chiffre *m* d'affaires; **~steuer** *f* impôt *m* sur le chiffre d'affaires
um'säumen st/s v/t ⟨sans ge⟩ border
'um·schalten ⟨-e-⟩ **I** v/t **1** ÉLECT commuter; **2** *Maschine* inverser la marche de; **II** v/i RAD changer de poste; TV changer de chaîne; RAD, TV **wir schalten um nach Berlin** nous passons l'antenne à Berlin
'Umschalttaste *f* touche *f* de majuscule
'um·schauen → **umsehen**
'um·schichten v/t ⟨-e-⟩ **1** *Gegenstände* changer la disposition de; **2** *Finanzmittel* redistribuer; répartir autrement
um'schiffen v/t ⟨sans ge⟩ *Klippe, Insel* contourner; *Kap* doubler

'Umschlag *m* **1** (*Brief*≈) enveloppe *f*; pli *m*; (*Buch*≈) jaquette *f*; couverture *f*; **2** MÉD compresse *f*; ***feuchter ~*** enveloppement *m*; **3** (*Güter*≈) transbordement *m*; **4** COUT revers *m*
'um·schlagen ⟨*irr*⟩ **I** *v/t* ⟨h⟩ **1** *Kragen* rabattre; *Ärmel* retrousser; **2** *Buchseite* tourner; **3** COMM transborder; **II** *v/i* ⟨sn⟩ *Wetter, Meinung* (se) changer (subitement); *Wind, Glück* tourner; ***in Gewalt*** (*acc*) ~ dégénérer en violence
'Umschlagplatz *m* lieu *m*, centre *m* de transbordement
um'schließen *v/t* ⟨*irr, sans ge*⟩ **1** (*umgeben*) entourer; **2** (*beinhalten*) renfermer
um'schlingen *v/t* ⟨*irr, sans ge*⟩ ***eng umschlungen*** étroitement enlacés
'um·|schmeißen F *v/t* ⟨*irr*⟩ → ***umwerfen***; **~schreiben** *v/t* ⟨*irr*⟩ **1** *Text* récrire; **2** *Besitz* transférer (***auf*** [+ *acc*] à)
um'schreib|en *v/t* ⟨*irr, sans ge*⟩ exprimer par une périphrase; **≈ung** *f* périphrase *f*; circonlocution *f*
'Umschrift *f* LING ***phonetische ~*** transcription *f* phonétique
'Umschuldung *f* ⟨~; ~en⟩ rééchelonnement *m* d'une, de la dette
'um·schulen I *v/t* **1** *Schulkind* envoyer à une autre école; **2** *Berufstätige* recycler; reconvertir; **II** *v/i* se recycler, se reconvertir (***auf*** [+ *acc*] dans le métier de)
'Umschulung *f* **1** changement *m* d'école; **2** recyclage *m*; reconversion *f*
'um·schütten *v/t* ⟨-e-⟩ *Glas* renverser
um'schwärmen *v/t* ⟨*sans ge*⟩ **1** *Insekten* voltiger autour de; **2** *fig* ***j-n ~*** adorer qn
'Umschweife *pl* ***ohne ~*** sans ambages; sans détour(s)
'um·schwenken *v/i* ⟨sn⟩ *fig* changer d'opinion; faire volte-face
'Umschwung *m fig* changement subit, brusque; POL renversement *m*
um'segeln *v/t* ⟨¢, *sans ge*⟩ faire le tour de … en voilier
'um·sehen *v/r* ⟨*irr*⟩ **1** ***sich ~*** regarder autour de soi; ***sich an e-m Ort ~*** explorer un lieu; **2** ***sich ~*** (*zurücksehen*) se retourner (***nach j-m*** sur qn); **3** ***sich nach Arbeit ~*** (re)chercher du travail
'umseitig *adj u adv* au verso
'um·setzen ⟨¢$⟩ **I** *v/t* **1** *an e-e andere Stelle* changer de place; déplacer; *Pflanzen* transplanter; *auf e-n anderen Arbeitsplatz* affecter à un autre (poste de) travail; **2** (*anders setzen*) mettre, disposer autrement; **3** (***in die Tat***) ~ mettre en pratique; réaliser; **4** *Waren* vendre; **II** *v/r* ***sich ~*** (*den Platz wechseln*) changer de place
'Umsicht *f* ⟨~⟩ circonspection *f*; prudence *f*; **≈ig I** *adj* circonspect; prudent; **II** *adv* avec circonspection, réflexion
'um·siedeln ⟨¢⟩ **I** *v/t Personen* déplacer; transplanter; **II** *v/i* ⟨sn⟩ se transplanter (***nach Frankreich*** en France)
'Um|siedler *m* personne déplacée; **~siedlung** *f* transfert *m*, déplacement *m* (de population); transplantation *f*
'umso *conj* ***~ größer*** d'autant plus grand; ***~ mehr*** d'autant plus
um'sonst *adv* **1** (*kostenlos*) gratuitement; pour rien; gratis; **2** (*vergebens*) en vain
um'sorgen *v/t* ⟨*sans ge*⟩ ***j-n ~*** entourer qn de ses soins
'Umspannwerk *n* ÉLECT station *f*, poste *m* de transformation
um'spielen *v/t* ⟨*sans ge*⟩ FUSSBALL dribbler
'um·springen *v/i* ⟨*irr*, sn⟩ **1** *Ampel* ***von … auf*** (+ *acc*) ~ passer de … à; **2** F *péj* ***mit j-m grob ~*** traiter qn de façon cavalière
'um·spulen *v/t* rembobiner
'Umstand *m* **1** (*Gegebenheit*) circonstance *f*; (*Tatsache*) fait *m*; ***die näheren Umstände*** les détails *m/pl*; ***unter Umständen*** le cas échéant; ***unter allen Umständen*** en tout cas; ***in anderen Umständen sein*** être enceinte; **2** *meist pl* ***Umstände*** (*Förmlichkeiten*) cérémonies *f/pl*; (*Gehabe*) façons *f/pl*; ***ohne Umstände*** sans façon, cérémonies; ***j-m Umstände machen*** causer du dérangement à qn; ***das macht keine Umstände*** ça ne dérange pas
'umständehalber *adv* en raison des, par suite des circonstances
umständlich ['umʃtɛntlɪç] *adj* **1** *a Person* compliqué; **2** (*unpraktisch*) incommode; **3** (*übergenau*) trop minutieux
'Umstands|kleid *n* robe *f* de grossesse; **~wort** *n* ⟨~¢s; -wörter⟩ GR adverbe *m*
'umstehend → ***umseitig***
'um·steigen *v/i* ⟨*irr*, sn⟩ **1** changer (de train, de voiture, *etc*); **2** F *fig* ***~ auf*** (+ *acc*) *Studium* se réorienter vers; ***~ von … auf*** (+ *acc*) passer de … à

U

'um·stellen I *v/t* **1** *Möbel* placer, disposer autrement; **2** (*anders ordnen*) changer l'ordre de; **3** *Hebel* manœuvrer; *Uhr* changer l'heure de; **4** ***etw ~ auf*** (+ *acc*) adapter qc à; **II** *v/i* (*übergehen zu*) ***~ auf*** (+ *acc*) passer à; ÉCON se reconvertir dans; **III** *v/r* ***sich ~*** s'adapter (***auf*** [+ *acc*] à)

um'stellen *v/t* ⟨*sans ge*⟩ *Verbrecher, Haus* entourer; cerner

'Umstellung *f* **1** (*das Sichumstellen*) changement *m*; **2** *von Möbeln* changement *m* de place; **3** ÉCON **~** (***auf*** [+ *acc*]) réadaptation *f* (à); reconversion *f* (en); **4** (*Anpassung*) **~** (***auf*** [+ *acc*]) adaptation *f* (à); (*Einführung*) adoption *f* (de)

'um·stimmen *v/t* ***j-n ~*** faire changer qn d'avis

'um·stoßen *v/t* ⟨*irr*⟩ **1** renverser; **2** *fig Plan* bouleverser

um'stritten *adjt* controversé; contesté

'um·strukturieren *v/t* ⟨*sans ge*⟩ restructurer; réorganiser

'um·stülpen *v/t* **1** *Eimer* renverser; **2** *Taschen* retourner

'Umsturz *m* révolution *f*; subversion *f*

'um·stürzen ⟨*¢s*⟩ **I** *v/t* renverser; **II** *v/i* ⟨sn⟩ se renverser; verser; *Baum* s'abattre

'Umstürzler *m* ⟨~s; ~⟩ révolutionnaire *m*

'um·taufen *v/t* F *fig* débaptiser; rebaptiser

'Umtausch *m* échange *m*; (*Geld*2) change *m*; ***... sind vom ~ ausgeschlossen*** ... ne sont ni repris ni échangés

'um·tauschen *v/t* échanger (***gegen*** contre); *Geld* changer (***in*** [+ *acc*] en)

'um·topfen *v/t* JARD dépoter; rempoter

'Umtriebe *st/s péj m/pl* machinations *f/pl*; agissements *m/pl*; menées *f/pl*

'Umtrunk *m* F pot *m*

'um·tun F *v/r* ⟨*irr*⟩ ***sich nach etw, j-m ~*** être à la recherche de qc, qn

'um·wälzen *v/t* ⟨*¢s*⟩ TECH faire circuler

'umwälz|end *adjt fig* révolutionnaire; **&ung** *f* ⟨~; ~en⟩ *fig* bouleversement *m*

'um·wandeln *v/t* ⟨*¢*⟩ changer, CHIM, PHYS, *fig* transformer (***in*** [+ *acc*] en); *Strafe* commuer (***in*** [+ *acc*] en); ***sie war wie umgewandelt*** elle était (comme) métamorphosée

'Umwandlung *f* changement *m*, CHIM, PHYS, *fig* transformation *f* (***in*** [+ *acc*] en); *e-r Strafe* commutation *f*

'um·wechseln *v/t* ⟨*¢*⟩ *Geld* changer

'Umweg *m* détour *m* (*a fig*); ***auf ~en*** indirectement; de biais; ***auf dem ~ über*** (+ *acc*) par le biais de

'Umwelt *f* environnement *m*

'Umwelt... *in Zssgn* de l'environnement; écologique; éco-; **~belastung** *f* nuisance(s) *f(pl)*; pollution *f* de l'environnement; **&bewusst** *adj* respectueux de l'environnement; **~forschung** *f* écologie *f*; **&freundlich** *adj Auto, Verpa-*

Umwelt

Altglascontainer	**conteneur** *m* **à verre**
Altpapier	**vieux papiers** *m/pl*
Autoabgase	**gaz** *m/pl* **d'échappement**
Erderwärmung	**réchauffement** *m* **de la planète**
FCKW	**C.F.C.** [seɛfse] *m/pl*
Luftverschmutzung	**pollution** *f* **de l'air**
Mülldeponie	**décharge** *f* **publique**
Mülltrennung	**tri** *m* **sélectif des ordures/déchets**
Ozonloch	**trou** *m* **dans la couche d'ozone**
Ozonschicht	**couche** *f* **d'ozone**
saurer Regen	**pluies** *f/pl* **acides**
Treibhauseffekt	**effet** *m* **de serre**
Umweltverschmutzung	**pollution** *f* **de l'environnement**
Waldsterben	**dépérissement** *m* **des forêts**
wieder verwertbar	**recyclable**

ckung non polluant; *Produkt*, *Vorrichtung* antipollution; *Maßnahme* écologique; **~katastrophe** *f* catastrophe *f* écologique; **~ministerium** *n* ministère *m* de l'Environnement; **~papier** *n* papier recyclé; **~politik** *f* politique *f* de l'environnement; **~schäden** *m/pl* dégâts causés à l'environnement; **2schädlich** *adj* polluant; nuisible à l'environnement; **~schutz** *m* défense *f*, protection *f* de l'environnement; **~schützer(in)** *m* ⟨~s; ~⟩ (*f*) ⟨~; ~nen⟩ écologiste *m,f*; F écolo *m,f*; **~sünder** F *m* pollueur *m*; **~technik** *f* techniques *f/pl* antipollution; **~verschmutzung** *f* pollution *f* (de l'environnement); **2verträglich** *adj* non polluant; **~zerstörung** *f* destruction *f* de l'environnement, des milieux naturels

'um·wenden ⟨*irr ou régulier*⟩ **I** *v/t* tourner; **II** *v/r* ***sich ~*** se retourner

um'werben *v/t* ⟨*irr, sans ge*⟩ courtiser (*a fig*)

'um·werfen *v/t* ⟨*irr*⟩ renverser (*a fig*)

'umwerfend F *fig adjt* renversant

um'wickeln *v/t* ⟨¢, *sans ge*⟩ envelopper, entourer (***mit*** de)

umzäunen [ʊm'tsɔʏnən] *v/t* ⟨*sans ge*⟩ entourer d'une clôture

'um·ziehen ⟨*irr*⟩ **I** *v/t* ⟨h⟩ ***j-n ~*** changer les vêtements de qn; **II** *v/r* ***sich ~*** se changer; **III** *v/i* ⟨sn⟩ déménager (***in*** [+ *acc*] dans; ***nach*** à, en)

umzingeln [ʊm'tsɪŋəln] *v/t* ⟨¢, *sans ge*⟩ encercler; cerner

'Umzug *m* **1** déménagement *m*; **2** (*Festzug*) cortège *m*

UN [uː'ʔɛn] ⟨~⟩ *abr* (*United Nations*, *Vereinte Nationen*) *pl* ***die ~*** les Nations Unies

unab'änderlich *adj Gesetz* invariable; *Entschluss* irrévocable; *Schicksal* inévitable

unab'dingbar *adj* indispensable

'unabhängig **I** *adj* indépendant (***von*** de); ***von j-m ~ sein*** ne pas dépendre de qn; **II** *adv* ***~ von …*** indépendamment de …

'Unabhängigkeit *f* indépendance *f*

unab'kömmlich *adj* indisponible

unablässig ['ʊnʔaplɛsɪç] *adj* continuel; perpétuel

unab'sehbar *adj fig Folgen* imprévisible; incalculable

'unabsichtlich **I** *adj* non intentionnel; involontaire; **II** *adv* sans intention

unab'wendbar *adj* inévitable

'unachtsam *adj* (*unaufmerksam*) inattentif; (*zerstreut*) distrait; **2keit** *f* inattention *f*; distraction *f*

'unähnlich *adj* dissemblable

unan'fechtbar *adj* inattaquable

'unan|gebracht *adj* déplacé; **~gefochten** *adj* incontesté; **~gemeldet** *adj Gast* inattendu; *Demonstration* sans préavis; **~gemessen** *adj* inadéquat; *Ausdruck a* impropre

'unangenehm *adj* désagréable; (*peinlich*) gênant; ***es ist mir sehr ~, dass*** il m'est très désagréable de (+ *inf*); ***~ werden*** devenir (très) désagréable

'unangetastet *adj* intact; ***etw ~ lassen*** ne pas toucher à qc

unan|'greifbar *adj* inattaquable (*a fig*); **~'nehmbar** *adj* inacceptable; irrecevable

'Unannehmlichkeit *f* désagrément *m*; ennui *m*; ***~en bekommen*** avoir des ennuis, des désagréments

'unansehnlich *adj* **1** (*unschön*) disgracieux; (*hässlich*) laid; **2** *durch Abnutzung* défraîchi; ***~ werden*** se défraîchir

'unanständig *adj Witz* inconvenant; indécent (*a Personen*, *Verhalten*); **2keit** *f* inconvenance *f*; indécence *f*

unan'tastbar *adj* inviolable; intangible

'unappetitlich *adj* peu ragoûtant; (*unsauber*) pas très propre

'Unart *f* ⟨~; ~en⟩ mauvaise habitude; (*ungehöriges Betragen*) inconvenance *f*; **2ig** *adj Kind* vilain; mal élevé

'un|ästhetisch *adj* inesthétique; **~auffällig** *adj* discret; *Äußeres* effacé

unauf'findbar *adj* introuvable

'unaufgefordert *adv* sans y avoir été invité; de son propre chef

unauf|'haltsam *adj* qu'on ne peut arrêter; irrésistible; **~'hörlich** **I** *adj* continuel; incessant; **II** *adv* sans cesse

'unaufmerksam *adj* inattentif; (*zerstreut*) distrait; **2keit** *f* inattention *f*; distraction *f*

'unaufrichtig *adj* hypocrite; dissimulé

unaus'bleiblich *adj* inévitable

'unausgefüllt *adj Leben* vide

'unausgeglichen *adj* mal équilibré

unaus|'sprechlich *adj fig Glück*, *Elend* inexprimable; indicible; **~'stehlich** *adj*

U

insupportable; odieux; **~'weichlich** *adj* inévitable
unbändig ['unbɛndɪç] *adj* **1** *Temperament* indomptable; **2** *Freude* exubérant; effréné; *Zorn, Gelächter* fou
'unbarmherzig *adj* impitoyable
'unbeabsichtigt *adj* involontaire
'unbeachtet I *adj* inaperçu; ignoré; **II** *adv* **~ lassen** ne pas faire attention à
'unbeanstandet I *adj* incontesté; **II** *adv* sans contestation, opposition
'unbeantwortet *adj* **~ bleiben** rester sans réponse
'unbe|arbeitet *adj* non travaillé; brut; **~baut** *adj* **1** AGR inculte; non cultivé; **2** *Baugelände* non bâti; **~dacht** *adj* inconsidéré; (*unüberlegt*) irréfléchi; **~darft** *adj* naïf; inexpérimenté; **~denklich** *adj u adv* sans risque, danger; **~deutend** *adj* peu important; insignifiant; *Einzelheit* négligeable
'unbedingt I *adj Vertrauen, Zuverlässigkeit* absolu; **II** *adv* (*auf jeden Fall*) en tout cas; à tout prix; absolument
unbe'fahrbar *adj Straße* impraticable
'unbefangen I *adj* **1** (*unparteiisch*) impartial; **2** (*natürlich*) naturel; (*ungehemmt*) F sans complexes; **II** *adv* **1** sans parti pris; **2** avec naturel; F sans complexes; **ﾠheit** *f* **1** impartialité *f*; **2** naturel *m*
'unbe|friedigend *adj* peu satisfaisant; **~friedigt** *adj* insatisfait (*a sexuell*); mécontent; **~fristet** *adj* de durée illimitée; *Streik* illimité
'unbefugt I *adj* non autorisé; ***Zutritt für ﾠe verboten!*** entrée interdite à toute personne étrangère au service; **II** *adv* sans autorisation
'unbegabt *adj* sans talent; peu doué
unbe'greiflich *adj* incompréhensible; inconcevable
'unbe|grenzt I *adj* illimité; **II** *adv* sans limites, bornes; **~gründet** *adj* non fondé; injustifié
'Unbehagen *n* embarras *m*; malaise *m*
'unbehaglich I *adj* **1** incommode; **2** *fig* embarrassé; **II** *adv* ***sich ~ fühlen*** se sentir mal à l'aise
'unbe|helligt *adj u adv* sans être importuné; **~herrscht I** *adj* **1** *Person* qui ne sait pas se maîtriser; **2** *Reaktion* incontrôlé; **II** *adv* sans aucune maîtrise, aucun contrôle
unbeholfen ['unbəhɔlfən] *adj* maladroit; gauche; (*plump*) lourd
unbe|'irrbar *adj* (*u adv*) inébranlable (-ment); imperturbable(ment); **~'irrt** *adv* sans se laisser détourner, déconcerter
'unbekannt I *adj* inconnu (***j-m*** à, de qn); ignoré; ***das ist mir ~*** je l'ignore; je n'en sais rien; JUR ***Anzeige f gegen ﾠ (erstatten)*** (déposer une) plainte contre X; **II** *adv* ***~ verzogen*** parti sans laisser d'adresse
'Unbekannte(r) *f(m)* inconnu(e) *m(f)*; MATH ***Unbekannte*** *f* inconnue *f*
'unbe|kleidet *adj* nu; **~kümmert** *adj* insouciant; **~lastet** *adj* **1** *fig* (*sorgenfrei*) sans soucis; **2** *fig* (*ohne Schuld*) non fautif; **3** FIN *Grundstück* non grevé d'hypothèques
unbe'lehrbar *adj* incorrigible
'unbeleuchtet *adj* **1** non éclairé; **2** *Fahrzeug* tous feux éteints
'unbeliebt *adj* qui n'est pas aimé; *Vorgesetzter, Kollege* impopulaire (***bei*** auprès de, parmi); **ﾠheit** *f* impopularité *f*
'unbemannt *adj* RAUMFAHRT non habité; MAR sans équipage
'unbemerkt *adv* sans être remarqué; ***~ bleiben*** passer inaperçu
'unbenommen *adj* ***es ist, bleibt Ihnen ~ zu*** (+ *inf*) vous serez toujours libre de (+ *inf*); libre à vous de (+ *inf*)
'unbenutzt *adj* inutilisé; inemployé; (*neu*) neuf
'unbequem *adj* **1** *Sessel, Haltung* incommode; inconfortable; **2** *fig* (*lästig*) *Frage* embarrassant; gênant; *Mensch* pas commode; difficile; ***ein ~er Autor*** un auteur dérangeant
'Unbequemlichkeit *f* incommodité *f*; manque *m* de confort
unbe'rechenbar *adj* **1** incalculable; imprévisible; **2** (*sprunghaft*) déconcertant
'unberechtigt *adj* **1** *Person* non autorisé; **2** *Forderung* non fondé
'unberücksichtigt *adj* ***etw ~ lassen*** ne pas tenir compte de qc
unbe'rufen *int* touchons du bois!
'unberührt *adj* intact; *Mädchen, Natur* vierge; ***von etw ~ bleiben*** ne pas être touché par qc
'unbe|schadet *prép* ⟨*gén*⟩ sans préjudice de; (*trotz*) malgré; **~schädigt** *adj* non endommagé; intact; **~schäftigt**

U

adj inoccupé; désœuvré; **~scheiden** *adj* qui manque de modestie; présomptueux; *Forderung* exagéré; **~scholten** *adj* intègre; JUR sans antécédents judiciaires; **~schrankt** *adj Bahnübergang* non gardé; **~schränkt** *adj* illimité

unbe'schreiblich **I** *adj* indescriptible; (*außerordentlich*) extraordinaire; **II** *adv* (*sehr*) extrêmement; infiniment

'unbe|schrieben *adj Blatt*, *Seite* blanc; vierge; **~schwert** *adj Gewissen* net; (*sorglos*) sans souci

unbe'sehen *adv* sans examen (préalable); sans l'avoir vu

'unbesetzt *adj Stelle*, *Posten* vacant; *Schalter* fermé

unbe'siegbar *adj* invincible

'unbe|siegt *adj* invaincu; **~sonnen** *adj* inconsidéré; irréfléchi; (*leichtsinnig*) étourdi; léger

'unbesorgt *adj* sans souci; ***seien Sie ~!*** soyez tranquille, sans inquiétude!

'unbe|spielt *adj Kassette* vierge; **~ständig** *adj Mensch* inconstant; (*labil*) instable (*a Wetter*); *in der Leistung* irrégulier; **~stätigt** *adj Nachricht* non confirmé; **~stechlich** *adj* **1** incorruptible; **2** *fig* intègre; **~stimmt** *adj* **1** (*nicht festgelegt*) indéterminé (*a* MATH); indéfini (*a* GR); vague; **2** (*unsicher*) incertain; **~stritten** *adj* incontesté

'unbeteiligt **I** *adj* **1** (*passiv*) étranger (***an*** [+ *dat*] à); ***ein ≈er*** une personne non concernée, non impliquée; **2** (*gleichgültig*) indifférent; **II** *adv* avec indifférence

'unbe|tont *adj* inaccentué; atone; **~trächtlich** *adj* peu considérable

'unbeugsam *adj Wille*, *Stolz* inflexible

'unbe|wacht *adj Person* non surveillé; *Parkplatz* non gardé; **~waffnet** *adj* non armé; sans armes; **~wältigt** *adj Vergangenheit* non assumé

'unbeweglich **I** *adj* (*nicht zu bewegen*) immobile; *Feiertag* fixe; *Gesicht* impassible; (*steif*) raide; *geistig* qui manque de souplesse; **II** *adv* ***~ dastehen*** se tenir immobile

'unbewegt *adj Gesicht* impassible

'unbewiesen *adj* non prouvé, démontré

unbe'wohnbar *adj* inhabitable

'unbe|wohnt *adj* inhabité; (*leer stehend*) vide; **~wusst** *adj* inconscient

unbe'zahlbar *adj* **1** (*unerschwinglich*) 'hors de prix; *Preis* inabordable; **2** *fig* (*unersetzlich*) ***~ sein*** valoir de l'or; *fig plais* ***du bist einfach ~!*** tu es impayable!

'unbezahlt *adj Rechnung* impayé; non réglé; *Arbeit* non rémunéré, rétribué

unbe|'zähmbar *adj* indomptable; **~'zwingbar** *adj* invincible

Unbilden ['ʊnbɪldən] *st/s pl* ***die ~ des Wetters*** les intempéries *f/pl*

'unblutig **I** *adj* non sanglant (*a* MÉD *Eingriff*); **II** *adv* sans effusion de sang

'un|brauchbar *adj* inutilisable; **~bürokratisch** *adj u adv* sans paperasserie, formalités

und [ʊnt] *conj* et; *bei negativer Verbindung* ne … ni … ni; ***kein Brot ~ kein Geld haben*** n'avoir ni pain ni argent; ***~ so weiter*** et ainsi de suite; et cetera; (***immer***) ***größer ~ größer*** de plus en plus grand; ***lauf hin ~ sag es ihm!*** cours le lui dire!; F ***der ~ Angst haben!*** lui, avoir peur!

'Undank *m* ingratitude *f*; **≈bar** *adj* ingrat (***gegenüber j-m*** envers qn); **~barkeit** *f* ingratitude *f*

un|defi'nierbar *adj* indéfinissable; **~'denkbar** *adj* inimaginable; impensable

'undeutlich *adj* indistinct (*a Aussprache*); *Schrift* peu lisible; illisible; **2** *fig* (*ungenau*) confus; vague; indistinct

'undicht *adj Fenster* qui joint mal; *Fass*, *Dach* non étanche; ***e-e ~e Stelle*** une fuite (*a fig*)

'Unding *n* ***das ist ein ~*** c'est une absurdité, un non-sens

'un|diszipliniert *adj* indiscipliné; **~duldsam** *adj* intolérant

undurch|'dringlich *adj* impénétrable (*a fig*); **~'führbar** *adj* impraticable; infaisable

'undurch|lässig *adj für Wasser* imperméable; *für Luft* hermétique; **~sichtig** *adj* **1** opaque; **2** *fig Charakter* impénétrable; *Geschäfte* trouble; louche

'un|eben *adj* inégal; *Fläche* raboteux; *Gelände a* accidenté; **~echt** *adj* **1** *Schmuck* faux; en simili; *Haar* postiche; **2** (*vorgetäuscht*) simulé; faux; **~ehelich** *adj* illégitime; naturel; **~ehrenhaft** *st/s adj* déshonorant

'unehrlich *adj* malhonnête; déloyal;

(*unaufrichtig*) de mauvaise foi; **≈keit** *f* malhonnêteté *f*; déloyauté *f*
'un|eigennützig **I** *adj* désintéressé; altruiste; **II** *adv* avec désintéressement; **~eingeschränkt** **I** *adj* illimité; *Macht* absolu; **II** *adv* sans restriction; **~einheitlich** *adj* qui manque d'unité; hétérogène
'uneinig *adj* en désaccord (***mit j-m*** avec qn; ***in*** [+ *dat*], ***über*** [+ *acc*] sur); **≈keit** *f* désaccord *m*
unein'nehmbar *adj* *Festung* imprenable; inexpugnable
'un|eins *adj* → ***uneinig***; **~empfänglich** *adj* insensible, inaccessible (***für*** à)
'unempfindlich *adj* **1** insensible (***gegenüber*** à); **2** *fig* (*gleichgültig*) impassible; *Stoff* résistant; **≈keit** *f* insensibilité *f* (*a fig*)
un'endlich **I** *adj* infini (*a fig*, MATH); (*unermesslich*) immense; **II** *adv* **~** ***klein*** infiniment petit; infinitésimal
Un'endlichkeit *f* **1** infinité *f*; immensité *f*; **2** *fig* F, *st/s* (*Ewigkeit*) éternité *f*
unent'behrlich *adj* indispensable (***für j-n, etw*** à qn, qc)
'unentgeltlich *adj* gratuit; bénévole
'unentschieden **I** *adj* **1** indécis; *Frage a* en suspens; (*noch schwebend*) pendant; **2** SPORT nul; **II** *adv* SPORT **~** ***spielen*** faire match nul
'Unentschieden *n* ⟨~s; ~⟩ SPORT égalité *f* de points; match nul
'unentschlossen *adj* irrésolu; indécis
unent'schuldbar *adj* inexcusable
'unentschuldigt **I** *adj* *Fehlen* non excusé; **II** *adv* **~** ***fehlen*** être absent sans excuse
unentwegt [unˀɛnt'veːkt] **I** *adj* **1** (*beharrlich*) inébranlable; **2** (*ständig*) continuel; **II** *adv* **1** (*beharrlich*) inlassablement; **2** (*ständig*) sans cesse
uner'bittlich *adj* inexorable; (*erbarmungslos*) impitoyable
'unerfahren *adj* inexpérimenté; sans expérience; **≈heit** *f* inexpérience *f*
uner'findlich *st/s* *adj* inexplicable
'uner|forscht *adj* inexploré; **~freulich** **I** *adj* peu réjouissant; désagréable; **II** *adv* de façon désagréable, déplaisante
uner'füllbar *adj* *Wunsch* irréalisable
'unerfüllt *adj* *Leben* non rempli; *Wunsch* irréalisé
'unergiebig *adj* improductif (*a fig*)
uner'gründlich *adj* insondable; impénétrable
'unerheblich *adj* insignifiant
uner'hört *adj* **1** (*unglaublich*) inouï; **2** (*sehr groß*) inouï; extraordinaire
'unerkannt *adv* sans être reconnu; **~** ***bleiben*** rester ignoré
uner|'klärlich *adj* inexplicable; **~'lässlich** [-'lɛslɪç] *adj* indispensable
'uner|laubt **I** *adj* non autorisé; illicite; (*illegal*) illégal; **II** *adv* sans autorisation; **~ledigt** *adj* *Arbeit* inachevé; en souffrance; *Post* (qui reste) à faire
uner|'messlich *adj* immense; énorme; **~'müdlich** **I** *adj* infatigable; inlassable; **II** *adv* inlassablement; **~'reichbar** *adj* 'hors d(e l)'atteinte (***für*** de); inaccessible (à)
'unerreicht *adj* inégalé; sans égal
uner'sättlich *adj a fig* insatiable
uner'schöpflich *adj* inépuisable
'unerschrocken *adj* intrépide
uner|'schütterlich *adj* inébranlable; imperturbable; **~'schwinglich** *adj* *Waren* 'hors de prix; *Preise* exorbitant; **~'setzlich** *adj* irremplaçable; *Verlust* irréparable; **~'träglich** *adj* insupportable; intolérable
'unerwähnt *adj* non mentionné; ***etw*** **~** ***lassen*** passer qc sous silence
'unerwartet **I** *adj* inattendu; (*unverhofft*) inespéré; **II** *adv* à l'improviste; ***das kommt für mich*** **~** je ne m'y attendais pas
'unerwünscht *adj* indésirable
'unfähig *adj* **1** incapable (***zu*** de); **2** *péj* incompétent; **≈keit** *f* ⟨~⟩ **1** incapacité *f* (***zu*** de); **2** *péj* incompétence *f*
'unfair *adj* déloyal (***gegenüber*** envers)
'Unfall *m* accident *m*; **~flucht** *f* délit *m* de fuite; **≈frei** *adj u adv* sans accident; **~opfer** *n* victime *f* (d'un accident); **~station** *f* service *m* des urgences; SAMU *m*; **~stelle** *f* lieu *m* de l'accident; **~tod** *m* mort accidentelle; **~versicherung** *f* assurance *f* contre les accidents
un|'fassbar *adj* **1** incompréhensible; **2** (*unglaublich*) inconcevable; incroyable; **~'fehlbar** *adj* infaillible; *Instinkt* sûr; **'~fein** *adj* *Benehmen* peu délicat; indélicat; peu raffiné; **'~fertig** *adj* **1** inachevé; **2** *fig* (*unreif*) immature
unflätig ['unflɛːtɪç] *st/s* *péj* *adj* ordurier

'un|förmig *adj* (*formlos*) informe; (*missgestaltet*) difforme; mal fait; **~frankiert** *adj* non affranchi; en port dû; **~frei** *adj* **1** *Volk, Person* qui n'est pas libre; **2** (*gehemmt*) F inhibé; complexé; **3** (*unfrankiert*) en port dû; **~freiwillig** *adj* **1** (*unbeabsichtigt*) involontaire; **2** (*erzwungen*) forcé

'unfreundlich I *adj* peu aimable; désobligeant; maussade (*a Wetter*); (*feindselig*) inamical; (*abweisend*) rébarbatif; *Haus, Stadt* inhospitalier; **II** *adv* de manière, façon peu aimable, inamicale, désobligeante; **2keit** *f* caractère *m* revêche, maussade; *Verhalten* manières peu aimables, désobligeantes

'Unfriede(n) *m* discorde *f*

'unfruchtbar *adj* stérile; infécond; infertile (*alle a fig*); **2keit** *f* stérilité *f*; infécondité *f*; infertilité *f*

Unfug ['unfu:k] *m* ⟨~(e)s⟩ bêtise *f*; JUR ***grober ~*** acte *m* provoquant un trouble de l'ordre public; ***~ treiben*** faire des bêtises

Ungar|(in) ['ʊŋgar(ɪn)] *m* ⟨~n; ~n⟩ (*f*) ⟨~; ~nen⟩ 'Hongrois(e) *m(f)*; **2isch** *adj* 'hongrois

'Ungarn *n* ⟨~s⟩ la Hongrie

'ungastlich *adj* inhospitalier (*a fig*)

'unge|achtet *st/s prép* ⟨*gén*⟩ malgré; en dépit de; **~ahnt** *adj* insoupçonné; inattendu; **~beten** *adj* non invité; **~bildet** *adj* inculte; illettré; **~boren** *adj* (encore) à naître; **~bräuchlich** *adj* inusité; rare; **~braucht** *adj* inutilisé; **~brochen** *adj fig* non abattu; **~bührlich** *st/s adj* peu convenable; inconvenant; **~bunden** *adj Person* libre (de tout lien); (*ledig*) célibataire; **~deckt** *adj* **1** FIN à découvert; *Scheck* sans provision; **2** MIL sans protection; (à) découvert; SPORT démarqué

'Ungeduld *f* impatience *f*

'ungeduldig *adj* impatient; ***~ werden*** s'impatienter

'ungeeignet *adj Sachen* impropre (***zu, für*** à); *Person* inapte (à); *Augenblick* inopportun

ungefähr ['ungəfɛ:r] **I** *adj* approximatif; **II** *adv* à peu près; environ; ***~ dreißig*** une trentaine (de); ***so ~*** plus ou moins

'ungefährlich *adj* sans danger; non dangereux (***für*** pour); (*harmlos*) inoffensif

'ungehalten *st/s adj* ***~ sein*** être fâché, irrité (***über j-n, etw*** contre qn, de qc)

'unge|heizt *adj* non chauffé; **~hemmt I** *adj* **1** qui n'est pas entravé; **2** (*ohne Hemmungen*) sans complexe; **II** *adv* **1** sans entraves; **2** sans complexe

'ungeheuer I *adj* énorme; monstrueux; **II** *adv* extrêmement; énormément

'Ungeheuer *n* ⟨~s; ~⟩ monstre *m* (*a fig*)

unge'heuerlich *adj péj* monstrueux; (*empörend*) révoltant

'unge|hindert I *adj* libre; **II** *adv* sans (en) être empêché; librement; **~hobelt** *adj fig* grossier; **~hörig** *adj Betragen* inconvenant; *Bemerkung* fâcheux; **~horsam** *adj* désobéissant

'Ungehorsam *m* désobéissance *f*

'ungeklärt *adj* **1** non éclairci; obscur; *Ursache* inexpliqué; **2** *Abwässer* non traité

'ungekündigt *adj* ***in ~er Stellung sein*** être encore, toujours en poste

'unge|künstelt *adj* sans affectation; **~kürzt I** *adj Text* non abrégé; complet; *Ausgabe a* intégral; *Film* en version intégrale; **II** *adv* en entier; **~laden** *adj* **1** *Waffe* non chargé; **2** *Gast* non invité

'ungelegen *adj Zeitpunkt* indu; inopportun; *Besuch* importun; ***j-m ~ kommen*** déranger qn

'Ungelegenheit *f* ***j-m ~en bereiten*** importuner, déranger qn

'unge|lernt *adj Arbeiter* non qualifié; **~logen** F *adv* sans mentir

'ungemein I *adj* énorme; extraordinaire; **II** *adv* extrêmement

'ungemütlich *adj Ort* peu accueillant; *Wetter* vilain; F ***~ werden*** *Person* devenir désagréable

'ungenannt *adj* qui n'est pas nommé; anonyme; ***~ bleiben*** rester anonyme

'ungenau I *adj* **1** inexact; imprécis; **2** *Erinnerung, Vorstellung* vague; flou; **II** *adv* **1** sans précision; **2** *arbeiten* sans soin; **2igkeit** *f* inexactitude *f*; imprécision *f*

'ungeniert *adj u adv* sans-gêne

'un|genießbar *adj* **1** *Speise* immangeable; *Getränk* imbuvable; *Pilz* non comestible; **2** F *fig* insupportable; F imbuvable; **~genügend** *adj* **1** insuffisant; *Leistung* peu satisfaisant; **2** *Schulnote* → ***Sechs*** 2

'unge|nutzt, ~nützt I *adj* inutilisé; **II**

adv Gelegenheit ~ ***lassen*** laisser passer
'ungepflegt *adj* négligé
'ungerade *adj Zahl* impair
'ungerecht *adj* injuste; **~fertigt** *adj* non justifié; injustifié; **~igkeit** *f* injustice *f*
'unge|regelt *adj* non réglé; *Leben* déréglé; **~reimt** *adj fig péj* illogique; confus
'ungern *adv* à contrecœur; ***ich tue das*** ~ je ne le fais pas volontiers
'unge|rührt **I** *adj* impassible; **II** *adv* sans émotion; **~salzen** *adj* non salé; **~sättigt** *adj* CHIM non saturé
'ungeschehen *adj* ***das lässt sich nicht (mehr)*** ~ ***machen*** ce qui est fait est fait
'Unge|schicklichkeit *f* maladresse *f*; gaucherie *f*; **~schickt** *adj* maladroit; inhabile; (*linkisch*) gauche; **~schliffen** *adj* **1** TECH non taillé; brut; **2** *fig péj* impoli; grossier; **~schminkt** *adj* sans fard (*a fig*)
'ungeschoren *adj u adv fig* ***j-n*** ~ ***lassen*** épargner qn; ~ ***davonkommen*** s'en tirer sans dommage
'unge|schützt *adj* **1** non protégé; **2** *gegen Wind u Wetter* non abrité; **~sellig** *adj* insociable; **~setzlich** *adj* illégal; **~setzlichkeit** *f* illégalité *f*; **~sittet** *adj* grossier; **~stört** **I** *adj* non troublé; **II** *adv* en paix; sans être dérangé; **~straft** *adj* impuni
ungestüm ['ʊngəʃty:m] *st/s adj* impétueux; fougueux; (*heftig*) véhément
'ungesund *adj* **1** malsain (*a fig*); *Luft, Wohnung* insalubre; ***Rauchen ist*** ~ fumer nuit à la santé; **2** *Aussehen* maladif
'unge|teilt *adj* **1** non divisé, partagé; **2** *fig Zustimmung* unanime; **~trübt** *adj* serein; *Glück a* sans nuage
Ungetüm ['ʊngəty:m] *n* ⟨~(e)s; ~e⟩ monstre *m*
'ungeübt *adj* qui manque d'exercice, d'entraînement; non exercé
'ungewiss *adj* incertain; ***j-n*** (***über etw*** [*acc*]) ***im ~en lassen*** laisser qn dans l'incertitude (au sujet de qc)
'Ungewissheit *f* incertitude *f*
'ungewöhnlich **I** *adj* extraordinaire; inhabituel; (*seltsam*) étrange; singulier; **II** *adv* ~ ***schön*** d'une beauté peu commune, extraordinaire
'unge|wohnt *adj Anblick, Umgebung, Arbeit* inhabituel; inaccoutumé; **~wollt** *adj* non voulu; involontaire; **~zählt** *adj* non compté

Ungeziefer ['ʊngətsi:fər] *n* ⟨~s⟩ vermine *f*
'unge|zogen *adj* mal élevé; (*frech*) insolent; impertinent; **~zügelt** *adj* sans frein; effréné
'ungezwungen **I** *adj Benehmen* non affecté; non guindé; simple; *Unterhaltung* naturel; **II** *adv* sans contrainte, affectation; **~heit** *f* ⟨~⟩ aisance *f* (des manières)
'ungläub|ig *adj* **1** incrédule; sceptique; **2** REL incroyant; infidèle; **~ige(r)** *f(m)* REL incroyant(e) *m(f)*; infidèle *m,f*
un'glaublich *adj* incroyable; (*unerhört*) inouï
'unglaubwürdig *adj Geschichte* incroyable; *Zeuge* peu digne de foi
'ungleich *adj* **1** *Kampf, Bedingungen* inégal; **2** (*verschieden*) différent; (*unähnlich*) dissemblable; **~gewicht** *n* déséquilibre *m*; **~mäßig** *adj* inégal; irrégulier
'Unglück *n* ⟨~(e)s; ~e⟩ malheur *m*; *im Leben a* adversité *f*; (*Pech*) malchance *f*; (*Unfall*) accident *m*; (*Zug~, Flugzeug~*) catastrophe *f*; *durch Naturkatastrophe* calamité *f*; ***j-n ins*** ~ ***stürzen*** précipiter qn dans le malheur; (***j-m***) ~ ***bringen*** porter malheur (à qn); ***zu allem*** ~ pour comble de malheur
'unglücklich **I** *adj* **1** malheureux; *Person a* malchanceux; (***sich***) ~ ***machen*** (se) rendre malheureux; **2** (*ungünstig*) malencontreux; (*verhängnisvoll*) funeste; fatal; **II** *adv* (*ungünstig*) mal; ~ ***verliebt sein*** éprouver un amour non partagé
'unglück|licher'weise *adv* malheureusement; malencontreusement; **~selig** *adj* (*verhängnisvoll*) funeste; désastreux
'Unglücks|fall *m* accident *m*; **~rabe** F *m* malchanceux, -euse *m,f*; **~tag** *m* jour *m* de malheur; jour *m* néfaste
'Ungnade *f* (***bei j-m***) ***in*** ~ (*acc*) ***fallen*** tomber en disgrâce (auprès de qn)
'ungnädig *adj* sans bienveillance
'ungültig *adj* non valable; *Fahrkarte, Pass* périmé; *Geld* qui n'a pas, plus cours; *Stimme*, JUR nul; ***für*** ~ ***erklären*** annuler; JUR invalider
'Ungunsten *pl* ***zu j-s*** ~ au préjudice, détriment, désavantage de qn
'ungünstig *adj Wetter, Bescheid* défavo-

rable; *Urteil, Lage* désavantageux; ***im ~sten Falle*** au pire
'**ungut** *adj* ***ich habe ein ~es Gefühl dabei*** ça ne me dit rien qui vaille; ***nichts für ~!*** ne m'en veuillez pas!
un'haltbar *adj* **1** *Zustand* insupportable; **2** *Argument* insoutenable; **3** SPORT *Ball* imparable
'**unhandlich** *adj* peu maniable
'**Unheil** *n* grand malheur; calamité *f*; ***~ anrichten*** causer de grands malheurs
'**unheil|bar** *adj* incurable; inguérissable; **~voll** *adj* funeste; *Entwicklung* néfaste
'**unheimlich** **I** *adj* **1** sinistre; (*Angst einflößend*) inquiétant; *p/fort* angoissant; ***das ist mir ~*** ça me donne le frisson; **2** F (*außerordentlich*) énorme; F terrible; **II** *adv* F (*sehr*) énormément; F terriblement
'**unhöflich** *adj* impoli; **2keit** *f* impolitesse *f*
Unhold ['ʊnhɔlt] *m* ⟨~¢s; ~e⟩ **1** *im Märchen* esprit malin; **2** *fig Mensch* monstre *m*
un'hörbar *adj* imperceptible (à l'oreille); inaudible
'**unhygienisch** *adj* peu hygiénique
uni ['ʏni] *adj* ⟨*inv*⟩ (*einfarbig*) uni
Uni ['uni] F *f* ⟨~; ~s⟩ F fac *f*
'**Uniform** *f* ⟨~; ~en⟩ uniforme *m*; tenue *f*
unifor'miert *adjt* en uniforme
Unikum ['u:nikʊm] *n* ⟨~s; ~s⟩ F *Mensch* F numéro *m*; F phénomène *m*
'**uninteres|sant** *adj* peu, non intéressant; sans intérêt; **~siert** *adj* indifférent; détaché
Union [uni'o:n] *f* ⟨~; ~en⟩ union *f*; ***Europäische ~*** Union européenne
univer'sell *adj* universel
Universi'tät *f* ⟨~; ~en⟩ université *f*
Universi'täts... *in Zssgn* universitaire; **~klinik** *f* clinique *f* universitaire
Uni'versum *n* ⟨~s⟩ univers *m*
Unke ['ʊŋkə] *f* ⟨~; ~n⟩ ZO crapaud *m*
'**unken** *v/i* prédire le pire
'**unkenntlich** *adj* méconnaissable
'**Unkenntlichkeit** *f* ⟨~⟩ ***bis zur ~ entstellt*** complètement défiguré
'**Unkenntnis** *f* ⟨~⟩ ignorance *f*; ***in ~ der Gefahr*** dans l'ignorance du danger
'**unklar** *adj* **1** *Angaben* imprécis; *Geräusch, Umrisse* indistinct; **2** (*ungewiss*) incertain; vague; ***j-n im 2en lassen*** laisser qn dans le vague, l'incertitude (***über etw*** [*acc*] au sujet, à propos de qc); **3** (*unerklärlich*) inexplicable
'**Unklarheit** *f* imprécision *f*; manque *m* de précision; (*Unverständlichkeit*) manque *m* de clarté; (*Ungewissheit*) incertitude *f*; ***~en beseitigen*** donner des éclaircissements, des précisions
'**un|klug** *adj* pas très intelligent; **~kollegial** *adj* qui ne se fait pas entre collègues; **~kompliziert** *adj* peu compliqué; (*einfach*) simple; **~kontrollierbar** *adj* incontrôlable; **~kontrolliert** *adj* incontrôlé; **~konzentriert** *adj* déconcentré; inattentif; **~korrekt** *adj* incorrect
'**Unkosten** *pl* frais *m/pl*; (*Ausgaben*) dépenses *f/pl*; JUR dépens *m/pl*; F ***sich in ~*** (*acc*) ***stürzen*** se mettre en frais
'**Unkraut** *n* mauvaise(s) herbe(s); **~vertilgungsmittel** *n* herbicide *m*
'**un|kritisch** *adj* *Bericht* non critique; **~kündbar** *adj* *Vertrag* non résiliable; *Person* inamovible; *Stellung* permanent
'**unlängst** *adv* dernièrement; récemment
'**unlauter** *adj* JUR ***~er Wettbewerb*** concurrence déloyale
'**un|leserlich** *adj* illisible; **~liebsam** *adj* désagréable; fâcheux; **~logisch** *adj* illogique
un'lösbar *adj* *Problem* insoluble
'**Unlust** *f* ennui *m*
'**unmaßgeblich** *adj* sans (aucune) importance; *Urteil* incompétent
'**unmäßig** *adj* immodéré (*a im Genuss*); démesuré; (*übertrieben*) excessif
'**Unmenge** *f* quantité *f*, nombre *m* énorme (***von, an*** [+ *dat*] de)
'**Unmensch** *m* monstre *m*; (*Rohling*) brute *f*; **2lich** *adj* **1** *Tat* monstrueux; inhumain (*a Bedingungen*); barbare; cruel; **2** F *Anstrengung* surhumain; **~lichkeit** *f* inhumanité *f*; barbarie *f*
un'merklich *adj* insensible; imperceptible
'**unmissverständlich** **I** *adj* clair; non équivoque; **II** *adv* sans équivoque
'**unmittelbar** **I** *adj* *Nachfolger, Nähe* immédiat; *Kontakt, Vorgesetzter* direct; **II** *adv* **1** ***~ vor*** (+ *dat bzw acc*) *räumlich* à deux pas de; ***~ bevorstehen*** être imminent; **2** (*direkt*) directement; ***~ zum Ziel führen*** mener droit au but
'**unmodern** *adj* passé de mode; démodé

U

un'möglich **I** *adj* impossible (*a* F *fig Person, Benehmen, Kleidung*); ***sich ~ machen*** se rendre impossible; **II** F *adv* ***ich kann es ~ tun*** il m'est impossible de le faire; *péj* ***sich ~ benehmen*** se conduire de façon impossible

Un'mögliche(s) *n* ⟨→ A⟩ impossible *m*; ***Unmögliches leisten*** faire l'impossible

Un'möglichkeit *f* impossibilité *f*; ***ein Ding der ~*** une chose impossible, infaisable

'un|moralisch *adj* immoral; **~motiviert** *adj* sans motif; gratuit; **~mündig** *adj* **1** JUR mineur; **2** *fig* qui n'est pas adulte; (*unreif*) immature

'unmusikalisch *adj* ***~ sein*** ne pas être musicien

'Unmut *st/s m* mauvaise humeur

'unnach|ahmlich *adj* inimitable; **~giebig** *adj* inflexible; **~sichtig** *adj* sévère; sans indulgence

un'nahbar *adj* inaccessible; inabordable

'unnatürlich **I** *adj* **1** (*künstlich*) non naturel; artificiel; **2** (*gekünstelt*) peu naturel; affecté; guindé; **II** *adv* (*gekünstelt*) d'une façon peu naturelle, affectée

'un|nötig *adj* inutile; superflu; **~nütz** *adj* inutile; vain; superflu

UNO ['u:no] ⟨~⟩ *abr* (*United Nations Organization, Organisation der Vereinten Nationen*) ***die ~*** l'ONU *f*

'unordentlich *adj* **1** *Zimmer* en désordre; *Arbeit* peu soigné; **2** *Person* désordonné; (*nachlässig*) peu soigneux

'Unordnung *f* désordre *m*; (*Durcheinander*) fouillis *m*; ***in ~*** (*acc*) ***bringen*** mettre en désordre (*a fig*); ***in ~*** (*acc*) ***geraten*** se désorganiser

'un|parteiisch **I** *adj* impartial; **II** *adv* sans parti pris; **Ձparteiische(r)** *f(m)* ⟨→ A⟩ SPORT arbitre *m*; **~passend** *adj Zeitpunkt* mal choisi; inopportun; *Bemerkung* incongru; déplacé; **~passierbar** *adj Straße* impraticable

unpässlich ['unpɛslɪç] *adj* indisposé

'un|persönlich *adj* impersonnel (*a* GR); **~populär** *adj* impopulaire; **~praktisch** *adj* pas (très) pratique; *Person a* maladroit; **~produktiv** *adj* improductif

'unpünktlich *adj* **1** (*verspätet*) en retard; **2** (*nie pünktlich*) *Person* pas très ponctuel; **Ձkeit** *f* inexactitude *f*

'un|qualifiziert *adj Arbeit, Arbeitskraft* non qualifié; **~rasiert** *adj* non rasé

'Unrat *st/s m* ⟨~es⟩ immondices *f/pl*

'unrealistisch *adj* irréaliste

'unrecht *st/s* **I** *adj* mauvais; *Zeitpunkt* inopportun; ***zur ~en Zeit*** mal à propos; **II** *adv* ***~ handeln*** agir mal; → ***Unrecht*** 2

'Unrecht *n* **1** injustice *f*; tort *m*; ***im ~ sein*** avoir tort; ***zu ~*** à tort; injustement; ***nicht zu ~*** non sans raison; **2** ***~ haben*** avoir tort; ***j-m ~ geben*** donner tort à qn; ***j-m ~ tun*** faire du tort à qn

'unrechtmäßig *adj* illégitime

'unredlich *st/s adj* malhonnête; déloyal

'unregelmäßig *adj* irrégulier; **Ձkeit** *f* irrégularité *f*

'unreif *adj* qui n'est pas mûr (*a fig*); *Frucht a* vert; *Person a* immature

'unrein *adj* **1** (*schmutzig*) malpropre; sale; *Haut* qui présente des impuretés; *Wasser* impur (*a fig*, REL); **2** ***ins Ձe schreiben*** écrire au brouillon

'unrentabel *adj* ⟨-bl-⟩ pas rentable

'unrettbar *adv* ***~ verloren sein*** être condamné

'unrichtig *adj* (*falsch*) faux; incorrect; (*ungenau*) inexact

'Unruhe *f* ⟨~; ~n⟩ **1** (*Besorgnis*) inquiétude *f*; (*Nervosität*) nervosité *f*; **2** (*Trubel*) agitation *f*; (*Lärm*) bruit *m*; **3** (*Unfrieden*) **~n** *pl* troubles *m/pl*; désordres *m/pl*; ***~ stiften*** provoquer des troubles

'Unruheherd *m* foyer *m* de troubles

'unruhig *adj* **1** (*besorgt*) inquiet; ***~ werden*** s'inquiéter; **2** (*ruhelos*) agité (*a Meer, Leben*); *Zeit a* troublé; (*nervös*) nerveux; **3** (*laut*) bruyant

'unrühmlich *adj* peu glorieux

uns [uns] *pr/pers* (*dat et acc de* wir) (à) nous

'unsach|gemäß **I** *adj* inapproprié; incorrect; **II** *adv* de façon inappropriée; **~lich** *adj* non objectif; subjectif

un|'sagbar, ~säglich [un'zɛ:klɪç] *st/s adj Leid, Freude st/s* indicible

'un|sanft *adv* sans douceur; **~sauber** *adj* **1** (*schmutzig*) malpropre; **2** (*nachlässig*) qui n'est pas soigné; **3** (*nicht präzise*) imprécis; *Klang* qui n'est pas juste; **4** (*unlauter*) *Geschäft* malhonnête; sale

'unschädlich *adj Mittel* inoffensif; anodin; ***~ machen*** mettre 'hors d'état de nuire

'unscharf *adj Bild* flou; imprécis

un'schätzbar *adj* inestimable
'unscheinbar *adj* insignifiant
'unschicklich *st/s adj* inconvenant
un'schlagbar *adj* imbattable
'unschlüssig *adj* irrésolu; indécis; perplexe; (***sich*** [*dat*]) ~ ***sein*** hésiter
'Unschuld *f* ⟨~⟩ **1** innocence *f*; *bes* JUR non-culpabilité *f*; **2** (*Jungfräulichkeit*) virginité *f*
'unschuldig **I** *adj* **1** (*schuldlos*) innocent (***an etw*** [*dat*] de qc); *bes* JUR non coupable; **2** (*sexuell unberührt*) vierge; **II** *adv* ~ ***verurteilt werden*** être condamné à tort
'Unschuldsmiene *f* air innocent
'unschwer *adv* facile; sans difficulté
'unselb(st)ständig *adj* **1** *Mensch in s-m Tun* qui dépend trop des autres; peu autonome; **2** ADM ~***e Arbeit*** travail salarié
'unselig *st/s adj* funeste
unser ['unzər] **I** *pr/poss* **1** *adjt* (*f et pl* ~***e***) notre; *pl* nos; **2** *subst* ***der, die, das*** ~***e*** le *bzw* la nôtre; *st/s* ***die Unser(e)n, Unsren*** *pl* les nôtres; **II** *st/s pr/pers* (*gén de* wir) de nous; ***in*** ~ ***aller Namen*** en notre nom à tous
'unser|einer, ~**eins** F *pr/ind* nous autres; des gens comme nous; **'**~**er'seits** *adv* de notre côté; de notre part; **'**~**es'gleichen** *pr* ⟨*inv*⟩ des gens comme nous
'unseriös *adj* douteux; louche
'unsert'wegen *adv* **1** (*wegen uns*) à cause de nous; **2** (*uns zuliebe*) pour nous; **3** (*von uns aus*) en ce qui nous concerne; quant à nous
'unsicher **I** *adj* **1** (*gefahrvoll*) peu sûr; dangereux; F *fig plais* ***Paris*** ~ ***machen*** aller à Paris pour bien s'amuser; **2** (*nicht selbstsicher*) qui manque d'assurance; ***j-n*** ~ ***machen*** troubler qn; **3** (*ungewiss*) peu sûr; incertain; **4** (*unzuverlässig*) *Methode*, *Gedächtnis* non fiable; *Quelle* douteux; **II** *adv* ~ ***fahren*** manquer d'assurance au volant
'Unsicherheit *f* **1** (*Gefährlichkeit*) insécurité *f*; **2** (*Unsichersein*) manque *m* de sûreté; manque *m* d'assurance; **3** (*Ungewissheit*) incertitude *f*; *der Existenz*, *Lage* précarité *f*; **4** (*Unklarheit*) incertitude *f*
'unsichtbar *adj* invisible
'Unsinn *m* **1** non-sens *m*; ineptie *f*; absurdité *f*; ***das ist blanker*** ~ c'est complètement absurde; **2** (*Unfug*) bêtises *f/pl*; âneries *f/pl*; ~ ***machen, reden*** faire, dire des bêtises
'unsinnig *adj* insensé; absurde
'Unsitte *f* mauvaise habitude
'un|sittlich *adj* immoral; ~**solide** *adj Mensch* peu sérieux (*a Firma*); *Lebenswandel a* déréglé; ~**sozial** *adj* antisocial; ~**sportlich** *adj* **1** pas sportif; **2** → ***unfair***
unsre ['unzrə] → ***unser*** *I*
'unsrer'seits → ***unsererseits***
'unsres'gleichen → ***unseresgleichen***
unsrige ['unzrɪgə] *st/s pr/poss* ***der, die, das*** ~, ***die*** ≗***n*** → ***unser*** *I 2*
un'sterblich **I** *adj* immortel; **II** F *adv* ~ ***verliebt*** éperdument amoureux
Un'sterblichkeit *f* immortalité *f*
'unstet *st/s adj Mensch* inconstant; versatile; *Leben*, *Blick* errant
un'stillbar *adj Verlangen* insatiable
'Un|stimmigkeit *f* ⟨~; ~en⟩ (*Uneinigkeit*) désaccord *m*; (*Fehler*) erreur *f*; ≗**streitig** *adj u adv* sans contredit; ~**summe** *f* somme énorme; ≗**sympathisch** *adj* peu sympathique; antipathique; ≗**tad(e)lig** *adj* irréprochable; ~**tat** *st/s f* forfait *m*
'untätig *adj* inactif; (*müßig*) oisif; désœuvré; ≗**keit** *f augenblickliche* inaction *f*; *dauernde* inactivité *f*
'untauglich *adj* inapte (***zu, für*** à)
un'teilbar *adj* indivisible
unten ['untən] *adv* en bas; *auf Kisten* ~! bas!; ***da*** ~ là en bas; ***rechts*** ~ en bas à droite; ***nach*** ~ vers le bas; ***von*** ~ d'en bas; ***weiter*** ~ plus bas; ***auf Seite 10*** ~ en bas de la page 10; ~ ***erwähnt*** mentionné ci-dessous
unter ['untər] **I** *prép* **1** *räumlich Lage* ⟨*dat*⟩ sous; (~*halb*) au-dessous de; ~ ***dem Schrank hervorkommen*** sortir de dessous l'armoire; **2** *räumlich Richtung* ⟨*acc*⟩ sous; **3** (~*halb e-r Grenze*) ⟨*dat ou acc*⟩ au-dessous de; ***Kinder*** ~ ***acht Jahren*** enfants de moins, au-dessous de huit ans; **4** *Unterordnung* ⟨*dat ou acc*⟩ ~ ***j-m stehen*** venir après qn; ***etw*** ~ ***sich*** (*dat*) ***haben*** *Betrieb etc* avoir la direction de qc; ~ ***Karl dem Großen*** sous Charlemagne; **5** *Art u Weise* ⟨*dat*⟩ à; sous; dans; ~ ***großen Schmerzen*** avec, dans de grandes douleurs; **6** *mit*

Verbalsubstantiv (*durch*) ⟨*dat*⟩ **~ Verwendung von etw** en employant qc; **7** (*zwischen*) *Lage* ⟨*dat*⟩ parmi; entre; **~ Freunden** entre amis; **~ uns** (**gesagt**) entre nous; **~ anderem** entre autres; **~ den Zuschauern** parmi les spectateurs; **II** *adv* (*weniger als*) moins de

'Unter|abteilung *f* subdivision *f*; **~arm** *m* avant-bras *m*; **≈belichtet** *adjt* PHOT sous-exposé

'unterbesetzt *adj* **~ sein** être en sous-effectif

'unterbewerten *v/t* ⟨-e-, *sans ge*⟩ sous-évaluer

'unterbewusst *adj* subconscient; **≈sein** *n* subconscient *m*

unter'bieten *v/t* ⟨*irr, sans ge*⟩ **1 j-n, die Konkurrenz ~** vendre moins cher que qn, que la concurrence; **2** *bes* SPORT *Rekord* battre

unter|'binden *v/t* ⟨*irr, sans ge*⟩ (*verhindern*) empêcher; (*beenden*) faire cesser; **~'bleiben** *v/i* ⟨*irr, sans ge*, sn⟩ (*nicht geschehen*) ne pas avoir lieu; (*nicht wieder eintreten*) ne plus se reproduire

'Unterbodenschutz *m* AUTO protection *f* du dessous de caisse

unter|'brechen *v/t* ⟨*irr, sans ge*⟩ **1** interrompre; *Arbeit, Diskussion a* suspendre; **2** *Leitung* couper; *Strom a* déconnecter; **≈'brechung** *f* interruption *f* (*a* ÉLECT); *zeitweilige* suspension *f*; **~'breiten** *st/s v/t* ⟨-e-, *sans ge*⟩ *Plan, Vorschlag* présenter; soumettre

'unter·bring|en *v/t* ⟨*irr*⟩ **1** (*verstauen*) mettre; ranger; **2** (*beherbergen*) héberger; loger; **3** (*in Obhut geben*) mettre; **4** F (*e-e Stellung verschaffen*) placer; caser; **≈ung** *f* ⟨~; ~en⟩ hébergement *m*; logement *m*

'unter·buttern F *v/t* **sich nicht ~ lassen** ne pas se laisser faire

'Unterdeck *n* MAR pont inférieur

unterder'hand → **Hand** *d*)

unter'dessen *adv* entre-temps

'Unterdruck *m* ⟨~(e)s; -drücke⟩ TECH dépression *f*

unter'drück|en *v/t* ⟨*sans ge*⟩ **1** *Gefühl etc* réprimer; retenir; refouler; *Lachen* étouffer; **2** *Aufstand* réprimer; *Personengruppen* opprimer; **≈er** *m* oppresseur *m*; **≈ung** *f* ⟨~; ~en⟩ **1** *e-s Gefühls* refoulement *m*; **2** *e-s Volkes* oppression *f*; *e-s Aufstands* répression *f*

'untere *adj* inférieur; bas; (*darunter liegend*) d'en bas; **der ~ Teil** la partie inférieure; **die ~n Klassen** *f/pl e-r Schule* les petites classes

unterei'nander *adv* **1** (*räumlich*) l'un(e) au-dessous de l'autre; **2** (*miteinander*) entre eux (nous, *etc*)

'unter|entwickelt *adj* **1** *wirtschaftlich* sous-développé; **2** *körperlich, geistig* retardé (dans son développement); **~ernährt** *adj* sous-alimenté; **≈ernährung** *f* sous-alimentation *f*

Unter|'fangen *st/s n* ⟨~s⟩ entreprise *f*; **~'führung** *f* passage souterrain

'Untergang *m* **1** (*Sonnen≈, Mond≈*) coucher *m*; **2** *e-s Schiffs* naufrage *m*; **3** *fig* (*Zugrundegehen*) ruine *f*; naufrage *m*; *e-s Reichs* décadence *f*

Unter'gebene(r) *f(m)* ⟨→ A⟩ subordonné(e) *m(f)*; subalterne *m,f*

'unter·gehen *v/i* ⟨*irr*, sn⟩ **1** *Sonne, Mond* se coucher; **2** *im Wasser, Schiff* couler; sombrer; *Mensch* se noyer; **3** *fig* (*zugrunde gehen*) décliner; périr; sombrer

'untergeordnet *adj* **1** subordonné (*a* GR); **2** (*zweitrangig*) secondaire

'Unter|geschoss *n* sous-sol *m*; **~gewicht** *n* manque *m*, insuffisance *f* de poids

unter|'gliedern *v/t* ⟨*sans ge*⟩ (sub)diviser (**in** [+ *acc*] en); **~'graben** *v/t* ⟨*irr, sans ge*⟩ *Autorität* saper

'Untergrund *m* **1** PEINT fond *m*; **2** CONSTR sol *m* d'infrastructure; **3** *fig*, POL clandestinité *f*; **~bahn** *f* métro *m*

'unter·haken F *v/t* **j-n ~** prendre le bras de qn; **untergehakt** bras dessus, bras dessous

'unterhalb *prép* ⟨*gén*⟩ au-dessous de

'Unterhalt *m* **1** (*Instandhaltung*[*skosten*]) entretien *m*; **2** (*Lebens≈*) subsistance *f*; entretien *m*; **für j-s ~ aufkommen** subvenir aux besoins de qn; **3** (*~szahlung*) pension *f* alimentaire

unter'halten ⟨*irr, sans ge*⟩ **I** *v/t* **1** *Person* (*versorgen*) entretenir; subvenir aux besoins de; **2** (*instand halten*) entretenir; **3** *Beziehungen* entretenir; **4** *Gäste* divertir; amuser; distraire; **II** *v/r* **5 sich mit j-m** (**über etw** [*acc*]) **~** s'entretenir avec qn (de qc); **6** (*amüsieren*) **sich ~** s'amuser; se divertir; **wir haben uns gut ~** nous nous sommes bien amusés

unter'haltsam *adj* amusant; divertissant
'Unterhalts|kosten *pl* frais *m/pl* d'entretien; **~pflicht** *f* obligation *f* alimentaire; devoir *m* d'entretien
'unterhaltspflichtig *adj* **~ sein** avoir le devoir d'entretien
Unter'haltung *f* ⟨~; ~en⟩ **1** (*Pflege, Erhaltung*) entretien *m*; **2** (*Gespräch*) entretien *m*; conversation *f*; **3** (*Vergnügen*) divertissement *m*; amusement *m*; distraction *f*
Unter'haltungs|elektronik *f* électronique *f* de loisir; **~musik** *f* musique légère
'Unter|händler *m* négociateur *m*; **~hemd** *n* (*Herren*②) maillot *m*, tricot *m* de corps; (*Damen*②) chemise *f*; caraco *m*; **~holz** *n* sous-bois *m*; **~hose** *f* (*Herren*②) caleçon *m*; (*Damen*②) (petite) culotte; (*Slip*) slip *m*; **②irdisch I** *adj* souterrain; **II** *adv* sous terre
unter'jochen *v/t* ⟨*sans ge*⟩ asservir
'unter·jubeln F *v/t* ⟨¢⟩ ***j-m etw ~*** refiler qc à qn
unter'kellert *adjt* muni d'une cave
'Unterkiefer *m* mâchoire inférieure
'unter·kommen *v/i* ⟨*irr*, sn⟩ **1** (*Unterkunft finden*) trouver à se loger; **2** F (*Stellung finden*) trouver un emploi
'unter·kriegen F *v/t* ***sich nicht ~ lassen*** ne pas se laisser abattre; ***lass dich nicht ~!*** tiens bon!
unter|'kühlt *adjt* **1** MÉD en état d'hypothermie; **2** *fig péj* froid; **②'kühlung** *f* MÉD hypothermie *f*
Unterkunft ['untərkunft] *f* ⟨~; -künfte⟩ hébergement *m*; logement *m*; gîte *m*; ***~ und Verpflegung*** le vivre et le couvert
'Unterlage *f* **1** support *m*; base *f*; (*untere Schicht*) couche (inférieure); (*Gummi*②) alaise *od* alèse *f*; (*Schreib*②) sous-main *m*; **2** *pl* **~n** (*Belege, Papiere*) documents *m/pl*; dossier *m*
'Unterlass *m* ***ohne ~*** sans cesse, relâche
unter'lass|en *v/t* ⟨*irr, sans ge*⟩ s'abstenir de; (*versäumen*) omettre; **②ung** *f* ⟨~; ~en⟩ abstention *f* (*a* JUR); (*Versäumnis*) omission *f*
'Unterlauf *m* *e-s Flusses* cours inférieur
unter'laufen ⟨*irr, sans ge*⟩ **I** *v/t fig Bestimmungen* (con)tourner; **II** *v/i* ⟨sn⟩ ***mir ist ein Fehler ~*** je me suis trompé(e)
'unter·legen *v/t* mettre, placer (des)sous
unter'legen[1] *v/t* ⟨*sans ge*⟩ *fig* ***etw mit Musik ~*** donner un fond musical à qc
unter'legen[2] **I** *p/p* → ***unterliegen***; **II** *adjt* ***j-m*** (***zahlenmäßig***) ***~ sein*** être inférieur (en nombre) à qn
Unter'legene(r) *f(m)* ⟨→ A⟩ vaincu(e) *m(f)*
'Unterleib *m* bas-ventre *m*; abdomen *m*
unter'liegen *v/i* ⟨*irr, sans ge*⟩ **1** ⟨sn⟩ (*besiegt werden*) succomber; avoir le dessous; ***j-m ~*** être vaincu, battu par qn; **2** *e-r Bestimmung, Steuer* être soumis à; *e-r Schwankung* être sujet à
'Unterlippe *f* lèvre inférieure
unterm ['untərm] F = ***unter dem***
unter'malen *v/t* ⟨*sans ge*⟩ ***mit Musik ~*** donner un fond sonore à
unter'mauern *v/t* ⟨*sans ge*⟩ *fig* étayer (***mit*** de)
'Untermiete *f* ***bei j-m zur ~ wohnen*** être sous-locataire de *od* chez qn
'Untermieter(in) *m(f)* sous-locataire *m,f*
'unter·mischen *v/t* mêler
untern ['untərn] F = ***unter den***
unter'nehmen *v/t* ⟨*irr, sans ge*⟩ entreprendre; faire; (*eingreifen*) ***etwas ~*** faire quelque chose; intervenir
Unter'nehm|en *n* ⟨~s; ~⟩ (*Vorhaben, Firma*) entreprise *f*; **~ensberater(in)** *m(f)* conseil *m* *od* conseiller, -ère *m,f* en gestion d'entreprise; **~er(in)** *m* ⟨~s; ~⟩ (*f*) ⟨~; ~nen⟩ entrepreneur, -euse *m,f*; **~ung** *f* ⟨~; ~en⟩ → ***Unternehmen***
Unter'nehmungs|geist *m* esprit *m* d'entreprise, d'initiative; **②lustig** *adj* entreprenant
'Unteroffizier *m* sous-officier *m*
'unter·ordnen ⟨-e-⟩ **I** *v/t* subordonner (+ *dat* à); **II** *v/r* ***sich ~*** se soumettre (***e-r Sache, j-m*** à qc, à qn)
'Unterordnung *f* subordination *f*; soumission *f*
'unterprivilegiert *adjt* défavorisé
Unter'redung *f* ⟨~; ~en⟩ entretien *m*
Unterricht ['untərıçt] *m* ⟨~(e)s; ~e⟩ cours *m(pl)*; *in der Grundschule* classe *f*; *Tätigkeit* enseignement *m*; ***~ geben*** enseigner; donner des cours; ***~ nehmen*** prendre des cours, des leçons; ***im ~*** en classe

unter'richten ⟨-e-, *sans ge*⟩ **I** *v/t* **1** (*lehren*) ***etw ~*** enseigner qc; donner, faire des cours de qc; ***j-n in etw*** (*dat*) **~** enseigner qc à qn; **2** (*informieren*) ***j-n über etw*** (*acc*), ***von etw ~*** informer qn de qc; **II** *v/i* enseigner (***an*** [+ *dat*] à); donner, faire des cours; **III** *v/r* ***sich über etw*** (*acc*) **~** s'informer de qc
'Unterrichts|fach *n* matière *f*; discipline *f*; **~stoff** *m* (contenu *m* du) programme *m*; **~stunde** *f* cours *m*; classe *f*
Unter'richtung *f* ⟨~; ~en⟩ information *f*
'Unterrock *m* jupon *m*
unters ['untərs] F = ***unter das***
unter'sagen *v/t* ⟨*sans ge*⟩ → ***verbieten*** *1*
'Untersatz *m* → ***Untersetzer***, F *plais* ***fahrbarer ~*** F bagnole *f*
unter'schätzen *v/t* ⟨*sans ge*⟩ sous-estimer
unter'scheid|en ⟨*irr*, *sans ge*⟩ **I** *v/t* distinguer; discerner; (*den Unterschied hervorheben*) différencier; **II** *v/i* faire une différence, une distinction (***zwischen*** [+ *dat*] entre); **III** *v/r* ***sich ~*** se distinguer, différer (***durch*** par; ***von*** de); **2ung** *f* distinction *f*; discernement *m*; différenciation *f*; **2ungsmerkmal** *n* marque distinctive; signe distinctif
'Unterschenkel *m* jambe *f*
'unter·schieben *v/t* ⟨*irr*⟩ *Kissen*, *Stuhl* glisser dessous
Unterschied ['untərʃi:t] *m* ⟨~(e)s; ~e⟩ **1** (*das Unterscheidende*) différence *f*; ***feiner ~*** nuance *f*; ***im ~ zu*** à la différence de; **2** (*Unterscheidung*) distinction *f*; ***ohne ~*** sans distinction; indistinctement
'unterschiedlich *adj* différent; (*verschieden*[*artig*]) divers; (*uneinheitlich*) variable
'unterschiedslos *adv* indistinctement
unter'schlag|en *v/t* ⟨*irr*, *sans ge*⟩ **1** (*veruntreuen*) soustraire; détourner; **2** *Nachricht* cacher; dissimuler; *Brief* intercepter; **2ung** *f* ⟨~; ~en⟩ **1** soustraction *f*; détournement *m*; **2** *e-s Testaments* suppression *f*; *von Briefen* interception *f*; *e-r Nachricht* dissimulation *f*
Unterschlupf ['untərʃlupf] *m* ⟨~(e)s; ~e⟩ (*Zufluchtsort*) refuge *m*; abri *m*; (*Versteck*) cache *f*; cachette *f*
'unter·schlüpfen F *v/i* ⟨sn⟩ trouver un abri, un refuge (***bei j-m*** chez qn)
unter|'schreiben *v/t* ⟨*irr*, *sans ge*⟩ **1** signer; **2** F *fig* souscrire à; **~'schreiten** *v/t* ⟨*irr*, *sans ge*⟩ rester inférieur à
'Unterschrift *f* signature *f*; **~ensammlung** *f* pétition *f*
unterschwellig ['untərʃvɛlɪç] *adj* subconscient; *bes* PSYCH subliminal
'Unterseeboot *n* → ***U-Boot***
'Unterseite *f* dessous *m*
'Untersetzer *m für Schüsseln* dessous-de-plat *m*; *für Gläser* dessous-de-verre *m*
unter'setzt *adj Gestalt* trapu; râblé
unter'spülen *v/t* ⟨*sans ge*⟩ miner; saper
'Unterstand *m* abri *m* (*a* MIL)
'unterste *adj* le plus bas; ***das ~ Fach*** le rayon du bas
unter'stehen ⟨*irr*, *sans ge*⟩ **I** *v/i* ***j-m ~*** être subordonné à qn; **II** *v/r* ***sich ~, etw zu tun*** avoir l'audace de faire qc
'unter·stellen I *v/t* **1** *unter etw* mettre dessous; **2** *zum Schutz* mettre à l'abri; *Wagen* remiser; **II** *v/r* ***sich ~*** se mettre à l'abri
unter'stellen *v/t* ⟨*sans ge*⟩ **1** (*unterordnen*) subordonner à; **2** *fig* ***j-m böse Absichten ~*** faire un procès d'intention à qn; **3** (*annehmen*) présumer; supposer
Unter'stellung *f* (*falsche Behauptung*) insinuation *f*
unter'streich|en *v/t* ⟨*irr*, *sans ge*⟩ souligner (*a fig*); **2ung** *f* soulignage *m*; *fig* insistance *f* (+ *gén* sur)
'Unterstufe *f* SCHULE premier cycle
unter'stütz|en *v/t* ⟨-t, *sans ge*⟩ *Person*, *Antrag* appuyer; soutenir; *Personen* secourir (*a finanziell*); aider; assister; *finanziell* subventionner; **2ung** *f* ⟨~; ~en⟩ **1** (*das Unterstützen*) appui *m*; soutien *m*; *von Personen* secours *m* (*a finanzielle*); (*Hilfe*) aide *f*; assistance *f*; **2** *finanzielle* subvention *f*; subside *m*; *soziale* allocation *f*
unter'such|en *v/t* ⟨*sans ge*⟩ **1** *Beschaffenheit*, *Funktion*, MÉD examiner; *wissenschaftlich* étudier; CHIM analyser; **2** *Ursachen* rechercher; *Fall* examiner; **3** (*überprüfen*) vérifier; contrôler; **2ung** *f* ⟨~; ~en⟩ **1** examen *m*; *wissenschaftliche* recherche *f*; étude *f*; CHIM analyse *f*; **2** *von Ursachen* recherche *f*; enquête *f*; **3** (*Überprüfung*) vérification *f*; contrôle *m*
Unter'suchungs|ausschuss *m* com-

mission *f* d'enquête; **~gefangene(r)** *f(m)* détenu(e) *m(f)* provisoire; **~haft** *f* détention *f* provisoire; **~richter** *m* juge *m* d'instruction

'Untertan *m* ⟨~s *ou* ~en; ~en⟩ sujet *m*

'Untertasse *f* soucoupe *f*; ***fliegende ~*** soucoupe volante

'unter·tauchen **I** *v/t* plonger; immerger; **II** *v/i* ⟨sn⟩ **1** plonger; **2** *fig in der Menge* disparaître; ***untergetaucht sein*** se cacher

'Unterteil *n od m* partie inférieure; bas *m*; dessous *m*

unter'teil|en *v/t* ⟨*sans ge*⟩ (sub)diviser (***in*** [+ *acc*] en); **2ung** *f* (sub)division *f*

'Unter|titel *m* sous-titre *m*; **~ton** *m* ⟨~¢s; -töne⟩ *fig* nuance *f*; teinte *f*; pointe *f*

unter|'treiben *v/i* ⟨*irr, sans ge*⟩ minimiser l'importance des choses; **~'tunneln** *v/t* ⟨¢, *sans ge*⟩ percer un tunnel sous

'unter|vermieten *v/t* ⟨-e-, *sans ge*⟩ sous-louer; **~versichert** *adjt* assuré insuffisamment; sous-assuré

unter|'wandern *v/t* ⟨¢, *sans ge*⟩ s'infiltrer dans; POL noyauter; **2'wanderung** *f* infiltration *f*; noyautage *m*

'Unterwäsche *f* ⟨~⟩ linge *m* de corps; sous-vêtements *m/pl*; (*Damen2*) dessous *m/pl*; lingerie *f*

Unter'wasser|aufnahme *f* photo sous-marine; **~massage** *f* massage *m* sous l'eau

unter'wegs *adv* **1** (*sich auf dem Wege befindend*) en chemin; chemin faisant; **2** (*während der Reise*) en cours de route; **3** (*außer Haus*) dehors; ***vier Tage ~ sein*** être parti quatre jours

unter'weis|en *st/s v/t* ⟨*irr, sans ge*⟩ instruire (***in*** [+ *dat*] dans); **2ung** *f* ⟨~; ~en⟩ instruction *f*

'Unterwelt *f* **1** MYTH enfers *m/pl*; **2** (*Verbrecherwelt*) milieu *m*; pègre *f*

unter'werfen *v/t* (*u v/r*) ⟨*irr, sans ge*⟩ (***sich ~*** se) soumettre

unterwürfig ['untərvʏrfɪç] *adj péj* servile; obséquieux

unter'zeichn|en *v/t* ⟨-e-, *sans ge*⟩ signer; **2ung** *f* signature *f*

'unter·ziehen *v/t* ⟨*irr*⟩ *Kleidung* mettre par-dessous

unter'ziehen ⟨*irr, sans ge*⟩ **I** *v/t* ***j-n, etw e-r Sache*** (*dat*) **~** soumettre qn, qc à qc; **II** *v/r* ***sich e-r Sache*** (*dat*) **~** se soumettre à qc; ***sich e-r Operation ~*** subir une opération

'Untiefe *f* bas-fond *m*; 'haut-fond *m*

'Untier *n* monstre *m*

un|'tragbar *adj* insupportable (*a finanziell*); intolérable; **~'trennbar** *adj* inséparable

'untreu *adj* infidèle (*a fig*); ***j-m ~ werden*** être infidèle à qn; ***s-n Prinzipien ~ werden*** s'écarter de ses principes

'Untreue *f* infidélité *f*

un'tröstlich *adj* inconsolable; désolé

un'trüglich *adj* infaillible

'Untugend *f* mauvaise habitude

unüber|'brückbar *adj Gegensätze* inconciliable; insurmontable; **~'hörbar** *adj fig Warnungen* clair; sans équivoque

'unüberlegt *adj* irréfléchi; inconsidéré

unüber'sehbar *adj* **1** (*offenkundig*) manifeste; patent; **2** (*sehr groß*) immense

'unübersichtlich *adj* **1** *Darstellung* pas très, peu clair; confus; compliqué; **2** *Kurve* à mauvaise *bzw* sans visibilité

unüber|'trefflich *adj* insurpassable; inégalable; **~'troffen** *adj* inégalé; **~'windlich** *adj* insurmontable; invincible

'unüblich *adj* pas très, peu courant

unum'gänglich *adj* indispensable; inévitable

unum|schränkt [unˀum'ʃrɛŋkt] *adj Herrscher* absolu; **~stößlich** [-'ʃtøːslɪç] *adj Entschluss* irrévocable; indiscutable; **~'stritten** *adj* incontesté

'unumwunden *adv* sans détour

'ununterbrochen **I** *adj* ininterrompu; **II** *adv* sans interruption

unver|'änderlich *adj* invariable; immuable; (*beständig*) constant; fixe; **~'ändert** *adj* inchangé; **~'antwortlich** *adj Person* irresponsable; *Verhalten* impardonnable; inexcusable; **~'äußerlich** *st/s adj Recht* inaliénable; **~'besserlich** *adj* incorrigible

'unverbindlich **I** *adj* **1** (*nicht verpflichtend*) qui n'engage à rien; **2** (*zurückhaltend*) réservé; **II** *adv* **1** sans engagement; **2** de façon réservée

'unverbleit *adj Benzin* sans plomb

unverblümt [unfɛr'blyːmt] **I** *adj* (tout) cru; **II** *adv* carrément; franchement

'unver|dächtig *adj* non suspect; **~daulich** *adj* indigeste (*a fig*); **~dient** *adj* **1**

Lob immérité; **2** *Strafe* injuste; **~dorben** *adj fig* non corrompu, dépravé; (*rein*) pur; innocent; **~drossen** *adv* sans se lasser; **~dünnt** *adj Flüssigkeit* non dilué; *Getränk* non coupé; pur; **~'einbar** *adj* imcompatible, inconciliable (***mit*** avec)

'unver|fälscht *adj* **1** (*ursprünglich*) naturel; authentique; **2** *Wein* non frelaté; **~fänglich** *adj* inoffensif, anodin; **~froren** *adj* insolent; effronté; **2frorenheit** *f* ⟨~; ~en⟩ insolence *f*; effronterie *f*; **~gänglich** *adj* impérissable; immortel; **~gesslich** *adj* inoubliable

unver'gleichlich *adj* incomparable; sans pareil

'unver|hältnismäßig *adv* excessivement; démesurément; **~heiratet** *adj* célibataire; **~hofft I** *adj* inespéré; inattendu; (*unvorhergesehen*) imprévu; **II** *adv* à l'improviste; **~hohlen** *adj* non dissimulé; (*offen*) franc; **~käuflich** *adj* **1** (*nicht absetzbar*) invendable; **2** (*nicht zum Verkauf bestimmt*) pas à vendre

unver'kennbar *adj* manifeste; évident

'unverletzt *adj* sans blessure(s); indemne

unver'meidlich *adj* inévitable; inéluctable

'unver|mindert *adj* constant; **~mittelt** *adj* soudain; brusque; **2mögen** *n* incapacité *f*; impuissance *f*; **~mutet I** *adj* inopiné; inattendu; **II** *adv* à l'improviste; **2nunft** *f* manque *m* de raison; déraison *f*; **~nünftig** *adj* déraisonnable; **~öffentlicht** *adj* inédit; non publié

'unverrichtet *adjt* ***~er Dinge zurückkehren*** rentrer, revenir bredouille

'unverschämt I *adj* **1** *Person, Benehmen* insolent; effronté; impertinent; **2** F (*sehr groß*) extraordinaire; inouï; *bes Preis* exorbitant; **II** *adv* **1** avec insolence; **2** F (*sehr*) démesurément; **2heit** *f* ⟨~; ~en⟩ insolence *f*; effronterie *f*; impertinence *f*

'unver|schuldet *adj* (*ohne eigene Schuld*) sans qu'il y ait de ma, ta, *etc* faute; **~sehens** *adv* à l'improviste; **~sehrt** *adj* **1** (*unbeschädigt*) non endommagé; intact; **2** (*unverletzt*) indemne; (*wohlbehalten*) sain et sauf; **~söhnlich** *adj* irréconciliable (*a fig*)

'unverständlich *adj* incompréhensible; inintelligible; ***es ist mir ~, wie ...*** je ne comprends pas comment …

'Unverständnis *n* manque *m* de compréhension; incompréhension *f*

'unversucht *adj* ***nichts ~ lassen*** tenter l'impossible; épuiser tous les moyens

'unverträglich *adj* **1** (*nicht vereinbar*), MÉD, PHARM incompatible; **2** (*nicht bekömmlich*) indigeste; **3** *Person* peu accommodant

unver|'wechselbar *adj* qu'on ne peut confondre; **~'wundbar** *adj* invulnérable; **~'wüstlich** *adj* **1** *Material* inusable; *Maschine a* indestructible; **2** *fig Humor* imperturbable; *Gesundheit* inaltérable; *Mensch* d'une résistance à toute épreuve; **~'zeihlich** *adj* impardonnable; inexcusable; **~'zichtbar** *adj* indispensable

unver'züglich I *adj* immédiat; **II** *adv* sans délai

'unvoll|endet *adj* inachevé; **~kommen** *adj Mensch, Arbeit* imparfait; **~ständig** *adj* incomplet

'unvor|bereitet I *adj* non préparé; improvisé; **II** *adv* **1** (*ohne Vorbereitung*) sans préparation; **2** (*unversehens*) à l'improviste; au dépourvu; **~eingenommen** *adj* non prévenu; sans préjugé; **~hergesehen** *adj* imprévu

'unvorsichtig *adj* imprudent; **2keit** *f* ⟨~; ~en⟩ imprudence *f*

unvor'stellbar I *adj* inimaginable; **II** *adv* (*sehr*) énormément; infiniment

'unvorteilhaft *adj* désavantageux; (*ungünstig*) défavorable

'unwahr *adj* faux

'Unwahrheit *f* contrevérité *f*; mensonge *m*; ***die ~ sagen*** mentir

'unwahrscheinlich *adj* **1** invraisemblable; improbable; **2** F *unerhört* incroyable

un'weigerlich *adj* inévitable; inéluctable

'unweit I *prép* ⟨*gén*⟩ non loin de; **II** *adv* ***~ von*** non loin de

'Unwesen *n* ***an e-m Ort sein ~ treiben*** sévir dans un lieu

'un|wesentlich I *adj* non essentiel; (*nebensächlich*) secondaire; **II** *adv a vor comp* (*wenig*) un (tout) petit peu; **2wetter** *n* (*Gewitter*) orage *m*; (*Sturm*) tempête *f*; **~wichtig** *adj* peu important; (*belanglos*) insignifiant

unwider|'ruflich *adj* irrévocable;

U

~'stehlich *adj* irrésistible
unwieder'bringlich *st/s* **I** *adj Verlust* irréparable; **II** *adv* **~ *verloren*** perdu à jamais, sans retour
'Unwill|e *st/s m* dépit *m*; (*Entrüstung*) indignation *f*; **²ig I** *adj* irrité; fâché; **II** *adv* à contrecœur
'unwill|kommen *adj* (*ungelegen*) qui tombe mal; *Besuch* importun; (*unerwünscht*) indésirable; **~kürlich** *adj* instinctif; (*ungewollt*) involontaire; machinal
'unwirk|lich *adj* irréel; **~sam** *adj* inefficace; **²samkeit** *f* inefficacité *f*
unwirsch ['unvɪrʃ] *adj* brusque
'unwirtlich *adj* inhospitalier
'unwirtschaftlich *adj* improductif; non rentable
'unwissen|d *adj* ignorant; **²heit** *f* ⟨~⟩ ignorance *f*; **~schaftlich** *adj* non scientifique; **~tlich** *adv* sans s'en rendre compte; sans le savoir
'unwohl *adv* ***mir ist ~, ich fühle mich ~*** *körperlich* je ne me sens pas bien; (*unbehaglich*) je suis mal à l'aise
'Unwohlsein *n* indisposition *f*
'unwürdig *adj* indigne
'Unzahl *f* ***e-e ~ von …*** une multitude de …
un'zähl|bar, ~ig *adj* innombrable
Unze ['untsə] *f* ⟨~; ~n⟩ once *f*
'Unzeit *st/s f* ***zur ~*** mal à propos
'unzeitgemäß *adj* inactuel; démodé
'unzerbrechlich *adj* incassable
unzer'trennlich *adj* inséparable
'unzivilisiert *adj péj* non civilisé
'Un|zucht *f* impudicité *f*; JUR attentat *m* à la pudeur; **²züchtig** *adj* impudique; obscène
'unzufrieden *adj* mécontent (***mit*** de); **²heit** *f* mécontentement *m*
'unzu|gänglich *adj* **1** *Ort* inaccessible (***für*** à); **2** *fig Person* renfermé; **~länglich** *st/s adj* insuffisant; **~lässig** *adj* inadmissible; (*verboten*) interdit; **~mutbar** *adj* qui ne peut être exigé; **~rechnungsfähig** *adj* JUR irresponsable (de ses actes); **²rechnungsfähigkeit** *f* JUR irresponsabilité *f*; **~reichend** *adj* insuffisant; **~stellbar** *adj Postvermerk* destinataire inconnu à l'adresse indiquée
'unzutreffend *adj* inexact; non pertinent; ***²es bitte streichen!*** prière de rayer, biffer les mentions inutiles
'unzuverlässig *adj Mensch* sur qui on ne peut compter; *Gedächtnis* infidèle; *Nachrichtenquelle* peu sûr; douteux
'un|zweckmäßig *adj* (*ungeeignet*) inadéquat; impropre; inapproprié; (*unpraktisch*) pas pratique; (*unpassend*) inopportun; **~zweideutig** *adj* non équivoque; **~zweifelhaft** *adj* indubitable
Update ['apde:t] *n* ⟨~s; ~s⟩ INFORM mise *f* à jour
üppig ['ʏpɪç] *adj Vegetation* luxuriant; exubérant; *Haarwuchs* abondant; *Mahl* plantureux; copieux; *Körperformen* opulent; plantureux
'Urabstimmung *f bei Streik* vote *m* (sur la grève)
'Urahn(e) *m*(*f*) ancêtre *m,f*; ***die ~en*** *pl* les aïeux *m/pl*, ancêtres *m/pl*
'uralt *adj* **1** (*sehr alt*) très vieux; **2** (*e-r alten Zeit angehörend*) très ancien; vieux comme le monde; *Brauch* immémorial
Uran [u'ra:n] *n* ⟨~s⟩ uranium *m*
'uraufführ|en *v/t* THÉ représenter pour la première fois; créer; **²ung** *f* première *f*
urbar ['u:rba:r] *adj* **~ *machen*** défricher; mettre en culture
'Urbarmachung *f* ⟨~; ~en⟩ défrichage *m*; défrichement *m*; mise *f* en culture
'Ur|bevölkerung *f* premiers habitants; autochtones *m/pl*; **~bild** *n* archétype *m*; original *m*; prototype *m*
'ur'eigen *adj* personnel, -elle; ***unsere ~sten Interessen*** nos intérêts les plus personnels
'Ureinwohner *m* autochtone *m*; *bes Australiens* aborigène *m*; *pl* ***die ~*** les premiers habitants
'Ur|enkel(in) *m*(*f*) arrière-petit-fils *m*; arrière-petite-fille *f*; *pl* arrière-petits-enfants *m/pl*; **'²ge'mütlich** F *adj Ort* extrêmement confortable; *Stimmung* extrêmement agréable; **~geschichte** *f* préhistoire *f*; **~gestein** *n* roche primitive; **~großeltern** *pl* arrière-grands-parents *m/pl*; bisaïeuls *m/pl*; **~großmutter** *f* arrière-grand-mère *f*; bisaïeule *f*; **~großvater** *m* arrière-grand-père *m*; bisaïeul *m*
'Urheber|(in) *m* ⟨~s; ~⟩ (*f*) ⟨~; ~nen⟩ auteur *m*; **~recht** *n* droit *m* d'auteur; **~schaft** *f* ⟨~⟩ paternité *f*
urig ['u:rɪç] *adj Mensch* naturel; nature; *Lokal* vrai; authentique

Urin [u'ri:n] *m* ⟨~s; ~e⟩ urine *f*
uri'nieren *v/i* ⟨*sans ge*⟩ uriner
'ur'komisch *adj* extrêmement drôle
'Urkund|e *f* ⟨~; ~n⟩ document *m*; acte *m*; titre *m*; **~enfälschung** *f* falsification *f* de document; JUR faux *m* en écriture
'urkundlich **I** *adj* documentaire; authentique; **II** *adv* **~ belegen** documenter
Urlaub ['u:rlaup] *m* ⟨~ⅇs; ~e⟩ congé *m*; (*Ferien*) vacances *f/pl*; MIL permission *f*; ***in ~ fahren*** partir en vacances; ***~ haben, auf*** *od* ***in*** *od* ***im ~ sein*** être en vacances, en congé

Endlich Urlaub!

campen	**faire du camping**
die Ferien	**les vacances** *f/pl*
die Ferienwohnung	**la location**
das Flugticket	**le billet d'avion**
das Fremdenverkehrsbüro	**l'office** *m* **de tourisme**
das Hotel	**l'hôtel** *m*
die Kreuzfahrt	**la croisière**
die Pauschalreise	**le voyage organisé**
das Reisebüro	**l'agence** *f* **de voyage**
der Reisebus	**le car**
die Reiseroute	**l'itinéraire** *m*
die Sehenswürdigkeiten	**les curiosités** *f/pl* **touristiques**
der Tourismus	**le tourisme**
der Tourist	**le touriste**
die Touristin	**la touriste**
das Wohnmobil	**le camping-car**

'Urlauber(in) *m* ⟨~s; ~⟩ (*f*) ⟨~; ~nen⟩ vacancier, -ière *m,f*; touriste *m,f*
'Urlaubs|geld *n* prime *f* de vacances; **~ort** *m* lieu *m* de vacances; **~reise** *f* voyage *m* de vacances; **~tag** *m* jour *m* de vacances, de congé; **~zeit** *f* période *f* des vacances
Urne ['urnə] *f* ⟨~; ~n⟩ urne *f*
'Urnengrab *n* tombe *f* à urne(s)
Uro|loge [uro'lo:gə] *m* ⟨~n; ~n⟩ urologue *m*; **~lo'gie** *f* ⟨~⟩ urologie *f*
'Ur|oma F *f* F arrière-grand-maman *f*; **~opa** F *m* F arrière-grand-papa *m*
'ur'plötzlich *adj* soudain; subit
'Ursache *f* cause *f*; (*Grund*) motif *m*; raison *f*; ***keine ~!*** (il n'y a) pas de quoi!; je vous en prie!
'ursächlich *adj* causal; ***~er Zusammenhang*** relation *f* de causalité
'Urschrift *f* original *m*; *e-r Urkunde* minute *f*
'Ursprung *m* origine *f*; (*Herkunft*) provenance *f*; ***s-n ~ in etw*** (*dat*) ***haben*** provenir de qc; tirer son origine de qc
ursprünglich ['u:rʃprʏŋlɪç] **I** *adj* **1** (*anfänglich*) premier; initial; originel (*a Bedeutung*); **2** (*echt, natürlich*) naturel; vrai; **II** *adv* (*anfangs*) à l'origine; (*zuerst*) d'abord
'Ursprungsland *n* pays *m* d'origine
Urteil ['urtaɪl] *n* ⟨~s; ~e⟩ **1** (*Bewertung, Meinung*) jugement *m*; opinion *f*; avis *m*; ***sich*** (*dat*) ***ein ~*** (***über etw, j-n***) ***bilden*** se faire une opinion (sur qc, qn); **2** JUR (*~sspruch*) jugement *m*; *e-s höheren Gerichtshofes* arrêt *m*; *e-s Geschworenengerichts* sentence *f*; *der Geschworenen* verdict *m*; ***ein ~ fällen*** rendre un jugement; ***das ~ lautet auf*** (+ *acc*) … c'est une sentence, un verdict de …
'urteilen *v/i* juger (***über etw, j-n*** de qc, qn); porter un jugement (sur qc, qn); ***nach ihrer Miene zu ~, …*** à en juger par sa mine …; ***~ Sie selbst*** jugez vous-même; à vous de juger
'Urteils|begründung *f* attendus *m/pl*, motifs *m/pl* (d'un jugement); **⁀fähig** *adj* capable de juger, de discernement; **~spruch** *m* → ***Urteil*** *2*
'Urtext *m* (texte) original *m*
'urtümlich *adj* **1** (*ursprünglich*) naturel; vrai; **2** (*urweltlich*) primitif; préhistorique
Uruguay [urugu'a:i] *n* ⟨~s⟩ l'Uruguay *m*; **~er(in)** *m* ⟨~s; ~⟩ (*f*) ⟨~; ~nen⟩ Uruguayen, -enne *m,f*; **⁀isch** *adj* uruguayen
'Urur|enkel *m* descendant *m* de la quatrième génération; F arrière-arrière-petit-fils *m*; **~großmutter** *f* trisaïeule *f*; **~großvater** *m* trisaïeul *m*
'Urwald *m* forêt *f* vierge
urwüchsig ['u:rvy:ksɪç] *adj* **1** (*ur-*

U

sprünglich) primitif; **2** (*natürlich*) naturel

'**Urzeit** *f* temps primitifs, préhistoriques; *fig* ***seit ~en*** depuis des temps immémoriaux

'**Urzustand** *m* état primitif, initial

USA [uːˀɛsˈˀaː] *abr* (*United States of America*) ***die ~*** *pl* les U.S.A. *m/pl*

Usbekistan [usˈbeːkistaːn] *n* ⟨~s⟩ l'Ouzbékistan *m*

User(in) [ˈjuːzər(ɪn)] *m* ⟨~s; ~⟩ (*f*) ⟨~; ~nen⟩ INFORM utilisateur, -trice *m,f*

Usus [ˈuːzʊs] F *m* ⟨~⟩ ***das ist hier so ~*** c'est l'usage, l'habitude ici

usw. *abr* (*und so weiter*) etc.

Utensilien [utɛnˈziːliən] *n/pl* ustensiles *m/pl*; affaires *f/pl*

Utopie [utoˈpiː] *f* ⟨~; ~n⟩ utopie *f*

utopisch [uˈtoːpɪʃ] *adj* utopique

u. U. *abr* (*unter Umständen*) éventuellement; le cas échéant

UV [uːˈfaʊ] *abr* (*ultraviolett*) U.V. (ultraviolet); **~-Strahlen** *m/pl* rayons ultraviolets; **~-Strahlung** *f* rayons *m/pl* cosmiques

V

V, v [faʊ] *n* ⟨~; ~⟩ V, v *m*

V *abr* (*Volt*) V (volt)

Vagabun|d [vagaˈbʊnt] *m* ⟨~en; ~en⟩ vagabond *m*; **2'dieren** *v/i* ⟨*sans ge*, sn⟩ vagabonder; errer

vage [ˈvaːgə] *adj* vague

Vagina [ˈvaːgina *ou* vaˈgiːna] *f* ⟨~; -nen⟩ ANAT vagin *m*

vakant [vaˈkant] *adj* vacant; libre

Vakuum [ˈvaːkuʊm] *n* ⟨~s; -kua *ou* -kuen⟩ PHYS, *fig* vide *m*; **2verpackt** *adjt* emballé sous vide

Valuta [vaˈluːta] *f* ⟨~; -ten⟩ FIN monnaie étrangère; devise *f*

Vampir [vamˈpiːr] *m* ⟨~s; ~e⟩ vampire *m*

Vandale [vanˈdaːlə] → ***Wandale***

Vanille [vaˈnɪl(j)ə] *f* ⟨~⟩ vanille *f*; **~eis** *n* glace *f* à la vanille; **~zucker** *m* sucre vanillé

variabel [variˈaːbəl] ⟨-bl-⟩ *adj* variable

Vari'able *f* ⟨→ A⟩ MATH variable *f*

Variante [variˈantə] *f* ⟨~; ~n⟩ variante *f*

Variati'on *f* ⟨~; ~en⟩ MUS, MATH, *fig* variation *f* (***über*** [+ *acc*], ***zu*** sur)

Varie|té, ~tee [varieˈteː] *n* ⟨~s; ~s⟩ music-hall *m*; *Aufführung* spectacle *m* de variétés

vari'ieren *v/t u v/i* ⟨*sans ge*⟩ varier

Vasall [vaˈzal] *m* ⟨~en; ~en⟩ HIST vassal *m*

Vase [ˈvaːzə] *f* ⟨~; ~n⟩ vase *m*

Vater [ˈfaːtər] *m* ⟨~s; ⸗⟩ **1** père *m*; *plais* ***~ Staat*** l'État *m*; **2** REL ***der Heilige ~*** le Saint-Père

'**Vater|haus** *n* maison paternelle; **~land** *n* ⟨~(e)s; -länder⟩ patrie *f*; **~landsliebe** *f* amour *m* de la patrie; patriotisme *m*

'**väterlich I** *adj* paternel; **II** *adv* comme un père; **~erseits** *adv* du côté paternel; *Großvater* paternel

'**vaterlos** *adj* orphelin de père

'**Vater|schaft** *f* ⟨~⟩ *bes* JUR paternité *f*; **~schaftsklage** *f* JUR action *f* en recherche de paternité; **~stadt** *st/s f* ville natale; **~tag** *m* fête *f* des pères

Vater'unser *n* ⟨~s; ~⟩ REL Notre Père *m*

'**Vati** *enf m* ⟨~s; ~s⟩ *enf* papa *m*

Vatikan [vatiˈkaːn] ⟨~s⟩ ***der ~*** le Vatican; **2isch** *adj* du Vatican; *nur f* vaticane

V-Ausschnitt [ˈfaʊ-] *m* col *m*, décolleté *m* en V

v. Chr. *abr* (*vor Christus*) av. J.-C.

VEB [faʊˀeːˈbeː] *m* ⟨~; ~s⟩ *abr* HIST DDR (*volkseigener Betrieb*) entreprise nationalisée

Veganer(in) [veˈgaːnər(ɪn)] *m* ⟨~s; ~⟩ (*f*) ⟨~; ~nen⟩ végétalien, -ienne *m,f*

Vegetar|ier(in) [vegeˈtaːriər(ɪn)] *m* ⟨~s; ~⟩ (*f*) ⟨~; ~nen⟩ végétarien, -ienne *m,f*; **2isch** *adj* végétarien

Vege|tati'on *f* ⟨~; ~en⟩ végétation *f*; **2'tieren** *v/i* ⟨*sans ge*⟩ *péj* végéter; vivoter

vehement [veheˈmɛnt] *adj* véhément

Vehikel [veˈhiːkəl] *n* ⟨~s; ~⟩ *von e-m Auto* guimbarde *f*; F (vieille) bagnole *f*

Veilchen [ˈfaɪlçən] *n* ⟨~s; ~⟩ **1** BOT violette *f*; **2** F (*blaues Auge*) œil poché,

au beurre noir; **2blau** *adj* violet
Vektor ['vɛktɔr] *m* ⟨~s; -'toren⟩ PHYS, MATH vecteur *m*
Velo ['veːlo] *n* ⟨~s; ~s⟩ *schweiz* vélo *m*
Velours [və'luːr, ve-] *m* ⟨~; ~⟩ TEXT velours *m*; **~leder** *n* daim *m*
Vene ['veːnə] *f* ⟨~; ~n⟩ ANAT veine *f*
Venedig [ve'neːdɪç] *n* ⟨~s⟩ Venise *f*
Venezolan|er(in) [venetso'laːnər(ɪn)] *m* ⟨~s; ~⟩ *(f)* ⟨~; ~nen⟩ Vénézuélien, -ienne *m,f*; **2isch** *adj* vénézuélien
Venezuela [venetsu'eːla] *n* ⟨~s⟩ le Venezuela
Ventil [vɛn'tiːl] *n* ⟨~s; ~e⟩ **1** TECH soupape *f*; *e-s Reifens* valve *f*; **2** MUS piston *m*; **3** *fig* dérivatif *m*
Venti|lati'on *f* ⟨~⟩ ventilation *f*; **~'lator** *m* ⟨~s; -'toren⟩ ventilateur *m*
Venus ['veːnus] *f* ⟨~⟩ ASTR, MYTH Vénus *f*
ver'abreden ⟨-e-, *sans ge*⟩ **I** *v/t* convenir (***etw*** de qc); ***~, dass …*** décider de (+ *inf*) *bzw* que … (*meist* + *Futur*); **II** *v/r* ***sich ~*** fixer un rendez-vous; ***mit j-m verabredet sein*** avoir rendez-vous avec qn
Ver'abredung *f* ⟨~; ~en⟩ **1** (*Treffen*) rendez-vous *m*; **2** → ***Vereinbarung***
ver'ab|reichen *v/t* ⟨*sans ge*⟩ donner; *Medizin* administrer; **~scheuen** *v/t* ⟨*sans ge*⟩ détester; *p/fort, st/s* exécrer
ver'abschied|en ⟨-e-, *sans ge*⟩ **I** *v/t* **1** *Gäste* dire au revoir à; **2** (*entlassen*) fêter officiellement le départ de; **II** *v/r* ***sich ~*** prendre congé (***von*** *od* ***bei j-m*** de qn); **2ung** *f* ⟨~; ~en⟩ **1** *von Gästen* remerciements *m/pl* (au départ); **2** (*Entlassung*) mise *f* en congé
ver|'achten *v/t* ⟨-e-, *sans ge*⟩ mépriser; dédaigner; **~'ächtlich I** *adj* **1** (*geringschätzig*) méprisant; dédaigneux; **2** (*Verachtung verdienend*) méprisable; **II** *adv* avec dédain; **2'achtung** *f* ⟨~⟩ mépris *m*; dédain *m*
ver'albern *v/t* ⟨*sans ge*⟩ rendre ridicule
verallge'meiner|n *v/t* ⟨*sans ge*⟩ généraliser; **2ung** *f* ⟨~; ~en⟩ généralisation *f*
ver'alt|en *v/i* ⟨-e-, *sans ge*, sn⟩ vieillir; se démoder; **~et** *adjt* vieilli; (*überholt*) suranné
Veranda [ve'randa] *f* ⟨~; -den⟩ véranda *f*
ver'änderlich *adj* variable; changeant; *Wetter* instable; **2keit** *f* ⟨~⟩ variabilité *f*; instabilité *f*
ver'änder|n ⟨*sans ge*⟩ **I** *v/t* changer; modifier; transformer; **II** *v/r* ***sich ~*** **1** changer; se modifier; se transformer; **2** *beruflich* changer d'emploi; **2ung** *f* ⟨~; ~en⟩ changement *m*; transformation *f*; *teilweise* modification *f*; *berufliche* changement d'emploi
ver'ängstigt *adjt* effrayé; apeuré
ver'anker|n *v/t* ⟨*sans ge*⟩ ancrer (*a fig*); **2ung** *f* ⟨~; ~en⟩ **1** ancrage *m* (*a fig*); **2** (*Halterung*) fixation *f*; attache *f*
ver'anlagen *v/t* ⟨*sans ge*⟩ FIN ***j-n ~*** imposer qn
ver'anlagt *adjt* prédisposé (***für*** à); ***praktisch ~ sein*** avoir le sens pratique
Ver'anlagung *f* ⟨~; ~en⟩ **1** (*Talent, Neigung*) talent *m* (***für*** pour); (pré)disposition *f* (***für*** à) (*a* MÉD); **2** FIN établissement *m* de l'assiette de l'impôt
ver'anlassen *v/t* ⟨~~ß~~, *sans ge*⟩ **1** ***j-n zu etw ~*** amener, déterminer qn à qc; **2** ***etw ~*** ordonner qc; faire faire qc; ***wir werden alles Weitere ~*** nous nous chargerons du reste
Ver'anlassung *f* ⟨~; ~en⟩ **1** (*Grund*) cause *f* (***zu etw*** de qc); (*Anlass*) sujet *m*; matière *f*; (*Beweggrund*) motif *m*; ***wir haben keinerlei ~ zu*** (+ *inf*) nous n'avons aucune raison, aucun motif de (+ *inf*); **2** (*Initiative*) impulsion *f*; instigation *f*; initiative *f*; ***auf j-s ~*** (*acc*) (***hin***) sur l'ordre, l'intervention de qn
ver'an|schaulichen *v/t* ⟨*sans ge*⟩ illustrer; concrétiser; **~schlagen** *v/t* ⟨*sans ge*⟩ estimer, évaluer (***mit*** à)
ver'anstalt|en *v/t* ⟨-e-, *sans ge*⟩ *Fest, Ausstellung* organiser; *Umfrage* faire; mener; **2er(in)** *m* ⟨~s; ~⟩ *(f)* ⟨~; ~nen⟩ organisateur, -trice *m,f*; **2ung** *f* ⟨~; ~en⟩ **1** (*das Veranstalten*) organisation *f*; **2** (*Sport2, Kultur2*) manifestation *f*; SPORT *a* rencontre *f*; (*Abend2*) soirée *f*
ver'antworten ⟨-e-, *sans ge*⟩ **I** *v/t* ***etw ~*** répondre de qc; prendre, assumer la responsabilité de qc; **II** *v/r* ***sich für etw ~*** se justifier de qc (***vor j-m*** auprès de qn)
ver'antwortlich *adj* responsable (***für*** de); ***j-n für etw ~ machen*** rendre qn responsable de qc
Ver'antwortung *f* ⟨~; ~en⟩ responsabilité *f*; ***die ~ tragen*** porter la responsabilité, être responsable (***für*** de); ***etw***

V

auf eigene ~ tun prendre le risque de faire qc; ***die ~ für etw übernehmen*** se porter garant de qc

ver'antwortungs|bewusst *adj* conscient de ses responsabilités; **~los** *adj* irresponsable; léger; **♀losigkeit** *f* ⟨~⟩ irresponsabilité *f*; légèreté *f*; **~voll** *adj* **1** *Aufgabe* de responsabilité; **2** *Person* responsable

ver'äppeln F *v/t* ⟨¢, *sans ge*⟩ ***j-n ~*** F mettre qn en boîte

ver'arbeiten *v/t* ⟨-e-, *sans ge*⟩ **1** (*als Material verwenden*) employer, utiliser (***zu etw*** à qc); (*bearbeiten*) transformer; travailler; INFORM traiter; ***gut, schlecht verarbeitet*** d'une bonne, mauvaise finition; **2** *psychisch, geistig* assimiler; **3** *Nahrung* assimiler; digérer

Ver'arbeitung *f* ⟨~; ~en⟩ **1** (*Verwendung*) emploi *m*; (*Bearbeitung*) transformation *f*; **2** (*geistige Bewältigung*) assimilation *f*; **3** *der Nahrung* assimilation *f*; digestion *f*; **4** (*~squalität*) finition *f*

ver'ärger|n *v/t* ⟨*sans ge*⟩ irriter; fâcher; **♀ung** *f* ⟨~; ~en⟩ irritation *f*

ver'arm|en *v/i* ⟨*sans ge*, sn⟩ s'appauvrir (*a fig*); **♀ung** *f* ⟨~⟩ appauvrissement *m* (*a fig*)

ver|'arzten F *v/t* ⟨-e-, *sans ge*⟩ soigner; **~ästeln** [-ˈʔɛstəln] *v/r* ⟨-e-, *sans ge*⟩ ***sich ~*** se ramifier (*a fig*); **~'ätzen** *v/t* ⟨¢s, *sans ge*⟩ brûler à l'acide; **~'ausgaben** *v/r* ⟨*sans ge*⟩ ***sich ~*** *physisch* se dépenser; s'épuiser; **~'äußern** *v/t* ⟨*sans ge*⟩ *bes* JUR aliéner; (*verkaufen*) vendre

Verb [vɛrp] *n* ⟨~s; ~en⟩ GR verbe *m*

ver'bal *adj st/s*, GR verbal

Ver'band *m* ⟨~¢s; ~̈e⟩ **1** MÉD pansement *m*; bandage *m*; **2** (*Zusammenschluss*) fédération *f*; union *f*; (*Verein*) association *f*; (*Gewerkschafts♀, Arbeitgeber♀*) syndicat *m*; **3** MIL formation *f*; unité *f*

Ver'band(s)|kasten *m* boîte *f* à pansements; *im Auto* mallette *f* de secours; **~päckchen** *n* compresse *f* aseptique; **~zeug** *n* (nécessaire *m* à) pansements *m/pl*

ver'bann|en *v/t* ⟨*sans ge*⟩ bannir (*a fig*); exiler; **♀te(r)** *f(m)* ⟨→ A⟩ banni(e) *m(f)*; exilé(e) *m(f)*; **♀ung** *f* ⟨~; ~en⟩ bannissement *m*; exil *m*

verbarrika'dieren *v/t* (*u v/r*) ⟨*sans ge*⟩ (***sich ~*** se) barricader

ver'bauen ⟨*sans ge*⟩ **I** *v/t* **1** ***j-m die Aussicht ~*** masquer, boucher la vue de qn (par une construction); **2** *Material* utiliser dans la construction; **II** *v/r fig* ***sich*** (*dat*) ***die Zukunft ~*** gâcher son avenir

ver'beißen *v/r* ⟨*irr, sans ge*⟩ **1** *bes Hund* ***sich in etw*** (*acc*) ***~*** s'acharner sur qc (*a fig*); **2** ***sich*** (*dat*) ***das Lachen nicht ~ können*** ne pouvoir s'empêcher de rire

ver'bergen *v/t* ⟨*irr, sans ge*⟩ **1** cacher (***j-n, etw vor j-m*** qn, qc à qn); dissimuler (*a Tränen*); **2** ***j-m etw ~*** (*verheimlichen*) dissimuler qc à qn

ver'besser|n ⟨*sans ge*⟩ **I** *v/t* **1** *qualitativ* améliorer; rendre meilleur; (*vervollkommnen*) perfectionner; **2** *Fehler* (*berichtigen*) corriger; **II** *v/r* ***sich ~*** **3** *qualitativ* s'améliorer; **4** (*sich korrigieren*) se corriger; *beim Sprechen* se reprendre; **5** *bes beruflich* trouver une meilleure place, situation; **♀ung** *f* ⟨~; ~en⟩ **1** amélioration *f*; perfectionnement *m*; **2** correction *f*

ver'beugen *v/r* ⟨*sans ge*⟩ ***sich ~*** s'incliner (***vor j-m*** devant qn)

Ver'beugung *f* ⟨~; ~en⟩ révérence *f*

ver|'beulen *v/t* ⟨*sans ge*⟩ bosseler; cabosser; **~'biegen** *v/t* (*u v/r*) ⟨*irr, sans ge*⟩ (***sich ~*** se) tordre; (se) déformer; *bes Rad* (se) voiler

ver'bieten *v/t* ⟨*irr, sans ge*⟩ **1** (*untersagen*) défendre, interdire ([***j-m***] ***etw*** qc [à qn]); *amtlich a* prohiber; ***Rauchen verboten*** défense de fumer; **2** *Partei, Buch* interdire; *Buch a* proscrire

ver'billigt *adjt* à prix réduit

ver'binden ⟨*irr, sans ge*⟩ **I** *v/t* **1** *Wunde* panser; **2** ***j-m die Augen ~*** bander les yeux de qn; **3** (*zusammenfügen*) joindre; réunir; assembler; ***Drähte miteinander ~*** joindre, relier des fils les uns aux autres; **4** *Verkehrswege, Städte* relier; (ré)unir; **5** ÉLECT raccorder; connecter; brancher; TÉL passer (***mit j-m*** qn); ***ich verbinde*** (***Sie***) je vous passe la communication; je vous le *od* la passe; ***Sie sind falsch verbunden*** vous avez fait un mauvais numéro; **6** (*verknüpfen*) combiner (***mit*** à); **7** ***mit Kosten verbunden sein*** entraîner des frais, dépenses; **8** (*e-e Beziehung herstellen*) unir; lier; **9** ***was ~ Sie mit diesem Wort?*** à quoi ce mot vous fait-il penser?; **10** *st/s* ***ich bin Ihnen dafür***

V

sehr verbunden je vous en suis très obligé; **II** *v/r* ***sich ~*** **11** (*sich vermengen*) se mélanger; CHIM se combiner (***mit*** à); **12** (*ein Bündnis schließen*) s'unir; s'associer; **13** (*erinnern an*) ***damit verbindet sich die Vorstellung …*** cela évoque, rappelle …

ver'bindlich **I** *adj* **1** (*bindend*) obligatoire; ***für j-n ~ sein*** lier, engager qn; **2** (*liebenswürdig*) obligeant; courtois; **II** *adv* ***etw ~ zusagen*** promettre qc fermement

Ver'bindlichkeit *f* ⟨~; ~en⟩ **1** *von Gesetzen* caractère *m* obligatoire; **2** (*Höflichkeit*) obligeance *f*; **3** COMM ***~en*** *pl* engagements *m/pl*

Ver'bindung *f* ⟨~; ~en⟩ **1** *zwischen Personen* contact *m*; liaison *f*; (*Bündnis*) alliance *f*; *menschliche* (*Beziehung*) relation *f* (*a* COMM); rapport *m*; ***in ~*** (*dat*) ***bleiben mit …*** rester en contact avec …; ***sich in ~*** (*acc*) ***setzen*** prendre contact (***mit*** avec); ***mit j-m in ~*** (*dat*) ***stehen*** avoir des *od* être en contact avec qn; ***mit j-m ~ aufnehmen*** prendre contact avec qn; **2** *zwischen Dingen* lien *m*; **3** (*Verkehrs*2) voie *f* de communication; ***e-e direkte ~ nach …*** une ligne directe avec …; **4** TÉL, TÉLÉCOMM communication *f*; **5** *studentische* corporation étudiante; **6** TECH jonction *f*; raccordement *m*; (*~stück*) raccord *m*; **7** CHIM combinaison *f* (*Vorgang u Ergebnis*); *nur Ergebnis* composé *m* (chimique)

Ver'bindungs|linie *f* ligne *f* de communication; **~mann** *m* ⟨~es; -männer *ou* -leute⟩ homme *m*, agent *m* de liaison; **~straße** *f* voie *f* de raccordement, de jonction; **~stück** *n* raccord *m*

ver'bissen *adjt* **1** *Widerstand* acharné; opiniâtre; **2** ***ein ~es Gesicht machen*** avoir un air obstiné, têtu

Ver'bissenheit *f* ⟨~⟩ acharnement *m*; opiniâtreté *f*

ver'bitten *v/r* ⟨*irr, sans ge*⟩ ***sich*** (*dat*) ***etw ~*** ne pas tolérer qc; ***ich verbitte mir diesen Ton!*** je vous interdis de me parler sur ce ton!

ver'bitt|ert *adjt* aigri; amer; **2erung** *f* ⟨~⟩ aigreur *f*; amertume *f*

ver'blassen *v/i* ⟨~~e~~s, *sans ge*, sn⟩ *Tinte, Schrift* pâlir; *Stoff* passer; se faner; **2** *fig Erinnerung* s'effacer

Ver'bleib *st/s m* ⟨~~e~~s⟩ (*Aufenthaltsort*) lieu *m* de séjour; *e-r Sache* endroit *m* (où se trouve qc)

ver'bleiben *v/i* ⟨*irr, sans ge*, sn⟩ **1** ***sie waren so verblieben, dass …*** ils avaient convenu de (+ *inf*); **2** *st/s od* ADM (*bleiben*) rester; demeurer; **3** *Briefschluss*: ***mit besten Grüßen verbleibe ich Ihr …*** veuillez agréer, Monsieur *bzw* Madame, mes meilleures salutations

ver'bleichen *v/i* ⟨verblich, verblichen, sn⟩ pâlir; se faner

ver'bleit *adjt Benzin* contenant du plomb

ver'blend|en *v/t* ⟨-e-, *sans ge*⟩ (*irreführen*) aveugler; **2ung** *f* aveuglement *m*

ver'blöden F *v/i* ⟨-e-, *sans ge*, sn⟩ s'abêtir; s'abrutir

verblüffen [fɛr'blʏfən] *v/t u v/i* ⟨*sans ge*⟩ stupéfier; ahurir; abasourdir; ébahir; ***verblüfft*** *a* stupéfait; ***sie verblüffte mit ihrer Leistung*** elle a eu, obtenu des résultats stupéfiants

ver'blüff|end *adjt* stupéfiant; ahurissant; renversant; **2ung** *f* ⟨~⟩ stupéfaction *f*; ahurissement *m*

ver'blühen *v/i* ⟨*sans ge*, sn⟩ se faner

ver'bluten *v/i* ⟨-e-, *sans ge*, sn⟩ perdre tout son sang (*a fig*)

ver'bocken F *v/t* ⟨-e-, *sans ge*, sn⟩ ***etw ~*** gâcher qc

ver'bohren *v/r* ⟨*sans ge*⟩ F *fig* ***sich in etw*** (*acc*) **~** s'obstiner dans qc

ver'bohrt F *péj adjt* obstiné

ver'borgen **I** *p/p* → ***verbergen***; **II** *adjt* caché; ***im 2en*** en cachette; ***es ist Ihnen sicher nicht ~ geblieben, dass …*** vous n'êtes pas sans savoir que …

Verbot [fɛr'boːt] *n* ⟨~~e~~s; ~e⟩ défense *f*; interdiction *f*; *amtlich a* prohibition *f* (+ *gén*, ***von, zu*** de)

ver'boten **I** *p/p* → ***verbieten***; **II** *advt* F ***~ aussehen*** F avoir une touche pas possible

Ver'botsschild *n* panneau *m* d'interdiction

Ver'brauch *m* ⟨~~e~~s⟩ consommation *f* (***an*** [+ *dat*] de); ***zum alsbaldigen ~ bestimmt*** à consommer frais, immédiatement

ver'brauchen *v/t* ⟨*sans ge*⟩ consommer; (*aufbrauchen*) épuiser

Ver'braucher|(in) *m* ⟨~s; ~⟩ (*f*) ⟨~;

~nen⟩ consommateur, -trice *m,f*; **~markt** *m etwa* hypermarché *m*; **~schutz** *m* défense *f* du consommateur

ver'braucht *adjt fig, Kräfte* épuisé; *Mensch* usé; *Luft* vicié; confiné

ver'brechen *v/t* ⟨*irr, sans ge*⟩ **1** F *plais* ***was hat er denn schon wieder verbrochen?*** F qu'est-ce qu'il a encore fabriqué?; **2** F *plais, Kunstwerk, Gedicht* commettre

Ver'brechen *n* ⟨~s; ~⟩ crime *m* (***an*** [+ *dat*], ***gegen*** contre)

Ver'brecher *m* ⟨~s; ~⟩ criminel *m*; **~bande** *f* bande *f*, association *f* de malfaiteurs; gang *m*; **~in** *f* ⟨~; ~nen⟩ criminelle *f*; **2isch** *adj* criminel

ver'breit|en ⟨-e-, *sans ge*⟩ **I** *v/t* répandre; *Nachricht, Krankheit a* propager; **II** *v/r* ***sich ~*** se répandre; se propager; **~ern** *v/t* (*u v/r*) ⟨*sans ge*⟩ (***sich ~*** s')élargir; **2ung** *f* ⟨~; ~en⟩ propagation *f*; *von Nachrichten a* diffusion *f*

ver'brennen ⟨*irr, sans ge*⟩ **I** *v/t* brûler; *Abfälle, Leichen* incinérer; **II** *v/i* ⟨sn⟩ brûler; ***es riecht verbrannt*** ça sent le brûlé; **III** *v/r* ***sich ~*** se brûler (***mit*** avec); ***er hat sich die Hand verbrannt*** il s'est brûlé la main

Ver'brennung *f* ⟨~; ~en⟩ **1** (*Verbrennen*) combustion *f*; (*Leichen2*) crémation *f*; incinération *f* (*a von Abfällen*); **2** *Verletzung* brûlure *f*

Ver'brennungs|motor *m* moteur *m* à explosion; **~ofen** *m für Leichen* four *m* crématoire; *für Abfälle* incinérateur *m*

ver'bringen *v/t* ⟨*irr, sans ge*⟩ *Zeit, Ferien* passer; ***s-e Zeit mit etw ~*** passer son temps à (faire) qc

ver'brüder|n *v/r* ⟨*sans ge*⟩ ***sich ~*** fraterniser (***mit j-m*** avec qn); **2ung** *f* ⟨~; ~en⟩ fraternisation *f*

ver'brühen ⟨*sans ge*⟩ **I** *v/t* échauder; **II** *v/r* ***sich ~*** s'ébouillanter; s'échauder

ver'buchen *v/t* ⟨*sans ge*⟩ FIN, COMM comptabiliser; ***auf e-m Konto ~*** inscrire sur un compte; *fig* ***e-n Erfolg*** (***für sich***) ***~*** obtenir, remporter un succès

ver'bummeln F *péj v/t* ⟨¢, *sans ge*⟩ *Zeit* gaspiller

ver'bunden *p/p* → ***verbinden***

verbünden [fɛr'bʏndən] *v/r* ⟨-e-, *sans ge*⟩ ***sich ~*** s'allier (***mit*** à *od* avec)

Ver|'bundenheit *f* ⟨~⟩ solidarité *f* (***mit*** avec); **~'bündete(r)** *f(m)* ⟨→ A⟩ allié(e) *m(f)*; coalisé(e) *m(f)*; **~'bundglas** *n* verre sandwich, feuilleté

ver'bürgen *v/r* ⟨*sans ge*⟩ ***sich für j-n, etw ~*** cautionner qn, qc; se porter garant pour qn, de qc

ver'bürgt *adjt* **1** *Nachricht* authentique; de source sûre; **2** *Rechte* garanti

ver'büßen *v/t* ⟨¢s, *sans ge*⟩ *Strafe* purger

ver'chromen *v/t* ⟨*sans ge*⟩ chromer

Verdacht [fɛr'daxt] *m* ⟨~¢s; ~e⟩ soupçon *m*; suspicion *f*; ***~ schöpfen*** (commencer à) avoir des soupçons; ***in ~ geraten*** se rendre suspect; ***j-n wegen etw in*** *od* ***im ~ haben*** soupçonner qn de qc; MÉD ***es besteht ~ auf Meningitis*** (*acc*) on craint une méningite

verdächtig [fɛr'dɛçtɪç] *adj* suspect; *Angelegenheit* douteux; ***sich ~ machen*** éveiller les soupçons; ***das kommt mir ~ vor*** ça me paraît louche

Ver'dächtige(r) *f(m)* ⟨→ A⟩ suspect(e) *m(f)*

ver'dächtigen *v/t* ⟨*sans ge*⟩ ***j-n ~*** suspecter, (faire) soupçonner qn

Ver'dächtigung *f* ⟨~; ~en⟩ suspicion *f*; soupçon *m*

verdammen [fɛr'damən] *v/t* ⟨*sans ge*⟩ maudire; REL dammer; réprouver

ver'dammt F **I** *int* ***~*** (***noch mal***), ***~ und zugenäht!*** F zut (alors)!; F mince (alors)!; F nom d'une pipe, F d'un chien!; **II** *adjt* **1** F sacré; F fichu; ***~er Mist*** P merde!; **2** (*groß*) F sacré; F terrible; (***ein***) ***~es Glück*** F une sacrée chance; **III** *advt* (*sehr*) F vachement; F drôlement; ***das schmeckt ~ gut*** F c'est vachement bon

ver|'dampfen *v/t* (*u v/i* ⟨sn⟩) ⟨*sans ge*⟩ (s')évaporer; PHYS (se) vaporiser; **~'danken** *v/t* ⟨*sans ge*⟩ ***j-m etw ~*** devoir qc à qn; **~dattert** [-'datərt] F *adj* ahuri; **~dauen** [-'daʊən] *v/t u v/i* ⟨*sans ge*⟩ digérer (*a fig*)

ver'daulich *adj* digestible; digeste; ***schwer ~ sein*** être indigeste

Ver'dauung *f* ⟨~⟩ digestion *f*

Ver'dauungs|beschwerden *f/pl*, **~störungen** *f/pl* troubles digestifs; indigestion *f*

Ver'deck *n* ⟨~¢s; ~e⟩ capote *f*; **2en** *v/t* ⟨*sans ge*⟩ couvrir; (*dem Blick entziehen*) masquer; cacher

ver'denken *v/t* ⟨*irr, sans ge*⟩ ***j-m etw nicht ~*** (***können***) ne pas (pouvoir) en vouloir à qn de qc

ver'derben ⟨verdirbt, verdarb, verdorben⟩ **I** *v/t* **1** gâter; abîmer; *moralisch* corrompre; dépraver; **2** ***j-m die Freude ~*** gâter, gâcher la joie de qn; **3** ***es mit niemandem ~ wollen*** vouloir rester en bons termes avec tout le monde; **II** *v/i* ⟨sn⟩ *Lebensmittel* s'abîmer; se gâter; **III** *v/r* ***sich*** (*dat*) ***die Augen ~*** s'abîmer la vue, les yeux; ***sich*** (*dat*) ***den Magen ~*** se faire une indigestion

Ver'derben *n* ⟨~s⟩ perte *f*; ruine *f*; ***j-n ins ~ stürzen*** perdre qn; ***ins ~ rennen*** courir à sa perte

ver'derblich *adj* **1** *Ware* périssable; **2** *Einfluss* pernicieux; funeste

ver'deutlichen *v/t* ⟨*sans ge*⟩ expliciter; (*erklären*) expliquer

ver'dichten ⟨-e-, *sans ge*⟩ **I** *v/t* PHYS condenser; comprimer; **II** *v/r* ***sich ~*** **1** PHYS se condenser (*a fig*); se comprimer; **2** *Nebel* s'épaissir; **3** *fig Verdacht* se préciser

Ver'dickung *f* ⟨~; ~en⟩ épaississement *m*; renflement *m*

ver'dienen *v/t* ⟨*sans ge*⟩ **1** *Geld* gagner; *abs* ***gut ~*** gagner bien sa vie; **2** *Lob, Strafe* mériter

Ver'diener *m* ⟨~s; ~⟩ personne *f* gagnant de l'argent

Ver'dienst[1] *m* ⟨~¢s; ~e⟩ (*Einkommen*) salaire *m*; gain *m*; rétribution *f*

Ver'dienst[2] *n* ⟨~¢s; ~e⟩ mérite *m*; ***es ist sein ~, dass …*** son mérite, c'est que …

Ver'dienst|orden *m* ordre *m* du mérite; **2voll** *adj* **1** *Tat* méritoire; **2** *Person* de mérite

ver'dient *adjt* **1** (*verdienstvoll*) de mérite; ***sich um j-n, etw ~ machen*** faire beaucoup pour qn, qc; **2** (*gerechtfertigt*) mérité

ver'dientermaßen *adv* selon ses, tes, *etc* mérites

ver'donnern F *v/t* ⟨*sans ge*⟩ condamner (***zu*** à)

ver'doppeln ⟨¢, *sans ge*⟩ **I** *v/t* doubler; *fig Bemühungen* redoubler; **II** *v/r* ***sich ~*** doubler

Ver'dopp(e)lung *f* ⟨~; ~en⟩ doublement *m*; *fig* redoublement *m*

verdorben [fɛr'dɔrbən] *p/p* → ***verderben***

verdorren [fɛr'dɔrən] *v/i* ⟨*sans ge*, sn⟩ se dessécher

ver'dräng|en *v/t* ⟨*sans ge*⟩ **1** *Wasser* déplacer; **2** *aus e-r Stellung* évincer; déloger; **3** ([*schrittweise*] *ersetzen*) supplanter; remplacer; **4** PSYCH refouler; **2ung** *f* ⟨~; ~en⟩ **1** déplacement *m*; **2** éviction *f*; **3** remplacement *m*; **4** refoulement *m*

ver'drehen *v/t* ⟨*sans ge*⟩ **1** tordre; *Augen* rouler; **2** F *péj Tatsachen* déformer

ver'dreht F *péj adjt* **1** *Ansichten* saugrenu; **2** *Person* fou

ver'dreifachen *v/t* (*u v/r*) ⟨*sans ge*⟩ (***sich ~***) tripler

ver'dreschen F *v/t* ⟨*irr, sans ge*⟩ F flanquer une raclée à

verdrieß|en [fɛr'dri:sən] *st/s v/t* ⟨¢s, verdross, verdrossen⟩ contrarier; **~lich** *adj* de mauvaise humeur; maussade; renfrogné

verdrossen [fɛr'drɔsən] **I** *p/p* → ***verdrießen***; **II** *adjt* (*mürrisch*) maussade; de mauvaise humeur; renfrogné; **III** *advt* à contrecœur; de mauvaise grâce; **2heit** *f* ⟨~⟩ (mauvaise) humeur; morosité *f*

ver'drücken F ⟨*sans ge*⟩ **I** *v/t* avaler; engloutir; F engouffrer; **II** *v/r* ***sich ~*** F se tirer; F se barrer

Verdruss [fɛr'drus] *m* ⟨~es; ~e⟩ dépit *m*; ennui(s) *m(pl)*

ver'duften *v/i* ⟨-e-, *sans ge*, sn⟩ F (*sich entfernen*) F s'évaporer; s'éclipser

Ver'dummung *f* ⟨~⟩ abêtissement *m*; abrutissement *m*

ver'dunkeln ⟨¢, *sans ge*⟩ **I** *v/t* obscurcir; assombrir; **II** *v/r* ***sich ~*** s'obscurcir; s'assombrir (*a fig Gesichtsausdruck*)

Ver'dunk(e)lung *f* ⟨~; ~en⟩ **1** obscurcissement *m*; assombrissement *m*; **2** LUFTSCHUTZ black-out *m*; **3** JUR *von Tatbeständen* dissimulation *f*; camouflage *m*

ver'dünn|en *v/t* ⟨*sans ge*⟩ *Flüssigkeit* diluer; **2er** *m* ⟨~s; ~⟩ CHIM diluant *m*; **2ung** *f* ⟨~; ~en⟩ dilution *f*

ver'dunst|en *v/i* ⟨-e-, *sans ge*, sn⟩ s'évaporer; **2ung** *f* ⟨~⟩ évaporation *f*

ver'dursten *v/i* ⟨-e-, *sans ge*, sn⟩ mourir de soif

ver'düstern *v/t* (*u v/r*) ⟨*sans ge*⟩ (***sich ~*** s')assombrir (*a fig*); (s')obscurcir

verdutzt [fɛr'dutst] *adj* ébahi; pantois

ver'edeln *v/t* ⟨¢, *sans ge*⟩ AGR, JARD

greffer; TECH (r)affiner; *Rohstoffe* transformer

Ver'ed(e)lung *f* ⟨~; ~en⟩ AGR, JARD greffe *f*; greffage *m*; TECH (r)affinage *m*; transformation *f*

ver'ehren *v/t* ⟨*sans ge*⟩ **1** *st/s* (*bewundern*) admirer; ***verehrte Anwesende!*** Mesdames et Messieurs!; **2** REL (*anbeten*) vénérer; **3** *plais* ***j-m etw ~*** faire cadeau, présent de qc à qn

Ver'ehrer(in) *m* ⟨~s; ~⟩ (*f*) ⟨~; ~nen⟩ **1** (*Bewunderer[in]*) admirateur, -trice *m,f*; **2** *plais* (*Liebhaber*) soupirant *m*; amoureux *m*

Ver'ehrung *f* ⟨~⟩ **1** (*Bewunderung*) admiration *f*; **2** (*Anbetung*) culte *m*; vénération *f*

ver'eidigen *v/t* ⟨*sans ge*⟩ ***j-n ~*** assermenter qn; faire prêter serment à qn (***auf etw*** [*acc*] sur qc)

ver'eidig|t *adjt* assermenté; juré; **2ung** *f* ⟨~; ~en⟩ prestation *f* de serment

Ver'ein *m* ⟨~(e)s; ~e⟩ association *f*; *kleinerer* cercle *m*; club *m*; ***eingetragener ~*** association déclarée

ver'einbar *adj* compatible, conciliable (***mit*** avec)

ver'einbaren *v/t* ⟨*sans ge*⟩ **1** ***etw ~*** convenir de qc (***mit j-m*** avec qn); *Termin* fixer; **2** ***sich nicht mit etw ~ lassen*** ne pas être compatible avec qc

Ver'einbarung *f* ⟨~; ~en⟩ convention *f*; accord *m*; ***e-e ~ treffen*** conclure un accord (***über etw*** [*acc*] sur qc); ***nach ~*** *beim Arzt* sur rendez-vous

ver'einen *st/s v/t u v/r* ⟨*sans ge*⟩ → ***vereinigen***

ver'einfach|en *v/t* ⟨*sans ge*⟩ simplifier; **2ung** *f* ⟨~; ~en⟩ simplification *f*

ver'einheitlichen *v/t* ⟨*sans ge*⟩ uniformiser; standardiser

ver'einigen ⟨*sans ge*⟩ **I** *v/t* réunir (***mit*** à); unir (à *od* avec); associer (à); **II** *v/r* ***sich ~*** se réunir (***mit*** avec); s'unir (avec); s'associer (à *od* avec); *Flüsse* confluer (avec); se (re)joindre; *fig Anmut mit Geist* s'allier (à)

ver'einigt *adjt* uni; ***(die) 2e(n) Arabische(n) Emirate*** *n/pl* (les) Émirats arabes unis; ***(die) 2e(n) Staaten*** *m/pl* ***(von Amerika)*** (les) États-Unis *m/pl* (d'Amérique)

Ver'einigung *f* ⟨~; ~en⟩ **1** (*das Vereinigen*) réunion *f*; union *f*; association *f*; **2** (*Zusammenschluss*) association *f*; union *f*

ver'einsam|en *v/i* ⟨*sans ge*, sn⟩ devenir solitaire; s'isoler; **2ung** *f* ⟨~⟩ isolement *m*; solitude *f*

ver|'einzelt **I** *adjt* isolé; (*~ auftretend*) sporadique; **II** *advt* (*zeitlich*) de temps en temps; (*örtlich*) çà et là; **~'eisen** ⟨*-(e)s*, *sans ge*⟩ **I** *v/t* MÉD insensibiliser (par le froid); **II** *v/i* ⟨sn⟩ *Straßen* se couvrir de verglas; AVIAT givrer; **~'eist** *adjt Straßen* verglacé; **~'eiteln** *v/t* ⟨*-le*, *sans ge*⟩ *j-s Pläne* déjouer; faire échouer; **~'eitert** *adj* purulent

ver'ekeln *v/t* ⟨*-le*, *sans ge*⟩ ***j-m etw ~*** dégoûter qn de qc

ver'enden *v/i* ⟨-e-, *sans ge*, sn⟩ *bes Tiere* mourir; crever

ver'eng|en *v/t* (*u v/r*) ⟨*sans ge*⟩ (***sich ~*** se) rétrécir; (se) resserrer; **2ung** *f* ⟨~; ~en⟩ rétrécissement *m*; resserrement *m*

ver'erb|en ⟨*sans ge*⟩ **I** *v/t* **1** *Besitz* laisser, léguer (***j-m etw*** qc à qn); **2** BIOL transmettre (qc à qn); **II** *v/r* ***sich ~*** BIOL se transmettre héréditairement (***auf j-n*** à qn); **2ung** *f* ⟨~; ~en⟩ BIOL hérédité *f*

ver'ewigen *v/r* ⟨*sans ge*⟩ F ***sich ~*** laisser des traces de son passage

Verf. *abr* (*Verfasser*) auteur

ver'fahren[1] ⟨*irr, sans ge*⟩ **I** *v/t Benzin* dépenser en trajets; **II** *v/i* ⟨sn⟩ (*vorgehen*) procéder; agir (***mit j-m*** envers qn); **III** *v/r* ***sich ~*** se tromper de chemin, de route

ver'fahren[2] F *adj* ***~e Situation*** impasse *f*; ***völlig ~ sein*** être au point mort

Ver'fahren *n* ⟨~s; ~⟩ **1** (*Vorgehen*) procédé *m*; manière *f* d'agir; **2** (*Arbeitsweise*) méthode *f*; TECH, CHIM procédé *m*; **3** JUR procédure *f*

Ver'fall *m* **1** *baulich* dégradation *f*; délabrement *m*; *fig körperlich* dépérissement *m*; **2** *fig e-s Reiches, e-r Kultur* déclin *m*; ***sittlicher ~*** déchéance morale

ver'fallen *v/i* ⟨*irr, sans ge*, sn⟩ **1** *baulich* tomber en ruine; se délabrer; *fig körperlich* dépérir; **2** *fig Reich, Kultur* être en déclin; *Sitten* être décadent; **3** *Fahrkarten* se périmer; *Pass* expirer; **4** ***j-m, e-r Sache ~*** devenir l'esclave de qn, qc; ***dem Alkohol ~*** sombrer dans l'alcool; **5** ***auf etw*** (*acc*) **~** s'aviser de qc; avoir

V

l'idée de qc; **6** ***in etw*** (*acc*) **~** (re)tomber dans qc

Ver'fallsdatum *n* date *f* de péremption

ver'fälschen *v/t* ⟨*sans ge*⟩ **1** *Nahrungsmittel* falsifier; *Getränke a* frelater; **2** *Wahrheit* dénaturer; altérer; *Text* falsifier

ver'fangen *v/r* ⟨*irr, sans ge*⟩ ***sich ~*** s'empêtrer, s'embrouiller (***in*** [+ *dat*] dans) (*a fig*)

verfänglich [fɛr'fɛŋlɪç] *adj Frage, Situation* embarrassant; *Brief* compromettant

ver'färben *v/r* ⟨*sans ge*⟩ ***sich ~*** changer de couleur

ver'fassen *v/t* ⟨*¢s, sans ge*⟩ écrire; *Text a* rédiger; *Gedicht a* composer

Ver'fasser(in) *m* ⟨~s; ~⟩ (*f*) ⟨~; ~nen⟩ auteur *m*; femme *f* auteur

Ver'fassung *f* ⟨~; ~en⟩ **1** POL Constitution *f*; **2** (*Zustand*) état *m*; *körperliche* condition *f*; forme *f*; *seelische* disposition *f*; moral *m*; ***in guter ~ sein*** être en bonne condition; être en forme

Ver'fassungs|änderung *f* révision constitutionnelle, de la Constitution; **≗feindlich** *adj* hostile à la Constitution; subversif; **≗mäßig** *adj* constitutionnel

Ver'fassungsschutz *m* ***Bundesamt*** *n* ***für ~*** BRD Office fédéral pour la protection de la Constitution

ver|'faulen *v/i* ⟨*sans ge*, sn⟩ pourrir; se putréfier; **~'fechten** *v/t* ⟨*irr, sans ge*⟩ *Ansicht, Meinung* soutenir; se faire le champion de; *Recht* défendre

ver|'fehlen *v/t* ⟨*sans ge*⟩ **1** *Person, Zug, Ziel* manquer; rater; *Weg* se tromper de; **2** *fig Zweck* manquer; *Thema* ne pas traiter; **~'fehlt** *adjt* (*falsch*) faux; (*unangebracht*) inopportun; **≗'fehlung** *f* ⟨~; ~en⟩ manquement *m*

ver'feinden *v/r* ⟨-e-, *sans ge*⟩ ***sich ~*** se brouiller, se fâcher (***mit j-m*** avec qn)

ver'feindet *adjt* hostile; ennemi; ***sie sind miteinander ~*** ils se son brouillés

ver'feinern *v/t* (*u v/r*) ⟨*sans ge*⟩ (***sich ~***) *Sitten, Geschmack* (s')affiner; ([*sich*] *verbessern*) (s')améliorer; ***verfeinert*** *Sitten, Geschmack* raffiné

ver'festigen *v/t* (*u v/r*) ⟨*sans ge*⟩ (***sich ~*** se) solidifier

ver'feuern *v/t* ⟨*sans ge*⟩ **1** *Holz* consommer; brûler; **2** *Munition* épuiser

ver'film|en *v/t* ⟨*sans ge*⟩ *Roman* porter à l'écran; **≗ung** *f* ⟨~; ~en⟩ adaptation *f* cinématographique

ver'filzen *v/i* ⟨*¢s, sans ge*, sn⟩ *Wolle* se feutrer; *Haare* s'emmêler

ver'finstern *v/t* (*u v/r*) ⟨*sans ge*⟩ (***sich ~*** s')obscurcir; (s')assombrir (*a fig Gesicht*); ASTR (s')éclipser

ver'flachen *v/i* ⟨*sans ge*, sn⟩ *fig Gespräch* devenir superficiel; tomber dans la platitude

ver'flechten ⟨*irr, sans ge*⟩ **I** *v/t* **1** *Bänder* entrelacer; entremêler (*a fig*); **2** (***eng***) ***verflochten sein*** avoir des liens étroits

Ver'flechtung *f* ⟨~; ~en⟩ entrelacement *m*; ÉCON interpénétration *f*; interdépendance *f*

ver'fliegen ⟨*irr, sans ge*⟩ **I** *v/i* ⟨sn⟩ **1** (*vorbeigehen*) *Zeit, Zorn* passer; **2** (*sich verflüchtigen*) *Duft* se dissiper; **II** *v/r* ***sich ~*** AVIAT s'égarer

ver'fließen *v/i* ⟨*irr, sans ge*, sn⟩ *Farben, fig Begriffe* (***ineinander***) **~** s'interpénétrer; se fondre; se mélanger

verflixt [fɛr'flɪkst] F → ***verdammt***

verflossen [fɛr'flɔsən] **I** *p/p* → ***verfließen***; **II** *adjt* passé; F ***ihr ~er Freund*** F son ex-copain

ver'fluchen *v/t* ⟨*sans ge*⟩ maudire (*a fig*)

ver'flucht F → ***verdammt***

ver'flüchtigen *v/r* ⟨*sans ge*⟩ ***sich ~*** **1** CHIM se volatiliser; **2** *Geruch etc* se dissiper

ver'flüssigen *v/t* (*u v/r*) ⟨*sans ge*⟩ (***sich ~*** se) liquéfier; *Dampf* (se) condenser

ver'folgen *v/t* ⟨*sans ge*⟩ **1** (*einzuholen versuchen*) poursuivre; *p/fort* pourchasser; traquer (*a* JAGD); ***j-n auf Schritt und Tritt ~*** ne pas quitter qn d'une semelle; **2** (*bedrängen*) poursuivre; 'harceler; persécuter; ***dieser Gedanke verfolgt mich*** cette idée m'obsède, me poursuit; **3** *fig politische Gegner etc* persécuter; **4** *Spur, Weg* suivre (*a fig Gedankengang*); **5** *fig Absicht, Ziel* poursuivre; ***e-e Sache weiter ~*** suivre qc; (*aufmerksam beobachten*) suivre; observer

Ver'folg|er *m* ⟨~s; ~⟩ *e-s Flüchtenden* poursuivant *m*; **~te(r)** *f(m)* ⟨→ A⟩ POL persécuté(e) *m(f)*

Ver'folgung *f* ⟨~; ~en⟩ *e-s Flüchtenden* poursuite *f* (*a fig e-r Absicht*); *politische* persécution *f*; ***die ~ aufnehmen*** se lancer à la poursuite

Ver'folgungs|jagd *f* poursuite effrénée; *mit Autos* F rodéo *m*; **~wahn** *m* PSYCH délire *m*, manie *f* de la persécution
ver|'formen *v/t* (*u v/r*) ⟨*sans ge*⟩ (***sich ~*** se) déformer; **~'frachten** *v/t* ⟨-e-, *sans ge*⟩ **1** *Waren* charger; **2** F *Gepäck*, *plais Person* F caser; **~'fremden** *v/t* ⟨-e-, *sans ge*⟩ *in der Kunst* donner un caractère artificiel, étrange
ver|'fressen F *péj adjt* glouton; goinfre; **~'froren** *adj* frileux; **~'früht** *adj* prématuré
ver'fügbar *adj* disponible; **Ձkeit** *f* ⟨~⟩ disponibilité *f*
ver'fügen ⟨*sans ge*⟩ **I** *v/t* ADM (*anordnen*) ordonner; arrêter; décréter; **II** *v/i* ***über j-n, etw*** (*acc*) **~** disposer de qn, qc
Ver'fügung *f* ⟨~; ~en⟩ **1** ADM (*Anordnung*) ordonnance *f*; décret *m*; **2** (*Disposition*) disposition *f* (*a* JUR); ***j-m etw zur ~ stellen*** mettre qc à la disposition de qn; ***j-m zur ~ stehen*** être à la disposition de qn
ver'führen *v/t* ⟨*sans ge*⟩ ***j-n ~*** séduire qn; (*verleiten*) ***j-n zu etw ~*** inciter, entraîner qn à qc
Ver'führer|(in) *m* ⟨~s; ~⟩ (*f*) ⟨~; ~nen⟩ séducteur, -trice *m,f* (*a sexuell*); **Ձisch** *adj* **1** (*verlockend*) tentant; séduisant; **2** (*sehr reizvoll*) séducteur; séduisant
Ver'führung *f* ⟨~; ~en⟩ séduction *f*; *bes* JUR **~ *Minderjähriger*** détournement *m* de mineurs
ver|'füttern *v/t* ⟨*sans ge*⟩ donner comme fourrage (***an*** [+ *acc*] à); **Ձ'gabe** *f* attribution *f*; adjudication *f*; *e-s Auftrags* passation *f*; **~gällen** [-'gɛlən] *v/t* ⟨*sans ge*⟩ **1** CHIM dénaturer; **2** *fig Freude* gâter; gâcher; *Leben* empoisonner; **~'gammeln** F *v/i* ⟨*sans ge*, sn⟩ *Lebensmittel* pourrir; *Person* se clochardiser
vergangen [fɛr'gaŋən] **I** *p/p* → ***vergehen***; **II** *adjt Zeit* passé; écoulé; ***~e Woche*** la semaine passée, dernière
Ver'gangenheit *f* ⟨~; ~en⟩ passé *m* (*a* GR); temps passé
vergänglich [fɛr'gɛŋlɪç] *adj* éphémère; **Ձkeit** *f* ⟨~⟩ caractère *m* éphémère
ver'gas|en *v/t* ⟨~~t~~, *sans ge*⟩ *Menschen* gazer; *Ungeziefer* fumiger; **Ձer** *m* ⟨~s; ~⟩ AUTO carburateur *m*
vergaß [fɛr'ga:s] → ***vergessen***
ver'geben *v/t* ⟨*irr*, *sans ge*⟩ **1** *st/s* (*verzeihen*) pardonner (***j-m etw*** qc à qn); *Sünden* remettre; **2** (*geben*) (***an j-n***) **~** donner (à qn); *Preis*, *Stelle* attribuer (à qn); *Auftrag* passer (à qn); **3** *bes* SPORT *Chance* laisser passer; **4** ***sich*** (*dat*) ***etw, nichts ~*** perdre, ne pas perdre la face
ver'gebens **I** *adj* ***es war ~*** ça n'a servi à rien; **II** *adv* en vain; vainement; inutilement
ver'geblich **I** *adj* (en) vain; inutile, infructueux; **II** *adv* → ***vergebens II***
Ver'gebung *st/s f* ⟨~⟩ (*Verzeihung*) pardon *m*; *der Sünden* rémission *f*
ver'gegenwärtigen *v/r* ⟨*sans ge*⟩ ***sich*** (*dat*) ***etw ~*** se représenter qc
ver'gehen ⟨*irr*, *sans ge*⟩ **I** *v/i* ⟨sn⟩ **1** *Zeit* passer; s'écouler; **2** *Schmerz etc* passer; diminuer; *Schönheit* s'évanouir; s'effacer; ***davon ist mir der Appetit vergangen*** ça m'a coupé l'appétit; **3** *fig* ***vor*** (+ *dat*) **~** mourir de …; **II** *v/r* **4** ***sich gegen das Gesetz ~*** transgresser, enfreindre la loi; **5** *sexuell* ***sich an j-m ~*** abuser de qn
Ver'gehen *n* ⟨~s; ~⟩ faute *f*; JUR délit *m*; *geringfügiges* infraction *f*
ver'gelten *v/t* ⟨*irr*, *sans ge*⟩ rendre; ***Gleiches mit Gleichem ~*** rendre la pareille
Ver'geltung *f* ⟨~; ~en⟩ revanche *f*; ***~ üben*** prendre sa revanche
vergessen [fɛr'gɛsən] ⟨vergisst, vergaß, vergessen⟩ **I** *v/t* oublier; *fig* ***j-m etw nie ~*** (*dankbar sein*) revaloir qc à qn; (*böse sein*) ne pas pardonner qc à qn; F ***vergiss es!*** F laisse tomber!; **II** *v/r* ***sich ~*** s'emporter
Ver'gessenheit *f* ⟨~⟩ oubli *m*; ***in ~ geraten*** tomber dans l'oubli
ver'gesslich *adj* oublieux; distrait; **Ձkeit** *f* ⟨~⟩ oubli *m*; distraction *f*
vergeud|en [fɛr'gɔʏdən] *v/t* ⟨-e-, *sans ge*⟩ gaspiller; **Ձung** *f* ⟨~; ~en⟩ gaspillage *m*
verge'waltig|en *v/t* ⟨*sans ge*⟩ violer; violenter; *fig* faire violence à; **Ձung** *f* ⟨~; ~en⟩ viol *m*; *fig* violence *f* (+ *gén* faite à)
vergewissern [fɛrgə'vɪsərn] *v/r* ⟨*sans ge*⟩ ***sich e-r Sache*** (*gén*) **~** s'assurer de qc
ver'gießen *v/t* ⟨*irr*, *sans ge*⟩ répandre; *Blut*, *Tränen* verser
ver'gift|en *v/t* (*u v/r*) ⟨-e-, *sans ge*⟩ (***sich***

~ s')empoisonner (*a fig*); MÉD (s')intoxiquer; **2ung** *f* ⟨~; ~en⟩ **1** (*das Vergiften*) empoisonnement *m* (*a fig*); **2** *Erkrankung* intoxication *f*

vergilben [fɛr'gɪlbən] *v/i* ⟨*sans ge*, sn⟩ *Papier* jaunir

Ver'gissmeinnicht *n* ⟨~¢s; ~e⟩ BOT myosotis *m*

ver'gittert *adjt* grillagé

ver'glasen *v/t* ⟨¢s, *sans ge*⟩ vitrer

Ver'gleich *m* ⟨~¢s; ~e⟩ **1** comparaison *f*; parallèle *m*; ***e-n ~ ziehen*** établir une comparaison, un parallèle; ***im ~ mit, zu*** comparé à …; **2** JUR transaction *f*

ver'gleichbar *adj* comparable (***mit*** à)

ver'gleichen ⟨*irr, sans ge*⟩ **I** *v/t* comparer (***mit*** à, avec); ***das ist*** (***doch gar***) ***nicht zu ~*** ce n'est pas (du tout) comparable; **II** *v/r* JUR ***sich mit j-m ~*** conclure une transaction avec qn

ver'gleichend *adjt* comparatif

Ver'gleichs|möglichkeit *f* éléments *m/pl* de comparaison; **2weise** *adv* comparativement

ver'glühen *v/i* ⟨*sans ge*, sn⟩ *Satellit* se désagréger

vergnügen [fɛr'gny:gən] *v/r* ⟨*sans ge*⟩ ***sich mit etw ~*** s'amuser, se divertir à *od* avec qc

Ver'gnügen *n* ⟨~s; ~⟩ plaisir *m*; amusement *m*; (*Zerstreuung*) distraction *f*; divertissement *m*; ***mit*** (***dem größten***) ~ avec (le plus grand) plaisir; ***viel ~!*** amusez-vous bien!; *iron* je vous souhaite bien du plaisir!; ***mit wem habe ich das ~*** (***zu sprechen***)***?*** à qui ai-je l'honneur?; ***es ist mir ein ~*** c'est un plaisir pour moi; F ***ein teures ~*** un plaisir qui coûte cher

ver'gnüglich *adj* amusant; plaisant

ver'gnügt *adjt* gai; enjoué

Ver'gnügung *f* ⟨~; ~en⟩ amusement *m*; divertissement *m*

Ver'gnügungs|park *m* parc *m* d'attractions; **~reise** *f* voyage *m* d'agrément; **2süchtig** *adj* avide de plaisirs; **~viertel** *n* quartier *m* des boîtes de nuit

ver'gold|en *v/t* ⟨-e-, *sans ge*⟩ dorer (*a fig*); **2ung** *f* ⟨~; ~en⟩ dorure *f*

ver'gönnt *adjt* ***es war mir nicht ~ zu*** (+ *inf*) je n'ai pas eu le plaisir de (+ *inf*)

ver'göttern *v/t* ⟨*sans ge*⟩ adorer; *péj* idolâtrer

ver'graben ⟨*irr, sans ge*⟩ **I** *v/t* enterrer; enfouir; **II** *v/r* ***sich ~*** *Tiere* se terrer (***in*** [+ *dat ou acc*] dans); F *fig* ***sich in s-e Bücher ~*** se plonger dans ses livres

ver'|grämen *v/t* ⟨*sans ge*⟩ mécontenter; *p/fort* fâcher; **~'grämt** *adjt Gesicht* rongé de chagrin

ver'graulen F *v/t* ⟨*sans ge*⟩ ***j-n ~*** faire fuir qn (en étant désagréable)

ver'greifen *v/r* ⟨*irr, sans ge*⟩ **1** ***sich im Ton ~*** mal choisir ses mots; **2** ***sich an fremdem Eigentum ~*** se saisir des biens d'autrui; **3** ***sich an j-m ~*** porter la main sur qn

vergriffen [fɛr'grɪfən] *adjt Buch* épuisé

ver'größer|n ⟨*sans ge*⟩ **I** *v/t* **1** (*erweitern*) agrandir (*a Geschäft*); **2** (*vermehren*) accroître; augmenter; **3** OPT grossir; PHOT agrandir; **II** *v/r* ***sich ~*** s'agrandir (*a Geschäft, Familie*); *Kapital* s'accroître; augmenter; **2ung** *f* ⟨~; ~en⟩ **1** agrandissement *m*; **2** accroissement *m*; augmentation *f*; **3** PHOT agrandissement *m*; OPT grossissement *m*; **2ungsglas** *n* loupe *f*; verre grossissant

Ver'günstigung *f* ⟨~; ~en⟩ faveur *f*; *steuerliche, soziale* avantage *m*

ver'güten *v/t* ⟨-e-, *sans ge*⟩ **1** *Arbeit* payer; rémunérer; **2** ***j-m etw ~*** *Auslagen* rembourser qn de qc; *Verlust(e)* dédommager, indemniser qn de qc

Ver'gütung *f* ⟨~; ~en⟩ **1** paiement *m*; rémunération *f*; **2** remboursement *m*; dédommagement *m*; **3** *Summe* indemnité *f*

verh. *abr* (*verheiratet*) marié

ver'haft|en *v/t* ⟨-e-, *sans ge*⟩ arrêter; appréhender; **2ung** *f* ⟨~; ~en⟩ arrestation *f*; JUR prise *f* de corps

ver'hallen *v/i* ⟨*sans ge*, sn⟩ *Ton* se perdre; expirer

ver'halten[1] *v/r* ⟨*irr, sans ge*⟩ ***sich ~*** **1** (*sich benehmen*) se conduire, se comporter (***gegen j-n, j-m gegenüber*** avec qn, envers qn); ***sich ruhig ~*** se tenir tranquille; **2** (*beschaffen sein*) ***wie verhält sich die Sache?*** où en est l'affaire?

ver'halten[2] *adjt* **1** *Freude* contenu; *Groll* rentré; **2** ***mit ~er Stimme*** à mi-voix; **3** *Fahrweise* sans agressivité; *Kritik* mesuré; modéré

Ver'halten *n* ⟨~s⟩ conduite *f*; comportement *m*; attitude *f*; (*Vorgehen*) manière *f* d'agir

V

Ver'haltens|forschung *f* éthologie *f*; **≈gestört** *adj* qui présente des troubles du comportement; **~maßregeln** *f/pl* instructions *f/pl*; directives *f/pl*; **~weise** *f* comportement *m*

Verhältnis [fɛr'hɛltnɪs] *n* ⟨~ses; ~se⟩ **1** (*Größen≈*) rapport *m*; proportion *f*; ***im ~ zu*** en proportion de; par rapport à; ***im ~ 1 zu 3*** dans un rapport de 1 à 3; ***in keinem ~ stehen*** (***zu***) être disproportionné (à, avec); **2** (*Beziehung*) rapports *m/pl*; relations *f/pl*; ***ein gutes ~ zu j-m haben*** avoir de bons rapports avec qn; **3** F (*Liebes≈*) liaison *f*; **4** ***~se*** *pl* situation *f*; conditions *f/pl*; (*Umstände*) circonstances *f/pl*; ***über s-e ~se leben*** vivre au-dessus de ses moyens

ver'hältnis|mäßig *adj* relatif; proportionnel; **≈wahl** *f* vote, scrutin proportionnel

ver'handeln ⟨¢, *sans ge*⟩ **I** *v/t* JUR ***e-n Fall ~*** *strafrechtlich* juger; *zivilrechtlich* entendre une cause; **II** *v/i* ***über etw*** (*acc*) ***~*** négocier qc; (*beraten*) débattre (de) qc

Ver'handlung *f* ⟨~; ~en⟩ **1** *bes* POL, COMM négociation *f*; discussion *f*; ***~en*** *pl a* pourparlers *m/pl*; **2** JUR audience *f*; débats *m/pl*

Ver'handlungsbasis *f* base *f* des négociations, des discussions; ***~ 3000 Euro*** 3000 euros à débattre

Ver'handlungsweg *m* ***auf dem ~(e)*** par la négociation

ver'hangen *adj* *Himmel* nuageux; gris

ver'hängen *v/t* ⟨*sans ge*⟩ *Fenster* recouvrir (***mit*** de); *Strafe* prononcer (***über j-n*** contre qn)

Ver'hängnis *n* ⟨~ses; ~se⟩ fatalité *f*; malheur *m*; ***j-m zum ~ werden*** être fatal à qn

ver'hängnisvoll *adj* fatal; funeste

ver'harmlosen *v/t* ⟨¢ß, *sans ge*⟩ minimiser

verhärmt [fɛr'hɛrmt] *adj* rongé par les soucis

ver'harren *v/i* ⟨*sans ge*, h *ou* sn⟩ **1** (*innehalten*) rester; demeurer; **2** (*beibehalten*) ***in etw*** (*dat*) ***~*** persister dans qc

ver'härt|en *v/r* ⟨-e-, *sans ge*⟩ ***sich ~*** se durcir (*a fig*, MÉD); **≈ung** *f* ⟨~; ~en⟩ **1** *fig* endurcissement *m*; *der Fronten* durcissement *m*; **2** MÉD induration *f*

ver'hasst *adj* odieux; détesté; ***sich bei j-m ~ machen*** se faire 'haïr de qn

ver'hätscheln *v/t* ⟨¢, *sans ge*⟩ *Kind* dorloter; F chouchouter

ver'hauen F ⟨*p/p* verhauen⟩ **I** *v/t* **1** ***j-n ~*** F flanquer une raclée à qn; rosser qn; **2** *Aufsatz* F louper; **II** *v/r* ***sich ~*** (*sich irren*) F se gourer

ver'heben *v/r* ⟨*irr, sans ge*⟩ ***sich ~*** se faire un tour de reins

verheddern [fɛr'hɛdərn] F *v/r* ⟨*sans ge*⟩ ***sich ~*** *Fäden* s'emmêler; s'embrouiller; ***sich in etw*** (*dat*) ***~*** s'empêtrer dans qc; *fig beim Sprechen* ***sich ~*** s'embrouiller

ver'heerend *adjt* dévastateur; *Folgen* catastrophique; F (*scheußlich*) horrible

ver'hehlen *st/s v/t* ⟨*sans ge*⟩ ***man kann nicht ~, dass ...*** il faut bien avouer que ...

ver'heilen *v/i* ⟨*sans ge*, sn⟩ *Wunde* se fermer; (se) guérir

ver'heimlichen *v/t* ⟨*sans ge*⟩ cacher, dissimuler (***j-m etw, etw vor j-m*** qc à qn)

ver'heiraten ⟨-e-, *sans ge*⟩ **I** *v/t* marier (***mit*** avec, à); **II** *v/r* ***sich ~*** se marier (***mit j-m*** avec qn)

ver'heiratet *adjt* marié

ver'heiß|en *st/s v/t* ⟨*irr, sans ge*⟩ promettre; **≈ung** *f* ⟨~; ~en⟩ promesse *f*; **~ungsvoll** *adj* plein de promesses; prometteur

ver'helfen *v/i* ⟨*irr, sans ge*⟩ ***j-m zu etw ~*** aider qn à obtenir qc

ver'herrlich|en *v/t* ⟨*sans ge*⟩ glorifier; faire l'apologie de; **≈ung** *f* ⟨~; ~en⟩ glorification *f*; apologie *f*

ver'heult F *adj* gonflé, rougi par les larmes

ver'hexen *v/t* ⟨¢ß, *sans ge*⟩ ensorceler; envoûter; F *fig* ***es ist wie verhext!*** F c'est la poisse!; tout va de travers!

ver'hinder|n *v/t* ⟨*sans ge*⟩ empêcher; *Unglück* prévenir; **≈ung** *f* ⟨~; ~en⟩ empêchement *m*

ver|'höhnen *v/t* ⟨*sans ge*⟩ tourner en dérision; railler; **~hökern** [-'høːkərn] F *v/t* ⟨*sans ge*⟩ brader; bazarder

Ver'hör *n* ⟨~¢s; ~e⟩ interrogatoire *m*

ver'hören ⟨*sans ge*⟩ **I** *v/t* ***j-n ~*** interroger qn; **II** *v/r* ***sich ~*** mal entendre

ver|'hüllen *v/t* ⟨*sans ge*⟩ voiler (*a fig*); **~'hundertfachen** *v/t* (*u v/r*) ⟨*sans ge*⟩ (***sich ~***) centupler

V

ver'hungern *v/i* ⟨*sans ge*, sn⟩ mourir de faim; ***ganz verhungert aussehen*** avoir l'air affamé

ver|'hüten *v/t* ⟨-e-, *sans ge*⟩ (*verhindern*) empêcher; *Unglück* prévenir; **~'hütten** *v/t* ⟨-e-, *sans ge*⟩ *Erz* traiter; fondre; **≈'hütung** *f* ⟨~⟩ **1** empêchement *m*; (*Vorbeugung*) prévention *f*; **2** (*Empfängnis≈*) contraception *f*; **≈'hütungsmittel** *n* contraceptif *m*

verhutzelt [fɛr'hʊtsəlt] F *adj* ratatiné

ver'innerlichen *v/t* ⟨*sans ge*⟩ intérioriser

ver'irr|en *v/r* ⟨*sans ge*⟩ ***sich ~*** s'égarer; se perdre; se fourvoyer; **≈ung** *f* ⟨~; ~en⟩ égarement *m*

ver'jagen *v/t* ⟨*sans ge*⟩ chasser

verjähr|en [fɛr'jɛːrən] *v/i* ⟨*sans ge*, sn⟩ JUR se prescrire; **≈ung** *f* ⟨~; ~en⟩ JUR prescription *f*; **≈ungsfrist** *f* JUR délai *m* de prescription

ver'jubeln F *v/t* ⟨¢, *sans ge*⟩ F claquer

ver'jüng|en ⟨*sans ge*⟩ **I** *v/t* rajeunir (*a Personal*); **II** *v/r* ***sich ~*** *Säule* s'amincir; s'effiler; **≈ung** *f* ⟨~; ~en⟩ **1** rajeunissement *m*; **2** amincissement *m*

ver'kabeln *v/t* ⟨¢, *sans ge*⟩ TV câbler; ***verkabelt sein*** être câblé

Ver'kabelung *f* ⟨~; ~en⟩ TV câblage *m*

ver'kalken *v/i* ⟨*sans ge*, sn⟩ **1** MÉD se calcifier; **2** F *fig* (*geistig altern*) devenir gâteux, F gaga; **3** *Waschmaschine etc* s'entartrer

verkalku'lieren *v/r* ⟨*sans ge*⟩ ***sich ~*** (*falsch beurteilen*) se tromper; F se gourer

Ver'kalkung *f* ⟨~; ~en⟩ **1** MÉD calcification *f*; **2** F *fig péj* sénilité *f*; gâtisme *m*; **3** *e-r Waschmaschine etc* entartrage *m*

ver|kannt [fɛr'kant] **I** *p/p* → ***verkennen***; **II** *adjt* méconnu; **~'kappt** *adj* déguisé; camouflé

ver'katert F *adj* ***~ sein*** avoir mal aux cheveux; F avoir la gueule de bois

Ver'kauf *m* **1** vente *f*; (*Absatz*) débit *m*; écoulement *m*; ***zum ~ stehen*** être à vendre; **2** *Abteilung* service *m* des ventes

ver'kaufen ⟨*sans ge*⟩ **I** *v/t* vendre; (*absetzen*) écouler; placer; ***j-m etw ~, etw an j-n ~*** vendre qc à qn; **II** *v/r* ***sich (gut, schlecht) ~*** *Ware* se vendre (bien, mal)

Ver'käufer(in) *m(f)* vendeur, -euse *m,f*

ver'käuflich *adj* (*zum Verkauf geeignet*) vendable; (*zum Verkauf bestimmt*) à vendre; ***leicht ~*** de vente facile; facile à vendre

ver'kaufsoffen *adj* ***~er Sonntag*** dimanche *m* où les magasins restent ouverts

Ver'kaufs|preis *m* prix *m* de vente; **~schlager** *m* succès commercial

Verkehr [fɛr'keːr] *m* ⟨~¢s⟩ **1** (*Straßen≈*) circulation *f*; *bes starker a* trafic *m*; ***stockender ~*** ralentissement(s) *m(pl)*; ***dem ~ übergeben*** ouvrir à la circulation; ***öffentlicher ~*** transports publics; **2** (*Geld≈*, *Güter≈*) circulation *f*; (*Handels≈*) trafic commercial; ***aus dem ~ ziehen*** retirer de la circulation; F *fig* ***j-n aus dem ~ ziehen*** mettre qn 'hors d'état de nuire; **3** (*Kontakt*) rapports *m/pl*; relations *f/pl*; (*Umgang*) commerce *m*; **4** (*Geschlechts≈*) rapports sexuels

ver'kehren ⟨*sans ge*⟩ **I** *v/i* **1** ⟨h *ou* sn⟩ *Bahn*, *Bus* circuler (***zwischen*** [+ *dat*] entre); *regelmäßig* desservir; **2** ***in e-m Haus ~*** fréquenter une maison; **3** ***mit j-m ~*** fréquenter qn; avoir des rapports, des relations avec qn; **4** *sexuell* ***mit j-m ~*** avoir des rapports sexuels avec qn; **II** *v/r* ***sich ins Gegenteil ~*** se transformer en son contraire

Ver'kehrs|ampel *f* feux *m/pl* (de signalisation); **~amt** *n* office *m* de tourisme

ver'kehrsberuhigt *adjt* ***~e Zone*** zone (résidentielle) à vitesse limitée

Ver'kehrs|chaos *n* embouteillages *m/pl* (monstres); **~dichte** *f* densité *f* du trafic; **~funk** *m* radioguidage *m*; **≈günstig** *adj Lage* à proximité des transports en commun; **~hindernis** *n* obstacle *m* (à la circulation); **~insel** *f* refuge *m* (pour piétons); **~kontrolle** *f* contrôle *m* de police; **~ministerium** *n* ministère *m* des Transports

Ver'kehrsmittel *n* moyen *m* de transport; ***öffentliche ~*** *n/pl* transports *m/pl* en commun, publics

Ver'kehrs|netz *n* réseau *m* de voies de communication; **~opfer** *n* victime *f* de la circulation; **~polizei** *f* police routière, de la route; **~regel** *f* règle *f* de la circulation; **≈reich** *adj Straße* fréquenté; à grande circulation; **~schild** *n* panneau *m* de signalisation (routière); **~sicherheit** *f* sécurité *f* sur la route; **~sünder** *m* contrevenant *m* au code de la route; **~teilnehmer** *m* usager *m* de la route; **~unfall** *m* accident *m* de la route, de la circulation; **~verbindung** *f* voie *f* de communication; **2widrig** *adj* en infraction au code de la route

Ver'kehrszeichen *n* → ***Verkehrsschild***; ***die ~*** *pl* la signalisation routière

verkehrt [fɛr'ke:rt] **I** *adj* faux; ***der ~e Weg*** le mauvais chemin; **II** *adv* de travers; ***es ~ anfangen*** s'y prendre mal, de travers

ver'keilen ⟨*sans ge*⟩ **I** *v/t* caler; **II** *v/r* ***sich ~*** s'imbriquer, s'encastrer (***in*** [+ *acc*] dans)

ver'kennen *v/t* ⟨*irr, sans ge*⟩ *Person* méconnaitre; *Situation* se tromper sur

Ver'kettung *f* ⟨*~; ~en*⟩ *fig* enchaînement *m*

ver'klagen *v/t* ⟨*sans ge*⟩ ***j-n ~*** intenter une action (judiciaire) contre qn (***wegen etw*** pour *od* en qc); ***j-n auf Schadenersatz ~*** poursuivre qn en dommages-intérêts

ver'klappen *v/t* ⟨*sans ge*⟩ déverser (dans la mer)

ver'klären *v/t* (*u v/r*) ⟨*sans ge*⟩ (***sich ~*** se) transfigurer; *fig, Gesicht* (s')illuminer; (s')éclairer

verklausulieren [fɛrklauzu'li:rən] *v/t* ⟨*sans ge*⟩ formuler de façon incompréhensible

ver'kleben ⟨*sans ge*⟩ **I** *v/t* **1** coller; **2** (*zukleben*) boucher à la colle; **II** *v/i* ⟨sn⟩ (*aneinander kleben*) coller; être collé

ver'kleid|en *v/t* ⟨-e-, *sans ge*⟩ **1** (*a v/r* ***sich ~*** se) déguiser (***als*** en); (se) travestir (en); **2** TECH, CONSTR revêtir (***mit*** de); *mit Holz* lambrisser; **2ung** *f* ⟨*~; ~en*⟩ **1** (*das Verkleiden*) travestissement *m*; (*Kostüm*) déguisement *m*; costume *m*; **2** TECH, CONSTR revêtement *m*; *mit Holz* boiserie *f*

ver'kleiner|n ⟨*sans ge*⟩ **I** *v/t* **1** (*kleiner machen*) rapetisser; réduire; (*verringern*) diminuer; **2** *fig Bedeutung* minimiser; **II** *v/r* ***sich ~*** **3** (*kleiner werden*) rapetisser; se réduire; **4** (*sich verringern*) diminuer; **2ung** *f* ⟨*~; ~en*⟩ rapetissement *m*; réduction *f*; diminution *f* (*a fig*)

Ver'kleinerungsform *f* GR diminutif *m*

ver|'klemmt *adjt* PSYCH inhibé; F coincé; **~'klingen** *v/i* ⟨*irr, sans ge*, sn⟩ *Ton* expirer

ver'knallen F *v/r* ⟨*sans ge*⟩ ***sich in j-n ~*** F se toquer de qn; F ***in j-n verknallt sein*** être fou, F toqué de qn

Ver'knappung *f* ⟨*~; ~en*⟩ pénurie *f* (+ *gén* de); rareté *f*

ver'kneifen F *v/r* ⟨*irr, sans ge*⟩ ***sich*** (*dat*) ***etw ~*** *Lachen* réprimer qc; *Bemerkung* se retenir de faire qc; ***sich*** (*dat*) ***~, etw zu tun*** se passer de faire qc

verkniffen [fɛr'knɪfən] **I** *p/p* → ***verkneifen***; **II** *adjt péj Gesicht, Miene* pincé

ver|'knöchert *adjt* F *fig Mensch* encroûté; **~'knoten** *v/t* (*u v/r*) ⟨-e-, *sans ge*⟩ (***sich ~*** se) nouer; **~'knüpfen** *v/t* ⟨*sans ge*⟩ **1** *Fäden* lier (***mit*** à); nouer; **2** *fig* (*verbinden*) lier (***mit*** à); combiner (avec); associer (à)

ver'kohlen ⟨*sans ge*⟩ **I** F *v/t* ***j-n ~*** monter un bateau à qn; F se payer la tête de qn; **II** *v/i* ⟨sn⟩ se carboniser

ver'kommen[1] *v/i* ⟨*irr, sans ge*, sn⟩ **1** *Besitz* être laissé à l'abandon; *Gebäude* se délabrer; **2** *Mensch* déchoir; tomber dans la déchéance

ver'kommen[2] *adj* **1** *Besitz* laissé à l'abandon; *Gebäude* délabré; **2** *Mensch* tombé bien bas

ver'korken *v/t* ⟨*sans ge*⟩ *Flasche* boucher

verkorksen [fɛr'kɔrksən] F *v/r* ⟨*ȼs, sans ge*⟩ ***sich*** (*dat*) ***den Magen ~*** F se détraquer l'estomac

ver'körpern *v/t* ⟨*sans ge*⟩ incarner (*a* THÉ); personnifier

verköstigen [fɛr'kœstɪgən] *v/t* ⟨*sans ge*⟩ nourrir

ver'krachen F *v/r* ⟨*sans ge*⟩ ***sich mit j-m ~*** se brouiller avec qn

ver|'kraften *v/t* ⟨-e-, *sans ge*⟩ supporter; **~'krampfen** *v/r* ⟨*sans ge*⟩ ***sich ~*** se crisper; se contracter; **~'kriechen** *v/r* ⟨*irr, sans ge*⟩ ***sich ~*** *Tiere, fig Mensch* se terrer (***in*** [+ *acc, dat*] dans); **~'krümeln** F *v/r* ⟨*ȼ, sans ge*⟩ ***sich ~*** F filer (à l'anglaise); F s'évaporer

ver'krümm|t déformé; *Wirbelsäule* dévié; **2ung** *f* ⟨*~; ~en*⟩ déformation *f*; *der Wirbelsäule* déviation *f*

ver'krüppelt *adj Mensch* estropié; *Bäume* rabougri

ver'krusten *v/i* ⟨-e-, *sans ge*, sn⟩ se couvrir d'une croûte; s'encroûter

ver'kümmern *v/i* ⟨*sans ge*, sn⟩ *Pflanzen, Menschen* s'étioler; se rabougrir (*beide a fig*); dépérir; *Glieder, Organe* s'atrophier (*a fig Talent*)

ver'künd|en *v/t* ⟨-e-, *sans ge*⟩ annoncer (*a fig*); *öffentlich* proclamer; *Gesetz* promulguer; *Urteil* prononcer; **~igen** *st/s v/t* ⟨*sans ge*⟩ **1** → **verkünden**; **2** *Evangelium* annoncer; (*verbreiten*) prêcher; **2ung** *f* ⟨~; ~en⟩ **1** *des Urteils* prononcé *m*; prononciation *f*; **2** (*Bekanntgabe*) annonce *f*; *öffentliche* proclamation *f*; *e-s Gesetzes* promulgation *f*

ver'kuppeln *v/t* ⟨¢, *sans ge*⟩ *fig péj* ***zwei Personen miteinander ~*** jouer les entremetteurs (entre deux personnes)

ver'kürzen ⟨¢$, *sans ge*⟩ **I** *v/t Länge* raccourcir (***um*** de); *Zeitdauer* écourter; abréger; réduire; **II** *v/r* ***sich ~*** *Länge, Zeit* se raccourcir; se réduire; **III** *v/i* SPORT ***auf 2:3 ~*** réduire l'écart de 2 à 3

ver'laden *v/t* ⟨*irr, sans ge*⟩ **1** charger (***auf*** [+ *acc*] sur); *bes* MAR embarquer; **2** F ***j-n ~*** F rouler qn

Verlag [fɛr'la:k] *m* ⟨~¢s; ~e⟩ maison *f* d'édition; éditions *f/pl*; ***dieses Buch erscheint im ~ …*** ce livre paraît chez …

ver'lager|n ⟨*sans ge*⟩ **I** *v/t Gewicht* déplacer (*a fig*); **II** *v/r* ***sich ~*** *Gewicht*, MÉTÉO *Hoch, Tief* se déplacer (*a fig*); **2ung** *f* ⟨~; ~en⟩ déplacement *m*

Ver'lagsprogramm *n* ensemble *m* des publications (d'une maison d'édition)

ver'langen ⟨*sans ge*⟩ **I** *v/t* demander; requérir; *p/fort* exiger; *sein Recht* réclamer; revendiquer; ***das ist zu viel verlangt*** c'est trop demander; *als Gegenleistung* ***30 Euro ~*** demander 30 euros; **II** *st/s v/i* ***nach etw ~*** désirer vivement qc; avoir grande envie de qc; ***nach j-m ~*** réclamer qn

Ver'langen *n* ⟨~s; ~⟩ **1** (*Forderung*) demande *f*; exigence *f*; *e-s Rechts* réclamation *f*; ***auf ~*** sur demande; **2** (*Sehnsucht*) désir *m*, envie *f* (***nach etw*** de qc)

ver'längern ⟨*sans ge*⟩ **I** *v/t* **1** *Kleidung* (r)allonger; *Strecke, Zeitraum* prolonger (***um*** de); ***verlängertes Wochenende*** long week-end; **2** *Pass, Vertrag* proroger (***um*** de); renouveler (pour); **3** *Sauce* allonger; **II** *v/r* ***sich ~*** **4** (*länger werden*) s'allonger; **5** *Gültigkeit, Zeit* se prolonger (***um*** de)

Ver'längerung *f* ⟨~; ~en⟩ **1** rallongement *m*; prolongement *m*; **2** renouvellement *m*; prorogation *f*; **3** (*~sstück*) rallonge *f*; **4** SPORT (*nachgespielte Zeit*) prolongations *f/pl*

Ver'längerungsschnur *f* ÉLECT rallonge *f*

ver'langsamen *v/t* (*u v/r*) ⟨*sans ge*⟩ (***sich ~*** se) ralentir

Ver'lass *m* ⟨~es⟩ ***es ist*** (***kein***) ***~ auf ihn*** on (ne) peut (pas) compter sur lui

ver'lassen[1] ⟨*irr, sans ge*⟩ **I** *v/t* **1** *Ort* quitter; *für immer* déserter; **2** (*im Stich lassen*) abandonner; délaisser; **II** *v/r* ***sich auf j-n, etw ~*** compter sur qn, qc; ***ich verlasse mich darauf*** j'y compte bien

ver'lassen[2] *adjt* abandonné; *bes Personen* délaissé; *Haus a* inhabité; *Gegend a* désert

verlässlich [fɛr'lɛslɪç] *adj* sur qui, quoi on peut compter; sûr; fiable

Ver'lauf *m* **1** (*Hergang*) cours *m*; marche *f*; (*Entwicklung*) déroulement *m*; évolution *f*; ***im weiteren ~*** par la suite; ***glücklicher ~*** heureuse issue; ***e-n guten ~ nehmen*** tourner bien; **2** *e-r Straße, Grenze* tracé *m*

ver'laufen ⟨*irr, sans ge*⟩ **I** *v/i* **1** (*vor sich gehen*) se passer; se dérouler; **2** (*sich entwickeln*) se développer; évoluer; **3** *Grenze* passer; **4** *Farben* (***ineinander***) ~ se fondre; **II** *v/r* ***sich ~*** **5** *Menschenmenge* se disperser; **6** (*sich verirren*) s'égarer; se perdre

ver'laust *adj* pouilleux

ver'lautbaren *v/t* ⟨*sans ge*⟩ ADM (*bekannt geben*) publier; porter à la connaissance du public

Ver'lautbarung *f* ⟨~; ~en⟩ ***amtliche ~*** communiqué officiel

ver'lauten *v/i* ⟨-e-, *sans ge*, sn⟩ s'ébruiter; ***wie verlautet*** à ce qu'on dit

ver'leben *v/t* ⟨*sans ge*⟩ **1** *Ferien* passer; **2** F *Geld* gaspiller

ver'lebt *adj* ***~ aussehen*** avoir le visage marqué, ravagé

ver'legen[1] *v/t* ⟨*sans ge*⟩ **1** *an einen anderen Ort* déplacer; *Wohnsitz, Patienten* transférer; **2** *Termin* différer; remettre (***auf*** [+ *acc*] à); **3** *Gleise, Leitungen, Fliesen, Teppich* poser; **4** (*veröffentlichen*) éditer; publier; **5** (*an die falsche*

V

Stelle legen) égarer; **II** *v/r* ***sich ~ auf*** (+ *acc*) *Malerei, Musik* s'adonner, se consacrer à

ver'legen[2] *adj* **1** (*befangen*) embarrassé; gêné; ***~ machen*** embarrasser; **2** ***nie um e-e Antwort ~ sein*** avoir réponse à tout

Ver'legenheit *f* ⟨~⟩ embarras *m* (*a finanziell*); gêne *f*; ***j-n in ~*** (*acc*) ***bringen*** mettre qn dans l'embarras; ***j-m aus der ~ helfen*** tirer qn d'embarras

Ver'leger(in) *m* ⟨~s; ~⟩ (*f*) ⟨~; ~nen⟩ éditeur, -trice *m,f*

Ver'legung *f* ⟨~; ~en⟩ **1** *an e-n anderen Ort* déplacement *m*; transfert *m*; **2** *e-s Termins* report *m*; ajournement *m*; **3** *von Gleisen, Leitungen, Fliesen* pose *f*

ver'leiden *v/t* ⟨-e-, *sans ge*⟩ ***j-m etw ~*** dégoûter qn de qc

Ver'leih *m* ⟨~(e)s; ~e⟩ **1** location *f*; *von Filmen a* distribution *f*; **2** (*~firma*) distributeur *m*; **ⵒen** *v/t* ⟨*irr, sans ge*⟩ **1** prêter; *für Geld* louer (***j-m, an j-n*** à qn); **2** *fig Kraft, Nachdruck, Würde* donner; conférer; **3** *Amt, Titel* conférer; *Rechte* concéder; *Preis, Orden* décerner; **~ung** *f* ⟨~; ~en⟩ **1** prêt *m*; *für Geld* louage *m*; location *f*; **2** *e-s Amts, Titels, Preises* attribution *f*; *e-s Preises a* remise *f*; *e-s Rechts* concession *f*

ver'leiten *v/t* ⟨-e-, *sans ge*⟩ ***j-n zu etw ~*** inciter, entraîner, pousser qn à (faire) qc

ver'lernen *v/t* ⟨*sans ge*⟩ ***etw ~*** désapprendre qc; oublier qc

ver'lesen ⟨*irr, sans ge*⟩ **I** *v/t* lire (à 'haute voix); **II** *v/r* ***sich ~*** se tromper en lisant

ver'letz|bar *adj* vulnérable; **~en** ⟨(e)s, *sans ge*⟩ **I** *v/t* **1** (*Verletzung zufügen*) blesser; léser; **2** (*kränken*) blesser; offenser; froisser; **3** (*verstoßen gegen*) *Anstand* offenser; *Pflicht* manquer à; *Gesetz, Grenze* violer; **II** *v/r* ***sich ~*** se blesser (***an*** [+ *dat*] à); **~end** *adjt* blessant; offensant; **ⵒte(r)** *f* (*m*) ⟨→ A⟩ blessé(e) *m(f)*; **ⵒung** *f* ⟨~; ~en⟩ **1** (*Wunde*) blessure *f*; lésion *f*; **2** (*Kränkung*) blessure *f*; offense *f*; froissement *m*; **3** *e-s Gesetzes, der Grenzen* violation *f*

ver'leugnen *v/t* ⟨-e-, *sans ge*⟩ nier; ***das lässt sich nicht ~*** c'est indéniable; ***sich ~ lassen*** faire dire qu'on est absent

verleumd|en [fɛr'lɔʏmdən] *v/t* ⟨-e-, *sans ge*⟩ calomnier; diffamer; **ⵒer(in)** *m* ⟨~s; ~⟩ (*f*) ⟨~; ~nen⟩ calomniateur, -trice *m,f*; diffamateur, -trice *m,f*; **~erisch** *adj* calomniateur; détracteur; **ⵒung** *f* ⟨~; ~en⟩ calomnie *f*; diffamation *f*

ver'lieben *v/r* ⟨*sans ge*⟩ ***sich in j-n ~*** tomber amoureux de qn; s'éprendre de qn

ver'liebt *adjt* **~** (***in*** [+ *acc*]) amoureux (de); épris (de)

Ver'liebt|e(r) *f(m)* ⟨→ A⟩ amoureux, -euse *m,f*; **~heit** *f* ⟨~⟩ fait *m* d'être amoureux

verlieren [fɛr'li:rən] ⟨verlor, verloren⟩ **I** *v/t* perdre (*a Haare, Blätter, Prozess, Wette*); *Reifen* ***Luft ~*** perdre de l'air; F ***er hat hier nichts verloren*** il n'a rien à faire ici; **II** *v/i* perdre; ***an Boden ~*** perdre du terrain; ***an Wert ~*** perdre de sa valeur; **III** *v/r* ***sich ~*** se perdre; disparaître (*bes Gefühle*); ***sich aus den Augen ~*** se perdre de vue; ***sich in Einzelheiten*** (*dat*) **~** se perdre, se noyer dans les détails

Ver'lierer(in) *m* ⟨~s; ~⟩ (*f*) ⟨~; ~nen⟩ perdant(e) *m(f)*

Verlies [fɛr'li:s] *n* ⟨~es; ~e⟩ oubliettes *f/pl*

ver|'loben *v/r* ⟨*sans ge*⟩ ***sich ~*** se fiancer (***mit*** à *od* avec); **~'lobt** *adjt* fiancé; **ⵒ'lobte(r)** *f(m)* ⟨→ A⟩ fiancé(e) *m(f)*; **ⵒ'lobung** *f* ⟨~; ~en⟩ fiançailles *f/pl*

ver'lock|en *v/t* ⟨*sans ge*⟩ inviter, inciter (***zu etw*** à qc); **~end** *adjt* tentant; *Idee* séduisant; *Angebot* alléchant; **ⵒung** *f* ⟨~; ~en⟩ attrait *m*; tentation *f*; séduction *f*

ver'logen *adj péj* **1** *Person* faux; menteur; **2** *Moral* faux; **ⵒheit** *f* ⟨~⟩ **1** *e-r Person* fausseté *f*; penchant *m* au mensonge; **2** *von Moral* duplicité *f*; hypocrisie *f*

verloren [fɛr'lo:rən] **I** *p/p* → ***verlieren***; **II** *adjt* **1** ***etw ~ geben*** considérer qc comme perdu; ***~ gehen*** se perdre; *Briefe a* s'égarer; ***meine Brieftasche ist ~ gegangen*** j'ai perdu mon portefeuille; **2** BIBL ***der ~e Sohn*** l'enfant *m* prodigue; **3** CUIS ***~e Eier*** *n/pl* œufs pochés

ver'löschen *v/i* ⟨verlischt, verlosch, verloschen, sn⟩ *Licht* s'éteindre (*a fig*)

ver'los|en *v/t* ⟨(e)s, *sans ge*⟩ tirer au sort;

V

2ung *f* ⟨~; ~en⟩ tirage *m* (au sort); *Veranstaltung a* tombola *f*

verlottern [fɛr'lɔtərn] F *péj v/i* ⟨*sans ge*, sn⟩ *Mensch* mal tourner; *Sachen* être laissé à l'abandon

Verlust [fɛr'lʊst] *m* ⟨~(e)s; ~e⟩ perte *f*; *von Rechten a* déchéance *f*; ***e-n ~ erleiden*** éprouver, subir une perte; ***mit ~ verkaufen*** vendre à perte

Ver'lust|geschäft *n* COMM transaction *f*, opération *f* à perte; **~meldung** *f* (transmission *f* de l')état *m* des pertes; **2reich** *adj* **1** COMM déficitaire; **2** *Schlacht* sanglant; *Angriff* coûteux

ver'machen *v/t* ⟨*sans ge*⟩ ***j-m etw ~*** laisser par testament, léguer qc à qn

Vermächtnis [fɛr'mɛçtnɪs] *n* ⟨~ses; ~se⟩ JUR legs *m* (*a fig*); testament *m*

vermählen [fɛr'mɛːlən] *st/s v/r* ⟨*sans ge*⟩ ***sich mit j-m ~*** épouser qn

Ver'mählung *st/s f* ⟨~; ~en⟩ mariage *m*

ver'markt|en *v/t* ⟨*sans ge*⟩ commercialiser; **2ung** *f* ⟨~; ~en⟩ commercialisation *f*

vermasseln [fɛr'masəln] F *v/t* ⟨*sans ge*⟩ **1** ***j-m etw ~*** gâcher qc à qn; **2** *Prüfung* F louper; rater

ver'mehr|en ⟨*sans ge*⟩ **I** *v/t* **1** augmenter; accroître; *zahlenmäßig* multiplier; **2** BIOL propager; **II** *v/r* ***sich ~*** **3** augmenter; s'accroître; se multiplier; **4** BIOL se multiplier; se propager; **2ung** *f* ⟨~⟩ **1** augmentation *f*; accroissement *m*; multiplication *f*; **2** BIOL propagation *f*; multiplication *f*

ver'meidbar *adjt* évitable

ver'meiden *v/t* ⟨*irr, sans ge*⟩ éviter; *p/fort* fuir; ***das ist nicht zu ~*** c'est inévitable

vermeintlich [fɛr'maɪntlɪç] *adj* prétendu; présumé

ver'mengen *v/t* ⟨*sans ge*⟩ mêler (***mit*** avec); mélanger

Ver'merk *m* ⟨~(e)s; ~e⟩ *bes* ADM note *f*; mention *f*; **2en** *v/t* ⟨*sans ge*⟩ noter; prendre note de

ver'messen[1] *v/t* ⟨*irr, sans ge*⟩ mesurer; *Land* arpenter

ver'mess|en[2] *st/s adj* présomptueux; **2enheit** *f* ⟨~⟩ présomption *f*

Ver'messung *f* ⟨~; ~en⟩ mesurage *m*; arpentage *m*

ver'miesen F *v/t* ⟨~(e)s, *sans ge*⟩ ***j-m etw ~*** dégoûter qn de qc

ver'miet|en *v/t* ⟨-e-, *sans ge*⟩ *Haus, Autos* louer; donner, mettre en location (***j-m*** *od* ***an j-n*** à qn); → *Info bei* ***louer***[2]; **2er(in)** *m(f)* loueur, -euse *m,f*; *e-r Wohnung* propriétaire *m,f*; **2ung** *f* ⟨~; ~en⟩ location *f*; louage *m*

ver'minder|n ⟨*sans ge*⟩ **I** *v/t* diminuer; réduire; amoindrir; **II** *v/r* ***sich ~*** diminuer; se réduire; **2ung** *f* diminution *f*; réduction *f*; amoindrissement *m*

ver'minen *v/t* ⟨*sans ge*⟩ miner

ver'misch|en *v/t* (*u v/r*) ⟨*sans ge*⟩ (***sich ~*** se) mêler; (se) mélanger (***mit*** à *od* avec); **2ung** *f* mélange *m*

ver'missen *v/t* ⟨~(e)s, *sans ge*⟩ **1** (*das Fehlen bemerken*) ne pas retrouver; *von Personen* remarquer l'absence de; **2** (*schmerzlich entbehren*) ressentir, regretter l'absence de; ***wir ~ dich sehr*** tu nous manques beaucoup

vermiss|t [fɛr'mɪst] *adjt* disparu; **2te(r)** *f(m)* ⟨→ A⟩ disparu(e) *m(f)*; **2tenanzeige** *f* déclaration *f* de disparition

ver'mitteln ⟨-(e)-, *sans ge*⟩ **I** *v/t* **1** *Stelle, Geschäft* procurer (***j-m*** à qn); **2** *Treffen* arranger; **3** *Bild, Eindruck* donner; *Kenntnisse* transmettre; communiquer; **4** TÉL ***ein Gespräch ~*** établir une communication téléphonique; **II** *v/i* servir de médiateur (***bei, in*** [+ *dat*] dans; ***zwischen*** [+ *dat*] entre)

Ver'mittl|er(in) *m(f)* **1** *zwischen Parteien* médiateur, -trice *m,f*; (*Schlichter*) conciliateur, -trice *m,f*; **2** *e-s Geschäfts* intermédiaire *m,f*; **~ung** *f* ⟨~; ~en⟩ **1** (*helfendes Eingreifen*) entremise *f*; médiation *f*; **2** (*Schlichtung*) conciliation *f*; **3** *von Wissen* transmission *f*; communication *f*; **4** TÉL central *m* (téléphonique); **~ungsgebühr** *f* COMM commission *f*

ver'möbeln F *v/t* ⟨-(e)-, *sans ge*⟩ (*verhauen*) F flanquer une raclée à

ver'modern *v/i* ⟨*sans ge*, sn⟩ pourrir; se décomposer; se putréfier

ver'mögen *st/s v/t* ⟨*irr, sans ge*⟩ ***etw zu tun ~*** pouvoir faire qc

Ver'mög|en *n* ⟨~s; ~⟩ **1** *st/s* (*Fähigkeit*) faculté *f*; capacité *f*; **2** (*Besitz*) fortune *f*; biens *m/pl*; **2end** *adj* fortuné; aisé

Ver'mögens|steuer *f* impôt *m* sur la fortune; **~verhältnisse** *n/pl* situation financière

ver'mögenswirksam *adj* FIN ***~e Leis-***

tungen *f/pl prestations (de l'employeur) contribuant à la formation d'un capital pour le(s) salarié(s); in Frankreich etwa* plan *m* d'épargne d'entreprise

ver'mumm|en *v/t* (*u v/r* ***sich*** **~**) ⟨*sans ge*⟩ ([*sich*] *verkleiden*) (se) masquer; (se) déguiser; ([*sich*] *warm anziehen*) (s')emmitoufler; **℞ung** *f* ⟨~; ~en⟩ *bei Demonstrationen* port *m* de cagoules, *etc*; **℞ungsverbot** *n interdiction du port de cagoules, etc*

vermurksen [fɛr'mʊrksən] F *v/t* ⟨*¢$*, *sans ge*⟩ gâcher

vermut|en [fɛr'mu:tən] *v/t* ⟨-e-, *sans ge*⟩ présumer; supposer; se douter de; **~lich** **I** *adj* présumé; **II** *adv* probablement; **℞ung** *f* ⟨~; ~en⟩ présomption *f*; supposition *f*; conjecture *f* (***über*** [+ *acc*] sur)

ver'nachlässig|en *v/t* ⟨*sans ge*⟩ négliger; **℞ung** *f* ⟨~; ~en⟩ négligence *f*

ver|'nageln *v/t* ⟨*¢*, *sans ge*⟩ clouer; **~'narben** *v/i* ⟨*sans ge*, sn⟩ se cicatriser

ver'narrt *adjt* ***in j-n, etw ~ sein*** adorer qn, qc

ver'naschen *v/t* ⟨*sans ge*⟩ **1** dépenser en friandises; **2** F *sexuell* ***j-n ~*** F s'envoyer, F se taper qn

ver'nebeln *v/t* ⟨*¢*, *sans ge*⟩ entourer d'un nuage de fumée

ver'nehm|bar *st/s adj* perceptible (à l'oreille); audible; **~en** *v/t* ⟨*irr*, *sans ge*⟩ **1** *st/s* (*hören*) entendre; (*erfahren*) apprendre; **2** JUR *e-n Zeugen* entendre

Ver'nehmen *n* ⟨~s⟩ ***dem ~ nach*** à ce qu'on dit

ver'nehm|lich *adj Stimme* distinct; intelligible; **℞ung** *f* ⟨~; ~en⟩ JUR *von Zeugen* audition *f*; **~ungsfähig** *adj Angeklagter* en état d'être interrogé; *Zeuge* en état de déposer

ver'neig|en *st/s v/r* ⟨*sans ge*⟩ ***sich ~*** s'incliner; **℞ung** *f* inclination *f*

ver'nein|en *v/t* ⟨*sans ge*⟩ **1** *Frage* répondre négativement à; *abs a* dire (que) non; **2** (*negieren, ablehnen*) nier; **℞ung** *f* ⟨~; ~en⟩ *e-r Frage* réponse négative; GR négation *f*

ver'netzen *v/t* ⟨*sans ge*⟩ *sc* interconnecter

ver'nichten *v/t* ⟨-e-, *sans ge*⟩ *Feind, Stadt* écraser; anéantir; (*zerstören*) détruire; (*ausrotten*) exterminer

ver'nichtend **I** *adjt* **1** destructeur; *Niederlage* écrasant; **2** *fig Kritik* impitoyable; *Blick* foudroyant; **II** *advt* MIL, SPORT ***~ schlagen*** écraser

Ver'nichtung *f* ⟨~; ~en⟩ anéantissement *m* (*a fig*); écrasement *m*; destruction *f*; extermination *f*

ver'niedlichen *v/t* ⟨*sans ge*⟩ minimiser

Vernunft [fɛr'nʊnft] *f* ⟨~⟩ raison *f*; ***j-n*** (***wieder***) ***zur ~ bringen*** (r)amener qn à la raison; ***~ annehmen*** entendre raison

vernünftig [fɛr'nʏnftɪç] **I** *adj* **1** raisonnable; (*überlegt*) sensé; judicieux; sage; **2** F (*ordentlich*) convenable; acceptable; **II** *adv* **1** ***~ argumentieren*** raisonner juste; **2** F (*ordentlich*) comme il faut

ver'öden ⟨-e-, *sans ge*⟩ **I** *v/t* MÉD *Krampfadern* scléroser; **II** *v/i* ⟨sn⟩ **1** *Landschaft* devenir désert; **2** *Städte, Häuser* se dépeupler

ver'öffentlich|en *v/t* ⟨*sans ge*⟩ publier; **℞ung** *f* ⟨~; ~en⟩ publication *f*

ver'ord|nen *v/t* ⟨-e-, *sans ge*⟩ **1** MÉD ordonner; prescrire; **2** ADM ordonner; décréter; **℞nung** *f* ⟨~; ~en⟩ MÉD ordonnance *f* (*a* ADM); ADM décret *m*

ver|'pachten *v/t* ⟨-e-, *sans ge*⟩ donner à bail; affermer; **℞'pächter(in)** *m(f)* bailleur *m*, bailleresse *f*; **℞'pachtung** *f* location *f* à bail; affermage *m*

ver'pack|en *v/t* ⟨*sans ge*⟩ emballer; empaqueter; **℞ung** *f* emballage *m*; empaquetage *m*

ver'passen *v/t* ⟨*¢$*, *sans ge*⟩ **1** *Zug, Gelegenheit, Person* manquer; rater; **2** F (*geben*) administrer; F flanquer; F ***j-m eins ~*** F flanquer un coup, un gnon à qn

ver|'patzen F *v/t* ⟨*¢$*, *sans ge*⟩ F louper; bousiller; **~'pennen** F ⟨*sans ge*⟩ **I** *v/t Tag* F passer à pioncer, roupiller; **II** *v/i* se réveiller trop tard; **~'pesten** *v/t* ⟨-e-, *sans ge*⟩ *péj*, *Luft* empester; empoisonner (*a fig*); **~'petzen** F *v/t* ⟨*¢$*, *sans ge*⟩ F cafarder; caf(e)ter

ver'pfänden *v/t* ⟨-e-, *sans ge*⟩ mettre en gage; engager; *fig* ***sein Wort ~*** engager sa parole

ver'pfeifen F *péj v/t* ⟨*irr*, *sans ge*⟩ F balancer; donner; dénoncer (***bei*** à)

ver'pflanz|en *v/t* ⟨*¢$*, *sans ge*⟩ transplanter; **℞ung** *f* transplantation *f*

ver'pfleg|en *v/t* ⟨*sans ge*⟩ nourrir; alimenter; **℞ung** *f* ⟨~⟩ alimentation *f*;

(*Nahrung*) alimentation *f*; nourriture *f*; vivres *m/pl*

ver'pflichten ⟨-e-, *sans ge*⟩ **I** *v/t* **1** ***j-n zu etw ~*** obliger, engager qn à qc; ***j-m*** (***zu Dank***) ***verpflichtet sein*** être l'obligé de qn; **2** *Schauspieler, Sportler* engager; **II** *v/r* ***sich zu etw ~*** s'engager à qc

Ver'pflichtung *f* ⟨~; ~en⟩ **1** (*Pflicht*) obligation *f*; engagement *m*; (*Obliegenheit*) charge *f*; *moralische* devoir *m*; ***e-e ~ eingehen*** prendre un engagement; **2** *meist pl* ***~en*** (*Schulden*) obligations *f/pl*; engagements *m/pl*

ver|'pfuschen F *v/t* ⟨*sans ge*⟩ bousiller; *fig Leben, Karriere* gâcher; **~'planen** *v/t* ⟨*sans ge*⟩ *Zeit* programmer; *Gelder* attribuer (***für*** à); **~'plappern** F *péj v/r* ⟨*sans ge*⟩ ***sich ~*** laisser échapper un secret (en bavardant); **~plempern** [-'plɛmpərn] F *v/t* ⟨*sans ge*⟩ *Geld, Zeit* gaspiller; **~'plomben** *v/t* ⟨*sans ge*⟩ plomber

verpönt [fɛr'pøːnt] *adjt* vu d'un mauvais œil; mal vu

ver|'prassen *v/t* ⟨-(e)s, *sans ge*⟩ *Geld* gaspiller à faire la fête; **~'prügeln** *v/t* ⟨-e-, *sans ge*⟩ rouer de coups; rosser; passer à tabac; **~'puffen** *v/i* ⟨*sans ge*, sn⟩ **1** TECH déflagrer; **2** *fig*, *Wirkung* se perdre (en fumée); **~'pulvern** F *v/t* ⟨*sans ge*⟩ *Geld* jeter par les fenêtres; **~'puppen** *v/r* ⟨*sans ge*⟩ ZO ***sich ~*** se transformer en chrysalide

Ver'putz *m* crépi *m*; **≈en** *v/t* ⟨-(e)s, *sans ge*⟩ **1** *Fassade* crépir; **2** F (*aufessen*) engloutir; F engouffrer

ver|'qualmt F *adjt* enfumé; **~'quirlen** *v/t* ⟨*sans ge*⟩ CUIS mélanger; battre; **~quollen** [-'kvɔlən] *adj Holz, Augen* gonflé; *Augen a* bouffi; **~'rammeln** F *v/t* ⟨-e, *sans ge*⟩ *Tür* barricader; **~'ramschen** F *péj v/t* ⟨*sans ge*⟩ *Waren* brader; bazarder

Verrat [fɛr'raːt] *m* ⟨~(e)s⟩ trahison *f*; (*Niedertracht*) traîtrise *f*; ***~ an j-m, etw begehen*** trahir qn, qc

ver'raten ⟨*irr, sans ge*⟩ **I** *v/t* **1** *Geheimnis, Komplizen* trahir; livrer; F *plais* ***kannst du mir den Grund ~?*** je peux savoir pourquoi?; **2** (*im Stich lassen*) *Freunde* trahir; *Ideale* renier; **3** (*erkennen lassen*) trahir; dénoter; **II** *v/r* ***sich*** (***durch einen Blick***) ***~*** se trahir (par un regard)

Verräter|(in) [fɛr'rɛːtər(ɪn)] *m* ⟨~s; ~⟩ (*f*) ⟨~; ~nen⟩ traître, -esse *m,f*; **≈isch** *adj* traître

ver'rauchen *v/i* ⟨*sans ge*, sn⟩ *fig Zorn* se dissiper; passer

ver'rechnen ⟨-e-, *sans ge*⟩ **I** *v/t* **1** (*ausgleichen*) compenser; *Summe* déduire (***mit etw*** de qc); **2** (*gutschreiben*) porter au crédit de qn; **II** *v/r* ***sich ~*** se tromper dans ses calculs (*a fig*)

Ver'rechnung *f* (*Ausgleich*) compensation *f*; *Scheck* ***nur zur ~*** à porter en compte

Ver'rechnungsscheck *m* chèque barré

ver|'recken P *v/i* ⟨*sans ge*, sn⟩ F crever; **~'regnet** *adjt* pluvieux; *Fest* arrosé; **~'reiben** *v/t* ⟨*irr, sans ge*⟩ étendre (en frottant); **~'reisen** *v/i* ⟨-(e)s, *sans ge*, sn⟩ partir, aller en voyage; **~'reißen** *v/t* ⟨*irr, sans ge*⟩ THÉ éreinter; démolir

ver'renk|en *v/r* ⟨*sans ge*⟩ **1** → ***ausrenken***; **2** F ***sich ~*** se contorsionner; faire des contorsions; **≈ung** *f* ⟨~; ~en⟩ **1** MÉD luxation *f*; **2** (*Verbiegen des Körpers*) contorsion(s) *f*(*pl*)

ver|'rennen *v/r* ⟨*irr, sans ge*⟩ ***sich ~*** **1** *in s-n Gedanken, Handlungen* se fourvoyer; **2** (*starr festhalten*) s'obstiner, s'entêter (***in*** [+ *acc*] dans); **~'richten** *v/t* ⟨-e-, *sans ge*⟩ *Arbeit, Aufgabe* faire; exécuter; accomplir; **~'riegeln** *v/t* ⟨-e, *sans ge*⟩ verrouiller

verringer|n [fɛr'rɪŋərn] ⟨*sans ge*⟩ **I** *v/t* diminuer; réduire; **II** *v/r* ***sich ~*** diminuer; **≈ung** *f* ⟨~; ~en⟩ diminution *f*; réduction *f*

ver'rinnen *v/i* ⟨*irr, sans ge*, sn⟩ *st/s Zeit* s'écouler; s'enfuir

Ver'riss *m* démolissage *m*; THÉ éreintement *m*

ver|'rohen *v/i* ⟨*sans ge*, sn⟩ devenir grossier, brutal; **~'rosten** *v/i* ⟨-e-, *sans ge*, sn⟩ (se) rouiller (*a fig*); **~'rotten** *v/i* ⟨-e-, *sans ge*, sn⟩ **1** (*verfaulen*) (se) pourrir; **2** (*verfallen*) se délabrer; **~'rücken** *v/t* ⟨*sans ge*⟩ déplacer

ver'rückt F *adj* **1** (*geistesgestört*) fou; (*übergeschnappt*) détraqué; ***~ spielen*** *Person* F déménager; perdre la tête; *Gerät, Wetter* se détraquer; ***du bist wohl ~!*** F tu dérailles!; F tu es cinglé!; ***ich werd ~!*** les bras m'en tombent!; **2** (*überspannt, ungewöhnlich*) *Einfall, Person* fou; F cinglé; F dingue; *nur Sa-*

V

che insensé; bizarre; *nur Einfall* absurde; **3** (*begierig*) ***nach j-m, etw, auf etw*** (*acc*) ***ganz ~ sein*** être fou de qn, qc

Ver'rückt|e(r) F *f*(*m*) ⟨→ A⟩ fou *m*, folle *f* (*a fig*); F cinglé(e) *m*(*f*); détraqué(e) *m*(*f*); **~heit** *f* ⟨~; ~en⟩ folie *f* (*a fig*)

Ver'ruf *m* ⟨~¢s⟩ ***in ~ bringen*** discréditer; ***in ~ kommen*** tomber en discrédit

ver'rufen *adjt* de mauvaise réputation; *Ort, Lokal a* mal famé

ver'rußt *adjt* couvert, encrassé de suie

ver'rutschen *v/i* ⟨*sans ge*, sn⟩ glisser; se déplacer

Vers [fɛrs] *m* ⟨~es; ~e⟩ **1** METRIK vers *m*; *plais* ***~e schmieden*** composer des vers; **2** (*Strophe*) couplet *m*; strophe *f*; (*Bibel*♀) verset *m*

ver'sagen ⟨*sans ge*⟩ **I** *st/s v/t* (*nicht gewähren*) ***j-m etw ~*** refuser qc à qn; ***die Beine versagten ihr*** (***den Dienst***) ses jambes refusaient de la porter; **II** *v/i Stimme, Kräfte* manquer (***j-m*** à qn); *Schusswaffe* rater; *Bremse* lâcher; *Motor* rester en panne; *Person* ne pas remplir sa tâche

Ver'sagen *n* ⟨~s⟩ ***menschliches, technisches ~*** défaillance *f* humaine, technique

Ver'sager(in) *m* ⟨~s; ~⟩ (*f*) ⟨~; ~nen⟩ *Person* raté(e) *m*(*f*); fruit sec

ver'salzen *v/t* ⟨¢$, *p/p* versalzen⟩ **1** CUIS trop saler; **2** F *fig* (*verderben*) gâcher

ver'samm|eln ⟨¢, *sans ge*⟩ **I** *v/t* (r)assembler; réunir; **II** *v/r* ***sich ~*** s'assembler; **♀lung** *f* assemblée *f*; réunion *f*; *politische a* meeting *m*

Versand [fɛr'zant] *m* ⟨~¢s⟩ **1** (*das Versenden*) expédition *f*; envoi *m*; **2** *Abteilung* service *m* d'expédition

ver'sanden *v/i* ⟨-e-, *sans ge*, sn⟩ s'ensabler

Ver'sandhaus *n* maison *f* de vente par correspondance

ver'sauen P *v/t* ⟨*sans ge*⟩ F cochonner; F saloper; ***sie hat uns den ganzen Abend versaut*** elle nous a gâché toute notre soirée

ver'sauern *v/i* ⟨*sans ge*, sn⟩ F *fig* s'encroûter

ver'saufen P *v/t* ⟨*irr, sans ge*⟩ ***sein Geld ~*** dépenser son argent à boire; F boire tout son argent

ver'säumen *v/t* ⟨*sans ge*⟩ **1** *Zug, Termin* manquer (*a Unterricht*); rater; **2** *Pflicht* manquer à; ***~, etw zu tun*** manquer, négliger de faire qc

Ver'säumnis *n* ⟨~ses; ~se⟩ négligence *f*; omission *f*; oubli *m*

ver'schachern *péj v/t* ⟨*sans ge*⟩ se débarrasser de

ver'schaffen ⟨*sans ge*⟩ **I** *v/t* ***j-m etw ~*** procurer qn de qc; **II** *v/r* ***sich*** (*dat*) ***etw ~*** se procurer qc; *iron* ***was verschafft mir die Ehre?*** qu'est-ce qui me vaut cet honneur?

ver'schal|en *v/t* ⟨*sans ge*⟩ CONSTR coffrer; **♀ung** *f* ⟨~; ~en⟩ coffrage *m*

ver|'schämt *adj* timide; gêné; **~'schandeln** F *v/t* ⟨¢, *sans ge*⟩ déparer; enlaidir; défigurer; **~'schanzen** *v/r* ⟨¢$, *sans ge*⟩ MIL, *fig* ***sich ~*** se retrancher (***hinter etw*** [*dat*] derrière qc)

ver'schärf|en ⟨*sans ge*⟩ **I** *v/t Strafe, Lage* aggraver; *Gegensätze* accentuer; renforcer (*a Kontrolle, Bestimmungen*); **II** *v/r* ***sich ~*** *Gegensätze* s'accentuer; se renforcer (*a Kontrolle*); *Lage* s'aggraver; **♀ung** *f* ⟨~; ~en⟩ aggravation *f*; renforcement *m*

ver|'scharren *v/t* ⟨*sans ge*⟩ enfouir; enterrer; **~'schätzen** *v/r* ⟨*sans ge*⟩ ***sich ~*** se tromper dans son estimation, ses calculs (***in etw*** [*dat*] au sujet de qc)

ver'schaukeln F *v/t* ⟨¢, *sans ge*⟩ ***j-n ~*** F mener qn en bateau

ver'schenken *v/t* ⟨*sans ge*⟩ donner en cadeau; faire cadeau de (*a fig*)

ver'scherzen *v/r* ⟨¢$, *sans ge*⟩ ***sich*** (*dat*) ***etw ~*** perdre qc par sa faute

ver'scheuchen *v/t* ⟨*sans ge*⟩ *Tiere* effaroucher; chasser (*a fig, Sorgen*)

ver'schicken *v/t* ⟨*sans ge*⟩ **1** → ***versenden***; **2** *zur Kur* envoyer

ver'schieb|en ⟨*irr, sans ge*⟩ **I** *v/t* **1** *räumlich* déplacer (***um*** de); **2** *zeitlich* remettre (***auf*** [+ *acc*] à); reporter (à); différer; ajourner; décaler (***um*** de); **3** F *Waren, Waffen* faire le trafic de; **II** *v/r* ***sich ~*** **4** (*räumlich*) se déplacer; (*verrutschen*) glisser; **5** (*zeitlich*) être remis, reporté; être décalé (***um*** de); être différé, ajourné; **♀ung** *f* ⟨~; ~en⟩ **1** déplacement *m*; **2** remise *f*; report *m*; décalage *m*

verschieden [fɛr'ʃiːdən] **I** *adj* **1** différent; *Meinungen a* divergent; ***~ sein*** *a* différer; varier; **2** *nur im pl* ***~e*** divers; (*mehrere*) *a* plusieurs; **II** *adv* d'une ma-

V

nière différente; ~ ***groß*** d'une taille différente

ver'schieden|artig *adj* (*unterschiedlich*) d'espèce, de nature différente; (*vielfältig*) varié; **2e(s)** *n* ⟨→ A⟩ différentes, diverses choses; *Zeitungsrubrik* faits divers; **2heit** *f* ⟨~; ~en⟩ différence *f*; dissemblance *f*; *der Meinungen* divergence *f*; (*Vielfältigkeit*) variété *f*; diversité *f*; **~tlich** *adv* à plusieurs, diverses, différentes reprises

ver'schießen *v/t* ⟨*irr, sans ge*⟩ **1** (*als Munition verwenden*) tirer; *Pfeile* décocher; **2** (*verbrauchen*) épuiser; **3** FUSSBALL ***den Elfmeter ~*** rater son penalty

ver|'schiffen *v/t* ⟨*sans ge*⟩ transporter par eau (***nach*** à); **~'schimmeln** *v/i* ⟨¢, *sans ge*, sn⟩ moisir; **~'schlafen**[1] ⟨*irr, sans ge*⟩ **I** *v/t* **1** *Tag* passer à dormir; **2** *Termin* se réveiller trop tard pour; F *fig* (*vergessen*) oublier; **II** *v/i* se réveiller trop tard; **~'schlafen**[2] *adjt* (*schlaftrunken*) mal réveillé; encore tout endormi

Ver'schlag *m* appentis *m*; réduit *m*

ver'schlagen[1] *v/t* ⟨*irr, sans ge*⟩ **1** *Seite im Buch* perdre; **2** *Ball* mal prendre; **3** ***j-m den Atem ~*** couper le souffle à qn; ***j-m die Sprache ~*** laisser qn pantois; **4** ***es hat ihn nach London ~*** il s'est retrouvé à Londres

ver'schlagen[2] *adjt péj* sournois; cauteleux; **2heit** *f* ⟨~⟩ *péj* sournoiserie *f*

ver'schlampen F *péj v/t* ⟨*sans ge*⟩ (*verlieren, verlegen*) ***etw ~*** perdre, F paumer qc

ver'schlechter|n ⟨*sans ge*⟩ **I** *v/t* détériorer; aggraver; *Lage a* dégrader; **II** *v/r* ***sich ~*** **1** se détériorer; s'aggraver; se dégrader; empirer; **2** *finanziell* être moins bien payé; **2ung** *f* ⟨~; ~en⟩ détérioration *f*; aggravation *f*; dégradation *f*

ver'schleiern *v/t* ⟨*sans ge*⟩ voiler; *fig a* dissimuler; camoufler

ver'schleimt *adjt* MÉD plein de, obstrué par des mucosités

Verschleiß [fɛr'ʃlaɪs] *m* ⟨~es⟩ usure *f*; **2en** ⟨¢s, verschliss, verschlissen⟩ **I** *v/t* user; **II** *v/i* ⟨sn⟩ (*u v/r* ***sich ~***) s'user

ver'schlepp|en *v/t* ⟨*sans ge*⟩ **1** *Menschen* déporter; déplacer; **2** *Seuche* répandre; **3** *Krankheit* traîner (en ne la soignant pas); *Prozess* faire traîner en longueur; retarder; **2ung** *f* ⟨~; ~en⟩ **1** *von Menschen* déportation *f*; déplacement *m*; **2** (*Verzögerung*) retardement *m*

ver'schleudern *v/t* ⟨*sans ge*⟩ **1** (*billig verkaufen*) vendre à vil prix; **2** *péj* (*verschwenden*) gaspiller

ver'schließbar *adj* qui ferme (à clé)

ver'schließen **I** *v/t* ⟨*irr, sans ge*⟩ **1** (*abschließen*) fermer à clé; **2** (*zumachen*) fermer; *Öffnung* obturer; boucher; *fig* ***die Augen vor etw*** (*dat*) **~** fermer les yeux devant qc; **3** (*wegschließen*) enfermer; **II** *v/r* ***sich j-m, e-r Sache ~*** se fermer, se refuser à qn, qc

ver'schlimmer|n ⟨*sans ge*⟩ **I** *v/t* rendre pire; aggraver; **II** *v/r* ***sich ~*** s'aggraver; empirer; **2ung** *f* ⟨~; ~en⟩ aggravation *f*

ver'schlingen ⟨*irr, sans ge*⟩ **I** *v/t* avaler; engloutir; dévorer (*a fig Geld, Buch*); **II** *v/r* ***sich ineinander ~*** s'entrelacer; s'enlacer

ver'schlossen **I** *p/p* → ***verschließen***; **II** *adjt* **1** *Person* renfermé; peu communicatif; **2** *Tür* fermé (à clé); clos (*a Brief*); *fig* ***hinter ~en Türen*** à huis clos

Ver'schlossenheit *f* ⟨~⟩ *e-s Menschen* caractère renfermé; extrême réserve *f*

ver'schlucken ⟨*sans ge*⟩ **I** *v/t* avaler (*a fig Silben, Wörter*); **II** *v/r* ***sich ~*** avaler de travers

verschlungen [fɛr'ʃlʊŋən] **I** *p/p* → ***verschlingen***; **II** *adjt Ornamente* entrelacé; enlacé; *Wege* sinueux; tortueux (*beide a fig*)

Ver'schluss *m* fermeture *f*; *an e-m Schmuckstück* fermoir *m*; PHOT obturateur *m*; ***unter ~*** sous clé

ver'schlüsseln *v/t* ⟨*sans ge*⟩ coder; chiffrer

Ver'schlusssache *f* document secret, confidentiel

ver|'schmähen *st/s v/t* ⟨*sans ge*⟩ dédaigner; faire fi de; **~'schmelzen** ⟨*irr, sans ge*⟩ **I** *v/t* TECH, *fig* fondre (***mit*** avec); *nur fig* unir (à); **II** *v/i* ⟨sn⟩ *fig* se fondre; s'unir

ver'schmerzen *v/t* ⟨*sans ge*⟩ ***etw ~*** se consoler de qc

ver'schmieren *v/t* ⟨*sans ge*⟩ **1** *Öffnung* boucher; *Fugen* jointoyer; **2** (*schmutzig machen*) salir; *Papier, Wand* barbouiller; **3** (*verwischen*) *Farbe* effacer

verschmitzt [fɛr'ʃmɪtst] **I** *adj* astucieux;

futé; **II** *adv* ~ ***lächeln*** sourire d'un air malicieux
ver'schmutz|en ⟨*sans ge*⟩ **I** *v/t* salir; encrasser; *Umwelt* polluer; **II** *v/i* ⟨sn⟩ se salir; s'encrasser; **2ung** *f* ⟨~; ~en⟩ encrassement *m*; *der Umwelt* pollution *f*
ver'schnauf|en *v/i* (*u v/r*) ⟨*sans ge*⟩ (***sich*** ~) reprendre haleine; souffler; **2pause** *f* pause *f*, 'halte *f* pour souffler, reprendre son souffle
ver|'schneit *adjt* enneigé; **2'schnitt** *m* ⟨~(e)s; ~e⟩ (*Mischung*) mélange *m*; *bes Wein a* coupage *m*; **~'schnörkelt** *adjt* orné, chargé de fioritures; **~'schnupft** *adjt* enrhumé; F *fig* vexé; fâché; **~'schnüren** *v/t* ⟨*sans ge*⟩ *Paket* ficeler; **~schollen** [fɛr'ʃɔlən] *adj* disparu
ver'schonen *v/t* ⟨*sans ge*⟩ épargner; ménager; ***j-n mit etw*** ~ épargner qc à qn
verschöner|n [fɛr'ʃøːnərn] *v/t* ⟨*sans ge*⟩ embellir; **2ung** *f* ⟨~; ~en⟩ embellissement *m*
ver|schränken [fɛr'ʃrɛŋkən] *v/t* ⟨*sans ge*⟩ *Arme* croiser; **~'schrauben** *v/t* ⟨*sans ge*⟩ visser; boulonner
ver'schreiben ⟨*irr, sans ge*⟩ **I** *v/t* **1** *Medikament* ordonner, prescrire (***j-m*** à qn); **2** (*verbrauchen*) *Papier* consommer; **II** *v/r* ***sich*** ~ **3** (*etw falsch schreiben*) faire une faute d'orthographe; écrire de travers; **4** ***sich e-r Sache*** (*dat*) ~ se donner, se consacrer, se vouer à qc
ver'schreibungspflichtig *adj* PHARM délivré sur ordonnance
verschrie(e)n [fɛr'ʃriː(ə)n] *adj* décrié (***wegen*** pour); ***als Geizhals*** ~ ***sein*** passer pour (un) avare
ver|schroben [fɛr'ʃroːbən] *adj* bizarre; excentrique; **~'schrotten** *v/t* ⟨-e-, *sans ge*⟩ mettre à la ferraille, à la casse; **~'schrumpeln** F *v/i* ⟨*¢*, sn⟩ se ratatiner; se racornir; **~'schüchtern** *v/t* ⟨*sans ge*⟩ intimider
ver'schulden ⟨-e-, *sans ge*⟩ **I** *v/t* ***etw*** ~ être, se rendre responsable de qc; **II** *v/r* ***sich*** ~ s'endetter
Ver'schuld|en *n* ⟨~s⟩ faute *f*; **2et** *adjt* endetté; **~ung** *f* ⟨~; ~en⟩ endettement *m*
ver'schütten *v/t* ⟨-e-, *sans ge*⟩ **1** *Flüssigkeit* répandre; **2** *Menschen, Häuser* ensevelir
verschwägert [fɛr'ʃvɛːgərt] *adjt* ~ ***sein*** être parent par alliance
ver'schweigen *v/t* ⟨*irr, sans ge*⟩ ***etw*** ~ taire qc (***j-m*** à qn); cacher qc (à qn)
verschwend|en [fɛr'ʃvɛndən] *v/t* ⟨-e-, *sans ge*⟩ gaspiller (*a fig Kräfte, Zeit*); *Geld a* dilapider; **2er(in)** *m* ⟨~s; ~⟩ (*f*) ⟨~; ~nen⟩ gaspilleur, -euse *m,f*; dépensier, -ière *m,f*
ver'schwenderisch **I** *adj* **1** prodigue (***mit*** de); gaspilleur; dépensier; dilapidateur; **2** (*üppig*) ***in ~er Fülle*** à profusion; **II** *adv* à profusion; avec prodigalité
Ver'schwend|ung *f* ⟨~; ~en⟩ gaspillage *m*; dissipation *f*; dilapidation *f*; **~ungssucht** *f* ⟨~⟩ prodigalité *f*
verschwiegen [fɛr'ʃviːgən] **I** *p/p* → ***verschweigen***; **II** *adjt* **1** *Person* discret; **2** *Ort* secret; caché; **2heit** *f* ⟨~⟩ discrétion *f*
ver'schwimmen *v/i* ⟨*irr, sans ge*, sn⟩ *Umrisse* s'estomper; devenir flou; *vor den Augen* se brouiller
ver'schwinden *v/i* ⟨*irr, sans ge*, sn⟩ **1** disparaître; ***etw*** ~ ***lassen*** escamoter qc; **2** F (*sich davonmachen*) F filer; décamper; ***verschwinde!*** F tire-toi!; **3** F ***ich muss mal*** ~ il faut que j'aille au petit coin
ver'schwindend *advt* ~ ***klein*** infiniment petit
ver|'schwitzen *v/t* ⟨*sans ge*⟩ **1** *Kleidung* mouiller de sueur; **2** F *fig* (*vergessen*) oublier; **~schwollen** [fɛr'ʃvɔlən] *adjt* bouffi; **~schwommen** [fɛr'ʃvɔmən] **I** *p/p* → ***verschwimmen***; **II** *adjt* **1** *Umrisse*, PHOT flou; **2** *fig Vorstellungen* confus; vague; nébuleux
ver'schwören *v/r* ⟨*irr, sans ge*⟩ ***sich gegen j-n, etw*** ~ comploter, conspirer, se conjurer contre qn, qc
Ver'schwör|er(in) *m* ⟨~s; ~⟩ (*f*) ⟨~; ~nen⟩ conspirateur, -trice *m,f*; comploteur *m*; conjuré(e) *m(f)*; **~ung** *f* ⟨~; ~en⟩ conspiration *f*; complot *m*; conjuration *f*
ver'sehen ⟨*irr, sans ge*⟩ **I** *v/t* **1** ***j-n, etw mit etw*** ~ pourvoir, munir qn, qc de qc; **2** *Amt* remplir; *Dienst a* accomplir; **II** *v/r* **3** (*versorgen*) ***sich mit etw*** ~ se pourvoir, se munir de qc; **4** ***sich*** ~ (*sich irren*) se tromper; se méprendre; **5** ***ehe man sich's versieht*** avant qu'on ait le

temps de dire ouf

Ver'seh|en *n* 〈~s; ~〉 erreur *f*; méprise *f*; ***aus ~***, **2entlich** *adv* par mégarde, inadvertance, méprise

Versehrte(r) [fɛr'ze:rtə(r)] *f(m)* 〈→ A〉 invalide *m,f*; mutilé(e) *m(f)*

ver'send|en *v/t* 〈*irr, sans ge*〉 envoyer; expédier; **2ung** *f* 〈~〉 envoi *m*; expédition *f*

ver'sengen *v/t* 〈*sans ge*〉 brûler; *bes Sonnenhitze* griller; *beim Bügeln* roussir

ver'senken *v/t* 〈*sans ge*〉 **1** *im Wasser* immerger; *Schiff* couler; **2** *in e-e Grube etc* descendre; *in die Erde* enterrer

Ver'senkung *f* **1** *in Wasser* immersion *f*; *in e-e Vertiefung* descente *f*; enfoncement *m*; **2** F *fig* ***in der ~ verschwinden*** disparaître

versessen [fɛr'zɛsən] *adjt* ***auf etw, j-n ~ sein*** être fou de qc, qn; ***ganz darauf ~ sein, etw zu tun*** brûler de faire qc

ver'setzen 〈*sans ge*〉 **I** *v/t* **1** *räumlich* déplacer; changer de place; **2** *Beamte* muter; déplacer; **3** *Schüler* ***versetzt werden*** passer (dans la classe supérieure); **4** (*in e-n anderen Zustand*) mettre; ***j-n in Angst*** (***und Schrecken***) ~ faire peur à qn; effrayer qn; **5** ***j-m e-n Schlag, Stoß ~*** donner, porter, *p/fort* assener un coup à qn; **6** ***etw ~*** (*verpfänden*) engager qc; mettre qc en gage; F (*verkaufen*) monnayer qc; **7** F ***j-n ~*** (*vergeblich warten lassen*) faire faux bond à qn; **II** *v/r* ***sich in j-n*** (*od* ***j-s Lage***) ~ se mettre à la place de qn

Ver'setzung *f* 〈~; ~en〉 **1** déplacement *m*; changement *m* de place; **2** mutation *f*; changement *m* de poste; **3** passage *m* (dans la classe supérieure)

ver'seuch|en *v/t* 〈*sans ge*〉 infecter; contaminer (*a radioaktiv*); **2ung** *f* 〈~〉 infection *f*; contamination *f*

Ver'sicherer *m* 〈~s; ~〉 assureur *m*

ver'sichern 〈*sans ge*〉 **I** *v/t* **1** (*vertraglich absichern*) assurer (***gegen*** contre; ***bei*** auprès de); ***sein Leben ~*** s'assurer sur la vie; prendre, contracter une assurance vie; **2** (*beteuern*) assurer (***j-m etw*** qn de qc); ***eidesstattlich ~*** affirmer sous (la foi du) serment; **II** *v/r* **3** ***sich ~*** s'assurer (***gegen*** contre); prendre, contracter une assurance; **4** *st/s* ***sich e-r Sache*** (*gén*) ~ s'assurer de qc

Ver'sicherte(r) *f(m)* 〈→ A〉 assuré(e) *m(f)*

Ver'sicherung *f* **1** assurance *f* (***gegen*** contre); ***e-e ~ abschließen*** prendre, contracter une assurance; **2** (*Beteuerung*) affirmation *f*; ***eidesstattliche ~*** affirmation *f* sous (la foi du) serment; **3** (*Gesellschaft*) compagnie *f* d'assurances

Ver'sicherungs|beitrag *m* prime *f* d'assurance; **~betrug** *m* escroquerie *f* à l'assurance; **~fall** *m* sinistre *m*; **~gesellschaft** *f* compagnie *f* d'assurances; **~karte** *f* AUTO carte verte; **~nehmer(in)** *m(f)* assuré(e) *m(f)*; **2pflichtig** *adj* assujetti à l'assurance; **~police** *f* police *f* d'assurance; **~prämie** *f* prime *f* d'assurance; **~schutz** *m* couverture *f* de l'assurance; **~summe** *f* montant assuré

ver'sickern *v/i* 〈*sans ge*, sn〉 s'infiltrer (***in etw*** [*dat*] dans qc)

ver'siegeln *v/t* 〈*¢, sans ge*〉 **1** *Brief, Paket* cacheter; **2** *gerichtlich* sceller; mettre sous scellés

ver'siegen *st/s v/i* 〈*sans ge*, sn〉 (se) tarir; s'épuiser (*beide a fig*)

versiert [vɛr'zi:rt] *adj* expérimenté; chevronné; ***in etw*** (*dat*) ***~ sein*** être versé, expert dans qc

ver'silbern *v/t* 〈*sans ge*〉 **1** argenter; **2** F *fig* (*zu Geld machen*) monnayer

ver'sinken *v/i* 〈*irr, sans ge*, sn〉 **1** s'enfoncer (*a in e-m Sessel*); *im Sand, Schlamm a* s'enliser; *Schiff* sombrer; couler; **2** *fig* ***in den Boden ~*** rentrer sous terre

ver'sinnbildlichen *v/t* 〈*sans ge*〉 symboliser

Version [vɛrzi'o:n] *f* 〈~; ~en〉 version *f*

ver'sklaven *v/t* 〈*sans ge*〉 rendre esclave (*a fig*); asservir

'Versmaß *n* mètre *m*

ver'snobt *adj péj* (devenu) snob

versoffen [fɛr'zɔfən] P **I** *p/p* → ***versaufen***; **II** *adjt péj Person* ivrogne; ***~e Stimme*** F voix *f* d'ivrogne

ver'sohlen F *v/t* 〈*sans ge*〉 ***j-n ~*** rosser qn; F tanner le cuir à qn

versöhn|en [fɛr'zø:nən] *v/t u v/r* 〈*sans ge*〉 (***sich ~*** se) réconcilier (***mit*** avec); **~lich** *adj* **1** (*zur Versöhnung bereit*) conciliant; accommodant; **2** (*tröstlich*) réjouissant; **2ung** *f* 〈~; ~en〉 réconciliation *f*

versonnen [fɛrˈzɔnən] *adj* rêveur; songeur
verˈsorgen *v/t* ⟨*sans ge*⟩ **1** ***j-n mit etw ~*** pourvoir, munir qn de qc; fournir qc à qn; *mit Vorräten* approvisionner qn en *od* de qc; ravitailler qn; **2** TECH, *Körper, Organe* alimenter (***mit*** en); ***mit Strom ~*** alimenter en électricité; **3** *Familie* entretenir; **4** *Haushalt, Kranke* s'occuper de; prendre soin de
Verˈsorgung *f* ⟨*~*⟩ **1** fourniture *f* (***mit*** de); *mit Vorräten* approvisionnement *m*; ravitaillement *m*; **2** *mit Strom, Gas* alimentation *f*; **3** *e-r Familie* entretien *m*; **4** *von Kranken, Kindern etc* soins *m/pl* (+ *gén* donnés à)
Verˈsorgungs|anspruch *m* droit *m* à une rente, à une pension; **~lage** *f* situation *f* de l'approvisionnement; **~netz** *n* réseau *m*; ÉLECT secteur *m*
verˈspann|en *v/r* ⟨*sans ge*⟩ ***sich ~*** MÉD se contracter; **2ung** *f* contracture *f*
verˈspäten *v/r* ⟨-e-, *sans ge*⟩ ***sich ~*** se mettre en retard; être en retard
verˈspätet **I** *adjt* tardif; **II** *advt* en retard
Verˈspätung *f* ⟨*~*; *~*en⟩ retard *m*; ***e-e Stunde ~*** une heure de retard; ***~ haben*** être en retard
ver|ˈspeisen *st/s v/t* ⟨*sans ge*⟩ manger; consommer; **~ˈsperren** *v/t* ⟨*sans ge*⟩ *Straße, Weg* barrer; obstruer; barricader; *Aussicht* masquer; boucher
verˈspielen ⟨*sans ge*⟩ **I** *v/t* perdre au jeu; *fig Chance, Recht* perdre; **II** *v/i fig* perdre; F ***bei j-m verspielt haben*** F être grillé auprès de qn
verˈspielt *adjt Kind, Hund* joueur
verˈspotten *v/t* ⟨-e-, *sans ge*⟩ se moquer de; railler
verˈsprechen ⟨*irr, sans ge*⟩ **I** *v/t* **1** promettre (***j-m etw*** qc à qn); ***j-m ~, etw zu tun*** promettre à qn de faire qc; **2** *fig* promettre; ***das Wetter verspricht gut zu werden*** le temps est prometteur; **II** *v/r* **3** ***sich ~*** se tromper en parlant; faire un lapsus; **4** ***sich*** (*dat*) ***viel von etw ~*** attendre beaucoup de qc
Verˈsprechen *n* ⟨*~*s; *~*⟩ promesse *f*; ***sein ~ nicht halten*** manquer à sa promesse
Verˈsprech|er *m* ⟨*~*s; *~*⟩ lapsus *m*; **~ung** *f* ⟨*~*; *~*en⟩ promesse *f*
ver|ˈspritzen *v/t* ⟨*~~t*, *sans ge*⟩ *Wasser* faire jaillir; *Gift* lancer; **~ˈsprühen** *v/t* ⟨*sans ge*⟩ pulvériser; vaporiser; **~ˈspüren** *v/t* ⟨*sans ge*⟩ (res)sentir; éprouver
verˈstaatlich|en *v/t* ⟨*sans ge*⟩ nationaliser; étatiser; **2ung** *f* ⟨*~*; *~*en⟩ nationalisation *f*; étatisation *f*
Verstädterung [fɛrˈʃtɛːtəruŋ] *f* ⟨*~*; *~*en⟩ urbanisation *f*
Verstand [fɛrˈʃtant] *m* ⟨*~*es⟩ **1** (*Denkvermögen*) intelligence *f*; PHILOS intellect *m*; (*Begriffsvermögen*) entendement *m*; ***scharfer ~*** esprit pénétrant; **2** (*Vernunft*) raison *f*; bon sens; ***den ~ verlieren*** perdre la raison; ***er ist nicht recht bei ~*** il n'a pas toute sa tête; ***das geht über meinen ~*** cela me dépasse
verˈstandes|mäßig *adj* rationnel; logique; **2mensch** *m* intellectuel, -elle *m,f*; cérébral(e) *m(f)*
verˈständig *adj* **1** (*vernünftig*) raisonnable; sensé; sage; **2** (*gescheit*) intelligent; judicieux
verˈständigen ⟨*sans ge*⟩ **I** *v/t* ***j-n von etw*** (*acc*) ***~*** informer qn de qc; **II** *v/r* **1** ***sich mit j-m ~*** s'entendre, tomber d'accord avec qn (***über etw*** [*acc*] sur qc); **2** ***sich ~*** *in e-r Sprache* se faire comprendre
Verˈständigung *f* ⟨*~*; *~*en⟩ **1** (*Benachrichtigung*) information *f*; **2** (*Übereinkunft*) entente *f*; accord *m*; **3** *sprachliche* compréhension *f*; **4** *akustische* audibilité *f*; réception *f*
Verˈständigungsschwierigkeiten *f/pl* *sprachliche* difficultés *f/pl* de compréhension
verständlich [fɛrˈʃtɛntlɪç] *adj* **1** (*deutlich*) intelligible; ***sich ~ machen*** se faire comprendre, entendre; **2** (*begreiflich*) compréhensible; ***j-m etw ~ machen*** expliquer, faire comprendre qc à qn
verˈständlicherˈweise *adv* ce qui est bien compréhensible, concevable
Verständnis [fɛrˈʃtɛntnɪs] *n* ⟨*~*ses⟩ **1** compréhension *f*; (***kein***) ***~ für j-n, etw haben*** (ne pas) comprendre qn, qc; ***wir bitten um Ihr ~*** nous vous demandons de bien vouloir nous excuser; **2** (*das Verstehen*) compréhension *f*; ***zum besseren ~*** pour mieux (vous) faire comprendre
verˈständnis|los *adj* incompréhensif; **2losigkeit** *f* ⟨*~*⟩ manque *m* de compréhension; **~voll** *adj* compréhensif; plein

V

de compréhension

ver'stärk|en ⟨*sans ge*⟩ **I** *v/t* **1** *Mauer* renforcer; fortifier; **2** *zahlenmäßig* augmenter; renforcer; **3** *Druck* augmenter; renforcer; accroître; **4** *fig Eindruck* renforcer; confirmer; *Zweifel* augmenter; accroître; **II** *v/r* ***sich ~*** *Druck, Schmerzen* augmenter; s'accroître; *Zweifel* se renforcer; **2er** *m* ⟨~s; ~⟩ RAD amplificateur *m*; **2ung** *f* **1** (*Stabilisierung*) renforcement *m*; **2** *zahlenmäßige* renforcement *m* (des effectifs); (*hinzukommende Personen*) renforts *m/pl*; **3** (*Intensivierung*) augmentation *f*; accroissement *m*

ver|'stauben *v/i* ⟨*sans ge*, sn⟩ se couvrir de poussière; **~'staubt** *adjt* poussiéreux (*a fig*); *nur fig péj* démodé

verstauchen [fɛr'ʃtauxən] *v/r* ⟨*sans ge*⟩ ***sich*** (*dat*) ***den Fuß ~*** se faire une entorse au pied

Ver'stauchung *f* ⟨~; ~en⟩ entorse *f*; foulure *f*

ver'stauen *v/t* ⟨*sans ge*⟩ mettre, placer, caser (***in*** [+ *dat ou acc*] dans)

Ver'steck *n* ⟨~(e)s; ~e⟩ cachette *f*; cache *f*; ***~ spielen*** jouer à cache-cache (*a fig*)

ver'stecken *v/t* (*u v/r*) ⟨*sans ge*⟩ (***sich ~*** se) cacher (***vor j-m*** à qn); *fig* ***sich hinter etw*** (*dat*) ***~*** se retrancher derrière qc

ver'steckt *adjt* **1** caché; dissimulé; **2** *fig* (*geheim*) secret

ver'stehen ⟨*irr, sans ge*⟩ **I** *v/t* **1** *akustisch* entendre; comprendre; ***schlecht zu ~ sein*** être à peine audible; **2** (*begreifen*) comprendre; concevoir; saisir; ***Französisch ~*** comprendre le français; **3** (*deuten*) entendre; comprendre; ***~ Sie mich nicht falsch!*** entendons-nous bien!; ***j-m etw zu ~ geben*** faire comprendre qc à qn; **4** (*Verständnis haben*) comprendre; **5** (*gut können*) savoir; connaître; ***ich verstehe nichts davon*** je ne m'y connais pas; je n'y comprends rien; **II** *v/r* **6** ***sich mit j-m gut ~*** bien s'entendre avec qn; **7** ***das versteht sich von selbst*** cela va sans dire; cela va de soi; **8** ***sich auf etw*** (*acc*) ***~*** s'y connaître en qc

ver'steifen ⟨*sans ge*⟩ **I** *v/t* **1** COUT entoiler; *Glieder* raidir; **II** *v/i* ⟨sn⟩ **2** *Gelenke* se raidir; **III** *v/r* **3** ***sich ~*** *Gelenke* se raidir; **4** *fig* ***sich auf etw*** (*acc*) ***~*** s'obstiner dans qc

ver'steigen *v/r* ⟨*irr, sans ge*⟩ *st/s fig* ***sich zu etw ~*** aller jusqu'à faire qc

ver'steiger|n *v/t* ⟨*sans ge*⟩ vendre aux enchères; **2ung** *f* vente *f*, mise *f* aux enchères

ver'steinern *v/i* ⟨*sans ge*, sn⟩ *Holz etc* (se) pétrifier; *Pflanzen, Tiere* se fossiliser; *fig* ***wie versteinert dastehen*** rester comme pétrifié, médusé

Ver'steinerung *f* ⟨~; ~en⟩ **1** (*das Versteinern*) fossilisation *f*; pétrification *f*; **2** (*zu Stein Gewordenes*) fossile *m*

ver'stellbar *adj* réglable; ajustable

ver'stellen ⟨*sans ge*⟩ **I** *v/t* **1** (*anders einstellen*) régler; **2** (*falsch stellen*) *Uhr* dérégler; **3** (*von der Stelle rücken*) déplacer; changer de place; **4** ***j-m den Weg ~*** barrer le chemin à qn; **5** *Stimme* déguiser; **II** *v/r* ***sich ~*** jouer la comédie; simuler

ver'steuern *v/t* ⟨*sans ge*⟩ ***etw ~*** payer l'impôt sur qc

ver'stimmen *v/t* ⟨*sans ge*⟩ **1** *Instrument* désaccorder; **2** *fig* ***j-n ~*** mettre qn de mauvaise humeur; fâcher qn

ver'stimmt *adjt* **1** ***das Klavier ist ~*** le piano (s')est désaccordé; **2** *fig* ***~ sein*** être de mauvaise humeur; être fâché

Ver'stimmung *f fig* mauvaise humeur

ver'stockt *adj péj* obstiné; entêté; buté

verstohlen [fɛr'ʃtoːlən] *adj Blick* furtif; dérobé

ver'stopfen ⟨*sans ge*⟩ **I** *v/t* **1** boucher; *Rohre a* engorger; **2** *Straßen* encombrer; embouteiller; **II** *v/i* ⟨sn⟩ *Rohre* se boucher

Ver'stopfung *f* ⟨~; ~en⟩ MÉD constipation *f*; ***an ~ leiden*** être constipé

ver|storben [fɛr'ʃtɔrbən] *st/s adjt st/s* défunt; ADM décédé; **2'storbene(r)** *st/s f(m)* ⟨→ A⟩ *st/s* défunt(e) *m(f)*

ver'stört *adj* effaré; *p/fort* bouleversé; *Miene* 'hagard

Ver'stoß *m* **~** (***gegen***) faute *f* (contre); *gegen ein Gesetz* infraction *f* (à)

ver'stoßen ⟨*irr, sans ge*⟩ **I** *v/t* chasser; expulser; **II** *v/i* ***gegen etw ~*** manquer à qc; ne pas respecter qc; ***gegen die guten Sitten ~*** être contraire aux bonnes mœurs

ver'strahlen *v/t* ⟨*sans ge*⟩ *radioaktiv* irradier; contaminer (par rayonnement radioactif)

Ver'strebung *f* ⟨~; ~en⟩ contre-fiche *f*

ver'streichen ⟨*irr, sans ge*⟩ **I** *v/t* (*verteilen*) étendre; *Butter* étaler; **2** (*zustreichen*) boucher; **II** *st/s v/i* ⟨sn⟩ *Zeit* passer; s'écouler

ver'streuen *v/t* ⟨*sans ge*⟩ éparpiller; disperser

ver'stricken *st/s fig* ⟨*sans ge*⟩ **I** *v/t* ***j-n in etw*** (*acc*) **~** impliquer qn dans qc; **II** *v/r* ***sich in etw*** (*acc*) **~** s'empêtrer dans qc

verstümmel|n [fɛrˈʃtʏməln] *v/t* ⟨¢, *sans ge*⟩ mutiler (*a fig*); estropier; **2ung** *f* ⟨~; ~en⟩ mutilation *f* (*a fig*)

ver'stummen *v/i* ⟨*sans ge*, sn⟩ **1** *st/s Person* devenir muet; se taire; **2** *st/s Geräusch, fig Protest* cesser; s'arrêter

Versuch [fɛrˈzuːx] *m* ⟨~¢s; ~e⟩ **1** essai *m*; tentative *f*; ***das kommt auf e-n ~ an*** on peut toujours essayer; **2** (*Experiment*) expérience *f* (***mit*** avec; ***an*** [+ *dat*] sur)

ver'suchen *v/t* ⟨*sans ge*⟩ **1** essayer; (*sich bemühen*) tenter; tâcher; ***sein Glück ~*** tenter sa chance; ***es mit j-m ~*** faire un essai avec qn; ***versuchs doch!*** essaie voir!; **2** *a v/i* (***von***) ***etw ~*** (*kosten*) essayer qc; goûter à qc

Ver'suchs|gelände *n* terrain *m* d'essai; **~kaninchen** *n fig* cobaye *m*; **~reihe** *f* série *f* de tests, d'essais, d'expériences; **~tier** *n* animal *m* de laboratoire; **2weise** *adv* à titre d'essai; à titre expérimental

Ver'suchung *f* ⟨~; ~en⟩ tentation *f*; ***in ~*** (*acc*) ***führen*** tenter; ***in ~ kommen zu*** (+ *inf*) être tenté de (+ *inf*)

ver'sündigen *st/s v/r* ⟨*sans ge*⟩ ***sich an j-m, etw ~*** pécher contre qn, qc

versunken [fɛrˈzʊŋkən] **I** *p/p* → ***versinken***; **II** *adjt fig* **~** ***in*** (+ *acc*) *Anblick, Gedanken* absorbé dans, par

ver'süßen ⟨¢t, *sans ge*⟩ **I** *v/t fig* adoucir; édulcorer; **II** *v/r* ***sich*** (*dat*) ***das Leben ~*** se rendre la vie plus douce

ver|'tagen ⟨*sans ge*⟩ **I** *v/t* **~** (***auf*** [+ *acc*]) ajourner (à); remettre (à); **II** *v/r* ***sich ~*** ajourner, remettre les débats, la séance; **~täuen** [fɛrˈtɔʏən] *v/t* ⟨*sans ge*⟩ amarrer; **~'tauschen** *v/t* ⟨*sans ge*⟩ **1** (*austauschen*) (é)changer, troquer (***mit*** contre); **2** (*verwechseln*) prendre l'un pour l'autre; confondre

verteidig|en [fɛrˈtaɪdɪɡən] ⟨*sans ge*⟩ **I** *v/t* (*u v/r* ***sich ~*** se) défendre (*a* JUR); **II** *v/i* SPORT être en défense; défendre; **2er(in)** *m* ⟨~s; ~⟩ (*f*) ⟨~; ~nen⟩ défenseur *m*; JUR *a* avocat plaidant; FUSSBALL arrière *m*; **2ung** *f* ⟨~; ~en⟩ défense *f* (*a* JUR, SPORT)

Ver'teidigungs|ministerium *n* ministère *m* de la Défense (nationale); **~rede** *f* JUR plaidoirie *f*; *fig* plaidoyer *m*

ver'teilen ⟨*sans ge*⟩ **I** *v/t* **1** (*austeilen*) distribuer (***an*** [+ *acc*] à); **2** (*aufteilen, zuweisen*) partager, répartir (***auf*** [+ *acc*], ***unter*** [+ *acc*] entre); **II** *v/r* ***sich ~*** **3** (*sich aufteilen*) se répartir; se partager (***auf*** [+ *acc*], ***unter*** [+ *acc*] entre); **4** (*sich verstreuen*) se répartir; *Personen* se disperser

Ver'teiler *m* ⟨~s; ~⟩ **1** ÉLECT, COMM distributeur *m*; **2** ADM liste *f* des destinataires; **~schlüssel** *m* ADM clé *f*, base *f* de répartition

Ver'teilung *f* **1** (*Ausgabe*) distribution *f* (***an*** [+ *acc*] à); **2** (*Aufteilung*) partage *m* (***auf*** [+ *acc*], ***unter*** [+ *acc*] entre); répartition *f*

ver'teuer|n ⟨*sans ge*⟩ **I** *v/t* rendre plus cher; **II** *v/r* ***sich ~*** devenir plus cher; augmenter; renchérir; **2ung** *f* augmentation *f* (des prix); renchérissement *m*

ver|'teufeln *v/t* ⟨*sans ge*⟩ condamner; **~'teufelt** F **I** *adjt* satané; **II** *advt* (*sehr*) F diablement; F bougrement

ver'tiefen ⟨*sans ge*⟩ **I** *v/t* **1** rendre plus profond (***um*** de); approfondir (*a fig*); **II** *v/r fig* ***sich in etw*** (*acc*) **~** se plonger dans qc

Ver'tiefung *f* ⟨~; ~en⟩ **1** *Handlung* approfondissement *m*; **2** (*tiefere Stelle*) creux *m*; renfoncement *m*; *im Gelände* dépression *f*; (*Hohlraum*) cavité *f*

vertikal [vɛrtiˈkaːl] *adj* vertical

ver|'tilgen *v/t* ⟨*sans ge*⟩ **1** (*vernichten*) exterminer; tuer; détruire; **2** F (*verzehren*) ingurgiter; F engouffrer; **~'tippen** F *v/r* ⟨*sans ge*⟩ ***sich ~*** faire une faute de frappe

ver'ton|en *v/t* ⟨*sans ge*⟩ mettre en musique; adapter; **2ung** *f* ⟨~; ~en⟩ adaptation musicale

vertrackt [fɛrˈtrakt] F *adj* embrouillé

Vertrag [fɛrˈtraːk] *m* ⟨~¢s; ~̈e⟩ contrat *m*; *zwischen Staaten* traité *m*; ***e-n ~ (ab)schließen*** faire, conclure un contrat; ***j-n unter ~ nehmen*** engager qn (par contrat); ***bei j-m unter ~ stehen*** être engagé par qn (sous contrat)

ver'tragen ⟨*irr, sans ge*⟩ **I** *v/t* (*aushalten*) supporter; ***sie verträgt keinen Fisch*** le poisson ne lui réussit pas; F ***ich könnte e-n Schluck ~*** je prendrais bien un petit verre; **II** *v/r* ***sich ~*** **1** *Personen* s'entendre, s'accorder (***mit j-m*** avec qn); **2** *Sachen, Farben* être compatible (***mit*** avec); aller ensemble

ver'traglich I *adj* contractuel; **II** *adv* par contrat

verträglich [fɛr'trɛːklɪç] *adj* **1** *Person* conciliant; accommodant; **2** *Speisen* (***leicht***) **~** digeste; digestible; *Medikament* ***gut ~*** bien toléré

Ver'trags|abschluss *m* passation *f*, conclusion *f* d'un contrat; POL conclusion *f* d'un traité; **~bruch** *m* rupture *f* de contrat; POL violation *f* d'un traité

ver'tragsbrüchig *adj* ***~ werden*** rompre un *bzw* le contrat; POL violer un *bzw* le traité

ver'tragschließend *adjt* contractant

Ver'trags|entwurf *m* projet *m* de contrat; **~händler** *m* concessionnaire *m*; **~partner** *m* contractant *m*; **~strafe** *f* peine conventionnelle; dédit *m*; **~werkstatt** *f* AUTO garage agréé

ver'trauen *v/i* ⟨*sans ge*⟩ ***j-m ~*** avoir confiance en qn; ***auf j-n, etw ~*** se fier à qn, qc; faire confiance à qn, qc

Ver'trauen *n* ⟨~s⟩ **1** confiance *f*; ***~ haben*** avoir confiance (***in*** [+ *acc*] *od* ***zu*** en, *wenn Artikel folgt* dans); ***~ erweckend*** qui inspire confiance; ***im ~ auf*** (+ *acc*) confiant en; **2** ***im ~*** (***gesagt***) en confidence; (soit dit) entre nous; ***j-n ins ~ ziehen*** mettre qn dans la confidence

Ver'trauens|arzt *m* médecin-conseil *m*; **~bruch** *m* abus *m* de confiance; **~frau** *f der Gewerkschaft* déléguée syndicale; **~mann** *m* ⟨~¢s; -männer *od* -leute⟩ homme *m* de confiance; *der Gewerkschaft* délégué syndical; **~person** *f* personne *f* de confiance; **~sache** *f* affaire *f*, question *f* de confiance; **Ձselig** *adj* trop confiant; crédule; **~stellung** *f* place *f*, poste *m* de confiance; **Ձvoll I** *adj* confiant; plein de confiance; **II** *adv* en toute confiance; **Ձwürdig** *adj* fiable; digne de (toute) confiance

ver'traulich *adj* **1** confidentiel; ***streng ~*** strictement confidentiel; **2** (*vertraut*) intime; familier

Ver'traulichkeit *f* ⟨~; ~en⟩ **1** *e-r Mitteilung* caractère confidentiel; **2** *im Verhalten* intimité *f*; familiarité *f*; *bes gegenüber Frauen* **~en** *pl* privautés *f/pl*

ver'träumt *adjt* **1** *Person* rêveur; perdu dans ses rêves; **2** *Ort* idyllique

ver'traut *adj* **1** *Beziehung* intime; ***mit j-m ~ sein*** être intime avec qn; **2** (*bekannt*) familier; ***mit etw ~ sein*** connaître qc à fond; ***sich mit etw ~ machen*** se familiariser avec qc

Ver'traut|e(r) *f(m)* ⟨→ A⟩ confident(e) *m(f)*; intime *m,f*; familier *m*; **~heit** *f* ⟨~⟩ intimité *f*; familiarité *f*

ver'treiben ⟨*irr, sans ge*⟩ **I** *v/t* **1** chasser (*a fig Sorgen, Kummer*); ***j-n aus s-r Heimat ~*** expulser qn de son pays; **2** COMM distribuer; diffuser; **II** *v/r* ***sich*** (*dat*) ***die Zeit mit etw ~*** passer son temps à faire qc

Ver'treibung *f* ⟨~; ~en⟩ expulsion *f* (***aus*** de)

ver'tretbar *adj* **1** *Standpunkt* défendable; **2** *Kosten, Risiko* raisonnable

ver'treten ⟨*irr, sans ge*⟩ **I** *v/t* **1** (*vorübergehend ersetzen*) remplacer; ADM suppléer; **2** *ein Land, e-e Gattung etc* représenter; **3** (*für e-e Firma verkaufen*) représenter; **4** (*eintreten für*) soutenir; défendre; *vor Gericht* ***j-n ~*** plaider la cause de qn; ***j-s Sache ~*** prendre fait et cause pour qn; **5** ***die Ansicht ~, dass …*** être d'avis que … (+ *subj*); **6** *bes* JUR ***etw zu ~ haben*** répondre de qc; **II** *v/r* **7** F ***sich*** (*dat*) ***die Beine ~*** se dégourdir les jambes

Ver'treter(in) *m* ⟨~s; ~⟩ (*f*) ⟨~; ~nen⟩ **1** (*Interessen*Ձ) représentant(e) *m(f)*; POL *gewählte(r)* délégué(e) *m(f)*; **2** (*Handels*Ձ) représentant(e) *m(f)*, voyageur *m* (de commerce); agent commercial; **3** (*Stell*Ձ) remplaçant(e) *m(f)*; ADM suppléant(e) *m(f)*; **4** (*Verfechter*) défenseur *m*

Ver'tretung *f* ⟨~; ~en⟩ **1** (*Stell*Ձ) remplacement *m*; ADM suppléance *f*; ***in ~*** par délégation; **2** *Person* remplaçant(e) *m(f)*; ADM suppléant(e) *m(f)*; **3** *e-s Landes* représentation *f*; COMM agence *f*

ver'tretungsweise *adv* en remplacement (***für*** de)

Ver'trieb *m* ⟨~¢s⟩ COMM distribution *f*; *von Büchern a* diffusion *f*

Ver'triebene(r) *f(m)* ⟨→ A⟩ personne déplacée; expulsé(e) *m(f)*
ver'trinken *v/t* ⟨*irr, sans ge*⟩ ***sein Geld ~*** dépenser son argent à boire
ver'trocknen *v/i* ⟨-e-, *sans ge*, sn⟩ se dessécher
ver'trödeln F *péj v/t* ⟨¢, *sans ge*⟩ ***die Zeit ~*** perdre, gâcher son temps
ver'trösten *v/t* ⟨-e-, *sans ge*⟩ ***j-n ~*** demander à qn de patienter (***auf*** [+ *acc*] jusqu'à)
ver'tun ⟨*irr, sans ge*⟩ **I** *v/t* dissiper; gaspiller; **II** F *v/r* ***sich ~*** F se gourer
ver'tuschen *v/t* ⟨*sans ge*⟩ *Fehler* cacher; dissimuler; *Skandal* étouffer
ver'übeln *v/t* ⟨¢, *sans ge*⟩ ***j-m etw ~*** en vouloir à qn de qc
ver|'üben *v/t* ⟨*sans ge*⟩ *Verbrechen* commettre; JUR perpétrer; **~'ulken** *v/t* ⟨*sans ge*⟩ se moquer de; **~unglimpfen** [fɛr'ʔʊnglɪmpfən] *st/s v/t* ⟨*sans ge*⟩ dénigrer
ver'unglücken *v/i* ⟨*sans ge*, sn⟩ **1** avoir un accident; ***tödlich ~*** se tuer dans un accident; **2** F *fig* (*missglücken*) rater
Ver'unglückte(r) *f(m)* ⟨→ A⟩ accidenté(e) *m(f)*; victime *f* (d'un accident)
ver'unreinig|en *v/t* ⟨*sans ge*⟩ *Wasser, Luft* polluer; **2ung** *f* pollution *f*
ver'un|sichern *v/t* ⟨*sans ge*⟩ insécuriser; (*verwirren*) déconcerter; désorienter; **~stalten** *v/t* ⟨-e-, *sans ge*⟩ défigurer; déparer; (*hässlich machen*) enlaidir
ver'untreu|en *v/t* ⟨*sans ge*⟩ *Gelder* détourner; **2ung** *f* ⟨~; ~en⟩ détournement *m*; malversation *f*
ver'ursachen *v/t* ⟨*sans ge*⟩ causer; *Schmerzen, Aufregung* produire; provoquer; *Kosten* entraîner
ver'urteil|en *v/t* ⟨*sans ge*⟩ **1** JUR condamner (***zu*** à); **2** (*missbilligen*) condamner; réprouver; **2te(r)** *f(m)* ⟨→ A⟩ condamné(e) *m(f)*; **2ung** *f* ⟨~; ~en⟩ condamnation *f* (*a* JUR)
ver'vielfachen *v/t* (*u v/r*) ⟨*sans ge*⟩ (***sich ~*** se) multiplier (*a fig*)
ver'vielfältig|en *v/t* ⟨*sans ge*⟩ PHOT, TYPO reproduire; faire des copies de; **2ung** *f* ⟨~; ~en⟩ reproduction *f*
ver'vierfachen ⟨*sans ge*⟩ **I** *v/t* quadrupler; **II** *v/r* ***sich ~*** quadrupler
ver'vollkommn|en *v/t* (*u v/r*) ⟨-e-, *sans ge*⟩ (***sich ~*** se) perfectionner; **2ung** *f* ⟨~; ~en⟩ perfectionnement *m*
ver'vollständig|en *v/t* ⟨*sans ge*⟩ compléter; **2ung** *f* ⟨~; ~en⟩ complément *m*; *par ext* enrichissement *m*
verw. *abr* (*verwitwet*) veuf
ver'wachsen[1] *v/i* ⟨*irr, sans ge*, sn⟩ ***miteinander ~*** s'enchevêtrer (en poussant)
ver'wachsen[2] *adjt* **1** *fig* ***mit j-m, etw ~ sein*** être étroitement lié, attaché à qn, qc; **2** (*missgestaltet*) contrefait; difforme
ver'wackelt *adjt Bild* bougé
ver'wählen *v/r* ⟨*sans ge*⟩ ***sich ~*** se tromper de numéro
ver'wahren ⟨*sans ge*⟩ **I** *v/t* (bien) garder (*a Kind*); (*wegschließen*) mettre sous clé; **II** *v/r* ***sich gegen etw ~*** protester contre qc
ver'wahr|losen *v/i* ⟨*sans ge*, sn⟩ se clochardiser; *bes Kinder* être négligé; être laissé à l'abandon; **~lost** *adjt* négligé; (laissé) à l'abandon; **2losung** *f* ⟨~⟩ clochardisation *f*; *bes von Kindern* négligence *f*; abandon *m*
Ver'wahrung *f* ⟨~⟩ garde *f*; dépôt *m*; ***etw in ~*** (*acc*) ***geben*** donner qc en garde; mettre qc en dépôt
ver'waist *adjt* **1** orphelin; **2** *st/s fig Haus, Platz* abandonné; délaissé
ver'walt|en *v/t* ⟨-e-, *sans ge*⟩ *Behörde* administrer; *Vermögen, Haus* gérer; **2er(in)** *m* ⟨~s; ~⟩ (*f*) ⟨~; ~nen⟩ administrateur, -trice *m,f*; (*Haus2*) gérant(e) *m(f)*; (*Guts2*) régisseur *m*; intendant(e) *m(f)*; **2ung** *f* ⟨~; ~en⟩ administration *f*; gestion *f*
Ver'waltungs|apparat *m* appareil administratif; **~beamte(r)** *m* fonctionnaire *m* de l'administration; *in Frankreich a* agent administratif; **~bezirk** *m* district *m*; circonscription administrative; **~gebäude** *n* bâtiment administratif; **~gericht** *n* tribunal administratif
ver'wandeln ⟨¢, *sans ge*⟩ **I** *v/t* **1** (*verändern*) changer (***in*** [+ *acc*] en); transformer (en); *fig* ***sie ist wie verwandelt*** elle a tout à fait changé; **2** SPORT ***e-n Strafstoß ~*** transformer un penalty; **II** *v/i* SPORT ***zum 2:0 ~*** porter le score à 2 à 0; **III** *v/r* ***sich ~*** se transformer
Ver'wandlung *f* changement *m*; transformation *f*; MYTH, *fig*, ZO métamorphose *f*
verwandt[1] [fɛr'vant] *p/p* → ***verwenden***
ver'wandt[2] *adj* **1** parent (***mit*** de); ***er ist***

mit mir ~ (lui et moi,) nous sommes parents; **2** *fig*, *Anschauungen etc* apparenté

Ver'wandte(r) *f(m)* ⟨→ A⟩ parent(e) *m(f)*; ***die Verwandten*** *pl* → ***Verwandtschaft*** *2*

Ver'wandtschaft *f* ⟨~; ~en⟩ **1** (*Verwandtsein*) parenté *f* (*a fig*); **2** ***die*** ~ (*die Verwandten*) la parenté; la famille

ver'wandt|schaftlich *adj* de parent; **≗schaftsgrad** *m* degré *m* de parenté

ver'warnen *v/t* ⟨*sans ge*⟩ donner un avertissement à

Ver'warnung *f* avertissement *m*; ***gebührenpflichtige*** ~ contravention *f*

ver'waschen *adj* **1** (*ausgewaschen*) délavé; décoloré; **2** *Farben* pâle; délavé

ver'wässern *v/t* ⟨*sans ge*⟩ **1** mettre trop d'eau dans; **2** *fig* délayer

ver'wechseln *v/t* ⟨*¢*, *sans ge*⟩ confondre (***mit*** avec); ***er hat sie miteinander verwechselt*** il a pris l'un(e) pour l'autre; ***sie sehen sich zum*** **≗** ***ähnlich*** ils se ressemblent à s'y méprendre

Ver'wechs(e)lung *f* ⟨~; ~en⟩ **1** confusion *f*; **2** (*Vertauschung*) échange *m* involontaire

ver'wegen *adj* téméraire; audacieux

ver'wehen *v/t* ⟨*sans ge*⟩ **1** (*wegtragen*) *vom Wind* emporter; **2** *Spur* effacer

ver'wehren *v/t* ⟨*sans ge*⟩ ***j-m etw*** ~ interdire, défendre qc à qn

ver'weichlich|t *adjt* amolli; *Männer a* efféminé; **≗ung** *f* ⟨~⟩ amollissement *m*

ver'weigern ⟨*sans ge*⟩ **I** *v/t* refuser (***j-m etw*** qc à qn); ***den Wehrdienst*** ~ être objecteur de conscience; **II** *v/i Pferd* refuser (l'obstacle)

Ver'weigerung *f* refus *m*

ver'weilen *st/s v/i* ⟨*sans ge*⟩ **1** (*stehen bleiben*) s'arrêter; rester; demeurer; **2** (*sich aufhalten*) séjourner (***bei j-m*** chez qn)

ver'weint *adj* ***~e Augen haben,*** ~ ***aussehen*** avoir les yeux gonflés de larmes

Verweis [fɛr'vaɪs] *m* ⟨~es; ~e⟩ **1** (*Rüge*) réprimande *f*; ADM, SCHULE avertissement *m*; ***j-m e-n*** ~ ***erteilen*** réprimander qn; **2** (*Hinweis*) renvoi *m*

ver'weisen *v/t* ⟨*irr*, *sans ge*⟩ **1** *a v/i* ~ ***auf*** (+ *acc*) renvoyer à; **2** ***j-n*** ~ ***an*** (+ *acc*) (r)envoyer, adresser qn à; **3** (***von***) ***der Schule*** ~ renvoyer qn de l'école, du lycée, *etc*; ***j-n des Landes*** ~ expulser qn (du territoire); SPORT ***s-e Gegner auf die Plätze*** ~ devancer ses adversaires

ver'welken *v/i* ⟨*sans ge*, sn⟩ se faner; se flétrir

ver'wendbar *adj* utilisable; **≗keit** *f* ⟨~⟩ utilité *f* pratique

ver'wenden ⟨*irr*, *sans ge*⟩ **I** *v/t* **1** (*benutzen*) employer, utiliser (***für, zu*** à; ***als*** comme); *Methode, Technik a* appliquer; **2** (*aufwenden*) *Zeit, Mühe* consacrer (***auf*** [+ *acc*] à); **II** *st/s v/r* ***sich für j-n*** ~ intervenir, intercéder pour qn (***bei j-m*** auprès de qn)

Ver'wendung *f* emploi *m*; utilisation *f*; ***keine*** ~ ***für etw haben*** ne pas savoir quoi faire de qc

Ver'wendungs|möglichkeit *f* possibilité *f* d'utilisation; **~zweck** *m* emploi prévu; *auf Schecks etc* motif *m* du paiement

ver'werf|en ⟨*irr*, *sans ge*⟩ **I** *v/t* rejeter (*a* JUR *Klage*); repousser; **II** *v/r* ***sich*** ~ *Holz* gauchir; se déjeter; **~lich** *st/s adj* répréhensible; condamnable

ver'wert|bar *adj* utilisable; **~en** *v/t* ⟨-e-, *sans ge*⟩ utiliser; *Erfindung* exploiter; mettre à profit; **≗ung** *f* utilisation *f*; exploitation *f*; mise *f* à profit

ver'wes|en *v/i* ⟨*sans ge*, sn⟩ se décomposer; se putréfier; **≗ung** *f* ⟨~⟩ décomposition *f*; putréfaction *f*

ver'wetten *v/t* ⟨-e-, *sans ge*⟩ ***Geld*** ~ perdre de l'argent en pariant

ver'wickeln ⟨*¢*, *sans ge*⟩ **I** *v/t* ***j-n in etw*** (*acc*) ~ engager, impliquer qn dans qc; **II** *v/r* **1** *Garn etc* ***sich*** ~ s'emmêler; s'enchevêtrer; **2** *fig* ***sich in Widersprüche*** ~ s'empêtrer dans des contradictions

ver'wick|elt *adjt Angelegenheit* compliqué; embrouillé; **≗lung** *f* ⟨~; ~en⟩ implication *f*

ver'wild|ern *v/i* ⟨*sans ge*, sn⟩ **1** *Haustier* (re)devenir sauvage; **2** *Garten* être (laissé) à l'abandon; être négligé; **~ert** *adjt* **1** *Haustier* (re)devenu sauvage; **2** *Garten* inculte; abandonné

ver|'winden *st/s v/t* ⟨*irr*, *sans ge*⟩ *Kummer* surmonter; **~'wirken** *st/s v/t* ⟨*sans ge*⟩ *Recht* perdre

ver'wirklichen ⟨*sans ge*⟩ **I** *v/t* réaliser; **II** *v/r* ***sich*** ~ **1** se réaliser; s'accomplir; **2** ***sich*** (***selbst***) ~ se réaliser (dans la vie)

Ver'wirklichung *f* ⟨~; ~en⟩ réalisation *f*

ver'wirren ⟨*sans ge*⟩ **I** *v/t* **1** *Fäden* embrouiller; enchevêtrer; *Haare* emmêler; **2** *fig* ***j-n ~*** rendre qn confus; troubler, déconcerter qn; **II** *v/r* ***sich ~*** *Fäden* s'embrouiller; s'enchevêtrer; *Haar* s'emmêler

ver'wirrt *adjt* confus; *Person a* troublé; déconcerté

Ver'wirrung *f* ⟨~; ~en⟩ confusion *f*; trouble *m*; ***~ stiften*** provoquer la confusion; ***in ~ geraten*** s'embrouiller; se troubler

ver|'wischen *v/t* (*u v/r*) ⟨*sans ge*⟩ (***sich ~*** s')effacer (*a fig*); *Unterschiede* (s')atténuer; (s')estomper; **~'wittern** *v/i* ⟨*sans ge*, sn⟩ s'éroder, s'effriter (sous l'influence de l'air)

ver'witwet *adj* veuf

ver|wöhnen [fɛr'vøːnən] *v/t* ⟨*sans ge*⟩ gâter; choyer; **~'wöhnt** *adjt* **1** gâté; choyé; **2** (*anspruchsvoll*) exigeant; difficile (à contenter)

ver'worren [fɛr'vɔrən] *adj* confus

ver'wundbar *adj* vulnérable (*a fig*); **2keit** *f* ⟨~⟩ vulnérabilité *f* (*a fig*)

ver'wunden *v/t* ⟨-e-, *sans ge*⟩ blesser (*a fig Gefühle etc*); ***schwer verwundet*** grièvement blessé

ver'wunderlich *adj* étonnant; surprenant

ver'wundern *v/t* ⟨*sans ge*⟩ étonner; surprendre; ***es verwundert mich, dass …*** je suis étonné, surpris que … (+ *subj*)

Ver'wunderung *f* ⟨~⟩ étonnement *m*; surprise *f*

Ver'wund|ete(r) *f(m)* ⟨→ A⟩ blessé(e) *m(f)*; **~ung** *f* ⟨~; ~en⟩ blessure *f*

verwunschen [fɛr'vʊnʃən] *adj* enchanté

ver'wünsch|en *v/t* ⟨*sans ge*⟩ maudire; **2ung** *f* ⟨~; ~en⟩ malédiction *f*

ver'wurzelt *adjt fig* ***tief ~ sein in*** (+ *dat*) être profondément enraciné dans

ver'wüst|en *v/t* ⟨-e-, *sans ge*⟩ ravager; dévaster; **2ung** *f* ⟨~; ~en⟩ ravage *m*; dévastation *f*

ver|'zagen *st/s v/i* ⟨*sans ge*, sn⟩ perdre courage; se décourager; **~'zählen** *v/r* ⟨*sans ge*⟩ ***sich ~*** se tromper en comptant; **~'zahnt** *adjt* TECH endenté; engrené (***mit etw*** dans qc)

ver'zapfen *v/t* ⟨*sans ge*⟩ F *fig* ***Unsinn ~*** débiter des bêtises, des âneries

verzärteln [fɛr'tsɛːrtəln] *v/t* ⟨¢, *sans ge*⟩ bichonner; dorloter

ver'zaubern *v/t* ⟨*sans ge*⟩ enchanter (*a fig*); ensorceler; ***~ in*** (+ *acc*) métamorphoser en

Ver'zauberung *f* ⟨~; ~en⟩ enchantement *m* (*a fig*); ensorcellement *m*

ver'zehnfachen *v/t* (*u v/r*) ⟨*sans ge*⟩ (***sich ~*** se) décupler

Verzehr [fɛr'tseːr] *m* ⟨~¢s⟩ consommation *f*; **2en** *st/s* ⟨*sans ge*⟩ **I** *v/t* consommer; **II** *v/r fig* ***sich ~*** se consumer, se ronger, se miner (***vor*** [+ *dat*] de)

ver'zeichnen *v/t* ⟨-e-, *sans ge*⟩ **1** (*falsch zeichnen*) mal dessiner; **2** (*festhalten*) noter; prendre note de; ADM enregistrer; ***verzeichnet sein*** figurer (***auf*** [+ *dat*] sur; ***in*** [+ *dat*] dans); **3** *fig Erfolg* ***zu ~ haben*** pouvoir enregistrer

Ver'zeichnis *n* ⟨~ses; ~se⟩ (*Liste*) liste *f*; relevé *m*; (*Register*) registre *m*; répertoire *m* (*a* INFORM)

verzeihen [fɛr'tsaɪən] *v/t* ⟨*irr, sans ge*⟩ pardonner (***j-m etw*** qc à qn); (*entschuldigen*) excuser; ***~ Sie!*** pardon!; pardonnez-moi!; excusez-moi!

ver'zeihlich *adj* pardonnable; excusable

Ver'zeihung *f* ⟨~⟩ pardon *m*; ***~!*** pardon!; excusez-moi!; ***j-n um ~ bitten*** demander pardon à qn

ver'zerren ⟨*sans ge*⟩ **I** *v/t* **1** *Bild, Ton* déformer (*a fig Tatsachen*); distordre; **2** *Gesichtszüge* (dis)tordre; crisper; **II** *v/r* ***sich ~*** *Gesichtszüge* se décomposer; se crisper; se convulser

ver'zetteln *v/r* ⟨¢, *sans ge*⟩ ***sich ~*** s'éparpiller

Verzicht [fɛr'tsɪçt] *m* ⟨~¢s; ~e⟩ ~ (***auf*** [+ *acc*]) renoncement *m*, renonciation *f* (à); résignation *f*; abandon *m* (de); JUR renonciation (à); désistement *m* (de)

ver'zichten *v/i* ⟨-e-, *sans ge*⟩ (***auf etw*** [*acc*]) ~ renoncer (à qc); JUR *a* se désister (de qc)

ver'ziehen ⟨*irr, sans ge*⟩ **I** *v/t* **1** ***das Gesicht ~*** grimacer; faire la grimace; **2** (*schlecht erziehen*) gâter; mal élever; **II** *v/i* ⟨sn⟩ déménager (***nach*** à); **III** *v/r* ***sich ~*** **3** TECH se voiler; se fausser; *Holz* se déjeter; gauchir; **4** *Gewitter, Rauch* disparaître; se dissiper; **5** F (*sich davonmachen*) s'en aller; F se tirer; F filer

ver'zier|en *v/t* ⟨*sans ge*⟩ orner; décorer

V

(*a* CUIS); ornementer; **⁀ung** *f* ⟨~; ~en⟩ **1** (*das Verzieren*) décoration *f*; ornementation *f*; **2** (*Schmuck*) décoration *f* (*a* CUIS); ornement *m* (*a* CONSTR, RHÉT); enjolivement *m*

ver'zinsen ⟨*sans ge*⟩ **I** *v/t* rémunérer; **II** *v/r* ***sich ~*** rapporter des intérêts; ***sich mit 6% ~*** rapporter six pour cent

Ver'zinsung *f* ⟨~; ~en⟩ rapport *m*; intérêts *m/pl*; rémunération *f*

ver'zöger|n ⟨*sans ge*⟩ **I** *v/t* **1** (*aufschieben*) retarder; **2** (*verlangsamen*) ralentir (*a* TECH); **II** *v/r* ***sich ~*** être retardé (***um*** de); **⁀ung** *f* ⟨~; ~en⟩ **1** (*Aufschub*) retardement *m*; remise *f*; renvoi *m*; **2** (*Verlangsamung*) ralentissement *m*; PHYS décélération *f*

ver'zollen *v/t* ⟨*sans ge*⟩ dédouaner; payer des droits de douane sur; ***haben Sie etw zu ~?*** avez-vous qc à déclarer?

verzückt [fɛr'tsʏkt] *adjt* ravi; extasié; en extase

Ver'zückung *f* ⟨~; ~en⟩ ravissement *m*; extase *f*; ***in ~ geraten*** s'extasier; tomber en extase

Ver'zug *m* ⟨~(e)s⟩ retard *m*; délai *m*; ***in ~ sein*** être en retard (***mit*** de); ***in ~ geraten*** se mettre en retard (***mit*** dans)

ver'zweifeln *v/i* ⟨*sans ge*, sn⟩ désespérer (***an j-m, etw*** de qn, qc); *abs* se désespérer

ver'zweifelt *adjt* désespéré

Ver'zweiflung *f* ⟨~⟩ désespoir *m*; ***j-n zur ~ bringen*** mettre qn au désespoir; désespérer qn

ver'zweigen *v/r* ⟨*sans ge*⟩ ***sich ~*** se ramifier (*a fig*)

ver'zwickt F *adj* compliqué; inextricable

Vesper ['fɛspər] *f* ⟨~; ~n⟩ **1** CATH vêpres *f/pl*; **2** *a n* ⟨~s; ~⟩ *südd* (*Imbiss*) casse-croûte *m*; *für Kinder* goûter *m*

Veteran [vete'ra:n] *m* ⟨~en; ~en⟩ vétéran *m* (*a fig*)

Veterinär [veteri'nɛ:r] *m* ⟨~s; ~e⟩ vétérinaire *m*

Veto ['ve:to] *n* ⟨~s; ~s⟩ veto *m*; ***(s)ein ~ einlegen*** mettre, opposer son veto (***gegen*** à)

'Vetorecht *n* droit *m* de veto

Vetter ['fɛtər] *m* ⟨~s; ~n⟩ cousin *m*

'Vetternwirtschaft *f péj* népotisme *m*

vgl. *abr* (*vergleiche*) v. (voir); cf. (confer)

via ['vi:a] *prép* ⟨*acc*⟩ ***~ Paris*** par, via Paris

Viadukt [via'dʊkt] *m od n* ⟨~(e)s; ~e⟩ viaduc *m*

Viagra® [vi'a:gra] *n* ⟨~s⟩ PHARM viagra® *m*

Vibration [vibratsi'o:n] *f* ⟨~; ~en⟩ vibration *f*

vi'brieren *v/i* ⟨*sans ge*⟩ vibrer (*a Stimme*)

Video ['vi:deo] *n* ⟨~s; ~s⟩ vidéo *f*

'Video... *in Zssgn* vidéo...; vidéo (*nachgestellt inv*); **~aufnahme** *f* enregistrement *m* vidéo; **~band** *n* ⟨~(e)s; -bänder⟩ bande *f* vidéo; **~clip** *m* vidéoclip *m*; **~film** *m* film *m* vidéo; **~gerät** *n* magnétoscope *m*; **~kamera** *f* caméscope *m*; caméra *f* vidéo; **~kassette** *f* vidéocassette *f*; cassette *f* vidéo; **~recorder** *m* magnétoscope *m*; **~text** *m* vidéographie *f*

Videothek [video'te:k] *f* ⟨~; ~en⟩ vidéothèque *f*

Vieh [fi:] *n* ⟨~(e)s⟩ **1** *coll* bétail *m*; bestiaux *m/pl*; **2** F (*Tier*) bête *f*; **'~bestand** *m* cheptel *m*; **'~futter** *n* fourrage *m*

'viehisch *adj péj* brutal; bestial

'Vieh|markt *m* marché *m* aux bestiaux; **~stall** *m* étable *f*; **~transporter** *m* bétaillère *f*; **~zucht** *f* élevage *m* (de bétail, de bestiaux)

viel [fi:l] **I** *pr/ind* ⟨mehr, meiste⟩ **1** ⟨*pl*⟩ *adjt* beaucoup de; bien du *bzw* de la *bzw* des; *subst* beaucoup; ***~es*** bien des, beaucoup de choses; ***sehr ~e ...*** un grand nombre de ...; ***~e hundert (Menschen)*** des centaines *f/pl* (de personnes); ***~e sind gekommen*** beaucoup sont venus; ils sont venus nombreux; **2** ⟨*sg*⟩ *adjt* beaucoup de; *subst* beaucoup; ***das ~e Geld*** tout cet argent; ***in ~em*** à beaucoup d'égards; ***um ~es größer*** (de) beaucoup plus grand; **II** *adv* **1** ⟨*suivi d'un comp*⟩ (*bei weitem*) beaucoup; bien; ***nicht ~ anders als*** pas très différent de; **2** *mit zu* ***~ zu viel*** beaucoup trop; ***~ zu wenig*** beaucoup trop peu; **3** (*oft, häufig*) beaucoup; souvent; ***~ beschäftigt*** très affairé, occupé; ***~ sagend*** significatif; ***~ versprechend*** prometteur

'viel|deutig *adj* ambigu; équivoque; **⁀eck** *n* polygone *m*; **⁀ehe** *f* polygamie *f*

'vieler'lei *adj* ⟨*inv*⟩ **1** ⟨*subst*⟩ toutes sortes de choses; **2** ⟨+ *subst*⟩ divers

'vielfach I *adj* multiple; **II** *adv* souvent; fréquemment

'Vielfache(s) *n* ⟨→ A⟩ multiple *m*

Vielfalt ['fi:lfalt] *f* ⟨~⟩ multiplicité *f*; (*Mannigfaltigkeit*) diversité *f*; variété *f*

vielfältig ['fi:lfɛltɪç] *adj* multiple; (*mannigfaltig*) divers; varié

Vielfraß *m* **1** zo glouton *m*; **2** F *fig Mensch* glouton *m*; goinfre *m*

vielleicht [fi'laɪçt] **I** *adv* **1** peut-être; **2** (*ungefähr*) à peu près; environ; **II** *Partikel* **1** (*etwa, eventuell*) par 'hasard; ***glauben Sie ~ …?*** croyez-vous par 'hasard …?; ***kannst du mir ~ einmal helfen?*** tu pourrais m'aider un peu?; **2** (*wirklich*) ***sie waren ~ überrascht!*** qu'est-ce qu'ils étaient surpris!

vielleicht

Françoise kommt vielleicht morgen.
Françoise viendra peut-être demain.

Man kann **peut-être** auch an den Satzanfang stellen:

Vielleicht hat er unser Treffen vergessen.
a) **Peut-être qu'il a oublié notre rendez-vous.**
b) **Peut-être a-t-il oublié notre rendez-vous.**

Die Ungewissheit, die *vielleicht* dem Gesagten verleiht, lässt sich auch noch anders ausdrücken:

Vielleicht hat Serge den Zug verpasst.
a) **Il est possible que Serge ait raté le train.**
b) **Il se peut que Serge ait raté le train.**

In beiden Fällen muss der **subjonctif** stehen.

vielmals ['fi:lma:ls] *adv* bien des fois; ***ich bitte ~ um Entschuldigung*** mille pardons!; ***danke ~!*** merci bien!; merci beaucoup!

vielmehr [fi:l'me:r *ou* 'fi:lme:r] *adv u conj* **1** (*genauer gesagt*) plutôt; **2** (*im Gegenteil*) au contraire

'viel|schichtig *adj fig* complexe; **~seitig** *adj* **1** (*auf vielen Gebieten einsetzbar*) polyvalent; **2** (*an vielem interessiert*) d'une grande ouverture d'esprit; très ouvert; **3** (*umfassend*) étendu; vaste

Viel|'völkerstaat *m* État multinational, plurinational; **'~zahl** *f* multitude *f*; multiplicité *f*; pluralité *f*

vier [fi:r] *num/c* quatre; F ***auf allen ~en*** à quatre pattes; → ***acht***

Vier *f* ⟨~; ~en⟩ **1** *Zahl* quatre *m*; **2** *Schulnote* passable; *in Frankreich etwa* dix *m* (sur vingt)

'Vier|beiner *m* ⟨~s; ~⟩ quadrupède *m*; (*Hund*) chien *m*; **2beinig** *adj Möbel* à quatre pieds; *Tier* à quatre pattes; **~eck** *n* quadrilatère *m*; (*Quadrat*) carré *m*; **2eckig** *adj* quadrangulaire; (*quadratisch*) carré

'Vierer *m* ⟨~s; ~⟩ **1** RUDERN canot *m* à quatre rameurs; quatre *m*; **2** *südd, österr, schweiz* (*Vier*) quatre *m*; → ***Vier*** 2; **~bob** *m* bobsleigh *m* à quatre

'vier|fach I *adj* quadruple; → ***achtfach*** *I*; **II** *adv* quatre fois (plus); **2'farbendruck** *m* ⟨~(e)s; ~e⟩ TYPO impression *f* en quatre couleurs; *t/t* quadrichromie *f*; **~händig** ['fi:rhɛndɪç] *adj, adv* MUS à quatre mains; **'~'hundert** *num/c* quatre cent(s); **~jährig** *adj* (*vier Jahre alt*) (âgé) de quatre ans; (*vier Jahre lang*) de quatre ans; qui dure quatre ans

Vierkantschlüssel ['fi:rkant-] *m* clé carrée

'Vierling *m* ⟨~s; ~e⟩ un(e) *m(f)* des quadruplé(e)s; *pl* ***~e*** quadruplé(e)s *m(f)pl*

'viermal *adv* quatre fois

'Vierradantrieb *m* traction *f* quatre roues motrices; ***ein Wagen mit ~*** une quatre-quatre; une 4 x 4

vier|schrötig ['fi:rʃrø:tɪç] *adj* carré; trapu; **~spurig** *adj Straße* à quatre voies; **~stellig** *adj Zahl* de *od* à quatre chiffres

viert [fi:rt] *adv* ***zu ~*** à quatre; ***zu ~ sein*** être quatre

'Vier|takter *m* ⟨~s; ~⟩, **~taktmotor** *m* moteur *m* à quatre temps

'vier'tausend *num/c* quatre mille

'vierte *num/o* quatrième
'vierteilen *v/t* HIST écarteler
viertel ['fɪrtəl] *adj* ⟨*inv*⟩ ***ein ~ Meter*** un quart de mètre
'Viertel *n* ⟨~s; ~⟩ **1** quart *m*; ***ein ~ Wein*** un quart de vin; ***(ein) ~ vor eins*** une heure moins le quart; ***(ein) ~ nach eins*** une heure et *od* un quart; **2** (*Stadt*2) quartier *m*
'Viertel|finale *n* quart *m* de finale; **~'jahr** *n* trimestre *m*; trois mois *m/pl*; **2jährlich** *adj* trimestriel; **~liter** *m od n* quart *m* de litre; **~note** *f* MUS noire *f*; **~'stunde** *f* quart *m* d'heure
'viertens *adv* quatrièmement
Vierwaldstätter See [fiːr'valtʃtɛtər'zeː] ***der ~*** le lac des Quatre-Cantons
'vierzehn *num/c* quatorze; ***~ Tage*** quinze jours; une quinzaine; → ***acht***
vierzehntägig ['fɪrtseːntɛːgɪç] *adj* de quinze jours
'Vierzeiler *m* ⟨~s; ~⟩ quatrain *m*
vierzig ['fɪrtsɪç] *num/c* quarante; → ***achtzig***
'Vierzig *f* ⟨~⟩ quarante *m*
'vierziger *adj* ⟨*inv*⟩ ***die ~ Jahre*** *n/pl* les années *f/pl* quarante
'vierzig|jährig *adj* (*vierzig Jahre alt*) (âgé) de quarante ans; (*vierzig Jahre lang*) de quarante ans; qui dure quarante ans; **2'stundenwoche** *f* semaine *f* de quarante heures
'Vierzylinder F *m* (voiture *f* à) quatre cylindres *f*
Vietnam [viɛt'nam] *n* ⟨~s⟩ le Viêt-nam
Vietnames|e [viɛtna'meːzə] *m* ⟨~n; ~n⟩, **~in** *f* ⟨~; ~nen⟩ Vietnamien, -ienne *m,f*; **2isch** *adj* vietnamien
Vignette [vɪn'jɛtə] *f* ⟨~; ~n⟩ (*Autobahn*2) *vignette (annuelle ou hebdomadaire de péage autoroutier)*
Vikar [vi'kaːr] *m* ⟨~s; ~e⟩ ÉGL vicaire *m*
Villa ['vɪla] *f* ⟨~; Villen⟩ villa *f*
'Villenviertel *n* quartier *m* résidentiel
violett [vio'lɛt] *adj* violet
Violine [vio'liːnə] *f* ⟨~; ~n⟩ violon *m*
Vio'lin|konzert *n* **1** *Musikstück* concerto *m* pour violon; **2** *Veranstaltung* récital *m* de violon; **~schlüssel** *m* clé *f* de sol
Violoncello [violɔn'tʃɛlo] *n* ⟨~s; -celli⟩ MUS violoncelle *m*
Viper ['viːpər] *f* ⟨~; ~n⟩ vipère *f*
'Viren → ***Virus***; **~'suchprogramm** *n* programme *m* antivirus
virtuell [vɪrtu'ɛl] *adj* virtuel
virtuos [vɪrtu'oːs] **I** *adj* qui fait preuve de virtuosité; **II** *adv* avec virtuosité
Virtu'os|e *m* ⟨~n; ~n⟩, **~in** *f* ⟨~; ~nen⟩ virtuose *m,f*; **~i'tät** *f* ⟨~⟩ virtuosité *f*
Virus ['viːrus] *m od n* ⟨~; Viren⟩ virus *m*; INFORM virus informatique; **~infektion** *f* infection virale
'Visa → ***Visum***
Visage [vi'zaːʒə] F *péj f* ⟨~; ~n⟩ F gueule *f*; F tronche *f*
Visier [vi'ziːr] *n* ⟨~s; ~e⟩ **1** *am Gewehr* 'hausse *f*; **2** *am Helm* visière *f*
Vision [vizi'oːn] *f* ⟨~; ~en⟩ vision *f*
visionär [vizio'nɛːr] *adj* visionnaire
Visite [vi'ziːtə] *f* ⟨~; ~n⟩ visite *f*
Vi'sitenkarte *f* carte *f* (de visite)
visuell [vizu'ɛl] *adj* visuel
Visum ['viːzum] *n* ⟨~s; Visa *ou* Visen⟩ visa *m*
vital [vi'taːl] *adj* **1** (*lebenswichtig*) vital; **2** (*voller Lebenskraft*) tonique; plein de vitalité; **2i'tät** *f* ⟨~⟩ vitalité *f*
Vitamin [vita'miːn] *n* ⟨~s; ~e⟩ vitamine *f*; **2arm** *adj* pauvre en vitamines; **~gehalt** *m* ⟨~es; ~e⟩ teneur *f* en vitamines; **~mangel** *m* ⟨~s⟩ carence *f* en vitamines; **2reich** *adj* riche en vitamines
Vitrine [vi'triːnə] *f* ⟨~; ~n⟩ vitrine *f*
Vize|kanzler ['fiːtsə-] *m* vice-chancelier *m*; **~präsident** *m* vice-président *m*
Vlies [fliːs] *n* ⟨~es; ~e⟩ toison *f*
V-Mann ['fauman] *m* → ***Verbindungsmann***
Vogel ['foːgəl] *m* ⟨~s; ⸚⟩ **1** oiseau *m*; **2** F *fig* ***komischer ~*** drôle *m* de coco, F de pistolet; **3** F *fig iron* ***den ~ abschießen*** F décrocher la timbale; ***e-n ~ haben*** avoir un grain; F être cinglé, fêlé; ***j-m den ~ zeigen*** se toucher le front (pour dire à qn qu'il est cinglé)
'Vogel|bauer *n od m* cage *f* (d'oiseau); **~beere** *f* sorbe *f*; **~futter** *n* graines *f/pl* pour les oiseaux; **~käfig** *m* cage *f*; *großer* volière *f*; **~kunde** *f* ⟨~⟩ ornithologie *f*
vögeln ['føːgəln] *vulgär v/t u v/i* ⟨*ge*⟩ ***(j-n od mit j-m) ~*** P baiser ([avec] qn)
'Vogelnest *n* nid *m* d'oiseau
'Vogelperspektive *f* ⟨~⟩ ***aus der ~*** à vol d'oiseau
Vogel|scheuche ['foːgəlʃɔʏçə] *f* ⟨~; ~n⟩ épouvantail *m* (*a fig*); **~spinne** *f* my-

gale *f*; **~warte** *f* ⟨~; ~n⟩ station *f* ornithologique

Vogerlsalat ['fo:gərl-] *m österr* mâche *f*; doucette *f*

Vogesen [vo'ge:zən] *pl* ***die ~*** les Vosges *f/pl*

Vokabel [vo'ka:bəl] *f* ⟨~; ~n⟩ mot *m* (d'une langue étrangère); **~heft** *n* carnet *m* de vocabulaire

Vokabular [vokabu'la:r] *n* ⟨~s; ~e⟩ vocabulaire *m*

Vokal [vo'ka:l] *m* ⟨~s; ~e⟩ voyelle *f*; **~musik** *f* musique vocale

Volk [fɔlk] *n* ⟨~(e)s; ¨~er⟩ **1** (*Volksstamm*) peuple *m*; ***das ~ der Kurden*** le peuple kurde; **2** (*Bevölkerung*) peuple *m*; population *f*; *e-s Landes a* nation *f*; ***ein Mann aus dem ~*** un homme du peuple; **3** F (*Gruppe von Menschen*) monde *m*; foule *f*; ***viel ~*** beaucoup de gens, de monde; **4** (*Bienen≈*) colonie *f*

Völker|kunde ['fœlkər-] *f* ⟨~⟩ ethnologie *f*; **~mord** *m* génocide *m*; **~recht** *n* droit international public; droit *m* des gens; **≈rechtlich** *adj* de droit international; **~verständigung** *f* entente *f* entre les, rapprochement *m* des peuples; **~wanderung** *f* **1** migration *f* des peuples; **2** HIST grandes invasions

'Volks|abstimmung *f* plébiscite *m*; référendum *m*; **~aufstand** *m* insurrection *f* (populaire); **~befragung** *f* POL consultation *f* populaire; **~begehren** *n* ⟨~s; ~⟩ POL initiative *f* populaire

'volkseigen *adj* HIST DDR nationalisé; ***~er Betrieb*** entreprise nationalisée

'Volks|entscheid *m* → ***Volksabstimmung***; **~fest** *n* fête *f* populaire; **~gruppe** *f* groupe *m* ethnique; ethnie *f*; **~held** *m* 'héros national; **~hochschule** *f* université *f* populaire; **~kammer** *f* ⟨~⟩ HIST DDR Chambre *f* du Peuple; **~kunde** *f* ⟨~⟩ études *f/pl* de culture régionale; **~lied** *n* chanson *f* populaire, folklorique

'Volksmund *m* ⟨~(e)s⟩ ***im ~*** dans le langage populaire

'Volks|musik *f* musique *f* populaire, folklorique; **~polizei** *f* ⟨~⟩ HIST DDR police *f* populaire; **~republik** *f* république *f* populaire; **~schule** *f österr*, HIST BRD → ***Hauptschule***; **~sport** *m* sport *m* populaire; **~stamm** *m* tribu *f*; peuplade *f*; **~tanz** *m* danse *f* populaire, folklorique; **~tracht** *f* costume national, folklorique; **~trauertag** *m* jour *m* de deuil national allemand; **≈tümlich** [-ty:mlɪç] *adj* populaire; *Brauch, Lied, Tanz a* folklorique

'Volks|vertreter(in) *m(f)* représentant(e) *m(f)* du peuple; (femme *f*) député *m*; **~vertretung** *f* représentation du peuple, nationale; parlement *m*; **~wirt(in)** *m(f)* économiste *m,f*; **~wirtschaft** *f* **1** (*Wirtschaft e-s Landes*) économie nationale; **2** → **~wirtschaftslehre** *f* ⟨~⟩ économie *f* politique; **~zählung** *f* recensement *m* de la population

voll [fɔl] **I** *adj* **1** (*gefüllt*) plein, rempli (***von*** de); ***war es sehr ~?*** y avait-il beaucoup de monde?; ***~(er) Wasser*** plein d'eau; ***aus dem ≈en schöpfen*** puiser, dépenser largement; F ***~ sein*** (*satt*) avoir le ventre plein; (*betrunken*) être soûl, F bourré; **2** (*bedeckt mit*) ***~(er) Flecken*** plein, couvert de taches; **3** *von Körperformen* arrondi; replet; *Backen, Brüste* rebondi; **4** *Stimme* plein; sonore; *Aroma* riche; *Haar* abondant; dru; épais; **5** (*~ständig*) complet; entier; ***den ~en Fahrpreis bezahlen*** payer (le) plein tarif; ***der Mond ist ~*** c'est (la) pleine lune; ***in ~er Fahrt*** à toute vitesse; en pleine vitesse; ***in ~er Blüte*** tout en fleur(s); ***mit ~em Recht*** à juste titre; à bon droit; **6** ***~e zwei Wochen*** deux semaines entières; ***~e acht Tage*** 'huit jours pleins; ***zur ~en Stunde*** à l'heure pleine; **II** *adv* ***~ und ganz*** pleinement; entièrement; tout à fait; ***~ verantwortlich*** pleinement, entièrement responsable; ***~ gießen*** remplir à ras bord; ***~ machen*** F *Gefäß* remplir (***mit*** de); *fig* ***um das Maß ~ zu machen*** pour faire bonne mesure; F *fig* ***j-n nicht für ~ nehmen*** ne pas prendre qn au sérieux; ***etw ~ laufen lassen*** remplir qc; F *fig* ***sich ~ laufen lassen*** F se soûler la gueule; ***~ packen*** (***mit***) *Wagen* charger (de); *Koffer* remplir (de); F *fig* ***j-n mit etw ~ pumpen*** bourrer qn de qc; ***sich ~ saugen*** s'imbiber (***mit*** de); ***~ schmieren*** F barbouiller; (*beschmutzen*) salir; ***~ schreiben*** *Seite* remplir complètement; ***~ spritzen*** éclabousser; ***~ stopfen*** F remplir, bourrer (***mit*** de) (*a fig*); ***sich ~ stopfen*** (***mit***) se bourrer

V

(de) (*a fig*); ***das Auto ~ tanken*** faire le plein (d'essence); ***bitte ~ tanken!*** le plein, s'il vous plaît!

vollauf ['fɔlʔauf *ou* fɔl'ʔauf] *adv* largement; entièrement

'**voll|automatisch** *adj* entièrement automatique; **2bad** *n* bain *m*; **2bart** *m* barbe *f*; **2beschäftigung** *f* plein emploi

'**Vollbesitz** *m* ***im ~ s-r geistigen Kräfte*** en pleine possession de ses facultés

'**Vollblut** *n*, **~pferd** *n* pur sang

'**Vollbremsung** *f* freinage *m* à bloc; ***e-e ~ machen*** freiner à mort; piler

voll'bringen *st/s v/t* ⟨*irr, sans ge*⟩ accomplir; *Leistung* réaliser

'**vollbusig** *adj* à la poitrine généreuse

'**Volldampf** F *m* ***mit ~*** à toute vapeur

Völlegefühl ['fœlə-] *n* pesanteur *f*, lourdeur *f* d'estomac

voll'enden *v/t* ⟨-e-, *sans ge*⟩ (par)achever; accomplir

voll'endet *adjt* (*vollkommen*) accompli; parfait

'**vollends** *adv* entièrement; tout à fait

Voll'endung *f* **1** achèvement *m*; accomplissement *m*; **2** (*Vollkommenheit*) perfection *f*; parachèvement *m*; ***mit, nach ~ des 60. Lebensjahres*** à soixante ans révolus

'**voller** → ***voll*** *I 1, 2*

Volleyball ['vɔlibal] *m* volley-ball *m*

voll'führen *v/t* ⟨*sans ge*⟩ faire; *Kunststück* exécuter

'**Vollgas** *n* ***mit ~*** à pleins gaz (*a fig*); ***~ geben*** accélérer à fond; F appuyer sur le champignon

'**Vollidiot** F *péj m* parfait idiot

völlig ['fœlıç] **I** *adj* (*gänzlich*) entier; total; (*vollständig*) complet; **II** *adv* (*gänzlich*) entièrement; totalement; (*vollständig*) complètement; (*ganz und gar*) tout à fait

'**volljährig** *adj* majeur; ***~ werden*** atteindre sa majorité

'**Volljährigkeit** *f* ⟨~⟩ majorité *f*

'**Vollkaskoversicherung** *f* AUTO assurance *f* tous risques

vollkommen *adj* **1** [-'-- *ou* '---] (*perfekt*) parfait; (*vollendet*) achevé; consommé; **2** ['---] (*vollständig*) → ***völlig***

Voll'kommenheit *f* ⟨~⟩ perfection *f*

'**Vollkornbrot** *n* pain complet

'**Vollmacht** *f* ⟨~; ~en⟩ pouvoir *m* (*a Urkunde*); plein(s) pouvoir(s); mandat *m*; JUR procuration *f* (*a Urkunde*); ***j-m ~ erteilen*** donner procuration à qn

'**Vollmilch** *f* lait entier, non écrémé; **~schokolade** *f* chocolat *m* au lait

'**Vollmond** *m* pleine lune; ***es ist ~, wir haben ~*** c'est la pleine lune

'**Vollnarkose** *f* anesthésie générale

'**Vollpension** *f* ⟨~⟩ pension complète

'**vollschlank** *adj* bien en chair; (*rundlich*) *a* rondelet; potelé

'**vollständig** **I** *adj* complet; (*ganz*) entier; total; (*ungekürzt*) intégral; **II** *adv* en entier; (*ganz u gar*) tout à fait

'**Vollständigkeit** *f* ⟨~⟩ intégralité *f*; intégrité *f*

voll'streck|en *v/t* ⟨*sans ge*⟩ JUR exécuter; mettre à exécution; **2ung** *f* ⟨~; ~en⟩ exécution *f* (*a* JUR); **2ungsbefehl** *m* mandat *m*, ordre *m* d'exécution

'**Voll|treffer** *m* coup *m* en plein dans le mille, qui fait mouche (*beide a fig*); **2trunken** *adj* ivre mort; **~versammlung** *f* assemblée plénière; **~waise** *f* orphelin(e) *m*(*f*) de père et (de) mère; **~waschmittel** *n* lessive *f* (utilisable à) toutes (les) températures

'**vollwertig** *adj* qui a toute sa valeur

'**Vollwertkost** *f* aliments complets

'**vollzählig** **I** *adj* complet; ***~ sein*** être au grand complet; **II** *adv* ***sie sind ~ erschienen*** ils sont tous venus

voll'ziehen ⟨*irr, sans ge*⟩ **I** *v/t* (*verwirklichen*) effectuer; (*ausführen*) exécuter; **II** *v/r* ***sich ~*** se faire; s'effectuer

Voll'zug *m* **1** exécution *f*; accomplissement *m*; **2** → ***Strafvollzug***

Voll'zugs|anstalt *f* établissement *m* pénitentiaire; **~beamte(r)** *m*, **~beamtin** *f* fonctionnaire *m,f* de l'administration pénitentiaire

Volontär(in) [volɔn'tɛr(ın)] *m* ⟨~s; ~e⟩ (*f*) ⟨~; ~nen⟩ stagiaire *m,f*

Volt [vɔlt] *n* ⟨~ *ou* ~es; ~⟩ volt *m*

Volumen [vo'luːmən] *n* ⟨~s; ~ *ou* -mina⟩ volume *m*

vom [fɔm] = ***von dem***

von [fɔn] *prép* ⟨*dat*⟩ **1** *örtlich* de; ***vom Land*** de la campagne; ***ich komme ~ meiner Mutter*** je viens de chez ma mère; ***~ Leipzig ab, an ...*** à partir de Leipzig ...; ***~ ... bis ...*** de ... à ...; *Sie fahren nach Paris?* ***ich komme ~ da*** j'en viens; ***~ Osten nach Westen***

V

de l'est à l'ouest; ~ ***oben*** d'en 'haut; ~ ***oben nach unten*** de haut en bas; ~ ***links nach rechts*** de gauche à droite; **2** *zeitlich* de; dès; depuis; à partir de; ~ ***... an***, F ~ ***... ab*** depuis ...; dès ...; ~ ***morgen an*** à partir de, dès demain; ~ ***... bis ...*** de ... à ...; **3** *Herkunft* de; *Ursache, beim Passiv* par; de; ***ein Gedicht ~ ...*** un poème de ...; ***vom langen Warten*** par une longue attente; *instrumental* ~ ***Hand (gefertigt)*** fait main; **4** *Eigenschaft, Maß* de; *Kind* ~ ***zehn Jahren*** de dix ans; **5** *statt gén* de; **6** *Teil e-s Ganzen* de; ***e-r ~ uns*** l'un de nous, d'entre nous; ***acht ~ zehn Kindern*** 'huit enfants *m/pl* sur dix; **7** (*vonseiten*) de la part de; à; ***das ist sehr freundlich ~ Ihnen*** c'est bien aimable à vous, de votre part; **8** *Adelsbezeichnung* de

vonei'nander *adv* l'un de l'autre

vonnöten [fɔn'nøːtən] *adj* ~ ***sein*** être nécessaire

vonstatten [fɔn'ʃtatən] *adv* ~ ***gehen*** avoir lieu

vor [foːr] **I** *prép* **1** *Lage* ⟨*dat*⟩, *Richtung* ⟨*acc*⟩ devant; (*in Richtung auf*) *a* avant; ~ ***dem Haus*** devant la maison; ***das letzte Haus ~ dem Wald*** la dernière maison avant la forêt; **2** *zeitlich* ⟨*dat*⟩ avant; *mit Angabe vergangener Zeit* il y a; ~ ***Sonnenaufgang*** avant l'aurore; ***fünf (Minuten) ~ vier (Uhr)*** quatre heures moins cinq; ~ ***acht Tagen*** il y a huit jours; **3** *Rang* ⟨*dat*⟩ avant; ~ ***allem*** avant tout; **4** (*in Gegenwart von*) ⟨*dat*⟩ devant; ~ ***j-s Augen*** sous les yeux de qn; **5** *Ursache* ⟨*dat*⟩ de; ~ ***Freude*** de joie; **II** *adv* ~ ***und zurück*** en avant et en arrière

vor'ab *adv* par anticipation; à l'avance

'Vor|abend *m* veille *f* (*a fig*); **~ahnung** *f* pressentiment *m*

'Voralpen *pl* ***die*** ~ les Préalpes *f/pl*

vo'ran *adv* en tête; en avant; devant

vo'ran·gehen *v/i* ⟨*irr*, sn⟩ **1** *räumlich* marcher devant (***j-m*** qn); marcher en tête; **2** *Arbeit* avancer; **3** *zeitlich* ***e-r Sache*** (*dat*) ~ devancer, précéder qc

vo'ran·kommen *v/t* ⟨*irr*, sn⟩ avancer

'Vorankündigung *f* préavis *m*; ***ohne*** ~ sans prévenir; sans avertissement

'Voranmeldung *f* préavis *m*

vo'ran·|stellen *v/t* mettre, placer en tête (+ *dat* de); **~treiben** *v/t* ⟨*irr*⟩ faire avancer; activer

vor: avant oder devant?

zeitlich:	
vor 8 Uhr	**avant huit heures**
Rang, Reihenfolge:	
vor allem	**avant tout**
das letzte Haus vor der Brücke	**la dernière maison avant le pont**
räumlich:	
vor dem Haus	**devant la maison**

'Vorarbeit *f* ~ (***zu***) travaux *m/pl* préliminaires, travail *m* préparatoire (à, pour)

'vor·arbeiten ⟨-e-⟩ **I** *v/t* ***e-n (freien) Tag*** ~ faire des heures supplémentaires pour prendre un jour de congé; **II** *v/i* faire les travaux préparatoires; **III** *v/r* ***sich*** ~ se frayer un chemin; *fig* avancer

'Vorarbeiter(in) *m(f)* contremaître, -esse *m,f*; chef *m* d'équipe

Vorarlberg ['foːrˀarlbɛrk] *n* ⟨~s⟩ GÉOGR le Vorarlberg

voraus I *prép* ⟨*dat*⟩ [-'-] ***j-m, s-r Zeit (weit) ~ sein*** être (très) en avance sur qn, son époque; **II** *adv* ['--] ***im*** ≗ d'avance; à l'avance

vo'raus·|ahnen *v/t* pressentir; **~berechnen** *v/t* ⟨-e-, *sans ge*⟩ calculer, évaluer d'avance; **~bezahlen** *v/t* ⟨*sans ge*⟩ payer d'avance; **~fahren** *v/i* ⟨*irr*, sn⟩ prendre les devants

vo'raus·gehen *v/i* ⟨*irr*, sn⟩ **1** aller, marcher devant (***j-m*** qn); **2** ***e-r Sache*** (*dat*) ~ précéder qc

vo'raus·haben *v/t* ⟨*irr*⟩ ***j-m etw*** ~ avoir sur qn l'avantage de qc

vo'raus·planen *v/t* planifier

Vo'raussage *f* prédiction *f*; pronostics *m/pl*

vo'raus·sagen *v/t* prédire; pronostiquer

vo'rausschauend *advt* avec prévoyance

vo'raus·schicken *v/t* **1** envoyer par *od* à l'avance; **2** *fig* ***e-e Bemerkung*** ~ faire une remarque préliminaire

vo'raus·sehen *v/t* ⟨*irr*⟩ prévoir; ***das war vorauszusehen*** c'était prévisible
vo'raus·setzen *v/t* **1** (*erfordern*) présupposer; ***vorausgesetzt, dass …*** à condition que, pourvu que (+ *subj*); **2** (*annehmen*) supposer; présupposer
Vo'raussetzung *f* ⟨~; ~en⟩ **1** (*Vorbedingung*) condition *f*; ***unter der ~, dass …*** à condition que (+ *subj*); ***die ~en erfüllen*** satisfaire, répondre aux exigences; **2** (*Annahme*) supposition *f*; présupposition *f*
Vo'raussicht *f* ⟨~⟩ ***aller ~ nach*** selon toute probabilité; *plais* ***in weiser ~*** par mesure de prudence, de précaution
vo'raussichtlich *adj* probable
Vo'rauszahlung *f* paiement d'avance, anticipé
'Vorbau *m* ⟨~¢s; ~ten⟩ partie saillante; avant-corps *m*
'vor·bauen *v/i* ***e-r Sache*** (*dat*) **~** parer à qc; prévenir qc
'Vorbedingung *f* condition *f* préliminaire, préalable; préalable *m*
'Vorbehalt *m* ⟨~¢s; ~e⟩ réserve *f*; restriction *f*; ***nur unter ~*** sous toutes réserves; ***unter dem ~, dass …*** sous réserve que (+ *subj*); sauf à (+ *inf*)
'vor·behalten[1] ⟨*irr, sans ge*⟩ *v/r* ***sich*** (*dat*) (***das Recht***) **~ *zu*** (+ *inf*) se réserver (le droit) de (+ *inf*)
'vorbehalten[2] *adjt* ***Änderungen ~*** sous réserve de modifications
'vorbehalt|lich *prép* ⟨*gén*⟩ ADM sous réserve de; **~los** *adj* inconditionnel; sans réserve (*a adv*)
vor'bei *adv* **1** *zeitlich* passé; fini; ***alles war ~*** tout était fini; ***es ist 8 Uhr ~*** il est 'huit heures passées; **2** *räumlich* **~!** (*daneben*) raté!; ***an etw*** (*dat*) **~** le long de, à côté de, devant qc
vor'bei·fahren *v/i* ⟨*irr*, sn⟩ passer (***an*** [+ *dat*] devant, à côté de, près de)
vor'bei·gehen *v/i* ⟨*irr*, sn⟩ **1** (*vorbeilaufen*) passer (***an*** [+ *dat*] devant, à côté de); ***im*** ♀ *a fig* en passant; **2** *Schuss* manquer, rater le but; **3** F (*besuchen*) ***kurz bei j-m ~*** passer chez qn; **4** (*vergehen*) passer
vor'bei·kommen *v/i* ⟨*irr*, sn⟩ **1** passer (***an etw, j-m*** devant qc, qn; ***bei j-m*** chez qn); **2** F (*besuchen*) ***bei j-m ~*** passer chez qn; **3** (*vorbeigehen können*) (pouvoir) passer
vor'bei·lassen F *v/t* ⟨*irr*⟩ ***j-n, etw ~*** laisser passer qn, qc
vor'bei·marschieren *v/i* ⟨*sans ge*, sn⟩ défiler (***an*** [+ *dat*] devant)
vor'bei·reden *v/i* ⟨-e-⟩ ***sie reden aneinander vorbei*** c'est un dialogue de sourds
vor'bei·schießen ⟨*irr*⟩ *v/i* manquer, rater le but
vor'bei·ziehen *v/i* ⟨*irr*, sn⟩ passer (***an*** [+ *dat*] devant, à côté de)
'vorbelastet *adj* ***erblich ~ sein*** avoir une lourde hérédité
'Vorbemerkung *f* remarque *f* préalable
'vor·bereiten *v/t* (*u v/r*) ⟨-e-, *sans ge*⟩ (***sich ~*** se) préparer (***auf*** [+ *acc*] à); ***auf alles vorbereitet sein*** être prêt à tout
'Vorbereitung *f* ⟨~; ~en⟩ préparation *f* (***auf etw*** [*acc*] à qc); ***~en treffen*** faire des préparatifs (***zu, für etw*** pour qc)
'vor·bestellen *v/t* ⟨*sans ge*⟩ commander d'avance; *Plätze* louer d'avance; réserver (*a Zimmer*)
'Vorbestellung *f* commande *f* préalable; location *f*; réservation *f*
'vorbestraft *adj* JUR qui a déjà subi une condamnation; ***nicht ~*** sans antécédents judiciaires
'vor·beugen **I** *v/i* ***e-r Sache*** (*dat*) **~** parer à qc; prévenir qc (*a* MÉD); **II** *v/r* ***sich ~*** se pencher (en avant)
'vorbeug|end *adjt* préventif; MÉD prophylactique; **♀ung** *f* prévention *f*; MÉD prophylaxie *f*
'Vorbild *n* modèle *m*; exemple *m*; (***sich*** [*dat*]) ***j-n, etw zum ~ nehmen*** prendre qn, qc pour, comme modèle
'vorbildlich *adj* exemplaire; modèle
'Vorbildung *f* ⟨~⟩ formation *f*; connaissances *flpl*
'Vorbote *m* signe *m* avant-coureur, précurseur
'vor·bringen *v/t* ⟨*irr*⟩ *Anliegen* présenter; exprimer; *Argumente* avancer; *Gründe* alléguer
'Vordach *n* auvent *m*; avant-toit *m*
'vor·datieren *v/t* ⟨*sans ge*⟩ postdater
'Vorder|achse *f* essieu *m*, train *m* avant; **~ansicht** *f* vue *f* de face; **~bein** *n* patte *f*, *bes e-s Pferdes* jambe *f* de devant
vordere ['fɔrdərə] *adj* de devant; *bes Körperteile* antérieur; ***die ~n Reihen***

f/pl les premiers rangs; **~ *Seite*** devant *m*
'**Vordergrund** *m* premier plan; *fig* ***im ~ stehen*** être au premier plan
vordergründig ['-grʏndɪç] *adj* superficiel
'**Vorderlicht** *n des Fahrrads* phare *m* avant
'**Vordermann** *m* ⟨~ǂs; -männer⟩ ***mein ~*** la personne devant moi; F *fig* ***j-n auf ~ bringen*** mettre qn au pas
'**Vorder|pfote** *f* patte antérieure, de devant; **~rad** *n* roue *f* avant; **~radantrieb** *m* traction *f* avant; **~schinken** *m* épaule *f* (de porc); **~seite** *f* devant *m*; *e-r Münze* face *f*; avers *m*; **~sitz** *m* siège *m* avant
'**vorderste** *adj* le plus avancé; le premier; ***in der ~n Reihe*** au tout premier rang
'**Vorder|teil** *n od m* devant *m*; **~tür** *f* porte *f* avant
'**vor·drängen** *v/r* ***sich ~*** **1** se faufiler (pour passer) devant; **2** *fig* se mettre en avant, en vedette
'**vor·dringen** *v/i* ⟨*irr*, sn⟩ avancer; progresser; ***zu j-m ~*** se frayer un chemin jusqu'à qn
'**vor|dringlich** **I** *adj* très urgent; prioritaire; **II** *adv* d'extrême urgence; **2druck** *m* ⟨~ǂs; ~e⟩ formulaire *m*; formule *f*; **~ehelich** *adj* avant (le) mariage
'**voreilig** **I** *adj* précipité; (*verfrüht*) prématuré; **II** *adv* précipitamment; trop vite; **~ (*über j-n, etw*) *urteilen*** porter un jugement hâtif (sur qn, qc)
vorei'nander *adv* ***sich ~ fürchten*** avoir peur l'un de l'autre; ***Geheimnisse ~ haben*** avoir des secrets l'un pour l'autre
'**voreingenommen** *adj* prévenu (***gegen*** contre; ***gegenüber*** à l'égard de); partial; **2heit** *f* ⟨~⟩ parti pris; préjugés *m/pl*; partialité *f*
'**vor·enthalten** *v/t* ⟨*irr, sans ge*⟩ ***j-m etw ~*** priver qn de qc
'**Vor|entscheidung** *f* décision *f* préalable, préliminaire; **2erst** *adv* pour le moment, l'instant; **~fahr** *m* ⟨~en; ~en⟩ ancêtre *m*
'**vor·fahren** ⟨*irr*⟩ *v/t u v/i* ⟨sn⟩ **1** ***bei j-m ~*** arrêter sa voiture devant la porte de qn; **2** (*vorausfahren*) partir devant; **3** (*nach vorn fahren*) avancer
'**Vorfahrt** *f* priorité *f*; ***~ haben*** avoir (la) priorité (***vor*** [+ *dat*] sur)
'**Vorfahrts|schild** *n* panneau *m* indiquant la priorité; **~straße** *f* route *f bzw* rue *f* prioritaire; voie *f* prioritaire
'**Vorfall** *m* incident *m*; affaire *f*
'**vor·|fallen** *v/i* ⟨*irr*, sn⟩ arriver; se passer; **~finden** *v/t* ⟨*irr*⟩ trouver (à son arrivée)
'**Vor|freude** *f* joie anticipée; **~frühling** *m* début *m*, premiers jours du printemps
'**vor·fühlen** *v/i* tâter le terrain; ***bei j-m ~*** pressentir, sonder qn
'**vor·führen** *v/t* **1** (*zeigen*) présenter; **2** (*demonstrieren*) faire la démonstration de (***j-m*** à qn); *Versuch* montrer; **3** *Film* (*aufführen*) présenter; (*projizieren*) projeter; **4** ***j-n dem Richter ~*** amener qn devant le juge
'**Vorführung** *f* **1** présentation *f*; **2** démonstration *f*; **3** présentation *f*; projection *f*
'**Vorgabe** *f* **1** (*Richtlinie*) directive *f*; **2** SPORT 'handicap *m*
'**Vorgang** *m* **1** (*Prozess*) processus *m*; (*Ereignis*) événement *m*; **2** ADM (*Akten*) dossier *m*
Vor|gänger(in) ['foːrgɛŋər(ɪn)] *m* ⟨~s; ~⟩ (*f*) ⟨~; ~nen⟩ prédécesseur *m*; devancier, -ière *m,f*; **~garten** *m* jardin(et) *m* devant la maison
'**vor·gaukeln** *v/t* ⟨ǂ⟩ ***j-m etw ~*** faire miroiter qc à qn
'**vor·geben** *v/t* ⟨*irr*⟩ **1** (*im Voraus festlegen*) fixer à l'avance; **2** SPORT *Punkte* rendre; *Meter* donner un 'handicap de; **3** (*behaupten*) prétendre
'**Vorgebirge** *n* contrefort *m*
'**vorgefasst** *adjt* ***~e Meinung*** opinion préconçue; préjugé *m*
'**vorgefertigt** *adjt* préfabriqué
'**Vorgefühl** *n* pressentiment *m*
'**vor·gehen** *v/i* ⟨*irr*, sn⟩ **1** F (*nach vorn gehen*) avancer; **2** (*vorausgehen*) aller devant; prendre les devants; *Uhr* avancer; **3** (*Vorrang haben*) avoir la préférence, la priorité; passer le premier; **4** (*geschehen*) se passer; **5** (*handeln*) agir; procéder; ***wie können wir hier ~?*** comment allons-nous procéder?; ***gegen j-n, etw ~*** prendre des mesures contre qn, qc
'**Vor|gehen** *n* ⟨~s⟩ manière *f* d'agir; procédé *m*; **~geschichte** *f* **1** (*Urgeschichte*)

préhistoire *f*; **2** (*vorausgehende Ereignisse*) antécédents *m/pl*; **≗geschichtlich** *adj* préhistorique; **~geschmack** *m* avant-goût *m*; **~gesetzte(r)** *f(m)* ⟨→ A⟩ supérieur(e) *m(f)*; chef *m*; **≗gestern** *adv* avant-hier; **≗gestrig** *adj* d'avant-hier

'**vor·greifen** *v/i* ⟨*irr*⟩ **1** *beim Erzählen* anticiper (***auf*** [+ *acc*] sur); **2** ***j-m ~*** devancer les intentions de qn; ***e-r Sache*** (*dat*) **~** devancer, prévenir qc

'**Vorgriff** *m* anticipation *f* (***auf*** [+ *acc*] sur)

'**vor·haben** *v/t* ⟨*irr*⟩ projeter; avoir en vue; compter faire; ***was haben Sie heute Abend vor?*** que comptez-vous faire ce soir?; ***heute Abend habe ich schon etwas vor*** ce soir je suis déjà pris

'**Vor|haben** *n* ⟨~s; ~⟩ projet *m*; plan *m*; (*Absicht*) dessein *m*; intention *f*; **~halle** *f* vestibule *m*; 'hall *m*; *e-s Theaters* foyer *m*

'**vor·halten** ⟨*irr*⟩ **I** *v/t* **1** ***j-m etw ~*** *Gegenstand* tenir, mettre qc devant qn; ***hinter vorgehaltener Hand*** en cachette; en sous-main; **2** *fig* ***j-m etw ~*** reprocher qc à qn; **II** F *v/i Essen* tenir au ventre; *Vorsätze* (***nicht***) ***lange ~*** (ne pas) tenir longtemps, faire effet longtemps

'**Vorhaltung** *f* ***j-m ~en machen*** faire des reproches, des remontrances à qn

'**Vorhand** *f* ⟨~⟩ TENNIS coup droit

vor'handen *adj* (*existent*) existant; présent; (*verfügbar*) disponible; ***~ sein*** exister; subsister

Vor'handensein *n* ⟨~s⟩ existence *f*; présence *f*

'**Vor|hang** *m* rideau *m* (*a* THÉ); **~hängeschloss** *n* cadenas *m*; **~haut** *f* prépuce *m*

'**vorher** *adv* avant; au préalable; antérieurement; auparavant; ***am Tag ~*** la veille

vor'her·bestimmen *v/t* ⟨*sans ge*⟩ prédéterminer; REL prédestiner

vor'her|gehend *adjt* précédent; qui a précédé; **~ig** *adj* antérieur; préalable

'**Vorherrschaft** *f* POL, *fig* prédominance *f*; hégémonie *f*

'**vor·herrschen** *v/i* prédominer; prévaloir; ***die ~de Meinung*** l'opinion la plus répandue

Vor'hersage *f* prévision *f*; pronostic *m*; (*Wetter≗*) prévisions *f/pl* (météorologiques)

vor'her·sagen *v/t* prédire; pronostiquer

vor'hersehbar *adj* prévisible

vor'her·sehen *v/t* ⟨*irr*⟩ prévoir

vorhin ['foːrhɪn *ou* foːr'hɪn] *adv* tout à l'heure; à l'instant

'**Vor|hof** *m* avant-cour *f*; cour *f* d'entrée; **~hut** *f* ⟨~; ~en⟩ MIL, *fig* avant-garde *f*

'**vorig** *adj* précédent; antérieur; *Jahr, Monat* passé; dernier

'**Vor|jahr** *n* année précédente, passée; **≗jährig** *adj* de l'année précédente, passée; **~kämpfer(in)** *m(f)* champion, -ionne *m,f* (***für e-e Sache*** d'une cause); pionnier, -ière *m,f*; **~kaufsrecht** *n* droit *m* de préemption

'**Vorkehrung** *f* ⟨~; ~en⟩ mesure (préventive, de sécurité); ***~en treffen*** prendre des mesures, des dispositions

'**Vorkenntnisse** *f/pl* connaissances *f/pl* préliminaires; acquis *m/pl* préalables

'**vor·knöpfen** F *v/r* ***sich*** (*dat*) ***j-n ~*** F passer un savon à qn

'**vor·kommen** ⟨*irr*, sn⟩ **I** *v/i* **1** (*sich ereignen*) arriver; se produire; ***so etwas ist mir noch nicht vorgekommen*** je n'ai jamais rien vu de pareil; ***dass mir so etwas nicht wieder vorkommt!*** que cela ne se reproduise pas!; **2** *Pflanzen, Tiere* se rencontrer; se trouver; **3** (*scheinen*) sembler, paraître (***j-m*** à qn); ***es kommt mir vor, als ob*** il me semble que (+ *ind*); **4** F (*nach vorn kommen*) avancer; **5** (*hervorkommen*) sortir (***hinter etw*** [*dat*] de derrière qc); **II** *v/r* ***sich*** (*dat*) ***~ wie …*** se croire …

'**Vorkomm|en** *n* ⟨~s; ~⟩ **1** existence *f*; présence *f*; **2** GÉOL gisement *m*; **~nis** *n* ⟨~ses; ~se⟩ événement *m*; incident *m*

'**Vorkriegszeit** *f* (époque *f* d')avant-guerre *m od f*

'**vor·laden** *v/t* ⟨*irr*⟩ convoquer; *vor Gericht a* assigner; *als Zeuge a* citer

'**Vorladung** *f* convocation *f*; assignation *f*; citation *f*

'**Vorlage** *f* **1** (*das Vorlegen*) présentation *f*; production *f*; **2** (*Entwurf*) projet *m*; (*Gesetzes≗*) projet *m* de loi; **3** (*Muster*) modèle *m*; **4** SPORT passe *f* (en avant)

'**vor·lassen** *v/t* ⟨*irr*⟩ ***j-n ~*** *beim Anstehen* laisser qn passer devant; (*empfangen*) recevoir qn

'Vor|lauf *m* **1** *beim Rekorder* avance *f* rapide; **2** SPORT course *f* de série; **~läufer** *m* précurseur *m*; **2läufig I** *adj* provisoire; temporaire; **II** *adv* pour le moment; pour l'instant; **2laut** *adj* qui parle avant son tour; **~leben** *n* passé *m*

'vor·legen *v/t* **1** *Klotz* mettre, placer, poser devant; **2** *Kette* mettre; *Riegel a* pousser; **3** *st/s Speisen* servir; **4** *Urkunde* présenter; produire; ***etw zur Unterschrift ~*** présenter qc à la signature; **5** *bes* FUSSBALL passer; **6** *Geld* prêter; **7** F ***ein tolles Tempo ~*** aller à un train d'enfer

'Vorleger *m* ⟨~s; ~⟩ carpette *f*

'vor·lesen ⟨*irr*⟩ **I** *v/t* ***j-m etw ~*** lire qc à qn; **II** *v/i* ***j-m ~*** faire la lecture à qn

'Vorlesung *f* cours *m*; ***~en hören, besuchen*** suivre des cours; ***e-e ~ belegen*** s'inscrire à un cours

'Vorlesungsverzeichnis *n* programme *m* des cours

'vorletzte *adj* avant-dernier

vor'lieb *mit j-m, etw ~ nehmen* se contenter de qn, qc

'Vorliebe *f* prédilection *f*, préférence *f* (***für*** pour); ***mit ~*** de préférence

'vor·liegen *v/i* ⟨*irr*⟩ **1** (*vorhanden sein*) être (déjà) là; ***j-m ~*** avoir été présenté, soumis à qn; **2** (*bestehen*) exister; ***es liegt nichts gegen ihn vor*** on n'a rien à lui reprocher; ***hier liegt ein Irrtum vor*** il y a erreur; ***im ~den Fall(e)*** dans le cas présent; en l'occurrence

'vor·lügen F *v/t* ⟨*irr*⟩ ***j-m etw ~*** dire des mensonges à qn

vorm [fo:rm] F = ***vor dem***

'vor·machen F *v/t* **1** ***j-m ~, wie es gemacht wird*** montrer à qn comment s'y prendre; **2** (*täuschen*) ***j-m etw ~*** raconter des histoires à qn; en faire accroire à qn; ***wir wollen uns nichts ~!*** parlons franchement!

'Vormacht(stellung) *f* ⟨~⟩ prépondérance *f*; hégémonie *f*; prédominance *f*

'Vormarsch *m* MIL, *fig* marche *f* en avant; avance *f*; ***auf dem ~ sein*** avancer

'vor·merken *v/t* noter; prendre note de; *Datum* retenir

'Vormittag *m* matin *m*; (*ganze ~szeit*) matinée *f*; ***am ~*** dans la matinée; ***heute, morgen ~*** ce, demain matin

'vormittags *adv* le matin

'Vormonat *m* mois précédent

'Vormund *m* ⟨~(e)s; ~e *ou* -münder⟩ tuteur *m*, tutrice *f*; **~schaft** *f* ⟨~; ~en⟩ tutelle *f*

vorn [fɔrn] *adv* **1** (*an der Vorderseite*) devant; F ***nach ~ gehen, liegen*** *Zimmer* donner sur la rue, la place, *etc*; ***von ~*** par-devant; de, en face; **2** *auf e-r Liste, in e-r Reihe* en tête; devant; ***nach ~ kommen*** avancer; ***von ~*** *anfangen* par le début, le commencement; F ***von ~ bis hinten*** d'un bout à l'autre; **3** (*im Vordergrund*) ***~ im Bild*** au premier plan de la photo

'Vorname *m* prénom *m*

vorne ['fɔrnə] → ***vorn***

vornehm ['fo:rne:m] **I** *adj* **1** (*zur besseren Gesellschaft gehörig*) distingué; élégant; *nur Personen* d'un rang élevé; de qualité; ***die ~en Leute*** la haute volée; **2** (*edelmütig*) noble; **II** *adv* ***~ tun*** se donner de grands airs

'vor·nehmen ⟨*irr*⟩ **I** *v/t* (*durchführen*) faire; effectuer; **II** *v/r* **1** ***sich*** (*dat*) ***e-e Arbeit ~*** se mettre à un travail; F ***sich*** (*dat*) ***j-n ~*** faire la leçon à qn; **2** (*planen*) ***sich*** (*dat*) ***etw ~*** se proposer de faire qc

'vornehmlich *st/s adv* surtout; avant tout; particulièrement

vornherein ['--- *ou* --'-] *adv* ***von ~*** dès le début; de prime abord; a priori

vorn'über *adv* la tête la première

'Vor|ort *m* banlieue *f*; **~platz** *m* esplanade *f*; **~posten** *m* MIL avant-poste *m* (*a fig*); **~programm** *n* KINO programme présenté en début de séance

'vor·programmieren *v/t* ⟨*sans ge*⟩ INFORM programmer (à l'avance); *fig* ***vorprogrammiert sein*** être inévitable

'Vorrang *m* ⟨~(e)s⟩ **1** priorité *f*; préférence *f*; ***den ~ vor j-m haben*** avoir le pas sur qn; ***den ~ vor etw*** (*dat*) ***haben*** avoir priorité sur qc; **2** *österr* (*Vorfahrt*) priorité *f*

'vorrangig I *adj* prioritaire; **II** *adv* en premier lieu; en priorité

Vorrat ['fo:rra:t] *m* ⟨~(e)s; -räte⟩ provisions *f/pl* (***an*** [+ *dat*] de); réserve *f*, COMM stock *m* (de); ***auf ~*** en réserve; ***solange der ~ reicht*** jusqu'à épuisement des stocks

vorrätig ['fo:rrɛ:tɪç] *adj* disponible; COMM en stock; en magasin

'Vorratskammer *f* garde-manger *m*

'Vorraum *m e-r Wohnung* entrée *f*
'vor·rechnen *v/t* ⟨-e-⟩ ***j-m etw*** **~** énumérer, détailler qc à qn
'Vorrecht *n* privilège *m*; *ausschließliches* prérogative *f*
'Vorrede *f fig* ***sich nicht lange bei der*** **~** ***aufhalten*** entrer tout de suite dans le vif du sujet
'Vor|redner *m* orateur précédent; **~reiter** *m fig* pionnier *m*; **~richtung** *f* dispositif *m*; mécanisme *m*
'vor·rücken I *v/t* avancer; **II** *v/i* ⟨sn⟩ (s')avancer (*a Zeit, Zeiger*); MIL *a* progresser; ***auf den zweiten Platz*** **~** avancer à la deuxième place
'Vor|ruhestand *m* préretraite *f*; **~runde** *f* SPORT qualifications *f/pl*; sélections *f/pl*
vors [fo:rs] F = ***vor das***
'vor·sagen *v/t* ***j-m etw*** **~** *bes* SCHULE souffler qc à qn
'Vor|saison *f* avant-saison *f*; **~satz** *m* (*Entschluss*) résolution *f*; (*Absicht*) intention *f*; JUR préméditation *f*; **≈sätzlich** ['fo:rzɛtslɪç] **I** *adj* intentionnel; voulu; *bes* JUR prémédité; **II** *adv* exprès; à dessein; JUR avec préméditation; **~schau** *f* → ***Programmvorschau***
'Vorschein *m* ***zum*** **~** ***kommen*** (ap)paraître; se montrer; ***zum*** **~** ***bringen*** faire (ap)paraître
'vor·|schieben *v/t* ⟨*irr*⟩ **1** *Riegel* pousser; mettre; **2** (*nach vorn schieben*) pousser (en avant); **3** → ***vorschützen***; **~schießen** F *v/t* ⟨*irr*⟩ *Geld* avancer, prêter (***j-m*** à qn)
'Vorschlag *m* proposition *f*; suggestion *f*
'vor·schlagen *v/t* ⟨*irr*⟩ proposer (***j-m etw*** qc à qn)
'Vorschlaghammer *m* frappe-devant *m*
'vorschnell *adj u adv* → ***voreilig***
'vor·schreiben *v/t* ⟨*irr*⟩ (*anordnen, festlegen*) prescrire; ordonner; ***ich lasse mir von dir nichts*** **~*!*** je n'ai pas d'ordre à recevoir de toi!
'Vorschrift *f* prescription *f*; (*Anweisung*) instruction *f*; directive *f*; ***die*** **~*en*** *coll* le règlement; ***gegen die*** **~*en*** contraire au règlement; **~** ***sein*** être de rigueur
'vorschrifts|mäßig *adj* conforme aux instructions, au règlement; réglementaire; **~widrig** *adj* contraire aux instructions, au règlement
'Vorschub *m* ***j-m*** **~** ***leisten*** aider qn; ***e-r Sache*** (*dat*) **~** ***leisten*** favoriser qc
'Vor|schulalter *n* âge *m* préscolaire; **~schule** *f etwa* école maternelle
'Vorschuss *m* avance *f*, acompte *m* (***auf*** [+ *acc*] sur); **~lorbeeren** *m/pl* éloges anticipés
'vor·schützen *v/t* ⟨-es⟩ prétexter; se retrancher derrière
'vor·schweben *v/i* ***mir schwebt etwas ganz anderes vor*** j'ai une tout(e) autre idée; ***mir schwebt vor zu*** (+ *inf*) j'ai vaguement l'intention, j'envisage de (+ *inf*)
'vor·sehen ⟨*irr*⟩ **I** *v/t* prévoir; ***dieser Fall ist im Gesetz nicht vorgesehen*** ce cas n'a pas été prévu par la loi; **II** *v/r* ***sich*** **~** (***vor*** [+ *dat*]) prendre garde (à)
'Vorsehung *f* ⟨~⟩ Providence (divine)
'vor·setzen *v/t* ⟨-es⟩ **1** *Fuß, Stuhl* avancer; **2** *Speisen* servir
'Vorsicht *f* ⟨~⟩ prudence *f*; (*Umsicht*) circonspection *f*; précaution *f*; **~*!*** attention!; **~*, Stufe!*** attention à la marche!
'vorsichtig I *adj* prudent; circonspect; ***sei*** **~*!*** (fais) attention!; **II** *adv* avec circonspection, prudence, précaution
'vorsichts|halber *adv* par (mesure de) précaution; **≈maßnahme** *f* mesure *f* de précaution
'Vorsilbe *f* préfixe *m*
'vor·singen *v/t* ⟨*irr*⟩ ***j-m etw*** **~** chanter qc à qn
'vorsintflutlich F *fig adj* antédiluvien
'Vorsitz *m* présidence *f*; ***den*** **~** ***haben*** avoir la présidence; présider
'Vorsitzende(r) *f(m)* ⟨→ A⟩ président(e) *m(f)*
'Vorsorge *f* ⟨~⟩ prévoyance *f*; précaution *f*; **~** ***treffen*** prendre les dispositions nécessaires (***für etw*** pour assurer qc)
'vor·sorgen *v/i* → ***Vorsorge treffen***
'Vorsorgeuntersuchung *f* examen *m* de dépistage
'vorsorglich I *adj* prévoyant; **II** *adv* par précaution
'Vorspann *m* ⟨~es; ~e⟩ FILM générique *m*; (*Einleitung*) chapeau *m*
'Vorspeise *f* entrée *f*; 'hors-d'œuvre *m*
'Vorspiegelung *f* tromperie *f*; *bes* JUR **~**

falscher Tatsachen altération *f* des faits

'**Vorspiel** *n* **1** MUS prélude *m* (*a fig*); **2** THÉ prologue *m*; lever *m* de rideau; **3** *sexuelles* préliminaires *m/pl*

'**vor·spielen** *v/t* ***j-m etw ~*** MUS, THÉ jouer qc à qn; (*vortäuschen*) jouer à qn la comédie de qc

'**vor·sprechen** ⟨*irr*⟩ **I** *v/t* **1** ***e-n Satz ~*** prononcer une phrase pour la faire répéter; **2** *bei Prüfungen* réciter; **II** *v/i* **3** ***~ bei*** faire une démarche auprès de; **4** (***bei e-m Theater***) **~** donner une audition (dans un théâtre)

'**vor·springen** *v/i* ⟨*irr*⟩ **1** ***hinter e-m Busch ~*** surgir d'un buisson; **2** (*herausragen*) faire saillie; saillir

'**Vor|sprung** *m* **1** *bei Mauern, Felsen* saillie *f*; avance *f*; **2** **~** (***vor*** [+ *dat*]) avance *f* (sur); **~stadt** *f* faubourg *m*; **~stand** *m* comité directeur, de direction; *par ext a* direction *f*; *e-r Partei* bureau *m*; **~standsmitglied** *n* membre *m* du comité directeur

'**vor·stehen** *v/i* ⟨*irr*⟩ **1** *Zähne* avancer; *Kinn, Mauer, Felsen* saillir; **2** *st/s e-m Unternehmen* avoir la direction de

'**vorstehend** *adjt* **1** *in e-m Text* précédent; ***im ≈en*** dans ce qui précède; **2** (*vorspringend*) saillant

'**Vorsteher(in)** *m* ⟨**~**s; **~**⟩ (*f*) ⟨**~**; **~**nen⟩ directeur, -trice *m,f*; chef *m*

'**vorstellbar** *adj* imaginable; concevable

'**vor·stellen** **I** *v/t* **1** *Fuß, Gegenstand* avancer (*a Uhr*); **2** (*bekannt machen*) présenter (***j-m*** à qn); **3** F *fig* ***er stellt etwas vor*** (*sieht gut aus*) F il présente bien; (*gilt als Persönlichkeit*) c'est un personnage; **4** (*bedeuten*) signifier; **II** *v/r* **5** ***sich*** (*dat*) ***etw ~*** s'imaginer, se figurer qc; se faire une idée de qc; (*sich vergegenwärtigen*) se représenter qc; ***stell dir vor, …*** figure-toi …; ***ich kann mir nicht ~, dass*** je ne puis m'imaginer que (+ *ind od subj*); **6** ***sich j-m ~*** se présenter à qn

'**vorstellig** *st/s adj* ***bei j-m ~ werden*** faire une démarche auprès de qn

'**Vorstellung** *f* **1** (*Vorstellen*) présentation *f*; **2** THÉ représentation *f*; KINO séance *f* (de cinéma); **3** (*Begriff*) idée *f*; notion *f*; **4** (**~***svermögen*) imagination *f*

'**Vorstellungs|gespräch** *n* entretien *m* (d'embauche); **~kraft** *f*, **~vermögen** *n* imagination *f*

'**Vorstopper** *m* FUSSBALL arrière, défenseur central

'**Vorstoß** *m* **1** (*Versuch*) démarche *f*; ***e-n ~ bei j-m unternehmen*** entreprendre une démarche auprès de qn; **2** MIL attaque (brusquée); raid *m*

'**vor·stoßen** *v/i* ⟨*irr*, sn⟩ (*vorwärts rücken*) (s')avancer (***in*** [+ *acc*] dans)

'**Vorstrafe** *f* JUR condamnation antérieure; **~*n*** *pl* casier *m* judiciaire

'**vor·strecken** *v/t* **1** *Arm* tendre; étendre; *Hand* avancer; **2** *Geld* avancer (***j-m*** à qn)

'**Vorstufe** *f* premier degré (***zu*** de)

'**Vortag** *m* veille *f*; ***am ~*** la veille

'**vor·täusch|en** *v/t* simuler; feindre; **≈ung** *f* simulation *f* (***von*** de)

'**Vorteil** *m* **1** avantage *m* (*a* SPORT); ***~ aus etw ziehen*** tirer avantage, profit, parti de qc; ***im ~ sein*** bénéficier d'un avantage; ***zum ~ von*** à l'avantage de; ***er hat sich zu s-m ~ verändert*** il a changé en bien

'**vorteilhaft** **I** *adj* avantageux (***für*** pour); **II** *adv* ***sie ist ~ gekleidet*** ses vêtements l'avantagent beaucoup

Vortrag ['fo:rtra:k] *m* ⟨**~**(e)s; -träge⟩ **1** (*Rede*) conférence *f*; (*Referat*) exposé *m*; **2** (*Darbietung*) *e-s Textes* récitation *f*; déclamation *f*; *e-s Musikstücks* exécution *f*

'**vor·tragen** *v/t* ⟨*irr*⟩ **1** (*darlegen*) exposer; **2** *Text* réciter; déclamer; *Musikstück* exécuter; *Lied* chanter

'**Vortragende(r)** *f(m)* ⟨→ A⟩ conférencier, -ière *m,f*

'**Vortragsreihe** *f* cycle *m*, série *f* de conférences

vor'trefflich **I** *adj* excellent; de premier ordre; **II** *adv* à la perfection

'**vor·treten** *v/i* ⟨*irr*, sn⟩ faire un pas en avant; (s')avancer

'**Vortritt** *m* préséance *f*; ***den ~ vor j-m haben*** avoir la préséance sur qn; ***j-m den ~ lassen*** céder le pas à qn

vo'rüber *adv* **1** *zeitlich* passé; **2** *räumlich* ***an j-m, etw ~*** devant qn, qc; auprès, à côté de qn, qc

vo'rüber·gehen *v/i* ⟨*irr*, sn⟩ passer; ***an j-m, etw ~*** passer devant *od* auprès de *od* à côté de qn, qc; ***im ≈*** en passant

vo'rübergehend *adjt* (*von kurzer*

Dauer) passager; éphémère; momentané; (*zeitweilig*) temporaire; (*für e-e Übergangszeit*) transitoire
'**Vorurteil** *n* préjugé *m*
'**vorurteils|frei, ~los** *adj* sans préjugés
'**Vor|väter** *st/s m/pl* ancêtres *m/pl*; *st/s* aïeux *m/pl*; **~vergangenheit** *f* plus-que-parfait *m*; passé antérieur; **~verkauf** *m* location *f*
'**vor·verlegen** *v/t* ⟨*sans ge*⟩ avancer (***auf*** [+ *acc*] à, ***um*** de)
'**vor·wagen** *v/r* ***sich zu weit ~*** s'avancer trop; aller trop loin (*beide a fig*)
'**Vorwahl** *f* **1** POL premier tour de scrutin; scrutin *m* éliminatoire; **2** TÉL indicatif *m*; **~nummer** *f* TÉL indicatif *m*
'**Vorwand** *m* ⟨~(e)s; -wände⟩ prétexte *m*; ***etw zum ~ nehmen*** prendre prétexte de qc
'**vor·|wärmen** *v/t* chauffer à l'avance; **~warnen** *v/t* prévenir
'**vorwärts** *adv* en avant; **~!** en avant!; allons! (allez!); en route!; F ***~ gehen*** avancer; progresser; ***~ kommen*** avancer; faire des progrès; *im Leben* faire son chemin
'**Vorwärtsgang** *m* AUTO marche *f* avant
'**Vorwäsche** *f* prélavage *m*
vor'weg *adv* **1** (*zuvor*) d'avance; à l'avance; **2** (*voraus*) en tête; **2nahme** *f* ⟨~⟩ anticipation *f*
vor'weg·nehmen *v/t* ⟨*irr*⟩ anticiper
'**Vorweihnachtszeit** *f* période *f* qui précède Noël
'**vor·weisen** *v/t* ⟨*irr*⟩ montrer
'**vor·werfen** ⟨*irr*⟩ **I** *v/t* **1** ***j-m etw ~*** reprocher qc à qn; **2** ***e-m Tier etw ~*** jeter qc à un animal; **II** *v/r* ***sich*** (*dat*) ***etw ~*** se reprocher qc
'**vorwiegend** *adv* surtout; (*in der Mehrheit*) pour la plupart; en majorité
'**Vorwort** *n* ⟨~(e)s; ~e⟩ avant-propos *m*; préface *f*
'**Vorwurf** *m* reproche *m*; ***j-m etw zum ~ machen*** reprocher qc à qn
'**vorwurfsvoll** **I** *adj* plein de reproches; réprobateur; **II** *adv* d'un air de reproche
'**Vorzeichen** *n* **1** MATH signe *m*; **2** (*Omen*) signe précurseur, avant-coureur; **3** MUS altération *f*
'**vorzeigbar** F *adj* présentable
'**vor·zeigen** *v/t* montrer; *Ausweis a* présenter
'**Vorzeit** *f* ***in grauer ~*** dans la nuit des temps
'**vorzeitig** **I** *adj* prématuré; anticipé; **II** *adv* avant le temps, l'heure, terme
'**Vorzelt** *n* auvent *m*
'**vor·ziehen** *v/t* ⟨*irr*⟩ **1** (*bevorzugen*) préférer; **2** *Vorhang* tirer; **3** *zeitlich* avancer; anticiper; **4** *Möbel* avancer
'**Vorzimmer** *n* antichambre *f*; *par ext a* secrétariat *m*
'**Vorzug** *m* **1** (*gute Eigenschaft*) qualité *f*; (*Vorteil*) avantage *m*; **2** (*Vorrang*) préférence *f*; priorité *f*
vorzüglich [fo:r'tsy:klıç] *adj* excellent; supérieur; *Speisen a* exquis
'**Vorzugs|aktie** *f* action privilégiée; **~preis** *m* prix *m* de faveur; **2weise** *adv* de préférence
Votum ['vo:tʊm] *n* ⟨~s; Voten *ou* Vota⟩ vote *m*; suffrage *m*; voix *f*
Voyeur [voa'jø:r] *m* ⟨~s; ~e⟩ voyeur *m*
vulgär [vʊl'gɛ:r] *adj* vulgaire; trivial
Vulkan [vʊl'ka:n] *m* ⟨~s; ~e⟩ volcan *m*; **~ausbruch** *m* éruption *f* volcanique; **2isch** *adj* volcanique; **2i'sieren** *v/t* ⟨*sans ge*⟩ vulcaniser

W

W, w [ve:] *n* ⟨~; ~⟩ W, w *m*
W *abr* **1** ÉLECT (*Watt*) W (watt); **2** (*West*[*en*]) O. (ouest)
Waadt [va:t] ⟨~⟩ ***die ~, der Kanton ~*** le canton de Vaud
Waage ['va:gə] *f* ⟨~; ~n⟩ **1** TECH balance *f*; *fig* ***sich die ~ halten*** s'équilibrer; **2** ASTR Balance *f*
'**waagerecht** *adj* horizontal; de niveau
'**Waagschale** *f* plateau *m* de balance; *fig* ***etw in die ~ werfen*** mettre qc dans la balance
wabb(e)lig ['vab(ə)lıç] F *adj* mou; flasque

Wabe ['va:bə] *f* ⟨~; ~n⟩ rayon *m* (de miel); gâteau *m* de cire, de miel

wach [vax] *adj* **1** (r)éveillé; **~ werden** se réveiller (*a fig*); **2** *fig* vif; éveillé; **~ halten** *Interesse* maintenir; soutenir

'Wachablösung *f* MIL relève *f* de la garde

Wache ['vaxə] *f* ⟨~; ~n⟩ **1** *Tätigkeit* garde *f*; MAR quart *m*; **~ stehen, haben** être de garde, de faction; MAR être de quart; **2** *Person* garde *m*; sentinelle *f*; MAR vigie *f*; **3** *Gebäude* poste *m* (de garde, de police); **4** *bei e-m Kranken* veille *f*

'wachen *v/i* veiller (**über** [+ *acc*] sur); **bei j-m ~** veiller qn

'Wach|hund *m* chien *m* de garde; **~mann** *m* ⟨~¢s; -männer *ou* -leute⟩ **1** (*Aufseher*) vigile *m*; **2** *österr* agent *m* de police; **~mannschaft** *f* MIL (hommes *m/pl* de) garde *f*

Wacholder [va'xɔldər] *m* ⟨~s; ~⟩ *Strauch* genévrier *m*; genièvre *m* (*a Beere*, *Schnaps*)

'Wachposten *m* garde *m*; sentinelle *f*

'wach·|rufen *v/t* ⟨*irr*⟩ **1** *Vergangenes* évoquer; **2** *Interesse*, *Gefühle* susciter; **~rütteln** *v/t* ⟨¢⟩ *Gewissen* secouer

Wachs [vaks] *n* ⟨~es; ~e⟩ cire *f*; (*Bohner*♀) encaustique *f*; (*Ski*♀) fart *m*

'wachsam *adj* vigilant; sur le qui-vive; **♀keit** *f* ⟨~⟩ vigilance *f*

wachsen[1] ['vaksən] *v/i* ⟨wächst, wuchs, gewachsen, sn⟩ **1** *st/s* croître; *Menschen*, *Tiere* grandir; *Pflanzen*, *Bart*, *Fingernägel* pousser; *Mensch* **gut gewachsen** bien bâti; bien fait; *fig* **e-r Sache** (*dat*) **gewachsen sein** être à la hauteur de qc; **2** (*zunehmen*) augmenter; s'accroître

'wachsen[2] *v/t* ⟨¢$⟩ cirer; *Ski* farter

wächsern ['vɛksərn] *adj* de cire

'Wachs|figur *f* figurine *f*, *lebensgroße* figure *f* en *od* de cire; **~figurenkabinett** *n* cabinet *m*, musée *m* de figures de cire; **~tuch** *n* ⟨~¢s; -tücher⟩ toile cirée

'Wachstum *n* ⟨~s⟩ BIOL, ÉCON, *fig* croissance *f*; ÉCON *a* expansion *f*

'wachstums|fördernd *adjt* favorable à la croissance; **♀störung** *f* MÉD trouble *m* de croissance

Wachtel ['vaxtəl] *f* ⟨~; ~n⟩ caille *f*

Wächter(in) ['vɛçtər(ɪn)] *m* ⟨~s; ~⟩ (*f*) ⟨~; ~nen⟩ garde *m*; gardien, -ienne *m,f*

'Wachtmeister *m* agent *m* de police; **Herr ~!** Monsieur l'agent!

'Wachtposten *m* → **Wachposten**

'Wach(t)turm *m* MIL mirador *m*

wackelig ['vakəlɪç] *adj* **1** (*nicht stabil*) branlant (*a Zahn*); *Möbel* boiteux; **2** F *Person* chancelant; **3** F *fig Arbeitsplätze* menacé; *Kompromiss*, *Frieden* boiteux

'Wackelkontakt *m* mauvais contact

'wackeln *v/i* ⟨-e-⟩ **1** *Dinge* branler (*a Zahn*); vaciller; *Tisch*, *Stuhl* être branlant, boiteux; **2 mit dem Kopf ~** branler de la tête; **3** F ⟨sn⟩ (*wanken*) chanceler; tituber; **4** F *fig Stellung etc* être menacé

wacker ['vakər] *st/s*, *oft iron adj* (*bieder*) brave; (*mutig*) *st/s* vaillant

'wacklig → **wackelig**

Wade ['va:də] *f* ⟨~; ~n⟩ ANAT mollet *m*

'Wadenkrampf *m* crampe *f* au mollet

Waffe ['vafə] *f* ⟨~; ~n⟩ arme *f* (*a fig*); *st/s* **die ~n strecken** déposer, rendre les armes (*a fig*)

Waffel ['vafəl] *f* ⟨~; ~n⟩ gaufre *f*; *kleine* gaufrette *f*; **~eisen** *n* gaufrier *m*

'Waffenbesitz *m* (**unerlaubter**) **~** détention (illégale) d'armes

'Waffengewalt *f* ⟨~⟩ **mit ~** par la force des armes

'Waffen|händler *m* armurier *m*; *illegaler* trafiquant *m* d'armes; **~ruhe** *f* suspension *f* des hostilités; trêve *f*; **~schein** *m* permis *m* de port d'armes; **~stillstand** *m* armistice *m*

wagemutig ['va:gə-] *adj* audacieux

'wagen I *v/t* **1** oser (**etw zu tun** faire qc); **2** (*aufs Spiel setzen*) risquer; **II** *v/r* **sich an etw** (*acc*) **~** oser s'attaquer à qc

Wagen ['va:gən] *m* ⟨~s; ~⟩ **1** (*Auto*, *Pferde*♀) voiture *f*; (*Hand*♀) chariot *m*; *auf zwei Rädern* charrette *f*; (*Eisenbahn*♀) wagon *m*; **2** ASTR **der Große ~** la Grande Ourse

'Wagen|heber *m* ⟨~s; ~⟩ cric *m*; **~ladung** *f* voiturée *f*; **~park** *m* parc *m* automobile

Wag(g)on [va'gõ: *ou* -'gɔŋ *ou* -'go:n] *m* ⟨~s; ~s, *österr a* ~e⟩ wagon *m*

'wag|halsig *adj* téméraire; risque-tout (*inv*); *Unternehmen* 'hasardeux; **♀nis** *n* ⟨~ses; ~se⟩ risque *m*; entreprise risquée

Wahl [va:l] *f* ⟨~; ~en⟩ **1** (*Aus*♀) choix *m*;

die (freie) ~ haben avoir le (libre) choix; ***mir bleibt keine andere ~*** je n'ai pas le choix; ***s-e ~ treffen*** faire son choix; ***zur ~ stehen*** être au choix; ***in die engere ~ kommen*** être retenu au cours d'une première sélection; *prov* ***wer die ~ hat, hat die Qual*** il a, nous avons, *etc* l'embarras du choix; **2** *in ein Amt* élection *f*; vote *m*; (*Art der* ~) scrutin *m*; ***geheime ~*** scrutin secret; ***sich zur ~ stellen*** se porter candidat; **3** COMM ***erster, zweiter ~*** de premier, deuxième choix

wählbar ['vɛːl-] *adj* éligible

'wahlberechtigt *adj* ***~ sein*** avoir le droit de vote

'Wahl|berechtigte(r) *f(m)* électeur, -trice *m,f* (inscrit[e]); **~beteiligung** *f* participation électorale; **~bezirk** *m* circonscription (électorale)

'wählen I *v/t* **1** (*aus~*) choisir; **2** TÉL composer; **3** *durch Abstimmung* élire; ***j-n in den Bundestag ~*** élire qn au Bundestag; **4** (*stimmen für*) voter pour; **II** *v/i* **5** choisir (***zwischen*** [+ *dat*] entre); faire son choix; **6** TÉL composer le numéro; **7** POL voter

'Wähler(in) *m* ⟨~s; ~⟩ (*f*) ⟨~; ~nen⟩ POL électeur, -trice *m,f*

'Wahlergebnis *n* résultat *m* des élections

'wählerisch *adj* difficile (***in*** [+ *dat*] sur)

'Wähler|liste *f* liste électorale; **~schaft** *f* ⟨~⟩ corps électoral; électeurs *m/pl*

'Wahl|fach *n* SCHULE matière facultative, à option; **~gang** *m* tour *m* de scrutin; **~geheimnis** *n* secret *m* du vote; **~heimat** *f* patrie *f* d'adoption; **~kabine** *f* isoloir *m*; **~kampf** *m* campagne électorale; **~kreis** *m* circonscription (électorale); **~lokal** *n* bureau *m* de vote; **2los** *adv* sans discernement; au hasard; **~periode** *f* législature *f*; **~pflicht** *f* vote *m* obligatoire; **~plakat** *n* affiche électorale; **~programm** *n* programme électoral

'Wahlrecht *n* *aktives* droit *m* de vote; ***passives ~*** éligibilité *f*; ***allgemeines ~*** suffrage universel

'Wahlrede *f* discours électoral

'Wählscheibe *f* TÉL cadran *m*

'Wahl|sieg *m* victoire électorale; **~spruch** *m* devise *f*; **~urne** *f* urne électorale; **~versammlung** *f* réunion électorale; **2weise** *adv* facultativement; au choix

wählen: choisir oder voter?

1. Stehen mehrere Personen bzw. Dinge zur Auswahl und man entscheidet sich für eine Person bzw. Sache, so verwendet man **choisir**:

Lassen Sie sich Zeit und wählen Sie den Hut, der Ihnen am besten gefällt!
Prenez votre temps et choisissez le chapeau que vous aimez le plus!

2. Geht man zur Wahl und gibt seine Stimme einem Kandidaten oder einer Partei, so verwendet man **voter**:

rechts wählen (= eine Partei des rechten politischen Spektrums wählen)
voter à droite

links wählen
voter à gauche

den Kandidaten der Partei X wählen
voter pour le candidat du parti X

Wahn [vaːn] *m* ⟨~(e)s⟩ *st/s* illusion *f*; (*Verblendung*) aveuglement *m*

wähnen ['vɛːnən] *st/s* *v/t* ***sich in Sicherheit ~*** se croire en sécurité

'Wahnsinn *m* **1** MÉD aliénation mentale; folie *f*; démence *f*; **2** F ***das ist heller ~*** c'est de la pure folie

'wahnsinnig I *adj* **1** MÉD fou; dément; aliéné; **2** F *fig Angst, Schmerz, Hunger* F terrible; atroce; *Tempo* F dingue; **II** F *adv* ***~ viel zu tun haben*** F avoir un travail fou, monstre

'Wahn|sinnige(r) *f(m)* ⟨→ A⟩ fou *m*, folle *f*; F dingue *m,f*; **~vorstellung** *f* hallucination *f*

wahr [vaːr] *adj* **1** vrai; véridique; F *fig* ***das kann doch nicht ~ sein!*** F c'est pas vrai!; ***~ werden*** se réaliser; ***nicht ~?*** n'est-ce pas?; ***etwas 2es wird schon daran sein*** il y a sûrement du

vrai là-dedans; **2** (*tatsächlich*) véritable; vrai; ***ein ~er Freund*** un vrai, véritable ami; F *fig* ***das ist auch nicht das 2e*** ce n'est pas (non plus) l'idéal
wahren ['va:rən] *st/s v/t Interessen, Rechte* sauvegarder; défendre
währen ['vɛ:rən] *st/s v/i* durer
'**während I** *prép* ⟨*gén*⟩ pendant; durant; **II** *conj* **1** *zeitlich* pendant que … (+ *ind*); **2** (*wohingegen*) tandis que … (+ *ind*); **~'dessen** *adv* pendant, durant ce temps
'**wahrhaben** *v/t* ⟨*seulement inf*⟩ ***etw nicht ~ wollen*** ne pas vouloir convenir de qc
'**wahr|haft** *st/s* **I** *adj* véridique; (*aufrichtig*) sincère; **II** *adv* → **~'haftig** *st/s adv* vraiment
'**Wahrheit** *f* ⟨~; ~en⟩ vérité *f*; ***die ~ sagen*** dire vrai; dire la vérité; ***bei der ~ bleiben*** s'en tenir à la vérité
'**wahrheits|gemäß, ~getreu** *adj* conforme, fidèle à la vérité; **2liebe** *f* amour *m* de la vérité
'**wahrnehmbar** *adj* perceptible
'**wahr·nehmen** *v/t* ⟨*irr*⟩ **1** *sinnlich* percevoir; (*hören*) entendre; (*sehen*) voir; (*bemerken*) remarquer; s'apercevoir de; *flüchtig* apercevoir; **2** *Gelegenheit* profiter de; saisir; *s-e Rechte* faire valoir
'**Wahrnehm|ung** *f* ⟨~; ~en⟩ **1** *sinnliche* perception *f*; **2** *von Interessen* défense *f*; **~ungsvermögen** *n* perception *f*
'**wahrsagen, wahr·sagen I** *v/t* ***j-m etw ~*** prédire qc à qn; **II** *v/i* prédire l'avenir; dire la bonne aventure
'**Wahrsager(in)** *m* ⟨~s; ~⟩ (*f*) ⟨~; ~nen⟩ diseur, -euse *m,f* de bonne aventure
wahr'scheinlich *adj* vraisemblable; probable
Wahr'scheinlichkeit *f* ⟨~; ~en⟩ vraisemblance *f*; probabilité *f*; ***aller ~ nach*** selon toute vraisemblance
'**Wahrung** *f* ⟨~⟩ **1** *der Interessen* sauvegarde *f*; défense *f*; **2** *e-s bestimmten Zustandes* maintien *m*
'**Währung** *f* ⟨~; ~en⟩ monnaie *f*
'**Währungs|einheit** *f* unité *f* monétaire; **~reform** *f* réforme *f* monétaire; **~union** *f* union *f* monétaire
'**Wahrzeichen** *n* emblème *m*
Waise ['vaɪzə] *f* ⟨~; ~n⟩ orphelin(e) *m(f)*
'**Waisen|haus** *n* orphelinat *m*; **~kind** *n* → ***Waise***
'**Waisenknabe** *m* F *fig* ***er ist ein ~ gegen ihn*** il ne lui arrive pas à la cheville
'**Waisenrente** *f* pension *f* d'orphelin
Wal [va:l] *m* ⟨~(e)s; ~e⟩ baleine *f*
Wald [valt] *m* ⟨~(e)s; ~er⟩ forêt *f*; *kleinerer* bois *m*; ***tief im ~*** au fond des bois
'**Wald|arbeiter** *m* ouvrier *m* des Eaux et Forêts; **~brand** *m* incendie *m* de forêt
Wäldchen ['vɛltçən] *n* ⟨~s; ~⟩ petit bois; bosquet *m*
'**Wald|horn** *n* cor *m* de chasse; **2ig** *adj* boisé; **~lauf** *m* jogging *m* (en forêt); **~meister** *m* ⟨~s⟩ aspérule odorante; reine *f* des bois
Waldorfschule ['valdɔrf-] *f* école *f* Rudolf Steiner
'**Wald|rand** *m* lisière *f* de la forêt; **2reich** *adj* riche en forêts; **~sterben** *n* ⟨~s⟩ dépérissement *m*, mort *f* des forêts; **~weg** *m* chemin forestier
Wales [ve:ls] *n* le pays de Galles
'**Wal|fang** *m* pêche *f* à la baleine; **~fänger** *m* ⟨~s; ~⟩ **1** *Person* baleinier *m*; **2** *Schiff* baleinière *f*; **~fisch** F *m* baleine *f*
Walis|er(in) [va'li:zər(ɪn)] *m* ⟨~s; ~⟩ (*f*) ⟨~; ~nen⟩ Gallois(e) *m(f)*; **2isch** *adj* gallois
Walkie-Talkie ['wɔ:kɪ'tɔ:kɪ] *n* ⟨~(s); ~s⟩ talkie-walkie *m*
Walkman® ['wɔ:kmən] *m* ⟨~s; -men⟩ baladeur *m*; walkman® *m*
Wall [val] *m* ⟨~(e)s; ~e⟩ rempart *m* (*a fig*)
Wallach ['valax] *m* ⟨~(e)s; ~e⟩ (cheval *m*) 'hongre *m*
'**wallend** *st/s adjt Kleider, Haare* flottant
'**Wall|fahrer(in)** *m(f)* pèlerin *m*; **~fahrt** *f* pèlerinage *m*
'**Wallfahrts|kirche** *f* église *f* de pèlerinage; **~ort** *m* (lieu *m* de) pèlerinage *m*
Wallis ['valɪs] ⟨~⟩ ***das ~*** le Valais
Wallon|e [va'lo:nə] *m* ⟨~n; ~n⟩, **~in** *f* ⟨~; ~nen⟩ Wallon, -onne *m,f*; **~ien** *n* ⟨~s⟩ la Wallonie; **2isch** *adj* wallon
'**Wallung** *st/s f* ⟨~; ~en⟩ ***in ~*** (*acc*) ***geraten*** s'enflammer; s'échauffer
Walnuss ['valnʊs] *f* noix *f*; **~baum** *m* noyer *m*
Walross ['valrɔs] *n* ⟨~es; ~e⟩ zo morse *m*
walten ['valtən] *st/s v/i* ⟨-e-⟩ ***s-s Amtes ~*** s'acquitter de ses fonctions; ***Gnade ~ lassen*** user de clémence
Walze ['valtsə] *f* ⟨~; ~n⟩ cylindre *m*; rouleau *m* (*a Schreibmaschinen2*); (*Stra-*

ßen≗) rouleau compresseur
'**walzen** *v/t* ⟨-t⟩ TECH cylindrer; *Metall* laminer; *Straße* passer au rouleau
wälzen ['vɛltsən] ⟨-t⟩ **I** *v/t* **1** rouler; CUIS ***in Mehl*** ~ rouler, passer dans la farine; **2** F *fig Akten* compulser; **3** F *fig Probleme* miner; **II** *v/r* ***sich am Boden, im Schmutz*** ~ se rouler par terre, dans la boue
'**walzenförmig** *adj* cylindrique
'**Walzer** *m* ⟨~s; ~⟩ valse *f*
'**Wälzer** F *m* ⟨~s; ~⟩ F gros bouquin; F pavé *m*
'**Walz**|**straße** *f*, ~**werk** *n* laminoir *m*
Wampe ['vampə] F *péj f* ⟨~; ~n⟩ F bide *m*; F bedaine *f*
wand [vant] → ***winden***
Wand [vant] *f* ⟨~; ≃e⟩ **1** *von Gebäuden* mur *m*; F ***in meinen vier Wänden*** chez moi; entre mes quatre murs; *fig* ***j-n an die*** ~ ***stellen*** (*erschießen*) coller qn au mur; **2** (*Trenn*≗) cloison *f*; *e-s Gefäßes*, ANAT paroi *f*; ***spanische*** ~ paravent *m*; **3** (*Fels*≗) paroi (rocheuse)
Wandale [van'da:lə] *m* ⟨~n; ~n⟩ **1** HIST Vandale *m*; **2** *fig* vandale *m*
Wanda'lismus *m* ⟨~⟩ vandalisme *m*
'**Wandbehang** *m* tapisserie *f*
Wandel ['vandəl] *m* ⟨~s⟩ changement *m*; ***im*** ~ ***der Zeiten*** au fil du temps
'**wandeln** *v/t* (*u v/r*) ⟨-le⟩ (***sich*** ~ se) changer, transformer (***in*** [+ *acc*] en)
Wander|**ausstellung** ['vandər-] *f* exposition itinérante; ~**bühne** *f* comédiens ambulants; ~**düne** *f* dune mouvante
'**Wanderer** *m* ⟨~s; ~⟩ randonneur *m*
'**Wanderfalke** *m* faucon *m* pèlerin
'**Wanderin** *f* ⟨~; ~nen⟩ randonneuse *f*
'**Wander**|**karte** *f* topoguide *m*; ~**lied** *n* chanson *f* de route
'**wandern** *v/i* ⟨sn⟩ **1** faire une *bzw* des randonnée(s); faire de la marche; **2** *Vögel* émigrer; *Düne, Sonne* se déplacer; **3** F *fig* (*kommen*) F atterrir (***in den Papierkorb*** dans la corbeille à papier)
'**Wanderpokal** *m* SPORT challenge *m*
'**Wanderschaft** *f* ⟨~⟩ voyage *m* (à pied); ***auf*** ~ ***gehen*** partir pour une (grande) randonnée
'**Wander**|**schuh** *m* chaussure *f* de marche; ~**ung** *f* ⟨~; ~en⟩ **1** (*Ausflug*) randonnée *f* (à pied); marche *f*; **2** *von Völkern, Tieren* migration *f*; ~**weg** *m* sentier *m* de (grande) randonnée
'**Wand**|**lampe** *f*, ~**leuchter** *m* applique *f*
'**Wandlung** *f* ⟨~; ~en⟩ changement *m*; *grundlegende* transformation *f*
'**Wand**|**malerei** *f* peinture murale; ~**schrank** *m* placard *m*; ~**spiegel** *m* miroir mural; ~**tafel** *f* tableau noir
wandte ['vantə] → ***wenden***
'**Wandteppich** *m* tapisserie *f*
Wange ['vaŋə] *st/s f* ⟨~; ~n⟩ joue *f*
Wankelmotor ['vaŋkəlmoto:r] *m* moteur *m* Wankel, à piston rotatif
'**Wankel**|**mut** *st/s m* versatilité *f*; (*Unbeständigkeit*) inconstance *f*; ≗**mütig** *st/s adj* versatile; inconstant
wanken ['vaŋkən] *v/i* chanceler; vaciller (*beide a fig*); *Knie* flageoler; ***ins*** ≗ ***geraten*** être ébranlé
wann [van] *adv* quand; ***seit*** ~***?*** depuis quand?; ***bis*** ~***?*** jusqu'à quand?; ***von*** ~ ***an?*** à partir de quand?; ***von*** ~ ***bis*** ~***?*** de quand à quand?
Wanne ['vanə] *f* ⟨~; ~n⟩ **1** (*Bade*≗) baignoire *f*; **2** TECH bassine *f*; cuve *f*
Wanst [vanst] F *péj m* ⟨~es; ≃e⟩ F bedaine *f*; F panse *f*
Wanze ['vantsə] *f* ⟨~; ~n⟩ **1** ZO punaise *f*; **2** F (*Abhörgerät*) micro clandestin
Wappen ['vapən] *n* ⟨~s; ~⟩ armoiries *f/pl*; armes *f/pl*; blason *m*; ~**kunde** *f* (science *f*) héraldique *f*; ~**tier** *n* animal *m* héraldique
wappnen ['vapnən] *st/s v/r* ⟨-e-⟩ ***sich gegen etw*** ~ s'armer contre qc
warb [varp] → ***werben***
ward [vart] → ***werden***
Ware ['va:rə] *f* ⟨~; ~n⟩ marchandise *f*; (*Artikel*) article *m*; (*Produkt*) produit *m*
'**Waren**|**angebot** *n* offre *f* de marchandises; ~**annahme** *f* réception *f* des marchandises; ~**bestand** *m* stock *m* (de marchandises); ~**haus** *n* grand magasin; ~**lager** *n* dépôt *m* de marchandises; entrepôt *m*; ~**muster** *n*, ~**probe** *f* échantillon *m*; spécimen *m*; ~**sendung** *f* envoi *m* de marchandises
'**Warenzeichen** *n* marque *f* de fabrique; *früher* ***eingetragenes*** ~ marque déposée; nom déposé
warf [varf] → ***werfen***
warm [varm] **I** *adj* ⟨≃er, ≃ste⟩ **1** chaud; ***etw*** ≗***es trinken*** boire qc de chaud; ~ ***werden*** se réchauffer; ***es ist*** ~ il fait chaud; ***mir ist*** ~ j'ai chaud; **2** (*herzlich*)

chaleureux; **~er Empfang** accueil chaleureux; ***mit j-m nicht ~ werden*** ne pas s'entendre, sympathiser avec qn; **II** *adv* chaudement; **~ *machen*** *Speisen* faire chauffer; **~ *essen*** manger chaud; *Speisen* **~ *stellen*** mettre au chaud; F ***sich*** (*dat*) ***j-n ~ halten*** cultiver ses relations avec qn; ***den Motor ~ laufen lassen*** faire tourner le moteur; SPORT ***sich ~ laufen*** s'échauffer

'**Warm|blüter** *m* ⟨~s; ~⟩ animal *m* à sang chaud; **2blütig** *adj* à sang chaud; **~duscher** F *m* ⟨~s; ~⟩ petite nature

Wärme ['vɛrmə] *f* ⟨~⟩ chaleur *f* (*a* PHYS, TECH, *fig*); **~dämmung** *f* isolation *f* thermique; **~gewitter** *n* orage *m* de chaleur; **~isolierung** *f* isolation *f* thermique; **~kraftwerk** *n* centrale *f* thermique; **~lehre** *f* thermique *f*

'**wärmen** **I** *v/t* *Essen* faire chauffer; (*auf~*) réchauffer; **II** *v/i* *Sonne, Feuer* chauffer; *Kleidung* tenir chaud; **III** *v/r* ***sich ~*** se (ré)chauffer

'**Wärme|pumpe** *f* pompe *f* thermique; **~technik** *f* technique *f* thermique

'**Wärmflasche** *f* bouillotte *f*

'**Warm|front** *f* MÉTÉO front chaud; **2herzig** *adj* chaleureux; cordial; **~luft** *f* air chaud; **~miete** F *f* loyer *m* chauffage compris; **~'wasserheizung** *f* chauffage (central) à eau chaude

Warn|blinkanlage ['varn-] *f* AUTO feux *m/pl* de détresse; **~dreieck** *n* AUTO triangle *m* de présignalisation

'**warnen** *v/t* ***j-n*** (***vor e-r Gefahr***) **~** avertir, prévenir qn (d'un danger); ***vor Taschendieben wird gewarnt!*** attention aux pickpockets!

'**Warn|licht** *n* signal lumineux; **~schild** *n* panneau *m* de danger; **~schuss** *m* coup tiré en l'air; **~signal** *n* signal *m* de danger; **~streik** *m* grève *f* d'avertissement

'**Warnung** *f* ⟨~; ~en⟩ avertissement *m*

Warschau ['varʃau] *n* ⟨~s⟩ Varsovie

Warte ['vartə] *st/s fig* *f* ⟨~; ~n⟩ ***von s-r ~ aus*** (***gesehen***) de son point de vue

'**Warte|halle** *f* EISENBAHN salle *f* d'attente; AVIAT salle *f* d'embarquement; **~häuschen** *n* abri *m*; *in Frankreich* abribus® *m*; **~liste** *f* liste *f* d'attente

'**warten** ⟨-e-⟩ **I** *v/t* *Maschine* entretenir; **II** *v/i* attendre (***auf j-n, etw*** qn, qc); F ***da können sie lange ~!*** vous pouvez toujours attendre!; *Drohung* ***warte nur!*** attends un peu!

Wärter(in) ['vɛrtər(ɪn)] *m* ⟨~s; ~⟩ (*f*) ⟨~; ~nen⟩ gardien, -ienne *m,f*

'**Warte|saal** *m* salle *f* d'attente; **~schleife** *f* AVIAT circuit *m* d'attente; **~zeit** *f* période *f* d'attente; **~zimmer** *n* salle *f* d'attente

'**Wartung** *f* ⟨~; ~en⟩ *von Maschinen* entretien *m*; maintenance *f*

warum [va'rum] *adv* pourquoi; pour quelle raison; **~ *nicht?*** pourquoi pas?

Warze ['vartsə] *f* ⟨~; ~n⟩ verrue *f*

was [vas] **I** *pr/int* **1** *allein u betont* quoi; *unbetont*: *Nominativ* que; qu'est-ce qui; *acc* que; qu'est-ce que; F *unhöflich* ***~?*** F quoi?; F 'hein?; **~ *ist*** (***denn***)***?*** qu'est-ce qu'il y a?; **~ *ist das?*** qu'est-ce que c'est (que ça)?; **2 ~ *für ein*(*e*)** quel; **~ *für ein Auto fährt er?*** qu'est-ce qu'il a comme voiture?; **3 ~ *kostet …?*** combien coûte …?; **II** *pr/rel* **1** *Nominativ* ce qui; *acc* ce que; ***ich weiß, ~ du willst*** je sais ce que tu veux; **~ *auch immer es ist*** quoi que ce soit; **2** *weiterführend* ***…, ~ ich bereue*** … que je regrette; **~ *noch schlimmer ist*** qui pis est; **III** F *pr/ind* (*etwas*) quelque chose; ***das ist ~ anderes*** c'est autre chose; **IV** F *adv* (*wie sehr*) **~ *haben wir gelacht!*** qu'est-ce qu'on a ri!

Wasch|anlage ['vaʃ-] *f* lavage *m* (automatique) de voitures; **2bar** *adj* lavable; **~bär** *m* raton laveur; **~becken** *n* lavabo *m*

Wäsche ['vɛʃə] *f* ⟨~; ~n⟩ **1** (*~stücke*) linge *m*; **~ *waschen*** faire la lessive; **2** (*Unter2*) linge *m* (de corps); F *fig* ***dumm aus der ~ gucken*** F en rester baba; **3** (*das Waschen*) lavage *m* (*a* TECH); (***große***) **~** lessive *f*; ***in der ~ sein*** être à la lessive

'**waschecht** *adj* **1** résistant au lavage; (*farbecht*) grand teint; **2** *fig* ***ein ~er Berliner*** un Berlinois cent pour cent, pur sang

'**Wäsche|klammer** *f* épingle *f*, pince *f* à linge; **~korb** *m* corbeille *f* à linge; **~leine** *f* corde *f* à linge

'**waschen** ⟨wäscht, wusch, gewaschen⟩ **I** *v/t* laver (*a* AUTO, TECH); **II** *v/i* (*Wäsche ~*) faire la lessive; **III** *v/r* ***sich ~*** se laver; faire sa toilette

Wäsche'rei *f* ⟨~; ~en⟩ blanchisserie *f*

'Wäsche|schleuder *f* essoreuse *f*; **~ständer** *m* séchoir *m* (à linge); **~trockner** *m* **1** *Gestell* séchoir *m* (à linge); **2** *Maschine* sèche-linge *m*

'Wasch|gelegenheit *f* lavabo *m*; coin *m* toilette; **~küche** *f* **1** buanderie *f*; **2** F *fig* (*Nebel*) purée *f* de pois; **~lappen** *m* **1** gant *m*, main *f* de toilette; **2** F *fig* (*Feigling*) F lavette *f*; F chiffe (molle); **~maschine** *f* lave-linge *m*; machine *f* à laver; **~mittel** *n* lessive *f*; détergent *m*; produit *m* de lavage; **~programm** *n* programme *m* de lavage; **~pulver** *n* lessive *f*; **~raum** *m* cabinet *m* de toilette; **~salon** *m* laverie *f* (automatique); **~schüssel** *f* cuvette *f*; **~straße** *f* lavage *m* (automatique) de voitures

wäscht [vɛʃt] → ***waschen***

'Wasch|wasser *n* eau *f* de la lessive; **~zeug** *n* ustensiles *m/pl*, nécessaire *m* de toilette

Wasser ['vasər] *n* ⟨~s; ~⟩ **1** eau *f*; ***~ abweisend*** hydrofuge; ***ins ~ gehen*** aller nager, se baigner; *fig* ***j-m das ~ abgraben*** saper, miner la position de qn; *fig* *Pläne* ***ins ~ fallen*** tomber à l'eau; **2** (*~oberfläche*) eau *f*; ***unter ~*** sous l'eau; ***unter~ setzen*** inonder; submerger; *fig* ***sich über ~ halten*** s'en tirer (tout juste); **3** (*Gewässer*) eau *f*; ***stehendes ~*** eau dormante, stagnante; *fig* ***mit allen ~n gewaschen sein*** avoir plus d'un tour dans son sac; **4** *Körperflüssigkeit* eau *f*; ***da läuft e-m das ~ im Munde zusammen*** cela fait venir l'eau à la bouche; *verhüllend* ***~ lassen*** uriner; MÉD ***~ in den Beinen haben*** avoir les jambes gonflées d'œdèmes

'wasserarm *adj* aride

'Wasser|bad *n* CUIS bain-marie *m*; **~ball** *m* **1** (*Strandball*) ballon *m* (de plage); **2** *Spiel* water-polo *m*; **~becken** *n* bassin *m*; **~bett** *n* matelas *m* à eau

Wässerchen ['vɛsərçən] *n* ⟨~s; ~⟩ *fig* ***er sieht aus, als könne er kein ~ trüben*** on lui donnerait le bon Dieu sans confession

'Wasser|dampf *m* vapeur *f* d'eau; **2dicht** *adj* **1** *Kleidung* imperméable; **2** MAR, TECH étanche; **3** F *fig* *Alibi*, *Vertrag* F en béton; **~fall** *m* cascade *f*; chute *f* (d'eau); *großer* cataracte *f*; **~farbe** *f* couleur *f*, peinture *f* à l'eau; **~floh** *m* puce *f* d'eau; daphnie *f*; **~flugzeug** *n* hydravion *m*; **2gekühlt** *adjt* refroidi, à refroidissement par eau; **~glas** *n* *Gefäß* verre *m* à eau; **~graben** *m* fossé (rempli d'eau); FORTIF douve *f*; SPORT rivière *f*; **~hahn** *m* robinet *m* (d'eau)

'wässerig → ***wässrig***

'Wasser|kessel *m* bouilloire *f*; **~kocher** *m* bouilloire *f* électrique; **~kraft** *f* énergie *f*, force *f* hydraulique; **~kraftwerk** *n* centrale *f* hydro-électrique; **~lauf** *m* cours *m* d'eau; **~leiche** *f* noyé(e) *m(f)*; **~leitung** *f* conduite *f* d'eau; **2löslich** *adj* soluble dans l'eau; **~mangel** *m* manque *m*, pénurie *f* d'eau; **~mann** *m* ⟨~¢s; -männer⟩ ASTR Verseau *m*; **~melone** *f* pastèque *f*

'wassern *v/i* ⟨h *ou* sn⟩ amerrir

wässern ['vɛsərn] *v/t* **1** (*in Wasser legen*) faire tremper; *Hering* dessaler; **2** *Pflanze* arroser (abondamment)

'Wasser|pfeife *f* narguilé *od* narghilé *m*; **~pflanze** *f* plante *f* aquatique; **~pumpe** *f* pompe *f* à eau; **~rad** *n* roue *f* hydraulique; **~ratte** *f* **1** ZO rat *m* d'eau; **2** F *fig plais* personne *f* qui adore (être dans) l'eau; **~rohr** *n* conduite *f* d'eau; **~scheide** *f* GÉOGR ligne *f* de partage des eaux

'wasserscheu *adj* ***~ sein*** avoir peur de l'eau; ne pas aimer l'eau

'Wasser|schloss *n* château entouré d'eau; **~ski**[1] *n* ⟨~⟩ *Sportart* ski *m* nautique; **~ski**[2] *m* *Sportgerät* ski *m* nautique; **~spiegel** *m* → ***Wasserstand***; **~sport** *m* sports *m/pl* nautiques; **~spülung** *f* chasse *f* d'eau; **~stand** *m* niveau *m* d'eau, *e-s Flusses* des eaux; **~stelle** *f* point *m* d'eau; **~stoff** *m* hydrogène *m*; **~stoffbombe** *f* bombe *f* H, à hydrogène; **~strahl** *m* jet *m* d'eau; **~straße** *f* voie *f* navigable; **~tropfen** *m* goutte *f* d'eau; **~turm** *m* château *m* d'eau; **~uhr** *f* compteur *m* à eau; **~verschmutzung** *f* pollution *f* des eaux; **~versorgung** *f* alimentation *f* en eau; **~vogel** *m* oiseau *m* aquatique; **~waage** *f* niveau *m* (à bulle)

'Wasserweg *m* voie *f* navigable; ***auf dem ~(e)*** par eau

'Wasserwerfer *m* **1** *Gerät* lance *f*, canon *m* à eau; **2** *Fahrzeug* autopompe *f*

'Wasserwerk *n* usine *f* hydraulique; *pl* ***städtische ~e*** service *m* des eaux

'Wasserzeichen *n* filigrane *m*

W

wässrig ['vɛsrɪç] *adj* **1** qui contient de l'eau; **2** *Geschmack* insipide; sans goût
waten ['va:tən] *v/i* ⟨-e-, sn⟩ patauger
watscheln ['va(:)tʃəln] F *v/i* ⟨sn⟩ se dandiner
Watt[1] [vat] *n* ⟨~¢s; ~en⟩ GÉOGR estran *m*
Watt[2] *n* ⟨~¢s; ~⟩ ÉLECT watt *m*
Watte ['vatə] *f* ⟨~; ~n⟩ ouate *f*; coton *m* hydrophile; **~bausch** *m* tampon *m* d'ouate; (morceau *m* de) coton *m*
'**Wattenmeer** *n* → ***Watt***[1]
'**Wattestäbchen** *n* coton-tige® *m*
WC [ve:'tse:] *n* ⟨~$; ~$⟩ *abr* (*Wasserklosett*) W.-C. *m/pl*
Web [vɛp] *n* ⟨~(s)⟩ INFORM Web *m*; Toile *f*
weben ['ve:bən] *v/t* ⟨*régulier ou st/s* wob, gewoben⟩ tisser (*a Spinne*)
'**Weber(in)** *m* ⟨~s; ~⟩ (*f*) ⟨~; ~nen⟩ tisserand(e) *m*(*f*)
Webe'rei *f* ⟨~; ~en⟩ *Betrieb* tissage *m*
Web|master ['vɛpma:stər] *m* ⟨~s; ~⟩ INFORM webmaster *m*; **~seite** *f* INFORM page *f* Web; **~site** [-saɪt] *f* ⟨~; ~s⟩ INFORM site *m* Web
'**Webstuhl** *m* métier *m* à tisser
Wechsel ['vɛksəl] *m* ⟨~s; ~⟩ **1** (*Veränderung*) changement *m*; (*Schwankung*) variation *f*; **2** (*Auswechseln*) changement *m*; SPORT (*Spieler*≗) remplacement *m*; **3** (*Sichabwechseln*) alternance *f*; **4** (*Überwechseln*) passage *m*; SPORT (*Seiten*≗) changement *m* de camp; **5** (*Geld*≗) change *m*; **6** COMM lettre *f* de change; traite *f*
'**Wechselbeziehung** *f* corrélation *f*; ***in ~ (zueinander) stehen*** être en corrélation
'**Wechselfälle** *m/pl* ***die ~ des Lebens*** les vicissitudes *f/pl* de l'existence
'**Wechsel|geld** *n* monnaie *f*; **~gesang** *m* chant alterné; **≗haft** *adj Wetter* variable; instable; *Charakter* versatile; **~jahre** *n/pl* retour *m* d'âge; ménopause *f*; **~kurs** *m* cours *m* (du change)
'**wechseln** ⟨¢⟩ **I** *v/t* **1** *Wohnung, Schule, Beruf, Partner, Besitzer, Kleidung, Namen, Thema, Stellung, Farbe* changer de; **2** (*austauschen*) *Worte, Blicke* échanger; **3** ***Geld ~*** changer de l'argent; *in Kleingeld* faire de la monnaie; ***können Sie mir hundert Euro ~?*** pouvez-vous (me) changer cent euros?; pouvez-vous me donner la monnaie de cent euros?; **II** *v/i* changer; ***zu e-m anderen Verein ~*** changer de club; passer dans un autre club
'**wechselnd** *adjt Wetter* variable; instable; *Stimmung* changeant; ***mit ~em Erfolg*** avec plus ou moins de succès
'**Wechsel|objektiv** *n* objectif *m* interchangeable; **≗seitig** *adj* mutuel; réciproque; **~strom** *m* courant alternatif; **~stube** *f* bureau *m* de change; **≗voll** *adj Leben* avec des 'hauts et des bas; (*bewegt*) agité; mouvementé; **≗weise** *adv* (*abwechselnd*) alternativement; tour à tour; **~wirkung** *f* interaction *f*
'**Weckdienst** *m* réveil *m* par téléphone
wecken ['vɛkən] *v/t* réveiller; *fig Interesse* éveiller; susciter; *Erinnerungen* réveiller
'**Wecken** *m* ⟨~s; ~⟩ *südd, österr* petit pain
'**Wecker** *m* ⟨~s; ~⟩ réveil *m*; F ***j-m auf den ~ gehen, fallen*** F taper sur les nerfs à qn
'**Weckruf** *m* réveil *m*
Wedel ['ve:dəl] *m* ⟨~s; ~⟩ **1** (*Staub*≗) plumeau *m*; **2** (*Farn*≗, *Palm*≗) fronde *f*
'**wedeln** *v/i* ⟨¢⟩ **1** ***mit dem Schwanz ~*** remuer, agiter la queue; **2** SKISPORT godiller
weder ['ve:dər] *conj* ***~ … noch …*** ni … ni … (*mit* ne *beim Verb*)
weg [vɛk] F *adv* **1** (*schon ~*) parti; sorti; (*nicht da*) absent; ***~ da!*** ôte-toi *bzw* ôtez-vous de là!; F (allez,) ouste!; ***Kopf ~!*** gare (à) la tête!; ***Hände ~!*** bas les mains!; F pas touche!; F bas les pattes!; ***~ damit!*** enlève-moi *bzw* enlevez-moi ça!; **2** F *fig geistig* absent; ***ich war sofort ~*** (*eingeschlafen*) je me suis endormi tout de suite; ***sie war auf einmal ~*** (*bewusstlos*) F tout à coup, elle est tombée dans les pommes; ***ganz ~ sein*** (*begeistert sein*) être enthousiasmé, F emballé; **3** (*entfernt*) ***weit ~*** loin (***von*** de)
Weg [ve:k] *m* ⟨~¢s; ~e⟩ **1** *im Gelände* chemin *m*; voie *f* (*beide a fig*); *in Gärten, Parks* allée *f*; ***am ~(e)*** au, sur le bord du chemin; **2** (*einzuschlagende Richtung*) chemin *m*; route *f*; *fig* voie *f*; ***der ~ nach …*** le chemin de …; ***auf dem kürzesten ~*** en prenant le chemin le plus court; ***auf dem richtigen ~*** *a fig* sur la bonne voie; ***etw in die ~e leiten*** mettre qc en route; **3** (*Unterwegssein*,

Reise) **auf dem ~(e)** en route; en chemin; chemin faisant; **sich auf den ~ machen** se mettre en route, en chemin; **auf dem besten ~(e) sein zu** (+ *inf*) être en passe de (+ *inf*); **auf dem ~ nach ...** en allant à ...; sur le chemin de ...; **auf dem ~ von ...** en venant de ...; **4** (*eingeschlagener ~*) chemin *m*; **j-m aus dem ~ gehen** laisser passer qn; (se ranger pour) faire place à qn; *fig* éviter, fuir qn; *fig* **e-r Frage aus dem ~(e) gehen** éluder, esquiver une question; **aus dem ~!** ôte-toi *bzw* ôtez-vous de là!; *fig* **j-m im ~(e) stehen, sein** gêner qn; **j-n aus dem ~ räumen** (*töten*) supprimer qn; (*loswerden*) se débarrasser de qn; **etw aus dem ~ räumen** écarter qc (*a fig*); F **j-m über den ~ laufen** tomber sur qn; **j-m nicht über den ~ trauen** n'avoir aucune confiance en qn; *fig* **j-m Hindernisse in den ~ legen** créer des difficultés à qn; **auf halbem ~(e)** *a fig* à mi-chemin; *fig* **s-n ~ gehen** suivre son chemin; **5** *fig* (*Methode, Lösungs*~) moyen *m*; **ich sehe keinen anderen ~ zu** (+ *inf*) je ne vois pas d'autre moyen de (+ *inf*); **6** *fig* **auf schnellstem ~e** le plus rapidement possible

ˈ**Wegbereiter(in)** *m* ⟨~s; ~⟩ (*f*) ⟨~; ~nen⟩ précurseur *m*; pionnier, -ière *m,f*

ˈ**weg·blasen** *v/t* ⟨*irr*⟩ F **wie weggeblasen sein** avoir disparu comme par enchantement

ˈ**weg·|bleiben** F *v/i* ⟨*irr*, sn⟩ **1** → **fortbleiben**; **2** *Strom* être coupé; **~bringen** *v/t* ⟨*irr*⟩ **1** → **fortbringen**; **2** → **wegkriegen**

ˈ**weg·denken** *v/t* ⟨*irr*⟩ (**sich** [*dat*]) **etw ~** faire abstraction de qc; **er ist aus meinem Leben nicht mehr wegzudenken** je ne peux plus m'imaginer une vie sans lui

ˈ**Wegelagerer** *m* ⟨~s; ~⟩ voleur *m* de grand chemin

wegen [ˈveːgən] *prép* ⟨*gén*, + *subst sans terminaison, a dat*⟩ **1** *Ursache* à cause de; pour; pour cause de; (*infolge*) par suite de; **~ schlechten Wetters** à cause du mauvais temps; **2** *Bezug* en ce qui concerne; pour ce qui est de; F **von ~!** penses-tu!; **3** *Zweck* à cause de; pour

ˈ**weg·fahren** ⟨*irr*⟩ **I** *v/t* emmener (en voiture, *etc*); **II** *v/i* ⟨sn⟩ partir (en voiture, *etc*); **sie fahren oft weg** ils sont souvent en voyage

ˈ**Wegfahrsperre** *f* (**elektronische**) **~** système *m* antidémarrage

ˈ**weg·|fallen** *v/i* ⟨*irr*, sn⟩ être supprimé; *Hindernisse, Vorteile a* tomber; **~fegen** *v/t* balayer (*a fig*); **~fliegen** *v/i* ⟨*irr*, sn⟩ s'envoler (**nach** pour)

ˈ**Weggang** *m* départ *m*

ˈ**weg·geben** *v/t* ⟨*irr*⟩ se débarrasser de

ˈ**weg·gehen** *v/i* ⟨*irr*, sn⟩ **1** s'en aller; partir; F **geh mir weg damit!** fais-moi grâce de ça!; **2** F *Ware* se vendre; **3** F (*verschwinden*) disparaître; *Fleck, Schmutz etc* partir

ˈ**weg·gießen** *v/t* ⟨*irr*⟩ jeter

ˈ**weg·haben** F *v/t* ⟨*irr*⟩ *auf e-m bestimmten Gebiet* **etwas ~** F être calé (en ...); F assurer

ˈ**weg·jagen** *v/t* chasser

ˈ**weg·kommen** F *v/i* ⟨*irr*⟩ **1** (*sich entfernen können*) partir; s'en aller; F se tirer; **machen Sie, dass Sie ~!** F tirez-vous!; **2** (*abhanden kommen*) disparaître; **3** **bei etw gut ~** s'en tirer bien

ˈ**weg·|können** F *v/i* ⟨*irr*⟩ arriver à partir, s'en aller, sortir; **~kriegen** F *v/t Fleck* arriver à enlever, ôter

ˈ**weg·lassen** *v/t* ⟨*irr*⟩ **1** **j-n ~** laisser partir qn; **2** (*wegfallen lassen*) F laisser tomber; supprimer

ˈ**weg·|laufen** *v/i* ⟨*irr*, sn⟩ → **fortlaufen**; **~legen** *v/t* (*beiseite legen*) mettre de côté; (*aus der Hand legen*) poser; **~machen** F *v/t* enlever; faire partir; **~müssen** F *v/i* ⟨*irr*⟩ **1** (*gehen müssen*), *Post* devoir partir; **2** (*verbraucht werden müssen*) devoir être consommé; (*entfernt werden müssen*) devoir être enlevé

ˈ**weg·nehmen** *v/t* ⟨*irr*⟩ **1** *störenden Gegenstand* enlever; **2** (**j-m**) **etw ~** prendre qc (à qn); **3** **viel Platz ~** prendre beaucoup de place

ˈ**weg·rationalisieren** *v/t* ⟨*sans ge*⟩ **Arbeitsplätze ~** supprimer des emplois en rationalisant la production

ˈ**weg·|räumen** *v/t* **1** (*aufräumen*) ranger; **2** *Schutt* déblayer; *Hindernisse, fig* écarter; **~rennen** F *v/i* ⟨*irr*, sn⟩ se sauver, s'enfuir (**vor** [+ *dat*] devant); **~schaffen** *v/t* → **fortschaffen**; **~scheren** F *v/r* **sich ~** F filer; F se barrer; F se tirer; **~schicken** *v/t Person* renvoyer;

W

Brief, Paket envoyer; expédier; **~schieben** *v/t* ⟨*irr*⟩ repousser; écarter (en poussant); **~schleichen** *v/i* ⟨*irr*, sn⟩ (*u v/r* ***sich ~***) s'esquiver; **~schleppen** *v/t* emporter; traîner; **~schließen** *v/t* ⟨*irr*⟩ mettre sous clé; **~schmeißen** F *v/t* ⟨*irr*⟩ jeter; F balancer

'**weg·schnappen** F *v/t Ball* 'happer; attraper; *Freundin, Posten* F piquer; F souffler; ***j-m etw vor der Nase ~*** F piquer qc à qn sous le nez

'**weg·schütten** *v/t* ⟨-e-⟩ jeter

'**weg·sehen** *v/i* ⟨*irr*⟩ **1** détourner les yeux; **2** F *fig* ***über etw*** (*acc*) **~** fermer les yeux sur qc

'**weg·|setzen** *v/r* ⟨~~ge~~⟩ ***sich ~*** changer de place; **~stecken** *v/t* mettre de côté; F *fig Schlag, Beleidigung* F digérer; **~stehlen** *v/r* ⟨*irr*⟩ ***sich ~*** s'esquiver; **~stellen** *v/t* mettre ailleurs; **~stoßen** *v/t* ⟨*irr*⟩ repousser; **~streichen** *v/t* ⟨*irr*⟩ *Geschriebenes* barrer; rayer; **~tragen** *v/t* ⟨*irr*⟩ emporter

'**weg·treten** ⟨*irr*⟩ **I** *v/t* écarter du pied; **II** *v/i* ⟨sn⟩ se retirer; MIL rompre les rangs; F *fig* (***geistig***) ***weggetreten sein*** être absent, dans la lune

'**weg·tun** F *v/t* ⟨*irr*⟩ **1** *an andere Stelle* enlever; **2** (*wegwerfen*) jeter

'**Wegweiser** *m* ⟨~s; ~⟩ poteau, panneau indicateur

'**Wegwerf...** *in Zssgn* jetable

'**weg·werfen** *v/t* ⟨*irr*⟩ jeter

'**wegwerf|end** *adjt* dédaigneux; méprisant; **~gesellschaft** *f péj* société *f* de gaspillage

'**weg·|wischen** *v/t* essuyer; effacer; **~wollen** F *v/i* ⟨*irr*⟩ vouloir s'en aller, partir; **~ziehen** ⟨*irr*⟩ **I** *v/t Hand, Gegenstand* retirer; enlever; *Person* entraîner; **II** *v/i* ⟨sn⟩ (*umziehen*) déménager (***von, aus*** de)

weh [veː] *int* ***o ~!*** aïe!; aïe aïe aïe!

wehe ['veːə] *int st/s* ***~ (dir), wenn du ...!*** gare à toi, si tu ...!

'**Wehe** *f* ⟨~; ~n⟩ *pl* ***~n*** douleurs *f/pl* de l'accouchement; travail *m*

wehen ['veːən] **I** *v/t* emporter; chasser; **II** *v/i* **1** *Wind* souffler; **2** *Fahnen, Haare* flotter

'**Weh|klage** *st/s f* lamentation(s) *f(pl)*; **~leidig** *adj péj* pleurnicheur; F geignard; *Stimme, Miene* plaintif; dolent; **~mut** *st/s f* ⟨~⟩ (*Sehnsucht*) nostalgie *f*; (*Schwermut*) (douce) mélancolie; **~mütig** *adj* nostalgique; mélancolique

Wehr[1] [veːr] *f* ⟨~⟩ ***sich zur ~ setzen*** se défendre; opposer de la résistance

Wehr[2] *n* ⟨~~e~~s; ~e⟩ barrage *m*

'**Wehrdienst** *m* service *m* militaire; **~verweigerer** *m* ⟨~s; ~⟩ objecteur *m* de conscience; **~verweigerung** *f* objection *f* de conscience

'**wehren** *v/r* **1** ***sich ~*** *körperlich, fig* se défendre (***gegen*** contre, de); (*Widerstand leisten*) résister (à); **2** (*sich weigern*) ***sich*** (***dagegen***) **~**, ***etw zu tun*** se refuser à faire qc

'**wehrlos** *adj* désarmé; sans défense (*a Tiere*); ***j-m, e-r Sache ~ ausgeliefert sein*** être livré sans défense à qn, qc

'**Wehr|losigkeit** *f* ⟨~⟩ incapacité *f* de se défendre; **~pass** *m* livret *m* militaire; **~pflicht** *f* service *m* militaire obligatoire

'**wehrpflichtig** *adj* ***in ~em Alter*** en âge d'être incorporé

'**Wehr|pflichtige(r)** *m* ⟨→ A⟩ conscrit *m*; **~sold** *m* prêt *m*; solde *f*

'**weh·tun** *v/i* ⟨*irr*⟩ ***j-m ~*** faire mal à qn; *fig* faire du mal à qn; ***der Kopf tut mir weh*** j'ai mal à la tête; ***wo tut es dir weh?*** où as-tu mal?

Weh'wehchen *n* ⟨~s; ~⟩ bobo *m*

Weib [vaɪp] *n* ⟨~~e~~s; ~er⟩ **1** *poét*, BIBL femme *f*; **2** F (*Ehe~*) épouse *f*; ***ein tolles ~*** F une nana super; F *péj* ***ein böses ~*** une mégère; *pl* ***die ~er*** F les bonnes femmes

'**Weibchen** *n* ⟨~s; ~⟩ ZO femelle *f*

'**Weiberheld** *m péj* → ***Frauenheld***

'**weibisch** *adj péj* efféminé; (de) femme

'**weiblich** *adj* **1** féminin (*a* GR); **2** BOT, ZO femelle; **~keit** *f* ⟨~⟩ nature féminine; féminité *f*

'**Weibs|bild, ~stück** F *péj n* garce *f*

weich [vaɪç] **I** *adj* **1** mou; *Fleisch, Holz, Gestein* tendre; *Frucht* fondant; *Bett* douillet; *Polster, Kissen* moelleux; ***ein ~es, ~ gekochtes Ei*** un œuf à la coque; **2** (*formbar*) plastique; malléable; ***~ machen*** (r)amollir; **3** (*schmiegsam*) souple; *Stoff, Haut, Fell* doux; *Wolle* moelleux; *Haar* souple; **4** *fig, Herz* tendre; sensible; F ***~ werden*** céder; **5** *Droge* doux; **6** *Wasser* doux; **II** *adv* ***~ landen*** atterrir en douceur

Weiche[1] ['vaɪçə] *f* ⟨~; ~n⟩ BAHN aiguil-

lage *m*; aiguille *f*; ***e-e ~ stellen*** manœuvrer un aiguillage
'Weiche[2] *f* ⟨~; ~n⟩ *(Flanke) meist pl* **~n** flancs *m/pl*
'Weichei F *n* petite nature
'weichen[1] *v/i* ⟨sn⟩ *in Flüssigkeit* tremper; ~ ***lassen*** faire tremper
'weichen[2] *v/i* ⟨wich, gewichen, sn⟩ **1** *(Platz machen)*, *fig* céder, reculer (**vor** [+ *dat*] devant); ***nicht von der Stelle ~*** ne pas bouger; ***j-m nicht von der Seite ~*** ne pas quitter qn d'une semelle; **2** *Angst* se dissiper; disparaître
'weich|herzig *adj* (au cœur) tendre; sensible; **℘käse** *m* fromage *m* à pâte molle; **~lich** *adj péj* **1** *(etwas weich)* mou; **2** *fig* mou; *(zimperlich)* douillet; *(weibisch)* efféminé; **℘ling** *m* ⟨~s; ~e⟩ *péj* mou *m*; *(weibischer Mann)* efféminé *m*; *(Schwächling)* femmelette *f*
Weichsel ['vaɪksəl] ⟨~⟩ ***die ~*** la Vistule
'Weich|spüler *m* ⟨~s; ~⟩ adoucissant *m*; assouplissant *m*; **~teile** *n/pl* **1** ANAT parties molles; **2** F *(Genitalien)* F parties *f/pl*; **~tiere** *n/pl* mollusques *m/pl*
Weide[1] ['vaɪdə] *f* ⟨~; ~n⟩ *Baum* saule *m*; *(Korb℘)* osier *m*
'Weide[2] *f* ⟨~; ~n⟩ *(Vieh℘)* pâturage *m*; pré *m*; herbage *m*; **~fläche** *f*, **~land** *n* pâturage(s) *m(pl)*; herbages *m/pl*
'weiden ⟨-e-⟩ **I** *v/i* paître; pâturer; brouter (l'herbe); **II** *st/s v/r* **sich an etw** *(dat)* ~ se repaître, se délecter de qc *(a péj)*
'Weidenkätzchen *n* chaton *m* de saule
'weidlich *adv* amplement; largement
weidmännisch ['vaɪtmɛnɪʃ] **I** *adj* de chasseur; **II** *adv* selon les règles, traditions de la chasse
'Weidmanns'heil *int* **~!** bonne chasse!
weigern ['vaɪgərn] *v/r* ***sich ~*** refuser (***etw zu tun*** de faire qc)
'Weigerung *f* ⟨~; ~en⟩ refus *m*
Weihe ['vaɪə] *f* ⟨~; ~n⟩ REL consécration *f*; *e-s Priesters* ordination *f*
'weihen *v/t* **1** REL consacrer; *bes* CATH *Brot, Wasser* bénir; ***j-n zum Priester ~*** ordonner qn prêtre; **2** *st/s* ***dem Tode geweiht sein*** être voué à la mort
Weiher ['vaɪər] *m* ⟨~s; ~⟩ *bes südd* étang *m*; *(Fisch℘)* vivier *m*
'Weihnachten *n* ⟨~; ~⟩ Noël *m*; ***zu*** *od südd* ***an ~*** à Noël; ***frohe*** *od* ***fröhliche ~!*** joyeux Noël!
'weihnachtlich **I** *adj* de Noël; **II** *adv* ~ ***geschmückt*** décoré pour Noël
'Weihnachts|abend *m* veille *f* de Noël; **~baum** *m* arbre *m* de Noël
'Weihnachtsfeiertag *m* ***der erste ~*** le jour de Noël; ***der zweite ~*** le 26 décembre; *pl* **~e** fêtes *f/pl* de Noël
'Weihnachts|ferien *pl* vacances *f/pl* de Noël; **~fest** *n* fête *f* de Noël; Noël *m*; **~geld** *n* prime *f* de fin d'année; **~geschenk** *n* cadeau *m* de Noël; **~lied** *n* cantique *m*, chant *m* de Noël; noël *m*; **~mann** *m* ⟨~(e)s; -männer⟩ père *m* Noël; **~markt** *m* marché *m* de Noël; **~tag** *m* → ***Weihnachtsfeiertag***; **~zeit** *f* époque *f* de Noël
'Weih|rauch *m* encens *m*; **~wasser** *n* eau bénite; **~wasserbecken** *n* bénitier *m*
weil [vaɪl] *conj* parce que; *bei gleichem Subjekt a* pour (+ *inf passé*)
'Weilchen *n* ⟨~s⟩ ***ein ~*** un petit moment
Weile ['vaɪlə] *f* ⟨~⟩ moment *m*; (un) certain laps de temps; ***e-e ganze ~*** assez longtemps; un bon moment; *prov* ***eile mit ~!*** *prov* hâte-toi lentement!
'weilen *st/s v/i* séjourner
Wein [vaɪn] *m* ⟨~(e)s; ~e⟩ **1** *Getränk* vin *m*; *fig* ***j-m reinen ~ einschenken*** dire à qn la vérité toute crue; → *Info bei* **vin**; **2** *(Weinreben)* vigne(s) *f(pl)*
'Wein|(an)bau *m* ⟨~(e)s⟩ viticulture *f*; **~bauer** *m* ⟨~n; ~n⟩ vigneron *m*; *im großen* viticulteur *m*; **~beere** *f* grain *m* de raisin; **~berg** *m* vignoble *m*; vigne *f*; **~bergschnecke** *f* escargot *m* de Bourgogne; **~brand** *m* eau-de-vie *f* de raisin; *par ext* cognac *m*
weinen ['vaɪnən] *v/i* pleurer (***über*** [+ *acc*], **vor** [+ *dat*] sur, de); ***um j-n ~*** pleurer (la perte de) qn; ***j-n zum ℘ bringen*** faire pleurer qn; ***es ist zum ℘!*** c'est à désespérer!
'weinerlich *adj* pleurnicheur; *Stimme a* larmoyant
'Wein|essig *m* vinaigre *m* (de vin); **~flasche** *f* bouteille *f* à vin; **~geist** *m* esprit-de-vin *m*; **~glas** *n* verre *m* à vin; **~gut** *n* domaine *m* viticole; **~händler** *m* marchand *m* de vin(s); **~handlung** *f* débit *m* de vin; **~karte** *f* carte *f* des vins; **~keller** *m* cave *f* à vin; **~kenner** *m* connaisseur *m* en vins
'Weinkrampf *m* crise *f* de larmes

'Wein|lese *f* vendange(s) *f(pl)*; **~probe** *f* dégustation *f* (de vin); **~rebe** *f* vigne *f*; (*Rebstock*) cep *m* de vigne; **≈rot** *adj* vineux; (couleur) lie de vin; **~stein** *m* tartre *m*; **~stock** *m* (pied *m*, cep *m* de) vigne *f*; **~stube** *f* débit *m* de vin; **~traube** *f* (grappe *f* de) raisin *m*

weise ['vaɪzə] *adj* sage

Weise ['vaɪzə] *f* ⟨~; ~n⟩ **1** (*Art*) manière *f*; façon *f*; ***auf diese ~*** de cette manière, façon; ***auf meine ~*** à ma manière, façon; ***in gewohnter ~*** comme d'habitude; **2** MUS air *m*; mélodie *f*

'weisen ⟨¢ŝ, wies, gewiesen⟩ **I** *v/t st/s fig* ***j-m die Tür ~*** montrer la porte à qn; *fig* ***etw von sich*** (*dat*) ***~*** repousser, rejeter qc; **II** *v/i* ***auf etw*** (*acc*) ***~*** indiquer qc

'Weisheit *f* ⟨~; ~en⟩ **1** sagesse *f*; F ***mit s-r ~ am Ende sein*** ne plus savoir que faire; **2** (*weiser Rat, Spruch*) adage *m*; maxime *f*

'Weisheitszahn *m* dent *f* de sagesse

'weis·machen F *v/t* ***j-m etw ~*** faire, laisser croire qc à qn

weiß[1] [vaɪs] → ***wissen***

weiß[2] *adj* blanc; (*bleich*) pâle; ***~e Weihnachten*** *n/pl* Noël *m* sous la neige

Weiß *n* ⟨~¢ŝ; ~⟩ blanc *m*

'weissag|en *v/t* prédire; prophétiser; **≈ung** *f* ⟨~; ~en⟩ prédiction *f*; prophétie *f*

'Weiß|bier *n* bière blanche; **~blech** *n* fer-blanc *m*; **≈blond** *adj* d'un blond (tirant sur le) blanc; **~brot** *n* pain blanc; **~dorn** *m* ⟨~¢s; ~e⟩ BOT aubépine *f*

'Weiße(r) *f(m)* ⟨→ A⟩ blanc *m*; blanche *f*

'weißen *v/t* ⟨¢ŝ⟩ *Wände* blanchir; (*tünchen*) badigeonner

'Weißglut *f* incandescence *f*; F *fig* ***j-n zur ~ bringen*** pousser qn à bout

'Weiß|gold *n* or blanc; **≈haarig** *adj* aux cheveux blancs; **~kohl** *m*, *bes südd, österr* **~kraut** *n* chou blanc; **≈lich** *adj* blanchâtre; **~macher** *m* ⟨~s; ~⟩ *im Waschmittel* agent blanchissant

'Weiß|russe *m*, **~russin** *f* Biélorusse *m,f*; **≈russisch** *adj* biélorusse; **~russland** *n* ⟨~s⟩ la Biélorussie

'Weiß|wein *m* vin blanc; **~wurst** *f* boudin blanc

'Weisung *st/s ou* ADM *f* ⟨~; ~en⟩ directive *f*

weit [vaɪt] **I** *adj* **1** (*ausgedehnt*) vaste; large; étendu; ***~e Teile des Landes*** une grande partie du pays; ***im ~esten Sinne des Wortes*** dans toute l'acception du terme; **2** *Reise, Weg* long; *Ziel* éloigné; ***das ≈e suchen*** prendre le large; **3** *Kleidung* large; COUT (***~ geschnitten***) ample; **II** *adv* **1** (*ausgedehnt*) ***~ verbreitet*** très répandu; ***~ gereist sein*** avoir beaucoup voyagé; ***~ reichend*** *räumlich* à longue portée; *Vollmacht* étendu; *Einfluss* grand; ***die Augen ~ aufmachen*** faire, ouvrir de grands yeux; ***~ und breit*** partout; **2** (*entfernt*) loin; ***~ entfernt von ...*** très loin de ...; ***~ weg*** au loin; très loin; ***von ~em*** de loin; à distance; ***wie ~ ist es nach ...?*** quelle distance y a-t-il d'ici à ...?; **3** *zeitlich* loin; ***~ zurückliegend*** lointain; ***er ist ~ über fünfzig*** il a largement dépassé la cinquantaine; **4** *in der Entwicklung* loin; ***wie ~ bist du*** (***mit deiner Arbeit***)***?*** où en es-tu (de *od* avec ton travail)?; ***das geht zu ~*** c'en est trop; **5** (*weitaus*) de loin; de beaucoup; ***~ mehr*** beaucoup plus; ***j-m ~ überlegen sein*** surpasser qn de loin, de beaucoup; ***bei ~em nicht vollständig*** loin d'être complet

'weit'ab *adv* loin d'ici, de là

'weit'aus *adv* de loin; de beaucoup

'Weitblick *m* clairvoyance *f*

'Weite *f* ⟨~; ~n⟩ **1** (*Weitsein*) (vaste) étendue *f*; **2** (*Größe*) dimensions *f/pl*; largeur *f*; ampleur *f* (*a e-s Kleidungsstücks*); **3** (*weiter Raum*) vaste espace *m*; (*Ferne*) lointain *m*; **4** (*Länge*) *e-s Weges*, SPORT longueur *f*

'weiten *v/t* (*u v/r*) ⟨-e-⟩ (***sich ~*** s')élargir; *Öffnung* (s')évaser

'weiter *adv* **1** (***nur***) ***~!, ~ so!*** continue *bzw* continuez!; ***~ auf Seite drei*** suite en page trois; **2** (*anschließend*) ensuite; après; ***was geschah ~?*** qu'est-ce qui s'est passé ensuite?; ***~ bestehen*** continuer d'exister; subsister; **3** (*außerdem*) de, en plus; encore; ***~ nichts?*** c'est tout?; F ***wenn es ~ nichts ist!*** F si ce n'est que ça!; **4** *zur Steigerung* plus; ***~ unten, vorn*** plus bas, en avant

'weiter·|arbeiten *v/i* continuer à travailler; **~beschäftigen** *v/t* ⟨*sans ge*⟩ garder

'weiter·bild|en *v/t u v/r* ⟨-e-⟩ → ***fortbilden***; **≈ung** *f* → ***Fortbildung***

'weiter·|bringen *v/t* ⟨*irr*⟩ avancer;

~denken *v/i* ⟨*irr*⟩ réfléchir aux conséquences (de qc)
'**weitere** *adj* **1** (*zusätzlich*) de plus; autre; ***ohne ~s*** sans (plus de) façon(s); ***haben sie noch ~ Fragen?*** avez-vous d'autres questions?; **2** (*anschließend*) ***die ~ Entwicklung*** l'évolution ultérieure; ***zur ~n Behandlung*** pour la suite du traitement; ***bis auf ~s*** jusqu'à nouvel ordre
'**Weitere(s)** *n* ⟨→ A⟩ ***das Weitere*** ce qui suit; la suite; le reste; ***des Weiteren*** en outre; de, en plus
'**weiter·|entwickeln** ⟨¢, *sans ge*⟩ **I** *v/t* développer; *Erfindung* perfectionner; **II** *v/r* ***sich ~*** se développer; *Wissenschaft, Vorstellung etc* évoluer; progresser; **~erzählen** *v/t* ⟨*sans ge*⟩ **1** (*ausplaudern*) propager; divulguer; **2** (*fortfahren zu erzählen*) continuer à raconter; **~fahren** *v/i* ⟨*irr*, sn⟩ poursuivre, continuer sa route, son voyage
'**weiter·führen** *v/t u v/i* continuer; ***~de Schulen*** *f/pl* enseignement *m* secondaire
'**weiter·geben** *v/t* ⟨*irr*⟩ transmettre; (*herumreichen*) faire passer, circuler
'**weiter·gehen** *v/i* ⟨*irr*, sn⟩ **1** (*weiterlaufen*) poursuivre, continuer son chemin; ***~!*** circulez!; **2** (*sich fortsetzen*) continuer; *Verhandlungen* se poursuivre; ***so kann es nicht ~*** ça ne peut pas durer, continuer comme ça
'**weiter·helfen** *v/i* ⟨*irr*⟩ ***j-m*** (***mit etw***) **~** aider qn (à faire qc)
'**weiterhin** *adv* **1** (*außerdem*) en outre; encore; **2** (*in Zukunft*) à l'avenir; **3** (*noch immer*) toujours; encore
'**weiter·kommen** *v/i* ⟨*irr*, sn⟩ **1** *auf s-m Weg* avancer; F ***mach, dass du weiterkommst!*** F fiche, fous le camp!; **2** *bei der Arbeit* avancer (***in*** [+ *dat*], ***mit*** dans); *im Beruf* gravir les échelons; monter en grade
'**weiter·|leiten** *v/t* ⟨-e-⟩ transmettre; *Brief* acheminer; **~machen** F *v/t u v/i* continuer (***mit etw*** à, de faire qc)
'**weiter·sagen** *v/t* répéter; ***nicht ~!*** ne le répète, répétez pas!
'**weiter·|spielen** *v/t u v/i* continuer à jouer; **~verarbeiten** *v/t* ⟨-e-, *sans ge*⟩ transformer; traiter; usiner; **~verkaufen** *v/t* ⟨*sans ge*⟩ revendre
'**weiter·wissen** *v/i* ⟨*irr*⟩ ***nicht*** (***mehr***) **~** ne plus savoir que faire

'**weitgehend** **I** *adjt* large; (*beträchtlich*) considérable; **II** *advt* en grande partie
'**weit'her** *st/s adv* de loin
'**weitherzig** *adj* large; généreux
'**weithin** *adv* au, de loin
'**weitläufig** **I** *adj* **1** *Gebäude* étendu; *p/fort* vaste; **2** *Verwandter* éloigné; **3** *Schilderung* détaillé; **II** *adv* **1** ***sie sind ~ verwandt*** ils sont parents éloignés; **2** *schildern* en détail
'**weiträumig** *adv* ***etw ~ umfahren*** faire un grand détour autour de qc
'**weit|schweifig** *adj Schilderung* prolixe; interminable; **~sichtig** *adj* **1** MÉD hypermétrope; *im Alter* presbyte; **2** *fig* prévoyant; **≗sprung** *m* saut *m* en longueur; **≗winkelobjektiv** *n* objectif *m* (à) grand angle
Weizen ['vaɪtsən] *m* ⟨~s⟩ blé *m*; froment *m*; **~bier** *n* bière blanche; **~mehl** *n* farine *f* de froment, de blé
welch [vɛlç] *st/s pr/int* ⟨*inv*⟩ *in Ausrufen* quel; ***~ ein Glück!*** quelle chance!
welche ['vɛlçə] **I** *pr/int* **1** *adjt* quel; **2** *subst* lequel; ***~r von beiden?*** lequel des deux?; **II** *pr/rel* **1** *Nominativ* **~r, ~, ~s**, *pl* **~** qui; *zur Vermeidung e-s Doppelsinnes a* lequel; **2** *dat* **~m, ~r**, *pl* **~n** auquel; *mit Bezug auf Personen a* à qui; **3** *acc* **~n, ~, ~s**, *pl* **~** que; *nach prép* lequel; *mit Bezug auf Personen a* qui; **III** *pr/ind* **1** **~r, ~, ~s**, *pl* **~** ***… auch*** (***immer***) *vor subst* quelque … que (+ *subj*); **2** *unbestimmte Menge* **~n, ~, ~s**, *pl* **~** en; *haben Sie Brot?* ***ich habe ~s*** j'en ai
welk [vɛlk] *adj* fané; flétri (*beide a fig*); '**~en** *v/i* ⟨sn⟩ se faner; se flétrir
Wellblech ['vɛl-] *n* tôle ondulée
Welle ['vɛlə] *f* ⟨~; ~n⟩ **1** (*Woge*) vague *f* (*a fig*); *hohe* lame *f*; *fig* ***hohe ~n schlagen*** provoquer des remous; **2** *im Haar* **~n** *pl* ondulations *f/pl*; **3** TECH arbre *m*; **4** (*Licht≗, Schall≗, Radio≗*) onde *f*; **5** *im Verkehr* ***grüne ~*** feux synchronisés
'**wellen** *v/r* ***sich ~*** former des ondulations, des plis
'**Wellen|bad** *n* piscine *f* à vagues (artificielles); **~bereich** *m* RAD bande *f* de fréquences; **~brecher** *m* brise-lames *m*; **~gang** *m* MAR 'houle *f*; **~länge** *f* longueur *f* d'onde (*a* F *fig*); **~linie** *f* ligne ondulée; ondulation *f*; **~reiten** *n* surf *m*; **~sittich** *m* perruche *f*
'**wellig** *adj Haare, Oberfläche* ondulé

W

'**Wellpappe** *f* carton ondulé
Welpe ['vɛlpə] *m* ⟨~n; ~n⟩ *Hund* chiot *m*; *Wolf* louveteau *m*; *Fuchs* renardeau *m*
Wels [vɛls] *m* ⟨~es; ~e⟩ zo silure *m*
welsch [vɛlʃ] *adj schweiz* de la Suisse romande; '**2land** *n schweiz* Suisse romande
Welt [vɛlt] *f* ⟨~; ~en⟩ **1** monde *m*; ***alle ~*** tout le monde; ***die Alte, Neue ~*** l'Ancien, le Nouveau monde; ***die Dritte, Vierte ~*** le tiers, quart monde; ***die ganze ~*** le monde entier; ***die ~ des Theaters*** le monde du théâtre; ***ein Mann von ~*** un homme du monde; ***nicht um alles in der ~*** pour rien au monde (*mit* ne *beim Verb*); ***was in aller ~ …?*** que … donc!; ***zur ~ bringen*** mettre au monde; ***etw aus der ~ schaffen*** liquider, régler qc; ***auf die ~ kommen*** venir au monde; ***e-e Reise um die ~ machen*** faire le tour du monde; F *péj* ***in die ~ setzen*** *Gerücht* faire courir, circuler; **2** (*~all*) univers *m*; ***zwischen uns liegen ~en*** des mondes nous séparent
'**Welt…** *in Zssgn* mondial; du monde; **~all** *n* univers *m*; **~anschauung** *f* conception *f*, vision *f* du monde; (*Ideologie*) idéologie *f*; **~atlas** *m* atlas *m* du monde; **~ausstellung** *f* exposition universelle; **2bekannt** *adj*, **2berühmt** *adj* célèbre dans le monde entier; **~bevölkerung** *f* population mondiale; **2bewegend** *adjt* révolutionnaire; **~bild** *n* image *f*, vision *f* du monde
'**Weltenbummler** *m* globe-trotter *m*
'**Welterfolg** *m* succès mondial
Weltergewicht ['vɛltər-] *n* poids *m* welter; poids mi-moyen
'**weltfremd** *adj* détaché; peu réaliste
'**Welt|friede(n)** *m* paix mondiale, universelle; **~geltung** *f* réputation mondiale, universelle; **~geschichte** *f* histoire universelle; **~handel** *m* commerce mondial; **~herrschaft** *f* hégémonie mondiale; **~karte** *f* mappemonde *f*; **~klasse** *f bes* SPORT élite mondiale
'**Weltkrieg** *m* guerre mondiale; ***der Zweite ~*** la Seconde Guerre mondiale
'**weltlich** *adj* de ce monde; (*nicht kirchlich*) séculier
'**Welt|literatur** *f* littérature universelle; **~macht** *f* puissance mondiale; **2männisch** *adj* d'homme du monde; **~markt** *m* marché mondial; **~meer** *n* océan *m*; **~meister(in)** *m(f)* champion, -ionne *m,f* du monde; **~meisterschaft** *f* championnat *m* du monde; **~politik** *f* politique internationale, mondiale; **~rang** *m* niveau international; **~raum** *m* espace *m*
'**Weltraum…** *in Zssgn* → ***Raum…***
'**Welt|reich** *n* empire *m*; **~reise** *f* tour *m* du monde; **~rekord** *m* record mondial; **~religion** *f* grande religion du monde; **~ruf** *m* renommée, réputation universelle, mondiale; **~stadt** *f* grande métropole; ville *f* cosmopolite; **~star** *m* ⟨~s; ~s⟩ vedette, star internationale; **~untergang** *m* fin *f* du monde; **2weit** *adj* mondial; universel; **~wirtschaft** *f* économie mondiale; **~wunder** *n* merveille *f* du monde
wem [veːm] (*dat de* wer) **I** *pr/int* à qui?; ***~ gehört das?*** c'est à qui?; **II** *pr/rel* celui à qui
wen [veːn] (*acc de* wer) **I** *pr/int* qui?; qui est-ce que?; ***an ~ denkst du?*** à qui est-ce que tu penses?; **II** *pr/rel* celui que; ***~ man auch immer wählt, …*** qui que l'on choisisse, …
Wende ['vɛnde] *f* ⟨~; ~n⟩ **1** (*Wenden, ~punkt*) virage *m* (*a* SPORT); **2** *zeitliche* tournant *m*; ***um die ~ des 19. Jahrhunderts*** autour de 1900; **3** (*Änderung*) changement *m*; tournant *m*
'**Wende|hals** *m* **1** zo torcol *m*; **2** F *péj* POL girouette *f*; **~kreis** *m* **1** ASTR, GEOGR tropique *m*; **2** AUTO rayon *m* de braquage
Wendeltreppe ['vɛndəl-] *f* escalier *m* en colimaçon, en hélice, à vis
'**wenden** ⟨wendet, wendete *ou* wandte, gewendet *ou* gewandt⟩ **I** *v/t* (*umdrehen*) tourner; *Braten, Heu* retourner; *Fahrzeug* faire demi-tour avec; **II** *v/i* (*umkehren*) faire demi-tour; (*umblättern*) ***bitte ~!*** tournez, s'il vous plaît; **III** *v/r* ***sich ~*** **1** (*sich ändern*) changer; tourner; ***sich zum Guten, Bösen ~*** bien, mal tourner; **2** (*sich hin~, zu~*) se tourner; ***sich zur Tür ~*** se diriger vers la porte; **3** ***sich an j-n ~*** s'adresser à qn (***mit, in e-r Sache*** au sujet de qc)
'**Wendepunkt** *m fig* tournant *m*
'**wendig** *adj* **1** *Fahrzeug* (très) maniable; facile à manœuvrer; **2** (*geistig beweglich*) vif

'**Wendung** *f* ⟨~; ~en⟩ **1** (*Veränderung*) changement *m*; (*Umschwung*) revirement *m*; ***e-e unerwartete ~ nehmen*** prendre un tour inattendu; ***e-e ~ zum Besseren nehmen*** prendre une bonne tournure; s'améliorer; **2** (*Rede*≗) locution *f*; expression *f*

wenig ['ve:nıç] **I** *pr/ind* **1** *adjt* peu de; *mit zählbaren Mengen pl* ***~e ...*** peu de ...; quelques ...; ***~ Wasser*** peu d'eau; ***~e Dinge*** *n/pl* peu de choses; ***in ~en Minuten*** dans quelques minutes; ***die ~en Menschen, die ...*** les quelques, les rares personnes qui ...; **2** *subst* peu; *pl* ***~e*** peu; *Personen a* peu de gens, personnes; ***einige ~e*** quelques-un(e)s; ***e-e, e-r der ~en*** (***, die ...***) une des rares personnes (qui ...); ***das wissen nur ~e*** il n'y a que peu de gens qui le sachent; **II** *adv* **1** (*nicht sehr*) ne ... guère; peu; à peine; ***sich ~ um etw kümmern*** ne pas se soucier beaucoup de qc; **2** (*unwesentlich*) peu; à peine; ***nur ~ besser*** juste un peu mieux; **3** ***ein ~*** (*etwas*) un peu; ***ein*** (***ganz***) ***klein ~*** un (tout) petit peu; ***ein ~ schneller*** un peu plus vite

'**weniger** **I** *pr/ind* moins; *vor subst* moins de; ***~ als ...*** moins que ...; *vor Zahlen* moins de ...; ***eins ~*** un de moins; ***viel ~*** bien, beaucoup moins; ***nicht ~ als ...*** pas moins que, *vor Zahlen* pas moins de ... (*mit* ne *beim Verb*); ***nicht mehr und nicht ~*** ni plus ni moins; ***~ werden*** diminuer; se réduire; **II** *adv* (*minus*) ***10 ~ 4*** 10 moins 4

'**Wenigkeit** *f* ⟨~⟩ *plais* ***meine ~*** ma modeste personne

'**wenigste** *pr/ind* ***das ~, am ~n*** le moins; ***die ~n wissen das*** très peu de gens le savent

'**wenigstens** *adv* au moins; du moins; pour le moins

wenn [vɛn] *conj* **1** *temporal* quand; lorsque; ***sagen Sie es ihm, ~ er kommt*** dites-le-lui, quand il viendra; ***jedes Mal ~*** chaque fois que; toutes les fois que; **2** *konditional* si; ***~ Sie wollen*** si vous voulez; ***~ ich ehrlich sein soll*** à vous parler franchement; ***außer ~*** sauf si; ***~ ich bloß wüsste ...!*** si seulement je savais ...!; **3** *konzessiv* ***~ auch, auch ~*** quoique, bien que ... (+ *subj*); ***auch ~ es noch so weit ist*** quelle qu'en soit la distance; ***selbst ~*** même si ... (+ *ind*)

'**wennschon** F *adv* ***na, ~!*** qu'importe!; et pourquoi pas!; et alors!

wer [ve:r] **I** *pr/int* qui?; qui est-ce qui?; ***~ von beiden?*** lequel, laquelle des deux?; **II** *pr/rel* qui; celui qui; ***~ es auch sei*** qui que ce soit

Werbe|abteilung ['vɛrbə-] *f* service *m* (de la) publicité; **~agentur** *f* agence *f* de publicité; **~fernsehen** *n* publicité télévisée; **~film** *m* film *m* publicitaire; **~funk** *m* publicité radio-diffusée; **~geschenk** *n* prime *f*; cadeau *m* publicitaire

'**werben** ⟨wirbt, warb, geworben⟩ **I** *v/t* *Mitglieder* recruter; *Kunden* prospecter; **II** *v/i* **1** ***für etw ~*** faire de la publicité pour qc; **2** *st/s* ***um j-s Gunst ~*** solliciter les faveurs de qn

'**Werbe|slogan** *m* slogan *m* publicitaire; **~spot** *m* spot *m* publicitaire; **~texter** *m* rédacteur *m* publicitaire

'**Werbetrommel** *f* F ***die ~ rühren*** faire du battage publicitaire

'**Werbung** *f* ⟨~; ~en⟩ **1** *von Mitgliedern* recrutement *m*; **2** (*Reklame*) publicité *f*; réclame *f*; propagande *f* (*a* POL)

'**Werdegang** *m* **1** *e-s Menschen* évolution *f*; *beruflicher* carrière *f*; **2** *e-r Sache* développement *m*

werden ['ve:rdən] ⟨wirst, wird, wurde *ou poét* ward; sn⟩ **I** *v/i* ⟨*p/p* geworden⟩ devenir; ***Arzt ~*** devenir médecin; ***Abteilungsleiter ~*** passer chef de service; ***was soll aus ihm ~?*** que va-t-il devenir?; ***was soll daraus ~?*** qu'est-ce que cela va donner?; ***was willst du*** (***einmal***) ***~?*** qu'est-ce que tu veux faire plus tard?; F ***ist das Bild etwas geworden?*** est-ce que la photo est réussie?; **II** *v/imp* ⟨*p/p* geworden⟩ ***es wird kalt*** il commence à faire froid; ***mir wird kalt*** je commence à avoir froid; ***mir wird schlecht*** je ne me sens pas bien; ***es wird Sommer*** l'été approche; F ***es wird schon ~*** tout s'arrangera; **III** *v/aux* ⟨*p/p* worden⟩ **1** *zur Bildung des Futurs* ***ich werde es ihm sagen*** je le lui dirai; *sofort* je vais le lui dire; **2** *zur Bildung des Passivs* être; ***geliebt ~*** être aimé; *unpersönlich* ***es wurde gelacht*** on a ri; ***das wird kalt getrunken*** cela se boit froid; **3** *zur Umschreibung des Konjunktivs* ***er würde kommen, wenn ...*** il viendrait si ...; ***würden***

W

Sie bitte (+ *inf*) veuillez (+ *inf*); **4** *Vermutung* ***er wird es nicht gehört haben*** il ne l'aura pas entendu; ***es wird ihm doch nichts passiert sein?*** j'espère qu'il ne lui est rien arrivé

werfen ['vɛrfən] ⟨wirft, warf, geworfen⟩ **I** *v/t* **1** *Stein, Ball* jeter; lancer; *Speer, Bomben* lancer; **2** ***ein Tor ~*** marquer un but; *beim Würfeln* ***e-e Sechs ~*** faire (un), jouer un six; **3** ***etw ins Wasser, aus dem Fenster ~*** jeter qc dans l'eau, par la fenêtre; ***die Tür ins Schloss ~*** claquer la porte; ***j-n aus dem Haus ~*** mettre qn dehors; **II** *v/i* **4** ***mit etw ~*** lancer, jeter, envoyer qc; ***mit etw nach j-m, etw ~*** lancer qc sur qn, qc; *fig* ***mit Geld um sich ~*** dépenser sans compter; **5** ZO mettre bas; **III** *v/r* **6** ***sich auf den Boden ~*** se jeter par terre; *fig* ***sich auf etw*** (*acc*) ***~*** se lancer dans qc; ***sich vor e-n Zug ~*** se jeter sous un train; **7** *Holz* ***sich ~*** se déjeter; gauchir

Werft [vɛrft] *f* ⟨~; ~en⟩ chantier naval; **'~arbeiter** *m* ouvrier *m* d'un chantier naval

Werk [vɛrk] *n* ⟨~(e)s; ~e⟩ **1** (*Arbeit*) œuvre *f*; ouvrage *m*; ***am ~ sein*** être à l'œuvre; ***ans ~ gehen*** se mettre à l'œuvre, à l'ouvrage; **2** (*Tat*) œuvre *f*; acte *m*; **3** (*Resultat*), *e-s Künstlers, Autors* œuvre *f*; ***gesammelte ~e*** œuvres complètes; **4** (*Fabrik*) usine *f*

'Werkbank *f* ⟨~; ⁓̈e⟩ établi *m*

'werkeln *v/i* ⟨¢⟩ bricoler

'Werken *n* ⟨~s⟩ *Schulfach* travaux manuels

'Werk(s)|angehörige(r) *f(m)* membre *m* du personnel (de l'entreprise); **~arzt** *m* médecin *m* d'entreprise

'Werkschutz *m* surveillance *f* et sécurité *f* d'une entreprise

'Werk(s)|gelände *n* terrain *m*, enceinte *f* de l'usine; **~halle** *f* 'hall *m* d'usine; atelier *m*; **~spionage** *f* espionnage industriel

'Werk|statt *f* ⟨~; -stätten⟩, **~stätte** *f* atelier *m*; **~stoff** *m* matériau *m*; matériel *m*; **~stück** *n* pièce *f* (à usiner); **~tag** *m* jour *m* ouvrable; **≈tags** *adv* les jours ouvrables; en semaine; **≈tätig** *adj* actif; **~tätige(r)** *f(m)* ⟨→ A⟩ travailleur, -euse *m,f*

'Werkzeug *n* outil *m*; *coll* outils *m/pl*; outillage *m*; **~kasten** *m* boîte *f*, coffre *m* à outils; **~macher** *m* outilleur *m*

Wermut ['ve:rmu:t] *m* ⟨~(e)s⟩ **1** *Getränk* vermouth *m*; **2** BOT absinthe *f*

'Wermutstropfen *st/s fig m* goutte *f* d'amertume

wert [ve:rt] *adj* **1** ***~ sein*** valoir; ***das ist nicht viel ~*** cela ne vaut pas grand-chose; *fig* ***das ist schon viel ~*** c'est un (grand) point (d')acquis; **2** *st/s* (*geehrt*) honoré; ***~er Herr*** cher monsieur

Wert *m* ⟨~(e)s; ~e⟩ **1** (*Markt≈*) valeur *f*; ***im ~ steigen, sinken*** augmenter, diminuer de valeur; **2** *pl* ***~e*** (*~sachen*) objets *m/pl* de valeur; **3** (*Bedeutung*) valeur *f*; importance *f*; ***großen ~ auf etw*** (*acc*) ***legen*** attacher une grande importance à qc; **4** (*Mess≈, Zahlen≈*) valeur *f*; *Ergebnis* résultat *m*

'Wert|arbeit *f* fabrication soignée; **≈beständig** *adj* **1** *Ware* de valeur stable; **2** *Währung* stable; stabilisé

'werten *v/t* ⟨-e-⟩ **1** estimer; évaluer; ***etw als Erfolg ~*** considérer qc comme un succès; **2** SPORT noter

'wertfrei I *adj* neutre; impartial; **II** *adv* avec impartialité

'Wertgegenstand *m* objet *m* de valeur

'Wertigkeit *f* ⟨~; ~en⟩ CHIM valence *f*

'wertlos *adj* sans valeur

'Wert|maßstab *m* critère *m*, mesure *f* (de valeur); **~minderung** *f* dépréciation *f*; **~paket** *n* colis *m* avec valeur déclarée; **~papier** *n* valeur (mobilière); effet *m*; titre *m*; **~sache** *f* objet *m* de valeur; **~schätzung** *st/s f* estime *f*; **~steigerung** *f* augmentation *f* de la valeur; plus-value *f*; **~stoff** *m* matériau *m* recyclable

'Wertung *f* ⟨~; ~en⟩ **1** (*Einschätzung*) estimation *f*; évaluation *f*; **2** SPORT classement *m*

'Wert|urteil *n* jugement *m* de valeur; **≈voll** *adj* précieux; **~zuwachs** *m* plus-value *f*

Wesen ['ve:zən] *n* ⟨~s; ~⟩ **1** (*~sart, Charakter*) nature *f*; caractère *m*; naturel *m*; ***ein freundliches ~ haben*** être (d'un naturel) aimable; **2** (*Lebe≈*) être (vivant)

'Wesens|art *f* → ***Wesen*** *1*; **≈fremd** *adj* étranger à la nature (+ *dat* de); **~zug** *m* trait *m* caractéristique

W

'**wesentlich** **I** *adj* essentiel; substantiel; *Bestandteil* intégrant; constitutif; (*grundlegend*) fondamental; ***im** ≈**en*** en substance; ***~er Unterschied*** différence fondamentale; **II** *adv* ***~ größer*** beaucoup, bien plus grand

wes'halb → ***warum***

Wespe ['vɛspə] *f* ⟨~; ~n⟩ guêpe *f*

'**Wespennest** *n* guêpier *m*; F *fig* ***in ein ~ stechen*** mettre le feu aux poudres

wessen ['vɛsən] *pr/int* **1** (*gén de* wer) de qui?; ***~ Sohn ist er?*** de qui est-il le fils?; ***~ Mantel ist das?*** à qui est ce manteau?; **2** (*gén de* was) de quoi?; ***~ klagt man dich an?*** de quoi t'accuse-t-on?

Wessi ['vɛsi] F *m* ⟨~s; ~s⟩ *surnom des Allemands de l'Ouest*

West [vɛst] *m* (*sans article ni pl*) ouest *m*; '**≈deutsch** *adj* POL de l'Allemagne de l'Ouest; GÉOGR de l'Allemagne occidentale; '**~deutschland** *n* POL l'Allemagne *f* de l'Ouest; GÉOGR l'Allemagne occidentale

'**Weste** *f* ⟨~; ~n⟩ gilet *m*; F *fig* ***e-e weiße ~ haben*** n'avoir rien à se reprocher; avoir les mains propres

⚠ **Weste**	≠	**veste**
die Weste	=	le gilet
le veste	=	die Jacke, das Jackett

'**Westen** *m* ⟨~s⟩ ouest *m*; POL ***der ~*** l'Occident *m*; l'Ouest *m*; ***der Wilde ~*** le Far West; ***im ~ (von)*** à l'ouest (de); ***von ~*** de l'ouest

'**Westentasche** *f* poche *f* de gilet; F *fig* ***etw wie s-e ~ kennen*** connaître qc comme sa poche

'**Western** *m* ⟨~s; ~⟩ western *m*

'**West|eu'ropa** *n* l'Europe *f* de l'Ouest; '**≈euro'päisch** *adj* de l'Europe de l'Ouest

West|falen [vɛst'faːlən] *n* ⟨~s⟩ la Westphalie; **≈fälisch** [-'fɛːlɪʃ] *adj* westphalien

'**Westküste** *f* côte *m* ouest

'**westlich** **I** *adj* de l'ouest; d'ouest; occidental; **II** *adv* à l'ouest (***von*** de)

'**West|seite** *f* (côté *m*) ouest; **≈wärts** *adv* vers l'ouest; **~wind** *m* vent *m* d'ouest

wes'wegen → ***warum***

Wett|bewerb ['vɛt-] *m* ⟨~(e)s; ~e⟩ **1** *Veranstaltung*, SPORT concours *m*; compétition *f*; **2** COMM concurrence *f*; **~bewerber(in)** *m(f)* concurrent(e) *m(f)*; **≈bewerbsfähig** *adj* compétitif; **~bewerbsfähigkeit** *f* compétitivité *f*

'**Wettbüro** *n* P.M.U. *m*

'**Wette** *f* ⟨~; ~n⟩ pari *m*; ***e-e ~ eingehen, abschließen*** faire un pari; ***die ~ gilt!*** je tiens le pari; F chiche!

'**wetteifern** *v/i* ***mit j-m um etw ~*** rivaliser avec qn pour qc

'**Wetteinsatz** *m* mise *f*

'**wetten** ⟨-e-⟩ *v/t u v/i* parier (***dass*** que); ***mit j-m um etw ~*** parier qc avec qn; (***wollen wir***) ***~?*** on parie?

Wetter ['vɛtər] *n* ⟨~s; ~⟩ temps *m*; ***es ist schönes ~*** il fait beau (temps); ***bei schönem ~*** par beau temps

Wetter	
Die Sonne scheint.	**Il fait du soleil.**
Es ist warm.	**Il fait chaud.**
Es ist heiß.	**Il fait très chaud.**
Es ist schwül.	**Il fait lourd.**
Es ist kalt.	**Il fait froid.**
Es regnet.	**Il pleut.**
Es hagelt.	**Il grêle.**
Es schneit.	**Il neige.**
Es ist windig.	**Il fait du vent.**

'**Wetter|aussichten** *f/pl* prévisions *f/pl* météorologiques; **~bericht** *m* bulletin *m* météorologique; météo *f*; **~dienst** *m* service *m* météorologique; météo *f*; **~fahne** *f* girouette *f*; **≈fest** *adj* résistant aux intempéries; **~frosch** *m fig plais* météorologue *m,f*; **≈fühlig** *adj* sensible aux changements de temps; **~hahn** *m* girouette *f* (*en forme de coq*); **~karte** *f* carte *f* météorologique; **~lage** *f* situation *f* météorologique; **~leuchten** *n* ⟨~s⟩ éclairs *m/pl* de chaleur

'**wettern** F *v/i* F pester (***gegen etw, j-n*** contre qc, qn)

'**Wetter|satellit** *m* satellite *m* météorologique; **~seite** *f* côté exposé aux intempéries; **~station** *f* station *f* météorologique; **~umschwung** *m* brusque changement *m* de temps; **~vorhersage** *f* prévisions *f/pl* météorologiques; météo *f*

'Wett|fahrt *f* course *f*; **~kampf** *m* compétition *f*; **~kämpfer(in)** *m(f)* concurrent(e) *m(f)*

'Wettlauf *m* course *f* (*a fig* ***mit der Zeit*** contre la montre)

'wett·machen F *v/t* compenser

'Wett|rennen *n* course *f* (*a fig*); **~rüsten** *n* ⟨~s⟩ course *f* aux armements; **~streit** *m* concours *m*; lutte *f*; *fig* rivalité *f*

wetzen ['vɛtsən] **I** *v/t Messer, Schnabel* aiguiser; **II** F *v/i* ⟨sn⟩ (*rennen*) F filer

WEZ [veːˀeːˈtsɛt] *f* ⟨~⟩ *abr* (*westeuropäische Zeit*) heure *f* de l'Europe occidentale

WG [veːˈgeː] F *f* ⟨~; ~s⟩ *abr* (*Wohngemeinschaft*) communauté *f*

Whirlpool ['vœrlpuːl] *m* ⟨~s; ~s⟩ jacuzzi® *m*; bain *m* à remous

Whisky ['vɪski] *m* ⟨~s; ~s⟩ whisky *m*

wich [vɪç] → ***weichen***[2]

Wichse ['vɪksə] F *f* ⟨~; ~n⟩ **1** (*Schuh*2) cirage *m*; **2** (*Prügel*) F volée *f*; F raclée *f*

'wichsen ⟨¢s⟩ **I** F *v/t Schuhe* cirer; **II** P *v/i* (*onanieren*) P se branler

Wicht [vɪçt] *m* ⟨~¢s; ~e⟩ **1** *péj* (*Mensch*) individu *m*; **2** F (*Kind*) mioche *m*; **'~el** *m* ⟨~s; ~⟩, **'~elmännchen** *n* lutin *m*

wichtig ['vɪçtɪç] *adj* important; ***höchst ~*** de la plus 'haute importance; ***~ nehmen*** prendre au sérieux; *péj* ***~ tun, sich ~ machen*** faire l'important; ***2eres zu tun haben*** avoir d'autres chats à fouetter

'Wichtigkeit *f* ⟨~⟩ importance *f*; ***von großer ~*** d'une grande importance

'Wichtig|tuer *m* ⟨~s; ~⟩ *péj* personne *f* qui fait l'important; **2tuerisch** *adj péj* qui fait l'important

Wicke ['vɪkə] *f* ⟨~; ~n⟩ (*Garten*2) pois *m* de senteur

Wickel ['vɪkəl] *m* ⟨~s; ~⟩ MÉD enveloppement *m*; F *fig* ***j-n beim ~ kriegen*** saisir qn au collet

'Wickel|kind *n* bébé *m*; poupon *m*; **~kommode** *f* table *f* à langer

'wickeln *v/t* ⟨¢⟩ **1** (*auf~*) enrouler (***um, auf etw*** [*acc*] autour de, sur qc); *Wolle* mettre en pelote; **2** (*ein~*) envelopper (***in*** [+ *acc*] dans); ***etw in Papier*** (*acc*) ***~*** emballer qc (dans du papier); **3** *Säugling* langer; ***frisch ~*** changer; **4** *Gliedmaßen* mettre un bandage à

'Wickeltisch *m* table *f* à langer

Widder ['vɪdər] *m* ⟨~s; ~⟩ **1** ZO bélier *m*; **2** ASTR Bélier *m*

wider ['viːdər] *st/s prép* ⟨*acc*⟩ contre

wider'fahren *st/s v/i* ⟨*irr, sans ge*, sn⟩ ***j-m ~*** arriver, advenir à qn

'Wider|haken *m* crochet *m*; **~hall** *m* écho *m* (*a fig*)

'wider·hallen *v/i* retentir; résonner

wider'legen *v/t* ⟨*sans ge*⟩ réfuter

'wider|lich *adj* dégoûtant; écœurant; répugnant; **~natürlich** *adj* contre nature; **~rechtlich** *adj* contraire au droit, à la loi; (*ungesetzlich*) illégal

'Widerrede *f* réplique *f*; ***keine ~!*** pas de discussion!; ***ohne ~*** sans répliquer

'Widerruf *m e-r Verfügung* révocation *f*; *e-r Behauptung* rétractation *f*; désaveu *m*; ***bis auf ~*** jusqu'à nouvel ordre

wider'rufen ⟨*irr, sans ge*⟩ **I** *v/t Verfügung* révoquer; *Behauptung* rétracter; désavouer; *Befehl* annuler; **II** *v/i* se rétracter

'Widersacher(in) *st/s m* ⟨~s; ~⟩ (*f*) ⟨~; ~nen⟩ adversaire *m,f*; ennemi(e) *m(f)*

'Widerschein *st/s m* reflet *m*

wider'setzen *v/r* ⟨¢s, *sans ge*⟩ ***sich*** (***j-m, e-r Sache***) ***~*** résister (à qn, qc); s'opposer (à qn, qc)

'widersinnig *adj* absurde

widerspenstig ['-ʃpɛnstɪç] *adj* récalcitrant; rétif; (*aufsässig*) rebelle (*a Haar*); réfractaire; **2keit** *f* ⟨~; ~en⟩ humeur récalcitrante; (*Aufsässigkeit*) insoumission *f*

'wider·spiegeln *v/t* (*u v/r*) ⟨¢⟩ (***sich ~***) OPT, *fig* (se) refléter

wider'sprechen *v/i* ⟨*irr, sans ge*⟩ **1** (***j-m***) ***~*** contredire qn; ***e-r Behauptung ~*** contredire, réfuter une affirmation; **2** *fig* ***~*** (+ *dat*) être en contradiction avec; ***einander, sich*** (*dat*) ***~*** se contredire; *Aussagen* ***einander ~d*** contradictoire

'Widerspruch *m* **1** (*Einspruch*) opposition *f* (*a* JUR); **2** (*innerer Gegensatz*) contradiction *f*; opposition *f*; ***zu etw im ~ stehen*** → ***widersprechen*** *2*

wider|sprüchlich ['-ʃːprʏçlɪç] *adj* contradictoire; **~spruchslos** *adv* sans contestation; sans protester

'Widerstand *m* **1** résistance *f* (***gegen*** à; *a* POL); ***~ leisten*** opposer de la résis-

W

tance (***gegen*** à); ***auf ~*** (*acc*) ***stoßen*** rencontrer de la résistance; **2** PHYS, TECH résistance *f*

'**Widerstands|bewegung** *f* mouvement *m* de résistance; **⁓fähig** *adj* résistant (***gegen*** à); **~fähigkeit** *f* résistance *f* (***gegen*** à); **~kämpfer** *m* résistant *m*; **~kraft** *f* (force *f* de) résistance *f*; **⁓los** *adv* sans (opposer de) résistance

wider'stehen *v/i* ⟨*irr, sans ge*⟩ (***e-r Sache, j-m***) **~** résister (à qc, qn)

wider'streben *v/i* ⟨*sans ge*⟩ ***es widerstrebt mir zu*** (+ *inf*) il me répugne de (+ *inf*)

wider'strebend *advt* à contrecœur; de mauvaise grâce

'**Widerstreit** *m* conflit *m*; antagonisme *m*

widerwärtig ['viːdərvɛrtɪç] *adj* **1** (*unangenehm*) désagréable; *Person a* contrariant; **2** (*abstoßend*) repoussant; **⁓keit** *f* ⟨~; ~en⟩ désagrément *m*

'**Wider|wille** *m* répugnance *f* (***gegen*** pour); (*Abneigung*) aversion *f* (pour, contre); **⁓willig** *adv* à contrecœur

widmen ['vɪtmən] ⟨-e-⟩ **I** *v/t* **1** *Zeit, Leben* ***j-m, e-r Sache etw ~*** consacrer, *p/fort* vouer qc à qn; **2** *Buch* dédier; **II** *v/r* ***sich e-r Sache, j-m ~*** se consacrer, se dévouer à qc, qn

'**Widmung** *f* ⟨~; ~en⟩ dédicace *f*; *Buch* ***mit e-r ~ versehen*** dédicacer

widrig ['viːdrɪç] *adj Umstand* fâcheux; *Geschick* adverse; **⁓keit** *f* ⟨~; ~en⟩ (*Unannehmlichkeit*) désagrément *m*; (*Missgeschick*) adversité *f*

wie [viː] **I** *adv* **1** (*auf welche Art und Weise*) comment; de quelle manière, façon; ***~ bitte?*** vous disiez?; pardon?; **2** *in Fragen nach Eigenschaften od Merkmalen* comment; ***~ war das Wetter?*** quel temps a-t-il fait?; **3** *Ausmaß, Grad e-r Eigenschaft* quel; combien; ***~ breit ist ...?*** de quelle largeur est ...?; quelle est la largeur de ...?; ***~ schön!*** que, comme c'est beau!; ***für ~ lange?*** pour combien de temps?; ***~ viel(e)*** combien (de); F ***und ~!*** F et comment!; **4** *relativisch* ***~ man es auch macht, ...*** quoi qu'on fasse, ...; **II** *conj* **1** *Vergleich* comme; ***schnell ~ der Blitz*** rapide comme l'éclair; ***ein Mann ~ er*** un homme comme lui; **2** (*zum Beispiel*) comme; tel, telle que; ***Städte ~ Paris oder Amsterdam*** des villes comme *od* telles que Paris ou Amsterdam; **3** *erklärend* ***~ ich glaube*** à ce que je crois; ***~ du siehst*** comme tu le vois; **4** *zeitlich* (*als*) au moment où; comme; lorsque; **5** *mit Verb der Wahrnehmung* ***ich sah, ~ er aufstand*** je l'ai vu se lever

Wiedehopf ['viːdəhɔpf] *m* ⟨~(e)s; ~e⟩ ZO 'huppe *f*

wieder ['viːdər] *adv* **1** (*noch einmal*) de nouveau; à nouveau; encore (une fois); ***~ einmal*** une fois de plus; ***~ aufbauen*** *Haus, Stadt* reconstruire; *Wirtschaft* relever; ***~ aufbereiten*** TECH, NUCL retraiter; ***~ aufnehmen*** reprendre; JUR *Verfahren* réviser; ***~ auftauchen*** *Gerücht, Mensch* reparaître; réapparaître; ***~ beleben*** ranimer; réanimer; *fig Tradition* faire revivre; ranimer; *Wirtschaft* relancer; ***~ entdecken*** redécouvrir; ***~ erkennen*** reconnaître; ***nicht ~ zu erkennen*** méconnaissable; ***~ eröffnen*** rouvrir; ***~ finden*** retrouver; ***~ gutmachen*** réparer; *finanziell* indemniser; ***nicht ~ gutzumachen(d)*** irréparable; (***sich***) ***~ sehen*** (se) revoir; ***~ verwenden*** réemployer; réutiliser; ***~ verwerten*** recycler; ***~ verwertbar*** recyclable; ***~ wählen*** réélire; **2** *Rückkehr in den vorherigen Zustand* ***ich bin gleich ~ da*** je reviens tout de suite; ***er ist ~ gesund*** il est rétabli; **3** (*andererseits*) ***das ist auch ~ wahr*** c'est vrai aussi

wieder... *in Zssgn oft* re...; ré...

Wieder'aufbau *m* reconstruction *f*

Wieder'aufbereitung *f* NUCL retraitement *m*; **~sanlage** *f* NUCL usine *f* de retraitement

Wieder'aufnahme *f von Verhandlungen* reprise *f*; JUR *e-s Verfahrens* révision *f*

Wieder'aufrüstung *f* réarmement *m*

'**Wiederbeginn** *m* recommencement *m*

'**wieder·bekommen** *v/t* ⟨*irr, sans ge*⟩ récupérer

'**Wiederbelebung** *f* **1** réanimation *f*; **2** *fig von Traditionen* rétablissement *m*; *der Wirtschaft* relance *f*; **~sversuch** *m* tentative *f* de réanimation

'**wieder·bringen** *v/t* ⟨*irr*⟩ rapporter

Wieder'einführung *f* rétablissement *m*; réintroduction *f*

'**wieder·erlangen** *v/t* ⟨*sans ge*⟩ récupérer; *Freiheit* retrouver; ***das Bewusst-***

sein ~ reprendre connaissance

'Wiedergabe *f* **1** (*Bericht*) compte rendu; exposé *m*; **2** (*Bild***2**, *Ton***2**) reproduction *f*

'wieder·geben *v/t* ⟨*irr*⟩ **1** (*zurückgeben*) rendre; restituer; redonner; **2** (*berichten*) exposer; relater; **3** (*reproduzieren*) reproduire

'Wiedergeburt *f* **1** *st/s fig* renaissance *f*; **2** REL régénération *f*

'wieder·gewinnen *v/t* ⟨*irr*⟩ *Freiheit, Gleichgewicht* retrouver; *st/s* recouvrer

Wieder'gutmachung *f* ⟨~; ~en⟩ réparation *f*; *finanzielle* indemnisation *f*

wieder·'her·stell|en *v/t* ⟨*p/p* wiederhergestellt⟩ *Kontakt, Ordnung, Gesundheit* rétablir; *Gebäude* restaurer; **2ung** *f* rétablissement *m*; réfection *f*; restauration *f*

'wieder·holen *v/t* (*u v/r* ***sich*** [+ *dat*]) ***etw ~*** aller reprendre, rechercher qc

wieder'holen ⟨*sans ge*⟩ **I** *v/t* **1** (*nochmals sagen*) répéter; *Forderung* réitérer; **2** *Lernstoff* revoir; réviser; repasser; **3** SPORT *Spiel* rejouer; RAD, TV rediffuser; ***e-e Klasse ~*** redoubler (une classe); **II** *v/r* ***sich ~*** se répéter

wieder'hol|t **I** *adjt* répété; réitéré; **II** *adv* à plusieurs reprises; maintes fois; **2ung** *f* ⟨~; ~en⟩ **1** *von Gesagtem, von Vorgängen* répétition *f*; *e-r Forderung* réitération *f*; **2** *von Lernstoff* révision *f*; **3** THÉ, MUS reprise *f*; TV, RAD rediffusion *f*

'Wiederhören *n* ***auf ~!*** TÉL au revoir!

'wieder·käu|en *v/t* **1** ZO ruminer; **2** *péj fig* rabâcher; ressasser; **2er** *m* ⟨~s; ~⟩ ruminant *m*

'Wiederkehr *f* ⟨~⟩ retour *m*

'wieder·kehren *st/s v/i* ⟨sn⟩ → ***wiederkommen***

'wieder·kommen *v/i* ⟨*irr*, sn⟩ **1** (*zurückkommen*) revenir; **2** (*sich wiederholen*) se répéter

'Wiederschauen *n südd, österr* ***auf ~!*** au revoir!

'Wiedersehen *n* ⟨~s; ~⟩ revoir *m*; ***auf ~!*** au revoir!

Auf Wiedersehen!

Wenn man sich von Freunden verabschieden will, kann man außer **au revoir** (auf Wiedersehen) auch sagen:

à bientôt!	bis bald!
à tout à l'heure!	bis später!
salut!	tschüs!

adieu sagt man nur dann, wenn man sich für längere Zeit von jemandem verabschiedet.

wiederum ['vi:dərum] *adv* **1** (*erneut*) à, de nouveau; **2** (*hingegen*) d'autre part; en revanche

'Wiedervereinigung *f* réunion *f*; POL réunification *f*

'Wiederverwertung *f* recyclage *m*

'Wiederwahl *f* réélection *f*

Wiege ['vi:gə] *f* ⟨~; ~n⟩ berceau *m* (*a fig*)

wiegen[1] ['vi:gən] *v/t u v/i* ⟨wog, gewogen⟩ (*ab~*) peser; ***ich wiege 60 Kilo*** je pèse *od* je fais 60 kilos; *fig* ***schwer ~*** peser lourd

'wiegen[2] **I** *v/t Kind* bercer; **II** *v/r* ***sich ~*** se balancer (***im Wind*** au gré du vent); ***sich in Sicherheit ~*** se croire en sécurité

'Wiegen|fest *st/s n* anniversaire *m*; **~lied** *n* berceuse *f*

wiehern ['vi:ərn] *v/i* 'hennir; F *fig* (*laut lachen*) rire aux éclats

Wien [vi:n] *n* ⟨~s⟩ Vienne *f*

'Wiener **I** *adj* ⟨*inv*⟩ de Vienne; viennois; ***~ Schnitzel*** escalope viennoise; **II 1** *m* ⟨~s; ~⟩ Viennois *m*; **2** *f* ⟨~; ~⟩ *Wurst etwa* saucisse *f* de Strasbourg

wienern ['vi:nərn] F *v/t* astiquer

wies [vi:s] → ***weisen***

Wiese ['vi:zə] *f* ⟨~; ~n⟩ pré *m*; prairie *f*

Wiesel ['vi:zəl] *n* ⟨~s; ~⟩ belette *f*

wie'so *adv* pourquoi

wieviel [vi:'fi:l *ou* 'vi:fi:l] → ***wie*** *I 3*; **~mal** *adv* combien de fois

wie'vielte *adj* ***den 2n haben wir heute?*** quel jour, F le combien sommes-nous (aujourd'hui)?

Wikinger ['vi:kɪŋər] *m* ⟨~s; ~⟩ HIST *pl* ***die ~*** les Vikings *m/pl*

wild [vɪlt] **I** *adj* **1** (*im Naturzustand*), *bes* ZO, BOT sauvage; *Volk* sauvage; primitif; ***~e Tiere*** (*Raubtiere*) fauves *m/pl*; bêtes *f/pl* féroces; **2** (*ungeordnet*) *Haar* 'hirsute; *Leben* agité; tumultueux; **3** *Parken, Zelten* irrégulier; sauvage; ***~e Ehe*** union *f* libre; **4** (*ungestüm*) *Kinder* turbulent; bruyant; F ***ganz ~ auf etw***

(*acc*) ***sein*** raffoler de qc; **5** (*wütend*) furieux; F furax; **~ *werden*** devenir furieux; **6** *Spekulationen* insensé; *Gerüchte* incroyable; **II** *adv* **1 *~ leben, wachsen*** vivre, pousser à l'état sauvage; ***~ lebend, wachsend*** sauvage; **2 *~ zelten*** pratiquer le camping sauvage; **3 *~ um sich schlagen*** se débattre violemment; F ***~ entschlossen sein*** être farouchement décidé
Wild *n* gibier *m*
'**Wildbach** *m* torrent *m*
'**Wildbahn** *f* ***in freier ~*** en liberté
'**Wild|bret** *n* ⟨~s⟩ gibier *m*; **~dieb** *m* braconnier *m*
'**Wilde(r)** *f(m)* ⟨→ A⟩ sauvage *m,f*
'**Wildente** *f* canard *m* sauvage
'**Wilderer** *m* ⟨~s; ~⟩ braconnier *m*
'**wildern** *v/i* braconner
'**wild'fremd** F *adj* parfaitement inconnu, étranger
'**Wild|gans** *f* oie *f* sauvage; **~gehege** *n* parc *m*, réserve *f* à gibier; **~heit** *f* ⟨~⟩ **1** *der Natur* caractère *m* sauvage; **2** (*Heftigkeit*) violence *f*; (*Ungestüm*) fougue *f*; **~katze** *f* chat *m* sauvage; **~leder** *n* daim *m*; **~nis** *f* ⟨~; ~se⟩ région sauvage, déserte; **~sau** *f* laie *f*; **~schwein** *n* sanglier *m*; **~'westfilm** *m* western *m*
Wilhelm ['vɪlhɛlm] *m* ⟨~s⟩ Guillaume *m*
will [vɪl] → ***wollen***[1]
Wille ['vɪlə] *m* ⟨~ns⟩ volonté *f*; (*Absicht*) intention *f*; ***letzter ~*** dernières volontés; ***freier ~*** libre arbitre *m*; ***aus freiem ~n*** de son plein gré; ***beim besten ~n*** avec la meilleure volonté (du monde); ***j-m s-n ~n lassen*** laisser faire qn; ***gegen j-s ~n*** contre le gré de qn; ***wider ~n*** à contrecœur
'**willen** *prép* ***um j-s, e-r Sache ~*** à cause de qn, qc; dans l'intérêt de qn, qc
'**Willen** *m* ⟨~s⟩ → ***Wille***
'**willenlos** *adj* sans volonté
'**Willens|äußerung** *f* (manifestation *f* de la) volonté *f*; **~erklärung** *f* JUR déclaration *f* de volonté; **~freiheit** *f* libre arbitre *m*; **~kraft** *f* (force *f* de) volonté *f*; **≈schwach** *adj* faible; sans volonté; **≈stark** *adj* volontaire; **~stärke** *f* (force *f* de) volonté *f*
'**willentlich** *adv* délibérément
'**willig** *adj* de bonne volonté
will'kommen *adj* bienvenu; *Abwechslung* qui vient à point; ***seien Sie (mir) ~!*** soyez le (la) bienvenu(e); ***j-n ~ heißen*** souhaiter la bienvenue à qn
Will'kommen *n* ⟨~s; ~⟩ bienvenue *f*
Willkür ['vɪlkyːr] *f* ⟨~⟩ arbitraire *m*; **~akt** *m* acte *m* arbitraire; **~herrschaft** *f* despotisme *m*; tyrannie *f*; **≈lich** *adj* arbitraire
wimmeln ['vɪməln] ⟨¢⟩ **I** *v/i Sache, Ort* ***~ von …*** fourmiller, grouiller de …; foisonner de, en …; **II** *v/imp* ***es wimmelt von …*** F ça grouille de …; ***in diesem Text wimmelt es von Fehlern*** les fautes fourmillent dans ce texte
wimmern ['vɪmərn] *v/i* geindre
Wimpel ['vɪmpəl] *m* ⟨~s; ~⟩ fanion *m*; banderole *f*
Wimper ['vɪmpər] *f* ⟨~; ~n⟩ cil *m*; ***ohne mit der ~ zu zucken*** sans sourciller
'**Wimperntusche** *f* mascara *m*
Wind [vɪnt] *m* ⟨~¢s; ~e⟩ vent *m*; ***bei ~ und Wetter*** par tous les temps; ***es geht ein starker ~*** il fait, il y a beaucoup de vent; ***in alle (vier) ~e zerstreut*** dispersé aux quatre coins du monde; F ***viel ~ um etw machen*** F faire tout un plat de qc; F *fig* ***wissen, woher der ~ weht*** savoir prendre le vent; F *fig* ***j-m den ~ aus den Segeln nehmen*** couper l'herbe sous le pied de qn; ***etw in den ~ schlagen*** ne tenir aucun compte de qc; F *fig* ***von etw ~ bekommen*** avoir vent de qc; flairer qc
'**Wind|beutel** *m Gebäck* chou *m* à la crème; **~bö(e)** *f* rafale *f* de vent
Winde ['vɪndə] *f* ⟨~; ~n⟩ **1** BOT liseron *m*; **2** TECH (*Seil≈*) treuil *m*; (*Anker≈*) guindeau *m*
Windel ['vɪndəl] *f* ⟨~; ~n⟩ couche *f*; **~höschen** *n* couche-culotte *f*
'**windel'weich** F *adj* ***j-n ~ schlagen*** battre qn comme plâtre
'**winden** ⟨windet, wand, gewunden⟩ **I** *v/t st/s* ***Blumen zu Kränzen ~*** faire, tresser des couronnes de fleurs; **II** *v/r* ***sich ~*** se tordre (***vor Schmerzen*** de douleur); ***sich um etw ~*** s'enrouler, s'entortiller autour de qc
'**Windenergie** *f* énergie éolienne
'**Windeseile** *f* ***mit, in ~*** à toute allure
'**Wind|fang** *m* tambour *m*; **≈geschützt** *adjt* à l'abri du vent; **~hose** *f* MÉTÉO tornade *f*; trombe *f*; **~hund** *m* **1** ZO lévrier *m*; **2** F *péj* F fumiste *m,f*

'windig *adj* **1** venteux; exposé au vent; ***es ist ~*** il fait du vent; **2** F *péj* louche

'Wind|jacke *f* coupe-vent *m*; anorak *m*; **~jammer** *m* ⟨~s; ~⟩ grand voilier; **~kraftanlage** *f* éolienne *f*; **~mühle** *f* moulin *m* à vent; **~pocken** *f/pl* varicelle *f*; **~rad** *n* éolienne *f*; **~richtung** *f* direction *f* du vent; **~rose** *f* rose *f* des vents; **≗schief** *adj péj* tout de travers; penché; **≗schlüpfig, ≗schnittig** *adj* aérodynamique; caréné; **~schutzscheibe** *f* pare-brise *m*; **~stärke** *f* force *f*, intensité *f* du vent

'windstill *adj* calme; ***es ist ~*** il fait un temps calme; il n'y a pas de vent

'Wind|stille *f* calme *m*; absence *f* de vent; **~stoß** *m* coup *m* de vent; rafale *f*; **≗surfen** *v/i* ⟨*seulement inf*⟩ faire de la planche à voile; **~surfen** *n* ⟨~s⟩ planche *f* à voile; **~surfer(in)** *m(f)* véliplanchiste *m,f*

'Windung *f* ⟨~; ~en⟩ (*Krümmung*) courbe *f*; ANAT circonvolution *f*; *pl* ***~en*** *e-r Straße* lacets *m/pl*; sinuosités *f/pl*

Wink [vɪŋk] *m* ⟨~¢s; ~e⟩ signe *m*; *fig* F tuyau *m*; ***j-m e-n ~ geben*** F tuyauter qn

Winkel ['vɪŋkəl] *m* ⟨~s; ~⟩ **1** MATH angle *m*; ***rechter ~*** angle droit; ***toter ~*** angle mort; **2** (*Ecke*) coin *m* (*a fig*); **3** *fig* (*Ort*) coin *m*; **4** *Werkzeug* équerre *f*

'Winkel|advokat *m péj* avocat marron; **≗ig** *adj Gasse* tortueux; **~messer** *m* ⟨~s; ~⟩ MATH rapporteur *m*; **~züge** *m/pl péj* détours *m/pl*; manœuvres *f/pl* (louches)

'winken **I** *v/t* ***j-n zu sich ~*** faire signe à qn d'approcher; **II** *v/i* **1** ***j-m ~*** *zum Näherkommen* faire signe à qn; ***j-m zum Abschied ~*** faire des signes d'adieu à qn; **2** ***den Gewinnern ~ tolle Preise*** des prix fabuleux attendent les gagnants

'winklig → ***winkelig***

winseln ['vɪnzəln] *v/i* ⟨¢⟩ *Hund* gémir; geindre (*beide a fig*)

Winter ['vɪntər] *m* ⟨~s; ~⟩ hiver *m*; ***im ~*** en hiver

'Winter|anfang *m* début *m* de l'hiver; **≗fest** *adj Pflanze* résistant à l'hiver; *Kleidung* pour l'hiver; **~garten** *m* jardin *m* d'hiver; serre *f*; **≗lich** *adj* d'hiver; de l'hiver; hivernal; **~mantel** *m* manteau *m* d'hiver; **~reifen** *m* pneu *m* neige

'Winterschlaf *m* zo hibernation *f*; ***~ halten*** hiberner

'Winterschlussverkauf *m* soldes *m/pl*, *abus f/pl* d'hiver

'Winterspiele *n/pl* ***die Olympischen ~*** les Jeux *m/pl* olympiques d'hiver

'Winter|sport *m* sports *m/pl* d'hiver; **~zeit** *f* **1** *Jahreszeit* hiver *m*; **2** *Uhrzeit* heure *f* d'hiver

Winzer(in) ['vɪntsər(ɪn)] *m* ⟨~s; ~⟩ (*f*) ⟨~; ~nen⟩ vigneron, -onne *m,f*; viticulteur, -trice *m,f*

winzig ['vɪntsɪç] *adj* tout petit; minuscule

Wipfel ['vɪpfəl] *m* ⟨~s; ~⟩ cime *f*; sommet *m*

Wippe ['vɪpə] *f* ⟨~; ~n⟩ bascule *f*; balançoire *f*

'wippen *v/i* se balancer; ***mit dem Fuß ~*** balancer le pied

wir [viːr] *pr/pers* nous; ***~ sind es*** c'est nous; ***~ Deutschen*** nous les Allemands

Wirbel ['vɪrbəl] *m* ⟨~s; ~⟩ **1** PHYS tourbillon *m*; remous *m*; **2** *fig* (*Trubel*) tourbillon *m*; agitation *f*; ***viel ~ um etw, j-n machen*** faire beaucoup de bruit autour de qc, qn; **3** ANAT vertèbre *f*; **4** (*Haar≗*) épi *m* (de cheveux)

'wirbeln **I** *v/t* faire tourbillonner; **II** *v/i* tourbillonner; tournoyer

'Wirbel|säule *f* colonne vertébrale; **~sturm** *m* cyclone *m*; **~tiere** *n/pl* vertébrés *m/pl*; **~wind** *m* tourbillon *m*

wirbt [vɪrpt] → ***werben***

wird [vɪrt] → ***werden***

wirft [vɪrft] → ***werfen***

wirken ['vɪrkən] **I** *v/t* TEXT tricoter; **II** *v/i* **1** (*e-e bestimmte Wirkung haben*) agir, opérer (***auf*** [+ *acc*] sur); (*wirksam sein*) être efficace; (*Wirkung ausüben*) avoir de l'effet (sur); ***beruhigend ~*** être calmant; ***die Arznei hat gewirkt*** le remède a agi; **2** (*scheinen*) ***auf j-n ~ wie …*** faire à qn l'effet de …; ***größer ~*** paraître plus grand; **3** *st/s* (*tätig sein*) exercer son activité (***als*** de)

'wirklich **I** *adj* (*tatsächlich*) réel; (*echt*) véritable; vrai; **II** *adv* (*tatsächlich*) réellement; effectivement; (*wahrhaftig*) vraiment; ***~?*** c'est vrai?

'Wirklichkeit *f* ⟨~; ~en⟩ réalité *f*; ***in ~*** (*dat*) en réalité; ***~ werden*** se réaliser '**wirklichkeitsfremd** *adj* peu réaliste

'**wirksam** *adj* **1** efficace; **2** ADM, JUR en vigueur; **♀keit** *f* ⟨~⟩ efficacité *f*

'**Wirkstoff** *m* agent *m*; principe actif

'**Wirkung** *f* ⟨~; ~en⟩ **1** effet *m*; action *f*; ***s-e ~ verfehlen*** ne pas avoir l'effet souhaité; **2** JUR, ADM ***mit sofortiger ~*** avec effet immédiat

'**Wirkungs|bereich** *m* domaine *m*; champ *m*, sphère *f* d'activité; **♀los** *adj* sans effet; inefficace; inopérant; **♀voll** *adj* efficace; **~weise** *f e-s Wirkstoffs* mode *m* d'action; TECH mode *m* de fonctionnement

wirr [vɪr] *adj* **1** (*verwirrt*) confus; embrouillé; **2** (*unordentlich*) désordonné; *Haar* ébouriffé

'**Wirren** *pl* troubles *m/pl*; désordre *m*

'**Wirrkopf** *m* esprit confus, embrouillé

Wirrwarr ['vɪrvar] *m* ⟨~s⟩ désordre *m* inextricable; F pagaille *f*

Wirsing ['vɪrzɪŋ] *m* ⟨~s⟩, **~kohl** *m* chou frisé; chou *m* (de) Milan

'**Wirt(in)** *m* ⟨~(e)s; ~e⟩ (*f*) ⟨~; ~nen⟩ (*Gast♀*) patron, -onne *m,f*

'**Wirtschaft** *f* ⟨~; ~en⟩ **1** ÉCON économie *f*; **2** (*Haushalt*) ménage *m*; **3** (*Gast♀*) café *m*; bar *m*; F bistro(t) *m*; restaurant *m*; **4** F *péj* (*Unordnung*) désordre *m*; F pagaille *f*

'**wirtschaften** *v/i* ⟨-e-⟩ **1** ***gut*** (***mit etw***) **~** bien administrer, gérer (qc); ***sparsam ~*** être économe; **2** (*sich betätigen*) travailler

'**Wirtschafterin** *f* ⟨~; ~nen⟩ gouvernante *f*

'**wirtschaftlich** *adj* **1** *Wachstum etc* économique; **2** (*finanziell*) pécuniaire; financier; **3** (*sparsam*) économique; **♀keit** *f* ⟨~⟩ rentabilité *f*

'**Wirtschafts...** *in Zssgn* économique; **~abkommen** *n* accord *m* économique; **~beziehungen** *f/pl* relations *f/pl* économiques; **~flüchtling** *m* réfugié(e) *m(f)* pour raisons économiques; **~gebäude** *n/pl* dépendances *f/pl*; communs *m/pl*; **~geld** *n* argent *m* (pour les dépenses) du ménage; **~hilfe** *f* aide *f*, assistance *f* économique; **~kriminalität** *f* criminalité *f* économique; **~krise** *f* crise *f* économique; **~ministerium** *n* ministère *m* de l'Économie; **~politik** *f* politique *f* économique; **♀politisch** *adj* en matière de politique économique; **~prüfer** *m* expert-comptable *m*; **~system** *n* système *m* économique; **~wachstum** *n* croissance *f* économique; **~wissenschaft** *f* science *f* économique; **~wissenschaftler(in)** *m(f)* économiste *m,f*; **~wunder** F *n* miracle *m* économique; **~zweig** *m* secteur *m* économique

'**Wirts|haus** *n* café *m*; F bistro(t) *m*; (*Gasthaus*) auberge *f*; **~leute** *pl von* ***Wirt(in)***

Wisch [vɪʃ] F *péj m* ⟨~(e)s; ~e⟩ chiffon *m* (de papier); F papelard *m*

'**wischen** *v/t* **1** (*weg~*) essuyer; ***Staub ~*** enlever la poussière; **2** (*säubern*) nettoyer

'**Wischer** *m* ⟨~s; ~⟩ AUTO essuie-glace *m*; **~blatt** *n* AUTO balai *m* d'essuie-glace

'**Wisch|lappen** *m*, **~tuch** *n* ⟨~(e)s; ~̈er⟩ **1** (*Auf♀*) serpillière *f*; **2** *zum Abwischen* chiffon *m*

Wisent ['vi:zɛnt] *m* ⟨~s; ~e⟩ bison *m* d'Europe

Wismut ['vɪsmu:t] *n* ⟨~(e)s⟩ bismuth *m*

wispern ['vɪspərn] *v/t u v/i* chuchoter

Wissbegier|(de) ['vɪs-] *f* ⟨~⟩ curiosité *f* (d'esprit); soif *f* de savoir; **♀ig** *adj* curieux; avide de savoir

wissen ['vɪsən] ⟨weiß, wusste, gewusst⟩ **I** *v/t* **1** savoir; ***etw von j-m*** *od* ***durch j-n ~*** savoir qc par qn; ***ich weiß*** (***es***) ***nicht*** je ne sais pas; ***j-n ~, der ...*** connaître qn qui ...; F ***was weiß ich!*** qu'est-ce que j'en sais, moi!; ***nicht, dass ich wüsste*** pas que je sache; ***soviel ich weiß*** autant que je sache; F ***man kann nie ~*** on ne sait jamais; ***weißt du noch, als ...*** te rappelles-tu le temps où ...; **2** ***sich zu benehmen ~*** savoir se conduire; **3** F *intensivierend* ***wer weiß wo*** Dieu sait où; **II** *v/i* ***von***, *st/s* ***um etw ~*** avoir connaissance de qc

'**Wissen** *n* ⟨~s⟩ savoir *m*; (*Kenntnisse*) connaissances *f/pl*; ***ohne mein ~*** à mon insu; ***meines ~s*** à ma connaissance; ***wider besseres ~*** sans conviction; ***nach bestem ~ und Gewissen*** en mon, ton, *etc* âme et conscience

'**Wissenschaft** *f* ⟨~; ~en⟩ science *f*; **~ler(in)** *m* ⟨~s; ~⟩ (*f*) ⟨~; ~nen⟩ savant *m*; *bes* (*Natur♀*) scientifique *m,f*; **♀lich** *adj* scientifique

'**Wissens|drang** *m*, **~durst** *m* désir *m*, soif *f* de savoir; **~gebiet** *n* domaine *m*

W

(scientifique); **ꝰwert** *adj* qui vaut la peine d'être connu; intéressant
'wissentlich I *adj* délibéré; intentionnel; **II** *adv* en connaissance de cause; sciemment
witter|n ['vɪtərn] *v/t* JAGD, *fig* flairer; **ꝰung** *f* ⟨~; ~en⟩ **1** (*Wetter*) temps *m*; **2** JAGD (*Geruchssinn*) flair *m*; (*Geruch*) vent *m*; fumet *m*; **ꝰungseinflüsse** *m/pl* influences *f/pl* atmosphériques, du temps
Witwe ['vɪtvə] *f* ⟨~; ~n⟩ veuve *f*
'Witwer *m* ⟨~s; ~⟩ veuf *m*
Witz [vɪts] *m* ⟨~es; ~e⟩ **1** (*lustige Geschichte*) histoire *f* (pour rire); (*Scherz*) plaisanterie *f*; F blague *f*; ***~e reißen*** F en raconter de (bien) bonnes; *fig* ***mach keine ~e!*** F sans blague!; F (arrête,) tu déconnes?; **2** (*Geist*) esprit *m*
'Witzbold F *m* ⟨~¢s; ~e⟩ farceur *m*; F blagueur *m*; plaisantin *m*
'witzeln *v/i* ⟨¢⟩ plaisanter (***über j-n, etw*** à propos de qn, sur qc)
'witz|ig *adj Person* spirituel; *Sache* amusant; drôle; **~los** *adj* **1** (*geistlos*) peu spirituel; **2** F *fig* (*zwecklos*) sans intérêt; inutile
wo [vo:] **I** *adv interrogativ u relativisch* où; ***~ auch immer*** où que … (+ *subj*); ***jetzt, ~ …*** maintenant que …; **II** *conj* **1** (*da*) ***~ … (einmal) …*** puisque …; **2** (*obwohl*) ***~ … doch …*** alors que …
wo'anders *adv* ailleurs; autre part
wob [vo:p] → ***weben***
wo'bei *adv* **1** *interrogativ* ***~ hast du dich verletzt?*** en faisant quoi, à quelle occasion, comment t'es-tu blessé?; **2** *relativisch* ***…, ~ mir einfällt …*** … ce qui me rappelle …
Woche ['vɔxə] *f* ⟨~; ~n⟩ semaine *f*; ***diese ~*** cette semaine; ***zweimal die, in der ~*** deux fois par semaine
'Wochen|bett *n* MÉD couches *f/pl*; **~blatt** *n* (journal *m*) hebdomadaire *m*
'Wochenende *n* week-end *m*; fin *f* de semaine; ***am ~*** en fin de semaine; au week-end; ***schönes ~!*** bon week-end!
'Wochen|endhaus *n* résidence *f* secondaire; **~karte** *f* carte *f* (d'abonnement) hebdomadaire; **ꝰlang I** *adj* qui dure des semaines (entières); **II** *adv* (pendant) des semaines entières; **~lohn** *m* salaire *m* hebdomadaire; **~markt** *m* marché *m* hebdomadaire; **~tag** *m* jour *m* de semaine; (*Werktag*) jour *m* ouvrable; **ꝰtags** *adv* en semaine; les jours ouvrables
wöchentlich ['vœçəntlɪç] **I** *adj* hebdomadaire; **II** *adv* chaque semaine; ***zweimal ~*** deux fois par semaine
'Wochenzeitung *f* (revue *f*, journal *m*) hebdomadaire *m*
Wöchnerin ['vœçnərɪn] *f* ⟨~; ~nen⟩ femme *f* en couches; accouchée *f*
Wodka ['vɔtka] *m* ⟨~s; ~s⟩ vodka *f*
wo'durch *adv* **1** *interrogativ* par quoi?; par quel moyen?; **2** *relativisch* par quoi; par lequel
wo'für *adv* **1** *interrogativ* pour quoi?; ***~ halten Sie mich?*** pour qui me prenez-vous?; **2** *relativisch* pour lequel; pour quoi
wog [vo:k] → ***wiegen***[1]
Woge ['vo:gə] *st/s f* ⟨~; ~n⟩ vague *f* (*a fig*)
wo'gegen I *adv* **1** *interrogativ* contre quoi?; ***~ ist sie allergisch?*** à quoi est-elle allergique?; **2** *relativisch* contre quoi; contre lequel; **II** *conj* tandis que; alors que
'wogen *st/s v/i Meer, Kornfeld* ondoyer (*a fig Menge*); onduler
wo|'her *adv* **1** *interrogativ* d'où?; de quel côté?; **2** *relativisch* d'où; **~'hin** *adv interrogativ u relativisch* où
wohin'gegen *conj* tandis que; alors que
wohl [vo:l] *adv* **1** (*gesund*) bien; bien portant; ***ich fühle mich nicht ~*** je ne me sens pas bien; **2** (*behaglich*) à l'aise; bien; ***mir ist nicht ganz ~ dabei*** cette affaire m'inquiète; ***~ oder übel*** bon gré, mal gré; **3** (*durchaus*) (très) bien; ***ich weiß ~, dass …*** je sais bien que …; **4** (*ungefähr*) bien; ***~ (an die) tausend Zuschauer*** bien (dans les) mille spectateurs; **5** *st/s* ***sehr ~ (, mein Herr)!*** très bien (, Monsieur)!; **6** (*vermutlich*) probablement; sans doute; bien; ***das ist ~ möglich*** c'est bien possible; F ça se pourrait bien; ***~ kaum!*** penses-tu *bzw* pensez-vous!; que non!; **7** *verstärkend* bien; ***das kann man ~ sagen*** c'est (bien) le cas de le dire; **8** (*gut*) ***~ bekannt*** bien connu; ***~ gemeint*** bien intentionné; *Rat* amical; ***~ überlegt*** bien réfléchi
Wohl *n* ⟨~¢s⟩ bien *m*; bien-être *m*; ***auf j-s ~*** (*acc*) ***trinken*** boire à la santé de

W

qn; ***auf Ihr, dein ~!, zum ~!*** à votre, ta santé!; *als Antwort* à la vôtre!; à la tienne!

wohl'auf *st/s adj* ***er ist ~*** il se porte bien; il va bien; il est bien portant

'Wohl|befinden *n* bien-être *m*; (bonne) santé; **~behagen** *n* (sentiment *m* de) bien-être *m*; **≗behalten** *adj* sain et sauf; **~ergehen** *n* ⟨~s⟩ → ***Wohlbefinden***; **≗erzogen** *st/s adjt* bien élevé; **~fahrt** *f* **1** *st/s* (*Wohlergehen*) bien-être *m*; prospérité *f*; **2** *früher* (*öffentliche Fürsorge*) assistance publique; **~fahrtsstaat** *m* État *m* providence

'wohl|geformt *st/s adjt Körper* bien fait; *Beine* bien galbé; **≗gefühl** *n* sentiment *m* de bien-être; **~gemerkt** *advt* bien entendu; **~genährt** *st/s adjt* bien nourri; **≗geruch** *st/s m* parfum *m*; odeur *f* agréable; senteur *f*

'wohlgesinnt *adjt* ***j-m ~ sein*** être bien disposé envers qn

'wohlhabend *adj* fortuné; cossu

'wohlig *adj Gefühl, Wärme* agréable

'Wohlklang *st/s m* harmonie *f*; son harmonieux

'wohl|meinend *st/s adjt* bien intentionné; **~proportioniert** *st/s adjt* bien proportionné; **~riechend** *st/s adjt* d'une odeur agréable; odorant; parfumé; **~schmeckend** *st/s adjt* qui a bon goût; savoureux

'Wohlsein *st/s n* (**zum**) ***~!*** à votre *bzw* ta santé!; *Antwort* à la vôtre *bzw* tienne!

'Wohlstand *m* prospérité *f*; aisance *f*

'Wohlstandsgesellschaft *f* société *f* d'abondance, de consommation

'Wohltat *f* ***das ist e-e wahre ~*** c'est un véritable délice

'Wohl|täter(in) *m(f)* bienfaiteur, -trice *m,f*; **≗tätig** *adj* charitable; **~tätigkeit** *f* bienfaisance *f*; charité *f*; **~tätigkeits...** *in Zssgn* de charité

'wohl|tuend *adjt* agréable; bienfaisant; (*lindernd*) qui soulage; **~verdient** *adjt* bien mérité; **~weislich** *adv* (très) sagement; prudemment

'Wohlwollen *n* ⟨~s⟩ bienveillance *f*

'wohlwollend **I** *adjt* bienveillant; **II** *advt* avec bienveillance

Wohn|anhänger ['voːn-] *m* caravane *f*; **~block** *m* ⟨~̶e̶s; ~s⟩ pâté *m* de maisons; îlot *m*

'wohnen *v/i* habiter; demeurer; *vorübergehend* loger, être logé (***bei j-m*** chez qn)

'Wohn|fläche *f* surface *f* habitable; **~gebiet** *n* zone résidentielle; **~geld** *n* indemnité *f* de logement; **~gemeinschaft** *f* communauté *f*; **≗haft** *adj* ADM demeurant, domicilié, résidant (***in*** [+ *dat*] à); **~haus** *n* bâtiment *m*, immeuble *m* d'habitation; **~heim** *n* foyer *m*

'wohnlich *adj* confortable; commode

'Wohn|mobil *n* ⟨~s; ~e⟩ camping-car *m*; **~ort** *m* domicile *m*; résidence *f*; **~raum** *m* **1** (*Wohnzimmer*) (salle *f* de) séjour *m*; living *m*; **2** (*Wohnungen*) habitations *f/pl*; logements *m/pl*; **~siedlung** *f* lotissement *m*; cité *f*

'Wohnsitz *m* domicile *m*; résidence *f*; ***fester, ständiger ~*** domicile légal

'Wohnung *f* ⟨~; ~en⟩ appartement *m*

'Wohnungs|bau *m* ⟨~̶e̶s⟩ construction *f* de logements; **~einrichtung** *f* ameublement *m*; mobilier *m*; **~not** *f* crise *f* du logement; **~suche** *f* recherche *f* d'un logement, appartement; **~tür** *f* porte *f* de l'appartement

'Wohn|verhältnisse *n/pl* conditions *f/pl* d'habitation; habitat *m*; **~viertel** *n* quartier résidentiel; **~wagen** *m* caravane *f*; (*Zirkuswagen*) roulotte *f*; **~zimmer** *n* (salle *f* de) séjour *m*; living *m*

wölb|en ['vœlbən] *v/r* ***sich ~*** s'arrondir; *Brust, Straße* se bomber; *Rücken* se voûter; **≗ung** *f* ⟨~; ~en⟩ bombement *m*; CONSTR voussure *f*

Wolf [vɔlf] *m* ⟨~̶e̶s; ~̈e⟩ **1** ZO loup *m*; *fig* ***ein ~ im Schafspelz*** une personne dont il faut se méfier; **2** F (*Haut≗*) écorchure *f*; **3** F (*Fleisch≗*) 'hachoir *m*

Wölfin ['vœlfɪn] *f* ⟨~; ~nen⟩ louve *f*

'Wolfram *n* ⟨~s⟩ CHIM tungstène *m*

'Wolfsmilch *f* BOT euphorbe *f*

Wolke ['vɔlkə] *f* ⟨~; ~n⟩ nuage *m*; F *fig* ***aus allen ~n fallen*** tomber des nues

'Wolken|bruch *m* pluie torrentielle; **~decke** *f* couche *f* de nuages; **~kratzer** *m* gratte-ciel *m*; **≗los** *adj* sans nuages; dégagé

'wolkig *adj* nuageux

Wolldecke ['vɔl-] *f* couverture *f* de laine

'Wolle *f* ⟨~; ~n⟩ laine *f*; F (*Haare*) toison *f*; F *fig* ***sich in die ~ kriegen*** s'empoigner

wollen[1] ['vɔlən] ⟨will, wollte⟩ **I** *v/aux de*

mode ⟨*p/p* wollen⟩ **1** (*wünschen*) vouloir; ***etw tun ~*** vouloir faire qc; **2** (*im Begriff sein*) aller; être sur le point de; ***ich wollte gerade abreisen*** j'allais partir; **3** *in Aufforderungen* vouloir; ***~ Sie mir bitte folgen!*** voulez-vous *od* veuillez me suivre!; F ***wollt ihr (wohl) endlich Ruhe geben!*** allez-vous enfin rester tranquilles!; **4** (*behaupten*) prétendre; ***er will es gesehen haben*** il prétend l'avoir vu; **5** *umschreibend* ***das will nichts sagen*** cela ne veut rien dire; **6** (*müssen*) devoir; falloir; ***das will überlegt sein*** cela demande réflexion; **II** *v/t* ⟨*p/p* gewollt⟩ **7** (*wünschen*) vouloir; ***ich wollte, es wäre schon Sonntag*** je voudrais que ce soit déjà dimanche; ***das habe ich nicht gewollt*** ce n'était pas mon intention; **8** (*haben ~*) vouloir; ***willst du Tee oder Kaffee?*** veux-tu du thé ou du café?; ***etw lieber ~*** aimer mieux qc; préférer qc; **III** *v/i* ⟨*p/p* gewollt⟩ **9** (*den Willen haben*) vouloir; ***man mag ~ oder nicht*** qu'on le veuille ou non; ***ganz wie Sie ~*** (tout) comme vous voudrez; **10** *mit weggelassenem inf* vouloir; ***wo willst du hin?*** où vas-tu?; ***zu wem ~ Sie?*** qui cherchez-vous?; ***meine Beine ~ nicht mehr*** mes jambes n'en peuvent plus

'wollen[2] *adj* de *od* en laine

'wollig *adj* laineux

'Woll|knäuel *n* pelote *f* de laine; **~sachen** *f/pl* lainages *m/pl*; **~socken** *f/pl* chaussettes *f/pl* de *od* en laine; **~strumpf** *m* bas *m* de laine

Wollust ['vɔlust] *st/s f* ⟨~⟩ volupté *f*; *litt* luxure *f*

wollüstig ['vɔlʏstɪç] *st/s adj* voluptueux; *litt* luxurieux

wo'mit *adv* **1** *interrogativ* avec quoi?; ***~ beschäftigt ihr euch?*** de quoi vous occupez-vous?; **2** *relativisch* avec quoi; avec lequel

wo'möglich *adv* peut-être

wo'nach *adv* **1** *interrogativ* après quoi?; ***~ fragt er?*** qu'est-ce qu'il demande?; **2** *relativisch* après quoi; après lequel

Wonn|e ['vɔnə] *f* ⟨~; ~n⟩ grande joie; délice *m*; **≗ig** F *adj* ravissant

wo'ran *adv* **1** *interrogativ* à quoi?; ***~ ist er gestorben?*** de quoi est-il mort?; **2** *relativisch* à quoi; auquel

wo'rauf *adv* **1** *interrogativ* sur quoi?; ***~ wartest du?*** qu'est-ce que tu attends?; **2** *relativisch* sur quoi (*a zeitlich*); sur lequel; ***das einzige, ~ es ankommt*** la seule chose qui compte

wo'raus *adv* **1** *interrogativ* de quoi?; *Material* en quoi?; *Herkunft* d'où?; **2** *relativisch* (ce) dont; de quoi; duquel; *Herkunft* d'où

worden ['vɔrdən] → ***werden*** *III*

wo'rin *adv* **1** *interrogativ* dans quoi?; ***~ besteht der Unterschied?*** en quoi consiste la différence?; **2** *relativisch* en *od* dans quoi; où; dans lequel

Workshop ['vøːrkʃɔp] *m* ⟨~s; ~s⟩ atelier *m*

Wort [vɔrt] *n* ⟨~(e)s; ~er *ou* ~e⟩ **1** ⟨*pl* ~er; *parfois* ~e⟩ *einzelnes* mot *m*; (*Ausdruck*) terme *m*; **2** ⟨*pl* ~e⟩ (*ausgesprochenes ~, Rede*) mot *m*; parole *f*; ***davon ist kein ~ wahr*** il n'y a pas un mot de vrai là-dedans; ***das ~ hat …*** la parole est à …; *fig* ***das letzte ~ haben*** avoir le dernier mot; ***ein gutes ~ für j-n einlegen*** intercéder pour qn, en faveur de qn; ***ein ernstes ~ mit j-m reden*** avoir deux mots à dire à qn; ***glaube ihm kein ~!*** ne crois rien de ce qu'il dit!; ***kein ~ mehr!*** pas un mot de plus!; ***ein ~ gab das andere*** un mot en amena, entraîna un autre; ***ich verstehe kein ~ davon*** je n'y comprends rien; ***man kann sein eigenes ~ nicht verstehen*** on ne s'entend plus (parler); ***kein ~ über etw*** (*acc*) ***verlieren*** ne pas évoquer qc; ***sich zu ~ melden, ums ~ bitten*** demander la parole; ***das ~ ergreifen*** prendre la parole; ***nicht zu ~(e) kommen*** ne pas arriver à placer un mot; ***ohne ein ~ zu sagen*** sans mot dire; ***mir fehlen die ~e!*** F ça me la coupe!; ***j-m aufs ~ glauben*** croire qn sur parole; ***~ für ~*** (*nacheinander, wörtlich*) mot à mot; (*wortgetreu*) mot pour mot; ***j-m ins ~ fallen*** couper la parole à qn; ***mit e-m ~*** en un mot; bref; ***mit anderen ~en*** en d'autres termes; **3** (*Versprechen*) parole *f*; ***sein ~ brechen*** manquer à sa parole; ***(sein) ~ halten*** tenir (sa) parole; ***j-s ~ haben*** avoir la parole de qn; ***j-n beim ~ nehmen*** prendre qn au mot; **4** ***geflügelte ~e*** mots *m/pl*, citations *f/pl* célèbres

'Wort|art *f* catégorie grammaticale; **~bildung** *f* formation *f* des mots

W

'wortbrüchig *adj* **~ werden** manquer à sa parole

Wörtchen ['vœrtçən] *n* ⟨~s; ~⟩ F **ein ~ mitzureden haben** avoir son, mon, *etc* mot à dire; avoir voix au chapitre

'Wörter|buch *n* dictionnaire *m*; **~verzeichnis** *n* vocabulaire *m*

'Wort|führer(in) *m(f)* porte-parole *m*; **~gefecht** *n* dispute *f*; **2getreu** *adj* littéral; **2gewandt** *adj* éloquent; **2karg** *adj Mensch* peu loquace; taciturne; *Antwort* laconique; **~klaube'rei** *f* ⟨~; ~en⟩ *péj* ergotage *m*

'Wortlaut *m* teneur *f*; texte (intégral); **im (vollen) ~** intégralement; in extenso

wörtlich ['vœrtlɪç] **I** *adj* littéral; textuel; **II** *adv* **etw ~ nehmen** prendre qc à la lettre

'wortlos I *adj Einverständnis* tacite; **II** *adv* sans mot dire

'Wortmeldung *f* **gibt es noch (weitere) ~en?** y a-t-il d'autres personnes qui demandent la parole?

'Wort|schatz *m* vocabulaire *m*; **~spiel** *n* jeu *m* de mots; calembour *m*; **~stellung** *f* GR ordre *m* des mots; **~wahl** *f* choix *m* des mots; **~wechsel** *m* altercation *f*; vive discussion; dispute *f*; **'2'wörtlich** *adv* mot à mot; mot pour mot

wo'rüber *adv* **1** *interrogativ* sur quoi?; **~ lachst du?** de quoi ris-tu?; **2** *relativisch* sur quoi; sur lequel

wo'rum *adv* **1** *interrogativ* **~ handelt es sich?** de quoi s'agit-il?; **2** *relativisch* **alles, ~ es sich handelt** tout ce dont il s'agit

wo'runter *adv* **1** *interrogativ* sous quoi?; **~ leidet er?** de quoi souffre-t-il?; **2** *relativisch* sous quoi; sous lequel

wo'von *adv* **1** *interrogativ* de quoi?; d'où?; **2** *relativisch* de quoi; duquel; dont; d'où

wo'vor *adv* **1** *interrogativ* devant quoi?; **~ fürchtest du dich?** de quoi as-tu peur?; **2** *relativisch* devant quoi; devant lequel; **das Einzige, ~ er Angst hat** la seule chose dont il a peur

wo'zu *adv* **1** *interrogativ* à quoi?; (*warum*) pourquoi?; à quoi bon?; dans quel but?; **2** *relativisch* à quoi; auquel

Wrack [vrak] *n* ⟨~(e)s; ~s *ou* ~e⟩ épave *f* (*a fig Mensch*)

wringen ['vrɪŋən] *v/t* ⟨wrang, gewrungen⟩ *Wäsche* tordre; essorer

Wucher ['vu:xər] *m* ⟨~s⟩ usure *f*; **~er** *m* ⟨~s; ~⟩ usurier *m*

'wuchern *v/i Pflanzen* proliférer; foisonner (*a fig*); MÉD proliférer

'Wucher|preis *m* prix *m* usuraire; **~ung** *f* ⟨~; ~en⟩ MÉD, BOT **1** *Vorgang* prolifération *f*; **2** *Resultat* excroissance *f*; (*Geschwulst*) tumeur *f*

wuchs [vu:ks] → **wachsen**[1]

Wuchs *m* ⟨~es⟩ **1** (*Wachstum*) croissance *f*; **2** (*Gestalt*) taille *f*; stature *f*

Wucht [vʊxt] *f* ⟨~; ~en⟩ **1** force *f*; (*Heftigkeit*) violence *f*; **mit voller ~** de toute sa force; **2** F **das ist e-e ~!** F c'est super, épatant, chouette!

'wucht|en *v/t* ⟨-e-⟩ soulever, traîner avec effort; **~ig** *adj* **1** (*massig*) imposant; massif; **2** (*kraftvoll*) vigoureux; *Schlag* violent

wühlen ['vy:lən] **I** *v/i Person* fouiller (**in** [+ *dat*] dans); *Tier* fouir; **II** *v/r* **sich in etw** (*acc*) **~** s'enfouir dans qc

'Wühlmaus *f* campagnol *m*

Wulst [vʊlst] *m* ⟨~(e)s; ~e⟩ bourrelet *m*

'wulstig *adj* qui forme un bourrelet; *Lippen* épais

wund [vʊnt] *adj* écorché; **sich** (*dat*) **die Füße ~ laufen** s'écorcher les pieds en marchant; **(sich) ~ reiben** (s')écorcher; **sich ~ liegen** avoir des escarres; *fig* **~er Punkt** point *m* faible, sensible

Wunde ['vʊndə] *f* ⟨~; ~n⟩ blessure *f*; (*Wundfläche*) plaie *f* (*beide a fig*)

Wunder ['vʊndər] *n* ⟨~s; ~⟩ miracle *m* (*a* REL); *der Natur, Technik* merveille *f*; **das grenzt an ein ~** cela tient du miracle; **wie durch ein ~** comme par miracle; F **sein blaues ~ erleben** avoir une mauvaise surprise; **~ wirken** faire merveille; **das ist kein ~** ce n'est pas étonnant; F **sich** (*dat*) **~ was einbilden** s'imaginer Dieu sait quoi

'wunderbar *adj* **1** (*übernatürlich*) miraculeux; **2** (*herrlich*) merveilleux

'Wunderding *n* **(wahre) ~e von j-m, etw erzählen** dire des merveilles de qn, qc

'Wunder|glaube *m* croyance *f* aux miracles; **~heiler(in)** *m* ⟨~s; ~⟩ (*f*) ⟨~; ~nen⟩ guérisseur, -euse *m,f*; **'2'hübsch** *adj* ravissant; **~kerze** *f* cierge *m* magique; **~kind** *n* enfant *m* prodige; **2lich**

W

adj bizarre; étrange; **~mittel** *n* remède *m* miracle

'**wundern I** *v/t Sache* ***j-n ~*** étonner qn; **II** *v/r* ***sich über etw, j-n ~*** s'étonner de qc, qn; F ***du wirst dich (noch mal) ~!*** tu vas voir ce que tu vas voir!; **III** *v/imp* ***es wundert mich*** *od* ***mich wundert, dass ...*** je suis étonné que … (+ *subj*)

'**wunder|'schön** *adj* splendide; merveilleusement beau; **~tätig** *adj* miraculeux; **~voll** *adj* merveilleux; magnifique

'**Wunderwerk** *n* merveille *f*

'**Wundfieber** *n* fièvre *f* traumatique

'**Wund|salbe** *f* pommade cicatrisante; **~starrkrampf** *m* tétanos *m*

Wunsch [vʊnʃ] *m* ⟨~(e)s; ~e⟩ **1** (*Begehren*) désir *m*; (*Hoffnung*) souhait *m*; vœu *m*; ***j-m e-n ~ erfüllen*** répondre, satisfaire au désir de qn; ***haben Sie sonst noch e-n ~?*** vous désirez autre chose?; et avec ça?; ***auf ~*** (*acc*) sur demande; ***alles geht nach ~*** tout marche selon mes, tes, *etc* désirs; **2** (*Glück*2) souhait *m*; vœu *m*; ***beste Wünsche*** meilleurs vœux

'**Wunschdenken** *n* ***das ist ~ (bei ihm)*** il prend ses désirs pour la réalité

Wünschelrute ['vʏnʃəl-] *f* baguette *f* de sourcier; **~ngänger** *m* ⟨~s; ~⟩ sourcier *m*; radiesthésiste *m*

wünschen ['vʏnʃən] *v/t* **1** (*begehren*) désirer; (*wollen*) vouloir (avoir); ***ich wünsche mir ein Fahrrad*** je voudrais (avoir) un vélo; ***(viel) zu ~ übrig lassen*** laisser (beaucoup) à désirer; ***Sie ~?*** vous désirez?; **2** (*herbei~*) souhaiter; ***ich wünsche euch e-e gute Reise*** je vous souhaite bon voyage; ***j-m frohe Ostern ~*** souhaiter de bonnes, joyeuses Pâques à qn

'**wünschenswert** *adj* désirable; souhaitable

'**wunsch|gemäß** *adv* conformément à, selon votre *bzw* vos désir(s); **2kind** *n* enfant désiré; **2konzert** *n* RAD concert *m* des auditeurs

'**wunschlos** *adv* ***~ glücklich*** parfaitement heureux; comblé

'**Wunsch|traum** *m* beau rêve; chimère *f*; **~zettel** *m* liste *f* de ce qu'on désirerait avoir (pour son noël, *etc*)

wurde ['vʊrdə] → ***werden***

Würde ['vʏrdə] *f* ⟨~; ~n⟩ ***das ist unter meiner ~*** je vaux mieux que cela; ***zu höchsten ~n gelangen*** parvenir aux plus 'hautes dignités

'**würdelos** *adj* indigne; dépourvu de dignité

'**Würdenträger** *m* dignitaire *m*

'**würdevoll** *adj* digne; plein de dignité

'**würdig I** *adj* **1** (*wert*) digne; ***j-s, e-r Sache ~ sein*** être digne de qn, de qc; **2** (*würdevoll*) digne; (*ehrwürdig*) respectable; vénérable; **II** *adv* **1** (*angemessen*) comme il se doit; **2** (*würdevoll*) avec dignité; dignement

'**würdigen** *v/t* **1** ***j-n keines Blickes ~*** ne pas daigner regarder qn; **2** (*anerkennen*) reconnaître; (*schätzen*) apprécier

'**Würdigung** *f* ⟨~; ~en⟩ reconnaissance *f*; appréciation *f*

Wurf [vʊrf] *m* ⟨~(e)s; ~e⟩ **1** (*Werfen*) jet *m*; lancement *m*; lancer *m*; *beim Spiel, Würfeln* coup *m*; **2** ZO portée *f*

Würfel ['vʏrfəl] *m* ⟨~s; ~⟩ **1** MATH cube *m*; **2** (*Spiel*2) dé *m*; *fig* ***die ~ sind gefallen*** le sort en est jeté

'**Würfelbecher** *m* cornet *m* à dés

'**würfeln** ⟨(e)⟩ **I** *v/t* **1** ***e-e Sechs ~*** faire, jouer un six; **2** (*in Würfel schneiden*) couper en dés, cubes; **II** *v/i* jouer aux dés; ***um etw ~*** jouer qc aux dés

'**Würfel|spiel** *n* jeu *m* de dés; **~zucker** *m* sucre *m* en morceaux

'**Wurf|geschoss** *n* projectile *m*; **~sendung** *f* publipostage *m*

würgen ['vʏrgən] **I** *v/t* ***j-n ~*** étrangler qn; **II** *v/i* **1** ***an etw*** (*dat*) ***~*** avoir du mal à avaler qc; **2** *vor dem Erbrechen* avoir envie de vomir

Wurm[1] [vʊrm] *m* ⟨~(e)s; ~er⟩ ZO ver *m*; F *fig* ***da ist der ~ drin*** F il y a quelque chose qui cloche; F *fig* ***j-m die Würmer aus der Nase ziehen*** tirer les vers du nez à qn

Wurm[2] F *n* ⟨~(e)s; ~er⟩ (*hilfloses Kind*) ***das arme ~*** ce(tte) pauvre petit(e)

'**wurmen** F *v/t* ***j-n ~*** tracasser qn

'**Wurm|fortsatz** *m* ANAT appendice *m* (vermiculaire); **2stichig** *adj Holz* piqué des vers; vermoulu; *Obst* véreux

Wurst [vʊrst] *f* ⟨~; ~e⟩ saucisse *f*; (*Hart*2) saucisson *m*; (*Aufschnitt*) charcuterie *f*; F *fig* ***jetzt geht es um die ~*** c'est le moment décisif; F *fig* ***das ist mir 2*** F je m'en fiche, fous

Würstchen ['vʏrstçən] *n* ⟨~s; ~⟩ **1** CUIS saucisse *f*; **2** F *péj* F pauvre type *m*

'**wursteln** F ⟨¢⟩ *v/r* ***sich durchs Leben ~*** se débrouiller tant bien que mal
'**Wurst|finger** F *péj m/pl* doigts boudinés; **~haut** *f* peau *f* de saucisse *bzw* de saucisson; **~salat** *m etwa* cervelas *m* en salade; **~waren** *f/pl* charcuterie *f*; **~zipfel** *m* bout *m* de saucisse
Württemberg ['vʏrtəmbɛrk] *n* ⟨~s⟩ le Wurtemberg
Würze ['vʏrtsə] *f* ⟨~; ~n⟩ **1** *Substanz* assaisonnement *m*; condiment *m*; (*Gewürz*) épice *f*; **2** (*würziger Geschmack*) saveur *f* (*a fig*)
Wurzel ['vʊrtsəl] *f* ⟨~; ~n⟩ racine *f* (*a fig*); ***~n schlagen*** *Pflanze* prendre racine; s'enraciner (*a fig*); MATH ***die ~ ziehen aus*** extraire la racine carrée de
'**Wurzelbürste** *f* brosse dure
'**wurzeln** *v/i* ⟨¢⟩ **1** BOT, *fig* être enraciné (***in*** [+ *dat*] dans); **2** *fig* (*s-n Ursprung haben*) ***in etw*** (*dat*) ***~*** avoir ses racines dans qc
'**Wurzelwerk** *n* racines *f/pl*
'**würzen** *v/t* ⟨¢$⟩ **1** *Speisen* assaisonner, épicer (***mit*** de); relever (avec); **2** *fig* relever, pimenter (de)
'**würzig** *adj* épicé; assaisonné; relevé; *dem Geruch nach* aromatique
wusch [vu:ʃ] → ***waschen***
'**Wuschelkopf** F *m* tignasse (épaisse)
wusste ['vʊstə] → ***wissen***
Wust [vu:st] *m* ⟨~¢s⟩ *péj* tas *m*; fatras *m*; ramassis *m*
wüst [vy:st] *adj* **1** (*öde*) désert; **2** (*unordentlich*) en désordre; ***ein ~es Durcheinander*** F un fouillis inextricable; **3** (*ausschweifend*) déréglé; dissolu; **4** (*grob, derb*) grossier; rude
'**Wüste** *f* ⟨~; ~n⟩ désert *m* (*a fig*); F *fig* ***j-n in die ~ schicken*** limoger qn
'**Wüsten|fuchs** *m* renard *m* des sables; fennec *m*; **~sand** *m* sable *m* (du désert)
'**Wüstling** *m* ⟨~s; ~e⟩ débauché *m*
Wut [vu:t] *f* ⟨~⟩ rage *f*; fureur *f*; (*Zorn*) colère *f*; ***vor ~ schäumen*** écumer de rage; ***in ~*** (*acc*) ***geraten*** entrer dans une colère noire; se mettre en colère, en fureur; ***j-n in ~*** (*acc*) ***bringen*** mettre qn en rage, en colère, en fureur
'**Wutanfall** *m* accès *m* de fureur, de rage
wüten ['vy:tən] *v/i* ⟨-e-⟩ *Randalierer, Seuche* sévir; *Sturm, Feuer* faire rage; *Krieg a* faire des ravages
'**wütend** *adj* furieux; ***~ werden*** entrer, se mettre en colère, en fureur; ***j-n ~ machen*** mettre qn en colère, en rage, en fureur; ***auf j-n ~ sein*** être furieux, en rage contre qn
'**wut|entbrannt** *adjt* furieux; furibond; *p/fort* fou de rage; **~schnaubend** *adjt u advt* écumant de rage
Wwe *abr* (*Witwe*) Vve

X, Y

X, x [ɪks] *n* ⟨~; ~⟩ X, x *m*; *fig* ***j-m ein X für ein U vormachen*** faire prendre à qn des vessies pour des lanternes

der Tag X	**le jour J** [ləʒuʀʒi]
die Stunde X	**l'heure H** [lœʀaʃ]

'**x-Achse** *f* axe *m* des x
'**X-Beine** *n/pl* genoux cagneux
'**x-beinig** *adj* cagneux
'**x-be'liebig** F *adj* ***e-e ~e Zahl*** n'importe quel chiffre; un chiffre quelconque; ***jeder x-Beliebige*** n'importe qui
'**x-fach** *adj* multiple
'**x-'mal** F *adv* F trente-six fois; ***ich habe es ihm ~ gesagt*** je le lui ai dit je ne sais combien de fois
'**x-te** F *adj* énième; nième
Xylophon [ksylo'fo:n] *n* ⟨~s; ~e⟩ xylophone *m*
Y, y ['ʏpsilɔn] *n* ⟨~; ~⟩ Y, y *m*
'**y-Achse** *f* axe *m* des y
Yacht → ***Jacht***
Yen [jɛn] *m* ⟨~$; ~$; *mais 100* ~⟩ *Währung* yen *m*
Yoga ['jo:ga] *n od m* ⟨~$⟩ yoga *m*
Yucca ['juka] *f* ⟨~; ~s⟩ BOT yucca *m*
Yuppie ['jupi] *m* ⟨~s; ~s⟩ yuppie *m*

Z

Z, z [tsɛt] *n* ⟨~; ~⟩ Z, z *m*
zack [tsak] F *int* **~, ~!** F et que ça saute!
Zack F *m* ***j-n auf ~ bringen*** mettre qn au pas; ***auf ~ sein*** être dégourdi
Zacke ['tsakə] *f* ⟨~; ~n⟩ dent *f*; *e-s Sterns* pointe *f*; branche *f*
'**Zacken** *m* ⟨~s; ~⟩ → ***Zacke***; F ***deswegen fällt dir kein ~ aus der Krone*** ce n'est pas une 'honte
'**zackig** *adj* **1** garni de pointes; dentelé; **2** *fig* (*schneidig*) d'allure militaire
'**zaghaft** *adj* (*ängstlich*) craintif; peureux; (*zögernd*) hésitant; irrésolu
zäh [tsɛː] *adj* **1** tenace (*a fig*); *Flüssigkeit* épais; visqueux; *Fleisch* dur; coriace; **2** (*hartnäckig*) opiniâtre; coriace; **3** *Unterhaltung* qui traîne en longueur; **4** *Gesundheit* résistant
'**zähflüssig** *adj* visqueux; ***~er Verkehr*** ralentissements *m/pl*
'**Zähigkeit** *f* ⟨~⟩ ténacité *f*; (*Widerstandsfähigkeit*) résistance *f*
Zahl [tsaːl] *f* ⟨~; ~en⟩ nombre *m*; (*Ziffer*) chiffre *m*; ***zehn an der ~*** au nombre de dix; ***in großer ~*** en grand nombre; ***in den roten, schwarzen ~en sein*** être dans le rouge; faire des profits
'**zahlbar** *adj* payable
zählbar ['tsɛːl-] *adj* dénombrable
'**zählebig** *adj Tiere, Pflanzen* résistant; *Vorurteil* qui a la vie dure
'**zahlen** *v/t u v/i* payer; (***Herr Ober,***) ***bitte ~!*** (garçon,) l'addition, s'il vous plaît!
'**zählen I** *v/t* compter; *Bevölkerung* recenser; *Stimmen* dénombrer; ***j-n zu s-n Freunden ~*** compter qn parmi ses amis; **II** *v/i* compter; ***auf j-n ~*** compter sur qn; ***~ zu*** compter parmi; appartenir à; ***das zählt nicht*** cela ne compte pas
'**Zahlen|angaben** *f/pl* données *f/pl* numériques; **~lotto** *n* loto *m*; **2mäßig** *adj* numérique; **~schloss** *n* serrure *f* à combinaison
'**Zähler** *m* ⟨~s; ~⟩ **1** (*Strom2, Gas2*) compteur *m*; **2** MATH numérateur *m*
'**Zahl|karte** *f* mandat-carte *m*; **2los** *adj* innombrable; **2reich** *adj* nombreux; **~tag** *m* jour *m* de paie
'**Zahlung** *f* ⟨~; ~en⟩ paiement *od* payement *m*; ***in ~ nehmen*** prendre en paiement
'**Zählung** *f* ⟨~; ~en⟩ comptage *m*; *der Bevölkerung* recensement *m*; *der Stimmen* dénombrement *m*
'**Zahlungs|anweisung** *f* mandat *m* de paiement; **~aufschub** *m* délai *m*, sursis *m* de paiement; **~empfänger** *m* bénéficiaire *m* d'un paiement; **2fähig** *adj* solvable; **~frist** *f* délai *m* de paiement
'**zahlungskräftig** *adj* F ***~ sein*** F avoir les moyens
'**Zahlungs|mittel** *n* moyen *m* de paiement; **~schwierigkeiten** *f/pl* difficultés *f/pl* de paiement; **2unfähig** *adj* insolvable; **~verkehr** *m* paiements *m/pl*; opérations *f/pl* de paiement; **~weise** *f* mode *m* de paiement
'**Zählwerk** *n* (mécanisme *m*) compteur *m*
'**Zahlwort** *n* ⟨~es; -wörter⟩ (adjectif *m*) numéral *m*
zahm [tsaːm] *adj* **1** *Tier* apprivoisé; **2** F *fig Person* docile; *Kritik* anodin
zähmen ['tsɛːmən] *v/t Tier* apprivoiser; (*bändigen*) dompter; (*zu e-m Haustier machen*) domestiquer
'**Zähmung** *f* ⟨~; ~en⟩ *von Tieren* apprivoisement *m*; (*Bändigung*) domptage *m*; *zum Haustier* domestication *f*
Zahn [tsaːn] *m* ⟨~es; ~e⟩ **1** dent *f*; ***sich*** (*dat*) ***die Zähne putzen*** se laver, se brosser les dents; ***Zähne bekommen*** faire, percer ses dents; ***die Zähne zusammenbeißen*** serrer les dents (*a fig*); ***mit den Zähnen klappern, knirschen*** claquer, grincer des dents; **2** *fig* F ***der ~ der Zeit*** les ravages *m/pl* du temps; F ***bis an die Zähne bewaffnet*** armé jusqu'au dents; ***j-m auf den ~ fühlen*** sonder (les intentions de) qn; F ***sich*** (*dat*) ***die Zähne an etw, j-m ausbeißen*** se casser les dents sur qc, qn; **3** F ***e-n*** (***ganz schönen***) ***~ draufhaben*** F rouler à fond la caisse
'**Zahn|arzt** *m*, **~ärztin** *f* (chirurgien *m*) dentiste *m,f*; **2ärztlich** *adj* de *od* du dentiste; dentaire; **~belag** *m* plaque *f* dentaire; **~bürste** *f* brosse *f* à dents; **~creme** *f* (pâte *f*) dentifrice *m*

'**zähne|klappernd** *advt* en claquant des dents; **~knirschend** *advt fig* en grinçant des dents
'**zahnen** *v/i* faire, percer ses dents
'**Zahn|ersatz** *m* prothèse *f* dentaire; **~fleisch** *n* gencive(s) *f(pl)*; **~füllung** *f* plombage *m*; **2los** *adj* sans dents; édenté; **~lücke** *f* dent ébréchée; creux *m* entre les dents; **~medizin** *f* dentisterie *f*; chirurgie *f* dentaire; **~pasta** *f* ⟨~; -sten⟩ (pâte *f*) dentifrice *m*; **~pflege** *f* soins *m/pl* dentaires; **~prothese** *f* prothèse *f* dentaire; dentier *m*
'**Zahnrad** *n* roue dentée; **~bahn** *f* chemin *m* de fer à crémaillère
'**Zahnschmelz** *m* émail *m* des dents
'**Zahnschmerz** *m* mal *m* de dent; ***~en haben*** avoir mal aux dents
'**Zahn|seide** *f* fil *m* dentaire; **~spange** *f* appareil *m* dentaire; **~stein** *m* tartre *m*; **~stocher** *m* cure-dent *m*; **~stummel, ~stumpf** *m* chicot *m*; **~techniker(in)** *m(f)* prothésiste *m,f* dentaire
Zaire [za'i:r] *n* ⟨~s⟩ HIST le Zaïre
Zander ['tsandər] *m* ⟨~s; ~⟩ sandre *m od f*
Zange ['tsaŋə] *f* ⟨~; ~n⟩ **1** (*Kneif2*) tenaille(s) *f(pl)*; (*Flach2*) pince (plate); (*Geburts2*) forceps *m*; F *fig* ***j-n in die ~ nehmen*** forcer la main à qn; **2** ZO pince *f*
Zank [tsaŋk] *m* ⟨~¢s⟩ querelle *f*; dispute *f*; **'~apfel** *m* pomme *f* de discorde
'**zanken** *v/r* ***sich*** (***mit j-m***) ~ se disputer, se quereller (avec qn); ***sich um etw ~*** se disputer qc, pour qc
zänkisch ['tsɛŋkɪʃ] *adj* querelleur
Zäpfchen ['tsɛpfçən] *n* ⟨~s; ~⟩ **1** ANAT luette *f* (du palais); *sc* uvule *f*; **2** MÉD suppositoire *m*
zapfen ['tsapfən] *v/t Wein, Bier* tirer (au tonneau)
'**Zapfen** *m* ⟨~s; ~⟩ **1** *e-s Fasses* fausset *m*; **2** BOT cône *m*; **3** (*Eis2*) glaçon *m*; **~streich** *m* MIL couvre-feu *m*
'**Zapf|hahn** *m* robinet *m*; **~säule** *f* pompe *f* à essence
zappelig ['tsapəlɪç] F *adj* F qui a la bougeotte; agité; (*nervös*) nerveux
'**zappeln** *v/i* ⟨¢⟩ F gigoter; s'agiter; F *fig* ***j-n ~ lassen*** tenir qn sur des charbons ardents; F laisser mijoter qn
zappen ['tsapən] *v/i* TV zapper
'**zapplig** → ***zappelig***

Zar [tsa:r] *m* ⟨~en; ~en⟩ tsar *m*
'**Zarin** *f* ⟨~; ~nen⟩ tsarine *f*
zart [tsa:rt] *adj* **1** tendre (*a Fleisch, Gemüse, Farben*); *Gesundheit, Farben, Kuss* délicat; *Stimme, Klang* doux; *Gewebe* fin; **2** (*zärtlich*) tendre; ***~ besaitet*** sensible; susceptible; ***~ fühlend*** délicat; (*taktvoll*) qui a du tact
'**zart|bitter** *adj Schokolade* noir extra fin; **2gefühl** *n* délicatesse *f* (de sentiment); tact *m*
'**Zartheit** *f* ⟨~⟩ délicatesse *f*; *der Haut, der Stimme* douceur *f*; *e-s Gewebes* finesse *f*
zärtlich ['tsɛ:rtlɪç] *adj* tendre; affectueux
'**Zärtlichkeit** *f* ⟨~; ~en⟩ tendresse *f*; affection *f*; **~en** *pl* (*Liebkosungen*) caresses *f/pl*
'**zartrosa** *adj* rose tendre (*inv*)
Zaster ['tsastər] F *m* ⟨~s⟩ F fric *m*
Zäsur [tsɛ'zu:r] *f* ⟨~; ~en⟩ **1** METRIK césure *f*; **2** *fig* (*Einschnitt*) événement décisif; tournant *m*
Zauber ['tsaubər] *m* ⟨~s; ~⟩ **1** (*~handlung*) magie *f*; (*~kraft*) charme *m*; enchantement *m*; (*böser ~*) sortilège *m*; F *péj* ***fauler ~*** bluff *m*; **2** *fig* (*Reiz*) charme *m*; (*Getue*) F cirque *m*
Zaube'rei *f* ⟨~; ~en⟩ **1** (*Zaubern*) magie *f*; **2** (*Zaubertrick*) tour *m* de magie, de prestidigitation
'**Zauber|er** *m* ⟨~s; ~⟩ *im Zirkus* magicien *m*; *fig* sorcier *m*; **~formel** *f* formule *f* magique; **2haft** *adj* enchanteur; ravissant; **~in** *f* ⟨~; ~nen⟩ magicienne *f*; *fig* sorcière *f*; **~kraft** *f* pouvoir *m*, vertu *f* magique; **~künstler** *m* prestidigitateur *m*; illusionniste *m*
'**zaubern** **I** *v/t* ***etw aus der Tasche ~*** faire sortir qc de sa poche comme par enchantement; **II** *v/i* pratiquer la magie
'**Zauber|spruch** *m* formule *f* magique; **~stab** *m* baguette *f* magique; **~trick** *m* tour *m* de magie, de prestidigitation
zaudern ['tsaudərn] *st/s v/i* hésiter (***etw zu tun*** à faire qc)
Zaum [tsaum] *m* ⟨~¢s; ¨~e⟩ bride *f*; *st/s fig* ***im ~ halten*** contenir; dominer
zäumen ['tsɔymən] *v/t* brider
'**Zaumzeug** *n* bride *f*
Zaun [tsaun] *m* ⟨~¢s; ¨~e⟩ clôture *f*; *aus Pfählen* palissade *f*; ***e-n Streit vom ~***

brechen chercher querelle

'Zaun|gast *m* spectateur (inofficiel); **~könig** *m sc* troglodyte *m*; *abus* roitelet *m*

'Zaunpfahl *m* pieu *m*; F *fig* ***ein Wink mit dem ~*** un appel du pied

z. B. *abr* (*zum Beispiel*) par ex. (par exemple)

ZDF [tsɛtdeːˈʔɛf] *n* ⟨~⟩ *abr* (*Zweites Deutsches Fernsehen*) Deuxième chaîne *f* de la télévision allemande

Zebra [ˈtseːbra] *n* ⟨~s; ~s⟩ zèbre *m*; **~streifen** *m* passage *m* pour piétons

Zeche [ˈtsɛçə] *f* ⟨~; ~n⟩ **1** (*Rechnung*) addition *f*; F ***die ~ prellen*** partir sans payer ses consommations; F *fig* ***die ~ bezahlen müssen*** F devoir payer les pots cassés; **2** BERGBAU mine *f*; (*Steinkohlen*♀) 'houillère *f*

'zech|en *v/i* boire; F picoler; **♀er** *m* ⟨~s; ~⟩ buveur *m*; **♀preller** *m* ⟨~s; ~⟩ client *m* qui part sans payer ses consommations; **♀prelle'rei** *f* ⟨~; ~en⟩ grivèlerie *f*

Zecke [ˈtsɛkə] *f* ⟨~; ~n⟩ tique *f*

Zeder [ˈtseːdər] *f* ⟨~; ~n⟩ cèdre *m*

Zeh [tseː] *m* ⟨~s; ~en⟩ → ***Zehe*** *1*

Zehe [ˈtseːə] *f* ⟨~; ~n⟩ **1** orteil *m*; doigt *m* de pied; ***große ~*** gros orteil; **2** (*Knoblauch*♀) gousse *f*

'Zehennagel *m* ongle *m* d'orteil

'Zehenspitze *f* pointe *f* du pied; ***auf ~n*** sur la pointe des pieds

zehn [tseːn] *num/c* dix

Zehn *f* ⟨~; ~en⟩ dix *m*

'Zehner *m* ⟨~s; ~⟩ **1** MATH dizaine *f*; **2** F *Geldschein* billet *m* de dix; **3** F *Münze* pièce *f* de dix cents; **4** *regional* (*Zehn*) dix *m*; **~stelle** *f* dizaine *f*

'zehn|fach I *adj Vergrößerung* de dix (fois); *Betrag etc* dix fois plus grand; **II** *adv* dix fois plus; au décuple; **~jährig** *adj* (*zehn Jahre alt*) (âgé) de dix ans; (*zehn Jahre lang*) de dix ans; **♀jährige(r)** *f(m)* ⟨→ A⟩ enfant *m,f* de dix ans; **♀kampf** *m* SPORT décathlon *m*; **♀kämpfer** *m* décathlonien *m*; **~mal** *adv* dix fois

Zehn|'markschein *m* HIST billet *m* de dix marks; **~'pfennigstück** *n* HIST pièce *f* de dix pfennigs

zehnt [tseːnt] *adv* ***zu ~*** à dix

'zehn'tausend *num/c* dix mille

'zehnt|e *num/o* dixième; **♀el** *n* ⟨~s; ~⟩ dixième *m*; **~ens** *adv* dixièmement

zehren [ˈtseːrən] *v/i* **1** ***von etw ~*** vivre sur qc, *fig* de qc; **2** *Sorge* ***an j-m ~*** miner, ronger, consumer qn

Zeichen [ˈtsaɪçən] *n* ⟨~s; ~⟩ signe *m*; *verabredetes* signal *m*; (*Kenn*♀) marque *f*; (*Merk*♀) repère *m*; (*Namens*♀) sigle *m*; MÉD, *fig* symptôme *m*; *e-r Würde* insignes *m/pl*; (*Beweis*) preuve *f*; témoignage *m*; CHIM, MATH symbole *m*; (*Stern*♀) signe *m*; ***die ~ der Zeit*** les signes des temps; ADM ***Ihr ~*** votre référence; ***j-m ein ~ geben*** faire signe à qn; ***das ist ein gutes ~*** c'est bon signe; ***zum ~, dass …*** pour montrer, prouver que …

'Zeichen|block *m* ⟨~¢s; ~̈e *ou* ~s⟩ bloc *m* de papier à dessin; **~brett** *n* planche *f* à dessin; **~erklärung** *f* légende *f*; **~kohle** *f* fusain *m*; **~satz** *m* INFORM jeu *m* de caractères; **~setzung** *f* ⟨~⟩ ponctuation *f*; **~sprache** *f* langage *m* par signes, par gestes; **~stift** *m* crayon *m* à dessin; **~trickfilm** *m* dessin animé; film *m* d'animation; **~unterricht** *m* leçons *f/pl* de dessin

zeichnen [ˈtsaɪçnən] ⟨-e-⟩ **I** *v/t* **1** (*malen*) dessiner; *Linie* tracer; **2** (*kenn~*), *fig Sorge*, *Krankheit* marquer; **3** *bes* COMM (*unter~*) signer; *e-e Anleihe* souscrire; **II** *v/i* **4** (*malen*) dessiner; **5** *bes* COMM signer; ***für etw verantwortlich ~*** avoir la responsabilité de qc

'Zeichner(in) *m* ⟨~s; ~⟩ (*f*) ⟨~; ~nen⟩ dessinateur, -trice *m,f*; ***technischer ~*** dessinateur industriel

'zeichnerisch *adj* ***~es Talent*** talent(s) *m(pl)* de dessinateur

'Zeichnung *f* ⟨~; ~en⟩ **1** (*Bild*, *Muster*) dessin *m*; **2** *bes* COMM souscription *f*

Zeigefinger [ˈtsaɪgə-] *m* index *m*

'zeigen I *v/t* montrer; faire voir; (*zur Schau stellen*) étaler; *Weg* indiquer; *Film* passer; *Mut*, *Geduld* faire preuve de; (dé)montrer; F ***es j-m ~*** dire à qn sa façon de penser; **II** *v/i* ***auf j-n, etw ~*** montrer, désigner qn, qc; ***nach Norden ~*** indiquer, montrer le nord; *Uhrzeiger* ***auf 12 Uhr ~*** marquer, indiquer midi; **III** *v/r* ***sich ~*** **1** (*sich sehen lassen*) se montrer; (*erscheinen*) (ap)paraître; ***sich von s-r besten Seite ~*** se présenter sous son meilleur jour; **2** ***sich mutig*** *etc* ***~*** faire preuve de courage, *etc*; **3** (*zutage treten*) se manifester (***in*** [+ *dat*] par); ***das wird sich bald*** ~ on ne tardera pas à le voir

'**Zeig|er** *m* ⟨~s; ~⟩ aiguille *f*; TECH *a* index *m*; **~estock** *m* baguette *f*

Zeile ['tsaɪlə] *f* ⟨~; ~n⟩ ligne *f* (*a* TV); *von Häusern* rangée *f*; file *f*; ***neue ~!*** à la ligne! ***j-m ein paar ~n hinterlassen*** laisser un petit mot à qn; *fig* ***zwischen den ~n*** entre les lignes

'**Zeilenabstand** *m* interligne *m*

Zeisig ['tsaɪzɪç] *m* ⟨~s; ~e⟩ tarin *m*

zeit [tsaɪt] *prép* ⟨*gén*⟩ ~ ***s-s Lebens*** pendant toute sa vie; sa vie durant

Zeit [tsaɪt] *f* ⟨~; ~en⟩ **1** temps *m* (*a* GR); ***die ~ totschlagen*** tuer le temps; ***das hat noch ~*** ce n'est pas urgent; cela ne presse pas; ***j-m ~ lassen*** donner du temps à qn; ***sich*** (*dat*) ***~ lassen*** prendre son temps; ***viel ~ kosten*** exiger, prendre beaucoup de temps; SPORT (***von etw***) ***die ~ nehmen*** chronométrer (qc); SPORT ***e-e gute ~ laufen*** faire, réaliser un bon temps (en courant); ***du liebe ~!*** ah, mon Dieu!; ***die ganze ~*** (***über***) tout le temps; ***e-e ~ lang*** pendant quelque temps; un certain temps; F SPORT ***auf ~ spielen*** essayer de gagner du temps; ***mit der ~*** avec le temps; à la longue; ***nach einiger ~*** au bout d'un certain temps; ***seit langer ~*** depuis longtemps; ***von ~ zu ~*** de temps en temps; de temps à autre; ***vor einiger ~*** il y a quelque temps; ***vor langer ~*** il y a longtemps; **2** (*~abschnitt*) temps *m*; période *f*; (*~alter*) *a* époque *f*; ***schlechte ~en*** mauvais jours; ***die vorgeschichtliche ~*** l'âge *m* préhistorique; ***mit der ~ gehen*** être de son temps; ***für alle ~en*** pour toujours; à jamais; ***in der heutigen ~*** de nos jours; ***in alten ~en*** au temps jadis; autrefois; ***zu keiner ~*** à aucune époque; jamais (*mit* ne *beim Verb*); ***zu e-r ~, da …*** en *od* dans un temps où …; ***zur ~*** (+ *gén*) à l'époque de; au temps de; **3** (*~punkt*) moment *m*; (*Datum*) date *f*; (*Uhr*≈) heure *f*; ***es ist*** (***an der***) ***~ zu*** (+ *inf*) il est temps de (+ *inf*); ***es war höchste ~*** il était grand temps; ***seit der ~, von der ~ an*** dès lors; depuis ce temps-là; ***um welche ~?*** (*um wie viel Uhr*) à quelle heure?; ***nächstes Jahr um diese ~*** l'année prochaine à cette date; ***zur ~*** (*gegenwärtig*) → ***zurzeit***; ***zu gegebener ~*** en temps utile; ***zu jeder ~*** toujours; à toute heure; ***zur rechten ~*** au bon moment; ***zur gleichen ~*** en même temps; ***alles zu s-r ~*** chaque chose en son temps; **4** (*Jahres*≈) saison *f*; **5** (*Frist*) délai *m*; ***es sind zwei Tage über die ~*** le délai est dépassé de deux jours

'**Zeit|abschnitt** *m* période *f*; époque *f*; **~alter** *n* âge *m*; siècle *m*; époque *f*; **~angabe** *f* indication *f* de temps; **~ansage** *f im Radio* heure exacte; *am Telefon* horloge parlante; **~arbeit** *f* travail *m* temporaire, intérimaire; **~aufwand** *m* temps passé, nécessaire; **~bombe** *f* bombe *f* à retardement

'**Zeitdruck** *m* ***unter ~*** (***stehen***) (être) pressé (par le temps)

'**Zeit|einteilung** *f* emploi *m* du temps; **~ersparnis** *f* gain *m*, économie *f* de temps; **~gefühl** *n* notion *f* du temps; **~geist** *m* esprit *m* du temps, du siècle; **≈gemäß** *adj* moderne; actuel; **~genosse** *m*, **~genossin** *f* contemporain(e) *m(f)*; **≈genössisch** *adj* contemporain; **~geschehen** *n* événements *m/pl* du jour; actualité *f*; **~geschichte** *f* histoire contemporaine; **~gewinn** *m* gain *m* de temps; **≈gleich** *adv* SPORT avec le même temps (***mit*** que); ex æquo; **≈ig** *adv* tôt; de bonne heure; **~karte** *f* (carte *f* d')abonnement *m*; **≈kritisch** *adj* critique de son époque

zeit'lebens *adv* durant toute ma, sa, *etc* vie

'**zeitlich I** *adj* **1** PHILOS, GR, REL temporel; *st/s* ***das ≈e segnen*** rendre l'âme; **2** ***~e Reihenfolge*** ordre *m* chronologique; **II** *adv* ***~ begrenzt*** temporaire

'**zeitlos** *adj Kleidung* qui ne se démode pas, est toujours à la mode

'**Zeitlupe** *f* FILM ralenti *m*

'**Zeitlupentempo** *n* ***im ~*** au ralenti

'**Zeitmangel** *m* manque *m* de temps; ***aus ~*** faute de temps

'**zeitnah** *adj* actuel

'**Zeitnehmer** *m* ⟨~s; ~⟩ chronométreur *m*

'**Zeitnot** *f* ***in ~*** (*dat*) ***sein*** être pressé par le temps

'**Zeit|plan** *m* emploi *m* du temps; horaire *m*; *für Veranstaltungen* minutage *m*; **~punkt** *m* moment *m*; date *f*; **~raffer** *m* ⟨~s; ~⟩ FILM accéléré *m*; **≈rau-**

bend *adjt* qui exige, prend beaucoup de temps; **~raum** *m* période *f*; laps *m* de temps

'Zeitrechnung *f* chronologie *f*; ***vor unserer ~*** avant notre ère

'Zeit|schaltuhr *f* minuteur *m*; **~schrift** *f* revue *f*; magazine *m*; **~spanne** *f* période *f*

Zeitung ['tsaɪtʊŋ] *f* ⟨~; ~en⟩ journal *m*; ***in der ~ stehen*** être dans le journal

'Zeitungs|anzeige *f* annonce *f*; **~artikel** *m* article *m* de journal; **~austräger(in)** *m(f)* porteur, -euse *m,f* de journaux; **~leser** *m* lecteur *m* (de journaux); **~meldung** *f* entrefilet *m*; **~papier** *n* papier *m* journal; **~ständer** *m* porte-journaux *m*

'Zeit|unterschied *m in der Uhrzeit* différence *f* d'heure; **~verlust** *m* perte *f* de temps; **~verschiebung** *f* décalage *m* horaire; **~verschwendung** *f* gaspillage *m* de temps; **②versetzt** *adjt* décalé; RAD, TV (en) différé; **~vertrag** *m* contrat *m* à durée déterminée

'Zeitvertreib *m* ⟨~¢s; ~e⟩ passe-temps *m*; ***zum ~*** pour passer le temps

'zeit|weilig *adj* temporaire; **~weise** *adv* quelquefois; par moments; (*zeitweilig*) temporairement; **②zone** *f* fuseau *m* horaire; **②zünder** *m* fusée *f* à retardement

zelebrieren [tsele'bri:rən] *v/t* ⟨*sans ge*⟩ *Messe* célébrer

Zelle ['tsɛlə] *f* ⟨~; ~n⟩ cellule *f*; (*Telefon②*) cabine *f* téléphonique

'Zell|stoff *m* cellulose *f*; **~teilung** *f* division *f* cellulaire

Zellu|litis [tsɛlu'li:tɪs] *f* ⟨~; -'tiden⟩ cellulite *f*; **~loid** [-'lɔʏt] *n* ⟨~¢s⟩ celluloïd *m*; **~lose** [-'lo:zə] *f* ⟨~; ~n⟩ cellulose *f*

Zelt [tsɛlt] *n* ⟨~¢s; ~e⟩ tente *f*; *fig* ***s-e ~e abbrechen*** lever le camp; partir; ***im ~*** sous la tente

'zelten *v/i* ⟨-e-⟩ faire du camping; camper

'Zelt|lager *n* camp *m*; campement *m*; **~plane** *f* bâche *f*; **~platz** *m* (terrain *m* de) camping *m*

Zement [tse'mɛnt] *m* ⟨~¢s; ~e⟩ ciment *m*; **~fabrik** *f* cimenterie *f*

zemen'tieren *v/t* ⟨*sans ge*⟩ cimenter

Zenit [tse'ni:t] *m* ⟨~¢s⟩ zénith *m* (*a fig*)

zensieren [tsɛn'zi:rən] *v/t* ⟨*sans ge*⟩ **1** *Presse, Film* soumettre à la censure; *durch Streichungen* censurer; **2** SCHULE noter; donner une note à

Zen'sur *f* ⟨~; ~en⟩ **1** (*Kontrolle*) censure *f*; **2** (*Note*) note *f*

Zentimeter *m od n* centimètre *m*

Zentner ['tsɛntnər] *m* ⟨~s; ~⟩ **1** (*50 kg*) demi-quintal *m*; **2** *österr, schweiz* (*100 kg*) quintal *m*; **~last** *f fig* fardeau accablant; **②schwer** *adj fig* accablant

zen'tral *adj* central

Zen'tralafrikanische Repu'blik ***die ~*** la République centrafricaine

Zen'trale *f* ⟨~; ~n⟩ bureau central; direction centrale; TÉL standard *m*; central *m* (téléphonique)

Zen'tral|einheit *f* INFORM unité centrale; **~heizung** *f* chauffage central

zentrali'sieren *v/t* ⟨*sans ge*⟩ centraliser

Zen'tralkomitee *n* POL comité central

Zen'tralmassiv ***das ~*** le Massif central

Zen'tral|nervensystem *n* système nerveux central; **~verriegelung** *f im Auto* verrouillage central

zen'trieren *v/t* ⟨*sans ge*⟩ TECH centrer

Zentri|fugalkraft [tsɛntrifu'ga:l-] *f* force *f* centrifuge; **~'fuge** *f* ⟨~; ~n⟩ centrifugeuse *f*

Zentrum ['tsɛntrʊm] *n* ⟨~s; -tren⟩ centre *m*

Zeppelin ['tsɛpəli:n] *m* ⟨~s; ~e⟩ dirigeable *m*

Zepter ['tsɛptər] *n od m* ⟨~s; ~⟩ sceptre *m*

zer|beißen [tsɛr'baɪsən] ⟨*irr, sans ge*⟩ casser avec les dents; croquer; **~'bersten** *v/i* ⟨*irr, sans ge*, sn⟩ éclater; voler en éclats; **~'bomben** *v/t* ⟨*sans ge*⟩ détruire par les bombes; **~'brechen** ⟨*irr, sans ge*⟩ **I** *v/t* casser; **II** *v/i* ⟨sn⟩ se casser; se briser (*a fig Ehe*); **~'brechlich** *adj* fragile; **~'bröckeln** ⟨¢, *sans ge*⟩ **I** *v/t* *Brot* émietter; **II** *v/i* ⟨sn⟩ s'émietter; *Gestein* s'effriter; **~'drücken** *v/t* ⟨*sans ge*⟩ écraser

Zeremon|ie [tseremo'ni: *ou* -'mo:niə] *f* ⟨~; ~n⟩ cérémonie *f*; **~i'ell** *n* ⟨~s; ~e⟩ cérémonial *m*

Zer'fall *m* ⟨~¢s; ~̈e⟩ **1** *e-s Gebäudes, Reiches* ruine *f*; délabrement *m*; **2** NUCL désintégration *f*

zer'fallen *v/i* ⟨*irr, sans ge*, sn⟩ **1** *Gebäude, Reich* tomber en ruine; se délabrer; **2** NUCL se désintégrer

Zer'falls|erscheinung *f* symptôme *m* de décadence; **~produkt** *n* NUCL produit *m* de désintégration

zer|'fetzen *v/t* ⟨¢$, *sans ge*⟩ mettre en lambeaux; *Geschoss* déchiqueter; **~'fleddert** *adjt Buch* abîmé; usé; **~'fleischen** *v/t* ⟨*sans ge*⟩ déchiqueter; **~'fließen** *v/i* ⟨*irr, sans ge*, sn⟩ **1** (*schmelzen*) fondre; **2** *Konturen etc* s'estomper; **~'fressen** *v/t* ⟨*irr, sans ge*⟩ ronger; CHIM corroder; **~'furcht** *adjt Stirn* ridé; **~'gehen** *v/i* ⟨*irr, sans ge*, sn⟩ fondre; **~'hacken** *v/t* ⟨*sans ge*⟩ 'hacher; **~'hauen** *v/t* ⟨*irr, sans ge*⟩ tailler, mettre en pièces; **~'kauen** *v/t* ⟨*sans ge*⟩ mâcher; **~'kleinern** *v/t* ⟨*sans ge*⟩ concasser; broyer; **~klüftet** [-'klʏftət] *adjt* crevassé; *Küste* déchiqueté; **~'knautschen** F *v/t* ⟨*sans ge*⟩ froisser; chiffonner; **~'knirscht** *adjt* contrit; **~'knittern** *v/t* ⟨*sans ge*⟩ froisser; chiffonner; **~'knüllen** *v/t* ⟨*sans ge*⟩ froisser; chiffonner; **~'kocht** *adjt* trop cuit; **~'kratzen** *v/t* ⟨¢$, *sans ge*⟩ égratigner; *mit Krallen* griffer; **~'krümeln** *v/t* ⟨¢, *sans ge*⟩ émietter; **~'lassen** *v/t* ⟨*irr, sans ge*⟩ *Fett* faire fondre

zer'legen *v/t* ⟨*sans ge*⟩ *Maschine* démonter; *Fleisch* découper; ***etw in s-e Bestandteile ~*** réduire qc à ses composants

zer|'lumpt *adjt* en lambeaux; en guenilles; **~'mahlen** *v/t* ⟨*irr, sans ge*⟩ moudre; **~malmen** [-'malmən] *v/t* ⟨*sans ge*⟩ écraser; broyer

zer'martern *v/r* ⟨*sans ge*⟩ ***sich*** (*dat*) ***das Hirn, den Kopf ~*** se creuser la tête

zer|'mürben *v/t* ⟨*sans ge*⟩ user; démoraliser; **~'pflücken** *v/t* ⟨*sans ge*⟩ éplucher; **~'platzen** *v/i* ⟨¢$, *sans ge*, sn⟩ crever; éclater; **~'quetschen** *v/t* ⟨*sans ge*⟩ écraser

'Zerrbild *n* caricature *f*

zer'reden *v/t* ⟨-e-, *sans ge*⟩ ***etw ~*** rabâcher, ressasser qc

zer'reiben *v/t* ⟨*irr, sans ge*⟩ triturer; broyer; *zu Pulver* pulvériser

zer'reißen ⟨*irr, sans ge*⟩ **I** *v/t* déchirer (*a fig*); *Faden* casser; rompre; (*zerfleischen*) déchiqueter; F *plais* ***ich kann mich doch nicht ~*** je ne peux pas être partout à la fois; **II** *v/i* ⟨sn⟩ se déchirer; *Faden* (se) casser; se rompre

Zer'reißprobe *f fig* rude épreuve *f*

zerren ['tsɛrən] **I** *v/t u v/i* tirer (***an etw*** [*dat*] sur qc); **II** *v/r* MÉD ***sich*** (*dat*) ***e-n Muskel ~*** se froisser un muscle

zer'rinnen *v/i* ⟨*irr, sans ge*, sn⟩ (se) fondre (*a fig*); ***das Geld zerrinnt ihm unter den Fingern*** l'argent lui file entre les doigts

zerrissen [tsɛr'rɪsən] *adjt* déchiré (*a fig*)

'Zerrung *f* ⟨~; ~en⟩ MÉD claquage *m*; froissement *m*; distension *f*

zerrütt|en [tsɛr'rʏtən] *v/t* ⟨-e-, *sans ge*⟩ *Finanzen* ruiner; *Ehe* détruire; **≈ung** *f* ⟨~⟩ *der Finanzen* ébranlement *m*; ruine *f*; *e-r Ehe* destruction *f*; *der Gesundheit* ruine *f*; délabrement *m*

zer|'sägen *v/t* ⟨*sans ge*⟩ scier; **~schellen** [-'ʃɛlən] *v/i* ⟨*sans ge*, sn⟩ *Schiff* se fracasser; *Flugzeug* s'écraser (***an*** [+ *dat*] contre); **~'schlagen**[1] ⟨*irr, sans ge*⟩ **I** *v/t Geschirr* casser; *Organisation* démanteler; **II** *v/r* ***sich ~*** *Pläne, Hoffnungen* s'effondrer

zer'schlagen[2] *adjt* ***ich fühle mich wie ~*** je me sens tout rompu, moulu

zer|'schmettern *v/t* ⟨*sans ge*⟩ fracasser; écraser; **~'schneiden** *v/t* ⟨*irr, sans ge*⟩ couper (en morceaux, en tranches); découper; **~schunden** [-'ʃʊndən] *adjt* égratigné; **~'setzen** ⟨¢$, *sans ge*⟩ **I** *v/t* **1** CHIM décomposer; dissoudre; **2** *fig* décomposer; désagréger; **II** *v/r* ***sich ~*** CHIM se dissoudre; se décomposer; **≈'setzung** *f* ⟨~; ~en⟩ CHIM, *fig* décomposition *f*; dissolution *f*; **~'splittern** *v/i* ⟨*sans ge*, sn⟩ voler en éclats; **~'sprengen** *v/t* ⟨*sans ge*⟩ faire éclater; exploser, sauter; **~'springen** *v/i* ⟨*irr, sans ge*, sn⟩ se briser; se casser; (*zerplatzen*) éclater; **~'stampfen** *v/t* ⟨*sans ge*⟩ concasser; broyer; *Kartoffeln* écraser; **~stäuben** [-'ʃtɔʏbən] *v/t* ⟨*sans ge*⟩ pulvériser; *Parfüm* vaporiser; *Flüssigkeit* atomiser; **≈'stäuber** *m* ⟨~s; ~⟩ pulvérisateur *m*; *für Parfüm* atomiseur *m*; vaporisateur *m*

zer'stechen *v/t* ⟨*irr, sans ge*⟩ *Autoreifen* lacérer (à coups de couteau); ***von Mücken zerstochen*** dévoré par les moustiques

zer'stör|en *v/t* ⟨*sans ge*⟩ détruire; *fig Glück* ruiner; **≈er** *m* ⟨~s; ~⟩ **1** *Mensch* destructeur *m*; **2** MAR destroyer *m*; **~erisch** *adj* destructeur; destructif; **≈ung** *f* destruction *f*; démolition *f*; **≈ungswut** *f* rage *f* de destruction; vandalisme *m*

zer|'stoßen *v/t* ⟨*irr, sans ge*⟩ broyer; concasser; *im Mörser* piler; **~'streuen** *v/t* (*u v/r*) ⟨*sans ge*⟩ (***sich ~***) **1** *Menschenmenge* (se) disperser; *Bedenken* dissiper; **2** (*ablenken*) (se) distraire; (s')amuser; **~'streut** *adjt fig* distrait; **♀'streutheit** *f* ⟨~⟩ distraction *f*; inattention *f*; **♀streuung** *f* (*Ablenkung*) distraction *f*; (*Belustigung*) divertissement *m*; amusement *m*

zerstritten [tsɛr'ʃtrɪtən] *adjt* ***mit j-m ~ sein*** être en désaccord avec qn

zer|'stückeln *v/t* ⟨*¢, sans ge*⟩ mettre en morceaux; découper; **~'teilen** *v/t* (*u v/r*) ⟨*sans ge*⟩ (***sich ~*** se) diviser (en plusieurs parties)

Zertifikat [tsɛrtifi'ka:t] *n* ⟨~¢s; ~e⟩ certificat *m*

zer|'trampeln *v/t* ⟨*¢, sans ge*⟩ piétiner; fouler aux pieds; **~'treten** *v/t* ⟨*irr, sans ge*⟩ écraser (du pied); **~'trümmern** *v/t* ⟨*sans ge*⟩ détruire; fracasser

Zervelatwurst [tsɛrvə'la:t-] *f* saucisson sec

zer'wühlen *v/t* ⟨*sans ge*⟩ fouiller; *Bett* mettre en désordre; *Haare* ébouriffer

Zerwürfnis [tsɛr'vʏrfnɪs] *st/s n* ⟨~ses; ~se⟩ différend *m*; désaccord *m*

zer'zausen *v/t* ⟨*¢s, sans ge*⟩ ***j-m die Haare ~*** ébouriffer qn

zetern ['tse:tərn] F *v/i* pousser les 'hauts cris; vociférer; F gueuler

Zettel ['tsɛtəl] *m* ⟨~s; ~⟩ bout *m* de papier; *beschriebener* billet *m*; (*Notiz♀*) note *f*; (*Anschlag♀*) affiche *f*

Zeug [tsɔʏk] *n* ⟨~¢s; ~e⟩ **1** F (*Sachen*) F fourbi *m*; *péj* (*Plunder*) F bazar *m*; (*Gerät*) F attirail *m*; *fig* ***was das ~ hält*** tant qu'on peut; ***er hat das ~ zum Chef*** il a l'étoffe d'un chef; **2** F ***dummes ~!*** quelle bêtise!; F c'est du flan!; **3** (*Kleider*) vêtements *m/pl*

Zeuge ['tsɔʏgə] *m* ⟨~n; ~n⟩ témoin *m* (***der Anklage*** à charge); ***vor ~n*** (*dat*) devant témoins

'zeugen[1] *v/t* BIOL procréer; engendrer

'zeugen[2] *v/i fig* ***von etw ~*** témoigner de qc; prouver qc

'Zeugen|aussage *f* déposition *f* du témoin; **~stand** *m* barre *f* des témoins; **~vernehmung** *f* audition *f* des témoins

'Zeugin *f* ⟨~; ~nen⟩ témoin *m*

Zeugnis ['tsɔʏknɪs] *n* ⟨~ses; ~se⟩ **1** *Bescheinigung*, (*Arbeits♀*) certificat *m*; attestation *f*; SCHULE bulletin *m* scolaire; **2** *st/s* ***von etw ~ ablegen*** rendre témoignage de qc

'Zeugung *f* ⟨~; ~en⟩ BIOL procréation *f*

'zeugungs|fähig *adj* apte à la génération, à procréer; **♀fähigkeit** *f* capacité *f* de procréer; d'engendrer; **~unfähig** *adj* stérile

z. H., z. Hd. *abr* (*zu Händen*) à l'attention de

Zicke ['tsɪkə] *f* ⟨~; ~n⟩ **1** → ***Ziege***; **2** ***mach keine ~n!*** (ne fais) pas de manières!

'zickig F *péj adj* capricieux

'Zicklein *n* ⟨~s; ~⟩ chevreau *m*

Zickzack ['tsɪktsak] *m* ⟨~¢s; ~e⟩ zigzag *m*; ***im ~ laufen*** marcher en zigzag; zigzaguer

Ziege ['tsi:gə] *f* ⟨~; ~n⟩ **1** ZO chèvre *f*; F bique *f*; **2** F *péj* ***alte ~*** F vieille bique; ***dumme ~*** F cruche *f*; gourde *f*

Ziegel ['tsi:gəl] *m* ⟨~s; ~⟩ brique *f*; (*Dach♀*) tuile *f*; **~dach** *n* toit *m* de tuiles

Ziege'lei *f* ⟨~; ~en⟩ briqueterie *f*; *für Dachziegel* tuilerie *f*

'Ziegelstein *m* brique *f*

'Ziegen|bart *m* barbiche *f* de bouc; F (*Spitzbart*) bouc *m*; **~bock** *m* bouc *m*; **~käse** *m* fromage *m* de chèvre; **~leder** *n* chevreau *m*; **~peter** F *m* ⟨~s⟩ → ***Mumps***

ziehen ['tsi:ən] ⟨zog, gezogen⟩ **I** *v/t* **1** tirer; *Wagen* traîner; ***j-n am Ohr ~*** tirer l'oreille à qn; ***j-n an sich*** (*acc*) ***~*** tirer qn à soi; *fig* ***die Blicke auf sich*** (*acc*) ***~*** attirer les regards sur soi; ***etw durch etw ~*** passer qc par qc; *fig* ***nach sich*** (*dat*) ***~*** entraîner; être suivi de; **2** ***Zigaretten*** (***am Automaten***) ***~*** prendre des cigarettes (au distributeur); **3** *Linie* tirer; tracer; *Scheitel* faire; *Graben* faire; creuser; **4** *Pflanzen* cultiver; **5** *Pistole* tirer; ***etw aus der Tasche ~*** sortir qc de sa poche; **6** *Zahn* extraire; arracher; **7** *bei Brettspielen* jouer; **8** ***ein Gesicht ~*** faire la grimace, la moue; **9** *fig* ***e-e Lehre aus etw ~*** tirer une leçon de qc; **II** *v/i* **10** tirer; ***an etw*** (*dat*) ***~*** tirer sur qc; **11** *Ofen, Pfeife, Auto* tirer; **12** F ***das zieht bei mir nicht*** cela ne prend pas avec moi; **13** CUIS ***~ lassen*** faire macérer; *Tee* laisser infuser; **14** ⟨sn⟩ *Personen, Zugvögel* partir (***nach***

pour); émigrer (***nach*** vers, en); (*um~*) déménager; ***in die Stadt~*** aller s'installer en ville; ***aufs Land~*** aller vivre à la campagne; ***zu j-m ~*** emménager chez qn; **III** *v/r* ***sich ~*** (*sich erstrecken*) s'étendre; **IV** *v/imp* ***es zieht hier*** il y a un courant d'air ici

'**Ziehharmonika** *f* accordéon *m*

'**Ziehung** *f* ⟨~; ~en⟩ LOTTERIE tirage *m*

Ziel [tsi:l] *n* ⟨~es; ~e⟩ **1** *e-r Person, Handlung* but *m*; objectif *m* (*a* MIL); *fig a* fin(s) *f(pl)*; (*Bestimmungsort*) destination *f*; ***sich*** (*dat*) ***ein ~ setzen*** se fixer un but; ***sein~ erreichen*** atteindre son objectif; ***am ~ s-r Wünsche sein*** voir ses désirs comblés; ***über das ~ hinausschießen*** (dé)passer les bornes; **2** SPORT arrivée *f*; ***durchs ~ gehen*** franchir la ligne d'arrivée; **3** (*~scheibe*) cible *f*

'**zielbewusst** *adj* résolu; fermement décidé

'**zielen** *v/i* viser; ***auf j-n, etw ~*** viser qn, qc (*a fig*); ***auf den Kopf~*** viser à la tête

'**Ziel|fernrohr** *n* lunette *f* de tir; **~foto** *n* photo-finish *f*; **~gerade** *f* SPORT dernière ligne droite; **~gruppe** *f* WERBUNG cible *f*; **~linie** *f* SPORT ligne *f* d'arrivée; **2los** *adj u adv* sans but; **~scheibe** *f* cible *f* (*a fig*); **~setzung** *f* ⟨~; ~en⟩ but visé; **2sicher** *adj* **1** *Schütze* précis; **2** *fig* déterminé; **2strebig** *adj* → ***zielbewusst***

ziemlich ['tsi:mlɪç] **I** F *adj* assez considérable, grand; **II** *adv* **1** assez; passablement; ***~ gut*** assez bon; assez bien; ***~ viele Leute*** pas mal de gens, de monde; **2** F (*ungefähr*) à peu près

Zier [tsi:r] *st/s, poét f* ⟨~⟩, '**~de** *f* ⟨~; ~n⟩ ornement *m*; décoration *f*; ***zur ~ dienen*** être décoratif

'**zieren I** *st/s v/t* orner, décorer (***mit*** de); **II** *v/r* ***sich~*** faire des façons, des simagrées

'**Zier|fisch** *m* poisson *m* d'aquarium; **~leiste** *f* AUTO baguette *f*; **2lich** *adj* gracile; (*anmutig*) gracieux; **~pflanze** *f* plante ornementale, d'ornement; **~stich** *m* COUT point *m* de fantaisie

Ziffer ['tsɪfər] *f* ⟨~; ~n⟩ chiffre *m*; ***in ~n*** en chiffres

'**Zifferblatt** *n* cadran *m*

zig [tsɪç] F *adj* ⟨*inv*⟩ pas mal de; ***es waren ~ Leute da*** il y avait du monde

Zigarette [tsiga'rɛtə] *f* ⟨~; ~n⟩ cigarette *f*

Ziga'retten|automat *m* distributeur *m* de cigarettes; **~etui** *n* étui *m* à cigarettes; porte-cigarettes *m*; **~papier** *n* papier *m* à cigarettes; **~pause** F *f* courte pause (pour fumer une cigarette); **~schachtel** *f* paquet *m* de cigarettes; **~spitze** *f* fume-cigarette *m*; **~stummel** *m* F mégot *m*

Zigarillo [tsiga'rɪlo] *m od n* ⟨~s; ~s⟩ cigarillo *m*

Zigarre [tsi'garə] *f* ⟨~; ~n⟩ cigare *m*

Zi'garren|abschneider *m* coupe-cigares *m*; **~kiste** *f* boîte *f* de cigares

Zigeuner|(in) [tsi'gɔʏnər(ɪn)] *m* ⟨~s; ~⟩ (*f*) ⟨~; ~nen⟩ Tzigane *m,f*; gitan(e) *m(f)*; bohémien, -ienne *m,f*; *péj* romanichel, -elle *m,f*; **~schnitzel** *n escalope de veau ou de porc dans une sauce relevée de poivrons, d'oignons, de tomates, etc*

'**zig|mal** F *adv* F cent, mille fois; **~tausend** F *num/c* des, plusieurs milliers

Zikade [tsi'ka:də] *f* ⟨~; ~n⟩ cigale *f*

Zimmer ['tsɪmər] *n* ⟨~s; ~⟩ pièce *f*; (*Schlaf2, Hotel2*) chambre *f*; *großes* salle *f*; ***~ frei*** chambre à louer; ***haben Sie ein ~ frei?*** avez-vous une chambre libre?

'**Zimmer|antenne** *f* antenne intérieure; **~flucht** *f* ⟨~; ~en⟩ enfilade *f* de pièces

'**Zimmerlautstärke** *f Radio* ***auf ~ stellen*** baisser le son (pour ne pas déranger)

'**Zimmer|mädchen** *n* femme *f* de chambre; **~mann** *m* ⟨~es; -leute⟩ charpentier *m*

'**zimmern** *v/t* faire; construire

'**Zimmer|pflanze** *f* plante *f* d'appartement; **~temperatur** *f* température *f* de la pièce; (*mittlere ~*), *für Wein* température ambiante; **~vermittlung** *f* (service *m* de) réservation *f* de chambres

zimperlich ['tsɪmpərlɪç] *adj* douillet

Zimt [tsɪmt] *m* ⟨~es; ~e⟩ cannelle *f*

Zink [tsɪŋk] *n* ⟨~es⟩ zinc *m*

Zinke ['tsɪŋkə] *f* ⟨~; ~n⟩ dent *f*

'**zinken** *v/t Spielkarten* biseauter

Zinn [tsɪn] *n* étain *m*

Zinne ['tsɪnə] *f* ⟨~; ~n⟩ créneau *m*

Zinnober [tsɪ'no:bər] *m* ⟨~s; ~⟩ MINÉR cinabre *m*; PEINT vermillon *m*; **2rot**

Zimmer: chambre, pièce oder salle?

Das allgemeine Wort für *Zimmer* ist **la pièce**:

eine Dreizimmerwohnung	**un trois-pièces**

Ein Zimmer, in dem man auch schläft, ist **la chambre**:

Schlafzimmer	**la chambre à coucher**
Gästezimmer	**la chambre d'ami(s)**
Kinderzimmer	**la chambre d'enfant(s)**

Andere Räume werden oft mit **la salle** übersetzt:

Wohnzimmer	**la salle de séjour**
Esszimmer	**la salle à manger**
Badezimmer	**la salle de bains**

adj rouge vermillon (*inv*)
'Zinnsoldat *m* soldat *m* de plomb
Zins [tsɪns] *m* **1** ⟨~es; ~en⟩ *auf Kapital meist pl* **~en** intérêts *m/pl*; **~en bringen** rapporter des intérêts; **2** ⟨~es; ~e⟩ *südd, österr, schweiz* (*Miet*≈) loyer *m*
'Zins|eszins *m* ⟨~es; ~en⟩ intérêts composés, capitalisés; **~fuß** *m* taux *m* d'intérêt; **≈los I** *adj* sans intérêts; **II** *adv* sans produire d'intérêts; **~rechnung** *f* calcul *m* des intérêts; **~satz** *m* taux *m* d'intérêt
Zion|ismus [tsio'nɪsmus] *m* ⟨~⟩ sionisme *m*; **~ist** *m* ⟨~en; ~en⟩ sioniste *m*; **≈istisch** *adj* sioniste
Zipfel ['tsɪpfəl] *m* ⟨~s; ~⟩ *e-s Tuches* coin *m*; pointe *f* (*a fig e-s Landes*); *e-s Rocks* pan *m*; *der Wurst* bout *m*; **~mütze** *f* bonnet *m* à pointe
Zipp® [tsɪp] *m* ⟨~s; ~s⟩, **~verschluss** *m österr* fermeture *f* éclair®; zip® *m*
zirka ['tsɪrka] *adv* environ
Zirkel ['tsɪrkəl] *m* ⟨~s; ~⟩ **1** *Instrument* compas *m*; **2** *von Personen* cercle *m*
'zirkeln *v/t* ⟨*ge*⟩ mesurer avec précision
Zirku|lation [tsɪrkulatsi'o:n] *f* ⟨~; ~en⟩ circulation *f*; **≈'lieren** *v/i* ⟨*sans ge, h ou* sn⟩ circuler
Zirkumflex [tsɪrkum'flɛks] *m* ⟨~es; ~e⟩ LING (accent *m*) circonflexe *m*
Zirkus ['tsɪrkus] *m* ⟨~; ~se⟩ cirque *m* (*a* F *fig*); **~zelt** *n* chapiteau *m*
zirpen ['tsɪrpən] *v/i Zikaden* chanter; *Grillen* grésiller
zischen ['tsɪʃən] **I** *v/i Dampf, Tier, Person* siffler; *Fett* grésiller; **II** *v/t* F *fig* **einen ~** prendre, F siffler un verre
ziselieren [tsizə'li:rən] *v/t* ⟨*sans ge*⟩ ciseler
Zisterne [tsɪs'tɛrnə] *f* ⟨~; ~n⟩ citerne *f*
Zitadelle [tsita'dɛlə] *f* ⟨~; ~n⟩ citadelle *f*
Zitat [tsi'ta:t] *n* ⟨~*e*s; ~e⟩ citation *f* (**aus** de)
Zither ['tsɪtər] *f* ⟨~; ~n⟩ cithare *f*
zi'tieren *v/t* ⟨*sans ge*⟩ **1** *Autor, Worte* citer; **2** ***j-n zu sich ~*** convoquer qn
Zitronat [tsitro'na:t] *n* ⟨~*e*s; ~e⟩ écorce *f* de citron confite
Zitrone [tsi'tro:nə] *f* ⟨~; ~n⟩ citron *m*; ***mit ~*** citronné; au citron
Zi'tronen|falter *m* zo citron *m*; **≈gelb** *adj* jaune citron; **~limonade** *f* citronnade *f*; **~presse** *f* presse-citron *m*; **~saft** *m* jus *m* de citron; **~schale** *f* pelure *f*, écorce *f* de citron; CUIS zeste *m* de citron
Zitrusfrucht ['tsi:trus-] *f* agrume *m*
zitterig ['tsɪtərɪç] *adj* tremblotant; *Schrift* tremblé
'zittern *v/i* trembler; *leicht* trembloter; *vor Kälte, Angst* frémir, frissonner (**vor** [+ *dat*] de); ***vor j-m ~*** trembler devant qn
'Zitterpappel *f* tremble *m*
'zittrig → ***zitterig***
Zitze ['tsɪtsə] *f* ⟨~; ~n⟩ mamelle *f*
Zivi ['tsi:vi] F *m* ⟨~s; ~s⟩ jeune homme *m* qui fait son service civil
zivil [tsi'vi:l] *adj* civil; *Preise* modéré
Zi'vil *n* ⟨~s⟩ (*Kleidung*) tenue civile; ***in ~*** en civil
Zi'vil|bevölkerung *f* population civile; civils *m/pl*; **~courage** *f* courage *m* de ses opinions; **~dienst** *m* service civil
Zivilisati'on *f* ⟨~; ~en⟩ civilisation *f*
Zivilisati'onskrankheit *f* maladie engendrée par la vie moderne
zivili'sieren *v/t* ⟨*sans ge*⟩ civiliser

Zivi'list(in) *m* ⟨~en; ~en⟩ (*f*) ⟨~; ~nen⟩ civil(e) *m*(*f*)
Zi'vil|klage *f* JUR action civile; **~kleidung** *f* tenue civile; **~person** *f* civil *m*; **~prozess** *m* procès civil; **~schutz** *m* POL protection civile
Zobel ['tso:bəl] *m* ⟨~s; ~⟩ ZO, *Pelz* zibeline *f*
zocken ['tsɔkən] F *v/i* jouer (***um*** pour)
'Zocker F *m* ⟨~s; ~⟩ joueur *m*
Zofe ['tso:fə] *f* ⟨~; ~n⟩ *früher* femme *f* de chambre
Zoff [tsɔf] F *m* ⟨~s⟩ bagarre *f*; F engueulade *f*; ***~ machen*** chercher la bagarre
zog [tso:k] → ***ziehen***
zögerlich ['tsø:gərlıç] *adj* hésitant
'zögern *v/i* hésiter, tarder (***etw zu tun*** à faire qc)
'Zögern *n* ⟨~s⟩ hésitation *f*; ***nach anfänglichem ~*** après avoir hésité au début
Zögling ['tsø:klıŋ] *m* ⟨~s; ~e⟩ pensionnaire *m,f*; élève *m,f*
Zölibat [tsøli'ba:t] *n od m* ⟨~es⟩ célibat *m*
Zoll[1] [tsɔl] *m* ⟨~es; ~e⟩ **1** *Behörde* douane *f*; **2** *Abgabe* (droit[s] *m*[*pl*] de) douane *f*
Zoll[2] *m* ⟨~es; ~⟩ *Maß* pouce *m*
'Zoll|abfertigung *f* dédouanement *m*; **~amt** *n* (bureau *m* de) douane *f*; **~beamte(r)** *m* douanier *m*
'zollen *st/s v/t* ***j-m Bewunderung ~*** avoir de l'admiration pour qn
'Zoll|erklärung *f* déclaration *f* en douane; **~fahnder** *m* contrôleur *m* des fraudes douanières; **≈frei** *adj u adv* 'hors taxes; en franchise; **~kontrolle** *f* visite douanière; contrôle douanier
Zöllner ['tsœlnər] *m* ⟨~s; ~⟩ **1** douanier *m*; **2** BIBL publicain *m*
'zoll|pflichtig *adj* soumis aux droits de douane; **≈schranken** *f/pl* barrières douanières
'Zollstock *m* mètre pliant
'Zollunion *f* union douanière
Zombie ['tsɔmbi] *m* ⟨~s; ~s⟩ zombie *od* zombi *m*
Zone ['tso:nə] *f* ⟨~; ~n⟩ zone *f*
Zoo [tso:] *m* ⟨~s; ~s⟩ zoo *m*; **'~handlung** *f* animalerie *f*
Zoo|loge [tsoo'lo:gə] *m* ⟨~n; ~n⟩, **~'login** *f* ⟨~; ~nen⟩ zoologiste *m,f*; **~lo'gie** *f* ⟨~⟩ zoologie *f*
zoo'logisch *adj* zoologique; ***~er Garten*** jardin *m* zoologique
Zoom [zu:m] *n* ⟨~s; ~s⟩ zoom *m*
Zopf [tsɔpf] *m* ⟨~es; ~e⟩ natte *f*; tresse *f*; *fig* ***die alten Zöpfe abschneiden*** se débarrasser d'habitudes démodées
Zorn [tsɔrn] *m* ⟨~es⟩ colère *f*; **'~ausbruch** *m* accès *m* de colère
'zornig *adj* en colère; fâché; ***~ werden*** se mettre en colère; se fâcher
Zote ['tso:tə] *f* ⟨~; ~n⟩ gauloiserie *f*; grossièreté *f*
Zott|eln ['tsɔtəln] F *f/pl* cheveux ébouriffés; **≈(el)ig** *adj Haar* en broussaille; ébouriffé; *Bart* 'hirsute; *Fell* à longs poils rudes
zu [tsu:] **I** *prép* ⟨*dat*⟩ **1** *örtlich* à; (*in j-s Wohnung*) chez; (*in j-s Nähe*) (au)près de; (*in Richtung nach*) vers; ***der Weg zum Bahnhof*** le chemin de la gare; ***die Tür zum Garten*** la porte donnant sur le jardin; *st/s* ***der Dom ~ Köln*** la cathédrale de Cologne; **2** *zeitlich* à; de; en; ***~ Mittag*** à midi; ***~ gleicher Zeit*** en même temps; ***von Tag ~ Tag*** de jour en jour; **3** *Art u Weise* à; par; en; pour; ***mir ist nicht zum Lachen*** je n'ai pas le cœur à rire; ***~ dritt*** à trois; ***~ Hunderten*** par centaines; **4** *Preis* à; **5** *Verhältnis* à; SPORT ***fünf ~ drei gewinnen*** gagner par cinq à trois; **6** *Ziel, Zweck* à; pour; ***heißes Wasser zum Waschen*** de l'eau chaude pour (se) laver; **7** *Ergebnis* en; ***~ Eis werden*** se transformer en glace; ***~ Pulver zerstoßen*** pulvériser; **8** *Verbindung* avec; ***Weißwein zum Fisch trinken*** boire du vin blanc avec le poisson; **II** *adv* **1** (*allzu*) trop; ***~ sehr, ~ viel*** trop; ***das ist ~ viel*** en voilà trop; c'en est trop; ***einer ~ viel*** un de trop; F *fig* ***~ viel kriegen*** voir rouge; ***~ wenig*** trop peu; ***einer ~ wenig*** un en moins; **2** *Richtung* vers; ***auf mich ~*** vers moi; **3** F (*geschlossen*) fermé; ***der Laden ist ~*** le magasin est fermé; ***Augen ~!*** fermez(z) les yeux!; **III** *conj* **1** *mit inf* de; à; ***Haus ~ verkaufen*** maison à vendre; ***ich habe ~ arbeiten*** il faut que je travaille; j'ai du travail; **2** *mit p/pr* ***ein kaum ~ erfüllender Wunsch*** un souhait difficilement réalisable
zu'aller|'erst *adv* en tout premier lieu; avant tout; **~'letzt** *adv* en tout dernier lieu

'zu·bauen *v/t* construire des maisons, *etc* sur; *Aussicht* boucher
Zubehör ['tsu:bəhø:r] *n* ⟨~(e)s; ~e⟩ accessoires *m/pl*; **~teil** *n* accessoire *m*
'zu·|beißen *v/i* ⟨*irr*⟩ mordre; 'happer; **~bekommen** F *v/t* ⟨*irr, sans ge*⟩ *Koffer, Tür* arriver à fermer; **~bereiten** *v/t* ⟨-e-, *sans ge*⟩ préparer; faire
'Zubereitung *f* ⟨~; ~en⟩ préparation *f*
Zu'bettgehen *n* ⟨~s⟩ coucher *m*; ***beim* ~** en se couchant
'zu·billigen *v/t* ***j-m etw* ~** octroyer, concéder, accorder qc à qn
'zu·|binden *v/t* ⟨*irr*⟩ attacher (pour fermer); ficeler; **~bleiben** *v/i* ⟨*irr*, sn⟩ rester fermé
'zu·blinzeln *v/i* ⟨¢⟩ ***j-m* ~** faire un clin d'œil à qn
'zu·bringen *v/t* ⟨*irr*⟩ *Zeit* passer
'Zubringer *m* ⟨~s; ~⟩ **1** (*Autobahn*♀) bretelle *f*; **2** *Verkehrsmittel* navette *f*; **~bus** *m* navette *f*
Zucchini [tsu'ki:ni] *pl* courgettes *f/pl*
Zucht [tsuxt] *f* ⟨~; ~en⟩ **1** *von Tieren* élevage *m*; *von Pflanzen* culture *f*; **2** *Tiere* race *f*; *Pflanzen* sorte *f*; **3** *st/s* ***~ und Ordnung*** ordre *m* et discipline *f*
'Zuchtbulle *m* taureau *m* reproducteur
züchten ['tsʏçtən] *v/t* ⟨-e-⟩ *Tiere* faire l'élevage de; *Pflanzen* cultiver
'Züchter *m* ⟨~s; ~⟩ *von Tieren* éleveur *m*; *von Pflanzen* horticulteur *m*
'Zuchthaus *n* *früher* **1** pénitencier *m*; **2** (*~strafe*) réclusion *f*
'Zuchthengst *m* étalon *m*
züchtig ['tsʏçtɪç] *st/s adj* vertueux; décent; **~en** *st/s v/t* corriger; *litt* châtier
'Zuchtperle *f* perle *f* de culture
'Züchtung *f* ⟨~; ~en⟩ → ***Zucht*** *1, 2*
zuckeln ['tsukəln] F *v/i* ⟨¢, sn⟩ avancer lentement
zucken ['tsukən] *v/i* faire un mouvement brusque; (*zusammen~*) tressaillir; (*aufschrecken*) sursauter; *Flammen* vaciller; *Person*: *krampfhaft* avoir des mouvements convulsifs; *Blitz* jaillir
zücken ['tsʏkən] *v/t st/s Schwert, Messer* tirer; *plais Brieftasche* sortir
Zucker ['tsukər] *m* ⟨~s; ~⟩ **1** sucre *m*; **2** F MÉD ***~ haben*** être diabétique
'Zuckerbrot *n* ***mit ~ und Peitsche*** en employant la carotte ou le bâton
'Zucker|dose *f* sucrier *m*; **~fabrik** *f* sucrerie *f*; **~guss** *m* glaçage *m* (de sucre); **~hut** *m* pain *m* de sucre; **♀krank** *adj* diabétique; **~krankheit** *f* diabète *m*
'Zuckerlecken *n* F ***das ist kein ~*** F c'est pas de la tarte
'zuckern *v/t* sucrer
'Zucker|rohr *n* canne *f* à sucre; **~rübe** *f* betterave sucrière, à sucre; **'♀süß** *adj* **1** sucré; **2** *fig péj* doucereux; mielleux; **~watte** *f* barbe *f* à papa; **~zange** *f* pince *f* à sucre
'Zuckung *f* ⟨~; ~en⟩ tressaillement *m*; mouvement convulsif
'zu·decken *v/t* (*u v/r* ***sich ~*** se) couvrir (***mit*** de)
zu'dem *adv* en outre; au surplus
'zu·drehen *v/t* **1** *Ventil, Hahn* fermer; **2** → ***zuwenden*** *I*
'zudringlich *adj* gênant; *Frauen gegenüber* entreprenant; **♀keit** *f* ⟨~; ~en⟩ comportement gênant, entreprenant
'zu·drücken *v/t* fermer (en appuyant)
zuei'nander *adv* ***~ finden*** se trouver; ***~ halten*** se serrer les coudes; ***~ passen*** aller bien ensemble; ***seid nett ~!*** soyez gentils les uns avec les autres!
'zu·erkennen *v/t* ⟨*irr, sans ge*⟩ attribuer; *Preis* décerner
zu'erst *adv* **1** (*als Erste*[*r*]) le premier, la première; **2** (*an erster Stelle*) d'abord; premièrement; en premier lieu; ***~ etw tun*** commencer par faire qc; **3** (*anfangs*) au début
'zu·fahren *v/i* ⟨*irr*, sn⟩ ***auf j-n, etw ~*** se diriger vers qn, qc
'Zufahrt *f* accès *m*
'Zufahrtsstraße *f* voie *f*, route *f* d'accès
'Zufall *m* 'hasard *m*; (*Zusammentreffen*) coïncidence *f*; ***glücklicher ~*** heureux 'hasard; chance *f*; ***reiner ~*** pur hasard; ***durch ~*** par hasard
'zu·fallen *v/i* ⟨*irr*, sn⟩ **1** *Tür, Deckel* se fermer brusquement; **2** ***j-m ~*** *Erbe* revenir à qn; *Aufgabe* incomber à qn
'zufällig I *adj* accidentel; fortuit; **II** *adv* par hasard; accidentellement; ***rein ~*** tout à fait par hasard; ***~ j-n treffen*** tomber sur qn
'Zufalls|bekanntschaft *f* personne rencontrée par hasard; **~treffer** *m* coup *m* de chance
'zu·fassen *v/i* ⟨¢s⟩ → ***zugreifen***
'zu·fliegen *v/i* ⟨*irr*, sn⟩ **1** F *Tür* se fermer brusquement; **2** ***auf j-n, etw ~*** voler en direction de qn, qc; **3** ***j-m ~*** *Vogel* se ré-

fugier chez qn; *fig* **alle Herzen flogen ihm zu** il a gagné tous les cœurs

'**zu·fließen** *v/i* ⟨*irr*, sn⟩ **e-r Sache ~** *Fluss* couler vers qc; *fig Gelder* affluer à qc

'**Zuflucht** *f* refuge *m*; asile *m*; **zu etw s-e ~ nehmen** se réfugier dans qc

'**Zufluchtsort** *m* (lieu *m* de) refuge *m*

'**Zufluss** *m* (*Nebenfluss*) affluent *m*

'**zu·flüstern** *v/t* **j-m etw ~** souffler, chuchoter qc à qn

zu'folge *prép* ⟨*derrière un nom au datif*⟩ suivant; d'après

zufrieden [tsu'fri:dən] *adj* content (**mit** de); (~ *gestellt*) satisfait (de); **sich mit etw ~ geben** se contenter de qc; **j-n ~ lassen** laisser qn tranquille, en paix; **~ stellen** contenter; satisfaire; **~ stellend** satisfaisant

Zu'friedenheit *f* ⟨~⟩ contentement *m*; (*Befriedigung*) satisfaction *f*

'**zu·frieren** *v/i* ⟨*irr*, sn⟩ geler complètement; prendre

'**zu·fügen** *v/t* **1 j-m etw ~** *Schaden, Verluste* causer qc à qn; *Niederlage* infliger qc à qn; **2** (*hin~*) ajouter

Zufuhr ['tsu:fu:r] *f* ⟨~⟩ TECH arrivée *f*; *von Wasser a* adduction *f*; *von Waren* arrivage *m*

'**zu·führen I** *v/t Luft etc* amener; conduire; (*beschicken*) alimenter (**etw e-r Sache** [*dat*] qc en qc); **s-r Bestimmung** (*dat*) **~** rendre à sa destination; **II** *v/i* **auf etw** (*acc*) **~** conduire à qc

Zug[1] [tsu:k] *m* ⟨~(e)s; ~e⟩ **1** *Bahn* train *m*; *der U-Bahn* rame *f* (de métro); **2** *von Personen* colonne *f*; file *f*; (*Umzug*) procession *f*; *feierlicher* cortège *m*; MIL section *f*; **3** (*das Ziehen*) marche *f*; (*Feld*2) campagne *f*; expédition *f* (*a Streif*2, *Beute*2); (*Durch*2, *Vorbei*2) passage *m*; *von Vögeln in den Süden* migration *f*; **4** (*Zugluft*) courant *m* d'air; **5** *bei Öfen* tirage *m*; **6** (*Gesichts*2, *Wesens*2) trait *m*; caractéristique *f*; **das war kein schöner ~ von ihm** ce n'était pas gentil de sa part; **7** *fig* **in groben** *od* **großen Zügen** à grands traits; **8** *advt* **im ~e** (+ *gén*) au cours de; **9** *beim Brettspiel* coup *m*; *fig* **nicht zum ~e kommen** ne pas avoir l'occasion d'intervenir, d'agir; *fig* **~ um ~** petit à petit; **10** *beim Trinken* coup *m*; trait *m*; *beim Rauchen* bouffée *f*; **in einem ~ leeren** vider d'un trait, d'un seul coup; **etw in vollen Zügen genießen** savourer à fond qc; F **in den letzten Zügen liegen** F n'en avoir plus pour longtemps (à vivre)

Zug[2] *n* ⟨~s⟩ GÉOGR Zoug

'**Zugabe** *f* **1** COMM supplément *m*; prime *f*; **2** *e-s Künstlers* (morceau *m* en) bis *m*; **~!** bis!; encore!; **3** (*das Hinzufügen*) addition *f*

'**Zugang** *m* **1** (*Eingang*[*sweg*]) accès *m*; entrée *f*; **2** (*Zutritt*) accès *m*; **~ zu j-m haben** avoir accès auprès de qn; **3** → **Neuzugang** *1, 2*

zugänglich ['tsu:gɛŋlɪç] *adj* accessible, abordable (**für** à) (*a fig*); **leicht ~ sein** être d'un accès facile

'**Zugbrücke** *f* pont-levis *m*

'**zu·geben** *v/t* ⟨*irr*⟩ **1** (*hinzufügen*) ajouter; **2** COMM donner en plus, en supplément; **3** *fig* (*einräumen*) admettre; convenir de; concéder

zu'gegen *st/s adv* **bei etw ~ sein** être présent, assister à qc

'**zu·gehen** ⟨*irr*, sn⟩ **I** *v/i* **1** F *Tür, Koffer* (se) fermer; *Knopf* se boutonner; **2 auf j-n, etw ~** aller, se diriger, s'avancer vers qn, qc; *a v/imp* **es geht auf den Winter zu** l'hiver est proche; **3** ADM **j-m ~** (**lassen**) (faire) parvenir à qn; **II** *v/imp u v/i* (*geschehen*) arriver; se passer; se faire; **es ging sehr lustig zu** c'était gai; on s'amusait beaucoup

'**zugehörig** *adj* correspondant; **~ zu** *od* (+ *dat*) qui fait partie de

'**Zugehörigkeit** *f* ⟨~⟩ appartenance *f* (**zu** à)

'**zugeknöpft** F *fig adjt* très réservé

Zügel ['tsy:gəl] *m* ⟨~s; ~⟩ rêne *f*; bride *f*; *fig* **die ~ fest in der Hand haben** tenir les rênes

'**zügellos** *adj Leidenschaft* effréné; *Leben* dévergondé; **2igkeit** *f* ⟨~; ~en⟩ *Zustand* débridement *m*; *Verhalten* dévergondage *m*

'**zügeln** ⟨*-e*⟩ *v/t* **1** *Pferd* tenir en bride; **2** *fig* refréner; maîtriser

'**Zugereiste(r)** *f(m)* ⟨→ A⟩ étranger, -ère *m,f*; nouveau venu, nouvelle venue

'**zu·gesellen** *v/r* **sich j-m ~** se joindre, s'associer à qn

'**Zugeständnis** *n* concession *f* (**an** [+ *acc*] à)

'zu·gestehen *v/t* ⟨*irr*, *p/p* zugestanden⟩ ***j-m etw ~*** concéder qc à qn
'zugetan *st/s adj* ***j-m ~ sein*** avoir de l'affection pour qn
'Zugewinn *m* gain *m* (***an*** [+ *dat*] de); JUR acquêt *m*
'Zugführer *m* **1** EISENBAHN chef *m* de train; **2** MIL chef *m* de section
'zu·gießen *v/t* ⟨*irr*⟩ ajouter
'zugig *adj* exposé aux courants d'air
zügig ['tsy:gɪç] *adj* rapide
'Zug|kraft *f* **1** PHYS force *f* de traction; **2** *fig* (force *f* d')attraction *f*; **≈kräftig** *adj fig* qui attire le public
zu'gleich *adv* en même temps
'Zug|luft *f* courant *m* d'air; **~maschine** *f* tracteur *m*; **~pferd** *n* **1** cheval *m* de trait; **2** *fig* locomotive *f*
'zu·greifen *v/i* ⟨*irr*⟩ **1** prendre, saisir (+ *acc*); **2** *bei Tisch* se servir; **3** *fig* saisir l'occasion; **4** (*helfen*) mettre la main à la pâte
'Zugriff *m* **1** (*Ergreifen*) prise *f*; mainmise *f*; ***sich j-s ~ entziehen*** se soustraire à qn; **2** (*Zugang*), INFORM accès *m* (***auf*** [+ *acc*] à)
'Zugriffszeit *f* INFORM temps *m* d'accès
zu'grunde *adv* **1** ***~ gehen*** *Mensch* mourir (***an*** [+ *dat*] de); *Kultur* se perdre; ***~ richten*** ruiner; **2** ***etw*** (***e-r Sache*** [*dat*]) ***~ legen*** prendre qc pour base (de qc)
'Zugschaffner *m* contrôleur *m*
'Zugtier *n* bête *f* de trait
'zu·gucken F *v/i* → ***zusehen***
'Zugunglück *n* accident *m* de chemin de fer
zu'gunsten *prép* ⟨*gén*⟩ *u adv* ***~ von*** en faveur de; au profit de
zu'gute *adv st/s* ***j-m etw ~ halten*** tenir compte à qn de qc; ***j-m ~ kommen*** profiter, servir à qn
'Zug|verbindung *f* liaison *f* ferroviaire; **~verkehr** *m* trafic *m* ferroviaire
'Zugvogel *m* oiseau migrateur
'zu·haben F *v/i* ⟨*irr*⟩ être fermé
'zu·halten *v/t* ⟨*irr*⟩ *Tür* tenir fermé; fermer; ***j-m den Mund ~*** fermer la bouche à qn; ***sich*** (*dat*) ***die Ohren, die Nase ~*** se boucher les oreilles, le nez
Zuhälter ['tsu:hɛltər] *m* ⟨~s; ~⟩ souteneur *m*; JUR proxénète *m*; F maquereau *m*
'zu·hängen *v/t* (re)couvrir d'un rideau, d'une toile, *etc*
Zu'hause *n* ⟨~*$*⟩ chez-soi (chez-moi, *etc*) *m*
'zu·heilen *v/i* ⟨sn⟩ *Wunde* se fermer
Zuhilfenahme [tsu'hɪlfəna:mə] *f* ⟨~⟩ ***unter ~ von …*** avec le secours de …
'zu·hören *v/i* écouter (***j-m*** qn)
'Zuhörer|(in) *m*(*f*) auditeur, -trice *m,f*; **~schaft** *f* ⟨~⟩ auditoire *m*
'zu·jubeln *v/i* ⟨*¢*⟩ ***j-m ~*** acclamer qn; ovationner qn
'zu·kehren *v/t* ***j-m den Rücken ~*** tourner le dos à qn
'zu·|klappen **I** *v/t Deckel* fermer; *Wagentür* claquer; **II** *v/i* ⟨sn⟩ *Deckel* se fermer; *Wagentür* claquer; **~kleben** *v/t* coller; *Briefumschlag* cacheter; **~knallen** F **I** *v/t* (faire) claquer; **II** *v/i* ⟨sn⟩ claquer; se fermer brusquement; **~knöpfen** *v/t* boutonner
'zu·kommen *v/i* ⟨*irr*, sn⟩ **1** ***auf j-n ~*** s'avancer, aller, venir vers qn; (*j-m bevorstehen*) attendre qn; *fig* ***die Dinge auf sich*** (*acc*) ***~ lassen*** laisser venir les choses; **2** *st/s* ***j-m etw ~ lassen*** faire parvenir, passer qc à qn; **3** ***j-m ~*** (*gebühren*) revenir à qn; être dû à qn
'zu·kriegen F *v/t* → ***zubekommen***
Zukunft ['tsu:kunft] *f* ⟨~⟩ avenir *m*; GR futur *m*; ***in ~*** à l'avenir; (*von jetzt ab*) désormais; ***in naher ~*** dans un proche avenir; *Beruf* ***mit ~*** qui a de l'avenir
zukünftig ['tsu:kʏnftɪç] **I** *adj* futur; à venir; **II** *adv* à l'avenir
'Zukünftige(r) F *f*(*m*) ⟨→ A⟩ (*künftiger Ehepartner*) futur(e) *m*(*f*)
'Zukunfts|forschung *f* ⟨~⟩ futurologie *f*; **~musik** F *f* ⟨~⟩ vision *f* utopique; rêves *m/pl*; (*Pläne*) projets *m/pl* en l'air; **~pläne** *m/pl* projets *m/pl* (d'avenir); **~roman** *m* roman *m* de science-fiction
'zu·lächeln *v/i* ⟨*¢*⟩ ***j-m ~*** sourire à qn
'Zulage *f* (*Erhöhung*) augmentation *f*, majoration *f*, supplément *m* (de salaire, de traitement, *etc*); (*Gefahren≈*, *Schmutz≈*) prime *f*, indemnité *f* (***für*** de)
'zu·langen F *v/i* (*nehmen*) prendre (+ *acc*); *bei Tisch* se servir
'zu·lassen[1] F *v/t* ⟨*irr*⟩ *Tür etc* laisser fermé
'zu·lassen[2] *v/t* ⟨*irr*⟩ **1** (*den Zutritt erlauben*) admettre (***zu*** à); **2** (*erlauben*) permettre; ***e-e Ausnahme ~*** tolérer une exception; **3** ***zu e-r Prüfung ~*** autoriser

à passer un examen; **4 als Anwalt ~** inscrire au barreau; **als Arzt ~** inscrire à l'ordre des médecins; **5** ADM *Fahrzeug* autoriser à circuler; **auf j-s Namen** *(acc)* **zugelassen sein** être immatriculé au nom de qn

zulässig ['tsu:lɛsɪç] *adj* admis; admissible; *(erlaubt)* permis; JUR recevable

'Zulassung *f* ⟨~; ~en⟩ **1** autorisation *f* **(zum Studium** pour étudier); *zur mündlichen Prüfung* admission *f* **(zu** à); **2 ~ als Anwalt** inscription *f* au barreau; **~ als Arzt** inscription *f* à l'ordre des médecins; **3** ADM *e-s Fahrzeugs* autorisation *f* (de circuler); F *(Kfz-Schein) etwa* carte grise

'Zulassungsstelle *f* bureau *m* d'immatriculation, de délivrance des cartes grises

zu'lasten *prép* ⟨*gén*⟩ *u adv* **~ von** à la charge de; FIN au débit de; **~ j-s gehen** être à la charge de qn

'Zulauf *m* **großen ~ haben** *Veranstaltung* être très fréquenté; *Geschäft, Arzt* avoir une grande clientèle

'zu·laufen *v/i* ⟨*irr*, sn⟩ **1** *Wasser in ein Becken* arriver; couler; **2 spitz ~** se terminer en pointe; **3 auf j-n ~** courir à *od* vers qn; **4 uns ist ein Hund zugelaufen** on a recueilli un chien (perdu)

'zu·legen I *v/t* F *(hinzufügen)* rajouter; mettre en plus; **II** *v/r* **sich** *(dat)* **etw ~** s'acheter qc; **sich** *(dat)* **e-n Bart ~** se faire, laisser pousser la barbe; **III** F *v/i an Tempo* F se grouiller; *an Gewicht* grossir

zu'leide *adv* **j-m etwas ~ tun** faire du mal à qn

'zu·leiten *v/t* ⟨-e-⟩ **1** *Wasser, Strom* amener; **2** *(weitergeben)* **j-m ~** transmettre à qn; faire parvenir à qn

'Zuleitung *f* TECH alimentation *f*; *von Wasser* adduction *f*; *(Rohr)* tuyau *m* d'amenée

zu'letzt *adv* **1** F *(zum letzten Mal)* pour la dernière fois; **2** *(zum Schluss)* à la fin; **bis ~** jusqu'à la fin; **immer an sich** *(acc)* **selbst ~ denken** penser toujours à soi en dernier; **3 → letztlich**; **4** *(als der Letzte)* **~ kommen** arriver le dernier

zu'liebe *adv* **j-m, e-r Sache ~** pour l'amour de qn, qc

'Zulieferbetrieb *m* entreprise *f* de sous-traitance

zum [tsʊm] = **zu dem**

'zu·machen I *v/t Tür, Fenster* fermer; *Brief* cacheter; **kein Auge ~** ne pas fermer l'œil; **II** *v/i* F *Geschäfte* fermer

zu'mal I *adv* *(besonders)* surtout; particulièrement; **II** *conj* *(vor allem weil)* d'autant plus que

'zu·mauern *v/t* murer; maçonner

zu'meist *adv* la plupart du temps

zu'mindest *adv* au moins

'zumutbar *adj* acceptable; raisonnable

zu'mute *adv* **ihr könnt euch denken, wie mir ~ war** vous pouvez vous imaginer ce que j'ai ressenti, je ressentais; **mir ist nicht nach Lachen ~** je n'ai pas envie de rire

'zu·muten ⟨-e-⟩ **I** *v/t* **j-m etw ~** demander, exiger qc à qn; **II** *v/r* **sich** *(dat)* **zu viel ~** présumer de ses forces

'Zumutung *f* ⟨~; ~en⟩ exigence *f*, demande *f* inacceptable; **dieses Essen ist e-e ~** ce repas est immangeable

zu'nächst *adv* *(vorerst)* pour le moment; *(zuerst)* d'abord; en premier lieu

'zu·|nageln *v/t* ⟨¢⟩ clouer; **~nähen** *v/t* (re)coudre

Zunahme ['tsu:na:mə] *f* ⟨~; ~n⟩ augmentation *f* *(a des Gewichts)*; accroissement *m*

'Zuname *m* nom *m* de famille

zündeln ['tsʏndəln] *v/i* ⟨¢⟩ jouer avec le feu

zünden ['tsʏndən] ⟨-e-⟩ **I** *v/t* allumer; *Rakete, Bombe* mettre le feu à; **II** *v/i* s'allumer; s'enflammer; prendre feu

'zündend *adjt Rede, Worte* enflammé; *Idee* passionnant; *Rhythmus* excitant

Zunder ['tsʊndər] *m* ⟨~s⟩ amadou *m*; **brennen wie ~** brûler comme un rien; F *fig* **j-m ~ geben** F passer un savon à qn

'Zünder *m* ⟨~s; ~⟩ détonateur *m*; amorce *f*

'Zünd|holz *n* ⟨~es; ~̈er⟩ *bes südd, österr* allumette *f*; **~kabel** *n* câble *m* d'allumage; **~kerze** *f* bougie *f* (d'allumage); **~schloss** *n* serrure *f* de contact; **~schlüssel** *m* clé *f* de contact; **~schnur** *f* mèche (lente); **~stoff** *m* dynamite *f*; *fig* thème explosif

'Zündung *f* ⟨~; ~en⟩ **1** *(Zünden)* inflammation *f*; mise *f* à feu; **2** AUTO allumage *m*

'zu·nehmen ⟨*irr*⟩ **I** *v/t an Gewicht* prendre; ***drei Kilo ~*** prendre trois kilos; **II** *v/i* **1** augmenter (**an** [+ *dat*] de); (*anwachsen*) s'accroître; grandir; *Übel* s'aggraver; *Verkehr* s'intensifier; *Mond* croître; **2** *Person* (*dicker werden*) grossir

'zunehmend I *adjt* ***~er Mond*** lune croissante; ***in ~em Maße*** de plus en plus; **II** *advt* ***es wird ~ kälter*** il fait de plus en plus froid

'zu·neigen *v/r* ***sich j-m ~*** se pencher vers qn; ***sich dem Ende ~*** tirer à sa fin

'Zuneigung *f* ⟨~⟩ affection *f*, attachement *m*, sympathie *f* (***zu*** pour)

Zunft ['tsʊnft] *f* ⟨~; ⁓e⟩ HIST corporation *f*

zünftig ['tsʏnftɪç] *adj Lokal* bien, très typique; *Kleidung* adéquat; tout à fait approprié

Zunge ['tsʊŋə] *f* ⟨~; ~n⟩ langue *f*; ***e-e scharfe, spitze ~ haben*** avoir la langue bien affilée; ***sich*** (*dat*) ***auf die ~ beißen*** se mordre la langue (*a fig*); ***auf der ~ zergehen*** fondre dans la bouche; ***das Wort liegt mir auf der ~*** j'ai le mot sur le bout de la langue

züngeln ['tsʏŋəln] *v/i* ⟨¢⟩ *Schlange* darder la langue; *Flammen* s'élever

'Zungen|brecher F *m* mot *m*, phrase *f* difficile à prononcer; **~kuss** *m* baiser profond; **~spitze** *f* pointe *f*, bout *m* de langue

Zünglein ['tsʏŋlaɪn] *n* ⟨~s; ~⟩ *fig* ***das ~ an der Waage sein*** faire pencher la balance

zu'nichte *adv Pläne, Hoffnungen* ***~ machen*** détruire; réduire à néant

'zu·nicken *v/i* ***j-m ~*** faire un signe de tête à qn

zu'nutze *adv* ***sich*** (*dat*) ***etw ~ machen*** profiter, tirer profit de qc

zu'oberst *adv* tout en 'haut; ***das Unterste ~ kehren*** mettre tout sens dessus dessous

'zu·|ordnen *v/t* ⟨-e-⟩ classer (+ *dat* dans); **~packen** *v/i* → ***zugreifen*** *1, 3, 4*

zupfen ['tsʊpfən] **I** *v/t* tirer; *Saite* pincer; *Unkraut* sarcler; ***j-n am Ärmel ~*** tirer qn par la manche; **II** *v/i* ***an etw*** (*dat*) ***~*** tirer sur qc

'Zupfinstrument *n* instrument *m* à cordes pincées

'zu·prosten *v/i* ⟨-e-⟩ ***j-m ~*** boire, lever son verre à la santé de qn

zur [tsuːr *ou* tsʊr] = ***zu der***

zu'rande *adv* ***mit etw ~ kommen*** venir à bout de qc

zu'rate *adv* ***j-n, etw ~ ziehen*** consulter qn, qc

'zu·raten *v/i* ⟨*irr*⟩ ***j-m ~, etw zu tun*** conseiller à qn de faire qc

'zu·rechnen *v/t* ⟨-e-⟩ compter; *Künstler* ***den Modernen ~*** compter parmi les modernes

'zurechnungsfähig *adj* responsable de ses actes; **≗keit** *f* responsabilité *f* de ses actes

zu'recht·|biegen F *v/t* ⟨*irr*⟩ *fig Angelegenheit* arranger; **~finden** *v/r* ⟨*irr*⟩ ***sich ~*** (pouvoir) s'orienter (*a auf e-r Karte etc*); se reconnaître

zu'recht·kommen *v/i* ⟨*irr*, sn⟩ se débrouiller (***mit etw*** avec qc); ***mit j-m ~*** (parvenir à) s'arranger, s'entendre avec qn

zu'recht·legen I *v/t* préparer; **II** *v/r fig* ***sich*** (*dat*) ***etw ~*** *Antwort* avoir tout prêt, en réserve qc

zu'recht·|machen I *v/t* préparer; **II** *v/r* ***sich ~*** s'arranger; **~rücken** *v/t* ranger; arranger; **~weisen** *v/t* ⟨*irr*⟩ blâmer; réprimander

'zu·reden *v/i* ⟨-e-⟩ ***j-m ~ (, etw zu tun)*** exhorter qn (à faire qc); ***j-m gut ~*** encourager qn

'zu·reiten ⟨*irr*⟩ **I** *v/t Pferd* dresser (à être monté); **II** *v/i* ⟨sn⟩ ***auf j-n, etw ~*** s'avancer vers qn, qc à cheval

Zürich ['tsyːrɪç] *n* ⟨~s⟩ Zurich

'zu·richten *v/t* ⟨-e-⟩ **1** TECH (*einrichten*) ajuster; *Stoff, Leder* apprêter; **2** (*beschädigen*) abîmer; F bousiller; F ***j-n schlimm, übel ~*** amocher qn; mettre qn dans un bel état

zürnen ['tsʏrnən] *st/s v/i* ***j-m ~*** être fâché, irrité contre qn

Zur'schaustellung *f* ⟨~; ~en⟩ exhibition *f*; *péj* étalage *m*

zurück [tsu'rʏk] *adv* **1** (*hinten*) en arrière; ***~!*** (en) arrière!; **2** (*~geblieben*) arriéré; attardé; **3** F ***mit etw ~ sein*** *im Rückstand* être en retard dans qc; **4** (*~gekehrt*) de retour; ***ich bin gleich wieder ~*** je reviens tout de suite; ***es gibt kein ≗*** (***mehr***) on ne peut pas revenir en arrière

zu'rück·behalten *v/t* ⟨*irr, sans ge*⟩ **1** retenir; *unrechtmäßigerweise* détenir; **2** *Schaden* garder

Z

zu'rück·bekommen *v/t* ⟨*irr, sans ge*⟩ récupérer; ***ich habe das Buch ~*** on m'a rendu le livre

zu'rück·besinnen *v/r* ⟨*irr, sans ge*⟩ ***sich auf etw*** (*acc*) ***~*** se rappeler qc

zu'rück·|beugen *v/t* pencher en arrière; *Kopf* renverser (en arrière); **~bilden** *v/r* ⟨-e-⟩ ***sich ~*** se résorber; *Organ* s'atrophier

zu'rück·bleiben *v/i* ⟨*irr*, sn⟩ **1** (*nicht Schritt halten*) rester en arrière; *Schüler in s-n Leistungen* ne pas suivre; ***hinter j-s Erwartungen*** (*dat*) ***~*** ne pas répondre à l'attente de qn; **2** (*übrig bleiben*) rester

zu'rück·blicken *v/i* jeter un regard en arrière; *fig* ***auf etw*** (*acc*) ***~*** jeter un coup d'œil rétrospectif sur qc

zu'rück·|bringen *v/t* ⟨*irr*⟩ rapporter; *Person, Fahrzeug, fig* ramener; **~datieren** *v/t* ⟨*sans ge*⟩ antidater

zu'rück·denken *v/i* ⟨*irr*⟩ ***an etw, j-n ~*** se rappeler qc, qn

zu'rück·|drängen *v/t* repousser; refouler (*a fig*); *fig* réprimer; **~drehen** *v/t* tourner en arrière; **~dürfen** F *v/i* ⟨*irr*⟩ avoir la permission de retourner; **~eilen** *v/i* ⟨sn⟩ se dépêcher de retourner; **~erhalten** *v/t* ⟨*irr, sans ge*⟩ → ***zurückbekommen***

zu'rück·erinnern *v/r* ⟨*sans ge*⟩ ***sich an etw, j-n ~*** se rappeler qc, qn

zu'rück·|erobern *v/t* ⟨*sans ge*⟩ reconquérir (*a fig*); **~erstatten** *v/t* ⟨-e-, *sans ge*⟩ rendre; restituer; *Auslagen* rembourser; **~fahren** ⟨*irr*⟩ **I** *v/t* ramener (en voiture); **II** *v/i* ⟨sn⟩ **1** retourner (en voiture, train, *etc*); **2** *fig vor Schreck* reculer brusquement

zu'rück·fallen *v/i* ⟨*irr*, sn⟩ **1** (*zurückbleiben*) rester en arrière; SPORT ***auf den dritten Platz ~*** rétrograder à la troisième place; **2** *fig Vorwurf* ***auf j-n ~*** retomber, rejaillir sur qn; **3** *fig* ***in etw*** (*acc*) ***~*** retomber dans qc; **4** (*nach hinten fallen*) tomber en arrière

zu'rück·|finden *v/i* ⟨*irr*⟩ retrouver son chemin; **~fliegen** *v/i* ⟨*irr*, sn⟩ revenir, retourner (en avion); **~fordern** *v/t* réclamer; demander la restitution de; *Rechte* revendiquer

zu'rück·führen **I** *v/t* **1** (*zurückbegleiten*) ramener; reconduire; **2** *fig* ***auf etw*** (*acc*) ***~*** ramener, *Grund* attribuer, imputer à qc; **II** *v/i Weg* ***~ zu, auf*** (+ *acc*) ramener qn à

zu'rück·geben *v/t* ⟨*irr*⟩ rendre; redonner

zu'rückgeblieben *adjt fig geistig* arriéré; attardé

zu'rück·gehen *v/i* ⟨*irr*, sn⟩ **1** (s'en) retourner; ***~ lassen*** *Waren* renvoyer; retourner; **2** *Handel, Geschäfte* péricliter; fléchir; *Hochwasser* baisser; se retirer; *Fieber* tomber; **3** ***auf etw*** (*acc*) ***~*** remonter à qc; ***auf j-n ~*** être attribué à qn

zu'rück·gewinnen *v/t* ⟨*irr, sans ge*⟩ regagner

zu'rückgezogen *adjt* ***ein ~es Leben führen*** mener une vie retirée

zu'rück·greifen *v/i* ⟨*irr*⟩ ***auf etw, j-n ~*** recourir à qc, qn

zu'rück·haben F *v/t* ⟨*irr*⟩ avoir récupéré; ravoir (*nur inf*)

zu'rück·halten **I** *v/t* ⟨*irr*⟩ retenir; *Gefühle* contenir; réprimer; **II** *v/i* ***mit etw ~*** cacher, dissimuler qc; ***mit s-r Meinung nicht ~*** ne pas mâcher ses mots; **III** *v/r* ***sich ~*** se retenir; (*sich zügeln*) se contenir

zu'rückhaltend *adjt Person, Lob, Kritik, Empfang* réservé; ***~ sein***, *advt* ***sich ~ äußern*** se montrer réticent

Zu'rückhaltung *f* ⟨~⟩ réserve *f*

zu'rück·|holen *v/t* aller rechercher, reprendre; **~kämmen** *v/t Haar* peigner en arrière; **~kaufen** *v/t* racheter; **~kehren** *v/i* ⟨sn⟩ retourner; revenir; *nach Hause* rentrer

zu'rück·kommen *v/i* ⟨*irr*, sn⟩ revenir; *fig* ***auf etw*** (*acc*) ***~*** revenir sur (*od* à) qc

zu'rück·können F *v/i* ⟨*irr*⟩ (*zurückkehren können*) pouvoir retourner; (*zurückweichen können*) pouvoir reculer; *fig* ***nicht mehr ~*** ne plus pouvoir faire autrement

zu'rück·|kriegen F *v/t* → ***zurückbekommen***; **~lassen** *v/t* ⟨*irr*⟩ laisser; **~laufen** *v/i* ⟨*irr*, sn⟩ retourner (à pied)

zu'rück·legen **I** *v/t* **1** *Kopf* mettre, placer en arrière; **2** (*beiseite legen*) mettre de côté, en réserve; (*reservieren*) réserver; ***Geld ~*** mettre de l'argent de côté; **3** *Weg* faire; parcourir; **4** (***auf s-n Platz***) ***~*** remettre (à sa place); **II** *v/r* ***sich ~*** se renverser

zu'rück·lehnen *v/r* ***sich ~*** se pencher en arrière

Z

zu'rück·liegen *v/i* ⟨*irr*⟩ **1** ***einige Jahre ~*** remonter à plusieurs années; **2** SPORT être *bzw* rester en arrière

zu'rück·|melden *v/r* ***sich ~*** annoncer son retour; **~müssen** F *v/i* ⟨*irr*⟩ être obligé de revenir, *nach Hause* rentrer; **~nehmen** *v/t* ⟨*irr*⟩ **1** *Gegenstand, Ware* reprendre; **2** *Beleidigung* retirer; *Versprechen* revenir sur; *Geständnis* rétracter; **~prallen** *v/i* ⟨sn⟩ rebondir (***von*** sur)

zu'rück·reichen *v/i* ***weit ~*** remonter loin

zu'rück·|rufen ⟨*irr*⟩ **I** *v/t* **1** (*auffordern zurückzukommen*) rappeler; faire revenir; **2** *als Antwort* répondre (en criant); **3** TÉL rappeler; **II** *v/i* TÉL rappeler; **~schalten** *v/i* ⟨-e-⟩ *im Auto* rétrograder; **~schauen** *v/i bes südd, österr, schweiz* → ***zurückblicken***; **~schicken** *v/t* renvoyer; *nur Sachen* retourner; réexpédier; **~schieben** *v/t* ⟨*irr*⟩ repousser; **~schlagen** ⟨*irr*⟩ **I** *v/t* **1** *Feind* repousser; refouler; **2** *Bettdecke* rejeter; *Kragen* rabattre; **3** *Ball* renvoyer; **II** *v/i* contre-attaquer (*a fig*); **~schrauben** *v/t Ansprüche* réduire; **~schrecken** *v/i* ⟨sn⟩ reculer (***vor etw*** [*dat*] devant qc); s'effrayer (de qc); **~schreiben** *v/t u v/i* ⟨*irr*⟩ répondre (par écrit)

zu'rück·sehnen *v/r* ***sich zu j-m, nach Paris ~*** avoir la nostalgie de qn, de Paris

zu'rück·senden *st/s v/t* ⟨*irr*⟩ → ***zurückschicken***

zu'rück·setzen ⟨*-t*⟩ **I** *v/t* **1** *Gegenstand, Auto* reculer; **2** *fig* ***j-n ~*** désavantager qn; défavoriser qn; **II** *v/i* AUTO faire marche arrière

Zu'rücksetzung *f* ⟨~; ~en⟩ (*Ungerechtigkeiten*) injustice *f*; *durch Bevorzugung e-s anderen* passe-droit *m*

zu'rück·|spielen *v/t Ball* renvoyer; **~springen** *v/i* ⟨*irr*, sn⟩ **1** faire un bond, saut en arrière; **2** *Ball* rebondir; **~spulen** *v/t* rembobiner; **~stecken I** *v/t* remettre; **II** *v/i* F en rabattre

zu'rück·stehen *v/i* ⟨*irr*⟩ *Haus* être en retrait; *fig* ***hinter j-m ~*** le céder à qn

zu'rück·|stellen *v/t* **1** (*nach hinten stellen*) reculer; repousser; **2** *an s-n Platz* remettre à sa place; **3** *Uhr* retarder (***um*** de); *Heizung* baisser; **4** → ***zurücklegen*** 2; *Wehrpflichtigen* mettre en sursis; **5** (*verschieben*) renvoyer, remettre à plus tard; ajourner; **6** (*hintanstellen*) reléguer au second plan; **~stoßen** *v/t* ⟨*irr*⟩ repousser; **~stufen** *v/t* rétrograder (***in*** [+ *acc*] à)

zu'rück·treten *v/i* ⟨*irr*, sn⟩ **1** faire un pas en arrière; ***~!*** reculez!; faites place!; **2** (*verzichten*) renoncer (***von*** à); JUR se désister (***von*** de); ***von e-m Vertrag ~*** résilier un contrat; **3** *fig* (*in den Hintergrund treten*) s'effacer; **4** *Regierung* démissionner; ***von s-m Amt ~*** se démettre de ses fonctions

zu'rück·verfolgen *v/t* ⟨*sans ge*⟩ remonter jusqu'à l'origine de

zu'rück·versetzen ⟨*-t, sans ge*⟩ **I** *v/t in die Vergangenheit* ramener (en arrière); **II** *v/r* ***sich ~ in*** (+ *acc*) se reporter à

zu'rück·|weichen *v/i* ⟨*irr*, sn⟩ reculer (***vor etw, j-m*** devant qc, qn); (*nachgeben*) céder (à qc, qn); **~weisen** *v/t* ⟨*irr*⟩ refuser; *Bitte, Vorwurf* repousser; rejeter; **~werfen** *v/t* ⟨*irr*⟩ **1** rejeter; *Ball* renvoyer; **2** (*reflektieren*) réfléchir; refléter; *Schall* répercuter; **3** *Feind* repousser; **4** *in e-r Entwicklung* 'handicaper; désavantager; *e-e Arbeit* retarder la réalisation de; **~wollen** *v/i* ⟨*irr*⟩ vouloir retourner

zu'rück·zahlen *v/t* **1** rembourser; rendre; **2** F *fig* ***es j-m ~*** rendre la monnaie de sa pièce à qn

zu'rück·ziehen ⟨*irr*⟩ **I** *v/t* retirer (*a fig Bewerbung, Beschwerde*); *Kündigung* révoquer; *Auftrag* annuler; **II** *v/r* ***sich ~*** se retirer (*a* MIL); *fig* ***sich aus der Politik ~*** abandonner la politique

'Zuruf *m* appel *m*; acclamation *f*; ***durch ~*** par acclamation

'zu·rufen *v/t* ⟨*irr*⟩ ***j-m etw ~*** crier qc à qn

zur'zeit *adv* en ce moment; actuellement

'Zusage *f* ⟨~; ~n⟩ *auf e-e Einladung* acceptation *f*; (*Einwilligung*) consentement *m*; assentiment *m*; (*Versprechen*) promesse *f*

'zu·sagen I *v/t* ***j-m etw ~*** promettre qc à qn; **II** *v/i* **1** *auf e-e Einladung, ein Angebot* accepter; **2** (*gefallen*) ***j-m ~*** plaire, convenir à qn

zusammen [tsu'zamən] *adv* ensemble; (*gemeinsam*) en commun; de concert; (*im Ganzen*) en tout; au total; ***alle ~*** tous ensemble; ***~ sein*** être ensemble;

er besitzt mehr als alle anderen ~ il est plus riche que tous les autres réunis

Zu'sammenarbeit *f* collaboration *f*; coopération *f*

zu'sammen·|arbeiten *v/i* ⟨-e-⟩ travailler ensemble; collaborer (***mit j-m*** avec qn); **~ballen I** *v/t* mettre en boule; **II** *v/r* ***sich ~*** s'amasser; s'amonceler; s'accumuler (*alle a fig*); **~bauen** *v/t* assembler; monter; **~beißen** *v/t* ⟨*irr*⟩ *Zähne* serrer; **~bekommen** *v/t* ⟨*irr, sans ge*⟩ **1** (*ansammeln*) parvenir à réunir; *Geld, Summe* recueillir; réunir; **2** F *fig im Gedächtnis* se rappeler; **~binden** *v/t* ⟨*irr*⟩ lier; *Haar* attacher; *zu e-m Bündel* faire un paquet de; **~bleiben** *v/i* ⟨*irr*, sn⟩ rester ensemble

zu'sammen·brauen I *v/t* F *Getränk* concocter; **II** *v/r* ***sich ~*** *Gewitter, Unangenehmes* se préparer; *fig* ***da braut sich was zusammen*** il se trame qc

zu'sammen·brechen *v/i* ⟨*irr*, sn⟩ s'effondrer; s'écrouler (*a fig*); *seelisch* craquer; *Versorgung(snetz)* être *od* tomber en panne; *Verkehr* être paralysé; *fig* ***für sie brach e-e Welt zusammen*** tout son univers s'est écroulé

zu'sammen·bringen *v/t* ⟨*irr*⟩ *Personen* mettre en contact, en relation; (*näher bringen*) rapprocher

Zu'sammenbruch *m* effondrement *m* (*a fig*); *vor Erschöpfung* écroulement *m*; FIN ruine *f*

zu'sammen·|drängen *v/t* (*u v/r* ***sich ~*** se) serrer; (s')entasser; **~drücken** *v/t* presser; serrer; comprimer; **~fahren** *v/i* ⟨*irr*, sn⟩ **1** *Autos, Züge* entrer en collision; **2** *fig vor Schreck* sursauter; tressaillir

zu'sammen·fallen *v/i* ⟨*irr*, sn⟩ **1** (*einstürzen*) s'effondrer; s'écrouler (*beide a fig*); crouler; **2** *zeitlich* coïncider; **3** *Behauptung* ***in sich*** (*acc*) **~** s'effondrer; s'écrouler

zu'sammen·|falten *v/t* ⟨-e-⟩ plier; **~fassen** *v/t* ⟨~~t~~⟩ **1** (*vereinigen*) réunir; rassembler; grouper (***zu*** en); **2** *Gesagtes* résumer; récapituler

zu'sammenfass|end *advt* en résumé; **≈ung** *f* (*Bericht*) résumé *m*

zu'sammen·|fegen *v/t* balayer; **~fließen** *v/i* ⟨*irr*, sn⟩ *Flüsse* confluer; se joindre; se réunir; **~fügen** *v/t* joindre; réunir; unir; *einzelne Teile* assembler; **~führen** *v/t* réunir; **~gehören** *v/i* ⟨*p/p* zusammengehört⟩ aller ensemble; *Schuhe* faire la paire

zu'sammengehörig *adj* allant ensemble; (bien) assorti; **≈keit** *f* ⟨~⟩ affinité *f*; cohésion *f*; **≈keitsgefühl** *n* solidarité *f*

zu'sammen|gewürfelt *adjt Gruppe* (très) bigarré, hétéroclite; **≈halt** *m* cohésion *f*; solidarité *f*

zu'sammen·halten ⟨*irr*⟩ **I** *v/t* tenir ensemble; ***sein Geld ~*** être économe; **II** *v/i fig* être solidaires; s'entraider

Zu'sammenhang *m* lien *m*; (*Beziehung*) rapport *m*; relation *f*; *e-s Textes* contexte *m*; *zwischen zwei abstrakten Dingen* corrélation *f*; ***innerer ~*** *von Ideen* cohérence *f*; ***etw mit etw in ~ bringen*** mettre qc en rapport, en relation avec qc; ***in welchem ~?*** à quel propos?; ***in diesem ~*** dans cet ordre d'idées; sous ce rapport; ***im ~ mit*** à propos de; ***aus dem ~ gerissen*** isolé du contexte

zu'sammen·hängen *v/i* ⟨*irr*⟩ **1** (**mit** **etw**) **~** être attaché (à qc); **2** *fig* ***mit etw ~*** être en rapport avec qc; tenir à qc

zu'sammen|hängend *adjt fig* cohérent; **~hang(s)los** *adj* décousu; incohérent

zu'sammen·|hauen F *v/t* ⟨*irr*⟩ *Arbeit, Artikel* bâcler; torcher; **~heften** *v/t* ⟨-e-⟩ agrafer; **~kehren** *v/t* balayer

zu'sammenklappbar *adj* pliant

zu'sammen·|klappen I *v/t Stuhl* (re-) plier; *Messer* refermer; **II** *v/i* ⟨sn⟩ F *Person* craquer; **~kleben** *v/t* (*u v/i*) coller; (s')agglutiner; **~kneifen** *v/t* ⟨*irr*⟩ serrer; *Augen* plisser; *Lippen, Mund* pincer

zu'sammen·kommen *v/i* ⟨*irr*, sn⟩ **1** *Personen* s'assembler; se réunir; (*sich treffen*) se rencontrer; se voir; ***mit j-m ~*** rencontrer qn; **2** *Dinge* s'amasser; s'entasser; s'accumuler

zu'sammen·kratzen *v/t* ⟨~~t~~⟩ F ***sein letztes Geld ~*** F racler les fonds de tiroirs

Zusammenkunft [tsuˈzamənkunft] *f* ⟨~; -künfte⟩ *vieler Personen* réunion *f*; assemblée *f*; *bes von zwei Personen* rencontre *f*; entrevue *f*

zu'sammen·|laufen *v/i* ⟨*irr*⟩ **1** *Personen* accourir; s'assembler; **2** *Farben* se fondre; **~leben** *v/i* vivre ensemble

Z

Zu'sammenleben *n* vie commune; vie *f* en commun; cohabitation *f*
zu'sammen·legen **I** *v/t* **1** mettre ensemble; **2** (*falten*) plier; **3** (*verbinden*) réunir; **4** *Kranke* installer dans une chambre; **II** *v/i* (*Geld* ~) (se) cotiser
zu'sammen·nehmen ⟨*irr*⟩ **I** *v/t Mut, Kräfte* rassembler; ***alles zusammengenommen*** à tout prendre; **II** *v/r* ***sich*** ~ faire un effort sur soi-même; (*sich beherrschen*) se contenir; (*sich fassen*) se ressaisir; se reprendre
zu'sammen·packen **I** *v/t* mettre en paquet; empaqueter; **II** *v/i* ranger ses affaires
zu'sammen·passen *v/i* ⟨*ge*⟩ aller bien ensemble; s'accorder; *zwei Teile* s'adapter (l'un à l'autre); *Farben* ***nicht*** ~ jurer
zu'sammen·pferchen *v/t Vieh, Menschen* entasser; parquer
Zu'sammenprall *m* ⟨~*es*; ~e⟩ choc *m*; 'heurt *m* (*beide a fig*)
zu'sammen·|prallen *v/i* ⟨sn⟩ **1** se heurter (***mit*** à); *Fahrzeuge* entrer en collision (avec); **2** *fig* s'affronter, se heurter (à); **~pressen** *v/t* ⟨*ge*⟩ presser; **~raffen** *v/t Papiere etc* prendre, rassembler en vitesse; *péj Vermögen* amasser; **~rechnen** *v/t* ⟨-e-⟩ additionner; totaliser
zu'sammen·reimen F *v/r* ***sich*** (*dat*) ***etw*** ~ s'expliquer qc; ***wie reimt sich das zusammen?*** à quoi ça rime?
zu'sammen·|reißen F *v/r* ⟨*irr*⟩ ***sich*** ~ se ressaisir; prendre sur soi; **~rollen** *v/t* (*u v/r* ***sich*** ~ s')enrouler; **~rotten** [-rɔtən] *v/r* ***sich*** ~ s'attrouper; s'ameuter
zu'sammen·|rücken **I** *v/t* rapprocher; **II** *v/i* ⟨sn⟩ se serrer; **~rufen** *v/t* ⟨*irr*⟩ convoquer; **~sacken** *v/i* ⟨sn⟩ (***in sich*** [*acc*]) ~ *Gegenstand* s'affaisser; *Mensch* s'effondrer; **~schieben** *v/t* ⟨*irr*⟩ rapprocher
zu'sammen·schlagen ⟨*irr*⟩ **I** *v/t* **1** (*falten*) plier; **2** *Hacken* claquer; ***die Hände*** ~ battre des mains; **3** F ***j-n*** ~ F démolir qn; **II** *v/i* ⟨sn⟩ ***über j-m*** ~ *Wellen* engloutir qn; *fig Verhängnis* s'abattre sur qn
zu'sammen·schließen *v/r* ⟨*irr*⟩ ***sich*** ~ s'associer; *Unternehmen* fusionner
Zu'sammenschluss *m* association *f*; *Unternehmen* fusion *f*
zu'sammen·|schrauben *v/t* visser; **~schreiben** *v/t* ⟨*irr*⟩ **1** *in e-m Wort* écrire en un mot; **2** *péj Text* F pondre; **~schrumpfen** *v/i* ⟨sn⟩ **1** se ratatiner; se rétrécir; **2** *fig* fondre; diminuer; **~schustern** F *péj v/t* bricoler; **~schweißen** *v/t* souder (*a fig*)
Zu'sammensein *n* ⟨~s⟩ (*Treffen*) rencontre *f*
zu'sammen·setzen ⟨*ge*⟩ **I** *v/t* **1** mettre ensemble; *aus mehreren Bestandteilen* composer (***aus*** de); TECH assembler; monter; **2** *Personen* asseoir *od* placer côte à côte; **II** *v/r* **3** ***sich*** ~ s'asseoir l'un auprès de l'autre, côte à côte; (*zusammenkommen*) se rencontrer; **4** ***sich aus etw*** ~ se composer de qc
Zu'sammensetzung *f* ⟨~; ~en⟩ composition *f*; LING (mot *m*) composé *m*
zu'sammen·|sinken *v/i* ⟨*irr*, sn⟩ → ***zusammensacken***; **~sitzen** *v/i* ⟨*irr*⟩ être (assis) ensemble
Zu'sammenspiel *n* SPORT jeu *m* d'équipe; (*Kombinieren*) combinaison *f*; *fig* interaction *f*
zu'sammen·|stehen *v/i* ⟨*irr*⟩ **1** être ensemble; **2** *fig* faire bloc; **~stellen** *v/t* **1** *räumlich*: *Sachen* mettre ensemble; **2** *Programm, Menü, Team* composer; *Unterlagen* rassembler; réunir; *Liste* établir
Zu'sammen|stellung *f* ⟨~; ~en⟩ *e-s Programms, Menüs, Teams* composition *f*; *e-r Liste* établissement *m*; *von Farben* combinaison *f*; (*Liste*) liste *f*; (*Tabelle*) table *f*; tableau *m*; **~stoß** *m* choc *m*, 'heurt *m* (***mit*** avec); *von Verkehrsmitteln* collision *f* (avec)
zu'sammen·|stoßen *v/i* ⟨*irr*, sn⟩ se heurter (***mit*** à) (*a fig*); *Fahrzeuge* entrer en collision (avec); **~strömen** *v/i* ⟨sn⟩ *Menschen* affluer; **~suchen** *v/t* ramasser; recueillir; **~tragen** *v/t* ⟨*irr*⟩ **1** ramasser; **2** *fig Material* réunir; rassembler
zu'sammen·treffen *v/i* ⟨*irr*, sn⟩ **1** *Personen* se rencontrer; ***mit j-m*** ~ rencontrer qn; **2** *zeitlich* coïncider
Zu'sammentreffen *n* rencontre *f*; *zeitliches* coïncidence *f*
zu'sammen·|treten *v/i* ⟨*irr*, sn⟩ *Ausschuss* se réunir; se rassembler; **~wachsen** *v/i* ⟨*irr*, sn⟩ BIOL se souder; *fig* (*ineinander aufgehen*) fusionner; **~wir-**

Z

ken *v/i* coopérer; **~zählen** *v/t* additionner; totaliser; **~ziehen** ⟨*irr*⟩ **I** *v/t Muskel* contracter; *Truppen* rassembler; concentrer; **II** *v/i* ⟨sn⟩ *in e-e Wohnung* emménager ensemble; **III** *v/r* **sich ~** se contracter; **~zucken** *v/i* ⟨sn⟩ tressaillir

'**Zusatz** *m Vorgang, Ergebnis* addition *f*; *zu e-m Schriftstück* ajout *m*; (*Lebensmittel*ℒ) additif *m*; **~gerät** *n* appareil *m*, dispositif *m* complémentaire

zusätzlich ['tsuːzɛtslɪç] **I** *adj* supplémentaire; additionnel; **II** *adv* de plus; en plus; en outre

'**Zusatz|stoff** *m* additif *m*; **~versicherung** *f* assurance *f* complémentaire

zu'schanden *adv* **~ machen** *Pläne* déjouer; *Hoffnungen* anéantir

'**zu·schauen** *v/i südd, österr, schweiz* →**zusehen**

'**Zuschauer|(in)** *m* ⟨~s; ~⟩ (*f*) ⟨~; ~nen⟩ spectateur, -trice *m,f*; **~raum** *m* salle *f* de spectacle

'**zu·schicken** *v/t* **j-m etw ~** envoyer, expédier qc à qn

'**zu·schieben** *v/t* ⟨*irr*⟩ **1** *Schublade* fermer; **2 j-m etw ~** pousser qc vers qn; *fig Unangenehmes* se décharger de qc sur qn

'**zu·schießen** ⟨*irr*⟩ **I** *v/t* F *Geld* rajouter; **II** *v/i* ⟨sn⟩ **auf j-n ~** se précipiter vers qn

'**Zuschlag** *m* **1** (*Preis*ℒ) supplément *m*; **2** *bei Lohn, Gehalt* prime *f*; **3** *auf Auktionen* adjudication *f*; **j-m den ~ für etw erteilen** adjuger qc à qn

'**zu·schlagen** ⟨*irr*⟩ **I** *v/t* **1** *Tür* fermer brusquement; (faire) claquer; *Buch* fermer; **2** *bei Auktionen* **j-m etw ~** adjuger qc à qn; **II** *v/i* **3** (*drauflosschlagen*) porter un coup, des coups; **4** *Tür* se fermer brusquement; claquer

'**zuschlagpflichtig** *adj* BAHN à supplément

'**zu·|schließen** *v/t u v/i* ⟨*irr*⟩ fermer à clé; **~schnappen** *v/i* **1** ⟨sn⟩ *Tür* se refermer rapidement; **2** (*zubeißen*) mordre

'**zu·schneiden** *v/t* ⟨*irr*⟩ **1** COUT couper; *Holz* débiter; **2** *fig* **zugeschnitten auf** (+ *acc*) conçu pour

'**zu·schneien** *v/i* ⟨sn⟩ se couvrir de neige

'**Zuschnitt** *m* **1** COUT coupe *f*; façon *f*; **2** *fig* genre *m*; envergure *f*

'**zu·|schnüren** *v/t Paket* ficeler; *Schuhe* lacer; **~schrauben** *v/t* visser

'**zu·schreiben** *v/t* ⟨*irr*⟩ **j-m etw ~** attribuer qc à qn; **er hat es sich** (*dat*) **selbst zuzuschreiben** il n'a qu'à s'en prendre à lui-même

'**Zuschrift** *f* lettre *f*; *auf e-e Annonce* réponse *f*

zu'schulden *adv* **sich** (*dat*) **etw ~ kommen lassen** se rendre coupable de qc

'**Zuschuss** *m* **~** (**zu**) (*finanzielle Hilfe*) aide *f* (à); *staatlicher* subvention *f* (à); **~betrieb** *m* entreprise subventionnée

'**zu·schütten** *v/t* ⟨-e-⟩ *Graben* combler

'**zu·sehen** *v/i* ⟨*irr*⟩ **1** regarder (**bei etw** qc); **j-m bei der Arbeit ~** regarder qn travailler; **2 ~, dass ...** veiller à ce que ... (+ *subj*); **sieh zu, wo du bleibst!** débrouille-toi tout seul!

'**zusehends** *adv* à vue d'œil

'**zu·sein** → **zu** *II 3*

'**zu·senden** *v/t* ⟨*irr*⟩ → **zuschicken**

'**zu·setzen** ⟨*¢$*⟩ **I** *v/t* **e-r Sache** (*dat*) **etw ~** ajouter une chose à une autre; **II** *v/i* **j-m ~** *mit Fragen* 'harceler qn (**mit** de); *Hitze, Rauch* déranger qn

'**zu·sichern** *v/t* **j-m etw ~** assurer qc à qn

'**Zusicherung** *f* assurance *f*

'**zu·sperren** *v/t u v/i bes südd, österr* fermer à clé

'**Zuspiel** *n* SPORT passe *f*

'**zu·spielen** *v/t* **j-m etw ~** *Ball* passer qc à qn; *fig Informationen* faire passer qc à qn

'**zu·spitz|en** ⟨*¢$*⟩ *v/r* **sich ~** *Lage* s'aggraver; *Konflikt* s'intensifier; ℒ**ung** *f* ⟨~; ~en⟩ aggravation *f*

'**zu·sprechen** *v/t* ⟨*irr*⟩ **j-m etw ~** (*zuerkennen*) attribuer, adjuger qc à qn

'**Zuspruch** *st/s m* **1** (*Trost*) consolation *f*; (*Ermunterung*) encouragement *m*; **2** →**Zulauf**

'**Zustand** *m* **1** (*Beschaffenheit, Verfassung*) état *m*; **in flüssigem ~** à l'état liquide; **in gutem ~** en bon état; **in betrunkenem ~** en état d'ivresse; F **Zustände kriegen** F piquer une crise; **2** (*Lage*) état *m* de choses; situation *f*; **das sind unhaltbare Zustände** c'est un état de choses intenable

zu'stande *adv* **etw ~ bringen** faire aboutir qc; réussir à faire qc; **~ kommen** avoir lieu; *Vertrag* se réaliser

zuständig ['tsuːʃtɛndɪç] *adj* compétent; **~ für** responsable de; **dafür ist er ~** cela relève de sa compétence

'Zuständigkeit *f* ⟨~; ~en⟩ compétence *f*

'Zuständigkeitsbereich *m* ressort *m*

zustatten [tsu'ʃtatən] *adv* ***j-m ~ kommen*** être d'un grand secours à qn

'zu·stechen *v/i* ⟨*irr*⟩ donner un coup de couteau, de poignard, *etc*

'zu·stecken *v/t* ***j-m etw ~*** donner qc à qn en cachette

'zu·stehen *v/i* ⟨*irr*⟩ ***j-m ~*** revenir à qn; ***das steht ihm nicht zu*** il n'y a pas droit

'zu·steigen *v/i* ⟨*irr*, sn⟩ monter

'zu·stellen *v/t* POST distribuer

'Zustellung *f* ⟨~; ~en⟩ *der Post* distribution *f*

'zu·steuern *v/i* ⟨sn⟩ ***auf etw, j-n ~*** se diriger vers qc, qn

'zu·stimmen *v/i* être d'accord (***j-m, e-r Sache*** avec qn, qc)

'Zustimmung *f* consentement *m*, approbation *f* (***zu*** à)

'zu·stopfen *v/t* boucher

'zu·stoßen ⟨*irr*⟩ **I** *v/t Tür* fermer (en poussant); **II** *v/i* **1** ⟨sn⟩ ***j-m ~*** arriver à qn; **2** → ***zustechen***

'zu·streben *v/i* ⟨sn⟩ ***dem Ausgang ~*** se diriger (rapidement) vers la sortie

'Zustrom *m von Menschen* affluence *f*; afflux *m* (*a von Kapital*)

'zu·stürzen *v/i* ⟨~~ge~~, sn⟩ ***auf j-n ~*** se précipiter vers qn

zu'tage *adv* ***~ bringen, fördern*** mettre au jour; révéler; ***~ treten*** apparaître; se révéler

'Zutat *f* CUIS ingrédient *m*

zu'teil *st/s adv* ***j-m ~ werden*** être réservé à qn

'zu·teilen *v/t* ***j-m etw ~*** donner, attribuer qc à qn

'Zuteilung *f* **1** attribution *f*; **2** (*Kontingent*) contingent *m*; (*Ration*) ration *f*

zu'tiefst *adv* très profondément; *Vorwurf* ***j-n ~ treffen*** toucher, piquer qn au vif

'zu·tragen ⟨*irr*⟩ **I** *v/t fig péj* rapporter; **II** *st/s v/r* ***sich ~*** se produire

zuträglich ['tsu:trɛ:klɪç] *adj* profitable; utile; bon (+ *dat* pour)

'zu·trauen *v/t* ***j-m etw ~*** croire qn capable de (faire) qc; ***ihr ist alles zuzutrauen*** elle est capable de tout

'Zutrau|en *n* ⟨~s⟩ confiance *f* (***zu*** en); **⁓lich** *adj* plein de confiance; confiant

'zu·treffen *v/i* ⟨*irr*⟩ (*stimmen*) être exact, juste; (*gelten*) être valable (***auf*** [+ *acc*], ***für*** pour)

'zutreffend *adjt* exact; juste; ***⁓es bitte ankreuzen*** prière de cocher la case correspondante

'Zutritt *m* accès *m*; entrée *f*; ***~ verboten!*** entrée interdite!

'zu·tun F *v/t* ⟨*irr*⟩ ***kein Auge ~*** ne pas fermer l'œil

'Zutun *n* ⟨~s⟩ ***ohne j-s ~*** sans que qn y soit pour rien

zu'ungunsten *prép* ⟨*gén*⟩ *u adv* ***~ von*** au préjudice de

zu'unterst *adv* tout en bas

zuverlässig ['tsu:fɛrlɛsɪç] *adj Person, Maschine* fiable; *Freund* sûr; *Nachricht* authentique; **⁓keit** *f* ⟨~⟩ fiabilité *f*; *e-r Nachricht* authenticité *f*

Zuversicht ['tsu:fɛrzɪçt] *f* ⟨~⟩ confiance *f*; **⁓lich I** *adj* confiant; plein de confiance; **II** *adv* avec confiance

zu'viel → ***zu*** *II 1*

zu'vor *adv* au préalable; préalablement; ***kurz ~*** peu de temps avant

zu'vorderst *adv* tout à l'avant

zu'vor·kommen *v/i* ⟨*irr*, sn⟩ ***j-m, e-r Sache ~*** devancer qn, qc

zu'vorkommend *adjt* prévenant

Zuwachs ['tsu:vaks] *m* ⟨~es; -wächse⟩ accroissement *m*, augmentation *f* (***an*** [+ *dat*] de); *plais* ***die Familie Molter hat ~ bekommen*** il y a une naissance chez les Molter

'zu·wachsen *v/i* ⟨*irr*, sn⟩ **1** *Wunde* se fermer; **2** *Beet* être recouvert

'Zuwachsrate *f* taux *m* de croissance

'Zuwanderer *m* immigrant *m*

'zu·wandern *v/i* ⟨sn⟩ immigrer

zu'wege *adv* ***etw ~ bringen*** réussir à faire qc

zu'weilen *st/s adv* parfois

'zu·weisen *v/t* ⟨*irr*⟩ ***j-m etw ~*** attribuer, assigner qc à qn

'zu·wenden ⟨*irr ou régulier*⟩ **I** *v/t* ***j-m, e-r Sache etw ~*** (*zudrehen*) tourner qc vers qn, qc; *fig Geld etc* faire don de qc à qn; ***j-m den Rücken ~*** tourner le dos à qn; **II** *v/r* ***sich j-m ~*** se tourner vers qn; *fig* ***sich e-r Sache*** (*dat*) ***~*** se consacrer à qc

'Zuwendung *f* **1** (*Beihilfe*) aide *f*; *staatliche* subvention *f*; (*Schenkung*) don *m*; **2** *fig* (*Zuneigung*) affection *f*

zu'wenig → ***zu*** *II 1*

'zu·werfen *v/t* ⟨*irr*⟩ **1** ***j-m etw ~*** jeter, lancer qc à qn; **2** *Tür* fermer violemment; (faire) claquer

zu'wider *adj* ***es ist ihr ~, das zu tun*** il lui répugne de faire cela; ***diese Speise ist ihm ~*** ce plat le dégoûte

zu'wider·handeln *v/i* ⟨¢⟩ *bes* ADM ***e-r Sache*** (*dat*) **~** contrevenir à qc

Zu'widerhandlung *f* ADM infraction *f*

zu'wider·laufen *v/i* ⟨*irr*, sn⟩ ***e-r Sache*** (*dat*) **~** être contraire à qc

'zu·winken *v/i* ***j-m ~*** faire signe de la main à qn

'zu·|zahlen *v/t* payer en plus, en supplément; **~zählen** *v/t* ajouter

'zu·ziehen ⟨*irr*⟩ **I** *v/t* **1** *Vorhang* tirer; fermer; *Knoten* serrer; **2** → ***hinzuziehen***; **II** *v/r* ***sich*** (*dat*) ***etw ~*** *Zorn* s'attirer qc; *Krankheit* contracter, attraper qc; **III** *v/i* s'établir

'Zuzug *m* arrivée *f*; (*Einwanderung*) immigration *f*

zuzüglich ['tsu:tsy:klɪç] *prép* ⟨*gén*⟩ en plus; *50 €* ***~ Porto*** port non compris

'zu·zwinkern *v/i* ***j-m ~*** faire un clin d'œil à qn

zwang [tsvaŋ] → ***zwingen***

Zwang *m* ⟨~es; ⸚e⟩ contrainte *f*; (*Druck*) pression *f*; ***unter ~ handeln*** agir sous la contrainte; ***~ auf j-n ausüben*** user de contrainte envers qn; ***j-m ~ antun*** contraindre, forcer qn; *iron* ***tun Sie sich*** (*dat*) ***keinen ~ an!*** ne vous gênez pas!

zwängen ['tsvɛŋən] **I** *v/t* ***etw in etw*** (*acc*) **~** faire entrer qc de force dans qc; **II** *v/r* ***sich durch e-e Öffnung ~*** passer de force à travers une ouverture

'zwanghaft *adj* compulsif

'zwanglos *adj* sans façon; décontracté (*a Party, Ton, Kleidung*); **2igkeit** *f* ⟨~⟩ absence *f* de façons; décontraction *f*

'Zwangs|arbeit *f* *früher* JUR travaux forcés; **~ernährung** *f* alimentation forcée; **~jacke** *f* camisole *f* de force; **~lage** *f* (*Notlage*) nécessité *f*; **2läufig** *adj* forcé; (*unvermeidlich*) inévitable; **~maßnahme** *f* mesure coercitive; **~räumung** *f* *e-r Wohnung* expulsion *f*; **~versteigerung** *f* JUR vente *f* judiciaire; adjudication forcée; **~vollstreckung** *f* JUR exécution forcée; **~vorstellung** *f* idée *f* fixe; obsession *f*; **2weise** *adv* par force

zwanzig ['tsvantsɪç] *num/c* vingt; → ***achtzig***

'Zwanzig *f* ⟨~⟩ vingt *m*

'zwanziger *adj* ⟨*inv*⟩ ***die ~ Jahre*** *n/pl* les années *f/pl* vingt

'Zwanzig|er F *m* ⟨~s; ~⟩ billet *m* de vingt; **2jährig** *adj* (*zwanzig Jahre alt*) (âgé) de vingt ans; (*zwanzig Jahre lang*) qui dure vingt ans; **~'markschein** *m* HIST billet *m* de vingt marks

zwar [tsva:r] *adv* **1** *einräumend* certes; en effet; il est vrai; **2** ***und ~*** et pour préciser; ***und ~ so*** et voici comment

Zweck [tsvɛk] *m* ⟨~es; ~e⟩ (*Ziel*) but *m*; objectif *m*; (*End2*) fin *f*; (*Verwendungs2*) usage *m*; fonction *f*; (*Sinn*) sens *m*; *Geld* ***für e-n guten ~*** pour une bonne cause; ***s-n ~ erfüllen*** remplir sa fonction; ***das hat keinen ~*** cela ne sert à rien; ***zu welchem ~?*** dans quel but?; pour quoi faire?; ***zu diesem ~*** à cette fin

'Zweck|bau *m* ⟨~es; ~ten⟩ construction *f* (purement) utilitaire; **2dienlich** *adj* ADM utile; **2entfremdet** *adjt* désaffecté; **2gebunden** *adjt* affecté à un usage (bien) défini; **2los** *adj* inutile; **~losigkeit** *f* ⟨~⟩ inutilité *f*; **2mäßig** *adj* (*zweckentsprechend*) fonctionnel; (*praktisch*) pratique; (*nützlich*) utile; (*angebracht*) opportun; **~mäßigkeit** *f* ⟨~⟩ utilité *f*; opportunité *f*

zwecks [tsvɛks] ADM *prép* ⟨*gén*⟩ en vue de; pour

zwei [tsvaɪ] *num/c* deux; ***für ~ essen*** manger comme quatre; → ***acht***

Zwei [tsvaɪ] *f* ⟨~; ~en⟩ **1** *Zahl* deux *m*; → ***Acht***[1]; **2** *Schulnote* bien; *in Frankreich etwa* quatorze *m* (sur vingt)

zwei..., Zwei... → ***acht..., Acht...***

'Zwei|beiner *m* ⟨~s; ~⟩ bipède *m*; **~bettzimmer** *n* chambre *f* à deux lits

'Zweibrücken *n* ⟨~s⟩ Deux-Ponts

'zwei|deutig *adj* à double sens; ambigu; équivoque (*a péj*); **2deutigkeit** *f* ⟨~; ~en⟩ ambiguïté *f*; caractère *m* équivoque; **2'drittelmehrheit** *f* majorité *f* des deux tiers

'Zweier *m* ⟨~s; ~⟩ **1** RUDERN canot *m* à deux rameurs; **2** → ***Zwei***; **~beziehung** *f* vie *f* à deux, de couple; **~bob** *m* bobsleigh *m* à deux

'zweier'lei *adj* ⟨*inv*⟩ de deux sortes, espèces différentes; ***das ist ~*** ce sont

deux choses différentes
'zweifach I *adj* double; → ***achtfach***; **II** *adv* deux fois (plus); en double
'Zwei|fache(s) *n* ⟨→ A⟩ double *m*; **~familienhaus** *n* maison *f* pour deux familles
Zweifel ['tsvaɪfəl] *m* ⟨~s; ~⟩ doute *m* (***an*** [+ *dat*] au sujet de); ***ohne (jeden) ~*** sans aucun doute; ***außer ~ stehen*** ne faire aucun doute; ***über etw*** (*acc*) ***im ~ sein*** être dans le doute au sujet de qc; ***mir kommen ~*** je finis par avoir des doutes
'zweifel|haft *adj* (*ungewiss*) douteux; incertain; (*fraglich*) problématique; (*verdächtig*) suspect; **~los** *adv* sans aucun doute
'zweifeln *v/i* ⟨¢⟩ ***an etw, j-m ~*** douter de qc, qn; ***daran ist nicht zu ~*** c'est 'hors de doute
'Zweifelsfall *m* ***im ~(e)*** en cas de doute
'Zweifler(in) *m* ⟨~s; ~⟩ (*f*) ⟨~; ~nen⟩ sceptique *m,f*
Zweig [tsvaɪk] *m* ⟨~¢s; ~e⟩ rameau *m*; *dicker*, *fig* branche *f*; F ***auf keinen grünen ~ kommen*** ne pas réussir
'zweigeteilt *adjt* divisé en deux
'zweigleisig I *adj Eisenbahn* à deux voies; *fig* à double orientation; **II** *adv fig* ***~ fahren*** avoir deux cordes à son arc
'Zweig|niederlassung *f*, **~stelle** *f* succursale *f*
zwei|händig ['tsvaɪhɛndɪç] *adj u adv* à deux mains; **'~'hundert** *num/c* deux cent(s); **~jährig** *adj* (*zwei Jahre alt*) (âgé) de deux ans; (*zwei Jahre lang*) de deux ans; qui dure deux ans
'Zweikampf *m* duel *m* (*a fig*)
'zweimal *adv* deux fois
Zwei|'markstück *n* HIST pièce *f* de deux marks; **'~rad** *n* deux-roues *m*
'zwei|reihig *adj Anzug* croisé; **~schneidig** *adj* à double tranchant; **~seitig** *adj* **1** POL bilatéral; **2** *Schriftstück* de deux pages; **Ꙩsitzer** *m* ⟨~s; ~⟩ voiture *f* à deux places; biplace *f*; **~sprachig** *adj* bilingue; *Text a* en deux langues; **Ꙩsprachigkeit** *f* ⟨~⟩ bilinguisme *m*; **~spurig** *adj Straße* à deux voies; à double voie; **~stellig** *adj* de *od* à deux chiffres; **~stimmig** *adj* à deux voix; **~stöckig** [-ʃtœkɪç] *adj* à deux étages
zweit [tsvaɪt] *adv* ***zu ~*** à deux; ***zu ~ sein*** être deux
'Zwei|takter *m* ⟨~s; ~⟩, **~taktmotor** *m* moteur *m* à deux temps
'zweit'älteste *adj* second; cadet
'zwei'tausend *num/c* deux mille
'zweit'beste *adj* deuxième
'zweite *num/o* second; *bei weiterer Folge* deuxième; *fig* ***ein ~r Napoleon*** un autre, second Napoléon; ***zum ~n!*** *bei Versteigerungen* deux fois!; F ***im ~n*** *Programm* F sur la deux; → ***achte***
'zweiteilig *adj* en deux parties; ***~er Badeanzug*** deux-pièces *m*
'zweitens *adv* deuxièmement; secundo
'zweit|'größte *adj* deuxième (en taille, grandeur); **'~'höchste** *adj* deuxième (en altitude, en 'hauteur); **~klassig** *adj péj* de deuxième catégorie; **'~'letzte** *adj* avant-dernier; **~rangig** *adj* secondaire; de second ordre
'zweitürig *adj* à deux portes, *Auto* portières
'Zweit|wagen *m* deuxième voiture *f*; **~wohnung** *f* résidence *f* secondaire
Zwei'zimmerwohnung *f* deux-pièces *m*
Zwerchfell ['tsvɛrçfɛl] *n* diaphragme *m*; **Ꙩerschütternd** *adjt fig* désopilant
Zwerg [tsvɛrk] *m* ⟨~¢s; ~e⟩ nain *m* (*a fig*)
'zwerg|enhaft *adj* nain; **Ꙩin** *f* ⟨~; ~nen⟩ naine *f* (*a fig*); **Ꙩwuchs** *m* nanisme *m*
Zwetsch(g)e ['tsvɛtʃ(g)ə] *f* ⟨~; ~n⟩ quetsche *f*
'Zwetsch(g)en|baum *m* prunier *m*; **~kuchen** *m* tarte *f* aux quetsches; **~wasser** *n* ⟨~s; -wässer⟩ (eau-de-vie *f* de) quetsche *f*
Zwetschke ['tsvɛtʃkə] *f* ⟨~; ~n⟩ *österr* quetsche *f*; **~nknödel** *m österr* CUIS: *quenelle de pommes de terre fourrée aux quetsches*
Zwickel ['tsvɪkəl] *m* ⟨~s; ~⟩ COUT soufflet *m*
zwicken ['tsvɪkən] **I** *v/t* pincer (***ins Bein*** à la jambe); **II** *v/i* serrer
'Zwickmühle F *f fig* ***in der ~ sein*** F être coincé
Zwieback ['tsvi:bak] *m* ⟨~¢s; ⸚e *ou* ~e⟩ biscotte *f*
Zwiebel ['tsvi:bəl] *f* ⟨~; ~n⟩ oignon *m*; (*Blumen*Ꙩ) bulbe *m*; **~kuchen** *m* tarte *f* aux oignons; **~suppe** *f* soupe *f* à l'oignon; **~turm** *m* clocher *m* à bulbe
Zwiegespräch ['tsvi:-] *st/s n* dialogue *m*; *vertrauliches* tête-à-tête *m*

Z

'**Zwielicht** *n* demi-jour *m*; *fig* ***ins ~ geraten*** devenir suspect
'**zwie|lichtig** *adj* louche; **≈spalt** *m* ⟨~¢s; ~e *ou* -spälte⟩ *innerer* conflit *m*; **~spältig** [-ʃpɛltɪç] *adj Gefühl, Eindruck* partagé
'**Zwietracht** *st/s f* ⟨~⟩ discorde *f*; zizanie *f*
Zwilling ['tsvɪlɪŋ] *m* ⟨~s; ~e⟩ jumeau, -elle *m,f*; ***eineiige ~e*** vrais jumeaux; *sc* jumeaux univitellins; ASTR ***~e*** Gémeaux *m/pl*
'**Zwillings|bruder** *m* frère jumeau; **~paar** *n* jumeaux *m/pl*; *weibliches* jumelles *f/pl*; **~schwester** *f* sœur jumelle
Zwinge ['tsvɪŋə] *f* ⟨~; ~n⟩ serre-joint *m*
'**zwingen** *v/t* (*u v/r*) ⟨zwang, gezwungen⟩ (***sich ~*** se) forcer (***zu etw*** à qc; ***etw zu tun*** à *od* de faire qc); *durch moralischen Zwang* (s')obliger (à qc; à *od* de faire qc); ***sich gezwungen sehen, etw zu tun*** se voir obligé de faire qc
'**zwingend** *adjt Notwendigkeit* absolu; *Beweis* irréfutable; *Grund* impératif
'**Zwinger** *m* ⟨~s; ~⟩ *für Hunde* chenil *m*
zwinkern ['tsvɪŋkərn] *v/i* (***mit den Augen***) ~ cligner des yeux
zwirbeln ['tsvɪrbəln] *v/t* ⟨¢⟩ tortiller
Zwirn [tsvɪrn] *m* ⟨~¢s; ~e⟩ fil retors
zwischen ['tsvɪʃən] *prép Lage* ⟨*dat*⟩, *Richtung* ⟨*acc*⟩ entre; (*mitten unter*) parmi; au milieu de
'**Zwischen|ablage** *f* INFORM presse-papiers *m*; **~aufenthalt** *m* 'halte *f*; **~bemerkung** *f* remarque (intempestive); **~bericht** *m* rapport *m* provisoire; **~bilanz** *f* bilan *m* provisoire; **~deck** *n* MAR entrepont *m*; **~ding** *n* ⟨~¢s; ~er⟩ → ***Mittelding***
zwischen'durch *adv* **1** *räumlich* (*zwischen etw hindurch*) à, au travers; (*hier und da*) par-ci, par-là; **2** (*inzwischen*) entre-temps; (*ab und zu*) de temps en temps
'**Zwischen|ergebnis** *n* résultat *m* provisoire; **~fall** *m* incident *m*; **~frage** *f* question incidente; **~größe** *f* taille *f* intermédiaire; demi-taille *f*; **~händler(in)** *m(f)* intermédiaire *m,f*; **~hoch** *n* MÉTÉO ligne *f* de hautes pressions; **~lager** *n* NUCL site *m*, lieu *m* de stockage provisoire; **≈lagern** *v/t* ⟨*p/p* zwischengelagert⟩ stocker provisoirement; **~lagerung** *f* stockage *m* provisoire; **≈landen** *v/i* ⟨-e-, *p/p* zwischengelandet⟩ faire escale; **~landung** *f* escale *f*; **~lösung** *f* solution *f* provisoire; **~mahlzeit** *f* casse-croûte *m*; *am Nachmittag* goûter *m*
'**zwischenmenschlich** *adj* relationnel; ***~e Beziehungen*** relations humaines
'**Zwischen|prüfung** *f* examen *m* intermédiaire; **~raum** *m räumlich, zeitlich* intervalle *m*; *räumlich a* espace *m*; **~ruf** *m* interruption *f*; **~runde** *f* SPORT éliminatoires *f/pl*; **~spurt** *m* sprint *m*; **≈staatlich** *adj* entre États; international; **~stadium** *n* phase *f* intermédiaire, transitoire; **~stück** *n* pièce *f* intermédiaire; raccord *m*; **~summe** *f* total *m* intermédiaire; **~ton** *m* ⟨~¢s; ~̈e⟩ nuance *f*; **~tür** *f* porte communicante; **~wand** *f* cloison *f*
'**Zwischenzeit** *f* intervalle *m* (de temps); ***in der ~*** durant, pendant ce temps(-là); entre-temps
Zwist [tsvɪst] *st/s m* ⟨~¢s; ~e⟩ *litt* dissension *f*; différend *m*
zwitschern ['tsvɪtʃərn] **I** *v/t* **1** *Vögel* chanter; **2** F *fig* ***einen ~*** F siffler un verre; **II** *v/i Vögel* gazouiller; chanter
Zwitter ['tsvɪtər] *m* ⟨~s; ~⟩ hermaphrodite *m*; *fig* hybride *m*
zwo [tsvo:] → ***zwei***
zwölf [tsvœlf] *num/c* douze; ***um ~ Uhr*** *mittags* à midi; *nachts* à minuit; F *fig* ***es ist fünf Minuten vor ~!*** c'est le dernier moment!; → ***acht***
Zwölf *f* ⟨~; ~en⟩ douze *m*; → ***Acht***[1]
Zwölf'fingerdarm *m* duodénum *m*
Zyankali [tsya:n'ka:li] *n* ⟨~s⟩ cyanure *m* de potassium
'**zyklisch** **I** *adj* cyclique; **II** *adv* suivant un cycle
Zyklon [tsy'klo:n] *m* ⟨~s; ~e⟩ MÉTEO cyclone *m*
Zyklus ['tsy:klʊs] *m* ⟨~; -klen⟩ cycle *m*
Zylinder [tsi'lɪndər] *m* ⟨~s; ~⟩ **1** cylindre *m*; **2** *e-r Petroleumlampe* verre *m* de lampe; **3** (*~hut*) 'haut-de-forme *m*; **~kopf** *m* culasse *f*
zy'lindrisch *adj* cylindrique
Zyn|iker(in) ['tsy:nikər(ɪn)] *m* ⟨~s; ~⟩ (*f*) ⟨~; ~nen⟩ cynique *m,f*; **≈isch** *adj* cynique
Zy'nismus *m* ⟨~; -men⟩ cynisme *m*
Zyp|ern ['tsy:pərn] *n* ⟨~s⟩ (l'île *f* de) Chypre *f*; **~rer(in)** *m* ⟨~s; ~⟩ (*f*) ⟨~;

Z

~nen⟩ Cypriote *m,f*
Zypresse [tsy'prɛsə] *f* ⟨~; ~n⟩ cyprès *m*
Zypriot(in) [tsypri'o:t(ɪn)] *m* ⟨~en; ~en⟩ (*f*) ⟨~; ~nen⟩ Cypriote *m,f*
zypri'otisch *adj* cypriote
'zyprisch *adj* cypriote
Zyste ['tsʏstə] *f* ⟨~; ~n⟩ kyste *m*
zz(t). *abr* (*zurzeit*) en ce moment; actuellement

Plural der französischen Substantive und Adjektive

Der Plural der Substantive und Adjektive wird im Allgemeinen durch Anhängung von **s** an die Singularform gebildet:

le fleuve – les fleuve**s**
grand, grande – grand**s**, grande**s**

Substantive, die im Singular auf **s**, **x** oder **z** enden, bleiben im Plural unverändert. Dies gilt auch für die Adjektive auf **s** und **x**:

le pas – les pas
la voix – les voix
le nez – les nez
anglais, heureux (*Maskulinum Singular und Plural*)

Alle Abweichungen von diesen beiden Regeln werden im Wörterbuch in jedem Einzelfall angegeben:

manteau ⟨~x⟩: *Plural* les manteau**x**
journal ⟨-aux⟩: *Plural* les journ**aux**
garde-boue ⟨*inv*⟩: *Plural unverändert* les garde-boue
coffre-fort ⟨coffres-forts⟩: *Plural* les coffre**s**-fort**s**
national ⟨~e; -aux⟩: *Maskulinum Plural* nation**aux**

Femininum der französischen Adjektive

Das Femininum (die weibliche Form) wird durch Anhängung von **e** an das Maskulinum (die männliche Form) gebildet (ausgenommen Adjektive, die schon auf e enden: *utile*, *sage*).

Darüber hinaus weist das Femininum der französischen Adjektive viele Besonderheiten in Form und Aussprache auf. Deshalb wird im Wörterbuch zu jedem Adjektiv das Femininum (einschließlich Aussprache) angegeben:

chaud ⟨chaude [ʃod]⟩: *Femininum* chaud**e**
gras ⟨grasse [gʀɑs]⟩: *Femininum* gras**se**
ancien ⟨-ienne [-jɛn]⟩: *Femininum* ancien**ne**, *Aussprache* [ɑ̃sjɛn]
actif ⟨-ive [-iv]⟩: *Femininum* acti**ve**, *Aussprache* [aktiv]
heureux ⟨-euse [-øz]⟩: *Femininum* heur**euse**, *Aussprache* [øʀøz]
cruel ⟨~le⟩: *Femininum* cruel**le**, *Aussprache wie Maskulinum*
snob ⟨*f inv*⟩: *Femininum Singular unverändert,*
Maskulinum und Femininum Plural snobs
marron ⟨*inv*⟩: *Femininum und Plural unverändert*

Konjugation der französischen Verben

1. REGELMÄSSIGE VERBEN AUF -ER

donner

Temps simples				
	INDICATIF			
	Présent	*Imparfait*	*Passé simple*	*Futur*
je	donn**e**	donn**ais**	donn**ai**	donn**erai**
tu	donn**es**	donn**ais**	donn**as**	donn**eras**
il	donn**e**	donn**ait**	donn**a**	donn**era**
nous	donn**ons**	donn**ions**	donn**âmes**	donn**erons**
vous	donn**ez**	donn**iez**	donn**âtes**	donn**erez**
ils	donn**ent**	donn**aient**	donn**èrent**	donn**eront**
	SUBJONCTIF		*IMPÉRATIF*	*CONDITIONNEL*
je	donn**e**	(donn**asse**)*)		donn**erais**
tu	donn**es**	(donn**asses**)	donne!	donn**erais**
il	donn**e**	donn**ât**		donn**erait**
nous	donn**ions**	(donn**assions**)	donn**ons**!	donn**erions**
vous	donn**iez**	(donn**assiez**)	donn**ez**!	donn**eriez**
ils	donn**ent**	(donn**assent**)		donn**eraient**
	PARTICIPE PRÉSENT: donn**ant** *PARTICIPE PASSÉ*: donn**é**			

Temps composés				
	INDICATIF			
	Passé composé	*Plus-que-parfait*	*Passé antérieur*	*Futur antérieur*
j'	ai donné	avais donné	eus donné	aurai donné
tu	as donné	avais donné	eus donné	auras donné
il	a donné	avait donné	eut donné	aura donné
nous	avons donné	avions donné	eûmes donné	aurons donné
vous	avez donné	aviez donné	eûtes donné	aurez donné
ils	ont donné	avaient donné	eurent donné	auront donné
	SUBJONCTIF			*CONDITIONNEL PASSÉ*
j'	aie donné	(eusse donné)*)		aurais donné
tu	aies donné	(eusses donné)		aurais donné
il	ait donné	eût donné		aurait donné
nous	ayons donné	(eussions donné)		aurions donné
vous	ayez donné	(eussiez donné)		auriez donné
ils	aient donné	(eussent donné)		auraient donné
	INFINITIF PASSÉ: avoir donn**é**			

*) Die eingeklammerten Formen sind heute ungebräuchlich und werden meist durch den Subjonctif Présent ersetzt.

2. UNREGELMÄSSIGE FORMEN DER VERBEN AUF -ER

avancer ⟨-ç-⟩

Présent	*Imparfait*	*Passé simple*	*Participe présent*
nous avan**ç**ons	j'avan**ç**ais	j'avan**ç**ai	
	tu avan**ç**ais	tu avan**ç**as	(en) avan**ç**ant
	il avan**ç**ait	il avan**ç**a	
	ils avan**ç**aient	nous avan**ç**âmes	
		vous avan**ç**âtes	

diriger ⟨-ge-⟩

Présent	*Imparfait*	*Passé simple*	*Participe présent*
nous diri**ge**ons	je diri**ge**ais	je diri**ge**ai	
	tu diri**ge**ais	tu diri**ge**as	(en) diri**ge**ant
	il diri**ge**ait	il diri**ge**a	
	ils diri**ge**aient	nous diri**ge**âmes	
		vous diri**ge**âtes	

peser ⟨-è-⟩

Présent	*Futur*	*Conditionnel*	*Impératif*
je p**è**se	je p**è**serai	je p**è**serais	p**è**se!
tu p**è**ses	tu p**è**seras	tu p**è**serais	
il p**è**se	*etc.*	*etc.*	
ils p**è**sent			

céder ⟨-è-⟩

Présent		*Impératif*
je c**è**de	(*aber* je céderai *etc.*)	c**è**de!
tu c**è**des		
il c**è**de		
ils c**è**dent		

projeter ⟨-tt-⟩

Présent	*Futur*	*Conditionnel*	*Impératif*
je proje**tt**e	je proje**tt**erai	je proje**tt**erais	proje**tt**e!
tu proje**tt**es	tu proje**tt**eras	tu proje**tt**erais	
il proje**tt**e	*etc.*	*etc.*	
ils proje**tt**ent			

épeler ⟨-ll-⟩

Présent	*Futur*	*Conditionnel*	*Impératif*
j'épe**ll**e	j'épe**ll**erai	j'épe**ll**erais	épe**ll**e!
tu épe**ll**es	tu épe**ll**eras	tu épe**ll**erais	
il épe**ll**e	*etc.*	*etc.*	
ils épe**ll**ent			

employer ⟨-oi-⟩

Présent	*Futur*	*Conditionnel*	*Impératif*
j'empl**oi**e	j'empl**oi**erai	j'empl**oi**erais	empl**oi**e!
tu empl**oi**es	tu empl**oi**eras	tu empl**oi**erais	
il empl**oi**e	*etc.*	*etc.*	
ils empl**oi**ent			

appuyer ⟨-ui-⟩

Présent	*Futur*	*Conditionnel*	*Impératif*
j'appu**i**e	j'appu**i**erai	j'appu**i**erais	appu**i**e!
tu appu**i**es	tu appu**i**eras	tu appu**i**erais	
il appu**i**e	*etc.*	*etc.*	
ils appu**i**ent			

essayer ⟨-ay- *od* -ai-⟩

Présent			*Futur*	
j'essaye [ʒesɛj]	*oder*	j'ess**ai**e [ʒesɛ]	j'essayerai [ʒesɛjʀe]	*od.* j'ess**ai**erai [ʒesɛʀe]
tu essayes	*oder*	tu ess**ai**es	tu essayeras	*od.* tu ess**ai**eras
il essaye	*oder*	il ess**ai**e	*etc.*	
ils essayent	*oder*	ils ess**ai**ent		
Impératif			*Conditionnel*	
			j'essayerais	*oder* j'ess**ai**erais
essaye	*oder*	ess**ai**e!	tu essayerais	*oder* tu ess**ai**erais
			etc.	

3. REGELMÄSSIGE VERBEN AUF -IR

finir

Temps simples				
	INDICATIF			
	Présent	*Imparfait*	*Passé simple*	*Futur*
je	fin**is**	fin**issais**	fin**is**	fin**irai**
tu	fin**is**	fin**issais**	fin**is**	fin**iras**
il	fin**it**	fin**issait**	fin**it**	fin**ira**
nous	fin**issons**	fin**issions**	fin**îmes**	fin**irons**
vous	fin**issez**	fin**issiez**	fin**îtes**	fin**irez**
ils	fin**issent**	fin**issaient**	fin**irent**	fin**iront**
	SUBJONCTIF		*IMPÉRATIF*	*CONDITIONNEL*
je	fin**isse**	(fin**isse**)		fin**irais**
tu	fin**isses**	(fin**isses**)	fin**is**!	fin**irais**
il	fin**isse**	fin**ît**		fin**irait**
nous	fin**issions**	(fin**issions**)	fin**issons**!	fin**irions**
vous	fin**issiez**	(fin**issiez**)	fin**issez**!	fin**iriez**
ils	fin**issent**	(fin**issent**)		fin**iraient**
	PARTICIPE PRÉSENT: fin**issant**		*PARTICIPE PASSÉ*: fin**i**	

Temps composés				
	INDICATIF			
	Passé composé	*Plus-que-parfait*	*Passé antérieur*	*Futur antérieur*
j'	ai fini	avais fini	eus fini	aurai fini
tu	as fini	avais fini	eus fini	auras fini
il	a fini	avait fini	eut fini	aura fini
nous	avons fini	avions fini	eûmes fini	aurons fini
vous	avez fini	aviez fini	eûtes fini	aurez fini
ils	ont fini	avaient fini	eurent fini	auront fini
	SUBJONCTIF			*CONDITIONNEL PASSÉ*
j'	aie fini	(eusse fini)		aurais fini
tu	aies fini	(eusses fini)		aurais fini
il	ait fini	eût fini		aurait fini
nous	ayons fini	(eussions fini)		aurions fini
vous	ayez fini	(eussiez fini)		auriez fini
ils	aient fini	(eussent fini)		auraient fini
	INFINITIF PASSÉ: avoir fini			

4. UNREGELMÄSSIGE VERBEN

Im Wörterbuch werden zu jedem unregelmäßigen Verb diejenigen Grundformen angegeben, aus denen sich die restlichen Formen ableiten lassen.

HILFSVERB **avoir**⟨j'ai, tu as, il a, nous avons, vous avez, ils ont; j'avais; j'eus; j'aurai; que j'aie, qu'il ait, que nous ayons; aie!, ayons!, ayez!; ayant; avoir eu⟩

		Temps simples		
	INDICATIF			
	Présent	*Imparfait*	*Passé simple*	*Futur*
j'	**ai**	**avais**	**eus**	**aurai**
tu	**as**	avais	eus	auras
il	**a**	avait	eut	aura
nous	**avons**	avions	eûmes	aurons
vous	**avez**	aviez	eûtes	aurez
ils	**ont**	avaient	eurent	auront
	SUBJONCTIF		*IMPÉRATIF*	*CONDITIONNEL*
j'	**aie**	(eusse)		aurais
tu	aies	(eusses)	**aie**!	aurais
il	**ait**	eût		aurait
nous	**ayons**	(eussions)	**ayons**!	aurions
vous	ayez	(eussiez)	**ayez**!	auriez
ils	aient	(eussent)		auraient
	PARTICIPE PRÉSENT: **ayant**		*PARTICIPE PASSÉ*: **eu**	
		Temps composés		
	INDICATIF			
	Passé composé	*Plus-que-parfait*	*Passé antérieur*	*Futur antérieur*
j'	ai **eu**	avais **eu**	eus **eu**	aurai **eu**
tu	as **eu**	avais **eu**	eus **eu**	auras **eu**
etc.		*etc.*	*etc.*	*etc.*
	SUBJONCTIF			*CONDITIONNEL PASSÉ*
j'	aie **eu**	(eusse **eu**)		aurais **eu**
tu	aies **eu**	(eusses **eu**)		aurais **eu**
etc.		*etc.*		*etc.*
		INFINITIF PASSÉ: **avoir eu**		

HILFSVERB **être**⟨je suis, tu es, il est, nous sommes, vous êtes, ils sont; j'étais; je fus; je serai; que je sois, qu'il soit, que nous soyons; sois!, soyons!, soyez!; étant; avoir été⟩

Temps simples

	INDICATIF			
	Présent	*Imparfait*	*Passé simple*	*Futur*
j(e)	**suis**	**étais**	**fus**	**serai**
tu	**es**	étais	fus	seras
il	**est**	était	fut	sera
nous	**sommes**	étions	fûmes	serons
vous	**êtes**	étiez	fûtes	serez
ils	**sont**	étaient	furent	seront

	SUBJONCTIF		*IMPÉRATIF*	*CONDITIONNEL*
je	**sois**	(fusse)		serais
tu	sois	(fusses)	**sois**!	serais
il	**soit**	fût		serait
nous	**soyons**	(fussions)	**soyons**!	serions
vous	soyez	(fussiez)	**soyez**!	seriez
ils	soient	(fussent)		seraient

PARTICIPE PRÉSENT: **étant** *PARTICIPE PASSÉ*: **été**

Temps composés

	INDICATIF			
	Passé composé	*Plus-que-parfait*	*Passé antérieur*	*Futur antérieur*
j'	ai **été**	avais **été**	eus **été**	aurai **été**
tu	as **été**	avais **été**	eus **été**	auras **été**
il	a **été**	avait **été**	eut **été**	aura **été**
nous	avons **été**	avions **été**	eûmes **été**	aurons **été**
vous	avez **été**	aviez **été**	eûtes **été**	aurez **été**
ils	ont **été**	avaient **été**	eurent **été**	auront **été**

	SUBJONCTIF		*CONDITIONNEL PASSÉ*
j'	aie **été**	(eusse **été**)	aurais **été**
tu	aies **été**	(eusses **été**)	aurais **été**
il	ait **été**	eût **été**	aurait **été**
nous	ayons **été**	(eussions **été**)	aurions **été**
vous	ayez **été**	(eussiez **été**)	auriez **été**
ils	aient **été**	(eussent **été**)	auraient **été**

INFINITIF PASSÉ: **avoir été**

aller ⟨je vais, tu vas, il va, nous allons, ils vont; j'allais; j'allai; j'irai; que j'aille, que nous allions; va!, *aber*: vas-y! [vazi]; allant; être allé⟩

	INDICATIF			
	Présent	*Imparfait*	*Passé simple*	*Futur*
j(e)	**vais**	**allais**	**allai**	**irai**
tu	**vas**	allais	allas	iras
il	**va**	allait	alla	ira
nous	**allons**	allions	allâmes	irons
vous	allez	alliez	allâtes	irez
ils	**vont**	allaient	allèrent	iront
	SUBJONCTIF		*IMPÉRATIF*	*CONDITIONNEL*
j'	**aille**	(allasse)		irais
tu	ailles	(allasses)	**va**! (**vas-y**!, va-t'en!)	irais
il	aille	allât		irait
nous	**allions**	(allassions)	allons!	irions
vous	alliez	(allassiez)	allez!	iriez
ils	aillent	(allassent)		iraient

PART. PRÉS.: **allant** *PART. PASSÉ*: **allé** *INF. PASSÉ*: **être allé**

conduire ⟨je conduis, il conduit, nous conduisons; je conduisais; je conduisis; je conduirai; que je conduise; conduisant; conduit⟩

	INDICATIF			
	Présent	*Imparfait*	*Passé simple*	*Futur*
je	**conduis**	**conduisais**	**conduisis**	**conduirai**
tu	conduis	conduisais	conduisis	conduiras
il	**conduit**	conduisait	conduisit	conduira
nous	**conduisons**	conduisions	conduisîmes	conduirons
vous	conduisez	conduisiez	conduisites	conduirez
ils	conduisent	conduisaient	conduisirent	conduiront
	SUBJONCTIF		*IMPÉRATIF*	*CONDITIONNEL*
je	**conduise**	(conduisisse)		conduirais
tu	conduises	(conduisisses)	conduis!	conduirais
il	conduise	conduisît		conduirait
nous	conduisions	(conduisissions)	conduisons!	conduirions
vous	conduisiez	(conduisissiez)	conduisez!	conduiriez
ils	conduisent	(conduisissent)		conduiraient

PART. PRÉS.: **conduisant** *P. PASSÉ*: **conduit** *INF. PASSÉ*: avoir **conduit**

devoir ⟨je dois, il doit, nous devons, ils doivent; je devais; je dus; je devrai; que je doive; devant; dû, due⟩

	INDICATIF			
	Présent	*Imparfait*	*Passé simple*	*Futur*
je	**dois**	**devais**	**dus**	**devrai**
tu	dois	devais	dus	devras
il	**doit**	devait	dut	devra
nous	**devons**	devions	dûmes	devrons
vous	devez	deviez	dûtes	devrez
ils	**doivent**	devaient	durent	devront
	SUBJONCTIF		*IMPÉRATIF*	*CONDITIONNEL*
je	**doive**	(dusse)		devrais
tu	doives	(dusses)	dois!	devrais
il	doive	dût		devrait
nous	devions	(dussions)	devons!	devrions
vous	deviez	(dussiez)	devez!	devriez
ils	doivent	(dussent)		devraient

PART. PRÉS.: **devant** *PART. PASSÉ*: **dû, due** *INF. PASSÉ*: avoir **dû**

faire ⟨je fais, il fait, nous faisons [f(ə)zõ], vous faites, ils font; je faisais [f(ə)zɛ]; je fis; je ferai; que je fasse, que nous fassions; faisant [f(ə)zɑ̃]; fait⟩

	INDICATIF			
	Présent	*Imparfait*	*Passé simple*	*Futur*
je	**fais**	**faisais**	**fis**	**ferai**
tu	fais	faisais	fis	feras
il	**fait**	faisait	fit	fera
nous	**faisons**	faisions	fîmes	ferons
vous	**faites** (!)	faisiez	fîtes	ferez
ils	**font**	faisaient	firent	feront
	SUBJONCTIF		*IMPÉRATIF*	*CONDITIONNEL*
je	**fasse**	(fisse)		ferais
tu	fasses	(fisses)	fais!	ferais
il	fasse	fît		ferait
nous	**fassions**	(fissions)	faisons!	ferions
vous	fassiez	(fissiez)	faites!	feriez
ils	fassent	(fissent)		feraient

PART. PRÉS.: **faisant** *PART. PASSÉ*: **fait** *INF. PASSÉ*: avoir **fait**

falloir⟨il faut; il fallait; il fallut; il a fallu; il faudra; qu'il faille; qu'il fallût⟩

	Nur in der 3. Person Singular gebräuchlich			
	INDICATIF			
	Présent	*Imparfait*	*Passé simple*	*Futur*
il	**faut**	**fallait**	**fallut**	**faudra**
	SUBJONCTIF		*IMPÉRATIF*	*CONDITIONNEL*
il	**faille**	**fallût**	–	faudrait
	PART. PRÉS.: –	*PART. PASSÉ*: **fallu**	*INF. PASSÉ*: avoir **fallu**	

mettre ⟨je mets, il met, nous mettons; je mettais; je mis; je mettrai; que je mette; mettant; mis⟩

	INDICATIF			
	Présent	*Imparfait*	*Passé simple*	*Futur*
je	**mets**	**mettais**	**mis**	**mettrai**
tu	mets	mettais	mis	mettras
il	**met**	mettait	mit	mettra
nous	**mettons**	mettions	mîmes	mettrons
vous	mettez	mettiez	mîtes	mettrez
ils	mettent	mettaient	mirent	mettront
	SUBJONCTIF		*IMPÉRATIF*	*CONDITIONNEL*
je	**mette**	(misse)		mettrais
tu	mettes	(misses)	mets!	mettrais
il	mette	mît		mettrait
nous	mettions	(missions)	mettons!	mettrions
vous	mettiez	(missiez)	mettez!	mettriez
ils	mettent	(missent)		mettraient
	PART. PRÉS.: **mettant**	*PART. PASSÉ*: **mis**	*INF. PASSÉ*: avoir **mis**	

mourir ⟨je meurs, il meurt, nous mourons, ils meurent; je mourais; je mourus; je mourrai; que je meure, que nous mourions; mourant; être mort⟩

	INDICATIF			
	Présent	*Imparfait*	*Passé simple*	*Futur*
je	**meurs**	**mourais**	**mourus**	**mourrai**
tu	meurs	mourais	mourus	mourras
il	**meurt**	mourait	mourut	mourra
nous	**mourons**	mourions	mourûmes	mourrons
vous	mourez	mouriez	mourûtes	mourrez
ils	**meurent**	mouraient	moururent	mourront
	SUBJONCTIF		*IMPÉRATIF*	*CONDITIONNEL*
je	**meure**	(mourusse)		mourrais
tu	meures	(mourusses)	meurs!	mourrais
il	meure	mourût		mourrait
nous	**mourions**	(mourussions)	mourons!	mourrions
vous	mouriez	(mourussiez)	mourez!	mourriez
ils	meurent	(mourussent)		mourraient

PART. PRÉS.: **mourant** *PART. PASSÉ*: **mort** *INF. PASSÉ*: **être mort**

mouvoir ⟨je meus, il meut, nous mouvons, ils meuvent; je mouvais; je mus; je mouvrai; que je meuve, que nous mouvions; mouvant; mû, mue⟩

Selten bis auf Infinitiv, indicatif présent und participe passé

	INDICATIF			
	Présent	*Imparfait*	*Passé simple*	*Futur*
je	**meus**	**mouvais**	**mus**	**mouvrai**
tu	meus	mouvais	mus	mouvras
il	**meut**	mouvait	mut	mouvra
nous	**mouvons**	mouvions	mûmes	mouvrons
vous	mouvez	mouviez	mûtes	mouvrez
ils	**meuvent**	mouvaient	murent	mouvront
	SUBJONCTIF		*IMPÉRATIF*	*CONDITIONNEL*
je	**meuve**	musse		mouvrais
tu	meuves	musses	meus!	mouvrais
il	meuve	mût		mouvrait
nous	**mouvions**	mussions	mouvons!	mouvrions
vous	mouviez	mussiez	mouvez!	mouvriez
ils	meuvent	mussent		mouvraient

PART. PRÉS.: **mouvant** *PART. PASSÉ*: **mû, mue** *INF. PASSÉ*: avoir **mû**

peindre ⟨je peins, il peint, nous peignons; je peignais; je peignis; je peindrai; que je peigne; peignant; peint⟩

	INDICATIF			
	Présent	*Imparfait*	*Passé simple*	*Futur*
je	**peins**	**peignais**	**peignis**	**peindrai**
tu	peins	peignais	peignis	peindras
il	**peint**	peignait	peignit	peindra
nous	**peignons**	peignions	peignîmes	peindrons
vous	peignez	peigniez	peignîtes	peindrez
ils	peignent	peignaient	peignirent	peindront
	SUBJONCTIF		*IMPÉRATIF*	*CONDITIONNEL*
je	**peigne**	(peignisse)		peindrais
tu	peignes	(peignisses)	peins!	peindrais
il	peigne	peignît		peindrait
nous	peignions	(peignissions)	peignons!	peindrions
vous	peigniez	(peignissiez)	peignez!	peindriez
ils	peignent	(peignissent)		peindraient

PART. PRÉS.: **peignant** *PART. PASSÉ*: **peint** *INF. PASSÉ*: avoir **peint**

plaire ⟨je plais, il plaît, nous plaisons; je plaisais; je plus; je plairai; que je plaise; plaisant; plu (*inv*)⟩

	INDICATIF			
	Présent	*Imparfait*	*Passé simple*	*Futur*
je	**plais**	**plaisais**	**plus**	**plairai**
tu	plais	plaisais	plus	plairas
il	**plaît**	plaisait	plut	plaira
nous	**plaisons**	plaisions	plûmes	plairons
vous	plaisez	plaisiez	plûtes	plairez
ils	plaisent	plaisaient	plurent	plairont
	SUBJONCTIF		*IMPÉRATIF*	*CONDITIONNEL*
je	**plaise**	(plusse)		plairais
tu	plaises	(plusses)	plais!	plairais
il	plaise	plût		plairait
nous	plaisions	(plussions)	plaisons!	plairions
vous	plaisiez	(plussiez)	plaisez!	plairiez
ils	plaisent	(plussent)		plairaient

PART. PRÉS.: **plaisant** *PART. PASSÉ*: **plu** *INF. PASSÉ*: avoir **plu**

pleuvoir ⟨il pleut, *fig* ils pleuvent; il pleuvait; il plut, *fig* ils plurent; il pleuvra; qu'il pleuve; pleuvant; plu⟩

Nur in der 3. Person Singular, bildlich auch in der 3. Person Plural gebräuchlich

	INDICATIF			
	Présent	*Imparfait*	*Passé simple*	*Futur*
il	**pleut**	**pleuvait**	**plut**	**pleuvra**
ils	**pleuvent**	pleuvaient	**plurent**	pleuvront
	SUBJONCTIF		*IMPÉRATIF*	*CONDITIONNEL*
il	**pleuve**		–	pleuvrait
ils	pleuvent		–	pleuvraient

PART. PRÉS.: **pleuvant** *PART. PASSÉ*: **plu** *INF. PASSÉ*: avoir **plu**

pouvoir ⟨je peux *oder st/s* je puis (*aber immer* puis-je?), tu peux, il peut, nous pouvons, ils peuvent; je pouvais; je pus; je pourrai; que je puisse; pouvant; pu (*inv*)⟩

	INDICATIF			
	Présent	*Imparfait*	*Passé simple*	*Futur*
je	**peux (puis)**	**pouvais**	**pus**	**pourrai**
tu	**peux**	pouvais	pus	pourras
il	**peut**	pouvait	put	pourra
nous	**pouvons**	pouvions	pûmes	pourrons
vous	pouvez	pouviez	pûtes	pourrez
ils	**peuvent**	pouvaient	purent	pourront
	SUBJONCTIF		*IMPÉRATIF*	*CONDITIONNEL*
je	**puisse**	(pusse)		pourrais
tu	puisses	(pusses)	–	pourrais
il	puisse	pût		pourrait
nous	puissions	(pussions)	–	pourrions
vous	puissiez	(pussiez)	–	pourriez
ils	puissent	(pussent)		pourraient

PART. PRÉS.: **pouvant** *PART. PASSÉ*: **pu** *INF. PASSÉ*: avoir **pu**

prendre⟨je prends, il prend, nous prenons, ils prennent; je prenais; je pris; je prendrai; que je prenne, que nous prenions; prenant; pris⟩

	INDICATIF			
	Présent	*Imparfait*	*Passé simple*	*Futur*
je	**prends**	**prenais**	**pris**	**prendrai**
tu	prends	prenais	pris	prendras
il	**prend**	prenait	prit	prendra
nous	**prenons**	prenions	prîmes	prendrons
vous	prenez	preniez	prîtes	prendrez
ils	**prennent**	prenaient	prirent	prendront
	SUBJONCTIF		*IMPÉRATIF*	*CONDITIONNEL*
je	**prenne**	(prisse)		prendrais
tu	prennes	(prisses)	prends!	prendrais
il	prenne	prît		prendrait
nous	**prenions**	(prissions)	prenons!	prendrions
vous	preniez	(prissiez)	prenez!	prendriez
ils	prennent	(prissent)		prendraient

PART. PRÉS.: **prenant** *PART. PASSÉ*: **pris** *INF. PASSÉ*: avoir **pris**

recevoir ⟨je reçois, il reçoit, nous recevons, ils reçoivent; je recevais; je reçus; je recevrai; que je reçoive, que nous recevions; recevant; reçu⟩

	INDICATIF			
	Présent	*Imparfait*	*Passé simple*	*Futur*
je	**reçois**	**recevais**	**reçus**	**recevrai**
tu	reçois	recevais	reçus	recevras
il	**reçoit**	recevait	reçut	recevra
nous	**recevons**	recevions	reçûmes	recevrons
vous	recevez	receviez	reçûtes	recevrez
ils	**reçoivent**	recevaient	reçurent	recevront
	SUBJONCTIF		*IMPÉRATIF*	*CONDITIONNEL*
je	**reçoive**	(reçusse)		recevrais
tu	reçoives	(reçusses)	reçois!	recevrais
il	reçoive	reçût		recevrait
nous	**recevions**	(reçussions)	recevons!	recevrions
vous	receviez	(reçussiez)	recevez!	recevriez
ils	reçoivent	(reçussent)		recevraient

PART. PRÉS.: **recevant** *PART. PASSÉ*: **reçu** *INF. PASSÉ*: avoir **reçu**

rendre⟨je rends, il rend, nous rendons; je rendais; je rendis; je rendrai; que je rende; rendant; rendu⟩

	INDICATIF			
	Présent	*Imparfait*	*Passé simple*	*Futur*
je	**rends**	**rendais**	**rendis**	**rendrai**
tu	rends	rendais	rendis	rendras
il	**rend**	rendait	rendit	rendra
nous	**rendons**	rendions	rendîmes	rendrons
vous	rendez	rendiez	rendîtes	rendrez
ils	rendent	rendaient	rendirent	rendront
	SUBJONCTIF		*IMPÉRATIF*	*CONDITIONNEL*
je	**rende**	(rendisse)		rendrais
tu	rendes	(rendisses)	rends!	rendrais
il	rende	rendît		rendrait
nous	rendions	(rendissions)	rendons!	rendrions
vous	rendiez	(rendissiez)	rendez!	rendriez
ils	rendent	(rendissent)		rendraient

PART. PRÉS.: **rendant** *PART. PASSÉ*: **rendu** *INF. PASSÉ*: avoir **rendu**

savoir⟨je sais, il sait, nous savons; je savais; je sus; je saurai; que je sache, que nous sachions; sachant; su⟩

	INDICATIF			
	Présent	*Imparfait*	*Passé simple*	*Futur*
je	**sais**	**savais**	**sus**	**saurai**
tu	sais	savais	sus	sauras
il	**sait**	savait	sut	saura
nous	**savons**	savions	sûmes	saurons
vous	savez	saviez	sûtes	saurez
ils	savent	savaient	surent	sauront
	SUBJONCTIF		*IMPÉRATIF*	*CONDITIONNEL*
je	**sache**	(susse)		saurais
tu	saches	(susses)	sache!	saurais
il	sache	sût		saurait
nous	**sachions**	(sussions)	sachons!	saurions
vous	sachiez	(sussiez)	sachez!	sauriez
ils	sachent	(sussent)		sauraient

PART. PRÉS.: **sachant** *PART. PASSÉ*: **su** *INF. PASSÉ*: avoir **su**

sentir ⟨je sens, il sent, nous sentons; je sentais; je sentis; je sentirai; que je sente; sentant; senti⟩

	INDICATIF			
	Présent	*Imparfait*	*Passé simple*	*Futur*
je	**sens**	**sentais**	**sentis**	**sentirai**
tu	sens	sentais	sentis	sentiras
il	**sent**	sentait	sentit	sentira
nous	**sentons**	sentions	sentîmes	sentirons
vous	sentez	sentiez	sentîtes	sentirez
ils	sentent	sentaient	sentirent	sentiront
	SUBJONCTIF		*IMPÉRATIF*	*CONDITIONNEL*
je	**sente**	(sentisse)		sentirais
tu	sentes	(sentisses)	sens!	sentirais
il	sente	sentît		sentirait
nous	sentions	(sentissions)	sentons!	sentirions
vous	sentiez	(sentissiez)	sentez!	sentiriez
ils	sentent	(sentissent)		sentiraient

PART. PRÉS.: **sentant** *PART. PASSÉ*: **senti** *INF. PASSÉ*: avoir **senti**

valoir ⟨je vaux, il vaut, nous valons; je valais; je valus; je vaudrai; que je vaille, que nous valions; valant; valu⟩

	INDICATIF			
	Présent	*Imparfait*	*Passé simple*	*Futur*
je	**vaux**	**valais**	**valus**	**vaudrai**
tu	vaux	valais	valus	vaudras
il	**vaut**	valait	valut	vaudra
nous	**valons**	valions	valûmes	vaudrons
vous	valez	valiez	valûtes	vaudrez
ils	valent	valaient	valurent	vaudront
	SUBJONCTIF		*IMPÉRATIF*	*CONDITIONNEL*
je	**vaille**	(valusse)		vaudrais
tu	vailles	(valusses)	vaux!	vaudrais
il	vaille	valût		vaudrait
nous	**valions**	(valussions)	valons!	vaudrions
vous	valiez	(valussiez)	valez!	vaudriez
ils	vaillent	(valussent)		vaudraient

PART. PRÉS.: **valant** *PART. PASSÉ*: **valu** *INF. PASSÉ*: avoir **valu**

venir ⟨je viens, il vient, nous venons, ils viennent; je venais; je vins, nous vînmes; je viendrai; que je vienne, que nous venions; venant; être venu⟩

	INDICATIF			
	Présent	*Imparfait*	*Passé simple*	*Futur*
je	**viens**	**venais**	**vins**	**viendrai**
tu	viens	venais	vins	viendras
il	**vient**	venait	vint	viendra
nous	**venons**	venions	**vînmes**	viendrons
vous	venez	veniez	vîntes	viendrez
ils	**viennent**	venaient	vinrent	viendront
	SUBJONCTIF		*IMPÉRATIF*	*CONDITIONNEL*
je	**vienne**	(vinsse)		viendrais
tu	viennes	(vinsses)	viens!	viendrais
il	vienne	vînt		viendrait
nous	**venions**	(vinssions)	venons!	viendrions
vous	veniez	(vinssiez)	venez!	viendriez
ils	viennent	(vinssent)		viendraient
	PART. PRÉS.: **venant**	*PART. PASSÉ*: **venu**	*INF. PASSÉ*: **être venu**	

vouloir ⟨je veux, il veut, nous voulons, ils veulent; je voulais; je voulus; je voudrai; que je veuille, que nous voulions; voulant; voulu; *Imperativ der höflichen Aufforderung* veuillez⟩

	INDICATIF			
	Présent	*Imparfait*	*Passé simple*	*Futur*
je	**veux**	**voulais**	**voulus**	**voudrai**
tu	veux	voulais	voulus	voudras
il	**veut**	voulait	voulut	voudra
nous	**voulons**	voulions	voulûmes	voudrons
vous	voulez	vouliez	voulûtes	voudrez
ils	**veulent**	voulaient	voulurent	voudront
	SUBJONCTIF		*IMPÉRATIF*	*CONDITIONNEL*
je	**veuille**	(voulusse)		voudrais
tu	veuilles	(voulusses)	veuille!	voudrais
il	veuille	voulût		voudrait
nous	**voulions**	(voulussions)	veuillons!	voudrions
vous	vouliez	(voulussiez)	**veuillez**!	voudriez
ils	veuillent	(voulussent)		voudraient
	PART. PRÉS.: **voulant**	*PART. PASSÉ*: **voulu**	*INF. PASSÉ*: avoir **voulu**	

Zeichensetzung im Französischen

1. Punkt, Strichpunkt, Doppelpunkt, Fragezeichen, Ausrufezeichen, Gedankenstrich, Klammern, Auslassungspunkte und Anführungszeichen (im Französischen « ») werden im Wesentlichen wie im Deutschen gebraucht.

   An geringen Abweichungen sind zu erwähnen:

   Der Punkt wird im Allgemeinen auch in Abkürzungen wie **H.L.M.**, **S.N.C.F.**, **C.R.S.** usw. gesetzt.

   Kein Punkt steht nach Ordnungszahlen: **1er** bzw. **1re**, **2e**, **3e** usw.

   Das Datum wird meist so geschrieben: **12/10/99**

   Das Ausrufezeichen steht nie nach der Anrede am Briefanfang:

   Monsieur,
   J'ai l'honneur de vous faire savoir ...

2. Einige bedeutende Abweichungen vom Deutschen sind dagegen beim Gebrauch des Kommas zu verzeichnen:

   a) Adverbiale Bestimmungen zu Beginn eines Satzes werden durch Komma abgetrennt:

   A trois heures, il n'était toujours pas arrivé. Avec lui, il faut se méfier.

   b) Nicht durch Komma abgetrennt werden dagegen:

   Objektsätze (**Je sais qu'il a tort.**)

   indirekte Fragesätze (**Je me demande s'il n'est pas malade.**)

   nachgestellte Adverbialsätze (**J'irai le voir avant qu'il parte.**)

   zum Verständnis des Hauptsatzes notwendige Relativsätze (**Le livre que tu m'as prêté ne me plaît pas.**)

   Infinitivgruppen (**Il m'a prié de l'aider.**)

   c) Vor „etc." steht im Französischen ein Komma:

   Paris, Londres, Berlin, etc.

Zahlwörter

Adjectifs numéraux

GRUNDZAHLEN – NOMBRES CARDINAUX

0 *null* zéro
1 *eins* un, une
2 *zwei* deux
3 *drei* trois
4 *vier* quatre
5 *fünf* cinq
6 *sechs* six
7 *sieben* sept
8 *acht* huit
9 *neun* neuf
10 *zehn* dix
11 *elf* onze
12 *zwölf* douze
13 *dreizehn* treize
14 *vierzehn* quatorze
15 *fünfzehn* quinze
16 *sechzehn* seize
17 *siebzehn* dix-sept
18 *achtzehn* dix-huit
19 *neunzehn* dix-neuf
20 *zwanzig* vingt
21 *einundzwanzig* vingt et un(e)
22 *zweiundzwanzig* vingt-deux
23 *dreiundzwanzig* vingt-trois
24 *vierundzwanzig* vingt-quatre
25 *fünfundzwanzig* vingt-cinq
26 *sechsundzwanzig* vingt-six
27 *siebenundzwanzig* vingt-sept
28 *achtundzwanzig* vingt-huit
29 *neunundzwanzig* vingt-neuf
30 *dreißig* trente
31 *einunddreißig* trente et un(e)
32 *zweiunddreißig* trente-deux
40 *vierzig* quarante
50 *fünfzig* cinquante
60 *sechzig* soixante
70 *siebzig* soixante-dix
71 *einundsiebzig* soixante et onze
72 *zweiundsiebzig* soixante-douze
73 *dreiundsiebzig* soixante-treize
77 *siebenundsiebzig* soixante-dix-sept
80 *achtzig* quatre-vingt(s)
81 *einundachtzig* quatre-vingt-un(e)
82 *zweiundachtzig* quatre-vingt-deux
90 *neunzig* quatre-vingt-dix
91 *einundneunzig* quatre-vingt-onze
92 *zweiundneunzig* quatre-vingt-douze
100 *(ein)hundert* cent
101 *(ein)hunderteins* cent un(e)
102 *(ein)hundertzwei* cent deux
200 *zweihundert* deux cent(s)
300 *dreihundert* trois cent(s)
400 *vierhundert* quatre cent(s)
500 *fünfhundert* cinq cent(s)
600 *sechshundert* six cent(s)
700 *siebenhundert* sept cent(s)
800 *achthundert* huit cent(s)
900 *neunhundert* neuf cent(s)
1 000 *(ein)tausend* mille
1 001 *(ein)tausendeins* mille un(e)
1 002 *(ein)tausendzwei* mille deux
1 100 *(ein)tausendeinhundert* od. *elfhundert* onze cent(s)
1 200 *(ein)tausendzweihundert* od. *zwölfhundert* douze cent(s) *ou* mille deux cent(s)
2 000 *zweitausend* deux mille
10 000 *zehntausend* dix mille
100 000 *hunderttausend* cent mille
1 000 000 *eine Million* un million
1 000 000 000 *eine Milliarde* un milliard

ORDNUNGSZAHLEN – NOMBRES ORDINAUX

1.	*(der, die, das)*	**1**^{er}	(le) premier
	erste	**1**^{re}	(la) première
2.	*zweite*	**2**^{e}	deuxième; second(e)
3.	*dritte*	**3**^{e}	troisième
4.	*vierte*	**4**^{e}	quatrième
5.	*fünfte*	**5**^{e}	cinquième
6.	*sechste*	**6**^{e}	sixième
7.	*sieb(en)te*	**7**^{e}	septième
8.	*achte*	**8**^{e}	huitième
9.	*neunte*	**9**^{e}	neuvième
10.	*zehnte*	**10**^{e}	dixième
11.	*elfte*	**11**^{e}	onzième
12.	*zwölfte*	**12**^{e}	douzième
13.	*dreizehnte*	**13**^{e}	treizième
14.	*vierzehnte*	**14**^{e}	quatorzième
15.	*fünfzehnte*	**15**^{e}	quinzième
16.	*sechzehnte*	**16**^{e}	seizième
17.	*siebzehnte*	**17**^{e}	dix-septième
18.	*achtzehnte*	**18**^{e}	dix-huitième
19.	*neunzehnte*	**19**^{e}	dix-neuvième
20.	*zwanzigste*	**20**^{e}	vingtième
21.	*einundzwanzigste*	**21**^{e}	vingt et unième
22.	*zweiundzwanzigste*	**22**^{e}	vingt-deuxième
23.	*dreiundzwanzigste*	**23**^{e}	vingt-troisième
30.	*dreißigste*	**30**^{e}	trentième
31.	*einunddreißigste*	**31**^{e}	trente et unième
32.	*zweiunddreißigste*	**32**^{e}	trente-deuxième
40.	*vierzigste*	**40**^{e}	quarantième
50.	*fünfzigste*	**50**^{e}	cinquantième
60.	*sechzigste*	**60**^{e}	soixantième
70.	*siebzigste*	**70**^{e}	soixante-dixième
71.	*einundsiebzigste*	**71**^{e}	soixante et onzième
72.	*zweiundsiebzigste*	**72**^{e}	soixante-douzième
80.	*achtzigste*	**80**^{e}	quatre-vingtième
81.	*einundachtzigste*	**81**^{e}	quatre-vingt-unième
82.	*zweiundachtzigste*	**82**^{e}	quatre-vingt-deuxième
90.	*neunzigste*	**90**^{e}	quatre-vingt-dixième
91.	*einundneunzigste*	**91**^{e}	quatre-vingt-onzième
92.	*zweiundneunzigste*	**92**^{e}	quatre-vingt-douzième
100.	*hundertste*	**100**^{e}	centième
101.	*hunderterste*	**101**^{e}	cent unième
102.	*hundertzweite*	**102**^{e}	cent deuxième
200.	*zweihundertste*	**200**^{e}	deux centième
300.	*dreihundertste*	**300**^{e}	trois centième
1 000.	*tausendste*	**1 000**^{e}	millième
2 000.	*zweitausendste*	**2 000**^{e}	deux millième
100 000.	*hunderttausendste*	**100 000**^{e}	cent millième
1 000 000.	*millionste*	**1 000 000**^{e}	millionième

Verzeichnis der Info-Fenster

Im Wörterbuch verwendete Abkürzungen

a — *aussi*, auch
→ A — *se décline comme l'adjectif qualificatif épithète*
abr — *abréviation*, Abkürzung
abs — *(employé d'une façon) absolu(e)*, ohne Objekt
abus — *abusivement*, fälschlich
acc — *accusatif*, Akkusativ
adj — *adjectif (qualificatif)*, Adjektiv
adj/ind — *adjectif indéfini*, attributives Indefinitpronomen
adj/poss — *adjectif possessif*, attributives Possessivpronomen
adjt — *adjectivement*, adjektivisch gebraucht
ADM — *administration, langage administratif*, Verwaltung(ssprache)
adv — *adverbe*, Adverb
advt — *adverbialement*, adverbial gebraucht
AGR — *agriculture*, Landwirtschaft
ANAT — *anatomie*, Anatomie
ARCH — *architecture*, Architektur
arg — *argot*, Ganovensprache, Jargon
ASTR — *astronomie, astrologie*, Astronomie, Astrologie
AUTO — *automobile*, Kraftfahrzeug
AVIAT — *aviation*, Luftfahrt
bes — besonders, *particulièrement*
BIBL — *Bible, langage biblique*, Bibel(sprache)
BIOL — *biologie*, Biologie
BOT — *botanique*, Botanik
bzw — beziehungsweise, *respectivement*
CATH — *(Église) catholique*, katholisch
CH — *terme de chasse*, Jägersprache
CH DE FER — *chemin de fer*, Eisenbahn
CHIM — *chimie*, Chemie
CIN — *cinéma*, Film(wesen), Kino
coll — *terme collectif*, Sammelname
COMM — *commerce*, Handel
comp — *comparatif*, Komparativ
conj — *conjonction*, Konjunktion
ONSTR — *construction*, Bauwesen
UT — *couture*, Schneiderei, Mode
cuisine, Küche
datif, Dativ
déf — *défectif*, unvollständig
DIPL — *diplomatie*, Diplomatie
ÉCOL — *écologie*, Umwelt(schutz)
ÉCON — *économie*, Wirtschaft
e-e — eine, *un(e)*
ÉGL — *Église*, Kirche
ÉLECT — *électrotechnique*, Elektrotechnik
ÉLECTRON — *électronique*, Elektronik
e-m — einem, *à un(e)*
e-n — einen, *un(e)*
enf — *langage des enfants*, Kindersprache
e-r — einer, *d'un(e), à un(e)*
e-s — eines, *d'un(e)*
etc — *et cetera*, und so weiter
etw — etwas, *quelque chose*
f — *(nom) féminin*, Femininum
F — *familier*, Umgangssprache
fig — *(au sens) figuré*, bildlich
FIN — *finances*, Finanzen
FORTIF — *fortifications*, Befestigungsanlagen
f/pl — *féminin pluriel*, Femininum Plural
frz — französisch, *français*
gén — *génitif*, Genitiv
GÉOGR — *géographie*, Geografie
GÉOL — *géologie*, Geologie
GR — *grammaire*, Grammatik
h — *verbe auxiliaire*: haben
HIST — *histoire, historique*, Geschichte, historisch
ind — *indicatif*, Indikativ
inf — *infinitif*, Infinitiv
INFORM — *informatique*, Informatik, Informationstechnologie
int — *interjection*, Ausruf
inv — *invariable*, unveränderlich
iron — *ironique*, ironisch
irr — *verbe irrégulier composé (se conjugue comme le verbe simple)*
j — jemand, *quelqu'un*
JARD — *jardinage*, Gartenbau
j-m — jemandem, *à quelqu'un*
j-n — jemanden, *quelqu'un*
j-s — jemandes, *de quelqu'un*
JUR — *droit, langage juridique*, Recht, Rechtssprache